Franzen/Gallner/Oetker
Kommentar zum europäischen Arbeitsrecht

Beck'sche Kurz-Kommentare

Kommentar zum europäischen Arbeitsrecht

Herausgegeben von

Dr. Martin Franzen
Professor an der Universität München

Inken Gallner
Richterin am Bundesarbeitsgericht
Justizministerium Baden-Württemberg

Dr. Hartmut Oetker
Professor an der Universität zu Kiel
Richter am Thüringer Oberlandesgericht

Verlag C. H. Beck München 2016

Zitiervorschlag:
EUArbR/*Schubert* GRC Art. 15 Rn. 3

www.beck.de

ISBN 978 3 406 67296 5

© 2016 Verlag C. H. Beck oHG
Wilhelmstraße 9, 80801 München
Satz, Druck und Bindung: Druckerei C. H. Beck Nördlingen
(Adresse wie Verlag)

Umschlaggestaltung: Druckerei C. H. Beck Nördlingen

Gedruckt auf säurefreiem, alterungsbeständigem Papier
(hergestellt aus chlorfrei gebleichtem Zellstoff)

Die Autoren des Kommentars

Dr. Martin Franzen
Professor an der Universität München

Inken Gallner
Ministerialdirektorin
beurl. Richterin am Bundesarbeitsgericht

Dr. Clemens Höpfner
Privatdozent an der Universität zu Köln

Dr. Christoph Kietaibl
Professor an der Universität Wien

Dr. Thomas Klindt
Rechtsanwalt und Fachanwalt im Verwaltungsrecht
Honorarprofessor an der Universität Kassel

Oliver K. Klose
Richter am Bundesarbeitsgericht

Dr. Sebastian Kolbe
Privatdozent an der Universität München

Dr. Sebastian Krebber LL.M.
Professor an der Universität Freiburg

Dr. Jochen Mohr
Professor an der Universität Dresden

Dr. Hartmut Oetker
Professor an der Universität zu Kiel,
Richter am Thüringer Oberlandesgericht

Dr. Robert Rebhahn
Professor an der Universität Wien

Dr. Michael Reiner
Österreichische Finanzmarktaufsicht (FMA)

Dr. Martin Risak
a. o. Professor an der Universität Wien

Dr. Felix Schörghofer
Rechtsanwaltsanwärter

Dr. Claudia Schubert
Professorin an der Universität Bochum

Dr. Carsten Schucht
Rechtsanwalt

Karin Spelge
Richterin am Bundesarbeitsgericht

Dr. Heinz-Dietrich Steinmeyer
Professor an der Universität Münster

Dr. Christoph Weber
Professor an der Universität Würzburg

Dr. Michaela Windisch-Graetz
Professorin an der Universität Wien

Dr. Regine Winter
Richterin am Bundesarbeitsgericht

Im Einzelnen haben bearbeitet

Prof. Dr. Martin Franzen	AEUV Art. 151–161
Inken Gallner	RL 2003/88/EG
PD Dr. Höpfner	AEUV Art. 267, 288
Prof. Dr. Christoph Kietaibl	RL 97/81/EG
Prof. Dr. Thomas Klindt	RL 89/391/EWG
	RL 91/383/EWG
Oliver K. Klose	RL 2003/41/EG
PD Dr. Sebastian Kolbe	RL 91/533/EWG
	RL 94/33/EG
	RL 2008/94/EG
Prof. Dr. Sebastian Krebber	VO 1346/2000/EG
	VO 1215/2012/EU
	VO 864/2007/EG
	VO 593/2008/EG
	RL 1999/70/EG
Prof. Dr. Jochen Mohr	GRC Art. 21, 23
	RL 2000/43/EG
	RL 2000/78/EG
	RL 2006/54/EG
	RL 2010/41/EU
Prof. Dr. Hartmut Oetker	RL 2001/86/EG
	RL 2003/72/EG
	RL 2005/56/EG
	RL 2009/38/EG
Prof. Dr. Robert Rebhahn	AEUV Art. 56
	RL 96/71/EG
	RL 2008/104/EG
Dr. Michael Reiner	RL 98/49/EG
	RL 2014/50/EU
Prof. Dr. Martin Risak	RL 92/85/EWG
	RL 2010/18/EU
Dr. Felix Schörghofer	RL 2008/104/EG
Prof. Dr. Claudia Schubert	EUV Art. 6
	GRC Art. 12 I, 15, 16, 27–33, 51, 51
	EMRK
	ESC
Dr. Carsten Schucht	RL 89/391/EWG
	RL 91/383/EWG
Dr. Martina Schulz	Sachverzeichnis
Karin Spelge	RL 98/59/EG
Prof. Dr. Heinz-Dietrich Steinmeyer	AEUV Art. 45–48
	VO 492/2011/EU
Prof. Dr. Christoph Weber	RL 2002/14/EG
Prof. Dr. Michaela Windisch-Graetz	RL 96/71/EG
Dr. Regine Winter	RL 2001/23/EG

Vorwort der 1. Auflage

Es ist inzwischen ein Gemeinplatz, dass das Arbeitsrecht ohne die Einwirkung des Rechts der Europäischen Union nicht mehr sachgerecht bearbeitet werden kann. Für alle Berufsfelder ist es mittlerweile unverzichtbar, die europäische Dimension bei der Arbeit mit dem innerstaatlichen Recht mit zu berücksichtigen. Als Beispiele für Rechtsbereiche des EU-Rechts, welche das Arbeitsrecht durchdringen, mögen nur folgende Stichworte genügen: das weite Feld der Gleichbehandlung, Betriebsübergang, Befristung, Arbeitszeit und Urlaub. In jüngerer Zeit überwölbt mit der Europäischen Grundrechte-Charta eine zusätzlich grundrechtliche Rechtsschicht die innerstaatliche Rechtsordnung und damit auch das Arbeitsrecht, soweit der entsprechende Sachverhalt in den Anwendungsbereich des Unionsrechts fällt. Europäisches Recht erschöpft sich aber nicht im Recht der Europäischen Union. Die Rechtsprechung des Europäischen Gerichtshofs für Menschenrechte hat in jüngerer Zeit wiederholt veranschaulicht, dass auch die Europäische Menschenrechtskonvention arbeitsrechtliche Sachverhalte zu beeinflussen vermag.

In der arbeitsrechtlichen deutschsprachigen Literatur spiegelt sich diese Bedeutung des Europäischen Rechts für das Arbeitsrecht durchaus wider. Neben Handbüchern und systematischen Darstellungen zum europäischen Arbeitsrecht gibt es sogar eigene Zeitschriften, die ihren Schwerpunkt auf die Bearbeitung dieses Rechtsstoffs legen. Herausgeber und Verlag haben gleichwohl eine Lücke in der juristischen Literatur ausgemacht: Es fehlt an einer systematischen Kommentierung der für das Arbeitsrecht relevanten Rechtstexte des europäischen Rechts. Diese Lücke will der vorliegende Kommentar zum europäischen Arbeitsrecht schließen. Damit knüpfen Herausgeber und Verlag an eine Publikationsform der deutschsprachigen Rechtskultur an, welche den Rechtsstoff durch Erläuterung der einzelnen Rechtsvorschriften erschließt. Behandelt werden die nach Einschätzung von Herausgeber und Verlag wichtigsten europäischen Rechtsgrundlagen des Arbeitsrechts – neben den arbeitsrechtlich bedeutsamen Vorschriften der Europäischen Verträge (EUV, AEUV) die einschlägigen Vorschriften der Europäischen Grundrechte-Charta, der Europäischen Sozialcharta und der Europäischen Menschenrechtskonvention, arbeitsrechtlich wichtige Verordnungen wie die Freizügigkeitsverordnung und die Rom- und Brüssel-Verordnungen zum Internationalen Privat- und Zivilverfahrensrecht sowie insgesamt 26 arbeitsrechtliche EU-Richtlinien. Herausgeber und Verlag konnten hierfür insgesamt 21 Autoren aus Deutschland und Österreich gewinnen – Rechtswissenschaftler, Richter am Bundesarbeitsgericht, Rechtsanwälte und Verwaltungsbeamte.

Herausgeber und Autoren hoffen, mit dem Kommentar zum europäischen Arbeitsrechts die einzelnen europäischen Rechtsgrundlagen des Arbeitsrechts für die Nutzer zu erschließen und für die Rechtspraxis handhabbar zu machen. Der Kommentar soll die tägliche Arbeit in einem auch im Arbeitsrecht verstärkt an Bedeutung gewinnenden europäischen Mehrebenensystem erleichtern. Hierfür wurden Gesetzgebung, Rechtsprechung und Schrifttum bis zum 1. Juli 2015 berücksichtigt.

München/Erfurt/Kiel, im August 2015 *Die Herausgeber*

Inhaltsverzeichnis

Abkürzungsverzeichnis XIII
Literaturverzeichnis XXI

10	EUV	Vertrag über die Europäischen Union (Auszug) (Art. 6 EUV)	1
20	AEUV	Vertrag über die Arbeitsweise der Europäischen Union (Auszug) (Art. 8, 9, 10, 16, 18, 19, 45, 46–48, 56, 151–161, 267, 288 AEUV)	25
30	GRC	Charta der Grundrechte (Auszug) (Art. 12, 15, 16, 21, 23, 27–33, 51, 52 GRC)	265
40	EMRK	Europäische Menschenrechtskonvention	443
50	ESC	Europäische Sozialcharta	533
210	VO 1346/2000/EG	Insolvenz-Verordnung	603
220	VO 1215/2012/EU	Brüssel Ia-Verordnung	617
230	VO 864/2007/EG	Rom II-Verordnung	635
240	VO 593/2008/EG	Rom I-Verordnung	645
250	VO 492/2011/EU	Freizügigkeits-Verordnung	691
410	RL 89/391/EWG	Arbeitsschutzrahmen-Richtlinie	725
420	RL 91/383/EWG	Richtlinie zum Arbeitsschutz von Leiharbeitnehmern und befristet Beschäftigten	797
430	RL 91/533/EWG	Nachweis-Richtlinie	811
440	RL 92/85/EWG	Mutterschutz-Richtlinie	835
450	RL 94/33/EG	Jugendarbeitsschutz-Richtlinie (Auszug)	861
460	RL 96/71/EG	Entsende-Richtlinie	885
470	RL 97/81/EG	Teilzeitarbeits-Richtlinie	943
480	RL 98/49/EG	Zusatzrenten-Gleichstellungs-Richtlinie	969
490	RL 98/59/EG	Massenentlassungs-Richtlinie	979
500	RL 1999/70/EG	Richtlinie zur Rahmenvereinbarung über befristete Arbeitsverträge	1059
510	RL 2000/43/EG	Antirassismus-Richtlinie	1107
520	RL 2000/78/EG	Gleichbehandlungsrahmen-Richtlinie	1127
530	RL 2001/23/EG	Richtlinie über Übergang von Unternehmen, Betrieben oder Unternehmens- und Betriebsteilen	1295
540	RL 2001/86/EG	Richtlinie zur Arbeitnehmerbeteiligung in der SE	1411
550	RL 2002/14/EG	Richtlinie zur Unterrichtung und Anhörung der Arbeitnehmer	1485
560	RL 2003/41/EG	Richtlinie über Einrichtungen der Betrieblichen Altersversorgung (Auszug)	1541
570	RL 2003/72/EG	Richtlinie Arbeitnehmerbeteiligung in der SCE	1559
580	RL 2003/88/EG	Arbeitszeit-Richtlinie	1581
590	RL 2005/56/EG	Richtlinie zur grenzüberschreitenden Verschmelzung (Auszug)	1667
600	RL 2006/54/EG	Gleichbehandlungs-Richtlinie	1699
610	RL 2008/94/EG	Insolvenzgeld-Richtlinie	1787
620	RL 2008/104/EG	Leiharbeits-Richtlinie	1823
630	RL 2009/38/EG	Europäische-Betriebsräte-Richtlinie	1865
640	RL 2010/18/EU	Elternurlaubs-Richtlinie	1957
650	RL 2010/41/EU	Richtlinie zur Gleichbehandlung von selbstständig tätigen Männern und Frauen	1985
660	RL 2014/50/EU	Zusatzrenten-Richtlinie	1999

Sachverzeichnis   2039

Abkürzungsverzeichnis

aA	andere Ansicht
AAK	Arbeitskreis „Aktien- und Kapitalmarktrecht"
aba	Arbeitsgemeinschaft für betriebliche Altersversorgung e. V.
ABBergV	Bergverordnung für alle bergbaulichen Bereiche (Allgemeine Bundesbergverordnung)
Abk.	Abkommen
ABl.	Amtsblatt der Europäischen Gemeinschaften (bis 1985: Amtsblatt der Europäischen Gemeinschaft für Kohle und Stahl)
abl.	ablehnend
Abs.	Absatz
aE	am Ende
AEA	Vereinigung Europäischer Fluggesellschaften
AEMR	Allgemeine Erklärung der Menschenrechte
AEntG	Arbeitnehmer-Entsendegesetz
AETR	Europäische Übereinkommen über die Arbeit des im internationalen Straßenverkehr beschäftigten Fahrpersonals
AEUV	Vertrag über die Arbeitsweise der Europäische Union
aF	alte Fassung
AG	Aktiengesellschaft
AGG	Allgemeinen Gleichbehandlungsgesetz
AktG	Aktiengesetz
allg.	allgemein
Alt.	Alternative
AMS	Association de médiation sociale
amtl.	amtlich/e(r)
Anh.	Anhang
Anm.	Anmerkung
AöR	Archiv des öffentlichen Rechts (Zeitschrift)
AP	Arbeitsrechtliche Praxis, Entscheidungssammlung des BAG, Loseblatt
ArbGG	Arbeitsgerichtsgesetz
ArbMedVV	Verordnung zur arbeitsmedizinischen Vorsorge
ArbRGgwart	Das Arbeitsrecht der Gegenwart (Jahrbuch)
ArbSchG	Arbeitsschutzgesetz
ArbStättV	Arbeitsstättenverordnung
ArbZG	Arbeitszeitgesetz
arg.	Argumentum, argumentiert
Art.	Artikel
ASiG	Gesetz über Betriebsärzte, Sicherheitsingenieure und andere Fachkräfte für Arbeitssicherheit (Arbeitssicherheitsgesetz)
ASP	Maastrichter Abkommens zur Sozialpolitik
ASR	Arbeitsstätten-Richtlinien; Arbeitsstättenregel
AUG	Arbeitnehmerüberlassungsgesetz
AuA	Arbeit und Arbeitsrecht (Zeitschrift)
AufenthG	Aufenthaltsgesetz
Aufl.	Auflage
AÜG	Arbeitnehmerüberlassungsgesetz
AuR	Arbeit und Recht
ausf.	ausführlich
AVRAG	Arbeitsvertragsrechts-Anpassungsgesetz (Österreich)
Az.	Aktenzeichen
BAG	Bundesarbeitsgericht
BAnz.	Bundesanzeiger
BaustellV	Baustellenverordnung

Abkürzungsverzeichnis

BayKSG	Bayerisches Katastrophenschutzgesetz
BB	Betriebs Berater, Zeitschrift
BBG	Bundesbeamtengesetz
BBiG	Berufsbildungsgesetz
BDSG	Bundesdatenschutzgesetz
BeamtenStG	Gesetz zur Regelung des Statusrechts der Beamtinnen und Beamten in den Ländern (Beamtenstatusgesetz)
BeckRS	Rechtsprechungssammlung auf beckonline
BEEG	Bundeselterngeld- und Elternzeitgesetz
Begr.	Begründung
Bek.	Bekanntmachung
ber.	berichtigt
BetrAVG	Gesetz zur Verbesserung der betrieblichen Altersversorgung
BetrSichV	Betriebssicherheitsverordnung
BetrVG	Betriebsverfassungsgesetz
BGB	Bürgerliches Gesetzbuch
BGBl.	Bundesgesetzblatt
BGBl. I bzw. II	Bundesgesetzblatt Teil I bzw. II
BGBl. III	Bereinigte Sammlung des Bundesrechts, abgeschlossen am 28.12.1968 (in Nachweisform fortgeführt durch FNA)
BildscharbV	Bildschirmarbeitsverordnung
BioStoffV	Biostoffverordnung
Bl.	Blatt
BMSVG	Betriebliches Mitarbeiter- und Selbständigenvorsorgegesetz (Österreich)
BordV	Bordvertretung
BPersVG	Bundespersonalvertretungsgesetz
BRD	Bundesrepublik Deutschland
BSG	Bundessozialgericht
bsw.	beispielsweise
BT-Drs.	Bundestags-Drucksache
BR-Drs.	Bundesrats-Drucksache
Buchst.	Buchstabe
BV	Betriebsvereinbarung
BVerfG	Bundesverfassungsgericht
bzw.	beziehungsweise
ca.	zirka
CEC	Europäische Vereinigung der leitenden Angestellten
CEEP	Europäischer Verband der öffentlichen Arbeitgeber und Unternehmen [Centre Européen des Entreprises à participation publique et des entreprises d'intérêt économique général" (Europäischer Zentralverband der öffentlichen Wirtschaft)]
CER	Gemeinschaft der Europäischen Bahnen
CLLPJ	Comparative Labor Law & Policy Journal (Zeitschrift)
CMLR	Common Market Law Review (Zeitschrift)
DAV	Deutscher Anwaltsverein
DB	Der Betrieb, Zeitschrift
dh	das heißt
diff.	differenzierend
Diss.	Dissertation
DÖV	Die Öffentliche Verwaltung (Zeitschrift)
DRdA	Das Recht der Arbeit (Zeitschrift, Österreich)
DrittelbG	Drittelbeteiligungsgesetz
Drs.	Drucksache
DVBl.	Deutsches Verwaltungsblatt (Zeitschrift)
DVO	Durchführungsverordnung
DZWir	Deutsche Zeitschrift für Wirtschafts- und Insolvenzrecht (Zeitschrift)

Abkürzungsverzeichnis

EAG	Europäische Atomgemeinschaft
EBRG	Europäische Betriebsräte-Gesetz"
ECA	European Cockpit Association
ECSA	Verband der Reeder in der Europäischen Union
EFTA	Europäische Freihandelsassoziation
EG	Europäische Gemeinschaften
EGB/ETUC	Europäischer Gewerkschaftsbund
EGBG	Europäischer Gewerkschaftsbund
EGBGB	Einführungsgesetz zum Bürgerlichen Gesetzbuch
EGMR	Entscheidungen des Europäischen Gerichtshofs für Menschenrechte
EGÖD	Europäischer Gewerkschaftsverband für den öffentlichen Dienst
EGV	Vertrag zur Gründung der Europäischen Gemeinschaft
Einl.	Einleitung
EIOPA	Europäische Aufsichtsbehörde für das Versicherungswesen und die betriebliche Altersversorgung
ELJ	European Law Journal (Zeitschrift)
EMRK	Europäische Menschenrechtskonvention
endg.	endgültig
ERA	European Region Airline Association
ESC	Europäische Sozialcharta
ESM-Vertrag	Vertrags zur Einrichtung des Europäischen Stabilitätsmechanismus
EStG	Einkommenssteuergesetz
etc.	et cetera
ETF	Europäischen Transportarbeiter-Föderation
ETUC/EGB	Europäischer Gewerkschaftsbund
EU	Europäische Union
EUG	Gericht der Europäischen Union; Europäisches Gericht erster Instanz
EuGH	Europäischer Gerichtshof
EuGRZ	Europäische Grundrechte Zeitschrift (Zeitschrift)
EuGVÜ	Europäisches Gerichtsstands- und Vollstreckungsübereinkommen
EuGVVO	Europäische Gerichtsstands- und Vollstreckungs-Verordnung
EuInsVO	Europäische Insolvenzverordnung
EURES	EURopean Employment Services
EuroAS	Informationsdienst zum Europäischen Arbeits- und Sozialrecht (Zeitschrift)
EUV	Vertrag über die Europäische Union idF des Vertrags von Lissabon
EuZA	Europäische Zeitschrift für Arbeitsrecht
EuZW	Europäische Zeitschrift für Wirtschaftsrecht
eV	eingetragener Verein
EVM	European Vacancy Monitor
EVÜ	Übereinkommen von Rom über das auf vertragliche Schuldverhältnisse anzuwendende Recht
EVVR	European Vacancy and Recruitment Report
EWG	Europäische Wirtschaftsgemeinschaft
EWGV	Vertrag zur Gründung der europäischen Wirtschaftsgemeinschaft
EWiR	Entscheidungen zum Wirtschaftsrecht (Zeitschrift)
EWR	Europäischer Wirtschaftsraum
EWSA	Europäische Wirtschafts- und Sozialausschuss
EZB	Europäische Zentralbank
f., ff.	folgende, fortfolgende
FA	Fachanwalt (Zeitschrift)
Fn.	Fußnote
FNA	Bundesgesetzblatt Teil I, Fundstellennachweis A (Bundesrecht ohne völkerrechtliche Vereinbarungen)
FPfZG	Familienpflegezeitgesetz

Abkürzungsverzeichnis

FS	Festschrift
FST	Verband der Verkehrsgewerkschaften
GA	Generalanwalt
GBR	Gesamtbetriebsrat
GefStoffV	Gefahrstoffverordnung
gem.	gemäß
GewArch	Gewerbearchiv (Zeitschrift)
G	Gesetz
geänd.	geändert
GefStoffV	Gefahrstoffverordnung
GG	Grundgesetz
ggf.	gegebenenfalls
GJAV	Gesamt-Jugend- und Auszubildendenvertretung
GlBG	Gleichbehandlungsgesetz
GmbH	Gesellschaft mit beschränkter Haftung
GR	Grundrechte
GRC	Charta der Grundrechte
grds.	grundsätzlich
GS	Gedenkschrift
hM	herrschende Meinung
HOSPEEM	European Hospital & Healthcare Employers' Association
Hs.	Halbsatz
IACA	International Air Carrier Association
idF	in der Fassung
idR	in der Regel
idS	in dem Sinne
ieS	im engeren Sinne
IGH	Internationaler Gerichtshof
iHd	In Höhe der/des
ILO	International Labour Organization
InsO	Insolvenzordnung
IPbpR	Internationaler Pakt über bürgerliche und politische Rechte
IPR	Internationales Privatrecht
IPRax	Praxis des Internationalen Privat- und Verfahrensrechts (Zeitschrift)
IPwskR	Internationaler Pakt über wirtschaftliche, soziale und kulturelle Rechte
iRd	im Rahmen des/der
iRv	im Rahmen von
iSd	im Sinne der/des
iSe	im Sinne einer
iSv	im Sinne von
IT	Informationstechnologie
iVm	in Verbindung mit
IWF	Internationaler Währungsfonds
iwS	im weiteren Sinne
JA	Juristische Arbeitsblätter (Zeitschrift)
JArbSchG	Jugendarbeitsschutzgesetz
JAV	Jugend- und Auszubildendenvertretung
JbJZivilrWiss	Jahrbuch Junger Zivilrechtswissenschaftler
Jg.	Jahrgang
JZ	Juristen Zeitung (Zeitschrift)
Kap.	Kapitel
KGaA	Kommanditgesellschaft auf Aktien
KMU	kleine und mittlere Unternehmen

Abkürzungsverzeichnis

KO	Konkursordnung
krit.	kritisch
KSchG	Kündigungsschutzgesetz
LAG	Landesarbeitsgericht
LärmVibrationsArbSchV	Lärm- und Vibrations-Arbeitsschutzverordnung
LasthandhabV	Lastenhandhabungsverordnung
lit.	Buchstabe
lt.	laut, gemäß
LugÜ	Luganer Übereinkommen
MAVO	Mitarbeitervertretungsordnung
max.	maximal
mE	meines Erachtens
MgVG	Gesetz über die Mitbestimmung der Arbeitnehmer bei einer grenzüberschreitenden Verschmelzung
MiLoG	Mindestlohngesetz
mind.	mindestens
MitbestG	Mitbestimmungsgesetz
Montan-MitbestG	Montan-Mitbestimmungsgesetz
MuSchG	Mutterschutzgesetz
MVG.EKD	Mitarbeitervertretungsgesetz der Evangelischen Kirche Deutschlands
mwN	mit weiteren Nachweisen
mWv	mit Wirkung vom
NachwG	Nachweisgesetz
NdsVBl.	Niedersächsisches Verwaltungsblatt
nF	neue Fassung
Nr.	Nummer
NVwZ	Neue Zeitschrift für Verwaltungsrecht (Zeitschrift)
NZA	Neue Zeitschrift für Arbeitsrecht, Zeitschrift
NZI	Neue Zeitschrift für Insolvenzrecht
og	oben genannt
OGAW	Organismen für gemeinsame Anlagen in Wertpapieren
OMK	offene Methode der Koordinierung
OStrV	Arbeitsschutzverordnung zu künstlicher optischer Strahlung
PersR	Der Personalrat (Zeitschrift)
PflegeZG	Pflegezeitgesetz
ProdSV	Verordnung zum Produktsicherheitsgesetz
Prot.	Protokoll(e)
PSA	persönliche Schutzausrüstung
PSVaG	Pensions-Sicherungs-Verein Versicherungsverein auf Gegenseitigkeit
QIS	Quantitative Impact Study
RabelsZ	Rabels Zeitschrift für ausländisches und internationales Privatrecht
RdA	Recht der Arbeit, Zeitschrift
RegE	Regierungsentwurf
RESC	Europäische Sozialcharta (revidierte Fassung)
rkr.	rechtskräftig
RL	Richtlinie
Rn.	Randnummer
Rs.	Rechtssache
RVO	Rechtsanwaltsversorgungsordnung

XVII

Abkürzungsverzeichnis

S.	Seite
s.	siehe
SA	Schlussanträge
SCE	Europäische Genossenschaft
SCEBG	SCE-Beteiligungsgesetz
SE	Europäische Gesellschaft (lat. Socjetas Europaea)
SEBG	SE-Beteiligungsgesetz
SeeArbG	Seearbeitsgesetz
SeeUnterkunftsV	See-Unterkunftsverordnung
SGB	Sozialgesetzbuch
SGB III	Sozialgesetzbuch (SGB) – Drittes Buch (III). Arbeitsförderung
Slg.	Sammlung
sog.	sogenannt
SprAuG	Sprecherausschussgesetz
SR	Soziales Recht (Zeitschrift)
st. Rspr.	ständige Rechtsprechung
TVgG NRW	Gesetz über die Sicherung von Tariftreue und Sozialstandards sowie fairen Wettbewerb bei der Vergabe öffentlicher Aufträge (Tariftreue- und Vergabegesetz Nordrhein-Westfalen)
TzBfG	Teilzeit- und Befristungsgesetz
ua	unter anderem
uä	und ähnliche
UAbs.	Unterabsatz
Übk.	Übereinkommen
UEAPME	Dachverband, der auf europäischer Ebene die Interessen des Handwerks sowie der kleinen und mittleren Unternehmen (KMU) in der Europäischen Union vertritt
UmwG	Umwandlungsgesetz
UNICE	Union of Industrial and Employers' Confederations of Europe (Union der Industrie- und Arbeitgeberverbände Europas)
UNTS	United Nations Treaty Series (Zeitschrift)
uU	unter Umständen
v.	von, vom
Var.	Variante
VersR	Versicherungsrecht (Zeitschrift)
VerwArch	Verwaltungsarchiv (Zeitschrift)
vgl.	vergleiche
VO	Verordnung
Vorb.	Vorbemerkung
VSSR	Vierteljahresschrift für Sozialrecht (Zeitschrift)
WissZeitVG	Wissenschaftszeitvertragsgesetz
WSA	Europäische Wirtschafts- und Sozialausschuss
ZaöRV	Zeitschrift für ausländisches öffentliches Recht und Völkerrecht
ZAS	Zentrale Ausgleichsstelle (Schweiz)
ZAV	Zentrale Auslands- und Fachvermittlung
zB	zum Beispiel
ZBR	Zeitschrift für Beamtenrecht (Zeitschrift)
ZERP	Zentrum für Europäische Rechtspolitik
ZESAR	Zeitschrift für europäisches Sozial- und Arbeitsrecht
ZEuP	Zeitschrift für europäisches Privatrecht
ZfA	Zeitschrift für Arbeitsrecht
ZGR	Zeitschrift für Unternehmens- und Gesellschaftsrecht
ZHR	Zeitschrift für das gesamte Handels- und Wirtschaftsrecht
Ziff.	Ziffer
ZinsO	Zinsordnung

Abkürzungsverzeichnis

ZIP	Zeitschrift für Wirtschaftsrecht
ZLW	Zeitschrift für Luft- und Weltraumrecht
zT	zum Teil
zul.	zuletzt
zust.	zustimmend
ZVR	Europäisches Zivilverfahrensrecht Zeugnisverweigerungsrecht
ZZPInt	Zeitschrift für Zivilprozeß International

Literaturverzeichnis

(Übergreifende oder abgekürzt zitierte Literatur; weitere spezielle Literatur bei Einzelvorschriften)

Adomeit/Mohr	Allgemeines Gleichbehandlungsgesetz (AGG), 2. Aufl., 2011
AKRR/*Bearbeiter*	*Annuß/Kühn/Rudolph/Rupp,* EBRG, Europäisches Betriebsrätegesetz, SEBG/MgVG/SCEBG, 2014
Alsbæk	Der Betriebsübergang und seine individualarbeitsrechtlichen Folgen in Europa, 2001
v. Alvensleben	Die Rechte der Arbeitnehmer bei Betriebsübergang im Europäischen Gemeinschaftsrecht, 1992
Andres/Leithaus/*Bearbeiter*	*Andres/Leithaus* (Hrsg.), Insolvenzordnung, Kommentar, 3. Aufl., 2014
Anzinger/Koberski	Arbeitszeitgesetz, Kommentar, 4. Aufl., 2014
APS/*Bearbeiter*	*Ascheid/Preis/Schmidt* (Hrsg.), Kündigungsrecht, Großkommentar, 4. Aufl., 2012
Augenreich	Die arbeitsrechtlichen Auswirkungen einer Privatisierung für die Arbeitnehmer der öffentlichen Hand, 2004
Bachmann/Lührs	Handbuch des Jugendarbeitsschutzrechts, 9. Aufl., 1997
Bader	Arbeitsrechtlicher Diskriminierungsschutz als Privatrecht, 2012
Baeck/Deutsch	Arbeitszeitgesetz, Kommentar, 3. Aufl., 2014
Baer	Würde oder Gleichheit?, 1995
Baldauf	Richtlinienverstoß und Verschiebung der Contra-Legem-Grenze im Privatrechtsverhältnis, 2013
Balze	Die sozialpolitischen Kompetenzen der EU, 1994
Bamberger/Roth/*Bearbeiter*	*Bamberger/Roth* (Hrsg.), Kommentar zum BGB, 3 Bände, 3. Aufl., 2012
Barnard	EU Employment Law, 4. Aufl., 2012
Bauer/Krieger	*Bauer/Krieger,* Kommentar zum Allgemeinen Gleichbehandlungsgesetz, 4. Aufl., 2015
Baugniet	The protection of occupational pensions under European Union law on the freedom of movement of workers, 2014
Baumbach/*Bearbeiter*	*Baumbach/Lauterbach/Albers/Hartmann,* Kommentar zur ZPO, 73. Aufl., 2015
Bayreuther	Tarifautonomie als kollektiv ausgeübte Privatautonomie, 2005
BDH/*Bearbeiter*	*Bernsau/Dreher/Hauck,* Betriebsübergang, 3. Aufl., 2010
Becker/v. Maydell/Nußberger	*Becker/v. Maydell/Nußberger* (Hrsg.), Die Implementierung internationaler Sozialstandards, 2006
v. Beckerath	Europäischer Betriebsrat kraft Gesetzes und Informationsrechte der nationalen Arbeitnehmervertretungen nach dem BetrVG, 2002
BeckOK-ArbR/*Bearbeiter*	*Rolfs/Giesen/Kreikebohm/Udsching* (Hrsg.), Beck'scher Online-Kommentar Arbeits- und Sozialrecht
BeckOK-GG/*Bearbeiter*	*Epping/Hillgruber* (Hrsg.), Beck'scher Online-Kommentar Grundgesetz
BeK/*Bearbeiter*	*Friauf/Höfling* (Hrsg.), Berliner Kommentar zum Grundgesetz, Loseblatt
Bercusson	Europaen Labour Law, 2. Aufl. 2009
BFK	*Bücker/Feldhoff/Kohte,* Vom Arbeitsschutz zur Arbeitsumwelt, 1994
Bittner	Europäisches und internationales Betriebsrentenrecht, 2000
Blanke	Europäische Betriebsräte-Gesetz, 2. Aufl., 2006
Blanpain/Schmidt/Schweibert	Europäisches Arbeitsrecht, 2. Aufl., 1996
Bleckmann Grundrechte	Nationale Grundrechte im Anwendungsbereich des Rechts der Europäischen Union, 2011
Bleckmann Religionsfreiheit	Von der individuellen Religionsfreiheit des Art. 9 EMRK zum Selbstbestimmungsrecht der Kirchen, 1995
Blomeyer	Das Verbot der mittelbaren Diskriminierung gemäß Art. 119 EGV, 1994

Literaturverzeichnis

Blum	Die Gedanken-, Gewissens- und Religionsfreiheit nach Art. 9 der Europäischen Menschenrechtskonvention, 1990
Blumenwitz/Gornig/Murswiek	Die Europäische Union als Wertegemeinschaft, 2005
Boecken/Spieß	Vom Erwerbsleben in den Ruhestand, 2000
Böckenförde/Jekewitz/Ramm	Soziale Grundrechte, 1981
Boemke/Danko	AGG im Arbeitsrecht, 2007
v. Bogdandy/Bast/Bearbeiter	v. Bogdandy/Bast (Hrsg.), Europäisches Verfassungsrecht, 2. Aufl., 2009
BoK/Bearbeiter	Kahl/Waldhoff/Walter (Hrsg.), Bonner Kommentar zum Grundgesetz, Loseblatt
Brechmann	Die richtlinienkonforme Auslegung, 1994
BRO/Bearbeiter	Blomeyer/Rolfs/Otto, Betriebsrentengesetz, Kommentar, 6. Aufl., 2015
Broberg/Fenger	Das Vorabentscheidungsverfahren vor dem Gerichtshof der Europäischen Union, 2014
Brors	Das System der Arbeitnehmer-Beteiligungs-Richtlinien, 2005
Brox/Rüthers	Brox/Rüthers (Hrsg.), Arbeitskampfrecht, 2. Aufl., 1982
Burg	Positive Maßnahmen zwischen Unternehmerfreiheit und Gleichbehandlung, 2009
Buschmann/Ulber	Arbeitszeitgesetz, Kommentar, 7. Aufl., 2011
Calliess/Bearbeiter	Calliess (Hrsg.), Rome Regulations: Commentary of the Europaen Rules of the Conflict of Laws, 2. Aufl., 2015
Calliess/Ruffert/Bearbeiter	Calliess/Ruffert (Hrsg.), EUV/AEUV, Kommentar, 4. Aufl., 2011
Canaris	Die Bedeutung der iustitia distributive im deutschen Vertragsrecht, 1997
Cottier	Die arbeitsrechtlichen Bestimmungen der Europäischen Sozialcharta, 1967
Cramer/Bearbeiter	Cramer/Fuchs/Hirsch/Ritz, SGB IX – Kommentar zum Recht schwerbehinderter Menschen, 6. Aufl., 2011
Däubler	Streik im öffentlichen Dienst, 2. Aufl., 1971
Däubler/Bearbeiter	Däubler (Hrsg.), Kommentar zum Tarifvertragsgesetz, 3. Aufl., 2012
Däubler/Bearbeiter AK	Däubler (Hrsg.), Arbeitskampfrecht, 3. Aufl., 2011
Däubler ArbR I/II	Das Arbeitsrecht, Bd. I, 16. Aufl., 2006; Bd. II, 12. Aufl., 2009
Dauses	Handbuch des EU-Wirtschaftsrechts, Loseblatt
Debong	Die EG-Richtlinie über die Wahrung der Arbeitnehmeransprüche beim Betriebsübergang, 1988
Deinert	Internationales Arbeitsrecht, 2013
Dewender	Betriebsfremde Arbeitnehmer in der Betriebsverfassung unter besonderer Berücksichtigung der unechten Leiharbeitnehmer, 2004
DFL/Bearbeiter	Dornbusch/Fischermeier/Löwisch (Hrsg.), Fachanwaltskommentar Arbeitsrecht, 6. Aufl., 2014
DHSW/Bearbeiter	Däubler/Hjort/Schubert/Wolmerath (Hrsg.), Arbeitsrecht, 2. Aufl., 2010
Digest	Digest of Case Law of the Europaen Committee of Social Rights, 2008
DKKW/Bearbeiter	Däubler/Kittner/Klebe/Wedde (Hrsg.), Kommentar zum Betriebsverfassungsgesetz, 14. Aufl., 2014
DKL	Däubler/Kittner/Lörcher, Internationale Arbeitsordnung und Sozialordnung, 2. Aufl., 1994
Döpner	Die Veräußererkündigung auf Erwerberkonzept beim Betriebsübergang, 2013
Dorfmann	Der Schutz der sozialen Grundrechte, 2006
Dorssemont/Lörcher/Schömann	The Europaen Convention on Human Rights and the Employment Relation, 2013
Dreier/Bearbeiter	Dreier (Hrsg.), Kommentar zum Grundgesetz, Bd. I, 3. Aufl., 2013, Bd. II 2006, Bd. III 2000
Dröge	Positive Verpflichtungen der Staaten in der Europäischen Menschenrechtskonvention, 2003
Dütz/Thüsing	Arbeitsrecht, 19. Aufl., 2014

Literaturverzeichnis

Dumke	Streikrecht i. S. des Art. 6 Nr. 4 ESC und deutsches Arbeitskampfrecht, 2013
EAS/*Bearbeiter*	*Oetker/Preis* (Hrsg.), Europäisches Arbeits- und Sozialrecht, Rechtsvorschriften, Systematische Darstellungen und Entscheidungssammlung, Loseblatt
Ehlers/*Bearbeiter*	*Ehlers* (Hrsg.), Europäische Grundrechte und Grundfreiheiten, 4. Aufl., 2014
Ehmann/Helfrich	EG-Datenschutzrichtlinie, 1999
Eichenhofer	Sozialrecht der Europäischen Union, 5. Aufl., 2013
Eisner	Die Schrankenregelung der Grundrechtecharta der Europäischen Union, 2005
Engels	Verfassung und Arbeitskampfrecht, 2008
ErfK/*Bearbeiter*	*Müller-Glöge/Preis/Schmidt* (Hrsg.), Erfurter Kommentar zum Arbeitsrecht, 15. Aufl., 2015
Erman/*Bearbeiter*	BGB, Handkommentar, 14. Aufl., 2014
Europarat	Die Europäische Sozialcharta, 2002
Everling	Das Vorabentscheidungsverfahren vor dem Gerichtshof der Europäischen Gemeinschaften, 1986
Federhofer	Europäisches Tarifrecht?, 2013
Felsner	Arbeitsrechtliche Rahmenbedingungen von Unternehmensübernahmen in Europa, 1997
Fenske	Das Verbot der Altersdiskriminierung im US-amerikanischen Arbeitsrecht, 1998
Ferrari/*Bearbeiter*	*Ferrari* (Hrsg.), Rome I Regulation: Pocket Commentary, 2015
Fitting	*Fitting/Engels/Schmidt/Trebinger/Linsenmaier,* Betriebsverfassungsgesetz mit Wahlordnung, Handkommentar, 27. Aufl., 2014
FKMOSSS/*Bearbeiter*	*Ferrari/Kieninger/Mankowski/Otte/Saenger/Schulze/Staudinger,* Internationales Vertragsrecht, 2. Aufl., 2012
Forst	Die Beteiligungsvereinbarung nach § 21 SEBG, 2010
Franzen Betriebsinhaberwechsel	Der Betriebsinhaberwechsel nach § 613a BGB im internationalen Arbeitsrecht, 1994
Franzen Privatrechtsangleichung	Privatrechtsangleichung durch die Europäische Gemeinschaft, 1999
Frenz	Europarecht, 2011
Frenz Handbuch	Handbuch Europarecht, Bd. 1 – 2. Aufl., 2012, Bd. 2 – 2. Aufl., 2015, Bd. 4 – 2009
Friese	Urlaubsrecht, 2003
Frowein	Zur völkerrechtlichen und verfassungsrechtlichen Gewährleistung der Aussperrung, 1976
Frowein/Peukert/*Bearbeiter*	*Frowein/Peukert* (Hrsg.), Europäische Menschenrechtskonvention, 3. Aufl., 2009
Fuchs/*Bearbeiter*	*Fuchs* (Hrsg.), Kommentar zum Europäischen Sozialrecht, 6. Aufl., 2013
Fuchs/Marhold…	Europäisches Arbeitsrecht, 4. Aufl., 2014
Gamillscheg	Internationales Arbeitsrecht, 1959
Gamillscheg Arbeitsrecht I	Arbeitsrecht Bd. I, 8 Aufl., 2000
Gamillscheg Grundrechte	Die Grundrechte im Arbeitsrecht, 1989
Gamillscheg KollArbR I	Kollektives Arbeitsrecht, Bd. I, 1997
Gamillscheg KollArbR II	Kollektives Arbeitsrecht, Bd. II, 2008
Gebauer/Wiedmann/*Bearbeiter*	*Gebauer/Wiedmann* (Hrsg.), Zivilrecht unter europäischem Einfluss, 2. Aufl., 2010
Geiger/*Bearbeiter*	*Geiger/Kahn/Kotzur,* EUV/AEUV, Kommentar 5. Aufl., 2010
Geimer/Schütze/*Bearbeiter* Eur. ZVR	*Geimer/Schütze* (Hrsg.), Europäisches Zivilverfahrensrecht, 3. Aufl., 2010
Geimer/Schütze/*Bearbeiter*	*Geimer/Schütze* (Hrsg.), Internationaler Rechtsverkehr in Zivil- und Handelssachen, Loseblatt
Gerdom	Gemeinschaftsrechtliche Unterrichtungs- und Anhörungspflichten und ihre Auswirkungen auf das Betriebsverfassungs-, Personalvertretungs- und Mitarbeitervertretungsrecht, 2009

Literaturverzeichnis

Gerken/Rieble/Roth	„Mangold" als ausbrechender Rechtsakt, 2009
GHN/*Bearbeiter*	*Grabitz/Hilf/Nettesheim,* Das Recht der EU, Kommentar zur Europäischen Union, Loseblatt
Giere	Soziale Mächtigkeit als Voraussetzung für die Tariffähigkeit, 2006
GK-ArbGG/*Bearbeiter*	*Bader* u. a. (Bearb.), Gemeinschaftskommentar zum Arbeitsgerichtsgesetz, Loseblatt
GK-BetrVG/*Bearbeiter*	*Wiese* u. a. (Bearb.), Gemeinschaftskommentar zum Betriebsverfassungsgesetz, 10. Aufl., 2014
GK-BUrlG/*Bearbeiter*	*Stahlhacke* u. a. (Bearb.), Gemeinschaftskommentar zum Bundesurlaubsgesetz, 5. Aufl., 1992
GLF/*Bearbeiter*	*Gaul/Ludwig/Forst* (Hrsg.), Europäisches Mitbestimmungsrecht, 2015
GMD/*Bearbeiter*	*Grote/Marauhn/Dörr,* EMRK/GG, 2. Aufl., 2014
GMP/*Bearbeiter*	*Germelmann/Matthes/Prütting/Müller-Glöge/Künzl/Schlewing/Spinner,* Arbeitsgerichtsgesetz, Kommentar, 8. Aufl., 2013
Gooren	Der Tarifbezug des Arbeitskampfs, 2014
Grabenwarter/*Bearbeiter*	*Grabenwarter* (Hrsg.), European Conventions on Human Rights, 2014
Grabenwarter/Pabel	*Grabenwarter/Pabel,* Europäische Menschenrechtskonvention, 5. Aufl., 2012
Griebeling	*Griebeling/Griebeling,* Betriebliche Altersversorgung, 2. Aufl., 2003
Grimm	Die Zukunft der Verfassung, 2. Aufl., 1994
Groh	Die Auslegungsbefugnis des EuGH im Vorabentscheidungsverfahren, 2005
von der Groeben/Schwarze/*Bearbeiter*	*von der Groeben/Schwarze* (Hrsg.), Kommentar zum Vertrag über die Europäische Union und zur Gründung der Europäischen Gemeinschaft, 6. Aufl., 2003
von der Groeben/Schwarze/Katje/*Bearbeiter*	*von der Groeben/Schwarze/Katje* (Hrsg.), Kommentar zum Vertrag über die Europäische Union und zur Gründung der Europäischen Gemeinschaft, 2. Aufl., 2015
de Groot	Der deutsche Pensionsfonds als Instrument der betrieblichen Altersversorgung im Spannungsfeld zwischen Betriebsrenten- und Versicherungsrecht, 2010
Große Wentrup	Die Europäische Grundrechtecharta im Spannungsfeld der Kompetenzverteilung zwischen Europäischer Union und Mitgliedstaaten, 2003
Grünberger	Personale Gleichheit – Der Grundsatz der Gleichbehandlung im Zivilrecht, 2013
Habersack/Drinhausen/*Bearbeiter*	*Habersack/Drinhausen* (Hrsg.), SE-Recht mit grenzüberschreitender Verschmelzung, 2013
Hahn	Auswirkungen der europäischen Regelungen zur Altersdiskriminierung im deutschen Arbeitsrecht, 2006
Hailbronner/Wilms	*Hailbronner/Wilms* (Hrsg.), Das Recht der Europäischen Union, Loseblattsammlung
HaKo-AGG/*Bearbeiter*	*Däubler/Bertzbach* (Hrsg.), Allgemeines Gleichbehandlungsgesetz – Handkommentar, 3. Aufl., 2013
HaKo-BetrVG/*Bearbeiter*	*Düwell* (Hrsg.), Betriebsverfassungsgesetz – Handkommentar, 4. Aufl., 2014
Haltern	Europarecht, 2. Aufl., 2007
HambKomm/*Bearbeiter*	*Schmidt* (Hrsg.), Hamburger Kommentar zum Insolvenzrecht, 3. Aufl., 2009
Hanau/Adomeit	Arbeitsrecht, 14. Aufl., 2007
Haratsch/Koenig/Pechstein	Europarecht, 9. Aufl., 2014
Harris/Darcy	The European Social Charter, 2. Aufl., 2001
Harris/O`Boyle/Warbrick	Law of the European Convention on Human Rights, 3. Aufl., 2014

Literaturverzeichnis

Hartmann Gestaltungsmöglichkeiten	Arbeitsrechtliche Gestaltungsmöglichkeiten bei Privatisierungen, 2008
Hartmann Gleichbehandlung	Gleichbehandlung und Tarifautonomie, 1994
HBD/*Bearbeiter*	*Hümmerich/Boecken/Düwell* (Hrsg.), AnwaltKommentar Arbeitsrecht, 2. Aufl., 2010
HbStR/*Bearbeiter*	*Isensee/Kirchhof* (Hrsg.), Handbuch des Staatsrechts der Bundesrepublik Deutschland, 3. Aufl., 2003ff
HbVerfR/*Bearbeiter*	*Benda/Maihofer/Vogel/Hesse/Heyde* (Hrsg.), Handbuch des Verfassungsrechts, 2. Aufl., 1994
HdG/*Bearbeiter*	*Merten/Papier* (Hrsg.), Handbuch der Grundrechte in Deutschland und Europa, Band VI/2 – Europäische Grundrechte II – Universelle Menschenrechte, 2009
Henssler	Der Arbeitsvertrag im Konzern, 1983
Henssler/Braun/*Bearbeiter*	*Henssler/Braun* (Hrsg.), Arbeitsrecht in Europa, 3. Aufl., 2011
Hergenröder	Der Arbeitskampf mit Auslandsberührung, 1987
Heselhaus/Nowak/*Bearbeiter*	*Heselhaus/Nowak* (Hrsg.), Handbuch der Europäischen Grundrechte, 2. Aufl. 2015
Heuschmid	Mitentscheidung durch Arbeitnehmer – ein europäisches Grundrecht?, 2009
Hey/Forst/*Bearbeiter*	*Hey/Forst* (Hrsg.), AGG – Allgemeines Gleichbehandlungsgesetz, 2. Aufl., 2015
HHGH/*Bearbeiter*	*Haß/Huber/Gruber/Heickhoff,* EU-Insolvenzordnung: EU-InsVO, 2005
Hinrichs	Kündigungsschutz und Arbeitnehmerbeteiligung bei Massenentlassungen – Europarechtliche Aspekte und Impulse, 2001
HK-BGB/*Bearbeiter*	*Schulze/Dörner/Ebert/Kemper/Saenger/Schreiber/Schalte-Nolke/Staudinger,* Bürgerliches Gesetzbuch: Handkommentar BGB, 8. Aufl., 2014
HK-EUR/*Bearbeiter*	*Vedder/Heintschell von Heinegg* (Hrsg.), Europäisches Unionsrecht, 2011
HK-InsO/*Bearbeiter*	*Kreft* (Hrsg.), Heidelberger Kommentar zur Insolvenzordnung, 7. Aufl., 2014
HK-TzBfG/*Bearbeiter*	*Boecken/Joussen,* Teilzeit- und Befristungsgesetz, Handkommentar, 3. Aufl., 2012
HMB/*Bearbeiter*	*Henssler/Moll/Bepler* (Hrsg.), Der Tarifvertrag, 2013
van Hoeck/Houwerzijl	Complementary study on the legal aspects of the posting of workers in the framework of the provision of services in the European Union, 2012
Hoentzsch	Die Anwendung der Benachteiligungsverbote des Allgemeinen Gleichbehandlungsgesetzes auf Organmitglieder, 2011
Hoops	Die Mitbestimmungsvereinbarung in der Europäischen Aktiengesellschaft (SE), 2009
Höpfner	Die systemkonforme Auslegung, 2008
HSW/*Bearbeiter*	*Hanau/Steinmeyer/Wank,* Handbuch des europäischen Arbeits- und Sozialrechts, 2002
HSWG/*Bearbeiter*	*Hess/Schlochauer/Worzalla/Glock/Nicolai/Rose/Huke,* Kommentar zum Betriebsverfassungsgesetz, 9. Aufl., 2014
Huber	Der Beitritt der Europäischen Union zur Europäischen Menschenrechtskonvention, 2008
Huber/*Bearbeiter*	*Huber* (Hrsg.), Rome II Regulation: Pocket Commentary, 2011
Hueck/Nipperdey	Lehrbuch des Arbeitsrechts, 7. Aufl., Bd. I 1967; Bd. II, 1. und 2. Halbbd. 1967, 1970
Hummert	Neubestimmung der acte-clair-Doktrin im Kooperationsverhältnis zwischen EG und Mitgliedstaat, 2006
HWK/*Bearbeiter*	*Henssler/Willemsen/Kalb* (Hrsg.), Arbeitsrecht Kommentar, 6. Aufl., 2014
HzA/*Bearbeiter*	Handbuch zum Arbeitsrecht, hrsg. von *Stahlhacke,* fortgeführt von *Leinemann,* Loseblatt

Literaturverzeichnis

IK-EMRK/*Bearbeiter*	Pabel/Schmal (Hrsg.), Internationaler Kommentar zur Europäischen Menschenrechtskonvention, Loseblatt
Ipsen	Europäisches Gemeinschaftsrecht, 1972
Isenhardt	Relative Tariffähigkeit, 2007
Jacobs/White/Ovey	The Europaen Convention in Human Rights, 5. Aufl., 2010
Jaeckel	Schutzpflichten im deutschen und europäischen Recht, 2001
Jatho	Die Stellung der Tendenzunternehmen und der Religionsgemeinschaften und deutschen und europäischen Recht der Arbeitnehmerbeteiligung, 2013
Jarass	Charta der Grundrechte der Europäischen Union, 2. Aufl., 2013
Jarass/Pieroth	Grundgesetz für die Bundesrepublik Deutschland, Kommentar, 13. Aufl., 2014
Jauernig/*Bearbeiter*	Kommentar zum BGB, 15. Aufl., 2014
Jernej	Die Europäische Grundrechtecharta vor dem Hintergrund der EMRK, 2008
Jeschke	Der europäische Streik, 2006
JKOS/*Bearbeiter*	Jacobs/Krause/Oetker/Schubert, Tarifvertragsrecht, 2. Aufl., 2013
Jöst	Der Betriebsübergang, 2004
Junker Arbeitnehmereinsatz	Arbeitnehmereinsatz im Ausland, 2007
Junker Betriebsinhaberwechsel	Grenzüberschreitender Betriebsinhaberwechsel, 1994
Junker Int. ZPR	Internationales Zivilprozessrecht, 2012
Junker Konzern	Internationales Arbeitsrecht im Konzern, 1992
Kämper/Puttler	Straßburg und das kirchliche Arbeitsrecht, 2013
Kallmeyer/*Bearbeiter*	Kallmeyer (Hrsg.), Umwandlungsgesetz, 5. Aufl., 2013
Kamanabrou	Kamanabrou (Hrsg.), Erga-Omnes-Wirkung von Tarifverträgen, 2011
Kania	Grenzüberschreitende Betriebsübergänge aus europarechtlicher Sicht, 2012
Karmanns	Telearbeit im internationalen Privatrecht, 2005
Karpenstein/Mayer/*Bearbeiter*	Karpenstein/Meyer (Hrsg.), EMRK – Konvention zum Schutz der Menschenrechte und Grundfreiheiten, 1. Aufl., 2012
KDZ/*Bearbeiter*	Kittner/Däubler/Zwanziger (Hrsg.), Kündigungsschutzrecht, 9. Aufl., 2014
Kerwer	Das europäische Gemeinschaftsrecht und die Rechtsprechung der deutschen Arbeitsgerichte, 2003
KeZa/*Bearbeiter*	Kempen/Zachert (Hrsg.), Tarifvertragsgesetz (TVG), Kommentar, 5. Aufl., 2014
KHb/*Bearbeiter*	Kasseler Handbuch zum Arbeitsrecht, 2. Aufl., 2000
Kiehn	Die betriebliche Beteiligung der Arbeitnehmer in der Societas Europaea, 2011
Kissel AK	Arbeitskampfrecht, 2002
KK-AktG/*Bearbeiter*	Zöllner/Noack (Hrsg.), Kölner Kommentar zum AktG, 2. Aufl., 1988 ff., 3. Aufl., 2004 ff
KK-UmwG/*Bearbeiter*	Dauner-Lieb/Simon (Hrsg.), Kölner Kommentar zum Umwandlungsgesetz, 2009
Klein	Unmittelbare Geltung, Anwendbarkeit und Wirkung von Europäischem Gemeinschaftsrecht, 1988
Kliemt	Formerfordernisse im Arbeitsverhältnis, 1995
Kober	Der Grundrechtsschutz in der Europäischen Union, 2008
Koberski	Koberski/Asshoff/Eustrup/Winkler, Arbeitnehmer-Entsendegesetz, Kommentar, 3. Aufl., 2011
Kokott	Der Betriebsübergang in Deutschland und Polen, 2010
Kollmer/Klindt/*Bearbeiter*	Kollmer/Klindt (Hrsg.), Arbeitsschutzgesetz, 2. Aufl. 2011
KPB/*Bearbeiter*	Kübler/Prütting/Bork, Kommentar zur Insolvenzordnung, Loseblatt
KR/*Bearbeiter*	Etzel/Bader ua. (Bearb.), Gemeinschaftskommentar zum Kündigungsschutzgesetz und zu sonstigen kündigungsschutzrechtlichen Vorschriften, 10. Aufl., 2013
Krebber	Internationales Privatrecht des Kündigungsschutzes bei Arbeitsverhältnissen, 1997

Literaturverzeichnis

Kreitner	Kündigungsrechtliche Probleme beim Betriebsinhaberwechsel, 1989
Kretz	Arbeitnehmer-Entsendegesetz : Gesetz über zwingende Arbeitsbedingungen bei grenzüberschreitenden Dienstleistungen; Leitfaden für die Praxis, 1996
Krimphove	Europäisches Arbeitsrecht, 2. Aufl., 2001
Kropholler/v. Hein	*Kropholler/von Hein,* Europäisches Zivilprozessrecht – Kommentar zu EuGVO, Lugano-Übereinkommen 2007, EuVTO, EuMVVO und EuGFVO, 9. Aufl., 2011
KSW/*Bearbeiter*	*Kreikebohm/Spellbrink/Waltermann* (Hrsg.), Kommentar zum Sozialrecht, 2. Aufl., 2011
Kummer	Umsetzungsanforderungen der neuen arbeitsrechtlichen Antidiskriminierungsrichtlinie (RL 2000/78/EG), 2003
KZD/*Bearbeiter*	*Kittner/Zwanziger/Deinert* (Hrsg.), Arbeitsrecht, Handbuch für die Praxis, 7. Aufl., 2013
Langenbucher/*Bearbeiter*	*Langenbucher* (Hrsg.), Europarechtliche Bezüge des Privatrechts, 2. Aufl., 2008
Langohr-Plato	Betriebliche Altersversorgung, 5. Aufl., 2010
Layton/Mercer	European Civil Practice, Vol. I, 2nd edition, London 2004
Lehmann	Die Höhe des finanziellen Ausgleichs nach § 15 Abs. 1 und 2 AGG unter besonderer Berücksichtigung der Rechtsprechung des EuGH, 2010
Leinemann/Linck	Urlaubsrecht, Kommentar, 2. Aufl., 2001
Lenz/Borchardt/*Bearbeiter*	*Lenz/Borchardt* (Hrsg.), EU-Verträge, Kommentar, 6 Aufl., 2013
Lerche	Der Europäische Betriebsrat und der deutsche Wirtschaftsausschuß, 1997
LHT/*Bearbeiter*	*Lutter/Hommelhoff/Teichmann* (Hrsg.), SE-Kommentar, 2. Aufl., 2015
Lieb/Jacobs	Arbeitsrecht, 9. Aufl., 2006
Linden	Die Mitbestimmungsvereinbarung der dualistisch verfassten Societas Euroaea (SE), 2012
Lingscheid	Antidiskriminierung im Arbeitsrecht, 2004
Linnenkohl/Rauschenberg	Arbeitszeitgesetz, Kommentar, 2. Aufl., 2004
Löw	Die Betriebsveräußerung im europäischen Arbeitsrecht, 1992
Löwisch/Caspers/Neumann	Beschäftigung und demokratischer Wandel, 2003
Löwisch/Rieble	Tarifvertragsgesetz, Kommentar, 3. Aufl., 2012
Lutter/*Bearbeiter*	*Lutter/Bayer/Vetter* (Hrsg.), Umwandlungsgesetz, Kommentar, 5. Aufl., 2014
Macdonald/Matscher/Petzold	The Europaen System for the Protection of Human Rights, 1993
Maeßen	Auswirkungen der EuGH-Rechtsprechung auf das deutsche Arbeitskampfrecht unter besonderer Berücksichtigung der Entscheidungen in den Rechtssachen Viking und Laval, 2010
Magnus/Mankowski/*Bearbeiter*	*Magnus/Mankowski* (Hrsg.), Brussels I Regulation, 2. Aufl., 2012
Martin	Die Umsetzung der Unternehmensübergangsrichtlinie (Richtlinie 2001/23/EG – Betriebsübergangsrichtlinie) in Spanien, 2006
Matscher	Durchsetzung wirtschaftlicher und sozialer Grundrechte, 1991
Maunz/Dürig/*Bearbeiter*	Grundgesetz, Loseblatt-Kommentar von *Theodor Maunz, Günter Dürig, Roman Herzog, Rupert Scholz, Peter Lerche, Hans-Jürgen Papier, Albrecht Randelzhofer, Eberhard Schmidt-Aßmann*
Mauthner	Die Massenentlassungsrichtlinie der EG und ihre Bedeutung für das deutsche Massenentlassungsrecht, 2004
v. Medem	Kündigungsschutz und Allgemeines Gleichbehandlungsgesetz, 2008
Mengel	Umwandlungen im Arbeitsrecht, 1997
Menze	Das Widerspruchsrecht der Arbeitnehmer beim Betriebsübergang, 2000
Meyer/*Bearbeiter*	*Meyer* (Hrsg.), Charta der Grundrechte der Europäischen Union, 4. Aufl., 2014
Meyer-Ladewig	EMRK, 3. Aufl., 2011

Literaturverzeichnis

MHdBArbR/*Bearbeiter*	*Richardi/Wlotzke/Wißmann/Oetker* (Hrsg.), Münchener Handbuch zum Arbeitsrecht, 2 Bände, 3. Aufl., 2009
MHdBGesR VI/*Bearbeiter*	*Leible/Reichert* (Hrsg.), Münchener Handbuch zum Gesellschaftsrecht, Band 6, 4. Aufl., 2013
MHH AGG	*Meinel/Heyn/Herms*, Allgemeines Gleichbehandlungsgesetz, Kommentar, 2. Aufl., 2010
Mitscherlich	Das Arbeitskampfrecht der Bundesrepublik Deutschland und die Europäische Sozialcharta, 1976
MKS/*Bearbeiter*	*v. Mangoldt/Klein/Starck,* Kommentar zum Grundgesetz: GG, 3 Bände, 6. Aufl., 2010
MMS/*Bearbeiter*	*Manz/Mayer/Schröder* (Hrsg.), Europäische Aktiengesellschaft, 2. Aufl. 2013
Mohr Diskriminierungen	Schutz vor Diskriminierungen im Europäischen Arbeitsrecht, 2004
Mohr Vertragsfreiheit	Sicherung der Vertragsfreiheit durch Wettbewerbs- und Regulierungsrecht, 2015
MüKoAktG/*Bearbeiter*	*Goette/Habersack* (Hrsg.), Münchener Kommentar zum Aktiengesetz, 3. Aufl., 2008 ff., 4. Aufl., 2014
MüKoBGB/*Bearbeiter*	*Säcker/Rixecker/Oetker* (Hrsg.), Münchener Kommentar zum BGB, 6. Aufl., 2012ff
MüKoEUWettbR/*Bearbeiter*	*Bornkamm/Montag/Säcker* (Hrsg.), Münchener Kommentar zum Europäischen und Deutschen Wettbewerbsrecht Bd. 1: Europäisches Wettbewerbsrecht, 2. Aufl., 2015
MüKoInsO/*Bearbeiter*	*Kirchhof/Stürner/Eidenmüller* (Hrsg.), Münchener Kommentar zur Insolvenzordnung, 3. Aufl., 2013
MüKoZPO/*Bearbeiter*	*Rauscher/Krüger* (Hrsg.), Münchener Kommentar zur ZPO, 4. Aufl., 2013
Müller	International zwingende Normen des deutschen Arbeitsrechts, 2005
Müller EBRG	Europäische Betriebsräte-Gesetz, 1997
Musielak/*Bearbeiter*	*Musielak* (Hrsg.), ZPO, Kommentar, 11. Aufl., 2014
MVG/*Bearbeiter*	*Molitor/Volmer/Germelmann,* Jugendarbeitsschutzgesetz, Kommentar, 3. Aufl., 1986
Nagel/Gottwald	Internationales Zivilprozessrecht, 7. Aufl., 2013
Neubeck	Die Europäische Sozialcharta und deren Protokolle, 2002
Neumann/Biebl	Arbeitszeitgesetz, 16. Aufl., 2013
Neumann/Fenski	Bundesurlaubsgesetz, 10. Aufl., 2011
NFK/*Bearbeiter*	*Nagel/Freis/Kleinsorge,* Beteiligung der Arbeitnehmer im Unternehmen auf der Grundlage des europäischen Rechts, 2. Aufl., 2009
Nikisch	Arbeitsrecht, Bd. I, 3. Aufl., 1961; Bd. II, 2. Aufl., 1959; Bd. III, 2. Aufl., 1966
Niksova	Grenzüberschreitender Betriebsübergang, Arbeitsrechtliche Fragen bei grenzüberschreitenden Standortverlagerungen, 2014
NK-ArbR/*Bearbeiter*	Nomoskommentar Arbeitsrecht, 3. Aufl., 2013
NK-BGB/*Bearbeiter*	Nomoskommentar BGB, 3. Aufl., 2014/2015
Nollert-Borasio/Perreng	Allgemeines Gleichbehandlungsgesetz – Basiskommentar, 3. Aufl., 2010
Novitz	International and Europaen Protection of the Right to Strike, 2003
Nußberger	Sozialstandards im Völkerrecht, 2005
Oetker/Preis/*Bearbeiter*	s. EAS
Oppermann/Classen/Nettesheim	Europarecht, 6. Aufl. 2014
Otto AK	Arbeitskampf und Schlichtungsrecht, 2006
Pärli/Naguib/Kuratli	Schutz vor Benachteiligung aufgrund chronischer Krankheit, 2012
Palandt/*Bearbeiter*	Kommentar zum Bürgerlichen Gesetzbuch, 74. Aufl., 2015
Pannen/*Bearbeiter*	*Pannen* (Hrsg.), Europäische Insolvenzordnung, 2007
Paukner	Streikrecht entsandter ausländischer Arbeitnehmer im inländischen Betrieb, 2009

Literaturverzeichnis

Paulus	Europäische Insolvenzverordnung, 4. Aufl., 2013
Petersen	Der Schutz der sozialen Grundrechte in der Europäischen Union, Diss. Würzburg, 2005
PHKW/*Bearbeiter*	*Peers/Hervey/Kenner/Ward* (Hrsg.), The EU Charter of Fundamental Rights, 2014
Pieper	ArbSchR, Arbeitsschutzrecht, 5. Aufl. 2012
Pischel	Die Bedeutung der Europäischen Sozialcharta für das Recht in der Bundesrepublik Deutschland, Diss. Würzburg 1996
Plum	Tendenzschutz im europäischen Arbeitsrecht, 2011
Pohr	Ablösung, Änderung, Anpassung – Die Möglichkeiten des Erwerbers zur Schaffung einheitlicher Arbeitsbedingungen nach einem Betriebsübergang, 2014
Pottschmidt	Arbeitnehmerähnliche Personen in Europa, 2006
Preis/Sagan/Bearbeiter	*Preis/Sagan* (Hrsg.), Europäisches Arbeitsrecht, 2015
Preis/Temming	Die Urlaubs- und Lohnausgleichskasse im Kontext des Gemeinschaftsrechts, 2006
PWW/*Bearbeiter*	*Prütting/Wegen/Weinreich* (Hrsg.), BGB-Kommentar, 9. Aufl., 2014
Rauscher/Bearbeiter	*Rauscher* (Hrsg.), Europäisches Zivilprozess- und Kollisionsrecht, EuZPR/EuIPR, 2011
Rebhahn/Bearbeiter	*Rebhahn* (Hrsg.), Kommentar zum Gleichbehandlungsgesetz, 2. Aufl., 2013
RDW/*Bearbeiter*	*Richardi/Dörner/Weber* (Hrsg.), Personalvertretungsrecht, 4. Aufl., 2012
Reichegger	Auswirkungen der Richtlinie 2000/78/EG auf das kirchliche Arbeitsrecht unter Berücksichtigung von Gemeinschaftsgrundrechten als Auslegungsmaxime, 2005
Reithmann/Martiny/Bearbeiter	*Reithmann/Martiny* (Hrsg.), Internationales Vertragsrecht, Das Internationale Privatrecht der Schuldverträge, 7. Aufl., 2010
Rengeling/Szczekalla	Grundrechte in der Europäischen Union, 2004
Reuther	Bestand und Inhalt von Arbeitsverträgen nach Verschmelzungen, 2011
RheinKomm/*Bearbeiter*	*Fischer* (Hrsg.), Rheinischer Kommentar zur Europäischen Menschenrechtskonvention, 2010
Richardi	Arbeitsrecht in der Kirche, 6. Aufl., 2012
Richardi/Bearbeiter	*Richardi* (Hrsg.), Betriebsverfassungsgesetz mit Wahlordnung, Kommentar, 14. Aufl., 2014
Riesenhuber	Europäisches Arbeitsrecht, 2009
Riesenhuber EEL	European Employment Law, 2012
Riesenhuber/Bearbeiter	*Riesenhuber* (Hrsg.), Europäische Methodenlehre, 3. Aufl., 2015
Riesenhuber/Bearbeiter Privatrechtsgesellschaft	*Riesenhuber* (Hrsg.), Privatrechtsgesellschaft – Entwicklung, Stand und Verfassung des Privatrechts, 2007
Ritter	Der Wirtschaftsausschuss nach dem Betriebsverfassungsgesetz und der Rahmenrichtlinie 2002/14/EG, 2006
Rittweger	*Rittweger/Petri/Schweikert,* Altersteilzeit, 2. Aufl., 2002
RMG/*Bearbeiter*	*Rengeling/Middeke/Gellermann* (Hrsg.), Handbuch des Rechtsschutzes in der Europäischen Union, 3. Aufl., 2014
v. *Roetteken*	Allgemeines Gleichbehandlungsgesetz, 2015
Roloff	Das Beschränkungsverbot des Art. 39 EG (Freizügigkeit) und seine Auswirkungen auf das nationale Arbeitsrecht, 2003
Rosenstein	Die Abgrenzung der Arbeitnehmerüberlassung vom Fremdfirmeneinsatz aufgrund Dienst- oder Werkvertrags, 1997
Roßmann	Unternehmensmitbestimmung und grenzüberschreitende Verschmelzung in der Europäischen Union, 2012
Rudkowski	Der Streik in der Daseinsvorsorge, 2010
Rühl AGG	*Rühl/Schmid/Viethen,* Allgemeines Gleichbehandlungsgesetz (AGG), 2007
Rüthers	Rechtsprobleme der Aussperrung, 1980
Rust/Falke/Bearbeiter	*Rust/Falke* (Hrsg.), Allgemeines Gleichbehandlungsgesetz mit weiterführenden Vorschriften, 2007

Literaturverzeichnis

Sachs/*Bearbeiter*	*Sachs* (Hrsg.), Kommentar zum Grundgesetz, 7. Aufl., 2014
Saenger/*Bearbeiter*	*Saenger* (Hrsg.), Zivilprozessordnung, 5. Aufl., 2013
Sagan	Das Gewerkschaftsgrundrecht auf Kollektivmaßnahmen – Eine dogmatische Analyse des Art. 28 der Europäischen Grundrechtecharta, 2008
Sagmeister	Die Grundsatznormen in der Europäischen Sozialcharta, 2010
Sansone	Gleichstellung von Leiharbeitnehmern nach deutschem und Unionsrecht, 2011
Sasse	Die Berufsfreiheit und das Recht zu arbeiten, 2011
Schäfer	Der europäische Rahmen für Arbeitnehmermitwirkung, 2005
Schäfer/Ott	Lehrbuch der ökonomischen Analyse des Rechts, 5. Aufl., 2013
Schaller	Die EU-Mitgliedstaaten als Verpflichtungsadressaten der Gemeinschaftsgrundrechte, 2003
Schaub/*Bearbeiter*	*Schaub* (Begr.), Arbeitsrechts-Handbuch, 15. Aufl., 2013
Schiek	Europäisches Arbeitsrecht, 3. Aufl., 2007
Schiek Integration	Economic and Social Integration – the Challenge for EU Constitutional Law, 2012
Schiek/*Bearbeiter*	Allgemeines Gleichbehandlungsgesetz, 2007
Schima	Das Vorabentscheidungsverfahren vor dem EuGH, 2. Aufl., 2004
Schlachter	Wege zur Gleichberechtigung, 1993
Schlachter/Ohler	Europäische Dienstleistungsrichtlinie: Handkommentar, 2008
Schlachter/*Bearbeiter*	*Schlachter* (Hrsg.), EU Labour Law – A Commentary, 2015
Schlachter/Heinig/*Bearbeiter*	*Schlachter/Heinig* (Hrsg.), Europäisches Arbeits- und Sozialrecht, 2015
Schlenker-Rehage	Das Übergangsmandat des Betriebs- und des Personalrates und die Bedeutung der Richtlinie 2001/23/EG, 2010
Schliemann	Arbeitszeitgesetz, Kommentar, 2. Aufl., 2013
Schlinkhoff	Der Europäische Betriebsrat kraft Vereinbarung, 2011
Schlosser	EU-Zivilprozessrecht, 3. Aufl., 2009
Schmid	Mitbestimmung in der Europäischen Aktiengesellschaft (SE), 2010
Schmidt	Das Arbeitsrecht der EG, 2001
F. Schmidt	Die unternehmerische Freiheit im Unionsrecht, 2010
K. Schmidt/*Bearbeiter*	*K. Schmidt* (Hrsg.), Insolvenzordnung, 18. Aufl., 2013
Schneider	Die Auswirkungen von Tarifmehrheiten im Betrieb auf die Betriebsverfassung, 2014
Schneiders	Die Grundrechte der EU und die EMRK, 2010
Scholz/Konzen	Die Aussperrung im System von Arbeitsverfassung und kollektivem Arbeitsrecht, 1980
Schrammel/Winkler	Europäisches Arbeits- und Sozialrecht, 2010
Schubert Monti-II-VO	Der Vorschlag der EU-Kommission für eine Monti-II-Verordnung, 2012
Schubert Wiedergutmachung	Die Wiedergutmachung immaterieller Schäden im Privatrecht, 2013
Schüren/Hamann/*Bearbeiter*	*Schüren/Hamann* (Hrsg.), Arbeitnehmerüberlassungsgesetz, 4. Aufl. 2010
Schütz/Bruha/König	Casebook Europarecht, 2004
Schwab/Weth/*Bearbeiter*	*Schwab/Weth* (Hrsg.), Arbeitsgerichtsgesetz, Kommentar, 4. Aufl., 2015
Schwarze/*Bearbeiter*	*Schwarze* (Hrsg.), EU-Kommentar, 3. Aufl. 2012
Seiter	Staatsneutralität im Arbeitskampf, 1987
Seiter Streikrecht	Streikrecht und Aussperrungsrecht, 1975
Semler/Stengel/*Bearbeiter*	*Semler/Stengel* (Hrsg.), Umwandlungsgesetz, 3. Aufl., 2012
Simons/Hausmann/*Bearbeiter*	*Simons/Hausmann* (Hrsg.), Brüssel I-Verordnung: Kommentar zur VO (EG) 44/2001 und zum Übereinkommen von Lugano, 2012
Soergel/*Bearbeiter*	Kommentar zum BGB, 13. Aufl., bandweise Aktualisierungen
Sprenger	Das arbeitsrechtliche Verbot der Altersdiskriminierung nach der Richtlinie 2000/78/EG, 2006
SSV/*Bearbeiter*	*Schleusener/Suckow/Voigt,* AGG, Kommentar zum Allgemeinen Gleichbehandlungsgesetz, 4. Aufl., 2013

Literaturverzeichnis

Staudinger/*Bearbeiter*	Kommentar zum BGB, 13. Aufl., bandweise Aktualisierungen
Steinmeyer	Betriebliche Altersversorgung und Arbeitsverhältnis, 1991
Stenslik	Diskriminierende Arbeitgeberkündigungen und die deuropäischen Diskriminierungsverbote, 2010
Stern	Das Staatsrecht der Bundesrepublik Deutschland, Bd. III/1 (1988) Bd. III/2 (1994)
Stein/Jonas/*Bearbeiter*	Stein/Jonas (Begr.), Kommentar zur ZPO, 22. Aufl., 2006 ff
Steuer	Die Arbeitnehmerüberlassung als Mittel zur Förderung des Arbeitsmarkts in Deutschland, 2009
Streinz	Europarecht, 9. Aufl., 2012
Streinz/*Bearbeiter*	Streinz (Hrsg.), EUV/AEUV, 2. Aufl., 2012
SWD/*Bearbeiter*	Schreiber/Wunder/Dern, VO (EG) Nr. 883/2004, 2012
Swiatkowski	Charter of Social Rights of the Council of Europe, 2007
SZK/*Bearbeiter*	Schulze/Zuleeg/Kadelbach, Europarecht, 2. Aufl., 2010
Temming	Altersdiskriminierung im Arbeitsleben, 2008
Tettinger/Stern/*Bearbeiter*	Tettinger/Stern (Hrsg.), Kölner Gemeinschaftskommentar zur Europäischen Grundrechte-Charta, 2006
Thüsing, Europäisches Arbeitsrecht	Europäisches Arbeitsrecht, 2. Aufl., 2011
Thüsing AGG	Arbeitsrechtlicher Diskriminierungsschutz, 2. Aufl., 2013
Thüsing KirchArbR	Kirchliches Arbeitsrecht, 2006
Thüsing Scheinselbständigkeit	Scheinselbständigkeit im internationalen Vergleich, 2011
Thüsing/*Bearbeiter*	Thüsing (Hrsg.), AÜG, Kommentar, 3. Aufl., 2013
TLL/*Bearbeiter*	Thüsing/Laux/Lembke (Hrsg.), Kündigungsschutzgesetz, 3. Aufl., 2014
Triebel	Das europäische Religionsrecht am Beispiel der arbeitsrechtlichen Antidiskriminierungsrichtlinie 2000/78/EG, 2005
Tscherner	Arbeitsbeziehungen und Europäische Grundfreiheiten, 2012
UHH/*Bearbeiter*	Ulmer/Habersack/Henssler, Mitbestimmungsrecht, 3. Aufl., 2013
Uhlenbruck/*Bearbeiter*	Uhlenbruck (Hrsg.), Insolvenzordnung, Kommentar, 13. Aufl., 2010
Villiger	Handbuch der Europäischen Menschenrechtskonvention, 1999
Villiger Commentary	Commentary on the 1969 Vienna Convention on the Law of Treaties, 2009
Viol	Die Anwendbarkeit des europäischen Kartellrechts auf Tarifverträge, 2005
Wank Arbeitsschutz	Kommentar zum technischen Arbeitsschutz, 1999
Wank/Börgmann	Deutsches und europäisches Arbeitsschutzrecht, 2000
Weber	Grenzen EU-rechtskonformer Auslegung und Rechtsfortbildung, 2010
Wendeling-Schröder/Stein/*Bearbeiter*	Wendeling-Schröder/Stein, Allgemeines Gleichbehandlungsgesetz, 2008
Wengler	Die Unanwendbarkeit der Europäischen Sozialcharta im Staat, 1969
Wenig	Zulässigkeit und Durchführung grenzüberschreitender Verschmelzungen, 2008
WHSS/*Bearbeiter*	Willemsen/Hohenstatt/Schweibert/Seibt, Umstrukturierung und Übertragung von Unternehmen, 4. Aufl., 2011
Wiedemann/*Bearbeiter*	Wiedemann (Hrsg.), Tarifvertragsgesetz, Kommentar, 7. Aufl., 2007
Wietfeld	Die rechtliche Stellung von Arbeitnehmervertretern im Spartenarbeitskampf, 2010
Winner	Die europäische Grundrechtecharta und ihre soziale Dimension, 2005
Winter	Gleiches Entgelt für gleichwertige Arbeit, 1998
Wolf	Arbeitnehmereinsatz im Ausland, 2010
Wunderlich	Das Grundrecht der Berufsfreiheit im Europäischen Gemeinschaftsrecht, 2000
WWKK/*Bearbeiter*	Wlotzke/Wißmann/Koberski/Kleinsorge, Mitbestimmungsrecht, 4. Aufl., 2011

Literaturverzeichnis

Zelfel	....	Der Internationale Arbeitskampf nach Art. 9 Rom II-Verordnung, 2011
Ziegenhorn	....	Der Einfluss der EMRK im Recht der Europäischen Grundrechtecharta, 2009
Ziegler	....	Arbeitnehmerbegriff im Europäischen Arbeitsrecht, 2011
ZLH/*Bearbeiter*	....	*Zöllner/Loritz/Hergenröder*, Arbeitsrecht, 7. Aufl., 2015

10. Vertrag über die Europäische Union in der Fassung des Vertrags von Lissabon

13. Dezember 2007

(ABl. Nr. C 306 S. 1, ber. ABl. 2008 Nr. C 111 S. 56, ABl. 2009 Nr. C 290 S. 1, ABl. 2011 Nr. C 378 S. 3)

Celex-Nr. 1 1992 M

zuletzt geänd. durch Art. 13, 14 Abs. 1 EU-Beitrittsakte 2013 v. 9.12.2011 (ABl. 2012 Nr. L 112 S. 21)

– Auszug –

Titel I. Gemeinsame Bestimmungen

Art. 6 [Grundrechte-Charta und EMRK]

(1) Die Union erkennt die Rechte, Freiheiten und Grundsätze an, die in der Charta der Grundrechte der Europäischen Union vom 7. Dezember 2000 in der am 12. Dezember 2007 in Straßburg angepassten Fassung niedergelegt sind; die Charta der Grundrechte und die Verträge sind rechtlich gleichrangig.

Durch die Bestimmungen der Charta werden die in den Verträgen festgelegten Zuständigkeiten der Union in keiner Weise erweitert.

Die in der Charta niedergelegten Rechte, Freiheiten und Grundsätze werden gemäß den allgemeinen Bestimmungen des Titels VII der Charta, der ihre Auslegung und Anwendung regelt, und unter gebührender Berücksichtigung der in der Charta angeführten Erläuterungen, in denen die Quellen dieser Bestimmungen angegeben sind, ausgelegt.

(2) ¹Die Union tritt der Europäischen Konvention zum Schutz der Menschenrechte und Grundfreiheiten bei. ²Dieser Beitritt ändert nicht die in den Verträgen festgelegten Zuständigkeiten der Union.

(3) Die Grundrechte, wie sie in der Europäischen Konvention zum Schutz der Menschenrechte und Grundfreiheiten gewährleistet sind und wie sie sich aus den gemeinsamen Verfassungsüberlieferungen der Mitgliedstaaten ergeben, sind als allgemeine Grundsätze Teil des Unionsrechts.

Übersicht

	Rn.
A. Grundlagen und Systematik der Norm	1
B. Unionsrechtlicher Grundrechtsschutz	3
I. Inkorporation der Grundrechtecharta in das Unionsrecht (Art. 6 I)	3
1. Entstehungsgeschichte	3
2. Regelungsgehalt des Art. 6 I	6
3. Zeitlicher Geltungsbereich	8
4. Rang der Rechte aus der GRC	9
5. Dogmatisches Verhältnis zu den Grundfreiheiten	12
II. Grundrechte als allg. Grundsätze (Art. 6 III)	15
1. Allgemeine Grundsätze des Unionsrechts	15
2. Rechtsquelle des Primärrechts	20
3. Dogmatisches Verhältnis und Abgrenzung zur GRC	23
III. Bedeutung und Durchsetzung der Grundrechte	29

	Rn.
1. Vorrang der Grundrechte	29
a) Verstöße durch die Organe der EU	29
b) Verstöße durch die Mitgliedstaaten	33
2. Gerichtliche Durchsetzung	46
a) Verstöße durch die Organe der EU	46
b) Verstöße durch die Mitgliedstaaten	50
3. Europäische Grundrechteagentur	57
C. EMRK und Unionsrecht	58
I. EMRK als Rechtserkenntnisquelle	58
II. Beitritt der Europäischen Union zur EMRK (Art. 6 II)	61
1. Rechtsgrundlage und Durchführung des Beitritts	61
2. Rechtsfolgen des Beitritts	67

A. Grundlagen und Systematik der Norm

1 Die Anerkennung der Grundrechte der Europäischen Union ist in Art. 6 als **zentraler Regelung** zusammengefasst. Sie knüpft an Art. 2 an, der die Achtung der Menschenwürde, Freiheit und Gleichheit zu den grundlegenden Werten der Europäischen Union erhebt, auf die sich die Mitgliedstaaten verpflichten (vgl. auch Art. 49). Art. 6 steht zugleich für die Entwicklung der Europäischen Union von einer Wirtschaftsgemeinschaft, wie sie durch die Verträge von Rom begründet wurde, hin zu einer Wertegemeinschaft (dazu Grabenwarter/ *v. Danwitz* § 6 Rn. 16). Er spiegelt einen langjährigen Entwicklungsprozess wider, der im Jahr 2000 zur Verkündung der GRC führte, die mit dem Vertrag von Lissabon am 1.12.2009 in Kraft getreten ist. Die Bedeutung der Grundrechte für die Europäische Union verdeutlicht auch ihr Rang. Sie stehen auf der gleichen Stufe wie das übrige Primärrecht, Art. 6 I.

2 Der Aufbau des Art. 6 ist unter **systematischen** Gesichtspunkten **wenig gelungen.** Art. 6 I bezieht sich auf die nun geltende GRC. Er integriert sie in das Primärrecht und weist ihr den gleichen Rang zu. Art. 6 III regelt die Bindung der Europäischen Union an die allg. Grundsätze, die sich aus der EMRK und den Verfassungsüberlieferungen der Mitgliedstaaten ergeben. Dazu gehören nach der Rechtsprechung des EuGH eine Vielzahl von Grundrechten (→ Rn. 19). Beide Absätze zusammen verkörpern den heute in der Europäischen Union geltenden Grundrechtsschutz. Der Umfang, in dem die allg. Grundsätze trotz des Inkrafttretens der GRC aufrechterhalten bleiben, wird nicht konkretisiert. Art. 6 III stellt aber zumindest klar, dass die allg. Grundsätze nicht (vollständig) durch die GRC abgelöst werden (→ Rn. 24). Darüber hinaus legt Art. 6 II fest, dass die Europäische Union der EMRK beitreten wird, ohne dass sich daraus Änderungen für deren Zuständigkeiten ergeben, Art. 6 II. Der Beitritt ist bisher noch nicht erfolgt. Die EMRK wirkt aber über die allg. Grundsätze und über die GRC (Art. 52 V, 53) auf die Europäische Union ein.

B. Unionsrechtlicher Grundrechtsschutz

I. Inkorporation der Grundrechtecharta in das Unionsrecht (Art. 6 I)

3 **1. Entstehungsgeschichte.** Der EuGH hat in seiner Rechtsprechung bereits frühzeitig aus den Wertungen der EMRK und der gemeinsamen Verfassungsüberlieferung der Mitgliedstaaten Grundrechte in Form von allg. Rechtsgrundsätzen entwickelt, die später in den Verträgen bestätigt wurden (vgl. zB Präambel der Europäischen Einheitlichen Akte idF 1992; → Rn. 15 ff.). Der Europäische Rat beschloss iRd Tagung am 3./4.6.1999 in Köln die Erarbeitung einer Charta der Grundrechte der Europäischen Union, um die besondere Bedeutung der Grundrechte für die Union und ihre Bürger deutlich sichtbar zu machen (vgl. EuGRZ 1999, 364 f.). Im selben Jahr wurde ein Konvent zur Erarbeitung der Charta eingesetzt. Dieser bestand nicht nur aus den Beauftragten der Staats- und Regierungschefs, sondern auch aus Mitgliedern des Europäischen Parlaments, einem Vertreter des Präsidenten der Kommission und weiteren Mitgliedern der nationalen Parlamente (ausführlich dazu Calliess/Ruffert/*Kingreen* Rn. 10). Auf diese Weise fand die Verfassungsdebatte nicht nur auf Regierungsebene, sondern auch in den Parlamenten statt.

Die Charta der Grundrechte wurde zunächst so entworfen, als würde sie in die Verträge eingefügt (Mitteilung der Kommission v. 11.10.2000, KOM [2000] 644 endg., 4). Ihr Text wurde am 2.10.2000 vorgelegt. Die Erläuterungen durch das Konventspräsidium wurden am 11.10.2000 beigefügt. Sie sind für die Auslegung der Charta maßgebend (Art. 52 VII GRC). Die GRC wurde am 18.12.2000 feierlich proklamiert, ohne dass sie dadurch rechtliche Verbindlichkeit erlangte. Nach dem Scheitern der neuen Verfassung der EU entschied man sich, die GRC nicht in den EUV zu integrieren, sondern als eigenes Dokument zu belassen, ohne ihr dadurch die rechtliche Bedeutung zu nehmen. Die Charta wurde am 12.12.2007 in dieser Form proklamiert und bekanntgemacht. Inhaltlich stimmte sie im Wesentlichen mit der im Jahr 2000 proklamierten Textfassung überein. Ergänzt wurden zur Klarstellung Art. 52 IV–VII GRC. Zudem wurde der Anwendungsbereich sprachlich klarer gefasst und in Art. 42 der Kreis der Grundrechtsverpflichteten erweitert. Verbindlich wurde die GRC erst mit dem Vertrag von Lissabon, der Art. 6 I enthielt. Sie ist seit dem 1.12.2009 in Kraft und seitdem eine echte Rechtsquelle. **4**

Bei der Erarbeitung der GRC bestand zunächst Uneinigkeit, ob es sich um eine bloße Verschriftlichung der bereits in der Rechtsprechung entwickelten Grundrechte handeln sollte, so wie sie der EuGH aus der EMRK und der Verfassungstradition der Mitgliedstaaten abgeleitet hatte (*Jarass* Einl. Rn. 3; vgl. *Goldsmith* CMLR 2001, 1201 [1204]). Es wurde aber auch die Anpassung und Erweiterung des Grundrechtsbestands gefordert (*Jarass* Einl. Rn. 3). Eine Reihe von Vertretern verlangte neben der Kodifizierung bürgerlich-liberaler Abwehrrechte die Aufnahme sozialer Grundrechte. Die nun vorliegende GRC ist ein Kompromiss dieser Forderungen. Sie soll die Grundrechte in der Europäischen Union besser sichtbar machen (*Goldsmith* CMLR 2001, 1201 [1204]; *Jarass* Einl. Rn. 3; *Kober* 55; vgl. EuGH 27.6.2006 – C-540/03 Rn. 38 – Parlament/Rat, Slg. 2006, I-5769). Neben den bürgerlichen Rechten enthält die GRC einen Abschnitt mit sozialen Grundrechten unter dem Titel „Solidarität" (→ GRC Art. 27 Rn. 9) und nimmt wirtschaftliche Grundrechte in den Kreis der Freiheitsrechte auf, die auch der EMRK bisher fehlten (zB Berufsfreiheit und unternehmerische Freiheit, Art. 15, 16 GRC). Insofern lehnt sich die GRC an die EMRK an, geht aber auch über sie hinaus (Grabenwarter/*v. Danwitz* § 6 Rn. 16; *Nickel* JZ 2001, 625 [630]; Oppermann/Classen/*Nettesheim* § 17 Rn. 12, 20; so auch EuGH 5.10.2010 – C-400/10 PPU Rn. 53 – McB., Slg. 2010, I-8965). Ein allg. Freiheitsrecht wurde nicht aufgenommen, obwohl der EuGH die Handlungsfreiheit als allg. Rechtsgrundsatz anerkannt hat (EuGH 21.9.1989 – C-46/87 ua Rn. 19 – Hoechst, Slg. 1989, 2859; zuvor bereits EuGH 21.5.1987 – C-133/85 Rn. 15 ff. – Rau, Slg. 1987, I-2289; Ehlers/*Ehlers* § 14 Rn. 41; Heselhaus/Nowak/*Haratsch* § 18 Rn. 4 ff.; *Jarass* Einl. Rn. 31; *Lindner* ZRP 2007, 54 [56]; *Schilling* EuGRZ 2000, 3 [14]). Im Übrigen wurde ein erheblicher Teil der allg. Rechtsgrundsätze als Grundrechte kodifiziert. Diejenigen Rechtsgrundsätze, die Ausprägung des Rechtsstaatsprinzips sind, wurden jedoch nicht in die GRC aufgenommen. Sie bleiben allg. Rechtsgrundsätze im bisherigen Sinne. Das gilt insbesondere für den Vertrauensschutz (*Jarass* Einl. Rn. 36; dazu bereits *Borchardt,* Der Grundsatz des Vertrauensschutzes im Europäischen Gemeinschaftsrecht, 1988, 13 ff., 69 ff.). Nach Art. 6 III kommt ihnen aber weiterhin Rechtsqualität zu. Die GRC enthält schließlich nicht nur subjektive Rechte, sondern auch Grundsätze, die nur begrenzt gerichtlich geltend gemacht werden können (Art. 52 V). **5**

2. Regelungsgehalt des Art. 6 I. Art. 6 I UAbs. 1 integriert die GRC ins **Primärrecht** und weist ihr zugleich primärrechtlichen Rang zu. Diese Bezugnahme war notwendig, weil die GRC – anders als ursprünglich geplant – nicht in den EUV integriert wurde, sondern als eigenes Dokument bestehen blieb. Die GRC kann nur in dem für das Primärrecht geltenden Verfahren nach Art. 48 geändert werden (Calliess/Ruffert/*Kingreen* Rn. 12; Meyer/*Borowsky* Vorb. Titel VII Rn. 15). Die UAbs. 2 und 3 enthalten Regelungen, die **6**

auch in der GRC enthalten sind. Sie haben daher nur klarstellende Wirkung. **Art. 6 I UAbs. 3** bestätigt, dass die Charta nach den Vorgaben in Art. 52 GRC auszulegen ist, wobei die Erläuterungen des Konventspräsidiums (ABl. EG Nr. C 303 v. 14.12.2007, 17) hinsichtlich der Quellen der GRC für die historische bzw. systematische Auslegung in Bedacht zu nehmen sind. Das entspricht Art. 52 VII und fügt ihm nichts hinzu.

7   **Art. 6 I UAbs. 2** wiederholt Art. 51 II GRC und bestätigt, dass die GRC die **Zuständigkeiten** der Europäischen Union nicht erweitert. Diese Kompetenzschutzklausel spiegelt die bei den Mitgliedstaaten bestehende Sorge, dass die GRC die Verteilung der Kompetenzen zwischen Mitgliedstaaten und Europäischer Union ändern könnte. Zusätzlich besteht für Polen und Großbritannien ein „**Protokoll** über die Anwendung der Charta der Grundrechte der Europäischen Union auf Polen und das Vereinigte Königreich" (ABl. EU Nr. C 326 v. 26.10.2012, 313), das Bestandteil der Verträge ist (Art. 51). Es bestimmt, dass die Charta die Kompetenzen des EuGH sowie der polnischen und britischen Gerichte zur Überprüfung des nationalen Rechts anhand der Grundrechte nicht erweitert, das wird explizit für die Rechte im Titel Solidarität in der GRC klargestellt. Die Protokolle haben nicht zur Folge, dass die GRC in Polen und im Vereinigten Königreich keine Gültigkeit hat (EuGH 21.12.2011 – C-411/10 Rn. 119 f. – N. S., Slg. 2011, I-13905; Grabenwarter/ *v. Danwitz* § 6 Rn. 18; *Mehde* EuGRZ 2008, 269 [274]). Sie ist dort geltendes Recht und vor den nationalen Gerichten wie vor dem EuGH justiziabel. Das Protokoll ist kein echtes Opt-out (vgl. Präambel des Protokolls), weil der erreichte Stand der europäischen Grundrechte erhalten bleiben soll (Grabenwarter/*v. Danwitz* § 6 Rn. 18). Nur die Erweiterungen sollen keine Wirkung für das Vereinigte Königreich, Polen und Tschechien entfalten (Grabenwarter/*v. Danwitz* § 6 Rn. 18). Die rechtliche Wirkung der Protokolle ist im Einzelnen noch umstritten (vgl. zB Calliess/Ruffert/*Kingreen* Rn. 14; Ehlers/*Ehlers* § 14 Rn. 16; *Schulte-Herbrüggen* ZEuS 2009, 343 [366 ff.]; „partielles Opt-out": v. Bogdandy/ Bast/*Kühling* 657 [669 f.]; *Pache/Rösch* EuZW 2008, 519 [520]; **aA** *Lindner* EuR 2008, 786 [789 ff.]). Sie stehen aber in jedem Fall mit dem Ziel, Europa zu einer Wertegemeinschaft weiterzuentwickeln, in Konflikt, was sich auch auf abweichende Wertvorstellungen in den Mitgliedstaaten und auf Vorbehalte gegenüber einer Vereinheitlichung durch die Europäische Union zurückführen lässt.

8   **3. Zeitlicher Geltungsbereich.** Die GRC ist erst seit dem 1.12.2009 eine echte **Rechtsquelle.** Das Sekundärrecht ist im Lichte der Grundrechte auszulegen (SA der GA *Kokott* 6.5.2010 – C-499/08 Rn. 29 – Andersen, Slg. 2010, I-9343; SA des GA *Cruz Villalón* 6.7.2010 – C-306/09 Rn. 44 – I. B., Slg. 2010, I-10341; → Rn. 31). Vor dem Inkrafttreten der GRC galten bereits die allg. Rechtsgrundsätze, so wie der EuGH sie entwickelt hatte. Auf deren Inhalt hatte nicht nur die EMRK, sondern auch die GRC seit ihrer Proklamation Einfluss. Insofern wirkte die GRC zunächst als Rechtserkenntnisquelle auf das Unionsrecht ein, zumal sie einen Kompromiss der Mitgliedstaaten über die Grundrechte in der Europäischen Union verkörpert (EuGH 27.6.2006 – C-540/03 Rn. 38 – Parlament/Rat, Slg. 2006, I-5769; 11.12.2007 – C-438/05 Rn. 43 f. – Viking, Slg. 2007, I-10779; 18.12.2007 – C-341/05 Rn. 90 f. – Laval, Slg. 2007, I-11767). Insofern beeinflusste die GRC schon vor ihrem Inkrafttreten den Inhalt der allg. Grundsätze und trug sogar zur Anerkennung neuer Grundsätze bei. Das gilt insbesondere für das primärrechtliche Diskriminierungsverbot wegen des Alters. Der EuGH hatte sich in der Rs. *Mangold* zwar nicht auf die GRC gestützt, sondern in angreifbarer Weise auf die Verfassungstradition der Mitgliedstaaten Bezug genommen (EuGH 22.11.2005 – C-144/04 Rn. 75 f. – Mangold, Slg. 2005, I-9981; krit. zur Ableitung *Preis* NZA 2006, 401 [406 f.]; *Schmidt* German Law Journal 2006, 505 [518 ff.]; für eine Ableitung aus Art. 21 GRC als Rechtserkenntnisquelle *Kingreen* EuR 2010, 338 [345]; so auch *v. Danwitz* JZ 2007, 697 [704]; *Huster* EuR 2010, 325 [335]). In den Rs. *Viking* und *Laval* nimmt der Gerichtshof für das Recht auf Streik hingegen zu Recht nicht nur auf die ESC, die Gemeinschaftscharta der sozialen Grundrechte von 1989 und die IAO-Abkommen Nr. 87 und 98 Bezug, sondern auch auf die GRC als Rechtserkenntnisquelle (EuGH 11.12.2007 – C-438/05 Rn. 43 – Viking,

Slg. 2007, I-10779; 18.12.2007 – C-341/05 Rn. 90 – Laval, Slg. 2007, I-11767). Darüber hinaus wird eine Anwendung der GRC auf Zeiträume vor ihrem Inkrafttreten befürwortet, wenn es sich um noch nicht abgeschlossene Sachverhalte gehandelt hat (EuGH 6.6.2002 – C-360/00 Rn. 26 – Ricordi, Slg. 2002, I-5089; SA der GA *Kokott* 6.5.2010 – C-499/08 Rn. 69 – Andersen, Slg. 2010, I-9343; *Stieglitz* Allgemeine Lehren im Grundrechtsverständnis nach der EMRK und der Grundrechtsjudikatur des EuGH, 2002, 54 f.).

4. Rang der Rechte aus der GRC. Die GRC hat den **gleichen Rang** wie die Verträge   9 (EUV und AEUV) (s. EuGH 19.1.2010 – C-555/07 Rn. 22 – Kücükdeveci, Slg. 2010, I-365; 21.6.2012 – C-78/11 Rn. 17 – ANGED, NZA 2012, 851; *Jarass* Rn. 9). Sie ist somit Teil der Verfassung der Europäischen Union (EuGH 3.9.2008 – C-402/05 Rn. 281 – Kadi, Slg. 2008, I-6351). Die Ausgliederung der Charta in ein eigenes Dokument hat keine rechtliche Bedeutung (*Jarass* Rn. 9; Streinz/*Streinz* Rn. 2). Innerhalb des Primärrechts kennt das Unionsrecht keine Normenhierarchie, so dass die GRC keinen Vorrang gegenüber dem sonstigen Primärrecht genießt (siehe *Jarass* EuR 2013, 29 [30]). Somit steht die GRC gleichrangig neben den **Grundfreiheiten** (vgl. zu den allg. Grundsätzen EuGH 12.6.2003 – C-112/00 Rn. 77 ff. – Schmidberger, Slg. 2003, I-5659; 14.10.2004 – C-36/02 Rn. 35 ff. – Omega, Slg. 2004, I-9609; dazu zB *Jarass* EuR 2013, 29 [30 f.]; *Skouris* RdA 2009, Sonderbeil. Heft 5, 25 [27 f.]). Weder die Grundfreiheiten noch die Grundrechte haben im Konfliktfall pauschal Vorrang (dazu *Jarass* Rn. 10; **aA** Rengeling/Szczekalla § 3 Rn. 255; so auch Ehlers/*Ehlers* § 14 Rn. 22 f.). Das wurde nach den Entscheidungen des EuGH in den Rs. Viking und Laval (EuGH 11.12.2007 – C-438/05 Rn. 45 f. – Viking, Slg. 2007, I-10779; 18.12.2007 – C-341/05 Rn. 93 f. – Laval, Slg. 2007, I-11767) zu Unrecht bezweifelt (vgl. zB *Däubler* AuR 2008, 409 [411 ff.]; *Kocher* AuR 2009, 332 [333]; *Krebber* RdA 2009, 224 [233, 235 f.]; *Nagel* AuR 2009, 155 ff.; *Rebhahn* ZESAR 2008, 109 [114 f.]). Zum Konflikt zwischen der Niederlassungs-, Dienst- und Warenverkehrsfreiheit mit dem Recht auf kollektive Maßnahmen → GRC Art. 28 Rn. 70 ff.

Die Grundrechte wirken als **Schranken** der Grundfreiheiten (vgl. EuGH 12.6.2003 – C-   10 112/00 Rn. 74, 77 ff. – Schmidberger, Slg. 2003, I-5659; 14.10.2004 – C-36/02 Rn. 35 ff. – Omega, Slg. 2004, I-9609; 11.12.2007 – C-438/05 Rn. 45 f. – Viking, Slg. 2007, I-10779; 18.12.2007 – C-341/05 Rn. 93 f. – Laval, Slg. 2007, I-11767; Ehlers/*Ehlers* § 14 Rn. 23 f.; Grabenwarter/*v. Danwitz* § 6 Rn. 55; HdBG/*Streinz* § 151 Rn. 24, 27; *Kokott*, FS Jaeger, 2011, 115 [124]; *Skouris* RdA 2009, Sonderbeil. Heft 5, 25 [27 f.]). Das gilt umgekehrt auch für die Beschränkung der Grundrechte durch die Grundfreiheiten (HdBG/*Streinz* § 151 Rn. 26 f.; *Schultz* 48 ff.; so auch Heselhaus/Nowak/*Pache* § 4 Rn. 135). Im Kollisionsfall bedarf es einer (wechselseitigen) Einschränkung der primärrechtlichen Normen. Es erfolgt nicht einseitig eine grundrechtskonforme Auslegung der Grundfreiheiten (Ehlers/*Ehlers* § 14 Rn. 9 ff., 22 ff.; *Frenz* Rn. 941 f.; *Jarass* EuR 2013, 29 [30 f.]; *ders.* Einl. Rn. 10; Haratsch/Koenig/*Pechstein* Rn. 942; *Skouris* DÖV 2006, 89 [95 f.]; **aA** Rengeling/Szczekalla § 4 Rn. 274 f.). Vorgaben für die Auslegung ergeben sich aber aus Art. 52 II GRC, wonach die in den Verträgen garantierten Rechte nach Maßgabe der Verträge zu behandeln sind, so dass die GRC insoweit zurücktritt. Im Verhältnis zum Sekundärrecht sind die Grundrechte der GRC als Primärrecht ranghöher (Heselhaus/Nowak/*Pache* § 4 Rn. 134; *Jarass* Einl. Rn. 53; *Willemsen/Sagan* NZA 2011, 258 [260]).

Die rechtliche Wirkung der GRC wird nicht allein durch ihren Rang in der Normen-   11 hierarchie des Unionsrechts determiniert, sondern auch durch die **Rechtsqualität** ihrer Regelungen. Sie enthält subjektive Rechte, aber auch Grundsätze. Letztere haben im Gegensatz zu den allg. Rechtsgrundsätzen keinen Grundrechtscharakter, sondern sind vor allem Programmsätze, die die Organe der Union bei der Rechtssetzung binden und beim Normvollzug durch die Organe der Union und die Mitgliedstaaten in Bedacht zu nehmen sind. Sie können nicht eingeklagt, sondern nur iRd Auslegung des Unionsrechts geltend gemacht werden, Art. 52 VII (→ GRC Art. 52 Rn. 50, 56).

12 **5. Dogmatisches Verhältnis zu den Grundfreiheiten.** Die Grundfreiheiten waren bereits Bestandteil der römischen Verträge und sind ein wesentliches rechtliches Mittel zur **Herstellung des Binnenmarktes.** Der EuGH hat das Verhältnis von Grundrechten und Grundfreiheiten nicht explizit geklärt (Heselhaus/Nowak/*Pache* § 4 Rn. 39; *Rengeling/ Szczekalla* § 3 Rn. 140). Vereinzelt bezeichnet er eine Grundfreiheit auch als Grundrecht (EuGH 15.10.1987 – C-222/86 Rn. 14 – Unectef, Slg. 1987, 4097; weitere Beispiele bei *Rengeling/Szczekalla* § 3 Rn. 140) oder legt die Grundfreiheiten im Lichte der Grundrechte aus (vgl. EuGH 11.7.2002 – C-60/00 Rn. 46 – Carpenter, Slg. 2002, I-6279). Daraus ergibt sich nicht zwingend, dass jede Grundfreiheit einen Teilbereich eines Freiheitsrechts verkörpert und nicht wesensverschieden ist. Für ein solches Verständnis spricht aber Art. 15 II GRC, der zumindest die personenbezogenen Grundfreiheiten in das Grundrecht der Berufsfreiheit integriert (dazu Ehlers/*Ehlers* § 14 Rn. 22; Streinz/*Streinz* Rn. 34; so auch *Jarass* Einl. Rn. 25: Überschneidung nur in diesem Bereich).

13 Die **Literatur** geht überwiegend davon aus, dass sich Grundfreiheiten und Grundrechte grundsätzlich zu unterscheiden und voneinander abzugrenzen sind (von der Groeben/ Schwarze/*Beutler* Rn. 42; HdBG/*Streinz* § 151 Rn. 15 ff.; Heselhaus/Nowak/*Pache* § 4 Rn. 59; *Jarass* Einl. Rn. 23; *Lecheler* 219 ff.; *Schultz* 106 ff.; *Schütz/Bruha/König* 867; Streinz/ *Streinz* Rn. 34). Die Grundfreiheiten dienen der Herstellung des Binnenmarktes und richteten sich in erster Linie gegen Hindernisse zwischen den Mitgliedstaaten (Ehlers/*Ehlers* § 7 Rn. 1, 13; Grabenwarter/*v. Danwitz* § 6 Rn. 54; Heselhaus/Nowak/*Nicolaysen* § 1 Rn. 17; Heselhaus/Nowak/*Pache* § 4 Rn. 46; *Jarass* Einl. Rn. 23; *Kluth* AöR 122, 1997, 557 [574]; Streinz/*Streinz* Rn. 34). Sie betreffen nur grenzüberschreitende Sachverhalte und stehen einer Schlechterstellung der Bürger in einem Mitgliedstaat iS einer Inländerdiskriminierung nicht entgegen (Ehlers/*Ehlers* § 7 Rn. 25; Grabenwarter/*v. Danwitz* § 6 Rn. 54; HdBG/*Skouris* § 171 Rn. 18; *Jarass* Einl. Rn. 23; *Skouris* DÖV 2006, 89 [96]; Streinz/ *Streinz* Rn. 34). Im Gegensatz dazu sind bei den Unionsgrundrechten alle Menschen oder zumindest alle Unionsbürger Grundrechtsträger. Die Grundfreiheiten regeln dagegen primär das Verhältnis der Europäischen Union zu den Mitgliedstaaten (*Jarass* Einl. Rn. 23; *Kingreen* EuGRZ 2004, 570 [572 f.]; *Kluth* AöR 122, 1997, 557 [574]). Daher seien sie überwiegend objektiv formuliert und führten nur sekundär zu subjektiven Rechten (Heselhaus/Nowak/*Nicolaysen* § 1 Rn. 16, 20; *Jarass* Einl. Rn. 23). Sie dienen im Gegensatz zu den Grundrechten nicht primär der Begrenzung hoheitlicher Gewalt zum Schutz des Einzelnen (Heselhaus/Nowak/*Pache* § 4 Rn. 48 f.). Die Grundrechte haben hingegen keinen vergleichbaren Bezug zum Binnenmarkt.

14 Die Gemeinsamkeiten der Grundfreiheiten mit den Grundrechten bestehen vor allem darin, dass sie ebenfalls Diskriminierungs- und Beschränkungsverbote enthalten (dazu auch *Jarass* Einl. Rn. 23 f.; Streinz/*Streinz* Rn. 34). Neben den Wertentscheidungen für den einheitlichen Binnenmarkt garantieren sie subjektive Rechte. Diese gelten nicht nur im Verhältnis zu den Mitgliedstaaten, sondern auch im Verhältnis zu Privaten, die für eine Vielzahl von Personen verbindliche Regeln setzen (EuGH 12.12.1974 – C-36/74 Rn. 16 ff. – Walrave, Slg. 1974, 1405; 14.7.1976 – C-13/76 Rn. 17 ff. – Donà, Slg. 1976, 1333; 15.12.1995 – C-415/93 Rn. 82 ff. – Bosman, Slg. 1995, I-4921; 11.4.2000 – C-51/96 ua Rn. 47 – Deliège, Slg. 2000, I-2549; 13.4.2000 – C-176/96 Rn. 35 – Lehtonen, Slg. 2000, I-2681; 19.2.2002 – C-309/99 Rn. 120 – Wouters, Slg. 2002, I-1577; Ehlers/*Ehlers* § 7 Rn. 10, 138; *Ganten,* Die Drittwirkung der Grundfreiheiten, 2000, 94 ff.; *Parpart,* Die unmittelbare Bindung Privater an die Personenverkehrsfreiheiten, 2003, 282 f.; *Reich* EuZW 2007, 391 [392]; *Roth,* FS Everling, Bd. 2, 1995, 1231 [1247]; **aA** *Rebhahn* ZESAR 2008, 109 [112 ff.]). Ihre Entwicklung zu Beschränkungsverboten sowie die Anerkennung von Drittwirkung und Schutzrechten gilt in der Literatur zum Teil als Entwicklung der Grundfreiheiten hin zu wirtschaftlichen Freiheitsrechten (*Bleckmann,* GS Sasse, Bd. 2, 1981, 665 [676 f.]; Ehlers/*Walter* § 1 Rn. 52 f.; ähnlich *Notthoff* RIW 1995, 541 [544 f.]; *Schweitzer/ Hummer/Obwexer* Rn. 1119; *Kugelmann,* Grundrechte in Europa, 1997, 13 „grundrechtsähnlich") bzw. Unionsgrundrechten iwS (Ehlers/*Ehlers* § 14 Rn. 22). Zumindest über-

Unionsrechtlicher Grundrechtsschutz **Art. 6 EUV 10**

schneiden sich die Grundfreiheiten und Grundrechte als subjektive Rechte, wenngleich die Grundfreiheit nicht allg. eine Freiheit garantiert, sondern auf die Herstellung von Freiheit auf dem Binnenmarkt beschränkt ist. Soweit das Grundrecht und die Grundfreiheiten dasselbe schützen, ist nach diesem Verständnis die Grundfreiheit spezieller (Ehlers/*Ehlers* § 14 Rn. 22). Für sie bleibt der AEUV maßgebend, was Art. 52 II GRC bestätigt. Zum Verhältnis der Grundrechte zu den allg. Rechtsgrundsätzen → Rn. 23 ff.

II. Grundrechte als allg. Grundsätze (Art. 6 III)

1. Allgemeine Grundsätze des Unionsrechts. Der EuGH hat seit 1969 sukzessive 15 Grundrechte als allg. Rechtsgrundsätze des Unionsrechts abgeleitet (vgl. EuGH 12.11.1969 – C-29/69 Rn. 7 – Stauder, Slg. 1969, 419). Mit dem Vertrag von Maastricht wurde erstmals im Primärrecht in Art. 6 aF auf die allg. Rechtsgrundsätze Bezug genommen, ohne sie im Detail zu kodifizieren. Vielmehr handelte es sich um eine Regelung, mit der die Grundrechtsgebundenheit der Europäischen Union zum Ausdruck kam (dazu von der Groeben/Schwarze/*Beutler* Rn. 2, 49). Diese **sukzessive Entwicklung** der europäischen Grundrechte war eine wesentliche Voraussetzung dafür, dass das Unionsrecht nicht (mehr) anhand der Grundrechte in den Mitgliedstaaten einer Kontrolle durch die nationalen Gerichte unterzogen wird (vgl. für die deutsche Rechtsprechung, BVerfG 29.5.1974 BVerfGE 37, 271 [280 ff.] = NJW 1974, 2176 – Solange I; 22.10.1986 BVerfGE 73, 339 [376 f., 386 f.] = NJW 1987, 577 – Solange II; 12.10.1993 BVerfGE 89, 155 = NJW 1993, 3047 – Maastricht). Das BVerfG sieht sich inzwischen in einem Kooperationsverhältnis mit dem EuGH (BVerfG 12.10.1993 BVerfGE 89, 155 Rn. 70, 80 – Maastricht; 30.6.2009 BVerfGE 123, 267 Rn. 240 – Lissabon; 6.7.2010 BVerfGE 126, 286 Rn. 56 ff., 61 – Honeywell; Grabenwarter/*v. Danwitz* § 6 Rn. 10). In der integrationsfreundlichen Entscheidung in der Rs. *Honeywell* beschränkte das BVerfG die Ultra-vires-Kontrolle auf ersichtliche Kompetenzüberschreitungen und entwickelte damit zugunsten des EuGH eine Fehlertoleranz (BVerfG 6.7.2010 BVerfGE 126, 286 Rn. 61; dazu Grabenwarter/*v. Danwitz* § 6 Rn. 12). Nur hinreichend qualifizierte Fehler, die dem Gerichtshof zudem iRd Vorabentscheidung vorgelegt wurden, führen zur Begründetheit der Beschwerde vor dem BVerfG (BVerfG 6.7.2010 BVerfGE 126, 286 Rn. 61 – Honeywell). Diese Selbstbeschränkung ist Ausdruck des gegenseitigen Respekts der Gerichtshöfe und trägt auch den Voraussetzungen für einen funktionierenden Grundrechtsschutz im Mehr-Ebenen-System Rechnung (Grabenwarter/ *v. Danwitz* § 6 Rn. 12; *Pernice* EuR 2011, 151 [157 f.]; *Reich* EuZW 2011, 379 f.; so auch *Sauer* EuZW 2011, 94 [97], der auf die besonderen Funktionsbedingungen des supranationalen Rechtsschutzes verweist).

Der EuGH leitet die Grundrechte als allg. Rechtsgrundsätze aus der gemeinsamen **Ver-** 16 **fassungstradition der Mitgliedstaaten** und der EMRK mit Rücksicht auf die Interessen der Union ab (EuGH 14.5.1974 – C-4/74 Rn. 13 – Nold, Slg. 1974, 491; Calliess/ Ruffert/*Kingreen* Rn. 6; Grabenwarter/*v. Danwitz* § 6 Rn. 7; HdBG/*Lecheler* § 158 Rn. 5; HdBG/*Skouris* § 157 Rn. 6, 35). Es bedarf somit einer wertenden Rechtsvergleichung, wobei die Verfassungen der Mitgliedstaaten als Rechtserkenntnisquelle dienen (*Bleckmann*, FS Börner, 1992, 29 ff.; Calliess/Ruffert/*Kingreen* Rn. 6; Grabenwarter/*v. Danwitz* § 6 Rn. 7; HdBG/*Skouris* § 157 Rn. 31 f.; *Rengeling*, Grundrechtsschutz in der Europäischen Gemeinschaft, 1993, 224 ff.; *Wolf*, FS Ress, 2005, 893 [902 ff.]). Der EuGH stellt dabei nicht darauf ab, dass ein bestimmtes Grundrecht von allen oder der überwiegenden Zahl der Mitgliedstaaten als Grundrecht anerkannt wird. Vielmehr will er eine Maßnahme der Union dann als rechtens anerkennen, wenn sie nicht mit den Verfassungen der Mitgliedstaaten unvereinbar ist (EuGH 21.9.1989 – C-46/87 ua Rn. 13 – Hoechst, Slg. 1989, 2859; 14.10.2004 – C-36/02 Rn. 31 ff. – Omega, Slg. 2004, I-9609; Streinz/*Streinz* Rn. 26). Es handelt sich eher um eine negative Kontrolle dahingehend, ob eine Unvereinbarkeit mit der Verfassung eines der Mitgliedstaaten besteht. Dieser Ansatz wird dadurch relativiert, dass auch die Interessen der Union in die Prüfung einfließen (Streinz/*Streinz* Rn. 26).

17 Darüber hinaus entfaltet die **EMRK** als Rechtserkenntnisquelle Wirkung (zB EuGH 21.9.1989 – C-46/87 ua Rn. 13 – Hoechst, Slg. 1989, 2859; 12.6.2003 – C-112/00 Rn. 71 – Schmidberger, Slg. 2003, I-5659; 3.9.2008 – C-402/05P Rn. 283 – Kadi, Slg. 2008, I-6351; 2.4.2009 – C-394/07 Rn. 28 – Gambazzi, Slg. 2009, I- 2563; Grabenwarter/*v. Danwitz* § 6 Rn. 6; *Jarass* Einl. Rn. 28). Auf diese Weise hat sie lange vor dem angestrebten Beitritt der Europäischen Union nach Art. 6 II Wirkung auf das Unionsrecht. Ihr Bezug zum Unionsrecht ist inzwischen ein dreifacher. Sie ist ein wesentlicher Anknüpfungspunkt für die Entwicklung allg. Rechtsgrundsätze, sie ist der Mindeststandard für die Grundrechtsgewährleistung nach der GRC (Art. 52 III), und sie wird nach einem Beitritt unmittelbar verbindlich und somit Rechtsquelle sein. Bis dahin fungiert sie vor allem als Mindeststandard, wobei sich der EuGH nicht nur am Text der EMRK, sondern auch an der Rechtsprechung des EGMR orientiert (EuGH 22.10.2002 – C-94/00 Rn. 29 – Roquette, Slg. 2002, I-9011; 26.6.1997 – C-368/95 Rn. 26 – Familiapress, Slg. 1997, I-3689; Grabenwarter/*v. Danwitz* § 6 Rn. 42; *Obwexer* EuR 2012, 115 [145]; Streinz/*Streinz* Rn. 25). Das dient letztlich der Vermeidung von Konflikten zwischen Europarat und Europäischer Union.

18 Bei der Ableitung der allg. Rechtsgrundsätze greift der EuGH auf weitere **internationale Verträge** zurück, die zwar nicht die Europäische Union als supranationale Organisation, aber die Mitgliedstaaten aufgrund der Ratifikation des völkerrechtlichen Vertrages binden (vgl. EuGH 14.5.1974 – C-4/74 Rn. 13 – Nold, Slg. 1974, 491; EuG 8.7.2008 – T-99/04 Rn. 45 – AC-Treuhand, Slg. 2008, II-1501, vgl. dazu v. Bogdandy/Bast/*Kühling* 657 [663]; Ehlers/*Ehlers* § 14 Rn. 5, 10 f.; *Jarass* Einl. Rn. 29; *Streinz* Rn. 762). Zur Rechtserkenntnisquelle wurde zum einen die ESC (vgl. EuGH 15.6.1978 – C-149/77 Rn. 26, 29 – Defrenne, Slg. 1978, 1365; 11.12.2007 – C-438/05 Rn. 43 f. – Viking, Slg. 2007, I-10779), aber auch der internationale Pakt für bürgerliche und politische Rechte (EuGH 27.6.2006 – C-540/03 Rn. 36 f. – P/R, Slg. 2006, I-5769). Für die Ableitung der allg. Rechtsgrundsätze auf der Grundlage dieser Rechtserkenntnisquellen hat der EuGH keine strikten Vorgaben entwickelt, sondern geht fallweise vor.

19 Der EuGH hat sukzessive eine **Vielzahl von Grundrechten** als allg. Rechtsgrundsätze entwickelt. Dazu gehören einerseits bürgerliche Freiheitsrechte (zB Unversehrtheit der Person, Achtung der Privatsphäre, der Wohnung und des Briefverkehrs, Religionsfreiheit, Vereinigungsfreiheit, Berufsfreiheit, Eigentum, s. EuGH 12.11.1969 – C-29/69 Rn. 7 – Stauder, Slg. 1969, 419; 13.12.1979 – C-44/79 Rn. 17 – Hauer, Slg. 1979, 3727; 27.10.1976 – C-130/75 Rn. 10, 11 – Prais, Slg. 1976, 1589; 26.6.1980 – C-136/79 Rn. 18 f. – National Panasonic, Slg. 1980, 2033; 8.10.1986 – C-234/85 Rn. 8 – Keller, Slg. 1986, 2897; 21.9.1989 – C-46/87, 227/88 Rn. 17 – Hoechst, Slg. 1980, 2859; 15.12.1995 – C-415/93 Rn. 79 – Bosman, Slg. 1995, I-4921; 9.10.2001 – C-377/98 Rn. 70, 78 – Niederlande/Parlament, Slg. 2001, I-7079), aber auch soziale Grundrechte (zB Streikrecht, EuGH 11.12.2007 – C-438/05 Rn. 44 – Viking, Slg. 2007, I-10779; 18.11.2007 – C-341/05 Rn. 90 f. – Laval, Slg. 2007, I-11767). Darüber hinaus hat der Gerichtshof eine Vielzahl von rechtsstaatlichen Garantien abgeleitet. Sie betreffen das Verwaltungsverfahren (zB Grundsatz eines fairen Verwaltungsverfahrens, Gesetzmäßigkeit der Verwaltung, s. EuGH 22.3.1961 – C-42/59 – SNUPAT, Slg. 1961, 109 [172 ff.]; 21.11.1991 – C-269/90 Rn. 14 – HZA München-Mitte, Slg. 1991, I-5469) und das gerichtliche Verfahren (zB effektiver Rechtsschutz, faires Verfahren, Recht auf Verteidigung, Nemo-tenetur-Grundsatz, ne bis in idem, Gewährung rechtlichen Gehörs, EuGH 5.3.1980 – C-98/79 Rn. 21 f. – Pecastaing, Slg. 1980, 691; 17.12.1981 – C-115/80 Rn. 10 ff. – Demont, Slg. 1981, 3147; 15.10.1987 – C-222/86 Rn. 14 – Heylens, Slg. 1987, 4097; 18.10.1989 – C-374/87 Rn. 32 ff. – Orkem, Slg. 1989, 3283). Auch der Grundsatz der Rechtssicherheit, der bestimmte und hinreichend klare Rechtsgrundlagen und die Publizität der Rechtsquellen fordert (insbesondere für Sanktionen), wurde als allg. Rechtsgrundsatz anerkannt (EuGH 11.7.2001 – C-210/00 Rn. 52 – Hofmeister, Slg. 2002, I-6453; 10.3.2009 – C-345/06 Rn. 42 ff. – Heinrich, Slg. 2009, I-1659). Darüber hinaus ist der Vertrauensgrundsatz zum Bestandteil des Primärrechts geworden (zB EuGH 25.1.1979 – C-98/78 Rn. 20 – Racke, Slg. 1979, 69; 25.1.1979 – C-99/78 Rn. 8 – Decker, Slg. 1979, 101).

2. Rechtsquelle des Primärrechts. Die Grundrechte aus den allg. Rechtsgrundsätzen **20** sind Teil des Primärrechts und haben den **gleichen Rang** wie die GRC und die Verträge (dazu SA der GA *Trstenjak* 8.9.2011 – C-282/10 Rn. 127 – Dominguez; Ehlers/*Ehlers* § 14 Rn. 9; Streinz/*Streinz* Rn. 36; *Jarass* Einl. Rn. 30, 33; *Jarass* EU-Grundrechte, 2005, § 2 Rn. 14). Sie sind somit auch im Verhältnis zu den Grundfreiheiten gleichrangig (EuGH 12.6.2003 – C-112/00 Rn. 77 ff. – Schmidberger, Slg. 2003, I-5659; 14.10.2004 – C-36/02 Rn. 35 ff. – Omega, Slg. 2004, I-9609; Ehlers/*Ehlers* § 14 Rn. 9, 21 ff.).

Die allg. Rechtsgrundsätze verpflichten die Organe der Europäischen Union und die **21** Mitgliedstaaten, soweit sie Unionsrecht durchführen (Ehlers/*Ehlers* § 14 Rn. 39, 10, 3 ff.; so auch EuGH 10.4.2003 – C-276/01 Rn. 69, 71 – Steffensen, Slg. 2003, I-3735; 27.6.2006 – C-540/03 Rn. 104 ff. – Parlament/Rat, Slg. 2006, I-5769). Ihr **Anwendungsbereich** erfasst nach der Rechtsprechung des EuGH aber auch die Beschränkung der Grundfreiheiten durch das nationale Recht, so dass die Grundrechte als Schranken-Schranken für die Mitgliedstaaten wirken (EuGH 18.6.1991 – C-260/89 Rn. 42 f. – ERT, Slg. 1991, I-2925; 26.6.1997 – C-368/95 Rn. 24 – Familiapress, Slg. 1997, I-3689; 11.7.2002 – C-60/00 Rn. 36 ff. – Carpenter, Slg. 2002, I-6279; 12.6.2003 – C-112/00 Rn. 74 ff. – Schmidberger, Slg. 2003, I-5659; 14.10.2004 – C-36/02 Rn. 33 ff. – Omega, Slg. 2004, I-9609; so auch SA des GA *Stix-Hackl* 18.3.2004 – C-36/02 Rn. 93, 100 ff. – Omega, Slg. 2004, I-9609). Sie dienen zur Rechtfertigung der Beschränkung der Grundfreiheiten. Die Mitgliedstaaten agieren nach dem Verständnis des EuGH auch in diesen Fällen im Anwendungsbereich des Unionsrechts, so dass die allg. Rechtsgrundsätze und die sich daraus ergebenden Grundrechte einschlägig sind.

Dem wird in der Literatur wegen der Ausdehnung des Anwendungsbereichs der Grund- **22** rechte zum Teil widersprochen (*Huber* EuR 2008, 190 [193 ff.]; *Mager* JZ 2003, 204 [204]; vgl. *Kingreen* EuGRZ 2004, 570 [576]). Ohne die Grundrechtsbindung blieben die Mitgliedstaaten aber darauf verwiesen, die Beschränkung der Grundfreiheiten mit den Interessen der Allgemeinheit zu rechtfertigen. Zudem wären dann ggf. die Verfassungsgerichte der Mitgliedstaaten berufen, die Maßnahmen anhand der nationalen Grundrechte zu überprüfen. Das führte zu einem Konflikt zwischen dem Verfassungsrecht der Mitgliedstaaten und den Grundfreiheiten als zentralen rechtlichen Stützen der Binnenmarktharmonisierung. Der Entwicklung der Europäischen Union hin zu einer Wertegemeinschaft wird es eher gerecht, wenn auch im Verhältnis zu den Grundfreiheiten die Unionsgrundrechte zur Anwendung kommen. Bei der Abgrenzung des Anwendungsbereichs der Grundrechte aus den allg. Rechtsgrundsätzen gilt nichts anderes als nach Art. 51 I 1 GRC für die Grundrechte der GRC, → GRC Art. 51 Rn. 11, 25 f.

3. Dogmatisches Verhältnis und Abgrenzung zur GRC. Die Grundrechte aus den **23** allg. Rechtsgrundsätzen dürfen nicht mit den terminologisch ähnlichen Grundsätzen der GRC gleichgesetzt werden (*Jarass* Einl. Rn. 27). Sie unterscheiden sich dogmatisch grundlegend (→ GRC Art. 52 Rn. 50). Während die Grundrechte aus den allg. Rechtsgrundsätzen subjektive Rechte sind, die unmittelbar gerichtlich geltend gemacht werden, finden die Grundsätze iSd GRC nur mittelbar Eingang in das Unionsrecht bei der Rechtssetzung und jedem Handeln zum Vollzug des Unionsrechts (Art. 52 V GRC). Sie können daher nicht vor Gericht eingeklagt werden, sondern finden nur bei der Auslegung Berücksichtigung. Die Rechtsgrundsätze und Grundrechte richten sich an die Organe der Europäischen Union und die Mitgliedstaaten, wenn und soweit sie Unionsrecht durchführen. Art. 6 III regelt indes weder das Verhältnis zwischen EMRK und nationaler Rechtsordnung noch die Konsequenzen, die sich bei einem Widerspruch zwischen nationalem Recht und EMRK ergeben (EuGH 24.4.2012 – C-571/10 Rn. 62 f. – Kamberaj NVwZ 2012, 950).

Die GRC hat die allg. Rechtsgrundsätze nicht (vollständig) ersetzt, sie gelten auch **nach** **24** **Inkrafttreten der Charta** aufgrund der expliziten Regelung in Art. 6 III fort. Für das Verhältnis zwischen der GRC und den allg. Rechtsgrundsätzen ist aber auch in Bedacht zu nehmen, dass die GRC zumindest einen großen Teil der richterrechtlich entwickelten allg.

Grundsätze in sich aufgenommen und somit positiviert hat. Zum Teil wird angenommen, dass die Grundsätze dennoch im vollen Umfang neben der GRC Anwendung finden (*Frenz* Rn. 27; Heselhaus/Nowak/*Heselhaus* § 2 IV Rn. 61; *Jarass* Einl. Rn. 30, 33; *Kober* 257; *Krebber* RdA 2009, 224 [231]; *Pache/Rösch* NVwZ 2008, 473 [475]; *Scheuing* EuR 2005, 162 [189 f.]; Streinz/*Streinz* Rn. 35 f.; SA der GA *Trstenjak* 8.9.2011 – C‑282/10 Rn. 127 – Dominguez; *Weiß* ZEuS 2005, 323 [324 f.]). Der EuGH hat in seinen Entscheidungen wiederholt auf die GRC und die Grundsätze nebeneinander rekurriert, ohne das dogmatische Verhältnis näher zu beleuchten (zB EuGH 16.9.2010 – C‑149/10 Rn. 63 – Chatzi, Slg. 2010, I‑8389; 22.12.2010 – C‑444/09 Rn. 75 – Gavieiro Gavieiro, Slg. 2010, I‑14031). Die Grundsätze und die GRC werden zum Teil als verschiedene Wurzeln für ein einheitliches EU-Grundrecht angesehen (HdBG/*Skouris* § 157 Rn. 45; *Jarass* Einl. Rn. 35). Um das Nebeneinander der allg. Grundsätze und der GRC aufzulösen, soll eine harmonisierende Auslegung erfolgen (*Jarass* Einl. Rn. 34; SA der GA *Trstenjak* 8.9.2011 – C‑282/10 Rn. 129 – Dominguez). Die Grundsätze seien heranzuziehen, wenn der Schutzbereich der Chartagrundrechte enger ausfällt (vgl. *Jarass* Einl. Rn. 30; Meyer/*Borowsky* Vorb. Titel VII Rn. 15; *Pache/Röser* NVwZ 2008, 473 [475]; Streinz/*Streinz* Rn. 35; **aA** Calliess/Ruffert/*Kingreen* Rn. 17; *Frenz* Rn. 27; GHN/*Schorkopf* Rn. 56; *Schulte/Herbrüggen* ZEuS 2009, 343 [354 ff.], Vorrang der GRC).

25 Ein so uneingeschränktes Nebeneinander der Grundsätze und der GRC ergibt sich nicht zwingend aus der Präambel der Charta (so aber *Jarass* Einl. Rn. 34), die von einer Bekräftigung der Grundsätze spricht, ohne das Verhältnis endgültig zu klären. Aus gesetzessystematischen Gründen spricht mehr dafür, die GRC in ihrem Anwendungs- und Regelungsbereich als vorrangig gegenüber den Grundsätzen zu betrachten (SA des GA *Cruz Villalón*, 19.5.2011 – C‑447/09 Rn. 26 – Prigge, Slg. 2011, I‑8003; Calliess/Ruffert/*Kingreen* Rn. 17; *Forst* EzA EG-Vertrag 1999 Richtlinie 2003/88 Nr. 7, 9 [12 f.]; GHN/*Schorkopf* Rn. 56; *Grabenwarter* EuGRZ 2004, 563 [569]; *Junker* ZfA 2013, 91 [96]; Meyer/*Borowsky* GRC Art. 53 Rn. 16; *Schulte-Herbrüggen* ZEuS 2009, 343 [354 ff.]; *Schwarze* DVBl. 2011, 721 [726]; *Thüsing/Pötters/Stiebert* RdA 2012, 281 [291]; gegen die Notwendigkeit allg. Grundsätze *Calliess* EuZW 2001, 261 [268]). Ansonsten käme es zu einer Doppelspurigkeit des unionsrechtlichen Grundrechtsschutzes, für den es keine inhaltlichen Gründe gibt und der zu Unsicherheiten bei der Rechtsanwendung führt (Grabenwarter/*v. Danwitz* § 6 Rn. 19). Die EMRK und die Verfassungstradition der Mitgliedstaaten, aus denen die allg. Grundsätze abgeleitet werden, gehen nach Art. 52 III, IV GRC in die Charta ein (*Thüsing/Pötters/Stiebert* RdA 2012, 281 [290 f.]). Auch die internationalen Übereinkommen sind als Mindeststandard bei der Auslegung der Charta in Bedacht zu nehmen (Art. 53). Insofern bleibt für eine Eigenständigkeit der allg. Grundsätze kein Raum. Der EuGH hat darüber noch nicht entschieden.

26 Das nimmt den Grundsätzen gleichwohl nicht vollständig ihre Bedeutung, so dass auch Art. 6 III seine Berechtigung behält. Die Grundsätze kommen zur Anwendung, wenn sie nicht in der GRC kodifiziert wurden, ohne dass sie beseitigt werden sollten. Das gilt insbesondere für den Vertrauensschutz (EuGH 12.12.1996 – C‑241/95 Rn. 32 ff. – Accrington Beef ua, Slg. 1996, I‑6720; vgl. dazu *Jarass* Einl. Rn. 36), das Gebot der Rechtssicherheit (EuGH 21.3.2013 – C‑92/11 Rn. 59 – RWE, NJW 2013, 2253). Darüber hinaus finden die Grundsätze für Altfälle Anwendung (dazu *Jarass* Einl. Rn. 30; Streinz/*Streinz* Rn. 35). Zum Teil wird auf die allg. Grundsätze auch im Zusammenhang mit den Protokollen zur GRC verwiesen, die Sonderregelungen für das Vereinigte Königreich, Polen und die Tschechische Republik vorsehen (dazu *Jarass* Einl. Rn. 30; *Mayer* EuR 2009, Beiheft 1, 87 [94]; Streinz/*Streinz* Rn. 35; abl. *Ludwig* EuR 2011, 715 [728 f.]). Dabei ist aber zu beachten, dass die GRC trotz der Protokolle Anwendung findet und vor allem eine Erweiterung des Grundrechtsschutzes durch ihr Inkrafttreten verhindert werden sollte. Insofern scheint für diese Länder ein Rückgriff auf die allg. Grundsätze nicht gerechtfertigt.

27 Darüber hinaus soll ein Rückgriff auf die GRC möglich sein, um neue Grundrechte zu entwickeln (vgl. Verfassungskonvent, CONV 528/03 v. 6.2.2003, 13; GHN/*Schorkopf*

Rn. 56; *Löwisch/Rieble* Grundl. Rn. 271 f.; *Ludwig* EuR 2011, 715 [727 f.]; Streinz/*Streinz* Rn. 35; erwägend ErfK/*Wißmann* AEUV Vorb. Rn. 11; **aA** Calliess/Ruffert/*Kingreen* Rn. 17; so auch *Cremer* NVwZ 2003, 1452 [1454 ff.]). Zum Teil wird auch auf das Fehlen einer Regelung zur allg. Handlungsfreiheit in der GRC verwiesen (*Jarass* Einl. Rn. 31; Streinz/*Streinz* Rn. 25). Die Konkurrenzen zur GRC seien nach Maßgabe des Art. 53 zu lösen, nicht nach Art. 52 II, weil es an der Regelung der Grundsätze in den Verträgen fehle (*Frenz* Rn. 185; *Jarass* Einl. Rn. 33; *Rengeling* DVBl. 2004, 453 [458 f.]; Tettinger/Stern/*v. Danwitz* GRC Art. 52 Rn. 48). Die Gegenansicht in der Literatur geht jedoch davon aus, dass ein Rückgriff auf Art. 6 III zur richterlichen Rechtsfortbildung nicht mehr erforderlich ist, zumal die GRC als geschriebenes Recht Vorrang habe (Calliess/Ruffert/*Kingreen* Rn. 17; *ders.* EuGRZ 2004, 570 [571]; *Calliess* EuZW 2001, 261 [268]; vgl. *Schwarze* DVBl. 2011, 721 [726]). Zum Teil bestehen auch Bedenken wegen der Gefahr der Umgehung der Charta (*Forst* EzA EG-Vertrag 1999 Richtlinie 2003/88 Nr. 7, 9 [12]; *Thüsing/Pötters/Stiebert* RdA 2012, 281 [290]).

Die GRC ist durch ihre Auslegung nach Art. 52 III, IV, 53 GRC ein dynamisierter **28** Grundrechtsschutz, der – in Grenzen – auf Veränderungen hin angepasst werden kann. Für eine Änderung der Charta bedarf es im Übrigen einer Vertragsänderung nach Art. 48. Die Regelung des Art. 6 III spricht zwar dafür, dass die Ableitung allg. Grundsätze weiter möglich bleibt. Im Bereich der Grundrechte kann es sich aber nur um eine subsidiäre Kategorie handeln, die in Bereichen zu Anwendung kommt, die die GRC nicht erfasst oder wo sie auch im Wege der Rechtsfortbildung keine Regelungswirkung entfalten kann (Grabenwarter/*v. Danwitz* § 6 Rn. 19; so auch EuGH 8.12.2011 – C-386/10 P Rn. 51 – Chalkor, Slg. 2011, I-13085, in Bezug auf Art. 6 EMRK im Verhältnis zu Art. 47).

III. Bedeutung und Durchsetzung der Grundrechte

1. Vorrang der Grundrechte. a) Verstöße durch die Organe der EU. Grundrechts- **29** verstöße können die Organe der Europäischen Union durch Rechtsetzung und Beschlüsse verursachen. Beim Erlass von Sekundärrechtsakten (Verordnungen, Richtlinien) sind sie an die Grundrechte gebunden. Die Grundrechte der GRC und die allg. Grundsätze haben als Teil des Primärrechts gegenüber dem Sekundärrecht den höheren Rang und sind daher vorrangig (Heselhaus/Nowak/*Pache* § 4 Rn. 134; *Jarass* Einl. Rn. 53; *Pache/Rösch* EuR 2009, 769 [775]; *Willemsen/Sagan* NZA 2011, 258 [260]). Die Grundrechte entfalten im Verhältnis zwischen den Organen der Union und den Grundrechtsträgern **unmittelbare Wirkung,** da es sich um subjektive Rechte handelt und sie in einem Maße konkretisiert sind, das ihre unmittelbare Anwendung erlaubt (self-executing). Diese unmittelbare Wirkung ist allen Grundrechten gleichermaßen eigen, weil der Konkretisierungsgrad nicht so unterschiedlich ist, dass einzelne Grundrechte generell auszunehmen sind (Preis/Sagan/*Pötters* § 2 Rn. 26). Etwas anderes gilt bei den Grundsätzen iSv Art. 52 V GRC. Die **Wirksamkeit** und die **Auslegung des Sekundärrechts** hängen somit von der Vereinbarkeit mit den Grundrechten ab. Das galt bereits vor dem Inkrafttreten der GRC, weil auch die Grundrechte aus den allg. Rechtsgrundsätzen im Rang über den Sekundärrechtsakten standen. Seit dem Inkrafttreten der GRC ist es indes verstärkt zu einer Überprüfung des Organhandelns anhand der Grundrechte gekommen (siehe zB EuGH 9.11.2010 – C-92/09 Rn. 45 f. – Schecke, Slg. 2019, I-11063; 1.3.2011 – C-236/09 Rn. 16 f. – Test Achat, Slg. 2011, I-773; 8.4.2014 – C-293/12 ua – Digital Rights Ireland und Seitlinger, NVwZ 2014, 709; dazu zB Grabenwarter/*v. Danwitz* § 6 Rn. 17; *Reich* EuZW 2011, 379 [383]). Allerdings schafft die grundrechtskonforme Auslegung in vielen Fällen Abhilfe (*Jarass* EuR 2013, 29 [33]; *Willemsen/Sagan* NZA 2011, 258 [260]; so bereits vor Inkrafttreten der GRC EuGH 20.5.2003 – C-465/00 Rn. 68 – Österreichischer Rundfunk, Slg. 2003, I-5014; 6.11.2003 – C-101/01 Rn. 87 – Lindqvist, Slg. 2003, I-12971; 26.5.2007 – C-305/05 Rn. 28 – Ordre des barreaux, Slg. 2007, I-5305).

30 Im Falle eines **Grundrechtsverstoßes** ist der Sekundärrechtsakt nichtig (EuGH 9.11.2010 – C-92/09 Rn. 46 – Schecke, Slg. 2010, I-11063; 8.4.2014 – C-293/12 ua Rn. 31 – Digital Rights Ireland ua, NVwZ 2014, 709; *Jarass* Einl. Rn. 53; Preis/Sagan/ *Pötters* § 2 Rn. 28). Das gilt auch für jene Rechtsakte der Union, zu denen Sekundärrechtsakte ermächtigen (*Jarass* Einl. Rn. 53). Sofern die grundrechtskonforme Auslegung den Verstoß gegen die Grundrechte vermeiden kann, geht diese vor. Für die Anwendung des Grundrechts auf eine Richtlinie ist es unerheblich, ob die Umsetzungsfrist noch läuft (*Jarass* Einl. Rn. 53b; **anders** im Verhältnis zum Handeln der Mitgliedstaaten → Rn. 36, 39). Sie hat als Sekundärrechtsakt nur dann rechtlich Bestand, wenn sie mit den Grundrechten vereinbar ist. Zur Feststellung der Unvereinbarkeit des Sekundärrechts mit dem Primärrecht ist allein der EuGH befugt (EuGH 21.10.1987 – C-314/85 Rn. 15 – Foto-Frost, Slg. 1987, 4199; dazu *Jarass* EuR 2013, 29 [34]; Streinz/*Ehricke* AEUV Art. 277 Rn. 3). Ihm kommt ein Verwerfungsmonopol zu (EuGH 22.10.1987 – C-314/85 Rn. 17 – Foto-Frost, Slg. 1987, 4199; 10.1.2006 – C-344/04 Rn. 27 – IATA und ELFAA, Slg. 2006, I-403; HdBG/ *Haratsch* § 165 Rn. 38; *Neßler* DVBl. 1993, 1240 [1241 f.]; Streinz/*Streinz* Rn. 37). Die mitgliedstaatlichen Gerichte müssen daher dem EuGH vorlegen (EuGH 21.2.1991 – C-143/88 ua Rn. 24 – Zuckerfabrik Süderdithmarschen, Slg. 1991, I-45; HdBG/*Haratsch* § 165 Rn. 38). Insofern verweist das BVerfG darauf, dass die nationalen Gerichte verpflichtet sind, die Vereinbarkeit des sekundären Unionsrechts mit den Grundrechten zu prüfen (BVerfG 19.7.2011 BVerfGE 129, 78 Rn. 91).

31 Richtlinien und Verordnungen sind **grundrechtskonform auszulegen** (EuGH 21.9.1989 – C-46/87 ua Rn. 12 – Hoechst, Slg. 1989, 2859; 6.11.2003 – C-101/01 Rn. 87 – Lindquist, Slg. 2003, I-12971; SA der GA *Trstenjak* 15.5.2012 – C-40/11 Rn. 53 – Iida; *Jarass* Einl. Rn. 53; *ders*. EuR 2013, 29 [33]; *Schütz/Bruha/König* 452). Es handelt sich dabei um eine Ausprägung der primärrechtskonformen Auslegung, die allg. für das Sekundärrecht des Unionsrechts zur Anwendung kommt (Calliess/Ruffert/*Ruffert* AEUV Art. 288 Rn. 9; *Jarass* Einl. Rn. 53). Methodisch handelt es sich um eine systemkonforme Auslegung. Diese vermeidet zugleich das Vorliegen eines Grundrechtsverstoßes, der zur Unwirksamkeit des Sekundärrechtsaktes führte. Im Arbeitsrecht wird es vor allem auf die grundrechtskonforme Auslegung anhand der sozialen Grundrechte, der Diskriminierungsverbote und der wirtschaftlichen Freiheitsrechte ankommen (auf die sozialen Grundrechte verweisend *Willemsen/Sagan* NZA 2011, 258 [260]; vgl. *Herresthal* EuZA 2011, 3 [19 f.]; so auch EuGH 18.7.2013 – C-426/11 Rn. 31 – Alemo-Herron, NZA 2013, 835). Zur Konkretisierung eines Grundrechts anhand einer Richtlinie → Rn. 41 ff.

32 Die für Grundrechte geltenden Maßgaben lassen sich nicht auf **Grundsätze** iSv Art. 52 V GRC übertragen (Preis/Sagan/*Pötters* § 2 Rn. 27; EuGH zu Art. 27 GRC, EuGH 15.1.2014 – C-176/12 Rn. 47 ff. – AMS, NZA 2014, 193). Es handelt sich um Zielbestimmungen bzw. Gestaltungsaufträge (vgl. *Seifert* EuZW 2011, 696 [701]; *ders*. EuZA 2013, 299 [305]; Preis/ Sagan/*Pötters* § 2 Rn. 27: „Staatszielbestimmungen"), die die Organe der Europäischen Union bei ihrem Handeln berücksichtigen müssen. Ihnen fehlte es für eine unmittelbare Wirkung an der hinreichenden Konkretisierung, die eine Geltendmachung gegenüber den Organen der Europäischen Union erlaubte. Sie sind aber bei der Auslegung der Sekundärrechtsakte und Entscheidungen der Union heranzuziehen, Art. 52 V GRC.

33 **b) Verstöße durch die Mitgliedstaaten. aa) Grundrechtskonforme Auslegung des nationalen Rechts.** Seit der Wachauf-Entscheidung misst der EuGH nationale Maßnahmen an den unionsrechtlichen Grundrechten (EuGH 13.7.1989 – C-5/88 Rn. 17 f. – Wachauf, Slg. 1989, 2609; so auch EuGH 18.6.1991 – C-260/89 Rn. 41 f. – ERT, Slg. 1991, I-2925, unter Bezugnahme auf die EMRK). **Grundrechtsverstöße** der Mitgliedstaaten kommen wegen des Anwendungsbereichs der GRC und der allg. Grundsätze nur bei der Durchführung des Unionsrechts in Betracht (→ Rn. 23; GRC Art. 51 Rn. 10 ff.). Das nationale Recht ist bei einer Grundrechtsverletzung – ebenso wie das Unionssekundärrecht – grundrechtskonform auszulegen (EuGH 18.6.1991 – C-260/89 Rn. 43 – ERT, Slg.

1991, I-2925; 8.4.1992 – C-62/90 Rn. 23 – K/Deutschland, Slg. 1992, I-2575; 26.5.1997 – C-368/95 Rn. 24 – Familiapress, Slg. 1997, I-3689; 6.11.2003 – C-101/01 Rn. 87 – Lindqvist, Slg. 2003, I-12971; 26.6.2007 – C-305/05 Rn. 28 – Ordre des barreaux francophones et germanophone ua, Slg. 2007, I-5305; 21.12.2011 – C-411/10 Rn. 77 – N. S., Slg. 2011, I-13905; 27.11.2012 – C-277/11 Rn. 93 – M. M.; SA der GA *Kokott* 29.4.2010 – C-550/07 Rn. 137 – Akzo, Slg. 2010, I-8301; *Jarass* EuR 2013, 29 [34 f.]; *ders.*, Einl. Rn. 54). Die Verpflichtung zur unionsrechtskonformen Auslegung resultiert aus dem Unionsrecht (Art. 4 III EUV) und gilt für das gesamte nationale Recht, unabhängig davon, ob die auszulegende Norm zur Konkretisierung des Grundrechts infolge einer Richtlinie erlassen wurde (vgl. EuGH 5.10.2004 – C-397/01 – Pfeiffer, Slg. 2004, I-8835; 19.1.2010 – C-555/07 – Kücükdeveci, Slg. 2010, I-365; *Kokott* RdA 2006, Beil. Heft 6, 30 [31]; ErfK/*Wißmann* AEUV Vorb. Rn. 35). Insofern gelten die gleichen Regeln wie bei der richtlinienkonformen Auslegung des nationalen Rechts (→ AEUV Art. 288 Rn. 43 ff.). Es ist eine systemkonforme Auslegung in den Grenzen des methodisch Zulässigen im nationalen Recht vorzunehmen, wobei auch die Möglichkeiten der Rechtsfortbildung bis zur Grenze des contra legem in Betracht zu ziehen sind (so zu den Richtlinien EuGH 5.10.2004 – C-397/01 ua Rn. 113 ff. – Pfeiffer, Slg. 2004, I-8835; 16.6.2005 – C-105/03 Rn. 47 – Pupino, Slg. 2005, I-5285; 4.7.2006 – C-212/04 Rn. 108 ff. – Adeneler, Slg. 2006, I-6057; 19.1.2010 – C-555/07 Rn. 48 – Kücükdeveci, Slg. 2010, I-365).

Sofern ein **Grundrechtsverstoß des Sekundärrechtsakts** in Betracht kommt und der 34 Sekundärrechtsakt grundrechtskonform ausgelegt werden kann, so ist bei der unionsrechtskonformen Auslegung des nationalen Rechts ein Verständnis des Unionssekundärrechts zugrunde zu legen, das nicht mit den Grundrechten kollidiert (EuGH 21.12.2011 – C-411/10 Rn 77 – N. S., Slg. 2011, I-13905; 27.11.2012 – C-277/11 Rn. 93 – M. M.). Die Grundrechte nehmen auch Einfluss auf die Auslegung der Richtlinie, wenn es um die Abwägung widerstreitender Interessen geht (vgl. EuGH 13.5.2014 – C-131/12 Rn. 81 – Google, EuZW 2014, 541). Die Auslegung des nationalen Rechts ist in diesen Fällen eigentlich keine grundrechtskonforme Auslegung, sondern eine sekundärrechtskonforme (zB richtlinienkonforme) Auslegung. Sofern ein davon unabhängiger Konflikt mit einem Grundrecht besteht, der eine grundrechtskonforme Auslegung erforderlich macht, hat diese eine eigenständige Bedeutung. Solche Grundrechtsverstöße lagen in den Rs. *Mangold* und *Kücükdeveci* in Form von Verstößen gegen das Diskriminierungsverbot wegen des Alters vor (EuGH 22.11.2005 – C-144/04 – Mangold, Slg. 2005, I-9981; 19.1.2010 – C-555/07 Rn. 49 – Kücükdeveci, Slg. 2010, I-365), die aber im konkreten Fall nicht durch eine grundrechtskonforme Auslegung vermieden werden konnten.

Die Pflicht zur grundrechtskonformen Auslegung gilt nicht in gleicher Weise für den 35 normativen Teil von Tarifverträgen und Betriebsvereinbarungen (so ErfK/*Wißmann* AEUV Vorb. Rn. 38; *Löwisch/Rieble* TVG § 1 Rn. 1497 f.; *Thüsing* ZIP 2004, 2301 [2304]; **aA** Däubler/*Däubler* TVG Einl. Rn. 519; HWK/*Henssler* TVG § 1 Rn. 81; vgl. HMB/*Bepler* Teil 3 Rn. 149). Sie ist Teil einer systemkonformen Auslegung, die auf die Grundrechtsbindung des Normgebers zurückzuführen ist. Die Tarifvertragsparteien und die Betriebspartner sind jedoch zuerst Grundrechtsträger. Der EuGH hat zwar in einer umstrittenen Rechtsprechung die Grundfreiheiten auf die Tarifvertragsparteien erstreckt (→ Rn. 40), das gilt aber nicht in gleicher Weise für die Grundrechte. Im Anwendungsbereich der Grundfreiheit ist zwar eine unmittelbare Drittwirkung der Grundrechte zugunsten der Tarifvertragsparteien zu befürworten (→ GRC Art. 51 Rn. 29). Dabei handelt es sich aber nur um eine Folge der extensiven Anwendung der Grundfreiheiten, ohne dass die Tarifvertragsparteien generell an die Grundrechte gebunden sind. Eine solche Grundrechtsbindung kommt nur ausnahmsweise zum Tragen, wenn der Mitgliedstaat den Sozialpartnern auf ihren gemeinsamen Antrag hin die Durchführung einer Richtlinie überträgt (Art. 153 III UAbs. 2 AEUV). Eine grundrechtskonforme Auslegung des Tarifvertrages kommt somit grundsätzlich nur iRd allg. Vorgaben für die Auslegung des Tarifvertrages in Betracht. Dabei ist auch auf den erkennbar gewordenen Willen der Tarifvertragsparteien abzustellen.

36 Eine Pflicht zur grundrechtskonformen Auslegung besteht, wenn und soweit der Anwendungsbereich der Grundrechtecharta eröffnet ist. Insoweit gilt nichts anders als für den Anwendungsvorrang (→ Rn. 38). Die nationalen Gerichte sind bei der Richtlinienumsetzung zur grundrechtskonformen Auslegung spätestens mit Ablauf der Umsetzungsfrist verpflichtet. Sofern die Mitgliedstaaten die Richtlinie vor Ablauf der Frist umsetzen, ist die grundrechtskonforme Auslegung ab dem Inkrafttreten des Umsetzungsgesetzes zulässig. Das Gleiche gilt für mitgliedstaatliche Rechtsakte, die während der Umsetzungsfrist in Kraft treten und gegen das Frustrationsverbot aus Art. 4 III EUV verstoßen (ebenso zur richtlinienkonformen Auslegung → AEUV Art. 288 Rn. 60 f.).

37 **bb) Anwendungsvorrang der europäischen Grundrechte.** Vermag die Auslegung und Rechtsfortbildung den Grundrechtsverstoß nicht zu vermeiden, so greift im Verhältnis zum nationalen Recht der **Anwendungsvorrang** des Unionsrechts ein (so zuerst EuGH 5.2.1963 – C-26/62 – van Gend&Loos, Slg. 1963, 1 [25]; 17.12.1970 – C-11/70 Rn. 3 f. – Internationale Handelsgesellschaft, Slg. 1970, 1125), der die Unanwendbarkeit des nationalen Rechts nach sich zieht (EuGH 22.11.2005 – C-144/04 Rn. 77 f. – Mangold, Slg. 2005, I-9981; 19.1.2010 – C-555/07 Rn. 54 f. – Kücükdeveci, Slg. 2010, I-365; 8.9.2010 – C-409/06 Rn. 69 – Winner Wetten, Slg. 2010, I-8015; *Berka* Rn. 360; *Everling*, GS Heinze, 2005, 157 [168]; *Jarass* Einl. Rn. 54, 69; *Jarass/Beljin* NVwZ 2004, 1 [4]; Meyer/*Borowsky* GRC Art. 53 Rn. 10; Preis/Sagan/*Pötters* § 2 Rn. 28; *Schaller* 146; von der Groeben/Schwarze/*Beutler* Rn. 123). Bei Grundrechtsverstößen gilt grds. nichts anderes als bei anderen Verstößen gegen das Primärrecht (*Jarass/Beljin* NVwZ 2004, 1 [4]). Der Anwendungsvorrang greift nach der Rechtsprechung des Gerichtshofs auch im Verhältnis zum nationalen Verfassungsrecht (EuGH 26.2.2013 – C-399/11 Rn. 59 – Melloni, NJW 2013, 1215; vgl. auch EuGH 8.9.2010 – C-409/06 Rn. 61 – Winner Wetten, Slg. 2010, I-8015; *Schaller* 145). Die Unanwendbarkeit ist von allen nationalen Stellen, insbesondere von Gerichten und Behörden, zu beachten. Zur Entscheidung der mitgliedstaatlichen Gerichte über die Unanwendbarkeit nationalen Rechts → Rn. 52.

38 **Voraussetzungen** für den Anwendungsvorrang sind, dass das nationale Recht gegen Unionsprimärrecht verstößt, das unmittelbar gilt und unmittelbar anwendbar ist (*Jarass* EuR 2013, 29 [36]; *Jarass/Beljin* NVwZ 2004, 1 [3]). Eine unmittelbare Geltung kam bereits den Grundrechten aus den allg. Grundsätzen zu. Inzwischen ist die GRC in Kraft getreten, so dass sie einen Anwendungsvorrang auslösen kann. Dieser setzt zusätzlich voraus, dass die Grundrechte unmittelbar anwendbar sind. Dazu bedarf es nicht nur ihrer unmittelbaren Vollziehbarkeit (self-executing), sondern auch die Eröffnung des Anwendungsbereichs der GRC (vgl. dazu EuGH 11.7.2006 – C-13/05 Rn. 56 – Chacón Navas, Slg. 2006, I-6467; 23.9.2008 – C-427/06 Rn. 15, 24 – Bartsch, Slg. 2008, I-7245 [ohne spezifischen Bezug zur Unanwendbarkeit]); → GRC Art. 51 Rn. 6 ff. Sofern der Anwendungsbereich durch eine Richtlinie eröffnet wird, die die Mitgliedstaaten umsetzen müssen, greift der Anwendungsvorrang nicht nur in Bezug auf die nationalen Regelungen ein, die zur Umsetzung der Richtlinie erlassen wurden. Die Mitgliedstaaten sind verpflichtet, auch diejenigen Regelungen zu beseitigen, die der Richtlinie widersprechen (zB § 622 II 2 BGB). Daher ist auch in Bezug auf solche Normen der Anwendungsbereich der GRC eröffnet, so dass der Anwendungsvorrang eingreifen kann (EuGH 19.1.2010 – C-555/07 Rn. 23 ff. – Kücükdeveci, Slg. 2010, I-365; *Preis/Temming* NZA 2010, 185 [187]; *Repasi* EuZW 2009, 756 [757]; *Ziegenhorn* NVwZ 2010, 803 [806 f.]; aA *Thüsing* RdA 2008, 51 [52]). Sofern die Richtlinie aber wegen ihrer Grundrechtswidrigkeit nichtig ist, so ist der Anwendungsbereich der GRC nicht eröffnet (→ GRC Art. 51 Rn. 20). Daher haben die europäischen Grundrechte keinen Anwendungsvorrang (vgl. *Preis/Temming* NZA 2010, 185 [191]), es sei denn, ihr Anwendungsbereich wird auf andere Weise eröffnet. Schließlich greift der Anwendungsvorrang nicht bei unionalen Rechtsakten ultra vires ein (Art. 23 I, 79 III GG).

Bei der **Umsetzung von Richtlinien** in nationales Recht kommt der Anwendungs- 39
vorrang des Unionsrechts erst mit dem Inkrafttreten des nationalen Umsetzungsrechts,
spätestens mit Ablauf der Umsetzungsfrist in Betracht. Erst dann kommen die Grundrechte
im Anwendungsbereich der Richtlinie geregelten Bereich zur Anwendung (siehe EuGH
23.9.2008 – C-427/08 Rn. 17 f. – Bartsch, Slg. 2008, I-7245; ebenso *Streinz/Herrmann*
RdA 2007, 165 [168]; so auch *Thüsing/Pötter/Stiebert* RdA 2012, 281 [289]). Vorher entfaltet das Grundrecht nur dann Wirkung, wenn der Mitgliedstaat Maßnahmen ergreift, die der
Verwirklichung der Richtlinie entgegenwirken bzw. sie vereiteln, so dass ein Verstoß gegen
das Frustrationsverbot und somit gegen den Grundsatz der Unionstreue vorliegt (EuGH
22.11.2005 – C-144/04 Rn. 67 f. – Mangold, Slg. 2005, I-9981). Davon scheint der EuGH
vereinzelt abzuweichen (EuGH 17.1.2008 – C-246/06 Rn. 34 – Velasco, Slg. 2008, I-105;
7.9.2006 – C-81/05 Rn. 28 f. – Cordero Alonos, Slg. 2006, 7569), indem er auf das
Inkrafttreten der Richtlinie abstellt. Das beruhte aber auf einer Eigenart der RL 2002/74/
EG, die in Art. 2 I UAbs. 2 anordnet, dass die Vorschriften auf jede Zahlungsunfähigkeit des
Arbeitgebers anzuwenden sind, die sich nach Inkrafttreten der Vorschrift ereignet. Der
Regelungsinhalt war somit auf das Inkrafttreten bezogen. Auf die unmittelbare Wirkung der
Richtlinie kommt es hingegen nicht an (**aA** *Höpfner* ZfA 2010, 449 [467 ff.]; *Ziegenhorn*
NVwZ 2010, 803 [806]).

Für den normativen Teil der Tarifverträge und Betriebsvereinbarung gilt der Anwen- 40
dungsvorrang grundsätzlich nicht. Er setzt die Bindung der Tarifvertragsparteien an die
Grundrechte voraus, die grundsätzlich nicht besteht (→ Rn. 35). Etwas anderes gilt nur,
wenn die Sozialpartner nach Maßgabe des Art. 153 III UAbs. 2 AEUV eine Richtlinie
durchführen. Darüber hinaus sind Tarifverträge vom Anwendungsvorrang betroffen, soweit
der EuGH eine unmittelbare Drittwirkung von Unionsprimärrecht annimmt. Das gilt zum
einen für die Niederlassungs-, Dienstleistungs- und Arbeitnehmerfreizügigkeit (→ Rn. 35)
und für das Diskriminierungsverbot aus Art. 157 I AEUV (vgl. EuGH 31.5.1995 – C-400/
93 Rn. 16 – Royal Copenhagen, Slg. 1995, I-1275). Auch die Art. 101 f. AEUV haben
unmittelbare Drittwirkung, die auch die Tarifvertragsparteien erfasst (vgl. EuGH 21.9.1999
– C-67/96 Rn. 53 – Albany, Slg. 1999, I-5863). Im Übrigen ist eine unmittelbare Drittwirkung der Grundrechte nicht anerkannt; → GRC Art. 51 Rn. 27 ff.

Der Anwendungsvorrang greift **nur bei Verstößen gegen das Unionsprimärrecht** ein, 41
nicht bei bloßen Verstößen gegen die Richtlinie (→ AEUV Art. 288 Rn. 22). Der EuGH
hat bisher stets auch eine negative unmittelbare Drittwirkung von Richtlinien abgelehnt (s.
zB EuGH 5.10.2004 – C-397/01 Rn. 108 – Pfeiffer, Slg. 2004, I-8835; 22.11.2005 – C-
144/04 Rn. 74 ff. – Mangold, Slg. 2005, I-9981; 19.1.2010 – C-555/07 Rn. 46 – Kücükdeveci, Slg. 2010, I-365; dazu *Streinz/Herrmann* RdA 2007, 165 [167 f.]; **aA** *Schiek* AuR
2006, 145 [148 f.]). Diese klare Trennung zwischen den Rechtsfolgen von Verstößen gegen
Primärrecht oder gegen eine Richtlinie hat der EuGH bei der Anwendung des Verbots der
Altersdiskriminierung in den Rs. *Mangold* und *Kücükdeveci* nivelliert, indem er zur Konkretisierung des primärrechtlichen Verbots der Altersdiskriminierung (Art. 21 GRC) auf die
RL 2000/78/EG verwiesen hat (EuGH 22.11.2005 – C-144/04 Rn. 67 ff. – Mangold, Slg.
2005, I-9981; 19.1.2010 – C-555/07 Rn. 50 f., 53 – Kücükdeveci, Slg. 2010, I-365). Dem
stimmt die Literatur zum Teil zu und mahnt, den Spielraum für künftige Sekundärrechtsakte
nicht zu sehr zu verengen (HdBG/*Skouris* § 157 Rn. 24; *Jarass* Einl. Rn. 53a). Zum Teil
wird darauf verwiesen, dass eine solche Konkretisierung nur in Betracht komme, wenn die
Richtlinie auf einer besonderen Kompetenz zum Grundrechtsschutz beruhe, wie sie in
Art. 19 AEUV enthalten sei (*Sagan* ZESAR 2011, 412 [413]). Zum Teil wird jedoch davon
ausgegangen, dass diese Rechtsprechung auch außerhalb des Diskriminierungsrechts eingreife (*Bauer/v. Medem* ZIP 2010, 449 [452]). Dem wird zu Recht entgegengehalten, dass
der Konkretisierungsbegriff, den der EuGH verwendet, ungenau ist (*Willemsen/Sagan* NZA
2011, 258 [261]). Eine Richtlinie kann ein Grundrecht in unterschiedlichem Maße konkretisieren, so dass nicht in jedem Fall mit dem Richtlinienverstoß ein Grundrechtsverstoß
einhergeht.

42 Darüber hinaus ist einer solchen Gleichsetzung von Grundrecht und Richtlinie grundsätzlich zu widersprechen (*Höpfner* ZfA 2010, 449 [451 ff.] [478]; *Krois* DB 2010, 1704 [1706]; *Sagan* ZESAR 2011, 412 [413]; *Willemsen/Sagan* NZA 2011, 258 [261]; so auch SA der GA *Trstenjak* 8.9.2011 – C-282/10 Rn. 144 ff. – Dominguez). Das lässt aber das Rangverhältnis der Rechtsquellen außer Acht (ebenso *Willemsen/Sagan* NZA 2011, 258 [261]) und verwischt zugleich die Grenzen des Anwendungsvorrangs. Eine Richtlinie kann als Sekundärrechtsakt keinen Vorrang gegenüber dem Primärrecht genießen und es auch nicht konkretisieren. Das widerspräche ihrem Rangverhältnis. Der Sekundärrechtsakt ist zudem nicht lex specialis, weil diese Normkollisionsregel nur im Verhältnis von Normen gleichen Ranges eingreift (*Jarass* Einl. Rn. 53b; so aber *Chen*, Die speziellen Diskriminierungsverbote der Charta, 2011, 60). Darüber hinaus hat die Richtlinie auf diese Weise die Wirkung von Primärrecht (*Krois* DB 2010, 1704 [1706]). Etwas anderes ergibt sich auch nicht aus der Bezugnahme der Erläuterungen des Konventspräsidiums. Sie geben nur zu erkennen, vor welchem rechtlichen Hintergrund ein Grundrecht in die Charta aufgenommen wurde. Daraus lassen sich Rückschlüsse für das Begriffsverständnis ziehen. Eine Konkretisierung des Grundrechts anhand einer in den Erläuterungen aufgenommenen Richtlinie ist aber nicht in gleicher Weise möglich. Das gilt umso mehr, wenn das Grundrecht nur den in der Richtlinie enthaltenen Grundgedanken aufgreift, ohne Detailregelungen aufzunehmen. Das Grundrecht mag mit dem Regelungskern der Richtlinie übereinstimmen, ohne die Richtlinie insgesamt zu erfassen und in den Rang des Primärrechts zu erheben.

43 Bei Grundrechten, die den Organen der Europäischen Union einen Spielraum für die Ausgestaltung der Sekundärrechtsakte lassen, würde eine solche Konkretisierung des Primärrechts in Anlehnung an das Sekundärrecht den Gestaltungsspielraum der Organe der Europäischen Union zudem gravierend verkleinern. Die Erläuterungen zur GRC nehmen zwar auf die bestehenden Sekundärrechtsakte Bezug. Es ginge jedoch zu weit, daraus zu schlussfolgern, dass ihr Inhalt zum Bestandteil des Primärrechts werde. Gerade bei den sog. sozialen Grundrechten bestand ein erheblicher Rechtfertigungsbedarf, damit diese in den Kreis der Grundrechte aufgenommen werden. Eine offene Gestaltung dieser Rechte war notwendig, weil ihre Verwirklichung auch von der wirtschaftlichen Entwicklung der Mitgliedsstaaten abhängt. Insofern war der Rekurs auf die Richtlinien auch der Nachweis dafür, dass bestimmte soziale Rechte bereits gelebtes Unionsrecht sind und daher nicht – wie befürchtet – die Gefahr besteht, dass soziale Grundrechte zur Verfassungslyrik werden und unerfüllbare Forderungen darstellen. Das gilt zB für Art. 31 II GRC, der auf die Arbeitszeitrichtlinie Bezug nimmt, ohne den Mindesturlaub, der nach der Richtlinie vier Wochen beträgt, in das Grundrecht zu übernehmen. Die Richtlinie bleibt insoweit Ausfüllung des Rechts auf bezahlten Urlaub. Ein Hineinlesen des Richtlinieninhalts führte zu dessen „Versteinerung". Gerade die sozialen Grundrechte waren bewusst zurückhaltend ausgestaltet. Dem widerspräche ein solches Vorgehen. Ausführlich dazu → GRC Art. 31 Rn. 27 f.

44 Eine Grundrechtsverletzung kommt insbesondere bei sozialen Grundrechten somit nur in Betracht, wenn der Mitgliedstaat nicht nur gegen die Richtlinie verstoßen hat, sondern auch den Spielraum für die Umsetzung der grundrechtlichen Schutz- und Gewährleistungspflichten überschritten hat (ebenso *Krois* DB 2010, 1704 [1706]). Es bedarf insofern eines Grundrechtsverstoßes, der unabhängig von der Richtlinie zu prüfen ist (so auch *Willemsen/Sagan* NZA 2011, 258 [261]).

45 In der Literatur wird ein **Rückgriff auf die Grundrechte** zum Teil ausgeschlossen, wenn eine Richtlinie vorliegt, die der Mitgliedstaat in nationales Recht transformiert hat (*Höpfner* RdA 2013, 16 [20 f.]; *Wank*, FS Birk, 2008, 929 [939]; ähnlich Calliess/Ruffert/ Kingreen Rn. 12; *Krebber* EuZA 2013, 188 [197]; **aA** *Jarass* EuR 2013, 29 [35]; *Preis/ Temming* NZA 2010, 185 [191]). Es gelte der Grundsatz der Normanwendung auf niedrigster Stufe, so dass nicht gleichzeitig ein Verstoß gegen das Unionsprimärrecht in Betracht komme. Bei einem Richtlinienverstoß bleibt daher nur die Möglichkeit der richtlinienkonformen Auslegung. Sofern sie scheitert, hat der Bürger ggf. einen Anspruch auf Schadensersatz gegen den Mitgliedstaat (→ AEUV Art. 288 Rn. 88 ff.). Zudem kann ein Vertrags-

Unionsrechtlicher Grundrechtsschutz **Art. 6 EUV 10**

verletzungsverfahren nach Art. 258 oder 259 AEUV eingeleitet werden. Ein solcher Vorrang des Sekundärrechtsakts lässt sich nicht auf die lex-specialis-Regel stützen, die nur zwischen Vorschriften des gleichen Rangs gilt (*Jarass* EuR 2013, 29 [35]). Auch die Rechtsprechung des EuGH zur sekundärrechtlichen Konkretisierung der Warenverkehrsfreiheit lässt sich nicht übertragen. Danach müssen nationale Stellen vorrangig das Sekundärrecht beachten, sofern es die Herstellung der Warenverkehrsfreiheit in einem bestimmten Bereich abschließend regelt und somit eine erschöpfende Harmonisierung vorliegt (EuGH 12.10.1993 – C-37/92 Rn. 9 – Vanacker und Lesage, Slg. 1993, I-4947; 13.12.2001 – C-324/99 Rn. 32 – Daimler Chrysler, Slg. 2001, I-9897; 14.12.2004 – C-210/03 Rn. 81– Swedish Match, Slg. 2004, I-11893; 9.3.2006 – C-421/04 Rn. 20 – Concord, Slg. 2006, I-2303). Eine derart abschließende Harmonisierung kommt bei Grundrechten aber kaum in Betracht. Zumindest bei Abwehrrechten gilt, dass sie ein bestimmtes Rechtsgut oder Betätigung schützen und im Gegensatz zu den Grundfreiheiten nicht nur auf die Herstellung des Binnenmarktes hinwirken. Die Harmonisierung erfolgt bei den Grundfreiheiten gerade zur Herstellung des Binnenmarktes, während eine abschließende Harmonisierung bei Freiheitsrechten nicht in gleicher Weise erfolgen kann. Bei sozialen Grundrechten erfolgt vor allem eine Mindestharmonisierung, was nicht mit dem Regelungsmodell bei der Warenverkehrsfreiheit übereinstimmt. Zudem betraf die Rechtsprechung nur die Zulässigkeit eines Vorabentscheidungsverfahrens, materiell-rechtlich muss weiterhin die Feststellung eines Grundrechtsverstoßes möglich sein (*Jarass* EuR 2013, 29 [35]). Insofern kann auch bei Diskriminierungsverboten oder Leistungsrechten nichts anderes gelten. Der Rückgriff auf das Primärrecht ist zudem wegen der grundrechtskonformen Auslegung des Sekundärrechts konsequent (*Jarass* EuR 2013, 29 [35]). Etwas anderes ergibt sich wegen des beschränkten Anwendungsbereichs der europäischen Grundrechte. Er beschränkt sich nicht auf die Richtlinie als Sekundärrechtsakt, → GRC Art. 51 Rn. 10 ff.

2. Gerichtliche Durchsetzung. a) Verstöße durch die Organe der EU. Die Wahrung der Unionsrechte ist die Aufgabe des EuGH, so dass er auch für die Kontrolle der Einhaltung der GRC zuständig ist (Art. 19 I UAbs. 1 S. 2). Der Gerichtshof ist für das Handeln aller Unionsorgane zuständig, soweit die Verträge keine Ausnahme vorsehen (vgl. GASP). Zur Verfügung steht neben der Nichtigkeitsklage die Untätigkeitsklage, die aber nur unter einschränkenden Voraussetzungen vom Grundrechtsträger erhoben werden kann. **46**

Eine **Individualnichtigkeitsklage** wegen eines Grundrechtsverstoßes ist nach Art. 263 IV AEUV nur zulässig, wenn sich das grundrechtswidrige Handeln der Organe der Europäischen Union gegen den Kläger gerichtet hat oder ihn unmittelbar und individuell betraf (HdBG/*Haratsch* § 165 Rn. 30; *Kerth/Schmelz* JA 2004, 340 [342]). Handlungen mit allg. Geltung wie Verordnungen sind nur erfasst, wenn der Grundrechtsträger wegen bestimmter Merkmale ähnlich individuell betroffen ist wie bei einer Einzelfallentscheidung (sog. Plaumann-Formel, EuGH 15.7.1963 – C-25/62 – Plaumann, Slg. 1963, 211 [238]; 18.5.1994 – C-309/89 Rn. 20 – Codorniu, Slg. 1994, I-1853; 25.7.2002 – C-50/00 Rn. 32 ff. – Pequenos, Slg. 2002, I-6677; 1.4.2004 – C-263/02 P Rn. 45 ff. – Kommission/Jego-Quéré, Slg. 2004, I-3425; krit. HdBG/*Haratsch* § 165 Rn. 30 f.; *Kerth/Schmelz* JA 2004, 340 [342]). Die Normanwendung allein genügt nicht. Der Rechtsschutz durch die Nichtigkeitsklage wurde durch den Vertrag von Lissabon erweitert, so dass eine Nichtigkeitsklage auch gegen Rechtsakte mit Verordnungscharakter erhoben werden kann, die den Kläger unmittelbar betreffen und keine Durchführungsakte nach sich ziehen. Sie erfasst aber keine Verordnungen ieS (HdBG/*Haratsch* § 165 Rn. 33). Richtlinien scheiden wegen der notwendigen mitgliedstaatlichen Durchführung ohnehin aus. Ein unmittelbarer Individualschutz gegen grundrechtswidrige Normen für Grundrechtsträger besteht somit nicht. **47**

Eine **Untätigkeitsklage** iSv Art. 265 III AEUV steht dem Grundrechtsträger zu und richtet sich auf Erlass begünstigender Beschlüsse (Ehlers/*Ehlers* § 14 Rn. 120; *Jarass* Einl. Rn. 63; Meyer/*Borowsky* EUV Vorb. Titel VII Rn. 20). Eine Individualnichtigkeitsklage ist zulässig, wenn eine Schutzpflicht oder ein Gewährleistungsrecht besteht, das die Unions- **48**

10 EUV Art. 6

organe zu einem bestimmten Handeln verpflichtet (HdBG/*Haratsch* § 165 Rn. 35). Diese Voraussetzung birgt Schwierigkeiten bei der Rechtsanwendung, wenn sich aus der Schutzpflicht keine konkreten Vorgaben für das Handeln der Organe der Europäischen Union ergeben.

49 Darüber hinaus sehen die Verträge keinen spezifischen Rechtsbehelf für Grundrechtsverletzungen vor. Eine Grundrechtsbeschwerde wurde trotz der Diskussion im Zuge der Erarbeitung der GRC nicht in die Verträge aufgenommen. Für eine solche Grundrechtsbeschwerde spricht jedoch, dass die bestehenden Rechtsbehelfe keinen ausreichenden individuellen Rechtsschutz wegen Grundrechtsverletzungen vorhalten (Calliess/Ruffert/*Kingreen* Rn. 35). Das wiegt umso schwerer, als die Rechtsprechung des EuGH der Charta einen weiten Anwendungsbereich zuspricht und dadurch die nationalen Grundrechte zurücktreten. Eine Grundrechtsbeschwerde hätte daher – zumindest aus deutscher Sicht eine lückenschließende Wirkung (*Jarass* Einl. Rn. 62; vgl. *Ress,* in: Herzog/Hobe, Die Europäische Union auf dem Weg zum verfassten Staatenverbund, 2004, 83 [92 f.]).

50 **b) Verstöße durch die Mitgliedstaaten.** Sofern die Mitgliedstaaten beim Vollzug des Unionsrechts gegen Grundrechte verstoßen, stehen alle Rechtsbehelfe offen, die das nationale Recht vorsieht, um gegenüber dem Handeln nationaler Stellen vorzugehen (HdBG/*Haratsch* § 165 Rn. 32; *Jarass* Einl. Rn. 71). Sofern es kein direktes Rechtsmittel gegen grundrechtswidrige Gesetze gibt, erfolgt nur eine **Inzidentkontrolle.** Die mitgliedstaatlichen Gerichte sind iRd dezentralen Vollzugs des Unionsrechts verpflichtet, das Unionsrecht und somit auch die Grundrechte auszulegen und anzuwenden. Sofern sich Auslegungsfragen oder Fragen des Anwendungsvorrangs ergeben, kann das nationale Gericht im Rahmen eines **Vorabentscheidungsersuchens** den EuGH anrufen und ist als letztinstanzliches Gericht sogar dazu verpflichtet, Art. 267 III AEUV (Streinz/*Streinz* Rn. 37). Insofern erfolgt nur eine inzidente Grundrechtskontrolle (Ehlers/*Ehlers* § 14 Rn. 120; *Jarass* Einl. Rn. 67). Das Vorabentscheidungsersuchen ist eine Verstärkung des Individualrechtsschutzes in den Mitgliedstaaten (HdBG/*Haratsch* § 165 Rn. 38). Das gilt umso mehr, als ein Verstoß gegen die Vorlagepflicht mit der Verfassungsbeschwerde wegen der Verletzung des Rechts auf den gesetzlichen Richter geltend gemacht werden kann (BVerfG 22.10.1986 BVerfGE 73, 339 [366]; 8.4.1987 BVerfGE 75, 223 [233 f.]; 31.5.1990 BVerfGE 82, 159 [192 ff.]; HdBG/*Haratsch* § 165 Rn. 39). Darüber hinaus kann wegen der Nichtvorlage zum EuGH Individualbeschwerde zum EGMR erhoben werden. Der Gerichtshof hat in der Rs. *Schipani/Italien* einen Verstoß gegen Art. 6 EMRK angenommen, weil es an einer hinreichenden Begründung für die Nichtvorlage fehlte (EGMR 21.7.2015 – 38369/09 Rn. 69 ff.). Die Anforderungen bleiben formal, ohne dass eine Auseinandersetzung mit der Willkürlichkeit der Entscheidung des nationalen Gerichts erfolgt.

51 Der Rechtsweg zum EuGH ist dem Grundrechtsträger nicht eröffnet. Die Nichtigkeitsklage nach Art. 263 AEUV bezieht sich nur auf das Handeln der Unionsorgane. Ein Vertragsverletzungsverfahren kann nur die Kommission oder ein anderer Mitgliedstaat führen. Zudem kommt ein Vertragsverletzungsverfahren durch die Kommission gem. Art. 258 AEUV nur bei besonders gewichtigen Verstößen zum Einsatz (Ehlers/*Ehlers* § 14 Rn. 122; *Jarass* Einl. Rn. 73; zur (Un-)Zulässigkeit des Einwands der Grundrechtswidrigkeit der Richtlinie *Wunderlich/Hicke* EuR 2013, 107 [108 ff.]). Insofern bleibt in der Regel nur die Inzidentkontrolle durch die nationalen Gerichte und die Vorlage an den EuGH. Bei der Inzidentkontrolle sind nicht die (zeitlichen) Grenzen nach Art. 277 AEUV zu beachten. Der EuGH beschränkt die Inzidentkontrolle nur, wenn die Frist für eine Nichtigkeitsklage versäumt wurde (EuGH 14.9.1999 – C-310/97 Rn. 58 – Kraft, Slg. 1999, I-5363; dazu Calliess/Ruffert/*Wegener* AEUV Art. 267 Rn. 15; *Jarass* Einl. Rn. 68). Das setzt aber voraus, dass der unionale Rechtsakt vom Kläger überhaupt mit der Nichtigkeitsklage angegriffen werden kann. Gegen Richtlinien scheidet eine solche Individualnichtigkeitsklage jedoch aus.

52 Der EuGH geht davon aus, dass die nationalen Gerichte befugt sind, auch den Anwendungsvorrang des Unionsrechts festzustellen und das nationale Recht dementsprechend

unangewendet zu lassen (EuGH 19.1.2010 – C-555/07 Rn. 54 – Kücükdeveci, Slg. 2010, I-365; 26.2.2013 – C-617/10 Rn. 45 – Åkerberg Fransson, NJW 2013, 1415). Die Unanwendbarkeit muss nicht durch den EuGH ausgesprochen werden, da der Anwendungsvorrang ein von allen staatlichen Stellen zu beachtender Grundsatz ist. Die Entscheidung über die Unanwendbarkeit des nationalen Rechts muss und darf nicht von einer Entscheidung des Gesetzgebers oder einem bestimmten Verfahren abhängig gemacht werden (EuGH 26.2.2013 – C-617/10 Rn. 45 – Åkerberg Fransson, NJW 2013, 1415; *Jarass* Einl. Rn. 69). Auch die Gerichte und Behörden sind an den Anwendungsvorrang des Unionsrechts vermittels Art. 4 III EUV gebunden (EuGH 9.3.1978 – 106/77 Rn. 21, 23, 24 – Simmenthal, Slg. 1978, 629; 19.11.2009 – C-314/08 Rn. 81 – Filipak, Slg. 2009, I-11049; 22.6.2010 – C-188/10 ua Rn. 43 – Melki und Abdeli, Slg. 2010, I-5667; 12.1.2010 – C-341/08 Rn. 80 – Petersen, Slg. 2010, I-47; 14.10.2010 – C-243/09 Rn. 61 – Fuß, Slg. 2010, I-9849; *Jarass* Einl. Rn. 54, 69; *Winkler* 343). Die Unanwendbarkeit des nationalen Rechts hängt schließlich nicht von der Klarheit des Primärrechtsverstoßes ab (EuGH 26.2.2013 – C-617/10 Rn. 48 – Åkerberg Fransson, NJW 2013, 1415; *Jarass* Einl. Rn. 69). Eine Vorlagepflicht ergibt sich für die nationalen Gerichte daher nur nach den allg. Regeln (ebenso *Krois* DB 2010, 1704 [1706 f.]; **aA** *Jarass* Einl. Rn. 68; so auch *Fischinger* ZEuP 2011, 201 [214 f.]).

Der EuGH unterscheidet somit zwischen Grundrechtsverstößen durch Sekundärrechts- **53** akte, die zu deren Nichtigkeit führen und Grundrechtsverstößen durch das nationale Recht, die den Anwendungsvorrang des Unionsrechts auslösen. Nur für erstere bedarf es der Entscheidung des Gerichtshofs, so dass dem EuGH ein Verwerfungsmonopol zukommt (EuGH 22.10.1987 – 314/85 Rn. 15, 17 – Foto-Frost, Slg. 1987, 4199; 10.1.2006 – C-344/04 Rn. 27 – IATA und ELFAA, Slg. 2006, I-403; HdBG/*Haratsch* § 165 Rn. 38; *Neßler* DVBl. 1993, 1240 [1241 f.]; Streinz/*Streinz* Rn. 37). Diese Unterscheidung lässt sich auf Art. 19 III lit. b EUV zurückführen, wonach der Gerichtshof nur für die Auslegung des Unionsrechts und die Gültigkeit des Handelns seiner Organe zuständig ist. Daher stellt der Gerichtshof die Unanwendbarkeit des nationalen Rechts auch nicht fest, sondern verweist darauf, dass es dem nationalen Gericht obliege, die Anwendung des Unionsrechts sicherzustellen und entgegenstehende Vorschriften des nationalen Rechts unangewendet zu lassen, wenn keine andere Möglichkeit besteht, um einen Einklang mit dem Unionsrecht herzustellen (EuGH 22.11.2005 – C-144/04 Rn. 77 – Mangold, Slg. 2005, I-9981; 19.1.2010 – C-555/07 Rn. 51 – Kücükdeveci, Slg. 2010, I-365).

Der Rechtsprechung des EuGH wird insbesondere entgegengehalten, dass sie die Gefahr **54** der Rechtszersplitterung entstehen lasse und uneinheitlichen Entscheidungen Vorschub leiste (*J. Schubert* EuZW 2010, 180 [183]; *Joussen* ZESAR 2010, 185 [192]; *Preis/Temming* NZA 2010, 185 [192]; *Thüsing* ZIP 2010, 199 [201 f.]; **aA** *Fischinger* ZEuP 2011, 201 [214 f.]). Das ist letztlich die Folge des dezentralen Vollzugs des Unionsrechts. Eine Vorlagepflicht besteht nur für das letztinstanzliche Gericht. Sofern ein Instanzgericht (erstmals) die Unanwendbarkeit einer Norm des nationalen Rechts annimmt, besteht grundsätzlich ein Revisionsgrund, so dass das letztinstanzliche Gericht entscheiden und die Rechtssache dem EuGH vorlegen muss (darauf verweisend *Fischinger* ZEuP 2011, 201 [214 f.]). Das stellt die einheitliche Entscheidung sicher. Eine Vorlage an den EuGH kommt nur dann nicht zustande, wenn die Parteien kein Rechtsmittel einlegen oder das Verfahren vor der Entscheidung in der Sache beenden.

Die nationalen Gerichte sind im Fall der Unanwendbarkeit des nationalen Rechts nicht **55** nach Art. 100 I GG (analog) zur Vorlage an das BVerfG verpflichtet (*Fischinger* ZEuP 2011, 203 [212 f.]; *Krois* DB 2010, 1704 [1706]; so auch LAG Düsseldorf 21.11.2007 LAGE § 622 BGB 2002 Nr. 3; LAG RhPf 31.7.2009 LAGE § 622 BGB 2002 Nr. 4; **aA** *Dettling* BayVBl. 2009, 613 [622]; *Link* NJW 2010, 430 [431]; *Wackerbarth/Kreße* EuZW 2010, 252 [254 f.]). Die Regelung beschränkt sich auf die Unvereinbarkeit nachkonstitutionellen Rechts mit der Verfassung. Für Verstöße gegen das Unionsrecht besteht keine vergleichbare Regelung. Für eine Analogie zu Art. 100 I GG fehlt es nicht nur an der planwidrigen Regelungslücke (ebenso *Fischinger* ZEuP 2011, 203 [212 f.]). Zudem hat das BVerfG seine Grundrechtskontrolle zurückgenommen und die Interpretation des Unionsrechts ist Aufgabe des EuGH. Ein anderes Ergebnis resultiert auch nicht daraus, dass Art. 100 I GG eine Absicherung der rechtsstaatlichen Gewaltenteilung ist, so dass sich zumindest aus Art. 20 III GG eine Einschränkung des Vorlageermessens für die Instanzgerichte ergeben könnte (auf den Konflikt mit Art. 20 III, 100 I GG verweisend LAG Düsseldorf 21.11.2007 LAGE § 622 BGB 2002 Nr. 3). In diesem Fall sind aber nicht die innerstaatliche Gewaltenteilung und die Absicherung des nationalen Gesetzgebers betroffen. Die Vorlage betrifft die institutionelle Integration in der europäischen Union, die nicht mit der gleichen rechtsstaatlichen Absicherung des Gesetzgebers wie im deutschen Recht verbunden ist.

56 Der dezentrale Grundrechtsschutz hat in der Europäischen Union somit eine materiell-rechtliche und eine prozedurale Komponente. Materiell-rechtlich entscheidet der EuGH häufig nicht den konkreten Einzelfall, sondern überlässt insbesondere die Prüfung der Verhältnismäßigkeit den nationalen Gerichten, die dabei die für den Mitgliedstaat spezifische Gewichtung der betroffenen Interessen berücksichtigen können (→ GRC Art. 52 Rn. 41 ff.). Selbst wenn der Gerichtshof Hinweise für die Auslegung gibt, damit das nationale Gericht beurteilen kann, wie die Grundrechte zu beachten sind (vgl. EuGH 12.6.2003 – C-112/00 Rn. 75 – Schmidberger, Slg. 2003, I-5659; ähnlich EuGH 4.10.1991 – C-159/90 Rn. 31 – Grogan, Slg. 1991, I-4685; 18.6.1991 – C-260/89 Rn. 42 – Tiléorassi, Slg. 1991, I-2925), verbleibt die abschließende Einzelfallentscheidung beim nationalen Gericht (EuGH 11.7.1985 – C-60/84 Rn. 26 – Cinéthèque, Slg. 1985, 2605; 18.6.1991 – C-260/89 Rn. 44 f. – Tiléorassi, Slg. 1991, I-2925; 26.6.1997 – C-368/95 Rn. 29 – Familiapress, Slg. 1997, I-3689; 6.11.2003 – C-101/01 Rn. 89 f. – Lindquist, Slg. 2003, I-12971). Sie muss unter Beachtung der Entscheidungshinweise des EuGH erfolgen. Der dezentrale Grundrechtsschutz wird dadurch erweitert, dass zumindest bei mitgliedstaatlichem Handeln die nationalen Gerichte sogar selbst über die grundrechtskonforme Auslegung oder die Unanwendbarkeit entscheiden können. Die Vorlagepflicht trifft nach Art. 267 III AEUV nur das letztinstanzliche Gericht, sofern nicht die Ausnahmen der CILFIT-Rechtsprechung eingreifen.

57 **3. Europäische Grundrechteagentur.** Auf der Grundlage der VO (EG) 168/2007 v. 15.2.2007 wurde bereits vor Inkrafttreten der GRC eine Europäische Grundrechteagentur mit Sitz in Wien gegründet. Sie soll als unabhängige und rechtlich selbständige juristische Person den Grundrechtsschutz in der Europäischen Union besser sichtbar machen und befördern (zur Entwicklung HdBG/*v. Bogdandy* § 166 Rn. 4 ff.). Ihre Bedeutung hat sich seit dem Inkrafttreten der Charta erhöht. Die Errichtung der Agentur ist eine Ergänzung des Grundrechtsschutzes und fügt ihm eine institutionelle Dimension bei, was dem Grundrechtsschutz vergleichbar ist, wie er sich insbesondere für die Menschenrechtskonventionen der Vereinten Nationen entwickelt hat (dazu HdBG/*v. Bogdandy* § 166 Rn. 2). Die Grundrechteagentur ist mit Mitarbeitern zu besetzen, die ein besonderes Maß an Unabhängigkeit und Diversität verkörpern. Ihre Aufgaben und ihre Arbeitsweise entsprechen denen einer sog. Informationsagentur. Sie soll ein Netzwerk mit den Organen, Einrichtungen und Agenturen der Europäischen Union, aber auch der Mitgliedstaaten errichten, um sie bei der Verwirklichung der GRC zu unterstützen. Sie sammelt Informationen über die Verwirklichung der Grundrechte in der Union und unterstützt die Organe der Europäischen Union und die Mitgliedstaaten durch Informationen und Expertise, um die Implementierung der GRC zu verbessern. Das gilt auch in Bezug auf die Beitrittskandidaten, die nach Art. 49 die Werte der Europäischen Union iSv Art. 2 achten müssen, um einen Antrag auf Beitritt zur Europäischen Union erfolgreich stellen zu können. Die Agentur hat keine quasi-gerichtlichen Befugnisse wie eine Beschwerdestelle und ist auch nicht für die Durchführung des Gemeinschaftsrechts zuständig, sondern ist ein politischer Akteur im Rahmen einer spezifischen Grundrechtspolitik (zu deren Grundlagen HdBG/*v. Bogdandy* § 166 Rn. 7 ff., 30 ff.).

C. EMRK und Unionsrecht

I. EMRK als Rechtserkenntnisquelle

Die EMRK ist gegenwärtig **keine Rechtsquelle** des Unionsrechts und daher nicht 58 unmittelbar für die Organe der Europäischen Union verbindlich. Auch Art. 6 III ändert daran nichts, sondern macht die EMRK nur zur Rechtserkenntnisquelle für die Ableitung der allg. Grundsätze (vgl. EuGH 26.2.2013 – C-617/10 Rn. 44 – Åkerberg Fransson, NJW 2013, 1415). Nur diese sind Rechtsquelle des Unionsrechts und unmittelbar anwendbar. An die EMRK sind lediglich die Mitgliedstaaten infolge der Ratifikation der Konvention rechtlich gebunden (*Grabenwarter/Pabel* § 4 Rn. 5). Diese rechtliche Bindung an die EMRK besteht auch, wenn die Mitgliedstaaten Rechtsakte der Europäischen Union vollziehen. Dieses vom Unionsrecht gesteuerte Handeln der Mitgliedstaaten ist von der Kontrolle anhand der EMRK nicht ausgenommen (EGMR 30.6.2005 – 45036/98 Rn. 153 – Bosphorus). Insoweit sind die Mitgliedstaaten verantwortlich, auch wenn die Verstöße auf dem Handeln der Europäischen Union beruhen (*Grabenwarter/Pabel* § 4 Rn. 6; *Pernice* RIW 1986, 353 [356 f.]; *Ress* ZEuS 1999, 471 [481]). Sie sind durch die Ratifikation an die Konvention gebunden, diese erlischt nicht dadurch, dass der Mitgliedstaat Kompetenzen auf die Europäische Union als supranationale Organisation übertragen hat. Im Falle einer Individualbeschwerde gegen einen Mitgliedstaat unterliegt somit auch das Unionsrecht der Kontrolle durch den EGMR, wenn das angegriffene Handeln seiner Durchführung diente. Der EGMR hat sich aber bei der (mittelbaren) Überprüfung des Unionsrechts weit zurückgenommen (→ Rn. 60).

Die EMRK ist für die Grundrechte eine **zentrale Rechtserkenntnisquelle.** Als solche 59 ist sie in der Europäischen Union gegenwärtig zwar nicht Geltungsgrund für die Grundrechte, unterstützt aber die Gewinnung von Rechtssätzen (Calliess/Ruffert/*Kingreen* Rn. 7; Ehlers/*Ehlers* § 14 Rn. 6; *Jarass* Einl. Rn. 40). Die EMRK hat bereits bei der Ableitung der allg. Rechtsgrundsätze zur Entwicklung von Rechtssätzen beigetragen (→ Rn. 17). Darüber hinaus hatte sie Einfluss auf die Erarbeitung der GRC. Diese ist nicht nur mit Rücksicht auf die EMRK auszulegen, sondern darf auch nicht hinter ihr zurückbleiben (Art. 52 III, 53). Insofern verkörpert die EMRK den unionsrechtlichen Mindeststandard des Grundrechtsschutzes, auch wenn die GRC zum Teil über die EMRK hinausgeht, indem sie wirtschaftliche und soziale Grundrechte aufnimmt (*Grabenwarter/Pabel* § 4 Rn. 2). Wegen dieser besonderen Bedeutung kommt die EMRK auch jetzt schon einer Rechtsquelle sehr nahe (*Jarass* Einl. Rn. 40 f., 42).

Der EuGH berücksichtigt bei seinen Entscheidungen nicht nur die EMRK, sondern auch 60 die **Rechtsprechung des EGMR** (EuGH 26.6.1997 – C-368/95 Rn. 25 f. – Familiapress, Slg. 1997, I-3689; 22.10.2002 – C-94/00 Rn. 29 – Roquette, Slg. 2002, I-9011; Grabenwarter/*v. Danwitz* § 6 Rn. 42; *Obwexer* EuR 2012, 115 [145]; Streinz/*Streinz* Rn. 25). Seine Urteile haben Orientierungswirkung für den EuGH, so dass Fälle divergierender Beurteilung so weit wie möglich vermieden werden (Grabenwarter/*v. Danwitz* § 6 Rn. 42; *Jarass* Einl. Rn. 40; Oppermann/Classen/*Nettesheim* § 17 Rn. 43 f.). Das schließt Abweichungen nicht völlig aus. Das gilt insbesondere bei einer Vorbefassung des EuGH mit grundrechtsrelevanten Sachverhalten (Grabenwarter/*v. Danwitz* § 6 Rn. 43; vgl. auch *Alber/Widmaier* EuGRZ 2000, 497 [505]; Heselhaus/Nowak/*Szczekalla* § 2 II Rn. 34; *Schwarze* NJW 2005, 3459 [3461]). Im Ergebnis besteht zwischen dem EuGH und dem EGMR ein Kooperationsverhältnis, das dem zwischen BVerfG und EuGH ähnlich ist (vgl. EuGH 9.11.2010 – C-92/09 Rn. 51 f., 59 – Schecke, Slg. 2010, I-11063; zur Diskussion im Verfassungsverbund Grabenwarter/*v. Danwitz* § 6 Rn. 4). Nicht nur der EuGH nimmt Bedacht auf die Rechtsprechung des EGMR, auch der EGMR hat sich seit der Rs. *Bosphorus* bei der Überprüfung von Unionsrecht anhand der EMRK zurückgenommen. Der EGMR geht davon aus, dass die Mitgliedstaaten bei der Umsetzung von Rechtsakten der Europäischen Union den Menschenrechtsstandard der EMRK wahren, weil die Europäische Union die Menschenrechte in hinreichendem Maße verwirkliche (EGMR 30.6.2005 – 45036/98 Rn. 152 ff. – Bosphorus; so auch EGMR 20.1.2009 – 13645/05 – Nederlandse Kokkelvisserij/Niederlande; dazu *Steiner* EuZA 2009, 140 [145]; *Winkler* EuGRZ 2007, 662 [666 f.]). Eine Verletzung der EMRK wird nicht mehr im Detail geprüft. Der Gerichtshof wird nur bei offensichtlichen Verstößen (manifestly deficient) eingreifen.

II. Beitritt der Europäischen Union zur EMRK (Art. 6 II)

61 **1. Rechtsgrundlage und Durchführung des Beitritts.** Die ersten Initiativen für einen Beitritt zur EMRK gehen auf das Jahr 1974 zurück, nachdem Frankreich als letzter Mitgliedstaat der Europäischen Union die Konvention ratifiziert hatte (dazu Streinz/*Streinz*/*Michl* Rn. 7 f.). Die EMRK verkörpert seitdem den menschenrechtlichen Mindeststandard für alle Mitgliedstaaten. Zudem war der Beitritt zur EMRK eine Möglichkeit, um einen Grundrechtsschutz in der Europäischen Union herzustellen und damit zu verhindern, dass die Verfassungsgerichte der Mitgliedstaaten die unionsrechtlichen Rechtsakte auf ihre Vereinbarkeit mit den nationalen Grundrechten überprüfen. Das galt insbesondere wegen der unterschiedlichen Grundrechtsstandards und der damit einhergehenden Einschränkung des Unionsrechts und seiner Durchsetzung als Hindernis für die Herstellung des Binnenmarktes. Die ersten Überlegungen führten zu keinem Ergebnis und die Kommission griff die Beitrittspläne erst 1990 wieder auf. Der EuGH kam jedoch in seinem Gutachten zum Beitritt zu dem Ergebnis, dass es insbesondere an einer hinreichenden Ermächtigung zu einem Beitritt im Unionsrecht fehle und somit die Kompetenz der EG nicht ausreiche (EuGH 28.3.1996 – Gutachten 2/94 Rn. 35, Slg. 1996, I-1783). Darüber hinaus bestanden in den Mitgliedstaaten Zweifel, ob der Beitritt zur EMRK die Autonomie der Europäischen Union zu stark angreife (vgl. dazu EuGH 28.3.1996 – Gutachten 2/94 Rn. 32, Slg. 1996, I-1783).

62 Die Beitrittsbemühungen lebten erst mit den Verhandlungen des Europäischen Konvents über die GRC wieder auf, wobei sich die Europäische Union und der Europarat gleichermaßen mit der Möglichkeit eines Beitritts auseinandersetzten. Anlässlich der Proklamation der GRC griff der Europarat den Beitritt der Europäischen Union auf und sprach sich iRd Europäischen Menschenrechtskonferenz v. 3./4.11.2000 für einen kongruenten Grundrechtsschutz in Europa aus. Eine Arbeitsgruppe des Lenkungsausschusses für Menschenrechte legte im Auftrag des Ministerausschusses im Jahre 2002 einen Bericht über die technischen und rechtlichen Voraussetzungen eines Beitritts der Europäischen Union zur EMRK vor, wobei in der Eigenständigkeit der Europäischen Union kein Beitrittshindernis gesehen wurde (Bericht des Lenkungsausschusses v. 28.8.2002 CCDH [2002] 010 Addendum 2). Die EMRK musste für einen Beitritt der Europäischen Union allerdings geändert werden, da zunächst nur Staaten der Konvention beitreten konnten. Zu diesem Zweck fügt das 14. Zusatzprotokoll v. 13.5.2000 in Art. 59 EMRK einen zusätzlichen zweiten Absatz ein, der den Beitritt der EMRK als supranationale Organisation erlaubt. Diese Änderung ist mit der letzten Ratifikation am 1.6.2010 in Kraft getreten.

63 Die Europäische Union hat seit dem Vertrag von Lissabon zudem die Kompetenz (Art. 6 II), um ein Beitrittsabkommen mit dem Europarat zu schließen. Der Wortlaut des Art. 6 II bezieht sich zwar nur auf die EMRK, er ist aber dahin auszulegen, dass der Beitritt auch zu den Zusatzprotokollen zulässig ist, sofern die Mitgliedstaaten sie ratifiziert haben (*Grabenwarter*/*Pabel* § 4 Rn. 3; *Grabenwarter* VVDStRL 60, 2001, 290 [328 f.]). Die Zusatzprotokolle teilen die rechtliche Qualität der EMRK. Zudem soll der Beitritt zur EMRK zur Folge haben, dass der in den Mitgliedstaaten bestehende Grundrechtsstandard auf der Grundlage der EMRK auch in der Europäischen Union gilt (*Frenz* Rn. 115; *Grabenwarter*/*Pabel* § 4 Rn. 14; *Haratsch*/*Koenig*/*Pechstein* Rn. 714).

64 Der Rat erteilte am 4.6.2010 auf die Empfehlung der Kommission und die Entschließung des Europäischen Parlaments ein Verhandlungsmandat. Die auf dieser Grundlage eingesetzte Sachverständigenkommission legte im Juni 2011 einen ersten Entwurf für ein Beitrittsabkommen vor (CDDH-UE [2011] 16 endg.), nachdem bereits am 24.1.2011 eine Ge-

meinsame Erklärung der Präsidenten des EGMR und des EuGH veröffentlicht wurde (EuGRZ 2011, 95 f.). Eine abschließende Einigung über einen Entwurf eines Abkommens für den Beitritt der Europäischen Union zur EMRK kam am 5.4.2013 zustande.

Die Kommission beantragte daraufhin im Juli 2013 beim EuGH ein Gutachten, das zum 18.12.2014 erstattet wurde (EuGH 18.12.2014 – Gutachten 2/13, ECU:EU:C:2014:2454). Der Gerichtshof hält darin das Beitrittsabkommen in sechs Punkten für unvereinbar mit dem Unionsrecht, weil die EMRK und ihre institutionelle Durchsetzung durch den EGMR den Prinzipien des Unionsrechts widerspreche und die Zuständigkeit des EGMR usurpiere (EuGH 18.12.2014 – Gutachten 2/13 Rn. 258, ECU:EU:C:2014:2454; s. aber **aA** *Kohler/Malferrari* EuZW 2011, 849 [850]; krit. *Tomuschat* EuGRZ 2015, 133 [135 ff.]). Die EMRK kenne kein Prinzip des wechselseitigen Vertrauens wie es im Verhältnis zwischen den EU-Staaten bestehe, so dass es zu einer Kontrolle des grundrechtskonformen Verhaltens im Verhältnis zwischen den Mitgliedstaaten kommen könne (EuGH 18.12.2014 – Gutachten 2/13 Rn. 193 ff., ECU:EU:C:2014:2454). Den Mitgliedstaaten stehe es zudem offen, eine Meinung des EGMR einzuholen (16. Protokoll zur EMRK v. 2.10.2013), was zu einer Unterwanderung des Vorabentscheidungsverfahren nach Art. 267 AEUV führen könne (EuGH 18.12.2014 – Gutachten 2/13 Rn. 196 ff., ECU:EU:C:2014:2454). Zudem werde die Klage nach Art. 344 AEUV als exklusiver Streitbeilegungsmechanismus zwischen den Mitgliedstaaten unterlaufen (EuGH 18.12.2014 – Gutachten 2/13 Rn. 201 ff., ECU:EU:C:2014:2454). Eine Staatenbeschwerde müsse daher unterbunden werden (dazu bereits GHN/*Schorkopf* Rn. 40; Streinz/*Streinz/Michl* Rn. 18; **aA** *Huber* 148 f.). Der EGMR dürfe keine Kompetenz für Verfahren zwischen Mitgliedstaaten oder einem Mitgliedstaat und der Europäischen Union in Bezug auf die EMRK haben (EuGH 18.12.2014 – Gutachten 2/13 Rn. 213, ECU:EU:C:2014:2454). Auch die gemeinsame Verteidigung (co-respondent mechanism), die eine Streitgenossenschaft des Mitgliedstaates und der Europäischen Union im Falle einer Individualbeschwerde oder einer Staatenbeschwerde eines Nicht-EU-Staates ermöglicht, wenn Rechtsfragen des Unionsrechts betroffen sind, habe zur Folge, dass der EGMR über Fragen der Zuständigkeitsverteilung zwischen Union und Mitglied entscheiden müsse, was an sich Sache des EuGH sei (EuGH 18.12.2014 – Gutachten 2/13 Rn. 219 ff., ECU:EU:C:2014:2454). Einwände bestehen auch gegen das Vorbefassungsverfahren *(prior involvement),* das dem EuGH die Möglichkeit geben soll, zuerst über die Gültigkeit des Unionsrechts zu entscheiden, bevor der EGMR das Verfahren über die Beschwerde abschließt. Der EGMR müsste in diesem Fall darüber urteilen, ob der EuGH bereits in der Sache entschieden hat. Diese Beurteilung des Fallrechts des EuGH sei aber Sache des Gerichtshofs (EuGH 18.12.2014 – Gutachten 2/13 Rn. 238 ff., ECU:EU:C:2014:2454). Zudem fehle ein vergleichbares Vorbefassungsverfahren, das auch die erstmalige Auslegung des Unionsrechts durch den EuGH sicherstellt, so dass seine Interpretationshoheit nicht durch den Vorgriff des EGMR unterlaufen werden kann (EuGH 18.12.2014 – Gutachten 2/13 Rn. 247, ECU:EU:C:2014:2454). Weiter verweist der Gerichtshof darauf, dass der Beitritt eine Beschwerde in Fällen der Gemeinsamen Außen- und Sicherheitspolitik ermöglicht. Diese sei jedoch von der Kontrolle durch den EuGH freigestellt und könne daher auch nicht durch den EGMR überprüft werden (EuGH 18.12.2014 – Gutachten 2/13 Rn. 252 ff., ECU:EU:C:2014:2454). Insoweit sehe das Beitrittsabkommen aber keine Einschränkung vor.

Das Gutachten wird weitere Verhandlungen mit dem Europarat zur Folge haben. Die hohen Anforderungen, die der EuGH zur Wahrung seiner institutionellen Stellung entwickelt hat, werden sich nur schwer – wenn überhaupt – umsetzen lassen und werden den Rechtsschutz vor dem EGMR belasten. Ein Abkommen über den Beitritt führt erst und nur dann zum Beitritt der EU, wenn nicht nur die zuständigen Organe der Europäischen Union mitwirken, sondern der Beitrittsvertrag auch von allen 47 Vertragsstaaten des Europarats unterzeichnet und ratifiziert wurde. Mit einem alsbaldigen Beitritt der Europäischen Union zur EMRK ist daher nicht zu rechnen. Die EMRK bleibt bis dahin aber eine sehr bedeutsame Rechtserkenntnisquelle, die den Mindeststandard für den Grundrechtsschutz in der Europäischen Union verkörpert, auch wenn daneben weitere völkerrechtliche Verträge den Inhalt der GRC (Art. 53) sowie der allg. Rechtsgrundsätze beeinflussen und somit zu einem weitergehenden Grundrechtsschutz verpflichten können.

67 **2. Rechtsfolgen des Beitritts.** Die EMRK ist nach dem Beitritt nicht mehr bloße Rechtserkenntnisquelle, sondern eine **Rechtsquelle,** die für alle Organe der Europäischen Union verbindlich ist (*Jarass* Einl. Rn. 45). Die EMRK wird infolge des Beitritts Teil des Unionsrechts und steht dann formal im **Rang** zwischen Primärrecht und Sekundärrecht, Art. 216 II AEUV (*Huber* 119; *Jarass* Einl. Rn. 45; *Pache/Rösch* EuR 2009, 769 [785]; *Stock,* Der Beitritt der Europäischen Union zur Europäischen Menschenrechtskonvention, 2010, 201; Streinz/*Streinz/Michl* Rn. 21; *Weiß* ZEuS 2005, 323 [348]); **aA** Grabenwarter/*v. Danwitz* § 6 Rn. 43; Karpenstein/Mayer/*Mayer* Einl. Rn. 160). Allerdings hat die EMRK einen wesentlichen Einfluss auf den Inhalt der Grundrechte im Rang des Primärrechts, indem sie den Mindeststandard für die GRC (Art. 52 III, 53) und die allg. Rechtsgrundsätze verkörpert. Daher entspricht ihr Rang faktisch dem des Primärrechts (*Jarass* Einl. Rn. 45a; Streinz/*Streinz/Michl* Rn. 21; *Weiß* ZEuS 2005, 323 [348]). Wegen dieses inhaltlichen Einflusses als Rechtserkenntnisquelle, der unabhängig vom Beitritt besteht, wird der Vollzug des Beitritts für den Umfang des Grundrechtsschutzes der Bürger keine wesentlichen Änderungen bewirken (Grabenwarter/*v. Danwitz* § 6 Rn. 42; *Grabenwarter/Pabel* § 4 Rn. 7). Die bestehenden Grundrechte aus der GRC und den allg. Grundsätzen werden weder eingeschränkt noch abgeschwächt (*Jarass* Einl. Rn. 45b). Nach dem gegenwärtigen Stand der Rechtsentwicklung hat die EMRK, die selbst nach dem Beitritt nicht Teil des Primärrechts ist, keinen Anwendungsvorrang (Streinz/*Streinz/Michl* Rn. 23; *Weiß* ZEuS 2005, 323 [348 ff.]; diff. *Stock,* Der Beitritt der Europäischen Union zur Europäischen Menschenrechtskonvention als Gemischtes Abkommen?, 2010, 207). Dieser kommt nur mittelbar durch die GRC und die allg. Grundsätze zustande. Das gilt aber nur im Rahmen ihres Anwendungsbereichs. Insofern bleibt trotz des Beitritts der Europäischen Union zur EMRK der Anwendungsbereich der europäischen Grundrechte von Bedeutung (dazu *Jarass* Einl. Rn. 45b; Streinz/*Streinz/Michl* Rn. 23).

68 Nach dem Beitritt können die Rechtsakte der Europäischen Union vor dem EGMR durch Staaten- oder **Individualbeschwerde** angegriffen werden, wenn es nicht noch zu einem Ausschluss der Staatenbeschwerde kommt (→ Rn. 65). Insbesondere die Individualbeschwerde erlaubt es den Grundrechtsträgern, eine Menschenrechtsverletzung unmittelbar geltend zu machen, und schließt somit eine Rechtsschutzlücke im Unionsrecht (Heselhaus/Nowak/*Szczekalla* § 2 III Rn. 38). Die Entscheidungen des EGMR sind für die Europäische Union bindend. Sofern die Organe der Europäischen Union ein abweichendes Verständnis von den Grundrechten der EMRK entwickelt haben, ist dies für den EGMR nicht maßgebend. Gegenwärtig hat der EGMR seine Kontrolle von Unionsrechtsakten zwar unter Verweis auf den Grundrechtsschutz in der Europäischen Union zurückgenommen (EGMR 30.6.2005 – 45036/98 Rn. 152 ff. – Bosphorus), mit der Bindung der Europäischen Union an die EMRK als Rechtsquelle ist dies jedoch nicht aufrechtzuerhalten. Die Europäische Union ist dann vollumfänglich an die EMRK gebunden, so dass auch deren Vollzugsmechanismen eingreifen. Daher werden die Rechtsakte der Europäischen Union uneingeschränkt der Kontrolle unterliegen (*Baumann* EuGRZ 2011, 1 [10 f.]; *Gaja,* FS Tomuschat, 2006, 517 [526]; GHN/ *Schorkopf* Rn. 48; Heselhaus/Nowak/*Szczekalla* § 2 III Rn. 38 Fn. 64; *Huber* 223; *Lock* ELR 2010, 777 [798]; *Ludwigs* EuGRZ 2014, 273 [282]; Streinz/*Streinz/Michl* Rn. 22; *Szczekalla* GPR 2005, 176 [178]). Dafür spricht auch der Grundsatz, dass alle Konventionsparteien der EMRK gleich zu behandeln sind (*Huber* 223; Streinz/*Streinz/Michl* Rn. 22; vgl. dazu EGMR 30.6.2005 – 45036/98 Rn. 122 ff. – Bosphorus). Umso wichtiger ist die genaue Abstimmung der Tätigkeit der Gerichtshöfe aufeinander iRd Beitrittsverhandlungen, um ihre Zuständigkeiten zu wahren und eine Kooperation sicherzustellen. Die Berücksichtigung der EMRK und der Rechtsprechung des EGMR durch die nationalen Gerichte und die Bindung der EU an die EMRK wird zur Folge haben, dass sich die Risiken eines konkurrierenden Grundrechtsschutzes, die insbesondere auf der Divergenz der Grundrechtsstandards beruhen, vermindern (weitergehend Streinz/*Streinz/Michl* Rn. 23).

20. Vertrag über die Arbeitsweise der Europäischen Union

In der Fassung der Bekanntmachung vom 9. Mai 2008
(ABl. Nr. C 115 S. 47)

Celex-Nr. 1 1957 E

Zuletzt geändert durch Art. 2 ÄndBeschl. 2012/419/EU vom 11.7.2012
(ABl. Nr. L 204 S. 131)

– Auszug –

Art. 8 [Gleichstellung; Querschnittsklausel]
Bei allen ihren Tätigkeiten wirkt die Union darauf hin, Ungleichheiten zu beseitigen und die Gleichstellung von Männern und Frauen zu fördern.

Art. 9 [Sozialer Schutz; Querschnittsklausel]
Bei der Festlegung und Durchführung ihrer Politik und ihrer Maßnahmen trägt die Union den Erfordernissen im Zusammenhang mit der Förderung eines hohen Beschäftigungsniveaus, mit der Gewährleistung eines angemessenen sozialen Schutzes, mit der Bekämpfung der sozialen Ausgrenzung sowie mit einem hohen Niveau der allgemeinen und beruflichen Bildung und des Gesundheitsschutzes Rechnung.

Art. 10 [Bekämpfung von Diskriminierungen; Querschnittsklausel]
Bei der Festlegung und Durchführung ihrer Politik und ihrer Maßnahmen zielt die Union darauf ab, Diskriminierungen aus Gründen des Geschlechts, der Rasse, der ethnischen Herkunft, der Religion oder der Weltanschauung, einer Behinderung, des Alters oder der sexuellen Ausrichtung zu bekämpfen.

Art. 16 [Datenschutz]
(1) Jede Person hat das Recht auf Schutz der sie betreffenden personenbezogenen Daten.
(2) ¹Das Europäische Parlament und der Rat erlassen gemäß dem ordentlichen Gesetzgebungsverfahren Vorschriften über den Schutz natürlicher Personen bei der Verarbeitung personenbezogener Daten durch die Organe, Einrichtungen und sonstigen Stellen der Union sowie durch die Mitgliedstaaten im Rahmen der Ausübung von Tätigkeiten, die in den Anwendungsbereich des Unionsrechts fallen, und über den freien Datenverkehr. ²Die Einhaltung dieser Vorschriften wird von unabhängigen Behörden überwacht.
Die auf der Grundlage dieses Artikels erlassenen Vorschriften lassen die spezifischen Bestimmungen des Artikels 39 des Vertrags über die Europäische Union unberührt.

Art. 18 [Diskriminierungsverbot]
Unbeschadet besonderer Bestimmungen der Verträge ist in ihrem Anwendungsbereich jede Diskriminierung aus Gründen der Staatsangehörigkeit verboten.
Das Europäische Parlament und der Rat können gemäß dem ordentlichen Gesetzgebungsverfahren Regelungen für das Verbot solcher Diskriminierungen treffen.

Art. 19 [Antidiskriminierungsmaßnahmen]
(1) Unbeschadet der sonstigen Bestimmungen der Verträge kann der Rat im Rahmen der durch die Verträge auf die Union übertragenen Zuständigkeiten gemäß einem besonderen Gesetzgebungsverfahren und nach Zustimmung des Europäischen Parlaments einstimmig geeignete Vorkehrungen treffen, um Diskriminierungen aus Gründen des Geschlechts, der Rasse, der ethnischen Herkunft,

der Religion oder der Weltanschauung, einer Behinderung, des Alters oder der sexuellen Ausrichtung zu bekämpfen.

(2) Abweichend von Absatz 1 können das Europäische Parlament und der Rat gemäß dem ordentlichen Gesetzgebungsverfahren die Grundprinzipien für Fördermaßnahmen der Union unter Ausschluss jeglicher Harmonisierung der Rechts- und Verwaltungsvorschriften der Mitgliedstaaten zur Unterstützung der Maßnahmen festlegen, die die Mitgliedstaaten treffen, um zur Verwirklichung der in Absatz 1 genannten Ziele beizutragen.

Dritter Teil. Die internen Politiken und Maßnahmen der Union

Titel IV. Die Freizügigkeit, der freie Dienstleistungs- und Kapitalverkehr

Kapitel 1. Die Arbeitskräfte

Art. 45 [Freizügigkeit der Arbeitnehmer]

(1) Innerhalb der Union ist die Freizügigkeit der Arbeitnehmer gewährleistet.

(2) Sie umfasst die Abschaffung jeder auf der Staatsangehörigkeit beruhenden unterschiedlichen Behandlung der Arbeitnehmer der Mitgliedstaaten in Bezug auf Beschäftigung, Entlohnung und sonstige Arbeitsbedingungen.

(3) Sie gibt – vorbehaltlich der aus Gründen der öffentlichen Ordnung, Sicherheit und Gesundheit gerechtfertigten Beschränkungen – den Arbeitnehmern das Recht,
a) sich um tatsächlich angebotene Stellen zu bewerben;
b) sich zu diesem Zweck im Hoheitsgebiet der Mitgliedstaaten frei zu bewegen;
c) sich in einem Mitgliedstaat aufzuhalten, um dort nach den für die Arbeitnehmer dieses Staates geltenden Rechts- und Verwaltungsvorschriften eine Beschäftigung auszuüben;
d) nach Beendigung einer Beschäftigung im Hoheitsgebiet eines Mitgliedstaats unter Bedingungen zu verbleiben, welche die Kommission durch Verordnungen festlegt.

(4) Dieser Artikel findet keine Anwendung auf die Beschäftigung in der öffentlichen Verwaltung.

Übersicht

	Rn.
A. Überblick	1
B. Sekundärrechtsakte	4
C. Umsetzung im deutschen Recht	6
D. Inhalt der Arbeitnehmerfreizügigkeit	7
I. Verknüpfung mit Personenverkehrsfreiheit und Charta der Grundrechte	8
II. Arbeitnehmerbegriff	10
III. Persönlicher Anwendungsbereich	27
1. Staatsangehörige	27
2. Drittstaatsangehörige	29
3. Familienangehörige	32
IV. Grenzüberschreitende Sachverhalte	35
V. Räumlicher Anwendungsbereich	43
E. Gewährleistung der Freizügigkeit	46
I. Gleichbehandlungsgebot	47
1. Unmittelbare Diskriminierung	50
2. Mittelbare Diskriminierung	52
a) Grundsatz	52
b) Rechtfertigung	55
c) Fälle mittelbarer Diskriminierung	58

	Rn.
II. Beeinträchtigungen bzw. Beschränkungen	61
1. Grundsatz	61
2. Versuch einer Konkretisierung	64
3. Beispielsfälle	65
III. Zugang zur Beschäftigung	73
IV. Adressaten des Freizügigkeitsgebots	78
1. Berechtigte	78
2. Verpflichtete	79
F. Die Freizügigkeitsrechte des Art. 45 III	89
I. Recht auf Ein- und Ausreise	91
II. Recht auf Aufenthalt	93
III. Recht auf Arbeitssuche	96
IV. Verbleiberecht	99
V. Gleichbehandlung	104
VI. Vorbehalt der öffentlichen Ordnung, Sicherheit und Gesundheit	105
1. Grundsatz	105
2. Öffentliche Ordnung	110
3. Öffentliche Sicherheit	112
4. Öffentliche Gesundheit	115
5. Verlust von Einreisepapieren sowie Formverstöße	116
VII. Familienangehörige	118
G. Bereichsausnahme für die öffentliche Verwaltung	126
I. Grundsatz	126
II. Funktionelle Betrachtungsweise	128
III. Eingriffs- oder Leistungsverwaltung	133
IV. Handeln des Staates in privater Rechtsform	136
V. Beispielsfälle	137
VI. Rechtsfolge	138

A. Überblick

Die Regelungen zur Freizügigkeit in Art. 45 ff. AEUV sind gemeinsam mit den Vor- **1** schriften zur Niederlassungsfreiheit (Art. 49 ff. AEUV), zur Dienstleistungsfreiheit (Art. 56 ff. AEUV), zur Warenverkehrsfreiheit (Art. 34 ff. AEUV) und zur Freiheit des Kapital- und Zahlungsverkehrs (Art. 63 ff. AEUV) der **Kern des Binnenmarktkonzepts.** Die Freizügigkeit der Arbeitnehmer ist unter diesen Grundfreiheiten dabei die für das Arbeits- und das Sozialrecht bedeutsamste. Sie wird inzwischen überlagert und ergänzt durch die Freiheit des Personenverkehrs des Art. 21 AEUV; diese ist anders als die Arbeitnehmerfreizügigkeit nicht von einem bestimmten wirtschaftlichen Zweck abhängig und insofern weiter; dies ist Folge des Maastrichter Vertrages und der damit eingeführten Unionsbürgerschaft (s. hierzu näher *Wollenschläger* ELJ 2011, 1 ff.). Die Arbeitnehmerfreizügigkeit entfaltet im Arbeitsrecht Bedeutung bei grenzüberschreitenden Sachverhalten; zugleich wirken die Vorgaben auch auf die Ausgestaltung des nationalen (Arbeits-)Rechts zurück, etwa indem sie Ausgestaltungen des nationalen Rechts ausschließen, die die Ausübung der Arbeitnehmerfreizügigkeit behindern. Das Verhältnis zur Niederlassungsfreiheit ist dadurch gekennzeichnet, dass es bei beiden Grundfreiheiten um die wirtschaftliche Betätigungsfreiheit von Personen im Binnenmarkt geht. Eine Abgrenzung zwischen beiden Grundfreiheiten verläuft grds. entlang der Linie der Unterscheidung zwischen Arbeitnehmer und Selbständigem. Die Nähe beider Grundfreiheiten zueinander führt zu einer Reihe von Querverbindungen – etwa auch beim koordinierenden europäischen Sozialrecht – und zur Übertragbarkeit von Grundsätzen und Wertungen.

Die Arbeitnehmerfreizügigkeit sichert Staatsangehörigen der Mitgliedstaaten, innerhalb **2** der Union ohne Beschränkungen wie Staatsangehörige der betreffenden Mitgliedstaaten tätig zu werden. Es handelt sich also zum einen um eine **Betätigungs- und Bewegungsfreiheit.** Der jeweilige Mitgliedstaat ist verpflichtet, die Staatsangehörigen anderer Mitgliedstaaten wie die eigenen zu behandeln, darf also insoweit keine unterschiedlichen Regelungen vorsehen; damit liegt in der Arbeitnehmerfreizügigkeit ein **Diskriminie-**

rungsverbot. In jüngerer Zeit entwickelt der EuGH aus Art. 45 ein allgemeines Beschränkungs- bzw. Benachteiligungsverbot, dessen Konturen noch unscharf sind und das eine saubere dogmatische Zuordnung erschwert. Die Arbeitnehmerfreizügigkeit ist **kein Grundrecht** sondern dient der Gewährleistung des Binnenmarkts; es ist kein Abwehrrecht gegen den Staat im klassischen Sinne (so auch Streinz/*Franzen* Rn. 4; ähnlich Erfk/*Wißmann* Rn. 1).

3 Es geht bei der Arbeitnehmerfreizügigkeit aber auch um die Sicherstellung der Ausübung dieses Rechts; es soll sichergestellt werden, dass der Arbeitnehmer von seinem Recht auf Freizügigkeit Gebrauch machen kann **ohne dadurch Nachteile zu erleiden**. Dies findet insbesondere seinen Ausdruck in Art. 48 AEUV, der für den Bereich der sozialen Sicherheit ein System vorsieht, das dafür sorgen soll, dass sozialrechtliche Nachteile bei der Ausübung dieses Rechts vermieden werden. Dies wird dann bewirkt durch eine Koordinierung der sozialen Sicherungssysteme verbunden mit Diskriminierungsverboten. Die Arbeitnehmerfreizügigkeit hat auch eine aktive Dimension, in dem Art. 46 AEUV vorsieht, dass das Europäische Parlament und der Rat Maßnahmen zur Herstellung der Arbeitnehmerfreizügigkeit treffen, was insbesondere die bessere Verknüpfung der nationalen Arbeitsmärkte anbetrifft.

B. Sekundärrechtsakte

4 Auf der Basis der primärrechtlichen Vorschriften zur Freizügigkeit und zu ihrer Herstellung sind zahlreiche **Sekundärrechtsakte** ergangen. Hervorzuheben ist dabei die VO (EU) Nr. 492/2011 des Europäischen Parlaments und des Rates v. 5.4.2011 über die Freizügigkeit der Arbeitnehmer innerhalb der Union ABl. EU Nr. L 141 v. 27.5.2011 – auch als arbeitsrechtliche Freizügigkeitsverordnung bezeichnet (dazu näher Kommentierung zu VO 492/2011). Diese Verordnung hat die bisherige VO 1612/68 abgelöst. Zu ihrer Ergänzung ist die RL 2004/38/EG des Europäischen Parlaments und des Rates v. 29.4.2004 über das Recht der Unionsbürger und ihrer Familienangehörigen, sich im Hoheitsgebiet der Mitgliedstaaten frei zu bewegen und aufzuhalten (ABl. EU Nr. L 158 v. 30.4.2004) ergangen, die nicht die Arbeitnehmerfreizügigkeit als solche betrifft, wohl aber eine Konsequenz aus dieser hinsichtlich der Familienangehörigen zieht und im Übrigen in Ausführung des Art. 21 AEUV ergangen ist.

5 Daneben sind die **sozialrechtlichen Freizügigkeitsverordnungen** zu erwähnen und zwar die VO (EG) Nr. 883/2004 des Europäischen Parlaments und des Rates v. 29.4.2004 zur Koordinierung der Systeme der sozialen Sicherheit (ABl. EU Nr. L 166 v. 30.4.2004) sowie VO (EG) Nr. 987/2009 des Europäischen Parlaments und des Rates v. 16.9.2009 zur Festlegung der Modalitäten für die Durchführung der VO (EG) Nr. 883/2004 über die Koordinierung der Systeme der sozialen Sicherheit (ABl. EU Nr. L 284 v. 30.10.2009). Schließlich ist noch zu verweisen auf die RL 2014/54/EU des Europäischen Parlaments und des Rates v. 16.4.2014 über Maßnahmen zur Erleichterung der Ausübung der Rechte, die Arbeitnehmern iRd Freizügigkeit zustehen (ABl. EU Nr. L 128 v. 30.4.2014). Diese Richtlinie ist bis zum 21.5.2016 umzusetzen.

C. Umsetzung im deutschen Recht

6 Die Umsetzung der Vorgaben des Art. 45 und der daraufhin ergangenen umsetzungsbedürftigen Sekundärrechtsakte ist erfolgt durch das **Gesetz über die allgemeine Freizügigkeit von Unionsbürgern (Freizügigkeitsgesetz/EU – FreizügG/EU)** (v. 30.7.2004, BGBl. I 1922), das basierend auf der RL 2004/38/EG sowohl die Arbeitnehmerfreizügigkeit als auch die Personenverkehrsfreiheit betrifft. Es befasst sich insbesondere mit Fragen der Einreise und

des Aufenthalts, aber auch mit der Vorlage von Dokumenten und den entsprechenden Rechten der Familienangehörigen.

D. Inhalt der Arbeitnehmerfreizügigkeit

Die Arbeitnehmerfreizügigkeit hat eine **arbeitsrechtliche ebenso wie eine sozialrechtliche Komponente,** die nicht präzise voneinander zu unterscheiden sind, da der AEUV gem. der französischen Rechtstradition die scharfe Unterscheidung zwischen Arbeits- und Sozialrecht nicht kennt. Das kommt auch dem Umstand entgegen, dass in einer Reihe von Bereichen arbeitsrechtliche und sozialrechtliche Gestaltungsformen austauschbar sind. Es sei nur auf den Einkommensersatz im Fall der Krankheit verwiesen, der sich sowohl sozialrechtlich als auch arbeitsrechtlich lösen lässt (*Steinmeyer,* FS Kissel, 1994, 1165 ff.). 7

I. Verknüpfung mit Personenverkehrsfreiheit und Charta der Grundrechte

Die Arbeitnehmerfreizügigkeit wird ergänzt und teilweise überlagert durch die **allgemeine Freizügigkeit aller Unionsbürger nach Art. 21 AEUV.** Der ursprüngliche Vertrag zur Gründung einer Europäischen Wirtschaftsgemeinschaft sah eine Freizügigkeit nur bei wirtschaftlicher Betätigung vor, sicherte also nur die Arbeitnehmerfreizügigkeit. Die Diskussion um das „Europa der Bürger", die auch in der Rechtsprechung des Europäischen Gerichtshofs ihren Widerhall fand, führte dann schließlich im Vertrag von Maastricht zu einer Regelung in Art. 8a EGV, die dem heutigen Art. 21 AEUV entspricht. Das bedeutet, dass sich seither die Bewegungs- und Aufenthaltsfreiheit bereits aus Art. 21 AEUV und nicht begrenzt auf den Personenkreis der Arbeitnehmer ergibt. 8

Rechtlich stehen die allgemeine **Personenverkehrsfreiheit** und die Arbeitnehmerfreizügigkeit in einem Verhältnis von Generalnorm und Spezialnorm, so dass in seinem Anwendungsbereich Art. 45 dem Art. 21 AEUV vorgeht. Ein vergleichbares rechtliches Verhältnis ergibt sich zu Regelungen der Grundrechtecharta. Art. 15 GRC sieht in Abs. 1 vor, dass jede Person das Recht hat, zu arbeiten und einen frei gewählten oder angenommenen Beruf auszuüben. Allen Unionsbürgerinnen und Unionsbürgern gewährleistet die Charta die Freiheit, in jedem Mitgliedstaat Arbeit zu suchen, zu arbeiten, sich niederzulassen oder Dienstleistungen zu erbringen. Dies deckt sich recht weitgehend mit Art. 45. Allerdings ergibt sich aus der Rechtsprechung des EuGH die Tendenz, diese Vorschrift nicht allein als Generalnorm gegenüber einer entsprechenden Vorschrift des AEUV zu sehen sondern vielmehr als grundrechtliche Bestätigung der Aussage im AEUV mit der möglichen Perspektive, eine der deutschen Grundrechtsdogmatik vergleichbare Sichtweise zu entwickeln (EuGH 26.2.2013 – C-617/10 – Akerberg Fransson, NJW 2013, 1415 ff.; 19.1.2010 – C-555/07– Kükükdeveci, NZA 2010, 85 ff.). Dies kann aber nur praktische Wirksamkeit entfalten, soweit das Schutzniveau der Charta bei der konkreten Fragestellung über das des AEUV hinausgeht. Von einem grds. Vorrang der Grundrechtecharta ist nicht auszugehen. Es ist allerdings festzustellen, dass sich der EuGH insoweit noch in einer Orientierungsphase befindet und die Herausbildung einer Dogmatik zur Grundrechtecharta in der Rechtsprechung noch in den Anfängen steckt. 9

II. Arbeitnehmerbegriff

Die Vorschrift und damit die Arbeitnehmerfreizügigkeit gilt für Arbeitnehmer. Der Arbeitnehmerbegriff des AEUV ist **autonom zu bestimmen** und richtet sich nicht an den nationalen Begrifflichkeiten aus. Es handelt sich um einen Begriff der eigenständigen Unions-Rechtsordnung, die gegenüber der Rechtsordnung der Mitgliedstaaten vorrangig ist, weshalb die Begrifflichkeit nicht zur Disposition der Mitgliedstaaten stehen kann und also auch die mitgliedstaatlichen Begriffsbestimmungen für das Unionsrecht nicht maßgeblich sind. Den Mitgliedstaaten ist es deshalb auch verwehrt, bei der Anwendung des Art. 45 10 zusätzliche Voraussetzungen für die Arbeitnehmereigenschaft aufzustellen. Allerdings ist natürlich nicht zu verkennen, dass die nationalen Begriffsbestimmung in ihrer Gesamtheit Wirkungen für die europarechtliche Begriffsbestimmung hatten und haben.

11 Der EuGH sieht als Arbeitnehmer iSd Art. 45 an, wer während einer bestimmten Zeit für einen anderen **nach dessen Weisungen Leistungen** erbringt, für die er als Gegenleistung eine Vergütung erhält (EuGH 19.6.2014 – C-507/12 – Saint Prix, NZA 2014, 257 ff.; aus britischer Sicht s. auch *Neal* RdA 2012, 266 ff.). Zentral ist also – ähnlich wie im deutschen Recht – die Weisungsabhängigkeit. Anders als nach deutschem Recht kann es aber nicht darauf ankommen, ob dieses Weisungsverhältnis im Rahmen einer als arbeitsvertraglich zu qualifizierenden Rechtsbeziehung besteht oder z. B. im Rahmen eines öffentlich-rechtlichen Dienstverhältnisses (s. dazu bereits EuGH 12.2.1974 – C-152/73 Rn. 5 – Sotgiu, Slg. 1974, 153 ff.); das europäische Recht unterscheidet insoweit nicht. Das bedeutet, dass auch Beamte, Richter und Soldaten Arbeitnehmer idS sind; davon zu unterscheiden ist die Frage, inwieweit bei diesen Berufstätigkeiten Ausnahmen von dem Grundsatz der Freizügigkeit gemacht werden können (s. dazu Art. 45 III sowie → Rn. 126 ff.). An der Einordnung ändert sich auch nichts durch eine Unwirksamkeit des Rechtsverhältnisses, sofern nur die betreffende Person den Willen hat, einer Tätigkeit nach Weisungen nachzugehen (s. dazu EuGH 31.5.1989 – C-344/87 Rn. 13 – Bettray, Slg. 1989, 1621; Streinz/ *Franzen* Rn. 17). Der Gedanke ist, dass auch der in einem fehlerhaften Rechtsverhältnis Tätige ein schützenswertes Interesse daran hat, von der Arbeitnehmerfreizügigkeit Gebrauch zu machen bzw. vor Nachteilen bei Ausübung dieser Freizügigkeit geschützt zu werden.

12 Die Frage der **Weisungsabhängigkeit** bestimmt sich nach Regeln, die denen des nationalen deutschen Arbeits- und Sozialrecht weitgehend entsprechen. Auch hier ist nach der Abhängigkeit von Weisungen hinsichtlich Art, Ort und Zeit der Arbeitsleistung zu fragen und im Rahmen einer Gesamtabwägung eine Entscheidung vorzunehmen, die im Ergebnis mit ähnlichen Unsicherheiten behaftet ist wie im deutschen Recht. Wird allerdings eine Person in diesem Zusammenhang nicht als Arbeitnehmer sondern als Selbständiger eingestuft, so geht es nur um die Anwendung einer anderen Grundfreiheit – dann der Niederlassungs- und ggf. der Dienstleistungsfreiheit.

13 Die einheitliche unionsrechtliche Begriffsbestimmung bedeutet auch, dass eine **andere Abgrenzung zwischen Arbeitnehmereigenschaft und Selbständigkeit** gegeben sein kann, als dies aus dem nationalen Recht geläufig ist. Deshalb hat der EuGH neuerdings die Geschäftsführerin einer lettischen Gesellschaft mit beschränkter Haftung aufgrund ihrer persönlichen Abhängigkeit als Arbeitnehmerin im unionsrechtlichen Sinne qualifiziert (EuGH 11.11.2010 – C-232/09 Rn. 39 ff. – Danosa, NZA 2011,143 [145]; *Schubert* ZESAR 2013, 5 ff., kritisch *Preis/Sagan* ZGR 2013, 27 ff. [32 ff.]; *Link/Rodenbusch* GmbHR 2012, 188 ff.). Das wird unmittelbare Rückwirkungen auf die nationale arbeitsrechtliche Behandlung von Fremdgeschäftsführern und Gesellschafter-Geschäftsführern haben. Es wird auch allgemein zu der Frage führen, inwieweit dieser Personenkreis in den Anwendungsbereich arbeitsrechtlicher Schutzgesetze – etwa der Massenentlassungsrichtlinie – fällt (*Hohenstedt/Naber* NZA 2014, 637 ff.). Mit dieser Entscheidung entfernt sich die europarechtliche Begriffsbestimmung etwas von der nationalen in Deutschland gebräuchlichen. Maßgebend ist grds. bei Beschäftigten, die zugleich Gesellschafter sind, wie es um die persönliche Abhängigkeit bestellt ist. Deshalb sieht auch der EuGH etwa den geschäftsführenden Alleingesellschafter einer Ein-Personen-Kapitalgesellschaft nicht als Arbeitnehmer an (EuGH 27.6.1996 – C-107/94 Rn. 26 – Asscher, NJW 1996, 2921 [2922]) und arbeitet ähnlich wie das deutsche Recht mit der Frage nach dem Einfluss und der Einflussmöglichkeit auf die Unternehmensentscheidungen. Die Bedeutung der Entscheidung in der Rs. *Danosa* besteht darin, dass der EuGH hier die Arbeitnehmereigenschaft von Angehörigen gesellschaftsrechtlicher Leitungsorgane generell zu bejahen scheint, wenn er ausführt, es sei nicht auszuschließen, dass zwar die Mitglieder eines Leitungsorgans einer Gesellschaft, wie es das Kollegium der Geschäftsführer sei, in Anbetracht ihrer spezifischen Aufgaben und des Rahmens sowie der Art und Weise der Ausübung dieser Aufgaben nicht unter den

Arbeitnehmerbegriff fielen, doch erfülle ein Mitglied der Unternehmensleitung, das gegen Entgelt Leistungen gegenüber der Gesellschaft erbringt, die es bestellt hat und in die es eingegliedert ist, das seine Tätigkeit nach der Weisung oder unter der Aufsicht eines anderen Organs dieser Gesellschaft ausübt und das jederzeit ohne Einschränkung von seinem Amt abberufen werden kann, dem ersten Anschein nach die Voraussetzungen, um als Arbeitnehmer iSd oben angeführten Rechtsprechung des Gerichtshofs zu gelten. Damit ist der Anwendungsbereich des Arbeitnehmerbegriffs insoweit recht weit gefasst.

Grds. verliert der Betroffene die Arbeitnehmereigenschaft mit **Beendigung des Arbeits-** 14 **verhältnisses.** Allerdings sieht Art. 45 III lit. d ausdrücklich vor, dass der Arbeitnehmer nach Beendigung des Arbeitsverhältnisses unter im Einzelnen konkretisieren Voraussetzungen im Hoheitsgebiet des anderen Mitgliedstaats verbleiben darf. Daraus folgt, dass die Beendigung des Arbeitsverhältnisses nicht automatisch zum Verlust des Freizügigkeitsrechts führt.

Deshalb legt der EuGH den **Arbeitnehmerbegriff** insoweit auch **großzügig** aus und 15 bejaht eine fortbestehende Arbeitnehmereigenschaft etwa dann, wenn eine Beschäftigung durch Schwangerschaft unterbrochen wird und innerhalb eines angemessenen Zeitraums danach eine Beschäftigung wieder aufgenommen wird (EuGH 19.6.2014 – C-507/12 – Saint Prix, NZA 2014, 765 ff.) oder eine neue gefunden wird, da davon ausgegangen wird, dass die Person auch weiterhin in den Arbeitsmarkt des Aufnahmemitgliedstaats eingegliedert ist (EuGH 19.6.2014 – C-507/12 – Saint Prix, NZA 2014, 765 ff.; 29.4.2004 – C-482/01 – Orfanopoulos, NVwZ 2004, 1099 ff.). Im Fall einer Schwangerschaft wäre es angesichts der Arbeitnehmerfreizügigkeit unangemessen, wenn sie durch eine kurzzeitige Aufgabe ihrer Arbeitnehmertätigkeit Gefahr liefe, die Arbeitnehmereigenschaft iSd Art. 45 zu verlieren. Im Fall der Arbeitslosigkeit endet die Arbeitnehmereigenschaft ebenfalls nicht, sofern der Betreffende sich mit gültigem Aufenthaltsstatus zur Arbeitssuche weiterhin in diesem Mitgliedstaat aufhält (Streinz/*Franzen* Rn. 32) und insbesondere auch der Arbeitsvermittlung zur Verfügung steht (EuGH 23.1.1997 – C-171/95 Rn. 41 – Tetik, NVwZ 1997, 677 [679]). In Bezug auf Inhaftierte, die vor der Haft eine Beschäftigung ausgeübt haben, nimmt der EuGH an, dass der Umstand, dass der Betroffene während seiner Haft dem Arbeitsmarkt nicht zur Verfügung gestanden habe, nicht grds. bedeute, dass er während dieser Zeit nicht weiterhin in den Arbeitsmarkt des Aufnahmemitgliedstaats eingegliedert sei, sofern er innerhalb eines angemessenen Zeitraums nach seiner Haftentlassung wieder eine Beschäftigung finde (EuGH 29.4.2004 – C-482/01, Slg. 2004 I-5295). Der Begriff des Arbeitnehmers darf nach der Rechtsprechung des EuGH nicht eng ausgelegt werden (EuGH 21.2.2013 – C-46/12 Rn. 39; Colneric, FS Rodriguez Iglesias, 2003, 385 ff.). Dies geschieht auch vor dem Hintergrund, die Arbeitnehmerfreizügigkeit möglichst umfassend zu verwirklichen (s. *Rebhahn* EuZA 2012, 3 ff.). Die Arbeitnehmereigenschaft wird man zu verneinen haben, wenn der Betreffende seine Tätigkeit endgültig aufgibt.

Unter den Anwendungsbereich des Art. 45 fällt auch ein Unionsbürger, der in einem 16 anderen Staat als seinem Herkunftsstaat arbeitet und bei einer **internationalen Organisation** tätig ist (EuGH 4.7.2013 – C-233/12 – Gardella, ZESAR 2013, 465 ff.). Die Tätigkeit für eine internationale Organisation ändert also nichts an der Arbeitnehmereigenschaft des Betreffenden und er kann sich auch insoweit – falls erforderlich – auf die Arbeitnehmerfreizügigkeit berufen.

Für die Feststellung der Arbeitnehmereigenschaft kommt es **nicht auf die Dauer des** 17 **Arbeitsverhältnisses** an und eine Differenzierung zwischen Voll- und Teilzeitkräften ist nicht vorzunehmen. Die Arbeitnehmereigenschaft geht auch grds. nicht durch eine Unterbrechung der Tätigkeit verloren; es muss aber ein Zusammenhang bestehen, den der EuGH etwa in einem Fall abgelehnt hat, in dem zwischen der früheren Tätigkeit und der Suche nach einer neuen 17 Jahre lagen (EuGH 23.3.2004 – C-138/02 Rn. 29 – Collins, EuZW 2004, 507).

Voraussetzung für die Arbeitnehmereigenschaft ist weiterhin, dass eine **Leistung von** 18 **einem gewissen wirtschaftlichen Wert** für einen anderen erbracht wird (EuGH 3.7.1986

– C-66/85 Rn. 18 – Lawrie-Blum). Dazu gehört auch die professionelle Ausübung von Sport (EuGH 18.7.2006 – C-519/04 Rn. 22 – Meca-Medina und Majcen/Kommission, EuZW 2006, 593 [595]; 16.3.2010 – C-325/08 Rn. 27 – Olympique Lyonnais, NZA 2010, 346 [347]; Persch NZA 2010, 986 ff.). Ebenfalls erfasst werden Tätigkeiten in der öffentlichen Verwaltung, was sich auch bereits aus der Existenz des Art. 45 IV ergibt. Mit dieser Formulierung des gewissen wirtschaftlichen Werts sollen nur solche Tätigkeiten ausgeklammert werden, die einen so geringen Umfang haben, dass sie sich als völlig untergeordnet und unwesentlich darstellen. Die Geringfügigkeit einer Beschäftigung spricht also nicht grds. gegen die Arbeitnehmereigenschaft; der EuGH schließt aber nicht aus, dass es bei sehr geringem Ausmaß der Beschäftigung noch um eine tatsächliche und echte wirtschaftliche Tätigkeit geht (EuGH 4.2.2010 – C-14/09 Rn. 21 ff. – Genc). Auch eine nach deutschem Sozialrecht geringfügige Beschäftigung kann deshalb die Arbeitnehmereigenschaft iSd Art. 45 begründen. Die Feststellung einer Bagatellgrenze verweist der EuGH an die nationalen Gerichte (EuGH 4.2.2010 – C-14/09 Rn. 26 ff. – Genc).

19 Ähnlich wie im deutschen Recht erfüllt die **Beschäftigung von Familienangehörigen** nur dann die Arbeitnehmereigenschaft, wenn die Tätigkeit über die Erfüllung familiärer Pflichten oder Gefälligkeiten hinausgeht. Allerdings schließen die personenrechtlichen und vermögensrechtlichen Beziehungen zwischen Ehegatten, die sich aus der Ehe ergeben, iRd Unternehmensorganisation das Bestehen eines Unterordnungsverhältnisses, wie es für ein Arbeitsverhältnis typisch ist, nicht aus (so EuGH 8.6.1999 – C-337/97 Rn. 15 – Meeusen).

20 Andererseits bedeutet dies, dass die Arbeitnehmerfreizügigkeit **nicht für Schüler – auch Fachschüler – und Studenten** gilt, da diese nicht einer Tätigkeit für einen anderen nachgehen, sondern sich selbst beruflich qualifizieren. Ihnen wird allerdings nach Art. 7 I lit. c RL 2004/38/EG unter der Voraussetzung ausreichender Existenzmittel und eines Krankenversicherungsschutzes ein über drei Monate hinausgehendes Aufenthaltsrecht gewährt. Obwohl dieser Personenkreis nicht als Arbeitnehmer iSd Unionsrechts qualifiziert wird, wendet der EuGH insoweit gleichwohl die Maßstäbe der Arbeitnehmerfreizügigkeit an. In st.Rspr. betont er, dass insbesondere der Zugang zur Berufsausbildung geeignet sei, die Freizügigkeit innerhalb der Union zu fördern, indem er den Einzelnen die Möglichkeit gebe, eine Qualifikation in dem Mitgliedstaat zu erwerben, in dem sie ihre Berufstätigkeit ausüben wollten, sowie die Möglichkeit, in dem Mitgliedstaat, dessen berufliches Bildungswesen die entsprechende Spezialisierung anbiete, ihre Ausbildung zu vervollkommnen und ihre besonderen Fähigkeiten zu entwickeln (s. nur EuGH 13.2.1985 – C-293/83 Rn. 24 f. – Gravier, NJW 1985, 2085 [2086]). Daraus leitet dann der EuGH ab, dass diese Personen bei Aufnahme und Durchführung ihrer Ausbildung nicht wegen ihrer Staatsangehörigkeit diskriminiert werden. Im Ergebnis bedeutet dies, dass der persönliche Anwendungsbereich des Art. 45 über den Personenkreis der Arbeitnehmer hinaus ausgeweitet wird.

21 Allerdings bewertet dies der EuGH anders, sofern ein **inhaltlicher Zusammenhang zwischen dem ausgeübten Berufen und der Ausbildung** besteht (EuGH 26.2.1992 – C-3/90 Rn. 19 – Bernini, NZA 1992, 736 [738]) oder wenn sich der Betreffende nach unfreiwilliger Erwerbslosigkeit einer Umschulung unterzieht (EuGH 21.6.1988 – C-39/86 Rn. 37 ff. – Lair, NJW 1988, 2165 [2167]; 26.2.1992 – C-357/89 Rn. 18 ff. – Raulin, NJW 1992, 1493 [1494]). Hier stellt er unmittelbar eine Beziehung zur Arbeitnehmereigenschaft her und leitet dies aus der Beziehung zur ausgeübten Tätigkeit her, was im obigen Fall der Studenten und Fachschüler nicht gegeben ist. Die RL 2004/38 erfasst diese Fälle dahingehend, dass sie eine Erwerbstätigeneigenschaft dann – auch – annimmt, wenn der Betreffende wegen einer Krankheit oder eines Unfalls vorübergehend arbeitsunfähig ist, wenn er sich bei ordnungsgemäß bestätigter unfreiwilliger Arbeitslosigkeit nach mehr als einjähriger Beschäftigung dem zuständigen Arbeitsamt zur Verfügung stellt, wenn er sich bei ordnungsgemäß bestätigter unfreiwilliger Arbeitslosigkeit nach Ablauf seines auf weniger als ein Jahr befristeten Arbeitsvertrags oder bei im Laufe der ersten zwölf Monate eintretender unfreiwilliger Arbeitslosigkeit dem zuständigen Arbeitsamt zur Verfügung stellt. In diesem Fall bleibt die Erwerbstätigeneigenschaft mindestens sechs Monaten aufrechterhalten, wenn

er eine Berufsausbildung beginnt, wobei die Aufrechterhaltung der Erwerbstätigeneigenschaft voraussetzt, dass zwischen dieser Ausbildung und der früheren beruflichen Tätigkeit ein Zusammenhang besteht, es sei denn, der Betroffene hat zuvor seinen Arbeitsplatz unfreiwillig verloren. Das bedeutet zugleich, dass das Bestehen eines Arbeitsverhältnisses nicht ausnahmslose Voraussetzung für die Annahme einer Arbeitnehmereigenschaft ist. Eine andere Sichtweise würde auch der Wertung des Art. 45 III zuwiderlaufen, wonach die Arbeitnehmerfreizügigkeit auch die Freiheit umfasst, in einen anderen Mitgliedstaat zum Zweck der Arbeitssuche einzureisen.

Vom Arbeitnehmerbegriff nicht erfasst sind Tätigkeiten, die nur ein Mittel der **Rehabilitation** oder der **Wiedereingliederung** des Betroffenen in das Arbeitsleben darstellen und deshalb nicht als tatsächliche und echte wirtschaftliche Tätigkeiten angesehen werden können. Dient die Tätigkeit hingegen nur dazu, im Rahmen eines Eingliederungsprojekts den Betroffenen zur Teilnahme am Erwerbsleben zu befähigen und zu trainieren, so wird man die Arbeitnehmereigenschaft verneinen müssen (EuGH 7.9.2004 – C-456/02 Rn. 13 ff. – Trojani, NZA 2005, 757; *Rebhahn* EuZA 2012, 3 ff. [12 f.]). Unter der Formel der tatsächlichen und echten Tätigkeit wird auch die Arbeitnehmereigenschaft von Praktikanten diskutiert; hier müsste die Entgeltlichkeit hinzukommen, um die Arbeitnehmereigenschaft annehmen zu können (EuGH 30.3.2006 – C-10/05 Rn. 21 – Mattern, Slg. 2006, I-3145 ff. = NZA 2006, 649). Nicht ausreichend ist, dass Tätigkeiten erbracht werden, die denen von Arbeitnehmern entsprechen; hinzukommen muss vielmehr ein Unterordnungsverhältnis (EuGH 17.7.2008 – C-94/07 Rn. 36 – Raccanelli, NZA 2008, 995 [996]). 22

Die **Vergütung** muss als Gegenleistung für die ausgeübte Tätigkeit gewährt werden, wobei nicht maßgeblich ist, ob sie zu einem Leben ohne – ergänzende – Sozialleistungen führen kann, sofern die Vergütung nicht symbolisch bleibt. Je nach Art der Tätigkeit kann dabei auch freie Kost und Logis ausreichend sein (EuGH 5.10.1988 – C-196/87 – Steymann, NVwZ 1990, 53). Auszubildende sind ebenfalls als Arbeitnehmer anzusehen, sofern sie während der Ausbildung eine Vergütung beziehen. Dabei kommt es nicht auf die Höhe an. Dementsprechend sind auch Praktikanten als Arbeitnehmer anzusehen, sofern sie nur eine – wenn auch geringe – Vergütung erhalten. Dass ein Praktikum für den weiteren Berufsweg von Nutzen sein mag, reicht als Gegenwert nicht aus, da hier nur ein mittelbarer wirtschaftlicher Nutzen feststellbar ist und anderenfalls im Übrigen auch Studenten und Schüler (Fachschüler) erfasst werden müssten (wie hier Streinz/*Franzen* Rn. 27; **aA** GHN/ *Randelzhofer/Forsthoff* EGV Art. 39 Rn. 18). Auch hier ist aber darauf hinzuweisen, dass auch dieser Personenkreis mittelbar in den Anwendungsbereich des Art. 45 einbezogen ist, da nach der Rechtsprechung des EuGH auch die Ausbildung und Berufsausbildung als Vorstufe der Beschäftigung erfasst wird (→ Rn. 20 f.). 23

Wenn der EuGH eine **Tätigkeit im Wirtschaftsleben** verlangt, so bedeutet das nicht, dass der Unternehmer/Arbeitgeber, bei dem die Beschäftigung stattfindet, selbst am Wirtschaftsleben teilnimmt. Mit seiner Formulierung will er in erster Linie die wirtschaftliche Verwertbarkeit der Tätigkeit betonen und nicht den Tätigkeits- oder Wirtschaftsbereich. Die Freizügigkeit kann nicht von der Zugehörigkeit der Tätigkeit zu einem bestimmten Bereich der arbeitsteiligen Arbeitswelt abhängen. Deshalb sind auch Tätigkeiten bei gemeinnützigen Einrichtungen, Religionsgemeinschaften, Vereinen und Verbänden erfasst. Der Profisport dürfte ohnehin zum klassischen Wirtschaftsleben gehören. Die Begrifflichkeit ist allerdings problematisch, wenn der EuGH auch die Tätigkeit bei Religionsgemeinschaften darunter fasst (EuGH 23.10.1986 – C-300/84 Rn. 18 ff. – Van Roosmalen) und dies auch bei Sportvereinen annimmt, auch wenn sie keinen Profisport betreiben (EuGH 12.12.1974 – C-36/74 Rn. 4/10 – Walrave und Koch). Dieses Erfordernis ist deshalb eher dahin zu verstehen, dass die Diskriminierungsverbote des Art. 45 nicht greifen sollen, wenn eine Ungleichbehandlung aus nichtwirtschaftlichen Gründen erfolgt, die mit dem besonderen Charakter der Tätigkeit zusammenhängen und nur ihn betreffen, wie dies etwa im Sport bei der Zusammensetzung von Nationalmannschaften der Fall ist (so für den Fußballsport EuGH 15.12.1995 – C-415/93 Rn. 127 – Bosman). Dies lässt 24 sich entsprechend auch auf Religionsgemeinschaften und gemeinnützige Einrichtungen übertragen.

25 **Sittenwidrige oder verbotene Tätigkeiten** sind nicht als Tätigkeiten im Wirtschaftsleben anzusehen. Dabei wird man aber mit einer europarechtlichen Begriffsbestimmung zu arbeiten haben. Das Verbot einer Tätigkeit in einem Mitgliedstaat macht sie noch nicht zu einer in der gesamten Union verbotenen Tätigkeit. Entsprechendes dürfte für die Frage der Sittenwidrigkeit gelten. Dass Deutschland etwa mit dem Prostitutionsgesetz die Sittenwidrigkeit der Prostitution aufgegeben hat, muss nicht gleichermaßen für alle Mitgliedstaaten gelten. Die Arbeitnehmereigenschaft kann aber andererseits nicht davon abhängen, ob ein einzelner Mitgliedstaat eine Tätigkeit als sittenwidrig betrachtet. Der EuGH hat deshalb die Tätigkeit einer Prostituierten als Erbringungen entgeltlicher Arbeitsleistungen qualifiziert (EuGH 18.5.1982 – C-115/81 – Adoui und Cornuaille/Belgien, Slg. 1982, 1665 ff.) – ohne Rücksicht darauf, ob in einzelnen Mitgliedstaaten diese Frage anders bewertet wird. Man wird aber andererseits das Wertesystem der jeweiligen nationalen Rechtsordnung zu akzeptieren haben. Wenn deshalb ein Mitgliedstaat – hier Deutschland – eine Tätigkeit nicht als sittenwidrig ansieht, darf er bei dieser Tätigkeit keine den Art. 45 ff. zuwiderlaufenden Einschränkungen vornehmen. Anderseits darf ein anderer Mitgliedstaat, der diese Sichtweise nicht teilt, die Freizügigkeit insoweit einschränken. Entsprechendes wird für verbotene Tätigkeiten zu gelten haben.

26 Keine von Art. 45 erfasste Tätigkeit ist schließlich auch dann gegeben, wenn die **Tätigkeit nur zum Schein** aufgenommen wurde, um sich bestimmte Vorteile zu verschaffen. Gleiches wird zu gelten haben, wenn der Status eines Familienangehörigen eines EU-Staatsangehörigen nur zur Erlangung des Aufenthaltsrechts erworben wird (Scheinehe), (so auch Streinz/*Franzen* Rn. 31). Hier wird die Freizügigkeit missbraucht, so dass bei Nachweislichkeit der Schutz des Art. 45 verwehrt werden kann. Der EuGH weist darauf hin, dass es nicht Folge der mit dem primären Unionsrecht geschaffenen Vergünstigungen sein könne, dass die Begünstigten sich den nationalen Rechtsvorschriften missbräuchlich entziehen dürfen; es sei deshalb den Mitgliedstaaten nicht verwehrt, alle erforderlichen Maßnahmen zu ergreifen, um einen derartigen Missbrauch zu verhindern (EuGH 7.7.1992 – C-370/90 Rn. 24 – Singh, NVwZ 1993, 261 [262]).

III. Persönlicher Anwendungsbereich

27 **1. Staatsangehörige.** Die Arbeitnehmerfreizügigkeit erfasst Staatsangehörige der Mitgliedstaaten. Hier wird an die **Bestimmung der Staatsangehörigkeit durch die Mitgliedstaaten** angeknüpft. Hier sind die Mitgliedstaaten gehalten, die Entscheidung des jeweiligen Mitgliedstaats zu respektieren, die er hinsichtlich der Staatsangehörigkeit trifft (s. auch Calliess/Ruffert/*Brechmann* Rn. 26; HSW/*Hanau* § 15 Rn. 9). Ein großzügiges Staatsangehörigkeitsrecht ist deshalb hinzunehmen, auch wenn es Personen, die in Drittstaaten ansässig sind, erleichtert, in die Europäische Union einzureisen und sich in ihr aufzuhalten. Für Staatsbürger Kroatiens besteht für eine Übergangszeit bis zum 30.6.2018 die Möglichkeit einer Beschränkung der Freizügigkeit durch die anderen Mitgliedstaaten (s. dazu ErfK/*Wißmann* Rn. 18 ff.). Bei mehrfacher Staatsangehörigkeit ist maßgeblich für die Anwendbarkeit, dass eine der Staatsangehörigkeiten die eines Mitgliedstaats ist. Andererseits bleibt es einem Mitgliedstaat unbenommen, bei seinem eigenen Staatsangehörigkeitsrecht zu differenzieren und bestimmten Personen zwar die Staatsangehörigkeit zu gewähren, zugleich aber zu bestimmen, dass sie nicht zum Aufenthalt in diesem Mitgliedstaat berechtigt. Dies greift etwa im Fall von Bürgern früherer Kolonien; diesem Personenkreis ist es dann trotz Staatsangehörigkeit eines Mitgliedstaats verwehrt, von der Arbeitnehmerfreizügigkeit Gebrauch zu machen, da auch insoweit das Unionsrecht die Entscheidung des Mitgliedstaats respektiert (s. dazu Streinz/*Franzen* Rn. 38).

28 **Freizügigkeitsrechte für Staatsangehörige anderer Staaten** können sich aus Abkommen ergeben; eine unmittelbare Berufung auf Art. 45 ist ausgeschlossen. Durch das

Abkommen über den Europäischen Wirtschaftsraum (ABl. 1994 L 1/3) wird die Freizügigkeit zwischen den Mitgliedstaaten der Europäischen Union und Island, Liechtenstein und Norwegen hergestellt. Der Geltungsbereich des Art. 45 wird so auf diese Staaten erstreckt, indem sich im Abkommen mit Art. 45 wortgleiche Regelungen finden. Eine besondere Regelung gilt für die Schweiz, die dem EWR-Abkommen nicht beigetreten ist. Hier findet sich eine einschlägige Regelung im Abkommen zwischen der Europäischen Union einerseits und der Schweizerischen Eidgenossenschaft andererseits über die Freizügigkeit (Freizügigkeitsabkommen EG-Schweiz, BGBl. 2001 II 810). Es ist davon auszugehen, dass Staatsangehörige der beteiligten Staaten sich unmittelbar auf dieses Abkommen berufen können (s. Streinz/*Franzen*Rn. 50; *Kahil-Wolff/Mosters* EuZW 2001, 5 ff., [7]; EuGH 22.12.2008 – C-13/08 – Stamm/Hauser, Slg. 2008, I-11087 ff.).

2. Drittstaatsangehörige. Ebenso wie Drittstaatsangehörige werden auch **Staatenlose** **29** **und Flüchtlinge** vom Freizügigkeitsrecht nicht erfasst. Allerdings werden diese auf der Basis des Abkommens über die Rechtsstellung der Flüchtlinge v. 28.7.1951 (BGBl. 1953 II 560) und des Übereinkommens über die Rechtsstellung der Staatenlosen v. 28.9.1995 (BGBl. 1976 II 474; BGBl. 1977 II 235) vom Geltungsbereich der VO (EG) Nr. 883/04 und damit vom koordinierenden europäischen Sozialrecht erfasst. Damit wird dem Vorbild anderer bi- und multilateraler Sozialversicherungsabkommen Rechnung getragen, da dieser Personenkreis anderenfalls keinen sozialen Schutz genießen würde. Dies bedeutet aber nur, dass sie dort wie die Staatsangehörigen eines Mitgliedstaates behandelt werden. Die Anwendung setzt daher einen grenzüberschreitenden Sachverhalt voraus; für reine Inlandssachverhalte können sie daraus keine Rechte herleiten (EuGH 11.10.2001 – C-95/99 bis 98/99 und 180/99 ua Rn. 72 – Khalil).

Zur **Türkischen Republik** besteht ein Assoziationsabkommen (ABl. 1964 B 217/3687), **30** das sich auch mit der Freizügigkeit der Arbeitnehmer befasst. Die einschlägigen Bestimmungen des Abkommens sind jedoch nicht hinreichend konkret genug, um daraus eine unmittelbare Anwendung der Bestimmungen herleiten zu können. Allerdings sieht der EuGH die Beschlüsse des Assoziationsrates als ausreichend bestimmt und als integrierenden Bestandteil der Gemeinschaftsrechtsordnung an (EuGH 30.9.1987 – C-12/86 – Demirel, Slg. 1987, I-3719 ff.; 20.9.1990 – C-192/89 – Sevince), so dass zumindest aus diesen unmittelbare Rechte für die Betroffenen hergeleitet werden können. Unter diesen Beschlüssen sind insbesondere die Beschlüsse 1/80 und 3/80 von Bedeutung. Sie gewähren dem Einzelnen bei ordnungsgemäßer Beschäftigung in einem Mitgliedstaat besondere arbeitserlaubnisrechtliche Rechtspositionen. Weiterhin werden die Familienangehörigen der türkischen Wanderarbeitnehmer begünstigt. Der EuGH leitet aus der unmittelbaren Anwendbarkeit der Beschlüsse her, dass das Beschäftigungs- oder Aufenthaltsrecht eines türkischen Staatsangehörigen nicht durch die Erteilung einer Arbeits- bzw. Aufenthaltserlaubnis begründet wird; vielmehr stehen ihm diese Rechte unmittelbar aufgrund des Beschlusses Nr. 1/80 unabhängig davon zu, ob die Behörden des Aufnahmemitgliedstaats diese Papiere ausstellen; für die Anerkennung dieser Rechte haben sie nur deklaratorische Bedeutung und Beweisfunktion (EuGH 22.6.2000 – C-65/98 Rn. 45 – Eyüp, EuZW 2000, 573 [576]). Dementsprechend hat der türkische Staatsangehörige auch einen Anspruch auf Verlängerung seines Aufenthaltsstatus, da anderenfalls das Recht auf Zugang zum Arbeitsmarkt wirkungslos wäre (EuGH 20.9.1990 – C-192/89 Rn. 29 f. – Sevince; Schwarze/*Schneider/Wunderlich* Rn. 25). Allerdings leitet sich aus dieser Rechtsgrundlage kein Recht auf Einreise zum Zweck der Erwerbstätigkeit her; dies bleibt weiter den einzelnen Mitgliedstaaten vorbehalten. Es wird deshalb idS eine „ordnungsgemäße Einreise" vorausgesetzt, die sich nach dem Recht des jeweiligen Mitgliedstaats richtet. Das Aufenthaltsrecht ist dann auch von einer ordnungsmäßigen Beschäftigung abhängig, die eine gesicherte und nicht nur vorläufige Position auf dem Arbeitsmarkt voraussetzt. Eine Aufenthaltsbeendigung kann nicht aus generalpräventiven Gründen sondern wie auch unter Art. 45 III (→ Rn. 110 ff.) nur aus dem persönlichen Verhalten unter Berufung auf die öffentliche Ordnung, Sicherheit oder Gesundheit erfolgen. Familienangehörige können sich nach mindestens dreijährigem ordnungsgemäßen Aufenthalt um Stellenangebote im betreffenden Mitgliedstaat bewerben und haben nach fünf Jahren freien Zugang zum Arbeitsmarkt des Mitgliedstaats (vgl. näher zum Türkei-Abkommen und den Beschlüssen des Assoziationsrats Calliess/Ruffert/*Brechmann* Rn. 110 ff.; Streinz/*Franzen* Rn. 54 ff.; HSW/*Hanau* § 15 Rn. 255 ff.).

31   Die Europäische Union hat mit einer Reihe **weiterer Staaten Abkommen** geschlossen, so etwa mit den Nachfolgestaaten der Bundesrepublik Jugoslawien, die Regelungen zur Gleichbehandlung bei den Arbeitsbedingungen enthalten. Jüngst wurde ein Abkommen mit der Ukraine unterzeichnet, das ebenfalls einschlägige Regelungen dieser Art vorsieht (ABl. EU Nr. L 161 v. 29.4.2014). Schließlich befinden sich derartige Regelungen auch in den Abkommen mit den Maghreb-Staaten und den sog. AKP-Staaten (Länder Afrikas, der Karibik und des Pazifik).

32   **3. Familienangehörige.** Nicht unmittelbar vom persönlichen Geltungsbereich erfasst sind die Familienangehörigen der Arbeitnehmer. Sie mögen als Staatsangehörige eines Mitgliedstaates unter die Personenfreizügigkeit nach Art. 21 AEUV fallen; anderenfalls und ergänzend werden sie aber von der Arbeitnehmerfreizügigkeit insoweit mittelbar erfasst, als zur Freizügigkeit des Arbeitnehmers auch die Gewährleistung des Schutzes des Familienlebens der Staatsangehörigen der Mitgliedstaaten bei der Ausübung der vom Vertrag garantierten Grundfreiheiten gehört (EuGH 11.6.2002 – C-60/00 Rn. 38 – Carpenter, Slg. 2002, I-6279, 25.7.2002 – C-459/99 Rn. 53 – MRAX, Slg. 2002, I-6591; *Fuchs/Marhold*, Europäisches Arbeitsrecht, 79). Dies wird auch gestützt durch Art. 33 GRC, der den rechtlichen, sozialen und wirtschaftlichen Schutz der Familie gewährleistet.

33   Das bedeutet, dass sich die **Familienangehörigen,** sofern sie nicht selbst die Arbeitnehmereigenschaft erfüllen, **nicht aus eigenem Recht** auf die Arbeitnehmerfreizügigkeit berufen können, dies sich vielmehr aus dem Freizügigkeitsrecht des Arbeitnehmers ergibt (EuGH 5.5.2011 – C-434/09 – McCarthy). In Konsequenz bedeutet dies aber auch, dass es auf die Staatsangehörigkeit der Familienangehörigen nicht ankommt. Es ist deshalb auch jeweils zu prüfen, ob es erforderlich ist, dem jeweiligen Drittstaatsangehörigen, der Familienangehöriger einer Unionsbürgers ist, ein abgeleitetes Aufenthaltsrecht zu gewähren, um so zu gewährleisten, dass der Unionsbürger von seinem Recht auf Arbeitnehmerfreizügigkeit Gebrauch machen kann. Sofern der Unionsbürger in dem Mitgliedstaat wohnt, dessen Staatsangehörigkeit er hat, greift dies an sich nicht, da der Auslandsbezug hier nur hypothetisch ist (EuGH 8.11.2012 – C-40/11 Rn. 77 – Iida, NVwZ 2013, 375); sofern dies aber eine abschreckende Wirkung in Bezug auf die tatsächliche Ausübung des Freizügigkeitsrechts haben sollte, kann sich aus Art. 45 gleichwohl ein abgeleitetes Aufenthaltsrecht für drittstaatsangehörige Familienangehörige ergeben.

34   Die Familienangehörigen werden im sekundären Gemeinschaftsrecht den Arbeitnehmern mit Staatsangehörigkeit der Mitgliedstaaten **weitgehend gleichgestellt,** um so den Arbeitnehmern – aber auch allgemein den Unionsbürgern – die Arbeitnehmerfreizügigkeit bzw. Personenverkehrsfreiheit zu gewährleisten. Dies betrifft sowohl Fragen Ein- und Ausreise als auch der beruflichen Tätigkeit (dazu unter → Rn. 91 ff.) sowie die soziale Sicherheit auch dieses Personenkreis (dazu Kommentierungen zu → AEUV Art. 48 sowie zu → VO 492/2011).

IV. Grenzüberschreitende Sachverhalte

35   Die Arbeitnehmerfreizügigkeit ist nur relevant bei grenzüberschreitenden Sachverhalten. Bewegungsfreiheit oder Hindernisse derselben innerhalb eines Mitgliedstaates werden nicht erfasst. Das bedeutet aber zugleich auch, dass die Ausgestaltung der innerstaatlichen Bewegungsfreiheit von Arbeitnehmern keine Kategorie für den Umfang der grenzüberschreitenden Freizügigkeit sein kann. Es kann also nicht geltend gemacht werden, dass auch bei Mobilität innerhalb eines Staates gewisse Hemmnisse bestünden und die europarechtliche

Freizügigkeit nur sicherstellen müsse, dass grenzüberschreitende Sachverhalte mit reinen Inlandssachverhalten gleichbehandelt werden. So ist etwa für Unverfallbarkeitsfristen in der betrieblichen Altersversorgung, die ohne Zweifel ein Freizügigkeitshindernis darstellen, nicht maßgeblich, dass von ihnen Inlands- wie grenzüberschreitende Sachverhalte gleichermaßen erfasst und betroffen sind. Das europäische Recht fragt nur, ob ein **Hindernis der grenzüberschreitenden Freizügigkeit** besteht, nicht ob auch innerhalb des Staates die Freizügigkeit begrenzt ist (so auch EuGH 10.3.2011 – C-379/09 – Maurits Casteels/British Airways plc, NZA 2011, 561 ff., wonach TV gegen Art. 45 verstoßen, die bei grenzüberschreitendem Wechsel beim selben AG Dienstjahre im anderen Staat nicht berücksichtigen). Die Vorschriften des AEUV über die Freizügigkeit sollen den Angehörigen aller Mitgliedstaaten die Ausübung beruflicher Tätigkeit im gesamten Gebiet der Union erleichtern; die Behinderung oder Beeinträchtigung innerstaatlicher Wanderungsbewegungen wird von diesen europarechtlichen Vorgaben nicht erfasst (EuGH 5.12.2013 – C-514/12 Rn. 30 ff. – Zentralbetriebsrat, NZA 2014, 204, 206).

Ein grenzüberschreitender Sachverhalt kann auch dann vorliegen, wenn es um einen **36** **Mitgliedstaat und seinen eigenen Staatsangehörigen** geht (Calliess/Ruffert/*Brechmann* Rn. 44), sofern sich der Sachverhalt nicht rein innerstaatlich zuträgt. Die Arbeitnehmerfreizügigkeit – ebenso wie die allgemeine Personenfreizügigkeit – beruht auf dem Gedanken, dass die jeweilige nationale Staatsangehörigkeit zugunsten der Unionsbürgerschaft die Bedeutung verliert und deshalb die Rückkehr eines Staatsangehörigen in seinen Mitgliedstaat ein solcher grenzüberschreitender Sachverhalt ist und eine daraus resultierende Benachteiligung deshalb unter Art. 45 fallen kann (EuGH 12.12.2002 – C-385/00 Rn. 79 – de Groot, EuZW 2003, 114 [117]; 26.1.1999 – C-18/95 – Terhoeve, EuZW 1999, 380 ff.); jegliche unterschiedliche Behandlung wegen der Staatsangehörigkeit bei grenzüberschreitenden Sachverhalten soll unterbunden werden (so im Ergebnis EuGH 13.11.1990 – C-308/89 – di Leo, NVwZ 1991, 155 f.). Im EU-Ausland erworbene berufliche Qualifikationen eines Inländers müssen im Inland anerkannt werden.

Davon zu unterscheiden ist die Problematik der sog. **Inländerdiskriminierung** (s. dazu **37** GHN/*Forsthoff* Rn. 54 ff.). Europarechtlich nicht relevant ist die Benachteiligung eigener Staatsangehörigen gegenüber Staatsangehörigen anderer EU-Mitgliedstaaten. Der EuGH verneint insoweit in st.Rspr. einen Verstoß gegen Unionsrecht, da in derartigen Fällen sämtliche Elemente nicht über die Grenzen eines Mitgliedstaates hinausweisen (EuGH 23.4.1991 – C-41/90 Rn. 37 – Höfner und Elser, NZA 1991, 447 [448]; so auch 2.10.1997 – C-144/96 – Cirotti). Es gibt in der Literatur Versuche, das Problem der Inländerdiskriminierung gemeinschaftsrechtlich zu lösen, indem etwa geltend gemacht wird, dass auf das Erfordernis des grenzüberschreitenden Sachverhalts verzichtet werden müsse, da die Gemeinschaft einen Markt ohne Binnengrenzen anstrebe (so *Kewenig* JZ 1990, 20 ff. [23]); dem ist aber entgegenzuhalten, dass die Grundfreiheit der Arbeitnehmerfreizügigkeit gerade die Beseitigung der Hindernisse bei grenzüberschreitenden Sachverhalten zum Ziel hat und daraus ihre Legitimation bezieht (so auch HSW/*Hanau* § 15 Rn. 165). Es zeigt sich damit, dass eine gemeinschaftsrechtliche Lösung des Problems ausscheidet, da sich zudem das europäische Recht hinsichtlich der Standards auch nicht am nationalen Recht ausrichten kann. Insgesamt ist insoweit festzustellen, dass die Mitgliedstaaten auf Fälle der Inländerdiskriminierung inzwischen oft mit einer Anpassung der Regelungen des jeweiligen nationalen Rechts reagieren (Schwarze/*Schneider/Wunderlich* Rn. 41).

Davon zu unterscheiden ist die Frage, ob die jeweilige **nationale Rechtsordnung** eine **38** derartige **Inländerdiskriminierung** verbietet, ob also auf das deutsche Recht übertragen daraus ein Verstoß gegen Art. 3 I GG resultiert. Dies wird man annehmen können, soweit der Gesetzgeber die europarechtlichen Vorgaben auch auf inländische Sachverhalte erstrecken könnte. Eine Ungleichbehandlung ist hingegen dann zulässig, wenn es sachliche Gründe für die für Inländer geltenden Anforderungen gibt. Dies hat der BGH etwa für erhöhte Anforderungen im Anwaltsrecht für Inländer bejaht (BGH 18.9.1989 NJW 1990, 108).

39 Für den erforderlichen **Auslandsbezug** reicht es aus, dass Wohnsitz und Arbeitsort in unterschiedlichen Mitgliedstaaten liegen, womit die sog. Grenzgänger (EuGH 20.6.2013 – C-20/12 Rn. 37 – Giersch) erfasst sind, denen etwa im europäischen koordinierenden Sozialrecht (→ AEUV Art. 48 Rn. 6 ff.) Rechnung getragen wird. Es reicht ein hinreichend enger Bezug zum Recht eines Mitgliedstaates und damit zu den einschlägigen Regelungen des Unionsrechts, wenn die Arbeit nicht innerhalb der EU ausgeübt wird (EuGH 28.2.2013 – C-544/11 Rn. 41– Petersen; ErfK/*Wißmann* Rn. 14; Streinz/*Franzen* Rn. 78 ff.); dies kann etwa bei Tätigkeiten in der Entwicklungshilfe relevant werden oder aber bei der Tätigkeit auf einem in einem Mitgliedstaat registrierten Schiff im Dienst eines in diesem Mitgliedstaat ansässigen Unternehmens (EuGH 7.6.2012 – C-106/11 Rn. 28).

40 Die Anwendung der Regelungen zur Arbeitnehmerfreizügigkeit ist **nicht abhängig** davon, dass die **grenzüberschreitende Tätigkeit auf Dauer** angelegt ist. Auch eine nur vorübergehende und ggf. kurze Tätigkeit in einem anderen Mitgliedstaat darf nicht behindert oder beeinträchtigt werden. Hier ließe sich geltend machen, dass es eine Behinderung der Freizügigkeit in dieser Konstellation ist, wenn der entsandte Arbeitnehmer nach nationalen Rechtsvorschriften den Arbeitsbedingungen des Staates unterfalle, in dem er vorübergehend tätig ist. Eine solche Sichtweise verkennt aber, dass die Freizügigkeit darin besteht, nicht daran gehindert zu werden, in einem anderen Mitgliedstaat tätig zu werden. Die Tätigkeit wird dann dort zu den gleichen Arbeitsbedingungen verrichtet, wie diese für Inländer gelten. Dies kommt auch in Art. 45 III lit. c zum Ausdruck, wenn dort bestimmt ist, dass die Arbeitnehmerfreizügigkeit das Recht beinhaltet, sich in einem Mitgliedstaat aufzuhalten, um dort nach den für die Arbeitnehmer dieses Staates geltenden Rechts- und Verwaltungsvorschriften eine Tätigkeit auszuüben. Es geht also um die Integration in die Arbeitsbedingungen des Aufnahmestaates und nicht den Export der Arbeitsbedingungen des Entsendestaates (wie hier Streinz/*Franzen* Rn. 35; *Eichenhofer* ZIAS 1996, 55 ff. [61]; **aA** *Gerken/Löwisch/Rieble* BB 1995, 2370 ff. [2372 f.]). Der zutreffende Standort dieser Frage ist bei der Dienstleistungsfreiheit, da diese Rahmenbedingungen bei vorübergehender Tätigkeit in einem anderen Mitgliedstaat den Arbeitgeber bzw. Unternehmer betreffen. Nicht gefolgt werden kann allerdings der Sichtweise des EuGH, der vorübergehende Tätigkeiten im Rahmen von Dienstleistungen ihrer Arbeitgeber nicht erfassen will, da diese Arbeitnehmer nach Erfüllung ihrer Aufgabe in ihr Heimatland zurückkehrten, ohne zu irgendeinem Zeitpunkt auf dem Arbeitsmarkt des Aufnahmemitgliedstaates aufzutreten (EuGH 27.3.1990 – C-113/89 Rn. 15 – Rush Portuguesa, NZA 1990, 653; 9.8.1994 – C-43/93 Rn. 21 – Vander Elst, EuZW 1994, 600 ff.).

41 Es können sich hier also **Abgrenzungsschwierigkeiten zur Dienstleistungsfreiheit und ggf. zur Warenverkehrsfreiheit** ergeben. Es lässt sich aber eine Unterscheidung dahin vornehmen, dass die Arbeitnehmerfreizügigkeit die Rechte des Arbeitnehmers betrifft und die Dienstleistungsfreiheit die des Dienstleistungserbringers. Erbringt also ein Unternehmer eine Dienstleistung unter Einsatz von Arbeitnehmern, so darf diese grds. nicht durch Einschränkungen hinsichtlich der grenzüberschreitenden Tätigkeit seiner Arbeitnehmer behindert oder beeinträchtigt werden. Der Arbeitnehmer selbst kann sich bei Vorliegen der Voraussetzungen für seine eigene Tätigkeit auf die Arbeitnehmerfreizügigkeit berufen. Beides wird in der Regel im Binnenmarkt zusammenfallen, muss es aber nicht, wie sich im Verhältnis zu den mittel- und osteuropäischen Beitrittsstaaten (s. dazu etwa *Duvalis* RdA 2012, 258 ff.) gezeigt hat, bei denen in der Übergangszeit die Dienstleistungsfreiheit bereits galt, nicht aber die Arbeitnehmerfreizügigkeit (s. zu dieser Problematik *Lorenz*, Arbeitnehmerfreizügigkeit und Dienstleistungsfreiheit in der Europäischen Union – Rechtliche Rahmenbedingungen und politischer Handlungsbedarf – Expertise im Auftrag des Gesprächskreises Migration und Integration der Friedrich-Ebert-Stiftung, Bonn 2010; *Kocher* GPR 2011, 132 ff. [134]).

42 Einen Verstoß gegen die **Dienstleistungsfreiheit** wird man annehmen können, wenn sich bei der – vorübergehenden –Tätigkeit eines Unternehmens in einem anderen Mitgliedstaat Beschränkungen für den Einsatz von Drittstaatsangehörigen ergeben. Es handelt sich hier um die Frage einer sog. Annex-Freizügigkeit (so HSW/*Hanau* § 15 Rn. 423 ff.). So hat der EuGH in der Rs. *Rush Portuguesa* zum Ausdruck gebracht, dass die Dienstleistungsfreiheit die Mitgliedstaaten daran hindere, es einem in einem anderen Mitgliedstaat ansässigen Erbringer von Dienstleistungen zu verbieten, mit seinem gesamten Personal frei in das Gebiet des erstgenannten Staates einzureisen, oder die Einreise des betroffenen Personals von einschränkenden Bedingungen wie der Bedingung der Einstellung von Personal an Ort und Stelle oder der Pflicht zur Einholung einer Arbeitserlaubnis abhängig zu machen. Durch die Auferlegung solcher Bedingungen wird nämlich der Leistungserbringer aus einem anderen Mitgliedstaat gegenüber seinen im Aufnahmeland ansässigen Konkurrenten, die sich ihres eigenen Personals ungehindert bedienen können, diskriminiert und seine Fähigkeit, die Leistung zu erbringen, beeinträchtigt (EuGH 27.3.1990 – C-113/89 Rn. 12 – Rush Portuguesa, NZA 1990, 653). In einer weiteren Entscheidung wird darauf hingewiesen, dass die Arbeitnehmer, die von einem in einem Mitgliedstaat ansässigen Unternehmen beschäftigt und vorübergehend zur Erbringung einer Dienstleistung in einen anderen Mitgliedstaat entsandt werden, keinen Zutritt zum Arbeitsmarkt dieses Staates verlangen, da sie nach Erfüllung ihrer Aufgabe in ihr Herkunfts- oder Wohnsitzland zurückkehren. Das bedeutet dann, dass es unverhältnismäßig wäre, von ihnen zusätzliche Anforderungen zu verlangen, die dann die Dienstleistungsfreiheit verletzen würden (EuGH 9.8.1994 – C-43/93 Rn. 19 ff. – Van der Elst, EuZW 1994, 600 ff.). Das bedeutet aber auch zugleich, dass bei der Niederlassungsfreiheit anderes gelten muss. Da es sich dabei um eine dauerhafte Niederlassung handelt, unterliegen die begleitenden Arbeitnehmer nicht einer vergleichbaren „Annex-Freizügigkeit"; für den EU-Staatsangehörigen unter den begleitenden Arbeitnehmern gilt Art. 45 und für Drittstaatsangehörige kann nicht auf die Niederlassungsfreiheit rekurriert werden, da es hier um die Integration in den Arbeitsmarkt des Aufnahmestaates geht, weshalb sich Möglichkeiten und Grenzen aus den diesbezüglichen allgemeinen Regeln über den Zugang zum Arbeitsmarkt ergeben (unentschieden HSW/*Hanau* § 15 Rn. 460 ff.).

V. Räumlicher Anwendungsbereich

Der räumliche Anwendungsbereich der Art. 45 ff. deckt sich grds. mit dem Hoheitsgebiet 43 der Mitgliedstaaten. Ausnahmen davon finden sich in Art. 355 IV AEUV für die dänischen Faröer sowie bestimmte britische Hoheitsgebiete wie die Kanalinseln und die Isle of Man. Das bedeutet, dass die Art. 45 ff. auf alle Arbeitsverhältnisse anzuwenden sind, die in diesem Gebiet durchgeführt werden.

Es kommt dabei nicht darauf an, ob der Arbeitsvertrag nach den Regeln des interna- 44 tionalen Arbeitsrechts dem Recht eines der Mitgliedstaaten unterliegt. Entscheidend ist allein die **Belegenheit** und **tatsächliche Durchführung.** Eine andere Sichtweise würde die Arbeitnehmerfreizügigkeit in den Grenzen des Art. 8 Rom I-VO zur Disposition der Arbeitsvertragsparteien stellen. Man mag lediglich in Grenzfällen die Geltung des Arbeitsrechts eines Drittstaats als Indiz sehen für eine Zuordnung; dies wird allerdings vornehmlich zu gelten haben für Fälle, in denen die objektive Anknüpfung für die Rechtsordnung eines Drittstaates spricht (unklar insoweit EuGH 30.4.1996 – C-214/94 Rn. 16 – Boukhalfa, NZA 1996, 971).

Unabhängig davon stellt sich die Frage der Anwendung der Regelungen zur Arbeitneh- 45 merfreizügigkeit auch dann, wenn **Arbeitsverhältnisse außerhalb des räumlichen Geltungsbereichs** erfüllt werden aber eine hinreichend enge Beziehung mit dem Gebiet der Europäischen Union aufweisen. Dies bedeutet etwa, dass das Verbot der Nichtdiskriminierung eines Arbeitnehmers im Fall der Staatsangehörigkeit eines Mitgliedstaats auch dann gilt, wenn der Betroffene von einem Unternehmen eines anderen Mitgliedstaats als Arbeitnehmer beschäftigt wird und während dieser Zeit seine Tätigkeit für Rechnung dieses in der Gemeinschaft niedergelassenen Unternehmens vorübergehend im Ausland (Drittstaat) ausübt (EuGH 12.7.1984 – C-237/83 – Prodest; 27.9.1989 – C-9/88 Rn. 15 – Lopes da

Veiga, Slg. 1989, 2989 = NJW 1990, 3068; 29.6.1994 – C-60/93 Rn. 14 – Aldewereld, Slg. 1994, I-2991). Maßgeblich ist die enge Verbindung zum Gebiet der Gemeinschaft, die im Arbeitsverhältnis zwischen einem Unternehmen aus der Gemeinschaft und einem Arbeitnehmer aus einem anderen Mitgliedstaat zum Ausdruck kommen kann, aber auch durch die Einstellung in einem Mitgliedstaat sowie die Ansässigkeit des Arbeitnehmers oder des Arbeitgebers in einem Mitgliedstaat. Maßgebend kann auch sein, dass das Arbeitsverhältnis dem Recht des Mitgliedstaats unterliegt, dessen Staatsangehörigkeit der Arbeitnehmer besitzt; insgesamt kann hier die Anknüpfung nach Art. 8 Rom I-VO indizielle Bedeutung haben (→ dort Rn. 32 ff.). Maßgebend mag auch die sozialversicherungsrechtliche Anknüpfung sein (s. hierzu SA des GA *Léger*, EuGH 30.4.1996 – C-214/94 – Boukhalfa), die mangels Möglichkeit der Rechtswahl ohnehin den Schwerpunkt des Rechtsverhältnisses bezeichnet. Diese Aufzählung ist nicht abschließend. Als Indizien werden weiter genannt die Einstellung des Arbeitnehmers in einem Mitgliedstaat, der Gerichtsstand für Streitigkeiten aus dem Arbeitsverhältnis in einem Mitgliedstaat sowie indiziell auch die Einkommensteuerpflicht des Arbeitnehmers in einem Mitgliedstaat (s. hierzu Streinz/*Franzen* Rn. 78). Maßgebend ist letztlich die Verknüpfung mit der Gemeinschaft und damit im Ergebnis regelmäßig die Feststellung, ob der internationalrechtliche Schwerpunkt des Arbeitsverhältnisses im Gemeinschaftsgebiet liegt.

E. Gewährleistung der Freizügigkeit

46 Art. 45 I bringt zum Ausdruck, dass die Freizügigkeit innerhalb der Union gewährleistet ist, was bedeutet, dass die Freizügigkeit der Arbeitnehmer grds. verwirklicht ist, es also keines Programms zu ihrer Umsetzung mehr bedarf (s. Calliess/Ruffert/*Brechmann* Rn. 1).

I. Gleichbehandlungsgebot

47 Art. 45 II gibt als Maßstab für die Arbeitnehmerfreizügigkeit vor, dass sie die Abschaffung jeder auf der Staatsangehörigkeit beruhenden unterschiedlichen Behandlung der Arbeitnehmer der Mitgliedstaaten in Bezug auf Beschäftigung, Entlohnung und sonstige Arbeitsbedingungen umfasse. Damit ist zunächst ein Verbot der Ungleichbehandlung hinsichtlich Beschäftigung, Entlohnung und sonstigen Arbeitsbedingungen erfasst. Es bedeutet auch, dass die EU-Ausländer insoweit grds. wie Inländer zu behandeln sind. Insofern resultieren aus dem primären Gemeinschaftsrecht Schlussfolgerungen, die sich aus dem Folgenden ergeben. Daneben finden sich detaillierte Regelungen dazu in der VO (EU) Nr. 492/2011 (dazu näher Kommentierung zu → VO (EU) 492/2011).

48 Denkbar sind **Ungleichbehandlungen sowohl im Arbeitsrecht** als auch im Sozialrecht. Im Arbeitsrecht können sie sowohl das Individualarbeitsrecht als auch das kollektive Arbeitsrecht betreffen. So wird es auch als ein derartiger Verstoß anzusehen sein, wenn der Wanderarbeitnehmer in seiner gewerkschaftlichen Tätigkeit beschränkt wird oder ihm das aktive und/oder passive Wahlrecht zu den Betriebsverfassungsorganen verwehrt wird. Dies findet sich auch ausdrücklich in Art. 7 IV und Art. 8 VO (EU) 492/2011 (→ Art. 7 Rn. 38 u. Art. 8 Rn. 5). Zum Sozialrecht ist auf die Gleichbehandlung bei sozialen Vergünstigungen nach Art. 7 II VO (EU) 492/2011 (→ Rn. 16 ff.) zu verweisen. Eine besondere Regelung zur Gleichbehandlung findet sich in Art. 4 der VO (EG) 883/2004 (s. dazu unter → AEUV Art. 48 Rn. 26 ff.). Der Begriff der Arbeitsbedingungen iSd Art. 45 II ist insgesamt weit gefasst (HSW/*Hanau* § 15 Rn. 184 ff.).

49 Art. 45 IV ermöglicht es den Mitgliedstaaten, den Zugang zu bestimmten, der **öffentlichen Verwaltung** zuzurechnenden Tätigkeiten auf eigene Staatsangehörige zu beschränken (s. dazu näher → Rn. 126 ff.). Der Mitgliedstaat kann aber gleichwohl freiwillig andere EU-Staatsangehörige in diesen Bereichen beschäftigen. Tut er dies, so muss er dem Diskriminierungsverbot Rechnung tragen, darf also den EU-Ausländern nicht unter Berufung

auf ihre Staatsangehörigkeit den Zugang verweigern. Wenn sich der Mitgliedstaat bei der Besetzung einer Stelle auf die Bereichsausnahme des Art. 45 IV stützt, kann er insoweit die eigenen Staatsangehörigen und die anderer Mitgliedstaaten insoweit ungleich behandeln (HSW/*Hanau* § 15 Rn. 144 ff.).

1. Unmittelbare Diskriminierung. Eine Diskriminierung liegt insoweit vor, wenn 50 unterschiedliche Vorschriften auf vergleichbare Situationen angewandt werden oder dieselbe Vorschrift auf unterschiedliche Situationen angewandt wird (EuGH 14.2.1995 – C-279/93 Rn. 30 – Schumacker, NJW 1995, 1207 [1208]; 27.6.1996 – C-107/94 Rn. 40, NJW 1996, 2921 ff.; 10.5.2012 – C-39/10 Rn. 48 – Kommission/Estland). Das Diskriminierungsverbot verlangt nicht nur, dass gleiche Sachverhalte nicht ungleich behandelt werden, sondern auch, dass ungleiche Sachverhalte nicht gleichbehandelt werden (EuGH 16.9.2004 – C-400/02 Rn. 22 – Merida, Slg. 2004, I-8471 ff.). Dabei unterscheidet der EuGH in st. Rspr. unmittelbare und mittelbare Diskriminierung. Soweit der Anwendungsbereich des Art. 45 II betroffen ist, geht dieser den allgemeineren Regelungen der Art. 18 AEUV und Art. 21 II GRC vor.

Bei der unmittelbaren oder offenen Diskriminierung wird **unmittelbar an das – un-** 51 **zulässige – Kriterium** angeknüpft und eine Rechtsfolge angeordnet, die Staatsangehörige anderer Mitgliedstaaten schlechter behandelt als Inländer. Deshalb liegt eine unmittelbare Diskriminierung etwa dann vor, wenn die Tätigkeit bei einem privaten Sicherheitsdienst von der Staatsangehörigkeit des Mitgliedstaats abhängig gemacht wird (EuGH 31.5.2001 – C-283/99 Rn. 32 – Kommission/Italien, Slg. 2001, I-4363 ff. = EuZW 2001, 603 ff.) oder Ausländern die Wahl zur österreichischen Arbeiterkammer verwehrt ist (EuGH 16.9.2004 – C-465/01 Rn. 32 – Kommission/Österreich, Slg. 2004, I-8291 ff.). Das Gleiche gilt für eine staatliche Rechtsnorm, die den Arbeitnehmer von nachteiligen Wirkungen der Ableistungen des Wehrdienstes auf sein Beschäftigungsverhältnis schützt; eine solche Regelung muss auch auf die Staatsangehörigen anderer Mitgliedstaaten angewandt werden, die im Hoheitsgebiet des Staates, der diese Regelung getroffen hat, einer Beschäftigung nachgehen und in ihrem Herkunftsland wehrpflichtig sind (EuGH 15.10.1969 – C-15/69 – Ugliola, Slg. 1969, 363 ff. = RdA 1970, 58 ff.). Das bedeutet, dass die Ableistung des Wehrdienstes in einem anderen Mitgliedstaat grds. der Ableistung im ersten Mitgliedstaat gleichzustellen ist. Dies schließt es aus, Stellen für Inländer zu reservieren oder insoweit mit Quotenregelungen zu arbeiten. Ebenfalls darf ein Mitgliedstaat den besonderen Kündigungsschutz für Schwerbehinderte nicht von seiner Staatsangehörigkeit abhängig machen (EuGH 13.12.1972 – C-44/72 – Marsmann, Slg. 1972, 1243 ff.).

2. Mittelbare Diskriminierung. a) Grundsatz. Erfasst wird auch die mittelbare oder 52 auch verdeckte Diskriminierung. Eine derartige Diskriminierung ist gegeben, wenn nicht unmittelbar an die Staatsangehörigkeit als Kriterium angeknüpft wird, durch die Rechtsvorschriften des Mitgliedstaates aber überwiegend EU-Ausländer betroffen sind. Ein solcher Fall ergibt sich insbesondere dann, wenn Inländer bestimmte nach der Vorschrift maßgebliche Kriterien leichter erfüllen können als Ausländer (s. dazu *Greiser* ZESAR 2014, 18 [20]). So können etwa Anforderungen an die Dauer einer Ansässigkeit im Mitgliedstaat insoweit mittelbar diskriminierend sein. Der EuGH bezeichnet dies auch als „verschleierte" Diskriminierung, die durch die Anwendung anderer Unterscheidungskriterien de facto zum gleichen Ergebnis führt (EuGH 20.6.2013 – C-20/12 Rn. 41 – Giersch, ZESAR 2015, 41 ff.).

Eine mittelbare Diskriminierung ist **nicht nur dann** anzunehmen, wenn dies in **dis-** 53 **kriminierender Absicht** geschieht. Es reicht vielmehr das objektive Vorliegen. Entscheidend ist allein, dass derjenige, der von seinem Recht auf Arbeitnehmerfreizügigkeit Gebrauch macht, durch Maßnahmen oder Regelungen betroffen ist, die zwar nicht an die Staatsangehörigkeit anknüpfen, die aber im Wesentlichen den Personenkreis der Wanderarbeitnehmer betreffen. Das kann auch darin bestehen, dass bestimmte Voraussetzungen für Begünstigungen von den Staatsangehörigen des betreffenden Mitgliedstaats leichter erreicht werden können oder sich Regelungen nachteilig zu Lasten von Wanderarbeitnehmern auswirken. Der EuGH fasst dies dahin zusammen, dass als mittelbar diskriminierend Voraussetzungen des nationalen Rechts anzusehen sind, die zwar unabhängig von der Staatsangehörigkeit gelten, aber im Wesentlichen oder ganz überwiegend Wanderarbeitnehmer betreffen, sowie unterschiedslos geltende Voraussetzungen, die von inländischen Arbeitnehmern leichter zu erfüllen sind als von Wanderarbeitnehmern, oder auch solche, bei denen die Gefahr besteht, dass sie sich besonders zum Nachteil von Wanderarbeitnehmern auswirken (EuGH 22.6.2011 – C-399/09 Rn. 45 – Landtova, Slg. 2011, I-5573 ff.).

54 Anders als bei Art. 157 AEUV ist hier bei der mittelbaren Diskriminierung **nicht ein statistischer Vergleich** erforderlich, aus dem sich ergibt, dass die eine Gruppe stärker betroffen ist als die andere. Das ergibt sich bereits daraus, dass aus Art. 45 auch ein allgemeines Verbot der Beeinträchtigungen und Beschränkungen hergeleitet wird (dazu → Rn. 61 ff.), das zu einem Maßstab führt, der Beeinträchtigungen der Freizügigkeit nicht erst bei überwiegender Betroffenheit annimmt. Wollte man dann hier bei der mittelbaren Diskriminierung dies erfordern, würde sich ein Wertungswiderspruch ergeben (ähnlich ErfK/*Wißmann* Rn. 45).

55 **b) Rechtfertigung.** Während aber eine unmittelbare Diskriminierung als solche unzulässig ist, kann eine derartige mittelbare Benachteiligung gerechtfertigt sein. Dies ist nach der Rechtsprechung des EuGH dann der Fall, wenn mit einer solchen Regelung ein berechtigter Zweck verfolgt würde, der mit dem Vertrag vereinbar und aus zwingenden Gründen des Allgemeininteresses gerechtfertigt wäre; die Anwendung der fraglichen nationalen Regelung muss geeignet sein, die Verwirklichung des mit ihr verfolgten Zwecks zu gewährleisten, und sie darf nicht über das hinausgehen, was zur Erreichung dieses Zwecks erforderlich ist (EuGH 31.3.1993 – C-19/92 Rn. 32 – Kraus, NVwZ 1993, 661 ff.). Dabei kann jeder mit dem Vertrag vereinbare Zweck herangezogen werden, sofern hinter ihm nur die zwingenden Gründe des Allgemeininteresses stehen.

56 Als **legitimen Zweck** wird man etwa den Schutz der sozialen Sicherungssysteme anzusehen haben (*Greiser* ZESAR 2014, 21; EuGH 28.4.1998 – C-158/96 – Kohll, Slg. 1998, I-1931 ff. = NJW 1998, 1771 ff.). Der EuGH akzeptiert insoweit als Grund auch die Kohärenz des nationalen Steuersystems vor dem Hintergrund der bisher noch fehlenden Harmonisierung des Steuerrechts der Mitgliedstaaten und des Bedarfs der Sicherstellung des Funktionierens des nationalen Steuersystems (EuGH 28.1.1992 – C-204/90 – Bachmann, Slg. 1992, I-249 ff. = EuZW 1992, 215 ff.). Ein Mitgliedstaat kann geltend machen, dass er die Abzugsfähigkeit nur gewähren kann, wenn auch die Versteuerung der späteren Leistung sichergestellt ist. Nicht als Grund für eine Rechtfertigung ist der Hinweis auf die Notwendigkeit der Verwaltungsvereinfachung oder der Ersparung von Verwaltungsaufwendung anzusehen (EuGH 5.12.2013 – C-514/12 Rn. 41 ff. – Zentralbetriebsrat, NZA 2014, 204 [207]). Andererseits akzeptiert der EuGH die Sicherung eines hohen Bildungsniveaus der Wohnbevölkerung als zwingenden Grund des Allgemeininteresses, verneint dann aber die Anknüpfung an den Wohnsitz als geeignetes Kriterium und fordert, dass auch andere Verbindungen mit dem betreffenden Staat akzeptiert werden (EuGH 20.6.2013 – C-20/12 Rn. 71 ff.– Giersch, ZESAR 2015, 41 ff.).

57 Insgesamt kann daraus geschlossen werden, dass die Mitgliedstaaten **wichtige Interessen des eigenen Staates** berücksichtigen dürfen und es ihnen auch unbenommen bleibt, politische und gesetzgeberische Akzente auf einen Personenkreis zu beschränken, der ihre Bevölkerung ausmacht. Dass Gründe der Verwaltungsvereinfachung oder Haushaltseinsparung eher nicht ziehen, dürfte aus der Befürchtung kommen, dass der Haushaltseinwand es den Mitgliedstaaten zu sehr erleichtern würde, die Rechtfertigung der mittelbaren Diskriminierung in ihrem Sinne zu steuern.

58 **c) Fälle mittelbarer Diskriminierung.** Fälle von mittelbarer Diskriminierung können sich ergeben in Bezug auf Nichtanrechnung ausländischer Zeiten bei bestimmten Leistungen. So hat der EuGH in einem Fall eine mittelbare Diskriminierung angenommen, in dem die Republik Österreich Dienstzeiten von Professoren, die diese als Universitätsprofessoren

Gewährleistung der Freizügigkeit   Art. 45 AEUV 20

in anderen Mitgliedstaaten abgeleistet haben, nur deshalb nicht anerkannte, weil sie nicht an einer österreichischen Universität abgeleistet wurden (EuGH 30.9.2003 – C-224/01 Rn. 73 f. – Köbler, Slg. 2003, I-10239 ff. = NJW 2003, 3539 ff.).

Eine mittelbare Diskriminierung kann sich auch aufgrund eines **ausländischen Wohn-** 59 **sitzes** ergeben. Wenn etwa die Gewährung einer Beihilfe von der Erfüllung eines Wohnsitzerfordernisses im Inland abhängig gemacht wird, so kann davon ausgegangen werden, dass sich dies zum Nachteil der Angehörigen anderer Mitgliedstaaten auswirkt, da Gebietsfremde meist Ausländer sind (EuGH 20.6.2013 – C-20/12 Rn. 44 ff. – Giersch, ZESAR 2015, 41 ff.). Die deutsche Altersvorsorgezulage nach § 79 EStG verstößt insofern gegen Art. AEUV unter dem Gesichtspunkt der mittelbaren Diskriminierung, als die Gewährung dieser Zulage von der unbeschränkten Steuerpflicht in Deutschland abhängt. Da in Deutschland unbeschränkt steuerpflichtig natürliche Personen sind, die im Inland einen Wohnsitz oder ihren gewöhnlichen Aufenthalt haben (§ 1 I EStG) sind Grenzarbeitnehmer, deren Einkommen nach bilateralen Doppelbesteuerungsabkommen, die die Bundesrepublik Deutschland geschlossen hat, ausschließlich in ihrem Wohnsitzstaat besteuert wird, benachteiligt. Unter diesen Umständen kommt die Voraussetzung der unbeschränkten Steuerpflicht in Deutschland einem Wohnsitzerfordernis gleich und führt zur Diskriminierung von Grenzgängern (EuGH 10.9.2009 – C-269/07 Rn. 55 ff. – Kommission/Deutschland, Slg. 2009, I-7811 ff. = EuZW 2009, 743 ff.). Der EuGH hat unter diesem Gesichtspunkt auch eine Regelung moniert, nach der Aufwendungen für ein Haus nur deshalb nicht steuermindernd geltend gemacht werden konnten, weil das Haus in einem anderen Mitgliedstaat lag (EuGH 16.10.2008 – C-527/06 Rn. 63 ff. – Renneberg, Slg. 2008, I-7735 ff. = EuZW 2009, 50 ff.). Andererseits spricht der EuGH aus, dass sich Gebietsansässige und Gebietsfremde im Hinblick auf die direkten Steuern in der Regel nicht in einer vergleichbaren Situation befinden, weshalb der Umstand, dass ein Mitgliedstaat einem gebietsfremden Steuerpflichtigen bestimmte steuerliche Vergünstigungen, die er einem gebietsansässigen Steuerpflichtigen gewährt, versagt, in der Regel nicht diskriminierend sei, denn diese beiden Gruppen von Steuerpflichtigen befänden sich nicht in einer vergleichbaren Situation (EuGH 18.7.2007 – C-182/06 Rn. 28 f. – Lakebrink, Slg. 2007, I-6705 ff. = EuZW 2007, 677 ff.). Es kann auch um Wirkungen des jeweiligen nationalen Steuerrechts gehen; so wirkte sich in einem Fall die fiktive Berücksichtigung der deutschen Lohnsteuer insoweit nachteilig auf die Situation der Grenzgänger aus, als der fiktive Abzug dieser Steuer bei der Ermittlung der Bemessungsgrundlage des Aufstockungsbetrags Personen, die in einem anderen Mitgliedstaat als der Bundesrepublik Deutschland ansässig und steuerpflichtig sind, gegenüber Arbeitnehmern benachteiligt, die in Deutschland ihren Wohnsitz haben und dort steuerpflichtig sind; der EuGH verwarf deshalb im Fall von Altersteilzeit die Berechnung des Aufstockungsbetrages nach diesem Muster (EuGH 28.6.2012 – C-172/11 Rn. 28 f. – Erny, NZA 2012, 863 ff.). Entsprechend hat der Gerichtshof in einem Fall entschieden, in dem für eine tarifliche Überbrückungsbeihilfe die fiktive deutsche Lohnsteuer ohne Rücksicht auf einen in- oder ausländischen Wohnsitz bestimmt wurde, was zu einer geringeren Nettozahlung bei Auslandswohnsitz führte (EuGH 16.9.2004 – C-400/02 Rn. 24 ff.– Merida, Slg. 2004, I-8471 ff.); damit geht der EuGH recht weit und lässt nahezu jegliche Nachteile genügen (anders deshalb der Vorlagebeschluss des BAG 27.6.2002 NZA 2003, 107). Ebenfalls mittelbar diskriminierend ist das Erfordernis einer Wohnzeit von fünf Jahren im luxemburgischen Hoheitsgebiet als Voraussetzung für die Gewährung des garantierten Mindesteinkommens (EuGH 20.6.2002 – C-299/01 Rn. 12. – Kommission/Luxemburg, Slg. 2002, I-5899 ff.). Ein derartiges Wohnsitzerfordernis darf auch bei Sozialleistungen wie Rentenleistungen nicht aufgestellt werden (EuGH 11.9.2008 – C-299/07 Rn. 55 ff. – Petersen). Differenzierter betrachtet der EuGH die Leistung von Elterngeld; hier berücksichtigt er bei seiner Bewertung die besondere familienpolitische Zwecksetzung dieser Leistung und akzeptiert das Erfordernis einer hinreichenden Bindung zur deutschen Gesellschaft, was er einem ausländischen Arbeitnehmer versagt, der in Deutschland nur geringfügig beschäftigt ist (EuGH 18.7.2007 – C-213/05 – Geven, Slg. 2007, I-6347 ff. = NZS

2008, 32 ff.), aber einer nicht erwerbstätigen EU-Ausländerin im Ausland zuerkennt, deren ebenfalls im Ausland lebender Ehegatte in Deutschland einer Vollzeittätigkeit nachgeht (EuGH 18.7.2007 – C-121/05 Rn. 31 ff. – Hartmann). Es geht insoweit also um die Bindung zur deutschen Gesellschaft, die sich als – zulässiges – Erfordernis aus dem Zweck der Leistung herleiten lässt.

60 Auch vielfältige andere **örtliche Anknüpfungspunkte** können Anlass für eine mittelbare Diskriminierung sein. So mag es um den Ort eines Schulabschlusses gehen (EuGH 15.9.2005 – C -258/04 Rn. 23 ff. – Ioannidis, Slg. 2005, I-8275 ff. = EuZW 2005, 663 ff.) oder den der Eheschließung, um den Ort, an dem die Kinder in den ersten Jahren aufgezogen werden. Höhere Anforderungen an die Beweiskraft ausländischer Urkunden können ebenso zu mittelbarer Diskriminierung führen. Weiterhin können auch andere Kriterien in Betracht kommen, die kraft Natur der Sache zur Benachteiligung von Wanderarbeitnehmern führen. Wenn etwa eine bestimmte Berufsgruppe benachteiligt wird, die sich überwiegend aus ausländischen Arbeitnehmern zusammensetzt, so kann dies eine mittelbare Diskriminierung darstellen. Zu denken ist hier etwa an Fremdsprachenlektoren (EuGH 26.6.2001 – C-212/99 Rn. 23 f. – Kommission/Italien, Slg. 2002, I-4923 ff. = NZA 2001, 1193 ff.). Eine mittelbare Diskriminierung kann sich auch ergeben, wenn ausländische Beschäftigungszeiten unter engeren Voraussetzungen als inländische Zeiten bei Aufnahme einer Tätigkeit angerechnet werden, da so ausländische Bewerber gegenüber inländischen benachteiligt werden (EuGH 30.11.2000 – C-195/98 Rn. 44 – Österreichischer Gewerkschaftsbund, Slg. 2000, I-10497 ff. = EuZW 2001, 413 ff.).

II. Beeinträchtigungen bzw. Beschränkungen

61 **1. Grundsatz.** Nach der Rechtsprechung des EuGH stellen **nationale Bestimmungen,** die einen Arbeitnehmer, der Staatsangehöriger eines Mitgliedstaats ist, daran hindern oder davon abhalten, seinen Herkunftsstaat zu verlassen, um von seinem Recht auf Freizügigkeit Gebrauch zu machen, Beeinträchtigungen dieser Freiheit dar, auch wenn sie unabhängig von der Staatsangehörigkeit der betreffenden Arbeitnehmer angewandt werden (EuGH 5.12.2013 – C-514/12– Zentralbetriebsrat, NZA 2014, 204 ff.; 7.3.2013 – C-127/11 Rn. 44 – van den Booren; s. dazu auch *Resch* ZESAR 2014, 155 ff.; *Wollenschläger* ELJ 2011, 1 ff.). Dies gilt auch, wenn eine derartige Regelung sich nicht nur zum Nachteil von Wanderarbeitnehmern auswirkt sondern auch inländische Arbeitnehmer bei Wechsel im Inland beeinträchtigt, da die Freizügigkeit die grenzüberschreitenden Tatbestände im Auge hat. Es muss auch nicht zwingend eine den Arbeitnehmer betreffende Beschränkung sein; es reicht vielmehr, dass dem Arbeitgeber zusätzlicher Aufwand entsteht (EuGH 2.10.2003 – C-232/01 Rn. 26 – van Lent, Slg. 2003, I-11525 ff.). Die diesbezügliche Rechtsprechungsentwicklung überträgt entsprechende Gedanken aus den anderen Grundfreiheiten auf die Arbeitnehmerfreizügigkeit. Das führt allerdings auch dazu, dass sich dies nicht bruchlos in die Struktur dieser Grundfreiheit einfügt und genaue Grenzen nur schwer zu ziehen sind. Gleichwohl wird diese Entwicklung überwiegend positiv aufgenommen (s. etwa Calliess/Ruffert/*Brechmann* Rn. 50; *Hilf/Pache* NJW 1996, 1169 [1172]).

62 In der **Bosman-Entscheidung** ist der EuGH noch einen Schritt weiter gegangen und hat erklärt, dass Bestimmungen, die einen Staatsangehörigen eines Mitgliedstaats daran hindern oder davon abhalten, sein Herkunftsland zu verlassen, um von seinem Recht auf Freizügigkeit Gebrauch zu machen, Beeinträchtigungen dieser Freiheit darstellen, auch wenn sie unabhängig von der Staatsangehörigkeit der betroffenen Arbeitnehmer Anwendung finden (EuGH 15.12.1995 – C-415/93 Rn. 96 – Bosman, Slg. 1995, I-4921 ff. = EuZW 1996, 82 ff.). Dies geschah aus der Erkenntnis heraus, dass auch so Beschränkungen der Freizügigkeit erfolgen können. Eine Begrenzung auf Benachteiligungsverbote reiche nicht aus, um die Grundfreiheit der Arbeitnehmerfreizügigkeit tatsächlich zu verwirklichen. Dies soll unabhängig von der Staatsangehörigkeit gelten und alle Maßnahmen betreffen, die die grenzüberschreitende Ausübung der Freizügigkeit behindern. Es handelt sich also nicht

um ein Diskriminierungsverbot. Wie bei der mittelbaren Diskriminierung ist aber auch hier eine Rechtfertigung möglich, die dann gegeben ist, wenn die Beschränkung zwingenden Interessen des Gemeinwohls zu dienen bestimmt ist. Allerdings ergibt sich bei diesem Beschränkungsverbot das Problem, dass es zu einer recht weitgehenden Kontrolle innerstaatlicher Rechtsvorschriften führen würde.

Die Problematik besteht grds. darin, dass die Grundfreiheit der Arbeitnehmerfreizügigkeit 63 ausdrücklich nur ein Diskriminierungsverbot enthält, nicht aber wie andere Grundfreiheiten – also die Warenverkehrsfreiheit, die Dienstleistungsfreiheit und die Niederlassungsfreiheit – auch ein Beschränkungsverbot. Daraus mag vordergründig der Schluss gezogen werden, dass es bei der **Arbeitnehmerfreizügigkeit ein solches Beschränkungsverbot nicht geben könne.** Allerdings gilt auch hier, dass sich der Gedanke der grenzüberschreitenden Freizügigkeit nur verwirklichen lässt, wenn auch Beschränkungen, die dem Verlassen des Herkunftsstaates entgegenstehen, beseitigt werden. Ebenso wie bei den anderen Grundfreiheiten gelangt man aber zu einer der Kernfragen der europäischen Integration, wenn es um die Reichweite dieses Beschränkungsverbots geht; jegliche rechtliche Unterschiede zwischen den Mitgliedstaaten mögen den Arbeitnehmer daran hindern, von seiner Freizügigkeit Gebrauch zu machen.

2. Versuch einer Konkretisierung. Der EuGH hat deshalb in der Rs. *Graf* (EuGH 64 27.1.2000 – C-190/98 Rn. 24 f. – Graf, Slg. 2000, I-493 ff. = NZA 2000, 413 f.) versucht, eine Grenze zu ziehen, die indirekte Auswirkungen auf das Verhalten des Arbeitnehmers ausschließt. Er hat auch deutlich gemacht, dass es **nicht um Beschränkungen hinsichtlich der Begleitumstände der Tätigkeit** gehen **sondern** allein um den **Zugang der Arbeitnehmer zum Arbeitsmarkt.** Der EuGH führt aus, dass auch unterschiedslos anwendbare Bestimmungen, die einen Staatsangehörigen eines Mitgliedstaats daran hindern oder davon abhalten, sein Herkunftsland zu verlassen, um von seinem Recht auf Freizügigkeit Gebrauch zu machen, eine Beeinträchtigungen der Arbeitnehmerfreizügigkeit darstellten. Dies sei jedoch nur dann der Fall, wenn sie den Zugang der Arbeitnehmer zum Arbeitsmarkt beeinflussten. Ungewisse und indirekt wirkende Ereignisse reichten jedoch nicht aus, um eine Beeinträchtigung der Arbeitnehmerfreizügigkeit anzunehmen. Damit ist jedoch noch keine praktisch handhabbare Abgrenzung geliefert. Man wird vielmehr zwischen Beschränkungen beim Zugang zum Arbeitsmarkt und solchen hinsichtlich der Modalitäten des Aufenthalts zu unterscheiden haben. Letztere sind von dem Beschränkungsverbot nicht erfasst. Diese Unterscheidung findet sich auch zum Beschränkungsverbot bei der Warenverkehrsfreiheit. Während dort aber auch Verkaufsmodalitäten ausgeklammert werden (EuGH 24.11.1993 – C-267/91 Rn. 16 – Keck, Slg. I-6126), lässt sich das auf die Arbeitnehmerfreizügigkeit nicht unmittelbar übertragen, da Aufenthaltsmodalitäten hier eine qualitative andere Rolle spielen (so auch EuGH 15.9.2005 – C-464/02 – Kommission/Dänemark, Slg. 2005, I-7929 ff.), wie dies etwa auch in Art. 48 AEUV und dem darauf basierenden europäischen koordinierenden Sozialrecht zum Ausdruck kommt.

3. Beispielsfälle. Als eine derartige Beschränkung ist auch eine Rechtsvorschrift anzuse- 65 hen, die für das niederländische Sprachgebiet Belgiens verlangt, dass alle gesetzlich vorgeschriebenen Handlungen und Dokumente der Arbeitgeber und alle Dokumente, die für ihr Personal bestimmt sind, in niederländischer **Sprache** anzufassen sind; dies ist nach belgischem Recht mit der Rechtsfolge der Nichtigkeit verbunden. Der EuGH sah dies als Beschränkung der Freizügigkeit an. Er sah es allerdings als legitim an, dass Mitgliedstaaten eine Politik zum Schutz und zur Förderung ihrer Amtssprache(n) betreiben und rechnet in diesem Zusammenhang auch den Schutz der Arbeitnehmer und die Erleichterung von Kontrollen zu zwingenden Gründen des Allgemeininteresses. Allerdings widerspreche die Rechtsfolge der Nichtigkeit dem Grundsatz der Verhältnismäßigkeit (EuGH 16.4.2013 – C-202/11 – Las/PSA Antwerp, RIW 2013, 372 ff.; s. dazu *Sprenger* EuZA 2013, 493 ff.). Als eine Beschränkung kann auch eine Regelung angesehen werden, die beim Lohn des Arbeitnehmers eine **unterschiedliche steuerliche Behandlung** danach vorsieht, in welchem Mitgliedstaat der Arbeitgeber seinen Sitz hat (EuGH 28.2.2013 – C-544/11 Rn. 46 f. – Petersen). Eine Beschränkung iSd Art. 45 liegt auch vor, wenn eine nationale Regelung nicht gebietsansässige Arbeitnehmer ungünstiger behandelt als solche, die in dem betreffenden Mitgliedstaat wohnen (EuGH 13.12.2012 – C-379/11 Rn. 47– Caves Krier, NZA 2013, 83 ff.; 7.7.2005 – C-227/03 Rn. 44 – van Pommeren-Bourgondiën, Slg. 2005, I-6101, sowie 21.2.2006 – C-152/03 Rn. 37 und 38 – Ritter-Coulais, Slg 2006 = EuZW 2006, 179 [181]); eine derartige Maßnahme ist nur dann zulässig, wenn mit ihr ein berechtigter, mit dem Vertrag vereinbarer Zweck verfolgt wird und sie aus zwingenden Gründen des Allgemeininteresses gerechtfertigt ist. In einem derartigen Fall muss aber die Anwendung einer solchen Maßnahme auch geeignet sein, die Verwirklichung des in Rede stehenden Zwecks zu gewährleisten, und darf nicht über das hinausgehen, was zu seiner Erreichung erforderlich ist (Urteile: EuGH 11.1.2007 – C-208/05 Rn. 37 – ITC, EuZW 2007, 220 [222]; 16.3.2010 – C-325/08 Rn. 38 – Olympique Lyonnais, Slg. 2010, I-2177 ff. = NJW 2010, 1733 [1735]). Dies betrifft auch **Kollektivverträge und Einzelarbeitsverträge** und kann relevant werden, wenn in einem Tarifvertrag bei der Bestimmung der Bemessungsgrundlage für einen Aufstockungsbetrag die vom Arbeitnehmer im Beschäftigungsstaat geschuldete Lohnsteuer fiktiv abgezogen wird, obwohl einschlägige Entgelte, die Arbeitnehmern gezahlt werden, die nicht im Beschäftigungsmitgliedstaat wohnen, in deren Wohnsitzmitgliedstaat besteuert werden (EuGH 28.6.2012 – C-172/11 – Erny).

66 Als eine Beschränkung wird vom EuGH eine Bestimmung angesehen, die die Übertragung von **Liegenschaften,** die in bestimmten, von der flämischen Regierung bezeichneten Gemeinden belegen sind, der Überprüfung des Bestehens einer „ausreichenden Bindung" des potenziellen Erwerbers oder Mieters zu diesen Gemeinden durch eine provinziale Bewertungskommission unterwirft. Sie hindere Personen ohne „ausreichende Bindung" zu einer Zielgemeinde daran, Grundstücke oder darauf errichtete Bauten zu erwerben, für mehr als neun Jahre zu mieten oder ein Erbpacht- oder Erbbaurecht daran zu vereinbaren. Sie halte die Staatsbürger der Union, die in den Zielgemeinden eine Immobilie besitzen oder mieten, davon ab, diese Gemeinden zu verlassen, um sich im Hoheitsgebiet eines anderen Mitgliedstaats aufzuhalten oder dort einer Berufstätigkeit nachzugehen (EuGH 8.5.2013 – C-197/11 und C-203/11 Rn. 38 ff. – Libert, EuZW 2013, 507 [509]). Als eine derartige Beschränkung wird weiterhin auch angesehen, dass eine nationale Regelung die Bewilligung einer **Entschuldung an das Erfordernis eines Wohnsitzes** in dem betreffenden Mitgliedstaat knüpft. Eine solche Regelung sei geeignet, einen zahlungsunfähigen Arbeitnehmer, der so hoch verschuldet ist, dass nicht anzunehmen ist, dass er in einem überschaubaren Zeitraum die Schulden begleichen kann, davon abzuhalten, von seinem Recht auf Freizügigkeit Gebrauch zu machen. Er werde nämlich abgehalten, seinen Herkunftsmitgliedstaat zu verlassen, um in einem anderen Mitgliedstaat zu arbeiten, wenn ihm dadurch die Möglichkeit einer Entschuldung im Herkunftsmitgliedstaat genommen werde (EuGH 8.11.2012 – C-461/11 – Radziejewski, EuZW 2013, 72 ff.; unter Bezugnahme auf das europäische Insolvenzrecht kritisch dazu *Piekenbrock* LMK 2013, 342338; *Cranshaw* ZInsO 2013, 153 ff.).

67 Dem vergleichbar ist es, dass der EuGH eine Regelung, die eine Person verpflichtet, vor ihrem Wegzug aus dem Herkunftsstaat ihre dortigen **Steuerschulden** zu begleichen, als gegen Art. 45 verstoßende Beeinträchtigung ansah. Diese unterschiedliche Behandlung sei geeignet, Personen, die ihren Wohnsitz ins Ausland verlegen, finanziell zu benachteiligen, da die Einbeziehung der noch nicht verrechneten Einkünfte in die Besteuerungsgrundlage ihres letzten Veranlagungszeitraums als gebietsansässige Steuerpflichtige vorgesehen sei. Zwar treffe es zu, dass es nur um die Besteuerung bereits erzielter und steuerlich erfasster Einkünfte gehe. Der Steuerschuldner werde daher bei der Verlegung seines Wohnsitzes nicht zusätzlich besteuert. Ihm werde lediglich ein Vorteil entzogen, der die Begleichung dieser Steuerschuld erleichtern könne (EuGH 12.7.2012 – C-269/09 Rn. 54 ff. – Kommission/Spanien). Hier mag man bereits Zweifel haben, ob der EuGH hier den Bogen nicht überspannt und das Beeinträchtigungsverbot in dem Sinne uferlos werden lässt, als zur

Zu weit geht allerdings eine Sichtweise, wonach es gegen dieses Beschränkungsverbot **68** verstößt, wenn ein in Deutschland tätiger Arbeitnehmer sein **passives und aktives Wahlrecht zum Aufsichtsrat** verliert, sobald er sein Beschäftigungsverhältnis zu einem ausländischen Betrieb oder einer ausländischer Tochtergesellschaft seines Arbeitgebers wechselt (so wohl *Wansleben* NZG 2014, 213 ff.; *Rieble/Latzel* EuZA 2011, 145 ff.). Es zeigt sich hier, dass das Beschränkungsverbot einer inhaltlichen Konkretisierung im Sinne einer Einschränkung bedarf. Wechselt ein Arbeitnehmer von einem mitbestimmten inländischen Unternehmen in ein nicht mitbestimmtes ausländisches Konzernunternehmen, so fragt sich bereits, ob der Verlust des aktiven und passiven Wahlrechts ihn tatsächlich davon abhält, in den anderen Mitgliedstaat zu wechseln. Hinzu kommt, dass es nicht Sinn des Freizügigkeitsrechts ist, sämtliche Unterschiede zwischen den Rechtsordnungen der Mitgliedstaaten zu beseitigen. Grundfrage der europäischen Integration ist es, inwieweit eine Harmonisierung zwischen den Mitgliedstaaten zu erfolgen hat, um einen funktionierenden Binnenmarkt herzustellen; dazu dienen auch die Grundfreiheiten. Eine konkrete Grenze lässt sich hier kaum ziehen und die europäische Harmonisierung geht bisweilen auch über die Standards anderer unstreitiger Binnenmärkte hinaus, was am Beispiel der USA und der durchaus vielfältigen Unterschiede in den Rechtsordnungen der Bundesstaaten zum Ausdruck kommt. Die oben genannte Sichtweise weiter fortgedacht, wäre eine allgemeine Angleichung des Arbeitsrechts unvermeidlich, da jeglicher Unterschied im Schutzniveau oder in Beteiligungsrechten zwischen den Mitgliedstaaten Arbeitnehmer vom Wechsel in einen anderen Mitgliedstaat abhalten mag. In der Tradition auch der anderen Grundfreiheiten können deshalb nur solche Beschränkungen gegen Art. 45 verstoßen, die einer Marktzugangsverweigerung gleichkommen, was hier nicht der Fall ist. Insoweit hat sich der EuGH mit seiner Rechtsprechung zum Beschränkungsverbot bereits recht weit gewagt und sollte sorgfältiger als bisher abwägen und konkretisieren. Dafür sollte Maßstab sein, dass der jeweilige nationale Rechtsrahmen zu den Standortbedingungen gehört, die der Arbeitnehmer bei Ausübung seiner Freizügigkeit bewusst in Kauf nimmt (ähnlich wie hier auch *Krause* AG 2012, 485 ff.; kritisch zur weiten Sichtweise auch *Bungert/Leyendecker* DB 2014, 2031 [2032]; *Yeboth* AuR 2012, 339 ff.). Mit Verlaub bereits absurd mutet dann eine Argumentation an, nach der das deutsche Mitbestimmungsrecht mittelbar diskriminierend sei, da durch die Anknüpfung des aktiven und passiven Wahlrechts an den Arbeitsort übermäßig viele ausländische Arbeitnehmer nachteilig betroffen seien (*Rieble/Latzel* EuZA 2011, 145 ff.). Hier wird der Versuch gemacht, die deutsche Mitbestimmung auf dem Weg über ein Diskriminierungsverbot zu exportieren. Es liegt in der Hoheitsgewalt jedes Mitgliedstaats, die Arbeitsbedingungen am Arbeitsort – vorbehaltlich ausdrücklicher europäischer Rahmenbedingungen etwa in Gestalt von Richtlinien – selbst zu bestimmen.

In Konsequenz müssten eigentlich auch (alle) für den Arbeitnehmer nachteiligen **Berufs- 69 ausübungsregelungen** unter das Beschränkungsverbot fallen. Das würde bedeuten, dass etwa Verluste von Vergünstigungen bei Beendigung des Arbeitsverhältnisses darunter fallen müssten. Dass der Verlust von Anwartschaften aus der betrieblichen Altersversorgung bei Wechsel in einen anderen Mitgliedstaat freizügigkeitshemmend ist, dürfte nicht zu bestreiten sein, ist es doch auch durchaus eine der Motivationen für den Vorbehalt der Verfallbarkeit von Ruhegeldanwartschaften. Auf der anderen Seite reicht der hypothetische Verlust eines Abfertigungsanspruch nicht aus; zwar hängt er nicht von der Entscheidung des Arbeitnehmers ab, ob er bei seinem derzeitigen Arbeitgeber bleibt oder nicht, sondern von einem zukünftigen hypothetischen Ereignis, nämlich einer späteren Beendigung des Arbeitsverhältnisses, die der Arbeitnehmer selbst weder herbeigeführt noch zu vertreten hat. Ein derartiges Ereignis wäre jedoch zu ungewiss und wirkte zu indirekt, um die Freizügigkeit der Arbeitnehmer beeinträchtigen zu können (idS EuGH 27.1.2000 – C-190/98 Rn. 24 f. – *Graf*).

70 **Keine Beschränkung** idS ist gegeben, wenn iRd **Entsendung** der Arbeitgeber gezwungen ist, aufgrund des Arbeitnehmerentsendegesetzes dem Arbeitnehmer die günstigeren Arbeitsbedingungen des Staates der Tätigkeit zu gewähren, was seine Kostenvorteile beseitigen mag. Hier liegt ein Verstoß gegen Art. 45 nicht vor, da es hier nicht um den Zutritt des Arbeitnehmers zum Arbeitsmarkt des Tätigkeitsstaats geht, da er nach der Ausführung seiner Tätigkeit in den Entsendestaat zurückkehrt (EuGH 25.10.2001 – C-48/98 Rn. 33 f. – Finalarte).

71 Eine Maßnahme, die die Freizügigkeit der Arbeitnehmer beeinträchtigt, ist aber nur dann zulässig, wenn mit ihr ein **berechtigter, mit dem Vertrag vereinbarer Zweck** verfolgt wird und sie aus zwingenden Gründen des Allgemeininteresses gerechtfertigt ist. In einem derartigen Fall muss aber die Anwendung einer solchen Maßnahme auch geeignet sein, die Verwirklichung des in Rede stehenden Zwecks zu gewährleisten, und darf nicht über das hinausgehen, was zu seiner Erreichung erforderlich ist. Im Berufssport kann deshalb der Zweck, die Anwerbung und Ausbildung junger Spieler zu fördern, eine Beschränkung rechtfertigen. Deshalb kann eine Regelung, die eine Ausbildungsentschädigung für den Fall vorsieht, dass ein Nachwuchsspieler nach Abschluss seiner Ausbildung einen Vertrag als Berufsspieler mit einem anderen Verein als dem abschließt, der ihn ausgebildet hat, mit Art. 45 vereinbar sein (EuGH 16.3.2010 – C-325/08 Rn. 38 und 45 – Olympique Lyonnais, NJW 2010, 1733 [1735]; *Eichel* EuR 2010, 685; *Sprenger* EuZA 2010, 523 ff.; *Stadtler* ZESAR 2010, 491 ff.; *Kocher* GPR 2011, 132 [136 f.]; *Persch* NZA 2010, 986 ff.). Wie auch bei der Problematik der mittelbaren Diskriminierung geht es hier um Maßnahmen der Mitgliedstaaten, die zwingenden Gründen des Allgemeininteresses dienen. Dazu kann nach der Rechtsprechung des EuGH etwa das Ziel der Bestenauslese für Stellen im öffentlichen Dienst zählen (EuGH 9.9.2003 – C-285/01 Rn. 103 ff. – Burbaud, Slg. 2003, I-8219 ff.). Auch darf mit Hilfe von Treueprämien ein Hochschullehrer an eine Universität gebunden werden (EuGH 30.9.2003 – C-224/01 Rn. 83 – Köbler, Slg. 2003, I-10239 ff. = NJW 2003, 3539 [3542]). Schließlich liegt es im zwingenden Allgemeininteresse eines Mitgliedstaats, die Wirksamkeit der steuerlichen Überwachung zu gewährleisten (EuGH 28.2.2013 – C-644/11 Rn. 50 – Petersen). Die Mitgliedstaaten dürfen auch Maßnahmen ergreifen, um die Umgehung ihrer Rechtsvorschriften durch Nutzung der Grundfreiheiten zu verhindern, was etwa zur Verhinderung von Steuerumgehung der Fall sein kann (EuGH 30.1.2007 – C-150/04 Rn. 51 ff. – Kommission/Dänemark, Slg. 2007, I-1163 ff. = EuZW 2007, 341 [343]).

72 Insgesamt führt diese Rechtsprechung zum Beschränkungsverbot zu einem **Wandlungsprozess in der Dogmatik des Art. 45.** Angesichts der Tatsache, dass sich der Ansatz des Diskriminierungsverbots und der des Beschränkungsverbots zum Teil decken, besteht in der Rechtsprechung des EuGH Neigung, unmittelbar auf das Beschränkungsverbot Bezug zu nehmen, das leichter handhabbar – aber auch erheblich schlechter konkretisierbar ist. Diese Entwicklung ist deshalb mit einer gehörigen Skepsis zu betrachten und es wäre wünschenswert, wenn der EuGH das Beschränkungsverbot nur subsidiär heranziehen würde.

III. Zugang zur Beschäftigung

73 Grds. haben alle EU-Staatsangehörigen den gleichen Zugang zur Beschäftigung in jedem Mitgliedstaat wie dortige Inländer. Das bedeutet, dass Quotenregelungen dergestalt, dass nur eine bestimmte Zahl von EU-Ausländern zugelassen ist, unzulässig sind. Es bedeutet auch, dass Lösungen zur Anerkennung ausländischer Diplome und Befähigungsnachweise gefunden werden müssen (s. näher und ausführlich HSW/*Hanau* § 15 Rn. 390 ff.). Die Gleichwertigkeit von Befähigungsnachweisen muss sichergestellt sein (s. hierzu Calliess/Ruffert/*Brechmann* Rn. 59).

74 Insoweit ist zu verweisen auf die RL 2005/36/EG des Europäischen Parlaments und des Rates über die **Anerkennung von Berufsqualifikationen** (ABl. EU Nr. L 255 v. 30.9.2005). Soweit insoweit harmonisierende Regelungen fehlen, hat der jeweilige Mit-

Gewährleistung der Freizügigkeit **Art. 45 AEUV 20**

gliedstaat seine entsprechenden nationalen Rechtsvorschriften so zu gestalten, dass sich daraus keine Hindernisse für die Ausübung der Freizügigkeit ergeben. Es ist grds. eine Gleichwertigkeitsprüfung vorzunehmen, also festzustellen, ob die bescheinigten Qualifikationen und ggf. auch die einschlägige Berufserfahrung den im nationalen Recht bestehenden Anforderungen vergleichbar sind. Bei objektiver Gleichwertigkeit ist dann eine Anerkennung zwingend. In der RL 1999/42/EG sind die Regeln zum Verfahren der Anerkennung der Befähigungsnachweise niedergelegt (ABl. Nr. L 201/77 und ABl. 2001 Nr. L 7/5).

Anwendungsbereich der RL 2005/36/EG sind nach ihrem Art. 2 I die sogenannten **75** **„reglementierten Berufe"**, worunter nach Art. 3 RL 2005/36/EG eine berufliche Tätigkeit oder eine Gruppe beruflicher Tätigkeiten zu verstehen ist, bei der die Aufnahme oder Ausübung oder eine der Arten der Ausübung direkt oder indirekt durch Rechts- und Verwaltungsvorschriften an den Besitz bestimmter Berufsqualifikationen gebunden ist; eine Art der Ausübung ist insbesondere die Führung einer Berufsbezeichnung, die durch Rechts- oder Verwaltungsvorschriften auf Personen beschränkt ist, die über eine bestimmte Berufsqualifikation verfügen. Sofern eine unionsrechtliche Harmonisierung der Mindestanforderungen bereits erfolgt ist, arbeitet die Richtlinie mit dem Prinzip der gegenseitigen Anerkennung (Art. 21 ff. RL 2005/36/EG); hier geht es etwa um Ärzte und Krankenpfleger. In anderen Bereichen wie dem Handel ist eine Anerkennung von Berufserfahrung vorgesehen (Art. 16 ff. RL 2005/36/EG). In den übrigen Bereichen arbeitet die Richtlinie mit fünf Qualifikationsstufen, wobei Art. 13 der Richtlinie bestimmt, dass die in anderen Mitgliedstaaten erworbenen Berufsqualifikationen grds. anzuerkennen sind. Der jeweilige Aufnahmemitgliedstaat kann zusätzliche Maßnahmen oder Eignungsprüfung unter in Art. 13 RL 2005/36/EG näher spezifizierten Voraussetzungen verlangen. Die reglementierten Berufe und ihre Zuordnung ergeben sich aus den Anhängen zur Richtlinie (zu den Berufsqualifikationen vgl. ausführlich *Kluth/Rieger* EuZW 2005, 486 ff.).

Zugang zum Arbeitsmarkt ist auch den **Ehegatten und eingetragenen Partnern** von **76** berechtigten Arbeitnehmern zu gewähren; das gilt auch für Kinder unter 21 Jahren (Art. 23 iVm Art. 2 Nr. 2 RL 2004/38/EG). Bei Kindern über 21 Jahre gilt dies, sofern Unterhalt gewährt wird. Allerdings dürfte mit der Aufnahme einer Erwerbstätigkeit häufig der Wegfall der Unterhaltsleistungen verbunden sein, was dann dieses abgeleitete Zugangsrecht entfallen lässt (anders wohl ErfK/*Wißmann* Rn. 40). Einzelheiten zum Zugang zum Beschäftigung ergeben sich weiter aus der VO 492/2011 (dazu die Kommentierung zu → Art. 1 ff.).

Ein Problem für den Zugang zur Beschäftigung kann sich aus der Anforderung einer **77** Beherrschung bestimmter **Sprachkenntnisse** ergeben. Insofern mag man an mittelbare Diskriminierung zugunsten der Staatsangehörigen der Mitgliedstaaten denken. Andererseits können bestimmte Sprachkenntnisse für die Ausübung bestimmter Tätigkeiten zwingend sein. Die Sprachkenntnisse müssen für die jeweilige Stelle erforderlich und geboten sein (so auch Art. 3 I VO 492/2011). Es ist deshalb unzulässig, wenn etwa Italien die Benutzung der deutschen Sprache vor italienischen öffentlichen Einrichtungen nur für solche Personen erlaubt, die in Bozen (Italien) ansässig sind (EuGH 24.11.1998 – C-274/96 – Bickel, Slg. 1998, I-7637 ff. = EuZW 1999, 82 ff.). Der EuGH hat es auch als gegen Art. 45 verstoßende Diskriminierung aufgrund der Staatsangehörigkeit angesehen, wenn ein Arbeitgeber für den Zugang eines Bewerbers zu einem Auswahlverfahren zur Einstellung von Personal die Verpflichtung aufstellt, dass der Bewerber seine Sprachkenntnisse ausschließlich mit einem Diplom wie der Bescheinigung nachweist, das in einer einzigen Provinz eines Mitgliedstaats ausgestellt wird (EuGH 6.6.2000 – C- 281/98 Rn. 45 – Angonese, Slg. 2000, I-4139 ff. = NZA-RR 2001, 20 [22]). Grenzwertig ist eine Entscheidung des EuGH, die die Notwendigkeit von Kenntnissen der irischen Sprache (Gälisch) für die Beschäftigung als Kunstlehrer an einer irischen Schule für erforderlich gehalten hat, obwohl der Unterricht praktisch ausschließlich auf Englisch durchgeführt wurde. Hier stützte sich der Gerichtshof im Wesentlichen auf das Argument, dass ein Mitgliedstaat eine Politik zum Schutz und zur Förderung seiner National- und ersten Amtssprache betreiben dürfe (EuGH 28.11.1989 –

C-379/87 Rn. 19 ff. – Groener, Slg. 1989, 3967 ff.). Es ist fraglich, ob sich eine auf derartige politische Erwägungen gestützte Sichtweise für eine nachhaltige Abgrenzung eignet und verallgemeinerungsfähig ist (kritisch auch HSW/*Hanau* § 15 Rn. 93). Es ist deshalb sachgerechter, allgemein an die Notwendigkeit der Sprachkenntnisse für die betreffende Tätigkeit anzuknüpfen.

IV. Adressaten des Freizügigkeitsgebots

78   **1. Berechtigte.** Auf die Freizügigkeitsrechte nach Art. 45 kann sich nicht nur der **Arbeitnehmer** berufen sondern auch der **Arbeitgeber**. Das Recht der Arbeitnehmer, bei Einstellung und Beschäftigung nicht diskriminiert zu werden, könne nämlich nur dann seine volle Wirkung entfalten, wenn die Arbeitgeber ein entsprechendes Recht darauf haben, Arbeitnehmer nach Maßgabe der Bestimmungen über die Freizügigkeit einzustellen (vgl. idS Urteile: EuGH 11.1.2007 – C-208/05 Rn. 23 – ITC, Slg. 2007, I-181 ff. = NZA-RR 2007, 267; 13.12.2012 – C-379/11 Rn. 28 – Caves Krier Frères, NZA 2013, 83 [84]). Deshalb erstreckt der EuGH dies auch auf private Arbeitsvermittler, da dies volle Wirkung zugunsten der Arbeitnehmer sich nur entfalten könne, wenn auch die Vermittler ein entsprechendes Recht haben, den Arbeitnehmern zu helfen, unter Beachtung der Bestimmungen über die Freizügigkeit einen Arbeitsplatz zu erlangen. Der Gerichtshof hat deshalb eine Regelung verworfen, nach der die Zahlung der einem privaten Arbeitsvermittler von einem Arbeitsuchenden für seine Vermittlung geschuldeten Vergütung durch einen Mitgliedstaat voraussetzte, dass die von diesem Vermittler vermittelte Beschäftigung in diesem Staat sozialversicherungspflichtig ist (EuGH 11.1.2007 – C-208/05 – ITC, Slg. 2007, I-181 ff. = NZA-RR 2007, 267 ff.).

79   **2. Verpflichtete.** Wenn Art. 45 AEUV bestimmt, dass die Freizügigkeit der Arbeitnehmer innerhalb der Union gewährleistet ist, so lässt sich daraus noch nicht unmittelbar schließen, ob sich die Norm nur an die **staatliche Normsetzung** richtet oder auch an Private. Grds. ist der jeweilige Mitgliedstaat verpflichtet, die Gewährleistung der Freizügigkeit sicherzustellen. Das umfasst auch mögliche Hindernisse, die der Herkunftsstaat der Tätigkeit in einem anderen Mitgliedstaat bereitet, weshalb Bestimmungen, die einen Angehörigen eines Mitgliedstaats daran hindern oder davon abhalten, seinen Herkunftsstaat zu verlassen, um von seinem Recht auf Freizügigkeit Gebrauch zu machen, Beeinträchtigungen dieser Freiheit darstellen, auch wenn sie unabhängig von der Staatsangehörigkeit der betroffenen Arbeitnehmer Anwendung finden (EuGH 17.1.2008 – C-152/05 Rn. 22 – Kommission/Deutschland, Slg. 2008, I-39 ff. = NJW 2008, 569). Dies betrifft sowohl den Mitgliedstaat der Staatsangehörigkeit als auch den des Wohnsitzes (EuGH 18.7.2007 – C-182/06 Rn. 15 – Lakebrink, Slg. 2007, I-6705 ff. = EuZW 2007, 677 [678]). Da der Inhalt des Freizügigkeitsrechts unionsrechtlich bestimmt wird, kann sich ein Mitgliedstaat nicht darauf berufen, dass ein anderer Staat mit den Staatsangehörigen des ersten Mitgliedstaates ebenso verfahre; die Erfüllung der Verpflichtungen aus Art. 45 kann also nicht an die Bedingung der Gegenseitigkeit geknüpft werden (EuGH 30.9.2003 – C-405/01 Rn. 61 – Colegio de Oficiales de la Marina Mercante Española, Slg. 2003, I-10391 ff.). Eine andere Sichtweise würde die Freizügigkeit auch zur Disposition der Mitgliedstaaten stellen.

80   Der EuGH hat auch **Private als Gebundene** einbezogen. Bestimmend dafür war, dass die Beseitigung der Hindernisse für die Freizügigkeit zwischen den Mitgliedstaaten gefährdet sei, wenn die Abschaffung der Schranken staatlichen Ursprungs durch Hindernisse zunichte gemacht werden könne, die sich daraus ergeben, dass nicht dem öffentlichen Recht unterliegende Vereinigungen und Einrichtungen von ihrer rechtlichen Autonomie Gebrauch machten (vgl. EuGH 12.12.1974 – C-36/74 Rn. 18 – Walrave, NJW 1975, 1093 ff.). Der EuGH weist auch darauf hin, dass die Arbeitsbedingungen in den verschiedenen Mitgliedstaaten teilweise durch Gesetze oder Verordnungen und teilweise durch von Privatpersonen geschlossene oder vorgenommene Verträge oder sonstige Akte geregelt sind.

Art. 45 auf behördliche Maßnahmen zu reduzieren, würde deshalb zu Ungleichheiten bei seiner Anwendung führen. Dies wird man insbesondere dann anzunehmen haben, wenn der Staat – wie etwa im Tarifvertragsrecht und bei der betrieblichen Normsetzung seine Rechtssetzungsbefugnis zurücknimmt. Man mag dies auch annehmen bei privaten Verbänden, die aufgrund ihrer Macht eine hohe Durchsetzungsfähigkeit haben, wobei etwa an Gewerkschaften und Arbeitgeberverbände zu denken ist.

Darüber hinaus hat der EuGH allgemein klargestellt, dass die Tatsache, dass bestimmte 81 Vertragsvorschriften ausdrücklich die Mitgliedstaaten ansprechen, nicht ausschließe, dass zugleich allen an der Einhaltung der so umschriebenen Pflichten **interessierten Privatpersonen Rechte** verliehen sein können; er verweist insofern auf seine Rechtsprechung zu Art. 157 AEUV. Der Gerichtshof hat insofern nicht nur ausgesprochen, dass das Diskriminierungsverbot auch für alle die abhängige Erwerbstätigkeit kollektiv regelnden Tarifverträge und alle Verträge zwischen Privatpersonen gelte sondern auch allgemein darauf hingewiesen, dass Art. 45 eine nichtdiskriminierende Behandlung auf dem Arbeitsmarkt gewährleistet und demzufolge das dort ausgesprochene Verbot der Diskriminierung aufgrund der Staatsangehörigkeit somit auch für Privatpersonen gelte (EuGH 6.6.2000 – C-281/98 Rn. 34 ff. – Angonese, Slg. 2000, I-4139 ff. = NZA-RR 2001, 20 [22]).

Dass sich Art. 45 nicht auf die Mitgliedstaaten als Verpflichtete allein reduzieren lässt, 82 bringt auch der europäische Gesetzgeber zum Ausdruck, indem er in Art. 7 IV VO 492/2011 bestimmt, dass alle Bestimmungen in **Tarif- oder Einzelarbeitsverträgen** oder sonstigen Kollektivvereinbarungen betreffend Zugang zur Beschäftigung, Entlohnung und sonstige Arbeits- und Kündigungsbedingungen sind von Rechts wegen nichtig, soweit sie für Arbeitnehmer, die Staatsangehörige anderer Mitgliedstaaten sind, diskriminierende Bedingungen vorsehen oder zulassen (dazu näher → Art. 7 VO 492/2011 Rn. 38).

Fraglich ist gleichwohl, ob man auch noch darüber hinausgehend eine **allgemeine** 83 **Geltung unter Privatpersonen** annehmen kann. Die Rechtsprechung des EuGH ist in der Literatur auf Kritik gestoßen. So wird dem Gerichtshof vorgehalten, dass es nicht überzeugend sei, insoweit ua auf Art. 157 AEUV zu verweisen; es gehe hier um eine Grundfreiheit, für die andere Regeln gelten müssten als für das europäische Grundrecht des Art. 157 AEUV. Diese Rechtsprechung greife auch über Gebühr in die Privatautonomie ein und vermische die Ordnung des Binnenmarktes mit dem Schutz des schwächeren Partners im Vertragsrecht (so Streinz/*Franzen* Rn. 95 f.). Andere machen hingegen darauf aufmerksam, dass es bei den Grundfreiheiten um die Errichtung eines barrierefreien Binnenmarktes gehe und derartige Barrieren nicht nur solche staatlicher sondern auch solche privater Art sein könnten (HSW/*Hanau* § 15 Rn. 199 f.). Es wird auch darauf hingewiesen, dass die allgemeine Rechtsentwicklung in diese Richtung gehe (Calliess/Ruffert/*Brechmann* Rn. 55). Schließlich wird hervorgehoben, dass es für die Anwendbarkeit der Grundverbote der Beschränkung des transnationalen Marktzugangs im Binnenmarkt zu allererst auf die Wirkung einer Maßnahme ankomme und nicht auf die Urheberschaft (s. dazu *Müller-Graf* EuR 2014, 3 ff.).

Dies führt im Kern zur Frage des **Grundverständnisses von Grundfreiheiten,** denen 84 die Aufgabe zukommt, den Binnenmarkt zu ordnen und zu gestalten. Zu seiner Durchsetzung sind nicht nur Gestaltungsaufträge an die Mitgliedstaaten vorgesehen sondern es werden auch individuelle Rechte derjenigen begründet, die diese Freiheit in Anspruch nehmen wollen. Aufgabe des Art. 45 ist nicht der Schutz des Schwächeren im (Arbeits-) Vertragsrecht. Eine Erstreckung der Geltung allgemein auch unter Privatpersonen lässt sich deshalb nur rechtfertigen, wenn auch von ihnen eine Beeinträchtigung der Freizügigkeit ausgehen kann. Stellt etwa ein Arbeitgeber Anforderungen an eine Tätigkeit, die Staatsangehörige anderer Mitgliedstaaten diskriminiert, so hindert das den betroffenen Arbeitnehmer an der Ausübung seines Freizügigkeitsrechts. Andererseits verstößt der Arbeitgeber mit diesem Verhalten gegen für ihn geltendes Gemeinschaftsrecht, das Ungleichbehandlungen nach der Staatsangehörigkeit verbietet. Einer zusätzlichen Herleitung aus einer Geltung des Art. 45 auch unter Privatpersonen bedarf es deshalb nicht (ähnlich wie hier Streinz/*Franzen*

Rn. 95 ff.; so auch *Parpart,* Die unmittelbare Bindung Privater an die Personenverkehrsfreiheiten im europäischen Gemeinschaftsrecht, 2003; *Roloff,* Das Beschränkungsverbot des Art. 39 EG (Freizügigkeit) und seine Auswirkungen auf das nationale Arbeitsrecht, 2003, 187 ff.). Allerdings ist einzuräumen, dass über diese systematischen Bedenken die Rechtsentwicklung inzwischen hinweggegangen ist.

85 Man mag die Reichweite der Rechtsprechung des EuGH hier beschränken auf **kollektivrechtliche Tatbestände,** was sich damit rechtfertigen lässt, dass die kollektive Regelungen und gesetzliche Regelungen in erheblichem Maße austauschbar sind, was auch im sekundären Unionsrecht an verschiedenen Stellen zum Ausdruck kommt. Eine Beschränkung auf staatliche Maßnahmen würde insoweit das Freizügigkeitsrecht verkürzen. Dabei ist bei der Einordnung als kollektiv oder kollektivrechtlich nicht von der deutschen Begrifflichkeit auszugehen sondern danach zu fragen, ob es sich hier um über Einzelvereinbarungen hinausgehende Gestaltungsformen handelt, die mit dem Unionsrecht sonst nicht angemessen erfasst werden können (in diese Richtung ErfK/*Wissmann* Rn. 16).

86 Nach der davon wohl abweichenden EuGH-Rechtsprechung ist aber davon auszugehen, dass auch **Einzelarbeitsverträge und Kollektivverträge** an diesem Maßstab zu prüfen sind (EuGH 17.7.2008 – C-94/07 Rn. 45 – Raccanelli, Slg. 2008, I-5939 ff. = NZA 2008, 995 [997]). Deshalb verstoßen Bestimmungen in Tarif- und Einzelarbeitsverträgen gegen Art. 45 AEUV, nach denen bei der Berechnung eines vom Arbeitgeber im Rahmen einer Regelung über die Altersteilzeit gezahlten Aufstockungsbetrags die vom Arbeitnehmer im Beschäftigungsmitgliedstaat geschuldete Lohnsteuer bei der Bestimmung der Bemessungsgrundlage für diesen Aufstockungsbetrag fiktiv abgezogen wird, obwohl nach einem Besteuerungsabkommen zur Vermeidung der Doppelbesteuerungen, Besoldungen, Löhne und vergleichbare Entgelte, die Arbeitnehmern gezahlt werden, die nicht im Beschäftigungsmitgliedstaat wohnen, in deren Wohnsitzmitgliedstaat besteuert werden (EuGH 28.6.2012 – C-172/11 – Erny). Das bedeutet auch, dass ein Tarifvertrag, der bei der Bestimmung für den Zeitraum des endgültigen Anspruchserwerbs auf eine Zusatzrente in einem Mitgliedstaat die Dienstjahre nicht berücksichtigt, die der Arbeitnehmer für denselben Arbeitgeber in dessen Niederlassung in einem anderen Mitgliedstaat im Rahmen derselben, übergreifenden Arbeitsvertrages ableistet, gegen Art. 45 verstößt; ebenfalls gegen Art. 45 verstößt eine Bestimmung, nach der ein Arbeitnehmer, der von einer Betriebsstätte seines Arbeitgebers in einem Mitgliedstaat in eine Betriebsstätte dieses Arbeitgebers in einem anderen Mitgliedstaat versetzt wird, als ein Arbeitnehmer angesehen wird, der diesen Arbeitgeber freiwillig verlassen hat (EuGH 10.3.2011 – C-379/09 – Casteels, Slg. 2011, I-1379 ff. = NZA 2011, 561 ff.).

87 Fraglich ist, ob hieraus auch ein Anspruch auf **Gleichbehandlung** im Fall der **Einstellung von Arbeitnehmern** folgt, ob also eine ablehnende Einstellungsentscheidung zu Lasten eines Staatsangehörigen eines anderen EU-Mitgliedstaats den Tatbestand der Diskriminierung erfüllt. Es ist dies eine Schlussfolgerung, die die durch den EuGH bewirkte Rechtsentwicklung zu Ende denkt und deshalb in sich konsequent ist. Sie lässt sich auch inzwischen aus der Rechtsprechung des EuGH herleiten (EuGH 6.6.2000 – C-281/98 Rn. 33 ff. – Angonese, Slg 2000, I-4139 ff. = NZA-RR 2001, 20 [22]). Ein Einstellungsanspruch ergibt sich daraus aber nicht; vielmehr kommen nur Entschädigungsansprüche in Betracht (HSW/*Hanau* § 15 Rn. 208 ff.).

88 **Detaillierte Regelungen mit Geltung auch für Privatpersonen** finden sich in der VO (EU) Nr. 492/2011 des Europäischen Parlaments und des Rates v. 5.4.2011 über die Freizügigkeit der Arbeitnehmer innerhalb der Union (ABl. EU Nr. L 141 v. 27.5.2011) sowie ergänzend in der RL 2004/38/EG des Europäischen Parlaments und des Rates v. 29.4.2004 über das Recht der Unionsbürger und ihrer Familienangehörigen, sich im Hoheitsgebiet der Mitgliedstaaten frei zu bewegen und aufzuhalten, zur Änderung der VO (EWG) Nr. 1612/68 und zur Aufhebung der RL 64/221/EWG, 68/360/EWG, 72/194/EWG, 73/148/EWG, 75/34/EWG, 75/35/EWG, 90/364/EWG, 90/365/EWG und 93/96/EWG (ABl. EU Nr. L 158 v. 30.4.2004). Zu nennen ist auch RL 2005/36/EG des

Europäischen Parlaments und des Rates v. 7.9.2005 über die Anerkennung von Berufsqualifikationen (ABl. EU Nr. L 255 v. 30.9.2005), die ebenfalls Bedeutung für die Ausübung der Arbeitnehmerfreizügigkeit hat.

F. Die Freizügigkeitsrechte des Art. 45 III

Art. 45 III benennt die einzelnen dem Arbeitnehmer auf der Basis des Rechts der Arbeitnehmerfreizügigkeit eingeräumten Rechte und benennt zugleich den **Rechtfertigungsgrund für mögliche Beschränkungen.** Wenn es dann unter Buchst. a heißt, dass es das Recht umfasse, sich um tatsächlich angebotene Stellen zu bewerben, so bedeutet das angesichts des Wesens der Arbeitnehmerfreizügigkeit, dass er dies zu denselben Bedingungen wie Staatsangehörige des anderen Mitgliedstaats tun kann. Unterstützt wird dies von einer Bewegungsfreiheit innerhalb dieses Mitgliedstaates, um die Bewerbung bzw. Arbeitssuche erfolgreich durchzuführen (Buchst. b). Es wird ihm sodann ein Aufenthaltsrecht für die Tätigkeit eingeräumt (Buchst. c). Dies wird unter diesem Buchstaben verbunden mit dem Gebot der Gleichbehandlung hinsichtlich der Beschäftigungsbedingungen. Abgeschlossen wird diese Aufzählung durch das Recht, nach Beendigung der Beschäftigung im Hoheitsgebiet dieses Mitgliedstaats zu verbleiben (Buchst. d). **89**

Zur Bedeutung und Anwendung dieser Regelungen ist in Rechnung zu stellen, dass seit der Schaffung der Grundfreiheit der Arbeitnehmerfreizügigkeit in den Römischen Verträgen dieses auf Arbeitnehmer fokussierte Mobilitätsrecht ergänzt wurde durch die **allgemeine Personenfreizügigkeit** des Art. 21 AEUV. Ein freies Aufenthaltsrecht in einem anderen Mitgliedstaat ergibt sich seither auch bereits aus dieser Vorschrift und ist nicht auf den Personenkreis der Arbeitnehmer begrenzt. Demzufolge ist das maßgebliche sekundäre Gemeinschaftsrecht auch eine auf beide Vorschriften gestützte RL 2004/38/EG des Europäischen Parlaments und des Rates v. 29.4.2004 über das Recht der Unionsbürger und ihrer Familienangehörigen, sich im Hoheitsgebiet der Mitgliedstaaten frei zu bewegen und aufzuhalten (ABl. EU Nr. L 158), die ausdrücklich sich sowohl auf die Arbeitnehmerfreizügigkeit als auch die Personenverkehrsfreiheit bezieht. Die VO (EU) Nr. 492/2011 klammert in Konsequenz diese aufenthaltsrechtlichen Fragen aus. **90**

I. Recht auf Ein- und Ausreise

Aus den Regelungen der Buchst. a–c ergibt sich zunächst ein Recht auf Ein- und Ausreise, das von der Anordnung der Freizügigkeit der Arbeitnehmer vorausgesetzt wird. Dies umfasst das Recht auf Einreise zur Arbeitssuche aber selbstredend auch das Recht auf spätere Ausreise. Art. 45 III ist dabei gerichtet auf ein Recht auf Ein- und Ausreise zum Zweck der Ausübung einer unselbständigen Beschäftigung. Davon unabhängig ist die Personenverkehrsfreiheit nach Art. 21 AEUV. **91**

Hierzu allgemein setzt die **RL 2004/38/EG die Rahmenbedingungen;** sie regelt ausweislich ihres Art. 1a) die Bedingungen, unter denen Unionsbürger und ihre Familienangehörigen das Recht auf Freizügigkeit und Aufenthalt innerhalb des Hoheitsgebiets der Mitgliedstaaten genießen; b) das Recht auf Daueraufenthalt der Unionsbürger und ihrer Familienangehörigen im Hoheitsgebiet der Mitgliedstaaten und c) die Beschränkungen der in den Buchst. a und b genannten Rechte aus Gründen der öffentlichen Ordnung, Sicherheit oder Gesundheit. Art. 5 gewährt dabei das Recht auf Einreise in einen anderen Mitgliedstaat bei Vorlage eines Personalausweises oder Reisepasses; diese Bestimmung wird für die Mitgliedsstaaten, die dem Übereinkommen v. 19.6.1990 zur Durchführung des Übereinkommens von Schengen v. 14.6.1985 (Schengen II) überdeckt durch die Aufhebung von Personenkontrollen an Binnengrenzen zwischen diesen Staaten. Zur RL 2004/38/EG ist zu bemerken, dass sie zwar die Rahmenbedingungen für die Ausübung der **92**

Arbeitnehmerfreizügigkeit schafft, in ihrem persönlichen Anwendungsbereich aber über den Personenkreis der Arbeitnehmer hinausgeht.

II. Recht auf Aufenthalt

93 Das Aufenthaltsrecht während der Berufstätigkeit in einem Mitgliedstaat ergibt sich unmittelbar primärrechtlich aus Art. 45 III lit. b und c, die das Recht einräumen, sich in den anderen Mitgliedstaaten aufzuhalten, um dort eine Beschäftigung als Arbeitnehmer auszuüben oder zu suchen (EuGH 23.3.2004 – C-138/02 – Collins, Slg. 2004, I-2703 ff. = EuZW 2004, 507 ff.). Die Anforderungen aus der Arbeitnehmerfreizügigkeit ebenso wie aus der Personenverkehrsfreiheit bedingen, dass Staatsangehörige der Mitgliedstaaten in anderen Mitgliedstaaten wie deren Staatsangehörige zu behandeln sind. Das bedeutet zugleich, dass ausländerrechtliche Beschränkungen nicht greifen und die Formalien für den Aufenthalt sich auf Nachweis- und Beweiszwecke reduzieren. Verstöße gegen derartige Formalien dürfen nicht strenger als vergleichbare bei Inländern sanktioniert werden und können auf keinen Fall zu einer Beendigung der Aufenthaltsberechtigung führen.

94 **Bestimmungen zum Recht auf Aufenthalt** finden sich in den Art. 6–15 der RL 2004/38/EG, wobei die Grundsatzregelung darin besteht, dass nach Art. 6 RL 2004/38 jeder Unionsbürger im Besitz eines Reisepasses oder Personalausweises das Recht auf Aufenthalt von bis zu drei Monaten hat. Ein Aufenthaltsrecht von über drei Monaten besteht dann, wenn der Unionsbürger Arbeitnehmer oder Selbstständiger im Aufnahmemitgliedstaat ist. Dabei ist in Art. 7 RL 2004/38 weiter vorgesehen, dass die Erwerbstätigeneigenschaft dem Unionsbürger, der seine Erwerbstätigkeit als Arbeitnehmer oder Selbstständiger nicht mehr ausübt, erhalten bleibt, wenn er wegen einer Krankheit oder eines Unfalls vorübergehend arbeitsunfähig ist, wenn er sich bei ordnungsgemäß bestätigter unfreiwilliger Arbeitslosigkeit dem zuständigen Arbeitsamt zur Verfügung stellt; tritt die unfreiwillige Arbeitslosigkeit nach Ablauf seines auf weniger als ein Jahr befristeten Arbeitsvertrags oder im Laufe der ersten zwölf Monate der Tätigkeit im Aufnahmemitgliedstaat ein, so bleibt die Erwerbstätigeneigenschaft während mindestens sechs Monaten aufrechterhalten. Ebenfalls bleibt die Erwerbstätigeneigenschaft erhalten, wenn der Unionsbürger eine Berufsausbildung beginnt, sofern zwischen dieser Ausbildung und der früheren beruflichen Tätigkeit ein Zusammenhang besteht, es sei denn, der Betroffene hat zuvor seinen Arbeitsplatz unfreiwillig verloren. Ein Daueraufenthaltsrecht ergibt sich nach fünfjährigem ununterbrochenem rechtmäßigem Aufenthalt (Art. 16 RL 2004/38). Zum Recht auf Einreise und Aufenthalt enthält für Deutschland § 2 des Gesetzes über die allgemeine Freizügigkeit von Unionsbürgern (Freizügigkeitsgesetz/EU – FreizügG/EU) (v. 30.7.2004, BGBl. I 1922) entsprechende Regelungen.

95 Die RL 2004/38/EG erfasst **Familienangehörige aus abgeleitetem Recht.** Die RL 2004/38 gewährt ein eigenes Aufenthaltsrecht des Unionsbürgers und ein abgeleitetes Aufenthaltsrecht seiner Familienangehörigen aber nur, wenn der Unionsbürger von seinem Recht auf Freizügigkeit Gebrauch macht, indem er sich in einem anderen Mitgliedstaat niederlässt als dem seiner Staatsangehörigkeit. Auf die Bestimmungen dieser Richtlinie kann daher kein abgeleitetes Recht der Drittstaatsangehörigen, die Familienangehörige eines Unionsbürgers sind, auf Aufenthalt in dem Mitgliedstaat, dessen Staatsangehörigkeit der Unionsbürger besitzt, gestützt werden. Die RL 2004/38 verbietet es deshalb einem Mitgliedstaat nicht, ein abgeleitetes Aufenthaltsrecht eines Drittstaatsangehörigen abzulehnen, der Familienangehöriger eines Unionsbürgers ist, der in dem Mitgliedstaat wohnt, dessen Staatsangehörigkeit er besitzt. Es handelt sich insofern nicht um einen Fall dieser Richtlinie; allerdings mag es sich um einen Fall von Art. 45 unmittelbar handeln, wenn diese Verweigerung abschreckende Wirkung auf die Ausübung der Freizügigkeit hat (EuGH 12.3.2014 – C-457/12 – S und G/Minister voor Immigratie, Integratie en Asiel). Die deutsche Umsetzung findet sich diesbezüglich in § 3 FreizügG/EU.

III. Recht auf Arbeitssuche

Das Recht auf Arbeitssuche im anderen Mitgliedstaat wird ebenfalls durch Art. 45 gesichert, **96** wenn es sich auch nicht ausdrücklich in der Vorschrift findet (EuGH 25.10.2012 – C-367/11 Rn. 22). Vom Wesen und zur Umsetzung des Rechts auf Freizügigkeit ist es jedoch unabweislich, dass der Betreffende ein Recht auf Arbeitssuche hat; daraus folgt, dass er zum Zweck der Arbeitssuche in den anderen Mitgliedstaat einreisen darf, um sich dort eine Beschäftigung zu suchen (so auch EuGH 8.4.1976 – C-48/75 – Royer, Slg. 1976, 497 ff. = NJW 1976, 2065 ff.). Demzufolge qualifiziert der EuGH auch einen Arbeitssuchenden als Arbeitnehmer iSd Unionsrechts (EuGH 21.6.1988 – C- 39/86 – Lair, Slg. 1988, 3161 ff. = NJW 1988, 2165 ff.; 26.2.1991 – C-292/89 – Antonissen, Slg. 1991, I-745 ff. = EuZW 1991, 351 ff.; 12.5.1988 – C-85/96 – Martinez Sala, Slg. 1998, I-2691 ff. = EuZW 1998, 372 ff.; 31.5.2001 – C-43/99 – Leclerc und Deaconescu, Slg. 2001, I-4265 ff. = EuZW 2001, 440 ff.). Allerdings bedeutet die Formulierung „um tatsächlich angebotene Stellen zu bewerben" nicht, dass ein Stellenangebot eines potentiellen Arbeitgebers vorliegen muss. Eine derartige Sichtweise würde das Freizügigkeitsrecht nachhaltig verkürzen. Die Initiative zur Stellensuche kann deshalb ebenso vom Arbeitgeber wie vom Arbeitnehmer ausgehen (HSW/*Hanau* § 15 Rn. 85).

Allerdings muss diese **Arbeitssuche ernsthaft und nicht objektiv aussichtslos** sein **97** (EuGH 26.5.1993 – C-171/91 Rn. 14 – Tsiotras). Hierbei geht der EuGH hinsichtlich der Arbeitssuche von einem Zeitraum von sechs Monaten aus (EuGH 26.2.1991 – C-292/89 – Antonissen, Slg. 1991, I-745 ff. = EuZW 1991, 351 ff.; 23.3.2004 – C-138/02 Rn. 37 – Collins, Slg. 2004, I-2703 ff. = EuZW 2004, 507 [508]). Jedoch muss er nach Ablauf der ersten drei Monate nachweisen, dass er für sich und seine Familienangehörigen über ausreichende Geldmittel verfügt (Art. 7 RL 2004/38/EG), genießt aber während der Arbeitssuche Ausweisungsschutz nach Art. 14 IV RL 2004/38/EG. Dem Mitgliedstaat bleibt es aber unbenommen, festzustellen, dass ein Staatsangehöriger eines anderen Mitgliedstaats, der Sozialhilfe in Anspruch genommen hat, die Voraussetzungen für sein Aufenthaltsrecht nicht mehr erfüllt. Der Aufnahmemitgliedstaat kann in einem solchen Fall unter Einhaltung der vom Gemeinschaftsrecht gezogenen Grenzen eine Ausweisungsmaßnahme vornehmen. Die Inanspruchnahme des Sozialhilfesystems durch einen Unionsbürger darf jedoch nicht automatisch eine solche Maßnahme zur Folge haben (EuGH 7.9.2004 – C-456/02 Rn. 45 – Trojani, Slg. 2004, I-7573 ff. = EuZW 2005, 307 [309]).

Anders als beim Aufenthaltsrecht, dh bei Ein- und Ausreise, ist bei der Arbeitssuche die **98** **Bezugnahme auf die Arbeitnehmerfreizügigkeit** unverkennbar, weshalb auch insoweit wieder konkretisierende Regelungen der VO (EU) Nr. 492/2011 greifen. Insoweit ist insbesondere auf die Art. 2 und 5 der Verordnung zu verweisen (dazu näher die Kommentierung dort).

IV. Verbleiberecht

Für das Verbleiberecht sieht Art. 45 III lit. d vor, dass die Bedingungen dafür in einer **99** Verordnung der Kommission festgesetzt werden. Die insoweit ergangene VO 1251/70 der Kommission über das Recht der Arbeitnehmer, nach Beendigung einer Beschäftigung im Hoheitsgebiet eines Mitgliedstaates zu verbleiben, ist inzwischen ebenso durch die RL 2004/38/EG abgelöst und ersetzt worden wie die RL 90/365/EWG über das Aufenthaltsrecht der aus dem Erwerbsleben ausgeschiedenen Arbeitnehmer und selbständig Erwerbstätigen. Dies wird nunmehr erfasst durch Art. 7 III RL 2004/38 und die dortigen Bestimmungen zum Aufenthaltsrecht ohne Erwerbstätigkeit und durch Art. 16 und 17 der Richtlinie zum Daueraufenthaltsrecht.

Unfreiwillige Arbeitslosigkeit führt grds. nicht zum Verlust der Rechte aus Art. 45 **100** und damit des Verbleiberechts. Deshalb sieht auch Art. 7 I VO 492/2011 vor, dass ein Arbeitnehmer, der Staatsangehöriger eines Mitgliedstaats ist, falls er arbeitslos geworden ist, im Hinblick auf berufliche Wiedereingliederung oder Wiedereinstellung, nicht anders behandelt wird als ein inländischer Arbeitnehmer; hier greift in Konsequenz die Arbeitnehmerfreizügigkeitverordnung VO (EU) 492/2011, da es sich um eine allein auf die Arbeitnehmerfreizügigkeit bezogene Fragestellung handelt. Es wird hier also ein Verbleiberecht vorausgesetzt. Voraussetzung dafür ist allein, dass er zuvor in dem betreffenden Mitgliedstaat in einem Beschäftigungsverhältnis gestanden hat, also von seinem Freizügigkeitsrecht Gebrauch gemacht hat. Die RL 2004/38 verlangt in Art. 7 III – für den Aufenthaltsstatus –, dass die Arbeitslosigkeit freiwillig ist, während Art. 7 I VO 492/2011 darauf nicht abstellt. Das muss an sich bedeuten, dass auch ein freiwillig Arbeitsloser Anspruch auf Gleichbehandlung bei beruflicher Wiedereingliederung oder Wiedereinstellung hat, also auch bei freiwilliger Arbeitslosigkeit wieder einreisen und sich zum Zwecke der Wiedereingliederung im Aufnahmemitgliedstaat aufhalten darf. Dieser Widerspruch bleibt unaufgelöst, zumal eine sich an die Mitgliedstaaten richtende Richtlinie nicht unmittelbar wirkendes Verordnungsrecht korrigieren kann.

101 Wie auch sonst, ist auch hier festzuhalten, dass **missbräuchliche Inanspruchnahme** zu verhindern ist. Deshalb darf dies nicht dazu führen, dass sich ein Staatsangehöriger eines Mitgliedstaats nur in der Absicht in einen anderen Mitgliedstaat begibt, dort nach einer sehr kurzen Berufstätigkeit eine Förderung für Studenten in Anspruch zu nehmen. Ein solcher Missbrauch ist durch das Freizügigkeitsrecht nicht gedeckt (EuGH 6.11.2003 – C-413/01 Rn. 36– Niini-Orasche, Slg. 2003, I-13187 ff. = NZA 2004, 87 [89]).

102 Nach **Ende der Berufstätigkeit** hat ein Wanderarbeitnehmer das Recht, im bisherigen Mitgliedstaat zu verbleiben. Dazu sieht Art. 17 RL 2004/38 vor, dass die Personen, die zum Zeitpunkt des Ausscheidens aus dem Erwerbsleben in dem betreffenden Mitgliedstaat für die Geltendmachung einer Altersrente gesetzlich vorgesehene Altersgrenze erreicht haben, ein Recht auf Daueraufenthalt haben. Arbeitnehmer, die ihre abhängige Erwerbstätigkeit im Rahmen einer Vorruhestandsregelung beenden, haben ebenfalls ein Verbleiberecht, sofern sie diese Erwerbstätigkeit in dem betreffenden Mitgliedstaat mindestens während der letzten zwölf Monate ausgeübt und sich dort seit mindestens drei Jahren ununterbrochen aufgehalten haben. Dies wird für Deutschland in den §§ 4 und 4a FreizügG umgesetzt.

103 Aus diesem Verbleiberecht folgt auch, dass der Wanderarbeitnehmer nach Ende der Erwerbstätigkeit auch **in seinen Heimatstaat zurückkehren** darf. Es kommt dann nicht darauf an, ob er dort zukünftig eine Erwerbstätigkeit ausüben will oder nicht. Da auch dies Ausübung des Freizügigkeitsrechts ist, erfasst es auch das Recht von Angehörigen, in den Heimatstaat des Wanderarbeitnehmers zu gehen, um sich dort dauerhaft aufzuhalten. Die Hindernisse für die Familienzusammenführung könnten das Recht auf Freizügigkeit beeinträchtigen, da die Rückkehr eines Gemeinschaftsarbeitnehmers in den Mitgliedstaat, dessen Staatsangehörigkeit er besitzt, nicht als rein inländischer Sachverhalt betrachtet werden kann (EuGH 11.12.2007 – C-291/05 Rn. 37 – Eind, Slg. 2007, I-10719 ff. = NVwZ 2008, 402 [404]). Die Wohnsitznahme von Rentnern im EU-Ausland, in dem sie während ihres Erwerbslebens nie gearbeitet oder nach Arbeit gesucht haben, wird hingegen vom Freizügigkeitsrecht des Art. 45 nicht umfasst (EuGH 14.10.2010 – C-345/09 Rn. 90 – van Delft, Slg. 2010, I-9879 ff. = NZS 2011, 375 [378]). Unionsrechtlich geht es insoweit um Art. 21 AEUV.

V. Gleichbehandlung

104 Die RL 2004/38 sieht schließlich noch vor, dass jeder Unionsbürger, der sich aufgrund dieser Richtlinie im Hoheitsgebiet des Aufnahmemitgliedstaats aufhält, im Anwendungsbereich des Vertrags die gleiche Behandlung wie die Staatsangehörigen dieses Mitgliedstaats genießt (Art. 24 I RL 2004/38/EG); allerdings ist der Mitgliedstaat bei einem Aufenthalt bis zu drei Monaten nicht verpflichtet, den Staatsangehörigen eines anderen Mitgliedsstaates oder seinen Familienangehörigen während dieses Zeitraums einen Anspruch auf Sozialleistungen einzuräumen (Art. 24 II RL 2004/38/EG). Bei einem längeren Aufenthalt

kommt es darauf an, ob die betreffende Person über ausreichende Existenzmittel verfügt; tut sie es, gilt für sie das Aufenthaltsrecht der Richtlinie und dementsprechend auch Gleichbehandlung iSv Art. 24 I RL 2004/38/EG – auch hinsichtlich der Sozialleistungen; tut sie das nicht, so besteht ein derartiger Anspruch nicht (s. dazu insbes. EuGH 11.11.2014 – C-333/13 – Dano, NZS 2015, 20 ff.)

VI. Vorbehalt der öffentlichen Ordnung, Sicherheit und Gesundheit

1. Grundsatz. Art. 45 III macht einen allgemeinen Vorbehalt hinsichtlich der öffentlichen Sicherheit und Ordnung. Was insoweit unter Sicherheit und Ordnung zu verstehen ist, bestimmt sich nach unionsrechtlicher Begrifflichkeit. Das bedeutet, dass der EuGH im Ergebnis über den Inhalt von öffentlicher Sicherheit und Ordnung entscheidet, wenn auch dieser auf nationale Besonderheiten Rücksicht nimmt (EuGH 4.12.1974 – C-41/74 – Duyn). Der Begriff der öffentlichen Ordnung sei im Gemeinschaftsrecht, namentlich, wenn er eine Ausnahme von dem wesentlichen Grundsatz der Freizügigkeit der Arbeitnehmer rechtfertige, eng zu verstehen; daher darf seine Tragweite nicht von jedem Mitgliedstaat einseitig ohne Nachprüfung durch die Organe der Gemeinschaft bestimmt werden. Dennoch könnten die besonderen Umstände, die möglicherweise die Berufung auf den Begriff der öffentlichen Ordnung rechtfertigen, von Land zu Land und im zeitlichen Wechsel verschieden sein, so dass insoweit den zuständigen innerstaatlichen Behörden ein Beurteilungsspielraum innerhalb der durch den Vertrag gesetzten Grenzen zuzubilligen sei. Dieser Vorbehalt kann nicht zu wirtschaftlichen Zwecken geltend gemacht werden; fiskalische und arbeitsmarktpolitische Ziele spielen also keine Rolle (HSW/*Hanau* § 15 Rn. 121). Der Begriff der öffentlichen Ordnung, Sicherheit und Gesundheit (ordre-public-Vorbehalt) ist eng auszulegen (EuGH 7.6.2007 – C-50/06 Rn. 42 – Kommission/Niederlande, Slg. 2007, I-4383 ff.) und bei seiner Anwendung ist dem Grundsatz der Verhältnismäßigkeit Rechnung zu tragen (EuGH 10.7.2008 – C-33/70 Rn. 29 – Jipa, Slg. 2008, I-5157 ff. = EuZW 2008, 644 [645]).

Dies kommt ausdrücklich auch in Art. 27 II RL 2004/38/EG zum Ausdruck, wonach bei Maßnahmen aus Gründen der öffentlichen Ordnung oder Sicherheit der **Grundsatz der Verhältnismäßigkeit** zu wahren ist und ausschließlich das **persönliche Verhalten des Betroffenen ausschlaggebend** sein darf. Der Mitgliedstaat darf nach Art. 28 RL 2004/38/EG eine Ausweisung aus Gründen der öffentlichen Ordnung oder Sicherheit nur verfügen, wenn er insbesondere die Dauer des Aufenthalts des Betroffenen im Hoheitsgebiet, sein Alter, seinen Gesundheitszustand, seine familiäre und wirtschaftliche Lage, seine soziale und kulturelle Integration im Aufnahmemitgliedstaat und das Ausmaß seiner Bindungen zum Herkunftsstaat berücksichtigt. Das hindert etwa eine Ausweisung eines Staatsangehörigen eines Mitgliedstaats regelmäßig, der schon lange im Aufnahmemitgliedstaat lebt, dort integriert ist und sich seine wirtschaftliche Existenz aufgebaut hat. Der Aufnahmemitgliedstaat darf dann gegen Unionsbürger oder ihre Familienangehörigen, ungeachtet ihrer Staatsangehörigkeit, die das Recht auf Daueraufenthalt in seinem Hoheitsgebiet genießen, eine Ausweisung nur aus schwerwiegenden Gründen der öffentlichen Ordnung oder Sicherheit verfügen. Dies wird noch verstärkt, indem bestimmt ist, dass gegen Unionsbürger eine Ausweisung nicht verfügt werden darf, es sei denn, die Entscheidung beruht auf zwingenden Gründen der öffentlichen Sicherheit, die von den Mitgliedstaaten festgelegt wurden, ua wenn sie ihren Aufenthalt in den letzten zehn Jahren im Aufnahmemitgliedstaat gehabt haben. Diese Unterscheidung zwischen Gründen der öffentlichen Ordnung und Sicherheit allgemein und schwerwiegenden sowie zwingenden Gründen ist im Einzelfall nur schwierig vorzunehmen. Eine Konkretisierung erfolgt im deutschen FreizügG/EU in § 6 V, der für die zwingenden Gründe eine bestimmte Mindestfreiheitsstrafe verlangt oder dass von dem Betroffenen eine terroristische Gefahr ausgeht.

Art. 30 RL 2004/38/EG veranlasst die mitgliedstaatlichen Behörden, Entscheidungen dem Betroffenen schriftlich in einer Weise mitzuteilen, dass er deren Inhalt und Wirkung nachvollziehen kann. Ihm sind die Gründe der öffentlichen Ordnung, Sicherheit oder Gesundheit, die der ihn betreffenden Entscheidung zugrunde liegen, genau und umfassend mitzuteilen, es sei denn, dass Gründe der Sicherheit des Staates dieser Mitteilung entgegenstehen. Hinzu kommen Verfahrensgarantien dergestalt, dass es ihm möglich sein muss, gegen eine Entscheidung aus Gründen der öffentlichen Ordnung, Sicherheit oder Gesundheit einen Rechtsbehelf bei einem Gericht und gegebenenfalls bei einer Behörde des Aufnahmemitgliedstaats einzulegen (Art. 31 RL 2004/38/EG). Einem Antrag auf Aussetzung der Vollstreckung im vorläufigen Rechtsschutz ist grds. stattzugeben und kann nur unter engen Voraussetzungen – etwa zwingenden Gründen der öffentlichen Sicherheit nach Art. 28 III der Richtlinie abgewiesen werden. Damit wird deutlich, dass eine aufenthaltsbeendende Wirkung nur unter sehr engen Voraussetzungen herbeigeführt werden kann, was die praktische Wirkung dieser Möglichkeit erheblich reduziert. Diese engen Voraussetzungen und besonderen Rechtsschutzgarantien sind Ausfluss der Bedeutung der Arbeitnehmerfreizügigkeit und Personenverkehrsfreiheit und wurden durch die Rechtsprechung zur Vorgänger-Richtlinie 64/221/EWG vorgezeichnet (s. dazu etwa EuGH 9.11.2000 – C-357/98 Rn. 15 – Yiadom, Slg. 2000, I-9265 ff.; 30.11.1995 – C-175/94 – Gallagher, Slg 1995, I-4253 ff. = EuZW 1996, 349 ff.).

108 Die Vorhaben der Richtlinie werden für Deutschland in **§ 6 FreizügG/EU** umgesetzt.

109 Angesichts der systematischen Stellung dieses Vorbehalts kann er **nicht** als **Rechtfertigung für eine Ungleichbehandlung** iSd Abs. 2 greifen. Insofern reicht die dort anerkannte Berufung auf die zwingenden Gründe des Allgemeininteresses, soweit es um mittelbare Diskriminierungen geht. Sofern es um unmittelbare Diskriminierungen geht, ist eine Rechtfertigung ohnehin grds. ausgeschlossen und nicht einsichtig, warum aus Gründen der öffentlichen Sicherheit, Ordnung oder Gesundheit davon eine Ausnahme gemacht werden sollte; es reicht, wenn die Rechte nach Abs. 3 in solchen Fällen beschränkt werden (ähnlich Schwarze/*Schneider/Wunderlich* Rn. 120; **aA** Ehlers/*Becker,* Europäische Grundrechte und Grundfreiheiten, § 49 III 1 Rn. 47).

110 **2. Öffentliche Ordnung.** Der Begriff der öffentlichen Ordnung setzt voraus, dass innerstaatliche Rechtsvorschriften verletzt werden. Allerdings vermag nicht jede Verletzung innerstaatlichen Rechts eine Beschränkung der Arbeitnehmerfreizügigkeit aufgrund der öffentlichen Ordnung zu rechtfertigen. Der EuGH verlangt vielmehr eine tatsächliche und hinreichend schwere Gefährdung, die ein Grundinteresse der Gesellschaft berührt. Wie bei allen Abweichungen von einem Grundprinzip des Vertrages sei auch bei der Berufung auf die öffentliche Ordnung eine enge Auslegung geboten (EuGH 9.3.2000 – C-355/98 Kommission/Belgien, Slg. 2000, I-1221 ff. = NZA-RR 2000, 431 ff.). Dies findet auch seinen Niederschlag in den Art. 27 ff. RL 2004/38/EG. Insofern bestimmt Art. 27 II der Richtlinie, dass bei Maßnahmen aus Gründen der öffentlichen Ordnung oder Sicherheit der Grundsatz der Verhältnismäßigkeit zu wahren ist und ausschließlich das persönliche Verhalten des Betroffenen ausschlaggebend sein darf. Strafrechtliche Verurteilungen allein können ohne Weiteres diese Maßnahmen nicht begründen. Das persönliche Verhalten muss danach eine tatsächliche, gegenwärtige und erhebliche Gefahr darstellen, die ein Grundinteresse der Gesellschaft berührt (s. dazu auch EuGH 27.4.2006 – C-441/02 Rn. 32 ff., Slg 2006, I-3449 ff. = NVwZ 2006, 1151 ff.; 29.4.2004 – C-482/01 Rn. 77 ff., Slg. 2004, I-5257 ff. = EuZW 2004, 402 [404]). Vom Einzelfall losgelöste oder auf Generalprävention verweisende Begründungen sind nach dieser Vorschrift nicht zulässig. Hieraus folgt zunächst, dass es zumeist um individuelle Verfehlungen und daraus resultierende Beschränkungen der Freizügigkeit gehen wird. Es muss sich dann aber um solche handeln, für die auch Inländer mit vergleichbaren Sanktionen belegt werden; der Gleichbehandlungsgrundsatz greift auch hier. Die Gründe der öffentlichen Ordnung, Sicherheit und Gesundheit dürfen auch nicht zu wirtschaftlichen Zwecken geltend gemacht werden.

111 All das bedeutet, dass diese Verstöße nicht **notwendig als Straftat** geahndet werden müssen; auch eine Ahndung als Ordnungswidrigkeit reicht. Indirekte Beschränkungen etwa für Sicherheitsdienste, die zu einem faktischen Ausschluss ausländischer Anbieter und deren Arbeitnehmer führen, lassen sich grds., da und wenn wirtschaftlich begründet, nicht rechtfertigen (EuGH 9.3.2000 – C-355/98 Kommission/Belgien, Slg. 2000, I-1221 ff. = EuZW 2000, 344 ff.). Ein pauschaler Ausschluss etwa ausländischer Sicherheitsdienste dürfte auch unter Bezugnahme auf diesen Vorbehalt der öffentlichen Ordnung, Sicherheit und Gesundheit nur zulässig sein, wenn mildere Mittel nicht in Frage kommen, was aber regelmäßig der Fall sein dürfte. Der Vorbehalt erlaubt trotz des Gleichbehandlungsgebots Sanktionen, die nur Ausländer treffen, sofern es um spezifische Verstöße geht, die – wie gegen Einreise- und Aufenthaltsvorschriften – nur von Ausländern begangen werden können. Eine pauschale Bezugnahme auf strafrechtliche Verurteilungen wird nicht ausreichen; vielmehr muss sich daraus eine konkrete Gefahr für die öffentliche Ordnung ergeben. So hat der EuGH eine nationale Regelung verworfen, die vorschreibt, Staatsangehörige anderer Mitgliedstaaten, die für schuldig befunden worden sind, Straftaten der Beschaffung und des Besitzes von ausschließlich zum Eigenverbrauch bestimmten Betäubungsmitteln begangen zu haben, auf Lebenszeit auszuweisen (EuGH 19.1.1999 – C-348/96 – Calfa, Slg.1999, I-11 ff. = EuZW 1999, 345 ff.). Das Unionsrecht steht der Ausweisung EU-Staatsangehörigen entgegen, die auf generalpräventive Gesichtspunkte gestützt ist, dh zum Zweck der Abschreckung anderer Ausländer verfügt wird, insbesondere, wenn die Ausweisung aufgrund einer strafrechtlichen Verurteilung automatisch verfügt wird, ohne dass das persönliche Verhalten des Täters oder die von ihm ausgehende Gefährdung der öffentlichen Ordnung berücksichtigt wird (EuGH 29.4.2004 – C-482/01 Rn. 68 – Orfanopoulos, Slg. 2004, I-5257 ff. = EuZW 2004, 402 [403]).

3. Öffentliche Sicherheit. Beschränkungen der Freizügigkeit aus Gründen der öffentlichen Sicherheit können die innere wie die äußere Sicherheit betreffen. Es geht bei der inneren Sicherheit um den Bestand des jeweiligen Staates und seiner Einrichtungen und Dienstes und ggf. sogar das Überleben seiner Bevölkerung (EuGH 10.7.1984 – C-72/83 Rn. 34 – Campus Oil, RIW 1985, 218 ff.). Die äußere Sicherheit umfasst militärische aber auch sonstige Bedrohungen, die das friedliche Zusammenleben der Völker beeinträchtigen (EuGH 17.10.1995 – C-70/94 – Werner, Slg. 1995, I-3189 ff. = EuZW 1996, 19 ff.). Terroristische Bedrohungen wird man je nach ihrem Ursprung und ihrer Wirkung als Bedrohungen der äußeren oder inneren Sicherheit anzusehen haben. Siehe hierzu auch die Art. 27 ff. RL 2004/38/EG. 112

Gefährdungen der öffentlichen Sicherheit und Ordnung können nach Art. 27 II RL 2004/38/EG nur solche sein, die auf dem **persönlichen Verhalten des Betreffenden** beruhen. So dürfte etwa eine pauschale Bezugnahme auf bestimmte Straftaten oder Verhaltensweisen für die Konkretisierung des Aufenthaltsstatus ausgeschlossen sein (so auch ErfK/ Wißmann Rn. 31). Eine Ungleichbehandlung zwischen Inländern und Wanderarbeitnehmern darf grds. nicht vorgenommen werden. Zwar ist dies auf die Frage des Aufenthaltsstatus nicht recht übertragbar, bedeutet aber auf jeden Fall, dass der Mitgliedstaat ein bestimmtes Verhalten, an das er für den Wanderarbeitnehmer Sanktionen knüpft, für die eigenen Staatsangehörigen nicht sanktionslos lassen darf. So hat der EuGH ausgesprochen, dass ein Mitgliedstaat nicht aufgrund dieses Vorbehalts Maßnahmen gegenüber einem Staatsangehörigen eines anderen Mitgliedstaats wegen eines Verhaltens treffen kann, das für die Angehörigen des erstgenannten Mitgliedstaats keine repressiven oder anderen tatsächlichen und effektiven Maßnahmen zu seiner Bekämpfung zur Folge hätte. 113

Einem Mitgliedstaat ist es allerdings nicht verwehrt, gegenüber einem Wanderarbeitnehmer, der die Staatsangehörigkeit eines anderen Mitgliedstaats besitzt, **ordnungsbehördliche Maßnahmen** zu treffen, mit denen das Aufenthaltsrecht dieses Arbeitnehmers auf einen Teil **des nationalen Hoheitsgebiets beschränkt** wird. Allerdings müssen dies auf sein individuelles Verhalten gestützte Gründe der öffentlichen Ordnung oder Sicherheit rechtfertigen. Diese Gründe dürfen ohne die Möglichkeit einer teilweisen Beschränkung wegen ihrer Schwere nur zu einem Aufenthaltsverbot oder zu einer Entfernung aus dem gesamten nationalen Hoheitsgebiet führen können und es muss sichergestellt sein, dass das 114

Verhalten, das der betreffende Mitgliedstaat verhindern will, dann, wenn es von seinen eigenen Staatsangehörigen ausgeht, repressive oder andere tatsächliche und effektive Maßnahmen zu seiner Bekämpfung zur Folge hat (EuGH 26.11.2002 – C-100/01 Rn. 45 – Olazabal, Slg. 2002, I-10981 ff. = EuZW 2003, 51 [54]). Damit wird dem Umstand Rechnung getragen, dass der betreffende Mitgliedstaat die Möglichkeit haben muss, das Verhalten aufenthaltsmäßig zu sanktionieren ohne damit eine Ungleichbehandlung von Inländern und anderen EU-Staatsangehörigen zu bewirken.

115   **4. Öffentliche Gesundheit.** Für die Einschränkungen aus Gründen der öffentlichen Gesundheit sieht Art. 29 RL 2004/38/EG vor, dass als Krankheiten, die eine die Freizügigkeit beschränkende Maßnahme rechtfertigen, ausschließlich die Krankheiten mit epidemischem Potenzial iSd einschlägigen Rechtsinstrumente der Weltgesundheitsorganisation und sonstige übertragbare, durch Infektionserreger oder Parasiten verursachte Krankheiten gelten, sofern gegen diese Krankheiten Maßnahmen zum Schutz der Staatsangehörigen des Aufnahmemitgliedstaats getroffen werden. Insofern ist ein Aufenthaltsverbot möglich. Der Aufnahmemitgliedstaat kann nach Maßgabe des Art. 29 III kostenlose Untersuchungen anordnen.

116   **5. Verlust von Einreisepapieren sowie Formverstöße.** Eine Aufenthaltsbeendigung kann nicht durch den **Verlust der Einreisepapiere** (Pass, Passersatz, Personalausweis) begründet werden, wie sich aus Art. 15 II RL 2004/38/EG und § 6 VII FreizügG/EU ergibt. Eine Entscheidung über die Ausweisung, die von den Behörden eines Mitgliedstaats gegen einen vom Freizügigkeitsrecht erfassten Angehörigen eines anderen Mitgliedstaats getroffen wird, ist mit dem AEUV unvereinbar, wenn sie ausschließlich darauf gestützt ist, dass der Betroffene die gesetzlichen Formalitäten iRd Ausländerüberwachung nicht erfüllt hat oder keine Aufenthaltserlaubnis besitzt (EuGH 8.4.1976 – C-48/75 Rn. 38/40– Royer, Slg. 1976, 497 ff. = NJW 1976, 2065 ff.).

117   Entsprechendes gilt auch sonst hinsichtlich der **Verletzung von Formvorschriften** oder sonstigen formalen Anforderungen. Der Ablauf der Gültigkeit von Papieren berechtigt ebenso wenig zur Ausweisung wie der Verstoß gegen sozialversicherungsrechtliche Vorschriften. Es müssen in solchen Fällen vielmehr zusätzliche Gesichtspunkte hinzutreten, um auf eine Gefährdung der öffentlichen Sicherheit und Ordnung schließen zu können (EuGH 5.2.1991 – C-363/89 – Roux; 8.4.1976 – C-48/75 Rn. 38 ff. – Royer, Slg. 1976, 497 ff. = NJW 1976, 2065 ff.; HSW/*Hanau* § 15 Rn. 128).

VII. Familienangehörige

118   Neben den Arbeitnehmern werden – wenn auch indirekt – die Familienangehörigen von der Grundfreiheit der Arbeitnehmerfreizügigkeit erfasst. Das ergibt sich bereits aus dem Gedanken der Gewährleistung der Freizügigkeit der Arbeitnehmer, für die eine Freizügigkeit auch ihrer Familienangehörigen essentiell für die Ausübung dieser Grundfreiheit ist; dies bedeutet auch, dass es sich beim Recht der Familienangehörigen um ein abgeleitetes Recht handelt (allg. Meinung, s. Streinz/*Franzen* Rn. 138 ua). Dies deckt sich aber auch mit dem Schutz der Familie nach Art. 8 EMRK sowie mit Art. 33 I GRC, wonach der rechtliche, wirtschaftliche und soziale Schutz der Familie gewährleistet wird. Dem trägt auch die RL 2004/38/EG Rechnung. Nicht maßgeblich ist, dass sich der jeweilige Familienangehörige zuvor rechtmäßig in einem anderen Mitgliedstaat aufgehalten hat (EuGH 25.7.2008 – C-127/08 ua Rn. 54 – Metock, Slg. 2008, I-6241 ff. = NVwZ 2008, 1097 [1098]).

119   Als begünstigter Personenkreis wird **nicht nur die „klassische" Familie** angesehen sondern angesichts der gewandelten gesellschaftlichen Anschauungen auch die gleichgeschlechtliche Partnerschaft, nicht aber – mangels rechtlicher Bindung – die nichteheliche Lebensgemeinschaft. Art. 2 Nr. 2b RL 2004/38/EG erfasst deshalb auch den Lebenspartner, mit dem der Unionsbürger auf der Grundlage der Rechtsvorschriften eines Mitglied-

staats eine eingetragene Partnerschaft eingegangen ist, sofern nach den Rechtsvorschriften des Aufnahmemitgliedstaats die eingetragene Partnerschaft der Ehe gleichgestellt ist und die in den einschlägigen Rechtsvorschriften des Aufnahmemitgliedstaats vorgesehenen Bedingungen erfüllt sind. Maßgeblich ist hier vordergründig nur die Rechtsordnung des Aufnahmemitgliedstaats, da sich nur insoweit ein grenzüberschreitender Sachverhalt ergibt; das bedeutet aber auch, dass im Falle einer eingetragenen Lebenspartnerschaft im Herkunftsmitgliedstaat die betreffende Person sich hinsichtlich des Lebenspartners nicht auf die Richtlinie berufen kann, wenn im Aufnahmemitgliedstaat eine solche eingetragene Lebenspartnerschaft nicht vorgesehen ist. Der Betroffene erleidet insofern eine Beeinträchtigung seiner Freizügigkeit, die sich allein unter Hinweis auf die Regelungsautonomie der Mitgliedstaaten kaum rechtfertigen lässt. Akzeptiert man einmal diese Lebenspartnerschaften als rechtlich bindende Form des Zusammenlebens und legt dies in der Richtlinie nieder, so muss dem Lebenspartner des EU-Staatsangehörigen das gleiche Recht eingeräumt werden wie Ehegatten; sieht die Rechtsordnung des Aufnahmemitgliedstaats eine solche eingetragene Lebenspartnerschaft nicht vor, so hindert dies gleichwohl nicht daran, Lebenspartner entsprechende Aufenthaltsrechte etc. einzuräumen.

Ehegatten sowie die Verwandten auf- und absteigender Linie des Unionsbürgers, 120 seines Ehegatten oder Lebenspartners sind ebenfalls erfasst. Allerdings bedeutet dies auch, dass bei Ehegatten das Aufenthaltsrecht nur während des rechtlichen Bestands der Ehe besteht. Getrenntleben ist für das Aufenthaltsrecht in Konsequenz grds. unschädlich (EuGH 10.7.2014 – C-244/13 Rn. 36 ff. – Ogierakhi). Maßgebend ist bei den Verwandten absteigender Linie eine Altersgrenze von 21 bzw. in allen Fällen eine Unterhaltsgewährung; es kommt nicht auf einen durchsetzbaren Unterhaltsanspruch an sondern nur auf die tatsächliche Gewährung; dabei ist es unschädlich, wenn ein Familienangehöriger – zusätzlich – Antrag auf staatliche Existenzsicherungsleistungen stellt (EuGH 18.6.1987 – C-316/85 Rn. 20 – Lebon, Slg. 1987, 2832 ff.). Allerdings ist dies nicht unproblematisch, da eine Einbeziehung in die Freizügigkeitsregeln so auch schon durch die tatsächliche Zahlung auch geringster Unterhaltsbeträge erreicht wird. Man wird deshalb verlangen müssen, dass die Unterhaltsleistung einen spürbaren Beitrag zur Lebensführung des Unterstützten darstellt (so auch HSW/*Hanau* § 15 Rn. 72; ähnlich Schwarze/*Schneider/Wunderlich* Rn. 103).

Die Rechte der Familienangehörigen von Arbeitnehmern waren zunächst als **Begleitrecht** 121 **zur Arbeitnehmerfreizügigkeit** in der VO 1612/68 geregelt – der Vorgängerin der jetzigen VO 492/2011. Angesichts der Tatsache, dass die Personenfreizügigkeit nach Art. 21 AEUV und die Arbeitnehmerfreizügigkeit nach Art. 45 sich immer mehr überdecken, ist die Regelung zu den Familienangehörigen **nunmehr in die RL 2004/38/EG** aufgenommen worden. Aus Art. 21 AEUV und nicht aus Art. 45 ist auch das Aufenthaltsrecht eines Drittstaatsangehörigen herzuleiten, der seine minderjährigen Kinder, die EU-Bürger sind, betreut (EuGH 8.3.2011 – C-34/09 Rn. 40 ff. – Zambrano, Slg 2011, I-1177 ff. = NVwZ 2011, 545 [546]).

Deshalb sieht nunmehr Art. 5 I RL 2004/38/EG vor, dass unbeschadet der für die 122 Kontrollen von Reisedokumenten an den nationalen Grenzen geltenden Vorschriften die Mitgliedstaaten Unionsbürgern, die einen gültigen Personalausweis oder Reisepass mit sich führen, und ihren Familienangehörigen, die nicht die Staatsangehörigkeit meines Mitgliedstaats besitzen und die einen gültigen Reisepass mit sich führen, die **Einreise gestatten**. Die Richtlinie hält zwar an der grds. Visumspflicht für Nicht-EU-Staatsangehörige fest, ermöglicht aber nach Art. 10 RL 2004/38/EG die Ausstellung einer Aufenthaltskarte, die von dieser Visumpflicht entbindet. Liegt eine solche Aufenthaltskarte vor, so kann ein Mitgliedstaat nicht zusätzlich eine Einreiseerlaubnis nach nationalem Recht verlangen. Er kann dies mangels anderweitiger Regelung in der Richtlinie auch nicht mit dem generalpräventiven Zweck rechtfertigen, der darin bestehen mag, Rechtsmissbrauchs- und Betrugsfälle wie auch etwa das Eingehen von Scheinehen zu verhindern; der Mitgliedstaat ist vielmehr auf den Nachweis missbräuchlicher Praxis im Einzelfall verwiesen (EuGH 18.12.2014 – C- 202/13 – McCarthy). Beim Aufenthalt hat der Familienangehörige grds.

die gleichen Rechte wie der Arbeitnehmer; die Mitgliedstaaten sind allerdings berechtigt, vom Familienangehörigen Nachweise über die Erfüllung der Voraussetzungen zu verlangen.

123 Aus dem Umstand, dass die Familienangehörigen ihr Freizügigkeitsrecht aus dem Recht des Arbeitnehmers herleiten, ergibt sich, dass es Regelungen für den **Fall des Todes oder des Wegzuges des Unionsbürgers** bedarf. Unter bestimmten Voraussetzungen kann danach daraus ein eigenständiges Recht des Familienangehörigen werden, wobei gem. dem Gedanken der Personenfreizügigkeit aller EU-Bürger die Familienangehörigen, die Staatsangehörige von EU-Mitgliedstaaten sind, weiterhin ein (Dauer-)Aufenthaltsrecht haben, während Drittstaatsangehörige bei Tod des Arbeitnehmers nur unter eingeschränkten Voraussetzungen das Aufenthaltsrecht behalten. Entsprechendes gilt für den Fall der **Scheidung** und der Aufhebung der Lebenspartnerschaft. Bei Scheidung geht der Aufenthaltsstatus zwar grds. verloren, die RL 2004/38/EG sieht aber in Art. 13 Ausnahmen vor. Danach führt eine Scheidung nicht zum Verlust des Aufenthaltsrechts, wenn a) die Ehe oder die eingetragene Partnerschaft bis zur Einleitung des gerichtlichen Scheidungs- oder Aufhebungsverfahrens oder bis zur Beendigung der eingetragenen Partnerschaft mindestens drei Jahre bestanden hat, davon mindestens ein Jahr im Aufnahmemitgliedstaat, oder b) dem Ehegatten oder dem Lebenspartner, der nicht die Staatsangehörigkeit eines Mitgliedstaats besitzt, aufgrund einer Vereinbarung der Ehegatten oder der Lebenspartner oder durch gerichtliche Entscheidung das Sorgerecht für die Kinder des Unionsbürgers übertragen wird oder c) es aufgrund besonders schwieriger Umstände erforderlich ist, wie etwa bei Opfern von Gewalt im häuslichen Bereich während der Ehe oder der eingetragenen Partnerschaft, oder d) dem Ehegatten oder dem Lebenspartner, der nicht die Staatsangehörigkeit eines Mitgliedstaats besitzt, aufgrund einer Vereinbarung der Ehegatten oder der Lebenspartner oder durch gerichtliche Entscheidung das Recht zum persönlichen Umgang mit dem minderjährigen Kind zugesprochen wird, sofern das Gericht zu der Auffassung gelangt ist, dass der Umgang – solange er für nötig erachtet wird – ausschließlich im Aufnahmemitgliedstaat erfolgen darf. Er muss allerdings nachweisen, dass er über ausreichende Existenzmittel verfügt. Die entsprechenden Regelungen finden sich für Deutschland in §§ 3 ff. FreizügigG/EU.

124 Für den Fall des **Todes des Wanderarbeitnehmers** sieht Art. 17 IV RL 2004/38/EG eine großzügigere Regelung vor. Ist der Arbeitnehmer oder Selbstständige im Laufe seines Erwerbslebens verstorben, so haben die Familienangehörigen dann ein Recht auf Daueraufenthalt, wenn der Arbeitnehmer selbst ein solches erworben hat. Stirbt er, bevor er das Recht auf Daueraufenthalt im Aufnahmemitgliedstaat erworben hat, so erwerben seine Familienangehörigen, die sich mit ihm in dem Aufnahmemitgliedstaat aufgehalten haben, das Recht, sich dort dauerhaft aufzuhalten, sofern der Arbeitnehmer oder Selbstständige sich zum Zeitpunkt seines Todes seit zwei Jahren im Hoheitsgebiet dieses Mitgliedstaats ununterbrochen aufgehalten hat oder der Tod infolge eines Arbeitsunfalls oder einer Berufskrankheit eingetreten ist oder sein überlebender Ehegatte die Staatsangehörigkeit dieses Mitgliedstaats durch Eheschließung mit dem Arbeitnehmer oder dem Selbstständigen verloren hat. Die entsprechenden Regelungen finden sich für Deutschland in §§ 3 ff. FreizügigG/EU.

125 Die – abgeleitete – Freizügigkeit der Familienangehörigen umfasst das **Recht, als Arbeitnehmer oder Selbständiger tätig zu werden.** Daraus ergibt sich in Konsequenz auch, dass dieses Recht sich nur für den Mitgliedstaat ergibt, in dem der EU-Staatsangehörige arbeitet, von dem sich das Recht ableitet; es dient dem Wanderarbeitnehmer, zu dessen Familie ein Drittstaatsangehöriger als Ehegatte oder unterhaltsberechtigtes Kind gehört (EuGH 30.3.2006 – C-10/05 Rn. 25 – Mattern, Slg. 2006, I-3145 ff. = NZA 2006, 649 [650]). Sie umfasst auch das Recht des Kindes, im Aufnahmemitgliedstaat die Schule zu besuchen und ein Studium zu absolvieren, um seine Ausbildung erfolgreich abschließen zu können (EuGH 13.6.2013 – C-45/12 Rn. 45 – ONAFTS), was nicht nur ein dementsprechendes Aufenthaltsrecht begründet sondern zusammen mit Art. 7 II VO 492/2011 auch das Recht auf die Ausbildung betreffende Sozialleistungen (s. dazu näher → VO 492/2011 Art. 7 Rn. 21). Sie umfasst schließlich auch das Recht eines drittstaatsangehörigen

Elternteils auf Aufenthalt zur Sorge für ein Kind und zwar auch dann, wenn das Kind bereits volljährig ist, sofern es weiterhin der Anwesenheit und der Fürsorge des Elternteils bedarf, um seine Ausbildung fortsetzen und abschließen zu können (EuGH 8.5.2013 – C-529/11 Rn. 28).

G. Bereichsausnahme für die öffentliche Verwaltung

I. Grundsatz

Der AEUV und insbesondere die Arbeitnehmerfreizügigkeit und die Personenfreizügigkeit verbieten grds. das Abstellen auf die Staatsangehörigkeit. Jedoch muss auch dem Umstand Rechnung getragen werden, dass ein Mitgliedstaat bei **bestimmten Tätigkeiten im öffentlichen Bereich ein berücksichtigungsbedürftiges Interesse** daran hat, die betreffenden Positionen nur mit eigenen Staatsangehörigen zu besetzen. Es muss sich dabei um Positionen handeln, für die ein Verhältnis besonderer Verbundenheit zum Mitgliedstaat Voraussetzung ist und die es mit der Verantwortung für die Wahrung der allgemeinen staatlichen Belange oder sonstiger staatlicher Körperschaften zu tun haben, was es dann rechtfertigt, die Staatsangehörigkeit zur Einstellungsvoraussetzung zu machen (EuGH 26.5.1982 – C-149/79). Die Tragweite dieser Bereichsausnahme ist auf das beschränkt, was zur Wahrung der Interessen, deren Schutz diese Bestimmung den Mitgliedstaaten erlaubt, unbedingt erforderlich ist (EuGH 24.5.2011 – C-54/08 Rn. 85, Slg. 2011, I-4355 ff. = EuZW 2011, 468 [471]). Diese Ausnahme ist abschließend und lässt auch keine weitergehende Ausnahme durch nationale Rechtsvorschriften oder völkerrechtliche Verträge zu. Wie alle anderen derartigen im AEUV verwendeten Begriffe ist dieser unionsrechtlich auszulegen und folgt nicht den nationalen Begrifflichkeiten und Abgrenzungen der öffentlichen Verwaltung (EuGH 2.7.1996 – C-473/93 Rn. 40, Slg 1996, I-3207 ff. = NJW 1996, 3199 [3201]; 30.9.2003 – C-405/01 Rn. 38 – Colegio de Oficiales de la Marina Mercante Española, Slg 2003, I-10391 ff.). In dieser Logik liegt auch eine enge Auslegung des Begriffs, der nur einen unabdingbaren Kernbereich von der Arbeitnehmerfreizügigkeit ausnehmen darf (EuGH 3.7.1986 – C-66/85 Rn. 28 – Lawrie-Blum). Das bedeutet praktisch, dass ein wesentlicher Teil des deutschen öffentlichen Dienstes von dieser Bereichsausnahme nicht erfasst wird.

Diese **Bereichsausnahme** erlaubt es dem Mitgliedstaat, von den Regeln der Arbeitnehmerfreizügigkeit im erforderlichen Umfang Ausnahmen zu machen. Er ist dadurch aber nicht dazu gezwungen. Verzichtet er darauf und lässt die Tätigkeit von EU-Ausländern auch für diese Tätigkeiten zu, so unterliegt er insoweit vollständig den Vorgaben des Art. 45, also etwa auch dem Diskriminierungsverbot, darf als dann andere EU-Staatsangehörige gegenüber den eigenen Staatsangehörigen nicht diskriminieren. Die Ausnahme von den Regeln der Arbeitnehmerfreizügigkeit gilt auch nur soweit, wie dies für die Eigenart der ausgenommenen Tätigkeit erforderlich ist.

II. Funktionelle Betrachtungsweise

Wann eine derartige die Bereichsausnahme rechtfertigende Beschäftigung in der öffentlichen Verwaltung gegeben ist, lässt sich nicht allein daran orientieren, ob es sich um Stellen bei einem öffentlichen Arbeitgeber handelt, da anderenfalls der Mitgliedstaat die Reichweite der Ausnahme mitbestimmen könnte. Es liegt deshalb näher, hier funktionell anzusetzen. Andere Ansatzpunkte wären eine institutionelle Betrachtungsweise, die an die Zugehörigkeit zu einer öffentlichen Einrichtung anknüpft. Schließlich ließe sich auch denken, an die Rechtsnatur des Beschäftigungsverhältnisses anzuknüpfen. Da diese Bereichsausnahme den Mitgliedstaaten (nur) die Möglichkeit geben soll, bestimmte Tätigkeiten ihren Staatsangehörigen vorzubehalten, reicht es aus, funktionell anzusetzen und damit zugleich auch die Bereichsausnahme eng zu halten. Es besteht vor dem Hintergrund des Sinns der Bereichsausnahme kein Grund, Institutionen als solche auszunehmen. Auch die Rechtsnatur des Beschäftigungsverhältnisses taugt nicht recht, da Tätigkeiten – etwa auf Deutschland bezogen – sowohl im Angestellten- als auch im Beamtenverhältnis durchgeführt werden können (vgl. zu diesen Optionen HSW/*Hanau* § 15 Rn. 137 ff.).

129 Der EuGH untersucht in st.Rspr. zunächst, ob die **Tätigkeit typisch für die spezifischen Tätigkeiten der öffentlichen Verwaltung** ist, also mit der Ausübung hoheitlicher Befugnisse und mit der Verantwortung für die Wahrung der allgemeinen Belange des Staates oder der anderen öffentlichen Körperschaften zu tun hat (EuGH 2.7.1996 – C-473/93 Rn. 27, Slg. 1996, I-3207 ff. = NJW 1996, 3199 [3200]). Die betreffende Position muss also mit der Teilnahme an dieser Tätigkeit und der Ausübung hoheitlicher Befugnisse verbunden sein, wobei auch eine mittelbare Teilnahme ausreichen soll.

130 Weiterhin erforderlich ist, dass deshalb ein Verhältnis besonderer **Verbundenheit des jeweiligen Stelleninhabers zum Staat** sowie die Gegenseitigkeit von Rechten und Pflichten vorausgesetzt wird, das sich aus der Staatsangehörigkeit ergeben soll. Ausgenommen sind aber nur die Stellen, die in Anbetracht der mit ihnen verbundenen Aufgaben und Verantwortlichkeiten die Merkmale der spezifischen Tätigkeiten der Verwaltung auf den genannten Gebieten aufweisen können (EuGH 3.7.1986 – C-66/85 Rn. 27 – Lawrie-Blum).

131 Fraglich ist dabei, ob die **Ausübung hoheitlicher Tätigkeit und die Wahrnehmung der allgemeinen Belange des Staates kumulativ** vorliegen müssen oder alternativ (für kumulativ Streinz/*Franzen*Rn. 145; Calliess/Ruffert/*Brechmann* Rn. 109; Burgi JuS 1996, 958 [960]; Schwarze/*Schneider/Wunderlich* Rn. 136; für alternativ etwa *Battis*, Freizügigkeit und Beschäftigung in der öffentlichen Verwaltung, in: Magiera (Hrsg.), Das Europa der Bürger in einer Gemeinschaft ohne Binnengrenzen, 47 [54]). Dies kann insofern praktische Bedeutung entfalten, als bei einer alternativen Anwendung auch solche für den Staat wesentliche Tätigkeiten vom Ausnahmetatbestand erfasst werden können, bei denen eine hoheitliche Tätigkeit nicht gegeben ist; der umgekehrte Fall dürfte eher keine praktische Relevanz haben. Es dürfte sich aber eher um eine Scheindiskussion handeln, da die Wahrnehmung allgemeiner Belange des Staates zwar nicht zwingend von hoheitlichen Befugnissen begleitet sein muss, es im Regelfall aber sein wird; das Abstellen allein auf die Wahrnehmung allgemeiner Belange des Staates führt zu einer weiteren Diskussion der genauen Eingrenzung dieses Begriffs, was diese Bereichsausnahme nur noch weniger fassbar macht. Es ist deshalb vorzugswürdig, beide Begriffe kumulativ zu verwenden, um so die zwingend Staatsangehörigen vorbehaltenen Tätigkeiten einzugrenzen; dabei mag die Bedeutung der hoheitlichen Tätigkeit mal mehr oder mal weniger gewichtig sein (ähnlich Streinz/*Franzen* Rn. 148). Zu beachten ist, dass die Bereichsausnahme es dem Mitgliedstaat nur erlaubt, insoweit vom Freizügigkeitsgebot eine Ausnahme zu machen, ihn aber nicht zwingt, derartige Stellen Staatsangehörigen vorzubehalten.

132 Es kommt bei der Bereichsausnahme **nicht auf die Rechtsnatur des Beschäftigungsverhältnisses an.** ISd deutschen Terminologie ist die Ausnahme also nicht auf Beamtentätigkeiten begrenzt; das folgt auch daraus, dass die Unterscheidung zwischen Beamten und Angestellten im öffentlichen Dienst alles andere als europaweit praktiziert wird. Es werden auch nicht sämtliche Tätigkeiten in bestimmten Bereichen der öffentlichen Verwaltung erfasst; vielmehr ist dies konkret bei jeder einzelnen Beschäftigung festzustellen.

III. Eingriffs- oder Leistungsverwaltung

133 Die genaue Bestimmung des Anwendungsbereichs der Bereichsausnahme im konkreten Einzelfall ist schwierig zu ziehen. So mag man zwischen Eingriffsverwaltung und Leistungsverwaltung unterscheiden wollen, was aber verkennt, dass auch in der Leistungsverwaltung hoheitliche Tätigkeiten in dem Sinne erfolgen, als durch Hoheitsakt Leistungen gewährt oder entzogen werden. Der EuGH ist aber in der Annahme einer hoheitlichen Tätigkeit im Bereich der Leistungsverwaltung eher zurückhaltend (EuGH 2.7.1996 – C-473/93 Rn. 31,

Slg. 1996, I-3207 ff. = NJW 1996, 3199 [3200]), was auch von dem Gedanken getragen sein dürfte, dass Leistungsverwaltung in unterschiedlicher Weise ausgestaltet werden kann – etwa auch, indem auf die Ausübung hoheitlicher Befugnisse hier verzichtet wird. Vor diesem Hintergrund hätte es deshalb der Mitgliedstaat in der Hand, durch die Ausgestaltung der Leistungsverwaltung den Umfang der Bereichsausnahme zu steuern.

Es erscheint daher konsequent, den Bereich der **Leistungsverwaltung** und der Daseinsvorsorge grds. **von der Bereichsausnahme auszunehmen,** wobei gerade bei der Daseinsvorsorge auch zu berücksichtigen ist, dass diese inzwischen vermehrt, wenn nicht bereits typischerweise von privatrechtlich organisierten Unternehmen wahrgenommen wird. Dies gilt insbesondere für Post und Telekommunikation sowie die Eisenbahn. Das Gesundheitswesen als Daseinsvorsorge ist ohnehin regelmäßig in dieser Weise ausgestaltet; für die öffentliche Gesundheitsverwaltung iSd deutschen Gesundheitsämter wird man aber grds. eine Ausnahme zu machen haben. Ebenfalls nicht von der Bereichsausnahme erfasst sind das Bildungswesen sowie der Bereich der Forschung. In diesen Bereichen mögen aber Leitungsfunktionen mit hoheitlichen Befugnissen verbunden sein; das Innehaben einer Leistungsfunktion alleine reicht aber nicht. 134

Von der Bereichsausnahme erfasst ist aber der Bereich der **Eingriffsverwaltung, der Justiz und auch des Militärs, der Steuerverwaltung sowie des diplomatischen Dienstes.** Ohne Frage gehört auch die polizeiliche Tätigkeit dazu. Der EuGH lässt auch die mittelbare Teilnahme an der Ausübung hoheitlicher Tätigkeiten genügen, sofern sich das Ergebnis dieser Beratung unmittelbar auf die hoheitlichen Entscheidungen auswirkt (in diese Richtung EuGH 16.6.1987 – C 225/85 Rn. 9). Andererseits gilt, dass Beschäftigte einer öffentlichen Einrichtung mit Beratungsfunktion wie die österreichischen Arbeiterkammern nicht allgemein unter diese Bereichsausnahme fallen sondern nur solche, die innerhalb dieser Einrichtung hoheitliche Befugnisse wahrnehmen (EuGH 16.9.2004 – C-465/01 Rn. 39, Slg. 2004, I-8291 ff.). 135

IV. Handeln des Staates in privater Rechtsform

Sofern der Staat in privatrechtlicher Rechtsform handelt, kann er sich nicht auf Art. 45 IV berufen. Zwar gibt der Vertrag nicht vor, in welcher Rechtsform die öffentliche Verwaltung zu erfolgen hat, um unter die Bereichsausnahme zu fallen; die Nutzung einer privatrechtlichen Rechtsform macht aber deutlich, dass er **hoheitliches Handeln in diesem Bereich nicht als entscheidend ansieht.** Andererseits kann der Mitgliedstaat aber Privatpersonen Hoheitsaufgaben übertragen (Beliehener) und dafür dann die Bereichsausnahme des Art. 45 IV in Anspruch nehmen. Allerdings muss hinzukommen, dass diese Befugnisse von den Stelleninhabern tatsächlich regelmäßig ausgeübt werden und nicht nur einen sehr geringen Teil ihrer Tätigkeit ausmachen, da die Tragweite der Bereichsausnahme auf das zu beschränken ist, was zur Wahrung der allgemeinen Belange des betreffenden Mitgliedstaats unbedingt erforderlich ist; diese würden nicht gefährdet, wenn hoheitliche Befugnisse nur sporadisch oder ausnahmsweise von Staatsangehörigen anderer Mitgliedstaaten ausgeübt würden (EuGH 30.9.2003 – C-405/01 – Colegio de Oficiales de la Marina Mercante Española). Ein privater Sicherheitsdienst fällt deshalb nicht unter den Begriff „Beschäftigung in der öffentlichen Verwaltung", da hier die Beschäftigung im Dienst einer natürlichen oder juristischen Person des Privatrechts vorliegt. Auf die zu erfüllende Aufgabe kommt es nicht an unabhängig von den Aufgaben, weshalb vereidigte private Wachleute unstreitig nicht zur öffentlichen Verwaltung gehören; deshalb war in dem vom EuGH entschiedenen Fall die Beschränkung auf lizensierte und vereidigte Wachleute italienischer Nationalität unzulässig (EuGH 31.5.2001 – C-283/99, Slg. 2001, I-4363 ff. = EuZW 2001, 603 ff.). 136

V. Beispielsfälle

137 Auf der Basis dieser Grundsätze hat der EuGH der Bereichsausnahme nicht zugerechnet die technischen Berufstätigkeiten bei einem öffentlichen Arbeitgeber (EuGH 26.5.1982 – C-149/79). Ebenfalls nicht hinzugerechnet werden Rechtsreferendare, obwohl sie in ihrer Ausbildung an staatlichen Hoheitsakten mitwirken; der EuGH macht insoweit geltend, dass Referendare, soweit sie einen Teil ihrer Ausbildung bei einem ordentlichen Zivilgericht, bei einer Verwaltungsbehörde und bei der Staatsanwaltschaft oder einem Strafgericht ableisten, nach den Weisungen und unter der Aufsicht eines Ausbilders tätig sind (EuGH 10.12.2009 – C-345/08 Rn. 30 – Pesla, Slg 2009, I-11677 ff. = NJW 2010, 137 [138]), ihnen selbst also die hoheitlichen Entscheidungen nicht zuzurechnen sind. Die gleiche Sichtweise findet sich zu den Studienreferendaren, wo auch geltend gemacht wird, dass sich deren Tätigkeit später nicht nur an öffentlichen Schulen abspielen müsse. Im Übrigen seien in diesen Fällen auch die engen Voraussetzungen für die Bereichsausnahme nicht erfüllt (EuGH 3.7.1986 – C-66/85 – Lawrie-Blum); dies nimmt der EuGH auch bei Lehrern (EuGH 27.11.1991 – C-4/91 Rn. 8 – Bleis, Slg. 1991, I-5627 ff. = NVwZ 1992, 1181) und Fremdsprachenlektoren an Universitäten an (EuGH 30.5.1989 – C-33/88 Rn. 9 – Allué, Slg. 1989, 1591 ff. = NVwZ 1990, 851). Ebenfalls von der Bereichsausnahme nicht erfasst sind etwa Mitarbeiter in der öffentlichen Krankenhausverwaltung (EuGH 9.9.2003 – C-285/01 – Burbaud, Slg. 2003, I-8219 ff.). Ein staatlicher Wirtschaftsprüfer wird nicht erfasst, da er für die hoheitlichen Maßnahmen eine lediglich unterstützende und vorbereitende Funktion hat (EuGH 13.7.1993 – C-42/92 – Thijssen, Slg. 1993, I-4047 ff.). An anderer Stelle stellt der EuGH allgemein fest, dass Stellen in den Bereichen Forschung, Gesundheitswesen, Straßen- und Schienenverkehr, Post- und Fernmeldewesen sowie in den Versorgungsdiensten für Wasser, Gas und Elektrizität im allgemeinen von den spezifischen Tätigkeiten der öffentlichen Verwaltung weit entfernt sind, da sie keine unmittelbare oder mittelbare Teilnahme an der Ausübung hoheitlicher Befugnisse und an der Wahrnehmung solcher Aufgaben mit sich bringen, die auf die Wahrung der allgemeinen Belange des Staates oder anderer öffentlicher Körperschaften gerichtet sind (EuGH 2.7.1996 – C-473/93 Rn. 31, Slg. 1996, I-3207 ff. = NJW 1996, 3199 [3200]). Der EuGH sieht Forscher in einem nationalen Forschungsrat grds. nicht als Beschäftigte in der öffentlichen Verwaltung iSd Art. 45 IV an, scheint aber eine Ausnahme machen zu wollen, wenn es um staatliche Leitungs- oder Beratungsfunktionen in wissenschaftlichen und technischen Fragen geht (EuGH 16.6.1987 – C-225/85). Insgesamt ist hier in Grenzbereichen noch einiges unklar; es kann aber festgehalten werden, dass der EuGH die Bereichsausnahme eng begrenzen will.

VI. Rechtsfolge

138 Liegen die Voraussetzungen für die Bereichsausnahme vor, so ist es dem Mitgliedstaat erlaubt, **Staatsangehörige anderer Mitgliedstaaten von der Beschäftigung in diesem Bereich auszuschließen.** Beschäftigt der Mitgliedstaat allerdings auf dieser Stelle gleichwohl einen Angehörigen eines anderen Mitgliedstaats, so ist er ihm gegenüber zur Gewährung gleicher Arbeitsbedingungen verpflichtet. Die Bereichsausnahme will ohnehin nur dem berechtigten Interesse der Mitgliedstaaten Rechnung tragen, ihren eigenen Staatsangehörigen diejenigen Stellen vorzubehalten, die einen Zusammenhang mit der Ausübung hoheitlicher Befugnisse und der Wahrung allgemeiner Belange aufweisen. Ein Rückschluss auf die Beschäftigungsbedingungen kann daraus nicht gezogen werden; es handelt sich also nicht um eine generelle Ausnahme sondern nur so weit, wie dies erforderlich ist, um dem Anliegen dieser Bereichsausnahme Rechnung zu tragen. Deshalb dürfen sich auch aus der Zugehörigkeit zu einem Beamtenversorgungssystem keine Nachteile bei Ausübung der Freizügigkeit ergeben (EuGH 22.11.1995 – C-443/93 – Vougioukas, Slg. 1995, I-4033 ff.).

139 Diesen unionsrechtlichen Vorgaben trägt das **deutsche Beamtenrecht** Rechnung, indem § 7 I BBG bestimmt, dass in das Beamtenverhältnis berufen werden darf, wer Deutsche oder Deutscher iSd Art. 116 GG ist oder die Staatsangehörigkeit eines anderen Mitgliedstaates der Europäischen Union oder eines anderen Vertragsstaates des Abkommens über den Europäischen Wirtschaftsraum oder eines Drittstaates, dem die Bundesrepublik Deutschland und die Europäische Union vertraglich einen entsprechenden Anspruch auf Anerkennung der Berufsqualifikationen eingeräumt haben, besitzt. § 7 II BBG trägt der funktionellen Betrachtungsweise Rechnung und bestimmt, dass dann nur Deutsche in ein Beamtenverhältnis berufen werden dürfen, wenn die Aufgaben dies erfordern.

Art. 46 [Maßnahmen zur Herstellung der Freizügigkeit]

Das Europäische Parlament und der Rat treffen gemäß dem ordentlichen Gesetzgebungsverfahren und nach Anhörung des Wirtschafts- und Sozialausschusses durch Richtlinien oder Verordnungen alle erforderlichen Maßnahmen, um die Freizügigkeit der Arbeitnehmer im Sinne des Artikels 45 herzustellen, insbesondere

a) durch Sicherstellung einer engen Zusammenarbeit zwischen den einzelstaatlichen Arbeitsverwaltungen;
b) durch die Beseitigung der Verwaltungsverfahren und -praktiken sowie der für den Zugang zu verfügbaren Arbeitsplätzen vorgeschriebenen Fristen, die sich aus innerstaatlichen Rechtsvorschriften oder vorher zwischen den Mitgliedstaaten geschlossenen Übereinkünften ergeben und deren Beibehaltung die Herstellung der Freizügigkeit der Arbeitnehmer hindert;
c) durch die Beseitigung aller Fristen und sonstigen Beschränkungen, die in innerstaatlichen Rechtsvorschriften oder vorher zwischen den Mitgliedstaaten geschlossenen Übereinkünften vorgesehen sind und die den Arbeitnehmern der anderen Mitgliedstaaten für die freie Wahl des Arbeitsplatzes andere Bedingungen als den inländischen Arbeitnehmern auferlegen;
d) durch die Schaffung geeigneter Verfahren für die Zusammenführung und den Ausgleich von Angebot und Nachfrage auf dem Arbeitsmarkt zu Bedingungen, die eine ernstliche Gefährdung der Lebenshaltung und des Beschäftigungsstands in einzelnen Gebieten und Industrien ausschließen.

Diese Vorschrift ist die maßgebliche **Ermächtigungsgrundlage** für gesetzgeberische 1 Maßnahmen zur Herstellung der Freizügigkeit. Dies kann sowohl im Wege von Verordnungen aber auch im Wege von Richtlinien erfolgen. Es handelt sich hierbei zugleich um einen Gesetzgebungsauftrag an den europäischen Gesetzgeber, die notwendigen gesetzgeberischen Schritte zur Herstellung der Freizügigkeit zu unternehmen.

Auf der **Basis dieser Vorschrift** ist insbesondere die VO (EWG) Nr. 1612/68 ergangen, 2 die inzwischen durch die VO (EU) Nr. 492/2011 des Europäischen Parlaments und des Rates v. 5.4.2011 über die Freizügigkeit der Arbeitnehmer innerhalb der Union (ABl. EU Nr. L 141 v. 27.5.2011) abgelöst worden ist. Ebenfalls auf diese Vorschrift ist die RL 2004/38/EG des Europäischen Parlaments und des Rates v. 29.4.2004 über das Recht der Unionsbürger und ihrer Familienangehörigen, sich im Hoheitsgebiet der Mitgliedstaaten frei zu bewegen und aufzuhalten (ABl. EU Nr. L 158 v. 30.4.2004), gestützt. Während aber die VO 492/2011 explizit auf dieser Kompetenznorm beruht, hat die RL 2004/38/EG einen weiteren Anwendungsbereich und wird deshalb zusätzlich auch auf die Art. 18, 21, 50 und 59 AEUV gestützt und erfasst damit insbesondere auch die allgemeine Personenfreizügigkeit, das allgemeine Diskriminierungsverbot und die Niederlassungsfreiheit.

Der Katalog des Art. 46 konzentriert sich in den Buchst. a und b sowie d insbesondere 3 auf **Verfahrensfragen.** Buchst. a) hat dabei ebenso wie Buchst. d) die Schaffung eines europäischen Arbeitsmarkts im Auge, bei dem es zuvörderst zunächst darum geht, dass die Arbeitsverwaltungen der Mitgliedstaaten im Wege der Zusammenarbeit und des Informationsaustauschs auch tatsächlich grenzüberschreitende Arbeitssuche organisieren können. Hinter diesen Regelungen steht der Gedanke, dass es nicht ausreicht, dem Arbeitnehmer zu ermöglichen, grenzüberschreitend tätig zu werden und grenzüberschreitend auf Arbeitssuche zu gehen. Vielmehr ist diese Arbeitnehmerfreizügigkeit erst wirklich hergestellt, wenn der Arbeitssuchende noch in seinem Heimatland darüber informiert wird, welche Arbeitsmöglichkeiten sich in anderen Mitgliedstaaten ergeben können. Ziel ist es, einen Arbeitsmarkt herzustellen, der wie ein inländischer funktioniert und in dem eine grenzüberschreitende Perspektive der Arbeitssuche und -aufnahme realisiert wird.

4   Buchst. c) befasst sich mit den Beschränkungen aufgrund innerstaatlicher Rechtsvorschriften und zwischenstaatlicher Übereinkünfte, die Ungleichbehandlungen von inländischen und ausländischen Arbeitnehmern bei der freien Wahl des Arbeitsplatzes vorsehen. Diese Regelung umschreibt den Kern der materiellen Regelungen, die zur Herstellung der Arbeitnehmerfreizügigkeit erforderlich sind. Die sich daraus ergebenden Vorgaben sind in der VO Nr. 492/2011 umgesetzt.

5   Allerdings sind die **gesetzgeberischen Möglichkeiten darauf nicht beschränkt.** Dies bringt Art. 46 auch dadurch zum Ausdruck, dass vor dem Katalog der Buchst. a–d zum Ausdruck gebracht wird, dass davon „alle erforderlichen Maßnahmen, um die Freizügigkeit iSd Art. 45 AEUV herzustellen", gedeckt sind. Durch die sich daran anfügende Formulierung, dass dies „insbesondere" für die in den Buchst. a–d genannten Maßnahmen gelte, wird deutlich gemacht, dass dieser Katalog nicht abschließend verstanden wird. Dementsprechend hat der europäische Gesetzgeber auch die Regelungen zur gegenseitigen Anerkennung von Diplomen ua auf diese Vorschrift bzw. ihre Vorgängerinnen gestützt. Die zunächst verabschiedeten Richtlinien zur Anerkennung von Berufsqualifikationen sind inzwischen durch die RL 2005/36/EG des Europäischen Parlaments und des Rates v. 7.9.2005 über die Anerkennung von Berufsqualifikationen (ABl. EU Nr. L 255 v. 30.9.2005) ersetzt worden. Die Vorgaben der Buchst. b und c sind weitgehend umgesetzt während hinsichtlich der Buchst. a und d noch erhebliches Potential besteht (ABl. 2005 L 255, 22).

6   Gedeckt von dieser Vorschrift sind auch **Richtlinien oder auch Verordnungen zu sonstigen Arbeitsbedingungen,** auch wenn diese zum Teil auch auf andere Vorschriften des AEUV gestützt sind. Explizit auf Art. 46 gestützt ist die RL 2014/50/EU des Europäischen Parlaments und des Rates v. 16.4.2014 über Mindestvorschriften zur Erhöhung der Mobilität von Arbeitnehmern zwischen den Mitgliedstaaten durch Verbesserung des Erwerbs und der Wahrung von Zusatzrentenansprüchen (ABl. EU Nr. L 128 v. 30.9.2014) sowie die RL 2014/54/EU des Europäischen Parlaments und des Rates v. 16.4.2014 über Maßnahmen zur Erleichterung der Ausübung der Rechte, die Arbeitnehmern iRd Freizügigkeit zustehen (ABl. EU Nr. L 128 v. 30.9.2014), während die RL 98/49/EG des Rates v. 29.6.1998 zur Wahrung ergänzender Rentenansprüche von Arbeitnehmern und Selbstständigen, die innerhalb der Gemeinschaft zu- und abwandern (ABl. EG Nr. L 209 v. 25.7.1998), noch auf Art. 51 EGV – heute Art. 48 AEUV – gestützt wurde.

7   Nicht auf Art. 46 kann gestützt werden eine unionsrechtliche Lösung des Problems der **Inländerdiskriminierung** (s. auch Calliess/Ruffert/*Brechmann* Rn. 2), da es insoweit nicht um Maßnahmen zur Herstellung oder Gewährleistung der Freizügigkeit geht. Ebenfalls davon nicht erfasst sind Regelungen über den Zugang von Drittstaatsangehörigen zum Arbeitsmarkt, wenn man einmal von solchen Drittstaatsangehörigen absieht, die Familienangehörige von Unionsbürgern sind (wie hier Calliess/Ruffert/*Brechmann* Rn. 2).

8   Insgesamt ist festzustellen, dass Art. 46 eine Reichweite hat, die auch die Angleichung nationalen Arbeitsrechts im Wege von Richtlinien zur Verbesserung der Arbeitnehmerfreizügigkeit beinhaltet.

Art. 47 [Austausch junger Arbeitskräfte]

Die Mitgliedstaaten fördern den Austausch junger Arbeitskräfte im Rahmen eines gemeinsamen Programms.

Art. 48 [Sicherstellung der Ansprüche und Leistungen auf dem Gebiet der sozialen Sicherheit]

Das Europäische Parlament und der Rat beschließen gemäß dem ordentlichen Gesetzgebungsverfahren die auf dem Gebiet der sozialen Sicherheit für die Herstellung der Freizügigkeit der Arbeitnehmer notwendigen Maßnahmen; zu diesem Zweck führen sie insbesondere ein System ein, das zu- und abwandernden Arbeitnehmern und Selbstständigen sowie deren anspruchsberechtigten Angehörigen Folgendes sichert:

a) die Zusammenrechnung aller nach den verschiedenen innerstaatlichen Rechtsvorschriften berücksichtigten Zeiten für den Erwerb und die Aufrechterhaltung des Leistungsanspruchs sowie für die Berechnung der Leistungen;
b) die Zahlung der Leistungen an Personen, die in den Hoheitsgebieten der Mitgliedstaaten wohnen.

[1]Erklärt ein Mitglied des Rates, dass ein Entwurf eines Gesetzgebungsakts nach Absatz 1 wichtige Aspekte seines Systems der sozialen Sicherheit, insbesondere dessen Geltungsbereich, Kosten oder Finanzstruktur, verletzen oder dessen finanzielles Gleichgewicht beeinträchtigen würde, so kann es beantragen, dass der Europäische Rat befasst wird. [2]In diesem Fall wird das ordentliche Gesetzgebungsverfahren ausgesetzt. [3]Nach einer Aussprache geht der Europäische Rat binnen vier Monaten nach Aussetzung des Verfahrens wie folgt vor:

a) er verweist den Entwurf an den Rat zurück, wodurch die Aussetzung des ordentlichen Gesetzgebungsverfahrens beendet wird, oder
b) er sieht von einem Tätigwerden ab, oder aber er ersucht die Kommission um Vorlage eines neuen Vorschlags; in diesem Fall gilt der ursprünglich vorgeschlagene Rechtsakt als nicht erlassen.

Übersicht

	Rn.
A. Überblick	1
B. Umsetzung im europäischen koordinierenden Sozialrecht	6
I. Überblick	6
II. Persönlicher Anwendungsbereich	9
III. Sachlicher Anwendungsbereich	18
IV. Grundsatz der Gleichbehandlung	26
V. Kollisionsnormen	29
VI. Grundzüge des Leistungsrechts	44
1. Antikumulierungsgrundsatz	45
2. Zusammenrechnungsprinzip	46
3. Leistungsexportprinzip	47
4. Leistungsaushilfe	49
VII. Einzelne Leistungsbereiche	50
1. Krankheit und Mutterschaft	51
2. Rentenleistungen bei Alter, Tod, Invalidität	56
a) Alter und Tod	56
b) Invalidität	63
3. Arbeitsunfälle und Berufskrankheiten	69
4. Arbeitslosigkeit	72
5. Familienleistungen	77

A. Überblick

1 In Art. 48 wird der Rat aufgefordert, die „auf dem Gebiet der sozialen Sicherheit **für die Herstellung der Freizügigkeit der Arbeitnehmer notwendigen Maßnahmen**" zu beschließen. Diese Formulierung macht deutlich, dass diese „Maßnahmen" im direkten Zusammenhang mit der Freizügigkeit der Arbeitnehmer zu sehen sind. Aus diesem Grund

spricht man auch von dem freizügigkeitsspezifischen Sozialrecht (s. etwa *Eichenhofer,* Sozialrecht der Europäischen Union, 73 ff.; SWD/*Schreiber* VO (EG) Nr. 883/04 Einl. Rn. 1 ff.; HSW/*Steinmeyer* § 21 Rn. 1 ff.). Die Möglichkeit grenzüberschreitender Freizügigkeit würde behindert, wenn der im Binnenmarkt wandernde Arbeitnehmer befürchten müsste, dadurch Sozialleistungsansprüche und Anwartschaften einzubüßen oder bestimmte Sozialleistungen nicht zu erhalten, da Sozialleistungen regelmäßig nur an Verbindungen zu einem bestimmten Staat anknüpfen. Um dieser Gefahr entgegenzuwirken, sieht Art. 48 vor, dass ein System eingeführt wird, welches aus- und einwandernden Arbeitnehmern a) die Zusammenrechnung aller nach verschiedenen innerstaatlichen Rechtsvorschriften berücksichtigten Zeiten für den Erwerb und die Aufrechterhaltung des Leistungsanspruchs sowie für die Berechnung der Leistungen sichert und b) die Zahlung der Leistungen an Personen sichert, die in den Hoheitsgebieten der Mitgliedstaaten wohnen. Es soll so verhindert werden, dass Wanderarbeitnehmer, die von ihrem Recht auf Freizügigkeit Gebrauch gemacht hätten und in mehreren Mitgliedstaaten beschäftigt gewesen seien, ohne objektiven Grund schlechter gestellt würden als Arbeitnehmer, die ihre gesamte berufliche Laufbahn in einem einzigen Mitgliedstaat zurückgelegt hätten (EuGH 18.12.2014 – C-523/13 Rn. 25 – Larcher, NZA 2015, 91 ff.).

2   Diese Problematik hat allerdings nicht nur Bedeutung für die Arbeitnehmerfreizügigkeit sondern ebenso auch bei der **Ausübung der Personenfreizügigkeit** nach Art. 21 AEUV. Deshalb besteht auch insoweit ein Bedarf für die Beseitigung oder Verhinderung sozialrechtlicher Nachteile bei Ausübung des Rechts der Personenverkehrsfreiheit.

3   Diese Erwägungen gelten gleichermaßen auch, soweit **andere Grundfreiheiten** betroffen sind. Werden etwa auch Selbständige von den Systemen sozialer Sicherheit erfasst, so bedeutet es eine Beeinträchtigung ihrer Niederlassungs- bzw. Dienstleistungsfreiheit, wenn ihnen bei Tätigkeit in einem anderen Mitgliedstaat hinsichtlich der Systeme sozialer Sicherheit Nachteile entstehen. Deshalb dient das europäische koordinierende Sozialrecht auch der Verwirklichung dieser Grundfreiheiten.

4   Bei Art. 48 handelt es sich nicht um einen unmittelbar geltenden Rechtssatz, der den Einzelnen berechtigen würde, gegenüber einem Arbeitgeber aus dem Privatsektor sich auf diese Vorschrift zu berufen (EuGH 10.3.2011 – C-79/09 Rn. 13 – Casteels, Slg. 2011, I-1379 = NZA 2011, 561 [562]) und etwa eine Zusammenrechnung verschiedener Zeiten aus betrieblichen Sicherungssystemen zu verlangen. Die Vorschrift ist vielmehr lediglich eine **Ermächtigungsgrundlage** für Regelungen zur Freizügigkeit auf dem Gebiet der sozialen Sicherheit. Davon zu unterscheiden ist allerdings die Frage, ob sich etwas anderes aus der Regelung des Art. 45 AEUV ergibt.

5   Die Ermächtigungsgrundlage zum Erlass des **europäischen koordinierenden Sozialrechts** verlangte bisher Einstimmigkeit, was zu einem überaus schwerfälligen Verfahren bei der Durchführung nötiger Reformen führte. Nunmehr unterliegt auch dies dem ordentlichen Gesetzgebungsverfahren mit Mehrheitsentscheidungen. Angesichts der Sensibilität von Regelungen zur sozialen Sicherheit ist diese Einführung des Mehrheitsprinzips allerdings begleitet worden von einer Art von Veto-Recht in Art. 48 II. Dabei kann ein Ratsmitglied geltend machen, dass ein Entwurf einer auf Art. 48 I gestützten Regelung wichtige Aspekte seines System der sozialen Sicherheit, insbesondere dessen Geltungsbereich, Kosten oder Finanzstrukturen verletze oder zu einer Beeinträchtigung des finanziellen Gleichgewichts führe. In diesen Fällen kann der betreffende Mitgliedstaat die – vorläufige – Aussetzung des Gesetzgebungsverfahrens erreichen. Der Europäische Rat kann dann im weiteren Verlauf und nach einer Aussprache den Entwurf an den Rat zurückverweisen. Dann ist die Aussetzung beendet und der Rat entscheidet erneut über den Entwurf. Der Europäische Rat kann aber auch von einem Tätigwerden absehen oder die Kommission um Vorlage eines neuen Vorschlags ersuchen. Damit ist zum einen das Veto gebunden an besondere Voraussetzungen und zum anderen kann es in dem genannten Verfahren überwunden werden. Die Voraussetzungen für ein solches Veto werden eher selten gegeben sein (so auch Streinz/*Eichenhofer* Rn. 14) und eine dauerhafte Verhinderung einer Gesetzesinitiative wird sich auch bei Aus-

übung daraus regelmäßig nicht ergeben. Andererseits sorgt diese Möglichkeit dafür, dass sich der europäische Gesetzgeber im Verfahren mit diesen Vorgaben auseinandersetzt und so im vorauseilenden Gehorsam die in Art. 48 II genannten Vorgaben berücksichtigt werden.

B. Umsetzung im europäischen koordinierenden Sozialrecht

I. Überblick

Die Vorgaben der Ermächtigungsgrundlage wurden bereits sehr früh in konkrete Rechts- 6
akte der Gemeinschaft umgesetzt. Bereits im Jahre 1958 die VO (EWG) Nr. 3 des Rates über die soziale Sicherheit der Wanderarbeitnehmer und die VO (EWG) Nr. 4 des Rates zur Durchführung und Ergänzung der VO Nr. 3 erlassen. Dabei lehnten sich beide Verordnungen an das für die Arbeitnehmer im Montanbereich geschaffene Abkommen „über die soziale Sicherheit der Wanderarbeitnehmer" (BABl. 1958, 101 ff.) an. Systematisch konnte man die VO Nr. 3 und die VO Nr. 4 mit multilateralen Sozialversicherungsabkommen vergleichen; derartige Abkommen regeln als zwischenstaatliches Recht den Export von Sozialleistungen und die Zusammenrechnung von leistungserheblichen Faktoren (s. näher HSW/*Steinmeyer* § 32 Rn. 143 ff.). Diese Strukturelemente wurden in die VO Nr. 3 und Nr. 4 als supranationales Recht übernommen. Ebenfalls auf der Basis dieser Ermächtigungsgrundlage – nunmehr Art. 48 – und damit auch als soziale Maßnahme zur Herstellung der Arbeitnehmerfreizügigkeit wurde am 14.6.1971 die VO (EWG) Nr. 1408/71 erlassen. Zusammen mit der VO (EWG) Nr. 574/72 des Rates v. 21.3.1972 über die Durchführung der VO Nr. 1408/71 löste sie die VO Nr. 3 und 4 ab. Die Verordnungen Nr. 1408/71 und Nr. 574/72 führten inhaltlich die durch die VO Nr. 3 und 4 begonnene Zielsetzung und deren Strukturelemente fort. Das System der VO Nr. 1408/71 und Nr. 574/72 hat im Laufe der Jahre eine hohe Komplexität erreicht. Aus diesem Grund ist das Koordinierungsrecht bereinigt und in der **VO (EG) Nr. 883/04** niedergelegt worden (VO (EG) Nr. 883/ 2004; ABl. 2004 L 166, 1; *Eichenhofer* DRV 2004, 200–210; *Fuchs* SGb 2008, 20; *Spiegel* ZIAS 2006, 85). Diese Verordnung ist zum 1.5.2010 in Kraft getreten, nachdem auch die **Durchführungsverordnung VO (EG) Nr. 987/09** ergangen ist. Ziel dieser neuen Verordnung ist es, die Komplexität des Systems zu verringern (vgl. zur Geschichte der Reform: *Schulte*, in: DRV Bund (Hrsg.), Die Reform des Europäischen Koordinierenden Sozialrechts, 9 ff.).

Neben **allgemeinen Bestimmungen** (Art. 1–10 VO (EG) Nr. 883/04) und Bestim- 7
mungen der **anzuwendenden Rechtsvorschriften** (Art. 11–16 VO (EG) Nr. 883/04) sind vor allem die besonderen Vorschriften für die **einzelnen Leistungsarten** (Art. 17–70 VO (EG) Nr. 883/04) für die Rechtsanwendungspraxis der VO (EG) Nr. 883/04 von Bedeutung. Nicht alle in den nationalen Rechtsordnungen vorgesehenen Sozialleistungen werden auch von der VO (EG) Nr. 883/04 erfasst. Die Verordnung enthält Vorschriften über Krankheit und Mutterschaft/Vaterschaft (Art. 17–35), Arbeitsunfälle und Berufskrankheiten (Art. 36–41), Sterbegeld (Art. 42 und 43), Invalidität (Art. 44–49), Alter und Tod (Art. 50–60), Arbeitslosigkeit (Art. 61–65a), Vorruhestand (Art. 66), Familienleistungen (Art. 67–69) sowie besondere beitragsunabhängige Geldleistungen (Art. 70). Die Regelungen der Verordnung gewähren keine originären Ansprüche auf Sozialleistungen; es finden sich weder anspruchsbegründende Normen, noch wird in der VO (EG) Nr. 883/04 ein europäischer Sozialleistungsträger bestimmt. Ein einheitliches (materielles) europäisches Sozialrecht ist damit nicht geschaffen. Die Ansprüche und die zuständigen Stellen bestimmen sich nach den jeweiligen Rechtsordnungen der Mitgliedstaaten, wobei gewisse Vorgaben durch die Durchführungsverordnung bestehen. Die besonderen Vorschriften der VO (EG) Nr. 883/04 haben vielmehr die Aufgabe, die mitgliedstaatlichen Systeme der sozialen Sicherheit untereinander soweit zu koordinieren, wie es die Zielsetzung erfordert.

8 Die Verordnung nimmt **keine Harmonisierung** vor; die formellen und materiellen Unterschiede zwischen den sozialen Sicherungssystemen der Mitgliedstaaten werden durch Art. 48 nicht berührt. Deshalb können die Vorschriften des AEUV zur Arbeitnehmerfreizügigkeit einem Versicherten nicht garantieren, dass ein Umzug in einen anderen Mitgliedstaat hinsichtlich der sozialen Sicherheit neutral ist. Ein solcher Umzug kann nämlich aufgrund der Unterschiede, die in diesem Bereich zwischen den Systemen und den Rechtsvorschriften der Mitgliedstaaten bestehen, für den Versicherten in finanzieller Hinsicht mehr oder weniger vorteilhaft sein (EuGH 11.4.2013 – C-443/11 Rn. 43 ff. – Jeltes mit Anm. *Eichenhofer* ZESAR 2013, 373 ff.; 12.7.2012 – C-562/10 Rn. 57, NZS 2012, 818 [819]; 16.7.2009 – C-208/07 Rn. 85 – Chamier-Glisczinski, Slg. 2009, I-6095). So kann etwa das Rentenniveau in einem anderen Mitgliedstaat – auch wegen eines niedrigeren Durchschnittseinkommens – deutlich von dem seines Herkunftsstaats unterschiedlich sein. Ein Verstoß gegen das Freizügigkeitsgebot wird hierin nicht gesehen, da sich die Unterschiede hier aus der fehlenden Harmonisierung des einschlägigen Unionsrechts ergeben (EuGH 14.10.2010 – C-345/09 Rn. 106 – van Delft, Slg. 2010, I-9879 ff. = NZS 2011, 375 [380]) und sich der Betroffene bei Aufenthalt in einem anderen Staat in die dortige Rechtsordnung begibt und dann eben auch so wie ein dortiger Inländer zu behandeln ist; auch das ist Teil der Freizügigkeit.

II. Persönlicher Anwendungsbereich

9 Nach Art. 2 I VO (EG) Nr. 883/04 gilt die Verordnung „für Staatsangehörige eines Mitgliedstaats oder Staatenlose und Flüchtlinge mit Wohnort in einem Mitgliedstaat, für die die Rechtsvorschriften eines oder mehrerer Mitgliedstaaten gelten oder galten, sowie für ihre Familienangehörigen und Hinterbliebenen". Ferner dehnt Art. 2 II VO (EG) Nr. 883/04 den persönlichen Anwendungsbereich auf Hinterbliebene von Personen aus, für die die Rechtsvorschriften eines oder mehrerer Mitgliedstaaten galten und zwar ohne Rücksicht auf die Staatsangehörigkeit dieser Personen, wenn die Hinterbliebenen Staatsangehörige eines Mitgliedstaats sind oder als Staatenlose oder Flüchtlinge in einem Mitgliedstaat wohnen, womit auch Drittstaatsangehörige erfasst sein können.

10 Von einem sozialen Sicherungssystem nur für Wanderarbeitnehmer kann angesichts des Wortlauts von Art. 2 VO (EG) Nr. 883/04 nicht mehr gesprochen werden. Das geht zum einen zurück auf eine sich bereits in den sechziger Jahren abzeichnende Entwicklung, die in der Rs. Singer et *fils* (EuGH 4.11.1965 – C-44/65 – Singer et fils, Slg. 1965, 1274.) ihren ersten Ausdruck fand. Der EuGH führte dort aus, dass die Herbeiführung einer möglichst weitgehenden Freizügigkeit der Arbeitnehmer den Endzweck des Art. 42 EGV (jetzt Art. 48 AEUV) darstelle und Richtschnur für gemeinschaftsrechtliches Handeln sei. Diesem Geist entspreche es nicht, den Arbeitnehmerbegriff auf die Wanderarbeitnehmer im eigentlichen Sinn oder auf Ortsveränderungen einzuschränken, die mit dem Arbeitsverhältnis im Zusammenhang stehen (EuGH 4.11.1965 – C-44/65 – Singer et fils, Slg. 1965, 1274 [1275]). Aus diesem Grund hatte der EuGH die VO (EWG) Nr. 1408/71 auch dann für anwendbar erklärt, wenn ein versicherter Arbeitnehmer während eines Urlaubsaufenthalts Leistungen begehrt. Schon vor dieser Entscheidung war anerkannt, dass die Geltendmachung von Leistungen der sozialen Sicherheit nicht notwendig mit dem Arbeitsverhältnis in Zusammenhang stehen muss (EuGH 11.3.1965 – C-33/64 – Van Dijk, Slg. 1965, 133 [145]). Dies führte zu einer Abkehr von einer strengen Verknüpfung der sozialen Absicherung an die Erwerbstätigkeit (vgl. auch EuGH 11.6.1998 – C-275/96 – Kuusijärvi, Slg. 1998, 3419 [3452], wonach von Art. 2 I VO (EWG) Nr. 1408/71 (nunmehr Art. 2 VO (EG) Nr. 883/04) **jede Person erfasst ist, die im Rahmen einer der in Art. 1 lit. a VO aufgeführten Systeme der sozialen Sicherheit gegen die in dieser Vorschrift angegebenen Risiken** unter den dort genannten Voraussetzungen **versichert** ist). Mit einer ähnlichen Begründung hat der EuGH dann den persönlichen Anwendungsbereich auch auf Selbständige ausgedehnt. Es kommt darin eine allgemeine Tendenz zum Ausdruck, die

Sozialversicherung auf neue Personengruppen zu erstrecken, die den gleichen Risiken und Wechselfällen des Lebens unterliegen. Dies hat das Gericht für Selbständige – in diesem Fall für einen Handwerker – angenommen, soweit das für Arbeitnehmer geschaffene Sozialversicherungssystem auf sie zumindest hinsichtlich einzelner Risiken erstreckt wird (EuGH 19.12.1969 – C 19/68 – De Cicco, Slg 1968, 710 [718]; *Steinmeyer,* Freizügigkeit und soziale Rechte in einem Europa der Bürger, in: Magiera (Hrsg.), Das Europa der Bürger in einer Gemeinschaft ohne Binnengrenzen 1990, 63 [67 f.]).

Art. 2 VO (EG) 883/04 geht gegenüber der bisherigen VO (EWG) Nr. 1408/71 insofern **11** noch einen Schritt weiter, als **keine Bezugnahme mehr auf Arbeitnehmer und Selbständige** erfolgt, da die neue Verordnung – also das Regelungssystem zur Koordinierung der nationalen Systeme der sozialen Sicherheit – ausweislich des Erwägungsgrunds 1 Teil des freien Personenverkehrs ist und zur Verbesserung des Lebensstandards und der Arbeitsbedingungen beitragen soll. Die praktischen Auswirkungen dieser Ausweitung des Personenkreises werden sich allerdings für Deutschland in Grenzen halten, da die hiesigen Systeme nicht Staatsbürgersysteme sind, sondern grds. an der Erwerbstätigkeit anknüpfen, die Verordnung aber nur solche Situationen erfassen kann, in denen die betreffenden Personen von einem System an sich erfasst werden (*Spiegel* ZIAS 2006, 85 [95]). Es zeigt sich aber hier wie auch schon zu Art. 45 AEUV, dass die Arbeitnehmerfreizügigkeit und die Personenverkehrsfreiheit angesichts des Standes der europarechtlichen Entwicklung nur noch gemeinsam gesehen werden können. Ebenso wie dort die RL 2004/38/EG die entsprechenden Konsequenzen zieht, tut es die VO (EG) Nr. 883/04 hier.

Weiterhin sind es aber die **Arbeitnehmer,** die den persönlichen Geltungsbereich der VO **12** (EG) Nr. 883/04 kennzeichnen. In Art. 1 lit. a VO (EG) Nr. 883/04 wird der Begriff der Beschäftigung und in Buchst. b der der selbständigen Erwerbstätigkeit definiert. Danach wird unter Beschäftigung jede Tätigkeit oder gleichgestellte Situation verstanden, die für die Zwecke der Rechtsvorschriften der sozialen Sicherheit des Mitgliedstaats, in dem die Tätigkeit ausgeübt wird oder die gleichgestellte Situation gilt, als solche gilt. Die selbständige Erwerbstätigkeit wird mit identischem Wortlaut definiert. Diese Definitionen sind allerdings so konturlos, dass sie eine eindeutige Begriffsbestimmung nicht vornehmen. Insbesondere vermag die Begriffsbestimmung der Beschäftigung keine Abgrenzung zum Begriff der selbständigen Erwerbstätigkeit zu geben; beide Begriffe werden einheitlich definiert, womit die Trennung zwischen Arbeitnehmer und Selbständigen aufgegeben wurde. Die Definition hebt aber hervor, dass es für den Beschäftigungsbegriff entscheidend ist, ob die Person in den betreffenden Systemen der sozialen Sicherheit versichert ist. Das bedeutet, dass der **Beschäftigungsbegriff** der VO (EG) Nr. 883/04 ausschließlich durch sozialrechtliche und nicht, wie sonst üblich, auch durch arbeitsrechtliche Kriterien bestimmt wird (EuGH 30.1.1997 – C-340/94 – de Jaeck). Insoweit unterscheidet er sich auch vom Arbeitnehmerbegriff des Art. 45 AEUV. Noch während der Geltung der VO Nr. 3 hat der EuGH in der Rs. *Unger* (EuGH 19.3.1964 – C-75/63 Unger, Slg 1964, 379 ff.) erstmals zum Arbeitnehmerbegriff entschieden, dass auch vormals pflichtversicherte Arbeitnehmer, die gegenwärtig nicht arbeiten, unter den persönlichen Anwendungsbereich fallen. Selbst Personen, die überhaupt nicht mehr arbeiten, wurden durch den Europäischen Gerichtshof in der Rs. *Pierik* (EuGH 31.5.1979 – C-182/78 – Pierik, Slg 1979, 1977 [1993]) als Arbeitnehmer anerkannt, womit Rentner über den speziellen Bereich der Art. 27 ff. VO (EWG) Nr. 1408/71 (nunmehr Art. 23 ff. VO (EG) Nr. 883/04) hinaus in den gesamten Anwendungsbereich einbezogen wurden. Diese Rechtsprechung verdeutlicht, dass für die Annahme der Beschäftigung iSd VO (EG) Nr. 883/04 nicht darauf abzustellen ist, ob eine Person arbeitet oder nicht. Wesentlich ist nur, dass das Begehren der Person von Sinn und Zweck der Verordnung umfasst ist. Insofern beruht die Abgrenzung hier auf anderen Gesichtspunkten als bei Art. 45 AEUV, ist aber gleichwohl in den dortigen Grundgedanken begründet. Dass etwa hier Rentner besonders berücksichtigt werden, hängt auch damit zusammen, dass Art. 45 III lit. d AEUV dem Arbeitnehmer grds. das Recht gibt, nach Beendigung einer Beschäftigung im Hoheitsgebiet eines Mitgliedstaats dort zu verbleiben; die Personenfreizügigkeit hat zudem dazu

20 AEUV Art. 48 Sicherstellung der Ansprüche und Leistungen

geführt, dass Rentenbezieher auch sonst die Freiheit haben, sich in dem Gebiet eines anderen Mitgliedstaats dauerhaft aufzuhalten.

13   Erfasst werden vom Koordinierungssystem seit einer Entscheidung des EuGH auch **Beamte,** denn Art. 45 IV AEUV bedeutet lediglich, dass der Mitgliedstaat Arbeitsplätze in der öffentlichen Verwaltung seinen eigenen Staatsangehörigen vorbehalten darf; das rechtfertigt aber nicht eine Einschränkung der Freizügigkeit von Arbeitnehmern der öffentlichen Verwaltung, die etwa ihren Arbeitsplatz wechseln. Aus diesem Grund unterfallen auch Beamte der VO 883/04. Der Begriff des Beamten beziehungsweise der ihnen gleichgestellten Personen bestimmt sich einzig nach dem nationalen Recht des Mitgliedsstaates der beschäftigenden Stelle (EuGH 9.12.2010 – C-296/09 Baesen, Slg. 2010, I-12831). Sie unterliegen dabei insgesamt dem persönlichen Anwendungsbereich der VO (EG) Nr. 883/04, und zwar unabhängig davon, ob sie den allgemeinen Systemen der sozialen Sicherheit unterliegen oder in Sondersystemen für Beamte versichert sind. Sowohl im System des Art. 45 AEUV (vgl. EuGH 8.3.1979 – C-129/78 – Lohmann, Slg. 1979, 853 [860]; 5.3.1998 – C-194/96 – Kulzer, Slg. 1998, 895 [931]) als auch im Koordinierungssystem der VO (EG) Nr. 883/04 (vgl. Art. 1 lit. d) werden Beamte grds. als Beschäftigte angesehen. So hat der EuGH beispielsweise für Studienreferendare entschieden, dass sie keine Beschäftigung in der öffentlichen Verwaltung iSd Art. 39 IV EGV (jetzt Art. 45 IV AEUV) ausüben (EuGH 16.6.1987 – C-225/85 – Kommission/Italien, Slg. 1987, 2625 [2638 f.]; dazu näher auch → AEUV Art. 45 Rn. 137). Nach der Rechtsprechung des EuGH fallen auch Berufssoldaten im aktiven Dienst unter den persönlichen Geltungsbereich der VO (EWG) Nr. 1408/71 – nunmehr VO (EG) Nr. 883/04 –, wenn sie nach dem nationalen Recht dem Sozialversicherungssystem der Arbeitnehmer unterliegen (EuGH 24.3.1994 – C-71/93 – Guido van Poucke). Durch die am 25.10.1998 in Kraft getretene Änderungsverordnung (EG) Nr. 1606/98 (VO (EG) Nr. 1606/98; ABl. 1998 L 209, 1) sind auch die Sondersysteme für Beamte dann in das Koordinierungssystem aufgenommen worden, was zurückgeht auf eine Entscheidung des EuGH in der Rs. *Vougioukas.* Mit seiner Entscheidung v. 22.11.1995 (EuGH 22.11.1995 – C-443/93 – Vougioukas/IKA, Slg. 1995, 4033: so auch 17.10.1995 – C-227/94 – Olivieri-Coenen, Slg. 1995, 3301) hat der EuGH deutlich gemacht, dass die Besonderheiten eines Sicherungssystems kein Hinderungsgrund dafür sind, auch diese Systeme dem Freizügigkeitsgebot zu unterwerfen. In dieser Entscheidung ordnete der EuGH die Anrechnung deutscher Beschäftigungszeiten in einem griechischen Sondersystem für Beamte ohne Rücksicht darauf an, dass dieses System von der Verordnung an sich nicht erfasst war (vgl. dazu *Steinmeyer,* FS Krasney, 1997, 567 ff.; *Fuchs* ZBR 1996, 152 ff.). Die neue VO (EG) Nr. 883/04 hat nunmehr die Systeme der Beamten in die Verordnung voll integriert.

14   Die Einbeziehung von **Staatenlosen und Flüchtlingen,** die im Gebiet eines Mitgliedstaats wohnen, wird nicht von Art. 39 ff. EGV (jetzt Art. 45 ff. AEUV) gefordert, entspricht einer allgemeinen Praxis in bi- und multilateralen Sozialversicherungsabkommen, da sie ansonsten keinen sozialen Schutz genießen würden (s. dazu auch → AEUV Art. 45 Rn. 29). Der Status als Flüchtling oder Staatenloser bestimmt sich gem. Art. 1 lit. g und h VO (EG) Nr. 883/04 anhand des Abkommens über die Rechtsstellung der Flüchtlinge v. 28.7.1951 (BGBl. 1953 II 560) und des Übereinkommens über die Rechtsstellung der Staatenlosen v. 28.9.1954 (BGBl. 1976 II 474; BGBl. 1977 235).

15   Dass auch **Familienangehörige und Hinterbliebene** einbezogen werden, entspricht der Sichtweise, dass zur Freizügigkeit des Arbeitnehmers auch die Gewährleistung des Schutzes des Familienlebens der Staatsangehörigen der Mitgliedstaaten bei der Ausübung der vom Vertrag garantierten Grundfreiheiten gehört (EuGH 11.7.2002 – C-60/00 Rn. 38 – Carpenter, EuR 2002, 852; 25.7.2002 – C-459/99 Rn. 53 – MRAX, BeckRS 2004, 77359). Dies trifft sich vollständig mit der Sichtweise und Praxis zu Art. 45 AEUV (→ AEUV Art. 45 Rn. 32 ff.). Die bei Art. 45 AEUV anzutreffende Berücksichtigung auch der drittstaatsangehörigen Familienangehörigen wäre unvollständig, würde sie nicht entsprechend sozialrechtlich flankiert.

Das europäische koordinierende Sozialrecht beschränkt sich in seinem Anwendungsbereich nicht auf Staatsangehörige der Mitgliedstaaten und deren Familienangehörige. Es erfasst auch die **Staatsangehörigen der Staaten des Europäischen Wirtschaftsraums** (Island, Liechtenstein und Norwegen) sowie der **Schweiz** (s. dazu auch Fuchs/*Spiegel* Art. 2 Rn. 7 f.). 16

Darüber hinaus werden auf dem Weg über eine besondere Verordnung auch sonstige **Drittstaatsangehörige** (s. dazu auch Tomandl/*Spiegel,* Der Einfluss Europäischen Rechts auf das Sozialrecht, 2001, 127 ff. [179 ff.]) miteinbezogen. Diese Erstreckung folgt nicht unmittelbar aus dem Freizügigkeitsgebot sondern hat mehr praktische Bedeutung; es soll insbesondere verhindert werden, dass Arbeitgeber und Träger der Systeme sozialer Sicherheit mit komplexen Sachverhalten konfrontiert werden, von denen nur eine relativ kleine Gruppe erfasst wird. Deshalb sieht die VO (EU) Nr. 1231/2010 auch nur vor, dass das europäische koordinierende Sozialrecht für solche Drittstaatsangehörige gilt, die ausschließlich aufgrund ihrer Staatsangehörigkeit nicht bereits unter die VO 883/04 und 987/09 fallen. Das gleiche gilt für ihre Familienangehörigen und Hinterbliebenen. Voraussetzung ist weiter, dass sie ihren rechtmäßigen Wohnsitz im Hoheitsgebiet eines Mitgliedstaates haben und sich in einer Lage befinden, die nicht ausschließlich einen einzigen Mitgliedstaat betrifft. Wenn also etwa ein deutscher und ein türkischer Arbeitnehmer, die beide für ein deutsches Unternehmen arbeiten, im Rahmen eines Arbeitseinsatzes aus Deutschland ins EU-Ausland entsandt werden, so bleibt sowohl für den deutschen als auch für den türkischen Arbeitnehmer das deutsche Sozialrecht in Anwendung einmal der VO 883/04 und ein anderes Mal in Anwendung der VO 1231/2010 in Bezugnahme auf die VO 883/04 erhalten. 17

III. Sachlicher Anwendungsbereich

Das Koordinierungssystem der Verordnung ist angetreten, möglichst umfassend die Hindernisse für die Ausübung der Freizügigkeit, die sich aus den unterschiedlichen sozialen Sicherungssystemen ergeben, zu beseitigen. Dem entspricht es, dass dann auch möglichst umfassend alle sozialen Sicherungssysteme der Mitgliedstaaten erfasst werden sollen. Aus diesem Grund benennt die Vorschrift der Verordnung zum sachlichen Geltungsbereich (Art. 3 VO 883/04) als zu erfassende Systeme Leistungen bei Krankheit und Mutterschaft sowie Vaterschaft, Leistungen bei Invalidität, Leistungen bei Alter, Leistungen an Hinterbliebene, Leistungen bei Arbeitsunfällen und Berufskrankheiten, Sterbegeld, Leistungen bei Arbeitslosigkeit, Vorruhestandsleistungen und Familienleistungen. Die Art der Finanzierung ist nicht von Relevanz und ebenso nicht die genaue Bezeichnung. In Art. 3 II VO (EG) Nr. 883/04 wird der sachliche Geltungsbereich in einem zweiten Schritt anhand struktureller Kriterien umgrenzt. Die VO (EG) Nr. 883/04 gilt sowohl für die allgemeinen als auch für die besonderen, für die beitragsfreien und die beitragspflichtigen Systeme der sozialen Sicherheit, einschließlich der Systeme, nach denen die Arbeitgeber und Reeder zu Leistungen verpflichtet sind. 18

Für die Einordnung als System der sozialen Sicherheit sind die **grundlegenden Merkmale der jeweiligen Leistung** maßgebend, also insbesondere ihr Zweck und die Voraussetzungen ihrer Gewährung; es kommt nicht darauf an, ob eine Leistung von den nationalen Rechtsvorschriften als Leistung der sozialen Sicherheit eingestuft wird. Eine Leistung ist dann als eine solche der sozialen Sicherheit anzusehen, wenn sie sich auf eine der genannten Risiken bezieht und sie dem jeweils Begünstigten aufgrund eines gesetzlich umschriebenen Tatbestandes und ohne jede im Ermessen liegende individuelle Prüfung der persönlichen Bedürftigkeit gewährt wird (EuGH 24.10.2013 – C-177/12 – CNPF/Lachheb, BeckRS 2013, 82039). 19

Weiterhin wird in den Abs. 3–5 durch **Abgrenzungen der sachliche Geltungsbereich für bestimmte Teilbereiche** der sozialen Sicherheit näher bestimmt. Eine Leistung der sozialen Sicherheit liegt danach vor, wenn sie den Empfängern in Bezug auf eines der in 20

Art. 3 I VO (EG) 883/04 benannten Risiken ohne an die individuelle Bedürftigkeit anknüpfende Ermessensentscheidung aufgrund eines gesetzlichen Tatbestands gewährt wird (EuGH 27.3.1985 – C-249/83 – Hoeckx, BeckRS 2004, 72614; 5.3.1998 – C-160/96 – Molenaar, NJW 1998, 1767). Es kommt folglich nicht darauf an, ob das System der sozialen Sicherheit der ganzen oder nur Teilen der Bevölkerung offen steht und welche Finanzierungsform für das System besteht. Bei den Leistungen braucht es sich nicht nur um die Beseitigung aktueller Risiken zu handeln. Auch vorbeugende Maßnahmen, wie etwa eine Tbc-Prävention, sind Leistungen iSd Art. 3 VO (EG) Nr. 883/04 (EuGH 16.11.1972 – C-15/72 – Heinze, Slg. 1972, 1105 [1114]). Da sich der sachliche Geltungsbereich auf alle „Rechtsvorschriften" bezieht, werden bestehende oder künftige Tarifverträge, selbst wenn eine Allgemeinverbindlichkeitserklärung vorliegt, grds. nicht miteinbezogen. Lediglich unter den in Art. 1 lit. l VO (EG) Nr. 883/04 genannten Voraussetzungen ist eine Einbeziehung in den sachlichen Geltungsbereich möglich. Bei der Einführung neuer Sicherungssysteme – wie etwa der Pflege – ist grds. in unionsrechtlicher Begriffsbestimmung eine Zuordnung zu einer der von Art. 3 angesprochenen Risiken vorzunehmen. Der EuGH hat deshalb in der Rs. *Molenaar* die deutsche Pflegeversicherung dem Risiko Krankheit zugeordnet (EuGH 5.3.1998 – C-160/96 – Molenaar, NJW 1998, 1767).

21 Art. 3 V VO (EG) Nr. 883/04 schließt die **soziale und medizinische Fürsorge sowie solche Leistungssysteme aus, bei denen ein Mitgliedstaat die Haftung für Personenschäden übernimmt und Entschädigung leistet,** etwa für Opfer von Krieg und militärischen Aktionen oder der sich daraus ergebenden Folgen, ebenso für Opfer von Straftaten, Attentaten oder Terrorakten, für Opfer von Schäden, die von Bediensteten eines Mitgliedstaats in Ausübung ihrer Pflichten verursacht wurden, oder für Personen, die aus politischen oder religiösen Gründen oder aufgrund ihrer Abstammung Nachteile erlitten haben. Mit der Bezugnahme auf die soziale und medizinische Fürsorge wird die Sozialhilfe ausgeklammert. Für eine Abgrenzung zwischen den Leistungen der sozialen Sicherheit iSd Art. 3 I VO (EG) Nr. 883/04 und der Sozialhilfe wird von der Rechtsprechung darauf abgestellt, ob die Leistungen dem Betroffenen einen konkreten Leistungsanspruch zubilligen und sich an der Bedürftigkeit orientieren. So wurde etwa eine belgische Sozialleistung, die einkommensschwachen Rentnern neben der Rente gezahlt wurde, nicht als Sozialhilfe angesehen, da sich der Begünstigte in einer gesetzlich genau umschriebenen Rechtsposition befindet, die ihm einen konkreten Rechtsanspruch verschafft und die Leistung nicht die Gewährung des Existenzminimums ist, sondern eine unzureichende soziale Absicherung kompensiert (EuGH 22.6.1972 – C-1/72 – Frilli, Slg. 1972, 457 ff. = BeckRS 2004, 70557).

22 Der Ausschluss der **Sozialhilfe** nach dem SGB XII aus dem sachlichen Geltungsbereich der VO (EG) Nr. 883/04 bedeutet aber nicht eine Ausklammerung dieser Sozialleistung aus dem europäischen Sozialrecht durch das Unionsrecht. Auch wenn sie nicht in den sachlichen Geltungsbereich der VO (EG) Nr. 883/04 fällt, so ist sie eine „soziale Vergünstigung" iSd Art. 7 II VO (EU) Nr. 492/2011 (→ Rn. 16 ff.). Danach gilt auch für die Sozialhilfe der Grundsatz der Inländergleichbehandlung.

23 Durch die Ausklammerung von **Entschädigungsleistungen,** die in dieser Fassung des Buchst. b) erst durch eine Änderungsverordnung zur VO (EG) Nr. 883/04 erfolgte, sind die Leistungssysteme ausgenommen, die im deutschen Recht als Systeme sozialer Entschädigung qualifiziert werden, also etwa das Bundesversorgungsgesetz, das Opferentschädigungsgesetz etc., aber wohl auch die sog. unechte Unfallversicherung.

24 Eine für die **betriebliche Altersversorgung** und damit das Arbeitsrecht relevante Frage ist die, ob auch derartige betriebliche Systeme dem Koordinierungssystem der Verordnung unterfallen können (s. dazu und zur Behandlung der Betriebsrenten in diesem Zusammenhang: *Eichenhofer,* Sozialrecht der Europäischen Union, 223 ff.). Was unter sozialer Sicherheit zu verstehen ist, wird in der Verordnung nicht näher erläutert. Es steht aber fest, dass es nicht darauf ankommt, ob eine Leistung von den nationalen Rechtsvorschriften als eine Leistung der sozialen Sicherheit eingestuft wird (EuGH 16.7.1992 – C-78/91 – Hughes, BeckRS

2004, 77786; 10.10.1996 – C-245/94/C-312/94 – Hoever/Zachow, Slg. NZA 1996, 1195; Fuchs/*Fuchs* Art. 3 Rn. 7). Im Verhältnis zu den Zusatzversorgungssystemen lässt sich die Abgrenzung über den Begriff der sozialen Sicherheit letztlich nicht sicher ziehen, da im Sprachgebrauch des europäischen Gesetzgebers etwa Systeme der betrieblichen Altersversorgung auch als betriebliche Systeme der sozialen Sicherheit bezeichnet werden, wie an Art. 1 II lit. c RL 2006/54/EG zur Verwirklichung des Grundsatzes der Chancengleichheit und Gleichbehandlung von Männern und Frauen in Arbeits- und Beschäftigungsfragen (ABl. 2006 L 204, 23) deutlich wird. Es ist entscheidend darauf abzustellen, ob es sich um ein auf Rechtsvorschriften und Satzungsrecht beruhendes Sondersystem handelt; in einem derartigen Fall ist eine Zuordnung zur Verordnung möglich. Es reicht nicht ein auf Tarifvertrag beruhendes System, da Art. 1 lit. l VO 883/04 bestehende oder künftige tarifvertragliche Vereinbarungen selbst dann von dem für die Zuordnung maßgeblichen Begriff „Rechtsvorschriften" ausnimmt, wenn eine behördliche Entscheidung sie für allgemein verbindlich erklärt oder ihren Geltungsbereich erweitert hat. Das bedeutet allerdings nicht, dass diese Systeme nicht auch den Vorgaben der Arbeitnehmerfreizügigkeit entsprechen müssen. Den Vorgaben ist dann jedoch auf andere Weise Rechnung zu tragen (vgl. auch HSW/*Steinmeyer* §§ 26 f.), wie sich etwa aus der RL 2014/50/EU v. 16.4.2014 über Mindestvorschriften zur Erhöhung der Mobilität von Arbeitnehmern zwischen den Mitgliedstaaten durch Verbesserung des Erwerbs und der Wahrung von Zusatzrentenansprüchen ergibt.

Das europäische Recht differenziert anders als das deutsche Recht nicht sauber zwischen 25 dem **Arbeitsrecht** und dem **Sozialrecht,** sondern folgt insoweit eher der französischen Rechtstradition. Deshalb ist die genaue rechtliche Ausgestaltung einer Sozialleistung als arbeitsrechtlich oder sozialrechtlich nicht zwingend für die Anwendung der Verordnung maßgeblich. Der EuGH hat daher das deutsche System der Entgeltfortzahlung unter die Verordnung subsumiert, da es das Risiko Krankheit absichert, die Art der Finanzierung nicht maßgeblich ist und die Verordnung nach Art. 3 II auch für die Verpflichtungen der Arbeitgeber gilt (EuGH 3.6.1992 – C-45/90 – Paletta, NJW 1992, 2687; so auch *Steinmeyer,* FS Kissel, 1994, 1165 ff.).

IV. Grundsatz der Gleichbehandlung

In Anknüpfung an das Diskriminierungsverbot des Art. 45 II AEUV aber auch das 26 allgemeine Diskriminierungsverbot des Art. 18 AEUV sieht Art. 4 der VO vor, dass alle unter den persönlichen Anwendungsbereich der Verordnung fallenden Personen auf dem Gebiet der sozialen Sicherheit **ohne Unterschied der Staatsangehörigkeit** gleichgestellt werden (EuGH 7.11.1973 – C-51/73 – Smieja, Slg. 1973, 1213 ff. = BeckRS 2004, 73247). Damit erhält dieser Personenkreis, sofern er in einem anderen Mitgliedstaat wohnt, die gleiche Rechtsstellung wie ein Inländer (*Steinmeyer* AuA 1992, 210 [211]). Die Frage, ob das Gleichbehandlungsgebot des Art. 4 VO (EG) Nr. 883/04 auch für besondere beitragsunabhängige Geldleistungen wie Leistungen zur Sicherung des Lebensunterhalts nach dem deutschen SGB II gilt oder die Regelung des Art. 70 VO (EG) Nr. 883/04 die Koordinierung in diesem Bereich abschließend regelt, wurde vom BSG mit Beschluss v. 12.12.2013 dem EuGH zur Vorabentscheidung vorgelegt (BSG 12.12.2013 ZAR 2014, 203; *Farahat* NZS 2014, 490 ff.; *Karl* jM 2014, 159 ff.). Der EuGH hat unter Bezugnahme auf Art. 24 RL 2004/38/EG entschieden, dass ein Anspruch auf diese Sozialleistungen nicht besteht, wenn ein Aufenthaltsrecht nach der Richtlinie nicht besteht EuGH 11.11.2014 – C-333/13 – Dano, BeckRS 2014, 80926; s. auch *Fuchs* ZESAR 2014, 103 ff.; *Hofmann/ Kummer* ZESAR 2013, 199 ff.; *Eichenhofer* ZESAR 2012, 357 ff.; *ders.* SozSich 2014, 198 ff.).

Art. 4 VO (EG) Nr. 883/04 verbietet in Konsequenz des Art. 45 AEUV nicht nur 27 **direkte,** sondern auch jedwede Formen der **indirekten bzw. mittelbaren Diskriminierung** (*Eichenhofer,* Sozialrecht der Europäischen Union, 94 f.), die durch die Anwendung anderer Unterscheidungsmerkmale tatsächlich zu dem gleichen Ergebnis führen (EuGH

12.2.1974 – C-152/73 – Sotgiu, BeckRS 2004, 71762; 10.10.1996 – C-245/94 – Hoever, BeckRS 2004, 75400; 12.7.1979 – C-237/78 – CRAM; 22.2.1990 – C-228/88 – Bronzino; 22.2.1990 – C-12/89 – Gatto, Slg. BeckRS 2004, 74209; 27.11.1997 – C-57/96 – Meints, BeckRS 2004, 77580; 18.1.2007 – C-332/05 – Celozzi, IStR 2007, 146; *Steinmeyer* AuA 1992, 210 [211]). Es ist – wie bei Art. 45 AEUV – nicht erforderlich, festzustellen, dass die entsprechende Vorschrift in der Praxis einen wesentlich größeren Teil der grenzüberschreitend Tätigen erfasst; es reicht, dass sie geeignet ist, diesen Effekt hervorzurufen (*Bokeloh* ZESAR 2013, 398 [402 f.]). Dagegen sind Ungleichbehandlungen zulässig, die sich aus Unterschieden der Rechtsordnungen ergeben, sofern objektive Kriterien und sachliche Gründe diese Ungleichbehandlung rechtfertigen und nicht die Staatsangehörigkeit zur Ungleichbehandlung führt (EuGH 28.6.1978 – C-1/78 – Kenny, Slg. 1978, 1489 [1498] = BeckRS 2004, 70564; s. dazu auch EuGH 11.11.2014 – C-333/13 – Dano, BeckRS 2014, 80926).

28 Der Gleichbehandlungsgrundsatz führt auch dazu, dass **nationale sozialpolitische Maßnahmen** wie die Altersteilzeit europarechtlich eingebunden werden. Der EuGH hat es deshalb als einen Verstoß gegen den Gleichbehandlungsgrundsatz angesehen, wenn eine Rechtsordnung – hier die deutsche – voraussetzt, dass für die Gewährung einer Altersrente nach Altersteilzeitarbeit ausschließlich Altersteilzeitarbeit nach den Rechtsvorschriften dieses Mitgliedstaats berücksichtigt wird. Vielmehr verlangt der Gleichbehandlungsgrundsatz, dass in einem Mitgliedstaat für die Anerkennung einer nach den Rechtsvorschriften eines anderen Mitgliedstaats absolvierten Altersteilzeitarbeit eine vergleichende Prüfung der Voraussetzungen für die Anwendung der in den beiden Mitgliedstaaten vorgesehenen Maßnahmen zur Altersteilzeitarbeit vorzunehmen ist, um in jedem Einzelfall zu ermitteln, ob die festgestellten Unterschiede geeignet sind, die Erreichung der mit den betreffenden Rechtsvorschriften des erstgenannten Mitgliedstaats verfolgten legitimen Ziele in Frage zu stellen (EuGH 18.12.2014 – C-523/13 – Larcher, NZA 2015, 91). Das führte in dem maßgeblichen Rechtsstreit dazu, dass österreichische Zeiten anzurechnen sind, was zu einer „Europäisierung" derartiger sozialpolitischer Maßnahmen führt. Diese Entscheidung ist konsequent, wird aber sicher auch die nationale Sozialpolitik der Mitgliedstaaten beeinflussen.

V. Kollisionsnormen

29 Da die Verordnung kein einheitliches europäisches soziales Sicherungssystem schafft, sondern sich vielmehr auf die Koordinierung der bestehenden nationalen Sicherungssysteme beschränkt, bedarf es für grenzüberschreitende Sachverhalte einer **Bestimmung des anwendbaren Rechts.** Anders als im Arbeitsrecht erfolgt dies hier nicht im Sinne einer eingeschränkten Rechtswahlfreiheit (Art. 8 Rom I-VO) sondern grds. im Wege objektiver Anknüpfung. Titel II der Verordnung befasst sich mit der Bestimmung des anzuwendenden Rechts und stellt zu diesem Zweck einen detaillierten Katalog von Kollisionsnormen auf (s. hierzu und zum Folgenden Fuchs/*Steinmeyer* Art. 11 ff.). Der Katalog weist Parallelen zu den §§ 3–6 SGB IV ebenso auf wie zu den Regelungen über die anwendbaren Rechtsvorschriften nach den zwischenstaatlichen Abkommen über Soziale Sicherheit. Von den Kollisionsnormen des nationalen Rechts unterscheiden sich die der Verordnung dadurch, dass sie nicht nur eine Rechtsordnung für anwendbar oder nicht anwendbar erklären, wie dies bei den §§ 3–6 SGB IV der Fall ist. Diese Vorschriften treffen nur eine Aussage darüber, ob ein Sachverhalt mit Auslandsberührung vom deutschen Recht erfasst wird oder nicht; ob der Sachverhalt von einer ausländischen Rechtsordnung erfasst wird, bleibt unberücksichtigt; es handelt sich dort um sog. einseitige Kollisionsnormen. Die Verordnung hingegen enthält allseitige Kollisionsnormen, die für den Sachverhalt mit Berührung zu mehreren Mitgliedstaaten die anwendbare Sozialrechtsordnung bezeichnen (vgl. dazu *Eichenhofer*, Internationales Sozialrecht, 216 ff.; *Steinmeyer,* Die Einstrahlung im internationalen Sozial-

versicherungsrecht, 1981, 24, [38 f.], [82 ff.]; *Devetzi,* Die Kollisionsnormen des europäischen Sozialrechts, passim).

Die Art. 11–16 VO (EG) Nr. 883/04 treffen **keine materiell-rechtlichen Regelungen** 30 und erfüllen den Koordinierungsauftrag der Verordnung, indem sie jedem der relevanten Sachverhalte eine bestimmte Rechtsordnung zuweisen. Auf diese Weise stellen sie sicher, dass Personen, die von ihrem Freizügigkeitsrecht Gebrauch machen, lückenlos von den mitgliedstaatlichen Systemen der sozialen Sicherheit erfasst werden. Sie stellen zugleich sicher, dass die Personen, die unter den persönlichen Geltungsbereich dieser Verordnung fallen, den Rechtsvorschriften nur eines Mitgliedstaates unterliegen. So werden Doppelversicherungen mit den entsprechenden doppelten Beitraglasten grds. vermieden.

Die Kollisionsnormen der Verordnung bedeuten, dass sich dann das Leistungsrecht ebenso 31 wie – bei beitragsfinanzierten Systemen – das Beitragsrecht nach der so **anwendbaren Rechtsordnung** richten. Die Verordnung knüpft insofern auch – ausgehend von der ursprünglichen Zielsetzung der Gewährleistung der Freizügigkeit der Arbeitnehmer – an das **Beschäftigungsverhältnis** und damit grds. an den Beschäftigungsort bzw. den Ort der selbständigen Tätigkeit an und nur hilfsweise an den Wohnort (zum Begriff des Wohnorts s. EuGH 11.9.2014 – C-394/1 – Ministerstvo, BeckEuRS 2014, 401093). Die Verordnung erfasst dabei sowohl beitragsfinanzierte als auch steuerfinanzierte Sozialleistungssysteme, obgleich für letztere die Anknüpfung an den Wohnort näher liegt. Es bedurfte insoweit aber einer – einheitlichen – kollisionsrechtlichen Grundentscheidung. Kennzeichnend für die Art. 11–16 VO (EG) Nr. 883/04 ist es deshalb, dass Ausgangspunkt das Beschäftigungslandprinzip bleibt. Unter Fortführung dieses Grundsatzes werden die Konsequenzen für Ausnahmefälle gezogen. Wenn mit dieser Ableitung eine sinnvolle Anknüpfung nicht gefunden werden kann, werden subsidiär das Wohnlandprinzip, das auf den Wohnsitz oder gewöhnlichen Aufenthalt des Arbeitnehmers abstellt sowie das Sitzlandprinzip, das den Wohnsitz des Arbeitgebers oder den Sitz des Unternehmens maßgebend sein lässt, herangezogen. Um ein wirksames Arbeiten mit diesen Anknüpfungspunkten sicherzustellen, ist davon auszugehen, dass für die Zwecke der Verordnung eine Person nicht gleichzeitig zwei Wohnsitze oder zwei gewöhnliche Aufenthalte in unterschiedlichen Mitgliedstaaten hat (EuGH 16.5.2013 – C-589/10 Rn. 48 f. – Wencel mit zust. Anm. *Schuler* ZESAR 2013, 452 [464]).

Art. 11 VO (EG) Nr. 883/04 enthält die **kollisionsrechtlichen Grundnormen** der 32 Verordnung. Hier wird in Abs. 1 als Grundsatz festgelegt, dass für der Verordnung unterliegende Personen die Rechtsvorschriften nur eines Mitgliedstaats gelten. Dies ist ein Grundprinzip des zwischenstaatlichen und supranationalen Sozialrechts (vgl. HSW/*Steinmeyer* § 21 Rn. 113), das sich so von den Kollisionsnormen nationalen Ursprungs unterscheidet (vgl. §§ 3–6 SGB IV). Es folgt daraus auch, dass der Verweis auf die Rechtsvorschriften eines bestimmten Mitgliedstaats für alle von der Verordnung erfassten Zweige der sozialen Sicherheit gilt; es kann also für die Krankenversicherung bei einem Arbeitnehmer oder Selbständigen keine andere anwendbare Rechtsordnung geben als für die Rentenversicherung. Der Grundsatz des Verbots der Doppelversicherung soll nicht nur eine doppelte Beitragsbelastung verhindern, sondern auch sicherstellen, dass der soziale Schutz einer unter den persönlichen Anwendungsbereich fallenden Person lückenlos ist (EuGH 3.5.1990 – C-2/89 Rn. 12 – Kits van Heijningen, Slg. 1990, I-1755 = BeckRS 2004, 74895). Es kann sich jedoch ergeben, dass die ausschließliche Anwendung des Rechts nur eines Mitgliedstaats zu Nachteilen für den Wanderarbeitnehmer führt. Hierzu entschied der EuGH, dass am Grundsatz der Anwendbarkeit nur einer nationalen Rechtsordnung festzuhalten sei (EuGH 12.6.1986 – C-302/84 – Ten Holder, Slg. 1986, 1821 ff. = BeckRS 2004, 73082). Er stellte dabei maßgeblich darauf ab, dass der nationale Gesetzgeber nicht die Befugnis habe, im Verhältnis zu anderen Mitgliedstaaten Geltungsbereich und Anwendungsvoraussetzungen seiner nationalen Rechtsvorschriften zu bestimmen; das Gemeinschaftsrecht habe hier Vorrang. Diesem Ergebnis stehe auch nicht der vom Gerichtshof aufgestellte Grundsatz entgegen, dass die Anwendung der Verordnung nicht zum Verlust von Ansprüchen führen dürfe, die allein nach den Rechtsvorschriften eines Mitgliedstaates erworben worden sind.

20 AEUV Art. 48

Der EuGH stellte sich in der Entscheidung aus 1986 auf den Standpunkt, dass dieser auch als „Petroni-Prinzip" bezeichnete Grundsatz nur für die Fälle der Kumulierung von Leistungen aufgrund der Rechtsvorschriften mehrerer Mitgliedstaaten gelte, nicht aber für die Regeln über die Bestimmung der anwendbaren Rechtsvorschriften. Diese Entscheidung ist in ihrer Begründung überzeugend, in ihrem Ergebnis aber unbefriedigend.

33   Art. 11 III lit. a VO (EG) 883/04 erklärt den **Beschäftigungsort bei** abhängiger Beschäftigung zum grds. Anknüpfungspunkt. Diese Anknüpfung gilt für alle im Lohn- oder Gehaltsverhältnis Beschäftigten, also „Arbeitnehmer". Wer als Arbeitnehmer anzusehen ist, bestimmt sich nach gemeinschaftsrechtlicher und nicht nach nationaler Begriffsbestimmung. Diese Vorschrift normiert damit also das Beschäftigungslandprinzip und trifft so eine wichtige Grundentscheidung für das gesamte supranationale koordinierende Sozialrecht. Sie entspricht auch der Grundentscheidung im Arbeitsrecht, wie sich aus dem Arbeitnehmerbegriff des Art. 45 AEUV ergibt und wie auch aus Art. 8 VO Rom I-VO folgt. Die Entscheidung für dieses Prinzip ist für solche sozialen Sicherungssysteme konsequent und richtig, die auch national an das Beschäftigungsverhältnis anknüpfen, wie dies bei der deutschen Sozialversicherung der Fall ist. Sie führt aber zu Schwierigkeiten bei solchen Systemen, bei denen Wohnsitz oder gewöhnlicher Aufenthalt maßgebend sind. Dies zeigt sich zum Beispiel bei den Familienleistungen nach den Art. 67 ff. VO (EG) 883/04 (s. dazu HSW/*Steinmeyer* § 23 Rn. 367 f.). Soweit es die Beschäftigungsverhältnisse betrifft, deckt sich die Entscheidung des Art. 11 III lit. a VO (EG) 883/04 mit der des § 3 SGB IV. Bei den Kollisionsnormen geht es jeweils darum, unter mehreren möglichen Anknüpfungspunkten den maßgeblichen festzustellen. Das Beschäftigungslandprinzip hat Vorrang vor dem Wohnlandprinzip (vgl. dazu auch EuGH 5.5.1977 – C-102/76 – Perenboom, Slg. 1977, 815 ff. = SozR 6050 Art. 13 Nr. 1). Dies bedeutet auch, dass einer Person, die in einem Mitgliedstaat beschäftigt ist und in einem anderen wohnt, vom ersteren Mitgliedstaat nicht entgegengehalten werden kann, dass für die Aufnahme in sein System eine Wohnsitzvoraussetzung bestehe. In diesen Fällen führt Art. 11 III lit. a VO (EG) 883/04 dazu, dass anstelle des Wohnsitzerfordernisses das Beschäftigungserfordernis tritt (EuGH 3.5.1990 – C-2/89 – Kits van Heijningen, Slg. 1990, I-1755 ff. = NZA 1991, 614 f.). Vom Beschäftigungslandprinzip weicht die Verordnung zugunsten des Wohnlandprinzips nur in besonderen Fallgestaltungen und nur aus zwingenden Gründen praktischer Wirksamkeit ab, wenn die Anknüpfung an den Wohnstaat sach- und interessengerechter erscheint (vgl. dazu EuGH 29.6.1988 – C-58/87 – Rebmann, Slg. 1988, 3467 ff. = SozR 6050 Art. 71 Nr. 9). Die Vorschrift räumt dem Beschäftigungslandprinzip auch den Vorrang vor dem Sitzlandprinzip ein. Dies betrifft nicht nur Personen, die dauerhaft in einem Lohn- oder Gehaltsverhältnis beschäftigt sind, sondern auch die nur vorübergehend und unentgeltlich Tätigen (s. dazu auch BSG 13.12.1984 SozR 2200 § 539 Nr. 107 zur deutschen gesetzlichen Unfallversicherung).

34   Für die **selbständige Erwerbstätigkeit** knüpft Art. 11 III lit. a VO (EG) 883/04 wie § 3 SGB IV an den Tätigkeitsort an, indem die Rechtsvorschriften des Mitgliedstaats als maßgeblich erklärt werden, in dem die selbständige Tätigkeit ausgeübt wird. Diese Anknüpfung stellt das Pendant zur Anknüpfung an den Beschäftigungsort für Arbeitnehmer dar. Auch in diesem Fall muss das Wohnlandprinzip zurücktreten. Es gilt hier wieder der Grundsatz, dass ausschließlich die Rechtsvorschriften des Staates anwendbar sind, in dem der Selbständige seine Tätigkeit ausübt. Den Konfliktfall von gleichzeitiger Ausübung einer selbständigen und einer abhängigen Tätigkeit regelt Art. 13 III VO (EG) Nr. 883/04, der dies grds. zugunsten der Anknüpfung an die abhängige Beschäftigung entscheide (s. dazu EuGH 24.3.1994 – C-71/93 – Poucke, Slg. 1994, I-1101 ff. = NVwZ 1994, 991). Die ausdrückliche Einbeziehung der Beamten in das Koordinierungssystem der VO (EG) Nr. 883/04 führt bei den Kollisionsnormen zu einer Sonderregelung für diesen Personenkreis. Art. 11 III lit. b VO (EG) 883/04 erklärt das Recht des Beschäftigungsstaates für anwendbar, indem auf die beschäftigende Verwaltungseinheit verwiesen wird.

35   Die wichtigste Modifikation der Grundsatznorm des Art. 11 VO (EG) Nr. 883/04 findet sich in Art. 12 der Verordnung. Sie stellt zwar einerseits wie die Buchst. b–e des Art. 11 II

der Verordnung eine Modifikation des Beschäftigungslandprinzips dar, indem für die **Anknüpfung an das Beschäftigungsverhältnis** die Ausnahmen bestimmt werden. Während sich aber die Modifikationen der Buchst. b–e des Art. 11 II VO (EG) Nr. 883/04 im Wesentlichen mit besonderen, vom typischen Beschäftigungsverhältnis abweichenden Tätigkeiten befassen, hat Art. 12 VO (EG) Nr. 883/04 das typische Beschäftigungsverhältnis zum Gegenstand und regelt verschiedene Fallkonstellationen bei Sachverhalten mit Berührung zu mehreren Mitgliedstaaten. Während aber Art. 11 III lit. a abhängige Beschäftigung und selbständige Tätigkeit rechtstechnisch zusammen behandelt, beschränkt sich hier Abs. 1 auf die abhängig Beschäftigten und für die Selbständigen sieht Abs. 2 eine eigene Regelung vor. Aus Art. 11 III lit. a der Verordnung ergibt sich, dass bei einer Person, die im Gebiet eines Mitgliedstaats im Lohn- oder Gehaltsverhältnis beschäftigt ist, grds. der Ort der Beschäftigung maßgebend ist. Dies beruht für die abhängige Beschäftigung darauf, dass bei Anknüpfung an das Beschäftigungsverhältnis für die Bestimmung der anzuwendenden nationalen Rechtsordnung grds. auf den Schwerpunkt dieses Rechtsverhältnisses abzustellen ist. Eine derartige Konstruktion bestimmt die Anwendbarkeit von nationalen Rechtsvorschriften danach, zu welcher Rechtsordnung der Sachverhalt die engsten Verknüpfungen hat. In den Fällen der vorübergehenden Tätigkeit in einem anderen Staat und bei Tätigkeiten im Verkehrswesen vermag der tatsächliche Beschäftigungsort, anders als sonst, nicht den Schwerpunkt des Beschäftigungsverhältnisses zu bezeichnen. Es ist dann nach anderen Anknüpfungspunkten zu suchen. Dies ist der Zweck des Art. 12 der Verordnung ebenso wie der Aus- und Einstrahlungsregelungen der §§ 4 und 5 SGB IV. Dem entspricht für das internationale Arbeitsrecht Art. 8 II 2 Rom I-VO.

Art. 12 I VO (EG) 883/04 enthält dabei die typische **Entsendungsregelung,** wie sie sich 36 im nationalen deutschen Sozialversicherungsrecht in den §§ 4 und 5 SGB IV und im zwischenstaatlichen Recht in den Sozialversicherungsabkommen findet (vgl. zu den Entsendungsregelungen des nationalen, internationalen und supranationalen Rechts *Steinmeyer,* Die Einstrahlung im internationalen Sozialversicherungsrecht, 1981, passim) und ausspricht, dass trotz tatsächlicher Beschäftigung in einem anderen Mitgliedstaat die Rechtsvorschriften des Staates weiterhin anwendbar bleiben, aus dessen Gebiet die betreffende Person in das Gebiet eines anderen Mitgliedstaats entsandt wird. Aus diesem Grundgedanken ergibt sich, dass Voraussetzungen für eine derartige Entsendung sind: 1) das Bestehen eines Beschäftigungsverhältnisses zu einem Unternehmen im Gebiet eines Mitgliedstaats, 2) der Tatbestand der Entsendung, 3) der Fortbestand des Beschäftigungsverhältnisses zum bisherigen Arbeitgeber während der Entsendung und 4) die vorherige zeitliche Befristung der Entsendung.

In den Entsendungsfällen ist nicht der tatsächliche Beschäftigungsort, sondern das im 37 bisherigen Mitgliedstaat **fortbestehende Beschäftigungsverhältnis** für die Anknüpfung maßgebend; deshalb muss zunächst geprüft werden, ob ein Beschäftigungsverhältnis zu einem Unternehmen in diesem Mitgliedstaat besteht. Vom Wortlaut her nicht ausgeschlossen ist die Anwendung dieser Regelung auch auf solche Fälle, in denen der Arbeitnehmer nur zum Zwecke der Entsendung eingestellt worden ist. Es ergeben sich aber Zweifel, ob auch diese Fälle noch vom Zweck der Vorschrift gedeckt sind (so aber EuGH 5.12.1967 – C- 19/67 – Van der Vecht, Slg. 1967, 462 ff. zur VO Nr. 3 = BeckRS 2004, 72119). Dazu sieht Art. 14 I VO 987/09 vor, dass auch solche Personen erfasst werden, die im Hinblick auf die Entsendung in einen anderen Mitgliedstaat eingestellt wurden, sofern sie unmittelbar vor Beginn ihrer Beschäftigung bereits den Rechtsvorschriften des Mitgliedstaates unterlegen haben, in dem das Unternehmen, bei dem sie eingestellt wurden, seinen Sitz hat. Grds. von einer Mindestzugehörigkeit zu den Rechtsvorschriften dieses Staates von einem Monat auszugehen (ABl. EU 2009 C 106/5), um auf diese Weise Missbräuche zu verhindern.

Entsendung ist zu verstehen als eine durch den Arbeitgeber veranlasste und in seinem 38 Interesse erfolgte Ortsveränderung. Sie liegt deshalb nicht bei sog. Ortskräften vor, dh solchen Arbeitnehmern, die erst in dem anderen Mitgliedstaat eingestellt worden sind. Sie unterliegen den Rechtsvorschriften des Mitgliedstaats, in dem sie eingestellt worden sind. Während einer Entsendung muss das Beschäftigungsverhältnis zum entsendenden Unternehmen fortbestehen. Es muss eine den Wechsel des Beschäftigungsorts überdauernde Verknüpfung vorliegen, was die Verordnung auch dadurch zum Ausdruck bringt, dass sie verlangt, der Arbeitnehmer müsse von seinem Unternehmen zur Ausführung einer Arbeit für dessen Rechnung in das Gebiet eines anderen Mitgliedstaats entsandt sein. Wenn Art. 11 III lit. a VO (EG) Nr. 883/04 den Arbeitnehmer den Rechtsvorschriften am Beschäftigungsort ohne Rücksicht auf den Sitz des Arbeitgebers oder des Unternehmens unterwirft, folgt daraus für Art. 12 I, dass auch hier nicht maßgebend sein kann, ob dieser Sitz sich in dem Staat befindet, aus dem der Arbeitnehmer entsandt wird. Ansonsten ließe sich nicht die Fortsetzung des Versicherungsverhältnisses zum Sozialleistungsträger des Staates sicherstellen, bei dem der Arbeitnehmer aufgrund der Grundsatzregelung des Art. 11 III lit. a VO (EG) Nr. 883/04 versichert gewesen ist.

39   Eine **fortbestehende Verknüpfung** kann wie auch im internationalen Arbeitsrecht in den Fällen zweifelhaft werden, in denen zB ein Arbeitnehmer in ein Tochterunternehmen oder eine Repräsentanz entsandt worden ist. Die ua für Auslegungs- und Umsetzungsfragen zuständige Verwaltungskommission zur Koordinierung der Systeme der sozialen Sicherheit sieht als entscheidend an, dass während der vorübergehenden Tätigkeit in einem anderen Mitgliedstaat eine unmittelbare Bindung zum Arbeitgeber bestehen bleibt. Um dies bewerten zu können, sollen die Umstände des Falles herangezogen werden, also etwa die Einstellungsbefugnis, der Arbeitsvertrag, die Entgeltzahlung, die Kündigungsbefugnis und das Direktionsrecht. Die Regelung des Art. 12 I VO (EG) 883/04 soll danach auch in Fällen gelten, in denen der Arbeitnehmer dann im Aufnahmestaat zu weiteren Einrichtungen entsandt wird, sofern sichergestellt bleibt, dass er seine Tätigkeit für die entsendende Einrichtung ausübt. Kurze Unterbrechungen sollen unschädlich sein. Ist eine Entsendung beendet, so darf eine erneute Entsendung in die gleiche Einrichtung erst erfolgen, wenn mindestens zwei Monate verstrichen sind. Eine Entsendung soll hingegen nicht angenommen werden können, wenn die aufnehmende Einrichtung über den Arbeitnehmer weiterverfügt, ihn also anderen Unternehmen überlässt. Dies wird auch dann angenommen, wenn ein Arbeitnehmer in einem Mitgliedstaat angeworben wird, um von einem in einem zweiten Mitgliedstaat gelegenen Unternehmen in einen dritten Mitgliedstaat entsandt zu werden. Wird allerdings ein Arbeitnehmer, der in einem Mitgliedstaat wohnt, von einem Unternehmen in einem anderen Mitgliedstaat angestellt, um dann in einen dritten Mitgliedstaat entsandt zu werden, so liegt eine Entsendung iSv Art. 12 I VO (EG) 883/04 vor, sofern er vor Beginn dieser Beschäftigung mindestens einen Monat unter die Rechtsvorschriften des Entsendestaats unterfiel (so auch SWD/*Schreiber* Art. 12 VI VO (EG) Nr. 883/04; *Tiedemann* NZS 2011, 41/43; **aA** zur VO (EWG) 1408/71: *Joussen* NZS 2003, 19 [25]).

40   Bei einer **grenzüberschreitenden Arbeitnehmerüberlassung** innerhalb der Europäischen Union ist nach der Rechtsprechung des Europäischen Gerichtshofs der betreffende Arbeitnehmer weiterhin als dem Verleihunternehmen zugehörig zu betrachten (EuGH 17.12.1970 – C-35/70 – Manpower). Das Problem besteht hier aber darin, dass angesichts der Unterschiedlichkeit der Sozialleistungssysteme zwischen den Mitgliedstaaten und der unterschiedlichen Beitragsbelastung dies von Verleihunternehmen missbraucht werden könnte. Aus diesem Grund ist es nach Art. 12 I VO (EG) Nr. 883/04 erforderlich, dass der Arbeitgeber in dem Mitgliedstaat, aus dem entsandt wird, gewöhnlich tätig wird. Arbeitnehmer eines Unternehmens also, das ausschließlich oder überwiegend grenzüberschreitend verleiht, unterfallen bei der Tätigkeit bei einem Entleiher in einem anderen Mitgliedstaat nicht weiter den Rechtsvorschriften des Entsendestaates. In einer Entscheidung v. 10.2.2000 hat der EuGH (10.2.2000 – C-202/97 – Fitzwilliam, Slg. 2000 = BeckRS 2004, 74935) nunmehr klargestellt, dass ein Zeitarbeitsunternehmen nur dann unter Art. 14 I lit. a VO (EWG) Nr. 1408/71 (nunmehr Art. 12 I VO Nr. 883/04) fällt, wenn es seine Geschäftstätigkeit überwiegend im Entsendestaat ausübt (zu den Details s. Beschluss Nr. A 2 v. 12.6.2009).

41   Die Entsendung muss **zeitlich begrenzt** sein. Anders als die §§ 4 und 5 SGB IV enthält Art. 12 der Verordnung eine feste Höchstfrist. Die Vorschrift sieht auch nicht vor, dass sich

die zeitliche Begrenzung aus dem Vertrag oder aus der Eigenart der Beschäftigung ergeben müsse. Art. 12 VO (EG) 883/04 differenziert insoweit nicht; wenn es aber um die Frage geht, aufgrund welcher Kriterien die Dauer der Arbeit zu ermitteln ist, so wird auf den Vertrag oder die Eigenart der Beschäftigung zurückzugreifen sein. Die Dauer der Arbeit darf voraussichtlich 24 Monate nicht überschreiten. Damit ist erforderlich, dass die zeitliche Begrenzung bereits bei Beginn der Tätigkeit feststeht. Zusätzlich sieht Art. 12 I VO Nr. 883/04 vor, dass die Rechtsvorschriften des Entsendestaates nur dann weiter gelten, wenn der betreffende Arbeitnehmer nicht an Stelle eines anderen Arbeitnehmers entsandt wird, dessen Entsendezeit abgelaufen ist. Diese Voraussetzung soll Missbräuche verhindern. Eine Verlängerungsmöglichkeit ist nicht vorgesehen.

Die VO 883/04 ist bestrebt, möglichst alle denkbaren Fallkonstellationen grenzüberschreitender Tätigkeit zu erfassen und geht dabei vom deutschen Verständnis her betrachtet bisweilen außerordentlich **kasuistisch** vor. Es finden sich deshalb auch Regelungen für Personen, die in zwei oder mehr Mitgliedstaaten im Lohn- oder Gehaltsverhältnis beschäftigt oder selbständig tätig sind, wo hilfsweise an den Wohnsitz angeknüpft wird. Beim Nebeneinander zwischen selbständiger Tätigkeit und abhängiger Beschäftigung wird der Konflikt zugunsten der abhängigen Beschäftigung (Anknüpfung an den Beschäftigungsort) gelöst. Insgesamt sind alle diese Regelungen von dem Gedanken getragen, Doppelversicherungen in unterschiedlichen Mitgliedstaaten möglichst zu vermeiden. 42

Angesichts einer gewissen Starrheit dieser Regelungen sieht Art. 16 VO (EG) Nr. 883/04 vor, dass zwei oder mehr Mitgliedstaaten, von den Art. 11–15 der Verordnung **abweichende Vereinbarungen** treffen können. Bedeutung erlangt diese Regelung insbesondere bei der Befristung von Entsendungen. Von der ansonsten bewährten Vorschrift des Art. 12 VO (EG) 883/04 wird abgewichen, um die Zeitspanne der Entsendung zu verlängern, da die Versicherten in der Regel ein Interesse daran haben, in der nationalen Sozialordnung verbleiben zu können. Die Frist von 24 Monaten des Art. 12 VO (EG) 883/04 führt bei den entsendenden Unternehmen zu praktischen Schwierigkeiten und zu einem erhöhten Verwaltungsaufwand (Fuchs/*Steinmeyer* Art. 16 Rn. 1 ff.). Mit einer Vereinbarung nach Art. 16 VO (EG) Nr. 883/04 kann aber immer nur die Anwendbarkeit der Rechtsvorschriften eines Mitgliedstaates über soziale Sicherheit insgesamt vereinbart werden, was auch dem Grundsatz entspricht, dass die Kollisionsnormen nur insgesamt eine bestimmte anwendbare Rechtsordnung bezeichnen. Die Vereinbarung einer Anwendbarkeit nur einzelner Bereiche des jeweiligen mitgliedstaatlichen Systems, also etwa nur der Krankenversicherung oder nur der Rentenversicherung, ist daher nicht möglich. Art. 16 der Verordnung verschafft zwar ein gewisses Maß an Flexibilität, ist jedoch von seiner Durchführung her für die Beteiligten zeitraubend und führt zu einer stark variierenden Praxis unter den Mitgliedstaaten (s. European Observatory on Social Security for Migrant Workers, European Report, 2001, 13 [38]). Es ist festzustellen, dass insbesondere in Deutschland Art. 16 besonders oft in Anspruch genommen wird, was sicherlich auch darauf zurückzuführen ist, dass die Ein- und Ausstrahlungsregelungen des deutschen Rechts (§§ 4 und 5 SGB IV) (s. *Steinmeyer*, Die Einstrahlung im internationalen Sozialversicherungsrecht, 1981, 100) keine konkrete zeitliche Begrenzung kennen (darauf weist hin European Observatory on Social Security for Migrant Workers, European Report 2001, 13 [38]). 43

VI. Grundzüge des Leistungsrechts

Die besonderen Vorschriften für die einzelnen Leistungsarten betreffen sehr unterschiedliche soziale Risiken, mit der Folge, dass die jeweiligen Regelungen den strukturellen Besonderheiten gerecht werden müssen. Es finden sich gemeinsame Strukturelemente, die das Regelungswerk der Verordnung kennzeichnen. Sie sind die tragenden Prinzipien, die wiederum Ausdruck des mit der Verordnung angestrebten Ziels sind, das darin besteht, die sich aus dem Gebrauch der Grundfreiheiten, insbesondere des Freizügigkeitsrechts, ergebenden sozialen Nachteile zu beseitigen (*Klang,* Soziale Sicherheit und Freizügigkeit im EWG- 44

Vertrag, 1986, 36 f.). Eine solche, allen Regelungen der Verordnung gemeinsame Regelung – aber auch der Arbeitnehmerfreizügigkeit allgemein – ist die Gleichbehandlung.

45 **1. Antikumulierungsgrundsatz.** Ein weiterer wichtiger Grundsatz der Verordnung ist das **Verbot des Zusammentreffens von Leistungen** oder auch Antikumulierungsgrundsatz genannt. Art. 10 VO (EG) 883/04 stellt dafür den Grundsatz auf, dass aufgrund dieser Verordnung ein Anspruch auf mehrere Leistungen gleicher Art aus derselben Pflichtversicherungszeit weder erworben noch aufrechterhalten werden kann. Auf diese Weise soll verhindert werden, dass die von der Verordnung erfassten Personen aufgrund dieser Verordnung hinsichtlich gleichartiger Leistungen besser oder schlechter gestellt werden als Personen, die nur dem Recht eines Mitgliedstaates unterliegen. Insofern kann man den Antikumulierungsgrundsatz auch als Ausprägung des Gleichbehandlungsgrundsatzes auffassen. Das Verbot der Leistungskumulation ist leistungs- und nicht personenbezogen; es umfasst damit auch Leistungen verschiedener Personen für denselben Zweck, etwa einen Anspruch beider Elternteile auf eine Leistung für dasselbe Kind. Die Verordnung muss verhindern, dass von nicht ausreichend abgestimmten nationalen Sozialrechtsordnungen Wanderarbeitnehmer dadurch profitieren, dass sie mehrfach aus der gleichen Pflichtversicherungszeit nach verschiedenen Sozialrechtsordnungen Leistungen beziehen können. Der in den Kollisionsnormen zum Ausdruck gekommene Grundsatz, dass grds. nur das Recht eines Mitgliedstaates angewendet werden soll, wird hier auf das Leistungsrecht übertragen.

46 **2. Zusammenrechnungsprinzip.** Bei Leistungen, zu deren Geltendmachung Versicherungs- und/oder Beschäftigungszeiten vorliegen müssen, ist das Zusammenrechnungsprinzip von Bedeutung. Dies betrifft etwa Rentenleistungen, die von Vorversicherungszeiten abhängen oder wo die Leistungshöhe sich nach den zurückgelegten Versicherungszeiten richtet. Als prägendes Strukturelement der VO Nr. 883/04 beruht es auf der Vorgabe des Art. 48 lit. a, wo vorgesehen ist, dass ein System für aus- und einwandernde Arbeitnehmer und deren anspruchsberechtigten Angehörige eingeführt wird, das auf die Zusammenrechnung aller nach den verschiedenen innerstaatlichen Rechtsvorschriften berücksichtigten Zeiten für den Erwerb und die Aufrechterhaltung des Leistungsanspruchs sowie für die Berechnung der Leistungen sichert.

47 **3. Leistungsexportprinzip.** In engem Zusammenhang mit der Zusammenrechnung von Versicherungszeiten steht auch das Leistungsexportprinzip. Auch dieses Prinzip ist ein die VO (EG) Nr. 883/04 beherrschendes Strukturelement. Es lässt sich auf Art. 48 lit. b der Verordnung zurückführen. Seine Konkretisierung in der Verordnung findet sich in Art. 7 VO (EG) Nr. 883/04. Das mit dem Leistungsexportprinzip verfolgte Anliegen ist es, Ansprüche auf Leistungen auch dann zu gewähren, wenn sich der Betreffende in einen anderen Mitgliedstaat begibt. Die Freizügigkeit der Arbeitnehmer, wie überhaupt die Verwirklichung der Grundfreiheiten der in den persönlichen Geltungsbereich einbezogenen Personen, wäre in dem vollendeten Binnenmarkt beeinträchtigt, wenn es nicht möglich wäre, in einem Mitgliedstaat erworbene Rechtspositionen in einen anderen Mitgliedstaat ohne Verlust zu exportieren.

48 Die in Art. 7 der Verordnung vorgesehene **Unbeachtlichkeit des Wohnorts als Anknüpfung für die Gewährung von Leistungen** bewirkt, dass territoriale Anknüpfungspunkte wie der Wohnort für die Gewährung der Sozialleistungen nicht freizügigkeitsbeschneidend sein dürfen. Dadurch wird die Möglichkeit der Mitnahme von Sozialleistungen geschaffen (*Steinmeyer* AuA 1992, 210 [211]; HSW/*Steinmeyer* § 22 Rn. 192). Auch dieses Strukturelement trägt somit dazu bei, dass die Grenzüberschreitung keine sozialen Nachteile mit sich bringt. Eine Einschränkung dieses Grundsatzes ergibt sich für die beitragsunabhängigen Geldleistungen. Diese werden in Art. 70 der Verordnung bestimmt und diese Leistungen werden dann ausschließlich in dem Mitgliedstaat, in dem die betreffenden Personen wohnen und nach dessen Rechtsvorschriften gewährt. Hierbei handelt es sich etwa um Leistungen der Sozialhilfe.

4. Leistungsaushilfe. Schließlich arbeitet die Verordnung bei aktuell erforderlichen 49
Sachleistungen mit dem Prinzip der Leistungsaushilfe, was bedeutet, dass Personen bei
Aufenthalt in einem anderen Mitgliedstaat vom Träger des Aufenthaltsstaates Leistungen –
etwa bei akuter Krankheit – erhalten können.

VII. Einzelne Leistungsbereiche

Die Maßnahmen sind dann jeweils auf die Besonderheiten der einzelnen Risiken abge- 50
stimmt. So spielt etwa das Zusammenrechnungsprinzip in der gesetzlichen Krankenversicherung eine deutlich geringere Rolle als in der Rentenversicherung und das Prinzip der Leistungsaushilfe eine entsprechend geringe Rolle in der Rentenversicherung, aber eine erhebliche in der Krankenversicherung.

1. Krankheit und Mutterschaft. Das Risiko „Krankheit" tritt in der Regel kurzfristig 51
und nur vorübergehend auf, mit der Folge, dass insbesondere in diesem Bereich die Leistungsgewährung kurzfristig und reibungslos erfolgen sollte. Dies wird insbesondere durch die Möglichkeit der Leistungsaushilfe durch den Träger des Aufenthaltsortes sichergestellt, was im Falle von unverzüglich benötigten Sachleistungen dazu führt, dass der Versicherte partiell in das betreffende Gesundheitssystem integriert wird und dort nur die ortsüblichen Leistungen beanspruchen kann. Die kurzfristige Leistungsaushilfe zu Lasten des zuständigen also heimatlichen Trägers setzt voraus, dass Beurteilungen, insbesondere Gesundheitszeugnisse der vor Ort tätigen Ärzte, der Einfachheit halber gegenseitig anerkannt werden. Unter das Risiko „Krankheit" fällt nach der Rechtsprechung des EuGH auch die deutsche Pflegeversicherung (EuGH 5.3.1998 – C-160/96 – Molenaar).

Für den Fall des **vorübergehenden Auslandsaufenthalts** sieht Art. 19 VO (EG) 52
Nr. 883/04 eine Leistungsaushilfe durch die Ärzte und Krankenhäuser des Wohn- oder Aufenthaltsortes, die nach den dortigen Rechtsvorschriften für Rechnung des zuständigen Trägers erbracht wird, vor (vgl. *Eichenhofer* ZAR 1987, 108 [110]), als ob der Betreffende dort versichert wäre. Dies ist der Fall, wenn sich für einen Arbeitnehmer bei dessen Zustand während seines Aufenthalts im Gebiet eines anderen Mitgliedstaates unter Berücksichtigung der Art der Leistung und der voraussichtlichen Aufenthaltsdauer Sachleistungen als medizinisch notwendig erweisen (Art. 19 I VO (EG) Nr. 883/04). Dies ist unabhängig davon, ob jemand sich als Arbeitnehmer oder Selbständiger im anderen Mitgliedstaat aufhält oder nur allgemein von seiner Möglichkeit des freien Personenverkehrs Gebrauch macht.

Die Verordnung erfasst auch den Fall, dass der Leistungsempfänger vom **zuständigen** 53
Träger die Genehmigung erhalten hat, sich in das Gebiet eines anderen Mitgliedstaates zu begeben, um dort eine seinem Zustand angemessene Behandlung zu erhalten (Art. 20 VO (EG) Nr. 883/04), die im Leistungsstaat nicht gewährt werden kann. Danach besteht grds. ein durch Art. 20 II 2 VO (EG) Nr. 883/04 manifestierter Anspruch auf Erteilung der Genehmigung (EuGH 16.3.1978 – C- 117/77 – Pierik I, Slg. 1978 = BeckRS 2004, 71316 [825]; aA *Wortmann* DOK 1979, 380), wenn die betreffende Behandlung Teil der Leistungen ist, die nach den Rechtsvorschriften des Wohnmitgliedstaats der betreffenden Person vorgesehen sind und ihr diese Behandlung nicht innerhalb eines in Anbetracht ihres derzeitigen Gesundheitszustandes und des voraussichtlichen Verlaufs ihrer Krankheit medizinisch vertretbaren Zeitraums gewährt werden kann; hier kann es auch darum gehen, dass im betreffenden Mitgliedstaat die erforderliche Behandlung – ggf. auch mangels ausreichender Ausstattung – nicht erbracht werden kann (s. zuletzt EuGH 9.10.2014 – C-286/13 – Petru; s. allg. auch *Spiegel* ZIAS 2006, 85 [124 f.]). Der zuständige Träger hat dabei für die entstehenden Kosten im Erstattungswege nach Art. 35 VO (EG) Nr. 883/04 aufzukommen (*Meydam* BKK 1981, 248).

Davon zu unterscheiden ist die Frage, ob diese Beschränkung der **Inanspruchnahme** 54
von Gesundheitsleistungen im EU-Ausland mit den **anderen Grundfreiheiten** – insbesondere der Warenverkehrs- und der Dienstleistungsfreiheit vereinbar ist. Insoweit hat der

EuGH in den Rs. *Kohll* (EuGH 28.4.1998 – C-158/96 – Kohll, Slg. 1998, 1931 [1947 f.] = NJW 1998, 1771) und Rs. *Decker* (EuGH 28.4.1998 – C-120/95 – Decker, Slg. 1998, 183 [184 ff.] = NJW 1998, 1769) entschieden, dass diese Grundfreiheiten – natürlich – auch hier gelten und es also dem Versicherten ermöglichen, auch unter Berufung auf die Dienstleistungsfreiheit ärztliche Leistungen im Ausland in Anspruch zu nehmen bzw. unter Berufung auf die Warenverkehrsfreiheit Hilfsmittel auch im Ausland zu erwerben und dies zu Lasten der heimischen gesetzlichen Krankenversicherung zu tun. Der Gerichtshof hat an anderer Stelle allerdings auch klargestellt, dass es Art. 52 AEUV den Mitgliedstaaten erlaubt, den freien Dienstleistungsverkehr im Bereich der ärztlichen und klinischen Versorgung einzuschränken, soweit es die Erhaltung eines bestimmten Umfangs der medizinischen und pflegerischen Versorgung oder eines bestimmten Niveaus der Heilkunde im Inland für die Gesundheit oder gar das Überleben ihrer Bevölkerung erfordern (EuGH 12.7.2001 – C-157/99 Rn. 72 ff. – GeraetsSmits und Peerbooms, Slg. 2001, I-05473, NJW 2001, 3391). Der europäische Gesetzgeber hat allerdings davon abgesehen, die Verordnung dahingehend anzupassen – ausgehend von dem Gedanken, dass Gegenstand der Verordnung nur Fragen der Arbeitnehmerfreizügigkeit und Personenverkehrsfreiheit sein können (so auch *Fuchs* SGb 2008, 206; kritisch dazu wohl *Spiegel* ZIAS 2006, 85 [100]).

55 Bei den Geldleistungen im Fall des Risikos Krankheit tauchen die genannten Probleme der grenzüberschreitenden Inanspruchnahme bzw. Leistungsaushilfe nicht auf. Vielmehr wird hier in Gemäßheit des Art. 48 I lit. b AEUV die Zahlung der Leistungen an Personen, die in den Hoheitsgebieten der Mitgliedstaaten wohnen, sichergestellt.

56 **2. Rentenleistungen bei Alter, Tod, Invalidität. a) Alter und Tod.** Während das Risiko Krankheit durch Sachleistungen und damit Leistungsaushilfe geprägt ist, ist dies beim Risiko „Alter und Tod" sowie „Invalidität" anders. Hier stehen Geldleistungen in Gestalt von Rentenleistungen im Vordergrund. Zu berücksichtigen ist bei diesen Risiken, dass die Versicherten Beschäftigungs- bzw. Versicherungszeiten in verschiedenen Mitgliedstaaten zurückgelegt haben. Dies führt zu mehreren Grundfragen. Zum einen geht es darum, dass die Systeme der Mitgliedstaaten bereits für den Anspruchserwerb bestimmte Vorversicherungszeiten bzw. Wartezeiten verlangen, die für die Rente aus einem bestimmten Mitgliedstaat der Betroffene bei alleiniger Berücksichtigung der in diesem Staat zurückgelegten Zeiten nicht erfüllen kann. Des Weiteren geht es um die Berechnung der Leistungen, die im jeweiligen nationalen Recht oft auf der Basis der gesamten Erwerbsbiographie erfolgt. Schließlich ist beim Risiko Invalidität (Erwerbsunfähigkeit, Erwerbsminderung) zu berücksichtigen, dass die Mitgliedstaaten mit unterschiedlichen Leistungsvoraussetzungen arbeiten. Es ist auch dem Umstand Rechnung zu tragen, dass einzelne Systeme Pauschalleistungen nach Erfüllung bestimmter Mindestvoraussetzungen vorsehen, was bei einem Nebeneinander zu einer überhöhten Gesamtleistung führen könnte.

57 Das Koordinierungssystem für den Bereich Alter und Tod findet seine Rechtsgrundlage in den Art. 50 ff. VO (EG) 883/04. Unter **Leistungen bei Alter** sind dabei solche zu verstehen, die der Sicherung des Lebensunterhalts ab Erreichen einer bestimmten Altersgrenze dienen. Abgrenzungsschwierigkeiten ergeben sich hier insbesondere zu Leistungen des Vorruhestandes, da diese beschäftigungspolitisch motiviert sind und deshalb nicht idS Leistungen bei Alter sind (EuGH 5.7.1983 – C-171/82 – Valentini, Slg. 1983, 2157 ff. = BeckRS 2004, 71957; 11.7.1996 – C-25/95 – Otte, Slg. 1996, 3745 ff. = BeckRS 2004, 75440). Die dahingehende ältere Rechtsprechung des EuGH erscheint aber vor dem Hintergrund einer neueren Entscheidung zur Anrechnung ausländischer Zeiten bei Altersrente nach Altersteilzeit (EuGH 18.12.2014 – C-523/13 = BeckRS 2014, 82646) fraglich.

58 Hat der betreffende Arbeitnehmer, der von diesen Systemen während seines Erwerbslebens erfasst worden ist, in einem der Mitgliedstaaten einen Antrag auf Gewährung einer Rente gestellt, so werden gem. Art. 50 I VO (EG) Nr. 883/04 für die Prüfung auch die Rechtsvorschriften anderer Mitgliedstaaten herangezogen, sofern sie für den Antragsteller während seines Erwerbslebens Anwendung gefunden haben. Die **Rentenantragstellung**

wirkt also **europaweit** (Fuchs/*Schuler* Art. 50 Rn. 6 ff.). Hierbei soll es nicht darauf ankommen, ob der Antragsteller zum Zeitpunkt der Stellung des Antrags auf Feststellung einer Altersrente inzwischen in einem Drittstaat wohnt (EuGH 16.1.2008 – C-331/06 – Chuck, Slg. 2008, 1957 ff. = BeckRS 2008, 70050). Auf diese Weise wird für den Antragsteller insoweit ein einheitlicher europäischer Sozialraum hergestellt, als die Verfahrensvorschriften dafür sorgen, dass bei der Entscheidung über die Rente einer von der Verordnung erfassten Person automatisch ein europäisches Leistungsfestsetzungsverfahren eingeleitet wird, die beteiligten Sozialleistungsträger also in Zusammenarbeit miteinander das Verfahren betreiben und nicht den Rentenantragsteller die Last der Koordinierung trifft. Allerdings ist ein solches europäisches Leistungsfestsetzungsverfahren naturgemäß aufwendiger als ein rein nationales Verfahren, so dass hier üblicherweise mit einem erheblich längeren Bearbeitungszeitraum zu rechnen ist, weshalb Art. 50 der Durchführungsverordnung auch die Möglichkeit einer Zahlung von vorläufigen Leistungen vorsieht. Dieses Verfahren geschieht rein praktisch dadurch, dass der zuerst angegangene Träger sich mit den Trägern der anderen beteiligten Mitgliedstaaten in Verbindung setzt und so ein internationaler Versicherungsverlauf erstellt wird.

Im Sinne einer Vermeidung von Nachteilen regelt Art. 51 VO (EG) 883/04 die **Berück-** 59 **sichtigung der Versicherungs- und Wohnzeiten,** die nach den Rechtsvorschriften zurückgelegt worden sind, die für den Arbeitnehmer oder Selbständigen im Hinblick auf den Erwerb, die Aufrechterhaltung oder das Wiederaufleben des Leistungsanspruchs galten. Es handelt sich hier um die konkrete Ausgestaltung des Gesetzgebungsauftrags des Art. 48 lit. a, der dem europäischen Gesetzgeber aufgibt, „die Zusammenrechnung aller nach den verschiedenen innerstaatlichen Rechtsvorschriften berücksichtigten Zeiten für den Erwerb und die Aufrechterhaltung des Leistungsanspruchs …" zu sichern. Das gesetzgeberische Ziel wird dadurch erreicht, dass für Erwerb, Aufrechterhaltung oder Wiederaufleben des Leistungsanspruchs nicht nur die in einem, sondern die in allen beteiligten Mitgliedstaaten zurückgelegten Zeiten zu berücksichtigen sind. Dies gilt auch für Zeiten, die vor Inkrafttreten der Verordnung zurückgelegt worden sind (Art. 87 VO (EG) Nr. 883/04), (s. dazu auch EuGH 7.2.1991 – C-227/89 – Rönfeldt, Slg. 1991, 323 ff. = BeckRS 2004, 75232; zur Anwendung der VO (EWG) 1408/71 zur sozialen Sicherheit auf die in einem Mitgliedstaat erworbenen Rentenansprüche vor dessen Beitritt zu den Gemeinschaften *Zuleeg* DRV 1991, 512 ff.). Dies ist eine zwingende Konsequenz aus der Langfristigkeit des Anspruchserwerbs und gilt auch für Zeiten, die in Staaten vor ihrem Beitritt zur Gemeinschaft zurückgelegt worden sind. Das bedeutet zugleich, dass der Sozialraum Europa insofern sofort greift und nicht mit einer langen Übergangsperiode eingeführt wird.

Da nicht alle nationalen Systeme auf Zeiten der Beschäftigung abstellen, wie dies bei 60 Sozialversicherungssystemen zumeist der Fall ist, sieht Art. 51 VO (EG) 883/04 in Ergänzung von Art. 6 je nach Ausgestaltung im nationalen Recht die **Zusammenrechnung von Versicherungs-, Beschäftigungs-, Tätigkeits- oder Wohnzeiten** vor. Unter dem Gesichtspunkt des Abbaus von Hindernissen für die Freizügigkeit ist auch zu sehen, dass es bei der Zusammenrechnung nicht maßgeblich ist, ob die Zeiten in einem allgemeinen oder einem Sondersystem, in einem für Arbeitnehmer oder einem für Selbständige zurückgelegt worden sind. Die innerstaatliche Vielfalt der Sicherungssysteme geht also nicht zu Lasten desjenigen, der von seinem Recht auf Freizügigkeit Gebrauch macht.

Bei der **Berechnung der Sozialleistungen** wegen Alter oder Tod muss berücksichtigt 61 werden, dass der Arbeitnehmer oder Selbständige Beiträge zu verschiedenen nationalen Sozialversicherungssystemen entrichtet bzw. Aufenthaltszeiten in verschiedenen Staaten zurückgelegt hat. Hier hat sich die Verordnung für ein System entschieden, nach dem zunächst jeder beteiligte Träger nach seinen Rechtsvorschriften die Rentenleistung berechnet. Er stellt dabei auch eine theoretische Berechnung dahingehend an, welcher Betrag sich ergeben würde, wenn alle mitgliedstaatlichen Zeiten nur in diesem einen Staat zurückgelegt worden wären. Dieser theoretische Betrag ist dann nach dem Verhältnis aufzuteilen, das sich aus der Zeit in diesem Staat zu allen mitgliedstaatlichen Zeiten ergibt (pro-rata-temporis-Prinzip).

Hat also etwa ein Angestellter von den 40 Jahren seines Berufslebens 20 Jahre in Deutschland zugebracht, 10 Jahre in Italien und 10 Jahre in Spanien, so berechnen alle Träger die Rente auf der Basis von 40 Versicherungsjahren nach ihren Rechtsvorschriften und auf der Basis ihres Leistungsniveaus. Der deutsche Träger wird dann seinen Betrag zu 50 % und die beiden anderen nationalen Träger ihren Betrag zu je 25 % auszahlen. In den Fällen, in denen ein Rentenanspruch allein nach den innerstaatlichen Rechtsvorschriften bereits erfüllt ist, findet ein Vergleich zwischen dem sich daraus ergebenden Betrag und dem pro-rata-temporis-Betrag statt. Nur der höhere der beiden Beträge wird berücksichtigt. Die Obergrenze bildet der oben genannte theoretische Betrag. Dieses so skizzierte System der Vorschriften über Leistungen bei Alter und an Hinterbliebene der VO (EG) Nr. 883/04 beschränkt sich auf einen Teil der staatlichen Systeme und erfasst private und betriebliche Systeme nicht, obgleich sich dort die Problematik der Freizügigkeit grds. in gleicher Weise stellt.

62 Der EuGH schließt aus dem Umstand, dass Art. 48 vorsieht, dass das Europäische Parlament und der Rat der Europäischen Union auf dem Gebiet der sozialen Sicherheit die „für die Herstellung der Freizügigkeit der Arbeitnehmer notwendigen Maßnahmen" beschließen, indem sie insbesondere ein System einführen, das zu- und abwandernden Arbeitnehmern „die Zusammenrechnung aller nach den verschiedenen innerstaatlichen Rechtsvorschriften berücksichtigten Zeiten" sichert, dass sich für einen Mitgliedstaat keine Verpflichtung ergibt, vorzusehen, dass der **Kapitalwert seiner zuvor erworbenen Ruhegehaltsansprüche** auf das Versorgungssystem einer internationalen Organisation zu übertragen ist; insoweit sei auch kein Verstoß gegen Art. 45 AEUV gegeben (BeckRS 2004, 75232) (EuGH 4.7.2013 – C-233/12 Rn. 34 f. – Gardella, EZAR NF 16 Nr. 28; s. dazu *Reinhard* ZESAR 2014, 3 ff.). Dieser Entscheidung mag man im Ergebnis zustimmen, die Ableitung aus dem Wortlaut des Art. 48 geht jedoch fehl, da sie das Recht auf Arbeitnehmerfreizügigkeit mit formalen Argumenten verkürzt. Es bleibt das aus der Arbeitnehmerfreizügigkeit allgemein herzuleitende Gebot, für den Arbeitnehmer Nachteile sozialrechtlicher Art bei der Ausübung des Freizügigkeitsrechts zu vermeiden. Dies kann auf unterschiedliche Weise geschehen; ein Anspruch auf Übertragung des Kapitalwerts muss sich daraus nicht zwingend ergeben.

63 **b) Invalidität.** In sämtlichen Mitgliedstaaten bestehen Regelungen zur Absicherung des Invaliditätsrisikos, die sich allerdings sowohl in ihrer Konzeption als auch in den Voraussetzungen der Leistungsgewährung zum Teil fundamental voneinander unterscheiden (der EuGH spricht von besonders ausgeprägten Unterschieden, vgl. EuGH 27.6.1991 – C-344/89 – Vidal, Slg. 1991, 3245 [3274] = BeckRS 2004, 76593). So existieren eigenständige Invaliditätsrentensysteme neben solchen, in denen die Invaliditätsrenten nur einen Teil eines Gesamtsicherungssystems ausmachen (s. hierzu das Informationssystem MISSOC unter www.missoc.org). Darüber hinaus finden sich beitrags-, steuer- oder staatlich finanzierte Systeme sowie solche, deren Finanzierungsstruktur eine Kombination verschiedener Finanzierungsquellen aufweist. Ferner sind teilweise bestimmte Versicherungs- und teilweise bestimmte Wohnzeiten für die Gewährung oder die Höhe einer Invalidenrente von Bedeutung. Die **Verschiedenartigkeit der Systeme** wird auch an dem Kreis der abgesicherten Personen deutlich (zu der in diesem Zusammenhang vordergründigen Frage nach der Position der Selbständigen s. *Steinmeyer* NZS 1994, 103 ff.). Schließlich sehen die Rechtsvorschriften einiger Mitgliedstaaten abgestufte Invaliditätsgrade vor, andere hingegen kennen nur eine Invaliditätsform, wieder andere lassen das Vorliegen formeller Voraussetzungen für die Begründung eines Rentenanspruchs genügen. Dieser fragmentarische Überblick über die unterschiedlichen Leistungssysteme (eine Übersicht der verschiedenen Systeme zur Absicherung des Invaliditätsrisikos geben *Kaufmann/Köhler* DAngVers. 1993, 105 ff. [218 ff.]) der Mitgliedstaaten im Bereich der Invaliditätssicherung gibt bereits darüber Aufschluss, wie komplex sich die Behandlung länderübergreifender Sachverhalte auf diesem Gebiet darstellt (einen Überblick über die wesentlichen Probleme der Koordinierung im Bereich der

Invaliditätsrenten gibt *Pflüger-Demann,* Soziale Sicherung bei Invalidität in rechtsvergleichender und europarechtlicher Sicht, 215 f.).

Die **gemeinschaftsrechtliche Koordinierung** der nationalen Regelungen über die 64 Leistungen bei Invalidität findet sich in den Art. 44–49 der VO (EG) Nr. 883/04. In der Terminologie des deutschen Sozialrechts wird statt Invalidität der Begriff verminderte Erwerbsfähigkeit oder Erwerbsminderung verwandt. Dieser gemeinschaftsrechtliche Zweig der sozialen Sicherheit weist aufgrund der eingangs skizzierten erheblichen Differenzen zwischen den nationalen Leistungssystemen im Gegensatz zu den anderen Rentenarten der Verordnung insofern eine Besonderheit auf, als die VO 883/04 für den Bereich der Invaliditätssicherung zwei verschiedene Modelle zur Lösung länderübergreifender Sachverhalte zur Verfügung stellt. Die beachtlichen Diskrepanzen zwischen den nationalen Systemen nahm der Gemeinschaftsgesetzgeber zum Anlass einer alternativen Koordinierung (vgl. Fuchs/*Schuler* Vorb. Art. 44 Rn. 7).

Welche Form dieser **alternativen Koordinierung** zur Anwendung gelangt, hängt davon 65 ab, ob der Anspruchsteller in den Geltungsbereich nationaler Regelungen zur Absicherung des Invaliditätsrisikos einbezogen war, bei denen die Höhe der Rentenleistungen von der Dauer der Versicherungszeit abhängig ist, oder nicht. Leistungssysteme, die die Versicherungsdauer bei der Ermittlung der Rentenhöhe unberücksichtigt lassen, sind sog. Risiko- oder Umlagesysteme (vgl. *Acker* SozSich. 1994, 139 [143 f.] und werden iRd koordinierenden Sozialrechts als solche des Typs A bezeichnet. Derartige Systeme finden sich ua in Belgien, Estland, Finnland, Frankreich, Griechenland, Großbritannien, Irland, Lettland, Tschechische Republik, und Schweden (s. dazu Anhang VI zur VO Nr. 883/04). Die anderen Systeme werden dementsprechend als solche des Typs B bezeichnet. Aufgrund dieser Zweiteilung der Leistungssysteme sind im Bereich der Leistungen bei Invalidität drei Konstellationen denkbar. Der Anspruchsteller hatte entweder ausschließlich Berührung mit den Leistungssystemen des **Typs A oder des Typs B,** oder er unterfiel dem Geltungsbereich beider Leistungssysteme. War der Anspruchsteller allein den Leistungssystemen des Typs A unterworfen, erfolgt die Koordinierung allein auf Grundlage des Art. 44 VO (EG) Nr. 883/04. Sachverhalte mit ausschließlichem Bezug zu Leistungssystemen des Typs B oder mit Bezug zu solchen des Typs A und B werden gem. der Verweisung des Art. 46 I der Verordnung nach den Berechnungsvorschriften des Kapitels Alters- und Hinterbliebenenrenten (Art. 50 ff. VO (EG) Nr. 883/04) beurteilt. Demzufolge gelten für Anspruchsteller, die einmal vom Geltungsbereich des deutschen Systems zur Absicherung des Invaliditätsrisikos erfasst wurden oder werden, immer die Regelungen des Art. 46 mit der Folge, dass sich die Rente wie eine Alters- oder Hinterbliebenenrente errechnet.

Die **gemeinschaftsrechtliche Leistungsbestimmung** bei ausschließlicher Beteiligung 66 von A-Systemen bereitet idR keine Schwierigkeiten. Die Entscheidung über die Berechtigung eines Rentenanspruchs für Personen, die ausschließlich Systemen des Typs A unterworfen waren, obliegt nach der Kollisionsregelung des Art. 34 II VO (EG) Nr. 883/04 dem Träger des Mitgliedstaats, dessen Rechtsvorschriften zum Zeitpunkt des Eintritts von Arbeitsunfähigkeit mit anschließender Invalidität anzuwenden waren. Besteht nach diesen Rechtsvorschriften kein Anspruch, kann nachrangig ein anderer Mitgliedstaat leistungspflichtig sein, nach dessen Rechtsvorschriften – ggf. unter Berücksichtigung des Art. 45 VO (EG) Nr. 883/04 – die anspruchsbegründenden Leistungsvoraussetzungen erfüllt sind (Art. 44 III VO (EG) Nr. 883/04). Dieser Leistungsträger ist dann zur Zahlung der gesamten Rente verpflichtet, so dass nach keinem anderen Recht mehr ein Rentenanspruch bestehen kann (Art. 44 II VO (EG) Nr. 883/04). Diese Regelung ist sinnvoll, weil sie dem Gedanken Rechnung trägt, dass es bei derartigen Risikosystemen nicht darum gehen kann, Zeiten zusammenzurechnen sondern vielmehr nur ein mitgliedstaatliches System zuständig sein kann, das dann Leistung vollständig erbringt.

Sofern der Anspruchsteller **nicht ausschließlich Leistungssystemen des Typs A** 67 unterworfen war, erfolgt die Begründung eines Rentenanspruchs auf Grundlage des Art. 46 VO (EG) Nr. 883/04. Die Berücksichtigung von Versicherungszeiten und die Berechnung der Rente folgt demnach den Grundsätzen der Bestimmungen über die Alters- und Hinterbliebenenrenten (→ Rn. 61), da es hier sinnvoll ist, einen europaweiten Versicherungsverlauf zugrunde zu legen.

68   Der **Begriff der Invalidität** wird weder durch das gemeinschaftsrechtliche Sozialrecht im Allgemeinen noch durch die Verordnung im Besonderen näher konkretisiert. Auch in der Rechtsprechung des EuGH findet sich keine Definition der Invalidität. Die Koordinierungskonzeption der Verordnung sieht vor, dass für die gemeinschaftsrechtliche Berechnung und Gewährung einer Invaliditätsrente in mindestens einem Mitgliedstaat sämtliche innerstaatliche Anspruchsvoraussetzungen – ggf. unter Berücksichtigung von in anderen Mitgliedstaaten zurückgelegten Zeiten – erfüllt sein müssen. Daher besteht zunächst kein Bedürfnis für einen einheitlichen Invaliditätsbegriff. Von den Mitgliedstaaten wird der Invaliditätsbegriff in unterschiedlicher Weise ausgefüllt (vgl. Gesellschaft für Versicherungswissenschaft und – gestaltung eV, Soziale Sicherung in West-, Mittel- und Osteuropa, 1994). Dies ist in erster Linie auf die Struktur des Invaliditätsrisikos zurückzuführen. Im Gegensatz zu anderen sozialen Risiken, bei denen in erster Linie Umstände natürlicher Art – wie das Erreichen der Altersgrenze oder der Tod – von Bedeutung sind, kann eine Invalidität durch ein Zusammenwirken verschiedenster Ursachen bedingt sein.

69   **3. Arbeitsunfälle und Berufskrankheiten.** Beim Unfallversicherungsrecht treffen verschiedene historisch gewachsene Rechtsbereiche und sozialpolitische Lösungen aufeinander. In den Niederlanden etwa gibt es keine eigenständige Unfallversicherung. Die entsprechenden Risiken werden dort durch die Kranken-, die Invaliden- und die Hinterbliebenenversicherung abgedeckt. Divergenzen gibt es auch hinsichtlich der Organisation, der Leistungsvoraussetzungen und des Leistungsumfangs (vgl. hierzu und zum folgenden: Fuchs/ *Fuchs* Vorb. Art. 36 Rn. 1 ff.). Teils können die Aufgaben der Unfallversicherung fakultativ privaten Versicherungsgesellschaften (so in Belgien) bzw. betrieblichen Arbeitsunfallkassen auf Gegenseitigkeit (so in Spanien) übertragen werden. Teils wird die Entschädigung von Arbeitsunfällen durch private Versicherungsgesellschaften abgewickelt. Ein weiteres Beispiel für die Unterschiedlichkeit der Systeme der Unfallversicherung auf der Leistungsseite bietet schließlich die einprozentige Minderung der Erwerbsunfähigkeit in Irland gegenüber einer 33,3-prozentigen Minderung der Erwerbsunfähigkeit in Griechenland als Voraussetzung für die Gewährung einer Unfallrente (Fuchs/*Fuchs* Vorb. Art. 36 Rn. 1 ff.).

70   Da die Unfallversicherung mit der **Heilbehandlung** weitgehend Elemente des Risikos Krankheit enthält, entsprechen die koordinationsrechtlichen Regelungen denen zu diesen Risiken. Das bedeutet, dass gem. Art. 36 VO 883/04 bei der Heilbehandlung auf die Regelungen zur Krankheit verwiesen wird, also wie dort eine Leistungsaushilfe vorgesehen ist. Auch auf die Regelung zu genehmigten Auslandsbehandlungen wird verwiesen. Zuständiger Staat ist jeweils der, in dem der Betroffene beschäftigt ist iSd Art. 11 ff. VO (EG) 883/04. Dieser Staat bzw. seine zuständigen Träger haben dann auch die Geldleistungen wegen des Arbeitsunfalls – auch die Rentenleistungen – zu gewähren. Angesichts des Entschädigungscharakters beim Risiko Arbeitsunfall bedarf es hier keiner Zusammenrechnung von Versicherungszeiten.

71   Allerdings tauchen spezifische **Zurechnungsprobleme bei den Berufskrankheiten** auf; sie gehen nicht – wie ein Arbeitsunfall – auf einen einmaligen Vorgang zurück, der präzise lokalisiert werden kann, sondern entstehen im Laufe einer längeren, oft mehrjährigen Entwicklungsphase im Rahmen eines Berufslebens. Andererseits finden sich gerade in diesem Bereich nationale Vorschriften, die dem Territorialitätsprinzip in besonderer Weise Rechnung tragen (*Fuchs* SDSRV Bd. 36, 1992, 123 [136]). So müssen teilweise Mindestexpositionszeiten im Inland zurückgelegt werden, der Ausbruch der Krankheit innerhalb einer bestimmten Zeitspanne nach Aufgabe der Tätigkeit erfolgen oder die Krankheit muss im Inland festgestellt werden, um einen Entschädigungsanspruch zu begründen. Zentrales Merkmal des Art. 38 VO (EG) Nr. 883/04 ist die globale Betrachtung der Exposition, d. h. derjenigen Tätigkeiten, die geeignet sind, eine Berufskrankheit zu verursachen (*Fuchs*

SDSRV Bd. 36, 1992, 123 [137]). Besteht ein Anspruch auf Leistungen bei Berufskrankheit, so richtet sich die Gewährung nach den Rechtsvorschriften des zuletzt zuständigen Staates unter Berücksichtigung aller krankheitsrelevanten Faktoren, die Voraussetzung für den Anspruch sind und bereits in anderen Mitgliedstaaten nachgewiesen wurden. Bemerkenswert ist, dass hierin eine Abweichung von dem sonst fast üblichen pro-rata-temporis Prinzip besteht, nach dem jeder Träger nur den Teil der Gesamtleistung erbringt, der der Dauer der Tätigkeit in dem entsprechenden Mitgliedstaat entspricht. Auf den ersten Blick erscheint diese Regelung gerade im Hinblick auf die Zielsetzung durchaus praktikabel. Nachteil dieser Regelung ist es jedoch, dass der zuletzt zuständige Träger nach dem Motto „Den Letzten beißen die Hunde!" alleine die finanzielle Last zu tragen hat (vgl. auch Schmähl/ Sokoll, 151). Dies hat zur Folge, dass bei grenzüberschreitenden Sachverhalten die Zuständigkeitsfragen regelmäßig umstritten sind und vor diesem Hintergrund seit einiger Zeit gefordert wird, dieses Prinzip zugunsten eines Entschädigungssystems abzuschaffen, das anderen Zweigen der Sozialen Sicherheit entspricht (*Steinmeyer,* FS Gitter, 1995, 963 ff.).

4. Arbeitslosigkeit. Das Problem und Risiko der Arbeitslosigkeit kann in besonderer 72 Weise grenzüberschreitende Bedeutung entfalten. So kann sich ergeben, dass Arbeitnehmer aus anderen Mitgliedstaaten im Aufenthaltsstaat arbeitslos werden, dort Leistungen wegen Arbeitslosigkeit beziehen und ggf. auch zur neuen Arbeitssuche wieder in ihren Heimatstaat zurückkehren wollen oder anderweitig Arbeit suchen. Daneben ist denkbar, dass ein Arbeitsloser seinen Heimatstaat verlässt, um in einem anderen Mitgliedstaat eine Beschäftigung zu suchen. Schließlich sind die Fälle zu berücksichtigen, in denen ein Arbeitnehmer für den Anspruchserwerb bei Arbeitslosigkeit anrechenbare Zeiten in mehreren Mitgliedstaaten zurückgelegt hat. Hieraus werden auch Querverbindungen zu den Regeln des Art. 45 III AEUV sowie zur VO (EU) 492/2011 deutlich; Arbeitnehmerfreizügigkeit bedeutet eben auch **Freiheit der Arbeitssuche** in allen Mitgliedstaaten der Europäischen Union und in Konsequenz auch die Gewährleistung von Arbeitslosenleistungen bei grenzüberschreitender Arbeitssuche. Art. 45 III AEUV setzt hier den Rahmen und die VO 492/ 2011 leistet einen Beitrag zur Schaffung eines europäischen Arbeitsmarkts. Dem tragen die Koordinierungsregeln zum Risiko Arbeitslosigkeit Rechnung und berücksichtigen zugleich – wie noch zu zeigen sein wird – die sich nach wie vor ergebenden Hindernisse für die Annahme eines funktionierenden europäischen Arbeitsmarkts.

Unter Leistungen bei Arbeitslosigkeit iSv Art. 3 VO (EG) 883/04, dessen Umschreibung 73 für den sachlichen Anwendungsbereich der Art. 61 ff. VO (EG) Nr. 883/04 maßgebend ist, sind zunächst die **Geldleistungen** zu rechnen, die bei Eintritt von Arbeitslosigkeit zu leisten sind. Fraglich ist, ob darunter auch die Leistungen fallen, die in Deutschland einen wesentlichen Teil des Arbeitsförderungsrechts des SGB III ausmachen, nämlich die allgemein der Bekämpfung der Arbeitslosigkeit dienenden Maßnahmen. Hier wird man diese grds. ausnehmen müssen. Sie lassen sich aber als soziale Vergünstigungen über Art. 7 II VO (EG) Nr. 492/2011 erfassen (dazu → Rn. 16 ff.). Allerdings klammert der EuGH andere als die klassischen Geldleistungen bei Arbeitslosigkeit nicht generell aus, wie sich in der Rs. *Campana* aus dem Jahr 1987 gezeigt hat. Nach dieser Entscheidung gilt Art. 67 I VO (EG) 883/04 in Verbindung mit Art. 4 I lit. g der VO (EWG) Nr. 1408/71 (heute Art. 61 VO (EG) Nr. 883/04) auch für Leistungen der beruflichen Fortbildung eines in Arbeit stehenden Arbeitnehmers, sofern für ihn eine konkrete Gefahr besteht, arbeitslos zu werden (EuGH 4.6.1987 – C-375/85 – Campana, Slg. 1987, 2387 = BeckRS 2004, 71023). Dies ist als erweiternde Auslegung des Begriffs der Leistungen bei Arbeitslosigkeit zu verstehen, der so nicht nur Leistungen erfasst, die bei bereits eingetretener Arbeitslosigkeit gewährt werden, sondern in engen Grenzen auch solche **Leistungen, mit denen zukünftiger Arbeitslosigkeit vorgebeugt** werden soll. Um den Zusammenhang zu den „Leistungen bei Arbeitslosigkeit" zu halten, muss deshalb die konkrete Gefahr der Arbeitslosigkeit Zielrichtung und Voraussetzung der Leistung sein. Eine solche Voraussetzung und damit einschlägige Leistung könnte deshalb im Fall des § 77 I Nr. 1 SGB III gegeben sein. Ein derartiger Zusammenhang ist hingegen nicht anzunehmen beim Insolvenzgeld (§§ 165 ff. SGB III). Dies dient nicht dem Einkommensersatz während der Arbeitslosigkeit, wenn auch ein Fall der Insolvenz des Arbeitgebers nicht selten mit nachfolgender Arbeitslosigkeit der Arbeitnehmer verbunden ist. Sinn und Zweck des Insolvenzgeldes ist aber der Ausgleich für nicht gezahltes Arbeitsentgelt.

74 Fraglich ist von ihrer Ausgestaltung her die Zuordnung des **Arbeitslosengeldes II.** Hier sind erhebliche sozialhilferechtliche Elemente festzustellen, die entweder zu einer Nichtanwendung der Verordnung führen oder aber zur Qualifizierung als besondere beitragsunabhängige Geldleistungen nach Art. 70 VO (EG) Nr. 883/04, was dann zur Anwendung der Verordnung führt. Hier ist auf Anhang X zur Verordnung zu verweisen, wonach darunter Leistungen zur Sicherung des Lebensunterhalts der Grundsicherung für Arbeitssuchende fallen, soweit für diese Leistungen nicht dem Grunde nach die Voraussetzungen für den befristeten Zuschlag nach Bezug von Arbeitslosengeld (§ 24 I SGB II) erfüllt sind. In der jüngsten Entscheidung in der Rs. *Dano* fasst der EuGH derartige Leistungen unter „besondere beitragsunabhängige Geldleistungen" (EuGH 11.11.2014 – C-333/13 Dano).

75 Regelmäßig ist die **Bezugsdauer von Geldleistungen bei Arbeitslosigkeit zeitlich begrenzt** und umfasst zumeist einen Leistungszeitraum von einem halben Jahr bis zu zwei Jahren (MISSOC Vergleichende Tabellen X. Arbeitslosigkeit – Vollarbeitslosigkeit, 2. Leistungen – Dauer der Leistungen). Das gibt Anlass, bei der Leistungsberechnung nicht den komplizierten und umfassenden Ansatz wie bei der Rentenberechnung zu wählen. Art. 62 VO (EG) Nr. 883/04 bestimmt deshalb, dass der Träger, bei dem der Arbeitnehmer unmittelbar zuvor Versicherungs- oder Beschäftigungszeiten zurückgelegt hat, grds. nur die Entgelte in seinem Staat zugrunde zu legen hat, sofern sich die Leistungshöhe nach dem früheren Entgelt bemisst. Man mag über den Sinn dieses Prinzips streiten (Fuchs/*Fuchs* Art. 62 Rn. 2); es lässt sich aber insbesondere der Gedanke der Praktikabilität anführen.

76 Andererseits geht es auch um die Frage, ob diese Bezugsdauer aus dem jeweiligen nationalen System auch gelten soll, wenn ein **Arbeitsloser sich in einen anderen Mitgliedstaat begibt, um dort Arbeit zu suchen.** Die Gewährung von Geldleistungen bei Arbeitslosigkeit ist üblicherweise verbunden mit der Verfügbarkeit für Bemühungen, einen neuen Arbeitsplatz zu finden. In Deutschland kommt dies in dem Erfordernis der Verfügbarkeit nach §§ 138 f. SGB III zum Ausdruck. Angesichts der grds. Begrenztheit der öffentlichen Arbeitsvermittlung auf das jeweilige Inland stellt sich dann die Frage, ob Leistungen bei Arbeitslosigkeit auch beim Wechsel in einen anderen Mitgliedstaat weitergezahlt werden können bzw. sollen. Zwar sieht die VO 492/2011 Maßnahmen vor, die der Schaffung eines europäischen Arbeitsmarktes nahekommen, eine europaweite Arbeitsvermittlung verbunden mit einer Einbindung ins Leistungsrecht ist aber noch nicht möglich. Art. 64 VO (EG) Nr. 883/04 bestimmt deshalb, dass der Arbeitslose vor seiner Abreise in einen anderen Mitgliedstaat mindestens vier Wochen nach Beginn der Arbeitslosigkeit bei der Arbeitsverwaltung des zuständigen Staates als Arbeitsloser gemeldet gewesen sein und dieser zur Verfügung gestanden haben muss. In dem Staat, in den sich der Arbeitslose dann begibt, muss er sich arbeitslos melden und sich der dortigen Kontrolle unterwerfen. Auf diese Weise ist an sich die Verfügbarkeit lückenlos sichergestellt. Gleichwohl endet der Leistungsanspruch drei Monate nach Verlassen des ersten Mitgliedstaates; allerdings kann der Träger dieses Staates bzw. die zuständige Arbeitsverwaltung diesen Zeitraum auf sechs Monate verlängern. Er wird nur dann weitergewährt, wenn der Arbeitslose vor Ablauf dieses Zeitraums zurückkehrt. Gegen diese zeitliche Begrenzung mag geltend gemacht werden, dass sichergestellt wird, dass der Arbeitslose ohne Unterbrechung einer Arbeitsvermittlung zur Verfügung steht und deshalb die Gefahr eines Missbrauchs gering ist. Darüber hinaus kann es arbeitsmarktpolitisch durchaus sinnvoll sein, einem Arbeitslosen einen längeren Zeitraum für die Arbeitssuche in einem anderen Mitgliedstaat einzuräumen. Der EuGH hat diese zeitliche Begrenzung allerdings in st. Rspr. als für mit europäischem Gemeinschaftsrecht vereinbar angesehen (s. nur EuGH 16.5.1991 – C-272/90 – van Noorden, Slg. 1991, SozR3 6050 Art. 67 EWGV Nr. 1408/71 Nr. 1 = BeckRS 2004, 75874; 8.4.1992 – C-62/91 – Gray, Slg. 1992 = BeckRS 2004, 77632).

Dabei bringt er zum Ausdruck, dass der Rat es für notwendig erachtet habe, „den Anspruch auf Leistungen bei Arbeitslosigkeit von Arbeitnehmern, die eine Beschäftigung in einem anderen Mitgliedstaat als dem suchen, in dem sie unmittelbar zuvor gearbeitet oder Beiträge gezahlt haben, von Voraussetzungen abhängig zu machen, die zum Ziel haben, die Arbeitssuche im Mitgliedstaat der letzten Beschäftigung zu fördern, diesen Staat die Leistungen bei Arbeitslosigkeit tragen zu lassen und schließlich sicherzustellen, dass diese Leistungen nur denjenigen gewährt werden, die tatsächlich eine Beschäftigung suchen". Mit der Festlegung solcher Voraussetzungen habe der Rat von seinem Ermessensspielraum in zulässiger Weise Gebrauch gemacht (EuGH 8.4.1992 – C-62/91 – Gray, Slg. 1992 = BeckRS 2004, 77632). Der Gerichtshof stellt also einen unmittelbaren Zusammenhang zwischen der Zuständigkeitsregelung des Art. 61 VO (EG) Nr. 883/04 und der zeitlichen Begrenzung her. Dies ist rechtlich nachvollziehbar, in einem zusammenwachsenden europäischen Arbeitsmarkt aber zumindest arbeitsmarktpolitisch problematisch. Die Europäische Kommission erwägt im Rahmen einer anstehenden Reform des Koordinierungssystems eine verlängerte Bezugsdauer vorzuschlagen.

5. Familienleistungen. Familienleistungen iSd Verordnung sind gem. Art. 1 lit. z VO **77** (EG) Nr. 883/04 alle Sach- oder Geldleistungen, die zum Ausgleich von Familienlasten bestimmt sind. Es handelt sich dabei um Leistungen, die zum Ausgleich der Unterhaltsverpflichtungen der Berechtigten gegenüber ihren Kindern gewährt werden. Nach deutschem Recht kommen als Familienleistungen iSd Verordnung das Kindergeld (EuGH 12.6.1997 – C-266/95 – García, Slg. 1997, I-3279) und das Elterngeld in Betracht. Gerade bei letzterem ergibt sich eine Verbindung zum Arbeitsrecht. Leistungen an das Kind selbst stellen keine Familienleistungen dar; selbst dann nicht, wenn ansonsten die Eltern Leistungen erbringen müssten (zum Recht der Familienleistungen nach der VO (EG) Nr. 883/ 04 vgl. Marhold/*Marhold,* Das neue Sozialrecht der EU, 55 ff.). Eine Familienleistung kann auch dann von dem Wohnsitzstaat zu gewähren sein, wenn die Beschäftigung in einem anderen Mitgliedstaat ausgeübt wird (EuGH 20.5.2008 – C-352/06 – Bosmann, Slg. 2008, I-3827 ff. = DStRE 2009, 1251).

Seit dem Jahressteuergesetz 1996 (BGBl. I 1250) ist das **Kindergeld** stärker in das **78** Steuerrecht eingebunden. Nach den §§ 62 ff. EStG können solche Betroffenen Kindergeld beantragen, die in Deutschland wohnen, sich dort gewöhnlich aufhalten oder dort unbeschränkt einkommensteuerpflichtig sind. IRd Veranlagung zur Einkommensteuer wird zudem gem. § 32 EStG ein Kinderfreibetrag berücksichtigt, allerdings nur dann, wenn eine entsprechende Entlastung nicht bereits durch das ausgezahlte Kindergeld erreicht ist. Das Kindergeld wird danach nicht mehr als Sozialleistung, sondern vielmehr als Steuervergütung gewährt (§ 31 S. 3 EStG) (vgl. auch Seewald/*Felix,* Kindergeldrecht § 62 Rn. 1, 4). Ein Dualismus zwischen Steuerrecht und Geldleistung ist jedoch insoweit erhalten geblieben, als das Kindergeld seiner Funktion nach als Geldleistung im Voraus auf eine einkommenssteuerrechtliche Kinderentlastung anzusehen ist. Kindergeld und Freibetrag dienen danach vorrangig dem Ziel, das Existenzminimum des Kindes steuerlich freizustellen (§ 31 S. 1 EStG). Neben diesem steuerrechtlichen Kindergeld nach dem EStG wird auch weiterhin ein sozialrechtliches Kindergeld nach dem BKGG gewährt. Darauf haben allerdings nur diejenigen Personen Anspruch, die nicht unbeschränkt steuerpflichtig sind oder als Waisen Kindergeld für sich selbst erhalten (§ 1 BKGG). Aus der Sicht des europäischen Freizügigkeitsrechts ist es konsequent, es für die Erfassung durch das koordinierende Sozialrecht nicht darauf ankommen zu lassen, ob eine Leistung nach nationalem Recht sozialrechtlich oder steuerrechtlich ausgestaltet ist. Die Gewährung von Kindergeld gem. §§ 62 ff. EStG kann deshalb als Familienleistung iSd Verordnung angesehen werden. Faktisch ändert die Einstufung als Steuervergütung nichts an der Gewährung des Kindergeldes für die Betroffenen, die das Kindergeld nach wie vor als monatliche Geldzahlung erhalten. Das gilt demnach auch für das sozialrechtliche Kindergeld nach dem BKGG. Der neben dem Kindergeld gem. §§ 62 ff. EStG gewährte Freibetrag iSd § 32 EStG fällt hingegen nicht in den Anwendungsbereich der VO (EG) Nr. 883/04, sondern ist vielmehr als steuerliche Vergünstigung iSd Art. 7 II VO (EG) Nr. 492/2011 anzusehen (vgl. Fuchs/*Schuler* Art. 6 Rn. 12). § 17 BKGG betont dies ausdrücklich, indem den Personen, die vom persönlichen Geltungsbereich der Verordnung erfasst werden, Gleichbehandlung garantiert wird; darüber hinaus ist bestimmt, dass auch im Übrigen die Bestimmungen der einschlägigen europäischen Verordnungen unberührt bleiben (vgl. auch Oetker/Preis/*Eichenhofer,* EAS B 9200, Rn. 43).

79   Das **Elterngeld** dient vorrangig einer Unterstützung und Förderung der Eltern, sich ihren Kindern zu widmen. Anspruchsvoraussetzungen sind nach § 1 I BEEG regelmäßig neben der tatsächlichen Betreuung und Erziehung eines Kindes ein inländischer Wohnsitz bzw. Aufenthalt, das gemeinsame Zusammenleben mit dem Kind in einem Haushalt und die Nichtausübung einer vollen Erwerbstätigkeit. Eine Kausalität zwischen Betreuung/Erziehung des Kindes und Nichtaufnahme einer vollen Erwerbstätigkeit ist nicht erforderlich. Gem. § 10 BEEG ist das Elterngeld jedoch ggf. auf den Bezug anderer einkommensabhängiger Sozialleistungen anzurechnen (insbesondere auf Sozialhilfe und Arbeitslosengeld II, § 10 V BEEG). Ein Anspruch ist ausgeschlossen, wenn die Einkommensgrenze des § 1 VIII BEEG überschritten wird. Gem. § 1 III BEEG ist es nicht erforderlich, dass es sich um ein leibliches Kind des Leistungsberechtigten handelt. Sofern eine Erwerbstätigkeit aufgenommen wird, darf diese nach § 1 VI BEEG 30 Wochenstunden im Monat durchschnittlich nicht überschreiten. Für Ausländer, die nicht freizügigkeitsberechtigt sind, ist ein Anspruch gem. § 1 VII BEEG grds. ausgeschlossen. Art. 1 lit. z VO (EG) Nr. 883/04 versteht unter „Familienleistungen" alle Sach- und Geldleistungen, die zum Ausgleich von Familienlasten bestimmt sind. Damit ist mehr die Kompensation wirtschaftlicher Nachteile durch die Betreuung von Kindern zu verstehen; aus diesem Grund hat der EuGH bsw. einen luxemburgischen Kinderbonus dem Recht der Familienleistungen zugeordnet (EuGH 24.10.2013 – C-177/12). Beim Elterngeld geht es aber um ein besonderes Angebot des Gesetzgebers an die Eltern, sich zur Kinderbetreuung eine Zeitlang aus dem Erwerbsleben zurückziehen zu können (s. dazu auch Oetker/Preis/*Eichenhofer* EAS B 9200, Rn. 11; *Steinmeyer* SDSRV, Bd. 36, 1992, 189 f.). Eine klassische Familienleistung ist das deutsche Elterngeld nach dem BEEG demnach nicht. Dennoch zeigt der Rückschluss aus § 1 VII BEEG bereits, dass der deutsche Gesetzgeber davon ausgeht, dass freizügigkeitsberechtigten Ausländern einen Anspruch auf Elterngeld haben können. Dieser Einschätzung des Gesetzgebers ist insbesondere im Hinblick auf die Entscheidung des EuGH in der Rs. *Hoever und Zachow* zuzustimmen (EuGH 10.10.1996 – C-245/94 – Hoever und Zachow). Zwar erging die Entscheidung noch zu der Frage, ob das frühere deutsche Erziehungsgeld nach dem BErzGG unter den Begriff der „Familienleistungen" fällt, die Grundaussagen sind jedoch entsprechend auf das heutige Elterngeld übertragbar. Die Unterscheidung zwischen Leistungen, die vom Geltungsbereich der Verordnung ausgeschlossen sind und solchen, die von ihm erfasst würden, hinge im Wesentlichen von den grundlegenden Merkmalen der jeweiligen Leistung ab, insbesondere von ihrem Zweck und den Voraussetzungen ihrer Gewährung, nicht dagegen davon, ob eine Leistung von den nationalen Rechtsvorschriften als eine Leistung der sozialen Sicherheit eingestuft werde. Das Erziehungsgeld bezwecke den Ausgleich von Familienlasten iSd Art. 1 lit. u i) VO (EWG) Nr. 1408/71 (nunmehr Art. 1 lit. z) VO (EG) Nr. 883/04). Der EuGH begründet dies insbesondere damit, dass das Erziehungsgeld einem Elternteil ermöglichen solle, sich in der ersten Lebensphase eines Kindes dessen Erziehung zu widmen. Die Leistung diene dazu, die Erziehung des Kindes zu vergüten, die anderen Betreuungs- und Erziehungskosten auszugleichen und gegebenenfalls die finanziellen Nachteile abzumildern, die der Verzicht auf ein Vollerwerbseinkommen bedeute (EuGH 10.10.1996 – C-245/94 – Hoever und Zachow, Slg. 1996, 4895 [4934 ff.] = BeckRS 2004, 75400). Diese Einordnung des deutschen Erziehungsgeldes hat der EuGH nochmals in der Rs. *Martínez Sala* bestätigt (EuGH 12.5.1998 – C-85/96 – Martínez Sala, Slg. 1998, 2691 ff. = BeckRS 2004, 77847). Gleichfalls hat der Gerichtshof das Erziehungsgeld nach schwedischem Recht, das Schweizer Elterngeld und die luxemburgischen Ausgleichszahlungen für Elternurlaub als Familienleistungen iSd VO eingeordnet (EuGH

11.6.1998 – C-275/96 – Kuusijärvi, Slg. 1998, 3419 ff. = BeckRS 2004, 75903; 15.12.2011 – C-257/10 – Bergström, Slg. 2011, 13227 ff. = EZAR NF 16 Nr. 20; 19.9.2013 – C-216/12 – Hliddal und Bornand, Slg. 2013 = BeckRS 2013, 81820). Insofern muss vor dem Hintergrund dieser Rechtsprechung davon ausgegangen werden, dass auch das deutsche Elterngeld nach dem BEEG (unverändert) unter den Begriff der „Familienleistungen" zu subsumieren ist.

Kapitel 3. Dienstleistungen

Art. 56 [Dienstleistungsfreiheit]

Die Beschränkungen des freien Dienstleistungsverkehrs innerhalb der Union für Angehörige der Mitgliedstaaten, die in einem anderen Mitgliedstaat als demjenigen des Leistungsempfängers ansässig sind, sind nach Maßgabe der folgenden Bestimmungen verboten.

Das Europäische Parlament und der Rat können gemäß dem ordentlichen Gesetzgebungsverfahren beschließen, dass dieses Kapitel auch auf Erbringer von Dienstleistungen Anwendung findet, welche die Staatsangehörigkeit eines dritten Landes besitzen und innerhalb der Union ansässig sind.

Übersicht

	Rn.
A. Entsendungen und Binnenmarktrecht – Ausgangslage	2
B. Einordnung	4
C. Beeinträchtigung durch das Aufnahmeland	11
D. Für und Wider der Zuordnung nur zu Art. 56	18
E. Beitrittsverträge	21

Art. 56 gibt Unternehmen, die in einem Mitgliedstaat B „ansässig" sind (Heimat-, Herkunftsland), das Recht, ihre „Dienstleistungen" an Personen in einem anderen Mitgliedstaat A (Aufnahme-, Empfangs-, Arbeitsland) zu erbringen. Die Dienstleistungsfreiheit ist für das Arbeitsrecht **vor allem relevant,** wenn der Arbeitgeber vom Land seiner Niederlassung B aus Dienstleistungen iSd Art. 56 in ein anderes Land A des EWR erbringt, und dafür Mitarbeiter in A arbeiten lässt (Ausübung der aktiven Dienstleistungsfreiheit). Die Erbringung von „Korrespondenzdienstleistungen", bei denen Mitarbeiter des Unternehmens nur im Herkunftsland arbeiten (zB Beratung über Telekommunikation), wirft keine besonderen arbeitsrechtlichen Fragen auf. Für das Arbeitsrecht kann ferner allenfalls die passive Dienstleistungsfreiheit relevant sein, wenn Mitarbeiter eines Unternehmens, die in B arbeiten, sich zu einer entgeltlichen Ausbildung nach A begeben. 1

A. Entsendungen und Binnenmarktrecht – Ausgangslage

In der Praxis wird häufig jeder Fall, in dem ein Unternehmen Mitarbeiter, die in B arbeiten, zur zeitweisen Arbeitsleistung in A verpflichtet, als Entsendung bezeichnet. Dieser **weite Entsendungsbegriff der Praxis bedarf** für rechtliche Fragen der **Differenzierung,** gerade im Hinblick auf das Binnenmarktrecht. Sind die vom Unternehmen aus B bei der Dienstleistung in A eingesetzten Mitarbeiter keine Arbeitnehmer, sondern „freie Mitarbeiter", so üben sie ihre Tätigkeit in A aufgrund ihrer eigenen Dienstleistungsfreiheit aus. Lässt das Unternehmen Arbeitnehmer in einem anderen Mitgliedstaat arbeiten, so fällt dies zwar in aller Regel, aber nicht notwendig unter Art. 56. Es kann sich noch um eine Begleitleistung der Warenverkehrsfreiheit handeln (→ RL 96/71/EG Art. 1 Rn. 49) oder der Arbeitgeber kann im anderen Land eine Niederlassung haben (→ RL 96/71/EG Art. 1 Rn. 46 ff.). Auch wenn das Unternehmen Arbeitnehmer im Rahmen der Dienstleistungs- 2 freiheit in einem anderen Mitgliedstaat arbeiten lässt, liegt nicht stets eine Entsendung ieS vor. Von dieser sollte man nur sprechen, wenn die Tatbestandselemente von Art. 1 I RL 96/71/EG **(Entsende-Richtlinie)** erfüllt sind, also ein Unternehmen mit Sitz in einem Mitgliedstaat „im Rahmen der länderübergreifenden Erbringung von Dienstleistungen Arbeitnehmer gemäß Abs. 3 in das Hoheitsgebiet eines Mitgliedstaats" entsendet (→ RL 96/71/EG Art. 1 Rn. 38 ff.). Der Anwendungsbereich der Entsende-Richtlinie kann danach also nicht über jenen des Art. 56 hinausgehen. Er kann aber dahinter zurückbleiben. Dies ist insbesondere der Fall, wenn die Dienstleistung des Unternehmens aus B in A an eine Person erbracht wird, die ebenfalls in B ansässig ist (zB mitreisende Reiseführer, Seminarveranstaltung im Ausland). Auch wenn der Arbeitnehmer im anderen Mitgliedstaat Leistungen nur für den Arbeitgeber erbringt (zB Journalisten, die aus dem Ausland berichten, LKW-Transit), fällt dies wohl unter Art. 56, jedoch nicht unter die Entsende-Richtlinie (→ RL 96/71/EG Art. 1 Rn. 69 f.). Überdies gibt es Entsendungen, die zwar unter Art. 56 fallen, aber vom Anwendungsbereich der Entsende-Richtlinie ausdrücklich oder über Art. 2 I Entsende-Richtlinie ausgenommen sind. Die binnenmarktrechtlichen **Probleme** der Entsendung **zu Art. 56** stellen sich aber nicht nur in Fällen, auf welche die Entsendungs-RL voll anwendbar ist, und auch nicht nur in Fällen, in denen eine Entsendung iSd Art. I 1 Entsende-Richtlinie vorliegt, sondern **stets wenn ein Unternehmen im Rahmen der länderübergreifenden Erbringung von Dienstleistungen Arbeitnehmer im Hoheitsgebiet eines anderen Mitgliedstaates arbeiten lässt** (Art. 1 I Entsende-Richtlinie ohne die Einschränkung des Art. 1 III). Auf diese Konstellation beziehen sich die nachfolgenden Ausführungen. Angemerkt sei, dass es auf Ebene des Sekundärrechts verschiedene Normen gibt, die auf eine „Entsendung" abstellen, neben der Entsende-Richtlinie insb. Art. 8 II 2 Rom I-VO und Art. 12 I Koordinierungs-VO 883/04. Die jeweils verwendeten Begriffe der Entsendung stimmen allerdings jedenfalls in Randbereichen nicht überein.

3 Die aus Sicht des Arbeitsrechts wichtigste Frage zur Entsendung im eben umschrieben Sinn ist, **inwieweit** das **Aufnahmeland** A für die Tätigkeit des Arbeitnehmers in A **seine arbeitsrechtlichen Vorschriften vorschreiben darf,** insbesondere verlangen darf, dass der Arbeitgeber die am Arbeitsort vorgeschriebenen Löhne zahlen muss. Die Frage des auf das Arbeitsverhältnis der Entsendeten anwendbaren Rechts richtet sich für Verträge, die ab dem 17.12.2009 geschlossen wurden, nach Art. 8 Rom I-VO (→ RL 96/71/EG Art. 1 Rn. 6 ff.). Diese Norm hat das Kollisionsrecht für Arbeitsverträge voll harmonisiert; diese Änderung gegenüber dem EVÜ ist bei Heranziehen von Urteilen des EuGH zur Dienstleistungsfreiheit, die Sachverhalte vor Anwendbarkeit der Rom I-VO betreffen, zu bedenken. Art. 8 Rom I-VO führt bei den genannten Entsendungen kaum je zum Recht des Aufnahmelandes als objektiv verwiesenes Arbeitsvertragsstatut. Vielmehr ist gem. Art. 8 II Rom I-VO idR das Recht des gewöhnlichen Arbeitsortes anwendbar, und damit in der Regel das des Herkunftslandes der Entsendung. Die Normen eines anderen Staates können dann schon nach Art. 9 Rom I-VO nur als Eingriffsnormen Anwendung finden. Die Befugnis des Aufnahmelandes, solche Eingriffsnormen für Entsendungen vorzuschreiben, hängt entscheidend davon, wie diese Entsendungen in die ökonomischen Freiheiten einzuordnen sind.

B. Einordnung

4 Phänomenologisch weist die **Entsendung** iwS von Arbeitnehmern Bezüge sowohl zu Art. 56 (der Arbeitgeber erbringt grenzüberschreitend Dienstleistungen) als auch zu Art. 45 AEUV (die Arbeitnehmer sind in einem anderen Mitgliedstaat erwerbstätig) auf. Die Relevanz von Art. 45 AEUV würde zu Art. 45 III lit. c AEUV führen, wonach Arbeitnehmer, die von ihrer Freizügigkeit Gebrauch machen, das Recht haben, nach den Arbeitsbedingungen des Arbeitsortes behandelt zu werden. Der **EuGH ordnet** das Tätigwerden entsandter Arbeitnehmer jedoch in ständiger Rechtsprechung **ausschließlich Art. 56 zu,**

Einordnung   **Art. 56 AEUV 20**

nicht auch Art. 45 AEUV (zur Kritik → Rn. 18 ff.). Die Dienstleistungsfreiheit erfasse auch die Leistung des Unternehmens **„mit seinem eigenem Personal"** (EuGH 27.3.1990 – C-113/89 Rn. 12 – Rush Portuguesa; 18.12.2007 – C-341/05 Rn. 56 – Laval). Jede Maßnahme, welche die Anwendung der Arbeitsbedingungen des Aufnahmelandes auf die Entsendeten anordnet oder seitens des Aufnahmelandes die Einhaltung der Arbeitsbedingungen der Entsendeten überwacht, ist daher **prima facie** eine **Beeinträchtigung** der Dienstleistungsfreiheit des entsendenden Unternehmens.

Das Eingreifen des unmittelbar anwendbaren **Art. 56** setzt, soweit es um die aktive 5 Dienstleistungsfreiheit (die des Anbieters) geht, das Erfüllen folgender **Tatbestandselemente** voraus: (1) Ein Unternehmen, das in einem Mitgliedstaat (oder im EWR) ansässig ist; (2) dieses erbringt Dienstleistungen iSd Art 56 AEUV in einem anderen Mitgliedstaat (oder im EWR), also grenzüberschreitend; (3) die Dienstleistung wird entgeltlich erbracht; (4) die grenzüberschreitende Tätigkeit ist nur „vorübergehend". Der Begriff der **Dienstleistungen** ist autonom und auch im Kontext der Entsendungen weit zu verstehen; insbesondere sind auch Bauleistungen erfasst (zB EuGH 27.3.1990 – C-113/89 Rn. 17 – Rush Portuguesa). Im Ergebnis wird dieses Element bei allen Entsendungen erfüllt sein. Das Element der **Entgeltlichkeit** erfordert, dass im Regelfall eine wirtschaftliche Gegenleistung erbracht wird (was auch bei Teilnahme von Vereinen an Sportveranstaltungen zutreffen kann). Es kommt nicht darauf, ob das Entgelt vom Empfänger der Dienstleistung oder von einem Dritten bezahlt wird.

In Bezug auf das Element **„Ansässigkeit"** setzt die Ausübung der Dienstleistungsfreiheit 6 voraus, dass der Unternehmer in einem Mitgliedstaat die Voraussetzung des Art. 49 AEUV (Niederlassungsfreiheit) erfüllt, also dort eine feste Einrichtung hat, die eine dauerhafte Beteiligung am Wirtschaftsleben erlaubt (zB EuGH 25.7.1991 – C-221/89 Rn. 20 – Factortame; 17.6.1997 – C-70/95 Rn. 24 – Sodemare). Das Element „Ansässigkeit" wirft Probleme auf, wenn der entsendende Arbeitgeber im (angeblichen) Herkunftsland keine wirkliche wirtschaftliche Aktivität entfaltet (insbesondere wenn dies in keinem Mitgliedstaat zutrifft); → RL 96/71/EG Art. 1 Rn. 42 ff. Die Niederlassung muss nicht in jenem Mitgliedstaat bestehen, der als Herkunftsstaat der Entsendung dienen soll (→ RL 96/71/EG Art. 1 Rn. 34 ff.).

Problematisch ist bei Entsendung von Arbeitnehmern nicht selten das Element **„vorüber-** 7 **gehend"**. Es dient bei Art. 56 der Abgrenzung zur Niederlassungsfreiheit. Der EuGH versteht „vorübergehend" aber **sehr weit** und dehnt die Anwendung von Art. 56 auch auf mehrjährige Tätigkeiten aus (zB bei Baustellen; EuGH 11.12.2003 – C-215/01 Rn. 30 – Schnitzer). Der „vorübergehende" Charakter grenzüberschreitender Dienstleistungen ist dann auch für die ausschließliche Zuordnung von Entsendungen zu Art. 56 kausal. Der EuGH begründet diese nämlich damit, dass Art. 45 AEUV nur einschlägig sei, wenn Arbeitnehmer **„Zugang zum Arbeitsmarkt"** des Aufnahmestaates suchen. Dies sei bei Entsendungen nicht der Fall, weil die Entsendeten im Rahmen einer voraussetzungsgemäß „vorübergehenden" Dienstleistungserbringung – wegen des Arbeitsvertrages zum Arbeitgeber aus dem Herkunftsstaat – ebenfalls nur „vorübergehend" im Aufnahmestaat tätig sind und nach Beendigung der Dienstleistung wieder in den Herkunftsstaat zurückkehren (zB EuGH 27.3.1990 – C-113/89 Rn. 15 – Rush Portuguesa; 9.8.1994 – C-43/93 Rn. 21 – Vander Elst; 25.10.2001 – C-49/98 Rn. 22 f. – Finalarte; 21.10.2004 – C-445/03 Rn. 38 – Kommission/Luxemburg; 21.9.2006 – C-168/04 Rn. 55 – Kommission/Österreich; 11.9.2014 – C-91/13 Rn. 51 – Essent Energie). Die ausschließliche Verankerung der Entsendung von Arbeitnehmern in Art. 56 und insbesondere das extensive Verständnis von „vorübergehend" zu Art. 56 drängen dann die Möglichkeiten des Aufnahmelandes, sein Arbeitsortrecht vorzuschreiben, und damit die Gleichbehandlung der Entsendeten mit den anderen Arbeitskräften am Ort, entsprechend zurück (zur Kritik → Rn. 18 ff.).

Die Dienstleistungsfreiheit eines Unternehmens, Arbeitnehmer zu entsenden, umfasst 8 auch die Entsendung von Arbeitnehmern, die **Drittstaatsangehörige** sind, und zwar sowohl im Hinblick auf die anwendbaren Arbeitsbedingungen wie auf das Aufenthaltsrecht im Aufnahmeland (EuGH 9.8.1994 – C-43/93 Rn. 20 f. – Vander Elst; 21.9.2006 – C-168/04 Rn. 38 ff., 59 ff. – Kommission/Österreich); → RL 96/71/EG Art. 1 Rn. 15 ff.

9 Bei Zuordnung allein zu Art. 56 ist, anders als bei Zuordnung zu Art. 45 AEUV, die Antwort auf die Frage, welches Recht auf das privatrechtliche Rechtsverhältnis zwischen Entsender und Entsendetem anzuwenden ist, durch das Binnenmarktrecht noch nicht vorgegeben. Maßgebend ist daher in erster Linie Art. 8 Rom I-VO (→ RL 96/71/EG Art. 1 Rn. 6 ff.). Bestimmungen des Aufnahmelandes können in der Folge nur als **Eingriffsnormen** zur Anwendung gelangen, was dann aber als Beeinträchtigung der Dienstleistungsfreiheit gesehen wird (→ Rn. 12).

10 Auch die **Arbeitnehmerüberlassung** wird vom EuGH als „Dienstleistung" gesehen, allerdings als Dienstleistung besonderer Art, die gerade darin besteht, „dem Arbeitsmarkt des Aufnahmemitgliedstaates Arbeitnehmer zuzuführen." (EuGH 27.3.1990 – C-113/89 Rn. 16 – Rush Portuguesa; 10.2.2011 – C-307/09 Rn. 30 – Vicoplus). Ein entsandter Leiharbeitnehmer werde „typischerweise auf einem Arbeitsplatz im verwendenden Unternehmen verwendet, der sonst mit einem Arbeitnehmer dieses Unternehmens besetzt worden wäre." Wegen dieser Auswirkungen auf die Verhältnisse auf dem Arbeitsmarkt des Aufnahmelandes können auf Leiharbeitnehmer „eventuell die Art. 45–48 AEUV" anwendbar sein (EuGH 10.2.2011 – C-307/09 Rn. 28–31 – Vicoplus; vgl. *Franzen*, EuZA 2011, 455). Art. 3 I und IX Entsende-Richtlinie sehen daher vor, dass bei Entsendungen die Arbeitsbedingungen des Aufnahmelandes für Leiharbeiter in deutlich weiterem Umfang Anwendung finden als bei anderen Entsendeten (→ RL 96/71/EG Art. 1 Rn. 28 ff.; Art. 3 Rn. 30 ff.). Dies ist – auch aufgrund der vom EuGH hier anerkannten Relevanz von Art. 45 AEUV – mit Art. 56 vereinbar.

C. Beeinträchtigung durch das Aufnahmeland

11 Art. 56 verbietet in seinem Anwendungsbereich drei Formen der Beeinträchtigung: unmittelbare und mittelbare **Diskriminierungen** aufgrund der Staatsangehörigkeit sowie **Beschränkungen,** sofern diese jeweils nicht gerechtfertigt werden können. Dies gilt nicht nur für Maßnahmen der Mitgliedstaaten und nach Auffassung des EuGH auch für Private, sondern auch für Sekundärrecht. Unmittelbare Diskriminierungen kommen im Kontext der Entsendung von Arbeitnehmern heute kaum vor (vgl. aber EuGH 25.10.2001 – C-49/89 Rn. 76 ff. – Finalarte; 8.7.2007 – C-490/04 Rn. 85 ff. – Kommission/Deutschland). Die Anforderungen an die Rechtfertigung sind bei unmittelbarer Diskriminierung höher als in den beiden anderen Fällen. Bei diesen sind die Anforderungen etwa gleich, sodass eine genaue Abgrenzung nicht sehr wichtig ist.

12 Der EuGH nimmt – wie bei anderen Grundfreiheiten – eine **Beeinträchtigung** eher leicht und rasch an. Insbesondere soll es ausreichen, wenn die nationale Norm die Inanspruchnahme der Freiheit „weniger attraktiv" macht (zB EuGH 25.10.2001 – C-49/89 Rn. 28 ff. – Finalarte; 18.12.2007 – C-341/05 Rn. 99 – Laval mwN). Dies ist bei Entsendungen grundsätzlich stets der Fall, wenn die Vorschriften des Aufnahmelandes zu **Arbeitsbedingungen** (als Eingriffsnorm) **vorgeschrieben** werden (zB EuGH 15.3.2001 – C-165/98 Rn. 22 ff. – Mazzoleni; *Franzen*, ZEuP 1997, 1055, 1063). Dies gilt nicht nur für Anordnungen, welche die Anwendung von Normen des Aufnahmelandes im Verhältnis zwischen Arbeitgeber und Arbeitnehmer anordnen („Privatrecht"), sondern auch für Anordnungen, welche Pflichten des Entsenders gegenüber dem Aufnahmeland in Bezug auf das Arbeitsverhältnis begründen („Öffentliches Recht"). Das Unionsrecht misst der Unterscheidung von privatem und öffentlichem Recht in Bezug auf das Recht der Mitgliedstaaten keine (größere) Bedeutung zu, und Art. 9 Rom I-VO erfasst (und begrenzt) auch „öffentlich-rechtliche" Normen. Ebenso liegt eine Beeinträchtigung vor, wenn das Aufnahmeland Maßnahmen zur **Kontrolle** von Entsendungen von Arbeitnehmern regelt oder setzt, insbesondere um die Einhaltung der Arbeitsbedingungen – seiner eigenen oder jener des

Beeinträchtigung durch das Aufnahmeland **Art. 56 AEUV 20**

Arbeitsvertragsstatuts – zu überwachen (zB EuGH 24.1.2002 – C-164/99 Rn. 16 ff. – Portugaia Construções; 1.10.2009 – C-219/08 Rn. 13 – Kommission/Belgien). In all diesen Fällen belastet die Pflicht des Entsenders, Normen des Aufnahmelandes zu beachten, den Entsender und lässt die Ausübung der Dienstleistungsfreiheit „weniger attraktiv" sein. Auf einzelne Fälle der Beeinträchtigung, insbesondere bei der Kontrolle, wird zu → RL 96/71/EG eingegangen.

Eine **Beeinträchtigung** liegt nicht nur vor, wenn das Aufnahmeland die genannten 13 Anordnungen und Maßnahmen aus eigenem setzt, sondern auch, wenn das **Sekundärrecht** diese gebietet oder dazu ermächtigt. Die Entsende-Richtlinie enthält primär (harmonisierende) Regeln zum Kollisionsrecht für Arbeitsverträge, also Sonderbestimmungen zur Rom I-VO Verordnung (→ RL 96/71/EG Art. 1 Rn. 6 ff.). Die RL 2014/67/EU (Durchsetzungs-Richtlinie; zu dieser → RL 96/71/EG Art. 1 Rn. 16 ff.; Art. 5 Rn. 4 ff.) regelt vor allem die Überwachung durch das Aufnahmeland. Auch Entsende-Richtlinie und Durchsetzungs-Richtlinie sind an Art. 56 zu messen. Dies führt dazu, dass diese Richtlinien im Lichte des Art. 56 auszulegen ist, insb. dort, wo die Mitgliedstaaten (nur) ermächtigt werden, die Anwendung eigenen Arbeitsrechts auf Entsendungen vorzuschreiben (primärrechtsfördernde Auslegung; vgl. *Tscherner,* Arbeitsbeziehungen, 291 ff.) Auf der anderen Seite hat der EuGH Art. 56 zu Entsendungen bisher so ausgelegt, dass die Anordnungen der Entsende-Richtlinie nicht in Frage gestellt wurden (**sekundärrechtsrespektierende Auslegung** des Primärrechts; vgl. *Tscherner,* Arbeitsbeziehungen, 296 ff.). Bei einer Verletzung der Entsende-Richtlinie durch das Aufnahmeland, indem es mehr Arbeitsbedingungen vorschreibt als danach zulässig ist, liegt darin in der Folge auch eine Verletzung der Dienstleistungsfreiheit; Art. 56 und die Entsende-Richtlinie werden also als „mutually reinforcing" gesehen (*Barnard,* EU Employment Law, 227). Falls eine Entsendung unter Art. 56, nicht aber unter die Entsende-Richtlinie fällt, sind Maßnahmen des Aufnahmelandes direkt an Art. 56 zu prüfen. Dasselbe gilt, wenn der Sachverhalt zwar unter die Entsende-Richtlinie fällt, die Fragen dort aber nicht geregelt ist; letzteres trifft bis zum Wirksamwerden der Durchsetzungs-Richtlinie weitgehend für die Überwachung durch das Aufnahmeland zu (zB EuGH 3.12.2014 – C-315/13 Rn. 47 – De Clercq; → RL 96/71/EG Art. 5 Rn. 3 ff.).

Für die **Rechtfertigung** einer Beeinträchtigung ist auch bei Art. 56 erforderlich, dass die 14 beeinträchtigende Norm zur Verwirklichung eines unionsrechtlich zulässigen Zieles geeignet und erforderlich ist. Das Urteil *De Clercq* fasst die hier **zulässigen Regelungsziele** („zwingende Gründe des Allgemeininteresses") zusammen (EuGH 3.12.2014 – C-315/13 Rn. 65 mwN): Schutz der (entsandten) Arbeitnehmer; Verhinderung eines unlauteren Wettbewerbs durch Unternehmen, die ihren entsandten Arbeitnehmern einen Lohn zahlen, der unterhalb des Mindestlohns liegt, soweit dieses Ziel auch dem Schutz der Arbeitnehmer durch Bekämpfung von Sozialdumping dient; Bekämpfung von Betrug, insb. Sozialbetrug, und die Verhinderung von Missbräuchen, namentlich die Bekämpfung der Schwarzarbeit, sofern dieses Ziel insbesondere mit dem Ziel, das finanzielle Gleichgewicht der Systeme der sozialen Sicherheit zu wahren, zusammenhängen kann. Diese Ziele kommen für eine Rechtfertigung sowohl in Bezug auf das Vorschreiben der Arbeitsbedingungen des Aufnahmelandes als auch auf Maßnahmen zu Kontrolle und Überwachung in Betracht. Das wichtigste zulässige Regelungsziel ist hier der Schutz der Arbeitnehmer (zB EuGH 23.11.1999 – C-369/96 Rn. 61 – Arblade; 25.10.2001 – C-49/89 Rn. 39 ff. – Finalarte), insbesondere durch Anwendung der „Mindestlöhne" des Aufnahmelandes (zB EuGH 15.3.2001 – C-165/98 Rn. 28 f. – Mazzoleni; 24.1.2002 – C-164/99 Rn. 21 – Portugaia Construções). Der EuGH verstand dies aber im Ergebnis ausschließlich als Schutz der entsendeten Arbeitnehmer, nicht der Arbeitnehmer und der Arbeitsbeziehungen bzw. der Arbeitsrechtsordnung des Aufnahmelandes. Erst in jüngerer Zeit schwächt er dies ab und lässt zur Entsendung auch andere Regelungsziele zu, insbesondere den Schutz eines „fairen Wettbewerbes" (nicht nur der Entsender unter sich, sondern auch mit den Unternehmen des Aufnahmelandes; EuGH 18.12.2007 – C-341/05 Rn. 74 – Laval), sowie den Schutz vor Sozialdumping und die Bekämpfung von Schwarzarbeit (EuGH 18.12.2007 – C-341/05 Rn. 103, 113 – Laval; 19.12.2012 – C-577/10 Rn. 45 – Kommission/Belgien; 15.6.2006 – C-255/04 Rn. 46, 52 – Kommission/Frankreich). Allerdings ist noch fraglich, was genau der EuGH unter „fairen Wettbewerb" und „Sozialdumping" versteht (gegen die Qualifikation des grenzüberschreitenden Wettbewerbs mit den niedrigeren Löhnen des Herkunftslandes als Sozialdumping zB *Riesenhuber,* EEL, § 6 Rn. 5).

15   Die entscheidende Frage zur Rechtfertigung ist meist jene nach der **Erforderlichkeit.** Auf einzelne Fragen zur Rechtfertigung wird hier jeweils im Zusammenhang mit den entsprechenden Bestimmungen der → RL 96/71/EG eingegangen. Allgemein und insbesondere bei Regelungen des Aufnahmelandes, die nicht genau in der Entsende-Richtlinie vorgezeichnet sind, soll eine Regelung des Aufnahmestaates zum Schutz der Entsendeten nach Auffassung des EuGH nur dann erforderlich sein können, wenn sie den Entsendeten einen **deutlichen tatsächlichen Vorteil** bringt, weil diese in ihrem Herkunftsstaat keinen vergleichbaren Schutz genießen. Dies betrifft sowohl Kontrollmaßnahmen (zB EuGH 23.11.1999 – C-369/96 Rn. 34 f. – Arblade; 19.12.2012 – C-577/10 Rn. 44 – Kommission/Belgien) wie materielle Regelungen (zB EuGH 25.10.2001 – C-49/89 Rn. 42 ff. – Finalarte; 24.1.2002 – C-164/99 Rn. 23 ff. – Portugaia Construções; 18.7.2007 – C-490/04 – Kommission/Deutschland). Das Erfordernis läuft auf das **Verbot eines Doppelschutzes** hinaus – wobei es nicht darauf ankommt, ob das Herkunftsland die Einhaltung seiner Arbeitsbedingungen tatsächlich überwacht und durchsetzt (→ RL 96/71/EG Art. 5 Rn. 1 ff.). Die Forderung, dass die Regelung einen tatsächlichen Vorteil bietet, ist jedenfalls in Bezug auf materielle und damit notwendig generelle Regelungen des Aufnahmelandes problematisch, weil sie eine „individuelle" Betrachtung der Rechtslage im jeweiligen Herkunftsland erfordert und damit einheitliche Regelungen des Aufnahmelandes, die für Entsendungen aus allen anderen Mitgliedstaaten gelten sollen, praktisch unmöglich macht. Die Anforderung führt uU zu herkunftslandspezifischen generellen Regelungen des Aufnahmestaates und im Bereich der Überwachung zu beträchtlichem, zusätzlichem Verwaltungsaufwand. Bei Kontrollmaßnahmen sind – als Frage der Verhältnismäßigkeit – die zusätzlichen Kosten für den Entsender mit den Vorteilen abzuwägen, die der zusätzliche Schutz den Entsendeten bringt (EuGH 25.10.2001 – C-49/89 Rn. 50 – Finalarte). Vernachlässigt wird dabei das Interesse jedes Aufnahmelandes und damit auch der Union an der Einhaltung des Rechts.

16   Der EuGH legt bei Beeinträchtigungen durch Sekundärrecht in der Regel einen weniger strengen Maßstab an als bei Beeinträchtigungen durch einen Mitgliedstaat. Dementsprechend hat er bisher keine Bedenken gegen die Vorgaben der Entsende-Richtlinie geäußert (vgl. *Junker,* JZ 2007, 481, 488), während in der deutschen Literatur nicht selten gesagt wird, das von der Entsende-Richtlinie verlangte oder erlaubte Vorschreiben von Bestimmungen des Aufnahmelandes verletze Art. 56 (vgl. *Riesenhuber,* EEL, § 6 Rn. 7 mwN). Sehr wohl hat der EuGH aber die den Mitgliedstaat in dieser Richtlinie erteilte Ermächtigung zum Vorschreiben eigener Vorschriften iSd Dienstleistungsfreiheit restriktiv interpretiert: Die **Entsende-Richtlinie** regle **abschließend** die Möglichkeiten, die Arbeitsbedingungen des Aufnahmelandes vorzuschreiben (→ RL 96/71/EG Art. 3 Rn. 2). Nach Auffassung des EuGH ist dies wohl von Art. 56 gefordert (vgl. EuGH 3.4.2008 – C-346/06 Rn. 36 – Rüffert), was voraussetzt, dass das Vorschreiben anderer Arbeitsbedingungen nicht erforderlich ist. Jüngst hat der EuGH Art. 3 I Entsende-Richtlinie aber wiederum „großzügiger" interpretiert (EuGH 12.2.2015 – C-396/13 Rn. 38 ff. – Sähköalojen; → RL 96/71/EG Art. 3 Rn. 17 ff.), und dazu komplementär die Verwirklichung der Dienstleistungsfreiheit reduziert.

17   Eine Beeinträchtigung der Dienstleistungsfreiheit des Entsenders sieht der EuGH auch in **Kollektiven Aktionen,** insbesondere einem **Boykott,** die Gewerkschaften gegen den Entsender setzen, um die Anwendung von Arbeitsbedingungen des Aufnahmelandes zu erreichen, die über das nach der Entsende-Richtlinie Vorgesehene und Zulässige hinausgehen (EuGH 18.12.2007 – C-341/05 Rn. 108 – Laval). Dies gilt insbesondere, wenn die

Gewerkschaft des Aufnahmelandes (also nicht die Vertreter der Entsendeten) ein Aushandeln der Arbeitsbedingungen verlangt, weil die anwendbaren Arbeitsbedingungen dann für den Entsender nicht vorhersehbar seien (EuGH 18.12.2007 – C-341/05 Rn. 110 – Laval). Eine Rechtfertigung kommt in diesen Fällen nach dem EuGH wohl nicht in Betracht (vgl. aber die Kritik an den unzulänglichen Ausführungen der Urteile Viking und Laval zur Rechtfertigung bei *Weatherill,* Viking and Laval: The EU Internal Market Perspective, in Freedland/Prassl [Hrsg.], Viking, Laval and Beyond, 2014, 23 ff.). Art. 56 wird dann durch das Aufnahmeland verletzt, das die rechtswidrigen Arbeitskampfmaßnahmen zulässt, und laut EuGH auch durch die den Boykott organisierende Gewerkschaft, die in der Folge Schadenersatzansprüchen auf unionsrechtlicher Grundlage ausgesetzt ist (vgl. *Tscherner,* Arbeitsbeziehungen, 213 ff.). Ein **Streik der entsendeten Arbeitnehmer** um bessere eigene Arbeitsbedingungen beeinträchtigt die Dienstleistungsfreiheit hingegen nicht.

D. Für und Wider der Zuordnung nur zu Art. 56

Die Grundproblematik zu Entsendung und Dienstleistungsfreiheit liegt in der Frage, **18** inwieweit auch entsendete Arbeitnehmer für die Zeit der Arbeit im Aufnahmestaat den dort geltenden Arbeitsbedingungen (Gesetze und Tarifverträge) unterliegen sollen. Sind die Arbeits-, insbesondere Lohnbedingungen in Herkunfts- und Aufnahmestaat zumindest ähnlich, so bedeutet die Nichtanwendung dieser Vorschriften eine bedeutende Vereinfachung für grenzüberschreitende Dienstleistung. Bestehen jedoch große Unterschiede in den Bedingungen, so sind die wirtschaftlichen Auswirkungen einer (Nicht-)Anwendung beträchtlich, insbesondere bei Entsendungen von einem Mitgliedstaat mit niedrigen Arbeits- und Lohnbedingungen in einen mit hohen Bedingungen; letzteres kommt seit 2004 weitaus häufiger vor als davor. Hier führt die Nichtanwendung dazu, dass Entsender und Entsendete einen bedeutenden **Wettbewerbsvorteil** gegenüber Unternehmen und Arbeitnehmern des Aufnahmestaates haben, obwohl sie alle im selben Gebiet tätig sind. Oft bedeutend verstärkt wird dieser Vorteil dadurch, dass Entsendete nach Art. 12 I Koordinierungs-VO 883/04 bis zur Dauer von zwei Jahren nur der Sozialen Sicherung im Herkunftsstaat unterliegen, was im Verhältnis zu manchen Ländern deutlich geringere Beiträge bedeutet. Auch bei Entsendungen aus einem Hochlohn- in ein Niedriglohnland haben die Unternehmer und Arbeitnehmer des Niedriglohnlandes aufgrund der Regel einen Wettbewerbsvorteil, weil für die entsendeten Arbeitnehmer weitgehend die Arbeitsbedingungen des Entsendestaates maßgebend bleiben.

Eine **weitgehende Maßgeblichkeit der Arbeitsbedingungen des Herkunftslandes** **19** **wirkt** wirtschaftlich also **asymmetrisch:** Sie begünstigt stets Mitgliedstaaten mit niedrigen Arbeitsbedingungen im Wettbewerb. Diese sollen den Wettbewerbsvorteil niedrigerer Arbeitskosten auch bei Entsendungen nutzen können (so bereits SA des GA *VerLoren van Themaat,* EuGH 3.2.1982 – C-62/81 S. 244 – Seco). Man kann dies als Beitrag zur Angleichung der Arbeitsbedingungen (Art. 151 AEUV) sehen, allerdings ist bei Entsendung aus einem Niedriglohnland fraglich, ob es sich dabei um eine Angleichung „auf dem Weg des Fortschritts" handelt. Wirtschaftlich wird für die partielle oder völlige Nichtanwendung der Arbeitsbedingungen des Aufnahmelandes vorgebracht, dass es sich dabei um Ähnliches handle wie bei der Warenverkehrsfreiheit; auch dort werden Produkte zu Arbeitsbedingungen des Herkunftslandes hergestellt (vgl. *Riesenhuber,* EEL, § 6 Rn. 4 mwN; *Gerken/ Löwisch/Rieble,* BB 1995, 2370). Die Maßgeblichkeit des Herkunftslandrechts eröffnet den Arbeitnehmern aus dem Herkunftsland Beschäftigungsmöglichkeiten, die sie bei Maßgeblichkeit des Arbeitsortrechts uU nicht haben. Dem steht gegenüber, dass die Entsendeten gerade nicht im Herkunftsland arbeiten. Wie etwa die USA zeigen, ist ein Binnenmarkt mit Geltung des Arbeitsortrechts auch bei Entsendungen funktionsfähig (*Barnard,* EU Employment Law, 228). Die Tatsache, dass die Entsendeten – anders als bei der Warenverkehrsfreiheit – nicht im Herkunftsland tätig sind, wird umso relevanter, je länger die Entsendung

– derselben Person oder nacheinander verschiedener Personen mit derselben Arbeitsaufgabe – dauert, weil die Mitarbeiter des dienstleistenden Unternehmens dann zunehmend unter den Rahmenbedingungen des Aufnahmelandes arbeiten oder doch arbeiten sollten, insbesondere den Lebenshaltungskosten dort unterworfen sind (außer sie müssen sich auf Dauer mit Behelfsunterkünften begnügen). Das geltende Unionsrecht **berücksichtigt** diesen **Zeitfaktor** jedoch nur in sehr engen Grenzen bei Entsendungen von kurzer Dauer (→ RL 96/71/EG Art. 3 Rn. 34 ff.) und damit **zu wenig**. Die „Mittellösung", welche die Entsende-Richtlinie verwirklicht, ist insoweit rechtspolitisch verfehlt, als sie die Arbeitsbedingungen des Arbeitsortes auch bei langdauernden Entsendungen zu weit zurückdrängt. Entsendet ein grenzüberschreitend tätiges Unternehmen Arbeitnehmer auf einen Arbeitsplatz, der länger als zwei Jahre im Aufnahmeland besteht, so sollte jedenfalls nach Ablauf dieser Frist die volle Anwendung von materiellen Vorschriften des Aufnahmelandes und die Überwachung der Arbeitsbedingungen durch das Aufnahmeland nicht mehr durch Art. 56 behindert werden. Auf der anderen Seite kann das von der Entsende-Richtlinie vorgesehene Eingreifen dieser Arbeitsbedingungen bei (deutlich) kürzeren Entsendungen zu weit gehen, insbesondere seitdem der EuGH gesagt hat, dass das Aufnahmeland nicht nur den untersten Mindestlohn vorschreiben darf (partiell muss), sondern jenen für alle Lohngruppen (EuGH 12.2.2015 – C-396/13 Rn. 43 – Sähköalojen; → RL 96/71/EG Art. 3 Rn. 17). Der EuGH hat den Zusammenhang zwischen Lebenshaltungskosten der Mitarbeiter, Mindestlöhnen und fairen Wettbewerbsbedingungen jüngst treffend erkannt, wenn auch für den umgekehrten Fall, dass ein öffentlicher Auftraggeber in Land A von einem Auftragnehmer aus B die Einhaltung des Mindestlohnes in A verlangt, obwohl der Auftrag in B erfüllt wird. Wenn dem Unternehmen aus B damit die Möglichkeit vorenthalten wird, „aus den zwischen den jeweiligen Lohnniveaus bestehenden Unterschieden einen Wettbewerbsvorteil zu ziehen, [so geht dies] über das hinaus, was erforderlich ist, um zu gewährleisten, dass das Ziel des Arbeitnehmerschutzes erreicht wird." (EuGH 18.9.2014 – C-549/13 Rn. 34 – Bundesdruckerei).

20 Die Zuordnung von (langen) Entsendungen von Arbeitnehmern ausschließlich zu Art. 56 (→ Rn. 4, 7) ist auch **de lege lata** („rechtsdogmatisch") **fragwürdig** und angreifbar (vgl. zB *Preis/Temming,* Die Urlaubs- und Lohnausgleichskasse im Kontext des Gemeinschaftsrechts, 115 ff.). Das zeitlich erste Urteil, das die Arbeitnehmerentsendung an der Dienstleistungsfreiheit prüfte, betraf das Sozialrecht und musste die Rechtslage für die Arbeitnehmer nicht bedenken (EuGH 3.2.1982 – C-62/81 – Seco). In der nächsten Entscheidung (EuGH 27.3.1990 – C-113/89 – Rush Portuguesa), auf der alle spätere aufbauen, ging es um die Rechtslage nach einem Beitrittsvertrag. Nur bei Zuordnung allein zur Dienstleistungsfreizügigkeit war eine ökonomische Freiheit anwendbar (die Arbeitnehmerfreizügigkeit war aufgrund eines Beitragsvertrages konkret noch nicht anwendbar). Daher stand die Zuordnung zu einer bestimmten Freiheit weniger im Fokus als das Bestreben, irgendeine Freiheit anwendbar zu machen. Dafür spricht, dass dieses Urteil (in Rn. 18) noch ohne Einschränkung (aber auch ohne Begründung außer einem Verweis auf das Urteil *Seco*) sagte, das Gemeinschaftsrecht verwehre es den Aufnahmestaaten nicht, „ihre Rechtsvorschriften oder die von den Sozialpartnern geschlossenen Tarifverträge unabhängig davon, in welchem Land der Arbeitgeber ansässig ist, auf alle Personen auszudehnen, die in ihrem Hoheitsgebiet, und sei es auch nur vorübergehend, eine unselbständige Erwerbstätigkeit ausüben". Diese Aussage, die bei Entsendungen zu jener Lage führte, welche die Verträge zur Arbeitnehmerfreizügigkeit vorsehen, hat nicht nur Anlass zur Entsende-Richtlinie gegeben (→ RL 96/71/EG Art. 1 Rn. 1), sie hat sich zu Entsendungen seither faktisch immer mehr verflüchtigt. Wirkungsmächtig blieb allein die Zuordnung zur Dienstleistungsfreiheit, obwohl beide Elemente wohl zusammengehörten. In der Sache hat der EuGH die ausschließliche Zuordnung zu Art. 56 nie begründet, auch nicht für den Fall längerer Entsendungen. Phänomenologisch sind aber jedenfalls **längere Entsendungen im Grenzbereich von Art. 45 und Art. 56** angesiedelt. Schon dies spricht dafür, sie beiden Bestimmungen zuzuordnen. Auch die Überlegungen zu den Vorarbeiten zu den Verträgen weisen in die Richtung, dass

das Recht des Arbeitsortes auch bei Entsendungen gelten solle (*Barnard,* EU Employment Law, 227 f. unter Hinweis auf den Spaak-Bericht). In die gleiche Richtung weist, dass Entsendete bei längerer Entsendung faktisch sehr wohl insofern „Zutritt zum Arbeitsmarkt" des Aufnahmestaates (→ Rn. 7) suchen, als sie dort arbeiten und leben und ihre Tätigkeit den Arbeitsmarkt beeinflusst. Überdies wird die Bedeutung der an den Lebenshaltungskosten des Aufnahmelandes orientierten Arbeitsbedingungen dieses Landes umso größer, je länger die Entsendung dauert. Nur eine formale Betrachtung, die an der Oberfläche bleibt und den Zeitfaktor ausblendet, kann all dies verkennen. Schließlich sei auf eine – vom EuGH weitgehend verdrängte – Wendung in Art. 57 III AEUV hingewiesen. Danach kann der Leistende seine Tätigkeit im Aufnahmestaat „vorübergehend ... unter den Voraussetzungen [ausüben], welche dieser Mitgliedstaat für seine eigenen Angehörigen vorschreibt." Jedenfalls wenn der Sachverhalt, wie die Entsendung von Arbeitnehmern, enge Beziehungen zu einer anderen Grundfreiheit hat, für welche dieselbe Anordnung unzweifelhaft gilt, sollte die Wendung beachtet werden. **Richtig wäre daher, Entsendungen mit zunehmender Dauer der Entsendung zunehmend auch Art. 45 AEUV zuzuordnen.**

E. Beitrittsverträge

Die bisherigen Beitrittsverträge haben den jeweils „alten" Mitgliedstaaten die Möglichkeit 21 eröffnet, die **Arbeitnehmerfreizügigkeit** für Staatsbürger des neuen Mitgliedstaates **befristet einzuschränken.** Als **Annex** dazu wurde auch die Möglichkeit eröffnet, die Dienstleistungsfreiheit in Bezug auf entsendete Arbeitnehmer befristet einzuschränken. Aktuell besteht diese Freistellung nur mehr in Bezug auf Kroatien, und auch dies nur für Deutschland und Österreich, und nur für bestimmte Branchen (insbesondere Bauarbeiten), längstens bis 2020 (vgl. Beitrittsvertrag Kroatien ABl. Nr. L 112 v. 24.4.2012, 67). Die Beschränkungen der Arbeitnehmerfreizügigkeit können auch auf Arbeitnehmerüberlassung angewendet werden (vgl. EuGH 10.2.2011 – C-307/09 Rn. 30 – Vicoplus). Der Arbeitnehmerbegriff richtet sich in diesem Kontext (Einschränkung einer ökonomischen Freiheit) allein nach dem Unionsrecht (vgl. dazu zB *Rebhahn,* Die Arbeitnehmerbegriffe des Unionsrechts, EuZA 2012, 3 ff.). Auf Arbeitende, die aus Sicht des Aufnahmelandes arbeitnehmerähnliche Personen, aus Sicht des Unionsrechts aber Nichtarbeitnehmer sind, können die Beschränkungen der Arbeitnehmer- und Dienstleistungsfreiheit im Beitrittsvertrag daher wohl nicht angewendet werden.

Titel X. Sozialpolitik

Art. 151 [Ziele und Mittel abgestimmter und gemeinsamer Sozialpolitik]

Die Union und die Mitgliedstaaten verfolgen eingedenk der sozialen Grundrechte, wie sie in der am 18. Oktober 1961 in Turin unterzeichneten Europäischen Sozialcharta und in der Gemeinschaftscharta der sozialen Grundrechte der Arbeitnehmer von 1989 festgelegt sind, folgende Ziele: die Förderung der Beschäftigung, die Verbesserung der Lebens- und Arbeitsbedingungen, um dadurch auf dem Wege des Fortschritts ihre Angleichung zu ermöglichen, einen angemessenen sozialen Schutz, den sozialen Dialog, die Entwicklung des Arbeitskräftepotenzials im Hinblick auf ein dauerhaft hohes Beschäftigungsniveau und die Bekämpfung von Ausgrenzungen.

Zu diesem Zweck führen die Union und die Mitgliedstaaten Maßnahmen durch, die der Vielfalt der einzelstaatlichen Gepflogenheiten, insbesondere in den vertraglichen Beziehungen, sowie der Notwendigkeit, die Wettbewerbsfähigkeit der Wirtschaft der Union zu erhalten, Rechnung tragen.

20 AEUV Art. 151 — Ziele und Mittel abgestimmter und gemeinsamer Sozialpolitik

Sie sind der Auffassung, dass sich eine solche Entwicklung sowohl aus dem eine Abstimmung der Sozialordnungen begünstigenden Wirken des Binnenmarkts als auch aus den in den Verträgen vorgesehenen Verfahren sowie aus der Angleichung ihrer Rechts- und Verwaltungsvorschriften ergeben wird.

Übersicht

	Rn.
A. Gegenstand der Sozialpolitik	1
I. Definition	1
II. Überblick über die Regelungen des Titels X Sozialpolitik (Art. 151–161 AEUV)	3
B. Entwicklung der Regelungen über die Sozialpolitik	5
I. Die Römischen Verträge von 1957	5
II. Die Einheitliche Europäische Akte von 1987	8
III. Die weitere Entwicklung: Verträge von Maastricht (1992), Amsterdam (1997), Nizza (2002) und Lissabon (2009)	9
C. Regelungsgehalt des Art. 151	11
I. Funktion	11
II. Entstehungsgeschichte	12
III. Soziale Grundrechte	13
1. Allgemeines	13
2. Europäische Sozialcharta (ESC)	15
3. Gemeinschaftscharta der sozialen Grundrechte	16
IV. Ziele der Sozialpolitik (Abs. 1)	20
1. Allgemeines	20
2. Allgemeine Zielbestimmungen mit sozialpolitischen Bezügen in EUV und AEUV	22
3. Die einzelnen Zielbestimmungen	24
V. Maßnahmen der Union zur Erreichung der Ziele (Abs. 2 und 3)	27
1. Leitlinien der Maßnahmen (Abs. 2)	27
2. Zielerreichung (Abs. 3)	30
D. Verhältnis zu anderen Politikbereichen	34
I. Grundfreiheiten	34
1. Reichweite der Grundfreiheiten	34
2. Primat der Grundfreiheiten?	38
II. Wettbewerbsregeln (Art. 101 ff. AEUV)	41
III. Wirtschafts- und Beschäftigungspolitik	44
IV. Weitere Bereiche	46

A. Gegenstand der Sozialpolitik

I. Definition

1 Art. 151 benennt die Ziele und Mittel der Sozialpolitik der Union, enthält aber keine Definition oder Umschreibung dessen, was der Vertrag unter „Sozialpolitik" versteht. Daher muss der **Begriff der Sozialpolitik** aus der Gesamtschau der Vorschriften entwickelt werden, welche unter diesem Begriff im Titel X zusammengefasst sind. Dabei erweist sich, dass Sozialpolitik iSd Unionsrechts im Grundsatz das **Arbeitsrecht und das Sozialrecht** umfasst (Calliess/Ruffert/*Krebber* Rn. 1; Schwarze/Rebhahn/*Reiner* Rn. 1). Allerdings wird das Sozialrecht iSe Rechts der sozialen Sicherheit oder des sozialen Schutzes im Titel X nur am Rande erwähnt – etwa in Art. 153 II lit. c AEUV oder in Art. 156 I vierter Gedankenstrich AEUV. Das derzeit existierende europäische Sozialrecht dient in erster Linie der Koordinierung der einzelstaatlichen Sozialversicherungssysteme, um die Freizügigkeit von Arbeitnehmern und Selbständigen zu flankieren und erlangt daher vor allem im Zusammenhang mit der Arbeitnehmerfreizügigkeit (Art. 45 AEUV) Bedeutung; Rechtsgrundlage für die entsprechenden Sekundärrechtsakte ist insoweit Art. 48 AEUV. IRd Titels X steht also das Arbeitsrecht ganz im Vordergrund. Einen Hinweis für die Konkretisierung des Begriffs der Sozialpolitik kann ferner Art. 156 AEUV geben. Danach gehören zu den Bereichen der Sozialpolitik die Beschäftigung, Arbeitsrecht und Arbeitsbedingungen, berufliche Aus- und

Fortbildung, soziale Sicherheit, Arbeits- und Gesundheitsschutz bis hin zum Koalitionsrecht und Kollektivverhandlungen.

Art. 4 II lit. b AEUV weist die Sozialpolitik dem Bereich der **geteilten Zuständigkeiten** 2 zu. Damit besitzen sowohl die Union als auch die Mitgliedstaaten Regelungszuständigkeiten. Die Mitgliedstaaten verlieren diese allerdings, sofern und soweit die Union verbindlich gehandelt hat (Art. 2 II AEUV). Eine Unionsregelung entfaltet somit eine Sperrwirkung für die Zuständigkeit der Mitgliedstaaten, soweit die grds. Kompetenzeinräumung zugunsten der Union reicht. Für den Bereich der Sozialpolitik ist dabei bedeutsam, dass rechtlich verbindliche Unionsregelungen lediglich als Mindestregelungen zulässig sind (→ AEUV Art. 153 Rn. 55 ff.). Die Mitgliedstaaten sind insoweit weiterhin zur Regelung des über die Mindestanforderungen hinausgehenden Bereichs befugt; insoweit findet die Sperrwirkung nicht statt (vgl. Calliess/Ruffert/*Ruffert* AEUV Art. 2 Rn. 17). Dies bedeutet, dass im Bereich der Sozialpolitik die Mitgliedstaaten regelungszuständig bleiben, auch wenn die Union eine Rechtsangleichungsmaßnahme erlassen hat.

II. Überblick über die Regelungen des Titels X Sozialpolitik (Art. 151–161 AEUV)

Der Titel X des AEUV über die Sozialpolitik enthält mit Art. 151 eine **Zielbestim-** 3 **mung.** Diese legt die Union und die Mitgliedstaaten auf eine gewisse Fortentwicklung der sozialen Lage der Bevölkerung fest, indem Union und Mitgliedstaaten hierfür als geeignet und erforderlich angesehene Maßnahmen ergreifen. Zentral für diesen Zweck ist die **Kompetenzgrundlage** des Art. 153 AEUV. Diese berechtigt die Union, auf zahlreichen Gebieten des Arbeitsrechts Maßnahmen zu ergreifen, einschließlich Regelungen zur Angleichung der Rechtsvorschriften der Mitgliedstaaten. Von ganz herausragender Bedeutung ist darüber hinaus Art. 157 AEUV, der den **Grundsatz des gleichen Entgelts** bei gleicher oder gleichwertiger Arbeit von Männern und Frauen aufstellt und ferner in Abs. 3 eine Kompetenzgrundlage für Rechtsangleichungsmaßnahmen auf diesem Gebiet zur Verfügung stellt. Diesen Grundsatz hat der EuGH bereits früh als eine der Grundlagen der (damaligen) Gemeinschaft bezeichnet (EuGH 8.4.1976 – 43/75 Rn. 12 – Defrenne II, Slg. 1976, 455). Heute steht diese Vorschrift weniger im Zusammenhang mit der Sozialpolitik als vielmehr mit der Antidiskriminierungspolitik der Union auf der Grundlage von Art. 19 AEUV (näher → AEUV Art. 157 Rn. 8).

Darüber hinaus sind einige Bestimmungen des Titels X dem sog. „**sozialen Dialog**" 4 gewidmet, etwa Art. 152, 154, 155 AEUV. Der soziale Dialog bezeichnet zunächst ganz allg. den Informations- und Meinungsaustausch der Sozialpartner, also der Repräsentanten von Arbeitgebern und Arbeitnehmern auf der Ebene der Union. Dieser informelle Austausch bedürfte an sich gar nicht der Ansprache im Vertrag. Seine spezifische Bedeutung erlangt dieser soziale Dialog allerdings dadurch, dass Maßnahmen der Union auf dem Gebiet der Sozialpolitik stets durch einen solchen, nun formalisierten Dialog begleitet werden müssen (Art. 154 AEUV). Dabei werden die europäischen repräsentativen Sozialpartner in ganz besonderer Weise in das Gesetzgebungsverfahren der Union einbezogen; sie können sogar die inhaltliche Regelung nach Maßgabe des Art. 155 AEUV selbst treffen und die europäischen politischen Organe, Rat und Kommission, grds. auf die Rolle eines Notars mit Ablehnungsbefugnis beschränken (näher → AEUV Art. 155 Rn. 19 f.). Die übrigen Vorschriften sind von untergeordneter Bedeutung. Sie enthalten Aufträge an die Kommission, etwa zur Berichterstattung über die soziale und demografische Lage (Art. 159, 161 AEUV) oder zur Förderung der sozialpolitischen Zusammenarbeit der Mitgliedstaaten (Art. 156 AEUV); zu diesem Zweck setzt der Rat einen Ausschuss für Sozialschutz ein (Art. 160 AEUV).

B. Entwicklung der Regelungen über die Sozialpolitik

I. Die Römischen Verträge von 1957

5 Der heutige Stellenwert der Sozialpolitik im Gefüge der Union ist nur vor dem Hintergrund der historischen Entwicklung zu verstehen. In den Römischen Verträgen von 1957 spielte die **Sozialpolitik nur eine untergeordnete Rolle.** Sechs Bestimmungen, Art. 117 – 122 EWGV bildeten unter der Überschrift „Sozialvorschriften" den Kern des heutigen Titel X über die Sozialpolitik. Überwiegend handelte es sich um Zielbestimmungen, etwa Art. 117 EWG-Vertrag als rudimentäre Vorläufervorschrift des Art. 151. Der Kommission kam nach Art. 118 EWG-Vertrag die Aufgabe zu, eine enge Zusammenarbeit zwischen den Mitgliedstaaten in sozialen Fragen zu fördern, eine Vorschrift, die heute noch in Art. 156 AEUV fortwirkt. Eine Kompetenzgrundlage für Rechtsangleichungsmaßnahmen auf diesem Gebiet hat der EWG-Vertrag nicht vorgesehen. Allerdings konnte der Rat nach Art. 121 EWG-Vertrag der Kommission Aufgaben übertragen, welche die Durchführung von Maßnahmen auf dem Gebiet der sozialen Sicherheit für Wanderarbeitnehmer aufgrund der Freizügigkeitsregeln des Vertrags betrafen. Die für das Arbeitsleben wichtigste Vorschrift bildete Art. 119 EWG-Vertrag, der den Grundsatz des gleichen Entgelts bei gleicher Arbeit von Männern und Frauen bereits aufstellte (jetzt Art. 157 AEUV).

6 Diese Zurückhaltung in sozialpolitischen Angelegenheiten erklärt sich aus der **ursprünglich überwiegend wirtschaftspolitisch ausgerichteten europäischen Integration.** Man wollte einen gemeinsamen Markt mit dem freien Verkehr von Personen, Gütern und Dienstleistungen schaffen, um im Wettbewerb mit anderen entwickelten Regionen der Welt zu bestehen. Die Mobilität der Produktionsfaktoren, auch diejenige der Arbeitnehmer, musste daher hergestellt werden, was sich bsw. in der Arbeitnehmerfreizügigkeit und den diese flankierenden Maßnahmen niederschlug. Dies lässt aber die nationalen Arbeitsrechtsordnungen grds. unberührt. Im Zuge der Vertragsverhandlungen wurde insbesondere zwischen Frankreich und Deutschland darüber gerungen, inwieweit das nationale Arbeitsrecht ebenfalls einer Harmonisierung zugänglich gemacht werden müsste, weil es als Wettbewerbsfaktor in einem gemeinsamen Markt eine Rolle spielt (vgl. *Fuchs/Marhold* 6 f.). Der Kompromiss bestand darin, mit dem Grundsatz der Lohngleichheit von Männern und Frauen (Art. 119 EWGV) eine in Frankreich bereits vorhandene gesetzliche Regelung auch den anderen Mitgliedstaaten vorzugeben, und in diesem Punkt die Wettbewerbsbedingungen durch unterschiedliches Arbeitsrecht anzugleichen (näher → AEUV Art. 157 Rn. 2 ff.). Ferner wurden die Mitgliedstaaten verpflichtet, die bestehenden als gleichwertig empfundenen Regelungen über bezahlte Freizeit beizubehalten (Art. 120 EWGV, heute Art. 158 AEUV, aber praktisch bedeutungslos, näher → AEUV Art. 158 Rn. 3).

7 Bis 1974 hat sich die europäische Sozialpolitik dementsprechend im Wesentlichen auf Regelungen zur Arbeitnehmerfreizügigkeit beschränkt. Allerdings erzielten die Staats- und Regierungschefs der Mitgliedstaaten auf mehreren Konferenzen – insbesondere in Den Haag im Jahr 1969 und in Paris im Jahr 1972 – Einigkeit, dass eine verstärkte Abstimmung in der Sozialpolitik notwendig sei, insbesondere vor dem Hintergrund des Beitritts Dänemarks, Irlands und des Vereinigten Königreichs (zur Entwicklung näher *Bercusson* 107 ff.). Aufgrund der zunehmenden internationalen Verflechtung der Wirtschaft und konkret angesichts von Arbeitnehmerproteste wegen grenzüberschreitend durchgeführter Umstrukturierungsmaßnahmen beschlossen die Organe der EWG ein **sozialpolitisches Aktionsprogramm** (ABl. EG 1974 C 13, 1). In der Folge wurden in den 1970er Jahren zahlreiche Richtlinien der EG beschlossen, und zwar vor allem auf dem Gebiet der Gleichbehandlung (Lohngleichheits-Richtlinie 75/117/EWG, Gleichbehandlungs-Richtlinie 76/207/EWG, Gleichbehandlung soziale Sicherheit-Richtlinie 79/7/EWG) im Nachgang zu den grundlegenden EuGH-Urteilen in der Rs. *Defrenne* (EuGH 25.5.1971 – 80/70 – Defrenne I, Slg. 1971, 445; 8.4.1976 – 43/75 – Defrenne II, Slg. 1976, 455) sowie auf dem Gebiet der

Unternehmensumstrukturierung die Massenentlassungs-Richtlinie 75/129/EWG, Betriebs-übergangs-Richtlinie 77/187/EWG und die Insolvenz-Richtlinie 80/987/EWG. In Ermangelung einer Rechtssetzungskompetenz im sozialpolitischen Bereich ergingen diese Richtlinien auf der allg. Rechtsgrundlage zur Verwirklichung des gemeinsamen Markts, Art. 100 EWGV (entspricht Art. 115 AEUV), sowie zum Teil auf der ergänzenden Rechtssetzungsbefugnis des Art. 235 EWGV (entspricht Art. 352 AEUV). Die europäischen Rechtssetzungsorgane interpretierten die entsprechenden Kompetenznormen recht extensiv, was wegen des Einstimmigkeitsprinzips nicht weiter beanstandet wurde. Insgesamt ist mit dieser Rechtssetzungstätigkeit in den 1970er Jahren der Nukleus eines Europäischen Arbeitsrechts entstanden.

II. Die Einheitliche Europäische Akte von 1987

Den nächsten Integrationsschub für die Sozialpolitik brachte die Einheitliche Europäische **8** Akte von 1987. Mit dieser Vertragsänderung wurde das **Ziel der Errichtung eines Binnenmarkts bis Ende 1992** festgeschrieben. Zu diesem Zweck wurden neue Rechtssetzungskompetenzen der Europäischen Gemeinschaft geschaffen: **Art. 100a EWGV** (entspricht Art. 114 AEUV) als Rechtssetzungsgrundlage für den Binnenmarkt, der allerdings nach seinem Abs. 2 nicht für „die Rechte und Interessen der Arbeitnehmer" galt (entspricht Art. 114 II AEUV), sowie **Art. 118a EWG-Vertrag,** die **erste genuine Kompetenzgrundlage der Gemeinschaft im Arbeitsrecht.** Hierdurch konnte der Rat erstmals mit qualifizierter Mehrheit Richtlinien erlassen, um die Verbesserung der Arbeitsumwelt zu fördern. Auf dieser Grundlage wurden zahlreiche Arbeitsschutz-Richtlinie erlassen, so die grundlegende Arbeitsschutzrahmen-Richtlinie 89/391/EWG sowie die Arbeitszeit-Richtlinie 93/104/EWG. Ferner schuf man mit **Art. 118b EWGV** erstmals eine rechtliche Grundlage für die Kommission, den **sozialen Dialog** auf europäischer Ebene zu entwickeln.

III. Die weitere Entwicklung: Verträge von Maastricht (1992), Amsterdam (1997), Nizza (2002) und Lissabon (2009)

Der **Vertrag von Maastricht aus dem Jahr 1992** erweiterte die **sozialpolitischen** **9** **Zuständigkeiten** und Absichten der EG erheblich. Großbritannien wollte sich daran aber nicht beteiligen. Daher wurde im sozialpolitischen Bereich vorübergehend bis 1997 ein **Europa der zwei Geschwindigkeiten** verwirklicht: In einem **Abkommen über die Sozialpolitik,** das zunächst nur für die damals elf Mitgliedstaaten ohne Großbritannien galt, legte man die wesentlichen Grundlagen für die Sozialpolitik. Dieses Abkommen hat den heutigen Vorschriften des Titels X im Wesentlichen ihre Gestalt gegeben, wie sie heute noch weitgehend für die gesamte Union gelten. Die Grundlage für die Rechtsetzung der Union (damals noch Gemeinschaft) wurde erheblich ausgedehnt (→ AEUV Art. 153 Rn. 2). Auf das Abkommen über die Sozialpolitik wurden bsw. gestützt die Teilzeitarbeits-Richtlinie 97/81/EWG, die Elternurlaubs-Richtlinie 96/34/EWG und die RL 94/45/EG über Europäische Betriebsräte. Nachdem Großbritannien seine Ablehnung einer stärkeren sozialpolitischen Integration aufgeben hatte, wurden die Bestimmungen des Abkommens über die Sozialpolitik im **Vertrag von Amsterdam im Jahr 1997** als Kapitel 1 des Titels XI in den EGV eingestellt (Art. 136 ff. EGV-Amsterdam). Dabei stellt die Vorgängervorschrift von Art. 151 , Art. 136 EGV-Amsterdam, im Wesentlichen eine Verschmelzung von Art. 117 EWGV und Art. 1 des Abkommens über die Sozialpolitik dar (Schwarze/*Rebhahn*/ *Reiner* Rn. 2).

Der **Vertrag von Nizza aus dem Jahr 2002** erweiterte dann noch den Katalog der **10** Gebiete, auf denen die Gemeinschaft im sozialpolitischen Bereich Recht setzen konnte (Art. 137 I EGV-Nizza, entspricht Art. 153 I AEUV). Der **Vertrag von Lissabon aus dem Jahr 2009** hat diese Regelungen dann nahezu unverändert übernommen und in die

Art. 151 ff. AEUV eingestellt. Lediglich Art. 152 AEUV wurde durch den Vertrag von Lissabon neu geschaffen. Die Bedeutung des Vertrags von Lissabon für die Sozialpolitik liegt vor allem bei der GRC, dem geplanten Beitritt zur EMRK (Art. 6 II EUV) sowie unter Umständen bei den neuen Leitnormen der Art. 8 und 9 AEUV (→ Rn. 23; zu den sozialpolitischen Neuregelungen im Vertrag von Lissabon *Krebber* EuZA 2010, 303).

C. Regelungsgehalt des Art. 151

I. Funktion

11   Art. 151 formuliert **Zielbestimmungen für Union und Mitgliedstaaten** im Hinblick auf die soziale Lage der Beschäftigten und fordert Union und Mitgliedstaaten zu nicht näher beschriebenen Maßnahmen auf, um diese Ziele zu erreichen. Art. 151 stellt einen nur beschränkt justitiablen **Programmsatz** dar, der die Union und die Mitgliedstaaten nicht zu bestimmten gerichtlich kontrollierbaren Maßnahmen verpflichtet (so zur Vorgängervorschrift des Art. 117 EWGV EuGH 17.3.1993 – C-72/91 Rn. 25 ff. – Sloman Neptun, Slg. 1993, I-927). Die Vorschrift verleiht daher keine subjektiven Rechte für den einzelnen Bürger. Die Mitgliedstaaten und die Organe haben im Bereich der Sozialpolitik einen weiten Beurteilungsspielraum im Hinblick auf die Frage, wie die im Vertrag genannten Ziele zu erreichen sind. Ferner handelt es sich bei Art. 151 nicht um eine Kompetenzgrundlage, auf die Maßnahmen der Union gestützt werden könnten, für die keine anderweitigen Rechtssetzungsgrundlagen zur Verfügung stehen. Allerdings kann Art. 151 für die Auslegung von anderen Kompetenzgrundlagen für sozialpolitische Maßnahmen der Union herangezogen werden und strahlt daher insbesondere auf Art. 153 AEUV aus (vgl. EuGH 13.9.2007 – C-307/05 Rn. 34 f. – Del Cerro Alonso, NZA 2007, 1223 = EAS RL 1999/70/EG § 4 Nr. 1 zu den jeweiligen Vorgängervorschriften Art. 136 und 137 EGV). Art. 151 fungiert somit primär als **Auslegungshilfe** für andere Normen des primären und sekundären Unionsrechts im Sozialbereich (EuGH 17.3.1993 – C-72/91 Rn. 26 – Sloman Neptun, Slg. 1993, I-927, EAS EG-Vertrag Art. 117 Nr. 2).

II. Entstehungsgeschichte

12   Art. 151 geht zurück auf **Art. 117 EWGV.** Der Kern der Vorschrift war bereits im EWGV von 1958 enthalten. Art. 117 I EWGV lautete: „Die Mitgliedstaaten sind sich über die Notwendigkeit einig, auf eine Verbesserung der Lebens- und Arbeitsbedingungen der Arbeitskräfte hinzuwirken und dadurch auf dem Weg des Fortschritts ihre Angleichung zu ermöglichen." Art. 117 II EWGV ist im Laufe der Rechtsentwicklung fast unverändert geblieben und nahezu wortgleich in Art. 151 III enthalten. Die insoweit einzige Änderung ist dem Binnenmarktprogramm der Union geschuldet, welches ohne inhaltliche Änderung das ursprüngliche Ziel des Gemeinsamen Marktes durch das Ziel des Binnenmarktes ersetzt hatte. In seiner heutigen Form ist Art. 151 nahezu wortidentisch mit Art. 136 EGV-Amsterdam. Diese Vorschrift wiederum kombinierte die Zielvorgabe des Art. 117 EWGV mit Art. 1 des Abkommens über die Sozialpolitik (→ Rn. 9 f.) und ergänzte sie um einen Verweis auf die sozialen Grundrechte, welche die Union und die Mitgliedstaaten verpflichten und in der ESC und Gemeinschaftscharta der sozialen Grundrechte der Arbeitnehmer festgelegt sind.

III. Soziale Grundrechte

13   **1. Allgemeines.** Art. 151 I richtet die **sozialpolitischen Ziele der Union an den sozialen Grundrechten** aus, wie „sie in der **ESC** und der **Gemeinschaftscharta der sozialen Grundrechte** festgelegt sind" (näher zur ESC Kommentierung Nr. 50). Einen nahezu gleichlautenden Bezug auf die sozialen Grundrechte enthält die Präambel des EUV;

dort wird die Gemeinschaftscharta der sozialen Grundrechte allerdings – ohne inhaltlichen Unterschied – als „Unionscharta" bezeichnet. In den Vorschriften über die Sozialpolitik werden soziale Grundrechte seit dem Vertrag von Amsterdam in Art. 136 EGV-Amsterdam angesprochen. Art. 151 hat dies beibehalten. Die Formulierung, „wie sie in der ... Europäischen Sozialcharta und in der Gemeinschaftscharta der sozialen Grundrechte der Arbeitnehmer von 1989 festgelegt sind", mag den Eindruck erwecken, als seien Mitgliedstaaten und Union nur auf die in diesen Rechtsakten enthaltenen sozialen Grundrechte festgelegt. Dies ist indes nicht der Fall: Mit der GRC – proklamiert am 7.12.2000 vom Europäischen Parlament, dem Rat und der Kommission – wurden ebenfalls soziale Grundrechte geschaffen, insbesondere in dem mit „Solidarität" überschriebenen Titel IV (Art. 27–34 GRC). Die GRC hat inzwischen mit dem Vertrag von Lissabon im Jahr 2009 durch Art. 6 I EUV Rechtsverbindlichkeit für die Union und die Mitgliedstaaten, soweit sie Unionsrecht durchführen (Art. 51 I GRC), erlangt. Wegen Art. 6 I EUV erscheint es ferner überflüssig, dass Art. 151 I die GRC eigens als Rechtsquelle sozialer Grundrechte benennt (krit. dazu aber Schwarze/Rebhahn/Reiner Rn. 12).

Zu nennen ist ferner die **EMRK,** an die alle Mitgliedstaaten der Europäischen Union **14** gebunden sind und der die Union beitreten will (Art. 6 II EUV; näher zur EMRK Kommentierung Nr. 40). Die EMRK ist zwar stärker menschenrechtlich ausgerichtet und enthielt von ihrer Konzeption her ausdrücklich weder wirtschaftliche noch soziale Grundrechte. Allerdings legt der EGMR die EMRK in jüngerer Zeit extensiver aus, was ebenfalls die Herausbildung sozialer Grundrechte begünstigt, insbesondere im Zusammenhang mit der Vereinigungsfreiheit nach Art. 11 EMRK (näher zur Rechtsprechung des EGMR in arbeitsrechtlich relevanten Bereichen *Nußberger* RdA 2012, 270). **ESC und die Gemeinschaftscharta der sozialen Grundrechte** unterscheiden sich inhaltlich von den soeben genannten Grundrechtsquellen dadurch, dass sie von vornherein nur auf soziale Grundrechte der Arbeitnehmer hin ausgerichtet sind. Außerdem sind beide Regelwerke nicht ipso iure für die Union und die Mitgliedstaaten verbindlich: die ESC nicht, weil es sich um ein Regelwerk des Europarats handelt (→ Rn. 15), die Gemeinschaftscharta der sozialen Grundrechte nicht, weil sie von vornherein als rechtlich unverbindliches eher politisches Handlungsprogramm der Gemeinschaft und der beteiligten Mitgliedstaaten konzipiert war (→ Rn. 16).

2. Europäische Sozialcharta (ESC). Die ESC stammt aus dem Jahr 1961. Die Sig- **15** natarstaaten sind **Mitglieder des Europarats.** Die **ESC ergänzt die EMRK,** welche den Bürgern ihrer Signatarstaaten bürgerliche und politische Rechte einräumen wollte und auf soziale Grundrechte bewusst verzichtete. Die ESC ist anders als die EMRK im Wesentlichen auf freiwillige Befolgung durch die Signatarstaaten angelegt: Die dem Europarat angehörenden Staaten sind nicht zur Ratifizierung verpflichtet und können diese auch unter Vorbehalte stellen, sofern sie eine vorgeschriebene Mindestzahl von Regelungen für sich verbindlich anerkennen. Außerdem wirkt die ESC unmittelbar nur nach Maßgabe des innerstaatlichen Rechts des jeweiligen Signatarstaats; ein Bürger kann sich also unmittelbar auf die ESC nur berufen, wenn sein Signatarstaat die ESC bei der Umsetzung in innerstaatliches Recht mit unmittelbarer Wirkung ausgestattet hat (näher *Schlachter* SR 2013, 77). Für Deutschland ist dies nicht der Fall. Inhaltlich enthält die ESC eine ganze Reihe von ausgeformten Rechten der Arbeitnehmer: das Recht auf gerechte, sichere und gesunde Arbeitsbedingungen; das Recht auf gerechtes Arbeitsentgelt; Vereinigungsrecht und das Recht auf Kollektivverhandlungen bis hin zum Recht auf kollektive Maßnahmen und Streik. Ferner schützt die ESC am Arbeitsmarkt besonders schutzbedürftige Personengruppen wie Kinder und Jugendliche, schwangere Frauen und behinderte Menschen. Zur Durchsetzung der Rechte aus der ESC ist ein Überwachungsmechanismus mit einem Berichtssystem vorgesehen, in dessen Zentrum der Europäische Ausschuss für soziale Rechte steht (näher *Schlachter* SR 2013, 77 [80 ff.]).

16 **3. Gemeinschaftscharta der sozialen Grundrechte.** Die Gemeinschaftscharta der sozialen Grundrechte wurde am 9.12.1989 von elf der damals zwölf Mitgliedstaaten der EG ohne Großbritannien als feierliche Erklärung verabschiedet (KOM [89] 248 endg.). Sie stand damals im Zusammenhang mit den Bemühungen, neben der wirtschaftlichen Integration auch die soziale Dimension der Gemeinschaft zu stärken. Großbritannien wollte den Weg zu einer stärkeren Konvergenz der Sozialpolitik in der Gemeinschaft nicht mittragen und blieb daher hier wie auch später der Erweiterung der sozialpolitischen Regelungen im EGV zunächst fern (→ Rn. 9). Deshalb erging die Gemeinschaftscharta der sozialen Grundrechte nicht als Rechtsakt der Gemeinschaft, sondern als **gemeinsame Erklärung der beteiligten Mitgliedstaaten ohne das Vereinigte Königreich.** Die Charta knüpfte an die Erweiterung der sozialpolitischen Vorschriften im EGV durch die Einheitliche Europäische Akte von 1987 (→ Rn. 8) an und wollte ausweislich der Erwägungsgründe die Fortschritte festschreiben, die im sozialen Bereich durch das Vorgehen der Mitgliedstaaten, der Sozialpartner und der Gemeinschaft bereits erzielt worden war. Außerdem sollte „feierlich bekräftigt werden, dass bei der Durchführung der Einheitlichen Europäischen Akte die soziale Dimension der Gemeinschaft vollauf berücksichtigt ist und die sozialen Rechte der Arbeitnehmer und der Selbständigen auf den geeigneten Ebenen weiterzuentwickeln sind" (Erwägungsgrund 13 der Gemeinschaftscharta der sozialen Grundrechte).

17 Inhaltlich beschreibt die Gemeinschaftscharta der sozialen Grundrechte auf **zwölf Themenfeldern in 26 Paragrafen** die sozialen Grundrechte der Arbeitnehmer: **Freizügigkeit** (§§ 1–3); **Beschäftigung und Arbeitsentgelt** (§§ 4–6); **Verbesserung der Lebens- und Arbeitsbedingungen** (§§ 7–9); **Sozialer Schutz** (§ 10); **Koalitionsverhandlungen und Tarifverträge** (§§ 11–14); Berufsausbildung (§ 15); **Gleichbehandlung von Männern und Frauen** (§ 16); **Unterrichtung, Anhörung und Mitwirkung der Arbeitnehmer** (§§ 17, 18); **Gesundheitsschutz und Sicherheit in der Arbeitsumwelt** (§ 19); **Kinder- und Jugendschutz** (§§ 20–23); **Ältere Menschen** (§§ 24, 25); **Behinderte** (§ 26). So proklamiert die Gemeinschaftscharta etwa beim Thema „Beschäftigung und Arbeitsentgelt" das Recht auf freie Berufswahl (§ 4) und das Recht auf gerechtes Entgelt (§ 5), das ausreicht, den Arbeitnehmern einen angemessenen Lebensstandard zu erlauben – allerdings vorbehaltlich der Gegebenheiten des jeweiligen Landes. § 6 garantiert den kostenlosen Zugang zu den Arbeitsämtern – ein Recht, das auch Eingang in die GRC gefunden hat (Art. 29 GRC: dort Arbeitsvermittlungsdienst genannt). Ferner geht die Gemeinschaftscharta davon aus, dass die Lebens- und Arbeitsbedingungen der Arbeitnehmer sich durch die Verwirklichung des Binnenmarkts verbessern und will dies durch eine Angleichung der Bedingungen erreichen, die für die Arbeitszeit und andere vom unbefristeten Arbeitsverhältnis abweichende Arbeitsformen gelten, wie das befristete Arbeitsverhältnis, Teilzeitarbeit, Leiharbeit und Saisonarbeit (§ 7). § 11 garantiert die Koalitionsfreiheit auf Arbeitnehmer- wie Arbeitgeberseite, § 12 das Recht, Tarifverträge zu verhandeln und abzuschließen und § 13 das Streikrecht. Die Gleichbehandlung von Männern und Frauen wird in § 16 gewährleistet. §§ 17 und 18 fordern, dass Unterrichtung, Anhörung und Mitwirkung der Arbeitnehmer weiterentwickelt werden müssen, namentlich bei der Einführung technologischer Veränderungen im Unternehmen, bei der Umstrukturierung und Verschmelzung von Unternehmen und bei Massenentlassungen (§ 18). Ältere Menschen müssen, wenn sie in Ruhestand gehen, nach § 24 über Mittel verfügen können, die einen angemessenen Lebensstandard sichern. Anderenfalls muss nach § 25 anderweitig für Unterhalt gesorgt werden.

18 Insgesamt changiert der Text der Gemeinschaftscharta der sozialen Grundrechte stark zwischen der Festschreibung von **verbindlich anmutenden Rechten der Arbeitnehmer, bloßen Programmsätzen und Vorgaben, die im Wege der Rechtsangleichung** erreicht werden sollen. Die Gemeinschaftscharta der sozialen Grundrechte ist als solche rechtlich unverbindlich und verpflichtet weder Union noch Mitgliedstaaten. Davon geht auch die Charta selbst aus: In Titel II über die Anwendung der Charta stellen die Signatarstaaten fest, dass für die Gewährleistung der sozialen Grundrechte der Charta und die Durchführung der notwendigen Sozialmaßnahmen die Mitgliedstaaten zuständig sind

(§ 27). Ferner wird die Kommission nach § 28 aufgefordert, im Rahmen ihrer Zuständigkeit nach Maßgabe der Verträge Vorschläge für Rechtsakte der Gemeinschaft vorzulegen. Die Kommission hat bereits im Vorgriff auf die Proklamation der Gemeinschaftscharta der sozialen Grundrechte am 28.11.1989 ein Aktionsprogramm vorgelegt (KOM [89] 568 endg.), das zahlreiche Vorhaben zur Rechtsangleichung enthielt und heute weitgehend abgearbeitet ist.

Ungeachtet der **rechtlichen Unverbindlichkeit der Gemeinschaftscharta** hat der EuGH in einigen Entscheidungen auf die Gemeinschaftscharta hingewiesen, um dadurch die Bedeutung des jeweiligen Sekundärrechtsakts zu unterstreichen (EuGH 11.7.2006 – C-13/05 Rn. 11 – Chacón Navas, EuZW 2006, 472; 9.9.2003 – C-151/02 Rn. 47 – Jaeger, NJW 2003, 2971; 5.10.2004 – C-397/01 Rn. 91 – Pfeiffer, Slg. 2004, I-8835). Im Zusammenhang mit der Anerkennung des Grundrechts auf kollektive Maßnahmen hat der EuGH unter anderem die Gemeinschaftscharta der sozialen Grundrechte herangezogen und zählt sie zu den „Rechtsakten, die die Mitgliedstaaten auf Gemeinschaftsebene oder iRd Europäischen Union erarbeitet haben" (EuGH 18.12.2007 – C-341/05 Rn. 90 f. – Laval, Slg. 2007, I-11767; 11.12.2007 – C-438/05 Rn. 43 f. – Viking Line, Slg. 2007, I-10779). Damit wird man die Gemeinschaftscharta als Auslegungshilfe für sekundäres Gemeinschaftsrecht sowie für die Zielbestimmung des Art. 151 heranziehen können, allerdings wird ihr iRd Abwägung nur geringes Gewicht zukommen (*Riesenhuber* § 2 Rn. 58). Insgesamt dürfte die Gemeinschaftscharta der sozialen Grundrechte keine besondere Bedeutung mehr erlangen, da inzwischen die GRC in Kraft getreten ist, die ebenfalls soziale Grundrechte enthält (*Riesenhuber* § 2 Rn. 55: „obsolet").

IV. Ziele der Sozialpolitik (Abs. 1)

1. Allgemeines. Art. 151 I nennt **sechs Ziele,** welche die Sozialpolitik von Union und Mitgliedstaaten verfolgen soll: **Förderung der Beschäftigung; Verbesserung der Lebens- und Arbeitsbedingungen; angemessener sozialer Schutz; sozialer Dialog; Entwicklung des Arbeitskräftepotentials im Hinblick auf ein dauerhaft hohes Beschäftigungsniveau; Bekämpfung der Ausgrenzung.** Art. 117 EWGV nannte lediglich das Ziel der Verbesserung der Lebens- und Arbeitsbedingungen der Arbeitskräfte. Die Präambel des AEUV enthält eine nahezu gleichlautende Zielbestimmung: danach wollen die Vertragsparteien die „stetige Besserung der Lebens- und Beschäftigungsbedingungen ihrer Völker als wesentliches Ziel anstreben." Vor diesem historischen Kontext und angesichts der Hervorhebung in der Präambel dürfte diesem Ziel nach wie vor die größte Bedeutung beizumessen sein. Die weiteren fünf Ziele wurden erstmals in Art. 136 I EGV-Amsterdam aufgenommen und seither beibehalten. Die Vermehrung der Ziele mehrte allerdings die Verständlichkeit nicht. Mit dem Wegfall des Bezugspunkts der „Arbeitskräfte" hat sich Art. 151 I wohl davon gelöst, sozialpolitische Maßnahmen nur zugunsten von Arbeitnehmern durchzuführen (ähnlich Calliess/Ruffert/*Krebber* Rn. 30). Allerdings knüpft die maßgebliche Kompetenznorm des Art. 153 AEUV nach wie vor an den Begriff des Arbeitnehmers an, der aber vor dem Hintergrund der nicht nur auf Arbeitnehmer bezogenen Ziele des Art. 151 insoweit erweiternd ausgelegt werden kann (→ AEUV Art. 153 Rn. 5 ff.).

Die genannten Ziele sind **disparat** und von unterschiedlicher Kategorialität. So fragt man sich, wie sich das Ziel der „Förderung der Beschäftigung" zu dem Ziel der „Entwicklung des Arbeitskräftepotentials im Hinblick auf ein dauerhaft hohes Beschäftigungsniveau" verhält (Streinz/*Eichenhofer* Rn. 17: „bedeutungsgleich"). Beides dürfte im Wesentlichen redundant sein. Außerdem können nicht alle genannten Termini als wirkliche Ziele verstanden werden: So dürfte es sich bei der Förderung der Beschäftigung eher um ein Mittel handeln, ebenso wohl bei der Bekämpfung der Ausgrenzung. Der angemessene soziale Schutz und die Verbesserung der Lebens- und Arbeitsbedingungen mögen Zielvorgaben enthalten (andere Einteilung bei Geimer/Schütze/*Langer* Rn. 38 ff.). Schließlich erscheint es denkbar, dass Ziele in Konflikt zueinander geraten – etwa das Ziel der Förderung der Beschäftigung mit demjenigen der

Verbesserung der Arbeitsbedingungen (→ Rn. 24). Angesichts der Unbestimmtheit der Zielbestimmungen werden begrifflich/semantische Überlegungen zur Kategorisierung, Abgrenzung und Konkretisierung der einzelnen Zielbestimmungen wenig hilfreich sein. Es handelt sich daher um offene Rechtsbegriffe, welche den Gesetzgebungsorganen der Europäischen Union weitreichende Einschätzungsspielräume eröffnen.

22   **2. Allgemeine Zielbestimmungen mit sozialpolitischen Bezügen in EUV und AEUV.** Zielbestimmungen mit Bezug zur Sozialpolitik finden sich darüber hinaus im EUV, insbesondere in der allg. **Zielbestimmung des Art. 3 EUV.** So wirkt die Union nach Art. 3 III UAbs. 1 S. 2 EUV darauf hin, dass Europa sich nachhaltig auf der Grundlage eines ausgewogenen Wirtschaftswachstums und Preisstabilität entwickelt. Ferner legt diese Bestimmung die Union auf eine in hohem Maße wettbewerbsfähige **soziale Marktwirtschaft** fest, die auf Vollbeschäftigung und sozialen Fortschritt abzielt. Diese Grundentscheidung für eine „soziale Marktwirtschaft" betont das Erfordernis des sozialen Ausgleichs; eine soziale Marktwirtschaft soll auf sozialen Fortschritt und auf Vollbeschäftigung zielen. Gleichzeitig stellt der Begriff „Marktwirtschaft" eine Absage dar an planwirtschaftliche Verfahren zur Steuerung der Wirtschaft. Diese grundlegenden Zielbestimmungen der Union werden durch Art. 151 ff. AEUV und insbesondere die in Art. 151 I genannten näheren Zielbestimmungen weiter konkretisiert. Ferner werden bereits hier (Art. 3 III UAbs. 2 EUV) die konkreteren Zielbestimmungen genannt, wie etwa die Bekämpfung der sozialen Ausgrenzung und Diskriminierung und Förderung der sozialen Gerechtigkeit und des sozialen Schutzes, sowie die Gleichstellung von Frauen und Männern.

23   In ähnlicher Weise wie dies soeben für Art. 3 III EUV beschrieben wurde, benennen Art. 8 ff. AEUV als allg. geltende Bestimmungen verschiedene Ziele mit sozialpolitischem Bezug, die sich so oder ähnlich in Art. 151 I wiederfinden. So wirkt die Union nach **Art. 8 AEUV** darauf hin, „**Ungleichheiten zu beseitigen und die Gleichstellung von Männern und Frauen zu fördern**". **Art. 9 AEUV** legt die Union auf verschiedene im weitesten Sinn soziale Ziele fest, denen die Union bei der Durchführung ihrer Politik – und damit nicht nur der Sozialpolitik – Rechnung trägt: „**Förderung eines hohen Beschäftigungsniveaus, Gewährleistung eines angemessenen sozialen Schutzes, Bekämpfung der sozialen Ausgrenzung**". Schließlich will die Union nach **Art. 10 AEUV Diskriminierung** aus allerlei Gründen (Geschlecht, Rasse, ethnische Herkunft, Religion oder Weltanschauung, Behinderung, Alter, sexuelle Ausrichtung) **bekämpfen.** Die sozialpolitischen Ziele werden also an verschiedenen Stellen der Vertragswerke angesprochen und auch etwas variiert, ohne dass hieraus normative Unterschiede abgeleitet werden könnten. Insgesamt erscheint die Wiederholung derselben oder ähnlicher Ziele an verschiedenen Stellen der Verträge etwas redundant; zur besseren Verwirklichung der Ziele trägt dies nicht unbedingt bei.

24   **3. Die einzelnen Zielbestimmungen.** Das Ziel der **Förderung der Beschäftigung** muss man in Zusammenhang sehen mit dem in Titel IX (Art. 145–150 AEUV; → Rn. 44) enthaltenen Regelungen zur Beschäftigung. Hier wie dort geht es zunächst um die Förderung der Qualifizierung, Ausbildung und Anpassungsfähigkeit der Arbeitnehmer wie dies Art. 145 I AEUV formuliert. Im sozialpolitischen Kontext kann das Ziel der Beschäftigungsförderung auch durch arbeitsrechtliche Maßnahmen herbeigeführt werden, welche das Schutzniveau für bestimmte am Arbeitsmarkt besonders benachteiligte Arbeitnehmergruppen absenken, um diesen zu Beschäftigungschancen zu verhelfen. Dies hat der EuGH mit Blick auf behinderte Arbeitnehmer im Zusammenhang mit der Umsetzung der Gleichbehandlungs-Rahmen-Richtlinie 2000/78/EG ausdrücklich festgestellt (EuGH 11.4.2013 – C-335/11 Rn. 82 ff. – Ring, Werge, NZA 2013, 553).

25   Die Zielbestimmung der **Verbesserung der Lebens- und Arbeitsbedingungen** findet sich bereits in der ursprünglichen Fassung des EG-Vertrags in Art. 117 EWGV. Dieses Ziel war und ist darauf gerichtet, dass im Wege des Fortschritts eine Angleichung erreicht wird. Der EWGV ging in seiner ursprünglichen Fassung davon aus, dass die Lebens- und Arbeitsbedingungen – damals noch der Arbeitskräfte – in der Europäischen Union unterschiedlich

sind und sich durch einen einheitlichen Wirtschaftsraum langsam angleichen sollen – und zwar nach oben (Streinz/*Eichenhofer* Rn. 18). Damit dürfte die Angleichung eher tatsächlich als rechtlich zu verstehen sein (Calliess/Ruffert/*Krebber* Rn. 31), was die englische (harmonisation) und die französische (égalisation) Sprachfassung nahelegen, welche für den Begriff der Angleichung von Rechtsvorschriften regelmäßig die Termini „approximation" (englisch) bzw. „rapprochement" (französisch) verwenden. Der Begriff der Arbeitsbedingungen ist weit zu verstehen und im Zusammenhang mit den Lebensbedingungen iSe Gesamtheit der „Lebenslagen" der Beschäftigten zu interpretieren (Streinz/*Eichenhofer* Rn. 18).

Das Ziel des **angemessenen sozialen Schutzes** wird herkömmlich verwirklicht durch Leistungen der sozialen Sicherheit sowie Sicherungen des Unterhalts von Personen, welche vom Arbeitsmarkt ausgeschlossen sind. Die Kompetenznorm des Art. 153 AEUV greift das Ziel des sozialen Schutzes in Art. 153 I lit. c AEUV auf. Der **soziale Dialog** stellt zunächst die Gesamtheit von informellen und auch formellen Verfahren dar, die den Gesprächskontakten zwischen Repräsentanten von Arbeitgeber- und Arbeitnehmerseite dienen. Er wurde erstmals normativ angesprochen iRd Einheitlichen Europäischen Akte in Art. 118b EWGV (→ Rn. 8) und scheint nun als Ziel an sich zu fungieren. Art. 152 AEUV formuliert nun eine ausdrückliche Pflicht der Union zur Förderung dieses sozialen Dialogs. Die **Entwicklung des Arbeitskräftepotentials im Hinblick auf ein dauerhaft hohes Beschäftigungsniveau** steht in engem Zusammenhang mit dem als erstes genannten Ziel der Beschäftigungsförderung und mit der in Art. 166 AEUV angesprochenen beruflichen Bildung (→ Rn. 47). Das Ziel der **Bekämpfung von Ausgrenzungen** findet sich in der Rechtssetzungsgrundlage des Art. 153 I lit. j AEUV wieder, dort als Bekämpfung der sozialen Ausgrenzung. Ganz allg. versteht man darunter die Ausschließung von Personen oder Personengruppen aus Kernbereichen sozialer Teilhabe wie etwa Arbeit, Wohnen, Gesundheit, gesellschaftliche Integration (Calliess/Ruffert/*Krebber* AEUV Art. 153 Rn. 14). Positiv formuliert bedeutet dies: Förderung der Inklusion bzw. Integration von Personengruppen primär in den Arbeitsmarkt, welche dort von der Teilhabe ausgeschlossen sind, etwa Langzeitarbeitslose oder Menschen mit Behinderungen.

V. Maßnahmen der Union zur Erreichung der Ziele (Abs. 2 und 3)

1. Leitlinien der Maßnahmen (Abs. 2). Die Regelung des Art. 151 II geht auf Art. 136 II EGV-Amsterdam zurück. Der vorherige Art. 117 II EWGV wurde zu Art. 136 III EGV-Amsterdam und nun zu Art. 151 III. Damit hat Art. 151 III seinen früheren grammatikalischen Bezugspunkt verloren (Calliess/Ruffert/*Krebber* Rn. 32). Diese Änderung stand in Zusammenhang mit der Erweiterung der Kompetenzgrundlagen im Bereich der Sozialpolitik. Maßnahmen iSv Art. 151 II sind insbesondere die in Art. 153 II AEUV genannten: Zum einen Maßnahmen, welche die Zusammenarbeit der Mitgliedstaaten auf den Gebieten des Art. 153 I AEUV fördern (Art. 153 II UAbs. 1 lit. a AEUV); zum anderen echte Rechtsangleichungsmaßnahmen nach Art. 153 II UAbs. 1 lit. b AEUV. Art. 151 II formuliert nun vor diesem Hintergrund zwei grundlegende Leitlinien, welche die von den Stellen der Union ergriffenen Maßnahmen stets zu beachten haben: die **Vielfalt der einzelstaatlichen Gepflogenheiten sowie die Erhaltung der Wettbewerbsfähigkeit der Wirtschaft.** Diese Leitlinien für rechtlich unverbindliche wie verbindliche Maßnahmen sind allerdings kaum justitiabel. Den zuständigen Organen der Union wird man insoweit einen weiten Beurteilungsspielraum zubilligen müssen. Inwieweit der EuGH selbst bei seiner Auslegungstätigkeit an solche Leitlinien gebunden ist, erscheint unklar, müsste aber streng genommen bejaht werden: Es geht um die Beschränkung der Verbandskompetenz der Union und nicht lediglich der Organkompetenz. Soweit ersichtlich hat sich der EuGH bei seiner Rechtsprechungstätigkeit jedoch ausdrücklich von diesen Rahmenregelungen noch nicht leiten lassen.

Mit der **Vielfalt der einzelstaatlichen Gepflogenheiten** wird der in der Sozialpolitik zentrale Grundsatz der Subsidiarität betont und an das unionsrechtliche Subsidiaritätsprinzip des Art. 5 EUV angeknüpft. Die Arbeitsbeziehungen in den einzelnen Mitgliedstaaten der Union sind so unterschiedlich verfasst, dass dieser Vielfalt bei jeglichen Unternehmungen der supranationalen Instanzen Rechnung zu tragen ist. Dieser Gedanke wird in der konkreten Kompetenzgrundlage des Art. 153 AEUV in mehrerlei Hinsicht wieder aufgegriffen – etwa durch den Grundsatz der Mindestharmonisierung, durch die Beschränkung auf EU-Richtlinien (Art. 153 II UAbs. 1 lit. b AEUV) sowie durch unterschiedliche Mehrheitserfordernisse (Art. 153 II UAbs. 2 und 3 AEUV). In der Judikatur des EuGH scheint diese Leitlinie durch, wenn der EuGH den weiten Beurteilungsspielraum der Mitgliedstaaten auf sozialpolitischem Gebiet betont – etwa im Bereich der Altersgrenzen (s. etwa EuGH 16.10.2007 – C-411/05 Rn. 68 – Palacios de la Villa, NJW 2007, 3339 = EuZA 2008, 251 mit Anm. *Kamanabrou;* 5.3.2009 – C-388/07 Rn. 51 – Age Concern England, NZA 2009, 305 = EuZA 2009, 355 mit Anm. *Sprenger*). Andererseits gibt es zahlreiche Gegenbeispiele, in denen der EuGH die Vielfalt der einzelstaatlichen Gepflogenheiten in seiner Tätigkeit der Auslegung und Fortbildung von arbeitsrechtlichen Richtlinien nicht sehr achtet – etwa im Bereich des Urlaubsrechts (s. etwa EuGH 20.1.2009 – C-350/06 und C-520/06 – Schultz-Hoff, NJW 2009, 495 = EuZA 2010, 88 mit Anm. *Sedlmeier;* 24.1.2012 – C-282/10 – Dominguez, NZA 2012, 139 – Dominguez, EuZA 2012, 540 mit Anm. *Wietfeld*).

29   Ferner müssen die Maßnahmen der Notwendigkeit Rechnung tragen, die **Wettbewerbsfähigkeit der Wirtschaft der Union zu erhalten.** Damit gibt die Leistungsfähigkeit der Unternehmen in der Union Maß für Reichweite und Intensität sozialpolitischer Regulierung. Sozialpolitische Maßnahmen stellen sich regelmäßig als Beschränkungen unternehmerischen Handelns dar, indem bestimmte unternehmerische Handlungen von vornherein untersagt oder zumindest mit unmittelbaren oder mittelbaren Kosten belastet werden. Sozialpolitische Maßnahmen dürfen daher nicht so weit reichen, dass sie in ihrer Gesamtheit die wirtschaftliche Ertragskraft der Arbeitgeber beeinträchtigen. Dieser Leitlinie liegt somit die zutreffende Erkenntnis zugrunde, dass man sich soziale Wohltaten leisten können muss, und dass wirtschaftliche Prosperität die Quelle jeglicher Sozialpolitik darstellt. Die Begrenzung der Tätigkeit der Union unter diesem Gesichtspunkt führt dazu, dass die zuständigen Organe der Union stets ein Abschätzung der zu erwartenden wirtschaftlichen Folgen vornehmen müssen (Streinz/*Eichenhofer* Rn. 24). Dieser Gedanke wird in Art. 153 II UAbs. 1 lit. b S. 2 AEUV aufgegriffen, wonach die Rechtsangleichungsmaßnahmen kleine und mittlere Unternehmen nicht über Gebühr belasten sollen.

30   **2. Zielerreichung (Abs. 3).** Art. 151 III war inhaltsgleich und nahezu wortidentisch als Art. 117 II EWGV bereits in der ersten Fassung des EWGV enthalten. Das Personalpronomen „sie" bezog sich damals auf die Mitgliedstaaten, da Art. 117 II EWGV in Zusammenhang mit Art. 117 I EWGV zu lesen war. Danach waren sich die Mitgliedstaaten über die Notwendigkeit einig, auf eine Verbesserung der Lebens- und Arbeitsbedingungen der Arbeitskräfte hinzuwirken und dadurch im Wege des Fortschritts eine Angleichung zu ermöglichen. Durch die Einfügung eines neuen Abs. 2 in Art. 136 EGV-Amsterdam wurde dieser Bezugspunkt gelöst. Art. 151 spricht nun insgesamt die Union und die Mitgliedstaaten sowohl in Abs. 1 als auch in Abs. 2 an. Daher erscheint es nun richtig, das Personalpronomen „sie" auf die Union und die Mitgliedstaaten zu beziehen. Die von Union und Mitgliedstaaten prognostizierte „Entwicklung" bezieht sich angesichts des soeben skizzierten historischen Kontexts auf Art. 151 I und die dort genannten Ziele. Wegen des historischen Kontexts geht es vor allem um das Ziel, die Lebens- und Arbeitsbedingungen der Arbeitnehmer zu verbessern, um sie im Wege des Fortschritts anzugleichen. Dabei benennen die Union und die Mitgliedstaaten drei Wege, wie die angestrebten und in Abs. 1 benannten Ziele erreicht werden sollen: das **Wirken des Binnenmarkts,** der eine „Abstimmung der Sozialordnungen" begünstigen soll; die **in diesem Vertrag vorgesehenen Verfahren;** und schließlich die **Angleichung der Rechts- und Verwaltungsvorschriften.**

31   Mit dem **Wirken des Binnenmarkts** ist folgendes gemeint: Der Binnenmarkt konstituiert sich aus dem freien Verkehr von Waren, Dienstleistungen, Personen und Kapital (Art. 26

II AEUV), mithin aus der Realisierung der unmittelbar anwendbaren Grundfreiheiten, der Freiheit des Warenverkehrs (Art. 28 ff. AEUV), der Dienstleistungsfreiheit (Art. 56 ff. AEUV), der Arbeitnehmerfreizügigkeit (Art. 45 ff. AEUV), der Niederlassungsfreiheit (Art. 49 ff. AEUV) und der Kapitalverkehrsfreiheit (Art. 63 ff. AEUV). Union und Mitgliedstaaten vertrauen nun darauf, dass die sich Errichtung und Aufrechterhaltung eines derartigen Raums ohne Hemmnisse für den freien Verkehr der Produktivkräfte und der Produkte als solcher bereits segensreich auf die Lebens- und Arbeitsbedingungen der arbeitenden Bevölkerung auswirken wird. Dahinter steckt der Gedanke, dass die wirtschaftliche Integration die soziale nach sich ziehen wird und es den Vätern und Müttern der Römischen Verträge in erster Linie um die Schaffung einer Wirtschaftsgemeinschaft ging (→ Rn. 5 ff.). Von den Wohlfahrtseffekten des gemeinsamen Marktes/Binnenmarkts würden gleichsam automatisch auch die Arbeitskräfte profitieren. Dass diese Vorstellung in Reinform nicht zutrifft, zeigen Spannungen, welche auftreten, wenn Marktteilnehmer gerade aufgrund des Wohlstandsgefälles in der Union die Grundfreiheiten nutzen, etwa beim Arbeitskostenwettbewerb iRd Ausnutzung der Dienstleistungsfreiheit (näher → AEUV Art. 56 Rn. 18 ff.). Der Binnenmarkt soll also nach Einschätzung von Union und Mitgliedstaaten die **„Abstimmung der Sozialordnungen"** begünstigen. Die französische und die englische Sprachfassung verwenden in diesem Zusammenhang den Terminus „harmonisation". Dies kann weitergehend auf eine Angleichung der Sozialordnungen hindeuten als der deutsche Text des Vertrags. Allerdings kann eine echte Rechtsangleichung wiederum nicht gemeint sein, weil diese in Art. 151 III eigens erwähnt wird (→ Rn. 33).

Union und Mitgliedstaaten gehen nun nicht davon aus, dass ihre sozialen Ziele allein **32** durch den Binnenmarkt verwirklicht würden. Sie vertrauen ferner auf **sonstige Verfahren des Vertrags.** Hierher gehören bsw. Maßnahmen, um die Arbeitnehmerfreizügigkeit und die Niederlassungsfreiheit zu flankieren (Art. 46–48 AEUV, Art. 50 AEUV, Art. 53 AEUV). Dies sind Maßnahmen, die im weitesten Sinn der Koordinierung der unterschiedlichen Rechtsordnungen dienen, etwa Zusammenarbeit der Arbeitsverwaltung, Anerkennung von Berufsabschlüssen, aber auch die sehr wichtige Koordinierung der sozialen Sicherungssysteme durch Angleichung des auf die sozialen Sicherungssysteme anwendbaren Rechts bei grenzüberschreitenden Tätigkeiten (Art. 48 AEUV). Ferner wird man hierunter alle mittlerweile eingeführten Vertragsmechanismen fassen können, welche im weitesten Sinn die Ziele des Art. 151 I zu verwirklichen geeignet sind. Hierher gehören sicherlich auch die Wettbewerbsregeln für Unternehmen (Art. 101 ff. AEUV), die Regeln für staatliche Beihilfen (Art. 107 ff. AEUV) sowie der Soziale Dialog nach Art. 152, 154, 155 AEUV.

Schließen messen Union und Mitgliedstaaten der **Rechtsangleichung** Bedeutung zu für **33** die Verwirklichung der in Art. 151 I genannten Ziele. Ursprünglich war damit in erster Linie die Rechtsangleichung zur Herstellung des gemeinsamen Markts bzw. Binnenmarkts (Art. 100 EWGV bzw. Art. 100a EWGV, entspricht Art. 115 bzw. 114 AEUV) sowie unter Umständen die Ergänzungskompetenz des Art. 235 EWGV (entspricht Art. 352 AEUV) gemeint. Heute sind alle Rechtsangleichungsmaßnahmen in Bezug genommen, welche im weitesten Sinn auf die Abstimmung der mitgliedstaatlichen Sozialordnungen zielen. Im Vordergrund steht dabei Art. 153 AEUV.

D. Verhältnis zu anderen Politikbereichen

I. Grundfreiheiten

1. Reichweite der Grundfreiheiten. Die **Vielfalt der Betätigungsfelder und Poli-** **34** **tikbereiche der Union kann zu Zielkonflikten führen.** Solche Zielkonflikte lassen sich in erster Linie zwischen den Grundfreiheiten und sozialpolitischen Regulierungen von Mitgliedstaat und/oder Union ausmachen. Die Grundfreiheiten konstituieren den Binnenmarkt und sollen den freien Verkehr von Waren, Dienstleistungen, Personen und Kapital innerhalb der Union gewährleisten. Im Ausgangspunkt garantieren die Grundfreiheiten, dass der jeweilige grenzüberschreitende wirtschaftliche Vorgang nicht schlechter gestellt wird als ein rein innerstaatlicher vergleichbarer wirtschaftlicher Vorgang. Die Grundfreiheiten verbieten also zunächst die Schlechterstellung von Ausländern. Der EuGH hat allerdings **alle Grundfreiheiten** inzwischen zu **Beschränkungsverboten** ausgebaut. Nach der weiten, für die Warenverkehrsfreiheit entwickelten „Dassonville"-Formel fallen alle mitgliedstaatlichen Regelungen in den Anwendungsbereich dieser Grundfreiheit, die geeignet sind, den innergemeinschaftlichen Handel mittelbar oder unmittelbar, tatsächlich oder potentiell zu behindern. Dieser sehr weite Ansatz wurde allerdings durch die „Keck"-Formel etwas relativiert und lediglich „Verkaufsmodalitäten" betreffende mitgliedstaatliche Regelungen von einer Kontrolle anhand der Warenverkehrsfreiheit ausgenommen. Für andere Grundfreiheiten hat der EuGH diese Entwicklung von einem Differenzierungs- zu einem Beschränkungsverbot ebenfalls mit zum Teil anderen Obersätzen nachvollzogen (näher → AEUV Art. 45 Rn. 61 für die Arbeitnehmerfreizügigkeit und → AEUV Art. 56 Rn. 11 für die Dienstleistungsfreiheit).

35 Angesichts der weiten Anwendungsbereiche der einzelnen Grundfreiheiten in ihrer Eigenschaft als Beschränkungsverbot können potentiell alle Normen mit sozialpolitischem Bezug auf den Prüfstand der Grundfreiheiten gestellt werden (ebenso Schwarze/*Rebhahn*/*Reiner* Rn. 16). Dies gilt in erster Linie für die **Arbeitnehmerfreizügigkeit.** So hat der EuGH etwa mitgliedstaatliche Regelungen über die Zulässigkeit der Befristung von Arbeitsverträgen von Fremdsprachenlektoren mit Universitäten an der Arbeitnehmerfreizügigkeit gemessen (EuGH 30.5.1989 – 33/88 – Allué, Slg. 1989, 1591; 20.10.1993 – C-272/92 – Spotti, Slg. 1993, I-5185; 15.5.2008 – C-276/07 – Delay, Slg. 2008, I-3635). Für den Bereich der **Dienstleistungsfreiheit** stehen vor allem mitgliedstaatliche Regelungen auf dem Prüfstand, die der Zielstaat der Dienstleistung auf entsandte Arbeitnehmer anwenden möchte (dazu → AEUV Art. 56 Rn. 12 ff.). Darüber hinaus hat der EuGH die Dienstleistungsfreiheit fruchtbar gemacht bei grenzüberschreitender Leiharbeit (EuGH 17.12.1981 – 279/80 – Webb, Slg. 1981, 3305; 10.2.2011 – C-307/09 – Vicoplus, NZA 2011, 283; näher *Franzen* EuZA 2011, 451), bei sozialen Vergabekriterien (EuGH 3.4.2008 – C-346/06 – Rüffert, Slg. 2008, I-1989) und der Ausschreibung der Organisation von Betriebsrenten (EuGH 15.7.2010 – C-271/08 – EuZW 2010, 659 – Kommission/Deutschland, EuZA 2011, 213 mit Anm. *Roth*). Die **Warenverkehrsfreiheit** wurde relevant bei mitgliedstaatlichen divergierenden Anforderungen an die Sicherheit von Maschinen und anderen Arbeitsgeräten (vgl. etwa EuGH 28.1.1986 – 188/84 – Slg. 1986, 419, EAS Art. 30 EG-Vertrag Nr. 4 – Kommission/Frankreich zu Sicherheitsvorschriften von Holzbearbeitungsmaschinen), was die Gemeinschaftsgesetzgebung zum technischen Arbeitsschutz ausgelöst hatte (dazu → AEUV Art. 153 Rn. 17 ff.). Ferner kann diese Grundfreiheit Bedeutung erlangen, wenn durch Arbeitskämpfe Verkehrswege blockiert werden (vgl. EuGH 9.12.1997 – C-265/95 – Kommission/Frankreich, Slg. 1997, I-6959; 12.6.2003 – C-112/00 – Schmidberger, Slg. 2003, I-5659). Die **Niederlassungsfreiheit** kann relevant werden in Bezug Arbeitskämpfe gegen grenzüberschreitende Betriebsverlagerungen (EuGH 11.12.2007 – C-438/05 – Viking Line, NZA 2008, 124) sowie bei der Unternehmensmitbestimmung (*Rieble/Latzel* EuZA 2011, 145; krit. *Krause* AG 2012, 485). Letzteres soll auch auf die **Kapitalverkehrsfreiheit** zutreffen (*Weiss/Seifert* ZGR 2009, 542).

36 Unterschiedslos auf In- und Ausländer anwendbare Regelungen der Mitgliedstaaten, welche eine der genannten Grundfreiheiten beeinträchtigen, sind jedoch nicht zwangsläufig unzulässig. Der EuGH hat den Schutzbereich der Grundfreiheiten wie beschrieben stark erweitert und damit neben den ausdrücklich im AEUV genannten Schranken der Grundfreiheiten (etwa Art. 36 AEUV, Art. 45 III AEUV) auch ungeschriebene **Rechtfertigungsgründe** zugelassen. Es muss sich dabei um Gründe handeln, die im **zwingenden Allgemeininteresse** liegen, und der Mitgliedstaat muss dieses zwingende Allgemeininteresse mit verhältnismäßigen Mitteln verfolgen. Zu solchen zwingenden Gründen des Allgemeininteresses gehört auch neben vielen anderen der **Schutz der Arbeitnehmer.** Dabei bezieht

sich dieser Schutz der Arbeitnehmer nicht nur auf dessen Sicherheit und Gesundheit, sondern auch auf seine wirtschaftliche Position gegenüber dem Arbeitgeber und sogar – eigentlich etwas systemfremd – auf arbeitsmarktpolitische Gründe (EuGH 21.9.2006 – C-168/04 – Kommission/Österreich, Slg. 2006, I-9041; 19.1.2006 – C-244/04 – Kommission/Deutschland, NZA 2006, 199; 21.1.2004 – C-445/03 – Kommission/Luxemburg, Slg. 2004, I-10191, NZA 2005, 99). In diesen Kontext gehören auch arbeitnehmerschützende Unionsgrundrechte, die ebenfalls als Rechtfertigungsgründe fungieren können (Schwarze/Rebhahn/Reiner Rn. 17).

Adressaten der Grundfreiheiten sind zunächst die **Mitgliedstaaten**. Der EuGH hat aber auch andere Institutionen einer Grundfreiheitenkontrolle unterworfen, soweit diese über eine **staatsähnliche Machtstellung mit faktischer Normsetzungsbefugnis** verfügen, und dies bsw. für die Regelwerke international agierender Sportverbände (EuGH 14.7.1976 – 13/76 – Slg. 1976, 1333 – Dona; 15.12.1995 – C-415/93 – Bosman, Slg. 1995, 4921; 13.4.2000 – C-176/98 – Lehtonen, Slg. 2000, I-2681) und Tarifvertragsparteien (EuGH 12.12.1974 – 36/74 – Walrave, Slg. 1974, 1405; 15.7.2010 – C-271/08 – Kommission/Deutschland, EuZW 2010, 659 = EuZA 2011, 213 mit Anm. *Roth*) ausgesprochen. Darüber hinaus hat der EuGH in einigen Entscheidungen sogar vertragliche Regelungen von Privatrechtssubjekten, welche dieses Erfordernis nicht erfüllen, an den Grundfreiheiten gemessen (vgl. EuGH 6.6.2000 – C-281/98 – Angonese, Slg. 2000, I-4139; zurückhaltend für die Warenverkehrsfreiheit aber 1.10.1987 – 311/85 – Vlaamse Reisebureaus, Slg. 1987, 3801). Vor diesem Hintergrund hat der EuGH auch gewerkschaftliche Maßnahmen der Grundfreiheitenkontrolle unterworfen, mit denen diese derartige Regelwerke durchsetzen wollten (EuGH 11.12.2007 – C-438/05 – Viking Line, NZA 2008, 124; 18.12.2007 – C-341/05 – Laval, NZA 2008, 159; zur Kritik daran s. nur v. Bogdandy/Bast/*Rödl* 891 [893]). 37

2. Primat der Grundfreiheiten? Die genannten Urteile des EuGH (EuGH 11.12.2007 – C-438/05 – Viking Line, NZA 2008, 124; 18.12.2007 – C-341/05 – Laval, NZA 2008, 159; in dieser Richtung auch 19.6.2008 – C-319/06 – NZA 2008, 865 – Kommission/Luxemburg) haben eine heftige Kontroverse in Europa und darüber hinaus über die **Reichweite grundrechtlicher Gewährleistungen gegenüber den Grundfreiheiten** ausgelöst. In diesen Urteilen hat der EuGH gewerkschaftliche kollektive Maßnahmen am Maßstab der Grundfreiheiten gemessen. Der Umstand, dass die Gewerkschaften und die von ihnen vertretenen Arbeitnehmer sich auf das damals noch ungeschriebene Grundrecht auf kollektive Maßnahmen (jetzt Art. 28 GRC) berufen konnten, fand in den Urteilen des EuGH allenfalls iRd Rechtfertigungsmöglichkeit aus zwingenden Gründen des Allgemeininteresses Berücksichtigung – und auch insoweit schien die Bedeutung der sozialen Grundrechte unklar zu sein. Daher war bei vielen Beobachtern der Eindruck entstanden, der EuGH gewichte die die unternehmerische Tätigkeit schützenden wirtschaftlichen Freiheiten – Dienstleistungs- und Niederlassungsfreiheit – höher als die sozialen Grundrechte der Arbeitnehmer. Zahlreiche Beobachter und auch die Gewerkschaften sahen darin eine Relativierung sozialer Rechte und einen Vorrang wirtschaftlicher Freiheiten, den der EuGH befürworte (s. zur Diskussion v. Bogdandy/Bast/*Rödl* 891 [893]; *Schubert,* Monti-II-VO, 14 ff.). 38

Die EU-Kommission hat in dieser Diskussion politischen Sprengsatz für die Integration der Union gesehen, weil die Gefahr bestehe, dass sich „**die Arbeiterbewegung und die Gewerkschaften vom Binnenmarkt entfremden**" (KOM [2012], 130 endg. 3). Daher hat die EU-Kommission einen nun wieder zurückgezogenen Verordnungsvorschlag (sog. „Monti II"-VO) vorgelegt, aufgrund dessen das Verhältnis von Grundfreiheiten und sozialen Grundrechten geregelt werden sollte (Vorschlag für eine Verordnung des Rates über die Ausübung des Rechts auf Durchführung kollektiver Maßnahmen im Kontext der Niederlassungs- und Dienstleistungsfreiheit, KOM [2012], 130 endg.). Eine ähnliche Regelung existiert bereits im Zusammenhang mit der Warenverkehrsfreiheit: Nach Art. 2 VO (EG) Nr. 2679/98 dürfen Streiks nicht als Behinderung des freien Warenverkehrs im Sinne dieser 39

Verordnung angesehen werden (sog. Monti-Klausel, benannt nach dem damals zuständigen EU-Kommissar *Mario Monti*). Der genannte Verordnungsvorschlag ist aber am politischen Widerstand zahlreicher Mitgliedstaaten gescheitert. In der Sache hätte er wenig Neues gebracht und lediglich festgestellt, dass bei der Ausübung der Niederlassungs- und Dienstleistungsfreiheit das Grundrecht auf Durchführung kollektiver Maßnahmen, einschließlich Streik, gewahrt wird, was auch für den umgekehrten Fall gelten soll: Streiks sollen die wirtschaftlichen Freiheiten respektieren (näher *Franzen* EuZA 2013, 1; ausf. *Schubert,* Monti-II-VO, 31).

40 In der Sache hat der Verordnungsvorschlag lediglich dasjenige wiedergegeben, was bei richtigem Verständnis für das Verhältnis von Grundfreiheiten und sozialen Grundrechten ohnehin gilt: **Weder gibt es einen Vorrang der sozialen Grundrechte gegenüber den wirtschaftlichen Grundfreiheiten noch umgekehrt ein Primat der Grundfreiheiten.** Keine der beiden Gewährleistungen – soziale Grundrechte, insbesondere das Recht auf kollektive Maßnahmen, und Niederlassungs- bzw. Dienstleistungsfreiheit – ist der jeweils anderen Gewährleistung übergeordnet. Das kann in einer der sozialen Marktwirtschaft (Art. 3 III EUV), Wettbewerb und sozialen Grundrechten verpflichteten Rechtsordnung wie der Europäischen Union auch nicht anders sein. Die Grundfreiheiten des Binnenmarkts durchdringen in ihrem Anwendungsbereich – also vor allem nur bei grenzüberschreitenden Sachverhalten – alle Bereiche der mitgliedstaatlichen Rechtsordnungen; eine Ausnahme für soziale Grundrechte gibt es insoweit nicht. Andererseits ist nicht jede mitgliedstaatliche Rechtsvorschrift, welche in den Anwendungsbereich einer Grundfreiheit fällt, schon deshalb zu verwerfen. Vielmehr werden in der Sache die jeweils geschützten Rechtsgüter und Rechtspositionen im Wege einer verhältnismäßigen Abwägung zur Entfaltung gebracht. Dies besagen im Übrigen bei richtigem Verständnis auch die EuGH-Urteile „Viking Line" und „Laval" (EuGH 11.12.2007 – C-438/05 – Viking Line, NZA 2008, 124; 18.12.2007 – C-341/05 – Laval, NZA 2008, 159), wenngleich dort das Verhältnis sozialer Grundrechte zu den Rechtfertigungsgründen iRd Grundfreiheitenkontrolle undeutlich geblieben ist. Bei richtigem Verständnis können soziale Grundrechte als zwingender Grund des Allgemeininteresses iSd Grundfreiheitendogmatik fungieren (oben → Rn. 36).

II. Wettbewerbsregeln (Art. 101 ff. AEUV)

41 Die Union legt sich nach Art. 3 III EUV auf eine **in hohem Maße wettbewerbsfähige soziale Marktwirtschaft als Wirtschaftsmodell** fest (Rn. 22). Gegenüber der früher in Art. 4 EGV-Amsterdam geltenden Formulierung „offene Marktwirtschaft mit freiem Wettbewerb" ist zwar der Bezug auf den freien Wettbewerb als Zielbestimmung weggefallen. Die genannte Formulierung findet sich allerdings nach wie vor iRd Wirtschaftspolitik nach Art. 120 S. 2 AEUV: Danach „handeln die Mitgliedstaaten im Einklang mit dem Grundsatz einer offenen Marktwirtschaft mit freiem Wettbewerb." Die genannte Veränderung in der Begrifflichkeit und der andere Standort der Verpflichtung auf den freien Wettbewerb hat also insgesamt keine Änderung in der Sache mit sich gebracht (Calliess/Ruffert/*Ruffert* EUV Art. 3 Rn. 26 mwN).

42 Einseitig zwingende Regulierungen aus sozialpolitischen Gründen beeinträchtigen nun den Wettbewerb insbesondere am Arbeitsmarkt, weil dieser erst oberhalb des zu erfüllenden Regulierungsniveaus beginnen kann. Die **Wettbewerbsregeln der Art. 101 f. AEUV** erfassen allerdings staatliches Handeln nicht, sondern nur **Handeln von Unternehmen.** Art. 101 AEUV untersagt unter bestimmten Voraussetzungen Vereinbarungen zwischen Unternehmen und sonstige aufeinander abgestimmte Verhaltensweisen, die eine Verhinderung, Einschränkung oder Verfälschung des Wettbewerbs bewirken oder bezwecken, sofern hierdurch der grenzüberschreitende Handel betroffen sein kann. Art. 102 AEUV verbietet das missbräuchliche Ausnutzen einer marktbeherrschenden Stellung. Vor diesem Hintergrund wurde eine mögliche Konfliktlinie zwischen Wettbewerbsregeln des AEUV und sozialpolitischen Regelungszielen vor allem im Hinblick auf **Tarifverträge** aufgewor-

fen, weil man diese grds. als Vereinbarungen zwischen **Unternehmensvereinigungen** iSv Art. 101 AEUV einordnen kann (näher Rieble/Junker/Giesen/*Ackermann,* Kartellrecht und Arbeitsmarkt, ZAAR-Schriftenreihe 16, 2010, 17 ff.). Allerdings hat der EuGH für Tarifverträge zwischen Sozialpartnern eine ungeschriebene Bereichsausnahme angenommen, soweit der Tarifvertrag unmittelbar zur Verbesserung der Arbeitsbedingungen der Arbeitnehmer beiträgt, auch wenn mit Tarifverträgen zwangsläufig gewisse den Wettbewerb beschränkende Wirkungen verbunden sind (EuGH 21.9.1999 – C-67/06 – Albany International BV, Slg. 1999, I-5863; 21.9.1999 – C-219/97 – Bokken BV, Slg. 1999, I-6121; 21.9.2000 – C-222/98 – van der Woude, Slg. 2000, I-7111; 4.12.2014 – C-413/13 Rn. 23 – FNV Kunsten; näher Rieble/Junker/Giesen/*Ackermann,* Kartellrecht und Arbeitsmarkt, ZAAR-Schriftenreihe 16, 2010, 17 ff.).

Staatliches Handeln ist der **Beihilfenkontrolle** des Art. 107 ff. AEUV unterworfen. **43** Art. 107 AEUV untersagt grds. staatliche Zuwendungen an Unternehmen oder bestimmte Branchen, wenn diese den Wettbewerb verfälschen und den grenzüberschreitenden Handel beeinträchtigen. Allerdings kann die EU-Kommission bzw. der Rat in vielfältiger Weise Ausnahmen vom grds. Beihilfeverbot nach Maßgabe von Art. 107 III AEUV zulassen. Für den sozialpolitischen Bereich relevant sind etwa die Ausnahmen im Hinblick auf Beihilfen für benachteiligte und behinderte Arbeitnehmer sowie zur Schaffung von Arbeitsplätzen (näher Calliess/Ruffert/*Cremer* AEUV Art. 107 Rn. 75). Ausnahmeregelungen von arbeitsrechtlichen Regulierungen für bestimmte Unternehmen, etwa Kleinbetriebe, stellen regelmäßig bereits tatbestandlich keine Beihilfe dar, weil es an einer staatlich veranlassten Zuwendung fehlt (vgl. EuGH 7.5.1998 – C-52/97 Rn. 11 ff. – Viscido, Slg. 1998, I-2629; 30.11.1993 – C-189/91 Rn. 12 ff. – Kirsammer-Hack, Slg. 1993, I-6185; 17.3.1993 – C-72/91 Rn. 14 ff. – Sloman Neptun, Slg. 1993, I-927).

III. Wirtschafts- und Beschäftigungspolitik

Weitere Vorgaben für Regulierungen auf dem Gebiet des Arbeitsmarkts und der Sozial- **44** politik können sich aus den Regelungen des AEUV zur Koordinierung der **Wirtschaftspolitik (Art. 120 ff. AEUV)** und der **Beschäftigungspolitik (Art. 145 ff. AEUV)** ergeben. Nach Art. 121 AEUV betrachten die Mitgliedstaaten ihre Wirtschaftspolitik als eine Angelegenheit von gemeinsamem Interesse und koordinieren diese. Dabei überwacht der Ministerrat auf der Grundlage von Berichten der EU-Kommission die wirtschaftliche Entwicklung in jedem Mitgliedstaat und der Union. Er kann ggf. auf Vorschlag der EU-Kommission Empfehlungen an Mitgliedstaaten richten, wenn die Wirtschaftspolitik eines Mitgliedstaats nicht mit den gemeinsamen Grundsätzen vereinbar ist. Ähnliche Befugnisse existieren im Zusammenhang mit der Koordinierung der Beschäftigungspolitik nach Maßgabe der Art. 145 AEUV. So kann der Ministerrat auf Vorschlag der Kommission nach Art. 148 II AEUV beschäftigungspolitische Leitlinien festlegen, welche die Mitgliedstaaten bei ihrer Beschäftigungspolitik berücksichtigen. Außerdem können nach Maßgabe von Art. 148 IV AEUV Empfehlungen an einzelne Mitgliedstaaten gerichtet werden. Grds. kann dies die gesamte Bandbreite sozialpolitischer Maßnahmen erfassen, ohne dass es hierfür spezieller Kompetenzen der Europäischen Union bedürfte. Art. 153 AEUV fungiert insoweit nicht als Kompetenzschranke. Allerdings sind Empfehlungen nach Art. 288 V AEUV für den einzelnen Mitgliedstaat nicht rechtlich verbindlich. Gleichwohl können diese erheblichen politischen Druck erzeugen, innerstaatliche sozialpolitische Regelungen zu ändern, um die Beschäftigung zu erhöhen.

In dieselbe Richtung zielt ein außerhalb des Unionsrechts bestehendes Instrument für **45** Mitgliedstaaten, die den Europäischen Stabilitätsmechanismus nach Maßgabe des Vertrags zur Einrichtung des Europäischen Stabilitätsmechanismus **(ESM-Vertrag)** in Anspruch genommen haben. Das sind Mitgliedstaaten, die sich iRd Finanzkrise nicht anderweitig finanzieren können und daher eine Stabilitätshilfe in Form einer „Finanzhilfefazilität" erhalten wollen. Für solche Mitgliedstaaten besteht nach Maßgabe des ESM-Vertrags die

Franzen

Möglichkeit, dass die EU-Kommission im Benehmen mit der Europäischen Zentralbank (EZB) und unter Umständen zusammen mit dem Internationalen Währungsfonds mit dem betreffenden Mitgliedstaat ein sog. „Memorandum of Understanding" vereinbart. Darin werden bestimmte Auflagen aufgeführt, welche der Mitgliedstaat als Gegenleistung für die Gewährung von Finanzhilfen erbringen muss. Diese können sich auch auf sozialpolitische Regulierungen beziehen und haben in der Sache das Arbeitsrecht in manchen Krisenstaaten bereits nicht unerheblich umgestaltet (zu den arbeitsrechtlichen Auswirkungen s. *Seifert* SR 2014, 14; zum Tarifvertragsrecht *Waas*, FS Kempen, 2013, 38 ff.; allg. *Antpöhler* ZaöRV 2012, 353; *Bryde* SR 2012, 2; *Calliess* JZ 2012, 477; *Hoffmann/Konow* ZG 2012, 138).

IV. Weitere Bereiche

46 Hinzuweisen bleibt noch auf den **EU-Sozialfonds nach Art. 162 ff. AEUV**. Diese Einrichtung existiert bereits seit der Gründung der Europäischen Gemeinschaft im Jahr 1958 – damals Art. 123 EWGV. Der Fonds war im Laufe seiner Geschichte wechselnden Zielen und unterschiedlichen Ausrichtungen unterworfen, je nach den sozialpolitischen Notwendigkeiten (näher Streinz/*Eichenhofer* AEUV Art. 162 Rn. 3 ff.). Der Fonds dient jetzt dem Ziel, die berufliche Verwendbarkeit und die Mobilität der Arbeitskräfte zu fördern sowie die Anpassung der Arbeitskräfte an die Veränderungen der Produktionssysteme zu erleichtern, insbesondere durch Umschulung und berufliche Bildung. Der Fonds wird von der EU-Kommission verwaltet. Sie wird dabei durch einen Ausschuss unterstützt, dem jeweils zwei Vertreter der Regierung jedes Mitgliedstaates sowie jeweils ein Vertreter von Arbeitgeber- und Arbeitnehmerseite unter Vorsitz der Kommission angehören (näher Streinz/*Eichenhofer* AEUV Art. 163 Rn. 3).

47 Die Aufgaben der Union in der **Bildungspolitik** nach Maßgabe der **Art. 165 ff. AEUV** weisen Berührungspunkte mit den sozialpolitischen Zielen auf, insbesondere auf dem Feld der beruflichen Bildung, welche in Art. 166 AEUV ebenfalls genannt wird. Die Ziele der Union auf dem Gebiet der beruflichen Bildung sind weit gefächert und beziehen sich darauf, die Anpassung an Wandlungsprozesse der Industriegesellschaft zu erleichtern und die Mobilität von Auszubildenden und Ausbildern zu fördern. Ferner soll die Zusammenarbeit zwischen den Unternehmen und Unterrichtsanstalten gefördert und ein Informations- und Erfahrungsaustauschsystem zwischen den Mitgliedstaaten aufgebaut werden (Art. 166 II AEUV). Die Union kann allerdings keine verbindlichen Rechtsangleichungsmaßnahmen erlassen, sondern ist auf Empfehlungen beschränkt, welche keine Harmonisierungswirkung mit sich bringen (Art. 166 IV AEUV). Damit bleiben die Handlungsmöglichkeiten der Union nach diesen Vorgaben gegenüber den aus den sozialpolitischen Vorschriften entspringenden Handlungsmöglichkeiten der Union zurück.

Art. 152 [Rolle der Sozialpartner; Sozialer Dialog; Sozialgipfel]

¹**Die Union anerkennt und fördert die Rolle der Sozialpartner auf Ebene der Union unter Berücksichtigung der Unterschiedlichkeit der nationalen Systeme.** ²**Sie fördert den sozialen Dialog und achtet dabei die Autonomie der Sozialpartner.**

Der Dreigliedrige Sozialgipfel für Wachstum und Beschäftigung trägt zum sozialen Dialog bei.

1   **1. Entstehungsgeschichte der Vorschrift.** Art. 152 wurde durch den Vertrag von Lissabon im Jahr 2009 neu in die sozialpolitischen Vorschriften des AEUV eingefügt und hatte als solcher keinen Vorläufer im EGV. Freilich war der soziale Dialog in allg. Art bereits in dem durch die Einheitliche Europäische Akte im Jahr 1987 eingeführten Art. 118b EWGV angesprochen und in Art. 3 und 4 des Abkommens über die Sozialpolitik ausgebaut worden, die ihrerseits nahezu wortgleich über Art. 138, 139 EGV in Art. 154, 155 AEUV überführt wurden (näher → AEUV Art. 154 Rn. 1, → AEUV Art. 155 Rn. 2). Art. 152

Entstehungsgeschichte der Vorschrift **Art. 152 AEUV 20**

war im gescheiterten Entwurf des Europäischen Verfassungsvertrags wort- und inhaltsgleich in Art. I-48 EVV enthalten. Diese Bestimmung hätte Art. I-47 EVV ergänzt, welche den Grundsatz der partizipativen Demokratie normiert hatte, mit dem einzelne Elemente unmittelbarer Bürgerbeteiligung in der Verfassungsvertrag eingeführt worden wären (vgl. Vedder/Heintschel von Heinegg/*Folz* EVV Art. I-47 Rn. 2). Nachdem der Europäische Verfassungsvertrag gescheitert war, stellte man die Bestimmung in den Zusammenhang mit den Vorschriften über die Sozialpolitik. Damit kommen die demokratiepolitischen Bezüge des sozialen Dialogs nicht mehr deutlich zum Ausdruck und sind normativ auch nicht mehr von Bedeutung.

2. Förderauftrag (Abs. 1 S. 1). Nach Art. 152 I 1 anerkennt die Union die Rolle der 2 Sozialpartner auf der Ebene der Union und fördert sie; Art. 152 I 2 erstreckt dies auf den sozialen Dialog. Zum Begriff der europäischen Sozialpartner → AEUV Art. 154 Rn. 3 ff.; zum Begriff des sozialen Dialogs → AEUV Art. 154 Rn. 2. Der normative Gehalt dieser Aussage ist umstritten. Zum Teil wird die Vorschrift lediglich als Programmsatz verstanden (Calliess/Ruffert/*Krebber* Rn. 1; GHN/*Benecke* Rn. 1). Daran ist richtig, dass **aus Art. 152 I 1 keine subjektiven Rechte auf Förderungen erwachsen** können. Andererseits geht die Formulierung über eine rein deklaratorische Absichtserklärung durchaus hinaus. Die Union legt sich auf die Anerkennung der Rolle der Sozialpartner und des sozialen Dialogs fest. Daraus wird man einen **Förderauftrag** ableiten können, der die Kompetenz der Union für Fördermaßnahmen einschließt (in dieser Richtung richtig Schwarze/*Rebhahn*/*Reiner* Rn. 3). Allerdings bezieht sich dies nach dem Wortlaut nur auf die Förderung des sozialen Dialogs und der Sozialpartner auf der Ebene der Union und nicht der Mitgliedstaaten. Dies schließt aber die Kompetenz der Kommission ein, bsw. noch rein national organisierte Sozialpartner zu ermuntern, sich auf europäischer Ebene zusammenzuschließen (ebenso Schwarze/*Rebhahn*/*Reiner* Rn. 5; Calliess/Ruffert/*Krebber* Rn. 6). Außerdem muss der Förderungsauftrag die **Unterschiedlichkeit der nationalen Systeme** der Sozialpolitik berücksichtigen. Man darf also die Förderung des sozialen Dialogs auf europäischer Ebene nicht als Konkurrenzveranstaltung zu den nationalen Systemen sehen und handhaben, sondern vielmehr als Ergänzung.

Damit kann Art. 152 I Maßnahmen legitimieren, welche die **Sozialpartner unterstüt-** 3 **zen** und dem sozialen Dialog auf europäischer Ebene einen Rahmen geben, etwa Zuwendung finanzieller Mittel. Dies setzt selbstverständlich voraus, dass entsprechende Mittel nach Maßgabe der jeweils einschlägigen rechtlichen Vorgaben im Haushalt der Europäischen Union eingestellt worden sind. In der Vergangenheit soll insbesondere der EGB finanziell von der Kommission unterstützt worden sein, was freilich gewisse Abhängigkeiten hervorrufen kann und daher nicht unproblematisch ist. Insbesondere muss die Kommission bei einseitigen Zuwendungen das ihr aus Art. 154 I AEUV fließende **Neutralitätsgebot** beachten (→ AEUV Art. 154 Rn. 2). Ferner kommen die Bereitstellung organisatorischer Hilfen wie etwa Räumlichkeiten für Treffen, Übersetzungsdienste, Rechtsauskünfte, Pressearbeit in Betracht (näher Schwarze/*Rebhahn*/*Reiner* Rn. 6 f.).

3. Autonomie der Sozialpartner (Abs. 1 S. 2). Nach Art. 152 I 2 achtet die Union 4 iRd sozialen Dialogs die Autonomie der Sozialpartner. Der normative Gehalt dieser Bestimmung erschließt sich ebenfalls nicht unmittelbar. Außerdem ist das Verhältnis zu Art. 12, 28 GRC nicht klar. Diese Vorschriften garantieren die Vereinigungsfreiheit und das Recht auf Kollektivverhandlungen einschließlich Streik als Grundrechte auf europäischer Ebene – und zwar „nach dem Unionsrecht und den einzelstaatlichen Rechtsvorschriften und Gepflogenheiten" (näher Kommentierung zur GRC Nr. 30). Damit nimmt insbesondere Art. 28 GRC klassische Aufgaben der Kollektivvertragsparteien in den Blick, Kollektivverträge mit Regelungen für die Arbeitsbeziehungen der angeschlossenen Arbeitgeber und Arbeitnehmer auszuhandeln. Darauf bezieht sich die Rolle der Sozialpartner auf europäischer Ebene, insbesondere im Bereich des sozialen Dialogs nicht. Diese können solche Regelungen, auch in einer Vereinbarung nach Art. 155 I AEUV nicht festsetzen, weil es

Franzen

hierfür an den normativen Grundlagen auf der Ebene der Union, insbesondere an der Ausgestaltung eines europäischen Kollektivvertragsrechts fehlt (näher → AEUV Art. 155 Rn. 4 ff.). Vor diesem Hintergrund bezweifeln manche Beobachter mit Recht, dass sich die europäischen Sozialpartner bei Verhandlungen iRd sozialen Dialogs nach Art. 154 f. AEUV überhaupt im Schutzbereich des Art. 28 GRC befinden (vgl. Calliess/Ruffert/*Krebber* GRC Art. 28 Rn. 6; Schwarze/*Rebhahn*/*Reiner* AEUV Art. 155 Rn. 11; auch → GRC Art. 28 Rn. 32).

5   Folgt man dem, wird der eigenständige normative Gehalt des Art. 152 I 2 in folgendem liegen: Die Union schützt primärrechtlich die Autonomie der Sozialpartner als besondere Träger des sozialen Dialogs auf europäischer Ebene. Damit erwächst diesen über die institutionellen Vorschriften der Art. 154 f. AEUV hinaus ein **eigenes subjektives Recht auf Teilhabe am sozialen Dialog,** welches die im Verfahren nach Art. 154 f. AEUV bestehenden Rechte unterstützt und flankiert (dazu → AEUV Art. 154 Rn. 13 f.). Die Garantie der Autonomie der Sozialpartner ist daher bezogen auf und begrenzt durch den sozialen Dialog – und zwar sowohl iSd förmlichen sozialen Dialogs nach Maßgabe der Art. 154 f. AEUV als auch des informellen sozialen Dialogs, der sich unabhängig davon abspielen kann und auch abspielt. Die so beschriebene Autonomie der Sozialpartner schützt Art. 152 I 2 auch vor Zugriffen durch Organe der Union. Dieses Verständnis von Art. 152 I 2 kommt im Text der Norm in der deutschen Sprachfassung durch das Wort „dabei" zum Ausdruck. Unklarer erscheinen insoweit die englische („It shall facilitate dialogue between the social partners, respecting their autonomy") und die französische („Elle facilite le dialogue entre eux, dans le respect de leur autonomie") Sprachfassung.

6   **4. Dreigliedriger Sozialgipfel für Wachstum und Beschäftigung (Abs. 2).** Art. 152 II gibt dem dreigliedrigen Sozialgipfel für Wachstum und Beschäftigung eine primärrechtliche Basis im AEUV. Eine vergleichbare Bestimmung war im europäischen Verfassungsvertrag in Art. I-48 II EVV vorgesehen und wurde durch den Vertrag von Lissabon zusammen mit Art. 152 I in den AEUV eingefügt (→ Rn. 1). Der dreigliedrige Sozialgipfel existierte allerdings bereits zuvor und geht auf den Beschluss des Rates v. 6.3.2002 zur Einrichtung eines Dreigliedrigen Sozialgipfels für Wachstum und Beschäftigung (ABl. EU L 70/31) auf Vorschlag der Kommission zurück (KOM [2002] 341 endg. v. 26.6.2002).

7   Dieser **Sozialgipfel** soll unter Wahrung des Vertrags und der Zuständigkeiten der Organe und Einrichtungen der Union eine kontinuierliche Konzertierung zwischen dem Rat, der Kommission und den Sozialpartnern sicherstellen und sich wirtschaftlichen, sozialen und beschäftigungspolitischen Fragen widmen. Teilnehmer des Gipfels sind der amtierende Ratsvorsitz, die beiden anschließenden Ratsvorsitze, die Kommission und die Sozialpartner, die jeweils auf höchster Ebene vertreten werden – also durch den Ratspräsidenten und den Präsidenten der Kommission, welche den Gipfel gemeinsam leiten. Von den Vertretern des Rats nehmen ferner teil die jeweiligen für Arbeit und Soziales zuständigen Minister und als Vertreter der Kommission das für Arbeit und Soziales zuständige Kommissionsmitglied. Die Sozialpartner sind mit zwei gleich großen Delegationen vertreten, die aus je zehn Vertretern der Arbeitnehmer und der Arbeitgeber zusammengesetzt sind. Jede Delegation soll aus Vertretern der branchenübergreifenden Verbände bestehen, die allg. Interessen oder spezifische Interessen von Führungskräften sowie von kleinen und mittleren Unternehmen auf europäischer Ebene wahrnehmen. EGB und BUSINESSEUROPE als größte branchenweit und allg. tätige Interessenverbände auf Arbeitnehmer- und Arbeitgeberseite übernehmen insofern die Koordination (näher zu den sonstigen Verbänden → AEUV Art. 154 Rn. 5). Der Gipfel tritt mindestens einmal jährlich zusammen, wobei eine Tagung vor der Frühjahrstagung des Europäischen Rats abgehalten wird.

Art. 153 [Unionskompetenzen]

(1) Zur Verwirklichung der Ziele des Artikels 151 unterstützt und ergänzt die Union die Tätigkeit der Mitgliedstaaten auf folgenden Gebieten:

a) Verbesserung insbesondere der Arbeitsumwelt zum Schutz der Gesundheit und der Sicherheit der Arbeitnehmer,
b) Arbeitsbedingungen,
c) soziale Sicherheit und sozialer Schutz der Arbeitnehmer,
d) Schutz der Arbeitnehmer bei Beendigung des Arbeitsvertrags,
e) Unterrichtung und Anhörung der Arbeitnehmer,
f) Vertretung und kollektive Wahrnehmung der Arbeitnehmer- und Arbeitgeberinteressen, einschließlich der Mitbestimmung, vorbehaltlich des Absatzes 5,
g) Beschäftigungsbedingungen der Staatsangehörigen dritter Länder, die sich rechtmäßig im Gebiet der Union aufhalten,
h) berufliche Eingliederung der aus dem Arbeitsmarkt ausgegrenzten Personen, unbeschadet des Artikels 166,
i) Chancengleichheit von Männern und Frauen auf dem Arbeitsmarkt und Gleichbehandlung am Arbeitsplatz,
j) Bekämpfung der sozialen Ausgrenzung,
k) Modernisierung der Systeme des sozialen Schutzes, unbeschadet des Buchstabens c.

(2) Zu diesem Zweck können das Europäische Parlament und der Rat

a) unter Ausschluss jeglicher Harmonisierung der Rechts- und Verwaltungsvorschriften der Mitgliedstaaten Maßnahmen annehmen, die dazu bestimmt sind, die Zusammenarbeit zwischen den Mitgliedstaaten durch Initiativen zu fördern, die die Verbesserung des Wissensstands, die Entwicklung des Austauschs von Informationen und bewährten Verfahren, die Förderung innovativer Ansätze und die Bewertung von Erfahrungen zum Ziel haben;
b) in den in Absatz 1 Buchstaben a bis i genannten Bereichen unter Berücksichtigung der in den einzelnen Mitgliedstaaten bestehenden Bedingungen und technischen Regelungen durch Richtlinien Mindestvorschriften erlassen, die schrittweise anzuwenden sind. Diese Richtlinien sollen keine verwaltungsmäßigen, finanziellen oder rechtlichen Auflagen vorschreiben, die der Gründung und Entwicklung von kleinen und mittleren Unternehmen entgegenstehen.

Das Europäische Parlament und der Rat beschließen gemäß dem ordentlichen Gesetzgebungsverfahren nach Anhörung des Wirtschafts- und Sozialausschusses und des Ausschusses der Regionen.

In den in Absatz 1 Buchstaben c, d, f und g genannten Bereichen beschließt der Rat einstimmig gemäß einem besonderen Gesetzgebungsverfahren nach Anhörung des Europäischen Parlaments und der genannten Ausschüsse.

Der Rat kann einstimmig auf Vorschlag der Kommission nach Anhörung des Europäischen Parlaments beschließen, dass das ordentliche Gesetzgebungsverfahren auf Absatz 1 Buchstaben d, f und g angewandt wird.

(3) Ein Mitgliedstaat kann den Sozialpartnern auf deren gemeinsamen Antrag die Durchführung von aufgrund des Absatzes 2 angenommenen Richtlinien oder gegebenenfalls die Durchführung eines nach Artikel 155 erlassenen Beschlusses des Rates übertragen.

In diesem Fall vergewissert sich der Mitgliedstaat, dass die Sozialpartner spätestens zu dem Zeitpunkt, zu dem eine Richtlinie umgesetzt oder ein Beschluss durchgeführt sein muss, im Wege einer Vereinbarung die erforderlichen Vorkehrungen getroffen haben; dabei hat der Mitgliedstaat alle erforderlichen Maßnahmen zu treffen, um jederzeit gewährleisten zu können, dass die durch diese Richtlinie oder diesen Beschluss vorgeschriebenen Ergebnisse erzielt werden.

(4) Die aufgrund dieses Artikels erlassenen Bestimmungen

– berühren nicht die anerkannte Befugnis der Mitgliedstaaten, die Grundprinzipien ihres Systems der sozialen Sicherheit festzulegen, und dürfen das finanzielle Gleichgewicht dieser Systeme nicht erheblich beeinträchtigen;
– hindern die Mitgliedstaaten nicht daran, strengere Schutzmaßnahmen beizubehalten oder zu treffen, die mit den Verträgen vereinbar sind.

(5) Dieser Artikel gilt nicht für das Arbeitsentgelt, das Koalitionsrecht, das Streikrecht sowie das Aussperrungsrecht.

Übersicht

	Rn.
A. Funktion der Vorschrift	1
I. Art. 153 als zentrale sozialpolitische Kompetenzgrundlage	1
II. Historische Entwicklung der Kompetenzgrundlagen auf dem Gebiet der Sozialpolitik	2
1. Die Anfänge der Gemeinschaft	2
2. Das Abkommen über die Sozialpolitik (1992)	3
3. Die weitere Entwicklung	4
B. Geltungsbereich: Arbeitnehmer	5
I. Autonome Begriffsbildung des Unionsrechts	5
II. Rechtsprechung des EuGH	6
III. Einbeziehung besonderer Personengruppen	8
1. Arbeitnehmerähnliche Personen	8
2. Beschäftigte des öffentlichen Dienstes	11
3. Weitere Personengruppen	13
C. Sachgebiete (Abs. 1)	14
I. Verhältnis der Katalogtatbestände zueinander	14
II. Die Katalogtatbestände im Einzelnen	17
1. Verbesserung insbesondere der Arbeitsumwelt zum Schutz der Sicherheit und Gesundheit der Arbeitnehmer (Buchst. a)	17
a) Tatbestand	17
b) Einzelne Sachgebiete	19
2. Arbeitsbedingungen (Buchst. b)	21
a) Tatbestand	21
b) Einordnung einzelner Rechtsangleichungsmaßnahmen	22
3. Soziale Sicherheit und sozialer Schutz der Arbeitnehmer (Buchst. c)	26
4. Schutz der Arbeitnehmer bei Beendigung des Arbeitsvertrags (Buchst. d)	28
5. Unterrichtung und Anhörung der Arbeitnehmer (Buchst. e)	30
6. Kollektive Wahrnehmung der Arbeitnehmer- und Arbeitgeberinteressen (Buchst. f)	33
7. Beschäftigungsbedingungen von Drittstaatsangehörigen, die sich rechtmäßig im Gebiet der Union aufhalten (Buchst. g)	35
8. Berufliche Eingliederung der aus dem Arbeitsmarkt ausgegrenzten Personen (Buchst. h)	37
9. Chancengleichheit von Männern und Frauen auf dem Arbeitsmarkt (Buchst. i)	39
10. Bekämpfung sozialer Ausgrenzung (Buchst. j)	43
11. Modernisierung der Systeme des sozialen Schutzes (Buchst. k)	44
D. Bereichsausnahme nach Art. 153 V	45
I. Regelungsgehalt	45
II. Die einzelnen Sachgebiete	47
1. Arbeitsentgelt	47
2. Koalitionsrecht	49
3. Streikrecht und Aussperrungsrecht	51
E. Maßnahmen der Union (Abs. 2 und 4)	53
I. Förderung der Zusammenarbeit der Mitgliedstaaten (Abs. 2 UAbs. 1 lit. a)	53
II. Rechtssetzungsmaßnahmen (Abs. 2 UAbs. 1 lit. b)	54
1. Handlungsform: Richtlinie nach Art. 288 III AEUV	54
2. Inhaltliche Vorgaben	55
a) Mindestvorschriften (Abs. 4 zweiter Gedankenstrich)	55
b) Berücksichtigung der in den Mitgliedstaaten bestehenden Bedingungen durch schrittweise Anwendung	59
c) Schutz kleiner und mittlerer Unternehmen (KMU) (Abs. 2 UAbs. 1 lit. b S. 2)	60
d) Schutzklausel zugunsten der mitgliedstaatlichen Systeme der sozialen Sicherheit (Abs. 4 erster Gedankenstrich)	64

	Rn.
3. Gesetzgebungsverfahren (Abs. 2 UAbs. 2–4)	65
4. Umsetzung in innerstaatliches Recht	66
a) Allgemeines	66
b) Übertragung auf die Sozialpartner nach Art. 153 III	68
F. Weitere Kompetenzgrundlagen des AEUV	70
I. Allgemeine Grundsätze zur Abgrenzung einschlägiger Kompetenzgrundlagen	70
II. Kompetenzgrundlagen mit Bezug zur Sozialpolitik	72
1. Binnenmarkt und Grundfreiheiten	72
2. Gleichbehandlung (Art. 157 III AEUV, Art. 19 AEUV)	74
3. Sonstige	75

A. Funktion der Vorschrift

I. Art. 153 als zentrale sozialpolitische Kompetenzgrundlage

Art. 153 stellt die **zentrale Kompetenzgrundlage der Union** auf dem **Gebiet der** 1
Sozialpolitik und insbesondere des **Arbeitsrechts** dar. Die Europäische Union ist kein Staat und kann daher eine Kompetenz-Kompetenz nicht für sich in Anspruch nehmen. Vielmehr gilt für die Europäische Union das Prinzip der begrenzten Einzelermächtigung. Die Union kann nur auf den Gebieten tätig werden, auf denen sie durch die Mitgliedstaaten aufgrund des EUV oder AEUV ermächtigt wurde. Das Prinzip der begrenzten Einzelermächtigung ist jetzt in Art. 5 I und II EUV niedergelegt und wird konkretisiert durch Art. 2 ff. AEUV. Der Bereich der Sozialpolitik wird dabei nach Art. 4 II lit. b AEUV den geteilten Zuständigkeiten zugewiesen (→ AEUV Art. 151 Rn. 2). Gleichzeitig wirkt Art. 153 wegen Art. 153 V als nicht unerhebliche Kompetenzschranke für die Rechtsetzung der Union auf dem Gebiet des Arbeitsrecht, da dort einige nicht unwichtige arbeitsrechtliche Sachgebiete der Rechtssetzungskompetenz der Union auf sozialpolitischer Grundlage ausdrücklich entzogen werden (näher → Rn. 45 ff.).

II. Historische Entwicklung der Kompetenzgrundlagen auf dem Gebiet der Sozialpolitik

1. Die Anfänge der Gemeinschaft. Ursprünglich verfügte die Gemeinschaft auf dem 2
Gebiet der Sozialpolitik noch nicht über Grundlagen, die sie zu Rechtssetzungsmaßnahmen gegenüber den Mitgliedstaaten ermächtigte. Sozialpolitische Maßnahmen wurden in den Anfangsjahren der Gemeinschaft bis in die 1980er Jahre hinein auf die allg. Kompetenzgrundlage des Gemeinsamen Markts (Art. 100 EWGV, entspricht Art. 115 AEUV) und auf die Vertragsergänzungskompetenz (Art. 235 EWGV, entspricht Art. 352 AEUV) gestützt (→ AEUV Art. 151 Rn. 7). Sozialpolitische Kompetenzgrundlagen wurden erst normiert, nachdem sich abzeichnete, dass die genannten Kompetenzgrundlagen nicht mehr ausreichten. Die Schaffung von Sekundärrecht war also in gewisser Weise in zeitlicher Hinsicht Schrittmacher für die Entwicklung sozialpolitischer Kompetenzgrundlagen. Eine **erste ausdrückliche Rechtssetzungsgrundlage auf dem Gebiet der Sozialpolitik** schuf erst die Einheitliche Europäische Akte aus dem Jahr 1987 mit Art. 118a EWGV, und zwar für den Bereich des Arbeitsschutzes (→ AEUV Art. 151 Rn. 8). Diese Kompetenznorm ist noch heute mit im Katalogtatbestand des Art. 153 I lit. a erhalten und ermächtigte den Rat zum Erlass von Richtlinien, die Mindeststandards setzen konnten und mit qualifizierter Mehrheit beschlossen werden mussten.

2. Das Abkommen über die Sozialpolitik (1992). Die heutige Gestalt des Art. 153 3
wurde im Wesentlichen durch das **Abkommen über die Sozialpolitik** in Zusammenhang mit dem Vertrag von Maastricht im Jahr 1992 angelegt (→ AEUV Art. 151 Rn. 9). Dabei nannte der Katalogtatbestand des Art. 2 I des Abkommens über die Sozialpolitik fünf Sachgebiete, auf denen Richtlinien mit qualifizierter Mehrheit beschlossen werden konnten, die

Mindestvorschriften enthalten durften und von den Mitgliedstaaten schrittweise anzuwenden waren (Art. 2 II und VI des Abkommens über die Sozialpolitik): Arbeitsumwelt (entspricht heute Buchst. a), Arbeitsbedingungen (entspricht heute Buchst. b), Unterrichtung und Anhörung der Arbeitnehmer (entspricht heute Buchst. e), Chancengleichheit von Männern und Frauen (entspricht heute Buchst. i) und berufliche Eingliederung von aus dem Arbeitsmarkt ausgegrenzter Personen (entspricht heute Buchst. h). Für weitere fünf Sachgebiete galt das Einstimmigkeitsprinzip: soziale Sicherheit und sozialer Schutz der Arbeitnehmer (entspricht Buchst. c), Beendigung des Arbeitsvertrags (entspricht Buchst. d), Vertretung und kollektive Wahrnehmung der Arbeitnehmer- und Arbeitgeberinteressen (entspricht Buchst. f), Beschäftigungsbedingungen von Drittstaatsangehörigen (entspricht Buchst. g) sowie finanzielle Beiträge zur Förderung der Beschäftigung – dieser Tatbestand ist heute im Kapitel über die Beschäftigungspolitik aufgegangen (Art. 145 ff. AEUV). Die übrige Struktur des heutigen Art. 153 war durch das Abkommen über die Sozialpolitik ebenfalls vorgezeichnet: Die Möglichkeit der Mitgliedstaaten, die Sozialpartner bei der Umsetzung der Richtlinien in Anspruch zu nehmen (heute Art. 153 III), sowie die Ausnahmebereiche (heute Art. 153 V).

4   **3. Die weitere Entwicklung.** Der **Vertrag von Amsterdam** überführte die Regelungen des Abkommens über die Sozialpolitik im Jahr 1997 in das Gemeinschaftsrecht, wobei Art. 137 EGV-Amsterdam die Vorgängervorschrift des Art. 153 bildete (→ AEUV Art. 151 Rn. 9). Der **Vertrag von Nizza** aus dem Jahr 2002 erweiterte in der Sache den Katalogtatbestand des damaligen Art. 137 EGV um die Buchst. j (Bekämpfung sozialer Ausgrenzung) und k (Modernisierung der Systeme des sozialen Schutzes) unter Aufgabe des Tatbestands der finanziellen Beiträge zur Förderung der Beschäftigung und erleichterte etwas die Möglichkeit, durch Mehrheitsbeschluss zu entscheiden. Der **Vertrag von Lissabon** aus dem Jahr 2009 hat Art. 153 nur noch redaktionell verändert.

B. Geltungsbereich: Arbeitnehmer

I. Autonome Begriffsbildung des Unionsrechts

5   Für die Reichweite der Kompetenzgrundlage des Art. 153 ganz zentral ist die Frage, für welche Personengruppe die Europäische Union verbindliche Rechtsvorschriften schaffen darf, welche die Mitgliedstaaten in ihr innerstaatliches Recht umzusetzen haben. Art. 153 nennt an zahlreichen Stellen den Begriff „Arbeitnehmer" (englisch: worker; französisch: travailleur) oder auch „Arbeitsvertrag" (englisch: employment contract; französisch: contrat de travail) bzw. „Arbeitsbedingungen" (englisch: working conditions; französisch: les conditions de travail). Damit gibt der Begriff des Arbeitnehmers Maß für die Reichweite der Rechtssetzungsbefugnis der Europäischen Union im Bereich der Sozialpolitik (ebenso *Rebhahn* EuZA 2012, 3 [30]). Die erste zu klärende Frage geht dahin, ob dieser Begriff aus der Unionsrechtsordnung heraus – also „autonom" – entwickelt werden muss oder ob dieser Begriff auf die jeweiligen unter Umständen divergierenden Regelungen in den Mitgliedstaaten verweist. Richtigerweise ist für Art. 153 von einer **autonomen, aus dem Unionsrecht heraus zu entwickelnden Begriffsbildung** auszugehen. Anderenfalls könnten die Mitgliedstaaten eigenständig über die Reichweite der Rechtssetzungsbefugnis der Union entscheiden. Außerdem wäre die einheitliche Anwendung des Unionsrechts in den Mitgliedstaaten gefährdet, wenn für die Abgrenzung einer Kompetenznorm des AEUV auf mitgliedstaatliche Rechtsvorschriften zurückgegriffen würde. Der EuGH hat dies für den Arbeitnehmerbegriff in Art. 157 AEUV genauso gesehen und dem Arbeitnehmerbegriff eine unionsrechtlich autonome Bedeutung beigelegt (EuGH 13.1.2004 – C-256/01 Rn. 66 – Allonby, Slg. 2004, I-873, NZA 2004, 201). Dies bedeutet freilich nicht, dass der Unionsgesetzgeber für Sekundärrechtsakte genauso verfahren müsste. Vielmehr ist dies eine Frage der Auslegung des jeweiligen Sekundärrechtsakts (umfassend zum Problem *Rebhahn*

EuZA 2012, 3, ff.; *Wank* EuZA 2008, 172 ff.; *Ziegler,* Arbeitnehmerbegriffe im Europäischen Arbeitsrecht, 2011).

II. Rechtsprechung des EuGH

Der EuGH hat zum Arbeitnehmerbegriff iSd Art. 153 noch keine Stellung genommen, **6** wohl aber zum Arbeitnehmerbegriff des Art. 157 AEUV (EuGH 13.1.2004 – C-256/01 – Allonby, Slg. 2004, I-873, NZA 2004, 201), was wegen der gemeinsamen systematischen Stellung beider Vorschriften im Kapitel über die Sozialpolitik aufschlussreich ist. Der EuGH greift hierbei zurück auf den Arbeitnehmerbegriff des Art. 45 AEUV und umschreibt den Arbeitnehmer als Person, die **„während einer bestimmten Zeit für einen anderen nach dessen Weisung Leistungen erbringt, für die er als Gegenleistung eine Vergütung erhält"** (EuGH 13.1.2004 – C-256/01 Rn. 67 – Allonby, Slg. 2004, I-873, NZA 2004, 201). Außerdem soll der Begriff nach Auffassung des EuGH nicht eng ausgelegt werden können (EuGH 13.1.2004 – C-256/01 Rn. 66 – Allonby, Slg. 2004, I-873, NZA 2004, 201).

Es erscheint allerdings zweifelhaft, ob die Bestimmung des Begriffs des Arbeitnehmers in **7** Art. 45 AEUV ohne weiteres auf Art. 153 übertragen werden kann (ebenso Schwarze/ *Rebhahn/Reiner* Rn. 6). Die Arbeitnehmerfreizügigkeit hat als Grundfreiheit andere Funktionen und verfolgt andere Zwecke als die sozialpolitische Kompetenznorm des Art. 153. Insbesondere muss iRd Arbeitnehmerfreizügigkeit die **Abgrenzung zum Selbstständigen** wegen der parallelen Gewährleistung der Niederlassungsfreiheit nicht präzise geleistet werden. Der EuGH stellt iRd Art. 157 AEUV deshalb auf die Abgrenzung zum selbstständigen Dienstleistungserbringer ab und hebt damit das **Unterordnungsverhältnis als zentrales Abgrenzungskriterium** hervor (EuGH 13.1.2004 – C-256/01 Rn. 68 – Allonby, Slg. 2004, I-873, NZA 2004, 201). Ob ein solches vorliegt, müsse in jedem Einzelfall nach Maßgabe aller Gesichtspunkte und Umstände beantwortet werden, welche die Beziehung zwischen den Beteiligten kennzeichnen (EuGH 13.1.2004 – C-256/01 Rn. 69 – Allonby, Slg. 2004, I-873, NZA 2004, 201). Allerdings hält der EuGH die „formale Einstufung als Selbstständiger nach innerstaatlichem Recht" nicht für entscheidend, da diese auch fiktiv sein und ein Arbeitsverhältnis iSv Art. 157 AEUV nur verschleiern könne (EuGH 13.1.2004 – C-256/01 Rn. 71 – Allonby, Slg. 2004, I-873, NZA 2004, 201). Außerdem wird nach Auffassung des EuGH die Eigenschaft als „Arbeitnehmer" (englisch: „worker", französisch: „travailleur") iSd Unionsrechts nicht dadurch ausgeschlossen, dass eine Person aus „steuerlichen, administrativen oder verwaltungstechnischen Gründen nach innerstaatlichem Recht als selbständiger Dienstleistungserbringer (englisch: „self-employed person", französisch: „indépendant") beschäftigt wird" (EuGH 4.12.2014 – C-413/13 Rn. 36 – FNV Kunsten). Der EuGH hat es daher für denkbar erachtet, dass auch sog. „Scheinselbständige" (englisch: „false-selfemployed", französisch: „faux indépendant") unter den unionsrechtlichen Arbeitnehmerbegriff fallen, und sieht diese Personen vor allem dadurch charakterisiert, dass sie sich in einer den Arbeitnehmern vergleichbaren Situation befinden (EuGH 4.12.2014 – C-413/13 Rn. 42 – FNV Kunsten). Diese Aussagen können darauf hindeuten, dass der EuGH von einem gegenüber einzelnen innerstaatlichen Rechtsordnungen unter Umständen erweiterten Arbeitnehmerbegriff ausgeht.

III. Einbeziehung besonderer Personengruppen

1. Arbeitnehmerähnliche Personen. Im Ausgangspunkt wird man dem EuGH folgen **8** können: Der Arbeitnehmer erbringt **aufgrund eines Rechtsverhältnisses Leistungen nach Weisung einer anderen Person** und erhält hierfür eine **Gegenleistung in Form eines Entgelts.** Hinsichtlich der **zentralen Abgrenzung zum Selbstständigen** muss man zunächst sehen, dass andere Sprachfassungen durchaus von einem weiteren Begriff ausgehen als die deutsche Sprachfassung mit der Anknüpfung an den „Arbeitnehmer", der im deutschen Recht mit dem Merkmal der „persönlichen Abhängigkeit" konnotiert ist: So können etwa unter den englischen Begriff „worker" oder den französischen „travailleur" auch Selbstständige fallen, die wirtschaftlich abhängig von einem Auftraggeber sind (vgl. Schwarze/*Rebhahn*/*Reiner* Rn. 13; *Pottschmidt* 510 f.; **aA** *Ziegler* 177). Der Zweck des Art. 153 geht dahin, der Union Kompetenzen auf dem Gebiet der Sozialpolitik einzuräumen, und steht damit in engem Zusammenhang mit den in Art. 151 AEUV niedergelegten Zielen. Dort wird die Beschränkung auf „Arbeitnehmer" im Sinne persönlich abhängiger Beschäftigung nicht aufgegriffen. Die dort genannten Ziele können es mit sich bringen, dass auch selbstständige Personen Subjekt sozialpolitischer Maßnahmen sind – nämlich dann, wenn sie sich als unter diesem Gesichtspunkt schutzbedürftig erweisen. Dies kann vor allem bei Personen der Fall sein, welche von einem Auftraggeber wirtschaftlich abhängig und daher einem Arbeitnehmer vergleichbar sind (ausf. dazu *Pottschmidt* 507 ff.). In dieser Richtung kann man auch die vorstehend skizzierte Rechtsprechung des EuGH deuten (→ Rn. 7).

9 Für eine in diesem Sinne weite Auslegung spricht ferner die **Praxis der Gesetzgebungsorgane der Union,** die unter dem Gesichtspunkt fehlender Rechtssetzungskompetenz noch nicht beanstandet worden waren. So hat man die RL 2010/41/EU zur Verwirklichung des Grundsatzes der Gleichbehandlung von Männern und Frauen, die eine selbständige Erwerbstätigkeit ausüben (ABl. EU L 180/1), auf Art. 157 III AEUV gestützt, ohne dass hier kompetenzielle Bedenken geltend gemacht wurden. Art. 157 III AEUV eröffnet die Gesetzgebungskompetenz für „Arbeits- und Beschäftigungsfragen" (englisch: matters of employment and occupation; französisch: en matière d'emploi et de travail). Art. 157 AEUV steht wie Art. 153 im sozialpolitischen Kapitel des AEUV und ist daher den Zielen des Art. 151 AEUV verpflichtet. Die genannten Sprachfassungen geben keinen Hinweis darauf, dass Art. 157 AEUV gegenüber Art. 153 insoweit einen weiteren Anwendungsbereich haben sollte. Vergleichbares gilt für die RL 2002/15/EG zur Regelung der Arbeitszeit von Personen, die Fahrtätigkeiten im Bereich des Straßentransports ausüben (ABl. EU L 80/35). Diese Richtlinie bezieht auch selbstständige Kraftfahrer mit ein (Art. 2 I UAbs. 2 RL 2002/15/EG). Sie wurde auf Art. 71 EGV-Nizza (entspricht Art. 91 AEUV) und Art. 137 II EGV-Nizza (entspricht Art. 153 II) gestützt. Der EuGH hat allerdings offengelassen, ob die Heranziehung des Art. 137 II EGV-Nizza als Rechtssetzungsgrundlage überhaupt notwendig war, weil er die Rechtssetzungsgrundlage aus dem Verkehrsbereich (Art. 71 EGV-Nizza) für ausreichend angesehen hatte (EuGH 9.9.2004 – C-184/02 und C-223/02 Rn. 42 ff. – Spanien, Finnland/Parlament, Rat, Slg. 2004, I-7789, EuZW 2004, 660). In dieselbe Richtung kann man letztlich auch das vieldiskutiert *Danosa*-Urteil des EuGH deuten: In diesem Urteil hat der EuGH die Mutterschutz-Richtlinie 92/85/EWG auch auf selbstständige Personen angewandt, in concreto auf das Vorstandsmitglied einer lettischen Aktiengesellschaft (EuGH 11.11.2010 – C-232/09 – Danosa, NZA 2011, 143 = NJW 2011, 2343; dazu *Rebhahn* EuZA 2012, 3 [26 ff.]; *Schubert* EuZA 2011, 362). Die Mutterschutz-Richtlinie 92/85/EWG wurde auf Art. 118a EWGV (entspricht Art. 153 I lit. a) gestützt und wäre einer solchen Auslegung bereits im Ausgangspunkt nicht zugänglich, wenn die zugrunde liegende Rechtssetzungskompetenznorm des AEUV Selbstständige von vornherein nicht erfassen würde.

10 Insgesamt erfasst der **Begriff des Arbeitnehmers iSv Art. 153** grds. auch natürliche Personen, welche sich in einer mit den **Arbeitnehmern vergleichbaren Situation** befinden (vgl. dazu EuGH 4.12.2014 – C-413/13 Rn. 42 – FNV Kunsten). Dazu zählen nach deutschrechtlichem Verständnis vor allem Personen, die von einem Auftraggeber wirtschaftlich abhängig sind, mithin **arbeitnehmerähnliche Personen.** Sozialpolitische Rechtsangleichungsmaßnahmen der Union können also auch diese Personengruppe in ihren Regelungsbereich einbeziehen, ohne dass die Union dadurch ihre Rechtssetzungsbefugnis überschreiten würde (ebenso im Ergebnis Schwarze/*Rebhahn*/*Reiner* Rn. 13; *Pottschmidt* 516 f.; wohl auch Calliess/Ruffert/*Krebber* Rn. 2; **aA** *Thüsing* Rn. 63; SA des GA

Stix-Hackl EuGH 9.9.2004 – C-184/02 und C-223/02 Rn. 53 ff. – Spanien, Finnland/ Parlament, Rat, Slg. 2004, I-7789 –; diff. *Ziegler* 177 ff., 191 ff.).

2. Beschäftigte des öffentlichen Dienstes. Der EuGH legt wie beschrieben 11 (→ Rn. 6 f.) im Ausgangspunkt den Begriff des Arbeitnehmers iSd Arbeitnehmerfreizügigkeit nach Art. 45 AEUV auch für die Begriffsbildung in anderen Vorschriften des Primärrechts zugrunde, etwa bei Art. 157 AEUV. Damit wird die weitere Frage aufgeworfen, inwieweit Beschäftigte des öffentlichen Dienstes einbezogen sind. IRd Arbeitnehmerfreizügigkeit kommt es nicht darauf an, ob die weisungsunterworfen Beschäftigten einem besonderen Status unterliegen, etwa Beamte iSd innerstaatlichen Rechts sind. Freilich nimmt Art. 45 IV AEUV solche Personen partiell aus dem Anwendungsbereich der Arbeitnehmerfreizügigkeit wieder aus (näher → AEUV Art. 45 Rn. 126 ff.). Eine Art. 45 IV AEUV vergleichbare Vorschrift existiert iRd Art. 153 nicht. Daher wird man Beschäftigte in der öffentlichen Verwaltung, auch wenn sie spezifische hoheitliche Funktionen wahrnehmen wie etwa Beamte, grds. in Art. 153 einbeziehen müssen (ebenso Schwarze/*Rebhahn*/*Reiner* Rn. 10). Damit ist selbstverständlich noch nicht gesagt, dass Beschäftigte des öffentlichen Dienstes von jeder aufgrund des Art. 153 erlassenen Richtlinie erfasst sein müssten. Vielmehr kann der Unionsgesetzgeber Ausnahmen zum persönlichen Geltungsbereich einer Rechtsangleichungsmaßnahme normieren.

Dem entspricht die Praxis der Gesetzgebungsorgane der Union. Manche Richtlinien 12 sehen eine differenzierte Anwendung auf Unternehmen im öffentlichen Bereich vor – wie etwa die Betriebsübergangs-Richtlinie 2001/23/EG in Art. 1 I lit. c RL 2001/23/EG, die Massenentlassungs-Richtlinie 98/59/EG in Art. 1 II lit. b RL 98/59/EG oder die Befristungs-Richtlinie 1999/70/EG in § 2 Nr. 2 Anhang RL 1999/70/EG. Andere Richtlinien – etwa die Arbeitsschutzrahmen-Richtlinie 89/391/EWG oder die Arbeitszeit-Richtlinie 2003/88/EG beziehen den öffentlichen Tätigkeitsbereich ausdrücklich ein und sehen dann wieder Besonderheiten für Tätigkeiten im öffentlichen Dienst vor – etwa Art. 2 II RL 89/391/EWG. Den EuGH hat dies bsw. veranlasst, die Vorgaben der Arbeitszeit-Richtlinie 2003/88/EG hinsichtlich des Jahresurlaubs sowohl auf Beamte iSd deutschen Beamtenrechts (EuGH 3.5.2012 – C- 337/10 Neidel, NVwZ 2012, 688) als auch auf Beamte der EU-Kommission (EuGH 19.9.2013 – C-579/12 – Strack, ABl. EU 2013 C344/12 = EAS RL 2003/88/EG Art. 7 Nr. 9) anzuwenden.

3. Weitere Personengruppen. In gleicher Weise wird man weitere Personengruppen in 13 Art. 153 einbeziehen müssen – etwa Personen, die in einer **Berufsausbildung** stehen, oder Personen, deren **Beschäftigung durch arbeitsmarktpolitische Maßnahmen des Mitgliedstaats gefördert** wird (sog. zweiter Arbeitsmarkt). Hier kann vor dem Hintergrund der EuGH-Rechtsprechung zum Arbeitnehmerbegriff des Art. 45 AEUV (oben Rn. 6 f.) zweifelhaft sein, ob die Beschäftigung wirtschaftlich werthaltig ist und die betreffende Person somit am Wirtschaftsleben teilnimmt. Dieses Erfordernis mag für die Auslegung einer Grundfreiheit, welche den Binnenmarkt mitkonstituiert, wichtig sein, ist freilich nicht notwendigerweise auf die sozialpolitische Kompetenzgrundlage des Art. 153 übertragbar (ähnlich Schwarze/*Rebhahn*/*Reiner* Art. 153 Rn. 15). **Personen in Berufsausbildung** hat der EuGH bereits in Art. 45 AEUV einbezogen, weil der Ausbildungszweck allein der Arbeitnehmereigenschaft iSv Art. 45 AEUV nicht entgegensteht (EuGH 21.11.1991 – C-27/91 Rn. 8 f. – Le Manoir, Slg. 1991, I-5538). Dies entspricht der Praxis des Unionsgesetzgebers: So nimmt bsw. die Befristungs-Richtlinie 1999/70/EG Berufsausbildungsverhältnisse und Arbeitsverträge von ihrem Anwendungsbereich aus, die im Rahmen eines besonderen öffentlichen oder von der öffentlichen Hand unterstützten beruflichen Eingliederungsprogramms abgeschlossen wurden (§ 2 Nr. 2 Anhang RL 1999/70/EG). Dies kann im Umkehrschluss anzeigen, dass der Unionsgesetzgeber den Kompetenzrahmen des Art. 153 für derartige Rechtsverhältnisse grds. für eröffnet hält. **Drittstaatsangehörige** sind grds. ebenfalls einbezogen, auch wenn sie sich nicht rechtmäßig in einem Mitgliedstaat der Union aufhalten, sofern sie die vorstehend entwickelten Voraussetzungen des Arbeitnehmerbegriffs (→ Rn. 5 ff.) erfüllen (EuGH 5.11.2014 – C-311/13 Rn. 31 f. – Tümer).

C. Sachgebiete (Abs. 1)

I. Verhältnis der Katalogtatbestände zueinander

14 Die Sachgebiete des Art. 153 I, welche die Rechtsetzungskompetenz der Union eröffnen, sind **abschließend** (Calliess/Ruffert/*Krebber* Rn. 7) und **erfassen weite Teile des Arbeitsrechts**. Nimmt man die ausdrückliche Kompetenzausschlussnorm des Art. 153 V (dazu Rn. 45 ff.) noch nicht in den Blick, kann man die einzelnen Tatbestände in der Summe sogar auf nahezu das gesamte Arbeitsrecht beziehen. Ferner sind die einzelnen Katalogtatbestände nicht sehr präzise voneinander abgegrenzt. So sind etwa die Tatbestände „Arbeitsbedingungen" (Buchst. b) und „sozialer Schutz der Arbeitnehmer" (Buchst. c) kaum konturiert, recht weit und können sich auf den ersten Blick auch überschneiden. Letzteres trifft ebenso auf die Tatbestände „Unterrichtung und Anhörung der Arbeitnehmer" (Buchst. e) und „Vertretung und kollektive Wahrnehmung der Arbeitnehmer- und Arbeitgeberinteressen" (Buchst. f) zu: Beide können die Mitbestimmung und Mitwirkung der Arbeitnehmer im Betrieb erfassen. Der Aussagegehalt der einzelnen Tatbestände muss daher stets systematisch auch in Abgrenzung zu anderen Tatbeständen entfaltet werden.

15 Außerdem muss man für die Auslegung der einzelnen Tatbestände die jeweils maßgeblichen Regelungen für das Gesetzgebungsverfahren in Blick nehmen, wie sie insbesondere in Art. 153 II niedergelegt sind (ausf. → Rn. 54 ff.). Normen des AEUV, welche Kompetenzen der Union begründen und Einstimmigkeit im Rat voraussetzen, bedürfen unter dem Aspekt des Schutzes der Souveränität der einzelnen Mitgliedstaaten nicht notwendigerweise einer „engen Auslegung" – der entsprechende Mitgliedstaaten kann einfach seine notwendige Zustimmung nicht erteilen. Hier kann man festhalten, dass die Katalogtatbestände der Buchst. c, d, f und g des Art. 153 I nur einstimmige Beschlüsse im Rat zulassen. Dies betrifft wichtige Teilbereiche wie „soziale Sicherheit und sozialer Schutz der Arbeitnehmer" (Buchst. c), „Schutz der Arbeitnehmer bei Beendigung des Arbeitsvertrags" (Buchst. d), „Vertretung und kollektive Wahrnehmung der Arbeitnehmer- und Arbeitgeberinteressen" (Buchst. f) sowie „Beschäftigungsbedingungen der Staatsangehörigen dritter Länder" (Buchst. g). Vor dem Hintergrund unterschiedlicher Mehrheitserfordernisse für die einzelnen Katalogtatbestände und weiterer in Art. 153 II niedergelegter Unterschiede ist die genaue Zuordnung einer unionalen Maßnahme zu einem konkreten Katalogtatbestand unerlässlich. Dies wird freilich durch die offene Fassung mancher Katalogtatbestände erschwert.

16 Sind **grds. mehrere Katalogtatbestände eröffnet,** für die unterschiedliche Mehrheitserfordernisse oder weitere in Art. 153 II niedergelegte Unterschiede im Gesetzgebungsverfahren in Betracht kommen, muss die Maßnahme eindeutig einem Katalogtatbestand zugeordnet werden. Hier kommen mehrere Kriterien für die Problemlösung in Betracht: man kann auf den **Schwerpunkt der Maßnahme** abstellen (dafür Schwarze/*Rebhahn*/*Reiner* Rn. 25) oder die **Maßnahme in ihre einzelnen Bestandteile zerlegen** und dann die vor dem **Hintergrund des Schutzes der Souveränität der Mitgliedstaaten strengste Vorschrift** anwenden (dafür Calliess/Ruffert/*Krebber* Rn. 8). Die letztgenannte Lösungsmöglichkeit hat den Vorzug, dass sie die die Kompetenz der Union beschränkenden Vorschriften des Art. 153 II und V ernst nimmt. Allerdings findet sie keinen Niederschlag in der bisherigen Rechtsprechung des EuGH. Der EuGH wendet nämlich bei der allg. Frage der Abgrenzung zweier Kompetenzgrundlagen des AEUV das Spezialitäts- und hilfsweise das Schwerpunktkriterium an (näher unten → Rn. 70 ff.). Es erscheint vorzugswürdig, diese Rechtsprechung ebenso auf das Problem der Abgrenzung einzelner Katalogtatbestände des Art. 153 I zu übertragen. Das Spezialitätskriterium ist nun wenig ergiebig bei der Frage,

Sachgebiete (Abs. 1) **Art. 153 AEUV 20**

welcher Katalogtatbestand maßgeblich sein soll, wenn mehrere grds. einschlägig sind. Daher wird man auf den **Schwerpunkt der Maßnahme** abstellen müssen (ebenso Schwarze/ *Rebhahn/Reiner* Rn. 25). Erheblich erschwert wird die erforderliche Zuordnung allerdings in der Praxis dadurch, dass die konkrete Kompetenzgrundlage im einzelnen Rechtssetzungsakt vielfach nicht genannt, sondern einfach auf Art. 153 bzw. die entsprechenden Vorgängervorschriften verwiesen wird.

II. Die Katalogtatbestände im Einzelnen

1. Verbesserung insbesondere der Arbeitsumwelt zum Schutz der Sicherheit und Gesundheit der Arbeitnehmer (Buchst. a). a) Tatbestand. Der Katalogtatbestand des Art. 153 I lit. a war historisch die erste ausdrückliche Kompetenzgrundlage auf dem Gebiet der Sozialpolitik und fand sich bereits in dem durch die Einheitliche Europäische Akte im Jahr 1987 (Art. 151 Rn. 8) eingeführten Art. 118a EWGV. Abs. 1 dieser Vorschrift lautete: „Die Mitgliedstaaten bemühen sich, die **Verbesserung insbesondere der Arbeitsumwelt zu fördern, um die Sicherheit und Gesundheit der Arbeitnehmer** zu schützen, und setzen sich die Harmonisierung der in diesem Bereich bestehenden Bedingungen bei gleichzeitigem Fortschritt zum Ziel." Der Normtext ist somit fast unverändert geblieben. Erfasst werden Regelungen, welche die Sicherheit und Gesundheit der Arbeitnehmer schützen sollen (englisch: „to protect workers' health and safety"; französisch: „pour protéger la santé et la sécurité des travailleurs"). Dass die Union gerade arbeitsschutzrechtliche Regelungen als Ausgangspunkt für die Rechtsangleichung auf dem Gebiet der Sozialpolitik aufgegriffen hatte, rührte auch daher, dass insbesondere Vorgaben des technischen Arbeitsschutzes von allen arbeitsrechtlichen Regulierungen am intensivsten den Binnenmarkt betreffen (v. Bogdandy/Bast/*Rödl* 895). Unterschiedliche Regelungsstandards zur Ausstattung von Arbeitsgeräten zum Schutz der Arbeitnehmer können die ungehinderte Zirkulation solcher Gegenstände und damit die Warenverkehrsfreiheit beeinträchtigen (vgl. etwa EuGH 28.1.1986 – 188/84 – Kommission/Frankreich, Slg. 1986, 419, EAS Art. 30 EG-Vertrag Nr. 4 zu Sicherheitsvorschriften von Holzbearbeitungsmaschinen). So nimmt es nicht wunder, dass der Bereich des Arbeitsschutzes von allen Gebieten des Arbeitsrecht am dichtesten auf der Ebene der Union reguliert ist (vgl. dazu *Riesenhuber* 262 ff.).

Der Begriff der **„Arbeitsumwelt"** (englisch: „working environment"; französisch: „milieu de travail") stammt aus der dänischen Rechtsordnung, wo er recht weit verstanden wird und sowohl die Ausführung der Arbeit und die Bedingungen am Arbeitsplatz als auch die technische Ausrüstung und die verwendeten Substanzen und Materialien erfasst (vgl. SA des GA *Leger* EuGH 12.11.1996 – C-84/94 Rn. 42 – Vereinigtes Königreich/Rat, Slg. 1996, I-5793). Diese Herkunft ist freilich für die Auslegung des Begriffs nicht mehr maßgeblich, weil unionsrechtliche Begriffe grds. autonom aus dem Unionsrecht heraus ohne Rücksicht auf ein mögliches Verständnis in einer etwaigen „Herkunftsrechtsordnung" ausgelegt werden (ebenso Streinz/*Eichenhofer* Rn. 15). In dieser Richtung tendiert auch der EuGH, der zwar ebenfalls eine weite Auslegung des Begriffs der „Arbeitsumwelt" präferiert, aber den Schutz der Sicherheit und Gesundheit der Arbeitnehmer in das Zentrum der auf die Union übertragenen Zuständigkeit stellt (EuGH 12.11.1996 – C-84/94 Rn. 15 – Vereinigtes Königreich/Rat, Slg. 1996, I-5793, EAS EG-Vertrag Art. 118a Nr. 2). Den Begriff der Gesundheit definiert der EuGH dabei in Anlehnung an die Präambel der Satzung der Weltgesundheitsorganisation; diese definiere den Begriff Gesundheit als „den Zustand des vollständigen körperlichen, geistigen und sozialen Wohlbefindens und nicht nur als das Freisein von Krankheiten und Gebrechen" (EuGH 12.11.1996 – C-84/94 Rn. 15 – Vereinigtes Königreich/Arbeitstage, Slg. 1996, I-5793, EAS EG-Vertrag Art. 118a Nr. 2; krit. zur Begründung Calliess/Ruffert/*Krebber* Rn. 24). Damit kann Art. 153 I lit. a nicht nur Maßnahmen tragen, welche die Arbeitnehmer vor körperlichen Gefahren im engeren Sinn schützen sollen (im Ergebnis ebenso Calliess/Ruffert/*Krebber* Rn. 24).

Franzen

19 **b) Einzelne Sachgebiete.** Vor diesem Hintergrund erfasst Art. 153 I lit. a vor allem den **technischen und sozialen Arbeitsschutz und den Schutz bestimmter besonders schutzbedürftiger Arbeitnehmergruppen** wie etwa Kinder und Jugendliche sowie schwangere Frauen (ebenso im Ergebnis Schwarze/*Rebhahn/Reiner* Rn. 31; Streinz/*Eichenhofer* Rn. 16). Auf Art. 153 I lit. a bzw. dessen Vorgängervorschriften Art. 118a EWGV und Art. 137 I lit. a EGV wurden daher bsw. mit Recht gestützt: die **Arbeitsschutzrahmen-Richtlinie 89/391/EWG** des Rates v. 12.6.1989 über die Durchführung von Maßnahmen zur Verbesserung der Sicherheit und des Gesundheitsschutzes der Arbeitnehmer bei der Arbeit sowie auf der Grundlage des Art. 16 RL 89/391/EWG zahlreiche weitere Einzelrichtlinien aus dem Bereich des Arbeitsschutzes, etwa die Erste Einzelrichtlinie iSd Art. 16 I RL 89/391/EWG, die **RL 89/654/EWG des Rates v. 30.11.1989 über Mindestvorschriften für Sicherheit und Gesundheitsschutz in Arbeitsstätten**. In diesen Kontext gehört ferner die **RL 91/383/EWG** des Rates v. 25.6.1991 **zur Ergänzung der Maßnahmen zur Verbesserung der Sicherheit und des Gesundheitsschutzes von Arbeitnehmern mit befristetem Arbeitsverhältnis oder Leiharbeitsverhältnis,** die **Mutterschutz-Richtlinie 92/85/EWG** des Rates v. 19.10.1992 über die Durchführung von Maßnahmen zur Verbesserung der Sicherheit und des Gesundheitsschutzes von schwangeren Arbeitnehmerinnen, Wöchnerinnen und stillenden Arbeitnehmerinnen am Arbeitsplatz und die **Jugendarbeitsschutz-Richtlinie 94/33/EG** des Rates v. 22.6.1994.

20 Der **Arbeitszeitschutz** unterfällt ebenfalls Art. 153 I lit. a. Dies hat der EuGH für die Arbeitszeit-Richtlinie 93/104/EG des Rates v. 23.11.1993 über bestimmte Aspekte der Arbeitszeitgestaltung (abgelöst durch RL 2003/88/EG des Europäischen Parlaments und des Rates v. 4.11.2003 über bestimmte Aspekte der Arbeitszeitgestaltung) ausdrücklich anerkannt (EuGH 12.11.1996 – C-84/94 Rn. 38 ff. – Vereinigtes Königreich/Rat, Slg. 1996, I-5793, EAS EG-Vertrag Art. 118a Nr. 2). Der EuGH hat allerdings eine Kompetenzgrundlage der Union hinsichtlich der gesetzlichen Festschreibung des Sonntags als wöchentlichen Ruhetag abgelehnt, weil der Rat nicht dargelegt habe, wieso der Sonntag als wöchentlicher Ruhetag in engerem Zusammenhang mit der Gesundheit und Sicherheit der Arbeitnehmer stehen soll als ein anderer Wochentag (EuGH 12.11.1996 – C-84/94 Rn. 37 – Vereinigtes Königreich/Rat, Slg. 1996, I-5793, EAS EG-Vertrag Art. 118a Nr. 2). Die entsprechende Vorschrift des Art. 5 II RL 93/104/EG, welche ausdrücklich den Sonntag in die wöchentliche Ruhezeit einbezogen hatte, hat der EuGH daher für nichtig erklärt (EuGH 12.11.1996 – C-84/94 Rn. 84 – Vereinigtes Königreich/Rat, Slg. 1996, I-5793, EAS EG-Vertrag Art. 118a Nr. 2).

21 **2. Arbeitsbedingungen (Buchst. b). a) Tatbestand.** Der Begriff der Arbeitsbedingungen (englisch: working conditions; französisch: les conditions de travail) ist auf den ersten Blick vom Tatbestand her sehr weit und kann im Grunde **alle das Arbeitsverhältnis betreffenden Fragen** erfassen (Schwarze/*Rebhahn/Reiner* Rn. 38). Bei diesem Verständnis würden allerdings manche anderen Katalogtatbestände des Art. 153 I überflüssig. Daher wird man die **Abgrenzung in erster Linie negativ** vornehmen müssen: Der Katalogtatbestand des Art. 153 I lit. b ist schon dann nicht eröffnet, wenn andere Katalogtatbestände gegenständlich einschlägig und daher spezieller sind (ebenso Schwarze/*Rebhahn/Reiner* Rn. 38; Calliess/Ruffert/*Krebber* Rn. 25). Ferner sind wegen Art. 153 V die dort genannten Gegenstände und somit insbesondere Regelungen zum Arbeitsentgelt als solchem nicht erfasst. Trotz dieser Einschränkungen wird der Begriff der Arbeitsbedingungen nicht allzu eng ausgelegt werden können; er umfasst alle aus dem Individualarbeitsverhältnis folgenden Rechte und Pflichten der Arbeitsvertragsparteien (ähnlich *Balze* 264; GHN/*Benecke* Rn. 41; Schwarze/*Rebhahn/Reiner* Rn. 38; Streinz/*Eichenhofer* Rn. 17). Dem entspricht die Rechtsprechung des EuGH, die bsw. den Grundsatz der Nichtdiskriminierung von befristet beschäftigten Arbeitnehmern nach § 4 Anhang RL 1999/70/EG als „Arbeitsbedingung" iSv Art. 153 I lit. b einordnet (EuGH 13.9.2007 – C-307/05 Rn. 34 ff., 47 – Del Cerro Alonso, Slg. 2007, I-7109, NZA 2007, 1223). Der GRC ist der Begriff der Arbeitsbedingungen ebenfalls geläufig: Nach Art. 31 I GRC hat jeder Arbeitnehmer das Recht auf gesunde, sichere und würdige Arbeitsbedingungen (→ GRC Art. 31 Rn. 9 ff.).

b) Einordnung einzelner Rechtsangleichungsmaßnahmen. Auf den Katalogtat- 22 bestand des Art. 153 I lit. b (Arbeitsbedingungen) lassen sich heute folgende Rechtsangleichungsmaßnahmen der EU, die in Form von Richtlinien ergangen sind, stützen: Die **Teilzeitarbeits-Richtlinie 97/81/EG zur UNICE-EGB-CEEP-Rahmenvereinbarung über Teilzeitarbeit** haben die gesetzgebenden Organe auf das Abkommen über die Sozialpolitik und dort auf Art. 4 II gestützt. Dabei handelt es sich jedoch nicht um eine Kompetenzgrundlage, sondern um eine Vorschrift aus dem Bereich des sozialen Dialogs, die heute in Art. 155 II aufgegangen ist. Vom Regelungsgegenstand behandelt die Teilzeit-Richtlinie Themen wie den Grundsatz der Nichtdiskriminierung von Teilzeitbeschäftigten, die dem Bereich der Arbeitsbedingungen iSv Art. 153 I lit. b zuzuordnen sind (GHN/ *Benecke* Rn. 62; Schwarze/*Rebhahn/Reiner* Rn. 42; in der Sache auch EuGH 10.6.2010 – C-395/08, 396/08 Rn. 28 – INPS, NZA 2010, 753). Dasselbe gilt für die **Insolvenz-Richtlinie 2008/94/EG** über den Schutz der Arbeitnehmer bei Zahlungsunfähigkeit des Arbeitgebers (GHN/*Benecke* Rn. 55; Schwarze/*Rebhahn/Reiner* Rn. 40). Die Vorgänger-Richtlinie 80/987/EWG wurde noch auf Art. 100 EWGV (entspricht Art. 115 AEUV) gestützt, für die Änderungs-Richtlinie 2002/74/EG und die Kodifikation durch RL 2008/94 wurden die sozialpolitischen Kompetenznormen herangezogen. Zu Art. 153 I lit. b gehört ferner die **Leiharbeits-Richtlinie 2008/104/EG** (ebenso GHN/*Benecke* Rn. 65; Schwarze/*Rebhahn/Reiner* Rn. 44).

Bei folgenden Richtlinien ist die Einordnung nicht ganz so eindeutig, aber im Ergebnis 23 die **Kompetenzgrundlage des Art. 153 I lit. b zu bejahen:** Die **Betriebsübergangs-Richtlinie 2001/23/EG** wurde sowohl in ihrer ursprünglichen Fassung in der RL 77/187/EWG als auch in der geänderten Fassung auf die Kompetenzgrundlage zur Errichtung des gemeinsamen Markts gestützt (jetzt Art. 115 AEUV, früher Art. 100 EWGV, Art. 94 EGV). Richtigerweise müsste diese Richtlinie auf einer sozialpolitischen und nicht binnenmarktbezogenen Rechtssetzungsgrundlage ergehen, weil der sozialpolitische Aspekt des Schutzes der Arbeitnehmeransprüche bei einem Betriebsübergang ganz im Vordergrund steht (ähnlich *Riesenhuber* 408 ff.). Unter den sozialpolitischen Kompetenzgrundlagen ist dann Art. 153 I lit. b einschlägig. Die Betriebsübergangs-Richtlinie enthält zwar auch Regelungen zur Kündigung und zur Information der Arbeitnehmer, so dass auch Art. 153 I lit. d und e betroffen sein könnten. Zentral ist aber der Erhalt der beim Betriebsveräußerer bestehenden Rechte und Pflichten der Arbeitnehmer in solchen Konstellationen. Damit handelt es sich um Arbeitsbedingungen iSd Art. 153 I lit. b (ebenso GHN/*Benecke* Rn. 45 ff.; Schwarze/*Rebhahn/Reiner* Rn. 39).

Dasselbe wird man im Ergebnis für die **Befristungs-Richtlinie 1999/70/EG zur** 24 **EGB-UNICE-CEEP-Rahmenvereinbarung über befristete Arbeitsverträge** annehmen können (ebenso GHN/*Benecke* Rn. 63; Schwarze/*Rebhahn/Reiner* Rn. 43; in der Sache auch EuGH 13.9.2007 – C-307/05 Rn. 34 – Del Cerro Alonso, Slg. 2007, I-7109, NZA 2007, 1223). Zwar kann hier grds. auch Art. 153 I lit. d – Schutz der Arbeitnehmer bei Beendigung des Arbeitsvertrags – einschlägig sein, da die Befristungs-Richtlinie neben dem Grundsatz der Nichtdiskriminierung befristet beschäftigter Arbeitnehmer Maßnahmen zur Vermeidung von Missbrauch aufeinander folgender befristeter Arbeitsverträge vorsieht. Aus Sicht eines befristet eingestellten Arbeitnehmers handelt es sich jedoch bei beiden Aspekten eher um Arbeitsbedingungen iSd Art. 153 I lit. b. Die **Nachweis-Richtlinie 91/533/EWG über die Pflicht des Arbeitgebers zur Unterrichtung des Arbeitnehmers über die für seinen Arbeitsvertrag oder sein Arbeitsverhältnis geltenden Bedingungen** wurde ursprünglich auf Art. 100 EWGV gestützt. Ordnet man diese Richtlinie einer sozialpolitischen Kompetenzgrundlage zu, kann man darauf abstellen, dass die Richtlinie die Information über die Arbeitsbedingungen des Arbeitnehmers sicherstellen will, was für Art. 153 I lit. b spricht (dafür Schwarze/*Rebhahn/Reiner* Rn. 41). Ebenso kann freilich

Art. 153 I lit. e einschlägig sein, weil es um die Unterrichtung der Arbeitnehmer geht (dafür GHN/*Benecke* Rn. 76). Vorzugswürdig dürften die zuerst genannte Auffassung und damit die Einordnung in Buchst. b sein, da der Katalogtatbestand des Buchst. e eher eine kollektive Zielrichtung hat, während es hier um die Information über die individuellen Arbeitsbedingungen des einzelnen Arbeitnehmers geht.

25 Demgegenüber dürften für folgende Richtlinien eher **andere Katalogtatbestände einschlägig** sein: Die **Massenentlassungs-Richtlinie** wurde in ihrer ursprünglichen Fassung der **RL 75/129/EWG** und auch in der jetzt geltenden Fassung der **RL 98/59/EG** auf die Kompetenzgrundlage zur Errichtung des gemeinsamen Markts (Art. 100 EWGV, Art. 94 EGV, jetzt Art. 115 AEUV) gestützt. Inhaltlich bezweckt diese Richtlinie den Schutz der Arbeitnehmer bei Massenentlassungen durch Einführung von Informations- und Beratungsrechten der Arbeitnehmervertretung und Informationspflichten des Arbeitgebers gegenüber der zuständigen Arbeitsmarktbehörde. Damit steht ganz im Vordergrund der Regelung die Verbesserung der Position der Arbeitnehmer im Zusammenhang mit der Beendigung des Arbeitsvertrags, so dass Art. 153 I lit. d einschlägig ist (ebenso Schwarze/*Rebhahn*/*Reiner* Rn. 48; für Art. 153 I lit. b offenbar GHN/*Benecke* Rn. 43). Die **Elternurlaubs-Richtlinie 2010/18/EU zur Durchführung der von BUSINESSEUROPE, UEAPME, CEEP und EGB geschlossenen überarbeiteten Rahmenvereinbarung über den Elternurlaub und zur Aufhebung der RL 96/34/EG** (dazu *Dahm* EuZA 2011, 30) haben die gesetzgebenden Organe der Europäischen Union ausweislich von Erwägungsgrund 1 offenbar auf Art. 153 I lit. i – Chancengleichheit von Männern und Frauen auf dem Arbeitsmarkt und Gleichbehandlung am Arbeitsplatz – gestützt.

26 **3. Soziale Sicherheit und sozialer Schutz der Arbeitnehmer (Buchst. c).** Art. 153 I lit. c enthält eine **Rechtssetzungsgrundlage für die Regelung materieller Fragen des Sozialrechts** (Schwarze/*Rebhahn*/*Reiner* Rn. 45). Die sozialrechtlich relevanten Regelungen der Union wie die VO (EG) Nr. 883/2004 des Europäischen Parlaments und des Rates v. 29.4.2004 zur Koordinierung der Systeme der sozialen Sicherheit und die VO (EG) Nr. 987/2009 sind allerdings nicht auf dieser Grundlage ergangen, sondern wurden auf Art. 48 AEUV und Art. 352 AEUV gestützt. Dies rührt zum einen daher, dass diese Regelungen im Zusammenhang mit der Herstellung des freien Personenverkehrs stehen. Außerdem passt die Kompetenzgrundlage des Art. 153 I lit. c für solche Regelungen aus mehreren Gründen nicht: Art. 153 I kann wegen Art. 153 II UAbs. 1 lit. b nur mindestharmonisierende Richtlinien, nicht aber Verordnungen tragen. Außerdem ermächtigt Art. 153 I lit. c zu Regelungen des materiellen Sozialrechts, während bei den genannten Verordnungen die Koordinierung der unterschiedlichen sozialen Sicherungssysteme und damit in erster Linie das Sozialversicherungskollisionsrecht im Vordergrund steht. Ferner können Rechtsangleichungsmaßnahmen auf dieser Grundlage nur für Arbeitnehmer und nur einstimmig ergehen (Art. 153 I lit. c iVm Art. 153 II UAbs. 3). Schließlich begrenzt Art. 153 IV die Regelungsbefugnis der Union inhaltlich, weil die Grundprinzipien der mitgliedstaatlichen Systeme der sozialen Sicherheit nicht berührt und deren finanzielles Gleichgewicht nicht beeinträchtigt werden dürfen. Die genannten Gründe dürften erklären, wieso Art. 153 I lit. c in der Praxis bislang noch keine große Bedeutung erlangt hat.

27 **Abgrenzungsprobleme** können **zwischen dem Tatbestandsmerkmal „sozialer Schutz der Arbeitnehmer" in Buchst. c und dem weiten Tatbestand der „Arbeitsbedingungen" nach Buchst. b entstehen,** wenn und soweit arbeits- und sozialrechtliche Regelungen funktional austauschbar sind. Dies trifft etwa auf Leistungserbringung im Fall der Krankheit oder bei Arbeitsunfällen zu. Versteht man den Tatbestand des Art. 153 I lit. c genauso wie in Art. 48 AEUV (GHN/*Benecke* Rn. 68; Streinz/*Eichenhofer* Rn. 18; wohl auch Calliess/Ruffert/*Krebber* Rn. 18), müsste man entsprechende Regelungen unter Art. 153 I lit. c subsumieren – und zwar soweit der Anwendungsbereich der VO (EG) Nr. 883/2004 reicht. Damit wären materiell-rechtliche arbeitsrechtliche Regelungen, die mit Leistungsverpflichtungen für Arbeitgeber verbunden sind, auf den Gebieten von Krank-

heit, Mutterschaft, Invalidität, Alter, Hinterbliebenen, Arbeitsunfällen und Arbeitslosigkeit im sozialpolitischen Bereich lediglich auf die Kompetenzgrundlage des Art. 153 I lit. c und nicht Art. 153 I lit. b zu stützen (so wohl Streinz/*Eichenhofer* Rn. 18; GHN/*Benecke* Rn. 68; diff. Schwarze/*Rebhahn/Reiner* Rn. 46).

4. Schutz der Arbeitnehmer bei Beendigung des Arbeitsvertrags (Buchst. d). 28
Art. 153 I lit. d erfasst alle **Beendigungsgründe des Arbeitsvertrags, sofern die Beendigung vom Arbeitgeber veranlasst wird** (Schwarze/*Rebhahn/Reiner* Rn. 47). Von den bislang ergangenen Richtlinien kann man nur die Massenentlassung-Richtlinie 98/59/EG diesem Tatbestand zuordnen (→ Rn. 25). Demgegenüber steht bei der Befristungs-Richtlinie 1999/70/EG die Regelung von Arbeitsbedingungen der befristet beschäftigten Arbeitnehmern im Vordergrund; daher ist Art. 153 I lit. b einschlägig ist (→ Rn. 24). Aufgrund der Rechtsetzungsgrundlage des Art. 153 I lit. d könnte die Union bsw. vorbehaltlich der allg. Grenzen der Art. 153 II und IV den allg. Kündigungsschutz sehr weitgehend harmonisieren; möglich wären Vorgaben zu den Kündigungsgründen, -fristen und -arten sowie Abfindungsregeln und flankierende Verfahrensregeln wie etwa Anhörungserfordernisse von Arbeitnehmervertretungen (vgl. Calliess/Ruffert/*Krebber* Rn. 19; GHN/*Benecke* Rn. 74; Schwarze/*Rebhahn/Reiner* Rn. 47; Streinz/*Eichenhofer* Rn. 19). Der Schutz des Arbeitnehmers bei Beendigung des Arbeitsvertrags hat auch Eingang in die GRC gefunden: Nach Art. 30 GRC hat jeder Arbeitnehmer nach dem Unionsrecht und den einzelstaatlichen Rechtsvorschriften Anspruch auf Schutz vor ungerechtfertigter Entlassung. Nach Art. 153 II UAbs. 3 ist für auf Art. 153 I lit. d gestützte Maßnahmen grds. das besondere Gesetzgebungsverfahren mit dem Einstimmigkeitserfordernis anzuwenden.

Vom Wortlaut her tatbestandlich einschlägig ist Art. 153 I lit. d ebenso für **Regelungen** 29 **über die Beendigung des Arbeitsvertrags mit besonders schutzwürdigen Arbeitnehmergruppen wie etwa schwangere Arbeitnehmerinnen oder behinderte Menschen** (GHN/*Benecke* Rn. 74; Schwarze/*Rebhahn/Reiner* Rn. 47; **aA** Calliess/Ruffert/ *Krebber* Rn. 19; Streinz/*Eichenhofer* Rn. 47: tatbestandlicher Vorrang des Art. 153 I lit. a). Derartige Regelungen unterfallen als Teil des sozialen Arbeitsschutzes grds. auch Art. 153 I lit. a (→ Rn. 19). Entscheidend für die Einordnung ist daher, auf welchem Gebiet der Schwerpunkt liegt: ist dies der Gesundheitsschutz der betroffenen Arbeitnehmer, unterfällt die Rechtsangleichungsmaßnahme Art. 153 I lit. a; liegt der Schwerpunkt der Regelung auf dem Beendigungsschutz als solchem ist Art. 153 I lit. d einschlägig (ebenso GHN/*Benecke* Rn. 74; Schwarze/*Rebhahn/Reiner* Rn. 47). Hinsichtlich der Mutterschutz-Richtlinie 92/ 85/EWG liegt der Schwerpunkt eindeutig auf dem Gesundheitsschutz und damit Art. 153 I lit. a (→ Rn. 19).

5. Unterrichtung und Anhörung der Arbeitnehmer (Buchst. e). Der Tatbestand 30 der „Unterrichtung und Anhörung der Arbeitnehmer" ist bei Regelungen eröffnet, die den Arbeitgeber verpflichten, seine Arbeitnehmer über sie betreffende Angelegenheiten zu informieren und darüber mit ihnen und mit ihren Vertretern in einen Diskurs zu treten. Folgende Richtlinien lassen sich diesem Tatbestand zuordnen: Die **Anhörungsrahmen- Richtlinie 2002/14/EG** des Europäischen Parlaments und des Rates v. 11.3.2002 zur Festlegung eines allg. Rahmens für die Unterrichtung und Anhörung der Arbeitnehmer in der Europäischen Gemeinschaft und die **Europäische-Betriebsräte-Richtlinie 2009/ 38/EG** des Europäischen Parlaments und des Rates v. 6.5.2009 über die Einsetzung eines Europäischen Betriebsrats oder die Schaffung eines Verfahrens zur Unterrichtung und Anhörung der Arbeitnehmer in gemeinschaftsweit operierenden Unternehmen und Unternehmensgruppen. Ihren grundrechtlichen Niederschlag haben das Recht auf Unterrichtung und Anhörung der Arbeitnehmer in Art. 27 GRC gefunden – allerdings nur nach Maßgabe der unionalen und einzelstaatlichen Gewährleistungen (dazu EuGH 15.1.2014 – C-176/12 – AMS, NZA 2014, 287).

Abgrenzungsfragen treten vor allem auf **gegenüber dem Tatbestand des Art. 153 I** 31 **lit. f** – der **kollektiven Wahrnehmung der Arbeitnehmer- und Arbeitgeberinteres-**

sen. Die Abgrenzung ist wichtig, weil Maßnahmen auf der Grundlage des Art. 153 I lit. f nach Maßgabe des besonderen Gesetzgebungsverfahrens Einstimmigkeit voraussetzen, während bei Art. 153 I lit. e iRd ordentlichen Gesetzgebungsverfahrens eine qualifizierte Mehrheit im Rat ausreicht. Der Wortlaut von Art. 153 I lit. f – kollektive Wahrnehmung von Arbeitnehmerinteressen – scheint weiter zu sein und auch Maßnahmen zu umfassen, die für sich genommen unter Art. 153 I lit. e fallen können. Vor diesem Hintergrund erfasst Art. 153 I lit. e nur solche Regelungen, die sich darauf beschränken, den Arbeitnehmern oder ihren Vertretern Anhörungs- oder Unterrichtungsrechte einzuräumen. Das Charakteristische an solchen Regelungen ist, dass die letztendliche Entscheidung des Unternehmens, eine bestimmte Maßnahme durchzuführen, nicht eingeschränkt wird (Schwarze/*Rebhahn/Reiner* Rn. 49; im Ergebnis ebenso GHN/*Benecke* Rn. 75; Streinz/*Eichenhofer* Rn. 21). Weitergehende Regelungen, die stärkere Beteiligungsrechte der Arbeitnehmerseite an Entscheidungen des Unternehmens normieren, unterfallen Art. 153 I lit f..

32 Weitere Richtlinien enthalten ebenfalls Regelungen über die Unterrichtung und Anhörung der Arbeitnehmer – wie etwa die **Betriebsübergangs-Richtlinie 2001/23/EG** oder die **Massenentlassung-Richtlinie 98/59/EG.** Allerdings liegt deren Schwerpunkt auf anderen Themenfeldern, so dass andere Katalogtatbestände einschlägig sind; bei der Betriebsübergangs-Richtlinie 2001/23/EG Arbeitsbedingungen und damit Art. 153 I lit. b (→ Rn. 23) und bei der Massenentlassungs-Richtlinie 98/59/EG der Schutz der Arbeitnehmer bei der Beendigung des Arbeitsvertrags und damit Art. 153 I lit. d (→ Rn. 25, 28). Ferner sind hier die **RL 2001/86/EG** des Rates v. 8.10.2001 zur Ergänzung des Statuts der Europäischen Gesellschaft hinsichtlich der Beteiligung der Arbeitnehmer sowie die **RL 2005/56/EG** des Europäischen Parlaments und des Rates v. 26.10.2005 über die Verschmelzung von Kapitalgesellschaften aus verschiedenen Mitgliedstaaten zu nennen. Diese Richtlinien enthalten ebenfalls Regelungen über die Beteiligung der Arbeitnehmer im weitesten Sinn, wurden aber wegen anderer Regelungsschwerpunkte nicht aufgrund von Art. 151 I lit. e AEUV erlassen, sondern aufgrund der spezifischen gesellschaftsrechtlichen Rechtssetzungsgrundlage des Art. 50 II lit. g AEUV – so die RL 2005/56/EG – bzw. der Vertragsergänzungskompetenzgrundlage des Art. 352 AEUV – wie im Falle der RL 2001/86/EG.

33 **6. Kollektive Wahrnehmung der Arbeitnehmer- und Arbeitgeberinteressen (Buchst. f).** Der Tatbestand der „Kollektiven Wahrnehmung der Arbeitnehmer- und Arbeitgeberinteressen" kann grds. das **gesamte kollektive Arbeitsrecht** erfassen (Calliess/Ruffert/*Krebber* Rn. 20). Er geht weit über Art. 153 I lit. e (Unterrichtung und Anhörung der Arbeitnehmer) hinaus (zur Abgrenzung → Rn. 31); zum einen, weil auch die kollektive Wahrnehmung der Arbeitgeberinteressen erfasst ist, zum anderen, weil die Mitbestimmung eingeschlossen ist, wie ausdrücklich klargestellt wird. Auf der Ebene der grundrechtlichen Gewährleistungen wird diese Kompetenz in Art. 12 GRC und Art. 28 GRC gespiegelt: Art. 12 GRC gewährleistet die Freiheit, Vereinigungen, Koalitionen und insbesondere Gewerkschaften zu gründen, Art. 28 GRC garantiert das Recht auf Kollektivverhandlungen und Kollektivmaßnahmen einschließlich Streiks. Allerdings erfährt diese **tatbestandliche Weite eine ganz erhebliche Einschränkung,** die bereits im Wortlaut der Vorschrift zur Klarstellung niedergelegt ist (daher hält Calliess/Ruffert/*Krebber* Rn. 20 die Einschränkung für überflüssig): der **Vorbehalt des Art. 153 V** (näher → Rn. 45 ff.). Damit sind weite Bereiche des kollektiven Arbeitsrechts, nämlich **Koalitionsrecht, Streik- und Aussperrungsrecht sowie Arbeitsentgelt** ausgenommen. Die Kompetenznorm des Art. 153 I lit. f gewinnt daher seinen wesentlichen Inhalt in negativer Abgrenzung durch die Reichweite des Art. 153 V (GHN/*Benecke* Rn. 88).

34 Im Ergebnis beschränkt sich Art. 153 I lit. f daher im Wesentlichen auf die über Art. 153 I lit. e hinausgehende **Mitbestimmung der Arbeitnehmer und ihrer Interessenvertreter an Entscheidungen des Arbeitgebers auf der Ebene des Betriebs und des Unternehmens** (Schwarze/*Rebhahn/Reiner* Rn. 52). Jenachdem, wie weit man die Negativkompetenz des Art. 153 V fasst, kann auch das **Kollektivvertragsrecht** unter Art. 153 I lit. f fallen (dazu → Rn. 50). Die zur Regelung der Arbeitnehmerbeteiligung bei europäischen Gesellschaften ergangenen Richtlinien (→ Rn. 32) legen als Kompetenznorm nicht Art. 153 I lit. f zugrunde, sondern Art. 352 AEUV (krit. dazu Schwarze/Rebhahn/Reiner Rn. 52). Aus diesem Grund ist die praktische Bedeutung von Art. 153 I lit. f bislang gering geblieben. Dazu trägt ferner mutmaßlich bei, dass nach Art. 153 II UAbs. 3 grds. das besondere Gesetzgebungsverfahren mit dem Einstimmigkeitserfordernis anzuwenden ist.

7. Beschäftigungsbedingungen von Drittstaatsangehörigen, die sich rechtmäßig 35
im Gebiet der Union aufhalten (Buchst. g). Der Tatbestand „Beschäftigungsbedingungen von Staatsangehörigen dritter Länder" ist bislang **praktisch ohne Bedeutung** geblieben – Richtlinien, die diesem Tatbestand zuzuordnen wären, gibt es soweit ersichtlich nicht (Schwarze/Rebhahn/Reiner Rn. 54). Die RL 2009/52/EG v. 18.6.2009 über Mindeststandards für Sanktionen und Maßnahmen gegen Arbeitgeber, die Drittstaatsangehörige ohne rechtmäßigen Aufenthalt beschäftigen, und die RL 2011/98/EU v. 13.12.2011 über ein einheitliches Verfahren zur Beantragung einer kombinierten Erlaubnis für Drittstaatsangehörige, sich im Hoheitsgebiet eines Mitgliedstaats aufzuhalten und zu arbeiten, sowie über ein gemeinsames Bündel von Rechten für Drittstaatsangehörige, die sich rechtmäßig in einem Mitgliedstaat aufhalten, wurden auf die einwanderungspolitische Kompetenzgrundlage des Art. 79 AEUV gestützt, obwohl diese Richtlinien auch arbeitsrechtlich relevante Normen enthalten wie etwa den Gleichbehandlungsgrundsatz des Art. 12 RL 2011/98/EU oder die Arbeitgeberpflichten des Art. 4 RL 2009/52/EG. Dasselbe gilt für die RL 2014/66/EU vom 15.5.2014 über die Bedingungen für die Einreise und den Aufenthalt von Drittstaatsangehörigen im Rahmen eines unternehmensinternen Transfers (ABl. EU 2014 L 157/1) und die RL 2014/36/EU vom 26.2.2014 über die Bedingungen für die Einreise und den Aufenthalt von Drittstaatsangehörigen zwecks Beschäftigung als Saisonarbeiter (ABl. EU L 94/375).

In der Sache erfasst der Tatbestand **arbeitsrechtliche Regelungen, die speziell auf** 36 **Arbeitnehmer aus Drittstaaten** anzuwenden sind (Schwarze/Rebhahn/Reiner Rn. 54). Dabei wird vorausgesetzt, dass sich diese rechtmäßig in einem Mitgliedstaat der Union aufhalten – es geht also nicht um aufenthaltsrechtliche Regelungen und solche, den Zugang zum Arbeitsmarkt betreffen. Nach Art. 15 III GRC haben Drittstaatsangehörige einen Anspruch auf die Arbeitsbedingungen, die denen der Unionsbürger entsprechen. Daher dürfte der Rahmen für die Regelung spezifischer Arbeitsbedingungen für Drittstaatsangehörige ohnehin eng gespannt sein und sich auf Rechte zur Gleichbehandlung etc. beschränken. Außerdem können alle arbeitsrechtlichen, auf andere Tatbestände des Art. 153 gestützten Regulierungen der Union ohnehin auf Drittstaatsangehörige angewandt werden (Schwarze/Rebhahn/Reiner Rn. 54; so auch EuGH 5.11.2014 – C-311/13 Rn. 31 f. – Tümer für die RL 2008/94/EG). Die Beschäftigungsbedingungen von Drittstaatsangehörigen können ferner durch **Kollisionsrecht** gestaltet werden. Umstritten ist daher, ob dieses erfasst ist: Die systematische Stellung der Vorschrift spricht dagegen (abl. daher Calliess/Ruffert/Krebber Rn. 21; GHN/Benecke Rn. 92), der Zweck der Vorschrift eher dafür (befürwortend daher Streinz/Eichenhofer Rn. 22; offengelassen von Schwarze/Rebhahn/Reiner Rn. 54). Nach Art. 153 II UAbs. 3 ist grds. das besondere Gesetzgebungsverfahren mit dem Einstimmigkeitserfordernis anzuwenden.

8. Berufliche Eingliederung der aus dem Arbeitsmarkt ausgegrenzten Personen 37
(Buchst. h). Der Tatbestand der beruflichen Eingliederung von Personen, die aus dem Arbeitsmarkt ausgegrenzt sind, ist bislang praktisch ohne Bedeutung geblieben. Richtlinien, die dieser Rechtssetzungsgrundlage zugeordnet werden können, existieren soweit ersichtlich nicht. In persönlicher Hinsicht sind wohl Arbeitnehmer als solche nicht erfasst, sondern nur Personen, welche nicht oder nicht gut in den Arbeitsmarkt integriert sind – insoweit nimmt dieser Tatbestand eine gewisse Sonderstellung iRd Art. 153 I ein (zum Geltungsbereich des Art. 153 → Rn. 5 ff.). Als Begünstigte von darauf gestützten Maßnahmen kommen in Betracht: **Langzeitarbeitslose, ältere Personen, Jugendliche, behinderte Menschen**

und **Geringqualifizierte** (GHN/*Benecke* Rn. 93; Schwarze/*Rebhahn*/*Reiner* Rn. 55; Streinz/*Eichenhofer* Rn. 23). Es geht also darum, arbeitsfähige arbeitslose Personen durch Rechtssetzungsmaßnahmen wieder in Arbeit zu bringen und (wieder) in den Arbeitsmarkt zu integrieren. Enge Berührungspunkte bestehen zu Art. 153 I lit. j, der allerdings keine Rechtsangleichungsmaßnahmen tragen kann (→ Rn. 43). Die Rechtsangleichungsmaßnahmen der Union können sich beziehen auf das Rechtsverhältnis zwischen den Unternehmen als potentielle Arbeitgeber und den einzugliedernden Personen (näher Schwarze/*Rebhahn*/ *Reiner* Rn. 57 f.).

38   Die Kompetenzgrundlage ist nur **„unbeschadet des Art. 166 AEUV"** (englisch: without prejudice; französisch: sans préjudice) eröffnet. Art. 166 AEUV ermächtigt die Union zu Maßnahmen auf dem Bereich der „beruflichen Bildung". Ausgeschlossen sind aber nach Art. 166 IV AEUV jegliche Maßnahmen, welche die Rechts- und Verwaltungsvorschriften der Mitgliedstaaten zu harmonisieren bezwecken. Diese Kompetenzsperre des Art. 166 AEUV soll nach verbreiteter Auffassung dann auch für Art. 153 I lit. f gelten (GHN/*Benecke* Rn. 93; HW/*Boecken* Rn. 66; **aA** Calliess/Ruffert/*Krebber* Rn. 27). Zwingend ist das allerdings nicht. Vielmehr ist die Wendung „unbeschadet" recht unklar (ebenso Schwarze/ *Rebhahn*/*Reiner* Rn. 56): man kann sie als „vorbehaltlich", aber auch als „mit Ausnahme von" lesen, womit konträre Deutungen möglich sind.

39   **9. Chancengleichheit von Männern und Frauen auf dem Arbeitsmarkt (Buchst. i).** Der Kompetenztatbestand des Buchst. i berührt ein Thema, welches die Europäische Union bereits seit den 1970er Jahren verfolgt, nämlich die **Gleichbehandlung von Männern und Frauen im Arbeitsleben.** Die in den 1970er Jahren ergangenen Maßnahmen der Gemeinschaft auf diesem Gebiet wurden zum Teil auf die Ergänzungskompetenzgrundlage des Art. 235 EWGV (jetzt: Art. 352 AEUV) gestützt (→ Rn. 2), so etwa die zentrale Gleichbehandlungs-Richtlinie 76/207/EWG zur Verwirklichung des Grundsatzes der Gleichbehandlung von Männern und Frauen hinsichtlich des Zugangs zur Beschäftigung oder die Entgeltgleichheits-Richtlinie 75/117/EWG. Diese und andere Richtlinien wurden mittlerweile abgelöst durch die Gleichbehandlungs-Richtlinie 2006/54/EG. Inzwischen existieren einige spezifische Kompetenzgrundlagen für dieses Thema, so dass eine Abgrenzung erforderlich wird. So ermächtigt **Art. 19 AEUV** die Union, Vorkehrungen zu treffen, um **Diskriminierungen ua wegen des Geschlechts** zu bekämpfen. Diese Kompetenzgrundlage betrifft nicht nur das Arbeitsleben, sondern geht weit darüber hinaus. Die sozialpolitischen Rechtssetzungsbefugnisse sind daher für das Arbeitsleben in jedem Falle spezieller (ebenso Calliess/Ruffert/*Krebber* AEUV Art. 157 Rn. 91; Schwarze/*Rebhahn*/*Reiner* Art. 157 AEUV Rn. 38; auch → AEUV Art. 157 Rn. 81 f.).

40   Nicht ganz so eindeutig fällt die **Abgrenzung zu Art. 157 III AEUV** aus. Danach können im ordentlichen Gesetzgebungsverfahren Maßnahmen zur Gewährleistung der Anwendung des Grundsatzes der Chancengleichheit und der Gleichbehandlung von Männern und Frauen in Arbeits- und Beschäftigungsfragen beschlossen werden. Der Wortlaut beider Vorschriften ist sehr ähnlich. Der einzig auffällige **materiell-rechtliche Unterschied** besteht darin, dass Art. 153 I lit. i den Arbeitsmarkt als Bezugspunkt nennt (englisch: with regard to labour market, französisch: en ce qui concerne leurs chances sur le marché du travail), während Art. 157 III AEUV auf Arbeits- und Beschäftigungsfragen (englisch: in matters of employment and occupation, französisch: en matière d'emploi et de travail) abstellt. Ob diese Formulierungen sachliche Unterschied begründen können, erscheint eher fraglich (vorsichtig bejahend Calliess/Ruffert/*Krebber* AEUV Art. 157 Rn. 90; Schwarze/ *Rebhahn*/*Reiner* Rn. 60). Hinsichtlich des **anzuwendenden Verfahrens und der Reichweite bestehen erhebliche Unterschiede:** Art. 153 I lit. i kann wegen Art. 153 II nur mindestharmonisierende Richtlinien und wegen Art. 153 V keine Regelungen zum Arbeitsentgelt tragen. Diesen Beschränkungen unterliegen auf Art. 157 III AEUV gestützte Maßnahmen nicht. Demgegenüber können die Sozialpartner nur iRd Art. 155 II UAbs. 1 AEUV iVm Art. 153 I Vereinbarungen schließen, die dann nach Maßgabe des Art. 155

AEUV für die Mitgliedstaaten verbindliches Unionsrecht werden können. Diese Möglichkeit wiederum besteht iRd Art. 157 III AEUV nicht.

Aufgrund dieser Zusammenhänge halten manche Beobachter Art. 153 I lit. i AEUV **41** gegenüber Art. 157 III AEUV für weitgehend überflüssig (so etwa Streinz/*Eichenhofer* AEUV Art. 151 Rn. 24). Diese Folgerung wäre indes voreilig, weil hierdurch die Möglichkeiten des sozialen Dialogs nicht hinreichend gewürdigt würden. Die europäischen Sozialpartner sind im gesamten Bereich der Sozialpolitik – und damit auch iRd Art. 157 AEUV – nach Maßgabe des Art. 154 II und III AEUV eingebunden. Die Kommission muss sie bei Rechtsetzungsvorhaben im gesamten Bereich der Sozialpolitik beteiligen. Die Sozialpartner können zwar nur iRd Art. 153 I eine eigene Regelung durch Abschluss einer Vereinbarung treffen, die dann nach Art. 155 AEUV umgesetzt werden kann, womit insbesondere der Bereich des Arbeitsentgelts sowie vollharmonisierende Regelungen ausgeklammert bleiben. Gerade wegen der Rechte der Sozialpartner spricht viel dafür, die **gegenständliche Reichweite von Art. 153 I lit. i und Art. 157 III AEUV** – für **weitgehend kongruent** zu halten. Wenn die Sozialpartner daher selbst in diesem Bereich regulierend tätig werden wollen, ist ein Vorgehen über Art. 153 I lit. i geboten, falls die danach zu beachtenden Restriktionen von der in Aussicht genommenen Maßnahme erfüllt werden. IÜ sollte man den rechtsetzenden Organen der Union einen weiten Beurteilungsspielraum bei der Frage einräumen, welche Kompetenznormen sie für eine Rechtsetzungsmaßnahmen auf dem Gebiet der Gleichbehandlung der Geschlechter im Arbeitsleben zugrunde legen: Hinsichtlich der Regelung von Entgeltfragen und bei vollharmonisierenden Maßnahmen kommt ohnehin nur Art. 157 III AEUV in Betracht (ähnlich wohl Calliess/Ruffert/*Krebber* AEUV Art. 157 Rn. 90). Wollen die Sozialpartner selbst regeln, ist dies nur über Art. 153 I lit. i AEUV und den dort immanenten Beschränkungen möglich. IÜ sind die Rechtssetzungsgrundlagen der Art. 153 I lit. i AEUV und Art. 157 III AEUV in gegenständlicher Hinsicht weitgehend austauschbar.

Die **Praxis** scheint so wie hier beschrieben zu verfahren. Auf die Kompetenznorm des **42** Art. 157 III AEUV wurde bsw. gestützt die Gleichbehandlungs-Richtlinie 2006/54/EG des Europäischen Parlaments und des Rates v. 5.7.2006 zur Verwirklichung des Grundsatzes der Chancengleichheit und Gleichbehandlung von Männern und Frauen in Arbeits- und Beschäftigungsfragen. Demgegenüber wurden für die **Elternurlaubs-Richtlinie 2010/18/EU** (dazu *Dahm* EuZA 2011, 30) und auch ihre **Vorgänger-Richtlinie 96/34/EG Art. 153 I lit. i** herangezogen, wie sich aus Erwägungsgrund 1 RL 2010/18/EG ergibt (zust. zu dieser Rechtsgrundlage Schwarze/*Rebhahn*/*Reiner* Rn. 60; wohl auch GHN/*Benecke* Rn. 95). Diese Richtlinie setzt eine nach Art. 155 AEUV abgeschlossene Vereinbarung der Sozialpartner um – ein Vorgehen nach Art. 157 III AEUV wäre insoweit überhaupt nicht möglich gewesen.

10. Bekämpfung sozialer Ausgrenzung (Buchst. j). Der Tatbestand der Bekämpfung **43** sozialer Ausgrenzung wurde durch den **Vertrag von Nizza** im Jahr 2002 eingefügt und beinhaltet keine Rechtsetzungskompetenz, sondern lediglich eine Kompetenz für die Förderung der Zusammenarbeit zwischen den Mitgliedstaaten auf dem betreffenden Gebiet (Art. 153 II UAbs. 1). Auf Art. 153 I lit. j wurde ein Aktionsprogramm der Union zur Förderung der Zusammenarbeit zwischen den Mitgliedstaaten bei der Bekämpfung der sozialen Ausgrenzung gestützt (ABl. EU 2002 L 10/1). Unter sozialer Ausgrenzung (englisch: social exclusion, französisch: l'exclusion sociale) wird im Allgemeinen die **Ausschließung von Personen aus den Kernbereichen sozialer Teilhabe** verstanden – etwa im Bereich Arbeit, Wohnen, Gesundheit und soziale Integration (Calliess/Ruffert/*Krebber* Rn. 14). Mit dieser Umschreibung wären allerdings weite Bereiche, die in Art. 153 I angesprochen sind, einbezogen, was systematisch unstimmig wäre (Calliess/Ruffert/*Krebber* Rn. 14). Deshalb muss man die Vorschrift insoweit als subsidiären Auffangtatbestand auffassen; Fälle sozialer Ausgrenzung, die eigens in den Art. 153 I lit. a–i angesprochen werden, werden von den dortigen spezielleren Tatbeständen erfasst (vgl. Calliess/Ruffert/*Krebber*

Rn. 14). Ferner steht die Bestimmung in engem Zusammenhang mit Art. 153 I lit. h, der die berufliche Eingliederung von aus dem Arbeitsmarkt ausgegrenzten Personen betrifft. Die betroffenen Personenkreise werden ungefähr deckungsgleich sein (→ Rn. 37).

44 **11. Modernisierung der Systeme des sozialen Schutzes (Buchst. k).** Der Tatbestand der Modernisierung der Systeme des sozialen Schutzes nach Art. 151 I lit. k AEUV begründet wie Buchst. j keine Rechtssetzungskompetenz, sondern eröffnet nach Art. 153 II UAbs. 1 lediglich die Möglichkeit, die Zusammenarbeit zwischen den Mitgliedstaaten durch Initiativen etc. zu fördern. Unberührt soll allerdings Art. 151 I lit. c AEUV bleiben, also die (echte) Rechtssetzungsgrundlage für die soziale Sicherheit und den sozialen Schutz der Arbeitnehmer (→ Rn. 26 f.). Für Maßnahmen auf dem Gebiet des Sozialrechts, die an die Eigenschaft als Arbeitnehmer anknüpfen, steht somit diese Rechtssetzungsgrundlage zur Verfügung. In gegenständlicher Hinsicht geht es um Initiativen der Union zur Weiterentwicklung der mitgliedstaatlichen sozialen Sicherungssysteme wie etwa Altersvorsorge, Gesundheitsvorsorge und Pflege.

D. Bereichsausnahme nach Art. 153 V

I. Regelungsgehalt

45 Nach Art. 153 V **gilt Art. 153 nicht für das Arbeitsentgelt, das Koalitionsrecht, das Streikrecht und das Aussperrungsrecht.** Damit ist die durch Art. 153 eröffnete Verbandskompetenz zugunsten der Union für die genannten Sachgebiete – und damit **weite Bereiche des kollektiven Arbeitsrechts – verschlossen.** Die Vorschrift stellt somit eine kompetenzbeschränkende Regelung dar, gewissermaßen eine Negativkompetenz. Allerdings ist die Reichweite dieser Kompetenzschranke wiederum beschränkt. Zunächst betont der EuGH, dass Art. 153 V als **Ausnahmevorschrift eng auszulegen** ist (EuGH 13.9.2007 – C-307/05 Rn. 39 – Del Cerro Alonso, NZA 2007, 1223 = EAS RL 1999/70/EG § 4 Nr. 1). Zugrunde zu legen ist eine **autonome, aus dem Unionsrecht heraus zu entwickelnde Begriffsbildung** (Calliess/Ruffert/*Krebber* Rn. 10). Außerdem beschränkt Art. 153 V nur die **unmittelbare Regulierung** der ausgenommenen Bereiche. Die Vorschrift ist aber nicht auf Regelungen anwendbar, welche die betreffenden Materien nur mittelbar beeinflussen (EuGH 13.9.2007 – C-307/05 Rn. 41 – Del Cerro Alonso, NZA 2007, 1223 = EAS RL 1999/70/EG § 4 Nr. 1; SA des GA *Bot* EuGH C-501/12 Rn. 41 ff.). Diese Begrenzung wurde für die Bereichsausnahme des „Arbeitsentgelts" entwickelt (Rn. 47 f.), ist aber auch für die anderen Bereiche fruchtbar zu machen (für das Arbeitskampfrecht Rn. 52).

46 Nach dem eindeutigen Wortlaut gilt die Kompetenzgrenze **nur für Art. 153** als solchem, **nicht aber für andere Kompetenzgrundlagen,** etwa Art. 157 III AEUV, oder auch solche außerhalb des eigentlichen Bereichs der Sozialpolitik, wie etwa Art. 19 AEUV. Zweifelhaft ist allerdings, ob aus dem Rechtsgedanken des Art. 153 V Grenzen für andere Kompetenzgrundlagen hergeleitet werden können (dafür mit unterschiedlicher Akzentuierung Däubler/*Heuschmid* AK § 11 Rn. 143; v. Bogdandy/Bast/*Rödl* 855 [874]; GHN/*Benecke* Rn. 101; *Schubert*, Monti-II-VO, 21). Wegen des Ausnahmecharakters der Vorschrift und ihres eindeutigen Wortlauts erscheint dieser Weg allerdings kaum gangbar (zurückhaltend auch Schwarze/*Rebhahn*/*Reiner* Rn. 63). Daher kommt grds. ein Rückgriff etwa auf die Kompetenzgrundlage für den Binnenmarkt nach Art. 115 AEUV in Betracht, sofern die angestrebte Rechtsangleichungsmaßnahme als Hauptziel nicht den sozialen Schutz der Arbeitnehmer bezweckt, sondern die Herstellung des Binnenmarkts verwirklichen soll. Dies gilt aber nicht für Art. 352 AEUV, weil dies durch Art. 352 III AEUV eindeutig klargestellt wird: Danach dürfen Maßnahmen der Union, die auf die ergänzende Rechtssetzungsbefugnis des Art. 352 I AEUV gestützt werden, nicht die Harmonisierung der Rechtsvorschriften der Mitgliedstaaten in den Fällen umfassen, in denen die Verträge eine solche Harmonisierung gerade ausschließen (zu Art. 352 III AEUV Streinz/*Streinz* AEUV Art. 352 Rn. 15 ff.). Dies muss auch den Fall erfassen, in denen eine Bestimmung des Vertrags der Union ausdrücklich die Regelungskompetenz versagt – wie dies bei Art. 153 V der Fall ist (ebenso *Schubert,* Monti–II-VO, 21). Dagegen spricht nicht, dass die EU-Kommission ihren Vorschlag für eine Verordnung des Rates über die Ausübung des Rechts auf Durchführung kollektiver Maßnahmen im Kontext der Niederlassungs- und Dienstleistungsfreiheit (KOM [2012] 130 endg. – „Monti-II"-Verordnung; dazu auch → AEUV Art. 151 Rn. 39) auf Art. 352 AEUV gestützt hatte (so aber wohl *Schubert,* Monti–II-VO, 21). Denn insoweit ist bereits fraglich, ob die Negativkompetenz der Europäischen Union bezüglich Streik und Aussperrung nach Art. 153 V eine solche Regelung untersagen würde (dazu → Rn. 52). Ebenso wenig begrenzt Art. 153 V weitere Sachgebiete des Unionsrechts außerhalb des engeren Gebiets der Kompetenzgrundlagen, etwa den Anwendungsbereich der Grundfreiheiten (EuGH 11.12.2007 – C-438/05 – Viking Line, NZA 2008, 124; 18.12.2007 – C-341/05 – Laval, NZA 2008, 159; s. auch → AEUV Art. 151 Rn. 34).

II. Die einzelnen Sachgebiete

1. Arbeitsentgelt. Der Begriff des Arbeitsentgelts (englisch: pay; französisch: rémunérations) ist wie bei Art. 157 AEUV weit zu verstehen (Calliess/Ruffert/*Krebber* Rn. 11; Schwarze/*Rebhahn/Reiner* Rn. 64; **aA** GHN/*Benecke* Rn. 105, ohne aber eine alternative Begriffsbildung anzubieten). Die Europäische Union soll für die Festlegung des Entgeltniveau nicht befugt sein; dies soll vielmehr den Sozialpartnern und den Mitgliedstaaten vorbehalten bleiben (EuGH 10.6.2010 – C-395/08, 396/08 Rn. 36 – INPS, NZA 2010, 753 = EAS RL 97/81/EG § 4 Nr. 2). Vor diesem Hintergrund muss man das Sachgebiet „Arbeitsentgelt" eng (→ Rn. 45) verstehen und nur auf **unmittelbare Entgeltregelungen** beziehen, wie etwa Vereinheitlichung einzelner oder aller Vergütungsbestandteile und/oder die Höhe der Löhne und Gehälter oder die Einführung eines gemeinschaftlichen Mindestlohns (EuGH 10.6.2010 – C-395/08, 396/08 Rn. 37 – INPS, NZA 2010, 753 = EAS RL 97/81/EG § 4 Nr. 2; 19.6.2014 – C-501/12 Rn. 33 – Specht, NZA 2014, 831). Dies dürfte ebenso für Lohnleitlinien gelten, nach deren Maßgabe die Mitgliedstaaten Mindestlöhne in ihren Rechtssystemen ausgestalten sollten. 47

Zahlreiche **Rechtsangleichungsmaßnahmen der Europäischen Union** – etwa die Diskriminierungsverbote bei Teilzeitbeschäftigung nach RL 97/81/EG oder der Gleichbehandlungsgrundsatz bei Leiharbeit nach RL 2008/104/EG (→ Rn. 22) – haben **Rückwirkungen auf das Arbeitsentgelt.** Solche Regelungen sind vom Begriff des „Arbeitsentgelts" iSd Art. 153 V nicht erfasst, weil sie dieses nur mittelbar regeln (EuGH 13.9.2007 – C-307/05 Rn. 41 – Del Cerro Alonso, NZA 2007, 1223 = EAS RL 1999/70/EG § 4 Nr. 1; 15.4.2008 – C-286/08 Rn. 125 Impact, – NZA 2008, 581 = EAS RL 1999/70/EG § 4 Nr. 2; 10.6.2010 – C-395/08, 396/08 Rn. 38 ff. – INPS, NZA 2010, 753 = EAS RL 97/81/EG § 4 Nr. 2; 19.6.2014 – C-501/12 Rn. 33 – Specht, NZA 2014, 831; krit. aber Calliess/Ruffert/*Krebber* Rn. 11). GA *Bot* (SA EuGH C-501/12 Rn. 42 ff.) hat hierfür die Differenzierung zwischen einer durch Art. 153 V ausgeschlossenen Regelung über das **„Arbeitsentgelt"** und einer nicht untersagten Regelung über die **„Bedingungen des Arbeitsentgelts"** herausgearbeitet. Diese betreffen nicht unmittelbar die Festlegung der Höhe des Arbeitsentgelts, sondern die Umstände, unter denen der Arbeitnehmer ein bestimmtes Arbeitsentgelt erhält (SA des GA *Bot* EuGH C-501/12 Rn. 45). Nicht unter den Begriff des „Arbeitsentgelts" nach Art. 153 V fallen ferner Regelungen, welche die Fortzahlung des Arbeitsentgelts in Fällen anordnen, in denen der Arbeitnehmer an der Arbeitsleistung aus tatsächlichen oder rechtlichen Gründen verhindert ist – etwa bei Ausfallzeiten wegen Mutterschaft nach Art. 11 Nr. 1 RL 92/85/EWG oder Jahresurlaub nach Art. 7 I RL 2003/88/EG, weil solche Regelungen das Entgeltniveau nicht festlegen, sondern lediglich dessen Fortzahlung anordnen (ebenso Schwarze/*Rebhahn/Reiner* Rn. 64). Dasselbe gilt für Regelungen für den Bereich der Banken, die zur Vermeidung übermäßiger 48

Risikobereitschaft der Bankmitarbeiter die Vergütungsstruktur und das Verhältnis fester und variabler Vergütungsanteile betreffen (SA des GA *Jääskinen* EuGH C-507/13 v. 20.11.2014 Rn. 109 ff.).

49 **2. Koalitionsrecht.** Das Koalitionsrecht (englisch: the right of association; französisch: droit d'association) umfasst Regelungen über die Gründung und innere Organisation der Koalition sowie die Mitgliedschaft in der Koalition. Bei Koalitionen handelt es sich um **freiwillige Vereinigungen der Arbeitnehmer und Arbeitgeber zum Zweck der Vertretung ihrer jeweils spezifischen wirtschaftlichen und sozialen Interessen.** Eine Umschreibung des Koalitionsrechts enthält die Gemeinschaftscharta der sozialen Grundrechte in Nr. 11 (näher dazu → AEUV Art. 151 Rn. 16 ff.). Nicht erfasst vom Koalitionsrecht iSd Art. 153 V sind Regelung über die Vertretungen aller Arbeitnehmer im Betrieb oder Unternehmen; solche Regelungen könnten daher auf der Grundlage von Art. 153 I lit. f auf europäischer Ebene ergehen. Dasselbe gilt für die Vertretung der Arbeitnehmerinteressen in den Leitungsorganen einer Gesellschaft (näher → Rn. 33 f.).

50 Zweifelhaft ist, ob der **Begriff des „Koalitionsrechts" das Kollektivvertragsrecht und damit das Tarifrecht einschließt.** Dies wird zum Teil mit dem Argument befürwortet, dass das Tarifvertragsrecht enge Bezüge zum Streik- und Aussperrungsrecht aufweise und den Kern der Betätigung der Koalitionen ausmache (dafür Calliess/Ruffert/*Krebber* Rn. 12). Dagegen spricht allerdings der Wortlaut des Art. 153 V, der eben das Kollektivvertragsrecht nicht ausdrücklich benennt, und der Grundsatz der engen Auslegung dieser Vorschrift (→ Rn. 45). Ferner zeigen andere europäische Rechtsgrundlagen aus diesem Bereich, etwa die Gemeinschaftscharta der sozialen Grundrecht oder die GRC deutlich, dass zwischen Koalitions- und Kollektivvertragsrecht unterschieden werden muss: So ist die Koalitionsfreiheit in der GRC Teil der Vereinigungsfreiheit nach Art. 12 I GRC und nur für die Arbeitnehmerkoalitionen ausdrücklich angesprochen, während die Kollektivvertragsfreiheit in Art. 28 GRC verortet ist. Dasselbe gilt für die Gemeinschaftscharta der sozialen Grundrechte mit den Nr. 11 und 12. Ebenso unterscheidet Art. 156 I siebter Gedankenstrich AEUV deutlich zwischen den Koalitionsrecht und dem Recht auf Kollektivverhandlungen. Außerdem bestehen nicht in allen Mitgliedstaaten solch enge Bezüge zwischen Kollektivvertragsrecht und Arbeitskampfrecht wie in Deutschland. Die besseren Argumente sprechen daher dafür, das Kollektivvertragsrecht nicht in Art. 153 V zu verorten (ebenso Schwarze/*Rebhahn*/*Reiner* Rn. 65; GHN/*Benecke* Rn. 104; aA Calliess/Ruffert/*Krebber* Rn. 12; wohl auch Streinz/*Eichenhofer* Rn. 12 f.; *Rieble*/*Kolbe* EuZA 2008, 453 [464]). Die Europäische Union ist demnach grds. befugt, auf der Basis des Art. 153 I lit. f Regelungen über die Harmonisierung des nationalen Kollektivvertragsrechts zu erlassen, weil Art. 153 V insoweit nicht entgegensteht (auch → Rn. 34).

51 **3. Streikrecht und Aussperrungsrecht.** Der Ausnahmebereich für das Streikrecht und das Aussperrungsrecht (englisch: the right to strike or the right to impose lock-outs; französisch: droit de grève, droit de lock-out) bezieht sich in der Sache auf das **gesamte Arbeitskampfrecht.** Die Europäische Union darf infolgedessen auf der Grundlage des Art. 153 die mitgliedstaatlichen Regelungen über Arbeitskämpfe nicht durch Mindestregelungen angleichen oder harmonisieren. Der Ausnahmebereich ist in gegenständlicher Hinsicht weit zu verstehen und bezieht alle Arten von Arbeitskämpfe ein, etwa nicht gewerkschaftliche Streiks, Boykotte sowie die Auswirkungen des Arbeitsniederlegung auf die Arbeitsverhältnisse der Arbeitnehmer (ebenso Schwarze/*Rebhahn*/*Reiner* Rn. 66). Dies liegt daran, dass die Termini „Streik" und „Aussperrung" auf europäischer Ebene anders als der Begriff des „Arbeitsentgelts" weitgehend unkonturiert sind. Eine Engführung auf die Kernbereiche des Streiks und der Aussperrung könnte in den doch erheblich unterschiedlichen nationalen Rechtsregimen Friktionen auslösen. Man wird sich daher bei der Frage, wie weit dieser Ausnahmetatbestand in gegenständlicher Hinsicht reicht, von der Reichweite bsw. Nr. 13 der Gemeinschaftscharta der sozialen Grundrechte bzw. Art. 28 GRC leiten lassen können. Damit ist es der Europäischen Union **verschlossen,** auf dem **Gebiet der kollek-**

tiven Arbeitskonflikte, ihrer Auswirkungen und Auflösung auf der Kompetenzgrundlage des Art. 153 Rechtsangleichung zu betreiben. Vor diesem Hintergrund ist etwa Erwägungsgrund 20 RL 2008/104/EG zu verstehen, wonach die Bestimmungen der Leiharbeits-Richtlinie 2008/104/EG über Einschränkungen oder Verbote der Leiharbeit nicht gelten sollen für nationale Rechtsvorschriften oder Gepflogenheiten, welche den Einsatz von Leiharbeitnehmern als Ersatz für streikende Arbeitnehmer untersagen.

Inhaltlich bedeutet dies aber lediglich, dass die Europäische Union **Regelungen des** 52 **Arbeitskampfrechts der Mitgliedstaaten im weitesten Sinn nicht auf der Basis des Art. 153 harmonisieren darf.** Verfolgt die Maßnahme der Europäischen Union ein anderes Ziel, welches das Arbeitskampfrecht **mittelbar beeinflusst,** ist Art. 153 V bereits tatbestandlich nicht einschlägig (dazu → Rn. 45). Diese begrenzte inhaltliche Reichweite des Art. 153 V wurde in der Diskussion um den Vorschlag der EU-Kommission für eine sog. „Monti-II-Verordnung" (KOM [2012] 130 endg.; dazu auch → Rn. 46 und → AEUV Art. 151 Rn. 39 f.) nicht immer klar gesehen. Bisweilen wurde in diesem Zusammenhang die Auffassung vertreten, die Kompetenzsperre des Art. 153 V nehme der Europäischen Union die Befugnis, das Verhältnis von wirtschaftlichen Grundfreiheiten und kollektiven Maßnahmen wie dort angestrebt zu regeln (vgl. etwa *Schubert,* Monti-II-VO, 21). Dies ist nicht zutreffend: Art. 153 V war schon deshalb nicht einschlägig, weil dieser Verordnungsvorschlag eine inhaltliche Regelung des Arbeitskampfrechts überhaupt nicht leisten sollte. Vielmehr ging es der EU-Kommission darum, das Verhältnis verschiedener unionsrechtlicher Freiheitsbereiche – wirtschaftliche Grundfreiheiten einerseits und sozialer Grundrechte wie Art. 28 GRC andererseits – legislativ festzulegen. Eine solche mittelbare Beeinflussung der mitgliedstaatlichen Arbeitskampfrechtsregime wird durch den Regelungsbereich des Art. 153 V nicht untersagt und entspricht den parallelen Überlegungen, die insbesondere im Hinblick auf den Ausnahmebereich des „Arbeitsentgelts" angestellt werden (allg. → Rn. 45 und für das „Arbeitsentgelt" → Rn. 48). Auch in inhaltlicher Hinsicht wäre die vorgeschlagene „Monti-II-Verordnung" dem Unionsrecht im Übrigen nicht fremd gewesen: So finden sich ähnlich geartete Regelungen in Art. 1 VII RL 2006/123/EG (Richtlinie des Europäischen Parlaments und des Rates v. 12.12.2006 über Dienstleistungen am Binnenmarkt) und Art. 2 VO (EG) Nr. 2679/98 (Verordnung des Rates v. 7.12.1998 über das Funktionieren des Binnenmarkts im Zusammenhang mit dem freien Warenverkehr zwischen den Mitgliedstaaten). Vergleichbares würde für ein sog. soziales Fortschrittsprotokoll gelten (zur Diskussion *Kingreen,* Soziales Fortschrittsprotokoll, 2014).

E. Maßnahmen der Union (Abs. 2 und 4)

I. Förderung der Zusammenarbeit der Mitgliedstaaten (Abs. 2 UAbs. 1 lit. a)

Europäisches Parlament und Rat können auf der Grundlage von Art. 153 zunächst Maß- 53 nahmen beschließen, welche die Zusammenarbeit der Mitgliedstaaten auf den Gebieten des Art. 153 I fördern sollen (Art. 153 II UAbs. 1 lit. a). Diese Initiativen dürfen die Rechts- und Verwaltungsvorschriften der Mitgliedstaaten nicht harmonisieren. Derartige echte Rechtssetzungsmaßnahmen der Union können nur auf der Grundlage von Art. 153 Abs. 2 UAbs. 1 lit. b ergehen. Auf Buchst. a lässt sich demgegenüber die sog. **offene Methode der Koordinierung (OMK)** in der Sozialpolitik stützen. Hierunter versteht man ein auf dem Gipfel von Lissabon im Jahr 2000 verabschiedetes Verfahren zur mittelfristigen Abstimmung der Sozialpolitik der Mitgliedstaaten (Streinz/*Eichenhofer* AEUV Art. 151 Rn. 26). Die OMK bezweckt, die Sozialpolitik der Mitgliedstaaten auf einheitliche Ziele zu verpflichten, und hat inhaltliche Vorbilder im Bereich der Beschäftigungspolitik nach Art. 145 ff. AEUV (Streinz/*Eichenhofer* AEUV Art. 151 Rn. 26). Nur dieses Instrument steht der Europäischen Union zu iRd Sachbereiche nach Art. 153 Abs. 1 lit. j und k, weil hier (echte) Rechtssetzungsmaßnahmen ausgeschlossen sind, also für den Bereich der Bekämpfung der sozialen

20 AEUV Art. 153

Ausgrenzung (Buchst. j) und der Modernisierung der Systeme des sozialen Schutzes (Buchst. k). Sie kann aber auch in allen anderen Sachgebieten des Art. 153 I eingesetzt werden. Als Handlungsformen kommen Empfehlungen und Stellungnahmen (Art. 288 IV AEUV) in Betracht. Bezugspunkte bestehen ferner zu Art. 156 AEUV, wonach die EU-Kommission die Zusammenarbeit unter den Mitgliedstaaten auf dem Gebiet der Sozialpolitik fördert.

II. Rechtssetzungsmaßnahmen (Abs. 2 UAbs. 1 lit. b)

54   1. **Handlungsform: Richtlinie nach Art. 288 III AEUV.** Echte Rechtssetzungsmaßnahmen mit verbindlicher Wirkung und Vorgaben für die Mitgliedstaaten kann die Europäische Union nach Maßgabe von Art. 153 I UAbs. 1 lit. b erlassen. Als Handlungsform ist nur die Richtlinie nach Art. 288 III AEUV, nicht aber die Verordnung nach Art. 288 II AEUV zugelassen. Dies unterstreicht, dass auf dem Gebiet der Sozialpolitik nach Art. 151 ff. AEUV die Mitgliedstaaten die hauptsächlichen Akteure bleiben sollen. Die Handlungsform der Richtlinie entspricht ferner der Ergänzungs- und Unterstützungsfunktion, welche die Union im Verhältnis zu den Mitgliedstaaten im Bereich der Sozialpolitik einnimmt (Art. 153 I). Nicht alle Sachbereiche des Katalogtatbestands des Art. 153 I sind eröffnet; ausgenommen werden Buchst. j und k, die Bekämpfung der sozialen Ausgrenzung und die Modernisierung der Systeme des sozialen Schutzes (→ Rn. 43 f.). Angesichts der Weite der Katalogtatbestände der Buchst. a–i verfügt die Europäische Union gleichwohl über nicht unbeträchtliche Rechtssetzungsbefugnisse auf dem Gebiet des Arbeitsrechts.

55   2. **Inhaltliche Vorgaben. a) Mindestvorschriften (Abs. 4 zweiter Gedankenstrich).** Diese Befugnisse sind nach **Art. 153 II UAbs. 2 lit. b** auf den Erlass von Mindestvorschriften begrenzt. **Art. 153 IV zweiter Gedankenstrich** spricht insoweit in der Sache identisch (ebenso Schwarze/Rebhahn/Reiner Rn. 75; GHN/Benecke Rn. 9) von **strengeren Schutzmaßnahmen,** welche die Mitgliedstaaten beibehalten oder treffen können müssen. Die Europäische Union darf damit auf der Basis von Art. 153 **keine vollständige Harmonisierung des betreffenden Sachgebiets** betreiben, wie dies etwa im Verbrauchervertragsrecht mit der RL 2011/83/EU über die Rechte der Verbraucher partiell geschehen ist, sondern muss Regelungsspielräume für die Mitgliedstaaten auch im gegenständlichen Anwendungsbereich der Rechtsangleichungsmaßnahme belassen. Diese Regelungsspielräume der Mitgliedstaaten sind allerdings inhaltlich insofern begrenzt, als die Mitgliedstaaten das unionsrechtlich vorgegebene Schutzniveau nicht unterschreiten dürfen. Dabei ist der Begriff der Mindestvorschrift allerdings nicht in dem Sinne zu verstehen, dass die EU-Sozialpolitik lediglich eine Grundsicherung des sozialen Schutzes normieren dürfte. Eine Mindestvorschrift liegt schon vor, wenn eine Rechtsangleichungsmaßnahme ein bestimmtes, auch hohes Schutzniveau garantiert und es zulässt, dass die Mitgliedstaaten über dieses Schutzniveau zugunsten der Arbeitnehmer hinausgehen können (EuGH 12.11.1996 – C-84/94 Rn. 42 ff. – Vereinigtes Königreich/Rat, NJW 1997, 1228 = EAS EG-Vertrag Art. 118a Nr. 2). Art. 153 II UAbs. 1 lit. b verpflichtet die rechtsetzenden Organe der Europäischen Union also nicht auf einen kleinsten gemeinsamen Nenner. Dies zeigt bereits die in Art. 151 AEUV niedergelegte Zielrichtung der EU-Sozialpolitik, die einen angemessenen sozialen Schutz anstrebt, und nicht lediglich einen Mindestschutz (→ AEUV Art. 151 Rn. 20 f.).

56   Nach Art. 153 IV zweiter Gedankenstrich sind die Mitgliedstaaten aufgrund von Rechtssetzungsmaßnahmen nach Art. 153 II UAbs. 2 nicht daran gehindert, **strengere Schutzmaßnahmen beizubehalten oder zu treffen.** Sozialpolitische Maßnahmen bezwecken regelmäßig den Schutz der Personengruppe der Arbeitnehmer. Den Mitgliedstaaten müssen also für die Arbeitnehmer günstigere Vorschriften als durch die betreffende Richtlinie vorgegeben erlaubt sein. Dies wird in der Praxis regelmäßig dadurch realisiert, dass die Schlussbestimmungen der jeweiligen Richtlinie durchweg eine Regelung enthalten, wonach die Mitgliedstaaten für die Arbeitnehmer günstigere Regelungen erlassen oder beibehalten können, etwa Art. 9 RL 2008/104/EG, Art. 8 RL 2001/23/EG, Art. 5 RL 98/59/

EG, § 8 Nr. 1 Anhang Rahmenvereinbarung RL 1999/79/EG, Art. 15 RL 2003/88/EG, § 8 I Anhang Rahmenvereinbarung RL 2010/18/EU. Damit wird der primärrechtlichen Anforderung des Art. 153 IV zweiter Gedankenstrich Genüge getan. Die unterschiedliche Formulierung – **strengere Schutzmaßnahmen** in Art. 153 IV zweiter Gedankenstrich und für die Arbeitnehmer **günstigere Bestimmungen** in zahlreichen Sekundärrechtsakten – dürfte keine inhaltliche Diskrepanz andeuten. Solche, für die Arbeitnehmer günstigeren Regelungen müssen nicht ausdrücklich durch eine mitgliedstaatliche Rechtsvorschrift statuiert werden, sondern können ebenso von der Rechtsprechung entwickelt werden (vgl. etwa EuGH 16.12.1992 – C-132/90 – Katsikas, NZA 1993, 169 = EAS RL 77/187/EWG Art. 3 Nr. 8 für das damals in Deutschland noch nicht gesetzlich geregelte Widerspruchsrecht der Arbeitnehmer gegen den zwingenden Übergang des Arbeitsvertrags auf den Betriebserwerber; zum Problem *Heckelmann,* GS Grabitz, 1995, 141 ff.).

Die Frage, was unter einer **strengeren Schutzvorschrift** zu verstehen ist, ist noch nicht **57** hinreichend geklärt. Bezugspunkt des Schutzes ist die Rechtsstellung des Arbeitnehmers, welche die mitgliedstaatliche Regelung gegenüber den Vorgaben der Richtlinie verbessern können soll. Damit kann es nicht auf das subjektive Empfinden des individuellen oder auch eines objektiv gedachten „verständigen" Arbeitnehmers ankommen, sondern auf den **objektiven Zweck der Richtlinie,** von der abgewichen wird (ebenso Schwarze/*Rebhahn*/ *Reiner* Rn. 70). IÜ müssen die **Vorgaben der Richtlinie mit den innerstaatlichen Umsetzungsvorschriften verglichen werden.** Dabei stellt sich die Frage, ob sich dieser Vergleich auf einzelne Regelungen, Gruppen von Regelungen oder auf die Gesamtregelung beziehen muss. Der EuGH tendiert insoweit eher zu einem Einzelvergleich. So hat er in der Rs. *Dellas* ausdrücklich ausgeführt, dass die Mitgliedstaaten verpflichtet sind, „die Einhaltung jeder in der Richtlinie aufgestellten Mindestvorschriften zu gewährleisten." (EuGH 1.12.2005 – C-14/04 Rn. 53 – Dellas, NZA 2006, 89 = EAS RL 93/104/EWG Art. 2 Nr. 5; ähnlich die Tendenz bei 22.5.2003 – C-441/01 Rn. 46 – Kommission/Niederlande, Slg. 2003, I-5463, EAS RL 89/391/EWG Art. 7 Nr. 2). Mit diesen Anforderungen wäre es nicht vereinbar, wenn die Mitgliedstaaten von einzelnen Regelungen einer Richtlinie zum Nachteil des Arbeitnehmers abweichen könnten, weil bei einer Gesamtbetrachtung die mitgliedstaatliche Regelung insgesamt oder bezogen auf einzelne Sachgruppen für den Arbeitnehmer doch günstiger ist. Insoweit können die Mitgliedstaaten nicht für den Arbeitnehmer ungünstigere Regelungen mit günstigeren „verrechnen" (ähnlich die Bewertung von Schwarze/*Rebhahn*/*Reiner* Rn. 70).

Ferner stellt Art. 153 IV zweiter Gedankenstrich klar, dass die **strengeren Schutzmaß- 58 nahmen** der Mitgliedstaaten mit den **Verträgen vereinbar sein müssen.** Konfliktlinien sind insoweit denkbar mit den Grundfreiheiten, was aber im Bereich sozialpolitischer Rechtsangleichungsmaßnahmen nach Art. 151 ff. AEUV soweit ersichtlich noch nicht praktisch wurde (ebenso die Einschätzung von Schwarze/*Rebhahn*/*Reiner* Rn. 72), und mit den Grundrechten der GRC. Hier kann ein stärkeres Konfliktfeld entstehen. So hat der EuGH bsw. die Befugnis der Mitgliedstaaten, iRd Betriebsübergangs-Richtlinie 2001/23/ EG strengere Schutzvorschriften zugunsten der Arbeitnehmer nach Art. 8 RL 2001/23/EG zu treffen, begrenzt durch die unternehmerische Entscheidungsfreiheit des Art. 16 GRC und eine möglicherweise strengere Schutzvorschrift des Mitgliedstaats unter diesem Gesichtspunkt verworfen (EuGH 18.7.2013 – C-426/11 Rn. 23, 32 ff. – Alemo-Herron, NZA 2013, 835).

b) Berücksichtigung der in den Mitgliedstaaten bestehenden Bedingungen 59 durch schrittweise Anwendung. Diese Mindestvorschriften sollen **schrittweise Anwendung finden** und **die in den einzelnen Mitgliedstaaten bestehenden Bedingungen** und **technische Regelungen berücksichtigen.** Damit nimmt die EU-Rechtsetzung auf dem Gebiet der Sozialpolitik bedacht auf unterschiedliche Regelungs- und Schutzstandards in den Mitgliedstaaten. Wirtschaftlich schwächere Mitgliedstaaten sollen hierdurch nicht überfordert werden (GHN/*Benecke* Rn. 10). Für die Einhaltung dieser Vorgaben genügt es in aller Regel, wenn die entsprechenden Richtlinien Umsetzungsfristen von hinreichender Dauer und für besondere Problemlagen in einzelnen Mitgliedstaaten Übergangsregelungen und Übergangsfristen bereithalten (vgl. dazu EuGH 12.11.1996 – C-84/94 Rn. 43 – Vereinigtes Königreich/Rat, NJW 1997, 1228 = EAS EG-Vertrag Art. 118a Nr. 2). Nicht erforderlich ist es demgegenüber, dass die jeweilige Rechtssetzungsmaßnahme das niedrigste Schutzniveau in einem Mitgliedstaat zum Ausgangspunkt für angleichende Regulierungen nimmt (auch → Rn. 55).

60 **c) Schutz kleiner und mittlerer Unternehmen (KMU) (Abs. 2 UAbs. 1 lit. b S. 2).** Ferner sollen die Richtlinien keine **verwaltungsmäßigen, finanziellen oder rechtlichen Auflagen vorschreiben,** die der **Gründung und Entwicklung kleiner und mittlerer Unternehmen (KMU) entgegenstehen.** Diese Regelung beruht auf der Annahme, dass kleine und mittlere Unternehmen durch arbeitsrechtliche Regulierungen stärker belastet werden als große Unternehmen. Kleine Unternehmen können regulierungsbedingte höhere Kosten und zusätzliche Verwaltungskapazitäten nicht so einfach kompensieren, wie das bei größeren Unternehmen der Fall sein mag. Dies kann KMU im Wettbewerb mit größeren Unternehmen benachteiligen, weshalb Sonderregelungen für solche Unternehmen rechtspolitisch gerechtfertigt werden können. Für den Begriff der KMU wird man die Empfehlung der Kommission v. 6.5.2003 betreffend die Definition der Kleinstunternehmen sowie der kleinen und mittleren Unternehmen heranziehen können (ABl. EU 20.5.2003 L 124/36). Danach beschäftigen KMU weniger als 250 Personen und erzielen entweder einen Jahresumsatz von höchstens 50 Mio. EUR oder haben eine Jahresbilanzsumme von höchstens 43 Mio. EUR. Damit dürfte der ganz überwiegende Teil der Unternehmen in Europa zu den KMU gehören.

61 Der **normative Gehalt dieser Soll-Vorschrift ist nicht ganz klar** (englisch: „such directives shall avoid imposing administrative, financial or legal constraints in a way which would hold back the creation and development fo small and medium-sized undertakings."; französisch: „Ces directives évitent d'imposer des contraintes administratives, financières et juridiques telle qu'elles contrarieraient la création et le développement de petites et moyennes entreprises"). So hat das **EuG** ausgesprochen, dass die **Bestimmung eine materiell-rechtliche Pflicht zugunsten der KMU normiert,** deren Einhaltung jeder Betroffene mittels des geeigneten Rechtsbehelfs überprüfen lassen könne (EuG 17.6.1998 – T-135/96 – UEAPME/Rat, Slg. 1998, II-2338 Rn. 80; krit. dazu Calliess/Ruffert/*Krebber* Rn. 32). Allerdings sollte man diese Aussage nicht überbewerten, weil sie im Zusammenhang mit einem durch das Gericht abgelehnten Anspruch der UEAPME stand, einem Verband, der die Interessen von KMU vertritt, an Verhandlungen des sozialen Dialogs beteiligt zu werden (näher dazu → AEUV Art. 154 Rn. 4 f.). Die Aussage soll daher in diesem Kontext eher als Argument dafür dienen, dass für die Interessenwahrung von KMU die Mitwirkung eines spezifischen Interessenverbands an dem Gesetzgebungsverfahren nicht erforderlich ist, weil die materiell-rechtlichen Interessen bereits anderweitig geschützt würden.

62 Der **EuGH** ist dementsprechend **deutlich zurückhaltender:** Er schließt aus der Vorschrift zunächst auf die grds. Zulässigkeit arbeitsrechtlicher Sonderregelungen für KMU (EuGH 30.11.1993 – C-189/91 Rn. 34 – Kirsammer-Hack, Slg. 1993, I-6215, EAS RL 76/207/EWG Art. 2 Nr. 8), hält aber gerade wegen dieser Vorschrift besondere wirtschaftliche Regelungen und bindende Maßnahmen für diese Unternehmen für zulässig (EuGH 9.9.2004 – C-184/02, C-223/02 Rn. 72 – Spanien/Parlament, Rat, Slg. 2004, I-7789, EuZW 2004, 660 = EAS RL 93/104/EG Art. 1 Nr. 2; 12.11.1996 – C-84/94 Rn. 44 – Vereinigtes Königreich/Rat, NJW 1997, 1228 = EAS EG-Vertrag Art. 118a Nr. 2). Ferner lässt es der EuGH genügen, wenn der Unionsgesetzgeber die Auswirkungen eines Rechtsakts auf KMU geprüft und dies dokumentiert hat, etwa in den Erwägungsgründen (EuGH 12.11.1996 – C-84/94 Rn. 44 – Vereinigtes Königreich/Rat, NJW 1997, 1228 = EAS EG-Vertrag Art. 118a Nr. 2; krit. dazu Schwarze/*Rebhahn*/*Reiner* Rn. 81). Vor diesem Hintergrund wird man dieser Vorschrift normativen Gehalt zubilligen müssen, aber wohl

nur in einem prozeduralen Sinn: Art. 153 II UAbs. 1 lit. b S. 2 bindet das weitgehende politische Ermessen und verpflichtet die gesetzgebenden Organe der Union dazu, die Interessen der KMU im Gesetzgebungsverfahren zu berücksichtigen.

Die Mitgliedstaaten haben in einer Erklärung zu Art. 118 II EGV-Amsterdam in der nicht konsolidierten Fassung – entspricht nun Art. 153 II – festgestellt, dass „bei den Beratungen über Art. 118 II des Vertrags zur Gründung der Europäischen Gemeinschaft Einvernehmen darüber bestand, dass die Gemeinschaft beim Erlass von Mindestvorschriften zum Schutz der Sicherheit und Gesundheit der Arbeitnehmer nicht beabsichtigt, Arbeitnehmer kleiner und mittlerer Unternehmen in einer den Umständen nicht gerechtfertigten Weise zu benachteiligen." (ABl. EU 1997 C 340/136). Diese Erklärung betrifft den Kompetenztatbestand des Art. 153 I lit. a (→ Rn. 17 ff.). Damit soll sichergestellt werden, dass bei Rechtsangleichungsmaßnahmen zum Arbeits- und Gesundheitsschutz die Interessen von Arbeitnehmern der KMU nicht unter Verweis auf den Schutz von KMU und Art. 153 II UAbs. 1 lit. b S. 2 unberücksichtigt bleiben. Dementsprechend schränken die auf diese Vorschrift gestützten Rechtsangleichungsmaßnahmen ihren Geltungsbereich kaum im Hinblick auf den besonderen Schutz von KMU ein (zu den einzelnen Maßnahmen → Rn. 19 f.). 63

d) Schutzklausel zugunsten der mitgliedstaatlichen Systeme der sozialen Sicherheit (Abs. 4 erster Gedankenstrich). Art. 153 IV erster Gedankenstrich enthält eine Schutzklausel für die Grundprinzipien der mitgliedstaatlichen Systeme der sozialen Sicherheit und für deren finanzielles Gleichgewicht. Die aufgrund von Art. 153 ergangenen Maßnahmen sollen die Befugnis der Mitgliedstaaten nicht berühren, die Grundprinzipien der Systeme der sozialen Sicherheit festzulegen. Ferner dürfen diese Maßnahmen das finanzielle Gleichgewicht dieser Systeme nicht erheblich beeinträchtigen. Diese Vorschrift zeigt einmal mehr, dass die Mitgliedstaaten auf dem Feld der Sozialpolitik die Hauptakteure bleiben sollen und dass die Union nur ergänzend und unterstützend tätig wird. Die aufgrund des Art. 153 ergangenen Maßnahmen der Union, insbesondere die Rechtssetzungsmaßnahmen, sind von den durch diese Schutzklausel statuierten Grenzen noch erheblich entfernt. Die Bestimmung hat daher in der Rechtspraxis noch keine Bedeutung erlangt. 64

3. Gesetzgebungsverfahren (Abs. 2 UAbs. 2–4). Art. 153 II UAbs. 2 legt als Gesetzgebungsverfahren das ordentliche **Gesetzgebungsverfahren nach Art. 289 I AEUV, Art. 294 AEUV** fest. Rat und Parlament müssen dabei zusammenwirken, ggf. unter Einschaltung eines Vermittlungsausschusses (näher Art. 294 AEUV); der Rat entscheidet mit qualifizierter Mehrheit (Art. 16 III EUV). Der Wirtschafts- und Sozialausschuss (Art. 300 AEUV) und der Ausschuss der Regionen (Art. 305 AEUV) müssen dabei angehört werden. Allerdings gilt dieses Gesetzgebungsverfahren nur für die Katalogtatbestände des Art. 153 I lit. a, b, e, h und i AEUV, wie sich aus Art. 153 II UAbs. 3 ergibt. In den Fällen der **Buchst. c, d, f und g** findet **ein besonderes Gesetzgebungsverfahren (Art. 289 II AEUV)** statt. Hier beschließt nur der Rat nach Anhörung des Parlaments sowie des Wirtschafts- und Sozialausschusses und des Ausschusses der Regionen, wobei die Zustimmung aller Mitglieder des Rats erforderlich ist. Damit sind die wichtigen Bereiche des „sozialer Schutz der Arbeitnehmer" (Buchst. c), „Beendigung des Arbeitsvertrags" (Buchst. d), „Vertretung und kollektive Wahrnehmung der Arbeitnehmer- und Arbeitgeberinteressen" (Buchst. f) sowie „Beschäftigungsbedingungen von Drittstaatsangehörigen" (Buchst. g) der Mitentscheidung des Europäischen Parlaments entzogen und unterliegen dem Einstimmigkeitsprinzip im Rat; jeder Mitgliedstaat hat somit ein Vetorecht, was bereits den Inhalt der Rechtsakte auf diesen Gebieten beeinflussen kann. Auf drei der genannten Regelungsfeldern kann der Rat auf Vorschlag der Kommission und nach Anhörung des Parlaments einstimmig beschließen, das ordentliche Gesetzgebungsverfahren anzuwenden – bei den Buchst. d, f und g (Art. 153 II UAbs. 4). Regelungen, die den Bereich der „sozialen Sicherheit und den sozialen Schutz der Arbeitnehmer" (Buchst. c) betreffen, kann stets nur der Rat einstimmig beschließen. 65

66 **4. Umsetzung in innerstaatliches Recht. a) Allgemeines.** Grds. müssen die Mitgliedstaaten eine Richtlinie in innerstaatliches Recht umsetzen. Das erfordert in vielen Fällen Rechtsakte legislativer Art. Der EuGH verlangt dies zwar nicht ausdrücklich; ein allg. rechtlicher Kontext sei ausreichend, wenn dieser die Anwendung der Richtlinie mit hinreichender Klarheit und Genauigkeit gewährleiste, um den Begünstigten der Richtlinie, soweit diese Ansprüche begründen soll, in die Lage zu versetzen, von seinen Ansprüchen Kenntnis zu nehmen und diese notfalls gerichtlich geltend zu machen (st.Rspr. des EuGH zur Umsetzung von Richtlinien: EuGH 8.10.1996 – C-178/94 Rn. 48 – Dillenkofer, Slg. 1996, I-4845; 13.3.1997 – C-197/96 Rn. 15 – Kommission/Frankreich, Slg. 1997, I-1489). Der EuGH verlangt also für die Umsetzung einer Richtlinie im Allgemeinen ein Mindestmaß an **Verbindlichkeit** und **Transparenz.**

67 Im Bereich der Sozialpolitik sehen zahlreiche Richtlinien vor, dass ihre Umsetzung eine Verringerung des bestehenden höheren innerstaatlichen Schutzniveaus nicht rechtfertigen kann (sog. **Verschlechterungsverbot;** s. etwa Art. 9 IV RL 2002/14/EG; Art. 23 RL 2003/88/EG; Art. 9 II RL 2008/104/EG; § 8 Nr. 3 Anhang Rahmenvereinbarung RL 1999/70/EG; § 8 II Anhang Rahmenvereinbarung RL 2010/18/EU). Diese Verschlechterungsverbote haben nur eine begrenzte Wirkung (ebenso die Einschätzung von Schwarze/ *Rebhahn/Reiner* Rn. 86). Sie sollen in erster Linie gewährleisten, dass die Mitgliedstaaten die Umsetzung einer EU-Richtlinie nicht dazu nutzen, das Schutzniveau des durch die EU-Richtlinie erfassten Bereichs im innerstaatlichen Recht abzusenken und politisch hierfür die Europäische Union verantwortlich machen zu können. Dieses Verschlechterungsverbot soll demnach nicht verhindern, dass die Mitgliedstaaten außerhalb der ausdrücklichen Umsetzung einer EU-Richtlinie neue Politikkonzepte erproben, die das Schutzniveau der innerstaatlichen Regeln in manchen Bereichen auch absenken können, solange nur die Mindeststandards der Richtlinie eingehalten werden (so bsw. EuGH 23.4.2009 – C-378–380/07 – Angelidaki, Slg. 2009, I-3071; 24.6.2010 – C-98/09 Rn. 36 – Sorge, NZA 2010, 805). Ein anderes Verständnis der entsprechenden Regelungen wäre unvereinbar mit dem Umstand, dass die Mitgliedstaaten im Bereich der Sozialpolitik nach wie vor hauptsächliche Akteure sind, und würde zu einer Versteinerung arbeitsrechtlicher Regulierungen in den Mitgliedstaaten auf angeglichenen Sachgebieten führen (zum Problem: *Corazzo* ELJ 2011, 385 ff.; *Greiner* EuZA 2011, 74; *Kerwer* EuZA 2010, 253 [257 ff.]).

68 **b) Übertragung auf die Sozialpartner nach Art. 153 III.** Im Bereich der Sozialpolitik besteht ferner die Besonderheit, dass in die **Durchführung unionaler Rechtsakte auch die Sozialpartner eingebunden** werden können. Allerdings können die Sozialpartner die Umsetzung einer Richtlinie in die innerstaatliche Rechtsordnung nicht vollständig gewährleisten, weil das ihnen zu Gebote stehende Instrument des Kollektivvertrags in seiner Reichweite regelmäßig limitiert ist – etwa auf die Mitglieder der Sozialpartner oder auf bestimmte Wirtschaftszweige. Der EuGH hat dieses Problem gesehen und eine Umsetzung von Richtlinien im Bereich der Sozialpolitik durch die Sozialpartner zwar seit längerem für zulässig erachtet, aber stets verlangt, dass alle Arbeitnehmer in der Union in den Genuss der durch das Unionsrecht garantierten Rechte gelangen müssten, was der zur Umsetzung der Richtlinie verpflichtete Mitgliedstaat sicherstellen müsse (EuGH 30.1.1985 – 143/83 Rn. 8 f. – Kommission/Dänemark, Slg. 1985, 427, EAS RL 75/117/EWG Art. 8 Nr. 2; 10.7.1986 – 285/84 Rn. 20 – Kommission/Italien, Slg. 1986, 2291, EAS RL 77/187/EWG Art. 8 Nr. 2). Anderenfalls wäre eine Richtlinie nicht ordnungsgemäß umgesetzt, was eine Vertragsverletzung des Mitgliedstaats begründen oder bei einem qualifizierten Verstoß gegen Unionsrecht einen Schadensersatzanspruch des Betroffenen gegen den Mitgliedstaat auszulösen vermag.

69 Auf diese Rechtsprechung des EuGH geht die Vorschrift des **Art. 153 III** zurück. Sie beruht auf Art. 2 IV des Abkommens über die Sozialpolitik und wurde später nahezu inhaltsgleich in den EG-Vertrag und dann in Art. 153 III übernommen. Der Wortlaut des Art. 153 III verlangt allerdings, dass die Sozialpartner des jeweiligen Mitgliedstaats die

Durchführung der entsprechenden Richtlinie gemeinsam beantragen – wohl bei dem jeweiligen Mitgliedstaat. Dieses Erfordernis hatte in der früheren Rechtsprechung des EuGH allerdings keine Rolle gespielt. Auch in neueren Entscheidungen rekurriert der EuGH lediglich auf seine bisherige Rechtsprechung, ohne Art. 153 III überhaupt zu erwähnen (EuGH 18.12.2008 – C-306/07 Rn. 25 f. – Andersen, NZA 2009, 95 = EAS RL 91/533/EWG Art. 8 Nr. 1; 11.2.2010 – C-405/08 Rn. 39 f. – Holst, NJW 2010, 2563 = EAS RL 2002/14/EG Art. 7 Nr. 1). In den diesen Urteilen zugrunde liegenden EU-Richtlinien war die Umsetzung durch die Sozialpartner jedoch ausdrücklich erlaubt und ein derartiges Antragserfordernis auch nicht vorgesehen (Art. 9 I UAbs. 1 RL 91/533/EWG, Art. 11 I RL 2002/14/EG). Angesichts der skizzierten Rechtsprechung des EuGH dürfte die praktische Bedeutung des in Art. 153 III statuierten Erfordernis eines gemeinsamen Antrags der Sozialpartner gering sein. In der Sache betont insbesondere Art. 153 III UAbs. 2 die unionsrechtliche Verantwortung des Mitgliedstaats für die Umsetzung einer Richtlinie, auch wenn dies die Sozialpartner in die Hand genommen haben. Dies entspricht der schon skizzierten Rechtsprechung des EuGH (→ Rn. 68).

F. Weitere Kompetenzgrundlagen des AEUV

I. Allgemeine Grundsätze zur Abgrenzung einschlägiger Kompetenzgrundlagen

Art. 153 bildet nicht die einzige Kompetenzgrundlage des AEUV, die arbeitsrechtliche Regulierungen tragen könnte. Dies zeigt bereits die historische Entwicklung (näher → Rn. 2 ff.): In den 1970er Jahren wurden die ersten arbeitsrechtlichen Regelungen der Gemeinschaft in Ermangelung anderer Kompetenzgrundlagen ua auf die allg. Rechtsangleichungskompetenz zur Errichtung des Gemeinsamen Markts gestützt (damals Art. 100 EWGV, heute Art. 115 AEUV). Bei dem heute erreichten Stand der Integration bedarf es daher allg. Regeln, unter welchen Voraussetzungen Art. 153 und/oder andere Kompetenzgrundlagen anwendbar sind. Die Rechtsprechung des EuGH lässt sich hierbei von folgenden Grundsätzen leiten (s. zusammenfassend *Oppermann/Classen/Nettesheim* § 11 Rn. 5): Zunächst müssen mehrere Kompetenzgrundlagen **tatbestandlich einschlägig** sein. Sodann ist ein **etwaiges Spezialitätsverhältnis** zu klären. Können danach für einen Rechtssetzungsakt mehrere Kompetenzgrundlagen herangezogen werden, ist auf den **Schwerpunkt** des Rechtsakts abzustellen, der sich nach dem Inhalt und Zweck bemisst, bei mehreren Zwecken ist der **Hauptzweck** maßgeblich (vgl. EuGH 27.2.2014 – C-656/11 Rn. 47 – Vereinigtes Königreich/Rat, EAS Art. 48 AEUV Nr. 2). Die Heranziehung von zwei Rechtsgrundlagen ist nur ausnahmsweise und allenfalls dann zulässig, wenn die Gesetzgebungsverfahren zusammengeführt werden können. Wenn der Hauptzweck des Rechtsakts also im Schutz der Arbeitnehmer besteht, muss der Rechtsakt auf die sozialpolitische Kompetenzgrundlage gestützt werden (so ausdrücklich für Art. 118a EGV EuGH 12.11.1996 – C-84/94 Rn. 45 ff. – Vereinigtes Königreich/Rat, NJW 1997, 1228 = EAS EG-Vertrag Art. 118a Nr. 2). 70

In gleicher Weise verfährt die Praxis bei der **Änderung von Rechtsakten.** Hierbei ist auf den Zeitpunkt der Änderung des Rechtsakts abzustellen, was dem dynamischen Charakter des Unionsrechts entspricht. Dies gilt auch dann, wenn der ursprüngliche Rechtsakt wegen der zu diesem Zeitpunkt herangezogenen Rechtsgrundlage nur einstimmig beschlossen werden konnte. So wurde die ursprüngliche Insolvenzgeld-Richtlinie 80/987/EWG aus dem Jahr 1980 auf Art. 100 EWGV (entspricht Art. 115 AEUV) gestützt, was Einstimmigkeit im Rat voraussetzte, die Änderungs-Richtlinie 2008/94/EG jedoch auf die inhaltlich insoweit unveränderte Vorgängervorschrift des Art. 153 I. Anders ist man jedoch bei der Betriebsübergangs-Richtlinie verfahren: Die neu verkündete Betriebsübergangs-Richtlinie 2001/23/EG wurde wie der ursprünglichen Rechtsakt RL 77/187/EWG und die Ände- 71 rungs-Richtlinie 98/50/EG auf die Kompetenz für die Rechtsangleichung im Gemeinsamen Markt (Art. 100 EWGV, Art. 94 EGV-Amsterdam, entspricht Art. 115 AEUV) gestützt, obwohl – anders als für Änderungs-Richtlinie 98/50/EG – Art. 137 EGV-Amsterdam bereits in Kraft getreten war und zur Verfügung gestanden hätte (krit. hierzu auch *Riesenhuber* § 24 Rn. 6; Schwarze/*Rebhahn*/*Reiner* Rn. 28).

II. Kompetenzgrundlagen mit Bezug zur Sozialpolitik

72 **1. Binnenmarkt und Grundfreiheiten.** Aufgrund der historischen Entwicklung der Kompetenzgrundlagen (→ Rn. 2 ff.) haben die Rechtsgrundlagen für die Rechtsangleichung im Binnenmarkt bzw. vor Inkrafttreten der Einheitlichen Europäischen Akte im Jahr 1987 im Gemeinsamen Markt unmittelbare Bedeutung für die Rechtssetzung der Union im Arbeitsrecht. Die eigentliche Rechtsgrundlage für die Angleichung der Rechtsvorschriften zur Errichtung eines Binnenmarkts nach **Art. 114 AEUV ist allerdings im Arbeitsrecht nur ganz eingeschränkt anwendbar.** Die Vorschrift gilt nämlich nach Art. 114 II AEUV nicht für „die Bestimmungen über die Rechte und Interessen der Arbeitnehmer". Die Reichweite dieser Bereichsausnahme ist unklar und umstritten, auch vor dem Hintergrund, dass Art. 114 IV AEUV den „Schutz der Arbeitsumwelt" einbezieht und damit die Berücksichtigung auch von Arbeitnehmerinteressen nicht vollständig aus dem Regelungsprogramm der Binnenmarktkompetenzgrundlage ausgenommen ist (vgl. nur Streinz/*Leible*/*Schröder* Art. 114 AEUV Rn. 16). Nach dem vorstehend herausgearbeiteten Abgrenzungskriterien (→ Rn. 70 f.) wird man nach dem Hauptziel der jeweiligen Regelung abgrenzen müssen: Bezweckt die Regelung in erster Linie den Ausgleich von Arbeitnehmer- und Arbeitgeberinteressen, scheidet Art. 114 AEUV wegen Art. 114 II AEUV aus; richtige Rechtsgrundlage sind dann die Sozialvorschriften des AEUV, insbesondere Art. 153. Steht dagegen der Abbau von Freiverkehrshindernissen im Vordergrund der Rechtsangleichungsmaßnahme, kann auf Art. 114 AEUV zurückgegriffen werden, auch wenn als Folgeregelung „Rechte und Interessen der Arbeitnehmer" betroffen sind.

73 Aus dem Bereich der Kompetenznormen für die Errichtung des Binnenmarkts kommt für arbeitsrechtliche Regelungen daher regelmäßig allenfalls **Art. 115 AEUV** mit dem **Einstimmigkeitsprinzip** in Betracht. Die Vorgängervorschrift dieser Regelung (Art. 100 EWGV) wurde in der Anfangszeit der Gemeinschaft für einige sozialpolitisch motivierte Regelungsvorhaben fruchtbar gemacht (→ Rn. 2 ff.), dürfte aber nun regelmäßig hinter Art. 153 zurücktreten (→ Rn. 70 f.). Rechtssetzungsgrundlagen für die Verwirklichung **einzelner Grundfreiheiten** können ebenfalls arbeitsrechtlich bedeutsame Regelwerke tragen: So wurde die **Entsende-Richtlinie 96/71/EG** auf Art. 47 II und Art. 55 EGV gestützt (entspricht Art. 53, 62 AEUV), weil das Hauptziel dieser Richtlinie in der **Verwirklichung und Ausgestaltung der Dienstleistungsfreiheit** besteht. Zur Verwirklichung der **Arbeitnehmerfreizügigkeit** können ferner Sekundärrechtsakte auf der Basis von Art. 46 und 48 AEUV ergehen. Vergleichbares gilt für die Verwirklichung der **Niederlassungsfreiheit** für Art. 50 AEUV, wonach auch gesellschaftsrechtliche Fragen geregelt werden können (Art. 50 II lit. g AEUV). Von dieser Kompetenzgrundlage hat man etwa Gebrauch gemacht für die **Verschmelzungs-Richtlinie 2005/56/EG,** welche in Art. 16 RL 2005/56/EG auch Regelungen über die Mitbestimmung der Arbeitnehmer enthält.

74 **2. Gleichbehandlung (Art. 157 III AEUV, Art. 19 AEUV).** Regelungen über die **Gleichbehandlung von Männern und Frauen im Arbeitsleben** wurden in den 1970er Jahren ebenfalls vielfach auf die allg. Kompetenzgrundlage für die Rechtsangleichung im Gemeinsamen Markt gestützt, zum Teil unter Heranziehung der ergänzenden Rechtssetzungsbefugnis (→ Rn. 2 f.). Das Abkommen über die Sozialpolitik und im Anschluss der Vertrag von Amsterdam aus dem Jahr 1999 haben die Rechtssetzungsbefugnisse insoweit erheblich erweitert: Für den Bereich der Gleichbehandlung der Geschlechter im Arbeitsleben wurden Art. 137 I fünfter Gedankenstrich und Art. 141 III EGV-Amsterdam (ent-

Bedeutung der Vorschrift   **Art. 154 AEUV 20**

spricht Art. 151 I lit. i und Art. 157 III AEUV), für **weitere Sachgebiete** und **weitere unzulässige Differenzierungsmerkmale** Art. 13 EGV-Amsterdam (entspricht **Art. 19 AEUV**) geschaffen. Auf Art. 13 EGV-Amsterdam – entspricht Art. 19 AEUV – hat man die beiden Antidiskriminierungs-Richtlinie 2000/43/EG und RL 2000/78/EG gestützt. Für die Gleichbehandlung der Geschlechter im Arbeitsleben sind Art. 153 I lit. i und Art. 157 III AEUV gegenüber Art. 19 AEUV spezieller, weshalb bsw. die Gleichbehandlungsrahmen-Richtlinie 2006/54/EG auf der Basis der Vorgängervorschrift des Art. 157 III AEUV ergangen ist. Zum Verhältnis von Art. 151 I lit. i AEUV und Art. 157 III AEUV → Rn. 40 f.

3. Sonstige. Die **ergänzende Rechtssetzungsbefugnis (Art. 352 AEUV)** hat inzwischen angesichts der Breite der sozialpolitischen Kompetenzgrundlagen an Bedeutung verloren, aber nicht vollständig eingebüßt. So beruhen bsw. die VO (EG) Nr. 2157/2001 des Rates über das Statut der Europäischen Gesellschaft (ABl. EU 2001 L 294/1) und die RL 2001/86/EG des Rates zur Ergänzung des Statuts der Europäischen Gesellschaft hinsichtlich der Beteiligung der Arbeitnehmer (ABl. EU 2001 L 294/22) auf der Vorgängervorschrift des Art. 352 AEUV. 75

Bedeutsam ist ferner die **datenschutzrechtliche Kompetenzgrundlage des Art. 16 II AEUV.** Die EU-Kommission stützt die beabsichtigte EU-Datenschutzgrundverordnung (KOM [2012] 11/4 v. 25.1.2012) auf diese Ermächtigungsgrundlage. Diese Verordnung soll nach dem derzeitigen Stand auch Regelungen über den Datenschutz im Arbeitsverhältnis enthalten und damit insoweit erheblich über die Datenschutz-Richtlinie 95/46/EG hinausgehen. Für derart weitgehende arbeitsrechtliche Regelungen wäre jedoch Art. 153 I die speziellere Rechtsgrundlage, welche die Rechtsetzung der Europäischen Union in diesem Bereich nach Form und Inhalt stärker beschränken würde; zulässig wären nur eine Mindestharmonisierung durch Richtlinien nach Maßgabe von Art. 153 II UAbs. 1 lit. b (näher zum Problem *Franzen* DuD 2012, 322). 76

Art. 154 [Anhörung der Sozialpartner]

(1) Die Kommission hat die Aufgabe, die Anhörung der Sozialpartner auf Unionsebene zu fördern, und erlässt alle zweckdienlichen Maßnahmen, um den Dialog zwischen den Sozialpartnern zu erleichtern, wobei sie für Ausgewogenheit bei der Unterstützung der Parteien sorgt.

(2) Zu diesem Zweck hört die Kommission vor Unterbreitung von Vorschlägen im Bereich der Sozialpolitik die Sozialpartner zu der Frage, wie eine Unionsaktion gegebenenfalls ausgerichtet werden sollte.

(3) ¹**Hält die Kommission nach dieser Anhörung eine Unionsmaßnahme für zweckmäßig, so hört sie die Sozialpartner zum Inhalt des in Aussicht genommenen Vorschlags.** ²**Die Sozialpartner übermitteln der Kommission eine Stellungnahme oder gegebenenfalls eine Empfehlung.**

(4) ¹**Bei den Anhörungen nach den Absätzen 2 und 3 können die Sozialpartner der Kommission mitteilen, dass sie den Prozess nach Artikel 155 in Gang setzen wollen.** ²**Die Dauer dieses Prozesses darf höchstens neun Monate betragen, sofern die betroffenen Sozialpartner und die Kommission nicht gemeinsam eine Verlängerung beschließen.**

A. Bedeutung der Vorschrift

Art. 154 bildet zusammen mit Art. 155 AEUV und seit Inkrafttreten des Lissabonner Vertrags auch mit Art. 152 AEUV die Grundlage für den sog. **sozialen Dialog.** Die rechtlichen Ursprünge dieses Dialogs zwischen den Sozialpartnern finden sich in Art. 22 der 1

Einheitlichen Europäischen Akte von 1987 (→ AEUV Art. 151 Rn. 8). Aufgrund dieses Abkommens der Mitgliedstaaten wurde der Vertrag im Bereich der Sozialpolitik ua um die Vorschrift des Art. 118b EWGV erweitert. Sie lautet: „Die Kommission bemüht sich darum, den Dialog zwischen den Sozialpartnern auf europäischer Ebene zu entwickeln, der, wenn diese es für wünschenswert halten, zu vertraglichen Beziehungen führen kann". Die Vorschrift legte die rechtliche Basis für den bereits vorher begonnenen Prozess des Austauschs und der Diskussion der Sozialpartner auf europäischer Ebene, den die Kommission initiiert hatte. Im Abkommen über die Sozialpolitik aus dem Jahr 1992 wurde dieser Ansatz normativ ausgebaut und in Art. 3 und 4 des Abkommens über die Sozialpolitik verankert. Sie wurden weitgehend unverändert in Art. 138 und 139 EGV-Amsterdam eingestellt und dann durch den Vertrag von Lissabon in Art. 154 und 155 AEUV überführt. Der Vertrag von Lissabon hat dann noch zusätzlich Art. 152 AEUV geschaffen, der die Bedeutung des sozialen Dialogs noch einmal stärker hervorhebt, ohne Art. 154 in rechtlicher Hinsicht zu tangieren (so die Bewertung von Schwarze/*Rebhahn* Rn. 1).

2   Der soziale Dialog meint ein zunächst **informelles Verfahren zum Gedankenaustausch und Diskussion zwischen den Sozialpartnern auf europäischer Ebene,** zum Teil unter Einbeziehung der Kommission. Die Kommission hat in der Vergangenheit häufig versucht, diesen Prozess voranzutreiben und ihn teilweise auch zu moderieren, in den 1980er Jahren iRd Treffens der europäischen Spitzenverbände auf Arbeitnehmer und Arbeitgeberseite im Brüsseler Schloss Val Duchesse im Jahr 1985 (zur historischen Entwicklung s. nur *Bercusson* 132 f.). Dabei bedürfte es für ein informelles Verhandlungs- und Diskussionsverfahren überhaupt keiner rechtlichen Regelungen: die europäischen Spitzenverbände der Sozialpartner können unabhängig davon Informationen und Meinungen austauschen und auch gemeinsame politische Initiativen starten, wenn sie dies wünschen. Art. 154 und 155 AEUV verdichten und formalisieren diesen Prozess nun in rechtlicher Hinsicht. Insofern kann man mit Blick auf **Art. 154 f. AEUV** von einem **förmlichen sozialen Dialog** im Gegensatz zu einem jederzeit möglichen informellen sozialen Dialog sprechen (Calliess/Ruffert/*Krebber* Rn 2 f.). In diesem Rahmen legt Art. 154 I der Kommission eine **Förderpflicht** im Hinblick auf den förmlichen sozialen Dialog auf (auch → AEUV Art. 152 Rn. 2 f.). Sie soll alle Maßnahmen ergreifen, um den sozialen Dialog zu erleichtern, und unterliegt einer **Neutralitätspflicht,** weil ihre Fördermaßnahmen ausgewogen sein müssen (Art. 154 I aE).

B. Begriff der Sozialpartner

3   Die Frage, welche Organisation am sozialen Dialog teilnehmen kann, also der Sozialpartnerbegriff (englisch: „the social partners" in Art. 152 AEUV, „management and labour" in Art. 154, 155 AEUV; französisch: „les partenaires sociaux") ist in im AEUV nicht geregelt. Klar ist zunächst, dass der Begriff europäisch **autonom aus dem Unionsrecht heraus** zu entwickeln ist (Calliess/Ruffert/*Krebber* Rn. 8; *Schwarze* EAS B 8100 Rn. 19). Der Begriff bedarf der Konkretisierung; die Kompetenz hierzu und die Entscheidung darüber, welche Organisationen am sozialen Dialog nach Art. 154 f. AEUV beteiligt werden, steht der Kommission als der für die Durchführung zunächst verantwortlichen EU-Institution zu (Calliess/Ruffert/*Krebber* Rn. 11). Allerdings kann dies gerichtlich durch EuGH bzw. EuG überprüft werden. Soweit ersichtlich war hiermit bisher nur einmal das EuG befasst (EuG 17.6.1998 – T-135/96 Rn. 89 ff. – UEAPME/Rat, Slg. 1998, II-2338).

4   Die EU-Kommission hat in ihrer **Mitteilung über die Anwendung des Protokolls über die Sozialpolitik** an den Rat und an das Europäische Parlament v. 14.12.1993 (KOM [93] 600 endg.) einen Kriterienkatalog aufgestellt, der nach ihrer Auffassung erfüllt sein muss, damit eine Organisation am Verfahren nach Art. 154 beteiligt werden kann. Danach sollen die Organisationen (1) branchenübergreifend, sektor- oder berufsspezifisch sein und über eine Struktur auf europäischer Ebene verfügen, (2) aus Verbänden bestehen, die in

ihrem Land integraler und anerkannter Bestandteil des Systems der Arbeitsbeziehungen sind, Vereinbarungen aushandeln können und soweit wie möglich alle Mitgliedstaaten vertreten und schließlich (3) über geeignete Strukturen verfügen, um effektiv an dem Anhörungsprozess teilnehmen zu können. Das Europäische Parlament hat Ergänzungen dieses Katalogs vorgeschlagen: Danach soll die Mitgliedschaft der in Betracht kommenden Organisationen freiwillig sein; den Organisationen soll ein Mandat zur Vertretung im sozialen Dialog gerade auf der Ebene der Union eingeräumt worden sein. Außerdem sollen diese Organisationen ihre Repräsentativität nachweisen (vgl. KOM [96] 448 Nr. 62). Bei diesen Kriterien, die Kommission und Europäisches Parlament aufgestellt haben, handelt es sich zunächst nur um Rechtsauffassungen der jeweiligen EU-Institutionen (ebenso *Schwarze* EAS B 8100 Rn. 18). Allerdings sind hierdurch die wesentlichen Gesichtspunkte genannt. Das EuG hat im *UEAPME*-Urteil aus dem Jahr 1998 diese Kriterien nicht im Einzelnen untersucht, allerdings vor allem das Kriterium der **Repräsentativität** betont (EuG 17.6.1998 – T-135/96 Rn. 89 ff. – UEAPME/Rat, Slg. 1998, II-2338).

Die Kommission führt ein Verzeichnis der für den sozialen Dialog in Betracht kommenden 5 Organisationen (einsehbar unter http://ec.europa.eu/social). Dabei bildet die Kommission **vier Kategorien** und benennt auch die entsprechenden Organisationen: Allg. Arbeitgeber- und Arbeitnehmerorganisationen; branchenübergreifende Arbeitgeber- und Arbeitnehmerorganisationen, die bestimmte Arbeitnehmer- und Unternehmensgruppen vertreten; branchenbezogene Arbeitgeberorganisationen und Arbeitnehmerorganisationen; als spezifische Arbeitgeberorganisation Eurochambres. In die erste Kategorie gehören die **stets am sozialen Dialog beteiligten BUSINESSEUROPE** und der Europäische Zentralverband für die öffentliche Wirtschaft **(CEEP)** für die Arbeitgeberseite und der Europäische Gewerkschaftsbund **(EGB/ETUC)** für die Arbeitnehmerseite; in die zweite Kategorie fallen auf Arbeitgeberseite die Europäische Union des Handwerks und der Klein- und Mittelbetriebe **(UEAPME)**, auf Arbeitnehmerseite **Eurocadres** und die Europäische Vereinigung der leitenden Angestellten **(CEC)**. Zur dritten Kategorie der branchenbezogenen Organisationen gehören eine Vielzahl – ca. 80 – von Verbänden auf Arbeitgeber und Arbeitnehmerseite. Die Kommission aktualisiert dieses Verzeichnis von Zeit zu Zeit und führt fortlaufend Erhebungen über die Repräsentativität der europäischen Organisationen durch (s. dazu Mitteilung der Kommission 12.8.2004, KOM [2004] 557 endg.). Im Bereich einzelner Branchen hat die Kommission seit 1998 einen sektoriellen sozialen Dialog etabliert und für die einzelnen Wirtschaftszweige insgesamt 44 Ausschüsse für den sektoriellen sozialen Dialog eingerichtet (näher Arbeitsdokument der Dienststellen der Kommission zu Arbeitsweise und Potenzial für den sektoriellen sozialen Dialog in Europa v. 22.7.2010, SEK [2010] 964 endg.; s. auch *Rohrmann/Kalass* AuA 2014, 584).

Die Übersicht veranschaulicht, dass der Begriff der Sozialpartner auf europäischer Ebene 6 eine andere Ausrichtung aufweist, als dies im innerstaatlichen Recht geläufig ist. So werden Vereinigungen einbezogen, bei denen es sich um sektorielle industriepolitische Interessenvertretungen handelt (Calliess/Ruffert/*Krebber* Rn. 21). Sozialpartner iSv Art. 154 f. AEUV können also auch Organisationen sein, deren Verbandszweck nicht auf die klassische Regelung der Arbeitsbedingungen ihrer Mitglieder beschränkt ist (**aA** *Schwarze* EAS B 8100 Rn. 21). Dies rechtfertigt sich daraus, dass iRd sozialen Dialogs auf europäischer Ebene die beteiligten Interessen möglichst breit abgebildet werden sollten. Das kann es einschließen, industriepolitisch ausgerichtete Vereinigungen ebenfalls einzubinden. Ferner spielen weitere Kriterien wie Durchsetzungsfähigkeit, Mitgliederzahl oder Bereitschaft zur Führung von Arbeitskämpfen wegen der andersartigen Struktur des sozialen Dialogs auf europäischer Ebene eine geringere Rolle als im mitgliedstaatlichen Kontext. Demgegenüber wird die **Gegnerfreiheit** und **Gegnerunabhängigkeit** des jeweiligen Verbands richtigerweise für unverzichtbar gehalten, weil anderenfalls keine wirksame Interessenvertretung stattfinden könne (Schwarze/*Rebhahn* Rn. 8; *Schwarze* EAS B 8100 Rn. 30). Im Kriterienkatalog der Kommission (→ Rn. 4) ist dies zwar nicht ausdrücklich, wohl aber der Sache nach enthalten: Sozialpartner iSd Art. 154 f. AEUV sollen aus Verbänden bestehen, die in ihrem Land integraler und anerkannter Bestandteil des Systems der Arbeitsbeziehungen sind. Daran wird es bei nicht gegnerfreien Verbänden in aller Regel fehlen, weil diese Anforderung international weitgehend konsentiert ist und letztlich auf das ILO-Übereinkommen Nr. 98 zurückgeht (Art. 2 ILO-Übereinkommen Nr. 98). Ebenso berücksichtigt der Kriterienkatalog der Kommission die organisatorische Ausstattung: Dies kommt darin zum Ausdruck, dass die betreffende Organisation über geeignete Strukturen verfügen muss, um am Anhörungsprozess teilnehmen zu können (→ Rn. 4).

C. Verfahren der Anhörung (Abs. 2 und 3)

I. Gegenstand: Sozialpolitik

7   Gegenstand des **sozialen Dialogs** ist die Sozialpolitik. Der Begriff ist mit Blick auf die Reichweite des sozialen Dialogs nicht näher definiert. Fraglich ist daher, ob nur der Bereich erfasst ist, für den Art. 153 AEUV eine sozialpolitische Rechtssetzungskompetenz der Europäischen Union statuiert, oder ob der Begriff darüber hinaus reicht und den gesamten Gegenstandsbereich der Art. 151 ff. AEUV in Bezug nimmt (→ AEUV Art. 151 Rn. 1 f.), auch wenn die Rechtsgrundlage für die Rechtssetzungsmaßnahme auf anderem Gebiet liegen würde, etwa Art. 19 AEUV oder Art. 115 AEUV (dazu → AEUV Art. 153 Rn. 70 ff.). Vorzugswürdig dürfte die zweite Lesart sein. Für sie spricht der Wortlaut, der sich auf den gesamten Gegenstand der Sozialpolitik nach den Art. 151 ff. AEUV bezieht und nicht lediglich auf Art. 153 AEUV, und der Zweck des sozialen Dialogs, die Sozialpartner auf dem Gebiet der Sozialpolitik umfassend einzubeziehen. So wird zu Beginn politisch-gestalterischer Überlegungen der Kommission vielfach die Rechtsgrundlage noch gar nicht feststehen, sondern vom genauen Inhalt des Vorschlags abhängen (wie hier *Schwarze* EAS B 8100 Rn. 12, 87; *Wank* RdA 1995, 10 [19]; enger: Calliess/Ruffert/*Krebber* Rn. 29 f.; Schwarze/*Rebhahn* Rn. 4). Beabsichtigt die Kommission auf dem umfassend verstandenen Gebiet der Sozialpolitik eine Maßnahme der Union, muss die Kommission das in Art. 154 II und III festgelegte zweistufige Verfahren beachten. Auf der ersten Stufe muss sie die relevanten Sozialpartner anhören und auf der zweiten Stufe in einen Dialog mit ihnen treten.

II. Verfahren auf Stufe 1 (Abs. 2)

8   Art. 154 II verlangt, dass die Kommission die Sozialpartner anhört, bevor sie eine „Unionsaktion" auf dem Gebiet der Sozialpolitik vorschlägt. Dabei ist der Begriff der **„Unionsaktion"** (englisch: „Union action"; französisch: „action de l'Union") weit zu verstehen und nicht auf eine bestimmte unionsrechtliche Handlungsform beschränkt (Calliess/Ruffert/*Krebber* Rn. 29). Allerdings besteht keine **Anhörungspflicht** der Kommission, wenn sie allein handeln kann, etwa bei Stellungnahmen oder Empfehlungen (Calliess/Ruffert/*Krebber* Rn. 29; Schwarze/*Rebhahn* Rn. 4). Davon unberührt bleibt, dass die Kommission die Sozialpartner nach pflichtgemäßem Ermessen aufgrund ihrer Pflicht zur Förderung des sozialen Dialogs (→ Rn. 2) anhören darf. Daher wird es sich bei derartigen Unionsaktionen in aller Regel doch um beabsichtigte Rechtssetzungsmaßnahmen handeln. Gegenstand der Anhörung ist die Zweckmäßigkeit und die inhaltliche Ausgestaltung einer Maßnahme der Union (GHN/*Benecke* Rn. 6).

9   **Anhörung** bedeutet dabei, dass die Kommission einen Dialog und Meinungsaustausch zwischen den Sozialpartnern etabliert. Der Begriff der Anhörung ist im Vertrag nicht definiert. Für die Konkretisierung kann im Grundsatz auf Definitionen in Regelwerken wie etwa Art. 2 lit. g RL 2002/14/EG oder Art. 2 lit. g RL 2009/38/EG zurückgegriffen werden. Freilich passen diese Begriffsbestimmungen nicht vollständig, weil es dort um die Institutionalisierung eines Dialogs zwischen dem Arbeitgeber und den Arbeitnehmervertretern geht, während hier der Dialog zwischen Kommission und den Sozialpartnern und

Verfahren der Anhörung (Abs. 2 und 3)   Art. 154 AEUV 20

unter diesen im Raum steht. Anhören bedeutet aber in jedem Fall in diesem Kontext vor allem auch „zuhören" und wäre in der deutschen Sprachfassung besser mit dem Begriff „Beratung" wiedergegeben worden, wie dies auch der englischen (consult) und französischen (consulter) Sprachfassung entspricht. Daher umfasst die Anhörung folgende Stufen: Information, Gelegenheit zur Stellungnahme, Auseinandersetzung mit vorgetragenen Argumenten und Mitteilung des Ergebnisses der Anhörung und des weiteren Prozedere (vgl. *Schwarze* EAS B 8100 Rn. 92). Die Anhörung kann dergestalt organisiert werden, dass die europäischen Sozialpartner getrennt und unabhängig voneinander ihre Auffassungen darlegen; möglich sind aber auch gemeinsame Beratungen. Ein zeitlicher Rahmen für die Anhörung ist nicht vorgesehen; man wird den Sozialpartner einen angemessenen Zeitrahmen einräumen müssen, um den Sinn der Anhörung nicht zu unterlaufen (Calliess/Ruffert/*Krebber* Rn. 33).

Die Kommission muss die Sozialpartner anhören, **bevor** sie Vorschläge unterbreitet, also 10 mit Vorschlägen an die Öffentlichkeit oder ein anderes zuständiges Organ der Union, etwa den Rat, tritt. Die Anhörungspflicht setzt demnach ein, wenn die Kommission eine (anhörungspflichtige) Maßnahme auf dem Gebiet der Sozialpolitik ins Auge fasst. Diese frühe Einbindung der Sozialpartner in den Willensbildungsprozess der Kommission soll gewährleisten, dass die Kommission unvoreingenommen und offen Alternativen prüft. Es kommt darauf an, dass der Entscheidungsprozess innerhalb der Kommission offen gestaltet ist, und nicht der Eindruck erweckt wird, die Kommission sei bereits auf eine Maßnahme festgelegt (*Schwarze* EAS B 8100 Rn. 92). Die Kommission muss nicht alle Sozialpartner, die grds. nach Maßgabe der vorstehend (→ Rn. 3 ff.) genannten Kriterien sozialpartnerfähig sind, anhören. Es genügt, wenn diejenigen Sozialpartner beteiligt sind, die vor dem Hintergrund der Reichweite der in Aussicht genommenen Unionsmaßnahme eine **angemessene Repräsentativität** gewährleisten (*Schwarze* EAS B 8100 Rn. 90). Bei branchenübergreifenden Vorhaben werden daher stets BUSINESSEUROPE, CEEP und der EGB anzuhören sein (→ Rn. 5); bei branchenbezogenen Maßnahmen diejenigen Verbände, die auf Branchenebene repräsentativ sind (Schwarze/*Rebhahn* Rn. 9). Die EU-Kommission ist aber nicht darauf beschränkt, nur eine Mindestzahl von Sozialpartnern in den sozialen Dialog einzubeziehen, sondern kann nach pflichtgemäßem Ermessen weitere sozialpartnerfähige Verbände hinzuziehen. Das entspricht der Praxis der Kommission (s. dazu auch Mitteilung über die Anwendung des Protokolls über die Sozialpolitik an den Rat und an das Europäische Parlament v. 14.12.1993, KOM [93] 600 endg. Nr. 28 ff.).

III. Verfahren auf Stufe 2 (Abs. 3)

An die geschilderte Anhörungsphase auf der ersten Stufe kann sich eine Anhörungsphase 11 auf der zweiten Stufe anschließen. Dies ist dann der Fall, wenn die Kommission eine **Unionsmaßnahme für zweckmäßig** hält. In diesem Fall hat die Kommission aufgrund des sozialen Dialogs auf Stufe 1 oder aus anderen Gründen den Eindruck gewonnen, dass eine Maßnahme beschlossen werden sollte. In diesem Fall muss die Kommission nochmals anhören, und zwar zum **Inhalt dieser Maßnahme.** Die Kommission muss in diesem Stadium bereits konkrete Vorstellungen von der inhaltlichen Ausgestaltung der Maßnahme haben, welche sie dann den Sozialpartnern zur Diskussion stellt. Die Kommission muss den anhörungsberechtigten Sozialpartnern auf dieser Stufe mithin einen konkreten Regelungsvorschlag unterbreiten. Die Grundsätze zur Anhörung auf der ersten Verfahrensstufe gelten dann entsprechend (→ Rn. 9 f.). Anhörungsberechtigt sind alle Sozialpartner, die auch auf der ersten Stufe der Anhörung beteiligt wurden. Diese zweite Phase muss ebenfalls ergebnisoffen geführt werden und kann daher hervorbringen, dass das Unterlassen der in Aussicht genommenen Maßnahme die bessere Option ist. Die Sozialpartner sollen in dieser Phase der Kommission eine Stellungnahme oder ggf. eine Empfehlung übermitteln (Art. 153 III 2 AEUV). Die Stellungnahme kann dabei unterschiedliche Positionen der Sozialpartner enthalten, während die Empfehlung als Handlungsempfehlung zu verstehen ist, also voraussetzt, dass die Sozialpartner sich einig sind.

IV. Verfahrensfehler

12   Verfahrensfehler können in vielfältiger Weise auftreten. Am schwerwiegendsten dürfte sein, dass die Kommission eine grds. sozialpartnerfähige Organisation nicht am Anhörungsverfahren beteiligt, obwohl sie hätte beteiligt werden müssen. Ferner ist denkbar, dass die Kommission das Anhörungsverfahren nicht ergebnisoffen führt oder entgegen ihrer Neutralitätspflicht (Art. 154 I) eine Sozialpartnerorganisation bevorzugt. Ungeklärt ist jedoch, wie sich derartige **Fehler im Anhörungsverfahren auswirken.** Wird das Anhörungsverfahren nach Art. 154 II und III mit einer Maßnahme abgeschlossen, wurde in der Vergangenheit häufig angenommen, der Rechtsakt sei nichtig (Nachweise für diese Auffassung bei Calliess/Ruffert/*Krebber* Rn. 34 mit Fn. 73). Diese Auffassung geht wohl auf eine Aussage des EuG zurück, das eine Nichtigkeit des Rechtsakts in Betracht gezogen hat, wenn Kommission und Rat die Repräsentativität der an einer Vereinbarung nach Art. 155 AEUV beteiligten Sozialpartner nicht geprüft haben und diese nicht repräsentativ waren (EuG 17.6.1998 – T-135/96 Rn. 89 f. – UEAPME/Rat, Slg. 1998, II-2338). Das Gericht begründet dies mit der fragwürdigen Auffassung, dass das Repräsentativitätserfordernis bei unionalen Rechtsakten, die aufgrund der Art. 154 f. AEUV entstanden sind, ein demokratische Defizit und die fehlende Mitwirkung des Parlaments kompensiert, und überträgt daher die Rechtslage bei Fehlern hinsichtlich der Beteiligung des Parlaments an unionalen Gesetzgebungsverfahren (EuG 17.6.1998 – T-135/96 Rn. 88 f. – UEAPME/Rat, Slg. 1998, II-2338). Dies ist in der Sache sehr zweifelhaft, weil das Repräsentativitätserfordernis iRd sozialen Dialogs nicht auf demokratischen Grundsätzen beruht, sondern die sachlich-inhaltliche Legitimität des Rechtsakts unterstützt (ausf. *Schwarze* EAS B 8100 Rn. 23). Außerdem kann die angenommene Rechtsfolge nicht auf andere, weniger schwerwiegende Verfahrensfehler übertragen werden. Vorzugswürdig ist es daher, mit einer im Vordringen begriffenen Auffassung die Rechtsfolge der Nichtigkeit auf schwerwiegende Verfahrensfehler zu begrenzen, die Einfluss auf das Ergebnis des Verfahrens, den Rechtsakt als solchen, haben können (in dieser Richtung mit unterschiedlicher Akzentsetzung Calliess/Ruffert/*Krebber* Rn. 34; GHN/*Benecke* Rn. 9; *Schwarze* EAS B 8100 Rn. 114 ff.; Schwarze/*Rebhahn* Rn. 10; Streinz/*Eichenhofer* Rn. 4).

V. Rechtsschutz

13   Den Sozialpartnern werden aufgrund der Art. 154, 155 AEUV Verfahrensrechte eingeräumt. Ferner garantiert Art. 152 I 2 AEUV die Autonomie der Sozialpartner, was hier als subjektives Recht auf Beteiligung am sozialen Dialog interpretiert wurde (→ AEUV Art. 152 Rn. 5). Werden diese Rechte verletzt, stehen den Sozialpartnern grds. nach Maßgabe der Art. 263 ff. AEUV Klagerechte zu. Dies setzt voraus, dass eine Maßnahme oder Unterlassung eines Organs der Union einen **Unionsbürger unmittelbar und individuell betrifft** (zu den Voraussetzungen im einzelnen *Oppermann/Classen/Nettesheim* § 13 Rn. 56 ff.). Dies kann der Fall sein, wenn eine sozialpartnerfähige Organisation nicht angehört oder sonstige Rechte im Zusammenhang mit Art. 154, 155 AEUV verletzt wurden – etwa die Neutralitätspflicht der Kommission. In Betracht kommt bsw. eine Untätigkeitsklage nach Art. 265 III AEUV, wenn zu beteiligende Organisationen an einer konkreten Anhörung nicht beteiligt wurden, oder eine Nichtigkeitsklage gegen eine Entscheidung der Kommission nach Maßgabe von Art. 264 IV AEUV. Ferner kann die Nichtigkeitsklage gegen einen aufgrund des vermeintlich fehlerhaft durchgeführten sozialen Dialogs erlassenen Rechtsakt gerichtet werden; materiell-rechtlich ist diese aber nur erfolgreich, wenn der Verfahrensfehler schwerwiegend war (→ Rn. 12).

Das EuG hat ferner angenommen, dass ein **aufgrund von Art. 155 II AEUV ergange-** 14
ner unionaler Rechtsakt mit der Nichtigkeitsklage angegriffen werden kann, wenn
eine sozialpartnerfähige Organisation ihre Nichtbeteiligung an den diesem Rechtsakt zugrunde liegenden Sozialpartnerverhandlungen rügt und die Organisation hätte beteiligt
werden müssen, weil die erforderliche Repräsentativität der beteiligten Sozialpartner-Organisationen nicht gegeben war (EuG 17.6.1998 – T-135/96 Rn. 90 f. – UEAPME/Rat, Slg.
1998, II-2338). Unter diesen Voraussetzungen hätten Kommission und Rat die Durchführung der entsprechenden Sozialpartnervereinbarung ablehnen müssen (EuG 17.6.1998 –
T-135/96 Rn. 90 – UEAPME/Rat, Slg. 1998, II-2338). Diese Auffassung beruht auf dem
fragwürdigen Verständnis, wonach das Erfordernis der Repräsentativität der Sozialpartner
iRd sozialen Dialogs nach Art. 154, 155 AEUV die fehlende Beteiligung des Parlaments
kompensiert und daher aus Gründen demokratischer Legitimation einen notwendigen Verfahrensbestandteil darstellt (→ Rn. 12). Vorzugswürdig dürfte sein, einen auf der Grundlage
von Art. 155 AEUV ergangenen Rechtsakt für rechtlich unabhängig vom Zustandekommen der zugrunde liegenden Sozialpartner-Vereinbarung zu halten (ebenso im Ergebnis
Schwarze EAS B 8100 Rn. 119; krit. auch Calliess/Ruffert/*Krebber* Rn. 26), auch weil
hierfür die demokratische Legitimation des Rats grds. ausreicht (**aA** aber Calliess/Ruffert/
Krebber AEUV Art. 155 Rn. 28 mwN zum Streitstand in Fn. 77). Damit lässt das EuG in
der Sache **Konkurrentenklagen ausgeschlossener sozialpartnerfähiger Organisationen** zu, die aber nur Erfolg versprechen, wenn gerade die ausgeschlossene Organisation eine
noch fehlende Repräsentativität der beteiligten Organisationen herzustellen vermag.

D. Übernahme des Gesetzgebungsverfahrens durch die Sozialpartner (Abs. 4)

I. Beteiligte Sozialpartner

Auf beiden Stufen der Anhörung nach Art. 154 II und III können die Sozialpartner 15
beschließen, dass sie das Gesetzgebungsverfahren selbst in die Hand nehmen und den
Prozess nach Art. 155 AEUV in Gang setzen wollen, und dies der Kommission entsprechend mitteilen. Damit verliert die Kommission vorübergehend die Herrschaft über das
Gesetzgebungsverfahren an diese Sozialpartner.

Die Frage, welche **Organisationen sich an diesem Verfahren beteiligen können**, 16
regelt Art. 154 IV nicht ausdrücklich. Zunächst können dies die Organisationen sein, die
auch am Anhörungsverfahren nach Art. 154 II und III beteiligt waren. Es ist aber nicht
erforderlich, dass alle Sozialpartner, die angehört wurden, auch an dem Verhandlungsprozess
nach Art. 155 AEUV beteiligt sind. Das EuG verlangt, dass diejenigen Sozialpartner beteiligt
sein müssen, die bezogen auf den angestrebten Regelungsgegenstand, über eine hinreichende **Gesamtrepräsentativität** verfügen (EuG 17.6.1998 – T-135/96 Rn. 90 – UEAPME/
Rat, Slg. 1998, II-2338). Die nicht beteiligten Sozialpartner können aus Art. 154 II bis IV
kein Recht auf Beteiligung reklamieren, es sei denn, ihre Beteiligung ist erforderlich, um
eine fehlende Repräsentativität derjenigen Sozialpartner auszugleichen, die den Weg über
Art. 154 IV, 155 beschreiten wollen (EuG 17.6.1998 – T-135/96 Rn. 90 – UEAPME/Rat,
Slg. 1998, II-2338). Dies muss in gleicher Weise für diejenigen sozialpartnerfähigen
(→ Rn. 3 ff.) Sozialpartner gelten, die (fehlerhaft) überhaupt nicht angehört wurden (ebenso
Schwarze EAS B 8100 Rn. 94). In dieser Richtung lässt sich auch eine Passage des UEAPME-Urteils des EuG deuten: „Die an dieser Verhandlungsphase beteiligten Sozialpartner
sind mithin diejenigen, die einander ihren Willen bekundet haben, den Prozess nach Art. 4
(entspricht Art. 155 AEUV) einzuleiten." (EuG 17.6.1998 – T-135/96 Rn. 75 – UEAPME/Rat, Slg. 1998, II-2338). Es kommt also auf den Willen der Sozialpartner an, den
Prozess nach Art. 155 AEUV einzuleiten; außerdem müssen diese Sozialpartner über die
erforderliche Gesamtrepräsentativität verfügen. Außerhalb dieser Vorgaben haben andere

Sozialpartner kein Recht auf Teilnahme an den Verhandlungen, weil sich die Sozialpartner ihre Verhandlungspartner grds. selbst aussuchen können müssen (Schwarze/*Rebhahn* Rn. 12; ebenso GHN/*Benecke* Rn. 10; weitergehend Calliess/Ruffert/*Krebber* Rn. 38: alle angehörten Sozialpartner müssen teilnehmen).

II. Mitteilung an die Kommission

17   Die betreffenden Sozialpartner müssen der Kommission mitteilen, dass sie den Prozess nach Art. 155 AEUV in Gang setzen wollen. Die Mitteilung muss der Kommission spätestens vor dem Ende der zweiten Anhörungsrunde nach Art. 154 III zugehen (*Schwarze* EAS B 8100 Rn. 97). Eine ordnungsgemäße Mitteilung an die Kommission bewirkt, dass die Kommission das Gesetzgebungsverfahren nicht weiter fortsetzen darf, es also **vorübergehend gesperrt** wird. Die beteiligten Sozialpartner ziehen damit das Gesetzgebungsverfahren an sich. Allerdings muss die Kommission prüfen, ob die **materiell-rechtlichen Anforderungen an die Mitteilung** erfüllt sind. Das Gesetzgebungsverfahren kann nämlich nur in die Hand von – bezogen auf den Regelungsgegenstand – **repräsentativen Sozialpartnern** gelangen. Die Kommission muss sich also vergewissern, dass die Mitteilung von allen Sozialpartnern getragen wird, deren Beteiligung am Verhandlungsprozess notwendig ist, um die **erforderliche Gesamtrepräsentativität** herzustellen (im Ergebnis ebenso GHN/*Benecke* Rn. 10). Das EuG hat dieses Erfordernis für die Umsetzung einer Sozialpartner-Vereinbarung nach Art. 155 II AEUV aufgestellt (vgl. EuG 17.6.1998 – T-135/96 Rn. 90 – UEAPME/Rat, Slg. 1998, II-2338). Es muss aber entsprechend bereits für die Übernahme des Gesetzgebungsverfahrens gelten; anderenfalls könnten nicht ausreichend repräsentative Sozialpartner das unionale Gesetzgebungsverfahren blockieren, obwohl sie mangels Repräsentativität keine hinreichende Aussicht auf Umsetzung einer etwaigen Sozialpartner-Vereinbarung nach Maßgabe von Art. 155 AEUV hätten. Kommt die Kommission zum Ergebnis, dass die Sozialpartner, welche die Mitteilung an die Kommission getragen haben, noch nicht über die notwendige Gesamtrepräsentativität verfügen, muss sie über diese Einschätzung informieren und die betroffenen Sozialpartner unter Setzung einer angemessenen Frist um Ergänzung der Mitteilung auffordern. Die Sperrwirkung der Mitteilung an die Kommission endet, falls die Einschätzung der Kommission zutrifft und die Zusammensetzung der Sozialpartner nicht entsprechend ergänzt wird (vgl. *Schwarze* EAS B 8100 Rn. 96). Die Kommission kann dann das Gesetzgebungsverfahren genauso weiter betreiben, wie wenn die Frist abgelaufen wäre (→ Rn. 20).

18   Die **Sperrwirkung aufgrund der Mitteilung nach Art. 154 IV** tritt nicht nur iRd Anhörungen nach Art. 154 II und III ein, sondern auch **außerhalb solcher Verfahren** (**aA** aber wohl *Bercusson* 151). Dies ergibt sich aus folgender Überlegung: Die Sozialpartner können unabhängig von der Kommission Verhandlungen über sozialpolitische Regelungsgegenstände aufnehmen; diese Selbstverständlichkeit bestätigt Art. 155 I AEUV. Die Kommission wiederum muss jede Regulierungsidee auf dem Gebiet der Sozialpolitik zunächst mit den Sozialpartnern beraten, wie dies Art. 154 II und III vorsehen. Wenn also die über eine hinreichende Repräsentativität verfügenden Sozialpartner über einen Regelungsgegenstand bereits verhandeln, könnte die Kommission zwar ein Anhörungsverfahren nach Art. 154 II eröffnen, würde aber Gefahr laufen, sogleich eine Mitteilung der Sozialpartner nach Art. 154 IV zu erhalten. Dies kann dadurch abgekürzt werden, dass die Sozialpartner der Kommission stets die Aufnahme von Verhandlungen mitteilen und damit die Rechtswirkung des Art. 154 IV bereits außerhalb der Anhörungsverfahren nach den Abs. 2 und 3 herbeiführen. In jedem Fall kann die Kommission vorübergehend das Gesetzgebungsverfahren nicht mehr weiter betreiben, wird aber interne Vorbereitungsarbeiten nicht einstellen müssen (ähnlich *Schwarze* EAS B 8100 Rn. 99).

III. Frist

Nach Zugang der Mitteilung an die Kommission haben die Sozialpartner **neun Monate** 19
Zeit, um die Verhandlungen zu einem Ergebnis zu führen. Die Frist von neun Monaten kann von den betroffenen Sozialpartnern und der Kommission gemeinsam verlängert werden (Art. 154 IV 2). Innerhalb der Frist muss eine Vereinbarung zwischen den Sozialpartnern zustande gekommen sein; nicht erforderlich ist es, das Verfahren nach Art. 155 II AEUV in Gang zu bringen (ebenso Calliess/Ruffert/*Krebber* Rn. 39; Schwarze/*Rebhahn* Rn. 13).

Nach **ergebnislosem Ablauf der Frist entfällt die Sperrwirkung der ursprüng-** 20
lichen Mitteilung. Die Herrschaft über das Gesetzgebungsverfahren fällt nun an die Kommission zurück. Sie darf das Gesetzgebungsverfahren in dem Stand fortführen, in dem es sich zum Zeitpunkt des Zugangs der Mitteilung an die Kommission befunden hat. Haben die Sozialpartner das Verfahren bereits auf der ersten Stufe der Anhörung nach Art. 154 II an sich gezogen, kann die Kommission nun einen inhaltlichen Regelungsvorschlag präsentieren und muss die Sozialpartner wiederum gem. Art. 154 III hierzu anhören. Die Sozialpartner können das Verfahren nun aber nicht mehr durch Mitteilung gem. Art. 154 IV an sich ziehen, weil sie das ihnen zustehende Mitteilungsrecht bereits verbraucht haben. Jedes andere Ergebnis birgt die Gefahr, den Gesetzgebungsprozess übermäßig zu blockieren (ebenso im Ergebnis Schwarze/*Rebhahn* Rn. 13; *Schwarze* EAS B 8100 Rn. 104, der aber wegen der Pflicht der Kommission zur Förderung des sozialen Dialogs für eine erneute Befassung der Sozialpartner eintritt, wenn noch eine Chance auf Einigung besteht). Hat die Kommission die Sozialpartner bereits zu einem konkreten inhaltlichen Regulierungsvorschlag nach Maßgabe von Art. 154 III gehört, kann die Kommission nach Ablauf der Frist das Gesetzgebungsverfahren gem. den Erfordernissen der jeweiligen Kompetenznormen weiterführen. Eine erneute Anhörung ist dann ohnehin nicht vorgesehen.

Art. 155 [Dialog zwischen den Sozialpartnern]

(1) Der Dialog zwischen den Sozialpartnern auf Unionsebene kann, falls sie es wünschen, zur Herstellung vertraglicher Beziehungen einschließlich des Abschlusses von Vereinbarungen führen.

(2) ¹**Die Durchführung der auf Unionsebene geschlossenen Vereinbarungen erfolgt entweder nach den jeweiligen Verfahren und Gepflogenheiten der Sozialpartner und der Mitgliedstaaten oder – in den durch Artikel 153 erfassten Bereichen – auf gemeinsamen Antrag der Unterzeichnerparteien durch einen Beschluss des Rates auf Vorschlag der Kommission.** ²**Das Europäische Parlament wird unterrichtet.**

Der Rat beschließt einstimmig, sofern die betreffende Vereinbarung eine oder mehrere Bestimmungen betreffend einen der Bereiche enthält, für die nach Artikel 153 Absatz 2 Einstimmigkeit erforderlich ist.

Übersicht

	Rn.
A. Funktion der Vorschrift	1
B. Herstellung vertraglicher Beziehungen und Vereinbarungen (Abs. 1)	4
I. Rechtsnatur	4
II. Zustandekommen und Wirksamkeit	7
III. Reichweite der Regelungsbefugnis	8
IV. Praxis	10
C. Durchführung der Vereinbarung auf nationaler Ebene (Abs. 2 UAbs. 1 Var. 1)	13
D. Durchführung der Vereinbarung auf Unionsebene (Abs. 2 UAbs. 1 Var. 2)	16
I. „Kooperative" Rechtssetzung	16
II. Materiell-rechtliche Voraussetzungen	17

	Rn.
III. Verfahren	19
1. Antrag der Unterzeichner-Parteien an die Kommission	19
2. Verfahren in der Kommission	20
3. Verfahren im Rat	21
4. Verfahren bei Ablehnung des Antrags	23

A. Funktion der Vorschrift

1   Art. 155 steht in engem Zusammenhang mit Art. 154 AEUV, hat aber auch darüber hinausreichende eigenständige Bedeutung. Die Vorschrift bildet die Grundlage für den **formellen sozialen Dialog der Sozialpartner** auf der Ebene der Union und **beteiligt diese an der Gesetzgebung der Union** auf dem Gebiet der Sozialpolitik. Die Sozialpartner können nämlich in der Sache mit Zustimmung von Kommission und Rat nach Maßgabe von Art. 155 II materielles Unionsrecht im Bereich der Sozialpolitik schaffen, welches ggf. von den Mitgliedstaaten in nationales Recht umzusetzen ist. Dies gilt unabhängig davon, ob die Kommission eine Regelungsinitiative gestartet hat, zu der die Sozialpartner auf unionaler Ebene nach Art. 154 AEUV angehört werden müssen. Die Sozialpartner können also auch aus eigenem Antrieb nach Art. 155 vorgehen und die Durchführung einer von ihnen getroffenen Vereinbarung nach Maßgabe von Art. 155 bei der Kommission beantragen. Der Begriff der Sozialpartner ist iRd Art. 155 genauso zu verstehen wie bei Art. 154 AEUV (→ AEUV Art. 154 Rn. 3 ff.).

2   Art. 155 geht nahezu unverändert zurück auf **Art. 4 des Abkommens über die Sozialpolitik.** Nach dessen Überführung in den EG-Vertrag durch den Vertrag von Amsterdam im Jahr 1997 wurde die Regelung in Art. 139 EGV-Amsterdam aufgenommen (näher zur Rechtsentwicklung → AEUV Art. 154 Rn. 1, → AEUV Art. 151 Rn. 8 ff.). Mit dem Vertrag von Lissabon im Jahr 2009 hat die Vorschrift ihren Standort in Art. 155 gefunden – mit einer inhaltlichen Modifikation: Art. 155 II UAbs. 1 S. 2 – und damit die Pflicht zur Unterrichtung des Europäischen Parlaments – wurde eingefügt.

3   Das Zusammenwirken von staatlichen bzw. supranationalen Akteuren und autonomen Verbänden bei der Gesetzgebung stellt eine Form sog. **„kooperativer Regulierung"** dar (*Schwarze* EAS B 8100 Rn. 16). Es handelt sich um ein Phänomen zwischen staatlicher – bzw. im hiesigen Kontext quasistaatlicher supranationaler – und autonomer Rechtssetzung. Der Begriff wird eher deskriptiv verwendet, ohne dass hieraus bereits unmittelbare Rechtsfolgen abzuleiten wären. Ist das Gesetzgebungsverfahren nämlich erfolgreich verlaufen, handelt es sich bei dem „Endprodukt" um staatliches bzw. hier supranationales Recht. Besonders daran ist der Umstand, dass der Inhalt des staatlichen Rechts durch autonome, nicht staatliche Akteure formuliert wird und die staatlichen Akteure den autonom geprägten Inhalt mit der erforderlichen Rechtsförmigkeit versehen. Die weitere Ausformung und Konkretisierung des Inhalts unterliegt dann wiederum staatlichen Institutionen – nämlich den Gerichten und im hier interessierenden Kontext dem EuGH. Bemerkenswert an der kooperativen Regulierung iRv Art. 155 ist allerdings, dass die Beteiligung des Parlaments gegenüber den normalen Gesetzgebungsverfahren deutlich reduziert und auf ein Unterrichtungsrecht begrenzt ist. Dies ist darauf zurückzuführen, dass die gesetzgebenden Institutionen der Europäischen Union (Rat, Parlament, Kommission) keinen Einfluss auf den Inhalt der Regulierung haben, sondern diese nur in toto annehmen oder verwerfen können. Für diese „Notarfunktion" ist aber der Rat deutlich besser legitimiert als das Parlament.

B. Herstellung vertraglicher Beziehungen und Vereinbarungen (Abs. 1)

I. Rechtsnatur

Nach Art. 155 I kann der Dialog zwischen den Sozialpartnern auf der Ebene der Union **4** zur Herstellung **vertraglicher Beziehungen** einschließlich des Abschlusses von **Vereinbarungen** führen. Der Vertrag unterscheidet also zwischen den Termini „vertragliche Beziehungen" (englisch: „contractual relations", französisch: „relations conventionelles") und „Vereinbarungen" (englisch: „agreements", französisch: „accords"). Der Unterschied erschließt sich semantisch nicht. Man kann allenfalls aus der systematischen Stellung folgern, dass der Terminus „vertragliche Beziehungen" der Oberbegriff darstellt (GHN/*Benecke* Rn. 2). Die wohl überwiegende Auffassung unterscheidet die beiden Arten von Abreden zwischen den Sozialpartnern nach ihrer intendierten Wirkung: „Vereinbarungen" sind auf „Durchführung" nach Maßgabe von Art. 155 II gerichtet, während dies bei „vertraglichen Beziehungen" nicht der Fall ist (vgl. etwa Calliess/Ruffert/*Krebber* Rn. 2; GHN/*Benecke* Rn. 2; *Schwarze* EAS B 8100 Rn. 36; Streinz/*Eichenhofer* Rn. 1). Damit werden „vertragliche Beziehungen" eher die Rechte und Pflichten der Sozialpartner untereinander betreffen, während „Vereinbarungen" die Rechtsverhältnisse Dritter gestalten sollen und daher der Umsetzung in staatliches Recht bedürfen (vgl. *Schwarze* EAS B 8100 Rn. 36).

Aus dieser Umsetzungsbedürftigkeit erschließt sich unmittelbar, dass **„Vereinbarungen" 5 iSv Art. 155 I keine normative Wirkung** iSd Verständnisses etwa des deutschen Tarifvertragsrechts zukommen kann. Ferner führen Versuche, die Abreden zwischen den europäischen Sozialpartnern nach Art. 155 I in die Kategorien des nationalen Arbeitsrechts einzuordnen, nicht sehr weit (ebenso Calliess/Ruffert/*Krebber* Rn. 3). Die Termini „vertragliche Beziehungen" und „Vereinbarungen" sind erkennbar nicht an nationalen Begrifflichkeiten des Arbeits- oder Tarifvertragsrechts orientiert, wie auch andere Sprachfassungen zeigen (Calliess/Ruffert/*Krebber* Rn. 3). Daher fällt es auch schwer, in Art. 155 die Grundlage für ein europäisches Tarifvertragsrecht zu sehen, wie dies bisweilen geschieht, aber von der überwiegenden Auffassung abgelehnt wird (vgl. nur GHN/*Benecke* Rn. 3 f.; Streinz/ *Eichenhofer* Rn. 2). Insgesamt wird man daher die Abreden als **Verträge des europäischen Rechts mit schuldrechtlicher Wirkung zwischen den Vertragsparteien** einordnen können (so die wohl hM: *Schwarze* EAS B 8100 Rn. 37; Streinz/*Eichenhofer* Rn. 6; weniger weitgehend Schwarze/*Rebhahn* Rn. 11: „schuldrechtliche Verträge zwischen Vereinen").

Nicht zu verwechseln sind Vereinbarungen iSd Art. 155 mit Vereinbarungen, mit denen **6** Verfahren zur grenzüberschreitenden Unterrichtung und Anhörung der Arbeitnehmer und ihrer Vertreter etabliert werden, wie etwa iRd EBR-Richtlinie 2009/38/EG. Diese Vereinbarungen werden regelmäßig zwischen der Unternehmens- bzw. Konzernleitung und einer Arbeitnehmervertretung geschlossen und damit nicht von Sozialpartnern iSd Art. 154 f. AEUV. Solche Vereinbarungen sind nicht Teil des sozialen Dialogs im unionsrechtlichen Sinne, sondern etablieren eigenständige Dialogforen außerhalb dieses Prozesses auf Unternehmens- oder Konzernebene.

II. Zustandekommen und Wirksamkeit

Das **Unionsrecht** enthält **keine Vorgaben** über das Zustandekommen und die Wirk- **7** samkeit der in Art. 155 angesprochenen Abreden. Aus dem Umstand, dass Art. 155 II UAbs. 1 S. 1 mit Blick auf die „Vereinbarung" von „Unterzeichnerparteien" spricht, folgern viele Beobachter, dass die Vereinbarungen jedenfalls **schriftlich** abgeschlossen werden müssen (Calliess/Ruffert/*Krebber* Rn. 5; *Schwarze* EAS B 8100 Rn. 37; Streinz/*Eichenhofer* Rn. 7). Ferner kann man der Wendung „**falls sie** (die Sozialpartner) **es wünschen**" in Art. 155 I entnehmen, dass die Sozialpartner nicht unter Einigungszwang stehen dürfen. Daher sind **Arbeitskampfmaßnahmen** um die Herbeiführung einer entsprechenden Vereinbarung **ausgeschlossen,** selbst wenn nationales Recht dies im Einzelfall erlauben würde (ebenso im Ergebnis *Bercusson* 148 f.; Calliess/Ruffert/*Krebber* Rn. 8; Streinz/*Eichenhofer* Rn. 9; GHN/*Benecke* Rn. 2; **abweichend** wohl *Schwarze* EAS B 8100 Rn. 39). Weitere Rechtsregeln zur Lösung vertraglicher Konflikte zwischen den beteiligten Sozialpartnern müssten dann aus allg. Grundsätzen des Unionsrechts gewonnen werden. Anders ist dies, wenn man die entsprechenden Abreden als schuldrechtliche Verträge zwischen Vereinen qualifiziert (so Schwarze/*Rebhahn* Rn. 11). Dann wird das anwendbare mitgliedstaatliche Schuldrecht nach Maßgabe der Rom I-VO ermittelt (zu den Alternativen im einzelnen Calliess/Ruffert/*Krebber* Rn. 6). Soweit ersichtlich sind entsprechende Konflikte in der Praxis allerdings noch nicht bekannt geworden. Insofern handelt es sich eher um ein theoretisches Problem (ebenso die Einschätzung von Calliess/Ruffert/*Krebber* Rn. 5).

III. Reichweite der Regelungsbefugnis

8 Für die Reichweite der Regelungsbefugnis der Sozialpartner auf Unionsebene muss man grds. unterscheiden zwischen Regelungen, die auf Umsetzung gerichtet sind **("Vereinbarungen"),** und solchen, die sich auf die Regelung von Rechten und Pflichten zwischen den Sozialpartnern beschränken (**"vertragliche Beziehungen"**, → Rn. 4). Bei den zuerst genannten sog. Vereinbarungen ist die Regelungsbefugnis aus unionsrechtlicher Sicht grds. nicht beschränkt. Derartige **Vereinbarungen sind nicht von vornherein nur auf die Regelungsbereiche des Art. 153 AEUV festgelegt** (ebenso im Ergebnis *Bercusson* 152; Calliess/Ruffert/*Krebber* Rn. 11; Schwarze/*Rebhahn* Rn. 11). Diese Rechtsfolge kann man bereits dem Wortlaut von Art. 155 II UAbs. 1 S. 1 entnehmen. Danach wird zwischen zwei Wegen zur Durchführung einer Vereinbarung differenziert: Der zweite Weg der Durchführung auf der Ebene der Union wird ausdrücklich auf die Regelungsbereiche des Art. 153 AEUV beschränkt. Dies ist folgerichtig, weil die Verbandskompetenz der Union entsprechend beschränkt ist und daher die Union nicht handeln kann, auch wenn sie Sozialpartnervereinbarungen umsetzt. Im Umkehrschluss folgt daraus aber, dass außerhalb dieses Durchführungswegs die Regelungsbefugnis der Sozialpartner grds. unbegrenzt besteht. Zum selben Ergebnis müssen diejenigen Beobachter gelangen, welche die Sozialpartnervereinbarungen als schuldrechtliche Verträge zwischen Vereinen begreifen (ebenso folgerichtig Schwarze/*Rebhahn* Rn. 11). Allerdings müssen sich die Abreden noch im Bereich dessen halten, was man sinnvollerweise als sozialen Dialog betrachten kann. Es muss also ein Bezug bestehen zu Regelungsanliegen im Bereich der Sozialpolitik im weitesten Sinn. Insoweit wird allerdings bereits der jeweilige Verbandszweck Schranken aufstellen.

9 Bei **"vertraglichen Beziehungen",** welche die Rechte und Pflichten der Sozialpartner festlegen, gilt dies nicht in gleichem Maße. Solche Abreden können zwingende Vorgaben des Unionsrechts wie etwa den Anhörungsprozess des Art. 154 AEUV oder das in Art. 155 II UAbs. 1 vorgesehene Verfahren nicht ändern. Ebenso wenig können sie als Konfliktlösungsmechanismus den Arbeitskampf zulassen, weil dies Art. 155 I ausschließt (→ Rn. 7; Calliess/Ruffert/*Krebber* Rn. 10). Darüber hinaus besteht allerdings Gestaltungsfreiheit: So könnten Auslegungsregeln und Konfliktlösungsmechanismen unterhalb des Streikrechts etabliert werden; denkbar sind ferner Abreden über das anzuwendende Recht, Gerichtsstand, Vertragsstrafen bei Pflichtverletzungen etc.

IV. Praxis

10 In der Praxis existieren eine Vielzahl von Sozialpartnervereinbarungen und sonstigen Abreden zu ganz unterschiedlichen Themen der Arbeitswelt, etwa Telearbeit, sexuelle Belästigung am Arbeitsplatz (auch → Rn. 12). Hierbei kann man nach der Rechtswirkung – Vereinbarungen und sonstigen Abreden, nach der Reichweite – branchenübergreifend und sektoriell, sowie nach der Umsetzung durch unionale Rechtssätze oder in sonstiger Weise unterscheiden. Vereinbarungen zielen auf Umsetzung nach Art. 155 II; die Praxis kennt

darüber hinaus noch weitere Abreden, die als gemeinsame Erklärungen bzw. Stellungnahmen oder Leitfaden bezeichnet werden. Für die rechtliche Bindungswirkung ist allerdings der Inhalt und nicht die Bezeichnung entscheidend. **Branchenübergreifende, durch Richtlinien der Union umgesetzte Vereinbarungen** stellen die **Teilzeitarbeits-Richtlinie 97/81/EG,** die **Befristungs-Richtlinie 1999/70/EG** und die **Elternurlaubs-Richtlinie 2010/18/EG dar.**

Sektorielle, durch Richtlinien der Union umgesetzte Vereinbarungen enthalten folgende Richtlinien: aus dem Bereich des **Seeverkehrs: RL 2009/13/EG** zur Durchführung der Vereinbarung zwischen dem Verband der Reeder in der Europäischen Union (ECSA) und der Europäischen Transportarbeiter-Föderation (ETF) über das Seearbeitsübereinkommen 2006; **RL 1999/63/EG** zu der vom Verband der Reeder in der Europäischen Union (ECSA) und dem Verband der Verkehrsgewerkschaften (FST) geschlossenen Vereinbarung über die Regelung der Arbeitszeit von Seeleuten; aus dem Bereich des **Eisenbahnverkehrs: RL 2005/47/EG** betreffend die Vereinbarung zwischen der Gemeinschaft der Europäischen Bahnen (CER) und der Europäischen Transportarbeiter-Föderation (ETF) über bestimmte Aspekte der Einsatzbedingungen des fahrenden Personals im interoperablen grenzüberschreitenden Verkehr im Eisenbahnsektor; aus dem Bereich der **Zivilluftfahrt: RL 2000/79/EG** über die Durchführung der von der Vereinigung Europäischer Fluggesellschaften (AEA), der Europäischen Transportarbeiter-Föderation (ETF), der European Cockpit Association (ECA), der European Region Airline Association (ERA) und der International Air Carriere Association (IACA) geschlossenen Europäischen Vereinbarung über die Arbeitszeitorganisation für das fliegende Personal in der Zivilluftfahrt; aus dem Bereich des **Krankenhauswesens: RL 2010/32/EU** zur Durchführung der von HOSPEEM und EGÖD geschlossenen Rahmenvereinbarung zur Vermeidung von Verletzungen durch scharfe/spitze Instrumente im Krankenhaus- und Gesundheitssektor. 11

Weitere Vereinbarungen sind von vornherein **nicht auf die Umsetzung durch einen Rechtsakt der Union angelegt,** sondern sollen gem. Art. 155 II UAbs. 1 Var. 1 durch spezifische Verfahren der Sozialpartner bzw. Mitgliedstaaten umgesetzt werden. Hierzu gehören aus dem Bereich des branchenübergreifenden sozialen Dialogs bsw. die **Rahmenvereinbarung über Telearbeit** v. 16.7.2002, die **Rahmenvereinbarung über sexuelle Belästigung und Gewalt am Arbeitsplatz** v. 26.4.2007 und die **Rahmenvereinbarung über integrative Arbeitsmärkte** v. 25.3.2010. Diese Vereinbarungen wurden zwischen EGB, UEAPME, BUSINESSEUROPE und CEEP geschlossen. Die **„Datenbank zu Texten des sozialen Dialogs"** enthält zahlreiche weitere Vereinbarungen und sonstige Abreden aus dem Bereich des branchenübergreifenden wie auch des sektoriellen sozialen Dialogs und ist erreichbar über die Homepage der Kommission (http://ec.europa.eu/social). 12

C. Durchführung der Vereinbarung auf nationaler Ebene (Abs. 2 UAbs. 1 Var. 1)

Nach Art. 155 II UAbs. 1 können die **Vereinbarungen grds. auf zweierlei Weg umgesetzt** werden. Die Vorschrift spricht von „durchführen" (englisch: „implement", französisch: „la mise en oeuvre"). Daran wird deutlich, dass einer Vereinbarung auf der Ebene der Union noch keine verbindliche Wirkung in den Arbeitsbeziehungen zwischen Arbeitgebern und Arbeitnehmern zukommt, sondern allenfalls Rechte und Pflichten der Parteien der Vereinbarung erzeugt. Deshalb bedarf es weiterer Umsetzungsmaßnahmen. Dabei unterscheidet Art. 155 II UAbs. 1 zwischen zwei grds. Wegen: zum einen kann eine Sozialpartner-Vereinbarung **„nach den jeweiligen Verfahren und Gepflogenheiten der Sozialpartner und der Mitgliedstaaten"** durchgeführt werden; zum anderen durch einen **Beschluss des Rats** (→ Rn. 16 ff.). 13

14 Der erste Weg (Art. 155 II UAbs. 1 Var. 1) stellt die Sozialpartner in den Mittelpunkt. Diese legen fest, wie die Vereinbarung durchgeführt wird. Dies kann durch die Sozialpartner auf der Ebene der Mitgliedstaaten oder auf der Ebene der Union geschehen. Zumeist kommen die einzelnen Mitgliedsverbände der europäischen Sozialpartner, welche die Vereinbarung ausgehandelt und unterzeichnet haben, als Umsetzungsadressaten in Betracht. Die Umsetzung ist nicht unionsrechtlich oder aufgrund mitgliedstaatlicher Rechtsvorschriften vorgegeben, sondern folgt allenfalls aus verbandsrechtlichen Folgepflichten oder liegt außerhalb jeglicher rechtlicher Verpflichtung. Die angeschlossenen Mitgliedsverbände setzen dann die Maßnahmen im Einzelnen ggf. mit ihrem sozialen Gegenspieler fest und müssen dabei das für sie geltende Kollektivverhandlungsrecht sowie sonstige für sie geltende Rechtsvorschriften beachten. Denkbar ist ferner eine Umsetzung durch Regelungen der Mitgliedstaaten. Dabei steht diesen ein weitgehender politischer Gestaltungsspielraum zu; zur Umsetzung sind sie nicht verpflichtet. Insgesamt ist **dieser Weg der Durchführung der Vereinbarung regelmäßig durch eine große Autonomie der Beteiligten gekennzeichnet,** die allenfalls begrenzt ist durch verbandsrechtliche Folgepflichten der Mitgliedsverbände der europäischen Sozialpartner, welche die Vereinbarung abgeschlossen haben.

15 Dies entspricht der Rechtsauffassung der Mitgliedstaaten, wie sie in der **Erklärung Nr. 27 zu Art. 118b II EGV-Amsterdam** in der noch nicht konsolidierten Fassung – entspricht nun Art. 155 II – zum Ausdruck gekommen ist. Danach erklären die Vertragsparteien, „dass die erste der Durchführungsvorschriften zu den Vereinbarungen zwischen den Sozialpartnern auf Gemeinschaftsebene nach Art. 118b II des Vertrags zur Gründung der Europäischen Gemeinschaft die Erarbeitung des Inhalts dieser Vereinbarungen durch Tarifverhandlungen gem. den Regeln eines jeden Mitgliedstaats betrifft und dass diese Vorschrift mithin weder eine Verpflichtung der Mitgliedstaaten, diese Vereinbarungen unmittelbar anzuwenden oder diesbezügliche Umsetzungsregeln zu erarbeiten, noch eine Verpflichtung beinhaltet, zur Erleichterung ihrer Anwendung die geltenden innerstaatlichen Rechtsvorschriften zu ändern." (ABl. EU 1997 C 340/136).

D. Durchführung der Vereinbarung auf Unionsebene (Abs. 2 UAbs. 1 Var. 2)

I. „Kooperative" Rechtssetzung

16 Demgegenüber ist **zweite Weg der Durchführung einer Vereinbarung rechtlich verbindlich.** Es handelt sich um eine Form „kooperativer" Rechtssetzung durch Zusammenwirken der Sozialpartner auf europäischer Ebene und der gesetzgebenden Körperschaften der Union, Rat und Kommission. Auf diesem Wege werden die Sozialpartner in die Rechtssetzung der Union einbezogen. Dabei kommt es zu einer Aufgabenteilung: Der Inhalt der Regelung stammt von den europäischen Sozialpartnern als den sachnäheren Institutionen, während die Regelungsform dem Arsenal der unionsrechtlichen Handlungsformen entnommen ist. Insgesamt handelt es sich dabei um eine Spielart der **Rechtssetzung der Union** (ganz hM: *Schwarze* EAS B 8100 Rn. 62; Schwarze/*Rebhahn* Rn. 5; Streinz/*Eichenhofer* Rn. 17). Damit unterliegt diese Art der Rechtssetzung allen bekannten unionsrechtlichen Bindungen, etwa im Hinblick auf die Verbandskompetenz der Union oder allg. unionsrechtliche Rechtsgrundsätze. Ferner handelt es sich um Recht iSd Art. 19 I 2 EUV. Der EuGH ist also autoritativ für die Bestimmung des Inhalts und der Wirksamkeit der Regelungen zuständig.

II. Materiell-rechtliche Voraussetzungen

17 Diese Verbindung von **autonomer** – durch die europäischen Sozialpartner angeregter und inhaltlich ausgestalteter – und **quasistaatlicher, supranationaler Rechtssetzung** durch Kommission und Rat bringt es mit sich, dass die materiell-rechtlichen Voraussetzun-

Durchführung der Vereinbarung auf Unionsebene **Art. 155 AEUV 20**

gen für die Durchführung einer Sozialpartner-Vereinbarung an den Regelungsbereich des Art. 153 AEUV angelehnt sind. Dies wird durch zwei Verweisungen auf Art. 153 AEUV klargestellt: zum einen in Art. 155 II UAbs. 1 S. 1 Var. 2, wonach dieses Verfahren nur eröffnet in den in Art. 153 AEUV erfassten Bereichen; zum anderen durch die Verweisung in Art. 155 II UAbs. 2, wonach sich die Mehrheitserfordernisse im Rat nach Art. 153 II UAbs. 2–4 AEUV bestimmen.

Diese Regelung lässt sich von folgendem Gedanken leiten: Die Union könnte auf dem 18 Gebiet der Sozialpolitik außerhalb des sachlichen Geltungsbereichs von Art. 153 AEUV keine Rechtssetzung betreiben. Dies kann nicht anders sein, wenn die Union aus Gründen der Sachnähe die inhaltliche Ausgestaltung der Regulierung den Sozialpartnern auf europäischer Ebene überlässt. Daher gelten alle Beschränkungen des Art. 153 AEUV auch für die hier interessierende Rechtssetzung (ganz hM: GHN/*Benecke* Rn. 7 f.; Schwarze/*Rebhahn* Rn. 5): Die Union kann auch iRd Art. 155 II UAbs. 1 S. 1 Var. 2 nur Mindestvorschriften in Form von Richtlinien erlassen, und zwar nur auf den Gebieten, die Art. 153 I AEUV positiv benennt (→ AEUV Art. 153 Rn. 17 ff.) und Art. 153 V AEUV nicht negativ ausschließt (→ AEUV Art. 153 Rn. 45 ff.). In gleicher Weise gelten die beschränkenden Regelungen des Art. 153 II UAbs. 1 lit. b AEUV und Art. 153 IV AEUV (→ AEUV Art. 153 Rn. 54 ff.). Für die Mehrheitserfordernisse bezüglich der Abstimmung im Rat ist ebenfalls Art. 153 II UAbs. 2–4 AEUV maßgeblich (→ AEUV Art. 153 Rn. 65), wie Art. 155 II UAbs. 2 ausdrücklich anordnet.

III. Verfahren

1. Antrag der Unterzeichner-Parteien an die Kommission. Folgende Verfahrens- 19 schritte sind für dieses Zusammenwirken der europäischen Sozialpartner und der gesetzgebenden Körperschaften der Union erforderlich: Zunächst müssen die Sozialpartner, welche die Vereinbarung unterzeichnet haben, **gemeinsam beantragen,** dass ihre Vereinbarung durch „Ratsbeschluss" umgesetzt wird. Alle Parteien der Sozialpartner-Vereinbarung müssen dieses Verfahren einleiten wollen und dies entsprechend nach außen verlautbaren; nicht erforderlich ist, dass dies in einer gemeinsamen Erklärung geschieht. Adressat hierfür ist die Kommission als das mit dem Initiativrecht für die Gesetzgebung ausgestattete Unionsorgan.

2. Verfahren in der Kommission. Die Kommission überprüft die Rechtmäßigkeit 20 **des Antrags.** Dies umfasst die Prüfung, ob die Vereinbarung innerhalb des Regelungsbereichs des Art. 153 AEUV liegt, mit sonstigem Unionsrecht vereinbar ist, und ob die Parteien der Sozialpartner-Vereinbarung über eine hinreichende Gesamtrepräsentativität verfügen. Nach Auffassung des EuG ist dies erforderlich, weil eine aktive Mitwirkung des Parlaments an dem Gesetzgebungsverfahren nicht vorgesehen ist und die erforderliche Gesamtrepräsentativität der europäischen Sozialpartner das wegen der fehlenden Mitwirkung des Parlaments ausgemachte Legitimationsdefizit kompensieren kann (EuG 17.6.1998 – T-135/96 Rn. 89 f. – UEAPME/Rat, Slg. 1998, II-2338; zur Kritik an dieser Argumentation → AEUV Art. 154 Rn. 12). Die erforderliche Gesamtrepräsentativität wird dabei bezogen auf den jeweiligen Regelungsbereich der Sozialpartner-Vereinbarung. Ferner steht der Kommission ein weites politisches Ermessen im Hinblick auf die **Zweckmäßigkeit** des Antrags und des vorgesehenen Rechtsakts zu. Die Kommission kann die Umsetzung der Rahmenvereinbarung also ablehnen, wenn sie den geplanten Rechtsakt politisch nicht haben möchte (ganz hM: Calliess/Ruffert/*Krebber* Rn. 26; Schwarze/*Rebhahn* Rn. 6). Inhaltliche Änderungen durch die Kommission sind ausgeschlossen.

3. Verfahren im Rat. Legt die Kommission die Vereinbarung dem Rat vor, macht sie 21 sich den Regelungsvorschlag inhaltlich zu eigen. Die Kommission leitet damit ein besonderes Gesetzgebungsverfahren iSd Art. 289 II AEUV ein. Die Besonderheit besteht darin, dass das Parlament lediglich unterrichtet wird (Art. 155 II UAbs. 1 S. 2). Die Pflicht zur Unterrichtung des Parlaments wurde durch den Vertrag von Lissabon im AEUV verankert, entsprach aber bereits zuvor der geübten Praxis. Der Wirtschafts- und Sozialausschuss und der Ausschuss der Regionen werden anders als iRv Art. 153 II UAbs. 2 AEUV nicht angehört. Der Rat prüft ebenfalls wie die Kommission in eigener Verantwortung die **Recht-** und **Zweckmäßigkeit der Vereinbarung** (→ Rn. 20). Kommt die erforderliche Mehrheit, für die nach Art. 155 II UAbs. 2 die Vorgaben des Art. 153 II UAbs. 2–4 AEUV gelten, nicht zustande, ist der Vorschlag abgelehnt. Eine Pflicht zur Umsetzung der Sozialpartner-Vereinbarung durch den Rat besteht nicht. Ebenso wenig kann der Rat Änderung an der Sozialpartner-Vereinbarung anbringen.

22   Art. 155 II UAbs. 1 Var. 2 spricht von **„Beschluss des Rates"** (englisch: decision, französisch: décision). Damit kann nicht ein Beschluss iSv Art. 288 IV AEUV gemeint sein, weil dieser erst durch den Vertrag von Lissabon 2009 als eigenständige Kategorie einer Handlungsform in den Vertrag aufgenommen wurde (näher Streinz/*Schröder* AEUV Art. 288 Rn. 132 ff.), und die Formulierung „Beschluss des Rates" seit dem Abkommen über die Sozialpolitik im Jahr 1992 unverändert geblieben ist. Mit diesem Begriff ist lediglich untechnisch die erforderliche Beschlussfassung im Rat angesprochen. In welcher Handlungsform der Union der Beschluss zu ergehen hat, ist damit nicht gesagt. Vielmehr ergibt sich dies aus Art. 153 II UAbs. 1 lit. b AEUV. Diese Vorschrift lässt nur Richtlinien zu. Dies gilt auch für Beschlüsse des Rats iRv Art. 155 und entspricht der Gesetzgebungspraxis.

23   **4. Verfahren bei Ablehnung des Antrags.** Lehnen Kommission oder Rat die Umsetzung der Vereinbarung aus politischen oder rechtlichen Gründen ab, kann die Kommission einen eigenen Regulierungsvorschlag präsentieren, der allerdings das Verfahren nach Art. 154 AEUV durchlaufen muss. In diesem Fall könnten die Sozialpartner nach Maßgabe von Art. 154 IV AEUV das Verfahren wieder an sich ziehen und erneut eine Sozialpartner-Vereinbarung mit einer eigenen Regulierung abschließen. Um dies zu vermeiden muss die Kommission einen Regelungsvorschlag wieder vorlegen können, zu dem sie die Sozialpartner bereits nach Art. 154 III AEUV angehört hat, und bei dem die Sozialpartner im Ergebnis erfolglos den Weg des Art. 154 IV AEUV beschritten haben (ebenso Calliess/Ruffert/*Krebber* AEUV Art. 154 Rn. 32; Schwarze/*Rebhahn* Rn. 8). Anderenfalls könnten die Sozialpartner den Gesetzgebungsprozess auf dem Gebiet der Sozialpolitik dauerhaft blockieren, aber auch keine eigenständige Regelung setzen, weil sie hierfür auf Rat und Kommission angewiesen sind. Wurden die Sozialpartner einmal nach Art. 154 III AEUV zu einem Regulierungsvorschlag der Kommission angehört, ist ihr Anhörungsrecht in Bezug auf diesen konkreten Vorschlag verbraucht. Diesen ursprünglichen Regelungsvorschlag kann die Kommission dann im ordentlichen Gesetzgebungsverfahren nach Art. 153 II AEUV einbringen, nachdem das Gesetzgebungsverfahren nach Art. 154 IV, Art. 155 II UAbs. 1 Var. 2 gescheitert ist (auch → AEUV Art. 154 Rn. 20). Erforderlich ist aber, dass die beiden Vorschläge der Kommission inhaltlich identisch sind. Anderenfalls könnte die Kommission die Beteiligungsrechte der europäischen Sozialpartner nach Art. 154 AEUV aushebeln (Calliess/Ruffert/*Krebber* AEUV Art. 154 Rn. 32).

Art. 156 [Fördermaßnahmen der Kommission]

Unbeschadet der sonstigen Bestimmungen der Verträge fördert die Kommission im Hinblick auf die Erreichung der Ziele des Artikels 151 die Zusammenarbeit zwischen den Mitgliedstaaten und erleichtert die Abstimmung ihres Vorgehens in allen unter dieses Kapitel fallenden Bereichen der Sozialpolitik, insbesondere auf dem Gebiet

– der Beschäftigung,
– des Arbeitsrechts und der Arbeitsbedingungen,
– der beruflichen Ausbildung und Fortbildung,

Bedeutung der Vorschrift   **Art. 156 AEUV 20**

– der sozialen Sicherheit,
– der Verhütung von Berufsunfällen und Berufskrankheiten,
– des Gesundheitsschutzes bei der Arbeit,
– des Koalitionsrechts und der Kollektivverhandlungen zwischen Arbeitgebern und Arbeitnehmern.

¹ Zu diesem Zweck wird die Kommission in enger Verbindung mit den Mitgliedstaaten durch Untersuchungen, Stellungnahmen und die Durchführung von Konsultationen in Bezug auf innerstaatlich oder in den internationalen Organisationen zu behandelnde Fragen tätig, und zwar insbesondere im Wege von Initiativen, die darauf abzielen, Leitlinien und Indikatoren festzulegen, den Austausch bewährter Verfahren durchzuführen und die erforderlichen Elemente für eine regelmäßige Überwachung und Bewertung auszuarbeiten. ² Das Europäische Parlament wird in vollem Umfang unterrichtet.

Vor Abgabe der in diesem Artikel vorgesehenen Stellungnahmen hört die Kommission den Wirtschafts- und Sozialausschuss.

1. Bedeutung der Vorschrift. Bei Art. 156 handelt es sich um eine der wenigen **1** Vorschriften aus dem Kapitel über die Sozialpolitik, die bereits in den Römischen Verträgen von 1957 existiert hatte – dort in Art. 118 EWGV. Im Vertrag von Amsterdam wurde Art. 118 EWGV unverändert in Art. 140 EGV überführt. Der Vertrag von Lissabon hat geringfügige Veränderungen mit sich gebracht; insbesondere wurde Art. 156 II 1 um den Satzteil erweitert, der mit „und zwar insbesondere ..." beginnt, sowie um S. 2 ergänzt und damit die Unterrichtung des Europäischen Parlaments festgeschrieben. Insgesamt entspricht Art. 156 I nahezu unverändert Art. 118 I EWGV und Art. 140 I EGV. Art. 156 III ist identisch mit Art. 118 III EWGV und Art. 140 III EGV.

Die Vorschrift bildet die Rechtsgrundlage für die Kommission, die **Zusammenarbeit** **2** **zwischen den Mitgliedstaaten auf dem Gebiet der Sozialpolitik zu fördern.** Im Gründungsstadium der EWG bis zum Inkrafttreten der Einheitlichen Europäischen Akte im Jahr 1987 war diese Vorschrift die einzige Grundlage, auf der die Kommission sozialpolitische Initiativen intergouvernementaler Art starten konnte, um die Mitgliedstaaten zu Veränderungen ihrer Sozialpolitik anzuregen (Streinz/*Eichenhofer* Rn. 1). Spätestens seit dem Inkrafttreten des Vertrags von Amsterdam im Jahr 1999 bzw. des Abkommens über die Sozialpolitik im Jahr 1992 steht der heutigen Union mit Art. 153 AEUV eine Kompetenzgrundlage zur Verfügung, die weite Bereiche der Sozialpolitik erfasst. Daher ist die Bedeutung von Art. 156 erheblich zurückgegangen, zumal Art. 153 II UAbs. 1 lit. a AEUV ebenfalls eine Grundlage für Maßnahmen zur Förderung der Zusammenarbeit zwischen den Mitgliedstaaten bildet (näher → AEUV Art. 153 Rn. 53). Diese Vorschrift nimmt allerdings die Zuständigkeit von Rat und Parlament in den Blick, während Art. 156 die Kommission adressiert. Ferner können die in Art. 156 I aufgeführten Gebiete zur Konkretisierung der Frage, was überhaupt unter Sozialpolitik iSd Art. 151 ff. AEUV zu verstehen ist, herangezogen werden (dazu → AEUV Art. 151 Rn. 1 ff.). Dies ist auch deshalb bedeutsam, weil dieser Katalog seit 1957 unverändert geblieben ist.

Diese eingeschränkte Bedeutung des Art. 156 hat die Konferenz der Regierungen der **3** Mitgliedstaaten, welche den Vertrag von Lissabon vereinbart hat, in der **Erklärung Nr. 31 zu Art. 156** betont (ABl. EU 2008 C 115/348). Danach bestätigt die Konferenz, „dass die in Art. 156 aufgeführten Politikbereiche im Wesentlichen in die Zuständigkeit der Mitgliedstaaten fallen. Die auf Unionsebene nach diesem Artikel – Art. 156 – zu ergreifenden Förder- und Koordinierungsmaßnahmen haben ergänzenden Charakter. Sie dienen der Stärkung der Zusammenarbeit zwischen den Mitgliedstaaten und nicht der Harmonisierung einzelstaatlicher Systeme. Die in den einzelnen Mitgliedstaaten bestehenden Garantien und Gepflogenheiten hinsichtlich der Verantwortung der Sozialpartner bleiben unberührt". Allerdings soll die Erklärung „die Bestimmungen der Verträge, einschließlich im Sozialbereich, mit denen der Union Zuständigkeiten übertragen werden", nicht berühren. Damit stellen die Mitgliedstaaten als Herren der Verträge klar, dass Art. 156 der Union weder eine unionale Rechtssetzungskompetenz verleiht noch eine anderweit – etwa in Art. 153 AEUV – begründete einschränkt.

4   **2. Regelungsgehalt.** Die Kommission kann aufgrund von Art. 156 Untersuchungen, Stellungnahmen und die Durchführung von Beratungen auf den gesamten in Art. 156 I genannten Sachgebieten initiieren, muss sich hierbei aber eng mit den Mitgliedstaaten abstimmen. Die Kommission darf aufgrund dieser Vorschrift lediglich die Zusammenarbeit unter den Mitgliedstaaten auf dem Gebiet der Sozialpolitik fördern und die entsprechende Abstimmung zwischen diesen erleichtern. Das Europäische Parlament muss umfänglich unterrichtet werden (Art. 156 II 2). Der Wirtschafts- und Sozialausschuss ist vor Abgabe der entsprechenden Stellungnahmen der Kommission nach Art. 156 III anzuhören; ihm also die Gelegenheit zu geben, Stellung zu nehmen zu den in Aussicht genommenen Stellungnahmen der Kommission.

5   Insgesamt handelt es sich bei Art. 156 um eine Vorschrift, die lediglich Maßnahmen der **Koordinierung der Sozialpolitik der Mitgliedstaaten durch die Kommission** erlaubt. Nach Auffassung des EuGH schließt dies die Befugnis der Kommission ein, ein verbindliches Informations- und Konsultationsverfahren zwischen den Mitgliedstaaten einzuführen (EuGH 9.7.1987 – 281, 283–285, 287/85 Rn. 30 f. – Deutschland ua/Kommission, Slg. 1987, 3203). Dies ist zweifelhaft, weil der Bereich von reinen Fördermaßnahmen doch verlassen wird (ebenso Calliess/Ruffert/*Krebber* Rn. 3). Nach Inkrafttreten von Art. 153 II UAbs. 1 Buchst. a AEUV könnte diese Vorschrift herangezogen werden, was einen Beschluss von Rat und Parlament voraussetzte (ebenso Calliess/Ruffert/*Krebber* Rn. 3), während auf der Grundlage von Art. 156 die Kommission allein handeln kann. Allerdings kann die Kommission das Ergebnis, welches mit einer solchen Konsultation zwischen Mitgliedstaaten erreicht werden soll, nicht verbindlich vorgeben (EuGH 9.7.1987 – 281, 283–285, 287/85 Rn. 34 – Deutschland ua/Kommission, Slg. 1987, 3203).

6   Außerdem werden die Mitgliedstaaten durch Maßnahmen nach Art. 156 nicht daran gehindert, selbst Vorhaben, Abkommen oder Vorschriften in Kraft zu setzen, welche die Kommission als unvereinbar mit den Politiken und Maßnahmen der Gemeinschaft ansieht (EuGH 9.7.1987 – 281, 283–285, 287/85 Rn. 34 – Deutschland ua/Kommission, Slg. 1987, 3203). Art. 156 taugt infolgedessen nicht als Basis für verbindliche Vorgaben, welche die Mitgliedstaaten auf bestimmte Ergebnisse festlegen, sondern allenfalls für Verfahrensregelungen. Die Kommission ist daher aufgrund von Art. 156 nicht berechtigt, bsw. ein einheitliches Verhalten der Mitgliedstaaten in den Gremien der ILO vorzugeben (Schwarze/*Rebhahn* Rn. 2). Schließlich ermächtigt Art. 156 als solcher die Kommission nicht, für eine Gemeinschaftsaktion Haushaltsmittel zur Verfügung zu stellen. Vielmehr sind hierfür ausschließlich die allg. Mittelbindungen des Haushaltsplans zu beachten (vgl. EuGH 12.5.1998 – C-106/96 – Vereinigtes Königreich/Kommission, Slg. 1998, I-2729).

7   **Handlungsformen der Kommission** können sein: Aktionspläne, Untersuchungen, Weißbücher, statistische Erhebungen, Konferenzen, Stellungnahmen und Feldstudien aller Art (Streinz/*Eichenhofer* Rn. 4). Die **Sachgebiete der Sozialpolitik** sind in dem Katalog des Art. 156 I mit den sieben Gedankenstrichen nicht abschließend benannt, wie die Formulierung „insbesondere" anzeigt. Allerdings sind weite Bereiche ausdrücklich erfasst, die nicht ganz deckungsgleich sein dürften mit dem Katalogtatbestand des Art. 153 I AEUV, der die Rechtssetzungskompetenzen der Union auf dem Gebiet der Sozialpolitik beschreibt. Ferner bilden die sieben Katalogtatbestände unterschiedliche Kategorien: So beschreiben die Begriffe „Arbeitsrecht" in Gedankenstrich 1 und Koalitionsrecht in Gedankenstrich 7 rechtliche Phänomene, während „Gesundheitsschutz" oder „Verhütung von Berufsunfällen und Berufskrankheiten" in den Gedankenstrichen 5 und 6 eher an tatsächlichen Lebenssachverhalten anknüpfen. Insgesamt erfasst der Katalog zahlreiche und breit angelegte Tätigkeitsfelder aus dem Gebiet der Sozialpolitik.

Art. 157 [Gleichstellung von Mann und Frau im Erwerbsleben]

(1) Jeder Mitgliedstaat stellt die Anwendung des Grundsatzes des gleichen Entgelts für Männer und Frauen bei gleicher oder gleichwertiger Arbeit sicher.

(2) Unter „Entgelt" im Sinne dieses Artikels sind die üblichen Grund- oder Mindestlöhne und -gehälter sowie alle sonstigen Vergütungen zu verstehen, die der Arbeitgeber aufgrund des Dienstverhältnisses dem Arbeitnehmer unmittelbar oder mittelbar in bar oder in Sachleistungen zahlt.

Gleichheit des Arbeitsentgelts ohne Diskriminierung aufgrund des Geschlechts bedeutet,

a) dass das Entgelt für eine gleiche nach Akkord bezahlte Arbeit aufgrund der gleichen Maßeinheit festgesetzt wird,

b) dass für eine nach Zeit bezahlte Arbeit das Entgelt bei gleichem Arbeitsplatz gleich ist.

(3) Das Europäische Parlament und der Rat beschließen gemäß dem ordentlichen Gesetzgebungsverfahren und nach Anhörung des Wirtschafts- und Sozialausschusses Maßnahmen zur Gewährleistung der Anwendung des Grundsatzes der Chancengleichheit und der Gleichbehandlung von Männern und Frauen in Arbeits- und Beschäftigungsfragen, einschließlich des Grundsatzes des gleichen Entgelts bei gleicher oder gleichwertiger Arbeit.

(4) Im Hinblick auf die effektive Gewährleistung der vollen Gleichstellung von Männern und Frauen im Arbeitsleben hindert der Grundsatz der Gleichbehandlung die Mitgliedstaaten nicht daran, zur Erleichterung der Berufstätigkeit des unterrepräsentierten Geschlechts oder zur Verhinderung bzw. zum Ausgleich von Benachteiligungen in der beruflichen Laufbahn spezifische Vergünstigungen beizubehalten oder zu beschließen.

Übersicht

	Rn.
A. Allgemeines	1
I. Historische Entwicklung	1
II. Sekundärrechtliche Flankierung	5
III. Heutige Bedeutung	8
IV. Die sog. Entgeltzahlungslücke („gender pay gap")	9
B. Der Grundsatz der gleichen Bezahlung von Männern und Frauen bei gleicher und gleichwertiger Arbeit (Abs. 1 und 2)	12
I. Anwendungsbereich	12
1. Arbeitsverhältnis	12
a) Autonome Begriffsbildung	12
b) Definition des EuGH	13
c) Berechtigter und Verpflichteter	15
2. Reichweite	16
II. Entgelt (Abs. 2)	17
1. Entgeltbegriff	17
2. Einzelne Entgeltbestandteile	19
3. Abgrenzung zu sonstigen Arbeitsbedingungen	20
4. Abgrenzung zu gesetzlichen Systemen der sozialen Sicherheit	22
a) Betriebliche Systeme der sozialen Sicherheit und der Entgeltbegriff des Art. 157	22
b) Abgrenzungskriterien	24
c) Zeitliche Wirkung	27
5. Vergleichsparameter	28
III. Gleiche oder gleichwertige Arbeit	30
1. Gleiche Arbeit	30
2. Gleichwertige Arbeit	32
IV. Geschlecht	34
V. Ungleichbehandlung wegen des Geschlechts	36
1. Allgemeines	36
2. Unmittelbare Ungleichbehandlung	38

	Rn.
a) Begriff	38
b) Vergleichbare Lage	39
c) Schwangerschaft und Mutterschutz	40
d) Rechtfertigung	42
3. Mittelbare Ungleichbehandlung	43
a) Begriff	43
b) Rechtfertigung	47
VI. Darlegungs- und Beweislast	52
VII. Rechtsfolgen	56
1. Grundsatz der „Gleichbehandlung nach oben"	56
2. Beseitigung in der Vergangenheit liegender Ungleichbehandlungen	58
3. Vermeidung zukünftiger Ungleichbehandlungen	61
C. Maßnahmen zur Förderung der effektiven Gleichstellung von Männern und Frauen (Abs. 4)	62
I. Historische Entwicklung	62
II. Normzweck	66
III. Voraussetzungen	68
1. Maßnahmen der Mitgliedstaaten	68
2. Effektive Gewährleistung der vollen Gleichstellung von Männern und Frauen	70
3. Spezifische Vergünstigungen	72
a) Erleichterung der Berufstätigkeit des unterrepräsentierten Geschlechts	74
b) Verhinderung bzw. Ausgleich von Benachteiligungen in der beruflichen Laufbahn	78
D. Kompetenzgrundlage (Abs. 3)	79
I. Voraussetzungen	79
II. Verhältnis zu anderen Kompetenzgrundlagen	81

A. Allgemeines

I. Historische Entwicklung

1 Art. 157 regelt Aspekte des für die Europäische Gemeinschaft und Union **fundamentalen Grundsatzes der Gleichbehandlung von Frauen und Männern** im Erwerbsleben. Dieser Grundsatz gehört nach Art. 3 III UAbs. 2 EUV zu den Zielen der Union. Im restlichen Unionsrecht kommt dieser Grundsatz bsw. zum Ausdruck in Art. 8 AEUV, wonach die Union bei allen ihren Tätigkeiten darauf hinwirkt, die Gleichstellung von Frauen und Männern zu fördern, sowie in Art. 10 AEUV – eine Vorschrift, welche die Union auf die Bekämpfung von Diskriminierungen ua aufgrund des Geschlechts festlegt. Ferner sind zu nennen Art. 21 GRC, wonach Diskriminierungen ua wegen des Geschlechts verboten sind, sowie Art. 23 GRC, wonach die Gleichheit von Frauen und Männern in allen Bereichen sicherzustellen ist, „einschließlich der Beschäftigung, der Arbeit und des Arbeitsentgelts".

2 Der **Kerngedanke von Art. 157 – das Gebot der gleichen Bezahlung von Männern und Frauen bei gleicher Arbeit** – war bereits in den **Römischen Verträgen in Art. 119 EWGV** enthalten. Art. 119 I EWGV lautete: „Jeder Mitgliedstaat wird während der ersten Stufe den Grundsatz des gleichen Entgelts für Männer und Frauen bei gleicher Arbeit anwenden und in der Folge beibehalten." Die hier angesprochene erste Stufe der Übergangszeit endete Ende 1961 und wurde durch eine Entschließung des Ministerrats bezogen auf den Entgeltgleichheitsgrundsatz bis Ende 1964 verlängert (s. dazu näher GHN/ *Langenfeld* Rn. 4). Art. 119 II EWGV ist wort- und inhaltsgleich mit Art. 157 II. Die Römischen Verträge enthielten also bereits eine Definition des Begriffs des Arbeitsentgelts, die bis heute im Primärrecht beibehalten wurde. Durch den Vertrag von Amsterdam im Jahr 1997 wurde die Vorschrift in Art. 141 EG eingestellt, das Gleichbehandlungsgebot des Art. 141 I EG auf „gleichwertige Arbeit" (→ Rn. 32 ff.) ausgedehnt und um die Kompetenzgrundlage des Art. 141 III EG (jetzt Art. 157 III AEUV → Rn. 79 ff.) erweitert. Art. 157 IV stellt Fördermaßnahmen zur Verwirklichung tatsächlicher Gleichstellung von Männern und Frauen im Arbeitsleben von einem formal verstandenen Gleichbehandlungs-

Allgemeines   **Art. 157 AEUV 20**

gebot partiell frei (→ Rn. 62 ff.). Diese Vorschrift geht auf Art. 6 III des Abkommens über die Sozialpolitik zurück, das durch den Vertrag von Amsterdam im Jahr 1997 in den EG-Vertrag überführt wurde, und entspricht dort Art. 141 IV EG-Amsterdam (zum Abkommen über die Sozialpolitik → AEUV Art. 151 Rn. 9).

Die **Vorgängervorschrift von Art. 157 – Art. 119 EWGV** – wurde auf Betreiben 3 Frankreichs in die Römischen Verträge aufgenommen. Frankreich befürchtete Wettbewerbsnachteile für seine Wirtschaft, weil in Frankreich – anders als in anderen Mitgliedstaaten – bereits ein entsprechendes ausdrückliches Gebot zur gleichen Bezahlung von Frauen und Männern bei gleicher Arbeit gegolten hatte (vgl. EuGH 8.4.1976 – 43/75 Rn. 8/11 – Defrenne II, Slg. 1976, 455). Neben diesem eher wirtschaftlichen Zweck verfolgt die Vorschrift – wie schon ihre systematische Stellung im Kapitel über die Sozialpolitik zeigt – auch soziale Ziele, nämlich die Verbesserung der Lebens- und Arbeitsbedingungen der Arbeitskräfte (EuGH 8.4.1976 – 43/75 Rn. 12 – Defrenne II, Slg. 1976, 455). Aufgrund von Art. 119 EWGV sollten die Mitgliedstaaten demnach verpflichtet werden, den Grundsatz gleicher Bezahlung von Männern und Frauen bei gleicher Arbeit anzuwenden. Angesichts dieses historischen Kontexts und aufgrund des recht klaren Wortlauts zielte die Vorschrift jedenfalls bis zum Ablauf der ersten Stufe (Ende 1961, durch eine Entschließung der Mitgliedstaaten bis Ende 1964 verlängert) auf eine Verpflichtung der Mitgliedstaaten.

Der EuGH hat der Vorgängervorschrift des Art. 157 – Art. 119 EWGV – dann in dem 4 grundlegenden Urteil *Defrenne II* im Jahr 1976 nach Ablauf des genannten Zeitraums der ersten Stufe **unmittelbare Wirkung in den Mitgliedstaaten** beigelegt (EuGH 8.4.1976 – 43/75 Rn. 40 – Defrenne II, Slg. 1976, 455). Damit ist der EuGH mit Art. 119 EWGV in gleicher Weise verfahren wie mit den Grundfreiheiten des EWGV, denen der EuGH nach Ablauf der Übergangszeit ebenfalls unmittelbare Wirkung in den Mitgliedstaaten zuerkannt hat. Damit erzeugte Art. 119 I EWGV und jetzt Art. 157 I im innerstaatlichen Rechtsraum unmittelbar Rechte und Pflichten für die einzelnen Rechtssubjekte. Der EuGH zählt die Vorschrift mithin wie die Grundfreiheiten zu den **Grundlagen der Gemeinschaft** (EuGH 8.4.1976 – 43/75 Rn. 12 – Defrenne II, Slg. 1976, 455), sieht in ihr eine **Konkretisierung des allg. Gleichheitssatzes** (EuGH 3.10.2006 – C-17/05 Rn. 28 – Cadman, Slg. 2006, I-9583, NZA 2006, 1205 = EAS EG-Vertrag 1999 Art. 141 Nr. 15) und betont damit ihren **grundrechtlichen Gehalt** (EuGH 15.6.1978 – 149/77 Rn. 26/29 – Defrenne III, Slg. 1978, 1365, EAS EG-Vertrag Art. 119 Nr. 3; 27.4.2006 – C-423/04 Rn. 23 – Richards, Slg. 2006, I-3585, EuZW 2006, 342 = EAS RL 79/7/EWG Art. 4 Nr. 24).

II. Sekundärrechtliche Flankierung

Das grundlegende Gebot der gleichen Bezahlung von Männer und Frauen bei gleicher 5 Arbeit wurde bereits früh **sekundärrechtlich unterstützt.** Zu nennen ist zunächst die Entgeltgleichheits-Richtlinie 75/117/EWG. Diese Richtlinie wiederholte zunächst nur den Regelungsgehalt des damaligen Art. 119 EWGV, war aber bedeutsam, weil der EuGH zum Zeitpunkt ihres Inkrafttretens im Jahr 1975 die unmittelbare Wirkung des Art. 119 EWGV noch nicht festgestellt hatte (→ Rn. 4) und diese Richtlinie einen klaren Umsetzungsbefehl an die Mitgliedstaaten richtete. Außerdem erweiterte die Richtlinie den Grundsatz der Entgeltgleichheit auf Arbeit, die „als gleichwertig anerkannt wird." Diese Erweiterung hat dann das Primärrecht mit Art. 141 I EG-Amsterdam nachvollzogen (zum Begriff der „gleichwertigen Arbeit" → Rn. 32 ff.).

Zur Konkretisierung des Entgeltgleichheitsgebots wurde ferner die RL 86/378/EWG 6 betreffend die Gleichbehandlung in betrieblichen Systemen der sozialen Sicherheit erlassen. Da das Verbot der Ungleichbehandlung beim Arbeitsentgelt leicht durch Ungleichbehandlungen bei anderen Arbeitsbedingungen umgangen werden kann, wurde außerdem die Gleichbehandlungsrahmen-Richtlinie 76/207/EWG verabschiedet. Dementsprechend hat der EuGH im *Defrenne III*-Urteil den Anwendungsbereich des primärrechtlichen Entgeltgleichheitsgebots auf das Arbeitsentgelt beschränkt und nicht auf sonstige Arbeitsbedingungen ausgedehnt (EuGH 15.6.1978 – 149/77 Rn. 12 ff., 24 – Defrenne III, Slg. 1978, 1365, EAS EG-Vertrag Art. 119 Nr. 3), was angesichts des klaren Wortlauts der Vorschrift auch schwer begründbar gewesen wäre. Wegen möglicher Schwierigkeiten, Ungleichbehandlungen in Bezug auf das Geschlecht zu beweisen, ergänzte die Beweislast-Richtlinie 97/80/EG den Regelungsrahmen. All diese Richtlinien wurden aufgehoben und inhaltlich überführt in die **Gleichbehandlungs-Richtlinie 2006/54/EG,** welche nunmehr die zentrale sekundärrechtliche Grundlage für das Verbot der Ungleichbehandlung wegen des Geschlechts im Arbeitsleben bildet.

7   Ferner sind noch EU-Richtlinien zu erwähnen, welche zwar außerhalb des unmittelbaren Regelungsbereichs des Art. 157 I liegen, aber enge Berührungspunkte mit diesem aufweisen: die **RL 86/613/EWG betreffend die Gleichbehandlung von Männern und Frauen bei selbständiger Erwerbstätigkeit, ersetzt durch die RL 2010/41/EG** (ABl. EU 2010 L180/1), sowie die **RL 79/7/EWG zur schrittweisen Verwirklichung des Grundsatzes der Gleichbehandlung von Männern und Frauen im Bereich der sozialen Sicherheit** (ABl. EU 1979 L 6/24). Bei der erstgenannten Richtlinie geht es anders als bei Art. 157 um selbständige Erwerbstätige (zur Abgrenzung → Rn. 12 ff.); die zweitgenannten Richtlinie betrifft staatliche Systeme der sozialen Sicherheit (zur Abgrenzung zu Art. 157 → Rn. 22 ff.). Nicht im Bereich der Sozialpolitik und damit im Arbeits- bzw. Sozialrecht verortet ist die **RL 2004/113/EG zur Verwirklichung des Grundsatzes der Gleichbehandlung von Männern und Frauen beim Zugang zu und bei der Versorgung mit Gütern und Dienstleistungen** (ABl. EU 2004 L 373/37).

III. Heutige Bedeutung

8   Vor dem Hintergrund der skizzierten historischen Entwicklung hat Art. 157 heute vor allem folgende Funktion: Die Vorschrift konkretisiert in ihrem Anwendungsbereich – dem **Bereich des Entgelts bei gleicher bzw. gleichwertiger Arbeit** – das **Gebot der Gleichbehandlung von Männern und Frauen nach Art. 21 und 23 GRC,** dessen Verwirklichung nach Art. 8 AEUV eine Querschnittsaufgabe der Union darstellt. Vor diesem Hintergrund fügt sich Art. 157 in die allg. Zielbestimmung der Union, Diskriminierungen zu bekämpfen (Art. 10 AEUV) und ist Teil der allg. Gleichstellungspolitik der Union, wie dies in der grundlegenden Zielbestimmung des Art. 3 III UAbs. 2 EUV zum Ausdruck kommt (→ Rn. 1). Die ursprüngliche wirtschaftliche Bedeutung der Vorschrift – Vermeidung von Wettbewerbsnachteilen (→ Rn. 3) – ist damit heute überholt (ähnlich GHN/*Langenfeld* Rn. 3; Schwarze/*Rebhahn* Rn. 1). Wegen des Standorts der Bestimmung iRd Titels X Sozialpolitik bleibt der Regelungsgehalt der Vorschrift aber bezogen auf den sozialen Schutz der Arbeitskräfte. Von dieser Begrenzung muss sich die Auslegung der Vorschrift leiten lassen. Aufgrund der sekundärrechtlichen Flankierung insbesondere durch die RL 2006/54/EG finden sich die inhaltlichen Regelungen des in Art. 157 niedergelegten Entgeltgleichheitsgrundsatz in gleicher Weise und näher spezifiziert im Sekundärrecht. Anders als diese Richtlinie ist das primärrechtliche Entgeltgleichheitsgebot nach Art. 157 aber **unmittelbar anwendbar** und kann daher wegen des Anwendungsvorrangs des Unionsrechts entgegenstehende innerstaatliche Regelungen – Gesetze, Tarifverträge und auch einzelvertragliche Abreden – verdrängen (→ Rn. 4). Ferner enthält Art. 157 III eine ausdrückliche **Kompetenzgrundlage** für sekundärrechtliche Maßnahmen der Union zur Verwirklichung der Gleichbehandlung der Geschlechter im Arbeitsleben (→ Rn. 79 ff.). Schließlich lässt Art. 157 IV **Fördermaßnahmen zugunsten von Angehörigen des unterrepräsentierten Geschlechts** ausdrücklich zu und schränkt für solche Maßnahmen die Reichweite des Gleichbehandlungsgrundsatzes ein (→ Rn. 62 ff.).

IV. Die sog. Entgeltzahlungslücke („gender pay gap")

Ungeachtet der skizzierten Regelungen existiert in allen Mitgliedstaaten der Union in 9 unterschiedlicher Ausprägung eine sog. Entgeltzahlungslücke: Frauen verdienen im Durchschnitt weniger als Männer. In Deutschland betrug diese **sog. unbereinigte Lohnzahlungslücke** im Jahr 2012 im Durchschnitt ca. 22%, in Österreich ca. 23%. Die unbereinigte Lohnzahlungslücke wird folgendermaßen ermittelt: Differenz des durchschnittlichen Bruttostundenverdienstes der Männer und der Frauen dividiert durch den durchschnittlichen Bruttostundenverdienst der Männer (*Finke,* in Statistisches Bundesamt, Wirtschaft und Statistik, Januar 2011, 36 [37 f.]). Im EU-Durchschnitt betrug diese Lohnzahlungslücke im Jahr 2012 ca. 16%; Deutschland und Österreich nehmen dabei hintere Ränge ein (zu den Zahlenangaben s. destatis, Verdienstunterschiede von Männern und Frauen, abrufbar unter www.destatis.de/themen). Die **unbereinigte Lohnzahlungslücke besagt allerdings nichts im Hinblick auf eine Ungleichbehandlung iSd Art. 157,** weil Ausstattungsmerkmale nicht berücksichtigt werden, welche die unterschiedliche Entlohnung erklären können, wie etwa Ausbildung, Berufserfahrung etc. Freilich können solche Merkmale wiederum Benachteiligungspotential enthalten. Außerdem erscheint die unbereinigte Lohnzahlungslücke gerade in Ländern gering, welche eine niedrige Frauenerwerbsquote aufweisen, weil dort häufig nur gut qualifizierte Frauen mit entsprechender Entlohnung in den Arbeitsmarkt integriert sind. Aus diesen Gründen ist die **bereinigte Lohnzahlungslücke wesentlich aussagekräftiger.** Sie stellt auf den Lohnunterschied zwischen Männern und Frauen mit denselben individuellen und betriebsbezogenen Merkmalen pro Stunde ab. Die bereinigte Lohnzahlungslücke beträgt in Deutschland je nach Messung zwischen ca. 5 und 8% (*Finke,* in Statistisches Bundesamt, Wirtschaft und Statistik, Januar 2011, 36 [47]; *Schmidt/Diekmann/Schäfer* Die Lohnungleichheit zwischen Frauen und Männern, 2009, 12 ff.), in Schweden – in vielerlei Hinsicht Vorbild für die Geschlechtergleichbehandlung im Arbeitsleben – aber auch immerhin 7% (Statistics Sweden, Women and men in Sweden. Facts and figures 2012, October 2012, 76, abrufbar unter www.scb.se/statistik/_publikationer, abgerufen am 18.4.2014).

Für diesen „gender pay gap" werden **drei Hauptursachenkomplexe** ausgemacht 10 (s. bsw. Erster Gleichstellungsbericht der Bundesregierung vom 16.6.2011 BT-Drs. 17/6240 138 ff.): Zum einen die **horizontale und vertikale Segregation des Arbeitsmarkts:** Frauen sind in bestimmten Berufen, Branchen und auf höheren Hierarchieebenen vielfach unterrepräsentiert. Zum anderen **unterbrechen oder reduzieren Frauen ihre Erwerbstätigkeit häufiger und länger aus familienbedingten Gründen als Männer** und versäumen daher Karriereschritte, die vergleichbare Männer typischerweise vollzogen haben. Schließlich wird als dritter Ursachenkomplex das Thema **„Lohnfindung"** genannt (BMFSFJ Dossier, Entgeltungleichheit zwischen Männern und Frauen in Deutschland, 2009, 25). Im Einzelnen ist dieser dritte Ursachenkomplex wiederum vielschichtig: Hier spielt die Bewertung von Tätigkeiten ebenso eine Rolle wie mögliches scheinbar oder anscheinend typisches Geschlechterverhalten bei individuellen Lohnverhandlungen (BMFSFJ Dossier, Entgeltungleichheit zwischen Männern und Frauen in Deutschland, 2009, 26 ff.).

Die EU-Kommission hat bereits zahlreiche Initiativen gestartet, um dieser Entgeltzah- 11 lungslücke abzuhelfen (s. etwa die Empfehlung der EU-Kommission vom 7.3.2014 zur Stärkung des Grundsatzes des gleichen Entgelts für Frauen und Männer durch Transparenz, C 2014, 1405 final; Mitteilung der Kommission Leitfaden für die Anwendung des Grundsatzes des gleichen Entgelts für Männer und Frauen bei gleicher Arbeit vom 17.7.1996, KOM [96] 336 endg.). Allerdings ist darauf hinzuweisen, dass nicht einmal der dritte Ursachenkomplex für die Erklärung der Entgeltzahlungslücke notwendigerweise mit einer Ungleichbehandlung im Rechtssinne zusammenfällt (s. dazu näher *Franzen,* FS Kempen, 2013, 123 ff.; *Rieble* RdA 2011, 36 ff.). Vielmehr mag es Regelungen geben, die für sich genommen zu einer Verfestigung der Lohnzahlungslücke beitragen können, ohne dass hierin eine rechtlich unzulässige Ungleichbehandlung wegen des Geschlechts läge – bsw. die Nichtberücksichtigung von Elternzeit beim Stufenaufstieg in manchen Tarifverträgen (vgl. BAG 27.1.2011, NZA 2011, 1361 Rn. 33; 21.11.2013, NZA 2014, 672 Rn. 26; zu weiteren Beispielen *Franzen,* FS Kempen, 2013, 123 [125] [141 f.]). Für die Feststellung der Entgeltzahlungslücken in einzelnen Unternehmen oder Betrieben wurden Prüfverfahren entwickelt. Die bekanntesten sind Logib-D (Lohngleichheit im Betrieb-Deutschland; dazu *Schmidt* DB 2, 957; krit. *Tondorf* DB 2010, 916) und eg-check (Entgeltgleichheits-Check; dazu *Tondorf,* FS Pfarr, 2010, 334 [340 ff.]).

B. Der Grundsatz der gleichen Bezahlung von Männern und Frauen bei gleicher und gleichwertiger Arbeit (Abs. 1 und 2)

I. Anwendungsbereich

12   **1. Arbeitsverhältnis. a) Autonome Begriffsbildung.** Der Grundsatz der gleichen Bezahlung von Frauen und Männer bei gleicher oder gleichwertiger Arbeit nach Art. 157 I findet nur Anwendung, wenn ein Arbeitsverhältnis vorliegt. Dies ergibt sich insbesondere aus Art. 157 II, wonach zum Entgelt die Leistungen gerechnet werden, die der „Arbeitgeber aufgrund des Dienstverhältnisses dem Arbeitnehmer" zuwendet. Die englisch sprachige Fassung verwendet in diesem Zusammenhang die Formulierung „which the workers receives ... in respect of his employment from his employer."; die französische Sprachfassung gibt diese Passage wieder mit den Worten: „par l'employeur au travailleur en raison de l'emploi de ce dernier". Zentral sind demnach die Begriffe „Dienstverhältnis" (englisch: „employment", französisch: „emploi"), „Arbeitnehmer" (englisch: „worker", französisch: „travailleur") und „Arbeitgeber" (englisch: „employer", französisch: „employeur"). Für die Bestimmung des Anwendungsbereichs des Grundsatzes der gleichen Bezahlung von Männern und Frauen ausschlaggebend ist daher der Begriff des **Arbeitnehmers,** wie auch sonst Dreh- und Angelpunkt des Arbeitsrechts. Der EuGH hat sich bislang nur selten mit der Reichweite des Arbeitnehmerbegriffs iRv Art. 157 befasst. In der Rs. *Allonby* aus dem Jahr 2004 legt der EuGH eine **autonome, aus dem Unionsrecht heraus zu entwickelnde Begriffsbildung** zugrunde (EuGH 13.1.2004 – C-256/01 Rn. 66– Allonby, Slg. 2004, I-873, NZA 2004, 201 = EAS EG-Vertrag 1999 Art. 141 Nr. 6).

13   **b) Definition des EuGH.** Unter **Arbeitnehmer iSv Art. 157** versteht der EuGH Personen, die für eine bestimmte Zeit für einen anderen nach dessen Weisung Leistungen erbringen, für die sie als Gegenleistung eine Vergütung erhalten, und knüpft damit an den Arbeitnehmerbegriff im Zusammenhang mit der Freizügigkeit nach Art. 45 AEUV an (EuGH 13.1.2004 – C-256/01 Rn. 67 – Allonby, Slg. 2004, I-873, NZA 2004, 201 = EAS EG-Vertrag 1999 Art. 141 Nr. 6). Der Rückgriff auf den Arbeitnehmerbegriff der Freizügigkeit zeigt zunächst, dass auch besondere Beschäftigtenkategorien der öffentlichen Verwaltung, wie etwa Beamte, einbezogen sind (Calliess/Ruffert/*Krebber* Rn. 14). Dieser Rückgriff ist allerdings insofern nicht hinreichend, weil dort die Abgrenzung vom Selbständigen keine große Rolle spielt, da insoweit mit der Niederlassungsfreiheit eine parallele Gewährleistung existiert.

14   Entscheidend für den Arbeitnehmerbegriff des Art. 157 ist daher – wie auch der EuGH erkannt hat – das **Vorliegen eines Unterordnungsverhältnisses und das Ausmaß der Einschränkung der Freiheit der die Dienste leistenden Person bei der Wahl von Zeit, Ort und Inhalt der Arbeit** (EuGH 13.1.2004 – C-256/01 Rn. 69, 72 – Allonby, Slg. 2004, I-873, NZA 2004, 201 = EAS EG-Vertrag 1999 Art. 141 Nr. 6). Dabei soll aber irrelevant sein, ob die betreffenden Personen verpflichtet sind, einen Einsatz anzunehmen oder nicht (EuGH 13.1.2004 – C-256/01 Rn. 72 – Allonby, Slg. 2004, I-873, NZA 2004, 201 = EAS EG-Vertrag 1999 Art. 141 Nr. 6), was wenig überzeugend ist (ebenso *Rebhahn*

EuZA 2012, 3 [20 f.]). Wegen des Grundsatzes der autonomen Auslegung des Arbeitnehmerbegriffs nach Art. 157 schließt es die formale Einstufung als Selbständiger nach innerstaatlichem Recht nach Auffassung des EuGH jedoch nicht aus, dass eine Person als Arbeitnehmer iSv Art. 157 einzustufen ist, wenn deren Selbständigkeit nur fiktiv ist und damit ein Arbeitsverhältnis iSd Artikels verschleiert (EuGH 13.1.2004 – C-256/01 Rn. 71 – Allonby, Slg. 2004, I-873, NZA 2004, 201 = EAS EG-Vertrag 1999 Art. 141 Nr. 6). Insgesamt wird man den Begriff des Arbeitnehmers nach Art. 157 nicht abweichend von dem des Art. 153 AEUV verstehen können (dazu ausf. → AEUV Art. 153 Rn. 5 ff.). Selbständige Vertragspartner werden daher vor Ungleichbehandlungen in Ansehung ihrer Vergütung nur durch die RL 2010/41/EG geschützt.

c) **Berechtigter und Verpflichteter. Arbeitgeber** ist jeder private oder öffentliche 15 Dienstgeber eines Arbeitnehmers (Schwarze/*Rebhahn* Rn. 10). Dieser wird auch regelmäßig, aber nicht zwangsläufig **Verpflichteter** eines entsprechenden Anspruchs sein. Der Arbeitnehmer muss aber nicht notwendigerweise der **Empfänger einer entsprechenden Leistung** aufgrund des Gleichbehandlungsgrundsatzes sein. Entscheidend und ausreichend ist, dass der Entgeltanspruch seine Basis im Arbeitsverhältnis hat (Calliess/Ruffert/*Krebber* Rn. 15). In diesem Fall kann sich auch ein Dritter auf das Entgeltgleichheitsgebot berufen, wenn dieser Empfänger der entsprechenden Leistung ist, etwa im Falle der Hinterbliebenenversorgung. Umgekehrt kann auch auf Seiten des Arbeitgebers ein Dritter – etwa Betreiber von Pensionsfonds – Anspruchsschuldner sein. Dies zeigt bereits die Definition des Art. 157 II UAbs. 1, wonach es genügt, wenn der Arbeitgeber die Leistung dem Arbeitnehmer **mittelbar** gewährt.

2. Reichweite. Aufgrund des Entgeltgleichheitssatzes nach Art. 157 I wird die Ver- 16 gütungsgestaltung im Arbeitsverhältnis unter Aspekten der Geschlechtergleichheit kontrolliert. **Adressat** und damit wegen der unmittelbaren Anwendung des Art. 157 (→ Rn. 4) **Verpflichteter** ist zunächst der **Arbeitgeber als Vertragspartner des benachteiligten Arbeitnehmers.** Dabei reicht der Gleichbehandlungsgrundsatz stets so weit wie die jeweilige Rechtsregel, welche das unter Umständen diskriminierende Vergütungssystem aufstellt. Ist dies das **Unternehmen** selbst, bezieht sich der Gleichbehandlungsgrundsatz auf alle Arbeitnehmer des Unternehmens, nicht aber auf Arbeitnehmer oder gar Selbständige anderer Unternehmen (vgl. EuGH 13.1.2004 – C-256/01 Rn. 46 – Allonby, Slg. 2004, I-873, NZA 2004, 201 = EAS EG-Vertrag 1999 Art. 141 Nr. 6). Stellt ein **Tarifvertrag** eine entsprechende diskriminierende Vergütungsregelung auf, begrenzt der räumliche, persönliche und betriebliche Geltungsbereich des jeweiligen Tarifvertrags die Anwendung des Gleichbehandlungsgrundsatzes (vgl. *Winter* 138 f.). Der EuGH hat allerdings die Kontrollmöglichkeit auf mehrere Tarifverträge erstreckt, wenn diese von denselben Tarifvertragsparteien geschlossen wurden (EuGH 27.10.1993 – C-127/92 Rn. 20 ff. – Enderby, Slg. 1993, I-5535, NZA 1994, 797 = EAS EG-Vertrag Art. 119 Nr. 24). Bei **staatlichen Vorschriften,** welche ein diskriminierendes Vergütungssystem etablieren, reicht der Gleichbehandlungsgrundsatz so weit wie der Geltungsbereich der entsprechenden staatlichen Rechtsvorschrift (vgl. EuGH 13.1.2004 – C-256/01 Rn. 74 f. – Allonby, Slg. 2004, I-873, NZA 2004, 201 = EAS EG-Vertrag 1999 Art. 141 Nr. 6). Insgesamt kann man dies auf folgende Formel bringen: Die **Reichweite des Entgeltgleichheitssatzes nach Art. 157 I und II ist auf den Regelgeber des jeweiligen diskriminierenden Vergütungssystems beschränkt.**

II. Entgelt (Abs. 2)

1. Entgeltbegriff. Der Gleichbehandlungsgrundsatz des Art. 157 bezieht sich nur auf 17 das Entgelt, **nicht auf andere Arbeitsbedingungen** (ausdrücklich bereits EuGH 15.6.1978 – 149/77 Rn. 12 ff., 24 – Defrenne III, Slg. 1978, 1365, EAS EG-Vertrag Art. 119 Nr. 3). Der Begriff des Entgelts ist in Art. 157 II näher umschrieben. Diese

Umschreibung geht zurück auf Art. 1 des ILO-Übereinkommens Nr. 100 über die Gleichheit des Entgelts männlicher und weiblicher Arbeitskräfte für gleichwertige Arbeit aus dem Jahr 1951. Art. 157 II ist identisch mit den Vorgängerbestimmungen des Art. 141 II EG und Art. 119 II EWGV. Der EuGH hat den Begriff des Entgelts in der Vergangenheit stets weit ausgelegt und **„alle gegenwärtigen oder künftigen in bar oder in Sachleistungen gewährten Vergütungen"** einbezogen, **„vorausgesetzt, dass sie der Arbeitgeber wenigstens mittelbar aufgrund des Beschäftigungsverhältnisses gewährt."** (st.Rspr., vgl. etwa EuGH 21.7.2005 – C-207/04 Rn. 22 – Vergani, Slg. 2005, I-7453, EAS EG-Vertrag 1999 Art. 141 Nr. 13).

18 Dieser Entgeltbegriff kann insbesondere wegen der weiten Auslegung durch den EuGH über das aus dem innerstaatlichen Recht bekannte hinausgehen. So ist unerheblich, ob die Zuwendung im Gegenseitigkeitsverhältnis steht oder ob sie darüber hinaus vergangene Betriebstreue belohnen oder künftige fördern will (EuGH 21.10.1999 – C-333/97 Rn. 21 – Lewen, Slg. 1999, I-7243, NZA 1999, 1325). Dasselbe gilt für Leistungen des Arbeitgebers, die als Aufwendungsersatz zu qualifizieren sind. Unerheblich ist ebenso, ob die Zahlungsverpflichtung des Arbeitgebers auf gesetzlicher, tariflicher oder anderer Rechtsgrundlage beruht oder die Zuwendung freiwillig geleistet wird, solange die Zuwendung aufgrund des Arbeitsverhältnisses erfolgt und vom Arbeitgeber gewährt wird (Schwarze/Rebhahn Rn. 11). Demgegenüber sind pekuniäre Vorteile nicht erfasst, die auf einer Entscheidung des Gesetzgebers iRd allg. Systeme der Alterssicherung (EuGH 3.12.1987 – 192/85 Rn. 13 ff. – Newstead, Slg. 1987, 4753, EAS EG-Vertrag Art. 119 Nr. 14) oder im Bereich der Steuern (EuGH 21.7.2005 – C-207/04 Rn. 23 f. – Vergani, Slg. 2005, I-7453, EAS EG-Vertrag 1999 Art. 141 Nr. 13) beruhen. Vor diesem Hintergrund ist für einen Vergleich grds. der Bruttolohn heranzuziehen (diff. Calliess/Ruffert/*Krebber* Rn. 47 mwN; → Rn. 28 f.).

19 **2. Einzelne Entgeltbestandteile.** So hat der EuGH bsw. folgende Leistungen als Entgeltbestandteile iSv Art. 157 bzw. dessen Vorgängervorschriften anerkannt: **Zulagen** (EuGH 17.10.1989 – 109/88 Rn. 3 – Danfoss, Slg. 1989, 3199, NZA 1990, 772); **Jahressonderzahlungen** (EuGH 9.9.1999 – C-218/97 Rn. 17 ff. – Krüger, Slg. 1999, I-5127, NJW 2000, 647); **Weihnachtsgratifikationen** (EuGH 21.10.1999 – C-333/97 Rn. 21 – Lewen, Slg. 1999, I-7243, NZA 1999, 1325); **Vergütung für Mehrarbeit** (EuGH 6.12.2007 – C-300/06 Rn. 12 ff. – Voß, Slg. 2007, I-10573, NZA 2008, 31); **Fahrtvergünstigungen** (EuGH 17.2.1998 – C-249/96 Rn. 13 ff. – Grant, Slg. 1998, I-621, NJW 1998, 969); **Familien- und Verheiratetenzulagen** (EuGH 28.10.1998 – C-187/98 Rn. 40 f. – Kommission/Griechenland, Slg. 1999, I-7713, EAS EG-Vertrag Art. 119 Nr. 55; 9.6.1982 – 58/81 Rn. 5 – Kommission/Luxemburg, Slg. 1982, 2175, EAS RL 75/117 Art. 8 Nr. 1; 5.11.2014 – C-476/12 Rn. 16 f. – Österreichischer Gewerkschaftsbund); **Vergütungen von Mitgliedern der Arbeitnehmervertretungen während der Teilnahme an Schulungen** (EuGH 4.6.1992 – C-360/90 Rn. 12 ff. – Bötel, Slg. 1992, I-3589, NZA 1992, 687; 7.3.1996 – C-278/93 Rn. 17 ff. – Freers, Slg. 1996, I-1165, EAS EG-Vertrag Art. 119 Nr. 39); **Entgeltfortzahlung im Krankheitsfall** (EuGH 13.7.1989 – 171/88 Rn. 7 – Rinner-Kühn, Slg. 1989, 2743, NJW 1989, 3087; 8.9.2005 – C-191/03 Rn. 29 – McKenna, Slg. 2005, I-7631, NZA 2005, 1105); **Leistungen aufgrund Mutterschaftsurlaubs** (EuGH 13.2.1996 – C-342/93 Rn. 14 – Gillespie, Slg. 1996, I-475, EAS EG-Vertrag Art. 119 Nr. 38; 16.9.1999 – C-218/98 Rn. 14 – Alabaster, Slg. 1999, I-5723, NZA 1999, 1280 – Abdoulaye; EuGH 30.3.2004 – C-147/02 – Rn. 44 – Slg. 2004, I-3101, NZA 2004, 839); **Abfindungen und Entschädigung bei Beendigung des Arbeitsverhältnisses** (EuGH 17.5.1990 – C-262/88 Rn. 14 – Barber, Slg. 1990, I-1889, NZA 1990, 775; 27.6.1990 – C-33/89 Rn. 10 f. – Kowalska, Slg. 1990, I-2591, NZA 1990, 771; 17.2.1993 – C-173/91 Rn. 12 ff. – Kommission/Belgien, Slg. 1993, I-673, EAS EG-Vertrag Art. 119 Nr. 22; 9.2.1999 – C-167/97 Rn. 25 f. – Regina, Slg. 1999, I-623, EAS EG-Vertrag Art. 119 Nr. 48; 14.9.1999 – C-249/97 Rn. 22 – Gruber, Slg. 1999, I-

Grundsatz der gleichen Bezahlung von Männern und Frauen   Art. 157 AEUV   20

5295, EAS EG-Vertrag Art. 119 Nr. 52; 8.6.2004 – C-220/02 Rn. 36 ff. – Österreichischer Gewerkschaftsbund, Slg. 2004, I-5907, EAS EG-Vertrag 1999 Art. 141 Nr. 9); **Leistungen aus betrieblichen Sozialversicherungssystemen** (EuGH 13.5.1986 – 170/84 Rn. 22 – Bilka, Slg. 1986, 1607, NJW 1986, 3020; 17.5.1990 – C-262/88 – Rn. 25 ff. – Barber, Slg. 1990, 1889) sowie der **Zugang zu solchen Systemen** (EuGH 28.9.1994 – C-128/93 Rn. 14 – Fisscher, Slg. 1994, I-4583, EAS EG-Vertrag Art. 119 Nr. 33); **Arbeitnehmerbeiträge zu solchen Systemen** (EuGH 28.9.1994 – C-200/91 Rn. 80 – Coloroll Pensions Trustee, Slg. 1994, I-4389, NZA 1994, 1073; 22.12.1993 – C-152/91 Rn. 31 – Neath, Slg. 1993, I-6935, EAS EG-Vertrag Art. 119 Nr. 27), **nicht aber Arbeitgeberbeiträge**, sofern diese auf je nach Geschlecht unterschiedlichen versicherungsmathematischen Faktoren beruhen (EuGH 28.9.1994 – C-200/91 Rn. 75 ff. – Coloroll Pensions Trustee, Slg. 1994, I-4389, NZA 1994, 1073; 22.12.1993 – C-152/91 Rn. 29, 32 – Neath, Slg. 1993, I-6935, EAS EG-Vertrag Art. 119 Nr. 27; dazu auch → Rn. 22 f.); **Hinterbliebenenrenten aus betrieblicher Altersversorgung** (EuGH 7.1.2004 – C-117/01 Rn. 25 ff. – K. B., Slg. 2004, I-541, NJW 2004, 1440); **Überbrückungsgeld aufgrund Sozialplan** (EuGH 9.12.2004 – C-19/02 Rn. 51 – Hlozek, Slg. 2004, I-11491, EAS EG-Vertrag 1999 Art. 141 Nr. 11).

3. Abgrenzung zu sonstigen Arbeitsbedingungen. Art. 157 ist nicht anwendbar auf **20** sonstige Arbeitsbedingungen, die kein Arbeitsentgelt darstellen (ausdrücklich bereits EuGH 15.6.1978 – 149/77 Rn. 12 ff., 24 – Defrenne III, Slg. 1978, 1365, EAS EG-Vertrag Art. 119 Nr. 3), wie etwa der Zugang zur Beschäftigung oder Regelungen zum beruflichen Aufstieg. Für diese gilt die RL 2006/54/EG, insbesondere Art. 14 RL 2006/54/EG, der umfassend alle Arbeitsbedingungen – und damit auch das Arbeitsentgelt – erfasst. Daher ist die zutreffende Einordnung nur dann praktisch relevant, wenn es gerade auf die unmittelbare Anwendung der unionsrechtlichen Rechtsgrundlagen ankommt, da sich Art. 157 und eine EU-Richtlinie insoweit grds. in ihrer Wirkungsweise unterscheiden.

Die Frage nach der Einordnung ist aufgrund des weiten Entgeltbegriffs des EuGH **21** (→ Rn. 17 ff.) dann nicht ganz leicht zu beantworten, wenn sich die (anderen) **Arbeitsbedingungen finanziell auswirken.** Die wohl herrschende Auffassung grenzt danach ab, ob die Regelung das Entgelt **unmittelbar oder nur mittelbar** beeinflusst (vgl. Schwarze/*Rebhahn* Rn. 13). So greift das Entgeltgleichheitsgebot bsw. ein bei einer tariflichen Einstufung (vgl. EuGH 7.2.1991 – C-184/89 Rn. 9 f. – Nimz, Slg. 1991, I-314, EAS EG-Vertrag Art. 119 Nr. 20), nicht aber, wenn diese nur die Chance auf eine Beförderung schafft (EuGH 2.10.1997 – C-1/95 Rn. 23 ff. – Gerster, Slg. 1997, I-5274, NZA 1997, 1277). Demgegenüber fallen aus dem Anwendungsbereich des Art. 157 heraus das Bereitstellen einer Kindertagesstätte (EuGH 19.3.2002 – C-476/99 Rn. 26 ff. – Lommers, Slg. 2002, I-2891, NZA 2002, 501; zweifelhaft, da möglicherweise als Sachbezug Entgeltbestandteil, so Calliess/Ruffert/*Krebber* Rn. 25) oder Regelungen über Vordienstzeiten, soweit diese sich nicht auf das Arbeitsentgelt als solches auswirken (EuGH 18.11.2004 – C-284/02 Rn. 28 ff. – Sass, Slg. 2004, I-11143, NZA 2005, 399; anders aber bsw. für die Berechnung einer Abfindung EuGH 8.6.2004 – C-220/02 Rn. 36 ff. – Österreichischer Gewerkschaftsbund, Slg. 2004, I-5907, EAS EG-Vertrag 1999 Art. 141 Nr. 9). Ebenso wenig ist das Entgeltgleichheitsgebot anwendbar auf unterschiedliche Altersgrenzen in Arbeitsverträgen von Männern und Frauen (EuGH 15.6.1978 – 149/77 Rn. 12 ff. – Defrenne III, Slg. 1978, 1365, EAS EG-Vertrag Art. 119 Nr. 3).

4. Abgrenzung zu gesetzlichen Systemen der sozialen Sicherheit. a) Betriebliche **22** **Systeme der sozialen Sicherheit und der Entgeltbegriff des Art. 157.** Der EuGH hat betriebliche Systeme der sozialen Sicherheit in den Entgeltbegriff des Art. 157 einbezogen und damit insbesondere **Leistungen aus solchen Systemen als Teil des Arbeitsentgelts iSv Art. 157 eingestuft** (→ Rn. 19). Schwieriger zu beurteilen ist dies hinsichtlich der Beiträge zu solchen Systemen, wenn diese auf versicherungsmathematisch kalkulierten Faktoren beruhen. Wenn nämlich die Leistungen wegen Art. 157 bei im Übrigen gleicher

Lage für Männer und Frauen in gleicher Höhe gewährt werden müssen und ein unterschiedliches Lebensalter für den Zugang zu solchen Systemen ebenfalls einen Gleichheitsverstoß darstellt (so EuGH 17.5.1990 – C-262/88 Rn. 32 – Barber, Slg. 1990, 1889), dann müssen die für Frauen aufgewandten Finanzierungsbeiträge wegen der im Durchschnitt höheren Lebenserwartung der Frauen über denjenigen der Männer liegen. Dieses Problem hat der EuGH gesehen und es in einem konkreten Fall dadurch gelöst, dass er die aufgrund solcher versicherungsmathematischen Faktoren kalkulierten Arbeitgeberbeiträge nicht dem Anwendungsbereich des Art. 157 unterstellt hat (EuGH 28.9.1994 – C-200/91 Rn. 75 ff. – Coloroll Pensions Trustee, Slg. 1994, I-4389, NZA 1994, 1073; 22.12.1993 – C-152/91 Rn. 29, 32 – Neath, Slg. 1993, I-6935, EAS EG-Vertrag Art. 119 Nr. 27). In solchen Fällen betreffen die Unterschiede in den Beiträgen für Männer und Frauen nicht das Entgelt, sondern sind lediglich Folge der Einbeziehung versicherungsmathematischer Faktoren (Hailbronner/Wilms/*Boecken* EG Art. 141 Rn. 27).

23   Inwieweit diese soeben (→ Rn. 22) skizzierte Rechtslage noch kompatibel ist mit der RL 2004/113/EG zur Verwirklichung des Grundsatzes der Gleichbehandlung von Männern und Frauen beim Zugang zu und der Versorgung mit Gütern und Dienstleistungen (ABl. EU 2004 L 373/37) und dem **Urteil des EuGH im Urteil** *Test-Achat* (EuGH 1.3.2011 – C-236/09 Rn. 32 – Test Achat, NJW 2011, 907) ist noch nicht völlig geklärt. In diesem Urteil hatte der EuGH die Anwendung solcher unterschiedlicher versicherungsmathematischer Faktoren mit Blick auf das Geschlecht iRd RL 2004/113/EG wegen Verstoßes gegen Art. 21, 23 GRC für unzulässig gehalten und damit Art. 5 II RL 2004/113/EG, wonach die Mitgliedstaaten solche Regelungen beibehalten können, in der Sache für unwirksam erklärt (EuGH 1.3.2011 – C-236/09 Rn. 32 – Test Achat, NJW 2011, 907). Für den Bereich der betrieblichen Systeme der sozialen Sicherheit nimmt nun Art. 9 I lit. h RL 2006/54/EG die Kalkulation aufgrund solcher versicherungsmathematischer Faktoren ausdrücklich vom Grundsatz der Gleichbehandlung aus und lässt diese daher in ähnlicher Weise zu wie Art. 5 II RL 2004/113/EG. Allerdings ist Art. 9 I lit. h RL 2006/54/EG im Gegensatz zu Art. 5 II RL 2004/113/EG nicht als verschleierte „Dauerübergangsvorschrift" ausgestaltet, was wohl in erster Linie das Missfallen des EuGH in der Rs. *Test Achat* ausgelöst hatte (vgl. EuGH 1.3.2011 – C-236/09 Rn. 25 ff., 31 – Test Achat, NJW 2011, 907). Zur RL 79/7/EWG zur schrittweisen Verwirklichung des Grundsatzes der Gleichbehandlung von Männern und Frauen im Bereich der sozialen Sicherheit hat der EuGH im Ergebnis in vergleichbarer Weise judiziert wie im Urteil *Test Achat* zur RL 2004/113/EG (vgl. EuGH 3.9.2014 – C-318/13 Rn. 37 f. – X). In dieser Richtlinie existiert allerdings eine Art. 5 II RL 2004/113/EG und Art. 9 I lit. h RL 2006/54/EG vergleichbare Vorschrift nicht, worauf der EuGH aber wohl nicht ausschlaggebend abstellt (EuGH 3.9.2014 – C-318/13 Rn. 34 f. – X). Insgesamt dürfte der EuGH also nunmehr die Berücksichtigung versicherungsmathematischer Faktoren, die zu für Männer und Frauen unterschiedlichen Beiträgen bei im Übrigen gleicher Lage führen, skeptisch beurteilen. Für die betrieblichen Systeme der sozialen Sicherheit hat der EuGH dies jedoch anders als für die RL 2004/113/EG und die RL 79/7/EWG noch nicht ausdrücklich ausgesprochen.

24   **b) Abgrenzungskriterien.** Die weitgehende Einbeziehung von betrieblichen Systemen der sozialen Sicherheit in den Entgeltbegriff des Art. 157 macht die **Abgrenzung von den allg. staatlichen Systemen der sozialen Sicherheit** notwendig. Die Abgrenzung ist auch vor dem Hintergrund des Sekundärrechts erforderlich: Für allg. staatliche Systeme der sozialen Sicherheit gilt die RL 79/7/EWG, während auf betriebliche Systeme der sozialen Sicherheit Art. 5 ff. RL 2006/54/EG anwendbar sind. Der EuGH hat bereits im ersten *Defrenne*-Urteil Abgrenzungsmerkmale aufgestellt, um die allg. staatlichen Systeme der Altersversorgung, insbesondere die Altersrenten, aus dem Anwendungsbereich des Entgeltgleichheitsgebots auszunehmen. Danach **erfasst Art. 157** – bzw. die Vorgängervorschriften – **nicht Sozialversicherungssysteme und -leistungen,** die **unmittelbar durch Gesetz** geregelt sind, **keinerlei vertragliche Vereinbarungen** innerhalb des Unternehmens oder

in dem betroffenen Gewerbezweig **zulassen** und **zwingend für allg. umschriebene Gruppen von Arbeitnehmern gelten** (EuGH 25.5.1971 – 80/70 Rn. 7 – Defrenne I, Slg. 1971, 445, EAS EG-Vertrag Art. 119 Nr. 1; 17.5.1990 – C-262/88 Rn. 22 – Barber, Slg. 1990, I-1889, NZA 1990, 775).

Diesen Obersatz hat der EuGH im Laufe der Rechtsprechungsentwicklung konkretisiert 25 und folgende spezifischere Abgrenzungskriterien entwickelt (zusammengefasst bei EuGH 28.9.1994 – C-7/93 Rn. 23 – Beune, Slg. 1994, I-4471, EAS EG-Vertrag Art. 119 Nr. 29; s. auch SA des GA *Jacobs* zu EuGH 28.9.1994 – C-7/93 Rn. 22 – Beune, Slg. 1994, I-4471): Zunächst kommt es auf die **rechtliche Grundlage des jeweiligen Systems** an – Gesetz oder Vereinbarung im weitesten Sinn. Beruht es auf einer Vereinbarung der Sozialpartner auf Arbeitnehmer- bzw. Arbeitgeberseite oder auf einer einseitigen Entscheidung des Arbeitgebers, spricht dies für die Einordnung in Art. 157. Eine gesetzliche Regelung ist dann unschädlich, wenn diese die rechtliche Basis des Arbeitsverhältnisses nur flankiert. Demgegenüber fallen Systeme, deren Leistungs- und Beitragspflichten unmittelbar auf einem staatlichen Gesetz gründen, nicht unter Art. 157. Weiter stellt die **Finanzierung des Systems** durch den Arbeitgeber – ggf. gemeinsam mit den Arbeitnehmern – ein wichtiges Indiz für das Vorliegen von Entgelt iSv Art. 157 dar. Ein weiterer wichtiger Aspekt ist der Status der **Begünstigten:** Handelt es sich um spezifische Arbeitnehmergruppen – etwa eines Unternehmens, einer Branche etc., spricht dies für die Einstufung in Art. 157. Anders ist dies, wenn die begünstigte Gruppe nur allg. umschrieben wird. Schließlich ist die **Funktion** heranzuziehen: Soll es ein allg. staatliches System nur ergänzen oder aufgrund einer opt-out-Regelung sogar ersetzen (so in Rs. *Barber* EuGH 17.5.1990 – C-262/88 Rn. 28 – Barber, Slg. 1990, 1889), soll dies für die Anwendung des Entgeltgleichheitssatzes des Art. 157 sprechen.

Aufgrund dieser Kriterien hat der EuGH zahlreiche Altersversorgungssysteme in den 26 Anwendungsbereich von Art. 157 bzw. dessen Vorgängervorschriften einbezogen (s. etwa EuGH 13.5.1986 – 170/84 Rn. 22 – Bilka, Slg. 1986, 1607, NJW 1986, 3020; 17.5.1990 – C-262/88 Rn. 25 ff. – Barber, Slg. 1990, 1889; 22.12.1993 – C-152/91 Rn. 29, 32 – Neath, Slg. 1993, I-6935, EAS EG-Vertrag Art. 119 Nr. 27; 28.9.1994 – C-128/93 Rn. 14 – Fisscher, Slg. 1994, I-4583, EAS EG-Vertrag Art. 119 Nr. 33; 28.9.1994 – C-200/91 Rn. 75 ff. – Coloroll Pensions Trustee, Slg. 1994, I-4389, NZA 1994, 1073). So hat der EuGH bsw. auch auf **Beamtenversorgungssysteme** Art. 157 bzw. dessen Vorgängervorschriften angewandt (für Frankreich: EuGH 29.11.2001 – C-366/99 Rn. 34 ff. – Griesmar, Slg. 2001, I-9382, EAS EG-Vertrag Art. 119 Nr. 66; für Deutschland: EuGH 23.10.2003 – C-4/02 Rn. 59 ff. – Schönheit, Slg. 2003, I-12575, EAS EG-Vertrag 1999 Art. 141 Nr. 4; für die Niederlande: EuGH 28.9.1994 – C-7/93 Rn. 42 ff. – Beune, Slg. 1994, I-4471, EAS EG-Vertrag Art. 119 Nr. 29; für Italien: EuGH 13.11.2008 – C- 46/07 Rn. 35 ff. – Kommission/Italien, Slg. 2008, I-151; für Griechenland: EuGH 26.3.2009 – C-559/07 Rn. 40 ff. – Kommission/Griechenland, Slg. 2009, I-47).

c) Zeitliche Wirkung. Die skizzierte Rechtsentwicklung war insbesondere für Systeme, 27 welche die staatliche Altersversorgung ersetzen können, möglicherweise überraschend eingetreten (→ Rn. 24 ff.). Deshalb hatte der EuGH in der grundlegenden Rs. *Barber* die **zeitliche Wirkung des Urteils im Hinblick auf Leistungen aus solchen Systemen für die Vergangenheit beschränkt** (EuGH 17.5.1990 – C-262/88 Rn. 40 ff. – Barber, Slg. 1990, 1889). Diese zeitlich beschränkte Wirkung haben die Signatarstaaten des Vertrags primärrechtlich durch eine Protokollerklärung zu Art. 141 EGV, später zu Art. 157 verfestigt. Solche Protokollerklärungen sind nach Art. 51 EUV Bestandteil der Verträge, hier also des AEUV. Nach dieser Protokollerklärung Nr. 33 zu Art. 157 gelten Leistungen auf Grund eines betrieblichen Systems der sozialen Sicherheit nicht als Entgelt iSv Art. 157, sofern und soweit sie **für Beschäftigungszeiten vor dem 17.5.1990** zurückgeführt werden können; ausgenommen sind Arbeitnehmer oder anspruchsberechtigte Angehörige, die vor diesem Zeitpunkt eine Klage oder ein gleichwertiges Verfahren eingeleitet haben. Der EuGH hat die Wirkung des *Barber*-Urteils und damit auch der Protokollerklärung allerdings auf Leistungen aus solchen betrieblichen Systemen der sozialen Sicherung beschränkt, weil insofern nicht klar gewesen sei, ob diese auch dem Entgeltbegriff des Art. 157 unterliegen (EuGH 10.2.2000 – C-50/96 Rn. 35 – Schröder, Slg. 2000, I-743, NZA 2000, 313). Für den gleichheitswidrigen **Ausschluss aus solchen Systemen** gilt stattdessen nach der Rechtsprechung des EuGH das Datum des Urteils *Defrenne II* (EuGH 8.4.1976 – 43/75 – Slg. 1976, 455 – Defrenne II), in dem der EuGH erstmals die unmittelbare Anwendung des damaligen Art. 119 EWGV ausgesprochen hatte (EuGH 10.2.2000 – C-270, 271/97 Rn. 40 ff. – Sievers, Slg. 2000, I-929, EAS EG-Vertrag Art. 119 Nr. 58; 24.10.1996 – C-435/93 Rn. 21 – Dietz, Slg. 1996, I-5223, EAS EG-Vertrag Art. 119 Nr. 40; 11.12.1997 – C-246/96 Rn. 30 – Magorrian und Cunningham, Slg. 1997, I-7153, EAS EG-Vertrag Art. 119 Nr. 42; 28.9.1994 – C-57/93 Rn. 28 ff. – Vroege, Slg. 1994, I-4541, EAS EG-Vertrag Art. 119 Nr. 32).

28   **5. Vergleichsparameter.** Um beurteilen zu können, ob das Entgelt dem Gleichbehandlungsgebot entspricht, müssen die Arbeitsentgelte der begünstigten und der benachteiligten Personen verglichen werden. Dabei nennt **Art. 157 II UAbs. 2** einige für die Gleichheit des Entgelts **wichtige Faktoren:** Bei Akkordlöhnen muss das Entgelt aufgrund der gleichen Maßeinheit festgesetzt, bei Zeitlöhnen für die jeweilige Arbeitszeit derselbe Betrag bezahlt werden. Allerdings darf der Arbeitgeber auch bei einem **Zeitlohn** nach den jeweiligen individuellen Leistungsunterschieden differenzieren, jedoch nicht bereits vom Beginn der Beschäftigung an, weil der Arbeitgeber solche Leistungsunterschiede zu diesem Zeitpunkt noch gar nicht kennen kann (EuGH 26.6.2001 – C-381/99 Rn. 79 – Brunnhofer, Slg. 2001, I-4961 – NZA 2001, 883). Bei Zeitlohnvereinbarungen hat der EuGH die geleistete Anzahl der Stunden und die dafür erzielte Gesamtvergütung verglichen (EuGH 15.12.1994 – C-399/92 Rn. 26 f. – Helmig, Slg. 1994, I-5727, EAS EG-Vertrag Art. 119 Nr. 35). Dies führt dazu, dass der Entgeltgleichheitsgrundsatz nicht verletzt ist, wenn Überstundenzuschläge erst ab einer bestimmten Gesamtstundenzahl gewährt werden, die von Vollzeitbeschäftigten eher erreicht werden kann als von Teilzeitbeschäftigten (vgl. EuGH 15.12.1994 – C-399/92 – Rn. 28 f. – Slg. 1994, I-5727, EAS EG-Vertrag Art. 119 Nr. 35 – Helmig; krit. dazu Calliess/Ruffert/*Krebber* Rn. 44). Umgekehrt verstößt es bei diesem Vergleichsmaßstab aber gegen den Entgeltgleichbehandlungsgrundsatz, wenn die Mehrarbeitsstunden geringer oder gar nicht vergütet werden, weil dann Teilzeitbeschäftigte für dasselbe Arbeitsvolumen eine geringere Vergütung als Vollzeitbeschäftigte erhalten (vgl. EuGH 27.5.2004 – C-285/02 Rn. 17 – Elsner-Lakeberg, Slg. 2004, I-5861, EAS EG-Vertrag 1999 Art. 141 Nr. 8; 6.12.2007 – C-300/06 Rn. 34 ff. – Voß, Slg. 2007, I-10573, NZA 2008, 31 = EAS EG-Vertrag 1999 Art. 141 Nr. 17; zum Anknüpfungskriterium der Teilzeitbeschäftigung als mittelbare Ungleichbehandlung wegen des Geschlechts → Rn. 44).

29   Bei einer **Stücklohnvereinbarung** ist die Höhe des Arbeitsentgelts zwar von der individuellen Leistung des jeweiligen Arbeitnehmers abhängig. Gleichwohl verlangt der EuGH, dass ein etwa gewährter fester Entgeltbestandteil bei gleicher und gleichwertiger Arbeit auch gleich hoch sein muss (vgl. EuGH 31.3.1995 – C-400/93 – Rn. 26 ff. – Royal Copenhagen, Slg. 1995, I-1275, EAS EG-Vertrag Art. 119 Nr. 36). Ferner muss nach der Rechtsprechung des EuGH die Gleichheit des Entgelts für jeden einzelnen Vergütungsbestandteil isoliert festgestellt werden, weil bei einer anderenfalls anzuwendenden Gesamtbetrachtung die Einhaltung des Gleichbehandlungsgrundsatzes nicht wirksam kontrolliert werden könnte (EuGH 17.5.1990 – C-262/88 Rn. 34 f. – Barber, Slg. 1990, 1889; 26.6.2001 – C-381/99 Rn. 35 – Brunnhofer, Slg. 2001, I-4961, NZA 2001, 883).

III. Gleiche oder gleichwertige Arbeit

30   **1. Gleiche Arbeit.** Die ursprüngliche Fassung des Art. 157 – Art. 119 EWGV – enthielt lediglich den Grundsatz des gleichen Entgelts bei gleicher Arbeit (englisch: „equal work", französisch: „un même travail"). Die Einbeziehung gleichwertiger Arbeit (englisch: „work

of equal value", französisch: „un travail de même valeur") in den Entgeltgleichheitsgrundsatz hat der Vertrag von Amsterdam im Jahr 1997 (Art. 141 I EGV) bewirkt. Damit wurde primärrechtlich nachgeholt, was Art. 1 RL 75/117/EWG bereits vorgesehen hatte. Von **gleicher Arbeit** wird in der Literatur ausgegangen, wenn der Inhalt der Tätigkeit identisch ist oder die Tätigkeiten sich doch so ähneln, dass die damit betrauten Arbeitnehmer einander ersetzen können (vgl. ErfK/*Schlachter* Rn. 10). Diese Anforderung muss zumindest für den Großteil und einen erheblichen Umfang der Tätigkeit gelten. Ferner sind maßgeblich die **tatsächlichen Anforderungen des Arbeitsplatzes** und weniger die vertragliche Abrede oder die Einstufung im Tarifvertrag (vgl. EuGH 26.6.2001 – C-381/99 Rn. 44 – Brunnhofer, Slg. 2001, I-4961, EAS EG-Vertrag Art. 119 Nr. 64). Die Feststellung, ob gleiche Arbeit vorliegt, darf nicht von einer Arbeitsplatzbewertung des Arbeitgebers abhängen, sondern obliegt dem Gericht (EuGH 6.7.1981 – 61/81 Rn. 9 – Kommission/Vereinigtes Königreich, Slg. 1982, 2601, EAS RL 75/117/EG Art. 1 Nr. 7). Dabei kann aber eine Arbeitsplatzbewertung natürlich hilfreich sein (Schwarze/*Rebhahn* Rn. 15). Auf das zeitliche Volumen der Arbeit kommt es nicht an; daher üben Teilzeitbeschäftigte grds. die gleiche Arbeitsleistung aus wie (vergleichbare) Vollzeitbeschäftigte (vgl. EuGH 31.3.1981 – 96/80 Rn. 15 – Jenkins, Slg. 1981, 911, NJW 1981, 2639).

Nach der Rechtsprechung des EuGH muss zur Feststellung, ob Arbeitnehmer eine 31 gleiche Arbeit ausüben, geprüft werden, ob diese Arbeitnehmer unter Zugrundelegung einer **Vielzahl von Faktoren**, wie **Art der Arbeit, Ausbildungsanforderungen und Arbeitsbedingungen** als in einer vergleichbaren Situation befindlich angesehen werden können (EuGH 31.5.1995 – C-400/93 Rn. 32 f. – Royal Copenhagen, Slg. 1995, I-1275, EAS EG-Vertrag Art. 119 Nr. 36; 11.5.1999 – C-309/97 Rn. 17 – Angestelltenbetriebsrat Wiener Gebietskrankenkasse, Slg. 1999, I-2865, NZA 1999, 699; 28.2.2013 – C-427/11 Rn. 27 – Kenny, NZA 2013, 315). So hat es der EuGH bsw. abgelehnt, die psychotherapeutische Tätigkeit von Psychologen und Ärzten als „gleiche Arbeit" einzustufen, obwohl beide Berufsgruppen im konkreten Fall dieselbe Tätigkeit wahrgenommen hatten. Der EuGH begründet dies damit, dass die Berufsausbildung der beiden Beschäftigtengruppen und ihre darauf aufbauende Berufsberechtigung erheblich differiert (EuGH 11.5.1999 – C-309/97 Rn. 20 f. – Angestelltenbetriebsrat Wiener Gebietskrankenkasse, Slg. 1999, I-2865, NZA 1999, 699). Dem Umstand, dass es einen einheitlichen Tarifvertrag für beide Arbeitnehmergruppen gebe, hat der EuGH kein eigenständiges Gewicht beigemessen (EuGH 11.5.1999 – C-309/97 Rn. 22 – Angestelltenbetriebsrat Wiener Gebietskrankenkasse, Slg. 1999, I-2865, NZA 1999, 699). Demgegenüber ist nach Auffassung des EuGH die Art der zu erledigenden Aufgaben, der Umstand, ob diese allen Arbeitnehmern oder nur einem Teil übertragen werden können, sowie die Berufsqualifikation von erheblicher Bedeutung (EuGH 28.2.2013 – C-427/11 Rn. 28 ff. – Kenny, NZA 2013, 315). Die Bewertung der Faktoren im Einzelfall hat der EuGH allerdings regelmäßig den innerstaatlichen Gerichten überlassen (EuGH 26.6.2001 – C-381/99 Rn. 49 – Brunnhofer, Slg. 2001, I-4961, EAS EG-Vertrag Art. 119 Nr. 64; 30.3.2000 – C-236/98 Rn. 48 – JämO, Slg. 2000, I-2189, EAS EG-Vertrag Art. 119 Nr. 59; 28.2.2013 – C-427/11 Rn. 26 – Kenny, NZA 2013, 315).

2. Gleichwertige Arbeit. Das Konzept der Gleichwertigkeit der Arbeit erfordert es, die 32 **Arbeitsleistung zu bewerten.** Dies normativ vorzugeben, ist in einer Marktwirtschaft mit Schwierigkeiten verbunden, weil der Wert der Arbeit nicht objektiv bestimmt werden kann, sondern dem Preisbildungsprozess am Markt – ggf. mit Hilfe der Tarifvertragsparteien – unterliegt (s. dazu nur *Rieble* RdA 2011, 36 [44 f.]). Der EuGH musste soweit ersichtlich noch nicht ausdrücklich zu dem Begriff der „gleichwertigen Arbeit" Stellung nehmen. Vielmehr hat der EuGH in zahlreichen Urteilen nicht zwischen „gleicher" und „gleichwertiger Arbeit" differenziert, sondern die vorstehend genannten Kriterien (→ Rn. 31) auch insoweit angewandt (vgl. nur EuGH 26.6.2001 – C-381/99 Rn. 43 – Brunnhofer, Slg. 2001, I-4961, EAS EG-Vertrag Art. 119 Nr. 64; 28.2.2013 – C-427/11 Rn. 26 – Kenny,

NZA 2013, 315). Dies und der Umstand, dass der EuGH die Bewertung der Faktoren im Einzelfall dem innerstaatlichen Gericht überlässt, dürfte dazu führen, dass ein unionsrechtlich vorgegebenes Konzept von „gleichwertiger Arbeit" derzeit nicht existiert. Die in den Mitgliedstaaten vertretenen Konzepte differieren erheblich: So geht man im angelsächsisch geprägten Rechtsraum von einem eher weiten Begriff der „gleichwertigen Arbeit" aus, während dem deutschen Recht ein engeres Verständnis zugrunde zu liegen scheint (Calliess/Ruffert/*Krebber* Rn. 55 mwN).

33 Nach Auffassung des BAG muss bei der Konkretisierung des Rechtsbegriffs „gleichwertige Arbeit" auf den **Gegenstand der Arbeitsleistung** abgestellt werden. Für die qualitative Wertigkeit einer Arbeit sei unter anderem das **Maß der erforderlichen Vorkenntnisse und Fähigkeiten nach Art, Vielfalt und Qualität** bedeutsam. Je größer diese Anforderungen sind, desto höher sei der Wert der Arbeit einzuschätzen (BAG 23.8.1995 NZA 1996, 579). Darüber hinaus spricht nach Auffassung des BAG vieles dafür, dass Tätigkeiten mit einem gleichen Ausbildungsabschluss in einem tariflichen Entgeltsystem gleich zu bewerten sind. So hat das BAG die Tätigkeit von Sozialpädagogen und Ingenieuren mit Fachhochschulabschluss als „gleichwertig" eingestuft (BAG 10.12.1997 NZA 1998, 599 [604 f.]). Der Rechtsprechung des EuGH dürfte ebenfalls ein eher enges Verständnis von „gleichwertiger Arbeit" zugrunde liegen (ebenso die Einschätzung von Schwarze/*Rebhahn* Rn. 16). So hat der EuGH bsw. im Urteil *Brunnhofer* ausdrücklich auf die Unterschiede der konkreten Tätigkeit für die Beurteilung der „Gleichwertigkeit" der Arbeit hingewiesen: Betreuung von Großkunden und Handlungsvollmacht einerseits und nur eingeschränkter Kundenkontakt andererseits (EuGH 26.6.2001 – C-381/99 Rn. 50 – Brunnhofer, Slg. 2001, I-4961, EAS EG-Vertrag Art. 119 Nr. 64). Schließlich hat der EuGH sowohl den Umstand, dass einzelne Arbeitskräfte am Arbeitsmarkt nur schwer verfügbar sind (EuGH 27.10.1993 – C-127/92 Rn. 26 ff. – Enderby, Slg. 1993, I-5535, EAS EG-Vertrag Art. 119 Nr. 24), als auch den Umstand, dass Tarifvertragsparteien das Entgelt festgelegt haben (EuGH 31.5.1995 – C-400/93 Rn. 46 – Royal Copenhagen, Slg. 1995, I-1275, EAS Art. EG-Vertrag Art. 119 Nr. 36; 28.2.2013 – C-427/11 Rn. 49 – Kenny, NZA 2013, 315; zurückhaltender aber 27.10.1993 – C-127/92 Rn. 20 ff. – Enderby, Slg. 1993, I-5535, EAS EG-Vertrag Art. 119 Nr. 24), als Grund für Differenzierungen beim Arbeitsentgelt anerkannt. Damit dürfte es der EuGH akzeptieren, dass letztlich Marktprozesse über die Beurteilung des Werts der Tätigkeit entscheiden, die gerichtlich nur sehr eingeschränkt kontrolliert werden können. Ein anderes Verständnis des Begriffs „gleichwertige Arbeit" würde auch mit Grundwertungen des AEUV – etwa dessen Bekenntnis zur sozialen Marktwirtschaft (Art. 3 III AEUV) – konfligieren (ähnlich Schwarze/*Rebhahn* Rn. 16).

IV. Geschlecht

34 Art. 157 verbietet die Ungleichbehandlung von **Männern und Frauen.** Untersagtes Anknüpfungskriterium ist also das Geschlecht iSd **biologischen Geschlechts.** Nicht erfasst ist das aufgrund des Geschlechts gelebte Sexualverhalten, also die sexuelle Ausrichtung (EuGH 17.2.1998 – C-249/96 Rn. 47 – Grant, Slg. 1998, I-621, NJW 1998, 969; 31.5.2001 – C-122, 125/99 P – Rn. 46 – Deutschland und Schweden/Rat, Slg. 2001, I-4319, EAS EG-Vertrag Art. 119 Nr. 63). Die sexuelle Ausrichtung ist nunmehr als Anknüpfungspunkt für Ungleichbehandlungen aufgrund der Gleichbehandlungs-Rahmenrichtlinie 2000/78/EG grds. untersagt. Nach der Rechtsprechung des EuGH müssen Benachteiligter und Träger des Merkmals, wegen dessen nicht differenziert werden darf, nicht ein und dieselbe Person sein (so zur RL 2000/78/EG und dem Merkmal „Behinderung" EuGH 17.7.2008 – C-303/06 Rn. 48, 51 – Coleman, Slg. 2008, I-5603 = EuZA 2009, 245 mit Anm. *Sutschet*). Überträgt man diese Wertung des EuGH auf Art. 157, erscheint es denkbar, dass Art. 157 ebenfalls Anwendung findet, wenn ein Arbeitnehmer nicht aufgrund seines eigenen Geschlechts benachteiligt wird, sondern wegen des Geschlechts eines nahen Angehörigen (ebenso Schwarze/*Rebhahn* Rn. 18). Allerdings kann diese Überlegung nicht dazu führen, das Benachteiligungsverbot wegen des Geschlechts in Art. 157 auf die sexuelle Ausrichtung zu erstrecken.

In den sachlichen Anwendungsbereich des Art. 157 bzw. seiner Vorgängervorschriften hat 35 der EuGH auch **transsexuelle Menschen** einbezogen, die sich einer Geschlechtsumwandlung von Mann zu Frau bzw. umgekehrt unterzogen haben oder unterziehen möchten (EuGH 7.1.2004 – C-117/01 Rn. 34 – K. B., Slg. 2004, I-541, EAS EG-Vertrag 1999 Art. 141 Nr. 5; ebenso zur RL 76/207/EWG 30.4.1996 – C-13/94 Rn. 20 – P, Slg. 1996, I-2143, NJW 1996, 2421). Vor diesem Hintergrund wird man über den Wortlaut des Art. 157 hinaus, der nur von Männern und Frauen spricht und damit das männliche und weibliche Geschlecht adressiert, auch andere **hybride Formen der Geschlechteridentität** einbeziehen müssen.

V. Ungleichbehandlung wegen des Geschlechts

1. Allgemeines. Art. 157 I ist nur anwendbar, wenn die Ungleichbehandlung das Ge- 36 schlecht betrifft (soeben → Rn. 34 f.). Das Geschlecht des Betroffenen muss also **kausal** für die Ungleichbehandlung sein (EuGH 31.3.1981 – 96/80 Rn. 10 – Jenkins, Slg. 1981, 911, EAS EG-Vertrag Art. 119 Nr. 6). Dies zeigt die Formulierung in Art. 157 II UAbs. 2 „ohne Diskriminierung aufgrund des Geschlechts" (englisch: „without discrimination on grounds of sex"; französisch: „sans discrimination fondée sur le sexe"). Ähnlich formulieren die sekundärrechtlichen Regelungen, etwa Art. 4 I RL 2006/54/EG. Die Begriffe „Diskriminierung", „Ungleichbehandlung" und „Benachteiligung" sind nicht synonym zu verwenden; vielmehr ist eine Diskriminierung eine unzulässige, weil nicht gerechtfertigte Ungleichbehandlung bzw. Benachteiligung (ebenso die Terminologie bei Schwarze/*Rebhahn* Rn. 18).

Eine Absicht des Arbeitgebers, die betroffene Arbeitnehmerin bzw. Arbeitnehmer zu 37 benachteiligen ist dabei nicht erforderlich. Es ist ferner nicht notwendig, dass die Zugehörigkeit zu einem bestimmten Geschlecht das einzige Motiv für die differenzierende Handlungsweise des Arbeitgebers ist (vgl. EuGH 26.6.2001 – C-381/99 Rn. 30 – Brunnhofer, Slg. 2001, I-4961, EAS EG-Vertrag Art. 119 Nr. 64); ein sog. „Motivbündel" genügt hierfür. Insgesamt kommt es also darauf an, ob eine bestimmte Verhaltensweise des Arbeitgebers sich benachteiligend für die Angehörigen eines Geschlechts **auswirkt.** Nach der Rechtsprechung des EuGH kann eine Ungleichbehandlung wegen des Geschlechts auch dann vorliegen, wenn zwei Arbeitnehmer verschiedenen Geschlechts zeitlich nacheinander ungleich behandelt werden (EuGH 27.3.1980 – 127/79 Rn. 11 – Macarthys, Slg. 1980, 1275, EAS EG-Vertrag Art. 119 Nr. 4). Ferner ist es nicht mehr notwendig, dass eine Vergleichsperson des anderen Geschlechts existiert, die bevorzugt wurde. Die sekundärrechtlichen Definitionen, insbesondere Art. 2 I lit. a und b RL 2006/54/EG lassen auch eine nur hypothetische Vergleichsperson zu (Schwarze/*Rebhahn* Rn. 18).

2. Unmittelbare Ungleichbehandlung. a) Begriff. Bei einer unmittelbaren Un- 38 gleichbehandlung fungiert das Kriterium, wegen dessen nicht differenziert werden darf – hier das **Geschlecht** –, als **Anknüpfungspunkt für Vorteile oder Nachteile** für die betroffenen Arbeitnehmer. In ganz ähnlicher Weise enthalten die sekundärrechtlichen Regelungen Definitionen des Tatbestands der Benachteiligung, etwa Art. 2 I lit. a RL 2006/54/EG oder Art. 2 II lit. a RL 2000/78/EG für die „unmittelbare Diskriminierung". Der EuGH hat die unmittelbare Ungleichbehandlung iRv Art. 157 soweit ersichtlich noch nicht näher definiert, aber die skizzierten Merkmale in der Sache durchaus zugrundegelegt. Eine unmittelbare Ungleichbehandlung wegen des Geschlechts liegt bsw. im hier interessierenden Kontext des Arbeitsentgelts vor, wenn Frauen generell in niedrigere Lohngruppen als Männer eingestuft wurden oder generelle Abschläge vom Tariflohn hinnehmen mussten (sog. Leichtlohngruppen). Solche Formen der offensichtlichen unmittelbaren Ungleichbehandlung sind erfreulicherweise nur noch selten anzutreffen (s. aber bsw. den Fall LAG Rh-Pf 14.8.2014 DB 2014, 2718), was auch auf die normative Kraft des Entgeltgleichheitsgebots des Art. 157 zurückzuführen sein dürfte (ebenso die Einschätzung von Calliess/Ruffert/*Krebber* Rn. 37).

39 **b) Vergleichbare Lage.** Eine unmittelbare Ungleichbehandlung kann auch darin liegen, dass die zwischen Männern und Frauen differenzierende Regelung des Arbeitsverhältnisses an bereits anderweit vorgegebene Differenzierungen der Rechtsordnung anknüpft. So hat der EuGH eine unmittelbare Ungleichbehandlung aufgrund des Geschlechts in Betracht gezogen, wenn der Arbeitgeber ein Überbrückungsgeld für Männer und Frauen in unterschiedlicher Höhe bezahlt hat, weil das gesetzlich in den entsprechenden Mitgliedstaaten vorgesehene Eintrittsalter für den Bezug einer gesetzlichen Altersrente für Frauen niedriger war als für Männer (s. etwa EuGH 9.11.1993 – C-132/92 – Bird Eye Walls, Slg. 1993, I-5599, EAS EG-Vertrag Art. 119 Nr. 25; 9.12.2004 – C-19/02 – Hlozek, Slg. 2004, I-11491, EAS EG-Vertrag 1999 Art. 141 Nr. 11). Der EuGH hat in diesen Fällen aber eine unmittelbare Ungleichbehandlung bisweilen abgelehnt, weil sich die weiblichen und männlichen Arbeitnehmer **nicht in einer vergleichbaren Lage** befunden haben (EuGH 9.11.1993 – C-132/92 Rn. 17f. – Bird Eye Walls, Slg. 1993, I-5599, EAS EG-Vertrag Art. 119 Nr. 25; 9.12.2004 – C-19/02 Rn. 44ff. – Hlozek, Slg. 2004, I-11491, EAS EG-Vertrag 1999 Art. 141 Nr. 11 – Hlozek; 16.9.1999 – C-218/88 Rn. 16ff. – Abdoulaye, Slg. 1999, I-5723, EAS EG-Vertrag Art. 119 Nr. 53). Eine unmittelbare Ungleichbehandlung ist demnach tatbestandlich ausgeschlossen, wenn die geschlechtsbezogene Differenzierung gewissermaßen von außen aufgrund der übrigen Rechtsordnung oder aufgrund tatsächlicher Umstände auf das Arbeitsverhältnis einwirkt. Dasselbe gilt bsw., wenn der Arbeitgeber eine pauschale Beihilfe als Ausgleich für die beruflichen Nachteile aufgrund schwangerschaftsbedingter Abwesenheit nur an Frauen während des Mutterschaftsurlaubs bezahlt (EuGH 16.9.1999 – C-218/88 Rn. 16ff. – Abdoulaye, Slg. 1999, I-5723, EAS EG-Vertrag Art. 119 Nr. 53).

40 **c) Schwangerschaft und Mutterschutz.** Der Tatbestand der unmittelbaren Ungleichbehandlung wegen des Geschlechts ist heute noch praktisch bedeutsam im Zusammenhang mit Schwangerschaft und Mutterschutz. Der EuGH hat die nachteiligere Behandlung von schwangeren Frauen gegenüber allen anderen Arbeitnehmern wegen der Schwangerschaft ganz generell als **unmittelbare Ungleichbehandlung wegen des Geschlechts** eingestuft (vgl. etwa EuGH 30.6.1998 – C-94/96 Rn. 18, 24 – Brown, Slg. 1998, I-4185, EAS RL 76/207/EWG Art. 2 Nr. 13). Dem entspricht die sekundärrechtliche Regelung des **Art. 2 II lit. c RL 2006/54/EG.** Streng genommen liegt hierin zwar eher eine mittelbare Ungleichbehandlung, weil nicht das Geschlecht, sondern die Schwangerschaft den Anknüpfungspunkt für benachteiligende Regelung bildet. Allerdings handelt es sich bei schwangeren Frauen um eine Teilgruppe des weiblichen Geschlechts; beide Merkmale – weibliches Geschlecht und Schwangerschaft – sind notwendigerweise derart verbunden, dass letzteres ohne das Vorliegen des erstgenannten Merkmals naturgesetzlich ausgeschlossen ist. Eine Benachteiligung in diesem Zusammenhang trifft daher ausschließlich Frauen. Deshalb kann eine solche Ungleichbehandlung zu einer unmittelbaren Benachteiligung wegen des Geschlechts führen. Für die hier interessierenden Fallkonstellationen muss ferner stets die Mutterschutz-Richtlinie 92/85/EWG beachtet werden.

41 Aus diesen Gründen liegt eine **unmittelbare Ungleichbehandlung von Frauen in Bezug auf das Arbeitsentgelt** bsw. vor, wenn eine Sonderzuwendung erbrachte Dienste vergüten soll und dabei Mutterschutzzeiten nicht berücksichtigt (EuGH 21.10.1999 – C-333/97 Rn. 42 – Lewen, Slg. 1999, I-7243, EAS Art. 119 Nr. 54; anders aber für einen sich an den Mutterschutz anschließenden Elternurlaub: 8.6.2004 – C-220/02 – Österreichischer Gewerkschaftsbund, Slg. 2004, I-5907, EAS EG-Vertrag 1999 Art. 141 Nr. 9). Ebenso verstößt eine innerstaatliche Regelung gegen Art. 157, nach der das für den Mutterschaftsurlaub bezahlte Arbeitsentgelt nach einem vor dem Mutterschaftsurlaub liegenden

Referenzzeitraum bestimmt und Lohnerhöhungen dabei nicht berücksichtigt werden, die nach Beginn des Mutterschaftsurlaubs eintreten (EuGH 30.3.2004 – C-147/02 Rn. 46 ff. – Alabaster, Slg. 2004, I-3101, NZA 2004, 839; 13.2.1996 – C-342/93 Rn. 21 ff. – Gillespie, Slg. 1996, I-475, EAS EG-Vertrag Art. 119 Nr. 38). Allerdings betont der EuGH, dass Art. 157 bzw. dessen Vorgängervorschriften eine Fortzahlung des Arbeitsentgelts in vollständiger Höher nicht gebieten (EuGH 13.2.1996 – C-342/93 Rn. 20 – Gillespie, Slg. 1996, I-475, EAS EG-Vertrag Art. 119 Nr. 38). Zulässig ist daher ebenso, wenn der Arbeitgeber die Fortzahlung von Arbeitsentgelt während einer Krankheit bei erheblichen Fehlzeiten des Arbeitnehmers kürzt, wenn hierbei auf einer Schwangerschaft beruhende Krankheitstage genauso behandelt werden wie andere Krankheitstage (EuGH 8.9.2005 – C-191/03 Rn. 57 ff. – McKenna, Slg. 2005, I-7631, EAS EG-Vertrag 1999 Art. 141 Nr. 14).

d) Rechtfertigung. Eine unmittelbare Ungleichbehandlung wegen des Geschlechts **42** kann grds. nicht gerechtfertigt werden. Zwar hat der EuGH dies in dieser Deutlichkeit soweit ersichtlich noch nicht zum Ausdruck gebracht. Zur Korrektur eines etwa zu weit verstandenen Grundsatzes der unmittelbaren Benachteiligung ist ein solches Rechtfertigungserfordernis aber auch nicht notwendig (so aber wohl Calliess/Ruffert/*Krebber* Rn. 58). Der EuGH gelangt nämlich in problematischen Fällen durch die Anwendung des Kriteriums der „vergleichbaren Lage" (→ Rn. 39) zu ähnlichen Ergebnissen. Ferner muss bedacht werden, dass eine unmittelbare Ungleichbehandlung nur bejaht werden kann, wenn sie auf dem Geschlecht als solchem beruht (ebenso deutlich EuGH 26.6.2001 – C-381/99 Rn. 38 ff. – Brunnhofer, Slg. 2001, I-4961, EAS EG-Vertrag Art. 119 Nr. 64), wenn also das Geschlecht kausal war für die benachteiligende Wirkung einer Maßnahme (→ Rn. 36 f.). Diese Voraussetzungen erscheinen ausreichend, um die unmittelbare Ungleichbehandlung auf die wirklich relevanten Fälle einzugrenzen (krit. aber Calliess/Ruffert/*Krebber* Rn. 58). Im Übrigen kann eine Rechtfertigung einer unmittelbaren Ungleichbehandlung nur in Betracht kommen, wenn eine Rechtsvorschrift diese Ungleichbehandlung erlaubt. Daran fehlt es aber weithin für den Bereich des Arbeitsentgelts. Dies entspricht ferner dem Sekundärrecht. So enthält die Definition der unmittelbaren Ungleichbehandlung in Art. 2 I lit. a RL 2006/54/EG keinen Hinweis auf einen die Ungleichbehandlung rechtfertigenden sachlichen Grund, wie dies iRd mittelbaren Ungleichbehandlung der Fall ist (Art. 2 I lit. b RL 2006/54/EG). Ferner gilt die Erlaubnisnorm des Art. 14 II RL 2006/54/EG nur für den Zugang zur Beschäftigung und für den beruflichen Aufstieg. Außerdem setzt diese Vorschrift voraus, dass die Zugehörigkeit zu einem bestimmten Geschlecht „eine wesentliche und entscheidende berufliche Anforderung" darstellt. Dies trifft auf das Arbeitsentgelt grds. nicht zu (ebenso im Ergebnis Schwarze/*Rebhahn* Rn. 22).

3. Mittelbare Ungleichbehandlung. a) Begriff. Eine mittelbare Ungleichbehandlung **43** zeichnet sich dadurch aus, dass zwar nicht das Geschlecht als solches zum Anknüpfungspunkt für differenzierende Regelungen gemacht wird. **Der Anknüpfungspunkt für einen Vorteil oder einen Nachteil ist mithin neutral,** wirkt sich aber bei Angehörigen des einen Geschlechts besonders nachteilig oder belastend aus, während dies bei den Angehörigen des anderen Geschlechts überhaupt nicht oder wesentlich weniger stark der Fall ist. Eine mittelbare Ungleichbehandlung ist dabei nicht wie die unmittelbare Ungleichbehandlung per se untersagt, sondern nur, wenn sie nicht gerechtfertigt werden kann (→ Rn. 47 ff.). Dieser Umschreibung der mittelbaren Ungleichbehandlung entspricht die gesetzliche Definition im Sekundärrecht, etwa in Art. 2 I lit. b RL 2006/54/EG oder Art. 2 II lit. b RL 2000/78/EG. So hat der EuGH bsw. eine nationale Regelung als mittelbare Ungleichbehandlung wegen des Geschlechts eingestuft, bei der erhöhte Versorgungsbezüge an die Unterbrechung der Berufstätigkeit wegen Kindererziehung geknüpft waren, die Voraussetzungen für die Unterbrechung von Frauen aber viel leichter erfüllt werden konnten als von Männern (EuGH 17.7.2014 – C-173/13 – Leone).

Der EuGH musste sich bereits in zahlreichen Urteilen mit dem Konzept der mittelbaren **44** Ungleichbehandlung im Zusammenhang mit der Gestaltung des Arbeitsentgelts auseinandersetzen. Dabei hat er eine mittelbare Ungleichbehandlung wegen des Geschlechts insbesondere bei der **Benachteiligung teilzeitbeschäftigter gegenüber vollzeitbeschäftigten Arbeitnehmern** in Betracht gezogen: geringere Stundensätze von Teilzeitbeschäftigten gegenüber Vollzeitbeschäftigten (EuGH 31.3.1981 – 96/80 Rn. 13 – Jenkins, Slg. 1981, 911, EAS EG-Vertrag Art. 119 Nr. 5); Ausschluss von Teilzeitbeschäftigten von einer betrieblichen Altersversorgung (EuGH 13.5.1986 – 170/84 Rn. 24 ff. – Bilka, Slg. 1986, 1607, NJW 1986, 3020), von der Entgeltfortzahlung im Krankheitsfall (EuGH 13.7.1989 – 177/88 Rn. 16 – Rinner-Kühn, Slg. 1989, 2743, NZA 1990, 437 = EAS EG-Vertrag Art. 119 Nr. 16), von Übergangsgeld bei der Beendigung des Arbeitsverhältnisses (EuGH 27.6.1990 – C-33/89 Rn. 13 – Kowalska, Slg. 1990, I-2591, NZA 1990, 771 = EAS EG-Vertrag Art. 119 Nr. 19) sowie von Weihnachtsgratifikationen (EuGH 9.9.1999 – C-281/97 Rn. 30 – Krüger, Slg. 1999, I-5127, NZA 1999, 861 = EAS EG-Vertrag Art. 119 Nr. 51); Einschränkung der Entgeltfortzahlung von teilzeitbeschäftigten Betriebs- und Personalratsmitgliedern bei Schulungsveranstaltungen (EuGH 4.6.1992 – C-360/90 Rn. 27 – Bötel, Slg. 1992, I-3589, NZA 1992, 687; 7.3.1996 – C-278/93 Rn. 30 – Freers, Slg. 1996, I-1165, EAS EG-Vertrag Art. 119 Nr. 39); längere Dauer der Betriebszugehörigkeit als Voraussetzung für den Bewährungsaufstieg von Teilzeitbeschäftigten (EuGH 7.2.1991 – C-184/89 – Rn. 12 ff. – Slg. 1991, I-297, NZA 1991, 501 = EAS EG-Vertrag Art. 119 Nr. 20 – Nimz); geringere Vergütung der über die individuelle Arbeitszeit hinaus geleisteten Mehrarbeit (EuGH 6.12.2007 – C-300/06 – Voß, Slg. 2007, I-10573, NZA 2008, 31 = EAS EG-Vertrag 1999 Art. 141 Nr. 17; dazu auch → Rn. 28).

45 Eine mittelbare Ungleichbehandlung kann durch einen **statistischen Vergleich zweier Arbeitnehmergruppen** belegt werden. Dabei muss die in Frage stehende Regelung mehr Angehörige eines Geschlechts nachteilig berühren als Angehörige eines anderen Geschlechts. Hierfür genügt ein prozentualer Vergleich der jeweils betroffenen Arbeitnehmergruppen (EuGH 9.2.1999 – C-167/97 Rn. 59 – Seymour-Smith und Perez, Slg. 1999, I-623). Dabei muss die Gruppe der männlichen mit der Gruppe der weiblichen Arbeitskräfte daraufhin verglichen werden, wie hoch in jeder Gruppe der Anteil der von der Ungleichbehandlung Betroffenen ist. Ergibt sich aus den verfügbaren statistischen Daten, dass der Prozentsatz der von einem Anknüpfungskriterium nachteilig betroffenen Arbeitnehmer in der Gruppe der weiblichen Beschäftigten erheblich höher ist als in der Gruppe der männlichen Beschäftigten, kann man nach der Rechtsprechung des EuGH davon ausgehen, dass eine mittelbare Ungleichbehandlung wegen des Geschlechts vorliegt (vgl. EuGH 6.12.1007 – C-300/06 Rn. 42 – Voß, Slg. 2007, I-10573, NZA 2008, 31 = EAS EG-Vertrag 1999 Art. 141 Nr. 17; so auch. GHN/*Langenfeld* Rn. 33). Die für diesen Vergleich zu bildenden Gruppen dürfen nicht willkürlich zusammengesetzt werden (EuGH 28.2.2013 – C-427/11 Rn. 44 – Kenny, NZA 2013, 315). Die Gesamtheit der Adressaten einer bestimmten, möglicherweise mittelbar benachteiligenden Rechtsregel muss in zwei Gruppen geteilt werden: in eine Gruppe, auf die sich das jeweilige Kriterium belastend auswirkt, und in die andere Personengruppe (→ Rn. 16). Dann wird in den jeweiligen Gruppen das Verhältnis der Geschlechter bestimmt. Allerdings ist es Sache des nationalen Gerichts festzustellen, ob die statistischen Unterschiede aussagekräftig sind oder auf Zufall beruhen (EuGH 27.5.2004 – C-285/02 Rn. 18 – Elsner-Lakeberg, Slg. 2004, I-5861, EAS EG-Vertrag 1999 Art. 141 Nr. 8).

46 Welches Zahlenverhältnis notwendig ist, um von einer nachteiligen Betroffenheit auszugehen, ist noch nicht endgültig geklärt. Der EuGH hat ohne nähere Begründung **erhebliche Unterschiede** zwischen den Prozentzahlen verlangt (EuGH 6.12.1007 – C-300/06 Rn. 42 – Voß, Slg. 2007, I-10573, NZA 2008, 31 = EAS EG-Vertrag 1999 Art. 141 Nr. 17). Je deutlicher sich die prozentualen Anteile von Männern und Frauen im Einzelfall unterscheiden, desto naheliegender ist eine mittelbare Ungleichbehandlung. Umgekehrt wird man aus nur relativ geringfügigen Unterschieden das Vorliegen einer mittelbaren Ungleichbehandlung nicht in jedem Fall von vornherein ablehnen können (GHN/*Langenfeld* Rn. 34). Allerdings dürfte in solchen Fällen die Möglichkeit einer Rechtfertigung

durch legitime Ziele nicht fern liegen. Überhaupt vermischt der EuGH bei der Prüfung der mittelbaren Ungleichbehandlung vielfach Aspekte des Tatbestandes und der Rechtfertigung einer solchen Ungleichbehandlung. Außerdem muss eine mittelbare Ungleichbehandlung nicht lediglich auf statistische Vergleiche gestützt werden, sondern kann auch anderweitig dargelegt werden kann (vgl. BAG 27.1.2011 NZA 2011, 1361 Rn. 27). Dies zeigt bsw. auch die Entwicklung im Sekundärrecht: So reicht es für eine mittelbare Ungleichbehandlung nach Art. 2 I lit. b RL 2006/54/EG aus, wenn „dem Anschein nach neutrale Kriterien etc. Personen des einen Geschlechts in besonderer Weise gegenüber Personen des anderen Geschlechts **benachteiligen können.**" (englisch: „an apparently neutral provision etc. would put persons of one sex at a particular disadvantage compared with persons of the other sex"; französisch: „une disposition etc. apparemment neutre désavatagerait particulièrement des personnes d'un sexe par rapport à des personnes de l'autre sexe".) Eine tatsächliche und zwingend statistisch belegbare nachteilige Betroffenheit ist damit nicht mehr erforderlich.

b) Rechtfertigung. Der Unrechtsgehalt der mittelbaren Ungleichbehandlung kann im 47 Gegensatz zu demjenigen der unmittelbaren Ungleichbehandlung erst beurteilt werden, nachdem die Gründe für die Ungleichbehandlung hinreichend bewertet worden sind. Deshalb hat der EuGH das Vorliegen sachlicher Gründe für die Ungleichbehandlung bereits als tatbestandsausschließend eingestuft (vgl. etwa EuGH 28.2.2013 – C-427/11 Rn. 36 – Kenny, NZA 2013, 315). Dem entsprechen die sekundärrechtlichen Regelungen der Art. 2 II lit. b, i RL 2000/78/EG und Art. 2 I lit. b RL 2006/54/EG. Nach der Rechtsprechung des EuGH kann eine mittelbare Ungleichbehandlung durch **objektive Faktoren** gerechtfertigt werden, die nichts mit der Diskriminierung wegen des Geschlechts zu tun haben (EuGH 26.6.2001 – C-381/99 Rn. 66 – Brunnhofer, Slg. 2001, I-4961, EAS EG-Vertrag Art. 119 Nr. 64). Diese Rechtfertigung muss auf einem **legitimen Ziel** beruhen, wobei die zur Erreichung des Ziels gewählten Mittel hierzu geeignet und erforderlich sein müssen (EuGH 3.10.2006 – C-17/05 Rn. 32 – Cadman, Slg. 2006, I-9583, NZA 2006, 1205). Für die Beurteilung der Rechtfertigung einer mittelbaren Ungleichbehandlung ist ausschließlich das innerstaatliche Gericht zuständig, wobei der EuGH allerdings durchaus Hinweise für die Bedeutung mancher Gesichtspunkte gibt (vgl. etwa EuGH 28.2.2013 – C-427/11 Rn. 51 – Kenny, NZA 2013, 315).

Als solche legitimen Ziele, die eine mittelbare Ungleichbehandlung rechtfertigen können, 48 kommen in Betracht: In **generellen Regelungen wie etwa Gesetzen oder Tarifverträgen enthaltene Differenzierungen** können durch **sozialpolitische Ziele** gerechtfertigt werden, die aber selbst nicht diskriminieren dürfen (vgl. (EuGH 13.7.1989 – 177/88 Rn. 28 f. – Rinner-Kühn, Slg. 1989, 2743, NZA 1990, 437 = EAS EG-Vertrag Art. 119 Nr. 16). Der Umstand, dass die differenzierende Regelung einem Tarifvertrag entstammt, genügt für sich genommen allerdings nicht, weil auch die Tarifvertragsparteien an den Entgeltgleichheitssatz des Art. 157 I gebunden sind (EuGH 27.10.1993 – C-127/92 Rn. 23 – Enderby, Slg. 1993, I-5535, EAS EG-Vertrag Art. 119 Nr. 24). Dieser Umstand kann aber in der Gesamtabwägung vom innerstaatlichen Gericht als ein objektiver Faktor berücksichtigt werden (EuGH 31.5.1995 – C-400/93 Rn. 46 – Royal Copenhagen, Slg. 1995, I-1275, EAS Art. EG-Vertrag Art. 119 Nr. 36; 28.2.2013 – C-427/11 Rn. 49 – Kenny, NZA 2013, 315). Entgeltnachteile, die aus der Inanspruchnahme von Elternurlaub nach der RL 2010/83/EU und den entsprechenden innerstaatlichen Umsetzungsgesetzen entstehen können, stellen regelmäßig keine mittelbare Ungleichbehandlung wegen des Arbeitsentgelts dar, weil sich Arbeitnehmer in Elternzeit und Arbeitnehmer in einem aktiven Beschäftigungsverhältnis nicht in einer vergleichbaren Lage befinden (so auch oben → Rn. 39 f.).

Vom Arbeitgeber herrührende Differenzierungen müssen auf einem **wirklichen** 49 **unternehmerischen Bedürfnis** beruhen, welches nichts mit der Diskriminierung zu tun hat und die Differenzierung in verhältnismäßiger Weise umsetzt (EuGH 26.6.2001 – C-381/99 Rn. 67 – Brunnhofer, Slg. 2001, I-4961, EAS EG-Vertrag Art. 119 Nr. 64). So hat

Franzen

der EuGH die **Bereitschaft zur Versetzung und zum Leisten von Überstunden** als Differenzierungsgrund akzeptiert, sofern dies für den konkreten Arbeitsplatz sachlich erforderlich ist (EuGH 17.10.1989 – 109/88 Rn. 18 ff. – Danfoss, Slg. 1989, 3199, EAS RL 75/117/EWG Art. 1 Nr. 12). Dasselbe gilt für Differenzierungen nach der **Berufsausbildung** (EuGH 17.10.1989 – 109/88 Rn. 23 – Danfoss, Slg. 1989, 3199, EAS RL 75/117/EWG Art. 1 Nr. 12). Besteht in manchen Bereichen ein Mangel an Bewerbern, der nur durch ein höheres Entgelt ausgeglichen werden kann, kann auch dies grds. eine mittelbare Ungleichbehandlung im Hinblick auf das Arbeitsentgelt rechtfertigen (EuGH 27.10.1993 – C-127/92 Rn. 26 – Enderby, Slg. 1993, I-5535, EAS EG-Vertrag Art. 119 Nr. 24). Damit wird man die Marktlage grds. ebenso als einen derartigen objektiven Faktor ansehen können. Demgegenüber hat der EuGH ein solches unternehmerisches Bedürfnis nicht akzeptiert, wenn sich dieses lediglich auf pauschale allg. Aussagen über bestimmte Arbeitnehmergruppen beschränkt wie etwa eine geringere betriebliche Verbundenheit oder geringere Arbeitsmotivation teilzeitbeschäftigter Arbeitnehmer (bereits → Rn. 44; vgl. etwa EuGH 7.2.1991 – C-184/89 Rn. 14 – Nimz, Slg. 1991, I-297, NZA 1991, 501 = EAS EG-Vertrag Art. 119 Nr. 20). Das wirkliche unternehmerische Bedürfnis muss also konkret für den einzelnen Arbeitsplatz belegt werden.

50 Die häufig verwendete Differenzierung nach der **Betriebszugehörigkeit** oder nach dem **Dienstalter/Anciennität** wirft nicht nur Probleme der mittelbaren Ungleichbehandlung wegen des Alters auf, sondern auch wegen des Geschlechts. Der Entgeltgleichheitssatz ist dann betroffen, wenn von der Dauer der Betriebszugehörigkeit/Dienstalter entgeltwerte Rechte der Arbeitnehmer abhängig gemacht werden. Frauen unterbrechen ihre Erwerbsbiografie typischerweise häufiger als Männer (zur damit verbundenen Problematik der „Entgeltzahlungslücke" oben → Rn. 9 ff.). Daher kann eine entsprechende Differenzierung eine mittelbare Ungleichbehandlung wegen des Geschlechts darstellen. Der EuGH hat das Abstellen auf das Dienstalter in einer bereits länger zurückliegenden Entscheidung allerdings grds. als legitimes Ziel akzeptiert, das eine mittelbare Ungleichbehandlung zu rechtfertigen vermag: Dieses Kriterium sei in der Regel geeignet, die Berufserfahrung zu honorieren, was den Arbeitnehmer typischerweise in die Lage versetze, seine Arbeit besser zu verrichten (EuGH 17.10.1989 – C-109/88 Rn. 24 – Danfoss, Slg. 1990, I-2591, EAS RL 75/117/EWG Art. 1 Nr. 12, NZA 1990, 771). Nach einem neueren Urteil des EuGH kann diese Einschätzung allerdings widerlegt werden, wenn die betroffene Arbeitnehmerin Anhaltspunkte dafür benennt, dass an dieser grds. Einschätzung ernstliche Zweifel angebracht sind (EuGH 3.10.2006 – C-17/05 Rn. 38 – Cadman, Slg. 2006, I-9583, NZA 2006, 1205). Solche Zweifel können daraus resultieren, dass aufgrund der konkreten Tätigkeit und der konkreten Situation der betroffenen Arbeitnehmer die zunehmende Beschäftigungsdauer und Berufserfahrung die Qualität der Arbeitsleistung nicht weiter verbessert. Die individuelle Situation des betroffenen Arbeitnehmers soll aber dann zunächst nicht maßgeblich sein, wenn der Arbeitgeber ein System der beruflichen Einstufung verwendet, dem eine Bewertung der zu verrichtenden Arbeit zugrunde liegt und welches das Ziel der Anerkennung der Berufserfahrung verfolgt (EuGH 3.10.2006 – C-17/05 Rn. 39 – Cadman, Slg. 2006, I-9583, NZA 2006, 1205).

51 Verwendet der Arbeitgeber **tarifliche oder andere Entlohnungs- und Eingruppierungssysteme,** in denen die Arbeitsleistung bewertet wird, müssen diese die gleichen Bewertungsmaßstäbe für alle Beschäftigten in transparenter Weise verwenden; ferner müssen die verwendeten Kriterien in ihrer Gesamtheit dazu geeignet sein, der Art und dem Wesen der (konkreten) Arbeit Rechnung zu tragen (grundlegend *Winter* 124 ff.; s. auch *RBGM/Ranftl* 16). Knüpft eine tarifliche Eingruppierungsvorschrift an die muskelmäßige Beanspruchung an, ist dies nach Auffassung des EuGH nicht per se unzulässig, obwohl ein solches Arbeitsbewertungssystem auf Kriterien abstellt, welche Männer eher verwirklichen können als Frauen. Allerdings muss ein solches System so ausgestaltet sein, dass es andere Kriterien berücksichtigt, hinsichtlich derer weibliche Arbeitnehmer besonders geeignet sein können, sofern auf den entsprechenden Arbeitsplätzen gleichwertige Arbeit erbracht wird (EuGH

1.7.1986 – 237/85 Rn. 15 – Rummler, Slg. 1986, 2101, EAS RL 75/117 Art. 1 Nr. 8). Diskriminierend ist ein solches Arbeitsbewertungssystem aber, wenn bei der Feststellung, inwieweit eine Arbeit beanspruchend, belastend oder schwer ist, von Werten ausgegangen wird, die der durchschnittlichen Leistungsfähigkeit der Arbeitnehmer nur des einen Geschlechts entsprechen (EuGH 1.7.1986 – 237/85 Rn. 23 ff. – Rummler, Slg. 1986, 2101, EAS RL 75/117 Art. 1 Nr. 8). Arbeitsbewertungsverfahren müssen daher in ihrer Gesamtheit so ausgestaltet sein, dass sie insgesamt nicht diskriminierend wirken (näher zum Diskriminierungspotential von Arbeitsbewertungssystemen *Winter* 47 ff.; s. auch *Feldhoff*, Der Anspruch auf gleichen Lohn für gleichwertige Arbeit, 1998, 147 ff.; RBGM/*Krell* 121 ff.; RBGM/*Tondorf* 23 ff.).

VI. Darlegungs- und Beweislast

Das Sekundärrecht, Art. 19 RL 2006/54/EG enthält Regelungen zur Verteilung der Darlegungs- und Beweislast. Nach Art. 19 IV lit. a RL 2006/54/EG finden diese Regelungen ebenfalls Anwendung auf Situationen, die von Art. 157 erfasst werden. Die Reichweite dieser Verweisung ist nicht ganz klar, da hierdurch offenbar primäres Unionsrecht – Art. 157 – durch sekundäres Unionsrecht – Art. 19 RL 2006/54/EG – konkretisiert werden soll, was von der Struktur der Normenhierarchie nicht ganz nachvollziehbar erscheint. Unabhängig davon und bereits vor Inkrafttreten des Art. 19 IV RL 2006/54/EG hatte sich der EuGH in mehreren Fällen zur Beweislastverteilung im Zusammenhang mit Entgeltdiskriminierungsklagen geäußert (s. bsw. EuGH 17.10.1989 – 109/88 Rn. 12 ff. – Danfoss, Slg. 1989, 3199, EAS RL 75/117/EWG Art. 1 Nr. 12; 27.10.1993 – C-127/92 Rn. 16 – Enderby, Slg. 1993, I-5535, EAS EG-Vertrag Art. 119 Nr. 24; 31.5.1995 – C-400/93 Rn. 24 ff. – Royal Copenhagen, Slg. 1995, I-1275, EAS Art. EG-Vertrag Art. 119 Nr. 36; 26.6.2001 – C-381/99 Rn. 51 ff. – Brunnhofer, Slg. 2001, I-4961, EAS EG-Vertrag Art. 119 Nr. 64; 3.10.2006 – C-17/05 – Rn. 31 f. – Cadman, Slg. 2006, I-9583, NZA 2006, 1205 = EAS EG-Vertrag 1999 Art. 141 Nr. 15; 28.2.2013 – C-427/11 Rn. 18 ff. – Kenny, NZA 2013, 315 = EuZA 2013, 503 mit Anm. *Klein*). Der EuGH hat diese Linie in einem jüngeren Urteil folgendermaßen zusammengefasst, ohne auf die skizzierte Regelung des Sekundärrechts einzugehen (EuGH 28.2.2013 – C-427/11 Rn. 18 ff. – Kenny, NZA 2013, 315):

„Nach den üblichen Beweisführungsregeln obliegt es grds. dem Arbeitnehmer, der sich aufgrund seines Geschlechts hinsichtlich des Arbeitsentgelts für diskriminiert hält, vor dem nationalen Gericht nachzuweisen, dass die Voraussetzungen, unter denen das Vorliegen einer nach Art. 141 EG (jetzt Art. 157) und der RL 75/117 (jetzt RL 2006/54/EG) verbotenen, das Entgelt betreffenden Ungleichbehandlung vermutet werden kann, erfüllt sind. Es ist folglich Sache dieses Arbeitnehmers, mit allen rechtlich vorgesehenen Mitteln zu beweisen, dass sein Arbeitgeber ihm ein niedrigeres Entgelt zahlt als seinen zum Vergleich herangezogenen Kollegen und dass er tatsächlich die gleiche oder eine gleichwertige, mit deren Arbeit vergleichbare Arbeit verrichtet, so dass er dem ersten Anschein nach Opfer einer nur mit unterschiedlichem Geschlecht erklärbaren Diskriminierung ist. Falls der Arbeitnehmer den Beweis erbringt, dass die Kriterien für das Vorliegen einer unterschiedlichen Entlohnung eines Mannes und einer Frau sowie einer vergleichbaren Arbeit im konkreten Fall erfüllt sind, so spräche ein erster Anschein für Diskriminierung. Es obläge dann dem Arbeitgeber zu beweisen, dass nicht gegen den Grundsatz des gleichen Entgelts für Männer und Frauen verstoßen wurde, indem er mit allen rechtlich vorgesehenen Mitteln insbesondere nachweist, dass die von den beiden betroffenen Arbeitnehmern tatsächlich ausgeübten Tätigkeiten in Wirklichkeit nicht vergleichbar sind oder dass die festgestellte unterschiedliche Entlohnung durch objektive Faktoren, die nichts mit einer Diskriminierung aufgrund des Geschlechts zu tun haben, gerechtfertigt ist" (EuGH 28.2.2013 – C-427/11 Rn. 18–20 – Kenny, NZA 2013, 315 = EuZA 2013, 503 mit Anm. *Klein*).

Der EuGH hält also einen sog. **Paarvergleich** für die Begründung der Darlegungs- und Beweiserleichterung zugunsten des sich benachteiligt fühlenden Arbeitnehmers für ausreichend. Es genügt demnach, wenn eine weibliche Arbeitnehmerin darlegt und beweist, dass ein männlicher Arbeitnehmer gleiche bzw. gleichwertige Arbeit verrichtet und ein höheres Arbeitsentgelt erhält (EuGH 28.2.2013 – C-427/11 Rn. 18 ff. – Kenny, NZA 2013, 315; ebenso bereits 26.6.2001 – C-381/99 Rn. 58 – Brunnhofer, Slg. 2001, I-4961, EAS EG-Vertrag Art. 119 Nr. 64; abweichende, aber mE unzutreffende Einschätzung dieses Urteils bei *Adomeit/Mohr* § 22 AGG Rn. 85). Der Arbeitgeber kann dann darlegen und beweisen, dass die Arbeit der beiden Personen nicht gleich oder gleichwertig ist, oder dass die unterschiedliche Vergütung auf Faktoren beruht, die nichts mit dem Geschlecht zu tun haben – etwa größere relevante Kenntnisse oder Fertigkeiten, mehr Berufserfahrung, grds. auch ein höheres Dienstalter (dazu → Rn. 50; so auch EuGH 3.10.2006 – C-17/05 Rn. 33 ff. – Cadman, Slg. 2006, I-9583, NZA 2006, 1205 = EAS EG-Vertrag 1999 Art. 141 Nr. 15) oder bsw. der Umstand, dass der mehr verdienende männliche Arbeitnehmer aufgrund eines gerichtlichen Vergleichs höher eingruppiert werden musste als die Entgeltbenachteiligung geltend machende Arbeitnehmerin (vgl. LAG BW 21.10.2013 ZESAR 2014, 135). An dieser Stelle kann der Arbeitgeber alle objektiven Faktoren vortragen und ggf. beweisen, welche eine mittelbare Ungleichbehandlung wegen des Arbeitsentgelts rechtfertigen können (→ Rn. 47 ff.).

55 Demgegenüber hat es der EuGH **nicht genügen** lassen, wenn bei unterstellter oder bewiesener gleicher oder gleichwertiger Arbeit lediglich das **durchschnittliche Arbeitsentgelt für überwiegend von Frauen verrichteten Tätigkeiten geringer war als dasjenige für überwiegend von Männern ausgeführten Tätigkeiten** (EuGH 17.10.1989 – 109/88 Rn. 10 ff. – Danfoss, Slg. 1989, 3199, EAS RL 75/117/EWG; 31.5.1995 – C-400/93 Rn. 25 – Royal Copenhagen, Slg. 1995, I-1275, EAS Art. EG-Vertrag Art. 119 Nr. 36). In solchen Fällen müssen stets noch weitere Kriterien hinzukommen, um eine Beweislastumkehr iSd EuGH-Rechtsprechung begründen zu können (→ Rn. 53). Solche weitergehenden und damit relevanten Kriterien hat der EuGH angenommen bei einem völlig undurchschaubaren Entlohnungssystems, wenn ein weiblicher Arbeitnehmer belegt, dass das durchschnittliche Entgelt der weiblichen Arbeitnehmer niedriger ist als das der männlichen Arbeitnehmer (EuGH 17.10.1989 – 109/88 Rn. 16 – Danfoss, Slg. 1989, 3199, EAS RL 75/117/EWG), oder iRv Stücklohnsystemen, die aus festen und variablen Vergütungsbestandteilen bestehen, wenn unklar ist, welche Faktoren für die Berechnung der jeweiligen Vergütungsbestandteile bedeutsam sind (EuGH 31.5.1995 – C-400/93 Rn. 25 – Royal Copenhagen, Slg. 1995, I-1275, EAS Art. EG-Vertrag Art. 119 Nr. 36). In einem vereinzelt gebliebenen Urteil hat der EuGH sogar einen deutlichen Unterschied der Vergütung (im konkreten Fall 20 – 40 %) für die als gleichwertig unterstellten Tätigkeiten in einem tarifvertraglichen Vergütungssystem ausreichen lassen, wenn die weniger vergütete Tätigkeit ausschließlich von Frauen und die andere ganz überwiegend von Männern ausgeführt wird und dies durch aussagekräftige Statistiken belegt wird (EuGH 27.10.1993 – C-127/92 Rn. 16 – Enderby, Slg. 1993, I-5535, EAS EG-Vertrag Art. 119 Nr. 24).

VII. Rechtsfolgen

56 **1. Grundsatz der „Gleichbehandlung nach oben".** Der Normtext des Art. 157 ordnet ausdrücklich eine bestimmte Rechtsfolge nicht an, die im Falle der Verletzung des Entgeltgleichheitssatzes eintreten würde. Allerdings folgt aus der unmittelbaren Wirkung des Art. 157 I (→ Rn. 4) in Verbindung mit dem grds. Anwendungsvorrang des Unionsrechts vor innerstaatlichem Recht, dass entgegenstehendes innerstaatliches Recht verdrängt wird und von innerstaatlichen Rechtsanwender nicht angewandt werden darf. Wird die benachteiligende Regelung außer Acht gelassen, führt dies im Grundsatz zu der Anwendung der für die anderen begünstigten Arbeitnehmer geltenden Rechtsregel. Aus diesen Zusammenhängen hat der EuGH in dem grundlegenden Urteil *Defrenne II* gefolgert, dass dem Entgeltgleichheitsgebot nur nachgekommen werden kann durch **„Anhebung der**

niedrigeren Löhne und Gehälter" (EuGH 8.4.1976 – 43/75 Rn. 14/15 – Defrenne II, Slg. 1976, 455, EAS EG-Vertrag Art. 119 Nr. 2). Unterstützend zieht der EuGH das in Art. 118 EWGV (jetzt Art. 151 I AEUV) niedergelegte sozialpolitische Ziel heran, die Lebens- und Arbeitsbedingungen der Arbeitskräfte auf dem Weg des Fortschritts anzugleichen und zu verbessern (EuGH 8.4.1976 – 43/75 Rn. 14/15 – Defrenne II, Slg. 1976, 455, EAS EG-Vertrag Art. 119 Nr. 2; dazu auch → AEUV Art. 151 Rn. 20 ff.). Hieraus leitet man vielfach den sog. Grundsatz der „Gleichbehandlung nach oben" ab, dem der EuGH in st.Rspr. folgt (vgl. etwa EuGH 7.2.1991 – C-184/89 Rn. 18 – Nimz, Slg. 1991, I-297, NZA 1991, 501 = EAS EG-Vertrag Art. 119 Nr. 20; 26.1.1995 – C-18/95 Rn. 57 – Terhoeve, Slg. 1999, I-345, EuZW 1999, 380).

Die Rechtsfolgen im Einzelnen zu bestimmen, hat der EuGH allerdings dem innerstaatlichen Recht überantwortet (s. etwa EuGH 19.6.2014 – C-501/12 Rn. 94 – Specht, NZA 2014, 831). Das innerstaatliche Recht darf jedoch nicht die praktische Wirksamkeit des Unionsrechts beeinträchtigen. Die Rechtsfolgen müssen daher so bestimmt werden, dass das Unionsrecht effektiv umgesetzt wird und dass innerstaatliche Rechtsverstöße genauso behandelt werden (**Effektivitäts- und Gleichbehandlungsgrundsatz**). Dies entspricht auch dem Sekundärrecht – etwa Art. 17 und 18 RL 2006/54/EG. Der EuGH hat es daher im Prinzip nicht beanstandet, wenn die nationalen Gerichte Ansprüche benachteiligter Personen auf Gleichbehandlung aufgrund innerstaatlicher Verjährungsregelungen oder Ausschlussfristen für unbegründet gehalten haben (vgl. etwa EuGH 28.9.1994 – C-128/93 Rn. 38 ff. – Fisscher, Slg. 1994, I-4583; 24.10.1996 – C-435/93 Rn. 37 – Dietz, Slg. 1996, I-5223; 11.12.1997 – C-246/96 Rn. 37 – Magorian & Cunningham, Slg. 1997, I-7153). 57

2. Beseitigung in der Vergangenheit liegender Ungleichbehandlungen. Dieser 58 Grundsatz der „Gleichbehandlung nach oben" ist im Ausgangspunkt zutreffend. Allerdings bedarf er der Modifikation. Für die **Vergangenheit** beansprucht der Grundsatz der Gleichbehandlung nach oben uneingeschränkt Geltung. Für diesen Zeitraum fehlt es nämlich an Alternativen, welche die Ungleichbehandlung aus der Welt schaffen könnten. Eine Gleichbehandlung „nach unten" beseitigt den Gleichheitsverstoß nicht. Einer Rückforderung der gleichheitswidrig überschießenden Arbeitsvergütung gegenüber den begünstigten Arbeitnehmern sind durch Gesichtspunkte des Vertrauensschutzes, Grundsätze der Verjährung oder Ausschlussfristen bereits enge Grenzen gesetzt. Außerdem würde ein Grundsatz der Gleichbehandlung „nach unten" einzelnen Arbeitnehmern jeden Anreiz nehmen, Gleichheitsverstöße vor Gericht zu bringen und damit rechtlich überprüfen zu lassen. Ein etwaiger Kläger würde ohnehin trotz Obsiegen in der Sache leer ausgehen. Da die tatsächliche Durchsetzung der Gleichbehandlungsregeln in Deutschland in erster Linie den sich benachteiligt fühlenden betroffenen Arbeitnehmern anvertraut ist, würde sich die Frage stellen, ob eine Gleichbehandlung „nach unten" die unionsrechtlichen Vorgaben nach effektiven Sanktionen (→ Rn. 57) erfüllen könnte.

Der Grundsatz der „Gleichbehandlung nach oben" gilt ebenso für in **Tarifverträgen** 59 enthaltene gleichheitswidrige Entgeltsysteme. Zur Schonung der Tarifautonomie wäre zwar denkbar, den Tarifvertragsparteien insoweit eine Anpassungsfrist aufzugeben und von weiteren Sanktionen bis zum Ablauf dieser Anpassungsfrist abzusehen (vgl. dazu etwa *Kaiser*, Tarifverträge und Altersdiskriminierungsschutz, 2012, 215 ff.; *Rieble/Zeder* ZfA 2006, 273 [291 ff.] im Zusammenhang mit der Altersdiskriminierung). Allerdings stellen sich den Tarifvertragsparteien dieselben skizzierten (→ Rn. 58) Vertrauensschutz- und Rückwirkungsprobleme, wenn sie ein gleichheitskonformes Vergütungssystem innerhalb einer bestimmten Frist etablieren müssen. Außerdem müsste geklärt werden, wie zu verfahren ist, wenn die Tarifvertragsparteien innerhalb der gesetzten Frist nicht zu einem gleichheitsgemäßen Ergebnis gelangen. Es wäre eine richterrechtliche „Auffanglösung" zu schaffen (*Krebber* JZ 2012, 1078 [1080]), die den kontradiktorischen Zivilprozess doch etwas überfordern würde. Eine derartige Auffanglösung könnte sich ebenfalls wiederum nur an den beschriebenen Grundsätzen der Gleichbehandlung „nach oben" oder „nach unten" orientieren. § 612 II BGB kann nur selten Abhilfe schaffen, weil die „übliche Vergütung" vielfach die tarifliche Vergütung sein wird, und damit die Frage unbeantwortet bleibt, in welcher Höhe die diskriminierungsfreie tarifliche Vergütung festgesetzt wird; die Anwendung von § 612 II BGB wäre nichts anderes als „gerichtliche Gehaltsfestsetzung" (*Henssler/ Tillmanns*, FS Birk, 2008, 179 [193]). Der EuGH hat daher auch für tarifliche Entgeltsysteme keine Ausnahme vom Grundsatz der Gleichbehandlung nach oben anerkannt (EuGH 7.2.1991 – C-184/89 Rn. 19 ff. – Nimz, Slg. 1991, I-297, NZA 1991, 501 = EAS EG-Vertrag Art. 119 Nr. 20).

60 In Ausnahmefällen kommt in Betracht, dass der EuGH die **zeitliche Wirkung seines Urteils beschränkt,** mit dem ein Verstoß gegen Unionsrecht festgestellt wird. Diese Rechtsprechung setzt voraus, dass die unionsrechtliche Rechtslage unsicher war, die Gefahr schwerwiegender wirtschaftlicher Störungen besteht, weil viele Rechtsverhältnisse betroffen sind, und dies im Verfahren vor dem EuGH plausibel dargelegt wird (s. zusammenfassend *Kokott/Henze* NJW 2006, 177 [179]; *Wißmann*, FS Bauer, 2010, 1161 [1163]). Ausgenommen von dieser Begrenzung der zeitlichen Wirkung der Urteile sind gerade diejenigen Rechtssubjekte, welche sich auf die mögliche Unionsrechtswidrigkeit berufen haben (EuGH 4.5.1999 – C-262/96 Rn. 112 – Sürül, Slg. I-2685, EAS EG-Vertrag Art. 238 Nr. 21). Allerdings macht der EuGH nur sehr restriktiv von dieser Möglichkeit Gebrauch. So hat der EuGH im Anwendungsbereich des Entgeltgleichheitsgrundsatzes seine Rechtsprechung zur Einbeziehung von Leistungen aus betrieblichen Systemen der Altersversorgung dementsprechend eingeschränkt (EuGH 17.5.1990 – C-262/88 Rn. 40 ff. – Barber, Slg. 1990, 1889; näher → Rn. 27). Außerdem hat der EuGH die zeitliche Wirkung möglicher Entgeltansprüche auf den Zeitpunkt der Verkündung des Urteils *Defrenne II* am 8.4.1976 begrenzt, weil der EuGH in diesem Urteil erstmals die unmittelbare Anwendung des damaligen Art. 119 I EWGV – jetzt Art. 157 I – ausgesprochen hatte (EuGH 8.4.1976 – 43/75 Rn. 69 ff. – Defrenne II, Slg. 1976, 455).

61 **3. Vermeidung zukünftiger Ungleichbehandlungen.** Für die **Zukunft** kann ein Gleichheitsverstoß allerdings grds. auch dadurch vermieden werden, dass die Begünstigung entfällt (vgl. EuGH 28.9.1994 – C-408/92 Rn. 21 f. – Smith, Slg. 1994, I-4457). Die beschriebenen Probleme des Vertrauensschutzes und der Rechtsdurchsetzung stellen sich hier nicht in gleichem Maße. Voraussetzung hierfür ist allerdings, dass das innerstaatliche Recht es zulässt, die Vergünstigung für die bevorzugte Personengruppe zu beseitigen. Eine solche Veränderung des Bezugssystems lässt das Unionsrecht und den Entgeltgleichheitsgrundsatz unberührt. Solange eine entsprechende Anpassung aber nicht vorgenommen wurde, bleibt das gleichheitswidrige Entgeltsystem das einzige Bezugssystem. In solchen Fällen gilt der Grundsatz der „Gleichbehandlung nach oben" uneingeschränkt fort (vgl. EuGH 7.2.1991 – C-184/89 Rn. 18 – Nimz, Slg. 1991, I-297, NZA 1991, 501 = EAS EG-Vertrag Art. 119 Nr. 20). Dies gilt aber nur insoweit, wie das gleichheitswidrige Entgeltsystem tatsächlich ein solches Bezugssystem schafft. Daran fehlt es, wenn eine Kategorie bevorzugter Arbeitnehmer überhaupt nicht benannt werden kann (EuGH 19.6.2014 – C-501/12 Rn. 96 – Specht ua, NZA 2014, 831). Dies hat der EuGH bsw. angenommen bei Vergütungssystemen, bei denen die Vergütung entsprechend dem Lebensalter steigt; in solchen Systemen gebe es keine bevorzugten Personen, weil alle Beschäftigten während früherer Beschäftigungszeiten auch nachteilig betroffen seien (EuGH 19.6.2014 – C-501/12 Rn. 42 – Specht ua, NZA 2014, 831). Dieser Aspekt wird freilich eher für die Altersdiskriminierung in Betracht kommen, weil das Differenzierungskriterium „Lebensalter" beim einzelnen Arbeitnehmer einem permanenten Wandel unterliegt. Auf die geschlechtsbezogene Ungleichbehandlung wird man diesen Gesichtspunkt kaum übertragen können.

C. Maßnahmen zur Förderung der effektiven Gleichstellung von Männern und Frauen (Abs. 4)

I. Historische Entwicklung

Art. 157 IV eröffnet den Mitgliedstaaten die Möglichkeit, für Angehörige des unterre- 62
präsentierten Geschlechts Fördermaßnahmen zu ergreifen, die für sich genommen gleichheitswidrig wären, weil sie Angehörige des nicht geförderten Geschlechts wegen ihrer Geschlechtszugehörigkeit benachteiligen (sog. **„positive Diskriminierung"**). Solche Maßnahmen sollen Benachteiligungen für Angehörige des bislang unterrepräsentierten Geschlechts ausgleichen. Die Vorschrift hat einen ersten frühen Vorläufer im Sekundärrecht. Die erste Gleichbehandlungs-Richtlinie aus dem Jahr 1976, RL 76/207/EWG – inzwischen in der Gleichbehandlungs-Richtlinie 2006/54/EG aufgegangen –, enthielt mit **Art. 2 IV RL 76/207/EWG** eine Vorschrift mit ähnlicher Zielrichtung: „Diese Richtlinie steht nicht Maßnahmen zur Förderung der Chancengleichheit für Männer und Frauen, insbesondere durch Beseitigung der tatsächlich bestehenden Ungleichheiten, die die Chancen der Frauen in den in Art. 1 I genannten Bereichen beeinträchtigen, entgegen." Bei diesen in Art. 1 I RL 76/207/EWG angesprochenen Bereichen handelte es sich im Wesentlichen um den Zugang zur Beschäftigung und Berufsbildung sowie den beruflichen Aufstieg und um die Arbeitsbedingungen. Diese Bestimmung wurde im Jahr 2002 durch die RL 2002/73/EG aufgehoben und durch einen Verweis auf die bereits im Primärrecht geltende Vorgängervorschrift des Art. 157 IV, Art. 141 IV EGV-Nizza ersetzt. Im geltenden Sekundärrecht findet sich dieser Verweis nun in Art. 3 RL 2006/54/EG.

Eine mit Art. 2 IV RL 76/207/EWG vergleichbare Bestimmung fand im Jahr 1992 63
Eingang in das Abkommen über die Sozialpolitik (dazu → AEUV Art. 151 Rn. 9). **Art. 6 III des Abkommens über die Sozialpolitik** lautete: „Dieser Artikel hindert einen Mitgliedstaat nicht daran, zur Erleichterung der Berufstätigkeit der Frauen oder zur Verhinderung bzw. zum Ausgleich von Benachteiligungen in ihrer beruflichen Laufbahn spezifische Vergünstigungen beizubehalten oder zu beschließen." Das Abkommen über die Sozialpolitik wurde dann mit dem Vertrag von Amsterdam in den EGV überführt. Die zitierte Bestimmung aus dem Abkommen über die Sozialpolitik fand dann ihren Platz in der Vorgängervorschrift des Art. 157, in Art. 141 EGV-Amsterdam und dort in Abs. 4. **Art. 141 IV EGV-Amsterdam** lautet: „Im Hinblick auf die volle Gewährleistung der Gleichstellung von Männern und Frauen im Arbeitsleben hindert der Grundsatz der Gleichbehandlung die Mitgliedstaaten nicht daran, zur Verhinderung bzw. zum Ausgleich von Benachteiligungen in der beruflichen Laufbahn spezifische Vergünstigungen beizubehalten oder zu beschließen." Der Vertrag von Nizza aus dem Jahr 2002 hat den Text noch einmal geändert und der Bestimmung die heute noch geltende Fassung gegeben.

An dieser Entwicklung fällt auf, dass ursprünglich an Maßnahmen zur Förderung der 64
Chancengleichheit und zwar speziell für Frauen im Arbeitsleben gedacht war. Dies zeigt etwa Art. 2 IV RL 76/207/EWG noch deutlich. Diese Förderung der Chancengleichheit wird in den nachfolgenden Vorschriften verlagert hin zu einer stärkeren Betonung der faktischen Gleichstellung (so auch GHN/*Langenfeld* Rn. 82: Übergang von Gleichberechtigungs- zur Gleichstellungspolitik). Den Höhepunkt dürfte diese Entwicklung eingenommen haben durch die GRC, welche in **Art. 23 II GRC** eine ebenfalls in diesen Kontext gehörende Vorschrift normiert. Danach steht der Grundsatz der Gleichbehandlung „der Beibehaltung oder Einführung spezifischer Vergünstigungen für das unterrepräsentierte Geschlecht nicht entgegen."

Inwieweit **Art. 2 IV RL 76/207/EWG und Art. 157 IV unterschiedliche Anforde-** 65
rungen an solche Fördermaßnahmen formulieren, ist noch nicht abschließend geklärt. Der EuGH hat diese Frage offengelassen (vgl. EuGH 30.9.2004 – C-319/03 Rn. 31 – Briheche, Slg. 2004, I-8807), scheint aber wesentliche Unterschiede nicht zu erkennen

(ebenso die Einschätzung von GA *Maduro* Schlussantrag zu EuGH C-319/03 – Rn. 48 ff. – Briheche; *Burg* 39 ff.; Schwarze/*Rebhahn* Rn. 52; GHN/*Langenfeld* Rn. 82; Däubler/Bertzbach/Hinrichs AGG § 5 Rn. 8; **aA** ErfK/*Schlachter* Rn. 30; Stellungnahme des DAV zum Referentenentwurf eines Gesetzes für die gleichberechtigte Teilhabe von Frauen und Männern in Führungspositionen in der Privatwirtschaft und im öffentlichen Dienst, NZG 2014, 1214). Der EuGH nennt nämlich seine frühere, ausschließlich zu Art. 2 IV RL 76/207/EWG ergangene Rechtsprechung unter der Geltung des Art. 157 IV und führt sie fort (vgl. EuGH 6.7.2000 – C-407/98 Rn. 54 ff. – Abrahamsson, NZA 2000, 935; 30.9.2010 – C-104/09 Rn. 33 ff. – Roca Àlvarez, NZA 2010, 1281 = EuZA 2011, 396 mit Anm. *Dahm*). Schließlich ist aufgrund des Wortlauts von Art. 157 IV und der historischen Entwicklung offenkundig, dass Art. 157 IV nicht auf den Zusammenhang mit der Gleichheit des Arbeitsentgelts beschränkt ist (vgl. GHN/*Langenfeld* Rn. 83).

II. Normzweck

66 Der Entgeltgleichheitsgrundsatz ist wie das gesamte Gleichbehandlungsrecht im Grundsatz formal konzipiert. Es abstrahiert von den sozialen Kontexten einer Entscheidung. Es nimmt daher nur schwerlich diskriminierende Strukturen der Umwelt wahr, die außerrechtlicher Natur sind und in die Rechtsordnung hineinwirken. Die Gleichbehandlungspolitik der Europäischen Union, wie sie in Art. 8 AEUV und Art. 10 AEUV niedergelegt ist, wird daher abgerundet durch Maßnahmen, die diskriminierende Wirklichkeitszusammenhänge erkennen und ansprechen (vgl. *Grünberger* NZA-Beilage 2012, 139 [143]). Diesem Zweck dient es, wenn positive Maßnahmen unter bestimmten Voraussetzungen zugelassen werden, obwohl sie bei formaler Betrachtung wegen der Förderung Angehöriger des einen Geschlechts die Angehörigen des anderen Geschlechts wegen des Geschlechts ungleich behandeln, und damit gegen einen formal verstandenen Gleichbehandlungsgrundsatz verstoßen würden. Dementsprechend betrachtet der EuGH unionsrechtliche Vorschriften, welche derartige positive Maßnahmen zulassen, als **Ausnahme** vom Grundsatz der Gleichbehandlung von Männern und Frauen (EuGH 19.3.2002 – C-476/99 Rn. 39 – Lommers, Slg. 2002, I-2891, NJW 2002, 1859; 30.9.2004 – C-319/04 Rn. 24 – Briheche, Slg. 2004, I-8807). Indem die Rechtsordnung solche Maßnahmen im Grundsatz erlaubt und damit partiell von einem formalen Gleichstellungsgebot freistellt, nimmt sie diskriminierende Strukturen der Umwelt wahr und spricht sie an (vgl. *Grünberger* NZA-Beilage 2012, 139 [143] und grundlegend *Grünberger*, Personale Gleichheit, 2013).

67 Dieser Ansatz korrespondiert mit der Rechtsprechung des EuGH. Dieser sieht den Normzweck von in Art. 2 IV RL 76/207/EWG angesprochenen Maßnahmen in Folgendem: „Diese Vorschrift lässt also nationale Maßnahmen im Bereich des Zugangs zur Beschäftigung – einschließlich bei Beförderungen – zu, die **Frauen spezifisch begünstigen** und ihre Fähigkeit verbessern sollen, im Wettbewerb auf dem Arbeitsmarkt zu bestehen und unter den gleichen Bedingungen wie Männer eine berufliche Laufbahn zu verfolgen. Sie soll eine **materielle und nicht nur formale Gleichheit herbeiführen,** indem sie in der sozialen Wirklichkeit auftretende faktische Ungleichheiten verringert und so im Einklang mit Art. 157 IV Benachteiligungen in der beruflichen Laufbahn der betreffenden Personen verringert oder ausgleicht" (EuGH 30.9.2010 – C-104/09 Rn. 33 f. – Roca Àlvarez, NZA 2010, 1281 = EAS RL 76/207/EWG Art. 2 Nr. 34).

III. Voraussetzungen

68 **1. Maßnahmen der Mitgliedstaaten.** Zunächst erlaubt Art. 157 IV dem Wortlaut nach nur Maßnahmen der Mitgliedstaaten. Daraus könnte gefolgert werden, dass die **Union** keine entsprechenden Maßnahmen treffen kann (vgl. Calliess/Ruffert/*Krebber* Rn. 73; ErfK/*Schlachter* Rn. 30). Eine derartige Folgerung erschiene vorschnell. Richtig ist zwar, dass Art. 157 IV nur die Mitgliedstaaten als Adressat nennt und diese Vorschrift damit keine

Kompetenzgrundlage für die Union darstellt. Eine Befugnis der Union, solche Maßnahmen zu treffen, kann sich aber aus anderen Kompetenzgrundlagen ergeben, etwa aus Art. 157 III (dazu → Rn. 79). Art. 23 II GRC – wiewohl keine Kompetenzgrundlage (vgl. *Jarass* GRC Art. 24 Rn. 19) – deutet in dieselbe Richtung: Wenn der Grundsatz der Gleichheit von Männern und Frauen solchen Maßnahmen nicht entgegensteht, was Art. 23 II GRC besagt, erscheint es grds. denkbar, einschlägige Kompetenzgrundlagen der Union in dieser Richtung auszulegen (ähnlich Schwarze/*Rebhahn* Rn. 50).

Ferner ist fraglich, ob Art. 157 IV ebenso **Tarifvertragsparteien und Arbeitsvertrags-** 69 **parteien** zu Maßnahmen der „positiven Diskriminierung" ermächtigt. Dies ist grds. abzulehnen. Art. 157 IV wendet sich nach dem ausdrücklichen Wortlaut der Vorschrift an die **Mitgliedstaaten.** Als Ausnahmevorschrift vom grundlegenden Grundsatz der Gleichbehandlung von Männern und Frauen ist die Bestimmung daher eher eng auszulegen und insoweit dem Normtext gem. auf Maßnahmen der Mitgliedstaaten zu beschränken. Allerdings können die Mitgliedstaaten diese Befugnis insoweit delegieren und Tarifvertragsparteien und auch Arbeitsvertragsparteien zu entsprechenden Vorhaben ermächtigen (ebenso Schwarze/*Rebhahn* Rn. 51; Calliess/Ruffert/*Krebber* Rn. 78). Diesen Anforderungen dürfte auch eine recht offene Vorschrift wie § 5 AGG genügen (*Bauer/Göpfert/Krieger* AGG § 5 Rn. 3; *Burg* 44 f.; **aA** Schwarze/*Rebhahn* Rn. 51). Allerdings steht dies wiederum unter dem Vorbehalt der Vereinbarkeit mit Art. 157 IV. Ferner sind nach Art. 157 IV Fördermaßnahmen ohne Vermittlung durch eine innerstaatliche Ermächtigungsnorm zulässig, welche der Mitgliedstaat bzw. dessen Untergliederungen, etwa einzelne Bundesländer, in seiner Funktion als Arbeitgeber iRd öffentlichen Dienstrechts vorgibt (Calliess/Ruffert/*Krebber* Rn. 78).

2. Effektive Gewährleistung der vollen Gleichstellung von Männern und Frauen. 70
Vom Grundsatz der Gleichbehandlung der Geschlechter darf nach Art. 157 IV nur abgewichen werden, wenn die Maßnahme effektiv zur Gewährleistung der vollen Gleichstellung von Männern und Frauen im Arbeitsleben beitragen kann. Die entsprechenden Maßnahmen müssen daher zur Durchsetzung des Ziels der vollen Gleichstellung von Männern und Frauen geeignet und erforderlich sein. Art. 157 IV öffnet den Gleichbehandlungsgrundsatz somit nur für **verhältnismäßige positive Maßnahmen** – in den Worten des EuGH: „Bei der Festlegung der Reichweite von Ausnahmen von einem Individualrecht wie dem Recht von Männern und Frauen auf Gleichbehandlung ist der **Grundsatz der Verhältnismäßigkeit** zu beachten, wonach Ausnahmen nicht über das hinausgehen dürfen, was zur Erreichung des verfolgten Ziels angemessen und erforderlich ist, und dass der Grundsatz der Gleichbehandlung so weit wie möglich mit den Erfordernissen des auf diese Weise angestrebten Ziels in Einklang gebracht werden muss" (EuGH 19.3.2002 – C-476/99 Rn. 39 – Lommers, Slg. 2002, I-2891, NJW 2002, 1859 = EAS RL 76/207/EWG Art. 2 Nr. 22 – Lommers). Die Frage, ob eine mitgliedstaatliche Maßnahme den Gleichbehandlungsgrundsatz in verhältnismäßiger Weise beschränkt, muss nach der Rechtsprechung des EuGH grds. das innerstaatliche Gericht beantworten; der EuGH gibt allerdings die notwendigen Hinweise zum richtigen Verständnis des unionsrechtlichen Verhältnismäßigkeitsgrundsatzes in diesem Kontext (vgl. EuGH 19.3.2002 – C-476/99 Rn. 40 – Lommers, Slg. 2002, I-2891, NJW 2002, 1859 = EAS RL 76/207/EWG Art. 2 Nr. 22).

Art. 2 IV RL 76/207/EWG ließ derartige Fördermaßnahmen ausweislich des klaren 71 Wortlauts der Vorschrift nur zugunsten von Frauen zu (→ Rn. 62). Demgegenüber ist Art. 157 IV **geschlechtsneutral** formuliert, wie insbesondere die Anknüpfung an das „unterrepräsentierte Geschlecht" zeigt. Daraus wird vielfach gefolgert, dass die Fördermaßnahmen nicht nur Frauen, sondern grds. auch Männern zugutekommen können (Calliess/ Ruffert/*Krebber* Rn. 73; ErfK/*Schlachter* Rn. 30; Schwarze/*Rebhahn* Rn. 50). Dies wird freilich dem Zweck der Vorschrift nicht ganz gerecht. Art. 157 IV geht ganz grds. von der Prämisse aus, dass die volle Gleichstellung von Männern und Frauen im Erwerbsleben noch nicht erreicht ist und dass das weibliche Geschlecht insoweit weiterhin strukturellen Benachteiligungen ausgesetzt ist (ebenso Streinz/*Eichenhofer* Rn. 25). Diese können – wie der EuGH in einer bereit länger zurückliegenden Entscheidung festgestellt hat – in Vorurteilen und stereotypen Vorstellungen über die Rolle und die Fähigkeiten der Frau im Erwerbsleben liegen und etwa mit der Befürchtung zusammenhängen, dass Frauen ihre Laufbahn häufiger unterbrechen, ihre Arbeitszeit aufgrund häuslicher oder familiärer Aufgaben weniger flexibel gestalten oder aufgrund von Schwangerschaften, Geburten und Stillzeiten häufiger ausfallen (EuGH 11.11.1997 – C-409/95 Rn. 29 f. – Marschall, Slg. 1997, I-7531, NJW 1997, 3429). Schließlich haben die Signatarstaaten des Amsterdamer Vertrags in Erklärung Nr. 28 zu Art. 119 IV EGV-Amsterdam (entspricht Art. 157 IV) ausdrücklich darauf hingewiesen, dass die Maßnahmen der Mitgliedstaaten in erster Linie der Verbesserung der Lage der Frauen im Arbeitsleben dienen sollen (ABl. EU 10.11.1997 C 340/136). Damit sind Begünstigte der mitgliedstaatlichen Maßnahmen nach wie vor in aller Regel Angehörige des weiblichen Geschlechts.

72   **3. Spezifische Vergünstigungen.** Die Mitgliedstaaten können nach Maßgabe von Art. 157 IV spezifische Vergünstigungen beibehalten oder beschließen. Der Begriff der Vergünstigung (englisch: „measures providing for specific advantages"; französisch: „des mésures prévoyant des avantages spécifiques") ist dabei sehr weit zu verstehen. Dem betroffenen Arbeitnehmer muss ein Vorteil zugewandt werden, er muss durch die Maßnahme besser gestellt sein. Es kommen nur solche Arbeitsbedingungen für eine Besserstellung in Betracht, welche geeignet sind, die beruflichen strukturellen Nachteile auszugleichen, denen in aller Regel Frauen im Arbeitsleben ausgesetzt sind. Die Vorschrift bringt dieses Erfordernis durch den Terminus „spezifisch" zum Ausdruck; es bedarf also eines **konkreten sachlichen Zusammenhangs zwischen Ungleichheit aus geschlechtsbezogenen Gründen im Arbeitsleben und der Bevorzugung.** An diesem Erfordernis dürfte bsw. ein höheres Entgelt für Frauen bei gleicher oder gleichwertiger Arbeit regelmäßig scheitern (ebenso Calliess/Ruffert/*Krebber* Rn. 80; Schwarze/*Rebhahn* Rn. 51), obwohl dadurch möglicherweise ein Beitrag zur Verringerung der sog. Entgeltzahlungslücke geleistet werden könnte (dazu → Rn. 9 ff.). Noch nicht abschließend geklärt ist, inwieweit eine mitgliedstaatliche Regelung, die lediglich eine **mittelbare Ungleichbehandlung** (→ Rn. 43 ff.) bewirkt, sich als „spezifische Vergünstigung" iSd Art. 157 IV darstellen kann. GA *Jääskinen* hat dies abgelehnt, weil insoweit das nach Art. 157 IV erforderliche finale Element der Maßnahme fehlt (SA des GA *Jääskinen* vom 27.4.2014 zu EuGH – C-173/13 Rn. 53 – Leone). Gleichgültig ist es, zu welchem **Zeitpunkt** die positiven Maßnahmen eingeführt wurden: Art. 157 IV bezieht sich sowohl auf existierende als auch neu beschlossene Vorhaben („beibehalten oder beschließen"). Kann eine mitgliedstaatliche Maßnahme nach Art. 157 IV als zulässig angesehen werden, sagt dies noch nichts über ihre Vereinbarkeit mit nationalem Verfassungsrecht, insbesondere Art. 3 II und III GG aus (Calliess/Ruffert/*Krebber* Rn. 79).

73   Entsprechend der vorstehend entwickelten Grundsätze hat der EuGH eine **spezifische Vergünstigung in diesem Sinne bei folgenden Fördermaßnahmen in Betracht gezogen** (Analyse der EuGH-Rechtsprechung bei *Burg* 80 ff.): Befreiung vom Erfordernis einer Altersgrenze zugunsten von Witwen für die Teilnahme an Auswahlverfahren im öffentlichen Dienst (EuGH 30.9.2004 – C-319/04 Rn. 22 ff. – Briheche, Slg. 2004, I-8807); Zurverfügungstellung von Plätzen in Kindertagesstätten für Kinder weiblicher Beamter im öffentlichen Dienst (EuGH 19.3.2002 – C-476/99 Rn. 36 ff. – Lommers, Slg. 2002, I-2891, NJW 2002, 1859); Vorrangregeln zugunsten von Frauen für Einstellung (EuGH 6.7.2000 – C-407/98 – Abrahamsson, Slg. 2000, I-5539, NZA 2000, 935) oder Beförderung im öffentlichen Dienst (EuGH 11.11.1997 – C-409/95 – Marschall, Slg. 1997, I-7531, NJW 1997, 3429); Vorgaben für die heranzuziehenden Kriterien bei der Begründung von Personalauswahlentscheidungen im öffentlichen Dienst (EuGH 28.3.2000 – C-158/97 Rn. 31 ff. – Badeck, Slg. 2000, I-1875, NJW 2000, 1549). Diese spezifischen Vergünstigungen müssen den **Beruf und die Teilhabe am Arbeitsleben** betreffen. Dies

ergibt sich aus dem Kontext der allg. Zwecksetzung, die volle Gleichstellung von Männern und Frauen im Arbeitsleben zu befördern. Damit nicht vereinbar wären positive Maßnahmen, die erst nach dem Ausscheiden aus dem Berufsleben Platz greifen oder dieses gar erleichtern. Der EuGH verlangt daher, dass die positiven Maßnahmen sich noch im Berufsleben auswirken müssen und den Schwierigkeiten abhelfen sollen, auf die Frauen während ihrer beruflichen Laufbahn stoßen können (EuGH 29.11.2001 – C-366/99 Rn. 65 – Griesmar, Slg. 2001, I-9383, NZA 2002, 143 = EAS EG-Vertrag Art. 119 Nr. 66). Deshalb hat es der EuGH abgelehnt, mitgliedstaatliche Regelungen des öffentlichen Dienstes über Art. 157 IV bzw. Art. 2 IV RL 76/207/EWG zu rechtfertigen, nach denen Kindererziehungszeiten bei Frauen auf das Dienstalter angerechnet werden, damit diese ein höheres Altersruhegeld erzielen können (EuGH 29.11.2001 – C-366/99 Rn. 61 ff. – Griesmar, Slg. 2001, I-9383, NZA 2002, 143 = EAS EG-Vertrag Art. 119 Nr. 66; ähnlich, aber einen Fall mittelbarer Ungleichbehandlung betreffend: 17.7.2014 – C-173/13 – Leone). Eine solche Regelung wirkt sich erst im Ruhestand aus und kann daher nach Einschätzung des EuGH keinen Beitrag zur Verbesserung der Teilhabe von Frauen am Berufsleben leisten.

a) Erleichterung der Berufstätigkeit des unterrepräsentierten Geschlechts. Die 74 spezifischen Vergünstigungen der Mitgliedstaaten müssen zwei alternativen Zwecksetzungen dienen können. Zum einen müssen sie darauf gerichtet sein, die Berufstätigkeit des unterrepräsentierten Geschlechts zu erleichtern. Diese Variante ist **geschlechtsneutral** ausgestaltet. Daher ist grds. denkbar, in bestimmten Bereichen, in denen Männer unterrepräsentiert sind, Fördermaßnahmen zugunsten von Männern zu implementieren, wenngleich die Stoßrichtung von Art. 157 IV insgesamt darin zu sehen ist, die strukturelle Benachteiligung von Frauen im Arbeitsleben zu bekämpfen (bereits → Rn. 71). Der Tatbestand dieser Variante verlangt nicht, dass eine Benachteiligung vorliegen muss. Vielmehr genügt es, wenn die Maßnahme die Berufstätigkeit von Angehörigen des unterrepräsentierten Geschlechts erleichtert. Wie man eine „Unterrepräsentanz" feststellen kann, lässt der Normtext offen. Man wird die Anzahl der aktuell in dem jeweiligen Bereich beschäftigten Angehörigen des einen und des anderen Geschlechts mit den potentiell aufgrund ihrer Ausstattung für eine derartige Beschäftigung in Betracht kommenden Personen vergleichen müssen. Für die Feststellung einer Unterrepräsentanz ist ein erheblicher Zahlenunterschied wie etwa bei der mittelbaren Ungleichbehandlung (→ Rn. 46) nicht erforderlich. Zu dieser Variante gehören in erster Linie sog. **„Vorrangregeln"** im Hinblick auf Einstellung und beruflichen Aufstieg, auch ungenau als „Quotenregeln" bezeichnet, weil mit dem Vorrang nicht notwendigerweise eine Besetzung des Arbeitsplatzes nach quantitativen Gesichtspunkten einhergehen muss. Aufgrund solcher Vorrangregeln sollen Angehörige des unterrepräsentierten Geschlechts bei Einstellung und beruflichem Aufstieg vorrangig berücksichtigt werden.

Der EuGH hält solche **Vorrangregeln zugunsten der Angehörigen des in dem** 75 **jeweiligen Bereich unterrepräsentierten Geschlechts** grds. für zulässig, und hat aus dem **Grundsatz der Verhältnismäßigkeit** (→ Rn. 70) folgende einschränkende Anforderungen abgeleitet (s. dazu zusammenfassend EuGH 6.7.2000 – C-407/98 Rn. 23 ff. – Abrahamsson, Slg. 2000, I-5539, NZA 2000, 935): Die weiblichen Bewerber müssen über eine gleiche oder nahezu gleiche Qualifikation verfügen wie die männlichen Mitbewerber – für den öffentlichen Dienst verlangt aber BAG 21.1.2003 NZA 2003, 1036 wegen Art. 33 II GG die gleiche Qualifikation; den Angehörigen des unterrepräsentierten Geschlechts unter den Bewerbern darf kein absoluter und unbedingter Vorrang zukommen (EuGH 17.10.1995 – C-450/93 Rn. 16 – Kalanke, Slg. 1995, I-3051, NJW 1995, 3109); die Bewerbungen müssen Gegenstand einer objektiven Beurteilung sein, bei der die besondere persönliche Lage aller Bewerber berücksichtigt wird. Kennzeichnend sind also vier Elemente: **Unterrepräsentanz, Qualifikation, Nichtautomatik und Härtefallregelung** (vgl. Habersack/Kersten BB 2014, 2819 [2826]).

Schließlich dürfen die **anzuwendenden Kriterien selbst nicht diskriminierend** wir- 76 ken. Deshalb ist es stets vorzugswürdig ist, die Kriterien geschlechtsneutral zu benennen, selbst wenn dies nach den Kategorien der mittelbaren Benachteiligung (→ Rn. 43 ff.) Frauen bevorzugen würde (vgl. dazu EuGH 28.3.2000 – C-158/97 Rn. 31 ff. – Badeck, Slg. 2000, I-1875, NJW 2000, 1549). Dies wäre aber unschädlich, weil Art. 157 IV im Grundsatz auch unmittelbare Ungleichbehandlungen rechtfertigen kann. Der EuGH hat daher eine Regelung des öffentlichen Dienstes gebilligt, wonach bei Personalauswahlentscheidungen Fähigkeiten und Erfahrungen, die aufgrund von Familienarbeit, also Betreuung von Kindern oder Pflegebedürftigen im häuslichen Bereich, erworben wurden, berücksichtigt werden müssen, sofern diesen Gesichtspunkten für die Eignung, Leistung und Befähigung der Bewerber Bedeutung zukommt, und Teilzeitbeschäftigung, Beurlaubungen und Verzögerungen beim Abschluss der Ausbildung wegen der Betreuung von Kindern oder pflegebedürftigen Angehörigen sich nicht negativ auf die Beurteilung und das berufliche Fortkommen auswirken dürfen (EuGH 28.3.2000 – C-158/97 Rn. 31 ff. – Badeck, Slg. 2000, I-1875, NJW 2000, 1549). Danach können also die genannten Kriterien andere Beurteilungsgesichtspunkte wie Lebensalter, Betriebszugehörigkeit oder Berufserfahrung verdrängen.

77 Der EuGH hat nach diesen Grundsätzen bsw. ein sog. **„flexible Ergebnisquote"** im öffentlichen Dienst akzeptiert, die nicht einheitlich für alle betroffenen Bereiche festliegt, sondern deren Besonderheiten mit Zielvorgaben berücksichtigt und bei der in einer sog. „qualifikatorischen Pattsituation" das Geschlecht nicht automatisch und zwingend den Ausschlag gibt (EuGH 28.3.2000 – C-158/97 Rn. 28 ff. – Badeck, Slg. 2000, I-1875, NJW 2000, 1549). Ferner hat der EuGH **verbindliche Zielvorgaben eines Frauenförderplans** für die Besetzung befristeter Stellen des wissenschaftlichen Dienstes und wissenschaftlicher Hilfskräfte für unionsrechtskonform gehalten, wonach mindestens der Anteil an Frauen vorzusehen ist, den diese an den Absolventinnen und Absolventen, Promovenden und Studenten des jeweiligen Fachbereichs stellen (EuGH 28.3.2000 – C-158/97 Rn. 39 ff. – Badeck, Slg. 2000, I-1875, NJW 2000, 1549). Dasselbe gilt nach Auffassung des EuGH für **Ausbildungsquoten für Frauen in Ausbildungsberufen, in denen Frauen unterrepräsentiert sind,** sofern nicht der Staat der einzige Ausbilder ist (EuGH 28.3.2000 – C-158/97 Rn. 45 ff. – Badeck, Slg. 2000, I-1875, NJW 2000, 1549). Ferner hat der EuGH eine **Regel zur Praxis der Einladung zu Vorstellungsgesprächen im öffentlichen Dienst** nicht beanstandet, wonach entweder alle geeigneten Frauen oder aber die gleiche Anzahl von Männern und Frauen zu Vorstellungsgesprächen gebeten werden (EuGH 28.3.2000 – C-158/97 Rn. 56 ff. – Badeck, Slg. 2000, I-1875, NJW 2000, 1549).

78 **b) Verhinderung bzw. Ausgleich von Benachteiligungen in der beruflichen Laufbahn.** Nach der zweiten Variante müssen die spezifischen Vergünstigungen Nachteile in der beruflichen Laufbahn – von Frauen – ausgleichen. Die strukturelle Benachteiligung von Frauen im Erwerbsleben besteht wie dargelegt darin, dass Angehörige des weiblichen Geschlechts typischerweise und überwiegend in die Erfüllung von Familienpflichten stärker eingebunden sind als die Angehörigen des männlichen Geschlechts (bereits → Rn. 71). Für Art. 157 IV relevante Erleichterungen zugunsten von Angehörigen des weiblichen Geschlechts müssen daher an dieser Stelle ansetzen. So hat der EuGH bsw. die Zurverfügungstellung von Plätzen in Kindertagesstätten für Kinder weiblicher Beamter im öffentlichen Dienst grds. als eine Maßnahme in diesem Sinne angesehen (EuGH 19.3.2002 – C-476/99 Rn. 36 ff. – Lommers, Slg. 2002, I-2891, NJW 2002, 1859). Diese Maßnahme war im konkreten Fall auch verhältnismäßig, weil die Plätze für Kindertagesstätten nicht für die gesamte Nachfrage ausreichten, daher auch Frauen abgelehnt werden mussten und männliche Arbeitnehmer in Notfällen ebenfalls grds. bei der Vergabe berücksichtigt werden konnten. Demgegenüber hat der EuGH eine spanische Regelung beanstandet, wonach weibliche Arbeitnehmer in den ersten neun Monaten nach der Geburt ihres Kindes Urlaub in verschiedenen Formen – sog. „Stillurlaub" – beanspruchen können, während dies für männliche Arbeitnehmer nur möglich ist, wenn auch die Mutter des Kindes abhängiger Erwerbsarbeit nachgeht (EuGH 30.9.2010 – C-104/09 – Roca Àlvarez, NZA 2010, 1281

= EAS RL 76/207/EWG Art. 2 Nr. 34). Der EuGH hat sich dabei von der Erwägung leiten lassen, dass diese Regelung eher zu einer Verfestigung der herkömmlichen Rollenverteilung von Männern und Frauen bei der Aufteilung von Familienpflichten beiträgt, weil sie Männern weiterhin eine im Hinblick auf die Wahrnehmung der Elternschaft subsidiäre Rolle zuweist. Die Verweigerung des sog. Stillurlaubs für männliche Arbeitnehmer, deren Ehefrauen selbst nicht abhängig beschäftigt sind, sondern als Selbstständige arbeiten, kann solche Frauen dazu zwingen, ihre selbstständige berufliche Tätigkeit einzuschränken (EuGH 30.9.2010 – C-104/09 Rn. 36 f. – Roca Àlvarez, NZA 2010, 1281 = EAS RL 76/207/EWG Art. 2 Nr. 34).

D. Kompetenzgrundlage (Abs. 3)

I. Voraussetzungen

Art. 157 III enthält eine Kompetenzgrundlage zugunsten der **Union** für „**Maßnahmen** **79** **zur Gewährleistung der Anwendung des Grundsatzes der Chancengleichheit und der Gleichbehandlung von Männern und Frauen in Beschäftigungsfragen.**" Die Vorschrift wurde durch den Vertrag von Amsterdam im Jahr 1997 eingeführt und dort in Art. 141 III EGV eingestellt. Wegen der veränderten Zählweise findet sich die Vorschrift im Vertrag von Lissabon in Art. 157 III . Damit wurde im Kontext des Art. 157 eine eigenständige Kompetenzgrundlage geschaffen, welche nicht an die Erfordernisse des Art. 153 AEUV gebunden ist. Art. 157 III kann daher – anders als Art. 153 AEUV – auch andere Regelungsformen als Richtlinien tragen und beschränkt die Union nicht auf den Erlass von Mindestvorschriften (vgl. zu den entsprechenden Restriktionen bei Art. 153 AEUV → AEUV Art. 153 Rn. 54 ff.). Außerdem können aufgrund von Art. 157 III auch Regelungen zu Entgeltfragen ergehen, was in Art. 157 III ausdrücklich klargestellt ist und iRv Art. 153 AEUV wegen Art. 153 V AEUV erheblich eingeschränkt wäre (näher → AEUV Art. 153 Rn. 45 ff.). Art. 153 I lit. i AEUV enthält in gegenständlicher Hinsicht eine Art. 157 III sehr ähnliche Vorschrift. Zum Verhältnis dieser beiden Kompetenzgrundlagen → Art. AEUV 153 Rn. 40 f. Will die Kommission Maßnahmen vorschlagen, die sich der Kompetenznorm des Art. 157 III zuordnen lassen, muss sie aber in gleicher Weise die Sozialpartner nach Maßgabe des Art. 154 II AEUV einbinden, eine Vorschrift, die auf den gesamten Bereich der Sozialpolitik anwendbar ist (→ AEUV Art. 154 Rn. 7). Dies gilt auch dann, wenn die Maßnahme iRd sozialen Dialogs wegen der Kompetenzbegrenzung nach Art. 155 II AEUV, Art. 153 AEUV gar nicht ergehen könnte. Über den von der Kommission vorgeschlagenen Rechtsakt befinden Rat und Parlament gemeinsam im **ordentlichen Gesetzgebungsverfahren,** was im Rat eine qualifizierte Mehrheit erfordert.

In der Praxis wurde Art. 157 III bzw. die Vorgängervorschrift des Art. 141 III EGV **80** herangezogen für die RL 2002/73/EG zur Änderung der RL 76/207/EWG, für die neugefasste **Gleichbehandlungs-Richtlinie 2006/54/EG** des Europäischen Parlaments und des Rates vom 5.7.2006 **zur Verwirklichung des Grundsatzes der Chancengleichheit und Gleichbehandlung von Männern und Frauen in Arbeits- und Beschäftigungsfragen** sowie für die **RL 2010/41/EG** des Europäischen Parlaments und des Rats vom 7.7.2010 zur **Verwirklichung des Grundsatzes der Gleichbehandlung von Männern und Frauen, die eine selbständige Erwerbstätigkeit ausüben,** und zur Aufhebung der RL 86/613/EWG. Ferner könnte Art. 157 III auch Maßnahmen tragen, die als mitgliedstaatliche Vorhaben Art. 157 IV zuzuordnen wären (sog. positive Maßnahmen, dazu → Rn. 62 ff.). Der Wortlaut des Art. 157 III dürfte eine derartige Auslegung erlauben. Zwar wird die „volle Gleichstellung von Männern und Frauen im Arbeitsleben" nur in Art. 157 IV und nicht in Art. 157 III erwähnt, der sich auf die Verwirklichung von „Chancengleichheit" beschränkt. Allerdings kann man Art. 157 III in dieser Richtung auslegen, weil insbesondere nach Art. 23 II GRC der Gleichheitsgrundsatz spezifischen Fördermaßnahmen zugunsten des unterrepräsentierten Geschlechts nicht entgegensteht (in dieser Richtung auch Schwarze/*Rebhahn* Rn. 38; **aA** wohl Calliess/Ruffert/*Krebber* Rn. 92; GHN/*Langenfeld* Rn. 81).

II. Verhältnis zu anderen Kompetenzgrundlagen

81 Art. 157 III gehört zu den **sozialpolitischen Vorschriften des AEUV**. Daher trägt diese Kompetenzgrundlage nicht Maßnahmen, die sich nicht mehr der Sozialpolitik iSv Art. 151 ff. AEUV zuordnen lassen. Verfehlt erscheint es deshalb bsw., wenn die EU-Kommission ihren Vorschlag für den Erlass einer Richtlinie zur Gewährleistung einer ausgewogeneren Vertretung von Frauen und Männern unter den nicht geschäftsführenden Direktoren/Aufsichtsratsmitgliedern börsennotierter Gesellschaften und über damit zusammenhängende Maßnahmen vom 14.11.2012 (KOM [2012] 614 endg.) auf Art. 157 III stützt. Bei diesem Vorschlag handelt es sich nicht mehr um eine sozialpolitische Maßnahmen, welche die Lebensbedingungen der Arbeitskräfte in der Union verbessern soll. Vielmehr geht es um die Mitwirkung von Frauen in den Leitungsorganen von großen Unternehmen und damit im Kern um die Unternehmensverfassung (näher dazu *Basedow* ZEuP 2013, 451; *Stöbener/Böhm* EuZW 2013, 371). Für solche Regelungen kommt Art. 157 III nicht in Betracht.

82 Berührungspunkte enthält Art. 157 III mit der **Kompetenzgrundlage des Art. 19 I und II AEUV.** Nach diesen Vorschriften kann der Rat unter bestimmten Voraussetzungen unter Beteiligung des Parlaments Antidiskriminierungsmaßnahmen erlassen, die sich auch auf das Geschlecht beziehen können. Nach den allg. unionsrechtlichen Grundsätzen über das Verhältnis verschiedener tatbestandlich einschlägiger Rechtssetzungsgrundlagen zueinander (dazu → Art. 153 AEUV Rn. 70 ff.) muss man Art. 157 III dann als spezieller einstufen, wenn sich die beabsichtigte Maßnahme dem Bereich der Sozialpolitik nach Art. 151 ff. AEUV zuordnen lässt (ebenso Calliess/Ruffert/*Krebber* Rn. 91; GHN/*Langenfeld* Rn. 80; Schwarze/*Rebhahn* Rn. 39).

Art. 158 [Bezahlte Freizeit]

Die Mitgliedstaaten sind bestrebt, die bestehende Gleichwertigkeit der Ordnungen über die bezahlte Freizeit beizubehalten.

1 Die Vorschrift existiert bereits seit den Römischen Verträgen von 1957 und wird daher als eine **Vorschrift der „ersten Stunde"** (GKK/*Kotzur* Rn. 1; GHN/*Langenfeld* Rn. 1; Schwarze/*Rebhahn* Rn. 1) bezeichnet. Sie hat alle Vertragsänderungen unbeschadet überdauert. Im ursprünglichen EWG-Vertrag fand sich die Vorschrift nahezu wortgleich in Art. 120 EWGV. Im Vertrag von Amsterdam wurde die Bestimmung in Art. 142 EG eingestellt. Die Vorschrift enthält ausweislich ihres klaren Wortlauts nur einen **Programmsatz** (allg. Meinung, vgl. GHN/*Langenfeld* Rn. 1). Sie begründet weder Verpflichtungen der Mitgliedstaaten noch subjektive Rechte einzelner und ist somit rechtlich unverbindlich.

2 Die Vorschrift geht im Ursprung ähnlich wie Art. 119 EWGV, die Vorgängervorschrift des Art. 157 AEUV, auf **wettbewerbspolitische Überlegungen** zurück (→ AEUV Art. 157 Rn. 3). Frankreich befürchtete Wettbewerbsnachteile für seine Volkswirtschaft, weil Regelungen über Arbeitszeit und Urlaub in Frankreich günstiger schienen als in anderen EWG-Gründerstaaten. Dies stellte sich jedoch als unzutreffend heraus, weil die dort anzuwendenden Regelungen, insbesondere Tarifverträge, im Ergebnis vergleichbare arbeitsrechtliche Schutzstandards normierten. Daher beschränkte man sich anders als bei Art. 119 EWGV (jetzt Art. 157 AEUV) darauf zu vereinbaren, dass die bestehenden Regelungen über die bezahlte Freizeit in den Mitgliedstaaten beibehalten werden sollten, weil sie im Wesentlichen gleichwertig waren (näher zur Entstehungsgeschichte GSH/*Langer* Rn. 1).

Bereits seit langem ist die **Rechtsentwicklung über die Vorschrift hinweggegangen.** 3
Die RL 2003/88/EG des Europäischen Parlaments und des Rats vom 4. November 2003 über bestimmte Aspekte der Arbeitszeitgestaltung stellt relativ detaillierte Vorgaben für die Mitgliedstaaten im Bereich von Arbeitszeit, Pausen und Erholungsurlaub auf. Diese Richtlinie hat die Arbeitszeit-Richtlinie 93/104 aus dem Jahr 1993 abgelöst, die ähnliche Regelungen enthalten hatte. Ferner statuiert Art. 31 II GRC einen Anspruch des Arbeitnehmers auf eine Begrenzung der Höchstarbeitszeit, tägliche und wöchentliche Ruhepausen und einen bezahlten Jahresurlaub. Das Unionsrecht enthält also rechtsangleichende Regelungen über bezahlte Arbeitszeit und Urlaub und bindet daher die innerstaatlichen Rechtsordnungen in diesem Bereich. Damit haben die Mitgliedstaaten ihre in Art. 158 zum Ausdruck kommende politische Absicht, im Regelungsbereich der „bezahlten Freizeit" keine Rechtsangleichung zu betreiben, sondern wegen der Gleichwertigkeit die insoweit bestehenden nationalen Regelungen beizubehalten, erkennbar aufgeben. Diese Entwicklung hat spätestens mit der Einführung von Art. 118a EWGV (entspricht Art. 153 I lit. a AEUV, dort → Art. AEUV 153 Rn. 17 ff.) durch die Einheitliche Europäische Akte im Jahr 1987 begonnen. Mit dieser Bestimmung wurde eine Rechtsangleichungskompetenz der Union unter anderem auch für die in Art. 158 genannten Bereiche geschaffen, die mit Art. 158 nicht kompatibel ist (ähnlich Streinz/*Eichenhofer* Rn. 2; GHN/*Langenfeld* Rn. 1). Art. 158 wird daher als **obsolet** angesehen (Schwarze/*Rebhahn* Rn. 1) und der Streichung anempfohlen (GSH/*Langer* Rn. 6).

Art. 159 [Bericht zur sozialen und demografischen Lage]

¹ Die Kommission erstellt jährlich einen Bericht über den Stand der Verwirklichung der in Artikel 151 genannten Ziele sowie über die demografische Lage in der Union. ² Sie übermittelt diesen Bericht dem Europäischen Parlament, dem Rat und dem Wirtschafts- und Sozialausschuss.

Der Regelungsgehalt der Vorschrift findet sich erstmals im Abkommen über die Sozial- 1
politik und dort nahezu wortgleich mit Art. 159 in Art. 7 des Abkommens über die Sozialpolitik. Eine derartige Berichtspflicht erschien vor dem Hintergrund der erweiterten Rechtsangleichungsmöglichkeiten im Rahmen dieses Abkommens auf dem Gebiet der Sozialpolitik und des begrenzten Anwendungsbereichs des Abkommens ohne das Vereinigte Königreich sinnvoll (zum Abkommen → Art. 151 AEUV Rn. 9). Denn der allg. Jahresbericht, den die Kommission nach dem heutigen Art. 249 II AEUV zu erstatten hat und der nach Art. 161 AEUV ein besonderes Kapitel über die soziale Lage in der Union enthalten muss, bezog sich aus damaliger Sicht auf die Gemeinschaft insgesamt und nicht auf die speziellen Fortschritte der sozialen Lage in den Signatarstaaten des Abkommens über die Sozialpolitik. Nachdem das Abkommen über die Sozialpolitik mit dem Amsterdamer Vertrag im Jahr 1997 in die Gemeinschaft/Union überführt wurde, stellt sich allerdings die Frage nach dem Verhältnis zur allg. Berichtspflicht der Kommission nach dem heutigen Art. 161 AEUV. Danach muss der von der Kommission nach Art. 249 II AEUV zu erstellende Jahresbericht ein Kapitel über die Entwicklung der sozialen Lage in der Union enthalten. Die Inkorporierung des Art. 7 des Abkommens über die Sozialpolitik in den EGV/AEUV hat damit die Berichtspflicht für den Bereich der Sozialpolitik verdoppelt. Die beiden Berichte sind aber nicht identisch, sondern unterscheiden sich nach Umfang und Adressaten. Der in Art. 159 angesprochene Bericht befasst sich ausschließlich mit dem Stand der Sozialpolitik iSd Art. 151 AEUV sowie mit der demografischen Lage in der Union. Dieser Bericht muss nach Art. 159 S. 2 dem Europäischen Parlament, dem Rat und dem Wirtschafts- und Sozialausschuss vorgelegt werden.

Art. 160 [Ausschuss für Sozialschutz]

¹Der Rat, der mit einfacher Mehrheit beschließt, setzt nach Anhörung des Europäischen Parlaments einen Ausschuss für Sozialschutz mit beratender Aufgabe ein, um die Zusammenarbeit im Bereich des sozialen Schutzes zwischen den Mitgliedstaaten und mit der Kommission zu fördern. ²Der Ausschuss hat folgende Aufgaben:

– Er verfolgt die soziale Lage und die Entwicklung der Politiken im Bereich des sozialen Schutzes in den Mitgliedstaaten und der Union;
– er fördert den Austausch von Informationen, Erfahrungen und bewährten Verfahren zwischen den Mitgliedstaaten und mit der Kommission;
– unbeschadet des Artikels 240 arbeitet er auf Ersuchen des Rates oder der Kommission oder von sich aus in seinem Zuständigkeitsbereich Berichte aus, gibt Stellungnahmen ab oder wird auf andere Weise tätig.

Bei der Erfüllung seines Auftrags stellt der Ausschuss geeignete Kontakte zu den Sozialpartnern her.

Jeder Mitgliedstaat und die Kommission ernennen zwei Mitglieder des Ausschusses.

1 Art. 160 geht auf Art. 144 EGV-Nizza zurück und entspricht diesem nahezu wortgleich. Lediglich die Regel für die Beschlussfassung im Rat – einfache Mehrheit – wurde erst durch Art. 160 S. 1 AEUV mit dem Vertrag von Lissabon im Jahre 2009 eingeführt. Der Ausschuss für Sozialschutz hat lediglich eine beratende Aufgabe und setzt sich aus jeweils zwei Vertretern jedes Mitgliedstaats sowie der Kommission zusammen. Rechtsgrundlage für die Tätigkeit des Ausschusses ist der Beschluss des Rates vom 4.10.2004 zur Einsetzung eines Ausschusses für Sozialschutz und zur Aufhebung des Beschlusses 2000/436/EG (ABl. EU 2004 L 314/8).

2 Der Ausschuss soll die Zusammenarbeit im Bereich des „sozialen Schutzes" zwischen den Mitgliedstaaten und mit der Kommission fördern. Art. 160 S. 2 spezifiziert diese Aufgaben näher. Sie erschöpfen sich im Wesentlichen auf die Beobachtung der Sozialpolitik in den Mitgliedstaaten und den Informationsaustausch zwischen den Mitgliedstaaten untereinander und der Kommission. Ferner arbeitet der Ausschuss für Sozialschutz Berichte aus und gibt Stellungnahmen ab. Aus diesen im Hinblick auf den Gegenstandsbereich recht umfassenden Aufgaben ergibt sich, dass der Begriff des „sozialen Schutzes" hier weiter zu verstehen ist als etwa iRd Kompetenznorm des Art. 153 I lit. c AEUV (vgl. → AEUV Art. 153 Rn. 26 f.) oder iRd allg. Zielbestimmung des Art. 151 I AEUV (vgl. → AEUV Art. 151 Rn. 26; ebenso Schwarze/*Rebhahn* Rn. 1; enger wohl Calliess/Ruffert/*Krebber* Rn. 2). Man wird diesen Begriff im Zusammenhang mit Art. 160 daher auf die gesamte Sozialpolitik beziehen müssen. Dafür sprechen etwa die englische („social protection policies") und französische („des politiques de protection sociale") Fassung von Art. 160 S. 2 erster Gedankenstrich AEUV.

Art. 161 [Jahresbericht der Kommission]

Der Jahresbericht der Kommission an das Europäische Parlament hat stets ein besonderes Kapitel über die Entwicklung der sozialen Lage in der Union zu enthalten.

Das Europäische Parlament kann die Kommission auffordern, Berichte über besondere, die soziale Lage betreffende Fragen auszuarbeiten.

1 Die Vorschrift gehört wie Art. 158 AEUV zu den Bestimmungen der „ersten Stunde", die nahezu unverändert alle Vertragsänderungen überstanden haben. In den Römischen Verträgen befand sich der Inhalt der Vorschrift in Art. 122 EWGV. Der einzige Unterschied zur geltenden Fassung bestand darin, dass das Europäische Parlament nach der damaligen Bezeichnung als „Versammlung" angesprochen wurde. Durch den Vertrag von Amsterdam

aus dem Jahr 1997 wurde die Bestimmung in Art. 145 EGV-Amsterdam platziert. Hierdurch wurde zugleich das Abkommen über die Sozialpolitik in den Geltungsbereich des Gemeinschafts-/Unionsrechts zurückgeführt, weshalb es nun zu einer Verdoppelung der Berichtspflichten nach Art. 159 AEUV und nach Art. 161 gekommen ist (→ AEUV Art. 159 Rn. 1).

Den Jahresbericht hat die Kommission nach Art. 249 II AEUV jährlich zu erstatten, und zwar spätestens einen Monat vor Beginn der Sitzungsperiode des Europäischen Parlaments. Er erscheint alljährlich im Februar. Der Bericht richtet sich an das Europäische Parlament und wird dort nach Art. 233 AEUV erörtert. Der Bericht soll das Parlament in die Lage versetzen, seine Kontrollfunktion gegenüber der Kommission wahrzunehmen. Außerdem wendet sich der Bericht an die Öffentlichkeit und dient der Transparenz der Tätigkeit der Kommission. Der Bericht enthält einen Überblick über die Tätigkeit der Kommission, der durch Berichte über einzelne Sachgebiete vertieft wird. Zu diesen Sachgebieten gehört wegen Art. 161 auch ein besonderes Kapitel über die soziale Lage in der Union. 2

Sechster Teil. Institutionelle Bestimmungen und Finanzvorschriften

Titel I. Vorschriften über die Organe

Kapitel 1. Die Organe

Abschnitt 5. Der Gerichtshof der Europäischen Union

Art. 267 [Vorabentscheidungsverfahren]

Der Gerichtshof der Europäischen Union entscheidet im Wege der Vorabentscheidung

a) über die Auslegung der Verträge,
b) über die Gültigkeit und die Auslegung der Handlungen der Organe, Einrichtungen oder sonstigen Stellen der Union.

Wird eine derartige Frage einem Gericht eines Mitgliedstaats gestellt und hält dieses Gericht eine Entscheidung darüber zum Erlass seines Urteils für erforderlich, so kann es diese Frage dem Gerichtshof zur Entscheidung vorlegen.

Wird eine derartige Frage in einem schwebenden Verfahren bei einem einzelstaatlichen Gericht gestellt, dessen Entscheidungen selbst nicht mehr mit Rechtsmitteln des innerstaatlichen Rechts angefochten werden können, so ist dieses Gericht zur Anrufung des Gerichtshofs verpflichtet.

Wird eine derartige Frage in einem schwebenden Verfahren, das eine inhaftierte Person betrifft, bei einem einzelstaatlichen Gericht gestellt, so entscheidet der Gerichtshof innerhalb kürzester Zeit.

Übersicht

	Rn.
A. Allgemeines	1
I. Zuständigkeit und Kooperationsverhältnis	1
II. Zweck und Bedeutung des Vorabentscheidungsverfahrens	3
B. Gegenstand des Vorabentscheidungsverfahrens	7
I. Auslegung des Unionsrechts	8
II. Gültigkeit des Unionsrechts	14
C. Vorlageberechtigung (Abs. 2)	18
I. Vorlageberechtigtes Gericht	18

	Rn.
II. Entscheidungserheblichkeit	20
III. Entscheidung über Vorlage	27
D. Vorlagepflicht (Abs. 3)	34
I. Vorlagepflichtiges Gericht	35
II. Umfang und Grenzen der Vorlagepflicht	39
1. Allgemeine Voraussetzungen	39
2. Ausnahmen	43
a) Anforderungen an einen acte éclairé	44
b) Anforderungen an einen acte clair	48
E. Durchsetzung der Vorlagepflicht	52
I. Unionsrecht	52
1. Sanktion durch Vertragsverletzungsverfahren	53
2. Sanktion durch Staatshaftungsanspruch	54
II. Konventionsrecht	55
III. Deutsches Verfassungsrecht	56
1. Entzug des gesetzlichen Richters durch willkürliche Nichtvorlage	57
2. Entzug des gesetzlichen Richters durch unzulässige Vorlage?	64
F. Vorlageverfahren	67
I. Verfahren vor dem nationalen Gericht	67
1. Vorlagebeschluss	67
2. Aussetzung des Verfahrens	75
II. Verfahren vor dem EuGH	77
G. Die Entscheidung des EuGH	91

A. Allgemeines

I. Zuständigkeit und Kooperationsverhältnis

1   In seiner Doppelfunktion als europäisches Fach- und Verfassungsgericht entscheidet der **EuGH** nicht nur verbindlich über die **Auslegung des Unionsrechts.** Er besitzt zugleich eine **Normverwerfungskompetenz** für das europäische Recht (Art. 264 AEUV). Demgegenüber obliegt die **Auslegung und Anwendung des nationalen Rechts** ausschließlich den **mitgliedstaatlichen Gerichten.** Dazu gehört auch die Feststellung der **Unanwendbarkeit von innerstaatlichen Rechtsvorschriften** wegen Verstoßes gegen unmittelbar geltendes Unionsrecht (*Hailbronner* NZA 2006, 811 [812]; unzutreffend *Bauer/Krieger* NZA 2007, 674 [675]) sowie generell die **Anwendung des Unionsrechts** in den Rechtsstreitigkeiten vor mitgliedstaatlichen Gerichten (dazu → Rn. 10). In Deutschland sind grds. die Fachgerichte und nicht das BVerfG für die Anwendung des Unionsrechts in ihrer Eigenschaft als „ordentliche Unionsgerichte" im funktionalen Sinn (EuGH Gutachten 1/09 v. 8.3.2011, EuR 2011, 567 Rn. 80; *Fastenrath*, FS Ress, 2005, 461 [462]; *Hirsch* ZRP 2000, 57 [59]; *Latzel/Th. Streinz* NJOZ 2013, 97; *Pechstein* Rn. 741; SZK/*Remien* § 14 Rn. 43; *Rodríguez Iglesias* NJW 2000, 1889; *Schroeder* EuR 2011, 808 [822]; *Wendenburg* DRiZ 2013, 404; Calliess/Ruffert/*Wegener* Rn. 1; ErfK/*Wißmann* Rn. 1) zuständig, es sei denn, es geht um die Auslegung des Grundgesetzes im Lichte des Unionsrechts.

2   Daraus folgt ein ausdifferenziertes **System der Aufgabenverteilung** zwischen den Gerichten: Jedes Gericht besitzt einen ihm zugewiesenen Zuständigkeitsbereich, der grds. der Nachprüfung durch das jeweils andere Gericht entzogen ist. Die Gerichte sind auf gegenseitige Mitarbeit angewiesen und tragen gleichermaßen Verantwortung für die Entwicklung des Unionsprivatrechts (*Basedow*, FS Brandner, 1996, 651; *Franzen* JZ 2003, 321 [330]). Auf diese Weise entsteht das vielbeschworene **„Kooperationsverhältnis"** (vgl. nur EuGH 6.7.2010 – C-137/08 Rn. 59, 73 – VB Pénzügyi Lízing, Slg. 2010, I-10847; BVerfG 12.10.1993 BVerfGE 89, 155 = NJW 1993, 3047; *Düwell* NZA-Beil. 2011, 133 [141]; *Germelmann* EuR 2009, 254 [259]; *Höpfner* 318 ff.; *Kirchhof* EuR 2014, 267 [276]; *Lenaerts* EuR 2015, 3 [5 ff.]; *Schlachter* RdA 2005, 115; *Voßkuhle* ZRP 2015, 61) zwischen den nationalen Gerichten und dem EuGH, das freilich in der Praxis zum Teil auch ein **„Konkurrenzverhältnis"** ist (sehr deutlich BVerfG 24.4.2013 NJW 2013, 1499 Rn. 91).

II. Zweck und Bedeutung des Vorabentscheidungsverfahrens

Das Vorabentscheidungsverfahren ist die bedeutsamste verfahrensrechtliche Ausprägung des dargelegten Kooperationsverhältnisses zwischen dem EuGH und den nationalen Gerichten, ohne die eine funktionierende **Zusammenarbeit zwischen den Gerichten** nicht möglich wäre (vgl. EuGH 18.10.1990 – C-297/88 und C-197/89 Rn. 33 – Dzodzi, Slg. 1990, I-3763). Der frühere EuGH-Präsident *Rodríguez Iglesias* brachte dies auf den Punkt: „Die Rechtsprechung des EuGH kann ihre Wirkung nur durch die innerstaatlichen Gerichte entfalten; der EuGH ist also von den nationalen Richtern abhängig, die seine Urteile in die Rechtswirklichkeit umsetzen müssen. Ohne diese innerstaatliche ‚Verwirklichung' blieben die Urteile des EuGH tote Worte" (*Rodríguez Iglesias* NJW 2000, 1889). 3

Damit ergibt sich zugleich der primäre Zweck des Vorabentscheidungsverfahrens: Die Vorlagepflicht der letztinstanzlich entscheidenden einzelstaatlichen Gerichte soll eine **einheitliche Auslegung und Anwendung des Unionsrechts** in den Mitgliedstaaten sicherstellen (EuGH 16.1.1974 – 166/73 Rn. 2 – Rheinmühlen, Slg. 1974, 33; 16.12.2005 – C-461/03 Rn. 21 – Gaston Schul, Slg. 2005, I-10513; *von Danwitz* NJW 1993, 1108 [1110]; *Dauses* 46 ff.; *Fastenrath*, FS Ress, 2005, 461 [464]; *Groh* 41 ff.; GHN/*Karpenstein* Rn. 2; *Maschmann* NZA 1995, 920; Gsell/Hau/*Niestedt*, Zivilgerichtsbarkeit und Europäisches Justizsystem, 2012, 11 [16]; *Pechstein* Rn. 741; *Rodríguez Iglesias* NJW 2000, 1889; *Schima* 3 f.; *Voßkuhle* JZ 2001, 924 [925]). Hinsichtlich der Gültigkeit von sekundärem Unionsrecht dient Art. 267 zugleich dem Schutz des europäischen Gesetzgebers vor der Derogation der von ihm geschaffenen Rechtsnormen durch die Judikative. Durch die Konzentration der Normverwerfungsbefugnis erfüllt das Vorabentscheidungsverfahren insoweit eine vergleichbare Funktion wie das konkrete Normenkontrollverfahren nach Art. 100 I GG im deutschen Recht. 4

Daneben kommt Art. 267 Bedeutung für den **Individualrechtsschutz** zu (GA *Trstenjak* 6.7.2010 – C-137/08 Rn. 68 – VB Pénzügyi Lízing, Slg. 2010, I-10847; *von Danwitz* NJW 1993, 1108 [1110 f.]; *Dauses* 48 f.; *Foerster* EuZW 2011, 901 [904]; *Groh* 54 ff.; GHN/*Karpenstein* Rn. 3; Gsell/Hau/*Niestedt*, Zivilgerichtsbarkeit und Europäisches Justizsystem, 2012, 11 [16]; *Pechstein* Rn. 751; *Schima* 4; *Thomy*, Individualrechtsschutz durch das Vorabentscheidungsverfahren, 2009, 102 ff.). Das zeigt sich bereits daran, dass die Parteien des Ausgangsrechtsstreits nach Art. 23 II der EuGH-Satzung (ABl. EU Nr. C 83 v. 30.3.2010, 210) das Recht haben, beim Gerichtshof Schriftsätze einzureichen oder Erklärungen abzugeben (vgl. auch *Maschmann* NZA 1995, 920 [922]). Allerdings ist der Individualrechtsschutz **nur unvollständig ausgeprägt,** da die Parteien des innerstaatlichen Ausgangsverfahrens auf Grundlage des Unionsrechts keine Möglichkeit haben, eine Vorlage an den EuGH durchzusetzen (vgl. zum Entzug des gesetzlichen Richters nach Art. 101 I 2 GG → Rn. 56 ff.). 5

Die **praktische Bedeutung** des Vorabentscheidungsverfahrens ist ganz erheblich. Im Jahr 2012 waren über 65 % aller beim EuGH neu registrierten Verfahren Vorabentscheidungsverfahren (EuGH Jahresbericht 2012, 97). Bis Ende 2012 wurden 7832 Vorabentscheidungsersuchen von den mitgliedstaatlichen Gerichten an den Gerichtshof gestellt, das sind ca. 43 % aller bislang beim EuGH geführten Verfahren (EuGH Jahresbericht 2012, 116). Ein erheblicher Anteil davon stammt von deutschen Gerichten. Bis Ende 2012 haben **deutsche Gerichte** 1953 Vorabentscheidungsersuchen und damit knapp 25 % der Vorabentscheidungsersuchen aus sämtlichen Mitgliedstaaten an den Gerichtshof gestellt (EuGH Jahresbericht 2012, 118). Die ganz überwiegende Mehrzahl davon stammt von den Instanzgerichten. Das BAG hat den EuGH von 1952 bis März 2015 nur in 27 Fällen angerufen (vgl. EuGH Jahresbericht 2012, 119 sowie die seither gefassten Vorlagebeschlüsse), allerdings mit stark zunehmender Tendenz in jüngerer Zeit (acht Vorlagen seit 2010). Von einer mangelnden Bereitschaft deutscher Zivilgerichte zur Vorlage an den EuGH, wie sie noch vor einigen Jahren konstatiert wurde (*Hess* RabelsZ 66 [2002] 470 [477]), kann daher heute keine Rede mehr sein. 6

B. Gegenstand des Vorabentscheidungsverfahrens

7 Nach Art. 267 I entscheidet der EuGH im Wege der Vorabentscheidung über die **Auslegung der Verträge** sowie über die **Gültigkeit und die Auslegung der Handlungen** der Organe (Art. 13 I EUV), Einrichtungen oder sonstigen Stellen der Union. Diese Aufzählung ist abschließend. Sie zeichnet die materiell-rechtliche Kompetenzverteilung zwischen Union und Mitgliedstaaten bzw. daraus folgend zwischen Gerichtshof und innerstaatlichen Gerichten nach.

I. Auslegung des Unionsrechts

8 Der EuGH entscheidet über die Auslegung sowohl des primären als auch des sekundären Unionsrechts. Der Begriff **„Verträge"** in Art. 267 I lit. a erfasst das gesamte **Primärrecht**, also neben den Vorschriften des EUV und des AEUV einschließlich der Anhänge und Protokolle sowie der Beitrittsverträge auch die GRC (Art. 6 I EUV; vgl. EuGH 22.12.2010 – C-279/09 Rn. 30 – DEB, Slg. 2010, I-13849) und die allg. Grundsätze des Unionsrechts (Art. 6 III EUV; vgl. *Broberg/Fenger* 108; Schwab/Weth/*Kerwer* ArbV Rn. 102; Schwarze/*Schwarze* Rn. 9; Calliess/Ruffert/*Wegener* Rn. 8), wie etwa den vom EuGH entwickelten primärrechtlichen Gleichbehandlungsgrundsatz (EuGH 22.11.2005 – C-144/04 Rn. 74 f. – Mangold, Slg. 2005, I-9981). Nach Art. 267 I lit. b kann das gesamte **Sekundärrecht** Gegenstand einer Vorabentscheidung sein (Schwarze/*Schwarze* Rn. 10). Zu den **„Handlungen der Organe"** gehören sämtliche in Art. 288 AEUV genannten Rechtsakte, insbesondere **Richtlinien** (→ AEUV Art. 288 Rn. 16 ff.) und **Verordnungen** (→ AEUV Art. 288 Rn. 9 ff.). Art. 267 erfasst neben dem geschriebenen Recht auch das **Richterrecht.** Hat der EuGH einen ungeschriebenen Rechtssatz entwickelt, kann ein nationales Gericht vorlegen, wenn über den Inhalt dieses Rechtssatzes Unklarheit herrscht oder es das Gericht aus einem anderen Grund für erforderlich hält, den **Gerichtshof erneut anzurufen** (vgl. Art. 104 II EuGH-VerfO, ABl. EU Nr. L 173 v. 26.6.2013, 65; Schwab/Weth/*Kerwer* ArbV Rn. 106).

9 Unter **Auslegung** versteht man die Ermittlung des Norminhalts einschließlich des zeitlichen Geltungsbereichs des betreffenden Rechtsakts (*Dauses* 77) sowie die **Bildung eines subsumtionsfähigen Obersatzes** (Geiger/*Kotzur* Rn. 7). Neben den auch vom EuGH zugrunde gelegten „klassischen" Auslegungskanones (Wortlaut, Systematik, Entstehungsgeschichte, Telos) kommt ggf. eine primärrechtskonforme Auslegung des Sekundärrechts in Betracht, die nicht der Inhaltsermittlung, sondern der Normerhaltung dient (vgl. → AEUV Art. 288 Rn. 4). Da das Unionsrecht nicht zwischen Auslegung und Rechtsfortbildung trennt, sind die nach deutschem Methodenverständnis der **Rechtsfortbildung** zuzurechnenden Institute der Lückenfüllung und der Auflösung von Widersprüchen ebenfalls vom unionsrechtlichen Begriff der „Auslegung" umfasst (vgl. Schwab/Weth/*Kerwer* ArbV Rn. 103; Preis/Sagan/*Roloff* § 13 Rn. 21; ErfK/*Wißmann* Rn. 8).

10 Die **Anwendung des Unionsrechts** auf einen konkreten Sachverhalt obliegt dagegen den nationalen Gerichten und kann **nicht Gegenstand einer Vorabentscheidung** sein (vgl. EuGH 15.7.1964 – 6/64 – Costa/ENEL, Slg. 1964, 1251; 12.7.1979 – 223/78 Rn. 3 – Grosoli, Slg. 1979, 2621; 8.11.1990 – C-231/89 Rn. 19 – Gmurzynska-Bscher, Slg. 1990, I-4003; 16.11.2010 – C-76/10 Rn. 79 – Pohotovosť, Slg. 2010, I-11557; ferner Nr. 7 der Empfehlungen an die nationalen Gerichte bezüglich der Vorlage von Vorabentscheidungsersuchen, ABl. EU Nr. C 338 v. 6.11.2012, 1; Gsell/Hau/*Bieder*, Zivilgerichtsbarkeit und Europäisches Justizsystem, 2012, 155 [156 f.]; *Broberg/Fenger* 145; SZK/*Classen* § 4 Rn. 70; *Everling* 30; Geiger/*Kotzur* Rn. 7; *Lenaerts* EuR 2015, 3 [10]; *Pechstein* Rn. 769; *Rodríguez Iglesias* NJW 2000, 1889; *Schima* 22; Schwarze/*Schwarze* Rn. 15, 18; Calliess/Ruffert/*Wegener* Rn. 5; ErfK/*Wißmann* Rn. 6; gegen Trennung von Auslegung und Anwendung aber *Groh* 32 ff.). Gleiches gilt für die **Vereinbarkeit des nationalen Rechts mit den**

Vorgaben des Unionsrechts (EuGH 12.12.1996 – C-74/95 und C-129/95 Rn. 21 – X, Slg. 1996, I-6609; 23.4.2009 – C-378/07 bis C-380/07 Rn. 66 – Angelidaki, Slg. 2009, I-3071; *Schima* 22). Zuständig hierfür sind in Deutschland grds. die **Fachgerichte** und nicht das BVerfG (BVerfG 4.10.2011 NJW 2012, 45 Rn. 54).

Allerdings sind die **Grenzen zwischen Auslegung und Anwendung des Unions-** **11** **rechts fließend,** da die Auslegung eines Rechtstextes stets einen Anwendungsbezug aufweist. Das entspricht den allg. hermeneutischen Lehren, nach denen „Verstehen immer so etwas wie eine Anwendung des zu verstehenden Textes auf die gegenwärtige Situation des Interpreten" darstellt (*Gadamer*, Wahrheit und Methode, 7. Aufl. 2010, 313). Der EuGH ist befugt, dem vorlegenden Gericht Hinweise zur Auslegung des Unionsrechts zu geben, die es diesem ermöglichen, bei der Entscheidung des bei ihm anhängigen Verfahrens die Frage der Vereinbarkeit zu beurteilen (EuGH 12.7.1979 – 223/78 Rn. 3 – Grosoli, Slg. 1979, 2621; 23.4.2009 – C-378/07 bis C-380/07 Rn. 66 – Angelidaki, Slg. 2009, I-3071). Daraus hat sich eine feinsinnige **Differenzierung** entwickelt (vgl. *Everling* 31; *Latzel/Th. Streinz* NJW 2013, 271): Der Gerichtshof entscheidet nicht darüber, ob eine konkrete Vorschrift des nationalen Rechts mit dem Unionsrecht vereinbar ist, sondern ob „eine Regelung wie die im Ausgangsverfahren streitige" den Vorgaben des Unionsrechts gerecht wird (vgl. → Rn. 72). Eine „falsch" gestellte Vorlagefrage mit an sich unzulässigem Gegenstand kann der EuGH so umformulieren, dass sie lediglich die Auslegung des Unionsrechts betrifft, und diese dann entsprechend beantworten (*Broberg/Fenger* 146; *Hakenberg* RabelsZ 66 [2002] 367 [373]; GHN/*Karpenstein* Rn. 23; Schwarze/*Schwarze* Rn. 16; Calliess/Ruffert/*Wegener* Rn. 6).

Bei der Beantwortung der Auslegungsfrage berücksichtigt der EuGH nicht nur die vom **12** vorlegenden Gericht in Bezug genommenen Vorschriften, sondern er arbeitet **aus dem gesamten** vom einzelstaatlichen Gericht vorgelegten **Material,** insbesondere der Begründung der Vorlageentscheidung, diejenigen Elemente des Unionsrechts heraus, die unter Berücksichtigung des Gegenstands des Rechtsstreits einer Auslegung bedürfen (EuGH 29.11.1978 – 83/78 Rn. 26 – Redmond, Slg. 1978, 2347; 21.2.2006 – C-152/03 Rn. 29 – Ritter-Coulais, Slg. 2006, I-1711; 26.9.2013 – C-418/11 Rn. 35 – Texdata Software, NZG 2013, 1272; 9.4.2014 – C-225/13 Rn. 30 – Ville d'Ottignies-Louvain-la-Neuve, NVwZ 2014, 1003; 12.2.2015 – C-349/13 Rn. 45 – Oil Trading Poland, ABl. EU Nr. C 118 v. 13.4.2015, 4).

Die **Auslegung und Anwendung des nationalen Rechts** obliegt ausschließlich den **13** innerstaatlichen Gerichten und kann **nicht Gegenstand eines Vorabentscheidungsverfahrens** sein (EuGH 23.4.2009 – C-378/07 bis C-380/07 Rn. 163 – Angelidaki, Slg. 2009, I-3071; 22.6.2010 – C-188/10 und C-189/10 Rn. 49 – Melki, Slg. 2010, I-5667; 27.3.2014 – C-565/12 Rn. 50 – LCL Le Crédit Lyonnais, NJW 2014, 1941; *Broberg/Fenger* 132; Gsell/ Hau/*Niestedt*, Zivilgerichtsbarkeit und Europäisches Justizsystem, 2012, 11 [18 f.]; *Pechstein* Rn. 767; Preis/Sagan/*Roloff* § 13 Rn. 17; Calliess/Ruffert/*Wegener* Rn. 3). Dies gilt auch für die Frage, ob eine nationale Rechtsnorm den für die richtlinienkonforme Auslegung notwendigen **Auslegungsspielraum** aufweist (vgl. → AEUV Art. 288 Rn. 46 f.). Trotz der Determination der Auslegung durch die unionsrechtliche Umsetzungspflicht gem. Art. 288 III AEUV entscheidet daher letztlich stets das nationale Gericht, ob ein Gesetz richtlinienkonform auszulegen ist (zutreffend BAG 17.11.2009 NZA 2010, 1020 Rn. 24 ff.). Äußert der EuGH sich zu Fragen der Auslegung des nationalen Rechts, insbesondere zu einem etwaigen Auslegungsspielraum, so handelt es sich lediglich um Auslegungsvorschläge an das vorlegende Gericht ohne Verbindlichkeitsanspruch (vgl. auch BVerfG 26.9.2011 NJW 2012, 669 Rn. 48).

II. Gültigkeit des Unionsrechts

Nach Art. 267 I lit. b entscheidet der EuGH über die Gültigkeit der Handlungen der **14** Organe, Einrichtungen oder sonstigen Stellen der Union. Der Begriff **„Gültigkeit"** entspricht demjenigen der „Rechtmäßigkeit" iSd Art. 263 I 1 AEUV (vgl. EuGH 14.3.1973 – 57/72 Rn. 2, 14 – Westzucker, Slg. 1973, 321; *Dauses* 74; Schwab/Weth/*Kerwer* ArbV Rn. 105; Geiger/*Kotzur* Rn. 10; HK-EUR/*Pache* Rn. 19; Schwarze/*Schwarze* Rn. 21). Er umfasst nicht nur die formelle Rechtmäßigkeit (Zuständigkeit und Form des Rechtsakts), sondern sämtliche **formelle und materielle Unwirksamkeitsgründe** (*Dauses* 75; *Schima* 23). Dabei beschränkt der Gerichtshof seine Rechtmäßigkeitskontrolle grds. auf die vom vorlegenden Gericht vorgebrachten Ungültigkeitsgründe (vgl. den Überblick bei *Schima* 24 ff.; ferner Streinz/*Ehricke* Rn. 24; Schwarze/*Schwarze* Rn. 22). Rechtlich zwingend ist dies jedoch nicht. Betrifft die Vorlagefrage die Auslegung des Unionsrechts, kann der EuGH diese in eine Gültigkeitsfrage umdeuten und die betreffende Vorschrift für ungültig erklären (EuGH 7.9.1999 – C-61/98 Rn. 47 f. – De Haan, Slg. 1999, I-5003; GHN/*Karpenstein* Rn. 23).

15 Gegenstand der Rechtmäßigkeitsprüfung ist vor allem das europäische **Sekundärrecht.** Dieses ist am **Maßstab des Primärrechts** (EUV, AEUV, GRC, allg. Rechtsgrundsätze, insbesondere gem. Art. 6 III AEUV die Grundrechte der EMRK) sowie der von der Union abgeschlossenen völkerrechtlichen Abkommen **zu kontrollieren** (Streinz/*Ehricke* Rn. 25; Schwarze/*Schwarze* Rn. 23; Calliess/Ruffert/*Wegener* Rn. 13). So hat der EuGH etwa die RL 2006/24/EG über die Vorratsdatenspeicherung wegen Verstoßes gegen Art. 7 und 8 GRC für ungültig erklärt (EuGH 8.4.2014 – C-293/12 und C-594/12 Rn. 71 – Digital Rights Ireland, NJW 2014, 2169). Nationales (Verfassungs-)Recht ist nicht Prüfungsmaßstab (EuGH 17.12.1970 – 11/70 Rn. 3 – Internationale Handelsgesellschaft, Slg. 1970, 1125; 13.12.1979 – 44/79 Rn. 14 – Hauer, Slg. 1979, 3727; Streinz/*Ehricke* Rn. 25). Der EuGH kann zur Entscheidung über die Gültigkeit einer sekundärrechtlichen Vorschrift auch dann angerufen werden, wenn die betreffende Norm bereits früher **Gegenstand einer Auslegungsfrage war.** Das frühere Vorabentscheidungsverfahren entfaltet keine Bindungswirkung hinsichtlich der Gültigkeit der Norm (EuGH 19.3.2002 – C-393/99 Rn. 26 f. – Hervein, Slg. 2002, I-2829; *Broberg*/*Fenger* 131).

16 **Unzulässig** ist ein Vorabentscheidungsverfahren über die Gültigkeit sekundären Unionsrechts, wenn der Mitgliedstaat, der sich vor dem nationalen Gericht auf die Ungültigkeit beruft, zuvor nicht innerhalb der Frist des Art. 263 VI AEUV **Nichtigkeitsklage** erhoben hat (EuGH 9.3.1994 – C-188/92 Rn. 15 f. – TWD Textilwerke Deggendorf, Slg. 1994, I-833; 22.10.2002 – C-241/01 Rn. 36 – National Farmers' Union, Slg. 2002, I-9079; GHN/ *Karpenstein* Rn. 47). Wenn eine private Partei, die sich vor dem nationalen Gericht auf die Unwirksamkeit des Sekundärrechtsakts beruft, zuvor keine Nichtigkeitsklage gem. Art. 263 AEUV erhoben hat, kommt eine Gültigkeitsprüfung durch den Gerichtshof grds. nur dann in Betracht, wenn der an die Partei gerichtete Rechtsakt nicht bestandskräftig ist (EuGH 9.3.1994 – C-188/92 Rn. 17 – TWD Textilwerke Deggendorf, Slg. 1994, I-833; 11.11.1997 – C-408/95 Rn. 31 f.; Geiger/*Kotzur* Rn. 10; *Pechstein* Rn. 782; Calliess/Ruffert/*Wegener* Rn. 15). Im Bereich des Arbeitsrechts scheidet eine Nichtigkeitsklage individueller Kläger gem. Art. 263 IV AEUV mangels unmittelbarer Betroffenheit des Bürgers aber ohnehin aus, sodass die Präklusionswirkung des Art. 263 VI AEUV regelmäßig nicht zu beachten ist (im Ergebnis auch Preis/Sagan/*Roloff* § 13 Rn. 23; vgl. allg. Streinz/*Ehricke* AEUV Art. 263 Rn. 62 f.; *Pechstein* Rn. 788 f.).

17 Die **Gültigkeit des Primärrechts** liegt außerhalb der Prüfungskompetenz des EuGH (EuGH 27.11.2012 – C-370/12 Rn. 33 – Pringle, NJW 2013, 29; *Broberg*/*Fenger* 107, 130; Gsell/Hau/*Niestedt*, Zivilgerichtsbarkeit und Europäisches Justizsystem, 2012, 11 [18]; *Pechstein* Rn. 766; *Schima* 23; Calliess/Ruffert/*Wegener* Rn. 3; ErfK/*Wißmann* Rn. 7). Das Primärrecht kennt keine Hierarchisierung nach dem Vorbild des Art. 79 III GG (Geiger/ *Kotzur* Rn. 11). Widersprüche zwischen primärrechtlichen Normen kann der Gerichtshof jedoch gem. Art. 267 I lit. a im Wege der Auslegung bzw. der Ausfüllung einer Kollisionslücke unter Achtung der Grenzen seiner Rechtsfortbildungskompetenz beseitigen.

C. Vorlageberechtigung (Abs. 2)

I. Vorlageberechtigtes Gericht

Zur Vorlage an den EuGH berechtigt ist nach Art. 267 II **jedes Gericht eines Mitglied-** 18
staates. Der Begriff „Gericht" ist autonom unionsrechtlich zu bestimmen (Streinz/*Ehricke*
Rn. 29; Geiger/*Kotzur* Rn. 12; HK-EUR/*Pache* Rn. 23; *Pechstein* Rn. 796; Calliess/Ruffert/*Wegener* Rn. 18). Für die Qualifizierung eines Spruchkörpers als Gericht kommt es nicht auf das nationale Recht an. Nach der Rechtsprechung des EuGH ist Gericht jeder Spruchkörper, der auf gesetzlicher Grundlage eingerichtet und ständig damit betraut ist, Rechtssachen auf Grundlage eines rechtsstaatlich geordneten Verfahrens unabhängig und potenziell rechtskräftig zu entscheiden (EuGH 30.6.1966 – 61/65 – Vaassen-Göbbels, Slg. 1966, 584; 11.6.1987 – 14/86 Rn. 7 – X, Slg. 1987, 2545; 27.4.1994 – C-393/92 Rn. 21 – Almelo, Slg. 1994, I-1477; 17.9.1997 – C-54/96 Rn. 23 – Dorsch Consult, Slg. 1997, I-4961; 30.5.2002 – C-516/99 Rn. 34 – Schmid, Slg. 2002, I-4573; 27.1.2005 – C-125/04 Rn. 12 – Denuit, Slg. 2005, I-923; Geiger/*Kotzur* Rn. 12; *Pechstein* Rn. 798 ff.; Calliess/Ruffert/*Wegener* Rn. 18; ErfK/*Wißmann* Rn. 15). Vorlageberechtigt sind nicht nur die **Fachgerichte,** sondern auch die **Verfassungsgerichte** der Mitgliedstaaten (vgl. aus deutscher Perspektive BVerfG 29.5.1974 BVerfGE 37, 271 = NJW 1974, 1697 [1698]; 14.1.2014 BVerfGE 134, 366 = NJW 2014, 907 Rn. 24; Calliess/Ruffert/*Wegener* Rn. 20).

Private, insbesondere durch Tarifvertrag errichtete **Schiedsgerichte** sind nur dann 19
Gerichte iSd Art. 267, wenn sie unabhängig vom Einvernehmen der Parteien im konkreten Fall zuständig sind und die Parteien nicht über die Zusammensetzung des Gerichts entscheiden können (EuGH 23.3.1982 – 102/81 Rn. 11 ff. – Nordsee, Slg. 1982, 1095; 17.10.1989 – 109/88 Rn. 7 f. – Danfoss, Slg. 1989, 3199; 27.4.1994 – C-393/92 Rn. 21 ff. – Almelo, Slg. 1994, I-1477; 27.1.2005 – C-125/04 Rn. 13 – Denuit, Slg. 2005, I-923; Streinz/*Ehricke* Rn. 33; *Everling* 35 ff.; *Pechstein* Rn. 810; ErfK/*Wißmann* Rn. 16). **Einrichtungen der Verwaltung** sind keine Gerichte im unionsrechtlichen Sinn, da ihnen die institutionelle Unabhängigkeit fehlt (EuGH 30.3.1993 – C-24/92 Rn. 15). Nicht vorlageberechtigt sind ferner **Einigungsstellen** gem. § 76 I BetrVG und **tarifliche Schlichtungsstellen** gem. § 76 VIII BetrVG, da sie mangels Kompetenz zur Entscheidung eines Rechtsstreits und regelmäßig auch mangels ständiger Einrichtung keine Gerichte iSd Art. 267 II darstellen (Schwab/Weth/*Kerwer* ArbV Rn. 114; ErfK/*Wißmann* Rn. 17). Gleiches gilt für **Schlichtungsausschüsse für Ausbildungsstreitigkeiten** gem. § 111 II ArbGG, da diese lediglich in einem (vorgeschalteten) außergerichtlichen Verfahren tätig werden (Schwab/Weth/*Kerwer* ArbV Rn. 114; ErfK/*Wißmann* Rn. 17).

II. Entscheidungserheblichkeit

Eine Vorlage an den EuGH ist nach Art. 267 II nur zulässig, wenn die Beantwortung der 20
Vorlagefrage durch den Gerichtshof aus Sicht des vorlegenden Gerichts **zum Erlass seines Urteils erforderlich** ist. Der Begriff „Urteil" in Art. 267 II ist autonom unionsrechtlich und vor dem Hintergrund der mit der Vorschrift erstrebten einheitlichen Rechtsanwendung in Europa auszulegen. Vorlageberechtigt ist das nationale Gericht nicht nur in Verfahren, die nach nationalem Rechtsverständnis mit Urteil enden, sondern in jeder Art von Verfahren, an deren Ende eine **gerichtliche Entscheidung** steht. So ist eine Vorlage nicht nur im **Urteilsverfahren,** sondern auch in **Beschlussverfahren** (insbesondere gem. §§ 80 ff. ArbGG), im Verfahren der **freiwilligen Gerichtsbarkeit** und in Verfahren des **einstweiligen Rechtsschutzes** zulässig (wenn auch bei letzteren nicht verpflichtend, vgl. EuGH 24.5.1977 – 107/76 Rn. 4 – Hoffmann-La Roche, Slg. 1977, 957; 27.10.1982 – 35/82 und 36/82 Rn. 8 f. – Morson, Slg. 1982, 3723), wobei die Dringlichkeit einer Vorlage in der Praxis regelmäßig entgegenstehen wird (Calliess/Ruffert/*Wegener* Rn. 22).

21 **Entscheidungserheblich** ist die Vorlagefrage, wenn das Ergebnis des Rechtsstreits vor dem nationalen Gericht von der Beantwortung der Frage durch den EuGH abhängig ist oder dies im Zeitpunkt der Vorlage jedenfalls nicht ausgeschlossen werden kann. Dabei sind zwei Fälle denkbar: Erstens kann die betreffende unionsrechtliche Norm im Ausgangsverfahren **unmittelbar anwendbar** sein. Eine Vorlage kommt hier nicht nur zur Auslegung des Norminhalts in Betracht, sondern auch, um den Geltungsbereich des Unionsrechts und die Frage der unmittelbaren Anwendbarkeit der Vorschrift zu klären (vgl. EuGH 23.2.1995 – C-358/93 und C-416/93 Rn. 5 ff. – Bordessa, Slg. 1995, I-361; *Everling* 40). Zweitens kann die betreffende Norm Maßstab für eine **unionsrechtskonforme oder unionsrechtsorientierte Auslegung** oder Fortbildung des nationalen Rechts sein und auf diese Weise mittelbar das Ergebnis des Ausgangsverfahrens (zumindest potenziell) beeinflussen (vgl. auch Schwab/Weth/*Kerwer* ArbV Rn. 110). Mangels Entscheidungserheblichkeit unzulässig sind Vorabentscheidungsverfahren zu rein **hypothetischen Fragen** (EuGH 16.12.1981 – 244/80 Rn. 18 – Foglia, Slg. 1981, 3045; 15.6.1995 – C-422/93 bis C-424/93 Rn. 29 – Zsabala Erasun, Slg. 1995, I-1567; 22.11.2005 – C-144/04 Rn. 36 – Mangold, Slg. 2005, I-9981; 4.7.2006 – C-212/04 Rn. 42 – Adeneler, Slg. 2006, I-6057; *Broberg/Fenger* 186 ff.; GHN/*Karpenstein* Rn. 26; Geiger/*Kotzur* Rn. 15). Allerdings wertete der EuGH die Vorlage des ArbG München (29.10.2003 NZA-RR 2005, 43) in der Rs. **Mangold** trotz des eigens für die Anrufung des Gerichtshofs konstruierten Rechtsstreits (dazu *Bauer* NZA 2005, 800) nicht als unzulässige hypothetische Fragestellung, weil und sofern der dem Rechtsstreit zugrunde liegende Vertrag „tatsächlich durchgeführt" worden sei (EuGH 22.11.2005 – C-144/04 Rn. 38 – Mangold, Slg. 2005, I-9981; vgl. dazu Gsell/Hau/*Niestedt*, Zivilgerichtsbarkeit und Europäisches Justizsystem, 2012, 11 [20]; *Pechstein* Rn. 822). Angesichts dieses großzügigen Maßstabs ist die Fallgruppe der rein hypothetischen Fragestellungen weitgehend bedeutungslos geworden.

22 In **arbeitsrechtlichen Verfahren** sind Vorabentscheidungsverfahren aufgrund der überragenden Bedeutung des Richtlinienrechts fast ausschließlich im Zusammenhang mit einer **richtlinienkonformen Auslegung** des nationalen Rechts relevant. In diesen Fällen kommt eine Vorlage jedoch nur in Betracht, wenn das nationale Gericht einen **hinreichenden Auslegungsspielraum** im innerstaatlichen Recht annimmt (so nun auch BVerfG 17.1.2013 NZG 2013, 464 [465 f.]). Lehnt das Gericht eine richtlinienkonforme Auslegung oder Rechtsfortbildung aufgrund der Eindeutigkeit der auszulegenden Rechtsnorm ab, hat die Auslegung des Unionsrechts keine Auswirkung auf die Entscheidung des konkreten Rechtsstreits, sodass eine **Vorlage** an den Gerichtshof nicht nur entbehrlich, sondern sogar **unzulässig** ist (BAG 17.11.2009 NZA 2010, 1020 Rn. 16; *Höpfner* AP BUrlG § 11 Nr. 65; Schwab/Weth/*Kerwer* ArbV Rn. 110; **aA** Preis/Sagan/*Roloff* § 13 Rn. 33), wobei der EuGH die Entscheidungserheblichkeit jedoch grds. nicht kontrolliert (→ Rn. 25). Legt das Gericht gleichwohl vor, wird man den Vorlagebeschluss allerdings regelmäßig dahingehend verstehen können, dass es trotz der grds. Ablehnung einer richtlinienkonformen Auslegungsmöglichkeit nicht gänzlich ausgeschlossen ist, die Beantwortung der Vorlagefrage durch den Gerichtshof bei der Entscheidungsfindung zu berücksichtigen. So hat der BGH in der Rs. **Quelle** zunächst eine richtlinienkonforme Auslegung der §§ 439 IV, 346 I BGB aufgrund des im Wortlaut zutage getretenen eindeutigen Regelungswillens des Gesetzgebers abgelehnt, aber gleichwohl den EuGH zur Auslegung der zugrunde liegenden Verbrauchsgüterkauf-Richtlinie angerufen (BGH 16.8.2006 NJW 2006, 3200 Rn. 15) und nach der Entscheidung des Gerichtshofs (EuGH 17.4.2008 – C-404/06 – Quelle, Slg. 2008, I-2685) schließlich doch § 439 IV BGB im Wege der richtlinienkonformen Rechtsfortbildung teleologisch reduziert (BGH 26.11.2008 NJW 2009, 427 Rn. 21 ff.).

23 Auch bei einer **überschießenden Richtlinienumsetzung** (dazu ausf. → Art. 288 AEUV Rn. 69 ff.) durch den nationalen Gesetzgeber ist eine Vorlage an den EuGH regelmäßig zulässig, und zwar auch dann, wenn der dem Ausgangsverfahren zugrunde liegende Sachverhalt **außerhalb des Anwendungsbereichs der Richtlinie** liegt (Gsell/Hau/*Gsell*, Zivilgerichtsbarkeit und Europäisches Justizsystem, 2012, 123 [131 ff.]; *Hess* RabelsZ 66 [2002] 470

[484 ff.]; *Höpfner* 314 ff.; *Lutter*, GS Heinze, 2005, 571 [582 ff.]; *Schnorbus* RabelsZ 65 [2001] 654 [699]; *Schima* 81 ff.; **aA** GA *Darmon* 3.7.1990 – C-297/88 und C-197/89 Rn. 11 – Dzodzi, Slg. 1990, I-3763; GA *Jacobs* 17.9.1996 – C-28/95 Rn. 67 ff. – Leur-Bloem, Slg. 1997, I-4161; *Habersack/Mayer* JZ 1999, 913 [914]; *Mayer/Schürnbrand* JZ 2004, 545; Schwab/ Weth/*Kerwer* ArbV Rn. 110). Der EuGH hat die Zulässigkeit von Vorabentscheidungsverfahren im richtlinienüberschießenden Bereich unter Verweis auf das klare **Interesse der Union an der einheitlichen Auslegung** der aus dem Unionsrecht übernommenen Bestimmungen oder Begriffe ausdrücklich bejaht (EuGH 17.7.1997 – C-28/95 Rn. 32 – Leur-Bloem, Slg. 1997, I-4161; 16.7.1998 – C-264/96 Rn. 15 – ICI, Slg. 1998, I-4695; 7.1.2003 – C-306/99 Rn. 88 ff. – BIAO, Slg. 2003, I-1; 7.7.2011 – C-310/10 Rn. 38 f. – Agafiţei, Slg. 2011, I-6010; 21.12.2011 – C-482/10 Rn. 17 ff. – Cicala, Slg. 2011, I-14139; nicht verallgemeinerungsfähig EuGH 18.12.2010 – C-583/10 Rn. 48 ff. – Nolan, ZESAR 2013, 235). Das ist im Ergebnis zutreffend. Der tragende Grund für die Zulässigkeit der Vorlage ist aber nicht ein nicht näher umrissenes „Interesse der Union" an der einheitlichen Auslegung, sondern die Bindung des vorlegenden Gerichts an den **Willen des nationalen Gesetzgebers**. Aufgrund der einheitlichen Regelung von Sachverhalten innerhalb und außerhalb des Anwendungsbereichs des Unionsrechts gilt eine widerlegbare Vermutung für eine einheitliche Auslegung des nationalen Rechts. Die Beantwortung der Vorlagefrage zur Auslegung der betreffenden Richtlinie kann daher für die Entscheidung des nationalen Gerichts mittelbar im Wege der **richtlinienorientierten Auslegung** des innerstaatlichen Rechts maßgebend sein, sofern die überschießende Umsetzung – was regelmäßig der Fall sein wird – als „dynamische Verweisung" auf die jeweils aktuelle Rechtsprechung des EuGH zur Auslegung des Unionsrechts zu verstehen ist (in diese Richtung auch EuGH 7.7.2011 – C-310/10 Rn. 43 – Agafiţei, Slg. 2011, I-6010). Daher ist in diesen Fällen grds. **von der Entscheidungserheblichkeit** der Vorlagefrage **auszugehen**. Auch die auf das Unionsrecht beschränkte Auslegungskompetenz des Gerichtshofs steht einem Vorabentscheidungsverfahren bei überschießender Richtlinienumsetzung nicht entgegen, da der EuGH nicht über die Anwendung der Richtlinie auf den rein innerstaatlichen Sachverhalt, sondern lediglich abstrakt über die Auslegung der Richtlinienvorschriften befindet (Gsell/Hau/ *Gsell*, Zivilgerichtsbarkeit und Europäisches Justizsystem, 2012, 123 [133 f.]; unzutreffend *Hagemeister* EuZA 2013, 340 [345]).

Die **Beurteilung der Entscheidungserheblichkeit obliegt allein dem nationalen 24 Gericht** (EuGH 29.11.1978 – 83/78 Rn. 25 – Redmond, Slg. 1978, 2347; 5.10.1988 – 247/86 Rn. 10 – Alsatel, Slg. 1988, 5987; 8.11.1990 – C-231/89 Rn. 19 – Gmurzynska-Bscher, Slg. 1990, I-4003; 2.6.1994 – C-30/93 Rn. 18 – AC-ATEL, Slg. 1994, 2305; 14.12.1995 – C-387/93 Rn. 15 – Banchero, Slg. 1995, I-4663; 15.12.1995 – C-415/93 Rn. 59 – Bosman, Slg. 1995, I-4921; 5.6.1997 – C-105/94 Rn. 21 – Celestini, Slg. 1997, I-2971; 13.3.2001 – C-379/98 Rn. 38 – PreussenElektra, Slg. 2001, I-2099; 9.12.2010 – C-241/09 Rn. 28 – Fluxys, Slg. 2010, I-12773; 24.3.2011 – C-194/10 Rn. 29 – Abt, Slg. 2011, I-39; GHN/*Karpenstein* Rn. 25; Calliess/Ruffert/*Wegener* Rn. 21). Das ist sachgerecht, weil die Erforderlichkeit der Beantwortung der Vorlagefrage für die Entscheidung des Ausgangsverfahrens sich primär nach nationalem Recht richtet, dessen Anwendung in die Kompetenz der mitgliedstaatlichen Gerichte fällt, und zudem eine umfassende Kenntnis des zugrunde liegenden Sachverhalts erfordert (EuGH 4.7.2006 – C-212/04 Rn. 41 – Adeneler, Slg. 2006, I-6057; 24.3.2011 – C-194/10 Rn. 29 – Abt, Slg. 2011, I-39; Schwab/Weth/*Kerwer* ArbV Rn. 112; ErfK/*Wißmann* Rn. 20). Es handelt sich dabei um eine Rechtsfrage, die das Gericht **von Amts wegen** zu entscheiden hat. Die Parteien können eine Vorlage anregen, aber nicht erzwingen (EuGH 22.11.1978 – 93/78 Rn. 5 – Mattheus, Slg. 1978, 2203; *Bauer/Diller* NZA 1996, 169 [170]; *Everling* 37; DHSW/*J. Schubert* Rn. 128; *Pechstein* Rn. 816; *Schröder* EuR 2011, 808 [812]; Calliess/Ruffert/*Wegener* Rn. 21; ErfK/*Wißmann* Rn. 23). Umgekehrt kann das Gericht den EuGH auch ohne Zustimmung der Parteien anrufen (Schwab/ Weth/*Kerwer* ArbV Rn. 127). Sofern ein **letztinstanzlich entscheidendes Gericht** (→ Rn. 35 ff.) eine Vorlage an den EuGH trotz Anregung eines Verfahrensbeteiligten mangels Entscheidungserheblichkeit als unzulässig ablehnt, muss es nach der Rechtsprechung des

EGMR **Gründe für die fehlende Entscheidungserheblichkeit angeben.** Anderenfalls verletzt es das Recht der unterlegenen Partei auf ein **faires Verfahren nach Art. 6 I EMRK** (EGMR 21.7.2015 – 38369/09 – Schipani; 8.7.2014 – 17120/09 – Dhahbi, NVwZ-RR 2015, 546 Rn. 31 ff.; 10.4.2012 – Vergauwen).

25 Der EuGH kontrolliert die Entscheidungserheblichkeit nur sehr eingeschränkt. Er geht in ständiger Rechtsprechung von einer **Vermutung der Entscheidungserheblichkeit** der Vorlagefragen des nationalen Gerichts aus. Der Gerichtshof kann ein Vorabentscheidungsersuchen eines nationalen Gerichts danach nur zurückweisen, wenn die erbetene Auslegung des Unionsrechts offensichtlich in keinem Zusammenhang mit der Realität oder dem Gegenstand des Ausgangsrechtsstreits steht, wenn das Problem hypothetischer Natur ist (vgl. aber → Rn. 21) oder wenn der Gerichtshof nicht über die tatsächlichen und rechtlichen Angaben verfügt, die für eine zweckdienliche Beantwortung der ihm vorgelegten Fragen erforderlich sind (EuGH 27.10.1993 – C-127/92 Rn. 10 – Enderby, Slg. 1993, I-5535; 15.12.1995 – C-415/93 Rn. 60 f. – Bosman, Slg. 1995, I-4921; 5.6.1997 – C-105/94 Rn. 22 – Celestini, Slg. 1997, I-2971; 9.10.1997 – C-291/96 Rn. 12 – Grado, Slg. 1997, I-5531; 10.1.2006 – C-344/04 Rn. 24 – IATA, Slg. 2006, I-403; 4.7.2006 – C-212/04 Rn. 42 f. – Adeneler, Slg. 2006, I-6057; 5.3.2009 – C-350/07 Rn. 29 – Kattner Stahlbau, Slg. 2009, I-1513; 24.3.2011 – C-194/10 Rn. 31 – Abt, Slg. 2011, I-39; 19.7.2012 – C-470/11 Rn. 18 – GarkaIns, NVwZ 2012, 1162; 19.12.2013 – C-279/12 Rn. 30 – Finish Legal, ZUR 2014, 230; 27.3.2014 – C-565/12 Rn. 37 – LCL Le Crédit Lyonnais, NJW 2014, 1941; *Broberg/Fenger* 149; GHN/*Karpenstein* Rn. 25; *Pechstein* Rn. 820 f.). Für diese Willkürprüfung ist es unerlässlich, dass das vorlegende Gericht die Gründe darlegt, aus denen es eine Beantwortung seiner Fragen als für die Entscheidung des Rechtsstreits erforderlich ansieht (EuGH 16.7.1992 – C-343/90 Rn. 19 – Lourenço Dias, Slg. 1992, I-4673; 3.5.2012 – C-185/12 Rn. 5 – Ciampaglia, BeckRS 2012, 81560; 27.11.2012 – C-370/12 Rn. 84 – Pringle, NJW 2013, 29).

26 Die **Zulässigkeit oder Unzulässigkeit des Ausgangsverfahrens** vor dem nationalen Gericht berührt die Entscheidungserheblichkeit der Vorlage grds. nicht (EuGH 14.1.1982 – 65/81 Rn. 7 f. – Reina, Slg. 1982, 33; 20.10.1993 – C-10/92 Rn. 16 – Balocchi, Slg. 1993, I-5105; 11.7.1996 – C-39/94 Rn. 24 – SFEI, Slg. 1996, I-3547; 8.11.2001 – C-143/99 Rn. 19 – Adria-Wien Pipeline, Slg. 2001, I-8365; GHN/*Karpenstein* Rn. 27). Lediglich bei **Erledigung des Ausgangsverfahrens,** etwa aufgrund einer Klagerücknahme oder eines Vergleichs, oder bei **Rücknahme des Vorabentscheidungsersuchens durch das nationale Gericht** wird das Vorabentscheidungsverfahren ohne Urteil des EuGH beendet (Art. 100 EuGH-VerfO [ABl. EU Nr. L 173 v. 26.6.2013, 65]; EuGH 21.4.1988 – 338/85 Rn. 11 ff. – Pardini, Slg. 1988, 2041; 4.10.1991 – C-159/90 Rn. 20 – Society for the Protection of Unborn Children Ireland, Slg. 1991, I-4685; 15.6.1995 – C-422/93 bis C-424/93 Rn. 30 – Zsabala Erasun, Slg. 1995, I-1567; 12.3.1998 – C-314/96 Rn. 21 ff. – Djabali, Slg. 1998, I- 1149; 13.4.2000 – C-176/96 Rn. 19 – Lehtonen, Slg. 2000, I-2681; 9.12.2010 – C-241/09 Rn. 32 f. – Fluxys, Slg. 2010, I-12773; 24.10.2013 – C-180/12 Rn. 43 ff. – Stoilov, BeckRS 2013, 82040; GHN/*Karpenstein* Rn. 27; Preis/Sagan/*Roloff* § 13 Rn. 31; Schwarze/*Schwarze* Rn. 42).

III. Entscheidung über Vorlage

27 Gerichte, deren Entscheidungen mit Rechtsmitteln des innerstaatlichen Rechts angefochten werden können, haben grds. keine Pflicht, sondern nur ein **Recht zur Vorlage** (arg. e Art. 267 III). Dieses Recht darf durch die nationale Rechtsordnung nicht eingeschränkt werden (EuGH 22.6.2010 – C-188/10 und C-189/10 Rn. 52 ff. – Melki, Slg. 2010, I-5667). Entgegenstehende Rechtsnormen des innerstaatlichen Rechts sind unanwendbar, sofern eine unionsrechtskonforme Auslegung ausscheidet (EuGH 16.1.1974 – 166/73 Rn. 4 – Rheinmühlen, Slg. 1974, 33; 14.12.1995 – C-312/93 Rn. 13 – Peterbroeck, Slg. 1995, I-4599; *Fastenrath*, FS Ress, 2005, 461 [463]; Schwab/Weth/*Kerwer* ArbV Rn. 116). Für eine Vorlage genügen **Zweifel** des nationalen Gerichts **an der Auslegung oder Gültigkeit des Unions-**

rechts. Im Gegensatz zum konkreten Normenkontrollverfahren nach Art. 100 I GG (vgl. dazu Maunz/Dürig/*Dederer* GG Art. 100 Rn. 129 ff.) ist es nicht erforderlich, dass das Gericht von der Primärrechtswidrigkeit eines Sekundärrechtsakts überzeugt ist (*Dauses* 77; Streinz/*Ehricke* Rn. 37). Eine Vorlage ist auch dann zulässig, wenn beim EuGH bereits ein Vorabentscheidungsverfahren über die betreffenden Rechtsfragen anhängig ist (vgl. *Foerster* EuZW 2011, 901 [906]; zur Vorlagepflicht in solchen Fällen → Rn. 40). Gegen den Vorlagebeschluss eines Instanzgerichts ist **kein innerstaatlicher Rechtsschutz** möglich (BFH 27.1.1981 BeckRS 1981, 22005616 unter Aufgabe von BFH 14.8.1973 BeckRS 1973, 22002266; davon zu unterscheiden ist die Beschwerde gegen den Aussetzungsbeschluss des nationalen Gerichts, vgl. dazu OLG Rostock 12.11.2012 BeckRS 2012, 25359; GHN/*Karpenstein* Rn. 43; krit. *Latzel* JZ 2014, 392).

Das Vorlagerecht umfasst auch die Wahl des **Zeitpunkts der Vorlage.** Dem nationalen 28 Gericht steht es frei, **in jedem Moment des Verfahrens,** den es für geeignet hält, dem Gerichtshof jede Frage zur Vorabentscheidung **vorzulegen,** die es für erforderlich hält (EuGH 22.6.2010 – C-188/10 und C-189/10 Rn. 52 – Melki, Slg. 2010, I-5667). Eine Vorlage kann daher bereits im Prozesskostenhilfeverfahren erfolgen (vgl. EuGH 22.12.2010 – C-279/09 – DEB, Slg. 2010, I-13849), ist aber regelmäßig erst im Hauptsacheverfahren sinnvoll, da das Gericht erst dann, ggf. nach Abschluss der Beweisaufnahme, in der Lage ist, den tatsächlichen und rechtlichen Rahmen des unionsrechtlich relevanten Problems sowie die Entscheidungserheblichkeit zu bestimmen (vgl. Nr. 19 der Empfehlungen an die nationalen Gerichte bezüglich der Vorlage von Vorabentscheidungsersuchen, ABl. EU Nr. C 338 v. 6.11.2012, 1; ferner Streinz/*Ehricke* Rn. 39; *Latzel/Th. Streinz* NJOZ 2013, 97 [100]; Preis/Sagan/*Roloff* § 13 Rn. 38; Schwarze/*Schwarze* Rn. 35).

Das Vorlagerecht der Instanzgerichte umfasst spiegelbildlich zugleich ein **Recht zur Nicht-** 29 **vorlage.** Über die Ausübung des Vorlagerechts kann das Instanzgericht grds. **frei entscheiden** (EuGH 15.9.2005 – C-495/03 Rn. 31 – Intermodal Transports, Slg. 2005, I-8151; BFH 2.4.1996 BFHE 180, 231 = BeckRS 1996, 22011773; im Ergebnis auch *Bergmann* ZAR 2011, 41 [43]; *Schima* 47 ff.; ErfK/*Wißmann* Rn. 22). Zwar spricht der EuGH von einem „Beurteilungsermessen" des nationalen Gerichts (EuGH 16.12.1981 – 244/80 Rn. 16 – Foglia, Slg. 1981, 3045). Es handelt sich dabei jedoch nicht um eine Ermessensentscheidung iSd tradierten deutschen Begriffsverständnisses (sehr deutlich EuGH 12.6.1986 – 98/85 ua Rn. 7 – Bertini, Slg. 1986, 1885; 11.9.2014 – C-112/13 Rn. 35, 37 – A, EuZW 2014, 950), sodass die Nichtvorlage revisionsrechtlich nicht auf Ermessensfehler kontrolliert werden kann (**aA** BSG 29.1.1991 – 7 BAr 48/90; 3.7.2014 – B 2 U 85/14 B, BeckRS 2014, 71332; BVerwG 14.12.1992 – 5 B 72/92, NVwZ 1993, 770; GHN/*Karpenstein* Rn. 61; Schwab/Weth/*Kerwer* ArbV Rn. 117; *ders.* 495 ff.; *Pechstein* Rn. 816; Preis/Sagan/*Roloff* § 13 Rn. 34 ff.). Auch das BVerfG spricht nicht von einem Vorlageermessen, sondern zutreffend neutral von einem **„Entscheidungsspielraum"** des Instanzgerichts (BVerfG 4.10.2011 NJW 2012, 45 Rn. 53). Für eine **Kontrolle auf Ermessensfehlerhaftigkeit** gibt es **kein sachliches Bedürfnis,** da die Revisionsinstanz selbst an den EuGH vorlegen darf und ggf. muss. Unterlässt ein Instanzgericht die Vorlage, liegt darin weder ein Verstoß gegen Verfahrensrecht noch wird ein Beteiligter dadurch seinem gesetzlichen Richter entzogen (BFH 3.2.1987 NJW 1987, 3096; 2.4.1996 BFHE 180, 231 = BeckRS 1996, 22011773). Dies gilt selbst dann, wenn das innerstaatliche, nicht letztinstanzlich entscheidende Gericht bei der Auslegung des Unionsrechts **von der Rechtsprechung des EuGH abweicht** (Gsell/Hau/*Althammer*, Zivilgerichtsbarkeit und Europäisches Justizsystem, 2012, 37 [49 ff.]; HWK/*Tillmanns* Rn. 11; Preis/Sagan/*Roloff* § 13 Rn. 46; Calliess/Ruffert/*Wegener* Rn. 49; ErfK/*Wißmann* Rn. 22; **aA** Streinz/*Ehricke* Rn. 72; Schwab/Weth/*Kerwer* ArbV Rn. 120; *ders.* 505 ff.).

Argumente für eine Vorlage durch das Instanzgericht können sein: die Einheitlichkeit 30 der Rechtsanwendung in Europa, die Beschleunigung des Verfahrens durch eine möglichst frühe Einbindung des Gerichtshofs sowie die Möglichkeit, den EuGH durch eine präzise Ausgestaltung der Vorlagefragen und Darstellung des Rechtsproblems sowie der innerstaatlichen Rechtslage zu einer angemessenen Entscheidung mit Bezug auf die spezifischen

Umstände des Ausgangsverfahrens zu bewegen (vgl. *Latzel/Th. Streinz* NJOZ 2013, 97 [98]). **Gegen eine Vorlage** bereits im Instanzenzug sprechen die mit zunehmender Verfahrensdauer geringere Wahrscheinlichkeit eines während des beim EuGH anhängigen Vorabentscheidungsverfahrens besonders misslichen Vergleichs zwischen den Parteien sowie der Umstand, dass der zugrunde liegende Sachverhalt in der Revisionsinstanz grds. feststeht und die Notwendigkeit einer erneuten Vorlage in demselben Verfahren dadurch unwahrscheinlicher wird (Preis/Sagan/*Roloff* § 13 Rn. 35). Das **„Spiel über die Bande"**, mit dem einige Instanzgerichte bisweilen versuchen, eine von ihnen abgelehnte höchstrichterliche Rechtsprechung zum innerstaatlichen Recht mithilfe des EuGH zu Fall zu bringen, ist **rechtlich nicht zu beanstanden,** auch wenn dies in der Vergangenheit mitunter zu wenig überzeugenden Urteilen des Gerichtshofs geführt hat (vgl. etwa EuGH 20.1.2009 – C-350/06 und C-520/06 – Schultz-Hoff, Slg. 2009, I-179 auf Vorlage von LAG Düsseldorf 2.8.2006 NZA-RR 2006, 628). Angesichts der Entscheidungskompetenz des vorlegenden Gerichts kann ein Instanzgericht den EuGH auch dann anrufen, wenn das oberste Bundesgericht eine Vorlage an den EuGH zuvor abgelehnt hatte.

31 Entscheidet sich das LAG gegen eine Vorlage an den EuGH, muss es deshalb nicht zwingend die Revision zulassen, da die **Nichtzulassungsbeschwerde** gem. § 72a ArbGG ein Rechtsmittel iSd Art. 267 III darstellt (→ Rn. 37). Anderes gilt für das Arbeitsgericht. Sofern eine Berufung nicht bereits nach § 64 II lit. b-d ArbGG statthaft ist, muss das Arbeitsgericht zwar nicht nach Art. 267 III vorlegen (**aA** Schwab/Weth/*Kerwer* ArbV Rn. 122; HWK/*Tillmanns* Rn. 12; ErfK/*Wißmann* Rn. 28 f.), aber jedenfalls die **Berufung wegen grundsätzlicher Bedeutung** im Urteilstenor **zulassen**, wenn das letztinstanzliche Gericht voraussichtlich nach Art. 267 III zur Vorlage an den EuGH verpflichtet ist, da das LAG nach § 64 IV ArbGG an die Nichtzulassung der Berufung gebunden ist (vgl. dazu GMP/*Germelmann*, ArbGG, § 64 Rn. 48; HWK/*Kalb* ArbGG § 64 Rn. 23).

32 Die Wahlfreiheit der Instanzgerichte wird eingeschränkt, wenn die Gültigkeit des sekundären Unionsrechts in Rede steht. Nach den vom EuGH in der Rs. *Foto-Frost* entwickelten Grundsätzen ist auch ein **Instanzgericht zur Vorlage verpflichtet,** wenn es von der **Ungültigkeit einer europäischen Sekundärrechtsnorm** ausgeht und diese deshalb nicht anwenden will (EuGH 22.10.1987 – 314/85 Rn. 16 ff. – Foto-Frost, Slg. 1987, 4199; 6.12.2005 – C-461/03 Rn. 17 – Gaston Schul, Slg. 2005, I-10513; ferner Nr. 16 der Empfehlungen an die nationalen Gerichte bezüglich der Vorlage von Vorabentscheidungsersuchen, ABl. EU Nr. C 338 v. 6.11.2012, 1; Streinz/*Ehricke* Rn. 45; Geiger/*Kotzur* Art. 267 Rn. 20; Schwarze/*Schwarze* Rn. 49). Einschränkungen gelten lediglich in Verfahren des vorläufigen Rechtsschutzes (EuGH 22.10.1987 – 314/85 Rn. 19 – Foto-Frost, Slg. 1987, 4199; 6.12.2005 – C-461/03 Rn. 18 – Gaston Schul, Slg. 2005, I-10513; GHN/*Karpenstein* Rn. 62). Die Vorlagepflicht folgt in diesen Fällen aus dem **Normverwerfungsmonopol des EuGH** (vgl. EuGH 22.6.2010 – C-188/10 und C-189/10 Rn. 54 – Melki, Slg. 2010, I-5667), das der Einheitlichkeit der Rechtsprechung in Europa und dem Schutz des europäischen Gesetzgebers vor Kompetenzübergriffen der mitgliedstaatlichen Gerichte dient. Davon zu unterscheiden ist die Entscheidung über die **Unanwendbarkeit des nationalen Rechts** wegen Verstoßes gegen unmittelbar geltendes Unionsrecht (dazu → AEUV Art. 288 Rn. 13). In diesen Fällen hat das nationale Gericht keine Möglichkeit und erst recht keine Pflicht zur Vorlage an den EuGH.

33 Eine weitere Einschränkung des Wahlrechts der deutschen Instanzgerichte folgt aus der Rechtsprechung des BVerfG, wonach jedes Fachgericht, das eine **auf einer Richtlinie beruhende einfachgesetzliche Vorschrift** für **grundgesetzwidrig** hält, zunächst dem EuGH die Gelegenheit zur Entscheidung über die Gültigkeit der Richtlinie geben muss, bevor über das Umsetzungsgesetz ein konkretes Normenkontrollverfahren gem. Art. 100 I GG eingeleitet werden kann; faktisch konstruiert das BVerfG damit eine **innerstaatliche Vorlagepflicht der Instanzgerichte** (BVerfG 13.3.2007 NVwZ 2007, 937 [938 f.]; 4.10.2011 NJW 2012, 45 Rn. 52 ff.; *Britz* NJW 2012, 1313 [1315 f.]; Schwab/Weth/*Kerwer* ArbV Rn. 122; *Latzel/Th. Streinz* NJOZ 2013, 97 [98]; *Wendel* EuZW 2012, 213 [215]).

Vorlagepflicht (Abs. 3) Art. 267 AEUV 20

Der EuGH hat sich dieser Rechtsprechung inzwischen angeschlossen und eine Pflicht der Fachgerichte, bei Zweifeln über die Vereinbarkeit von Sekundärrecht sowohl mit europäischem Primärrecht als auch mit nationalem Verfassungsrecht vor Einleitung eines Vorabentscheidungsverfahrens zunächst an das nationale Verfassungsgericht vorzulegen, für unionsrechtswidrig erklärt (EuGH 11.9.2014 – C-112/13 Rn. 38, 46 – A, EuZW 2014, 950).

D. Vorlagepflicht (Abs. 3)

Art. 267 III verdichtet das Vorlagerecht der nationalen Gerichte unter bestimmten Umständen zu einer Vorlagepflicht. Bezweckt wird damit die einheitliche Auslegung und Geltung des Unionsrechts in den Mitgliedstaaten (*Broberg/Fenger* 207). Die Vorlagepflicht basiert auf dem Vorlagerecht. Sie kommt daher nur in Betracht, wenn **neben den Voraussetzungen des Art. 267 III** zugleich diejenigen des **Art. 267 II** (→ Rn. 7 ff. und 18 ff.) erfüllt sind. Es muss sich also um ein „Gericht" im unionsrechtlichen Sinne handeln, das Zweifel an der Auslegung oder Gültigkeit des Unionsrechts hegt und die Beantwortung der Vorlagefrage(n) durch den EuGH bei der abschließenden Entscheidung des Ausgangsrechtsstreits berücksichtigen kann. 34

I. Vorlagepflichtiges Gericht

Zur Vorlage an den EuGH verpflichtet ist jedes Gericht, dessen Entscheidung **nicht mit Rechtsmitteln** des innerstaatlichen Rechts **angefochten** werden kann. Umstritten war lange Zeit, ob darunter nur die obersten Gerichte des betreffenden Gerichtszweigs („**abstrakte Theorie**") oder jedes im konkreten Verfahren letztinstanzlich entscheidende nationale Gericht („**konkrete Theorie**") zu verstehen ist (vgl. *Broberg/Fenger* 201 ff.; *Dauses* 109 ff.; *Everling* 45 f.; *Pechstein* Rn. 826 f.). Der **Wortlaut des Art. 267 III GG** spricht eher für ein abstrakt-institutionelles Verständnis, da nicht von der Entscheidung des nationalen Gerichts im konkreten Ausgangsverfahren, sondern im Plural von „dessen Entscheidungen" (vgl. auch die entsprechenden Formulierungen in den übrigen Sprachfassungen, etwa „whose decisions" oder „les décisions") die Rede ist (ohne Begründung aA GHN/*Karpenstein* Rn. 52). In Deutschland wären dann lediglich das **BVerfG** und die **obersten Bundesgerichte** iSd Art. 95 GG vorlagepflichtig. 35

Ungeachtet des Wortlauts der Vorschrift folgt allerdings die heute ganz überwiegende Auffassung zu Recht einem **konkret-funktionalen Verständnis** des Art. 267 III (vgl. EuGH 4.6.2002 – C-99/00 Rn. 15 – Lyckeskog, Slg. 2002, I-4839; 15.9.2005 – C-495/03 Rn. 30 – Intermodal Transports, Slg. 2005, I-8151; GA *Kokott* 18.7.2007 – C-175/06 Rn. 21 – Tedesco, Slg. 2007, I-7929; Streinz/*Ehricke* Rn. 41; GHN/*Karpenstein* Rn. 52; Schwab/Weth/*Kerwer* ArbV Rn. 118; Geiger/*Kotzur* Rn. 17; *Pechstein* Rn. 827; Preis/Sagan/*Roloff* § 13 Rn. 40; Calliess/Ruffert/*Wegener* Rn. 27; ErfK/*Wißmann* Rn. 26; aA *Dauses* 111; wohl auch *Bauer/Diller* NZA 1996, 169 [170]). Nur diese wird dem **Individualrechtsschutzbedürfnis** der Parteien und der **Wahrung der Einheit der Rechtsanwendung** in der Europäischen Union gerecht. So wäre etwa nach der abstrakten Theorie ein **LAG**, das im Verfahren des einstweiligen Rechtsschutzes über die Rechtmäßigkeit eines grenzüberschreitenden Arbeitskampfs zu entscheiden hat, nicht zur Vorlage an den EuGH zur Klärung des Verhältnisses von Grundfreiheiten und GRC verpflichtet, obwohl eine Revision beim BAG nach § 72 IV ArbGG ausgeschlossen ist und die Angelegenheit sich bis zu einem etwaigen Hauptsacheverfahren regelmäßig erledigt haben wird. Nach der konkreten Theorie besteht an einer Vorlagepflicht demgegenüber kein Zweifel. Dagegen scheidet eine Vorlagepflicht des **Arbeitsgerichts** auch nach der konkreten Theorie richtigerweise selbst dann aus, wenn eine Berufung nicht nach § 64 II lit. b–d ArbGG statthaft ist, da das Gericht in diesen Fällen die Berufung nach § 64 II lit. a ArbGG wegen der unionsrechtlich induzierten grundsätzlichen Bedeutung zulassen muss (→ Rn. 31). 36

37 Die Vorlagepflicht setzt voraus, dass die Entscheidung des einzelstaatlichen Gerichts nicht mehr mit **Rechtsmitteln des innerstaatlichen Rechts** angefochten werden kann. Trotz des Verweises auf die mitgliedstaatlichen Verfahrensordnungen handelt es sich beim Begriff „Rechtsmittel" um einen autonom unionsrechtlichen Terminus (Streinz/*Ehricke* Rn. 42). Darunter fallen zunächst unstreitig **alle ordentlichen Rechtsbehelfe,** die das nationale Verfahrensrecht gegen die betreffende Entscheidung des innerstaatlichen Gerichts zur Verfügung stellt, insbesondere die **Berufung** und die **Revision** (GHN/*Karpenstein* Rn. 53; ErfK/*Wißmann* Rn. 27). Unerheblich ist dabei, ob dem Rechtsbehelf eine aufschiebende Wirkung zukommt oder nicht (EuGH 16.12.2008 – C-210/06 Rn. 78 – Cartesio, Slg. 2008, I-9641). Auch die **Nichtzulassungsbeschwerde** gem. § 72a ArbGG bzw. § 92a ArbGG ist als Rechtsmittel iSd Art. 267 III zu qualifizieren, da die grundsätzliche Bedeutung einer Rechtsfrage sich auch aus ihrem unionsrechtlichen Bezug ergeben kann (BAG 8.12.2011 NZA 2012, 286 Rn. 14; BVerwG 22.12.2004 NVwZ 2005, 598 [601]; Schwab/Weth/*Kerwer* ArbV Rn. 120; *Latzel/Th. Streinz* NJOZ 2013, 97 [99]; ErfK/*Wißmann* Rn. 28 f.). Das entspricht der Rechtsprechung des EuGH. Dieser hat ausdrücklich entschieden, dass der Umstand, dass eine Anfechtung der Entscheidung nur nach vorheriger Zulassungserklärung durch das oberste Gericht in der Sache geprüft werden kann, nicht dazu führt, dass den Parteien das Rechtsmittel entzogen wird (EuGH 4.6.2002 – C-99/00 Rn. 16 – Lyckeskog, Slg. 2002, I-4839; 16.12.2008 – C-210/06 Rn. 76 – Cartesio, Slg. 2008, I-9641).

38 **Außerordentliche Rechtsbehelfe** des nationalen Verfahrensrechts sind entgegen einer verbreiteten Auffassung nicht bereits deshalb aus dem unionsrechtlichen Rechtsmittelbegriff auszuscheiden, weil sie außerordentlichen Charakter haben (**so aber** Streinz/*Ehricke* Rn. 42; GHN/*Karpenstein* Rn. 53; Geiger/*Kotzur* Rn. 18; *Pechstein* Rn. 828; wie hier *Piekenbrock* EuR 2011, 317 [333]). So stellt etwa die Revision im ungarischen Verfahrensrecht einen außerordentlichen Rechtsbehelf dar. Gleichwohl hat der EuGH sie als Rechtsmittel iSd Art. 267 III qualifiziert (EuGH 16.12.2008 – C-210/06 Rn. 75 ff. – Cartesio, Slg. 2008, I-9641). Entscheidend ist vielmehr, ob das jeweilige Rechtsmittel nach dem Zweck des Art. 267 III einer Vorlagepflicht entgegensteht oder nicht. So ist die (Urteils)-**Verfassungsbeschwerde** nach Art. 93 I Nr. 4a GG nicht als Rechtsmittel iSd Art. 267 III zu qualifizieren, da sie nicht auf die Verletzung von Unionsrecht gestützt werden kann und anderenfalls eine Vorlagepflicht der obersten Bundesgerichte stets ausscheiden würde (EuGH 15.1.2013 – C-416/10 Rn. 72 – Križan, NVwZ 2013, 347; *Dauses* 111 f.; Streinz/*Ehricke* Rn. 42; GHN/*Karpenstein* Rn. 53; Schwab/Weth/*Kerwer* ArbV Rn. 119; *Piekenbrock* EuR 2011, 317 [332]; HWK/*Tillmanns* Rn. 12; ErfK/*Wißmann* Rn. 30). Gleiches gilt im Ergebnis für das **Wiederaufnahmeverfahren** (§ 79 ArbGG iVm §§ 578 ff. ZPO), das nach Eintritt der Rechtskraft des bisherigen Verfahrens ein neues Verfahren ohne Devolutiveffekt in Gang setzt und somit – unabhängig von der umstrittenen Qualifikation im deutschen Verfahrensrecht (vgl. die Nachweise bei MüKoZPO/*Braun*, Vorb. zu §§ 578 ff. Rn. 5) – kein Rechtsmittel gegen die ursprüngliche Entscheidung des einzelstaatlichen Gerichts iSd Art. 267 III darstellt (*Dauses* 111; Streinz/*Ehricke* Rn. 42; GHN/*Karpenstein* Rn. 53; *Pechstein* Rn. 829; allg. zum Unionsrecht auch *Broberg/Fenger* 207).

II. Umfang und Grenzen der Vorlagepflicht

39 **1. Allgemeine Voraussetzungen.** Vorlagepflichtig ist ein letztinstanzlich entscheidendes Gericht immer dann, wenn die Voraussetzungen des Art. 267 II vorliegen. Erforderlich ist also, dass das Gericht **Zweifel an der Auslegung oder Gültigkeit des Unionsrechts** hat (dazu → Rn. 7 ff.) und die **Beantwortung der Vorlagefrage** durch den EuGH für das Ergebnis seiner Entscheidung **erheblich** ist (dazu → Rn. 20 ff.). Gleiches gilt, wenn das letztinstanzlich entscheidende nationale Gericht **von einer Entscheidung des Gerichtshofs abweichen** will (Streinz/*Ehricke* Rn. 72; *Pechstein* Rn. 864). Entscheidungserheblich ist die Beantwortung der Vorlagefrage auch dann, wenn das vorlegende Revisionsgericht die Sache anschließend nicht selbst entscheiden, sondern zur neuen Verhandlung und Ent-

scheidung **an das Berufungsgericht zurückverweisen** will (Schwab/Weth/*Kerwer* ArbV Rn. 121; ErfK/*Wißmann* Rn. 31).

Mitgliedstaatliche Gerichte sind **entgegen der Auffassung aller deutschen obersten** **40** **Bundesgerichte** (BAG 20.5.2010 NZA 2011, 710 Rn. 9; vgl. bereits 14.10.1986 BeckRS 1986, 30718727; 24.9.1996 – 3 AZR 698/95; BGH 7.6.2011 NZG 2011, 860; 24.1.2012 BeckRS 2012, 4329; BSG 26.8.2003 NZS 2004, 279; BVerwG 10.11.2000 NVwZ 2001, 319 [320]; BFH 14.10.1998 BeckRS 1998, 30028041; 29.11.2005 BeckRS 2005, 25009238; ebenso BPatG 16.4.2002 BeckRS 2009, 16940; *Piekenbrock* EuR 2011, 317 [338]; Preis/Sagan/*Roloff* § 13 Rn. 88; ErfK/*Wißmann* Rn. 39) auch dann **zur Vorlage verpflichtet, wenn** beim EuGH **bereits ein Vorabentscheidungsverfahren** desselben oder eines anderen Gerichts zu der betreffenden Auslegungs- oder Gültigkeitsfrage **anhängig** ist (BAG 21.5.1992 AP BGB § 613a Nr. 96 [unter II. 4. b) bb) (4) (d)]; *Foerster* EuZW 2011, 901 [903 ff.]; *Hess* ZZP 108 [1995] 59 [65]; *Latzel/Th. Streinz* NJOZ 2013, 97 [99 f.]; Schwab/Weth/*Kerwer* ArbV Rn. 135; allg. zum Unionsrecht auch *Broberg/Fenger* 209). Dafür sprechen die **Beteiligungsrechte der Parteien** in demjenigen Rechtsstreit, in dem es erneut um die bereits anhängige Rechtsfrage geht, da diese bei einer bloßen Aussetzung des Rechtsstreits ohne Vorlage keine Möglichkeit haben, ihre Argumente vor dem EuGH einzubringen (*Foerster* EuZW 2011, 901 [904]; Schwab/Weth/*Kerwer* ArbV Rn. 135). Einer **Verzögerung des Verfahrens** durch erneute Vorlage kann durch die Verbindung der Rechtssachen beim EuGH (vgl. Art. 54 EuGH-VerfO, ABl. EU Nr. L 173 v. 26.6.2013, 65), durch Rückfrage des Gerichtshofs beim vorlegenden Gericht, ob das Verfahren sich durch seine inzwischen ergangene Entscheidung erledigt habe, oder durch Beschluss nach Art. 99 EuGH-VerfO (ABl. EU Nr. L 173 v. 26.6.2013, 65) mit Hinweis auf die inzwischen ergangene Entscheidung wirksam entgegengetreten werden (*Foerster* EuZW 2011, 901 [904 f.]). Vor allem aber kann ein Rückgriff auf nationales Verfahrensrecht (§ 148 ZPO analog) die Vorlagepflicht gem. Art. 267 III aufgrund des **Anwendungsvorrangs des Unionsrechts** nicht suspendieren (zutreffend *Foerster* EuZW 2011, 901 [905 f.]). Allein aus diesem Grund verfängt der Vergleich zur entsprechenden Praxis zu Art. 100 I GG nicht (**so aber** *Piekenbrock* EuR 2011, 317 [338] unter Verweis auf BVerfG 8.10.2003 NJW 2004, 501).

Ausnahmsweise sind auch **Instanzgerichte vorlagepflichtig,** wenn sie Unionsrecht für **41** ungültig halten und deshalb nicht anwenden wollen (dazu → Rn. 32). Nicht abschließend geklärt ist, ob ein **letztinstanzlich entscheidendes Gericht** auch dann zur Anrufung des EuGH verpflichtet ist, wenn es zwar Zweifel an der Gültigkeit einer sekundärrechtlichen Norm hegt, diese **aber letztlich für gültig hält.** Dagegen könnte sprechen, dass das Normverwerfungsmonopol des EuGH in diesem Fall nicht angetastet wird. Allerdings setzt die Feststellung der Gültigkeit stets die Auslegung des betreffenden Sekundärrechtsakts sowie des als Maßstab dienenden Primärrechts voraus, wobei hierbei jeder Zweifel eine Vorlagepflicht begründet. Im Ergebnis ist daher auch in diesem Fall eine **Vorlage an den EuGH geboten** (so im Ergebnis auch *Fastenrath*, FS Ress, 2005, 461 [467 f.]; GHN/ *Karpenstein* Rn. 31; **aA** *Arndt/Deisenhofer*, Europarecht, 129).

Keine Vorlagepflicht besteht in Verfahren des **einstweiligen Rechtsschutzes.** Da sich **42** in derartigen Verfahren regelmäßig keine unionsrechtswidrige nationale Rechtsprechung herausbildet, genügt es, dass das im Hauptsacheverfahren letztinstanzlich entscheidende Gericht vorlagepflichtig ist, und zwar gleichgültig, ob dieses Verfahren von Amts wegen oder nur auf Betreiben der unterlegenen Partei einzuleiten ist (EuGH 27.10.1982 – 35/82 und 36/82 Rn. 8 f. – Morson, Slg. 1982, 3723; BVerfG 7.12.2006 NJW 2007, 1521 [1522]; *Fastenrath*, FS Ress, 2005, 461 [468 f.]; Geiger/*Kotzur* Rn. 22; Schwab/Weth/*Kerwer* ArbV Rn. 125; Calliess/Ruffert/*Wegener* Rn. 30). Etwas anderes gilt lediglich, wenn das nationale Gericht die Aussetzung der Vollziehung eines auf einer (vermeintlich) primärrechtswidrigen Verordnung beruhenden nationalen Verwaltungsakts anordnen will (EuGH 21.2.1991 – C-143/88 Rn. 24 – Zuckerfabrik Süderdithmarschen, Slg. 1991, I-415; BVerfG 7.12.2006 NJW 2007, 1521 [1522]).

20 AEUV Art. 267   Vorabentscheidungsverfahren

43   **2. Ausnahmen.** Der Wortlaut des Art. 267 III sieht keine Grenzen der Vorlagepflicht vor. Gleichwohl hat der EuGH in der Rs. *CILFIT* (EuGH 6.10.1982 – 283/81 Rn. 13 ff. – CILFIT, Slg. 1982, 3415) **zwei Ausnahmen** der Vorlagepflicht entwickelt (anders *Temming* ZESAR 2010, 277 [278], der die fehlende Entscheidungserheblichkeit als dritte Ausnahme ansieht; die Entscheidungserheblichkeit ist jedoch bereits eine Voraussetzung der Vorlagepflicht, ihr Fehlen daher keine Ausnahme). Danach ist auch ein letztinstanzlich entscheidendes Gericht nicht zur Anrufung des Gerichtshofs verpflichtet, wenn die entscheidungserhebliche Frage bereits vom EuGH gelöst worden ist **(Präjudiz- bzw. „acte éclairé"-Situation)** oder wenn die richtige Anwendung des Unionsrechts derart offenkundig ist, dass keinerlei Raum für einen vernünftigen Zweifel an der Entscheidung der gestellten Frage bleibt **(„acte clair"-Situation)**. An dieser Rechtsprechung hält der EuGH seither trotz verbreiteter Kritik fest (vgl. EuGH 14.11.1997 – C-337/95 Rn. 29 – Christian Dior, Slg. 1997, I-6013; 5.9.2005 – C-495/03 Rn. 37 ff. – Intermodal Transports, Slg. 2005, I-8151; 6.12.2005 – C-461/03 Rn. 16 – Gaston Schul, Slg. 2005, I-10513). Allerdings gelten die genannten Ausnahmen nur für die **Auslegung des Unionsrechts** und nicht für Zweifel an dessen Gültigkeit. Ein mitgliedstaatliches Gericht darf daher einen Sekundärrechtsakt nicht wegen offenkundiger Primärrechtswidrigkeit unangewendet lassen, ohne zuvor den EuGH anzurufen. Das gilt auch dann, wenn der Gerichtshof bereits eine vergleichbare Bestimmung für ungültig erklärt hat (EuGH 6.12.2005 – C-461/03 Rn. 19 f. – Gaston Schul, Slg. 2005, I-10513; *Pechstein* Rn. 835; *Schima* 66).

44   **a) Anforderungen an einen acte éclairé.** In der sog. Präjudiz-Situation (vgl. *Haltern* Rn. 428 ff.; *Pechstein* Rn. 834) ist eine auf die Auslegung des Unionsrechts gerichtete Vorlage entbehrlich, wenn ein sog. „acte éclairé" vorliegt. Der EuGH hat dazu **zwei Unterfälle** entwickelt: Die Vorlagepflicht entfällt erstens, wenn die entscheidungserhebliche Frage tatsächlich in einem gleichgelagerten Fall **bereits Gegenstand einer Vorabentscheidung gewesen** ist (EuGH 6.10.1982 – 283/81 Rn. 13 – CILFIT, Slg. 1982, 3415). Das ist nur der Fall, wenn die für das konkrete Ausgangsverfahren **maßgebende unionsrechtliche Bestimmung** in demselben oder einem anderen nationalen Rechtsstreit bereits Gegenstand einer Auslegung durch den Gerichtshof war (EuGH 15.9.2005 – C-495/03 Rn. 33 – Intermodal Transports, Slg. 2005, I-8151; großzügiger GHN/*Karpenstein* Rn. 56; Preis/Sagan/*Roloff* § 13 Rn. 55: auch wortidentische Vorschriften) und die frühere Entscheidung des EuGH gerade **zu dem in Rede stehenden Rechtsproblem** auf Grundlage eines **gleichgelagerten Sachverhalts** abschließend Stellung genommen hat (vgl. GHN/*Karpenstein* Rn. 56; Schwarze/*Schwarze* Rn. 48). In diesem Fall ist eine Vorlage sinnlos, da die bezweckte Rechtseinheitlichkeit bereits erreicht worden ist (vgl. EuGH 14.11.1997 – C-337/95 Rn. 31 – Christian Dior, Slg. 1997, I-6013).

45   Die Vorlage ist zweitens entbehrlich, wenn bereits eine **gesicherte Rechtsprechung des Gerichtshofs** vorliegt, durch die die betreffende Rechtsfrage gelöst ist. Dabei kommt es nicht darauf an, in welcher Art von Verfahren sich diese Rechtsprechung gebildet hat. Dies gilt selbst dann, wenn die strittigen Fragen **nicht vollkommen identisch** sind (EuGH 6.10.1982 – 283/81 Rn. 14 – CILFIT, Slg. 1982, 3415). Diese recht unbestimmten Vorgaben bedürfen einer Konkretisierung, zu der der EuGH bisher allerdings nichts beigetragen hat. Bis dahin können die nationalen Gerichte einen gewissen Interpretationsspielraum für sich in Anspruch nehmen, wobei im Zweifel auch bei Fragen über die Auslegung des Art. 267 III an den Gerichtshof vorzulegen ist (vgl. die Vorlagefragen bei EuGH 6.10.1982 – 283/81 Rn. 4 – CILFIT, Slg. 1982, 3415; 14.11.1997 – C-337/95 Rn. 14 – Christian Dior, Slg. 1997, I-6013; 5.9.2005 – C-495/03 Rn. 25 – Intermodal Transports, Slg. 2005, I-8151; 6.12.2005 – C-461/03 Rn. 14 – Gaston Schul, Slg. 2005, I-10513). Deutsche Fachgerichte haben sich jedenfalls an der Rechtsprechung des BVerfG zu Art. 101 I 2 GG auszurichten (→ Rn. 56 ff.).

46   Auf unionsrechtlicher Ebene ist richtigerweise zu **differenzieren**: Bei **Zweifeln über Sinn und Tragweite eines EuGH-Urteils** ist das letztinstanzliche Gericht zur Vorlage verpflichtet (vgl. in anderem Zusammenhang Art. 43 der EuGH-Satzung [ABl. EU Nr. C

Vorlagepflicht (Abs. 3) **Art. 267 AEUV 20**

83 v. 30.3.2010, 210]). Dazu zählen insbesondere die Konkretisierung, Fortentwicklung oder Änderung von abstrakten Aussagen zur Auslegung einer bestimmten Unionsbestimmung sowie ihre Übertragung oder Nichtübertragung auf andere Rechtsnormen (vgl. etwa die Begrenzung der Übertragbarkeit von Urlaubsansprüchen in EuGH 22.11.2011 – C-214/10 Rn. 28 ff. – KHS, Slg. 2011, I-11757 als „Nuancierung" von EuGH 20.1.2009 – C-350/06 und C-520/06 Rn. 44 ff. – Schultz-Hoff, Slg. 2009, I-179). Ist dagegen lediglich die **Anwendung** der vom Gerichtshof entwickelten abstrakten Obersätze **auf einen konkreten Einzelfall** unklar, ist eine Vorlage sogar unzulässig, da die Anwendung des Unionsrechts allein in der Zuständigkeit des nationalen Gerichts liegt (zutreffend ErfK/*Wißmann* Rn. 32). So hat etwa das BAG bei der Prüfung der Vereinbarkeit der in einer Betriebsvereinbarung enthaltenen Altersgrenze von 65 Jahren mit §§ 7 I, 1 AGG eine Vorlage an den EuGH abgelehnt, weil die für die Beurteilung von auf das Regelrentenalter bezogenen Altersgrenzen geltenden unionsrechtlichen Anforderungen durch die Rechtsprechung des EuGH bereits als geklärt anzusehen waren (BAG 5.3.2013 NZA 2013, 916 Rn. 52; vgl. auch 17.4.2010 NZA 2012, 929 Rn. 42).

Auch wenn die dargelegten Voraussetzungen eines „acte éclairé" vorliegen, ist es dem **47** nationalen Gericht **nicht verwehrt**, den EuGH zu einer **bereits geklärten Rechtsfrage erneut anzurufen** (EuGH 6.10.1982 – 283/81 Rn. 15 – CILFIT, Slg. 1982, 3415; 17.5.2001 – C-340/99 Rn. 35 – TNT Traco, Slg. 2001, I-4109; ähnlich bereits EuGH 27.3.1963 – 28/62 – Da Costa, Slg. 1963, 61; 5.3.1986 – 69/85 Rn. 15 – Wünsche, Slg. 1986, 947; BVerfG 8.4.1987 BVerfGE 75, 223 = NJW 1988, 1459 [1462]; *Broberg/Fenger* 210; *Schima* 67). Andernfalls würde man zu einer „Versteinerung" der Rechtsprechung gelangen, da der EuGH keine Gelegenheit zu Rechtsprechungsänderungen mehr hätte (vgl. Schwarze/*Schwarze* Rn. 48). Will der Gerichtshof an seiner bestehenden Rechtsprechung festhalten, hat er gem. Art. 99 EuGH-VerfO (ABl. EU Nr. L 173 v. 26.6.2013, 65) die Möglichkeit, auf Vorschlag des Berichterstatters und nach Anhörung des Generalanwalts durch Beschluss zu entscheiden und in den Gründen auf seine frühere Rechtsprechung zu verweisen (*Hess* RabelsZ 66 [2002] 470 [493 f.]).

b) Anforderungen an einen acte clair. Die zweite Ausnahme betrifft den Fall, dass die **48** richtige Anwendung des Unionsrechts derart offenkundig ist, dass **keinerlei Raum für einen vernünftigen Zweifel** an der Beantwortung der gestellten Frage bleibt. Ein derartiger „acte clair" soll nach der Rechtsprechung des EuGH nur vorliegen, wenn das nationale Gericht davon überzeugt ist, dass auch **für die Gerichte der übrigen Mitgliedstaaten und für den Gerichtshof die gleiche Gewissheit** über den Inhalt der betreffenden unionsrechtlichen Vorschrift besteht (EuGH 6.10.1982 – 283/81 Rn. 16 – CILFIT, Slg. 1982, 3415; 15.9.2005 – C-495/03 Rn. 39 – Intermodal Transports, Slg. 2005, I-8151; nur referierend BVerfG 4.10.2011 NJW 2012, 45 Rn. 51; 2.2.2015 NJW 2015, 1294 Rn. 23; unzutreffend insoweit HWK/*Tillmanns* Rn. 7). Die Gewissheit des nationalen Gerichts, dass die streitgegenständliche Vorschrift des Unionsrechts nur eine einzige Interpretationsmöglichkeit zulässt, schließt eine Vorlagepflicht also noch nicht aus. Zusätzlich muss das Gericht die Rechtsprechung der Gerichte aus den übrigen Mitgliedstaaten sowie diejenige des EuGH und des EuG analysieren und prüfen, ob dort abweichende Auslegungsmöglichkeiten diskutiert werden (vgl. BVerfG 27.7.2004 NVwZ 2004, 1346 [zur Gültigkeit von Unionsrecht]). Dabei muss das Gericht nach den Vorgaben des EuGH die **Eigenheiten des Unionsrechts** und die **besonderen Schwierigkeiten seiner Auslegung** berücksichtigen. Dazu gehört nicht nur, dass jede Vorschrift des Unionsrechts in ihrem Zusammenhang zu sehen und im Lichte des gesamten Unionsrechts, seiner Ziele und seines Entwicklungsstands zur Zeit der Anwendung der betreffenden Vorschrift auszulegen ist (EuGH 6.10.1982 – 283/81 Rn. 20 – CILFIT, Slg. 1982, 3415). Vielmehr ist darüber hinaus ein – in der Praxis völlig unrealistischer – **Vergleich sämtlicher Sprachfassungen** der auszulegenden Norm unter Beachtung der eigenen, von den mitgliedstaatlichen Rechtsordnungen unabhängigen Terminologie des Unionsrechts erforderlich (EuGH 6.10.1982 – 283/81 Rn. 18 f. – CILFIT, Slg. 1982, 3415; **aA** *Broberg/Fenger* 224).

49 Im Schrifttum und vonseiten der Generalanwälte werden die vom EuGH entwickelten Anforderungen an einen „acte clair" zu Recht als **nicht erfüllbar** kritisiert (vgl. nur *Broberg/Fenger* 213 f., 227 f.; *Britz* NJW 2012, 1313 [1314]; *Haltern* Rn. 449; *Hess* RabelsZ 66 [2002] 470 [493]; *Kerwer* 553 ff.). So spricht GA *Colomer* von einem „Abstraktionsgrad", der die Anforderungen des EuGH „in die Sphäre des theoretischen Symbolismus verweist" (30.6.2005 – C-461/03 Rn. 84 – Gaston Schul, Slg. 2005, I-10513). GA *Stix-Hackl* hält die Ausnahmen von der Vorlagepflicht bei wörtlichem Verständnis für ein bloßes „Lippenbekenntnis" (12.4.2005 – C-495/03 Rn. 99 – Intermodal Transports, Slg. 2005, I-8151). Tatsächlich lassen sich Präjudiz und „acte clair" nur in der Theorie unterscheiden. Praktisch ist es kaum vorstellbar, dass ein Gericht einmal den vom EuGH geforderten Grad an Gewissheit bei der Auslegung des Unionsrechts erreichen wird. Denn bei der „acte clair"-Doktrin handelt es sich um eine **„negative Willkürprüfung":** Die Vorlagepflicht entfällt nur dann, wenn sämtliche theoretisch denkbaren Gegenauffassungen willkürlich sind (*Höpfner* EuZA 2011, 97 [105]; *Roth* NVwZ 2009, 345 [351]).

50 Angesichts der – nach Art. 55 I EUV, Art. 358 AEUV sowie Art. 1 der VO 1/58/EWG zur Regelung der Sprachenfrage (ABl. EG Nr. L 17 v. 15.4.1958, 385) verbindlichen – Sprachenvielfalt und des aufgrund des notwendig punktuellen Regelungsansatzes der europäischen Gesetzgebung bislang nur ansatzweise ausgeprägten inneren Systems des Unionsrechts wird kaum eine europäische Rechtsnorm ohne einen „vernünftigen Zweifel" in nur einer bestimmten Weise auszulegen sein. Dies gilt erst recht, wenn man zusätzlich die teilweise schrankenlose und für die mitgliedstaatlichen Gerichte überraschende Rechtsfortbildungspraxis des Gerichtshofs – wie etwa in den Rs. *Mangold* 22.11.2005 – C-144/04, Slg. 2005, I-9981) und *Kücükdeveci* (EuGH 19.1.2010 – C-555/07, Slg. 2010, I-365) – mit berücksichtigt. Als **„zweifelsfrei richtig"** kann eine bestimmte Auslegung daher **erst** bezeichnet werden, **wenn ein Urteil des EuGH hierzu vorliegt** (GA *Stix-Hackl* 12.4.2005 – C-495/03 Rn. 105 – Intermodal Transports, Slg. 2005, I-8151; *Höpfner* EuZA 2011, 97 [103]). Damit wird aber aus dem „acte clair" ein „acte éclairé" bzw. ein Präjudiz (*Haltern* Rn. 450; *Schröder* EuR 2011, 808 [809]), und die eigenständige Bedeutung dieser zweiten Fallgruppe geht verloren.

51 In der Rs. *Intermodal Transports* forderte GA *Stix-Hackl* vor diesem Hintergrund, die *CILFIT*-Anforderungen nicht als „schematisch anzuwendende Entscheidungsanleitung", sondern nur als eindringliche Forderung an die nationalen Gerichte anzusehen, „nicht leichtfertig ... von einer zweifelsfreien Auslegung" des Unionsrechts auszugehen (12.4.2005 – C-495/03 Rn. 100, 102 – Intermodal Transports, Slg. 2005, I-8151). Dem ist der EuGH in seinem Urteil in dieser Rechtssache jedoch nicht gefolgt (EuGH 15.9.2005 – C-495/03 Rn. 33, 45 – Intermodal Transports, Slg. 2005, I-8151). Immerhin gesteht er den **nationalen Gerichten** eine **Einschätzungsprärogative** zu: Zu beurteilen, „ob die richtige Anwendung des Gemeinschaftsrechts derart offenkundig ist, dass für einen vernünftigen Zweifel kein Raum bleibt", sei „allein dem nationalen Gericht überlassen" (EuGH 15.9.2005 – C-495/03 Rn. 37 – Intermodal Transports, Slg. 2005, I-8151; zuvor bereits EuGH 17.5.2001 – C-340/99 Rn. 35 – TNT Traco, Slg. 2001, I-4109). Vgl. zur Interpretation und Konkretisierung dieser Vorgaben durch das BVerfG → Rn. 56 ff.

E. Durchsetzung der Vorlagepflicht

I. Unionsrecht

52 Das **Sanktionssystem** für Verstöße gegen die Vorlagepflicht des Art. 267 III ist **im Unionsrecht** nur **unvollständig** und **wenig effektiv** ausgeprägt. Die Parteien haben keine Möglichkeit, selbst in Form einer Nichtvorlagebeschwerde den EuGH anzurufen (Schwab/Weth/*Kerwer* ArbV Rn. 130; *Piekenbrock* EuR 2011, 317 [341]; *Schroeder* EuR 2011, 808 [811]). Stattdessen setzt das Unionsrecht mit dem Vertragsverletzungsverfahren nach Art. 258 AEUV und der vom EuGH entwickelten Staatshaftung wegen fehlerhafter Richtlinienumsetzung auf zwei sekundäre Sanktionsmechanismen (vgl. *Hummert* 46).

Durchsetzung der Vorlagepflicht   **Art. 267 AEUV 20**

1. Sanktion durch Vertragsverletzungsverfahren. Erstens kann die **Kommission** 53
wegen Verletzung der Vorlagepflicht gem. Art. 267 III und damit zugleich der mitgliedstaatlichen Treuepflicht gem. Art. 4 III EUV (Streinz/*Ehricke* Rn. 49; *Frenz/Götzkes* EuR 2009, 622 [628]; *Hummert* 46; *Pechstein* Rn. 837) ein **Vertragsverletzungsverfahren gegen den Mitgliedstaat** einleiten, dem die Vertragsverletzung zuzurechnen ist (*Dauses* 119 f.; *Lenski/Mayer* EuZW 2005, 225; *Pechstein* Rn. 837; *Schima* 67; *Voßkuhle* JZ 2001, 924 [925]). Die im Rechtsstreit vor dem mitgliedstaatlichen Gericht **unterlegene Partei** kann die Kommission zwar informieren und ihr nahelegen, ein Verfahren einzuleiten. Sie hat jedoch **keinen Anspruch** darauf, dass die Kommission tatsächlich tätig wird (EuGH 14.2.1989 – 247/87 Rn. 11 – Star Fruit, Slg. 1989, 291; 17.7.1998 – C-422/97 Rn. 42 – Sateba, Slg. 1998, I-4913; *Dauses* 120; Streinz/*Ehricke* Rn. 49; Schwab/Weth/*Kerwer* ArbV Rn. 130; *Kokott/Henze/Sobotta* JZ 2006, 633 [640]; *Michael* JZ 2012, 870; *Piekenbrock* EuR 2011, 317 [342]; *Schroeder* EuR 2011, 808 [811]; Calliess/Ruffert/*Wegener* Rn. 34). Die Kommission selbst sieht im Vertragsverletzungsverfahren „nicht gerade die beste Grundlage für eine Zusammenarbeit zwischen nationalen Gerichten und Europäischem Gerichtshof". Art. 258 AEUV habe „nicht den Zweck, Urteile höchster nationaler Gerichte zu überprüfen" (Antwort der Kommission auf eine Parlamentarische Anfrage, ABl. EG Nr. C 268 v. 6.10.1983, 25). Aus diesem Grunde komme ein Vertragsverletzungsverfahren nur in Betracht, wenn aus dem beanstandeten Urteil hervorgehe, dass das Gericht die **Vorlagepflicht systematisch und bewusst nicht berücksichtigt** (ABl. EG Nr. C 268 v. 6.10.1983, 25; vgl. auch *Haltern* VerwArch 96 [2005] 311 [328]; *Kokott/Henze/Sobotta* JZ 2006, 633 [640 f.]; *Pechstein* Rn. 837; Preis/Sagan/*Roloff* § 13 Rn. 60; *Schima* 67 f.). Entsprechend gering ist die Zahl der von der Kommission bislang eingeleiteten Verfahren (insgesamt nur 58 Vertragsverletzungsverfahren im Jahr 2012, vgl. EuGH Jahresbericht 2012, 99; speziell zu Vorlageverstößen *Hummert* 47 mwN).

2. Sanktion durch Staatshaftungsanspruch. Zweitens kann die **unterlegene Partei** 54
den Mitgliedstaat wegen Verletzung des Unionsrechts **auf Schadensersatz in Anspruch nehmen.** Die Möglichkeit eines Staatshaftungsanspruchs gegen einen Mitgliedstaat ist im Grundsatz seit der *Francovich*-Entscheidung des EuGH (EuGH 19.11.1991 – C-6/90 und C-9/90, Slg. 1991, I-5357) anerkannt (vgl. näher → AEUV Art. 288 Rn. 88 ff.). Mit dem Urteil in der Rs. **Köbler** (EuGH 30.9.2003 – C-224/01, Slg. 2003, I-10239) hat der Gerichtshof diese Rechtsprechung auf „hinreichend qualifizierte" Verstöße der Judikative ausgeweitet, zugleich aber die Voraussetzungen für einen Haftungsanspruch verschärft: Der Mitgliedstaat haftet danach „nur in dem Ausnahmefall, dass das Gericht **offenkundig gegen das geltende Recht verstoßen** hat" (EuGH 30.9.2003 – C-224/01 Rn. 53 – Köbler, Slg. 2003, I-10239; bestätigt in 13.6.2006 – C-173/03 Rn. 32 – Traghetti del Mediterraneo, Slg. 2006, I-5177; zust. Calliess/Ruffert/*Wegener* Rn. 39). Der EuGH gesteht den nationalen Gerichten somit einen weiten Beurteilungsspielraum zu. Auch mithilfe des Staatshaftungsanspruchs werden Verletzungen der Vorlagepflicht gem. Art. 267 III daher **nicht effektiv sanktioniert** (vgl. Broberg/*Fenger* 240; Streinz/*Ehricke* Rn. 50; Schwab/Weth/*Kerwer* ArbV Rn. 132; *Latzel/Th. Streinz* NJOZ 2013, 97 [99]; *Pechstein* Rn. 838; *Piekenbrock* EuR 2011, 317 [342]; Preis/Sagan/*Roloff* § 13 Rn. 60; *Schroeder* EuR 2011, 808 [811]; ErfK/*Wißmann* Rn. 38; fragwürdig insoweit BVerfG 6.5.2008 NVwZ-RR 2008, 658 Rn. 27).

II. Konventionsrecht

Die unionsrechtliche Vorlagepflicht des Art. 267 III wird komplementiert durch die 55
Rechtsprechung des EGMR zum Konventionsrecht. Zwar kennt die EMRK selbst keine Vorlagepflicht der nationalen Gerichte der Mitgliedstaaten der Europäischen Union an den EuGH. Nach der inzwischen gefestigten Rechtsprechung des EGMR **muss ein letztinstanzlich entscheidendes nationales Gericht,** das den EuGH trotz Anregung eines Verfahrensbeteiligten nicht nach Art. 267 III anruft, **die unterlassene Vorlage begrün-**

den. Anderenfalls verletzt es das Recht der im Rechtsstreit unterlegenen Partei auf ein **faires Verfahren nach Art. 6 I EMRK** (EGMR 21.7.2015 – 38369/09 – Schipani; 8.7.2014 – 17120/09 – Dhahbi, NVwZ-RR 2015, 546 Rn. 31 ff.; 10.4.2012 – Vergauwen; vgl. dazu auch den Erlass des österreichischen BMJ v. 18.11.2014, BMJ-EU15116/0030-EU/2014). Als **Gründe für eine Nichtvorlage** kommen nach Auffassung des EGMR allein die fehlende Entscheidungserheblichkeit, eine gesicherte Rechtsprechung des EuGH (acte éclairé) oder die Offenkundigkeit des Unionsrechts (acte clair) in Betracht.

III. Deutsches Verfassungsrecht

56 In Deutschland ist die Vorlagepflicht zusätzlich verfassungsrechtlich abgesichert. Nach ständiger Rechtsprechung des BVerfG ist der **EuGH „gesetzlicher Richter" iSd Art. 101 I 2 GG** (BVerfG 22.10.1986 BVerfGE 73, 339 = NJW 1987, 577 [578]; 8.4.1987 BVerfGE 75, 223 = NJW 1988, 1459; 9.11.1987 NJW 1988, 1456; 31.5.1990 BVerfGE 82, 159 = NVwZ 1991, 53 [57]; 6.12.2006 NVwZ 2007, 197 [198]; 6.7.2010 BVerfGE 126, 286 = NZA 2010, 995 Rn. 88; 25.1.2011 BVerfGE 128, 157 = NJW 2011, 1427 Rn. 101; 19.7.2011 NJW 2011, 3428 Rn. 96; 28.1.2014 BVerfGE 135, 155 = NVwZ 2014, 646 Rn. 177; 29.4.2014 NJW 2014, 2489 Rn. 15; 10.12.2014 NZA 2015, 375 Rn. 15; 15.1.2015 ZIP 2015, 445 Rn. 13; 15.1.2015 ZIP 2015, 542 Rn. 7; 2.2.2015 NJW 2015, 1294 Rn. 22; ebenso BAG 8.12.2011 NZA 2012, 286 Rn. 14). Das letztinstanzlich entscheidende Fachgericht ist daher nicht nur unionsrechtlich, sondern zugleich **verfassungsrechtlich verpflichtet,** entscheidungserhebliche Fragen der Auslegung oder der Gültigkeit von Unionsrecht **an den EuGH vorzulegen.**

57 **1. Entzug des gesetzlichen Richters durch willkürliche Nichtvorlage.** Allerdings stellt nach der Rechtsprechung des BVerfG nicht jede Verletzung der Vorlagepflicht zugleich einen Verfassungsverstoß dar. Art. 101 I 2 GG soll erst dann verletzt sein, wenn der Verfahrensverstoß **willkürlich** ist (st. Rspr. seit BVerfG 26.2.1954 BVerfGE 3, 359 [365]). Zur Bestimmung der Willkür führt das BVerfG ganz überwiegend die gleiche Formel an: Eine Verletzung des Art. 101 I 2 GG liegt vor, wenn „die Auslegung und Anwendung von Normen, die die gerichtliche Zuständigkeitsverteilung regeln, bei verständiger Würdigung der das Grundgesetz beherrschenden Gedanken **nicht mehr verständlich** erscheinen und **offensichtlich unhaltbar** sind" (zuletzt BVerfG 10.12.2014 NZA 2015, 375 Rn. 17; 15.1.2015 ZIP 2015, 542 Rn. 7 f.; 2.2.2015 NJW 2015, 1294 Rn. 24).

58 Hinsichtlich der Vorlagepflicht an den EuGH gem. Art. 267 III hat das BVerfG diesen abstrakten Maßstab durch **drei Fallgruppen** konkretisiert (BVerfG 31.5.1990 BVerfGE 82, 159 = NVwZ 1991, 53 [58]; 6.12.2006 NVwZ 2007, 197 [198]; 6.5.2008 NVwZ-RR 2008, 658 Rn. 17; 28.1.2014 BVerfGE 135, 155 = NVwZ 2014, 646 Rn. 181 ff.; 29.4.2014 NJW 2014, 2489 Rn. 19 ff.; 10.12.2014 NZA 2015, 375 Rn. 19 ff.; 15.1.2015 ZIP 2015, 445 Rn. 13; 15.1.2015 ZIP 2015, 542 Rn. 8; 2.2.2015 NJW 2015, 1294 Rn. 26 ff.). Ein Verstoß gegen Art. 101 I 2 GG liegt danach immer dann vor, wenn ein letztinstanzlich entscheidendes Gericht

– eine Vorlage trotz Entscheidungserheblichkeit der unionsrechtlichen Frage überhaupt nicht in Erwägung zieht, obwohl es selbst Zweifel an der richtigen Beantwortung der Frage hat **(grundsätzliche Verkennung der Vorlagepflicht),**
– in seiner Entscheidung bewusst von der Rechtsprechung des EuGH zu einer entscheidungserheblichen Frage abweicht und gleichwohl nicht oder nicht neuerlich vorlegt **(bewusstes Abweichen von der Rechtsprechung des EuGH ohne Vorlagebereitschaft)** oder
– den Gerichtshof nicht anruft, obwohl zu einer entscheidungserheblichen Frage des Unionsrechts eine einschlägige Rechtsprechung des EuGH noch nicht vorliegt, der EuGH die Frage noch nicht erschöpfend beantwortet hat oder eine Fortentwicklung der Rechtsprechung nicht nur als entfernte Möglichkeit erscheint **(Unvollständigkeit der Rechtsprechung des EuGH).**

Die beiden ersten Fallgruppen sind wenig praxisrelevant. Bei der heutigen Allgegen- 59
wärtigkeit des Europarechts ist kaum zu erwarten, dass ein letztinstanzliches Gericht die
unionsrechtlichen Implikationen eines Rechtsstreits völlig übersieht (vgl. aber immerhin die
jüngste Entscheidung BVerfG 10.12.2014 NZA 2015, 375 Rn. 39, die jedoch ihrerseits die
Vorgaben des Unionsrechts fehlinterpretiert, vgl. dazu → AEUV Art. 288 Rn. 53 f.). Auch
eine offene Gehorsamsverweigerung erscheint kaum vorstellbar (die Entscheidung BAG
17.11.2009 NZA 2010, 1020 kann nicht als Beispiel für eine solche angeführt werden, da
dort die Entscheidungserheblichkeit des Unionsrechts verneint wurde; vgl. dazu auch
BVerfG 2.2.2015 NJW 2015, 1294 Rn. 29). Eine ganz erhebliche Bedeutung erlangt
dagegen die **dritte Fallgruppe**, die nur scheinbar den vom EuGH entwickelten Kriterien
des „acte clair" und des „acte éclairé" (dazu → Rn. 43 ff.) entspricht. Tatsächlich besteht
eine Divergenz in der Rechtsprechung von BVerfG und EuGH.

Das BVerfG nimmt einen Verstoß gegen Art. 101 I 2 GG nur an, wenn das Fachgericht das 60
Vorliegen eines „acte clair" oder „acte éclairé" **willkürlich bejaht** (BVerfG 10.12.2014
NZA 2015, 375 Rn. 23) und die Auslegungs- oder Gültigkeitsfrage für den Ausgang des
konkreten Rechtsstreits **entscheidungserheblich** ist (BVerfG 2.2.2015 NJW 2015, 1294
Rn. 29). Dabei räumt das BVerfG den Fachgerichten einen weiten Beurteilungsspielraum ein
(BVerfG 15.1.2015 ZIP 2015, 445 Rn. 13). Da das BVerfG sich selbst nicht als „oberstes
Vorlagenkontrollgericht" sieht (BVerfG 9.11.1987 EuR 1978, 278; 28.1.2014 BVerfGE 135,
155 = NVwZ 2014, 646 Rn. 180; 10.12.2014 NZA 2015, 375 Rn. 18; 2.2.2015 NJW
2015, 1294 Rn. 25; *Voßkuhle* JZ 2001, 924 [925]), **reduziert es seine Kontrolldichte** auch
bei potenziellen Vorlageverstößen nach Art. 267 III und prüft lediglich, ob das Fachgericht
den ihm zukommenden **Beurteilungsspielraum „in unvertretbarer Weise" überschritten** hat (BVerfG 15.5.2014 NZA 2014, 838 Rn. 10; 15.1.2015 ZIP 2015, 445 Rn. 13). Das
ist insbesondere dann der Fall, „wenn mögliche **Gegenauffassungen** ... gegenüber der vom
Gericht vertretenen Meinung **eindeutig vorzuziehen** sind" (BVerfG 31.5.1990 BVerfGE
82, 159 = NVwZ 1991, 53 [58]; 6.12.2006 NVwZ 2007, 197 [198]; 28.1.2014 BVerfGE 135,
155 = NVwZ 2014, 646 Rn. 185; 2.2.2015 NJW 2015, 1294 Rn. 28).

Für die Auffassung des BVerfG spricht, dass die verfassungsgerichtliche Kontrolle sich auch 61
sonst auf die „Verletzung spezifischen Verfassungsrechts" beschränkt (grundlegend BVerfG
18.9.1952 BVerfGE 1, 418 [420]). Allerdings stellt sich die Situation im Fall des Art. 101 I 2
GG anders dar. Der Entzug des gesetzlichen Richters durch die unterlassene Vorlage erfolgt
gerade durch das Gericht selbst. Die Beschränkung der verfassungsgerichtlichen Kontrolldichte
soll die Kompetenz der Fachgerichtsbarkeit zur rechtlichen Würdigung des Handelns
von Bürgern oder Behörden sichern. Erfolgt der Gesetzesverstoß aber unmittelbar durch das
Fachgericht, so geht es nicht um die Kompetenzverteilung zwischen Verfassungsgericht und
Fachgerichtsbarkeit. Eine Selbstbeschränkung des BVerfG auf eine Willkürkontrolle führt
im Gegenteil dazu, dass dem von dem Verfahrensverstoß Betroffenen **kein effektiver
Rechtsschutz** gewährt wird. Die Voraussetzungen, die das BVerfG an das Vorliegen von
Willkür stellt, sind kaum erfüllbar (vgl. aber jüngst BVerfG 2.2.2015 NJW 2015, 1294
Rn. 29 ff. für den Fall, dass der deutsche Gesetzgeber selbst die unionsrechtlichen Vorgaben
als „nicht zweifelsfrei" eingeschätzt hatte). Es handelt sich im Kern um dieselbe Prüfung, die
der EuGH mit den *CILFIT*-Kriterien anlegt (→ Rn. 43 ff.), nur aus umgekehrtem Blickwinkel:
Das BVerfG prüft, ob die *Auffassung des Fachgerichts* zu einer unionsrechtlichen Frage
„vertretbar" ist. Nach der Rechtsprechung des EuGH kommt es dagegen darauf an, ob sich
eine *Gegenauffassung* „vertretbar" begründen lässt (*Roth* NVwZ 2009, 345 [351]). Die
unionsrechtliche Vorlagepflicht entfällt nur dann, wenn **sämtliche Gegenauffassungen
willkürlich** sind („negative Willkürprüfung", vgl. *Höpfner* EuZA 2011, 97 [105]). Dies ist
richtigerweise bei der Auslegung des Art. 101 I 1 GG mit zu berücksichtigen.

Inzwischen hat der Erste Senat des BVerfG immerhin klargestellt, dass der **Bezugspunkt** 62
der verfassungsgerichtlichen Prüfung nicht die Vertretbarkeit der Auslegung der unionsrechtlichen
Sachnorm, sondern der Interpretation der **Vorlagepflicht nach Art. 267 III** ist
(BVerfG 30.8.2010 NJW 2011, 288 Rn. 48; 25.1.2011 BVerfGE 128, 157 = NJW 2011, 1427

Rn. 104; 19.7.2011 NJW 2011, 3428 Rn. 98; *Britz* NJW 2012, 1313 [1314]; 2.2.2015 NJW 2015, 1294 Rn. 25). Jedoch ist der **Willkürmaßstab generell verfehlt** und sollte nicht nur für unterlassene Vorlagen an den EuGH, sondern für sämtliche Verletzungen von Vorlagepflichten aufgegeben werden (*Bettermann* AöR 94 [1969] 263 [280 ff.]; *Höpfner* NZA 2008, 91 [94]; *ders.* EuZA 2011, 97 [105]; *Leisner* NJW 1989, 2446, [448]; *Rüthers/Bakker* ZfA 1992, 199 [220 ff.]; *Schroeder* EuR 2011, 801 [820 ff.]; *Voßkuhle* JZ 2001, 924 [925]; für Art. 267 auch *Bäcker* NJW 2011, 270 [272]; *Calliess* NJW 2013, 1905 [1907]; *Fastenrath* NJW 2009, 272 [274 f.]; *ders.*, FS Ress, 2005, 461 [478 ff.]; *Hilf* EuR 1985, 1 [11 ff.]; Schwab/Weth/*Kerwer* ArbV Rn. 131; *Nicolaysen* EuR 1985, 368 [373 f.]; *Roth*, NVwZ 2009, 345 [349]; *Temming* ZESAR 2010, 276 [279 ff.]; *Thüsing/Pötters/Traut* NZA 2010, 903 [932 f.]; **aA** *Michael* JZ 2012, 870 [877 f.]). Im Bereich des Art. 267 III wäre damit zugleich ein vom Unionsrecht zwar nicht gebotener (vgl. *Kokott/Henze/Sobotta* JZ 2006, 633 [636 f.]), aber doch wünschenswerter Gleichlauf mit der Rechtsprechung des EuGH (→ Rn. 43 ff.) hergestellt.

63 Einer in der Sache begrüßenswerten Anpassung des Prüfungsmaßstabs und **Ausweitung der Kontrolldichte** durch die **3. Kammer des Ersten Senats** (BVerfG 25.2.2010 NZA 2010, 439 Rn. 20 f.; dazu *Bäcker* NJW 2011, 270; *Calliess* NJW 2013, 1905; *Höpfner* EuZA 2011, 97; *Michael* JZ 2012, 870; *Temming* ZESAR 2010, 276; *Thüsing/Pötters/Traut* NZA 2010, 930; *Schroeder* EuR 2011, 801 [815 ff.]) ist der **Zweite Senat** des BVerfG jedoch umgehend entgegengetreten und hat klargestellt, dass auch künftig bei der Prüfung von Vorlageverstößen nach Art. 267 III **am Willkürmaßstab festzuhalten** sei (BVerfG 6.7.2010 BVerfGE 126, 286 = NZA 2010, 995 Rn. 89). Der Erste Senat hat seither keine „negative Willkürprüfung" mehr vorgenommen, sondern ist zur früheren Willkürkontrolle zurückgekehrt (vgl. BVerfG 25.1.2011 BVerfGE 128, 157 = NJW 2011, 1427 Rn. 110 ff.; 19.7.2011 NJW 2011, 3428 Rn. 100; 15.1.2015 ZIP 2015, 445 Rn. 13 f.; 15.1.2015 ZIP 2015, 542 Rn. 10; **anders** aber die Einschätzung von Schwab/Weth/*Kerwer* ArbV Rn. 131).

64 **2. Entzug des gesetzlichen Richters durch unzulässige Vorlage?** Eine unionsrechtliche Vorlagepflicht nach Art. 267 III besteht nur in den Fällen, in denen das Unionsrecht im konkreten, vom nationalen Gericht zu beurteilenden Sachverhalt anwendbar ist (→ Rn. 21, 39). Da Art. 101 I 2 GG als normgeprägtes Recht („gesetzlicher Richter") akzessorisch zum zugrunde liegenden Verfahrensrecht ist (vgl. *Temming* ZESAR 2010, 276 [279]), kommt ein Verfassungsverstoß nur in Betracht, wenn das deutsche Fachgericht unionsrechtlich zur Vorlage verpflichtet war. **Außerhalb des Anwendungsbereichs des Unionsrechts** ist der **EuGH** daher grds. **nicht „gesetzlicher Richter"** iSd Art. 101 I 2 GG (BVerfG 24.4.2013 NJW 2013, 1499 Rn. 91).

65 Nicht abschließend geklärt ist die rechtliche Beurteilung einer Vorlage an den EuGH außerhalb des Anwendungsbereichs des Unionsrechts. Das BVerfG hat jüngst in zwei Entscheidungen jeweils ohne weitere Argumentation obiter dicens behauptet, eine **Verletzung von Art. 101 I 2 GG** komme nicht nur bei einer gebotenen Nichtvorlage, sondern auch **durch unzulässige Vorlage an den** außerhalb des Anwendungsbereichs des Unionsrechts **unzuständigen EuGH** in Betracht (BVerfG 28.1.2014 BVerfGE 135, 155 = NVwZ 2014, 646 Rn. 177; 2.2.2015 NJW 2015, 1294 Rn. 21: „... oder stellt es ein Vorabentscheidungsersuchen, obwohl eine Zuständigkeit des Gerichtshofs nicht gegeben ist").

66 Selbst wenn man nur die Fälle einer offensichtlich fehlenden Zuständigkeit des EuGH darunter fassen wollte (vgl. zur Vorlagepflicht bei Zweifeln über die Anwendbarkeit von Unionsrecht zuletzt EuGH 11.9.2014 – C-112/13 Rn. 34 ff. – A, EuZW 2014, 950), ist die **Auffassung des BVerfG abzulehnen** (ebenso *Latzel* JZ 2014, 392). Zwar kann einer Partei der gesetzliche Richter nicht nur durch Vorenthalten eines nach dem Verfahrensrecht zuständigen Richters, sondern auch durch das **Mitwirken eines unzuständigen Spruchkörpers** bzw. einer unzuständigen Person entzogen werden. Allerdings entscheidet der vom nationalen Gericht mangels Zuständigkeit unzulässig angerufene EuGH gerade nicht in der Angelegenheit der Parteien des Ausgangsverfahrens, sondern legt nur abstrakt den Inhalt des Unionsrechts aus (zur fehlenden Kontrolle der Zulässigkeit der Vorlage durch den EuGH

→ Rn. 25). Die Anwendung des Unionsrechts sowie des nationalen Rechts obliegt allein dem innerstaatlichen Gericht. Ist der Anwendungsbereich des Unionsrechts nicht eröffnet und sind die unionsrechtlichen Vorgaben auch nicht mittelbar aufgrund einer überschießenden Richtlinienumsetzung von Bedeutung (dazu → Rn. 23), so darf das nationale Gericht die Entscheidung des EuGH im Ausgangsrechtsstreit nicht berücksichtigen. Tut es dies doch, **verstößt es gegen materielles Recht** sowie gegen die richterliche **Gesetzesbindung** nach Art. 20 III GG, sodass eine verfassungsgerichtliche Kontrolle des Urteils im Wege einer **auf Art. 2 I GG gestützten Verfassungsbeschwerde** durch die unterlegene Partei (vgl. dazu BVerfG 25.1.2011 NJW 2011, 836 Rn. 43 ff.) möglich ist. Eine Verletzung des Art. 101 I 2 GG liegt hingegen nicht vor.

F. Vorlageverfahren

I. Verfahren vor dem nationalen Gericht

1. Vorlagebeschluss. Das Vorabentscheidungsverfahren beginnt durch ein Vorlageersuchen des nationalen Gerichts an den EuGH. Nach dem deutschen Verfahrensrecht ist hierzu ein **Vorlagebeschluss** erforderlich (vgl. *Latzel/Th. Streinz* NJOZ 2013, 97 [100]). Die inhaltlichen Anforderungen an das Vorlageersuchen richten sich nach dem **unionsrechtlichen Verfahrensrecht**, das in der nach Maßgabe des Art. 281 AEUV erlassenen **EuGH-Satzung** (Protokoll Nr. 3 über die Satzung des Gerichtshofs der Europäischen Union, ABl. EU Nr. C 83 v. 30.3.2010, 210) sowie der ergänzenden (vgl. Art. 63 EuGH-Satzung) und konkretisierenden **EuGH-VerfO** (Verfahrensordnung des Gerichtshofs vom 25.9.2012 in der am 18.6.2013 geänderten Fassung, ABl. EU Nr. L 173 v. 26.6.2013, 65) näher geregelt ist. Die EuGH-Satzung ist nach Art. 51 EUV Bestandteil der Verträge und nimmt somit den Rang von europäischem Primärrecht ein (GHN/*Klinke* AEUV Art. 281 Rn. 3). Bei der auf Grundlage des Art. 254 V AEUV erlassenen EuGH-VerfO handelt es sich demgegenüber um einen sekundärrechtlichen Unionsrechtsakt sui generis mit verordnungsähnlichem Charakter (GHN/*Klinke* AEUV Art. 281 Rn. 46). Etwaige Widersprüche zwischen Satzung und Verfahrensordnung sind daher stets zugunsten der ersteren aufzulösen. 67

Auf Grundlage seiner Verfahrensordnung hat der Gerichtshof **Empfehlungen an die nationalen Gerichte bezüglich der Vorlage von Vorabentscheidungsersuchen** (ABl. EU Nr. C 338 v. 6.11.2012, 1; abrufbar unter curia.europa.eu) verfasst. Die Empfehlungen selbst sind unverbindlich (vgl. Ziff. 6 der Empfehlungen), beruhen jedoch auf den für die mitgliedstaatlichen Gerichte zwingenden Vorgaben der EuGH-VerfO und der EuGH-Satzung. Ihre Einhaltung ist daher unbedingt anzuraten, zumal ein standardisiertes Verfahren potenzielle Fehlerursachen minimiert. 68

Art. 94 VerfO-EuGH nennt den **obligatorischen Inhalt von Vorabentscheidungsersuchen;** notwendig sind: 69

- eine kurze **Darstellung des Streitgegenstands und des maßgeblichen Sachverhalts,** wie er vom vorlegenden Gericht festgestellt worden ist, oder zumindest eine Darstellung der tatsächlichen Umstände, auf denen die Fragen beruhen;
- der **Wortlaut der** möglicherweise auf den Fall anwendbaren **nationalen Vorschriften** und ggf. die einschlägige **nationale Rechtsprechung** (im Idealfall unter Angabe einer genauen Fundstelle);
- eine Darstellung der **Gründe,** aus denen das vorlegende Gericht **Zweifel bezüglich der Auslegung oder der Gültigkeit** bestimmter Vorschriften des Unionsrechts hat, und den **Zusammenhang,** den es zwischen diesen Vorschriften und dem auf den Ausgangsrechtsstreit anwendbaren nationalen Recht herstellt.

Darüber hinaus muss das vorlegende Gericht die **Parteien des Ausgangsrechtsstreits** bezeichnen, weil diese zugleich Parteien des Vorabentscheidungsverfahrens vor dem EuGH sind (Art. 96 I lit. a, 97 I **EuGH-VerfO**). Dem nationalen Gericht steht es frei, Namens- 70 angaben und personenbezogene Daten unkenntlich zu machen, wenn es dies für erforderlich hält (Art. 95 I EuGH-VerfO sowie Ziff. 27 der Empfehlungen).

71 Das vorlegende Gericht hat das Vorabentscheidungsersuchen in seiner eigenen Verfahrenssprache zu stellen. Vorlagen aus Deutschland sind also stets **in deutscher Sprache abzufassen**. Das Vorabentscheidungsersuchen wird anschließend den Mitgliedstaaten in der Originalfassung zusammen mit einer von der Kanzlei des Gerichtshofs angefertigten Übersetzung in der Amtssprache des Empfängerstaats zugestellt (Art. 98 I EuGH-VerfO). Das Vorabentscheidungsersuchen sollte **einfach, klar und präzise** abgefasst sein und keine überflüssigen Elemente enthalten. Die **Vorlagefragen** müssen in einem gesonderten und klar kenntlich gemachten Teil der Vorlageentscheidung, vorzugsweise an deren Anfang oder Ende, aufgeführt sein (Ziff. 26 der Empfehlungen). Der EuGH empfiehlt einen Gesamtumfang von „nicht mehr als ungefähr **zehn Seiten**" (Ziff. 22 der Empfehlungen). Gleichwohl muss das Ersuchen ausführlich genug sein und alle relevanten Informationen enthalten, damit der Gerichtshof und die Verfahrensbeteiligten den tatsächlichen und rechtlichen Rahmen des Ausgangsrechtsstreits richtig erfassen können (Ziff. 22 der Empfehlungen). Die bisherige Praxis zeigt, dass der Ausgang des Vorabentscheidungsverfahrens nicht unerheblich von einem sorgfältigen und wohlbegründeten Vorlagebeschluss beeinflusst werden kann. Es ist daher dringend anzuraten, bei der Gestaltung des Vorabentscheidungsersuchens die **Rechtslage nach der mitgliedstaatlichen Rechtsordnung** – unter Berücksichtigung sowohl von kodifiziertem Recht als auch von Richterrecht –, eine etwaige **Atypizität des vorliegenden Sachverhalts** sowie die sich aus der Beantwortung der Vorlagefragen ergebenden **Konsequenzen** für die Entscheidung des Ausgangsrechtsstreits und ggf. vergleichbarer Verfahren so präzise darzulegen und zu erläutern, dass ein Spruchkörper, der mit den Feinheiten der einzelstaatlichen Rechtsordnung möglicherweise nicht im Detail vertraut ist, die ihm vorgelegten Fragen sachdienlich und sinnvoll beantworten kann. Dabei ist es dem vorlegenden Gericht unbenommen, in knapper Form einen **Vorschlag** abzugeben, wie die zur Vorabentscheidung vorgelegten Fragen **seiner Ansicht nach beantwortet** werden sollten (Ziff. 24 der Empfehlungen). Davon hat etwa jüngst das BVerfG in seinem Vorlagebeschluss zur Gültigkeit des OMT-Beschlusses des Rates der EZB exzessiv Gebrauch gemacht (BVerfG 14.1.2014 BVerfGE 134, 366 = NJW 2014, 907 Rn. 55 ff.).

72 Inhaltlich muss die Vorlagefrage auf die **Auslegung oder Gültigkeit von Unionsrecht** gerichtet sein. Der EuGH hat weder über die Anwendung des Unionsrechts im konkreten Ausgangsrechtsstreit noch über die Auslegung und Anwendbarkeit des nationalen Rechts zu entscheiden (→ Rn. 10 ff.). Darauf gerichtete Vorlagefragen sind unzulässig, können aber vom Gerichtshof in zulässige Fragen umgedeutet werden. Unzulässig wäre etwa die Frage, ob eine bestimmte Vorschrift des nationalen Rechts mit Unionsrecht vereinbar oder vor dem Hintergrund des Unionsrechts in einem bestimmten Sinne auszulegen ist. Auch wenn die Vorlagefrage auf die abstrakte Auslegung von Unionsrecht gerichtet sein muss, ist gleichwohl ein Bezug zum konkreten Rechtsproblem nach dem nationalen Recht möglich und empfehlenswert (*Dauses* 126). Für die **Auslegung des Unionsrechts** bietet sich folgende **Formulierung der Vorlagefrage** an: „Ist Art. [konkrete Bezeichnung der unionsrechtlichen Vorschrift] dahingehend auszulegen, dass er einer nationalen Regelung entgegensteht, wonach [Darstellung des Regelungsinhalts der entscheidungserheblichen nationalen Rechtsnorm]?" (vgl. *Latzel/Th. Streinz* NJOZ 2013, 97 [102]; *Schima* 86). Diese Frage ermöglicht es dem Gerichtshof, nicht über die Vereinbarkeit der betreffenden mitgliedstaatlichen Rechtsnorm, sondern einer inhaltsgleichen abstrakten Regelung mit den Vorgaben des Unionsrechts zu entscheiden. Nach Beantwortung der Vorlagefrage entscheidet dann das vorlegende nationale Gericht in eigener Zuständigkeit, auf welche Weise (etwa durch unionsrechtskonforme Auslegung oder mittels Unanwendbarkeit des nationalen Rechts) es die Vorgaben des Unionsrechts bei der Anwendung des innerstaatlichen Rechts berücksichtigen kann.

73 Das nationale Gericht kann **mehrere Vorlagefragen** stellen. Das kann sich auch bei einer einzigen Rechtsfrage empfehlen, wenn die Rechtslage derart komplex ist, dass die Abfassung in einer Vorlagefrage zu einem wenig verständlichen Konvolut führt (vgl. *Latzel/Th. Streinz*

NJOZ 2013, 97 [102 f.]). Allerdings fasst der EuGH nicht selten Fragen zusammen, um sie einheitlich zu beantworten. Ohne Weiteres zulässig sind **konditionierte Fragestellungen,** dh nachrangige Fragen, die an die konkrete Beantwortung einer höherrangigen Frage anknüpfen („Falls die erste Frage bejaht wird, ..."). Allerdings ist der **EuGH an die Verknüpfung** der einzelnen Vorlagefragen miteinander und an ihre Reihenfolge **nicht gebunden.** So hat er etwa in der Rs. *Meister* die vom BAG (20.5.2010 NZA 2010, 1006) vorrangig gestellte Frage nach einem unionsrechtlichen Auskunftsanspruch eines abgelehnten Bewerbers verneint, aber gleichwohl die nur für den Fall der Bejahung eines derartigen Anspruchs gestellte Frage, ob die Verweigerung der Auskunft ein Indiz für die vom Bewerber behauptete Diskriminierung darstellen könne, als Teil seiner Antwort auf die erste Frage unter gewissen Voraussetzungen bejaht (EuGH 19.4.2012 – C-415/10 Rn. 47 – Meister, NZA 2012, 493).

Im Vorabentscheidungsersuchen muss das vorlegende Gericht zur **Entscheidungserheb-** 74 **lichkeit** der Vorlagefrage Stellung nehmen. Für die vom EuGH vorzunehmende Willkürprüfung (→ Rn. 25) ist es unerlässlich, dass das nationale Gericht die **Gründe darlegt,** aus denen es eine Beantwortung seiner Fragen als für die Entscheidung des Rechtsstreits erforderlich ansieht (EuGH 16.7.1992 – C-343/90 Rn. 19 – Lourenço Dias, Slg. 1992, I-4673; 3.5.2012 – C-185/12 Rn. 5 – Ciampaglia, BeckRS 2012, 81560; 27.11.2012 – C-370/12 Rn. 84 – Pringle, NJW 2013, 29). Stellt das Gericht mehrere Vorlagefragen, ist die Entscheidungserheblichkeit **für jede Vorlagefrage gesondert** zu begründen (*Latzel/Th. Streinz* NJOZ 2013, 97 [101]).

2. Aussetzung des Verfahrens. In der Praxis enthält das Vorabentscheidungsersuchen 75 des nationalen Gerichts neben dem Vorlagebeschluss in aller Regel zugleich einen Beschluss über die **Aussetzung des Verfahrens** bis zur Entscheidung des Gerichtshofs. In arbeitsgerichtlichen Verfahren und in Zivilsachen vor deutschen Gerichten erfolgt die Aussetzung **analog § 148 ZPO.** Eine gesonderte Begründung der Aussetzung ist nicht notwendig (*Latzel/Th. Streinz* NJOZ 2013, 97 [100]). Nach überwiegender Auffassung soll die Aussetzung des Ausgangsverfahrens vor dem nationalen Gericht zwar gängige Praxis, jedoch **unionsrechtlich nicht verpflichtend** sein, sodass während des beim EuGH anhängigen Verfahrens etwa eine (weitere) Beweisaufnahme zulässig sein soll, die uU sogar zum Wegfall der Entscheidungserheblichkeit führen kann (*Füßer/Höher* EuR 2001, 784 [786 f.]; *Latzel/ Th. Streinz* NJOZ 2013, 97 [100]; *Pechstein* Rn. 878; *Schima* 93). Aus verfahrensökonomischer Sicht erscheint dies zweifelhaft. Auch der EuGH scheint dieser Auffassung nicht zu folgen. Aus **Art. 23 I 1 EuGH-Satzung** folgert er, dass „die Einreichung eines Vorabentscheidungsersuchens dazu führt, dass das nationale Verfahren bis zur Entscheidung des Gerichtshofs ausgesetzt wird" (Ziff. 29 Hs. 2 der Empfehlungen).

Bisher nicht höchstrichterlich geklärt ist, ob das nationale Gericht vor der Aussetzung des 76 Verfahrens die **Parteien anhören** muss. Das OLG Rostock bejaht eine Anhörungspflicht unter Verweis auf Art. 103 I GG, § 33a StPO jedenfalls in Strafverfahren (OLG Rostock 12.11.2012 BeckRS 2012, 25359; generell für Anhörungsrecht GHN/*Karpenstein* Rn. 30; enger Preis/Sagan/*Roloff* § 13 Rn. 87: nur, wenn keine Vorlagepflicht besteht).

II. Verfahren vor dem EuGH

Gem. Art. 16 I EuGH-Satzung und Art. 11 I, 28 EuGH-VerfO bildet der Gerichtshof 77 **Kammern mit drei und mit fünf Richtern,** denen jeweils ein Präsident vorsitzt. Die **Große Kammer** besteht nach Art. 16 II EuGH-Satzung und Art. 27 EuGH-VerfO aus **13 Richtern** unter **Vorsitz des EuGH-Präsidenten.** Die Zuteilung der Richter zu den Kammern wird im Amtsblatt der Europäischen Union veröffentlicht (Art. 11 V EuGH-VerfO).

Grundsätzlich verhandelt und entscheidet der Gerichtshof in der Besetzung als **Kammer** 78 **mit fünf oder mit drei Richtern** (Art. 60 I EuGH-VerfO). Als **Große Kammer** tagt der Gerichtshof nur, wenn ein am Verfahren beteiligter Mitgliedstaat oder ein beteiligtes Unionsorgan dies **beantragt** (Art. 16 III EuGH-Satzung) oder wenn die **Schwierigkeit**

oder Bedeutung der Rechtssache oder sonstige besondere Umstände eine Verweisung an die Große Kammer erfordern (Art. 60 I EuGH-VerfO). In ganz besonderen Ausnahmefällen (vgl. Art. 16 IV, V EuGH-Satzung) kann der Gerichtshof als **Plenum** entscheiden, etwa im Vorabentscheidungsverfahren in der Rechtssache *Pringle* (EuGH 27.11.2012 – C-370/12 – Pringle, NJW 2013, 29) über Gültigkeit des Europäischen Stabilitätsmechanismus ESM (Beschluss 2011/199/EU).

79   Die Spruchkörper entscheiden als Kollegialorgan mit der **einfachen Mehrheit ihrer Mitglieder** (*Pechstein* Rn. 161). Das gilt auch für die mit drei Richtern besetzten Kammern. Zwar verlangt Art. 17 II EuGH-Satzung, dass die Entscheidungen der Kammern mit (mindestens) drei Richtern getroffen werden. Diese Vorschrift betrifft jedoch trotz der missverständlichen Formulierung (insbesondere unter Berücksichtigung des abweichenden Wortlauts von Art. 17 III, IV EuGH-Satzung) lediglich die **Beschlussfähigkeit** der Kammern (so ausdrücklich Art. 35 I EuGH-VerfO).

80   Als Verfahrenssprache kommt nach Art. 36 EuGH-VerfO grds. jede der derzeit 24 Amtssprachen der Union in Betracht. In Vorabentscheidungsverfahren ist **Verfahrenssprache** nach Art. 37 III EuGH-VerfO die **Sprache des vorlegenden Gerichts.** Die **Übersetzung** von mündlichen oder schriftlichen Äußerungen in die anderen Amtssprachen obliegt nach Art. 39 EuGH-VerfO der Kanzlei des Gerichtshofs. Von der Verfahrenssprache zu unterscheiden ist die zur Vermeidung von Kosten und Aufwand einheitlich festgelegte **interne Arbeitssprache** des Gerichtshofs (noch immer überwiegend Französisch).

81   **Beteiligte im Vorabentscheidungsverfahren** vor dem Gerichtshof sind nach Art. 96 I AEUV: die **Parteien des Ausgangsrechtsstreits,** die vom vorlegenden Gericht als solche bezeichnet werden; die **Mitgliedstaaten**; die **Europäische Kommission;** das Organ, von dem die Handlung, deren Gültigkeit oder Auslegung streitig ist, ausgegangen ist; ggf. Vertrags- oder Drittstaaten als Vertragspartner eines streitgegenständlichen Abkommens mit der Union. Die Mitgliedstaaten und die Unionsorgane werden vor dem EuGH gem. Art. 19 I EuGH-Satzung **durch einen Bevollmächtigten vertreten,** der für jede Sache neu zu bestellen ist. Die Parteien des Ausgangsverfahrens müssen nach Art. 19 III, IV EuGH-Satzung **durch einen Anwalt vertreten** sein, der berechtigt ist, vor einem Gericht eines Mitgliedstaats aufzutreten.

82   Das **schriftliche Verfahren** (vgl. Art. 20 I, II EuGH-Satzung, Art. 53 I, 57 ff. EuGH-VerfO) vor dem EuGH beginnt gem. Art. 23 I EuGH-Satzung mit der **Übermittlung des Vorlageersuchens** durch das nationale Gericht **an die Kanzlei des Gerichtshofs** (vgl. die konkreten Angaben in Ziff. 33 der Empfehlungen). Der Kanzler stellt den Vorlagebeschluss den Parteien, den Mitgliedstaaten, der Kommission sowie den betroffenen Unionsorganen zu. Diese haben nach Art. 23 II EuGH-Satzung das Recht, **binnen zwei Monaten** zzgl. einer pauschalen Entfernungsfrist von 10 Tagen (Art. 51 EuGH-VerfO) nach Zustellung beim Gerichtshof Schriftsätze einzureichen oder **schriftliche Erklärungen abzugeben.** Erwiderungen, Repliken und Dupliken sind im Vorabentscheidungsverfahren nicht vorgesehen. Schriftsätze sind im Original und handschriftlich unterzeichnet mitsamt fünf beglaubigten Kopien und einem Verzeichnis der Belegstücke und Unterlagen einzureichen (Art. 57 I–IV EuGH-VerfO). Ihre maximale Länge sollte 20 Seiten nicht überschreiten (Art. 58 EuGH-VerfO iVm Ziff. 11 der Praktischen Anweisungen für die Parteien in den Rechtssachen vor dem Gerichtshof, ABl. EU Nr. L 31 v. 31.1.2014, 1). Zur **Fristwahrung** ist der Eingang des Originals bei der Kanzlei des Gerichtshofs maßgebend (Art. 57 VI EuGH-VerfO). Eine per Telefax eingereichte Kopie wahrt nur dann die Frist, wenn das unterzeichnete Original mitsamt der Anlagen und Kopien spätestens zehn Tage später bei der Kanzlei eingereicht wird (Art. 57 VII EuGH-VerfO).

83   Zur Vereinfachung und Beschleunigung des Schriftverkehrs stellt der EuGH (gemeinsam mit dem EuG und dem Gericht für den öffentlichen Dienst) auf Grundlage von Art. 48 IV, 57 VIII EuGH-VerfO seit 2011 das **elektronische Kommunikationssystem e-Curia** kostenfrei zur Verfügung (Beschluss des Gerichtshofs über die Einreichung und die Zustellung von Verfahrensschriftstücken im Wege der Anwendung e-Curia v. 13.9.2011, ABl. EU Nr. C

Vorlageverfahren   **Art. 267 AEUV 20**

289 v. 1.10.2011, 7). Nach Eröffnung eines Kontos können die Nutzer e-Curia in allen Rechtssachen nutzen, in denen sie zu Vertretern bestellt werden. Das System ermöglicht es den Vertretern, **Verfahrensstücke** mitsamt Anlagen auf elektronischem Weg **fristwahrend im PDF-Format einzureichen,** ohne dass es einer Zugangsbestätigung auf dem Postweg bedarf. Zugleich werden den Vertretern Verfahrensschriftstücke auf elektronischem Weg zugestellt.

Der Präsident des Gerichtshofs bestimmt so bald wie möglich nach Eingang des Vorabent- 84
scheidungsersuchens den **Berichterstatter** für die Rechtssache (Art. 15 I EuGH-VerfO). Zugleich entscheidet der Erste Generalanwalt nach Art. 16 I EuGH-VerfO über die Zuweisung der Rechtssache an einen **Generalanwalt.** Diese Praxis entspricht nicht der nach Art. 101 I 2 GG für Rechtsstreitigkeiten vor deutschen Gerichten verfassungsrechtlich notwendigen abstrakt-generellen Vorherbestimmung des zuständigen Richters und Spruchkörpers (*Pechstein* Rn. 105).

Das **mündliche Verfahren** (vgl. Art. 76 ff. EuGH-VerfO) umfasst die Verlesung des von 85
einem Berichterstatter vorgelegten Berichts, die Anhörung der Bevollmächtigten, Beistände und Anwälte und der Schlussanträge des Generalanwalts sowie ggf. die Vernehmung von Zeugen und Sachverständigen (Art. 20 IV EuGH-Satzung). Die Verhandlung ist grds. **öffentlich** (Art. 31 EuGH-Satzung; vgl. zu Ausnahmen Art. 79 EuGH-VerfO). In der mündlichen Verhandlung können alle **Beteiligten** (→ Rn. 81) **Erklärungen abgeben,** und zwar auch dann, wenn sie am schriftlichen Verfahren nicht teilgenommen haben (Art. 96 II EuGH-VerfO).

Der Gerichtshof kann **von einer mündlichen Verhandlung absehen,** wenn er sich 86
durch die im schriftlichen Verfahren eingereichten Schriftsätze oder Erklärungen für **ausreichend unterrichtet** hält, um eine Entscheidung zu erlassen, sofern die mündliche Verhandlung nicht von einem Beteiligten mit Angabe von Gründen beantragt wird, der am schriftlichen Verfahren nicht teilgenommen hat (Art. 76 II, III EuGH-VerfO). Ist der Gerichtshof der Auffassung, dass eine Rechtssache **keine neue Rechtsfrage aufwirft,** kann er nach Anhörung des Generalanwalts beschließen, dass **ohne Schlussanträge** über die Sache entschieden wird (Art. 20 V EuGH-Satzung).

Die **durchschnittliche Dauer** der im Jahr 2012 erledigten Vorabentscheidungsverfahren 87
betrug **15,7 Monate** (EuGH Jahresbericht, 2012, 110). Nach Art. 105 EuGH-VerfO kann der Präsident des Gerichtshofs auf Antrag des vorlegenden Gerichts oder **ausnahmsweise** von Amts wegen, nach Anhörung des Berichterstatters und des Generalanwalts ein **beschleunigtes Verfahren** anordnen, wenn die Art der Rechtssache ihre rasche Erledigung erfordert. Der Umstand, dass von der Entscheidung des Ausgangsrechtsstreits eine große Zahl von Personen oder Rechtsverhältnissen betroffen ist, stellt jedoch für sich allein keinen außergewöhnlichen Umstand dar, der ein beschleunigtes Verfahren rechtfertigen könnte (Ziff. 38 der Empfehlungen). Daher ist die Bedeutung der beschleunigten Vorabentscheidungsverfahren in der Praxis sehr gering (acht bewilligte Anträge im Zeitraum von 2008 bis 2012, vgl. EuGH Jahresbericht, 2012, 113). Gibt der Präsident des EuGH dem Antrag des vorlegenden Gerichts auf ein beschleunigtes Verfahren durch Beschluss statt (vgl. etwa den Beschluss des Präsidenten v. 5.6.2014 – C-169/14), wird umgehend nach Eingang des Vorlageersuchens der Termin für die mündliche Verhandlung anberaumt. Zudem kann die Frist zur schriftlichen Stellungnahme auf nicht unter 15 Tage reduziert werden. Der Gerichtshof entscheidet im beschleunigten Verfahren ohne Schlussanträge, sondern lediglich nach Anhörung des Generalanwalts. Das vom beschleunigten Verfahren zu unterscheidende Eilvorabentscheidungsverfahren (Art. 107 ff. EuGH-VerfO) hat keine Bedeutung für arbeitsgerichtliche Rechtsstreitigkeiten.

Das Vorabentscheidungsverfahren als solches ist als Zwischenstreit in dem bei dem vor- 88
legenden Gericht anhängigen Rechtsstreit **gerichtskostenfrei** (EuGH 1.3.1973 – 62/72 Rn. 5 f. – Bollmann, Slg. 1973, 269; 6.12.2001 – C-472/99 Rn. 26 – Clean Car Autoservice, Slg. 2001, I-9687). Über die Festsetzung der Kosten, die den Parteien des Ausgangsverfahrens im Zusammenhang mit einem Vorabentscheidungsverfahren entstanden sind,

entscheidet nach Art. 102 EuGH-VerfO **das vorlegende Gericht.** Der EuGH hat zur inhaltsgleichen Vorgängervorschrift des Art. 104 § 5 EuGH-VerfO (ABl. EG Nr. L 238 v. 12.9.1979, 1) ausdrücklich klargestellt, dass die Regelung nicht nur die Zuständigkeit für die Kostenentscheidung betrifft, sondern dass sich die Höhe und Verteilung der Kosten insgesamt **nach dem Verfahrensrecht des Mitgliedstaates bemisst,** aus dessen Gerichtsbarkeit das Vorabentscheidungsersuchen gestellt worden ist (EuGH 6.12.2001 – C-472/99 Rn. 23 ff. – Clean Car Autoservice, Slg. 2001, I-9687). Die Entscheidungen des Gerichtshofs in Vorabentscheidungsverfahren enthalten zu den Kosten daher stets denselben Textbaustein: „Für die Parteien des Ausgangsverfahrens ist das Verfahren ein Zwischenstreit in dem bei dem vorlegenden Gericht anhängigen Rechtsstreit; die Kostenentscheidung ist daher Sache dieses Gerichts."

89 Die **Anwaltskosten** bemessen sich nach den innerstaatlichen Vergütungsvorschriften. Gem. § 38 I 1 RVG gelten in Vorabentscheidungsverfahren vor dem EuGH die Vorschriften in Teil 3 Abschnitt 2 Unterabschnitt 2 des Vergütungsverzeichnisses entsprechend. Nach Nr. 3206 VV-RVG fällt für die Vertretung durch einen Rechtsanwalt im Vorabentscheidungsverfahren eine **1,6-fache Verfahrensgebühr** an. Darüber hinaus kann dieser selbst dann, wenn im Vorabentscheidungsverfahren ohne mündliche Verhandlung entschieden wird, eine **1,5-fache Terminsgebühr** nach Nr. 3210 VV-RVG beanspruchen (BGH 8.5.2012 NJW 2012, 2118 Rn. 8 ff.).

90 Gem. Art. 115 ff. EuGH-VerfO kann einer Partei unter den dort genannten Voraussetzungen auf Antrag **Prozesskostenhilfe** für das Verfahren beim EuGH bewilligt werden. Für Vorabentscheidungsverfahren aus Deutschland haben diese Regelungen jedoch keine Bedeutung, da sie gegenüber dem nationalen Prozesskostenhilferecht subsidiär sind (Ziff. 32 der Empfehlungen; GHN/*Karpenstein* Rn. 99; Schwab/Weth/*Kerwer* ArbV Rn. 160). In Deutschland umfasst die Bewilligung von Prozesskostenhilfe – sowie in Zivilsachen die Beiordnung eines beim BGH zugelassenen Rechtsanwalts – für das Revisionsverfahren **auch die Vertretung** in einem zwischengeschalteten Vorabentscheidungsverfahren **vor dem EuGH** (BGH 16.1.2014 NJW 2014, 1539).

G. Die Entscheidung des EuGH

91 Der Gerichtshof entscheidet in Vorabentscheidungsverfahren grds. durch **Urteil.** Dieses ist **mit Gründen zu versehen** und muss die Namen der mitwirkenden Richter enthalten (Art. 36 EuGH-Satzung). Den weiteren zwingenden **Inhalt des Urteils** legt Art. 87 EuGH-VerfO fest. Eine Kostenentscheidung ergeht nicht, da das nationale Gericht über die Kostentragung entscheidet (→ Rn. 88 f.). Urteile des Gerichtshofs sind vom Präsidenten, den mitwirkenden Richtern und dem Kanzler zu unterschreiben und werden **in öffentlicher Sitzung verkündet** (Art. 37 EuGH-Satzung, Art. 88 EuGH-VerfO). Den Parteien und dem vorlegenden Gericht wird eine Ausfertigung der Urschrift zugestellt. Urteile des EuGH werden am Tag ihrer Verkündung **rechtskräftig** (Art. 91 I EuGH-VerfO).

92 Nur **ausnahmsweise** kann der EuGH das Vorabentscheidungsersuchen eines nationalen Gerichts durch einen mit Gründen versehenen **Beschluss** beantworten. Nach Art. 99 EuGH-VerfO ist ein solches vereinfachtes Verfahren auf Vorschlag des Berichterstatters bei einem „**acte clair**" oder einem „**acte éclairé**" möglich, dh wenn der Gerichtshof über die vorgelegte Frage bereits entschieden hat, wenn die Antwort auf eine solche Frage klar aus seiner bisherigen Rechtsprechung abgeleitet werden kann oder wenn die Beantwortung der zur Vorabentscheidung vorgelegten Frage keinen Raum für vernünftige Zweifel lässt. In diesen Fällen ist zuvor lediglich der Generalanwalt anzuhören; die Parteien müssen nicht konsultiert werden (*Dittert* EuZW 2013, 726 [728]; Schwab/Weth/*Kerwer* ArbV Rn. 149; krit. *Berrisch* EuZW 2012, 881 [882]). Der **Inhalt des Beschlusses** richtet sich nach Art. 89 EuGH-VerfO. Beschlüsse werden am Tag ihrer Zustellung **rechtskräftig** (Art. 91 II EuGH-VerfO).

Entscheidungen des EuGH über die **Auslegung des Unionsrechts** in Vorabentschei- 93
dungsverfahren entfalten **Bindungswirkung** ad rem gegenüber den Beteiligten des Vorabentscheidungsverfahrens, dem vorlegenden Gericht sowie den sonstigen Gerichten, die im konkreten Rechtsstreit mit der Sache befasst sind (EuGH 24.6.1969 – 29/68 Rn. 3 – Milchkontor, Slg. 1969, 165; 3.2.1977 – 52/76 Rn. 26 – Benedetti, Slg. 1977, 163; 5.3.1986 – 69/85 Rn. 13 – Wünsche, Slg. 1986, 947; BVerfG 8.4.1987 BVerfGE 75, 223 = NJW 1988, 1459; BAG 2.12.1992 NZA 1993, 367 [368]; 8.8.1996 NZA 1997, 434; Gsell/Hau/*Althammer*, Zivilgerichtsbarkeit und Europäisches Justizsystem, 2012, 37 [38 ff.]; Streinz/*Ehricke* Rn. 68; Schwab/Weth/*Kerwer* ArbV Rn. 151; *Schima* 97 f.; ErfK/*Wißmann* Rn. 43). Die Rechtskraft erstreckt sich nur auf den Tenor und nicht auf die Entscheidungsgründe. Allerdings ist der Tenor nach der Rechtsprechung des EuGH „im Licht der ihm zugrunde liegenden Feststellungen und Gründe" zu verstehen (EuGH 29.6.2010 – C-526/08 Rn. 29 – Kommission/Luxemburg, Slg. 2010, I-6151; 22.10.2013 – C-95/12 Rn. 40 – Kommission/Deutschland, NZG 2013, 1308; GA *Kokott* v. 4.9.2014 – C-378/13 Rn. 42 – Kommission/Griechenland; Gsell/Hau/*Althammer*, Zivilgerichtsbarkeit und Europäisches Justizsystem, 2012, 37 [38]; Streinz/*Ehricke* Rn. 68; Schwab/Weth/*Kerwer* ArbV Rn. 151; *Pechstein* Rn. 864; *Schima* 97). Eine Bindung erfolgt jedoch nur hinsichtlich der Auslegung des Unionsrechts. Die Anwendung der unionsrechtlichen Vorgaben auf den konkreten Ausgangssachverhalt bzw. die Umsetzung in nationales Recht obliegt dem nationalen Gericht. Eine erneute Vorlage hierzu ist unzulässig (→ Rn. 10). Dagegen kann der EuGH in demselben Ausgangsverfahren zur Aufklärung von Unklarheiten über die abstrakten Aussagen zur Auslegung des Unionsrechts oder zur Klärung neu aufgekommener Rechtsfragen erneut angerufen werden (EuGH 5.3.1986 – 69/85 Rn. 15 – Wünsche, Slg. 1986, 947; GHN/*Karpenstein* Rn. 103; Preis/Sagan/*Roloff* § 13 Rn. 114; Calliess/Ruffert/*Wegener* Rn. 47; vgl. auch → Rn. 8).

Außerhalb des Ausgangsrechtsstreits sind die **letztinstanzlich entscheidenden na-** 94
tionalen Gerichte faktisch an die Entscheidungen des EuGH zur **Auslegung des Unionsrechts gebunden,** da sie vor einer beabsichtigen Abweichung von der EuGH-Rechtsprechung zur Vorlage an den Gerichtshof verpflichtet sind (→ Rn. 39). Etwas anderes gilt für **Instanzgerichte**, die nach zutreffender Auffassung auch bei einer Abweichung von der Rechtsprechung des EuGH nicht vorlagepflichtig sind (→ Rn. 29). Die Einheitlichkeit der Rechtsanwendung wird durch den Instanzenzug und die Vorlagepflicht des letztinstanzlich entscheidenden Gerichts gewährleistet.

Bei Entscheidungen des Gerichtshofs über die **Gültigkeit des Unionsrechts** ist zu 95
differenzieren: Erklärt der EuGH eine sekundärrechtliche Vorschrift oder eine sonstige Organhandlung für **ungültig,** entfaltet der Urteilsspruch **Wirkung erga omnes** (EuGH 13.5.1981 – 66/80 Rn. 13 – International Chemical Corporation, Slg. 1981, 1191; 14.12.2000 – C-446/98 Rn. 49 – Fazenda Pública, Slg. 2000, I-11435; Gsell/Hau/*Althammer*, Zivilgerichtsbarkeit und Europäisches Justizsystem, 2012, 37 [43]; Streinz/*Ehricke* Rn. 69; *Germelmann* EuR 2009, 254 [267]; GHN/*Karpenstein* Rn. 107; Schwab/Weth/*Kerwer* ArbV Rn. 154; *Pechstein* Rn. 866; *Schima* 101; Calliess/Ruffert/*Wegener* Rn. 48). Erklärt der EuGH hingegen einen Sekundärrechtsakt für **gültig,** entfaltet die Entscheidung **Bindungswirkung lediglich im Ausgangsverfahren** (Streinz/*Ehricke* Rn. 71; GHN/*Karpenstein* Rn. 110; *Pechstein* Rn. 867; Calliess/Ruffert/*Wegener* Rn. 48). Die mitgliedstaatlichen Gerichte können den Gerichtshof jederzeit erneut anrufen, wenn sie Zweifel an der Gültigkeit der betreffenden Vorschrift haben, die durch die frühere Entscheidung des EuGH nicht ausgeräumt worden sind.

In zeitlicher Hinsicht entfalten Entscheidungen des EuGH zur Auslegung oder Gültigkeit 96
des Unionsrechts grds. **Rückwirkung.** Die nationalen Gerichte haben die unionsrechtliche Vorschrift daher in der vom EuGH getroffenen Auslegung auch auf solche Rechtsverhältnisse anzuwenden, die vor Erlass des auf das Vorabentscheidungsersuchen ergangenen Urteils entstanden sind (EuGH 27.3.1980 – 61/79 Rn. 16; Streinz/*Ehricke* Rn. 74; Calliess/Ruffert/*Wegener* Rn. 50). Zwar sind einer rückwirkenden Rechtsprechung durch den Grund-

satz der Rechtssicherheit und des Vertrauensschutzes auch im Unionsrecht Grenzen gesetzt. Allerdings gewährt der EuGH „nur ganz ausnahmsweise" Vertrauensschutz in eine bestimmte Auslegung einer unionsrechtlichen Vorschrift, wenn der Betroffene gutgläubig und anderenfalls die „Gefahr schwerwiegender Störungen" für eine große Zahl von Rechtsverhältnissen zu befürchten ist (EuGH 18.10.2012 – C-525/11 Rn. 42 ff. – Mednis, DStRE 2013, 429; vgl. dazu *Dauses* 149 ff.; *Pechstein* Rn. 870 ff.; *Waldhoff*, Rückwirkung von EuGH-Entscheidungen, 2006). Der Gerichtshof folgt damit im Ergebnis der auch zum deutschen Recht nicht selten vertretenen Auffassung, wonach der Richter „nur deklaratorisch feststellt, was an sich schon bisher rechtens war" (*Canaris* SAE 1972, 22 [23]; ErfK/ *Wißmann* Rn. 45; krit. dazu *Höpfner* RdA 2005, 156 [161]). Vgl. zur Gewährung von **Vertrauensschutz nach innerstaatlichem Recht** im Zusammenhang mit der richtlinienkonformen Auslegung → AEUV Art. 288 Rn. 51 ff.

Kapitel 2. Rechtsakte der Union, Annahmeverfahren und sonstige Vorschriften

Abschnitt 1. Die Rechtsakte der Union

Art. 288 [Rechtsakte; Katalog]

Für die Ausübung der Zuständigkeiten der Union nehmen die Organe Verordnungen, Richtlinien, Beschlüsse, Empfehlungen und Stellungnahmen an.

¹Die Verordnung hat allgemeine Geltung. ²Sie ist in allen ihren Teilen verbindlich und gilt unmittelbar in jedem Mitgliedstaat.

Die Richtlinie ist für jeden Mitgliedstaat, an den sie gerichtet wird, hinsichtlich des zu erreichenden Ziels verbindlich, überlässt jedoch den innerstaatlichen Stellen die Wahl der Form und der Mittel.

¹Beschlüsse sind in allen ihren Teilen verbindlich. ²Sind sie an bestimmte Adressaten gerichtet, so sind sie nur für diese verbindlich.

Die Empfehlungen und Stellungnahmen sind nicht verbindlich.

Übersicht

	Rn.
A. Allgemeines	1
I. Rechtsakte der Union im Überblick	1
II. Auslegung des Unionsrechts	5
III. Gesetzgebungsverfahren der Union	7
B. Verordnungen	9
I. Unmittelbare Anwendbarkeit von Verordnungen	10
II. Unionsrechtskonforme Auslegung des nationalen Rechts	15
C. Richtlinien	16
I. Regelungsstruktur	17
II. Fehlende unmittelbare Anwendbarkeit von Richtlinien	22
1. Allgemeines	22
2. Verbot der unmittelbaren Anwendbarkeit im Privatrechtsverkehr	24
3. Ausnahmsweise unmittelbare Anwendbarkeit im Vertikalverhältnis	26
a) Geltungsgrund	26
b) Voraussetzungen	29
III. Richtlinienkonforme Auslegung	37
1. Entwicklung in der Rechtsprechung des EuGH	38
a) Zweckmäßigkeit einer richtlinienkonformen Auslegung	39
b) Pflicht zu richtlinienkonformer Auslegung	40
c) Konsolidierung	41
2. Geltungsgrund und Wirkungsweise der richtlinienkonformen Auslegung	42
a) Geltungsgrund	42
b) Wirkungsweise	43
3. Voraussetzungen und Grenzen der richtlinienkonformen Auslegung	46
a) Mehrdeutigkeit des nationalen Rechts	46

	Rn.
b) Nicht: Umsetzungswille des Gesetzgebers	48
c) Nicht: Wortlautgrenze	49
d) Vertrauensschutz in bestehende innerstaatliche Rechtsprechungspraxis	51
4. Die Reichweite der richtlinienkonformen Auslegung	59
a) Zeitlicher Beginn der Pflicht zu richtlinienkonformer Auslegung	59
b) Gegenstand richtlinienkonformer Auslegung	65
c) Einheitliche und gespaltene Auslegung bei überschießender Umsetzung	69
5. Richtlinienkonforme Rechtsfortbildung	76
a) Regelungslücke aufgrund des Richtlinienverstoßes	77
b) Regelungslücke aufgrund des Umsetzungswillens	82
c) Regelungslücke allein nach innerstaatlichen Maßstäben	86
IV. Konsequenzen eines Richtlinienverstoßes	88
1. Staatshaftungsanspruch	88
2. Vertragsverletzungsverfahren	91

A. Allgemeines

I. Rechtsakte der Union im Überblick

Art. 288 enthält einen **abschließenden Katalog** der Kategorien von Rechtsakten, denen 1 sich die Organe der Europäischen Union zur Rechtsetzung bedienen können. Zentrale Bedeutung erlangen dabei die **Verordnung**, die nach Art. 288 II allg. Geltung hat, in allen ihren Teilen verbindlich ist und unmittelbar in jedem Mitgliedstaat gilt, sowie die **Richtlinie**, die nach Art. 288 III für jeden Mitgliedstaat, an den sie gerichtet ist, hinsichtlich des zu erreichenden Ziels verbindlich ist. Beschlüsse (Art. 288 IV) enthalten dagegen keine abstrakten Regelungen, sondern konkrete Einzelfallregelungen. Sie haben keine Gesetzes-, sondern Verwaltungsaktqualität (HK-EUR/*Vedder* Rn. 41). Empfehlungen und Stellungnahmen sind gem. Art. 288 V nicht verbindlich, können aber uU Auslegungshilfen darstellen (näher dazu GHN/*Nettesheim* AEUV Art. 294 Rn. 206 ff.).

Der **Vertrag über eine Verfassung für Europa** vom 29.10.2004 sah in Art. I-33 einen 2 abweichenden Katalog von Rechtsakten vor, darunter vor allem das Europäische Gesetz (inhaltlich der Verordnung entsprechend), das Europäische Rahmengesetz (inhaltlich der Richtlinie entsprechend) sowie die Europäische Verordnung. Nach dem Scheitern des Verfassungsvertrags hat man daran nicht festgehalten, sondern bei der Ausgestaltung des Art. 288 durch den Vertrag von Lissabon weitgehend an die Fassung des früheren Art. 249 EGV angeknüpft.

Die in Art. 288 genannten Rechtsakte bilden das europäische **Sekundärrecht**. Dabei 3 handelt es sich um Rechtsakte, die auf Grundlage der europäischen Verträge von den zuständigen Organen im ordnungsgemäßen Verfahren (→ Rn. 7 f.) erlassen werden. Von diesem abgeleiteten Recht zu unterscheiden ist das europäische **Primärrecht**. Darunter versteht man die von den Mitgliedstaaten vereinbarten Verträge (EUV und AEUV), die die Grundlage der Europäischen Union festlegen (vgl. Art. 1 III EUV, Art. 1 II AEUV), mitsamt der Protokolle und Anhänge (Art. 51 EUV), die GRC (vgl. Art. 6 I Hs. 2 EUV) sowie die allg. Grundsätze des Unionsrechts (Art. 6 III EUV).

Innerhalb des Unionsrechts gilt wie im nationalen Recht eine **Normenhierarchie** (zum 4 Rangverhältnis von europäischem Primärrecht und nationalem Recht → Art. 6 EUV Rn. 29 ff.). Danach kann Sekundärrecht, das gegen ranghöheres Primärrecht verstößt, vom EuGH nach Art. 263, 264, 267 AEUV für nichtig erklärt werden. Eine Ausprägung des rechtlichen Stufenbaus und des Grundsatzes der Normerhaltung ist die **primärrechtskonforme Auslegung** des Sekundärrechts (vgl. dazu *Buerstedde*, Juristische Methodik des Europäischen Gemeinschaftsrechts, 2006, 70; ausf. Riesenhuber/*Leible/Domröse* § 9 Rn. 7 ff.; *Höpfner* 220 ff.). Danach sind Normen des Sekundärrechts, sofern sie einen Auslegungsspielraum bieten, möglichst so auszulegen, dass sie mit den Verträgen und den allg. Grundsätzen des Unionsrechts vereinbar sind (vgl. EuGH 13.12.1983 – 218/82 Rn. 15

– Kommission/Rat, Slg. 1983, 4063; 21.3.1991 – C-314/89 Rn. 17 – Rauh, Slg. 1991, 1647; 5.6.1997 – C-105/94 Rn. 32 – Celestini, Slg. 1997, I-2971; 1.4.2004 – C-1/02 Rn. 30 – Borgmann, Slg. 2004, I-3219).

II. Auslegung des Unionsrechts

5   Die **Auslegung und Anwendung von Unionsrecht** richtet sich nach einer genuin europarechtlichen Methodenlehre (vgl. dazu *Buck*, Über die Auslegungsmethoden des Gerichtshofs der Europäischen Gemeinschaft, 1998; *Fleischer* RabelsZ 75 [2011] 700; *Grundmann*, Die Auslegung des Gemeinschaftsrechts durch den Europäischen Gerichtshof, 1997; *Höpfner/Rüthers* AcP 209 [2009], 1; *Martens*, Methodenlehre des Unionsrechts, 2013; *Möllers* ZEuP 2015, 230; Riesenhuber/*Riesenhuber* § 11 Rn. 1 ff.; *Roth* RabelsZ 75 [2011] 787). Die überkommenen Grundsätze der nationalen Methodenlehren sind nicht unbesehen auf das Unionsrecht zu übertragen. Gleichwohl sind die zentralen Auslegungsprobleme des Unionsrechts und die hierzu entwickelten Lösungen weitgehend gleich gelagert wie im nationalen Recht. So gilt auch für das Unionsrecht: Methodenfragen sind Verfassungsfragen. Sie betreffen die reale Verteilung der Normsetzungsmacht (*Rüthers/Fischer/Birk*, Rechtstheorie, 8. Aufl. 2015, Rn. 713). Die Anforderungen der europäischen Verträge an die Wahl der Auslegungsmethode sind vergleichbar mit denen des Grundgesetzes in Deutschland: Gem. Abs. 2 der Präambel der GRC und Art. 6 I EUV wird auch die europäische Methodenlehre durch das Prinzip des institutionellen Gleichgewichts (vgl. EuGH 22.5.1990 – C-70/88 Rn. 21 f. – Parlament/Rat, Slg. 1990, I-2041), des demokratischen Rechtsstaates und der richterlichen Gesetzesbindung maßgeblich beeinflusst (vgl. *Höpfner/Rüthers* AcP 209 [2009], 1 [8]; *Vogenauer* ZEuP 2005, 234 [246]). Aufgrund der fehlenden Kompetenz-Kompetenz der Europäischen Union wird die Regelungsmacht des nach Art. 19 I, III EUV, Art. 267 I AEUV für die Auslegung und Anwendung des Unionsrechts zuständigen EuGH in doppelter Weise eingeschränkt: Erstens darf er nicht unzulässig in die Kompetenzen der europäischen Gesetzgebung eingreifen; zweitens darf er die Kompetenzen der Union im Verhältnis zu den Mitgliedstaaten nicht überschreiten. Auch wenn von einer gesicherten Auslegungsmethode des EuGH zum gegenwärtigen Zeitpunkt keine Rede sein kann, legt der Gerichtshof die vier klassischen **Auslegungskriterien Wortlaut, Systematik, Entstehungsgeschichte und Normzweck** zugrunde, wobei zwischen den Kanones **kein festes Rangverhältnis** besteht (vgl. dazu *Buck*, Über die Auslegungsmethoden des Gerichtshofs der Europäischen Gemeinschaft, 1998, 143 ff.; *Grundmann*, Die Auslegung des Gemeinschaftsrechts durch den Europäischen Gerichtshof, 1997, 192 ff.; *Höpfner/Rüthers* AcP 209 [2009], 1 [9 ff.]; *Martens*, Methodenlehre des Unionsrechts, 2013, 329 ff.; Riesenhuber/*Riesenhuber* § 11 Rn. 13 ff.; *Roth* RabelsZ 75 [2011] 787 [798 ff.]; *Schlachter* ZfA 2007, 249 [250]).

6   Besonderheiten gegenüber dem nationalen Recht bestehen vor allem bei der **Wortlautauslegung.** Gem. Art. 55 I EUV, Art. 358 AEUV sowie Art. 1 der VO 1/58/EWG zur Regelung der Sprachenfrage (ABl. L 17 v. 15.4.1958, 385) sind für die Auslegung von Primär- und Sekundärrecht **sämtliche** (derzeit 24) **Amtssprachen gleichermaßen verbindlich.** Der darin fixierte Gleichberechtigungsgrundsatz verbietet jede formale Rangfolge zwischen den Amtssprachen, sodass weder die im Rechtsetzungsverfahren verwendete Sprache noch die Mehrheit der Amtssprachen vorrangig ist. Die im deutschen Recht noch immer vorzufindende Grenzfunktion des Wortlauts für die Auslegung (vgl. zur Kritik → Rn. 50) kann daher im Unionsrecht noch weniger überzeugen (vgl. *von Danwitz* EuR 2008, 769 [781]; *Franzen* Privatrechtsangleichung 575; *Höpfner/Rüthers* AcP 209 [2009], 1 [9 ff.]; *Martens*, Methodenlehre des Unionsrechts, 2013, 369 ff.; Riesenhuber/*Neuner* § 13 Rn. 17; *Wank*, FS Stahlhacke, 1997, 633 [634 f.]; für eine Wortlautgrenze im Unionsrecht Riesenhuber/*Riesenhuber* § 11 Rn. 20; *Schlachter* ZfA 2007, 249 [251]).

III. Gesetzgebungsverfahren der Union

Verordnungen und Richtlinien kommen im **ordentlichen Gesetzgebungsverfahren** 7
nach Art. 289, 294 AEUV (sog. **„Mitentscheidungsverfahren"**) zustande. Auf Unionsebene gilt das Zweikammersystem, der Unionsgesetzgeber besteht gem. Art. 14 I, 16 EUV aus dem Europäischen Parlament und dem (Minister-)Rat. Das Mitentscheidungsverfahren weist einige Ähnlichkeiten zu dem Gesetzgebungsverfahren in Deutschland nach Art. 76 ff. GG auf, insbesondere hinsichtlich des Zusammenspiels von Parlament und Rat bei der ersten und zweiten Lesung von Rechtsakten nach Art. 294 III–IX AEUV und der Mitwirkung eines Vermittlungsausschusses nach Art. 296 X–XIV AEUV. Im Parlament genügt in erster Lesung die Mehrheit der abgegebenen Stimmen (Art. 231 AEUV), in zweiter Lesung bedarf es für die Ablehnung des Standpunkts des Rats einer absoluten Mehrheit der Mitglieder des Parlaments (GHN/*Krajewski*/*Rösslein* AEUV Art. 294 Rn. 49). Im Rat ist in erster und zweiter Lesung grds. eine qualifizierte Mehrheit der Stimmen erforderlich (sog. „doppelt qualifizierte Mehrheit", Art. 16 III, IV EUV).

Der zentrale Unterschied zum nationalen Gesetzgebungsverfahren besteht im **Initiativ-** 8
recht der Kommission gem. Art. 17 II 1 EUV, Art. 294 II AEUV. Dieses Recht ist als **Vorschlagsmonopol** ausgestaltet, dh der europäische Gesetzgeber hat grds. keine Möglichkeit, ein Gesetzgebungsverfahren ohne vorherigen Vorschlag der Kommission einzuleiten (GHN/*Martenczuk* EUV Art. 17 Rn. 50 ff.). Allerdings hat die Kommission sich jedenfalls im Grundsatz dazu verpflichtet, auf Aufforderung von Rat oder Parlament einen Gesetzgebungsvorschlag einzubringen (Rahmenvereinbarung über die Beziehungen zwischen dem Europäischen Parlament und der Europäischen Kommission, ABl. L 304 v. 20.11.2010, 47, Ziff. 16; Interinstitutionelle Vereinbarung – „Bessere Rechtsetzung", ABl. C 321 v. 31.12.2003, 1, Ziff. 9; dazu GHN/*Krajewski*/*Rösslein* AEUV Art. 294 Rn. 17).

B. Verordnungen

Die Verordnung stellt das quantitativ bedeutsamste Instrument der europäischen Norm- 9
setzung dar. Einer Untersuchung aus dem Jahr 2002 zufolge machten Verordnungen 31 % der europäischen Rechtsakte aus. Ungeachtet dessen ist die **Bedeutung der Verordnung im Bereich des Arbeitsrechts äußerst gering.** Die Rechtsharmonisierung findet ganz überwiegend in Form von Richtlinien statt (→ Rn. 16). In den von Art. 153 I AEUV genannten Gebieten der Sozialpolitik ist eine Harmonisierung in Form von Verordnungen nach Art. 153 II lit. b, IV AEUV ausgeschlossen (Schwarze/*Rebhahn*/*Reiner* AEUV Art. 153 Rn. 68). Lediglich im Bereich der Freizügigkeit (VO 492/2011/EU), des internationalen Arbeitsrechts (VO 44/2001/EG [„Brüssel I"], VO 593/2008/EG [„Rom I"], VO 864/2007/EG [„Rom II"] und VO 1346/2000/EG über Insolvenzverfahren), der Mitbestimmung (VO 2157/2001/EG über die SE und VO 1425/2003/EG über die SCE in Verbindung mit den jeweiligen Richtlinien) und des Verfahrensrechts (VO 44/2001/EG [„EuGVVO"]) weisen Verordnungen im Arbeitsrecht eine gewisse Relevanz auf.

I. Unmittelbare Anwendbarkeit von Verordnungen

Verordnungen haben nach Art. 288 II allg. Geltung. Sie sind in allen ihren Teilen ver- 10
bindlich und gelten unmittelbar in jedem Mitgliedstaat. Die Verordnung entfaltet also **unmittelbare** und **zwingende Wirkung.** Damit entspricht sie funktional dem Gesetz im nationalen Recht. Aus diesem Grunde hatte der gescheiterte Europäische Verfassungsvertrag für die Verordnung in der Sache ganz zutreffend die Terminologie „Europäisches Gesetz" vorgesehen (Art. I-33).

Die **unmittelbare Geltung** der Verordnung bewirkt, dass der Einzelne seine Rechte 11
direkt aus der Verordnung herleiten kann (EuGH 9.3.1978 – 106/77 Rn. 14 – Simmenthal

II, Slg. 1978, 629; gebilligt durch BVerfG 8.4.1987, BVerfGE 75, 223 = NJW 1988, 1459 (1461 f.); für ein synonymes Verständnis von unmittelbarer Geltung, Wirkung und Anwendbarkeit SZK/*Ehlers* § 11 Rn. 9; *Höpfner* 218; *Jarass* NJW 1990, 2420 [2421]; abw. *Klein* 8 f.; SZK/*König* § 2 Rn. 41 f.). Sie gilt also *in den* und nicht nur *für die* Mitgliedstaaten (HK-EUR/*Vedder* Rn. 41). Zu ihrer Wirksamkeit bedarf es keiner Umsetzung der Verordnung in das nationale Recht. Der EuGH hält im Gegenteil sogar eine Umsetzung von Verordnungen in nationales Recht für unzulässig, sofern hierdurch die unionsrechtliche Herkunft einer Regelung verschleiert wird (EuGH 31.1.1978 – 94/77 Rn. 25 – Zerbone, Slg. 1978, 99). Die unmittelbare Geltung der Verordnung erstreckt sich auf jede Art von Rechtsverhältnis. Es ist insoweit nicht zwischen dem Vertikalverhältnis Bürger-Staat und dem Horizontalverhältnis zwischen Privatrechtssubjekten zu unterscheiden.

12 Im Gegensatz zur Richtlinie nimmt die Verordnung am **Anwendungsvorrang des Unionsrechts** teil. Der Anwendungsvorrang beschreibt eine Kollisionsregel zur Auflösung von Widersprüchen zwischen europäischem und nationalem Recht. Das unmittelbar anwendbare Unionsrecht steht im Stufenbau der Rechtsordnung oberhalb des gesamten mitgliedstaatlichen Rechts einschließlich des Verfassungsrechts, wobei zwischen EuGH und BVerfG umstritten ist, ob auch der nach Art. 79 III GG änderungsfeste Teil des Grundgesetzes (die sog. **„Verfassungsidentität"**) davon betroffen ist (EuGH 5.2.1963 – 26/62 – van Gend & Loos, Slg. 1963, 3; 15.7.1964 – 6/64 – Costa/ENEL, Slg. 1964, 1251; BVerfG 29.5.1974 BVerfGE 37, 271 = NJW 1974, 1697; 22.10.1986 BVerfGE 73, 339 = NJW 1987, 587; 12.10.1993 BVerfGE 89, 155 = NJW 1993, 3047; 7.6.2000 BVerfGE 102, 147 = NJW 2000, 3124; 30.6.2009 BVerfGE 123, 267 = NJW 2009, 2267; 6.7.2010 BVerfG 126, 286 = NJW 2010, 3422; 14.1.2014 BVerfGE 134, 366 = NJW 2014, 907; ausf. dazu SZK/*Ehlers* § 11 Rn. 13 ff., 18 ff.). Allein durch das Inkrafttreten der Verordnung wird jede entgegenstehende Bestimmung des geltenden innerstaatlichen Rechts ohne Weiteres unanwendbar (EuGH 9.3.1978 – 106/77 Rn. 17 – Simmenthal II, Slg. 1978, 629).

13 Die **Kompetenz zur Entscheidung über die Unanwendbarkeit** des nationalen Rechts ist, anders als bei der Verfassungswidrigkeit des einfachen Gesetzesrechts, nicht gebündelt. In Deutschland darf **jedes Fachgericht** eine innerstaatliche Vorschrift wegen Verstoßes gegen Unionsrecht unangewendet lassen, ohne zuvor das BVerfG anrufen zu können oder gar zu müssen (ErfK/*Wißmann* AEUV Vorb. Rn. 41). Eine Vorlage nach Art. 100 I GG ist unzulässig. Das BVerfG ist für die Frage, ob eine innerstaatliche Norm des einfachen Rechts mit einer vorrangigen Bestimmung des Unionsrechts unvereinbar ist und ob ihr deshalb die Geltung versagt werden muss, nicht zuständig (BVerfG 9.6.1971 NJW 1971, 2122 [2124]; unzutreffend *Wackerbarth/Kreße* EuZW 2010, 252). Eine Vorlage an den EuGH kommt nur insoweit in Betracht, als es um die Auslegung des europäischen Rechts geht. Über die Auslegung des nationalen Rechts und somit letztlich über die Vereinbarkeit des nationalen Rechts mit den unionsrechtlichen Vorgaben entscheidet nicht der EuGH, sondern das nationale Gericht (zutreffend *Lenaerts* EuR 2015, 3 [10]).

14 Darüber hinaus entfaltet die Verordnung eine **Sperrwirkung** für die nationale Gesetzgebung. Die Mitgliedstaaten haben keine Kompetenz, Gesetze zu erlassen, die einer geltenden europäischen Verordnung widersprechen (EuGH 18.2.1970 – 40/69 Rn. 4 – Bollmann, Slg. 1970, 69; GHN/*Nettesheim* Rn. 101). Im Gegensatz zum Geltungsvorrang, der im nationalen Recht zwischen Verfassung und einfachem Gesetz gilt, vernichtet der Anwendungsvorrang die innerstaatliche Rechtsnorm nicht, sondern verdrängt diese lediglich. Dies hat zur Folge, dass das nationale Recht nach Außerkrafttreten der Verordnung **wieder auflebt** (grundlegend EuGH 9.3.1978 – 106/77 Rn. 14 – Simmenthal II, Slg. 1978, 629: „volle Wirkung einheitlich in sämtlichen Mitgliedstaaten ... während der gesamten Dauer ihrer Gültigkeit"). Schließlich gilt der Anwendungsvorrang nur innerhalb des **Anwendungsbereichs des Unionsrechts** (vgl. dazu EuGH 13.7.1989 – 5/88 Rn. 19 – Wachauf, Slg. 1989, 2609; 18.12.1997 – C-309/96 Rn. 13, 19 – Annibaldi, Slg. 1997, I-7493; 13.4.2000 – C-292/97 Rn. 37 – Karlsson, Slg. 2000, I-2737). Für Sachverhalte, die dem

Anwendungsbereich der Verordnung nicht unterfallen, bleibt weiterhin das nationale Recht maßgeblich (SZK/*Ehlers* § 11 Rn. 48).

II. Unionsrechtskonforme Auslegung des nationalen Rechts

Vorrang gegenüber der Unanwendbarkeit besitzt die **unionsrechtskonforme Auslegung** des nationalen Rechts. Diese nutzt auf schonendere Weise den Spielraum, den das innerstaatliche Recht bietet, während die unmittelbare Anwendbarkeit zur Verdrängung des nationalen Rechts führt. Die nationalen Gerichte sind daher zunächst zu unionsrechtskonformer Auslegung verpflichtet, bevor sie das Unionsrecht unmittelbar anwenden (EuGH 4.2.1988 – 157/86 Rn. 11 – Murphy, Slg. 1988, 673; 24.1.2012 – C-282/10 Rn. 32 – Dominguez, NZA 2012, 139; *Brechmann* 65; *Höpfner* 233; Riesenhuber/*Leible*/*Domröse* § 9 Rn. 25; **aA** *Canaris*, FS Bydlinski, 2002, 47 [55]; *Frisch*, Die richtlinienkonforme Auslegung nationalen Rechts, 2000, 68; Gebauer/Wiedmann/*Gebauer* Kap. 4 Rn. 31, wonach beide Institute sich ausschließen sollen). Gleichwohl ist die Bedeutung der unionsrechtskonformen Auslegung – im Gegensatz zur richtlinienkonformen Auslegung – in der Praxis gering, da bei einem Scheitern dieser Auslegung ein unionsrechtskonformes Ergebnis stets mithilfe des Anwendungsvorrangs erreicht wird. Die primäre Bedeutung der unionsrechtskonformen Auslegung liegt daher nicht in der Herstellung einer europarechtskonformen Rechtslage, sondern vorrangig im Schutz der nationalen Gesetzgebung vor unverhältnismäßigen Übergriffen der Judikative in Form der Normderogation. Die Pflicht zu unionsrechtskonformer Auslegung kann daher nicht allein mit dem Vorrang des Unionsrechts begründet werden, sondern bedarf zusätzlich eines Rückgriffs auf den **Grundsatz der Normerhaltung** („favor legis", vgl. SZK/*Ehlers* § 11 Rn. 43; *Höpfner* 243 ff.; Riesenhuber/*Leible*/*Domröse* § 9 Rn. 25, 48).

C. Richtlinien

Auch wenn **Richtlinien** nur einen kleinen Teil des europäischen acquis communautaire ausmachen (*von Bogdandy*/*Bast*/*Arndt* ZaöRV 2002, 77 [91 f.]: 9% aller Rechtsakte der Union), sind sie doch das **zentrale Regelungsinstrument** der Europäischen Union **im Bereich des Arbeitsrechts.** Sofern eine Rechtsetzung durch Verordnung nicht ohnehin ausgeschlossen ist (→ Rn. 9), besteht im Bereich der Binnenmarktharmonisierung und des Diskriminierungsschutzes ein weitgehender faktischer **Vorrang der Richtlinie vor der Verordnung.** Zwar gilt nach Art. 296 AEUV für den europäischen Gesetzgeber formal eine Wahlfreiheit zwischen den nach Art. 288 zulässigen Rechtsformen (Calliess/Ruffert/*Calliess* AEUV Art. 296 Rn. 2; *Wunderlich*/*Pickartz* EuR 2014, 659 [662]). Diese wird jedoch dadurch eingeschränkt, dass die Organe von Fall zu Fall unter Achtung des Grundsatzes der Verhältnismäßigkeit zwischen den Rechtsformen zu wählen haben. Der europäische Gesetzgeber hat daher nach Art. 5 IV EUV darauf zu achten, dass die von ihm getroffenen Maßnahmen nicht über das zur Erreichung der Ziele der Verträge erforderliche Maß hinausgehen. Auch Ziff. 6 des Protokolls über die Anwendung der Grundsätze der Subsidiarität und der Verhältnismäßigkeit vom 2.10.1997 (vgl. die konsolidierte Fassung in ABl. C 321E v. 29.12.2006, 308), auf dessen Neufassung Art. 5 IV EUV Bezug nimmt, erkannte einen Regel-Vorrang der Richtlinie vor der Verordnung (so zutreffend *Wunderlich*/*Pickartz* EuR 2014, 659 [663 ff.]; vgl. speziell für das Arbeitsrecht auch *Konzen*, FS Birk, 2008, 439 [452 f.]) als Ausprägung des Erforderlichkeitsgebots ausdrücklich an. Zwar wurde die Regelung nicht ausdrücklich in die Neufassung des Protokolls in der Fassung des Vertrags von Lissabon (ABl. C 306 v. 17.12.2007, 150) aufgenommen. Dies ist jedoch nicht als bewusste Abkehr vom Regel-Vorrang der Richtlinie zu verstehen. Es spricht vielmehr alles dafür, dass die bisherige Regelung inhaltlich unverändert in der abstrakt gehaltenen Fassung des Art. 5 des Protokolls aufgegangen ist, der eine Begründung im Hinblick auf die

Grundsätze der Subsidiarität und der Verhältnismäßigkeit verlangt (so im Ergebnis auch Calliess/Ruffert/*Calliess* AEUV Art. 296 Rn. 6; Lenz/Borchardt/*Hetmeier*, EU-Verträge, 6. Aufl. 2012, AEUV Art. 296 Rn. 2; *Wunderlich/Pickartz* EuR 2014, 659 [665]).

I. Regelungsstruktur

17 Richtlinien der Europäischen Union lassen sich nicht ohne Weiteres in den Stufenbau der Rechtsordnung einfügen. Sie wirken im Grundsatz nicht unmittelbar, sind also von den Gerichten bei der Rechtsanwendung nicht als Rechtsquelle zu berücksichtigen. Die Verbindlichkeit einer Richtlinie beschränkt sich auf das durch sie verfolgte Ziel. Die Wahl der Mittel wird dagegen den Mitgliedstaaten überlassen. Das schließt es freilich nicht aus, dass die Vorgaben der Richtlinie im Einzelfall so konkret sein können, dass den Mitgliedstaaten kein wesentlicher inhaltlicher Spielraum verbleibt.

18 Richtlinien haben gegenüber Verordnungen den Vorzug, dass die Mitgliedstaaten die europäischen Vorgaben weitgehend **systemkonform** in die nationalen Rechtsordnungen **integrieren** können. Dies gilt nicht nur für das äußere System der Rechtsordnung, etwa die Frage, ob unionsrechtlich determinierte Sachverhalte in einem separaten Umsetzungsgesetz geregelt oder in eine bestehende Kodifikation aufgenommen werden. Vor allem hat der nationale Gesetzgeber auf diese Weise die Möglichkeit, die wertungsmäßige Folgerichtigkeit und dogmatische **Kohärenz der innerstaatlichen Rechtsordnung** so weit wie möglich zu bewahren. Ziff. 7 des Protokolls über die Anwendung der Grundsätze der Subsidiarität und der Verhältnismäßigkeit vom 2.10.1997 (ABl. C 321E v. 29.12.2006, 308) erkannte diese Vorzüge der Richtlinie ausdrücklich an.

19 Ganz überwiegend bezweckt der europäische Gesetzgeber mit Richtlinien lediglich eine **Mindestharmonisierung.** Die Richtlinie enthält danach nur ein unterstes Schutzniveau, das die Mitgliedstaaten gewährleisten müssen, über das sie jedoch hinausgehen dürfen. Etwas anderes gilt nur bei sog. **vollharmonisierenden Richtlinien**. Diese Form der Rechtsharmonisierung, die im Bereich des Verbraucherschutzes mehr und mehr Bedeutung erlangt (vgl. etwa die RL 2011/83/EU über die Rechte der Verbraucher), erlaubt keine Abweichungen „nach oben" und schränkt die Souveränität der Mitgliedstaaten ungleich stärker ein (näher zu dieser Problematik *Gsell/Herresthal*, Vollharmonisierung im Privatrecht, 2009). Auf den in Art. 153 I genannten Gebieten der **Arbeits- und Sozialpolitik** sind nach Art. 153 II lit. b, IV AEUV **ausschließlich mindestharmonisierende Richtlinien zulässig** (Preis/Sagan/*Sagan* § 1 Rn. 53). Dem nationalen Gesetzgeber verbleibt damit zwingend die Möglichkeit, einen gegenüber den unionsrechtlichen Vorgaben strengeren Schutz des Arbeitnehmers vorzusehen.

20 Richtlinien werden im Amtsblatt der Europäischen Union veröffentlicht und treten zu dem durch sie festgelegten Zeitpunkt oder anderenfalls am zwanzigsten Tag nach ihrer Veröffentlichung in Kraft (Art. 297 I UAbs. 3 AEUV), räumen jedoch den Mitgliedstaaten eine Frist zur Umsetzung der Richtlinienvorgaben in nationales Recht ein. Sie entfalten ihre Rechtswirkungen daher in **zeitlich abgestufter Intensität,** wobei die erste Stufe mit Inkrafttreten der Richtlinie und die zweite mit Ablauf der Umsetzungsfrist beginnt (*Franzen* Privatrechtsangleichung 302; *Hofmann* ZIP 2006, 2113 [2113 f.]; *Schliesky* DVBl. 2003, 631 [636]). Die wesentlichen Rechtswirkungen der Richtlinie treten erst mit **Ablauf der Umsetzungsfrist** ein, etwa die Möglichkeit eines Vertragsverletzungsverfahrens (→ Rn. 91 ff.) und einer Staatshaftung wegen fehlender oder nicht ordnungsgemäßer Umsetzung der Richtlinie (vgl. EuGH 19.11.1991 – C-6/90 und C-9/90 Rn. 44 – Francovich, Slg. 1991, I-5357; 14.7.1994 – C-91/92 Rn. 27 ff. – Faccini Dori, Slg. 1994, 3325; 30.9.2003 – C-224/01 Rn. 30 ff. – Köbler, Slg. 2003, I-10239; dazu → Rn. 88 ff.) oder im Grundsatz auch deren unmittelbare Anwendbarkeit, die es dem Einzelnen ermöglicht, sich gegenüber dem Staat auf die Bestimmungen der Richtlinie zu berufen, wenn diese unbedingte Vorgaben enthalten und hinreichend genau gefasst sind (EuGH 5.4.1979 – 148/78 Rn. 43 ff. – Ratti, Slg. 1979, 1629; 26.2.1986 – 152/84 Rn. 46 – Marshall, Slg. 1986, 723; dazu → Rn. 26 ff.).

Jedoch ist auch die Phase vor Ablauf der Umsetzungsfrist nicht frei von Rechtswirkungen. 21
Gegenüber den Mitgliedstaaten entfaltet eine Richtlinie schon vom Zeitpunkt ihres **Inkrafttretens** an eine rechtliche Verpflichtung in Form des Umsetzungsbefehls (EuGH 18.12.1997 – C-129/96 Rn. 41 – Inter-Environnement Wallonie, Slg. 1997, I-7411; *Ehricke* ZIP 2001, 1311 [1313]). Die Richtlinie ist gem. Art. 288 III bereits mit Inkrafttreten hinsichtlich ihrer Ziele für die Mitgliedstaaten verbindlich. Die Mitgliedstaaten dürfen daher auch vor Ablauf der Umsetzungsfrist keine Maßnahmen treffen, die geeignet sind, die Erreichung der in der Richtlinie vorgeschriebenen Ziele ernsthaft zu gefährden (sog. **„Frustrationsverbot"**, dazu → Rn. 60).

II. Fehlende unmittelbare Anwendbarkeit von Richtlinien

1. Allgemeines. Richtlinien sind nach Art. 288 III ausschließlich für die Mitgliedstaaten 22
verbindlich. Sie gelten grds. nicht unmittelbar, sondern bedürfen zu ihrer Wirksamkeit eines staatlichen Umsetzungsaktes. Durch die **fehlende unmittelbare Anwendbarkeit** unterscheiden die Richtlinien sich maßgeblich von Verordnungen und dem unmittelbar geltenden Primärrecht. Im Gegensatz zu letzteren nehmen sie nicht am Anwendungsvorrang des Unionsrechts teil (nur terminologisch **anders** *Klein* 12 ff.; *Schlachter* EuZA 2015, 1: zwar Vorrangwirkung, aber mangels unmittelbarer Geltung keine Normenkollision). Auch wenn Richtlinien Bestandteil des gegenüber dem innerstaatlichen Recht ranghöheren Unionsrechts sind, besteht im Fall eines Widerspruchs von nationalem Recht und Richtlinien **keine Normenkollision**, die der Richter aufzulösen hat. Ebenso wenig ist ein normentheoretischer Vorrang der Richtlinie vor dem nationalen Recht anzunehmen. Das nationale Gericht hat vielmehr das innerstaatliche, richtlinienwidrige Gesetz anzuwenden (BAG 17.11.2009 NZA 2010, 1020 Rn. 27 ff.; *Baldauf* 37; *Höpfner* RdA 2013, 16 [19]).

Die **fehlende unmittelbare Anwendbarkeit** ist ein **typenprägendes Charakteristi-** 23
kum der Richtlinie. Sie folgt entgegen einem verbreiteten Missverständnis (*Haltern*, Europarecht, 2. Aufl. 2007, Rn. 665 ff.; Preis/Sagan/*Sagan* § 1 Rn. 129) nicht aus einer restriktiven Rechtsprechungspraxis des EuGH, dem die nationalen Gerichte einen Kompromiss abgetrotzt haben, sondern war von Beginn an zentraler Bestandteil dieses Rechtsinstituts (vgl. *Jarass* NJW 1991, 2665 [2666]; *Klein* 24 f.; *Langenfeld* DÖV 1992, 955 [959]). Sie ist eine Ausprägung der Grundsätze der **Subsidiarität** und der **Verhältnismäßigkeit** des Handelns der Europäischen Union. Ursprünglich hatten die Mitgliedstaaten als „Herren der Verträge" der Richtlinie generell, dh auch im Vertikalverhältnis, die unmittelbare Wirkung abgesprochen. Erst der EuGH hat diese als Ausnahmefall im Verhältnis Bürger-Staat entwickelt (→ Rn. 26 ff.). Die Mitgliedstaaten haben diese inhaltlich auf einen Ausnahmefall begrenzte Rechtsfortbildung später inzident gebilligt, indem sie dem durch den Vertrag von Amsterdam zwischenzeitlich eingeführten Rechtsinstitut des Rahmenbeschlusses (Art. 34 II 2 lit. b EUV aF) ausdrücklich jede Form einer unmittelbaren Wirkung auch im Vertikalverhältnis abgesprochen haben und damit eine Übertragung der EuGH-Rechtsprechung zur Richtlinienwirkung ausschließen wollten (vgl. *Schönberger* ZaöRV 2007, 1107 [1126]).

2. Verbot der unmittelbaren Anwendbarkeit im Privatrechtsverkehr. Das Verbot 24
der unmittelbaren Anwendung von Richtlinien gilt ausnahmslos im Privatrechtsverkehr. Zu Recht lehnt der EuGH eine **horizontale unmittelbare Richtlinienwirkung** in ständiger Rechtsprechung ab (vgl. EuGH 26.2.1984 – 152/84 Rn. 48 – Marshall, Slg. 1986, 723; 14.7.1994 – C-91/92 Rn. 19 ff. – Faccini Dori, Slg. 1994, 3325; 11.7.1996 – C-71/94 bis C-73/94 Rn. 26 – Eurim-Pharm, Slg. 1996, I-3603; 13.7.2000 – C-456/98 Rn. 15 – Centrosteel, Slg. 2000, I-6007; 10.3.2005 – C-235/03 Rn. 14 – QDQ Media, Slg. 2005, I-1937; 15.4.2008 – C-268/06 Rn. 100 – Impact, Slg. 2008, I-2483; 21.10.2010 – C-227/09 Rn. 45 – Accardo, Slg. 2010, I-10307; 14.1.2012 – C-282/10 Rn. 37 – Dominguez, NZA 2012, 139; 15.1.2014 – C-176/12 Rn. 39 – Association de médiation sociale, NZA 2014,

193; 27.2.2014 – C-351/12 Rn. 45 – OSA, EuZW 2014, 435; 30.4.2014 – C-26/13 Rn. 65 – Kásler, NJW 2014, 2335; ebenso BVerfG 10.12.2014 NZA 2015, 375 Rn. 29; GA *Wahl* 5.2.2015 – C-80/14 Rn. 80 – USDAW; **aA** GA *van Gerven* 26.1.1993 – C-271/91 Rn. 12 – Marshall, Slg. 1993, I-4367; GA *Jacobs* 27.1.1994 – C-316/93 Rn. 20 ff. – Vaneetveld, Slg. 1994, I-763; GA *Lenz* 9.2.1994 – C-91/92, Rn. 51 ff. – Faccini Dori, Slg. 1994, 3325; zur Problematik „grundrechtskonkretisierender" Richtlinien → Art. 6 EUV Rn. 41 ff.; ferner *von Danwitz* JZ 2007, 697; *Höpfner* ZfA 2010, 449; *Preis* NZA 2006, 401; *Preis/Temming* NZA 2010, 185; *Streinz/Herrmann* RdA 2007, 165). Ein deutscher Arbeitnehmer kann sich daher gegenüber seinem privaten Arbeitgeber generell nicht unmittelbar auf die ihm von einer Richtlinie gewährten Rechte berufen, selbst wenn diese inhaltlich unbedingt und hinreichend genau ist. Gleichwohl erlangen Richtlinien mittelbar erhebliche Bedeutung über das Gebot **richtlinienkonformer Auslegung** des nationalen Rechts (dazu → Rn. 37 ff.). Diese ist jedoch nur innerhalb bestimmter Grenzen zulässig und darf nicht faktisch zu einer ersatzweisen unmittelbaren Richtlinienwirkung führen.

25   Entgegen einer insbesondere von einigen Generalanwälten vertretenen Auffassung (GA *Saggio* 16.12.1999 – C-240/98 bis C-244/98 Rn. 30 ff. – Océano Grupo, Slg. 2000, I-4941; GA *Léger* 11.1.2000 – C-287/98 Rn. 81 ff. – Linster, Slg. 2000, I-6917; GA *Colomer* 6.5.2004 – C-397/01 bis C-403/01 Rn. 58 – Pfeiffer, Slg. 2004, I-8835; ebenso im Einzelnen *Wank* RdA 2004, 246 [250 ff.]) entfalten Richtlinien auch **keine negative unmittelbare Wirkung** (zutreffend BAG 18.2.2003 NZA 2003, 742 [750]; GA *Mazák* 15.2.2007 – C-411/05 Rn. 123 ff.; GA *Trstenjak* 8.9.2011 – C-282/10 Rn. 63 – Dominguez; *Buchberger* ÖJZ 2001, 441 [444 ff.]; *Canaris*, FS R. Schmidt, 2006, 41 [44]; *von Danwitz* JZ 2007, 697 [703]; *von Kielmansegg* EuR 2014, 30 [41 ff.]; *Konzen* ZfA 2005, 189 [200]; *ders.*, FS Birk, 2008, 439 [442] [451 f.]; *Schürnbrand* JZ 2007, 910 [911]; Streinz/*Schröder* Rn. 124; ErfK/*Wißmann* AEUV Vorb. Rn. 22). Auch der EuGH hat entsprechende Vorschläge zu Recht nicht aufgegriffen (EuGH 14.7.1994 – C-91/92 Rn. 20 ff. – Faccini Dori, Slg. 1994, 3325; 26.9.1996 – C-168/95 Rn. 39 ff. – Arcaro, Slg. 1996, I-4705; 24.10.2002 – C-233/01 Rn. 17 ff. – RAS, Slg. 2002, I-9411; 5.10.2004 – C-397/01 bis C-403/01 Rn. 107 ff. – Pfeiffer, Slg. 2004, I-8835; 3.5.2005 – C-387/02 Rn. 72 ff. – Berlusconi, Slg. 2005, I-3565). Eine negative unmittelbare Wirkung ist bereits deshalb abzulehnen, weil im Fall eines Widerspruchs von nationalem Recht und Richtlinie grds. keine Normenkollision besteht (zutreffend *Buchberger* ÖJZ 2001, 441 [445 f.]; *von Danwitz* JZ 2007, 697 [703]; **aA** Streinz/*Schröder* Rn. 124). Vor allem aber würde sie im Ergebnis zu einer generellen unmittelbaren Anwendbarkeit von Richtlinien auch und gerade im Privatrechtsverkehr führen und so die Unterschiede zwischen Richtlinie und Verordnung vollständig einebnen. Denn auch wenn die Richtlinie lediglich rechtsverdrängende und keine rechtsersetzende Wirkung entfalten würde, wären die nationalen Gerichte in diesen Fällen ausnahmslos verpflichtet, die durch die negativ unmittelbar wirkende Richtlinie begründete Lücke im innerstaatlichen Recht richtlinienkonform auszufüllen.

26   **3. Ausnahmsweise unmittelbare Anwendbarkeit im Vertikalverhältnis. a) Geltungsgrund.** Eine Ausnahme vom Verbot der unmittelbaren Anwendung von Richtlinien hat der EuGH im Wege der Rechtsfortbildung für das **Vertikalverhältnis Bürger–Staat** entwickelt. Sofern die Richtlinie inhaltlich unbedingt und hinreichend genau gefasst ist, kann der Bürger sich nach Ablauf der Umsetzungsfrist gegenüber dem Staat auf seine durch die Richtlinie gewährten Rechte berufen (vgl. zum Streit, ob die Richtlinie ein subjektives Recht iSd deutschen Schutznormlehre enthalten muss *Jarass* NJW 1990, 2420 [2422 f.]; SZK/*König* § 2 Rn. 60; Calliess/Ruffert/*Ruffert* Rn. 66 ff.).

27   Tragender Geltungsgrund dieser begrenzten unmittelbaren Wirkung im Vertikalverhältnis kann entgegen der früheren EuGH-Rechtsprechung (EuGH 4.12.1974 – 41/74 Rn. 12 – van Duyn, Slg. 1974, 1337; 1.2.1977 – 51/76 Rn. 23 – Verbond van Nederlandse Ondernemingen, Slg. 1977, 113; 19.1.1982 – 8/81 Rn. 23 f. – Becker, Slg. 1982, 53; 12.7.1990 – C-188/89 Rn. 16 – Foster, Slg. 1990, I-3313) nicht das **effet utile**-Prinzip sein. Diese

Argumentation verkennt die vom europäischen Gesetzgeber von vornherein bezweckte eingeschränkte Rechtsqualität der Richtlinie, die eben keine vollständige Rechtsidentität, sondern lediglich eine Rechtsharmonisierung in den Mitgliedstaaten zum Ziel hat. Zudem wäre mit dieser Begründung eine Differenzierung zwischen horizontaler und vertikaler Richtlinienwirkung nicht vereinbar.

Geltungsgrund der unmittelbaren Wirkung im Vertikalverhältnis ist vielmehr der **Rechtsmissbrauchgedanke** in seiner Ausprägung des Grundsatzes „venire contra factum proprium" bzw. im Common Law des „estoppel"-Prinzips. Zu Recht geht der EuGH seit der Entscheidung in der Rs. *Ratti* – als zusätzliches Argument – davon aus, dass ein Mitgliedstaat, der eine Richtlinie unter Missachtung seiner unionsrechtlichen Umsetzungspflicht nicht oder nicht ordnungsgemäß in nationales Recht transformiert, sich hierdurch gegenüber seinen Bürgern keinen Vorteil verschaffen können soll (EuGH 5.4.1979 – 148/78 Rn. 22 – Ratti, Slg. 1979, 1629; 26.2.1986 – 152/84 Rn. 49 – Marshall, Slg. 1986, 723; 8.10.1987 – 80/86 Rn. 9 f. – Kolpinghuis Nijmegen, Slg. 1987, 3969; 22.6.1989 – 103/88 Rn. 31 – Costanzo, Slg. 1989, 1839; *Everling*, FS Carstens, 1984, 95 [108]; *Hilf* EuR 1988, 1 [7]; *Jarass*, Grundfragen der innerstaatlichen Bedeutung des EG-Rechts, 1994, 80; *ders.* NJW 1991, 2665 [2666]; SZK/*König* § 2 Rn. 58; *Konzen*, FS Birk, 2008, 439 [442]; **aA** *Klein* 24; *Langenfeld* DÖV 1992, 955 [958]). 28

b) Voraussetzungen. aa) Ablauf der Umsetzungsfrist. Voraussetzung für die unmittelbare Anwendbarkeit im Vertikalverhältnis ist zunächst, dass die **Frist zur Umsetzung der Richtlinie abgelaufen** ist. Die Umsetzung muss erst zum Zeitpunkt des Ablaufs der Umsetzungsfrist erfolgt sein. Vor Ablauf der Frist kann dem Mitgliedstaat daher kein Vorwurf gemacht werden, wenn er die Richtlinie noch nicht umgesetzt hat (vgl. EuGH 18.12.1997 – C-129/96 Rn. 43 – Inter-Environnement Wallonie, Slg. 1997, I-7411; 4.7.2006 – C-212/04 Rn. 114 – Adeneler, Slg. 2006, I-6057; vgl. auch EuGH 11.9.2014 – C-291/13 Rn. 55 f. – Papasavvas, BeckRS 2014, 81840). 29

bb) Fehlende oder nicht ordnungsgemäße Umsetzung. Darüber hinaus darf der betreffende Mitgliedstaat die **Richtlinie nicht oder nicht ordnungsgemäß umgesetzt** haben. Ist die Richtlinie rechtzeitig und vollständig durch das nationale Recht umgesetzt, gibt es keinen Anlass, die Richtlinie unmittelbar anzuwenden. Maßgebend für die Feststellung eines Umsetzungsdefizits ist nicht der Wortlaut des nationalen (Umsetzungs-)Gesetzes, sondern das Ergebnis, das die nationalen Gerichte bei der Anwendung des innerstaatlichen Rechts erzielen (GHN/*Nettesheim* Rn. 143). Eine unmittelbare Anwendung der Richtlinie kommt daher erst in Betracht, wenn das nationale Recht keinen Raum für eine richtlinienkonforme Auslegung oder Rechtsfortbildung lässt (*Brechmann* 65; *Höpfner* 233; *Zöckler* JbJZivilrWiss. 1992, 141 [149]; **aA** *Canaris*, FS Bydlinski, 2002, 47 [55]). 30

Beachtlich sind nur solche Richtlinienverstöße, die die Rechtslage **zulasten des Bürgers** abweichend von den Richtlinienvorgaben regeln. Aufgrund des Prinzips der **Mindestharmonisierung,** dem bisher sämtliche arbeitsrechtlich relevanten Richtlinien folgen (→ Rn. 19), kommt eine fehlerhafte Umsetzung im Vertikalverhältnis stets nur zulasten des Bürgers in Betracht, da eine für den Arbeitnehmer gegenüber den Richtlinienvorgaben günstigere nationale Rechtsnorm keinen Richtlinienverstoß bedeutet. 31

Etwas anderes kann jedoch bei **vollharmonisierenden Richtlinien** gelten, die in jüngerer Zeit verstärkt Bedeutung im Bereich des Verbraucherschutzes gewonnen haben. Hier scheidet eine unmittelbare Anwendbarkeit der Richtlinie im Vertikalverhältnis trotz fehlerhafter Umsetzung aus, wenn das nationale Recht den Bürger gegenüber den Richtlinienvorgaben begünstigt, da der Staat nicht rechtsmissbräuchlich handelt. Im Arbeitsrecht ist dies mangels vollharmonisierender Richtlinien (→ Rn. 19) jedoch nicht von Bedeutung. 32

Entscheidender **Zeitpunkt** für die Feststellung des Verstoßes gegen die Umsetzungsfrist ist nicht der Ablauf der Umsetzungsfrist, sondern derjenige der **Entstehung des von der Richtlinie gewährten Anspruchs oder Rechts** des Bürgers. 33

34 **cc) Inhaltliche Anforderungen an die Richtlinie.** Weitere Voraussetzung für die unmittelbare Anwendbarkeit ist, dass die Richtlinie inhaltlich unbedingt und hinreichend bestimmt ist. Dabei kommt es nicht auf die Richtlinie in ihrer Gesamtheit, sondern auf das konkrete Recht bzw. den konkreten Anspruch an, den der Bürger gegenüber dem Staat geltend macht. **Inhaltlich unbedingt** ist die entsprechende Richtlinienbestimmung, wenn sie ohne Vorbehalt und ohne Bedingung anwendbar ist und keiner weiteren Maßnahme der Organe der Mitgliedstaaten oder der Europäischen Union bedarf (*Jarass* NJW 1990, 2420 [2423]; SZK/*König* § 2 Rn. 59; Calliess/Ruffert/*Ruffert* Rn. 54).

35 **Hinreichend genau** ist die Bestimmung, wenn sich ihr Inhalt im Wege der Auslegung ermitteln lässt. Hierfür ist nicht allein der Wortlaut der Richtlinie entscheidend. Auch bei unbestimmtem Wortlaut ist die Richtlinie hinreichend genau, wenn sich ihr Inhalt im Wege historischer, systematischer oder teleologischer Auslegung ergibt (GHN/*Nettesheim* Rn. 147). Allgemein werden hierbei keine strengen Maßstäbe angelegt. Erforderlich ist nicht, dass die Richtlinienbestimmung nur ein einziges Auslegungsergebnis zulässt. Auch unbestimmte Rechtsbegriffe oder Ermessensspielräume stehen der unmittelbaren Anwendbarkeit der Richtlinie nicht entgegen (*Jarass* NJW 1990, 2420 [2424]; GHN/*Nettesheim* Rn. 147; Calliess/Ruffert/*Ruffert* Rn. 54). Die hinreichende Genauigkeit einer Richtlinienvorschrift ist stets **in Bezug auf eine konkrete Rechtsfrage** zu beurteilen. So hat etwa der EuGH Art. 7 I RL 2003/88/EG im Zusammenhang mit der Frage, ob der Anspruch auf bezahlten Jahresurlaub eine tatsächliche Mindestarbeitszeit während des Bezugszeitraums voraussetzt, für hinreichend genau erachtet (EuGH 24.1.2012 – C-282/10 Rn. 34 f. – Dominguez, NZA 2012, 139). Dies bedeutet nicht notwendig, dass Art. 7 I RL 2003/88/EG hinsichtlich sonstiger Rechtsfragen, etwa der Übertragung von Urlaubsansprüchen oder der Entstehung des Urlaubsanspruchs im ruhenden Arbeitsverhältnis, die Anforderungen an eine unmittelbare Anwendbarkeit erfüllt.

36 **dd) Wirkung nur gegenüber dem Staat.** Unmittelbare Wirkung entfaltet die Richtlinie unter den genannten Voraussetzungen **ausschließlich gegenüber dem Mitgliedstaat**, der seine Umsetzungspflicht verletzt hat. Eine unmittelbare Anwendung in Horizontalverhältnissen ist generell ausgeschlossen (→ Rn. 24 f.). In **privatrechtlichen Arbeitsverhältnissen** kommt daher allein eine mittelbare Richtlinienwirkung im Wege richtlinienkonformer Auslegung oder Rechtsfortbildung in Betracht. Demgegenüber ist eine unmittelbare Anwendung der Richtlinie im **öffentlichen Dienst** und sonstigen Arbeitsverhältnissen mit **Arbeitgebern in öffentlicher Hand** möglich. Der EuGH geht von einem einheitlichen Staatsverständnis aus. Es kommt nicht darauf an, ob der Staat in Ausübung hoheitlicher Befugnisse oder als Privatrechtssubjekt handelt (grundlegend EuGH 26.2.1986 – 152/84 Rn. 49 – Marshall, Slg. 1986, 723). Arbeitnehmer können sich daher auch gegenüber einem **privatrechtlich organisierten Arbeitgeber** unmittelbar auf eine Richtlinie berufen, sofern dieser unabhängig von seiner Rechtsform kraft staatlichen Rechtsakts **unter staatlicher Aufsicht** eine Dienstleistung im öffentlichen Interesse erbringt **und** hierzu **mit besonderen Rechten ausgestattet** ist, die über die für die Beziehungen zwischen Privatpersonen geltenden Vorschriften hinausgehen (EuGH 12.7.1990 – C-188/89 Rn. 17 f. – Foster, Slg. 1990, I-3313; 14.9.2000 – C-343/98 Rn. 23 – Collino, Slg. 2000, I-6659; 5.2.2004 – C-157/02 Rn. 24 – Rieser, Slg. 2004, I-1477; 19.4.2007 – C-356/05 Rn. 40 – Farrell, Slg. 2007, I-3067; 24.1.2012 – C-282/10 Rn. 39 – Dominguez, NZA 2012, 139; ErfK/*Wißmann* AEUV Vorb. Rn. 25; HWK/*Tillmanns* AEUV Vorb. Rn. 16; **aA** *Schlachter* ZfA 2007, 249 [258]; Preis/Sagan/*Sagan* § 1 Rn. 143, die alternativ zu einer staatlichen Aufsicht bereits eine öffentliche Finanzierung genügen lassen). Umgekehrt kann sich ein öffentlicher Arbeitgeber nicht gegenüber dem Arbeitnehmer unmittelbar auf eine Richtlinie berufen, da sich mit dem Grundsatz des Rechtsmissbrauchs eine Verpflichtung allein für den Mitgliedstaat, nicht aber für den Einzelnen begründen lässt (EuGH 21.10.2010 – C-227/09 Rn. 46 f. – Accardo, Slg. 2010, I-10307).

III. Richtlinienkonforme Auslegung

Die richtlinienkonforme Auslegung des nationalen Rechts hat im Arbeitsrecht eine **überragende Bedeutung** erlangt. Sie setzt nicht voraus, dass die als Kontrollmaßstab dienende Richtlinie im konkreten Fall unmittelbar anwendbar ist, da die den Bürger treffende Rechtsfolge nicht der Richtlinie, sondern dem richtlinienkonform ausgelegten nationalen Recht entspringt (SZK/*Ehlers* § 11 Rn. 45; *Jarass* NJW 1990, 2420 [2421]; *Schlachter* ZfA 2007, 249 [259]; **aA** für den Rahmenbeschluss *Hillgruber* JZ 2005, 841 [842]; *von Unger* NVwZ 2006, 46 [48 f.]; **dagegen** wiederum *Höpfner* 337). Da eine unmittelbare Anwendung der Richtlinie **in privaten Arbeitsverhältnissen** generell ausscheidet, erweist sich die richtlinienkonforme Auslegung gerade in diesen Fällen als wirkungsvolles Instrument, die Rechtsharmonisierung kraft Richterrechts am Gesetzgeber vorbei herzustellen (vgl. *Gsell* AcP 214 [2014] 99 [136 f.]; *Weber* 87 f.). Die richtlinienkonforme Auslegung ist somit das primäre Instrument zur **Vermeidung eines Vertragsverletzungsverfahrens** (dazu → Rn. 91 ff.) und der Gefahr der **Staatshaftung** (dazu → Rn. 88 ff.). Sie dient – anders als die unionsrechtskonforme Auslegung – nicht der Normerhaltung, sondern aus Sicht der Europäischen Union der **Normdurchsetzung** (*Canaris*, FS R. Schmidt, 2006, 41 [44]; *Schlachter* RdA 2005, 115 [119]; **aA** BAG 5.3.1996 NZA 1996, 751 [755] mit Rekurs auf die Einheit der Rechtsordnung) sowie aus Sicht der Mitgliedstaaten der Vermeidung der Konsequenzen eines Richtlinienverstoßes. Auch der EuGH sieht die richtlinienkonforme Auslegung als ein Mittel zur Vermeidung von Vertragsverletzungsverfahren an. So hat er Klagen der Kommission gem. Art. 258 AEUV wegen angeblich ungenügender Richtlinienumsetzung mit der Begründung zurückgewiesen, es läge zwar eine Differenz von Richtlinie und Umsetzungsgesetz vor, diese könne aber im Wege der richtlinienkonformen Auslegung beseitigt werden (EuGH 29.5.1997 – C-300/95 Rn. 37 – Kommission/Vereinigtes Königreich, Slg. 1997, I-2649).

1. Entwicklung in der Rechtsprechung des EuGH. Die Entwicklung der richtlinienkonformen Auslegung in der Rechtsprechung des EuGH kann in **drei Phasen** eingeteilt werden (*Brechmann* 31 ff., 66 ff.; *Franzen* Privatrechtsangleichung 292 f.; *Höpfner* 250 ff.):

a) Zweckmäßigkeit einer richtlinienkonformen Auslegung. In der **ersten Phase** bis 1984 befürwortete der EuGH die richtlinienkonforme Auslegung dann, wenn das vorlegende mitgliedstaatliche Gericht erklärte, dass es eine richtlinienkonforme Auslegung des nationalen Rechts vorzunehmen beabsichtige (EuGH 12.11.1974 – 35/74 Rn. 3 – Rzepa, Slg. 1974, 1241; 26.1.1975 – 67/74 Rn. 4). Er hielt es lediglich für „**zweckmäßig**", Fragen nach der Auslegung von Richtlinien im Wege eines Vorabentscheidungsverfahrens vorzulegen. Dadurch werde sichergestellt, dass das zur Durchführung der Richtlinie erlassene Gesetz richtlinienkonform ausgelegt und angewendet werde (EuGH 20.9.1976 – 111/75 Rn. 7, 11 – Mazzalai, Slg. 1976, 657). Eine Verpflichtung der nationalen Gerichte, nationales Recht richtlinienkonform auszulegen, klingt demgegenüber erstmals vorsichtig im Urteil *Rickmers-Linie* aus dem Jahre 1982 an, in dem der EuGH verlangt, dass seine Interpretation der Richtlinie von den nationalen Gerichten bei der Anwendung des nationalen Rechts zu berücksichtigen sei (EuGH 15.7.1982 – 270/81 Rn. 22 – Rickmers-Linie, Slg. 1982, 2771).

b) Pflicht zu richtlinienkonformer Auslegung. Die **zweite Phase** begann 1984 mit der Entscheidung *von Colson und Kamann* (EuGH 10.4.1984 – 14/83 – von Colson und Kamann, Slg. 1984, 1891). Darin statuierte der EuGH erstmals ausdrücklich eine **Pflicht zu richtlinienkonformer Auslegung** qua Europarechts und verlangte von den nationalen Gerichten, „bei der Anwendung des nationalen Rechts, insbesondere auch der Vorschriften eines speziell zur Durchführung der Richtlinie erlassenen Gesetzes, dieses Recht im Lichte des Wortlauts und des Zwecks der Richtlinie auszulegen" (EuGH 10.4.1984 – 14/83 Rn. 26 – von Colson und Kamann, Slg. 1984, 1891). Begründet wurde diese Pflicht mit der sich aus Art. 189 III EWGV (= Art. 288 III) ergebenden Verpflichtung der Mitgliedstaaten, das in der Richtlinie vorgesehene Ziel zu erreichen, sowie mit der Pflicht der Mitgliedstaaten gem. Art. 5 EWGV (= Art. 4 III EUV), alle zur Erfüllung dieser Verpflichtung geeigneten Maßnahmen allg. oder besonderer Art zu treffen, welche allen Trägern öffentlicher Gewalt in den Mitgliedstaaten und damit auch den Gerichten obliege (EuGH 10.4.1984 – 14/83 Rn. 26 – von Colson und Kamann, Slg. 1984, 1891; 10.4.1984 – 79/83 Rn. 26 – Harz, Slg. 1984, 1921).

41 **c) Konsolidierung.** Die **dritte Phase** wurde 1990 durch das *Marleasing*-Urteil des EuGH (EuGH 13.11.1990 – C-106/89 – Marleasing, Slg. 1990, I-4135) eingeläutet und hält bis heute an. Darin fordert der Gerichtshof, jedes nationale Gericht müsse, „soweit es bei der Anwendung des nationalen Rechts – gleich, ob es sich um vor oder nach der Richtlinie erlassene Vorschriften handelt – dieses Recht auszulegen hat, seine Auslegung **so weit wie möglich** am Wortlaut und Zweck der Richtlinie ausrichten ..., um das mit der Richtlinie verfolgte Ziel zu erreichen und auf diese Weise Art. 189 III EWGV (= Art. 288 III) nachzukommen" (EuGH 13.11.1990 – C-106/89 Rn. 8 – Marleasing, Slg. 1990, I-4135; ferner 16.12.1993 – C-334/92 Rn. 20 – Wagner Miret, Slg. 1993, I-6911; 14.7.1994 – C-91/92 Rn. 26 – Faccini Dori, Slg. 1994, 3325; 17.9.1997 – C-54/96 Rn. 43 – Dorsch Consult, Slg. 1997, I-4961; 5.10.2004 – C-397/01 bis C-403/01 Rn. 115 – Pfeiffer, Slg. 2004, I-8835; 4.7.2006 – C-212/04 Rn. 108 – Adeneler, Slg. 2006, I-6057). Der EuGH erweitert damit den Umfang der richtlinienkonformen Auslegung ausdrücklich auf das gesamte nationale Recht, unabhängig von der Frage, ob dieses gerade zur Umsetzung der Richtlinie erlassen wurde oder ob es sich um älteres Recht handelt. Darüber hinaus verschärft er seinen Sprachgebrauch, indem er feststellt, dem nationalen Gericht sei es „verboten", eine unionsrechtswidrige Auslegung zu wählen (EuGH 13.11.1990 – C-106/89 Rn. 9 – Marleasing, Slg. 1990, I-4135).

42 **2. Geltungsgrund und Wirkungsweise der richtlinienkonformen Auslegung. a) Geltungsgrund.** Das Gebot richtlinienkonformer Auslegung hat seine Grundlage nicht im nationalen Recht, sondern wurzelt in der unionsrechtlichen **Pflicht zur ordnungsgemäßen Richtlinienumsetzung** gem. Art. 288 III, die sich nicht nur an die Mitgliedstaaten selbst, sondern auch an deren Organe und insbesondere die Gerichte richtet (EuGH 10.4.1984 – 14/83 Rn. 26 – von Colson und Kamann, Slg. 1984, 1891; 15.6.2000 – C-365/98 Rn. 40 – Brinkmann, Slg. 2000, I-4619; BVerfG 10.12.2014 NZA 2015, 375 Rn. 14; *Baldus/Becker* ZEuP 1997, 875 [879]; *Brechmann* 298; *Canaris*, FS R. Schmidt, 2006, 41 [42 f.]; *ders.*, FS Bydlinski, 2002, 47 [55 ff.]; Gebauer/Wiedmann/*Gebauer* Kap. 4 Rn. 32; *Höpfner* 270 ff.; *Weber* 91 f.). Eines Rückgriffs auf Art. 4 III EUV bedarf es nicht, da die Mitgliedstaaten bereits unmittelbar nach Art. 288 III dazu verpflichtet sind, die nationalen Rechtsordnungen an die Vorgaben der Richtlinie anzupassen (*Brechmann* 9; *Franzen* Privatrechtsangleichung 297; Riesenhuber/*Roth* § 14 Rn. 4; **aA** BVerfG 10.12.2014 NZA 2015, 375 Rn. 30 f.; HWK/*Tillmanns* AEUV Vorb. Rn. 19; Preis/Sagan/*Sagan* § 1 Rn. 143).

43 **b) Wirkungsweise.** Die richtlinienkonforme Auslegung dient der Auswahl zwischen mehreren möglichen Auslegungsergebnissen. Sie ist nicht Bestandteil der systematischen Auslegung und modifiziert auch nicht die klassischen Auslegungskanones, sondern tritt als Vorzugsregel neben die klassische Auslegung. Bei der richtlinienkonformen Auslegung wird die Gesetzesanwendung daher in **zwei Stufen** unterteilt (*Brechmann* 259 ff.; *Höpfner* JbJZivilrWiss 2009, 73 [85]; SZK/*Ehlers* § 11 Rn. 46; *Konzen*, FS Birk, 2008, 439 [443]; Langenbucher/*Langenbucher*, Europarechtliche Bezüge des Privatrechts, 2. Aufl. 2008, § 1 Rn. 89; *Weber* 127; zur völkerrechtskonformen Auslegung auch *Rauber* ZaöRV 2015, 259 [279]; **aA** *Leenen* Jura 2012, 753 [756]; Riesenhuber/*Roth* § 14 Rn. 39):

44 Auf der **ersten Stufe** ist zu prüfen, ob die auszulegende nationale Vorschrift **mehrere vertretbare Auslegungsmöglichkeiten** bietet. Nur dann besteht der für die richtlini-

enkonforme Auslegung erforderliche Auslegungsspielraum (→ Rn. 46). Dabei ist nicht allein am Wortlaut der Norm zu haften. Von zentraler Bedeutung ist die gesetzgeberische Grundentscheidung, an die die Gerichte verfassungsrechtlich gebunden sind. Diese trifft der nationale Gesetzgeber. Sie lässt sich unter anderem aus den Gesetzesmaterialien erschließen (BVerfG 26.9.2011 NJW 2012, 669 Rn. 51).

Gelangt man zu dem Ergebnis, dass das nationale Recht den erforderlichen Auslegungs- 45 spielraum bietet, ist in einem **zweiten Schritt** zu prüfen, ob die verschiedenen Auslegungsergebnisse (BVerfG 26.9.2011 NJW 2012, 669 Rn. 46 spricht im Anschluss an EuGH 5.10.2004 – C-397/01 bis C-403/01 Rn. 116 – Pfeiffer, Slg. 2004, I-8835; 16.7.2009 – C-12/08 Rn. 63 – Mono Car Styling, Slg. 2009, I-6653 unpräzise von „Auslegungsmethoden") **mit den Vorgaben der Richtlinie vereinbar** sind. Auf dieser zweiten Stufe stellt die richtlinienkonforme Auslegung eine echte Auswahl- bzw. Vorzugsregel dar. Von mehreren Auslegungsergebnissen ist zwingend das richtlinienkonforme zu wählen, selbst wenn die besseren Argumente eigentlich für das richtlinienwidrige sprechen. Eine Abwägung oder Zweckmäßigkeitsprüfung findet auf dieser Stufe nicht statt (*Schürnbrand* JZ 2007, 910 [911]; *Höpfner* 283; **aA** *Riehm,* Abwägungsentscheidungen in der praktischen Rechtsanwendung, 2006, 75). Entscheidend ist ausschließlich die Richtlinienkonformität bzw. die Richtlinienwidrigkeit des Auslegungsergebnisses. Soweit die auszulegende Norm den erforderlichen Interpretationsspielraum bietet, begründet die richtlinienkonforme Auslegung einen **Vorrang der richtlinienkonformen vor den richtlinienwidrigen Auslegungsergebnissen** (Langenbucher/*Langenbucher* § 1 Rn. 85, 99). Sie hat zur Folge, dass die richtlinienwidrigen Auslegungsergebnisse ausgeschieden werden und der Rechtsanwender allein zwischen den richtlinienkonformen Interpretationen wählen darf (sog. „qualitative Teilnichtigerklärung", vgl. *Skouris,* Teilnichtigkeit von Gesetzen, 1973, 108; *Voßkuhle* AöR 125 2000, 177 [198] zur verfassungskonformen Auslegung). Auf diese Weise wird der Auslegungsspielraum der nationalen Gerichte durch die unionsrechtliche Umsetzungspflicht beschränkt. Sind allerdings mehrere Auslegungsergebnisse mit der Richtlinie vereinbar, ist das mitgliedstaatliche Gericht nicht verpflichtet, diejenige Auslegung zu wählen, die die Ziele der Richtlinie am effektivsten verwirklicht. Dies folgt aus dem Charakter der richtlinienkonformen Auslegung als Auswahlregel. Sie ist gerade kein „Optimierungsgebot" (terminologisch missverständlich, aber in der Sache wohl übereinstimmend BVerfG 26.9.2011 NJW 2012, 669 Rn. 46).

3. Voraussetzungen und Grenzen der richtlinienkonformen Auslegung. 46
a) Mehrdeutigkeit des nationalen Rechts. Nach der Rechtsprechung des EuGH müssen die mitgliedstaatlichen Gerichte das gesamte innerstaatliche Recht so weit wie möglich anhand des Wortlauts und des Zwecks der Richtlinie auslegen, um das in ihr festgelegte Ergebnis zu erreichen (grundlegend EuGH 13.11.1990 – C-106/89 Rn. 8 – Marleasing, Slg. 1990, I-4135). Voraussetzung der richtlinienkonformen Auslegung ist also ein **Auslegungsspielraum** im nationalen Recht (BVerfG 26.9.2011 NJW 2012, 669 Rn. 46; BAG 14.3.1989 NZA 1990, 21 [22]). Die innerstaatliche Rechtsnorm muss folglich mehrere Auslegungsergebnisse zulassen, von denen mindestens eines gegen die Richtlinie verstößt und mindestens ein weiteres mit der Richtlinie zu vereinbaren ist (ausf. *Höpfner* 151 ff., 272 ff.; ferner SZK/*Ehlers* § 11 Rn. 46). Nur dann hat das Gericht die Möglichkeit, innerhalb seines Entscheidungsspielraums der Umsetzungspflicht gem. Art. 288 III nachzukommen. Ist die auszulegende Norm eindeutig, scheidet eine richtlinienkonforme Auslegung hingegen aus. Diese berechtigt nicht dazu, eine Vorschrift des nationalen Rechts unter Verweis auf eine europäische Richtlinie zu korrigieren oder zu derogieren (vgl. *Suckow/ Klose* JArbR 2012, 59 [70]; *Wißmann,* FS Bauer, 2010, 1161 [1166]). Sie **erweitert nicht den Interpretationsspielraum** des Rechtsanwenders. Die richtlinienkonforme Auslegung darf nicht dazu dienen, einer nationalen Regelung einen anderen Sinn unterzuschieben (*Scholz* AP BGB § 611a Nr. 6; **aA** *Everling* ZGR 1992, 376 [381]). Sie ist daher nicht

geeignet, „konformere" Ergebnisse zu erzielen, als dies durch die klassische Auslegung möglich ist (*Höpfner/Rüthers* AcP 209 [2009], 1 [22]; **aA** *Hirsch* JZ 2007, 853 [857]).

47 Das Unionsrecht respektiert die innerstaatliche Zuständigkeitsverteilung zwischen Legislative und Judikative und rechtfertigt **keine richtlinienkonforme Auslegung** des nationalen Rechts **contra legem** (EuGH 4.7.2006 – C-212/04 Rn. 110 – Adeneler, Slg. 2006, I-6057; 15.4.2008 – C-268/06 Rn. 100 – Impact, Slg. 2008, I-2483; 23.4.2009 – C-378/07 bis C-380/07 Rn. 199 – Angelidaki, Slg. 2009, I-3071; 16.7.2009 – C-12/08 Rn. 62 – Mono Car Styling, Slg. 2009, I-6653; 24.6.2010 – C-98/09 Rn. 52 – Sorge, Slg. 2010, 5837; 10.3.2011 – C-109/09 Rn. 54 – Lufthansa, Slg. 2011, I-1309; 24.1.2012 – C-282/10 Rn. 25 – Dominguez, NZA 2012, 139; 15.1.2014 – C-176/12 Rn. 39 – Association de médiation sociale, NZA 2014, 193). Davon geht auch das BVerfG aus, wenn es ausführt: „Allerdings findet die Pflicht zur Verwirklichung des Richtlinienziels im Auslegungswege zugleich ihre Grenzen an dem nach innerstaatlicher Rechtstradition methodisch Erlaubten" (BVerfG 10.12.2014 NZA 2015, 375 Rn. 31; 17.1.2013 NZG 2013, 464 [466]; 26.9.2011 NJW 2012, 669 Rn. 47). Die **klassischen Auslegungskanones** (Wortlaut, Systematik, Entstehungsgeschichte, Telos) sind daher nicht (nur) für die Grenzen der richtlinienkonformen Auslegung relevant. Sie entscheiden vielmehr bereits über die Frage, ob eine Norm mehrere Auslegungsergebnisse zulässt (Langenbucher/*Langenbucher* § 1 Rn. 89; **aA** *Roth*, FS 50 Jahre BGH, 2000, 847 [875]), und damit letztlich darüber, ob die Voraussetzungen für eine richtlinienkonforme Auslegung erfüllt sind.

48 **b) Nicht: Umsetzungswille des Gesetzgebers.** Keine Voraussetzung der richtlinienkonformen Auslegung ist, dass der nationale Gesetzgeber mit der auszulegenden Norm eine Richtlinie hat umsetzen wollen (Langenbucher/*Langenbucher* § 1 Rn. 78). Eine richtlinienkonforme Auslegung kommt auch in Betracht, wenn eine Umsetzung in nationales Recht fehlt. Der **Umsetzungswille des nationalen Gesetzgebers** ist für die unionsrechtliche Pflicht zu richtlinienkonformer Auslegung **weder notwendig noch ausreichend** (EuGH 4.7.2006 – C-212/04 Rn. 116 – Adeneler, Slg. 2006, I-6057; *Franzen* JZ 2007, 191; *Höpfner* 254 ff., 284 ff.; *Weber* 88 ff.; **aA** BGH 9.3.1993 NJW 1993, 1594 [1595]; 17.10.2012 NJW 2013, 220 Rn. 22; *Hommelhoff* AcP 192 [1992] 71 [95]; *Jarass* EuR 1991, 211 [215]). Maßgebend ist allein, ob die mitgliedstaatliche Rechtsordnung den erforderlichen Auslegungsspielraum bietet.

49 **c) Nicht: Wortlautgrenze. Keine Grenze** der richtlinienkonformen Auslegung ist schließlich der **Wortlaut** der auszulegenden nationalen Rechtsnorm (zutreffend BAG 5.3.1996 NZA 1996, 751 [755]; ErfK/*Wißmann* AEUV Vorb. Rn. 37). Zwar legt die in Deutschland noch immer herrschende Auffassung für die Abgrenzung von Auslegung und Rechtsfortbildung die sog. **abgeschwächte Andeutungstheorie** zugrunde (vgl. BAG 17.11.2009 NZA 2010, 1020 Rn. 28; *Herresthal* 352; *Hirsch* ZRP 2006, 161; *Klatt*, Theorie der Wortlautgrenze, 2004, 102 ff., 278 ff.; *Larenz*, Methodenlehre der Rechtswissenschaft, 6. Aufl. 1991, 322). Sie gelangt daher bei einer Überschreitung des Gesetzeswortlauts folgerichtig zu einer **richtlinienkonformen Rechtsfortbildung** (BAG 17.11.2009 NZA 2010, 1020 Rn. 28 f.; BGH 8.1.2014 NVwZ 2014, 1111 Rn. 10; *Schlachter* EuZA 2015, 1 [9 f.]; vgl. zu dieser → Rn. 76 ff.).

50 Die **Andeutungstheorie** ist jedoch bereits im Ausgangspunkt **abzulehnen** (vgl. *Rüthers* JZ 2006, 53 [57 f.]; *Höpfner* DÖV 2006, 820 [822 f.]). Wie die Rechtsprechungspraxis der obersten Bundesgerichte belegt, ist die Wortlautgrenze angesichts der fehlenden Präzision und Kontextabhängigkeit von Sprache äußerst dehnbar (vgl. etwa BAG 6.4.2011 NZA 2011, 905 Rn. 17; 21.9.2011 NZA 2012, 255 Rn. 24 zum Anschlussverbot nach § 14 II 2 TzBfG) und wird von der Rechtsprechung zudem selektiv angeführt (äußerst fragwürdig BGH 19.4.2012 NJOZ 2013, 773 Rn. 29, wo eine Einschränkung des offenkundig missglückten Wortlauts im Einklang mit dem eindeutig feststellbaren Gesetzgeberwillen selbst im Wege der Rechtsfortbildung abgelehnt wird). **Grenze der Auslegung** ist stattdessen der **historische Normzweck**. Der Normtext ist nur eines von mehreren Hilfsmitteln zur

Ermittlung der historischen ratio legis. Er taugt daher nicht als Instrument zur Abgrenzung von Auslegung und Rechtsfortbildung. Verwirklicht der Rechtsanwender den Willen des Gesetzgebers, so handelt es sich auch dann noch um Auslegung, wenn er dabei die Grenzen des möglichen Wortsinns überschreitet. Dies entspricht der jüngeren Rechtsprechung des BVerfG, wonach „der Wortlaut des Gesetzes ... im Regelfall keine starre Auslegungsgrenze" zieht und die Verfassung eine „reine Wortinterpretation ... nicht vorschreibt" (BVerfG 26.9.2011 NJW 2012, 669 Rn. 57; ähnlich bereits BVerfG 14.6.2007 NJW 2007, 2977 Rn. 121 mit im Ergebnis zutreffender Ausnahme für das materielle Strafrecht). Umgekehrt ist eine – auch richtlinienkonforme – Auslegung dann unzulässig, wenn sie sich zwar noch mit dem Wortlaut vereinbaren lässt, aber dem nachweisbaren Regelungswillen des Gesetzgebers eindeutig zuwiderläuft. In diesem Fall scheidet auch eine richtlinienkonforme Rechtsfortbildung aus. Denn richterliche Rechtsfortbildung überschreitet die verfassungsrechtlichen Grenzen, wenn sie deutlich erkennbar, möglicherweise sogar ausdrücklich im Wortlaut dokumentierte gesetzliche Entscheidungen abändert oder ohne ausreichende Rückbindung an gesetzliche Aussagen neue Regelungen schafft (BVerfG 26.9.2011 NJW 2012, 669 Rn. 56).

d) Vertrauensschutz in bestehende innerstaatliche Rechtsprechungspraxis. In der 51 Praxis kommt es nicht selten vor, dass eine Entscheidung des EuGH nicht mit der höchstrichterlichen Rechtsprechung in den Mitgliedstaaten vereinbar ist. Ändern die nationalen Gerichte daraufhin ihre Rechtsprechung, stellt sich die Frage, ob und bis zu welchem Zeitpunkt der Rechtsverkehr auf den Fortbestand der innerstaatlichen Rechtsprechung vertrauen darf (vgl. allg. zum Problem des Vertrauensschutzes bei Rechtsprechungsänderungen *Höpfner* RdA 2006, 156; *Klappstein*, Die Rechtsprechungsänderung mit Wirkung für die Zukunft, 2009; *Langenbucher*, FS Horn, 2006, 1179; *Louven*, Problematik und Grenzen rückwirkender Rechtsprechung des Bundesarbeitsgerichts, 1996; *Medicus* WM 1997, 2333; *Piekenbrock* ZZP 119 [2006], 3; *Tillmanns*, FS Buchner, 2009, 885). Nach der Rechtsprechung des EuGH findet die Pflicht zu richtlinienkonformer Auslegung ihre Grenze im **Grundsatz der Rechtssicherheit** und im **Rückwirkungsverbot** (EuGH 4.7.2006 – C-212/04 Rn. 110 – Adeneler, Slg. 2006, I-6057; 15.4.2008 – C-268/06 Rn. 100 – Impact, Slg. 2008, I-2483; 23.4.2009 – C-378/07 bis C-380/07 Rn. 199 – Angelidaki, Slg. 2009, I-3071; 24.6.2010 – C-98/09 Rn. 52 – Sorge, Slg. 2010, 5837; für den Rahmenbeschluss zuvor bereits EuGH 16.6.2005 – C-105/03 Rn. 44 – Pupino, Slg. 2005, I-5285). Das schutzwürdige Vertrauen des Rechtsverkehrs kann danach grds. einer rückwirkenden richtlinienkonformen Auslegung oder Fortbildung des nationalen Rechts entgegenstehen.

Problematisch ist allerdings, welches Gericht für die Gewährung von Vertrauensschutz 52 zuständig ist bzw. ob das Europarecht den Rückgriff auf ein **innerstaatliches Rückwirkungsverbot** sperrt. Das BAG (BAG 23.3.2006 NZA 2006, 971 Rn. 32 ff.; 26.4.2006 NZA 2006, 1162 Rn. 40 ff.; 22.3.2007 NZA 2007, 1101 Rn. 15 ff.; **aA** LAG Düsseldorf 2.2.2009 NZA-RR 2009, 242 [249]) und die überwiegende Auffassung im deutschen Schrifttum (*Bauer/Arnold* AP BUrlG § 7 Nr. 39; *Benecke* RdA 2011, 241 [242]; *Düwell* NZA-Beil. 2011, 133 [140 f.]; *Gallner*, FS Etzel, 2011, 155 [168 f.]; *Herresthal* JuS 2014, 289 [294]; *Höpfner* ZfA 2010, 449 [482 ff.]; *Ch. Picker* ZTR 2009, 230 [235]; *Schlachter* RdA 2009, Sonderbeil. zu Heft 5, 31 [35 f.]; *Tillmanns*, FS Buchner, 2009, 885 [894 ff.]; *Wißmann*, FS Bauer, 2010, 1161 [1165 ff.]; **aA** *Abele* RdA 2009, 312 [317]; *Schiek* AuR 2006, 41 [43 f.]) differenzieren hierbei: Verstößt das deutsche Recht gegen **unmittelbar geltendes Unionsrecht** (Primärrecht und Verordnungen), darf **allein der EuGH** über die Frage entscheiden, ob das Vertrauen des Rechtsverkehrs in die bisherige Rechtsprechung des EuGH oder der mitgliedstaatlichen Gerichte eine zeitliche Begrenzung des Unanwendbarkeitsverdikts verlangt (EuGH 1.4.2008 – C-267/06 Rn. 77 – Maruko, Slg. 2008, I-1757). Widerspricht das deutsche Recht hingegen (nur) einer **Richtlinie**, dürfen und müssen die **nationalen Gerichte** eigenständig prüfen, ob das Vertrauen der Beteiligten im Hinblick auf Art. 20 III GG schutzwürdig und aus diesem Grund die Rückwirkung der Rechtsprechungsänderung einzuschränken ist. Auf

Grundlage dieser Differenzierung zwischen Richtlinien- und Primärrechtsverstoß gewährte der 9. Senat des BAG bei seiner Rechtsprechungsänderung zu § 7 III und IV BUrlG im Anschluss an die *Schultz-Hoff*-Entscheidung des EuGH (EuGH 20.1.2009 – C-350/06 und C-520/06 – Schultz-Hoff, Slg. 2009, I-179) Vertrauensschutz. Die Berufung auf den innerstaatlichen Grundsatz der Rechtssicherheit sei nicht ausgeschlossen, da der von Art. 7 der Arbeitszeitrichtlinie verbürgte Mindestjahresanspruch nicht auf Primärrecht beruhe (BAG 23.3.2010 NZA 2010, 810 Rn. 84). Entsprechend hat das BAG bei seiner Rechtsprechungsänderung zu §§ 17, 18 KSchG im Anschluss an die *Junk*-Entscheidung des EuGH (EuGH 27.1.2005 – C-188/03 – Junk, Slg. 2005, I-885) Vertrauensschutz in seine bisherige Rechtsprechung gewährt (BAG 23.3.2006 NZA 2006, 971 Rn. 40 ff.; 1.2.2007 BeckRS 2011, 72103 Rn. 22 f.; 12.7.2007 AP KSchG 1969 § 17 Nr. 33 Rn. 28 ff.; 8.11.2007 AP KSchG 1969 § 17 Nr. 28 Rn. 27 ff.; 22.3.2007 NZA 2007, 1101 Rn. 18 f.; 26.7.2007 NZA 2008, 112 Rn. 66 f.).

53 Das **BVerfG** hat dieser Differenzierung allerdings in seiner jüngsten Entscheidung vom 10.12.2014 eine Absage erteilt. Die **3. Kammer des 2. Senats** hat in der Gewährung von Vertrauensschutz durch das BAG ohne Anrufung des EuGH bei der Auslegung der §§ 17, 18 KSchG eine offensichtlich unhaltbare und nicht mehr verständliche Interpretation des Art. 267 III AEUV erblickt und daher eine Verletzung des gesetzlichen Richters gem. Art. 101 I 2 GG bejaht (BVerfG 10.12.2014 NZA 2015, 375 Rn. 32 ff.; zust. *Sagan* NZA 2015, 341). Über die Gewährung von Vertrauensschutz soll danach allein der EuGH entscheiden dürfen. Grundlage hierfür ist nach Auffassung der Kammer die **Auslegungshoheit des Gerichtshofs** über das Unionsrecht, die auch eine Entscheidung über den **zeitlichen Geltungsbereich** einer bestimmten Auslegung umfasse (vgl. BVerfG 10.12.2014 NZA 2015, 375 Rn. 26). Daraus folge, dass die nationalen Gerichte die Richtlinie in der Auslegung des EuGH grds. auch auf solche Rechtsverhältnisse anzuwenden haben, die vor Erlass der auf das Auslegungsersuchen ergangenen Entscheidung des EuGH entstanden sind (BVerfG 10.12.2014 NZA 2015, 375 Rn. 26). **Ein Rückgriff auf** den im Rechtsstaatsprinzip wurzelnden **nationalen Vertrauensschutz** soll daneben auch bei der Umsetzung von Richtlinien **ausgeschlossen** sein, weil und solange der vom Grundgesetz gebotene Mindeststandard an Grundrechtsschutz durch das Unionsrecht gewährleistet werde (BVerfG 10.12.2014 NZA 2015, 375 Rn. 41).

54 Diese Auffassung **vermag nicht zu überzeugen** (krit. auch *Oetker* EWiR 2015, 193 [194]). Die Argumentation der 3. Kammer zielt am eigentlichen Problem vorbei. Die Frage, ob das nationale Gericht das Vertrauen in seine vor der Entscheidung des EuGH bestehende Rechtsprechung durch Einschränkung der Rückwirkung der Rechtsprechungsänderung schützen darf und ggf. sogar muss, **betrifft nicht die Auslegung des Unionsrechts** (insoweit **aA** *Oetker* EWiR 2015, 193 [194]). Es geht vielmehr allein darum, ob das nationale Recht den für die richtlinienkonforme Auslegung oder Fortbildung notwendigen **Auslegungsspielraum aufweist.** Das BVerfG verkennt insoweit die Vorgaben des EuGH zur richtlinienkonformen Auslegung, der klar herausgearbeitet hat, dass die Rechtssicherheit und das Rückwirkungsverbot nicht allein bei der Auslegung des Unionsrechts (für die er selbst zuständig ist) zu beachten sind, sondern gerade auch die **Pflicht zu richtlinienkonformer Auslegung begrenzen** (EuGH 4.7.2006 – C-212/04 Rn. 110 – Adeneler, Slg. 2006, I-6057; 15.4.2008 – C-268/06 Rn. 100 – Impact, Slg. 2008, I-2483; 23.4.2009 – C-378/07 bis C-380/07 Rn. 199 – Angelidaki, Slg. 2009, I-3071; 24.6.2010 – C-98/09 Rn. 52 – Sorge, Slg. 2010, 5837; für den Rahmenbeschluss zuvor bereits EuGH 16.6.2005 – C-105/03 Rn. 44 – Pupino, Slg. 2005, I-5285). Vor diesem Hintergrund ist auch die bisherige restriktive Entscheidungspraxis des EuGH zur Gewährung von unionsrechtlichem Vertrauensschutz einzuordnen (vgl. dazu *Petersen*, EG-Richtlinienumsetzung und Übergangsgerechtigkeit, 2008, 287 ff.). Im Bereich der Rechtsharmonisierung durch Richtlinien gibt es nach seinem Ansatz hierfür keinen Bedarf, da die hierfür aufgrund größerer Sachkenntnis ohnehin geeigneteren nationalen Gerichte selbständig über eine Rückwirkung entscheiden dürfen.

Die bislang vom BAG getroffene **Unterscheidung zwischen Richtlinien und Ver-** 55
ordnungen bei der Gewährung von Vertrauensschutz **steht im Einklang mit der Rechtsprechung des EuGH.** Sie ist dadurch gerechtfertigt, dass der Grundsatz des Vertrauensschutzes als Teil des innerstaatlichen Rechtsstaatsprinzips der richterlichen Rechtsanwendung Grenzen setzt und diese Grenzen vom EuGH bei der Pflicht zu richtlinienkonformer Auslegung und Rechtsfortbildung ausdrücklich respektiert werden (ebenso *Oetker* EWiR 2015, 193 [194]). Im Übrigen setzt sich die 3. Kammer des 2. Senats mit ihrer Entscheidung vom 10.12.2014 in **Widerspruch zum Beschluss der 2. Kammer des 2. Senats vom 26.9.2011.** Darin hat das BVerfG den im Rechtsstaatsprinzip wurzelnden Grundsatz der Rechtssicherheit als Grenze der richtlinienkonformen Auslegung anerkannt, die Beurteilung, ob und inwieweit das innerstaatliche Recht unter Beachtung der Grenze der Rechtssicherheit eine richtlinienkonforme Auslegung zulässt, ausdrücklich **den nationalen Gerichten zugewiesen** und im Übrigen selbst die Vereinbarkeit der vom BGH gewählten richtlinienkonformen Auslegung mit dem **national-verfassungsrechtlichen Vertrauensschutz ausführlich inhaltlich geprüft** (BVerfG 26.9.2011 NJW 2012, 669 Rn. 47 ff.). Vor diesem Hintergrund sollte man die Bedeutung der Entscheidung vom 10.12.2014 nicht überschätzen. Es wäre zu wünschen, dass sich innerhalb des 2. Senats des BVerfG die 2. Kammer mit ihrer großzügigeren Linie durchsetzen wird.

Sofern man mit der hier vertretenen Auffassung eine Kompetenz der nationalen Gerichte 56
zur Gewährung von Vertrauensschutz bei richtlinienkonformer Auslegung bejaht, stellt sich die weitere Frage nach der **Wahl des Stichtags** (näher dazu *Höpfner* RdA 2013, 16 [27 f.]). In Betracht kommen das Inkrafttreten der Richtlinie, der Ablauf der Umsetzungsfrist, der Vorlagebeschluss an den EuGH, die Schlussanträge des Generalanwalts, das Urteil des Gerichtshofs und die Entscheidung des nationalen Gerichts, mit der die europarechtlichen Vorgaben in das innerstaatliche Recht umgesetzt werden. Die Rechtsprechung des BAG hierzu ist nicht einheitlich. So hat der 9. Senat Vertrauensschutz nur bis zum **Ablauf der Umsetzungsfrist** für die entsprechende Richtlinie gewährt, da ab diesem Zeitpunkt ein mögliches Vertrauen privater Arbeitgeber auf den Fortbestand der früheren ständigen Senatsrechtsprechung nicht länger schutzwürdig sei (BAG 23.3.2010 NZA 2010, 810 Rn. 104; offener BAG 10.12.2013 AP BUrlG § 7 Abgeltung Nr. 101 Rn. 17: spätestens Bekanntwerden des Vorabentscheidungsersuchens). Das ist widersprüchlich, weil der Senat zugleich auf das „Inkrafttreten der Richtlinie" als vertrauensbegründenden Umstand für den Arbeitnehmer abstellt (BAG 23.3.2010 NZA 2010, 810 Rn. 96, 101, 104). Folgt man dieser Argumentation, ist Vertrauensschutz konsequenterweise lediglich bis zum Tag der Veröffentlichung der Richtlinie im Amtsblatt der Europäischen Union zu gewähren. Bereits zu diesem Zeitpunkt muss dann mit einer Änderung der innerstaatlichen Rechtsprechung gerechnet werden, da die inhaltlichen Vorgaben an die Mitgliedstaaten sich im Zeitraum zwischen dem Inkrafttreten der Richtlinie und dem Ablauf der Umsetzungsfrist nicht mehr ändern.

Überzeugender erscheint allerdings ein großzügigerer Maßstab. Häufig lässt sich die (Un-) 57
Vereinbarkeit einer innerstaatlichen Rechtsprechung mit dem Unionsrecht nicht schon aus dem Text der Richtlinie, sondern **erst aufgrund eines** zur Auslegung der Richtlinie ergehenden **EuGH-Urteils** feststellen. Nur wenn der Inhalt einer Richtlinie bekannt ist, kann sie Maßstab für die Unionsrechtskonformität des nationalen Rechts sein. Daher können – wie mehrere Senate des BAG bei der Umsetzung des *Junk*-Urteils des EuGH (EuGH 27.1.2005 – C-188/03 – Junk, Slg. 2005, I-885) zutreffend ausgeführt hatten (BAG 23.3.2006 NZA 2006, 971, Rn. 40 ff.; 12.7.2007 AP KSchG 1969 § 17 Nr. 33 Rn. 28 ff.; 8.11.2007 AP KSchG 1969 § 17 Nr. 28 Rn. 27 ff.; 22.3.2007 NZA 2007, 1101 Rn. 18 f.; 26.7.2007 NZA 2008, 112 Rn. 66 f.) – weder das Inkrafttreten der Richtlinie noch der Ablauf der Umsetzungsfrist noch der Vorlagebeschluss eines nationalen Gerichts das Vertrauen in eine höchstrichterliche Rechtsprechung zerstören (ebenso *Bauer/Arnold* NJW 2009, 631 [634]; *Besgen* SAE 2010, 201 [203]; *Gaul/Bonanni/Ludwig* DB 2009, 1013 [1014]; *Krieger/Arnold* NZA 2009, 530 [532]; *Ch. Picker* ZTR 2009, 230 [236]; *Sedlmeier* EuZA

2010, 88 [97 f.]). Selbst wenn der EuGH eine Entscheidung fällt, die der Rechtsprechung in den Mitgliedstaaten widerspricht, bedeutet das nicht zwangsläufig, dass diese im Privatrechtsverkehr nicht mehr fortgeführt werden kann.

58 Es ist daher zu differenzieren: Hat das **BAG** selbst den Gerichtshof im Vorabentscheidungsverfahren **angerufen**, so ist **Vertrauensschutz bis zur Entscheidung des EuGH** zu gewähren. Eine Vorlage gem. Art. 267 III AEUV ist nur zulässig, wenn ein Urteil des Gerichtshofs nach Auffassung des vorlegenden Gerichts im betreffenden Rechtsstreit erforderlich, dh entscheidungserheblich, ist. Durch den Vorlagebeschluss gibt das BAG inzident zu erkennen, dass es ggf. die Vorgaben des EuGH im Wege richtlinienkonformer Auslegung oder Rechtsfortbildung in nationales Recht umsetzen kann und wird. Mit der Entscheidung des EuGH steht somit fest, dass die innerstaatliche Rechtsprechung nicht aufrechterhalten wird. Wird der EuGH dagegen **von einem Instanzgericht** oder einem Gericht eines anderen Mitgliedstaates **angerufen**, so kann nicht ohne Weiteres davon ausgegangen werden, dass das BAG seine Rechtsprechung an die Vorgaben des Gerichtshofs anpassen wird. Es ist ebenso gut möglich, dass eine richtlinienkonforme Auslegung oder Rechtsfortbildung wegen der Eindeutigkeit des deutschen Rechts ausscheidet und die EuGH-Rechtsprechung daher an der Rechtslage in Deutschland bis zum Einschreiten des Gesetzgebers nichts ändert (vgl. BAG 17.11.2009 NZA 2010, 1020). Da die Frage nach der Zulässigkeit einer richtlinienkonformen Rechtsanwendung allein durch die Entscheidung des EuGH nicht geklärt ist, muss in diesem Fall **Vertrauensschutz bis zum umsetzenden Urteil des BAG** gewährt werden.

59 **4. Die Reichweite der richtlinienkonformen Auslegung. a) Zeitlicher Beginn der Pflicht zu richtlinienkonformer Auslegung.** Die Begründung der richtlinienkonformen Auslegung mit der Umsetzungsverpflichtung der Mitgliedstaaten (→ Rn. 42) führt konsequenterweise zu der Schlussfolgerung, dass eine Pflicht der nationalen Gerichte, nationales Recht richtlinienkonform auszulegen, erst **mit Ablauf der Umsetzungsfrist** besteht (EuGH 18.12.1997 – C-129/96 Rn. 43 – Inter-Environnement Wallonie, Slg. 1997, I-7411; 4.7.2006 – C-212/04 Rn. 115 – Adeneler, Slg. 2006, I-6057; *Canaris*, FS Bydlinski, 2002, 47 [51]; *von Danwitz* JZ 2007, 697 [700]; SZK/*König* § 2 Rn. 54; **aA** GA *Kokott* 27.10.2005 – C-212/04 Rn. 52 f. – Adeneler, Slg. 2006, I-6057). Zwar entsteht die Verpflichtung zu ordnungsgemäßer Umsetzung bereits mit Erlass einer Richtlinie (insoweit **aA** *Konzen*, FS Birk, 2008, 439 [444 f.]). Die Umsetzung muss aber erst zum Zeitpunkt des Ablaufs der Umsetzungsfrist erfolgt sein. Sie wird erst mit Ablauf der Umsetzungsfrist fällig. Vor Fälligkeit sind Störungen oder Gefährdungen der Erfüllung grds. nicht sanktionierbar. Da die Umsetzungsfrist den Mitgliedstaaten die für den Erlass der Umsetzungsmaßnahmen erforderliche Zeit geben soll, kann ihnen kein Vorwurf gemacht werden, wenn sie die Richtlinie nicht vor Ablauf dieser Frist in ihre Rechtsordnung umsetzen (EuGH 18.12.1997 – C-129/96 Rn. 43 – Inter-Environnement Wallonie, Slg. 1997, I-7411; 4.7.2006 – C-212/04 Rn. 114 – Adeneler, Slg. 2006, I-6057).

60 Vor Ablauf der Umsetzungsfrist besteht lediglich ein sog. **Frustrationsverbot.** Nach der Rechtsprechung des EuGH sind die Mitgliedstaaten gem. Art. 4 III EUV, Art. 288 III sowie der betreffenden Richtlinie selbst verpflichtet, alle Maßnahmen zu unterlassen, insbesondere während der Frist zur Umsetzung der Richtlinie keine Vorschriften zu erlassen, die geeignet sind, die Erreichung der in der Richtlinie vorgeschriebenen Ziele ernsthaft zu gefährden (EuGH 18.12.1997 – C-129/96 Rn. 45 – Inter-Environnement Wallonie, Slg. 1997, I-7411; 8.5.2003 – C-14/02 Rn. 58 – ATRAL, Slg. 2003, I-4431; 22.11.2005 – C-144/04 Rn. 67; 4.7.2006 – C-212/04 Rn. 121 – Adeneler, Slg. 2006, I-6057; **aA** *Weber* 128 ff.). Diese Unterlassungspflicht richtet sich auch an die innerstaatlichen Gerichte (EuGH 4.7.2006 – C-212/04 Rn. 122 – Adeneler, Slg. 2006, I-6057). Diese müssen es daher ab dem Zeitpunkt des Inkrafttretens einer Richtlinie so weit wie möglich unterlassen, das innerstaatliche Recht auf eine Weise auszulegen, die die Erreichung des mit dieser Richtlinie verfolgten Zieles nach Ablauf der Umsetzungsfrist ernsthaft gefährden würde (EuGH 4.7.2006 – C-212/04 Rn. 123

– Adeneler, Slg. 2006, I-6057; 18.12.1997 – C-129/96 Rn. 45 – Inter-Environnement Wallonie, Slg. 1997, I-7411; Riesenhuber/*Roth* § 14 Rn. 11).

Im Ergebnis besteht daher eine Art „Vorwirkung" der Richtlinie vor Ablauf der Umset- **61** zungsfrist (vgl. OLG Düsseldorf 19.11.2014 – VII-Verg 30/14, NZS 2015, 68 Rn. 13; Calliess/Ruffert/*Kahl* EUV Art. 4 Rn. 97). Dieses Frustrationsverbot ist jedoch **nicht** gleichbedeutend mit einer Verpflichtung zu **richtlinienkonformer Auslegung** (*Höpfner* 292 ff.; *Höpfner*/*Rüthers* AcP 209 [2009], 1 [27 f.]); SZK/*König* § 2 Rn. 55; *Konzen*, FS Birk, 2008, 439 [444 f.]; Langenbucher/*Langenbucher* § 1 Rn. 100 f.; *Weber* 129; gegen eine Pflicht zu richtlinienkonformer Auslegung auch BGH 5.2.1998 NJW 1998, 2208 [2211]; aA GA *Tizzano* 30.6.2005 – C-144/04 Rn. 120, 122; Haltern/Bergmann/*Haltern*, Der EuGH in der Kritik, 2012, 25 [47]; ErfK/*Wißmann* AEUV Vorb. Rn. 36). Zum einen kann die Loyalitätspflicht nicht weiter reichen als die Pflicht zur Umsetzung der Richtlinie selbst. Die nationalen Gerichte haben nicht alle Maßnahmen zu unterlassen, die zu einer Gefährdung oder Vereitelung der mit einer Richtlinie verfolgten Zwecke führen, sondern nur diejenigen, deren Unterlassung in dem ihnen durch die nationale Rechtsordnung zugeteilten Kompetenzbereich liegt. Die Gerichte dürfen und müssen also insbesondere nicht jede Rechtsprechung ändern, die den Vorgaben einer Richtlinie widerspricht. Sie dürfen dies nur dann, wenn die Änderung ihrer Rechtsprechung nach nationalem Recht zulässig ist. Gerade in den Fällen eindeutig feststellbarer Regelungsabsichten der Normsetzer sind Rechtsprechungsänderungen oftmals ausgeschlossen. Der Grundsatz der loyalen Zusammenarbeit nach Art. 4 III EUV führt nicht zu einer Verschiebung der innerstaatlichen Rechtsetzungskompetenz und zu einer Einschränkung der richterlichen Gesetzesbindung und der Gewaltenteilung. Zum anderen eröffnet das Frustrationsverbot den Mitgliedstaaten und ihren Gerichten die Möglichkeit, sich vor Ablauf der Umsetzungsfrist zunächst von den Richtlinienvorgaben zu entfernen, sofern gewährleistet ist, dass die Ziele der Richtlinie bei Ablauf der Umsetzungsfrist erreicht werden (vgl. *Ehricke* ZIP 2001, 1311 [1314]; *Fisahn*/*Mushoff* EuR 2005, 222 [225 f.]). Die Richtlinie entfaltet somit vor Ablauf der Umsetzungsfrist kein Stillhaltegebot, wonach die mitgliedstaatlichen Gerichte keine Entscheidungen treffen dürfen, die sich verglichen mit der bisherigen nationalen Rechtslage weiter von den Richtlinienvorgaben entfernen, und auch **keine Sperrwirkung für richtlinienwidrige Gerichtsentscheidungen** (vgl. *Gronen*, Die „Vorwirkung" von EG-Richtlinien, 2006, 120 ff.; *Müggenborg*/*Duikers* NVwZ 2007, 623 [625 f.]).

Darüber hinaus haben die Gerichte bei einer Änderung ihrer Rechtsprechung ein **62** etwaiges schutzwürdiges Vertrauen der durch die Änderung nachteilig Betroffenen zu berücksichtigen (→ Rn. 51 ff.). Vor Ablauf der Umsetzungsfrist einer Richtlinie kann der Rechtsverkehr grds. **auf die Beibehaltung einer bestehenden richtlinienwidrigen nationalen Rechtslage vertrauen,** wenn ein Gesetzgebungsverfahren zur Umsetzung der Richtlinie noch nicht eingeleitet ist. Zudem ist zu beachten, dass die den Entscheidungen der obersten Bundesgerichte zugrundeliegenden Sachverhalte zeitlich oft sogar noch vor Inkrafttreten der Richtlinie liegen (*Herrmann*, Richtlinienumsetzung durch die Rechtsprechung, 2003, 122 f.). Eine Rechtsprechungsänderung kommt in diesen Fällen regelmäßig nur mit Wirkung für die Zukunft in Betracht. Die Loyalitätspflicht des Art. 4 III EUV kann die Gerichte aber zu einer **„vertrauenszerstörenden Ankündigung"** einer Rechtsprechungsänderung verpflichten. Diese dient der Zerstörung des Vertrauenstatbestandes, der durch eine bestehende Rechtsprechung hervorgerufen wurde. Die Parteien können sich nach einer Ankündigung darauf einstellen, dass sich die Rechtslage womöglich für sie ändern wird und dementsprechende Dispositionen treffen.

Die Loyalitätspflicht verbietet schließlich nicht die **Wahl eines richtlinienwidrigen** **63** **Auslegungsergebnisses vor Fristablauf** per se. Hinzukommen muss, dass hierdurch die Ziele der Richtlinie nach Ablauf der Umsetzungsfrist ernsthaft gefährdet werden (*Hofmann* ZIP 2006, 2113 [2115]; vgl. auch *Steindorff* AG 1988, 57 [58]). So ist insbesondere eine schrittweise Anpassung der mitgliedstaatlichen Rechtsordnung an die Vorgaben einer Richtlinie unbedenklich, sofern weitere Teilumsetzungen geplant sind und eine vollständige

Umsetzung bis zum Ablauf der Umsetzungsfrist bezweckt ist (*Ehricke* ZIP 2001, 1311 [1314]; *Hofmann* ZIP 2006, 2113 [2115]). In diesem Sinne hat der EuGH entschieden, dass nationale Gerichte mitgliedstaatliche (Übergangs-)Vorschriften so weit wie möglich dergestalt auszulegen haben, dass die volle Wirksamkeit der Richtlinie „nach dem Tag gewährleistet ist, an dem die Richtlinie hätte umgesetzt werden müssen" (EuGH 23.2.1999 – C-63/97 Rn. 23 – BMW, Slg. 1999, I-905). In der Regel sind die nationalen Gerichte daher nicht gehindert, nationales Recht vor Ablauf der Umsetzungsfrist in einem richtlinienwidrigen Sinne auszulegen (*Herrmann,* Richtlinienumsetzung durch die Rechtsprechung, 2003, 124). Sie haben jedoch dann der richtlinienkonformen Auslegungsmöglichkeit den Vorzug zu geben, wenn die Wirkung ihrer Entscheidung aller Erwartung nach über den zu entscheidenden Fall hinausreicht und die Gefahr besteht, dass dadurch ein richtlinienwidriger Zustand geschaffen wird, der über den Zeitpunkt des Fristablaufs hinauswirkt (*Hofmann* ZIP 2006, 2113 [2116]). Eine solch weitreichende Urteilswirkung kann jedoch regelmäßig durch eine vertrauenszerstörende Ankündigung verhindert werden, indem das Gericht zu erkennen gibt, dass es an seiner Rechtsprechung mit Ablauf der Umsetzungsfrist der Richtlinie nicht mehr festhalten werde. Eine echte Pflicht zu richtlinienkonformer Auslegung ist daher nur in wenigen Ausnahmefällen denkbar, etwa im Bereich des Naturschutzes, wenn irreversible Eingriffe in die Natur zu befürchten sind.

64   Eine Pflicht zu richtlinienkonformer Auslegung vor Ablauf der Umsetzungsfrist besteht auch dann nicht, wenn der nationale Gesetzgeber ein **Umsetzungsgesetz vor Fristablauf erlassen** hat (Gebauer/Wiedmann/*Gebauer* Kap. 4 Rn. 27; *Höpfner* JbJZivilrWiss 2009, 73 [90 f.]; Preis/Sagan/*Sagan* § 1 Rn. 48; **aA** SZK/*Remien* § 14 Rn. 43; Riesenhuber/*Roth* § 14 Rn. 35; ErfK/*Wißmann* AEUV Vorb. Rn. 36). Dies folgt bereits daraus, dass die richtlinienkonforme Auslegung ihre Wurzeln in der unionsrechtlichen Umsetzungspflicht und nicht im nationalen Recht hat. Der Zeitpunkt der tatsächlichen Richtlinienumsetzung ist daher für den Beginn der Pflicht zu richtlinienkonformer Auslegung ohne Bedeutung (*Junker/Aldea* EuZW 2007, 13 [14]; **aA** SZK/*Borchardt* § 15 Rn. 81). Auch bei einer Umsetzung der Richtlinienvorgaben vor Ablauf der Umsetzungsfrist besteht daher keine unionsrechtliche Pflicht zu richtlinienkonformer Auslegung. Der Umsetzungswille des nationalen Gesetzgebers kann allerdings bereits vor Ablauf der Umsetzungsfrist im Wege einer **richtlinienorientierten Auslegung** berücksichtigt werden. Diese ist von der richtlinienkonformen Auslegung scharf zu unterscheiden (*Höpfner* JbJZivilrWiss 2009, 73 [91]; *Weber* 127; **aA** *Schlachter* ZfA 2007, 249 [263 f.]; ErfK/*Wißmann* AEUV Vorb. Rn. 36), da sie als Bestandteil der historischen Auslegung **keine Vorrangregel,** sondern lediglich ein Abwägungselement im Auslegungsprozess darstellt. Sprechen die überzeugenden Gründe für eine richtlinienwidrige Interpretation, ist das nationale Gericht daher nicht gehindert, das innerstaatliche Recht vor Ablauf der Umsetzungsfrist richtlinienwidrig auszulegen.

65   **b) Gegenstand richtlinienkonformer Auslegung.** Nach ständiger Rechtsprechung des EuGH beschränkt sich die Pflicht zu richtlinienkonformer Auslegung nicht auf diejenigen Vorschriften, welche gerade zur Umsetzung einer Richtlinie erlassen worden sind. Sie erstreckt sich vielmehr auf das **gesamte Recht des Mitgliedstaates,** und zwar einschließlich solcher Regelungen, die bereits zeitlich **vor der Richtlinie in Kraft getreten** waren (EuGH 4.7.2006 – C-212/04 Rn. 108 – Adeneler, Slg. 2006, I-6057; 5.10.2004 – C-397/01 bis C-403/01 Rn. 115 – Pfeiffer, Slg. 2004, I-8835; 13.11.1990 – C-106/89 Rn. 8 – Marleasing, Slg. 1990, I-4135; 27.6.2000 – C-240/98 bis C-244/98 Rn. 30 – Océano Grupo, Slg. 2000, I-4941; 16.12.1993 – C-334/92 Rn. 20 – Wagner Miret, Slg. 1993, I-6911; 5.5.1994 – C-421/92 Rn. 10 – Habermann-Beltermann, Slg. 1994, I-1657; 14.7.1994 – C-91/92 Rn. 26 – Faccini Dori, Slg. 1994, 3325; 8.10.1987 – 80/86 Rn. 12 – Kolpinghuis Nijmegen, Slg. 1987, 3969). Die Auffassung des EuGH wird vom Schrifttum ganz überwiegend und zu Recht geteilt (SZK/*Borchardt* § 15 Rn. 76; *Brechmann* 263; *Canaris,* FS Bydlinski, 2002, 47 [73 f.]; *Everling,* FS Carstens, 1984, 95 [101]; Gebauer/Wiedmann/*Gebauer* Kap. 4 Rn. 20 f.; *Jarass* EuR 1991, 211 [220]; *Kokott* RdA 2006,

Beilage zu Heft 6, 30 [31]; *Öhlinger/Potacs,* Gemeinschaftsrecht und staatliches Recht, 1998, 81; *Prokopf,* Das gemeinschaftsrechtliche Rechtsinstrument der Richtlinie, 2007, 129 f.; Riesenhuber/*Roth* § 14 Rn. 15; *ders.* EWS 2005, 385 [388]; *Zuleeg* ZGR 1980, 466 [478]; **aA** *Di Fabio,* NJW 1990, 947 [953]; *Fezer* WRP 1998, 1 [5]). Das Gebot richtlinienkonformer Auslegung als Ausprägung der Umsetzungspflicht bindet die nationalen Gerichte als Adressaten dieser Verpflichtung im Rahmen ihrer Kompetenzen bei der Anwendung des gesamten nationalen Rechts. Die nationalen Gerichte leiten ihre Umsetzungspflicht nicht von der mitgliedstaatlichen Gesetzgebung ab. Sie sind vielmehr selbst unmittelbare Adressaten der unionsrechtlichen Pflicht zu ordnungsgemäßer Umsetzung aus Art. 288 III. Nach Ablauf der Umsetzungsfrist haben sie daher auch das nicht zur Umsetzung einer Richtlinie geschaffene nationale Recht richtlinienkonform auszulegen, soweit dieses mehrere Auslegungsmöglichkeiten zulässt.

Gegenstand einer richtlinienkonformen Auslegung kann insbesondere das **nationale** **66** **Verfassungsrecht** sein (SZK/*Borchardt* § 15 Rn. 76; *Brechmann* 263; *Hellert,* Der Einfluß des EG-Rechts auf die Anwendung nationalen Rechts, 2001, 83; *Jarass* EuR 1991, 211 [220]; *Mayer/Schürnbrand* JZ 2004, 545 [550]; *Metallinos,* Die europarechtskonforme Auslegung, 1994, 86). Aufgrund der im Vergleich zu einfachen Gesetzen deutlich abstrakteren Fassung der Verfassungsgebote wird die für die richtlinienkonforme Auslegung erforderliche Mehrdeutigkeit der auszulegenden Norm hinsichtlich der Vorschriften des Grundgesetzes sogar regelmäßig gegeben sein. Gegen eine richtlinienkonforme Auslegung des Grundgesetzes kann nicht angeführt werden, dass Richtlinien im Stufenbau der Rechtsordnung nicht über dem Grundgesetz stehen (so aber *Di Fabio,* NJW 1990, 947 [948 ff.]). Auch wenn man mit dem BVerfG einen Vorrang des Identitätskerns des Grundgesetzes gegenüber dem Unionsrecht annimmt (→ Rn. 12), ist dies für die richtlinienkonforme Auslegung ohne Belang. Denn diese beruht gerade nicht auf einem vermeintlichen normenhierarchischen Vorrang von Richtlinien gegenüber nationalem Recht, sondern folgt aus der unionsrechtlichen Umsetzungspflicht, die sich im Rahmen ihrer Zuständigkeit auch an die Gerichte der Mitgliedstaaten richtet. In Deutschland obliegt die Verfassungsauslegung letztverbindlich dem BVerfG (Maunz/Dürig/*Dederer* GG Art. 100 Rn. 195). Dieses hat daher, sofern die auszulegende Verfassungsnorm mehrere Auslegungsmöglichkeiten zulässt, das richtlinienkonforme Auslegungsergebnis dem richtlinienwidrigen vorzuziehen und dabei ggf. eine Vorabentscheidung des EuGH über die Auslegung der betreffenden Richtlinie einzuholen (vgl. zur Vorlagebefugnis des BVerfG an den EuGH jüngst in anderem Zusammenhang BVerfG 14.1.2014 NJW 2014, 907).

Tauglicher Gegenstand einer richtlinienkonformen Auslegung sind nach zutreffender **67** Auffassung auch **Rechtsnormen in Tarifverträgen** (BAG 17.11.2009 NZA 2010, 1020 Rn. 24; KeZa/*Brecht-Heitzmann/Zachert* Grundlagen Rn. 529; Däubler/*Däubler* Einleitung Rn. 519; *Dewald,* Die Anwendung des Unionsrechts auf den deutschen Tarifvertrag, 2012, 187 ff.; HWK/*Henssler* TVG § 1 Rn. 81; *Höpfner* AP BUrlG § 11 Nr. 65; *ders.* RdA 2013, 65 [72]; *Schaub,* FS Wißmann, 2005, 580 [583, 587]; ebenso EuGH 10.3.2011 – C-379/09 Rn. 33 f. – Casteels, Slg. 2011, I-1379, bezogen auf eine unionsrechtskonforme Tarifvertragsauslegung im Lichte des Art. 45 AEUV; in diese Richtung auch EuGH 7.6.2012 – C-132/11 Rn. 22; 13.9.2011 – C-447/09 Rn. 48; **aA** *Thüsing,* ZIP 2004, 2301 [2304]; ErfK/ *Wißmann* AEUV Vorb. Rn. 38; *ders.,* FS Bepler, 2012, 649 [657 f.]; Preis/Sagan/*Sagan* § 1 Rn. 145). Dies folgt aus dem Rechtsnormcharakter des Tarifvertrags (dazu ausf. *Höpfner,* Die Tarifgeltung im Arbeitsverhältnis, 2015, 252 ff.). Die Tatsache, dass der Tarifvertrag nach zutreffendem Verständnis das Ergebnis kollektiv ausgeübter Privatautonomie ist und durch Abschluss eines privatrechtlichen Vertrags zustande kommt, ist insoweit unerheblich (**aA** *Thüsing,* ZIP 2004, 2301 [2304]). Entscheidend ist die Umsetzungspflicht der Gerichte und nicht diejenige der Tarifvertragsparteien. Geeigneter Gegenstand der richtlinienkonformen Auslegung ist das gesamte nationale Recht, gleich ob es der Umsetzung einer Richtlinie dient oder nicht, und unabhängig davon, ob es vor oder nach der betreffenden Richtlinie erlassen wurde (vgl. EuGH 10.3.2011 – C-109/09 Rn. 52 – Lufthansa, Slg. 2011, I-1309;

13.11.1990 – C-106/89 Rn. 8 – Marleasing, Slg. 1990, I-4135). Immer dann, wenn das nationale Gericht einen Auslegungs- oder Beurteilungsspielraum hat, muss es diesen so ausfüllen, dass die nationale Rechtsordnung so weit wie möglich mit den Vorgaben der Richtlinie in Einklang steht. Auf den Rang der auszulegenden Vorschrift kommt es dabei nicht an. Richtlinienkonform auszulegen sind daher alle Rechtsnormen, vom Grundgesetz bis zum materiellen Gesetz auf Landes- oder Kommunalebene. Das bedeutet, dass auch der normative Teil des Tarifvertrags einer richtlinienkonformen Auslegung zugänglich ist. Für die Begründung der Pflicht zu richtlinienkonformer Auslegung kommt es auch nicht auf einen **Umsetzungswillen der Tarifvertragsparteien** an (ebenso *Kamanabrou*, Die Auslegung und Fortbildung des normativen Teils von Tarifverträgen, 263 zur verfassungskonformen Tarifvertragsauslegung; aA HMB/*Bepler* Teil 3 Rn. 149; HWK/*Tillmanns* AEUV Vorb. Rn. 20). Notwendig, aber auch ausreichend ist, dass die vereinbarten Tarifregelungen normative Wirkung entfalten. Dann sind sie materieller Bestandteil der Rechtsordnung, und die Gerichte müssen sie aufgrund der auch an sie gerichteten Umsetzungspflicht so weit wie möglich richtlinienkonform auslegen.

68 Von der Pflicht zu richtlinienkonformer Auslegung nicht betroffen ist demgegenüber der **schuldrechtliche Teil des Tarifvertrags.** Wie jeder andere privatrechtliche Vertrag enthält er keine Rechtsnormen und ist damit nicht Bestandteil der staatlichen Rechtsordnung. Damit kann er nicht Gegenstand einer richtlinienkonformen Auslegung iSe unionsrechtlich vorgegebenen Vorrangregel sein. Entsprechendes gilt für Arbeitsverträge. Möglich ist allein eine **richtlinienorientierte Auslegung,** sofern diese dem übereinstimmenden Willen der Vertragsparteien entspricht. Im Gegensatz zur richtlinienkonformen Auslegung handelt es sich dabei jedoch nicht um eine Vorrangregel (vgl. zum grundlegenden Unterschied zwischen richtlinienkonformer und richtlinienorientierter Auslegung *Höpfner* 256 ff.; dem folgend *Baldauf* 110 ff.; *Weber* 130 ff.; zur entsprechenden Differenzierung zwischen verfassungskonformer und verfassungsorientierter Auslegung BAG 21.9.2011 NZA 2012, 255 Rn. 28 f.; *Wank* RdA 2012, 361 [362]; diese Unterscheidung verkennt *Dewald*, Die Anwendung des Unionsrechts auf den deutschen Tarifvertrag, 2012, 172 ff., 177 ff.), sondern lediglich um eine Anwendung des § 133 BGB iRd Auslegung privatrechtlicher Rechtsgeschäfte.

69 **c) Einheitliche und gespaltene Auslegung bei überschießender Umsetzung. aa) Keine richtlinienkonforme Auslegung des überschießenden Rechts.** Nicht selten werden Richtlinien in den Mitgliedstaaten überschießend umgesetzt. Eine **überschießende Umsetzung** liegt vor, wenn der umsetzenden nationalen Regelung sowohl solche Sachverhalte unterfallen, die im Anwendungsbereich der Richtlinie liegen, als auch solche, die nicht von der Richtlinie erfasst sind (vgl. BGH 9.4.2002 NJW 2002, 1881 (1884); 17.10.2012 NJW 2013, 220 Rn. 21). Es entstehen dadurch sog. **„Hybridnormen"** (Schulze/Schulte-Nölke/*Dörner*, Die Schuldrechtsreform vor dem Hintergrund des Gemeinschaftsrechts, 2001, 177 [183 f.]; *Drexl*, FS Heldrich, 2005, 67 [68, 75]; *Höpfner* RdA 2013, 65 [72]). Bei der Auslegung solcher Hybridnormen muss in jedem Einzelfall geprüft werden, ob der zu entscheidende Sachverhalt der Richtlinie unterfällt oder nicht. Unionsrechtlicher Regelungsbedarf besteht nur innerhalb des **Anwendungsbereichs der Richtlinie.** Sachverhalte, die der Richtlinie nicht unterfallen, sind von der Umsetzungspflicht der Mitgliedstaaten nicht betroffen. Eine Pflicht der nationalen Gerichte zu **richtlinienkonformer Auslegung scheidet** daher insoweit von vornherein **aus** (BGH 7.5.2014 NJW 2014, 2646 Rn. 28; unzutreffend BGH 17.10.2012 NJW 2013, 220 Rn. 20; 9.4.2002 NJW 2002, 1881 [1884]; präziser BGH 26.11.2008 NJW 2009, 427 Rn. 27; wie hier Gebauer/Wiedmann/*Gebauer* Kap. 4 Rn. 23; Riesenhuber/*Habersack/Mayer* § 15 Rn. 37; Langenbucher/*Langenbucher* § 1 Rn. 105).

70 Kein Fall einer überschießenden Umsetzung liegt vor, wenn das nationale Recht qualitativ über die Anforderungen einer mindestharmonisierenden Richtlinie hinausgeht. In diesen Fällen wird zwar die Regelungstiefe der Richtlinie intensiviert, etwa um einen

besonders effektiven Schutz des Arbeitnehmers zu gewährleisten. Das nationale Recht umfasst aber keine Sachverhalte jenseits des Anwendungsbereichs der Richtlinie. In Fällen **qualitativer Richtlinienverstärkung** ist die Pflicht zu **richtlinienkonformer Auslegung** daher stets zu beachten.

bb) Gebot der einheitlichen Auslegung. Weil eine richtlinienkonforme Auslegung 71 des richtlinienüberschießenden Rechts ausscheidet, kann dies zur Folge haben, dass ein und dieselbe Vorschrift des nationalen Rechts unterschiedlich ausgelegt wird, je nachdem, ob der Sachverhalt dem Anwendungsbereich der Richtlinie unterfällt oder nicht. Gegen eine solche „**gespaltene Auslegung**" sprechen der Grundsatz der Einheit der Rechtsordnung, das Gebot der Normenklarheit sowie das Interesse des Rechtsverkehrs an einer klaren und transparenten Rechtslage (ebenso Preis/Sagan/*Sagan* § 1 Rn. 167; in diese Richtung auch BVerfG 26.7.2005 NJW 2005, 2363 [2371]; insoweit **aA** Mayer/Schürnbrand JZ 2004, 545 [549]). Es stellt sich daher die Frage, ob ein zwingendes Gebot der einheitlichen Auslegung des nationalen Rechts anzuerkennen ist.

(1) Unionsrechtliches Verbot der gespaltenen Auslegung. Da die unionsrechtliche 72 Pflicht zu richtlinienkonformer Auslegung eine Ausprägung der Umsetzungsverpflichtung des Art. 288 III darstellt, beschränkt sich die Pflicht zu richtlinienkonformer Auslegung auf den Anwendungsbereich der Richtlinie. Ein **Verbot der gespaltenen Auslegung** von Hybridnormen lässt sich dem Unionsrecht **nicht entnehmen** (Gebauer/Wiedmann/*Gebauer* Kap. 4 Rn. 23; Riesenhuber/*Habersack/Mayer* § 15 Rn. 24 ff.; *Höpfner* 303 ff.; *Mayer/Schürnbrand* JZ 2004, 545 [548 f.]; *Prokopf*, Das gemeinschaftsrechtliche Rechtsinstrument der Richtlinie, 2007, 154 ff.; **aA** *Büdenbender* ZEuP 2004, 36 [47 f.]; *Drexl*, FS Heldrich, 2005, 67 [83 f.]; *Lutter*, GS Heinze, 2005, 571 [574 f.]). Dies hat der EuGH in der Entscheidung *ICI* (EuGH 16.7.1998 – C-264/96 – ICI, Slg. 1998, I-4695) hinsichtlich der Vereinbarkeit einer nationalen Regelung mit primärem Unionsrecht ebenso gesehen. Nach Auffassung des EuGH sind die nationalen Gerichte lediglich verpflichtet, eine etwaige durch die Aufspaltung eintretende Rechtsunsicherheit zu beseitigen, soweit sie die sich aus dem Unionsrecht ergebenden Rechte beeinträchtigen könnte (EuGH 16.7.1998 – C-264/96 Rn. 39 – ICI, Slg. 1998, I-4695; missverständlich noch EuGH 17.7.1997 – C-28/95 Rn. 32 f. – Leur-Bloem, Slg. 1997, I-4161). Diese Pflicht kann durch eine bloße Ankündigung des Gerichts erfüllt werden, Sachverhalte, die der Richtlinie unterliegen, künftig möglicherweise anders zu entscheiden („vertrauenszerstörende Ankündigung", dazu → Rn. 62).

(2) Innerstaatliches Verbot der gespaltenen Auslegung. Auch im deutschen Recht 73 gibt es nach allg. Auffassung kein zwingendes Verbot einer gespaltenen Auslegung von Hybridnormen (grundlegend *Mayer/Schürnbrand* JZ 2004, 545 [549 ff.]). Zwar ist eine uneinheitliche Auslegung ein und derselben Norm an Art. 3 I GG zu messen (vgl. BGH 9.4.2002 NJW 2002, 1881 [1884]). Regelmäßig kann eine Ungleichbehandlung jedoch aufgrund der in ihrem Anwendungsbereich beschränkten unionsrechtlichen Umsetzungspflicht gerechtfertigt werden, da dem deutschen Gesetzgeber insoweit „von einer fremden Hand die Feder geführt" wurde (so treffend *Koch* JZ 2006, 277 [282]). Das Prinzip der Einheit und Widerspruchsfreiheit der Rechtsordnung kann daher eine echte **Pflicht zur einheitlichen Auslegung** von Hybridnormen **nicht begründen**.

Allerdings ist die Einheit der Rechtsordnung iRd Auslegung nach dem inneren System 74 bei der Inhaltsermittlung einer Norm zu beachten und dabei regelmäßig von erheblichem Gewicht. Hinzu kommt, dass der nationale Gesetzgeber durch die einheitliche Regelung von Sachverhalten innerhalb und außerhalb des Anwendungsbereichs der umzusetzenden Richtlinie regelmäßig zum Ausdruck bringt, dass er sämtliche normierten Sachverhalte im nationalen Recht identisch behandeln will (vgl. BAG 18.4.2012 NZA 2013, 386 Rn. 14). Damit unterliegt grds. auch das autonome nationale Recht einer Ausstrahlungswirkung der Richtlinie. Die überwiegende Auffassung im Schrifttum bejaht daher zu Recht eine widerlegbare Vermutung für eine einheitliche Auslegung von Hybridnormen (*Canaris* JZ 2003, 831 [838]; *Fornasier* EuZW 2013, 159 [160]; Riesenhuber/*Habersack*/*Mayer* § 15 Rn. 39; *Höpfner* JZ 2012, 473 [474]; *Mayer*/*Schürnbrand* JZ 2004, 545 [550 f.]; SZK/*Remien* § 14 Rn. 35; **aA** *Herresthal* JuS 2014, 289 [294]; *Mörsdorf* JZ 2013, 191 [194]). Stehen gewichtige Argumente einer einheitlichen Auslegung entgegen (vgl. den Kriterienkatalog bei Riesenhuber/*Habersack*/*Mayer* § 15 Rn. 40 ff.), ist es methodologisch ohne Weiteres zulässig, diesen im Abwägungsprozess Vorrang vor dem vermuteten Willen zur Einheitlichkeit zuzusprechen und die betreffende Norm gespalten auszulegen (so etwa BGH 7.5.2014 NJW 2014, 2646 Rn. 28 ff.; 17.10.2012 NJW 2013, 220 Rn. 22 ff.; 26.11.2008 NJW 2009, 427 Rn. 28). Hier zeigt sich deutlich, dass die einheitliche Auslegung keinen Fall der richtlinienkonformen Auslegung iSe Vorrangregel darstellt, sondern als Ausprägung der historisch-systematischen Auslegung im Wege der **richtlinienorientierten Auslegung** lediglich als ein Abwägungskriterium im Gesamtprozess der Auslegung zu beachten ist (Riesenhuber/*Habersack*/*Mayer* § 15 Rn. 37; *Höpfner* 309 f.; Langenbucher/*Langenbucher* § 1 Rn. 109 f.; *Mayer*/*Schürnbrand* JZ 2004, 545 [549]).

75 Gelangt man aufgrund des Einheitlichkeitswillens des nationalen Gesetzgebers zu einer einheitlichen Auslegung, so sind die nationalen Gerichte auch im richtlinienüberschießenden Bereich **an die Auslegung** der unionsrechtlichen Vorgaben **durch den EuGH gebunden.** Dies folgt nicht aus dem Unionsrecht, sondern aufgrund der Bindung des Richters an die Regelungsabsichten des deutschen Gesetzgebers nach Art. 20 III GG (vgl. dazu BVerfG 16.12.2014 NVwZ 2015, 510 Rn. 86; 25.1.2011 NJW 2011, 836 Rn. 52; 11.7.2012 NJW 2012, 3081 Rn. 75; BGH 30.6.1966 NJW 1967 343 [348]). Aus verfahrensrechtlicher Sicht hat dies zur Konsequenz, dass die nationalen Gerichte auch bei Streitigkeiten im richtlinienüberschießenden Bereich **zur Vorlage an den EuGH berechtigt** sind, wenn die Auslegung der Richtlinie aufgrund der nach nationalem Recht gebotenen einheitlichen Auslegung im konkreten Fall entscheidungsrelevant ist (EuGH 17.7.1997 – C-28/95 Rn. 32 – Leur-Bloem, Slg. 1997, I-4161; 16.7.1998 – C-264/96 Rn. 15 – ICI, Slg. 1998, I-4695; 7.1.2003 – C-306/99 Rn. 88 ff. – BIAO, Slg. 2003, I-1; BAG 18.4.2012 NZA 2013, 386 Rn. 14 ff.; Gebauer/Wiedmann/*Gebauer* Kap. 4 Rn. 24; *Höpfner* 314 ff.; *Lutter*, GS Heinze, 2005, 571 [582 ff.]; *Schnorbus* RabelsZ 65 [2001], 654 [699]; **aA** GA *Darmon* 3.7.1990 – C-297/88 und C-197/89 Rn. 11 – Dzodzi; GA *Jacobs* 17.9.1996 – C-28/95 Rn. 67 ff. – Leur-Bloem, Slg. 1997, I-4161; *Habersack*/*Mayer* JZ 1999, 913 [914]; *Mayer*/*Schürnbrand* JZ 2004, 545). Im Ergebnis stellt die überschießende Umsetzung von Richtlinien daher regelmäßig eine „dynamische Verweisung" auf die Rechtsprechung des EuGH dar, die über die richtlinienorientierte Auslegung mittelbar auch für Sachverhalte außerhalb des Anwendungsbereichs der Richtlinie verbindlich ist.

76 **5. Richtlinienkonforme Rechtsfortbildung.** Da der EuGH im Anschluss an die französische Rechtstradition terminologisch nicht zwischen Auslegung und Rechtsfortbildung trennt (vgl. dazu *Höpfner*/*Rüthers* AcP 209 [2009], 1 [5]; Riesenhuber/*Neuner* § 13 Rn. 2; *Vogenauer*, ZEuP 2005, 234 [248]), ist im Grundsatz völlig unbestritten, dass das unionsrechtliche Gebot richtlinienkonformer Auslegung im deutschen Recht auch die Rechtsfortbildung umfasst (vgl. BVerfG 26.9.2011 NJW 2012, 669 Rn. 57; BAG 24.3.2009 NZA 2009, 538 Rn. 65; 17.11.2009 NZA 2010, 1020 Rn. 23; BGH 7.5.2013 NJW 2014, 2646 Rn. 20; *Baldus*/*Becker* ZEuP 1997, 875 [883]; Gebauer/Wiedmann/*Gebauer* Kap. 4 Rn. 38; *Höpfner* JZ 2009, 403 [404]; *Herresthal* 84; *ders*. JuS 2014, 289; *Konzen*, FS Birk, 2008, 439 [443]; *Möllers*/*Möhring* JZ 2008, 919 [920]; Riesenhuber/*Roth* § 14 Rn. 17; *Schlachter* EuZA 2015, 1 [7]). Eine **richtlinienkonforme Rechtsfortbildung** kann in Betracht kommen, wenn die Voraussetzungen für eine richtlinienkonforme Auslegung aufgrund der Eindeutigkeit der auszulegenden Rechtsnorm nicht erfüllt sind. Heftig umstritten sind jedoch die **Voraussetzungen** einer derartigen Rechtsfortbildung. Im Wesentlichen werden hierzu **drei Auffassungen** vertreten:

a) **Regelungslücke aufgrund des Richtlinienverstoßes.** Die am weitesten reichende 77
Ansicht nimmt bereits allein aufgrund eines **Verstoßes des nationalen Gesetzes gegen
eine Richtlinie** eine planwidrige Regelungslücke an, die die nationalen Gerichte zur
richtlinienkonformen Rechtsfortbildung berechtigt und verpflichtet. Nach dieser im
Schrifttum vereinzelt vertretenen Auffassung (*Auer* NJW 2007, 1106 [1108]; *Canaris*, FS
Bydlinski, 2002, 47 [85]; *Herresthal* 217 ff.; *ders.* JuS 2014, 289 [293]; Riesenhuber/*Roth* § 14
Rn. 51; unklar, aber wohl auch Langenbucher/*Langenbucher* § 1 Rn. 91; Preis/Sagan/*Sagan*
§ 1 Rn. 154) ist die Richtlinie selbst Maßstab für die Lückenfeststellung. Während der
BGH sich dieser Auffassung bisher zu Recht verweigert und für die Begründung einer
planwidrigen Regelungslücke stets auf den Umsetzungswillen des Gesetzgebers abstellt
(BGH 26.11.2008 NJW 2009, 427 Rn. 23 ff.; 21.12.2011 NJW 2012, 1073 Rn. 31 ff.;
8.1.2014 NVwZ 2014, 1111 Rn. 10 f.; unklar 7.5.2014 NJW 2014, 2646 Rn. 22 ff.; vgl.
dazu → Rn. 82 ff.), näherte sich der 9. Senat des BAG zunächst dieser Ansicht zumindest
weitgehend an, als er iRd Auslegung von § 7 III, IV BUrlG unmittelbar „die Ziele des
Art. 7 I und II der RL 2003/88/EG" berücksichtigte (BAG 24.3.2009 NZA 2009, 538
Rn. 59). Allerdings könnte es sich hierbei um eine eher unreflektierte Argumentation
gehandelt haben. Denn zugleich stützt sich das BAG auf den Umsetzungswillen des
deutschen Gesetzgebers und nimmt ausdrücklich Bezug auf die „Quelle"-Entscheidung des
BGH (BGH 26.11.2008 NJW 2009, 427), in der eine Regelungslücke allein aufgrund des
Richtlinienverstoßes gerade nicht angenommen wurde.

Kurze Zeit später rückte der 9. Senat des BAG jedoch wieder von seiner Auffassung ab. 78
In einem Rechtsstreit um die Zulässigkeit einer tarifvertraglich vereinbarten Berücksichtigung von kurzarbeitsbedingten Verdienstkürzungen bei der Berechnung des Urlaubsentgelts zulasten des Arbeitnehmers lehnte er eine Vorlage an den EuGH mit der Begründung ab, dass die urlaubsrechtliche Öffnungsklausel in § 13 BUrlG nicht richtlinienkonform ausgelegt oder fortgebildet werden könne, weil sie „nach Wortlaut, Zusammenhang, Zweck und Gesetzesgeschichte weder planwidrig lückenhaft noch unvollständig" und die Richtungsentscheidung des nationalen Gesetzgebers eindeutig sei (BAG 17.11.2009 NZA 2010, 1020 Rn. 24 ff.).

Diese Rechtsprechungskorrektur ist uneingeschränkt zu begrüßen (näher dazu *Höpfner* 79
AP BUrlG § 11 Nr. 65; *Höpfner* RdA 2013, 16 [23]). Die Annahme einer planwidrigen
Regelungslücke allein aufgrund des Richtlinienverstoßes führt **faktisch** zu einer **generellen
unmittelbaren Richtlinienwirkung** auch und gerade **im Privatrechtsverkehr**. Dies
widerspricht nicht nur der eingeschränkten Rechtswirkung der Richtlinie als Instrument
der kooperativen, zweistufigen Rechtsetzung, sondern verstößt zugleich gegen die Grundsätze der begrenzten Einzelermächtigung, der Subsidiarität und der Verhältnismäßigkeit. Im
Schrifttum wird vereinzelt versucht, diese faktisch unbegrenzte Rechtsfortbildungsbefugnis
der nationalen Gerichte mit dem formalistischen Argument zu rechtfertigen, dass bei einem
Richtlinienverstoß nicht die Richtlinie, sondern das (fortgebildete) nationale Recht zur
Anwendung komme (so Preis/Sagan/*Sagan* § 1 Rn. 154; ähnlich BGH 7.5.2014 NJW
2014, 2646 Rn. 34). In der Sache handelt es sich dabei um nichts anderes als die Behauptung einer **negativen Direktwirkung von Richtlinien,** die der EuGH mit guten Gründen jedoch nicht aufgegriffen hat (EuGH 14.7.1994 – C-91/92 Rn. 20 ff. – Faccini Dori,
Slg. 1994, 3325; 26.9.1996 – C-168/95 Rn. 39 ff. – Arcaro, Slg. 1996, I-4705; 24.10.2002
– C-233/01 Rn. 17 ff. – RAS, Slg. 2002, I-9411; 5.10.2004 – C-397/01 bis C-403/01
Rn. 107 ff. – Pfeiffer, Slg. 2004, I-8835; 3.5.2005 – C-387/02 Rn. 72 ff. – Berlusconi, Slg.
2005, I-3565): Die Richtlinie soll eine Bresche in das nationale Recht schlagen, die dann
von den mitgliedstaatlichen Gerichten mit richtlinienidentischem Inhalt ausgefüllt werden
kann. Dass dies die Doktrin von der fehlenden unmittelbaren Anwendbarkeit von Richtlinien im Privatrechtsverkehr vollständig aushebelt, liegt auf der Hand (→ Rn. 25). Eine
reine petitio principii stellt das Argument dar, die richtlinienkonforme Auslegung solle die
fehlende Horizontalwirkung von Richtlinien ausgleichen und müsse dieser daher möglichst
nahe kommen (so Preis/Sagan/*Sagan* § 1 Rn. 154).

80 Schließlich findet die Auffassung von der Regelungslücke aufgrund Richtlinienverstoßes keine Grundlage in der Rechtsprechung des EuGH, im Gegenteil: Das Unionsrecht erkennt die innerstaatliche Gewaltenteilung als Grenze der Pflicht zu richtlinienkonformer Auslegung an, wie der EuGH ausdrücklich hervorhebt, wenn er feststellt, dass die Pflicht zu richtlinienkonformer Auslegung **kein contra legem-Judizieren rechtfertigt** (EuGH 4.7.2006 – C-212/04 Rn. 110 – Adeneler, Slg. 2006, I-6057; 15.4.2008 – C-268/06 Rn. 100 – Impact, Slg. 2008, I-2483; 23.4.2009 – C-378/07 bis C-380/07 Rn. 199 – Angelidaki, Slg. 2009, I-3071; 16.7.2009 – C-12/08 Rn. 62 – Mono Car Styling, Slg. 2009, I-6653; 24.6.2010 – C-98/09 Rn. 52 – Sorge, Slg. 2010, 5837; 10.3.2011 – C-109/09 Rn. 54 – Lufthansa, Slg. 2011, I-1309; 24.1.2012 – C-282/10 Rn. 25 – Dominguez, NZA 2012, 139; 15.1.2014 – C-176/12 Rn. 39 – Association de médiation sociale, NZA 2014, 193). Das Unionsrecht respektiert die innerstaatliche Gewaltenteilung. Auch die Gesetzesbindung der nationalen Gerichte bleibt unangetastet und muss mangels entsprechender Kompetenz der Europäischen Union auch unangetastet bleiben (vgl. *Schlachter* EuZA 2015, 1 [6]). So kann insbesondere nicht die Bindung an Gesetz und Recht (Art. 20 III GG) durch eine Bindung an die Richtlinie ersetzt werden, sofern die Richtlinie im konkreten Fall nicht ausnahmsweise unmittelbar anwendbar ist (*Baldauf* 103 f.; *Gsell* JZ 2009, 522 [524]; *Höpfner* JbJZivilrWiss 2009, 73 [100 ff.]; *Weber* 134; **aA** *Auer* NJW 2007, 1106 [1108]; *Herresthal* JuS 2014, 289 [291]; Preis/Sagan/*Sagan* § 1 Rn. 144; *Schlachter* EuZA 2015, 1 [10]). Eine die Gesetzesbindung übersteigende Auslegung ist auch durch den Grundsatz der Unionstreue nicht zu rechtfertigen (BVerfG 17.1.2013 NZG 2013, 464 [466]).

81 Daran vermag auch die **„Pfeiffer"-Rechtsprechung des EuGH** nichts zu ändern. Sofern es das nationale Recht durch Anwendung seiner Auslegungsmethoden ermöglicht, eine innerstaatliche Bestimmung so auszulegen, dass eine Kollision mit einer anderen Norm innerstaatlichen Rechts vermieden wird, sollen die nationalen Gerichte nach Ansicht des EuGH verpflichtet sein, „die gleichen Methoden anzuwenden, um das von der Richtlinie verfolgte Ziel zu erreichen" (EuGH 5.10.2004 – C-397/01 bis C-403/01 Rn. 116 – Pfeiffer, Slg. 2004, I-8835; 16.7.2009 – C-12/08 Rn. 63 – Mono Car Styling, Slg. 2009, I-6653). Diese Aussage darf jedoch nicht dahingehend missverstanden werden, dass Widersprüche zwischen Richtlinie und nationalem Recht nach der Kollisionsregel „lex superior derogat legi inferiori" aufzulösen sind (so aber im Ergebnis *Riesenhuber/Domröse* RIW 2005, 47 [51 f.]; *Mörsdorf* ZIP 2008, 1409 [1413 f.]). Ansonsten hätte die Formulierung „die gleichen Methoden im Verhältnis von nationalem Recht und Richtlinie" nahegelegen. Außerdem ist diese Interpretation mit dem seit der Entscheidung *Adeneler* ausdrücklich statuierten Verbot des contra legem-Judizierens (EuGH 4.7.2006 – C-212/04 Rn. 110 – Adeneler, Slg. 2006, I-6057) nicht vereinbar. Tatsächlich verlangt der EuGH von den nationalen Gerichten lediglich, **Widersprüche zwischen zwei innerstaatlichen Rechtsnormen** iRd methodisch Zulässigen so aufzulösen, dass ein richtlinienwidriges Ergebnis vermieden wird. Diese Verpflichtung endet dort, wo das Gericht das nationale Recht ohne Verstoß gegen die Gesetzesbindung nicht so anwenden kann, dass ein richtlinienkonformes Ergebnis erzielt wird (ebenso im Ergebnis *Baldauf* 97 f.; *Schürnbrand* JZ 2007, 910 [912]; *Weber* 97 f.; insoweit auch *Schlachter* EuZA 2015, 1). Der hier vertretenen Auffassung hat sich inzwischen auch das BAG angeschlossen (BAG 7.8.2012 NZA 2012, 1216 Rn. 30).

82 **b) Regelungslücke aufgrund des Umsetzungswillens.** Der BGH folgt zwar nicht der Lehre von der Regelungslücke kraft Richtlinienverstoßes, kommt im Ergebnis aber zu einer annähernd ebenso weitreichenden Rechtsfortbildungskompetenz mittels Rückgriffs auf den (konkreten oder allg.) **Umsetzungswillen des deutschen Gesetzgebers** (BGH 26.11.2008 NJW 2009, 427 Rn. 23 ff.; 21.12.2011 NJW 2012, 1073 Rn. 31 ff.; 8.1.2014 NVwZ 2014, 1111 Rn. 11; 7.5.2014 NJW 2014, 2646 Rn. 22 ff.). In dem für die richtlinienkonforme Rechtsfortbildung grundlegenden **Quelle-Urteil** (BGH 26.11.2008 NJW 2009, 427 Rn. 23 ff.) begründete der BGH die planwidrige Regelungslücke im

nationalen Recht damit, dass der deutsche Gesetzgeber zwar einerseits eine konkrete Sachentscheidung getroffen habe (Wertersatzanspruch des Verkäufers), zugleich aber nachweislich die Vorgaben der Richtlinie 1999/44/EG habe umsetzen wollen (vgl. BT-Drs. 14/6040, 232 f.). Die planwidrige Regelungslücke folgt danach aus dem **Widerspruch zwischen der konkreten Regelungsabsicht und der konkret geäußerten Umsetzungsabsicht** des Gesetzgebers. Diese Argumentation ist methodologisch durchaus plausibel, auch wenn man im Einzelfall über den Vorrang von Umsetzungswillen oder Sachentscheidung streiten mag.

Problematisch wird die Argumentation jedoch, wenn man mit der jüngeren Rechtsprechung darüber hinaus auch einem **abstrakten, nur vermuteten Umsetzungswillen** den Vorrang vor einer konkret getroffenen Sachentscheidung zubilligt. So hat das BAG bei der Umsetzung der vom EuGH in der Rs. *Schultz-Hoff* (EuGH 20.1.2009 – C-350/06 – Schultz-Hoff, Slg. 2009, I-179) entwickelten Vorgaben zur Übertragung und Abgeltung von Urlaubsansprüchen bei längerfristiger Arbeitsunfähigkeit auf den „regelmäßig anzunehmenden Willen des nationalen Gesetzgebers zur ordnungsgemäßen Umsetzung von Richtlinien" abgestellt und diesem Vorrang vor der in § 7 III BUrlG zum Ausdruck gekommenen Sachentscheidung eingeräumt (BAG 24.3.2009 NZA 2009, 538 Rn. 59). Dieser „regelmäßig anzunehmende Wille zur ordnungsgemäßen Umsetzung von Richtlinien" erweist sich bei näherem Hinsehen jedoch als Chimäre. Dass aus der Gesetzesgeschichte des BUrlG „kein Anhaltspunkt für eine den Richtlinienzielen widersprechende Zielsetzung des deutschen Gesetzgebers" hervorgeht (so BAG 24.3.2009 NZA 2009, 538 Rn. 67), ist schlicht der Tatsache geschuldet, dass § 7 BUrlG 30 Jahre älter als die Arbeitszeit-RL 2003/88/EG und seitdem nicht an die Richtlinienvorgaben angepasst worden ist. Der abstrakte Umsetzungswille ist eine **Scheinargumentation,** mit der die Korrektur einer nachweisbaren Sachentscheidung des nationalen Gesetzgebers verdeckt wird. 83

Während der 9. Senat des **BAG diese Argumentation** später zu Recht **aufgegeben hat** (BAG 17.11.2009 NZA 2010, 1020 Rn. 24 ff.), hält der BGH daran fest (BGH 21.12.2011 NJW 2012, 1073 Rn. 34; 7.5.2014 NJW 2014, 2646 Rn. 22; **anders** aber BGH 8.1.2014 NVwZ 2014, 1111 Rn. 11). Wiederum in einer Entscheidung zum Verbrauchsgüterkauf hat er das Leistungsverweigerungsrecht des Verkäufers wegen absoluter Unverhältnismäßigkeit im Wege richtlinienkonformer Rechtsfortbildung im Verbrauchsgüterkauf entgegen der eindeutigen Regelung in § 434 III BGB teleologisch „wegreduziert" und den Verkäufer auf eine Kostenbeteiligung verwiesen (BGH 21.12.2011 NJW 2012, 1073 Rn. 35 f.). Zur Begründung der planwidrigen Regelungslücke führt der BGH an, dass der deutsche Gesetzgeber die **Richtlinienkonformität** der von ihm geschaffenen Regelung „**stillschweigend vorausgesetzt**" habe (BGH 21.12.2011 NJW 2012, 1073 Rn. 34). Dem Gesetzgeber könne nicht unterstellt werden, dass er sehenden Auges einen Richtlinienverstoß habe in Kauf nehmen wollen (BGH 7.5.2014 NJW 2014, 2646 Rn. 23). Für eine richtlinienkonforme Rechtsfortbildung genügt danach bereits der lapidare Hinweis in den Gesetzesmaterialien, dass das nationale Gesetz der Umsetzung einer Richtlinie dient (ausdrücklich BGH 7.5.2014 NJW 2014, 2646 Rn. 24). Dieser Hinweis ist aufgrund des durch die Richtlinie vorgegebenen und durch Verwaltungsvorschriften innerstaatlich abgesicherten **Zitiergebots** (vgl. dazu Streinz/*Schröder* Rn. 92; BMJ, Handbuch der Rechtsförmlichkeit, 2008 Rn. 308) ohnehin obligatorisch. Im Ergebnis scheidet eine richtlinienkonforme Rechtsfortbildung nach diesem Modell nur in dem theoretischen Fall aus, dass der Gesetzgeber ausdrücklich in den Materialien zu erkennen gibt, auch bei einer abweichenden Rechtsprechung des EuGH unter Inkaufnahme des Richtlinienverstoßes an seinen innerstaatlich vorgegebenen Maßstäben festhalten zu wollen. Faktisch führt die Rechtsprechung des BGH angesichts der unbegrenzten richtlinienkonformen Rechtsfortbildung somit zu einer **generellen unmittelbaren Anwendbarkeit der Richtlinie auch und gerade im Privatrechtsverkehr** (zutreffend OLG München 20.6.2013 BeckRS 2013, 10745; *Franzen* JZ 2003, 321 [327]; *Gsell* AcP 214 [2014] 99 [137 f.]; *dies.* JZ 2009, 522; *Herdegen* WM 2005, 1921 [1929]; *Schürnbrand* JZ 2007, 910 [931 ff.]; im Ergebnis auch *Baldauf* 216 ff.). Damit 84 sieht sie sich denselben Bedenken ausgesetzt wie die Auffassung von der Regelungslücke aufgrund Richtlinienverstoßes (vgl. dazu → Rn. 77 ff.).

85 Darüber hinaus irrt der BGH, wenn er meint, aufgrund der EuGH-Rechtsprechung zu einer derart weitreichenden Richtlinienumsetzung kraft Richterrechts verpflichtet zu sein (so wohl BGH 7.5.2014 NJW 2014, 2646 Rn. 23). Eine richtlinienkonforme Rechtsfortbildung ist **für eine ordnungsgemäße Richtlinienumsetzung nicht geeignet**. Sie mag zwar die inhaltlichen Vorgaben der Richtlinie in nationales Recht umsetzen. Allerdings erfüllt eine Richtlinienumsetzung durch die Rechtsprechung regelmäßig nicht die Anforderungen, die der EuGH an die **Transparenz und Bestimmtheit** des mitgliedstaatlichen Umsetzungsaktes stellt (vgl. EuGH 30.5.1991 – C-361/88 Rn. 24 – Kommission/Deutschland, Slg. 1991, I-2567; 15.6.1995 – C-220/94 Rn. 10; 9.9.1999 – C-217/97 Rn. 31 f. – Kommission/Deutschland, Slg. 1999, I-5087; 10.5.2001 – C-144/99 Rn. 21 – Kommission/Niederlande, Slg. 2001, I-3541; 7.5.2002 – C-478/99 Rn. 18 – Kommission/Schweden, Slg. 2002, I-4147; 18.12.2008 – C-338/06 Rn. 54 – Kommission/Spanien, Slg. 2008, I-10139; näher dazu SZK/*König* § 2 Rn. 51). Damit werden die mit der unionsrechtlichen Pflicht zu richtlinienkonformer Auslegung verfolgten Ziele (ordnungsgemäße Rechtsharmonisierung, Vermeidung eines Vertragsverletzungsverfahrens) verfehlt. Vor allem aber findet eine Pflicht der nationalen Gerichte, von dem Vorrang eines abstrakten, stillschweigend vorausgesetzten Umsetzungswillens auszugehen, keine Stütze in der aktuellen Rechtsprechung des EuGH. Dieser hat zwar in der Tat in der Rs. *Björnekulla Fruktindustrier* verlangt, das nationale Gericht müsse das innerstaatliche Recht „ungeachtet entgegenstehender Auslegungshindernisse, die sich aus den vorbereitenden Arbeiten zu der nationalen Regelung ergeben können", richtlinienkonform auslegen (EuGH 29.4.2004 – C-371/02 Rn. 13 – Björnekulla Fruktindustrier, Slg. 2004, I-5791; dazu *Höpfner* 257 f.). Träfe dies zu, würde sich die Vermutung eines Umsetzungswillens (vgl. dazu EuGH 5.10.2004 – C-397/01 bis C-403/01 Rn. 112 – Pfeiffer, Slg. 2004, I-8835; BVerfG 26.9.2011 NJW 2012, 669 Rn. 51) zu einer Fiktion umwandeln, die den Anschein erweckt, den Willen des Gesetzgebers zu vollziehen, in Wahrheit aber eine Gesetzeskorrektur darstellt, die mit dem vom EuGH entwickelten Verbot des contra legem-Judizierens (EuGH 4.7.2006 – C-212/04 Rn. 110 – Adeneler, Slg. 2006, I-6057; 15.4.2008 – C-268/06 Rn. 100 – Impact, Slg. 2008, I-2483; 23.4.2009 – C-378/07 bis C-380/07 Rn. 199 – Angelidaki, Slg. 2009, I-3071; 16.7.2009 – C-12/08 Rn. 62 – Mono Car Styling, Slg. 2009, I-6653; 24.6.2010 – C-98/09 Rn. 52 – Sorge, Slg. 2010, 5837; 10.3.2011 – C-109/09 Rn. 54 – Lufthansa, Slg. 2011, I-1309; 24.1.2012 – C-282/10 Rn. 25 – Dominguez, NZA 2012, 139; 15.1.2014 – C-176/12 Rn. 39 – Association de médiation sociale, NZA 2014, 193; dazu → Rn. 47, 80) nicht vereinbar ist und zugleich die Kompetenzen des EuGH überschreitet (sehr deutlich BVerfG 26.9.2011 NJW 2012, 669 Rn. 48). Der Gerichtshof hat denn auch mit Recht in seiner späteren Rechtsprechung daran nicht mehr angeknüpft, sodass die genannten Aussagen als überholt und vom Dogma des contra legem-Verbots abgelöst gelten können.

86 c) **Regelungslücke allein nach innerstaatlichen Maßstäben.** Richtigerweise sind an die Zulässigkeit einer richtlinienkonformen Auslegung des nationalen Rechts **strenge Anforderungen** zu stellen. Nur so wird man der eingeschränkten Rechtswirkung der Richtlinie als Instrument der kooperativen, zweistufigen Rechtsetzung im Spannungsverhältnis zwischen dem Gebot effektiver Richtlinienumsetzung einerseits und der richterlichen Gesetzesbindung und innerstaatlichen Gewaltenteilung sowie der Kompetenzabgrenzung von Union und Mitgliedstaaten andererseits gerecht. Da die unionsrechtliche Pflicht zu richtlinienkonformer Auslegung kein contra legem-Judizieren rechtfertigt, ist für eine richtlinienkonforme Rechtsfortbildung eine **planwidrige Regelungslücke im nationalen Recht** erforderlich (BVerfG 26.9.2011 NJW 2012, 669 Rn. 45 ff.; BAG 17.11.2009 NZA 2010, 1020 Rn. 30 ff.; OLG München 20.6.2013 BeckRS 2013, 10745; *Baldauf* 221 ff.; *Franzen* JZ 2003, 321 [327]; *Gsell* JZ 2009, 522 [525]; *Höpfner* JZ 2009, 403 [404 f.]; *Höpfner/Rüthers* AcP 209 [2009], 1 [35]; *Kamanabrou* SAE 2009, 233 [235]; *Konzen*, FS Birk,

2008, 439 [453]; *Schürnbrand* JZ 2007, 910 [913 f., 917]; *Weber* 163 ff.; dahin tendierend auch HWK/*Tillmanns* AEUV Vorb. Rn. 20). Gleichgestellt sind „geplante Lücken", soweit der Gesetzgeber seine Regelungskompetenz bewusst an Rechtsprechung und Wissenschaft delegiert hat (vgl. dazu *Rüthers/Fischer/Birk*, Rechtstheorie, 8. Aufl. 2015, Rn. 835 ff.). Voraussetzung ist also, dass das nationale Recht selbst, dh zunächst unter Nichtbeachtung der Richtlinie, eine planwidrige Unvollständigkeit oder einen untragbaren, vor dem Hintergrund des Art. 3 GG zwingend aufzulösenden Wertungswiderspruch enthält (BVerfG 26.9.2011 NJW 2012, 669 Rn. 45). Nur auf diese Weise kann verhindert werden, dass der Richtlinie durch die Hintertür doch eine verordnungsgleiche Wirkung im Privatrechtsverkehr zukommt.

Die richtlinienkonforme Rechtsfortbildung betrifft daher lediglich Fälle, in denen das 87 nationale Gericht ohnehin als Ersatzgesetzgeber eine **Lücke in der innerstaatlichen Rechtsordnung** ausfüllt oder einen untragbaren Wertungswiderspruch auflöst. Der Richter ist dann aufgrund der auch an ihn gerichteten Umsetzungspflicht gem. Art. 288 III verpflichtet, diese Lücke so weit wie möglich **richtlinienkonform zu schließen**. Demgegenüber scheidet eine richtlinienkonforme Rechtsfortbildung in sämtlichen Fällen aus, in denen der nationale Gesetzgeber eine eindeutige Sachentscheidung getroffen hat. Diese kann nicht durch einen vermuteten Umsetzungswillen überspielt werden. Das entspricht auch der verfassungsgerichtlichen Rechtsprechung in Deutschland. Nach der jüngeren, inzwischen gefestigten Rechtsprechung des BVerfG überschreitet eine richterliche Rechtsfortbildung die verfassungsrechtlichen Grenzen, „wenn sie deutlich erkennbare, möglicherweise sogar ausdrücklich im Wortlaut dokumentierte gesetzliche Entscheidungen abändert oder ohne ausreichende Rückbindung an gesetzliche Aussagen neue Regelungen schafft" (BVerfG 6.7.2010 NJW 2010, 3422 Rn. 64; 26.9.2011 NJW 2012, 669 Rn. 56). Das BVerfG kontrolliert die Einhaltung der Grenzen richterlicher Rechtsfortbildung ausdrücklich „gleichermaßen und unabhängig davon, ob das anzuwendende einfache nationale Recht der Umsetzung einer Richtlinie der Europäischen Union dient oder nicht" (BVerfG 26.9.2011 NJW 2012, 669 Rn. 46). Die maßgebliche gesetzgeberische Grundentscheidung, an die die Gerichte verfassungsrechtlich gebunden sind, trifft dabei der **nationale** und nicht der europäische **Gesetzgeber** (BVerfG 26.9.2011 NJW 2012, 669 Rn. 51). Zwar kommt im Wege richtlinienkonformer Rechtsfortbildung im Grundsatz auch eine teleologische Reduktion des nationalen Rechts in Betracht, allerdings nur, sofern diese sich auf den Willen des Gesetzgebers gründet (BVerfG 26.9.2011 NJW 2012, 669 Rn. 57).

IV. Konsequenzen eines Richtlinienverstoßes

1. Staatshaftungsanspruch. Können die Vorgaben einer Richtlinie nach den dargeleg- 88 ten Grundsätzen nicht durch richtlinienkonforme Auslegung oder Rechtfortbildung in das innerstaatliche Recht transformiert werden, ist der Richter unter Inkaufnahme des Richtlinienverstoßes **zur Anwendung des richtlinienwidrigen nationalen Rechts verpflichtet,** sofern die Richtlinie nicht ausnahmsweise im Vertikalverhältnis Bürger–Staat unmittelbar anwendbar ist. Die Verletzung der Umsetzungspflicht hat dann zur Folge, dass eine Partei den Prozess verliert, obwohl sie nach den Richtlinienvorgaben obsiegen müsste. In diesen Fällen kommt ein **Staatshaftungsanspruch gegen den Mitgliedstaat** in Betracht, weil dieser dem Bürger das von der Richtlinie gewährte Schutzniveau vorenthält. Nach den vom EuGH in der Rs. *Francovich* (EuGH 19.11.1991 – C-6/90 und C-9/90 – Francovich, Slg. 1991, I-5357) entwickelten Grundsätzen kann der Bürger nach Maßgabe des nationalen Haftungsrechts (in Deutschland also nach **§ 839 BGB iVm Art. 34 GG**) vom Staat Schadensersatz wegen nicht ordnungsgemäßer Richtlinienumsetzung verlangen, sofern die nicht ordnungsgemäß umgesetzte Richtlinie dem Einzelnen **ein Recht verleiht,** der **Verstoß** des Mitgliedstaates gegen seine Umsetzungspflicht **hinreichend qualifiziert** ist und dem Betroffenen daraus ein unmittelbar **kausaler Schaden** entstanden ist (EuGH 19.11.1991 – C-6/90 und C-9/90 Rn. 38 ff. – Francovich, Slg. 1991, I-5357; 14.7.1994 –

C-91/92 Rn. 27 ff. – Faccini Dori, Slg. 1994, 3325; 5.3.1996 – C-46/93 und C-48/93 Rn. 21 – Brasserie du pêcheur, Slg. 1996, I-1029; 26.3.1996 – C-392/93 Rn. 38 ff. – British Telecommunications, Slg. 1996, I-1631; 25.1.2007 – C-278/05 Rn. 69 ff. – Robins, Slg. 2007, I-1053; 22.10.2010 – C-279/09 Rn. 27 ff. – DEB, Slg. 2010, I-13849; 25.11.2010 – C-429/09 Rn. 45 ff. – Fuß, Slg. 2010, I-12167; 24.1.2012 – C-282/10 Rn. 43 – C-282/10 Rn. 32 – Dominguez, NZA 2012, 139; 25.4.2013 – C-398/11 Rn. 48 ff. – Hogan, BeckRS 2013, 80860; vgl. ferner EuGH 30.9.2003 – C-224/01 Rn. 30 ff. – Köbler, Slg. 2003, I-10239; 13.6.2006 – C-173/03 Rn. 24 ff. – Traghetti del Mediterraneo, Slg. 2006, I-5177; zur Verjährung des Anspruchs *Armbrüster/Kämmerer* NJW 2009, 3601).

89 Auf ein **Verschulden** des Mitgliedstaates bzw. seiner Organe kommt es dagegen nicht an. Allerdings erlangt das Verschuldenskriterium mittelbar Bedeutung bei der Frage, ob eine fehlerhafte Richtlinienumsetzung als **hinreichend qualifizierter Verstoß** zu werten ist (*Maurer*, Allgemeines Verwaltungsrecht, 18. Aufl. 2011, § 31 Rn. 13). Ein solcher liegt nur vor, wenn der Mitgliedstaat die Grenzen, die seinem Ermessen gesetzt sind, offenkundig und erheblich überschritten hat (EuGH 25.1.2007 – C-278/05 Rn. 70 – Robins, Slg. 2007, I-1053; 25.11.2010 – C-429/09 Rn. 51 – Fuß, Slg. 2010, I-12167; BGH 4.6.2009 EuZW 2009, 865 Rn. 21; 18.10.2012 EuZW 2013, 194 Rn. 16). Hierbei berücksichtigt der EuGH das Maß an Klarheit und Genauigkeit der verletzten Vorschrift, den Umfang des Ermessensspielraums, den die verletzte Vorschrift den nationalen Behörden belässt, die Frage, ob der Verstoß vorsätzlich oder nicht vorsätzlich begangen oder der Schaden vorsätzlich oder nicht vorsätzlich zugefügt wurde, die Entschuldbarkeit oder Unentschuldbarkeit eines etwaigen Rechtsirrtums und den Umstand, dass die Verhaltensweisen eines Unionsorgans möglicherweise dazu beigetragen haben, dass nationale Maßnahmen oder Praktiken in europarechtswidriger Weise unterlassen, eingeführt oder aufrechterhalten wurden (EuGH 5.3.1996 – C-46/93 und C-48/93 Rn. 56 – Brasserie du pêcheur, Slg. 1996, I-1029; 25.1.2007 – C-278/05 Rn. 77 – Robins, Slg. 2007, I-1053). Ein **Staatshaftungsanspruch scheidet** danach **aus,** wenn die **Richtlinie** so **ungenau formuliert** ist, dass neben der vom EuGH in einem dem Umsetzungsakt nachfolgenden Urteil vorgenommenen Auslegung auch die **Auslegung vertretbar** war, die der Mitgliedstaat der Umsetzung der Richtlinie zugrunde gelegt hat, sofern seine Erwägungen „**nicht völlig von der Hand zu weisen**" sind (EuGH 26.3.1996 – C-392/93 Rn. 43 – British Telecommunications, Slg. 1996, I-1631). Wird eine ungenau formulierte Richtlinie durch eine Entscheidung des Gerichtshofs präzisiert, liegt ein hinreichend qualifizierter Verstoß gegen Unionsrecht vor, wenn der Mitgliedstaat sein nationales Recht **nicht an die Vorgaben des EuGH anpasst** (EuGH 25.4.2013 – C-398/11 Rn. 51 f. – Hogan, BeckRS 2013, 80860).

90 Aus **rechtspolitischer Sicht** können diese strengen Anforderungen an die Staatshaftung **nicht überzeugen.** Sie sind mit eine Ursache dafür, dass die Rechtsprechung insbesondere des BGH unter Verstoß gegen Art. 20 III, 97 I GG eine exzessive Praxis der Richtlinienumsetzung durch Richterrecht entwickelt hat (vgl. *Schlachter* EuZA 2015, 1 [5]: Haftungsanspruch kein effektiver Ausgleich). Eine überzeugendere Lösung besteht darin, bei jeder fehlerhaften Richtlinienumsetzung einen Staatshaftungsanspruch anzunehmen, und zwar unabhängig davon, ob es sich um einen hinreichend qualifizierten Verstoß handelt oder nicht (für eine großzügigere Anwendung der Staatshaftung auch *Baldauf* 249 ff.). Eine Ausgestaltung der Staatshaftung als **Garantiehaftung des Mitgliedstaates,** der seine Umsetzungspflicht objektiv verletzt, würde die Anreize für eine richtlinienkonforme Fortbildung des nationalen Rechts contra legem deutlich reduzieren und zugleich das mit einer richtlinienkonformen Rechtsfortbildung verbundene Problem des Schutzes des Vertrauens in die Gültigkeit des geschriebenen nationalen Rechts vermeiden.

91 **2. Vertragsverletzungsverfahren.** Neben dem Staatshaftungsanspruch kommt bei fehlerhafter Richtlinienumsetzung auch ein **Vertragsverletzungsverfahren gegen den säumigen Mitgliedstaat** vor dem EuGH gem. Art. 258 ff. AEUV in Betracht. Nach Art. 258

AEUV kann die Kommission im Anschluss an ein an den Mitgliedstaat gerichtetes Mahnschreiben (vgl. dazu SZK/*Classen* § 4 Rn. 52; Calliess/Ruffert/*Cremer* AEUV Art. 258 Rn. 5 ff.; Fuchs/*Borchardt*, Europäisches Sozialrecht, 2013, Teil 13 Rn. 66 ff.) eine **mit Gründen versehene Stellungnahme** abgeben, wenn sie der Auffassung ist, dass der Mitgliedstaat seine Umsetzungspflicht verletzt hat. Die Stellungnahme enthält eine **Frist**, innerhalb derer das behauptete Umsetzungsdefizit zu beseitigen ist. Kommt der Mitgliedstaat der Aufforderung nicht fristgerecht nach, kann die **Kommission** nach Art. 258 II AEUV **den EuGH anrufen.**

Darüber hinaus kann – unabhängig von der Entscheidung der Kommission, ein Verfahren nach Art. 258 AEUV einzuleiten – **jeder Mitgliedstaat** nach Art. 259 AEUV ein **Vertragsverletzungsverfahren einleiten**, wenn er der Auffassung ist, dass ein anderer Mitgliedstaat gegen eine Verpflichtung aus den Verträgen verstoßen hat. Von diesem Recht wird in der Praxis jedoch nur äußerst selten Gebrauch gemacht (vgl. Calliess/Ruffert/*Cremer* AEUV Art. 259 Rn. 1: bisher drei Entscheidungen des EuGH im Verfahren nach Art. 259 AEUV). **92**

Bei einem klagestattgebenden Urteil handelt es sich um ein **Feststellungsurteil** (SZK/*Classen* § 4 Rn. 59). Der EuGH stellt gem. Art. 260 I AEUV fest, dass der Mitgliedstaat seine Pflicht zur Richtlinienumsetzung verletzt hat. Der Mitgliedstaat ist dann verpflichtet, die Maßnahmen zu ergreifen, die sich aus dem Urteil des Gerichtshofs ergeben, dh die Richtlinie ordnungsgemäß und unverzüglich umzusetzen, wobei sich diese Pflicht ohnehin bereits aus Art. 288 III ergibt. Darüber hinaus kann der EuGH auf **Antrag der Kommission** ein **Zwangsgeld** gegen den Mitgliedstaat festsetzen. Dazu ist jedoch grds. ein **erneutes Verfahren erforderlich,** da ein Zwangsgeld gem. Art. 260 II AEUV nur in Betracht kommt, wenn der Mitgliedstaat die Richtlinie trotz eines klagestattgebenden Urteils des EuGH nicht ordnungsgemäß umgesetzt hat. Ein Zwangsgeld bereits **im ursprünglichen** (ersten) **Vertragsverletzungsverfahren** ist nach Art. 260 III AEUV nur ausnahmsweise denkbar, sofern der Mitgliedstaat überhaupt **keinerlei Maßnahmen zur Richtlinienumsetzung getroffen** hat und aus diesem Grunde keine Mitteilung über die Richtlinienumsetzung abgeben konnte (Calliess/Ruffert/*Cremer* AEUV Art. 260 Rn. 19; *Thiele* EuR 2010, 30 [34 ff.]). **93**

30. Charta der Grundrechte der Europäischen Union

Vom 12. Dezember 2007

(ABl. Nr. C 303 S. 1)

Celex-Nr. 3 2007 X 1214 (01)

– Auszug –

Titel II. Freiheiten

Art. 12 Versammlungs- und Vereinigungsfreiheit

(1) Jede Person hat das Recht, sich insbesondere im politischen, gewerkschaftlichen und zivilgesellschaftlichen Bereich auf allen Ebenen frei und friedlich mit anderen zu versammeln und frei mit anderen zusammenzuschließen, was das Recht jeder Person umfasst, zum Schutz ihrer Interessen Gewerkschaften zu gründen und Gewerkschaften beizutreten.

(2) Politische Parteien auf der Ebene der Union tragen dazu bei, den politischen Willen der Unionsbürgerinnen und Unionsbürger zum Ausdruck zu bringen.

Übersicht

	Rn.
A. Grundlagen	1
I. Systematik, Zweck und Bedeutung der Norm	1
II. Quellen	5
III. Abgrenzung zu anderen Grundrechten	9
B. Versammlungsfreiheit	11
C. Vereinigungsfreiheit	14
I. Persönlicher Schutzbereich	14
II. Sachlicher Schutzbereich	15
1. Vereinigung	15
2. Individuelle Vereinigungsfreiheit	17
3. Kollektive Vereinigungsfreiheit	19
D. Gewährleistungspflichten	21
E. Eingriff, sonstige Beeinträchtigung und Rechtfertigung	23
F. Auswirkungen auf das Unionsrecht und das nationale Recht	25

A. Grundlagen

I. Systematik, Zweck und Bedeutung der Norm

Die Versammlungs- und Vereinigungsfreiheit in Art. 12 ist nicht nur Bürger-, sondern auch Menschenrecht. Sie gehört zu den **grundlegenden Freiheiten** im demokratisch verfassten Gemeinwesen, die auf Freiheit, Toleranz und Pluralismus aufbauen (Calliess/Ruffert/*Ruffert* Rn. 1; Ehlers/*Marauhn* § 4 Rn. 59; *Jarass* Rn. 3, 17). Die Versammlungsfreiheit steht in engem Zusammenhang mit der Meinungsäußerungsfreiheit als Kommunikationsgrundrecht (Calliess/Ruffert/*Ruffert* Rn. 1; *Jarass* Rn. 3). Die Vereinigungsfreiheit stützt die Organisation von Interessen und hat ebenfalls Bezug zur Meinungsäußerungsfreiheit. Art. 12 I betont exemplarisch die politischen, gewerkschaftlichen und zivilgesellschaftlichen Versammlungen und Vereinigungen wegen der ihnen zukommenden Bedeutung. Das gilt insbesondere für die **Gewerkschaften,** die zwei Mal im Wortlaut Erwähnung 1

30 GRC Art. 12   Versammlungs- und Vereinigungsfreiheit

finden. Das anerkennt die Bedeutung der Gewerkschaftsbewegung und sichert damit die Organisation der Arbeitnehmerinteressen und deren kollektive Vertretung explizit grundrechtlich ab (Calliess/Ruffert/*Ruffert* Rn. 1; *Jarass* Rn. 23; Meyer/*Bernsdorff* Rn. 17).

2   Die Versammlungs- und Vereinigungsfreiheit ist ein einheitliches Grundrecht (*Jarass* Rn. 1, 17; Schwarze/*Knecht* Rn. 4). Die Koalitionsfreiheit, ebenso die Gewerkschaftsfreiheit, ist ein Unterfall der Vereinigungsfreiheit, die kein eigenständiges Grundrecht darstellt (*Jarass* Rn. 16; **aA** Schwarze/*Knecht* Rn. 5). Zum Verhältnis zu Art. 28 → Rn. 9. Die Koalitionsbetätigungsfreiheit ist somit nicht in einem einheitlichen Grundrecht konzise geregelt, sondern wird in unterschiedlichem Maße von Art. 12 I und Art. 28 erfasst. Das lässt sich darauf zurückführen, dass Art. 11 I EMRK bei Ausarbeitung der Charta nach der Rechtsprechung des EGMR weder ein Recht auf Streik noch ein Recht auf Kollektivverhandlungen garantierte. Die Aufteilung entspricht schließlich dem Regelungsmuster in Art. 5 und 6 ESC. Die Einordnung des Rechts auf Kollektivverhandlungen und kollektive Maßnahmen in dem Abschnitt „Solidarität" verdeutlicht zudem, dass es sich nicht nur um ein klassisches Freiheitsrecht handelt, sondern zumindest in der Zwecksetzung auch um ein soziales Recht. Das ändert indes nichts daran, dass die dogmatische Struktur die eines freiheitlichen Abwehrrechts ist. Art. 28 enthält – anders als Art. 12 I – einen Vorbehalt zugunsten des Unionsrechts und des mitgliedstaatlichen Rechts, was den unterschiedlichen Rechtsordnungen der Mitgliedstaaten Rechnung trägt (→ Art. 28 Rn. 1).

3   Art. 12 II enthält eine Sonderregelung zu den **politischen Parteien,** die sich in der Europäischen Union zur Wahl stellen. Bereits dem Wortlaut nach handelt es sich nicht um ein Grundrecht, sondern um eine wertende Aussage, die die Bedeutung der parteipolitischen Betätigung auf europäischer Ebene unterstreicht (*Jarass* Rn. 1, 18; Meyer/*Bernsdorff* Rn. 21; Schwarze/*Knecht* Rn. 9; Tettinger/Stern/*Rixen* Rn. 12). Für dieses Verständnis spricht auch der systematische Zusammenhang zu Art. 12 I, der bereits die Freiheit zur Bildung und Betätigung in politischen Parteien als Freiheitsrecht garantiert.

4   Art. 12 I ist für das **Arbeitsrecht** von Bedeutung, soweit die Organe der Europäischen Union im Rahmen ihrer Kompetenz Regelungen erlassen oder Entscheidungen treffen, die unmittelbar oder in Umsetzung durch die Mitgliedstaaten die Koalitionen in ihrem Bestand oder ihrer Betätigung beschränken. Nach Art. 153 V AEUV hat die Europäische Union zwar keine Kompetenzen zur Regelung des Koalitionsrechts als Teil der Sozialpolitik (zum Begriff des Koalitionsrechts → AEUV Art. 153 Rn. 49 f.). Die Organe der Europäischen Union sind aber durch Art. 12 I gebunden, soweit ihre **Bediensteten** Gewerkschaften bilden und ihre Interessen kollektiv vertreten lassen können. Daneben kann Art. 12 I Bedeutung erlangen, wenn es durch gewerkschaftliche Aktivitäten zu Beschränkungen der Grundfreiheiten kommt (→ Rn. 26). Auch bei der Auslegung von Richtlinien kann Art. 12 I in Bedacht zu nehmen sein (→ Rn. 27).

II. Quellen

5   Art. 12 I beruht nach den Erläuterungen des Konvents auf Art. 11 EMRK und hat die gleiche Bedeutung wie diese Bestimmung. Art. 11 I EMRK gewährleistet ebenfalls die Koalitionsfreiheit und garantiert insoweit das Recht auf Koalitionsgründung und auf Beitritt zur Koalition zugunsten des Bürgers, aber auch die kollektive Koalitionsfreiheit zugunsten der Arbeitnehmer- bzw. Arbeitgebervereinigung (→ EMRK Art. 11 Rn. 12 ff.; 18 ff.). Neben dem Schutzbereich der Versammlungs- und Vereinigungsfreiheit determiniert Art. 11 I EMRK auch dessen Schranken. Die GRC darf im Ergebnis nicht hinter dem Schutz der EMRK zurückbleiben (Art. 52 III, 53). Daher ist nicht nur die EMRK und ihre Interpretation durch den EGMR im Zeitpunkt des Inkrafttretens der GRC maßgebend, sondern auch alle späteren Fortentwicklungen (*Jarass* Rn. 2; *Niedobitek* ZBR 2010, 361 [363]; *Sagan* 137; krit. *Junker* ZfA 2013, 91 [132]). Art. 52 III, 53 enthalten eine dynamische Verweisung (→ Art. 52 Rn. 13). Art. 6 III EUV erklärt die EMRK neben der GRC zu einem maßgebenden Grundrechtsstandard (→ Art. 6 Rn. 17). Art. 12 I geht in seiner Trag-

Grundlagen Art. 12 GRC 30

weite sogar über Art. 11 EMRK hinaus, weil auch grenzüberschreitende Versammlungen und Vereinigungen in der Europäischen Union geschützt werden.

Eine weitere Grundlage der Vereinigungsfreiheit in Art. 12 I ist nach den Erläuterungen 6 des Konventspräsidiums Nr. 11 der Gemeinschaftscharta der sozialen Grundrechte der Arbeitnehmer. Art. 12 II ist hingegen auf Art. 10 IV EUV zurückzuführen. Unerwähnt lässt der Konvent die bereits bestehende Rechtsprechung des EuGH. Im Unionsrecht war die Versammlungsfreiheit bereits vor Inkrafttreten der GRC als allg. Rechtsgrundsatz anerkannt (EuGH 12.6.2003 – C-112/00 Rn. 79 – Schmidberger, Slg. 2003, I-5659), ebenso die Vereinigungsfreiheit (EuGH 15.12.1995 – C-415/93 Rn. 79 – Bosman, Slg. 1995, I-4921; 8.7.1999 – C-235/92 P Rn. 137 – Montecatini, Slg. 1999, I-4539; 9.3.2006 – C- 499/04 Rn. 33 – Werhof, Slg. 2006, I-2397) und die Koalitionsfreiheit als ihr Unterfall (EuGH 8.10.1974 – C-18/74 Rn. 10/12 – Allgemeine Gewerkschaft der Beamten/Kommission, Slg. 1974, 933; 18.1.1990 – C-193/87 Rn. 13, 21 – Maurissen, Slg. 1990, I-95). Zudem sind diese Garantien in den Verfassungen der Mitgliedstaaten nachweisbar (dazu Meyer/ *Bernsdorff* Rn. 2).

Für die EU-Bediensteten normiert Art. 24b Beamtenstatut die Vereinigungsfreiheit, die 7 der EuGH iSd Koalitionsfreiheit gedeutet hat (EuGH 8.10.1974 – C-18/74 Rn. 5/9, 10/ 12 – Allgemeine Gewerkschaft der Beamten/Kommission, Slg. 1974, 933; 8.10.1974 – C-175/73 Rn. 9/13, 14/16 – Gewerkschaftsbund, Slg. 1974, 917). Beamte haben danach das Recht, Vereinigungen frei zu gründen. Zudem ist den Vereinigungen garantiert, zur Verteidigung der beruflichen Interessen ihrer Mitglieder einzutreten (EuGH 8.10.1974 – C-18/74 Rn. 10/12 – Allgemeine Gewerkschaft der Beamten/Kommission, Slg. 1974, 933; 8.10.1974 – C-175/73 Rn. 14/16 – Gewerkschaftsbund, Slg. 1974, 917). Daher waren bereits vor Inkrafttreten der GRC sowohl der Bestand als auch die Betätigung der Koalition garantiert.

Schließlich enthält das internationale Arbeitsrecht weitere Bestimmungen zur Koalitions- 8 freiheit. Art. 20 AEMR und Art. 21, 22 IPbpR enthalten vergleichbare Regelungen. Darüber hinaus normieren Art. 5 ESC und Art. 8 IPwskR die Koalitionsfreiheit. Auch die IAO-Konventionen Nr. 87 und 98 beziehen sich auf die Gründung und Betätigung von Arbeitnehmer- und Arbeitgebervereinigungen.

III. Abgrenzung zu anderen Grundrechten

Art. 28 garantiert das Recht auf Kollektivverhandlungen und auf Kollektivmaßnahmen 9 als soziales Recht. Er ist insoweit lex specialis zu Art. 12 I (Calliess/Ruffert/*Ruffert* Rn. 1; *Jarass* Rn. 20). Art. 12 I schützt somit vor allem den Bestand und den Beitritt zur Koalition sowie die Betätigung, die weder Kollektivverhandlung noch kollektive Maßnahme ist. Der Vorrang des Art. 28 endet zudem, wo die Interessen und Forderungen, für die sich die Vereinigung einsetzt, nicht mehr vom Recht auf Kollektivverhandlungen und dem Recht auf kollektive Maßnahmen gedeckt ist (→ Art. 28 Rn. 13). Insoweit kommt nur der Rückgriff auf Art. 12 I in Betracht. Für alle Vereinigungen, die weder Gewerkschaft noch Arbeitgebervereinigungen sind, garantiert Art. 12 I auch die Betätigung im Interesse ihrer Mitglieder. Das gilt zB für Vereinigung von Selbständigen oder arbeitnehmerähnlichen Personen, es sei denn, sie werden vom Arbeitnehmerbegriff erfasst.

Art. 12 I ist selbst lex specialis zur Meinungsäußerungsfreiheit nach **Art. 11,** soweit die 10 Versammlung oder die Vereinigung als Akteur erfasst ist (*Jarass* Rn. 5). Der Inhalt der Meinungsäußerung fällt weiterhin in den Schutzbereich des Art. 11 (Calliess/Ruffert/*Ruffert* Rn. 6; *Frenz* Rn. 2190; *Jarass* Rn. 5). Der EuGH wendet idR beide Grundrechte nebeneinander an (EuGH 12.6.2003 – C-112/00 Rn. 77 ff. – Schmidberger, Slg. 2003, I-5659).

B. Versammlungsfreiheit

11 Der **persönliche Schutzbereich** erfasst natürliche und juristische Personen sowie Personenvereinigungen, einschließlich der explizit in Art. 12 I genannten Gewerkschaften und politischen Parteien. Art. 12 I ist ein Menschenrecht und erfasst daher nicht nur Unionsbürger, sondern auch Drittstaatsangehörige (Calliess/Ruffert/*Ruffert* Rn. 2; *Jarass* Rn. 8; *Mann/Ripke* EuGRZ 2004, 125 [130]; Schwarze/*Knecht* Rn. 3).

12 Der **sachliche Schutzbereich** der Versammlungsfreiheit erfasst nur **freie und friedliche Versammlungen.** Versammlungen sind Zusammenkünfte mehrerer Personen zur gemeinsamen Meinungsbildung bzw. Meinungsäußerung (Ehlers/*Marauhn* § 4 Rn. 61; *Jarass* Rn. 6; Meyer/*Bernsdorff* Rn. 15; Schwarze/*Knecht* Rn. 6; **aA** Ehlers/*Pünder* § 17 Rn. 37; Heselhaus/Nowak/*Mann* § 27 Rn. 10; für einen weiten Versammlungsbegriff Rengeling/*Szczekalla* § 18 Rn. 737 ff.; vgl. → EMRK Art. 11 Rn. 8). Der Gegenstand der Versammlung ist thematisch nicht beschränkt. Die in Art. 12 I genannten Themen haben nur exemplarischen Charakter („insbesondere"). Die Versammlung kann ortsfest oder ein Umzug sein, auf öffentlichem oder privatem Grund stattfinden, öffentlich oder nicht-öffentlich sowie grenzüberschreitend sein (Calliess/Ruffert/*Ruffert* Rn. 4; Ehlers/*Pünder* § 17 Rn. 37; *Jarass* Rn. 6; *Mann/Ripke* EuGRZ 2004,125 [128 f.]; Schwarze/*Knecht* Rn. 6). Der Schutzbereich ist unabhängig von der Anmeldung oder Genehmigung der Versammlung eröffnet. Eine Versammlung ist frei, wenn sie nicht staatlich angeordnet ist. Sie ist friedlich, wenn sie keinen gewalttätigen Zielen dient, einen gewalttätigen Verlauf nimmt oder zur Gewalt aufruft (Calliess/Ruffert/*Ruffert* Rn. 5; *Mann/Ripke* EuGRZ 2004, 125 [130]). Sitzblockaden sind danach friedliche Versammlungen (*Jarass* Rn. 7).

13 Der sachliche Schutzbereich erfasst die Organisation (Entscheidung über Ort, Zeit, Dauer, Inhalt) und die Durchführung einer Versammlung durch Organisatoren und Teilnehmer (Calliess/Ruffert/*Ruffert* Rn. 6; Ehlers/*Marauhn* § 4 Rn. 65; *Frenz* Rn. 2170; Heselhaus/Nowak/*Mann* § 27 Rn. 16; *Jarass* Rn. 8; Tettinger/Stern/*Rixen* Rn. 6). Neben der positiven Versammlungsfreiheit ist die negative Versammlungsfreiheit als die Freiheit geschützt, nicht an einer Versammlung teilzunehmen (*Jarass* Rn. 8; Meyer/*Bernsdorff* Rn. 18; Tettinger/Stern/*Rixen* Rn. 4).

C. Vereinigungsfreiheit

I. Persönlicher Schutzbereich

14 Der persönliche Schutzbereich erstreckt sich wie bei der Versammlungsfreiheit auf alle natürlichen und juristischen Personen unabhängig von ihrer Staatsangehörigkeit (→ Rn. 11). Explizit erstreckt sich der Schutzbereich auf **Gewerkschaften.** Im Rahmen der kollektiven Vereinigungsfreiheit sind Gewerkschaften und Arbeitgeberverbände – wie alle anderen Vereinigungen – selbst Grundrechtsträger (Calliess/Ruffert/*Ruffert* Rn. 15; nicht zutreffend Schwarze/*Knecht* Rn. 7).

II. Sachlicher Schutzbereich

15 **1. Vereinigung.** Der sachliche Schutzbereich erfasst alle freien und friedlichen Vereinigungen. **Vereinigungen** sind freiwillige Zusammenschlüsse von Personenmehrheiten zu einem gemeinsamen Zweck und mit einem Mindestmaß an zeitlicher und organisatorischer Stabilität (Calliess/Ruffert/*Ruffert* Rn. 11; *Jarass* Rn. 21; Meyer/*Bernsdorff* Rn. 15; vgl. → EMRK Art. 11 Rn. 9). Daher muss ein gewisses Maß an organisierter Willensbildung erfolgen (*Jarass* Rn. 21). Die rechtliche Form der Vereinigung ist indes unerheblich. Auch ihre Zwecksetzung ist frei und unterliegt keinen Beschränkungen. Eigens hervorgehoben sind die Gewerkschaften als Vereinigung von Arbeitnehmern, die die Interessen ihrer Mit-

glieder wahrnehmen. Begrifflich ergeben sich insoweit keine Unterschiede zu Art. 11 EMRK (→ EMRK Art. 11 Rn. 11). Eine Einschränkung des Gewerkschaftsbegriffs auf Arbeitnehmervereinigungen, die zusätzliche Anforderungen erfüllen, ergibt sich aus Art. 12 nicht und bliebe zudem hinter Art. 11 EMRK zurück, was nicht mit Art. 52 III in Einklang stünde. Art. 12 I erfasst neben den Gewerkschaften (→ Rn. 1) alle **wirtschaftlichen Vereinigungen,** auch Arbeitgeberverbände (Calliess/Ruffert/*Ruffert* Rn. 11; *Jarass* Rn. 17; Schwarze/*Knecht* Rn. 7). Die Vereinigungen können national ausgerichtet oder grenzüberschreitend bzw. europaweit organisiert sein (*Jarass* Rn. 21).

Außerhalb des Schutzbereichs stehen Vereinigungen mit **Pflichtmitgliedschaft** (zB 16 Kammern der freien Berufe, Handwerkskammern), weil sie nicht frei gebildet sind (Calliess/Ruffert/*Ruffert* Rn. 11; Ehlers/*Pünder* § 17 Rn. 39; *Frenz* Rn. 2231; *Jarass* Rn. 22; Schwarze/*Knecht* Rn. 3). Ausgenommen sind zudem öffentlich-rechtliche, also staatlich organisierte Vereinigungen, denen die Ausübung hoheitlicher Gewalt obliegt oder die in die staatliche Verwaltung integriert sind und somit keine Grundrechtsträger sein können (*Jarass* Rn. 22; Meyer/*Bernsdorff* Rn. 15; Tettinger/Stern/*Rixen* Rn. 11). Die Übertragung einzelner öffentlicher Aufgaben hat der EGMR aber nicht für schädlich erachtet, um eine Vereinigung iSv Art. 11 I EMRK anzuerkennen (→ EMRK Art. 11 Rn. 9).

2. Individuelle Vereinigungsfreiheit. Die **positive individuelle Vereinigungsfrei-** 17 **heit** schützt die Gründung einer Vereinigung und den Beitritt (Calliess/Ruffert/*Ruffert* Rn. 11; Heselhaus/Nowak/*Mann* § 28 Rn. 9, 11; *Jarass* Rn. 24; Meyer/*Bernsdorff* Rn. 17). Auch die Betätigung in der Vereinigung ist für das Mitglied Teil des Schutzbereichs (Ehlers/*Pünder* § 77 Rn. 39, 41; Meyer/*Bernsdorff* Rn. 17; Tettinger/Stern/*Rixen* Rn. 7, 9). Der Wortlaut des Art. 12 I bringt das zwar nicht klar zum Ausdruck, ohne einen Betätigungsschutz liefe der Schutz der Vereinigung aber faktisch leer (*Jarass* Rn. 24; vgl. auch Meyer/ *Bernsdorff* Rn. 17). Zudem bliebe Art. 12 I hinter Art. 11 I EMRK zurück (→ EMRK Art. 11 Rn. 1, 9). Erfasst sind alle Betätigungen des Mitglieds, die Bezug zur geschützten Vereinigung haben (Meyer/*Bernsdorff* Rn. 17; vgl. *Mann/Ripke* EuGRZ 2004, 125 [130]). Die Mitwirkung an Kollektivverhandlungen und kollektiven Maßnahmen sind für die Arbeitnehmer und Arbeitgeber in Art. 28 speziell geregelt (→ Art. 28 Rn. 13).

Art. 12 I erfasst auch die **negative Vereinigungsfreiheit** und schützt vor Beitrittszwang 18 ebenso wie den freien Austritt (Calliess/Ruffert/*Ruffert* Rn. 15; Heselhaus/Nowak/*Mann* § 28 Rn. 15; Meyer/*Bernsdorff* Rn. 18; vgl. auch EuGH 9.3.2006 – C-499/04 Rn. 33 – Werhof, Slg. 2006, I-2397). Insoweit ist Art. 11 I EMRK in Bedacht zu nehmen, der die negative Vereinigungsfreiheit trotz anfänglicher Zurückhaltung nun in vollem Umfang schützt und den Ausgleich zu anderen Garantien der Konvention iRd Rechtfertigung herstellt (→ EMRK Art. 11 Rn. 9, 50). Die negative Vereinigungsfreiheit gilt nicht für öffentlich-rechtliche Zwangsvereinigungen oder sonstige Vereinigungen mit Pflichtmitgliedschaft, die nicht in den Schutzbereich von Art. 12 I fallen. Zudem ist nach dem bisherigen Stand der Rechtsentwicklung nicht davon auszugehen, dass Art. 12 I auch vor den Folgen gewerkschaftlicher Betätigung (insbesondere vor der Bindung an Kollektivverträge) schützt. Eine solche Dimension der negativen Vereinigungsfreiheit hat der EGMR bisher nicht entwickelt. Ein weitergehender Garantiegehalt lässt sich nicht ableiten, da er zu einer faktischen Verkürzung der kollektiven Koalitionsfreiheit und somit zu einem Verstoß gegen die Vorgaben aus Art. 52 III, 53 führte.

3. Kollektive Vereinigungsfreiheit. Art. 12 I schützt nicht nur die positive und negati- 19 ve Vereinigungsfreiheit des Einzelnen, sondern ist ebenso wie Art. 11 I EMRK ein **Doppelgrundrecht,** das die Vereinigungsfreiheit in ihrer kollektiven Dimension schützt (kollektive Vereinigungs-/Koalitionsfreiheit; dazu *J. Schubert,* in: Heilmann/J. Schubert, Europa – Verfassung, Arbeit, Umwelt, 2007, 83 [89]). Grundrechtsträger ist die Vereinigung. Daher kann sie sich aus eigenem Recht gegen Eingriffe wehren und muss sich nicht auf die Rechte ihrer Mitglieder beziehen. Der Schutzbereich der kollektiven Vereinigungsfreiheit erstreckt sich auf den Bestand und die Betätigung der Vereinigung (Calliess/Ruffert/*Ruffert* Rn. 14;

Ehlers/*Pünder* § 17 Rn. 39; Heselhaus/Nowak/*Mann* § 28 Rn. 9; *Jarass* Rn. 26; *Marauhn* RabelsZ 63, 1999, 537 [539 ff.]; Meyer/*Bernsdorff* Rn. 20). Dazu gehören neben der Namensführung und Binnenorganisation auch die Selbstdarstellung und die Mitgliederwerbung (*Jarass* Rn. 24; → EMRK Art. 11 Rn. 18). Schließlich ist das Eintreten der Vereinigung für die Interessen der Mitglieder durch Art. 12 I geschützt, es sei denn, es bestehen speziellere Garantien wie Art. 28 (Calliess/Ruffert/*Ruffert* Rn. 11; Ehlers/*Marauhn* § 4 Rn. 77; *Jarass* Rn. 24; Meyer/*Bernsdorff* Rn. 17; vgl. Ehlers/*Pünder* § 17 Rn. 39, 41) (→ Rn. 9).

20 Anders als im GG ist die Koalitionsfreiheit nicht in einem eigenen Grundrecht normiert. Art. 12 I hebt zudem nur die Gewerkschaften explizit hervor. Sie sind Vereinigungen iSv Art. 12 I und werden lediglich als deren Unterfall ausdrücklich benannt („was … umfasst"). Die Gewerkschaftsfreiheit ist somit kein eigenes Freiheitsrecht, sondern integraler Bestandteil der Vereinigungsfreiheit (*Jarass* Rn. 17). Dasselbe muss für die Arbeitgeberverbände gelten, die nicht einmal eigens angeführt sind (Calliess/Ruffert/*Ruffert* Rn. 15; Ehlers/*Pünder* § 17 Rn. 41; *Frenz* Rn. 2240; Heselhaus/Nowak/*Mann* § 28 Rn. 9; *Jarass* Rn. 26; Meyer/*Bernsdorff* Rn. 17; Tettinger/Stern/*Rixen* Rn. 9). Arbeitgebervereinigungen sind als Zusammenschluss von Arbeitgebern durch Art. 12 I als wirtschaftliche Vereinigung erfasst (*Jarass* Rn. 23; Meyer/*Bernsdorff* Rn. 16 f.; Tettinger/Stern/*Rixen* Rn. 5, 9). Ein qualitativer Unterschied des Schutzes besteht im Vergleich zur Gewerkschaft nicht.

D. Gewährleistungspflichten

21 Art. 12 I ist nicht nur Abwehrrecht, sondern auch Grundlage für Schutzpflichten (vgl. Calliess/Ruffert/*Ruffert* Rn. 9; *Jarass* Rn. 28; Streinz/*Streinz* Rn. 12). Bei Versammlungen sind die Organe der Europäischen Union und die Mitgliedstaaten verpflichtet, deren Verhinderung oder Störungen durch Dritte entgegenzuwirken (Heselhaus/Nowak/*Mann* § 27 Rn. 20; Meyer/*Bernsdorff* Rn. 20; Tettinger/Stern/*Rixen* Rn. 13). Hinsichtlich der Vereinigungsfreiheit gilt, dass die Organe der Europäischen Union und die Mitgliedstaaten insbesondere die organisatorischen Formen für Vereinigungen zur Verfügung stellen müssen (Calliess/Ruffert/*Ruffert* Rn. 11; *Frenz* Rn. 2305 f.; *Jarass* Rn. 28; Schwarze/*Knecht* Rn. 7; s. auch Ehlers/*Marauhn* § 4 Rn. 75 f.). Solche Pflichten können freilich nur iRd Anwendungsbereichs der Grundrechte und in den Grenzen der institutionellen Ordnung (Kompetenzen, Subsidiarität) bestehen (allg. dazu → EUV Art. 6 Rn. 7).

22 Eine Schutzpflicht besteht auch gegenüber privatrechtlichen Closed-shop-Vereinbarungen. Diese verstoßen zwar nicht in jedem Fall gegen Art. 11 I EMRK (→ EMRK Art. 11 Rn. 58) bzw. Art. 12 I GRC. Der Beitrittsdruck bzw. -zwang ist jedoch eine Gefährdung der negativen Vereinigungsfreiheit, so dass der Staat zum Schutz verpflichtet ist. Ein etwaiges Unterlassen bedarf daher der Rechtfertigung. Insofern besteht auch im Anwendungsbereich von Art. 12 I eine Schutzpflicht hinsichtlich der negativen Vereinigungsfreiheit, die Closed-shop-Vereinbarungen oder Maßregelungen wegen der Gewerkschaftsangehörigkeit erfasst (Calliess/Ruffert/*Ruffert* Rn. 15; Ehlers/*Marauhn* § 4 Rn. 79, 85, 87; Heselhaus/Nowak/*Mann* § 28 Rn. 15; *Jarass* Rn. 29; *Marauhn* RabelsZ 63, 1999, 537 [542 f.]; Meyer/*Bernsdorff* Rn. 18; vgl. EGMR 13.8.1981 – 7601/76 – Young, James und Webster/Vereinigtes Königreich; 20.4.1993 – 14327/88 – Sibson/Vereinigtes Königreich; dazu ausführlich *Frenz* Rn. 2296 ff.). Erfasst sind insbesondere die Bediensteten der EU. Der EuGH geht zudem davon aus, dass Gewerkschaftsvertreter in Kommissionsorganen von der Arbeit freizustellen sind, wenn die Kommission eine Sitzung mit Gewerkschaftsvertretern angesetzt hat (18.1.1990 – C-193/87 Rn. 36 – Maurissen, Slg. 1990, I-95). Es bestehe indes keine Pflicht, den Botendienst der Europäischen Union zur Verfügung zu stellen (EuGH 18.1.1990 – C-193/87 Rn. 21 – Maurissen, Slg. 1990, I-95).

E. Eingriff, sonstige Beeinträchtigung und Rechtfertigung

Eingriffe in die Versammlungs- und Vereinigungsfreiheit sind alle belastenden Regelungen der Europäischen Union bzw. der Mitgliedstaaten in Umsetzung europarechtlicher Vorgaben (Heselhaus/Nowak/*Mann* § 28 Rn. 15; *Jarass* Rn. 10, 27; Tettinger/Stern/*Rixen* Rn. 14). Daneben sind tatsächliche Beeinträchtigungen des grundrechtlich geschützten Verhaltens als Eingriff in das Grundrecht zu bewerten. Dazu gehören insbesondere Verbote oder Auflösungen von Versammlungen oder Vereinigungen (Calliess/Ruffert/*Ruffert* Rn. 12; Ehlers/*Marauhn* § 4 Rn. 65, 79; *Frenz* Rn. 2193, 2267; Heselhaus/Nowak/*Mann* § 27 Rn. 21, § 28 Rn. 15; *Jarass* Rn. 27; Meyer/*Bernsdorff* Rn. 15; Schwarze/*Knecht* Rn. 7). Auch der zwangsweise Ausschluss aus der Vereinigung ist ein Eingriff (Calliess/Ruffert/*Ruffert* Rn. 12; *Jarass* Rn. 27). Ein Eingriff liegt auch vor, wenn mit der Teilnahme an einer Versammlung oder der Mitgliedschaft in einer Vereinigung Nachteile verknüpft werden (Calliess/Ruffert/*Ruffert* Rn. 7; *Jarass* Rn. 27). Dazu gehört insbesondere die Entlassung aus dem öffentlichen Dienst (*Jarass* Rn. 27; → EMRK Art. 11 Rn. 49). 23

Art. 12 I unterliegt dem allg. **Gesetzesvorbehalt** (Art. 52 I), so dass der Eingriff bzw. die Beeinträchtigung auf einer gesetzlichen Grundlage beruhen und zur Verfolgung eines legitimen Zwecks geeignet, erforderlich und angemessen sein muss, ohne den Wesensgehalt des Grundrechts zu verletzen. Allerdings darf Art. 52 I zu keiner weitergehenden Beschränkung als Art. 11 II EMRK führen (Art. 52 III, 53). Besondere Beschränkungen können sich für die Angehörigen der Streitkräfte, der Polizei und der Staatsverwaltung ergeben, die aber nicht über die Grenzen von Art. 11 II 2 EMRK hinausgehen dürfen (→ EMRK Art. 11 Rn. 71 f.; Calliess/Ruffert/*Ruffert* Rn. 8). Zum Ausschluss aus der Koalition oder zur Ablehnung des Beitritts → EMRK Art. 11 Rn. 13, 18. Zu Closed-shop-Vereinbarungen → EMRK Art. 11 Rn. 58. 24

F. Auswirkungen auf das Unionsrecht und das nationale Recht

Art. 24b Beamtenstatut gewährleistet die Vereinigungsfreiheit ohne Einschränkungen. Die Beteiligung von Gewerkschaften nach Art. 10b und Art. 10c Beamtenstatut, die sich auf die repräsentativen Gewerkschaften und Berufsverbände beschränkt, stellt keinen Eingriff dar. Art. 12 I gewährleistet keine bestimmte Behandlung der Vereinigung durch den Arbeitgeber. Es liegt zwar eine Ungleichbehandlung vor, die zu einer Freiheitsbeschränkung führt. Diese ist aber sachlich in verhältnismäßiger Weise gerechtfertigt, jedenfalls nach dem Maßstab, den der EGMR entwickelt hat. 25

Daneben kann Art. 12 I Bedeutung erlangen, wenn Beschränkungen der **Grundfreiheiten** der Rechtfertigung bedürfen. Das ist unabhängig von der Kompetenzverteilung zwischen der Europäischen Union und den Mitgliedstaaten (dazu *Junker* ZfA 2013, 91 [125]). Solche Beschränkungen erfolgen nicht nur durch staatliche Maßnahmen, sondern auch durch das Handeln der Koalitionen, die nach der Rechtsprechung des EuGH an die Grundfreiheiten gebunden sind (zur Bindung der Gewerkschaften vgl. EuGH 11.12.2007 – C-438/05 Rn. 61 – Viking, Slg. 2007, I-10779; 18.12.2007 – C-341/05 Rn. 98 f. – Laval, Slg. 2007, I-11767). Grds. betreffen vor allem Tarifverträge und kollektive Maßnahmen wie Streiks die Grundfreiheiten als Beschränkungsverbot, wenn sie eine grenzüberschreitende Wirkung entfalten (vgl. vor Inkrafttreten der GRC EuGH 12.6.2003 – C-112/00 Rn. 74 – Schmidberger, Slg. 2003, I-5659; 14.10.2004 – C-36/02 Rn. 35 – Omega Spielhallen, Slg. 2004, I-9609; 11.12.2007 – C-438/05 Rn. 44 f. – Viking, Slg. 2007, I-10779; 18.12.2007 – C-341/05 Rn. 93 – Laval, Slg. 2007, I-11767). Soweit das Recht auf Kollektivverhandlungen und das Recht auf kollektive Maßnahmen betroffen sind, ist allerdings Art. 28 einschlägig (vgl. → Rn. 9, → Art. 28 Rn. 13). Beschränken andere Gewerkschaftsaktivitäten die Grundfreiheiten, die Art. 12 I schützt (zB Versammlung, Aktionstage, Sitzblockaden), ist 26

30 GRC Art. 12　　　　　　　　　　　　　　Versammlungs- und Vereinigungsfreiheit

das Grundrecht als gleichrangiges Primärrecht mit der Grundfreiheit in Ausgleich zu bringen (vgl. EuGH 12.6.2003 – C-112/00 Rn. 74, 79 ff. – Schmidberger, Slg. 2003, I-5659; ausführlich zum Verhältnis von Grundrechten und Grundfreiheiten → Art. 6 Rn. 9 f., 12 ff.). Das Gleiche gilt, wenn binnenmarktbezogene Regelungen indirekt ihren Bestand bedrohen oder die Betätigung der Koalitionen behindern, soweit sie nicht von Art. 28 erfasst ist.

27　　Art. 12 I ist als Primärrecht bei der Auslegung der Richtlinie in Bedacht zu nehmen. Eine grundrechtskonforme **Auslegung einer Richtlinie** oder die **Unanwendbarkeit** einzelner Vorschriften (allg. dazu → EUV Art. 6 Rn. 29 ff.) ist aber nur bei einer Verletzung von Art. 12 I anzunehmen. Eine solche Verletzung begründet jedoch nicht die Einschränkungen der Arbeitnehmerbeteiligung in Betrieb und Unternehmen zum Zwecke des Tendenzschutzes (Art. 8 III RL 2001/86/EG, Art. 3 II RL 2002/14/EG, Art. 10 III RL 2003/72/EG, Art. 16 III lit. f RL 2005/56/EG, Art. 8 III RL 2009/38/EG). Sie nehmen den Gewerkschaften nicht ihre Handlungsmöglichkeiten. Die Repräsentation der Arbeitnehmerinteressen in Betrieb und Unternehmen in institutioneller Form ist nur eine von mehreren Möglichkeiten, mit denen die Gewerkschaften für die Interessen der Mitglieder eintreten können. Es bleibt ihnen ihr autonomes Handeln gegenüber dem Arbeitgeber oder dem Arbeitgeberverband. Art. 12 I garantiert den Arbeitnehmervereinigungen keine bestimmte Behandlung, so dass letztlich kein zu rechtfertigender Eingriff vorliegt (*Plum* 357 f.). Selbst wenn es einer Rechtfertigung bedürfte, müsste ohnehin neben Art. 16 auch das Grundrecht herangezogen werden, das auf Seiten des Arbeitgebers für eine Ausnahme wegen der Tendenz streitet.

28　　Ein Eingriff in die negative Koalitionsfreiheit hat der EuGH insbesondere bei dynamischen Bezugnahmeklauseln erwogen, die infolge eines Betriebsübergangs den Erwerber dauerhaft an fremde Tarifverträge binden, auf deren Inhalt er ohne die Mitgliedschaft im Verband keinen Einfluss hat (EuGH 9.3.2006 – C- 499/04 Rn. 34 – Werhof, Slg. 2006, I-2397). Die Bindungswirkung für den Erwerber ergibt sich aus Art. 3 RL 2001/23/EG, so dass es auf die Grundrechtskonformität der Richtlinie und ihrer Umsetzung ankommt (Art. 51 I). In der Rs. *Werhof* hing die Entscheidung des Gerichtshofs im Ergebnis nicht davon ab, weil eine statische Bezugnahmeklausel vorlag. Ein Beitrittsdruck durch eine dynamische Bezugnahmeklausel, der in die negative Vereinigungsfreiheit eingreift, ergibt sich auch dann nicht, wenn der Erwerber des Betriebs dem tarifvertragschließenden Arbeitgeberverband nicht beitreten kann (zB Verband für eine andere Branche). Daher hat GA *Cruz Villalón* in der Rs. *Alemo-Herron* zu Recht eine Überprüfung der Richtlinie anhand von Art. 12 I verneint (SA des GA *Cruz Villalón* 19.2.2013 – C-426/11 Rn. 43 – Alemo Herron, ECLI:EU:C:2013:82; zust. *Latzel* RdA 2014, 110 [113 f.]). Darüber hinaus wird die Anwendung von Art. 12 I generell verneint, weil es sich um eine individualvertragliche Bezugnahmeklausel handelt, die Ausdruck privatautonomen Handelns ist (dazu nach der Rs. *Werhof* BAG 22.10.2008 NZA 2009, 323 Rn. 19; bestätigend BAG 23.9.2009 NZA 2010, 513 Rn. 21; ebenso *Hanau* RdA 2007, 180 [181 f.]; HWK/*Henssler* TVG § 3 Rn. 26; *Jacobs* NZA 2009, Beil., 45 [52]; *Schöne* SAE 2011, 26 [27 f.]; *Thüsing* NZA 2006, 473 [474]; s. auch *Latzel* RdA 2014, 110 [113]). Selbst wenn man in der kleinen dynamischen Bezugnahmeklausel einen Eingriff in die negative Vereinigungsfreiheit des nicht tarifgebundenen Erwerbers eines Betriebs sehen wollte (*Meyer* AP RL 2001/23/EG Nr. 10; vgl. auch *Willemsen/Grau* NJW 2014, 12 [15]), kommt eine Rechtfertigung nach Art. 52 I in Betracht. Das legitime Ziel ist der Schutz der Rechte des Arbeitnehmers aus dem Arbeitsverhältnis im Falle des Betriebsübergangs sowie der Bestandsschutz. Entscheidender dürfte aus grundrechtlicher Sicht der Eingriff in Art. 16 sein (→ Art. 16 Rn. 27 f.).

29　　Im Übrigen erlangt Art. 12 I nur Bedeutung, sofern der Anwendungsbereich der GRC nach Art. 51 I eröffnet ist. Bei nationalen Regelungen zur Tarifeinheit ist bereits der Anwendungsbereich der GRC nicht eröffnet (*Schneider* 59 f.; unberücksichtigt bei *Isenhardt* 111).

Art. 15 Berufsfreiheit und Recht zu arbeiten

(1) Jede Person hat das Recht, zu arbeiten und einen frei gewählten oder angenommenen Beruf auszuüben.

(2) Alle Unionsbürgerinnen und Unionsbürger haben die Freiheit, in jedem Mitgliedstaat Arbeit zu suchen, zu arbeiten, sich niederzulassen oder Dienstleistungen zu erbringen.

(3) Die Staatsangehörigen dritter Länder, die im Hoheitsgebiet der Mitgliedstaaten arbeiten dürfen, haben Anspruch auf Arbeitsbedingungen, die denen der Unionsbürgerinnen und Unionsbürger entsprechen.

Übersicht

	Rn.
A. Grundlagen	1
I. Systematik, Zweck und Bedeutung der Norm	1
II. Quellen	4
III. Abgrenzung zu anderen Grundrechten	6
B. Schutzbereich des Art. 15 I	11
I. Persönlicher Schutzbereich	11
II. Sachlicher Schutzbereich	13
C. Eingriff und sonstige Beeinträchtigung	17
D. Rechtfertigung	20
E. Einzelfälle	25
F. Vorgaben der Absätze 2 und 3	28
I. Grenzüberschreitende Berufstätigkeit	28
II. Gleiche Arbeitsbedingungen	29
1. Schutzbereich	31
2. Ungleichbehandlung und Rechtfertigung	33

A. Grundlagen

I. Systematik, Zweck und Bedeutung der Norm

Art. 15 gehört neben Art. 16 und 17 zu den Wirtschaftsgrundrechten und schützt zusammen mit Art. 16 die wirtschaftliche Betätigungsfreiheit (Calliess/Ruffert/*Ruffert* Rn. 1; Schwarze/*Schwarze* Rn. 1). Anders als die ESC enthält Art. 15 aber kein Recht auf Arbeit (Meyer/*Bernsdorff* Rn. 15; *Petersen* 63; *Sagmeister* 361), sondern nur ein Recht zur Arbeit (Calliess/Ruffert/*Ruffert* Rn. 6; *Jarass* Rn. 12; Meyer/*Bernsdorff* Rn. 15). Art. 15 I lässt sich nicht in ein Recht auf Arbeit umdeuten (Calliess/Ruffert/*Ruffert* Rn. 6; *Grabenwarter* DVBl. 2001, 1 [5]; *Jarass* Rn. 12; Meyer/*Bernsdorff* Rn. 15; *Rengeling/Szczekalla* Rn. 788; Schwarze/*Schwarze* Rn. 4; Streinz/*Streinz* Rn. 9).

Entsprechend dem Schutzzweck und der systematischen Einordnung handelt es sich um ein Freiheitsrecht. Art. 15 I ist ein Grundrecht, nicht nur ein Rechtsgrundsatz (Calliess/Ruffert/*Ruffert* Rn. 1; *Jarass* Rn. 2; *Sagmeister* 361; Schwarze/*Schwarze* Rn. 1). Art. 15 II gewährt hingegen kein eigenständiges Recht, sondern nimmt lediglich auf die Grundfreiheiten des AEUV (Arbeitnehmerfreizügigkeit, Niederlassungs- und Dienstleistungsfreiheit, Warenverkehrsfreiheit) Bezug, ohne über diese hinauszugehen. Er hat daher nur klarstellende Wirkung. Eigenständige Bedeutung hat indes Art. 15 III, der Drittstaatsangehörigen ein Recht auf Gleichbehandlung gibt, wenn sie in der Europäischen Union legal eine Beschäftigung aufgenommen haben. Darüber hinaus ergeben sich keine sozialen Grundrechte aus Art. 15. Insoweit sind die Art. 27 ff. vorrangig (Calliess/Ruffert/*Ruffert* Rn. 3).

Im Arbeitsrecht erlangt Art. 15 I Bedeutung, soweit die Europäische Union die Berufswahl oder die Berufsausübung regelt oder die Mitgliedstaaten das Unionsrecht vollziehen. Dazu gehören zB Regelungen zur Berufszulassung oder Vorgaben zu Altersgrenzen

(→ Rn. 25). Insofern ist Art. 15 I bei der Auslegung der Art. 4, 6 RL 2000/78/EG und deren Umsetzung im nationalen Recht (§§ 8, 10 AGG) in Bedacht zu nehmen.

II. Quellen

4   Art. 15 I beruht nach den Erläuterungen des Konventspräsidiums auf dem in der Rechtsprechung des EuGH entwickelten allg. Rechtsgrundsatz der Berufsfreiheit. Anerkennung fand die Berufsfreiheit erstmals in der Rs. *Nold* (EuGH 14.5.1974 – 4/73 Rn. 14, Slg. 1974, 491; so auch EuGH 13.12.1979 – 44/79 Rn. 32 – Hauer, Slg. 1979, 3727; 8.10.1986 – C-234/85 Rn. 8 – Keller, Slg. 1986, 2897). Daneben ist Art. 15 I auf Art. 1 Nr. 2 ESC und Nr. 3 GSGA gestützt, die das Recht gewährleisten, den Lebensunterhalt selbst zu verdienen. Die EMRK enthält hingegen keine allg. Garantie der Berufsfreiheit. Diese ist nur als Teil des Privatlebens durch Art. 8 und partiell durch Art. 10 (zB Werbung, Journalismus) geschützt (→ EMRK Art. 8 Rn. 10 f.). Allerdings ist die Berufsfreiheit in nahezu allen mitgliedstaatlichen Verfassungen enthalten (dazu Calliess/Ruffert/*Ruffert* Rn. 2; Meyer/*Bernsdorff* Rn. 2). Sie ist zudem Bestandteil des internationalen Menschenrechtsschutzes (Art. 6 IPwskR, Art. 23 I AEMR).

5   Art. 15 III geht auf Art. 153 I lit. g AEUV und Art. 19 Nr. 4 ESC zurück. Für den Begriff der Arbeitsbedingungen verweisen die Erläuterungen auf Art. 156 AEUV. Vergleichbare Regelungen über die Gleichstellung ausländischer Arbeitnehmer enthalten Art. 6 IAO-Konvention Nr. 97 für die Wanderarbeitnehmer und Art. 68 IAO-Konvention Nr. 102, die Mindestnormen der sozialen Sicherheit regelt.

III. Abgrenzung zu anderen Grundrechten

6   Die Berufsfreiheit in Art. 15 I erfasst angesichts des weiten Wortlauts sowohl die Berufswahl und Berufsausübung von **abhängig und selbständig Beschäftigten.** Der EuGH beschränkt die Berufsfreiheit nicht auf abhängig Beschäftigte (EuGH 21.2.1991 – C-143/88 Rn. 72 f., 76 f. – Zuckerfabrik Süderdithmarschen, Slg. 1988, I-415; 9.9.2004 – C-184/02 ua Rn. 51 – Spanien und Finnland/Parlament und Rat, Slg. 2004, I-7789; 6.9.2012 – C-544/10 Rn. 44 – Deutsches Weintor, EuZW 2012, 828). Ebenso bezieht ein Teil der Literatur Art. 15 I nur auf die Berufsfreiheit der Arbeitnehmer, während Art. 16 auf Selbständige beschränkt sei (Calliess/Ruffert/*Ruffert* Rn. 4; *Dorfmann* 161 f.; Meyer/*Bernsdorff* Rn. 13). Das hätte zur Folge, dass Art. 15 und 16 einander ergänzen, ohne miteinander zu konkurrieren. Die Gegenansicht geht davon aus, dass Art. 15 I selbständige und unselbständige Tätigkeiten gleichermaßen erfasst, so dass die unternehmerische Freiheit eine durch Art. 15 I geschützte Ausprägung der Berufsfreiheit ist (so *Frenz* GewArch 2008, 465; Meyer/*Bernsdorff* Rn. 13; *Rengeling* DVBl. 2004, 453 [459]; *Schirvani* VerwArch 2013, 83 [92]; Schwarze/*Schwarze* Rn. 1, 3; Tettinger/Stern/*Blanke* Rn. 25; diff. *Grabenwarter* in: Grabenwarter/Pöchersdorfer/Rosenmayr-Klemenz, Die Grundrechte des Wirtschaftslebens nach dem Vertrag von Lissabon, 2012, 17 [19 f.]). Zum Teil wird angenommen, dass nur jene Teilausprägungen der unternehmerischen Freiheit, die für den Unternehmer zur Persönlichkeitsverwirklichung dienen, in den Schutzbereich von Art. 15 I fallen (Meyer/*Bernsdorff* Rn. 10). Soweit sich die Schutzbereiche überschneiden, sei Art. 16 danach lex specialis gegenüber Art. 15 I (*Glaser/Kahl* ZHR 177, 2013, 643 [673]; Heselhaus/Nowak/*Nowak* § 30 Rn. 58; *Jarass* Rn. 4; ders. EuGRZ 2011, 360 [360 f.]; *Rengeling* DVBl. 2004, 453 [459]; Streinz/*Streinz* Rn. 7; Tettinger/Stern/*Blanke* Rn. 25; vgl. auch SA der GA *Trstenjak* 24.11.2010 – C-316/09 Rn. 83 – MSD Sharp & Dohme, Slg. 2011, I-3249; diff. *Große Wentrup* 84 f.). Praktisch hat Art. 15 I daher nur für Arbeitnehmer Bedeutung, da Art. 16 für jede selbständige Tätigkeit gilt (*Jarass* Rn. 4).

7   Die Bedeutung der Abgrenzung ergibt sich höchstens aus dem unterschiedlich geregelten Garantiegehalt. Art. 16 steht, anders als Art. 15, unter dem Vorbehalt des Unionsrechts und des Rechts sowie der Gepflogenheiten der Mitgliedstaaten (zum Vorbehalt → Art. 16

Rn. 14). Die Erläuterungen des Konvents lassen nicht erkennen, dass sich Art. 15 ausschließlich auf die Berufstätigkeit der Arbeitnehmer bezieht. Etwas anderes ergibt sich nicht zwingend aus Art. 15 III, der auf Arbeitnehmer bezogen ist. Die Regelung erfasst ein spezifisches Schutzbedürfnis von Arbeitnehmern aus Drittstaaten in einer Sonderregelung. Das systematische Argument entkräftet zudem Art. 15 II, der auch die Grundfreiheiten einbezieht, die charakteristisch für Selbständige sind (Niederlassungs- und Dienstleistungsfreiheit). Art. 16 mag in seinem Schutzbereich über die Berufsfreiheit der Selbständigen iSv Art. 15 I hinausgehen. Im Zusammenspiel mit Art. 17 ergibt sich daraus ein Schutz des Unternehmens, der sich nicht auf den Schutz der persönlichen Tätigkeit beschränkt. Das macht es aber nicht erforderlich Art. 15 I von vornherein auf die Arbeitnehmer zu beschränken. Das spricht dafür, dass Art. 15 Arbeitnehmer und Selbständige gleichermaßen erfasst. Art. 16 ist jedoch in seinem Schutzbereich die speziellere Norm.

Die Berufsfreiheit schützt grds. auch vor **Arbeitszwang,** insoweit ist jedoch das Verbot der Sklaverei, Leibeigenschaft, Zwangs- und Pflichtarbeit sowie Menschenhandel nach Art. 5 lex specialis (Calliess/Ruffert/*Ruffert* Rn. 19; *Jarass* Rn. 5; Meyer/*Bernsdorff* Rn. 14). Eigenständig geregelt sind zudem der Zugang zur Aus- und Weiterbildung (Art. 14 I) und die Arbeitsvermittlung (Art. 29) (*Jarass* Rn. 5). Art. 15 I steht als wirtschaftliche Freiheit schließlich idealiter neben dem Kommunikationsgrundrecht in Art. 11 I und der Freiheit von Kunst und Wissenschaft in Art. 13, sofern die spezifische Tendenz des Unternehmens betroffen ist. Das Gleiche gilt für die Glaubens-, Weltanschauungs- und Gewissensfreiheit nach Art. 10 I (*Jarass* Rn. 5; Meyer/*Bernsdorff* Rn. 12). Im Verhältnis der Spezialität stehen indes die sozialen Grundrechte zu Art. 15 I (Calliess/Ruffert/*Ruffert* Rn. 3; *Jarass* Rn. 5). 8

Neben der Berufsfreiheit kommen auch die **Gleichheitsrechte** zur Anwendung (Idealkonkurrenz annehmend: Calliess/Ruffert/*Ruffert* Rn. 23; *Jarass* Rn. 5). Die Gleichheitsrechte schützen im Gegensatz zu Art. 15 I vor allem vor den sich aus der Ungleichbehandlung ergebenden Beeinträchtigungen der tatsächlichen Freiheitsverwirklichung sowie eine Ausprägung des Persönlichkeitsrechts. Insofern besteht keine Konkurrenz zu einem Freiheitsrecht. Das gilt auch für Art. 157 AEUV (so Calliess/Ruffert/*Ruffert* Rn. 23). Die Wertungen aus Art. 15 I können aber bei der Auslegung der Gleichheitsrechte in Bedacht genommen werden (vgl. EuGH 21.7.2011 – C-159/10, C-160/10 Rn. 62 – Fuchs und Köhler, Slg. 2011, I-6919). 9

Das Verhältnis von Art. 15 I zu den Grundfreiheiten ist str. (allg. dazu → EUV Art. 6 Rn. 9 f., 12 ff.). Die Grundfreiheiten regeln eine besondere Ausprägung der Berufsfreiheit iSv Art. 15 I zur Herstellung des Binnenmarkts und sind damit spezifisch auf die Unionsbürger zugeschnitten (EuGH 15.10.1987 – C-222/86 Rn. 14 – Heylens, Slg. 1987, 4097; Calliess/Ruffert/*Ruffert* Rn. 26; *Pernice,* Grundrechtsgehalte im Gemeinschaftsrecht, 1979, 174 f.; *Riegel* AöR 102, 1977, 410 [430 ff.]; weitergehend *Borrmann* 265, 229 ff.). Insoweit sind die Grundfreiheiten für die Herstellung grenzüberschreitender Privatautonomie lex specialis zu Art. 15 I (Calliess/Ruffert/*Ruffert* Rn. 26; Meyer/*Bernsdorff* Rn. 20; *Rengeling* DVBl. 2004, 453 [457]; *Wunderlich* 104). Der EuGH hat die Grundfreiheiten aber bisher nicht als eine solche Spezialregelung eingestuft (dazu *Jarass* Rn. 20). Zu Art. 15 II → Rn. 28. 10

B. Schutzbereich des Art. 15 I

I. Persönlicher Schutzbereich

Der persönliche Schutzbereich erfasst alle **natürlichen Personen** unabhängig von ihrer Staatsangehörigkeit (Calliess/Ruffert/*Ruffert* Rn. 7, 9; Meyer/*Bernsdorff* Rn. 19). Das gilt auch für Drittstaatsangehörige, wenn sie legal Zutritt zum Arbeitsmarkt erhalten haben (arg e Art. 15 III). Beamte sind vom Anwendungsbereich nicht ausgenommen. Etwas anderes ergibt sich auch nicht aus Art. 45 IV AEUV (*Jarass* Rn. 7; **aA** Calliess/Ruffert/*Ruffert* Rn. 7 11

(Beschränkung auf Arbeitnehmer); Meyer/*Bernsdorff* Rn. 19 (wegen des personalen Elements der Tätigkeit); Schwarze/*Schwarze* Rn. 3; Streinz/*Streinz* Rn. 11). Die Ausnahme von der Arbeitnehmerfreizügigkeit für Beschäftigte in der öffentlichen Verwaltung beruht darauf, dass wegen der Belange des Staates und der notwendigen besonderen Verbundenheit des Stelleninhabers zum Staat ein besonderer Bezug zur Staatsangehörigkeit besteht und kein Binnenmarkt hergestellt werden soll (vgl. EuGH 26.5.1982 – 149/79 Rn. 10 f. – Kommission/Belgien, Slg. 1980, I-3881; 2.7.1996 – C-290/94 Rn. 2, 34 – Kommission/Griechenland, Slg. 1996, I-3285; Calliess/Ruffert/*Brechmann* AEUV Art. 45 Rn. 105; HK-EUR/*Epiney* AEUV Art 45 Rn. 13; Streinz/*Franzen* AEUV Art. 45 Rn. 146; Schwarze/*Schneider/Wunderlich* AEUV Art. 45 Rn. 135). Art. 15 I ist jedoch im Gegensatz zu Art. 45 AEUV nicht auf den Binnenmarkt als Ziel fokussiert, sondern schützt allg. die Berufsfreiheit der Grundrechtsträger. Das Grundrecht ist seinem Wortlaut nach umfassend angelegt. Selbst der Bezug zu Art. 1 ESC spricht eher gegen eine Limitierung. Selbst regulierte Berufe, wie der des Notars, sind nicht vom Schutzbereich ausgenommen (*Ritter* EuZW 2011, 707 [709]).

12   Grds. erstreckt sich der persönliche Schutzbereich auf **juristische Personen.** Wegen des Spezialitätsverhältnisses kommt auf juristische Personen aber Art. 16 zur Anwendung, weil sie eine selbständige wirtschaftliche Tätigkeit verfolgen (Calliess/Ruffert/*Ruffert* Rn. 8; *Jarass* Rn. 9; Streinz/*Streinz* Rn. 7, Art. 16 Rn. 1; **aA** Meyer/*Bernsdorff* Rn. 13, 19, Einbeziehung juristischer Person, wenn sie eine Tätigkeit wie eine natürliche Person verrichten; → Rn. 6 f.).

II. Sachlicher Schutzbereich

13   Art. 15 I ist ein **einheitliches Grundrecht** (*Jarass* Art. 16 Rn. 4; Schwarze/*Schwarze* Rn. 2). Die Berufsfreiheit erfasst die für eine gewisse Dauer geleistete entgeltliche Tätigkeit (vgl. Art. 1 ESC; s. auch *Frenz* GewArch 2008, 465). Diese muss zumindest in Erwerbsabsicht erfolgen und auf das Verdienen der Lebensgrundlage zielen (Calliess/Ruffert/*Ruffert* Rn. 5; *Jarass* Rn. 7; Meyer/*Bernsdorff* Rn. 14). Die Art des Berufs ist unerheblich, ebenso dessen Erlaubtsein (Calliess/Ruffert/*Ruffert* Rn. 5; Meyer/*Bernsdorff* Rn. 14; vgl. auch *Penski/Elsner* DÖV 2001, 265 [271]). Etwaige Verbote oder Erlaubnisvorbehalte bedürfen als Eingriff der Rechtfertigung (Calliess/Ruffert/*Ruffert* Rn. 5; *Frenz* GewArch 2008, 465 [466, 468]; *Penski/Elsner* DÖV 2001, 265 [271]; diff. *Wunderlich* 72 f.).

14   Zum Teil wird wegen des Zusammenhangs zum Recht auf Arbeit angenommen, dass nur Tätigkeiten erfasst seien, die durch persönliche Handlungen geprägt sind (Heselhaus/Nowak/*Nowak* § 30 Rn. 32; *Schwier* 145 f.; ähnlich Meyer/*Bernsdorff* Art. 16 Rn. 10, wegen der Abgrenzung zwischen Art. 15 und 16; *Jarass* Rn. 7). Dieser personale Bezug ist jedoch durch den Wortlaut („Arbeit", „Beruf") nicht eindeutig vorgegeben. Auch das Führen eines Unternehmens im Wirtschaftsverkehr ist Ausübung eines Berufs. Das Kriterium des personalen Bezugs der Tätigkeit ermöglicht insoweit keine klare Abgrenzung. Eine Beschränkung der Garantie in Art. 15 I erfolgt nur durch das Konkurrenzverhältnis zu Art. 16 (→ Rn. 6 f.), so dass Art. 15 I praktisch nur für Arbeitnehmer Bedeutung erlangt. Eine Begrenzung für den sachlichen Schutzbereich ergibt sich daraus indes nicht.

15   In Anlehnung an die Arbeitnehmerfreizügigkeit werden einmalige und ganz kurzfristige Tätigkeiten aus dem sachlichen Schutzbereich ausgenommen (Bagatellgrenze), während Nebentätigkeiten erfasst sind (Calliess/Ruffert/*Ruffert* Rn. 5; *Frenz* GewArch 2008, 465; *Jarass* Rn. 7; *Penski/Elsner* DÖV 2001, 265 [271]). Grds. kommt es für Art. 15 I aber nicht auf die Dauer der Tätigkeit an (Calliess/Ruffert/*Ruffert* Rn. 5). Bei einer Übernahme der Wertungen der Grundfreiheiten ist Vorsicht geboten, weil die tatbestandliche Einschränkung auch wegen der Irrelevanz geringfügiger Tätigkeiten für die Herstellung des Binnenmarktes erfolgt. Das kann für das Grundrecht, das umfassender wirkt und nicht auf die Binnenmarktverwirklichung beschränkt ist, nicht in gleichem Maße gelten. Daher ist auch

die Tätigkeit im öffentlichen Dienst in den sachlichen Schutzbereich einbezogen, ohne dass Art. 45 IV AEUV eingreift.

Art. 15 I schützt die Wahl und die Ausübung des Berufs im vollen Umfang (Calliess/ Ruffert/*Ruffert* Rn. 5; *Frenz* GewArch 2008, 465 [466]; *Jarass* Rn. 6, 8; Meyer/*Bernsdorff* Rn. 14; *Penski/Elsner* DÖV 2001, 265 [271]; Schwarze/*Schwarze* Rn. 2; vgl. auch EuGH 13.12.1979 – 44/79 Rn. 32 – Hauer, Slg. 1979, 3727; 10.7.1991 – C-90/90 Rn. 13 – Neu, Slg. 1991, I-3617). Das schließt die Wahl eines bestimmten Arbeitgebers ein (*Frenz* Rn. 2551; Heselhaus/Nowak/*Nowak* § 30 Rn. 38; *Jarass* Rn. 8), aber auch des Arbeitsortes (*Frenz* GewArch 2008, 465 [466]). Zudem besteht die Freiheit, einen Beruf nicht zu ergreifen oder gar nicht zu arbeiten (*Jarass* Rn. 8; *Rengeling/Szczekalla* Rn. 785; Streinz/ *Streinz* Rn. 10). Das korrespondiert mit dem Verbot der Zwangs- und Pflichtarbeit, für die Art. 5 lex specialis ist. Das Grundrecht gewährleistet die Berufsausübung im Inland sowie grenzüberschreitend, garantiert aber kein Recht auf Arbeit. 16

C. Eingriff und sonstige Beeinträchtigung

Ein Eingriff in die Berufsfreiheit kann durch normative Regelungen (Calliess/Ruffert/ *Ruffert* Rn. 10; Schwarze/*Schwarze* Rn. 5), aber auch durch andere hoheitliche Beschränkungen in der Berufswahl und Berufsausübung erfolgen (Calliess/Ruffert/*Ruffert* Rn. 6). Nicht-normative Eingriffe sind vor allem die Zahlung von Subventionen an Konkurrenten, Warnungen und Empfehlungen in Bezug auf Produkte bzw. Dienstleistungen, die zu Behinderungen der Berufsausübung führen (Calliess/Ruffert/*Ruffert* Rn. 11; *Jarass* Rn. 10; *Rengeling/Szczekalla* Rn. 787; Schwarze/*Schwarze* Rn. 8; Tettinger/Stern/*Blanke* Rn. 41). Unabhängig davon, ob der Eingriff normativen Charakter hat, bedarf er einer Rechtfertigung (krit. zur Differenzierung daher Calliess/Ruffert/*Ruffert* Rn. 11). Der hoheitliche Eingriff muss nicht unbedingt unmittelbar auf die Berufsfreiheit zielen, auch mittelbare Eingriffe sind erfasst (*Frenz* GewArch 2008, 465 [468]), die faktische Auswirkungen auf die Berufsfreiheit haben. Insoweit ist aber entscheidend, dass der Eingriff dem Hoheitsträger zurechenbar ist (*Frenz* GewArch 2008, 465 [468]). Ein Eingriff liegt in jedem Fall nicht vor, wenn eine Einwilligung des Grundrechtsträgers vorliegt (*Jarass* Rn. 11). Das setzt aber voraus, dass der Eingriff in seinen wesentlichen Zügen für den Grundrechtsträger erkennbar ist. Ansonsten fehlt es an der autonomen Preisgabe des grundrechtlichen Schutzes. 17

Die deutsche Rechtsprechung zur Berufsfreiheit differenziert wegen der ungleichen Eingriffsintensität konsequent zwischen Eingriff in die Berufsauswahl und die Berufsausübung. Diese Unterscheidung erfolgt in der Rechtsprechung des EuGH nicht konsequent, sondern findet sich höchstens in Andeutungen (vgl. EuGH 13.12.1979 – 44/79 Rn. 32 – Hauer, Slg. 1979, 3727; 18.9.1986 – 116/82 Rn. 27 – Kommission/Deutschland, Slg. 1986, 2519; 8.10.1986 – 234/85 Rn. 9 – Keller, Slg. 1986, 2897; 13.12.1994 – C-306/93 Rn. 24 – Winzersekt, Slg. 1994, I-5555; dazu *Frenz* GewArch 2008, 465 [466]). 18

Neben dem Eingriff können auch sonstige Beeinträchtigungen auftreten. Diese setzen aber die Verletzung einer Schutzpflicht voraus. Art. 15 I gibt dem Grundrechtsverpflichteten auf, die reale Möglichkeit der Berufsausübung zu gewährleisten, indem Beeinträchtigungen oder Gefährdungen durch Private abgewehrt werden (Calliess/Ruffert/*Ruffert* Rn. 6; vgl. auch Meyer/*Bernsdorff* Art. 15 Rn. 16). Eine Beeinträchtigung ist somit ein rechtlich relevantes Unterlassen. 19

D. Rechtfertigung

Art. 15 I unterliegt der allg. Grundrechtsschranke in Art. 52 I. Der Eingriff ist gerechtfertigt, wenn er ein legitimes Ziel verfolgt, auf einer gesetzlichen Grundlage beruht, verhältnismäßig ist und den Wesensgehalt der Berufsfreiheit nicht verletzt (zB EuGH 15.4.1997 – 20

C-22/94 Rn. 27 – Irish Farmers Association, Slg. 1997, I-1809; 10.7.2003 – C-20/00 ua Rn. 68 – Booker Aquaculture und Hydro Seafood, Slg. 2003, I-7411; 6.9.2012 – C-544/10 Rn. 54 – Deutsches Weintor, EuZW 2012, 828). Das führt nicht zu einer Verringerung des Grundrechtsschutzes, da die Berufsfreiheit auch vor Inkrafttreten der GRC keinen absoluten Vorrang hatte (Meyer/*Bernsdorff* Rn. 18). Im Rahmen der Rechtfertigung sind auch Grundrechtskollisionen zu lösen (zB Kollision mit Art. 12 s. Calliess/Ruffert/*Ruffert* Rn. 22; Ehlers/*Ehlers* § 19 Rn. 35, 37; *Wunderlich* 194 f.; *Jarass*, EU-Grundrechte, 2005, § 20 Rn. 14, § 3 Rn. 42, § 5 Rn. 33; vgl. zur Kollision mit dem Eigentumsrecht EuGH 28.4.1998 – C-200/96 Rn. 21 ff. – Metronome Musik, Slg. 1998, I-1953).

21   Legitime Ziele für eine Einschränkung der Berufsfreiheit ergeben sich aus den Interessen der Allgemeinheit, aber auch aus den Rechten und Interessen Dritter. Das Ziel muss mit den Zielen und Aufgaben der Europäischen Union konform gehen (Calliess/Ruffert/*Ruffert* Rn. 14; Meyer/*Bernsdorff* Rn. 18; *Rengeling* 215 ff.; s. auch *Wunderlich* 197). Insoweit ist eine Orientierung an den Leitprinzipien und Grundsätzen der Union geboten (Meyer/*Bernsdorff* Rn. 18). Bei einem Eingriff durch die Organe der Europäischen Union ist das Prinzip der begrenzten Einzelermächtigung zu beachten (Calliess/Ruffert/*Ruffert* Rn. 13; *Wunderlich* 186). Sie haben nur Kompetenzen, soweit sie durch die Verträge auf die Europäische Union übertragen wurden.

22   Der Verhältnismäßigkeitsgrundsatz ist eine Schranken-Schranke nach Art. 52 I, die der EuGH bereits vor Inkrafttreten der GRC herangezogen hat (EuGH 17.10.1995 – C-44/94 Rn. 55 ff. – Fishermen's Organisations, Slg. 1995, I-3115; 17.7.1997 – C-183/95 Rn. 29 ff. – Affish, Slg. 1997, I-4315; Calliess/Ruffert/*Ruffert* Rn. 16; *Penski/Elsner* DÖV 2001, 265 [273 f.]). Grundsätzlich muss die Maßnahme geeignet, erforderlich und angemessen sein (Calliess/Ruffert/*Ruffert* Rn. 16; *Jarass* Rn. 13 ff.). Der EuGH hat kein dogmatisches Verständnis entwickelt, das der zu Art. 12 I GG entwickelten Drei-Stufen-Theorie vergleichbar ist. Diese Theorie ist genuin auf das deutsche Verfassungsrecht bezogen und ist daher nicht ohne Weiteres ins Unionsrecht zu übertragen (Calliess/Ruffert/*Ruffert* Rn. 10; **aA** *Notthoff* RIW 1995, 541 [543 f.]). Im Grunde handelt es sich nur um eine Ausprägung der Verhältnismäßigkeit im deutschen Recht. Die Anwendung des Verhältnismäßigkeitsgrundsatzes führt daher im Unionsrecht zu vergleichbaren Ergebnissen (ähnlich Calliess/Ruffert/*Ruffert* Rn. 10). Im Grunde ist die Drei-Stufen-Theorie nichts anderes als eine dezisionistische Konzeption, die die unterschiedliche Eingriffsintensität iRd Rechtfertigung reflektiert (vgl. auch *Frenz* GewArch 2008, 465 [469]).

23   Der EuGH lässt einen weiten Ermessens- und Prognosespielraum, so dass im Ergebnis nur offensichtlich ungeeignete oder nicht erforderliche Beschränkungen unionsrechtswidrig sind (EuGH 5.10.1994 – C-280/93 Rn. 94 – Deutschland/Rat, Slg. 1994, I-4973; 13.12.1994 – C-306/93 Rn. 22, 27 – Winzersekt, Slg. 1994, I-5555; dazu Calliess/Ruffert/*Ruffert* Rn. 18; *Penski/Elsner* DÖV 2001, 265 [273 f.]). Insofern bedarf es vor allem einer Plausibilität sowie der konsistenten Begründung (Calliess/Ruffert/*Ruffert* Rn. 18). Die Literatur kritisiert zu Recht die relativ kursorische Grundrechtsprüfung des EuGH, die den Grundrechtsschutz praktisch relativiert (Calliess/Ruffert/*Ruffert* Rn. 17; Meyer/*Bernsdorff* Rn. 18; *Pache* EuR 2001, 475 [487 ff.]; *Wunderlich* 198 ff., 210 f.; s. auch *Pernice* NJW 1990, 2409 [2415 f.]). Defizite beim Grundrechtsschutz ergeben sich vor allem wegen der geringen Kontrolldichte (Calliess/Ruffert/*Ruffert* Rn. 17 f.; vgl. auch *Everling* CMLR 1996, 401 [419 f.]; *Hohmann* EWS 1995, 381 [381 f.]; *Huber* EuZW 1997, 517 [520 f.]; *Kokott* AöR 121, 1996, 599 [607 f.]).

24   Schließlich darf der Wesensgehalt des Art. 15 I nicht verletzt werden. Der EuGH verwendet den Begriff des Wesensgehalts nicht durchgehend iSe absoluten Wesensgehaltsgarantie, also einem festen Kernbereich, in den nicht eingegriffen werden darf. Die Rechtsprechung spricht zum Teil auch von einer Verletzung des Wesensgehalts, wenn ein unverhältnismäßiger Eingriff vorliegt (EuGH 13.12.1994 – C-306/93 Rn. 22 – Winzersekt, Slg. 1994, I-5555; 18.7.2013 – C-426/11 Rn. 35–37 – Alemo Herron, NZA 2013, 835; dazu *Frenz* GewArch 2008, 465 [472]; *Huber* EuZW 1997, 517 [521]; *Pernice* NJW 1990, 2409

[2416]). Dem liegt eher eine relative Theorie des Wesensgehalts zugrunde. Der Bestand des Rechts ist insofern vom Eingriff nicht in der Weise berührt wie beim absoluten Wesensgehalt (*Frenz* GewArch 2008, 465 [472]; *Wunderlich* 214). Vielmehr verschwimmt die dogmatische Kategorie der Verletzung des Wesensgehalts mit der der Unverhältnismäßigkeit. Für eine eigenständige Bedeutung des Wesensgehalts ist auf den Wesensgehalt iSe absoluten Theorie zurückzugreifen. Zum Begriff des Wesensgehalts → Art. 52 Rn. 38 ff.

E. Einzelfälle

Art. 15 I ist bei der Auslegung von Richtlinien in Bedacht zu nehmen, um Grundrechts- 25 verstöße zu vermeiden (Calliess/Ruffert/*Ruffert* Rn. 13). Verletzungen von Art. 15 I können insbesondere aus gesetzlichen **Altersgrenzen** resultieren, wenn sie die Berufsfreiheit nicht aus legitimen Gründen und in verhältnismäßiger Weise einschränken. Art. 15 I findet insofern neben Art. 21 Anwendung und ist bei der Auslegung von Art. 6 RL 2000/78/EG (bzw. des nationalen Umsetzungsgesetzes) zu berücksichtigen (EuGH 21.7.2011 – C-159/10 ua Rn. 62 – Fuchs und Köhler, Slg. 2011, I-6919; 5.7.2012 – C-141/11 Rn. 37 – Hörnfeldt, NZA 2012, 785). Maßgebend ist die Bedeutung, die die Teilnahme am Berufsleben und damit am wirtschaftlichen, kulturellen und sozialen Leben für ältere Arbeitnehmer hat (EuGH 21.7.2011 – C-159/10, C-160/10 Rn. 63 – Fuchs und Köhler, Slg. 2011, I-6919; so bereits SA der GA *Kokott* 16.9.2010 – C-356/09 Rn. 51 – Kleist, Slg. 2010, I-11939). Das hat indes nicht zur Folge, dass keine starren Altersgrenzen mehr geregelt werden können. Es kommt aber darauf an, ob die legitimen Gründe schwer genug wiegen, um eine solche Einschränkung zu rechtfertigen (zB wirtschaftliche, soziale, demografische oder haushalterische Erwägungen). Es bedarf eines angemessenen Ausgleichs zwischen Diskriminierungsschutz und Berufsfreiheit. Bei privaten Arbeitgebern ist auch deren unternehmerische Freiheit betroffen. Dabei räumt die Rechtsprechung dem Gesetzgeber einen weiten Beurteilungsspielraum ein (OVG Hessen 19.8.2013 NVwZ 2014, 246 [247]; anders die Vorinstanz zur Altersgrenze für Richter nach § 7 Hessisches Richtergesetz, weil die Flexibilisierungsmöglichkeiten in § 76 II DRiG nicht genutzt würden (s. VG Frankfurt 16.5.2013 – 9 L 1393/13.F). Ausführlich dazu → Art. 21 Rn. 92, 95, 99; RL 2000/78/EG Art. 6 Rn. 21 ff.

Die Regelung der sachgrundlosen Befristung nach **§ 14 II TzBfG,** die auch zur Umset- 26 zung der RL 1999/70/EG dient, muss nicht nur Art. 30 wahren (→ Art. 30 Rn. 26), sondern darf auch nicht gegen Art. 15 I verstoßen. Die Berufsfreiheit könnte allein wegen des Vorbeschäftigungsverbots nach § 14 II 2 TzBfG Bedeutung erlangen. Art. 15 I kommt aber nicht zur Anwendung, wenn es sich nicht um die erstmalige Befristung handelt. Insoweit ist die RL 1999/70/EG nicht einschlägig, so dass der Anwendungsbereich nach Art. 51 I 2 nicht eröffnet ist. Lässt man es indes genügen, dass § 14 II TzBfG auch eingreift, wenn die Vorbeschäftigung ein befristetes Arbeitsverhältnis war, so kommt Art. 15 I (sowie Art. 16) zur Anwendung. Dem steht nicht entgegen, dass das (absolute) Vorbeschäftigungsverbot ggf. mehr als eine bloße Missbrauchsvermeidung ist, für die § 5 des Anhangs der RL 1999/70/EG drei Handlungsoptionen aufzeigt (Sachgrund, Begrenzung der Gesamtdauer, Begrenzung der Zahl der Wiederholungen). Das Vorbeschäftigungsverbot hat eine Zielsetzung, die noch das Ziel der Richtlinie verfolgt, auch wenn es in seiner Reichweite nicht mehr verhältnismäßig ist. Insofern bleibt der Anwendungsbereich der Grundrechte eröffnet, und es bedarf einer Rechtfertigung des Eingriffs in Art. 15 I und Art. 16, die zumindest bei einem absoluten Vorbeschäftigungsverbot nicht mehr auf den Arbeitnehmerschutz verweisen kann. Es ist erkennbar und vermeidbar, dass die Regelung eine ihren Zweck überschießende Wirkung entfaltet. Das führt letztlich zum Eingreifen des Anwendungsvorrangs.

Eine Verletzung von Art. 15 I ergibt sich auch nicht daraus, dass einzelne Richtlinien eine 27 Ausnahme zur Wahrung des **Tendenzschutzes** vorsehen, der bereits vor Erlass der Richtlinie in den Mitgliedstaaten vorhanden war (siehe Art. 8 III RL 2001/86/EG, Art. 3 II RL

2002/14/EG, Art. 10 III RL 2003/72/EG, Art. 16 III lit. f RL 2005/56/EG, Art. 8 III RL 2009/38/EG). Die damit verbundene Einschränkung der Arbeitnehmerrepräsentation führt weder zu einem Eingriff in Art. 15 I noch zu einer Verletzung der Schutzpflicht. Die Arbeitnehmerbeteiligung dient zwar dem Schutz der Interessen des Arbeitnehmers, seiner Partizipation und der Wahrung seiner Würde am Arbeitsplatz. Die fehlende Arbeitnehmerbeteiligung hält den Arbeitnehmer aber nicht von seiner Berufsausübung ab und legt ihm auch keine Belastungen auf, die unverhältnismäßig sind (*Plum* 362 f.). Der Tendenzschutz beruht nicht nur auf dem Schutz der kollektiven Religionsfreiheit nach Art. 9 I EMRK (→ EMRK Art. 9 Rn. 16 ff.), sondern auch auf Art. 10 I und 22.

F. Vorgaben der Absätze 2 und 3

I. Grenzüberschreitende Berufstätigkeit

28 Art. 15 II nimmt auf die Grundfreiheiten aus Art. 45, 49 und 56 AEUV Bezug, enthält aber keine darüber hinausgehende Gewährleistung (*Frenz* GewArch 2008, 465 [467]; *Jarass* Rn. 19; Meyer/*Bernsdorff* Rn. 20; Streinz/*Streinz* Rn. 14). Die Regelung ist weder als Recht formuliert noch kann Art. 15 II ein weitergehender Garantiegehalt entnommen werden (*Jarass* Rn. 19 f.). Zudem spricht Art. 52 II für einen Vorrang des AEUV, auf den auch die Erläuterungen des Konventspräsidiums verwiesen haben (→ Art. 52 Rn. 5, 7; zu Art. 15 *Jarass* Rn. 20). Die Norm stellt klar, dass nicht nur die Mitgliedstaaten, sondern auch die Organe der Union an die Grundfreiheiten gebunden sind. Näheres regelt der AEUV als lex specialis. Daher werden bestehende Bestimmungen lediglich zusammengefasst (*Frenz* GewArch 2008, 465 [467]; Meyer/*Bernsdorff* Rn. 20a; Schwarze/*Schwarze* Rn. 7; Tettinger/Stern/*Blanke* Rn. 50 f.; vgl. *Jarass* Rn. 20). Für die Anwendung der Grundfreiheiten ist stets ein grenzüberschreitender Bezug erforderlich (Calliess/Ruffert/*Ruffert* Rn. 27; Ehlers/*Ruffert* § 19 Rn. 21 f.; *Frenz* GewArch 2008, 465 [467]; *Jarass* Rn. 19; Meyer/*Bernsdorff* Rn. 20; *Rengeling* DVBl. 2004, 453 [457]; Tettinger/Stern/*Blanke* Rn. 51; **aA** *Grabenwarter* DVBl. 2001, 1 [5]; ders. EuGRZ 2004, 563 [568]; von der Groeben/Schwarze/*Beutler* EUV Art. 6 Rn. 142). Zudem gelten die Grundfreiheiten nur für Unionsbürger.

II. Gleiche Arbeitsbedingungen

29 Art. 15 III ist im Gegensatz zu Art. 15 II ein subjektives Recht mit einem eigenständigen Gewährleistungsgehalt, nicht nur ein Grundsatz (*Jarass* Rn. 22; *Rengeling* DVBl. 2004, 453 [457]). Er gewährt Drittstaatsangehörigen ein Recht auf Gleichbehandlung und ergänzt so den Schutz des Art. 21 II gegen Diskriminierungen (Meyer/*Bernsdorff* Rn. 21; Schwarze/*Schwarze* Rn. 8: spezielles Diskriminierungsverbot). Er wirkt einer rechtlichen wie tatsächlichen Zurücksetzung der Beschäftigten aus Drittstaaten gegenüber Unionsbürgern entgegen. Darüber hinaus gewährt Art. 15 III aber keinen Marktzugang für Drittstaatsangehörige, sondern setzt ihn voraus (*Frenz* GewArch 2008, 465 [467]). Die Regelung garantiert nur die Gleichbehandlung von legal mit Arbeitserlaubnis Beschäftigten („arbeiten dürfen"; Schwarze/*Schwarze* Rn. 8).

30 Art. 15 III bindet die Organe der Europäischen Union und die Mitgliedstaaten als Arbeitgeber, soweit der Anwendungsbereich der Grundrechte eröffnet ist. Darüber hinaus wird zum Teil angenommen, Art. 15 III entfalte für private Arbeitgeber eine unmittelbare Drittwirkung, so dass sich Drittstaatenangehörige auch gegenüber privaten Arbeitgebern das Gleichbehandlungsrecht geltend machen können (*Frenz* GewArch 2008, 465 [467]; ders. Rn. 2542; Tettinger/Stern/*Blanke* Rn. 59; **aA** *Jarass* Rn. 23). Eine solche unmittelbare Drittwirkung, wie sie auch Art. 157 AEUV eigen ist, hat der EuGH Art. 15 III bisher noch nicht zuerkannt. Sofern man diese ablehnt, ergibt sich aus Art. 15 III zumindest eine Schutzpflicht, auf die Wahrung dieses besonderen Gleichbehandlungsgrundsatzes hinzuwirken.

1. Schutzbereich. Der **persönliche Schutzbereich** des Art. 15 III erstreckt sich auf 31 alle Drittstaatsangehörigen. Das sind Personen, die keine Staatsangehörigkeit eines Mitgliedstaates besitzen. Der persönliche Schutzbereich beschränkt sich auf jene Drittstaatsangehörigen, die als Arbeitnehmer im Hoheitsgebiet eines Mitgliedstaates tätig sind. Arbeitnehmer sind Personen, die auf Weisung für einen anderen gegen Entgelt tätig sind (*Jarass* Rn. 26; vgl. den unionsrechtlichen Arbeitnehmerbegriff des EuGH: EuGH 3.7.1986 – C-66/86 Rn. 17 – Lawrie-Blum, Slg. 1986, I-2121; 21.6.1988 – C-197/86 Rn. 21 – Brown, Slg. 1988, I-3205; 13.1.2004 – C-256/01 Rn. 67 – Allonby, Slg. 2004, I-873). Art. 15 liegt ebenso wie den sozialen Grundrechten im Titel „Solidarität" der autonome europäische Arbeitnehmerbegriff zugrunde (→ Art. 27 Rn. 18 ff.). Art. 15 III ist im Grunde ein soziales Grundrecht. Es garantiert nicht die Freiheit zur Berufsausübung, sondern stellt einen bestimmten Standard von Arbeitsbedingungen für die berufliche Tätigkeit sicher. Die sozialen Grundrechte gelten generell für Drittstaatsangehörige. Die Art. 27 ff. verzichten auf eine einschränkende Bezugnahme auf die Staatsangehörigkeit und setzen nicht voraus, dass es sich um eine legale Beschäftigung handelt.

Das Recht auf Gleichbehandlung bezieht sich auf die Arbeitsbedingungen. Die Literatur 32 legt den Begriff der **Arbeitsbedingungen** in Art. 15 III eher eng aus, so dass das Arbeitsentgelt nicht erfasst ist (*Jarass* Rn. 25; *Meyer/Bernsdorff* Rn. 21; *Schwarze/Schwarze* Rn. 8; *Streinz/Streinz* Rn. 15; *Tettinger/Stern/Blanke* Rn. 58; **aA** *Rengeling/Szczekalla* Rn. 777). Diese Differenzierung zwischen Arbeitsentgelt und sonstigen Arbeitsbedingungen lässt sich zB auch in Art. 24 ESC nachweisen. Für Art. 19 Nr. 4 ESC, auf den die Erläuterungen des Konventspräsidiums Bezug nehmen, gilt das nicht im gleichen Maße. Die Norm erfasst das Arbeitsentgelt ebenso wie alle anderen Beschäftigungs- und Arbeitsbedingungen. Zum Teil wird auch auf den Begriff der Arbeitsbedingungen iSv Art. 45 AEUV Bezug genommen, der ebenfalls das Arbeitsentgelt erfasst (*Tabbara* ZBR 2013, 109 [111, 115]). Eine Ausnahme des Arbeitsentgelts ergibt sich auch nicht aus dem Verweis auf Art. 153 I lit. g AEUV und der Ausnahme in Art. 153 V AEUV. Aus der fehlenden Kompetenz der Europäischen Union in Fragen des Entgelts ergibt sich keine zwingende Folgerung für die Auslegung des Art. 15 III. Die GRC erweitert zwar nicht die Kompetenzen der Europäischen Union (Art. 51 II), bleibt in ihren Regelungen aber auch nicht darauf beschränkt. Der fehlende Einklang von Abwehrrechten und unionsrechtlichen Kompetenzen wurde bei der Erarbeitung der GRC diskutiert, aber nicht beseitigt. Zudem enthält Art. 18 AEUV eine Kompetenzgrundlage für das Antidiskriminierungsrecht, so dass dem Kompetenzargument insoweit die Grundlage entzogen ist. Im Ergebnis ist der Begriff der Arbeitsbedingungen in Art. 15 III weit zu verstehen, so dass er das Arbeitsentgelt umfasst. Zum Teil wird Art. 15 III sogar als Ermächtigung verstanden (*Grabenwarter* DVBl. 2001, 1 [5]; von der Groeben/ *Schwarze/Beutler* EUV Art. 6 Rn. 142; *Jarass* Rn. 21, 29; *Meyer/Bernsdorff* Rn. 22).

2. Ungleichbehandlung und Rechtfertigung. Eine Beeinträchtigung von Art. 15 III 33 ist jede Ungleichbehandlung von Arbeitnehmern aus Drittstaaten gegenüber Unionsbürgern, die sie schlechter als die Inländer stellt, obwohl sie die gleiche oder eine vollständig vergleichbare Tätigkeit ausüben (*Jarass* Rn. 28). Zur Ermittlung der vergleichbaren Tätigkeit kann auf den Maßstab Bezug genommen werden, den Rechtsprechung und Literatur zu Art. 157 AEUV (→ AEUV Art. 157 Rn. 30 ff.) entwickelt haben.

Ein Verstoß durch die Organe der Europäischen Union liegt vor, wenn sie ihre Arbeit- 34 nehmer, die aus Drittstaaten stammen, entgegen Art. 15 III schlechter behandeln als Unionsbürger. Daneben verstoßen die Unionsorgane gegen Art. 15 III, wenn sie die Ungleichbehandlung durch die Mitgliedstaaten bzw. den Arbeitgeber ermöglichen oder sogar dazu zwingen.

Für die Rechtfertigung gilt grds. Art. 52 I. Die Erläuterungen des Konventspräsidiums 35 verweisen jedoch auf Art. 19 ESC und Art. 52 II (vgl. *Meyer/Bernsdorff* Rn. 22), obwohl Art. 52 II nur auf die in den Verträgen geregelten Rechte Bezug nimmt. Die Verweisung kann höchstens auf Art. 153 I lit. g AEUV bezogen werden, der aber kein Gleichheitsrecht, sondern eine Kompetenznorm enthält. Das führt zu keinem anderen Rechtfertigungsmaßstab als in Art. 52 I.

Art. 16 Unternehmerische Freiheit

Die unternehmerische Freiheit wird nach dem Unionsrecht und den einzelstaatlichen Rechtsvorschriften und Gepflogenheiten anerkannt.

Übersicht

	Rn.
A. Grundlagen	1
I. Normzweck und Bedeutung der Norm	1
II. Quellen	3
III. Abgrenzung zu anderen Grundrechten	4
B. Schutzbereich	6
I. Persönlicher Schutzbereich	6
II. Sachlicher Schutzbereich	8
C. Eingriff	12
D. Rechtfertigung	14
E. Einzelfälle	21

A. Grundlagen

I. Normzweck und Bedeutung der Norm

1   Art. 16 gehört zusammen mit Art. 15 und 17 zu den **Wirtschaftsgrundrechten** der GRC (Calliess/Ruffert/*Ruffert* Rn. 1; *Jarass* Rn. 2; Meyer/*Bernsdorff* Rn. 1, 9; *Rengeling* DVBl. 2004, 453 [455]). Er gewährleistet die unternehmerische Betätigung und lässt sich in einen Zusammenhang mit der Wirtschaftsordnung der Europäischen Union stellen, zu deren Zielen die soziale Marktwirtschaft gehört (Art. 3 III EUV), die ein freies Agieren von Unternehmen auf dem Markt voraussetzt (vgl. *Rengeling* DVBl. 2004, 453 [456]). Daneben wird Art. 16 aber auch in die Sozialverfassung der Europäischen Union eingeordnet (*Rengeling* DVBl. 2004, 453 [456]; zur Berufsfreiheit Rengeling/*Szczekalla* § 3 Rn. 242).

2   Art. 16 enthält ein **Abwehrrecht** und ist kein bloßer Rechtsgrundsatz (*Jarass* Rn. 2; Meyer/*Bernsdorff* Rn. 9; Schwarze/*Schwarze* Rn. 3; Streinz/*Streinz* Rn. 6). Er schützt letztlich die Berufsausübung der Unternehmer (*Jarass* Rn. 2; *Rengeling* DVBl. 2004, 453 [459]; vgl. auch EuG 14.12.2011 – T-52/09 Rn. 89 – Nycomed, Slg. 2011, II-8133), hat aber keine darüber hinausgehende leistungsrechtliche Dimension (Calliess/Ruffert/*Ruffert* Rn. 2; *Jarass* Rn. 2; **aA** wohl *Tettinger* NJW 2001, 1010 [1014]).

II. Quellen

3   Art. 16 wird vom Konvent auf den in der Rechtsprechung des EuGH entwickelten allg. Rechtsgrundsatz zurückgeführt, wonach die Freiheit, eine Wirtschafts- oder Geschäftstätigkeit zu ergreifen, garantiert ist (EuGH 14.5.1974 – 4/73 Rn. 14 – Nold, Slg. 1974, 491; 27.9.1979 – C-230/78 Rn. 20 – SpA Eridania, Slg. 1979, 2739). Daneben ist der allg. Grundsatz der Vertragsfreiheit (vgl. EuGH 16.1.1979 – C-151/78 Rn. 19 – Sukkerfabriken Nykoebing, Slg. 1979, 1; 5.10.1999 – C-151/78 Rn. 99 – Spanien/Kommission, Slg. 1999, I-6571) in Art. 16 aufgenommen. Darüber hinaus verweist der Konvent auf die Anerkennung des freien Wettbewerbs im Primärrecht. Somit führt Art. 16 die bestehende Rechtsprechung fort (Meyer/*Bernsdorff* Rn. 10), die auch zur Auslegung des Art. 16 heranzuziehen ist (*Jarass* Rn. 1). Der Vorbehalt zugunsten des Unionsrechts und des mitgliedstaatlichen Rechts limitiert zwar den grundrechtlichen Schutz erheblich (Schwarze/*Schwarze* Rn. 2), ohne dass hinter den bestehenden Schutz zurückgegangen werden soll (Meyer/*Bernsdorff*

Rn. 10; Schwarze/*Schwarze* Rn. 2; Streinz/*Streinz* Rn. 6). Der Schutz der unternehmerischen Freiheit entspricht schließlich den Regelungen in den Mitgliedstaaten (Meyer/*Bernsdorff* Rn. 2).

III. Abgrenzung zu anderen Grundrechten

Zum Schutz von Presse- und Rundfunkunternehmen ist neben Art. 16 auch **Art. 11** 4 anwendbar. Wenn jedoch nicht die geschützte Tendenz einschlägig ist, sondern nur eine Meinungsäußerung wie sie jedes andere Unternehmen vornimmt, so ist Art. 16 für den Schutz des unternehmerischen Handelns lex specialis, so dass nicht zusätzlich auf Art. 11 zurückgegriffen werden kann. Das Gleiche gilt für die Wissenschafts- und Kunstfreiheit nach Art. 13. Für das Verhältnis zu Art. 15 I → Art. 15 Rn. 6 f.

Soweit **Grundfreiheiten** (insbesondere Niederlassungs-, Dienstleistungs- und Warenverkehrsfreiheit) einschlägig sind, ist Art. 52 II zu berücksichtigen, so dass sich ihr Schutz nach 5 dem AEUV bemisst (*Frenz* Rn. 2733; so noch *Jarass*, EU-Grundrechte, 2005, § 21 Rn. 4). Zum Teil wird die Anwendung des Art. 52 II abgelehnt, weil die Grundfreiheit einen anderen Anwendungsbereich habe und auf grenzüberschreitende Angelegenheiten beschränkt sei (*Jarass* Rn. 6). Der für die Grundfreiheiten kennzeichnende Binnenmarktbezug ist Art. 16 als Teil der Wirtschaftsverfassung der Europäischen Union nicht fremd, zumal die grenzüberschreitenden wirtschaftlichen Aktivitäten auch Wahrnehmung der unternehmerischen Freiheit sind. Die Grundfreiheit, die auf die Errichtung des Binnenmarkts zielt, beschränkt sich lediglich auf besondere Teilausprägungen dieser Freiheit.

B. Schutzbereich

I. Persönlicher Schutzbereich

Der persönliche Schutzbereich erfasst alle natürlichen und juristischen Personen des 6 Privatrechts (Calliess/Ruffert/*Ruffert* Rn. 3; *Dorfmann* 161 f.; Meyer/*Bernsdorff* Rn. 16; *Rengeling* DVBl. 2004, 453 [455, 459]; Schwarze/*Schwarze* Rn. 4; Streinz/*Streinz* Rn. 11). Art. 16 gilt auch für Drittstaatsangehörige (*Frenz* Rn. 2675; *Jarass* Rn. 10; Tettinger/Stern/*Blanke* Rn. 15). Er ist im Gegensatz zu den Grundfreiheiten nicht auf Unionsbürger beschränkt.

Juristische Personen des öffentlichen Rechts sind grds. Grundrechtsverpflichtete, nicht 7 Grundrechtsberechtigte (Calliess/Ruffert/*Ruffert* Rn. 3; Schwarze/*Schwarze* Rn. 4). Das gilt auch, wenn sich der Staat privatrechtlicher Organisationsformen bedient, aber die Anteile an dem Unternehmen hält oder wenn das Unternehmen staatlich dominiert ist (Calliess/Ruffert/*Ruffert* Rn. 3; Ehlers/*Ruffert* § 19 Rn. 26; Tettinger/Stern/*Blanke* Rn. 16 f.; s. auch Heselhaus/Nowak/*Nowak* § 31 Rn. 39; **aA** *Jarass* Rn. 11; diff. *Grabenwarter* in: Grabenwarter/Pöchersdorfer/Rosenmayr-Klemenz, Die Grundrechte des Wirtschaftslebens nach dem Vertrag von Lissabon, 2012, 17 [24], Anwendung Art. 16 bei gemischt-wirtschaftlichen Unternehmen unter Beteiligung Privater). Die Literatur spricht sich jedoch zum Teil für eine Gleichbehandlung mit den privaten Unternehmen aus, wenn sich eine grundrechtstypische Gefährdungslage ergibt (Meyer/*Bernsdorff* Rn. 16 f.; *Schwier* 204 ff.; *Tettinger*, FS Börner, 1992, 625 [637 ff.]; *Wunderlich* 122 f.; Schwarze/*Schwarze* Rn. 4), insbesondere wenn die Einrichtung unabhängig ist und keine Hoheitsgewalt ausübt (*Jarass* Rn. 11; ebenso *Frenz* Rn. 2673; *Sasse* EuR 2012, 628 [650 f.]; s. auch *Schwier* 204 ff.). Diese Einschränkung ändert aber nichts an dem grundsätzlichen Befund, dass juristische Personen des öffentlichen Rechts oder das Handeln der Verwaltung iRd Verwaltungsprivatrechts, nicht die Grundrechtsbindung des Staates beseitigt, so dass gleichzeitig keine Grundrechtsträgerschaft bestehen kann. Eine Ausnahme kommt nur in Betracht, wenn die juristische Person eine selbständige grundrechtlich geschützte Position zugewiesen bekommen hat und diese ausübt (zB Rundfunk).

II. Sachlicher Schutzbereich

8 Der Begriff des **Unternehmens** ist durch die GRC nicht definiert. Der Konvent hat bei der Erarbeitung der Regelung auf die bestehende Rechtsprechung des EuGH zurückgegriffen. Insofern ist für das Begriffsverständnis auf den im Unionsrecht, insbesondere im Kartellrecht, entwickelten Unternehmensbegriff zurückzugreifen (*Dorfmann* 161; *Jarass* Rn. 7; Meyer/*Bernsdorff* Rn. 10a; Tettinger/Stern/*Blanke* Rn. 10; **aA** *Frenz* Rn. 2680 ff.). Ein Unternehmen ist daher eine wirtschaftliche Einheit, die aus personellen, materiellen oder immateriellen Mitteln besteht, die in einer einheitlichen Organisation verbunden sind und dauerhaft einen wirtschaftlichen Zweck verfolgt (EuGH 23.4.1991 – C-41/90 Rn. 21 – Höfner und Elser, Slg. 1991, I-1979; 17.2.1993 – C-159/91 Rn. 17 – Poucet und Pistre, Slg. 1993, I-637; 19.1.1994 – C-364/92 Rn. 18 – SAT-Fluggesellschaft, Slg. 1994, I-43). Die wirtschaftliche Tätigkeit ist dabei eine Tätigkeit, die auf Austausch von Leistungen oder Gütern am Markt gerichtet ist (*Jarass* Rn. 7; Meyer/*Bernsdorff* Rn. 10a; *Schwarze*, Europarecht, 2012, 436; Tettinger/Stern/*Blanke* Rn. 10; vgl. EuGH 18.6.1998 – C-35/96 Rn. 36 – Kommission/Italien, Slg. 1998, I-3851; 10.1.2006 – C-222/04 Rn. 108 – Cassa di Risparmio di Firenze, Slg. 2006, I-289). Der Unternehmensbegriff erfasst alle Unternehmen unabhängig von ihrer Rechtsform, Finanzierung oder Größe (*Jarass* Rn. 8) und der Art ihrer Tätigkeit. Daher sind Freiberufler einbezogen (Calliess/Ruffert/*Ruffert* Rn. 1; *Jarass* Rn. 8; *Rengeling/Szczekalla* Rn. 774). Selbst verbotene Unternehmungen sind grds. erfasst, es sei denn, der Vorbehalt wurde wirksam ausgeübt oder das Verbot ist nach Art. 52 I gerechtfertigt.

9 Die **unternehmerische Freiheit** iSv Art. 16 ist die selbständige wirtschaftliche Betätigungsfreiheit in allen Ausprägungen (Gründung, Fortsetzung, Beendigung des Unternehmens, Art und Weise der Unternehmensführung) (Calliess/Ruffert/*Ruffert* Rn. 1; *Frenz* Rn. 2682 ff., 2691; *Jarass* Rn. 7; Meyer/*Bernsdorff* Rn. 10a; *Rengeling* DVBl. 2004, 453 [459]; *Shirvani* VerwArch 2013, 83 [92]; s. auch EuGH – C-317/00 Rn. 57 – Invest, Slg. 2000, I-9541). Geschützt ist nach der Rechtsprechung des EuGH die Freiheit zur Ausübung der Wirtschafts- und Geschäftstätigkeit, die Vertragsfreiheit und der freie Wettbewerb (EuGH 22.1.2013 – 283/11 Rn. 42 – Sky Österreich, EuZW 2013, 347; *Jarass* Rn. 9; Meyer/*Bernsdorff* Rn. 11 ff.; *Rengeling* DVBl. 2004, 453 [459]; *Rengeling/Szczekalla* Rn. 624; *Sasse* EuR 2012, 628 f.; Schwarze/*Schwarze* Rn. 3; Streinz/*Streinz* Rn. 1, 6). Der subjektiv-rechtliche Schutz wird nun auch in der Literatur ganz überwiegend befürwortet (Ehlers/*Ruffert* § 19 Rn. 12; *Frenz* EuZW 2006, 748 [751]; *Jarass* EuGRZ 2011, 360 [360, 361 f.]; Heselhaus/Nowak/*Nowak* § 31 Rn. 34; Tettinger/Stern/*Blanke* Rn. 11; wohl auch *Große Wentrup* 77; zweifelnd Meyer/*Bernsdorff* Rn. 14; *Rengeling* DVBl. 2004, 453 [459] – nur objektiv-rechtlicher Schutz).

10 Zur **Vertragsfreiheit** gehört nicht nur die Entscheidung über das Ob eines Vertrages, sondern auch über den Vertragspartner (vgl. EuGH 10.7.1991 – C-90/90 Rn. 13 – Neu, Slg. 1991, I-3617; 16.12.1993 – C-307/91 Rn. 14 – Luxlait, Slg. 1993, I-6835; 22.1.2013 – C-283/11 Rn. 43 – Sky Österreich, EuZW 2013, 347; *Frenz* Rn. 2699; *Jarass* Rn. 9) und den Vertragsinhalt (zB Preisbestimmung EuGH 22.1.2013 – C-283/11 Rn. 43 – Sky Österreich, EuZW 2013, 347). Insofern sind auch Vertragsänderungen erfasst (EuGH 5.10.1999 – C-240/97 Rn. 99 – Spanien/Kommission, Slg. 1999, I-6571). Die Vertragsfreiheit ist zwar auch Teil der Berufsfreiheit iSv Art. 15, insofern ist Art. 16 aber in seinem Schutzbereich lex specialis. Die Abgrenzung lässt sich dadurch lösen, dass auf das Vorliegen eines Arbeitsvertrages als Grundlage für die eigene (höchstpersönliche) Tätigkeit abgestellt wird. Insofern agiert der Arbeitnehmer bei Vertragsschluss in Ausübung der Freiheit aus Art. 15 I, während der Arbeitgeber auf Art. 16 verweisen kann, soweit der Anwendungsbereich der Grundrechte eröffnet ist.

11 Zur unternehmerischen Freiheit gehört zudem die freie Entscheidung der Anteilseigner über die Art und Weise der **Unternehmensführung** (*Mohr* ZHR 178, 2014, 326 [358]).

Das umfasst sämtliche Organisationsentscheidungen, angefangen von der Rechtsform über die interne Willensbildung in der Gesellschaft bis hin zur Geschäftsführung und zum Einsatz von Investitionsmitteln (*Frenz* GewArch 2009, 427 [429]; *Mohr* ZHR 178, 2014, 326 [358]). Insofern ist vom Schutzbereich auch die Entscheidung der Anteilseigner über die grundlegende Unternehmens-, Investitions-, Personal-, Finanz-, Vertriebs- und Preispolitik erfasst (*Frenz* GewArch 2009, 427 [429]; *Mohr* ZHR 178, 2014, 326 [359]). Soweit in den Mitgliedstaaten unterschiedliche Vorgaben für die Unternehmensführung bestehen, kann neben Art. 16 in solchen Fällen auch die Kapitalverkehrsfreiheit aus Art. 65 AEUV einschlägig sein (vgl. *Schubert* ZIP 2013, 289 [295 ff.]).

C. Eingriff

Ein Eingriff in Art. 16 kann ebenso wie bei Art. 15 I (→ Art. 15 Rn. 17) sowohl durch eine unmittelbar auf die unternehmerische Freiheit zielende gesetzliche Regelung erfolgen. Eine Verkürzung der grundrechtlich geschützten Freiheit bewirken aber auch Regelungen, die sich nicht an den Unternehmer richten, oder nicht-normative Akte, die die unternehmerische Freiheit intensiv beeinträchtigen. Solche mittelbaren Auswirkungen können zu einem Eingriff erwachsen. Sie müssen dem Grundrechtsverpflichteten aber nicht nur zurechenbar sein, sondern es bedarf einer systematischen Beeinträchtigung des Dritten (*Jarass* Rn. 13). Diese zusätzlichen Anforderungen sind erforderlich, weil die unternehmerische Freiheit in der Europäischen Union auf dem Binnenmarkt ausgeübt wird, so dass Veränderungen der Marktbedingungen nicht ohne Weiteres ein Eingriff sind. Auch die Intensivierung des Wettbewerbs ist nicht notwendig ein Eingriff, sondern kann die Folge (in zulässiger Weise) veränderter Marktbedingungen sein (*Frenz* Rn. 2745; *Jarass* Rn. 13). Etwas anderes gilt, wenn die Wettbewerbsstellung des Unternehmens verändert wird (*Jarass* Rn. 13). Im Falle einer Einwilligung liegt zudem kein Eingriff vor. Das setzt im Einzelfall allerdings voraus, dass der Grundrechtsträger freiwillig und in Kenntnis der Sachlage entschieden hat (*Jarass* Rn. 15). **12**

Darüber hinaus können sich aus Art. 16 auch **Schutzpflichten** für die Organe der Europäischen Union ergeben. Das hat der EuGH in der Rs. *Alemo Herron* zumindest indirekt angenommen, indem er Art. 8 RL 2001/23/EG anhand von Art. 16 grundrechtskonform ausgelegt hat (EuGH 18.7.2013 – C-426/11 Rn. 36 – Alemo Herron, NZA 2013, 835). Danach soll es den Mitgliedstaaten verwehrt sein, für den Arbeitnehmer eine günstigere Regelung über die Richtlinie hinaus zu normieren, wenn sie zu einem unverhältnismäßigen Eingriff in Art. 16 führt. Art. 8 RL 2001/23/EG ist kein Eingriff, weil er lediglich einen Handlungsspielraum für die Mitgliedstaaten eröffnet, den sie eigenverantwortlich ausfüllen. Damit schafft die Richtlinie aber zugleich die Gefahr einer weitergehenden Beeinträchtigung der unternehmerischen Freiheit, so dass Art. 16 angesprochen ist (ausführlich → Rn. 22 ff.). Das gilt zumindest für Richtlinien, die eine Vollharmonisierung bewirken. Das gilt insbesondere für RL zur Herstellung des Binnenmarktes nach Art. 115 AUEV. Der EuGH verweist auf den Wesensgehalt als Grenze für die gesetzliche Regelung des Mitgliedstaates. Das entspricht angesichts seines relativen Verständnisses von Wesensgehalt aber der Grenze der Unverhältnismäßigkeit (→ Rn. 16). Mit dieser Entscheidung korrigiert der EuGH eine Beeinträchtigung der Schutzpflicht aus Art. 16 durch grundrechtskonforme Auslegung. **13**

D. Rechtfertigung

Im Gegensatz zu Art. 15 I enthält Art. 16 einen Vorbehalt für das Unionsrecht und das Recht sowie die Gepflogenheiten. Das sollte vor allem den Bedenken der Gegner einer solchen Regelung bei den Beratungen über die GRC Rechnung tragen (*Rengeling/Szcze-* **14**

30 GRC Art. 16

kalla Rn. 797; dazu auch Meyer/*Bernsdorff* Rn. 8; Tettinger/Stern/*Blanke* Rn. 8). Daher wird zum Teil angenommen, dass der Vorbehalt keine über Art. 52 I hinausgehende Grundrechtsschranke enthält. Die Literatur geht indes zum Teil davon aus, dass Art. 16 in einem weitergehenden Maße eingeschränkt werden kann als Art. 15 I (Calliess/Ruffert/*Ruffert* Rn. 5; *Jarass* Rn. 28; einschränkend *Schwarze* EuZW 2001, 517 [521]). Art. 16 beruht jedoch auf der Rechtsprechung des EuGH zur unternehmerischen Freiheit, die der Gerichtshof als Teil der Berufsfreiheit eingeordnet hat (→ Rn. 3). Die Erläuterungen des Konventspräsidiums nehmen darauf Bezug und verweisen auf die Einschränkbarkeit des Art. 16 nach Art. 52 I. Eine Verringerung des Schutzes der unternehmerischen Freiheit war nicht intendiert. Das spricht dafür, dass der Vorbehalt keine eigenständige Bedeutung erlangt, sondern nur die Schranke nach Art. 52 I bestätigt (*Shirvani* VerwArch 2013, 83 [98]; ähnlich *Schwier* 252 ff., 280 f.), auch wenn de iure zunächst zwei Schranken vorliegen.

15 Für die Rechtfertigung ist Art. 52 I maßgebend. Der EuGH ist bereits vor dem Inkrafttreten der GRC davon ausgegangen, dass die unternehmerische Freiheit nicht schrankenlos gewährleistet ist, sondern unter Bezug auf legitime Interessen der Allgemeinheit und mit Rücksicht auf ihre gesellschaftliche Funktion (EuGH 9.9.2004 – C-184/02 ua Rn. 52 – Spanien und Finnland/Parlament und Rat, Slg. 2004, I-7789; 14.12.2004 – C-210/03 Rn. 72 – Swedish Match, Slg. 2004, I-11893; 6.9.2012 – C-544/10 Rn. 54 – Deutsches Weintor, EuZW 2012, 828). Für Art. 16 verweist der EuGH bereits auf den Wortlaut, um zu verdeutlichen, dass die unternehmerische Freiheit einer Vielzahl von Einschränkungen im Interesse der Allgemeinheit unterworfen sein kann (EuGH 22.1.2013 – C-283/11 Rn. 46 – Sky Österreich, EuZW 2013, 347). Auch die Literatur verweist darauf, dass Art. 16 wegen des Vorbehalts leicht beschränkbar ist (*Frenz* EuZW 2006, 748 [751]).

16 Für die Rechtfertigung nach Art. 52 I bedarf es einer gesetzlichen Regelung und der Wesensgehalt der unternehmerischen Freiheit sowie der Verhältnismäßigkeitsgrundsatz sind zu wahren (EuGH 22.1.2013 – C-283/11 Rn. 47 f. – Sky Österreich, EuZW 2013, 347; s. auch EuGH 14.12.2004 – C-210/03 Rn. 72 – Swedish Match, Slg. 2004, I-11893). Gegenläufige Grundrechte (zB Art. 11) sind dabei zu berücksichtigen und im Falle einer Grundrechtskollision gegeneinander abzuwägen (EuGH 22.1.2013 – C-283/11 Rn. 60 – Sky Österreich, EuZW 2013, 347).

17 Der EuGH räumt den Grundrechtsverpflichteten bei der Anwendung des Art. 16 einen weiten Ermessens- und Prognosespielraum ein, so dass nur eine Evidenzkontrolle erfolgt (EuGH 9.9.2004 – C-184/02 u. C-223/03 Rn. 56 ff. – Spanien/Finnland u. Parlament/Rat, Slg. 2004, I-7789; 13.12.1994 – C-306/93 Rn. 21, 27 – Winzersekt, Slg. 1994, I-5555; 5.10.1994 – C-280/93 Rn. 90 – Deutschland/Rat, Slg. 1994, I-4973; 17.10.1995 – C-44/94 Rn. 57 – Fishermen's Organisations, Slg. 1995, I-3115; dazu *v. Danwitz* EWS 2003, 393 [395 ff.]). Die Kontrolldichte ist somit relativ gering. Insoweit behandelt der Gerichtshof die unternehmerische Freiheit nicht anders als die Berufsfreiheit. Dieser Prüfmaßstab wird zum Teil darauf zurückgeführt, dass Art. 16 leicht einschränkbar ist (*Jarass* Rn. 25). Die Einschränkbarkeit beider Grundrechte unterscheidet sich aber im Grunde nicht (→ Rn. 14).

18 Die Rechtsprechung des EuGH ist in der Literatur überwiegend auf Kritik gestoßen (Calliess/Ruffert/*Ruffert* Rn. 2, Art. 15 Rn. 17 f.; Ehlers/*Ruffert* § 19 Rn. 38 f.; *Everling* ZHR 162, 1998, 403 [417 ff.]; Heselhaus/Nowak/*Nowak* § 31 Rn. 45, § 30 Rn. 57; *Jarass* Rn. 29; *ders.* EuGRZ 2011, 360 [364]; *Koch* 399 ff.; Meyer/*Bernsdorff* Art. 15 Rn. 18; Penski/*Elsner* DÖV 2001, 265 [273 f.]; Streinz/*Streinz* Rn. 4; **aA** (aber mit Bedenken) *Kischel* EuR 2000, 380 [395]). Diese nimmt an der weit zurückgenommenen Verhältnismäßigkeitsprüfung Anstoß. Dadurch verringert sich die Schutzintensität des Grundrechts, was gerade bei Maßnahmen mit hoher Eingriffsintensität problematisch ist. Trotz dieser Einschränkungen erfüllt der Grundrechtsschutz aber die Voraussetzungen der *Solange*-Rechtsprechung des BVerfG, wonach der europäische Grundrechtsschutz dem deutschen Recht im Wesentlichen gleich kommen muss. Auch das BVerfG lässt bei wirtschaftlichen Tätigkeiten wegen der bestehenden Ungewissheit über die Auswirkungen der Maßnahmen und zur Achtung der politischen Gestaltungsfreiheit des Gesetzgebers ebenfalls einen Einschätzungs- und Ermessensspielraum (Calliess/Ruffert/*Ruffert* Rn. 2, Art. 15 Rn. 18; Streinz/*Streinz* Rn. 4 Fn. 12; *Heitsch* EuGRZ 1997, 461 [467 f.]; zB BVerfG 22.10.1986 NJW 1987, 577 Rn. 117; 6.10.1987 NZA 1989, 28 Rn. 75).

Eine höhere Kontrolldichte besteht vor allem bei Verstößen gegen die Grundfreiheiten 19 (dazu Rengeling/*Szczekalla* § 20 Rn. 771; *Koch* 530; auf den Zusammenhang zwischen Grundfreiheiten und Art. 16 verweisend Ehlers/*Ruffert* § 19 Rn. 1 ff.; von der Groeben/ Schwarze/*Müller-Graf*, EUV/EGV, 6. Aufl. 2003, Vorb. zu Art. 28–31 EG Rn. 3). Bei grenzüberschreitenden Sachverhalten tritt die unternehmerische Freiheit insofern hinter die Grundfreiheit zurück (→ Rn. 5; → Art. 15 Rn. 10). Grundsätzlich ist den Organen der Europäischen Union und den Mitgliedstaaten bei komplexen wirtschaftlichen Regelungsgegenständen ein Ermessens- und Prognosespielraum zu belassen, um ihre Handlungsfähigkeit sicherzustellen. Die höhere Kontrolldichte bei den Grundfreiheiten ist vor allem auf das über Jahre dominierende Ziel der Herstellung eines gemeinsamen Binnenmarktes zurückzuführen. Letztlich zielen die Grundfreiheiten und Art. 16 aber gleichermaßen auf die Herstellung ökonomischer Handlungsfreiheit der Wirtschaftssubjekte, was für eine Annäherung der Kontrolldichte beim Schutz der unternehmerischen Freiheit an die der Grundfreiheiten spricht (*Koch* 574 ff.; Rengeling/*Szczekalla* § 20 Rn. 771). In der neueren Rechtsprechung von EuGH und EuG wird zum Teil bereits eine derartige Entwicklung gesehen (*Frenz* GewArch 2009, 427 [433]; *Frenz* Rn. 2633; Heselhaus/Nowak/*Nowak* § 30 Rn. 57; s. auch *Keser,* in: Bruha/Nowak/Petzold, Grundrechtsschutz für Unternehmen im europäischen Binnenmarkt, 2004, 139 ff.). Das würde auch der Entwicklung der Europäischen Union zu einer Wertegemeinschaft Rechnung tragen. Die spezifische Zwecksetzung der Grundfreiheiten bedingt aber weiterhin eine höhere Kontrollintensität.

Der Schutz der Arbeitnehmer ist seit langem ein vom EuGH anerkannter legitimer 20 Zweck, der nicht nur die Beschränkung von Grundfreiheiten, sondern auch einen Eingriff in Art. 16 in den Grenzen der Verhältnismäßigkeit rechtfertigen kann (vgl. zB EuGH 9.9.2004 – C-184/02 u. C-223/02 Rn. 51 f. – Spanien und Finnland/Parlament und Rat, Slg. 2004, I-7789; zur Anerkennung des Arbeitnehmerschutzes als Gemeinwohlbelang EuGH 5.11.2002 – C-208/00 Rn. 92 – Überseering, Slg. 2002, I-9919; zur Verhältnismäßigkeitsprüfung *Frenz* Rn. 2758 ff.; s. auch *Heuschmid* AuR 2013, 500 [501]).

E. Einzelfälle

Die Richtlinien der Europäischen Union dürfen Art. 16 nicht verletzen und sind ggf. – 21 um einen Grundrechtsverstoß zu vermeiden – grundrechtskonform auszulegen (so zB in EuGH 22.1.2013 – C-283/11 Rn. 44 ff. – Sky Österreich, EuZW 2013, 347; 18.7.2013 – C-426/11 Rn. 31 – Alemo Herron, NZA 2013, 835; s. auch EuGH 27.9.2012 – C-179/ 11 Rn. 42 – Cimade und GISTI). Sofern der Grundrechtsverstoß nicht durch eine entsprechende Auslegung vermieden werden kann, ist die Richtlinienbestimmung nichtig. Eine Grundrechtskontrolle erfolgt auch in Bezug auf das nationale Recht, das der Umsetzung der Richtlinie dient. Im Falle eines Richtlinienverstoßes ist das nationale Recht nicht nichtig, sondern höchstens unanwendbar (allg. dazu → EUV Art. 6 Rn. 34, 37 ff.).

Nach § 613a I 1 BGB, der Art. 3 I RL 2001/23/EG umsetzt, geht das Arbeitsverhältnis 22 im Falle eines **Betriebsübergangs** mit allen Rechten und Pflichten auf den Erwerber über. Dieser gesetzliche Vertragsübergang ist ein Eingriff in die (unternehmerische) Vertragsfreiheit iSv Art. 16 (*Jacobs/Frieling* EuZW 2013, 737 [739]; *Latzel* RdA 2014, 110 [115]; *Sutschet* RdA 2013, 28 [34]; vgl. auch EuGH 18.7.2013 – C-426/11 Rn. 35 – Alemo Herron, NZA 2013, 835). Der EuGH geht davon aus, dass Art. 16 in unverhältnismäßiger Weise eingeschränkt ist und sogar der Wesensgehalt verletzt wird, weil der Betriebserwerber nicht in der Lage ist, die Arbeitsbedingungen anzupassen (EuGH 18.7.2013 – C-426/11 Rn. 35 – Alemo Herron, NZA 2013, 835). Damit knüpft der EuGH an seine Rechtsprechung in der Rs. *Werhof* an (EuGH 9.3.2006 – C-499/04 Rn. 31 – Werhof, Slg. 2006,

I-2397; s. auch *Latzel* RdA 2014, 110 [115]) und hebt hervor, dass Art. 3 RL 2001/23/EG zwar dem Schutz der Arbeitnehmer diene, aber auch einen gerechten Ausgleich zwischen den Interessen der Arbeitnehmer und den Interessen des Erwerbers gewährleisten solle (EuGH 18.7.2013 – C-426/11 Rn. 25 – Alemo Herron, NZA 2013, 835; vgl. auch EuGH 9.3.2006 – C-499/04 Rn. 31 – Werhof, Slg. 2006, I-2397). Der Gerichtshof geht im Einklang mit Art. 16 GRC davon aus, dass es dem Erwerber möglich sein müsse, seine Interessen wirksam geltend zu machen und die Faktoren, die für die Entwicklung der Arbeitsbedingungen seiner Arbeitnehmer bestimmend sind, angesichts seiner wirtschaftlichen Tätigkeit auszuhandeln (EuGH 18.7.2013 – C-426/11 Rn. 33 – Alemo Herron, NZA 2013, 835). Den Mitgliedstaaten sei nach Art. 8 RL 2001/23/EG zwar eine günstigere Regelung erlaubt, die Normen seien jedoch anhand von Art. 16 auszulegen, so dass die überschießende Richtlinienumsetzung nicht unverhältnismäßig sein und den Wesensgehalt verletzen dürfe (EuGH 18.7.2013 – C-426/11 Rn. 36 – Alemo Herron, NZA 2013, 835). Das sei dem Arbeitgeber verwehrt, wenn die Arbeitsbedingungen, ohne dass er Einfluss nehmen könne, in Tarifverträgen geregelt werden. Die Feststellung, ob die Arbeitsbedingungen für den Erwerber unbedingt und unabänderlich anwendbar sind, müssen nun die nationalen Gerichte prüfen (so SA des GA *Cruz Villalón* 19.2.2013 – C-426/11 Rn. 56–58 – Alemo Herron, nicht ausdrücklich dazu der EuGH). Ausführlich dazu → RL 2001/23/EG Art. 3 Rn. 24 ff.

23 Einer Verletzung von Art. 16 durch die dynamische Bindung des Erwerbers an die Arbeitsbedingungen beim Veräußerer wird in der Literatur zum Teil widersprochen, weil Art. 3 RL 2001/23/EG nur das Ob des Vertragsübergangs anordne, während dessen Inhalt auf der privatautonomen Gestaltung der Arbeitsvertragsparteien beruhe (*Jacobs/Frieling* EuZW 2013, 737 [739]; *Thüsing* EWiR 2013, 543 [544]). Zum Teil wird auch darauf verwiesen, dass der Erwerber frei über den Kauf des Betriebs(teils) entscheide und schon deshalb ein privatautonomes Handeln vorliege, so dass es an einem Eingriff fehle (*Heuschmid* AuR 2013, 500 [501]; *Klein* EuZA 2014, 325 [329]; *Thüsing* EWiR 2013, 543 [544]; s. auch *Jacobs/Frieling* EuZW 2013, 737 [739]). Der Erwerber könne angesichts der vorher bekannten Rechtsfolgen des § 613a BGB eine due diligence durchführen und sich gegen den Erwerb entscheiden (diff. *Forst* DB 2013, 1847 [1849 f.]). Lediglich die Anordnung des Betriebsübergangs als solche sei auf ihre Vereinbarkeit mit Art. 16 zu prüfen (*Jacobs/Frieling* EuZW 2013, 737 [739]; *Klein* EuZA 2014, 325 [329]). Zum Teil nimmt die Literatur wie der EuGH eine Verletzung von Art. 16 I an (*Latzel* RdA 2014, 110 [115]; *Mückl* ZIP 2014, 207 [211]; *Naber/Krois* ZESAR 2014, 121 [123]). Sie gehen davon aus, dass eine dynamische Bindung des Erwerbers an die Tarifverträge des Veräußerers unverhältnismäßig sei, zumal es an einer effektiven Möglichkeit fehle, die Bindung zu beseitigen.

24 Der Erwerber eines Betriebs(teils) übt zwar iRd Erwerbs seine Privatautonomie aus. Diese beschränkt sich aber nicht allein auf das Ob, sondern erfasst auch den Inhalt des Vertrages. Insofern ist die Anordnung eines Betriebsübergangs zu Lasten des Erwerbers unter Übernahme aller Rechte und Pflichten aus dem Arbeitsverhältnis eine Beeinträchtigung der Vertragsfreiheit aus Art. 16. Dem steht nicht entgegen, dass der Übergang der Arbeitsverhältnisse bei der Preisgestaltung Berücksichtigung finden kann. Das ist nicht immer effektiv möglich. Zudem bleibt in jedem Fall die Bindung an die Arbeitsverhältnisse als Dauerschuldverhältnisse, so dass die Gestaltungsmöglichkeiten in jedem Fall eingeschränkt sind und somit ein Eingriff in Art. 16 vorliegt. Art. 3 I RL 2001/23/EG stellt indes wohl keine Verletzung des Wesensgehalts dar, wenn mit der zutreffenden Ansicht ein absolutes Verständnis des Wesensgehalts zugrunde gelegt wird (→ Art. 52 Rn. 38 f.; krit. auch *Kainer* EuZA 2014, 230 [235 ff.]). Die Verhältnismäßigkeit der Richtlinie beruht vor allem auf der zeitlich beschränkten Fortgeltung der Arbeitsbedingungen und der verbleibenden Handlungsmöglichkeiten für den Erwerber.

25 Zutreffend ist die einschränkende Auslegung von Art. 8 RL 2001/23/EG anhand von Art. 16 (ebenso *Naber/Krois* ZESAR 2014, 121 [124]; krit. *Willemsen/Grau* NJW 2014, 12 [14]). Zweifel an der Anwendbarkeit können sich zwar daraus ergeben, dass die Mitglied-

staaten insoweit eine richtlinienübersteigende Regelung vornehmen. Das hat an sich zur Folge, dass ihr Handeln nicht mehr die Richtlinie umsetzt und der Anwendungsbereich der GRC nach Art. 51 I nicht mehr eröffnet ist, so dass allein die nationalen Grundrechte zur Anwendung kommen. Das gilt aber nur bei Richtlinien, die eine Mindestharmonisierung bewirken, wie dies bei Richtlinien auf der Kompetenzgrundlage des Art. 153 I, II AEUV anzunehmen ist (Art. 153 IV AEUV). Eine grundrechtskonforme Auslegung erfolgt nicht nur außerhalb des Anwendungsbereichs der GRC, sondern überschreitet auch die Kompetenzen der Europäischen Union (ultra vires). Die RL 2001/23/EG beruht jedoch nicht auf Art. 153 AEUV, sondern sie ist Teil der Binnenmarktharmonisierung nach Art. 115 AEUV, die auch eine Vollharmonisierung zulässt. Insofern kann die Richtlinie den Mitgliedstaaten eine für die Arbeitnehmer günstigere Regelung nur erlauben, wenn dadurch nicht gegen ein Grundrecht – hier: Art. 16 – verstoßen wird. Dazu verpflichtet die Schutzpflicht aus Art. 16. Mit einer solchen Beschränkung der Regelungsmöglichkeiten für die Mitgliedstaaten überschreitet die Europäische Union auch nicht ihre Kompetenzen. Es kann dahinstehen, ob die RL 2001/23/EG heute auf Art. 153 AEUV gestützt werden könnte. Entscheidend für die Ermächtigung ist zum einen der Zeitpunkt der Rechtssetzung. Zum anderen können die zuständigen Organe auch heute auf Art. 115 AEUV zurückgreifen, wenn die Regelung die Herstellung des Binnenmarktes bezweckt.

Zu Recht wird die Entscheidung des EuGH kritisiert, soweit nur für die Interessen des **26** Arbeitgebers auf das Grundrecht Bezug genommen wird, nicht hingegen für die Arbeitsvertragsfreiheit des Arbeitnehmers nach Art. 15 I (*Forst* DB 2013, 1847 [1849 f.]; *Heuschmid* AuR 2013, 500 [501]; *Jacobs/Frieling* EuZW 2013, 737 [739]; *Klein* EuZA 2014, 325 [328 f.]). Insofern hat der Gerichtshof es versäumt zu klären, ob Art. 15 I auch das Bestandsinteresse des Arbeitnehmers wie Art. 12 I GG schützt (dazu BVerfG 27.1.1998 BVerfGE 97, 169 [176] = NZA 1998, 470; 21.6.2006 NZA 2006, 913 Rn. 13).

Die Literatur geht zum Teil davon aus, dass sich aus Art. 3, 8 RL 2001/23/EG und **27** Art. 16 ein Anpassungsbedarf für das deutsche Recht ergibt (*Mückl* ZIP 2014, 207 [212]; *Naber/Krois* ZESAR 2014, 121 [124 ff.]), wenn der Arbeitsvertrag eine sog. kleine dynamische Bezugnahmeklausel enthält, die nach der Rechtsprechung des 4. Senats des BAG auch nach dem Betriebsübergang ihre Dynamik behält (BAG 23.9.2009 NZA 2010, 513 Rn. 14 ff.; 24.2.2010 NZA-RR 2010, 530 Rn. 39 f.). Neben der Erweiterung der Änderungskündigung (*Commandeur/Kleinebrink* BB 2014, 181 [184]; *Meyer* AP RL 2001/23/EG Nr. 10; *Mückl* ZIP 2014, 207 [212]) wird auch die entsprechende Anwendung von § 613a I 2 bzw. 2–4 BGB vorgeschlagen (*Mückl* ZIP 2014, 207 [212]; *Naber/Krois* ZESAR 2014, 121 [124 ff.]). Zum Teil wird auch eine Rückkehr zur Auslegung der kleinen dynamischen Bezugnahmeklausel als Gleichstellungsabrede befürwortet (*Lobinger* NZA 2013, 945 [947]; Preis/Sagan/*Grau/Hartmann* § 11 Rn. 136; *Willemsen/Grau* NJW 2012, 12 [17]).

Ein Anpassungsbedarf kann sich höchstens bei kleinen dynamischen Bezugnahmeklauseln **28** ergeben, die keine Gleichstellungsabrede enthalten, die ihre Dynamik im Falle des Betriebsübergangs beendet. Ansonsten ergibt sich (ebenso wie bei den Tarifwechselklauseln) keinesfalls eine unverhältnismäßige Belastung des Erwerbers. Die Arbeitsgerichte haben bisher einen Anpassungsbedarf verneint, weil der Erwerber die Möglichkeit habe, die Bindung an die Klausel (durch Änderungsvertrag, Änderungskündigung) zu beseitigen (HessLAG 25.3.2014 – 8 Sa 1150/13 Rn. 109 ff.; 25.3.2014 – 8 Sa 1211/13 Rn. 109 ff.). Hierfür spricht, dass die Beurteilung der Anpassungsmöglichkeiten zunächst ohnehin den nationalen Gerichten obliegt. Zudem hat der EuGH bisher nicht so genau auf die Effizienz der Mittel abgestellt (im Ergebnis ebenso *Heuschmid* AuR 2013, 500 [502]; zur Kontrolldichte → Rn. 17 ff.). Das BAG hat durch Beschluss vom 17.6.2015 dem EuGH entsprechende Auslegungsfragen vorgelegt (Az. 4 AZR 61/14 [A]).

Für die RL 2008/104/EG wird erwogen, ob das **Verbot der nicht nur vorüber-** **29** **gehenden Arbeitnehmerüberlassung** gegen Art. 16 verstoße. Das kommt gegenwärtig mangels einer belastenden Rechtsfolge im Falle einer solchen Arbeitnehmerüberlassung (BAG 10.7.2013 NZA 2013, 1296 Rn. 43 ff.; 10.12.2013 NZA 2014, 196 Rn. 17 ff.;

3.6.2014 BeckRS 2014, 71241 Rn. 10) ohnehin nicht in Betracht. Selbst wenn bei einem solchen Verstoß gegen die Vorgaben des AÜG ein Arbeitsverhältnis mit dem Entleiher zustande käme, lässt sich der Eingriff in Art. 16 mit dem Verbot der nicht nur vorübergehenden Arbeitnehmerüberlassung rechtfertigen (im Ergebnis ebenso BAG 10.7.2013 NZA 2013, 1296 Rn. 47; zu Recht krit. zur Methode *Thüsing* NZA 2014, 10 [12], soweit versucht wird, den Inhalt des Grundrechts anhand der Richtlinie zu ermitteln). Legitimes Ziel ist der Schutz der Arbeitnehmer vor prekären Beschäftigungsverhältnissen, die nicht nur durch schlechtere Arbeitsbedingungen, sondern auch durch ein Herausnehmen aus der Stammbelegschaft bedingt sein können. Das berechtigte Interesse des Unternehmens, Leiharbeitnehmer einzusetzen, wiegt angesichts der zulässigen vorübergehenden Leiharbeit nicht so schwer, zumal der größte Teil der Leiharbeitnehmer nicht länger als drei Monate im Entleiherbetrieb tätig ist (IAB-Studie, s. IAB-Kurzbericht 13/2014, 5). Insofern ist das Unternehmen trotz der gesetzlichen Beschränkung in weitem Umfang in der Lage, das temporäre Beschäftigungsbedürfnis mit Leiharbeitnehmern zu befriedigen. Die darüber hinausgehenden Beschränkungen sind angesichts des legitimen Zwecks verhältnismäßig.

30 Bei der Umsetzung der RL 1999/70/EG ist der Anwendungsbereich des Art. 16 eröffnet. Daher wird in der Literatur zum Teil erwogen, ob das **Vorbeschäftigungsverbot** nach § 14 II 2 TzBfG die unternehmerische Freiheit nach Art. 16 verletzt, jedenfalls wenn es sich auch auf Vorbeschäftigungen in den letzten drei Jahren vor Abschluss des neuen sachgrundlos befristeten Vertrages erstreckt (*Greiner* ZESAR 2014, 357 [360]). Das Vorbeschäftigungsverbot belastet aber nicht nur den Arbeitgeber bei der Personalauswahl, sondern viel mehr noch den Arbeitnehmer in der Ausübung seiner Berufsfreiheit (Art. 15 I), weil er selbst nach langer Zeit nur dann mit einem früheren Arbeitgeber einen Arbeitsvertrag schließen kann, wenn er unbefristet oder mit Sachgrund befristet ist (→ Art. 15 Rn. 26). Zur Verletzung von Art. 30 durch die Zulässigkeit der sachgrundlosen Befristung → Art. 30 Rn. 28.

31 Das **Urlaubsrecht** nach Art. 7 RL 2003/88/EG konkretisiert Art. 31 II, greift dabei aber auch in Art. 16 ein. Nach der Rechtsprechung des EuGH muss der Urlaubsanspruch aufgrund der Richtlinienvorgaben unabhängig von den Pflichten aus dem Arbeitsverhältnis entstehen (→ RL 2003/88/EG Art. 7 Rn. 15), so dass der Arbeitnehmer selbst beim Ruhen des Arbeitsverhältnisses wegen Sonderurlaubs einen Urlaubsanspruch hat. Das BAG geht davon aus, dass sich aus dem Unionsrecht keine Pflicht zur Kürzung des Urlaubsanspruchs ergebe, vielmehr bestehe der Anspruch nach Maßgabe von Art. 7 RL 2003/88/EG in voller Höhe, ohne dass ein Verstoß gegen Art. 16 vorliege (BAG 6.5.2014 NZA 2014, 959 Rn. 20). Da der EuGH das Entstehen des Urlaubsanspruchs unabhängig von der Arbeitspflicht aus der Richtlinie ableitet, hätte es insoweit vor allem der Überprüfung von Art. 7 RL 2003/88/EG anhand der Richtlinie bedurft. Dazu hat der EuGH bisher nicht Stellung genommen, sondern nur auf den Erholungsurlaub als besonders wichtigen Grundsatz des Sozialrechts sowie Art. 31 II verwiesen. Art. 7 RL 2003/88/EG muss einen Ausgleich zwischen Art. 31 II und Art. 16 herstellen. Dafür spricht, dass es dem Arbeitgeber möglich ist, den Urlaubsanspruch auf den Sonderurlaub anzurechnen, so dass die Belastung durch eine entsprechende Vertragsgestaltung unschwer zu vermeiden ist.

32 Das **Arbeitnehmerdatenschutzrecht** und seine Umsetzung in der RL 95/46/EG verwirklichen nicht nur Art. 8, sondern greifen zugleich in Art. 15 und 16 ein. Insoweit ist auch bei der Richtlinienumsetzung im BDSG die GRC einschlägig (anders für das nationale Umsetzungsrecht *Krois* DB 2010, 1704 [1706]). Die Richtlinie muss einen verhältnismäßigen Ausgleich zwischen Art. 8, 15 und 16 herstellen, der insbesondere iRd Auslegung der unbestimmten Rechtsbegriffe verwirklichbar ist.

33 Das **Vergaberecht** hat in der RL 2014/24/EU seine unionsrechtliche Grundlage, so dass der Anwendungsbereich des Art. 16 eröffnet ist. Die Regelung kommt neben der Dienstleistungsfreiheit nach Art. 56 AEUV zur Anwendung und erfasst auch Sachverhalte ohne grenzüberschreitenden Bezug. Die Richtlinie und ihre Umsetzung sind von einem legitimen Interesse getragen. Eine fehlerhafte Entscheidung der Behörde in Vollzug der Richtlinie verstößt gegen Art. 16 (*Frenz* EuZW 2006, 748 [751]). Sofern die Mitgliedstaaten die

Unternehmen verpflichten, Arbeitsverträge mit bestimmten arbeitsrechtlichen Standards zu schließen, bedeutet dies einen Eingriff in Art. 56 AEUV (EuGH 3.4.2008 – C-346/06 Rn. 35 f., 43 – Rüffert, Slg. 2008, I-1989) und Art. 16. Zur Vereinbarkeit der Tariftreueerklärungen mit Art. 56 AEUV. Einen darüber hinausgehenden Schutz gewährt Art. 16 (in grenzüberschreitenden Sachverhalten) nicht. Außerhalb des Anwendungsbereichs des Art. 56 AEUV (Inlandsfälle, Transportgewerbe vgl. Art. 58 I AEUV) ist allein Art. 16 maßgebend. Der Schutz der Arbeitnehmer ist jedoch ein legitimes Interesse der Allgemeinheit, das eine Beschränkung von Art. 16 rechtfertigt (→ Rn. 20; ebenso *Glaser/Kahl* ZHR 177, 2013, 643 [675 f.]; eine Grundrechtsverletzung ablehnend *Däubler* NZA 2014, 694 [699]). Der nationale Gesetzgeber hat in diesen Fällen bei der Umsetzung sozialpolitischer Ziele Gestaltungsspielraum, zumal die Funktionsfähigkeit des Binnenmarktes nicht betroffen ist oder eine Ausnahme eingreift. Seine Ausgestaltung durch Mindestarbeitsbedingungen, insbesondere Mindestlöhne, muss sich in den Grenzen des Verhältnismäßigen halten. Davon ist noch auszugehen, wenn der gesetzlich geforderte Mindestlohn (zB § 4 TVgG NRW) nicht über das vergleichbare Entgelt für Beschäftigte im öffentlichen Dienst hinausgeht und wenn es sich um Tätigkeiten handelt, die der Staat auch an sich ziehen könnte.

Art. 16 ist auch bei der Anwendung der **Antidiskriminierungsrichtlinien** (RL 2000/ 78/EG, RL 2006/54/EG) in Bedacht zu nehmen. Das gilt insbesondere bei der diskriminierenden Bestellung und Abberufung von Geschäftsführern. Die Geschäftsführung ist in besonderer Weise eine Vertrauensstellung im Verhältnis zu den Anteilseignern, so dass vor allem die Rechtsfolgen einer rechtswidrigen, weil diskriminierenden Abberufung des Geschäftsführers die Interessen der Anteilseigner an der Unternehmensführung besonders intensiv betreffen. Führte die Diskriminierung dazu, dass der Geschäftsführer seine Stellung behält und weiterhin Geschäftsführungsbefugnisse hätte, stünde dies in einem eklatanten Widerspruch dazu, dass den Anteilseignern nach Art. 16 die freie Entscheidung über grundlegende Fragen der Unternehmensführung und somit auch der Personalpolitik hinsichtlich der Unternehmensleitung entzogen wäre. Art. 17 RL 2000/78/EG gibt die Sanktion für einen Richtlinienverstoß nicht explizit vor, sondern bestimmt nur, dass die Sanktion wirksam, verhältnismäßig und abschreckend sein muss. Bei der Umsetzung dieser Vorgabe durch die Mitgliedstaaten ist Art. 16 zu wahren. Mit den Vorgaben des Art. 16 kollidieren die Berufsfreiheit des Arbeitnehmers (Art. 15 I) und das Diskriminierungsverbot aus Art. 21 (dazu *Mohr* ZHR 178, 2014, 326 [359]). 34

Im Rahmen der Abwägungsentscheidung nach Art. 52 I zwischen Art. 16 auf der einen und Art. 15 und 21 auf der anderen Seite ist in Bedacht zu nehmen, dass es sich nicht nur um eine Abberufung wegen eines Vertrauensverlusts, sondern um eine Abberufung aus diskriminierenden Motiven handelt. Zum Teil wird vorgeschlagen, dass die Entscheidung über die Besetzung von Leitungsorganen stets zugunsten des Unternehmens ausfallen müsse (*Mohr* ZHR 178, 2014, 326 [359]). Das schließe es aus, dass lediglich das Organverhältnis bei einer diskriminierenden Abberufung endet und das Anstellungsverhältnis fortbesteht, weil die Kündigung nichtig ist (*Mohr* ZHR 178, 2014, 326 [359]). Insofern solle es nicht einmal ein „dulde und liquidiere" geben, um das Unternehmen in jeder Hinsicht von einer Auseinandersetzung wegen einer möglicherweise diskriminierenden Abberufung seiner Leitungsorgane freizuhalten und eine ungestörte Unternehmensführung sicherzustellen. Dieses Ergebnis trägt dem Unternehmensinteresse zwar in besonderem Maße Rechnung, berücksichtigt aber den Stellenwert des Antidiskriminierungsrechts im Wertungsgefüge des Unionsrechts zu wenig. Es gehört auch zu den primärrechtlich verankerten Aufgaben der Europäischen Union, Diskriminierungen entgegenzuwirken, weshalb in Art. 19 AEUV eine eigenständige Kompetenzgrundlage zur Verwirklichung dieser Politik besteht. Eine Wirksamkeit der Abberufung und der Kündigung des Anstellungsvertrages stellte das Unternehmen de facto sanktionsfrei, was sich nicht mit Art. 21, Art. 17 RL 2000/78/EG iVm dem Effektivitätsgrundsatz aus Art. 4 III EUV selbst unter Berücksichtigung der berechtigten gegenläufigen unternehmerischen Interesse vereinbaren lässt. Um einen Ausgleich zwischen den widerstreitenden Interessen herbeizuführen, ohne Art. 21 und 15 sowie die Wertung 35 des Art. 19 AEUV außer Acht zu lassen, ist es vielmehr nur erforderlich, dass die Abberufung trotz der Diskriminierung wirksam bleibt. Sofern diese unter Verstoß gegen die Maßgaben des Antidiskriminierungsrechts erfolgte, besteht das Anstellungsverhältnis fort und endet idR fristgemäß, wobei der Geschäftsführer im Interesse des Unternehmens frei gestellt werden kann und nach außen – mangels organschaftlicher Stellung – auch nicht mehr als Geschäftsführer auftreten darf. Die verbleibende Belastung für das Unternehmen ist somit einerseits die Vergütung des Geschäftsführers, andererseits – und vor allem – die ggf. sogar öffentliche Auseinandersetzung darüber, ob eine diskriminierende Abberufung erfolgt ist.

36 Dasselbe Ergebnis lässt sich auch auf die Kapitalverkehrsfreiheit aus Art. 65 AEUV stützen, wenn die Umsetzung der Richtlinie zu erheblichen Belastungen für den Anteilseigner führt (*Schubert* ZIP 2013, 289 [295 ff.]; dazu *Mohr* ZHR 178, 2014, 326 [360]). Die Entscheidungsmacht des Anteilseigners, die sich aus seiner Kapitalbeteiligung ergibt, ist beschränkt, wenn der Beschluss über die Abberufung des Geschäftsführers keine rechtlichen Folgen zeitigte (*Schubert* ZIP 2013, 289 [296 f.]). Da die Kapitalverkehrsfreiheit nach dem Verständnis des EuGH nicht nur ein Diskriminierungs-, sondern auch ein Beschränkungsverbot ist, bedarf es bei grenzüberschreitenden Sachverhalten einer Rechtfertigung der Beschränkung. Dabei sind ebenfalls die gegenläufigen Grundrechte und der Verhältnismäßigkeitsgrundsatz zu wahren, so dass bei der Abwägungsentscheidung die gleichen Wertungen zum Tragen kommen (*Schubert* ZIP 2013, 289 [297 f.]; dazu *Mohr* ZHR 178, 2014, 326 [360]). Wegen des Nebeneinanders von Art. 16 und Art. 65 AEUV bedarf es insoweit auch einer kohärenten Interpretation, wofür auch Art. 15 II spricht (ebenso *Mohr* ZHR 178, 2014, 326 [360]).

Titel III. Gleichheit

Art. 21 Nichtdiskriminierung

(1) Diskriminierungen insbesondere wegen des Geschlechts, der Rasse, der Hautfarbe, der ethnischen oder sozialen Herkunft, der genetischen Merkmale, der Sprache, der Religion oder der Weltanschauung, der politischen oder sonstigen Anschauung, der Zugehörigkeit zu einer nationalen Minderheit, des Vermögens, der Geburt, einer Behinderung, des Alters oder der sexuellen Ausrichtung sind verboten.

(2) Unbeschadet besonderer Bestimmungen der Verträge ist in ihrem Anwendungsbereich jede Diskriminierung aus Gründen der Staatsangehörigkeit verboten.

Übersicht

	Rn.
A. Überblick	1
I. Schutz chancengleicher Freiheit	1
II. Diskriminierungsverbot wegen personenbezogener Merkmale	5
III. Diskriminierungsverbot wegen der Staatsangehörigkeit	9
B. Verbot von Diskriminierungen wegen personenbezogener Merkmale	10
I. Rechtsquellen	10
1. Europäisches und internationales Recht	10
a) Verbürgungen der Charta	11
b) Allgemeine Zielbestimmung gem. Art. 3 EUV	14
c) Querschnittsklausel zur Gleichstellung von Frauen und Männern gem. Art. 8 AEUV	15
d) Querschnittsklausel zur Bekämpfung von Diskriminierungen gem. Art. 10 AEUV	18
e) Religiöse und weltanschauliche Gemeinschaften gem. Art. 17 AEUV	20
f) Ermächtigungsgrundlage zum Erlass von Diskriminierungsverboten gem. Art. 19 AEUV	24
g) Gleichstellung von Mann und Frau im Erwerbsleben gem. Art. 157 AEUV	29
h) Diskriminierungsverbot gem. Art. 14 EMRK	33

	Rn.
i) Gemeinsame Verfassungsüberlieferungen	38
j) UN-Behindertenrechtsübereinkommen	40
k) Übereinkommen über Menschenrechte und Biomedizin in Bezug auf das genetische Erbe	41
2. Diskriminierungsverbote als allg. Grundsätze des Unionsrechts	42
3. Verhältnis der Grundrechte zu den Diskriminierungsverboten des AEUV	46
II. Grundrechtsträger	47
III. Grundrechtsadressaten	48
IV. Geschützte Merkmale	51
1. Allgemeines	51
2. Einzelne Merkmale	55
a) Geschlecht	55
b) Rasse	58
c) Hautfarbe	60
d) Ethnische und soziale Herkunft	62
e) Genetische Merkmale	65
f) Sprache	67
g) Religion oder Weltanschauung	68
h) Politische oder sonstige Anschauung	71
i) Zugehörigkeit zu einer nationalen Minderheit	72
j) Vermögen	73
k) Geburt	76
l) Behinderung	77
m) Alter	79
n) Sexuelle Ausrichtung	81
V. Unzulässige Verhaltensweisen	83
1. Unmittelbare Diskriminierung	84
a) Tatbestand	84
b) Rechtfertigung	90
2. Mittelbare Diskriminierung	94
3. Schutz vor Belästigungen?	98
C. Verbot von Diskriminierungen wegen der Staatsangehörigkeit	99
I. Überblick	99
II. Grundrechtsträger	102
III. Grundrechtsadressaten	103
IV. Sachlicher Anwendungsbereich	104
V. Geschützes Merkmal	107
VI. Unzulässige Verhaltensweisen	110
VII. Anwendungsvorrang besonderer Diskriminierungsverbote	114
D. Rechtsfolgen eines Verstoßes gegen Art. 21	116

A. Überblick

I. Schutz chancengleicher Freiheit

Art. 21 enthält in seinen beiden Absätzen diverse **Diskriminierungsverbote.** Während Art. 21 I Diskriminierungen wegen der dort aufgeführten, zumeist „personenbezogenen" Merkmale untersagt, beinhaltet Art. 21 II das für eine supranationale Staatengemeinschaft grundlegende Verbot der Diskriminierung wegen der nationalen Staatsangehörigkeit. 1

Die Diskriminierungsverbote des Art. 21 sind im **Abschnitt über Gleichheitsrechte** normiert. Dies geht zurück auf die Rechtsprechung des EuGH, der die Diskriminierungsverbote des Art. 21 in einem Atemzug mit dem **allg. Gleichheitssatz** (nunmehr Art. 20) benennt, wonach vergleichbare Sachverhalte nicht unterschiedlich und unterschiedliche Sachverhalte nicht gleich behandelt werden dürfen, es sei denn, dass eine solche Behandlung objektiv gerechtfertigt ist (EuGH 14.9.2010 – C-550/07 P Rn. 54 f. – Akzo Nobel, EuZW 2010, 778; 12.11.2014 – C-580/12 P Rn. 51 – Guardian Industries, EuZW 2015, 112; ausf. Tettinger/Stern/*Sachs* Art. 20 Rn. 7 ff.). Auch das Diskriminierungsverbot wegen der Staatsangehörigkeit gem. Art. 18 I AEUV/Art. 21 II wird vom EuGH als spezifische Ausprägung des allg. Gleichheitssatzes angesehen (EuGH 16.10.1980 – 147/79 Rn. 7 – Hochstrass, Slg. 1980, 3005; dazu *Frenz* Handbuch 1, Rn. 3923). Dogmatisch ist eine solche 2

Zusammenführung von allg. Gleichheitssatz und spezifischen Diskriminierungsverboten freilich nicht zielführend, handelt es sich bei den Diskriminierungsverboten doch gerade nicht um klassische Gleichheitsrechte, sondern um **Abwehrrechte** zum **Schutz der individuellen Persönlichkeit** und, bei besonders schwerwiegenden Benachteiligungen, zum Schutz der **Menschenwürde** (*Mohr* ZHR 178, 2014, 326 [349 f.]; *ders.*, FS Adomeit, 2008, 477 [480 ff.]; ErfK/*Schmidt* GG Art. 3 Rn. 67; Meyer/*Hölscheidt* Rn. 30; s. zu Art. 18 I AEUV auch Calliess/Ruffert/*Epiney* AEUV Art. 18 Rn. 8; **aA** Schubert ZfA 2013, 1 [44 f.]; *Grünberger* 537 ff.).

3   Diskriminierungsverbote beziehen sich anders als der allg. Gleichheitssatz auf einen bestimmten Lebensbereich, weshalb es bei ihnen geboten ist, einen **Schutzbereich** zu ermitteln (s. zu Art. 21 II *Jarass* Rn. 35). Weiterhin zeichnet sich der Tatbestand von Diskriminierungsverboten anders als der allg. Gleichheitssatz nicht allein durch das Merkmal der Ungleichbehandlung, sondern durch dasjenige der nicht gerechtfertigten **Benachteiligung** aus (*Mohr* ZHR 178, 2014, 326 [350]). Folgerichtig setzt eine tatbestandliche Diskriminierung etwa nach Art. 2 I, II lit. a RL 2000/78/EG, Art. 2 I lit. a RL 2006/54/EG keinen konkreten Nachweis einer Schlechterstellung gegenüber einer konkret-anderen Person voraus; ausreichend ist ein benachteiligendes Motiv (s. zur Diskriminierung wegen der Schwangerschaft und Mutterschaft EuGH 8.1.1990 – C-177/88 Rn. 17 – Dekker, NJW 1991, 628; GHN/*Langenfeld* AEUV Art. 157 Rn. 24; *Adomeit/Mohr* RdA 2011, 102 [105 ff.]; MHdBArbR/*Oetker* § 14 Rn. 52). Auch die Gleichstellung der **Belästigung** mit der Diskriminierung in Art. 2 III RL 2000/43/EG, Art. 2 III RL 2000/78/EG, Art. 2 I lit. c, II RL 2006/54/EG und Art. 3 III iVm Art. 4 II RL 2010/41/EU ist wertungsmäßig nur dann kohärent, wenn man die Diskriminierungsverbote auf den abwehrrechtlichen Schutz der individuellen Persönlichkeit zurückführt; denn die Belästigung einer geschützten Person wird nicht dadurch zulässig, dass eine solche auch gegenüber nicht geschützten Personen erfolgt (*Thüsing* NZA 2001, 939 [941]; *Adomeit/Mohr* AGG § 3 Rn. 211).

4   Die Diskriminierungsverbote des Art. 21 sichern somit die tatsächlichen Voraussetzungen, unter denen eine **chancengleiche Ausübung von Freiheit** möglich ist (*Nettesheim* EuZW 2013, 48 [50]; so auch BAG 24.9.2009 AP BGB § 611 Persönlichkeitsrecht Nr. 41 Rn. 46 f.). Sie folgen damit dem auch für den Privatrechtsverkehr konstitutiven Konzept material-chancengleicher Freiheit (s. dazu *Mohr* Vertragsfreiheit Teil 3); denn eine Ausgrenzung durch sachwidrige Schlechterstellung oder unfaire Behandlung kann ein Leben in gleicher Freiheit unmöglich machen oder so erschweren, dass ein Eingreifen der Rechtsordnung erforderlich ist (*Nettesheim,* EuZW 2013, 48 [50]). Diskriminierungsverbote haben damit im Kern eine freiheitsschützende Ausrichtung (*Mohr* ZHR 178, 2014, 326 [350]; *Wiedemann* NZA 2007, 950; *Bader* 50 ff.; zu Art. 3 III GG *Salzwedel,* FS Jahrreiß, 1964, 339 [347]). Folgerichtig ist anerkannt, dass die **diskriminierungsfreie Berufsausübung** nicht nur durch Art. 21 I, sondern bei Arbeitnehmern idealkonkurrierend durch das Grundrecht der Berufsfreiheit gem. Art. 15 I und bei selbständig Tätigen durch die Unternehmerfreiheit gem. Art. 16 I geschützt wird (Calliess/Ruffert/*Ruffert* Art. 15 Rn. 4 und 23; *Jarass* Art. 15 Rn. 5; *Mohr* ZHR 178, 2014, 326 [350 f.]). Dies korrespondiert mit der jüngeren Rechtsprechung des EuGH, wonach das sekundärrechtliche Diskriminierungsverbot des Art. 2 I, II lit. a RL 2000/78/EG nicht nur im Lichte des Art. 21 I (EuGH 8.9.2011 – C-297, 298/10 Rn. 46 f. – Hennigs und Mai, NZA 2011, 1100), sondern auch in demjenigen des Art. 15 I zu interpretieren ist (EuGH 5.7.2012 – C-141/11 Rn. 37 – Hörnfeld, NZA 2012, 785).

II. Diskriminierungsverbot wegen personenbezogener Merkmale

5   Nach Art. 21 I sind Diskriminierungen „insbesondere" wegen des Geschlechts, der Rasse, der Hautfarbe, der ethnischen oder sozialen Herkunft, der genetischen Merkmale, der Sprache, der Religion oder der Weltanschauung, der politischen oder sonstigen Anschauung, der Zugehörigkeit zu einer nationalen Minderheit, des Vermögens, der Geburt, einer

Behinderung, des Alters oder der sexuellen Ausrichtung verboten. Die Vorschrift steht nach Art. 6 I EUV im Rang des **Primärrechts** (EuGH 8.9.2011 – C-297, 298/10 Rn. 47 – Hennigs und Mai, NZA 2011, 1100).

Als europäisches Grundrecht bezieht sich Art. 21 I auf Diskriminierungen seitens der **6 Organe und Einrichtungen der Union** iRd Ausübung der ihnen nach den Verträgen zugewiesenen Zuständigkeiten (EuGH 23.9.2008 – C-427/06 Rn. 18 – Bartsch, NJW 2008, 3417) und auf Diskriminierungen **seitens der Mitgliedstaaten** iRd Durchführung des bestehenden Unionsrechts (s. BAG 11.12.2012 NZA 2013, 564 Rn. 27 ff.; 19.7.2011 NZA 2012, 155 Rn. 20 ff., zum über § 2 II 2 AGG anwendbaren BetrAVG). Die konkrete Reichweite der Bindung der Mitgliedstaaten an die Unionsgrundrechte ist wegen der einschränkenden Formulierung des Art. 51 I 1 umstritten (→ Rn. 49).

Art. 21 I beschränkt sich **nicht** auf **arbeitsrechtliche Sachverhalte**, sondern bezieht **7** sich als Grundrecht auf sämtliche der Union und den Mitgliedstaaten im Anwendungsbereich des Art. 51 I 1 zurechenbaren Diskriminierungen wegen der dort benannten Merkmale. Das Arbeitsrecht macht jedoch – wie die noch zu schildernde Entscheidungspraxis des EuGH zeigt – den zentralen Anwendungsbereich der Vorschrift aus. Aus diesem Grunde beschränken sich die nachfolgenden Ausführungen im Wesentlichen auf den Schutz vor Diskriminierungen in Beschäftigung und Beruf.

Art. 21 I wird bezüglich des sachlichen Anwendungsbereichs „Arbeits- und Beschäfti- **8** gungsfragen" **konkretisiert** durch die auf Art. 157 III AEUV beruhenden **RL 2006/54/ EG** und **RL 2010/41/EU** sowie durch die auf Art. 19 I AEUV basierenden **RL 2000/43/ EG** und **RL 2000/78/EG.** Die Rechtsprechung des EuGH orientiert sich zur Interpretation des Art. 21 I an diesen sekundärrechtlichen Regelungen (EuGH 22.11.2005 – C-144/ 04 Rn. 74 ff. – Mangold, NJW 2005, 3695; 19.1.2010 – C-555/07 Rn. 50 – Kücükdeveci, NZA 2010, 85; 8.9.2011 – C-297/10 Rn. 47 – Hennigs und Mai, NZA 2011, 1100; 13.9.2011 – C-447/09 Rn. 38 – Prigge, NJW 2011, 3209; 26.9.2013 – C-476/11 Rn. 19 – Kristensen, EuZW 2013, 951; 21.1.2015 – C-529/13 Rn. 15 ff. – Felber, BeckRS 2015, 80135), was jedenfalls mit Blick auf die benannten Ermächtigungsgrundlagen durch die Kollisionsregel des Art. 52 II gedeckt ist (s. allg. *Frenz* Handbuch 4, Rn. 3234). Zunächst zog der EuGH die primärrechtlichen Diskriminierungsverbote vor allem zur **Beschränkung der mitgliedstaatlichen Regelungsspielräume** heran. Er geht jedoch zunehmend dazu über, auch Regelungen des **Sekundärrechts** an den unionsgrundrechtlichen Diskriminierungsverboten zu messen (grundlegend EuGH 1.3.2011 – C-236/09 – Test Achats, EuZW 2011, 301; dazu *Armbrüster* LMK 2011, 315339; *Stenslik* RdA 2010, 247 [249]; *Adomeit/Mohr* AGG § 19 Rn. 36, § 20 Rn. 34 ff.).

III. Diskriminierungsverbot wegen der Staatsangehörigkeit

Art. 21 II stellt klar, dass unbeschadet besonderer Bestimmungen der Verträge in deren **9** Anwendungsbereich jede **Diskriminierung aus Gründen der Staatsangehörigkeit** verboten ist. Die Vorschrift wiederholt klarstellend die Regelung des Art. 18 I AEUV, weshalb sich die Interpretation gem. Art. 52 II an den zu Art. 18 I AEUV entwickelten Grundsätzen orientieren muss (Erläuterungen zur Charta der Grundrechte, ABl. EU Nr. C 303, 14 [24] v. 14.12.2007: so auch Meyer/*Hölscheidt* Rn. 56; Streinz/*Streinz* Rn. 3).

B. Verbot von Diskriminierungen wegen personenbezogener Merkmale

I. Rechtsquellen

1. Europäisches und internationales Recht. Das grundrechtliche Verbot von Dis- **10** kriminierungen gem. Art. 21 I lehnt sich nach der Begründung des Präsidiums des Konvents an weitere Regelungen des **primären EU-Rechts** wie Art. 3 III UAbs. 1 EUV, Art. 8 und Art. 10 AEUV, Art. 19 AEUV an. Es nimmt darüber hinaus Anleihen etwa bei Art. 14

EMRK, bei der UN-Behindertenrechtskonvention und beim Übereinkommen des Europarats über Menschenrechte und Biomedizin in Bezug auf das genetische Erbe (Erläuterungen zur Charta der Grundrechte ABl. EU Nr. C 303, 14 [24] v. 14.12.2007; von der Groeben/Schwarze/Hatje/*Lemke* Art. 21 Rn. 1; *Jarass* Rn. 1).

11 **a) Verbürgungen der Charta.** Der Schutz vor Diskriminierungen steht in engem Zusammenhang mit dem **Persönlichkeitsrecht** der Betroffenen, wie es in spezifischen Ausprägungen von Art. 7 und Art. 8 (Achtung des Privat- und Familienlebens, Schutz personenbezogener Daten; dazu EuGH 13.5.2014 – C-131/12 – Google Spain SL und Google Inc., EuZW 2014, 541) und von den Kommunikationsgrundrechten der Art. 11 und Art. 12 geschützt wird (dazu Calliess/Ruffert/*Calliess* Art. 11 Rn. 1). Bei schwerwiegenden Diskriminierungen liegt darüber hinaus eine Verletzung der durch Art. 1 geschützten **Menschenwürde** nahe, weshalb eine Rechtfertigung von Benachteiligungen – anders als beim „Rahmenrecht" des Schutzes der Persönlichkeit – regelmäßig ausscheiden wird (*Mohr*, FS Adomeit, 2008, 477 [480 f.]).

12 Art. 21 I wird hinsichtlich des **Schutzes vor Diskriminierungen von Frauen und Männern** ergänzt durch Art. **23 I,** wonach die (Chancen-)Gleichheit von Frauen und Männern in allen Bereichen, einschließlich der Beschäftigung, der Arbeit und des Arbeitsentgelts, sicherzustellen ist (vgl. EuGH 14.9.2010 – C-550/07 P Rn. 54 f. – Akzo Nobel, EuZW 2010, 778). **Art. 23 II** stellt iSd Art. 52 V klar, dass der „Grundsatz der Gleichheit", also das Diskriminierungsverbot gem. Art. 23 I, der Beibehaltung oder der Einführung spezifischer Vergünstigungen für das unterrepräsentierte Geschlecht nicht entgegensteht (→ Art. 23 Rn. 3, 14 ff.). Darüber hinaus ist für das Verständnis des Art. 21 I auch die Gewährleistung des **Art. 33** relevant, da der EuGH Diskriminierungen wegen der **Schwangerschaft und Mutterschaft** als solche wegen des Geschlechts ansieht (→ Rn. 56), zugleich jedoch spezifische Vergünstigungen für Schwangere und Mütter erlaubt, um die Anwendung des Grundsatzes der Gleichbehandlung auf diese Personen sicherzustellen (zu Art. 2 III RL 76/207/EWG s. EuGH 30.4.1998 – C-136/95 Rn. 24 – Thibault, Slg. 1998, I-2011; dazu *Mohr* Diskriminierungen S. 244 ff.). Gem. Art. 33 I wird der rechtliche, wirtschaftliche und soziale Schutz der Familie gewährleistet. Um Familien- und Berufsleben miteinander in Einklang bringen zu können, hat jede Person gem. Art. 33 II zudem das Recht auf Schutz vor Entlassung aus einem mit der Mutterschaft zusammenhängenden Grund sowie den Anspruch auf einen bezahlten Mutterschaftsurlaub und auf einen Elternurlaub nach der Geburt oder Adoption eines Kindes (s. dazu Tettinger/Stern/*Nußberger* Art. 23 Rn. 56).

13 Bei **Diskriminierungen wegen der Religion oder Weltanschauung** ist das Grundrecht des **Art. 10 GRC/Art. 9 EMRK** zu beachten (Calliess/Ruffert/*Waldhoff* Art. 10 Rn. 1; s. zu diesen Grundrechten auch BVerwG 20.2.2013 NVwZ 2013, 936 ff. Rn. 23). Steht eine **Diskriminierung wegen der Behinderung** in Rede, ist neben Art. 21 I auch **Art. 26** zu beachten (EuGH 22.5.2014 – C-356/12 – Glatzel, BeckRS 2014, 80909; GA *Jääskinen* 17.7.2014 – C-354/13 Rn. 17 – Kaltoft, BeckRS 2014, 81269; so auch Art. 5 RL 2000/78/EG). Hinsichtlich des Verbots **von Diskriminierungen wegen des Alters** sind außerdem die Grundrechte gem. **Art. 24** (Rechte des Kindes) und **Art. 25** (Rechte älterer Menschen) relevant (Meyer/*Hölscheidt* Rn. 50).

14 **b) Allgemeine Zielbestimmung gem. Art. 3 EUV.** Nach der allg. Zielbestimmung des **Art. 3 III UAbs. 2 EUV** bekämpft die Union soziale Ausgrenzung und Diskriminierungen und fördert soziale Gerechtigkeit und sozialen Schutz, die Gleichstellung von Frauen und Männern, die Solidarität zwischen den Generationen und den Schutz der Rechte des Kindes. Art. 3 III UAbs. 2 EUV ist eine Ausprägung der Wirtschaftsverfassung einer **in hohem Maße wettbewerbsfähigen und zugleich sozialen Marktwirtschaft** (dazu *Säcker*, FS Adomeit, 2008, 661; *Schmidt-Preuß*, FS Säcker, 2011, 969 ff.). Die Vorschrift enthält die zentralen Vorgaben des europäischen Sozialmodells (GHN/*Terhechte* EUV Art. 3 Rn. 51). Diese decken sich teilweise mit Art. 2 EUV über die Werte der Union (von der Groeben/Schwarze/Hatje/*Jacqué* EUV Art. 3 Rn. 4). Das Ziel, soziale Ausgrenzungen und

Verbot von Diskriminierungen wegen personenbez. Merkmale **Art. 21 GRC 30**

Diskriminierungen zu bekämpfen, wird durch verschiedene Rechtsgarantien im AEUV und in der Charta näher konkretisiert (s. GHN/*Terhechte* EUV Art. 3 Rn. 51 ff.). Wie bereits erläutert, adressiert ein zutreffend verstandener Schutz vor Diskriminierungen freilich keine sozialrechtlichen Verteilungsfragen, sondern beinhaltet Abwehrrechte zur Sicherung der material-chancengleichen Freiheit der Bürger (→ Rn. 2 und 3).

c) **Querschnittsklausel zur Gleichstellung von Frauen und Männern gem. Art. 8** **15** **AEUV.** Die Querschnittsklausel des **Art. 8 AEUV** verpflichtet die Union zur Gleichstellung von Männern und Frauen (Streinz/*Eichenhofer* AEUV Art. 8 Rn. 1). Danach wirkt die Union bei allen ihren Tätigkeiten darauf hin, Ungleichheiten zu beseitigen und die Gleichstellung von Männern und Frauen zu fördern. Aus dem Wortlaut von Art. 8 AEUV folgt, dass sich die Beseitigung von Ungleichheiten allein auf solche zwischen Männern und Frauen bezieht; die sonstigen Merkmale der Art. 10 und Art. 19 AEUV werden nicht erfasst (Streinz/*Eichenhofer* AEUV Art. 8 Rn. 1).

Art. 8 AEUV enthält keine Kompetenzgrundlage für die Union (Calliess/Ruffert/*Rossi* **16** AEUV Art. 8 Rn. 4). Die Vorschrift vermittelt auch keine subjektiven Rechte (Calliess/Ruffert/*Rossi* AEUV Art. 8 Rn. 6). Die Querschnittsaufgabe des Art. 8 AEUV bindet vielmehr die **Union** und **ihre Organe** bei der Ausübung ihrer vertraglich überantworteten Kompetenzen (Calliess/Ruffert/*Rossi* AEUV Art. 8 Rn. 4). Sie bezieht sich iRd konkreten Regelungen der Verträge sowohl auf den **abwehrrechtlichen Schutz vor Diskriminierungen** wegen des natürlichen Geschlechts als auch auf die **Förderung von Personen mit einem bestimmten Geschlecht** (Calliess/Ruffert/*Rossi* AEUV Art. 8 Rn. 4). Eine derartige Förderung ist aber nur dann zulässig, wenn sie dem Ausgleich von tatsächlich nachweisbaren Nachteilen des unterrepräsentierten Geschlechts dient und verhältnismäßig ist (so auch Art. 23 II). Zur Erfüllung der Querschnittsaufgabe billigt Art. 8 AEUV den gesetzgebenden Organen der Union einen weiten Handlungsspielraum zu, was mit einer entsprechenden Zurücknahme der gerichtlichen Kontrolle korrespondiert (von der Groeben/Schwarze/Hatje/*Rust* AEUV Art. 8 Rn. 23).

Die **Mitgliedstaaten** werden nicht durch Art. 8 AEUV, aber durch kompetenzgemäß **17** erlassenes sekundäres Recht gebunden, soweit nicht ausnahmsweise – etwa mit Art. 157 I, II AEUV – ein unmittelbar anwendbares primärrechtliches Diskriminierungsverbot vorhanden ist (Streinz/*Eichenhofer* AEUV Art. 8 Rn. 8).

d) **Querschnittsklausel zur Bekämpfung von Diskriminierungen gem. Art. 10** **18** **AEUV.** Gem. **Art. 10 AEUV** zielt die Union bei der Festlegung und Durchführung ihrer Politik und ihrer Maßnahmen darauf ab, Diskriminierungen aus Gründen des **Geschlechts,** der **Rasse,** der **ethnischen Herkunft,** der **Religion** oder der **Weltanschauung,** einer **Behinderung,** des **Alters** oder der **sexuellen Ausrichtung** zu bekämpfen. Die Vorschrift wendet sich nur an die Union und setzt auf bereits bestehenden Kompetenzen auf, die sie um eine spezifische Querschnittsaufgabe zur Bekämpfung bestimmter Diskriminierungen ergänzt (Calliess/Ruffert/*Rossi* AEUV Art. 10 Rn. 2 f.).

Art. 10 AEUV ist ebenso wie Art. 8 AEUV ein Ausdruck der politischen Strategie, die **19** EU aus ihrem wirtschaftsbezogenen Integrationsprogramm herauszulösen und sie auf die Lösung gesamtgesellschaftlicher, wenn auch nicht notwendig sozialrechtlicher Fragestellungen auszurichten (GHN/*Schorkopf* AEUV Art. 10 Rn. 7; → Rn. 2 und 3). Im Unterschied zu Art. 8 AEUV beschränkt sich Art. 10 AEUV auf die Aufgabe, **Diskriminierungen „negativ" zu bekämpfen.** Die Vorschrift erlaubt somit nicht, die diskriminierten Gruppen auch „positiv" zu fördern (Calliess/Ruffert/*Rossi* AEUV Art. 10 Rn. 3). Ebenso wie Art. 8 AEUV enthält Art. 10 AEUV kein subjektives Recht der Bürger gegen die Union auf ein Tätigwerden (*Jarass* Rn. 1). Vor diesem Hintergrund lässt sich Art. 10 AEUV zwar der allg. Auftrag entnehmen, Diskriminierungen zu bekämpfen. In diesem Rahmen ist die Vorschrift als Sollenssatz – ebenso wie andere Querschnittsklauseln wie Art. 8 AEUV – justiziabel (Streinz/*Streinz* AEUV Art. 10 Rn. 1). Die Entscheidung über Art und Umfang dieser Bekämpfung obliegt jedoch iRd primärrechtlichen Vorgaben den zuständigen Organen, denen insoweit ein weiter politischer Handlungsspielraum zukommt (Calliess/Ruffert/ *Rossi* AEUV Art. 10 Rn. 5). Dies gilt auch für das Zusammentreffen mehrerer Querschnittsklauseln, wenn etwa die Förderung von Frauen gem. Art. 8 AEUV zu einer unmittelbaren Diskriminierung von anderen Personengruppen führt, die durch Art. 10 AEUV geschützt sind (Streinz/*Streinz* AEUV Art. 10 Rn. 3).

20 **e) Religiöse und weltanschauliche Gemeinschaften gem. Art. 17 AEUV.** Das **Diskriminierungsverbot wegen der Religion** ist nicht nur in Zusammenhang mit dem Grundrecht der Religionsfreiheit gem. Art. 10, sowie auch in Zusammenhang mit Art. 17 AEUV zu sehen (Calliess/Ruffert/*Waldhoff* AEUV Art. 17 Rn. 1, 2 und 8).

21 Gem. **Art. 17 I AEUV** achtet die Union den Status, den Kirchen und religiöse Vereinigungen oder Gemeinschaften in den Mitgliedstaaten nach deren Rechtsvorschriften genießen, und beeinträchtigt ihn nicht. Vermittelt das nationale (Verfassungs-)Recht den Kirchen und religiösen Vereinigungen somit bestimmte Rechte, sind diese auch von der Union zu achten (LAG Bln-Bbg 28.5.2014 BeckRS 2014, 69394 Rn. 65). Art. 17 I AEUV anerkennt nicht nur den Status der Körperschaften des öffentlichen Rechts der Kirchen, sondern bezieht das gesamte Rechtsverhältnis zwischen den Mitgliedsstaaten und Kirchen ein, mit Blick auf Deutschland also das **Staatskirchenrecht,** wie es in Art. 140 GG und den von dieser Vorschrift inkorporierten Artikeln der WRV seinen Ausdruckt gefunden hat (LAG Bln-Bbg 28.5.2014 BeckRS 2014, 69394 Rn. 65; Calliess/Ruffert/*Waldhoff* AEUV Art. 17 Rn. 12; *Adomeit/Mohr* AGG § 9 Rn. 3). Nach Art. 17 II AEUV achtet die Union in gleicher Weise den Status, den weltanschauliche Gemeinschaften nach den einzelstaatlichen Rechtsvorschriften genießen. Art. 17 III AEUV ergänzt, dass die Union mit diesen Kirchen und Gemeinschaften in Anerkennung ihrer Identität und ihres besonderen Beitrags einen offenen, transparenten und regelmäßigen Dialog führt.

22 In inhaltlicher Übereinstimmung mit Art. 17 AEUV stellt Erwägungsgrund 24 RL 2000/ 78/EG klar, dass die Union gem. der **Erklärung Nr. 11 zur Schlussakte zum Vertrag von Amsterdam** den Status, den Kirchen und religiöse Vereinigungen in den Mitgliedstaaten nach deren Rechtsvorschriften genießen, achtet und nicht beeinträchtigt, ebenso wenig wie den Status von weltanschaulichen Gemeinschaften. Hiermit anerkennt der Unionsgesetzgeber auch für das Recht gegen Diskriminierungen die kirchlichen Selbstbestimmungsrechte in den Mitgliedstaaten (*Adomeit/Mohr* AGG § 9 Rn. 3; *Lingscheid* S. 138; zweifelnd noch *Schliemann* NZA 2003, 407 [411]; *Däubler* RdA 2003, 204 [206]). Der nunmehr auch im Lichte von Art. 17 AEUV zu interpretierende Art. 4 II RL 2000/ 78/EG ermöglicht es den Mitgliedstaaten deshalb, bereits geltende Rechtsvorschriften und Gepflogenheiten beizubehalten, wonach eine Ungleichbehandlung wegen der Religion oder Weltanschauung keine Benachteiligung bedeutet, wenn die Religion oder Weltanschauung nach der Art der Tätigkeiten oder den Umständen ihrer Ausübung eine **wesentliche,** rechtmäßige und gerechtfertigte **berufliche Anforderung angesichts des Ethos der Organisation** ist (vgl. zur primärrechtskonformen Auslegung des Art. 4 II RL 2000/78/EG das BAG 25.4.2013 NZA 2013, 1131 Rn. 49; LAG Bln-Bbg 28.5.2014 BeckRS 2014, 69394 Rn. 64). Mit diesem Ethos ist das „kirchliche Selbstverständnis" gemeint, das dem entsprechenden Selbstbestimmungsrecht vorgelagert ist und dieses inhaltlich ausgestaltet (*Mohr* Diskriminierungen 203; *Thüsing* ZfA 2001, 397 [408]). Die Kirchen müssen somit zwar die verfassungsrechtlichen Bestimmungen und Grundsätze der Mitgliedstaaten sowie die allg. Grundsätze des Unionsrechts beachten (dazu im Hinblick auf das Merkmal „sexuelle Ausrichtung" BAG 25.4.2013 NZA 2013, 1131 Rn. 44). Kirchliche Vorgaben, die eine Ungleichbehandlung wegen der Religion vorgeben, können demgegenüber nicht durch die Arbeitsgerichte kontrolliert werden (s. zu § 9 I AGG *Mohr/von Fürstenberg* BB 2008, 1122; offengelassen von BAG 25.4.2013 NZA 2013, 1131 Rn. 46; **aA** das Schreiben der Kommission v. 31.1.2008 zum am 28.10.2010 eingestellten Vertragsverletzungsverfahren gegen Deutschland 2007/2362, zu Nr. 2). Nach dem kirchlichen Selbstverständnis ist die Religion vielmehr grds. für **alle Tätigkeiten** als „wesentlich" iSe kon-

kreten Notwendigkeit einzustufen (*Mohr/von Fürstenberg* BB 2008, 2122 [2124 ff.]; *Thüsing/ Fink-Jamann/von Hoff* ZfA 2009, 153 [167]). Folgerichtig gilt iRd Art. 4 II RL 2000/78/EG – anders als gem. Art. 4 I RL 2000/78/EG – ein **subjektiver Prüfungsmaßstab** (*Adomeit/ Mohr* AGG § 9 Rn. 23; aA *Belling* NZA 2004, 885 [887]). Sofern die Bestimmungen der RL 2000/78/EG im Übrigen eingehalten werden, können die Kirchen insbesondere von ihren Beschäftigten verlangen, dass sie sich **loyal** und **aufrichtig** iSd kirchlichen Selbstverständnisses verhalten (s. zu § 9 II AGG *Mohr/von Fürstenberg* BB 2008, 2122 ff.), weshalb der Kirchenaustritt eines Sozialpädagogen in einer von der Caritas getragenen Kinderbetreuungsstätte eine Kündigung (sozial) rechtfertigt (BAG 25.4.2013 NZA 2013, 1131 Rn. 47 f.).

Art. 4 II RL 2000/78/EG behält auch bei einer solchen Auslegung einen relevanten 23 Anwendungsbereich (*Adomeit/Mohr* AGG § 9 Rn. 24). Dieser liegt bei der Begründung von Beschäftigungsverhältnissen in einer **Missbrauchskontrolle,** ob die Kirchen und ihre Einrichtungen die selbst gesetzten Maßstäbe konsequent durchhalten (*Reichold* NZA 2001, 1054 [1059 f.]; *Kamanabrou* RdA 2006, 321; s. zum **Kohärenzgebot** mit Blick auf das Verbot von Altersdiskriminierungen *Schubert* ZfA 2013, 1 [28 f.]).

f) Ermächtigungsgrundlage zum Erlass von Diskriminierungsverboten gem. 24 **Art. 19 AEUV.** Art. 21 I wird ergänzt durch Art. 19 AEUV und die auf dieser Grundlage erlassenen Richtlinien gegen Diskriminierungen 2000/43/EG und 2000/78/EG (Ehlers/ *Kingreen* § 13 Rn. 22).

Nach **Art. 19 I AEUV** kann der Rat unbeschadet der sonstigen Bestimmungen der 25 Verträge iRd durch die Verträge auf die Union übertragenen Zuständigkeiten gem. einem besonderen Gesetzgebungsverfahren und nach Zustimmung des Europäischen Parlaments einstimmig geeignete Vorkehrungen treffen, um Diskriminierungen aus Gründen des **Geschlechts,** der **Rasse,** der **ethnischen Herkunft,** der **Religion** oder der **Weltanschauung,** einer **Behinderung,** des **Alters** oder der **sexuellen Ausrichtung** zu bekämpfen. Die Vorschrift enthält somit kein unmittelbar anwendbares Diskriminierungsverbot wegen der dort aufgeführten Merkmale, sondern ermächtigt den Rat zum Erlass sekundärrechtlicher Rechtsakte (EuGH 18.12.2014 – C-354/13 Rn. 32 – Kaltoft, NZA 2015, 33; 11.7.2006 – C-13/05 Rn. 56 – Chacón Navas, NZA 2006, 839; so auch BVerfG 6.7.2010 Rn. 79, NJW 2010, 3422; aus dem Schrifttum GHN/*Grabenwarter* AEUV Art. 19 Rn. 6; *Wernsmann* JZ 2005, 224; *Mohr* Diskriminierungen 180 ff.). Aus diesem Grunde kann Art. 19 I AEUV keine Sachverhalte in den Anwendungsbereich des Unionsrechts bringen, die nicht in den Rahmen der auf der Grundlage dieser Vorschrift erlassenen Maßnahmen fallen (EuGH 23.9.2008 – C-427/06 Rn. 18 – Bartsch, NJW 2008, 3417).

Will der Rat von der Ermächtigung des Art. 19 I AEUV Gebrauch machen, muss er ua 26 **Art. 3 III UAbs. 2 EUV** (→ Rn. 14) beachten, sowie die **Art. 8 und 10 AEUV** (→ Rn. 15, 18; s. zum Verbot von Diskriminierungen wegen des Geschlechts EuGH 1.3.2011 – C-236/09 Rn. 19 – Test Achats, NJW 2011, 907). Bei der schrittweisen Verwirklichung der vorstehenden Anforderungen darf der Unionsgesetzgeber unter Berücksichtigung der Aufgaben, die der Union mit Art. 3 III UAbs. 2 EUV und Art. 8 und 10 AEUV übertragen worden sind, zwar den Zeitpunkt seines Tätigwerdens bestimmen, wobei er der Entwicklung der wirtschaftlichen und sozialen Verhältnisse in der Union Rechnung tragen muss. Wird er aber tätig, muss er in **kohärenter Weise** auf die Erreichung des verfolgten Ziels hinwirken, was nicht die Möglichkeit ausschließt, Übergangszeiten oder Ausnahmen in begrenztem Umfang vorzusehen (EuGH 1.3.2011 – C-236/09 Rn. 20 f. – Test Achats, NJW 2011, 907; zum Kohärenzgebot *Schubert* ZfA 2013, 1 [28 f.]).

Art. 19 I AEUV und Art. 21 I stehen zueinander somit in keinem Widerspruch (s. die 27 Erläuterungen zur Charta der Grundrechte ABl. EU Nr. C 303, 14 [24] v. 14.12.2007; GHN/*Mayer* Grundrechtsschutz und rechtsstaatliche Grundsätze Rn. 234): Während Art. 19 I AEUV eine Kompetenzvorschrift für die Union zur Bekämpfung von Diskriminierungen enthält, wird durch Art. 21 I weder eine Zuständigkeit zum Erlass von Antidiskriminierungsgesetzen in den von Art. 19 I AEUV erfassten Bereichen geschaffen, noch wird ein umfassendes Diskriminierungsverbot in diesen Bereichen festgelegt. Vielmehr behandelt Art. 21 I **unzulässige Diskriminierungen seitens der Organe und Einrichtungen der Union** iRd Ausübung der ihr nach den Verträgen zugewiesenen Zuständigkeiten und **seitens der Mitgliedstaaten iRd Umsetzung des Unionsrechts** (Art. 51 I 1).

28 Art. 19 II AEUV enthält eine an die Union gerichtete **Ermächtigungsgrundlage** zum Erlass von spezifischen Fördermaßnahmen. Hiernach können das Europäische Parlament und der Rat gem. dem ordentlichen Gesetzgebungsverfahren „die Grundprinzipien für Fördermaßnahmen der Union unter Ausschluss jeglicher Harmonisierung der Rechts- und Verwaltungsvorschriften der Mitgliedstaaten zur Unterstützung der Maßnahmen festlegen, die die Mitgliedstaaten treffen, um zur Verwirklichung der in Absatz 1 genannten Ziele beizutragen". Da die hierauf gestützten Maßnahmen der Union nicht zu einer Harmonisierung der Rechts- und Verwaltungsvorschriften der Mitgliedstaaten führen dürfen, wie dies der Intention des Art. 19 I AEUV entspricht, kommt der Regelung bislang keine nennenswerte Relevanz zu (Calliess/Ruffert/*Epiney* AEUV Art. 19 Rn. 9).

29 **g) Gleichstellung von Mann und Frau im Erwerbsleben gem. Art. 157 AEUV.** Das **Verbot von Diskriminierungen wegen des Geschlechts** in Art. 21 I wird für **Arbeitsverhältnisse** ergänzt durch das unmittelbar anzuwendende Diskriminierungsverbot des Art. 157 AEUV (→ AEUV Art. 157 Rn. 1 und 8; vgl. auch BAG 12.11.2013 NZA 2014, 848 Rn. 32) sowie durch die auf der Grundlage von Art. 157 III AEUV erlassene RL 2006/54/EG. Für **Selbständige** gilt die RL 2010/41/EU.

30 Art. 157 I, II AEUV enthält ein unmittelbar anwendbares Verbot von Diskriminierungen wegen des Geschlechts im Hinblick auf das Arbeitsentgelt (EuGH 8.4.1976 – C-43/75 Rn. 8 und 11 – Defrenne II, Slg. 1976, 455; *Franzen,* Privatrechtsangleichung 25; → AEUV Art. 157 Rn. 8). Die Anwendungsbereiche von Art. 21 I und Art. 157 I, II AEUV sind nicht deckungsgleich (Ehlers/*Kingreen* § 21 Rn. 25). Während das grundrechtliche Diskriminierungsverbot gem. Art. 21 I alle Lebensbereiche erfasst, beschränkt sich Art. 157 I AEUV auf ein Verbot von Diskriminierungen von Männern und Frauen bei gleicher oder gleichwertiger Arbeit im Hinblick auf das Arbeitsentgelt. Auch die Normadressaten der Vorschriften sind verschieden (Ehlers/*Kingreen* § 21 Rn. 25 und 39). Während Art. 21 I die Union umfassend (beim Geschlecht iVm Art. 23 I) bindet, die Mitgliedstaaten hingegen gem. Art. 51 I 1 nur bei der Durchführung des Unionsrechts und nach der umstrittenen Rechtsprechung des EuGH in dessen Anwendungsbereich (→ Rn. 49), ist Art. 157 I AEUV allein an die Mitgliedstaaten gerichtet, allerdings ohne Einschränkung auf die Durchführung des Unionsrechts oder auf dessen Anwendungsbereich. Der EuGH legt Art. 157 I AEUV als unmittelbar anwendbares Diskriminierungsverbot aus, das die Arbeitgeber und von diesen in die Entgeltzahlung eingeschaltete Dritte bindet (EuGH 28.9.1994 – C-200/91 Rn. 22 – Coloroll, AP EWG-Vertrag Art. 119 Nr. 57; 28.9.1994 – C-128/93 Rn. 29 ff. – Fisscher, AP EWG-Vertrag Art. 119 Nr. 56; so auch *Adomeit/Mohr* AGG § 6 Rn. 28). Letztere sind einem Direktanspruch der (ausgeschiedenen) Arbeitnehmer ausgesetzt (EuGH 9.10.2001 – C-379/99 Rn. 28 ff. – Menauer, NZA 2001, 1301), zusätzlich zum Erfüllungsanspruch gegen den Arbeitgeber (BAG 7.9.2004 NZA 2005, 1239 [1243]).

31 Art. 21 I wird außerdem ergänzt durch die in Art. 157 III und IV AEUV getroffenen Zuständigkeitsregeln und Aufgabenbestimmungen (Streinz/*Eichenhofer* AEUV Art. 8 Rn. 1). Nach **Art. 157 III AEUV** kann der Rat im ordentlichen Gesetzgebungsverfahren nach Anhörung des Wirtschafts- und Sozialausschusses Regelungen erlassen „zur Anwendung des Grundsatzes der Chancengleichheit und der Gleichbehandlung von Männern und Frauen in Arbeits- und Beschäftigungsfragen, einschließlich des Grundsatzes gleichen Entgelts bei gleicher oder gleichwertiger Arbeit". Die entsprechenden Rechtsakte sind somit nicht auf die Sicherung der Entgeltgleichheit von Männern und Frauen begrenzt, sondern können auch sonstige Maßnahmen zur Sicherung von Chancengleichheit und Gleichbehandlung von

Männern und Frauen in Arbeits- und Beschäftigungsfragen enthalten, etwa mit Blick auf den Zugang zur Beschäftigung oder die Entlassungsbedingungen (Streinz/*Eichenhofer* AEUV Art. 157 Rn. 22). Im Verhältnis zu Art. 19 I, II AEUV ist Art. 157 III AEUV lex specialis (→ AEUV Art. 157 Rn. 82). Da Art. 157 III AEUV auf die Grundsätze der Chancengleichheit und der Gleichbehandlung abstellt, kann die Vorschrift nicht zur Rechtfertigung „positiver Diskriminierungen" herangezogen werden (**aA** → AEUV Art. 157 Rn. 80). Jedenfalls wären derartige Maßnahmen auf die Sicherung der materialen Chancengleichheit beschränkt, weshalb iRd Begründung von Arbeitsverhältnissen keine harten Quoten vorgegeben, sondern nur unterstützende Regelungen getroffen werden könnten (→ Art. 23 Rn. 16 f.).

Art. 157 IV AEUV erlaubt es den Mitgliedstaaten, unter den dort normierten Vorgaben „positive" Förderungsmaßnahmen für das unterrepräsentierte Geschlecht zu erlassen, ohne sie auf bestimmte Maßnahmen zu verpflichten (→ AEUV Art. 157 Rn. 62 ff.). Die Vorschrift ist nach ihrem Wortlaut nicht auf die Union selbst anwendbar (ErfK/*Schlachter* AEUV Art. 157 Rn. 30). **32**

h) Diskriminierungsverbot gem. Art. 14 EMRK. Gem. Art. 6 III EUV sind die Grundrechte, die sich aus der EMRK ergeben, als **allg. Rechtsgrundsätze** Bestandteile des Unionsrechts (EuGH 24.4.2012 – C-571/10 Rn. 59 ff. – Servet Kamberaj, NVwZ 2012, 950; *Frenz* Handbuch 4, Rn. 39 und 41). Nach den Erläuterungen des Präsidiums des Konvents soll Art. 21 I, soweit er mit Art. 14 EMRK zusammenfällt, nach diesem Artikel angewandt werden (Erläuterungen zur Charta der Grundrechte ABl.EU Nr. C 303, 14 [24] v. 14.12.2007). Für eine derartige Sichtweise spricht auch die Konvergenzklausel des Art. 52 III 1, wonach die Rechte der Charta, die den durch die EMRK garantierten Rechten entsprechen, die gleiche Bedeutung und Tragweite wie in der Konvention haben (*Frenz* Handbuch 4, Rn. 3245). Allerdings ist bei einer EMRK-konformen Interpretation im Blick zu behalten, dass Art. 14 EMRK anders als Art. 21 I nur akzessorisch gilt (s. Tettinger/Stern/*Sachs* Rn. 8 mit Fn. 17; noch weiter Meyer/*Hölscheidt* Rn. 32). Schon weil die Europäische Union bislang noch nicht der EMRK beigetreten ist (s. EuGH Gutachten C-2/13 v. 18.12.2014, BeckRS 2015, 80256; dazu *Wendel* NJW 2015, 921), fungieren die Grundrechte der EMRK bislang allein als **Rechtserkenntnisquelle** zur Gewinnung und Auslegung primärrechtlich geltender Unionsgrundrechte (Ehlers/*Ehlers* § 14 Rn. 32; Calliess/Ruffert/*Kingreen* Art. 52 Rn. 31 ff.). Wesentliche Folge eines Beitritts der Union zur EMRK wäre insbesondere die Bindung des EuGH an die Rechtsprechung des EGMR (Ehlers/*Ehlers* § 14 Rn. 32 und 89). **33**

Gem. **Art. 14 EMRK** ist der Genuss der in der UN-Menschenrechtskonvention anerkannten Rechte und Freiheiten ohne Diskriminierung insbesondere wegen des **Geschlechts**, der **Rasse**, der **Hautfarbe**, der **Sprache**, der **Religion**, der **politischen** oder **sonstigen Anschauung**, der **nationalen** oder **sozialen Herkunft**, der **Zugehörigkeit zu einer nationalen Minderheit**, des **Vermögens**, der **Geburt** oder eines **sonstigen Status** zu gewährleisten. Die Vorschrift verbietet somit nicht jede benachteiligende unterschiedliche Behandlung, sondern nur eine solche, die sich auf ein persönliches Merkmal oder einen „sonstigen Status" stützt, wodurch sich Personen oder Personengruppen voneinander unterscheiden (zur Judikatur des EGMR s. Tettinger/Stern/*Sachs* Rn. 10, der auch sachbezogene Unterscheidungen identifiziert). Art. 14 EMRK führt spezifische Umstände an, die einen geschützten „Status" begründen, doch ist diese Aufzählung nicht abschließend (EGMR 10.3.2011 – 2700/10 Rn. 56 – Kiyutin/Russland, NVwZ 2012, 221). Demgemäß hat der EGMR auch die **sexuelle Orientierung** als geschütztes Merkmal anerkannt (EGMR 27.9.1999 – 33985/96 und 33986/96 Rn. 89 ff. und Rn. 113 ff. – Smith and Grady, NJW 2000, 2089; 22.1.2008 – 43546/02 Rn. 50 – E. B./Frankreich, NJW 2009, 3637). Auch **genetische Merkmale** werden vom Diskriminierungsverbote erfasst (dazu EGMR 4.12.2008 – 30562/04 und 30566/04 Rn. 48 ff. und Rn. 127 ff. – S. und Marper/Vereinigtes Königreich, NJOZ 2010, 696; Tettinger/Stern/*Sachs* Rn. 15). Im Schrifttum **34** wird der Rechtsprechung des EGMR eine gewisse Beliebigkeit attestiert, da sie den Katalog des Art. 14 EMRK letztlich für „jegliches Differenzierungskriterium" geöffnet habe (Tettinger/Stern/*Sachs* Rn. 10). Bei einer solch extensiven Interpretation handelt es sich bei Art. 14 EMRK letztlich um eine Ausprägung des allg. Gleichheitssatzes. Zur Interpretation des Art. 21 I sind deshalb lediglich persönliche, nicht jedoch sachbezogene Merkmale relevant (Tettinger/Stern/*Sachs* Rn. 15).

35 Eine unzulässige Diskriminierung iSd Art. 14 EMRK zeichnet sich durch eine **unterschiedliche Behandlung von Personen in gleicher oder wesentlich ähnlicher Lage ohne sachliche und vernünftige Rechtfertigung** aus (EGMR 29.4.2008 – 13378/05 Rn. 60 – Burden/Vereinigtes Königreich, NJW-RR 2009, 1606). Diese Behandlung ist erst dann verboten, wenn der Normadressat **kein berechtigtes Ziel verfolgt oder wenn kein angemessenes Verhältnis zwischen den angewendeten Mitteln und dem verfolgten Ziel besteht.** Die Vertragsstaaten haben insoweit aber einen Beurteilungs- und Ermessensspielraum. Dieser ist insbesondere dann weit, wenn es um allg. Maßnahmen im Bereich der Wirtschafts- oder Sozialpolitik geht (s. EGMR 29.4.2008 – 13378/05 Rn. 60 – Burden/Vereinigtes Königreich, NJW-RR 2009, 1606; zum merkmalspezifischen Prüfungsmaßstab des EGMR s. Tettinger/Stern/*Sachs* Rn. 9). Auch „indirekte Diskriminierungen", die sich nur tatsächlich überwiegend nachteilig auf eine geschützte Personengruppe auswirken, sind von Art. 14 EMRK erfasst (EGMR 13.11.2007 – 57325/00 Rn. 184 – D. H. ua/Tschechien, NVwZ 2008, 533). Eine Diskriminierung kann schließlich auch in einer **erniedrigenden Behandlung** iSd Art. 3 EMRK liegen (*Meyer-Ladewig* EMRK Art. 14 Rn. 37). Ebenso wie Art. 21 hat Art. 14 EMRK somit auch einen abwehrrechtlichen Gehalt; denn eine Erniedrigung wird nicht dadurch zulässig, dass sie auch gegenüber anderen Personen erfolgt.

36 Das Diskriminierungsverbot des Art. 14 EMRK ist zwar unmittelbar in Privatrechtsverhältnissen anwendbar, aber lediglich **akzessorisch** (*Meyer-Ladewig* EMRK Art. 14 Rn. 5; MHdBArbR/*Oetker* § 13 Rn. 10). Es greift somit nur dann ein, wenn eine andere Vorschrift der EMRK nach ihrem Schutzbereich einschlägig ist; auf eine Verletzung der anderen Vorschrift kommt es demgegenüber nicht an (EGMR 22.1.2008 – 43546/02 Rn. 47 – E. B./Frankreich, NJW 2009, 3637; Ehlers/*Uerpmann-Wittzack* § 3 Rn. 67). Diese Akzessorietät führte bislang dazu, dass Art. 14 EMRK eine vergleichsweise geringe praktische Relevanz erlangt hat (Ehlers/*Uerpmann-Wittzack* § 3 Rn. 67). Demgegenüber sind die zu Art. 14 EMRK entwickelten Grundsätze iRd Art. 21 I auch auf solche Differenzierungen anwendbar, die nicht auf den Schutzgegenstand eines anderen Rechts der EMRK oder der Charta bezogen sind (Tettinger/Stern/*Sachs* Rn. 15 aE).

37 Zur EMRK sind neben den Gewährleistungen der Art. 1 bis 14 EMRK auch die Zusatzprotokolle zu rechnen, jedenfalls soweit diese von allen Mitgliedstaaten ratifiziert worden sind (Ehlers/*Ehlers* § 14 Rn. 6). Relevant ist vorliegend vor allem das von Deutschland noch nicht ratifizierte **12. Zusatzprotokoll,** das ein „generelles Diskriminierungsverbot" enthält (Text bei *Meyer-Ladewig* EMRK Art. 14 Rn. 3; so auch Meyer/*Hölscheidt* Rn. 4). Nach Art. 1 I ist der „Genuss eines jeden auf Gesetz beruhenden Rechts […] ohne Diskriminierung insbesondere wegen des Geschlechts, der Rasse, der Hautfarbe, der Sprache, der Religion, der politischen oder sonstigen Anschauung, der nationalen oder sozialen Herkunft, der Zugehörigkeit zu einer nationalen Minderheit, des Vermögens, der Geburt oder eines sonstigen Status zu gewährleisten." Gem. Art. 1 II darf „[n]iemand […], insbesondere aus einem der in Abs. 1 genannten Gründe, von einer Behörde diskriminiert werden". Die vorstehende Regelung unterscheidet sich von Art. 14 EMRK insbesondere dadurch, dass sie nicht akzessorisch ist. Das Diskriminierungsverbot bezieht sich somit nicht nur auf die in dieser Konvention anerkannten Rechte und Freiheiten, sondern auf den Genuss eines jeden auf Gesetz beruhenden Rechtes (*Meyer-Ladewig* EMRK Art. 14 Rn. 4).

38 **i) Gemeinsame Verfassungsüberlieferungen.** Gem. Art. 6 III EUV sind die Grundrechte, wie sie sich aus den **gemeinsamen Verfassungsüberlieferungen der Mitgliedstaaten** ergeben, als **allg. Grundsätze** Teil des Unionsrechts. Diese Vorschrift trägt der

ständigen Rechtsprechung des EuGH Rechnung, wonach die Grundrechte integraler Bestandteil der allg. Rechtsgrundsätze sind, deren Wahrung der Gerichtshof zu sichern hat (EuGH 24.4.2012 – C-571/10 Rn. 60 f. – Servet Kamberaj, NVwZ 2012, 950; so auch Tettinger/Stern/*Sachs* Rn. 12 ff.). Der EuGH hat sich etwa auf die Verfassungsüberlieferungen der Mitgliedstaaten berufen, um vor Inkrafttreten der Charta ein Grundrecht auf Schutz vor Diskriminierungen wegen des Alters zu entwickeln (EuGH 22.11.2005 – C-144/04 Rn. 75 – Mangold, NJW 2005, 3695 ff.; → Rn. 44).

Aus deutscher Sicht werden die gemeinsamen Verfassungsüberlieferungen insbesondere **39** durch das Diskriminierungsverbot des **Art. 3 III GG** geprägt (s. ErfK/*Schmidt* GG Art. 3 Rn. 65). Hiernach darf niemand wegen seines Geschlechts, seiner Abstammung, seiner Rasse, seiner Sprache, seiner Heimat und Herkunft, seines Glaubens, seiner religiösen oder politischen Anschauungen benachteiligt oder bevorzugt werden. Wegen seiner Behinderung darf niemand benachteiligt werden (von der Groeben/Schwarze/Hatje/*Lemke* Rn. 3). Gem. **Art. 3 II GG** sind Männer und Frauen gleichberechtigt. Der Staat fördert außerdem die tatsächliche Durchsetzung der Gleichberechtigung von Frauen und Männern und wirkt auf die Beseitigung bestehender Nachteile hin (dazu BVerfG 20.11.2013 Rn. 24, NJW 2014, 843). Über Art. 3 II GG können insbesondere Maßnahmen zur Förderung von Frauen gerechtfertigt werden, soweit sich diese in unionsrechtskonformer Auslegung als zulässig erweisen (ErfK/*Schmidt* GG Art. 3 Rn. 84; → Art. 23 Rn. 14 f.). Zuweilen werden auch Aussagen des **Landesverfassungsrechts** als relevante Anknüpfungspunkte zur Konkretisierung der Verfassungsüberlieferungen der Mitgliedstaaten angesehen (vgl. Tettinger/Stern/ *Sachs* Rn. 13 mit Fn. 90).

j) UN-Behindertenrechtsübereinkommen. Für die Interpretation des Diskriminie- **40** rungsverbots wegen einer Behinderung ist das **Übereinkommen der Vereinten Nationen über die Rechte von Menschen mit Behinderungen** relevant (dazu EuGH 11.4.2013 – C-335/11 ua Rn. 28 ff. – Ring, NZA 2013, 553; 4.7.2013 – C-312/11 Rn. 56 – Kommission/Italien, BeckRS 2013, 81408; 18.3.2014 – C-363/12 Rn. 76 – Z., NZA 2014, 525; 22.5.2014 – C-356/12 Rn. 45 – Glatzel, BeckRS 2014, 80909; 18.12.2014 – C-354/13 Rn. 53 – Kaltoft, NZA 2015, 33; so auch Meyer/*Hölscheidt* Rn. 4). Gem. Art. 216 II AEUV sind die EU-Organe an von der Union geschlossene internationale Übereinkünfte gebunden. Die Übereinkünfte haben daher gegenüber den Rechtsakten der Union Vorrang, weshalb die Bestimmungen des sekundären Unionsrechts nach Möglichkeit in Übereinstimmung mit den Übereinkünften auszulegen sind (EuGH 11.4.2013 – C-335/11 ua Rn. 28 ff. – Ring, NZA 2013, 553). Vor diesem Hintergrund zieht der EuGH die UN-Behindertenrechtskonvention auch zur Interpretation der RL 2000/78/EG heran. Wie sich aus der Anlage zu Anhang II des Beschlusses 2010/48/EG „über den Abschluss des Übereinkommens der Vereinten Nationen über die Rechte von Menschen mit Behinderungen" ergebe, gehöre in den Bereichen selbständige Lebensführung, soziale Eingliederung, Arbeit und Beschäftigung die RL 2000/78/EG zu den Rechtsakten der Union, die durch die UN-Behindertenrechtskonvention erfasste Angelegenheiten beträfen (s. EuGH 11.4.2013 – C-335/11 ua Rn. 31 – Ring, NZA 2013, 553). Daraus folge, dass die Richtlinie 2000/78/EG nach Möglichkeit in Übereinstimmung mit diesem Übereinkommen auszulegen sei (EuGH 11.4.2013 – C-335/11 ua Rn. 32 – Ring, NZA 2013, 553). Zugleich stellte der EuGH fest, dass die RL 2000/78/EG inhaltlich mit den Vorgaben der UN-Behindertenrechtskonvention übereinstimmt (EuGH 18.3.2014 – C-363/12 Rn. 84 ff. – Z., NZA 2014, 525).

k) Übereinkommen über Menschenrechte und Biomedizin in Bezug auf das **41** **genetische Erbe.** Das 1999 in Kraft getretene **Übereinkommen über Menschenrechte und Biomedizin in Bezug auf das genetische Erbe** v. 4.4.1997 (Europarat SEV-Nr. 164) verbietet nach seinem Art. 11 jede Form von Diskriminierung einer Person wegen ihres genetischen Erbes (GHN/*Schorkopf* AEUV Art. 10 Rn. 11; Meyer/*Hölscheidt* Rn. 4). Art. 21 I lehnt sich hinsichtlich des Merkmals „genetische Merkmale" an dieses Überein-

30 GRC Art. 21 Nichtdiskriminierung

kommen an (Erläuterungen zur Charta der Grundrechte ABl.EU Nr. C 303, 14 [24] v. 14.12.2007).

42 **2. Diskriminierungsverbote als allg. Grundsätze des Unionsrechts.** Bereits vor der Rechtsverbindlichkeit der Grundrechtecharta stufte der EuGH die Verbote von Diskriminierungen wegen des Geschlechts und wegen des Alters als **allg. Grundsätze des primären Unionsrechts** ein (zum Geschlecht s. EuGH 15.6.1978 – C-149/77 Rn. 25 ff. – Defrenne III, NJW 1978, 2445; zum Alter s. EuGH 22.11.2005 – C-144/04 Rn. 74 ff. – Mangold, NJW 2005, 3695; so auch *Riesenhuber* § 2 Rn. 11). Da der EuGH auch nach Inkrafttreten des Lissabon-Vertrags sowohl mit dem allg. Grundsatz des Verbots von Altersdiskriminierungen als auch mit Art. 21 I argumentierte (s. etwa EuGH 19.1.2010 – C-555/07 Rn. 21 f. – Kücükdeveci, NJW 2010, 427 ff.), wird vermutet, dass er seine Rechtsprechung zu den Grundrechten als allg. Rechtsgrundsätzen auch nach der Rechtsverbindlichkeit des Art. 21 I durch Art. 6 I EU nicht aufgeben wird (*Krebber* RdA 2009, 224 [231]; GHN/*Mayer,* Grundrechtsschutz und rechtsstaatliche Grundsätze Rn. 44).

43 In der Rs. *Defrenne II* aus 1976 gestaltete der EuGH den **Grundsatz des gleichen Entgelts für Männer und Frauen** gem. Art. 119 EGV (Art. 157 I, II AEUV), also das entsprechende Verbot von Diskriminierungen wegen des Geschlechts beim Entgelt entgegen dem Wortlaut der Vorschrift als in privaten Rechtsverhältnissen anwendbare Anspruchsgrundlage aus (EuGH 8.4.1976 – C-43/75 Rn. 24, 40 – Defrenne II, Slg. 1976, 455; so auch EuGH 30.4.1996 – C-13/94 Rn. 20 – P./S., NZA 1996, 695; 27.4.2006 – C-423/04 Rn. 23 – Richards, EuZW 2006, 342; s. nunmehr Art. 4 RL 2006/54/EG). Zugleich betonte der EuGH, dass diese Regelung durch die mittlerweile in der RL 2006/54/EG aufgegangene Entgeltgleichheitsrichtlinie 75/117/EG präzisiert werde (EuGH 8.4.1976 – C-43/75, Rn. 53/55 – Defrenne II, Slg. 1976, 455). In der Rs. *Defrenne III* aus dem Jahr 1978 setzte der EuGH sodann Art. 119 EGV in Beziehung zum Grundrecht auf Beseitigung aller auf dem Geschlecht beruhenden Diskriminierungen als allg. Grundsatz des Gemeinschaftsrechts (EuGH 15.6.1978 – C-149/77 Rn. 25 ff. – Defrenne III, NJW 1978, 2445; so auch EuGH 10.2.2000 – C-270/97 – Sievers und Schrage, Slg. 2000, I-929; *Krebber* RdA 2009, 224 [225]). In späteren Entscheidungen bezog der EuGH die mittlerweile ebenfalls in der RL 2006/54/EG aufgegangene Gleichbehandlungsrichtlinie 76/207/EWG in den Kontext der grundrechtlich verbürgten Diskriminierungsverbote mit ein (EuGH 30.4.1996 – C-13/94 Rn. 18 ff. – P., NJW 1996, 2421). Erwägungsgrund 5 RL 2006/54/EG stellt nunmehr normativ eine Verbindung zwischen Art. 21 I, 23 und den sekundärrechtlichen Diskriminierungsverboten wegen des Geschlechts her.

44 Seit der Rs. *Mangold* stuft der EuGH auch das **Verbot von Diskriminierungen wegen des Alters** als „allg. Grundsatz des Unionsrechts" ein (EuGH 22.11.2005 – C-144/04 Rn. 75 – Mangold, NJW 2005, 3695 ff.), um nicht an das Verbot der horizontalen Wirkung von Richtlinien gebunden zu sein (krit. *Höpfner* ZfA 2010, 449 ff.; *Huke* SAE 2010, 77 ff.). Die *Mangold*-Entscheidung konnte sich noch nicht auf das in Art. 21 I enthaltene, zudem staatsgerichtete Verbot von Altersdiskriminierungen stützen. Sie wird im Schrifttum deshalb kontrovers diskutiert (s. *Bauer/Arnold* NJW 2006, 6 ff.; *Gerken/Rieble/Roth/Stein/Streinz* 17 ff.; *Preis* NZA 2006, 401 ff.; *Stenslik* 267 ff.; *Reichold* JZ 2006, 549 ff.; *Riesenhuber* FS Adomeit, 2008, 631 ff.; *Temming* NJW 2008, 3404 ff.; *Thüsing* ZIP 2005, 2149 ff.; *Säcker* Deutscher AnwaltSpiegel 2009, 15 ff.). Das BAG hat sich der *Mangold*-Entscheidung angeschlossen (BAG 26.4.2006, NZA 2006, 1163 = AP § 14 TzBfG Nr. 23 mit Anm. *Franzen;* krit. *Mohr* SAE 2007, 16 ff.), ebenso wie im Anschluss das BVerfG (BVerfG 6.7.2010 Rn. 77 f., NJW 2010, 3422). Nach Ansicht des BVerfG lässt sich *Mangold* in die bisherige Rechtsprechung des EuGH zur innerstaatlichen Wirkung von Richtlinien einordnen. Obwohl der EuGH mehrfach entschieden habe, dass eine Richtlinie „nicht selbst Verpflichtungen für einen Einzelnen begründen könne, so dass ihm gegenüber eine Berufung auf die Richtlinie als solche nicht möglich" sei (EuGH 5.10.2004 – C-397/01 ua – Pfeiffer, NJW 2004, 3547), habe er nämlich gleichzeitig anerkannt, dass richtlinienwidrig

erlassene innerstaatliche Normen in einem Rechtsstreit zwischen Privaten nicht angewendet werden dürften (EuGH 26.9.2000 – C-443/98 Rn. 49 – Unilever, EuZW 2001, 153). Mit der in *Mangold* angenommenen **Vorwirkung von Richtlinien** habe er somit lediglich eine weitere Fallgruppe für eine „negative" Wirkung von Richtlinien geschaffen (hierzu *Wank* RdA 2004, 246 [250 ff.]; *Streinz* JuS 2006, 357 [360 f.]; *Herrmann* EuZW 2006, 69 f.). Diese Vorwirkung diene der Effektuierung bestehender Rechtspflichten der Mitgliedstaaten, schaffe aber keine neuen, das Prinzip der begrenzten Einzelermächtigung verletzenden Pflichten. Es könne deshalb dahinstehen, ob sich im Zeitpunkt der *Mangold*-Entscheidung aus den gemeinsamen Verfassungstraditionen und den völkerrechtlichen Verträgen der EU-Mitgliedstaaten – was im Schrifttum gerügt wurde – ein allg. Grundsatz des Verbots der Altersdiskriminierung ableiten ließ, obwohl nur zwei der Verfassungen der (damaligen) Mitgliedstaaten ein derartiges Verbot kannten.

Der EuGH hat seine Mangold-Rechtsprechung in der Entscheidung ***Kücükdeveci*** weiter ausgebaut (EuGH 19.1.2010 – C-555/07 Rn. 21 – Kücükdeveci, NJW 2010, 427 ff.; s. dazu *Thüsing* RdA 2010, 187 ff.; *Bauer/v. Medem* ZIP 2010, 499; *Wackerbarth/Kreße* EuZW 2010, 252 ff.; *Franzen* RIW 2010, 577 ff.; *Kokott/Sobotta* EuGRZ 2010, 265 ff.; *Krois* DB 2010, 1704 ff.). Mit dieser Entscheidung importierte er nicht nur das Verbot von Altersdiskriminierungen auf die Ebene des Primärrechts (vgl. *Preis/Temming* NZA 2010, 185 f.). Er behob auch das im Hinblick auf die *Mangold*-Entscheidung gerügte Legitimationsdefizit eines Verbots von Altersdiskriminierungen als allg. Grundsatz des Unionsrechts (*Krois* Anm. EzA RL 2000/78 EG-Vertrag 1999 Nr. 14). Andere Einwände bleiben freilich auch nach „Kücükdeveci" bestehen, etwa die Anwendung von Richtlinien in horizontalen Sachverhalten schon vor Ablauf ihrer Umsetzungsfrist (s. *Höpfner* ZfA 2010, 449 ff.; *Krebber* RdA 2009, 224 [225]; *Stenslik* RdA 2010, 247). 45

3. Verhältnis der Grundrechte zu den Diskriminierungsverboten des AEUV. Im Schrifttum wird der Vorbehalt des Art. 21 II, wonach das Diskriminierungsverbot wegen der Staatsangehörigkeit nur unbeschadet sonstiger Bestimmungen der Verträge gilt, insoweit auf Art. 21 I übertragen, als sich hieraus ein **Anwendungsvorrang** Letzterer ergeben soll (*Frenz* Handbuch 4, Rn. 3252). Dies überzeugt nicht. Zum Ersten statuiert die Vokabel „unbeschadet" keinen Anwendungsvorrang, sondern bezieht sich auf eine parallele Anwendung. Zum Zweiten ist diese Regelung gerade nicht in Art. 21 I, sondern nur in Art. 21 II enthalten. Zum Dritten ordnet Art. 6 I EUV die normative Gleichrangigkeit der Charta mit den sonstigen Bestimmungen der Verträge und gerade kein Spezialitätsverhältnis an. 46

II. Grundrechtsträger

Art. 21 I enthält ebenso wie Art. 21 II ein einklagbares **subjektives Recht** der Bürger (*Jarass* Rn. 3). **Grundrechtsträger** sind alle natürlichen Personen, aber auch juristische Personen und Personenvereinigungen, soweit die Diskriminierungsmerkmale nach ihrem Inhalt auf die Letztgenannten anwendbar sind (Streinz/*Streinz* Rn. 5; unter Hinweis auf Art. 14 EMRK auch Tettinger/Stern/*Sachs* Rn. 16). Anerkannt ist dies etwa für die Merkmale Religion oder Weltanschauung; dasselbe dürfte für das Vermögen gelten (*Frenz* Handbuch 4, Rn. 3289; Tettinger/Stern/*Sachs* Rn. 16). Der Schutzbereich ist grds. auf Unionsbürger iSd Art. 20 I AEUV beschränkt (**aA** Schwarze/Becker/Hatje/Schoo/*Graser* GRC Art. 20 Rn. 7). 47

III. Grundrechtsadressaten

Grundrechtsadressaten sind gem. Art. 51 I 1 die **Organe, Einrichtungen und sonstigen Stellen der Union,** soweit sie **das Recht der Union durchführen.** Erfasst sind rechtsetzende, rechtsprechende und vollziehende Tätigkeiten bzw. Maßnahmen (von der Groeben/Schwarze/Hatje/*Lemke* Rn. 5). Die Stellen der Union sind auch dann an Art. 21 I gebunden, wenn sie ihre verfassungsvertraglichen Kompetenzen überschreiten, da ein 48 zusätzlicher Verfassungsverstoß eine Kontrolle anhand der Grundrechte besonders erforderlich macht (Tettinger/Stern/*Sachs* Rn. 18).

49 Darüber hinaus sind nach Art. 51 I 1 auch die **Mitgliedstaaten** im Anwendungsbereich des Unionsrechts an die Grundrechte gebunden. Für diese gelten die Diskriminierungsverbote der Art. 21, 23 nach dem Wortlaut des Art. 51 I 1 ebenfalls nur bei Durchführung des Rechts der Union. Der EuGH geht davon aus, dass die Unionsgrundrechte bereits dann anwendbar sind, wenn das nationale Recht **in den Anwendungsbereich des Unionsrechts** fällt (EuGH 26.2.2013 – C-617/10 Rn. 17 ff. – Åkerberg Fransson, EuZW 2013, 302; so auch schon EuGH 18.6.1991 – C-260/89 Rn. 42 ff. – ERT, Slg. 1991, I-2925 = BeckRS 2004, 75777; 25.3.2004 – C-71/02 Rn. 49 – Karner, Slg. 2004, I-3025 = EuZW 2004, 439; s. zur Diskussion *Huber* NJW 2011, 2385 [2386]; *Weiß* EuZW 2013, 287 [288 f.]). Der spezifisch unionsrechtliche Bezug kann im Hinblick auf die Unionsgrundrechte somit auch durch die **sekundärrechtlichen Richtlinien gegen Diskriminierungen** hergestellt werden (EuGH 19.1.2010 – C-555/07 Rn. 53 – Kücükdeveci, NJW 2010, 427; so auch EuGH 22.11.2005 – C-144/04 Rn. 75 – Mangold, NJW 2005, 3695; 23.9.2008 – C-427/08 Rn. 25 – Bartsch, NZA 2008, 1119; *Waltermann* NJW 2008, 2529 [2533]). Bei Zugrundelegung dieser Sichtweise können nationale Regelungen oder Maßnahmen somit unter mehreren Gesichtspunkten in den Anwendungsbereich des Unionsrechts fallen (GA *Sharpston* 22.5.2008 – C-427/06 Rn. 69 – Bartsch, BeckRS 2008, 70585): Eine nationale Rechtsvorschrift kann entweder – wie das AGG – Unionsrecht umsetzen oder anwenden, oder sich auf eine nach Unionsrecht zugelassene Ausnahme berufen, oder ansonsten in den Anwendungsbereich des Unionsrechts fallen, weil auf den Sachverhalt eine spezifische materielle Vorschrift des Unionsrechts anwendbar ist.

50 Allein der Umstand, dass eine nationale Maßnahme in einen Bereich fällt, in dem die Union über **Kompetenzen zum Erlass von Rechtsakten** verfügt, bringt die Maßnahme noch nicht in den Anwendungsbereich des Unionsrechts (EuGH 10.7.2014 – C-198/13 Rn. 36 – Hernández, NZA 2014, 1325). Aus diesem Grunde kann weder Art. 19 I AEUV noch Art. 157 III AEUV eine nationale Maßnahme, die nicht in den Rahmen der auf der Grundlage dieser Artikel erlassenen Richtlinien fällt, für die Zwecke der Anwendung der Grundrechte in den Geltungsbereich des Unionsrechts bringen (s. EuGH 23.9.2008 – C-427/06 Rn. 16 ff. – Bartsch, NJW 2008, 3417; 10.7.2014 – C-198/13 Rn. 36 – Hernández, NZA 2014, 1325). Fällt eine nationale Rechtsvorschrift demgegenüber in den Anwendungsbereich der auf der Grundlage von Art. 19 I, Art. 157 III AEUV erlassenen Richtlinien, spielt es keine Rolle, ob sie vor oder nach Inkrafttreten der Richtlinie geschaffen wurde (s. zu § 622 II 2 BGB der EuGH 19.1.2010 – C-555/07 Rn. 53 – Kücükdeveci, NJW 2010, 427 ff.; so auch *Schleusener* NZA 2007, 358 [359]; *Thüsing* ZESAR 2009, 26). Ausschlaggebend ist somit allein der **persönliche, sachliche und räumliche Geltungsbereich des Unionsrechts** (s. EuGH 23.9.2008 – C-427/06 Rn. 14 ff. – Bartsch, NJW 2008, 3417; aus dem Schrifttum *Preis/Temming* NZA 2010, 185 [187]; *Repasi* EuZW 2009, 756 [757]; *Preis* ZESAR 2007, 249; *Temming* NZA 2007, 1193; aA mit guten Argumenten *Thüsing* RdA 2008, 51 f.; *ders.* ZESAR 2009, 26 f.; *ders.* ZIP 2010, 199 [200]; *v. Medem* 638 f.).

IV. Geschützte Merkmale

51 **1. Allgemeines.** Die in Art. 21 I normierten Merkmale Geschlecht, Rasse, ethnische Herkunft, Religion oder Weltanschauung, Behinderung, Alter und sexuelle Ausrichtung werden im sachlichen Geltungsbereich „Beschäftigung und Beruf" durch **sekundärrechtliche Diskriminierungsverbote** näher ausgeformt, namentlich durch die RL 2000/78/EG (Rasse und ethnische Herkunft), die RL 2000/78/EG (Religion oder Weltanschauung, Behinderung, Alter und sexuelle Ausrichtung) sowie die RL 2006/54/EG und RL 2010/41/EU (Geschlecht). Der EuGH legt Art. 21 I nach Maßgabe der **sekundärrechtlichen Diskriminierungsverbote** aus (EuGH 19.1.2010 – C-555/07 Rn. 21, 28, 33 – Kücükde-

veci, NJW 2010, 427; 8.9.2011 – C-297, 298/10 Rn. 46 f. und 78 – Hennigs und Mai, NZA 2011, 1100; s. auch BAG 19.7.2011 NZA 2012, 155 Rn. 22). Aus diesem Grunde kann sich die Interpretation der von Art. 21 I geschützten, überwiegend „personengebundenen Merkmale" (*Jarass* Rn. 9) auch an der Rechtsprechung zu den sekundärrechtlich geschützten Merkmalen Geschlecht, Rasse und ethnische Herkunft, Religion oder Weltanschauung, Behinderung, Alter und sexuelle Ausrichtung orientieren. Darüber hinaus kann auf die Rechtsprechung des EGMR zu **Art. 14 EMRK** rekurriert werden. Andere Merkmale wie die Hautfarbe, die soziale Herkunft, genetische Merkmale, die Sprache, politische und sonstige Anschauungen, die Zugehörigkeit zu einer nationalen Minderheit sowie das Vermögen und die Geburt sind im Arbeitsrecht nicht Gegenstand sekundärrechtlicher Diskriminierungsverbote, werden jedoch zum Teil von den anderen Merkmalen mit erfasst (MHdBArbR/*Oetker* § 13 Rn. 13). So kann eine Benachteiligung wegen der Sprachkenntnisse eine mittelbare Diskriminierung wegen der ethnischen Herkunft indizieren (vgl. BAG 28.1.2010, AP AGG § 3 Nr. 4 mit Anm. *Mohr*).

Der **weit gefasste Tatbestand** des Art. 21 I bringt ein Spezifikum des Rechts gegen **52** Diskriminierungen zum Ausdruck, das durch einen zunehmenden „Ausgriff auf gesellschaftlich und kulturell umstrittene Gebiete" gekennzeichnet ist (*di Fabio* RdA 2012, 262 [263]). Im Schrifttum wird Art. 21 I wegen der Anknüpfung der geschützten Merkmale an die Vokabel **„insbesondere"** sogar der Charakter eines **umfassenden Diskriminierungsverbots** zugesprochen (Streinz/*Streinz* Rn. 4), weshalb eine exakte Abgrenzung der Merkmale als entbehrlich angesehen wird (Meyer/*Hölscheidt* Rn. 39). Auch der EGMR versteht die in Art. 14 EMRK enthaltene Aufzählung von Merkmalen als nicht abschließend; entscheidend sei, dass sich eine unterschiedliche Behandlung auf ein erkennbares, sachliches oder persönliches Merkmal oder einen entsprechenden „Status" stütze, wodurch sich Personen oder Personengruppen voneinander unterschieden (EMRK 10.3.2011 – 2700/10 Rn. 56, NVwZ 2012, 221). Ein allg. Diskriminierungsverbot – zumal wenn dieses nicht allein am Schutz von Menschen wegen personengebundener Merkmale ausgerichtet ist, wie der Schutz der Weltanschauung zeigt – nähert sich in seiner Kontrollintensität dem allg. Gleichheitssatz des Art. 20 an (zur differenzierten Rechtfertigung s. EGMR 29.4.2008 – 13378/05 Rn. 60 – Burden/Vereinigtes Königreich, NJW-RR 2009, 1606).

Da die Art. 20 und 21 I zwischen dem allg. Gleichheitssatz und der Abwehr von Dis- **53** kriminierungen unterscheiden, ist Art. 21 I auf **schwerwiegende, nicht gerechtfertigte Benachteiligungen wegen der dort benannten Merkmale** zu beschränken (*Mager*, FS Säcker, 2011, 1075). Differenzierungen, die an nicht von Art. 21 I geschützte Merkmale anknüpfen, können aber mittels Art. 20 kontrolliert werden (Schwarze/Becker/Hatje/Schoo/*Graser* Rn. 15; *Frenz* Handbuch 4, Rn. 3261). Die Vokabel „insbesondere" ist bei einer solchen Lesart als Hinweis auf die Zulässigkeit einer richterlichen Fortentwicklung des Schutzbereichs zu verstehen, sollten sich künftig neuartige, von staatlichen Verhaltensweisen ausgehende, mit den Merkmalen des Art. 21 I vergleichbare Gefahren für Personen wegen deren unveränderlicher Merkmale oder im Hinblick auf die besondere Grundrechtsrelevanz des Verhaltens zeigen (Schwarze/Becker/Hatje/Schoo/*Graser* Rn. 9; Tettinger/Stern/Sachs Rn. 23, insoweit in Abgrenzung zu Art. 14 EMRK). Im Rahmen der EMRK zeigte sich eine derartige Notwendigkeit etwa mit Blick auf die Merkmale „sexuelle Orientierung" und „genetische Merkmale" (→ Rn. 34).

Die in Art. 21 I benannten Merkmale können wertungsmäßig nicht gleichbehandelt **54** werden. Benachteiligende Ungleichbehandlungen wegen der unterschiedlichen Merkmale sind vielmehr einer **differenzierten Rechtfertigungsprüfung** zu unterziehen, die ihren sachlichen Unterschieden Rechnung trägt, wie dies auch im sekundären Unionsrecht der Fall ist (Tettinger/Stern/*Sachs* Rn. 21; Schwarze/Becker/Hatje/Schoo/*Graser* Rn. 7 f.). So sind Unterscheidungen nach der vermeintlichen Rasse einer Person in einer demokratischen und toleranten Gesellschaft generell unzulässig (Erwägungsgrund 12 RL 2000/43/EG), solche wegen des Geschlechts eher selten erlaubt (Art. 14 II RL 2006/54/EG), solche wegen des Alters aus sozialpolitischen Zielen schon viel häufiger (Art. 6 I RL 2000/78/

EG; dazu *Mohr* NZA 2014, 459 f.) und solche nach dem Vermögen einer Person schließlich in der wohl überwiegenden Zahl der Fälle (Schwarze/Becker/Hatje/Schoo/*Graser* Rn. 3 und 9).

55 **2. Einzelne Merkmale. a) Geschlecht.** Der Begriff Geschlecht ist **biologisch** iSe Unterscheidung zwischen Mann und Frau zu verstehen (MHdBArbR/*Oetker* § 14 Rn. 10; *Preis* ZESAR 2007, 308 [311], also nicht sozio-kulturell (zur Diskussion → RL 2006/54/EG Art. 1 Rn. 16 f.; **aA** BAG 18.9.2014 BeckRS 2014, 73584). Fragen der sexuellen Ausrichtung werden iRd Art. 21 I durch ein eigenes Diskriminierungsmerkmal adressiert und dort differenziert behandelt.

56 Der EuGH subsumiert unter „Geschlecht" auch die **Schwangerschaft** und die **Mutterschaft** einer Frau (vgl. EuGH 12.7.1984 – 184/83 Rn. 24 ff. – Hoffmann, EAS RL 76/207/EWG Art. 2 Nr. 1; 8.1.1990 – C-177/88 Rn. 10 ff. – Dekker, NJW 1991, 628; 5.5.1994 – C-421/92 Rn. 14 ff. – Habermann-Beltermann, NJW 1994, 2077; s. dazu *Mohr* Diskriminierungen 254 ff.; *Frenz* Handbuch 4, Rn. 3385). Dogmatisch handelt es sich um eine Benachteiligung von Teilgruppen (→ RL 2000/78/EG Art. 2 Rn. 33).

57 Nach Ansicht des EuGH werden auch **transsexuelle Menschen** vom Merkmal „Geschlecht" und dem daran anknüpfenden Diskriminierungsverbot erfasst (EuGH 30.4.1996 – C-13/94 Rn. 20 – P./S., NZA 1996, 695; 7.1.2004 – C-117/01 Rn. 28 ff. – K. B., NJW 2004, 1440; 27.4.2006 – C-423/04 Rn. 20 ff. – Richards, EuZW 2006, 342), obwohl Transsexualität bei Menschen beiderlei Geschlechts auftritt (*Adomeit/Mohr* AGG § 1 Rn. 75). Transsexualität und auch Zwischengeschlechtlichkeit sind hiernach Aspekte der Geschlechtsidentität und nicht der sexuellen Ausrichtung (Meyer/*Hölscheidt* Rn. 40; so auch SSV/*Schleusener* AGG § 1 Rn. 46; MüKoBGB/*Thüsing* AGG § 1 Rn. 58; Rust/Falke/*Rust* AGG § 1 Rn. 47 f.) Dies ist nur insoweit überzeugend, als es um transsexuelle Personen nach erfolgter Geschlechtsumwandlung geht. Vor der Geschlechtsumwandlung ist demgegenüber das Merkmal der **sexuellen Identität** einschlägig (MüArbR/*Oetker* § 14 Rn. 10). Der europäische Normgeber hat die Rechtsprechung des EuGH durch Erwägungsgrund 3 RL 2006/54/EG aufgegriffen (so auch Wendeling-Schröder/Stein/*Wendeling-Schröder* AGG § 1 Rn. 21). Diese ist somit auf Art. 21 I zu übertragen, womit freilich die Grenzen zwischen Geschlecht und sexueller Ausrichtung verschwimmen (Schwarze/Becker/Hatje/Schoo/*Graser* Rn. 6).

58 **b) Rasse.** Ein Schutz vor Diskriminierungen wegen der Rasse wird im sekundären Unionsrecht durch die RL 2000/43/EG bewirkt. Der Begriff „Rasse" bezieht sich auf die wissenschaftlich nicht begründete **biologische Einteilung von Menschen wegen ihrer Erbanlagen und ihrer morphologischen Züge** wie der Hautfarbe oder der Gesichtsform (*Meyer-Ladewig* EMRK Art. 14 Rn. 21; Meyer/*Hölscheidt* Rn. 43; *Frenz* Handbuch 4, Rn. 3263; siehe auch das Internationale Abkommen zur Beseitigung jeder Form von Rassendiskriminierung (LERD); dazu BAG 21.6.2012 NZA 2012, 1345 Rn. 31). Es handelt sich, anders als bei der von Art. 21 I ebenfalls geschützten ethnischen Herkunft, also um kein tatsächliches Merkmal, da es keine verschiedenen menschlichen Rassen gibt (s. Erwägungsgrund 6 RL 2000/43/EG). Der Schutz von Menschen vor Diskriminierungen wegen einer zugeschriebenen Rasse soll vielmehr verdeutlichen, dass „rassistische Tendenzen" konsequent bekämpft werden, ohne dass damit irgendwelche „Rassentheorien" aufgegriffen oder sogar anerkannt werden (*Adomeit/Mohr* AGG § 1 Rn. 44; MHdBArbR/*Oetker* § 14 Rn. 6).

59 Beim Merkmal Rasse handelt es sich um ein absolutes Differenzierungsverbot. Unmittelbare Unterscheidungen wegen der Rasse sind deshalb immer unzulässig (ebenso *Meyer-Ladewig* EMRK Art. 14 Rn. 22; *Frenz* Handbuch 4, Rn. 3286; Ehlers/*Kingreen* § 13 Rn. 21).

60 **c) Hautfarbe.** Der auch von Art. 14 EMRK erfasste Begriff der Hautfarbe bezieht sich auf die **ererbte Hautfarbe** (*Jarass* Rn. 20). Der entsprechende Schutz vor Diskriminierun-

gen umfasst nicht nur die Benachteiligung als Farbiger, sondern auch diejenige von Menschen mit dunklerer Hautfarbe als andere Farbige (s. MüKoBGB/*Thüsing* AGG § 1 Rn. 57).

Das Merkmal „Hautfarbe" hängt eng mit demjenigen der **Rasse** und auch mit der **ethnischen Herkunft** zusammen, ist gegenüber diesen jedoch spezieller (*Frenz* Handbuch 4, Rn. 3264; *Meyer-Ladewig* EMRK Art. 14 Rn. 21). Aus diesem Grunde sind unmittelbare Differenzierungen wegen der Hautfarbe grds. ebenso unzulässig wie solche wegen der Rasse (ebenso Ehlers/*Kingreen* § 13 Rn. 21). Im Anwendungsbereich der RL 2000/43/EG werden Diskriminierungen wegen der Hautfarbe über das Diskriminierungsverbot wegen der Rasse erfasst (MüKoBGB/*Thüsing* AGG § 1 Rn. 57). 61

d) Ethnische und soziale Herkunft. Die auch von der RL 2000/43/EG geschützte „**ethnische Herkunft**" steht in engem Zusammenhang mit den Merkmalen der (zugeschriebenen) Rasse (*Wank* NZA Sonderbeil. 22/2004, 16 [20]) und der Hautfarbe. Sie zielt im Gegensatz zur „Rasse" nicht auf vermeintlich lebenslängliche und vererbliche Merkmale einer Person ab, sondern auf die Zugehörigkeit eines Menschen zu einer durch Sprache und/oder kulturelle Merkmale verbundenen Gemeinschaft (*Adomeit/Mohr* AGG § 1 Rn. 49), mit anderen Worten also zu einem Volk (so Meyer/*Hölscheidt* Rn. 43; *Jarass* Rn. 20; *Frenz* Handbuch 4, Rn. 3265). Ob eine Ethnie vorliegt, ist objektiv nach der Verkehrsauffassung und nicht subjektiv zu bestimmen (Rebhahn/*Posch* Gleichbehandlungsgesetz, 2005, § 31 Rn. 7). Ausschlaggebend ist die **Wahrnehmung einer Gruppe als abgegrenzt** in **Gebräuchen**, **Herkunft** und **Erscheinung**, **äußerem Erscheinungsbild**, **Sprache** und **Religion** (*Schiek* AuR 2003, 44). Zusätzlich werden als Abgrenzungskriterien das **Siedlungsgebiet**, die **Kultur**, die **Geschichte**, die **Literatur** und die **Selbsteinschätzung** einer Gruppe benannt (*Husmann* ZESAR 2005, 107 [111]). Die Ethnie umfasst auch die Kriterien, die im internationalen Abkommen zur Beseitigung jeder Form von Rassendiskriminierung (LERD) aufgeführt sind, namentlich die **Abstammung**, den **nationalen Ursprung** und das **Volkstum** (BAG 21.6.2012 NZA 2012, 1345 Rn. 31; → RL 2000/43/EG Art. 1 Rn. 5). 62

Auch die Zugehörigkeit zu einem Mitgliedstaat kann ein relevantes Kriterium einer eigenen Ethnie sein. Ein Beispiel einer innerhalb Deutschlands durch Brauchtum, Religion und durch ihre Sprache abgegrenzten ethnischen Gruppe sind die in der Oberlausitz siedelnden **Sorben,** aber auch Sinti und Roma (MüKoBGB/*Thüsing* AGG § 1 Rn. 57). Allein die Herkunft aus **bestimmten Landesteilen** oder **Bundesländern Deutschlands** begründet auch dann keine Diskriminierung wegen der ethnischen Herkunft, wenn Personen ein bestimmtes lokales Zusammengehörigkeitsgefühl oder einen bestimmten Dialekt haben (wie hier Erman/*Armbrüster* AGG § 1 Rn. 6; **aA** *Greiner* DB 2010, 1940 ff.). Keine eigenen ethnischen Gruppen sind deshalb „Wessis" und „Ossis". Beide Gruppen sind nach ihrer Geschichte und nach ihrer kulturellen Tradition primär Bürger Deutschlands (ArbG Stuttgart 15.4.2010 NZA-RR 2010, 344). Eine Subsumtion unter den Begriff der Ethnie hätte die kaum überzeugende Folge, dass eine Person aus Westdeutschland eine solche aus Ostdeutschland als einer anderen Ethnie zugehörig bezeichnen könnte, ohne eine Persönlichkeitsrechtsverletzung zu begehen (*Schmitz-Scholemann/Brune* RdA 2011, 129 [140]). Weiterhin sind Personen aus bestimmten Landesteilen oder Bundesländern in ihren (vermeintlichen) Unterschieden nicht klar entsprechend den benannten Kriterien abgrenzbar. Dementsprechend sind weder die Bayern noch die Sachsen als eigene ethnische Gruppe innerhalb der ethnischen Gruppe der „Deutschen" anzusehen (s. BAG 5.2.2004 NZA 2004, 540 mit Anm. *Mohr* SAE 2006, 13: Suche eines Rechtsanwalts mit „Lokalkolorit"). 63

Die auch von Art. 14 EMRK erfasste **soziale Herkunft** bezieht sich auf die Abstammung und Verwurzelung von Menschen, etwa im Hinblick auf die soziale Stellung der Vorfahren (*Jarass* Rn. 20; Meyer/*Hölscheidt* Rn. 44). 64

e) Genetische Merkmale. Art. 11 des Übereinkommens über Menschenrechte und Biomedizin in Bezug auf das genetische Erbe v. 4.4.1997 (Europarat SEV-Nr. 65

164) verbietet jede Form der Diskriminierung wegen des genetischen Erbes von Personen. Art. 21 I hat dieses Diskriminierungsverbot übernommen, da man mit Gentests bestimmte Krankheiten oder Anfälligkeiten für solche Krankheiten ermitteln kann (Meyer/*Hölscheidt* Rn. 45; Streinz/*Streinz* Rn. 4; Tettinger/Stern/*Sachs* Rn. 24). Darüber hinaus sind durch Gentests weitere persönliche Eigenschaften ermittelbar, die ebenfalls als Anlass für eine ungerechtfertigte Benachteiligung dienen können (Schwarze/Becker/Hatje/Schoo/*Graser* Rn. 5).

66 Der Schutz vor Diskriminierungen wegen der genetischen Merkmale überschneidet sich in Teilen mit demjenigen wegen einer **Behinderung,** sofern es um Krankheiten geht, die zugleich Behinderungen sind (dazu EuGH 11.7.2006 – C-13/05 – Chacón Navas, NZA 2006, 839 ff.; BAG 28.4.2011 NJW 2011, 2458 Rn. 24). Insofern kann Ersterer als Vorfeldschutz angesehen werden. Allerdings führt nicht jede Krankheit zu einer Behinderung, auch wenn sie lange andauert. Umgekehrt kann eine Behinderung auf einer Erkrankung basieren, muss dies jedoch nicht (*Selzer* EuZA 2014, 96 [101]).

67 **f) Sprache.** Die Sprache wird als Diskriminierungsmerkmal auch von Art. 14 EMRK erfasst. Das Merkmal Sprache soll Menschen vor nicht gerechtfertigten Unterscheidungen wegen ihrer **Muttersprache** schützen, weil sie durch diese dauerhaft geprägt werden (Meyer/*Hölscheidt* Rn. 46; *Meyer-Ladewig* EMRK Art. 14 Rn. 26; *Frenz* Handbuch 4, Rn. 3269). Eine Differenzierung wegen der Muttersprache kann außerdem eine **mittelbare Diskriminierung wegen der ethnischen Herkunft** indizieren (vgl. BAG 28.1.2010, AP AGG § 3 Nr. 4 mit Anm. *Mohr*). Geschützt wird vom Merkmal Sprache auch die Art des Sprechens, also der **Dialekt** (Meyer/*Hölscheidt* Rn. 46; Streinz/*Streinz* Rn. 4).

68 **g) Religion oder Weltanschauung.** Das Diskriminierungsverbot wegen der **Religion oder Weltanschauung** in Art. 21 I sichert die Religions- und Weltanschauungsfreiheit des Art. 10 I ab (*Frenz* Handbuch 4, Rn. 3270; Calliess/Ruffert/*Waldhoff* Art. 10 Rn. 1), steht mit dieser Verbürgung also in engem Zusammenhang (Meyer/*Bernsdorff* Art. 10 Rn. 10). Hinsichtlich der Zulässigkeit von Benachteiligungen ist außerdem Art. 17 AEUV zu beachten (→ Rn. 21). Sekundärrechtlich werden die Religion und die Weltanschauung durch Art. 1 RL 2000/78/EG geschützt. Auch Art. 14 EMRK enthält ein Diskriminierungsverbot wegen der Religion.

69 Religion und Weltanschauung zeichnen sich durch eine mit der Person des Menschen verbundene Gewissheit über Aussagen zum Weltganzen sowie zur Herkunft und zum Ziel des menschlichen Lebens aus (*Bauer/Krieger* AGG § 1 Rn. 29). Während eine **Religion** insoweit eine den Menschen überschreitende und umgreifende (transzendente) Wirklichkeit zugrunde legt („Glauben"), beschränkt sich die **Weltanschauung** auf innerweltliche (immanente) Bezüge (BAG 22.3.1995, NJW 1996, 143 [146]). Religion ist also durch den Glauben des einzelnen Menschen zum dies- und jenseitigen Weltganzen und zur Herkunft sowie zum Ziel des menschlichen Lebens gekennzeichnet (BVerwG 27.3.1992, NJW 1992, 2496 [2497]). Art. 21 I schützt ebenso wie die RL 2000/78/EG nicht nur das Haben einer Religion und auch einer Weltanschauung, sondern auch die **Dokumentation** derselben nach außen etwa durch religiöse Symbole (*Adomeit/Mohr* AGG § 1 Rn. 91).

70 Art. 21 I erfasst nicht nur die **positive,** sondern auch die **negative Religions- und Weltanschauungsfreiheit,** weshalb nicht nur eine nicht gerechtfertigte Benachteiligung wegen des Vorliegens, sondern auch eine solche wegen des Nichtvorliegens einer Religion oder einer Weltanschauung dem Diskriminierungsverbot unterfällt (SSV/*Schleusener*, AGG § 1 Rn. 59). Auch die Gleichgültigkeit in religiösen Fragen wird geschützt (HaKo-AGG/ *Däubler*, § 1 Rn. 57). Das Diskriminierungsverbote wegen einer Religion oder Weltanschauung verbietet „negativ" die **sachwidrige Ungleichbehandlung** wegen der Religion oder Weltanschauung, nicht jedoch eine Ungleichbehandlung gegenüber anderen Personen zur Ermöglichung einer Religionsausübung (vgl. SSV/*Schleusener* AGG § 1 Rn. 55).

h) Politische oder sonstige Anschauung. Der Schutz von **politischen und sons-** 71
tigen Anschauungen gem. Art. 21 I rührt von Art. 14 EMRK her (s. *Meyer-Ladewig*
EMRK Art. 14 Rn. 28). Die Vorschrift geht insoweit über den Schutzbereich des Art. 1
RL 2000/78/EG hinaus, der politische Anschauungen nicht erfasst, sofern sie nicht mit der
Weltanschauung zusammenfallen, etwa weil sich die Angehörigen einer Weltanschauung zu
einer politischen Partei zusammengeschlossen haben (MHdBArbR/*Oetker* § 14 Rn. 15;
Rust/Falke/*Falke* AGG § 1 Rn. 70; *Adomeit/Mohr* AGG § 1 Rn. 107). Das Merkmal der
politischen und sonstigen Anschauung ergänzt hiernach dasjenige der Weltanschauung
durch Einbeziehung insbesondere politischer Anschauungen (*Frenz* Handbuch 4, Rn. 3272;
Jarass Rn. 22). Geschützt wird ebenso wie bei den Merkmalen Religion und Weltanschauung nicht nur das Haben, sondern auch das Äußern der subjektiven Anschauung, ebenso
wie das Nichthaben bzw. das Nichtäußern einer solchen (*Frenz* Handbuch 4, Rn. 3272).
Dem Diskriminierungsverbot wegen der politischen oder sonstigen Anschauungen wird
neben dem durch die Kommunikationsgrundrechte der Art. 10 und Art. 11 bewirkten
Schutz nur eine geringe praktische Relevanz zugesprochen (Meyer/*Hölscheidt* Rn. 47).

i) Zugehörigkeit zu einer nationalen Minderheit. Ebenfalls explizit von Art. 14 72
EMRK erfasst wird das Merkmal „nationale Minderheit". Hierunter fallen Personengruppen, die **eine bestimmte Staatsangehörigkeit** besitzen (zur Abgrenzung von der ethnischen Herkunft → Rn. 63), sich von der Mehrheit jedoch durch Charakteristika wie
Religion, Sprache oder ethnische Herkunft unterscheiden und diese Charakteristika dauerhaft bewahren wollen (*Jarass* Rn. 21; Meyer/*Hölscheidt* Rn. 47; *Frenz* Handbuch 4,
Rn. 3273).

j) Vermögen. Der Schutz des Vermögens lässt sich auf Art. 14 EMRK zurückführen. 73
Unter Vermögen iSd Art. 21 I ist die **Gesamtheit an vermögenswerten Rechten einer**
Person zu verstehen. Die Formulierung ist somit weiter als diejenige des Eigentumsgrund-
rechts gem. Art. 17 (*Frenz* Handbuch 4, Rn. 3276). Die Regelung hat einerseits einen
personalen Bezug, iSd Beziehung des Inhabers des Vermögens zu diesem, und andererseits
einen materiellen Bezug, iSd Erfassung der Rechtsgesamtheit (Meyer/*Hölscheidt* Rn. 48).

Eine zu rechtfertigende **Benachteiligung** wegen des Vermögens einer Person liegt vor, 74
wenn bei vermögensbezogenen Entscheidungen des Staates das Vermögen nicht angemessen berücksichtigt wird (*Jarass* Rn. 23). Sofern das Vermögen über die Art der Behandlung
entscheidet, ist somit eine sachliche Rechtfertigung notwendig, wobei dem Gesetzgeber
ein sehr weiter Regelungsspielraum zukommt, der iE einem Willkürverbot entspricht
(Schwarze/Becker/Hatje/Schoo/*Graser* Rn. 7).

Aus dem Schutz des Vermögens in Art. 21 I kann kein Recht auf materielle Gleich- 75
stellung von Personen abgeleitet werden, da es sich um ein **Abwehrrecht** handelt. Die
Vorschrift intendiert allein die Herstellung von Chancengleichheit unter Hinnahme bestehender Vermögensverteilungen (*Frenz* Handbuch 4, Rn. 3278, mit Hinweisen zum Steuerrecht).

k) Geburt. Das auch in Art. 14 EMRK enthaltene Merkmal Geburt hängt mit der 76
sozialen Herkunft zusammen (Meyer/*Hölscheidt* Rn. 44). Es bezieht sich auf die Umstände bei der Geburt und damit gleichsam auf die **natürliche Herkunft** (*Frenz* Handbuch 4,
Rn. 3279). Erfasst werden Benachteiligungen wegen der **Abstammung und Verwur-**
zelung von Menschen, etwa im Hinblick auf Unterscheidungen zwischen ehelichen und
nicht-ehelichen Kindern (*Jarass* Rn. 20; *Meyer-Ladewig* EMRK Art. 14 Rn. 30 ff.).

l) Behinderung. Der Begriff „Behinderung" ist zugleich in Art. 26 enthalten und 77
ebenso wie dort auszulegen (*Jarass* Rn. 23; *Frenz* Handbuch 4, Rn. 3280). Auch Art. 1 RL
2000/78/EG schützt vor Diskriminierungen wegen einer Behinderung.

Der EuGH bestimmt den Inhalt des Begriffs Behinderung unter Rückgriff auf die UN- 78
Behindertenrechtskonvention, insbesondere mit Blick auf Buchst. e der Präambel und auf
Art. 1 II (EuGH 11.4.2013 – C-335/11 Rn. 37 ff. – Ring, NZA 2013, 553). Hiernach ist

der Begriff auch unionsrechtlich als **„Einschränkung"** zu verstehen, die „insbesondere auf physische, geistige oder psychische Beeinträchtigungen zurückzuführen ist, die in Wechselwirkung mit verschiedenen Barrieren den Betreffenden **an der vollen und wirksamen Teilhabe am Berufsleben, gleichberechtigt mit den anderen Arbeitnehmern, hindern können**" (Hervorhebung durch Verfasser). Die körperlichen, seelischen oder geistigen Beeinträchtigungen müssen aber „langfristig" sein, auch um eine sachgerechte Abgrenzung zur Krankheit zu ermöglichen (*Selzer* EuZA 2014, 96 [100]). Die Ursache der Behinderung ist demgegenüber unerheblich, solange sie zu einer qualitativ und quantitativ relevanten Einschränkung der beruflichen Tätigkeit führt. Die Dauer der Krankheit bildet also einen „zeitlichen Filter", der bestimmt, ab wann die Krankheit zugleich eine Behinderung ist. Gleichwohl sind Krankheit und Behinderung dogmatisch strikt zu unterscheiden (*Selzer* EuZA 2014, 96 [100 f.]).

79 **m) Alter.** Das Verbot von Altersdiskriminierungen gem. Art. 21 I will **historisch verfestigte stereotype Benachteiligungen aufgrund des Alters auf ihre Berechtigung hinterfragen** (*Kommission,* KOM [99] 564 endg., 2). Es handelt sich um ein **Abwehrrecht.** Die Art. 24 und Art. 25 enthalten Sonderregelungen für Kinder und ältere Menschen, die als Teilhaberechte ausgestaltet sind (*Frenz* Handbuch 4, Rn. 3281). Sekundärrechtlich wird das Alter von Art. 1 RL 2000/78/EG geschützt. Der EuGH legt die Gewährleistung des Art. 21 I auch mit Blick auf das Sekundärrecht aus (EuGH 19.1.2010 – C-555/07 Rn. 21, 28, 33 – Kücükdeveci, NJW 2010, 427; → Rn. 8).

80 Das Diskriminierungsmerkmal Alter weist tatsächliche und rechtliche Besonderheiten auf, die eine spezifische Behandlung erfordern (*Mohr* NZA 2014, 459 ff.; *ders.* ZHR 178, 2014, 326 [330 f.]). Im Ausgangspunkt werden nicht nur **ältere,** sondern auch **jüngere Menschen** geschützt (vgl. Art. 6 S. 3 Nr. 2 RL 2000/78/EG; BAG 25.2.2010 NZA 2010, 561 Rn. 32; Streinz/*Streinz* Rn. 4). Gleichwohl steht bislang der Schutz älterer Arbeitnehmer im Vordergrund (so BAG 25.2.2010 NZA 2010, 561 Rn. 31). Ob dies angesichts der in einigen Mitgliedstaaten dramatisch hohen Jugendarbeitslosigkeit auch künftig so bleibt, ist allerdings nicht zweifelsfrei. Das Alter hat insoweit einen „ambivalenten Charakter". Während Menschen grds. entweder Mann oder Frau sind, haben alle ein bestimmtes biologisches Alter im Sinne der vergangenen Zeit ihres Lebens (BAG 25.2.2010 NZA 2010, 561). Folgerichtig kann als Anknüpfungspunkt einer rechtlichen Prüfung nicht das Alter „an sich" herangezogen werden, sondern allein dessen **individuelle Divergenz auf einer nach Lebensjahren eingeteilten Skala.** Die verschiedenen biologischen Lebensalter gehen dabei – im Rahmen einer typisierenden Betrachtung (zur Zulässigkeit s. BAG 15.12.2011 NZA 2012, 1044 Rn. 56) – mit **verschiedenen Kenntnissen, Fähigkeiten und Bedürfnissen** einher, die eine unterschiedliche Behandlung rechtfertigen können. Zusätzlich sind Unterscheidungen nach dem Alter im Arbeits- und Wirtschaftsleben allg. anerkannt, soweit sie **sozialpolitischen Zielen** wie der Herstellung von „Generationengerechtigkeit", der „Vielfalt in Beschäftigung und Beruf", der „angemessenen Verteilung der Berufschancen jüngerer und älterer Arbeitnehmer" sowie der „Funktionsfähigkeit der sozialen Sicherungssysteme" dienen (BAG 15.12.2011 NZA 2012, 1044). Dem letztgenannten Gesichtspunkt trägt Art. 6 RL 2000/78/EG durch erweiterte Rechtfertigungsmöglichkeiten Rechnung (dazu EuGH 5.3.2009 – C-388/07 Rn. 46 – Age Concern England, EuZW 2009, 340).

81 **n) Sexuelle Ausrichtung.** Das Merkmal der sexuellen Ausrichtung ist ebenfalls in Art. 1 RL 2000/78/EG enthalten. Das entsprechende Diskriminierungsverbot des Art. 21 I knüpft zunächst an die **objektive sexuelle Veranlagung** an und bezieht sich sowohl auf das eigene als auch auf das Geschlecht des Sexualpartners (*Adomeit/Mohr* AGG § 1 Rn. 164; MKdB/ *Oetker* § 14 Rn. 12). Zur objektiven sexuellen Veranlagung zählen die **Hetero– und die Homosexualität** sowie auch die **Bisexualität** (*Jarass* Rn. 19; *Frenz* Handbuch 4, Rn. 3262; Erman/*Armbrüster* AGG § 1 Rn. 11; MHdBArbR/*Oetker* § 14 Rn. 12). Nach überzeugender Ansicht werden von der sexuellen Ausrichtung auch **subjektive Ansichten über die Geschlechtsidentität** erfasst, wie bei der Transsexualität und der Zwischen-

Verbot von Diskriminierungen wegen personenbez. Merkmale   **Art. 21 GRC**   30

geschlechtlichkeit (MHdBArbR/*Oetker* § 14 Rn. 12; Wendeling-Schröder/Stein/*Wendeling-Schröder* AGG § 1 Rn. 74; **aA** Erman/*Armbrüster* AGG § 1 AGG Rn. 6 und Rn. 11).

Die geschützte sexuelle Ausrichtung ist vom nicht geschützten **sexuellen Verhalten** zu   82
unterscheiden, sofern dieses nicht untrennbar mit der sexuellen Ausrichtung zusammenhängt (KOM [1999] 565 endg.; **aA** Meyer/*Hölscheidt* Rn. 41: das Verbot sei „Ausdruck der Toleranz gegenüber sexuellen Verhaltensweisen"). Unterscheidungen wegen der sexuellen Ausrichtung sind nur unter Zugrundelegung eines **strengen Rechtfertigungsmaßstabs** zulässig (s. zu Art. 21 I das BVerfG 7.7.2009 NJW 2010, 1439 Rn. 88).

V. Unzulässige Verhaltensweisen

Ebenso wie die Interpretation der von Art. 21 I geschützten Merkmale orientiert sich   83
diejenige der unzulässigen Verhaltensweisen der Normadressaten an den **Richtlinien gegen Diskriminierungen**, soweit diese einschlägig sind (s. zur RL 2000/78/EG etwa EuGH 19.1.2010 – C-555/07 Rn. 21, 50 – Kücükdeveci, NJW 2010, 427 ff.; BAG 19.7.2011 NZA 2012, 155 Rn. 22). Diese beinhalten nach Inkrafttreten der RL 2006/54/EG weitgehend vereinheitlichte Vorgaben für zentrale Tatbestandsmerkmale wie die Benachteiligung und ihre Rechtfertigung wegen beruflicher Anforderungen (*Riesenhuber* § 8 Rn. 23). Gleichwohl können die Richtlinien auch Sonderregelungen für spezifische Rechtsfragen enthalten, etwa für die Rechtfertigung von Diskriminierungen wegen des Alters gem. Art. 6 RL 2000/78/EG.

1. Unmittelbare Diskriminierung. a) Tatbestand. Eine unmittelbare Diskriminie-   84
rung liegt vor, wenn eine Person wegen eines in Art. 21 I enthaltenen Merkmals eine **weniger günstige Behandlung erfährt, als eine andere Person in einer vergleichbaren Situation erfährt oder erfahren hat, und die Benachteiligung nicht aufgrund gegenläufiger Rechtsgüter ausnahmsweise gerechtfertigt ist** (*Jarass* Rn. 26). Der Tatbestand der unmittelbaren Diskriminierung besteht somit – im Anwendungsbereich der Norm – aus den Prüfungspunkten 1. Person, die ein Merkmal gem. Art. 21 I aufweist, 2. Benachteiligung dieser Person durch einen Normadressaten gegenüber einer anderen Person, die sich in einer vergleichbaren Lage befindet, 3. gerade „wegen" des geschützten Merkmals (s. zur Geschlechtsdiskriminierung EuGH 8.11.1990 – C-179/88 Rn. 11 ff. – Hertz, NJW 1991, 629; 30.6.1998 – C-394/96 Rn. 16 – Brown, NZA 1998, 871; 18.11.2010 – C-356/09 Rn. 28 ff. – Kleist, NZA 2010, 1402; zu den von der RL 2000/78/EG geschützten Merkmalen EuGH 22.11.2005 – C-144/04 Rn. 57 – Mangold, NJW 2005, 3695; 16.10.2007 – C-441/05 Rn. 51 – Palacios de la Villa, NZA 2007, 1219; 1.4.2008 – C-267/06 Rn. 69 ff. – Maruko, NZA 2008, 459; 17.7.2008 – C-303/06 Rn. 45 ff. – Coleman, EuZW 2008, 497; 5.3.2009 – C-388/07 Rn. 33 – Age Concern England, NZA 2009, 305; 18.6.2009 – C-88/08 Rn. 38 – Hütter, NZA 2009, 891; 12.1.2010 – C-341/08 Rn. 34 f. – Petersen, EuZW 2010, 137; 12.1.2010 – C-229/08 Rn. 28 f. – Wolf, EuZW 2010, 142; 19.1.2010 – C-555/07 Rn. 28 ff. – Kücükdeveci, NJW 2010, 427; 12.10.2010 – 499/08 Rn. 22 ff. – Andersen, NZA 2010, 1341; 12.10.2010 – C-45/09 Rn. 37 – Rosenbladt, NZA 2010, 1167; 18.11.2010 – C-250/09 ua Rn. 31 ff. – Georgiev, NJW 2011, 42; 10.5.2011 – C-147/08 Rn. 39 ff. – Römer, NJW 2011, 2187; 21.7.2011 – C-159/10 ua Rn. 34 – Fuchs und Köhler, NVwZ 2011, 1249; 8.9.2011 – C-297/10 Rn. 53 ff. – Hennigs und Mai, NZA 2011, 1100; 13.9.2011 – C-447/09 Rn. 42 ff. – Prigge, NJW 2011, 3209; 6.11.2012 – C-286/12 Rn. 48 ff. – Kommission/Ungarn, EuGRZ 2012, 752; 26.9.2013 – C-476/11 Rn. 34 ff. – Kristensen, EuZW 2013, 951; 12.12.2013 – C-267/21 Rn. 30 ff. – Hay, NZA 2014, 153; 18.12.2014 – C-343/13 Rn. 51 – Kaltoft, NZA 2015, 33; 28.1.2015 – C-417/13 Rn. 23 ff. – Starjakob, NZA 2015, 217; 26.2.2015 – C-525/13 Rn. 14 – Landin, NZA 2015, 473).

Auch nach den **Legaldefinitionen** in Art. 2 II lit. a RL 2000/43/EG, Art. 2 II lit. a RL   85
2000/78/EG, Art. 2 I lit. a RL 2006/54/EG und in Art. 3 lit. a RL 2010/41/EG liegt eine

unmittelbare Benachteiligung vor, wenn eine Person gerade wegen eines geschützten Grundes in einer vergleichbaren Situation eine weniger günstige Behandlung erfährt, als eine andere Person erfährt, erfahren hat oder erfahren würde. Die nachteilig wirkende Regelung muss somit **ausdrücklich oder sinngemäß an das unzulässige Differenzierungsmerkmal anknüpfen** (ErfK/*Schlachter* AGG § 3 Rn. 2; GHN/Nettesheim/*Langenfeld* AEUV Art. 157 Rn. 24). Dies ist grds. dann der Fall, wenn ein Gesetz ein geschütztes Merkmal verwendet, um daran eine (nachteilige) Rechtsfolge zu knüpfen (s. zu Art. 3 III GG Beck-OK GG/*Kischel* Art. 3 Rn. 212). Folge einer unmittelbaren Benachteiligung ist eine homogene Gruppenbildung. In dieser liegt der zentrale Unterschied zwischen der unmittelbaren und der mittelbaren Benachteiligung. Letztere ist merkmalsneutral formuliert, wirkt sich jedoch im Ergebnis überwiegend, aber nicht notwendig ausschließlich zu Lasten von geschützten Personen aus. Das Anknüpfen an ein neutrales Merkmal führt somit dazu, dass sich eine ungleiche Verteilung von Personen ergeben kann, die sich hinsichtlich eines geschützten Merkmals unterscheiden (s. *Rupp* RdA 2009, 307 [308]; *Adomeit/Mohr* AGG § 3 Rn. 69 f.).

86 Nach der Rechtsprechung des EuGH zum sekundärrechtlichen Diskriminierungsverbot wegen des Geschlechts darf die Haftung des Arbeitgebers weder vom **Fehlen eines Rechtfertigungsgrunds** noch von einem **Verschulden** abhängig gemacht werden (EuGH 8.1.1990 – C-177/88 Rn. 22 ff. – Dekker, NJW 1991, 628; 22.4.1997 – C-180/95 Rn. 17 ff. – Draempaehl, NJW 1997, 1839; *Mohr* Diskriminierungen 113). Dies schließt es nicht aus, das **Motiv** des Arbeitgebers für die Feststellung heranzuziehen, ob überhaupt eine unmittelbare Benachteiligung vorliegt, die eine verschuldensunabhängige Haftung auf Schadensersatz begründet (s. BAG 22.1.2009 NZA 2009, 945 Rn. 37 u. 61 ff.; *Adomeit/Mohr* JZ 2009, 183 ff.). So können zwar Diskriminierungen beim **Arbeitsentgelt** regelmäßig „objektiv" ermittelt werden, durch einen Vergleich des gezahlten Entgelts an die bevorzugte und die benachteiligte Person. Demgegenüber sind Diskriminierungen beim **Zugang zur Erwerbstätigkeit** mit gleicher Sicherheit nur bei abstrakten Zugangsbedingungen feststellbar, etwa beim Ausschluss der Frauen vom Wehrdienst (EuGH 26.10.1999 – C-273/97 – Sidar, NZA 2000, 25; 11.1.2000 – C-285/98 – Kreil, NZA 2000, 137). Ansonsten sind Bewerbungsverfahren gerade auf die Herstellung von Ungleichheit ausgerichtet, da üblicherweise nur eine Person eingestellt wird, während die anderen eine Absage erhalten (*Adomeit/Mohr* NZA 2007, 179 ff.). Jedenfalls in diesen Fallgestaltungen müssen deshalb zusätzliche Voraussetzungen erfüllt sein, um einen üblichen personalwirtschaftlichen Vorgang als unmittelbare Benachteiligung ansehen zu können. Diese liegen regelmäßig in einem benachteiligenden Motiv des Normadressaten. Nach Ansicht des BVerfG soll es aber ausreichen, dass ein geschütztes Merkmal „Bestandteil eines Motivbündels" ist, „das die Entscheidung [negativ] beeinflusst" hat (dazu und zur Kritik → RL 2000/78/EG Art. 10 Rn. 15).

87 Nach der Rechtsprechung des EuGH setzt eine unmittelbare Benachteiligung wegen eines geschützten Merkmals nicht den Nachweis voraus, dass der benachteiligte Anspruchsteller selbst das entsprechende Merkmal verwirklicht. Es soll vielmehr ausreichen, dass der Anspruchsteller **in Beziehung zu einem Merkmalsträger steht und gerade deswegen benachteiligt wird** (s. zum Merkmal Behinderung EuGH 17.7.2008 – C-303/06 – Coleman, EuZW 2008, 497; ErfK/*Schlachter* AGG § 3 Rn. 2; krit. *Bayreuther* NZA 2008, 986 [987]).

88 Eine unmittelbare Diskriminierung setzt voraus, dass sich der benachteiligte Anspruchsteller in einer **„vergleichbaren Situation"** wie die Vergleichsperson befindet, also in einer identischen oder jedenfalls vergleichbaren Lage (EuGH 9.12.2004 – C-19/02 Rn. 44 – Hlozek, AP EWG-Richtlinie Nr. 75/117 Nr. 20; 1.4.2008 – C-267/06 Rn. 67 ff. – Maruko, NZA 2008, 459; 10.5.2011 – C-147/08 Rn. 42 – Römer, NZA 2011, 557; 12.12.2013 – C-267/12 Rn. 32 ff. – Hay, NZA 2013, 153; so auch *Franzen* EuZA 2008, 1 [5]). Der Terminus „vergleichbare Situation" bildet den Oberbegriff zu demjenigen der „gleichen oder gleichwertigen Arbeit", wie er insbesondere beim Verbot von Diskriminierungen wegen des Entgelts gem. Art. 157 I AEUV zum Tragen kommt (*Mohr* Diskriminie-

rungen 228 ff.). Der in Art. 2 II lit. a RL 2000/43/EG, Art. 2 II lit. a RL 2000/78/EG, Art. 2 I lit. a RL 2006/54/EG und Art. 3 I lit. a RL 2010/41/EG benannte „hypothetische Vergleich" bezieht sich auf Fallgestaltungen, in denen das einer Benachteiligung zugrunde liegende Merkmal nur bei dem diskriminierten Arbeitnehmer, nicht jedoch bei der Vergleichsperson vorliegen kann (→ Rn. 85).

Das Verbot der unmittelbaren Diskriminierung umfasst auch Fallgestaltungen der **„verdeckten Diskriminierung"**, sofern der Normadressat zwar äußerlich an ein neutrales Kriterium anknüpft, die Regelung sich jedoch zwangsläufig zum Nachteil von geschützten Personen auswirkt (*Schiek/Horstkötter* NZA 1998, 863 [864]; *Wiedemann*, FS Friauf, 1996, 135 [138]). Mit Blick auf die Merkmale Schwangerschaft und Mutterschaft werden diese Fallgruppen auch unter die Überschrift **Benachteiligung von Teilgruppen** subsumiert (*Rupp* RdA 2009, 307 [309]; s. dazu EuGH 8.1.1990 – C-177/88 Rn. 10 f. – Dekker, NJW 1991, 628). Die letztgenannte Formulierung ist vorzugswürdig, da als „verdeckte Diskriminierungen" auch Sachverhalte bezeichnet werden, die der mittelbaren Diskriminierung nahestehen (s. zur Diskriminierung wegen der Staatsangehörigkeit EuGH 23.5.1996 – C-237/94 Rn. 17 – O'Flynn, EAS VO 1612/68 EWG Nr. 26). **89**

b) Rechtfertigung. Die Diskriminierungsverbote gelten auch in ihrer Funktion als Anknüpfungsverbote nicht absolut, sondern sind abwägungsoffen ausgestaltet, weshalb im Anschluss an die Feststellung einer tatbestandlichen Benachteiligung eine **sachliche Rechtfertigung** zu prüfen ist (Calliess/Ruffert/*Rossi* Rn. 9; *Jarass* Rn. 26 ff.; so auch ErfK/*Schmidt* GG Art. 3 Rn. 75). Eine Einschränkung der Ausübung der in Art. 21 I enthaltenen Rechte muss jedoch gesetzlich vorgesehen sein und den Wesensgehalt dieser Rechte achten (Art. 52 I; s. Calliess/Ruffert/*Kingreen* Art. 52 Rn. 46; Tettinger/Stern/*Sachs* Rn. 22; für unmittelbare Benachteiligungen *Jarass* Rn. 26). Vor diesem Hintergrund ist der Schutz vor Diskriminierung zwar „ein allgemeines Menschenrecht", es dürfen jedoch „durch das Diskriminierungsverbot […] andere Grundrechte und Freiheiten nicht beeinträchtigt werden" (so Erwägungsgrund 2 f. RL 2004/113/EG; s. auch Jauernig/*Mansel* AGG Vor § 1 Rn. 4; *Adomeit/Mohr* NZA 2007, 179 [182]). Auf Seiten der Arbeitgeber sind dies ua die (Unternehmer-)Berufsfreiheit gem. Art. 16, das Eigentumsgrundrecht gem. Art. 17 sowie die als Beschränkungsverbot wirkende Kapitalverkehrsfreiheit gem. Art. 63 AEUV als „besondere Berufsfreiheit der Marktbürger" (*Mohr* ZHR 178, 2014, 326 [348 ff.]; s. zur Arbeitnehmerfreizügigkeit auch EuGH 15.10.1987 – 222/86 – Heylens, AP EWG-Vertrag Art. 48 Nr. 13; zur Kapitalverkehrsfreiheit s. *Schubert* ZIP 2013, 289 ff.). Die **Abwägung der gegenläufigen Rechtsgüter** erfolgt beim Verbot der unmittelbaren Diskriminierung iRd sog. Rechtfertigung, bei mittelbaren Diskriminierungen kann sie bereits im Tatbestand erfolgen (s. zu Art. 3 III GG BVerfG 17.2.1999 NVwZ 1999, 756; zum Nachtarbeitsverbot für Frauen auch BVerfG 28.1.1992 NJW 1992, 964 [965]). **90**

Grds. gilt, dass eine unmittelbare Benachteiligung **schwerer zu rechtfertigen ist als eine mittelbare Benachteiligung** (BAG 28.1.2010 NZA 2010, 625 Rn. 17 ff.; s. zum Verhältnis von Art. 3 I und III GG auch Beck-OK GG/*Kischel* Art. 3 Rn. 214). Im Bereich der auch sekundärrechtlich geschützten Merkmale ist eine unmittelbare Benachteiligung deshalb nur dann zulässig, wenn der Tatbestand einer Ausnahmeregelung erfüllt ist (EuGH 12.1.2010 – C-229/08 Rn. 30 ff. – Wolf, EuZW 2010, 142; 19.1.2010 – C-555/07 Rn. 32 ff. – Kücükdeveci, NJW 2010, 427; s. zu Art. 2 V RL 2000/78/EG auch EuGH 21.1.2010 – C-341/08 Rn. 44 ff. – Petersen, EuZW 2010, 137; 13.9.2011 – C-447/09 Rn. 54 ff. – Prigge, NJW 2011, 3209). Eine über diese Regelungen hinausgehende Rechtfertigung aus sachlichen Gründen ist anders als bei der mittelbaren Diskriminierung nicht zulässig (EuGH 12.12.2013 – C-267/12 Rn. 45 – Hay, NZA 2014, 153; *Schmidt/Senne* RdA 2002, 80 [85 Fn. 54]; **aA** *Wernsmann* JZ 2005, 224 [227 ff.]; *Hanau* ZIP 2006, 2189 [2194]). **91**

Gegen die **Zulässigkeit einer sachlichen Rechtfertigung** kann nicht eingewandt werden, es verschließe sich logisch, von der Rechtfertigung einer Diskriminierung zu spre- **92** chen (missverständlich Meyer/*Hölscheidt* Rn. 35); denn gerechtfertigt wird nicht die als Ergebnis der Prüfung feststehende Diskriminierung, sondern die benachteiligende Regelung als Vorfrage (*Jarass* Rn. 26). Die **Diskriminierungsverbote** stehen zu **widerstreitenden Freiheitsrechten** auch nicht in einem Verhältnis der **Spezialität** (BVerfG 18.2.1999 NJW 2001, 1267 [1268]). Vielmehr sind die widerstreitenden Interessen im Wege **„praktischer Konkordanz"** (so die in Deutschland gebräuchliche Formulierung) sowie unter Beachtung des **Verhältnismäßigkeitsgrundsatzes** in einen möglichst schonenden Ausgleich zu bringen (vgl. *Henssler/Kaiser* RdA 2012, 248 [249] und [252]). Demgemäß kann das Primärrecht auch den Antidiskriminierungsrichtlinien und den zu ihrer Umsetzung erlassenen mitgliedstaatlichen Rechtsakten Grenzen setzen (so auch EuGH 12.6.2003 – C-112/00 Rn. 74, 77 ff. – Schmidberger, EuZW 2003, 592; 14.10.2004 – C-36/02 Rn. 35 ff. – Omega Spielhallen- und Automatenaufstellungs GmbH, EuZW 2004, 753; 29.1.2008 – C-275/06 Rn. 64 ff., insbesondere Rn. 68 – Promusicae, EuZW 2008, 113; GA *Sharpston* 15.10.2009 – C-28/08 Rn. 95 mit Fn. 37 – Bavarian Lager, BeckRS 2009, 71158). In der arbeitsrechtlichen Entscheidung *Rosenbladt* aus dem Jahr 2010 heißt es etwa, dass die dort in Rede stehende **Altersgrenze ein Ausdruck eines Ausgleichs gegenläufiger, aber rechtmäßiger Interessen** sei. Einerseits biete sie den Arbeitnehmern eine gewisse Stabilität der Beschäftigung und verheiße langfristig einen vorhersehbaren Eintritt in den Ruhestand. Anderseits gewährleiste sie den Arbeitgebern eine gewisse Flexibilität in ihrer Personalplanung (EuGH 12.10.2010 – C-45/09 Ls. 3 – Rosenbladt, NZA 2010, 1167). **Beide Interessen lassen sich auf Grundrechte zurückführen,** namentlich auf die Berufsfreiheit des Arbeitnehmers gem. Art. 15 und die Unternehmerfreiheit des Arbeitgebers gem. Art. 16 (*Mohr* ZHR 178, 2014, 326 [349]). Die Rechtsprechung des EuGH ist freilich noch im Fluss. So lesen sich andere Entscheidungen eher iSe Vorrangs der arbeitsrechtlichen Diskriminierungsverbote (s. EuGH 19.1.2010 – C-555/07 Rn. 50 – Kücükdeveci, NZA 2010, 85).

93   Wie schon erläutert, orientiert sich der EuGH bei der Prüfung einer Rechtfertigung von Benachteiligungen iSd Art. 21 I an den Regelungen des Sekundärrechts, bei Benachteiligungen wegen des Alters somit an Art. 6 RL 2000/78/EG (EuGH 19.1.2010 – C-555/07 Rn. 32 ff. – Kücükdeveci, NJW 2010, 427 ff.). Die benachteiligende Ungleichbehandlung muss deshalb durch ein rechtmäßiges Ziel gedeckt und die zu seiner Umsetzung dienenden Mittel müssen verhältnismäßig sein (*Frenz* Handbuch 2, Rn. 3287). Die möglichen Rechtfertigungsgründe lassen sich angesichts der **unterschiedlichen Schutzintensität** der einzelnen Merkmale des Art. 21 I nicht auf einen verallgemeinerungsfähigen Nenner bringen (s. zu Art. 3 III GG ErfK/*Schmidt* GG Art. 3 Rn. 75). Im Rahmen der sekundärrechtlichen Tatbestände lassen sich die Spezifika der einzelnen Merkmale im Wege teleologischer Auslegung berücksichtigen (*Riesenhuber* § 2 Rn. 51).

94   **2. Mittelbare Diskriminierung.** Die auf Art. 19 I, Art. 157 III AEUV beruhenden Richtlinien gegen Diskriminierungen schützen übereinstimmend auch vor **mittelbaren Benachteiligungen** wegen der geschützten Merkmale, die sich nicht auf sachliche Gründe zurückführen lassen (Art. 2 II lit. b RL 2000/43/EG, Art. 2 II lit. b RL 2000/78/EG, Art. 2 I lit. b RL 2006/54/EG und Art. 3 I lit. b RL 2010/41/EG). Da der EuGH die Regelungen in Art. 21 I im Lichte des Sekundärrechts auslegt (EuGH 22.11.2005 – C 144/04 Rn. 74 ff. – Mangold, NJW 2005, 3695; 19.1.2010 – C-555/07 Rn. 50 – Kücükdeveci, NZA 2010, 85; 8.9.2011 – C-297/10 Rn. 47 – Hennigs und Mai, NZA 2011, 1100; 13.9.2011 – C-447/09 Rn. 38 – Prigge, NJW 2011, 3209; 26.9.2013 – C-476/11 Rn. 19 – Kristensen, EuZW 2013, 951; 21.1.2015 – C-529/13 Rn. 15 ff. – Felber, BeckRS 2015, 80135), ist das Konzept der mittelbaren Diskriminierung auch auf Art. 21 I zu übertragen (s. zu Art. 3 III GG ErfK/*Schmidt* GG Art. 3 Rn. 76), sofern man die entsprechenden Sachverhalte nicht unter Art. 20 fassen will (so Schwarze/Becker/Hatje/Schoo/*Graser* Rn. 15).

95   Mit dem Tatbestand gegen mittelbare Diskriminierungen wird die Funktionsweise von Verhaltensweisen in den Blick genommen, was durch eine Kontrolle anhand eines anderen Differenzierungskriteriums ggf. nicht voll erfasst werden kann (*Frenz* Handbuch 4,

Rn. 3291). Nach der gebräuchlichen Definition liegt eine mittelbare Diskriminierung vor, wenn **dem Anschein nach neutrale Vorschriften** zB Personen mit einer bestimmten Religion oder Weltanschauung, einer bestimmten Behinderung, eines bestimmten Alters oder mit einer bestimmten sexuellen Ausrichtung gegenüber anderen Personen **in besonderer Weise benachteiligen können,** es sei denn, diese Vorschriften sind **durch ein rechtmäßiges Ziel sachlich gerechtfertigt, und die Mittel sind zur Erreichung dieses Ziels angemessen und erforderlich** (vgl. Art. 2 II lit. b Nr. i RL 2000/78/EG). Eine mittelbare Benachteiligung ist somit zu vermuten, wenn als Differenzierungskriterium, das die nachteiligen Folgen bewirkt, zwar nicht unmittelbar die Zugehörigkeit zur geschützten Personengruppe dient, sondern ein scheinbar neutrales Merkmal, dieses sich jedoch überwiegend zulasten der geschützten Personen auswirkt (s. EuGH 11.4.2013 – C-335/11 ua Rn. 69 ff. – Ring, NZA 2013, 553). In diesem Fall wird wegen der überwiegend geschützte Personen treffenden nachteiligen Wirkung vermutet, dass die Gruppenzugehörigkeit maßgebliche Ursache der Benachteiligung war, die Benachteiligung also „wegen" der Gruppenzugehörigkeit erfolgt ist (EuGH 27.10.1993 – C-127/92 – Enderby, EAS Art. 119 EGV Nr. 24).

Der Normadressat kann die indizierte Benachteiligung durch einen sachlichen Grund **96** **widerlegen.** Da die mittelbare Benachteiligung von den faktischen Wirkungen einer Regelung auf eine negative Intention oder Anknüpfung schließt, kann sie im Vergleich zur unmittelbaren Benachteiligung unter erweiterten Voraussetzungen zulässig sein (s. zu Art. 157 I AEUV Ehlers/*Kingreen* § 21 Rn. 50; *Adomeit/Mohr* AGG § 3 Rn. 159). Der Normadressat kann somit geltend machen, dass eine Regelung auf **sachlichen Kriterien** beruht, die in keinem Zusammenhang mit den geschützten Merkmalen stehen (EuGH 27.6.1990 – C-33/89 Rn. 13 – Kowalska, NZA 1990, 771; *Schiek/Horstkötter* NZA 1998, 863 [867]; *Mohr* Diskriminierungen 302). Zunächst ist das Ziel der Regelung daraufhin zu überprüfen, ob es mit dem Unionsrecht zu vereinbaren ist. Als **legitime Ziele** kommen auf Seiten des Gesetzgebers vor allem sozialpolitische Gesichtspunkte in Betracht (EuGH 6.2.1996 – C-457/93 Rn. 36 – Lewark, NZA 1996, 319). Zulässig sind jedoch auch wirtschaftliche Gesichtspunkte im Interesse von Unternehmen, sofern diese vom Gesetzgeber als zulässig anerkannt werden (s. zu Art. 6 I RL 2000/78/EG auch *Mohr* NZA 2014, 459 [460]). So hat der EuGH nationale Regelungen im Interesse der personalwirtschaftlichen Flexibilität (EuGH 19.1.2010 – C-555/07 Rn. 36 ff. – Kücükdeveci, NZA 2010, 85; 12.10.2010 – C-45/09 Ls. 3 – Rosenbladt, NZA 2010, 1167), zur Optimierung der Personalplanung und zur Vermeidung von Rechtsstreitigkeiten über die Fähigkeit der Beschäftigten, ihre Tätigkeit über ein bestimmtes Alter hinaus auszuüben, als zulässig anerkannt (EuGH 21.7.2011 – C-159, 160/10 Rn. 50 – Fuchs und Köhler NVwZ 2011, 1249).

Zusätzlich unterzieht der EuGH den Differenzierungsgrund einer **Verhältnismäßig- 97 keitsprüfung** (s. zur Dogmatik *Brüning* JZ 2001, 669 [670 f.]). Dieser muss „einem legitimen sozialpolitischen Ziel dienen" sowie „für die Erreichung dieses Ziels geeignet und erforderlich" sein (EuGH 6.4.2000 – C-226/98 Rn. 41 – Joergensen, EAS RL 76/207/ EWG Art. 2 Nr. 18). Benachteiligende Ungleichbehandlungen im Interesse von Unternehmen müssen „einem wirklichen Bedürfnis" derselben Rechnung tragen „und für die Erreichung dieses Ziels geeignet und erforderlich" sein (EuGH 26.6.2001 – C-381-99 Rn. 67 – Brunnhofer, NZA 2001, 883). Es darf **keine weniger diskriminierende Alternative** denkbar sein (EuGH 6.2.1996 – C-457/93 Rn. 38 – Lewark, NZA 1996, 319). Schließlich ist zu untersuchen, ob der Differenzierungsgrund ein solches Gewicht besitzt, dass er die konkrete Ungleichbehandlung rechtfertigt. Im deutschen Recht entspricht dies dem Prüfungspunkt „Verhältnismäßigkeit im engeren Sinne" (so auch *Raab* Anm. EAS Art. 119 EGV Nr. 36, 27 [34]). Der EuGH spricht den Mitgliedsstaaten einen „sachgerechten Gestaltungsspielraum" für „soziale Schutzmaßnahmen" und die „konkreten Einzelheiten ihrer Durchführung" zu (EuGH 6.4.2000 – C-226/98 Rn. 41 – Joergensen, EAS RL 76/207/EWG Art. 2 Nr. 18). Dasselbe muss unter Geltung der Art. 51 I 1, Art. 52 II für den Unionsgesetzgeber gelten.

98 **3. Schutz vor Belästigungen?** Noch nicht geklärt ist, ob Art. 21 I auch die von den Richtlinien erfassten Belästigungen wegen der geschützten Merkmale behandelt (Art. 2 II lit. c RL 2000/43/EG, Art. 2 II lit. c RL 2000/78/EG, Art. 2 I lit. c RL 2006/54/EG und Art. 3 I lit. c RL 2010/41/EG). Vergleichbares gilt für die sexuelle Belästigung (Art. 2 I lit. d RL 2006/54/EG und Art. 3 I lit. d RL 2010/41/EG). Dafür spricht, dass der Unwertgehalt eines Verbots von Diskriminierungen nicht nur in der Ungleichbehandlung, sondern vor allem in der Benachteiligung liegt (→ Rn. 3), dagegen, dass die Richtlinien die Belästigung nur als Diskriminierung fingieren („gelten"; besonders deutlich Art. 2 II lit. a RL 2006/54/EG). Darüber hinaus – und das scheint entscheidend – passt die unzulässige Verhaltensweise der Belästigung eher auf horizontale Rechtsverhältnisse als auf das Verhältnis des Bürgers gegen den Staat, wie das Verbot der sexuellen Belästigung besonders augenscheinlich werden lässt. Allerdings können die Vorgaben des Art. 21 I insoweit auf die Interpretation der Richtlinien ausstrahlen, als es um die grundlegenden Wertungen geht, etwa um die Frage, welcher Grad der negativen Einwirkung vorliegen muss, um von einer unzulässigen Verhaltensweise sprechen zu können.

C. Verbot von Diskriminierungen wegen der Staatsangehörigkeit

I. Überblick

99 Art. 21 II enthält iRd Vorgaben des Art. 52 II ein Verbot der Diskriminierung wegen der Staatsangehörigkeit (Tettinger/Stern/*Sachs* Rn. 26). Die Vorschrift dient dem übergreifenden Ziel der Union, eine immer engere **Integration der Mitgliedstaaten und ihrer Bürger** herbeizuführen (*Frenz* Handbuch 4, Rn. 3304). Hierzu will Art. 21 II den Fremdenstatus von Unionsbürgern iSd Art. 20 AEUV beseitigen, indem diese in **jedem Mitgliedstaat als Inländer** behandelt werden (Ehlers/*Kingreen* § 13 Rn. 1; *Jarass* Rn. 34).

100 Art. 21 II ist nahezu wortgleich dem „allg. Diskriminierungsverbot" wegen der Staatsangehörigkeit des **Art. 18 I AEUV** nachgebildet (BVerwG 30.3.2010 NVwZ 2010, 964 Rn. 67; *Frenz* Handbuch 1, Rn. 3929; *ders.* Handbuch 4, Rn. 3225 und 3298). Art. 18 I AEUV wurde schon bislang als **grundrechtsgleiches Recht** eingestuft (Calliess/Ruffert/*Epiney* AEUV Art. 18 Rn. 2). Über Art. 21 II wird die Vorschrift nunmehr **formal in den Rang eines Grundrechts** gehoben (*Frenz* Handbuch 4, Rn. 3225; Calliess/Ruffert/*Rossi* Rn. 11; von der Groeben/Schwarze/Hatje/*Lemke* Rn. 19). Das **Verhältnis von Art. 18 I AEUV und Art. 21 II** ist klärungsbedürftig (s. Ehlers/*Kingreen* § 13 Rn. 3). Mit dem Verbot der Diskriminierung wegen der Staatsangehörigkeit reagiert Art. 18 I AEUV auf föderale Gefährdungslagen, da die Mitgliedstaaten tendenziell dazu neigen, ihre Bürger gegenüber Bürgern aus anderen Mitgliedsstaaten zu bevorzugen. Art. 18 I AEUV erklärt deshalb die Zugehörigkeit zu einem Mitgliedstaat für die Behandlung durch einen anderen Mitgliedstaat für irrelevant, und fungiert damit als „transnationale Integrationsnorm" (so auch Ehlers/*Kingreen* § 21 Rn. 2). Hierin liegt ein funktionaler Unterschied zu grundrechtlichen Diskriminierungsverboten wie Art. 21 II, die der **(supra-)nationalen Legitimation von Hoheitsgewalt** dienen. Trotz dieser unterschiedlichen Zweckrichtung und der unterschiedlichen Adressaten sind Art. 18 I AEUV und Art. 21 II übereinstimmend zu interpretieren (Erläuterungen zur Charta der Grundrechte ABl.EU Nr. C 303, 14 [24] v. 14.12.2007; *Frenz* Handbuch 4, Rn. 3226), wie auch **Art. 52 II** klarstellt (*Jarass* Rn. 33; Ehlers/*Kingreen* § 13 Rn. 3; Calliess/Ruffert/*Kingreen* Art. 52 Rn. 12). Art. 21 II dient insoweit der **Klarstellung,** dass das Verbot der Diskriminierung wegen der Staatsangehörigkeit in der EU grundlegende Bedeutung hat, die nicht hinter den Diskriminierungsverboten des Art. 21 I zurücksteht.

101 Die Art. 18 I AEUV und Art. 21 II sind lediglich **„unbeschadet besonderer Bestimmungen der Verträge"** anwendbar. Sie sind deshalb gegenüber allen anderen Bestimmungen subsidiär, die ebenfalls das Kriterium der Staatsangehörigkeit aufgreifen. Dies sind etwa die Grundfreiheiten, nicht aber die anderen Diskriminierungsverbote gem. Art. 21 I und die auf Art. 19 I, 157 III AEUV beruhenden Diskriminierungsverbote (Ehlers/*Kingreen* § 13 Rn. 2; Streinz/*Streinz* AEUV Art. 18 Rn. 3). Auch wenn die Art. 18 I AEUV/Art. 21 II gegenüber spezielleren Regelungen wie den Grundfreiheiten subsidiär sind, beinhalten sie aber zentrale Interpretationsmaximen (EuGH 12.5.1998 – C-85/96 Rn. 63 – Martínez Sala, EuZW 1998, 37; Streinz/*Streinz* AEUV Art. 18 Rn. 2). Im Verhältnis zum allg. Gleichheitssatz des Art. 20 sowie zu den Diskriminierungsverboten des Art. 21 I ist Art. 21 II lex specialis, soweit es etwa um Diskriminierungen wegen der Muttersprache oder der ethnischen Herkunft geht (Tettinger/Stern/*Sachs* Rn. 26).

II. Grundrechtsträger

Träger des Grundrechts gem. Art. 21 II sind alle **natürlichen Personen,** die die **Unionsbürgerschaft** gem. Art. 20 AEUV besitzen (Ehlers/*Kingreen* § 13 Rn. 4, **aA** *Frenz* Handbuch 1, Rn. 3962). So würde durch eine Anwendung auf **Drittstaatenangehörige** die Beschränkung des Art. 15 III unterlaufen, wonach diese Personen lediglich einen Anspruch auf gleiche Arbeitsbedingungen haben (BVerwG 30.3.2010 NVwZ 2010, 964 Rn. 66; so auch *Frenz* Handbuch 4, Rn. 3305). Art. 21 II erfasst somit nicht die Ungleichbehandlung von Unionsbürgern und Drittstaatenangehörigen (s. zu Art. 18 I AEUV EuGH 4.6.2009 – C-22, 23/08 Rn. 52 – Vatsouras ua, EuZW 2009, 702), soweit diese nicht ausdrücklich in den Geltungsbereich der Verfassung einbezogen sind (Tettinger/Stern/*Sachs* Rn. 30; *Jarass* Rn. 43). Sofern sie ihren Sitz in der Union haben, können sich auch **juristische Personen** und **Personenvereinigungen** auf Art. 21 II berufen; der Wortlaut der Vorschrift steht dem nicht entgegen (Tettinger/Stern/*Sachs* Rn. 27; *Frenz* Handbuch 4, Rn. 3301).

102

III. Grundrechtsadressaten

Die **Grundrechtsadressaten** bestimmen sich wie bei Art. 21 I nach Art. 51 I 1 (→ Rn. 48 f.). Anders als Art. 18 I AEUV gilt Art. 21 II somit auch für die Union; denn Diskriminierungen aus Gründen der Staatsangehörigkeit durch die Organe der Union gefährden die Ziele des Vertrages genauso wie diskriminierende nationale Maßnahmen (zu Art. 18 I AEUV GHN/*v. Bogdandy* AEUV Rn. 18 Rn. 25).

103

IV. Sachlicher Anwendungsbereich

Der sachliche Anwendungsbereich des Art. 21 II ist auf den **Anwendungsbereich der Verträge** beschränkt. Dies ist nach Ansicht des EuGH zu bejahen, wenn nach dem gegenwärtigen Entwicklungsstand eine **unionsrechtlich geregelte Situation** vorliegt (EuGH 2.2.1989 – 186/87 Rn. 10 – Cowan/Trésor public, NJW 1989, 2183; Ehlers/*Kingreen* § 13 Rn. 7; so auch Calliess/Ruffert/*Epiney* AEUV Art. 18 Rn. 15: Wahrung des Prinzips der begrenzten Einzelermächtigung). Aus diesem Grunde sind rein mitgliedstaatsinterne Sachverhalte ausgeschlossen (EuGH 2.10.2003 – C-148/02 Rn. 26 – Avello, EuGRZ 2004, 156; Streinz/*Streinz* AEUV Art. 18 Rn. 19). Der Anwendungsbereich der Verträge ist aber schon dann eröffnet, wenn eine Regelung – auch nur mittelbar – Auswirkungen auf den Austausch von Gütern und Dienstleistungen zwischen den Mitgliedstaaten hat (EuGH 20.3.1997 – C-323/95 Rn. 17 – Hayes, NJW 1998, 2127). Dabei kommt es nicht darauf an, ob die Union in einem bestimmten Bereich Kompetenzen hat, sondern ob **von den Kompetenzen durch Erlass von Sekundärrecht Gebrauch gemacht** wurde (Ehlers/*Kingreen* § 13 Rn. 13). Zuweilen lassen sich auch dem materiellen Primärrecht die Grenzen des Anwendungsbereichs der Verträge entnehmen (s. *Jarass* Rn. 39; EuGH 24.11.1998 – C-274/96 Rn. 15 f. – Bickel und Franz, EuZW 1999, 82; 20.9.2001 – C-184/99 Rn. 32 f. – Grzelczyk, EuZW 2002, 52).

104

105 Das Verhältnis der Einschränkung des sachlichen Anwendungsbereichs in Art. 21 II zu Art. 51 I 1 ist klärungsbedürftig (*Jarass* Rn. 38). Das Ergebnis hängt maßgeblich davon ab, ob man Art. 51 I 1 als strenger ansieht als Art. 21 II oder nicht (*Frenz* Handbuch 4, Rn. 3313). Nach Ansicht des EuGH ist der allg. Anwendungsbereich der Charta gem. Art. 51 I 1 schon dann erfüllt, wenn ein Sachverhalt in den **Anwendungsbereich des Unionsrechts** fällt (EuGH 26.2.2013 – C-617/10 Rn. 17 ff. – Åkerberg Fransson, EuZW 2013, 302; → Rn. 49). Es liegt deshalb nahe, beiden Regelungen dieselbe sachliche Reichweite zuzusprechen (ebenso Tettinger/Stern/*Sachs* Rn. 29).

106 Da Art. 18 I AEUV auf zwischenstaatliche Sachverhalte beschränkt ist, bezieht sich die Regelung nach der früheren Rechtsprechung des EuGH nicht auf die **reine Inländerdiskriminierung** (EuGH 28.1.1992 – C-332/90 Rn. 8 f. – Steen/Deutsche Bundespost, NZA 1992, 403; 23.4.1991 – C-41/90 Rn. 35 ff. – Höfner und Elser, NJW 1991, 2891; Streinz/*Franzen* AEUV Art. 45 Rn. 34). Hiermit wird die Schlechterstellung von Inländern gegenüber EU-Ausländern adressiert, die sich aus der Nichtanwendung nationaler Vorschriften wegen Verstoßes gegen die Grundfreiheiten auf EU-Ausländer ergibt (*Jarass* Rn. 40). Deren Zulässigkeit richtete sich deshalb nach früherer Rechtsprechung des EuGH allein nach nationalem Verfassungsrecht (Streinz/*Streinz* AEUV Art. 18 Rn. 67). Angesichts der jüngeren Rechtsprechung des EuGH zum vergaberechtlichen Transparenzgebot, auf das sich auch Inländer berufen dürfen, ist zweifelhaft, ob die vorstehende Sichtweise weiterhin relevant ist (EuGH 14.11.2013 – C-221/12 Rn. 32 – Telenet, EuZW 2014, 69). Von der Problematik der Inländerdiskriminierung zu unterscheiden ist die Durchführung von Unionsrecht durch die Mitgliedstaaten, das auch Inländer schützt. In diesem Fall können sich auch die Inländer auf das Diskriminierungsverbot wegen der Staatsangehörigkeit berufen (*Jarass* Rn. 40).

V. Geschützes Merkmal

107 Die **Staatsangehörigkeit** bezeichnet die **rechtliche Mitgliedschaft einer Person in einem Staat** (Meyer/*Holscheidt* Rn. 58). Persönlich berechtigt sind somit die Staatsangehörigen der Mitgliedstaaten (dazu Streinz/*Streinz* AEUV Art. 18 Rn. 33 ff.). Diese sind nach Art. 20 I 2 AEUV zugleich Unionsbürger (EuGH 4.10.2012 – C-75/11 Rn. 36 – Europäische Union/Republik Österreich, BeckRS 2012, 81991). Der unionsrechtliche Begriff der Staatsangehörigkeit bestimmt sich somit im Ergebnis nach mitgliedstaatlichem Recht (*Frenz* Handbuch 4, Rn. 3298).

108 Da es sich bei der Staatsangehörigkeit um ein **personenbezogenes Merkmal** handelt, können Vorschriften, die an die **Herkunft von Waren** anknüpfen, grds. nicht in den Anwendungsbereich der Vorschrift fallen (Calliess/Ruffert/*Epiney* AEUV Art. 18 Rn. 8). In der Rechtsprechung des EuGH zeigen sich freilich Tendenzen, das Verbot auch auf solche nationalen Regelungen anzuwenden, die den Austausch von Gütern und Dienstleistungen in der EU betreffen (s. zum Urheberrecht EuGH 20.10.1993 – C-92/92 und C-326/92 Rn. 27 – Phil Collins, GRUR 1994, 280). Sofern es um Regelungen des Urheberrechts geht, lässt sich diese Rechtsprechung damit begründen, dass der spezifische Gegenstand der Rechte gerade darin besteht, den **Schutz der Persönlichkeitsrechte** und der wirtschaftlichen Rechte ihrer Inhaber zu gewährleisten (EuGH 20.10.1993 – C-92/92 und C-326/92 Rn. 20 – Phil Collins, GRUR 1994, 280); sie haben somit eine enge Verknüpfung zum Schutz der Person.

109 Da Art. 21 II auch auf **juristische Personen und Personenvereinigungen** anzuwenden ist, ist der Begriff Staatsangehörigkeit insoweit wie **Staatszugehörigkeit** zu lesen (GHN/*v. Bogdandy* AEUV Rn. 18 Rn. 29).

VI. Unzulässige Verhaltensweisen

Art. 21 II enthält ein Verbot von **Diskriminierungen** durch hoheitliches Verhalten 110
(Calliess/Ruffert/*Epiney* AEUV Art. 18 Rn. 9; *Frenz* Handbuch 1, Rn. 3941), **kein Beschränkungsverbot** wie etwa die Grundfreiheiten (*Jarass* Rn. 34). Ebenso wie Art. 21 I
enthält die Vorschrift somit ein Abwehrrecht. Ob darüber hinaus eine Schutzpflicht des
Staates besteht, ist noch nicht geklärt (dafür *Jarass* Rn. 50). Dafür spricht, dass auf diesem
Wege der Rechtsprechung des EuGH zur Drittwirkung der Grundfreiheiten in privaten
Rechtsverhältnissen systemkonform Rechnung getragen werden könnte (Tettinger/Stern/
Sachs Rn. 31; so auch Ehlers/*Kingreen* § 13 Rn. 18; → Rn. 119).

Art. 21 II untersagt ebenso wie Art. 21 I nicht nur **unmittelbare Diskriminierungen,** 111
die direkt an die Staatsangehörigkeit der Grundrechtsträger anknüpfen, sondern auch
mittelbare Diskriminierungen, die sich faktisch überwiegend nachteilig auf Personen
mit einer bestimmten Staatsangehörigkeit auswirken (*Jarass* Rn. 46; Calliess/Ruffert/*Epiney*
AEUV Art. 18 Rn. 12 f.; Ehlers/*Kingreen* § 13 Rn. 19 ff.). In diesem Rahmen erfasst das
Verbot „nicht nur offensichtliche [„offene"] Diskriminierungen auf Grund der Staatsangehörigkeit", sondern auch „alle versteckten Formen der Diskriminierung, die durch die
Anwendung anderer Unterscheidungsmerkmale tatsächlich zu dem gleichen Ergebnis führen (EuGH 15.3.2005 – C-209/03 Rn. 51 – Bidar, EuZW 2005, 276; 26.6.2001 – C-212/
99 Rn. 24 – Kommission/Italienische Republik, NZA 2001, 1193). Der EuGH scheint den
Begriff der verdeckten Diskriminierung vornehmlich als Oberbegriff für die mittelbare
Diskriminierung zu verwenden (EuGH 23.5.1996 – C-237/94 Rn. 17 – O'Flynn, EAS
VO 1612/68 EWG Nr. 26). Auf eine Benachteiligungsabsicht kommt es grds. weder bei
der unmittelbaren noch bei der mittelbaren Diskriminierung an (*Frenz* Handbuch 1,
Rn. 3940), soweit ein Motiv nicht notwendig ist, um zulässige von unzulässigen Verhaltensweisen unterscheiden zu können (s. zum AGG *Adomeit/Mohr* JZ 2009 183 ff.).

Über das Verbot der **mittelbaren Diskriminierung** können unterschiedslos geltende 112
Sachverhalte in den Anwendungsbereich der Norm gebracht werden, die iRd Grundfreiheiten dem **Beschränkungsverbot** unterlägen (s. EuGH 7.7.2005 – C-147/03 Rn. 47
– Kommission/Österreich, EuZW 2005, 464; als „Kunstgriff" bezeichnet von *Frenz* Handbuch 1, Rn. 3934).

Eine benachteiligende Ungleichbehandlung wegen der Staatsangehörigkeit kann **ge-** 113
rechtfertigt werden (EuGH 24.11.1998 – C-274/96 Rn. 27 ff. – Bickel und Franz, EuZW
1999, 82; s. zum Streitstand Ehlers/*Kingreen* § 13 Rn. 25). Dies gilt nicht nur für mittelbare
(„materielle"), sondern auch für unmittelbare („formelle") Diskriminierungen (EuGH
16.12.2008 – C-524/06 Rn. 75 ff. – Huber, EuZW 2009, 184; Calliess/Ruffert/*Epiney*
AEUV Art. 18 Rn. 41). Hierzu muss die benachteiligend wirkende Regelung auf objektiven, von der Staatsangehörigkeit der Betroffenen unabhängigen Erwägungen beruhen und
in einem angemessenen Verhältnis zu dem Zweck stehen, der mit der (nationalen) Rechtsvorschrift zulässigerweise verfolgt wird (EuGH 15.1.1998 – C-15/96 Rn. 21 – Schöning-
Kougebetopoulou, EuZW 1998, 118). Keine zwingenden Gründe des Allgemeininteresses
sollen im Anwendungsbereich des Diskriminierungsverbots wegen der Staatsangehörigkeit
wirtschaftliche Zielsetzungen sein (EuGH 16.1.2003 – C-388/01 Rn. 22 – Kommission/
Italienische Republik, NVwZ 2003, 459). Außerdem muss die Regelung verhältnismäßig
sein (EuGH 24.11.1998 – C-274/96 Rn. 27 – Bickel und Franz, EuZW 1999, 82; *Jarass*
Rn. 52). Geboten ist somit eine Abwägung gegenläufiger Rechtsgüter (*Jarass* Rn. 52).

VII. Anwendungsvorrang besonderer Diskriminierungsverbote

Soweit in den Verträgen, mithin im EUV oder im AEUV, **spezielle Verbote der** 114
Diskriminierung wegen der Staatsangehörigkeit existieren, tritt Art. 21 II ebenso wie
Art. 18 I AEUV als subsidiär zurück, wie die Formulierung „unbeschadet besonderer
Bestimmungen der Verträge" verdeutlicht (*Jarass* Rn. 37; *Frenz* Handbuch 1, Rn. 3911).

Die Vokabel „unbeschadet" meint „soweit nichts anders bestimmt ist" (GHN/*v. Bogdandy* AEUV Art. 18 Rn. 55). Art. 21 II tritt somit etwa dann zurück, wenn andere Vorschriften eine nach Art. 18 AEUV tatbestandliche Diskriminierung erlauben, etwa Art. 45 III AEUV (EuGH 23.4.1991 – C-41/90 Rn. 36 – Höfner und Elser, NJW 1991, 2891; GHN/ *v. Bogdandy* AEUV Rn. 18 und Rn. 55). Der Vorbehalt gilt nicht nur für die Grundfreiheiten, sondern auch für die sonstigen Regelungen der Charta, die vor benachteiligenden Ungleichbehandlungen wegen der Staatsangehörigkeit schützen (*Frenz* Handbuch 4, Rn. 3252). Demgegenüber ist Art. 21 I neben Art. 21 II anwendbar, soweit es nicht um Diskriminierungen gerade wegen der Staatsangehörigkeit geht (*Jarass* Rn. 37).

115 Aus der vorstehend beschriebenen Subsidiaritätsanordnung folgt in Kombination mit der weiteren Voraussetzung des Art. 21 II, wonach dieser nur im Anwendungsbereich der Verträge gilt, ein **spezifisches Verhältnis zu den Grundfreiheiten** (*Frenz* Handbuch 1, Rn. 3920; GHN/*v. Bogdandy* AEUV Art. 18 Rn. 55): Einerseits konstituieren die Grundfreiheiten den Anwendungsbereich der Verträge und damit denjenigen des Verbots von Diskriminierungen wegen der Staatsangehörigkeit. Andererseits schränken die besonderen Bestimmungen den Umfang des Verbots in dem jeweiligen Sachgebiet wieder ein, da dieses bei konsequenter Anwendung subsidiär ist. Auch dann kann Art. 21 II freilich als Interpretationsleitlinie in Abwägung zu nationalen Interessen dienen und gewährleistet damit die Durchführung des Grundsatzes der Nichtdiskriminierung wegen der Staatsangehörigkeit.

D. Rechtsfolgen eines Verstoßes gegen Art. 21

116 Die Diskriminierungsverbote des Art. 21 I beinhalten einklagbare **subjektive Rechte** (Streinz/*Streinz* Rn. 6). Dasselbe gilt für das Diskriminierungsverbot wegen der Staatsangehörigkeit gem. Art. 21 II (Tettinger/Stern/*Sachs* Art. 20 Rn. 25; *Jarass* Rn. 35; s. zu Art. 18 I AEUV EuGH 12.5.1998 – C-85/96 Rn. 62 f. – Martínez Sala, EuZW 1998, 372). Die Rechtsfolgen bestimmen sich allein nach **Unionsrecht** (Tettinger/Stern/*Sachs* Rn. 25).

117 Vorschriften des **sekundären Unionsrechts,** die gegen Art. 21 verstoßen, sind ggf. nach Ablauf einer Anpassungsfrist unwirksam (zu Art. 21 I s. EuGH 1.3.2011 – C-236/09 Rn. 32 ff. – Test Achats, EuZW 2011, 301). Für die Mitgliedstaaten gilt Art. 21 gem. Art. 51 I 1 bei der Durchführung des Rechts der Union. Unterfällt eine **gesetzliche Regelung des nationalen Rechts** deshalb dem Anwendungsbereich des Unionsrechts, sind die Gerichte der Mitgliedstaaten verpflichtet, eine Art. 21 widersprechende nationale gesetzliche Vorschrift **unangewendet** zu lassen, selbst wenn die Unanwendbarkeit der nationalen Norm zu Ansprüchen zwischen Privaten führt (s. zu Art. 21 I BAG 19.7.2011 NZA 2012, 155 Rn. 23; EuGH 19.1.2010 – C-555/07 Rn. 50 ff. – Kücükdeveci, NJW 2010, 427 ff.). Der Anwendungsvorrang des Unionsrechts ist nach dem BVerfG verfassungsrechtlich durch **Art. 23 I GG** legitimiert und Bestandteil des vom Grundgesetz gewollten Integrationsauftrags (BAG 19.7.2011 NZA 2012, 155 Rn. 23; BVerfG 30.6.2009 NJW 2010, 2267 Rn. 331 ff.).

118 Bei entgeltbezogenen Diskriminierungen geht der EuGH für die Vergangenheit von einem **Grundsatz** der **Anpassung nach oben aus** (EuGH 8.4.1976 – 43/53 Rn. 24/14 – Defrenne II, EAS Art. 119 EGV Nr. 2; *Mohr* Diskriminierungen 307 ff.). Für die Zukunft bleibt es dem Regelungsgeber unbenommen, eine diskriminierungsfreie Neuregelung zu schaffen (EuGH 7.2.1991 – C-184/89 Rn. 18 – Nimz, EAS Art. 119 EGV Nr. 20; *Jarass* Rn. 36). Der Verstoß kann dabei behoben werden, indem eine Begünstigung auf die benachteiligten Personen erstreckt, die Begünstigung abgeschafft oder eine gänzlich neue Regelung geschaffen wird (*Frenz* Handbuch 4, Rn. 3401, zu Art. 23 I).

119 Zur Frage der **unmittelbaren Wirkung der Grundrechte in Rechtsverhältnissen zwischen Privaten (unmittelbare Drittwirkung)** hat sich der EuGH bislang noch nicht explizit geäußert. Für die **Grundfreiheiten** nimmt er eine solche Wirkung nur bei be-

stimmten Akteuren (Sportverbänden, Gewerkschaften) an, sofern diese in ihrem Bereich wie sonst der Staat als maßgeblicher Normgeber auftreten (EuGH 15.12.1995 – C-415/93 – Bosman, NJW 1996, 505; dazu *Bachmann* AcP 210, 2010, 424 ff.; *Rossi* EuR 2000, 197 [217 f.]). Vor diesem Hintergrund scheint auch eine Bindung solcher Kollektivakteure an die europäischen Grundrechte nicht ausgeschlossen (dafür GHN/*Mayer* Grundrechtsschutz und rechtsstaatliche Grundsätze Rn. 63; *Jarass* Rn. 42). Eine generelle Anwendung der europäischen Grundrechte im Privatrecht ist demgegenüber nicht begründbar (vgl. *Höpfner* ZfA 2010, 449 ff.; *Riesenhuber* § 2 Rn. 24 f.). Art. 21 I wirkt nicht unmittelbar zwischen Privaten (**keine horizontale Drittwirkung;** vgl. *Frenz* Handbuch 4, Rn. 3293). Die dort enthaltenen Diskriminierungsverbote binden Private nur mittelbar über entsprechende **Schutzpflichten** des Staates, wie sie vorliegend aus der Vokabel „bekämpfen" abgeleitet werden können (s. allg. *Riesenhuber* § 2 Rn. 25). Private werden etwa durch die auf der Grundlage von Art. 19 I und Art. 157 III, IV AEUV erlassenen Rechtsakte gebunden, die ihrerseits der Konkretisierung des Art. 21 I dienen (Calliess/Ruffert/*Rossi* Rn. 5; *Frenz* Handbuch 4, Rn. 3293). An diesem Ergebnis ändert auch die primärrechtliche Verankerung der Grundrechte nichts, da dieser Umstand – wie die Rechtsprechung zu den Grundfreiheiten zeigt – nicht automatisch eine Drittwirkung begründet (**aA** MHH AGG Einl. Rn. 6 und Rn. 19).

Hiervon zu unterscheiden ist die Problematik einer **Anwendung der sekundärrechtlichen Diskriminierungsverbote in Verbindung mit den entsprechenden grundrechtlichen Verbürgungen.** Nach der Rechtsprechung des EuGH zum Diskriminierungsverbot wegen des Alters ist dieses nicht nur sekundärrechtlich, sondern als allg. Grundsatz des Unionsrechts nach Art. 6 III EUV bzw. als Grundrecht durch Art. 21 I, Art. 6 I EUV auch primärrechtlich verankert (EuGH 22.11.2005 – C-144/04 – Mangold, NJW 2005, 3695; 19.1.2010 – C-555/07 – Kücükdeveci, NJW 2010, 427 ff.). Vor diesem Hintergrund spricht der EuGH den **sekundärrechtlichen Rechtsakten mit Hilfe der Grundrechte auch dann eine unmittelbare Drittwirkung unter Privaten zu, wenn ihr Anwendungsbereich (noch) nicht eröffnet** ist. So nutzte er das ungeschriebene Verbot der Altersdiskriminierung in den Entscheidungen *Mangold* und *Kücükdeveci* dazu, um an dem (zutreffenden) Grundsatz, dass Richtlinien zwischen Privaten keine unmittelbare Wirkung entfalten können, formal festhalten zu können, und dennoch zu dem von ihm gewünschten Ergebnis iSe Anwendung der Richtlinie in privaten Rechtsverhältnissen zu kommen (*Stenslik* RdA 2010, 247 [249]). Er begründete dies in *Mangold* zum einen mit dem sog. Frustrationsverbot, wonach die Mitgliedstaaten zwar die Umsetzungsfrist einer Richtlinie voll ausschöpfen, aber während der Umsetzungsfrist keine Regelungen erlassen dürfen, die ihrem Ziel zuwiderlaufen (EuGH 22.11.2005 – C-144/04 Rn. 67 – Mangold, NJW 2005, 3695; so auch EuGH 18.12.1997 – C-129/96 Rn. 45 – Inter-Environment, EuZW 1998, 167; 5.2.2004 – C-157/02 Rn. 73 – Rieser, Slg. 2004, I-1477). Zum anderen hatte Deutschland nach Art. 18 II 2 RL 2000/78/EG hinsichtlich des Merkmals Alter eine Zusatzfrist für die Umsetzung der RL 2000/78/EG in Anspruch genommen. Der EuGH sah Deutschland deshalb als verpflichtet an, schrittweise konkrete Maßnahmen zur Umsetzung der RL 2000/78/EG zu ergreifen (EuGH 22.11.2005 – C-144/04 Rn. 72 – Mangold, NJW 2005, 3695, dazu *Bauer/Arnold* NJW 2006, 6 [8]; krit. *Giesen* SAE 2006, 45 [48 f.]). Aufgrund des spezifischen Sachverhalts der *Mangold*-Entscheidung erscheint es freilich nicht überzeugend, den Richtlinien gegen Diskriminierungen mittels Art. 21, Art. 23 generell – dh über die ansonsten anerkannten Fallgruppen hinaus (EuGH 4.12.1997 – C-253–258/96 Rn. 47 – Kampelmann, NZA 1998, 137) – eine vertikale Drittwirkung in Privatrechtsverhältnissen zuzusprechen (so aber MHH AGG Einl. Rn. 20).

Art. 23 Gleichheit von Frauen und Männern

Die Gleichheit von Frauen und Männern ist in allen Bereichen, einschließlich der Beschäftigung, der Arbeit und des Arbeitsentgelts, sicherzustellen.

Der Grundsatz der Gleichheit steht der Beibehaltung oder der Einführung spezifischer Vergünstigungen für das unterrepräsentierte Geschlecht nicht entgegen.

Übersicht

	Rn.
A. Überblick	1
B. Sicherstellung der Gleichheit von Frauen und Männern	5
I. Rechtsquellen	5
II. Grundrechtsträger	8
III. Grundrechtsadressaten	9
IV. Geschützte Merkmale	10
V. Unzulässige Verhaltensweisen	11
C. Zulässigkeit positiver Förderungsmaßnahmen	14
D. Rechtsfolgen	20

A. Überblick

1   Nach Art. 23 I ist die **Gleichheit von Frauen und Männern in allen Bereichen sicherzustellen.** Die Vorschrift enthält ein Diskriminierungsverbot vergleichbar mit Art. 21 I. Art. 23 II stellt klar, dass dieses Ziel auch **Vergünstigungen (nur) für das unterrepräsentierte natürliche Geschlecht** erlaubt, also „positive Diskriminierungen" oder „positive Maßnahmen" für Frauen oder Männer. Wegen der letztgenannten Regelung sah es der Normgeber als geboten an, über das Verbot von Diskriminierungen wegen des Geschlechts in Art. 21 I hinaus eine eigenständige Regelung zu schaffen (Tettinger/Stern/ *Nußberger* Rn. 1 ff.).

2   **Art. 23 I** enthält trotz der objektiven Formulierung nicht nur einen Grundsatz iSd Art. 52 V, sondern ein **subjektives Grundrecht** (von der Groeben/Schwarze/Hatje/*Lemke* Rn. 2; *Frenz* Handbuch 4, Rn. 3387). Bereits vor Erlass von Art. 23 I stufte der EuGH das Verbot von Diskriminierungen wegen des Geschlechts als allg. Grundsatz des Unionsrechts ein. So setzte er den „Entgeltgleichheitssatz" des Art. 119 EGV (Art. 157 I AEUV) in der Rs. *Defrenne III* in Beziehung zu einem Grundrecht auf Beseitigung aller auf dem Geschlecht beruhenden Diskriminierungen als allg. Grundsatz des Gemeinschaftsrechts (EuGH 15.6.1978 – C-149/77 Rn. 25 ff. – Defrenne III, NJW 1978, 2445; so auch EuGH 10.2.2000 – C-270/97 – Sievers und Schrage, Slg. 2000, I-929; *Krebber*, RdA 2009, 224 [225]). In späteren Entscheidungen bezog der EuGH die mittlerweile in der RL 2006/54/ EG aufgegangene Gleichbehandlungsrichtlinie 76/207/EWG in den Kontext der grundrechtlich verbürgten Diskriminierungsverbote mit ein (EuGH 30.4.1996 – C-13/94 Rn. 18 ff. – P., NJW 1996, 2421). Der europäische Richtliniengeber hat diese Rechtsprechung durch Erwägungsgrund 5 RL 2006/54/EG rezipiert.

3   **Art. 23 II** übernimmt in einer kürzeren Formulierung die Regelung des Art. 157 IV AEUV, wonach der Grundsatz der Gleichbehandlung der Beibehaltung oder der Einführung **spezifischer Vergünstigungen zur Erleichterung der Berufstätigkeit des unterrepräsentierten Geschlechts oder zur Verhinderung oder zum Ausgleich von Benachteiligungen in der beruflichen Laufbahn** nicht entgegensteht (Erläuterungen zur Charta der Grundrechte ABl.EU Nr. C 303, 14 [25] v. 14.12.2007). Anders als Art. 23 I enthält Art. 23 II einen objektiven **Grundsatz** iSd Art. 52 V. Dies hat zur Folge, dass Private kein subjektiv einklagbares Recht auf Förderungsmaßnahmen haben (von der Groeben/Schwarze/Hatje/*Lemke* Rn. 2; *Frenz* Handbuch 4, Rn. 3413; so auch Streinz/ *Eichenhofer* AEUV Art. 157 Rn. 26; **aA** Tettinger/Stern/*Nußberger* Rn. 97, die von einem „Gruppengrundrecht" spricht).

Der EuGH zitiert **Art. 21** und **Art. 23** zuweilen parallel: „Nach den Art. 21 und Art. 23   4
der Charta sind zum einen Diskriminierungen wegen des Geschlechts verboten, und zum
anderen ist die Gleichheit von Frauen und Männern in allen Bereichen zu gewährleisten"
(EuGH 1.3.2011 – C-236/09 Rn. 17 – Test Achats, EuZW 2011, 301; 11.4.2013 – C-
401/11 Rn. 28 – Soukupová, BeckRS 2013, 80744). Dies entbindet nicht von einer
Differenzierung der Tatbestände, da Art. 23 II einen Rechtfertigungsgrund für positive
Diskriminierungen enthält, die dem Diskriminierungsverbot eigentlich entgegenstehen
(Tettinger/Stern/*Nußberger* Rn. 53). Ebenso wie iRd Art. 21 I sind auch zur Interpretation
des Art. 23 die **Richtlinien gegen Diskriminierungen wegen des Geschlechts** relevant,
namentlich die RL 2006/54/EG und die RL 2010/41/EU (s. Tettinger/Stern/*Nußberger*
Rn. 11; → Art. 21 Rn. 8).

B. Sicherstellung der Gleichheit von Frauen und Männern

I. Rechtsquellen

Art. 23 I behandelt die **Sicherstellung der (Chancen-)Gleichheit von Frauen und**   5
Männern in allen Bereichen. Die Vorschrift stützte sich ursprünglich auf die Art. 2 und
Art. 3 II EG (Erläuterungen zur Charta der Grundrechte ABl.EU Nr. C 303, 14 [25] v.
14.12.2007). Diese Vorschriften wurden im Zuge des Lissabon-Vertrages durch **Art. 3**
EUV und **Art. 8 AEUV** ersetzt, welche die Union übereinstimmend auf das Ziel der
Förderung der Gleichstellung von Männern und Frauen verpflichten (→ Art. 21 Rn. 15
und Rn. 18). Die vorbenannten Regelungen werden im Schrifttum als zentraler Ausdruck
des rechtspolitischen Konzepts eines „gender mainstreaming" angesehen (*Frenz* Handbuch
4, Rn. 3361 f.). Sie konkretisieren sich für die Unions-Organe in Befassungs- und Begrün-
dungspflichten iRd gegebenen Unionskompetenzen (von der Groeben/Schwarze/Hatje/
Schorkopf AEUV Art. 8 Rn. 27). Art. 3 EUV und Art. 8 AEUV sind auch für die in Art. 23
II behandelten positiven Fördermaßnahmen relevant, da sie nicht nur von Chancengleichheit, sondern auch von Gleichstellung, also von Ergebnisgleichheit sprechen (von der
Groeben/Schwarze/Hatje/*Rust* AEUV Art. 8 Rn. 19).

Das subjektive Grundrecht des Art. 23 I stützt sich weiterhin auf das unmittelbar anwend-   6
bare **Diskriminierungsverbot wegen des Geschlechts gem. Art. 157 I AEUV** (Tettin-
ger/Stern/*Nußberger* Rn. 10). Danach stellt jeder Mitgliedstaat die Anwendung des Grundsatzes des gleichen Entgelts für Männer und Frauen bei gleicher oder gleichwertiger Arbeit
sicher (→ AEUV Art. 157 Rn. 1). Art. 23 I lehnt sich weiter an **Art. 20 der revidierten**
Europäischen Sozialcharta vom 3.5.1996, in Kraft getreten im Jahr 1999 („ESC", dazu
Frenz Handbuch 4, Rn. 3535 ff.), und an **Nr. 16 der „Gemeinschaftscharta der Arbeit-**
nehmerrechte", also an die Gemeinschaftscharta der sozialen Grundrechte an (*Frenz*
Handbuch 4, Rn. 3359 und 3539; so auch die Erläuterungen zur Charta der Grundrechte
ABl.EU Nr. C 303, 14 [25] v. 14.12.2007).

Darüber hinaus bezieht sich die Begründung des Präsidiums des Konvents hinsichtlich   7
Art. 23 I auf die **Kompetenzgrundlage des Art. 157 III AEUV,** wonach das Europäische
Parlament und der Rat gem. dem ordentlichen Gesetzgebungsverfahren und nach Anhörung des Wirtschafts- und Sozialausschusses Maßnahmen zur Gewährleistung der Anwendung des Grundsatzes der Chancengleichheit und der Gleichbehandlung von Männern und
Frauen in Arbeits- und Beschäftigungsfragen beschließen, einschließlich des Grundsatzes des
gleichen Entgelts bei gleicher oder gleichwertiger Arbeit (→ AEUV Art. 157 Rn. 79).
Dieser Verweis ist überzeugend, sofern man Art. 157 III AEUV allein als Kompetenzgrundlage für den Erlass von Regelungen des Sekundärrechts ansieht, insbesondere von entsprechenden Diskriminierungsverboten (RL 2006/54/EG). Systematisch unzutreffend ist
demgegenüber der Verweis auf die **Ermächtigungsgrundlage des Art. 2 IV RL 76/**
207/EWG für positive Maßnahmen, nunmehr geregelt in **Art. 3 RL 2006/54/EG** und

Art. 5 RL 2010/41/EU. So verweisen die beiden letztgenannten Regelungen auf die primärrechtliche Vorschrift des Art. 157 IV AEUV, wonach der in Art. 157 I AEUV normierte „Grundsatz der Gleichbehandlung" die Mitgliedstaaten im Hinblick auf die effektive Gewährleistung der vollen Gleichstellung von Männern und Frauen im Arbeitsleben nicht daran hindert, zur Erleichterung der Berufstätigkeit des unterrepräsentierten Geschlechts oder zur Verhinderung bzw. zum Ausgleich von Benachteiligungen in der beruflichen Laufbahn spezifische Vergünstigungen beizubehalten oder zu beschließen. Diese Vorschrift bezieht sich somit auf **positive Förderungsmaßnahmen iSd Art. 23 II** (→ AEUV Art. 157 Rn. 62) und gerade nicht auf ein Verbot von Diskriminierungen wegen des Geschlechts. Folgerichtig – und insoweit zutreffend – bringt die Begründung des Konvents Art. 23 II in Verbindung mit Art. 157 IV AEUV (Erläuterungen zur Charta der Grundrechte ABl.EU Nr. C 303, 14 [25] v. 14.12.2007).

II. Grundrechtsträger

8   Grundrechtsträger sind natürliche Personen. Auf juristische Personen und Personenvereinigungen findet das Grundrecht des Art. 23 I nach Sinn und Zweck keine Anwendung (*Frenz* Handbuch 4, Rn. 3403).

III. Grundrechtsadressaten

9   Grundrechtsadressaten sind gem. **Art. 51 I 1 die Organe, Einrichtungen und sonstigen Stellen der Union.** Darüber hinaus sind auch die **Mitgliedstaaten im Anwendungsbereich des Unionsrechts** an die Grundrechte gebunden. Erfasst sind jeweils rechtsetzende, rechtsprechende und vollziehende Tätigkeiten bzw. Maßnahmen (von der Groeben/Schwarze/Hatje/*Lemke* Art. 21 Rn. 5; → Art. 21 Rn. 48). Art. 23 I gilt als staatsgerichtetes Grundrecht nicht in privaten Rechtsverhältnissen (*Frenz* Handbuch 4, Rn. 3405). Privatpersonen werden aber durch Art. 157 I AEUV sowie durch die Regelungen des Sekundärrechts gebunden (→ AEUV Art. 157 Rn. 4 ff.).

IV. Geschützte Merkmale

10   Art. 23 bezieht sich auf **Frauen** und **Männer,** also auf das **natürliche Geschlecht.** Der Schutz umfasst nach der Rechtsprechung des EuGH auch **transsexuelle** und **zwischengeschlechtliche Menschen** (→ Art. 21 Rn. 57; Tettinger/Stern/*Nußberger* Rn. 73; **aA** hörenswert Streinz/*Streinz* Art. 21 Rn. 4). Auch Diskriminierungen wegen der **Schwangerschaft** und **Mutterschaft** sind vom Anwendungsbereich erfasst (*Frenz* Handbuch 4, Rn. 3385; → Art. 21 Rn. 56). Zum sozialen Geschlecht → RL 2006/54/EG Art. 1 Rn. 16 f.

V. Unzulässige Verhaltensweisen

11   Gem. Art. 23 I ist die Gleichheit von Frauen und Männern in allen Bereichen, einschließlich der Beschäftigung, der Arbeit und des Arbeitsentgelts, sicherzustellen. Trotz der auf den ersten Blick lediglich auf ein objektives Gleichbehandlungsgebot hindeutenden Formulierung enthält Art. 23 I – vergleichbar mit Art. 157 I AEUV und in Abgrenzung zu Art. 23 II – ein **subjektives Grundrech**t gegen unmittelbare und mittelbare Diskriminierungen von Frauen und Männern. Verboten sind unmittelbare und mittelbare (benachteiligende) Ungleichbehandlungen, die sich nicht auf Regelungen zurückführen lassen, die anderen geschützten Rechten oder Rechtsgütern dienen und verhältnismäßig sind (*Frenz* Handbuch 4, Rn. 3394 ff.; **aA** Tettinger/Stern/*Nußberger* Rn. 71, die in Art. 23 I ein materielles Gleichheitskonzept verortet sieht). Insoweit kann auf die Kommentierung zu Art. 21 I (→ Rn. 110) verwiesen werden. Eine besondere Rechtfertigungsvorschrift enthält Art. 23 II, wonach unter den dort normierten Voraussetzungen auch unmittelbare Diskriminierun-

gen eines (natürlichen) Geschlechts zulässig sind (*Frenz* Handbuch 4, Rn. 3397; s. zu Art. 157 IV AEUV auch EuGH 30.9.2004 – C-319/03 Rn. 29 ff. – Briheche, Slg. 2004, I-8823).

Der Schutzgehalt des Art. 23 I geht dann über denjenigen des Art. 21 I hinaus, wenn 12 man die zweitgenannte Regelung lediglich als Abwehrrecht ansieht, wohingegen die erstgenannte Regelung mit der Vokabel „sicherstellen" einen an die Normadressaten gerichteten **Schutzauftrag** enthält (so zu Art. 23 I *Frenz* Handbuch 4, Rn. 3406).

Art. 23 I kommt gegenüber Art. 157 I AEUV eine eigenständige Bedeutung zu, da die 13 Regelung **nicht auf arbeitsrechtliche Sachverhalte** beschränkt ist, auch wenn sie diese als besonders bedeutsamen Anwendungsbereich explizit benennt (Streinz/*Streinz* Rn. 5; *Frenz* Handbuch 4, Rn. 3387). Im Gegenzug ist der Anwendungsbereich des Art. 23 I auf die in Art. 52 I 1 benannten Fallgestaltungen beschränkt (dazu Tettinger/Streinz/*Nußberger* Rn. 61 ff.).

C. Zulässigkeit positiver Förderungsmaßnahmen

Gem. Art. 23 II steht der Grundsatz der Gleichheit der Beibehaltung oder der Einführung 14 **spezifischer Vergünstigungen für das unterrepräsentierte Geschlecht** nicht entgegen. Die Vorschrift soll eine materielle und nicht nur eine formale Gleichheit herbeiführen, indem sie in der sozialen Wirklichkeit auftretende faktische Ungleichheiten verringert und so Benachteiligungen in der beruflichen Laufbahn der betreffenden Personen oder in sonstigen Lebenssachverhalten verhindert oder ausgleicht (zu Art. 2 IV RL 76/207/EWG s. EuGH 30.9.2010 – C-104/09 Rn. 34 – Roca Álvarez, NZA 2010, 1281; so auch EuGH 11.11.1997 – C-409/95 Rn. 26 – Marschall, EuZW 1997, 756). Mit Blick auf die Dogmatik der sekundärrechtlichen Regelungen gegen Diskriminierungen, die vom EuGH zur Interpretation der entsprechenden Grundrechte herangezogen werden (EuGH 8.9.2011 – C-297, 298/10 Rn. 46 f. – Hennigs und Mai, NZA 2011, 1100), beinhaltet die Vorschrift einen **besonderen Rechtfertigungstatbestand** (EuGH 30.9.2010 – C-104/09 Rn. 26 – Roca Álvarez, NZA 2010, 1281; ErfK/*Schmidt* GG Art. 3 Rn. 91; MHdBArbR/*Oetker* § 14 Rn. 88; *Adomeit/Mohr* AGG § 5 Rn. 1; s. zum Streitstand HK-AGG/*Hinrichs/Zimmer* § 5 Rn. 5; **aA** Tettinger/Stern/*Nußberger* Rn. 96, die von einer Verstärkung einer schon in Art. 23 I angelegten faktischen Gleichstellung ausgeht).

Anders als Art. 157 IV AEUV ist Art. 23 II nicht auf Regelungen oder Maßnahmen der 15 Mitgliedstaaten beschränkt, sondern stellt klar, dass auch die **Union** auf der Grundlage spezifischer Ermächtigungsgrundlagen positive Maßnahmen für das unterrepräsentierte Geschlecht oder für die sonstigen von Art. 23 geschützten Personen ergreifen kann (Streinz/ *Streinz* Rn. 6). Dogmatisch schützt Art. 23 I iVm Art. 23 II in gleicher Weise Frauen wie Männer, sofern die tatbestandlichen Voraussetzungen erfüllt sind (*Frenz* Handbuch 4, Rn. 3402; **aA** Streinz/*Eichenhofer* AEUV Art. 157 Rn. 25). Ebenso wie Art. 23 I ist auch Art. 23 II nicht auf die sachlichen Anwendungsbereiche Beschäftigung und Beruf beschränkt (Tettinger/Stern/*Nußberger* Rn. 102).

Unter dem Gesichtspunkt der **Verhältnismäßigkeit** ist die Förderung auf einen **Ausgleich tatsächlich bestehender Nachteile** beschränkt (Tettinger/Stern/*Nußberger* 16 Rn. 100; **aA** Streinz/*Eichenhofer* AEUV Art. 157 Rn. 26, der auch „historische Nachteile" für ausgleichfähig hält, auch wenn diese sich nicht negativ auf die geförderten Personen auswirkten). Art. 23 II trägt diesem teleologisch begründeten Erfordernis dadurch Rechnung, dass **Personen des geförderten Geschlechts im jeweiligen Lebensbereich signifikant unterrepräsentiert** sein müssen. Dies ist durch statistische Nachweise zu belegen (Tettinger/Stern/*Nußberger* Rn. 106).

Im Schrifttum wird Art. 23 II ebenso wie Art. 141 IV EG aF (Art. 157 IV AEUV) 17 zuweilen als **Reaktion des Unionsgesetzgebers auf die Rechtsprechung des EuGH zu positiven Förderungsmaßnahmen** angesehen (Calliess/Ruffert/*Rossi* AEUV Art. 8

Rn. 2; Tettinger/Stern/*Nußberger* Rn. 58). Der Unionsgesetzgeber habe einen „Gegenimpuls" zur *Kalanke*-Rechtsprechung des EuGH setzen wollen, die sich mit der Erleichterung der Berufstätigkeit des jeweils unterrepräsentierten Geschlechts befasst (GHN/*Schorkopf* AEUV Art. 8 Rn. 2). Gleichwohl bleibt diese Rechtsprechung des EuGH auch für die Interpretation des Art. 23 II maßgeblich (Tettinger/Stern/*Nußberger* Rn. 108 f.). Hiernach unterfallen Art. 2 IV RL 76/207/EWG (Art. 3 RL 2006/54/EG) nur solche Fördermaßnahmen, die auf die **Beseitigung tatsächlicher Chancenungleichheiten** (also nicht auf eine Ergebnisgleichheit) abzielen, iSd die gesamte Privatrechtsordnung prägenden Grundsatzes der Sicherung material-chancengleicher Selbstbestimmung der Bürger (*Mohr* Vertragsfreiheit Teil 3). Zulässig sind hiernach etwa Maßnahmen, die eine **bessere Vereinbarkeit von Familie und Beruf fördern** oder **bestehende Arbeitsbedingungen mit den Anforderungen vereinbar machen, die an die typischerweise von Frauen erfüllte soziale Rolle gestellt werden** (EuGH 19.3.2002 – C-476/99 Rn. 24 ff. – Lommers, NZA 2002, 501; dazu *Thüsing* DB 2002, 1252 [1254]; so auch Art. 33 II). Demgegenüber sieht der EuGH solche Regelungen als unzulässig an, die eine **starre Ergebnisgleichheit** bezwecken oder bewirken, da diese dem Grundgedanken eines Schutzes vor Diskriminierungen entgegenstehen (EuGH 17.10.1995 – C-450/93 Rn. 23 – Kalanke, NJW 1995, 3109). Unionsrechtlich problematisch sind insoweit insbesondere die vom Staat als Arbeitgeber verwendeten harten, einen unbedingten Vorrang anordnenden Frauenquoten. Vergleichbares gilt für die aktuell in der Diskussion stehenden „harten" privatwirtschaftlichen Frauenquoten (s. schon *Herrmann* SAE 1995, 229 ff.). Zulässig ist demgegenüber eine Quotenregelung zugunsten von Frauen, wenn es den männlichen Bewerbern aufgrund der Besonderheiten des Einzelfalles möglich ist, sich im Wege eines objektiven Verfahrens gegen die weiblichen Bewerber durchzusetzen (sog. weiche Quote; vgl. EuGH 11.11.1997 – C-409/95 Rn. 33 – Marschall, EuZW 1997, 756). Auch bei einer derart weichen Quotenregelung ist aber iRd Einzelfallbeurteilung sicherzustellen, dass die herangezogenen Kriterien nicht ihrerseits eine Diskriminierung wegen des Geschlechts bewirken (verneint für das Dienstalter und die Berufserfahrung von EuGH 3.10.2006 – C-17/05 – Cadman, NZA 2006, 1205). Nicht statthaft ist auch eine Beförderung von weiblichen Bewerbern, die wesentlich geringer qualifiziert sind als ihre männlichen Mitbewerber, um dadurch den Anteil des bisher unterrepräsentierten Geschlechts zu erhöhen (EuGH 6.7.2000 – C-407/98 Rn. 62 – Abrahamson, NJW 2000, 2653; *Wiedemann/Thüsing* NZA 2002, 1234 [1240]).

18   Mit der oben skizzierten Rechtsprechung zur Zulässigkeit von weichen Quotenregelungen hat der EuGH auf die Neufassung des Art. 141 IV EG aF (Art. 157 IV AEUV) und die entsprechende „Trendwende" reagiert (*Abele* EuZW 1997, 758; *Biskup* Anm. EAS RL 76/207/EWG Art. 2 Nr. 12, 26 f.). Es wäre deshalb nicht überzeugend, wollte man auf der Grundlage des Art. 157 IV AEUV neuerdings auch harte Quoten für zulässig erachten (ebenso *Frenz* Handbuch 4, Rn. 3400; so auch Calliess/Ruffert/*Krebber* AEUV Art. 157 Rn. 82). Art. 23 II ist vielmehr als Ausnahme vom grundlegenden Diskriminierungsverbot des Art. 23 I (EuGH 19.3.2002 – C-476/99 Rn. 39 – Lommers, NJW 2002, 1859) restriktiv auszulegen, da die Bevorzugung des einen Geschlechts eine Benachteiligung des anderen Geschlechts sowie ggf. auch anderer von Art. 21 I geschützter Personengruppen bedeutet. Insbesondere der letztgenannte Aspekt spricht gegen eine Reduzierung der Verhältnismäßigkeitsprüfung auf das spezifische Verhältnis zwischen Männern und Frauen.

19   Der EuGH hat bislang offen gelassen, ob durch Art. 157 IV AEUV, auf den Art. 23 II Bezug nimmt, seine vormalige Rechtsprechung zur **Unzulässigkeit starrer Quoten** obsolet wurde (EuGH 30.9.2004 – C-319/03 Rn. 29 ff. – Briheche, Slg. 2004, I-8823). Aus seiner Judikatur lässt sich jedoch entnehmen, dass er seine bisherige Rechtsprechung zu Art. 2 IV RL 76/207/EWG auch nach Inkrafttreten des Art. 157 IV AEUV fortführt (EuGH 30.9.2010 – C-104/09 Rn. 33 ff. – Roca Álvarez, NZA 2010, 1281; → AEUV Art. 157 Rn. 65). Im Einzelnen → AEUV Art. 157 Rn. 62 ff.

D. Rechtsfolgen

Ein Verstoß gegen das Diskriminierungsverbot des **Art. 23 I** hat dieselben Rechtsfolgen 20
wie ein solcher gegen Art. 21 I (→ Rn. 115 ff.). Vorschriften des Unionsrechts sind hiernach unwirksam. Die Mitgliedstaaten dürfen diskriminierende Regelungen nicht anwenden. Betroffene haben vielmehr für die Vergangenheit einen Anspruch auf **„Anpassung nach oben"**, also auf Verbesserung der eigenen Rechtsstellung (EuGH 8.4.1976 – 43/75 Rn. 14/15 – Defrenne II, NJW 1976, 2068; 28.9.1994 – C-28/93 Rn. 15 ff. – Van den Akker, EAS Art. 119 EGV Nr. 31; Tettinger/Stern/*Nußberger* Rn. 112; *Mohr* Diskriminierungen 307 ff.). Nach Ansicht des EuGH kann die als Rechtsfolge einer Diskriminierung geforderte Gleichbehandlung bis zur Schaffung einer diskriminierungsfreien Neuregelung nur durch ein Abstellen auf die für die begünstigten Arbeitnehmer geltenden Bestimmungen als dem „einzig gültigen Bezugssystem" hergestellt werden (EuGH 7.2.1991 – C-184/89 Rn. 18 – Nimz, EAS Art. 119 EGV Nr. 20; 28.9.1994 – C-200/91 Rn. 31 – Coloroll, NZA 1994, 1073). Die anspruchsbegründende Wirkung gilt für die Vergangenheit grds. uneingeschränkt (EuGH 7.2.1991 – C-184/89 Rn. 18 – Nimz, EAS Art. 119 EGV Nr. 20). Lediglich in Ausnahmefällen hat der EuGH aus Vertrauensschutzgründen eine Beschränkung der zeitlichen Rückwirkung anerkannt (EuGH 8.4.1976 – 43/75 Rn. 41 ff. – Defrenne II, NJW 1976, 2068; 17.5.1990 – C-262/88 Rn. 40 ff. – Barber, EAS Art. 119 EGV Nr. 18). Für die Zukunft kann deshalb auch eine Verschlechterung der Rechtsstellung des bislang Begünstigten oder eine anderweitige Neuregelung erfolgen.

Art. 23 II enthält eine Rechtfertigungsvorschrift für unmittelbare Diskriminierungen 21
wegen des Geschlechts, weshalb ein Verstoß gegen die Vorschrift einen Anspruch nach Art. 23 I begründet, sofern keine anderweitige Rechtfertigung eingreift.

Titel IV. Solidarität

Art. 27 Recht auf Unterrichtung und Anhörung der Arbeitnehmerinnen und Arbeitnehmer im Unternehmen

Für die Arbeitnehmerinnen und Arbeitnehmer oder ihre Vertreter muss auf den geeigneten Ebenen eine rechtzeitige Unterrichtung und Anhörung in den Fällen und unter den Voraussetzungen gewährleistet sein, die nach dem Unionsrecht und den einzelstaatlichen Rechtsvorschriften und Gepflogenheiten vorgesehen sind.

Übersicht

	Rn.
A. Soziale Grundrechte	1
I. Historische Entwicklung und Quellen	1
II. Soziale Grundrechte in der Grundrechtecharta	6
1. Rechtliche Qualität	6
2. Gewährleistungsgehalt	7
3. Überblick zu den Regelungsgehalten der sozialen Grundrechte	9
B. Unterrichtung und Anhörung der Arbeitnehmer	10
I. Normzweck und rechtliche Bedeutung	10
II. Quellen	13
III. Abgrenzung zu anderen Grundrechten	15
C. Schutzbereich	16
I. Persönlicher Schutzbereich	16
II. Sachlicher Schutzbereich	23
D. Beeinträchtigung und Rechtfertigung	30
E. Wirkung auf das Unionsrecht und das nationale Recht	33

A. Soziale Grundrechte

I. Historische Entwicklung und Quellen

1 Die Aufnahme sozialer Grundrechte in die GRC war im Grundrechtskonvent besonders umstritten (vgl. dazu *Bernsdorff* VSSR 2001, 1 [2 f., 9 ff.]; HdBG/*Langenfeld* § 163 Rn. 23; Meyer/*Rudolf* Art. 27 Vorb. Rn. 4 ff.). Hierfür bestanden historische wie institutionelle Gründe. Im internationalen Recht war es zuvor nicht gelungen, die bürgerlichen und politischen Rechte gemeinsam mit den wirtschaftlichen, sozialen und kulturellen Rechten in einem Menschenrechtskatalog zusammenzuführen (vgl. Meyer/*Rudolf* Art. 27 Vorb. Rn. 1 ff.). Sowohl die Vereinten Nationen als auch der Europarat haben separate Konventionen für die bürgerlichen und politischen Rechte (IPbpR, EMRK) und für die wirtschaftlichen, sozialen und kulturellen Rechte (IPwskR, ESC) erarbeitet. Das widersprach zwar der Vorstellung von der Einheit der Menschenrechte, war aber aufgrund der geringeren Konvergenz zwischen den Staaten bei den wirtschaftlichen, sozialen und kulturellen Rechten nicht anders regelbar. Als subjektive Rechte wurden grundsätzlich nur die bürgerlichen und politischen Rechte ausgestaltet, während die wirtschaftlichen, kulturellen und sozialen Rechte Interstaatenpflichten sind, die nur im Rahmen eines Berichtssystems überwacht und durchgesetzt werden (zur ESC → ESC Teil I Rn. 24 ff.). Die ESC erlaubt den Vertragsstaaten zudem, die Charta nach einem Optionsmodell nur teilweise zu ratifizieren, solange bestimmte Kernbestimmungen und eine bestimmte Anzahl von Artikeln oder Absätzen erfasst sind (→ ESC Teil I Rn. 7). Insofern fasst die GRC im Grunde erstmals beide Grundrechtsgruppen in einem Dokument zusammen. Die strukturellen Unterschiede zwischen den einzelnen Menschenrechtsgruppen werden aber nicht vollständig beseitigt. Allein die variierenden Regelungen der sozialen Grundrechte in den allgemeinen und regionalen Menschenrechtsakten ließen Vorbehalte gegen die Aufnahme sozialer Rechte in die GRC entstehen, die die Einbeziehung der sozialen Rechte letztlich aber nicht verhindert haben.

2 Das Unionsrecht enthielt bereits vor dem Inkrafttreten der GRC soziale Rechte (dazu HdBG/*Langenfeld* § 163 Rn. 3 ff.; Meyer/*Rudolf* Art. 27 Vorb. Rn. 17 ff.). Diese beruhten zum einen auf der Verweisung auf die ESC (Art. 136 EG), zum anderen bestand seit 1989 die Gemeinschaftscharta der sozialen Grundrechte der Arbeitnehmer, der zunächst nur elf der damaligen Mitgliedstaaten beigetreten waren. Auf sie verwies später ebenfalls Art. 136 EG (jetzt Art. 151 AEUV). Darüber hinaus enthielt das Kapitel zur Sozialpolitik eine Ermächtigungsnorm, die die Kompetenz zum Erlass sozialer Rechte zum Schutz der Arbeitnehmer beim Zugang zur und in der Arbeit, aber zur Regelung der sozialen Sicherheit und beruflichen Bildung einräumten. Reine Zielbestimmungen wurden bei der Erarbeitung der GRC zwar nicht berücksichtigt. Zumindest wurde sichergestellt, dass die erreichte Rechtsentwicklung verstetigt und in die GRC eingegliedert wurde, so dass die sozialen Grundrechte als Teil der grundlegenden Werte und Rechte der Europäischen Union anerkannt sind (vgl. Heselhaus/Nowak/*Hilbrandt* § 35 Rn. 6). Soziale Grundrechte sind letztlich Elemente einer Sozialstaatlichkeit bzw. einer sozialen Marktwirtschaft, die Art. 3 III EUV zum Ziel der Europäischen Union erklärt hat (Grabenwarter/*Rebhahn* § 16 Rn. 20).

3 Einwände gegen die Aufnahme der sozialen Rechte ergaben sich insbesondere daraus, dass sie eine Reihe von Leistungsrechten enthalten, die zwangsläufig unter dem Vorbehalt des wirtschaftlich Möglichen stehen müssten und daher ggf. keine Verwirklichung finden (vgl. dazu *Bernsdorff* NdsVBl. 2001, 177 [179]; Meyer/*Rudolf* Art. 27 Vorb. Rn. 4, 10 f.). Daraus erwuchsen Zweifel, ob subjektive Rechte eingeräumt werden sollten. Dieser Einwand betrifft allerdings nicht die sozialen Grundrechte als solche, sondern eine bestimmte Grundrechtsfunktion (darauf verweisend Ehlers/*Kingreen* § 18 Rn. 10). Eine GRC ohne soziale Grundrechte galt jedoch als Rückschritt in der Entwicklung der Menschenrechte.

Eine rückläufige Entwicklung hätte nicht nur in Bezug auf die internationalen Konventionen stattgefunden, sondern auch wegen der bisherigen Entwicklung des Unionsrechts (vgl. den Brief des VN-Ausschusses für wirtschaftliche, soziale und kulturelle Rechte mit Schreiben v. 27.4.2000, s. *Bernsdorff* NdsVBl. 2001, 177 [180]). Für die Aufnahme sozialer Grundrechte sprach zudem die langfristige Konzeption der Charta, so dass auch bei Änderungen in der Kompetenzverteilung nicht sogleich ein Anpassungsbedarf entsteht (Meyer/*Rudolf* Art. 27 Vorb. Rn. 6; *Meyer/Engels,* Charta der Grundrechte der Europäischen Union, 2001, 15 f.). Der Sorge der Mitgliedstaaten, dass mit der Einführung sozialer Grundrechte die Kompetenzabgrenzung zwischen der Europäischen Union und den Mitgliedstaaten in Frage gestellt und insbesondere eine Kompetenzerweiterung zugunsten der Europäischen Union bewirkt werde, wurde bei der Ausgestaltung der GRC entgegengewirkt (dazu *Bernsdorff* VSSR 2001, 1 [18]; Calliess/Ruffert/*Krebber* Rn. 4). Das hat die Grundrechte selbst beeinflusst (vgl. Vorbehalte, → Art. 52 Rn. 21 ff.). Zudem schließen Art. 51 II und Art. 6 I UAbs. 2 EUV eine Kompetenzerweiterung durch die GRC aus.

Die Einigung über die Regelung der sozialen Rechte wurde insbesondere durch das von **4** *Meyer* entwickelte Drei-Säulen-Modell befördert (*Meyer* ZRP 2000, 368 [370 f.]; siehe auch *Braibant-Meyer*-Papier, CHARTE 4401/00 v. 4.7.2000; dazu *Bernsdorff* VSSR 2001, 1 [10 ff.]; Meyer/*Rudolf* Art. 27 Vorb. Rn. 14 ff.). Danach sollten die sozialen Rechte konzeptionell in mehreren sich ergänzenden Teilbereichen der Charta erfasst werden. Zunächst enthält die Präambel eine Bezugnahme auf die unteilbaren und universellen Werte: Menschenwürde, Freiheit, Gleichheit, Solidarität (Erwägungsgrund 2, 1. Säule). Der eigenständige Abschnitt „Solidarität" enthält zusammengefasst die wesentlichen sozialen Rechte (2. Säule). Die 3. Säule ist die Querschnittsklausel, die nun in Art. 53 enthalten ist. Danach darf die GRC nicht so ausgelegt werden, dass sie hinter den Rechten des Unionsrechts, des Völkerrechts sowie der internationalen Verträge zurückbleibt, durch die die Europäische Union oder zumindest alle Mitgliedstaaten als Vertragspartner verpflichtet sind. Auf diese Weise öffnet sich die GRC gegenüber der zukünftigen Entwicklung sozialer Rechte im internationalen Recht und dynamisiert die sozialen Rechte der GRC in ihrem Inhalt. Diese Konzeption hat die GRC geprägt und dazu beigetragen, dass soziale Grundrechte heute gleichberechtigt neben den Freiheits- und Gleichheitsrechten normiert sind (Meyer/*Rudolf* Art. 27 Vorb. Rn. 27). Das bildet auch die Interdependenzen zwischen wirtschaftlichen und sozialen Rechten ab. Das politische Ringen um die Regelung sozialer Rechte dokumentiert auch die Bezeichnung und Zusammensetzung des Titels „Solidarität", der neben den Arbeitnehmerrechten und dem Sozialrecht auch Bestimmungen zum Gesundheits-, Umwelt- und Verbraucherschutz enthält (Art. 35 S. 2, 37, 38). Dieses Vorgehen half, die sozialen Rechte in die GRC zu integrieren (*Frenz* Rn. 3579; *Tettinger* NJW 2001, 1010 [1014]).

Die unterschiedlichen Rechtsquellen des internationalen und europäischen Rechts, die in **5** die Erarbeitung der GRC eingegangen sind, bilden keinen festen Kanon und sind vom Konvent nicht in eine Hierarchie oder Ordnung abnehmender Einwirkungsintensität systematisiert worden (krit. Calliess/Ruffert/*Krebber* Rn. 1). Das Präsidium des Konvents hat lediglich im Rahmen seiner Erläuterungen aufgezeigt, welche Rechtsquellen und welche Entscheidungen des EuGH prägend für die jeweilige Regelung waren. Diese sind nach Art. 52 VII bei der Auslegung zu berücksichtigen, ohne dass dadurch eine darüber hinausgehende systemkonforme Auslegung anhand des Unionsrechts oder der für das Unionsrecht relevanten internationalen Rechtsakte ausgeschlossen wird (→ Art. 52 Rn. 27).

II. Soziale Grundrechte in der Grundrechtecharta

1. Rechtliche Qualität. Die sozialen Grundrechte in der GRC sind ganz überwiegend **6** subjektive Rechte (→ zB Art. 28 Rn. 2, → Art. 31 Rn. 2). Die GRC enthält daneben Grundsätze, die als Programmsätze zu verstehen sind. Art. 52 V stellt insoweit klar, dass sie bei der Gesetzgebung durch die Europäische Union und der Durchführung des Unionsrechts umgesetzt werden, während sie vor Gericht nur zur Auslegung bestehenden Rechts dienen können. Die GRC regelt nicht explizit, ob es sich um ein Grundrecht oder einen Grundsatz handelt, so dass im Einzelfall durch Auslegung zu ermitteln ist, ob ein subjektives Recht oder ein Grundsatz vorliegt. Bloßer Programmsatz ist zB Art. 33 I (→ Art. 33 Rn. 3).

7 **2. Gewährleistungsgehalt.** Soziale Grundrechte haben grundrechtsdogmatisch keine eigene Qualität und haben sich auch nicht zu einer neuen Kategorie entwickelt. Sie lassen sich durch das bereits entwickelte Verständnis von den Gewährleistungsdimensionen oder -ebenen bei Grundrechten einfügen (vgl. HdBG/*Langenfeld* § 163 Rn. 25; *Krennerich*, Soziale Menschenrechte, 2013, 103 ff.; Meyer/*Rudolf* Vorb. Art. 27 Rn. 3). Diese können Abwehrrechte sein (status negativus), die ein Eingreifen des Staates abwehren und die Achtung des geschützten Rechts einfordern. Daneben haben im europäischen wie internationalen Recht Schutzpflichten Anerkennung gefunden, die den Staat verpflichten, den Grundrechtsträger vor Beeinträchtigungen Dritter zu schützen. Zudem enthalten die Konventionen ebenso wie die GRC Gewährleistungspflichten, die den Staat zu bestimmten Leistungen verpflichten (Teilhaberechte). Diese können zur Förderung oder Unterstützung der Grundrechtsträger oder zur tatsächlichen Bereitstellung bestimmter Leistungen verpflichten. Diese dogmatischen Unterscheidungen finden sich bisher nur zum Teil in der Rechtsprechung des EuGH.

8 Soziale Grundrechte, wie sie in der GRC enthalten sind, haben zum Teil abwehrrechtlichen Charakter, enthalten vielfach aber auch Schutz- und Gewährleistungspflichten (*Everling*, GS Heinze, 2005, 157 [169 ff.]; HdBG/*Langenfeld* § 163 Rn. 25 ff.). Schließlich enthalten einzelne Regelungen sozialrechtliche Prinzipien iwS. Freiheitsrechtlich geprägt ist das Recht auf kollektive Maßnahmen aus Art. 28. Schutzansprüche ergeben sich insbesondere aus Art. 30, 31 (Schutz bei ungerechtfertigter Entlassung, gerechte und angemessene Arbeitsbedingungen) sowie Art. 32 (Verbot der Kinderarbeit, Schutz von Jugendlichen am Arbeitsplatz) und Art. 33 II (Schutz der Mutter). Ein Teilhaberecht in Form des Zugangs zur Arbeitsvermittlung ist in Art. 29 enthalten. Sozialrechtliche Prinzipien sind Gegenstand der Art. 35 S. 2, 37 und 38.

9 **3. Überblick zu den Regelungsgehalten der sozialen Grundrechte.** Soziale Grundrechte sind in den internationalen Verträgen und im Unionsrecht in unterschiedlichem Maße, also auch mit unterschiedlichen Inhalten geregelt. Es hat sich bisher kein fester Kanon sozialer Rechte entwickelt. Es geht vor allem um Grundrechte in Bezug auf das Arbeitsleben, die soziale Sicherheit, Bildung und Rehabilitation, zum Teil wird auch auf die sozio-kulturelle Entfaltung als Bezugspunkt verwiesen (HdBG/*Langenfeld* § 163 Rn. 5; vgl. auch → ESC Teil I Rn. 17). In der GRC ist unter dem Titel „Solidarität" in den Art. 27–38 ein Kernbestand sozialer Rechte zusammengefasst. Eine eigene inhaltliche Konzeption ist mit dieser Bezeichnung nicht verbunden (Calliess/Ruffert/*Krebber* Rn. 2; *Weiss* AuR 2001, 374 [377]). Die Art. 27–33 regeln die sozialen Rechte die Arbeit betreffend, während die Art. 34–38 gesamtgesellschaftliche Solidaritätsvorstellungen erfassen. Darüber hinaus enthält die GRC eine Reihe weiterer Bestimmungen, die im internationalen Recht auch als soziale Rechte eingeordnet werden und sprachlich wie inhaltlich Bezüge zu Solidaritätsvorstellungen aufweisen (vgl. Calliess/Ruffert/*Krebber* Rn. 2; *Everling*, GS Heinze, 2005, 157 [163]; Meyer/*Rudolf* Art. 27 Vorb. Rn. 28), wenngleich sie vorrangig freiheits- oder gleichheitsrechtlichen Charakter haben. Dazu gehört das Verbot der Zwangsarbeit (Art. 5), das Recht auf Bildung und die Berufsfreiheit (Art. 14, 15), die Diskriminierungsverbote in Art. 21 und 23. Auch der Schutz von Älteren und Behinderten (Art. 24–26) hätte als soziales Recht eingeordnet werden können.

B. Unterrichtung und Anhörung der Arbeitnehmer

I. Normzweck und rechtliche Bedeutung

Art. 27 verpflichtet ganz allg. dazu, den Arbeitnehmerinnen und Arbeitnehmern oder 10
ihren Vertretern die rechtzeitige Unterrichtung und Anhörung zu gewährleisten. Die
Informations- und Konsultationsgegenstände oder das Verfahren werden nicht vorgegeben
(Meyer/*Rudolf* Rn. 3; Calliess/Ruffert/*Krebber* Rn. 10). Insofern sichert Art. 27 nur den
niedrigsten Intensitätsgrad der Arbeitnehmerbeteiligung ab (*Seifert* EuZA 2013, 205 [219];
Zachert NZA 2001, 1041 [1045], unterste Ebene der Partizipation).

Art. 27 erscheint zwar nach seiner Überschrift als ein „Recht", die Norm selbst ist aber 11
als Grundsatz formuliert („muss gewährleistet sein"). Das bestätigt auch das Verfahren zur
Erarbeitung der Charta (Dokument CONVENT 18 v. 27.3.2000; CONVENT 45 v.
28.7.2000). Die Norm richtet sich vor allem an den Gesetzgeber, dem ein weiter Gestaltungsspielraum verbleibt (*Seifert* EuZA 2013, 205 [219]; so auch EuGH 15.1.2014 – C-172/
12 Rn. 45 f. – AMS, NZA 2014, 193). Das trifft zwar auch auf Rechte aus der GRC zu (zB
Art. 31), deren Regelung aber zumindest als Recht formuliert ist. Der Umstand, dass die
Richtlinien, die Art. 27 im Sekundärrecht umsetzen, gerichtlich durchsetzbare Pflichten
enthalten, ändert daran nichts (**aA** Meyer/*Rudolf* Rn. 29). Der Inhalt des Sekundärrechts
erlangt keine primärrechtliche Qualität, sondern ruht lediglich auf dessen Fundament. Es
kann daher die Unterrichtung und Anhörung detailliert ausgestalten und Rechte einräumen, ohne dass sich daraus etwas für die Beurteilung von Art. 27 ergibt. Auch die Verpflichtung der Mitgliedstaaten, Verfahren zur Durchsetzung des Sekundärrechts vorzusehen
(zB Art. 8 I der RL 2002/14/EG), hat keine Konsequenzen, weil es insoweit nur um die
effektive Verwirklichung der sich aus der Richtlinie ergebenden Vorgaben geht (**aA** Meyer/
Rudolf Rn. 29). Art. 27 enthält somit nur einen Grundsatz (*Frenz* Rn. 3622, 3631; Frenz/
Götzkes RdA 2007, 216 [217 f.]; *Plum* 340 f.; *Sagmeister* 369 f.; *Schmittmann*, Rechte und
Grundsätze in der Grundrechtecharta, 2007, 113 f.; Schwarze/*Holoubek* Rn. 16; *Seifert*
EuZA 2013, 205 [219]; *Weiss* AuR 2001, 374 [376]; **aA** Bercusson/*Blanke* 284; *Heuschmid*
125; *Jarass* Rn. 3; wohl auch Tettinger/Stern/*Lang* Rn. 7). Darauf verweist der EuGH
indirekt in der Rs. AMS (EuGH 15.1.2014 – C-172/12 Rn. 47 f. – AMS, NZA 2014,
193).

Art. 27 verpflichtet die Union und die Mitgliedstaaten als Grundsatz, er entfaltet aber 12
keine unmittelbare Drittwirkung im Verhältnis zwischen Arbeitnehmern oder deren Vertretern und dem Arbeitgeber (EuGH 15.1.2014 – C-172/12 Rn. 45 ff. – AMS, NZA 2014,
193; ebenso *Seifert* EuZA 2013, 205 [219]; *Winner* 158; **aA** *Heuschmid* EuZA 2014, 514
[520 ff.]). Die Norm enthält lediglich einen Grundsatz. Aus Art. 27 ergibt sich daher auch
keine subjektiv-rechtliche Schutzpflicht, sondern nur eine objektive (*Frenz/Götzkes*
RdA 2007, 216 [217 f.]; *Winner* 158). Somit ist bereits die positive Pflicht abgeschwächt,
weil sich keine direkten Ansprüche zugunsten der Arbeitnehmer und ihrer Vertreter ergeben. Anders als Art. 21 enthält Art. 27 keinen klaren Maßstab, vielmehr bedarf die Norm
der Konkretisierung durch das Sekundärrecht. Etwas anderes ergibt sich auch nicht aus dem
Zusammenwirken einer Richtlinie zur Unterrichtung und Anhörung der Arbeitnehmer
(zB RL 2002/14/EG) mit Art. 27. Ihr Inhalt erhält dadurch keinen primärrechtlichen
Charakter. Es bleibt bei einem Richtlinienverstoß, der gerade nicht zur Unanwendbarkeit
des nationalen Rechts führt (→ AEUV Art. 288 Rn. 22).

II. Quellen

Art. 27 beruht nach den Erläuterungen des Konventspräsidiums auf Art. 21 RESC und 13
Nr. 17, 18 GSGA. Diese Regelungen beschränken sich im Gegensatz zu Art. 27 indes nicht
auf die Gewährleistung der Unterrichtung und Anhörung der Arbeitnehmer bzw. ihrer

Vertreter als solche. Vielmehr geben sie detailliert vor, in welchen Fällen eine rechtzeitige Information und Konsultation stattfinden soll. Ihre Detailgenauigkeit ist bedeutend höher als in Art. 27. Berücksichtigt man die Beratungen zur GRC, so beruht dies auf der Ablehnung einzelner Konventmitglieder gegenüber einer detaillierteren Regelung (dazu Tettinger/Stern/*Lang* Rn. 4). Das spricht dagegen, bei der Auslegung von Art. 27 die Inhalte von Art. 21 RESC und Nr. 17, 18 GSGA in die GRC hineinzulesen.

14   Eine vergleichbare Regelung enthalten die Verfassungen der Mitgliedstaaten nicht (dazu Meyer/*Rudolf* Rn. 6 ff.; *Winner* 156 f.). Allerdings hat die Europäische Union einen erheblichen sekundärrechtlichen Besitzstand, der die Unterrichtung und Anhörung der Arbeitnehmer regelt. Zum einen legt die RL 2002/14/EG den allg. Rahmen für die Information und Konsultation der Arbeitnehmer fest, wobei die RL 2009/38/EG (früher RL 94/45/EG) die Europäischen Betriebsräte in grenzüberschreitenden Unternehmen oder Unternehmensgruppen eigens regelt. Beide Richtlinien enthalten sowohl formelle wie materielle Vorgaben für die Arbeitnehmerbeteiligung. Daneben sehen eine Reihe von Richtlinien eine Beteiligung der Arbeitnehmer bzw. ihrer Vertreter in bestimmten Fällen vor (Beteiligung bei der Massenentlassung nach Art. 2 RL 98/59/EG und beim Betriebsübergang nach Art. 7 RL 2001/23/EG). Die Arbeitnehmerbeteiligung erfolgt nach den Richtlinien und dem Recht der Mitgliedstaaten auf unterschiedlichen Ebenen (Betrieb, Unternehmen, Konzern bzw. Unternehmensgruppe) und kann auch europaweit stattfinden, sofern das Unionsrecht dies vorsieht (vgl. RL 2009/38/EG, früher RL 94/45/EG). Das Unionsrecht hat zudem durch die Art. 154 f. AEUV einen sozialen Dialog zwischen den Sozialpartnern vorgesehen. Sie werden zum Teil nicht für maßgebend erachtet, weil die Überschrift des Art. 27 auf die Unterrichtung und Anhörung „im Unternehmen" abstellt (Meyer/*Rudolf* Rn. 19). Die Erläuterungen des Konventspräsidiums nehmen aber auf die Bestimmungen Bezug, und der Wortlaut des Art. 27 wiederholt die Beschränkung auf das Unternehmen nicht. Wegen der Vagheit der Vorgaben des Art. 27 dürfte dies jedoch ohne Auswirkungen bleiben. Der vorhandene Besitzstand im Unionsrecht war Motivation für die Aufnahme von Art. 27 (Tettinger/Stern/*Lang* Rn. 12), ohne dass automatisch das Sekundärrecht das Primärrecht inhaltlich auflädt.

III. Abgrenzung zu anderen Grundrechten

15   Zur Abgrenzung zu Art. 28 → Art. 28 Rn. 14.

C. Schutzbereich

I. Persönlicher Schutzbereich

16   Art. 27 ist auf Arbeitnehmerinnen und Arbeitnehmer oder deren Vertreter bezogen, ohne dass es auf ihre Staatsangehörigkeit ankommt. Der Wortlaut beschränkt sich nicht auf Unionsbürger. Zudem dient die Beteiligung der Arbeitnehmer bzw. ihrer Vertreter der Sicherung ihrer Menschenwürde im Arbeitsleben, was eine Differenzierung nach der Staatsangehörigkeit verbietet (Meyer/*Rudolf* Rn. 20).

17   Die Unterrichtung und Anhörung ist den Arbeitnehmern selbst garantiert und nicht notwendig auf deren Vertreter bezogen. Insofern sichert Art. 27 auch eine individuelle Rechtsposition (*Dorfmann* 216; *Jarass* Rn. 3; Meyer/*Rudolf* Rn. 29; Tettinger/Stern/*Lang* Rn. 11). Auch wenn eine sekundärrechtliche Richtlinie explizit für die Arbeitnehmervertreter Beteiligungsrechte regelt und somit die Schaffung kollektiver Rechte im nationalen Recht anordnet (zB Art. 2 RL 98/59/EG, dazu EuGH 16.7.2009 – C-12/08 Rn. 42 – Mono Car, Slg. 2003, I-6653), wirkt das nicht verengend für den in Art. 27 geregelten Grundsatz. Der Gesetzgeber kann entscheiden, ob er bei der Verwirklichung der Handlungspflicht aus Art. 27 den Arbeitnehmern oder ihren Vertretern ein Recht auf Unterrichtung und Anhörung einräumt (vgl. Bercusson/*Blanke* 284 f., der aber von einem

Schutzbereich   **Art. 27 GRC**

Doppelgrundrecht ausgeht). Daher liegt kein Verstoß gegen Art. 27 vor, wenn eine Richtlinie nur den Arbeitnehmervertretern, aber nicht dem einzelnen Arbeitnehmer ein Recht auf Information und Konsultation einräumt (zB RL 2002/14/EG; dazu Meyer/*Rudolf* Rn. 29; so auch SA des GA *Mengozzi* 21.1.2009 – C-12/08 Rn. 49 – Mono Car, Slg. 2009, I-6653).

Die GRC und Art. 27 im Besonderen definieren den **Arbeitnehmerbegriff** nicht. **18** Anders als in vielen arbeitsrechtlichen Richtlinien wird aber nicht auf den Arbeitnehmerbegriff in den Mitgliedstaaten verwiesen. Daher ist der Arbeitnehmerbegriff der GRC ein autonomer, der unionsrechtlich geprägt ist. Das entspricht auch dem Ziel der GRC, einen sichtbaren Grundrechtsstandard für die Europäische Union zu kodifizieren. Insofern gilt nichts anderes als für den Arbeitnehmerbegriff nach Art. 45 AEUV und Art. 153 AEUV (→ AEUV Art. 45 Rn. 10 ff., → AEUV Art. 153 Rn. 5 ff.). Das Unionsrecht kennt allerdings keinen einheitlichen Arbeitnehmerbegriff. Der EuGH hat den Begriff vielmehr in Bezug auf die jeweilige Normen konkretisiert, so dass sich Abweichungen ergeben (ausf. dazu *Ziegler* 124 ff.; *Rebhahn* EuZA 2012, 3 ff.). Die sozialen Grundrechte gehen nach ihren Quellen nicht nur auf die ESC und die EMRK, sondern auch auf das Sekundärrecht zurück, das sich auf Art. 153 AEUV stützt, und auf die GSGA, die inhaltlich ebenfalls der Sozialpolitik der Europäischen Union zuzuordnen ist, auch wenn sie aus politischen Gründen zunächst als eigenständiges Dokument verabschiedet wurde. Das rückt die sozialen Grundrechte in den Zusammenhang zu den Art. 151 ff. AEUV. Daher ist derselbe Arbeitnehmerbegriff zugrunde zu legen, soweit sich aus Art. 27 nichts für eine abweichende Begriffsbildung ergibt. Zugleich kann auf Art. 45 AEUV Bezug genommen werden. Zum einen besteht zwischen der Arbeitnehmerfreizügigkeit und der Berufsfreiheit der Arbeitnehmer ein inhaltlicher Konnex, den auch Art. 15 II aufgreift. Zudem liegt Art. 153 AEUV und Art. 45 AEUV weitgehend der gleiche Arbeitnehmerbegriff zugrunde (dazu *Ziegler* 170 ff., 194; anders für die arbeitnehmerähnlichen Personen und Art. 153 AEUV s. *Pottschmidt*, Arbeitnehmerähnliche Personen in Europa, 2006, 510 f.; Schwarze/*Rebhahn*/*Reiner* Rn. 13).

Arbeitnehmer sind danach alle von Weisungen abhängigen Beschäftigten, die gegen **19** Entgelt bei einem Arbeitgeber tätig sind. Das entspricht dem unionsrechtlichen Arbeitnehmerbegriff (zu Art. 45 AEUV, EuGH 3.7.1986 – C-66/85 Rn. 16 f. – Lawrie Blum, Slg. 1986, 2121; 23.3.2004 – C-138/02 Rn. 26 – Collins, Slg. 2004, I-2703; 17.3.2005 – C-109/04 Rn. 12 – Kranemann, Slg. 2005, I-2421; 11.9.2008 – C-228/07 Rn. 45 – Petersen, Slg. 2008, I-6989; zu Art. 27 Meyer/*Rudolf* Rn. 20). Die englische Fassung des Art. 27 enthält ebenso wie die anderen sozialen Grundrechte, die auf den Arbeitnehmer Bezug nehmen, den Begriff „worker" als englische Übersetzung. Im englischen Recht ist dieser Begriff weiter als der des Arbeitnehmers und bezieht zB Heimarbeiter ein (vgl. PHKW/*Kenner* Rn. 30.67). Weitere Sprachfassungen dieser Normen beschränken sich aber ebenso wie die deutsche auf den Arbeitnehmer (französisch „travailleur", spanisch „trabajador", italienisch „lavoratore", während arbeitnehmerähnliche Personen „para-subordinati" sind), so dass nicht ohne Weiteres vom englischen Wortlaut auf einen weiten Schutzbereich geschlossen werden kann (anders PHKW/*Kenner* Rn. 30.67). Arbeitnehmerähnliche Personen sind zudem keine Arbeitnehmer im unionsrechtlichen Sinne (Calliess/Ruffert/*Krebber* AEUV Art. 153 Rn. 2; *Rebhahn* RdA 2009, 236 [237]; *Schubert*, Der Schutz der arbeitnehmerähnlichen Personen, 2004, 104 [156 ff.; 164]; *Thüsing* EuZA 2008, 159 [165]; *Wank* AuR 2007, 159 [165]; so auch *Ziegler* 194; differenzierend *Pottschmidt*, Arbeitnehmerähnliche Personen in Europa, 2006, 197 f., 395 ff., 507 ff., 517; **aA** Schwarze/*Rebhahn*/*Reiner* AEUV Art. 153 Rn. 13; ebenso → AEUV Art. 153 Rn. 8 ff.). Auch die Richtlinien und Art. 24 RESC beziehen sich nur auf die Arbeitnehmer, unabhängig davon, dass die Richtlinien zum Teil sogar auf den nationalen Arbeitnehmerbegriff verweisen.

Darüber hinaus kommt es für die Einordnung als Arbeitnehmer nicht darauf an, ob es sich **20** um ein privat- oder öffentlich-rechtliches Beschäftigungsverhältnis handelt. Weder die

Beschäftigten der öffentlichen Verwaltung noch Beamte sind pauschal vom Schutz des Art. 45 AEUV oder Art. 153 AEUV ausgenommen. Dafür spricht der Umkehrschluss zu Art. 45 IV AEUV. Die dort geregelte Ausnahme von der Arbeitnehmerfreizügigkeit für die öffentliche Verwaltung ist für die GRC nicht zu übernehmen. Sie beruht darauf, dass die Belange des Staates und die besondere Verbundenheit, die der Stelleninhaber zum Staat haben muss, einen besonderen Bezug zur Staatsangehörigkeit haben. Daher soll für die öffentliche Verwaltung kein Binnenmarkt hergestellt werden (Calliess/Ruffert/*Brechmann* AEUV Art. 45 Rn. 105; Schwarze/*Schneider/Wunderlich* AEUV Art. 45 Rn. 135; Streinz/ *Franzen* AEUV Art. 45 Rn. 146). Art. 27 ist hingegen nicht auf den Binnenmarkt als Ziel fokussiert. Das Grundrecht ist seinem Wortlaut nach umfassend angelegt.

21 Unerheblich ist die Art des Unternehmens, so dass gemeinnützige Einrichtungen erfasst sind. Der Arbeitnehmerbegriff erstreckt sich zudem auf Praktikanten und Lehrlinge, die einer vergüteten Tätigkeit nachgehen (EuGH 26.2.1992 – C-3/90 Rn. 14 ff. – Bernini, Slg. 1992, I-1072; GHN/*Randelzhofer/Forsthoff* Rn. 18; *Ziegler* 137 f.).

22 **Vertreter der Arbeitnehmer** sind Repräsentanten der Arbeitnehmer. Art. 27 gibt nicht vor, in welchem Gremium der Arbeitnehmervertreter die Interessen der Arbeitnehmer wahrnimmt. Die Richtlinien, die Regelungen über die Unterrichtung und Anhörung der Arbeitnehmer enthalten, ziehen den Kreis der erfassten Arbeitnehmervertreter unterschiedlich weit. Art. 2 lit. c RL 77/187/EWG (jetzt Art. 2 lit. c RL 2001/23/EG) erfasst alle Arbeitnehmervertreter nach Maßgabe des Rechts und der Praxis in den Mitgliedstaaten, mit Ausnahme der Mitglieder der Verwaltungs-, Leitungs- oder Aufsichtsorgane von Gesellschaften, die dort die Arbeitnehmer vertreten. Die übrigen Richtlinien beziehen den Begriff Arbeitnehmervertreter hingegen auf alle Vertreter der Arbeitnehmer nach dem Recht der Mitgliedstaaten (Art. 2 lit. c RL 2001/23/EG, Art. 2 lit. e RL 2002/ 14/EG, Art. 1 lit. b RL 98/59/EG, Art. 2 lit. d RL 2009/38/EG). Auch aus dem Wortlaut und dem Zweck ergibt sich keine Einschränkung dahingehend, dass Arbeitnehmervertreter in Unternehmensorganen ausgeklammert sein müssen. Art. 27 lässt gerade weite Spielräume, wobei die Mitgliedstaaten verpflichtet sind, die Unterrichtung und Anhörung auf geeigneter Ebene anzusiedeln. Dem widerspricht eine Beschränkung des Begriffs der Arbeitnehmervertreter (Meyer/*Rudolf* Rn. 21). Art. 27 gibt auch nicht vor, wie der Vertreter seine Repräsentantenstellung erlangt. Insofern muss der Begriff Arbeitnehmervertreter Betriebsratsmitglieder genauso erfassen wie Gewerkschaftsvertreter im Verwaltungs-, Leitungs- und Aufsichtsorgan (Bercusson/*Blanke* 285 f.; *Frenz* Rn. 3646; Meyer/*Rudolf* Rn. 21; **aA** Schwarze/*Holoubek* Rn. 10; Tettinger/Stern/*Lang* Rn. 22). Die sich daraus ergebende Handlungspflicht kann der Mitgliedstaat mit Rücksicht auf die Belange des Unternehmens verwirklichen.

II. Sachlicher Schutzbereich

23 Art. 27 garantiert Unterrichtungs- und Anhörungsrechte. Das Begriffsverständnis kann an die Richtlinien, die bei der Erarbeitung der GRC zugrunde lagen, angelehnt werden, ohne dass sich die Begriffe notwendig aus den Richtlinien ergeben. Sie setzen den Grundsatz aus Art. 27 um und füllen den verbleibenden Gestaltungsspielraum aus. Daher konkretisiert ihr Inhalt das Unionsrecht nur sekundärrechtlich, lädt aber nicht das Grundrecht auf. Daher kann von der Richtlinie nicht direkt auf das Verständnis von Art. 27 geschlossen werden. Gegen einen Rückschluss von der RL 2002/14/EG wird zum Teil auch darauf verwiesen, dass die Richtlinie nur für Unternehmen einer bestimmten Größe anwendbar ist (*Dorfmann* 214). Eine systematische Auslegung ist indes mit Rücksicht auf Art. 153 I lit. e AEUV zulässig (so Meyer/*Rudolf* Rn. 22; *Petersen* 68), der ebenfalls nur auf die Unterrichtung und Anhörung der Arbeitnehmer Bezug nimmt, ohne weitergehende inhaltliche Vorgaben zu machen. Danach sind die Unterrichtung und Anhörung Beteiligungsrechte, die dem Unternehmen die Entscheidung in der Sache belassen und diese höchstens zeitlich verzögern (Schwarze/*Rebhahn/Reiner* AEUV Art. 153 Rn. 49). Beratung, Zustimmungs- oder Zu-

Schutzbereich   **Art. 27 GRC 30**

stimmungsverweigerungsrechte sowie eine echte Mitbestimmung sind nicht garantiert (Calliess/Ruffert/*Krebber* Rn. 15; *Jarass* Rn. 7; *Seifert* EuZA 2013, 205 [219]; vgl. *Heuschmid* 194; krit. *Kolbe* EuZA 2010, 145 [146]).

Eine **Unterrichtung** der Arbeitnehmer oder ihrer Vertreter ist eine Übermittlung von 24 Informationen durch den Arbeitgeber, um ihnen Kenntnis über einen Sachverhalt zu verschaffen. Das ergibt sich aus dem Zusammenhang von Unterrichtung und Anhörung, wobei die Information gerade die Anhörung vorbereiten und somit eine Stellungnahme der Arbeitnehmer oder ihrer Vertreter ermöglichen soll. Dieses Verständnis deckt sich mit Art. 2 lit. f RL 2002/14/EG (darauf bezogen Meyer/*Rudolf* Rn. 23). Der Rückgriff ist insoweit zulässig, weil der Gestaltungsspielraum des Art. 27 dadurch nicht verringert wird. Eine weitergehende Präzisierung anhand von Art. 21 RESC scheidet aus, weil der Konvent bewusst eine zurückhaltendere Regelung gewählt hat (→ Rn. 13).

Eine **Anhörung** ist nach Art. 2 der RL 94/45/EG (jetzt Art. 2 RL 2009/38/EG) ein 25 Meinungsaustausch und ein Dialog zwischen den Arbeitnehmervertreter/innen und der zentralen Leitung oder einer anderen angemesseneren Leitungsebene. Auf dieses Verständnis kann bei der Auslegung des Art. 27 zurückgegriffen werden. Im Begriff der Anhörung steckt bereits dem Wortlaut nach, dass die Stellungnahme anzuhören ist. Die Vorgabe des Art. 27, die Unterrichtung und Anhörung rechtzeitig vorzunehmen und die Entstehung der Norm, verweisen darauf, dass es um eine aktive Partizipation der Arbeitnehmer am Entscheidungsprozess des Arbeitgebers geht (vgl. *Dötsch* AuA 2001, 362 [364]; Meyer/ *Rudolf* Rn. 23; Tettinger/Stern/*Lang* Rn. 9, 14 f.). Sie sollen eine Möglichkeit erhalten, auf die Meinungsbildung Einfluss zu nehmen. Darüber geht Art. 7 II RL 2001/23/EG hinaus, der eine Konsultation mit dem Ziel der Einigung vorschreibt. Das Gleiche gilt für Art. 4 IV lit. e RL 2002/14/EG. Beide Normen setzen die Arbeitnehmerbeteiligung sekundärrechtlich um und gehen dabei punktuell über die bloße Anhörung hinaus, was bereits die selektive Regelung einer Pflicht, eine Einigung anzustreben, zeigt. Insofern können diese Bestimmungen für das Verständnis des Begriffs der Anhörung nicht maßgebend sein. Eine echte Mitbestimmung ist nicht garantiert (Calliess/Ruffert/*Krebber* Rn. 15; *Seifert* EuZA 2013, 205 [219]).

Das Verfahren zur Unterrichtung und Anhörung gestaltet Art. 27 nicht aus (Calliess/ 26 Ruffert/*Krebber* Rn. 15). Die Unterrichtung und Anhörung muss aber **rechtzeitig** erfolgen. Der Entwurf zu Art. 27 schrieb zunächst eine „effektive Unterrichtung" vor (Alternativvorschläge: „regelmäßig" „adäquat"; vgl. dazu Meyer/*Rudolf* Rn. 24; Schwarze/*Holoubek* Rn. 1). Angesichts der Zwecksetzung kommt es darauf an, dass die Arbeitnehmer bzw. deren Vertreter in die Lage versetzt werden, auf den Entscheidungsfindungsprozess des Arbeitgebers einzuwirken (*Dötsch* AuA 2001, 362 [364]; Meyer/*Rudolf* Rn. 24; *Petersen* 68; Tettinger/Stern/*Lang* Rn. 20). Das ist gerade bei Sanierungen und Restrukturierungen, die massiv die Interessen der Arbeitnehmer betreffen, notwendig. Dafür spricht auch Art. 21 RESC (vgl. Meyer/*Rudolf* Rn. 24). Die Regelung kann zwar für die Konkretisierung des Verfahrens zur Unterrichtung und Anhörung kein verbindlicher Maßstab sein. Die Grundaussage, dass die Arbeitnehmerbeteiligung zu einer Zeit erfolgen muss, zu der sie den Interessen der Arbeitnehmer noch Gehör verschaffen kann, ergibt sich bereits aus dem Zweck des Art. 27. Lediglich die Konkretisierung auf bestimmte Veränderungen im Unternehmen lässt sich nicht in den Grundsatz hineinlesen. Dies bleibt seiner Umsetzung durch das Sekundärrecht und das mitgliedstaatliche Recht überlassen (*Jarass* Rn. 9; Heselhaus/ Nowak/*Hilbrandt* § 35 Rn. 26; Meyer/*Rudolf* Rn. 24).

Die Unterrichtung und Anhörung muss bei **Unternehmen** erfolgen, ohne dass Art. 27 27 deren Kreis beschränkt. Das Begriffsverständnis kann sich an den im Primärrecht herangezogenen Unternehmensbegriff aus Art. 16 und Art. 101 AEUV anlehnen (*Jarass* Rn. 6; Meyer/*Rudolf* Rn. 25; Art. 16 Rn. 8). Daher sind alle öffentlichen oder privaten Unternehmen erfasst, die eine wirtschaftliche Tätigkeit ausüben. Es kommt aber letztlich nicht auf die Verfolgung eines Erwerbszwecks an, so dass auch gemeinnützige bzw. soziale Einrichtungen einbezogen sind (*Jarass* Rn. 6). Auch die Organisationsform ist unerheblich, sondern es

28 Darüber hinaus wird Art. 27 auf die Unterrichtung und Anhörung in **Unternehmensgruppen** bezogen. Für den Begriff der Unternehmensgruppe lässt sich auf Art. 2 I lit. b RL 2009/38/EG verweisen und zugleich in Zweifel ziehen, ob diese Auslegung für Art. 27 zwingend sei (Meyer/*Rudolf* Rn. 25). Der Grundsatz in Art. 27 erfasst die Gewährleistung der Unterrichtung und Anhörung „auf den geeigneten Ebenen" und greift den Begriff der Unternehmensgruppe aus der RL 2009/38/EG (früher: RL 94/45/EG) nicht auf. Auch der Begriff des Unternehmens findet sich lediglich in der Überschrift. Zudem haben die Erläuterungen des Konventspräsidiums nicht zur Folge, dass die Inhalte der bestehenden Richtlinien primärrechtlichen Charakter erhalten. Insofern bleibt hier für die Union und die Mitgliedstaaten ein Gestaltungsspielraum, der sich auch auf die Festlegung der geeigneten Ebenen und deren Definition erstreckt.

29 Art. 27 gewährleistet die Unterrichtung und Anhörung **auf der geeigneten Ebene,** so dass sie nach den Erläuterungen des Konvents durch das Recht der Union oder Mitgliedstaaten auf unterschiedlichen Ebenen angesiedelt werden kann (*Dorfmann* 215). Die Erläuterungen des Konvents verweisen zudem darauf, dass die Arbeitnehmerbeteiligung nicht nur in den Mitgliedstaaten, sondern auch auf europäischer Ebene erfolgen kann. Die Unterrichtung und Anhörung kann somit – in Umsetzung des Art. 27 – auch grenzüberschreitend in der Europäischen Union vorgesehen werden, soweit dies von unionsrechtlichen Rechtsvorschriften geregelt ist (zB RL 2009/38/EG, dazu Meyer/*Rudolf* Rn. 26; ferner Tettinger/Stern/*Lang* Rn. 24). Konkrete Vorgaben zur Festlegung der geeigneten Ebene enthält Art. 27 nicht. Dies bleibt vielmehr den Organen der Europäischen Union und den Mitgliedstaaten überlassen.

D. Beeinträchtigung und Rechtfertigung

30 Art. 27 als Grundsatz ist nur beeinträchtigt, wenn es an einer Regelung zur Anhörung und Unterrichtung fehlt und die Union und die Mitgliedstaaten trotz der Kompetenzen die Unterrichtung und Anhörung nicht vorsehen (vgl. auch *Jarass* Rn. 11). Die Handlungspflicht ist in solchen Fällen auch verletzt, wenn die Union die Mitgliedstaaten sogar daran hindert, entsprechende Regelungen zu erlassen (vgl. *Jarass* Rn. 10, der aber von einem subjektiven Recht ausgeht).

31 Der **Verweis** in Art. 27 auf das Recht der Europäischen Union und das Recht sowie die Gepflogenheiten der Mitgliedstaaten trägt vor allem den Einwänden Rechnung, die bei den Beratungen über die GRC gegen die Regelung erhoben wurden (*Frenz* Rn. 3674; Meyer/*Rudolf* Rn. 27; Tettinger/Stern/*Lang* Rn. 24). Er stellt den begrenzten Regelungsgehalt der Norm klar. Der Vorbehalt erfasst das Ob und das Wie der Unterrichtung und Anhörung (Calliess/Ruffert/*Krebber* Rn. 11 f.). Den konkretisierenden Regelungen bleiben somit die Festlegung der Voraussetzungen, des Zeitpunkts und der Ebene, auf der die Arbeitnehmerbeteiligung erfolgt (Abteilung, Sparte, Betrieb, Unternehmen, Konzern, Formen unternehmerischer Zusammenarbeit; dazu Calliess/Ruffert/*Krebber* Rn. 11). Gerade der große Gestaltungsspielraum, den Art. 27 lässt, hat zur Folge, dass aus dem Vorbehalt keine weitergehende Relativierung des Grundsatzes resultiert. Eine Handlungspflicht besteht im Grunde nur, wenn es an einer Regelung zur Anhörung und Unterrichtung fehlt (Calliess/Ruffert/*Krebber* Rn. 12; *Jarass* Rn. 2). Auch der Anwendungsbereich von Art. 27 wird durch die Verweisung nicht beschränkt (so auch Meyer/*Rudolf* Rn. 27).

32 Für die Rechtfertigung gilt Art. 52 I. Ein Rechtsverstoß kann bei Grundsätzen allerdings nicht von den Bürgern geltend gemacht werden. Lediglich bei der Anwendung des Umsetzungsrechts ist Art. 27 in Bedacht zu nehmen. Er hat wegen seiner geringen Bestimmtheit aber keinen nennenswerten Effekt.

E. Wirkung auf das Unionsrecht und das nationale Recht

Die Charta setzt dem sekundären Unionsrecht Grenzen (so zu Art. 27 Meyer/*Rudolf* 33 Rn. 28), die bei Grundsätzen aber weiter gezogen sind als bei Grundrechten, zumal es sich nur um objektiv-rechtliche Maßgaben handelt. Nach Art. 52 V setzt die Union die Grundsätze in Sekundärrechtsakten um, und sie können allein bei der Auslegung des Sekundärrechts geltend gemacht werden. Der objektiv-rechtliche Charakter von Art. 27 schließt aber nicht aus, dass er einen Mindeststandard enthält (Calliess/Ruffert/*Krebber* Rn. 20; anders noch *Krebber* RdA 2009, 224 [234]). Wegen des vagen Wortlauts sind das Ob und Wie der Unterrichtung und Anhörung aber nur in groben Umrissen konturiert, die insbesondere nicht über die RL 2002/14/EG hinausgehen (vgl. *Bernsdorff* VSSR 2001, 1 [18]; so auch Calliess/Ruffert/*Krebber* Rn. 20). Zudem kann Art. 27 inhaltlich nicht durch die Richtlinien, auf die die Erläuterungen des Konventspräsidiums Bezug nehmen, konkretisiert werden (*Everling*, GS Heinze, 2005, 157 [172]). Die Erläuterungen dokumentieren, dass die Einführung eines solchen Grundsatzes die Konsequenz einer Rechtsentwicklung in der Europäischen Union ist. Dass dieser auch hinsichtlich des Ob und Wie der Unterrichtung und Anhörung der Arbeitnehmer des Primärrechts determinieren soll, ergibt sich daraus aber nicht zwingend. Insofern erlangt der Rückgriff auf Art. 27 im Grunde nur Bedeutung, wenn die Union hinter den Standard der RL 2002/14/EG zurückfallen möchte. Bei einer unvollständigen Umsetzung der Richtlinie durch die Mitgliedstaaten liegt lediglich ein Richtlinienverstoß vor. Etwas anderes gilt höchstens, wenn es der Gesetzgeber unterlassen hat, überhaupt eine Unterrichtung und Anhörung der Arbeitnehmer oder ihrer Vertreter vorzusehen (*Seifert* EuZW 2011, 696 [701]). Ein Verstoß gegen ein subjektives Recht kommt dadurch aber nicht ohne Weiteres zustande. Etwas anderes gilt nur, wenn die Ausgestaltung andere Grundrechte (zB Diskriminierungsverbot) verletzt oder wenn Verstöße gegen völkerrechtliche Vereinbarungen vorliegen (vgl. Meyer/*Rudolf* Rn. 29). Diese enthalten regelmäßig ebenfalls nur Interstaatenverpflichtungen, aber keine subjektiven Rechte.

Auf Art. 27 wird zum Teil zurückgegriffen, weil der Entlassungsschutz der Arbeitnehmer- 34 vertreter dann keine Wirkung entfaltet, wenn der Arbeitnehmer in einem sachgrundlos befristeten Arbeitsverhältnis steht und mit deren Ende ausscheidet. Das mit dem Entlassungsschutz verfolgte Ziel, sich ohne Gefahr für das eigene Arbeitsverhältnis für die Interessen der Arbeitnehmer einsetzen zu können, wird damit nicht erreicht. Darin wird zum Teil ein Verstoß gegen Art. 30 gesehen (so wohl Helm/Bell/*Windirsch* AuR 2012, 293 [297]), → Art. 30 Rn. 26. Zudem wird eine unzureichende Richtlinienumsetzung moniert und ein Verstoß gegen Art. 27 erwogen (vgl., aber im Ergebnis nicht klar Huber/Schubert/*Ögüt* AuR 2012, 429 [432]). Unabhängig vom Vorliegen einer Richtlinienverletzung ist jedoch festzuhalten, dass Art. 27 nur ein Grundsatz und kein subjektives Recht ist, so dass keine subjektive Rechtsverletzung vorliegt. Zudem sind die Vorgaben für die Unterrichtung und Anhörung nicht so weit konkretisiert, dass sich aus Art. 27 ein Standard ableiten ließe, dass sachgrundlos befristete Arbeitnehmervertreter während ihrer Amtszeit fortgesetzt beschäftigt werden müssen. Zum Verstoß gegen die Richtlinie → RL 2002/14/EG Art. 7 Rn. 5 ff.

Art. 28 Recht auf Kollektivverhandlungen und Kollektivmaßnahmen

Die Arbeitnehmerinnen und Arbeitnehmer sowie die Arbeitgeberinnen und Arbeitgeber oder ihre jeweiligen Organisationen haben nach dem Unionsrecht und den einzelstaatlichen Rechtsvorschriften und Gepflogenheiten das Recht, Tarifverträge auf den geeigneten Ebenen auszuhandeln und zu schließen sowie bei Interessenkonflikten kollektive Maßnahmen zur Verteidigung ihrer Interessen, einschließlich Streiks, zu ergreifen.

Übersicht

	Rn.
A. Grundlagen	1
I. Normzweck und rechtliche Bedeutung	1
II. Quellen	8
III. Abgrenzung zu anderen Grundrechten	13
B. Schutzbereich	16
I. Persönlicher Schutzbereich	16
II. Sachlicher Schutzbereich	22
1. Eigenständiger Schutzbereich	22
2. Individuelles und kollektives Recht	23
3. Verhandlung und Abschluss von Tarifverträgen	26
4. Kollektive Maßnahmen	35
a) Allgemeines	35
b) Streik	41
c) Sonstige kollektive Maßnahmen	46
C. Eingriff und sonstige Beeinträchtigung	49
D. Rechtfertigung	51
I. Vorbehalt	51
II. Rechtfertigung nach Art. 52 I	55
III. Kollision mit anderen Grundrechten und Grundfreiheiten	57
IV. Verhältnismäßigkeit des Eingriffs	60
E. Einzelfälle	64
I. Beschränkungen durch die Grundfreiheiten	64
1. Niederlassungs- und Dienstleistungsfreiheit	71
2. Warenverkehrsfreiheit	80
3. Arbeitnehmerfreizügigkeit	82
II. Beschränkungen durch Art. 101 AEUV	83
III. Sonstige Beschränkungen aus dem Unionsprimärrecht	90
IV. Beschränkungen aus dem Unionssekundärrecht und dem nationalen Recht	92
1. Regelungen zum Streik im öffentlichen Dienst der Europäischen Union	92
2. Antidiskriminierungsrichtlinien	95
3. Betriebsübergangsrichtlinie (RL 2001/23/EG)	101
4. Leiharbeitnehmerrichtlinie (RL 2008/104/EG)	103
5. Vergaberecht	105

A. Grundlagen

I. Normzweck und rechtliche Bedeutung

1   Art. 28 garantiert das Recht auf Kollektivverhandlungen und auf kollektive Maßnahmen als soziales Grundrecht. Damit **sichert** er ein freiheitliches **Tarifvertrags- und Arbeitskampfsystem** als Grundlage eines freiheitlich organisierten Arbeitslebens (SA des GA *Cruz Villalon* 19.5.2011 – C-447/09 Rn. 42 – Prigge, Slg. 2011, I-8003; *Jarass* Rn. 2; Schwarze/*Holoubek* Rn. 11, 16). Zudem werden zentrale Bereiche der Koalitionsbetätigung in ihrer Bedeutung für den sozialen Ausgleich und eine angemessene Gestaltung der Arbeitsbedingungen gewährleistet (*Jarass* Rn. 2). Art. 28 bezieht sich nicht nur auf die Arbeitnehmer, sondern schützt die Kollektivverhandlungen und die kollektiven Maßnahmen für beide Seiten (Calliess/Ruffert/*Krebber* Rn. 2; *Zachert* NZA 2001, 1041 [1045]). Die **knappe Regelung** unter Verweis auf das Recht der Union und das Recht sowie die Gepflogenheiten der Mitgliedstaaten hat aber zur Folge, dass die Ausgestaltung des Tarif- und Arbeitskampfrechts in weiten Bereichen der Union und den Mitgliedstaaten überlassen bleibt, wobei die Europäische Union nur sehr eingeschränkte Kompetenzen hat (vgl. Art. 153 V AEUV). Einer detaillierteren Regelung standen vor allem die Divergenzen zwischen dem Tarif- und Arbeitskampfrecht der Mitgliedstaaten entgegen (dazu *Jeschke* 179 ff.; *Junker* EuZA 2014, 1 [9 f.]).

2   Trotz der zurückhaltenden Regelung des Art. 28 steht das Recht auf Tarifverhandlungen und Arbeitskämpfe nicht zur Disposition (*Junker* EuZA 2014, 1 [10]). Art. 28 garantiert insoweit ein **subjektives Grundrecht,** nicht nur einen Grundsatz (Däubler/*Heuschmid* AK § 11 Rn. 31; *Frenz* Rn. 3709; *ders.* RdA 2011, 199 [202]; *Grabenwarter* EuGRZ 2004, 563

Grundlagen Art. 28 GRC 30

[565]; *Jarass* Rn. 2; *Junker* EuZA 2014, 1 [9]; Meyer/*Rudolf* Rn. 28; *Schmittmann* Grundsätze in der Grundrechtecharta, 2007, 114 f.; Tettinger/Stern/*Rixen* Rn. 17; *Winner* 160). Art. 28 hat einen abwehrrechtlichen Gehalt, der wegen der beschränkten Kompetenzen der Europäischen Union eher geringe Bedeutung hat. Von wesentlicher Bedeutung für die Entwicklung des Unionsrechts ist die objektive Anerkennung von Kollektivverhandlungen und kollektiven Maßnahmen als eigenständiges Recht, das zugleich einen Widerpart zu den Grundfreiheiten und zum Wettbewerbsrecht darstellt, die im Rahmen ihrer unmittelbaren Drittwirkung dem Tarif- und Arbeitskampfrecht Grenzen setzen. Es bedarf insoweit eines Ausgleichs auf europäischer Ebene zwischen den Grundfreiheiten und dem Grundrecht aus Art. 28, so dass sich ein europäischer Standard entwickelt (*Konzen*, FS Säcker, 2011, 229 [234]; *Niedobitek* ZBR 2010, 361 [364]; *Schubert* RdA 2008, 289 [292]; *dies.* ZfA 2013, 1 [22 ff.]). Zugleich legitimieren sie Vorschriften in den Mitgliedstaaten, die die Ausübung des Grundrechts aus Art. 28 fördern und die Grundfreiheiten und das Wettbewerbsrecht beschränken (vgl. *Frenz* Rn. 3710 f.; *Jarass* Rn. 2; ähnlich *Winner* 161).

Art. 28 hat als Grundrecht an sich keine unmittelbare **Drittwirkung** und bindet private 3 Personen nicht (*Herresthal* EuZA 2011, 3 [27]; *Jarass* Rn. 4; *Thüsing/Traut* RdA 2012, 69 [71 f.]; **aA** Däubler/*Heuschmid* § 11 Rn. 33; *Iliopoulos-Strangas*, Soziale Grundrechte in Europa nach Lissabon, 2010, 963 [967, 978 ff.]). Die rechtliche Wirkung für das Verhältnis zwischen Privatpersonen erlangt Art. 28 allein wegen der unmittelbaren Wirkung von Art. 101 AEUV sowie der Grundfreiheiten, an die auch die Gewerkschaften und Arbeitgeberverbände als intermediäre Gewalten gebunden sind (EuGH 11.12.2007 – C-438/05 Rn. 44 f., 73 ff. – Viking, Slg. 2007, I-10779; 18.12.2007 – C-341/05 Rn. 91 ff. – Laval, Slg. 2007, I-11767; 21.9.1999 – C-67/96 Rn. 59 f. – Albany, Slg. 1999, I-5751; 21.9.1999 – C-115/97 Rn. 56 f. – Brentjens, Slg. 1999, I-6025; 21.9.1999 – C-219/97 Rn. 46 f. – Drijvende Bokken, Slg. 1999, I-6121; ausf. dazu → Art. 51 Rn. 29). In Diskriminierungsfällen hat der EuGH zudem der Arbeitnehmerfreizügigkeit eine unmittelbare Bindung für den Arbeitgeber zugesprochen (EuGH 6.6.2000 – C-281/98 Rn. 34 f. – Angonese, Slg. 2000, I-4139; 17.7.2008 – C-94/07 Rn. 45 – Raccanelli, Slg. 2008, I-5939; 28.6.2012 – C-172/11 Rn. 36 – Erny, NZA 2012, 863). Indem Art. 28 als Schranke für die Grundfreiheiten wirkt und eine Bereichsausnahme zu Art. 101 AEUV begründet, entfaltet er praktisch auch eine (mittelbare) Drittwirkung für das Verhältnis von Arbeitnehmer und Arbeitgeber bzw. deren Organisationen (vgl. Schwarze/*Holoubek* Rn. 28; **aA** *Jarass* EU-Grundrechte § 29 Rn. 24, für bloße Schutzpflichten aus den Grundfreiheiten, so dass keine Drittwirkung erforderlich ist). Es handelt sich aber nicht um eine Drittwirkung, die selbständig, also auch unabhängig von der Wirkung der Grundfreiheiten, besteht. Sie ergibt sich aus der Bindung der Arbeitnehmer- und Arbeitgeberorganisationen durch die Grundfreiheiten und das Kartellverbot, so dass es für eine Aufrechterhaltung des Tarif- und Arbeitskampfrechts in dem betreffenden Mitgliedstaat einer Rechtfertigung bedarf, zumal die Grundfreiheiten als Beschränkungsverbote einen weiten Schutzbereich haben, auch wenn er durch das Erfordernis des grenzüberschreitenden Bezugs wieder beschnitten wird.

Die Literatur will zum Teil darüber hinaus eine unmittelbare Drittwirkung im Verhältnis 4 von Arbeitgeber und Arbeitnehmer annehmen und verweist darauf, dass das Streikrecht sonst weitgehend leerliefe, zumal eine Gewährleistung allein als Abwehrrecht im Verhältnis zum Staat zur Verwirklichung des Rechts nicht genüge (Däubler/*Heuschmid* AK § 11 Rn. 33; *Heuschmid* EuZA 2014, 514 [522]; *Iliopoulos-Strangas*, Soziale Grundrechte in Europa nach Lissabon, 2010, 963 [967, 978 ff.]; *Schlachter* DB 2012, Beil. Standpunkte Heft 6, 9). Dafür lässt sich aber nicht auf Art. 9 III 2 GG verweisen, der die unmittelbare Drittwirkung gerade erst durch den zusätzlichen Satz 2 erhält, der in Art. 28 nicht in gleicher Weise enthalten ist. Selbst bei einer Ablehnung der unmittelbaren Drittwirkung ist Art. 28 nicht nur ein Abwehrrecht gegenüber dem Staat, sondern es lässt sich zugleich eine Schutzpflicht ableiten, so dass im Anwendungsbereich der Charta darauf hinzuwirken ist, dass eine tatsächliche Verwirklichung des Rechts auf kollektive Maßnahmen möglich ist.

5   Art. 28 entfaltet nur im Anwendungsbereich der GRC Wirkung und kann somit nicht über den **Kompetenzbereich** der Europäischen Union hinaus Relevanz erlangen. Der direkten Regelung von Kollektivverhandlungen, Kollektivvereinbarungen und kollektiven Maßnahmen steht Art. 153 V AEUV als Kompetenzbegrenzung im Bereich der Sozialpolitik entgegen. Insofern können weder das Koalitionsrecht noch Streik und Aussperrung unmittelbar geregelt werden. Allerdings bleiben Regelungen über Tarifverträge zulässig. In der Regel beruhen die einschränkenden Vorgaben aber auf den Kompetenzen für die Binnenmarktpolitik und sog. Querschnittskompetenzen wie dem Antidiskriminierungsrecht und der Finanzpolitik. Insofern erfolgt vor allem eine Beschränkung des Schutzbereichs von Art. 28 durch gegenläufige rechtliche Maßnahmen auf anderen Politikfeldern der Europäischen Union, die den Gestaltungs- und Handlungsspielraum der Arbeitnehmer und Arbeitgeber sowie ihrer Organisationen als autonomen Akteuren verringern. Solche Vorgaben betreffen insbesondere den Inhalt von Kollektivverträgen und somit den Gegenstand der Kollektivverhandlungen. Sie ergeben sich zudem nicht nur aus dem Sekundärrecht, sondern auch aus den Grundfreiheiten, soweit sie auf die Gewerkschaften, Arbeitgeberverbände und Arbeitgeber anwendbar sind (→ Rn. 3).

6   Zum Teil wird Art. 28 als Rechtfertigung für unionsrechtliche Regelungen herangezogen, die Kollisionen zwischen dem Recht auf kollektive Maßnahmen mit den Grundfreiheiten dienen, wie im Vorschlag zur sog. Monti-II-VO (COM [2012] 130/3; dazu PHKW/*Barnard* Rn. 28.03). Diese enthielt **Regelungen zum Streik** und seiner Beschränkung aufgrund der Grundfreiheiten. Die Grundrechte erweitern aber nicht die Kompetenzen der Europäischen Union (Art. 51 II), so dass unionsrechtlichen Regelungen zum Streikrecht Art. 153 V AEUV entgegensteht. Sofern das primäre Regelungsziel eine Regulierung des Rechts auf Streik ist, steht diese Norm einer Rechtssetzung entgegen und kann nicht durch den Rückgriff auf die Kompetenzen aus Art. 352 AEUV umgangen werden. Etwas anderes kann aber gelten, wenn die Regelung auf die Verwirklichung der primärrechtlichen Pflicht zum Schutz einer Grundfreiheit zielt, wie zB bei der sog. Binnenmarktverordnung (VO [EG] 2679/98), mit der die Europäische Union unter anderem ihre Schutzpflicht aus Art. 28 AEUV umsetzt. Insofern wirkt Art. 153 V nicht absolut. Das ist aber keine Art. 51 II widersprechende Kompetenzerweiterung. Das Handeln der Organe der Europäischen Union beruht auf den Grundfreiheiten bzw. den Kompetenzen zur Herstellung des Binnenmarktes, die unabhängig von Art. 28 bestehen. Allein die tatsächliche Durchführung von kollektiven Maßnahmen löst den Regelungsbedarf aus, so dass die Vorgaben der GRC eingehalten werden.

7   Wegen der fehlenden Ausgestaltung des Rechts auf Kollektivverhandlungen und kollektive Maßnahmen im Unionsrecht hat Art. 28 für das **Arbeitsrecht** vor allem eine defensive Wirkung gegenüber Rechten und Freiheiten im Primärrecht sowie gegenüber dem Unionshandeln im Rahmen des Sekundärrechts, aus denen sich Vorgaben für die Kollektivverhandlungen und die kollektiven Maßnahmen ergeben (ähnlich *Bryde* SR 2012, 2 [11]; *Junker* ZfA 2013, 91 [132]). Art. 28 rechtfertigt als kollidierendes Grundrecht Beschränkungen der Grundfreiheiten (→ Rn. 3, 57 ff.) und der Einschränkung des Wettbewerbsrechts (→ Rn. 2, 85). Sie rechtfertigen daher Eingriffe des nationalen Rechts und der Arbeitnehmer und Arbeitgeber bzw. ihrer Organisationen in die Grundfreiheiten und das Wettbewerbsrecht. Daneben hat Art. 28 Wirkung auf die Auslegung des Unionssekundärrechts, aus dem sich Vorgaben für die Kollektivverhandlungen und das Recht auf kollektive Maßnahmen ergeben (PHKW/*Barnard* Rn. 28.03; → Rn. 92 ff.). Er kann ggf. sogar zur Nichtigkeit einer Bestimmung in einer Richtlinie oder Verordnung führen. Mittelbar beeinflusst das Grundrecht auch das Umsetzungsrecht in den Mitgliedstaaten und hat insoweit Einfluss auf die Auslegung privatrechtlicher Normen (*Jarass* Rn. 4; PHKW/*Barnard* Rn. 28.03; Schwarze/*Holoubek* Rn. 27). Auch für sonstiges Handeln der Mitgliedstaaten im Anwendungsbereich des EU-Rechts kann Art. 28 Relevanz erlangen, wenn er in das Recht auf Kollektivverhandlungen oder kollektive Maßnahmen eingreift (PHKW/*Barnard* Rn. 28.04). Die Eröffnung des Anwendungsbereichs ist insbesondere bei

Maßnahmen in Reaktion auf die Finanzpolitik der Europäischen Union von Bedeutung (→ Rn. 5, 90).

II. Quellen

Art. 28 beruht nach den Erläuterungen des Konventspräsidiums auf Art. 6 RESC sowie **8** auf Nr. 12–14 GSGA, die sowohl die Tarifverhandlungen als auch den Arbeitskampf gewährleisten. Daher ist bei der Auslegung von Art. 28 insbesondere Art. 6 Nr. 4 RESC in Bedacht zu nehmen (für einen vergleichbaren Gewährleistungsgehalt *Fütterer* 319; abl. *Krebber* RdA 2009, 224 [235]; *Rebhahn,* GS Heinze, 2005, 649 [652]), wobei der systematische Regelungszusammenhang und die Relevanz der Spruchpraxis des Sachverständigenausschusses zu berücksichtigen sind. Zudem ist Art. 28 wesentlich zurückhaltender ausgestaltet, da er im Gegensatz zu Art. 6 RESC keine Vorgaben zum Mechanismus der Konsultation und Streitbeilegung enthält. Insoweit greift der Verweis auf das Unionsrecht und das Recht sowie die Gepflogenheiten der Mitgliedstaaten. Nach deren Maßgabe entscheidet sich auch, auf welcher Ebene Kollektivverhandlungen und kollektive Maßnahmen durchgeführt werden.

Daneben nehmen die Erläuterungen auf die Anerkennung des Rechts auf kollektive **9** Maßnahmen als ein Bestandteil der gewerkschaftlichen Vereinigungsfreiheit nach Art. 11 EMRK Bezug. Bei ihrer Abfassung war weder das Recht auf Kollektivverhandlungen noch das Recht auf Streik nach der Rechtsprechung des EGMR durch Art. 11 EMRK garantiert. Die jüngere Rechtsprechung des EGMR (→ EMRK Art. 11 Rn. 19, 22 ff.) ist wegen der Vorgaben in Art. 52 III und 53 für die Auslegung relevant. Die GRC darf nicht hinter der EMRK zurückbleiben und muss daher auch deren evolutiv-dynamische Auslegung in sich aufnehmen (Däubler/*Heuschmid* AK § 11 Rn. 26, 29; *Everling,* GS Heinze, 2005, 157 [168]; *Fütterer* EuZA 2011, 505 [515]; *Liisberg* CMLR 38, 2001, 1171 [1172 ff.]; *Schneiders* 171 f.; **aA** *Junker* ZfA 2013, 91 [132]). Dem steht auch der Vorbehalt des Art. 28 nicht entgegen. Er kann die Bindung der Europäischen Union an die EMRK als allg. Grundsätze nach Art. 6 III EUV nicht beseitigen, so dass eine Pflicht zur konventionskonformen Auslegung der GRC besteht (*Fütterer* EuZA 2011, 505 [516]; abl. *Junker* ZfA 2013, 91 [132]).

Der EuGH hat nach der Verabschiedung der Charta in den Rs. *Viking* und *Laval* unter **10** Rückgriff auf den noch nicht in Kraft getretenen Art. 28 als Rechtserkenntnisquelle ein Recht auf Streik anerkannt (EuGH 11.12.2007 – C-438/05 Rn. 44 – Viking, Slg. 2007, I-10779; 18.12.2007 – C-341/05 Rn. 91 – Laval, Slg. 2007, I-11767). Das Gleiche gilt für das Grundrecht auf Kollektivverhandlungen (EuGH 15.7.2010 – C-271/08 Rn. 43 f. – Kommission/Deutschland, Slg. 2010, I-7091), das GA *Jacobs* im Jahre 1999 noch nicht als allg. Rechtsgrundsatz eingeordnet hatte (SA des GA *Jacobs* 28.1.1999 – C-67/96 Rn. 132 ff. – Albany, Slg. 1999, I-5751). Insoweit hat die GRC bereits vor ihrem Inkrafttreten als Rechtserkenntnisquelle Wirkung entfaltet. Diese Rechtsprechung wird durch die in Kraft getretene Charta ersetzt (zum Verhältnis zu allg. Grundsätzen → EUV Art. 6 Rn. 23 ff.).

Die Verfassungen der Mitgliedstaaten enthalten überwiegend eine vergleichbare Verbür- **11** gung (dazu *Frenz* Rn. 3701 f.; Heselhaus/Nowak/*Hilbrandt* § 35 Rn. 9 Fn. 13; *Jeschke* 179 ff.; PHKW/*Barnard* Rn. 28.28; Tettinger/Stern/*Rixen* Rn. 2). Etwas anderes gilt insbesondere im Vereinigten Königreich, wo nicht das Recht auf Streik (right to strike), sondern die Freiheit zu streiken (freedom to strike), Teil der Rechtsordnung ist und nur zur Immunität gegenüber zivilrechtlichen Schadensersatzansprüchen führt (PHKW/*Barnard* Rn. 28.28). Soweit eine gemeinsame Verfassungsüberlieferung besteht, ist diese bei der Auslegung der Charta zu berücksichtigen (Art. 52 IV, dazu *Konzen,* FS Säcker, 2011, 229 [236]). Vorrangig stützt sich Art. 28 aber auf Art. 6 RESC, Nr. 12–14 GSGA und Art. 11 EMRK, so dass die Verfassungen der Mitgliedstaaten nur dort Bedeutung erlangen, wo dafür ein Spielraum verbleibt.

Das Recht zur Bildung von Gewerkschaften ist schließlich in Art. 23 IV AEMR und **12** Art. 22 I IPbpR garantiert. Die gewerkschaftliche Betätigung durch Tarifverhandlungen und Streiks ist im internationalen Arbeitsrecht auch durch Art. 8 I lit. c, d IPwskR gewährleistet. Daneben verbürgen die IAO-Konventionen Nr. 87, 98, 151 und 154 neben der Koalitionsfreiheit auch das Recht auf Kollektivverhandlungen sowie nach der Spruchpraxis der zuständigen Gremien auch ein Recht auf Streik (krit. *Weiss/Seifert,* GS Zachert, 2010, 130 [136 ff.]). Auf diese Quellen nehmen die Erläuterungen des Konventionspräsidiums nicht Bezug, so dass sie nur im Rahmen der systematischen Auslegung in Bedacht zu nehmen sind (*Schubert* ZfA 2013, 1 [14 f.]).

III. Abgrenzung zu anderen Grundrechten

13   Die Vereinigungsfreiheit in **Art. 12** erfasst neben der Gründung von Arbeitnehmer- und Arbeitgebervereinigungen auch deren Betätigung ohne Einschränkungen (→ Art. 12 Rn. 19). Die spezielle Regelung des Rechts auf Kollektivverhandlungen und auf kollektive Maßnahmen in Art. 28 ist lex specialis (Calliess/Ruffert/*Krebber* Rn. 5; *Frenz* Rn. 3723; *Jarass* Rn. 5; Tettinger/Stern/*Rixen* Rn. 12; *Thüsing/Traut* RdA 2012, 65; **aA** Idealkonkurrenz: Däubler/*Heuschmid* AK § 11 Rn. 5; Schwarze/*Holoubek* Rn. 10). Etwas anderes ergibt sich nicht daraus, dass Art. 11 EMRK Vorlage für Art. 12 I war und somit die evolutiv-dynamische Auslegung des EGMR in der Rs. *Demir* und *Baykara* sowie Enerji Yapı-Yol Sen auch auf dieses Grundrecht einwirken kann. Art. 11 EMRK ist gleichermaßen das Fundament für Art. 28, der auch der Auslegung anhand der neuen Rechtsprechung des EGMR zugänglich ist. Im Übrigen kommen beide Grundrechte nebeneinander zur Anwendung (*Jarass* Rn. 9; Tettinger/Stern/*Rixen* Rn. 12; so auch PHKW/*Barnard* Rn. 28.10). Wo der Schutz des Art. 28 endet, können die Arbeitnehmer- und Arbeitgebervereinigungen auf Art. 12 zurückgreifen (*Jarass* Rn. 9; Tettinger/Stern/*Rixen* Rn. 12).

14   Während **Art. 27** die Unterrichtung und Anhörung der Arbeitnehmer oder ihrer Vertreter erfasst, garantiert Art. 28 das Recht auf Kollektivverhandlungen und auf kollektive Maßnahmen. Die Normen stehen in Idealkonkurrenz, zumal Art. 27 nur einen Grundsatz enthält und Art. 28 subjektive Rechte garantiert, die über den Schutzbereich des Art. 27 hinausgehen. In dualistischen Systemen wie Deutschland und Frankreich kommen Art. 12, 27, 28 (nach Auflösung der Konkurrenz) nebeneinander zur Anwendung (PHKW/*Barnard* Rn. 28.10). In Ländern, die traditionell monistisch strukturierte Arbeitnehmervertretungen haben wie das Vereinigte Königreich, stehen Art. 12, 28 im Vordergrund. Allerdings wurde auch für sie durch die RL 2002/14/EG und die RL 2009/39/EG eine Arbeitnehmerrepräsentation eingeführt, die Art. 27 umsetzt, auch wenn sie im Vergleich zur gewerkschaftlichen Vertretung eher eine untergeordnete Rolle spielt (PHKW/*Barnard* Rn. 28.11).

15   Grundrechtskollisionen können sich im Verhältnis zum Arbeitgeber vor allem mit Art. 16 ergeben. In der Rechtsprechung des EuGH stand bisher aber der Konflikt mit der Dienstleistungs- und Niederlassungsfreiheit (Art. 49, 56 AEUV) sowie dem Kartellverbot aus Art. 101 AEUV im Vordergrund, die unmittelbar Wirkung für die Gewerkschaften entfalten (EuGH 21.9.1999 – C-67/96 Rn. 53 – Albany, Slg. 1999, I-5751; 11.12.2007 – C-438/05 Rn. 33 – Viking, Slg. 2007, I-10779; 18.12.2007 – C-341/05 Rn. 85 – Laval, Slg. 2007, I-11767). Im Verhältnis zwischen Arbeitnehmer und Arbeitnehmerorganisation können sich Kollisionen zwischen Art. 28 aus Art. 15 und Art. 21 ergeben. Daneben ist die Arbeitnehmerfreizügigkeit für die Gewerkschaften bindend und kollidiert insoweit mit Art. 28 und schränkt das Recht ein (EuGH 15.1.1998 – C-15/96 Rn. 21 – Schöning-Kogebotoupolou, Slg. 1998, I-47). Diese können Eingriffe in Art. 28 rechtfertigen (*Jarass* Rn. 17).

B. Schutzbereich

I. Persönlicher Schutzbereich

Anders als die Gewährleistung der Tarifautonomie und des Arbeitskampfs in Art. 9 III 1 GG beschränkt Art. 28 seinen persönlichen Schutzbereich nicht auf die Arbeitnehmer- und Arbeitgeberorganisationen, sondern bezieht auch die Arbeitnehmer und Arbeitgeber selbst ein (dazu *Herresthal* EuZA 2011, 3 [13 f.]). Ihr Schutz ist unabhängig von ihrer Staatsangehörigkeit und ihrer Organisation gewährleistet (*Frenz* Rn. 3726, 3730; *Jarass* Rn. 10; *Schwarze*/*Holoubek* Rn. 12; vgl. auch *Thüsing*/*Traut* RdA 2012, 65 [71]).

16

Für Art. 28 gilt ebenso wie für die übrigen sozialen Grundrechte, dass der **unionsrechtliche Arbeitnehmerbegriff** maßgebend ist (→ Art. 27 Rn. 18 ff.). Arbeitnehmer sind danach Personen in abhängiger Beschäftigung, ohne dass es auf die Art oder Rechtsnatur der Einrichtung ankommt, bei der der Arbeitnehmer beschäftigt ist (Däubler/*Heuschmid* AK § 11 Rn. 44 f.; *Frenz* Rn. 3726; *Sagan* 148 ff.; *Schwarze*/*Holoubek* Rn. 13). Insofern sind Beschäftigte des **öffentlichen Dienstes** erfasst (Däubler/*Heuschmid* AK § 11 Rn. 45; *Frenz* Rn. 3727; *Jarass* Rn. 10; Meyer/*Rudolf* Rn. 26; *Sagan* 151 ff.; *Schwarze*/*Holoubek* Rn. 13; Tettinger/Stern/*Rixen* Rn. 7; *Thüsing*/*Traut* RdA 2012, 65 [71]). Weder die Beschäftigten der öffentlichen Verwaltung noch Beamte sind pauschal vom Schutz des Art. 28 ausgenommen. Dafür spricht ein Umkehrschluss zu Art. 45 IV AEUV. Die dort geregelte Ausnahme von der Arbeitnehmerfreizügigkeit für die öffentliche Verwaltung ist für die GRC nicht zu übernehmen (→ Art. 27 Rn. 20). Das Grundrecht ist bereits seinem Wortlaut nach umfassend angelegt. Zudem bezieht Art. 11 EMRK alle Beamten und öffentlich-rechtlichen Angestellten in den Schutz ein (→ EMRK Art. 11 Rn. 7). Dahinter darf Art. 28 nicht zurückbleiben (Art. 52 III, 53). Der Arbeitnehmerbegriff schließt auch die Arbeitnehmer in kirchlichen Einrichtungen ein (Däubler/*Heuschmid* AK § 11 Rn. 47).

17

Die Literatur spricht sich vereinzelt für die Einbeziehung **arbeitnehmerähnlicher Personen** (independent worker) in den persönlichen Schutzbereich aus (Däubler/*Heuschmid* AK § 11 Rn. 46). Diese Beschäftigten sind jedoch keine Arbeitnehmer iSd sozialen Grundrechte der GRC (→ Art. 27 Rn. 19). Ein weiter reichendes Begriffsverständnis in der GRC ergibt sich nicht daraus, dass die englische Fassung den Begriff „worker", nicht den Begriff „employee" verwendet. Dem Begriff liegt im Unionsrecht nicht das gleiche Begriffsverständnis zugrunde wie im englischen Arbeitsrecht, wo zB auch Heimarbeiter und andere den Arbeitnehmern ähnliche Beschäftigte einbezogen sind (→ Art. 27 Rn. 19).

18

Art. 28 garantiert Kollektivverhandlungen und kollektive Maßnahmen als Mechanismus zum Interessenausgleich. Durch die Begriffe Arbeitnehmer und Arbeitgeber werden die in Interessen einander gegenüberstehenden Personen bezeichnet. Daher kann der Begriff des **Arbeitgebers** in Bezug auf den Arbeitnehmerbegriff bestimmt werden. Arbeitgeber ist danach, wer Arbeitnehmer beschäftigt (*Frenz* Rn. 3731; *Schwarze*/*Holoubek* Rn. 14). Kein Grundrechtsträger ist jedoch der Staat als Arbeitgeber (*Frenz* Rn. 3732; *Schwarze*/*Holoubek* Rn. 14), auch wenn die dort beschäftigten Arbeitnehmer in den Schutzbereich des Art. 28 fallen (*Frenz* Rn. 3732).

19

Art. 28 beschränkt sich nicht auf die Garantie eines individuellen Freiheitsrechts, sondern schützt als Doppelgrundrecht auch die Freiheit der Arbeitnehmer- und Arbeitgeberorganisationen (Meyer/*Rudolf* Rn. 20; *Winner* 160: kollektives Freiheitsrecht). Nicht erfasst sind Vereinigungen von Selbständigen, es sei denn, es handelt sich um bloße Scheinselbständige (EuGH 4.12.2014 – C-413/13 Rn. 31 – FNV Kunsten Informatie en Media, NZA 2015, 55). Eine **Organisation** iSv Art. 28 ist jede Koalition von Arbeitnehmern oder Arbeitgebern (*Frenz* Rn. 3734; *Jarass* Rn. 11; *Schwarze*/*Holoubek* Rn. 15). Angesichts des systematischen Zusammenhangs zu Art. 12 ist die Organisation ebenso wie die Vereinigung ein freiwilliger Zusammenschluss, bei dem ein Mindestmaß an interner Willensbildung erfolgt. Darüber hinaus wird eine feste, auf Dauer angelegte Verbindung verlangt, die die Organisa-

20

tion von losen kurzzeitigen Zusammenschlüssen unterscheidet (Däubler/*Heuschmid* AK § 11 Rn. 49; *Frenz* Rn. 3734; restriktive Interpretation auch *Sagan* 159 ff.). Der EuGH hat dazu noch nicht entschieden. Die Entscheidung zum Europäischen Gewerkschaftsbund betraf vor allem dessen Parteifähigkeit im Verfahren (EuGH 28.10.1974 – 175/73 Rn. 9/13 – Gewerkschaftsbund, Slg. 1974, 917), ohne dass sich daraus Folgerungen für den Schutzbereich des Art. 28 ergeben. Systematisch bedarf es vielmehr des Rückgriffs auf Art. 11 I EMRK, für den der EGMR allerdings ebenfalls keinen Gewerkschaftsbegriff oder Begriff des Arbeitgeberverbands entwickelt hat (→ EMRK Art. 11 Rn. 11). Ein weites Begriffsverständnis legt Art. 6 RESC zugrunde, auf den die Erläuterungen des Konventspräsidiums ebenfalls Bezug nehmen (→ ESC Art. 5 Rn. 3). Daran ist Art. 28 anzulehnen. Das schließt es nicht aus, dass die Mitgliedstaaten oder die Europäische Union zur Ausgestaltung der Tarifautonomie Anforderungen an die Organisation im Rahmen ihrer Kompetenzen aufstellen (vgl. Zuerkennung der Tariffähigkeit; zur Ausgestaltung Schwarze/*Holoubek* Rn. 15). Dabei handelt es sich um rechtfertigungsbedürftige, aber rechtfertigungsfähige Eingriffe.

21 Organisationen iSv Art. 28 sind aber nur **gegnerunabhängige** Arbeitnehmer- oder Arbeitgeberorganisationen. Darauf deutet bereits der Wortlaut („ihre jeweiligen Organisationen"). Zudem sind Kollektivverhandlungen und kollektive Maßnahmen auch nach unionsrechtlichem Verständnis Mittel zum Interessenausgleich für den Interessenkonflikt zwischen Arbeitgebern und Arbeitnehmern. Auch darauf lässt sich diese Beschränkung stützen. Gemischte Organisationen sind daher nicht erfasst (Däubler/*Heuschmid* AK § 11 Rn. 50; *Frenz* Rn. 3735; Tettinger/Stern/*Rixen* Rn. 8). Aufgrund des freiheitsrechtlichen Charakters und der garantierten Autonomie muss auch die Unabhängigkeit vom Staat eine Eigenschaft der Organisation sein (Däubler/*Heuschmid* AK § 11 Rn. 50; *Frenz* Rn. 3735; Tettinger/Stern/*Rixen* Rn. 9). Sie darf nicht durch einen Grundrechtsverpflichteten gegründet oder beherrscht werden (*Jarass* Rn. 11). Öffentlich-rechtliche Arbeitgeber und deren Vereinigungen schützt Art. 28 daher nicht (Däubler/*Heuschmid* AK § 11 Rn. 52; *Frenz* Rn. 3732).

II. Sachlicher Schutzbereich

22 **1. Eigenständiger Schutzbereich.** Zum Teil wird angenommen, dass Art. 28 wegen der Verweisung inhaltsleer und eine überflüssige Norm ist (Calliess/Ruffert/*Krebber* Rn. 3; *Dorf* JZ 2005, 126 [130 f.]; *Krebber* RdA 2009, 224 [235]; *Petersen* 74; *Schmitz* EuR 2004, 691 [705]; so auch *Franzen* EuZA 2010, 453 [unkonturiert]; zurückhaltender *Pache* EuR 2001, 475 [481]). Der Verweis auf das Unionsrecht und das Recht sowie die Gepflogenheiten der Mitgliedstaaten nimmt der Norm aber nicht jeden eigenständigen sachlichen Schutzbereich. Der Verweis erfolgte zum einen wegen der rechtspolitischen Auseinandersetzungen bei der Erarbeitung der GRC und soll ebenso wie Art. 51 II verhindern, dass der Union weitere Kompetenzen zuwachsen (*Dorfmann* 146; vgl. auch Protokoll der 7. Sitzung, Bernsdorff/*Borowsky* 213 f.; Änderungsantrag Nr. 90 [Cederschiöld], Nr. 91 [Friedrich], Nr. 92 [Goldsmith], Charte 4372/00 CONVENT 39). Der eigenständige Schutzbereich ergibt sich insbesondere daraus, dass Art. 28 nicht hinter dem Schutz der Kollektivverhandlungen und der kollektiven Maßnahmen nach Art. 11 EMRK zurückbleiben darf (Art. 52 III, 53) und systematisch anhand der Vorgaben des internationalen Arbeitsrechts auszulegen ist, soweit es für die Mitgliedstaaten verbindlich ist (→ Rn. 11 f.; so auch Däubler/*Heuschmid* AK § 11 Rn. 63 ff.; *Fütterer* EuZA 2011, 505 [507]; *Schubert* ZfA 2013, 1 [11 ff.]). Dem steht nicht entgegen, dass der EGMR erst nach Verabschiedung der GRC ein Recht auf Kollektivverhandlungen und das Recht auf Streik anerkannt hat (→ Rn. 7). Jede Beschränkung des so ermittelten Schutzbereichs bedarf der Rechtfertigung. Das Gleiche gilt für die sekundärrechtlichen Regelungen, die auf der Ermächtigung der Europäischen Union im Zusammenhang mit den Grundfreiheiten beruhen. Auch die Regelungen der Sozialpolitik sowie in den Querschnittsmaterien nach Art. 19 AEUV (Antidiskriminierungsrecht) und Art. 121 VI AEUV (Wirtschaftspolitik) führen zu einer Begrenzung des Gestaltungsspiel-

Schutzbereich **Art. 28 GRC** 30

raums der Tarifvertragsparteien und bewirken somit eine Beschränkung des Grundrechts. Diese lässt sich zwar rechtfertigen, muss aber den Anforderungen der Verhältnismäßigkeit genügen, wobei den Eigenarten der Kollektivverhandlungen und der kollektiven Maßnahmen Rechnung zu tragen ist.

2. Individuelles und kollektives Recht. Art. 28 räumt das Recht auf Kollektivverhandlungen und kollektive Maßnahmen nach seinem Wortlaut nicht nur den Arbeitnehmer- und Arbeitgeberorganisationen, sondern auch den Arbeitnehmern und Arbeitgebern individuell ein. Das ist insbesondere für das Streikrecht darauf zurückzuführen, dass die romanischen Rechtsordnungen – im Gegensatz zu Deutschland – eine individuelle Garantie des Streikrechts kennen (*Frenz* Rn. 3702; *Jeschke* 180 f.; *Tettinger/Stern/Rixen* Rn. 2). Dieser weite Wortlaut des Art. 28 hatte insofern auch Kompromisscharakter angesichts der unterschiedlichen mitgliedstaatlichen Regelungen (*Jeschke* 181 ff.; *Wietfeld* 132 f., 136 ff.; ähnlich *Zimmer* AuR 2012, 114 [116]). Eine Einschränkung des Schutzbereichs ergibt sich nicht aus dem Zusammenhang zur Vereinigungsfreiheit aus Art. 12. Anders als bei Art. 11 I EMRK ist das Recht auf Kollektivverhandlungen nicht nur eine Ausprägung der Koalitionsfreiheit, sondern eigenständig als soziales Recht auch zugunsten der Arbeitnehmer gewährleistet (**aA** *Meyer/Rudolf* Rn. 28, die aber ein anderes Verständnis von Art. 11 I EMRK zugrunde legt). Die Regelung der GRC entspricht eher Art. 5 und 6 ESC, in denen das Recht auf Kollektivverhandlungen und kollektive Maßnahmen ebenfalls neben der Vereinigungsfreiheit garantiert ist und sich auch auf die Arbeitnehmer und Arbeitgeber bezieht. Etwas anderes ergibt sich auch nicht daraus, dass Art. 28 auf den Abschluss von Tarifverträgen (Kollektivverträgen) bezogen ist. Der Abschluss solcher Verträge erfolgt nicht notwendig (wenn auch regelmäßig) durch die Organisationen der Arbeitnehmer und Arbeitgeber. Zum einen können Haustarifverträge durch einzelne Arbeitgeber geschlossen werden. Zum anderen können nicht organisierte Arbeitnehmer (allein oder als ad-hoc-Zusammenschluss) einen Vertrag abschließen. Ein Kollektivvertrag ist das aber nur, wenn er nicht nur der Regelung der individuellen Angelegenheiten des einzelnen Vertragsschließenden dient. Daher wird de facto bei Kollektivverträgen mindestens auf einer Seite ein mehr oder weniger fester Zusammenschluss von Arbeitnehmern und Arbeitgebern stehen.

Der individuelle Bezug des Art. 28 auf Arbeitnehmer und Arbeitgeber ist vor allem für das Streikrecht von Bedeutung. Streik ist danach ein individuelles Grundrecht und steht nicht nur den Arbeitnehmerorganisationen zu, auch wenn es inhaltlich auf Tarifverträge oder zumindest Konflikte aus dem Arbeitsverhältnis bezogen bleibt (*Bercusson/Veneziani* 315; *Däubler/Heuschmid* AK § 11 Rn. 51; *Dorfmann* 210; *Engels* 361; *Frenz* Rn. 3716, 3720; *Jarass* EU-Grundrechte § 29 Rn. 17 f.; *Jeschke* 39, 183; *Kothe/Doll* ZESAR 2003, 393 [397]; *Meyer/Rudolf* Rn. 28; *J. Schubert,* in: Heilmann/J. Schubert, Europa – Verfassung, Arbeit, Umwelt, 2007, 83 [92]; *Schwarze/Holoubek* Rn. 18; *Tettinger/Stern/Rixen* Rn. 10; *Zachert* NZA 2001, 1041 [1045]; **aA** Calliess/Ruffert/*Krebber* Rn. 3 [keine Regelung]). Nach diesem Schutzbereichsverständnis gibt es kein gewerkschaftliches Streikmonopol (vgl. *Zimmer* AuR 2012, 114 [116]). Soll ein solches vorgesehen werden, bedarf es einer Rechtfertigung nach Art. 52 I.

Zum Teil wird Art. 28 nicht als Regelung eines individuellen und eines kollektiven Rechts verstanden, sondern als eine Bestimmung, die den Mitgliedstaaten und der Europäischen Union die Wahl lässt, ob sie die Rechte dem einzelnen Arbeitnehmer und Arbeitgeber oder deren Organisationen zuweist (*Sagan* 130). Insofern können die Mitgliedstaaten durch ihre Ausgestaltung festlegen, wer Inhaber des sozialen Grundrechts ist. Der Schutz des einzelnen Arbeitnehmers wird bei Art. 28 nicht durch die Auslegung anhand von Art. 11 EMRK erzwungen, da der EGMR bisher keine wilden Streiks, die notwendig ein individuelles Streikrecht voraussetzen, anerkannt hat (→ EMRK Art. 11 Rn. 14). Art. 6 RESC – der ebenfalls Art. 28 zugrunde liegt – gewährt ein individuelles Streikrecht (→ ESC Art. 6 Rn. 26 ff.). Schließt sich der EuGH dieser Diktion an, wird sich auch Art. 28 nur iSe individuellen Streikrechts interpretieren lassen. Selbst bei einer Garantie eines individuellen

Rechts können die Mitgliedstaaten Beschränkungen aufgrund des Vorbehalts bzw. nach Art. 52 I vornehmen, um die Arbeitsrechtsordnung auszugestalten, wobei sie die gegenläufigen Interessen der Arbeitgeber, die Grundfreiheiten und die Funktionsfähigkeit der kollektiven Interessenvertretung berücksichtigen können.

26 **3. Verhandlung und Abschluss von Tarifverträgen.** Art. 28 schützt nach seinem Wortlaut das Verhandeln um und den Abschluss von Tarifverträgen (Bercusson/*Veneziani* 291 [299 f.]; *Jarass* Rn. 8; Meyer/*Rudolf* Rn. 22; *Schubert* ZfA 2013, 1 [16]). Er weist den Arbeitnehmern und Arbeitgebern bzw. deren Organisationen als Verhandlungspartner das Recht auf Tarifverhandlungen zu, so dass es sich um Verhandlungen zum Ausgleich ihrer widerstreitenden Interessen handeln muss (vgl. PHKW/*Barnard* Rn. 28.30). Damit ist die **Tarifautonomie** rechtlich anerkannt und die Selbstregulierung der Arbeitsverhältnisse durch die Arbeitnehmer und Arbeitgeber bzw. deren Organisationen in den Grenzen des Vorbehalts garantiert (Schwarze/*Holoubek* Rn. 11, 16). Art. 28 gewährleistet den Abschluss von Tarifverträgen auf allen Ebenen. Die Literatur geht zum Teil davon aus, dass die Tarifvertragsparteien die geeignete Ebene bestimmen können (*Dorfmann* 210; Schwarze/*Holoubek* Rn. 21), wobei auch länderübergreifende Regelungen in den Schutzbereich einbezogen sind (Calliess/Ruffert/*Krebber* Rn. 6). Die Erläuterungen des Konventspräsidiums verweisen indes darauf, dass die geeigneten Ebenen durch das Unionsrecht bzw. die Mitgliedstaaten bestimmt werden (*Sagan* 68). Soweit sie den Arbeitnehmern, Arbeitgebern und deren Organisationen einen Beurteilungsspielraum einräumen, können sie nach den tatsächlichen Gegebenheiten entscheiden, welche Ebene die geeignete ist. Somit bleibt das Grundrecht in diesem Punkt vor allem vom nationalen Recht abhängig.

27 Der Ablauf der Verhandlungen, die Art und Weise des Vertragsschlusses sowie die Verbindlichkeit der Vereinbarung, ihre Abdingbarkeit und ihre rechtliche Wirkung auf das Arbeitsverhältnis (inter partes, erga omnes) sind durch die GRC nicht vorgegeben (Bercusson/*Veneziani* 291 [298, 300]; *Schubert* ZfA 2013, 1 [16]). Diese Regelungen setzt die Verwirklichung der Tarifautonomie voraus (Schwarze/*Holoubek* Rn. 16). Das gilt – mangels unionsrechtlicher Bestimmungen – auch für den Abschluss von länderübergreifenden Verträgen (Calliess/Ruffert/*Krebber* Rn. 6). Insoweit ist es Sache der Mitgliedstaaten, das Recht auszugestalten. Die Beteiligung des Staates an solchen Verhandlungen ist von Art. 28 nicht vorgesehen. Das Recht auf Tarifverhandlungen ist in Art. 28 nur den Arbeitnehmern und Arbeitgebern oder ihren Organisationen garantiert, so dass sie autonome Verhandlungen – unabhängig vom Staat – für sich in Anspruch nehmen sollen (vgl. aber zum Schutzbereichsumfang PHKW/*Barnard* Rn. 28.30). Das schließt die Regelung über trilaterale Verhandlungen, wie sie gerade für das skandinavische Tarifmodell typisch sind (vgl. *Evju* in: Rieble, Reformdruck auf das Arbeitsrecht in Europa, 2006, § 2 Rn. 21, 26 f.), nicht aus. Sie kann im Rahmen des Vorbehalts des Art. 28 erfolgen und muss die Rechtfertigungsvoraussetzungen erfüllen.

28 Zum Teil wird davon ausgegangen, dass Art. 28 auch die zulässigen **Vertragsgegenstände** nicht vorgebe (Bercusson/*Veneziani* 291 [300]). Anders als Art. 9 III 1 GG bezieht sich Art. 28 nicht ausdrücklich auf die Arbeits- und Wirtschaftsbedingungen als Gegenstand der Koalitionsbetätigung. Der Wortlaut („Tarifvertrag", englisch „collective agreements", französisch „conventions collectives", spanisch „convenios colectivos", italienisch „contratti collettivi") ergibt nur, dass es sich um einen Kollektivvertrag handelt, der insoweit im Gegensatz zum Arbeitsvertrag steht (*Schubert* ZfA 2013, 1 [16]). Die darüber hinausgehenden Implikationen, die der deutsche Wortlaut „Tarifvertrag" hat, tragen angesichts der abweichenden Fassung der anderen (gleichwertigen) Sprachfassungen nicht. Die Präzisierung des sachlichen Schutzbereichs ergibt sich vor allem daraus, dass Arbeitnehmer und Arbeitgeber bzw. deren Organisationen den Kollektivvertrag vereinbaren. Arbeitnehmer und Arbeitgeber nehmen insoweit ihre eigenen Interessen wahr und ihre Organisationen sind auf die Mitgliederinteressen bezogen (Art. 12). Kollektivverträge sind somit Verträge

Schutzbereich   Art. 28 GRC

über die Interessen der Arbeitnehmer und Arbeitgeber aus dem Arbeitsverhältnis sowie die eigenen Angelegenheiten der Koalitionen (PHKW/*Barnard* Rn. 28.32; *Schubert* ZfA 2013, 1 [17]; ähnlich *Bryde* SR 2012, 2 [11]; *Jarass* Rn. 17). Gegenstände des Tarifvertrags können somit die Begründung, der Inhalt und die Beendigung des Arbeitsverhältnisses sein, aber auch seine Durchführung. Kernarbeitsbedingungen sind Entgelt, Arbeitszeit und Urlaub; regelbar sind auch Betriebsnormen und Regelungen über Sozialeinrichtungen (*Schubert* ZfA 2013, 1 [17]; so auch *Gyselen* CMLR 37, 2000, 425 [443]; *Mohr/Wolf* JZ 2011, 1091 [1099]; MüKoEuWettbR/*Säcker/Mohr* Einl. Rn. 1432; *Viol* 379, 382). Insofern kann sich der Tarifvertrag insbesondere auf Vergütung, Arbeitszeit und Urlaub als Kernarbeitsbedingungen sowie die sonstigen Arbeitsbedingungen, die Arbeitsbeschreibung, aber auch Weiterbildung, Beschäftigungssicherheit und Betriebsrenten beziehen, ebenso auf Regelungen über die Information und Konsultation der Arbeitnehmer (PHKW/*Barnard* Rn. 28.32). Das entspricht auch dem Verständnis des EuGH, soweit er zum Schutz der Tarifautonomie eine Einschränkung des Kartellverbots aus Art. 101 AEUV anerkannt hat (EuGH 21.9.1999 – C-67/99 Rn. 59 – Albany, Slg. 1999, I-5751; 21.9.1999 – C-115/97 ua Rn. 56 – Brentjens, Slg. 1999, I-6025; 21.9.1999 – C-219/97 Rn. 46 – Dijvende Bokken, Slg. 1999, I-6121). Zu den Regelungen für das Verhältnis der Arbeitnehmer- und Arbeitgeberorganisationen gehört vor allem die Friedenspflicht, die absolut oder relativ sein kann (PHKW/*Barnard* Rn. 28.33).

Darüber hinaus hat der EuGH bisher kein allgemeinpolitisches Mandat der Gewerkschaften anerkannt. Sie können **Interessen des Gemeinwohls** nicht unabhängig von den Interessen der Arbeitnehmer wahrnehmen (*Schubert* ZfA 2013, 1 [19]). Sofern diese zusammenfallen, können beschäftigungspolitische Ziele auch mit Tarifverträgen verfolgt werden, wobei der EuGH einen Ermessensspielraum der autonomen Sozialpartner anerkennt (EuGH 16.10.2007 – C-411/05 Rn. 68 – Palacios de la Villa, Slg. 2007, I-8531; 12.10.2010 – C-45/09 Rn. 67 ff. – Rosenbladt, Slg. 2010, I-9291; 8.9.2011 – C-297/10 ua Rn. 65 – Hennigs, Slg. 2011, I-7965; so auch SA des GA *Cruz Villalón* 19.5.2011 – C-447/09 Rn. 41 – Prigge, Slg. 2011, I-8003). Darüber hinaus kann ein Tarifvertrag zur Verwirklichung von Allgemeininteressen nur geschlossen werden, sofern der Gesetzgeber den Arbeitnehmer- bzw. Arbeitgeberorganisationen dies überträgt (vgl. zu Art. 2 V RL 2000/78/EG EuGH 13.9.2011 – C-447/09 Rn. 59 ff. – Prigge, Slg. 2011, I-8003).

Art. 28 gewährleistet keine Verhandlungen über **unternehmerische Entscheidungen**, sondern vor allem über deren Konsequenzen (zB Entlassungen, Entgeltreduzierung) (*Schubert* ZfA 2013, 1 [17]; ähnlich *Jarass* Rn. 17). Aus den Quellen, die Art. 28 zugrunde liegen, ergibt sich kein anderer Schutzbereich (Meyer/*Rudolf* Vorb. zu Kap. IV Rn. 35; → ESC Art. 6 Rn. 7, 15; → EMRK Art. 11 Rn. 22). Das Recht auf Kollektivverhandlungen und das daran anknüpfende Recht auf kollektive Maßnahmen sind auf diese Gegenstände bezogen (*Schubert* ZfA 2013, 1 [18]; vgl. auch *Jarass* Rn. 16). Eine kollektive Maßnahme kann sich daher nicht gegen eine unternehmerische Entscheidung, sondern nur gegen die Folgen für die Arbeitnehmer richten. Insofern hat der EuGH in der Rs. *Viking* zu Recht darauf abgestellt, ob sich aus dem Umflaggen negative Folgen für die Arbeitsverhältnisse der betroffenen Arbeitnehmer ergeben (EuGH 11.12.2007 – C-438/05 Rn. 81 – Viking, Slg. 2007, I-10779).

Art. 28 garantiert den Grundrechtsträgern **kein Normsetzungsmonopol** (*Schubert* ZfA 2013, 1 [21]). Das Recht auf Kollektivverhandlungen ist beschränkbar. Der GRC lässt auch **keine Normsetzungsprärogative** in der Form entnehmen, dass die autonomen Regelungen nicht nur Vorrang haben, sondern die Organe der Europäischen Union Regelungen wegen eines Vorrangs der Arbeitnehmer- und Arbeitgeberorganisationen zu unterlassen haben (*Schubert* ZfA 2013, 1 [21 f.]). Hierfür spricht, dass die Europäische Union eine Sozialpolitik nach den Art. 151 ff. AEUV verfolgt und die Regelungen der Sozialpartner in den Mitgliedstaaten in ganz unterschiedlichem Maße zur Sicherung und Verbesserung der Arbeitsbedingungen beitragen. Eine Harmonisierung der europäischen Sozialstandards kann das Handeln der Sozialpartner daher nicht gewährleisten und die Art. 151 ff. AEUV lassen einen Vorrang der kollektivrechtlichen Regelungen trotz der Anerkennung und Förderung des sozialen Dialogs nicht erkennen (*Schubert* ZfA 2013, 1 [21 f.]).

32 Neben dem Recht auf Kollektivverhandlungen aus Art. 28 sehen Art. 154 f. AEUV die Anhörung der Sozialpartner und einen sozialen Dialog vor. In dessen Rahmen können **Sozialpartnervereinbarungen** getroffen werden (Art. 155 I AEUV; zu den supranationalen Kollektivvereinbarungen *Deinert* RdA 2004, 211; *Sciarra,* Liber Amicorum Lord Wedderburn of Charlton, 1997, 189 [199 f.]; *Thüsing/Traut* RdA 2012, 65 [66]). Es handelt sich dabei um einen Konsens, der sowohl zur Übernahme durch die Organe der Europäischen Union im Rahmen einer Richtlinie führen kann als auch zur Rechtssetzung der Mitgliedstaaten oder zur Durchführung nach den Maßgaben des mitgliedstaatlichen Rechts, so dass erst dann Tarifverträge iSd nationalen Rechts geschlossen werden. Daher werden die Sozialpartnervereinbarungen nach Art. 153 III, 155 AEUV zum Teil nicht als Tarifvertrag iSv Art. 28 eingeordnet (Calliess/Ruffert/*Krebber* Rn. 6; *Junker* EuZA 2014, 1 [12]; **aA** Meyer/ *Rudolf* Rn. 22; *Sagan* 223 ff., 316). Hierfür spricht auch, dass die Erläuterungen des Konventspräsidiums zu Art. 28 keinen Bezug auf Art. 154, 155 AEUV nehmen, obwohl die Regelungen an sich in Bedacht genommen wurden, wie die Erläuterungen zu Art. 27 zeigen. Demzufolge können auch keine kollektiven Maßnahmen wegen solcher Sozialpartnerabkommen ergriffen werden, zumal Art. 155 I AEUV in seinem Wortlaut („wünschen") auf eine freiwillige Vereinbarung verweist (Oetker/Preis/*Goos* EAS, B 8110 Rn. 7; *Rebhahn,* GS Heinze, 2005, 649 [657]; Streinz/*Eichenhofer* AEUV Art. 155 Rn. 9 f.; **aA** Däubler/ *Heuschmid* AK § 11 Rn. 175; *Sagan* 322 ff.; *Wagner,* Arbeitskampf als Gegenstand des Rechts der Europäischen Union, 2010, 199).

33 In den Schutzbereich des Art. 28 werden zum Teil auch **Betriebsvereinbarungen** eingeordnet (Calliess/Ruffert/*Krebber* Rn. 5; *Frenz* Rn. 3717 f., 3739; *Jarass* Rn. 6), zumal Art. 27 nur die Unterrichtung und Anhörung der Arbeitnehmer oder ihrer Vertreter erfasst. Damit soll auch dem Umstand Rechnung getragen werden, dass nicht in allen Mitgliedstaaten streng zwischen Tarifvertrag und Betriebsvereinbarung unterschieden werde (Calliess/Ruffert/*Krebber* Rn. 5; ebenso PHKW/*Barnard* Rn. 28.07). Art. 28 erfasst Kollektivverträge von Arbeitnehmerorganisationen, was sich begrifflich nicht notwendig mit den Vereinigungen (Koalitionen) iSv Art. 12 deckt, so dass an sich gesetzlich geregelte Organisationen von Arbeitnehmern oder Arbeitgebern erfasst sein können. Bei der Auslegung ist aber Art. 27 in Bedacht zu nehmen, der nur einen Grundsatz enthält und sich auf die Unterrichtung und Anhörung beschränkt. Es wäre widersprüchlich, wenn sich im Vergleich dazu ein subjektives Recht für Arbeitnehmervertreter auf Kollektivverträge aus Art. 28 ergäbe. Zudem geht Art. 28 nach den Erläuterungen des Konventspräsidiums auf Regelungen zurück, die die Koalitionsbetätigungsfreiheit garantieren, so dass sich eine Erstreckung der Regelung auf gesetzliche Formen der Arbeitnehmerrepräsentation nicht ergibt (Meyer/ *Rudolf* Rn. 19).

34 Art. 28 ist zwar Teil der sozialen Grundrechte, daraus ergibt sich aber nicht zwingend, dass es sich nur um ein Recht auf Kollektivverhandlungen und kollektiven Maßnahmen handelt. Die Literatur geht davon aus, dass auch die **negative Freiheit** geschützt ist, so dass sich der einzelne Arbeitnehmer oder Arbeitgeber bzw. deren Organisationen sich auch dagegen entscheiden können, mit der Gegenseite Kollektivverhandlungen zu führen und einen Kollektivvertrag schließen oder kollektive Maßnahmen zu ergreifen (*Frenz* Rn. 3741; *Herresthal* EuZA 2011, 3 [15 f.]; *Jarass* Rn. 8; Schwarze/*Holoubek* Rn. 12; Tettinger/Stern/ *Rixen* Rn. 16). Der EuGH hat bisher in der Rs. *Werhof* zwar einen Schutz der negativen Koalitionsfreiheit anerkannt (EuGH 9.3.2006 – C-499/04 Rn. 34 – Werhof, Slg. 2006, I-2397), ohne dass eindeutig von einem Schutz vor einem Beitrittsdruck und der negativen Tarifvertragsfreiheit unterschieden wurde (→ Rn. 101; für die Anerkennung der negativen Tarifvertragsfreiheit *Hartmann,* Negative Tarifvertragsfreiheit im deutschen und euorpäischen Arbeitsrecht, 2014, 255 ff.; *Herresthal* EuZA 2011, 3 [15 f.]; *Junker* EuZA 2014, 1 [15]; *Schmidt* EuZA 2008, 196 [203]). Gegen die Anerkennung spricht, die Rs. *Alemo Herron,* in der der EuGH weder die negative Koalitionsfreiheit aus Art. 12 noch Art. 28, sondern allein

Schutzbereich   **Art. 28 GRC 30**

Art. 16 prüft (EuGH 18.7.2013 – C-426/11 Rn. 30 – Alemo Herron, NZA 2013, 835). Bereits der GA *Cruz Villalón* hatte die Anwendung der negativen Koalitionsfreiheit abgelehnt, weil es an einem Beitrittsdruck fehle (SA v. 19.2.2013 – C-426/11 Rn. 42 ff. – Alemo Herron). Es wird nur Art. 16 herangezogen, obwohl es um die durch ein Gesetz vermittelte Bindung an einen Tarifvertrag geht.

4. Kollektive Maßnahmen. a) Allgemeines. Art. 28 garantiert den Arbeitnehmern, **35** Arbeitgebern oder ihren Organisationen (→ Rn. 16) ein Recht auf kollektive Maßnahmen, ohne sich auf den Streik zu beschränken (*Frenz* Rn. 3743; *Jarass* Rn. 7). Geschützte Handlungen sind dabei die Organisation und Durchführung von Arbeitskampfmaßnahmen (*Frenz* Rn. 3739, 3747; *Jarass* Rn. 8). Somit ist kein abgeschlossener Kreis an Arbeitskampfmitteln gewährleistet (vgl. *Däubler/Heuschmid* AK § 11 Rn. 38; *Frenz* Rn. 3747). Dem wird zum Teil entgegengehalten, dass den Mitgliedstaaten nicht jede Arbeitskampfform aufgedrängt werden dürfe (*Konzen*, FS Säcker, 2011, 229 [237]). Das verhindert bereits der begrenzte Anwendungsbereich des Art. 28. Zudem ist die Anpassung an die unterschiedlichen mitgliedstaatlichen Rechtsordnungen und Gepflogenheiten durch eine Beschränkung des Grundrechts in besonderem Maße zulässig.

Gewährleistet ist somit das positive Recht auf kollektive Maßnahmen. Daneben ist aber **36** auch die negative Freiheit in den Schutzbereich einbezogen, so dass auch die Ablehnung von eigenen Arbeitskämpfen eine rechtlich geschützte Entscheidung ist (*Jarass* Rn. 8; *Tettinger/Stern/Rixen* Rn. 16). Insofern gilt nichts anderes als für die Kollektivverhandlungen (→ Rn. 34). Auf das Grundrecht können sich die Arbeitnehmer, Arbeitgeber bzw. ihre Organisationen aber nur berufen, soweit der Anwendungsbereich des Grundrechts eröffnet ist. Daher ist Art. 28 vor allem einschlägig, soweit die Grundfreiheiten dem Arbeitskampf Grenzen ziehen. Die Ablehnung der Kirchen gegenüber dem Arbeitskampf hat dafür keine Relevanz, so dass der Anwendungsbereich des Art. 28 nicht eröffnet ist (BAG 20.11.2012 NZA 2013, 437 Rn. 64 f.; ebenso *Pötters/Kalf* ZESAR 2012, 216 [223]). Auf die Rechtfertigung durch kollidierende primärrechtliche Garantien (Art. 10) oder primärrechtliche Prinzipien (Art. 17 AEUV) kommt es dann nicht mehr an.

Die kollektiven Maßnahmen müssen nach Art. 28 zur Austragung von **Interessenkon-** **37** **flikten** dienen. Insoweit nimmt Art. 28 auf die Arbeitnehmer und Arbeitgeber bzw. deren Organisationen Bezug, so dass es sich jeweils um einen zwischen ihnen bestehenden Interessenkonflikt handeln muss. Ausgenommen sind somit allgemeinpolitische Auseinandersetzungen. Insoweit ist aber der Schutzbereich der Versammlungs- und Meinungsäußerungsfreiheit eröffnet (vgl. EuGH 12.6.2003 – C-112/00 Rn. 77 ff. – Schmidberger, Slg. 2003, I-5659). Das steht in Einklang mit der Rechtsprechung des EuGH, der in der Rs. *Viking* den Arbeitskampf als Maßnahme zum Schutz der Interessen der Arbeitnehmer qualifiziert und gleichzeitig ein Handeln aus allg. beschäftigungspolitischen Gründen ausgeschlossen hat (EuGH 11.12.2007 – C-438/05 Rn. 80 – Viking, Slg. 2007, I-10779; vgl. auch EuGH 18.12.2007 – C-341/05 Rn. 103 – Laval, Slg. 2007, I-11767; *Jarass* Rn. 7). Ausgenommen sind auch die unternehmerischen Entscheidungen, die nicht unmittelbar das Arbeitsverhältnis betreffen, insofern gilt nichts anderes als für den zulässigen Inhalt von Kollektivverhandlungen (→ Rn. 30). Allerdings kann ein Arbeitskampf stets wegen der Folgen einer unternehmerischen Entscheidung für das Arbeitsverhältnis ergriffen werden (zB bei Beendigung von Arbeitsverhältnissen, Verschlechterung von Arbeitsbedingungen). Das hat der EuGH auch in der Rs. *Viking* angenommen (EuGH 11.12.2007 – C-438/05 Rn. 81, 84 ff. – Viking, Slg. 2007, I-10779; vgl. auch *Jarass* Rn. 17). Insofern ist ein Streik um eine Standortschließung oder Standortverlagerung zulässig, soweit er sich auf deren konkrete Auswirkung auf die bestehenden Arbeitsverhältnisse bezieht. Zum sog. politischen Streik → Rn. 42 f. Zum Solidaritätsstreik → Rn. 44 f. Zum Streik wegen einer Standortschließung oder -verlagerung → Rn. 72.

Ausgenommen von Art. 28 sind indes Konflikte über **Rechtsfragen,** wie die Auslegung **38** eines bestehenden Tarifvertrages (*Bepler*, FS Wißmann, 2005, 97 [112]; *Däubler/Heuschmid*

AK § 11 Rn. 35; *Dorfmann* 209; *Sagan* 165 ff.). Art. 28 sieht den Arbeitskampf als Mittel zur Lösung von Interessenkonflikten und folglich den Tarifvertrag als Vereinbarung über die Interessen der Arbeitnehmer (als Mitglieder der Gewerkschaft). Auch Streitigkeiten über Verletzungen des Tarifvertrages gehören nicht zu Interessenkonflikten, zu deren Durchsetzung Art. 28 den Arbeitskampf als Mittel zur Verfügung stellt (Däubler/*Heuschmid* AK § 11 Rn. 35; *Sagan* 165 ff.). Das steht auch mit der Auslegung des Art. 6 ESC in Einklang (→ ESC Art. 6 Rn. 31 ff.).

39 Das Recht auf kollektive Maßnahmen kann ebenso wie das Recht auf Kollektivverhandlungen auf der **Ebene** angewandt werden, die aus Sicht des Rechtsinhabers zur Austragung des Interessenkonflikts **geeignet** ist. Der Wortlaut beschränkt diese Autonomie nicht auf die Kollektivverhandlungen. Das gilt umso mehr, als die kollektiven Maßnahmen gerade auch zur Lösung von Interessenkonflikten im Rahmen von Kollektivverhandlungen dienen. Wäre kein Arbeitskampf auf derselben Ebene wie der Tarifvertrag möglich, fehlte es gerade an dem notwendigen Mechanismus, der sich zur Austragung von Interessenkonflikten entwickelt hat und durch Art. 28 vorgesehen ist (*Jarass* Rn. 8; Schwarze/*Holoubek* Rn. 21). Dafür spricht auch die durch Art. 28 anerkannte Autonomie der Arbeitnehmer und Arbeitgeber bzw. ihrer Organisationen, die Arbeitsbedingungen selbst zu regeln. Sie müssen selbst einschätzen, auf welcher Ebene sie zur Verfolgung ihrer Interessen agieren.

40 Der Schutzbereich erstreckt sich seinem Wortlaut nach nur auf die kollektiven Maßnahmen als Mittel zur Austragung eines Interessenkonflikts. Die **Friedenspflicht** ist ebenso wie im deutschen Recht nicht grundrechtlich verbürgt (dazu *Birk*, FS Buchner, 2009, 133 [137]). Eine sekundärrechtlich geregelte Friedenspflicht wäre – unabhängig von der kompetentiellen Grundlage – eine Schranke des Art. 28 (*Birk*, FS Buchner, 2009, 133 [139], ohne Verweis auf eine etwaige Drittwirkung). Das gilt indes nicht für eine autonom vereinbarte Friedenspflicht zwischen Arbeitgeber und Arbeitnehmer oder ihren Organisationen.

41 **b) Streik.** Der Streik iSe gemeinschaftlichen Arbeitsniederlegung wird als kollektive Maßnahme wegen seiner besonderen Bedeutung für die autonome Regelung der Arbeitsbedingungen explizit von Art. 28 gewährleistet, weil vor allem die Möglichkeit der Druckausübung einen Interessenausgleich sicherstellt (*Rebhahn*, GS Heinze, 2005, 649 [653]; Schwarze/*Holoubek* Rn. 17; so auch PHKW/*Barnard* Rn. 28.38). Die Voraussetzungen eines rechtmäßigen Streiks regelt Art. 28 nicht ausdrücklich. Insofern kann nur anhand der Grenzen des Schutzbereichs des Art. 28 aufgezeigt werden, inwieweit das Streikrecht geschützt wird (Calliess/Ruffert/*Krebber* Rn. 3).

42 **aa) Kein Tarifbezug.** Art. 28 garantiert den Streik eigens, ohne ihn als Annex zur Tarifautonomie auszugestalten. In der Literatur gilt dennoch der politische Streik zum Teil nicht als von Art. 28 gewährleistet, weil der Streik nur ein Mittel zur Austragung von Interessenkonflikten im Rahmen der Tarifautonomie sei (*Rebhahn*, GS Heinze, 2005, 649 [653 f.]; Schwarze/*Holoubek* Rn. 18). Das gelte selbst bei Streiks für oder gegen Gesetze mit arbeits- oder sozialrechtlichen Inhalten. Die bloße Regelung des Streiks im Zusammenhang mit dem Recht auf Kollektivverhandlungen hat nicht zur Folge, dass er sich darauf beschränkt. Vielmehr bezieht der Wortlaut die kollektiven Maßnahmen auf Interessenkonflikte zwischen den Arbeitsvertragsparteien, ohne auf den Tarifvertrag Bezug zu nehmen („sowie bei Interessenkonflikten kollektive Maßnahmen"). Daher ist der Streik nicht notwendig auf die Herbeiführung eines Tarifvertrages beschränkt (*Däubler*, Blätter für Deutsche und Internationale Politik 2000, 1315 [1319]; Däubler/*Heuschmid* AK § 11 Rn. 37; Meyer/*Rudolf* Rn. 28; Tettinger/Stern/*Rixen* Rn. 13; *Zachert* NZA 2001, 1041 [1045]; *Zimmer* AuR 2012, 114 [116]). Er kann unabhängig davon geführt werden, solange es um einen Interessenkonflikt zwischen Arbeitnehmer und Arbeitgeber geht. Das deckt sich mit dem Schutzbereich von Art. 11 I EMRK (→ EMRK Art. 11 Rn. 27).

43 Ein so weites Verständnis von Art. 28 hat zur Folge, dass auch politische Streiks zulässig sind. Das bedeutet aber nicht, dass wegen allgemeinpolitischer oder wirtschaftspolitischer

Schutzbereich   **Art. 28 GRC** 30

Themen an sich gestreikt werden darf. Art. 28 ist trotz der Offenheit des Wortlauts auf den Interessenkonflikt zwischen Arbeitnehmer und Arbeitgeber oder ihrer Organisationen bezogen, die stets im Interesse ihrer Mitglieder agieren. Daher muss es sich stets um einen Interessenkonflikt handeln, der die Interessen der Arbeitsvertragsparteien betrifft. Insofern ist ein Streik für und gegen ein arbeitsrechtliches Gesetz von Art. 28 gedeckt. Alle Interessen, die keinen Bezug zum Arbeitsverhältnis haben, genügen indes nicht (*Frenz* Rn. 3747; *Jarass* Rn. 7; Schwarze/*Holoubek* Rn. 18; vgl. auch Streinz/*Streinz* Rn. 6; *Zachert* NZA 2001, 1041 [1045]). Dieses Verständnis stimmt auch mit Art. 6 ESC (→ ESC Art. 6 Rn. 31 ff.) überein. Der EGMR hat dazu noch nicht entscheiden müssen (→ EMRK Art. 11 Rn. 29). Vieles spricht dafür, zumindest den Streik um arbeits- und sozialpolitische Gesetze grundsätzlich zuzulassen und den Staaten einen erheblichen Beurteilungsspielraum bei der Einschränkung dieses Rechts zu gewähren. Das muss umso mehr gelten, als die gegenläufigen Interessen der Unternehmen durch Art. 16 geschützt sind und das Unternehmen ein Gesetz weder selbst erlassen noch verhindern kann, so dass es vor allem um eine kollektive Meinungsäußerung geht, die auf die allg. politische Willensbildung Einfluss nimmt. Zudem verweist Art. 28 auf das Recht und die Gepflogenheiten der Mitgliedstaaten.

bb) Solidaritätsstreik. Ob Streiks im Interesse Dritter, sog. Solidaritäts- oder Unterstüt- 44
zungsstreiks, kollektive Maßnahmen iSv Art. 28 sind, ist in der Literatur streitig. Der EuGH hat darüber in der Rs. *Laval,* die einen Sympathiestreik betraf, nicht explizit entschieden. Die Unionsrechtskonformität scheiterte bereits an der Entsenderichtlinie (vgl. EuGH 18.12.2007 – C-341/05 Rn. 103 ff. – Laval, Slg. 2007, I-11767). Zum Teil wird darauf verwiesen, dass der Bezug des Art. 28 auf die Verteidigung „ihrer Interessen" auf die Unzulässigkeit des Solidaritätsstreiks verweise (*Sagan* 168 ff.). Andere sehen gerade darin einen Ausdruck einer kollektiv organisierten Interessenvertretung, einer Arbeitnehmersolidarität (Däubler/*Heuschmid* AK § 11 Rn. 40; *Fütterer* 319 f.; Schwarze/*Holoubek* Rn. 18; PHKW/*Barnard* Rn. 28.39). Dies sei das „Wesen" der kollektiven Interessenvertretung (Däubler/*Heuschmid* AK § 11 Rn. 40). Teilweise wird der Solidaritätsstreik nur dann für vereinbar mit Art. 28 erachtet, wenn er von derselben Gewerkschaft geführt werde, die den Hauptarbeitskampf verantwortet (*Fütterer* 319 f.).

Die Formulierung des Art. 28 lässt ein enges, den Solidaritätsstreik ausschließendes Ver- 45
ständnis zu, ohne dieses dem Wortlaut nach zu erzwingen. Das gilt umso mehr, als weder Art. 6 ESC (→ ESC Art. 6 Rn. 36 f.) noch die Rechtsordnungen der Mitgliedstaaten ganz eindeutig einen Solidaritätsstreik als allg. europäischen Standard erkennen lassen. Auch der EGMR hat festgestellt, dass der Solidaritätsstreik in vielen Konventionsstaaten der EMRK zulässig ist, aber zum Teil in wesentlich engeren Grenzen als ein Streik im eigenen Interesse (→ EMRK Art. 11 Rn. 26). Der EGMR sah den Solidaritätsstreik zwar als von Art. 11 EMRK gewährleistet an, erlaubt aber weitreichende Beschränkungen (→ EMRK Art. 11 Rn. 26 f., 69). Daher ergibt sich bei einer systematischen Auslegung des Art. 28 keine zwingende Notwendigkeit für eine Gewährleistung eines Solidaritätsstreiks. Der Verweis in Art. 28 auf das Recht und die Gepflogenheiten in den Mitgliedstaaten verdeutlicht zudem, dass die Ausgestaltung dieses Grundrechts auch wegen der Heterogenität der nationalen Rechtsordnungen stärker der Einschätzungsprärogative der Mitgliedstaaten überlassen bleibt. Da der Vorbehalt in Art. 28 keine Tatbestandsbeschränkung, sondern eine Schranke ist, wird man aber davon ausgehen müssen, dass der Solidaritätsstreik grundsätzlich als kollektive Maßnahme iSv Art. 28 einzuordnen ist, aber angesichts der berechtigten Interessen der Arbeitgeber von der Europäischen Union und den Mitgliedstaaten weitgehend eingeschränkt werden kann.

c) Sonstige kollektive Maßnahmen. Art. 28 erfasst keinen abgegrenzten Kreis an 46
Arbeitskampfmitteln, so dass für die Arbeitnehmer und Arbeitgeber sowie deren Organisationen eine Arbeitskampfmittelfreiheit besteht (Meyer/*Rudolf* Rn. 24; *Sagan* 164). Auch der EGMR hat festgestellt, dass der Streik das wichtigste, aber nicht das einzige Arbeits-

kampfmittel ist (→ EMRK Art. 11 Rn. 24 f.). Daraus hat er zwar nicht die Schlussfolgerung gezogen, dass alle Arbeitskampfmittel garantiert seien, Art. 11 I EMRK ist jedoch eine bloße Gewährleistung der Vereinigungsfreiheit, während Art. 28 die kollektiven Maßnahmen selbst regelt. Der EuGH hat bereits neben dem Recht auf Streik auch Boykottmaßnahmen bzw. Boykottaufrufe als eine mögliche Form zur Durchsetzung von Arbeitnehmerinteressen angesehen (EuGH 11.12.2007 – C-438/05 Rn. 44 – Viking, Slg. 2007, I-10779; 18.12.2007 – C-341/05 Rn. 103 ff. – Laval, Slg. 2007, I-11767). Die Literatur sieht daher zu Recht Boykottaufrufe als ein von Art. 28 garantiertes Arbeitskampfmittel an (*Frenz* Rn. 3724; *Jarass* Rn. 7; **aA** wohl *Schwarze/Holoubek* Rn. 19). Das Gleiche gilt für Betriebsblockaden oder -besetzungen (*Däubler/Heuschmid* AK § 11 Rn. 38; *Engels* ZESAR 2008, 475 [480]; *Frenz* Rn. 3743; *Schwarze/Holoubek* Rn. 19; *Tettinger/Stern/Rixen* Rn. 13; zweifelnd *Rebhahn* ZESAR 2008, 109 [112]; **aA** *Konzen*, FS Buchner, 2009, 461 [471]). Unter dieser Prämisse muss auch der Flashmob vom Schutzbereich des Art. 28 erfasst sein (*Däubler/Heuschmid* AK § 11 Rn. 39). Beschränkungen sind nach Art. 52 I zu rechtfertigen.

47 Das Recht auf kollektive Maßnahmen beschränkt sich nicht auf die Arbeitnehmer und deren Organisationen, sondern besteht auch zugunsten der Arbeitgeber. Ebenso wie nach Art. 6 ESC (→ ESC Art. 6 Rn. 38) und Art. 11 I EMRK (→ EMRK Art. 11 Rn. 31) muss zugunsten des Arbeitgebers bzw. seiner Organisation die Aussperrung gewährleistet sein (*Bercusson/Veneziani* 335; *Däubler/Heuschmid* AK § 11 Rn. 41; *Dorfmann* 208; *Frenz* Rn. 3745; *Jarass* Rn. 7; *Schwarze/Holoubek* Rn. 20; *Tettinger/Stern/Rixen* Rn. 13; so auch *Engels* 36; **aA** *Calliess/Ruffert/Krebber* Rn. 3). Die mangelnde ausdrückliche Nennung der Aussperrung im Gegensatz zum Streik hat aber nicht zur Folge, dass die Aussperrung nur unter bestimmten Voraussetzungen erfasst wird (zB als Abwehraussperrung; so *Jarass* Rn. 7). Allerdings kann die Aussperrung als Arbeitskampfmittel durch das nationale Recht ausgestaltet und beschränkt werden. Wegen des weiten Vorbehalts in Art. 28 besteht dafür ein erheblicher Gestaltungsspielraum, zumal sich aus Art. 11 EMRK und Art. 6 ESC keine weitergehenden Vorgaben ableiten lassen, die dem entgegenstehen.

48 Zu den Reaktionen eines Arbeitgebers auf einen Streik kann auch der Streikbrechereinsatz zählen. Dabei handelt es sich zwar nicht um einen Angriff zur Interessendurchsetzung, aber um eine Abschwächung des Streiks als Arbeitskampfmittel, so dass auf diese Weise das Druckmittel der Arbeitnehmer geschwächt wird. Auch das kann der Interessendurchsetzung dienen. Wegen des offenen Wortlauts des Art. 28 kann eine solche Maßnahme als Arbeitskampfmittel begriffen werden, die im Rahmen einer kollektiven Auseinandersetzung als Reaktion auf einen Streik erfolgt. Dies wird in der Literatur zum Teil unter Verweis auf den Erwägungsgrund 20 der RL 2008/104/EG und die Spruchpraxis des IAO-Ausschusses abgelehnt (*Däubler/Heuschmid* AK § 11 Rn. 42). Die RL 2008/104/EG reagiert aber nur darauf, dass in den Mitgliedstaaten der Einsatz von Leiharbeitnehmern als Streikbrecher zum Teil verboten ist und will diese Regelungen unberührt lassen. Das zwingt nicht zu der genannten Auslegung von Art. 28. Zum einen wird den Mitgliedstaaten bei der Ausgestaltung des Streikrechts, für das der Europäischen Union ohnehin die Kompetenz fehlt (Art. 153 V AEUV), die Gestaltung überlassen. Zudem ist die Annahme der Richtlinien selbst bei einem weit verstandenen Schutzbereich des Art. 28 nicht in Frage gestellt, weil hinter der Beschränkung des Streikbrechereinsatzes gerade die Besonderheiten des nationalen Rechts stehen, die in den Grenzen der Verhältnismäßigkeit das Recht auf kollektive Maßnahmen beschränken können.

C. Eingriff und sonstige Beeinträchtigung

49 Eingriffe in Art. 28 sind einerseits Verbote, aber auch belastende Maßnahmen in Reaktion auf das geschützte Verhalten (zB Schadensersatzansprüche) (*Jarass* Rn. 12; vgl. auch *Rebhahn*, GS Heinze, 2005, 649 [653]). Eingriffe können in Form eines Verbots oder einer

Beschränkung bestimmter Arbeitskampfmaßnahmen erfolgen, aber auch durch den Ausschluss von Personengruppen von Kollektivverhandlungen oder kollektiven Maßnahmen (zB Beamte) (vgl. *Frenz* Rn. 3728). Selbst mittelbare Belastungen können zu einem Eingriff erwachsen (*Jarass* Rn. 12). Soweit eine Schutzpflicht besteht, liegt eine rechtlich relevante Beeinträchtigung vor, wenn die Schutzmaßnahmen gegenüber Behinderungen durch Private unterlassen werden (*Jarass* Rn. 13; *Tettinger/Stern/Rixen* Rn. 17). Eine solche Behinderung sind Maßregelungen, so dass das Fehlen eines Maßregelungsverbots zu einer Beeinträchtigung von Art. 28 erwächst.

Im Einzelfall ist genau zu prüfen, ob es bereits an der Eröffnung des Anwendungsbereichs 50 des Unionsrechts fehlt. Der EuGH hat bisher bei der Überprüfung von beschäftigungspolitischen Maßnahmen im Zuge der Finanzmarktkrise bereits die Eröffnung des Anwendungsbereichs verneint (EuGH 7.3.2013 – C-128/12 – Sindicato dos Bancários do Norte, 10.5.2012 – C-134/12 – Corpul Național al Polițiștilor). Daran bestehen jedoch zumindest dann Zweifel, wenn es sich um Maßnahmen des Mitgliedstaates handelt, die auf eine Empfehlung des Rates wegen eines bestehenden makroökonomischen Ungleichgewichts auf der Grundlage von Art. 8 I VO (EU) 1176/2011 erfolgen. Es handelt sich zwar um eine Entscheidung der Mitgliedstaaten, den unverbindlichen Empfehlungen des Rates zu folgen. Allerdings erfolgt diese im Rahmen der wirtschaftspolitischen Koordinierung der Länder des Euroraumes, so dass es sich um ein harmonisierendes Vorgehen des Rates unter Anwendung von Unionsrecht handelt. Wenn die GRC primärrechtlich alle Organe der Union bindet, kann der Rat selbst bei einem unverbindlichen Verhalten die GRC nicht außer Acht lassen. Zum einen ist wegen der unionsrechtlichen Grundlage für das Handeln des Rates und die Reaktion des Mitgliedstaates der Anwendungsbereich der GRC eröffnet. Ob bereits die Empfehlung des Rates zu einem Eingriff erwächst, weil sie ein rechtsverbindliches Verhalten des Mitgliedstaates auslöst, muss wohl auch davon abhängen, welche Konsequenzen der Mitgliedstaat zu gewärtigen hat.

D. Rechtfertigung

I. Vorbehalt

Der Vorbehalt nach Art. 28 umfasst nicht nur einen Teil des Schutzbereichs, sondern 51 erstreckt sich auf das Ob und das Wie des Rechts auf Kollektivverhandlungen und kollektive Maßnahmen (*Calliess/Ruffert/Krebber* Rn. 3). Wegen der begrenzten unionsrechtlichen Kompetenzen ergeben sich die Vorgaben für die Kollektivverhandlungen und die kollektiven Maßnahmen vor allem aus dem mitgliedstaatlichen Recht. Es regelt insbesondere die Vorgaben für den Abschluss und die Wirkung von Tarifverträgen sowie die Modalitäten und Grenzen des Streiks.

Der Vorbehalt in Art. 28 wird zum Teil als eine eigene Einschränkungsermächtigung 52 verstanden (*Grabenwarter* DVBl. 2001, 1 [5]; *Jarass* EU-Grundrechte § 29 Rn. 29; *Meyer/Borowsky* Art. 52 Rn. 16). Somit ist umstritten, ob Art. 28 zwei Schranken unterworfen ist (*Meyer/Borowsky* Art. 52 Rn. 16; *Temming* ZESAR 2008, 231 [239 f.]; dahin tendierend *Birk*, FS Buchner, 2009, 133 [139 f.]) oder nur einer Schranke aus Art. 52 I, so dass der Vorbehalt keine eigene Bedeutung hat (v. *Bogdandy/Bast/Rödl* 854 [871 f.]; *Däubler/Heuschmid* AK § 11 Rn. 56; *Frenz* Rn. 3751 f.; *Fütterer* 322; *Streinz/Streinz* Rn. 5). Zum Teil wird auch angenommen, dass Art. 28 einen Ausgestaltungsvorbehalt enthalte (*Engels* ZESAR 2008, 475 [479]; *Niedobitek* ZBR 2010, 361 [364]; *Rebhahn*, GS Heinze, 2005, 649 [654 f.]; *Witter* 139 f.; *Zwanziger* RdA 2009, Sonderbeil. Heft 5, 10 [17]). Die Ausgestaltung betreffe das Wie der Rechtsausübung, erlaubt eine Rückbindung an die nationale Rechtsordnung und setze kein legitimes Ziel voraus, wie es Art. 52 I fordere (dazu *Rebhahn* NZA 2001, 763 [768 ff.]; *ders.*, GS Heinze, 2005, 649 [655]). Im Gegensatz dazu gelte für die Beschränkung Art. 52 I.

53 Art. 52 I ist die allg. Schrankenregelung der GRC, zu der vereinzelt ein Vorbehalt zugunsten des Unionsrechts oder mitgliedstaatlichen Rechts oder seiner Gepflogenheiten hinzutritt. Der Vorbehalt bei Art. 27 beruht auf der Opposition einzelner Mitgliedstaaten bei der Erarbeitung der Charta, bei Art. 28 lässt er sich auf die fehlende Kompetenz der Union und die uneinheitliche Regelung in den Mitgliedstaaten zurückführen (→ Rn. 11), weshalb es möglich bleiben soll, die nationalen Eigenheiten beizubehalten. Insofern kann der Vorbehalt – anders als bei dem Grundsatz aus Art. 27 – eigenständige Bedeutung erlangen. Art. 52 I erlaubt nur eine Beschränkung aus Gründen der unionsrechtlich anerkannten Ziele des Gemeinwohls und zum Schutz der Rechte und Freiheiten anderer. Allerdings sind keine Gemeinwohlziele ersichtlich, die von den Mitgliedstaaten, aber nicht von der Union anerkannt werden. Auch der Verhältnismäßigkeitsgrundsatz gehört als Ausdruck von Rechtsstaatlichkeit zu den allg. Rechtsgrundsätzen, die ebenfalls für den Vorbehalt gelten, selbst wenn man ihm eine eigenständige Schranke entnimmt (vgl. *Jarass* Rn. 16; *Sagan* 176). Der Vorbehalt bringt vor allem zum Ausdruck, dass die Mitgliedstaaten Einschränkungen vornehmen können und ein erheblicher Gestaltungsspielraum besteht (ebenso *Frenz* Rn. 3754; *Rebhahn*, GS Heinze, 2005, 649 [655]; Schwarze/*Holoubek* Rn. 22; vgl. *Jarass* EU-Grundrechte § 6 Rn. 30, § 30 Rn. 23). Dies lässt sich jedoch durch eine systematische Auslegung von Art. 52 I berücksichtigen. Auch die Erläuterungen des Konventspräsidiums führen nicht zwingend zu einem anderen Ergebnis. Folglich hat der Vorbehalt keine eigenständige Bedeutung, ist aber bei der Auslegung des Art. 52 I in Bedacht zu nehmen.

54 Der **Vorbehalt zugunsten des Unionsrechts** hat wegen Art. 153 V AEUV nur in eingeschränktem Umfang Bedeutung. Lediglich die Kollektivverhandlungen und Kollektivverträge können auf der Grundlage des Art. 153 I lit. f AEUV (in den Grenzen des Art. 153 V AEUV) normiert werden. Zudem kann die Union ihren öffentlichen Dienst ausgestalten (Art. 336 AEUV). Darüber hinaus kann die Europäische Union auf der Grundlage ihrer Querschnittskompetenzen (Art. 19 und 121 VI AEUV) Regelungen schaffen, die unmittelbar oder nach ihrer Umsetzung ins nationale Recht die Arbeitsvertragsparteien bzw. deren Organisationen binden. Dadurch verengt sich der Gestaltungsspielraum für den Abschluss von Kollektivvereinbarungen, so dass auf diese Weise zumindest eine Beschränkung des Rechts auf Kollektivvereinbarungen und kollektive Maßnahmen erfolgt. Das Gleiche gilt für die Regelungen, die auf der Ermächtigung der Union im Zusammenhang mit den Grundfreiheiten beruhen. Art. 28 führt aber zu keiner Kompetenzerweiterung (Art. 51 II; vgl. *Junker* ZfA 2013, 91 [132]; *Rebhahn* ZESAR 2008, 109 [111 f.]). Im Ergebnis wird das Recht auf Kollektivverhandlungen und kollektive Maßnahmen somit in den Grenzen des Unionsrechts ausgeübt (EuGH 8.9.2011 – C-297/10 Rn. 67 f. – Hennigs, Slg. 2011, I-7965; 13.9.2011 – C-447/09 Rn. 47 – Prigge, Slg. 2011, I-8003; im Anschluss daran BAG 15.2.2012 NZA 2012, 866 Rn. 23; so auch PHKW/*Barnard* Rn. 28.20).

II. Rechtfertigung nach Art. 52 I

55 Die Rechtfertigung nach Art. 52 I setzt eine gesetzliche Grundlage voraus, wobei – ebenso wie bei Art. 11 EMRK – auch Richter- und Gewohnheitsrecht ausreichen (Däubler/*Heuschmid* AK § 11 Rn. 60; *Sagan* 178; → EMRK Art. 11 Rn. 56, → Art. 52 Rn. 37), zumal aufgrund des Vorbehalts auch mitgliedstaatliche Gepflogenheiten genügen können (*Jarass* Rn. 15). Unverbindliche Empfehlungen iSv Art. 288 V AEUV genügen indes nicht (Däubler/*Heuschmid* AK § 11 Rn. 60). Für eine Rechtfertigung muss die Maßnahme zudem einen legitimen Zweck verfolgen. Beim Handeln der Unionsorgane kommt es insoweit darauf an, dass das Ziel der Maßnahme nicht nur zu den Aufgaben der Union zählt, sondern dass für das Vorgehen auch eine ausreichende Ermächtigung besteht. Zudem ist der Verhältnismäßigkeitsgrundsatz zu wahren.

56 Darüber hinaus wird erwogen, ob bei der Anwendung des Art. 52 I auf die Schranken des Rechts auf Kollektivverhandlungen und kollektive Maßnahmen in der EMRK (Art. 11 II

Rechtfertigung   Art. 28 GRC 30

1, 2 EMRK) zurückgegriffen werden kann. Zum Teil wird ein direkter Rückgriff angenommen (Meyer/*Borowsky* Art. 52 Rn. 29 f.), zum Teil werden die Rechtfertigungsanforderungen des Art. 11 II EMRK in die GRC hineingelesen (Däubler/*Heuschmid* AK § 11 Rn. 63 f.; *Sagan* 140). Die Regelung in Art. 52 I, III spricht eher für eine Interpretation der GRC im Lichte der EMRK, so dass es nicht zu einer Unterschreitung des Grundrechtsstandards der EMRK kommt, → Art. 52 Rn. 10 ff. Besondere Schwierigkeiten weist dies bei mehrpoligen Grundrechtsverhältnissen auf, die gerade zwischen Privatpersonen entstehen. Jede Begünstigung des Grundrechtsträgers führt zur Beschränkung eines anderen (zB Art. 15, 16, 28 und Art. 45, 49, 56, 65 AEUV; vgl. *Jarass* EU-Grundrechte § 6 Rn. 34). Um eine Kohärenz zwischen der GRC und der EMRK herzustellen, darf eine Beschränkung von Art. 28 nach dem Maßstab von Art. 11 EMRK keine unzulässige Beschränkung sein. Für die Anwendung des Art. 11 II EMRK fehlt es in erheblichen Teilbereichen noch an einer Judikatur des EGMR. Gerade bei der Auflösung von Grundrechtskollisionen lässt der EGMR den Konventionsstaaten einen erheblichen Beurteilungsspielraum (→ EMRK Art. 1 Rn. 2). Auf diese Weise wird den Divergenzen zwischen den Mitgliedstaaten Raum gelassen, wenn es an einem europäischen Standard fehlt. Dieses Vorgehen ist auch bei der Anwendung der Art. 52 III, 53 in Bedacht zu nehmen. Zudem hat es der EGMR iSe Kooperationsgebots mit der Europäischen Union auch berücksichtigt, wenn die Einschränkung von Konventionsrechten der Erfüllung unionsrechtlicher Vorgaben diente (→ EMRK Art. 1 Rn. 51). Zum Verhältnis von Art. 52 I, III und Art. 53 → Art. 52 Rn. 19.

III. Kollision mit anderen Grundrechten und Grundfreiheiten

Sowohl das Recht auf Kollektivverhandlungen als auch das Recht auf kollektive Maßnahmen kann mit Grundfreiheiten und anderen Grundrechten in Konflikt geraten (zB zu Art. 45 AEUV: EuGH 15.1.1998 – C-15/96 Rn. 28 – Schöning-Kougebetopoulou, Slg. 1998, I-60; 10.3.2011 – C-379/09 Rn. 30, 36 – Casteels, Slg. 2011, I-1379; Art. 157 AEUV: EuGH 31.5.1995 – C-400/93 Rn. 13 ff. – Royal Copenhagen, Slg. 1995, I-1275; 18.11.2004 – C-284/02 Rn. 25 – Sass, Slg. 2004, I-11143; 9.12.2004 – C-19/02 Rn. 43 – Hlozek, Slg. 2004, I-11491; Art. 49 AEUV: EuGH 11.12.2007 – C-438/05 Rn. 75 ff. – Viking, Slg. 2007, I-10779; Art. 56 AEUV: EuGH 18.11.2007 – C-341/05 Rn. 101 ff. – Laval, Slg. 2005, I-11767). Diese Kollision mit den Grundfreiheiten beruht auf der Erweiterung ihrer Verpflichtungswirkung auf die Gewerkschaften als intermediäre Gewalten. Dazu ausf. → AEUV Art. 45 Rn. 80 ff. 57

Das Grundrecht aus Art. 28 und die Grundfreiheiten sowie die kollidierenden Grundrechte haben aufgrund ihres Charakters als Unionsprimärrecht alle den gleichen Rang (Art. 6 I EUV). Zum Verhältnis der Grundrechte und Grundfreiheiten allg. → EUV Art. 6 Rn. 12 ff. Dies wurde nach den Entscheidungen in den Rs. *Viking* und *Laval* in Frage gestellt, weil der EuGH eine Verletzung der Grundfreiheiten geprüft hatte, so dass der Streik als Arbeitskampfmaßnahme der Rechtfertigung bedurfte (siehe EuGH 11.12.2007 – C-438/05 Rn. 45, 75 ff. – Viking, Slg. 2007, I-10779; 18.11.2007 – C-341/05 Rn. 101 ff. – Laval, Slg. 2005, I-11767). Es wurde angenommen, dass der EuGH die Grundfreiheiten über die Grundrechte stelle (zB *Däubler* AuR 2008, 209 [411 ff.]; *Kocher* AuR 2009, 332 [333]; *Rebhahn* RdA 2009, 154 [155 ff.]; *ders.* ZESAR 2008, 109 [114 f.]; s. auch *Eklund* ILJ 35, 2006, 202 [208]). Dieses Vorgehen beruht aber vor allem auf der prozessual maßgeblichen Vorlagefrage (*Kokott*, FS Jaeger, 2011, 115 [124 f.]; Schwarze/*Holoubek* Rn. 24; *Skouris* RdA 2009, Sonderbeil. Heft 5, 25 [27 f.]). Materiell-rechtlich verwies der EuGH auf seine Entscheidungen in den Rs. *Schmidberger* und *Omega,* in denen er von einer Gleichrangigkeit von Grundrecht und Grundfreiheit ausgegangen war (EuGH 11.12.2007 – C-438/05 Rn. 45 f. – Viking, Slg. 2007, I-10779; 18.11.2007 – C-341/05 Rn. 93 f. – Laval, Slg. 2005, I-11767). Beide Rechte sind daher als gleichrangige im Rahmen der Verhältnismäßigkeit in Ausgleich zu bringen (zB *Bayreuther* EuZA 2008, 395 [400]; *v. Danwitz* EuZA 2010, 6 [14 f.]; Däubler/*Heuschmid* AK § 11 Rn. 69; *Frenz* RdA 2011, 199 [201]; 58

Fütterer EuZA 2011, 505 [516]; *Junker* ZfA 2013, 91 [127]; ders. EuZA 2014, 1 [10]; *Kokott,* FS Jaeger, 2010, 115 [125]; *Konzen,* FS Säcker, 2011, 229 [237]; *Schubert* ZfA 2013, 1 [24 f.]; *Schultz* 118; *Skouris* DÖV 2006, 89 [95 f.]; ders. RdA 2009, Sonderbeil. Heft 5, 25 [27, 30]; zweifelnd *Rebhahn* ZESAR 2008, 109 [114 f.])

59 Eine Kollision des Art. 28 mit anderen Grundrechten oder eine Kollision mit den Grundfreiheiten hat der EuGH vor dem Inkrafttreten der GRC freilich nicht erörtert. Der nun bestehende Konflikt zwischen Grundrechten würde im nationalen Verfassungsrecht iSe praktischen Konkordanz gelöst (vgl. *Hesse,* Grundzüge des Verfassungsrechts der Bundesrepublik Deutschland, 20. Aufl. 1999, Rn. 72, 317 f.). Dieses Verständnis hat sich vor allem in Bezug auf die schrankenlosen Grundrechte des GG entwickelt und ist bei der GRC wegen der allg. Schranke aus Art. 52 I nicht in gleicher Weise erforderlich. Die Kollision zwischen Grundrechten oder mit Grundfreiheiten sind im Rahmen von Art. 52 I aufzulösen. Insbesondere bei der Prüfung der Verhältnismäßigkeit ist das Gewicht des gegenläufigen legitimen Interesses aufgrund der primärrechtlichen Garantie in Bedacht zu nehmen. Vor allem bei der Prüfung der Angemessenheit kommt es daher zu einer Feinabstimmung zwischen den kollidierenden Primärrechten. Das stellt zugleich sicher, dass sie so weit wie möglich zur Entfaltung kommen (vgl. bereits vor Inkrafttreten der GRC EuGH 12.6.2003 – C-112/00 Rn. 74, 77 ff. – Schmidberger, Slg. 2003, I-5659; 14.10.2004 – C-36/02 Rn. 35 ff. – Omega, Slg. 2004, I-9609; 29.1.2008 – C-275/06 Rn. 64 ff. – promusicae, Slg. 2008, I-271; so auch SA des GA *Stix-Hackl* 18.3.2004 – C-36/02 Rn. 93, 103 ff. – Omega, Slg. 2004, I-9609; *Kokott/Sobotta* EuGRZ 2010, 265 [269]; *Wißmann* AuR 2009, 149 f.). Auf diese Weise kommt das Optimierungsgebot, das der praktischen Konkordanz innewohnt, zur Anwendung (für eine Übertragbarkeit der praktischen Konkordanz SA des GA *Stix-Hackl* 29.6.2010 – C-28/08 P Rn. 95 – Bavarian Lager, Slg. 2010, I-6055; *Kokott,* FS Jaeger, 2011, 115 [124]; vgl. *v. Danwitz* EuZA 2010, 6 [14 f.]).

IV. Verhältnismäßigkeit des Eingriffs

60 Die Verhältnismäßigkeit ist eine zentrale Schranken-Schranke des Art. 52 I. Art. 28 gewährleistet den Grundrechtsträgern zwar eine autonome Regelungsmöglichkeit. Das hat aber nicht zur Folge, dass ihnen eine Normsetzungsprärogative zukommt (→ Rn. 31). Dennoch ist bei der Verhältnismäßigkeitsprüfung die autonome Regelungsbefugnis zu berücksichtigen, was sich meist in der Anerkennung eines Beurteilungsspielraums ausdrückt. Für die Verhältnismäßigkeit ieS ist dabei auch zu berücksichtigen, dass gerade besonders schwerwiegende Eingriffe dennoch als angemessen gelten können, wenn nicht nur ein gewichtiger legitimer Zweck vorliegt, sondern auch eine zeitliche Befristung der Maßnahme bestimmt ist, so dass nur ein temporärer Eingriff vorliegt. Das kommt insbesondere bei Vorgaben für die Lohnpolitik in Betracht, wenn wegen eines gesamtwirtschaftlichen Ungleichgewichts ein derartiger Eingriff in die Kollektivautonomie notwendig wird. Ein solches Vorgehen hat sowohl der Ausschuss für soziale Rechte nach der ESC als auch der Sachverständigenausschuss der IAO akzeptiert (International Labour Conference, 69th Session, Report of the Committee of Experts on the Application of Conventions and Recommendations, Report III, Part 4 B, 1983, 102 Anm. 314, 104 Anm. 319; dazu auch *Swiatkowski,* FS Birk, 2008, 829 [854 f.]). Zum Teil wird auch wegen der Spruchpraxis der IAO-Sachverständigengremien angenommen, dass das Streikrecht nicht so generell, wie der EuGH meint, einem Verhältnismäßigkeitsgrundsatz unterworfen werden soll (*Fütterer* EuZA 2011, 505 [516 f.]). Die Übernahme der Spruchpraxis ist methodischen Zweifeln ausgesetzt (→ EMRK Art. 1 Rn. 13). Zudem ist bei der Anwendung des Verhältnismäßigkeitsgrundsatzes stets die EMRK als Mindeststandard zu berücksichtigen (Art. 52 III, 53 und Art. 6 III EUV; → Rn. 9).

61 Die Schranke aus Art. 52 I erfasst sowohl das Recht auf Kollektivverhandlungen als auch das Recht auf kollektive Maßnahmen. Arbeitskampfmaßnahmen können daher in den Grenzen des Art. 52 I Grenzen gesetzt werden (*Jarass* Rn. 7; Schwarze/*Holoubek* Rn. 17).

Das gilt auch für Streik und Aussperrung als wichtigsten kollektiven Maßnahmen. In der Literatur wird darauf verwiesen, dass dadurch der Streik einem Verhältnismäßigkeitsgrundsatz unterworfen werde, obwohl nur wenige Rechtsordnungen (wie Deutschland und die Niederlande) eine Bindung des Streikrechts an die Vorgaben der Verhältnismäßigkeit kennen (*Jeschke* 186; *Rebhahn* NZA 2001, 763 [770]; Schwarze/*Holoubek* Rn. 24; so auch *Jacobs,* in Blanpain, Comparative Labour Law and Industrial Relations in Industrialized Market Economies, 2007, 731 [757 ff.]). Zudem wird darauf verwiesen, dass auch in Deutschland keine strenge Verhältnismäßigkeitsprüfung erfolge (dazu *Franzen,* FS Buchner, 2008, 231 [240]).

Für eine Bewertung dieser Diskussion sind zwei Fallkonstellationen zu trennen. Sofern **62** das Unionsrecht oder das nationale Recht als dessen Durchführung den Rechten aus Art. 28 im Interesse anderer Regelungsziele und Politiken der Europäischen Union Grenzen setzt, müssen sich in erster Linie diese eingreifenden Regelungen am Verhältnismäßigkeitsgrundsatz messen lassen. Das gilt zB für die Schranken der Tarifautonomie aus dem Antidiskriminierungsrecht. Dem lässt sich bei der Auslegung und Anwendung der Rechtfertigungsgründe des Antidiskriminierungsrechts vor allem durch eine weite Einschätzungsprärogative der Tarifvertragsparteien Rechnung tragen (→ Rn. 97 ff.). Sofern sich die Beschränkung des Grundrechts in Art. 28 aus der Bindung der Gewerkschaften oder Arbeitgeberverbände an die Grundfreiheiten und Art. 101 AEUV ergibt, liegt eine Kollision primärrechtlicher Rechte von Privaten vor. In diesen Fällen stehen sich auf beiden Seiten Private gegenüber. Insofern bedarf es einer Auflösung dieser Kollision. Dies erfolgt auch im Rahmen von Art. 52 I (→ Rn. 32 ff.).

Der EuGH hat die konkreten Anforderungen an die Verhältnismäßigkeit eines Streiks in **63** den Rs. *Viking* und *Laval* nicht im Detail oder gar abschließend entwickelt (→ Rn. 73). Bei der weiteren Anwendung des Verhältnismäßigkeitsgrundsatzes ist zu beachten, dass es sich um gleichrangige Garantien des Primärrechts handelt (→ Rn. 73). Den Grundrechtsträgern muss ein erheblicher Beurteilungsspielraum belassen werden (*Jarass* Rn. 16). Die Garantien in Art. 12 und 28 erkennen an, dass die Arbeitsbeziehungen autonom durch die Arbeitsvertragsparteien und die Sozialpartner gestaltet werden können, die auch die Interessenkonflikte lösen. Dafür bedarf es eines Gestaltungsfreiraums, der sich in dem Beurteilungsspielraum niederschlägt. Zudem ist für die Bewertung der Angemessenheit des Arbeitskampfs nicht nur darauf abzustellen, ob das nationale Recht einen Verhältnismäßigkeitsgrundsatz kennt. Die nationalen Rechtsordnungen halten auch andere Mechanismen vor, um den Streik als Konfliktlösungsmechanismus dosiert einzusetzen. Im Gegensatz zum deutschen Recht kennen andere Rechtsordnungen Abkühlungsphasen oder längere Ankündigungspflichten. Auch Not- und Erhaltungsarbeiten sind Elemente, um die Streikwirkung zu dosieren. Darüber hinaus können formale Hürden wie im englischen Arbeitsrecht geregelt sein. Ggf. besteht sogar die Möglichkeit, einen Streik wegen seiner Auswirkungen auf die Volkswirtschaft als Ganzes oder die konkrete Branche zu untersagen. Nur wenn sich aus der Gesamtschau ergibt, dass der Streik zu einer unverhältnismäßigen Einschränkung des widerstreitenden Rechts führt, ist von einer Unverhältnismäßigkeit auszugehen.

E. Einzelfälle

I. Beschränkungen durch die Grundfreiheiten

Die Gewerkschaften und Arbeitgeber sind nach der st. Rspr. des EuGH an die Arbeitneh- **64** mer-, Dienstleistungs- und Niederlassungsfreiheit gebunden (EuGH 15.1.1998 – C-15/96 Rn. 28 – Schöning-Kogebotopoulou, Slg. 1998, I-60; 10.2.2011 – C-379/09 Rn. 19 – Casteels, Slg. 2011, I-1379; 11.12.2007 – C-438/05 Rn. 44 f. – Viking, Slg. 2007, I-10779; 18.12.2007 – C-341/05 Rn. 96 – Laval, Slg. 2007, I-11767; bestätigend zu Viking EuGH 8.7.2014 – C-83/13 – Fonnship, TranspR 2014, 452). Diese Bindung wird darauf zurückgeführt, dass kollektive Akteure, die Regeln im Wirtschaftsverkehr für eine Vielzahl von Personen setzen, gebunden sein müssen, um zu verhindern, dass die Herstellung des Binnenmarktes durch sie unterlaufen wird (EuGH 11.12.2007 – C-438/05 Rn. 33 f. – Viking, Slg. 2007, I-10779; 18.12.2007 – C-341/05, Rn. 98 – Laval, Slg. 2007, I-11767; so auch zu anderen Verbänden EuGH 12.12.1974 – C-36/74 Rn. 16 ff. – Walrave, Slg. 1974, 1405; 14.7.1976 – C-13/76 Rn. 17 ff. – Donà, Slg. 1976, 1333; 15.12.1995 – C-415/93 Rn. 82 ff. – Bosman, Slg. 1995, I-4921; 11.4.2000 – C-51/96 u. C-191/97 Rn. 47 – Deliège, Slg. 2000, I-2549; 13.4.2000 – C-176/96 Rn. 35 – Lehtonen, Slg. 2000, I-2681; 19.2.2002 – C-309/99 Rn. 120 – Wouters, Slg. 2002, I-1577). Das hat der EuGH zunächst für Sportverbände entwickelt und später auf Gewerkschaften übertragen. Anders als im Wettbewerbsrecht akzeptiert der EuGH keine generelle Bereichsausnahme (vgl. EuGH 11.12.2007 – C-438/05 Rn. 53 – Viking, Slg. 2007, I-10779; dazu *Frenz* RdA 2011, 199 [201]; *Schwarze/Holoubek* Rn. 25; ähnlich *Bayreuther* EuZA 2008, 395 [400 f.]; krit. *Däubler/Heuschmid* AK § 11 Rn. 99). Die Bereichsausnahme ist im Wettbewerbsrecht zur Aufrechterhaltung der Funktionsfähigkeit der Tarifautonomie und somit für die Wahrung des Rechts auf Kollektivverhandlungen aus Art. 28 unverzichtbar, während bei den Grundfreiheiten ein verhältnismäßiger Ausgleich gesucht werden kann.

65   Die weitreichende Wirkung der Grundfreiheiten ergibt sich nicht nur aus der Erweiterung der unmittelbaren Wirkung auf die kollektiven Akteure. Auch ihre Weiterentwicklung vom Diskriminierungsverbot zum Beschränkungsverbot (EuGH 31.3.1993 – C-19/92 Rn. 32 – Kraus, Slg. 1993, I-1663; 30.11.1995 – C-55/94 Rn. 37 – Gebhard, Slg. 1995, I-4165) hat zu einer gravierenden Erweiterung ihrer rechtlichen Wirkung geführt (allg. *Ehlers/Walter* § 1 Rn. 47 ff.; *Frenz* Rn. 149 ff.; im arbeitsrechtlichen Kontext dazu *Däubler/Heuschmid* AK § 11 Rn. 68; *Fütterer* EuZA 2011, 505 [508]; *Schubert* RdA 2009, 289 [292]).

66   Die Literatur steht dieser Erweiterung der Bindungswirkung zum Teil sehr kritisch gegenüber, weil sie die Autonomie der Akteure erheblich gefährdet (*Däubler/Heuschmid* AK § 11 Rn. 112 ff.; *Herresthal* EuZA 2011, 3 [28]). Sie fordert eine Aufgabe der Rechtsprechung des EuGH und befürwortet die Ableitung von Schutzpflichten aus den Grundfreiheiten, die das autonome Handeln privater Akteure weniger stark beschränken und im Konfliktfall iSe effektiven Nebeneinander aufeinander abzustimmen sind (*Däubler/Heuschmid* AK § 11 Rn. 141 f.; *Herresthal* EuZA 2011, 3 [27]; *Rebhahn* ZESAR 2008, 109 [114 f.]). Damit ist auf absehbare Zeit aber nicht zu rechnen.

67   Es handelt sich dabei nicht um eine einseitige Beschränkung von Arbeitnehmerinteressen, sondern um eine Bindungswirkung, die auch die Arbeitgeberorganisationen betrifft. Wegen des dominanten Binnenmarktbezugs ist die Erweiterung der Wirkung der Grundfreiheiten, die unabhängig vom Arbeitsrecht begann (→ Rn. 64), ein wesentlicher Faktor für die praktische Wirksamkeit der Binnenmarktpolitik, die durch Unionssekundärrecht nicht in gleicher Weise erreicht würde. Es ist vor allem eine politische Frage, die Europäische Union als Wirtschafts- und Sozialunion so zu entwickeln, dass die unmittelbare Bindung der Arbeitnehmer- und Arbeitgeberorganisationen durch die Grundfreiheiten nicht als Bedrohung sozialstaatlicher Strukturen begriffen wird. Rechtlich kann auch das Inkrafttreten des Art. 28 GRC darauf einwirken.

68   Für den einzelnen Arbeitgeber gilt das nicht in gleicher Weise. Lediglich das Diskriminierungsverbot, das sich aus der Arbeitnehmerfreizügigkeit ergibt, hat der EuGH mehrfach unmittelbar im Arbeitsverhältnis zur Anwendung gebracht, unabhängig von der Zugehörigkeit des Arbeitgebers zur Privatwirtschaft (EuGH 6.6.2000 – C-281/98 Rn. 34 f. – Angonese, Slg. 2000, I-4139; 17.7.2008 – C-94/07 Rn. 45 – Raccanelli, Slg. 2008, I-5939; 28.6.2012 – C-172/11 Rn. 36 – Erny, NZA 2012, 863). Die Literatur steht dem sehr kritisch gegenüber. Bei der Würdigung der Entscheidungen ist in Bedacht zu nehmen, dass sich die Rechtsprechung auf das Diskriminierungsverbot und somit den stärksten Eingriff in die Freizügigkeit beschränkt und in allen drei Fällen nicht nur Einzelfälle betraf, sondern Diskriminierungen, die in einer Vielzahl von Fällen auftraten und somit eine Spürbarkeit für den Binnenmarkt entfalten konnten.

Einzelfälle Art. 28 GRC 30

Besonderheiten gelten für die Warenverkehrsfreiheit und das Kartellverbot aus Art. 101 **69**
AEUV. Der Warenverkehrsfreiheit hat der EuGH keine Bindungswirkung für Private beigemessen, weil alle Marktteilnehmer durch das Wettbewerbsrecht in den Art. 101, 102, 106 AEUV unmittelbar gebunden seien und auf diese Weise der Binnenmarkt geschützt werde (EuGH 5.4.1984 – C-177/82 Rn. 14, 24 – van de Haar, Slg. 1984, 1797; 1.10.1987 – C-311/85 Rn. 10 – Vlaamse Reisebureaus, Slg. 1987, 3801; 27.9.1988 – C-65/86 Rn. 11 – Bayer/Süllhofer, Slg. 1988, 5249; ebenso von der Groeben/Schwarze/*Müller-Graff* EU-/EG-Vertrag, 6. Aufl. 2003, EGV Art. 28 Rn. 307 f.; *Roth,* FS Everling, 1995, Bd. 2, 1231 [1242 ff.]). Im Übrigen wurden vor allem Schutzpflichten aus Art. 34 AEUV abgeleitet (EuGH 9.12.1997 – C-265/95 Rn. 31 f. – Kommission/Frankreich, Slg. 1997, I-6569; zur Ableitung aus Art. 4 III EUV *Kainer* JuS 2000, 431 [433]; *Meurer* EWS 1998, 196 [197]; Schwarze/*Becker* AEUV Art. 34 Rn. 12; *Szczekalla* DVBl. 1998, 219 [221 f.]; für eine Bindung Privater an die Grundfreiheit *Ganten,* Die Drittwirkung der Grundfreiheiten, 2000, 71; *Preedy,* Die Bindung Privater an die europäischen Grundfreiheiten, 2005, 33). Für das Tarifvertragsrecht ist das Kartellverbot aus Art. 101 AEUV von zentraler Bedeutung. Kollektivverhandlungen und Kollektivverträge wirken gerade durch die Bildung eines „Arbeitnehmerkartells" einem strukturellen Ungleichgewicht entgegen. Das Aufrechterhalten des Wettbewerbs durch das Offenhalten des Marktes, wie es für das Wettbewerbsrecht charakteristisch ist, steht dem diametral entgegen, → Rn. 2, 83 ff.

Die Grundfreiheiten und das Wettbewerbsrecht setzen den Kollektivverhandlungen und **70** Kollektivverträgen, aber auch den kollektiven Maßnahmen Grenzen. Sie sind Schranken für das Grundrecht aus Art. 28 (Däubler/*Heuschmid* AK § 11 Rn. 69; *Frenz* RdA 2011, 199 [201]; *Fütterer* EuZA 2011, 505 [507 ff.]; *Jarass* Rn. 18; *Junker* EuZA 2014, 1 [10]; *Konzen,* FS Säcker, 2011, 229 [237]; *Niedobitek* ZBR 2010, 361 [365]; Schwarze/*Holoubek* Rn. 23, 26). Sowohl bei der Beschränkung des Grundrechts als auch bei der Beschränkung der Grundfreiheiten gilt das Prinzip der Verhältnismäßigkeit (→ Rn. 73 ff., 85). Ein Vorrang der Grundfreiheiten wird dort befürwortet, wo Arbeitsbedingungen nur am Rande betroffen sind (*Jarass* Rn. 18; so auch SA der GA *Trstenjak* 14.4.2010 – C-271/08 Rn. 231 – Kommission/Deutschland, Slg. 2010, I-7091), dazu → Rn. 86 f.

1. Niederlassungs- und Dienstleistungsfreiheit. Die Niederlassungsfreiheit des Ar- **71** beitgebers ist nur einschlägig, wenn es sich um eine grenzüberschreitende Eröffnung, Schließung oder Verlagerung einer Niederlassung eines Unternehmens in der Europäischen Union handelt. Die Grundfreiheit ist daher nicht generell durch die Tarifautonomie und Arbeitskämpfe der Arbeitnehmer angesprochen. Sie greift aber ein, wenn die Kollektivverhandlungen und kollektiven Maßnahmen eine grenzüberschreitende Standortverlagerung innerhalb der Europäischen Union betreffen und diese erschweren oder verhindern sollen (*Franzen,* FS Buchner, 2008, 231 [240]; *Schubert* RdA 2009, 289 [292]). Paradigmatisch ist die Rs. *Viking,* in der es um das Umflaggen eines Schiffes ging, was einer Veränderung seiner Niederlassung gleich kommt. Der EuGH hat in der Entscheidung aufgezeigt, dass ein Streik im Zusammenhang mit einer Standortverlagerung zulässig ist, wenn er dem Schutz der Arbeitnehmer dient (EuGH 11.12.2007 – C-438/05 Rn. 77 ff. – Viking, Slg. 2007, I-10779). Auf das Recht auf Streik hat er bei der Rechtfertigung der Beschränkung der Niederlassungsfreiheit nicht mehr Bezug genommen (krit. dazu *Däubler* AuR 2008, 409 [415]; *Kocher* AuR 2008, 13 [15 f.]).

Nach dem Inkrafttreten der GRC ist als legitimes Interesse zur Beschränkung der Grund- **72** freiheit auch Art. 28 heranzuziehen. Umgekehrt führt die Durchsetzung der Grundfreiheit durch das Unternehmen zu einem Eingriff in das Grundrecht, die nach Art. 52 I der Rechtfertigung bedarf. Grundsätzlich ist auch nach Inkrafttreten des Art. 28 davon auszugehen, dass ein Streik im Zusammenhang mit einer Standortverlagerung zulässig ist, solange er dem Schutz der Arbeitnehmerinteressen dient und nicht unabhängig davon die unternehmerische Entscheidung angreift. Art. 28 zielt auf die Verwirklichung von Interessen der Arbeitnehmer in Bezug auf ihr Arbeitsverhältnis, so dass es einer Bedrohung von

Arbeitsplätzen bzw. einer Verschlechterung der Arbeitsbedingungen bedarf. Diese werden aber in der Regel eintreten, so dass grundsätzlich ein Streik bei grenzüberschreitenden Standortverlagerungen in den Grenzen der Verhältnismäßigkeit zulässig und nicht von der Niederlassungsfreiheit ausgeschlossen ist (*Bayreuther* EuZA 2008, 395 [402]; *Däubler* AuR 2008, 409 [416]; zweifelnd *Franzen,* FS Buchner, 2008, 231 [243]; *Junker* ZfA 2009, 281 [292]; *Thüsing/Ricken* ArbRGeg. 42, 2005, 113 [126 ff.]; ähnlich *Krieger/Wiese* BB 2010, 568 [570 ff.]). Etwas anderes gilt, wenn betriebsbedingte Kündigungen und ein Absenken der Arbeitsbedingungen für die beschäftigten Arbeitnehmer ausgeschlossen sind (Däubler/ *Heuschmid* AK § 11 Rn. 77). Zum Teil wird sogar weitergehend für eine Öffnung des deutschen Arbeitsrechts für Streiks gegen Standortverlagerungen plädiert (*Bayreuther* EuZA 2008, 395 [402, 404 f.]).

73 Offen ist insoweit die Prüfung der Verhältnismäßigkeit des Arbeitskampfs im Detail, die der EuGH den nationalen Gerichten überlassen hat (EuGH 11.12.2007 – C-438/05 Rn. 80, 84 f., 87 – Viking, Slg. 2007, I-10779). Der Gerichtshof nimmt seine Kontrolle des mitgliedstaatlichen Handelns anhand des Unionsrechts ein Stück weit zurück und überlässt die Einzelfallentscheidung – wie bei den Richtlinien – den Mitgliedstaaten. Insofern erfolgt partiell ein dezentraler Grundrechtsschutz. Der EuGH toleriert auf diese Weise die unterschiedliche Gewichtung der betroffenen Belange in den Mitgliedstaaten und gewährt so Spielraum für nationale Eigenarten (dazu Grabenwarter/*v. Danwitz* § 6 Rn. 15; *v. Danwitz,* FS R. Scholz, 2007, 1019 [1028 f.]; *Schwarze* NJW 2005, 3459 [3461]). Die IAO hat angesichts der Entscheidung in der Rs. Viking und des Falles BALPA im Vereinigten Königreich die ernsthafte Sorge geäußert, dass die effektive Gewährleistung des Streikrechts beeinträchtigt sei (International Labour Conference, 99th Session 2010, Report III, Part 1a, 208 f.). Ungeachtet der Kritik an der konkreten Verhältnismäßigkeitsprüfung im Fall Viking (dazu zB *Bücker* NZA 2008, 212 [215 f.]; *Däubler* AuR 2008, 409 [415]; Däubler/*Heuschmid* AK § 11 Rn. 92 f.; *Kahl/Schwind* EuR 2014, 170 [174 f.]; *Kocher* AuR 2008, 13 [15 f.]; *Zwanziger* DB 2008, 294 [295 f.]) muss die Garantie der kollektiven Maßnahmen in Art. 28 Berücksichtigung finden, um beiden Primärrechten hinreichend Geltung zu verschaffen. Das setzt insbesondere voraus, dass den Gewerkschaften ein Beurteilungsspielraum hins. der Geeignetheit und Erforderlichkeit des Arbeitskampfs belassen wird.

74 Zum Teil wird erwogen, ob im Falle von Standortverlagerungen der Interessenausgleich und Sozialplan im Vergleich zur Arbeitsniederlegung das mildere Mittel sind (*Franzen,* FS Buchner, 2008, 231 [243]; *Thüsing/Ricken* ArbRGeg. 42, 2005, 113 [129]). Bei Verhandlungen über einen Interessenausgleich und Sozialplan ist jedoch nicht in gleicher Weise eine Druckausübung möglich. Unabhängig von der Auseinandersetzung über die Zulässigkeit von sog. Tarifsozialplänen im deutschen Recht gilt jedenfalls im Unionsrecht, dass Art. 28 kollektive Maßnahmen gewährleistet, so dass auch die Wahl des effektiveren Mittels zulässig ist. Insofern kann bei der Verhältnismäßigkeit in Bedacht genommen werden, dass die kollektive Maßnahme im Einzelfall das effektivere Mittel zur Interessendurchsetzung ist, so dass ein Arbeitskampf nicht von vornherein wegen der Möglichkeit von Interessenausgleich und Sozialplan unverhältnismäßig ist (ähnlich Däubler/*Heuschmid* AK § 11 Rn. 77).

75 Unklar ist bislang der genaue Prüfungsmaßstab der Angemessenheitsprüfung durch den EuGH. In jedem Fall führt die Prüfung der kollektiven Maßnahmen anhand der Grundfreiheit nicht zu einer Tarifzensur (*Bayreuther* EuZA 2008, 395 [404]; **aA** *Otto,* FS Konzen, 2006, 663). Es wird nicht auf den Inhalt des Tarifvertrages und die konkreten Tarifforderungen Einfluss genommen, solange sie sich im Schutzbereich des Grundrechts bewegen.

76 Im Ergebnis hat die Rechtsprechung zur Niederlassungsfreiheit keine gravierenden Auswirkungen auf das deutsche Arbeitskampfrecht (ebenso *Bayreuther* EuZA 2008, 395 [405]; *Schubert* RdA 2008, 298 [295 ff.]). Vergleichbare Einschränkungen ergeben sich aus der Niederlassungsfreiheit nicht beim Zuzug in die Europäische Union oder dem Wegzug aus der Europäischen Union. Für Arbeitskämpfe in Deutschland wegen einer solchen Standortverlagerung ist allein das deutsche Arbeitskampfrecht einschlägig (Däubler/*Heuschmid* AK § 11 Rn. 172; *Rebhahn* ZESAR 2008, 109 [110]).

Die Dienstleistungsfreiheit eines Unternehmens ist durch einen Arbeitskampf vor allem in 77 Fällen grenzüberschreitender Tätigkeit im Wege der Entsendung oder Arbeitnehmerüberlassung betroffen. Zur Abgrenzung von der Anwendung der Arbeitnehmerfreizügigkeit anhand des Zugangs zum Arbeitsmarkt → AEUV Art. 45 Rn. 15, 40, 42. Die Rs. *Laval* betraf einen Sympathiearbeitskampf einer schwedischen Gewerkschaft, die auf den Abschluss eines Tarifvertrags mit höheren Löhnen und Beiträgen zur schwedischen Sozialversicherung diente, obwohl für die Arbeitnehmer im Heimatland ein Tarifvertrag bestand und das schwedische Arbeitsrecht sonst eine Friedenspflicht kennt (EuGH 18.12.2007 – C-341/05 Rn. 11 f., 33 f., 37 f. – Laval, Slg. 2007, I-11767). In den Entsendefällen besteht durch die RL 96/71/EG bereits ein sekundärrechtlicher Kompromiss zwischen der Dienstleistungsfreiheit und dem Schutz der Arbeitnehmerinteressen im Wettbewerb zwischen Hoch- und Niedriglohnländern. Der EuGH geht davon aus, dass die Richtlinie einen abschließenden Kreis von Mindestarbeitsbedingungen festlegt (EuGH 18.12.2007 – C-341/05 Rn. 64, 74 – Laval, Slg. 2007, I-11767). Die Entsenderichtlinie schließt es nicht aus, Mindestarbeitsbedingungen durch (allgemeinverbindliche) Tarifverträge zu regeln und mit Arbeitskämpfen zu erstreiten bzw. durchzusetzen (EuGH 18.12.2007 – C-341/05 Rn. 91 ff. – Laval, Slg. 2007, I-11767; dazu *v. Danwitz* EuZA 2010, 6 [11 f.]; Däubler/*Heuschmid* AK § 11 Rn. 84; *Konzen*, FS Säcker, 2011, 229 [245]; *Kempen*, GS Zachert, 2010, 15 [22 ff., 26]). Insofern ist das Recht auf Kollektivverhandlungen und kollektive Maßnahmen nicht aufgehoben. Es wird jedoch erheblich beschränkt, um protektionistischen Maßnahmen für die nationalen Arbeitsmärkte in Hochlohnländern Grenzen zu ziehen.

Eine weitergehende Beschränkung des Rechts auf Kollektivverhandlungen und kollektive 78 Maßnahmen ergibt sich nicht aus der sog. Dienstleistungsrichtlinie (RL 2006/123/EG). Sie bestimmt ähnlich wie die Binnenmarktverordnung (VO [EG] 2679/98) in Art. 1 VII, dass die Richtlinie die Ausübung der Grundrechte nicht berührt. Das gelte auch für die Kollektivverhandlungen und den Abschluss von Tarifverträgen sowie Arbeitskampfmaßnahmen, die nach den Maßgaben des Rechts und der Gepflogenheiten des Mitgliedstaates und unter Wahrung des Unionsrechts erfolgen. Insofern werden die bestehenden Schranken aus den Grundfreiheiten nicht aufgehoben. Zumindest treten durch die Richtlinie keine weiteren Schranken hinzu.

Art. 28 greift nur ein, wenn der Anwendungsbereich der Niederlassungs- oder Dienst- 79 leistungsfreiheit eröffnet ist, so dass sie den Kollektivverhandlungen und kollektiven Maßnahmen Grenzen setzen. Dazu bedarf es jeweils eines grenzüberschreitenden Handelns des Arbeitgebers, das seine Niederlassungs- oder Dienstleistungsfreiheit verwirklicht. Es genügt nicht, wenn das Handeln der Arbeitnehmer bzw. der Gewerkschaft grenzüberschreitend auf eine tarifliche Auseinandersetzung in einem anderen Mitgliedstaat Einfluss nehmen soll, obwohl kein Fall der Standortverlagerung, Entsendung oder grenzüberschreitenden Arbeitnehmerüberlassung vorliegt. Insofern ist Art. 56 AEUV nicht betroffen, wenn sich ein entsandter Arbeitnehmer in Deutschland an einem Streik in seinem Heimatland (zB Tschechien, Polen, Estland) beteiligt (Däubler/*Heuschmid* AK § 11 Rn. 171; *Paukner* 24). Etwas anderes würde nur gelten, wenn sich die Kollektivverhandlungen gegen die Entsendung der Arbeitnehmer richten, wovon regelmäßig nicht auszugehen ist. Art. 28 greift auch nicht ein, wenn sich ein entsandter Arbeitnehmer an einem in Deutschland geführten Streik beteiligt, der sich nicht auf die Entsendung der Arbeitnehmer bezieht.

2. Warenverkehrsfreiheit. Schranken für Art. 28 ergeben sich aus der Warenverkehrs- 80 freiheit nur, wenn und soweit Kollektivverträge oder kollektive Maßnahmen überhaupt die Warenverkehrsfreiheit beeinträchtigen, so dass sich aus der Kollision eine Schranke für die Rechte aus Art. 28 ergibt. Kollektive Maßnahmen können insbesondere die Warenströme auf dem Binnenmarkt beeinträchtigen. Streiks bei einem Hersteller, der Waren grenzüberschreitend vertreibt, sind nur dann ein Eingriff in die Warenverkehrsfreiheit, wenn die Ausfuhrfreiheit aus Art. 35 AEUV vor Beschränkungen und nicht nur vor Diskriminierungen schützt wie bei Art. 34 AEUV. Der EuGH hat die Rechtsprechung nicht auf Art. 35

AEUV übertragen (EuGH 20.5.2003 – C-469/00 Rn. 40 – Ravil, Slg. 2003, I-5053; 20.5.2003 – C-108/01 Rn. 54 – Consorzio del Prosciutto di Parma, Slg. 2003, I-5121; krit. SA der GA *Trstenjak* 17.7.2008 – C-205/07 Rn. 42–45 – Gysbrechts, Slg. 2008, I-9947; *Brigola* EuZW 2009, 479 [482]; Calliess/Ruffert/*Kingreen* Art. 34 ff. Rn. 129). Der Ausfuhrfreiheit widersprechen daher nur gezielte oder bewusste Beschränkungen, die zu Diskriminierungen führen. Eine Behinderung des Exports durch Arbeitskämpfe führt somit zu keiner für den Binnenmarkt relevanten Behinderung der Wareneinfuhr (*Schubert* RdA 2008, 289 [298]). Nur kollektive Maßnahmen, die sich gezielt gegen den Export von Waren richten, greifen in die Warenverkehrsfreiheit ein. Die Schutzpflicht aus Art. 34 AEUV kommt aber zum Tragen, wenn die kollektive Maßnahme die Einfuhr und Durchfuhr von Waren in gravierendem Maße beschränkt (*Schubert* RdA 2008, 289 [298]). In diesen Fällen wird das Eingreifen der Warenverkehrsfreiheit zu Recht verneint, weil die kollektive Maßnahme nur Störungen bewirke, die eher einer Kaufmodalität entspreche, die nach der *Keck*-Rechtsprechung des EuGH keine Beschränkung der Warenverkehrsfreiheit sind (so *Bayreuther* EuZA 2008, 395 [406]; *Franzen,* FS Buchner, 2008, 231 [242]). Zum Teil wird auch darauf verwiesen, dass die nur temporäre Behinderung des Warenverkehrs noch keine relevante Beeinträchtigung sei (*Rebhahn* ZESAR 2008, 109 [116 f.]).

81 Daneben wird auch auf Art. 2 VO (EG) 2679/98 (Binnenmarktverordnung) verwiesen, wonach die Verordnung über den Warenverkehr zwischen den Mitgliedstaaten nicht so ausgelegt werden dürfe, dass Streiks oder andere in dem jeweiligen Mitgliedstaat zulässige Arbeitskampfmaßnahmen beschränkt werden. Daraus wird zum Teil geschlussfolgert, dass die kollektiven Maßnahmen der Arbeitnehmer keine Beschränkung der Warenverkehrsfreiheit sind (Däubler/*Heuschmid* AK § 11 Rn. 132; Schwarze/*Holoubek* Rn. 25). Das ergibt sich aus dem Wortlaut der Verordnung nicht eindeutig. Vielmehr vermeidet die Verordnung den Konflikt mit der Warenverkehrsfreiheit im Interesse des Rechts auf kollektive Maßnahmen. Eine Abwägung iSe praktischen Konkordanz ist nicht Teil der gesetzlichen Regelung, sondern es wird einseitig ein Vorrang zugunsten des Arbeitskampfs eingeräumt (dazu *Sagan* 79 ff.). Für die Zulässigkeit der Arbeitskampfmaßnahme ist jedenfalls allein das nationale Recht maßgebend, zumal die Verordnung insoweit auf das mitgliedstaatliche Recht verweist (Däubler/*Heuschmid* AK § 11 Rn. 132; *Orlandini* ELJ 2000, 341 [358 ff.]; *Sagan* 79 ff.; *Witter* 87 ff.).

82 **3. Arbeitnehmerfreizügigkeit.** Art. 45 AEUV bindet nach der Rechtsprechung des EuGH die Tarifvertragsparteien (EuGH 15.1.1998 – C-15/96 Rn. 28 – Schöning-Kogebotopoulou, Slg. 1998, I-60; 10.2.2011 – C-379/09 Rn. 19 – Casteels, Slg. 2011, I-1379) und steht Regelungen in Tarifverträgen entgegen, die ohne Rechtfertigung die Arbeitnehmer aus anderen Mitgliedstaaten diskriminieren oder in ihrer Freizügigkeit in der Europäischen Union beschränken. Somit ergeben sich vor allem Vorgaben für den Inhalt von Kollektivverträgen, nicht für die kollektiven Maßnahmen. Der EuGH hat bereits in der Rs. *Schöning-Kougebotopoulou* Art. 45 AEUV herangezogen (EuGH 15.1.1998 – C-15/96 Rn. 28, Slg. 1998, I-60). Danach war eine tarifvertragliche Regelung, die nur Dienstzeiten bei deutschen Arbeitgebern für die Erhöhung des Tarifentgelts berücksichtigt, mit Art. 45 AEUV unvereinbar. Diese Rechtsprechung wurde in der Rs. *Casteels* bestätigt, die ein Betriebsrentenvereinbarung betraf, wonach der für den endgültigen Erwerb von Ansprüchen auf eine Zusatzrente in einem Mitgliedstaat die Dienstjahre nicht berücksichtigt wurden, die in Niederlassungen des Arbeitgebers in anderen Mitgliedstaaten gearbeitet wurden (EuGH 10.2.2011 – C-379/09 Rn. 36 – Casteels, Slg. 2011, I-1379).

II. Beschränkungen durch Art. 101 AEUV

83 Das Kartellverbot in Art. 101 AEUV dient dem Schutz des freien Wettbewerbs und bindet zumindest die Arbeitgeber als Unternehmen und den Arbeitgeberverband als Unternehmensvereinigung. Etwas anderes gilt für Arbeitnehmer nur, wenn sie nicht wirtschaft-

lich, sondern rein sozial tätig sind (MüKoEuWettbR/*Säcker/Mohr* Einl. Rn. 1448). Ob darüber hinaus auch die Gewerkschaft ein Unternehmen iSv Art. 101 AEUV ist, ist umstritten und wird überwiegend verneint (SA des GA *Jacobs* 28.1.1999 – C-67/96 Rn. 227 – Albany, Slg. 1999, I-5751; MüKoEuWettbR/*Säcker/Mohr* Einl 1448; *Reichold,* FS Reuter, 2010, 759 [764]; *Viol* 311 f., 338 f.; **aA** *Kordel,* Arbeitsmarkt und Europäisches Kartellrecht, 2004, 38 f.). Art. 101 AEUV gilt aber zumindest für die Tarifverträge als Ausführungsgeschäft des Kartells der Arbeitgeberorganisation (*Mohr/Wolf* JZ 2011, 1091 [1097]; MüKo-EuWettbR/*Säcker/Jaecks* AEUV Art. 101 Rn. 669; *Viol* 311 f., 337 f.). Das unionsrechtliche Kartellverbot steht allen spürbaren Beeinträchtigungen des Handels und der Einschränkung und Verfälschung des grenzüberschreitenden Wettbewerbs entgegen. Das nationale Recht enthält zudem mit § 1 GWB eine Regelung, die unabhängig vom grenzüberschreitenden Bezug ein paralleles Verbot enthält. Spürbare Wettbewerbsbeschränkungen iSv Art. 101 I AEUV können vor allem Branchentarifverträge entfalten.

Die Bindung des Arbeitgebers und der Arbeitgebervereinigung führt aber notwendig zu einem Konflikt mit dem durch Art. 28 garantierten Recht auf Kollektivverhandlungen, das es gerade erlaubt, durch kollektive Vereinbarungen dem strukturellen Ungleichgewicht zu Lasten der Arbeitnehmer durch eine „Kartellierung" der Arbeitnehmerinteressen entgegenzuwirken. Der EuGH hat bereits vor Inkrafttreten der GRC in mehreren Entscheidungen anerkannt, dass Tarifverträge unter bestimmten Voraussetzungen vom Kartellverbot ausgenommen sind (EuGH 21.9.1999 – C-67/97 Rn. 59 f. – Albany, Slg. 1999, I-5751; 21.9.1999 – C-115/97 Rn. 56 f. – Brentjens, Slg. 1999, I-6025; 21.9.1999 – C-219/97 Rn. 46 f. – Drijvende Bokken, Slg. 1999, I-6121; 3.3.2011 – C-437/09 Rn. 29 – AG2R Prévoyance, Slg. 2011, I-973; dazu *Fleischer* DB 2000, 821 [822 ff.]; *Gyselen* CMLR 37, 2000, 425 [441 ff.]; *Kamanabrou* EuZA 2010, 157 [158 f.]; MüKo-EuWettbR/*Säcker/Mohr* Einl. Rn. 1435 ff.). Diese Bereichsausnahme hängt von der Art des Vertrages und insbesondere von seinem Gegenstand ab. Sie gilt nach der Rechtsprechung des EuGH nur für Tarifverträge (EuGH 12.9.2000 – C-180/98 Rn. 68 f. – Pavlov, Slg. 2000, I-6451; dazu MüKo-EuWettbR/*Säcker/Mohr* Einl. Rn. 1439). Insofern tritt das Wettbewerbsrecht nicht vollständig hinter der Tarifautonomie zurück. Wegen des grundsätzlichen Konflikts zwischen Wettbewerbsrecht und Kollektivverträgen bedarf es aber einer Entscheidung zugunsten der Tarifautonomie in einem Teilbereich. Die Abwägung zwischen dem primärrechtlichen Wettbewerbsverbot und Art. 28 AEUV erfolgt vor allem anhand der Abgrenzung der geschützten Kollektivverträge. Das bewirkt letztlich einen Kompromiss zwischen der Wirtschafts- und Sozialpolitik der Europäischen Union (EuGH 21.9.1999 – C-67/96 Rn. 54 ff. – Albany, Slg. 1999, I-5751).

Dem Recht aus Art. 28 ist Art. 101 AEUV eine Schranke iSv Art. 52 I, die mit der Aufrechterhaltung des Wettbewerbs und dem Erhalt der Funktionsfähigkeit der Marktwirtschaft ein legitimes Ziel in geeigneter und erforderlicher Weise verfolgt. Allerdings schützt Art. 28 kollektive Verträge und somit Kartellverträge, so dass eine vollständige Beseitigung der Tarifautonomie eine unverhältnismäßige Einschränkung wäre. Insofern setzt Art. 28 auch dem Kartellverbot Grenzen (*Rengeling/Szczekalla* § 29 Rn. 1007; zurückhaltend Calliess/Ruffert/*Krebber* Rn. 8). Es bedarf einer Einschränkung des Kartellverbots, um zu verhindern, dass der Abschluss kollektiver Verträge iSv Art. 28 möglich bleibt (dazu *Schubert* ZfA 2013, 1 [32]). Der Konflikt zwischen dem Wettbewerbsrecht und dem Recht auf Kollektivverhandlungen ist nicht einseitig zugunsten der Tarifverträge aufzulösen (*Schubert* ZfA 2013, 1 [32]; **aA** *Vousden* ILJ 29, 2000, 181 [189 ff.]), weil Markt und Wettbewerb zentrale Elemente der europäischen Wirtschaftsverfassung sind. Zugleich ist in Bedacht zu nehmen, dass das Wettbewerbsrecht mit dem Recht auf Kollektivverhandlungen ranggleich und Art. 28 eine primärrechtliche Kartellerlaubnis ist (*Mohr/Wolf* JZ 2011, 1091 [1095]; *Reichold,* FS Reuter, 2010, 759 [770 f.]). Das privilegiert Kollektivverträge aber nur, soweit der sachliche Schutzbereich des Art. 28 reicht (für eine enge Abgrenzung anhand der Beschäftigungs- und Arbeitsbedingungen *Gyselen* SMLR 37, 2000, 425 [441 ff.]; von der Groeben/Schwarze/*Schröter* EGV Art. 81–85 Vorb. Rn. 24; MüKoEuWettbR/*Säcker/Mohr*

Einl. Rn. 1444; so auch SA des GA *Jacobs* 28.1.1999 – C- 67/96 Rn. 191 ff. – Albany, Slg. 1999, I-5751). Es kann nur um Sonderregelungen für den Arbeitsmarkt gehen, während die Güter- und Dienstleistungsmärkte weiterhin dem Kartellverbot nach Art. 101 AEUV unterliegen (SA des GA *Jacobs* 28.1.1999 – C-67/96 Rn. 186 ff. – Albany, Slg. 1999, I-5751; MüKoEuWettbR/*Säcker/Mohr* Einl. Rn. 1440; *Schubert* ZfA 2013, 1 [32]). Kollektivverträge sind somit nicht unabhängig von ihrem Gegenstand erfasst.

86 Der EuGH macht eine Ausnahme vom Kartellverbot nur, wenn der Vertrag seinem Gegenstand nach unmittelbar sozialpolitische Ziele verfolgt (EuGH 21.9.1999 – C-67/96 Rn. 63 – Albany, Slg. 1999 I-5751; 21.9.2000 – C-222/98 Rn. 22, 25 – van der Woude, Slg. 2000, I-7111; 3.3.2011 – C-437/09 Rn. 29 – AG2R Prévoyance, Slg. 2011, I-973). Daher sind jedenfalls Regelungen über Beschäftigungs- und Arbeitsbedingungen erfasst, was nicht zu eng ausgelegt werden darf, um Art. 28 nicht zu unterlaufen (MüKoEuWettbR/*Säcker*, 1. Aufl. 2007, Einl. Rn. 241; vgl. auch EFTA-Gerichtshof 22.3.2002 – E-8/00 Rn. 53 – Norwegian Federation of Trade Unions, EFTA Court Reports 2002, 114). Zu den Arbeitsbedingungen gehören die Regelungen über die Begründung, den Inhalt und die Beendigung des Arbeitsverhältnisses, insbesondere Entgelt, Arbeitszeit, Urlaub, aber auch Bestimmungen über soziale Sicherheit (Krankenversicherungsbeiträge, Pensionen) sowie Weiter- und Fortbildung oder Mitbestimmung (*Gyselen* CMLR 37, 2000, 425 [443]; *Mohr/Wolf* JZ 2011, 1091 [1099]; MüKoEuWettbR/*Säcker*, 1. Aufl. 2007, Einl. Rn. 242; *Viol* 379, 382; so auch EuGH 21.9.1999 – C-67/96 Rn. 60, 63 – Albany, Slg. 1999, I-5751; 21.9.2000 – C-222/98 Rn. 26, 32 – van der Woude, Slg. 2000, I-7111; → Rn. 28). Art. 28 erweitert insoweit nicht den Kreis der Gegenstände, die bereits nach der Rechtsprechung des EuGH vor Inkrafttreten der GRC für die Abgrenzung relevant waren.

87 Von Art. 28 nicht erfasst sind alle Regelungen, die unmittelbar das Handeln auf den Güter- oder Dienstleistungsmärkten betreffen (*Ackermann*, in ZAAR, Kartellrecht und Arbeitsmarkt, 2001, 19 [36 f.]; *Gyselen* CMLR 37, 2000, 425 [441, 442 f.]; *Mohr/Wolf* JZ 2011, 1091 [1099 f.]; MüKoEuWettbR/*Säcker/Mohr* Einl. Rn. 1440; vgl. auch EuGH 4.12.2014 – C-413/13 Rn. 26 f. – FNV Kunsten Informatie en Media, NZA 2015, 55). Dazu gehören insbesondere Vereinbarungen über Produktpreise, Qualität, Service, Produktionsstandorte, Betriebe, Investitionen, Marketing, Absatzstrategien oder Abreden über den Einsatz von Subunternehmen (*Mohr/Wolf* JZ 2011, 1091 [1099 f.]; MüKoEuWettbR/*Säcker/Mohr* Einl. Rn. 1445; *Viol* 317; so auch *Reichold*, FS Reuter, 2010, 759 [772 f.]). Problematisch sind Vereinbarungen über Arbeitsbedingungen, die mittelbar das Handeln des Unternehmens auf den Güter- und Dienstleistungsmärkten beeinflussen (zB tägliche Arbeitszeit mit Einfluss auf Ladenöffnungszeiten; Tarifverträge zulasten Dritter, um Konkurrenten zu verdrängen wie bei der Postzustellung; dazu *Junker* EuZA 2014, 1 [12]). Ein Teil der Literatur befürwortet die Anwendung des Art. 101 AEUV, wenn die Vereinbarung das Verhalten auf den Güter- und Dienstleistungsmärkten vorwegnimmt (insbesondere bzgl. Ladenöffnungszeiten) (*Mohr/Wolf* JZ 2011, 1091 [1100]; *Reichold*, FS Reuter, 2010, 759 [774 f., 776]). Andere stellen darauf ab, ob die Regelung evident spürbare Auswirkungen auf den Markt hat, so dass der Kollektivvertrag im Grunde missbraucht wird (*Bechtold*, FS Bauer, 2010, 109 [117]; *Fleischer* DB 2000, 821 [824 f.]; *Gyselen* CMLR 37, 2000, 425 [441, 442 f.]; MüKoEuWettbR/*Säcker* 1. Aufl. 2007, Einl. Rn. 237 ff.). Hierfür spricht, dass die Regelung der Arbeitsbedingungen originärer Regelungsgegenstand der Kollektivverträge ist und die Berücksichtigung mittelbarer Effekte erhebliche Unsicherheit für die Abgrenzung des zulässigen Bereichs an Arbeitsbedingungen birgt. Um eine effektive Ausübung des Grundrechts zu sichern, müssen die Parteien des Kollektivvertrages ohne Weiteres einen Vertrag über die Arbeitsbedingungen schließen können (MüKoEuWettbR/*Säcker/Mohr* Einl. Rn. 1444; *Schubert* ZfA 2013, 1 [36]). Das Verdikt des Art. 101 AEUV greift nur ein, wenn versucht wird, gezielt das Verhalten auf dem Güter- oder Dienstleistungsmarkt zu beeinflussen. Ein solcher Rechtsmissbrauch ist anhand einer Gesamtwürdigung zu ermitteln (*Schubert* ZfA 2013, 1 [36]; MüKoEuWettbR/*Säcker/Mohr* Einl. Rn. 1445, die darauf verweisen, dass dem Arbeitgeber trotz der tariflichen Regelung ein wettbewerbsrelevanter

Handlungsspielraum verbleibt). Das gilt nicht nur bei Vereinbarungen über die tägliche Arbeitszeit, sondern auch bei Regelungen, die die Einführung neuer Technologien oder die Entscheidung über einen Produktionsstandort betreffen (*Schubert* ZfA 2013, 1 [36 f.]).

Dogmatisch kann dies durch eine Einschränkung des Tatbestands (Bereichsausnahme) **88** oder durch eine Rechtfertigung der Wettbewerbsbeschränkung durch Art. 28 GRC erfolgen (vgl. *Mohr/Wolf* JZ 2011, 1091 [1097]; so auch *Kordel,* Arbeitsmarkt und Europäisches Kartellrecht, 2004, 38 f.; *Mühlbach,* Tarifverträge in der europäischen Kartellkontrolle, 2007, 199 ff.). Bei der Entscheidung zwischen diesen Alternativen ist nicht nur der rechtliche Rang der betroffenen Rechte maßgeblich, sondern auch die Intensität der Beschränkung, die aus ihnen resultieren. Die Kartellbehörden können im Rahmen eines Verwaltungsverfahrens auch gegen die Gewerkschaften als Teilnehmer des Wettbewerbsverstoßes vorgehen. Daraus ergibt sich die Gefahr einer Bußgeldverhängung oder einer Schadensersatzpflicht, was das bestehende Gleichgewicht zwischen den Vertragspartnern eines Kollektivvertrages massiv beeinflusst, wenn es um Vertragsgegenstände geht, die potentiell dem Verdikt des Art. 101 AEUV unterfallen (dazu *Schubert* ZfA 2013, 1 [33]). Daher ist die Tatbestandslösung schonender als die Rechtfertigungslösung.

Die Bereichsausnahme hat der EuGH nur für Tarifverträge anerkannt, die die Interessen **89** von Arbeitnehmern und Arbeitgebern kollektiv regeln. Sie greift indes nicht ein, wenn eine Vereinigung von Selbständigen mit den Abnehmern einen Kollektivvertrag schließt (EuGH 4.12.2014 – C-413/13 Rn. 26 ff. – FNV Kunsten Informatie en Media, NZA 2015, 55). Sie ist keine Arbeitnehmervereinigung, so dass Art. 28 sie nicht schützt. Etwas anderes gilt nur dann, wenn es sich um sog. Scheinselbständige handelt, die tatsächlich Arbeitnehmer iSd unionsrechtlichen Arbeitnehmerbegriffs sind (EuGH 4.12.2014 – C-413/13 Rn. 31 – FNV Kunsten Informatie en Media, NZA 2015, 55). Eine Erweiterung von Art. 28 auf arbeitnehmerähnliche Personen hat der EuGH nicht erwogen.

III. Sonstige Beschränkungen aus dem Unionsprimärrecht

Weitere Beschränkungen für Art. 28 können sich im Unionsprimärrecht aus den Rege- **90** lungen ergeben, die infolge der Wirtschafts- und Finanzmarktkrise erlassen wurden und die haushaltspolitischen und makroökonomischen Regelungen im Unionsrecht ergänzen (VO [EU] 1173/2011, VO [EU] 1174/2011, VO [EU] 1175/2011, VO [EU] 1176/2011, VO [EU] 1177/2011, RL 2011/85/EU). Die Bestimmungen des sog. Six-Pack schränken die Tarifautonomie nicht explizit ein, führen aber zu einer Selbstverpflichtung der Mitgliedstaaten, sich einer Kontrolle ihres Haushalts sowie der makroökonomischen Risiken zu unterziehen. Sie legen ihrerseits ggf. Maßnahmen fest, um makroökonomischen Ungleichgewichten entgegenzuwirken, die zu Einschränkungen des Rechts auf Kollektivverhandlungen und kollektive Maßnahmen führen (siehe Art. 8 I VO [EU] 1176/2001). Die Europäische Kommission und der Rat können zudem Empfehlungen für solche Maßnahmen aussprechen (siehe Art. 8 III VO [EU] 1176/2001). Darüber hinaus reagieren die Mitgliedstaaten ggf. auf Forderungen anderer Geldgeber (zB IWF). Für die Eröffnung des Anwendungsbereichs spricht zum einen dafür, dass die Maßnahmen der Mitgliedstaaten im Rahmen der unionsrechtlichen Finanzpolitik erfolgen und von dieser gesteuert werden. Zudem nimmt selbst Art. 1 III VO (EU) Nr. 1176/2011 auf Art. 152 AEUV und Art. 28 Bezug. Daneben verlangt Art. 5 I 3 VO (EU) Nr. 1176/2011, dass auf die nationalen Besonderheiten und den sozialen Dialog Rücksicht genommen wird.

Insbesondere das Memorandum of Understanding für Portugal enthielt eine Empfehlung **91** über die organisierte Dezentralisierung der Kollektivverhandlungen von der Branchen- auf die Unternehmensebene; Gleiches gilt für Griechenland (zu Portugal: *Seifert* SR 2014, 14 [27]; zu Griechenland: *Travlos-Tsanetatos,* FS Säcker, 2011, 325 [332 ff.]). Dadurch kommt es zu gravierenden Eingriffen in gewachsene Strukturen kollektiver Arbeitsbeziehungen (*Seifert* SR 2014, 14 [27]; *Travlos-Tsanetatos,* FS Säcker, 2011, 325 [333, 335 ff.]). Über die Vereinbarkeit solcher Maßnahmen mit Art. 28 hat der EuGH bisher nicht entschieden. Die

Literatur spricht sich zu Recht dafür aus, dass Art. 28 bei solchen Entscheidungen berücksichtigt werden müsse, um das Recht auf Kollektivverhandlungen und kollektive Maßnahmen zu schützen (*Seifert* SR 2014, 14 [28]). Eine prozedurale Absicherung sei zudem dadurch möglich, dass die Sozialpartner in die Erarbeitung der Empfehlungen und der nationalen Selbstverpflichtungen einbezogen werden (vgl. *Schubert* ZfA 2013, 1 [39]; *Seifert* SR 2014, 14 [28]; so auch *Bryde* SR 2012, 2 [15]). Das legen auch die Erwägungsgründe 19 und 25 VO (EU) 1176/2011 nahe, die nicht nur für die Anerkennung der Rolle der Sozialpartner, sondern auch für die Berücksichtigung der nationalen Gepflogenheiten bei der Lohnfindung sprechen. Allerdings ist in diesen Fällen stets die Eröffnung des Anwendungsbereichs zu beachten, die sich zwar für die Empfehlungen nach VO (EU) 1176/2011 begründen lässt, für Maßnahmen nach dem ESM abgelehnt wurde → Art. 51 Rn. 9.

IV. Beschränkungen aus dem Unionssekundärrecht und dem nationalen Recht

92   **1. Regelungen zum Streik im öffentlichen Dienst der Europäischen Union.** Das Statut der EU-Beamten (VO Nr. 31 [EWG] 11 [EAG]) regelt nur die Vereinigungsfreiheit der Beamten (Art. 24b), aber nicht das Streikrecht. Dieses beruht auf einem Abkommen mit der Kommission aus dem Jahre 1974 und enthält Regelungen zur Verhandlungsdurchführung, zur Streikankündigungsfrist und zu Basisdiensten (*Otto* § 4 Rn. 51; ähnlich *Däubler,* FS Hanau, 1999, 489 [496 f.]; **aA** *Riegel* ZTR 1993, 223 [227 f.]). Der EuGH hat dazu bisher nicht Stellung genommen (zur Rechtsprechung *Witter* 98 ff.). Die Beschäftigungsbedingungen für das Personal der EZB kennen ein Streikrecht und regeln in Art. 8, dass der Streik schriftlich anzukündigen ist und das Direktorium die Aufrechterhaltung eines Mindestdienstes verlangen kann (vgl. EuG 18.4.2002 – T-238/00 – IPSO und USE/BCE, Slg. 2002, II-2237). Im Rahmen der Dienstvorschriften ist geregelt, dass der Streik durch eine Organisation geführt werden muss, die vom Direktorium als Vertreter einer Mitarbeitergruppe oder mindestens eines Sechstels der Mitarbeiter der EZB oder eines Drittels des Direktoriums oder Generaldirektoriums der EZB agiert. Die Ankündigung muss 10 Tage vor dem ersten Streiktag schriftlich erklärt werden. Zudem ist die Art des geplanten Streiks und seine Dauer anzugeben.

93   Der EuGH hat die Klage zweier Arbeitnehmerorganisationen wegen der Beschäftigungsbedingungen nach Art. 263 AEUV als unzulässig abgewiesen, weil es an einer unmittelbaren rechtlichen Betroffenheit durch individualisierte Maßnahmen fehlte (EuG 18.4.2002 – T-238/00 – IPSO und USE/BCE, Slg. 2002, II-2237 Rn. 58 f.). Insofern ist zwar nicht der materiell-rechtliche Maßstab außer Acht gelassen worden, aber die Effektivität des Rechtsschutzes ist zweifelhaft.

94   Grundrechtlich sind Einschränkungen des Rechts auf Kollektivverhandlungen und kollektive Maßnahmen, die auf die Größe oder Repräsentativität der Organisation Bezug nehmen, ebenso wie im Statut der EU-Beamten oder die Vorgaben zur Tariffähigkeit im deutschen Recht Eingriffe, die aber nach Art. 52 I gerechtfertigt werden können (dazu *Isenhardt* 112 f., der aber auf den Vorbehalt zurückgreift). Aus dem Umstand, dass nach Art. 28 auch einzelne Arbeitnehmer das Recht haben, am Abschluss von Kollektivverträgen mitzuwirken, soll sich indes ergeben, dass die Anforderungen an die Tariffähigkeit eher gering sein müssen (*Isenhardt* 113). Entscheidend ist jedoch, aus welchen Gründen des Allgemeininteresses die Beschränkung erfolgt. Insofern bedarf es eher einer Begründung, dass zB im Interesse der Funktionsfähigkeit der Verwaltung nur mit den im Statut bzw. der Dienstvorschrift aufgezählten Organisationen verhandelt wird. Dieses Allgemeininteresse kann auch die Ankündigungsfristen und die Aufrechterhaltung eines Basisdienstes während kollektiver Maßnahmen begründen. Daher bestehen zumindest Zweifel an der Grundrechtskonformität des Streikrechts für EU-Bedienstete.

Einzelfälle   **Art. 28 GRC** 30

2. Antidiskriminierungsrichtlinien. Die Richtlinien zum Schutz vor Diskriminierun- 95
gen und zur Verwirklichung von Gleichbehandlung (RL 2000/43/EG, RL 2000/78/EG,
RL 2006/54/EG) erfassen neben der Einstellung, dem beruflichen Aufstieg und der Beendigung des Arbeitsverhältnisses auch alle Arbeitsbedingungen und die Systeme betrieblicher
Alterssicherung. Sie beruhen auf Art. 19 AEUV und setzen das Diskriminierungsverbot aus
Art. 21 im Unionssekundärrecht um, das durch die Mitgliedstaaten vollzogen werden muss.
Die Vorgaben des AGG und der Richtlinien gelten auch für Kollektivverträge und setzen
somit der Tarifautonomie Grenzen. Zentrale Fallgruppen sind Diskriminierungen wegen
des Alters bei Altersgrenzen und der Ausgestaltung von Entgeltsystemen, einschließlich der
betrieblichen Altersversorgung. Detailliert dazu → RL 2000/78/EG Art. 6 Rn. 70 ff.

Die Beschränkung der Tarifautonomie führt primärrechtlich zu einer Kollision zwischen 96
dem Diskriminierungsverbot und dem Recht auf Kollektivverhandlungen. Eine Auflösung
der Kollision, wie sie bei der praktischen Konkordanz zweier Freiheitsrechte erfolgt, passt in
dieser Fallkonstellation nicht. Das Diskriminierungsverbot dient mittelbar zwar auch dem
Schutz tatsächlicher Freiheit und dem Schutz der Persönlichkeit des Diskriminierten. Es
handelt sich aber nicht gleichermaßen um ein Optimierungsgebot wie ein Freiheitsrecht,
sondern um ein Verbot, das beschränkbar ist. Art. 28 lässt sich ebenfalls nach Art. 52 I unter
Berücksichtigung der Verhältnismäßigkeit beschränken. Das Diskriminierungsverbot ist
grundsätzlich geeignet und erforderlich, um das legitime Ziel der Gleichbehandlung zu
verwirklichen. Um das Recht auf Kollektivverhandlungen nicht unverhältnismäßig einzuschränken, lässt sich weniger darauf verweisen, dass bestimmte Diskriminierungen in
Kollektivverhandlungen zulässig sein müssen. Art. 28 garantiert die Kollektivautonomie in
den Grenzen des geltenden Unionsrechts (EuGH 11.12.2007 – C-438/05 Rn. 44 – Viking,
Slg. 2007, I-10779; 18.12.2007 – C-341/05 Rn. 91 – Laval, Slg. 2007, I-11767; 12.10.2010
– C-45/09 Rn. 41, 52 – Rosenbladt, Slg. 2010, I-9391; 8.9.2011 – C-297/10 ua Rn. 67 –
Hennigs ua, Slg. 2011, I-7965; 13.9.2011 – C-447/09 Rn. 47 – Prigge, Slg. 2011, I-8003).

Kennzeichnend für Art. 28 ist zudem die autonome Ausgestaltung des Arbeitsverhält- 97
nisses. Insofern kann eine Rücksicht auf das Recht aus Art. 28 vor allem dadurch erfolgen,
dass den Grundrechtsträgern ein Beurteilungsspielraum für das Vorliegen von Sachgründen
zur Rechtfertigung einer Diskriminierung gelassen wird. Die Rechtfertigung beruht ggf.
auf einer unsicheren Tatsachengrundlage oder einer Prognose (zB dringende berufliche
Anforderungen), so dass den Grundrechtsträgern ein Einschätzungsspielraum belassen werden kann, der keiner vollständigen Überprüfung unterliegt (*Franzen* RdA 2013, 180 [185];
Schubert ZfA 2013, 1 [27]; so auch *Kocher* ZESAR 2011, 265 [267 f.]; *Mair* ZESAR 2012,
243 [245]). Dieser Beurteilungsspielraum kann umso weiter gezogen werden, je zentraler
die Regelungsgegenstände für die autonome Gestaltung der Arbeitsverhältnisse sind (zB
Entgelt, Urlaub, Arbeitszeit) (dazu *Franzen* RdA 2013, 180 [185]; ähnlich *Wißmann* NZA
2014, Beil., 91 [94]). Bei mittelbaren Diskriminierungen sind zudem die Rechtfertigungsanforderungen geringer, so dass insoweit eine Berücksichtigung der autonomen Gestaltung
eher möglich ist (*Franzen* RdA 2013, 180 [185]; so auch BAG 19.1.2011 NZA 2011, 860).
Zudem kann den Grundrechtsträgern im Falle einer Diskriminierung zunächst die Herstellung einer diskriminierungsfreien Ausgestaltung der Arbeitsbedingungen erlaubt werden.
Das schont die von Art. 28 verbürgte Autonomie. Die Literatur spricht sich daher zu Recht
vielfach dafür aus, den Tarifvertragsparteien eine Übergangsfrist zur Beseitigung des Gleichheitsverstoßes einzuräumen (ErfK/*Schlachter* AGG § 7 Rn. 7 f.; *Franzen* RdA 2013, 180
[186]; *Kaiser,* Tarifverträge und Altersdiskriminierungsschutz, 2012, 215 ff.; *Rieble/Zedler*
ZfA 2006, 273 [291 ff.]). Eine rückwirkende Regelung sichert den Tarifvertragsparteien
Autonomie zu, ohne dass der Geltungsanspruch des Diskriminierungsverbots aufgegeben
wird (*Forst* EuZA 2012, 225 [232]; *Kocher* ZESAR 2011, 265 [270 f.]; *Krebber* JZ 2012, 1078
[1079 f.]).

Der EuGH hat in seiner Rechtsprechung den Koalitionen einen Beurteilungs- und 98
Ermessensspielraum eingeräumt. Dies hat er bereits in der Rs. *Palacios de la Villa* angedeutet
(EuGH 16.10.2007 – C-411/05 Rn. 68, Slg. 2007, I-8531) und in späteren Entscheidungen

explizit angenommen (EuGH 12.10.2010 – C-45/09 Rn. 67 ff. – Rosenbladt, Slg. 2010, I-9391; 8.9.2011 – C-297/10 ua Rn. 65, 73, 98 – Hennigs, Slg. 2011, I-7965; so auch SA der GA *Trstenjak* 28.4.2010 – C-45/09 Rn. 86, 103 – Rosenbladt, Slg. 2010, I-9391; SA des GA *Cruz Villalón* 19.5.2011 – C-447/09 Rn. 75, 79 ff. – Prigge, Slg. 2011, I-8003; dazu *Lehmann* BB 2012, 117 [119, 123]). Daneben kann die Richtlinie bzw. das Umsetzungsgesetz selbst den Gestaltungsspielraum der Grundrechtsträger schonen, indem ihnen eine autonome Regelung von Standards gleichsam anstelle des Gesetzgebers erlaubt wird (zB nach Art. 2 V RL 2000/78/EG; dazu EuGH 13.9.2011 – C-447/09 Rn. 61 – Prigge, Slg. 2011, I-8003).

99   Die Entscheidungen betrafen zum einen Altersgrenzen, die auf das reguläre Renteneintrittsalter bezogen waren und zur Beschäftigungsförderung und somit zur Verfolgung sozialpolitischer Ziele dienten. Insoweit hat der EuGH großzügig einen Beurteilungsspielraum anerkannt (EuGH 16.10.2007 – C-411/05 Rn. 68 – Palacios de la Villa, Slg. 2007, I-8531; 12.10.2010 – C-45/09 Rn. 41 – Rosenbladt, Slg. 2010, I-9391). Zum anderen betraf die Rs. *Prigge* eine Altersgrenze für Piloten, die nicht nur unterhalb des Renteneintrittsalters lag, sondern auch unterhalb der Vorgaben, die nach internationalen Standards für Flugsicherheit festgelegt wurden (EuGH 13.9.2011 – C-447/09 Rn. 73 ff. – Prigge, Slg. 2011, I-8003). Die Tarifverträge können auch von solchen Vorgaben abweichen. Das Vorliegen berufsspezifischer Standards erhöht aber die Anforderungen an die Darlegung für die Festsetzung abweichender Vorgaben. Wenn keine zusätzlichen Gründe für die Festlegung anderer Altersgrenzen bestehen, müssen die Grundrechtsträger auf zusätzliche medizinische Erkenntnisse verweisen können, um eine abweichende Regelung zu begründen. Daran fehlte es im vorliegenden Fall, zumal die Gewerkschaft in den von ihr abgeschlossenen Tarifverträgen keine einheitlichen Altersgrenzen festgelegt hatte (SA des GA *Cruz Villalón* 19.5.2011 – C-447/09 Rn. 86 – Prigge, Slg. 2011, I-8003). Das spricht dafür, dass in diesem Fall nicht in legitimer Weise ein Beurteilungsspielraum beansprucht wurde (so auch *Schubert* ZfA 2013, 1 [29]; *Temming* EuZA 2012, 205 [215]). Insoweit war Art. 28 weder in der Entscheidung des EuGH noch der anschließenden Entscheidung des BAG entscheidungserheblich, sondern es wurde allein nach Maßgabe des Anwendungsvorrangs des Unionsrechts entschieden (BAG 15.2.2012 NZA 2012, 866 Rn. 37). Zum Anwendungsvorrang bei Verstößen gegen das Diskriminierungsverbot → EUV Art. 6 Rn. 41.

100 Dem Verdikt des Diskriminierungsverbots wegen des Alters unterfielen jedoch die Entgeltabstufungen allein nach dem Lebensalter (EuGH 8.9.2011 – C-297/10 – Hennigs, Slg. 2011, I-7965). Der EuGH hat in der Rs. *Hennigs* aber anerkannt, dass die Tarifvertragsparteien eine diskriminierungsfreie kollektivvertragliche Regelung schrittweise durch eine Übergangsregelung herbeiführen können (EuGH 8.9.2011 – C-297/10 Rn. 96 ff. – Hennigs, Slg. 2011, I-7965). Dabei nimmt der Gerichtshof explizit darauf Bezug, dass die Sozialpartner in Kollektivverträgen die ihnen gewährleistete Autonomie verwirklichen und einen Ausgleich für die Interessenkonflikte im Arbeitsverhältnis regeln, was sie von staatlicher Gesetzgebung unterscheide (EuGH 8.9.2011 – C-297/10 Rn. 66 – Hennigs, Slg. 2011, I-7965; zust. *Henssler/Kaiser* RdA 2012, 248 [249]).

101 **3. Betriebsübergangsrichtlinie (RL 2001/23/EG).** Bei der Anwendung der Betriebsübergangsrichtlinie kommt es zu einem Konflikt zwischen Art. 28 und Art. 16, der durch Art. 3 III RL 2001/23/EG dahin aufgelöst wird, dass der Kollektivvertrag, der beim Veräußerer galt, mindestens ein Jahr gegenüber dem Erwerber weiter gilt, es sei denn, er wird vorher gekündigt, läuft ab oder andere Kollektivverträge treten an seine Stelle. Nach der Entscheidung des EuGH in der Rs. *Werhof* ging die Literatur teilweise davon aus, dass die negative Koalitionsfreiheit die Nicht- und Andersorganisierten vor einem Beitrittsdruck, aber auch vor den Tarifverträgen selbst schützt (*Hartmann*, Negative Tarifvertragsfreiheit im deutschen und europäischen Arbeitsrecht, 2014, 255 ff.; *Junker* EuZA 2014, 1 [15]; *Schmidt* EuZA 2008, 196 [203]; anders *Steffens*, Die negative Koalitionsfreiheit im europäischen und internationalen Recht, 2009, 137). Die negative Freiheit wäre nach dem Inkrafttreten der

Einzelfälle						Art. 28 GRC 30

GRC in Art. 28 zu lozieren. Der EuGH stellt in der Entscheidung zwar darauf ab, dass ein Eingriff in die negative Vereinigungsfreiheit vorliege, wenn der Erwerber dynamisch an die Tarifverträge einer Vereinigung gebunden sei, der er nicht angehöre (EuGH 9.3.2006 – C-499/04 Rn. 34 – Werhof, Slg. 2006, I-2397). Daraus ergibt sich aber nicht, ob der Beitrittsdruck maßgebend war, der aus der Bindung an einen Tarifvertrag resultiert, auf den kein Einfluss genommen werden kann, oder die Bindung an den Tarifvertrag selbst. Für ersteres spricht die Entscheidung in der Rs. *Alemo Herron,* in der es der EuGH als besondere Belastung hervorhob, an einen Tarifvertrag gebunden zu sein, ohne durch die Mitgliedschaft Einfluss auf die Tarifpolitik zu haben (EuGH 18.7.2013 – C-426/11 Rn. 34 f. – Alemo-Herron, NZA 2013, 835). Die Entscheidung betraf zwar die unternehmerische Freiheit aus Art. 16, deutet aber auf ein Verständnis, das auch für die Vereinigungsfreiheit fruchtbar gemacht werden kann. Zudem spricht gerade die Beschränkung der Prüfung auf Art. 16, obwohl es um eine gesetzlich vermittelte Bindung an einen Tarifvertrag ging (EuGH 18.7.2013 – C-426/11 Rn. 30 – Alemo Herron, NZA 2013, 865). Auch der GA *Cruz Villalón* lehnte die Anwendung von Art. 12 ab (SA v. 19.2.2013 – C-426/11 Rn. 42 ff. – Alemo Herron).

Unberücksichtigt blieb Art. 28 in der Rs. *Scattolon,* wo der EuGH Art. 3 III RL 2001/23/EG anwandte, ohne die Wertungen des Art. 28 in Bedacht zu nehmen (EuGH 6.9.2011 – C-108/10, Slg. 2011, I-7491; krit. *Sagan* EuZA 2012, 247 [254]). Das Verschlechterungsverbot, wie es der EuGH ableitet, ist ein erheblicher Eingriff in Art. 28 und bedarf einer Rechtfertigung unter Rückgriff auf Interessen der Allgemeinheit in den Grenzen der Verhältnismäßigkeit (ablehnend *Sagan* EuZA 2012, 247 [254]). Für die Rechtfertigung ist es ohne Belang, dass die Gewerkschaften in Fällen wie *Scattolon* allein zur Verschlechterung von Arbeitsbedingungen Tarifverträge abschließen. Das erlaubt ihnen Art. 28 und kann zum Schutz von Arbeitsplätzen auch geboten und insoweit im Interesse der Arbeitnehmer sein. Hinter der Richtlinie steht allerdings das legitime Interesse, den Arbeitnehmerschutz durch einen Bestandsschutz hins. der Arbeitsbedingungen zu schützen. Damit soll vor allem Rechtsmissbräuchen entgegengewirkt werden. Einem solchen gesetzgeberischen Eingreifen steht das Recht auf Kollektivverhandlungen nicht per se entgegen, zumal Tarifverträge nicht notwendig in allen Mitgliedstaaten eine angemessene Regelung zugunsten der Arbeitnehmer in einer Weise sicherstellen, die ein Handeln des Gesetzgebers überflüssig machen (vgl. Mindestlohngesetzgebung). Zum Schutz der Arbeitnehmerinteressen ist Art. 3 III RL 2001/23/EG geeignet. Für die Erforderlichkeit wird man zum einen den Organen der Europäischen Union einen Beurteilungsspielraum zumessen müssen, zum anderen reagiert die Richtlinie gerade auf einen praktisch aufgetretenen Rechtsmissbrauch und beschränkt sich auf einen begrenzten Zeitraum. Diesen sieht der EuGH nur dann als verwirklicht an, wenn er nicht durch verschlechternde Tarifverträge relativiert werden kann. Der Schutz der Arbeitsbedingungen ist zudem nur temporär. Das spricht für eine Vereinbarkeit der Richtlinieninterpretation mit Art. 28. Einwände können sich vor allem daraus ergeben, dass die Einschränkung des Art. 3 III RL 2001/23/EG generell erfolgt, während in anderen Bereichen eine Einzelfallprüfung erfolgt. An letzterem kann im kollektiven Arbeitsrecht wegen der Vielzahl der betroffenen Sachverhalte kein Interesse bestehen. Eine generalisierende Lösung mag aufgrund des formaleren Ansatzes auch Fälle erfassen, in denen kein Rechtsmissbrauch vorlag. Die damit verbundene Vereinfachungswirkung rechtfertigt aber dieses Vorgehen.

4. Leiharbeitnehmerrichtlinie (RL 2008/104/EG). Die RL 2008/104/EG über 103
Leiharbeit berührt das Recht auf Kollektivverhandlungen Art. 28 in zweifacher Hinsicht. Zum einen beschränkt der Gleichbehandlungsgrundsatz aus Art. 5 RL 2008/104/EG den zulässigen Inhalt von Tarifverträgen, wenn der Mitgliedstaat keine Öffnungsklausel zugunsten der Tarifvertragsparteien vorsieht. Zum anderen beschränkt Art. 4 RL 2008/104/EG die Möglichkeiten, ein Verbot der Leiharbeit im Tarifvertrag wirksam zu vereinbaren. Die gegenwärtige Regelung in § 9 Nr. 2 AÜG erlaubt Abweichungen vom Gleichbehand-

lungsgrundsatz, schränkt das Recht auf Kollektivverhandlungen aber durch die Regelungen zu den Mindestentgelten ein. Diese Regelung erfolgt zum Schutz der Arbeitnehmerinteressen und ist – obwohl sie den Kernbereich der tarifvertraglichen Regelungen betrifft – gerechtfertigt, zumal die Tarifvertragsparteien nicht in der Lage waren, in ausreichendem Maße Mindestentgelte sicherzustellen. In der Literatur wird angenommen, dass selbst eine ausnahmslose Durchsetzung des Gleichbehandlungsgrundsatzes mit Art. 28 zu vereinbaren ist (*Heuschmid/Klauk* SR 2012, 84 [90]). Das ist zumindest dann anzunehmen, wenn die tatsächlichen Beschäftigungsbedingungen in der Vergangenheit gezeigt haben, dass die Kollektivverträge nicht in hinreichendem Maße prekäre Beschäftigungsverhältnisse vermeiden konnten (*Heuschmid/Klauk* SR 2012, 84 [90 f.]). Dieser weitreichende Einschnitt in das Recht auf Kollektivverhandlungen ist vor allem angemessen, weil Art. 5 II-IV RL 2008/104/EG die Mitgliedstaaten verpflichtet, die Sozialpartner in die Entscheidung über die Abweichungen vom Gleichbehandlungsgrundsatz und die Festlegung von Mindestarbeitsbedingungen einzubeziehen, so dass im Rahmen dieser Prozeduralisierung bereits auf das Recht aus Art. 28 Rücksicht genommen werden kann.

104 Nach Art. 4 RL 2008/104/EG bedürfen Einschränkungen der Leiharbeit einer Rechtfertigung mit Gründen des Allgemeininteresses, zu denen auch der Schutz der Leiharbeitnehmer zählt. Diese Bestimmung gilt auch für die Tarifvertragsparteien, so dass Tarifverträge mit beschränkenden Regelungen der Überprüfung bedürfen. Eine solche Einschränkung der Kollektivautonomie ist ein Eingriff in Art. 28 und bedarf einer Rechtfertigung nach Art. 52 I. Diese kann sich auf die in Art. 4 I RL 2008/104/EG aufgezählten Gründe des Allgemeininteresses stützen, die sich auf Art. 151 I, 153 I AEUV zurückführen lassen. Der Autonomie der Tarifvertragsparteien trägt Art. 4 III RL 2008/104/EG Rechnung, indem er ihnen die Überprüfung und Anpassung des Tarifvertrages überlässt und auf diese Weise sicherstellt, dass die Beschränkung der Tarifautonomie nicht über das erforderliche und angemessene Maß hinausgeht. GA *Maciej Szpunar* hat in seinen Schlussanträgen in der Rs. *Auto ja Kuljetusalan Tyontekijäliitto AKT ry* zugleich darauf hingewiesen, dass die Tarifvertragsparteien bei grenzüberschreitenden Sachverhalten auch an die Grundfreiheiten gebunden sind und daher durch Verbote der Leiharbeit keine unangemessenen Beschränkungen bewirken dürfen (SA des GA *Maciej Szpunar* 20.11.2014 – C-533/13 Rn. 67 ff.). Die tarifvertragliche Regelung verpflichtet den Arbeitgeber, Leiharbeitnehmer nur vorübergehend zum Abbau von Auftragsspitzen einzusetzen und Leiharbeit als unlauter einzuordnen, wenn sie auf Dauer angelegt ist und auf einem Stammarbeitsplatz erfolgt.

105 **5. Vergaberecht.** Das Vergaberecht hat in zwei Fallkonstellationen Bezüge zum Recht auf Kollektivverhandlungen und kollektive Maßnahmen: bei gesetzlichen Vorgaben zu Tariftreueerklärungen und bei der Regelung einer Auftragsvergabe im Tarifvertrag, die dem Vergaberecht unterfällt. Die erste Fallgruppe hat der EuGH in der Rs. *Rüffert* entschieden (EuGH 3.4.3008 – C-346/06 – Rüffert, Slg. 2008, I-1989), die das Niedersächsische Vergabegesetz betraf, wonach öffentliche Aufträge nur an Unternehmen vergeben werden durften, die sich zur Einhaltung der örtlich geltenden Tarifverträge (auch für die Nachunternehmer) verpflichteten. Der EuGH sah darin eine Verletzung der Dienstleistungsfreiheit aus Art. 56 AEUV. Der damit bezweckte Arbeitnehmerschutz sei zwar ein legitimes Interesse für eine Beschränkung der Grundfreiheit, die aber nicht geeignet sei, weil sie nur für die öffentlichen Aufträge, nicht aber für die Privatwirtschaft gelte. Eine unterschiedliche Behandlung der Privatwirtschaft wurde nicht zugelassen, vielmehr ist die Entsenderichtlinie ein Kompromiss zwischen der Dienstleistungsfreiheit und dem berechtigten Arbeitnehmerschutz. Erfasst sind danach nur die allg. geltenden Mindestarbeitsbedingungen, nicht die örtlich geltenden Tarifverträge. Das hat der EuGH später bestätigt (EuGH 18.9.2014 – C-549/13 Rn. 32 – Bundesdruckerei, NJW 2014, 3769). Art. 28 stützt die Verpflichtung zur Tariftreueerklärung im nationalen Vergaberecht aber nicht direkt. Es wird lediglich die Wirkung des Tarifvertrages durch eine gesetzliche Regelung erstreckt (dazu MüKoEuWettR/*Säcker/Mohr* Einl. Rn. 1458; anders wohl *Glaser/Kahl* ZHR 177, 2013, 643 [665 f.]).

Einzelfälle

Art. 28 GRC

Art. 28 ist durch die Verpflichtung zur Tariftreue aber berührt, wenn das Unternehmen **106** als Arbeitgeber an einen anderen Tarifvertrag gebunden ist oder wenn durch die Tariftreueerklärung ein Beitrittszwang entsteht. Insofern betrifft die Tariftreueerklärung entweder die positive oder die negative Koalitionsfreiheit der Arbeitgeber (für einen solchen Schutz der negativen Koalitionsfreiheit *Fütterer* EuZA 2011, 505 [519]). Etwas anderes gilt, wenn die Vergabegesetze einen eigenen Mindestlohn enthalten (zB § 4 Tariftreue- und Vergabegesetz Nordrhein-Westfalen). In diesem Fall besteht eine Mindestarbeitsbedingung, die Art. 56 AEUV beschränkt. Die Rechtsprechung zur Entsenderichtlinie steht dem nicht entgegen, wenn nur eine Bindung an die dort genannten Mindestarbeitsbedingungen besteht, wie eine Bindung an allgemeinverbindliche Tarifverträge oder RVO nach § 7 oder § 11 AEntG (*Bayreuther* NZA 2008, 626 [627]; *Glaser/Kahl* ZHR 177, 2013, 643 [655]). Bindungen an einen Mindestlohn außerhalb des Anwendungsbereichs der Entsenderichtlinie sind ebenfalls Beschränkungen von Art. 56 AEUV, die der EuGH wie in der Rs. *Rüffert* unter Verweis auf die nicht gerechtfertigte unterschiedliche Behandlung von öffentlichen Aufträgen und Privatwirtschaft wohl für unionsrechtswidrig erachten wird (*Becker* JZ 2008, 891 [893]; *Frenz* NZS 2011, 321 [323]; MüKoEuWettbR/*Säcker/Mohr* Einl. Rn. 1457; **aA** *Rödl* EuZW 2011, 292 [295] wegen Einbeziehung in die Entsenderichtlinie; so auch *Glaser/Kahl* ZHR 177, 2013, 643 [656] [660 ff.]). Das gilt umso mehr angesichts des inzwischen geltenden allg. Mindestlohns nach dem MiLoG.

Den Tarifverträgen setzt das Vergaberecht aber Grenzen, wo die Tarifverträge mit Arbeit- **107** gebern der öffentlichen Hand geschlossen werden und vergaberechtlich relevante Aufträge durch den Tarifvertrag einem Unternehmen zugeordnet werden. Der EuGH hat in einem solchen Fall den Tarifvertrag am Maßstab des sekundärrechtlichen Vergaberechts überprüft (EuGH 15.7.2010 – C-271/08 – Kommission/Deutschland, Slg. 2010, I-7091). Der Tarifvertrag betraf die betriebliche Altersversorgung bei einem kommunalen Arbeitgeber und legte die Durchführung für das Zusatzrentensystem durch das Versorgungsunternehmen ohne ein Vergabeverfahren iSd RL 2004/18/EG (ab dem 18.4.2016: RL 2014/24/EU) fest. Eine Bereichsausnahme wie beim Kartellverbot lehnt der EuGH ab, sondern führt einen Ausgleich zwischen dem unionsrechtlichen Vergaberecht und Art. 28 herbei (EuGH 15.7.2010 – C-271/08 Rn. 41 ff. – Kommission/Deutschland, Slg. 2010, I-7091; zust. *Frenz* RdA 2011, 199 [202]). Die Anwendung des Vergaberechts beeinträchtige nicht die Funktionsfähigkeit des Rechts auf Kollektivverhandlungen (vgl. EuGH 15.7.2010 – C-271/08 Rn. 45 f. – Kommission/Deutschland, Slg. 2010, I-7091), so dass es keiner Bereichsausnahme bedürfe. Fände das Vergaberecht keine Anwendung, so stünde es zur Disposition der Tarifvertragsparteien. Der EuGH verweist darauf, dass die Umsetzung des Arbeitnehmerschutzes im Vergabeverfahren durch entsprechende Bedingungen möglich ist (EuGH 15.7.2010 – C-271/08 Rn. 55 f., 58 – Kommission/Deutschland, Slg. 2010, I-7091).

Die Literatur rechtfertigt die Ausnahme vom Vergaberecht unter Verweis auf Art. 28 **108** (*Glaser/Kahl* ZHR 177, 2013, 643 [665 f.]; ähnlich *Buschmann* AuR 2010, 522 f.). Das Vergaberecht verbietet aber weder Kollektivverhandlungen noch die Vereinbarung von Zusatzrenten oder anderen Formen sozialer Sicherung. Nur wenn ein drittes Unternehmen bei der Umsetzung der vereinbarten sozialen Sicherung einbezogen wird, müssen die vergaberechtlichen Vorgaben beachtet werden (ebenso *Frenz* RdA 2011, 199 [202]; *Wagner/Weber* BB 2010, 2499 [2506]). Zudem ist bei der Anwendung des Vergaberechts der Inhalt des Tarifvertrags zu berücksichtigen (*Wagner/Weber* BB 2010, 2499 [2506]). Für einen solchen Ausgleich dem durch Art. 28 geschützten Tarifvertrag spricht sich auch der EuGH in der Rs. *Kommission/Deutschland* aus (EuGH 15.7.2010 – C-271/08 Rn. 43 f., Slg. 2010, I-7091).

Art. 29 Recht auf Zugang zu einem Arbeitsvermittlungsdienst

Jeder Mensch hat das Recht auf Zugang zu einem unentgeltlichen Arbeitsvermittlungsdienst.

A. Grundlagen

I. Normzweck und rechtliche Bedeutung

1   Die sozialen Grundrechte der GRC enthalten anders als die ESC **kein Recht auf Arbeit.** Als ein Teilaspekt davon wurde jedoch das **Recht auf Zugang** zu unentgeltlichen Arbeitsvermittlungsdiensten aufgenommen (Calliess/Ruffert/*Krebber* Rn. 1; Meyer/*Rudolf* Rn. 2; Schwarze/*Ross* Rn. 2; *Winner* 162). Die Einführung von Art. 29 war angesichts der Kompetenzen der Europäischen Union und der Skepsis gegenüber (unerfüllten) sozialen Grundrechten umstritten (vgl. Dokument CONVENT 39 v. 16.6.2000; CONVENT 40 v. 23.6.2000; CONVENT 45 v. 28.7.2000; dazu Meyer/*Rudolf* Rn. 4 f.). Dennoch fügt sich die Norm in das Recht der Europäischen Union ein, das Vollbeschäftigung und sozialen Fortschritt zum Ziel erklärt (Art. 3 III EUV) und Beschäftigungsförderung sowie die Entwicklung der Arbeitskräfte im Hinblick auf ein dauerhaft hohes Beschäftigungsniveau als Teil der Sozialpolitik einordnet (Art. 151 I AEUV) (vgl. *Frenz* Rn. 3775; Heselhaus/Nowak/*Hilbrandt* § 38 Rn. 1). Trotz des sozialen Charakters hat das Recht einen deutlichen Bezug zum Binnenmarkt, insbesondere zum Marktzutritt für Arbeitskräfte (PHKW/*Ashiagbor* Rn. 29.01), so dass es die Arbeitsmarktmobilität unterstützt (Heselhaus/Nowak/*Hilbrandt* § 38 Rn. 3; PHKW/*Ashiagbor* Rn. 29.02) und auf die tatsächliche Verwirklichung der Berufsfreiheit nach Art. 15 hinwirkt (*Winner* 162).

2   Aus der Norm ergeben sich für die Europäische Union keine zusätzlichen **Kompetenzen.** Bisher bestehen für die Arbeitsvermittlung keine unionsrechtlichen Vorgaben (Calliess/Ruffert/*Krebber* Rn. 5; Meyer/*Rudolf* Rn. 6) und Art. 153 I AEUV enthält dafür keine generelle Ermächtigung, sondern erfasst in lit. h nur einen kleinen Teilbereich. Lediglich für die Wanderarbeitnehmer in der Europäischen Union bestehen Regelungen über den Zugang zur Arbeitsvermittlung in Art. 2 VO 1612/68, der durch Art. 2 VO 492/2011 ersetzt wurde.

3   Angesichts der konkreten Ausgestaltung des Art. 29 als Recht auf Zugang handelt es sich um ein **subjektives Recht,** nicht nur um einen Grundsatz iSv Art. 52 V (*Dorfmann* 177; *Frenz* Rn. 3771; *Jarass* Rn. 2; Meyer/*Rudolf* Rn. 1; *Sagmeister* 371; Schwarze/*Ross* Rn. 1, 3; *Winner* 162; **aA** *Schlachter* DB Standpunkte 2012, Heft 6 [9]). Funktional ist es ein derivatives Leistungsrecht, weil den geschützten Personen nur der Zutritt zu einer bestehenden Arbeitsvermittlung unentgeltlich zu gewähren ist, ohne dass die Europäische Union oder die Mitgliedstaaten eine solche schaffen müssen (Calliess/Ruffert/*Krebber* Rn. 4; *Frenz* Rn. 3780; Heselhaus/Nowak/*Hilbrandt* § 38 Rn. 19; Schwarze/*Ross* Rn. 2, 5; Tettinger/Stern/*Lang* Rn. 5; nicht eindeutig PHKW/*Ashiagbor* Rn. 29.30; so auch Meyer/*Rudolf* Rn. 7). Zur Schutzpflicht → Rn. 11. Zum abwehrrechtlichen Gehalt → Rn. 12. Zum Teil wird Art. 29 unmittelbare **Drittwirkung** gegenüber privaten Arbeitsvermittlern zugesprochen, wenn sie anstelle einer öffentlich-rechtlichen Arbeitsvermittlung fungieren (Heselhaus/Nowak/*Hilbrandt* § 38 Rn. 18 f.). Das ändert jedoch nicht die normative Struktur des Grundrechts. Solange die privaten Arbeitsvermittler nicht in die öffentliche Verwaltung eingebunden und als Beliehene durch die GRC verpflichtet sind, wirkt sie nur gegenüber dem Mitgliedstaat, der seinerseits durch gesetzliche Regelungen den Zugang sicherstellen muss.

II. Quellen

Art. 29 beruht nach den Erläuterungen des Konvents auf Art. 1 Nr. 3 ESC und der GSGA. Die angegebene Nr. 13 GSGA sagt zwar nichts über die Arbeitsvermittlung aus. Darin liegt aber nur ein redaktionelles Versehen, wobei Nr. 6 GSGA einschlägig ist (ebenso Heselhaus/Nowak/*Hilbrandt* § 38 Rn. 10; *Rengeling/Szczekalla* § 29 Rn. 1009; Tettinger/Stern/*Lang* Rn. 4; **aA** Meyer/*Rudolf* Rn. 1). In den Verfassungen der Mitgliedstaaten ist kein vergleichbares Recht explizit geregelt und nur vereinzelt wird auf die Arbeitssuche eingegangen, zum Teil finden sich aber Regelungen über ein Recht auf Arbeit (dazu Meyer/*Rudolf* Rn. 2; Tettinger/Stern/*Lang* Rn. 3). Vor der Abfassung der GRC wurde das Recht auf Zugang zu einer unentgeltlichen Arbeitsvermittlung zum Teil als allg. Grundsatz des Unionsrechts anerkannt (Heselhaus/Nowak/*Hilbrandt* § 38 Rn. 11; anders unter Bezug auf die fehlende Rechtsprechung *Frenz* Rn. 3769). 4

Das internationale Recht erfasst die Arbeitsvermittlung direkt oder indirekt in weiteren Rechtsquellen. Zunächst regelt Art. 6 IPwskR ein Recht auf Arbeit, weshalb die Vertragsstaaten verpflichtet werden können, auf die Verwirklichung dieses Rechts durch Programme zur Berufsausbildung und Weiterbildung hinzuwirken. Zentraler sind die IAO-Konvention Nr. 88 von 1948 (Zurverfügungstellen einer unentgeltlichen Arbeitsvermittlung) sowie die IAO-Konventionen Nr. 2, 96 und 181 aus den Jahren 1919, 1949 und 1997 (kostenloser Arbeitsvermittlungsdienst, unabhängig davon, ob er privat oder öffentlich-rechtlich organisiert ist). Sie dienen letztlich den Interessen der Arbeitnehmer und schützen sie vor Ausbeutung. 5

III. Abgrenzung zu anderen Grundrechten

Art. 29 ist lex specialis zu Art. 15, der primär ein Abwehrrecht verkörpert (*Frenz* Rn. 3784; *Jarass* Rn. 4; *Rengeling/Szczekalla* Rn. 1033; **aA** Idealkonkurrenz Heselhaus/Nowak/*Hilbrandt* § 38 Rn. 21). Er steht neben Art. 21 und 23, die zusammen einen diskriminierungsfreien Zugang zur unentgeltlichen Arbeitsvermittlung gewährleisten (*Jarass* Rn. 4; ebenso Heselhaus/Nowak/*Hilbrandt* § 38 Rn. 21). Dies ergibt sich für grenzüberschreitende Sachverhalte auch aus Art. 45 II AEUV und der Umsetzung der Antidiskriminierungsrichtlinien. 6

B. Schutzbereich

Art. 29 hat ebenso wie sein freiheitsrechtliches Pendant Art. 15 (dazu Meyer/*Rudolf* Rn. 6) einen weiten persönlichen Schutzbereich. Er gewährt das Zutrittsrecht jedem, unabhängig von der Staatsangehörigkeit oder der Arbeitnehmereigenschaft (Calliess/Ruffert/*Krebber* Rn. 3; *Jarass* Rn. 6; Meyer/*Rudolf* Rn. 6; PHKW/*Ashiagbor* Rn. 29.24; Schwarze/*Ross* Rn. 4; **aA** Heselhaus/Nowak/*Hildebrandt* § 38 Rn. 13, nur Unionsbürger; vgl. auch *Frenz* Rn. 3788 f., nur Arbeitnehmer). Ersteres ergibt sich aus dem Fehlen einer Art. 15 III entsprechenden Einschränkung. Letzteres ist konsequent, weil es sich um eine Unterstützung beim Marktzutritt handelt, so dass es gerade an dem für die Arbeitnehmereigenschaft notwenigen Rechtsverhältnis fehlt. Damit geht Art. 29 über das Recht der Wanderarbeitnehmer in der Europäischen Union hinaus (dazu Meyer/*Rudolf* Rn. 1). Nicht erfasst ist der Zugang des Arbeitgebers zu solchen Diensten (Calliess/Ruffert/*Krebber* Rn. 3; Schwarze/*Ross* Rn. 4; wohl auch *Jarass* Rn. 6; **aA** *Frenz* Rn. 3793; Heselhaus/Nowak/*Hilbrandt* § 38 Rn. 14; unklar Tettinger/Stern/*Lang* Rn. 8 [„jedem Menschen"]). Es handelt sich um einen Ausschnitt des Rechts auf Arbeit. Zudem regeln die Art. 27 ff. allein die Rechtsstellung der (potentiellen) Arbeitnehmer. Der Arbeitgeber ist nur mittelbar in die Arbeitsvermittlung über den sachlichen Schutzbereich des Rechts einbezogen. Art. 29 7 gewährt zudem juristischen Personen kein Recht („jeder Mensch"; zur Diskussion wegen der unterschiedlichen sprachlichen Fassungen *Frenz* Rn. 3786).

8   Ein **Arbeitsvermittlungsdienst** iSv Art. 29 ist jede Tätigkeit, die auf das Zusammenführen von Arbeitsuchendem und Arbeitgeber zur Begründung eines Arbeitsverhältnisses zielt (*Frenz* Rn. 3790; *Jarass* Rn. 5; *Tettinger/Stern/Lang* Rn. 6). Dabei ist nicht vorgegeben, ob es sich um öffentlich-rechtliche oder privatrechtliche Vermittlungen handelt (Calliess/Ruffert/*Krebber* Rn. 4; *Frenz* Rn. 3791; Heselhaus/Nowak/*Hilbrandt* § 38 Rn. 15; *Jarass* Rn. 5; *Rengeling/Szczekalla* Rn. 1026; Schwarze/*Ross* Rn. 5). Das entspricht Art. 1 Nr. 3 ESC (→ ESC Art. 1 Rn. 17). Ein staatliches Arbeitsvermittlungsmonopol verstößt ohnehin gegen Art. 102 und 106 AEUV (EuGH 23.4.1991 – C-41/90 – Höfner und Elser, Slg. 1991, I-1979; 11.12.1997 – C-55/96 – Job Center Cop ARL, Slg. 1997, I-7119). Bei privaten Arbeitsvermittlungen muss sichergestellt werden, dass ein Recht auf unentgeltlichen Zugang besteht (*Frenz* Rn. 3792; *Jarass* Rn. 7; Heselhaus/Nowak/*Hildebrand* § 38 Rn. 15; Meyer/*Rudolf* Rn. 8; Schwarze/*Ross* Rn. 2; *Tettinger/Stern/Lang* Rn. 5). Eine entsprechende Kompetenz ergibt sich nur auf der Grundlage des Antidiskriminierungsrechts (Art. 18 AEUV), der Arbeitnehmerfreizügigkeit (Art. 46 AEUV) und Art. 153 I lit. h AEUV.

9   Art. 29 enthält über den **Zugang** zur Arbeitsvermittlung hinaus keine Vorgaben zum Bestand von Arbeitsvermittlungen und zu ihrer Ausgestaltung bzw. zu ihren Leistungen. Ein unentgeltlicher Zugang ist sichergestellt, wenn sich die Arbeitsvermittlung ohne Gegenleistung ernsthaft mit dem Fall beschäftigen muss (Calliess/Ruffert/*Krebber* Rn. 4; Schwarze/*Ross* Rn. 5). Dabei geht es lediglich um ein Mindestniveau an Arbeitsvermittlung, damit das Recht auf Zugang nicht leer läuft (Schwarze/*Ross* Rn. 5). Im Übrigen ist der Zugang lediglich diskriminierungsfrei auszugestalten (s. Art. 21, 23, Art. 45 II AEUV bzw. RL 2000/78/EG, RL 2006/54/EG). Eine Pflicht, Arbeitsvermittlungsdienste zu schaffen, ergibt sich aus Art. 29 nicht (Calliess/Ruffert/*Krebber* Rn. 4; *Frenz* Rn. 3780; Heselhaus/Nowak/*Hilbrandt* § 38 Rn. 19; Schwarze/*Ross* Rn. 2, 5; *Tettinger/Stern/Lang* Rn. 5; nicht eindeutig PHKW/*Ashiagbor* Rn. 29.30; so auch Meyer/*Rudolf* Rn. 7; **aA** *Sagmeister* 371), so dass Art. 29 hinter Art. 1 Nr. 3 ESC zurückbleibt (→ Art. 1 ESC Rn. 15). Erst recht besteht kein Recht auf Verschaffung eines Arbeitsplatzes (Calliess/Ruffert/*Krebber* Rn. 4; *Frenz* Rn. 3778; Meyer/*Rudolf* Rn. 7).

10 Die Arbeitsvermittlung ist für den Suchenden **unentgeltlich,** wenn weder Gebühren noch Honorare anfallen. Im Gegensatz dazu muss die Vermittlungsleistung für den Arbeitgeber nicht unentgeltlich sein. Zudem ist dem Arbeitgeber nicht der uneingeschränkte Zugang zur Arbeitsvermittlung garantiert. Die Autoren, die den Arbeitgeber in den persönlichen Schutzbereich des Art. 29 einbeziehen, gehen davon aus, dass es immer nur einen kostenlosen Dienst geben muss und dass ein kostenloser Zugang bei privater Arbeitsvermittlung nur mit Subvention möglich ist, die Art. 29 beihilferechtlich rechtfertigt (Heselhaus/Nowak/*Hilbrandt* § 38 Rn. 15; Streinz/*Streinz* Rn. 3).

11 Neben dem **Leistungsrecht** wird zum Teil eine **Schutzpflicht** aus Art. 29 abgeleitet, wenn die privaten Arbeitsvermittler durch Gebühren, Honorare oder sonstige Anforderungen den Zugang in einem Maß erschweren, dass eine Vermittlung nicht mehr möglich ist (Calliess/Ruffert/*Krebber* Rn. 4; Meyer/*Rudolf* Rn. 7; *Winner* 163). Eine solche Schutzpflicht scheint ein Widerspruch dazu, dass sich aus Art. 29 keine Pflicht ergibt, eine Arbeitsvermittlung zu schaffen. Sie kommt höchstens in Betracht, wenn die von Privaten gestalteten Bedingungen der Arbeitsvermittlung ohne sachlichen Grund zu einer Vereitelung der unentgeltlichen Arbeitsvermittlung für den Suchenden führt, so dass der diskriminierungsfreie Zugang geschützt ist (*Frenz* Rn. 3781 ff.; Heselhaus/Nowak/*Hilbrandt* § 38 Rn. 16; *Jarass* Rn. 7–9; Meyer/*Rudolf* Rn. 7, 8; *Tettinger/Stern/Lang* Rn. 5).

12 Schließlich hat Art. 29 partiell einen **abwehrrechtlichen** Charakter, wenn die Europäische Union oder die Mitgliedstaaten bei der Durchführung des Unionsrechts ein bestehendes Zugangsrecht iSv Art. 29 beschneiden (Heselhaus/Nowak/*Hilbrandt* § 38 Rn. 16; *Jarass* Rn. 9; Meyer/*Rudolf* Rn. 7; **aA** *Frenz* Rn. 3779).

C. Beeinträchtigung und Rechtfertigung

Eine Beeinträchtigung des derivativen Leistungsrechts liegt vor, wenn der Zugang zur 13
Arbeitsvermittlung nicht oder nicht diskriminierungsfrei und unentgeltlich ausgestaltet ist
(Heselhaus/Nowak/*Hilbrandt* § 38 Rn. 18; *Jarass* Rn. 7; Tettinger/Stern/*Lang* Rn. 5). Ein
Eingriff sind alle Regelungen der Europäischen Union, die den unentgeltlichen Zugang zur
Arbeitsvermittlung beschränken oder auf deren Abschaffung zielen (vgl. Meyer/*Rudolf*
Rn. 7 f.; Streinz/*Streinz* Rn. 3; *Winner* 162). Die Rechtfertigung muss anhand des Maßstabs
in Art. 52 I erfolgen. Etwaige Kollisionen mit der Berufs- bzw. Unternehmensfreiheit
(Art. 15, 16) sind durch Herstellung einer praktischen Konkordanz aufzulösen (Heselhaus/
Nowak/*Hilbrandt* § 38 Rn. 21; von der Groeben/Schwarze/*Beutler* Art. 6 EUV Rn. 64).

Art. 30 Schutz bei ungerechtfertigter Entlassung

Jede Arbeitnehmerin und jeder Arbeitnehmer hat nach dem Unionsrecht und den einzelstaatlichen Rechtsvorschriften und Gepflogenheiten Anspruch auf Schutz vor ungerechtfertigter Entlassung.

Übersicht

	Rn.
A. Grundlagen	1
I. Normzweck und rechtliche Bedeutung	1
II. Quellen	3
III. Abgrenzung zu anderen Grundrechten	6
B. Schutzbereich	7
I. Persönlicher Schutzbereich	7
II. Sachlicher Schutzbereich	9
1. Entlassung	9
2. Schutz vor ungerechtfertigter Entlassung	12
C. Beeinträchtigung und Rechtfertigung	17
D. Auswirkungen auf das Unionsrecht und das nationale Recht	24

A. Grundlagen

I. Normzweck und rechtliche Bedeutung

Art. 30 regelt in allg. Form einen Anspruch auf Schutz vor ungerechtfertigter Entlassung, 1
ohne dessen Ausgestaltung und vor allem dessen Rechtsfolgen zu konkretisieren. Insoweit
verweist die Norm auf das Unionsrecht und das Recht sowie die Gepflogenheiten der
Mitgliedstaaten. Der Vorbehalt zugunsten des Unionsrechts und des Rechts und der Gepflogenheiten der Mitgliedstaaten betrifft somit das Wie, nicht das Ob des Schutzes vor
Entlassungen. Bei der Erarbeitung der GRC wurde zum Teil die Chartawürdigkeit der
Norm in Frage gestellt (so *Bereijo*, siehe Bernsdorff/*Borowsky* 223; Tettinger/Stern/*Lang*
Rn. 1). Die damit verbundene Anerkennung des Bestandsinteresses der Arbeitnehmer hat
jedoch schon vorher im Sekundärrecht der Europäischen Union punktuell Niederschlag
gefunden (→ Rn. 4). Zum Teil wird erwogen, ob Art. 30 als eine Entwicklung des Arbeitsverhältnisses in Richtung auf ein Eigentumsrecht anzusehen ist. Zu Recht wird aber abgelehnt, ein Eigentumsrecht oder ein ähnliches Recht am Arbeitsplatz anzuerkennen (Heselhaus/Nowak/*Hildebrandt* § 37 Rn. 75; PHKW/*Kenner* Rn. 30.49).

Art. 30 wird zum Teil nicht als Grundrecht, sondern als bloßer Grundsatz eingeordnet 2
(*Sagmeister* 372; Schwarze/*Knecht* Rn. 6; vgl. Calliess/Ruffert/*Krebber* Rn. 2). Dafür scheint
seine geringere Regelungsdichte, insbesondere die mangelnde Festlegung eines Schutzniveaus und der Rechtsfolgen zu sprechen. Der Wortlaut („Anspruch auf Schutz") verweist

30 GRC Art. 30   Schutz bei ungerechtfertigter Entlassung

jedoch eher auf ein subjektives Recht (*Frenz* Rn. 3820; *Jarass* Rn. 2, 9; *Petersen* 77; *Zachert* NZA 2001, 1041 [1044 f.]; vgl. auch Tettinger/Stern/*Lang* Rn. 3, 8; vgl. auch EuGÖD 26.10.2006 – F-1/05 Rn. 65 ff. – Landgren/ETF, Slg. 2006, I-A-1-123; II-A-1-00459). Inhaltlich lässt es sich zumindest darauf beziehen, dass überhaupt ein Schutz vor ungerechtfertigten Kündigungen bestehen muss (zum Begriff der Entlassung → Rn. 9 ff.). Im Übrigen haben die Mitgliedstaaten einen erheblichen Gestaltungsspielraum. Der Einordnung als subjektives Recht steht der Verweis auf das Unionsrecht und das Recht sowie die Gepflogenheiten der Mitgliedstaaten nicht entgegen, weil ihnen dadurch lediglich Raum für die Ausgestaltung des Schutzes belassen wird. Der Grundrechtsträger hat nur Anspruch darauf, dass überhaupt ein Kündigungsschutz besteht. Zugleich ergibt sich aus Art. 30 ein Abwehrrecht, das sich gegen die Beseitigung des bestehenden Schutzes durch die Arbeitsvermittlung im Recht der Europäischen Union und der Mitgliedstaaten richtet, soweit sie Unionsrecht umsetzen. Darüber hinaus entfaltet Art. 30 Wirkung, wenn die kündigungsschützenden Regelungen der Europäischen Union bzw. Mitgliedstaaten die Art. 15, 16 beeinträchtigen, so dass bei der Rechtfertigung die Grundrechtskollision aufzulösen ist (so auch Heselhaus/Nowak/*Hildebrandt* § 37 Rn. 75; PHKW/*Kenner* Rn. 30.49). Art. 30 hat keine unmittelbare Drittwirkung (*Dorfmann* 185 f.; *Petersen* 77).

II. Quellen

3   Art. 30 beruht nach den Erläuterungen des Konvents auf Art. 24 RESC, den Deutschland (ebenso wie Dänemark, Griechenland, Großbritannien, Island, Kroatien, Liechtenstein, Luxemburg, Monaco, Polen, San Marino, Schweiz, Spanien, Tschechien) nicht ratifiziert hat. Die ESC enthielt noch keine vergleichbare Regelung, sondern verpflichtete in Art. 4 Nr. 4 nur dazu, eine angemessene Kündigungsfrist vorzusehen (→ ESC Art. 4 Rn. 17). Auch diese Regelung wurde von Deutschland nicht ratifiziert. Für die Auslegung des Art. 30 GRC ist die mangelnde Ratifikation wegen der Bezugnahme in den Erläuterungen des Konvents auf Art. 24 RESC unerheblich, da Art. 52 VII die Berücksichtigung der Erläuterungen gebietet (*Brose* ZESAR 2008, 221 [228]). Allerdings geht der Konvent zurückhaltend davon aus, dass sich Art. 30 an Art. 24 RESC anlehne (Meyer/*Rudolf* Rn. 2). Das hat vor allem Auswirkungen, weil Art. 24 RESC wesentlich konkreter ist als Art. 30. Darüber hinaus verweisen die Erläuterungen auf die RL zum Betriebsübergang (RL 77/187/EWG, geändert durch RL 2001/23/EG) und die Richtlinie zum Schutz der Arbeitnehmer vor der Insolvenz des Arbeitgebers (RL 80/987/EWG, geändert durch RL 2002/74/EG und 2008/94/EG). Art. 30 enthält im Gegensatz zu Art. 4 I RL 2001/23/EG oder dem Anhang zu Art. 24 RESC keine Ausnahmen für bestimmte Arbeitnehmergruppen, sondern erfasst alle Arbeitnehmer gleichermaßen. Der Konvent hat bei der Erarbeitung der Norm zunächst einen Entwurf über einen Anspruch auf Entschädigung und Wiedergutmachung beraten (Dokument CONVENT 18 v. 27.3.2000), der später entfiel. Anschließend wurde der Schutz vor ungerechtfertigter und missbräuchlicher Entlassung aufgenommen (Dokument CONVENT 34 v. 16.5.2000) und nur noch sprachlich überarbeitet (dazu Meyer/*Rudolf* Rn. 7).

4   Die Europäische Union hat bisher keinen allg. Kündigungsschutz geregelt, so dass dieser weiterhin in den Händen der Mitgliedstaaten liegt. Die Verfassungen der Mitgliedstaaten enthalten allerdings keine Art. 30 vergleichbaren Regelungen in einem Maße, dass von einer gemeinsamen Verfassungstradition gesprochen werden kann (dazu Meyer/*Rudolf* Rn. 4). Der Schutz vor Entlassungen ist vor allem Teil des einfachen Rechts. Neben den vom Konvent in Bezug genommenen Richtlinien bestehen jedoch eine Reihe weiterer Richtlinien, die einen punktuellen Schutz vor Kündigung vorsehen. Einen materiellen Kündigungsschutz enthalten Art. 10 RL 92/85/EG, § 5 Nr. 4 Anhang RL 2010/18/EU für die Elternzeit, Anhang § 5 Nr. 2 RL 97/81/EG und Art. 7 Abs. 2 S. 1, Art. 8 Abs. 4, Art. 8 Abs. 5 S. 2, Art. 11 Abs. 4 RL 89/391/EWG zum Arbeitsschutzrecht, die jeweils vor Benachteiligung wegen der Ausübung von Arbeitnehmerrechten schützen. Art. 10 RL

2008/39/EG und Art. 7 RL 2002/14/EG zielen auf einen Schutz für Arbeitnehmervertreter. Ein rein verfahrensrechtlicher Schutz vor Kündigungen ist in Art. 3, 4 RL 98/59/EG im Fall einer Massenentlassung geregelt. Daneben bewirken die Arbeitnehmerfreizügigkeit nach Art. 45 AEUV und die Antidiskriminierungsrichtlinien (RL 2000/78/EG, 2006/54/EG) einen Schutz gegen diskriminierende Kündigungen. Die Kompetenz für Regelungen eines Schutzes bei der Beendigung des Arbeitsverhältnisses ergibt sich aus Art. 153 I lit. d AEUV. Der EuGH hat dem Schutz vor ungerechtfertigter Entlassung in seiner Rechtsprechung vor dem Inkrafttreten der GRC jedoch keine Grundrechtsqualität zugemessen (*Frenz* Rn. 3814; Heselhaus/Nowak/*Hildebrandt* § 37 Rn. 19).

Daneben bestehen weitere Rechtsquellen im internationalen Arbeitsrecht. Zum einen 5
wird Art. 6 IPwskR so ausgelegt, dass das Recht auf Arbeit auch ein Recht, nicht unfair entlassen zu werden, umfasst (Committee on Economic, Social and Cultural Rights UN-CESR v. 6.2.2006 – C/C 12/GC/18 – tb.ohchr.org/default.aspx?Symbol=E/C.12/GC/18). Art. 4 IAO-Konvention 158 verlangt zudem einen Sachgrund für die Entlassung (personen-, verhaltens- oder betriebsbedingt) und sieht für die Probezeit, Gelegenheitsarbeiter und befristet beschäftigten Arbeitnehmer Ausnahmen vor. Auch ein Bezug auf die EMRK unterblieb, die aber höchstens im Rahmen der Justizgrundrechte wegen des Schutzes des fairen Verfahrens nach Art. 6 EMRK Relevanz erlangt (vgl. dazu EGMR 10.7.2012 – 19554/11 – KMC/Ungarn).

III. Abgrenzung zu anderen Grundrechten

Art. 30 ist in den Grenzen seines grundrechtlichen Schutzes lex specialis zur Berufsfreiheit 6
des Arbeitnehmers aus Art. 15 I (*Frenz* Rn. 3825; *Jarass* Rn. 4; **aA** *Rengeling/Szczekalla* Rn. 1032). Zwar verweist Art. 30 im Gegensatz zu Art. 15 I auf das Recht der Union und der Mitgliedstaaten, er erfasst aber explizit den Kündigungsschutz (*Frenz* Rn. 3825). Zugleich ergänzt das Grundrecht Art. 15, indem es die tatsächliche Verwirklichung der Berufsfreiheit in einem bestehenden Arbeitsverhältnis schützt (vgl. Meyer/*Rudolf* Rn. 11). Diskriminierende Entlassungen erfassen Art. 21 und 23 im Besonderen, aber auch Art. 20, sofern die Ungleichbehandlung vom Gesetz ausgeht (*Frenz* Rn. 3823; *Jarass* Rn. 4). Für den Mutterschutz und den damit verbundenen Kündigungsschutz ist Art. 33 II lex specialis (Calliess/Ruffert/*Kingreen* Art. 33 Rn. 8; Calliess/Ruffert/*Krebber* Rn. 5; *Frenz* Rn. 3822; *Jarass* Rn. 4; Calliess/Ruffert/*Krebber* Rn. 5; PHKW/*Kenner* Rn. 30.30; *Rengeling/Szczekalla* Rn. 1013, 1020 f.; Schwarze/*Knecht* Rn. 9).

B. Schutzbereich

I. Persönlicher Schutzbereich

Der **persönliche Schutzbereich** erstreckt sich auf alle natürlichen Personen unabhängig 7
von der Staatsangehörigkeit (*Frenz* Rn. 3829; *Jarass* Rn. 5; Schwarze/*Knecht* Rn. 4), solange es sich um Arbeitnehmer handelt („worker"/„travailleur"). Arbeitnehmer sind danach alle von Weisungen abhängigen Beschäftigten, die gegen Entgelt bei einem Arbeitgeber tätig sind. Das entspricht dem unionsrechtlichen Arbeitnehmerbegriff, wie er in Art. 45 I und 153 AEUV zugrunde gelegt wird (ähnlich Schwarze/*Knecht* Rn. 4; → Art. 27 Rn. 18 ff.). Dazu zählen auch Auszubildende und Praktikanten, aber nicht die arbeitnehmerähnlichen Personen (→ Art. 27 Rn. 19, 21). Die englische Fassung des Art. 30 enthält zwar den Begriff „worker", der weiter als der des Arbeitnehmers ist. Weitere Fassungen des Art. 30 beschränken sich aber ebenfalls auf die Arbeitnehmer (französisch „travailleur", spanisch „trabajador", italienisch „lavoratore", während arbeitnehmerähnliche Personen „para-subordinati" sind), so dass nicht ohne Weiteres vom englischen Wortlaut auf einen weiten Schutzbereich geschlossen werden kann (anders PHKW/*Kenner* Rn. 30.67). Auch die

Richtlinien und Art. 24 RESC beziehen sich nur auf die Arbeitnehmer, unabhängig davon, dass die Richtlinien zum Teil sogar auf den nationalen Arbeitnehmerbegriff verweisen.

8 Art. 30 sieht keine Ausnahmen vor, so dass – anders als bei Art. 24 RESC – befristet beschäftigte Arbeitnehmer, Arbeitnehmer in der Probezeit oder in einer Qualifizierungsmaßnahme sowie Gelegenheitsbeschäftigte einbezogen sind (**aA** *Jarass* Rn. 5; Tettinger/Stern/*Lang* Rn. 4; wohl auch für eine Berücksichtigung der Einschränkung Schwarze/*Knecht* Rn. 4). Art. 30 lehnt sich zwar an Art. 24 RESC an, übernimmt die Regelung aber nicht. Daher sind die Ausnahmen nicht automatisch zu übertragen. Zudem kann die Beschränkung auch nicht auf dem Umweg über den Verweis des Art. 30 auf das mitgliedstaatliche Recht eingeführt werden, selbst wenn die RESC ratifiziert ist (Meyer/*Rudolf* Rn. 13). Der Verweis betrifft die Ausgestaltung des Schutzes vor Entlassungen (Wie), nicht das Ob. Alle Einschränkungen bedürfen somit der Rechtfertigung nach Art. 52 I. Angesichts der fehlenden Aussagen zum Niveau des Kündigungsschutzes führt das aber zu keiner besonderen Erweiterung des sozialen Schutzes.

II. Sachlicher Schutzbereich

9 **1. Entlassung.** Der **sachliche Schutzbereich** des Art. 30 bezieht sich auf die **Entlassung.** Angesichts des Verweises auf Art. 24 RESC sind Entlassungen nur solche Beendigungen des Arbeitsverhältnisses, die auf Initiative des Arbeitgebers erfolgen (Calliess/Ruffert/*Krebber* Rn. 4; *Frenz* Rn. 3831; *Jarass* Rn. 6; Meyer/*Rudolf* Rn. 14; *Rebhahn* ZfA 2003, 163 [177]; Schwarze/*Knecht* Rn. 7; Tettinger/Stern/*Lang* Rn. 5). Erfasst sind somit Kündigungen. Die Gleichsetzung von Entlassung und Kündigung deckt sich auch mit der Rechtsprechung des EuGH in der Rs. *Junk* (EuGH 27.1.2005 – C-188/03 Rn. 34 ff. – Junk, Slg. 2005, I-885). Art. 30 beschränkt seinen Schutz nicht auf eine bestimmte **Art der Kündigung** und bezieht daher die ordentliche sowie die außerordentliche Kündigung ein (*Brose* ZESAR 2008, 224 [228]). Auch die Änderungskündigung wird zum Teil als erfasst angesehen (*Brose* ZESAR 2008, 224 [228]), obwohl es sich dabei vor allem um eine Änderung des Inhalts des Arbeitsvertrages handelt und dessen Beendigung nur die subsidiäre Folge der Kündigung ist, wenn der Arbeitnehmer das Angebot ablehnt. Diese Besonderheiten lassen sich sowohl bei der Ausgestaltung des Kündigungsschutzes als auch bei der Einschränkung des Art. 30 nach Maßgabe des Art. 52 I berücksichtigen.

10 Die Literatur sieht **Eigenkündigungen** des Arbeitnehmers und **Aufhebungsverträge** auf Veranlassung des Arbeitgebers überwiegend nicht als von Art. 30 erfasst an und zieht den Schutzbereich des Grundrechts somit enger als bei Art. 153 I lit. d AEUV (Calliess/Ruffert/*Krebber* Rn. 4; *Frenz* Rn. 3831; Meyer/*Rudolf* Rn. 14; Schwarze/*Knecht* Rn. 7). Die Schutzbedürftigkeit des Arbeitnehmers ist jedoch bei der Kündigung auf Veranlassung des Arbeitgebers und entsprechenden Aufhebungsverträgen nicht geringer. Die RL 2001/23/EG, die Art. 30 zugrunde liegt, bezieht die Eigenkündigung des Arbeitnehmers und den Aufhebungsvertrag auf Veranlassung des Arbeitgebers in das Kündigungsverbot zwar nicht ausdrücklich ein, ist aber im Hinblick auf den Schutzzweck und den Effektivitätsgrundsatz aus Art. 4 III EUV dahin fortzubilden (so für das nationale Recht BAG 27.9.2012 NZA 2013, 961 Rn. 36; 25.10.2012 AP BGB § 613a Nr. 436 Rn. 33). Dafür spricht auch der Gegenschluss zu den zulässigen Kündigungsgründen nach Art. 4 I RL 2001/23/EG. Das Gleiche gilt für Art. 24 RESC (*Świątkowski* 168). Das spricht für eine weite Auslegung des Begriffs der Entlassung. Für die Auslegung des Art. 30 ist nicht auf das Recht der Mitgliedstaaten zurückzugreifen, auch wenn die Regelung einen Schutz vor Kündigungen nach Maßgabe des nationalen Rechts vorsieht. Es handelt sich um eine unionsrechtliche Norm, die autonom unionsrechtlich zu interpretieren ist. Dazu steht nicht in Widerspruch, dass das Sekundärrecht der Europäischen Union über die Bezugnahme in den Erläuterungen hier in Bedacht genommen wird und somit das Primärrecht beeinflusst. Das unionsrechtliche Begriffsverständnis gehört zum prägenden Vorwissen des Konvents bei der Erarbeitung der Charta.

Schutzbereich **Art. 30 GRC 30**

Die **Befristung** des Arbeitsvertrages ist keine Entlassung iSv Art. 30, obwohl sie die 11
Beendigung des Arbeitsverhältnisses betrifft und insoweit von Art. 153 I lit. d AEUV erfasst
ist (*Brose* ZESAR 2008, 221 [228]; *Maschmann* AP TzBfG § 14 Nr. 101; ähnlich Bercusson/
Bruun 352). Zum Teil wird darauf verwiesen, dass jede Beschränkung der Befristung von
Arbeitsverhältnissen den allg. Kündigungsschutz gewährleiste (Calliess/Ruffert/*Krebber*
Rn. 4). Anders als Art. 153 I lit. d AUEV erstreckt sich Art. 30 nicht auf alle Formen der
Vertragsbeendigung (anders Calliess/Ruffert/*Krebber* Rn. 4; *Helm/Bell/Windirsch* AuR
2012, 293 [296]; *Heuschmid* AuR 2014, 221 [222]; so auch BAG 22.1.2014 NZA 2014, 483
Rn. 36; 19.3.2014 NZA-RR 2014, 462 Rn. 29, das Art 30 prüft). Allerdings ist die
Befristung geeignet, den Kündigungsschutz zu usurpieren. Eine Befristungskontrolle ist
daher zumindest als Schutz vor Entlassungen anzusehen, soweit eine Umgehung des Entlassungsschutzes vorliegt (vgl. dazu *Buschmann* AuR 2013, 388 [391]; *Heuschmid* AuR 2014,
221 [222]; *Rebhahn* ZfA 2003, 163 [180]; *Willemsen/Sagan* NZA 2011, 258 [261]; s. die
frühere Rechtsprechung zu § 620 BGB BAG 29.8.1979 AP BGB § 620 Befristeter Arbeitsvertrag Nr. 50; 12.10.1960 AP BGB § 620 Befristeter Arbeitsvertrag Nr. 16; 21.10.1954
AP KSchG § 1 Nr. 7; 21.10.1954 AP BGB § 620 Befristeter Arbeitsvertrag Nr. 1). Darüber
geht die RL 1999/70/EG hinaus, die sich generell gegen Kettenarbeitsverhältnisse und den
Missbrauch von Befristungen richtet und somit den Ursachen prekärer Beschäftigung entgegenwirken soll.

2. Schutz vor ungerechtfertigter Entlassung. Der Anspruch auf Schutz bezieht sich 12
auf **ungerechtfertigte Entlassungen,** nicht nur auf willkürliche (vgl. zur Entstehungsgeschichte Meyer/*Rudolf* Rn. 7 ff.). Für die Konkretisierung, wann eine Entlassung ungerechtfertigt ist, wird auf Art. 24 RESC verwiesen, der zunächst verlangt, dass die Kündigung
aus sachlichen Gründen erfolgt, die in der Fähigkeit, dem Verhalten oder den operationellen
Anforderungen an die Geschäftsführung wurzeln. Eine beispielhafte Aufzählung enthält
zudem der Anhang zu Art. 24 RESC, der insbesondere diskriminierende Kündigungen (zB
wegen Gewerkschaftsangehörigkeit, Rasse, Hautfarbe, Geschlecht, Personenstand, Religion, Weltanschauung, Herkunft, familiärer Pflichten oder Schwangerschaft) und maßregeln-
de Kündigungen (wegen Inanspruchnahme von Mutterschutzurlaub, Elternzeit, krankheitsbedingter Arbeitsunfähigkeit, Ausübung von Rechten als Arbeitnehmervertreter) als ungerechtfertigt einordnet (*Frenz* Rn. 3834; Meyer/*Rudolf* Rn. 15; Tettinger/Stern/*Lang*
Rn. 6 f.). Ungerechtfertigt ist somit auch die krankheitsbedingte Kündigung (Meyer/*Rudolf*
Rn. 15; Tettinger/Stern/*Lang* Rn. 7; dazu *Willemsen/Sagan* NZA 2011, 258 [259]). Dieser
Maßstab erlangt wegen des eingeschränkten Anwendungsbereichs der GRC nach Art. 51 I
aber keine unmittelbare Wirkung für das nationale Kündigungsschutzrecht. Selbst bei einer
Anwendung können Ausnahmen nach Art. 52 I gerechtfertigt sein.

Ungerechtfertigt ist eine Kündigung auch, wenn sie den Arbeitnehmer wegen eines der 13
Kriterien aus Art. 21 GRC diskriminiert, das der Anhang zu Art. 24 RESC nicht aufzählt
(Tettinger/Stern/*Lang* Rn. 7; *Jarass* Rn. 7; Schwarze/*Knecht* Rn. 8). Insoweit ergibt sich die
mangelnde Rechtfertigung einer solchen Gestaltungserklärung aus den primärrechtlichen
Wertungen der GRC. Art. 21 ist allerdings lex specialis zu Art. 30 (→ Rn. 6). Darüber
hinaus enthält das Unionsrecht nur punktuell Aussagen in den RL darüber, wann eine
Entlassung ungerechtfertigt ist (vgl. *Dorfmann* 183). Der weite Wortlaut der Norm hat zur
Folge, dass auch der Sonderkündigungsschutz bestimmter Arbeitnehmergruppen von
Art. 30 erfasst ist (Calliess/Ruffert/*Krebber* Rn. 5; Schwarze/*Knecht* Rn. 9). Das bestätigt
indirekt für einen Teil des Sonderkündigungsschutzes die Einordnung der maßregelnden
Kündigung in den Kreis der ungerechtfertigten Entlassung nach Art. 24 RESC, an den sich
Art. 30 anlehnt. Solchen Arbeitnehmern kommen zum Teil besondere Rechte zu, deren
Ausübung nicht sanktioniert werden darf. Zum Teil bestehen leges speciales in Art. 32
bzw. Art. 33 II.

Ein **Schutz** vor Entlassung ist sowohl ein formeller als auch ein materieller Kündigungs- 14
schutz (Bercusson/*Bruun* 346). Zum formellen Kündigungsschutz gehört insbesondere die

Kündigungsfrist als Dispositionsschutz, die einen Übergang zum Wiedereintritt in den Arbeitsmarkt schafft. Ein materieller Kündigungsschutz steht der Wirksamkeit der Kündigung entgegen oder hat zumindest zur Folge, dass der Arbeitnehmer eine Abfindung oder ein sonstiges Recht gegen den Arbeitgeber hat. Die Charta legt nicht fest, wie der Schutz vor Entlassungen auszugestalten ist und wie die Rechtsfolgen beschaffen sein müssen (zur Entstehungsgeschichte Meyer/*Rudolf* Rn. 9, 16; siehe auch *Dorfmann* 4). Der Umfang und die Ausgestaltung des Kündigungsschutzes erfolgen aufgrund der Verweisung in Art. 30 durch das Unionsrecht bzw. das Recht der Mitgliedstaaten (Calliess/Ruffert/*Krebber* Rn. 2; *Junker* EuZA 2014, 143 [152]; *Krebber* EuZA 2013, 188 [191, 197]; Meyer/*Rudolf* Rn. 9, 16; Tettinger/Stern/*Lang* Rn. 8 f., Art. 27 Rn. 24). Das anwendbare mitgliedstaatliche Recht bestimmt sich gem. Art. 8 Rom I-VO nach dem gewöhnlichen Arbeitsort. Zum Teil wird angenommen, dass Art. 30 neben dem Schutz vor nicht gerechtfertigten Kündigungen auch einen Schutz vor wirtschaftlichen Lasten verlange, wenn die Entlassung nicht auf das Verhalten oder die Person des Arbeitnehmers zurückzuführen ist (dahingehend Bercusson/*Bruun* 345). Das ergibt sich so nicht aus dem Wortlaut, einzig der Verweis auf die Richtlinie zum Schutz der Arbeitnehmer vor der Insolvenz des Arbeitgebers (RL 80/987/EWG, jetzt RL 2008/94/EG) in den Erläuterungen des Konventspräsidiums deutet hierauf. Aus der Richtlinie ergibt sich indes nicht, dass eine Kündigung in der Insolvenz ungerechtfertigt ist, so dass sich daraus kein zwingender Schluss für Art. 30 ergibt.

15   Insofern bestimmt Art. 30 vor allem, dass es einen Kündigungsschutz geben muss, während die Ausgestaltung dem Gesetzgeber in der Union oder den Mitgliedstaaten überlassen bleibt (APS/*Moll* KSchG § 23 Rn. 38; Calliess/Ruffert/*Krebber* Rn. 2; *Hanau* NZA 2010, 1 [2]; *Rebhahn* ZfA 2003, 163 [177]; Schwarze/*Knecht* Rn. 10). Die Schutzpflicht macht somit keine detaillierten Vorgaben (Heselhaus/Nowak/*Hildebrandt* § 37 Rn. 76). Es geht jedoch zu weit, die Norm als inhaltsleer zu disqualifizieren (vgl. Schwarze/*Knecht* Rn. 6). Sie regelt das Ob eines Schutzes vor ungerechtfertigten Entlassungen und erlangt im Zusammenspiel mit Art. 15 und 16 eigene Bedeutung (→ Rn. 2). Zur Verwirklichung der Pflicht aus Art. 30 bedarf es zumindest einer Möglichkeit, die Kündigung bei einer unabhängigen rechtlichen Instanz überprüfen und feststellen zu lassen, dass die Nachteile für den Arbeitnehmer auf der ungerechtfertigten Entlassung beruhen (*Rebhahn* ZfA 2003, 163 [177]; krit. zum Stand des österreichischen Rechts *Marhold* EuZA 2013, 146 [158 f.]). GA *Mengozzi* geht indes davon aus, dass sich aus Art. 30 keine Pflicht ergebe, für jeden Arbeitnehmer ein individuelles Klagerecht für jede Unregelmäßigkeit vorzusehen (SA des GA *Mengozzi* 21.1.2009 – C-12/08 Rn. 96 ff. – Mono Car Styling, Slg. 2009, I-6653). Der EuGH hat den kollektivrechtlich organisierten Kündigungsschutz in Österreich, der dem Betriebsrat die Entscheidung überlässt, akzeptiert (EuGH 16.7.2009 – C-12/08 Rn. 46 ff. – Mono Car Styling, Slg. 2009, I-6653). Ein Eingriff in Art. 30 und dessen Rechtfertigung nach Art. 52 I wurden indes nicht geprüft. Vielmehr erörtert der Gerichtshof nur die Richtlinienvorgaben und die Vereinbarkeit mit dem Unionsgrundrecht auf effektiven gerichtlichen Rechtsschutz und Art. 6 EMRK. Dabei hat er vor allem die Äquivalenz und Effektivität des Rechtsschutzes überprüft und somit die Maßgaben des Art. 4 III EUV herangezogen. Das relativiert die Wirkung des Grundrechts, ist aber eine Konzession an die institutionellen Vorgaben der Europäischen Union, insbesondere an den Grundsatz der Subsidiarität, der allerdings dann ins Gewicht fällt, wenn ein Verstoß gegen Art. 6 EMRK vorliegt.

16   Art. 30 hat die Ausnahmen im Anhang zu Art. 24 RESC (Kündigung in der Probezeit, Gelegenheitsarbeiter, befristet beschäftigte Arbeitnehmer) nicht übernommen (dazu *Petersen* 77 f.). Sofern das Unionsrecht oder die Mitgliedstaaten in Umsetzung des Unionsrechts solche Einschränkungen des Entlassungsschutzes vorsehen, greifen sie in den Schutzbereich des Art. 30 ein. Seine lückenlose Regelung hins. des Ob eines Kündigungsschutzes sieht keine Art. 24 RESC vergleichbaren Ausnahmen vor (*Frenz* Rn. 3843; Meyer/*Rudolf* Rn. 15; ebenso Bercusson/*Bruun* 344; *Petersen* 78 in Bezug auf Art. 4 RL 2001/23/EG; **aA** Tettinger/Stern/*Lang* Rn. 4). Jede Beschränkung bedarf einer Rechtfertigung nach Art. 52

I. Etwas anderes gilt nur im Falle der Befristung, die grundsätzlich nicht von Art. 30 erfasst ist (→ Rn. 11). Wegen des beschränkten Anwendungsbereichs des Art. 30 erlangt dies nur Bedeutung, soweit Ausnahmen in einer Richtlinie enthalten sind.

C. Beeinträchtigung und Rechtfertigung

Eine Beeinträchtigung von Art. 30 liegt vor, wenn die **positive Pflicht** zum Schutz vor Entlassungen nicht erfüllt wird, obwohl eine entsprechende Kompetenz vorhanden ist. Bei der Ausgestaltung des Schutzes vor Entlassungen haben die Unionsorgane und die Mitgliedstaaten einen erheblichen Gestaltungsspielraum (*Frenz* Rn. 3840; *Jarass* Rn. 9; Meyer/*Rudolf* Rn. 16). Dieser ergibt sich bereits aus dem Vorbehalt zugunsten des europäischen und mitgliedstaatlichen Rechts sowie den Gepflogenheiten. Das betrifft auch die Folgen der ungerechtfertigten Entlassung. Die Kündigung muss insbesondere nicht unwirksam sein (*Frenz* Rn. 3840; zu Entschädigungsmechanismen Tettinger/Stern/*Lang* Rn. 8). Ein Unterlassen liegt auch dann nicht vor, wenn der Kündigungsschutz durch Fristen für seine Geltendmachung beschränkt wird (vgl. zB § 4 KSchG). Solange die Frist nicht so kurz ist, dass der Schutz vor der Entlassung ausgehöhlt wird, liegt keine Beeinträchtigung von Art. 30 vor. Das entspricht seit langem der Rechtsprechung des EuGH zu den Ausschlussfristen (zB zu § 15 IV AGG EuGH 8.7.2010 – C-246/09 Leitsatz 1 – Bulicke, Slg. 2009, I-7003). 17

Eine Beeinträchtigung von Art. 30 ergibt sich nicht daraus, dass allg. unionsrechtliche Regelungen zum **Kündigungsschutz unterblieben** sind, weil bereits in den Mitgliedstaaten eigenständige Regelungen existieren. Unabhängig davon, dass ein solcher Schutz ein Schutzbedürfnis voraussetzt, muss der Anwendungsbereich des Art. 30 eröffnet sein. Dieser beschränkt sich auf das Handeln der Unionsorgane und die Durchführung des Unionsrechts durch die Mitgliedstaaten (ausf. → Art. 51 Rn. 10 ff.). Soweit die Union den Kündigungsschutz den Mitgliedstaaten überlassen hat, ist sie mangels eines eigenen Handelns nicht gebunden. Den Mitgliedstaaten verbleibt ein originärer Bereich zur Gestaltung, so dass sie auch nicht zur Durchführung des Unionsrechts iSv Art. 51 I 2 handeln (Meyer/*Rudolf* Rn. 11; so auch EuGH 10.12.2009 – C-323/08 Rn. 58 f. – Rodriguez Mayor, Slg. 2009, I-11621). Art. 30 kommt somit nur zur Anwendung, soweit die Union Richtlinien zur Entlassung der Arbeitnehmer erlässt (→ Rn. 4, 16; ebenso *Hanau* NZA 2010, 1 [2 f.]; Meyer/*Rudolf* Rn. 11; ohne Bedacht darauf *Marhold* EuZA 2013, 146 [158 ff.]) bzw. die Rechtsstellung ihrer eigenen Mitarbeiter nicht entsprechend regelt. Insofern hat die enge Auslegung des Anwendungsbereichs einer Richtlinie unmittelbare Auswirkungen auf die Anwendung des Grundrechts, ohne dass zB unter Berufung auf Art. 30 der Entscheidung entgegengewirkt werden könnte (vgl. beispielhaft EuGH 10.12.2009 – C-323/08 – Mayor, Slg. 2009, I-11621; PHKW/*Kenner* Rn. 30.66). 18

Soweit eine Bindung durch Art. 30 besteht, haben die Mitgliedstaaten einen erheblichen Gestaltungsspielraum, so dass sich der Norm keine inhaltlichen Vorgaben für das Wie des Schutzes ableiten lassen. Art. 30 fungiert aber zumindest auf primärrechtlicher Ebene als Rechtfertigung für die damit verbundene Beschränkung der unternehmerischen Freiheit aus Art. 16 (→ Art. 16 Rn. 16; s. auch PHKW/*Kenner* Rn. 30.20 ff. zu Grundrechtskollisionen). Art. 16 wird damit zu einem Gestaltungsfaktor bei der sekundären Regelung des Schutzes vor Entlassungen (dazu PHKW/*Kenner* Rn. 30.23). Damit wird zugleich deutlich, dass dem Garantiegehalt des Art. 30 durch das Mehr-Ebenen-System und die damit verbundenen Kompetenzzuweisungen Grenzen gezogen sind. Diese ergeben sich nicht immer aus der eingeschränkten Ermächtigung der Union, sondern auch aus dem Grundsatz der Subsidiarität, die einzelne Regelungsbereiche in den Händen der Mitgliedstaaten lässt. Diese können ihrerseits durch die RESC zur Gewährleistung eines Kündigungsschutzes verpflichtet sein. 19

Enthalten **Richtlinien Vorgaben** für einen Kündigungsschutz zugunsten bestimmter Arbeitnehmergruppen (zB Arbeitnehmervertreter) oder in bestimmten Situationen (zB 20

Betriebsübergang), so ist die mangelnde Umsetzung der Richtlinie zunächst nur ein Verstoß gegen die Richtlinie als Sekundärrecht. Ein gleichzeitiger Verstoß gegen Art. 30 liegt nur vor, wenn eine von der Richtlinie erfasste Gruppe von Arbeitnehmern vom Schutz ausgenommen ist (Ob) und dies nicht durch eine Ausnahme oder Rechtfertigung nach der Richtlinie gedeckt ist. Zusätzlich ist zu bedenken, dass die Beschränkung des Anwendungsbereichs auf bestimmte Arbeitnehmergruppen eine Diskriminierung iSv Art. 21, 23 sein kann. Die Ausnahmebestimmung in der Richtlinie ist ggf. nicht nach Art. 52 I gerechtfertigt, so dass eine grundrechtskonforme Auslegung der Richtlinie erfolgen muss, ansonsten ist die Richtlinienbestimmung nichtig (allg. dazu → EUV Art. 6 Rn. 30 f.). Die Diskriminierung geht aber nicht immer mit einem Verstoß gegen Art. 30 einher, zumal von Art. 30 kein allg. Regelungszwang für die Europäische Union ausgeht. Sie kann die Regelungsmaterie den Mitgliedstaaten überlassen. Insofern ist zwischen der Ausnahme von einem unionsrechtlich geregelten Bereich und einer Nichtregelung des Entlassungsschutzes zu unterscheiden. Im Übrigen sind bei Diskriminierungen in Regelungen über den Entlassungsschutz die Art. 21, 23 leges speciales. Ihre Verletzung führt zur Unanwendbarkeit des nationalen Rechts (→ EUV Art. 6 Rn. 37).

21 Zum Teil wird aus Art. 30 abgeleitet, dass die Union verpflichtet sei, einen allg. Mindeststandard für den Schutz vor Entlassungen zu schaffen (Bercusson/*Bruun* 354; *Winner* 165, objektiv-rechtliche Garantie; andeutend *Zachert* NZA 2001, 1041 [1045]), zum Teil wird zurückhaltend höchstens die Ableitung sehr allg. Mindesterwartungen angenommen (Calliess/Ruffert/*Krebber* Rn. 8). Letztlich wird man aus Art. 30 für das Ob eines Schutzes gegen Entlassungen eine Schutzpflicht ableiten können. Dessen Ausgestaltung ist nicht vorgegeben, muss sich aber zumindest in den Grenzen der Verhältnismäßigkeit bewegen, sofern der Anwendungsbereich der GRC eröffnet ist.

22 Art. 30 ist als **Abwehrrecht** angesprochen, wenn die Unionsorgane bzw. die Mitgliedstaaten bei der Umsetzung einer Richtlinie den einmal geschaffenen Kündigungsschutz wieder einschränken. Es liegt somit ein Eingriff vor, der einer Rechtfertigung nach Art. 52 I bedarf. Zu beachten bleibt, dass eine Beseitigung der Regelung durch die Union höchstens dann kein Eingriff ist, wenn sie dadurch das Subsidiaritätsprinzip verwirklichen will und sich damit aus dem institutionellen Rahmen eine Begrenzung für die Wirkung der Grundrechte ergibt. Es handelt sich dabei nicht um eine Schranke im grundrechtsdogmatischen Sinne, sondern eher um eine Beschränkung des Anwendungsbereichs.

23 Die **Rechtfertigung** richtet sich nach der allg. Regelung in Art. 52 I. Für den Eingriff bedarf es einer gesetzlichen Grundlage und die Maßnahme muss verhältnismäßig sein. Sie muss für den verfolgten legitimen Zweck geeignet und das mildeste Mittel sein. Es darf kein Missverhältnis zwischen Nutzen und Einschränkung bestehen. Sofern mit dem Verstoß gegen die Richtlinie ein Eingriff in Art. 30 einhergeht und eine Rechtfertigung nach Art. 52 I bestehen sollte, liegt kein Verstoß gegen Primärrecht vor. Das nationale Recht bleibt anwendbar. Lediglich die Rechtsfolgen eines Richtlinienverstoßes treten ein (→ AEUV Art. 288 Rn. 88 ff.). Dass sich eine Diskrepanz zwischen Art. 30 und dem Richtlinieninhalt in dieser Weise ergibt, ist indes eher nicht zu erwarten. Daraus folgt aber nicht, dass jeder Richtlinienverstoß des nationalen Rechts zu dessen Unanwendbarkeit führt. Solange das nationale Recht richtlinienkonform ausgelegt werden kann, sind die Mitgliedstaaten dazu verpflichtet, so dass der Richtlinienverstoß beseitigt wird (SA des GA *Mengozzi* 21.1.2009 – C-12/08 Rn. 102 ff. – Mono Car Styling, Slg. 2009, I-6653). Zudem sind die Regelungen in den Richtlinien auch Konkretisierungen innerhalb des Schutzbereichs des Grundrechts. Sie mögen zwar von den objektiven Wertungen der GRC beeinflusst sein, es bestehen aber keine so weitgehenden Vorgaben aus dem Grundrecht, so dass der Richtlinienverstoß automatisch zu einem Grundrechtsverstoß erwächst. In diesem Punkt wirkt sich die unterschiedliche Regelungsdichte auf der primär- und sekundärrechtlichen Ebene des Unionsrechts aus.

D. Auswirkungen auf das Unionsrecht und das nationale Recht

Der eingeschränkte Anwendungsbereich der GRC hat zur Folge, dass die **Ausnahmen** 24
vom allg. Kündigungsschutz für Arbeitnehmer in den ersten sechs Monaten sowie in
Kleinbetrieben nach den §§ 1 I, 23 I KSchG keine Beeinträchtigung iSv Art. 30 darstellen
(APS/*Moll* KSchG § 23 Rn. 38; *Willemsen/Sagan* NZA 2011, 258 [259]; vgl. v. Hoyningen-Huene/Linck/*Krause* KSchG § 1 Rn. 16, § 23 Rn. 35; **aA** *Buschmann* AuR 2013, 388
[390]; zweifelnd auch Bercusson/*Bruun* 352). Die Union hat bisher keinen allg. Kündigungsschutz geregelt, sondern überlässt diesen den Mitgliedstaaten. Der EuGH hat insofern
in Bezug auf die Ausnahmen zum allg. Kündigungsschutz im französischen Recht in der
Rs. *Polier* zu Recht seine Unzuständigkeit angenommen (EuGH 16.1.2008 – C-361/07 –
Polier, Slg. 2008, I-6; ebenso EuGH 5.2.2015 – C-117/04 Rn. 31 ff. – Nisttahuz Poclava,
NZA 2015, 349). Auch das BAG hat eine unionskonforme Auslegung von § 138 und
§ 242 anhand von Art. 30 wegen des nicht eröffneten Anwendungsbereichs der Norm
zutreffend abgelehnt (BAG 8.12.2011 NZA 2012, 286 Rn. 8–10, 12; krit. *Ritter* NJW
2012, 1549 [1550 f.]). Hinzugefügt sei, dass selbst eine abweichende Beurteilung des
Anwendungsbereichs keine Folgen hätte, da der allg. Kündigungsschutz außerhalb des
KSchG sowie für besonders schutzbedürftige Arbeitnehmergruppen ein Sonderkündigungsschutz besteht (§§ 138, 242 BGB, § 612a BGB, § 85 SGB IX, § 9 MuSchG). Auf die
Regelungen wirkt Art. 30 nicht weiter ein (*Meyer* NZA 2014, 993 [996 ff.]; **aA** *Buschmann*
AuR 2013, 388 [390]). Zu Recht geht das BAG daher auch davon aus, dass Art. 30
unanwendbar ist, wenn die erstmalige Befristung des Arbeitsverhältnisses in Rede steht, da
solche Vereinbarungen nicht von der RL 1999/70/EG erfasst werden (BAG 11.9.2013
NZA 2013, 1352 Rn. 41).

Soweit die europäischen **Richtlinien** kündigungsrechtliche Bestimmungen enthalten, 25
sind diese systemkonform auszulegen, wobei neben Art. 15, 16 auch Art. 30 in Bedacht
zu nehmen ist (vgl. *Buschmann* AuR 2013, 388 [391]; *Meyer* NZA 2014, 993 [996 f.]).
Darüber hinaus ist Art. 30 für die Auslegung der kündigungsrechtlichen Regelung –
soweit es um das Wie des Kündigungsschutzes geht – ohne eigenständige Bedeutung, weil
es ihm insoweit an inhaltlichen Vorgaben mangelt. Ein unionsrechtlicher Anknüpfungspunkt ergibt sich insbesondere im Anwendungsbereich der Antidiskriminierungsrichtlinien. Insofern wird nicht nur ein Verstoß gegen Art. 21, 23 erwogen, sondern auch ein
Verstoß gegen Art. 30. Das gilt insbesondere für die sechsmonatige Wartezeit, die den
Sonderkündigungsschutz der schwerbehinderten Arbeitnehmer nach § 90 I Nr. 1 SGB IX
beschränkt (*Meyer* NZA 2014, 993 [997], im Einzelnen offengelassen; vgl. Düwell/Dau/
Joussen/*Düwell* SGB IX § 90 Rn. 5). Dabei ist aber zu beachten, dass es sich um eine
Privilegierung von Schwerbehinderten handelt und somit um eine positive Maßnahme.
Zum Schutz der schwerbehinderten Arbeitnehmer bleibt in der Wartezeit immer noch
der Kündigungsschutz außerhalb des KSchG, so dass eine Verletzung des Art. 30 nicht in
Betracht kommt.

Der Kündigungsschutz der **Arbeitnehmervertreter** nach Art. 7, 8 RL 2002/14/EG 26
erfolgt insbesondere durch § 78 BetrVG. Die Richtlinie und Art. 30 verpflichten nicht
dazu, eine befristete Beschäftigung des Arbeitnehmervertreters zu unterlassen. Das BAG hat
zu Recht eine unionsrechtskonforme Einschränkung des § 14 II TzBfG verneint (BAG
5.12.2012 NZA 2013, 515 Rn. 36; 19.3.2014 NZA-RR 2014, 462 Rn. 29; LAG München 2.8.2013 – 5 Sa 1005/12 Rn. 38, 40; LAG Nds 8.8.2012 LAGE TzBfG § 14 Nr. 71b
Rn. 73 ff.; LAG Bln-Bbg 4.11.2011 LAGE TzBfG § 14 Nr. 67a Rn. 31; ebenso *Ulrici/
Uhlig* jurisPR-ArbR 11/2012, Anm. 1; *Weller* BB 2012, 2763 [2764]; **aA** *Bell/Helm* AiB
2011, 269; *Helm/Bell/Windirsch* AuR 2012, 293; *Huber/Schubert/Ögüt* AuR 2012, 429
[430]; *Thannheiser* AiB 2011, 427). Die Richtlinie verpflichtet nur zu einem Mindestschutz
der Arbeitnehmervertreter und Art. 30 stellt keine darüber hinausgehenden Forderungen.

§ 14 II TzBfG widerspricht Art. 30 nicht (*Willemsen/Sagan* NZA 2011, 258 [261]). Das ergibt sich bereits daraus, dass sich der sachliche Anwendungsbereich des Grundrechts nicht auf Befristungen erstreckt. Insofern geht es am Schutzbereich des Grundrechts vorbei, wenn das BAG davon ausgeht, dass die Vorgaben des Art. 30 in Bezug auf Befristungen bereits durch RL 1999/70/EG gewahrt sind (BAG 22.1.2014 NZA 2014, 483 Rn. 36; 19.3.2014 NZA-RR 2014, 462 Rn. 29). Etwas anderes kann höchstens gelten, wenn ein befristeter Vertrag gerade geschlossen wird, um die Repräsentantenstellung des Arbeitnehmers zeitlich zu verkürzen. Unabhängig davon sind die Vorgaben des Art. 27 in Bedacht zu nehmen (→ Art. 27 Rn. 17, 22).

27 Selbst wenn man die Befristung in den sachlichen Schutzbereich des Art. 30 einbeziehen wollte, ergibt sich aus der mangelnden Richtlinienumsetzung nicht ohne Weiteres ein Verstoß gegen Art. 30. Bei einer unzureichenden Umsetzung des § 5 Anhang RL 1999/70/EG durch einen unzureichenden Schutz vor Kettenbefristungen oder die Zulassung von sachgrundlosen Befristungen kommt es nicht zu einer Verletzung von Art. 30. Vielmehr ist die Befristungskontrolle des TzBfG durch eine Missbrauchskontrolle zu beschränken (EuGH 26.1.2012 – C-586/1 Rn. 36, 43, 52 – Kücük; so auch EuGH 13.3.2014 – C-190/13 Rn. 55 – Márquez Samohano). Auf diese Weise wird die Richtlinienkonformität hergestellt. Ein Verstoß gegen Art. 30 kommt nicht in Betracht. Etwas anderes gelte nur, wenn die Richtlinie gegen Art. 30 verstieße. Zum Teil wird angenommen, jeder Verstoß gegen die RL 1999/70/EG sei ein Verstoß gegen Art. 30, so dass das nationale Recht unanwendbar sei (*Heuschmid* AuR 2014, 221 [222]; ähnlich ArbG München 8.10.2010 AiB 2011, 276 [268 f.] bzgl. Art. 27). Einem derart unmittelbaren Schluss von dem Richtlinienverstoß auf den Grundrechtsverstoß steht jedoch entgegen, dass Art. 30 den Unionsorganen gerade einen Gestaltungsspielraum belassen hat. Insofern ist jeweils zu prüfen, ob die Richtlinie diesen Gestaltungsspielraum überschreitet, so dass die mangelhafte Richtlinienumsetzung zu einem Grundrechtsverstoß erwächst. Richtig ist allerdings, dass im Fall einer Unvereinbarkeit der Richtlinie mit Art. 30, die nicht durch eine grundrechtskonforme Auslegung behoben werden kann, die Richtlinie nichtig ist (vgl. *Heuschmid* AuR 2014, 221 [222]). Bei der RL 1999/70/EG ist davon aber nicht auszugehen, weil ihre Zwecksetzung in jedem Fall über Art. 30 hinausgeht. Es erfolgt ein Missbrauchsschutz wegen prekärer Arbeit, so dass das Bestandsinteresse bzw. die Umgehung des Kündigungsschutzes nicht allein der Maßstab ist (→ RL 1999/70/EG Rn. 14). Ein Verstoß liegt nur vor, wenn der Umgehungsschutz nicht sichergestellt ist und es an einem Minimalschutz gegenüber ungerechtfertigten Kündigungen fehlt (so wohl auch BAG 22.1.2014 NZA 2014, 483 Rn. 36). Insofern ergibt sich aus Art. 30 keine weitergehende Wirkung für die RL 1999/70/EG und das nationale Umsetzungsrecht, weil die Maßstäbe für den Missbrauch und seine Vermeidung aus der Richtlinie resultieren (*Willemsen/Sagan* NZA 2011, 258 [261]).

28 Eine Verletzung von Art. 30 ergibt sich auch nicht daraus, dass die sachgrundlose Befristung nach § 14 II TzBfG zulässig ist. Zum einen besteht für sie eine Obergrenze hins. der Zeitdauer und der Zahl der Verlängerungen. Zum anderen ist die absolute Zeitdauer nicht so lang, dass sich daraus Bedenken für eine ungerechtfertigte Beschränkung von Art. 30 ergeben können. Die Regelung zur Umsetzung der RL 1999/70/EG muss nicht nur Art. 30 berücksichtigen, sondern kann für die Rechtfertigung eines Eingriffs auf Art. 16 verweisen (ebenso LAG Bln-Bbg 16.1.2014 – 21 Sa 1795/13).

Art. 31 Gerechte und angemessene Arbeitsbedingungen

(1) **Jede Arbeitnehmerin und jeder Arbeitnehmer hat das Recht auf gesunde, sichere und würdige Arbeitsbedingungen.**

(2) **Jede Arbeitnehmerin und jeder Arbeitnehmer hat das Recht auf eine Begrenzung der Höchstarbeitszeit, auf tägliche und wöchentliche Ruhezeiten sowie auf bezahlten Jahresurlaub.**

Grundlagen **Art. 31 GRC 30**

Übersicht

	Rn.
A. Grundlagen	1
I. Normzweck und rechtliche Bedeutung	1
II. Quellen	3
III. Abgrenzung zu anderen Grundrechten	6
B. Schutzbereich	7
I. Persönlicher Schutzbereich	7
II. Sachlicher Schutzbereich des Art. 31 I	9
III. Sachlicher Schutzbereich des Art. 31 II	14
C. Beeinträchtigung und Rechtfertigung	18
D. Wirkung auf das sekundäre Unionsrecht und das nationale Recht	22

A. Grundlagen

I. Normzweck und rechtliche Bedeutung

Art. 31 regelt nach seiner Überschrift das Recht auf gerechte und angemessene Arbeits- 1
bedingungen und erhebt damit vordergründig einen sehr weitreichenden sozialen Schutz in den Rang eines Grundrechts (Tettinger/Stern/*Lang* Rn. 15). Zum Teil wurde Art. 31 daher als Grundnorm für die Neuausrichtung des europäischen Arbeitsrechts angesehen (Bercusson/*Blanke* 359; abl. Calliess/Ruffert/*Krebber* Rn. 2; *Frenz* Rn. 3903; *Heuschmid* 127; PHKW/Bogs Rn. 31.48; Streinz/*Streinz* Rn. 4). Art. 31 ist jedoch bereits systematisch nicht die zentrale Norm der sozialen Grundrechte. Die Erläuterungen des Konvents rücken die Norm in den Kontext des Arbeitsschutzrechts (→ Rn. 9–11). Sie kann daher als zentrale primärrechtliche Verankerung für den Schutz von Körper und Gesundheit sowie allg. Persönlichkeitsrecht am Arbeitsplatz gelten, so dass es insoweit keines zusätzlichen Rückgriffs auf die positiven Pflichten aus Art. 1, 2 und 3 bedarf. Der systematische Zusammenhang zu diesen Grundrechten bleibt aber für das Verständnis der Norm relevant (vgl. *Jarass* Rn. 2; PHKW/*Bogg* Rn. 31.07 f.; *Winner* 167; so auch *Frenz* RdA 2011, 199 [200]; Heselhaus/Nowak/*Hildebrandt* § 36 Rn. 44; Meyer/*Rudolf* Rn. 14; Tettinger/Stern/*Lang* Rn. 8). Art. 31 ist aber nicht die Grundnorm eines neuen Arbeitsrechts der Europäischen Union. Die Regelung konzentriert sich auf den technischen und sozialen Arbeitsschutz sowie auf ein von Belästigung freies Arbeitsumfeld (→ Rn. 10, 13). Im Mittelpunkt steht die physische und psychische Integrität des Arbeitnehmers, die auf seine Würde als Person rückbezogen ist (vgl. dazu *Frenz* RdA 2011, 199 [200]; *Jarass* Rn. 2; Meyer/*Riedel* Rn. 14; PHKW/*Bogg* Rn. 31.07; Tettinger/Stern/*Lang* Rn. 8 f.).

Trotz des weiten Wortlauts enthält Art. 31 in beiden Absätzen jeweils ein **subjektives** 2
Recht, das **Grundrechtscharakter** hat (Renner/Bergmann/Deinelt/*Bergmann,* Ausländerrecht, 10. Aufl. 2013, GRC Art. 31 Rn. 1; vgl. auch *Jarass* Rn. 2; *Petersen* 88 f.; Schwarze/*Knecht* Rn. 7, beide unter Aufgabe ihrer abweichenden Auffassung aus der Vorauflage; ebenso *Frenz* Rn. 3881 ff.; Meyer/*Rudolf* Rn. 12; *Schwarze* EuZW 2001, 517 [522]; so zumindest zu Art. 31 II PHKW/*Bogg* Rn. 31.34 f.; *Seifert* EuZA 2013, 299 [309]; SA der GA Trstenjak 24.1.2008 – C-520/06 Rn. 51 f. – Schultz-Hoff, Slg. 2009, I-179; so auch *J. Schubert* RdA 2013, 370 [375]; **aA** Lord Goldsmith Cambridge Modern Law Review 38, 2001, 1201 [1212]; *Sagmeister* 372; *Winner* 168). Bereits nach dem Wortlaut wird ein „Recht auf" gesunde, sichere und würdige Arbeitsbedingungen verliehen. Zudem ist der Normtext anhand der historischen Bezüge zur GSGA, ESC und RESC in einem Maße konkretisierbar, dass der Inhalt der Norm dem eines Grundrechts entspricht und nicht nur ein Grundsatz (Programmsatz) iSv Art. 52 V ist. Auch der EuGH hat bereits den Rechtscharakter des Art. 31 II anerkannt (EuGH 15.9.2011 – C-155/10 Rn. 18 – Williams, Slg. 2011, I-8409; 22.11.2011 – C-214/10 Rn. 31 – KHS, Slg. 2011, I-11757). Die Rechte aus Art. 31 I, II sind vor allem **positive Verpflichtung** für den Staat (→ Rn. 6, 19), haben partiell aber auch eine **abwehrrechtliche Funktion** (→ Rn. 6). Es besteht aber keine unmittelbare Bindung für Private durch Art. 31 (*Jarass* Rn. 2; *Petersen* 86; Schwarze/*Knecht* Rn. 2). Diese lässt sich

auch nicht darauf stützen, dass Art. 31 einen Bezug zur Menschenwürde aufweist (*Schwarzburg*, Die Menschenwürde im Recht der europäischen Union, 2012, 321 ff.).

II. Quellen

3   Art. 31 I beruht nach den Erläuterungen des Konvents auf Art. 3 ESC, der das Recht auf sichere und gesunde Arbeitsbedingungen regelt, und Nr. 19 GSGA, die den Gesundheitsschutz und die Sicherheit am Arbeitsplatz betrifft. Zugleich nimmt der Konvent auf die Arbeitsschutzrahmenrichtlinie (RL 89/391/EWG) und Art. 26 RESC Bezug. Letzterer zielt auf die Wahrung der Würde des Arbeitnehmers am Arbeitsplatz, wobei es vor allem um ein (präventives wie repressives) Vorgehen gegen Belästigungen und sexuelle Belästigungen am Arbeitsplatz geht. Für den Begriff der Arbeitsbedingungen verweisen die Erläuterungen des Konvents auf Art. 156 AEUV. Insofern konzentriert sich die Norm historisch betrachtet auf den Gesundheitsschutz und die Sicherheit des Arbeitnehmers am Arbeitsplatz und nimmt den Schutz vor (sexueller) Belästigung am Arbeitsplatz als Schutz der Würde des Arbeitnehmers hinzu. Regelungskompetenzen ergeben sich für die Europäische Union aus Art. 153 I lit. a, b und Art. 156 AEUV.

4   Art. 31 II wird auf das Recht auf „gerechte" Arbeitsbedingungen iSv Art. 2 ESC und Nr. 8 GSGA zurückgeführt, die beide Vorgaben zu täglichen und wöchentlichen Arbeits- und Ruhezeiten sowie den Jahresurlaub enthalten. Zudem verweist der Konvent auf die Arbeitszeitrichtlinie (RL 93/104/EG, ersetzt durch RL 2003/88/EG). Der bezahlte Jahresurlaub ist zudem vom EuGH als besonders bedeutsamer Grundsatz des Sozialrechts anerkannt (zB EuGH 26.6.2001 – C-173/99 Rn. 43 – BECTU, Slg. 2001, I-4881; 24.1.2012 – C-282/10 Rn. 16 – Dominguez, NZA 2012, 139; 3.5.2012 – C-337/10 Rn. 28 – Neidel, NJW 2012, 2420; 8.11.2012 – C-229/11 Rn. 22 – Heimann Toltschin, NZA 2012, 1273).

5   Die Verfassungen der Mitgliedstaaten enthalten zum Teil ein Recht auf Arbeit oder Verbürgungen über Arbeitsbedingungen; vereinzelt finden sich auch Garantien über wöchentliche Ruhezeiten oder bezahlten Jahresurlaub (Meyer/*Rudolf* Rn. 3 f.). Das internationale Arbeitsrecht enthält weitere Rechtsquellen, die in einem Zusammenhang zu Art. 31 stehen. Das gilt zum einen für die IAO-Konvention Nr. 132, die den Urlaub betrifft und auf die der EuGH in seinen Entscheidungen Bezug genommen hat (EuGH 20.11.2009 – C-350/06 ua Rn. 38 – Schultz-Hoff, Slg. 2009, I-179; 22.11.2011 – C-214/10 Rn. 41 – KHS, Slg. 2011, I-11757). Darüber hinaus bestehen aber keine Entscheidungen, die die Grundrechtsqualität der Rechte aus Art. 31 anerkennen (Heselhaus/Nowak/*Hildebrandt* § 36 Rn. 43). Zur Arbeitszeit sind Regelungen in den IAO-Konventionen Nr. 1 von 1919 und Nr. 30 von 1930 zur Höchstarbeitszeit sowie in der IAO-Konvention Nr. 47 von 1935 zur 40-Stunden-Woche enthalten. Die IAO-Konventionen Nr. 14 von 1921 und Nr. 106 von 1957 normieren Vorgaben für die wöchentlichen Ruhezeiten (dazu PHKW/*Bogg* Rn. 31.24). Schließlich regeln die Art. 23, 24 AMRK ein Recht auf gerechte und befriedigende Arbeitsbedingungen, gerechte und befriedigende Entlohnung sowie ein Recht auf Erholung und Freizeit und insbesondere auf Urlaub. Diese Rechtsquellen haben in der Rechtsprechung des EuGH bisher aber keine Berücksichtigung gefunden.

III. Abgrenzung zu anderen Grundrechten

6   Art. 31 regelt spezifisch den Schutz von Körper und Gesundheit des Arbeitnehmers und ist daher lex specialis zu Art. 2 und 3, zumal es sich nicht vorrangig um ein Abwehrrecht, sondern um eine positive Verpflichtung für den Staat handelt. Der Mutterschutz ist eigens in Art. 33 II aufgenommen, der als speziellere Norm Art. 3 und 31 vorgeht (*Frenz* Rn. 4000; *Jarass* Rn. 13; *Rengeling/Szczekalla* Rn. 1013, 1020). Der Vorrang des Art. 33 II beschränkt sich aber auf den Kündigungsschutz, weil er die Anpassung der Arbeitsbedingungen an die Situation der Schwangeren oder Mutter nicht vorsieht und sich die Pflicht zur Wahrung

sicherer und gesunder Arbeitsbedingungen für Mutter und Kind nur aus Art. 31 ergeben kann. Für die Arbeitsbedingungen von Kindern und Jugendlichen ist Art. 32 lex specialis, wobei auf eine konsistente Interpretation der Art. 31 und 32 zu achten ist (PHKW/*Bogg* Rn. 31.10).

B. Schutzbereich

I. Persönlicher Schutzbereich

Der persönliche Schutzbereich des Art. 31 I, II erstreckt sich auf alle natürlichen Personen, die Arbeitnehmer sind, unabhängig von der Staatsangehörigkeit (vgl. Diskussion im Konvent, *Bernsdorff/Borowsky* 216; dazu *Frenz* Rn. 3894). Dabei ist der unionsrechtliche Arbeitnehmerbegriff zugrunde zu legen (→ Art. 27 Rn. 18 ff.). Arbeitnehmer ist danach jeder, der Arbeit auf Weisung und gegen Entgelt verrichtet. Dabei kommt es nicht darauf an, ob es sich um ein privat- oder öffentlich-rechtliches Beschäftigungsverhältnis handelt. Unerheblich ist auch die Art des Unternehmens. Auch gemeinnützige Einrichtungen sind erfasst. Der Arbeitnehmerbegriff erstreckt sich auch auf Praktikanten und Lehrlinge (→ Art. 27 Rn. 21), ausgenommen sind jedoch arbeitnehmerähnliche Personen (→ Art. 27 Rn. 19; aA PHKW/*Bogg* Rn. 31.37 f., dependend self-employed). Etwas anderes ergibt sich auch nicht daraus, dass die RL 89/391/EWG ihren Anwendungsbereich über den Kreis der Arbeitnehmer hinaus auf arbeitnehmerähnliche Personen erweitert. Die Arbeitsschutzrahmenrichtlinie ist nur eine von mehreren normativen Bezugsgrößen für Art. 31 I, so dass sich daraus allein kein weitergehender persönlicher Schutzbereich ergibt, zumal er im Wortlaut der unterschiedlichen Sprachfassungen der GRC keinen eindeutigen Widerhall findet. Insofern kann die Richtlinie nicht das Grundrecht als Primärrecht determinieren.

Art. 31 enthält, anders als Art. 15 II, keine Beschränkung auf Arbeitnehmer, die legal Zutritt zum Arbeitsmarkt haben (Meyer/*Rudolf* Rn. 13; Schwarze/*Knecht* Rn. 3; Tettinger/Stern/*Lang* Rn. 6). Anders als die Berufsfreiheit, die als Freiheitsrecht die Berufsausübung erfasst und somit an den Arbeitsmarkt und seine Vorgaben anknüpft, ist Art. 31 in besonderem Maße ein Schutz des tatsächlich Beschäftigten vor Risiken für ihn als Person bzgl. Körper, Gesundheit und Würde (vgl. dazu SA der GA *Trstenjak* 24.1.2008 – C-520/06 Rn. 51 f., 47 – Schlutz-Hoff, Slg. 2009, I-179). Dieser Normzweck besteht unabhängig von der Illegalität der Beschäftigung, so dass illegale Arbeitnehmer zu Recht nicht vom Schutz ausgenommen sind. Das Gleiche gilt für Arbeitnehmer in einem fehlerhaften Arbeitsverhältnis.

II. Sachlicher Schutzbereich des Art. 31 I

Arbeitsbedingungen iSv Art. 31 I sind nach den Erläuterungen des Konvents anhand von Art. 156 AEUV abzugrenzen (HK-EUR/*Folz* Rn. 2; *Jarass* Rn. 6; Meyer/*Rudolf* Rn. 1; noch in Bezug auf die Vorgängernorm Art. 140 EGV *Rengeling/Szczekalla* Rn. 1015; Tettinger/Stern/*Lang* Rn. 7). In der Literatur wird zum Teil auf Art. 153 I lit. b AEUV verwiesen (vgl. *Frenz* Rn. 3862 ff.; s. aber Calliess/Ruffert/*Krebber* Rn. 2, Verweis auf Art. 153 I lit. a AEUV), der wegen der eigenständigen Regelung zum Schutz der Gesundheit und Sicherheit der Arbeitnehmer in Art. 153 I lit. a AEUV einen relativ engen Kreis von Arbeitsbedingungen zugrunde legt (→ AEUV Art. 153 Rn. 17 f.). Angesichts des Ziels von Art. 31 I widerspricht eine Abkopplung des Begriffs der Arbeitsbedingungen von der Gesundheit und Sicherheit des Arbeitnehmers und eine damit einhergehende Verengung dem Normzweck. Auch im Rahmen des Art. 156 AEUV gibt es zwar Überschneidungen mit der Verhütung von Berufsunfällen und Berufskrankheiten (Gedankenstrich 5), die auch den Schutz der Gesundheit bei der Arbeit erfasst. Das darf angesichts des Schutzzwecks des Art. 31 I aber nicht zur Verengung des Begriffs der Arbeitsbedingungen führen, zumal Art. 156 AEUV eine beispielhafte Aufzählung enthält. Zur weiteren Konkretisierung ist auf RL 89/391/EWG zurückzugreifen. Zum Teil wird auch ohne Rückgriff auf Art. 156 AEUV eine weite Auslegung präferiert, wobei die Beschränkung anhand der Attribute gesund, sicher und würdig in Art. 31 I erfolgt und zugleich auf RL 89/931/EWG verwiesen wird (*Frenz* Rn. 3895 ff.). Das führt nicht zu nennenswerten Unterschieden. Arbeitsbedingungen sind daher sämtliche Umstände der Leistungserbringung im Arbeitsverhältnis, einschließlich der nicht die Bezahlung betreffenden Elemente der Gegenleistung des Arbeitgebers (*Dorfmann* 190; *Frenz* Rn. 3864; ähnlich *Petersen* 86; *Winner* 164: Rechte und Pflichten aus dem Arbeitsvertrag mit Ausnahme des Entgelts; anders Streinz/*Eichenhofer* AEUV Art. 153 Rn. 17). Dazu gehört auch das Arbeitsumfeld wie Räumlichkeiten und Ausstattung sowie die Leistungsmodalitäten (Verteilung Arbeitsaufträge, Arbeitsrhythmus, Personalverteilung; vgl. *Dorfmann* 190). Für ein weites Verständnis wird zum Teil auf den Bezug der Norm auf die Menschenwürde verwiesen (Bercusson/*Blanke* 375 f.).

10   Zutreffend nimmt die hM das **Arbeitsentgelt** von den Arbeitsbedingungen iSv Art. 31 I aus (*Ashiagbor* EHRLR 2004, 62 [69]; *Dorfmann* 191 ff.; *Frenz* Rn. 3904; *Jarass* Rn. 6; Meyer/*Rudolf* Rn. 15; *Rieble/Picker* ZfA 2014, 153 [160]; **aA** *Hanau* NZA 2010, 1 [2]; Tettinger/Stern/*Lang* Rn. 8). Hierfür spricht nicht nur der Normzweck des Art. 31 I, sondern auch der Verweis auf Art. 3 ESC, der sich ebenfalls nicht auf das Arbeitsentgelt erstreckt, das eigens in Art. 4 ESC geregelt ist (zum mangelnden Verweis auf Art. 4 ESC *Frenz* RdA 2011, 199 [200]). Auf eine Regelung eines fairen und angemessenen Mindestlohns oder gleiches Entgelt konnte man sich im Konvent nicht verständigen (Dokument CONVENT 18 v. 27.3.2000 und CONVENT 34 v. 16.5.2000; Meyer/*Rudolf* Rn. 6 f.). Zum Teil wird für die Beschränkung des Begriffs der Arbeitsbedingungen auch auf Art. 153 V AEUV verwiesen, der das Arbeitsentgelt von den Kompetenzen der Europäischen Union ausnimmt (*Frenz* Rn. 3865; *Rieble/Picker* ZfA 2014, 153 [160]; vgl. Meyer/*Rudolf* Rn. 1, die aber nur eine Aussage über die Bedeutung des Art. 31 I trifft). Die Garantien wurden jedoch von den Kompetenzen der Europäischen Union unabhängig gestaltet. Lediglich der Anwendungsbereich der Charta wird dadurch beeinflusst, während der Schutzbereich des einzelnen Grundrechts davon nicht abhängt. Insofern ist der Schluss von der Kompetenz auf den Grundrechtsinhalt genauso unzulässig wie der Schluss vom Grundrecht auf die Kompetenz (PHKW/*Bogg* Rn. 31.49). Erfasst ist daher der technische und soziale Arbeitsschutz (Calliess/Ruffert/*Krebber* Rn. 2; Meyer/*Rudolf* Rn. 1; Schwarze/*Knecht* Rn. 6; so auch Tettinger/Stern/*Lang* Rn. 10). Insofern ist es unerheblich, ob sie öffentlich-rechtlich, privatrechtlich oder auch individualvertraglich geregelt werden, solange Umstände betroffen sind, unter denen die Arbeitsleistung zu erbringen ist (so auch Meyer/*Rudolf* Rn. 1; primär für Pflichten aus dem Einzelvertrag Tettinger/Stern/*Lang* Rn. 7). Für die betriebliche Altersversorgung hat Art. 31 I wegen ihres Charakters als Entgelt iwS folglich keine Bedeutung (Willemsen/*Döring* BetrAV 2011, 432 [433]).

11   Art. 31 I gewährt – im Gegensatz zur Überschrift – ein Recht auf gesunde, sichere und würdige Arbeitsbedingungen. Der Begriff der **gerechten Arbeitsbedingungen,** der in der Überschrift enthalten ist, wird im Normtext nicht aufgegriffen. Die Überschrift zwingt auch nicht zu einer weiten Auslegung des Wortlauts. Ihre Formulierung (englisch „fair and just", französisch „justes et équitables") deckt sich mit derjenigen in Art. 2 ESC, bei dem für Art. 31 II Anleihe genommen wurde. Insofern begründet Art. 31 kein allg. Recht auf gerechte Arbeitsbedingungen (Calliess/Ruffert/*Krebber* Rn. 2; *Frenz* RdA 2011, 199 [200]; Meyer/*Rudolf* Rn. 15). Die Erläuterungen des Konvents verweisen nur auf die RL 89/391/ EWG und Nr. 19 GSGA, der sich auf den Gesundheitsschutz und die Sicherheit am Arbeitsplatz bezieht. Eine Bezugnahme zB auf die Leiharbeitsrichtlinie (RL 93/104/EG, jetzt RL 2008/104/EG), die den Equal-Pay- und Equal-Treatment-Grundsatz normiert, erfolgt nicht (dazu auch Meyer/*Rudolf* Rn. 15). Gerade diese Richtlinie wäre neben Art. 157 AEUV eine der wenigen Regelungen zum Arbeitsentgelt im europäischen Arbeitsrecht gewesen. Auch ein Bezug auf Art. 4 ESC zum Mindestentgelt fehlt. Gerechter Lohn wird nicht von Art. 31 I garantiert (*Ashiagbor* EHRLR 2004, 62 [69]; *Frenz* RdA 2011, 199 [200]; *ders.* Rn. 3904; *Jarass* Rn. 6; Meyer/*Rudolf* Rn. 15; *Rieble/Picker* ZfA 2014, 153

Schutzbereich **Art. 31 GRC 30**

[160]; Schwarze/*Knecht* Rn. 2; offengelassen von *Dorfmann* 193; Tettinger/Stern/*Lang* Rn. 15). Vorschläge zur Aufnahme einer solchen Regelung wurden im Konvent abgelehnt (Dokument CONVENT 18 v. 27.3.2000; CONVENT 34 v. 16.5.2000; dazu *Bernsdorff/ Borowsky* 322 f.; Meyer/*Rudolf* Rn. 6 f.; Schwarze/*Knecht* Rn. 2). Art. 31 I enthält kein allg. Recht auf gerechte und angemessene Arbeitsbedingungen (Calliess/Ruffert/*Krebber* Rn. 2; *Frenz* Rn. 3903; Streinz/*Streinz* Rn. 4).

Sichere und gesunde Arbeitsbedingungen nach Art. 31 I meint damit solche Um- 12 stände für die Erbringung der Arbeitsleistung, die eine Verletzung der physischen und psychischen Integrität des Arbeitnehmers vermeiden. Die Auslegung darf sich angesichts der Erläuterungen des Konvents an Art. 6 RL 89/391/EWG anlehnen (Meyer/*Rudolf* Rn. 15). Der Arbeitgeber muss betriebsbedingte Gefahren verhindern sowie Risiko- und Unfallfaktoren beseitigen. Vermeidbare Risiken sind abzuwenden und unvermeidbare Risiken sind abzuschätzen, um die Integrität der Arbeitnehmer zu sichern. Dabei sind die Gefahren an der Ursache nach dem Stand der Technik zu bekämpfen. Nach der Richtlinie bedarf es dazu Information, Unterweisung und geeignete Organisation sowie geeignete Arbeitsmittel (Art. 6 RL 89/391/EWG).

Der Begriff der **würdigen Arbeitsbedingungen** scheint, im umfassenden Sinne auf die 13 Menschenwürde Bezug zu nehmen. Wegen der Entstehungsgeschichte des Art. 31 I ist er aber unter Rückgriff auf Art. 26 RESC auszulegen, so dass er vor allem die präventive wie repressive Bekämpfung von (sexueller) Belästigung am Arbeitsplatz erfasst (*Frenz* Rn. 3902; *Jarass* Rn. 7; Meyer/*Rudolf* Rn. 11, 14; PHKW/*Bogg* Rn. 31.10; Schwarze/*Knecht* Rn. 6). Insofern wird der Arbeitnehmer nicht nur in seiner körperlichen Integrität, sondern auch in seinem allg. Persönlichkeitsrecht geschützt. Der Arbeitgeber muss missbilligenswerten, eindeutig negativen oder anstößigen Handlungsweisen entgegentreten.

III. Sachlicher Schutzbereich des Art. 31 II

Art. 31 II bezieht sich auf die Höchstarbeitszeit, die tägliche und wöchentliche Ruhezeit 14 und den bezahlten Jahresurlaub als für alle geltendes soziales Minimum (Meyer/*Rudolf* Rn. 21; vgl. *Bernsdorff/Borowsky* 216; *Frenz* Rn. 3910). **Höchstarbeitszeit** meint dabei die tägliche und wöchentliche Höchstarbeitszeit (**aA** *Frenz* Rn. 3907; *Jarass* Rn. 8; wohl auch Heselhaus/Nowak/*Hilbrandt* 36 Rn. 33). Das ergibt sich nicht nur aus dem systematischen Zusammenhang zu den erfassten Ruhezeiten, sondern auch aus dem Verweis der Erläuterungen des Konvents auf die Arbeitszeitrichtlinie (Art. 1 II RL 93/104/EG, jetzt Art. 2 ff. RL 2003/88/EG) und Art. 2 ESC (HK-EUR/*Folz* Rn. 2; Meyer/*Rudolf* Rn. 19; Rengeling/*Szczekalla* Rn. 1016; Tettinger/Stern/*Lang* Rn. 5). Dieser Bezug auf die ESC ist auch die Ursache für die Überschrift „gerechte Arbeitsbedingungen". Diese entspricht Art. 2 ESC. Der Begriff des **bezahlten Jahresurlaubs** orientiert sich an Art. 7 RL 2003/88/EG sowie an der Rechtsprechung des EuGH zu diesem „besonders bedeutsamen Grundsatz des Sozialrechts" (zB EuGH 26.6.2001 – C-173/99 Rn. 43 – BECTU, Slg. 2001, I-4881; 24.1.2012 – C-282/10 Rn. 16 – Dominguez, NZA 2012, 139; 3.5.2012 – C-337/10 Rn. 28 – Neidel, NJW 2012, 2420; 8.11.2012 – C-229/11 ua Rn. 22 – Heimann Toltschin, NZA 2012, 1273). Art. 31 II bestätigt zugleich den Grundrechtscharakter des bezahlten Jahresurlaubs (Meyer/*Rudolf* Rn. 21). Der Urlaub hat nach dem Verständnis des EuGH zwei Zwecke. Er dient der Erholung von der Arbeit, verschafft aber auch einen Zeitraum für Entspannung und Freizeit (EuGH 20.11.2009 – C-350/06 ua Rn. 25 – Schultz-Hoff, Slg. 2009, I-179; 22.11.2011 – C-214/10 Rn. 31 – KHS, Slg. 2011, I-11757). Schließlich ist der Urlaub Teil des sozialen Arbeitsschutzes und fügt sich so kohärent in die Regelung des Art. 31 ein.

Art. 31 II hat angesichts der RL 93/104/EG (jetzt RL 2003/88/EG) einen Teil des acquis 15 communautaire der Europäischen Union aufgenommen (Meyer/*Rudolf* Rn. 19). Das bedeutet aber nicht, dass die Regelungen der Arbeitszeitrichtlinie dadurch automatisch Primärrechtsqualität gewinnen (ähnlich *Seifert* EuZA 2013, 299 [309]; vgl. auch *Höpfner*

RdA 2013, 16 [21]; offenlassend *Gallner*, FS Etzel, 2011, 155 [162]; **aA** wohl *Petersen* 89). Art. 7 I RL 93/14/EG bzw. Art. 7 I RL 2003/88/EG bestimmt einen Mindesturlaub von vier Wochen, während Art. 31 II keine solche zeitliche Vorgabe enthält und insoweit auch kein allg. Grundsatz ableitbar ist, der zur Konkretisierung des Art. 31 II als Primärrecht geeignet wäre (vgl. *Seifert* EuZA 2013, 299 [309]; **aA** PHKW/*Bogg* Rn. 31.56). Die Konkretisierung der Urlaubsdauer ist somit ausschließlich Teil des Sekundärrechts, nur das Ob eines Urlaubsanspruchs ist grundrechtlich garantiert. Damit weicht Art. 31 II nicht nur von Art. 7 I RL 93/14/EG bzw. Art. 7 I RL 2003/88/EG, sondern auch von Art. 2 ESC ab, die beide eine Mindesturlaubsdauer bestimmen (Meyer/*Rudolf* Rn. 2). Bei der Erarbeitung des Art. 31 II wurde darauf geachtet, dass keine zu starren Zeitvorgaben zur Arbeitszeit und zum Urlaub bestehen (vgl. 7. Sitzung, *Bernsdorff/Borowsky* 216; so auch Meyer/*Rudolf* Rn. 9).

16   Der Urlaubsanspruch iSv Art. 31 II muss wegen seines Zwecks und mit Rücksicht auf Art. 7 I RL 93/14/EG bzw. Art. 7 I RL 2003/88/EG grundsätzlich in natura durch Freistellung von der Arbeitspflicht gewährt werden (PHKW/*Bogg* Rn. 31.60). Genauere Vorgaben zu den Modalitäten der Gewährung lassen sich Art. 31 II nicht entnehmen, sondern obliegen grundsätzlich der sekundärrechtlichen Ausgestaltung. Auch die Bezahlung während des Urlaubs ist nicht konkret geregelt. Wegen des Zusammenhangs zum Urlaub als Befreiung von der Arbeitsleistung muss sich die Bezahlung am Arbeitsentgelt orientieren. Weitergehende Vorgaben im Detail enthält Art. 31 II indes nicht (weitergehend PHKW/*Bogg* Rn. 31.57 f.). Das hat inzwischen auch der EuGH angenommen (EuGH 12.2.2015 – C-396/13 Rn. 66 – Sähköalojen ammattiliitto, NZA 2015, 345).

17   Ein Rückschluss von der Richtlinie auf das Primärrecht ist auch nicht im Hinblick auf deren Anwendungsbereich möglich (Meyer/*Rudolf* Rn. 20; **aA** HK-EUR/*Folz* Rn. 4). Die Grundrechtecharta regelt ihren eigenen Anwendungsbereich autonom und der sachliche Schutzbereich ergibt sich aus Art. 31 II, so dass die Ausnahmen der Arbeitszeitrichtlinie und des nationalen Arbeitszeitrechts in Umsetzung der Richtlinie ggf. Art. 31 II beeinträchtigt, so dass es der Rechtfertigung bedarf.

C. Beeinträchtigung und Rechtfertigung

18   Die Organe der Union beeinträchtigen Art. 31 I, wenn für die Mitarbeiter der Europäischen Union keine sicheren und gesunden Arbeitsbedingungen hergestellt bzw. kein hinreichender Arbeitszeitschutz vorgesehen wird. Das gilt ebenso für die Vorgaben zu Arbeits- und Ruhezeiten sowie zum bezahlten Jahresurlaub. Für EU-Beamte bestimmt jedoch die VO Nr. 31 (EWG) 11 (EAG) über das Statut der Beamten und über die Beschäftigungsbedingungen der sonstigen Bediensteten der Europäischen Wirtschaftsgemeinschaft und der Europäischen Atomgemeinschaft die wöchentlichen Regelarbeitszeiten von 40–42 Stunden, 24 Tage Mindesturlaub, 20 Wochen Zusatzurlaub für werdende Mütter sowie Krankheitsurlaub (Art. 55 II, 57–59 I Statut Anlage). Für Bedienstete auf Zeit und Vertragsbedienstete gelten diese Regelungen grundsätzlich sinngemäß (Art. 16 I, 91 Beschäftigungsbedingungen). Für Parlamentarische Assistenten gilt Ähnliches nach Art. 131 II, V Beschäftigungsbedingungen. Daneben liegt eine Beeinträchtigung nur vor, wenn die Union die Mitgliedstaaten darin behindert, sichere und gesunde Arbeitsbedingungen sicherzustellen. Bereits der sozialrechtliche Grundsatz auf bezahlten Urlaub hatte zur Folge, dass die Europäische Union verpflichtet ist, den Stand der Grundrechtsverwirklichung nicht zu beschränken (Meyer/*Rudolf* Rn. 21; Meyer/*Borowsky* Art. 52 Rn. 45c).

19   Das Recht aus Art. 31 I als Gewährleistungspflicht (Schutzpflicht) wird durch Unterlassen beeinträchtigt, wenn es an Regelungen für die Sicherheit und Gesundheit der Arbeitnehmer fehlt, obwohl die dafür notwendige Kompetenz vorhanden ist. Bei der Erfüllung der positiven Verpflichtung haben die Union und die Mitgliedstaaten erheblichen Gestaltungsspielraum. Allerdings muss die Union bzw. der Mitgliedstaat bei der Ausschöpfung der

Gestaltungsmöglichkeiten den Grundsatz der Verhältnismäßigkeit und die Wesensgehaltsgarantie beachten (Meyer/*Rudolf* Rn. 21). Daher ist nur ein Überschreiten dieser Spielräume eine Beeinträchtigung. Art. 31 I gibt zudem nicht vor, welche Rechtsfolgen eintreten. Das Gleiche gilt für Art. 31 II. Seinem Normzweck ist bei der Ausgestaltung des Arbeitszeitrechts und insbesondere des Urlaubsrechts hinreichend Rechnung zu tragen.

Eine Beeinträchtigung des Art. 31 I oder II liegt insbesondere vor, wenn einzelne **20** Arbeitnehmergruppen von den arbeitsschützenden Regelungen der Union ausgenommen sind. Das gilt zB für die Ausnahme in Art. 1 III RL 93/104/EG, jetzt Art. 1 III RL 2003/88/EG, wobei GA *Tizziano* in der Rs. *Bowden* offengelassen hat, ob diese rechtswidrig sind (SA des GA *Tizziano* 8.5.2001 – C-133/00 Rn. 27 ff. – Bowden, Slg. 2001, I-7031). Einer Auseinandersetzung damit bedarf es nicht mehr, weil inzwischen die RL 2000/34/EG Regelungen für diesen Personenkreis enthält und damit der Schutzpflicht aus Art. 31 II genügt wurde.

Die Rechtfertigung der Beeinträchtigungen erfolgt nach Art. 52 I, so dass es einer **21** gesetzlichen Grundlage bedarf und das Unterlassen der Regelung geeignet, erforderlich und verhältnismäßig gewesen sein muss.

D. Wirkung auf das sekundäre Unionsrecht und das nationale Recht

Das **sekundäre Unionsrecht** ist mit Rücksicht auf Art. 31 I und II auszulegen, um **22** Grundrechtsverletzungen zu vermeiden (SA des GA *Mengozzi* 12.6.2014 – C-316/13 Rn. 52 – Fenoll, ECLI:EU:C:2014:1753; *J. Schubert* RdA 2013, 370 [375]; Streinz/*Streinz* Rn. 3). Insofern ist bei der RL 2003/88/EG Art. 31 II in Bedacht zu nehmen, während für die Richtlinien des technischen und sozialen Arbeitsschutzes Art 31 I maßgebend ist. Zudem erlangt Art. 31 Bedeutung, soweit die Regelungen zur Erfüllung der grundrechtlichen Schutzpflicht in Art. 16 eingreifen. Ihre Rechtfertigung kann auf Art. 31 verweisen. Insofern muss das Unionssekundärrecht einen Ausgleich beider Grundrechte herstellen.

Das nationale Recht zur Umsetzung einer Richtlinie ist primär daraufhin zu überprüfen, **23** ob es richtlinienkonform ist. Das Grundrecht aus Art. 31 kommt nur zum Tragen, wenn es zugleich zu einem Grundrechtsverstoß kommt (allg. dazu → EUV Art. 6 Rn. 33). Anders als bei dem Verbot der Altersdiskriminierung, wo sich das Verbot in RL 2000/78/EG nach dem Verständnis des EuGH mit dem primärrechtlichen Verbot der Altersdiskriminierung deckt (EuGH 22.1.2005 – C-144/04 Rn. 74 ff. – Mangold, Slg. 2005, I-9981; 19.1.2010 – C-555/07 Rn. 50 – Kücükdeveci, Slg. 2010, I-365), ist der Inhalt der Richtlinie zum Arbeitsschutz nicht automatisch Teil des Garantiebereichs des Art. 31, der in seiner Regelungsdichte wesentlich zurückhaltender als die Richtlinie ist und den Mitgliedstaaten einen erheblichen Gestaltungsspielraum lässt (→ EUV Art. 6 Rn. 43). Selbst bei einer Verweisung des Konvents auf einzelne Richtlinien ergibt sich daraus nicht, dass deren Inhalt Primärrechtsqualität gewinnt. Sie hat vor allem für das Begriffsverständnis und den Schutzzweck Bedeutung, ohne dass dadurch die sekundärrechtlichen Detailregelungen grundrechtlich fixiert werden.

Auf dieser Grundlage wird vor allem die Ausnahme vom **Arbeitszeitrecht** in § 18 **24** ArbZG (leitende Angestellte, Dienststellenleiter und deren Vertreter, Hausangestellte in häuslicher Gemeinschaft mit den anvertrauten Personen, Angestellte im liturgischen Dienst von Kirchen und Religionsgemeinschaften) als Grundrechtsverstoß in Frage gestellt (so zu Art. 17 RL 2003/88/EG *Rebhahn* EuZA 2013, 297 [298]). Die Ausnahme beruht zwar auf Art. 17 RL 2003/88/EG, wenn und soweit aber die Richtlinie Art. 31 II nicht genügt, so ist auch das nationale Umsetzungsrecht eine Beeinträchtigung. Eine grundrechtsverletzende Ausnahme vom Anwendungsbereich der Richtlinie ist nichtig. Folglich ist das nationale Recht, das eine vergleichbare Ausnahme hat, dann praktisch richtlinienwidrig und ggf. sogar grundrechtswidrig, wenn die Vorgaben des Grundrechts bei der Richtlinienumsetzung nicht in einem Maße geachtet werden, so dass die Ausnahme eine Beeinträchtigung bewirkt. Das ist zu erwägen, wenn für eine Beschäftigtengruppe keine Regelung zur Höchstarbeitszeit, Ruhezeit und zum Urlaub existiert (für einen Grundrechtsverstoß LAG Saarl. 9.4.2014 – 2 Sa 145/13 Rn. 76).

25   Sofern eine Personengruppe vollständig vom Arbeitszeitschutz ausgenommen ist, liegt ein Verstoß gegen Art. 31 II nahe, weil es keine feste Höchstarbeitszeit gibt (ebenso *Hanau* NZA 2010, 1 [2]; *Ricken* MedR 2014, 372 [376]). Es bleibt lediglich bei der allg. Fürsorgepflicht des Arbeitgebers. Eine Rechtfertigung nach Art. 52 I ist zu erwägen, für die es aber an einem legitimen Zweck fehlen könnte. Für die leitenden Angestellten kann auf die durch Art. 16 geschützten und in besonderem Maße bestehenden Interessen bei der Unternehmensführung verwiesen werden. Bei der Ausnahme für liturgische Tätigkeiten ist Art. 10 I in Bedacht zu nehmen, so dass der Selbstbestimmung der Religionsgemeinschaft Rechnung getragen würde. Ob dies aber eine vollständige Ausnahme aus dem Arbeitszeitrecht rechtfertigt, ist zweifelhaft. Solange die kirchenrechtlichen Regelungen ihrerseits das berechtigte Interesse des Arbeitnehmers an Höchstarbeitszeiten sicherstellen, ist eine Rechtfertigung anzunehmen. Eine Rechtfertigung der Ausnahme für Hausangestellte, unabhängig davon, ob sie Familienangehörige sind, ist nicht ersichtlich. Die bloßen Vollzugsdefizite in diesem Bereich genügen angesichts der Bedeutung für die körperliche und geistige Integrität des Arbeitnehmers nicht. Gerade bei Hausangestellten ist das Missbrauchsrisiko besonders hoch, so dass für eine solche Ausnahme kein Raum ist. Etwas anderes mag gelten, wenn die Tätigkeit nicht in Erfüllung eines Arbeitsvertrages, sondern aus familiärer Nähe erfolgt. Insofern liegt ein Verstoß gegen Art. 31 II vor, der zur Nichtigkeit führt, so dass die allg. Vorgaben der RL eingreifen.

26   Selbst wenn eine Rechtfertigung nach Art. 52 I ausscheidet, ergibt sich daraus nicht zwingend die Unanwendbarkeit der Ausnahmebestimmung im nationalen Recht. Die Richtlinie entfaltet zwar keine horizontale Wirkung, so dass sich daraus keine Höchstarbeitszeiten oder Mindesturlaubstage ergeben. Allerdings ist eine richtlinienkonforme Auslegung des nationalen Rechts gegenüber der Annahme seiner Unanwendbarkeit wegen eines Grundrechtsverstoßes vorrangig. Insoweit ist insbesondere ein unionsrechtskonformes Aufladen der Fürsorgepflicht des Arbeitgebers möglich. Zum Teil wird für § 18 ArbZG indes eine unionsrechtskonforme Interpretation des Chefarztbegriffs vorgeschlagen, so dass es sich nicht mehr um eine statusbezogene Ausnahme, sondern um eine Ausnahme nach Art der Tätigkeit handelt, bei der auf die Arbeitszeitsouveränität des Chefarztes abgestellt werden soll (*Ricken* MedR 2014, 372 [377]).

27   Eine Verletzung von Art. 31 II ergibt sich nicht daraus, dass § 3 II ArbZG die Ausgleichszeiträume verlängert. Selbst wenn darin ein Richtlinienverstoß liegt, so führt dieser nicht zwangsläufig zu einer Verletzung von Art. 31 II, weil der Inhalt der Arbeitszeitrichtlinie nicht mit dem Inhalt des Grundrechts gleichzusetzen ist (*Krois* DB 2010, 1704 [1706]). Auch wenn die Richtlinie zur Auslegung des Grundrechts herangezogen wird, so werden die Inhalte des Sekundärrechts nicht automatisch zum Inhalt des Primärrechts. Es verbleibt vielmehr ein Spielraum für die Konkretisierung des Art. 31 II durch die Organe der Europäischen Union, wobei sie Art. 16 nicht verletzen dürfen. Das Gleiche gilt für § 7 IIa ArbZG, der ein Abweichen von der wöchentlichen Höchstarbeitszeit von 48 Stunden durch Tarifvertrag erlaubt. Selbst wenn ein Verstoß gegen Art. 22 RL 2003/88/EG vorliegt (→ RL 2003/88/EG Art. 22 Rn. 3), geht damit kein Grundrechtsverstoß einher, da die Richtlinie das Grundrecht nicht inhaltlich aufladen kann (*Sagan* ZESAR 2011, 412 [413]).

28   Auch für das **Urlaubsrecht** gilt, dass das Inkrafttreten von Art. 31 II nicht dazu führt, dass die Vorgaben in Art. 7 I RL 2003/88/EG primärrechtlichen Charakter erlangen. Art. 31 II garantiert nur, dass es einen bezahlten Jahresurlaub gibt, ohne dessen Umfang und Gewährung festzulegen. Das bleibt der Richtlinie überlassen (anders für die Dauer und die kontinuierliche Bezahlung in Höhe des sonst bestehenden Arbeitseinkommens PHKW/ *Bogg* Rn. 31.56 ff.). Daher sind auch Regelungsspielräume, die das nationale Recht den Tarifvertragsparteien überlässt und die eine Unterschreitung des vierwöchigen Mindesturlaubs erlauben (§ 13 II BUrlG), höchstens ein Verstoß gegen die Richtlinie, die allerdings

ihrerseits im Lichte von Art. 28 auszulegen ist (vgl. Vorlage des LAG Bln-Bbg 16.6.2011 LAGE BUrlG § 13 Nr. 2, unter C-317/11, Erledigung). Ein Verstoß gegen Art. 31 II kommt vor allem in Betracht, wenn eine Gruppe von Arbeitnehmern keinen Urlaubsanspruch hat. Zudem ist ein Grundrechtsverstoß zu erwägen, wenn der Übertragungszeitraum für den Anspruch auf bezahlten Urlaub zu kurz ist, so dass der Anspruch im Grunde vereitelt wird (vgl. EuGH 20.11.2009 – C-350/06 ua – Schultz-Hoff ua, Slg. 2009, I-179 Rn. 49, nur zum Verstoß gegen Art. 7 I RL 2003/88/EG; weitergehend ohne Vorlage zum EuGH LAG Köln 25.5.2012 – 10 Sa 1350/11 Rn. 39, Ableitung von Vorgaben zum Übertragungszeitraum aus Art. 31 II). Eine Kürzung des Urlaubsanspruchs beeinträchtigt Art. 31 II indes nicht (EuGH 8.11.2012 – C-229/11 Rn. 36 – Heimann und Toltschin, NZA 2012, 1273).

Richtlinienverstöße sind somit selten auch ein Primärrechtsverstoß, der eine Unanwendbarkeit des nationalen Rechts nach sich zieht (zu undifferenziert LAG RhPf 22.6.2012 LAGE BUrlG § 7 Abgeltung Nr. 34 Rn. 40; zust. *Thüsing/Pötters/Stiebert* RdA 2012, 281 [287, 289]). Nur wenn Arbeitnehmer aus dem Urlaubsrecht ausgenommen werden und keinen Urlaubsanspruch haben, kommt es zu einer Beeinträchtigung von Art. 31 II, die ggf. nicht gerechtfertigt ist. GA *Trstenjak* will allerdings auch in diesem Fall das nationale Recht weiter anwenden und den Bürger auf die Staatshaftung verweisen (SA der GA *Trstenjak* 8.9.2011 – C-282/10 Rn. 63, 65 – Dominguez; zust. SA des GA *Mengozzi* 12.6.2014 – C-316/13 Rn. 59 f. – Fenoll; ähnlich *Seifert* EuZA 2013, 299 [309]). Das nationale Urlaubsrecht sei Umsetzung der Richtlinie und der Richtlinienverstoß habe keine horizontale Wirkung. Das Gleiche gelte für das Grundrecht (bzw. den Grundsatz) (SA der GA *Trstenjak* 8.9.2011 – C-282/10 Rn. 83 f. – Dominguez). Diese Schlussfolgerung ist aber nur richtig, wenn es an einem Urlaubsanspruch im nationalen Recht fehlt, so dass die Unanwendbarkeit für sich nicht dazu führte, dass die grundrechtswidrige Nichtgewähr von Urlaub beseitigt wird. Sofern jedoch im nationalen Recht nur eine Ausnahmeregelung das Bestehen eines Urlaubsanspruchs hindert, kann die Unanwendbarkeit des nationalen Rechts insoweit Abhilfe schaffen, ohne dass die Richtlinie oder das Grundrecht eine positive horizontale Wirkung entfaltet. Dieser negative Effekt des Anwendungsvorrangs eines Grundrechts hat auch nicht zur Folge, dass der Richtlinie – die gerade keine positive oder negative horizontale Wirkung hat – ein solcher Effekt mittelbar zukommt. Schließlich ist nicht jeder Richtlinienverstoß ein Primärrechtsverstoß. Daher werden die meisten Fälle im Urlaubsrecht auch in Zukunft als Verstoß gegen die Richtlinie behandelt werden müssen. Zudem gilt, wie GA *Trstenjak* zu Recht ausführt, stets der Vorrang der richtlinien- bzw. grundrechtskonformen Auslegung (SA der GA *Trstenjak* 8.9.2011 – C-282/10 Rn. 83 – Dominguez). Nur wenn trotz dieser Auslegung ein Verstoß gegen Art. 31 II verbleibt, kommt eine Unanwendbarkeit nationalen Rechts überhaupt in Betracht. GA *Trstenjak* hält vor allem die Gefahr einer Rechtsquellenvermischung und Rechtsunsicherheit der Unanwendbarkeit des nationalen Rechts wegen Verstoßes gegen ein Grundrecht entgegen (SA der GA *Trstenjak* 8.9.2011 – C-282/10 Rn. 156 ff., 164 – Dominguez; zustimmend *Frenz* DVBl. 2012, 297 [299]; die nachfolgende Entscheidung des EuGH als zustimmend bewertend *Wietfeld* EuZA 2012, 540 [544]). Diese Gefahr lässt sich aber dadurch vermeiden, dass der EuGH anders als in den Rs. *Mangold* und *Kücükdeveci* endlich eine dezidierte Grundrechtsprüfung unternimmt und nicht vom Inhalt der Richtlinie auf den Garantiegehalt und die Rechtfertigungsanforderung der GRC schließt (ausf. dazu → EUV Art. 6 Rn. 41 f.). Die Auswirkungen einer Primärrechtswidrigkeit – die Unanwendbarkeit des nationalen Rechts – sind keine anderen als sonst, zB im Beihilfe- oder Kartellrecht, so dass darin kein tragender Unterschied gesehen werden kann, der eine andere Rechtsfolge gebietet.

Ein Verstoß gegen Art. 31 II wird zum Teil für **RL 2008/104/EG** erwogen, die in Art. 5 III eine Abweichung vom Equal-pay-Grundsatz erlaubt und keine Rechtsfolgen für den Fall vorgibt, dass die Arbeitnehmerüberlassung einen nicht nur vorübergehenden Charakter hat (offenlassend *Brors* AuR 2013, 108 [111]). Die RL 2008/104/EG wird insbesondere wegen ihrer Bezugnahme auf Art. 31 (Erwägungsgrund 1) als Konkretisierung des Grundrechts angesehen (*Brors* AuR 2013, 108 [111]; *Zimmer* NZA 2013, 289 [290]; abl. *Hridina* NZA 2011, 325 [330]). Das übersieht den begrenzten sachlichen Schutzbereich des Art. 31, der insbesondere das Arbeitsentgelt nicht erfasst (→ Rn. 10). Das Gebot des equal treatment lässt sich auf Art. 31 beziehen, sofern es die Arbeitszeit, Pausen, Ruhezeiten und den Urlaub betrifft. Allerdings ginge es zu weit, jede Verletzung des Equal-treatment-Grundsatzes als Grundrechtsverstoß zu qualifizieren. Auch das Verbot der dauerhaften Arbeitnehmerüberlassung lässt sich nicht auf Art. 31 zurückführen (so aber BAG 10.7.2013 NZA 2013, 1296 Rn. 47). Die Richtlinie will durch dieses Prinzip insbesondere die Prekarisierung der Leiharbeitnehmer abwenden, während Art. 31 I, II auf die physische und psychische Integrität und den Schutz der Persönlichkeit abzielt, ohne allg. gerechte Arbeitsbedingungen in einem weit verstandenen Sinne garantieren zu wollen (→ Rn. 11). Insofern wirkt die Verweisung auf Art. 31 in der RL beinahe irreführend, weil der Schutzzweck der Richtlinie nur mittelbar auf die Rechte aus Art. 31 I, II gerichtet ist.

31 Art. 31 ist zudem bei unionsrechtlichen Maßnahmen im Rahmen der Finanzkrise in Bedacht zu nehmen. Vielfach entscheiden sich diese Fälle bei der Eröffnung des Anwendungsbereichs, wenn die mitgliedstaatlichen Maßnahmen zur Wiederherstellung der makroökonomischen Lage des Landes im Rahmen eines originär mitgliedstaatlichen Haushaltsplanes erfolgen. Der EuGH hat sich in solchen Fällen bisher wegen des nicht eröffneten Anwendungsbereichs für offensichtlich unzuständig erklärt (EuGH 7.3.2013 – C-128/12 Rn. 11 f. – Sindicato dos Bancários do Norte ua; 26.6.2014 – C-264/12 Rn. 19 f. – Sindicato Nacional dos Profissionais de Seguros e Afins). Insofern muss es aber darauf ankommen, ob es unionsrechtlich induziert war, um den Vorgaben der Wirtschafts- und Währungsunion Genüge zu tun. Gerade die Vorgaben zum Europäischen Semester, die die Mitgliedstaaten zugleich verpflichten, selbst Maßnahmen aufzuzeigen, die zur Beseitigung einer makroökonomischen Schieflage bestehen, sprechen dafür, dass zumindest solche Maßnahmen auch im Anwendungsbereich des Unionsrechts liegen. Die Europäische Union kann keine grundrechtswidrigen Maßnahmen verlangen und die Mitgliedstaaten können sich nicht zu solchen Maßnahmen unter dem Druck der wirtschafts- und finanzmarktpolitischen Vorgaben der Europäischen Union verpflichten. Die wirtschaftliche Krise eines Landes setzt nicht die Grundrechte außer Kraft, allerdings wird man größere Spielräume bei der Rechtfertigung von Eingriffen akzeptieren müssen.

Art. 32 Verbot der Kinderarbeit und Schutz der Jugendlichen am Arbeitsplatz

¹**Kinderarbeit ist verboten.** ²**Unbeschadet günstigerer Vorschriften für Jugendliche und abgesehen von begrenzten Ausnahmen darf das Mindestalter für den Eintritt in das Arbeitsleben das Alter, in dem die Schulpflicht endet, nicht unterschreiten.**

Zur Arbeit zugelassene Jugendliche müssen ihrem Alter angepasste Arbeitsbedingungen erhalten und vor wirtschaftlicher Ausbeutung und vor jeder Arbeit geschützt werden, die ihre Sicherheit, ihre Gesundheit, ihre körperliche, geistige, sittliche oder soziale Entwicklung beeinträchtigen oder ihre Erziehung gefährden könnte.

A. Grundlagen

I. Normzweck und rechtliche Bedeutung

1 Das Verbot der Kinderarbeit und der besondere Schutz von Jugendlichen am Arbeitsplatz bezweckt einen Mindeststandard, der auf deren besondere Schutzbedürftigkeit reagiert (vgl. *Frenz* Rn. 3941). Dazu enthält Art. 32 I 1 zunächst ein Verbot von Kinderarbeit. Er legt – zumindest mittelbar – ein Mindestalter für den Eintritt in das Arbeitsleben fest und bestimmt, dass die Arbeitsbedingungen an die Jugendlichen angepasst werden und ein

Schutz vor wirtschaftlicher Ausbeutung und ihrer physischen, psychischen und sozialen Entwicklung erfolgen muss.

Zum Teil wird Art. 32 nicht als eigenes Recht, sondern als Grundsatz iSe objektiv- 2
rechtlichen Schutz- und Verbotsnorm gesehen (Schwarze/*Ross* Rn. 3; Tettinger/Stern/ *Nußberger* Rn. 31). Dem ist mit der Gegenauffassung nicht zu folgen; Art. 32 ist vielmehr als subjektives Recht **(Grundrecht)** zu qualifizieren (Calliess/Ruffert/*Krebber* Rn. 2f.; *Frenz* Rn. 3937 ff.; Heselhaus/Nowak/*Marauhn* § 41 Rn. 15, 19; *Jarass* Rn. 2; Meyer/*Rudolf* Rn. 10; *Steindorff-Classen* EuR 2011, 19 [35]; s. aber *Sagmeister* 372 f. nur Art. 32 S. 1, 2). Die Norm ist sehr präzise auf einzelne Regelungsinhalte hin formuliert (*Frenz* Rn. 3937; *Jarass* Rn. 2). Sie enthält – anders als Art. 24 oder die Art. 29–31 – nicht explizit ein Recht oder einen Anspruch. Im Rahmen der Entstehungsgeschichte war die Entwurfsfassung aber zeitweise explizit als Recht formuliert. Diese wurde nicht erkennbar geändert, um einen bloßen Grundsatz zu regeln (vgl. *Frenz* Rn. 3938). Auch der systematische Zusammenhang zu Art. 24 deutet auf ein subjektives Recht, weil nicht ersichtlich ist, warum der Schutz der Kinder und Jugendlichen am Arbeitsplatz graduell schwächer sein sollte (Calliess/Ruffert/ *Kingreen* Art. 24 Rn. 1; *Frenz* Rn. 3939 f.; Streinz/*Streinz* Rn. 4; so auch Heselhaus/Nowak/*Marauhn* § 41 Rn. 14, 22). Etwas anderes ergibt sich auch nicht daraus, dass die Europäische Union keine spezifische Kompetenz zum Schutz der Kinder hat. Zum einen besteht eine allg. Ermächtigungsgrundlage für Regelungen, die gesunde und sichere Arbeitsbedingungen sicherstellen, zum anderen wurde die Charta nicht mit Rücksicht auf die Kompetenzen der Europäischen Union formuliert (Meyer/*Rudolf* Rn. 10). Das verbietet einen Rückschluss von den Kompetenzen auf den Gewährleistungsgehalt. Art. 32 enthält sowohl ein Abwehrrecht als auch Schutzpflichten (Calliess/Ruffert/*Krebber* Rn. 2 f.; *Frenz* Rn. 3943; *Jarass* Rn. 2; Meyer/*Rudolf* Rn. 10; zur Schutzpflicht *Winner* 169).

II. Quellen

Das Verbot der Kinderarbeit und der Schutz der Jugendlichen am Arbeitsplatz stützen sich 3
nach den Erläuterungen des Konvents auf die RL 94/33/EG (zu deren Schutz → RL 94/ 33/EG Art. 4 Rn. 1 ff.) sowie auf Art. 7 ESC und Nr. 20–23 GSGA (zum Schutzumfang → ESC Art. 7 Rn. 3 ff., 10 ff.). Kinderschützende Regelungen sind im internationalen Recht darüber hinaus in Art. 10 Nr. 3 IPwskR und der Kinderschutzkonvention der Vereinten Nationen v. 20.11.1989 (UNTS 1577, 3) enthalten. Auch die IAO-Konvention Nr. 138 v. 26.6.1973 und die IAO-Konvention Nr. 182 v. 17.6.1999 setzten Mindeststandards, indem sie das Mindestalter für die Aufnahme von Arbeit auf 15 Jahre festlegt und die gravierendsten Formen von Kinderarbeit verboten haben. Die IAO-Konventionen und die Kinderschutzkonvention fanden Eingang in die Beratungen des Konvents, wenngleich nicht in dessen Erläuterungen (dazu Heselhaus/Nowak/*Marauhn* § 41 Rn. 13).

Die EMRK und die AMRK enthalten keine vergleichbaren Regelungen. Das Unions- 4
recht hat im Rahmen der Sozialpolitik keine besondere Zielbestimmung oder Kompetenz zum Schutz von Kindern und Jugendlichen aufgenommen. Ihr Schutz wird nur im Rahmen des Arbeitsschutzes erfasst. Lediglich Art. 3 III EUV hat den Schutz der Kinderrechte in die Zielbestimmungen der Europäischen Union aufgenommen (dazu *Steindorff-Classen* EuR 2011, 19 [28 f.]). Auch die Verfassungen der Mitgliedstaaten enthalten kaum spezifische Bestimmungen zur Kinderarbeit oder zum Schutz von Jugendlichen. Die vorhandenen Normen sind eher vage gehalten und enthalten Prinzipienerklärungen (ausf. dazu Meyer/*Rudolf* Rn. 3; so auch *Frenz* Rn. 3913; Heselhaus/Nowak/*Marauhn* § 41 Rn. 4).

III. Abgrenzung zu anderen Grundrechten

Art. 32 regelt den Schutz von Kindern und Jugendlichen am Arbeitsplatz und ist insofern 5
lex specialis zum Recht der Kinder aus Art. 24 (*Frenz* Rn. 3945; *Jarass* Rn. 4; Tettinger/ Stern/*Nußberger* Rn. 23; so auch *Steindorff-Classen* EuR 2011, 19, 35). Ein weitergehender

Schutz von Kindern und Jugendlichen erfolgt durch das Diskriminierungsverbot in Art. 21. Im Verhältnis zur Berufsfreiheit aus Art. 15 I ist Art. 32 nicht die speziellere Norm. Vielmehr führt die Erfüllung der Schutzpflicht aus Art. 32 ggf. zu einer Kollision mit der Berufsfreiheit, die unter Berücksichtigung der Verhältnismäßigkeit aufzulösen ist (vgl. *Steindorff-Classen* EuR 2011, 19 [36]; so auch *Surall,* Ethik des Kindes, 2009, 101 f.).

B. Schutzbereich

I. Verbot der Kinderarbeit (Art. 32 I 1)

6   Das Verbot der Kinderarbeit in Art. 32 I 1 ist ein **Abwehrrecht** gegenüber abweichenden Regelungen der Union und den Mitgliedstaaten. Zugleich ergibt sich daraus eine Gewährleistungspflicht. Diese erfüllt das Unionsrecht durch das Verbot der Kinderarbeit in Art. 4 I RL 94/33/EG. Zugleich hat Art. 32 I 1 wegen seines Verbots, das sich unmittelbar an die Arbeitsvertragsparteien richtet, horizontale Wirkung, aus der sich Handlungspflichten für die Organe der Union und die Mitgliedstaaten ergeben (*Seifert* EuZW 2011, 696 [700 f.]).

7   Wer **Kind** iSv Art. 32 I 1 ist, bestimmt die Norm nicht. Eine solche Regelung enthält Art. 3 lit. b RL 94/33/EG, wonach alle jungen Menschen bis zum Erreichen des 15. Lebensjahres oder bis zum Ende der Vollzeitschulpflicht Kinder sind. Die Richtlinie ist zwar nicht ohne Weiteres für die Konkretisierung der Grundrechte maßgebend, auf die Schulpflicht nimmt aber Art. 32 I 1 indirekt Bezug (argumentum ex Art. 32 I 2). Art. 32 I 2 knüpft für das Mindestalter zur Arbeitsaufnahme an das Ende der Schulpflicht an, die mangels unionsrechtlicher Kompetenz von den Mitgliedstaaten geregelt wird. Zudem deckt sich das Mindestalter von 15 Jahren mit den Regelungen in Art. 7 Nr. 1 ESC und Nr. 20 GSGA, aber auch mit Art. 2 III IAO-Konvention Nr. 138. Der Entwurf zu Art. 32 enthielt zunächst eine entsprechende Festlegung (Dokument CONVENT 18 v. 27.3.2000), die im Interesse einer nicht zu detaillierten Regelung eliminiert wurde. Aufgrund der Entstehungsgeschichte und der Erläuterungen des Konvents ist davon auszugehen, dass dieser Maßstab auch für Art. 32 I 1 gilt, so dass alle Menschen bis zum Erreichen des 15. Lebensjahres Kinder sind (für den Rückgriff auf die Richtlinie Heselhaus/Nowak/*Marauhn* § 41 Rn. 20; Meyer/*Rudolf* Rn. 15; *Rengeling/Szczekalla* Rn. 1018). Die Staatsangehörigkeit ist dafür unerheblich, zumal keine mit Art. 15 vergleichbare Differenzierung besteht. Hinsichtlich der Altersgrenzen weicht Art. 32 vom Begriffsverständnis des Art. 24 ab, der nur das Recht der Kinder regelt, ohne die Gruppe der Jugendlichen eigens zu erfassen. Ähnliches gilt zB für die IAO-Konvention Nr. 182.

8   Der Begriff der **Kinderarbeit** ist weit auszulegen, um dem besonderen Schutz von Kindern effektiv Rechnung zu tragen. Erfasst sind alle Tätigkeiten im Rahmen eines Arbeitsverhältnisses (Calliess/Ruffert/*Krebber* Rn. 2; *Frenz* Rn. 3954; Schwarze/*Ross* Rn. 5; Tettinger/Stern/*Nußberger* Rn. 27). Dabei ist der autonome unionsrechtliche Arbeitnehmerbegriff heranzuziehen, wie er im Primärrecht den Art. 45 und 157 AEUV zugrunde liegt. Arbeitnehmer sind danach Beschäftigte, die für einen anderen auf dessen Weisung eine Tätigkeit gegen Entgelt ausüben (→ Art. 27 Rn. 19). Dazu gehören auch geringfügige Tätigkeiten und kulturelle Aktivitäten (Calliess/Ruffert/*Krebber* Rn. 2; Schwarze/*Ross* Rn. 5). Sofern es an der Gegenleistung fehlt, ist der Schutzbereich des Art. 32 I 1 nicht eröffnet. Zum Schutz des Kindes greift dann aber Art. 24 ein sowie der Schutz der Menschenwürde (Art. 1) und das Verbot der Sklaverei und Zwangsarbeit (Art. 5) (dazu *Frenz* Rn. 3956; *Jarass* Rn. 6).

9   Das Verbot der Kinderarbeit ist in Art. 32 I 1 absolut formuliert. **Ausnahmen** zur beruflichen Eingliederung durch Berufsausbildung oder für bestimmte leichte Arbeiten, wie sie in Nr. 20 GSGA enthalten sind, wurden nicht explizit in Art. 32 aufgenommen. Art. 32 I 2 macht aber nicht nur einen **Vorbehalt** zugunsten günstigerer Vorschriften für Jugendliche, sondern auch einen Vorbehalt für begrenzte Ausnahmen vom Arbeitsverbot. Güns-

tigere Vorschriften können insbesondere Verbote für bestimmte berufliche Tätigkeiten sein (vgl. Art. 3 IAO-Konvention Nr. 182). Die Ausnahmen vom Arbeitsverbot, die Art. 32 I 2 ermöglicht, sind tatbestandliche Einschränkungen des Verbots der Kinderarbeit, keine speziellen Grundrechtsschranken. Das beruht letztlich auf der Regelungsstruktur eines Verbots, bei dem die Ausnahme – anders als beim Freiheitsrecht – prinzipiell auf die Reichweite des Verbots einwirkt. Die Ausnahmen können sich angesichts der Erläuterungen des Konvents an Nr. 20 GSGA und Art. 4 II, 5 RL 94/33/EG orientieren. Die Mitgliedstaaten haben ebenso wie die Unionsorgane einen Gestaltungsspielraum, wobei sie den Verhältnismäßigkeitsgrundsatz als grundlegendes rechtsstaatliches Prinzip beachten müssen (*Frenz* Rn. 3956; *Jarass* Rn. 10). Zulässig sind jedenfalls Ausnahmen für Betriebspraktika von wenigen Wochen, Arbeiten im Rahmen einer geregelten Berufsausbildung, leichte Arbeiten sowie kulturelle und sportliche Aktivitäten, die auch der Persönlichkeitsentfaltung dienen (so auch *Frenz* Rn. 3956; Meyer/*Rudolf* Rn. 12; Tettinger/Stern/*Nußberger* Rn. 34). Sofern eine der Ausnahmen eingreift, sind die betreffenden Personen wie Jugendliche iSv Art. 32 II zu behandeln. Jedenfalls wäre eine Ausnahme unverhältnismäßig, die Kinder höheren Gefährdungen aussetzt als die zur Berufstätigkeit zugelassenen Jugendlichen.

II. Schutz von Jugendlichen (Art. 32 I 2, II)

Jugendliche iSv Art. 32 sind alle jungen Menschen zwischen dem Ende der Schulpflicht bzw. dem Alter von 15 Jahren und dem 18. Lebensjahr (*Frenz* Rn. 3957; *Jarass* Rn. 5; Meyer/*Rudolf* Rn. 15; Rengeling/*Szczekalla* Rn. 1018; Schwarze/*Ross* Rn. 4; Tettinger/Stern/*Nußberger* Rn. 36). Das ergibt die systematische Auslegung zum Begriff des Kindes. Das entspricht auch Art. 3 lit. c RL 94/33/EG. Die Staatsangehörigkeit ist unerheblich (*Frenz* Rn. 3960; *Jarass* Rn. 5). 10

Art. 32 I 2 legt das **Mindestalter** für den Eintritt in das Arbeitsleben fest. Damit ist zugleich geregelt, dass Jugendliche berufstätig sein können, soweit das nationale Recht keine Schutzvorschriften enthält, die dem entgegenstehen. Soweit Jugendliche arbeiten dürfen, bestimmt Art. 32 II besondere Anforderungen an deren **Arbeitsbedingungen.** Diese müssen an das Alter angepasst sein. Dabei ist die mangelnde Erfahrung oder das fehlende Bewusstsein für tatsächliche oder potentielle Gefahren zu berücksichtigen (Calliess/Ruffert/*Krebber* Rn. 3; *Frenz* Rn. 3957). Zudem ist im Interesse ihrer beruflichen Entwicklung auch die Vereinbarkeit mit der Berufsausbildung bei der Ausgestaltung der Arbeitsbedingungen von Bedeutung. Das entspricht Art. 7 Nr. 4 ESC, der zumindest bis zum Erreichen des 16. Lebensjahres eine solche Rücksicht auf die Berufsausbildung einfordert. Darüber hinaus ist die Sicherheit, Gesundheit sowie die körperliche, geistige und soziale Entwicklung der Jugendlichen zu schützen. Insoweit weist Art. 32 II eine Parallele zu Art. 31 auf, erfasst den Arbeitsschutz aber unter Bezug auf die Besonderheiten, die sich aus dem geringen Alter des Beschäftigten ergeben. Die aus Art. 32 II resultierende Schutzpflicht hat die Europäische Union in Art. 6 und 7 RL 94/33/EG durch Vorgaben für die Arbeitsbedingungen verwirklicht, die von den Mitgliedstaaten in nationales Recht umzusetzen sind. Die dort aufgezählten Gefahren und die Gefahrverhütung sind von Art. 32 II erfasst (vgl. *Frenz* Rn. 3962). 11

Art. 32 II geht über Art. 31 hinaus, indem er Jugendliche auch vor **wirtschaftlicher Ausbeutung** schützt. Anders als bei Art. 31 I erfasst Art. 32 II daher auch die Höhe des Arbeitsentgelts (*Frenz* Rn. 3965). Daraus ergibt sich nicht zwingend, dass die Vergütung der Jugendlichen die gleiche Höhe wie bei Erwachsenen haben muss. Das verlangt auch Art. 7 Nr. 5 ESC nicht, sondern bestimmt nur die Gewährung eines fairen Lohns und angemessener Zulagen. Im Falle einer schlechteren Vergütung im Vergleich zu erwachsenen Arbeitnehmern mit vergleichbarer Tätigkeit sind die Jugendlichen durch Art. 21 geschützt, so dass die Benachteiligung wegen des Alters gegen Primärrecht verstößt, wenn es an einer Rechtfertigung fehlt. 12

Art. 32 II enthält eine Gewährleistungspflicht in Form einer **Schutzpflicht** (Heselhaus/Nowak/*Marauhn* § 41 Rn. 22). Bei ihrer Verwirklichung haben die Europäische Union und im Rahmen der unionsrechtlichen Vorgaben auch die Mitgliedstaaten einen erheblichen 13

Gestaltungsspielraum. Als Regelungen kommen Beschäftigungsverbote, Sonderregelungen zur Arbeitszeit sowie gesteigerte Fürsorgepflichten des Arbeitgebers in Betracht, die insbesondere die Unterrichtung über Gefahren sowie Abwehrmaßnahmen einschließen. Zudem können besondere Vorgaben zur Arbeitssicherheit bestehen.

C. Eingriff, sonstige Beeinträchtigung und Rechtfertigung

14 Ein Eingriff in Art. 32 I 1 liegt vor, wenn die Europäische Union oder die Mitgliedstaaten bei der Durchführung des Unionsrechts das Verbot der Kinderarbeit missachten und das Arbeiten jenseits der Ausnahmen nach Art. 32 I 2 zulassen. Das Nichtgewähren von Schutz wäre bei der zugelassenen Arbeit von Kindern und Jugendlichen zudem eine Beeinträchtigung von Art. 32 (Heselhaus/Nowak/*Marauhn* § 41 Rn. 23). Die Europäische Union hat ihre Schutzpflicht durch die Richtlinie 94/33/EG verwirklicht, die von den Mitgliedstaaten umzusetzen ist. Verstöße gegen den Grundsatz der Verhältnismäßigkeit sind bei den Ausnahmen vom Verbot der Kinderarbeit nicht ersichtlich.

15 Für die Rechtfertigung von Eingriffen und Beeinträchtigungen gilt Art. 52 I. Wegen der tatbestandlichen Beschränkbarkeit des Arbeitsverbots aus Art. 32 I wird für eine Verletzung von Art. 32 I 2, II regelmäßig keine Rechtfertigung bestehen (*Frenz* Rn. 3971).

Art. 33 Familien- und Berufsleben

(1) Der rechtliche, wirtschaftliche und soziale Schutz der Familie wird gewährleistet.

(2) Um Familien- und Berufsleben miteinander in Einklang bringen zu können, hat jeder Mensch das Recht auf Schutz vor Entlassung aus einem mit der Mutterschaft zusammenhängenden Grund sowie den Anspruch auf einen bezahlten Mutterschaftsurlaub und auf einen Elternurlaub nach der Geburt oder Adoption eines Kindes.

Übersicht

	Rn.
A. Grundlagen	1
I. Normzweck und rechtliche Bedeutung	1
II. Quellen	5
III. Abgrenzung zu anderen Grundrechten	8
B. Schutz der Familie (Art. 33 I)	10
C. Mutter- und Elternschutz (Art. 33 II)	13
I. Schutzbereich	13
1. Persönlicher Schutzbereich	13
2. Sachlicher Schutzbereich	15
a) Recht auf Schutz vor Entlassungen wegen der Mutterschaft	15
b) Anspruch auf bezahlten Mutterschaftsurlaub	19
c) Anspruch auf Elternzeit nach der Geburt oder Adoption eines Kindes	21
II. Eingriff und sonstige Beeinträchtigung	22
III. Rechtfertigung	24

A. Grundlagen

I. Normzweck und rechtliche Bedeutung

1 Die GRC erfasst den Schutz der Familie in einer Vielzahl von Ausprägungen. Neben dem Recht auf Achtung des Familienlebens (Art. 7), ist die Familiengründung geschützt (Art. 9). Art. 33 I erfasst den Schutz der Familie in einem umfassenden Sinne (dazu HK-EUR/*Folz* Rn. 2), während Art. 33 II auf das Spannungsverhältnis von Familien- und Berufsleben und die sich daraus ergebenden familiären und beruflichen Pflichten bezogen ist. Art. 7 und 9 schützen die Familie eher als emotionale Gemeinschaft, während Art. 33

ihre sozialen und wirtschaftlichen Grundlagen in den Blick nimmt (Calliess/Ruffert/*Kingreen* Rn. 3; *Frenz* Rn. 4024 ff.; *Jarass* Rn. 6).

Art. 33 I gewährleistet den rechtlichen, wirtschaftlichen und sozialen Schutz der Familie, 2 während Art. 33 II sicherstellen soll, dass sich Familien- und Berufsleben in Einklang bringen lassen. Zu diesem Zweck bestehen ein Recht auf Schutz vor Entlassungen wegen der Mutterschaft, ein Anspruch auf bezahlten Mutterschaftsurlaub und ein Anspruch auf Elternurlaub. Art. 33 II übernimmt nicht die weitreichenden Vorgaben zu den Arbeitsbedingungen in Art. 8 Nr. 4 ESC, die insbesondere auf den Arbeitsschutz zielen. Stattdessen tritt die Vereinbarkeit von Familie und Beruf in den Vordergrund, so dass die Familienmitglieder in ihrem Interesse an der Fortsetzung der beruflichen Tätigkeit geschützt sind. Das erweitert zugleich den Schutzbereich des Art. 33 II über den Kreis der Mütter hinaus.

Nach den Erläuterungen des Konvents enthält Art. 33 sowohl einen Grundsatz als auch ein 3 Grundrecht. Die hM sieht in **Art. 33 I** nur einen **Grundsatz** mit der Folge, dass die Norm nur im Rahmen des sekundären Unionsrechts geltend gemacht werden kann, wobei sie zur Auslegung und zur Prüfung der Rechtmäßigkeit herangezogen wird (*Frenz* Rn. 4042; HK-EUR/*Folz* Rn. 3; *Jarass* Rn. 3; *Sagmeister* 373; Schwarze/*Knecht* Rn. 7; **aA** Calliess/Ruffert/ *Kingreen* Rn. 2, 4; Heselhaus/Nowak/*Marauhn* § 40 Rn. 14; Meyer/*Rudolf* Rn. 13; wohl auch Tettinger/Stern/*Tettinger* Rn. 14). Für die Einordnung als Grundsatz spricht neben den Erläuterungen der Wortlaut, wonach kein Recht oder Anspruch besteht, sondern der Schutz der Familie „gewährleistet" wird. Darin unterscheidet sich Art. 33 I von den Art. 29–32. Daraus kann sich eine Verpflichtung zur Förderung ergeben. Ziel und Art des Schutzes sind nicht konkretisiert. Die geringe inhaltliche Aussage deutet ebenfalls auf das Vorliegen eines Grundsatzes (dazu *Jarass* Rn. 3), auch wenn daraus kein zwingender Schluss gezogen werden kann. Zudem enthält Art. 33 I kein Abwehrrecht (HK-EUR/*Folz* Rn. 3).

Art. 33 II regelt Ansprüche auf Mutterschafts- und Elternurlaub und das Recht auf 4 Schutz vor Entlassung. Der Inhalt der Ansprüche ist nicht in allen Teilaspekten konkretisiert, bringt aber klar zum Ausdruck, welche Rechtspositionen einzuräumen sind, um auf die Vereinbarkeit von Familie und Beruf hinzuwirken. Der Wortlaut („Anspruch", „Recht") spricht, gerade in Abgrenzung zu Art. 33 I für ein **Grundrecht,** ebenso wie der Definitionsgrad und der Entstehungszusammenhang der Norm (Calliess/Ruffert/*Kingreen* Rn. 2, 5; *Frenz* Rn. 4038, 4040; HK-EUR/*Folz* Rn. 2 f.; *Jarass* Rn. 3, 11; *Sagmeister* 373 f.; Schwarze/*Knecht* Rn. 8; so auch *Winner* 172). Sie geht auf die RL 92/85/EWG für den Mutterschutz und auf die RL 96/34/EG (ersetzt durch RL 2010/18/EU) zurück. Sie setzen die sich aus Art. 33 II ergebende Schutzpflicht (*Jarass* Rn. 11) um. Aus ihrer Anschauung wurde Art. 33 II entwickelt.

II. Quellen

Art. 33 I beruht auf Art. 16 ESC, der als mögliche Maßnahmen zur rechtlichen, wirt- 5 schaftlichen und sozialen Förderung die Gewährung von sozialen und familienbezogenen Leistungen, steuerliche Vergünstigungen, die Förderung der Unterbringung von Familien sowie die Unterstützung von frisch verheirateten Paaren anführt. Diese Aufzählung wurde in Art. 33 I nicht übernommen, so dass der Union ein weiter Spielraum bleibt.

Art. 33 II geht nach den Erläuterungen des Konvents auf Art. 8 ESC (Mutterschutz) 6 zurück und lehnt sich an Art. 27 RESC (Rechte der Arbeitnehmer mit Familienpflichten) an. Zudem wird auf die Mutterschutzrichtlinie (RL 92/85/EG) und die Richtlinie zur Elternzeit (RL 96/34/EG, ersetzt durch RL 2010/18/EG) verwiesen. Die Gesetzgebungskompetenz der Europäischen Union für solche Maßnahmen ergibt sich aus Art. 153 I lit. d, II AEUV.

Für einen solchen Schutz der Familie, wie er in Art. 33 I, II enthalten ist, besteht 7 allerdings keine gemeinsame Verfassungstradition (Meyer/*Rudolf* Rn. 3 ff.). Weitere Rechtsquellen, die in einem Zusammenhang mit Art. 33 stehen, sind die Richtlinie zur Verwirklichung der Chancengleichheit und des Mutterschutzes für Selbständige (RL 86/613/EWG, ersetzt durch RL 2010/41/EU). Im internationalen Recht enthält Art. 10 IPwskR ähnliche Garantien.

III. Abgrenzung zu anderen Grundrechten

8   Neben Art. 33 enthalten **Art. 7 und 9** einen familienbezogenen Schutz, der besondere Teilaspekte (Familienleben, Familiengründung) erfasst. Insofern sind sie gegenüber Art. 33 I vorrangig, zumal sie Grundrechte enthalten (*Frenz* Rn. 4043; *Jarass* Rn. 5). Art. 33 II ist als Grundrecht lex specialis gegenüber Art. 33 I (*Jarass* Rn. 5). Das gilt auch im Verhältnis zu Art. 30 und Art. 15 (→ Art. 30 Rn. 6; so auch *Jarass* Rn. 13; Schwarze/*Knecht* Rn. 9). Der Entlassungsschutz in Art. 33 II steht zudem in Konkurrenz zu **Art. 21, 23** im Hinblick auf die Entlassung wegen der Mutterschaft, die zugleich eine Diskriminierung wegen des Geschlechts ist. Die unterschiedliche Struktur der Grundrechte – Diskriminierungsverbot und soziale Grundrechte – hat aber eine Idealkonkurrenz der Normen zur Folge.

9   Art. 33 steht zum Teil in Idealkonkurrenz zu **Art. 31.** Er beschränkt sich auf den Schutz der Familie und deren Vereinbarkeit mit der Berufsausübung und verlangt keinen Schutz vor Gefahren für Körper und Gesundheit der Mutter bzw. des Kindes durch eine Anpassung der Arbeitsbedingungen. Der Anspruch auf Mutterschaftsurlaub nach Art. 33 II ist indes spezieller als Art. 31, soweit er dem Schutz vor Gefahren für Körper und Gesundheit dient (so auch Schwarze/*Knecht* Rn. 9; ebenso *Frenz* Rn. 4000; *Jarass* Rn. 13 hins. Eltern- und Mutterschaftsurlaub). Wenn es um Sozialversicherungsleistungen geht, ist **Art. 34** vorrangig (*Jarass* Rn. 13). Gegenüber **Art. 24 und 32,** die die Rechte von Kindern betreffen, besteht Idealkonkurrenz.

B. Schutz der Familie (Art. 33 I)

10   Der **Familienbegriff** ist in Art. 33 nicht definiert. Anders als Art. 16 ESC nimmt Art. 33 I nicht darauf Bezug, dass es sich um die Grundeinheit der Gesellschaft handelt (vgl. zur Begriffsdefinition und seine Erweiterung *Fernandes Fortunato* EuR 2008, 27 [30 ff.]; *Rijsbergen,* Der besondere Schutz von Ehe und Familie, 2005, 115 f.). Wegen des inhaltlichen Bezugs der GRC auf die EMRK und wegen der Parallele zwischen Art. 7, 9 und 33 und Art. 8, 12 EMRK liegt es nahe, dass Begriffsverständnis der EMRK zu übertragen (ähnlich Meyer/*Rudolf* Rn. 13). Diese legt in Art. 8 I einen weiten Familienbegriff zugrunde. Dahinter darf die GRC nicht zurückbleiben (Art. 52 III, 53; für einen weiten Familienbegriff unter Calliess/Ruffert/*Kingreen* Art. 9 Rn. 6; *Jarass* Art. 7 Rn. 21a). Der Familienbegriff nach Art. 33 I ist daher ebenfalls weit und entspricht nicht dem traditionellen Familienbegriff, sondern erfasst auch andere Lebensformen (Calliess/Ruffert/*Kingreen* Rn. 3; *Jarass* Rn. 6; ähnlich Meyer/*Rudolf* Rn. 13; insoweit offengelassen von Heselhaus/Nowak/*Maruhn* § 40 Rn. 13; **aA** Schwarze/*Knecht* Rn. 3; Tettinger/Stern/*Tettinger* Rn. 2, 5 wegen des fehlenden Verweises auf den Anhang zu Art. 16 ESC). Erfasst sind alle Lebensgemeinschaften mit Kindern, also auch unabhängig von der Ehelichkeit der Beziehung und dem Zusammenleben beider Elternteile mit dem Kind (vgl. Calliess/Ruffert/*Kingreen* Rn. 3; *Jarass* Rn. 6). Er bezieht insbesondere auch Alleinerziehende, nichteheliche Lebensgemeinschaften und gleichgeschlechtliche Paare mit oder ohne Lebenspartnerschaft ein (*Frenz* Rn. 4045; Meyer/*Rudolf* Rn. 14; hinsichtlich gleichgeschlechtlicher Paare offenlassend Heselhaus/Nowak/*Maruhn* § 40 Rn. 13; *Jarass* Rn. 6). Das stimmt zudem mit der Erläuterung im Anhang zu Art. 16 ESC und dem Verständnis von Art. 10 IPwskR überein (dazu Meyer/*Rudolf* Rn. 14).

11   Darüber hinaus wird der nahe Verwandtenkreis einbezogen, sofern eine enge, über die übliche persönliche Bindung hinausgehende Beziehung besteht (Großeltern, Enkel, Geschwister, vgl. Calliess/Ruffert/*Kingreen* Rn. 3, Art. 9 Rn. 6; *Frenz* Rn. 4045, 1230; Schwarze/*Knecht* Rn. 3; auf die „Kernfamilie" beschränkend Heselhaus/Nowak/*Maruhn*

§ 40 Rn. 13; so auch *Jarass* Rn. 6 f., der sogar alle Familienmitglieder einbeziehen will). Sofern man den Familienbegriff so weit zieht, kommt es im Grunde nicht mehr darauf an, ob Kinder zur Familie gehören (s. aber *Jarass* Rn. 6, der das für unklar hält).

Eine Beeinträchtigung des Grundsatzes liegt vor, wenn die Organe der Europäischen Union den Schutz der Familie beschränken oder nicht für einen ausreichenden Schutz der Familie Sorge tragen (*Jarass* Rn. 8). Mögliche Maßnahmen zählt Art. 16 ESC auf: Sozial- und Familienleistungen, steuerliche Maßnahmen, Förderung des Baus familiengerechter Wohnungen und Hilfen für junge Eheleute (Calliess/Ruffert/*Kingreen* Rn. 3; *Frenz* Rn. 4046; *Jarass* Rn. 8). Die Europäische Union muss ihre Kompetenz aber nicht ausschöpfen, sondern kann auf den Grundsatz der Subsidiarität verweisen. Zudem steht Art. 33 I als Grundsatz unter dem Vorbehalt konkurrierender Rechtsgüter, so dass Beeinträchtigungen zulässig sein können, wobei eine Abwägung notwendig bleibt (*Jarass* Rn. 9). 12

C. Mutter- und Elternschutz (Art. 33 II)

I. Schutzbereich

1. Persönlicher Schutzbereich. Der persönliche Schutzbereich beschränkt sich weder auf die Mütter noch auf die Arbeitnehmer, sondern erfasst **jeden** Menschen (dazu Calliess/ Ruffert/*Kingreen* Rn. 6; Meyer/*Rudolf* Rn. 17; Schwarze/*Knecht* Rn. 5; **aA** *Frenz* Rn. 4017; *Jarass* Rn. 15, Arbeitnehmereigenschaft erforderlich). Es erfolgt somit keine exklusive Anknüpfung an eine biologische Eigenschaft, die psychische und physische Schutzbedürftigkeit der Person. Das steht in Einklang damit, dass Art. 33 bereits seinem Inhalt nach weniger auf sozialen Arbeitsschutz ausgerichtet ist, zumal er nicht die Anpassung der Arbeitsbedingungen zum Schutz der Mutter einschließt. Er ist auf die Vereinbarkeit von Familie und Beruf fokussiert (Calliess/Ruffert/*Kingreen* Rn. 6; Meyer/*Rudolf* Rn. 15, 17). Etwas anderes ergibt sich nicht daraus, dass Art. 33 II einen Schutz vor Entlassungen enthält, der ein bestehendes Arbeitsverhältnis voraussetzt. Daneben sind auch der bezahlte Mutterschaftsurlaub und der Elternurlaub geregelt, die keine vergleichbare Voraussetzung haben, auch wenn diese sozialpolitischen Instrumente vor allem mit Bezug auf die Arbeitnehmer rechtlich ausgeformt wurden. Zudem gibt Art. 33 II nicht vor, wie die Finanzierung des Mutterschutzurlaubs erfolgt, so dass ein solches Instrument auch Selbständigen zugänglich ist (anders *Jarass* Rn. 15, der annimmt, dass Art. 33 II nur bei einem steuerfinanzierten Elternurlaub einen Anwendungsbereich habe). Der verbleibende Gestaltungsspielraum macht auch Lösungen für Selbständige möglich. Für die Einbeziehung der Selbständigen spricht auch, dass im Konvent die Beschränkung auf Arbeitnehmer beseitigt wurde (Dokument CONVENT 18 v. 27.3.2000; CONVENT 45 v. 28.7.2000; dazu Meyer/*Riedel* Rn. 10 f., 16; Schwarze/*Knecht* Rn. 5) 13

Das Ziel des Art. 33 II, Berufs- und Familienleben zu vereinbaren, hat zur Folge, dass es für die einzelnen Rechte nicht darauf ankommt, ob und inwieweit der Lebenspartner zB während des Elternurlaubs berufstätig ist. Es geht nur um die Vereinbarkeit von Familie und Beruf für den Rechtsinhaber. Ein solches Herangehen ist auch wegen des weiten Familienbegriffs erforderlich. Art. 33 findet auch bei der Betreuung des Kindes des Ehegatten oder Lebenspartners Anwendung. 14

2. Sachlicher Schutzbereich. a) Recht auf Schutz vor Entlassungen wegen der Mutterschaft. Art. 33 II gewährt ein Recht auf Schutz vor Entlassungen wegen der Mutterschaft. Es handelt sich dabei um eine Sonderregelung zum Verbot der Diskriminierung wegen des Geschlechts. Das bestätigt auch die Rechtsprechung des EuGH, der bei einem fehlenden Kündigungsschutz für die Schwangere sowohl den Mutterschutz nach Art. 10 RL 92/85/EWG als auch (subsidiär) den Diskriminierungsschutz nach Art. 2 I RL 76/207/EWG für einschlägig erachtet hat (EuGH 11.11.2010 – C-232/09 Rn. 59, 64, 69 – Danosa, Slg. 2010, I-11405). 15

16 **Mutterschaft** iSv Art. 33 II ist nach den Erläuterungen des Konvents die Zeit zwischen der Zeugung des Kindes und dem Stillen (bzw. Abstillen). Dieser Definition wird zum Teil kritisch entgegengehalten, dass sich daraus eine Ungleichbehandlung ergebe, je nachdem, wie lange die Mutter stillt (Calliess/Ruffert/*Kingreen* Rn. 8; so auch *Jarass* Rn. 16; Schwarze/*Knecht* Rn. 10). Daher wird ein Rückgriff auf Art. 8, 10 RL 92/85/EWG vorgeschlagen, wonach sich die Zeit der Mutterschaft insgesamt auf 14 Wochen beziehen könne. Dafür spricht die historische Auslegung anhand der Erläuterungen des Konvents. Zudem enthält Art. 33 II ein Grundrecht, das sich am damals existierenden Stand der Rechtsentwicklung orientiert.

17 Der Begriff der **Entlassung** ist derselbe wie in Art. 30 (→ Art. 30 Rn. 9; ebenso *Jarass* Rn. 16; Schwarze/*Knecht* Rn. 10) und erfasst die einseitige Beendigung des Arbeitsverhältnisses durch den Arbeitgeber. Art. 10 RL 92/85/EWG erfasst iSe effektiven Richtlinienumsetzung auch die vom Arbeitgeber provozierte Arbeitnehmerkündigung sowie den auf diese Weise zustande gekommenen Aufhebungsvertrag (**aA** Schwarze/*Knecht* Rn. 10, s. auch Art. 30 Rn. 7; Calliess/Ruffert/*Kingreen* Rn. 11 mit Verweis auf Calliess/Ruffert/*Krebber* Art. 30 Rn. 4). Einer Entlassung steht es – ebenso wie bei Art. 30 – nicht gleich, wenn ein befristetes Arbeitsverhältnis nicht verlängert wird (EuGH 4.10.2001 – C-438/99 Rn. 47 – Melgar, Slg. 2001, I-6915). Auch Diskriminierungen während eines Bewerbungsverfahrens sind nicht erfasst. Insoweit sind Art. 21, 23 und die konkretisierenden Richtlinien des Antidiskriminierungsrechts einschlägig (Calliess/Ruffert/*Kingreen* Rn. 11). Etwas anderes gilt nur, wenn die Befristung der Umgehung des Sonderkündigungsschutzes dient und somit wegen des Geschlechts benachteiligt (*Nebe*, FS Arbeitsgerichtsbarkeit, 2012, 439 [449]). Die Rechtsfolgen ergeben sich insoweit bereits aus dem AGG.

18 Die Entlassung darf nicht aus mit der Mutterschaft zusammenhängenden Gründen erfolgen. Erfasst sind nicht nur Entlassungen wegen der Geburt des Kindes, sondern auch Entlassungen aufgrund einer von einem bestimmten Geschlechtsbild geleiteten Verhaltenserwartung (zB Erwartung der alleinigen Kindererziehung durch die Mutter). Daher ist eine Beendigung des Arbeitsverhältnisses wegen der Schwangerschaft auch dann unzulässig, wenn die Arbeitnehmerin befristet beschäftigt ist und die überwiegende Vertragsdauer aus schwangerschaftsbedingten Beschäftigungsverboten nicht arbeiten darf (EuGH 14.7.1994 – C-32/93 Rn. 29 – Webb, Slg. 1994, I-3567). Etwas anderes gilt, wenn die Kündigung aus anderen Gründen als der Mutterschaft erfolgt (EuGH 4.10.2001 – C-438/99 Rn. 38 – Melgar, Slg. 2001, I-6915).

19 **b) Anspruch auf bezahlten Mutterschaftsurlaub.** Art. 33 II gewährt einen Anspruch auf bezahlten Mutterschaftsurlaub. Für das Begriffsverständnis ist auf Art. 8 RL 92/85/EG zurückzugreifen, der nach den Erläuterungen des Konvents der Charta zugrunde liegt. Bei Arbeitgebern handelt es sich um eine Freistellung von der Pflicht zur Arbeitsleistung. Die Dauer des Mutterschaftsurlaubs ist in der Charta nicht bestimmt. Zum Teil wird hins. des Umfangs des Mutterschaftsurlaubs auf die RL 92/85/EG Bezug genommen (*Jarass* Rn. 17), obwohl eine so weitgehende Präzisierung des Grundrechts in Art. 33 II nicht der Richtlinie zu entnehmen ist. Art. 33 II wurde zwar vor dem Hintergrund der Richtlinie geschaffen, aber ohne dass ihre Regelungen im Detail zu Primärrecht wurden.

20 Der Mutterschaftsurlaub muss ein bezahlter sein. Art. 33 II gibt aber nicht vor, ob er durch den Arbeitgeber oder durch eine sozialversicherungs- oder steuerrechtlich finanzierte Leistung finanziert wird (Calliess/Ruffert/*Kingreen* Rn. 8; *Jarass* Rn. 17). Die Höhe der Geldleistung ist nicht vorgegeben. Sie darf nicht so niedrig sein, dass kein bezahlter Mutterschaftsurlaub mehr vorliegt. Zum Teil wird unter Verweis auf die Rechtsprechung des EuGH zu Art. 11 RL 92/85/EWG (EuGH 1.7.2010 – C-194/08 Rn. 61 – Gassmayr, Slg. 2010, I-6281) angenommen, dass die Vergütung für den Arbeitnehmer nicht hinter der Entgeltfortzahlung im Krankheitsfall zurückbleiben dürfe (*Frenz* Rn. 4011; *Jarass* Rn. 17). Eine solche Konkretisierung des Grundrechts durch die Richtlinie widerspricht indes der

Normenhierarchie und ist auch nicht mit den Erläuterungen des Konventspräsidiums begründbar (→ EUV Art. 6 Rn. 42).

c) Anspruch auf Elternzeit nach der Geburt oder Adoption eines Kindes. Für den 21 Begriff des Elternurlaubs ist entsprechend den Erläuterungen des Konvents auf die RL 96/34/EG (jetzt 2010/18/EG) Bezug zu nehmen (ebenso Calliess/Ruffert/*Kingreen* Rn. 9). Der Elternurlaub soll dem Elternteil die Betreuung eines neu zur Familie hinzugekommenen Kindes ermöglichen. Explizit sind die Fälle der Geburt und der Adoption erfasst, nicht hingegen Fälle der Pflegschaft. Der Elternurlaub wird durch Art. 33 II nicht davon abhängig gemacht, ob der andere Elternteil eine Berufstätigkeit ausübt. Nicht entscheidend ist die familienrechtliche Zuordnung der Personensorge, weil sich derselbe Betreuungsbedarf ergibt (Calliess/Ruffert/*Kingreen* Rn. 9). Der Elternurlaub muss im Gegensatz zum Mutterschaftsurlaub nicht bezahlt sein (*Jarass* Rn. 18). Seine Dauer ist von Art. 33 II nicht vorgegeben. Der Verweis auf die Richtlinie führt nicht zwangsläufig dazu, dass die Detailvorgaben der Richtlinie Art. 33 II konkretisieren und somit indirekt die Qualität von Primärrecht erlangen (so aber *Jarass* Rn. 18).

II. Eingriff und sonstige Beeinträchtigung

Ein Eingriff in Art. 33 II liegt vor, wenn das Unionsrecht keine Gewährung von Mutter- 22 schafts- oder Elternurlaub vorsieht oder bestehende Regelungen in den RL 92/85/EWG, RL 2010/18/EU und 2010/41/EU aufhebt. Das Gleiche gilt für die Aufhebung des Kündigungsverbots in Art. 10 RL 92/85/EWG bzw. dessen Umsetzung im nationalen Recht. Wegen der fehlenden inhaltlichen Vorgaben für die Dauer und Ausgestaltung des Elternurlaubs sind bloße Änderungen in dessen Ausgestaltung kein Eingriff in Art. 33 II. Nur die vollständige Beseitigung oder Aushöhlung eines bestehenden Anspruchs führt zu einem Grundrechtseingriff. Insofern lässt sich aus Art. 33 II keine Pflicht ableiten, dass der Beendigung des Arbeitsverhältnisses infolge einer Befristung entgegenzuwirken ist, wenn das Fristende in die Zeit des Mutterschaftsurlaubs fällt. Solche Vorgaben enthält Art. 8 Nr. 2 ESC, die Deutschland aber nicht ratifiziert hat. Wegen des Gestaltungsspielraums, der den Mitgliedstaaten belassen wurde, und der uneinheitlichen Ratifizierung der ESC kann Art. 33 II nicht ohne Weiteres nach Maßgabe des Art. 8 Nr. 2 ESC aufgeladen werden.

Bei Arbeitgebern des öffentlichen Dienstes ist die Entlassung aus einem mit der Mutter- 23 schaft zusammenhängenden Grund ein Eingriff in Art. 33 II (Calliess/Ruffert/*Kingreen* Rn. 11 f.; *Jarass* Rn. 20). Daneben liegt bei der Kündigung der Arbeitnehmerin eine Diskriminierung wegen des Geschlechts vor (vgl. EuGH 11.11.2010 – C-232/09 Rn. 59, 64 – Danosa, Slg. 2010, I-11405). Eine unmittelbare Drittwirkung zwischen privaten Arbeitgebern besteht indes nicht (allg. dazu → Art. 51 Rn. 27 ff.; *Jarass* Rn. 12; Schwarze/*Knecht* Rn. 4). Eine Beeinträchtigung von Art. 33 II liegt vor, wenn keine ausreichende Regelung zur Umsetzung des Rechts und der Ansprüche aus Art. 33 II geschaffen wurde, wobei ein erheblicher Spielraum der Grundrechtsverpflichteten besteht (*Jarass* Rn. 19). Die Einschränkungen, wie sie in der Richtlinie vorgesehen sind, sind zulässig. Sie betreffen keine Kündigung wegen der Mutterschaft (*Jarass* Rn. 19). Insofern liegt keine Beeinträchtigung vor, so dass auch kein Rechtfertigungsbedarf besteht.

III. Rechtfertigung

Die Rechtfertigung von Eingriffen und Beeinträchtigungen kann nur nach Art. 52 I 24 erfolgen. Es bedarf einer gesetzlichen Grundlage und die Maßnahme muss einen legitimen Zweck in den Grenzen der Verhältnismäßigkeit und ohne Verletzung des Wesensgehalts verfolgen. Zur Vermeidung einer Grundrechtsverletzung ist das nationale Recht grundrechtskonform auszulegen, nur wenn das nicht möglich ist, kommt eine Unanwendbarkeit in Betracht (*Jarass* Rn. 12, 19; Schwarze/*Knecht* Rn. 6; → EUV Art. 6 Rn. 33).

Titel VII. Allgemeine Bestimmungen über die Auslegung und Anwendung der Charta

Art. 51 Anwendungsbereich

(1) ¹Diese Charta gilt für die Organe, Einrichtungen und sonstigen Stellen der Union unter Wahrung des Subsidiaritätsprinzips und für die Mitgliedstaaten ausschließlich bei der Durchführung des Rechts der Union. ²Dementsprechend achten sie die Rechte, halten sie sich an die Grundsätze und fördern sie deren Anwendung entsprechend ihren jeweiligen Zuständigkeiten und unter Achtung der Grenzen der Zuständigkeiten, die der Union in den Verträgen übertragen werden.

(2) Diese Charta dehnt den Geltungsbereich des Unionsrechts nicht über die Zuständigkeiten der Union hinaus aus und begründet weder neue Zuständigkeiten noch neue Aufgaben für die Union, noch ändert sie die in den Verträgen festgelegten Zuständigkeiten und Aufgaben.

Übersicht

	Rn.
A. Systematik der Norm	1
B. Grundrechtsverpflichtete (Adressaten)	3
I. Union	3
II. Mitgliedstaaten	6
1. Allgemeines	6
2. Durchführung des Unionsrechts	10
a) Entwicklung der Rechtsprechung und Literatur	10
b) Bindung des Gesetzgebers (insbesondere Richtlinienumsetzung)	17
c) Bindung der Verwaltung	21
d) Bindung der Gerichte	22
e) Grundrechte als Schranken-Schranken der Grundfreiheiten	25
III. Privatpersonen (Drittwirkung)	27
1. Unmittelbare Wirkung	27
2. Mittelbare Bindung	34
C. Grundrechtsträger	36
I. Natürliche Personen	36
II. Juristische Personen	37
III. Einrichtungen der Union und der Mitgliedstaaten	40
D. Funktion der Grundrechte	41
I. Abwehrrechte (negative obligations)	43
II. Leistungsrechte (positive obligations)	46
1. Allgemeines	46
2. Schutzpflichten	48
3. Teilhaberechte	51
E. Kompetenzschutzklausel (Art. 51 II)	52

A. Systematik der Norm

1   Art. 51 gehört zum **allg. Teil** der europäischen Grundrechtsdogmatik (Calliess/Ruffert/ *Kingreen* Rn. 1; Schwarze/*Hatje* Rn. 1). Er regelt den Anwendungsbereich der Charta in persönlicher und sachlicher Hinsicht. Art. 51 I 1 bestimmt den Kreis der Grundrechtsverpflichteten. Die Grundrechte und Grundsätze sind in erster Linie an die Union adressiert. Insbesondere die Umsetzung der Richtlinien und der mittelbare Vollzug des Unionsrechts in den Mitgliedstaaten haben jedoch zur Folge, dass auch die Mitgliedstaaten an die Grundrechte gebunden werden. Das verhindert, dass die Mitgliedstaaten das Unionsrecht anhand ihrer nationalen Grundrechte prüfen, was einer einheitlichen und effektiven Rechtsanwen-

dung zuwiderliefe. Zugleich grenzt Art. 51 I 1 die mitgliedstaatliche und unionsrechtliche Rechtsordnung gegeneinander ab. Die Beschränkung des Anwendungsbereichs der GRC ist die Folge der limitierten Zuständigkeit der Europäischen Union, die sich durch das Prinzip der begrenzten Einzelermächtigung und der Subsidiarität auszeichnet (vgl. Schwarze/*Hatje* Rn. 2; Streinz/*Streinz/Michl* Rn. 1). Ein Schutz durch Abwehrrechte ist nur erforderlich, soweit die Europäische Union oder die Mitgliedstaaten im mittelbaren Vollzug in die Freiheitsrechte des Einzelnen eingreifen können. Darüber hinaus können Schutzpflichten und Leistungsrechte aus den Grundrechten nur verwirklicht werden, soweit ein Handeln auf der Grundlage des Unionsrechts möglich ist. In diesem Rahmen sind die Union und die Mitgliedstaaten verpflichtet, die Grundrechte und ihre Verwirklichung zu fördern, ebenso die Grundsätze (Art. 51 I 2).

Der sachliche Schutzbereich der Grundrechte kann über die Zuständigkeit der Union 2 erheblich hinausgehen. Dem wurde bei den Beratungen über die Charta entgegengehalten, dass Grundrechte ihrer Funktion nach stets nur auf ein hoheitliches Handeln iRd Zuständigkeiten bezogen sein können (vgl. zB *Calliess* EuZW 2001, 261 [264 f.]). Ansonsten könne es bei Abwehrrechten nicht zu Grundrechtsverletzungen kommen. Das führte aber nicht zu einer Begrenzung des Grundrechtskatalogs. Die GRC ist vielmehr darauf angelegt, die grundrechtliche Wertordnung der Europäischen Union langfristig zu verkörpern, so dass es auch bei etwaigen Zuständigkeitserweiterungen keiner Änderung der GRC bedarf. Allerdings stellt die GRC in Art. 51 I 2 und II ebenso wie Art. 6 I EUV klar, dass sich aus den Grundrechten keine Erweiterungen für die Aufgaben und Zuständigkeiten der Union ergeben. Das gilt insbesondere für die Schutzpflichten und Leistungsrechte, die der Union ein Handeln aufgeben. Die Sorge vor einer Erweiterung der Zuständigkeiten der Europäischen Union war bei den Beratungen über die GRC dominierend. Darüber hinaus regelt Art. 51 I 2 die Wirkungen der Grundrechte und Grundsätze im Allgemeinen (*Jarass* Rn. 3).

B. Grundrechtsverpflichtete (Adressaten)

I. Union

Die GRC findet auf alle **Organe** der Union Anwendung, erfasst aber auch die Union als 3 Rechtsperson. Das regelt Art. 51 I 1 zwar nicht explizit, eine Bindung der Organe, die für die Europäische Union handeln, kann aber nicht ohne die Grundrechtsbindung der Union gedacht werden, so dass die gesamte Hoheitsgewalt der Union den Grundrechten unterliegt (*Jarass* Rn. 5; Meyer/*Borowsky* Rn. 16). Die Grundrechtsbindung ist Folge der Hoheitsgewalt der Union und der damit verbundenen Gefahr von Eingriffen in die Freiheitsrechte (Schwarze/*Hatje* Rn. 9). Organe sind nach Art. 13 I UAbs. 2 EUV das Europäische Parlament, der Europäische Rat, der Rat, die Europäische Kommission, der EuGH, die Europäische Zentralbank und der Rechnungshof.

Grundrechtsverpflichtet sind daneben alle **Einrichtungen und Stellen.** Diese Formulie- 4 rung wurde erst 2007 in die GRC aufgenommen und ist als einheitliche Bezeichnung für alle durch die Verträge oder das Unionssekundärrecht geschaffenen Institutionen zu verstehen (*Jarass* Rn. 5; Streinz/*Streinz/Michl* Rn. 3). Es handelt sich um eine Auffangregelung (Schwarze/*Hatje* Rn. 11). Erfasst sind insbesondere die Vielzahl von Agenturen, die die Union gegründet hat, aber auch Ämter wie OLAF, Eurojust, Europol oder FRONTEX. Die Grundrechte gelten für öffentlich-rechtlich und privatrechtlich organisierte Einrichtungen gleichermaßen (*Jarass* Rn. 5).

Die Grundrechtsbindung erfasst **jedes Handeln** der Grundrechtsverpflichteten unabhän- 5 gig davon, ob es einen öffentlich-rechtlichen oder privatrechtlichen Charakter hat (Calliess/ Ruffert/*Kingreen* Rn. 5; *Jarass* Rn. 6; *Rengeling/Szczekalla* Rn. 268; Schwarze/*Hatje* Rn. 12). Nur so erlangen die Grundrechte in ihren Schutzdimensionen volle praktische Wirksamkeit. Dieses Verständnis steht in Einklang mit der Dogmatik der Grundfreiheiten, für deren Eingreifen es ebenfalls ohne Belang ist, in welcher rechtlichen Form die Mitgliedstaaten handeln (dazu Calliess/Ruffert/*Kingreen* Rn. 5; Schwarze/*Hatje* Rn. 12). Die Anwendung der Grundrechte steht ebenso wie das Handeln der Europäischen Union im Rahmen ihrer Zuständigkeit unter dem Vorbehalt der Subsidiarität. Damit wird ebenso wie mit der Kompetenzschutzklausel in Art. 51 I 2 und II etwaigen Bestrebungen der Union entgegengewirkt, Schutz- und Leistungspflichten aus den Grundrechten außerhalb der bestehenden Zuständigkeiten abzuleiten (Meyer/*Borowsky* Rn. 22; Streinz/*Streinz/Michl* Rn. 5). Darüber hinaus besteht generell ein Gebot der Rücksichtnahme der Europäischen Union auf die gewachsenen Strukturen in den Mitgliedstaaten (zB in Bezug auf das bestehende Sozialmodell) (Meyer/*Borowsky* Rn. 23; Streinz/*Streinz/Michl* Rn. 5). Zur Fiskalpolitik → Rn. 9.

II. Mitgliedstaaten

6   **1. Allgemeines.** Die GRC gilt – anders als die Grundfreiheiten – nicht ohne Einschränkung in allen Mitgliedstaaten. Nach Art. 51 I 1 sind die Mitgliedstaaten nur bei der Durchführung des Unionsrechts an die Charta gebunden. Während die Grundfreiheiten auf die Verwirklichung des Binnenmarktes zielen und die Mitgliedstaaten weitreichend in der Ausübung ihrer nationalen Souveränität binden, sind die europäischen Grundrechte als Abwehr- oder Leistungsrechte auf das hoheitliche Handeln der Mitgliedstaaten ausgerichtet, das zur Durchführung des Unionsrechts gehört. Das **BVerfG** nimmt im Rahmen seines Kooperationsverhältnisses zum EuGH die Kontrolle des mitgliedstaatlichen Handelns an den nationalen Grundrechten zurück, solange der Grundrechtsschutz nach Konzeption, Inhalt und Wirkungsweise dem Grundrechtsstandard des Grundgesetzes im Wesentlichen entspricht (BVerfG 29.5.1974 BVerfGE 37, 271 [279 f.]; 22.10.1986 BVerfGE 73, 339 [375 f.]; 12.10.1993 BVerfGE 89, 155 [174 f.]; 7.6.2000 BVerfGE 102, 147 [164]). Grenzen hierfür ziehen Art. 23 I 3, 79 III GG, aber auch die Ultra-vires-Kontrolle des BVerfG, die die Einhaltung der Kompetenzgrenzen zum Gegenstand hat (BVerfG 12.10.1993 BVerfGE 89, 155 [188]; 6.7.2010 BVerfGE 126, 286 Rn. 104) Das Gericht erachtet die Feststellung einer Kompetenzüberschreitung und die Unanwendbarkeit des Unionsrechts nach Maßgabe des Kooperationsgebots aber für eine ultima ratio (BVerfG 6.7.2010 BVerfGE 126, 286 Rn. 115 f.).

7   Art. 51 I 1 bindet die **Mitgliedstaaten** und damit alle ihre Organe (*Jarass* Rn. 12). Anders als bei der Union sind die Einrichtungen und Stellen der Mitgliedstaaten nicht explizit angeführt. Diese Begriffe entstammen, wie die Erläuterungen des Konventspräsidiums anführen, den Verträgen, so dass sie nicht auf die Mitgliedstaaten zu übertragen sind (aA *Jarass* Rn. 12). Diese stehen aber für das Handeln aller Personen ein, auf die sie Hoheitsgewalt zur Ausübung übertragen. Erfasst sind zudem alle juristischen Personen des öffentlichen Rechts, aber auch alle juristischen Personen des Privatrechts, wenn der Staat durch sie handelt. Die Mitgliedstaaten können sich weder im nationalen noch im europäischen Recht ihrer Verpflichtung aus den Grundrechten durch die Wahl der Handlungsform entziehen. Insofern gilt nichts anderes als für die Union selbst (→ Rn. 5).

8   **Unionsrecht** iSv Art. 51 I ist das gesamte Primär- und Sekundärrecht (*Jarass* Rn. 15; Meyer/*Borowsky* Rn. 26; Schwarze/*Hatje* Rn. 14). Dazu gehören alle Handlungsformen, die Art. 288 AEUV zur Verfügung stellt, aber auch alle atypischen Handlungsformen wie Fördermaßnahmen und Verträge (Calliess/Ruffert/*Kingreen* Rn. 8; *Jarass* Rn. 15; Schwarze/*Hatje* Rn. 14). Auch tertiäre Maßnahmen, die auf der Grundlage einer sekundärrechtlichen Ermächtigung beruhen, scheiden nicht aus dem Anwendungsbereich der GRC aus. Die Grundrechte erfüllen gerade als Abwehrrechte ihre freiheitsschützende Funktion nur, wenn sie alle Handlungen erfassen, die – unabhängig von der Anzahl der Zurechnungsstufen – dem Unionsrecht zuzuordnen sind (*Jarass* Rn. 15).

9   Abgrenzungsschwierigkeiten ergeben sich, wenn die Mitgliedstaaten Maßnahmen beschließen, die aber im Zusammenhang mit der Wirtschafts- und Fiskalpolitik der Europäi-

schen Union stehen. Das gilt insbesondere für mitgliedstaatliche Maßnahmen, die iRd Finanz- und Wirtschaftskrise ergriffen wurden. Die Memoranden of Understanding von EZB, Europäischer Kommission und IWF mit einzelnen Euro-Staaten sind keine rechtsverbindlichen Vereinbarungen, sondern unverbindliche Abreden, auch wenn sie die Grundlage für spätere Reformen in den Mitgliedstaaten sind (vgl. *Bakopoulos* ZESAR 2014, 323 [324]; *Möllers* ZaöRV 65, 2005, 351 [368]; **aA** *Fischer-Lescano* KJ 2014, 2 [13 ff.]). Die Mitgliedstaaten agieren insoweit iRd nationalen Rechts und müssen sich daran – und somit an den nationalen Grundrechten – messen lassen. Für die gravierenden Sozialreformen, die infolge der Memoranden von den Mitgliedstaaten ergriffen wurden, sind die europäischen Grundrechte daher kein Kontrollmaßstab. Es handelt sich nicht um die Durchführung von Unionsrecht. Eine Grundrechtsbindung kann höchstens für die beteiligten Organe der Europäischen Union bestehen, da Art. 51 sie nicht von der Durchführung des Unionsrechts abhängig macht und sie unabhängig von der Handlungsform gilt. Das Aufstellen der Zahlungsbedingungen ist aber kein Grundrechtseingriff, will man den Eingriffsbegriff nicht auf mittelbare Eingriffe durch tatsächliches Handeln erweitern (so *Fischer-Lescano* KJ 2014, 2 [15 f.]). Das Gleiche gilt für Maßnahmen im Rahmen des Europäischen Stabilitätsmechanismus, wie der EuGH in der Rs. *Pringle* festgestellt hat (EuGH 27.11.2012 – C-370/12 Rn. 179 ff. – Pringle, NJW 2013, 29; dazu *Sarmiento* CMLR 2013, 1267 [1273]). Etwas anderes kann aber für Maßnahmen gelten, die die Mitgliedstaaten zur Korrektur makroökonomischer Ungleichgewichte auf Empfehlung des Rates nach Art. 7 II VO (EU) 1176/2011 ergreifen (dazu *Antpöhler* ZaöRV 72, 2012, 353 [362 ff.]; *Bryde* SR 2012, 2 [3 ff.]; *Gröpl* Der Staat 52, 2013, 1 [16 ff.]; *Seifert* SR 2014, 14 [26 ff.]). Der Rat ist bei seinen Empfehlungen zwar nicht nur an die Verordnung, sondern auch an die Grundrechte gebunden, zumal Art. 1 III VO (EU) 1176/2011 explizit auf Art. 28 GRC Bezug nimmt. Im Falle eines Grundrechtsverstoßes fehlte es aber an einer Rechtsschutzmöglichkeit für die Grundrechtsträger. Ob die nationalen Maßnahmen, die auf Empfehlung des Rates ergriffen werden, an den europäischen Grundrechten zu messen sind, hängt davon ab, ob sie noch als Durchführung des Unionsrechts gelten müssen. Dafür spricht, dass die Empfehlungen sehr detailgenau und mit Fristen versehen sein können und die nationalen Korrekturmaßnahmen der Überprüfung durch den Rat unterliegen, auf die der Rat ggf. mit weiteren Empfehlungen reagieren kann (Art. 7 VO [EU] 1176/2011). Anders als bei den Memoranden müssen sich die Mitgliedstaaten an die Empfehlungen auch halten.

2. Durchführung des Unionsrechts. a) Entwicklung der Rechtsprechung und Literatur. Die GRC greift nur ein, wenn die Mitgliedstaaten zur Durchführung des Unionsrechts handeln. Vor Inkrafttreten der Charta hatte der EuGH **zu den allg. Grundsätzen** ein relativ weit reichendes Verständnis entwickelt, wonach nationale Maßnahmen bereits an den europäischen Grundrechten zu messen sind, wenn sie in den Anwendungsbereich des Vertrages fallen (EuGH 11.7.1985 – 60/84 ua Rn. 26 – Cinéthèque Fédération des cinémas francais, Slg. 1985, 2605; 18.6.1991 – C-260/89 Rn. 42 – ERT, Slg. 1991, I-2925; 29.5.1997 – C-299/95 Rn. 15 – Kremzow, Slg. 1997, I-2629; 18.12.1997 – C-309/96 Rn. 13 – Annibaldi, Slg. 1997, I-7493; 10.4.2003 – C-276/01 Rn. 70 – Steffensen, Slg. 2003, I-3735; so auch EuGH 19.1.2010 – C-555/07 Rn. 23 – Kücükdeveci, Slg. 2010, I-365). Nach dem Verständnis des EuGH ist die Durchführung des Unionsrechts anhand des Kontexts der Norm und ihrer Funktion abzugrenzen (EuGH 30.10.1975 – 23/75 Rn. 10/14 – Rey Soda, Slg. 1975, 1279; 19.11.1998 – C-159/96 Rn. 40 – Portugal/Kommission, Slg. 1998, I-7379). Die Grundrechte waren danach stets einschlägig, wenn auf den maßgeblichen Sachverhalt eine Norm des Unionsrechts Anwendung fand (dazu Schwarz/*Hatje* Rn. 16; dem EuGH zust. *Weiler/Lockhart* CMLR 1995, 51 [57 ff.]; sehr krit. *Coppel/O'Neill* CMLR 1992, 669; einschränkend auch *Bienert,* Die Kontrolle mitgliedstaatlichen Handelns anhand der Gemeinschaftsgrundrechte, 2001, 210, 222). Insofern waren die Grundrechte nicht nur bei der Umsetzung von Richtlinien und dem Vollzug des Unionsrechts durch die

30 GRC Art. 51 Anwendungsbereich

Verwaltung und die Gerichte der Mitgliedstaaten einschlägig, sondern auch bei der Beurteilung staatlicher Maßnahmen, die die Grundfreiheiten beschränken.

11 Bei der Erarbeitung der GRC wurde im Konvent intensiv um eine Beschränkung des Anwendungsbereichs der Charta gerungen (dazu *Frenz* Rn. 276; Tettinger/Stern/*Ladenburger* Rn. 22). Sie sollte nur bei der Durchführung des Unionsrechts ieS Anwendung finden und nicht generell im Anwendungsbereich des Unionsrechts. Für eine solche Einschränkung des Anwendungsbereichs der GRC spricht der Wortlaut des Art. 51 I, der die Mitgliedstaaten „ausschließlich" bei der „Durchführung" des Unionsrechts bindet und nicht auf dessen Anwendungsbereich abstellt (Calliess/Ruffert/*Kingreen* Rn. 8; *Cremer* EuGRZ 2011, 545 [551 f.]; *Huber* NJW 2011, 2385 [2387]; Meyer/*Borowsky* Rn. 24a, 29 ff.; Schwarze/*Hatje* Rn. 17; Streinz/Streinz/*Michl* Rn. 9; so auch *Lindner* EuR 2008, 786 [791 ff.]; **aA** *Jarass* Rn. 16; Thüsing/Pötters/*Stiebert* RdA 2012, 281 [289 f.]). Erfasst sei lediglich das Handeln der Mitgliedstaaten als verlängerter Arm der Union. Dazu gehören insbesondere die Umsetzung von Richtlinien und der Vollzug von Verordnungen und Entscheidungen bzw. direkt anwendbaren Richtlinien. Ein eng gefasster Anwendungsbereich hätte zudem zur Folge, dass ggf. sogar die Konkretisierung des Unionsrechts durch die Gerichte nicht an der GRC zu prüfen wäre, weil es sich um eine Umsetzung oder den Vollzug ieS handelt (abl. aber *Frenz* Rn. 274 ff.; Heselhaus/Nowak/*Nowak* § 6 Rn. 44 ff.; *Jarass* Rn. 16 f.; Schwarze/*Hatje* Rn. 18; Tettinger/Stern/*Ladenburger* Rn. 20 ff.). Zum Teil wird auch darauf abgestellt, dass das Unionsrecht eine unmittelbare Wirkung im Mitgliedstaat haben müsse (HdBG/*Scholz* § 170 Rn. 39; so auch *Huber* NJW 2011, 2385 [2388]; Kokott/*Sobotta* EuGRZ 2010, 265 [271]).

12 Der Begriff der „Durchführung" ist im Unionsrecht nicht definiert. Die Erläuterungen des Konventspräsidiums lassen zudem keine Beschränkung der bereits entwickelten Rechtsprechung erkennen, zumal sie auf die Urteile des EuGH ohne Einschränkungen verweisen (*Frenz* Rn. 276; *Grabenwarter* EuGRZ 2004, 563 [564]; *Jarass* Rn. 16; Schwarze/*Hatje* Rn. 18). Der Wortlaut ist zudem nicht so eindeutig, dass er einer Auslegung anhand der Erläuterungen, die zu einer Aufrechterhaltung des weiten Anwendungsbereichs führt, entgegensteht (Heselhaus/Nowak/*Nowak* § 6 Rn. 44 ff.; Meyer/*Borowsky* Rn. 30a; **aA** *Cremer* NVwZ 2003, 1452 [1455]; *Kingreen* EuGRZ 2004, 570 [576]). Auch die anderen Sprachfassungen schaffen keine eindeutige Klarheit, auch wenn sie sich als „Durchführung" des Unionsrechts übersetzen lassen (vgl. zB „only when they are implementing Union law"; „mettent en œuvre le droit de l'Union"; „nell'attuazione del diritto dell'Unione"; „cuando apliquen el Derecho de la Union"). Zudem hat die grammatische Auslegung in der Rechtsprechung des EuGH gegenüber der teleologischen Auslegung kein so starkes Gewicht (*Große Wentrup* 67 f.). Darüber hinaus steht die GRC im Zusammenhang mit den allg. Grundsätzen und sollte die Grundrechte in der Europäischen Union stärken (*Jarass* Rn. 16). Dem widerspräche es, wenn der Anwendungsbereich der GRC beschnitten wird, ohne dass zugleich der Anwendungsbereich der allg. Grundsätze Einschränkungen unterworfen wird (dazu *Jarass* Rn. 16 f.; vgl. auch SA des GA *Bot* 5.4.2011 – C-108/10 Rn. 120 – Scattolon, ECLI:EU:C:2011:211; *Große Wentrup* 69). Für die allg. Grundsätze hat sich der weite Anwendungsbereich entwickelt, und dieser wird durch Art. 6 III EUV nicht beschränkt.

13 Die Rechtsprechung des **EuGH** zur GRC deutet auf ein **weites Verständnis** des Anwendungsbereichs nach Art. 51 I 1. In der Rs. *Åkerberg Fransson,* die ein Strafverfahren wegen Steuerhinterziehung betraf, sah der EuGH den Anwendungsbereich der GRC als eröffnet an, obwohl die Mehrwertsteuerrichtlinie weder die Sanktion durch eine Strafe noch das Strafverfahren regelt (EuGH 28.2.2013 – C-617/10 Rn. 19 f. – Åkerberg Fransson, NJW 2013, 1415). Ein Zusammenhang zum Unionsrecht ergibt sich durch den Effektivitätsgrundsatz nach Art. 4 III EUV, der zur Durchsetzung der Richtlinie auch mit wirksamen und verhältnismäßigen Sanktionen verpflichtet (vgl. zB EuGH 21.9.1989 – 68/88 Rn. 23 f. – Kommission/Griechenland, Slg. 1989, 2965; 27.2.1997 – C-177/95 Rn. 35 – Ebony Maritime ua, Slg. 1997, I-1111; Calliess/Ruffert/*Kahl* Rn. 70; Schwarz/*Hatje* Rn. 52). Spezieller ist noch Art. 325 AEUV, auf den der Gerichtshof verweist (EuGH

28.2.2013 – C-617/10 Rn. 26 – Åkerberg Fransson, NJW 2013, 1415). Der EuGH ließ es genügen, dass die Sachmaterie, auf die sich die Sanktion bezog, unionsrechtlich harmonisiert war (EuGH 28.2.2013 – C-617/10 Rn. 19 f. – Åkerberg Fransson, NJW 2013, 1415; aA SA des GA *Cruz Villalón* 12.6.2012 – C-617/10 Rn. 56 ff. – Åkerberg Fransson; abl. auch ErfK/*Wißmann* Vorb. AEUV Rn. 5a; Tettinger/Stern/*Ladenburger* Rn. 45; *Winter* NZA 2013, 473 [477]). Das BVerfG rückt die Entscheidung des EuGH in die Nähe eines ausbrechenden Rechtsakts, ohne ein Handeln ultra vires festzustellen (BVerfG 24.4.2013 BVerfGE 133, 277 Rn. 91, obiter dictum). Im Sinne gelebter Kooperation mit dem Gerichtshof sei die Entscheidung nicht so zu verstehen, dass jeder sachliche Bezug einer Regelung zum bloß abstrakten Anwendungsbereich des Unionsrecht oder rein tatsächliche Auswirkungen hierauf genüge, um den Anwendungsbereich der GRC zu eröffnen, zumal der EuGH darauf verweise, dass es sich um eine unionsrechtlich geregelte Fallgestaltung handeln müsse.

Ein weiter Anwendungsbereich wird auch in den Rs. *Melloni* und *Charty* zugrunde gelegt **14** (EuGH 1.3.2011 – C-457/09 Rn. 23 f. – Chartry, Slg. 2011, I-819 [im Ergebnis Anwendbarkeit mangels Bezug zum Unionsrecht verneint]). In der Rs. *Siragusa* verweist der Gerichtshof für den weiten Anwendungsbereich auf Art. 52 VII und die Erläuterungen des Konventspräsidiums (EuGH 6.3.2014 – C-206/13 Rn. 22 – Siragusa, NJW 2014, 575). Für die „Durchführung des Rechts der Union" iSv Art. 51 I 1 sei aber ein hinreichender Zusammenhang erforderlich, so dass es nicht genüge, wenn die fraglichen Sachbereiche benachbart sind oder der eine von ihnen mittelbare Auswirkungen auf den anderen haben kann (EuGH 6.3.2014 – C-206/13 Rn. 24 – Siragusa, NJW 2014, 575; vgl. auch EuGH 29.5.1997 – C-299/95 Rn. 16 – Kremzow, Slg. 1997, I-2629). Im Einzelfall will der EuGH prüfen, ob das mitgliedstaatliche Handeln die Durchführung einer Bestimmung des Unionsrechts bezweckt oder ob es andere als unter das Unionsrecht fallende Ziele verfolgt, selbst wenn das Unionsrecht diesen Bereich an sich regelt oder die konkrete Maßnahme mittelbar beeinflusst hat (EuGH 6.3.2014 – C-206/13 Rn. 25 – Siragusa, NJW 2014, 575; vgl. EuGH 18.12.1997 – C-309/96 Rn. 13 – Annibaldi, Slg. 1997, I-7493; 8.11.2012 – C-40/11 Rn. 79 – Iida, NVwZ 2013, 357; 8.5.2013 – C-87/12 Rn. 41 – Ymeraga ua). Die GRC findet daher keine Anwendung, wenn das Unionsrecht keine Verpflichtungen der Mitgliedstaaten für den betreffenden Sachbereich enthält (EuGH 6.3.2014 – C-206/13 Rn. 26 – Siragusa, NJW 2014, 575; vgl. auch EuGH 13.6.1996 – C-144/95 Rn. 11 f. – Maurin, Slg. 1996, I-2909; 28.2.2013 – C-617/10 Rn. 19 f. – Åkerberg Fransson, NJW 2013, 1415). Nach dieser Rechtsprechung des EuGH fällt somit auch die bloße Anwendung von Unionsrecht oder der Transformationsnormen des nationalen Rechts unter Art. 51 I 1. Es besteht eine sehr weit reichende Bindung, die sowohl die legislative Umsetzung des Unionsrechts als auch seine administrative und gerichtliche Anwendung erfasst (Schwarze/*Hatje* Rn. 19; so auch *Jarass* NVwZ 2012, 457 [461]; mit normspezifischer Analyse *Sarmiento* CMLR 2013, 1267 [1280 ff.]). Damit will der EuGH aber nicht darüber entscheiden, ob die Mitgliedstaaten neben den europäischen auch die nationalen Grundrechte anwenden, sofern ihr Handeln nicht vollständig durch das Unionsrecht determiniert war (EuGH 26.2.2013 – C-399/11 Rn. 60 – Melloni, NJW 2013, 1215; 28.2.2013 – C-617/10 Rn. 29 – Åkerberg Fransson, NJW 2013, 1415).

Schließlich hat der EuGH in der Rs. *Pfleger* die GRC nun auch herangezogen, um bei **15** der **Beschränkung einer Grundfreiheit** die nationale Maßnahme auf ihre Grundrechtskonformität zu überprüfen (EuGH 30.4.2014 – C-390/12 Rn. 35 f. – Pfleger ua, BeckRS 2014, 80759). Gerade in dieser Fallgruppe argumentierte die Literatur für eine enge Auslegung des Anwendungsbereichs, weil der Mitgliedstaat ausschließlich national tätig werde (→ Rn. 25).

Im **Arbeitsrecht** kommt die GRC – unter Zugrundelegung der bestehenden Recht- **16** sprechung zu Art. 51 I 1 – vor allem bei der Umsetzung von Richtlinien zur Anwendung (ErfK/*Wißmann* AEUV Vorb. Rn. 5a; → Rn. 17, 19). Sofern Grundfreiheiten durch Tarifverträge oder Arbeitskampfmaßnahmen beschränkt werden, unterliegt auch das nationale

30 GRC Art. 51 Anwendungsbereich

Arbeitskampfrecht der Kontrolle der GRC. Daneben hat der EuGH die Arbeitnehmerfreizügigkeit bei Diskriminierungen durch den Arbeitgeber herangezogen (EuGH 6.6.2000 – C-281/98 Rn. 34 f. – Angonese, Slg. 2000, I-4139; 17.7.2008 – C-94/07 Rn. 45 – Raccanelli, Slg. 2008, I-5939; 28.6.2012 – C-172/11 Rn. 36 – Erny). Vom Anwendungsbereich der GRC sind jedoch diejenigen Sachbereiche ausgenommen, für die die Europäische Union bisher von ihren Kompetenzen noch keinen Gebrauch gemacht hat. Das galt zB für die Anwendung von Art. 30 wegen der Privilegierung von Kleinbetrieben beim Kündigungsschutz (EuGH 16.1.2008 – C-361/07 Rn. 14 – Polier, Slg. 2008, I-6). Zum Teil wird noch weitergehend darauf verwiesen, dass eine Bindung der Mitgliedstaaten an die GRC im Arbeitsrecht zumindest dann nicht in Betracht komme, wenn der AEUV weder selbst Regelungen oder Ermächtigungen enthält wie im Koalitions- und Arbeitskampfrecht (BAG 20.11.2012 NZA 2013, 448 Rn. 122; ErfK/*Wißmann* AEUV Vorb. Rn. 5b). Auch wenn man diese Kompetenzbeschränkung in Bedacht nimmt, so steht das Koalitions- und Arbeitskampfrecht keineswegs immer außerhalb des Anwendungsbereichs der GRC. Das gilt nicht nur bei der Beeinträchtigung der Grundfreiheiten durch Tarifverträge und Arbeitskampfmaßnahmen, sondern auch dann, wenn die Union auf der Grundlage der sog. Querschnittsklauseln tätig wird. Das betrifft zum einen das Antidiskriminierungsrecht (Art. 19 AEUV), dessen Regelungen auch die Mitgliedschaft in Arbeitgeberverbänden und Gewerkschaften erfasst. Zum anderen kann die wirtschafts- und finanzpolitische Zuständigkeit nach Art. 121 AEUV Grundlage für Regelungen sein, die ggf. (mittelbar) auch das Koalitions- und Arbeitskampfrecht berühren (zu den Abgrenzungsschwierigkeiten → Rn. 9).

17 **b) Bindung des Gesetzgebers (insbesondere Richtlinienumsetzung).** Der nationale Gesetzgeber ist an die GRC gebunden, wenn er durch legislative Maßnahmen Unionsrecht durchführt. Das betrifft vor allem die Umsetzung von Richtlinien ins nationale Recht (EuGH 12.12.1996 – C-74/95 Rn. 25 – X, Slg. 1996, I-6609; 29.1.2008 – C-275/06 Rn. 68 – Promusicae, Slg. 2008, I-271; Ehlers/*Ehlers* § 14 Rn. 61; *Frenz* Rn. 278; *Jarass* Rn. 18; Meyer/*Borowsky* Rn. 27; Tettinger/Stern/*Ladenburger* Rn. 35). Eine Grundrechtsbindung besteht bei allen Maßnahmen, die zur Erreichung des Richtlinienziels dienen, einschließlich aller Änderungen und Ergänzungen des Umsetzungsgesetzes (EuGH 22.11.2005 – C-144/04 Rn. 51 – Mangold, Slg. 2005, I-9981; *Frenz* Rn. 245, 247; *Jarass* Rn. 18). Diese Grundrechtsbindung besteht auch, wenn die Richtlinie nicht vollständig und letztlich unzureichend umgesetzt wird (*Jarass* Rn. 18; Streinz/*Streinz*/*Michl* Rn. 10; Tettinger/Stern/*Ladenburger* Rn. 35). Daneben ist die Legislative an die GRC gebunden, wenn sie zB für eine Verordnung der Europäischen Union die gebotenen normativen Ergänzungen vornimmt (Calliess/Ruffert/*Kingreen* Rn. 8; Schwarze/*Hatje* Rn. 16).

18 Eine Grundrechtsbindung hat die Literatur zum Teil jedoch verneint, wenn die Richtlinie **unbestimmte Rechtsbegriffe** enthält bzw. **Wahlmöglichkeiten** oder **Ermessensspielräume** für die Mitgliedstaaten einräumt (Calliess/Ruffert/*Kingreen* Rn. 12; einschränkend Rengeling/Szczekalla Rn. 313 [nach der Interpretation anhand Grundrechte verbleibender Spielraum]). Der EuGH hat den Anwendungsbereich der GRC zu Recht weiter gezogen. Die Unionsorgane können als Grundrechtsverpflichtete bei der Ausübung ihrer Zuständigkeit den Mitgliedstaaten nur solche Gestaltungsmöglichkeiten einräumen, die nicht zu einem Grundrechtsverstoß führen (EuGH 27.6.2006 – C-540/03 Rn. 104 f. – Parlament/Rat, Slg. 2006, I-5769; 20.5.2003 – C-465/00 Rn. 70 ff. – Österreichischer Rundfunk, Slg. 2003, I-4989; *Frenz* Rn. 251; *Jarass* Rn. 18; *Krois* DB 2010, 1704 [1705]; Tettinger/Stern/*Ladenburger* Rn. 35; *Winkler* 120 f., 123; vgl. auch Streinz/*Michl* EuZW 2011, 384 [386]; krit. *Calliess* JZ 2009, 113 [115 ff.]; *Scheuing* EuR 2005, 162 [174 ff.]). Das Überlassen von Gestaltungsspielräumen oder Wahlmöglichkeiten ist nicht vergleichbar mit dem Fall, dass eine Rechtsmaterie nicht von der Europäischen Union geregelt wird.

19 Die GRC soll jedoch zumindest dann nicht einschlägig sein, wenn die Richtlinie **Öffnungsklauseln** enthält, die es gestatten, weitergehende Regelungen zu schaffen und den mit der Richtlinie angestrebten Schutz zu intensivieren (Calliess/Ruffert/*Kingreen* Rn. 12;

Grundrechtsverpflichtete (Adressaten) **Art. 51 GRC 30**

Frenz Rn. 250; *Rengeling/Szczekalla* Rn. 313; Tettinger/Stern/*Ladenburger* Rn. 35). Sofern die Richtlinie nur **Mindestregelungen** enthält und keine Vorgaben zum Erlass weiterer Regelungen vorsieht, handeln die Mitgliedstaaten im Rahmen ihrer nationalen Zuständigkeit, wenn sie bei der Umsetzung der Richtlinie über das geforderte Maß hinausgehen und zB einen weitergehenden Schutz regeln (so zum Verhältnismäßigkeitsgrundsatz als allg. Grundsatz EuGH 14.4.2005 – C-6/03 Rn. 63 f. – Eiterköpfe, Slg. 2005, I-2753; *Jarass* Rn. 25). Generell gilt, dass nationale Regelungen, die über den im Unionsrecht vorgesehenen Regelungsumfang hinausgehen, insoweit nicht der Kontrolle am Maßstab der GRC unterliegen (EuGH 8.11.2012 – C-40/11 Rn. 79 f. – Iida, NVwZ 2013, 357; *Jarass* Rn. 24). Das ist gerade für die Richtlinienumsetzung im Arbeitsrecht von Bedeutung, weil die Richtlinien iRd Sozialpolitik nach Art. 153 AEUV nur Mindestvorgaben enthalten, so dass die Mitgliedstaaten einen weitergehenden Schutz vorsehen können. Dem scheint die Entscheidung des EuGH in der Rs. *Alemo Herron* zu widersprechen, in der der Gerichtshof unter Rückgriff auf Art. 16 eine Obergrenze für den Schutz des Arbeitnehmers beim Betriebsübergang eingezogen hat und diese aufrechterhält, obwohl die Richtlinie weitergehende Regelungen zum Schutz der Arbeitnehmer erlaubt (EuGH 18.7.2013 – C-426/11 Rn. 36 – Alemo Herron, NZA 2013, 835; krit. ErfK/*Wißmann* AEUV Vorb. Rn. 5). Die RL 2001/23/EG zum Betriebsübergang ist jedoch keine Regelung iRd Sozialpolitik, sondern beruht auf der Zuständigkeit für den Binnenmarkt nach Art. 115 AEUV. Diese Ermächtigungsgrundlage erlaubt – anders als die Sozialpolitik – nicht nur eine Mindestharmonisierung, sondern eine Vollharmonisierung. Wenn die Europäische Union aufgrund dieser Ermächtigung eine harmonisierende Richtlinie schafft und den Mitgliedstaaten zugleich eine weitergehende Regelung erlaubt, dann muss in diesem Fall das Gleiche gelten, wie bei der Einräumung eines Ermessensspielraums in einer Richtlinie. Die Union kann solche weitergehenden Regelungen nur in einem Maße erlauben, in dem sie selbst Recht setzen könnte. Insofern kommt es für die Anwendung der GRC über nationales Recht, das über die Mindestvorgaben einer Richtlinie hinausgeht, nicht nur auf den Inhalt der Richtlinie, sondern auch auf die Zuständigkeit an, die die Europäische Union bei deren Erlass heranzieht.

Eine Bindung an die GRC scheidet bei allen Angelegenheiten aus, die **außerhalb der** 20 **Zuständigkeit** der Europäischen Union stehen (EuGH 6.3.2014 – C-206/13 Rn. 25 – Siragusa, NJW 2014, 575; vgl. EuGH 18.12.1997 – C-309/96 Rn. 13 – Annibaldi, Slg. 1997, I-7493, 8.11.2012 – C-40/11 Rn. 79 – Iida, NVwZ 2013, 357; 8.5.2013 – C-87/12 Rn. 41 – Ymeraga ua; *Jarass* Rn. 24). Mitgliedstaaten agieren in diesem Fall allein im Rahmen ihrer Kompetenzen (*Jarass* Rn. 24; Streinz/*Streinz/Michl* Rn. 9; Tettinger/Stern/ *Ladenburger* Rn. 35). Die Anwendung der GRC scheidet daher aus, wenn der Mitgliedstaat bei Gelegenheit der Richtlinienumsetzung auch andere Belange regelt, die nicht der Umsetzung der Richtlinienvorgaben (ggf. in Verbindung mit Effektivitäts- und Äquivalenzgrundsatz nach Art. 4 III EUV) dienen (Streinz/*Streinz/Michl* Rn. 9). Das Gleiche gilt, wenn der nationale Gesetzgeber eingreift, um eine Inländergleichbehandlung herbeizuführen (*Jarass* Rn. 24). Schließlich ist der Anwendungsbereich der GRC auch dann nicht eröffnet, wenn die Richtlinie wegen eines Grundrechtsverstoßes nichtig ist (*Preis/Temming* NZA 2010, 185 [191]). Ob das nationale Recht seine Gültigkeit behält, hängt von dessen Vereinbarkeit mit dem nationalen Recht, insbesondere den Grundrechten, ab. Der Umstand, dass die gesetzliche Regelung der Richtlinienumsetzung diente, lässt ihre Wirkung nicht ex lege entfallen, wenn die Richtlinie nichtig ist. Ermächtigungsgrundlage für das Handeln des Mitgliedstaates ist seine Gesetzgebungskompetenz nach nationalem Recht. Er kann das erlassene Gesetz infolge der Nichtigkeit der Richtlinie jederzeit ohne Verstoß gegen den Grundsatz der Unionstreue aufheben.

c) Bindung der Verwaltung. Auch die Verwaltung ist bei der Durchführung von Einzel- 21 fallentscheidungen an die Grundrechte gebunden (EuGH 13.7.1989 – C-5/88 Rn. 19 – Wachauf, Slg. 1989, 2609; 24.3.1994 – C-2/92 Rn. 16 – Bostock, Slg. 1994, I-955;

30 GRC Art. 51 Anwendungsbereich

19.4.1997 – C-15/95 Rn. 36 – Earl de Kerlast, Slg. 1997, I-1961; 20.6.2002 – C-313/99 Rn. 35 ff. – Mulligan, Slg. 2002, I-5719 [bzgl. allg. Grundsätze]; Calliess/Ruffert/*Kingreen* Rn. 8; Ehlers/*Ehlers* § 14 Rn. 73; *Frenz* Rn. 252 f., 278; *Jarass* Rn. 19; *Jarass/Beljin* NVwZ 2004, 1 [9 ff.]; Meyer/*Borowsky* Rn. 28; Schwarze/*Hatje* Rn. 16). Es handelt sich dabei um einen sog. Agency-Fall (v. Bogdandy/Bast/*Kühling* 657 [680 ff.]; *Ruffert* EuGRZ 1995, 518 [527 f.]). Das betrifft nicht nur den Vollzug von Verordnungen, sondern auch des nationalen Umsetzungsrechts oder der unmittelbar wirkenden Richtlinie (dazu HdBG/*Scholz* § 170 Rn. 39). Das gilt für die Arbeitsverwaltung beim Vollzug des Arbeitsschutzrechts auf der Grundlage der Rahmenrichtlinie 89/391/EWG und der dazugehörigen Einzelrichtlinien bzw. für den Zoll, der das AEntG vollzieht. Sofern dem nationalen Recht eine Richtlinie zugrunde liegt, geht die grundrechtskonforme Auslegung der Richtlinie und die richtlinienkonforme Auslegung des nationalen Rechts vor. Die Grundrechte kommen nur dann zum Tragen, wenn und soweit die Richtlinien Gestaltungsspielräume lassen. Insofern steht die Verwaltung nicht anders als der Gesetzgeber (→ Rn. 18). Nach der Rechtsprechung des EuGH gelten die Grundrechte auch für Sanktionen, wenn nur die Sachmaterie in der Richtlinie geregelt ist (EuGH 26.2.2013 – C-617/10 Rn. 24 ff. – Åkerberg Fransson, NJW 2013, 1314; abl. ErfK/*Wißmann* AEUV Vorb. Rn. 5a; *Winter* NZA 2013, 473 [477]; → Rn. 13).

22 **d) Bindung der Gerichte.** Die Gerichte sind bei der Auslegung und Anwendung von Unionsrecht sowie von nationalem Recht, das der Umsetzung des Unionsrechts dient, an die GRC gebunden (v. Bogdandy/Bast/*Kühling* 657 [682 f.]; *Brummund,* Kohärenter Grundrechtsschutz im Raum der Freiheit, der Sicherheit und des Rechts, 2011, 67 f.; Ehlers/*Ehlers* § 14 Rn. 73; *Lindner* EuZW 2007, 71 [72 ff.]; *Schaller* 38 ff.; zur Durchführung einer Verordnung EuGH 11.10.2007 – C-117/06 Rn. 78 f. – Möllendorf, Slg. 2007, I-8361; *Frenz* Rn. 243; *Jarass* Rn. 20; Schwarze/*Hatje* Rn. 16; **aA** hinsichtlich Richtlinienumsetzung Calliess/Ruffert/*Kingreen* Rn. 12; *Höpfner* RdA 2013, 16 [20]). Daher ist das nationale Recht, das eine Richtlinie umsetzt, nicht nur richtlinienkonform, sondern notwendigenfalls auch grundrechtskonform auszulegen (EuGH 18.7.2013 – C-426/11 Rn. 30 – Alemo Herron, NZA 2013, 835; ausführlicher → EUV Art. 6 Rn. 33 f.). Das Grundrecht bindet die Gerichte auch, wenn die Richtlinie nicht vollständig und letztlich unzureichend umgesetzt wird (*Jarass* Rn. 18; Streinz/*Streinz/Michl* Rn. 10; Tettinger/Stern/*Ladenburger* Rn. 35). Das gilt unabhängig davon, ob das nationale Recht zur Umsetzung der Richtlinie neu geregelt oder ein bestehendes Gesetz geändert wurde. Selbst Normen, die schon vor Erlass der Richtlinie bestanden und beibehalten wurden, sind nach Maßgabe der Richtlinie und den europäischen Grundrechten zu beurteilen (*Preis/Temming* NZA 2010, 185 [187]). Etwas anderes gilt für die Aufhebung nationalen Rechts als negative Anpassung (*Frenz* Rn. 246), es sei denn, es kommt zu einer Schutzpflichtverletzung. In der Regel wird aber bereits eine grundrechtskonforme Auslegung der Richtlinie erfolgen, so dass das nationale Recht vor allem richtlinienkonform auszulegen ist. Die Anwendbarkeit des Grundrechts hat vor allem Bedeutung, wenn die Auslegung des nationalen Rechts scheitert bzw. zur Richtlinienwidrigkeit ggf. noch ein Grundrechtsverstoß hinzutritt. Zur Unanwendbarkeit des nationalen Rechts → EUV Art. 6 Rn. 37.

23 Die Gerichte sind an die Grundrechte auch gebunden, wenn sie **Generalklauseln** auslegen oder das **Recht fortbilden.** Vorrangig ist zunächst eine richtlinienkonforme Auslegung (→ AEUV Art. 288 Rn. 37, 42). Sofern die Richtlinie jedoch Spielräume belässt, ist nicht nur der Gesetzgeber (→ Rn. 18), sondern auch der Richter insoweit an die GRC gebunden (EuGH 27.6.2006 – C-540/03 Rn. 104 f. – Parlament/Rat, Slg. 2006, I-5769; v. Bogdandy/Bast/*Kühling* 657 [679 f., 682]; Ehlers/*Ehlers* § 14 Rn. 73 f.; *Jarass* Rn. 23; *Rengeling/Szczekalla* Rn. 313; *Störmer* AöR 1998, 541 [567 f.]; SA der GA *Trstenjak* 22.9.2011 – C-411/10 Rn. 82 – N. S.; **aA** Calliess/Ruffert/*Kingreen* Rn. 12). Zum Teil wird erwogen, die Bindung an die europäischen Grundrechte nur darauf zu beziehen, in welchem Umfang die Europäische Union den Mitgliedstaaten Ermessen einräumen kann

(*Cremer* EuGRZ 2011, 545 [552]; *Jarass* Rn. 23 unter Verweis auf die damit verbundenen Abgrenzungsschwierigkeiten). Daraus ergibt sich für den Schutz der Grundrechte kein zusätzlicher Ertrag, weil in jedem Fall zu prüfen wäre, ob die Maßnahme, die – nach der Schutzfunktion des Grundrechts – am weitesten eingreift, noch mit den Grundrechten vereinbar ist.

Die Abgrenzung des Anwendungsbereichs der GRC führt nicht automatisch zur voll- 24 ständigen Verdrängung der nationalen Grundrechte. Das ergibt sich nicht aus der GRC. Der EuGH geht davon aus, dass es den Mitgliedstaaten freisteht, nationale Grundrechtsstandards heranzuziehen, wenn ihr Handeln nicht vollständig durch das Unionsrecht bestimmt ist (EuGH 28.2.2013 – C-617/10 Rn. 29 – Åkerberg Fransson, NJW 2013, 1415; dazu Streinz/*Streinz/Michl* Rn. 8). Die Anwendung des nationalen Rechts dürfe aber weder das Schutzniveau der GRC absenken noch den Vorrang und die Einheit des Unionsrechts beeinträchtigen (EuGH 28.2.2013 – C-617/10 Rn. 29 – Åkerberg Fransson, NJW 2013, 1415; 26.2.2013 – C-399/11 Rn. 60 – Melloni, NJW 2013, 1215).

e) Grundrechte als Schranken-Schranken der Grundfreiheiten. Im Anschluss an 25 das Inkrafttreten der GRC hat sich ein Teil der Literatur dafür ausgesprochen, dass die GRC nicht für eine Kontrolle des nationalen Rechts heranzuziehen ist, das lediglich eine Grundfreiheit beschränkt, ohne selbst eine Richtlinie oder einen Beschluss umzusetzen (Calliess/ Ruffert/*Kingreen* Rn. 16; *Coppel/O'Neill* CMLR 1992, 669 [673 ff.]; *Cremer* NVwZ 2003, 1452 [1454 ff.]; *Cremer* EuGRZ 2011, 545 [551 f.]; *Gellermann* DVBl. 2000, 509 [516 f.]; *Huber* EuR 2008, 190 [194 f.]; *Kanitz/Steinberg* EuR 2003, 1013 [1025 ff.]; *Nusser,* Die Bindung der Mitgliedstaaten an die Unionsgrundrechte, 2011, 56; *Ruffert* EuGRZ 1995, 518 [528 f.]; *Schorkopf* ZaöRV 64, 2004, 125 [138]; so auch Meyer/*Borowsky* Rn. 24a, 29 f.). Die Gegenansicht hat unter Verweis auf die frühere Rechtsprechung des Gerichtshofs (EuGH 18.6.1991– C-260/89 Rn. 43 – ERT, Slg. 1991, I-2925; 8.4.1992 – C-62/90 Rn. 23 – Kommission/Deutschland, Slg. 1992, I-2575; vgl. auch EuGH 26.6.1997 – C-368/95 Rn. 24 – Familiapress, Slg. 1997, I-3689; 12.6.2003 – C-112/00 Rn. 74 – Schmidberger, Slg. 2003, I-5659) und die Erläuterung des Konventspräsidiums daran festgehalten, dass das nationale Recht auch in diesen Fällen mit den europäischen Grundrechten in Einklang stehen muss. Das lässt sich vor allem darauf zurückführen, dass nicht nur der unionsrechtliche Schrankenvorbehalt, sondern auch die Schranken-Schranken die Verwirklichung der Grundfreiheiten beeinflussen (*Alonso Garcia* ELJ 2002, 492 [495 ff.]; v. Bogdandy/Bast/*Kühling* 657 [682 f.]; Duschanek/Griller/*Griller* 139 f.; *Frenz* Rn. 263 ff.; Glaser/ *Kahl* ZHR 177, 2013, 643 [674 f.]; *Jarass* Rn. 21; Streinz/*Streinz/Michl* Rn. 13; Tettinger/ Stern/*Ladenburger* Rn. 37; *Trstenjak/Beysen* EuR 2012, 265 [278 f.]; so auch SA des GA *Bot* 5.4.2011 – C-108/10 Rn. 116 ff. – Scattolon, ECLI:EU:C:2011:211). Zudem beziehen sich die Rechtfertigungsgründe auf das Unionsrecht, so dass es einer einheitlichen Anwendung bedarf (EuGH 18.6.1991 – C-260/89 Rn. 43 – ERT, Slg. 1991, I-2925; *Cirkel,* Die Bindungen der Mitgliedstaaten an die Gemeinschaftsgrundrechte, 2000, 141 ff.; Ehlers/ *Ehlers* § 14 Rn. 75; *Frenz* Rn. 274 ff.; *Jürgensen/Schlünder* AöR 1996, 200 [213 ff.]; *Kober* 177; *Schaller* 50 f.; Schwarze/*Hatje* Rn. 18; Tettinger/Stern/*Ladenburger* Rn. 27; *Wallrab,* Die Verpflichteten der Gemeinschaftsgrundrechte, 2004, 90 ff.).

Bereits in der Entscheidung *Åkerberg Fransson* hatte sich angedeutet, dass der EuGH den 26 Anwendungsbereich der GRC nach Art. 51 I 1 weit versteht (EuGH 28.2.2013 – C-617/ 10 Rn. 19 – Åkerberg Fransson, NJW 2013, 1415). In der Rs. *Pfleger* hat der Gerichtshof die GRC nun herangezogen, um bei der Beschränkung einer Grundfreiheit die nationale Maßnahme auf ihre Grundrechtskonformität zu überprüfen (EuGH 30.4.2014 – C-390/12 Rn. 35 f. – Pfleger ua, BeckRS 80759). Somit sind die europäischen Grundrechte Schranken-Schranken der Grundfreiheiten. Daher gilt weiterhin, dass bereits die Anwendbarkeit der Grundfreiheit den Anwendungsbereich der Charta eröffnet. Der Sachverhalt ist auch in diesen Fällen unionsrechtlich determiniert (v. Bogdandy/Bast/*Kühling* 657 [682 f.]; Weiler/ *Weiler,* The Constitution of Europe, 1999, 121 f.). Um dem Grundsatz der Subsidiarität besser Rechnung zu tragen, sind jedoch die Eigenarten der mitgliedstaatlichen Rechts- und Sozialordnung iRd Grundrechtsprüfung in Bedacht zu nehmen (v. Bogdandy/Bast/*Kühling* 657 [683]; Grabenwarter/*v. Danwitz* § 6 Rn. 55). Insoweit kann sich der EuGH an die Rechtsprechung des EGMR anlehnen, der den Konventionsstaaten einen Beurteilungsspielraum einräumt (→ EMRK Art. 1 Rn. 19). Dieser ist umso größer, je weniger einheitlich der Grundrechtsstandard in den Staaten ist. Ein solches Vorgehen gerät nicht in Konflikt mit der GRC (Art. 52 III, 53).

III. Privatpersonen (Drittwirkung)

27   **1. Unmittelbare Wirkung.** Art. 51 I 1 beschränkt den Kreis der Grundrechtsverpflichteten auf die Union und die Mitgliedstaaten bei der Durchführung des Unionsrechts. Eine explizite Regelung zur Anwendung der Grundrechte auf Privatpersonen (sog. Drittwirkung) enthält die GRC nicht. Der Konvent hat dies der Entwicklung durch Rechtsprechung und Literatur überlassen (Meyer/*Borowsky* Rn. 31; Streinz/*Streinz/Michl* Rn. 18). Die Literatur ist gespalten. Bereits bei der Erarbeitung der GRC wandte sich ein Teil der Literatur gegen eine unmittelbare Drittwirkung (*Bernsdorff* VSSR 2001, 1 [20]; *Pernice* DVBl. 2000, 847 [855 f.]; *Weber* NJW 2000, 537 [543]) und verwies darauf, dass die Mitgliedstaaten eine Schutzpflicht treffen kann, so dass kein Schutzdefizit bestehe (*Bernsdorff* VSSR 2001, 1 [20]). Dem hat sich das Schrifttum überwiegend angeschlossen und lehnt eine unmittelbare Drittwirkung ab (Calliess/Ruffert/*Kingreen* Rn. 18; Ehlers/*Ehlers* § 14 Rn. 81; Grabenwarter/*v. Danwitz* § 6 Rn. 60; HK-EUR/*Folz* Rn. 11; *Huber* NJW 2011, 2385 [2389 f.]; *Jarass* Rn. 27; *Magiera* DÖV 2000, 1017 [1025]; *Pache* EuR 2001, 475 [483]; *Sagmeister* 324 f.; Schwarze/*Hatje* Rn. 22; Tettinger/Stern/*Ladenburger* Rn. 13; SA der GA *Trstenjak* 8.9.2011 – C-282/10 Rn. 83 – Dominguez; diff. Meyer/*Borowsky* Rn. 31; **aA** von der Groeben/Schwarze/*Beutler* EUV Art. 6 Rn. 66). Etwas anderes gilt aber für Beliehene (*Jarass* Rn. 27).

28   Gegen eine unmittelbare Drittwirkung spricht bereits der Wortlaut des Art. 51 I 1, der nur die Union und die Mitgliedstaaten erfasst (Calliess/Ruffert/*Kingreen* Rn. 18; *Jarass* Rn. 27; zweifelnd Schwarz/*Hatje* Rn. 22). Zudem passt die Schrankenregelung des Art. 52 I auf Privatpersonen nicht (*Jarass* Rn. 27). Etwas anderes ergibt sich auch nicht aus Art. 52 III, 53 (Calliess/Ruffert/*Kingreen* Rn. 18; *Jarass* Rn. 27). Die EMRK entfaltet nach der Rechtsprechung des EGMR ebenfalls keine unmittelbare Drittwirkung (→ EMRK Art. 1 Rn. 42). Daraus ergibt sich grundsätzlich keine Schutzlücke, weil sich aus den Grundrechten Schutzpflichten ableiten lassen, die die Organe der Europäischen Union verpflichten, soweit sie zuständig sind (v. Bogdandy/Bast/*Kühling* 657 [675 f.]; Calliess/Ruffert/ *Kingreen* Rn. 18; *Gersdorf* AöR 1994, 400 [420 f.]; *Kober* 180 ff.; Schwarze/*Hatje* Rn. 22). Dabei kann und muss sich die Grundrechtsdogmatik an die vom EGMR entwickelten Schutzpflichten (→ EMRK Art. 11 Rn. 40) anlehnen, Art. 52 III, 53 (Meyer/*Borowsky* Rn. 31; Streinz/*Streinz/Michl* Rn. 18). Zudem stünde eine unmittelbare Drittwirkung in einem Spannungsverhältnis zum beschränkten Anwendungsbereich der GRC (Grabenwarter/*v. Danwitz* § 6 Rn. 60). Zum Teil wird für dieses Ergebnis auch auf das Protokoll Nr. 30 für das Vereinigte Königreich und Polen Bezug genommen, wonach die Grundrechte aus dem Abschnitt Solidarität nicht unmittelbar anwendbar sein sollen, was nur eine Klarstellung sei und daher für alle anderen Mitgliedstaaten gelten müsse (ErfK/*Wißmann* AEUV Vorb. Rn. 18).

29   Der EuGH hat allerdings den **Grundfreiheiten** – die in ihrer Konzeption zumindest grundrechtsähnlich sind (→ EUV Art. 6 Rn. 14) – eine unmittelbare Drittwirkung zuerkannt, um ihre praktische Wirksamkeit sicherzustellen (vgl. zu Verbänden EuGH 12.12.1974 – 36/74 Rn. 16 ff. – Walrave, Slg. 1974, 1405; 14.7.1976 – 13/76 Rn. 17 ff. – Donà, Slg. 1976, 1333; 15.12.1995 – C-415/93 Rn. 82 ff. – Bosman, Slg. 1995, I-4921; 11.4.2000 – C-51/96 Rn. 47 – Deliège, Slg. 2000, I-2549; 13.4.2000 – C-176/96 Rn. 35 – Lehtonen, Slg. 2000, I-2681; 11.12.2007 – C-438/05 Rn. 33 f. – Viking, Slg. 2007, I-

10779; so auch zur Bindung des Arbeitgebers EuGH 6.6.2000 – C-281/98 Rn. 34 f. – Angonese, Slg. 2000, I-4139; 17.7.2008 – C-94/07 Rn. 45 – Raccanelli, Slg. 2008, I-5939; 28.6.2012 – C-172/11 Rn. 36 – Erny). Diese Rechtsprechung ist jedoch nicht auf die Grundrechte zu übertragen. Sie beruht auf der besonderen Binnenmarktorientierung, die die Rechtsprechung des EuGH dominierte und von einer bestimmten Zielsetzung gesteuert war. Das gilt für die Grundrechte nicht in gleicher Weise (Ehlers/*Ehlers* § 14 Rn. 81; *Jarass* Rn. 27; *Rengeling/Szczekalla* Rn. 337, 342; **aA** wohl Preis/Sagan/*Pötters* § 2 Rn. 32). Nichts anderes ergibt sich daraus, dass der EuGH Art. 157 AEUV eine unmittelbare Bindung Privater zuspricht (*Jarass* Rn. 27; vgl. *Hilson* ELR 2004, 636 [645f.]). Sofern die Grundfreiheiten Privatpersonen (zB Arbeitgeber, Arbeitgeberverband, Gewerkschaft) binden, darf aber nicht außer Acht bleiben, dass sie anders als die Mitgliedstaaten zugleich Grundrechtsträger sind. Daher muss sich eine Privatperson, die durch eine Grundfreiheit verpflichtet ist, zumindest gegenüber dem durch die Grundfreiheit Geschützten auf seine eigenen Grundrechte berufen können (ebenso Grabenwarter/*v. Danwitz* § 6 Rn. 62; Schwarze/*Hatje* Rn. 22). Diese wirken letztlich als deren Schranke.

Eine Drittwirkung wird zum Teil auch in den Fällen angenommen, in denen die Grundrechte zur **Unanwendbarkeit des nationalen Rechts** führen (Grabenwarter/*v. Danwitz* § 6 Rn. 62; *Thüsing/Pötters/Stiebert* RdA 2012, 281 [288 f.]; ähnlich *Krebber* EuZA 2013, 188 [197 f.]; vgl. auch *Zimmer* AuR 2012, 114 [118]; **aA** *Krois* DB 2010, 1704 [1705]). Dabei handelt es sich allerdings um eine Folge des Anwendungsvorrangs, der dem Primärrecht insgesamt, nicht nur den Grundrechten eigen ist. Zudem erfolgt keine positive Bindung an das Abwehr- oder Leistungsrecht, wie es bei einer echten Grundrechtsbindung anzunehmen wäre. Es handelt sich lediglich um eine negative Wirkung zwischen Normen des Primärrechts und des mitgliedstaatlichen Rechts, die von der Einordnung der Normbetroffenen als Grundrechtsverpflichtete oder Grundrechtsadressaten unabhängig ist. Insofern handelt es sich nicht um eine echte Drittwirkung (*Krois* DB 2010, 1704 [1706]; *Preis/Temming* NZA 2010, 185 [191 f.]; *Waltermann,* FS Birk, 2008, 915 [919 f.]; unklar *Seifert,* Jahrbuch Arbeitsrecht 48, 2010, 119 [122 f.]). Die Folgen für die Privatpersonen sind eher ein Rechtsreflex. **30**

Eine unmittelbare Drittwirkung eines Grundrechts zwischen Privaten kann sich höchstens noch auf den **konkreten Gehalt der Norm** stützen, wobei sich bei einem solchen Ansatz den Grundrechten nicht generell eine unmittelbare Drittwirkung zusprechen lässt (ähnlich Meyer/*Borowsky* Rn. 31; *Seifert* EuZW 2001, 696 [700]; *Strunz,* Strukturen des Grundrechtsschutzes der Europäischen Union in ihrer Entwicklung, 2006, 130 f.). Einer Drittwirkung lässt sich stets entgegenhalten, dass die konkrete Norm erst noch durch den Gesetzgeber zu konkretisieren ist, wobei er die widerstreitenden Belange abwägen muss (Grabenwarter/*v. Danwitz* § 6 Rn. 63). Dem lässt sich gerade bei der Ableitung und Konkretisierung einer staatlichen Schutzpflicht Rechnung tragen, während dies bei der Anerkennung einer unmittelbaren Drittwirkung überspielt würde (ähnlich Grabenwarter/*v. Danwitz* § 6 Rn. 63; SA der GA *Trstenjak* 8.9.2011 – C-282/10 Rn. 82 – Dominguez). Daher lässt sich gerade aus den sozialen Grundrechten mit Bezug auf das Arbeitsverhältnis prinzipiell keine Drittwirkung ableiten. Etwas anderes ergibt sich auch nicht daraus, dass die Grundrechte zum Teil einen inhaltlichen Bezug zur Menschenwürde haben (so zu Art. 31 GRC *Schwarzburg,* Die Menschenwürde im Recht der europäischen Union, 2012, 321 ff.). Auch das strukturelle Ungleichgewicht erzwingt keine unmittelbare Drittwirkung (vgl. *Zimmer* AuR 2012, 114 [118]), spricht aber für die Ableitung von Schutzpflichten für den Staat. **31**

Der EuGH hat sich in der Rs. *AMS* vor allem unter Verweis auf den Vorbehalt zugunsten des Rechts der Union und des Rechts und der Gepflogenheiten der Mitgliedstaaten eine unmittelbare Drittwirkung abgelehnt (EuGH 15.1.2014 – C-176/12 Rn. 44 ff. – AMS, NZA 2014, 193; ebenso *Everling,* GS Heinze, 2005, 157 [172]). Dieser Vorbehalt betrifft indes nicht den Tatbestand, sondern die Schrankenregelung in Art. 52 I (→ Art. 52 Rn. 23). Insofern taugt sie zwar nicht unmittelbar zur Ablehnung einer unmittelbaren Drittwirkung. **32**

30 GRC Art. 51   Anwendungsbereich

Sie deutet aber einen Konkretisierungsbedarf an, der eher gegen die unmittelbare Drittwirkung spricht. Etwas anderes kann für das Verbot des Menschenhandels aus Art. 5 III und für das Verbot der Kinderarbeit aus Art. 32 I gelten (*Seifert* EuZW 2001, 696 [701]). Für Art. 28 ist die unmittelbare Drittwirkung streitig (→ Art. 28 Rn. 3 f.), ebenso für Art. 27 (→ Art. 27 Rn. 12), wobei zum Teil von Drittwirkung gesprochen wird, auch wenn eine Ableitung von Schutzpflichten gemeint ist (vgl. *Seifert* EuZW 2001, 696 [701]). Zu den Diskriminierungsverboten → Art. 21 Rn. 119.

33   Keine unmittelbare Drittwirkung entfalten die **Grundsätze** iSv Art. 52 V. Aus ihnen ergibt sich kein Anspruch auf positive Maßnahmen durch die Organe der Union oder Mitgliedstaaten (*Seifert* EuZW 2001, 696 [701]; → Art. 52 Rn. 50). Zudem handelt es sich nicht um subjektive Rechte, vielmehr müssen die Europäische Union und die Mitgliedstaaten die Grundsätze bei ihrem Handeln und bei der Auslegung des Unionsrechts berücksichtigen.

34   **2. Mittelbare Bindung.** Eine mittelbare Wirkung für das Verhältnis zwischen Privatpersonen erlangen die Grundrechte der GRC mittels der Generalklauseln des nationalen Rechts und des Unionsrechts. Im Verhältnis zum Unionssekundärrecht ergibt sich das bereits aus der Normenhierarchie und im Verhältnis zum nationalen Recht aus der Unionstreue der Mitgliedstaaten (Art. 4 III EUV). Insofern sind die Mitgliedstaaten nicht nur verpflichtet, Privatrechtsnormen zu erlassen, die mit den Grundrechten – wo sie anwendbar sind – in Einklang stehen, sie müssen auch grundrechtswidrige Normen beseitigen bzw. iRd methodisch Zulässigen eine grundrechtskonforme Auslegung vornehmen (→ EUV Art. 6 Rn. 33). Ggf. kommt es sogar zur Unanwendbarkeit des nationalen Rechts (→ EUV Art. 6 Rn. 37). Die Wirkung auf das Privatrecht ist insofern keine eigenständige Funktion des Grundrechts, sondern eine Folge von Strukturprinzipien des Unionsrechts. In der Literatur wird in diesen Fällen generell eine mittelbare Drittwirkung der Grundrechte angenommen (*Jarass* Rn. 28, 30; *Preis/Sagan/Pötters* § 2 Rn. 32; *Schwarz/Hatje* Rn. 22; so auch SA der GA *Trstenjak* 8.9.2011 – C-282/10 Rn. 133 ff. – Dominguez).

35   Als (mittelbare) Drittwirkung werden zudem die Gewährleistungspflichten eingeordnet, die sich in Anlehnung an die Rechtsprechung des EGMR aus Grundrechten ergeben können (vgl. *Schlachter* DB 2012, Standpunkte Heft 6, 9 [10]; *Seifert* EuZW 2001, 696 [701]). Sie führen zwar nicht zu einer Grundrechtsbindung von Privaten, verpflichten aber die Organe der Europäischen Union und die Mitgliedstaaten im Anwendungsbereich der GRC und in den Grenzen ihrer Zuständigkeiten zum Handeln. Zur Schutzpflicht aus den Grundrechten → Rn. 49 ff. Soweit die Erfüllung der Schutzpflichten den Mitgliedstaaten überlassen bleibt, sind diese in zweifacher Hinsicht gebunden. Zum einen durch die Pflicht aus den europäischen Grundrechten der GRC und durch die Gewährleistungspflichten nach der EMRK (*Schlachter* DB 2012, Standpunkte Heft 6, 9 [10]). Letztere verpflichten die Gerichte zur völkerrechtsfreundlichen Auslegung des nationalen Rechts (→ Art. 1 Rn. 31 ff., 41, 77).

C. Grundrechtsträger

I. Natürliche Personen

36   Grundrechtsträger sind alle natürlichen Personen, auch Drittstaatenangehörige und Staatenlose (*Calliess/Ruffert/Kingreen* Art. 52 Rn. 52; *Jarass* Rn. 51; *Tettinger/Stern/Ladenburger* Rn. 2). Etwas anderes gilt nur, wenn das Grundrecht den Kreis der Grundrechtsadressaten auf Unionsbürger beschränkt (*Streinz/Streinz/Michl* Rn. 19). Soweit die GRC von Bürgern spricht, bezieht sie sich stets auf Unionsbürger (zB Art. 15 II, III und die Bürgerrechte in Titel V; dazu *Schwarze/Hatje* Rn. 5; *Streinz/Streinz/Michl* Rn. 19). Kinder und Jugendliche sind einbezogen, zumal die GRC keine Altersgrenze für die Grundrechtsmündigkeit bestimmt (*Jarass* Rn. 52).

II. Juristische Personen

Die Grundrechtsberechtigung der juristischen Personen regelt die GRC nicht allgemein. **37**
Sie sind lediglich in einzelnen Artikeln explizit genannt (zB Art. 42, 43, 44). Die mangelnde Stringenz und Uneinheitlichkeit der Regelung erlaubt indes keinen Umkehrschluss aus diesen Bestimmungen der GRC. Die Einordnung der juristischen Personen als Grundrechtsadressaten ergibt sich letztlich durch Auslegung mit Rücksicht auf die Funktion der Grundrechte und die allg. Regelungen in Art. 52 II, III und 53 (Streinz/*Streinz/Michl* Rn. 2, 20). Juristische Personen sind mit Rücksicht auf Art. 52 II, 53 zumindest dann geschützt, wenn sie Grundrechtsträger nach der EMRK sind (*Jarass* Rn. 56; Streinz/*Streinz/Michl* Rn. 20; Tettinger/Stern/*Ladenburger* Rn. 3). Das Gleiche gilt, wenn die allg. Grundsätze des Unionsrechts bisher die juristischen Personen in den Schutz einbezogen haben (Streinz/*Streinz/Michl* Rn. 20). Die GRC sollte die bestehenden Grundrechte gerade sichtbar machen und nicht verkürzen. Zudem sind die wesentlichen Quellen der allg. Grundsätze auch für die Auslegung der GRC maßgebend (Art. 52 III, IV, → Art. 52 Rn. 10, 19).

Für die einzelnen Grundrechte ist im Wege der Auslegung zu ermitteln, ob juristische **38** Personen Grundrechtsträger sind (*Jarass* Rn. 59; Schwarze/*Hatje* Rn. 6). Das gilt nicht bei den Rechten zur Würde des Menschen oder zur Abschiebung (Schwarze/*Hatje* Rn. 6). Sie sind aber Grundrechtsadressaten der Berufsfreiheit und der unternehmerischen Freiheit (Schwarze/*Hatje* Rn. 6), ebenso des Rechts auf Kollektivverhandlungen und auf kollektive Maßnahmen.

Die Literatur geht in Anlehnung an die EMRK und die Rechtsprechung des EGMR **39** (→ EMRK Art. 1 Rn. 4) davon aus, dass juristische Personen des Privatrechts Grundrechtsträger sind, selbst wenn ihre Anteile ganz oder teilweise von Grundrechtsverpflichteten gehalten werden (*Jarass* Rn. 64; Tettinger/Stern/*Ladenburger* Rn. 3). Das wird zum einen für solche juristischen Personen angenommen, die keine Hoheitsgewalt ausüben und keine öffentlichen Aufgaben unter staatlicher Kontrolle wahrnehmen (*Frenz* Rn. 307; *Jarass* Rn. 64; zum Meinungsstand siehe Grabenwarter/*Gundel* § 2 Rn. 31 ff.; **aA** Ehlers/*Ehlers* § 14 Rn. 57). Das soll insbesondere gelten, wenn sie in üblicher Form am Wirtschaftsverkehr teilnehmen und regulär wie jede andere Privatperson behandelt werden (*Frenz* Rn. 307; *Jarass* Rn. 64; **aA** Ehlers/*Ehlers* § 14 Rn. 57). Sofern die gleiche grundrechtstypische Gefährdungslage eintrete, müsse der gleiche Schutz bestehen (so zu Art. 16 *Nothoff* 241; *Schwier* 204 ff.; *Wunderlich* 122 f.; Schwarze/*Schwarze* Rn. 4; → Art. 16 Rn. 7). Dagegen spricht jedoch, dass es der Union ebenso wie den Mitgliedstaaten nicht möglich sein sollte, sich durch die Wahl der Rechtsform der Grundrechtsbindung zu entziehen. Insofern kann es in solchen Fällen auch keinen Grundrechtsschutz geben. Der EuGH hat dazu noch keine Entscheidung getroffen.

III. Einrichtungen der Union und der Mitgliedstaaten

Juristische Personen des öffentlichen Rechts können sich grundsätzlich nicht auf die **40** GRC berufen. Die Grundrechte richten sich als Abwehrrechte oder Leistungsrechte gerade an die Union oder die Mitgliedstaaten (Schwarze/*Hatje* Rn. 7). Daher sind juristische Personen des öffentlichen Rechts Grundrechtsverpflichtete, nicht Grundrechtsträger. Ausnahmen können sich höchstens in Anlehnung an die EMRK ergeben (ebenso Grabenwarter/*Gundel* § 2 Rn. 29; → EMRK Art. 1 Rn. 4). Etwas anderes kann daher gelten, wenn die juristische Person keine Hoheitsrechte ausübt und Ziele verfolgt, die unabhängig vom den Mitgliedstaaten oder Union sind (zB öffentlich-rechtlicher Rundfunk, öffentlich-rechtliche Religionsgemeinschaften, öffentlich-rechtliche Universitäten und Wissenschaftseinrichtungen) (*Jarass* Rn. 63; *Winkler* 106 ff.; offenlassend Schwarze/*Hatje* Rn. 7). Ob die juristischen Personen in dieser Betätigung grundrechtlich geschützt sind, hat der EuGH bisher noch nicht entschieden.

D. Funktion der Grundrechte

41 Die Funktionen der Grundrechte der GRC sind in Art. 51 I 2 angelegt. Danach sind die Unionsorgane und die Mitgliedstaaten verpflichtet, die Grundrechte zu **achten** und deren Anwendung im Rahmen ihrer Zuständigkeit zu **fördern**. Die Funktion der Grundrechte betrifft somit die Gewährleistungen, die sich aus den Grundrechten für den Grundrechtsträger im Verhältnis zum Staat ergeben. Ihre Funktion drückt sich letztlich in ihrem rechtlichen Einfluss auf das Verhältnis des Einzelnen zur öffentlichen Gewalt aus (Calliess/Ruffert/*Kingreen* Rn. 19; Ehlers/*Ehlers* § 14 Rn. 41). Art. 51 I 2 verpflichtet zunächst zur Achtung der Grundrechte, was vor allem für Freiheitsrechte von Bedeutung ist, die die öffentliche Gewalt iRd Schutzbereichs zum Unterlassen verpflichten. Daneben kennt die GRC aber auch Diskriminierungsverbote und Gleichheitsrechte, die zu achten sind. Sie dienen mittelbar der tatsächlichen Verwirklichung von Freiheit für die ansonsten diskriminierte Person. Schließlich gibt Art. 51 I 2 auf, die Anwendung der Grundrechte zu fördern. Somit haben die Grundrechte auch eine leistungsrechtliche Dimension. Für die Funktionen der Grundrechte hat sich bisher kein fester Kanon entwickelt. In der Regel wird zwischen Abwehrrechten, Leistungsrechten und Gleichheitsrechten differenziert (zB *Terhechte* 51 ff.). Daneben werden aber auch Schutzpflichten und Verfahrensrechte als eigene Kategorie benannt. Auch Justizgrundrechte werden angeführt (siehe Gewährleistung des effektiven Rechtsschutzes durch Art. 47 GRC). Diese Funktionen decken sich nicht mit der systematischen Gliederung der GRC (Calliess/Ruffert/*Kingreen* Rn. 19). Vielmehr kann ein Grundrecht mehrere Funktionen in sich vereinen. Der EuGH entscheidet stets in Bezug auf den Einzelfall und hat darüber hinaus keine Grundrechtsdogmatik entwickelt.

42 Unterschiede zwischen Abwehr- und Leistungsrechten ergeben sich einerseits in Bezug auf die daraus resultierenden Pflichten für die Union und die Mitgliedstaaten, andererseits in Bezug auf die Zuständigkeit, die das Handeln der Europäischen Union begrenzt. Abwehrrechte kommen nur zur Anwendung, wenn die Organe der Europäischen Union oder die Mitgliedstaaten iRd unionsrechtlichen Zuständigkeiten handeln. Die Abwehrrechte sind insofern gerade die Reaktion auf die Übertragung von Kompetenzen durch die Mitgliedstaaten an die Europäische Union (Calliess/Ruffert/*Kingreen* Rn. 22). Hingegen ist die Zuständigkeit bei den Leistungsrechten eine Erfüllungsbedingung. Die Organe der Union und die Mitgliedstaaten sind nur in den Grenzen der unionsrechtlichen Zuständigkeit zur Erfüllung der Leistungsrechte verpflichtet. Das betont Art. 51 I 2 durch seine eigentlich redundante Wiederholung der Bezugnahmen auf die Zuständigkeit. Grenzen für die Leistungsrechte setzt zudem der Grundsatz der Subsidiarität (*Jarass* Rn. 47).

I. Abwehrrechte (negative obligations)

43 Die abwehrrechtliche Funktion von Grundrechten gehört zu den klassischen Grundrechtsfunktionen, die den Freiheitsrechten eigen sind. Sie kommt zum Tragen, wenn das Grundrecht individuelle Freiheit garantiert oder Handlungsspielräume im Verhältnis zur Union gewährleistet (Calliess/Ruffert/*Kingreen* Rn. 21; Grabenwarter/*Cremer* § 1 Rn. 69). Die Abwehrfunktion schützt ein bestimmtes Recht oder Rechtsgut oder eine Betätigung vor dem Zugriff hoheitlicher Gewalt. Insofern verpflichten die Abwehrrechte die Europäische Union zur Unterlassung und damit zur Gewährleistung der Freiheit der Grundrechtsträger (Calliess/Ruffert/*Kingreen* Rn. 20; Schwarze/*Hatje* Rn. 24). Eine Abwehrfunktion haben vor allem die Freiheitsrechte, die in den Art. 6–19 geregelt sind. Zum Teil sind auch direkt Verbote formuliert (zB Art. 4 I, 5 I, II). Allerdings können auch soziale Grundrechte einen abwehrrechtlichen Gehalt haben (Calliess/Ruffert/*Kingreen* Rn. 21). Dabei handelt es sich vor allem um ein Rückschrittsverbot.

44 In der Regel schützen die europäischen Grundrechte nicht nur die positive, sondern auch die negative (Handlungs-)Freiheit (Ehlers/*Ehlers* § 14 Rn. 41). Zum Teil werden aus Abwehrrechten auch Vorgaben für Organisation und Verfahren abgeleitet (Ehlers/*Ehlers* § 14 Rn. 47; *Jarass* Rn. 38). Dabei kommt das Grundrecht aber nicht notwendig als Abwehrrecht zur Anwendung. Soweit die verfahrensrechtlichen Anforderungen dazu dienen, den hoheitlichen Eingriff abzumildern, damit dieser noch mit der GRC vereinbar ist, kommen das Grundrecht als Abwehrrecht und der Grundsatz der Verhältnismäßigkeit nach Art. 52 I zum Tragen (Ehlers/*Ehlers* § 14 Rn. 47; *Jarass* Rn. 38). Sofern die verfahrensrechtlichen Anforderungen nicht vor hoheitlichem Handeln schützen, sondern dieses gerade gebieten, um die tatsächliche Verwirklichung des Grundrechts sicherzustellen, so sind sie den Leistungsrechten zuzuordnen (→ Rn. 47 ff.). Solche Pflichten lassen sich angesichts Art. 51 I 2 aus der GRC ableiten, haben aber einen eigenen Gewährleistungsgehalt, der von der Funktion als Abwehrrecht zu unterscheiden ist.

Eine abwehrrechtliche Dimension haben auch die Gleichheitsrechte oder Diskriminierungsverbote, weil sie ebenfalls das Unterlassen nicht gerechtfertigter Diskriminierungen durch die Union oder Mitgliedstaaten einfordern (siehe auch Grabenwarter/*Cremer* § 1 Rn. 76). Das Unionsrecht enthält die geschriebenen Gleichheitsrechte und Diskriminierungsverbote der Grundfreiheiten (dazu Ehlers/*Ehlers* § 14 Rn. 42; *Frenz* Rn. 345). Eine Verordnung oder Richtlinie darf daher keine Diskriminierungen enthalten, die im Widerspruch zu Art. 21 und 23 stehen (vgl. EuGH 1.3.2011 – C-236/09 Rn. 32 f. – Test-Achats, Slg. 2011, I-773). Die Gleichbehandlung der Grundrechtsadressaten wird in der Literatur zum Teil auch als eigene Grundrechtsfunktion beschrieben (Ehlers/*Ehlers* § 14 Rn. 42; *Frenz* Rn. 345; *Jarass* Rn. 44). Letztlich weisen Gleichheitsrechte wohl zwei Funktionen auf: sie wehren einerseits ungerechtfertigte Diskriminierungen ab (abwehrrechtliche Funktion), andererseits bestehen Ansprüche auf Teilhabe und insoweit auf gleichen Zugang (→ Rn. 52). 45

II. Leistungsrechte (positive obligations)

1. Allgemeines. Neben den Abwehrrechten anerkennt und regelt die GRC auch Leistungsrechte (Calliess/Ruffert/*Kingreen* Rn. 19; *Jarass* Rn. 39; Schwarze/*Hatje* Rn. 25). Darauf deutet Art. 51 I 2 („achten und fördern") hin. **Originäre Leistungsrechte** sind aber in den Grundrechten nur in Ausnahmefällen garantiert, vgl. Art. 14 I, II, 41, 47 III (Calliess/Ruffert/*Kingreen* Rn. 24; Ehlers/*Ehlers* § 14 Rn. 46). Im Übrigen beschränkt sich die GRC auf **derivative Leistungsrechte** (Teilhaberechte, → Rn. 52) und **Schutzpflichten** (→ Rn. 49 ff.). Während Abwehrrechte zu einem Unterlassen verpflichten und grundsätzlich nur einen begrenzten Gestaltungsspielraum lassen, geben Leistungsrechte in ihren unterschiedlichen Ausprägungen der Europäischen Union bzw. den Mitgliedstaaten ein positives Handeln auf. Dabei besteht ein ganz erheblicher Entscheidungs-, Wertungs- und Gestaltungsspielraum (*Jarass* Rn. 45; Schwarze/*Hatje* Rn. 25). Die Leistungsrechte verpflichten in der Regel nicht zu einer ganz bestimmten Leistung. Zudem bedarf es einer gesetzlichen Ausgestaltung des Leistungsrechts. Das Grundrecht gibt insofern nur vor, dass eine Leistung erbracht und ein Schutz gewährt wird, der nicht völlig unzulänglich ist (*Jarass* Rn. 45). Abwehr- und Leistungsrechte sind Teil der rechts- und sozialstaatlichen Dimension der Union, was sich auch in der Präambel der GRC widerspiegelt. 46

Die Ableitung von Leistungsrechten, die stets mit Handlungspflichten einhergehen, steht in einem engen Zusammenhang zu den Zuständigkeiten der Union (Calliess/Ruffert/*Kingreen* Rn. 22). Solche Pflichten können die Europäische Union nur treffen, soweit ihre Zuständigkeit reicht. Daher besteht nicht nur die Gefahr, dass Leistungsrechte zu Kompetenzerweiterungen führen (Calliess/Ruffert/*Kingreen* Rn. 22; *Lindner* DÖV 2000, 543 [547 ff.]). Zudem kann es zu einem Verwischen der Unterscheidung zwischen Grundrechtsbindung und Kompetenz führen (Calliess/Ruffert/*Kingreen* Rn. 22; *Rengeling*, FS Rauschning, 2001, 225 [245 f.]). Die Zuständigkeit ist Erfüllungsbedingung für das Leistungsrecht. Daher entfaltet der Grundrechtsschutz nur Wirkung, soweit der Europäischen Union Kompetenzen übertragen wurden (vgl. Calliess/Ruffert/*Kingreen* Rn. 22; *Pernice* DVBl. 47

2000, 847 [852]). Die Ableitung eines Leistungsrechts aus der GRC ist zwar unabhängig von der Zuständigkeit der Union möglich. Der Grundrechtsschutz läuft aber leer, wenn es an der Kompetenz mangelt.

48   **2. Schutzpflichten.** Schutzpflichten sind eine Form eines Leistungsrechts (*Jarass* Rn. 39; *Schwarze/Hatje* Rn. 25; ausführlich zur Schutzpflicht in der Rechtsprechung des EuGH *Suerbaum* EuR 2003, 390 ff.; *Szczekalla,* Die sogenannten grundrechtlichen Schutzpflichten im deutschen und europäischen Recht, 2002). Sie verpflichten die Union zum positiven Handeln, um den Grundrechtsträger vor Beeinträchtigungen seiner Freiheit durch Privatpersonen oder Naturereignisse zu schützen (vgl. *Calliess/Ruffert/Kingreen* Rn. 23 ff.; *Jarass* Rn. 41; *Rengeling/Szczekalla* Rn. 408 ff.). Schutzpflichten zielen somit darauf, dem Grundrechtsträger die tatsächliche Freiheitsverwirklichung zu ermöglichen. Als besondere Ausprägung der Schutzfunktion gilt auch der Grundrechtsschutz durch Organisation und Verfahren (*Calliess/Ruffert/Kingreen* Rn. 24; *Schwarze/Hatje* Rn. 25). Durch die Ausgestaltung des Rechtsschutzes soll der Grundrechtsträger in die Lage versetzt werden, sein Grundrecht wahrzunehmen und notwendigenfalls durchzusetzen (*Calliess/Ruffert/Kingreen* Rn. 24; *Ehlers/Ehlers* § 14 Rn. 47). Sie sind zum Teil eigens geregelt wie in Art. 41 II (Recht auf gute Verwaltung).

49   Schutzpflichten hat der EuGH bisher nur aus den Grundfreiheiten abgeleitet (s. zu Warenverkehrsfreiheit EuGH 9.12.1997 – C-265/95 Rn. 30 ff. – Kommission/Frankreich, Slg. 1997, I-6959; so auch 30.4.1996 – C-13/94 Rn. 19 – P./S. und Cornwall County Council, Slg. 1996, I-2143; 21.6.2003 – C-112/00 Rn. 57 ff. – Schmidberger, Slg. 2003, I-5659; dazu *Jaeckel,* Schutzpflichten im deutschen und europäischen Recht, 2001, 227 ff.; *Szczekalla,* Die so genannten grundrechtlichen Schutzpflichten, 2002, 610 ff., 627 ff.). Die Literatur befürwortet auch die Ableitung von Schutzpflichten aus der GRC (*Calliess/Ruffert/Kingreen* Rn. 23; *Junker* ZfA 2013, 91 [101 f.]). Hierfür spricht insbesondere Art. 52 III 1, der auf die EMRK Bezug nimmt (*Grabenwarter/Cremer* § 1 Rn. 80; *Junker* ZfA 2013, 91 [102]; *Suerbaum* EuR 2003, 390 [406]; *Tettinger/Stern/Ladenburger* Rn. 18). Der EGMR leitet seit langem sog. positive obligations oder Gewährleistungspflichten aus den Grundrechten der EMRK ab (→ EMRK Art. 1 Rn. 31 ff.). Es handelt sich dabei um eine einzelfallbezogene Rechtsprechung, ohne dass sich bisher eine ausdifferenzierte Dogmatik entwickelt hat. Dennoch kann das Unionsrecht, das die EMRK zum Mindeststandard erhebt, dahinter nicht zurückbleiben. Dem steht die Supranationalität der Europäischen Union nicht entgegen (dazu *Suerbaum* EuR 2003, 390 [393]). Ihr wurden Hoheitsrechte übertragen, und die Schutzpflichten können letztlich nur in dem Maße erfüllt werden, wie die Europäische Union Kompetenzen hat. Gerade die begrenzte Ermächtigung der Europäischen Union war die Ursache dafür, dass die Schutzpflichten aus den Grundrechten in der Rechtsprechung des EuGH keine besondere Rolle spielten (*Calliess,* Rechtsstaat und Umweltstaat, 2001, 332; *Calliess/Ruffert/Kingreen* Rn. 26; *Nettesheim* EuZW 1995, 106 [108]). Insbesondere im Bereich der inneren Sicherheit bleibt es weitgehend bei den Kompetenzen der Mitgliedstaaten, so dass in den Bereichen, für die sich Schutzpflichten auch im nationalen Recht zunächst entwickelt haben, die Zuständigkeit der Union nicht gegeben ist.

50   Ob und in welchem Umfang sich eine Schutzpflicht aus einem Grundrecht ergibt, ist anhand seiner Gewährleistungen zu ermitteln (*Jarass* Rn. 40; *Tettinger/Stern/Ladenburger* Rn. 19). Dabei muss sich der EuGH an der Rechtsprechung des EGMR orientieren (vgl. *Streinz/Streinz/Michl* Rn. 21). Voraussetzung für das Eingreifen einer Schutzpflicht ist die Beeinträchtigung oder drohende Beeinträchtigung des Gutes oder der Betätigung, die das Grundrecht schützt (*Suerbaum* EuR 2003, 390 [408 f.]). Die Ursache der Beeinträchtigung ist unerheblich. Beeinträchtigungen durch Naturereignisse lassen sich ebenso erfassen, wie Beeinträchtigungen durch Privatpersonen (*Grabenwarter/Cremer* § 1 Rn. 80; *Jaeckel* 154 ff.; *Jarass* Rn. 41; *Suerbaum* EuR 2003, 390 [408 f.]). Bei der Erfüllung der Schutzpflicht haben die Union bzw. die Mitgliedstaaten einen weiten Ermessensspielraum (*Schwarze/Hatje* Rn. 25). Grenzen für die Ausübung der Schutzpflichten setzen jedoch die Kompetenzen

der Union (*Suerbaum* EuR 2003, 390 [409 ff.]). Im Arbeitsrecht können sich insbesondere aus den sozialen Grundrechten Schutzpflichten ergeben (*Seifert* EuZW 2011, 696 [701]). Sie sind zum Teil auf das Verhältnis zwischen Arbeitgeber und Arbeitnehmer bezogen und ein Handeln der Union kann den Folgen der strukturellen Unterlegenheit des Arbeitnehmers entgegenwirken.

3. Teilhaberechte. Teilhaberechte gehören zu den Leistungsrechten, weil sie dem Adres- 51 saten einen Anspruch gegen den Staat gewähren. Es handelt sich aber nicht um ein originäres Leistungsrecht, sondern nur um ein Recht auf Teilhabe an öffentlichen Einrichtungen (*Jarass* Rn. 42; vgl. auch Calliess/Ruffert/*Kingreen* Rn. 27; Schwarze/*Hatje* Rn. 26). Das Teilhaberecht setzt somit den Bestand der öffentlichen Einrichtung voraus, ohne zu deren Errichtung zu verpflichten. Es handelt sich somit vor allem um ein Recht auf Zugang. Dieses Recht wird selbst durch das Grundrecht verbürgt. Daher enthält ein Grundrecht ein Teilhaberecht nur dann, wenn es dem Grundrechtsadressaten selbst das Recht einräumt und nicht nur auf die Rechte verweist, wie sie in den Mitgliedstaaten bestehen (restriktiv Calliess/Ruffert/*Kingreen* Rn. 28). Dabei steht meist das Recht auf gleichen Zugang zu bestehenden Einrichtungen im Vordergrund (Calliess/Ruffert/*Kingreen* Rn. 27; *Jarass* Rn. 42; Schwarze/*Hatje* Rn. 26). Teilhaberechte sind nicht auf eine bestimmte Gruppe von Grundrechten beschränkt oder bezogen. Besondere Bedeutung haben die Teilhaberechte bei den Grundfreiheiten (dazu Calliess/Ruffert/*Kingreen* Rn. 28). Aber auch soziale Rechte enthalten zum Teil Teilhaberechte (s. Art. 29).

E. Kompetenzschutzklausel (Art. 51 II)

Die GRC dient zwar der Weiterentwicklung der Europäischen Union zu einer Werte- 52 gemeinschaft, erweitert aber nicht die Zuständigkeiten der Union und berührt somit auch nicht die Kompetenzverteilung zwischen den Mitgliedstaaten und der EU. Die Zuständigkeiten der Europäischen Union bilden generell die äußersten Grenzen für die Anwendung der GRC (dazu EuGH 15.11.2011 – C-256/11 Rn. 71 – Dereci, Slg. 2011, I-11315). Die Schaffung neuer Kompetenzen wäre iRd Verhandlungsmandats des Konvents auch nicht möglich gewesen (Streinz/*Streinz/Michl* Rn. 22). Das Misstrauen gegenüber dem EuGH war jedoch so groß, dass sogar dreifach festgehalten wurde, dass die GRC den Geltungsbereich des Unionsrechts über die bestehenden Zuständigkeiten hinaus nicht ausdehnt und die in den Verträgen festgelegten Aufgaben und Zuständigkeit weder ändert noch erweitert. Das ergänzt das Prinzip der begrenzten Einzelermächtigung, wie es bisher in den Verträgen verankert war (Calliess/Ruffert/*Kingreen* Rn. 6; Schwarze/*Hatje* Rn. 29; Streinz/*Streinz/Michl* Rn. 22). Neben der Kompetenzschutzklausel in Art. 51 II wiederholen Art. 6 I UAbs. 2 EUV und Art. 51 I 2, dass es durch die Charta nicht zu einer Zuständigkeitserweiterung kommt. Dabei handelt es sich letztlich um deklaratorische Regelungen, da die positive Regelung der Aufgaben und Zuständigkeiten in den Verträgen enthalten ist (Streinz/*Streinz/Michl* Rn. 22). Sie werden aber die Auslegung der Verträge und der Charta beeinflussen. Der EuGH hat diese Vorgaben in seinen Entscheidungen berücksichtigt (vgl. EuGH 12.11.2010 – C-339/10 Rn. 12 – Estov, Slg. 2010, I-11465; 15.11.2011 – C-256/11 Rn. 71 – Dereci ua, Slg. 2011, I-11315; 28.2.2013 – C-617/10 Rn. 23 – Åkerberg Fransson, NJW 2013, 1415).

Die Gefahr der Zuständigkeitserweiterung besteht bei den Abwehrrechten im Grunde 53 nicht. Das Grundrecht begrenzt die Ausübung der unionsrechtlichen Kompetenzen und ist damit eine Kompetenzschranke (vgl. Schwarze/*Hatje* Rn. 29). Das Risiko einer Erweiterung der Zuständigkeiten der Union besteht höchstens mittelbar, wenn man aus dem Vorliegen eines Abwehrrechts auf die Zuständigkeit schließen wollte. Dieses Risiko ist dadurch begründet, dass die Union nur eine begrenzte Zuständigkeit besitzt und die GRC in ihrem Zuschnitt sich nicht auf die Ausübung dieser Zuständigkeiten beschränkt, sondern einen umfassenden Grundrechts- und damit Wertekanon enthalten sollte. Art. 51 II verbietet insofern, aus der Existenz eines Grundrechts auf die Zuständigkeit der Union zu schließen. Das gilt nicht nur für Abwehrrechte, sondern gleichermaßen bei Leistungsrechten bzw. Gewährleistungspflichten aus der GRC. Insoweit ist die Kompetenzschutzklausel umso wichtiger, weil sich aus der GRC ein Handlungsauftrag ergibt, den die Union mangels eigener Zuständigkeit gerade nicht verwirklichen kann, sondern auf die Mitgliedstaaten verweisen muss. Art. 51 I 2 stellt daher insbesondere die Förderung der Grundrechtsverwirklichung unter den Vorbehalt der Zuständigkeit. Art. 51 II bestätigt und verallgemeinert dies. Weder die Leistungsrechte noch die Schutzpflichten ändern oder erweitern die Aufgaben und Zuständigkeiten der Union (*Jarass* Rn. 9; *Streinz/Streinz/Michl* Rn. 22). Auch ein Rückgriff auf die Kompetenzergänzungsklausel in Art. 352 AEUV scheidet aus.

54 Damit kann sich die Herstellung einer Wertegemeinschaft nach der GRC nur in den Grenzen der bestehenden Aufgaben und Zuständigkeiten der Europäischen Union verwirklichen. Gerade im Bereich der sozialen Grundrechte kann die GRC daher keine expansive Wirkung haben (vgl. dazu ErfK/*Wißmann* AEUV Vorb. Rn. 6 „deutlich geringeren Wirkungsgrad als das GG"; *Kirchhof* NJW 2011, 3681 [3685]; *Pache/Rösch* EuR 2009, 769 [778 f.]). Die Erfüllung von Schutz- und Leistungspflichten kann daher keine Regelungen legitimieren, die nicht vorher schon auf der Grundlage der bestehenden Aufgaben- und Zuständigkeitsnormen möglich gewesen wären. Der Gewinn der GRC ist die Sichtbarkeit der Grundrechte und die Notwendigkeit, sie in das Unionsrecht zu integrieren. Ihre zurückhaltende Ausgestaltung und ihr geringer Detailgrad werden sicher zur Folge haben, dass sich nicht alle Erwartungen erfüllen können, die sich mit sozialen Grundrechten verbinden. Immerhin ist die GRC ein Grundrechtskatalog, der anders als in den Konventionen der Vereinten Nationen oder des Europarates sowohl Freiheits- und Gleichheitsrechte als auch wirtschaftsbezogene und soziale Grundrechte neben Justiz- und Verfahrensrechten vereint und somit die verschiedenen Facetten einer Europäischen Union mit rechts- und sozialstaatlicher Dimension zusammenführt.

Art. 52 Tragweite und Auslegung der Rechte und Grundsätze

(1) ¹Jede Einschränkung der Ausübung der in dieser Charta anerkannten Rechte und Freiheiten muss gesetzlich vorgesehen sein und den Wesensgehalt dieser Rechte und Freiheiten achten. ²Unter Wahrung des Grundsatzes der Verhältnismäßigkeit dürfen Einschränkungen nur vorgenommen werden, wenn sie erforderlich sind und den von der Union anerkannten dem Gemeinwohl dienenden Zielsetzungen oder den Erfordernissen des Schutzes der Rechte und Freiheiten anderer tatsächlich entsprechen.

(2) Die Ausübung der durch diese Charta anerkannten Rechte, die in den Verträgen geregelt sind, erfolgt im Rahmen der in den Verträgen festgelegten Bedingungen und Grenzen.

(3) ¹Soweit diese Charta Rechte enthält, die den durch die Europäische Konvention zum Schutz der Menschenrechte und Grundfreiheiten garantierten Rechten entsprechen, haben sie die gleiche Bedeutung und Tragweite, wie sie ihnen in der genannten Konvention verliehen wird. ²Diese Bestimmung steht dem nicht entgegen, dass das Recht der Union einen weiter gehenden Schutz gewährt.

(4) Soweit in dieser Charta Grundrechte anerkannt werden, wie sie sich aus den gemeinsamen Verfassungsüberlieferungen der Mitgliedstaaten ergeben, werden sie im Einklang mit diesen Überlieferungen ausgelegt.

(5) ¹Die Bestimmungen dieser Charta, in denen Grundsätze festgelegt sind, können durch Akte der Gesetzgebung und der Ausführung der Organe, Einrichtungen und sonstigen Stellen der Union sowie durch Akte der Mitgliedstaaten zur Durchführung des Rechts der Union in Ausübung ihrer jeweiligen Zuständigkeiten umgesetzt werden.

² Sie können vor Gericht nur bei der Auslegung dieser Akte und bei Entscheidungen über deren Rechtmäßigkeit herangezogen werden.

(6) Den einzelstaatlichen Rechtsvorschriften und Gepflogenheiten ist, wie es in dieser Charta bestimmt ist, in vollem Umfang Rechnung zu tragen.

(7) Die Erläuterungen, die als Anleitung für die Auslegung dieser Charta verfasst wurden, sind von den Gerichten der Union und der Mitgliedstaaten gebührend zu berücksichtigen.

Übersicht

	Rn.
A. Systematik der Norm	1
B. Auslegung und Tragweite der Unionsgrundrechte	4
I. In den Verträgen begründete Rechte (Art. 52 II)	4
1. Zweck der Norm	4
2. In den Verträgen geregelte Rechte	5
3. Rechtsfolgen	8
II. EMRK	10
1. Zweck des Art. 52 III und Konkurrenzen	10
2. Korrespondierende Rechte	13
3. Gleiche Bedeutung und Tragweite	16
III. Verfassungsüberlieferung der Mitgliedstaaten	19
IV. Vorbehalt zugunsten des nationalen Rechts und der nationalen Gepflogenheiten (Art. 52 VI)	21
V. Auslegung der GRC nach den Erläuterungen, Art. 52 VII	26
C. Grundrechtsprüfung	28
I. Schutzbereich	28
II. Einschränkung (Eingriff)	31
III. Rechtfertigung	32
1. Schrankenvorbehalt aus Art. 52 I	32
2. Schranken-Schranken	35
a) Gesetzesvorbehalt	35
b) Wesensgehaltsgarantie	38
c) Verhältnismäßigkeit	41
D. Grundsätze (Art. 52 V)	46

A. Systematik der Norm

Art. 52 enthält vor allem die Auslegungsgrundsätze und zentralen Schrankenregelungen für die GRC. Zugleich verzahnt er die Charta mit den Verträgen, der EMRK und der Verfassungstradition der Mitgliedstaaten und wirkt damit auf eine Konvergenz der Grundrechtsgewährleistungen in dem Mehr-Ebenen-System aus nationalem Recht, Unionsrecht und dem Recht des Europarats hin. Die Norm bestand ursprünglich aus den Absätzen 1–3 und wurde 2007 um vier weitere Absätze aus Gründen der Klarstellung ergänzt. 1

Art. 52 I enthält die zentrale Schrankenregelung der GRC. Es handelt sich um eine horizontale Schrankenbestimmung, die grds. für alle Grundrechte gleichermaßen gilt, auch wenn es im Einzelnen Anpassungen gibt. Art. 52 II, III und IV verbindet die GRC mit den bereits bestehenden Rechts- oder Rechtserkenntnisquellen für Grundrechte oder grundrechtsähnliche Rechte in der europäischen Union und stellt die notwendige Abstimmung zwischen ihnen her. Während **Art. 52 II** bestimmt, dass die in den Verträgen geregelten Rechte nach den dortigen Vorgaben fortbestehen, stellt **Art. 52 III** sicher, dass die GRC in ihren Gewährleistungen nicht hinter der EMRK in Bedeutung und Tragweite zurückbleibt. Eine solche Regelung war notwendig, um keinen Widerspruch zu Art. 6 III EUV zu erzeugen, wonach die Grundrechte und Grundfreiheiten der EMRK allg. Grundsätze des Unionsrechts sind. Ein weitergehender Grundrechtsschutz ist durch die GRC allerdings zulässig (Art. 52 III 2). Ergänzend wirkt Art. 53 als Schutzklausel, um ein Absinken des Grundrechtsstandards gegenüber der EMRK und anderen internationalen Konventionen zu verhindern (Günstigkeitsklausel, *Everling*, GS Heinze, 2005, 157 [167 f.]; *Liisberg* CMLR 2

2001, 1171 [1193 f.]; Meyer/*Borowsky* Art. 53 Rn. 11 f.). Schließlich gibt **Art. 52 IV** vor, dass die Auslegung sich nicht nur an der EMRK, sondern auch an der Verfassungstradition der Mitgliedstaaten orientieren muss. Diese ist aber kein Mindeststandard wie die EMRK, sondern Teil einer systemkonformen Auslegung, die den Zusammenhang zu der ursprünglichen Entwicklung der Grundrechte aus den Verfassungsüberlieferungen der Mitgliedstaaten wahren soll. Es handelt sich um eine Auslegungsregel mit deklaratorischer Wirkung (Streinz/*Streinz/Michl* Rn. 31; s. aber Meyer/*Borowski* Rn. 44, 46). Eine ergänzende Auslegungsregel enthält **Art. 52 VI** und bezieht die in einzelnen Grundrechten enthaltenen Vorbehalte in die horizontale Regelung des Art. 52 ein (Streinz/*Streinz/Michl* Rn. 31; s. aber Meyer/*Borowski* Rn. 46, 46c). **Art. 52 VII** bestätigt schließlich die Beachtlichkeit der Erläuterungen des Konventionspräsidiums im Rahmen einer historischen Auslegung, ohne ihnen den Vorrang einzuräumen. Somit wird die historische Auslegung weder auf die Erläuterungen verkürzt noch eine subjektive-historische Auslegung der GRC nach Maßgabe der Erläuterungen festgeschrieben. Beide Regelungen gelten für Grundrechte und Grundsätze gleichermaßen, was auch ihrem systematischen Standort (nach Art. 52 V) entspricht.

3   **Art. 52 V** regelt eigens die Eigenart und Tragweite der Grundsätze, die in der GRC enthalten sind, ohne sie enumerativ aufzuzählen. Die Einordnung der einzelnen Regelungen als Grundrecht oder Grundsatz ist im Wege der Auslegung zu ermitteln. Art. 52 V klärt den Unterschied zwischen Grundrecht und Grundsatz auf und bestimmt, dass die Grundsätze erst durch die Rechtssetzung und den Vollzug des Unionsrechts verwirklicht werden. Sie bedürfen daher der Konkretisierung. Die Organe müssen die Grundsätze berücksichtigen, so dass sie auch bei der Auslegung der Akte und Entscheidungen heranzuziehen sind.

B. Auslegung und Tragweite der Unionsgrundrechte

I. In den Verträgen begründete Rechte (Art. 52 II)

4   **1. Zweck der Norm.** Die GRC sollte die Grundrechte in der Europäischen Union sichtbar machen, aber keine Änderungen an den in den Verträgen enthaltenen Rechten bewirken (Meyer/*Borowsky* Rn. 24; Streinz/*Streinz/Michl* Rn. 13). Insofern soll es in Überschneidungsbereichen beim Inhalt der Verträge bleiben (Schwarze/*Becker* Rn. 12). Die GRC vervollständigt vielmehr die Verträge durch den Grundrechtskatalog. Art. 52 II enthält daher auch keine Öffnungsklausel. Das soll einer Weiterentwicklung des Grundrechtskatalogs ohne Vertragsänderung entgegenwirken (Streinz/*Streinz/Michl* Rn. 4). Das sichert die Beteiligung der Mitgliedstaaten und kann auch nicht durch die Ableitung allg. Grundsätze nach Art. 6 III EUV umgangen werden. Dem setzt der Normzweck der vertraglich geregelten Rechte Grenzen. Im Einzelfall bedarf es aber der Abgrenzung zwischen Vertragsauslegung, Rechtsfortbildung und unzulässiger Vertragsänderung (Streinz/*Streinz/Michl* Rn. 4). Letztlich sichert Art. 52 II die Kohärenz des Unionsrechts (Meyer/*Borowsky* Rn. 26; Streinz/*Streinz/Michl* Rn. 4).

5   **2. In den Verträgen geregelte Rechte.** Art. 52 II gilt nur für die in den Verträgen geregelten Rechte und bezieht sich somit nur auf den EUV und den AEUV. Das bestätigen die Erläuterungen des Konventspräsidiums. Das Sekundärrecht ist ausgenommen (*Jarass* Rn. 56; Meyer/*Borowsky* Rn. 25; Streinz/*Streinz/Michl* Rn. 4). Zudem erfasst Art. 52 II nach dem Wortlaut nur (subjektive) Rechte, unabhängig davon, welche Funktion das Grundrecht hat (Calliess/Ruffert/*Kingreen* Rn. 4; Meyer/*Borowsky* Rn. 25). Art. 52 II ist weder auf Grundsätze (HdBG/*Hilf* § 164 Rn. 70; Streinz/*Streinz/Michl* Rn. 16) noch auf Aufgaben- und Kompetenznormen anwendbar (Calliess/Ruffert/*Kingreen* Rn. 5; *Frenz* Rn. 187; *Jarass* Rn. 57; Tettinger/Stern/*v. Danwitz* Rn. 48; **aA** *Bühler* 279 f.; Meyer/*Borowski* Rn. 26). Das ergibt sich aus dem Normzweck. Die GRC erweitert nicht die Zuständigkeit der Europäischen Union, so dass es hinsichtlich der Aufgaben- und Kompetenz-

normen in den Verträgen keinen Abstimmungsbedarf gab wie für die subjektiven Rechte. Auch die Grundsätze der GRC müssen nicht mit den Verträgen abgestimmt werden, da sie noch der Umsetzung durch die Union oder die Mitgliedstaaten bedürfen. Nicht von Art. 52 II erfasst sind zudem die sekundärrechtlichen Ergänzungen der Verträge (Calliess/Ruffert/*Kingreen* Rn. 6; *Frenz* Rn. 186; HdBG/*Hilf* § 164 Rn. 71 f.; *Jarass* Rn. 57; Tettinger/Stern/*v. Danwitz* Rn. 48; **aA** *Alber/Widmaier* EuGRZ 2006, 113 [116]). Es handelt sich dabei nicht um in den Verträgen geregelte Rechte. Das Sekundärrecht ist zudem aufgrund der Normenhierarchie an den Verträgen (und der GRC) zu messen. Auf diese Weise lässt sich sicherstellen, dass keine verdeckte Vertragsänderung erfolgt. Schließlich bezieht sich Art. 52 II nicht auf die ungeschriebenen allg. Grundsätze, die nun durch Art. 6 III EUV in den Verträgen verankert sind. Zum Teil wird darauf verwiesen, dass diese Rechte gerade nicht selbst in den Verträgen geregelt seien. Zumindest ist Art. 6 I, III EUV für das Verhältnis zwischen diesen Grundsätzen und der GRC im Falle von Überschneidungen lex specialis (Calliess/Ruffert/*Kingreen* Rn. 7).

Art. 52 II greift nur ein, wenn die in der Charta anerkannten Rechte in den Verträgen geregelt sind. Die subjektiven Rechte müssen daher einander entsprechen (Calliess/Ruffert/*Kingreen* Rn. 4; *Jarass* Rn. 56; *ders.* EuR 2013, 29 [31], Parallelrechte). Sie müssen sinngemäß übereinstimmen und sich als funktionales Äquivalent ausweisen (Calliess/Ruffert/*Kingreen* Rn. 8; *Jarass* Rn. 56). Insofern müssen sich zB das geschützte Rechtsgut oder die geschützte Betätigung decken und die Funktion der Rechte (zB Abwehr- oder Leistungsrecht) muss übereinstimmen. Insoweit ist zu untersuchen, ob und in welchem Umfang das Grundrecht aus der GRC in den Verträgen wurzelt, wobei auf die Erläuterungen zurückgegriffen werden kann, Art. 52 VII (Streinz/*Streinz/Michl* Rn. 14). Art. 52 II greift indes nicht ein, wenn sich die GRC und die Verträge nur überschneiden oder sich die Charta in ihrer Regelung nur an die Verträge anlehnt (Streinz/*Streinz/Michl* Rn. 15). Solche Fälle sind als bewusste Erweiterung der in den Verträgen geregelten Rechte durch die GRC zu bewerten. Daher bedarf es keines Bestandsschutzes für die Verträge. 6

Die Erläuterungen des Konventspräsidiums enthalten zu Art. 52 II – anders als bei Art. 52 III – keinen Katalog, in dem die übereinstimmenden Rechte genannt sind. Lediglich die Unionsbürgerschaft ist beispielhaft bezeichnet. Für das Arbeitsrecht relevante Übereinstimmungen bestehen zwischen Art. 23 I und Art. 157 I AEUV sowie zwischen Art. 21 und Art. 18 AEUV. Art. 15 II überschneidet sich zudem mit den Grundfreiheiten aus Art. 45, 49 und 56 AEUV. Die Erläuterungen nehmen auch auf Art. 26 AEUV Bezug, der die Union verpflichtet, alle Maßnahmen zu ergreifen, um das Funktionieren des Binnenmarkts nach Maßgabe der im Vertrag enthaltenen Bestimmungen zu gewährleisten. Art. 52 II erfasst indes nicht Art. 15 III und Art. 153 I lit. g AEUV, Art. 21 und Art. 19 AEUV, da die Vertragsnormen keine Rechte, sondern Aufgaben- bzw. Ermächtigungsnormen enthalten. Auch für das Verhältnis von Art. 27 und Art. 154, 155 AEUV ist Art. 52 II nicht maßgebend, zumal es sich bei Art. 27 nur um einen Grundsatz handelt (→ Art. 27 Rn. 11 f.). 7

3. Rechtsfolgen. Die Ausübung der Chartagrundrechte soll nach Art. 52 II nach den Bedingungen und Grenzen erfolgen, wie sie in den Verträgen geregelt sind. Das erfasst sowohl den Schutzbereich als auch die Schranken des Grundrechts (Calliess/Ruffert/*Kingreen* Rn. 10; *Jarass* Rn. 58; Schwarze/*Becker* Rn. 12). Ansonsten wird das Ziel der Norm – eine verdeckte Vertragsänderung zu vermeiden – nicht erreicht. Daher kommt Art. 52 I daneben nicht zur Anwendung (Meyer/*Borowski* Rn. 13: lex specialis; Streinz/*Streinz/Michl* Rn. 5; **aA** Calliess/Ruffert/*Kingreen* Rn. 38; *Eisner* 146 ff.). Art. 52 I mag den Schutz des Wesensgehalts eigens erwähnen, der für die Vertragsrechte bisher keine besondere Bedeutung hatte. Nach der bisherigen Rechtsprechung des EuGH ist der Wesensgehalt aber nicht absolut, sondern relativ zu bestimmen und geht daher im Verhältnismäßigkeitsgrundsatz auf (→ Rn. 38). Zudem lässt sich der Normzweck nur bei einer konsequenten Übernahme der Schranken der Verträge verwirklichen. Daher ist Art. 52 II auch gegenüber Art. 52 III, IV, VI, VII vorrangig (Calliess/Ruffert/*Kingreen* Rn. 3). 8

9 Damit ist die Rechtsfolge aber nicht eindeutig geregelt. Ein Teil der Literatur sieht Art. 52 II daher als sog. Transferklausel (*Gebauer* 176; HdBG/*Hilf* § 164 Rn. 39; *Jarass* Rn. 58; Tettinger/Stern/*v. Danwitz* Rn. 49). Die GRC ist vertragskonform auszulegen, soweit die Rechte in den Verträgen regelt sind (*Jarass* Rn. 58). Das gilt für den Schutzbereich und die Schranken in gleicher Weise (vgl. HdBG/*Hilf* § 164 Rn. 39, Inkorporation der Schranken). Die Gegenansicht sieht in Art. 52 II eine Kollisionsregel (Calliess/Ruffert/*Kingreen* Rn. 3, 11; Schwarze/*Becker* Rn. 13) oder eine Rechtsgrundverweisung (Streinz/*Streinz*/*Michl* Rn. 4, 13; *Ziegenhorn*, Einfluss der EMRK im Recht der EU-Grundrechtecharta, 2009, 163), so dass ausschließlich die Verträge zur Anwendung kommen. Auf diese Weise lasse sich der Normzweck verwirklichen, ohne dass sich Schwierigkeiten bei der Auslegung und der Ermittlung von Widersprüchen zwischen der GRC und den Verträgen ergeben. Der Wortlaut des Art. 52 II spricht aber dafür, dass die GRC weiterhin Anwendung findet und nicht durch die Verträge verdrängt wird („Die Ausübung der durch diese Charta anerkannten Rechte"). Art. 15 II lässt sich nichts anderes entnehmen. Zudem steht diese Auslegung in Einklang mit dem Ziel der Charta, die Grundrechte sichtbarer zu machen. Ein Zurücktreten der GRC wie es die Kollisionsregel bewirkt, läuft dem Normzweck zuwider (*Jarass* Rn. 58). Etwas anderes ergibt sich auch nicht daraus, dass der Anwendungsbereich der Grundrechte hinter dem der Grundfreiheiten zurückbleibt. Das ist durch ihre spezifische Funktion im Primärrecht bedingt, ohne dass sich daraus eine Notwendigkeit ergibt, dass die GRC voll zurücktritt. Insofern sind Charta und Verträge nebeneinander anzuwenden, wobei sich die Auslegung der Charta an den Verträgen ausrichten muss. Das hat insbesondere bei den Grundfreiheiten zur Folge, dass das Grundrecht praktisch seine eigene Bedeutung verliert und nur noch in den Bereichen selbständig zum Tragen kommt, die nicht von der Grundfreiheit erfasst sind (Inlandssachverhalte).

II. EMRK

10 **1. Zweck des Art. 52 III und Konkurrenzen.** Art. 52 III dient bereits nach den Erläuterungen des Konventspräsidiums zur Herstellung der Kohärenz zwischen GRC und EMRK (dazu Calliess/Ruffert/*Kingreen* Rn. 30; Schwarze/*Becker* Rn. 14; Streinz/*Streinz*/ *Michl* Rn. 7). Die EMRK ist bis zum Beitritt der Europäischen Union aber Rechtserkenntnisquelle (→ EUV Art. 6 Rn. 58 f., so auch Calliess/Ruffert/*Kingreen* Rn. 37). Die Widerspruchsfreiheit der Grundrechtsdokumente im europäischen und internationalen Recht ist wegen der Bindung der Mitgliedstaaten an diese Rechtsquellen und im Interesse einer möglichst effektiven Wirkung dieser Garantien geboten (*Jarass* Rn. 60; Schwarze/*Becker* Rn. 14). Zudem war die EMRK bereits vor dem Inkrafttreten der Charta die zentrale Rechtserkenntnisquelle für die Ableitung von Grundrechten als allg. Rechtsgrundsätze (*Jarass* Rn. 60; Schwarze/*Becker* Rn. 14). Daher bestimmt Art. 52 III, dass die Grundrechte der GRC den durch die EMRK garantierten Rechten in Bedeutung und Tragweite entsprechen müssen. Die EMRK wird zum verbindlichen Referenzpunkt oder mittelbaren Bestandteil des Unionsrechts (*Callewaert* EuGRZ 2003, 198 [200]; so auch Meyer/*Borowski* Rn. 34; vgl. *Neumann* EuR 2008, 424 [429 f.], indirekte Rechtsquelle).

11 Im Gegensatz zu Art. 52 II enthält Art. 52 III keine abschließende Regelung, sondern lässt einen weitergehenden Schutz der Grundrechte durch die GRC zu. Insbesondere wirtschaftliche und soziale Grundrechte sind in der EMRK nicht enthalten, die sich auf die bürgerlichen und politischen Rechte beschränkt. Nicht eigenständig in der EMRK garantiert sind zB die Berufsfreiheit oder die unternehmerische Entscheidungsfreiheit, die durch Art. 8 EMRK oder Art. 1 1. ZP nur in Teilbereichen geschützt sind (vgl. *Jarass* Rn. 62). Entsprechungen zur EMRK fehlen auch für die Art. 30–32.

12 Schwierigkeiten bereitet das Verhältnis von Art. 52 II und III. Art. 52 II justiert (neben Art. 6 I, III EUV) die Binnenarchitektur der Grundrechte im Primärrecht der Europäischen Union, indem er eine verdeckte Vertragsänderung vermittels der GRC verhindert. Insofern darf Art. 52 II nicht durch Art. 52 III überspielt werden. Das führt aber nur dann zu

Konflikten, wenn ein Recht in den Verträgen, der GRC und der EMRK enthalten ist und der Schutzstandard in den Verträgen niedriger als in einem der beiden anderen Grundrechtsdokumente ist. In solchen Fällen muss sich aber der höhere Grundrechtsstandard der EMRK durchsetzen. Dabei handelt es sich nicht um eine verdeckte Änderung des Primärrechts, weil die EMRK als Rechtserkenntnisquelle bereits vor Einführung der GRC zur Anerkennung allg. Rechtsgrundsätze führte.

2. Korrespondierende Rechte. Art. 52 III gilt für alle Rechte der GRC, die denen der 13 EMRK entsprechen. Dazu muss vor allem der Wortlaut mit geringfügigen Anpassungen übereinstimmen (*Schneiders* 160 f.). Maßgebend ist dabei indes nicht nur der Wortlaut der EMRK, sondern auch die Rechtsprechung des EGMR (EuGH 5.10.2010 – C-400/10 PPU Rn. 53 – J. McB, Slg. 2010, I-8965; 22.12.2010 – C-279/09 Rn. 35 – DEB, Slg. 2010, I-13849; *Jarass* Rn. 65; Streinz/*Streinz*/*Michl* Rn. 2). Die Entscheidungen haben zwar keine Erga-omnes-Wirkung, entfalten aber eine Orientierungswirkung für die Interpretation der Konvention (→ EMRK Art. 1 Rn. 64). Auf die Bedeutung der Rechtsprechung weisen auch die Erläuterungen des Konventspräsidiums hin. Das gilt selbst bei einer evolutiv-dynamischen Auslegung der EMRK (HdBG/*Skouris* § 157 Rn. 36; *Jarass* Rn. 65), die zu einer signifikanten Steigerung des Grundrechtsschutzes führen kann. Insofern sind auch jene Grundrechte erfasst, die sich nicht ausdrücklich aus der EMRK ergeben, sondern erst durch die Rechtsprechung entwickelt wurden (*Jarass* Rn. 61). Das gilt insbesondere für das Recht auf Kollektivverhandlungen und das Recht auf Streik (→ EMRK Art. 11 Rn. 22, 24). Zu berücksichtigen sind schließlich die Protokolle zur EMRK, wobei streitig ist, ob sie von allen Mitgliedstaaten ratifiziert sein müssen (für eine Abhängigkeit von der Ratifikation *Bühler* 238; HdBG/*Hilf* § 164 Rn. 76; *Jarass* Rn. 63; Meyer/*Borowski* Rn. 35; *Moltenhagen*, Das Verhältnis der EU-Grundrechte zur EMRK, 2003, 93 ff.; *Schmitz* JZ 2001, 833 [839]; **aA** *Bleckmann* 283; Calliess/Ruffert/*Kingreen* Rn. 37; *Schneiders* 167 ff.; Streinz/*Streinz*/*Michl* Rn. 7). Insoweit verschaffen auch die Erläuterungen des Konventspräsidiums keine Klarheit. Insofern ist in Bedacht zu nehmen, dass die EMRK zum Mindeststandard für die Ableitung von Grundrechten wurde, weil alle Mitgliedstaaten die Konvention ratifiziert hatten. Nur wenn die Protokolle in vergleichbarer Weise einen allg. Grundrechtsstandard darstellen, bedarf es zur Herstellung einer kohärenten Grundrechtsentwicklung im Verhältnis zu den Mitgliedstaaten und zum Europarat einer Anpassung der GRC.

Die Erläuterungen zu Art. 52 III enthalten zwei Kataloge mit Grundrechten der GRC, 14 die denen der EMRK in ihrer Bedeutung oder in ihrer Bedeutung und Tragweite entsprechen (an den Katalogen zweifelnd Calliess/Ruffert/*Kingreen* Rn. 27). Diese Aufstellungen haben keinen abschließenden Charakter, zumal sie nicht Teil des verbindlichen Textes der GRC sind (s. aber Streinz/*Streinz*/*Michl* Rn. 8: quasi-obligatorische Wirkung). Vielmehr geht das Konventspräsidium davon aus, dass sie entwicklungsoffen sind. Nur so wird dem Zweck der Norm hinreichend Rechnung getragen, die gerade auf Dauer eine Kohärenz der Grundrechtsgarantien gewährleisten soll. Daher müssen auch Veränderungen in der Rechtsprechung des EGMR Niederschlag finden. Das gilt zB für die Entscheidungen des EGMR zum Recht auf Kollektivverhandlungen und zum Recht auf Streik (siehe Rechtsprechungsentwicklung seit EGMR 12.11.2008 – 34503/97 Rn. 147 ff. – Demir and Baykara/Türkei; 21.4.2009 – 68959/01 Rn. 24 – Enerji Yapi-Yol Sen/Türkei; bestätigend EGMR 8.4.2014 – 31045/10 Rn. 84 – RMT/Vereinigtes Königreich; 27.11.2014 – 36701/09 Rn. 49 – Hrvatski Liječniki Sindikat/Kroatien; → EMRK Art. 11 Rn. 22, 24). Soweit die Grundrechte der GRC keine Entsprechung in der EMRK finden, sind sie vom Anwendungsbereich des Art. 52 III ausgenommen (Calliess/Ruffert/*Kingreen* Rn. 26).

Im arbeitsrechtlichen Kontext korrespondieren insbesondere Art. 5 I, II und Art. 4 15 EMRK, Art. 7 und Art. 8 EMRK sowie Art. 10 I und Art. 9 EMRK. Dieselbe Bedeutung haben Art. 12 und Art. 11 EMRK, der aber nach dem Katalog des Präsidiums eine größere Tragweite hat. Art. 12 erfasst auch die europäische Ebene, auf die sich Art. 11 EMRK, der nur die Mitgliedstaaten bindet, nicht in gleicher Weise beziehen kann.

16 **3. Gleiche Bedeutung und Tragweite.** Die Grundrechte in der GRC müssen die gleiche Bedeutung und Tragweite haben. Daher ist nicht nur in Bezug auf den Schutzbereich Kohärenz herzustellen, sondern auch in Bezug auf die Schranken (Calliess/Ruffert/ *Kingreen* Rn. 38; *Dorf* JZ 2005, 126 [128]; *Grabenwarter* DVBl. 2001, 1 [2]; HdBG/*Hilf* § 164 Rn. 79; Schwarze/*Becker* Rn. 15; Streinz/*Streinz/Michl* Rn. 1, 7). Darauf verweisen bereits die Erläuterungen des Konventspräsidiums. Der sachliche und persönliche Schutzbereich bedarf somit einer einheitlichen Auslegung durch die beiden Gerichtshöfe, wobei der EuGH die Entscheidungen des EGMR berücksichtigen muss (so EuGH 14.2.2008 – C-450/06 Rn. 46 ff. – Varec, Slg. 2008, I-581; 26.6.2007 – C-305/05 Rn. 31 – Ordre des barreaux francophones et germanophones, Slg. 2007, I-5305; EuG 11.7.2007 – T-351/03 Rn. 181 ff. – Schneider Electric, Slg. 2007, II-2237; 8.11.2007 – T-194/04 Rn. 113 ff. – The Bavarian Lager, Slg. 2007, II-4523; Schwarze/*Becker* Rn. 16). Anders als bei den Rechten aus den Verträgen iSv Art. 52 II ist eine Auslegung der GRC, die über die EMRK hinausgeht, zulässig. Die GRC darf nur nicht hinter der EMRK zurückbleiben (*Jarass* Rn. 63; *Kober* 216; *Lenaerts* EuR 2012, 3 [12]; SA der GA *Trstenjak* 27.6.2012 – C-245/11 Rn. 87 – K, ECLI:EU:C:2012:389; strenger *Naumann* EuR 2008, 424 [427 ff.]).

17 Für die Grundrechtsschranken ist indes streitig, ob Art. 52 III dazu verpflichtet, unmittelbar auf die Regelungen der EMRK zurückzugreifen, so dass bei der Prüfung der GRC die Normen der EMRK anzuwenden sind (*Grabenwarter,* FS Steinberger, 2002, 1129 [1138 f.]; *Günther* 71; Meyer/*Borowsky* Rn. 13; *Rengeling/Szczekalla* Rn. 473; *Sagan* 137 ff.; Streinz/ *Streinz/Michl* Rn. 5). Art. 52 I kommt nach diesem Verständnis nur in zwei Fällen zur Anwendung. Art. 52 I greift ein, wenn das Grundrecht erstmals in der GRC garantiert wird oder über die EMRK hinausgeht, so dass die Öffnungsklausel nach Art. 52 III 2 einschlägig ist (Streinz/*Streinz/Michl* Rn. 5). Bei schrankenlosen Grundrechten, die der EMRK entsprechen, verbleibt für Art. 52 I insoweit kein Anwendungsbereich (Streinz/*Streinz/Michl* Rn. 5). Zweitens ist Art. 52 I anzuwenden, wenn er höhere Anforderungen stellt als die EMRK, so dass ein Absinken des Grundrechtsschutzes zu verhindern ist (*Sagan* 135; *Rengeling/Szczekalla* Rn. 473; vgl. auch Tettinger/Stern/*v. Danwitz* Rn. 62). Die Gegenansicht betont die Eigenständigkeit der GRC, Art. 52 III 2 und die fehlende Bindung an die EMRK als Rechtsquelle (*Bühler* 47; *Eisner* 151). Daher gebiete Art. 52 III nur, die allg. Schrankenbestimmung in Art. 52 I nach Maßgabe der EMRK auszulegen (*Bühler* 314; HdBG/*Hilf* § 164 Rn. 39; *Schmitz* JZ 2001, 833 [839]; so auch *Lindner* ZRP 2007, 54 [55 f.]; *Weiß* EuZW 2013, 287 [289]). Zum Teil wird auch eine kumulative Anwendung der Schrankenbestimmungen der EMRK und der GRC befürwortet (*Schneiders* 218 ff.; Schwarze/*Becker* Rn. 3; Tettinger/Stern/*v. Danwitz* Rn. 30 f.). Die Erläuterungen des Konventspräsidiums in der deutschen Fassung klären dies nicht eindeutig auf. Zwar wird die Eigenständigkeit des Unionsrechts betont, dennoch sollen bei der Festlegung von Einschränkungen „die gleichen Normen" einzuhalten sein, was für eine direkte Anwendung der EMRK-Bestimmungen spricht. „Normen" meint hier allerdings nicht Rechtsnormen, sondern Rechtsstandard. Das wird anhand eines Sprachvergleichs deutlich (zB englische Fassung „standard", italienisch „standard", dänisch „standarder"). Insofern wird Art. 52 I nicht verdrängt und es treten auch nicht die Schranken der EMRK hinzu. Vielmehr ist Art. 52 I mit Rücksicht auf die EMRK auszulegen. Ein solches Verständnis scheint auch der Entscheidung des EuGH in der Rs. Schecke zugrunde zu liegen (EuGH 9.11.2010 – C-92/09 ua Rn. 64 f. – Schecke, Slg. 2010, 11063; vgl. auch EuGH 5.10.2010 – C-400/10 PPU Rn. 53 – J. McB, Slg. 2010, I-8965). Insofern bleibt Art. 52 I die zentrale Schrankenregelung der GRC (*Calliess* EuZW 2001, 261 [264]; Calliess/Ruffert/*Kingreen* Rn. 59; *Jarass* Rn. 25; *Lenaerts/de Smijter* MJ 8, 2001, 90 [97]; *Petersen* 30; *Philippi,* Die Charta der Grundrechte der Europäischen Union, 2002, 42).

18 Schwierigkeiten bei der Handhabung des Art. 52 III ergeben sich vor allem bei mehrpoligen Grundrechtsverhältnissen, die gerade für das Privatrecht und die Erfüllung von Schutzpflichten typisch sind, wo sich zwei Grundrechtsträger gegenüberstehen. Bei zweipoligen Grundrechtskonstellationen, bei denen der Grundrechtsträger nur dem Grundrechtsverpflichteten gegenübersteht, kann eine Anpassung an die EMRK durch eine entsprechende Auslegung des Schutzbereichs und die Modifikation der Schranken erfolgen. In mehrpoligen Grundrechtskonstellationen hat der intensivere Schutz eines Grundrechtsträgers zugleich Auswirkungen auf die Rechtsstellung des bzw. der anderen Grundrechtsträger, die durch die Maßnahme betroffen sind. Das gilt insbesondere bei der Erfüllung einer Schutzpflicht, die zur Einschränkung des Grundrechts der anderen Grundrechtsträger führt. Sofern deren Rechtsposition auch durch die EMRK garantiert ist, bedarf es zudem der Berücksichtigung der Konvention, wenn die Grundrechtskollision aufgelöst wird (vgl. *Schubert* ZfA 2013, 1 [19 ff.]; **aA** *Brummund,* Kohärenter Grundrechtsschutz im Raum der Freiheit, der Sicherheit und des Rechts, 2011, 118 ff.). Insofern ist im Prinzip danach zu fragen, wie der Grundrechtskonflikt nach dem Maßstab der EMRK aufzulösen ist. In solchen Fällen kann trotz der Regelung in Art. 52 III 2 regelmäßig kein weitergehender Grundrechtsschutz für sie gewährt werden, weil das Grundrecht des anderen Grundrechtsträgers nicht mehr in gleicher Bedeutung und Tragweite garantiert würde (**aA** *Streinz/ Streinz/Michl* Rn. 12). Etwas anderes gilt höchstens, wenn das Grundrecht des anderen Grundrechtsträgers nicht durch die EMRK geschützt ist. Ein Konflikt zwischen EGMR und EuGH wird sich aus solchen Fällen allerdings nicht ergeben, weil der EuGH die Rechtsprechung des EGMR berücksichtigt und der EGMR gegenüber dem EuGH Zurückhaltung übt (EGMR 30.6.2005 – 45036/98 Rn. 153 – Bosphorus; so auch *Streinz/ Streinz/Michl* Rn. 12).

III. Verfassungsüberlieferung der Mitgliedstaaten

Die gemeinsamen Verfassungsüberlieferungen waren vor der Erarbeitung der GRC neben 19 der EMRK eine wesentliche Grundlage für die Ableitung von Grundrechten als allg. Rechtsgrundsätze der Europäischen Union (→ EUV Art. 6 Rn. 16). Daran knüpft Art. 52 IV an und erklärt die Verfassungsüberlieferung der Mitgliedstaaten für erheblich für die Auslegung der GRC. Das verhindert einen methodischen Bruch zur bisherigen Grundrechtsentwicklung (so auch *Calliess/Ruffert/Kingreen* Rn. 39) und steht in Einklang mit der Vorstellung des Konvents, dass die GRC die bestehenden Grundrechte besser sichtbar machen soll. Auf diese Weise wird zugleich sichergestellt, dass eine Angleichung des europäischen Standards an die Entwicklung in den Mitgliedstaaten erfolgt (vgl. *Bleckmann* 269; *Schwarze/Becker* Rn. 17). Das verhindert Brüche zu den Grundrechtsstandards der Mitgliedstaaten und wirkt einer Grundrechtskontrolle durch die nationalen Gerichte entgegen. Die Verschränkung der Verfassungen der Mitgliedstaaten mit der GRC mindert ebenso wie Art. 52 III Konflikte in einem grundrechtlichen Mehr-Ebenen-System (dazu *Schwarze/Becker* Rn. 17). Zugleich handelt es sich um eine Verstärkung der GRC (*Schwarze/Becker* Rn. 18; näher *Steiner,* FS Maurer, 2001, 1005 [1010 ff.]).

Die Verfassungen der Mitgliedstaaten sind keine Rechtsquelle, sondern wirken nur als 20 Rechtserkenntnisquelle auf die Auslegung der GRC ein. Nach Art. 52 IV bedarf es zudem nur einer Auslegung im Einklang mit den Verfassungstraditionen. Das impliziert keinen so strengen Prüfungsmaßstab wie bei der EMRK, für die Art. 52 III vorgibt, dass die Grundrechte der GRC in Bedeutung und Tragweite denen der Konvention entsprechen müssen (*Jarass* Rn. 67). Insofern besteht kein genereller Vorrang der mitgliedstaatlichen Verfassungsüberlieferungen (*Jarass* Rn. 67; *Meyer/Borowski* Rn. 44c). Der Wortlaut des Art. 52 IV zielt vor allem auf die Vermeidung von Widersprüchen (*Schwarze/Becker* Rn. 18). Daraus soll sich nach den Erläuterungen grds. ein hohes Schutzniveau ergeben. Die Bezugnahme auf die Verfassungstradition bedeutet nicht, dass nur der kleinste gemeinsame Nenner maßgebend ist (vgl. EuGH 13.12.1979 – 44/79 Leitsatz 3 Rn. 22 – Hauer, Slg. 1979, 3727; → EUV Art. 6 Rn. 16). Die Organe, insbesondere der EuGH, müssen bei der Auslegung auf das nationale Verfassungsrecht Bezug nehmen (*Schwarze/Becker* Rn. 18). Eine Grenze findet Art. 52 IV jedoch an Art. 52 II, der vorgibt, dass die Grundrechte aus EUV und AEUV nicht durch die GRC geändert werden (*Jarass* Rn. 66; *Meyer/Borowski* Rn. 44b).

Zudem beschränkt sich Art. 52 IV auf die Auslegung von Grundrechten, so dass er auf Grundsätze nicht anzuwenden ist (Meyer/*Borowski* Rn. 44b).

IV. Vorbehalt zugunsten des nationalen Rechts und der nationalen Gepflogenheiten (Art. 52 VI)

21 Das Recht der Mitgliedstaaten hat aber nicht nur eine – vermittels der gemeinsamen Verfassungstradition – verstärkende Wirkung auf den Grundrechtsschutz. Eine Mehrzahl von Unionsrechten enthält Vorbehalte zugunsten des nationalen Rechts und der Gepflogenheiten. Das gilt insbesondere, wenn die grundrechtlich geschützte Betätigung in besonderem Maße der Ausgestaltung durch das Recht der Union oder der Mitgliedstaaten bedarf (vgl. Art. 16 → Art. 16 Rn. 3) oder die Union keine Regelungszuständigkeit hat (*Bleckmann* 274 f.). Ein Vorbehalt wurde auch aufgenommen, um die Beschränkbarkeit des Grundrechts zu verdeutlichen (vgl. Art. 28, 30 → Art. 28 Rn. 53, → Art. 30 Rn. 17). Der Vorbehalt war in diesen Fällen meist eine „Angstklausel", um den Fortbestand des nationalen Rechts sicherzustellen (so auch Calliess/Ruffert/*Kingreen* Rn. 41). Art. 52 VI befriedigt insofern keinen Abstimmungsbedarf wie im Verhältnis zur EMRK, sondern stellt eine **Rücksichtnahme** auf die Besonderheiten des nationalen Rechts dar (Schwarze/*Becker* Rn. 19). Die Erläuterungen sehen darin auch einen Ausdruck des **Grundsatzes der Subsidiarität.** Die Ausgestaltung des grundrechtlich geschützten Bereichs ist zunächst Sache der Mitgliedstaaten, was durch die GRC in Bedacht zu nehmen ist und vor allem bei der Rechtfertigung von Grundrechtsbeeinträchtigungen der Berücksichtigung bedarf.

22 Art. 52 VI erfasst neben dem Verfassungsrecht auch das einfache Recht (Schwarze/*Becker* Rn. 19). Der Begriff der Gepflogenheiten („practices", „pratiques") ist indes eng zu interpretieren, um einerseits nicht die Grundrechte auszuhöhlen und andererseits nicht den Gesetzesvorbehalt zu usurpieren (*Jarass* Rn. 83; Tettinger/Stern/*Ladenburger* Rn. 111). Gemeint sind wohl Formen nicht-staatlicher Rechtsentstehung (Handelsbräuche, lex mercatoria), denen ein quasigesetzlicher Charakter zukommt. Hierfür wird in der Literatur zum Teil auf das Arbeits- und Sozialrecht verwiesen (*Jarass* Rn. 83; Tettinger/Stern/*Ladenburger* Rn. 102, 111). Das kann insbesondere für das Arbeitskampfrecht Bedeutung erlangen. Bei einem weit verstandenen Gesetzesvorbehalt, der auch gesetzesvertretendes Richterrecht genügen lässt, bedarf es einer solchen Erweiterung indes nicht.

23 Art. 52 VI verpflichtet den Rechtsanwender dazu, dem nationalen Recht und den Gepflogenheiten in vollem Umfang Rechnung zu tragen, soweit es in der Charta bestimmt ist. Die Vorbehalte in den einzelnen Grundrechtsartikeln werden in der Literatur zum Teil als Schutzbereichseinschränkungen verstanden (Alber/*Widmaier* EuGRZ 2000, 497 [500]; *Bleckmann* 276 f.; *Dorf* JZ 2005, 126 [130]; *Eisner* 134 f.; *Magiera* DÖV 2000, 1017 [1026]; *Rebhahn*, GS Heinze, 2005, 649 [654 f.]; vgl. auch *Bleckmann* 277; Streinz/*Streinz* Art. 28 Rn. 4; **aA** *Sagan* 115 ff.; Tettinger/Stern/*Ladenburger* Rn. 107). Darauf mag insbesondere die deutsche Fassung der einzelnen Grundrechte hindeuten (zB Art. 28 „haben nach dem Unionsrecht und den einzelstaatlichen Rechtsvorschriften und Gepflogenheiten das Recht"). Die anderen Sprachfassungen lassen indes nicht den gleichen Schluss zu (zB „in accordance with Community law and national laws and practices", „conformément au droit de l'Union et aux législations et pratiques nationales"; dazu *Sagan* 115 ff.; Willemsen/*Sagan* NZA 2011, 258 [262]). Zudem soll die GRC ein einheitliches grundrechtliches Schutzniveau in der Europäischen Union sichern. Einem solchen Verständnis steht nicht entgegen, dass die Vorbehalte in den Grundrechten selbst geregelt sind, während die Grundrechtsschranken in Art. 52 zusammengefasst sind. Die Vorbehalte wurden nur in solchen Grundrechten integriert, wo aus (tatsächlichen wie rechtspolitischen) Gründen eine besondere Rücksicht auf die nationalen Rechtsordnungen für erforderlich gehalten wurde. Zudem rückt Art. 52 VI die Vorbehalte in die Nähe der Schrankenregelungen der GRC. Art. 52 VI ist wegen der Regelungen in den einzelnen Grundrechten zwar nur deklaratorisch (dazu Meyer/*Borowsky* Rn. 46; Schwarze/*Becker* Rn. 19), verdeutlicht aber die Einordnung der

Vorbehalte als Schranken. Auch der EuGH hat in der Rs. *Sky Österreich* bei der Prüfung des Art. 16 den Vorbehalt zugunsten des nationalen Rechts und der Gepflogenheiten zu Recht im Rahmen der Verhältnismäßigkeitsprüfung nach Art. 52 I berücksichtigt (vgl. EuGH 22.1.2013 – C-283/11 Rn. 46 f. – Sky Österreich, EuZW 2013, 347). Die Mitgliedstaaten erhalten durch den Vorbehalt einen weitergehenden Regelungsspielraum, der sich gerade in die Prüfung der Verhältnismäßigkeit nach Art. 52 I integrieren lässt (*Grabenwarter* DVBl. 2001, 1 [5]; *Jarass* Rn. 85 f.; *Kober* 227, 230; *Rengeling* DVBl. 2004, 453 [459]; Tettinger/Stern/*Ladenburger* Rn. 111; so auch Meyer/*Borowski* Rn. 46c; *Schwarze* EuZW 2001, 517 [519]).

In der Literatur wird kritisch darauf hingewiesen, dass die GRC nicht klar zum Ausdruck 24 bringe, was es bedeutet dem nationalen Recht „in vollem Umfang" Rechnung zu tragen (Schwarze/*Becker* Rn. 19). Jedenfalls darf der Vorbehalt nicht so verstanden werden, dass das Grundrecht von vornherein nur in den Grenzen des nationalen Rechts gewährleistet ist (*Jarass* Rn. 85; so aber Calliess/Ruffert/*Kingreen* Rn. 49). Das ergibt sich schon aus der Einordnung des Vorbehalts als Ergänzung des bestehenden allg. Schrankenvorbehalts nach Art. 52 I. Der Vorbehalt hat aber nicht nur „beruhigende Wirkung", sondern modifiziert die Prüfung der Verhältnismäßigkeit in Bezug auf die Schranken-Schranken (*Jarass* Rn. 85 f.; Meyer/*Borowsky* Rn. 13; Schwarze/*Becker* Rn. 19; *Schwarze* EuZW 2001, 517 [519]; wohl auch *Losch/Radau* NVwZ 2003, 1440 [1444]; weitergehend *Sagan* 128 ff.; **aA** *Rengeling/Szczekalla* Rn. 484). Insofern gelten insbesondere andere Anforderungen an den Gesetzesvorbehalt und die Verhältnismäßigkeit (*Jarass* Rn. 85 f.; Meyer/*Borowsky* Rn. 13). Darüber hinaus sind aber Art. 52 II, III zu berücksichtigen, die als lex specialis gegenüber den Vorbehalten iSv Art. 52 VI wirken (Meyer/*Borowsky* Rn. 13). Die Mitgliedstaaten sind an die Verträge und die EMRK durch die Ratifikation gebunden, so dass der Vorrang auch wertungsmäßig stimmig ist.

Einige Grundrechte enthalten nicht nur **Regelungsvorbehalte** zugunsten des nationalen 25 Rechts, sondern auch **zugunsten des Unionsrechts** (zB Art. 16, 27, 28, 30). Diese sind in Art. 52 VI nicht aufgenommen. Das nimmt ihnen aber nicht die Bedeutung (*Jarass* Rn. 84), vielmehr bestand nicht der gleiche Klarstellungsbedarf wie beim mitgliedstaatlichen Recht. Der dadurch zum Ausdruck kommende weitergehende Gestaltungsspielraum für die Union ist bei der Auslegung und Anwendung des Art. 52 I in Bedacht zu nehmen.

V. Auslegung der GRC nach den Erläuterungen, Art. 52 VII

Für die Auslegung der GRC gelten im Übrigen die allg. Auslegungsmethoden des 26 Unionsrechts. Sie sind autonom auszulegen, die Art. 31 ff. WVK sind nicht maßgebend (EuGH 5.2.1963 – 26/62 – van Gend & Loos, Slg. 1963, 1 [25]). Bei der Auslegung der GRC sind nach Art. 52 VII auch die Erläuterungen des Konventspräsidiums gebührend zu berücksichtigen. Die Erläuterungen wurden zunächst mit der ersten Proklamation veröffentlicht und im Jahre 2007 ebenso wie die Charta ergänzt und neu proklamiert (ABl. EG Nr. C 303 v. 14.12.2007, 17). Die Erläuterungen sind keine Dokumentation des Entstehungsprozesses der GRC, sondern selektive Erklärungen seitens des Präsidiums (Calliess/Ruffert/*Kingreen* Rn. 43). Daher war die Bedeutung der Erläuterungen für die Auslegung der Charta umstritten (dazu Schwarze/*Becker* Rn. 20; Streinz/*Streinz*/*Michl* Rn. 32). Bei der erneuten Proklamation der GRC im Jahre 2007 enthielt Art. 52 nicht nur den zusätzlichen Abs. 7, sondern auch die Präambel und Art. 6 I UAbs. 3 EUV nehmen auf die Erläuterungen des Konventspräsidiums Bezug. Somit sind sie heute eine verbindliche Auslegungshilfe (vgl. EuGH 22.12.2010 – C-279/09 Rn. 32 – DEB, Slg. 2010, I-13849; *Jarass* Rn. 87; Schwarze/*Becker* Rn. 20; Streinz/*Streinz*/*Michl* Rn. 32). Ihr Inhalt ist zwar unverbindlich und ist somit keine Rechtsquelle (Calliess/Ruffert/*Kingreen* Rn. 42; *Jarass* Rn. 87; Schwarze/*Becker* Rn. 21), sie müssen aber bei der Auslegung herangezogen werden.

Art. 52 VII verpflichtet dazu, die Erläuterungen „gebührend zu berücksichtigen" (ebenso 27 Art. 6 I UAbs. 3 EUV, Präambel der GRC). Insofern dürfen sie nicht unbeachtlich bleiben,

30 GRC Art. 52

es bedarf aber keiner besonderen Gewichtung (Schwarze/*Becker* Rn. 21; s. dazu auch *Ziegenhorn*, Einfluss der EMRK im Recht der EU-Grundrechtecharta, 2009, 67 ff.; vgl. auch BVerfG 15.12.2011 NJW 2012, 1202 Rn. 43). Sie reihen sich in den Kreis der Auslegungskriterien ein. Ein Rangverhältnis zu anderen Kriterien schreibt Art. 52 VII nicht fest (*Jarass* Rn. 87; *Wendel* ZaöRV 68, 2008, 803 [824]). Zudem gibt die Norm nicht vor, dass die Charta nach einem subjektiven Maßstab unter Rekurs auf die Erläuterungen des Präsidiums zu interpretieren ist. Es ist weiterhin eine objektive Auslegung der GRC zulässig, so dass die Bedeutung der Erläuterungen sich mit Zeitablauf abschwächen kann (Calliess/Ruffert/*Kingreen* Rn. 43; *Jarass* Rn. 87; Schwarze/*Becker* Rn. 21). Art. 52 VII gilt für Grundrechte und Grundsätze gleichermaßen (Calliess/Ruffert/*Kingreen* Rn. 43).

C. Grundrechtsprüfung

I. Schutzbereich

28   Vor dem Inkrafttreten der GRC war die Grundrechtsprüfung des EuGH häufig nur kursorisch oder nicht explizit. Meist wurde nur die Einschlägigkeit des Grundrechts ermittelt und die Verhältnismäßigkeit der Maßnahme geprüft (krit. *Huber*, Recht der europäischen Integration, 2. Aufl. 2002, § 8 Rn. 71; *Jarass* Rn. 4; *Pauly* EuR 1998, 242 [253 ff.]; zu Berufs- und Eigentumsfreiheit *Selmer*, Die Gewährleistung der unabdingbaren Grundrechtsstandards durch den EuGH, 1998, 124 ff.; *Stieglitz*, Allgemeine Lehren im Grundrechtsverständnis nach der EMRK und der Grundrechtsjudikatur des EuGH, 2002, 118 f., 145 f.). Eine eingehendere Prüfung des Schutzbereichs erfolgte nicht (krit dazu v. Bogdandy/Bast/*Kühling* 657 [688]; *Nettesheim* EuZW 1995, 106 [106 f.]).

29   Die Abwehrrechte nach der GRC haben einen eigenen Schutzbereich, dessen Betroffenheit vom Gericht zu prüfen ist. Die für das deutsche Recht typische Prüfung nach Schutzbereich, Eingriff und Rechtfertigung lässt sich auch für die Abwehrrechte der GRC heranziehen. Das deutet zum einen Art. 52 I an, der auf die Einschränkung der in der Charta garantierten Rechte und Freiheiten Bezug nimmt und die Voraussetzungen festlegt, unter denen eine solche Einschränkung zulässig ist. Zudem kann sich die Auslegung der GRC und damit auch das Grundrechtsverständnis an die EMRK anlehnen (Art. 52 III 1). Auch der EGMR prüft zunächst den Schutzbereich und erörtert dann die Rechtfertigung der Grundrechtsbeeinträchtigung. Terminologisch spricht der Gerichtshof weniger vom Schutzbereich, sondern eher von der Anwendbarkeit des Grundrechts (application/applicability). Damit ist bei einem Abwehrrecht aber ebenfalls erforderlich, die Grundrechtsberechtigung und die sachliche Reichweite des Grundrechts zu ermitteln (→ EMRK Art. 1 Rn. 45).

30   Der Schutzbereich hat grds. eine persönliche und eine sachliche Dimension. Bei einem Abwehrrecht erfasst der Schutzbereich ein bestimmtes Recht oder Rechtsgut oder eine Betätigung des Rechtsinhabers (*Jarass* Rn. 5). Damit wird ein bestimmtes Recht oder Rechtsgut nicht nur der Person zugeordnet, sondern auch die darauf bezogenen Handlungen geschützt. Sofern sich der Schutzbereich nur auf eine bestimmte Betätigung bezieht, ist diese Verhaltensweise vor dem Zugriff des Staates geschützt (zB Art. 12, 15, 16). Der Schutzbereich ist eine Beschreibung des normativen Gewährleistungsgehalts des Abwehrrechts (*Jarass* Rn. 5; **aA** Heselhaus/Nowak/*Szczekalla* § 7 Rn. 4). Der Schutzbereich ist autonom anhand der GRC auszulegen und dadurch in seiner Reichweite zu ermitteln (Calliess/Ruffert/*Kingreen* Rn. 47; *Jarass* Rn. 7). Zur Schutzbereichsbegrenzung durch Vorbehalte → Rn. 21.

II. Einschränkung (Eingriff)

31   Grundrechtlich relevant sind nach Art. 52 I alle Einschränkungen der in der GRC garantierten Rechte und Freiheiten. Ein spezifischer Eingriffsbegriff ist in der Charta nicht enthalten. Zudem ist ihre Terminologie stärker der EMRK angenähert. Art. 52 I spricht

von Einschränkung bzw. in anderen Sprachfassungen von „limitation" (englisch, französisch, spanisch), „limitazioni" (italienisch). Die EMRK nimmt in Art. 11 II 1 auf „restrictions" (englisch, französisch) Bezug. Die Auslegung der GRC ist nach Art. 52 III an der EMRK als Mindeststandard zu orientieren und übernimmt insoweit zumindest das weite Verständnis des EGMR. Danach ist jede nachteilige Auswirkung staatlichen Verhaltens auf die Ausübung des Grundrechts eine Einschränkung, so dass auch mittelbare Beeinträchtigungen einbezogen sind (Schwarze/*Becker* Rn. 3; Streinz/*Streinz/Michl* Rn. 20; Tettinger/Stern/ *v. Danwitz* Rn. 32). Daher bedarf es nur einer dem Staat zurechenbaren Verkürzung des Schutzbereichs (Streinz/*Streinz/Michl* Rn. 20).

III. Rechtfertigung

1. Schrankenvorbehalt aus Art. 52 I. Die Charta enthält keine grundrechtsspezifischen 32 Schrankenvorbehalte, sondern einen **allg.** (sog. horizontalen) **Schrankenvorbehalt,** der in Art. 52 I geregelt ist. Er lehnt sich nach den Erläuterungen des Konventspräsidiums an die bisherige Rechtsprechung des EuGH an. Sein Anwendungsbereich erstreckt sich auf alle Rechte und Freiheiten aus der EMRK, beschränkt sich aber auf subjektiv-öffentliche Rechte und erfasst somit nicht die Grundsätze iSv Art. 52 V. Terminologisch entspricht Art. 52 I im Grundsatz den Begrifflichkeiten der Schrankenvorbehalte in Art. 8–11 EMRK (Schwarze/*Becker* Rn. 2). Art. 52 I regelt die formellen und materiellen Anforderungen an die Rechtfertigung einer Grundrechtseinschränkung, wie sie grds. für alle Grundrechte der GRC gelten (Schwarze/*Becker* Rn. 3; näher *Pietsch,* Das Schrankenregime der EU-Grundrechtecharta, 2005, 158 ff.; *Fassbender* NVwZ 2010, 1049 [1050]; vgl. auch EuGH 31.1.2013 – C-12/11 Rn. 61 – Mc Donagh, NJW 2013, 921). Sofern mehrere durch das Unionsprimärrecht geschützte Rechte bestehen, die sich wechselseitig einschränken, so sind sie in Einklang zu bringen (EuGH 31.1.2013 – C-12/11 Rn. 61, 64 – Mc Donagh, NJW 2013, 921).

Neben Art. 52 I enthalten Art. 52 II, III, IV und VI besondere Regelungen, die zu 33 Art. 52 I in Konkurrenz stehen bzw. bei seiner Auslegung zu berücksichtigen sind (vgl. → Rn. 2 f.). Art. 52 I enthält eine Generalklausel, auf die zurückgegriffen werden kann, sofern die Sonderregelungen nicht eingreifen (*Bühler* 262; *Grabenwarter,* FS Steinberger, 2002, 1129 [1138 f.]; Meyer/*Borowsky* Rn. 13, 24, 29; *Rengeling/Szczekalla* Rn. 463; *Schmitz* JZ 2001, 833 [838]; s. aber HdBG/*Hilf* § 164 Rn. 47 ff., für eine kumulative Anwendung der Schrankenvorbehalte). Nach dem hier entwickelten Verständnis wirkt Art. 52 II jedoch nicht verdrängend.

Der Schrankenvorbehalt in Art. 52 I knüpft in seinen Voraussetzungen an die bisherige 34 Rechtsprechung des EuGH an. Der Gerichtshof ging davon aus, dass die Ausübung der Rechte „insbesondere im Rahmen einer gemeinsamen Marktorganisation Beschränkungen unterworfen werden" kann, wenn diese dem Gemeinwohl dienende Ziele der Union verfolgen und nicht unverhältnismäßig angesichts des verfolgten Zwecks sind (vgl. EuGH 9.11.2010 – C-92/09 Rn. 50 – Schecke, Slg. 2010, I-11063; dazu Streinz/*Streinz/Michl* Rn. 17). Art. 52 I knüpft die Rechtfertigung zusätzlich an einen Gesetzesvorbehalt. Die Anforderungen des Schrankenvorbehalts in Art. 52 I ähneln insofern dem Prüfungsschema des EGMR (dazu SA des GA *Sharpston* 17.6.2010, C-92/09 ua Rn. 71 ff. – Schecke, Slg. 2010, I-11063).

2. Schranken-Schranken. a) Gesetzesvorbehalt. Der Gesetzesvorbehalt hatte in der 35 Rechtsprechung des EuGH bisher keine besondere Bedeutung (vgl. EuGH 21.9.1989 – 46/ 87 ua Rn. 12 f. – Hoechst, Slg. 1989, 2859; Streinz/*Streinz/Michl* Rn. 23). Der inhaltliche Zusammenhang zwischen der GRC und der EMRK (Art. 52 III, 53) spricht dafür, die Anforderungen an den Gesetzesvorbehalt an die Rechtsprechung des EGMR anzulehnen. Es sind keine Gründe für die Entwicklung einer abweichenden Schrankendogmatik im Rahmen der GRC ersichtlich (Streinz/*Streinz/Michl* Rn. 23). Insofern bedarf es einer abstrakt-generellen Regelung durch die Union oder die Mitgliedstaaten bei der Durchführung des Unionsrechts. Sie muss den unionsrechtlichen bzw. mitgliedstaatlichen Anforderungen an ein wirksames Gesetz entsprechen, hinreichend bestimmt und für die Bürger zugänglich sein, so dass die Grundrechtseinschränkung für sie vorhersehbar ist (Schwarze/*Becker* Rn. 4; Streinz/*Streinz*/*Michl* Rn. 24; Tettinger/Stern/*v. Danwitz* Rn. 34; weiterführend *Schneiders* 196 ff., 208 ff.; zur Rechtsprechung des EGMR → EMRK Art. 1 Rn. 47). Die Einschränkungen müssen somit gesetzlich vorgesehen sein (EuGH 1.7.2010 – C-407/08 P Rn. 91 – Knauf, Slg. 2010, I-6375; HdBG/*Hilf* § 164 Rn. 60), ohne dass die Voraussetzungen für den Eingriff im Einzelnen umschrieben sein müssen (Schwarze/*Becker* Rn. 4).

36 Ein Gesetz iSv Art. 52 I kann bei unionsrechtlichen Einschränkungen das Primärrecht oder das Sekundärrecht der Union sein. Sofern sich die Einschränkung auf einen Sekundärrechtsakt stützt (Richtlinie, Verordnung), muss dieser nach Maßgabe des Verfahrens zustande gekommen sein, das die Verträge vorgeben. Insofern ist das Europäische Parlament in unterschiedlichem Maße beteiligt (vgl. Streinz/*Streinz*/*Michl* Rn. 25). Das Unionsrecht kennt bisher keinen dem deutschen Recht vergleichbaren Wesentlichkeitsgrundsatz (Parlamentsvorbehalt), zumal Einschränkungen nach dem AEUV auch ohne Parlamentsbeteiligung möglich sind (ausführlich dazu Streinz/*Streinz*/*Michl* Rn. 25; zur Entwicklung eines europarechtlichen Wesentlichkeitsgrundsatzes *Röder,* Der Gesetzesvorbehalt der Charta der Grundrechte der Union im Lichte einer europäischen Wesentlichkeitstheorie, 2007). Maßgebend ist allein das Rechtssetzungssystem des Unionsrechts mit seiner Zuständigkeitsverteilung.

37 Schranken, die sich aus dem nationalen Recht der Mitgliedstaaten ergeben, genügen dem Gesetzesvorbehalt, wenn es sich um ein wirksames nationales Gesetz handelt, das hinreichend bestimmt und zugänglich ist. Probleme ergeben sich nur, soweit es an einer gesetzlichen Regelung fehlt und die Einschränkung auf (gesetzesvertretendem) Richterrecht beruht. Das ist in Common-law-Ländern ebenso wichtig wie für das deutsche Arbeitskampfrecht, das sich richterrechtlich entwickelt hat. Die Literatur lehnt sich insoweit an die Rechtsprechung des EGMR an und lässt Gewohnheits- und Richterrecht genügen (HdBG/*Hilf* § 164 Rn. 60; Streinz/*Streinz*/*Michl* Rn. 24; vgl. auch Meyer/*Borowsky* Rn. 20; **aA** *Triantafyllou* CMLR 2002, 53 [60]). Insoweit ist der Rückgriff auf Art. 52 III 1 dadurch erschwert, dass es nicht zu einer Verstärkung des Grundrechtsschutzes kommt, sondern ein weites Verständnis vom Gesetzesvorbehalt entwickelt wird. Allerdings ergibt die Auslegung des Art. 52 I mit Rücksicht auf die Erläuterungen des Konventionspräsidiums keinen weitergehenden Grundrechtsschutz. Die Erläuterungen nehmen lediglich auf die frühere Rechtsprechung Bezug, die dem Gesetzesvorbehalt keine eigenständige Bedeutung beimaß. Gerade der mittelbare Vollzug des Unionsrechts, der somit auf das nationale Recht zurückgreifen muss, macht ein weites Gesetzesverständnis erforderlich, ohne die Anforderungen an eine rechtsstaatliche Ausgestaltung der Rechtssetzung außer Acht zu lassen. Insofern kann in Rechtsordnungen, in denen die Rechtsprechung eine rechtssetzende oder in besonderem Maße das Recht konkretisierende Aufgabe von den nationalen Verfassungen erhalten hat, auch die (gefestigte) Rechtsprechung den Anforderungen eines Schrankenvorbehalts genügen.

38 **b) Wesensgehaltsgarantie.** Art. 52 I 1 nimmt den Schutz des Wesensgehalts des Grundrechts als Schranken-Schranke auf. Der Begriff des Wesensgehalts findet sich bereits vor Inkrafttreten in der Rechtsprechung. Der EuGH hat jedoch bisher kein klares Verständnis für den Begriff des Wesensgehalts entwickelt und verwendet ihn in seinen Entscheidungen nicht einheitlich. Der Wesensgehalt kann absolut im Sinne einer Kernbereichslehre verstanden werden ähnlich dem deutschen Recht. Daneben hat sich aber ein relatives Verständnis entwickelt, wonach der Wesensgehalt eines Grundrechts beeinträchtigt ist, wenn eine unverhältnismäßige Beschränkung vorliegt (vgl. zB EuGH 18.7.2013 – C-426/11 Rn. 35 f. – Alemo Herron, NZA 2013, 835). Insofern gehen der Wesensgehalt und der Verhältnismäßigkeitsgrundsatz dann praktisch in einem auf. Der Wesensgehalt bezeichnet

somit keinen abstrakt abgrenzbaren Teil des Schutzbereichs, sondern die Summe aller unverhältnismäßigen Eingriffe.

Der Wortlaut des Art. 52 I gibt nicht vor, ob der Wesensgehalt absolut oder relativ zu verstehen ist (aA Schwarze/*Becker* Rn. 7, relativer Wesensgehalt). Gerade die getrennte Erfassung des Wesensgehalts und der Verhältnismäßigkeit in den beiden Sätzen des Art. 52 I verhindern inhaltliche Eindeutigkeit. Der Konvent nahm den Begriff des Wesensgehalts wohl in Art. 52 I 1 auf, ohne darin eine tragende inhaltliche Komponente zu sehen. Er lehnte sich an die bisherige Rechtsprechung an und erachtete die Aufnahme des Begriffs für weder besonders nützlich noch schädlich (zur historischen Entwicklung HdBG/*Hilf* § 164 Rn. 62; Streinz/*Streinz/Michl* Rn. 26). Die Literatur spricht sich teils für einen absoluten Wesensgehalt aus und verweist dazu auf die Rechtsprechung zu den Grundfreiheiten (*Borrmann* 161; *Günter,* Berufsfreiheit und Eigentum in der Europäischen Union, 1998, 30 f.; Streinz/*Streinz/Michl* Rn. 26), teils wird ein relativer Wesensgehalt vorgezogen (*Bühler* 259 ff.; *Pietsch,* Das Schrankenregime der EU-Grundrechtecharta, 2005, 171; Schwarze/ *Becker* Rn. 7; offenlassend *Schildknecht,* Grundrechtsschranken in der Europäischen Gemeinschaft, 2000, 91 ff.). Die Entstehungsgeschichte spricht eher für einen relativen Wesensgehalt. Die EMRK gebietet zudem kein anderes Verständnis, da sie kein Konzept eines absoluten Wesensgehalts kennt. **39**

Der EuGH legt in jüngerer Zeit eher einen relativen Wesensgehalt bei seiner Rechtsprechung zugrunde (*Gebauer* 291), so dass unverhältnismäßige Eingriffe das Grundrecht in seinem Wesensgehalt antasten (EuGH 13.7.1989 – C-5/88 Rn. 18 – Wachauf, Slg. 1989, 2609; 13.4.2000 – C-292/97 Rn. 45 – Karlsson, Slg. 2000, I-2737; 9.9.2008 – C-120/06 P ua Rn. 183 f. – FIAMM ua, Slg. 2008, I-6513; 20.9.2007 – C-16/05 Rn. 58 – Tum, Slg. 2007, I-7415). Darauf beschränken sich die Ausführungen des EuGH, so dass es nicht zu einer eigenständigen Prüfung der Verletzung des Wesensgehalts der Grundrechte kommt. In der jüngeren Rechtsprechung prüft der EuGH den Wesensgehalt wie der EGMR als eigenen Punkt vor der Verhältnismäßigkeit (zB EuGH 22.12.2010 – C-279/09 Rn. 60 – DEB, Slg. 2010, I-13849; 5.10.2010 – C-400/10 PPU Rn. 55 ff. – J. McB, Slg. 2010, I-8965; ähnlich EuGH 23.3.2006 – C-408/03 Rn. 68 – Kommission/Belgien, Slg. 2006, I-2647). Dabei handelt es sich aber nicht um ein einheitliches Vorgehen (EuGH 9.11.2010 – C-92/09 Rn. 50 – Schecke, Slg. 2010, I-11063; 18.7.2013 – C-426/11 Rn. 35 f. – Alemo Herron, NZA 2013, 835; 8.4.2014 – C-293/12 Rn. 46 ff. – Digital Rights, NJW 2014, 483). **40**

c) Verhältnismäßigkeit. Das zentrale Element der Rechtfertigungsprüfung ist der Grundsatz der Verhältnismäßigkeit. Er wurde bereits vor dem Inkrafttreten als allg. Grundsatz anerkannt (vgl. EuGH 13.11.1990 – C-331/88 Rn. 13 – Fedesca, Slg. 1990, I-4023; 6.3.2014 – C-206/13 Rn. 34 – Siragusa, NJW 2014, 575) und ist nun als Schranken-Schranke Teil des allg. Schrankenvorbehalts in Art. 52 I 2. Die Europäische Union und die Mitgliedstaaten dürfen nicht die Grenzen dessen überschreiten, was zur Erreichung des legitimen Ziels geeignet und erforderlich ist (EuGH 13.11.1990 – C-331/88 Rn. 13 – Fedesca, Slg. 1990, I-4023; 5.10.1994 – C-133/93 ua Rn. 41 – Crispolitini ua, Slg. 1994, I-4863; 12.7.2001 – C-189/01 Rn. 81 – Jippes ua, Slg. 2001, I-5689; 7.9.2006 – C-310/04 Rn. 97 – Spanien /Rat, Slg. 2006, I-7285; 9.11.2010 – C-92/09 Rn. 50 – Schecke, Slg. 2010, I-11063; 22.1.2013 – C-283/11 Rn. 50 – Sky Österreich, EuZW 2013, 347; 17.10.2013 – C-101/12 Rn. 29 – Schaible, ECLI:EU:C:2013:661; 6.3.2014 – C-206/13 Rn. 34 – Siragusa, NJW 2014, 575; 8.4.2014 – C-293/12 Rn. 46 ff. – Digital Rights, NJW 2014, 483). Insofern kann auf die gefestigte Rechtsprechung zur Auslegung des Art. 52 I 2 zurückgegriffen werden (Streinz/*Streinz/Michl* Rn. 27; s. aber *Gebauer* 286, der auf die Übernahme aus dem Recht der Mitgliedstaaten verweist). **41**

Die Verhältnismäßigkeit der Handlung setzt zunächst einen legitimen Zweck voraus. Dieser wurde bislang gesondert geprüft, nun ist er in die Verhältnismäßigkeitsprüfung inkorporiert (dazu HdBG/*Hilf* § 164 Rn. 64). Die Einschränkung des Rechts oder der Freiheit muss einen legitimen Zweck verfolgen. Art. 52 I 2 verweist dazu auf die von der **42**

Europäischen Union anerkannten, dem Gemeinwohl dienenden Zielsetzungen und auf die Rechte und Freiheiten anderer. Die Allgemeininteressen müssen somit von der Europäischen Union anerkannt sein (EuGH 9.11.2010 – C-92/09 Rn. 67 f. – Schecke, Slg. 2010, I-11063; Schwarze/*Becker* Rn. 5). Nach den Erläuterungen des Konventspräsidiums sind davon nicht nur die in Art. 3 EUV aufgeführten Ziele erfasst, sondern auch andere Interessen, die durch besondere Bestimmungen in den Verträgen geschützt sind (zB Art. 35 III, 36, 346 AEUV). Daher ist auch eine Rechtfertigung im Rahmen der Fiskalpolitik nach Art. 121 AEUV zulässig. Die Interessen der Allgemeinheit müssen daher mit den Grundrechten als gleichrangig einzustufen sein (Schwarze/*Becker* Rn. 5). Daneben sind auch die Rechte und Freiheiten anderer ein legitimer Grund für die Einschränkung eines Grundrechts. Der Grundrechtsschutz zugunsten eines Grundrechtsträgers kann somit legitimer Zweck sein (zB EuGH 12.6.2003 – C-112/00 Rn. 74 – Schmidberger, Slg. 2003, I-5659). Zu den Rechten und Freiheiten Dritter gehören nicht nur solche, die in der GRC oder den Verträgen geschützt sind. Auch solche Rechte und Rechtsgüter, die international oder mitgliedstaatlich geschützt sind, können zur Rechtfertigung herangezogen werden (Schwarze/*Becker* Rn. 5).

43 Für die Geeignetheit der Maßnahme reicht es aus, dass sie in irgendeiner Weise für das angestrebte Ziel förderlich ist. Das entspricht auch dem deutschen Verständnis und der Rechtsprechung des EGMR (Streinz/*Streinz/Michl* Rn. 29). Darüber hinaus muss die Maßnahme erforderlich sein. Sofern mehrere geeignete Maßnahmen bestehen, ist die am wenigsten belastende zu wählen (vgl. zB EuGH 13.11.1990 – C-331/88 Rn. 13 – Fedesca, Slg. 1990, I-4023; 5.10.1994 – C-133/93 ua Rn. 41 – Crispolitini ua, Slg. 1994, I-4863; 12.7.2001 – C-189/01 Rn. 81 – Jippes ua, Slg. 2001, I-5689; 7.9.2006 – C-310/04 Rn. 97 – Spanien/Rat, Slg. 2006, I-7285; SA des GA *Sharpston* 17.6.2010, C-92/09 ua Rn. 104 – Schecke, Slg. 2010, I-11063; Schwarze/*Becker* Rn. 6; Streinz/*Streinz/Michl* Rn. 30). Der EuGH vermischt Erforderlichkeit und Angemessenheit bei seiner Prüfung indes häufig (zB EuGH 9.11.2010 – C-92/09 Rn. 79 – Schecke, Slg. 2010, I-11063; 10.2.2011 – C-436/08 Rn. 70 – Haribo, Slg. 2011, I-305; krit. HdBG/*Hilf* § 164 Rn. 65; Streinz/*Streinz/Michl* Rn. 30).

44 Der EuGH war jedoch vielfach sehr zurückhaltend bei der Prüfung der Verhältnismäßigkeit, so dass die Kontrolldichte relativ gering war (*Gebauer* 286 ff.; krit. *Calliess* EuZW 2001, 261 [262]; *v. Danwitz* EWS 2003, 393 [400 f.]; auf Veränderungen verweisend *Weiß* EuZW 2013, 287 [290 f.]). Der Gerichtshof beschränkt sich darauf, die Geeignetheit und Erforderlichkeit zu prüfen, und räumt den Mitgliedstaaten dabei auch einen Beurteilungsspielraum ein. Zum Teil entwickelt der EuGH auch nur die Kriterien, anhand derer die nationalen Gerichte die Verhältnismäßigkeit der Maßnahme im Rahmen ihrer Entscheidung beurteilen müssen (zB EuGH 6.3.2014 – C-206/13 Rn. 21 – Siragusa, NJW 2014, 575; 30.4.2014 – C-390/12 Rn. 43 ff. – Pfleger, BeckRS 2014, 80759; krit. dazu Tettinger/Stern/*v. Danwitz* Rn. 39; **aA** *Ruffert* JuS 2014, 662 [664]). Insoweit zeigt sich auch ein wesentlicher Unterschied zur Prüfung der Verhältnismäßigkeit durch den EGMR, der den Einzelfall vollständig und im Detail prüft (→ EMRK Art. 1 Rn. 50). Sofern es keinen einheitlichen Grundrechtsstandard gibt und damit nationale Besonderheiten stärker zum Tragen kommen können, räumt der EGMR den Konventionsstaaten einen erheblichen Gestaltungsspielraum ein (→ EMRK Art. 1 Rn. 51). Insofern prüft der EGMR die Grundrechtsschranken intensiver als der EuGH, der eher einen dezentralen Grundrechtsschutz etabliert (zu den Unterschieden der Rechtsprechung GMD/*Marauhn/Merhof* Kap. 7 Rn. 43 ff.). Indem der EuGH die Prüfung des Einzelfalls den nationalen Gerichten überlässt, verwirklicht sich der eher dezentralisierte Rechtsschutz, der auch zu einem stärker dezentralen Grundrechtsschutz führt.

45 Eine präzise Grundrechtsprüfung hinsichtlich des Schutzbereichs und der Rechtfertigungsanforderungen bleibt allerdings notwendig, auch wenn der EuGH im Sinne der für die Europäische Union charakteristischen Dezentralisierung die Beurteilung der Angemessenheit und damit die Einzelfallentscheidung den nationalen Gerichten überlässt. Zu einer intensiveren Grundrechtsprüfung durch den EuGH zwingt auch Art. 52 III nicht. Die Regelung betrifft vor allem die Vergleichbarkeit des Schutzbereichs und der Schranken. Zudem hat die Zurücknahme des EuGH nur zur Folge, dass die nationalen Gerichte entscheiden müssen, die ihrerseits an die EMRK gebunden sind. Allerdings ist zu beobachten, dass der EuGH in neueren Entscheidungen seine Verhältnismäßigkeitsprüfung intensiviert und dadurch möglicherweise stärker die Rolle eines Grundrechtegerichtshofs übernimmt (vgl. zB EuGH 22.1.2013 – C-283/11 Rn. 47 ff. – Sky Österreich, EuZW 2013, 347; 8.4.2014 – C-293/12 Rn. 46 ff. – Digital Rights, NJW 2014, 483). Zugleich wird stärker auf den Beurteilungsspielraum (margin of appreciation) des Grundrechtsverpflichteten Bezug genommen, so wie er sich aus der Rechtsprechung des EGMR ergibt (vgl. dazu EuGH 6.3.2001 – C-274/99 Rn. 49 ff. – Conolly, Slg. 2001, I-1611; 23.10.2003 – C-245/01 Rn. 73 – RTL Television, Slg. 2003, I-2489; dazu *Gebauer* 293 ff.; für eine Übernahme der Rechtsprechung zum Beurteilungsspielraum v. Bogdandy/Bast/*Kühling* 657 [697 f.]). Es handelt sich dabei aber um keine abgeschlossene Entwicklung (vgl. EuGH 6.3.2014 – C-206/13 Rn. 21 – Siragusa, NJW 2014, 575; 30.4.2014 – C-390/12 Rn. 43 ff. – Pfleger, BeckRS 2014, 80759).

D. Grundsätze (Art. 52 V)

Grundsätze sind im Gegensatz zu den allg. Rechtsgrundsätzen nach Art. 6 III EUV keine **46** Grundrechte, sondern von diesen zu unterscheiden. Grundrechte sind subjektiv-öffentliche Rechte, die vom Grundrechtsträger unmittelbar geltend gemacht werden können. Grundsätze sind Programmsätze, die von der Europäischen Union umgesetzt werden können, ohne subjektive Rechte zu sein (*Grabenwarter* EuGRZ 2004, 563 [565]; *Sagmeister* 301). Grundsätze sind aber verbindliches Recht (*Jarass* Rn. 74). Es handelt sich um **objektiv-rechtliche Prinzipien,** die der Umsetzung und Ausfüllung bedürfen und aus denen erst bei ihrer Konkretisierung subjektive Rechte entstehen können (Calliess/Ruffert/*Kingreen* Rn. 13; *Cremer* EuGRZ 2011, 545 [548]; *Jarass* Rn. 70 f.; *Kober* 84 f.; Schwarze/*Hatje* Art. 51 Rn. 3; **aA** *Sagmeister* 301 ff., Abwehrgehalte der Grundsätze).

Die **Abgrenzung** zwischen Grundrechten und Grundsätzen nimmt die GRC nicht **47** explizit vor. Zudem bestehen keine spezifischen Begrifflichkeiten, die das Vorliegen eines Grundsatzes anzeigen. Es bedarf vielmehr der Auslegung der einzelnen Regelungen (*Jarass* Rn. 72). Ein Indiz für ein subjektives Recht ergibt sich zumindest daraus, dass die Charta in den einzelnen Bestimmungen den Adressaten ausdrücklich Rechte oder Ansprüche zuweist und sie auch so bezeichnet (Calliess/Ruffert/*Kingreen* Rn. 16; *Frenz* Rn. 441; *Jarass* Rn. 72; Tettinger/Stern/*v. Danwitz* Rn. 98). Bedeutung hat auch die Bestimmtheit der Norm (*Frenz* Rn. 444; *Jarass* Rn. 72; *Sagmeister* 350 ff., 353). Das gilt insbesondere für Leistungsrechte, wobei der Umstand, dass weitergehende oder spezifischere Leistungen hätten geregelt werden können, nicht gegen die Einordnung als Recht spricht. Zum Teil ist auch ein Recht auf Zugang oder ein Anspruch normiert (zB Art. 29). Sofern es sich dabei um ein derivatives Leistungsrecht handelt, das nur den Zugang zu einer bestehenden Einrichtung gewährt, kann unmittelbar ein subjektives Recht bestehen. Ist hingegen die Schaffung einer Einrichtung oder Organisation gefordert, um ein bestimmtes Ziel zu verwirklichen, handelt es sich eher um einen Grundsatz (Schwarze/*Becker* Rn. 9). Bei der Auslegung sind insbesondere die Erläuterungen des Konventspräsidiums in Bedacht zu nehmen (Meyer/*Borowsky* Rn. 45d). Nach den Erläuterungen des Konventspräsidiums sind Art. 25, 26 sowie Art. 35–38 Grundsätze, ebenso Teile der Bestimmungen in Art. 23, 33 und 34. Daneben können der Adressatenkreis und die finanziellen Voraussetzungen bzw. Risiken Hinweise dafür sein, dass kein subjektiv-öffentliches Recht gewährt werden, sondern ein Grundsatz geregelt werden sollte. Dieser lässt der Europäischen Union bei der Umsetzung mehr Gestaltungsspielraum und erlaubt es, die konkrete Ausgestaltung den tatsächlichen Verhältnissen und Handlungsmöglichkeiten anzupassen (dazu *Sagmeister* 344 ff.).

48 Grundsätze lassen für ihre Umsetzung sowohl hinsichtlich des Ob als auch hinsichtlich des Wie einen Gestaltungsspielraum (siehe Art. 52 V 1 „können"). Nach Art. 51 I 2 **halten** sich die Union und die Mitgliedstaaten aber an die Grundsätze und **fördern** deren Anwendung im Rahmen ihrer Zuständigkeiten. Die Grundsätze sind verbindliches Recht. Die Union muss somit die Grundsätze beachten. Es dürfen zumindest keine Maßnahmen ergriffen werden, die den Grundsätzen widersprechen (vgl. *Jarass* Rn. 76). Die Union darf die Förderung der Grundsätze durch die Mitgliedstaaten nicht be- oder verhindern (*Jarass* Rn. 76). Das gilt für alle Maßnahmen, unabhängig davon, in welchem Politikbereich sie erfolgen. Wie weit die Pflicht reicht, die Grundsätze umzusetzen bzw. die Umsetzung zu fördern, bestimmt die Charta nicht (zur Ungewissheit *Jarass* Rn. 77). Eine solche Festlegung ist bei Programmsätzen, die eher den Charakter eines Optimierungsgebots haben, auch nicht möglich. Zum einen bestehen tatsächliche Umsetzungsvoraussetzungen, zum anderen enthält das Unionsrecht gegenläufige Rechte, Freiheiten und Grundsätze, die damit in Einklang zu bringen sind.

49 Die Union kann die Grundsätze nur im Rahmen ihrer **Zuständigkeit** umsetzen. Die Mitgliedstaaten sind ebenfalls an die Grundsätze im Anwendungsbereich der GRC nach Art. 51 I 1 gebunden und verwirklichen sie bei der Durchführung des Unionsrechts (*Jarass* Rn. 75; **aA** Calliess/Ruffert/*Kingreen* Rn. 16 nur Union angesprochen). Gerade wenn Grundsätze auf den Erlass von Richtlinien und Verordnungen zielen, sind sie allein an die Union gerichtet. Die Mitgliedstaaten sind als Teil der Europäischen Union insbesondere in den Vollzug des Unionsrechts einbezogen (mittelbarer Vollzug) und tragen so zur Umsetzung der Grundsätze bei. Das Gleiche gilt für Parallelregelungen in den Verträgen (*Jarass* Rn. 75; *Sagmeister* 344 ff.). Insofern werden auch die Mitgliedstaaten durch Grundsätze gebunden. Nur die unmittelbare Bindung Privater scheidet aus (*Jarass* Rn. 75). Wenn bereits Grundrechte keine unmittelbare Drittwirkung entfalten, so muss das erst recht für die Grundsätze gelten, die auf weitere Durchführungsakte der Union als Träger von Hoheitsgewalt angewiesen sind.

50 Die **Verwirklichung der Grundsätze** erfolgt, indem sie durch Rechtsakte konkretisiert und ausgestaltet werden (*Jarass* Rn. 77). Dabei handelt es sich um Akte der Gesetzgebung der Union (Richtlinien und Verordnungen) oder um exekutives Handeln durch Beschlüsse iSv Art. 288 III AEUV (Schwarze/*Becker* Rn. 10; **aA** *Schmidt* 165 ff.). Die Umsetzung kann auch im Rahmen der Durchführung des Unionsrechts durch die Mitgliedstaaten erfolgen. Union und Mitgliedstaaten müssen sich dabei in den Grenzen ihrer Zuständigkeit bewegen (*Cremer* EuGRZ 2011, 545 [548]; *Jarass* Rn. 77). Sofern Umsetzungsakte vorliegen, ist die GRC zu ihrer Auslegung heranzuziehen und bei der Prüfung ihrer Rechtmäßigkeit zu beachten (Art. 52 V 2). Sie sind legitimer Zweck für die Einschränkung von Rechten und Freiheiten und haben Einfluss auf die Beurteilung der Verhältnismäßigkeit der Maßnahme. Die Verpflichtung trifft somit vor allem den Gesetzgeber, schließt aber auch die Exekutive und Judikative ein. Insofern sind alle Gewalten an der Verwirklichung der Grundsätze beteiligt.

51 Ob und inwieweit sich aus den Grundsätzen iVm Art. 51 I 2 **Verpflichtungen** ergeben, regelt die GRC nicht und auch die Rechtsprechung hat dazu noch nicht entschieden. Die Literatur lehnt die Ableitung einer Verpflichtung zum Erlass von Durchführungsakten überwiegend ab (*Cremer* EuGRZ 2011, 545 [548]; *Jarass* Rn. 78; Tettinger/Stern/*Ladenburger* Rn. 94, 100). Der Grundsatz ist danach darauf beschränkt, die Durchführungsakte zu legitimieren und damit Eingriffe in andere Rechte und Freiheiten zu rechtfertigen (Calliess/Ruffert/*Kingreen* Rn. 14; *Jarass* Rn. 78). Sofern sich aus dem Grundsatz aber ein objektiver Mindeststandard oder Mindestschutz ergibt, so ist zumindest dieser einzuhalten und darf weder durch die Änderung oder Aufhebung von Durchführungsakten beeinträchtigt werden (*Jarass* Rn. 79; Meyer/*Borowsky* Rn. 45c; *Sagmeister* 178 ff.; *J. Schubert* RdA 2013, 370 [375]). Zudem wird man für die Beschränkung eines einmal verwirklichten Grundsatzes Sachgründe verlangen müssen (*Jarass* Rn. 79; *Sagmeister* 178 ff.; strenger Meyer/*Borowski* Rn. 45c). In diesem Fall hält sich die Union nicht mehr an den Grundsatz. Sie steht nicht anders, als wenn sie die Verwirklichung eines Grundsatzes durch die Mitgliedstaaten bei der Durchführung des Unionsrechts verhindert.

Die **gerichtliche Durchsetzung** von Grundsätzen ist nur in sehr begrenztem Umfang **52** möglich. Mangels eines subjektiven Rechts ist keine Klage wegen der Verletzung eines Grundsatzes möglich, weil es an der notwendigen Klagebefugnis mangelt (Calliess/Ruffert/ *Kingreen* Rn. 15; *Jarass* Rn. 80; *Kober* 91). Sie sind lediglich im Rahmen der objektiven Rechtmäßigkeitskontrolle einzubeziehen (*Jarass* Rn. 81). Insofern können sich insbesondere das Vorabentscheidungsverfahren und die Inzidentkontrolle durch die nationalen Gerichte auf die Grundsätze beziehen. Sie haben auf die Auslegung der Durchführungsakte und die Prüfung ihrer Rechtmäßigkeit Einfluss und gehen insbesondere in die Prüfung der Rechtfertigung von Grundrechtsbeschränkungen ein (Art. 52 V 2).

40. Konvention zum Schutz der Menschenrechte und Grundfreiheiten

In der Fassung der Bekanntmachung vom 22. Oktober 2010

(BGBl. II S. 1198)

(Übersetzung)

Die Unterzeichnerregierungen, Mitglieder des Europarats –

in Anbetracht der Allgemeinen Erklärung der Menschenrechte, die am 10. Dezember 1948 von der Generalversammlung der Vereinten Nationen verkündet worden ist;

in der Erwägung, dass diese Erklärung bezweckt, die universelle und wirksame Anerkennung und Einhaltung der in ihr aufgeführten Rechte zu gewährleisten;

in der Erwägung, dass es das Ziel des Europarats ist, eine engere Verbindung zwischen seinen Mitgliedern herzustellen, und dass eines der Mittel zur Erreichung dieses Zieles die Wahrung und Fortentwicklung der Menschenrechte und Grundfreiheiten ist;

in Bekräftigung ihres tiefen Glaubens an diese Grundfreiheiten, welche die Grundlage von Gerechtigkeit und Frieden in der Welt bilden und die am besten durch eine wahrhaft demokratische politische Ordnung sowie durch ein gemeinsames Verständnis und eine gemeinsame Achtung der diesen Grundfreiheiten zugrunde liegenden Menschenrechte gesichert werden;

entschlossen, als Regierungen europäischer Staaten, die vom gleichen Geist beseelt sind und ein gemeinsames Erbe an politischen Überlieferungen, Idealen, Achtung der Freiheit und Rechtsstaatlichkeit besitzen, die ersten Schritte auf dem Weg zu einer kollektiven Garantie bestimmter in der Allgemeinen Erklärung aufgeführter Rechte zu unternehmen –

haben Folgendes vereinbart:

Art. 1 Verpflichtung zur Achtung der Menschenrechte

Die Hohen Vertragsparteien sichern allen ihrer Hoheitsgewalt unterstehenden Personen die in Abschnitt I bestimmten Rechte und Freiheiten zu.

Übersicht

	Rn.
A. Historischer Ausgangspunkt und Stand der Ratifikation	1
B. Geltungsbereich	3
I. Personell	3
II. Territorial	5
III. Zeitlich	6
C. Auslegung und Prinzipien der EMRK	7
I. Auslegung der EMRK	7
II. Beurteilungsspielraum der Konventionsstaaten	19
D. Verpflichtungswirkung und Gewährleistungsgehalt der Menschenrechte	24
I. Unmittelbare, objektive Verpflichtungswirkung	25
II. Abwehrrechte (vertikale Wirkung)	27
III. Derivative Teilhaberechte und Verfahrensgarantien	29
IV. Gewährleistungspflichten (positive obligations)	31
V. Drittwirkung	42
E. Konventionsverletzungen	44
I. Abwehrrechte: Schutzbereich, Eingriff, Rechtfertigung	45
II. Verfahrensgarantien (Justizgrundrechte)	52
III. Derogation von Konventionsrechten bei Notstand (Art. 15)	53
F. Überwachung und Durchsetzung der EMRK	56
I. Europäischer Gerichtshof	56
1. Staaten- und Individualbeschwerde (Art. 33, 34)	57

		Rn.
2. Verhältnis des EGMR zu den nationalen Gerichten		58
3. Befolgung der Entscheidungen		60
4. Orientierungswirkung der Urteile		64
II. Generalsekretär des Europarats und Ministerkomitee		65
III. Europäischer Menschenrechtsbeauftragter		66
G. Wirkung auf das nationale Recht		67
I. Wirkung und Rang der EMRK im nationalen Recht		67
II. Günstigkeitsprinzip (Art. 53)		72
III. Einwirkung der EMRK auf das nationale Recht		75

A. Historischer Ausgangspunkt und Stand der Ratifikation

1   Die EMRK ist ein multilateraler völkerrechtlicher Vertrag über einen regionalen Menschenrechtsschutz, der nur von den Mitgliedern des Europarates ratifiziert werden kann. Sie entstand nach dem 2. Weltkrieg zur Vergewisserung und Sicherung der gemeinsamen rechtlichen wie ethischen Werte und Überzeugungen und strebt zugleich eine gerechte und friedliche politische Ordnung an (vgl. Präambel; zur Entstehungsgeschichte Karpenstein/Mayer/*Mayer* Einl. Rn. 1 ff.). Der Schutz und die Fortentwicklung der Menschenrechte und Grundfreiheiten ist ausweislich der Präambel Ziel der EMRK.

2   Die Konvention wurde am 5.5.1949 von der parlamentarischen Versammlung des Europarats beschlossen, am 4.11.1950 unterzeichnet und trat am 3.9.1953 in Kraft. Deutschland zählte zu den ersten Konventionsstaaten. Inzwischen haben 47 Staaten die EMRK ratifiziert, zu denen alle Staaten der Europäischen Union gehören. Die EMRK wird durch 14 Zusatzprotokolle ergänzt, die zum Teil zusätzliche materielle Rechte enthalten (Protokolle 1, 4, 6, 7, 12, 13), zum Teil die Durchsetzung der EMRK durch Verfahren regeln (Protokolle 8, 9, 11, 14). Es handelt sich dabei teils um Änderungsprotokolle (zB Protokoll 14), teils aber auch nur um Fakultativprotokolle, die nur für die Staaten gelten, die sie ratifiziert haben. Deutschland hat die Zusatzprotokolle mit Ausnahme der Protokolle 7 und 12 ratifiziert.

B. Geltungsbereich

I. Personell

3   Art. 1 bestimmt die Konventionsstaaten als **Verpflichtete** der Rechte und Freiheiten iSd EMRK. Sie sind als Völkerrechtssubjekte gebunden (GMD/*Röben* Kap. 5 Rn. 74; Karpenstein/Mayer/*Johann* Rn. 10). Die Bindung aller staatlichen Organe ergibt sich nicht unmittelbar aus Art. 1, sondern durch Art. 20 III GG (Karpenstein/Mayer/*Johann* Rn. 10; Meyer-Ladewig Rn. 4; **aA** Ehlers/*Ehlers* § 2 Rn. 46; GMD/*Röben* Kap. 5 Rn. 84 ff.). Neben den staatlichen Gewalten (Legislative, Exekutive, Judikative) sind auch alle rechtlich selbständigen Körperschaften, Anstalten und Stiftungen des öffentlichen Rechts erfasst. Das Verhalten von Personen, die Hoheitsgewalt ausüben (zB Amtspersonen, Beliehene), wird dem Konventionsstaat zugerechnet (vgl. EGMR 8.4.2004 – 71503/01 Rn. 146 – Assanidze/Georgien; 30.6.2005 – 45036/98 Rn. 153 – Bosphorus/Irland; Karpenstein/Mayer/*Johann* Rn. 10). Der Anwendung der EMRK kann sich der Staat nicht entziehen, indem er Aufgaben an Private delegiert (EGMR 25.3.1993 – 13134/87 Rn. 27 – Costello-Roberts/Vereinigtes Königreich; 11.10.2005 – 4773/02 Rn. 53 – Sychev/Ukraine; GMD/*Röben* Kap. 5 Rn. 48). Das Gleiche muss gelten, wenn er sich privatrechtlicher Handlungsformen bedient (Verwaltungsprivatrecht; dazu GMD/*Röben* Kap. 5 Rn. 48; Grabenwarter/Pabel § 17 Rn. 7; Karpenstein/Mayer/*Johann* Rn. 11; vgl. EGMR 20.5.2014 – 39438/05 Rn. 77 f. – Binişan/Rumänien). Der EGMR hat eine Bindung an die EMRK zumindest angenommen, wenn der Staat als Arbeitgeber agiert (→ Art. 9 Rn. 2). Ein Unternehmen, an dem sich der Staat lediglich beteiligt hat, ist hingegen nicht an die EMRK gebunden, wenn es institutionell und in seiner Handlungsweise hinreichend vom Staat unabhängig ist (EGMR 20.11.2004 –

35091/02 Rn. 44 – Mykhaylenky/Ukraine; 7.6.2005 – 71186/01 Rn. 67 – Fuklev/Ukraine). Eine Minderheitsbeteiligung des Staates an einem Unternehmen führt daher nicht zu einer Bindung an die EMRK. Im Einzelfall kommt es entscheidend darauf an, ob der Staat durch die Beteiligung Einfluss auf die Entscheidungen des Unternehmens erhält, sei es durch die Besetzung von Gremien, sei es durch das Stimmrecht als Anteilsinhaber.

Zum **geschützten Personenkreis** gehören nach Art. 1 alle Personen, die der Hoheitsgewalt unterstehen. Das sind zunächst alle natürlichen Personen. Ihre Staatsbürgerschaft ist unerheblich. Grundrechtsträger sind auch Beamte, Richter und Soldaten im Verhältnis zum Dienstherrn (zB EGMR 12.2.2008 – 14277/04 – Guja/Moldawien; 12.11.2008 – 34503/97 – Demir and Baykara/Türkei; GMD/*Röben* Kap. 5 Rn. 30 f., 34 f.; IK-EMRK/*Fastenrath* Rn. 75), obwohl sie bei ihrer Amtsführung staatliche Hoheitsgewalt ausüben. Grundrechtsverpflichtet sind sie hingegen bei Ausübung der Hoheitsgewalt. Darüber hinaus sind juristische Personen Berechtigte iSd EMRK, soweit die Grundrechte ihrem Inhalt nach auf juristische Personen Anwendung finden können (GMD/*Röben* Kap. 5 Rn. 40 ff.; *Grabenwarter/Pabel* § 17 Rn. 5; Karpenstein/Mayer/*Johann* Rn. 17). Ausgenommen sind daher zB das Recht auf Leben, Freiheit oder Familie. Ein Schutz der juristischen Person durch die Konvention scheidet zudem aus, wenn sie dem Staat zuzuordnen und somit durch die EMRK verpflichtet ist (→ Rn. 3). Hierfür spricht Art. 34 („any person, nongovernmental organisation or group of individuals"/„toute personne physique, toute organisation non gouvernementale ou tout groupe de particuliers"; GMD/*Röben* Kap. 5 Rn. 48). Umgekehrt können öffentlich-rechtliche Körperschaften, Anstalten, Stiftungen und Fonds des öffentlichen Rechts grundrechtsberechtigt sein, wenn sie trotz des öffentlich-rechtlichen Charakters keine Hoheitsgewalt ausüben und eine hinreichende Distanz zur staatlichen Gewalt haben. Daher sind insbesondere Religionsgemeinschaften und Rundfunkanstalten trotz ihrer Rechtsform durch Art. 9 bzw. 10 geschützt (→ Art. 9 Rn. 4, → Art. 10 Rn. 11).

II. Territorial

Die EMRK regelt den territorialen Geltungsbereich nicht unmittelbar. Er ergibt sich indirekt aus der personellen Anknüpfung in Art. 1 an die der „Hoheitsgewalt unterstehenden Personen" (zur Jurisdiktion als Kriterium zB EGMR 7.7.2011 – 55721/07 Rn. 130 – Al-Skeini/Vereinigtes Königreich). Räumlich ist grds. das Staatsgebiet des Konventionsstaates erfasst (EGMR 7.7.2011 – 55721/07 Rn. 131 – Al-Skeini/Vereinigtes Königreich; Karpenstein/Mayer/*Johann* Rn. 19). Die EMRK gilt auch auf deutschen Schiffen und Flugzeugen (EGMR 29.3.2010 – 3394/03 Rn. 65 – Medvedyev/Vereinigtes Königreich; GMD/*Röben* Kap. 5 Rn. 128). Darüber hinaus sind die Staaten für extraterritoriale Handlungen ihrer Hoheitsträger verantwortlich. Gebunden sind daher Amtspersonen, die mit Hoheitsgewalt im Ausland agieren (Diplomaten, Streitkräfte, Polizisten; dazu Karpenstein/Mayer/*Johann* Rn. 21).

III. Zeitlich

Die EMRK gilt zeitlich ab ihrer Ratifikation. Deutschland ratifizierte aber bereits vor Inkrafttreten der Konvention am 5.12.1952, so dass das Inkrafttreten am 3.9.1953 der maßgebende Zeitpunkt ist.

C. Auslegung und Prinzipien der EMRK

I. Auslegung der EMRK

Die Auslegung der EMRK als völkerrechtlicher Vertrag erfolgt nach den **Art. 31 ff. WVK,** die als Kodifikation eines bereits bestehenden Völkergewohnheitsrecht auch auf Konventionen Anwendung finden, die vor der WVK in Kraft getreten sind (st.Rspr.,

EGMR 21.2.1975 – 4451/70 Rn. 29 – Golder/Vereinigtes Königreich; 18.12.1986 – 9697/82 Rn. 51 – Johnston/Irland; 12.11.2008 – 34503/97 Rn. 65 – Demir and Baykara/Türkei). Der EGMR nimmt stets eine **einheitliche** Auslegung der Konvention gegenüber allen Konventionsstaaten vor. Hierfür spricht bereits die Präambel der Konvention, wonach ein gemeinsames Verständnis und eine gemeinsame Achtung der Menschenrechte angestrebt werden, die den Grundfreiheiten zugrunde liegen. Zudem ist die Auslegung des Gerichtshofs grds. eine **objektive,** so dass der Wille der Vertragsparteien zurücktritt (EGMR 21.2.1975 – 4451/70 Rn. 35 ff. – Golder/Vereinigtes Königreich; → Rn. 18).

8   Maßgebend ist zunächst der **Wortlaut** der Konvention, die in ihrer englischen und französischen Fassung verbindlich ist, ohne dass eine Sprache den Vorrang hat (Schlussklausel EMRK; dazu GMD/*Cremer* Kap. 4 Rn. 19 mwN; Karpenstein/Mayer/*Mayer* Einl. Rn. 56). Daher darf es bei der Auslegung keine unterschiedliche Bedeutung des Wortlauts in beiden Sprachen geben. Diese inhaltliche Übereinstimmung wird durch Art. 33 III WVK vermutet. Etwaige Divergenzen sind durch Auslegung nach Art. 31, 32 WVK zu beseitigen. Ist das ausnahmsweise nicht möglich, so ist nach Art. 33 IV WVK diejenige Bedeutung zugrunde zu legen, die in beiden Sprachen dem Normzweck am besten entspricht (GMD/*Cremer* Kap. 4 Rn. 26).

9   Neben dem Wortlaut ist der **Normzweck** das prägende Auslegungskriterium der EMRK (Art. 31 I WVK; dazu Karpenstein/Mayer/*Mayer* Einl. Rn. 49). Die Garantie von Abwehrrechten ist daher stets als Schutz eines individuellen Menschenrechts auszulegen. Das macht zugleich eine weite Auslegung erforderlich, um den Grundrechtsschutz so effektiv wie möglich zu gestalten (vgl. EGMR 23.3.1995 – 15318/89 Rn. 49 – Loizidou/Türkei). Ein solches Vorgehen entspricht auch der Präambel der EMRK, wonach nicht nur die Wahrung, sondern auch die Fortentwicklung der Menschenrechte Ziel der Konvention ist. Zur evolutiv-dynamischen und effektiven Auslegung → Rn. 14.

10   Nach Art. 31 WVK sind die Menschenrechte und Grundfreiheiten der EMRK **systematisch** auszulegen. Maßgebend ist zunächst die Systematik der Konvention selbst, um die interne Kohärenz und Konsistenz der Interpretation sicherzustellen (vgl. EGMR 12.4.2006 – 65731/01 Rn. 52, 56 – Stec/Vereinigtes Königreich; 12.11.2008 – 34503/97 Rn. 66 – Demir and Baykara/Türkei; 7.1.2010 – 25956/04 Rn. 274 – Rantsev/Zypern und Russland). Dabei werden auch die Zusatzprotokolle berücksichtigt, wobei ein Heranziehen der Fakultativprotokolle es notwendig macht, den Stand der Ratifikation in Bedacht zu nehmen. Daneben zieht der EGMR auch die Empfehlungen und Beschlüsse des Ministerkomitees und der Parlamentarischen Versammlung sowie anderer Organe des Europarats bei (vgl. EGMR 30.11.2004 – 48939/99 Rn. 59, 90, 93 – Öneryıldız/Türkei; 12.11.2008 – 34503/97 Rn. 74 f. – Demir and Baykara/Türkei).

11   Daneben sind alle Vereinbarungen zu berücksichtigen, die die Vertragsstaaten im Hinblick auf die EMRK geschlossen haben, aber auch alle **anderen völkerrechtlichen Grundsätze und Verträge,** die nach dem Inkrafttreten der Konvention geschlossen wurden, um die Bedeutung einer Norm und ihren Garantiegehalt aufzuklären (dazu EGMR 12.11.2008 – 34503/97 Rn. 76 ff. – Demir and Baykara/Türkei). Die EMRK soll so im Einklang mit dem internationalen Recht, dessen Teil sie ist, interpretiert werden (EGMR 21.11.2001 – 35763/97 Rn. 55 – Al-Adsani/Vereinigtes Königreich; 12.11.2008 – 34503/97 Rn. 67 – Demir and Baykara/Türkei; 7.1.2010 – 25956/04 Rn. 274 – Rantsev/Zypern und Russland; 8.4.2014 – 31045/10 Rn. 76 – RMT/Vereinigtes Königreich). Der EGMR berücksichtigt einerseits die Konventionen des Europarats, andererseits die Abkommen der UNO und deren Unterorganisationen (zB IAO), die Gewährleistungen der Menschenrechte enthalten. Dabei nimmt der Gerichtshof keine Rücksicht darauf, ob die Vertragsstaaten die betreffenden Verträge unterzeichnet und ratifiziert haben (EGMR 12.11.2008 – 34503/97 Rn. 60, 78 – Demir and Baykara/Türkei; Karpenstein/Mayer/*Mayer* Einl. Rn. 51; *Meyer-Ladewig* Einl. Rn. 35; *Mantouvalou* ELR 2005, 573). Die Auslegung der EMRK wird insofern als Teil einer einheitlichen Auslegung eines umfassenden Menschenrechtssystems angesehen (*Grewe* ZaöRV 2001, 459 [470]). Das hat zur Folge, dass auch solche Verträge im

Rahmen einer systematischen oder evolutiv-dynamischen Auslegung (→ Rn. 14) in Bedacht genommen werden und damit zu einer Erhöhung des Grundrechtsstandards nach der EMRK führen, die der Vertragsstaat bewusst nicht unterzeichnet bzw. ratifiziert hat.

Damit setzt sich der Gerichtshof im Interesse eines hohen Menschenrechtsstandards über **12** die souveränen Entscheidungen der Vertragsstaaten partiell hinweg (zust. *Lörcher* in Dorssemont/Lörcher/Schömann 3 [13 ff.]; s. auch *Fütterer* EuZA 2011, 505 [513]; krit. *Seifert* KritV 2009, 357 [362 f.]; *Weiß* EuZA 2010, 455 [467 f.]; so auch *Widmaier/Alber* ZEuS 2012, 387 [409 f.]). Gerade bei einer evolutiv-dynamischen Auslegung der Konvention hat das ggf. zur Folge, dass der Vertragsstaat vermittels der EMRK schließlich auf Menschenrechtsstandards verpflichtet ist, die er nicht vereinbaren wollte. In solchen Fällen besteht wegen der mangelnden Vorhersehbarkeit der Entwicklung in der Regel auch kein Vorbehalt gegenüber einzelnen Bestimmungen der EMRK. Diese Kritik ist insbesondere im Hinblick auf die ESC bedeutsam, die den Konventionsstaaten durch ihr Optionsmodell in besonders weitgehendem Maße ein Opt-out ermöglicht (vgl. *Weiß* EuZA 2010, 455 [467]). Die Inbezugnahme solcher internationaler Rechtsakte und der Rechtspraxis in den Staaten ist aber grds. zulässig, wenn sie gemeinsame Werte reflektieren. Solange eine kontinuierliche Evolution der Normen und Prinzipien im internationalen Recht gezeigt werden kann, tritt die Ratifikation in den Hintergrund (EGMR 12.11.2008 – 34503/97 Rn. 85 f. – Demir and Baykara/Türkei).

Der EGMR zieht andere völkerrechtliche Verträge nicht nur dem Text nach heran, **13** sondern legt seinen Entscheidungen auch die **Interpretationen der Ausschüsse** zugrunde, die iRd jeweiligen völkerrechtlichen Organisation zur Durchsetzung des Vertrages berufen sind (zB Europäischer Ausschuss für soziale Rechte, Ausschuss für Vereinigungsfreiheit der IAO; vgl. EGMR 12.11.2008 – 34503/97 Rn. 85 – Demir and Baykara/Türkei; 8.4.2014 – 31045/10 Rn. 76, 94, 96 f. – RMT/Vereinigtes Königreich; 2.10.2014 – 32191/09 Rn. 59 – Adefdromil/Frankreich; dazu GMD/*Cremer* Kap. 4 Rn. 45; *Lörcher* in Dorssemont/Lörcher/Schömann 3 [8, 16 f.]). Die Auslegung solcher Ausschüsse genießt aufgrund der Expertise ihrer Mitglieder eine besondere tatsächliche Anerkennung. Es handelt sich aber nicht um rechtsverbindliche Interpretationen. So ist zB die verbindliche Auslegung der IAO-Konventionen Sache des IGH (Art. 34 IAO-Statut). Auch der Sachverständigenausschuss der IAO geht davon aus, dass seine Stellungnahmen und Empfehlungen unverbindlich sind und wegen der Unparteilichkeit, Erfahrung und Expertise des Gremiums Beachtung finden (International Lasow Conference, 104th Session, 2015, Report III [Part 1A] Rn. 29). Die Auslegung des Ausschusses für soziale Rechte soll nach dem Turiner Protokoll von 1991 zwar verbindlich sein, das Protokoll ist als Änderungsprotokoll wegen der fehlenden Ratifikation durch alle Vertragsstaaten indes nicht in Kraft getreten. Daran ändert der Beschluss des Ministerausschusses aus dem Jahre 1991 nichts, → Teil I ESC Rn. 14. Das lässt der EGMR jedoch nicht ausreichen, um seine Auslegung an einen anderen Maßstab zu binden (vgl. EGMR 8.4.2014 – 31045/10 Rn. 96 f. – RMT/Vereinigtes Königreich). Er behandelt die Interpretationen der Ausschüsse und Expertengremien als allgemein gültige bzw. anerkannte Auslegung der betreffenden völkerrechtlichen Verträge (vgl. EGMR 12.11.2008 – 34503/97 Rn. 85 – Demir and Baykara/Türkei; 2.10.2014 – 32191/09 Rn. 59 – Adefdromil/Frankreich; zust. zur Berücksichtigung der internationalen arbeitsrechtlichen Standards *Lörcher* in Dorssemont/Lörcher/Schömann 3 [10 f.]; krit. *Jacobs* in Dorssemont/Lörcher/Schömann 309 [313 f.]). Soweit der Gerichtshof deren Menschenrechtsverständnis in die Konvention hineinliest, verleiht er ggf. dem von den Ausschüssen interpretierten völkerrechtlichen Vertrag mit dem Inhalt, den ihm die Ausschüsse beimessen, vermittels der EMRK eine normative Wirkung, die ihm so ursprünglich nicht zukam. Daher ist beim Rückgriff auf die Auslegung anderer internationaler Verträge nach solchen Maßgaben Zurückhaltung zu wahren, auch wenn sie als Expertenmeinung berücksichtigt wird.

Darüber hinaus hat der EGMR eine sog. **evolutiv-dynamische Auslegung** entwickelt. **14** Er versteht die Konvention als ein lebendes Instrument („living instrument"), dessen Inter-

40 EMRK Art. 1

pretation auch die sich wandelnden **wirtschaftlichen und sozialen Verhältnisse** in Bedacht nehmen muss (EGMR 25.4.1978 – 5856/72 Rn. 31 – Tyrer/Vereinigtes Königreich; 13.6.1979 – 6833/74 Rn. 41 – Marckx/Frankreich; 7.7.1989 – 14038/88 Rn. 102 – Soering/Vereinigtes Königreich; 28.7.1999 – 25803/94 Rn. 101 – Selmouni/Frankreich; 12.11.2008 – 34503/97 Rn. 68 – Demir and Baykara/Türkei; 26.7.2005 – 73316/01 Rn. 121 – Siliadin/Frankreich; GMD/*Cremer* Kap. 4 Rn. 35 ff.; IK-EMRK/*Fastenrath* Rn. 28; krit. *Edelmann* D. 2008, Nr. 28 Rn. 6 ff.; *Lequette* in Mélanges dédiés à la mémoire du Doyen Jacques Héron, 2009, 309 [312 f.]). Das ist insbesondere bei Begriffen von Bedeutung, die gesellschaftliche und somit außerrechtliche Standards aufnehmen (zB Moral, öffentliche Ordnung) und in rechtliche Kategorien überführen. Diese tatsächlichen Änderungen haben sich zB auf die Gleichberechtigung unehelicher Kinder, die Bewertung der Prügelstrafe und der Verfolgung Homosexueller ausgewirkt. Die evolutiv-dynamische Auslegung berücksichtigt aber auch die sich **ändernden rechtlichen Standards** (EGMR 9.10.1979 – 6289/73 Rn. 24 – Airey/Irland; GMD/*Cremer* Kap. 4 Rn. 45; *Lörcher* in Dorssemont/Lörcher/Schömann 3 [18]). Sie knüpft damit an die systematische Auslegung an, bezieht aber auch die Rechtspraxis in den Konventionsstaaten ein, sofern sich daraus eine allgemeine Steigerung des Menschenrechtsstandards erkennen lässt.

15 Dieses Vorgehen wird vom EGMR zT als „**autonome Interpretation**" der EMRK gekennzeichnet und die EMRK als *law-making treaty* charakterisiert (GMD/*Cremer* Kap. 4 Rn. 18 ff., 42; Karpenstein/Mayer/*Mayer* Einl. Rn. 48). Eine solche Auslegung lässt sich nicht ausschließlich auf Art. 31 WVK stützen, der nur auf die sonstigen völkerrechtlichen Verpflichtungen der Vertragsstaaten und die völkerrechtliche Praxis rekurriert. Die Präambel der EMRK gibt aber vor, dass auch die Fortentwicklung der Menschenrechte angestrebt wird (*Grewe* ZaöRV 2001, 459 [467]). Diese lässt sich auf einen steigenden Menschenrechtsstandard in den völkerrechtlichen Verträgen und deren Praxis stützen, ebenso auf das Verfassungsrecht der Konventionsstaaten, wobei der EGMR eine wertende Rechtsvergleichung vornimmt (vgl. zB EGMR 11.1.2006 – 52562/99 ua Rn. 58 – Sørensen and Rasmussen/Dänemark; 8.4.2014 – 31045/10 Rn. 38 ff., 91 – RMT/Vereinigtes Königreich). Je einheitlicher der Menschenrechtsschutz in den Rechtsordnungen der Vertragsstaaten beurteilt wird, umso mehr spricht das aus Sicht des EGMR für eine Auslegung der EMRK im Sinne des höheren Menschenrechtsstandards. So argumentierte der Gerichtshof zB in der Rechtssache *Sørensen and Rasmussen* für eine Gewährleistung der negativen Koalitionsfreiheit durch Art. 11 I angesichts der allgemeinen Anerkennung dieser negativen Freiheit in den Konventionsstaaten, die einer Closed-shop-Vereinbarung entgegensteht, in der sich der Arbeitgeber nur zur Einstellung von Arbeitnehmern mit einer bestimmten Gewerkschaftsmitgliedschaft verpflichtet. In dieser – wie auch in anderen Entscheidungen – zieht der EGMR vor allem allmähliche Veränderungen heran, so dass es sich um einen tiefgreifenden Wandel des Menschenrechtsverständnisses in den Konventionsstaaten handeln muss (EGMR 11.1.2006 – 52562/99 ua Rn. 54, 56 – Sørensen and Rasmussen/Dänemark). Ähnlich ging der EGMR in der Rechtssache Demir and Baykara unter Verweis auf Art. 28 GRC vor (EGMR 12.11.2008 – 34503/97 Rn. 150 – Demir and Baykara/Türkei).

16 Für die dynamische Auslegung der Konvention spricht, dass sie nicht nur auf eine Festschreibung, sondern auch auf eine Weiterentwicklung der Menschenrechtsgewährleistung angelegt ist. Bedenken sind aber anzumelden, soweit der EGMR den Stand der Ratifikation der anderen zur Interpretation herangezogenen völkerrechtlichen Verträge zu wenig in Bedacht nimmt. Es trifft zwar zu, dass die EMRK ihren Zweck nur erreicht, wenn sie einen allgemeinen für alle Konventionsstaaten geltenden Standard festlegt, so dass es ggf. nicht auf die mangelnde Ratifizierung durch einzelne Konventionsstaaten ankommen kann. Dennoch dürfen der Stand der Ratifikation und die Verbindlichkeit der Auslegung von Menschenrechtsausschüssen nicht außer Betracht bleiben, wenn es um die Ermittlung eines verbindlichen Menschenrechtsstandards geht. Die evolutiv-dynamische Auslegung muss Rechtsauslegung bleiben.

Bei der Auslegung der EMRK lässt sich der Gerichtshof schließlich von der **Praktikabi-** 17
lität und Effektivität des Menschenrechtsschutzes leiten. Dazu verweist er darauf, dass die
Konvention ein Instrument des Menschenrechtsschutzes sei und ihre Bestimmungen daher
so auszulegen und anzuwenden seien, dass deren Schutz praktisch wirksam und effektiv ist
(EGMR 7.7.1989 – 14038/88 Rn. 87 – Soering/Vereinigtes Königrecht; 12.11.2008 –
34503/97 Rn. 66 – Demir and Baykara/Türkei; 7.1.2010 – 25956/04 Rn. 275 – Rantsev/
Zypern und Russland; dazu *Lörcher* in Dorssemont/Lörcher/Schömann 3 [6]).

Die **historische Auslegung** spielt bei der EMRK nur eine untergeordnete Rolle (vgl. 18
GMD/*Cremer* Kap. 4 Rn. 20; *Grewe* ZaöRV 2001, 459 [461 f.]; Karpenstein/Mayer/*Mayer*
Einl. Rn. 46). Art. 32 WVK erlaubt einen subsidiären Rückgriff auf Vorarbeiten und die
Umstände des Vertragsschlusses, um das Ergebnis der Auslegung iSv Art. 31 WVK zu
bestätigen oder die Mehrdeutigkeiten oder Unklarheiten bei der Grundrechtsinterpretation
zu beseitigen. Zudem können offensichtlich sinnwidrige oder unvernünftige Auslegungsergebnisse korrigiert werden. Der zurückhaltende Rückgriff auf eine historische Interpretation erklärt sich zunächst mit der meist nur geringen Evidenz der historischen Umstände
und der geringeren Formalisierung des Verfahrens, bei dem die Zuständigkeiten der Akteure
nicht so präzise abgegrenzt sind. Daher ist schwerer zu ermitteln, mit welcher Berechtigung
die Umstände bei der Erarbeitung der Verträge Einfluss auf seinen Inhalt genommen haben.
Je evidenter die historischen Umstände sind, umso eher ist eine historische Auslegung
möglich. Daher lassen sich innerstaatliche Quellen aus der Zeit der Vertragsentstehung
heranziehen, soweit sie Einfluss auf den Inhalt der EMRK erlangt haben. Für die untergeordnete Rolle der historischen Auslegung spricht auch, dass die EMRK durch die Vielzahl
der Beitritte heute auf weit mehr Mitgliedstaaten als bei ihrer Unterzeichnung Anwendung
findet (dazu *Wildhaber* EuGRZ 2009, 541 [545]). Die Konvention ist daher eher objektiv
auszulegen. Insgesamt zieht der Gerichtshof die historische Auslegung nur vereinzelt heran.

II. Beurteilungsspielraum der Konventionsstaaten

Der EGMR räumt den Konventionsstaaten bei der Auslegung der EMRK einen Beur- 19
teilungsspielraum ein. Dieses Verständnis geht in der Rechtsprechung bis auf die ersten
Urteile zurück (EGMR 1.7.1961 – 332/57 – Lawless/Irland; 18.6.1971 – 2832/66 ua
Rn. 93 – De Wilde, Ooms and Versyp/Belgien; so auch EGMR 10.4.2007 – 6339/05
Rn. 77 – Evans/Vereinigtes Königreich). Die Gewährleistung der Menschenrechte in der
EMRK als völkerrechtlichem Vertrag trägt nach der Rechtsprechung nur so weit, wie ein
allgemeiner europäischer Menschenrechtsstandard ermittelbar ist. Das wirkt sich auf die
Rechtfertigung des Grundrechtseingriffs aus, weil die Anforderungen daran, dass der Eingriff in einer demokratischen Gesellschaft notwendig ist, zwangsläufig steigen. Insoweit
haben die Konventionsstaaten einen unterschiedlichen Beurteilungsspielraum hinsichtlich
der Interessen der Allgemeinheit, die einen Eingriff notwendig machen (zB EGMR
23.10.2010 – 425/03 Rn. 42 – Obst/Deutschland). In noch weitergehendem Maße akzeptiert der EGMR einen Beurteilungsspielraum bei der Auflösung von Menschenrechtskolli-
sionen, wobei er einen fairen Ausgleich zwischen den kollidierenden von der EMRK
geschützten Rechtspositionen fordert (EGMR 10.4.2007 – 6339/05 Rn. 64 f., 77 – Evans/
Vereinigtes Königreich; 23.10.2010 – 425/03 Rn. 42 – Obst/Deutschland; 3.2.2011 –
18136/02 Rn. 39 – Siebenhaar/Deutschland; 12.6.2014 – 56030/07 Rn. 125 – Fernández
Martínez/Spanien; IK-EMRK/*Fastenrath* Rn. 168). Dabei wird nicht differenziert, ob das
Konventionsrecht in seiner positiven oder negativen Dimension, als Gewährleistungspflicht
oder Abwehrrecht, betroffen ist.

Dogmatisch bestehen für die Anerkennung sowohl materiell-rechtliche als auch institu- 20
tionelle Gründe. Materiell-rechtlich hat der Beurteilungsspielraum zur Folge, dass der
Garantiegehalt des Rechts variiert, zumal er im Ausgangspunkt ein Minimalstandard ist,
der von den Konventionsstaaten übertroffen werden darf (Art. 53). Im Interesse eines
effektiven Menschenrechtsschutzes, wie ihn die EMRK anstrebt, muss sich der Beurtei-

lungsspielraum somit verkleinern, je einheitlicher der Menschenrechtsschutz in den Konventionsstaaten ist (**evolutive Dynamik** des Grundrechtsschutzes) oder je fundamentaler die Bedeutung des verletzten Rechts ist. Ein allgemeiner europäischer Standard kann sich ausdrücklich aus dem Konventionstext ergeben oder aus seiner evolutiv-dynamischen Auslegung. Wo diese nicht mehr trägt, besteht keine Garantie der EMRK, und es bleibt insofern beim Gestaltungsspielraum der Konventionsstaaten. Soweit der Schutzbereich eines Menschenrechts betroffen ist, hängt der Beurteilungsspielraum insbesondere vom Vorliegen eines allgemeinen europäischen Standards für den Schutz eines Rechts bzw. Rechtsguts ab. Je weniger ein solcher Standard vorliegt, umso größer ist der Beurteilungsspielraum, umgekehrt ist er umso kleiner, je mehr ein allgemeiner Standard existiert (EGMR 10.4.2007 – 6339/05 Rn. 77 – Evans/Vereinigtes Königreich; 23.10.2010 – 425/03 Rn. 42 – Obst/Deutschland; 23.10.2010 – 1620/03 Rn. 56 – Schüth/Deutschland; 3.2.2011 – 18136/02 Rn. 39 – Siebenhaar/Deutschland; 12.6.2014 – 56030/07 Rn. 125 – Fernández Martínez/Spanien; Karpenstein/Mayer/*Mayer* Einl. Rn. 63 f.). Sofern es um Regelungen geht, die für die Konventionsstaaten besonders sensibel und umstritten sind, besteht regelmäßig kein einheitlicher Standard, sodass der Beurteilungsspielraum besonders weit ist (vgl. zB EGMR 9.7.2013 – 2330/09 Rn. 133 – Sindicatul „Păstorul cel Bun"/Rumänien; 8.4.2014 – 31045/10 Rn. 86 – RMT/Vereinigtes Königreich; *Harris/O'Boyle/Warbrick* 16; Karpenstein/Mayer/*Mayer* Einl. Rn. 65; krit. *Grewe* ZaöRV 2001, 459 [465]). Bedeutung hat schließlich, ob der Konventionsstaat sich im Rahmen seiner Rechtspraxis widerspruchsfrei verhält (EGMR 7.12.1976 – 5493/72 Rn. 50 – Handyside/Vereinigtes Königreich). Er kann sich nur dann in legitimer Weise auf eine Rechtspraxis berufen, wenn er sich konsistent verhält.

21 Darüber hinaus verengt sich der Beurteilungsspielraum nach der Rechtsprechung mit Rücksicht auf das betroffene **Rechtsgut** und seine Bedeutung für den Grundrechtsträger (zu Art. 8 I: EGMR 4.12.2008 – 30562/04 ua Rn. 101 f. – S and Marper/Vereinigtes Königreich; 12.6.2014 – 56030/07 Rn. 125 – Fernández Martínez/Spanien). Relevanz hat auch die Bedeutung des betroffenen Rechts für die Gesellschaft (EGMR 20.10.1997 – 19736/92 Rn. 30 – Radio ABC/Österreich). Darüber hinaus hat der Gerichtshof den Beurteilungsspielraum dann als verengt angesehen, wenn der Konventionsstaat in besonders intensivem Maße in das Abwehrrecht eingegriffen hat (EGMR 8.4.2014 – 31045/10 Rn. 86 – RMT/Vereinigtes Königreich; unter Verweis auf EGMR 12.11.2008 – 34503/97 Rn. 119 – Demir and Baykara/Türkei). Zum Teil wird sogar von einer allg. Tendenz zur Verengung des Beurteilungsspielraums ausgegangen (Karpenstein/Mayer/*Mayer* Einl. Rn. 67; *Prepeluh* ZaöRV 2001, 771 [826]). Das hat sich in der Rechtsprechung so nicht bewahrheitet, wie die Rechtssache RMT/Vereinigtes Königreich belegt (EGMR 8.4.2014 – 31045/10 Rn. 86). Etwas anderes ergibt sich auch nicht aus der RS. *Tymoshenko,* bei der die Anforderungen an die Bestimmtheit des beschränkenden Gesetzes entscheidend war (EGMR 2.10.2014 – 48408/12 Rn. 80 ff. – Tymoshenko/Ukraine).

22 **Institutionelle Gründe** für die Anerkennung eines Beurteilungsspielraums ergeben sich aus dem Verhältnis zwischen EGMR und den Konventionsstaaten. Sofern die Entscheidung Akte der Legislative betrifft, korrigiert das Urteil ggf. die politische Entscheidung eines demokratisch legitimierten Organs, so dass die aus der Rechtsprechung resultierende Verengung politischer Entscheidungsspielräume zu berücksichtigen ist. Darüber hinaus ist es grds. Sache der Gerichte in den Konventionsstaaten, über die Anwendung und Auslegung des nationalen Rechts zu entscheiden (EGMR 13.7.2004 – 69498/01 Rn. 46 – Pla and Puncernau/Andorra; 18.9.2007 – 52336/99 – Griechische Kirchengemeinde München und Bayern eV/Deutschland; 15.9.2009 – 798/05 Rn. 91 – Miroļubus/Lettland; 23.10.2010 – 1620/03 Rn. 65 – Schüth/Deutschland; *Hendrickx/van Bever* in Dorssemont/Lörcher/Schömann 183 [202]). Die Beschwerde zum EGMR ist subsidiär (vgl. Art. 13, 35 I; zum Subsidiaritätsgrundsatz EGMR 26.10.2000 – 30210/96 Rn. 152 – Kudła/Polen; *Harris/O'Boyle/Warbrick* 16; Karpenstein/Mayer/*Mayer* Einl. Rn. 54; *Meyer-Ladewig* Einl. Rn. 36). Zudem sind die Konventionsstaaten bereits nach Art. 1 verpflichtet,

die Konvention umzusetzen. Der EGMR ist zwar nicht darauf beschränkt, die Entscheidung der nationalen Gerichte auf ihre Nachvollziehbarkeit und Sorgfältigkeit hin zu überprüfen. Er ist aber auch nicht Superrevisionsinstanz, die den Gerichten die Auslegung des nationalen Rechts vorgeben kann (vgl. zB EGMR 21.1.1999 – 29183/95 Rn. 45 – Fressoz and Roire/Frankreich).

Letztlich variiert der Gerichtshof den Umfang der Kontrolldichte in Abhängigkeit vom Beurteilungsspielraum der Konventionsstaaten. Zum Teil wird die Verengung des Beurteilungsspielraums durch den Gerichtshof kritisiert (*Grabenwarter/Pabel* § 18 Rn. 20 ff.; *Harris/O'Boyle/Warbrick* 17; so auch *Dröge* 356 ff.) oder eingewandt, dass dessen Umfang nicht vorhersehbar sei und Minderheitenpositionen vernachlässige, was gerade dem Ziel der EMRK, dem Schutz der Menschenrechte, zuwiderlaufe (Karpenstein/Mayer/*Mayer* Einl. Rn. 67; *Letsas,* Theory of interpretation of the ECHR, 2007, 120 ff.). Letzterem lässt sich entgegenhalten, dass ein allgemeiner Menschenrechtsstandard vor allem die Minderheit der Mitgliedstaaten auf den Standard der Mehrheit verpflichtet. Ob das zugleich dem Minderheitenschutz in dem von einer Menschenrechtskonvention gemeinten Sinne widerspricht, lässt sich bezweifeln. Jedenfalls ist die Anerkennung des Beurteilungsspielraums ein wesentliches Element der Menschenrechtsdogmatik, das Spielräume für die Konventionsstaaten schafft, wo der Abstand der Lebensverhältnisse und der Rechtsstandards zu groß ist oder erheblich divergierende historische, politische und soziale Entwicklungen eine Konvergenz des Menschenrechtsschutzes verhindert. Das vermeidet zugleich die Einmischung des EGMR bei rechtlich-faktischen Besonderheiten in den Konventionsstaaten (Karpenstein/Mayer/*Mayer* Einl. Rn. 60; *Harris/O'Boyle/Warbrick* 17). Auf diese Weise lässt sich berücksichtigen, dass die EMRK einen gemeinsamen Mindeststandard fixiert. Rechtspolitisch erhöht dies de facto die Akzeptanz der Konvention. Zusammen mit der evolutiv-dynamischen Auslegung der EMRK ergibt sich so ein anpassungsfähiges System. 23

D. Verpflichtungswirkung und Gewährleistungsgehalt der Menschenrechte

Die Menschenrechte in der EMRK garantieren bürgerliche und politische Rechte, während die sozialen, kulturellen und wirtschaftlichen Rechte vor allem in der ESC geregelt sind (→ ESC Teil 1 Rn. 1, 17). Die EMRK enthält neben Freiheitsrechten Gleichheits- und Verfahrensrechte. Es handelt sich daher nicht um ein Grundrechtssystem mit einem holistischen Anspruch. Das ist auch bei seiner Interpretation zu berücksichtigen. 24

I. Unmittelbare, objektive Verpflichtungswirkung

Die Konventionsstaaten sind als Vertragsparteien **unmittelbar** verpflichtet, die Rechte und Freiheiten aus der Konvention **gegenüber allen Personen** unter ihrer Hoheitsgewalt zu garantieren (Art. 1). Sie sind also nicht nur gehalten, den natürlichen und juristischen Personen die Rechte erst zu verschaffen (vgl. EGMR 18.1.1978 – 5310/71 Rn. 239 – Irland/Vereinigtes Königreich). Es besteht keine Verpflichtung, die EMRK in innerstaatliches Recht umzusetzen, vielmehr sind die Konventionsstaaten frei, auf welche Weise sie dies tun (vgl. EGMR 21.2.1986 – 8793/79 Rn. 84 – James/Vereinigtes Königreich; 24.3.2003 – 36813/97 Rn. 140 – Scordino/Italien). 25

Die EMRK enthält – im Gegensatz zu anderen völkerrechtlichen Verträgen – keine bloß bilateralen Verpflichtungen zwischen Konventionsstaaten, sondern **objektive Garantien.** Daher erfolgt die Rechtsdurchsetzung der EMRK durch die Individualbeschwerde, aber auch durch eine Staatenbeschwerde, weil jeder Konventionsstaat die Einhaltung der EMRK einfordern kann (Art. 33). 26

II. Abwehrrechte (vertikale Wirkung)

27 Die Menschenrechte der EMRK sind als bürgerliche und politische Rechte zu einem großen Teil Freiheitsrechte, die eine staatsgerichtete Wirkung haben und den Bürger als **Abwehrrecht** vor dem Zugriff des Staates schützen und den Staat zum Unterlassen verpflichten (EGMR 30.6.2009 – 32772/02 Rn. 79 – Verein gegen Tierfabriken/Schweiz; Ehlers/*Ehlers* § 2 Rn. 26; GMD/*Krieger* Kap. 6 Rn. 12 f.; *Jacobs/White/Ovey* 86; Karpenstein/Mayer/*Johann* Rn. 5). Dieser status negativus der Menschenrechte schützt den Bürger in seiner Handlungsfreiheit und verkörpert ein freiheitliches Abwehrrecht. Der Schutzbereich hat stets zumindest eine **positive Dimension** und gewährleistet den Schutz eines bestimmten Verhaltens (zB Gründung einer Gewerkschaft, Beitritt zu einer Religionsgemeinschaft).

28 Daneben haben klassische Freiheitsrechte grundrechtstheoretisch auch eine **negative Dimension,** so dass der Bürger selbst darin geschützt ist, sich gegen die Ausübung eines Freiheitsrechts zu entscheiden (→ Art. 9 Rn. 15, Art. 11 Rn. 16; so auch GMD/*Krieger* Kap. 6 Rn. 15 ff.). Daher kann er grds. nicht zu einer Handlung verpflichtet oder gezwungen werden, die in den Schutzbereich des Grundrechts fällt, solange dafür keine Rechtfertigung besteht. Dieses Grundrechtsverständnis liegt der EMRK aber nicht ohne Weiteres zugrunde, sondern es ist im Wege der Auslegung zu ermitteln, ob die Gewährleistung nur das positive oder auch das negative Freiheitsrecht umfasst. Zum Teil wurde eine klarstellende Regelung, die zu einem Schutz der negativen Freiheit geführt hätte, bewusst unterlassen, weil dies zu einem erheblichen Druck auf die Rechtsordnungen eines Konventionsstaats geführt hätte (so bei Art. 11 I angesichts der britischen Closed-shop-Vereinbarung → Art. 11 Rn. 42). Grds. bedarf es – mangels einer expliziten Regelung – der Auslegung der Menschenrechtsgarantien anhand ihres Zwecks, wobei der EGMR auch auf die systematische Auslegung anhand anderer völkerrechtlicher Verträge und des allgemeinen europäischen Grundrechtsstandards in den Mitgliedstaaten Bezug nimmt (EGMR 30.6.1993 – 16130/90 Rn. 35 – Sigurjónsson/Island). Auf dieser Grundlage hat der EGMR Art. 11 I in der RS. *Sørensen and Rasmussen* 2005 dahin interpretiert, dass angesichts des gestiegenen Grundrechtsstandards in den Konventionsstaaten auch die negative Koalitionsfreiheit als garantiert anzusehen ist (→ Art. 11 Rn. 16). Eine negative Dimension hat auch die Gewährleistung der individuellen Religionsfreiheit (→ Art. 9 Rn. 14).

III. Derivative Teilhaberechte und Verfahrensgarantien

29 Die EMRK enthält vor allem Freiheitsrechte und normiert im Gegensatz zur ESC und GRC grds. keine sozialen Rechte iSv Leistungs- oder originären Teilhaberechten. Der EGMR hat zudem keine originären Leistungsrechte iS sozialer Rechte abgeleitet (zB Anspruch auf Wohnung, Rente, Sozialhilfe, Elterngeld, vgl. EGMR 18.1.2001 – 27238/95 Rn. 93 ff. – Chapman/Vereinigtes Königreich; 27.3.1998 – 20458/92 Rn. 25 f. – Petrovic/Österreich; 15.3.2001 – 30517/96 Rn. 2 – Aunola/Finnland; 22.3.2012 – 30078/06 Rn. 130 – Konstantin Markin/Russland; dazu *Krieger* ZaöRV 2014, 187 [192]). Der Gerichtshof hat lediglich derivative Teilhaberechte im Hinblick auf einzelne Konventionsnormen anerkannt. Für das Privatrecht und das Arbeitsrecht im Besonderen haben diese Teilhaberechte im Wesentlichen keine Relevanz. Sie stehen nur iwS damit im Zusammenhang (zB Recht auf medizinische Versorgung aus Art. 2, EGMR 10.5.2001 – 25781/94 Rn. 219 – Zypern/Türkei). Insgesamt besteht bei den derivativen Teilhaberechte ein weiter Beurteilungsspielraum für die Konventionsstaaten (GMD/*Krieger* Kap. 6 Rn. 104).

30 Anerkannt ist hingegen der organisations- und verfahrensrechtliche Schutz als eigenständige Grundrechtsfunktion (EGMR 12.1.2012 – 22737/04 Rn. 47 – Shevchenko/Ukraine; 9.4.2009 – 71463/01 Rn. 159 – Šilih/Slowenien). Solche Rechte werden insbesondere aus Art. 5 und 6 abgeleitet. Sie betreffen nicht nur das rechtliche Gehör, sondern auch die

Vollstreckung (ausf. GMD/*Krieger* Kap. 6 Rn. 110 ff.). Zu diesen Pflichten gehört zB eine Untersuchungspflicht für bestimmte Grundrechtsverstöße (→ Art. 2 Rn. 8).

IV. Gewährleistungspflichten (positive obligations)

Die EMRK verpflichtet nur die Konventionsstaaten, aber nicht Privatpersonen (zur **31** Drittwirkung → Rn. 42). Das gilt selbst für sog. intermediäre Gewalten (Verbände, Unternehmen), die für eine Vielzahl von Privaten Regelungen treffen und dadurch die Ausübung von deren Menschenrechten tatsächlich erschweren oder verunmöglichen können. Der EGMR leitet aber seit langem sog. **positive obligations** – Gewährleistungspflichten – im Einzelfall aus den Menschenrechten der EMRK ab, die den Staat verpflichten, auf die tatsächliche Verwirklichung der Menschenrechte hinzuwirken (zB EGMR 13.6.1976 – 6833/74 Rn. 31 – Marckx/Belgien; 13.8.1981 – 7601/76 Rn. 49 – Young, James and Webster/Vereinigtes Königreich; 29.2.2000 – 39293/98 Rn. 38 – Fuentes Bobo/Spanien; 11.1.2006 – 52562/99 Rn. 57 – Sørensen and Rasmussen/Dänemark; 23.9.2010 – 425/03 Rn. 41 – Obst/Deutschland; 23.9.2010 – 1620/03 Rn. 54 – Schüth/Deutschland; 3.2.2011 – 18136/02 Rn. 38 – Siebenhaar/Deutschland; dazu *Dröge* 11 ff.; *Harris/O'Boyle/Warbrick* 21 ff.; *Klatt* ZaöRV 2011, 691 [692]; *Krieger* ZaöRV 2014, 187 [189]; *Spielmann* in Oliver/Fedtke 427 [433 ff.]; *Szczekalla* 712 ff.; zum Teil auch generell als Schutzpflichten bezeichnet wie in der deutschen Dogmatik, s. *Rebhahn* AcP 210, 2010, 489 [492]). Der Gerichtshof hat dazu keine theoretischen Grundlagen entwickelt, sondern fallgruppenweise in Bezug auf unterschiedliche Rechte, insbesondere Freiheitsrechte und Verfahrensrechte, eine Pflicht des Konventionsstaats abgeleitet, zum Schutz oder im Interesse des Grundrechtsträgers zu handeln (dazu EGMR 21.6.1988 – 10128/86 Rn. 31 – Plattform „Ärzte für das Leben"/Österreich; GMD/*Krieger* Kap. 6 Rn. 24; *Harris/O'Boyle/Warbrick* 504; *Rebhahn* AcP 210, 2010, 489 [501]; *Seifert* EuZW 2011, 696 [699]; *Szczekalla* 712 ff.). Danach hat der Staat sinnvolle und angemessene Maßnahmen zu ergreifen, um die Rechte des Beschwerdeführers zu sichern (zB EGMR 19.2.1998 – 14967/89 Rn. 58 – Guerra/Italien; 7.8.2003 – 36022/07 Rn. 97 – Hatton/Vereinigtes Königreich). In vielen Fällen hat er offengelassen, auf welcher Funktion die Entscheidung beruht, oder es abgelehnt, daran Folgerungen für die Grundrechtsprüfung zu knüpfen (zB EGMR 12.2.2009 – 2412/04 Rn. 84 – Nolan and K./Russland; 3.2.2011 – 18136/02 Rn. 38 – Siebenhaar/Deutschland).

Für die **Ableitung** der Gewährleistungspflichten ziehen Rechtsprechung und Literatur **32** unterschiedliche dogmatische Anknüpfungspunkte heran. Jedenfalls kann die Schutzpflichtendogmatik des GG nicht auf die EMRK übertragen werden, zumal es sich nur um eine partielle Regelung von Menschenrechten handelt, die zudem in eine regionale Menschenrechtskonvention gefasst ist. Ihr lag nicht von vornherein ein umfassendes Grundrechtsverständnis zugrunde, sondern sie war historisch vor allem als Vertrag über Abwehr- und Verfahrensrechte gestaltet. Die Ableitung einer Pflicht des Staates, die Verwirklichung eines Grundrechts zu gewährleisten, muss daher auf die Eigenarten der EMRK eingehen. Eine ausdrückliche Regelung einer Gewährleistungspflicht ist nur in Art. 3 I des 1. ZP enthalten. Zudem enthält Art. 2 eine Garantie des Rechts auf Leben (*Frowein,* in Marauhn, Recht, Politik und Rechtspolitik, 2005, 1 [6 f.]).

Die Ableitung der Gewährleistungspflicht muss vom materiellen Gehalt der Menschen- **33** rechte ausgehen. Der EGMR verweist dabei darauf, dass Menschenrechte im Sinne ihrer effektiven Verwirklichung auszulegen sind (EGMR 13.6.1976 – 6833/74 Rn. 31 – Marckx/Belgien; 29.2.2000 – 39293/98 Rn. 38 – Fuentes Bobo/Spanien; 23.9.2010 – 425/03 Rn. 41 – Obst/Deutschland; 23.9.2010 – 1620/03 Rn. 54 – Schüth/Deutschland; 3.2.2011 – 18136/02 Rn. 38 – Siebenhaar/Deutschland; GMD/*Krieger* Kap. 6 Rn. 28, 33). Das führt dazu, dass die Auslegung nicht bei der normativen Gewährleistung des Freiheits- oder Verfahrensrechts stehen bleibt, sondern in Bedacht nimmt, ob eine tatsächliche Verwirklichung des Rechts möglich ist. Darüber hinaus verweist der Gerichtshof vermehrt auf

40 EMRK Art. 1

Art. 1, der die Vertragsstaaten verpflichtet, die Menschenrechte und Grundfreiheiten zu sichern (zB EGMR 13.8.1981 – 7601/76 Rn. 49 – Young, James and Webster/Vereinigtes Königreich; 25.4.1996 – 15573/89 Rn. 45 – Gustafsson/Schweden; 12.9.2011 – 28955/06 ua Rn. 58 – Palomo Sanchez/Spanien; GMD/*Krieger* Kap. 6 Rn. 29). Das lässt sich dahingehend verstehen, dass auch die Ausübung des Grundrechts staatlicher Garantie unterstellt wird (vgl. EGMR 13.8.1981 – 7601/76 Rn. 49 – Young, James and Webster/Vereinigtes Königreich; 11.1.2006 – 52562/99 Rn. 57 – Sørensen and Rasmussen/Dänemark). Anders als im deutschen Verfassungsrecht greift der EGMR weder auf die Menschenwürde noch auf die objektive Wertordnung zurück (Ausnahme: EGMR 7.7.1989 – 14038/88 Rn. 86 – Soering/Vereinigtes Königreich). Das mag darauf beruhen, dass die Konvention gerade nicht als ganzheitliche Menschenrechtsordnung verstanden werden kann. Vereinzelt knüpft der EGMR an Art. 5 I an, der ein Recht auf Sicherheit gewährt (EGMR 25.5.1998 – 24276/94 Rn. 122 f. – Kurt/Türkei; *Szczekalla* 772). Das wird in der Literatur indes abgelehnt, weil dem Begriff der Sicherheit in dieser Regelung keine eigenständige Bedeutung zukomme (GMD/*Krieger* Kap. 6 Rn. 34; *Jaeckel* 118). Zum Teil wird aber auf Art. 13 verwiesen, der gerade die tatsächliche Wirksamkeit der Konventionsrechte anstrebt, auch wenn sich die Regelung auf die Eröffnung eines Beschwerdeweges beschränkt. Aus dieser Ableitung ergeben sich kaum Maßstäbe für die Gewährleistungspflichten (*Cherednychenko* MJ 13, 2006, 195 [200 ff.]; vgl. auch *Szczekalla* 844 ff.). Im Grunde sind gesicherte Ableitungen selten möglich, bevor der EGMR entschieden hat (*Rebhahn* AcP 210, 2010, 489 [493]). Maßstäbe ergeben sich vor allem, wenn ein gemeinsamer europäischer Standard besteht, der für den Gewährleistungsgehalt des jeweiligen Menschenrechts determinierende Kraft entfaltet (*Rebhahn* AcP 210, 2010, 489 [493]). Das Gleiche muss gelten, wenn gravierende Grundrechtsverletzungen durch Dritte oder Naturgewalten vorliegen und somit das Grundrecht als Garantie in Frage gestellt wird. Insoweit verringert sich auch der Beurteilungsspielraum der Konventionsstaaten (→ Rn. 20).

34 Im **Privatrecht** haben vor allem die Gewährleistungspflichten aus Freiheitsrechten Bedeutung, wo die Grundrechtsverwirklichung durch intermediäre Gewalten oder strukturelle Ungleichgewichte gestört wird (dazu *Seifert* EuZW 2011, 696 [698]). Das gilt gerade im Arbeitsrecht. Daneben kann die besondere Verletzlichkeit bestimmter Menschenrechte (zB Schutz der Privatsphäre, Datenschutz → Art. 8 Rn. 18, 21) ein Eingreifen des Staates erforderlich machen. Das kommt insbesondere bei der Verletzung von Persönlichkeitsrechten, aber auch zum Schutz der Meinungsäußerungsfreiheit in Betracht (vgl. Whistleblowing → Art. 10 Rn. 2). Mit Hilfe beider Ableitungsansätze hat der EGMR inzwischen aus einer Reihe von Freiheitsrechten (zB Art. 2, 4, 8–11, Art. 1 des 1. Zusatzprotokolls) Gewährleistungspflichten gewonnen. Darüber hinaus können im Privatrecht Diskriminierungen auftreten, die ein Eingreifen des Staates notwendig machen. Nach dem 12. Zusatzprotokoll sind die Konventionsstaaten nur verpflichtet, für die Gleichstellung vor dem Gesetz Sorge zu tragen, so dass Diskriminierungen Privater untereinander nicht einbezogen sind.

35 Für das Privatrecht lassen sich keine Gewährleistungspflichten wegen der Beeinträchtigung von Rechten ableiten, die Privatpersonen nicht beeinträchtigen können (zB Justizgrundrechte, Rechtsschutzgarantie, Recht auf Eheschließung). Allerdings legt der EGMR ein weites Verständnis von positive obligations zugrunde und beschränkt sich daher nicht auf Pflichten wegen eines Handelns von Privatpersonen. Daneben hat der Gerichtshof Pflichten zur Organisation und Verfahrensgestaltung abgeleitet, ebenso Informationspflichten sowie Pflichten zur Gewährleistung von Teilhaberechten.

36 Gewährleistungspflichten, die auf das Privatrecht bezogen sind, sollen dem Rechtsinhaber die **tatsächliche Verwirklichung** des Menschenrechts ermöglichen oder sichern. Eine positive obligation setzt daher voraus, dass die Ausübung des Menschenrechts gefährdet oder bereits beeinträchtigt ist. Dies kann vom Handeln eines privaten Dritten ausgehen, aber auch auf der Einwirkung von natürlichen Gefahrenquellen beruhen. Es kann aber – gerade wenn die Gefahr von einer Privatperson ausgeht – nicht allein darauf ankommen, ob ein Tun oder Unterlassen des Staates für das Menschenrecht relevant geworden ist. Sofern jedoch das Verhalten der handelnden Privatperson dem Staat zuzurechnen ist (→ Rn. 3) oder die Gefahrverursachung letztlich nicht durch den Privaten erfolgt, sondern erst durch den Staat, so handelt es sich nicht um die Verletzung einer Gewährleistungspflicht durch den Staat; vielmehr greift das Abwehrrecht ein. Eine Gewährleistungspflicht besteht zudem nur, wenn ein unmittelbarer Zusammenhang zwischen dem staatlichen Unterlassen und dem Eintritt des Verletzungserfolgs besteht. In vielen Fällen entsteht die Rechtsverletzung nicht nur durch das Handeln einer Privatperson, sondern (auch) durch das Urteil des nationalen Gerichts. Es stehen staatliches Handeln und Handeln einer Privatperson nebeneinander, so dass es einer wertenden Beurteilung bedarf, ob das staatliche Handeln den Schwerpunkt der Menschenrechtsverletzung ausmacht, so dass das Abwehrrecht einschlägig ist. Insofern nimmt es nicht Wunder, dass der Gerichtshof diese Abgrenzung häufig offen lässt, zumal er die Verletzung von Gewährleistungspflichten und Abwehrrechten nach dem gleichen Maßstab prüft.

Die **dogmatische Struktur** der Gewährleistungspflichten klärt der EGMR nicht auf. Die **37** Verletzung einer Gewährleistungspflicht wird in den Entscheidungen in ähnlicher Weise wie die Verletzung eines Abwehrrechts geprüft, wobei der Eingriff aus einem Unterlassen resultiert (vgl. EGMR 13.8.1981 – 7601/76 Rn. 59 – Young, James and Webster/Vereinigtes Königreich; 28.9.2005 – 31443/96 Rn. 144 – Broniowski/Polen; 8.7.2003 – 36022/97 Rn. 98 – Hatton/Vereinigtes Königreich; 11.1.2006 – 52562/99 Rn. 58 – Sørensen and Rasmussen/Dänemark; 9.7.2013 – 2330/09 Rn. 132 – Sindicatul „Păstorul cel Bun"/Rumänien; dazu *Grabenwarter/Pabel* § 18 Rn. 22, 11 ff.; *Harris/O'Boyle/Warbrick* 505; *Rebhahn* AcP 210, 2010, 489 [501]; *Szczekalla* 714 ff.; krit. *Klatt* ZaöRV 2011, 691 [694 f.]; unter Verweis auf die Besonderheiten bei Art. 8 I GMD/*Krieger* Kap. 6 Rn. 45). Auch die Literatur spricht sich zum Teil für eine einheitliche **Prüfung der Menschenrechtsverletzung** aus, unabhängig davon, ob das Abwehrrecht oder eine Gewährleistungspflicht betroffen ist. Das ebnet aber die Besonderheit ein, dass Gewährleistungspflichten gerade die tatsächliche Verwirklichung des Menschenrechts sicherstellen sollen, während das Abwehrrecht auf eine Verkürzung eines a priori bestehenden Freiheitsrechts durch den Staat reagiert (vgl. auch GMD/*Krieger* Kap. 6 Rn. 45). Das verbindende Moment besteht nur darin, dass staatliches Handeln die Verwirklichung eines Freiheitsrechts für den Grundrechtsträger verkürzt. Ein dogmatische Gleichbehandlung von Gewährleistungspflichten und Abwehrrechten, wie sie der EGMR vornimmt, hat zur Folge, dass die Anforderungen an den Konventionsstaat aus der Gewährleistungspflicht steigen, weil von ihm nicht nur ein Minimalschutz verlangt wird. Daher bedarf es gerade im Privatrecht eines größeren Gestaltungsspielraums für das nationale Recht. Das Privatrecht und seine Strukturprinzipien haben für die Dogmatik der Gewährleistungspflichten keine prägende Wirkung gehabt (*Rebhahn* AcP 210, 2010, 489 [500 ff.]). Die daraus resultierenden Folgen werden durch den erheblichen Beurteilungsspielraum relativiert, den der EGMR den Konventionsstaaten einräumt. In solchen Fällen treffen regelmäßig Abwehrrechte und Gewährleistungspflichten aufeinander (mehrpolige Grundrechtsverhältnisse). Daher verlangt der EGMR einen fairen Ausgleich (fair balance) (seit EGMR 13.8.1981 – 7601/76 Rn. 65 – Young, James and Webster/Vereinigtes Königreich; 9.7.2013 – 2330/09 Rn. 132 – Sindicatul „Păstorul cel Bun"/Rumänien).

Eine positive obligation setzt zunächst die **Verursachung** einer Verletzung oder Gefähr- **38** dung **durch Privatpersonen** voraus (*Jaeckel* 140 ff.). Insofern bedarf es der Abgrenzung von staatlichem und privatem Handeln, die der EGMR allerdings zum Teil offen lässt (dazu GMD/*Krieger* Kap. 6 Rn. 51), ohne die Unterscheidung zwischen Tun und Unterlassen vollkommen zu übergehen (zB EGMR 3.11.2011 – 57813/00 Rn. 83 ff. – S. H./Österreich). Maßgebend für das Eingreifen einer Schutzpflicht ist die Unmittelbarkeit der Beeinträchtigung durch die Privatperson, wobei das geschützte Recht bzw. Rechtsgut beeinträchtigt oder gefährdet sein muss (GMD/*Krieger* Kap. 6 Rn. 52, 58 f.; *Jaeckel* 144 ff.). Zudem bedarf es eines unmittelbaren und direkten Zusammenhangs zwischen dem staatlichen Unterlassen und der erforderlichen Schutzmaßnahme sowie dem Eintritt des Verletzungserfolgs (EGMR 24.2.1998 21439/93 Rn. 34 f. – Botta; 9.6.1998 – 23413/94 Rn. 39

40 EMRK Art. 1

– L. C. B./Vereinigtes Königreich; 30.1.2004 – 48939/99 Rn. 93 – Öneryildiz/Türkei; dazu GMD/*Krieger* Kap. 6 Rn. 59 f.).

39 Der EGMR verlangt im Falle einer Gewährleistungspflicht, dass der Staat **geeignete und ausreichende** (reasonable and appropriate) **Mittel** ergreift, um auf die Verwirklichung des Menschenrechts hinzuwirken (EGMR 21.6.1988 – 10126/82 Rn. 34 – Plattform „Ärzte für das Leben"/Österreich; GMD/*Krieger* Kap. 6 Rn. 64). Die Art und der Umfang der zu ergreifenden Maßnahmen wird dadurch beeinflusst, welchen Grad die Rechts(guts)gefährdung erreicht hat und wie vorhersehbar sie ist (*Grabenwarter/Pabel* § 19 Rn. 6 f.). Ersteres verstärkt die Notwendigkeit staatlichen Handelns, Letzteres die Möglichkeit zum Handeln. Zugleich gilt der Verhältnismäßigkeitsgrundsatz, wobei der Gerichtshof prüft, ob die ergriffenen Maßnahmen zur Erfüllung der Pflicht unerlässlich waren. Die Maßnahmen können normativ oder faktisch sein. Bei der Erfüllung der Pflicht ist ein gerechter Ausgleich zwischen den geschützten Interessen der Privatpersonen und den Interessen der Allgemeinheit anzustreben (EGMR 13.8.1981 – 7601/76 Rn. 65 – Young, James and Webster/Vereinigtes Königreich; 8.7.2004 – 48787/99 Rn. 332 – Ilaşcu/Moldawien und Russland; 9.7.2013 – 2330/09 Rn. 132 – Sindicatul „Păstorul cel Bun"/Rumänien; GMD/*Krieger* Kap. 6 Rn. 24).

40 Die Gewährleistungspflichten beinhalten auch sog. **Schutzpflichten,** die den Konventionsstaaten aufgeben, dafür Sorge zu tragen, dass die Verwirklichung der Menschenrechte nicht durch Private beeinträchtigt wird (dazu *Dröge* 11 ff.; IK-EMRK/*Fastenrath* Rn. 125). Solche Schutzpflichten wurden insbesondere für das Recht auf Leben (zB EGMR 28.10.1998 – 23452/94 Rn. 115 – Osman/Vereinigtes Königreich), das Folterverbot (EGMR 28.1.2000 – 22535/93 Rn. 115 – Mahmut Kaya/Türkei; 10.5.2001 – 29392/95 Rn. 73 – Z/Vereinigtes Königreich), die Rechte aus Art. 8 und 10 (zB EGMR 24.6.2000 – 59320/00 Rn. 57 – von Hannover/Deutschland; 16.12.2009 – 23883/06 Rn. 32 – Khurshid Mustafa and Tarzibachi/Schweden) abgeleitet, aber auch für Art. 11 (EGMR 11.1.2006 – 52562/99 Rn. 57 – Sørensen and Rasmussen/Dänemark) und den Schutz des Eigentums nach Art. 1 1. Zusatzprotokoll (EGMR 1.4.2010 – 11989/03 Rn. 38 – Margushin/Russland) angenommen. Der Inhalt und die Reichweite der Schutzpflicht ist vom EGMR in seinen Entscheidungen sehr unterschiedlich bestimmt worden. Er berücksichtigt dabei, dass die Vertragsstaaten einen großen Ermessensspielraum haben. Sie müssen nicht mit den Mitteln des Privatrechts eingreifen, sondern sind in der Wahl der Mittel grds. frei (*Seifert* EuZW, 2011, 696 [699]). Die Gewährleistungspflicht des Staates wird ggf. unter besonderer Rücksicht auf den effektiven Schutz von Kindern konkretisiert (vgl. EGMR 10.5.2001 – 29392/95 Rn. 73 – Z/Vereinigtes Königreich; 12.2.2009 – 2512/04 Rn. 88 – Nolan and K./Russland). Ihre Schutzbedürftigkeit verlangt in stärkerem Maße ein Eingreifen des Staates.

41 In einzelnen Entscheidungen hat der Gerichtshof auch ganz konkrete Maßnahmen von dem Vertragsstaat gefordert (zum Menschenhandel → Art. 4 Rn. 5). Daran setzt auch ein wesentlicher Einwand gegen die Gewährleistungspflichten an. Solche Vorgaben verengen den Gestaltungsspielraum der Vertragsstaaten und verlagern zugleich die Entscheidung von den nationalen Gremien auf ein internationales Gericht. Die EMRK wirkt auf diese Weise intensiv in die Rechtsordnung und die Politik der Mitgliedstaaten ein. Im Grundsatz muss gelten, dass die Konventionsstaaten einen Beurteilungsspielraum haben, der über den hinausgeht, der bei einem (gerechtfertigten) Eingriff in ein Abwehrrecht besteht (GMD/*Krieger* Kap. 6 Rn. 65). Das gilt insbesondere bei mehrpoligen Grundrechtsverhältnissen (dazu GMD/*Krieger* Kap. 6 Rn. 75). Der Beurteilungsspielraum kann dadurch reduziert werden, dass andere völkerrechtliche Verträge oder ein allgemeiner europäischer Grundrechtsstandard bestehen, hinter denen der Konventionsstaat nicht zurückbleiben darf (→ Rn. 20; vgl. dazu krit. *Krieger* ZaöRV 2014, 187 [205 ff.]) Damit verkleinert sich sein Handlungsspielraum. Allerdings sollte bei der Annahme völkerrechtlicher Vorgaben und europäischer Standards nicht unbeachtet bleiben, ob die völkerrechtlichen Verträge tatsächlich vom Konventionsstaat oder der ganz überwiegenden Zahl von Vertragsstaaten ratifiziert wurden (GMD/*Krieger* Kap. 6 Rn. 68 f.). Ebenso darf ein europäischer Grundrechtsstandard nicht vorschnell auf die Feststellung der Grundrechtssituation in einzelnen Vertragsstaaten gestützt werden. Gerade wenn auf diese Weise ein Menschenrechtsstandard kreiert wird, den der Vertragsstaat weder mitträgt noch ratifiziert hat, so kommt es für ihn zu einer Veränderung, die von den demokratisch legitimierten Organen nicht gestützt wurde (zur demokratietheoretischen Kritik *Krieger* ZaöRV 2014, 187 [193 ff.]; vgl. *Lord Hoffmann,* The Universality of Human Rights, Judicial Studies Board Annual Lecture 19.3.2009, 21 f. – www.judiciary.gov.uk). Ein größerer Handlungsspielraum muss für die Vertragsstaaten zudem bestehen, wenn grundlegende gesellschaftliche Fragestellungen betroffen sind, die in einer Demokratie einer Kompromissfindung durch das Parlament unterliegen (vgl. EGMR 16.12.2010 – 25579/05 Rn. 232 – A. B. C./Irland). Umgekehrt ist der Beurteilungsspielraum bei besonders verletzlichen Interessen und besonderer Schutzbedürftigkeit der sozialen Gruppe deutlich reduziert (EGMR 12.11.2013 – 5786/08 Rn. 79 – Söderman/Schweden).

V. Drittwirkung

Der Begriff der Drittwirkung der EMRK wird in unterschiedlicher Weise gebraucht. Er **42** erfasst zum Teil die unmittelbare Wirkung der EMRK zwischen Privatpersonen, zum Teil die nur mittelbare Drittwirkung in Form einer konventionskonformen Auslegung des nationalen Rechts (GMD/*Krieger* Kap. 6 Rn. 77; *Hendrickx/van Bever* in Dorssemont/Lörcher/Schömann 183 [200]; van Dijk/van Hoof/van Rijn/Zwaak/*Zwaak* 29). Eine unmittelbare Drittwirkung besteht nicht, da sich die Konvention nur an die Vertragsstaaten richtet (van Dijk/van Hoof/van Rijn/Zwaak/*Zwaak* 29). Die Literatur befürwortet zum Teil ebenso wie für die Grundrechte des GG eine mittelbare Drittwirkung der Menschenrechte der EMRK mit der Folge, dass sich Privatpersonen gegenüber Privaten auf eine konventionskonforme Auslegung berufen können (vgl. Frowein/Peukert/*Frowein* Rn. 16; GMD/ *Krieger* Kap. 6 Rn. 82; *Hendrickx/van Bever* in Dorssemont/Lörcher/Schömann 183 [200]; IK-EMRK/*Fastenrath* Rn. 172; Karpenstein/Mayer/*Johann* Rn. 9; *Meyer-Ladewig* Rn. 10; van Dijk/van Hoof/van Rijn/Zwaak/*Zwaak* 30 f.; so auch LG Berlin 30.11.2004 AfP 2005, 87). Dazu wird zum Teil auf die Menschenwürde, das Beschwerderecht aus Art. 13 oder auf Art. 8 II verwiesen (*Bleckmann,* FS Bernhardt, 1995, 309 [311 ff.]), zum Teil wird auch auf den Gewährleistungsgehalt der Grundrechte abgestellt. Der EGMR hat eine solche mittelbare Drittwirkung im Einklang mit der hM nicht angenommen, sondern die Gewährleistungspflichten herangezogen (Frowein/Peukert/*Frowein* Rn. 16; GMD/*Röben* Kap. 5 Rn. 167; *Harris/O'Boyle/Warbrick* 23; *Meyer-Ladewig* Rn. 10; so auch *Grabenwarter/Pabel* § 20 Rn. 9, der von einem Aufgehen der Drittwirkung in den Schutzpflichten ausgeht). Dazu wird auch auf die Rechtsdurchsetzung verwiesen, die nur gegenüber den Konventionsstaaten, aber nicht gegenüber Privaten möglich ist (EGMR 26.8.2003 – 47748/99 – Mihăilescu/Rumänien; 29.9.2005 – 23405/03 Rn. 18 – Reynbakh/Russland; *Harris/ O'Boyle/Warbrick* 23).

Die Übertragung der mittelbaren Drittwirkung der Grundrechte auf die EMRK setzt **43** voraus, dass sie in gleicher Weise und mit gleicher Finalität eine Konstitutionalisierung des einfachen Rechts, also auch des Privatrechts, anstrebt. Nur dann kann eine solche Funktion des Menschenrechts im Wege der Auslegung begründet werden. Dem steht entgegen, dass die EMRK eine völkerrechtliche Verpflichtung ist, die trotz ihrer Unmittelbarkeit erst durch die Ratifikation zu einem Bestandteil der Rechtsordnung des Konventionsstaates wird. Zudem ist die Konvention im Gegensatz zum GG subsidiär. Sie richtet sich an die Konventionsstaaten und schützt Minderheiten, wenn deren Menschenrechte nicht ausreichend gewährleistet sind. Zudem lässt der EGMR den Vertragsstaaten bei der Umsetzung einen erheblichen Beurteilungsspielraum. Dieser ist umso größer, je weniger ein allgemeiner europäischer Grundrechtsstandard besteht. Die EMRK wirkt trotz der Gewährleistung subjektiver Rechte daher weniger final auf die Konventionsstaaten ein als deren Verfassung. Es ist Sache der Vertragsstaaten, die Umsetzung zu unternehmen, so dass sich eine mittelbare

Drittwirkung nur aus der Art und Weise ergeben kann, wie die EMRK auf das nationale Recht einwirkt (→ Rn. 75). Nach der Rechtsprechung des BVerfG sind die Fachgerichte in den Grenzen der Methodenlehre zu einer völkerrechtsfreundlichen Auslegung des nationalen Gesetzes, auch im Privatrecht, verpflichtet. Darauf können sich die Parteien im Verfahren berufen und ggf. Verfassungsbeschwerde gegen das Urteil einlegen (→ Rn. 77). Das ähnelt im Ergebnis einer mittelbaren Drittwirkung. Sie beruht aber nicht (allein) auf dem Geltungsbefehl der EMRK, sondern ist vermittelt durch das nationale Recht und der insoweit bestehenden Vorgaben für die Umsetzung völkerrechtlicher Verpflichtungen. Völkerrechtlich verletzt der Konventionsstaat vor allem eine Schutzpflicht aus der EMRK, wenn er das nationale Privatrecht nicht konventionskonform weiterentwickelt.

E. Konventionsverletzungen

44 Die EMRK enthält Menschenrechte und Grundfreiheiten, die keine einheitliche Wirkung haben. Sie sind ihrer Funktion nach zum Teil Abwehrrechte und damit Freiheitsrechte, zum Teil handelt es sich um Verfahrensgarantien. Daher erfolgt die Prüfung dieser Rechte durch den EGMR nicht einheitlich.

I. Abwehrrechte: Schutzbereich, Eingriff, Rechtfertigung

45 Abwehrrechte sind vor allem die Art. 8–11, aber auch das Recht auf Leben, das Verbot der Folter, unmenschlichen Behandlung und Sklaverei, ebenso die Eigentumsgarantie in Art. 1 1. Zusatzprotokoll. Bei solchen klassischen Abwehrrechten erfolgt die Grundrechtsprüfung nach Schutzbereich, Eingriff und Rechtfertigung. Der **Schutzbereich** ist zugleich der Anwendungsbereich des jeweiligen Menschenrechts (*Grabenwarter/Pabel* § 18 Rn. 2). Dabei ist zu berücksichtigen, dass die EMRK die Konventionsrechte zum Teil tatbestandlich beschränkt, indem zB Art. 8 I nur „friedliche" Versammlungen erfasst oder Art. 4 III tatbestandliche Ausnahmen vom Verbot der Zwangs- und Pflichtarbeit vorsieht. Diese Beschränkung des Regelungsbereichs ist nicht nur für die Verletzung des Freiheitsrechts relevant, sondern auch für Art. 14, der nur iRd Regelungsbereichs der Konventionsrechte die Gleichbehandlung verlangt.

46 **Eingriffe** („interference"/„ingerence"/„restriction") sind alle Beeinträchtigungen von Konventionsrechten durch den Staat, seine Organe oder ihm sonst zurechenbare Handlungen (zur uneinheitlichen Terminologie und Dogmatik GMD/*Marauhn/Merhof* Kap. 7 Rn. 11 f.; zur Systematisierung *Villiger* Rn. 542; so auch *Grabenwarter/Pabel* § 18 Rn. 5 f.). Es wird ein weiter Eingriffsbegriff zugrunde gelegt, so dass sowohl unmittelbare Eingriffe als auch mittelbare und faktische Eingriffe erfasst sind (Ehlers/*Ehlers* § 2 Rn. 70 f.; Rengeling/*Szczekalla* § 7 Rn. 516). Die Rechtfertigung des Eingriffs unterwirft der EGMR, trotz der partiell divergierenden **Schrankenvorbehalte,** tendenziell einheitlichen Kriterien, so dass die unterschiedliche Formulierung in den Konventionsrechten nur untergeordnete Bedeutung erlangt. Daneben gibt es die allg. Schranken aus Art. 15–17. Grds. muss der Eingriff auf einer gesetzlichen Grundlage beruhen und ein legitimes Regelungsziel mit verhältnismäßigen Mitteln verfolgen. Diese Anforderungen haben sowohl eine rechtsstaatliche als auch eine demokratische Komponente, sie schützen vor Willkür (vgl. zB EGMR 24.11.2005 – 53886/00 Rn. 54 – Tourancheau and July/Frankreich) und räumen der Legislative – soweit es der Gewaltenteilung in den Konventionsstaaten entspricht – den Vorrang ein.

47 Der EGMR legt für den **Gesetzesvorbehalt** einen einheitlichen **Gesetzesbegriff** zugrunde. Es muss sich nicht um ein formelles Gesetz handeln, sondern es genügt auch ein materielles Gesetz. Die französische Fassung scheint dem zwar zu widersprechen („loi"), die englische Fassung („law") spricht jedoch für ein weiteres Verständnis (EGMR 10.11.2005 – 44774/98 Rn. 88 – Leyla Şahin/Türkei; 4.12.2008 – 27058/05 Rn. 52 – Dogru/Frankreich; GMD/*Marauhn/Merhof* Kap. 7 Rn. 25; *Grabenwarter/Pabel* § 18 Rn. 8). Hinzu kommt, dass die Rechtsquellen in den Konventionsstaaten sehr unterschiedlich zusammengesetzt sind. Insbesondere in den Ländern des common law, aber auch in Frankreich hat das Richterrecht eine besonders prägende Wirkung. Daher können nicht nur materielle Gesetze, sondern auch Richterrecht, das regelbildend wirkt, gesetzliche Grundlage iSd Schrankenvorbehalts sein (EGMR 10.11.2005 – 44774/98 Rn. 88 – Leyla Şahin/Türkei; 4.12.2008 – 27058/05 Rn. 52 – Dogru/Frankreich; GMD/*Marauhn/Merhof* Kap. 7 Rn. 25; IK-EMRK/*Schiedermair* Art. 10 Rn. 40). Insofern kann das gesetzvertretende Richterrecht, wie es in Deutschland insbesondere im Bereich des Arbeitskampfrechts besteht, trotz des Primats der Legislative eine Schranke für ein Konventionsrecht sein. Auch Tarifverträge, wenn sie üblicherweise zur allgemeinen Regelung von Arbeitsbedingungen in dem betreffenden Konventionsstaat dienen, sind ggf. eine Beschränkung durch Gesetz. Das hat der EGMR insbesondere in einem schwedischen Fall angenommen, weil Tarifverträge dort an die Stelle von Gesetzen treten, da die Regelung der Arbeitsbedingungen den autonomen Verbänden überlassen wird (EGMR 9.3.2004 – 46210/99 – Wretlund/Schweden). Bei der Prüfung der gesetzlichen Grundlage ist zu berücksichtigen, dass sie auch dann fehlt, wenn die einfach-rechtliche Eingriffsgrundlage höherrangigem staatlichen Recht widerspricht (zB Verfassungsmäßigkeit des G10-Gesetzes EGMR 29.6.2006 – 54934/00 Rn. 90 f. – Weber and Saravia/Deutschland).

Das Gesetz muss darüber hinaus rechtsstaatlichen Anforderungen an seine **Bestimmtheit** **48** und **Zugänglichkeit** genügen (EGMR 20.5.1999 – 25390/94 Rn. 59 – Rekvényi/Ungarn; dazu *Meyer-Ladewig* Art. 8 Rn. 102; GMD/*Marauhn/Merhof* Kap. 7 Rn. 29 ff.). Die gesetzliche Regelung muss so bestimmt sein, dass der Grundrechtsträger die Beschränkung seines Freiheitsrechts vorhersehen und sein Verhalten danach ausrichten kann (EGMR 26.6.2006 – 54934/00 Rn. 84 – Weber and Saravia/Deutschland). Die erforderliche Bestimmtheit hängt von dem Inhalt der Regelung ab, ihrem Anwendungsbereich, der Zahl und der Rechtsstellung der Personen, an die sie gerichtet ist (EGMR 20.9.1995 – 17851/91 Rn. 48 – Vogt/Deutschland). Dabei berücksichtigt der EGMR einerseits die Dynamik des Rechtsgebiets, andererseits die Notwendigkeit, mit Generalklauseln zu regulieren und diese anschließend zu konkretisieren (GMD/*Marauhn/Merhof* Kap. 7 Rn. 31, 36). An der Bestimmtheit des Gesetzes kann es nach der Rechtsprechung auch fehlen, wenn das Gesetz weder die zeitliche Dauer noch den Umfang des Grundrechtseingriffs klar erkennen lässt und kein angemessener Schutz vor Missbrauch besteht (EGMR 24.4.1990 – 11801/85 Rn. 24 ff. – Kruslin/Frankreich; 26.10.2000 – 30985/96 Rn. 85 – Hasan and Chauch/Bulgarien; GMD/*Marauhn/Merhof* Kap. 7 Rn. 35). Soweit das Gesetz einer Behörde eine Ermessensentscheidung ermöglicht, darf jedoch kein unbeschränkter Ermessensspielraum bestehen. Vielmehr muss das Gesetz in ausreichendem Maße den Anwendungsbereich und den Umfang des Ermessens sowie die Art seiner Ausübung regeln (EGMR 15.11.1996 – 15943/90 Rn. 33 – Domenichini/Italien). Es muss auch ein Schutz vor Missbrauch bestehen, um den Bürgern einen Mindestschutz zu sichern, wofür aber bereits die Eröffnung des Rechtswegs zur gerichtlichen Überprüfung der Entscheidung genügt (EGMR 26.10.2000 – 30986/96 Rn. 84 – Hasan and Chauch/Bulgarien). Der Gerichtshof lässt ein relativ unbestimmtes Gesetz indes genügen, wenn dieses Defizit durch eine prozedurale Sicherung aufgefangen wird (zB Mitteilung der Maßnahme, Löschungsansprüche). Die Zugänglichkeit der gesetzlichen Regelung ist sichergestellt, wenn der Grundrechtsträger die einschlägigen Normen und deren Inhalt ermitteln kann. Eine wesentliche Veränderung bewirkt wohl auch die RS *Tymoshenko* nicht (EGMR 2.10.2014 – 48408/12 Rn. 80 ff. – Tymoshenko/Ukraine). Die Gerichte hatten die gesetzliche Regelung im Grunde nicht korrekt angewandt, so dass der EGMR eigentlich als Superrevisionsinstanz agierte.

Die **legitimen Regelungsziele** sind zum Teil in den Konventionsrechten abschließend **49** aufgezählt. Das gilt insbesondere für die Art. 8–11 (GMD/*Marauhn/Merhof* Kap. 7 Rn. 38; *Grabenwarter/Pabel* § 18 Rn. 12). Art. 1 1. Zusatzprotokoll enthält keine solche Aufzählung. Der EGMR geht davon aus, dass Nutzungsbeschränkungen im allgemeinen Interesse möglich sind, während Eigentumsentzug ein öffentliches Interesse voraussetzt (dazu EuGH 7.12.1976 – 5493/72 Rn. 62 – Handyside/Vereinigtes Königreich; GMD/*Marauhn/Merhof* Kap. 7 Rn. 41). Eingriffszwecke sind vor allem die öffentliche Sicherheit, der Schutz der Gesundheit und Moral, der Schutz der Rechte und Freiheiten anderer, zum Teil auch die nationale Sicherheit und die Verhütung von Straftaten oder die Aufrechterhaltung der Ordnung oder das wirtschaftliche Wohl des Landes. Der EGMR legt insoweit ein relativ weites Verständnis zugrunde und definiert die in der EMRK enthaltenen Begrifflichkeiten nicht (GMD/*Marauhn/Merhof* Kap. 7 Rn. 39). Daher ergibt sich aus der Beschränkung der legitimen Zwecke keine so starke Limitierung für die Konventionsstaaten (*Grabenwarter/Pabel* § 18 Rn. 13). Der EGMR hat auch den Schutz der wirtschaftlichen Interessen und der Reputation für ein legitimes Interesse erachtet, obwohl dabei nicht notwendig Rechte und Freiheiten iSd EMRK berührt sind (vgl. EGMR 14.3.2002 – 46833/99 Rn. 31 – Diego Nafria/Spanien; 30.9.2010 – 28369/07 – Balenović/Kroatien).

50 Der **Verhältnismäßigkeitsgrundsatz** ist prägend für die Rechtfertigung von Eingriffen in Abwehrrechte. Er ist in den Art. 8–11 in seinem normativen Programm besonders deutlich niedergelegt, wonach der Eingriff „in einer demokratischen Gesellschaft notwendig" sein muss (dazu GMD/*Marauhn/Merhof* Kap. 7 Rn. 43; *Hailbronner,* FS Mosler, 1983, 359 [364]). Die Bezugnahme auf die demokratische Gesellschaft ist Ausdruck des Selbstverständnisses des Europarats (GMD/*Marauhn/Merhof* Kap. 7 Rn. 53). Es wird nicht auf eine spezielle Ausgestaltung des politischen Systems Bezug genommen, sondern auf einen verallgemeinerbaren europäischen Standard eines demokratischen Rechtsstaats als Referenzmodell, das durch Pluralismus, Toleranz und Offenheit geprägt ist (EGMR 29.4.1999 – 25088/94 Rn. 112 – Chassagnou/Frankreich). Der EGMR hat den Verhältnismäßigkeitsgrundsatz häufig geprüft, indem er ein dringendes soziales Bedürfnis verlangt hat („pressing social need"). Inzwischen verweist er darauf, dass die Gründe für den Eingriff relevant, ausreichend und verhältnismäßig zu dem verfolgten legitimen Zweck sein müssen (zB EGMR 18.1.2001 – 24876/94 Rn. 104 – Coster/Vereinigtes Königreich; 4.12.2008 – 30562/04 ua Rn. 101 – S and Marper/Vereinigtes Königreich; 12.6.2014 – 56030/07 Rn. 124 – Fernández Martínez/Spanien). Bei einer Kollision mehrerer Grundrechte verlangt der EGMR eher, dass ein fairer Ausgleich („fair balance") hergestellt wird. Die Verhältnismäßigkeitsprüfung ist stark einzelfallbezogen, wobei der EGMR darüber hinaus allgemeine Prinzipien für Fallgruppen zu entwickeln versucht, was letztlich die Orientierungswirkung des Urteils über den Einzelfall hinaus erhöht (→ Rn. 64).

51 Der EGMR lässt den Mitgliedstaaten bei der Prüfung der Verhältnismäßigkeit einen (unterschiedlich großen) **Beurteilungsspielraum** (zB EGMR 23.10.2010 – 425/03 Rn. 42 – Obst/Deutschland). Die Literatur sieht das zum Teil als eine Modifikation des Verhältnismäßigkeitsgrundsatzes an. Dabei handelt es sich eher um eine Reduktion der Kontrollintensität des Gerichtshofs (ebenso GMD/*Marauhn/Merhof* Kap. 7 Rn. 58; *Grabenwarter/Pabel* § 18 Rn. 20). Zudem trägt der EGMR der Subsidiarität seiner Rechtskontrolle gegenüber den nationalen Gerichten Rechnung (vgl. GMD/*Marauhn/Merhof* Kap. 7 Rn. 58; *Grabenwarter/Pabel* § 18 Rn. 21; → Rn. 22). Der Umfang des Beurteilungsspielraums variiert. Er ist umso geringer, je klarer ein einheitlicher europäischer Standard besteht und umso weiter, je vielfältiger die Rechtsstandards in den Konventionsstaaten sind (vgl. EGMR 30.3.2004 – 74025/01 Rn. 61 – Hirst/Vereinigtes Königreich; GMD/*Marauhn/Merhof* Kap. 7 Rn. 58; *Grabenwarter/Pabel* § 18 Rn. 21; *Wildhaber,* FS Ress, 2005, 1101 [1106]). Auch regionale Besonderheiten oder die (Un-)Klarheit des Sachverhalts haben Einfluss, ebenso der Umstand, dass es sich um eine ethisch-moralisch sensible Frage handelt. Schließlich berücksichtigt der Gerichtshof, ob der Konventionsstaat durch sein Handeln ggf. eine Pflicht aus einem internationalen oder supranationalen Vertrag erfüllt (EGMR 30.6.2005 – 45036/98 Rn. 155 ff. – Bosphorus/Irland; *Grabenwarter/Pabel* § 18 Rn. 23). Das gilt auch für die Verpflichtung durch die Vorgaben des Unionsrechts (*Grabenwarter/Pabel* § 18 Rn. 23; *Haratsch* ZaöRV 2006, 927 [933]; *Gaja,* FS Tomuschat, 2006, 517 [521 f.]). Der EGMR prüft insoweit die Gleichwertigkeit des Menschenrechtsschutzes in der EU und

geht bei einem positiven Befund davon aus, dass die EMRK bei der Umsetzung des Unionsrechts gewahrt wurde. Darin liegt eine pragmatische Beschränkung, die auch den institutionellen Konflikt zwischen EuGH und EGMR entschärft (ausf. → Art. 6 EUV Rn. 60).

II. Verfahrensgarantien (Justizgrundrechte)

Bei Verfahrensgarantien entfaltet der EGMR sehr detailliert den Schutzbereich, dessen **52** Konkretisierung entscheidend ist (EGMR 9.12.1994 – 16798/90 Rn. 51, 55 – López Ostra/Spanien; GMD/*Marauhn/Merhof* Kap. 7 Rn. 15; *Grabenwarter/Pabel* § 19 Rn. 5 ff.). Im Anschluss daran wird grds. nur die Einhaltung der verfahrensrechtlichen Vorgaben geprüft. Da es sich um ein Leistungsrecht handelt, wird die Rechtfertigung regelmäßig nicht geprüft. Der EGMR untersucht vielmehr die Vereinbarkeit des Verhaltens der Staatsorgane mit der Konvention. Daher bedarf es an sich auch keiner Abwägung. Die Beschränkungen, die sich bei Freiheitsrechten aus der Rechtfertigung von Eingriffen ergeben, prägen bei den Verfahrensrechten bereits den Tatbestand.

III. Derogation von Konventionsrechten bei Notstand (Art. 15)

Neben den Schrankenvorbehalten der einzelnen Konventionsrechte regeln die Art. 15– **53** 17 allg. Schranken. Art. 15 enthält eine allgemeine **Notstands- und Derogationsklausel,** die vergleichbaren Regelungen in anderen Menschenrechtsverträgen entspricht (Karpenstein/Mayer/*Johann* Art. 15 Rn. 1). Die Konventionsstaaten können auf diese Weise in Krisensituationen ihre Verpflichtung an die EMRK anpassen. Die Derogation ermöglicht den Staaten Maßnahmen, die mit der EMRK unvereinbar wären. Derogationsfest sind nach Art. 15 II die Verbote von Folter und Sklaverei (Art. 3, 4) sowie der Grundsatz nulla poena sine lege (Art. 7 I) sowie das Recht auf Leben nach Art. 2, soweit es nicht um Todesfälle bei rechtmäßigen Kriegshandlungen geht (dazu ausf. GMD/*Alleweldt* Kap. 10 Rn. 77; GMD/*Krieger* Kap. 8 Rn. 31). Der EGMR hat bisher nicht klargestellt, ob es sich bei Art. 15 um eine tatbestandliche Einschränkung der Konvention handelt oder um eine zusätzliche Rechtfertigungsmöglichkeit (so Frowein/Peukert/*Frowein* Art. 15 Rn. 1; Karpenstein/Mayer/*Mayer* Art. 15 Rn. 9; **aA** *Grabenwarter/Pabel* § 2 Rn. 8).

Art. 15 erlaubt die Derogation in Fällen von **Kriegen und bei anderem öffentlichen** **54** **Notstand,** der das Leben der Nation bedroht. Der EGMR verlangt eine außerordentliche und unmittelbar drohende Gefahrensituation, die die Bevölkerung insgesamt betrifft und das Zusammenleben der staatlichen Gemeinschaft bedroht (EGMR 1.7.1961 – 332/57 Rn. 28 – Lawless/Irland; 19.2.2009 – 3455/05 Rn. 176 – A/Vereinigtes Königreich). Die Maßnahmen, die nach den Schrankenvorbehalten der Konventionsrechte zulässig sind, dürfen in solchen Fällen nicht mehr ausreichen (EGMR 19.2.2009 – 3455/05 Rn. 176 – A/Vereinigtes Königreich). Der Notstand muss aber nicht das gesamte Staatsgebiet betreffen, sondern kann auf eine Region begrenzt sein (EGMR 25.5.1993 – 14553/89 Rn. 45 – Brannigan and McBride/Vereinigtes Königreich; Karpenstein/Mayer/*Mayer* Art. 15 Rn. 3). Allerdings müssen sich die Notstandsmaßnahmen dann grds. darauf beschränken, so dass solche Maßnahmen außerhalb der Region nicht erforderlich und unverhältnismäßig sein können. Der Gerichtshof räumt den Konventionsstaaten bei der Feststellung des Notstands einen weiten Beurteilungsspielraum ein (EGMR 25.5.1993 – 14553/89 Rn. 43 – Brannigan and McBride/Vereinigtes Königreich; 19.2.2009 – 3455/05 Rn. 173 – A/Vereinigtes Königreich), wobei es für den Notstand auf den Zeitpunkt ankommt, in dem die Notstandsmaßnahme vorgenommen wird.

Die Notstandsmaßnahmen müssen **unbedingt erforderlich** sein und dürfen nicht mit **55** den übrigen völkerrechtlichen Verpflichtungen des Staates in Konflikt stehen. Zudem dürfen keine konventionsfesten Rechte erfasst sein. Bei der Beurteilung, ob eine Maßnahme unbedingt erforderlich ist, haben die Konventionsstaaten einen Ermessensspielraum, der

40 EMRK Art. 1 Verpflichtung zur Achtung der Menschenrechte

aber der Kontrolle durch den Gerichtshof unterliegt (EGMR 19.2.2009 – 3455/05 Rn. 173, 184 – A/Vereinigtes Königreich). In jedem Fall sind die Derogationsmaßnahmen und ihre Gründe nach Art. 15 III gegenüber dem Generalsekretär des Europarates zu notifizieren. Zudem ist über den Zeitpunkt ihrer Wiederaufhebung zu unterrichten. Diese Unterrichtungspflicht ist nicht konstitutiv für die Wirksamkeit der Derogation (Frowein/Peukert/*Frowein* Art. 15 Rn. 15; Karpenstein/Mayer/*Johann* Art. 15 Rn. 13). Sie hat aber Bedeutung für die Bewertung der Reichweite der Derogation und damit auch für ihre rechtliche Bewertung (vgl. EGMR 26.11.1997 – 23878/94 Rn. 39 – Sakik/Türkei; *Meyer-Ladewig* Art. 15 Rn. 8).

F. Überwachung und Durchsetzung der EMRK

I. Europäischer Gerichtshof

56   Die Durchsetzung der EMRK war ursprünglich Aufgabe der Europäischen Menschenrechtskommission (EKMR) und des EGMR, wobei die Individualbeschwerde stets zuerst zur EKMR erhoben werden musste. Das 11. Zusatzprotokoll von 1994 machte den EGMR zu einem ständigen Gerichtshof mit hauptamtlichen Richtern und beseitigte das Nebeneinander von Kommission und Gerichtshof.

57   **1. Staaten- und Individualbeschwerde (Art. 33, 34).** Dem EGMR kommt eine zentrale Rolle bei der Durchsetzung der EMRK zu. Seine Aufgabe und Kompetenz ergibt sich bereits aus der EMRK. Es bedarf keiner zusätzlichen Unterwerfung unter oder Anerkennung seiner Jurisdiktion (dazu Karpenstein/Mayer/*Mayer* Einl. Rn. 23). Zum einen können die Konventionsstaaten gegeneinander wegen einer Konventionsverletzung Beschwerde einlegen (**Staatenbeschwerde**, Art. 33). Zum anderen können die Bürger als Träger der Menschenrechte gegen Rechtsverletzungen durch einen Konventionsstaat im Wege der **Individualbeschwerde** vorgehen (Art. 33). Die Beschwerde ist das prozessuale Pendant zur Gewährung subjektiv-individueller Rechte durch die EMRK (→ Rn. 27) und trägt entscheidend zu deren Durchsetzung bei (ausf. zum Verfahren *Villiger* §§ 5–10). Die Urteile des EGMR führen allerdings nur zur Feststellung des Verstoßes gegen die EMRK, sie heben weder Gesetze noch sonstige Rechtsakte auf (*Bergmann* EuR 2006, 101 [109]; HdBG/*Grabenwarter* § 169 Rn. 32; *Meyer-Ladewig* Art. 46 Rn. 23; *Polakiewicz* 360). Darüber hinaus kann der Gerichtshof dem Beschwerdeführer nach Art. 41 notwendigenfalls eine angemessene Entschädigung zusprechen, wenn das nationale Recht nur eine unvollkommene Wiedergutmachung für die Folgen der Konventionsverletzung vorsieht (Leistungsurteil). Vorrangig soll eine Wiederherstellung (restitutio in integrum) erfolgen, an deren Stelle nur hilfsweise die Entschädigung in Geld tritt (*Grabenwarter/Pabel* § 16 Rn. 4 f.; *Polakiewicz*, 97 ff., 357; *Ress*, EuGRZ 1996, 350 [351]). Aus Art. 1 schlussfolgert der EGMR, dass die Mitgliedstaaten auch verpflichtet sind, alle Hindernisse für die Wiedergutmachung zu beseitigen (EGMR 17.2.2004 – 39748/98 Rn. 47 – Maestri/Italien).

58   **2. Verhältnis des EGMR zu den nationalen Gerichten.** Der EGMR als **Hüter der EMRK** entscheidet verbindlich über die Auslegung der Konvention. Er ist jedoch nicht berufen, die Anwendung oder Auslegung des nationalen Rechts zu beurteilen (EGMR 18.9.2007 – 52336/99 – Griechische Kirchengemeinde München und Bayern eV/Deutschland; 15.9.2009 – 798/05 Rn. 91 – Miroļubus/Lettland; 23.10.2010 – 1620/03 Rn. 65 – Schüth/Deutschland). Diese ist und bleibt Sache der Gerichte in den Konventionsstaaten, zu denen der Gerichtshof nicht im Verhältnis einer Superrevisionsinstanz steht (EGMR 26.9.1995 – 17851/91 Rn. 52 – Vogt/Deutschland; 8.1.2009 – 29002/06 Rn. 51 – Schlumpf/Schweiz; krit. zur Detailgenauigkeit der Überprüfung und Ersetzung des Urteils des Fachgerichts: *Seifert* EuZW 2011, 696 [700]). Er ist allerdings auch nicht darauf beschränkt, die Nachvollziehbarkeit und Sorgfalt des Urteils des nationalen Gerichts sowie dessen guten Glauben hinsichtlich der

Konventionsrechte zu überprüfen (EGMR 26.9.1995 – 17851/91 Rn. 52 – Vogt/Deutschland). Der EGMR determiniert den Schutzbereich der Konventionsrechte und prüft die Rechtfertigung von Eingriffen in Abwehrrechte und die Verletzung von Gewährleistungspflichten – auch durch die nationalen Gerichte (EGMR 26.9.1995 – 17851/91 Rn. 52 – Vogt/Deutschland; 16.11.2004 – 53678/00 Rn. 49 – Karhuvaara und Iltalehti/Finnland; 15.9.2009 – 798/05 Rn. 91 – Miroļubus/Lettland; 20.10.2009 – 39128/05 Rn. 38 f. – Lombardi di Vallauri/Italien; 23.10.2010 – 1620/03 Rn. 65 – Schüth/Deutschland). Für Letzteres kommt es darauf an, ob die nationalen Gerichte rechtlich relevante und ausreichende Rechtfertigungsgründe angenommen haben.

Die Grenze zwischen der Entscheidungsgewalt des EGMR und der nationalen Gerichte ist **59** dabei nicht besonders trennscharf. Grds. ist es aber Sache der nationalen Gerichte, den Sachverhalt zu erarbeiten und über die Auslegung des nationalen Rechts zu befinden. Auf der Grundlage dieser Feststellungen ermittelt der EGMR die Konventionsverletzung. Der Gerichtshof darf sich nicht durch seine Vorgaben zur Auslegung des nationalen Rechts an die Stelle der Gerichte in den Konventionsstaaten setzen. Zu Grenzüberschreitungen kommt es insbesondere, wenn der EGMR detaillierte Vorgaben dazu macht, wie die Konkretisierung von Generalklauseln zu erfolgen hat. Probleme ergeben sich auch, wenn der Gerichtshof einen anderen Sachverhalt als die nationalen Gerichte zugrunde legt. Letztere dürfen zwar den Sachverhalt nicht manipulieren – dem stehen nach der EMRK die Art. 6, 13 entgegen. Der Gerichtshof kann aber nicht seine Einschätzung der Fakten an die Stelle setzen. Grds. verweist der EGMR darauf, dass die Entscheidung der nationalen Gerichte auf einer akzeptablen Einschätzung der Fakten beruhen muss (EGMR 26.9.1995 – 17851/91 Rn. 52 – Vogt/Deutschland). Ist das nicht der Fall, kommt es zu einer Verletzung der Konventionsrechte zum rechtsstaatlichen Verfahren und ggf. zur Verletzung materieller Abwehrrechte.

3. Befolgung der Entscheidungen. Die Staaten sind verpflichtet, die Urteile des EGMR **60** zu befolgen (Art. 46 I), indem sie angemessene Maßnahmen ergreifen, um die Verletzung zu beseitigen, und Wiedergutmachung leisten (EGMR 13.7.2000 – 39221/98 Rn. 249 – Scozzari and Giunta/Italien; 8.4.2004 – 71503/01 Rn. 198 – Assanidze/Georgien; Frowein/Peukert/*Frowein* Art. 46 Rn. 6 ff.). Soweit wie möglich ist dem Beschwerdeführer Wiederherstellung zu gewähren (restitutio in integrum; EGMR 28.11.2002 – 25701/94 Rn. 72, 105 – former king of Greece et. al./Griechenland; *Meyer-Ladewig* Art. 46 Rn. 25). Auf welche Weise die Konventionsverletzung behoben wird, ist Sache des Mitgliedstaates (EGMR 8.4.2004 – 71503/01 Rn. 202 – Assanidze/Georgien; BVerfG 14.10.2004 BVerfGE 111, 307 [316] = NJW 2004, 3407; 4.5.2011 BVerfGE 128, 326 = NJW 2011, 1931 Rn. 87; HdBG/*Grabenwarter* § 169 Rn. 33). Er ist in der Wahl der Mittel frei. Gebunden sind grds. alle Staatsgewalten (*Ruffert* EuGRZ 2007, 245 [246 f.]), wobei die innerstaatlichen Vorgaben zur Gewaltenteilung in Bedacht zu nehmen sind. Diese werden von der EMRK nicht berührt. Die Mitgliedstaaten befolgen die Urteile des EGMR, nur vereinzelt kommt es zu offenen Konflikten mit einem Mitgliedstaat (zB zum Gefangenenwahlrecht EGMR 6.10.2005 – 74025/01 – Hirst/Vereinigtes Königreich).

Die Urteile entfalten nur im Rahmen ihrer **Rechtskraft** bindende Wirkung. Die **61** formelle Rechtskraft tritt zeitlich entweder mit der Entscheidung der Großen Kammer oder bei einer sonstigen Kammer mit Ablauf von drei Monaten nach dem Datum des Urteils oder der Ablehnung des Antrags auf Verweisung an die Große Kammer ein (Art. 42 I, 44 II). Die materielle Rechtskraft ist in subjektiver Hinsicht auf die Parteien des Beschwerdeverfahrens beschränkt und bindet daher nur den verurteilten Mitgliedsstaat. Zeitlich und sachlich ist die Rechtskraft der Urteile auf den Streitgegenstand, das ist der gerügte Konventionsverstoß nach dem bei der Urteilsfindung zugrunde liegendem Sachverhalt, bezogen (*Meyer-Ladewig* Art. 46 Rn. 20 f.). Die Konventionsstaaten sind verpflichtet, die Urteile in den persönlichen, sachlichen und zeitlichen Grenzen des Streitgegenstands umzusetzen (BVerfG 11.10.1985 NJW 1986, 1425 [1426]; 14.10.2004 BVerfGE 111, 307 [320] = NJW 2004, 3407).

62 Die Mitgliedstaaten müssen nach einer Verurteilung durch den EGMR gleichartigen Konventionsverletzungen entgegenwirken. Das ergibt sich aus ihrer Verpflichtung, die Konventionsrechte zu garantieren (Art. 1) (vgl. *Karl/Czech,* Der Europäische Gerichtshof für Menschenrechte vor neuen Herausforderungen, 2007, 39 [45 ff.], unter Verweis auf Art. 46 II; weitergehend *Czerner,* AVR 46, 2008, 345 [349 ff.]). Seit 2004 hält der Gerichtshof in sog. **„pilot judgments"** nicht nur die Konventionsverletzung, sondern auch die sich daraus ergebenden Folgerungen fest, so dass den Konventionsstaaten weniger Spielraum bei der Umsetzung des Urteils bleibt (EGMR 22.6.2004 – 31443/96 Rn. 189 ff. – Broniowski/Polen; 19.6.2006 – 35014/97 Rn. 231 ff. – Hutten-Czapska/Polen; 15.1.2009 – 33509/04 Rn. 126 – Burdov/Russland; zust. *Breuer* EuGRZ 2004, 257 [260 ff.]; *Wildhaber* EuGRZ 2009, 541 [549 f.]; krit. *Frowein,* Liber Amicorum Delbrück, 2005, 279 [283]; HdBG/*Grabenwarter* § 169 Rn. 40). Damit reagiert der EGMR auf strukturelle Defizite in der betreffenden Rechtsordnung und auf die daraus resultierende Überlastung mit Beschwerden. Dadurch sollen die Mitgliedstaaten angehalten werden, Verstöße gegen die EMRK nicht nur im konkreten Fall und für die Zukunft, sondern ggf. auch für die Vergangenheit zu beseitigen (dazu *Breuer* EuGRZ 2008, 121 f.; HdBG/*Grabenwarter* § 169 Rn. 41 f.).

63 Der EGMR hat bereits vor diesen Entscheidungen wiederholt über die Vereinbarkeit von Gesetzen mit der EMRK aufgrund einer Individualbeschwerde entschieden, wobei die Begründung über den Einzelfall hinausgehende Wirkung hatte (dazu *Lambert-Abdelgawad* RTDH 2005, 203 [205 ff.]; *Wildhaber* EuGRZ 2009, 541 [547 f.]). Das ist an sich nicht mehr von Art. 46 gedeckt (*Breuer* EuGRZ 2004, 445 [449 ff.]; HdBG/*Grabenwarter* § 169 Rn. 42; *Meyer-Ladewig/Petzold* NJW 2005, 15 [18]; diff. *Schmahl* EuGRZ 2008, 369 [377 ff.]), zumal die Beschwerde zum EGMR subsidär und auf den Einzelfall bezogen ist (*Grabenwarter,* FS Machacek/Matscher, 2008, 129 [133]; *Meyer-Ladewig/Petzold* NJW 2005, 15 [18]). In der Brighton Declaration vom 20.4.2012 erklären die Konventionsstaaten, dass sie (auch im Hinblick auf die Fallzahlen beim EGMR) effektive Maßnahmen zur Implementierung der EMRK ergreifen. Dabei handelt es sich zwar nicht um eine Änderung der Konvention, aber um eine Erklärung der Vertragsstaaten, die – auch wenn es sich nicht um eine rechtlich bindende Erklärung handelt – bei der Auslegung der Pflichten der Mitgliedstaaten nach der EMRK zu berücksichtigen ist. Daher kann zumindest Art. 1 entnommen werden, dass die Mitgliedstaaten verpflichtet sind, nicht nur die vom Urteil erfasste Konventionsverletzung, sondern auch vergleichbare Verstöße für Vergangenheit und Zukunft zu beseitigen (s. auch *Schmahl* EuGRZ 2008, 369 [378]).

64 **4. Orientierungswirkung der Urteile.** Nach Art. 1 sind die Konventionsstaaten verpflichtet, auf die Einhaltung der EMRK hinzuwirken. Daher sind sie gehalten, auch die Entscheidungen gegen andere Mitgliedstaaten zum Anlass zu nehmen, die Vereinbarkeit der nationalen Regelungen mit der EMRK zu prüfen und ggf. anzupassen (BVerfG 14.10.2004 BVerfGE 111, 307 [320] = NJW 2004, 3407; 4.5.2011 BVerfGE 128, 326 = NJW 2011, 1931 Rn. 29; *Czerner,* AVR 46, 2008, 345 [347]; *Meyer-Ladewig* Art. 46 Rn. 16; *Ress* EuGRZ 1996, 350). Der Inhalt der EMRK ergibt sich nicht nur aus ihrem Text, sondern auch aus ihrer Interpretation durch den Gerichtshof als Richterrecht. Die Urteile des EGMR haben nach den Regelungen der EMRK zwar nicht die Wirkung von binding precedents, der Gerichtshof wirkt aber auf eine konsistente und kohärente Entscheidungspraxis hin (vgl. dazu Brighton Declaration v. 20.4.2012), so dass den einzelnen Urteilen eine Leitfunktion zukommt, so dass sie angesichts des Art. 1 auch von anderen Konventionsstaaten zu berücksichtigen sind (*Meyer-Ladewig* Art. 46 Rn. 18). Den Urteilen kommt somit eine Orientierungswirkung zu (HdBG/*Grabenwarter* § 169 Rn. 45). Dabei handelt es sich nicht um eine Bindungswirkung oder eine direkte Wirkung der Urteile, sondern um eine indirekte vermittels Art. 1 (vgl. *Frowein/Villinger* HRLJ 1988, 23 [40 f.]; *Pache* EuR 2004, 393 [406 f.]; *Ress* ZaöRV 2004, 621 [630]). Sie hat aber Einfluss auf das Handeln der staatlichen Gewalten in den Konventionsstaaten, insbesondere die Fachgerichte, → Rn. 41).

II. Generalsekretär des Europarats und Ministerkomitee

In die Durchsetzung der EMRK sind auch der **Generalsekretär** des Europarats und das Ministerkomitee einbezogen. Nach Art. 52 müssen die Konventionsstaaten auf Nachfrage des Generalsekretärs erklären, welche Regelungen des nationalen Rechts die Implementierung der Konvention sicherstellen. Diese Auskünfte müssen hinreichend detailliert sein, und der Generalsekretär ist berechtigt, diese an die anderen Vertragsstaaten oder die Parlamentarische Versammlung weiterzuleiten sowie zu veröffentlichen. Dieses Berichtsverfahren hat neben der Durchsetzung der EMRK durch den Gerichtshof keine besondere praktische Bedeutung (Frowein/Peukert/*Frowein* Art. 52 Rn. 2; Karpenstein/Mayer/*Thienel* Art. 52 Rn. 1). Ein periodisches Berichtswesen wie in der ESC gibt es nicht. Neben dem Generalsekretär und Gerichtshof behält das **Ministerkomitee** des Europarats seine allgemeinen Kompetenzen nach den Statuten des Europarats. Es überwacht die Umsetzung der Urteile des EGMR (Art. 46 II) und kann gegenüber einzelnen Vertragsstaaten Empfehlungen aussprechen. 65

III. Europäischer Menschenrechtsbeauftragter

Der Europarat hat seit 1999 auf der Grundlage der Resolution (99) 50 vom 7.5.1999 einen Menschenrechtsbeauftragten. Seine Aufgabe ist es, auf die effektive Wahrung der Menschenrechte hinzuwirken und die Konventionsstaaten bei der Implementierung der Menschenrechtsstandards zu unterstützen. Zu diesem Zweck soll er auch über den Schutz der Menschenrechte informieren und beraten. Zugleich soll er Kenntnis und Bewusstsein für die Europäischen Menschenrechte stärken, mögliche Defizite in der Verwirklichung der EMRK aufdecken und die Aktivitäten der nationalen Menschenrechtsbeauftragten oder anderer Einrichtungen zur Verwirklichung der Menschenrechte unterstützen. Der Beauftragte besucht zu diesem Zweck die Konventionsstaaten, ihre Institutionen, aber auch Nichtregierungsorganisationen und andere Repräsentanten der Zivilgesellschaft, fertigt über die Menschenrechtssituation in den Mitgliedstaaten Berichte an und gibt Empfehlungen. Zudem hat er das Recht, sich als Dritter an den Beschwerdeverfahren vor dem EGMR zu beteiligen. Er hat aber keine richterliche Gewalt und kann nicht über Individualbeschwerden entscheiden. Er kann jedoch angesichts der Beschwerden beim EGMR oder den sonst festgestellten Defiziten bei der Umsetzung der EMRK politische Initiativen ergreifen, die auch dem Schutz des Einzelnen dienen können. Darüber hinaus greift der Beauftragte spezielle Themen auf und veröffentlicht Stellungnahmen und Berichte, um Menschenrechtsverletzungen vorzubeugen. 66

G. Wirkung auf das nationale Recht

I. Wirkung und Rang der EMRK im nationalen Recht

Die EMRK hat innerstaatliche Geltung und ihre materiellen Gewährleistungen sind nach allg. Verständnis im Verhältnis zum Staat unmittelbar anzuwenden (GMD/*Giegerich* Kap. 2 Rn. 45). Der Streit darüber, ob die EMRK als Völkerrecht oder als transformiertes nationales Recht gilt (Vollzugstheorie oder Transformationstheorie), bleibt wegen der Annäherung beider Ansätze ohne Bedeutung (dazu GMD/*Giegerich* Kap. 2 Rn. 45; *Kunig* in Vitzthum, Völkerrecht, 2013, 116 f.; *Steinberger* ZaöRV 1988, 1 [3 f.]). 67

Die EMRK gibt den Mitgliedstaaten nicht vor, welchen Rang die Konventionsrechte im nationalen Recht haben (BVerfG 14.10.2004 BVerfGE 111, 307 [316] = NJW 2004, 3407; *Ruffert* EuGRZ 2007, 245 [246]). Ein Anwendungsvorrang lässt sich anders als im Unionsrecht nicht begründen (vgl. *van Dijk,* FS Ermacora, 1988, 631 [635]; HdBG/*Grabenwarter* § 169 Rn. 5; GMD/*Giegerich* Kap. 2 Rn. 16). Daher haben sich in den Mitgliedstaaten des Europarats unterschiedliche Einordnungen in die Rechtsquellenhierarchie entwickelt. Sie 68

40 EMRK Art. 1 — Verpflichtung zur Achtung der Menschenrechte

hat zum Teil denselben Rang wie die Verfassung (zB Österreich, Niederlande, dazu HdBG/*Grabenwarter* § 169 Rn. 6), zum Teil einen Rang unterhalb der Verfassung, aber über dem einfachen Recht (zB Belgien, Frankreich, Griechenland, Luxemburg, Spanien; HdBG/*Grabenwarter* § 169 Rn. 7) und zum Teil steht sie im Rang des einfachen Rechts, wird aber zur Auslegung der nationalen Grundrechte herangezogen (zB Italien, Schweden, Deutschland; HdBG/*Grabenwarter* § 169 Rn. 10).

69 In Deutschland hat die EMRK infolge ihrer Ratifikation durch ein Bundesgesetz nach Art. 59 II GG den Rang **einfachen Bundesrechts** (hM, BVerfG 13.1.1987 BVerfGE 74, 358 [370] = NJW 1987, 2399; 14.10.2004 BVerfGE 111, 307 [315 f.] = NJW 2004, 3407; 4.5.2011 BVerfGE 128, 326 = NJW 2011, 1931 Rn. 87; 18.8.2013 NJW 2013, 3714 Rn. 27; *Bernhardt* EuGRZ 1996, 339; *Czerner* EuR 2007, 537 [544 ff.]; HdBG/*Grabenwarter* § 169 Rn. 12; *Ruffert* EuGRZ 2007, 245 [246 f., 254]; *Uerpmann* JZ 2001, 565 [570]; *Sommermann* AöR 114, 1989, 391 [407 f.]). Das hat das BVerfG wiederholt angenommen (BVerfG 13.1.1987 BVerfGE 74, 358 [370] = NJW 1987, 2399; 14.10.2004 BVerfGE 111, 307 [315 f.] = NJW 2004, 3407; 4.5.2011 BVerfGE 128, 326 = NJW 2011, 1931 Rn. 87).

70 Für eine übergesetzliche Wirkung hat die Literatur zum Teil auf **Art. 24 GG** verwiesen, was aber eine zwischenstaatliche Einrichtung voraussetzt (so *Everling* EuR 2005, 411 [416 ff.]; *Langenfeld*, FS Ress, 2002, 95 [99 ff.]; MD/*Randelzhofer* Art. 24 Rn. 12; *Walter* ZaöRV 1999, 961 [974 ff.]; **aA** BK/*Tomuschat* GG Art. 24 Rn. 115; MK/*Rojahn* GG Art. 24 Rn. 26; *Ruffert* EuGRZ 2007, 245 [247]; Sachs/*Streinz* GG Art. 24 Rn. 31; *Weigand* StV 2000, 384 [386]; vgl. auch Umbach/Clemens/*Deiseroth* GG 2002 Art. 24 Rn. 22 ff.). Im Gegensatz zur EU ist mit der Mitgliedschaft im Europarat jedoch keine Übertragung von Hoheitsrechten verbunden, auch wenn sich aus der Konvention subjektive Rechte ergeben und eine Individualbeschwerde eröffnet wird, die zur Verurteilung des Mitgliedstaates führt. Zudem besteht die EMRK jedenfalls nicht im Ganzen aus allgemeinen Regeln des Völkerrechts iSv **Art. 25 S. 2 GG,** die Vorrang vor dem einfachen Gesetz haben (MK/*Rojahn* GG Art. 25 Rn. 6, 18 f.; Sachs/*Streinz* GG Art. 25 Rn. 69; *Uerpmann* 64 ff., 78 ff.; **aA** HdBG/*Grabenwarter* § 169 Rn. 22; *Meyer-Ladewig* Einl. Rn. 33; MKS/*König* GG Art. 25 Rn. 29). Das gilt höchstens für einzelne Rechte, wie das Recht auf Leben oder das Folterverbot (BVerfG 28.4.1965 – 1 BvR 346/61 BVerfGE 19, 1 = NJW 1965, 1427; 8.4.2004 StV 2004, 440 [441]; OLG München 10.7.1995 InfAuslR 1995, 382 [383]; *Ruffert* EuGRZ 2007, 245 [246 f.]; *Weigand* StV 2000, 384 [386]). Zum Teil wird eine Inkorporation der EMRK in die Verfassung auch mit dem Rechtsstaatsprinzip begründet (GMD/*Giegerich* Rn. 64 ff.).

71 Ein darüber hinausgehender Vorrang der EMRK ergibt sich nicht aus Art. 1 II GG (BVerfG 4.5.2011 BVerfGE 128, 326 = NJW 2011, 1931 Rn. 90; *Ruffert* EuGRZ 2007, 245 [247]; **aA** *Echterhölter* JZ 1955, 689 [691]; *Hoffmeister* Der Staat 40, 2001, 349 [368 f.]). Allerdings stützt die Regelung eine völkerrechtsfreundliche Auslegung des GG (vgl. GMD/*Giegerich* Kap. 2 Rn. 80 ff.; Karpenstein/Mayer/*Mayer* Einl. Rn. 103). Im Übrigen bleibt die EMRK dem Rang nach einfaches Recht. Wegen der Völkerrechtsfreundlichkeit des GG ergeben sich bei der Rechtsquellenlehre für die EMRK jedoch Besonderheiten. Es gilt grds. weder die lex-posterior-Regel noch die lex-specialis-Regel (BVerwG 16.12.1999 BVerwGE 110, 203 [214] = NVwZ 2000, 815; HdBG/*Grabenwarter* § 169 Rn. 13; *Grupp/Stelkens* DVBl. 2005, 133 [134]; *Klein* JZ 2004, 1176). Zur völkerrechtsfreundlichen Auslegung des GG → Rn. 77, 79. In Österreich kommt der EMRK von vornherein Verfassungsrang zu (HdBG/*Schäffer* § 186 Rn. 66 ff.), so dass sich ihr Vorrang bereits aus der Normhierarchie ergibt.

II. Günstigkeitsprinzip (Art. 53)

72 Die EMRK regelt einen menschenrechtlichen **Mindeststandard.** Die Auslegung des nationalen Rechts nach ihren Vorgaben darf daher die Grundrechte in Deutschland nicht beschränken oder beeinträchtigen (Günstigkeitsprinzip). Jede weitergehende Gewährleis-

tung von Menschenrechten im nationalen Recht bleibt bestehen. Das betrifft im GG insbesondere die wirtschaftsbezogenen Grundrechte in Art. 12 GG und Art. 14 GG, die nicht im gleichen Umfang in der EMRK abgebildet werden, ebenso für den Schutz der Familie durch Art. 6 GG und die zum Teil weitergehenden Gewährleistungen in Art. 9 III GG (vgl. HdBG/*Grabenwarter* § 169 Rn. 27).

Die Anwendung des Günstigkeitsprinzips ist im **Privatrecht** aber dadurch erschwert, dass 73 es sich regelmäßig um mehrpolige Grundrechtsverhältnisse handelt und widerstreitende Grundrechtspositionen in Ausgleich zu bringen sind (dazu GMD/*Giegerich* Kap. 2 Rn. 74; *Grabenwarter/Pabel* § 2 Rn. 16; *Hoffmann-Riem* EuGRZ 2006, 492 [499]). Ein intensiverer Grundrechtsschutz einer Privatperson hat zugleich (belastende) Auswirkungen auf andere. Das Günstigkeitsprinzip muss daher zumindest zurücktreten, soweit der höhere Grundrechtsschutz der einen Privatperson den Grundrechtsschutz einer anderen vermindert, so dass er hinter der EMRK zurückbleibt (HdBG/*Grabenwarter* § 169 Rn. 28; vgl. aber GMD/ *Giegerich* Kap. 2 Rn. 74). De facto führt das dazu, dass sich der Grundrechtsschutz ggf. auf das Niveau der EMRK verringert (vgl. EGMR 29.10.1992 – 14234/88 – Open Door and Dublin Well Woman/Irland). Im Ergebnis muss es darum gehen, dass sich der grundrechtliche Schutz für keinen Grundrechtsträger verschlechtert (vgl. GMD/*Giegerich* Kap. 2 Rn. 74).

Um solche – möglicherweise unerwünschten – Harmonisierungseffekte des Art. 53 zu 74 vermeiden, wird zum Teil eine sog. **Korridorlösung** vorgeschlagen. Diese verweist darauf, dass Art. 53 seine Funktion in mehrpoligen Grundrechtsverhältnissen nicht erfüllen kann und will den Konflikt zwischen nationalem Recht und EMRK dadurch entschärfen, dass sie den Konventionsstaaten Raum für eigene Lösungen lässt (*Mayer* EuGRZ 2011, 234). Im Grunde geht es um die Einräumung eines **Beurteilungsspielraums,** den der Gerichtshof gerade beim Zusammentreffen mehrerer Rechte in der Regel relativ großzügig einräumt (GMD/*Giegerich* Kap. 2 Rn. 74; → Rn. 19). Der Beurteilungsspielraum dient insofern als notwendiges Regulativ, um im mehrstufigen System aus nationalem und internationalem Recht die Handhabbarkeit für den Rechtsanwender sicherzustellen. Was die Vorgabe aus Art. 53 angeht, ist darüber hinaus in Bedacht zu nehmen, dass die Grundidee des Art. 53, dass sich keiner der Grundrechtsträger in seiner Rechtsstellung verschlechtern soll, für alle Privatpersonen gilt, die an einem mehrpoligen Rechtsverhältnis beteiligt sind. Insofern muss das darin enthaltene Verschlechterungsverbot letztlich gebieten, dass nicht die rechtliche Stellung nur eines Grundrechtsträgers in den Blick genommen wird, sondern auch die Rechtsposition der anderen. Daher ist eher die vom Konventionsstaat, von den deutschen Gerichten, hergestellte praktische Konkordanz der Vergleichsmaßstab, an dem sich die Wahrung des Art. 53 messen lassen muss

III. Einwirkung der EMRK auf das nationale Recht

Alle staatlichen Organe sind verpflichtet, die Urteile unter Aufsicht des Ministerkomitees 75 (Art. 46 II) zu vollziehen. Sie müssen dazu individuelle bzw. allgemeine Maßnahmen ergreifen, um die Verletzung abzustellen und den Folgen abzuhelfen (EGMR 17.2.2004 – 39748/98 Rn. 47 – Maestri/Italien; 22.6.2004 – 31443/96 Rn. 192 – Broniowski; *Meyer-Ladewig* Einl. Rn. 33; *Ruffert* EuGRZ 2007, 245 [249]). Dabei müssen die staatlichen Organe im Rahmen ihrer Zuständigkeit handeln. Exekutive und Judikative bleiben an Recht und Gesetz gebunden, so dass sie nur bis zur Grenze einer methodisch zulässigen Auslegung agieren können (Art. 20 III GG).

Sofern die Konventionsverletzung von einem **Gesetz** ausgeht, ist das Gesetz aufzuheben. 76 Die Verpflichtung dazu ergibt sich für die Legislative nicht unmittelbar aus dem Völkerrecht. Aber die Verpflichtung der Legislative als Staatsgewalt auf das Völkerrecht, das Prinzip der Rechtsklarheit und die Widerspruchsfreiheit der Rechtsordnung machen eine solche Korrektur der Rechtsordnung erforderlich (dazu *Ruffert* EuGRZ 2007, 245 [251]). Das Urteil des EGMR hat keine kassatorische Wirkung und löst auch keinen Anwendungsvorrang aus.

40 EMRK Art. 1 — Verpflichtung zur Achtung der Menschenrechte

Konventionswidrige **Verwaltungsakte** sind aufzuheben (*Klein* JZ 2004, 1176 [1177]; *Meyer-Ladewig* Art. 46 Rn. 27; *Ruffert* EuGRZ 2007, 245 [251]). Ggf. bedarf es auch der Anpassung der Verwaltungspraxis für die Zukunft (BVerfG 14.10.2004 BVerfGE 111, 307 [315 ff.] = NJW 2004, 3407). Konventionswidrige **Gerichtsentscheidungen,** die bereits in Rechtskraft erwachsen sind, verlieren diese durch die Entscheidung des EGMR nicht automatisch (dazu *Ruffert* EuGRZ 2009, 245 [249]). Es bedarf vielmehr eines Wiederaufnahmeverfahrens nach Maßgabe des nationalen Rechts, das der Gerichtshof nicht selbst anordnen kann. Nach § 580 Nr. 8 ZPO, § 79 ArbGG ist eine Restitutionsklage möglich, wenn der EGMR eine Konventionsverletzung festgestellt hat und das Urteil darauf beruhte. Im Verfahren ist die Entscheidung des EGMR zu berücksichtigen. Das gilt auch im Rechtsmittelverfahren, falls die Gerichtsentscheidung noch nicht rechtskräftig war. Das Urteil des EGMR ist darüber hinaus bei erneuten Entscheidungen über vergleichbare Sachverhalte in Bedacht zu nehmen.

77 Das BVerfG hat in der Görgülü-Entscheidung die **Anforderungen an die Berücksichtigung** der Urteile des EGMR zusammengefasst und konkretisiert (BVerfG 14.10.2004 BVerfGE 111, 307 [319 ff.] = NJW 2004, 3407; bestätigend BVerfG 26.2.2008 BVerfGE 120, 180 [200 f.] = NJW 2008, 1793; 4.5.2011 BVerfGE 128, 326 = NJW 2011, 1931 Rn. 82 ff.; 18.8.2013, NJW 2013, 3714 Rn. 27). Die Gerichte sind nach Art. 20 III GG zur völkerrechtsfreundliche Auslegung verpflichtet. Das Fachgericht muss die einschlägigen Urteile des EGMR erkennbar würdigen und seine Entscheidung diesbzgl. nachvollziehbar begründen (BVerfG 14.10.2004 BVerfGE 111, 307 [324 ff.] = NJW 2004, 3407; GMD/*Giegerich* Kap. 2 Rn. 20; Karpenstein/Mayer/*Mayer* Einl. Rn. 83). Das gilt nicht nur, wenn Deutschland verurteilt wurde, sondern auch für alle anderen Entscheidungen, da sie über die Rechtskraft hinaus Orientierungswirkung für die übrigen Konventionsstaaten entfalten. Aus verfassungsrechtlicher Sicht besteht zwar keine durch Art. 20 III, 59 II GG vermittelte Bindung, aber die Völkerrechtsfreundlichkeit des GG zielt darauf, Konflikte mit der EMRK zu vermeiden, so dass auch die faktische Präzedenzwirkung der Urteile zu berücksichtigen ist (BVerfG 4.5.2011 BVerfGE 128, 326 = NJW 2011, 1931 Rn. 89; IK-EMRK/*Fastenrath* Rn. 170; *Ruffert* EuGRZ 2007, 245 [251 f.]). Insofern sind stets alle nach dem Streitgegenstand einschlägigen Urteile des Gerichtshofs heranzuziehen. Die völkerrechtsfreundliche Auslegung findet dort ihre Grenze, wo eine Auslegung bzw. Rechtsfortbildung nicht mehr methodengerecht möglich ist (BVerfG 14.10.2004 BVerfGE 111, 307 [329] = NJW 2004, 3407; 4.5.2011 BVerfGE 128, 326 [371] = NJW 2011, 1931 Rn. 93; 22.10.2014 NZA 2014, 1387 Rn. 129). Es bedarf dann einer Gesetzesänderung. Sofern das Fachgericht die EMRK und die Urteile des EGMR nicht ausreichend berücksichtigt, kann die beschwerte Partei zwar keine Verfassungsbeschwerde unter Verweis auf die Verletzung eines Menschenrechts nach der EMRK erheben (BVerfG 13.1.1987 BVerfGE 74, 102 [128] = NJW 1987, 2399; 14.10.2004 BVerfGE 111, 307 [317] = NJW 2004, 3407; 4.5.2011 BVerfGE 128, 326 = NJW 2011, 1931 Rn. 87; 18.8.2013 NJW 2013, 3714 Rn. 27; GMD/*Giegerich* Kap. 2 Rn. 70). Es liegen aber eine Verletzung der Menschenwürde und ein Verstoß gegen das Willkürverbot vor. Der Grundrechtsträger kann gegen das Urteil wegen der Verletzung von Art. 1 GG und Art. 20 III GG iVm Art. 2 I GG bzw. der spezielleren nationalen Grundrechtsverbürgung Urteilsverfassungsbeschwerde erheben (*Klein* JZ 2005, 1176 [1178]). Nach Ausschöpfung des Rechtswegs bleibt die Beschwerde zum EGMR.

78 Die Umsetzung der EMRK im nationalen Recht macht es erforderlich, die Entscheidungen des EGMR in die Rechtsordnung einzupassen. Das gilt – so das BVerfG – umso mehr, wenn ein in seinen Rechtsfolgen ausbalanciertes Teilsystem vorliegt. Schwierigkeiten können sich insbesondere bei Rechtspositionen und Interessen in mehrpoligen Rechtsverhältnissen ergeben, bei denen ein Ausgleich widerstreitender Interessen erfolgt und Konventionsrechte nicht vollständig abgebildet werden (BVerfG 14.10.2004 BVerfGE 111, 307, 327 = NJW 2004, 3407; 4.5.2011 BVerfGE 128, 326 = NJW 2011, 1931 Rn. 94; 18.8.2013 NJW 2013, 3714 Rn. 27; 22.10.2014 NZA 2014, 1387 Rn. 128 f.; krit. *Ruffert* EuGRZ 2007, 245 [252 f.]). Diese Einschränkung des BVerfG kritisiert die Literatur zum Teil als

nicht dogmatisch begründet, weil die Bindung an die Konventionsrechte bei ein- und mehrpoligen Grundrechtsverhältnissen gleich sei. Allerdings können sich die Konventionsrechte in mehrpoligen Rechtsverhältnissen nicht ohne Rücksicht auf die gegenläufigen Interessen und Rechte durchsetzen. Ebenso wie bei der Anwendung des Günstigkeitsprinzips (→ Rn. 73) unterliegt die nicht von der Konvention erfasste gegenläufige Rechtsposition einem Anpassungsdruck, weil ihr Aufrechterhalten dazu führte, dass sich das Konventionsgrundrecht nur eingeschränkt verwirklichen kann. Um dieses strukturelle Problem zu lösen, das sich aus dem Nebeneinander von Abwehrrechten und Gewährleistungspflichten ergibt, hilft der EGMR insbesondere ab, indem er den Konventionsstaaten einen weiten Gestaltungsspielraum zuerkennt (→ Rn. 19).

Die Pflicht zur völkerrechtsfreundlichen Auslegung erfasst nicht nur das einfache Recht, **79** sondern auch die **Verfassung,** soweit eine Auslegung möglich ist (BVerfG 13.1.1987 BVerfGE 74, 358 [370] = NJW 1987, 2399; 14.11.1989 BVerfGE 83, 119 [128] = NJW 1991, 1043; 14.10.2004 BVerfGE 111, 307 [317] = NJW 2004, 3407; 26.2.2008 BVerfGE 120, 180 [200 f.] = NJW 2008, 1793; 4.5.2011 BVerfGE 128, 326 = NJW 2011, 1931 Rn. 86, 88; dazu *Bergmann* EuGRZ 2004, 620 [621 f.]; *Czerner* EuR 2007, 537 [551 f.]; *Klein* JZ 2004, 1176 [1177]; vgl. GMD/*Giegerich* Kap. 2 Rn. 71 ff.). Das GG ist völkerrechtsfreundlich und inhaltlich auf die Menschenrechte ausgerichtet, was insbesondere Art. 1 II bestätigt (BVerfG 14.10.2004 BVerfGE 111, 307, 329 = NJW 2004, 3407; 4.5.2011 BVerfGE 128, 326 = NJW 2011, 1931 Rn. 86, 89 f.; *Grupp/Stelkens* DVBl. 2005, 133 [134]; *Ruffert* EuGRZ 2007, 245 [247]; *Uerpmann* 112 ff.). Eine völkerrechtsfreundliche Auslegung der Grundrechte und der rechtsstaatlichen Grundsätze ist nur zulässig, wenn der Grundrechtsschutz des GG nicht vermindert wird (Art. 53; BVerfG 4.5.2011 BVerfGE 128, 326 = NJW 2011, 1931 Rn. 93). Zudem darf der Auslegung nach der Rechtsprechung des BVerfG kein tragender Grundsatz der Verfassung normativ entgegenstehen, der keinen Auslegungsspielraum lässt (BVerfG 4.5.2011 BVerfGE 128, 326 = NJW 2011, 1931 Rn. 86, 89, 93). Die konventionsfreundliche Auslegung findet dort ihre Grenze, wo die anerkannten Auslegungsmethoden keine Anpassung an die Vorgaben der EMRK mehr zulassen (BVerfG 14.10.2004 BVerfGE 111, 307 [329] = NJW 2004, 3407; 4.5.2011 BVerfGE 128, 326 = NJW 2011, 1931 Rn. 93; *Bernhardt,* FS Steinberger, 2002, 391 [397 ff.]; *Peters* ZÖR 65, 2010, 3 [59 ff.]). Diese Maßgabe führt allerdings nicht dazu, dass ein Konventionsverstoß unter Verweis auf die Verfassung fortbestehen kann. Deutschland bleibt als Vertragsstaat an die EMRK gebunden und ist nach Art. 1 verpflichtet, deren Rechte zu garantieren. Daher bedarf es in solchen Fällen einer Grundgesetzänderung. Schließlich weist das BVerfG zu Recht darauf hin, dass die Begriffe der EMRK und des EGMR nicht schematisch auf das GG übertragen werden können, sondern vielmehr die Wertungen der EMRK in die Verfassung aufzunehmen sind (BVerfG 4.5.2011 BVerfGE 128, 326 = NJW 2011, 1931 Rn. 86, 91 f.). Es handelt sich letztlich um autonome Begriffsinterpretationen, so dass im Einzelfall zu prüfen ist, ob das Begriffsverständnis des GG angepasst oder eine andere Umsetzung gefunden werden soll.

Die staatlichen Organe sind nicht mehr zur Umsetzung der Urteile des EGMR ver- **80** pflichtet, wenn sich die maßgebenden tatsächlichen bzw. rechtlichen Verhältnisse geändert haben und dadurch die Kernaussage des EGMR nicht mehr einschlägig ist. Im Falle einer Verurteilung Deutschlands findet die materielle Rechtskraft eine zeitliche Grenze. Sofern es sich nur um ein Urteil mit Orientierungswirkung handelte, ist eben jene verloren gegangen.

Abschnitt I. Rechte und Freiheiten

Art. 2 Recht auf Leben

(1) ¹Das Recht jedes Menschen auf Leben wird gesetzlich geschützt. ²Niemand darf absichtlich getötet werden, außer durch Vollstreckung eines Todesurteils, das ein Gericht wegen eines Verbrechens verhängt hat, für das die Todesstrafe gesetzlich vorgesehen ist.

(2) Eine Tötung wird nicht als Verletzung dieses Artikels betrachtet, wenn sie durch eine Gewaltanwendung verursacht wird, die unbedingt erforderlich ist, um

a) jemanden gegen rechtswidrige Gewalt zu verteidigen;
b) jemanden rechtmäßig festzunehmen oder jemanden, dem die Freiheit rechtmäßig entzogen ist, an der Flucht zu hindern;
c) einen Aufruhr oder Aufstand rechtmäßig niederzuschlagen.

A. Normzweck und Bedeutung

1 Art. 2 gehört zu den fundamentalen Menschenrechten. Er verbietet zum einen die absichtliche Tötung (Art. 2 I 2, 1. HS) und regelt zum anderen, unter welchen Voraussetzungen eine Gewaltanwendung zulässig ist, die zum Tod führen kann (Art. 2 I 2, 2. HS, II). Zudem wird grds. ein gesetzlicher Schutz des Lebens vorgesehen (Art. 2 I 1).

2 Für das **Arbeitsrecht** ist Art. 2 I nur relevant, soweit Gefahren für das Leben des Arbeitnehmers bestehen und den Staat eine Gewährleistungspflicht trifft, der er nicht hinreichend nachgekommen ist. Diese betrifft vor allem den materiellen, präventiven Schutz des Rechtsguts Leben.

B. Schutzgut

3 Art. 2 erfasst nur die Tötung eines Menschen. Im Ausnahmefall kommt er ohne einen **Todesfall** zur Anwendung (zB Mordversuch), wobei der EGMR vor allem auf Art, Ausmaß und Absicht der Gewaltanwendung abstellt (EGMR 20.12.2004 – 50385/99 Rn. 49, 51, 55 – Makaratzis/Griechenland; 24.2.2005 – 57950/00 Rn. 175 – Isayeva/Russland; vgl. GMD/*Alleweldt* Kap. 10 Rn. 51 f.; *Meyer-Ladewig* Rn. 4). Nicht ausdrücklich eingeschlossen ist der Schutz des **ungeborenen Lebens**. Der EGMR hat es im Anschluss an die Kommission wegen des offenen Wortlauts der Norm („everyone"/„toute personne") dahinstehen lassen, ob der nasciturus in den Schutzbereich fällt (EGMR 8.7.2004 – 53924/00 Rn. 80 – Vo/Frankreich; dazu GMD/*Alleweldt* Kap. 10 Rn. 14 ff.; *Meyer-Ladewig* Rn. 3; ausf. IK-EMRK/*Lagodny* Rn. 24 ff.), jedenfalls besteht nach der Rechtsprechung kein Schutz gegen Abtreibung, weil diesbezüglich kein gemeinsamer europäischer Standard besteht (EKMR 5.9.2002 – 50490/99 – Boso/Italien; 10.4.2007 – 6339/05 Rn. 54 ff. – Evans/Vereinigtes Königreich). Insofern haben die Konventionsstaaten Gestaltungsspielraum. Etwas anderes wollte jedoch für den Schutz des nasciturus durch das Handeln Dritter iRd Mutterschutzes gelten, da der Mutterschutz bereits seit 1919 Teil des Rechts der IAO, aber auch der Mitgliedsstaaten ist.

4 Der mangelnde Schutz des ungeborenen Lebens hat zur Folge, dass Art. 2 I auf der Grundlage der bestehenden Rechtsprechung nicht vor entsprechenden Lebensgefahren im Zuge der Berufsausübung schützt. Der Schutz der Schwangeren lässt sich zwar auf diese Norm zurückführen, aber nicht der Schutz des nasciturus, wenn sich die bestehende Rechtsprechung nicht ändert. Insofern lässt sich nur auf den Schutz des Familienlebens aus Art. 8 I zurückgreifen (→ Art. 8 Rn. 12).

C. Gewährleistungspflichten

Der EGMR hat wiederholt Gewährleistungspflichten zum Schutz des Lebens aus Art. 2 I 5
abgeleitet. Diese sind zum Teil auf den präventiven Schutz des Lebens, zum Teil auf ein nachträgliches Einschreiten angelegt. Sie erfassen sowohl den materiellen Schutz des Rechtsguts, machen aber auch prozedurale Vorgaben (vgl. IK-EMRK/*Lagodny* Rn. 9; Karpenstein/Mayer/*Schübel-Pfister* Rn. 31, 34, 40). Der EGMR verlangt insbesondere, dass die Tötung strafrechtlich sanktioniert und die Strafverfolgung organisiert wird (ausf. GMD/ *Alleweldt* Kap. 10 Rn. 86 ff.; Karpenstein/Mayer/*Schübel-Pfister* Rn. 30 ff.; *Meyer-Ladewig* Rn. 20 ff.), wobei eine nicht absichtliche Tötung nicht in jedem Fall ein Einschreiten der Strafjustiz notwendig machen soll (so *Meyer-Ladewig* Rn. 11). Darüber hinaus sei der Staat verpflichtet sicherzustellen, dass Personen das absolut Notwendige für den Lebensunterhalt zur Verfügung haben (EGMR 3.5.2005 – 19872/02 Rn. 18 – Vasilenkov/Ukraine; dazu *Meyer-Ladewig* Rn. 10). Dabei geht es aber nicht um die Sicherung des früheren oder eines minimalen Lebensstandards, sondern nur darum, dass Armut nicht zum Tod von Menschen führen darf. Eine weitergehende Schutzpflicht lässt sich aus Art. 2 I angesichts des Schutzguts nicht ableiten. Die EMRK bleibt somit weit hinter Art. 4 ESC zurück.

Darüber hinaus wird eine Schutzpflicht bei **Umweltgefahren** befürwortet, die ernstlich 6
das Leben gefährdet (EGMR 9.6.1998 – 23413/94 Rn. 36 ff. – L. C. B./Vereinigtes Königreich; 30.1.2004 – 48939/99 Rn. 89 f., 109 f. – Öneryildiz/Türkei; 20.3.2008 – 15339/02 Rn. 146 – Budayeva/Russland; *Meyer-Ladewig* Rn. 13; *ders.* NVwZ 2007, 25 [29]). Die Konventionsstaaten seien aus Art. 2 I verpflichtet, bei gefährlichen Anlagen Vorsorge zu treffen (insbesondere Genehmigungspflicht, Überwachung, Sanktion bei Verstößen gegen Standards zum Gesundheitsschutz). Dieser Schutz kann nicht nur die Nachbarn der Anlage erfassen, sondern muss auch die Arbeitnehmer einschließen, die beim Betrieb der Anlage tätig sind. Eine vergleichbare Pflicht zum Gesundheitsschutz muss auch bei **Gesundheitsgefahren** bestehen, die sich nicht aus Umweltgefahren ieS, sondern aus der Gefährlichkeit der konkreten beruflichen Tätigkeit für das Leben des Beschäftigten ergeben, zumal sich der Arbeitnehmer aufgrund seiner Arbeitspflicht dieser Gefahr aussetzen muss. Der EGMR hat jüngst entschieden, dass die Konventionsstaaten handeln müssen, um Menschenleben zu schützen, indem sie für technische Maßnahmen und die Informationen der Betroffenen sorgen (EGMR 5.12.2013 – 52806/09 ua Rn. 220, 224 f. – Vilnes/Norwegen; 24.7.2014 – 60908/11 Rn. 101 – Brincat/Malta; ähnlich bereits EGMR 9.5.2006 – 60255/00 Rn. 55 f. – Henrique Pereira/Luxemburg). Damit überträgt er seine für andere Bereiche entwickelte Rechtsprechung konsequent auf Gefahren am Arbeitsplatz. Die Umsetzung dieser Schutzpflicht erfolgt idR durch das technische Arbeitsschutzrecht. Aufgrund der detaillierteren Regelungen im nationalen Recht sowie den Vorgaben in den IAO-Konventionen und Art. 3, 7, 8 ESC ist Art. 2 I wohl kaum von praktischer Bedeutung. Sofern es an Informationen über Gesundheitsgefahren fehlt, liegt zugleich eine Beeinträchtigung einer Gewährleistungspflicht aus Art. 8 I vor (EGMR 24.7.2014 – 60908/11 Rn. 102 – Brincat/Malta).

Anerkannt ist weiter eine Gewährleistungspflicht des Staates, das **öffentliche Gesundheits-** 7
wesen sicherzustellen (EGMR 4.5.2000 – 5305/99 – Powell/Vereinigtes Königreich; 9.3.2004 – 61827/00 – Glass/Vereinigtes Königreich; GMD/*Alleweldt* Kap. 10 Rn. 105; *Meyer-Ladewig* Rn. 15). Zu diesem Zweck sind insbesondere adäquate Anforderungen an die Qualität von Ärzten und Pflegepersonal erforderlich. Allerdings besteht kein Anspruch auf eine kostenlose medizinische Versorgung (EKMR 1.7.1998 – 31228/96 – Benedetti/Italien; vgl. auch EGMR 4.1.2005 – 14462/03 – Pentiacova/Moldawien; dazu IK-EMRK/*Lagodny* Rn. 16). Etwas anderes kann höchstens bei einer diskriminierenden Verweigerung des Zugangs zur medizinischen Versorgung gelten, Art. 14 (dazu GMD/*Alleweldt* Kap. 10 Rn. 105).

Nach der Rechtsprechung des EGMR gibt Art. 2 I den Konventionsstaaten auch vor, einen 8
wirksamen **Rechtsschutz** vorzuhalten. Dieser kann strafrechtliche Sanktionen bzw. eine

Schadensersatzpflicht vorsehen. Letzteres genügt gerade bei fahrlässigen Tötungen (EGMR 17.1.2002 – 32967/96 Rn. 49, 51 – Calvelli and Ciglio/Italien; 5.3.2009 – 77144/01 Rn. 31 ff. – Colak and Tsakiridis/Deutschland; 23.3.2010 – 4864/05 Rn. 66 – Oyal/Türkei).

Art. 4 Verbot der Sklaverei und der Zwangsarbeit

(1) Niemand darf in Sklaverei oder Leibeigenschaft gehalten werden.

(2) Niemand darf gezwungen werden, Zwangs- oder Pflichtarbeit zu verrichten.

(3) Nicht als Zwangs- oder Pflichtarbeit im Sinne dieses Artikels gilt:

a) eine Arbeit, die üblicherweise von einer Person verlangt wird, der unter den Voraussetzungen des Artikels 5 die Freiheit entzogen oder die bedingt entlassen worden ist;

b) eine Dienstleistung militärischer Art oder eine Dienstleistung, die an die Stelle des im Rahmen der Wehrpflicht zu leistenden Dienstes tritt, in Ländern, wo die Dienstverweigerung aus Gewissensgründen anerkannt ist;

c) eine Dienstleistung, die verlangt wird, wenn Notstände oder Katastrophen das Leben oder das Wohl der Gemeinschaft bedrohen;

d) eine Arbeit oder Dienstleistung, die zu den üblichen Bürgerpflichten gehört.

A. Normstruktur und Bedeutung der Norm

1   Art. 4 enthält kein Freiheitsrecht, sondern **Verbote** für besonders gravierende Eingriffe in die Freiheit der Person, insbesondere die Selbstbestimmung des Einzelnen: das Verbot der Sklaverei, der Leibeigenschaft, der Zwangs- und Pflichtarbeit. Der EGMR sieht Art. 4 zusammen mit Art. 2 und 3 als Grundwerte einer demokratischen Gesellschaft an (EGMR 26.7.2005 – 73316/01 Rn. 82, 112 – Siliadin/Frankreich; 7.1.2010 – 25965/04 Rn. 283 – Rantsev/Zypern und Russland). Während Sklaverei und Leibeigenschaft absolut verboten sind (Art. 4 I) und selbst im Notstandsfall keine Ausnahme nach Art. 15 zulässig ist (EGMR 26.7.2005 – 73316/01 Rn. 112 – Siliadin/Frankreich; 7.7.2011 – 37452/02 Rn. 116 – Stummer/Österreich), erlaubt die EMRK in enumerativ aufgezählten Fällen ausnahmsweise Zwangs- und Pflichtarbeiten (Art. 4 III). Der EGMR hat die Norm darüber hinaus auf den Menschenhandel erweitert (→ Rn. 7 f.). Die Verbote verpflichten einerseits den Staat, eine solche Inpflichtnahme zu unterlassen, andererseits muss er solchen Freiheitsbeschränkungen durch Private entgegenwirken (→ Rn. 12 f.).

2   Art. 4 I hat für das **Arbeitsrecht** in den Grenzbereichen zur illegalen Beschäftigung Bedeutung. Das betrifft insbesondere die Beschäftigten in Privathaushalten (Hausangestellte) sowie im sog. Rotlichtmilieu, wobei gerade Ausländer Opfer solcher Straftaten werden (vgl. Bundeskriminalamt, Menschenhandel Bundeslagebild 2013, 5; so auch EGMR 26.7.2005 – 73316/01 – Siliadin/Frankreich). Zu Zwangs- und Pflichtarbeiten werden Arbeitnehmer ebenso wie Selbständige nur vereinzelt durch oder aufgrund Gesetzes herangezogen, ohne dass dadurch das Arbeitsverhältnis geändert wird. Es ergeben sich höchstens rechtliche Hindernisse für die Erfüllung arbeitsvertraglicher Pflichten. Einer weitergehenden Bedeutung des Art. 4 für das Arbeitsrecht steht entgegen, dass sich aus der Norm kein Schutz der Berufsfreiheit ergibt (EGMR 6.4.2000 – 34369/97 Rn. 41 – Thlimmenos/Griechenland; Frowein/Peukert/*Frowein* Rn. 11; *Grabenwarter/Pabel* § 20 Rn. 50; Karpenstein/Mayer/ *Behnsen* Rn. 18). Diese ist in der EMRK nur indirekt durch Art. 8 I geschützt (→ Art. 8 Rn. 11). Soweit Entgeltansprüche bestehen, entfaltet auch Art. 1 1. Zusatzprotokoll einen Schutz. Art. 4 I enthält auch kein Recht auf Arbeit (EKMR 5.10.1972 – 4984/71 Rn. 1 – X/Deutschland; Karpenstein/Mayer/*Behnsen* Rn. 18), auch nicht in dem von Art. 1 ESC verbürgten Sinne.

B. Verbote

I. Leibeigenschaft und Sklaverei

Vorbild für das Verbot der Sklaverei ist die Sklaverei-Konvention der VN, die am 9.3.1927 in Kraft getreten ist (UNTS Vol. 212, 18). Der Begriff der Sklaverei ist in Art. 4 I nicht definiert und ist durch systematische Auslegung der VN-Konvention zu entlehnen. Danach ist **Sklaverei** ein Zustand oder eine Stellung einer Person, an der ein Dritter alle oder einzelne Befugnisse ausübt, wie sie dem Eigentumsrecht entsprächen („status or condition of a person over whom any or all powers attaching to the right of ownership are executed") (EGMR 26.7.2005 – 73316/01 Rn. 122 – Siliadin/Frankreich; 7.1.2010 – 25965/04 Rn. 276 – Rantsev/Zypern und Russland; van Dijk/van Hoof/van Rijn/Zwaak/*Zwaak* 444; IK-EMRK/*Birk* Rn. 11). Diese Identifikation der Sklaverei mit der Ausübung von Eigentümerbefugnissen wird in der Literatur zum Teil unter Verweis auf historische Beispiele in Frage gestellt (*Penner* in Allain, The Legal Understanding of Slavery: From the Historical to the Contemporary, 2012, 199 ff.; IK-EMRK/*Birk* Rn. 11). Jedenfalls erschwert diese Definition die Erfassung der heutigen Formen von Menschenhandel, die nicht in jedem Fall oder durchgehend mit der Ausübung von Eigentümerbefugnissen verbunden sind. Auch der Sklavenhandel ist von Art. 4 I erfasst (IK-EMRK/*Birk* Rn. 13 mwN). 3

Auch den Begriff der **Leibeigenschaft** definiert Art. 4 I nicht. Angesichts ihrer Gleichstellung mit der Sklaverei ist für sie kennzeichnend, dass der Betroffene seine Freiheit zur Selbstbestimmung ganz oder ganz überwiegend verliert („serious form of denial of freedom"; EGMR 24.6.1982 – 7906/77 Rn. 58 – Van Droogenbroeck/Belgien; 26.7.2005 – 73316/01 Rn. 123 f. – Siliadin/Frankreich; 7.1.2010 – 25956/04 Rn. 276 – Rantsev/Zypern und Russland). Das schließt ein, dass der Leibeigene auf fremdem Grund und Boden bzw. in einem fremden Haushalt lebt und dies nicht ohne Weiteres ändern kann (EKMR 9.7.1980 – 7906/77 Rn. 58 – Van Droogenbroeck/Belgien; EGMR 26.7.2005 – 73316/01 Rn. 123 – Siliadin/Frankreich). Der Begriff ist weiter als der der Sklaverei, so dass keine bestimmte Form der Versagung persönlicher Freiheit erfasst ist (zum weiten Begriffsverständnis Frowein/Peukert/*Frowein* Rn. 2; Grabenwarter/Pabel § 20 Rn. 47; IK-EMRK/*Birk* Rn. 14 f.; Karpenstein/Mayer/*Behnsen* Rn. 12). Im Fall einer togolesischen Hausangestellten, die als Minderjährige bei einer Familie ohne aufenthaltsrechtliche Legalisierung und ohne Bezahlung in der Regel sieben Tage pro Woche arbeiten musste, ohne eine Schul- oder Berufsausbildung machen zu können, nahm der EGMR einen Fall der Leibeigenschaft an (EGMR 26.7.2005 – 73316/01 Rn. 129 – Siliadin/Frankreich; zust. *Frenz* NZA 2007, 734 [736]; IK-EMRK/*Birk* Rn. 15). Ein im Arbeitsvertrag vereinbartes Wettbewerbsverbot berührt den Schutzbereich von Art. 4 I indes nicht (IK-EMRK/*Birk* Rn. 16). 4

II. Menschenhandel

Menschenhandel ist nicht eigens in Art. 4 genannt, ohne dass die Konvention ihn von ihrem Schutz ausnehmen wollte. Bei der Unterzeichnung der EMRK stand der Menschenhandel nicht im Fokus der Konventionsstaaten (vgl. EGMR 7.1.2010 – 25956/04 Rn. 277 – Rantsev/Zypern und Russland). Der EGMR hat in der Rechtssache Rantsev den Menschenhandel (an sich) dennoch als **von Art. 4 verboten** angesehen, ohne ihn einem der Tatbestände zuzuordnen. In Fällen des Menschenhandels lägen regelmäßig Formen von Zwangsarbeit, Leibeigenschaft oder sogar Sklaverei vor, weil er mit einer Ausbeutung verbunden sei, die einer dem Eigentumsrecht entsprechenden Machtausübung nahe komme (EGMR 7.1.2010 – 25956/04 Rn. 281 f. – Rantsev/Zypern und Russland). Für dieses Verständnis verweist der EGMR auf die Vielzahl internationaler Verträge iRd VN, aber auch des Europarats (zB Palermo-Protokoll des Europarats zur Bekämpfung des Menschenhandels vom 15.11.2000; vgl. EGMR 7.1.2010 – 25956/04 Rn. 279 ff. – Rantsev/Zypern und Russland). 5

40 EMRK Art. 4 — Verbot der Sklaverei und der Zwangsarbeit

6   Dieses Vorgehen rückt unausgesprochen von der Rechtsprechung in der Rechtssache Siliadin ab und lässt die Begrifflichkeiten in Art. 4 I verschwimmen. Die Formulierung des Art. 4 I kann weder durch eine Referenz auf die übrigen völkerrechtlichen Verträge noch durch den Verweis auf die Verbreitung des Menschenhandels beseitigt werden. Gerade weil Menschenhandel regelmäßig mit einer der Tatbestandsalternativen des Art. 4 I, II verbunden ist, bedarf es der Einführung einer zusätzlichen Kategorie im Wortlaut nicht (vgl. Karpenstein/Mayer/*Behnsen* Rn. 5 ff.). Man kann es als Mangel empfinden, dass in einer Vielzahl internationaler Verträge der Menschenhandel explizit geächtet ist, ohne dass die EMRK dementsprechend ergänzt wurde (ähnlich *Grabenwarter/Pabel* § 20 Rn. 58). Das erlaubt aber keine abweichende Auslegung. Zudem würde den internationalen Verträgen auf diese Weise eine Durchsetzung verschafft, die in der Konvention gerade nicht vorgesehen war (*Allain* HRLR 2010, 546 [555 f.] aber billigend; *Grabenwarter/Pabel* § 20 Rn. 58; *Pati* NJW 2011, 128 [130]). Es bleibt aber die Anwendung von Art. 4 I in allen Fällen möglich, in denen der Menschenhandel Leibeigenschaft, Zwangs- oder Pflichtarbeit einhergeht, was ganz regelmäßig der Fall ist.

III. Zwangs- und Pflichtarbeit

7   Zwangs- und Pflichtarbeit sind nach der Rechtsprechung **höchstpersönliche Dienstleistungen** körperlicher oder geistiger Art, die **nicht freiwillig** übernommen werden und deren Verweigerung unter der **Androhung einer Strafe** steht (EGMR 23.11.1983 – 8919/80 Rn. 32 – Van der Mussele/Belgien; 26.7.2005 – 73316/01 Rn. 117 – Siliadin/Frankreich; ausf. IK-EMRK/*Birk* Rn. 17, 21 ff.). Der Zwang kann physischer oder psychischer Natur sein (EGMR 4.6.2015 – 51637/12 Rn. 79 – Chitos/Griechenland). Von einer freiwilligen Übernahme der Tätigkeit ist auszugehen, wenn der Arbeitnehmer bei der Entscheidung die Konsequenzen seiner Zustimmung, insbesondere die Arbeitsbedingungen, gekannt hat. Insofern kann die Freiwilligkeit durch nachträgliche Änderungen entfallen (IK-EMRK/*Birk* Rn. 26). Bei der Ableitung dieses Begriffsverständnisses nimmt der Gerichtshof auf die IAO-Konvention Nr. 29 und die VN-Konvention über Zwangsarbeit von 1930 Bezug, die bei der Erarbeitung der EMRK in Bedacht genommen wurden und die fast allen Staaten des Europarats ratifiziert haben (EGMR 23.11.1983 – 8919/80 Rn. 32 – Van der Mussele/Belgien; 26.7.2005 – 73316/01 Rn. 115 f. – Siliadin/Frankreich). Darüber hinaus nimmt der EGMR Zwangsarbeit selbst bei einer vertraglich/vereinbarten Rückzahlungsklausel in Bezug auf die Ausbildungskosten des Arbeitnehmers an, die diesen an der Vertragsbeendigung hindern. Solche Klauseln verstießen zwar nicht grundsätzlich gegen Art. 4, aber bei deutlich überhöhten, nicht nachvollziehbaren Forderungen (EGMR 4.6.2015 – 51637/12 Rn. 92 ff. – Chitos/Griechenland).

8   Die EKMR schlussfolgert aus den tatbestandlichen Einschränkungen in Art. 4 III, dass die Arbeit **ungerecht oder erdrückend** bzw. zwangsläufig **mit Härten verbunden** sein müsse (EKMR 17.12.1963 – 1468/62 – I/Norwegen; dazu *Grabenwarter/Pabel* § 20 Rn. 49; GMD/*Marauhn*, Kap. 12 Rn. 16; IK-EMRK/*Birk* Rn. 24). Hierfür spricht insbesondere der Regelungszusammenhang zur Sklaverei und Leibeigenschaft. Auch vergütete Arbeit kann ggf. Zwangsarbeit darstellen (IK-EMRK/*Birk* Rn. 31). Der Gerichtshof berücksichtigt dabei auch das Verhältnis der Belastungen zu den zu erwartenden Vorteilen, ohne dass zu hohe Anforderungen an die Härten für die Person gestellt werden (EGMR 23.11.1983 – 8919/80 Rn. 39 – Van der Mussele/Belgien). Das ergibt sich im Umkehrschluss aus Art. 4 III, der Inpflichtnahmen im Dienste der Allgemeinheit rechtfertigt. Nicht als Zwangsarbeit angesehen wurde zB die Versetzung einer Beamtin in eine andere Abteilung derselben Dienststelle (EKMR 10.4.1997 – 27633/95 – Stadler/Österreich), die Arbeitsüberlastung von Richtern (EKMR 2.3.1994 – 20831/92 – Hein/Österreich) und die nach Ansicht des Beschwerdeführers zu geringe Überstundenvergütung (EKMR 16.10.1986 – 11306/84 – P/Schweden). Zwangsarbeit verneinte die EKMR auch, wenn der Arbeitslose die Arbeitslosenunterstützung verliert, nachdem er eine angebotene Arbeit ablehnt (EKMR

13.12.1976 – 7602/76 – X/Niederlande). Dabei kommt es weniger darauf an, dass nur ein Vorteil verloren geht, sondern darauf, dass keine unzumutbare Härte eintritt (Frowein/Peukert/*Frowein* Rn. 11; IK-EMRK/*Birk* Rn. 43). Davon ist insbesondere auszugehen, wenn der Arbeitslose keine unzumutbare Arbeit annehmen muss.

Erfasst sind an sich die Dienstpflichten der **Soldaten**. Mit der Abschaffung der Wehr- 9 pflicht ist Art. 4 II für die Dienstpflichten der Soldaten aber nicht mehr einschlägig (Karpenstein/Mayer/*Behnsen* Rn. 28). Zwangs- oder Pflichtarbeit kann auch die Inpflichtnahme von **Angehörigen freier Berufe** sein (zB öffentliche zahnärztliche Versorgung; Pflicht zur Übernahme von Pflichtverteidigungen ohne Bezahlung vor der Zulassung; vgl. EGMR 23.11.1983 – 8919/80 Rn. 34 ff. – Van der Mussele/Belgien; *Grabenwarter/Pabel* § 20 Rn. 50; IK-EMRK/*Birk* Rn. 32). Das ist nicht dadurch ausgeschlossen, dass bei der Berufswahl die Verpflichtungen bekannt waren und ein anderer Beruf hätte gewählt werden können (IK-EMRK/*Birk* Rn. 32 f.). Bei der Inpflichtnahme von Angehörigen freier Berufe wird aber nicht in jedem Fall die notwendige Schwere bzw. ein unterdrückendes Element vorliegen, um die Einordnung als Zwangsarbeit zu begründen (IK-EMRK/*Birk* Rn. 34 f.). Zum Teil lässt sich darauf verweisen, dass die Tätigkeit auch der Ausbildung dient und Vorteile gewährt (zB Plädoyers vor Gericht), sofern die mangelnde oder geringe Vergütung nicht zu schwer wiegt (EGMR 23.11.1983 – 8919/80 Rn. 34 ff. – Van der Mussele/Belgien), zum Teil darauf, dass die Tätigkeit Teil der Pflichten ist, die sich aus der freiwillig eingegangenen Beschäftigung im öffentlichen Dienst ergeben (zB Einweisung von psychisch kranken Patienten durch Ärzte EKMR 28.6.1955 – 23772/94 – Koller/Österreich; problematisch EKMR 17.12.1963 – 1468/62 – I./Norwegen; dazu IK-EMRK/*Birk* Rn. 39 ff.). Auch die Arbeitspflicht für **Gefangene** (zB § 41 StVollzG) ist ein Fall der Pflichtarbeit. Ebenso ist Art. 4 II einschlägig, wenn soziale Leistungen von der Arbeitsbereitschaft und der aktiven Arbeitsuche abhängig gemacht werden. Allerdings sind diese Fälle wohl von der Ausnahme in Art. 4 III lit. d erfasst (EKMR 13.12.1976 – 7602/76 Rn. 1 – X/Niederlande; Karpenstein/Mayer/*Behnsen* Rn. 40), zumal der Gerichtshof die Ausnahmen weit auslegt.

C. Ausnahmen nach Art. 4 III

Art. 4 III nimmt einen weiten Bereich der in den Vertragsstaaten akzeptierten Formen 10 von Zwangs- oder Pflichtarbeit tatbestandlich vom Verbot in Art. 4 II aus, ohne dass eine besondere Abwägung erfolgt (IK-EMRK/*Birk* Rn. 46). Der Gerichtshof hat die Ausnahmen nicht restriktiv gehandhabt. Das mag daran liegen, dass bestimmte Zwangs- und Pflichtarbeiten in den Vertragsstaaten übereinstimmend verwurzelt sind (vgl. EGMR 7.7.2011 – 37452/02 Rn. 120 – Stummer/Österreich) und im Interesse der Allgemeinheit und Solidarität erfolgen (EGMR 23.11.1983 – 8919/80 Rn. 38 – Van der Mussele/Belgien; 20.6.2006 – 17209/02 Rn. 44 f. – Zarb Adami/Malta; 7.7.2011 – 37452/02 Rn. 120 – Stummer/Österreich).

Die Ausnahmen erfassen insbesondere **Arbeits- bzw. Dienstpflichten von Gefange-** 11 **nen und Soldaten** (Buchst. a, b). Daraus lässt sich aber kein besonderes Gewaltverhältnis zwischen Staat und Strafgefangenen oder Soldaten aus der EMRK ableiten. Art. 4 I, II regelt kein Freiheitsrecht, sondern ein spezifisches Verbot, so dass keine allg. Schlussfolgerungen für die Grundrechtsträgerschaft von Soldaten und Gefangenen gezogen werden können, zumal es sich um eine punktuelle Regelung handelt.

Art. 4 III lit. a greift nur bei der Verbüßung einer Freiheitsstrafe ein (EGMR 7.7.2011 – 12 37452/02 Rn. 119 – Stummer/Österreich), nicht hingegen bei Untersuchungshaft (EGMR 9.7.1980 – 7906/77 Rn. 59 – Van Droogenbroeck/Belgien). Insofern greift der EGMR auf den Zweck der Norm – die Anerkennung von Arbeit als Resozialisierungsfaktor – zurück und legt sie angesichts des abweichenden Zwecks der Untersuchungshaft eng aus (*Grabenwarter/Pabel* § 20 Rn. 52; GMD/*Marauhn* Kap. 12 Rn. 20). Das gilt auch, wenn der Gefangene bei privaten Unternehmen tätig ist, es sei denn, dass es im Einzelfall zu einer gegen die Menschenwürde verstoßenden Ausbeutung kommt (IK-EMRK/*Birk* Rn. 55). Die Literatur spricht sich gegen die Anwendung von Art. 4 III lit. a zum Teil sogar aus, wenn die Arbeit der Gefangenen nicht angemessen vergütet wird, weil es sich dann nicht um eine Arbeit iSd Ausnahme handele (*Montouvalou* in Dorssemont/Lörcher/Schömann 143 [153 ff.]). Diese Anforderungen sind aber nicht Teil der bürgerlichen und politischen Rechte in der EMRK (vgl. dazu EKMR 6.4.1968 – 3134/67 ua – 21 detained persons/Deutschland), sondern Teil der ESC. Ein Hineinlesen dieser sozialen Rechte in die EMRK führte zu einer indirekten Erweiterung der Rechtsdurchsetzung der ESC. Das war bei der Schaffung der EMRK nicht intendiert, zumal beide Konventionen unterschiedliche Regelungsbereiche haben, die sich höchstens partiell überschneiden. Eine abgestimmte Auslegung von EMRK und ESC kommt nur in Betracht, wenn strukturgleiche Rechte geregelt sind. Das ist hier nicht der Fall. Art. 4 II, III betrifft nur die Arbeitspflicht. Zu keinem anderen Ergebnis führte die Rechtssache Stummer/Österreich. Der EGMR versteht Art. 4 III nicht dahingehend, dass Gefangene in die Rentenversicherung enzubeziehen sind, da es an einem allgemeinen europäischen Standard fehle, so dass eine evolutiv-dynamische Auslegung ausscheide (EGMR 7.7.2011 – 37452/02 Rn. 127 ff. – Stummer/Österreich). Eher ist darauf abzustellen, dass die Versicherung nicht vom Normzweck erfasst ist und ihr Fehlen keine unzumutbare Härte darstellt.

13   Die Ausnahme nach **Art. 4 III lit. b** gilt für die Dienstpflichten von Soldaten. Der EGMR beschränkt die Ausnahme unter Verweis auf den Wortlaut und die internationalen Rechtsstandards auf Fälle der Wehrpflicht, so dass Art. 4 auf den freiwilligen Militärdienst Anwendung findet, sofern trotz der Freiwilligkeit ein Fall von Zwangsarbeit auftritt. (EGMR 4.6.2015 – 51637/12 Rn. 79 ff. – Chitos/Griechenland; **aA** *Grabenwarter/Pabel* § 20 Rn. 53). Das Gleiche gilt für den Ersatzdienst, der infolge der Verweigerung des Wehrdiensts aus Gewissensgründen angetreten werden muss (IK-EMRK/*Birk* Rn. 57 mwN).

14   Die Ausnahmen in Art. 4 III betreffen auch Dienste im **Interesse der Allgemeinheit** oder zur Behebung eines **Notstands** (Buchst. c, d). Dabei muss es sich um Ereignisse handeln, die das Leben oder das Wohl der Gemeinschaft bedrohen, wobei – anders als bei Art. 15 – nicht die ganze Nation oder große Regionen betroffen sein müssen (IK-EMRK/*Birk* Rn. 61). Erfasst sind Naturkatastrophen wie Überschwemmung und Deichbruch (*Jacobs/White/Ovey* 204). Ihnen sind Katastrophen durch menschliches Versagen gleich zu behandeln (zB Flugzeugabsturz), da die gleichen Anforderungen an die Solidarität entstehen und insofern etwas anderes gilt als bei dauerhaften, strukturbedingten Krisen (im Einzelnen IK-EMRK/*Birk* Rn. 62 f.; *Jacobs/White/Ovey* 204). Solange die Pflicht Folge eines frei gewählten Berufs ist und nur eine relativ untergeordnete Bedeutung hat, wendet der EGMR diese Ausnahme zu Recht an (zB Pflicht zur Übernahme von Pflichtverteidigungen, Mitwirkung in einer Jury, Feuerwehr; s. EGMR 23.11.1983 – 8919/80 Rn. 39 – Van der Mussele/Belgien; 18.7.1994 – 13580/88 Rn. 23 – Schmidt/Deutschland; 20.6.2006 – 17209/02 Rn. 47 – Zarb Adami/Malta). Die Pflichtverteidigung nach deutschem Recht ist nach Art. 4 II kein Konventionsverstoß, zumal eine Vergütung erfolgt (Karpenstein/Mayer/*Behnsen* Rn. 38 f.). Ohne Zweifel von Art. 4 III erfasst sind zudem die „üblichen" Hand- und Spanndienste, soweit sie in Kommunen üblich sind, wie die Pflicht zur Deichhilfe oder zum Feuerwehrdienst (Karpenstein/Mayer/*Behnsen* Rn. 33 f.; IK-EMRK/*Birk* Rn. 65).

D. Gewährleistungspflichten

15   Der EGMR hat in der Rechtssache Siliadin in Anlehnung an seine Judikatur zu Art. 3 und 8 eine Gewährleistungspflicht (positive obligation/obligation positive) aus Art. 4 I abgeleitet, die den Staat verpflichtet, die notwendigen Maßnahmen zu ergreifen, um das Verbot aus Art. 4 im Verhältnis zwischen Privaten zur Geltung zu bringen (EGMR 26.7.2005 – 73316/01 Rn. 77-79 – Siliadin/Frankreich; IK-EMRK/*Birk* Rn. 8 f.). Dabei nahm der Gerichtshof

in Bedacht, dass die Beschwerdeführerin noch minderjährig und daher besonders verletzlich war (EGMR 26.7.2005 – 73316/01 Rn. 81 – Siliadin/Frankreich). Zudem verweist er darauf, dass Verbotsverstöße den Kernbereich des Privatlebens beträfen, so dass die Vertragsstaaten zur effektiven Abschreckung verpflichtet seien, strafrechtliche Sanktionen vorzusehen (EGMR 26.7.2005 – 73316/01 Rn. 131, 144 – Siliadin/Frankreich). Ein Konventionsverstoß bestand in der Rechtssache Siliadin darin, dass die strafrechtlichen Bestimmungen zu allgemein gehalten waren und durch eine einschränkende Auslegung der Strafgerichte für den betreffenden Fall keine Wirkung entfalteten. Eine Konzeption der Gewährleistungspflichten entwickelt der Gerichtshof nicht. Insbesondere konkretisiert er nicht, welchen Grad an Effektivität über den Einzelfall hinaus gefordert wird. Zu Recht verweist er aber darauf, dass den Vertragsstaaten ein Beurteilungsspielraum zustehe (EGMR 26.7.2005 – 73316/01 Rn. 79 – Siliadin/Frankreich). Ein bloßer Schadensersatzanspruch ist jedenfalls nicht ausreichend (Karpenstein/Mayer/*Behnsen* Rn. 14; *Meyer-Ladewig* Rn. 7).

Eine Gewährleistungspflicht besteht auch in Fällen von Menschenhandel, wobei der Gerichtshof adäquate Schutzmaßnahmen fordert, die die Rechte des Opfers praktisch und effektiv schützen (EGMR 7.1.2010 – 25956/04 Rn. 284 – Rantsev/Zypern und Russland; dazu Karpenstein/Mayer/*Behnsen* Rn. 9 ff.; *Lindner* ZAR 2010, 135 [140 ff.]). Daraus leitet der EGMR materiell-rechtliche und prozedurale Anforderungen ab. Wegen der Verbreitung und der Praxis des Menschenhandels genüge die Regelung einer strafrechtlichen Sanktion nicht, vielmehr seien die Wirtschaftsbereiche, die eine besondere Anfälligkeit für den Menschenhandel aufweisen, eigens zu regulieren (EGMR 7.1.2010 – 25956/04 Rn. 284 – Rantsev/Zypern und Russland). In Fällen von Menschenhandel sei unabhängig von einer Anzeige oder Beschwerde staatlich zu ermitteln (EGMR 7.1.2010 – 25956/04 Rn. 288 – Rantsev/Zypern und Russland). Diese Pflicht treffe auch die Länder, in denen nur ein Teil des Menschenhandels stattfinde (einschließlich Transitländer). Ergänzend verweist der EGMR darauf, dass daraus keine unmöglichen oder unzumutbaren Belastungen für den Vertragsstaat entstehen dürfen, so dass die Wahl der Mittel angesichts der vorhandenen Ressourcen und Prioritäten beim Konventionsstaat bleibe (EGMR 7.1.2010 – 25956/04 Rn. 287 – Rantsev/Zypern und Russland). Dieser Beurteilungsspielraum ist jedoch angesichts der Vorgaben deutlich reduziert. Zudem nimmt der Gerichtshof auf die Maßgaben Bezug, die sich für die Bekämpfung des Menschenhandels aus anderen völkerrechtlichen Verträgen ergeben (EGMR 7.1.2010 – 25956/04 Rn. 285 f., 287, 289 – Rantsev/Zypern und Russland). Damit werden deren Vorgaben justiziabel. Die fehlende Einordnung in die Tatbestände des Art. 4 I, II ist insoweit nicht nur ein begriffliches Defizit, sondern hat Auswirkungen auf die Gewährleistungspflichten. Selbst bei einer präziseren Handhabung wird man allerdings zu ähnlichen Ergebnissen kommen. 16

Art. 8 Recht auf Achtung des Privat- und Familienlebens

(1) Jede Person hat das Recht auf Achtung ihres Privat- und Familienlebens, ihrer Wohnung und ihrer Korrespondenz.

(2) Eine Behörde darf in die Ausübung dieses Rechts nur eingreifen, soweit der Eingriff gesetzlich vorgesehen und in einer demokratischen Gesellschaft notwendig ist für die nationale oder öffentliche Sicherheit, für das wirtschaftliche Wohl des Landes, zur Aufrechterhaltung der Ordnung, zur Verhütung von Straftaten, zum Schutz der Gesundheit oder der Moral oder zum Schutz der Rechte und Freiheiten anderer.

Übersicht

	Rn.
A. Normzweck und Bedeutung	1
B. Sachlicher Schutzbereich	4
I. Privatleben	4
II. Familienleben	12

	Rn.
III. Wohnung	14
IV. Korrespondenz	15
C. Gewährleistungspflichten	17
D. Eingriff und sonstige Beeinträchtigung	22
I. Eingriff	22
II. Sonstige Beeinträchtigung	27
E. Rechtfertigung	29
I. Durch Gesetz	30
II. Notwendig in einer demokratischen Gesellschaft	33
III. Angemessenheit	36

A. Normzweck und Bedeutung

1   Art. 8 bezweckt den Schutz der Privatsphäre und zielt so auf den Schutz der freien Entfaltung der Persönlichkeit in diesem Freiraum. Der Schutz der Privatsphäre als klassisches **Abwehrrecht** wird **sehr weit** verstanden und wird nicht abschließend definiert (EGMR 23.9.2010 – 1620/03 Rn. 53 – Schüth/Deutschland; 12.6.2014 – 56030/07 Rn. 109 – Fernández Martínez/Spanien). Auf diese Weise erlangt Art. 8 I auch eine lückenfüllende Funktion (GMD/*Marauhn/Thorn* Kap. 16 Rn. 16). Zur Beschreibung seines sachlichen Schutzbereichs wurden vier Garantiebereiche herausgearbeitet: die Achtung des Privatlebens, des Familienlebens, der Wohnung und der Korrespondenz (GMD/*Marauhn/Thorn* Kap. 16 Rn. 26 ff.; Karpenstein/Mayer/*Pätzold* Rn. 3; *Meyer-Ladewig* Rn. 1). Zwischen diesen ergeben sich partiell Überschneidungen. Zudem ist Art. 8 I kein Auffanggrundrecht (GMD/*Marauhn/Thorn* Kap. 16 Rn. 19; *Grabenwarter/Pabel* § 22 Rn. 1; *Villiger* Rn. 554).

2   Neben dem Abwehrrecht ergeben sich aus Art. 8 I **Gewährleistungspflichten** für den Staat (→ Rn. 17) sowie **verfahrensrechtliche Garantien** (→ Rn. 18) (so auch GMD/*Marauhn/Thorn* Kap. 16 Rn. 20; *Grabenwarter/Pabel* § 22 Rn. 1). Nicht selten lässt der EGMR, wenn es um den Schutz des Privatlebens geht, sogar offen, ob das Abwehrrecht oder eine Gewährleistungspflicht betroffen ist, weil die anwendbaren Prinzipien dieselben blieben (zB EGMR 10.4.2007 – 6339/05 Rn. 75 – Evans/Vereinigtes Königreich; 23.9.2010 – 425/03 Rn. 41 – Obst/Deutschland). Das gilt insbesondere, wenn ein Ausgleich der konfligierenden Interessen des Einzelnen und der Allgemeinheit erforderlich ist, zumal dem Konventionsstaat in beiden Fällen ein Beurteilungsspielraum zukommt (EGMR 10.4.2007 – 6339/05 Rn. 75 – Evans/Vereinigtes Königreich; 23.9.2010 – 425/03 Rn. 41 – Obst/Deutschland).

3   Art. 8 I hat für das **Arbeitsrecht** vor allem als Maßgabe für die Achtung des Privat- und Familienlebens sowie der Korrespondenz Bedeutung. Das gilt umso mehr, als auch die Berufsausübung durch die Arbeitnehmer als Teil des Privatlebens geschützt wird. Art. 8 I ist daher betroffen, wenn der Arbeitnehmer besonderen Loyalitätspflichten unterliegt, die Folge der Selbstbestimmung der Religionsgemeinschaft sind und auf sein Privat- und Familienleben zugreifen (→ Rn. 18, 20). Eine private Lebensführung, die nicht in Einklang mit der Lehre der Religionsgemeinschaft steht, kann daher Versetzung oder Kündigung zur Folge haben. Ähnliches gilt auch bei besonderen Loyalitätspflichten gegenüber dem Staat, wobei sich daraus eher Beschränkungen für die Meinungsäußerungsfreiheit aus Art. 10 I ergeben (→ Art. 10 Rn. 2, 18). Daneben ergeben sich aus Art. 8 I Vorgaben für die (verdeckte) Videoüberwachung von Arbeitnehmern sowie die Kontrolle von Telefongesprächen, E-Mail-Korrespondenz und Internetnutzung, aber auch für Alkohol- und Drogentests (→ Rn. 22 ff.). Insofern konturiert Art. 8 I den Arbeitnehmerdatenschutz. Schließlich müssen sich Bekleidungsvorschriften am Schutz des Privatlebens messen lassen (→ Rn. 10). Bei der Überprüfung der Entscheidung der nationalen Gerichte kommt es dem EGMR vor allem darauf an, dass die Gerichte die Wertungen von Art. 8 I hinreichend beachten (→ Rn. 18).

B. Sachlicher Schutzbereich

I. Privatleben

Durch den Schutz des Privatlebens in Art. 8 I soll dem Einzelnen ein Freiraum geschaffen 4 werden, in dem er sich selbst entwickeln und ausleben kann. Der Begriff des Privatlebens („private life"/„vie privée") ist nach dem Verständnis des EGMR weit und keiner abschließenden Definition zugänglich (EGMR 23.9.2010 – 425/03 Rn. 39 – Obst/Deutschland; 23.9.2010 – 1620/03 Rn. 53 – Schüth/Deutschland; 12.6.2014 – 56030/07 Rn. 109 – Fernández Martínez/Spanien). Erfasst sind nach der Rechtsprechung jedenfalls die physische und psychische **Integrität,** die auch die physische und soziale **Identität** des Individuums einschließen, ebenso die Entwicklung von Sozialbeziehungen sowie die **Selbstbestimmung** des Einzelnen (EGMR 23.9.2010 – 425/03 Rn. 39 – Obst/Deutschland; 23.9.2010 – 1620/03 Rn. 53 – Schüth/Deutschland; 12.6.2014 – 56030/07 Rn. 126 – Fernández Martínez/Spanien; dazu Karpenstein/Mayer/*Pätzold* Rn. 5 ff.; *Meyer-Ladewig* Rn. 7 ff.). Die grundrechtliche Gewährleistung bezieht sich somit sowohl auf den **inneren Kreis** der eigenen Persönlichkeit, aber auch auf die **äußeren Beziehungen** des Einzelnen zu anderen (Frowein/Peukert/*Frowein* Rn. 3; GMD/*Marauhn/Thorn* Kap. 16 Rn. 26). Bei einer systematischen Erfassung der einzelnen Schutzgüter werden idR die Selbstbestimmung über den eigenen Körper, der Schutz der Privatsphäre und die freie Gestaltung der persönlichen Lebensführung genannt (EGMR 9.10.2003 – 48321/99 Rn. 95 – Slivenko/Lettland; Karpenstein/Mayer/*Pätzold* Rn. 14; *Meyer-Ladewig* Rn. 7).

Soweit Art. 8 I die **Selbstbestimmung über den Körper** schützt, ergänzt die Norm 5 die Gewährleistungen aus Art. 2 und 3. In den Garantiegehalt sind neben der physischen und psychischen Integrität auch die sexuelle Identität und die sexuelle Orientierung der Person einbezogen (EGMR 8.1.2009 – 29002/06 Rn. 100 – Schlumpf/Schweiz; 22.1.2008 – 43546/02 Rn. 43 – E. B./Frankreich; 23.9.2010 – 425/03 Rn. 39 – Obst/Deutschland; 23.9.2010 – 1620/03 Rn. 53 – Schüth/Deutschland; Karpenstein/Mayer/*Pätzold* Rn. 7, 11). Erfasst sind daher die Entscheidung für eine Geschlechtsumwandlung, der Schutz der Fortpflanzung und die Wahl der Mittel dazu. Art. 8 I schützt vor erzwungenen medizinischen Untersuchungen und Behandlungen (EGMR 13.5.2008 – 52515/99 Rn. 72 – Juhnke/Türkei; Karpenstein/Mayer/*Pätzold* Rn. 8). Daneben ist eine Schutzpflicht bei Zwangsmaßnahmen durch Private und bei Schäden durch Zwangsmaßnahmen anerkannt, die ein Vorhalten von Schadensersatzansprüchen gebietet (EGMR 15.11.2007 – 22750/02 Rn. 60 f. – Benderskiy/Ukraine).

Ein erheblicher Bereich des Schutzes des Privatlebens ist der **Schutz der Privatsphäre,** 6 der sich einerseits gegen deren Erforschung, andererseits auf das unbeobachtete Bewegen im öffentlichen Raum erstreckt (Frowein/Peukert/*Frowein* Rn. 6; GMD/*Marauhn/Thorn* Kap. 16 Rn. 27; *Grabenwarter/Pabel* § 22 Rn. 9). Für den Schutz der Privatsphäre und insbesondere für das Handeln im öffentlichen Raum berücksichtigt der EGMR, ob der Grundrechtsträger den Schutz seiner Privatsphäre erwarten durfte (EGMR 15.6.1992 – 12433/86 Rn. 40 – Lüdi/Schweiz; 8.1.2003 – 44647/98 Rn. 60 ff. – Peck/Vereinigtes Königreich; 26.7.2007 – 64209/01 Rn. 38 ff. – Peev/Bulgarien; GMD/*Marauhn/Thorn* Kap. 16 Rn. 27; *Hendrickx/Van Bever* in Dorssemont/Lörcher/Schömann 183 [186] „reasonable expectation of privacy test"). Das gilt sowohl für das Abwehrrecht gegenüber Eingriffen des Staates als auch bei Gewährleistungspflichten. Der Schutz des Privatlebens umschließt sowohl den Schutz des eigenen Namens und des Rechts am eigenen Bild (EGMR 21.2.2002 – 42409/98 – Schüssel/Österreich; 24.6.2004 – 59320/00 Rn. 50 – von Hannover/Deutschland; 5.10.2010 – 420/07 – Köpke/Deutschland). Darüber hinaus sind die Selbstdarstellung der Person in der Öffentlichkeit sowie der gute Ruf und die Ehre der Person geschützt (EGMR 21.10.2008 – 37483/02 Rn. 43 – Erdagöz/Türkei; GMD/*Marauhn/Thorn* Kap. 16 Rn. 36; *Villiger* Rn. 559).

7 Ein wesentlicher Teilbereich dieses Schutzguts ist der **Datenschutz** bzw. die **informationelle Selbstbestimmung,** die sich nicht nur auf Informationen über das Privatleben, sondern auch auf Vorgänge des Geschäftslebens und das öffentliche Leben der Person erstreckt (EGMR 26.3.1987 – 9248/81 Rn. 48 – Leander/Schweden; 4.12.2008 – 30562/04 Rn. 66 ff. – S and Marper/Vereinigtes Königreich; 15.4.2014 – 50073/07 Rn. 27 – Radu/Moldawien; GMD/*Marauhn*/*Thorn* Kap. 16 Rn. 29; van Dijk/van Hoof/van Rijn/Zwaak/*Zwaak* 666 ff.). Der Schutz erstreckt sich auf alle persönlichen Daten, einschließlich medizinischer und sozialer Daten (*Meyer-Ladewig* Rn. 40). Insofern ist der Schutzbereich von Art. 8 I auch bei der Sammlung, Speicherung, Verarbeitung und Verwertung von Daten Privater durch staatliche Stellen eröffnet (EGMR 4.5.2000 – 28341/95 Rn. 43 – Rotaru/Rumänien; 28.1.2003 – 44647/98 Rn. 60 ff. – Peck/Vereinigtes Königreich; 17.7.2003 – 63737/00 Rn. 38 – Perry/Vereinigtes Königreich). Wegen der Bedeutung des Arbeitnehmerdatenschutzes hat der Ministerausschuss am 1.4.2015 eine neue Empfehlung verabschiedet (CM/Rec [2015] 5).

8 Einbezogen in den Schutzbereich ist daher die Privatheit von **Telefongesprächen** (EGMR 2.8.1984 – 8691/79 Rn. 64 – Malone/Vereinigtes Königreich; 25.9.2001 – 44787/98 Rn. 42 – P. G. and J. H./Vereinigtes Königreich), Briefen und E-Mails (EGMR 3.4.2007 – 62617/00 Rn. 41 – Copland/Vereinigtes Königreich). Daher greift Art. 8 I nicht nur beim Abhören von privaten, sondern auch von dienstlichen Telefonen (EGMR 25.6.1997 – 20605/92 Rn. 44 – Halford/Vereinigtes Königreich; 3.4.2007 – 62617/00 Rn. 41 – Copland/Vereinigtes Königreich) und E-Mails ein (EGMR 3.4.2007 – 62617/00 Rn. 41 – Copland/Vereinigtes Königreich). Die Privatheit von Telefonanrufen, Briefen und E-Mails ist auch durch den Schutz der Korrespondenz erfasst (EGMR 3.4.2007 – 62617/00 Rn. 41 ff. – Copland/Vereinigtes Königreich; GMD/*Marauhn*/*Thorn* Kap. 16 Rn. 29). Der Schutz der Privatsphäre ergänzt den Schutz des Familienlebens und der Korrespondenz in zwei Punkten: er schützt die individuelle Kommunikation jenseits der Korrespondenz und umfasst auch das Recht auf Anerkennung der tatsächlichen Familienverhältnisse.

9 Darüber hinaus ist die (verdeckte) **Videoüberwachung** ebenso vom Schutzbereich erfasst wie (heimliche) Aufnahmen der Stimme, die Abnahme und Speicherung von Fingerabdrücken oder DNA-Spuren (EGMR 4.12.2008 – 30562/04 ua Rn. 68 – S and Marper/Vereinigtes Königreich; van Dijk/van Hoof/van Rijn/Zwaak/*Zwaak* 673) sowie das Durchführen von Drogentests (EGMR 7.12.1976 – 5095/71 – Madsen/Dänemark; 9.3.2004 – 46210/99 – Wretlund/Schweden). Weiter gehören Informationen über politische Aktivitäten zur geschützten Privatsphäre (EGMR 22.11.2001 – 41111/98 – Knauth/Deutschland; 6.6.2006 – 62332/00 Rn. 72 – Segerstedt-Wiberg/Schweden). Art. 8 I ist nach der Rechtsprechung des EGMR einschlägig, wenn Unterlagen der Staatssicherheit der DDR zu Lasten eines Arbeitnehmers herangezogen werden (EGMR 22.11.2001 – 41111/98 – Knauth/Deutschland) bzw. wenn eine Entlassung wegen früherer Geheimdiensttätigkeit erfolgt (vgl. EGMR 27.7.2004 – 55480/00 ua Rn. 33 ff. – Sidabras and Dziautas/Litauen; 7.4.2005 – 70665/01 Rn. 35 – Rainys and Gasparavicius/Litauen).

10 Schließlich erstreckt sich der Schutz des Privatlebens auf die **freie Gestaltung der Lebensführung.** Hierdurch wird die freie Entfaltung der Persönlichkeit, ihre Ausdrucksmöglichkeiten, erfasst (EGMR 9.10.2003 – 48321/99 Rn. 95 – Slivenko/Lettand). Das betrifft auch Haartracht und Bekleidung (*Grabenwarter*/*Pabel* § 22 Rn. 12; Karpenstein/Mayer/*Pätzold* Rn. 15; RheinKomm/*Fischer* Rn. 60). Daher beeinträchtigt ein staatliches Kopftuchverbot Art. 8 I (EGMR 10.11.2005 – 44774/98 – Nejdet Şahin and Perihan Şahin/Türkei). Insoweit kann gerade der Schutz der Lebensführung dazu beitragen, Minderheiten in ihrem Privatleben zu schützen. Zugleich erstreckt er sich auf die Achtung der zwischenmenschlichen Beziehungen. In der Rechtsprechung zu Art. 8 I EMRK hat der Gerichtshof dabei nicht nur auf die private Lebensführung Bezug genommen, sondern erfasst auch die geschäftlichen und beruflichen Beziehungen (zB EGMR 25.6.1997 – 20605/92 Rn. 44 – Halford/Vereinigtes Königreich; 3.4.2007 – 62617/00 Rn. 41 – Cop-

land/Vereinigtes Königreich). Eine strikte Trennung zwischen den Bereichen kann partiell ohnehin schwierig sein, gewichtiger ist noch, dass auch die Berufsausübung Teil der Persönlichkeitsverwirklichung ist, die durch den Schutz des Privatlebens bezweckt wird.

Die Berücksichtigung des Berufslebens bei Art. 8 I und die fehlende Regelung zur **Berufsfreiheit** in der EMRK hatte zur Folge, dass der EGMR die Berufsfreiheit als Ausprägung der freien Gestaltung der Lebensführung erfasst (EGMR 16.12.1992 – 13710/88 Rn. 29 – Niemietz/Deutschland; 25.6.1997 – 20605/92 Rn. 44 – Halford/Vereinigtes Königreich; 23.3.2006 – 77962/01 Rn. 47 f. – Vitiello/Italien; 5.10.2010 – 420/07 – Köpke/Deutschland; 9.1.2013 – 21722/11 Rn. 165 – Volkov/Ukraine; 12.6.2014 – 56030/07 Rn. 108, 110 – Fernández Martínez/Spanien; *Harris/O'Boyle/Warbrick* 578 f.). Die Ausübung eines Berufs erlaubt dem Einzelnen einerseits, Kontakt zu anderen aufzunehmen, andererseits, seinen Lebensunterhalt zu verdienen (vgl. EGMR 11.4.2006 – 56550/00 – Mółka/Polen; 12.6.2014 – 56030/07 Rn. 110 – Fernández Martínez/Spanien). Das betrifft die Möglichkeit, eine Erwerbstätigkeit, einen bestimmten Beruf, aufzunehmen. Zugleich ist die fortgesetzte Berufsausübung erfasst. Es ist aber kein Recht auf Wahl eines bestimmten Berufs oder auf Einstellung in den öffentlichen Dienst garantiert (*Meyer-Ladewig* Rn. 32). 11

II. Familienleben

Die Achtung des Familienlebens iSv Art. 8 I erfasst zum einen die Beziehung zwischen den Partnern (bis zur Beendigung der Partnerschaft), zum anderen die Beziehung des Partners zum Kind. Letztere ist vom Fortbestand der Partnerschaft unabhängig, sondern setzt nur das Bestehen einer Eltern-Kind-Beziehung voraus (dazu Frowein/Peukert/*Frowein* Rn. 17; GMD/*Marauhn/Thorn* Kap. 16 Rn. 40; Karpenstein/Mayer/*Pätzold* Rn. 41, 48 f.; *Villiger* Rn. 572). Im Ausgangspunkt galt dieser Schutz für verheiratete Paare mit Kindern. Von dieser rechtlichen Formalisierung macht der EGMR den Schutz des Art. 8 I aber nicht abhängig (EGMR 22.7.2010 – 18984/02 Rn. 30 – P.B. and J. S./Österreich; 3.12.2009 – 22028/04 Rn. 37 – Zaunegger/Deutschland; GMD/*Marauhn/Thorn* Kap. 16 Rn. 42). Geschützt wird weniger die rechtliche, sondern die tatsächliche Beziehung (EGMR 13.12.2007 – 39051/03 Rn. 33 f. – Emonet/Schweiz; 23.2.2010 – 1289/09 – Hofmann/Deutschland; GMD/*Marauhn/Thorn* Kap. 16 Rn. 40; *Grabenwarter/Pabel* § 22 Rn. 16 f.; *Harris/O'Boyle/Warbrick* 527 f.). Daher können sich auch uneheliche Partnerschaften mit Kindern darauf berufen, wobei dann das tatsächliche Familienleben maßgebend ist (vgl. EGMR 13.6.1979 – 6833/74 Rn. 31 – Marckx/Belgien; 13.1.2004 – 36983/97 Rn. 43 – Haas/Niederlande). Der Schutz des Familienlebens besteht nach der Rechtsprechung auch im Verhältnis zwischen Pflegeeltern und Pflegekindern sowie zwischen dem nicht-leiblichen Elternteil eines Paares und dem Kind (EGMR 12.7.2001 – 25702/94 Rn. 150 – K and T/Finnland). Schließlich wird der Begriff des Familienlebens so weit verstanden, dass auch die Beziehungen zu nahen Verwandten (Großeltern – Enkel, Onkel/Tante – Nichte/Neffe) einbezogen sind (dazu Karpenstein/Mayer/*Pätzold* Rn. 50). Der Schutz gleichgeschlechtlicher Partnerschaften erfolgte zunächst nur iRd Achtung des Privatlebens. Das wird zum Teil als überholt angesehen, da die Gleichstellung gleichgeschlechtlicher Partnerschaften auch die Anerkennung eines Familienlebens nach sich zieht, sofern Kinder in diesen Partnerschaften leben. Dem ist nun auch der EGMR gefolgt (EGMR 22.7.2010 – 18984/02 Rn. 30 – P. B. and J. S./Österreich). 12

Der Schutz des Art. 8 I erstreckt sich auf das Zusammenleben als Familie. Sofern Eltern und Kinder nicht zusammen leben, ist der Besuch und der Kontakt zwischen Eltern und Kindern an sich geschützt (ausf. dazu Karpenstein/Mayer/*Pätzold* Rn. 52). 13

III. Wohnung

Die Achtung der Wohnung nach Art. 8 I erfasst neben der Wohnung als räumlicher Basis für die Persönlichkeitsentfaltung auch die wohnungsnahen Gebäude und Bereiche (zB 14

40 EMRK Art. 8   Recht auf Achtung des Privat- und Familienlebens

Keller, Terrasse, Garage, Innenhof, Garten; s. EGMR 16.11.2004 – 4143/02 Rn. 53 – Moreno Gómez/Spanien; Frowein/Peukert/*Frowein* Rn. 42; GMD/*Marauhn*/*Thorn* Kap. 16 Rn. 55; Karpenstein/Mayer/*Pätzold* Rn. 57). Wohnung können auch Wohnwagen oder Hausboote sein, nicht jedoch auf einem öffentlichen Parkplatz abgestellte Kfz (dazu Karpenstein/Mayer/*Pätzold* Rn. 57). Das Freiheitsrecht beschränkt sich dabei nicht auf die privaten Wohnräume, sondern bezieht die **Geschäfts- und Büroräume** ein, zumal eine Abgrenzung nicht immer eindeutig sei (EGMR 16.12.1992 – 13710/88 Rn. 30 – Niemitz/Deutschland; 16.4.2002 – 37971/97 Rn. 40 f. – Sociéte Colas Est/Frankreich; 28.4.2005 – 50882/99 Rn. 70 – Sallinen/Finnland). Diese Auslegung lässt sich mit der französischen Fassung der EMRK „domicile" gut vereinbaren, während die englische Fassung „home" zunächst enger wirkt, aber vom Gerichtshof weit ausgelegt wird (EGMR 16.12.1992 – 13710/88 Rn. 30 – Niemitz/Deutschland; bestätigend EGMR 27.9.2005 – 50882/99 Rn. 70 – Sallinen/Finnland). Zudem steht der Begriff der Wohnung hier systematisch im Zusammenhang mit dem Schutz des Privatlebens, das der Persönlichkeitsentfaltung dient und die Berufsfreiheit als einen Teil der Persönlichkeitsverwirklichung erfasst (GMD/*Marauhn*/*Thorn* Kap. 16 Rn. 56). Ausgenommen sind nach der Rechtsprechung des EGMR wegen des bestehenden Sonderstatus allerdings Gefängniszellen und Kasernenräume (EGMR 17.5.1969 – 3448/67 – K. H. W./Deutschland; *Grabenwarter*/*Pabel* § 22 Rn. 22). Der Schutz erstreckt sich auf das Freihalten dieser Räume von staatlichen Eingriffen. Zugleich sind besondere, nicht-sesshafte Lebensformen geschützt. Zudem ergänzt Art. 8 I den eigentumsrechtlichen Schutz des Art. 1 1. Zusatzprotokoll durch ein auf die Persönlichkeitsentfaltung bezogenes Abwehrrecht.

IV. Korrespondenz

15   Die Achtung der Korrespondenz ist der Schutz der nicht-öffentlichen Mitteilung zwischen Personen vor staatlichen Eingriffen. Korrespondenz ist dabei der Briefverkehr, der sowohl schriftlich als auch elektronisch sein kann (EGMR 16.2.2000 – 27798/95 Rn. 44 – Amann/Schweiz; GMD/*Marauhn*/*Thorn* Kap. 16 Rn. 60 f.; Karpenstein/Mayer/*Pätzold* Rn. 60; *Kugelmann* EuGRZ 2003, 16 f.). Erfasst ist nach der Rechtsprechung des Gerichtshofs auch das Telefongespräch, sei es analog, digital oder per Internettelefonie (VoIP) (EGMR 2.8.1984 – 5029/71 Rn. 41 – Klass/Deutschland; 25.6.1992 – 12533/86 Rn. 38 f. – Lüdi/Schweiz; 25.6.1997 – 20605/92 Rn. 44 – Halford/Vereinigtes Königreich). Diese Erweiterung ist wegen des engen Wortlauts problematisch, zumindest lässt sich der Schutz von Telefongesprächen auch durch den Schutz der Privatsphäre sicherstellen (dazu GMD/*Marauhn*/*Thorn* Kap. 16 Rn. 62; IK-EMRK/*Wildhaber* Rn. 495). Nicht geschützt ist die eigene Homepage, weil es sich hierbei um Mitteilungen an die Öffentlichkeit handelt (GMD/*Marauhn*/*Thorn* Kap. 16 Rn. 62; *Grabenwarter*/*Pabel* § 22 Rn. 25). Diesbezügliche Eingriffe können höchstens das Privatleben beeinträchtigen. Auch bei der Korrespondenz kommt es nach der Rechtsprechung nicht darauf an, ob sie **privater oder geschäftlicher** Natur ist, weil die Vertraulichkeit der Kommunikation als Teil der Persönlichkeitsentfaltung geschützt wird und gerade nicht auf den rein privaten Bereich begrenzt ist (GMD/*Marauhn*/*Thorn* Kap. 16 Rn. 61; *Grabenwarter*/*Pabel* § 22 Rn. 24). In der Literatur wird zu Recht darauf hingewiesen, dass die Wertungen aus Art. 8 auch Regelungen zur Vereinbarkeit von Familie und Beruf stützen (dazu *Schlachter* DB 2012, Standpunkte Heft 6, 9 [10]).

16   Die Achtung der Korrespondenz erstreckt sich nicht nur auf die Kommunikation selbst, sondern auch auf die Daten über die Konversation (Zeit, Dauer, Anrufer), die integraler Bestandteil der Telekommunikation sind (EGMR 3.4.2007 – 62617/00 Rn. 43 – Copland/Vereinigtes Königreich; 16.10.2007 – 74336/01 Rn. 45 – Wieser and Bicos Beteiligungs-GmbH/Österreich).

C. Gewährleistungspflichten

Aus Art. 8 I hat der EGMR in ständiger Rechtsprechung eine Gewährleistungspflicht für 17
die Konventionsstaaten abgeleitet (zB EGMR 10.4.2007 – 6339/05 Rn. 75 – Evans/Vereinigtes Königreich; 23.9.2010 – 425/03 Rn. 41 – Obst/Deutschland; 5.10.2010 – 420/07 – Köpke/Deutschland; 12.6.2014 – 56030/07 Rn. 114 – Fernández Martínez/Spanien). Es kann sich dabei um Maßnahmen zum Schutz des Privatlebens allg. handeln, aber auch um Maßnahmen, die das Verhältnis zwischen zwei Privatpersonen betreffen (EGMR 10.4.2007 – 6339/05 Rn. 75 – Evans/Vereinigtes Königreich; 23.9.2010 – 425/03 Rn. 41 – Obst/Deutschland; 23.9.2010 – 1620/03 Rn. 55 – Schüth/Deutschland). Daher betreffen Arbeitsverhältnisse mit privaten Arbeitgebern grds. die Gewährleistungsdimension des Menschenrechts. Dabei muss der Staat einen fairen Ausgleich zwischen den konfligierenden Interessen des Geschützten und der Allgemeinheit bzw. der Privatpersonen herbeiführen, wobei er einen erheblichen Gestaltungsspielraum hat (EGMR 10.4.2007 – 6339/05 Rn. 75 – Evans/Vereinigtes Königreich; 23.9.2010 – 1620/03 Rn. 55 – Schüth/Deutschland; 5.10.2010 – 420/07 – Köpke/Deutschland; 12.6.2014 – 56030/07 Rn. 114 – Fernández Martínez/Spanien). Zum Teil lässt es der EGMR auch offen, ob im zu entscheidenden Fall Art. 8 I als Abwehrrecht oder seine Gewährleistungspflicht einschlägig ist, zumal sich die Rechtfertigung nach den gleichen Maßstäben vollziehe (zB EGMR 12.6.2014 – 56030/07 Rn. 114 – Fernández Martínez/Spanien).

Art. 8 I gibt dem Vertragsstaat grds. auf, einen **Rechtsweg vorzuhalten,** den der 18
Rechtsinhaber wegen der Verletzung des Rechts auf Privatleben beschreiten kann (EGMR 23.9.2010 – 425/03 Rn. 45 – Obst/Deutschland; vgl. auch EGMR 23.9.2010 – 1620/03 Rn. 59 – Schüth/Deutschland). Darüber hinaus sind die Gerichte verpflichtet, die Rechte der beteiligten Parteien gleichermaßen zu beachten und in einen Ausgleich zu bringen (EGMR 23.9.2010 – 425/03 Rn. 43 – Obst/Deutschland; 23.9.2010 – 1620/03 Rn. 57, 67 – Schüth/Deutschland; *Plum* NZA 2011, 1194 [1197]). Es gehen nicht nur Art. 8 I und 9 I in die Bewertung ein, sondern auch die Art. 10 I und 12, soweit deren Verbürgungen einschlägig sind. Insoweit lässt es der EGMR bei der Überprüfung einer Kündigung des Arbeitsvertrags genügen, wenn das nationale Gericht alle wesentlichen Faktoren in Bedacht nimmt. Dazu zählen die Interessen des Arbeitnehmers am Schutz seiner Privatsphäre und sein berechtigtes Interesse am Fortbestand des Arbeitsverhältnisses, aber auch die von der EMRK ebenso geschützte Freiheit der Religionsgemeinschaft als Arbeitgeber (EGMR 23.9.2010 – 425/03 Rn. 49 – Obst/Deutschland). Es darf keine einseitige oder verkürzte Berücksichtigung der geschützten Rechte und Interessen erfolgen, was auch im Urteil zum Ausdruck kommen muss (EGMR 23.9.2010 – 1620/03 Rn. 66 – Schüth/Deutschland). Bei einem Verstoß des Arbeitnehmers gegen seine Loyalitätspflichten gegenüber dem kirchlichen Arbeitgeber ist die Nähe der Tätigkeit des Arbeitnehmers zum Verkündigungsauftrag zu berücksichtigen, aber auch die mediale Aufmerksamkeit oder die sonstige Beachtung des Falles in der Öffentlichkeit (EGMR 23.9.2010 – 1620/03 Rn. 69, 72 – Schüth/Deutschland). Zugleich ist von Belang, dass der Arbeitnehmer beim Abschluss des Arbeitsvertrags von den besonderen Loyalitätspflichten wusste und sich selbst hierauf verpflichtet hat (EGMR 23.9.2010 – 1620/03 Rn. 71 – Schüth/Deutschland).

Letztlich prüft der EGMR wegen des **Beurteilungsspielraums** der Konventionsstaaten 19
nur zurückhaltend und stellt darauf ab, ob das Fachgericht des Vertragsstaates aus rationalen und nachvollziehbaren Gründen entschieden hat (EGMR 23.9.2010 – 425/03 Rn. 50 – Obst/Deutschland). Es setzt grds. nicht seine Beurteilung an die Stelle des Fachgerichts. Dieser Grad zur Superrevisionsinstanz ist bisweilen schmal oder sogar überschritten (vgl. Kritik im Einzelfall *Joussen* RdA 2011, 173 [176]; *Nußberger* RdA 2012, 270 [275]; *Seifert* EuZW 2011, 696 [700]). Selbst wenn die fehlende Abwägung bestimmter Aspekte moniert

wird, gibt der EGMR grds. kein Abwägungsergebnis vor, sondern überlässt den nationalen Gerichten die abschließende Entscheidung.

20   Für das nationale Recht hat dies zur Folge, dass im **Kündigungsschutzverfahren** stets eine umfassende Abwägung bei der Überprüfung der Kündigung durch das Gericht erforderlich ist (*Plum* NZA 2011, 1194 [1197]). Das entspricht im Grunde der bisherigen Rechtslage. Auch im kirchlichen Arbeitsrecht gibt es, wie allgemein, keine absoluten Kündigungsgründe (vgl. *Joussen* RdA 2011, 173 [176]; *Richardi,* Arbeitsrecht in der Kirche, 6. Aufl. 2012, § 7 Rn. 12 f., 15, 81). Allerdings werden die Gerichte dazu angehalten, die Abwägung im Einzelfall, auch in der Urteilsbegründung, nicht zu verkürzen (ähnlich *Fahrig/Stenslik* EuZA 2012, 184 [193 f.]; *Grabenwarter,* FS Jaeger, 2011, 635 [645]; *Joussen* RdA 2011, 173 [176] [178]; *Reichold* EuZA 2011, 320 [328]). Wegen der Anerkennung der Selbstverwaltung der Religionsgemeinschaft (→ Art. 9 Rn. 16) können und müssen die ArbG die Loyalitätspflichten im Rahmen von § 1 II KSchG bzw. § 626 I BGB nicht überprüfen, solange sich kein Verstoß gegen das Willkürverbot, den Gleichheitssatz und den ordre public erkennen lässt (ähnlich *Reichold* EuZA 2011, 320 [328]). Der EGMR gibt den Gerichten allerdings auf, die Verkündigungsnähe der Tätigkeit zu berücksichtigen, woraus sich aber nicht klar ergibt, dass die Fachgerichte ihre Einschätzung an die Stelle der Festlegung der Religionsgemeinschaft setzen dürfen (vgl. BVerfG 22.10.2014 NZA 2014, 1387 Rn. 115 ff.; anders wohl *Sperber* EuZA 2011, 407 [412]).

21   Für den **Datenschutz** ergibt sich aus Art. 8 I eine staatliche Pflicht, einen Schutz gegen Datenmissbrauch vorzuhalten (dazu *Meyer-Ladewig* Rn. 40). Zur Ermittlung der Konventionsverletzung bedarf es einer umfassenden Interessenabwägung, wobei den staatlichen Behörden ein Beurteilungsspielraum belassen wird (EGMR 25.2.1997 – 22009/93 Rn. 99 – Z/Finnland). Zudem hat der Grundrechtsträger ein Recht auf Einsicht in die personenbezogenen Daten, die der Staat gesammelt und ggf. verarbeitet hat (EGMR 28.4.2009 – 32881/04 Rn. 45 ff. – K. H./Slowakei; GMD/*Marauhn/Thorn* Kap. 16 Rn. 31; *Villiger* Rn. 569). Dabei handelt es sich um eine Leistungspflicht des Staates.

D. Eingriff und sonstige Beeinträchtigung

I. Eingriff

22   Für einen Eingriff in Art. 8 I wird wegen der Offenheit des Schutzbereichs eine gewisse Eingriffsschwere vorausgesetzt (GMD/*Marauhn/Thorn* Kap. 16 Rn. 71; *Villiger* Rn. 555). Eingriffe in das Recht auf Achtung des Privat- und Familienlebens als Abwehrrecht resultieren im Arbeitsrecht durch staatliche Regelungen der Arbeitsbedingungen bzw. durch das Handeln des Staates als Arbeitgeber, das den geschützten Bereich des Privat- und Familienlebens beeinträchtigt. Ein Eingriff in die körperliche Integrität und die Privatsphäre ist danach die Anordnung von Drogentests für die Mitarbeiter eines Atomkraftwerks (EGMR 9.3.2004 – 46210/99 – Wretlund/Schweden). Ob das Abwehrrecht oder die Gewährleistungspflicht einschlägig ist, hängt davon ab, ob es sich um einen privaten oder staatlichen Arbeitgeber handelt.

23   Eingriffe in den Schutz der **Privatsphäre** sind insbesondere das Erheben, Speichern, Verarbeiten bzw. Weitergeben von persönlichen Daten durch staatliche Stellen. Auch die Vorratsspeicherung von Daten ist ein Eingriff, unabhängig davon, ob die Daten später verwertet werden oder nicht (EGMR 4.12.2008 – 30562/04 Rn. 67, 73 – S and Marper/Vereinigtes Königreich; GMD/*Marauhn/Thorn* Kap. 16 Rn. 73).

24   Eingriffe in das Privatleben und die Korrespondenz sind auch die staatliche **Telefonüberwachung** und andere **Abhörmaßnahmen** des Staates (EGMR 29.6.2006 – 54934/00 Rn. 76 f. – Weber and Saravia/Deutschland; dazu *Meyer-Ladewig* Rn. 33). Auch die Kontrolle von E-Mails und Internetsurfverhalten des Mitarbeiters durch staatliche Arbeitgeber ist ein Eingriff (EGMR 16.12.1992 – 13710/88 Rn. 29 – Niemitz/Deutschland). Die

Maßnahme verliert nicht ihren staatlichen Charakter, wenn eine Privatperson im Einvernehmen und unter Mithilfe oder auf Betreiben der Polizei tätig wird (EGMR 23.11.1993 – 14838/89 Rn. 36 – A/Frankreich; 8.4.2003 – 39339/98 Rn. 38 f. – M. M./Niederlande). Auch die (geheime) Videoüberwachung ist ein Eingriff in das Privatleben (EGMR 25.9.2001 – 44787/98 Rn. 57 – P. G. and J. H./Vereinigtes Königreich; 28.1.2003 – 44647/98 Rn. 58 f. – Peck/Vereinigtes Königreich; 17.7.2003 – 63737/00 Rn. 38 – Perry/Vereinigtes Königreich; 5.10.2010 – 420/07 – Köpke/Deutschland). Ein Eingriff ist schließlich die Entlassung aus dem öffentlichen Dienst auf der Grundlage von Akten der Sicherheitsdienste, insbesondere der Staatssicherheit der DDR (vgl. zB EGMR 26.3.1987 – 9248/81 Rn. 48, 60 – Leander/Schweden; 22.11.2001 – 41111/98 Rn. 2 – Knauth/Deutschland; 22.11.2001 – 42358/98 Rn. 1 – Bester/Deutschland).

Der eingeschränkte Schutz der **Berufsfreiheit** durch die EMRK hat zur Folge, dass nicht 25 jede Beeinflussung der Berufsausübung ein Eingriff ist. Ein solcher liegt jedoch vor, wenn dem Grundrechtsträger berufliche Tätigkeiten auch im Privatleben in erheblichem Umfang verboten oder erschwert sind (EGMR 27.7.2004 – 55480/00 Rn. 47 – Sidabras/Litauen; 23.3.2006 – 77924/01 Rn. 54 – Albanese/Italien; 16.11.2006 – 45964/99 Rn. 85 ff. – Karov/Bulgarien; 28.9.2009 – 26713/05 Rn. 31 – Bigaeva/Griechenland). Auch eine Entlassung aus dem öffentlichen Dienst, wenn sie aus Gründen erfolgt, die dem zentralen Bereich des Rechts auf Privatleben widersprechen, ist ein zu rechtfertigender Eingriff (EGMR 16.10.2008 – 39058/05 Rn. 50 – Kyriakides/Zypern). Ein Eingriff ist schließlich auch die staatliche Überwachung anwaltlicher Tätigkeit (vgl. EGMR 16.10.2007 – 74336/01 Rn. 44 f. – Wieser&Bicos Beteiligungs GmbH/Österreich; 24.2.2005 – 59304/00 Rn. 20 – Jankauskas/Litauen; *Spielmann* AnwBl. 2010, 373 ff.).

Sofern nicht feststeht, ob eine verdeckte staatliche Maßnahme vorliegt (zB geheime 26 Videoüberwachung oder Abhören von Telefonen), hat der EGMR es ausreichen lassen, wenn es eine vernünftige Wahrscheinlichkeit („reasonable likelihood") für die Maßnahme gibt (EGMR 25.6.1997 – 20605/92 Rn. 48 – Halford/Vereinigtes Königreich). Zum Teil wird auch angenommen, dass bereits das Vorliegen eines Gesetzes, das eine solche Maßnahme gestattet, einen Eingriff darstellt (EGMR 25.6.1997 – 20605/92 Rn. 56 – Halford/Vereinigtes Königreich; 6.9.1972 – 5029/71 Rn. 41 – Klass/Deutschland). Dieses Absenken der Anforderungen an das Vorliegen eines Eingriffs zielt auf einen effektiven Schutz der Konventionsrechte, an dem es insbesondere mangelt, wenn der Betroffene keinen Auskunftsanspruch gegenüber dem Staat hat. Das macht zugleich deutlich, dass es sich eigentlich um ein Rechtsschutzdefizit handelt, das über Art. 6 bzw. Art. 13 zu erfassen ist und weniger um eine Frage des Eingriffsbegriffs iSd Grundrechtsdogmatik. Ggf. kann das Fehlen eines Auskunftsanspruchs Anknüpfungspunkt für eine Beeinträchtigung von Art. 8 sein, sofern dadurch eine Gewährleistungspflicht verletzt ist (→ Rn. 18).

II. Sonstige Beeinträchtigung

Sonstige Beeinträchtigungen liegen vor, wenn der Staat seinen Gewährleistungspflichten 27 nicht nachkommt. Der Staat muss insbesondere seiner Schutzpflicht genügen, wenn private Arbeitgeber ihre Mitarbeiter zu Untersuchungen verpflichten (zB Drogenscreening, s. EGMR 9.3.2004 – 46210/99 – Wretlund/Schweden) oder ihre Telefone und ihre E-Mail-Korrespondenz überwachen. Es bedarf insofern einer gesetzlichen Regelung zum Arbeitnehmerdatenschutz. Bei dessen Ausgestaltung haben die Konventionsstaaten – wenn man die bisherige Rechtsprechung des EGMR zugrunde legt – einen Beurteilungsspielraum, der umso enger ist, je mehr in den Intimbereich der Person eingegriffen wird. Dabei ist auch von Bedeutung, ob es sich um eine offene oder verdeckte Maßnahme handelt und wie lange sie dauert. Der Konventionsstaat muss bei der Regelung des Arbeitnehmerdatenschutzes auf einen angemessenen Ausgleich der beteiligten rechtlich geschützten Interessen achten.

28 Eine Verletzung der Gewährleistungspflicht wurde insbesondere verneint, wenn die Arbeitnehmerinteressen ausreichend berücksichtigt wurden (vgl. EGMR 9.3.2004 – 46210/99 – Wretlund/Schweden). Dabei war von Bedeutung, dass die Untersuchung und ihr Ergebnis grds. geheim blieb und außer dem Arbeitnehmer nur solchen Personen bekannt wurde, die an dem Überprüfungsprogramm beteiligt waren (EGMR 9.3.2004 – 46210/99 – Wretlund/Schweden). Zudem standen die Daten zu keinem anderen Zweck zur Verfügung. Der Gerichtshof hat es zudem positiv gewürdigt, dass keine diskriminierende Auswahl erfolgte (vgl. EGMR 9.3.2004 – 46210/99 – Wretlund/Schweden). Die Gewährleistungspflicht des Staates ist auch angesprochen, wenn dem Arbeitnehmer besondere Loyalitätspflichten auferlegt werden. Art. 8 I steht den Loyalitätspflichten der kirchlichen Arbeitgeber aber nicht generell entgegen (*Grabenwarter,* in, Kämper/Puttler 10, 18). Die Festsetzung dieser Pflichten ist den Religionsgemeinschaften zudem durch Art. 9 I gewährleistet (→ Art. 9 Rn. 3), so dass ein fairer Ausgleich herzustellen ist, der die berechtigten Interessen der Religionsgemeinschaft in den Blick nehmen muss (→ Art. 9 Rn. 23).

E. Rechtfertigung

29 Jede staatliche Maßnahme, die in Art. 8 I eingreift, muss in Einklang mit dem Recht stehen. Sie bedarf einer gesetzlichen Grundlage und muss ein legitimes Interesse so verfolgen, wie es in einer demokratischen Gesellschaft notwendig und angemessen ist (EGMR 23.10.1981 – 7525/76 Rn. 43 – Dudgeon/Vereinigtes Königreich; 29.4.2002 – 2346/02 Rn. 68 – Pretty/Vereinigtes Königreich; 9.3.2004 – 46210/99 – Wretlund/Schweden; so auch *Hendrickx/van Bever* in Dorssemont/Lörcher/Schömann 183 [198 f.]). Art. 8 II regelt sehr präzise die Rechtfertigungsanforderungen, die der Gerichtshof inzwischen allgemein für die Rechtfertigung bei Abwehrrechten heranzieht (→ Art. 1 Rn. 49 f.).

I. Durch Gesetz

30 Die gesetzliche Regelung muss grds. zugänglich sein, die staatliche Maßnahme und ihre Folgen vorhersehbar machen und den Vorgaben der Rechtsstaatlichkeit genügen (EGMR 26.4.1979 – 6538/74 Rn. 49 – Sunday Times/Vereinigtes Königreich; 14.4.1990 – 11801/85 Rn. 27 – Kruslin/Frankreich; 25.3.1998 – 23224/94 Rn. 62 ff. – Kopp/Schweiz; 9.3.2004 – 46210/99 – Wretlund/Schweden; 3.4.2007 – 62617/00 Rn. 46 – Copland/Vereinigtes Königreich; 12.6.2014 – 56030/07 Rn. 117 – Fernández Martínez/Spanien). Der notwendige Grad an Bestimmtheit hängt von der Art der Maßnahme ab (EGMR 26.9.1995 – 17851/91 Rn. 48 – Vogt/Deutschland; 9.3.2004 – 46210/99 – Wretlund/Schweden). Allg. dazu → Art. 1 Rn. 48.

31 Der EGMR hat insbesondere Anforderungen an gesetzliche Regelungen zu **Abhörmaßnahmen** entwickelt. Diese müssen in besonderem Maße konkret sein (EGMR 29.6.2006 – 54934/00 Rn. 93 ff. – Weber and Saravia/Deutschland; 10.1.2009 – 4378/02 Rn. 78 f. – Bykov/Russland; dazu GMD/*Marauhn/Thorn* Kap. 16 Rn. 84). Es muss erkennbar sein, gegenüber wem die Abhörmaßnahmen, unter welchen Voraussetzungen, zum Schutz welcher Rechtsgüter, bei welchen Straftaten, mit welchen Mitteln und nach welchem Verfahren stattfinden (EGMR 16.2.2000 – 27798/95 Rn. 58 – Amann/Schweiz; 29.6.2006 – 54934/00 Rn. 93 ff. – Weber and Saravia/Deutschland; 10.2.2009 – 25198/02 Rn. 38 f. – Iordachi/Moldau). Bei geheimen Überwachungsmaßnahmen müssen die Betroffenen zwar nicht in der Lage sein vorherzusehen, wann konkret ihre Gespräche abgehört werden, sie müssen aber erkennen können, dass und unter welchen Voraussetzungen die Behörden solche Maßnahmen treffen dürfen (EGMR 29.6.2006 – 54934/00 Rn. 93 f. – Weber and Saravia/Deutschland; 10.3.2009 – 4378/02 Rn. 78 – Bykov/Russland). Ermessensspielräume der Behörden und die Art ihrer Ausfüllung sind gesetzlich klar zu regeln (EGMR 29.6.2006 – 54934/00 Rn. 93 f. – Weber and Saravia/Deutschland; 10.3.2009 – 4378/02

Rechtfertigung Art. 8 EMRK 40

Rn. 78 – Bykov/Russland). Sofern das Gesetz interne Abhörmaßnahmen in der Behörde nicht erfasst, fehlt es an einer gesetzlichen Grundlage für ein derartiges Vorgehen (so EGMR 25.6.1997 – 20605/92 Rn. 51 – Halford/Vereinigtes Königreich).

Auch bei Regelungen zum **Datenschutz** gilt, dass das Gesetz ausreichend deutlich und 32 genau sein muss (EGMR 4.12.2008 – 30562/04 Rn. 95 ff., 103 – S. and Marper/Vereinigtes Königreich; 15.4.2014 – 50073/07 Rn. 28 – Radu/Moldawien; dazu GMD/ *Marauhn/Thorn* Kap. 16 Rn. 87). Der Betroffene muss nicht exakt vorhersehen können, welche Nachforschungen die Polizei über seine Person zum Schutz der nationalen Sicherheit vornehmen kann. Er muss aber klar erkennen können, unter welchen Umständen und Bedingungen geheimdienstliche Eingriffe in ihr Privatleben zulässig sind (EGMR 26.3.1987 – 9248/81 Rn. 51 – Leander/Schweden). Es ist zu regeln, unter welchen Umständen eine Datei angelegt wird, das Verfahren und die Informationen, die gesammelt werden dürfen, welche Aufbewahrungsfristen gelten und wann die Daten zu vernichten sind (EGMR 16.2.2000 – 27798/95 Rn. 76 – Amann/Schweiz; 20.12.2005 – 71611/01 Rn. 33 – Wisse/Frankreich; 31.5.2005 – 59842/00 Rn. 26 – Vetter/Frankreich; 29.6.2006 – 54934/ 00 Rn. 95 – Weber and Saravia/Deutschland).

II. Notwendig in einer demokratischen Gesellschaft

Die Maßnahme muss einen **legitimen Zweck** verfolgen und insoweit in einer demokra- 33 tischen Gesellschaft notwendig sein. Im Arbeitsrecht besteht der legitime Zweck iSv Art. 8 II idR im Schutz der Rechte und Freiheiten anderer. Die EMRK erlaubt indes nicht ausdrücklich ein Anknüpfen an rein ökonomischen Interessen (*Hendrickx/van Bever* in Dorssemont/Lörcher/Schömann 183 [201]). Zum Teil kann auf den Schutz der öffentlichen Sicherheit zurückgegriffen werden (vgl. EGMR 7.12.1976 – 5095/71 Rn. 54, 57 – Madsen/Dänemark), zum Teil zieht der EGMR den Schutz der Geschäftsführung in ihrer Leitungsmacht heran (EGMR 9.3.2004 – 46210/99 – Wretlund/Schweden). Insgesamt werden die legitimen Zwecke weit ausgelegt (→ Art. 1 Rn. 49). Die Wirkung für privatrechtliche Sachverhalte vermittels der Schutzpflicht reflektiert Art. 8 II indes nicht, was nur durch eine weite Auslegung der „Rechte Dritter" partiell behoben werden kann. Auf diese Weise lässt sich berücksichtigen, dass es sich um ein mehrpoliges Grundrechtsverhältnis handelt, so dass der Schutz des einen Grundrechtsträgers mit der Belastung eines anderen einhergeht.

Ob eine staatliche Maßnahme in einer demokratischen Gesellschaft notwendig ist, hängt 34 nicht nur vom legitimen Zweck, sondern auch vom **Umfang** und der **Intensität** ab, mit der in das Privat- und Familienleben eingegriffen wird. Gerade für Eingriffe in den Intimbereich einer Person bedarf es besonders triftiger Gründe (EGMR 27.9.1999 – 33985/96 Rn. 89 – Smith and Grady/Vereinigtes Königreich). Für die Anforderungen an die Rechtfertigung ist zudem relevant, ob es sich um eine gezielte Überwachung einer Person handelt (EGMR 4.5.2000 – 28341/95 Rn. 43 f. – Rotaru/Rumänien; 28.1.2003 – 44647/98 Rn. 59 – Peck/Vereinigtes Königreich; 17.7.2003 – 63737/00 Rn. 38 – Perry/Vereinigtes Königreich; 5.10.2010 – 420/07 – Köpke/Deutschland) und ob eine Verarbeitung sowie Verwertung der Daten erfolgt, was die Eingriffsintensität erhöht (EGMR 17.7.2003 – 63737/00 Rn. 38 – Perry/Vereinigtes Königreich; 17.7.2008 – 20511/03 Rn. 35 ff. – I/ Finnland; 5.10.2010 – 420/07 – Köpke/Deutschland). Der EGMR lässt den Konventionsstaaten bei Eingriffen in das Privatleben einen relativ weiten Beurteilungsspielraum (dazu GMD/*Marauhn/Thorn* Kap. 16 Rn. 97), das gilt umso mehr, wenn eine Verletzung einer Gewährleistungspflicht vorliegt (allg. dazu → Art. 1 Rn. 37).

Im Einzelfall ist zu prüfen, ob die konkrete staatliche Maßnahme unter Verletzung von 35 Art. 8 I erforderlich ist. Das hat der EGMR insbesondere bei der Verweigerung der Einstellung eines Bewerbers bei einer Marinebasis aufgrund geheimer Informationen durch den Sicherheitsdienst angenommen, soweit dies unbedingt nötig ist und wenn Vorkehrungen gegen Missbrauch bestehen (zB Beteiligung von Abgeordneten; vgl. EGMR 6.9.1978 –

5029/71 Rn. 49 – Klass/Deutschland). Grds. kann die Verwendung von Unterlagen der ehemaligen Staatssicherheit der DDR zur Begründung einer Kündigung gerechtfertigt sein (EGMR 22.11.2001 – 41111/98 Rn. 1 – Knauth/Deutschland; 22.11.2001 – 42358/98 Rn. 1 – Bester/Deutschland).

III. Angemessenheit

36   Die staatlichen Stellen müssen eine Interessenabwägung vorgenommen und einen gerechten Ausgleich zwischen den Interessen des Betroffenen an der Achtung seines Privat- und Familienlebens und dem öffentlichen Interesse erzielt haben (*Meyer-Ladewig* Rn. 120). Die Rechtsprechung berücksichtigt dabei insbesondere, ob der Betroffene von der Maßnahme wusste oder ob er vernünftigerweise erwarten durfte, privat zu sein (EGMR 25.6.1997 – 20605/92 Rn. 45 – Halford/Vereinigtes Königreich; 5.10.2010 – 420/07 – Köpke/Deutschland). Insofern geht der Gerichtshof davon aus, dass der Betroffene – solange er nicht auf die Möglichkeit der Überwachung hingewiesen wurde – **Vertraulichkeit erwarten** könne (EGMR 3.4.2007 – 62617/00 Rn. 41 f. – Copland/Vereinigtes Königreich). Für die Angemessenheit der staatlichen Eingriffe kommt es nicht nur darauf an, in welchem Maße dem Handeln des Staates materielle Grenzen gesetzt waren, sondern auch ob und inwieweit durch Verfahrensvorgaben den gegenläufigen Interessen Rechnung getragen wurde.

37   Beim **Datenschutz** gilt, dass das Gesetz angemessene Kontrollmechanismen vorhalten und die Werte einer demokratischen Gesellschaft achten muss (EGMR 4.5.2000 – 28341/95 Rn. 43 – Rotaru/Rumänien; 31.5.2005 – 64330/01 – Antunes Rocha/Portugal; s. auch OGH 20.12.2006 AuR 2007, 398). Bei Abhörmaßnahmen hat der Gerichtshof zudem entschieden, dass die Person, die Abhörmaßnahmen genehmigt, unabhängig sein und gerichtlicher oder sonst unabhängiger Kontrolle unterliegen muss (EGMR 26.4.2007 – 71525/01 Rn. 70 ff. – Dumitru Popescu/Rumänien; 10.2.2009 – 25198/02 Rn. 40 – Iordachi/Moldau). Für die Angemessenheit einer Durchsuchung sind insbesondere die Anwesenheit eines Zeugen von Bedeutung, bei Anwälten aber auch die Auswirkungen auf die Arbeit und den Ruf des Anwalts (EGMR 9.4.2009 – 19856/04 Rn. 31 – Kolesnichenko/Russland).

38   Bei Verfahren zur Überprüfung früherer Tätigkeit unter einem diktatorischen Regime (sog. **Lustrationsmaßnahmen**) und der sich daraus ergebenden Entlassung wird ein Konventionsverstoß verneint, wenn das Verfahren bestimmten Anforderungen genügt (vgl. EGMR 24.6.2008 – 3669/03 Rn. 116 – Adamsons/Lettland). Es muss aufgrund Gesetzes erfolgen, darf nicht ausschließlich der Bestrafung oder Rache dienen und muss die individuelle Verantwortung der betroffenen Person feststellen (EGMR 24.6.2008 – 3669/03 Rn. 116 – Adamsons/Lettland). Das Verfahren muss in rechtsstaatlicher Form ablaufen, zeitlich begrenzt sein und dem Betroffenen auch die Einsicht in geheime Unterlagen der Sicherheitsdienste gewähren (EGMR 8.6.2010 – 50399/07 Rn. 33 ff. – Gorny/Polen). Der Gerichtshof sieht es aber als zu weitgehend an, wenn der Staat wegen einer früheren Geheimdiensttätigkeit einen Mitarbeiter nicht nur aus seinem Dienst entfernt, sondern auch die Berufstätigkeit bei einem privaten Arbeitgeber verhindert (EGMR 7.4.2005 – 70665/01 Rn. 36 – Rainys and Gasparavicins/Litauen). Insoweit ist Art. 8 I verletzt.

Art. 9 Gedanken-, Gewissens- und Religionsfreiheit

(1) Jede Person hat das Recht auf Gedanken-, Gewissens- und Religionsfreiheit; dieses Recht umfasst die Freiheit, seine Religion oder Weltanschauung zu wechseln, und die Freiheit, seine Religion oder Weltanschauung einzeln oder gemeinsam mit anderen öffentlich oder privat durch Gottesdienst, Unterricht oder Praktizieren von Bräuchen und Riten zu bekennen.

(2) Die Freiheit, seine Religion oder Weltanschauung zu bekennen, darf nur Einschränkungen unterworfen werden, die gesetzlich vorgesehen und in einer demokratischen Gesellschaft notwendig sind für die öffentliche Sicherheit, zum Schutz der öffentlichen Ordnung, Gesundheit oder Moral oder zum Schutz der Rechte und Freiheiten anderer.

Übersicht

	Rn.
A. Regelungsgehalt und Bedeutung	1
B. Schutzbereich	4
I. Persönlicher Schutzbereich	4
II. Sachlicher Schutzbereich	7
1. Gedanken- und Gewissensfreiheit	7
2. Religionsfreiheit	9
a) Individuelle Religionsfreiheit	9
b) Kollektive Religionsfreiheit	16
3. Weltanschauungsfreiheit	22
C. Gewährleistungspflichten	23
D. Eingriff und sonstige Beeinträchtigungen	26
I. Eingriff	26
II. Sonstige Beeinträchtigung	28
E. Rechtfertigung	29

A. Regelungsgehalt und Bedeutung

Die Gedankens-, Gewissens-, Religions- und Weltanschauungsfreiheit gehören zu grundlegenden Freiheitsrechten, die in den verschiedenen Menschenrechtskonventionen enthalten sind und zu den **unverzichtbaren Grundlagen** einer pluralistischen und demokratischen Ordnung zählen (st.Rspr., zB EGMR 25.5.1993 – 14307/88 Rn. 31 – Kokkinakis/Griechenland; 23.9.2010 – 425/03 Rn. 44 – Obst/Deutschland; 23.9.2010 – 1620/03 Rn. 58 – Schüth/Deutschland; 3.2.2011 – 18136/02 Rn. 41 – Siebenhaar/Deutschland; 12.6.2014 – 56030/07 Rn. 127 – Fernández Martínez/Spanien; zur Entstehungsgeschichte GMD/*Walter* Kap. 17 Rn. 7 ff.). Es handelt sich um eine internationale Garantie, deren Begriffe von der nationalen Rechts- und Begriffsentwicklung unabhängig sind (*Blum* 51 f.). Die EMRK enthält keine Regelungen zum **Staatskirchenrecht,** zumal das Verhältnis von Staat und Kirche in den Vertragsstaaten sehr unterschiedlich ausgestaltet wurde. Insoweit existiert kein allgemeiner europäischer Standard. Der EGMR akzeptiert daher großzügig die jeweiligen nationalen Konzepte und hält sich mit seiner eigenen Bewertung zurück (st. Rspr., zB EGMR 23.9.2010 – 425/03 Rn. 44 – Obst/Deutschland; 23.9.2010 – 1620/03 Rn. 58 – Schüth/Deutschland; 3.2.2011 – 18136/02 Rn. 41 – Siebenhaar/Deutschland). Daher hat auch das Gebot des Laizismus als legitimes staatliches Prinzip stets Anerkennung gefunden (zB EGMR 10.11.2005 – 44774/98 Rn. 106 ff. – Leyla Şahin/Türkei; 4.12.2008 – 27058/05 Rn. 37 – Dogru/Frankreich; dazu GMD/*Walter* Kap. 17 Rn. 11).

Für das Arbeitsrecht entfaltet Art. 9 I als Abwehrrecht nur Wirkung, wenn der **Staat als** **2** **Arbeitgeber** agiert bzw. durch staatliche Regelungen die Pflichten des Arbeitnehmers im Hinblick auf die Religions- oder Weltanschauungsfreiheit ausgestaltet (zB Bekleidungsvorschriften). Den Staat hat der EGMR zu Recht auch als Arbeitgeber angesehen, wenn der Religionslehrer an einer staatlichen Schule durch die Verwaltung jährlich auf Empfehlung des Bischofs ernannt wird und das Gehalt von der Religionsgemeinschaft, aber auf Kosten des Staates gezahlt wird (EGMR 12.6.2014 – 56030/07 Rn. 112 – Fernández Martínez/Spanien). Auf **Religionsgemeinschaften** findet die EMRK keine Anwendung, auch wenn sie einen öffentlich-rechtlichen Status haben (st.Rspr., EKMR 6.9.1989 – 12242/86 – Rommelfanger/Deutschland; 11.4.1996 – 24019/94 – Finska Församlingen i Stockholm and Hautaniemi/Schweden; EGMR 23.9.2010 – 1620/03 Rn. 54 – Schüth/Deutschland; 3.2.2011 – 18136/02 Rn. 37 – Siebenhaar/Deutschland). Der EGMR stellt darauf ab, dass die Religionsgemeinschaften gegenüber ihren Arbeitnehmern keine Hoheitsrechte ausüben. Demzufolge kann sich ein Arbeitnehmer als Beschwerdeführer nur auf eine Verletzung der Gewährleistungspflichten des Staates aus der EMRK berufen.

3   Im Verhältnis zwischen **privaten Arbeitgebern** und ihren Arbeitnehmern kommen die Menschenrechte nicht direkt zur Anwendung. Die Vertragsstaaten sind aber durch die Gewährleistungspflichten gehalten, zum Schutz der Arbeitnehmer vor unzumutbaren Vertragspflichten oder Kündigungen einzugreifen. In vielen Fällen ist neben Art. 9 I zugunsten des Beschwerdeführers ein weiteres Freiheitsrecht einschlägig, insbesondere Art. 8 I (zB bei Bekleidungsvorschriften, besonderen Loyalitätspflichten, → Art. 8 Rn. 20), Art. 10 I (zB bei öffentlichen Äußerungen eines kirchlichen Arbeitnehmers entgegen der Lehrmeinung, → Art. 10 Rn. 36) oder Art. 11 I (zB bei der Beschränkung des Streikrechts kirchlicher Arbeitnehmer, → Art. 11 Rn. 3). Es besteht kein Spezialitätsverhältnis, soweit eigenständige Gewährleistungen existieren, die über Art. 9 I hinausgehen. Daneben kommt Art. 14 I zur Anwendung, wenn Diskriminierung wegen des Glaubenswechsels oder der (Anders-)Gläubigkeit auftreten (zB EGMR 3.2.2011 – 18136/02 Rn. 49 ff. – Siebenhaar).

B. Schutzbereich

I. Persönlicher Schutzbereich

4   Die Gedanken-, Gewissens- und Religionsfreiheit sind im Ausgangspunkt individuelle Freiheitsrechte der Bürger. Davon sind auch Beamte, Soldaten und Strafgefangene nicht ausgenommen (EGMR 24.2.1998 – 23372/94 Rn. 50 – Larissi/Griechenland; 29.4.2003 – 38812/97 Rn. 167, 170 – Poltoratskiy/Ukraine; so auch EGMR 15.2.2001 – 42393/98 – Dahlab/Schweiz; IK-EMRK/*Grabenwarter* Rn. 44). Darüber hinaus anerkennt der EGMR zu Recht den Schutz der **Religionsgemeinschaft.** Bereits der Wortlaut deutet dies an, indem er den Schutz auf das gemeinsame Glaubensbekenntnis erstreckt und Religionsausübung somit gemeinschaftsbezogen denkt. Ohne die Anerkennung der Religionsgemeinschaft nach Maßgabe ihres religiösen Selbstverständnisses wäre auch die Ausübung der individuellen Religionsfreiheit gefährdet (EGMR 26.10.2000 – 30985/96 Rn. 62 – Hasan and Chaush/Bulgarien; 13.12.2001 – 45701/99 Rn. 118 – Metropolitan Church of Bessarabia/Moldawien; 22.1.2009 – 412/03 ua Rn. 103 – Holy Synod of the Bulgarian Orthodox Church (Metropolitan Inokentiy)/Bulgarien; 9.7.2013 – 2330/09 Rn. 136 – Sindicatul „Păstorul cel Bun"/Rumänien; 12.6.2014 – 56030/07 Rn. 127 – Fernández Martínez/Spanien; GMD/*Walter* Kap. 20 Rn. 104 f.; van Dijk/van Hoof/van Rijn/Zwaak/*Vermeulen* 764; *Harris/O'Boyle/Warbrick* 598 f.). Zudem sind Gemeinschaften nach Art. 34 beschwerdefähig, was dafür spricht, dass sie ebenfalls Grundrechtsträger sind und gegen staatliche Eingriffe geschützt werden. Zumindest die Auslegung von Art. 9 I mit Rücksicht auf Art. 11 I führt zu diesem Ergebnis (EGMR 5.10.2006 – 72881/01 Rn. 58 – Moscow branch of the salvation army/Russland; 23.9.2010 – 425/03 Rn. 44 – Obst/Deutschland; 23.9.2010 – 1620/03 Rn. 58 – Schüth/Deutschland; 3.2.2011 – 18136/02 Rn. 41 – Siebenhaar/Deutschland). Sie sind daher nicht nur vermittels der individuellen Rechte ihrer Mitglieder geschützt, sondern sind selbst Grundrechtsträger.

5   Der **Begriff** der Religionsgemeinschaft ist weder in der EMRK noch in der Rechtsprechung definiert. Wegen der unterschiedlichen Anforderungen in den Mitgliedstaaten und dem Fehlen eines gemeinsamen europäischen Standards überlässt es der EGMR grds. den Vertragsstaaten, wer als Religionsgemeinschaft anerkannt wird, und geht davon aus, dass die Pflicht der Konventionsstaaten zur Neutralität es ausschließt, dass sie die Legitimität einer Religion in Frage stellen (EGMR 5.4.2007 – 18147/02 Rn. 72 – Church of Scientology Moskow/Russland; 1.10.2009 – 76836/01 ua Rn. 79 – Kimlya/Russland). Es bleibt bei einem weiten Beurteilungsspielraum der Konventionsstaaten. Nicht abschließend entschieden ist der Schutz von Organisationen, die nicht Religionsgemeinschaft ieS sind, aber

Schutzbereich **Art. 9 EMRK 40**

religiöse Aufgaben wahrnehmen, wie kirchliche Wohlfahrtsverbände. Zum Teil wird darauf verwiesen, dass insoweit die Berufsausübung im Vordergrund stehe (dazu GMD/*Walter* Kap. 17 Rn. 108). Die EKMR hat einen Schutz von Handelsgesellschaften durch Art. 9 I nicht völlig ausgeschlossen (EKMR 15.4.1996 – 20471/92 – Kustannus oy vapaa ajattelija AB/Finnland). Jedenfalls müssen für einen effektiven Schutz der Religionsfreiheit auch solche juristische Personen, die der Verwirklichung der kollektiven Religionsfreiheit dienen, als Grundrechtsträger anerkannt werden (GMD/*Walter* Kap. 17 Rn. 108). Ausgenommen sollten aber juristische Personen sein, bei denen die Gewinnerzielung im Vordergrund steht (EKMR 15.4.1996 – 20471/92 – Kustannus oy vapaa ajattelija AB/Finnland; *Grabenwarter*/ *Pabel* § 22 Rn. 97).

Neben den Religionsgemeinschaften sind auch **Weltanschauungsgemeinschaften** vom Schutzbereich des Art. 9 I erfasst, zumal sie die personale Seite bei der Verwirklichung der Weltanschauungsfreiheit (→ Rn. 22) in Gruppen darstellen (GMD/*Walter* Kap. 17 Rn. 106). Insoweit gelten die gleichen Grundsätze wie für die Religionsgemeinschaft. **6**

II. Sachlicher Schutzbereich

1. Gedanken- und Gewissensfreiheit. Die Gedankenfreiheit iSv Art. 9 I ist der Gewissensfreiheit noch vorgelagert und entspricht einem Verbot staatlicher Indoktrination (zB in Form von verpflichtendem Unterricht; GMD/*Walter* Kap. 17 Rn. 15; IK-EMRK/*Grabenwarter* Rn. 36). Die Gewissensfreiheit umfasst sowohl die Bildung als auch die Betätigung eines Gewissens (GMD/*Walter* Kap. 17 Rn. 18; Karpenstein/Mayer/*v. Ungeren-Sternberg* Rn. 11). Es geht dabei um den Schutz des innersten Kerns menschlicher Selbstbestimmung und den Respekt gegenüber der Persönlichkeit des Einzelnen, die sich gerade in der Gewissensbetätigung praktisch verwirklicht (*Blum* 157 ff., 166 ff.; Karpenstein/Mayer/*v. Ungeren-Sternberg* Rn. 11; krit. van Dijk/van Hoof/van Rijn/Zwaak/*Vermeulen* 752, Rechtfertigungslast für die gesamte Rechtsordnung). Die Gewissensfreiheit tritt ergänzend neben die Religions- und Weltanschauungsfreiheit, soweit sich der Grund für die Gewissensregung weder Religion noch Weltanschauung zuordnen lässt (*Grabenwarter*/*Pabel* § 22 Rn. 99). Der Schutzbereich der Gewissensfreiheit erfasst sowohl das forum internum als auch das forum externum als die Freiheit zu gewissensgemäßem Handeln (dazu GMD/*Walter* Kap. 17 Rn. 17 ff.). Es muss tatsächlich ein Gewissenskonflikt vorliegen. Zudem erlaubt der EGMR dem Einzelnen nicht die Berufung auf die Gewissensfreiheit, um sich der Anwendung allg. Gesetze (zB Steuerpflicht) zu entziehen (EKMR 15.12.1983 – 10358/83 – C/Vereinigtes Königreich; Frowein/Peukert/*Frowein* Rn. 22). **7**

Im Arbeitsrecht kann die Gewissensfreiheit vor allem durch die Weisungen des Arbeitgebers betroffen sein. Der Staat als Arbeitgeber kann sie nur in den Grenzen von Art. 9 II beschränken. Zudem trifft ihn für die privatrechtlichen Arbeitsverhältnisse eine Gewährleistungspflicht. Im deutschen Arbeitsrecht ergibt sich insoweit kein nennenswerter Umsetzungsbedarf, weil die EMRK bei der völkerrechtsfreundlichen Auslegung des § 106 S. 1 GewO zumindest das Ermessen des Arbeitgebers beschränkt, auch wenn er nicht selbst an sie gebunden ist. **8**

2. Religionsfreiheit. a) Individuelle Religionsfreiheit. Der Begriff der Religion ist nicht in der EMRK definiert. Die EKMR und der EGMR haben insoweit besondere Zurückhaltung gewahrt, was insbesondere dem Schutz von Minderheiten dient, weil jede Begriffsbestimmung auch zur Abgrenzung führt (dazu GMD/*Walter* Kap. 17 Rn. 34 ff.; IK-EMRK/*Grabenwarter* Rn. 41; Karpenstein/Mayer/*v. Ungeren-Sternberg* Rn. 13). Eine vom Gerichtshof grds. herangezogene Definition existiert nicht, auch wenn es vereinzelt Definitionsversuche gab (vgl. EKMR 2.7.1997 – 27868/95 – Salonen/Finnland; EGMR 25.2.1982 – 7511/76 Rn. 36 – Campbell/Vereinigtes Königreich). Angesichts des Wortlauts von Art. 9 I gehören zum Begriff der Religion zumindest ein Bekenntnis sowie Vorgaben zum Kult und zur Lebensweise (*Grabenwarter*/*Pabel* § 22 Rn. 100). **9**

Schubert

10 Die **positive Religionsfreiheit** des Einzelnen umfasst das forum internum und das forum externum (EGMR 25.5.1993 – 14307/88 Rn. 31 – Kokkinakis/Griechenland; 12.4.2007 – 52435/99 Rn. 78 – Invanova/Bulgarien; 3.2.2011 – 18136/02 Rn. 36 – Siebenhaar/Deutschland). Sie erfasst somit nicht nur die Freiheit, einen Glauben zu haben und frei von Indoktrination zu sein, sondern auch sich privat wie öffentlich dazu zu bekennen und den Glauben auszuüben (zB Gebet bzw. Gottesdienst, Religionsunterricht, Haartracht, Essensregeln; vgl. zB EGMR 7.12.2010 – 18429/06 Rn. 45 – Jakóbsky/Polen; 3.2.2011 – 18136/02 Rn. 36 – Siebenhaar/Deutschland; 15.1.2013 – 48420/10 ua Rn. 80 – Eweida/Vereinigtes Königreich). Geschützt sind an sich alle vom Glauben getragenen Handlungen, einschließlich des Missionierens (EGMR 12.2.2009 – 2512/04 Rn. 61 – Nolan and K./Russland; 3.2.2011 – 18136/02 Rn. 36 – Siebenhaar/Deutschland; Karpenstein/Mayer/*v. Ungeren-Sternberg* Rn. 17 ff.). Schließlich ist der Wechsel der Religion erfasst (Frowein/Peukert/*Frowein* Rn. 14 f.; Karpenstein/Mayer/*v. Ungeren-Sternberg* Rn. 16).

11 EKMR und EGMR haben jedoch den Schutz des Art. 9 I faktisch dadurch beschränkt, dass sie nicht jede religiös motivierte Handlung berücksichtigen (so bereits EKMR 16.5.1977 – 7050/75 – Arrowsmith/Vereinigtes Königreich; EGMR 15.1.2013 – 48420/10 ua Rn. 82 – Eweida/Vereinigtes Königreich) oder die Plausibilität der Berufung auf die Religionsausübung verneinen. Nur Handlungen, die aufs Engste mit der Religion verbunden sind und die religiöse Überzeugung zum Ausdruck bringen, genießen den Schutz von Art. 9 I (st.Rspr., EKMR 12.10.1978 – 7050/75 – Arrowsmith; EGMR 10.11.2005 – 44774/98 Rn. 105 – Şahin/Türkei; 15.1.2013 – 48420/10 ua Rn. 82 – Eweida/Vereinigtes Königreich; dazu IK-EMRK/*Grabenwarter* Rn. 52). Es muss sich um die übliche Praxis der Religionsgemeinschaft handeln (IK-EMRK/*Grabenwarter* Rn. 52 mwN zum Schutz von Minderheiten in Religionsgemeinschaften).

12 In der Rechtssache X/Vereinigtes Königreich, in der ein Lehrer von der Verpflichtung zum Unterricht freigestellt werden wollte, um die Moschee zu besuchen, lehnte die Kommission die Anwendung von Art. 9 I ab, weil sie an die Notwendigkeit nach dem Islam Zweifel hatte (EKMR 12.3.1981 – 8160/78). Ähnlich urteilte der EGMR hinsichtlich eines religiösen Feiertages (EGMR 13.4.2006 – 55170/00 Rn. 38 – Kosteski/frühere jugoslawische Republik Mazedonien). Die sich daraus ergebende Obliegenheit des Beschwerdeführers, die Zugehörigkeit zu einer Religion nachzuweisen, verstoße nicht gegen die EMRK (vgl. EGMR 13.4.2006 – 55170/00 Rn. 39 – Kosteski/frühere jugoslawische Republik Mazedonien). Einen Schutz versagte die Kommission auch einem Sieben-Tage-Adventisten, der seine Arbeitspflicht durch die Einhaltung eines religiösen Ruhetages verletzt hatte, weil er sich als Arbeitnehmer auf das Arbeitszeitregime des Betriebes einrichten müsse und dadurch kein Zwang zum Religionswechsel entstehe (EKMR 3.12.1996 – 24949/94 – Konttinen/Finnland). Der Gerichtshof geht zudem davon aus, dass nicht jede Handlung, die vom Glauben motiviert oder inspiriert wird, geschützt ist (EGMR 1.7.1997 – 20704/92 Rn. 27 – Kalaç/Türkei; 13.4.2006 – 55170/00 Rn. 37 – Kosteski/frühere jugoslawische Republik Mazedonien). Ein Eingriff (interference) in Art. 9 I wurde verneint, als ein Soldat mit fundamentalistischen Ansichten infolge eines Verstoßes gegen Disziplinarvorschriften vorzeitig in den Ruhestand versetzt wurde, weil die Disziplinarmaßnahme auf der Religion beruhte (EGMR 1.7.1997 – 20704/92 Rn. 28 ff. – Kalaç/Türkei).

13 Diese Rechtsprechung ist in der Literatur zu Recht auf Kritik gestoßen (*Evans*, Freedom of Religion under the European Convention of Human Rights, 2001, 120 ff., 200; Karpenstein/Mayer/*v. Ungeren-Sternberg* Rn. 22). Die tatbestandliche Einschränkung des Schutzbereichs der positiven Religionsfreiheit ist im Wortlaut von Art. 9 I nicht angelegt und widerspricht dem hohen Stellenwert, der der Religionsfreiheit zugemessen wird. Zudem ist unerheblich, dass die gesetzlichen Regelungen oder vertraglichen Vereinbarungen religionsneutral sind und die Religionsausübung nur rein tatsächlich den Maßgaben widerstreitet. Das kann lediglich bei der Annahme eines Eingriffs in Bedacht genommen werden, jedoch nicht bei der Bestimmung des Schutzbereichs. Insofern entspricht es dem Kern der Gewährleistung einer Religionsfreiheit mehr, wenn die Religionsgemeinschaft und nicht das Gericht bestimmt, was Teil ihres Ritus und ihrer religiösen Praxis ist (zutreffend für das GG BVerfG 22.10.2014 NZA 2014, 1387 Rn. 115 ff.). Gegen die Rechtsprechung des EGMR spricht auch die mangelnde Klarheit hinsichtlich der Abgrenzung der aus dem Schutzbereich ausgenommenen Handlungen. Die Religionsfreiheit wird aber nicht beschränkt, wenn die Vereinbarung über die vertraglich geschuldete Tätigkeit freiwillig erfolgte. Wenn der Arbeitnehmer den Konflikt mit der Religionsfreiheit bei der Eingehung des Arbeitsvertrags vorhergesehen hat, so liegt eine freiwillige Selbstbeschränkung vor (IK-EMRK/ *Grabenwarter* Rn. 50). Der Umstand, dass beim Vertragsschluss eine strukturelle Unterlegenheit des Arbeitnehmers besteht, behindert zwar die effektive Wahrnehmung seiner Rechte. In einem solchen Fall kann der Arbeitnehmer aber selbst rechtswahrend agieren, indem er ggf. die Beschäftigung nicht annimmt oder die Reaktion des Arbeitgebers auf die Arbeitspflichtverletzung in Kauf nimmt. Das gilt nicht in gleicher Weise bei nur vorhersehbaren Konflikten. Der Umstand, dass der Arbeitnehmer den Konflikt bei Vertragsschluss hätte vorhersehen können, ist aber bei der Rechtfertigung des Eingriffs bzw. der Erfüllung der Gewährleistungspflicht zu berücksichtigen.

Die positive Religionsfreiheit des Einzelnen enthält nach der Rechtsprechung kein 14 Recht, sich innerhalb der Religionsgemeinschaft von deren Vorgaben zu distanzieren (EGMR 15.9.2009 – 798/05 Rn. 80 – Miroļubovs/Lettland; 9.7.2013 – 2330/09 Rn. 137 – Sindicatul „Păstorul cel Bun"/Rumänien; 12.6.2014 – 56030/07 Rn. 128 – Fernández Martínez/Spanien). Das Freiheitsrecht ist insoweit durch die negative Religionsfreiheit, durch das Recht, aus der Religionsgemeinschaft auszutreten, hinreichend geschützt. In der jüngeren Rechtsprechung hat der EGMR indes verlangt, dass bei der Gewährleistung der negativen Koalitionsfreiheit auch die Folgen der Kündigung in Bedacht genommen werden (EGMR 3.2.2011 – 18136/02 Rn. 40 – Siebenhaar/Deutschland).

Daneben hat der EGMR in der Rechtssache Buscarini die **negative individuelle** 15 **Religionsfreiheit** anerkannt (EGMR 18.2.1999 – 24645/94 Rn. 34 – Buscarini/San Marino; bestätigend EGMR 17.2.2011 – 12884/03 Rn. 50 – Wasmuth/Deutschland). Danach darf grds. keine Pflicht bestehen, eine Religion anzunehmen oder sich zur Religionszugehörigkeit öffentlich zu bekennen (vgl. EGMR 21.2.2008 – 19516/06 Rn. 38 – Alexandridis/Griechenland; 15.6.2010 – 7710/02 Rn. 87 – Grzelak/Polen; 17.2.2011 – 12884/03 Rn. 50 – Wasmuth/Deutschland). Vielmehr darf diese verschwiegen werden (EGMR 21.2.2008 – 19516/06 Rn. 38 – Alexandridis/Griechenland; 15.6.2010 – 7710/02 Rn. 87 – Grzelak/Polen). Zur negativen Religionsfreiheit gehört es auch, keinen unerwünschten religiösen Einflüssen ausgesetzt zu sein (Karpenstein/Mayer/*v. Ungeren-Sternberg* Rn. 26). Ein besonderer Schutz ist insoweit erforderlich, wenn sich der Grundrechtsträger dem Eingriff nicht oder nur mit unverhältnismäßigen Mitteln entziehen kann, wobei der EGMR den Konventionsstaaten aber ein weites Ermessen eingeräumt hat (EGMR 18.3.2011 – 30814/06 Rn. 57 ff., 69 – Lautsi/Italien).

b) Kollektive Religionsfreiheit. Die kollektive Religionsfreiheit ist nicht Art. 11 I 16 zuzuordnen, sondern ist Teil des sachlichen Schutzbereichs von Art. 9 I, der im Lichte von Art. 11 I ausgelegt wird (vgl. *Bleckmann* Religionsfreiheit 59 f.; *de Wall* ZevKR 50, 2005, 383 [393]; *Lodemann* 177 f.; **aA** *Conring,* Korporative Religionsfreiheit in Europa, 1998, 360). Zum Schutzbereich der kollektiven Religionsfreiheit gehört neben der **Gründung** die freie Gestaltung der **Organisation und Struktur** der Religionsgemeinschaft (vgl. EGMR 26.10.2000 – 30985/96 Rn. 62 – Hasan and Chauch/Bulgarien; 13.12.2001 – 45701/99 Rn. 105 f. – Metropolitan Church of Bessarabia/Moldawien; 5.10.2006 – 72881/01 Rn. 59 – Moscow branch of the salvation army/Russland; 14.6.2007 – 77703/01 Rn. 112, 117 – Svyato-Mykhaylivska Parafiya/Ukraine; 3.2.2011 – 18136/02 Rn. 41 – Siebenhaar/Deutschland; 9.7.2013 – 2330/09 Rn. 136 – Sindicatul „Păstorul cel Bun"/ Rumänien; 12.6.2014 – 56030/07 Rn. 127 – Fernández Martínez/Spanien). Den Religionsgemeinschaften ist ihre Selbstverwaltung garantiert (EGMR 26.10.2000 – 30985/96 Rn. 62 – Hasan and Chauch/Bulgarien; 13.12.2001 – 45701/99 Rn. 118 – Metropolitan

Church of Bessarabia/Moldawien; 9.7.2013 – 2330/09 Rn. 136 – Sindicatul „Păstorul cel Bun"/Rumänien; 12.6.2014 – 56030/07 Rn. 127 – Fernández Martínez/Spanien; *Bleckmann* Religionsfreiheit 60; *de Wall* 244 ff.; *Frowein* ZaöRV 1986, 249 [255 f.]; GMD/*Walter* Kap. 17 Rn. 110 ff.; *Grabenwarter/Pabel* § 22 Rn. 107; Karpenstein/Mayer/*v. Ungeren-Sternberg* Rn. 28).

17 Die **Autonomie der Religionsgemeinschaft** gehört nach der Rechtsprechung zu den unverbrüchlichen Bestandteilen einer pluralistischen Gesellschaft iSd EMRK (EGMR 26.10.2000 – 30985/96 Rn. 62 – Hasan and Chauch/Bulgarien; 13.12.2001 – 45701/99 Rn. 118 – Metropolitan Church of Bessarabia/Moldawien; 23.9.2010 – 425/03 Rn. 44 – Obst/Deutschland; 23.9.2010 – 1620/03 Rn. 58 – Schüth/Deutschland; 3.2.2011 – 18136/02 Rn. 41 – Siebenhaar/Deutschland). Die Konventionsstaaten dürfen sich daher nicht in die Festlegung der Glaubensinhalte und die religiöse Praxis einmischen. Daher kann und muss sich der Staat bei der Beurteilung der Legitimität der Glaubensinhalte und der Religionsausübung besonders zurückhalten und darf nur in besonders extremen Fällen deren Anerkennung versagen (EGMR 26.10.2000 – 30985/96 Rn. 78 – Hasan and Chaouch/Bulgarien; 23.9.2010 – 425/03 Rn. 44 – Obst/Deutschland; 23.9.2010 – 1620/03 Rn. 58 – Schüth/Deutschland; 3.2.2011 – 18136/02 Rn. 41 – Siebenhaar/Deutschland). Auch der Gerichtshof überprüft die religiösen Überzeugungen nicht auf ihre Legitimität, um nicht auf die inneren Angelegenheiten der Religionsgemeinschaft Einfluss zu nehmen (EGMR 26.9.1996 – 18748/91 Rn. 47 – Manoussakis/Griechenland; 26.10.2000 – 30985/96 Rn. 78 – Hasan and Chauch/Bulgarien; 15.9.2009 – 798/05 Rn. 80 f. – Miroļubovs/Lettland; 12.6.2014 – 56030/07 Rn. 128 f. – Fernández Martínez/Spanien; Karpenstein/Mayer/*v. Ungeren-Sternberg* Rn. 30; *Meyer-Ladewig* Rn. 30). Die Religionsgemeinschaft muss, wenn sie sich auf Art. 9 I beruft, lediglich substantiieren, dass ein bestimmter Glaubensinhalt oder eine Glaubenspraxis besteht.

18 Auch die **Ausrichtung der Arbeitsverhältnisse** auf die Lehren der Religionsgemeinschaft ist von deren Autonomie gedeckt (EGMR 9.7.2013 – 2330/09 Rn. 143 – Sindicatul „Păstorul cel Bun"/Rumänien; IK-EMRK/*Grabenwarter* Rn. 60; Karpenstein/Mayer/ *v. Ungeren-Sternberg* Rn. 31). Besondere Anforderungen an die kirchlichen Arbeitnehmer (zB Religionszugehörigkeit, besondere Loyalitätspflichten) sind davon getragen (EGMR 23.9.2010 – 425/03 Rn. 49 – Obst/Deutschland; 23.9.2010 – 1620/03 Rn. 69 – Schüth/ Deutschland; 3.2.2011 – 18136/02 Rn. 44 – Siebenhaar/Deutschland; 12.6.2014 – 56030/ 07 Rn. 131 – Fernández Martínez/Spanien). Art. 9 I schützt auch die Religionsausübung durch die Gemeinschaft (EGMR 26.10.2000 – 30985/96 Rn. 62 – Hasan and Chauch/ Bulgarien; 13.12.2001 – 45701/99 Rn. 118 – Metropolitan Church of Bessarabia/Moldawien). Diese verwirklicht sich gerade durch die Beschäftigten, die im Dienste der Kirche tätig sind. Die jeweils gestellten Anforderungen müssen sich auf die ausgeübte Autonomie der Religionsgemeinschaft zurückführen lassen. Insofern hat der Konventionsstaat aber ggf. eine Pflicht, die Verwirklichung der Konventionsrechte der Arbeitnehmer zu gewährleisten (→ Art. 8 Rn. 28, Art. 10 Rn. 2).

19 Mit diesen Vorgaben steht die Rechtsprechung des BVerfG in Einklang (ebenso *Fahrig/ Stenslik* EuZA 2012, 184 [195]; *Pötters* EzA BGB 2002 § 611 Kirchliche Arbeitnehmer Nr. 21, 21; *Reichold* EuZA 2011, 320 [326]), die die von Religionsgesellschaften im Rahmen ihrer kirchlichen Selbstbestimmung geschaffenen Regelungen anerkennt, solange sie nicht gegen das Willkürverbot, den Gleichheitssatz oder den ordre public verstoßen (BVerfG 4.5.1985 BVerfGE 70, 138 [167 f.] = NJW 1986, 367; 22.10.2014 NZA 2014, 1387 Rn. 118). Der EGMR hat den Konventionsstaaten gerade bei der Ausgestaltung des Verhältnisses von Staat und Kirche sowie bei der Anerkennung der Glaubensinhalte einen erheblichen Spielraum gelassen. Diesen füllt das BVerfG aus und zieht zugleich rechtsstaatliche Grenzen für die Anerkennung der Autonomie, die vor dem Hintergrund des Art. 9 I nicht zu beanstanden sind. Auch die Interessenabwägung bei der Kündigung eines Arbeitnehmers führt nicht dazu, dass die Kirche auf die EMRK verpflichtet wird, sondern relativiert die von ihr festgelegten Loyalitätspflichten und beschränkt die Kündigung als

Sanktion der Pflichtverletzung. Darin verwirklicht sich ein Ausgleich der von der EMRK geschützten Rechtspositionen, der dem Prinzip der praktischen Konkordanz nach dem GG entspricht.

ZT wird angenommen, dass neben die drei genannten Kriterien noch die Menschenrechte der EMRK treten, soweit ihr Kernbereich angetastet wird (*Plum* NZA 2011, 1194 [1198 f.]; anders *Reichold* EuZA 2011, 320 [326]). Daran ist zwar problematisch, dass der EGMR keinen Kernbereich oder Wesensgehalt wie das GG kennt. Allerdings kann sich in solchen Fällen eine Verletzung des ordre public ergeben, weil die EMRK in Deutschland geltendes Recht ist und selbst die Auslegung der Verfassung beeinflusst. Zu Recht wird in der Literatur darauf verwiesen, dass in der Grundordnung des kirchlichen Dienstes im Rahmen kirchlicher Arbeitsverhältnisse der katholischen Kirche bereits ein Verhältnismäßigkeitsprinzip implementiert ist, wodurch ein Widerspruch zur EMRK bereits vermieden wird (*Reichold* EuZA 2011, 320 [326]; ähnlich *Grabenwarter*, FS Jaeger, 2011, 639 [645 f.]). 20

Art. 9 I, 11 I verlangen nach der Interpretation des EGMR von dem Konventionsstaat Anerkennung und Respekt für die Vielfalt und Dynamik kultureller Tradition (EGMR 5.10.2006 – 72881/01 Rn. 61 – Moscow branch of the salvation army/Russland). Der Staat muss neutraler und unparteiischer Organisator der Religionsausübung sein (EGMR 12.6.2014 – 56030/07 Rn. 128 – Fernández Martínez/Spanien). Es ist nicht seine Sache, als Schiedsrichter zwischen religiösen Gemeinschaften zu agieren (EGMR 9.7.2013 – 2330/09 Rn. 165 – Sindicatul „Păstorul cel Bun"/Rumänien; 12.6.2014 – 56030/07 Rn. 12 – Fernández Martínez/Spanien). 21

3. Weltanschauungsfreiheit. Art. 9 I benennt die Weltanschauungsfreiheit zwar nicht in seiner Überschrift und im einleitenden Halbsatz, Abs. 1, 2. Hs. nimmt aber auf die Weltanschauung („belief"/„conviction") Bezug und stellt sie gleichberechtigt neben die Religion. Insofern ist die positive und negative Weltanschauungsfreiheit ebenso wie die Religionsfreiheit garantiert (*Grabenwarter/Pabel* § 22 Rn. 98 ff.; *Karpenstein/Mayer/von Ungern-Sternberg* Rn. 15, 23). Der EGMR beschreibt Weltanschauung als zusammenhängende Sichtweisen zu grundsätzlichen Lebensfragen, um die Welt als Ganzes zu verstehen (EGMR 25.2.1982 – 7511/76 ua Rn. 36 – Campbell and Cosans/Vereinigtes Königreich; zum Pazifismus als Weltanschauung EKMR 6.7.1987 – 11567/85 ua – La Cour Grandmaison and Fritz/Frankreich). Insoweit wird ein gewisses Maß an Ernsthaftigkeit, Bedeutung und Schlüssigkeit verlangt (EKMR 10.3.1981 – 8741/79 – X/Deutschland; EGMR 25.2.1982 – 7511/76 ua Rn. 36 – Campbell and Cosans/Vereinigtes Königreich). Sofern für eine Weltanschauung eine Gemeinschaft besteht, ist deren Gründung und Organisation wie die der Religionsgemeinschaft geschützt (*Grabenwarter/Pabel* § 22 Rn. 100, 106 f.; *Karpenstein/Mayer/von Ungern-Sternberg* Rn. 27 ff.). 22

C. Gewährleistungspflichten

Der EGMR leitet in st.Rspr. aus Art. 9 I Gewährleistungspflichten ab (vgl. EGMR 3.5.2007 – 71156/01 Rn. 134 – 97 members of the Gldani congregation of Jehovah's witnesses and 4 others/Georgien; 3.2.2011 – 18136/02 Rn. 38 – Siebenhaar/Deutschland; 9.7.2013 – 2330/09 Rn. 159 – Sindicatul „Păstorul cel Bun"/Rumänien). Der Konventionsstaat ist daher verpflichtet, Maßnahmen zu ergreifen, um die Beachtung der Religionsfreiheit im Verhältnis zwischen Privatpersonen angemessen sicherzustellen (EGMR 3.2.2011 – 18136/02 Rn. 38 – Siebenhaar/Deutschland). Daher muss er ggf. gegen eine Kündigung aus Gründen der Religionszugehörigkeit Schutz gewähren (EGMR 12.4.2007 – 52435/99 Rn. 80 – Ivanova/Bulgarien). Dabei hat der Konventionsstaat mangels eines einheitlichen europäischen Standards einen erheblichen Beurteilungsspielraum (EGMR 3.2.2011 – 18136/02 Rn. 39 – Siebenhaar/Deutschland). Zugleich muss er die konfligierenden grundrechtlichen Interessen in Ausgleich bringen. Umgekehrt müssen beim Schutz der Privat- 23 sphäre der kirchlichen Arbeitnehmer nach Art. 8 I die Interessen der kirchlichen Einrichtung Berücksichtigung finden (→ Art. 8 Rn. 28).

24　Eine Gewährleistungspflicht des Staates kann auch zum Schutz der kollektiven Religionsfreiheit bestehen (EGMR 9.7.2013 – 2330/09 Rn. 159 – Sindicatul „Păstorul cel Bun"/ Rumänien). Sie greift aber nur ein, wenn die Selbstverwaltung der Religionsgemeinschaft tatsächlich bedroht ist, was der Beschwerdeführer notwendigenfalls substantiieren muss (EGMR 9.7.2013 – 2330/09 Rn. 159 – Sindicatul „Păstorul cel Bun"/Rumänien). Bei der Gewährleistung hat der Konventionsstaat einen weiten Gestaltungsspielraum. Grds. gilt aber, dass es nicht zu unterschiedlichen Ergebnissen führen darf, je nachdem, ob bei einer Kollision mehrerer Menschenrechte der eine oder der andere Grundrechtsträger das Verfahren führt (EGMR 9.7.2013 – 2330/09 Rn. 160 – Sindicatul „Păstorul cel Bun"/ Rumänien).

25　Grds. lässt es der Gerichtshof für die Erfüllung der Gewährleistungspflicht genügen, dass der Konventionsstaat einen funktionierenden Rechtsschutz für das geschützte Recht vorhält (→ Art. 8 Rn. 18). Neben dieser verfahrensrechtlichen Garantie muss sichergestellt sein, dass die Gerichte einen angemessenen Ausgleich der widerstreitenden Interessen iRd Entscheidung herbeiführen (EGMR 3.2.2011 – 18136/02 Rn. 42 – Siebenhaar/Deutschland). Daher müssen die Wertungen der EMRK in vollem Umfang in die Entscheidung des Gerichts einfließen. Insofern kann es zu unterschiedlichen Abwägungsergebnissen kommen, je nachdem, ob es sich um einen privaten oder staatlichen Arbeitgeber handelt. Für ein Kopftuchverbot eines privaten Arbeitgebers hat dies zu Folge, dass auch nach der EMRK nicht dieselben Maßstäbe wie für ein staatliches Kopftuchverbot gelten. Insbesondere kann der Arbeitgeber nicht auf seine religiöse Neutralität oder gar auf Kundenerwartungen verweisen. Insoweit trifft der Schutz der Religionsfreiheit mit dem Schutz vor Diskriminierung wegen der Religion (Art. 14) zusammen. Die bestehenden unionsrechtlichen Regelungen, die in den Mitgliedstaaten Umsetzung gefunden haben, werden den Anforderungen des Art. 9 I gerecht, so dass die EMRK in diesen Fällen praktisch keine besondere Rolle spielt. Zur Kündigung wegen Verletzung der Loyalitätspflichten durch kirchliche Mitarbeiter → Art. 8 Rn. 3, 20. Zum Streikverbot in kirchlichen Einrichtungen → Art. 11 Rn. 45.

D. Eingriff und sonstige Beeinträchtigungen

I. Eingriff

26　Ein **Eingriff** des Staates liegt vor, wenn die Ausübung der einzelnen Garantien des Abwehrrechts durch staatliches Handeln beeinträchtigt wird. Das kann in Form eines Verbots bzw. das Inaussichtstellen negativer Konsequenzen (zB Versetzung, Kündigung, Bestrafung) wegen der Ausübung der positiven Religionsfreiheit erfolgen. Auch staatliche Warnungen gelten als Eingriff. Ein Eingriff in die Religionsfreiheit ist das Ausüben von Druck auf den Arbeitnehmer einer staatlichen Einrichtung, die Religion zu ändern oder nicht auszuüben (EGMR 12.4.2007 – 52435/99 Rn. 80 – Ivanova/Bulgarien). Daher ist auch das Verbot für Lehrkräfte, ein Kopftuch oder andere religiöse Symbole zu tragen, ein Eingriff in die positive Religionsfreiheit (zB für Lehrkräfte EGMR 25.2.2001 – 42393/98 – Dahlab/Schweiz), ebenso das Kopftuchverbot für Studentinnen und Schülerinnen (EGMR 10.11.2005 – 44774/98 Rn. 78 – Leyla Şahin/Türkei; 4.12.2008 – 31645/04 Rn. 48 – Kervanci/Frankreich; 4.12.2008 – 27058/05 Rn. 37 – Dogru/Frankreich; 30.6.2009 – 29134/08 – Ghazal/Frankreich; 30.6.2009 – 25463/08 – Jasvir Singh/Frankreich; 30.6.3009 – 27561/08 – Ranjit Singh/Frankreich). Das Gleiche gilt für das Verbot, andere religiöse Symbole zu tragen, wobei das Verbot nicht notwendig auf der staatlichen Neutralität, sondern auch auf Vorgaben zur Arbeitssicherheit beruhen kann (vgl. EGMR 15.1.2013 – 48420/10 ua Rn. 99 – Eweida/Vereinigtes Königreich).

Ein Eingriff in die **negative Religionsfreiheit** ist die Pflicht, die Religionszugehörigkeit 27 auf der Lohnsteuerkarte anzugeben (EGMR 17.2.2011 – 12884/03 Rn. 50 – Wasmuth/ Deutschland). Das Gleiche gilt für eine Verpflichtung zur Eidesformel unter religiöser Bekräftigung, ebenso für die Pflicht zur Teilnahme an religiösen Veranstaltungen (EGMR 18.2.1999 – 24645/94 Rn. 34 – Buscarini/San Marino; 21.2.2008 – 19516/06 Rn. 38 ff. – Alexandridis/Griechenland; vgl. auch EGMR 9.10.2007 – 1448/04 Rn. 76 – Zengin/ Türkei). Es besteht aber kein Anspruch, nicht mit religiösen Symbolen konfrontiert zu werden. Mangels eines einheitlichen europäischen Standards hat der EGMR dies selbst bei staatlichen Schulen nicht angenommen (EGMR 18.3.2001 – 30814/06 Rn. 63 ff. – Lautsi/ Italien). Insofern können die Konventionsstaaten unterschiedliche Regelungen finden. Zudem kann sich der Einzelne jederzeit von seiner Religion lösen.

II. Sonstige Beeinträchtigung

Eine sonstige Beeinträchtigung des Grundrechts liegt vor, wenn der Konventionsstaat 28 seine Gewährleistungspflicht nicht erfüllt. Eine solche Pflicht hat der EGMR insbesondere bei Weisungen des Arbeitgebers angenommen (zB Untersagen des Tragens religiöser Symbole bei Kundenkontakt; diskriminierungsfreies Anbieten von Leistungen auch an gleichgeschlechtliche Paare). Dazu muss der Staat grds. einen Rechtsweg vorhalten, auf dem sich der Arbeitnehmer auf das Konventionsrecht berufen kann. Das Gericht muss die Religionsfreiheit bei der Rechtsanwendung hinreichend berücksichtigen. Zugleich darf und muss ein fairer Ausgleich mit den konfligierenden Interessen hergestellt werden. Insoweit berücksichtigt der EGMR auch spezifische Unternehmensinteressen, wie das Interesse an einem bestimmten Unternehmensimage, ohne sich näher mit dessen Einordnung in die Rechtfertigungskategorien des Art. 9 II auseinanderzusetzen (EGMR 15.1.2013 – 48420/10 ua Rn. 93 f. – Eweida/Vereinigtes Königreich). Dem Interesse am Unternehmensimage hat der Gerichtshof zum Teil kein so hohes Gewicht beigemessen und insbesondere die Rücksichtnahme der Religionsausübung auf die Kunden davon abhängig gemacht, dass solche Auswirkungen überhaupt erkennbar seien (EGMR 15.1.2013 – 48420/10 ua Rn. 94 – Eweida/Vereinigtes Königreich; krit. Sondervotum Bratza, Björvingsson). Für eine solche Zurückhaltung mag der Schutz des Konventionsrechts vor seiner Aushöhlung sprechen, allerdings ist gerade im Privatrecht zu beachten, dass den Parteien weitergehende Gestaltungsspielräume zur Verfügung stehen als den staatlichen Akteuren. Das spiegelt sich in der Rechtsprechung des EGMR kaum explizit wider. Allerdings hat der EGMR akzeptiert, dass der Arbeitgeber sein Unternehmenskonzept so definiert, dass er bestimmte Dienste diskriminierungsfrei anbietet (auch wenn er dies nach dem nationalen Recht nicht müsste; vgl. EGMR 15.1.2013 – 48420/10 ua Rn. 109 – Eweida/Vereinigtes Königreich). Im Einzelfall wird es für die Beurteilung des Falles auch darauf ankommen, welche Handlungsalternativen dem Arbeitnehmer angeboten wurden, um seine positive Religionsfreiheit zu verwirklichen (zB Position ohne Kundenkontakt; Anpassung der Dienstkleidung, so dass das Symbol nicht sichtbar). Jedenfalls lässt sich die Einschränkung der Religionsfreiheit nicht allein mit dem freiwilligen Vertragsschluss begründen (vgl. aber EGMR 15.1.2013 – 48420/10 ua Rn. 106 – Eweida/Vereinigtes Königreich, aber bezogen auf das Abwehrrecht).

E. Rechtfertigung

Das Abwehrrecht in Art. 9 I ist nicht absolut gewährleistet, sondern unterliegt Schranken. 29 Der Schrankenvorbehalt in Art. 9 II ist enger als in den Art. 8, 10 und 11. Lediglich die Freiheit, seine Gewissensentscheidung, seinen Glauben oder seine Weltanschauung nach außen hin zu betätigen, ist beschränkbar. In einer demokratischen Gesellschaft mit einer Mehrzahl von Einstellungen, Weltanschauungen und Religionen ergibt sich die Notwendigkeit, Grenzen zu setzen, um allen gleichermaßen die Anerkennung und Ausübung ihrer

Freiheitsrechte zu ermöglichen (EGMR 25.5.1993 – 14307/88 Rn. 33 – Kokkinakis/ Griechenland; 12.4.2007 – 52435/99 Rn. 79 – Ivanova/Bulgarien; 3.2.2011 – 18136/02 Rn. 36 – Siebenhaar/Deutschland). Die Anforderungen an die Rechtfertigung entsprechen jedoch grds. denen der anderen Abwehrrechte der EMRK (→ Art. 1 Rn. 47 ff.). Für das Verhältnis von Kirche und Staat besteht jedoch kein einheitlicher europäischer Standard, so dass ein besonders weiter Gestaltungsspielraum für die Konventionsstaaten anzunehmen ist (vgl. EGMR 10.11.2005 – 44774/98 Rn. 109 f. – Leyla Şahin/Türkei; 9.7.2013 – 2330/09 Rn. 139 – Sindicatul „Păstorul cel Bun"/Rumänien). Die Beweislast hinsichtlich der Rechtfertigung trifft denjenigen, der sich auf sie beruft („affirmanti, non neganti incumbit probatio"; EGMR 12.2.2009 – 2412/04 Rn. 69 – Nolan and K./Russland).

30   Das staatliche Kopftuchverbot in Schulen und Universitäten hat der EGMR in einer Vielzahl von Fällen als gerechtfertigt angesehen. Es bestanden jeweils gesetzliche Regelungen, und das Prinzip der staatlichen Neutralität bzw. des Laizismus galten als legitime Ziele, zu deren Verfolgung das Verbot in einer demokratischen Gesellschaft notwendig war (EGMR 25.2.2001 – 42393/98 – Dahlab/Schweiz; 10.11.2005 – 44774/98 Rn. 118 f. – Leyla Sahin/Türkei; 4.12.2008 – 31645/04 Rn. 64 – Kervanci/Frankreich; abl. Rhein-Komm/*Fischer* Rn. 73 ff.). Der Staat handelt nicht nur zur Aufrechterhaltung der öffentlichen Ordnung, sondern auch zum Schutz der Rechte und Freiheiten anderer bzgl. derer eine Gewährleistungspflicht besteht (EGMR 10.11.2005 – 44774/98 Rn. 158 f. – Leyla Sahin/Türkei; 4.12.2008 – 31645/04 Rn. 58 ff. – Kervanci/Frankreich). Dabei nahm der Gerichtshof auch darauf Bedacht, inwieweit das Tragen des Kopftuchs weiterhin möglich und ob die Beschränkung der Religionsfreiheit für die Beschwerdeführerin vorhersehbar war (EGMR 10.11.2005 – 44774/98 Rn. 159 f. – Leyla Sahin/Türkei). Auf eine vergleichbare Rechtfertigung kann sich ein privater Arbeitgeber indes nicht berufen, so dass sich aus den Entscheidungen zum staatlichen Verbot keine Folgerung für das Vorgehen privater Arbeitgeber ableiten lässt. Daneben können auch Gründe der Sicherheit am Arbeitsplatz zur Rechtfertigung herangezogen werden, was insbesondere als notwendig und letztlich verhältnismäßig angesehen wurde, weil der Arbeitgeber dem Arbeitnehmer andere Möglichkeiten zur Ausübung seiner Religionsfreiheit eröffnet hatte (EGMR 15.1.2013 – 48420/10 ua Rn. 99 – Eweida/Vereinigtes Königreich).

31   Das BAG hat die Kündigung wegen des Tragens eines Kopftuchs in einer staatlichen Kindertagesstätte für wirksam erachtet, zumal eine gesetzliche Regelung das Tragen des Kopftuchs zur Wahrung der staatlichen Neutralität und zur Wahrung des Schulfriedens verbot (vgl. BAG 20.8.2009 AP GG Art. 4 Nr. 6; ebenso BAG 10.12.2009 AP GG Art. 4 Nr. 7). In gleicher Weise wurde über das Tragen einer Mütze anstelle des Kopftuchs entschieden (BAG 12.8.2010 AP GG Art. 4 Nr. 8 Rn. 13, 17 f.). Gegen diese Entscheidungen ist nach Maßgabe der EMRK nichts zu erinnern. Der EGMR lässt den Konventionsstaaten einen erheblichen Gestaltungsspielraum, seine staatliche Neutralität und ihre Umsetzung selbst zu definieren. Daran ändert die Entscheidung in der Rechtssache Lautsi nichts, die dem Konventionsstaat gerade den Gestaltungsspielraum belässt, auch wenn er ihn anders als in anderen Konventionsstaaten (zB in Deutschland) ausfüllt (EGMR 18.3.2011 – 30814/06 – Lautsi/Italien). Das BVerfG hat nach Maßgabe des GG inzwischen eine vom BAG abweichende Entscheidung getroffen (BVerfG 27.1.2015 NJW 2015, 1359 Rn. 80 ff.), für die der weite Beurteilungsspielraum der EMRK Raum ließ.

32   Auch die Angabe der Religionszugehörigkeit auf der Lohnsteuerkarte ist gerechtfertigt, da eine Steuerpflicht besteht und es sich nicht um ein öffentliches Dokument handelt, sondern nur ein kleiner Personenkreis Zugriff auf die Information hat (EGMR 17.2.2011 – 12884/03 Rn. 52 ff. – Wasmuth/Deutschland).

Art. 10 Freiheit der Meinungsäußerung

(1) ¹Jede Person hat das Recht auf freie Meinungsäußerung. ²Dieses Recht schließt die Meinungsfreiheit und die Freiheit ein, Informationen und Ideen ohne behördliche Eingriffe und ohne Rücksicht auf Staatsgrenzen zu empfangen und weiterzugeben. ³Dieser Artikel hindert die Staaten nicht, für Hörfunk-, Fernseh- oder Kinounternehmen eine Genehmigung vorzuschreiben.

(2) Die Ausübung dieser Freiheiten ist mit Pflichten und Verantwortung verbunden; sie kann daher Formvorschriften, Bedingungen, Einschränkungen oder Strafdrohungen unterworfen werden, die gesetzlich vorgesehen und in einer demokratischen Gesellschaft notwendig sind für die nationale Sicherheit, die territoriale Unversehrtheit oder die öffentliche Sicherheit, zur Aufrechterhaltung der Ordnung oder zur Verhütung von Straftaten, zum Schutz der Gesundheit oder der Moral, zum Schutz des guten Rufes oder der Rechte anderer, zur Verhinderung der Verbreitung vertraulicher Informationen oder zur Wahrung der Autorität und der Unparteilichkeit der Rechtsprechung.

Übersicht

	Rn.
A. Normzweck und Bedeutung	1
B. Schutzbereich	4
I. Persönlicher Schutzbereich	4
II. Sachlicher Schutzbereich	5
1. Meinungsäußerungsfreiheit	5
2. Informationsfreiheit	8
3. Rundfunk- und Pressefreiheit	9
4. Kunst- und Wissenschaftsfreiheit	12
C. Gewährleistungspflichten	14
D. Eingriff und sonstige Beeinträchtigungen	17
I. Eingriff	17
II. Sonstige Beeinträchtigungen	21
E. Rechtfertigung	22

A. Normzweck und Bedeutung

Art. 10 schützt die **Kommunikationsfreiheit** in ihren einzelnen Ausprägungen und 1 stellt sie unter einen einheitlichen Schrankenvorbehalt (Abs. 2). Zu den Facetten der Kommunikationsfreiheit gehören neben der Meinungsäußerungsfreiheit und der Informationsfreiheit auch ungenannte Freiheiten: die Presse- und Rundfunkfreiheit, Kunst- und Wissenschaftsfreiheit (EGMR 24.5.1988 – 10737/84 Rn. 27 – Müller/Schweiz; 23.6.2009 – 17089/03 Rn. 27, 35 – Sorguç/Türkei; *Meyer-Ladewig* Rn. 7). Die Garantie des Art. 10 ist nach dem Verständnis des EGMR von fundamentaler Bedeutung für eine demokratische Gesellschaft, die durch Pluralismus, Toleranz und Offenheit gekennzeichnet ist (EGMR 26.9.1995 – 17851/91 Rn. 52 – Vogt/Deutschland; 21.1.1999 – 29183/95 Rn. 45 – Fressoz and Roire/Frankreich; 12.2.2008 – 14277/04 Rn. 69 – Guja/Moldawien; dazu *Nolte* AfP 1996, 313 [316]; *Meyer-Ladewig* Rn. 1). Sie schützt den offenen Diskurs über politische und gesellschaftliche Fragen (EGMR 7.12.1976 – 5493/72 Rn. 49 – Handyside/Vereinigtes Königreich; 26.11.1991 – 13585/88 Rn. 59 – The Observer and Guardian/Vereinigtes Königreich; *Meyer-Ladewig* Rn. 1), aber auch die Persönlichkeitsentwicklung (GMD/*Grote*/*Wenzel* Kap. 18 Rn. 12; Heselhaus/Nowak/*Kühling* § 23 Rn. 5 ff.).

Art. 10 ist im **Arbeitsrecht** vor allem bei Verstößen des Arbeitnehmers gegen seine 2 Loyalitätspflichten von Bedeutung, wenn der Arbeitnehmer zugleich sein Freiheitsrecht aus Art. 10 I ausübt (EGMR 20.9.1995 – 17851/91 Rn. 48 – Vogt/Deutschland; 16.12.1992 – 13710/88 – Niemitz/Deutschland). Das betrifft insbesondere das sog. Whistleblowing (EGMR 21.7.2011 – 28274/08 – Heinisch/Deutschland). Sofern es sich um einen Beamten oder einen Arbeitnehmer im öffentlichen Dienst handelt, ist Art. 10 I als Abwehrrecht einschlägig (→ Rn. 21). Im Übrigen besteht eine positive Verpflichtung des Staats, zum Schutz der Meinungsfreiheit einzuschreiten. In solchen Fällen kann die Ausübung der Meinungsfreiheit mit der Ausübung der Gewissens-, Religions- oder Weltanschauungsfreiheit zusammentreffen, was bei der Herstellung eines fairen Ausgleichs der betroffenen rechtlich geschützten Interessen in Bedacht zu nehmen ist.

3 Die Meinungsäußerung ist eine typische Handlung der **Gewerkschaften,** um die Interessen ihrer Mitglieder zu verfolgen. Art. 11 I schützt die kollektive Koalitionsfreiheit als lex specialis und bezieht dabei die Koalitionsbetätigung in den Schutzbereich ein (→ Art. 11 Rn. 18 ff.). Art. 11 I ist im Lichte von Art. 10 auszulegen, und Art. 10 tritt als allgemeinere Norm zurück, wenn es um die Beeinträchtigung von Gewerkschaftsaktivitäten geht (EGMR 21.6.2007 – 57045/00 Rn. 33 – Zhechev/Bulgarien; 23.10.2008 – 10877/04 Rn. 23 – Sergey Kuznetsov/Rußland; 25.9.2012 – 11828/08 Rn. 52 – Trade union of the police in the Slovakian republic/Slowakei; anders EGMR 12.9.2011 – 28955/06 ua Rn. 52 – Palomo Sánchez/Spanien).

B. Schutzbereich

I. Persönlicher Schutzbereich

4 Der persönliche Schutzbereich des Art. 10 I erfasst jede Person. Einbezogen sind daher die Angehörigen des öffentlichen Dienstes (→ Art. 1 Rn. 4), so dass sich Beamte, Richter und Soldaten auf den Schutz des Freiheitsrechts berufen können (zB EGMR 26.9.1995 – 17851/91 Rn. 43 – Vogt/Deutschland; 28.10.1999 – 28396/95 Rn. 41 – Wille/Liechtenstein; 12.2.2008 – 14277/04 Rn. 70 – Guja/Moldawien; 12.11.2008 – 34503/97 Rn. 147, 151 – Demir and Baykara/Türkei; 26.2.2009 – 29492/05 Rn. 85 – Kudeshkina/Russland; 30.9.2010 – 28369/07 – Balenović/Kroatien; 21.7.2011 – 28274/08 Rn. 44 – Heinisch/Deutschland). Die Beschränkungen für die Mitarbeiter des öffentlichen Dienstes, die sich aus ihrer Stellung und der Ausübung von Hoheitsgewalt ergeben, sind daher an den Vorgaben des Art. 10 II zu messen (EGMR 26.9.1995 – 17851/91 Rn. 53 – Vogt/Deutschland; dazu → Rn. 23 ff.). Die EMRK kennt keine Sonderstatusverhältnisse, die Personen vom Grundrechtsschutz ausnehmen. Lediglich über Art. 10 II und die dort zu berücksichtigenden öffentlichen Interessen können sich weitergehende Beschränkungsmöglichkeiten ergeben.

II. Sachlicher Schutzbereich

5 **1. Meinungsäußerungsfreiheit.** Die Meinungsäußerungsfreiheit nach Art. 10 I ist weiter als ihr Pendant in Art. 5 I 1 GG. Sie erfasst nach der Rechtsprechung des EGMR jede Kommunikation im zwischenmenschlichen Bereich (EGMR 15.12.2005 – 73797/01 Rn. 151 – Kyprianou/Zypern; 2.12.2008 – 18620/03 Rn. 40 – Juppala/Finnland; dazu IK-EMRK/*Schiedermair* Rn. 14 ff.; Karpenstein/Mayer/*Mensching* Rn. 8; *Meyer-Ladewig* Rn. 5 f.). Darin ist die Meinungsbildung eingeschlossen, durch die der Bürger vor allem vor staatlicher Indoktrination geschützt wird (EGMR 7.12.1976 – 5095/71 ua Rn. 53 – Kjeldsen/Dänemark; *Meyer-Ladewig* Rn. 12). Sie ist sowohl als positive als auch als negative Meinungsfreiheit geschützt, so dass jeder ein Recht hat, seine Meinung zu äußern oder für sich zu behalten (EGMR 3.4.2012 – 41723/06 Rn. 83 ff. – Gillberg/Schweden; GMD/*Grote/Wenzel* Kap. 18 Rn. 39).

6 Die unterschiedlichen Formen der Meinungsäußerung (Schrift, Wort, sonstige Modi) sind alle vom sachlichen Schutzbereich erfasst (zum Schutz der Form der Kommunikation EGMR 12.9.2011 – 28955/06 ua Rn. 53 – Palomo Sanchez/Spanien). Zudem differenziert Art. 10 I nicht zwischen der Äußerung von Tatsachen und Meinungen (EGMR 23.5.1991 – 11662/85 Rn. 63 – Oberschlick/Österreich; 2.11.2006 – 19710/02 Rn. 54 – Standard

Schutzbereich **Art. 10 EMRK 40**

Verlags GmbH und Krawagna-Pfeifer/Österreich; GMD/*Grote/Wenzel* Kap. 18 Rn. 28; Karpenstein/Mayer/*Mensching* Rn. 9). Das erfolgt erst iRd Rechtfertigung, so dass die Kommunikationsfreiheiten als zentrale Grundlage einer pluralistischen, demokratischen Gesellschaft tatbestandlich sehr weit gefasst und auf der Ebene der Rechtfertigung eingeschränkt werden. Erfasst sind daher auch unrichtige Behauptungen (EGMR 2.11.2006 – 19710/02 Rn. 44 – Standard Verlags GmbH und Krawagna-Pfeifer/Österreich; *Grabenwarter/Pabel* § 23 Rn. 5; GMD/*Grote/Wenzel* Kap. 18 Rn. 25, 28 f.). Die Inhalte der Kommunikation sind ebenfalls ohne Bedeutung, so dass Art. 10 I auch bei verletzenden, schockierenden oder beunruhigenden Äußerungen einschlägig ist (so zuerst EGMR 7.12.1976 – 5493/72 Rn. 49 – Handyside/Vereinigtes Königreich), ebenso an sich bei rassistischen oder demokratiefeindlichen Äußerungen sowie Beleidigungen, Verleumdungen und übler Nachrede (vgl. EGMR 12.9.2011 – 28955/06 ua Rn. 53 – Pálomo Sănchez/Spanien; 18.10.2011 – 10247/09 Rn. 67 – Sosinowska/Polen; 9.2.2012 – 1813/07 Rn. 53 ff. – Vejdeland/Schweden; GMD/*Grote/Wenzel* Kap. 18 Rn. 25, 34 f.; *Meyer-Ladewig* Rn. 6). Das Missbrauchsverbot aus Art. 17 setzt nach dem Verständnis des Gerichtshofs der Meinungsäußerungsfreiheit grds. keine Grenzen; diese ergeben sich aus Art. 10 II. Etwas anderes wurde aber bei Holocaust-Leugnung (EGMR 23.9.1998 – 25662/94 Rn. 47 – Lehideux and Isorni/Frankreich) oder antisemitischen Äußerungen (EGMR 20.2.2007 – 35222/04 Rn. 1 – Pavel Ivanov/Rußland) angenommen.

Von der Meinungsäußerungsfreiheit erfasst sind daher auch **Äußerungen des Arbeit-** 7 **nehmers** über das Fehlverhalten des Arbeitgebers sowie Anzeigen zu Lasten des Arbeitgebers (sog. Whistleblowing, EGMR 21.7.2011 – 28274/08 Rn. 43 – Heinisch/Deutschland; IK-EMRK/*Schiedermair* Rn. 20). Für die Gewerkschaften gehören alle Formen von Meinungsäußerungen, die die Vertretung der legitimen Arbeitnehmerinteressen in Bezug auf das Arbeitsverhältnis betreffen, zur geschützten Freiheit (EGMR 12.9.2011 – 28955/06 ua Rn. 56 – Palomo Sanchez/Spanien; 6.10.2011 – 32820/09 Rn. 32 – Vellutini and Michel/Frankreich), die aber durch Art. 11 I spezieller geschützt ist (→ Rn. 23).

2. Informationsfreiheit. Art. 10 I schützt sowohl die aktive als auch die passive Infor- 8 mationsfreiheit (EGMR 26.3.1987 – 9248/81 Rn. 74 f. – Leander/Schweden; *Meyer-Ladewig* Rn. 17). Der Bürger ist in seinem Recht geschützt, andere zu informieren, indem er ihnen Informationen oder Ideen mitteilt. Der Schutzbereich erfasst aber auch die Zugänglichkeit und den Empfang von Informationen, was das Bemühen um die Information einschließt. Zur Verweigerung des Zugangs zu persönlichen Daten als Verstoß gegen Art. 8 → Art. 8 Rn. 21.

3. Rundfunk- und Pressefreiheit. Die **Pressefreiheit** ist Teil des Schutzbereichs, 9 obwohl sie nicht explizit genannt ist. Art. 10 I setzt sie aber voraus, wie sich aus dessen Satz 2 ergibt. Ihr Schutz reagiert auf ihre Wächterrolle in einer Demokratie (EGMR 20.5.1999 – 21980/93 Rn. 59 – Bladet Tromsø/Norwegen; 2.5.2000 – 26132/95 Rn. 49 – Bergens Tidende/Norwegen) und bezieht sich darauf, dass die Teilnahme an der öffentlichen Debatte und der demokratischen Willensbildung zu den grdl. Werten der EMRK gehören (*Harris/O'Boyle/Warbrick* 640; Karpenstein/Mayer/*Mensching* Rn. 13). Insofern hat Art. 10 I eine objektiv-rechtliche Dimension (GMD/*Grote/Wenzel* Kap. 18 Rn. 17).

Der sachliche Schutzbereich der Pressefreiheit erfasst nur die **periodisch erscheinen-** 10 **den Druckschriften.** Alle anderen Publikationsformen (zB Plakate, Handzettel, Bücher) sind durch die weit gefasste Meinungsäußerungsfreiheit geschützt (Karpenstein/Mayer/ *Mensching* Rn. 14; *Meyer-Ladewig* Rn. 5). Soweit die Pressefreiheit einschlägig ist, garantiert sie die organisatorischen Rahmenbedingungen für die Presse, die Arbeit des Journalisten in seinen einzelnen Ausprägungen sowie die Publikation der Information in den Printmedien (Karpenstein/Mayer/*Mensching* Rn. 13). Publikationen in den elektronischen Medien fallen allein in den Schutzbereich der Meinungsäußerungsfreiheit, was aber nicht zu nennenswerten Schutzdefiziten führt. Die Schranken stimmen mit denen der Pressefreiheit überein und die Bedeutung der Meinungsäußerung für eine demokratische Gesellschaft ist auch in diesem Zusammenhang zu würdigen. Der persönliche Schutzbereich schließt neben den Autoren die Verleger und Medienunternehmer ein (EGMR 11.1.2000 – 31457/96 Rn. 40 – News Verlags-GmbH&Co.KG/Österreich; Karpenstein/Mayer/*Mensching* Rn. 14).

11 Der Schutz der **Rundfunkfreiheit** ergibt sich wie bei der Pressefreiheit aus der systematischen Auslegung des Art. 10 I anhand seines Satz 2 (vgl. Frowein/Peukert/*Frowein* Rn. 19; Karpenstein/Mayer/*Mensching* Rn. 17). Rundfunk ist danach Hörfunk und Fernsehen. Dabei sind alle Übertragungsformen erfasst (Grabenwarter/Pabel § 23 Rn. 10; *Villiger* Rn. 626). Geschützt ist der private Rundfunk gleichermaßen wie der öffentlich-rechtliche (Frowein/Peukert/*Frowein* Rn. 19; Grabenwarter/Pabel § 23 Rn. 10).

12 **4. Kunst- und Wissenschaftsfreiheit.** Die **Kunstfreiheit** ist nur als ungenannte Freiheit iRd Schutzbereichs von Art. 10 I Teil des Kommunikationsgrundrechts (dazu Meyer-Ladewig Rn. 20; *Villiger* Rn. 609). Daher ist einerseits der Künstler in seinem Wirkbereich erfasst, andererseits erstreckt sich der Schutz auf den Kunstmittler (zB Aussteller) (Grabenwarter/Pabel § 23 Rn. 11; Karpenstein/Mayer/*Mensching* Rn. 23; *Villiger* Rn. 609). Der Schutz erfasst die künstlerische Idee nach ihrem Inhalt und ihrer Form (EGMR 8.7.1999 – 23168/94 Rn. 49 – Karatas/Türkei; 25.1.2007 – 68354/01 Rn. 26 ff. – Vereinigung Bildender Künstler/Österreich; 2.10.2008 – 36109/03 Rn. 38 ff. – Leroy/Frankreich; Karpenstein/Mayer/*Mensching* Rn. 23). Öffentliche Äußerungen des Künstlers sind durch die Meinungsäußerungsfreiheit geschützt. Die Entfaltung des Künstlers kann jenseits von Art. 10 I insbesondere durch Art. 8 I geschützt sein (zB als Teil der Berufsfreiheit).

13 Die **Wissenschaftsfreiheit** ist in ihrer kommunikativen Ausprägung ebenfalls durch Art. 10 I garantiert (EGMR 25.8.1998 – 25181/94 Rn. 47 ff. – Hertel/Schweiz). Das meint zum einen die wissenschaftliche Publikation, zum anderen die wissenschaftliche Lehre (vgl. EGMR 28.10.1999 – 28396/95 Rn. 36 ff. – Wille/Liechtenstein).

C. Gewährleistungspflichten

14 Der EGMR hat aus Art. 10 I wiederholt Schutzpflichten für den Fall der Störung der Kommunikationsfreiheiten durch Private angenommen (zB EGMR 24.11.1993 – 13914/88 ua Rn. 38 – Lentia/Österreich; 17.9.2009 – 13936/02 Rn. 103 – Manole/Moldau; 14.9.2010 – 2668/07 Rn. 106 – Dink/Türkei; 30.9.2010 – 28369/07 – Balenović/Kroatien; dazu GMD/*Grote*/*Wenzel* Kap. 18 Rn. 20 ff.). Das gilt auch für das Arbeitsrecht. Der Gerichtshof knüpft aber idR an die mangelnde Berücksichtigung des Grundrechts bei der Entscheidung durch das Arbeitsgericht an (zB über eine Kündigung), so dass sich daraus eine Konventionsverletzung durch staatlichen Eingriff ergibt (vgl. EGMR 29.12.2000 – 39293/98 Rn. 38 – Fuentes Bobo/Spanien; 21.7.2011 – 28274/08 Rn. 45 – Heinisch/Deutschland; 12.9.2011 – 28955/06 ua Rn. 58 ff. – Palomo Sanchez/Spanien). Insoweit nehmen die Konventionsrechte vermittels der Gewährleistungspflicht Einfluss auf die materielle Entscheidung.

15 Daneben ergeben sich aus den positive obligations Verfahrensvorgaben, wenn der Grundrechtsträger keine Möglichkeit hat, sich in der Sache zu äußern oder ein Rechtsmittel gegen eine Entscheidung (zB in einem Disziplinarverfahren) einzulegen. Gerade die Anforderungen an die Angreifbarkeit einer Entscheidung, die der Verwirklichung eines in der Konvention geschützten Rechts zuwiderläuft, ist zentral für die praktische Verwirklichung eines Konventionsrechts. Insoweit kommt Art. 10 I zum Tragen, es kommt aber auch der Grundsatz des fairen Verfahrens nach Art. 6 I zur Anwendung.

16 Auch iRd Gewährleistungspflichten ist indes kein Recht auf Zugang zum öffentlichen Dienst, zu den Streitkräften oder zur Richterschaft garantiert (EGMR 27.7.2004 – 55480/00 Rn. 67 ff. – Sidabras and Dziautas/Litauen; Karpenstein/Mayer/*Mensching*

Rn. 10; *Meyer-Ladewig* Rn. 24; **aA** RheinKomm/*Fischer* Rn. 124). Art. 10 I kommt daher nur als Abwehrrecht bei Versetzungen oder Entlassungen aus dem öffentlichen Dienst zum Tragen bzw. bei der Bestimmung des Umfangs der Loyalitätspflichten (EGMR 28.10.1999 – 28396/95 Rn. 41 – Wille/Liechtenstein). Eine Gewährleistungspflicht ist hingegen einschlägig, wenn es sich um einen privaten Arbeitgeber handelt, der zB einen Whistleblower wegen einer etwaigen Pflichtverletzung gekündigt hat. Diese Unterscheidung ist durch die Annahme, dass es kein Recht auf Zugang zum öffentlichen Dienst gibt, nicht geboten. Die Schutzlosigkeit bei der Einstellung hat faktisch Auswirkungen auf die Meinungsäußerungsfreiheit, die nicht hinter denen im Verlauf des Dienst- oder Arbeitsverhältnisses zurückbleiben (ebenso GMD/*Grote*/*Wenzel* Kap. 18 Rn. 54). Die Bedeutung des Schutzes für Whistleblower bestätigt auch die Empfehlung des Ministerausschusses v. 30.4.2014 (CM/Rec [2014] 7).

D. Eingriff und sonstige Beeinträchtigungen

I. Eingriff

Art. 10 I schützt sowohl vor unmittelbaren als auch vor mittelbaren Eingriffen. Im ersten **17** Fall richtet sich das staatliche Handeln direkt gegen den Akt der Kommunikation, im letzten wird die Kommunikation erschwert oder verunmöglicht, ohne darauf gerichtet zu sein (dazu GMD/*Grote*/*Wenzel* Kap. 18 Rn. 64 f.; *Hoffmeister* EuGRZ 2000, 358 [359]; *Jacobs*/ *White*/*Ovey* 427; Karpenstein/Mayer/*Mensching* Rn. 26 ff.). Ein Eingriff kann durch alle staatlichen Gewalten erfolgen. Die Gerichte greifen in das Konventionsrecht dadurch ein, dass sie das nationale Recht mit zu wenig Rücksicht auf Art. 10 I auslegen oder keine angemessene Tatsachenfeststellung vornehmen (EGMR 16.11.2004 – 53678/00 Rn. 39 – Kahuvaara/Finnland; 17.12.2004 – 49017/99 Rn. 68 ff. – Pedersen and Baadsgard/Dänemark; 14.2.2008 – 20893/03 Rn. 68 – July and SARL Liberation/Frankreich).

Ein Eingriff in Art. 10 I kann sich bei **Arbeitgebern, die selbst grundrechtsverpflich-** **18** **tet** sind (zB öffentlich-rechtliche Körperschaft), direkt aus den arbeitsvertraglichen Pflichten ergeben, wenn sie den Arbeitnehmer in seinem Recht beschränken. Insbesondere aus den Loyalitätspflichten ergeben sich Beschränkungen für die Meinungsäußerungsfreiheit (EGMR 25.9.1995 – 17851/91 Rn. 53 – Vogt/Deutschland; 12.2.2008 – 14277/04 Rn. 70 – Guja/Moldawien). Gerade im öffentlichen Dienst bestehen besondere Vorgaben für die Ausübung der Meinungsäußerungsfreiheit, die einer Rechtfertigung nach Art. 10 II zugänglich, aber auch bedürftig sind.

Eingriffe sind zudem alle Reaktionen öffentlich-rechtlicher Arbeitgeber auf eine etwaige **19** Loyalitätspflichtverletzung. Dazu gehört neben der Entlassung des Arbeitnehmers aus dem öffentlichen Dienst (zB wegen der Mitgliedschaft in einer politischen Partei EGMR 26.9.1995 – 17851/91 – Vogt/Deutschland; so auch EGMR 29.2.2000 – 39293/98 Rn. 45 – Fuentes Bobo/Spanien; 12.2.2008 – 14277/04 Rn. 55 – Guja/Moldawien; 20.10.2009 – 39128/05 Rn. 38 – Lombardi Vallaurie/Italien; 12.9.2011 – 28955/06 ua Rn. 53 – Palomo Sanchez/Spanien; dazu *Meyer-Ladewig* Rn. 25) auch die Verhängung von straf- oder berufsrechtlichen Sanktionen (zB strafrechtliche Verurteilung wegen Whistleblowings EGMR 18.10.2011 – 10247/09 – Sosinowska/Polen). Ein Eingriff ist indes abzulehnen, wenn die Entlassung auf der persönlichen und fachlichen Qualifikation der Amtsperson beruht, weniger auf ihrer Meinungsäußerung (EGMR 26.2.2009 – 29492/05 Rn. 91 ff. – Kudeshkina/Russland).

Der Gerichtshof sieht aber nicht nur die Pflicht bzw. die aus der Pflichtverletzung **20** erwachsenden Nachteile als Eingriff in Art. 10 I an. Auch die Nichternennung in ein hohes Richteramt wegen bestimmter Äußerungen des Bewerbers hat der EGMR als Konventionsverletzung qualifiziert, wenn für die Bestellung freies Ermessen bestand und die Entscheidung daher als eigenständige Verletzung des Konventionsrechts gelten könne (vgl. EGMR

28.10.1999 – 28396/95 Rn. 50 – Wille/Liechtenstein). Dem ist die Literatur zum Teil entgegengetreten (*Grabenwarter/Pabel* § 23 Rn. 14). Jedenfalls im öffentlichen Dienst ist die Zurückweisung einer Bewerbung wegen einer Meinungsäußerung kein Eingriff. Nach dem Verständnis des EGMR hat der Bewerber kein Recht auf Zugang zum öffentlichen Dienst (EGMR 26.9.1995 – 17851/91 Rn. 43 f. – Vogt/Deutschland; 28.10.1999 – 28396/95 Rn. 41 – Wille/Liechtenstein). Insoweit bleibt die EMRK hinter Art. 33 GG zurück. Darüber hilft der Gerichtshof bisher auch nicht durch Art. 14 hinweg.

II. Sonstige Beeinträchtigungen

21 Bei Arbeitsverhältnissen mit **privaten Arbeitgebern** kommt eine Beeinträchtigung von Art. 10 I durch die Entscheidung des Arbeitsgerichts in Betracht, das über die Wirksamkeit der rechtsgeschäftlichen Handlung (zB Kündigung) des Arbeitgebers entscheidet und Art. 10 I nicht hinreichend in Bedacht nimmt (vgl. EGMR 29.12.2000 – 39293/98 Rn. 38 – Fuentes Bobo/Spanien; 21.7.2011 – 28274/08 Rn. 44 f. – Heinisch/Deutschland; 12.9.2011 – 28955/06 ua Rn. 58 ff. – Palomo Sanchez/Spanien). Im Grunde handelt es sich dabei um eine unzureichende Verwirklichung der aus Art. 10 I resultierenden Gewährleistungspflicht, weil die Berücksichtigung des Grundrechts bei der materiell-rechtlichen Bewertung des rechtsgeschäftlichen Handelns des Arbeitgebers letztlich dessen privatautonomes Handeln, also das Handeln einer Privatperson, um der Verwirklichung des Freiheitsrechts willen beschränkt.

E. Rechtfertigung

22 Für die Rechtfertigung des Eingriffs und der sonstigen Beeinträchtigungen nach Art. 10 II gelten die allg. Anforderungen (→ Art. 1 Rn. 47 ff.). Der Eingriff muss zur Verfolgung eines legitimen Zwecks in einer demokratischen Gesellschaft notwendig sein, wobei ein zwingendes soziales Bedürfnis erforderlich ist (EGMR 12.2.2008 – 14277/04 Rn. 69 – Guja/Moldawien). Daran schließt sich die Prüfung der Verhältnismäßigkeit ieS (proportionality) an. Bei positiven Verpflichtungen prüft der EGMR auch bei Art. 10 I, ob ein fairer Ausgleich vorliegt (→ Art. 1 Rn. 37; so auch EGMR 12.9.2011 – 28955/06 ua Rn. 54, 62 – Palomo Sanchez/Spanien). Legitimer Zweck für einen staatlichen Eingriff ist zB der Schutz des guten Rufes, der Autorität und der Unparteilichkeit der Rechtsprechung (IK-EMRK/*Schiedermair* Rn. 43), Schutz staatlicher Geheimnisse oder die Aufrechterhaltung der Disziplin der Streitkräfte (zB EGMR 16.12.1992 – 12945/87 Rn. 43 – Hadjianastassiou/Griechenland; IK-EMRK/*Schiedermair* Rn. 44). Darüber hinaus hat der Gerichtshof den Schutz der Reputation, also auch das Ansehen im wirtschaftlichen Verkehr, als legitimes Interesse anerkannt (EGMR 30.9.2010 – 28369/07 – Balenović/Kroatien). Bei der Beurteilung der Erforderlichkeit und Verhältnismäßigkeit berücksichtigt der EGMR eine Vielzahl von Aspekten zur Bewertung der Meinungsäußerung (vgl. *Voorhoof/Humblet* in Dorssemont/Lörcher/Schömann 237 [284]).

23 Bei der Abwägung nimmt der Gerichtshof bei **Politikern** großzügiger an, dass sie Kritik durch Meinungsäußerung hinnehmen müssen (zB Bürgermeister, EGMR 6.10.2011 – 32820/09 Rn. 38 – Vellutini and Michel/Frankreich; dazu GMD/*Grote/Wenzel* Kap. 18 Rn. 115). Das gilt auch, wenn der Politiker zugleich in seiner Funktion als Arbeitgeber betroffen ist. Der EGMR erlaubt Gewerkschaften bei der Auseinandersetzung auch ein gewisses Maß an Übertreibung, weil die Debatte über die Personalpolitik der öffentlichen Hand ein zentrales Politikfeld und die Debatte über politische Ideen zur Weiterentwicklung des öffentlichen Dienstes ein Element gelebter Demokratie ist (EGMR 25.2.2010 – 13290/07 Rn. 33 ff. – Renaud/Frankreich; 6.10.2011 – 32820/09 Rn. 39 – Vellutini and Michel/Frankreich). Die Grenze des Zulässigen ist allerdings überschritten, wenn für Behauptungen keine Tatsachengrundlage besteht (EGMR 6.10.2011 – 32820/09 Rn. 40 – Vellutini and

Michel/Frankreich). Der Grundrechtsträger muss sich – ähnlich wie Angehörige der Presse oder der Hinweisgeber (Whistleblower) – der tatsächlichen Grundlage so weit wie möglich und zumutbar versichern und muss im Übrigen gutgläubig sein (EGMR 6.10.2011 – 32820/09 Rn. 41 – Vellutini and Michel/Frankreich).

Die öffentlichen Interessen im Zusammenhang mit der Ausgestaltung des **öffentlichen** 24 **Dienstes** rechtfertigen die **besondere Loyalität,** die die Konventionsstaaten ihren **Beamten** abverlangen (zB bzgl. Parteimitgliedschaften, Verfassungstreue; vgl. EGMR 26.9.1995 – 17851/91 Rn. 59 ff. – Vogt/Deutschland; 20.10.2009 – 39128/05 Rn. 41 ff. – Lombardi Vallauri/Italien; dazu GMD/*Grote/Wenzel* Kap. 18 Rn. 116). Eine Differenzierung nach Rang und Funktion hat der Gerichtshof bisher nicht für zwingend erforderlich erachtet und er nimmt zudem den historischen Kontext für das staatliche Handeln in Bedacht (EGMR 26.9.1995 – 17851/91 Rn. 59 – Vogt/Deutschland; 21.10.2014 – 38162/07 Rn. 50 – Naidin/Rumänien).

Von Mitarbeitern des öffentlichen Dienstes kann ein **Bekenntnis zu den verfassungs-** 25 **rechtlichen Grundlagen** gefordert werden (EGMR 22.11.2001 – 39799/98 – Volkmer/ Deutschland; 1.7.2008 – 16912/05 – Lahr/Deutschland). Billigung fanden daher auch die Lustrationsverfahren nach der Wiedervereinigung oder nach dem Ende des kalten Krieges in Polen, wenn das Verfahren rechtsstaatlichen Anforderungen genügte (→ Art. 8 Rn. 38), die dazu führten, dass Mitarbeiter des öffentlichen Dienstes wegen früherer Tätigkeit für das Ministerium für Staatssicherheit entlassen wurden (EGMR 22.1.2001 – 39793/98 – Petersen/Deutschland; 22.11.2001 – 39799/98 – Volkmer/Deutschland). Wegen der Bedeutung der Gewaltenteilung und der Unabhängigkeit der Justiz für den Rechtsstaat bedarf es aber einer genauen Prüfung, wenn die Meinungsfreiheit der Richter Beschränkungen unterliegt (EGMR 29.6.2004 – 62584/00 – Harabin/Slowakei).

Ein legitimes Interesse für die Beschränkung der Meinungsäußerung ist der Schutz der 26 **Autorität und Unparteilichkeit der Justiz** (EGMR 29.10.1999 – 28396/95 Rn. 64 – Wille/Liechtenstein; 27.5.2014 – 20261/12 Rn. 88 – Baka/Ungarn). Daraus kann sich für die Angehörigen des öffentlichen Dienstes eine Pflicht zur Zurückhaltung (insbesondere bei Beamten wegen des Amts) ergeben. Das hat aber nicht zur Folge, dass der politische Charakter einer Äußerung generell der Meinungsäußerung entgegensteht (dezidiert EGMR 27.5.2014 – 20261/12 Rn. 99 f. – Baka/Ungarn). Das wird in ähnlicher Weise als Berufspflicht bei Rechtsanwälten akzeptiert, weil sie eine zentrale Rolle in der Justiz haben, insbesondere wenn sie als Organ der Rechtspflege fungieren (vgl. EGMR 21.3.2002 – 31611/96 Rn. 45 – Nikula/Finnland; 15.12.2005 – 73797/01 Rn. 173 – Kyprianou/ Zypern; dazu GMD/*Grote/Wenzel* Kap. 18 Rn. 116). In diesem Zusammenhang verweist der EGMR auch darauf, dass die Anwälte auch Rechte und Privilegien haben, die gleichsam die Belastung mit Pflichten rechtfertigen (EGMR 24.2.1994 – 15450/89 Rn. 46 – Casado Coca/Spanien; 28.10.2003 – 39657/98 Rn. 38 – Steur/Niederlande). Weil der Anwalt als Organ der Rechtspflege deren Würde im Interesse an einer geordneten Rechtspflege schützen muss, akzeptiert der Gerichtshof insbesondere Grenzen für Kritik an der Justiz in der Öffentlichkeit (EGMR 17.7.2008 – 513/05 Rn. 36, 39, 42 – Schmidt/ Österreich). Grds. berücksichtigt der EGMR bei Rechtsberufen die Besonderheiten des Berufsstands für die Entscheidungsfindung (EGMR 28.10.2003 – 39657/98 Rn. 38 – Steur/Niederlande). Im Einzelnen muss die Maßnahme aber auf Gesetz beruhen, in einer demokratischen Gesellschaft notwendig und verhältnismäßig sein.

Als legitimes Interesses sieht der Gerichtshof bei Eingriffen in Art. 10 I auch den Schutz 27 vor der **Preisgabe von Geheimnissen** an (zB EGMR 12.2.2008 – 14277/04 Rn. 59 – Guja/Moldawien). Daher sind Schweigepflichten bei der Rechtfertigung zu berücksichtigen (EGMR 21.1.1999 – 29183/95 Rn. 52 f. – Fressoz and Roire/Frankreich). Für die Weitergabe interner Informationen durch Angehörige des öffentlichen Dienstes **(Whistleblowing)** kann indes ein (gegenläufiges) besonderes öffentliches Interesse bestehen, insbesondere wenn der Mitarbeiter als einziger oder als einer von wenigen weiß, was vor sich geht und daher in der Lage ist, die Öffentlichkeit zu warnen (siehe Korruption; EGMR

12.2.2008 – 14277/04 Rn. 71 – Guja/Moldawien; dazu *Meyer-Ladewig* Rn. 23). Ihre Grenze findet die Schweigepflicht an dem legitimen öffentlichen Interesse an der Kontrolle der Verwaltung, das ggf. sogar das Geheimhaltungsinteresse überwiegt, so dass die Information weitergegeben werden darf (EGMR 21.1.1999 – 29183/95 Rn. 50 ff. – Fressoz and Roire/Frankreich; 12.2.2008 – 14277/04 Rn. 75 – Guja/Moldawien; *Meyer-Ladewig* Rn. 23). Dabei ist der Kontrolle durch die Legislative und die Judikative sowie die Öffentlichkeit in einer Demokratie Bedeutung zuzumessen (EGMR 12.2.2008 – 14277/04 Rn. 74 – Guja/Moldawien). Demzufolge kann nicht nur die Schweigepflicht, sondern auch die an die Informationsweitergabe anknüpfende Entlassung des Beamten oder Arbeitnehmers aus dem öffentlichen Dienst nicht gerechtfertigt sein.

28 Im Einzelfall muss der Mitarbeiter prüfen, ob die Informationen genau und verlässlich sind. Grds. muss er zunächst an den Vorgesetzten oder eine andere kompetente Einrichtung berichten (EGMR 12.2.2008 – 14277/04 Rn. 73 – Guja/Moldawien) oder eine anderweitige Beseitigung des Unrechts versuchen, wenn dies effektiv möglich und zumutbar ist (EGMR 12.2.2008 – 14277/04 Rn. 73 – Guja/Moldawien). Nur wenn das unpraktikabel ist, ist die Information an die Öffentlichkeit zulässig (EGMR 12.2.2008 – 14277/04 Rn. 73 – Guja/Moldawien). Der Hinweisgeber muss in gutem Glauben an die Wahrheit der Information und das Fehlen einer besseren Abhilfe handeln (EGMR 12.2.2008 – 14277/04 Rn. 77 – Guja/Moldawien).

29 Der EGMR berücksichtigt auch die Motive des Informanten (zB persönlicher Ärger, Feindschaft, Hoffnung auf persönliche Vorteile), die die Schutzwürdigkeit des Beschäftigten beseitigen können (EGMR 12.2.2008 – 14277/04 Rn. 77 – Guja/Moldawien). Insofern wird die Lauterkeit des Vorgehens zu einem wesentlichen Kriterium, das einen Anknüpfungspunkt liefert, um dem Informanten die Berechtigung seines Vorgehens abzusprechen (EGMR 21.7.2011 – 28274/08 Rn. 82 – Heinisch/Deutschland; GMD/*Grote/Wenzel* Kap. 18 Rn. 113). Die Bedeutung einer effektiven Kontrolle der Verwaltung kann mE im Einzelfall aber auch so viel Gewicht erlangen, dass die Motive des Informanten in den Hintergrund treten. Gerade Straftaten, die sich im Geheimen vollziehen, lassen sich vielfach ohne die Mitwirkung von Informanten nur schwer aufklären. Insofern kann das rechtsstaatliche Interesse an der Durchsetzung von Gesetzen mehr Gewicht erlangen, zumal bei einem Informanten häufig persönliche Motive in unterschiedlichem Maße mitschwingen werden.

30 Bei der Prüfung der Verhältnismäßigkeit ist nach der Rechtsprechung des EGMR besonderes Augenmerk auf das betroffene öffentliche Interesse zu legen (EGMR 12.2.2008 – 14277/04 Rn. 74 – Guja/Moldawien). Zugleich ist der durch die Veröffentlichung verursachte Schaden in Bedacht zu nehmen (EGMR 12.2.2008 – 14277/04 Rn. 76 – Guja/Moldawien), aber auch die Sanktion gegenüber dem Beamten (EGMR 12.2.2008 – 14277/04 Rn. 78 – Guja/Moldawien).

31 Diesen Maßstab hat der EGMR im Grundsatz auch **außerhalb des öffentlichen Dienstes** herangezogen, soweit Geheimhaltungspflichten für den Arbeitnehmer bestehen (vgl. EGMR 29.2.2000 – 39293/98 Rn. 50 – Fuentes Bobo/Spanien). Gerade in der Rechtssache Heinisch hat der Gerichtshof eine Loyalitätspflicht gegenüber dem Arbeitgeber generell anerkannt, auch wenn diese bei Beamten und Arbeitnehmern im öffentlichen Dienst weiter gehen mag (EGMR 21.7.2011 – 28274/08 Rn. 64 – Heinisch/Deutschland; so auch EGMR 19.2.2009 – 4063/04 Rn. 45 – Marchenko/Ukraine).

32 Im Einzelfall bedarf es einer Abwägung zwischen dem berechtigten Interesse an der Meinungsäußerung und dem rechtlich geschützten Interesse des Arbeitgebers an seiner Reputation und seinen wirtschaftlichen Interessen beim Betrieb des Unternehmens (EGMR 21.7.2011 – 28274/08 Rn. 64 – Heinisch/Deutschland; ähnlich EGMR 15.2.2005 – 68416/01 Rn. 94 – Steel and Morris/Vereinigtes Königreich). Bemerkenswert ist dabei, dass der EGMR ähnlich wie das BVerfG die Interessen des Arbeitgebers berücksichtigt, obwohl die wirtschaftlichen Freiheiten in der EMRK nicht in gleicher Weise geschützt werden. Insoweit kann aber auf den Schutz der Rechte und Freiheiten Dritter zurückgegriffen werden.

Ebenso wie bei Mitarbeitern des öffentlichen Dienstes gilt, dass zunächst an den Vor- 33
gesetzten berichtet und intern Abhilfe versucht werden muss. Die Information gegenüber
Behörden ist somit nur subsidiär, während Informationen an die Allgemeinheit bzw. die
Presse das letzte Mittel ist, wenn andere Wege praktisch ausgeschlossen sind (EGMR
21.7.2011 – 28274/08 Rn. 65 – Heinisch/Deutschland). Die Informationen müssen authentisch sein. Insofern kann der Staat auch Maßnahmen ergreifen, um Diffamierungen
und Behauptungen ohne Grundlage oder in bösem Glauben entgegenzuwirken (EGMR
21.7.2011 – 28274/08 Rn. 67 – Heinisch/Deutschland).

Bei der Prüfung der Verhältnismäßigkeit geht auch das öffentliche Interesse an der 34
offengelegten Information ein (EGMR 21.7.2011 – 28274/08 Rn. 66 – Heinisch/Deutschland). In die Abwägung ist der Schaden für das Unternehmen einzubeziehen (EGMR
21.7.2011 – 28274/08 Rn. 68 – Heinisch/Deutschland). Schließlich sollen die persönlichen
Motivationen des Whistleblowers (persönlicher Ärger, Auseinandersetzung, Rache, Erlangung persönlicher Vorteile) relevant sein. Der Arbeitnehmer muss in gutem Glauben und in
der Überzeugung gehandelt haben, im öffentlichen Interesse zu agieren (EGMR 21.7.2011
– 28274/08 Rn. 69 – Heinisch/Deutschland). Auch die Sanktionen gegenüber dem Arbeitnehmer haben Gewicht (EGMR 21.7.2011 – 28274/08 Rn. 70 – Heinisch/Deutschland).
Insoweit gilt für die Berücksichtigung der Motive dasselbe wie bei Mitarbeitern des öffentlichen Dienstes (→ Rn. 28).

In der Rechtssache Heinisch fand vor allem Berücksichtigung, dass die betroffenen 35
Patienten bzw. die zu pflegenden Personen sich selbst nicht hinreichend schützen konnten
(EGMR 21.7.2011 – 28274/08 Rn. 71 – Heinisch/Deutschland). In einer weiteren Entscheidung wurde die spezielle Beziehung zu den Patienten und das Vertrauen darauf, dass
das medizinische Personal seine Kenntnisse in vollem Umfang nutzt, um für das Wohlergeben des Patienten Sorge zu tragen, aber auch als Grund für eine besondere Umsicht im
Umgang mit Informationen angesehen (EGMR 16.12.2008 – 53025/99 Rn. 49 – Frankowicz/Polen; 18.10.2011 – 10247/09 Rn. 80 – Sosinowska/Polen). Das Vertrauensverhältnis
zum Patienten mache auch Solidarität zwischen den Angehörigen der Berufsgruppe erforderlich (EGMR 16.12.2008 – 53025/99 Rn. 49 – Frankowicz/Polen; 18.10.2011 –
10247/09 Rn. 80 – Sosinowska/Polen). Entscheidend für das Verfahren war im Ergebnis
aber die Vorgehensweise der Gerichte, die die Belastbarkeit der Aussagen bzw. den guten
Glauben der Beschäftigten nicht untersucht hatten. Dadurch sei das Risiko entstanden, dass
berechtigte Verbesserungsmöglichkeiten für die medizinische Versorgung ungenutzt blieben
und eine entmutigende Wirkung für den Mitarbeiter entstünde (EGMR 18.10.2011 –
10247/09 Rn. 81 ff. – Sosinowska/Polen).

Besondere Loyalitätspflichten bestehen auch für **kirchliche Arbeitnehmer.** Die Kirche 36
kann von ihnen verlangen, Äußerungen, mit denen sie zeigen, dass die sie die Glaubenssätze
der Kirche nicht teilen, zu unterlassen (→ Art. 9 Rn. 18 ff.; EGMR 6.9.1989 – 12242/86 –
Rommelfanger/Deutschland; *Meyer-Ladewig* Rn. 73). Der Gerichtshof hat die Entlassung
eines Lehrbeauftragten wegen abweichender Lehrmeinung an einer katholischen Universität
akzeptiert (EGMR 20.10.2009 – 39128/05 Rn. 55 – Lombardi Vallauri/Italien), ebenfalls
die Ablehnung einer fortgesetzten Beschäftigung eines Priesters, der in einer Ehe lebte und
öffentlich mit seiner Abweichung von den katholischen Glaubenssätzen in Erscheinung trat
(EGMR 12.6.2014 – 56030/07 Rn. 131 ff. – Férnandéz Martinez/Spanien).

Die Entscheidung des EGMR in der Rechtssache Heinisch zum Whistleblowing löst 37
keinen besonderen **Umsetzungsbedarf im nationalen Recht** aus. Es handelt sich um
eine Einzelfallentscheidung, die die Grundsätze des BAG und BVerfG nicht generell in
Frage stellen (*Hochhauser* ZESAR 2012, 278 [281]; *Seel* MDR 2012, 9 [12]; *Walk* GWR
2011, 453). Es ist keine wesentliche Veränderung der bisherigen Rechtsprechung erforderlich, sondern nur eine Präzisierung (*Becker* DB 2011, 2202 [2203]; *Forst* NJW 2011, 3477
[3480 ff.]; *Schlachter* RdA 2012, 108 [112]; *Simon/Schilling* BB 2011, 2421 [2428]; *Ulber*
NZA 2011, 962 [964]; *Wienbracke*, FS Pulte, 2012, 21 [38]). Eine Besonderheit der Diktion
des Gerichtshofs besteht in der Art des öffentlichen Interesses, das zu einem Zurückstellen

der Arbeitgeberinteressen führte. Ein vergleichbares Defizit an Selbstschutz der Betroffenen besteht auch in anderen Bereichen als dem Gesundheitswesen und der Pflege, nämlich bei Gefängnissen, bei der Lebensmittelsicherheit oder der technischen Sicherheit. Der damit bezweckte Schutz Dritter steht an sich außerhalb des Arbeitsverhältnisses als bilateralem Rechtsverhältnis. Die Schutzpflicht des Staates gegenüber den Rechtsgütern und Konventionsrechten hat aber zur Folge, dass auch solche Interessen die Durchführung des Arbeitsverhältnisses mitbestimmen können, auch wenn es nicht zum öffentlichen Dienst gehört. Zum Teil wird kritisiert, dass der Gerichtshof keinen überzeugenden allg. Standard entwickelt hat, wann das öffentliche Interesse relevant ist (*Sasse* ArbRB 2011, 227). Zumindest anhand der Schutzpflicht lässt sich insoweit eine Konturierung gewinnen. Die Umsetzung erfolgt vor allem, indem für die Loyalitätspflichten durch § 241 II unter Einwirkung von Art. 10 I Grenzen gezogen werden bzw. die Auslegung des Kündigungsschutzrechts auf das Konventionsrecht Rücksicht nimmt.

38 Darüber hinaus wird zu Recht darauf verwiesen, dass die Berechtigung des strafrechtlichen Vorwurfs durch die Arbeitsgerichte stärker zu berücksichtigen sei (*Forst* NJW 2011, 3477 [3480, 3482] – dringender Verdacht genügt; für eine abweichende Gewichtung auch *Schlachter* RdA 2012, 108 [112]). Das Abstellen auf einen dringenden Verdacht einer Straftat oder sonstigen Gesetzesverletzung erscheint angesichts der Anforderungen an die Verdachtskündigung zwar angemessen reziprok, die Anforderungen gehen aber auf das Vertrauensverhältnis zwischen Arbeitnehmer und Arbeitgeber zurück, das nicht notwendig für beide Vertragspartner in der gleichen Intensität Wirkung entfaltet. Anders als der Arbeitgeber hat der Arbeitnehmer in erheblichem Maße Zugriff auf die Rechtsgüter, das Vermögen und das Unternehmen des Arbeitgebers, was das Vertrauen in stärkerem Maße erforderlich macht. Man wird aber sagen können, dass der Arbeitnehmer zumindest einen dringenden Tatverdacht haben muss. Schließlich ist in Bedacht zu nehmen, dass der Gerichtshof kein Rangverhältnis zwischen den Kriterien, deren Aufzählung keinen abschließenden Charakter zu haben scheint, erarbeitet hat, was seiner Einzelfallwürdigung entspricht. Zum Teil wird die Entscheidung auch als Stärkung des Whistleblowers angesehen, weil höhere Anforderungen an den Vortrag des Arbeitgebers zur innerbetrieblichen Abhilfe bestehen (*Dzida/ Naber* ArbRB 2011, 238 [240]). Insoweit hat aber auch die unterschiedliche Sachverhaltswürdigung durch die Gerichte Auswirkungen.

Art. 11 Versammlungs- und Vereinigungsfreiheit

(1) Jede Person hat das Recht, sich frei und friedlich mit anderen zu versammeln und sich frei mit anderen zusammenzuschließen; dazu gehört auch das Recht, zum Schutz seiner Interessen Gewerkschaften zu gründen und Gewerkschaften beizutreten.

(2) ¹Die Ausübung dieser Rechte darf nur Einschränkungen unterworfen werden, die gesetzlich vorgesehen und in einer demokratischen Gesellschaft notwendig sind für die nationale oder öffentliche Sicherheit, zur Aufrechterhaltung der Ordnung oder zur Verhütung von Straftaten, zum Schutz der Gesundheit oder der Moral oder zum Schutz der Rechte und Freiheiten anderer. ²Dieser Artikel steht rechtmäßigen Einschränkungen der Ausübung dieser Rechte für Angehörige der Streitkräfte, der Polizei oder der Staatsverwaltung nicht entgegen.

Übersicht

	Rn.
A. Normzweck und Bedeutung	1
B. Schutzbereich	5
I. Persönlicher Schutzbereich	5
II. Sachlicher Schutzbereich	8
1. Versammlungsfreiheit und Vereinigungsfreiheit im Überblick	8
2. Koalitionsfreiheit, insbesondere Gewerkschaftsfreiheit	10

	Rn.
a) Koalitions- und Gewerkschaftsbegriff	10
b) Individuelle Koalitions- und Gewerkschaftsfreiheit	12
c) Kollektive Koalitionsfreiheit	18
d) Insbesondere Recht auf Kollektivverhandlungen und Streikrecht für Beamte	33
C. Gewährleistungspflichten	39
D. Eingriff und sonstige Beeinträchtigungen	48
E. Rechtfertigung	56
I. Rechtfertigung nach Art. 11 II 1	56
II. Rechtfertigung nach Art. 11 II 2	70

A. Normzweck und Bedeutung

Die Versammlungs- und Vereinigungsfreiheit sind in der EMRK als **politische Rechte** 1 geschützt und schließen an die Meinungsäußerungsfreiheit (Art. 10 I) als Kommunikationsgrundrecht an, so dass sie in deren Licht zu interpretieren sind (vgl. EGMR 20.9.1995 – 17851/91 Rn. 64 – Vogt/Deutschland; 29.4.1999 – 25088/94 Rn. 103 – Chassagnou/Frankreich; 11.1.2006 – 52562/99 ua Rn. 54 – Sørensen and Rasmussen/Dänemark; 27.4.2010 – 20161/06 Rn. 46 – Vörður Ólafsson/Island; Frowein/Peukert/*Frowein* Rn. 9; *Meyer-Ladewig* Rn. 1). Geschützt sind somit zwei weitere Grundpfeiler einer pluralistischen Gesellschaft mit einer funktionierenden Demokratie (EGMR 7.12.1976 – 5493/72 Rn. 49 – Handyside/Deutschland; *Meyer-Ladewig* Rn. 1). Die Versammlungsfreiheit schützt die kollektive Meinungsäußerung. Die Vereinigungsfreiheit ist die rechtliche Grundlage für das Verbandswesen, das private Zusammenschlüsse ermöglicht, die an politischen Prozessen teilnehmen bzw. auf öffentliche Belange Einfluss nehmen (zB Parteien, Nichtregierungsorganisationen) (EGMR 13.2.2001 – 41340/98 Rn. 87 – Refah Partisi/Türkei). Art. 11 I beschränkt sich aber nicht auf politische Zielsetzungen ieS, sondern erfasst auch Vereinigungen mit kulturellen, sozialen oder sonst gesellschaftlichen Zielen (EGMR 17.2.2004 – 44158/98 Rn. 50 – Gorzelik/Polen; *Meyer-Ladewig* Rn. 8a). Erfasst ist auch die Freiheit wirtschaftsbezogener Vereinigungen (Koalitionen), von denen die Gewerkschaften sogar ausdrücklich aufgenommen sind. Die **Koalitions- bzw. Gewerkschaftsfreiheit** ist daher eine besondere Form der Vereinigungsfreiheit (EGMR 6.2.1976 – 5641/72 Rn. 39 – Swedish Engine Drivers' Union/Schweden; *Van Hiel* in Dorssemont/Lörcher/Schömann 287 [288]). Art. 11 I bleibt ein einheitliches Grundrecht. Im Zusammenspiel mit Art. 9 schützt Art. 11 auch die Religionsgemeinschaften in ihrer Gründung, Binnenorganisation und Betätigung (→ Art. 9 Rn. 16).

Die **Koalitionsfreiheit** wird zugleich als **soziales Grundrecht** eingeordnet (*Jacobs* in 2 Dorssemont/Lörcher/Schömann 309 [311 f.]). Im Gegensatz zu den sozialen Grundrechten iSv Teilhabe- und Leistungsrechten enthält Art. 11 I ein Abwehrrecht. Die Koalitionen streben eine autonome Regelung der sozialen Belange ihrer Mitglieder bezogen auf das Arbeitsverhältnis an. Die Freiheit zu einer solchen Interessenorganisation und -vertretung erfasst das Abwehrrecht. Ausnahmsweise weisen daher soziale und politische Rechte punktuell eine strukturelle Identität auf, weil es sich weder um ein Leistungs- noch um ein Teilhaberecht handelt. Parallele Regelungen enthalten Art. 5, 6 ESC, aber auch die IAO-Konvention Nr. 87 und Nr. 98 sowie Art. 22 IPbpR und Art. 8 IPwskR. Der EGMR ordnet die Gewerkschaftsfreiheit daher als zentrales Element des sozialen Dialogs ein und als notwendiges Mittel, um soziale Gerechtigkeit herzustellen (EGMR 9.7.2013 – 2330/09 Rn. 130 – Sindicatul „Păstorul cel Bun"/Rumänien). Der EGMR legt daher Art. 11 I mit Rücksicht auf die ESC und die IAO-Konventionen aus, wobei er auf die Äußerungen der zuständigen Expertengremien Rücksicht nimmt (EGMR 12.11.2008 – 34503/97 Rn. 84 f., 103, 129, 149 – Demir and Baykara/Türkei). Dieses Vorgehen ist methodisch nicht ohne Bedenken (→ Rn. 23) und lädt die EMRK zugleich als Schutz sozialer Rechte auf, der sie an sich nicht ist. Das ist bei der Koalitionsfreiheit wegen der Strukturähnlichkeit mit Zurückhaltung möglich, kann aber nicht auf andere Abwehrrechte der EMRK übertragen werden, wenn der historisch gewollte

Unterschied zwischen EMRK und ESC nicht eingeebnet werden soll (vgl. EGMR 8.4.2014 – 31045/10 Rn. 83 ff. – RMT/Vereinigtes Königreich, der dem Konventionsstaat iRd Rechtfertigung einen sehr weiten Beurteilungsspielraum lässt).

3   Im **Arbeitsrecht** ist primär die Koalitions- bzw. Gewerkschaftsfreiheit als Ausschnitt der geschützten Vereinigungsfreiheit von Bedeutung. Das betrifft die individuelle und die kollektive Koalitionsfreiheit gleichermaßen. In den letzten Jahren waren die Interpretation der negativen Koalitionsfreiheit (→ Rn. 16), der Schutz des Rechts auf Tarifverhandlungen (→ Rn. 21) und des Rechts auf Streik (→ Rn. 24) Gegenstand der Rechtsprechung des EGMR. Diese hat auch Bedeutung für auf die deutsche Rechtspraxis. Selbst wenn es nicht zu einer Verurteilung Deutschlands kam, haben die Entscheidungen zumindest Orientierungswirkung (→ Art. 1 Rn. 64). Art. 11 I kommt als Abwehrrecht zur Anwendung, wo Gesetz oder Rechtsprechung die Koalitionsfreiheit ausgestalten und beschränken. Insofern ist er vor allem das Streikverbot für Beamte von Bedeutung (→ Rn. 33 ff.). Eine Gewährleistungspflicht des Staates ist hingegen einschlägig, wenn Beeinträchtigungen für die Arbeitsvertragsparteien eintreten. Daneben kommt sie bei der Beschränkung des Streikrechts der Religionsgemeinschaft zur Anwendung.

4   Art. 11 I als Abwehrrecht bindet alle Staatsgewalten in ihrem Handeln und somit auch den **Staat als Arbeitgeber.** Hierfür spricht bereits der Rückschluss aus Art. 11 II 2 (EGMR 12.11.2008 – 34503/97 Rn. 109 – Demir and Baykara/Türkei). Zudem ist es für Art. 11 I unerheblich, ob das Beschäftigungsverhältnis öffentlich-rechtlicher oder privatrechtlicher Natur ist (EGMR 21.2.2006 – 28602/95 Rn. 29 – Tüm Haber Sen and Çinar/Türkei; 12.11.2008 – 34503/97 Rn. 109 – Demir and Baykara/Türkei). Insofern erlegt die EMRK dem Staat Verpflichtungen auf, die für Arbeitgeber in der Privatwirtschaft nicht bestehen (EGMR 6.2.1976 – 5641/72 Rn. 39 – Swedish Engine Drivers' Union/Schweden; 6.2.1976 – 5589/72 Rn. 34 – Schmidt and Dahlström/Schweden; 21.2.2006 – 28602/95 Rn. 29 – Tüm Haber Sen and Çinar/Türkei; 12.11.2008 – 34503/97 Rn. 109 – Demir and Baykara/Türkei). Religionsgemeinschaften sind nicht an die EMRK gebunden, auch wenn sie juristische Personen des öffentlichen Rechts sind (→ Art. 9 Rn. 2).

B. Schutzbereich

I. Persönlicher Schutzbereich

5   Der persönliche Schutzbereich erfasst alle natürlichen und juristischen Personen des Privatrechts (→ Art. 1 Rn. 4). Die Gewerkschaftsfreiheit ist allen **Arbeitnehmern** eröffnet, wobei es für deren Einordnung nicht auf die Bezeichnung des Beschäftigungsverhältnisses ankommt. Der EGMR nimmt zur Begründung auf die Empfehlung der IAO Nr. 198 Bezug, wonach die Durchführung des Beschäftigungsverhältnisses für seine Qualität als Arbeitsverhältnis maßgebend ist (EGMR 9.7.2013 – 2330/09 Rn. 142 – Sindicatul „Păstorul cel Bun"/Rumänien). Dies ergibt sich aber auch aus dem Schutzzweck der Koalitionsfreiheit, die gerade die Freiheit zur Vereinigung von Arbeitgebern zur Gewährleistung ihrer spezifischen Interessen ermöglichen soll. Diese Interessenlage hängt von der Art der Beschäftigung, nicht von deren Bezeichnung ab. Keine Berufsgruppe ist von Art. 11 I ausgenommen, wobei für die Polizei, die Angehörigen der Streitkräfte und der Staatsverwaltung auf Art. 11 II 2 verwiesen werden kann (EGMR 12.11.2008 – 34503/97 Rn. 107 – Demir and Baykara/Türkei; 9.7.2013 – 2330/09 Rn. 145 – Sindicatul „Păstorul cel Bun"/Rumänien; 2.10.2014 – 10609/10 Rn. 56 – Matelly/Frankreich).

6   Auch **kirchliche Arbeitnehmer** sind uneingeschränkt Grundrechtsträger. Hierzu verweist der Gerichtshof auf die IAO-Konvention Nr. 87, die den Arbeitnehmern ohne Unterschied das Recht zur Koalitionsbildung einräumt, und zieht auch die Antidiskriminierungsrichtlinie 2000/78/EG heran (EGMR 9.7.2013 – 2330/09 Rn. 142 – Sindicatul „Păstorul cel Bun"/Rumänien). Dieses Auslegungsergebnis ergibt sich angesichts des unterschiedslosen Wortlauts

Schutzbereich   **Art. 11 EMRK 40**

und der Gleichrangigkeit der Menschenrechte in Art. 9 I und Art. 11 I bereits aus der EMRK, so dass es des Rückgriffs auf die IAO-Konvention an sich nicht bedarf. Auch die höheren Loyalitätspflichten nehmen diese Arbeitnehmer nicht vom Schutzbereich des Art. 11 I aus (EGMR 9.7.2013 – 2330/09 Rn. 145 – Sindicatul „Pástorul cel Bun"/Rumänien; vgl. auch EGMR 21.2.2006 – 28602/95 Rn. 28 f. – Tüm Haber Sen/Türkei), sie erleichtern nur seine Beschränkung bzw. hindern die tatsächliche Verwirklichung des Freiheitsrechts.

In den persönlichen Schutzbereich sind nicht nur Arbeitnehmer nach deutschem Ver- 7
ständnis, sondern auch **Beamte** einbezogen. Hierfür spricht bereits Art. 11 II 2, der die Angehörigen der Staatsverwaltung explizit aufnimmt, zu denen regelmäßig Beamte gehören. Sie haben in der EMRK grds. dieselben Rechte wie Arbeitnehmer (EGMR 12.11.2008 – 34503/97 Rn. 107 – Demir and Baykara/Türkei, obiter dictum; 2.10.2014 – 32191/09 Rn. 42 – Adefdromil/Frankreich). Auf den öffentlich-rechtlichen Charakter ihres Dienstverhältnisses kommt es nicht an. Einschränkungen sind nur auf Grundlage von Art. 11 II 1, 2 möglich (EGMR 12.11.2008 – 34503/97 Rn. 154 – Demir and Baykara/Türkei; 21.4.2015 – 45892/09 Rn. 29 – Junta Rectora del Ertzainen Nazional Elkartasuna/Spanien).

II. Sachlicher Schutzbereich

1. Versammlungsfreiheit und Vereinigungsfreiheit im Überblick. Die **Versamm-** 8
lungsfreiheit schützt das friedliche Zusammenkommen von Menschen zum gemeinsamen Zweck, Meinungen auszutauschen oder Meinungen anderen kundzutun (EGMR 21.6.1988 – 10126/86 Rn. 32 – Plattform „Ärzte für das Leben"/Österreich; Frowein/Peukert/*Frowein* Rn. 2; *Meyer-Ladewig* Rn. 4). Diese Kundgabe kann in privaten Räumen oder auf privaten Grundstücken sowie in der Öffentlichkeit erfolgen (EGMR 31.3.2005 – 38187/97 Rn. 266 – Adali/Türkei; Frowein/Peukert/*Frowein* Rn. 3). Erfasst sind auch Spontanversammlungen, nicht aber Zusammentreffen, die zufällig sind oder rein gesellschaftliche Zwecke haben (Frowein/Peukert/*Frowein* Rn. 2; *Meyer-Ladewig* Rn. 4). Der sachliche Schutzbereich umfasst die Vorbereitung und Durchführung von Versammlungen. In persönlicher Hinsicht erstreckt er sich daher auf die Organisatoren und Teilnehmer der Versammlung gleichermaßen (EKMR 16.7.1980 – 8440/78 – Christians Against Racism and Fascism/Vereinigtes Königreich; *Meyer-Ladewig* Rn. 4). Der EGMR erfasst in einer Reihe von Entscheidungen gewerkschaftliche Aktionen (Aktionstage, Demonstrationen) als Ausübung der Versammlungsfreiheit iSv Art. 11 I, so dass die Gewährleistung der Koalitionsfreiheit in der Entscheidung in den Hintergrund tritt (zB EGMR 5.3.2009 – 31684/05 Rn. 39 – Barraco/Frankreich). Insoweit ist ggf. abzugrenzen, ob die Versammlung friedlich ist. Eine friedliche Versammlung hat der Gerichtshof zB für ein Lahmlegen des öffentlichen Verkehrs durch das Langsamfahren von Lkws noch angenommen (EGMR 5.3.2009 – 31684/05 Rn. 39 – Barraco/Frankreich).

Das Schutzgut der **Vereinigungsfreiheit** im Allgemeinen ist die Vereinigung als freiwil- 9
liger, privatrechtlicher Zusammenschluss zu einem bestimmten Zweck (Frowein/Peukert/*Frowein* Rn. 8; *Meyer-Ladewig* Rn. 8). Besondere Bedeutung für die Demokratie haben politische Parteien, aber auch Vereinigungen von Minderheiten, um deren Interessen gegenüber der Mehrheitsgesellschaft Gehör zu verschaffen (zB EGMR 10.7.1998 – 57/1997/841/1047 Rn. 41 – Sidiropoulos/Griechenland). Ausgenommen sind hingegen **öffentlich-rechtliche Organisationen** (zB Ärztekammer, Rechtsanwaltskammer, Handwerkskammer), die in vielen Konventionsstaaten existieren (EGMR 23.6.1981 – 6878/75 Rn. 65 – Le Compte/Belgien; Frowein/Peukert/*Frowein* Rn. 8; *Meyer-Ladewig* Rn. 9). Sie haben keine spezifische Bedeutung für eine pluralistische, demokratische Gesellschaft. Die Abgrenzung zwischen öffentlich-rechtlichen Zusammenschlüssen und Vereinigungen iSv Art. 11 I erfolgt unabhängig von ihrer rechtlichen Qualifikation in den Mitgliedstaaten. Der EGMR stellt auf den Ursprung, das Ziel und die Mittel der Organisation ab (EGMR 23.6.1981 – 6878/75 Rn. 64 f. – Le Compte/Belgien). Der öffentlich-rechtliche Charakter geht vor allem mit der Ausübung von Hoheitsgewalt, insbesondere disziplinarischer Gewalt, einher.

40 EMRK Art. 11

Die Wahrnehmung öffentlicher Interessen durch die Vereinigung scheint der EGMR indes nicht ausreichen zu lassen, um von einer öffentlich-rechtlichen Organisation auszugehen (EGMR 30.6.1993 – 16130/90 Rn. 31 – Sigurjónsson/Island; 6.11.2003 – 48047/99 ua – Popov/Bulgarien). Es wäre jedoch treffender, darauf abzustellen, ob der Grundrechtsträger von der Vereinigung gerade in Ausübung der ihr übertragenen Aufgaben konfrontiert wird. Bei einem Beitrittsdruck ist maßgebend, ob der Betroffene gerade zur Ausübung von Hoheitsgewalt durch den Verband dessen Mitglied werden soll. Das mag man in der Rechtssache Sigurjónsson verneinen. Im Grundsatz ist jedoch sicherzustellen, dass sich die Konventionsstaaten nicht durch die Wahl der Rechtsform ihrer Grundrechtsverpflichtung entledigen. Schließlich garantiert Art. 11 I zwar die Vereinigungsfreiheit, enthält aber keine Maßgaben für die Ausgestaltung des Vereinsrechts. Dies ist Sache der Mitgliedstaaten.

10 **2. Koalitionsfreiheit, insbesondere Gewerkschaftsfreiheit. a) Koalitions- und Gewerkschaftsbegriff.** Die Koalitionsfreiheit ist eine traditionelle Ausprägung der wirtschaftsbezogenen Vereinigungsfreiheit. **Koalitionen** sind danach freiwillige Zusammenschlüsse von Arbeitgebern oder Arbeitnehmern zur Verfolgung ihrer wirtschaftlichen Interessen mit Bezug auf das Arbeitsverhältnis (Frowein/Peukert/*Frowein* Rn. 13; *Meyer-Ladewig* Rn. 13). Die Gewerkschaft als Koalition der Arbeitnehmer ist in Art. 11 I explizit erfasst, während die Arbeitgebervereinigungen als Ausprägung der allgemeinen Vereinigungsfreiheit gelten müssen (Frowein/Peukert/*Frowein* Rn. 13; *Meyer-Ladewig* Rn. 13). Das ändert aber nichts an ihrem Schutz durch die EMRK, der sich auch in seiner Intensität nicht von dem der Gewerkschaften unterscheidet.

11 Der **Gewerkschaftsbegriff** ist in Art. 11 I nicht definiert. Es handelt sich um einen autonomen Begriff, der von der Rechtsordnung im Konventionsstaat unabhängig ist (so zum Begriff der Vereinigung EGMR 29.4.1999 – 25088/94 ua Rn. 100 – Chassagnou/Frankreich; 6.11.2003 – 48047/99 ua – Popov/Bulgarien; *Van Hiel* in Dorssemont/Lörcher/Schömann 287 [288]). Daher hängt die Gewährleistung der Gewerkschaftsfreiheit nicht davon ab, ob eine Gewerkschaft iSv Art. 11 I im nationalen Recht als eine solche Vereinigung gilt (HdBG/*Blanke* § 142 Rn. 40). Eine konzise Definition hat der EGMR bisher nicht entwickelt (dazu *Dorssemont* in Dorssemont/Lörcher/Schömann 333 [348]). Für den Gewerkschaftsbegriff ergibt sich aus dem systematischen Regelungszusammenhang, dass es sich um eine besondere Form einer Vereinigung iSv Art. 11 I handelt. Daher sind nur freiwillige Zusammenschlüsse erfasst (*Tomuschat* in Macdonald/Matscher/Petzold 493; *Van Hiel* in Dorssemont/Lörcher/Schömann 287 [288]). Nach der Rechtsprechung muss es eine Vereinigung von Arbeitnehmern sein, die die Interessen ihrer Mitglieder in Bezug auf das Arbeitsverhältnis vertritt (zB EGMR 27.10.1975 – 4464/70 Rn. 39 – Syndicat national de la police belge/Belgien; 6.11.2003 – 48047/99 ua – Popov/Bulgarien; HdBG/*Blanke* § 142 Rn. 40; Frowein/Peukert/*Frowein* Rn. 13). Zusätzliche Voraussetzungen wie soziale Mächtigkeit oder Repräsentativität der Vereinigung ergeben sich aus Art. 11 I nicht. Solche Anforderungen an die Gewerkschaftseigenschaft im nationalen Recht ist vielmehr ein Eingriff, dessen Rechtfertigung zu prüfen ist (→ Rn. 51, 62). Nicht geschützt sind staatliche Zwangsgewerkschaften (EGMR 6.11.2003 – 48047/99 ua – Popov/Bulgarien; Frowein/Peukert/*Frowein* Rn. 14). Auch Betriebsräte sind keine Gewerkschaften iSv Art. 11 I, da es an einem freiwilligen Zusammenschluss fehlt (*Dorssemont* in Dorssemont/Lörcher/Schömann 333 [350]; vgl. auch EGMR 14.9.1999 – 32441/96 – Karakurt/Österreich).

12 **b) Individuelle Koalitions- und Gewerkschaftsfreiheit. aa) Positive individuelle Koalitions- und Gewerkschaftsfreiheit.** Die individuelle Koalitions- und Gewerkschaftsfreiheit hat ebenso wie im nationalen Recht eine positive und eine negative Ausprägung. Die positive individuelle Koalitionsfreiheit umfasst die Gründung einer Koalition einschließlich der dazugehörenden Vorbereitungshandlungen (Frowein/Peukert/*Frowein* Rn. 14). Daneben sind der Beitritt und die Betätigung in der Koalition geschützt (zB Übernahme von Verwaltungs- oder Leitungsfunktionen); s. *Dorssemont* ELLJ 1, 2010, 185 [205 ff.]; Frowein/Peukert/*Frowein* Rn. 13 f.; *Marauhn* RabelsZ 63, 1999, 537 [542]; *Seifert* EuZA 2013, 205

Schutzbereich   Art. 11 EMRK 40

[207]). Der Kreis der geschützten Betätigungen in der Koalition wurde nicht weiter eingegrenzt. Dazu gehört auch die Beteiligung an gewerkschaftlichen Aktionen sowie Arbeitskampfmaßnahmen (EGMR 14.11.2006 – 20868/02 – Metin Turan/Türkei; 2.10.2014 – 10609/10 Rn. 55 – Matelly/Frankreich). Zugleich ist das Koalitionsmitglied vor staatlicher Einmischung geschützt (EGMR 12.11.2008 – 34503/97 Rn. 110 – Demir and Baykara/ Türkei; 9.7.2013 – 2330/09 Rn. 131 – Sindicatul „Păstorul cel Bun"/Rumänien).

Aus Art. 11 I ergibt sich jedoch kein Recht zum **Beitritt** zu einer bestimmten Koalition. 13 Die Koalitionen sind in ihrer Binnenorganisation frei (→ Rn. 18) und können ihren Mitgliederkreis autonom festlegen, so dass ggf. der Antrag auf Aufnahme abgelehnt wird (EKMR 13.5.1985 – 10550/83 – Cheall/Vereinigtes Königreich; EGMR 27.1.2007 – 11002/05 Rn. 38 – ASLEF/Vereinigtes Königreich; Frowein/Peukert/*Frowein* Rn. 14). Zudem ergibt sich aus Art. 11 I nach der Rechtsprechung kein Recht auf eine spezifische Behandlung der Koalition und ihrer Mitglieder. Daher haben sie nach dem Eintreten für ihre Interessen keinen Anspruch auf rückwirkende Lohnerhöhung, wenn diese von vornherein davon abhängig gemacht wurde, dass keine Beteiligung am Arbeitskampf erfolgt (EGMR 6.2.1976 – 5589/72 Rn. 34 – Schmidt and Dahlström/Schweden). In solchen Fällen darf es aber nicht zu einer Diskriminierung kommen. Zudem kann den Staat eine Gewährleistungspflicht treffen (→ Rn. 39).

Bisher nicht entschieden hat der EGMR, ob Art. 11 I ein **individuelles Streikrecht** 14 garantiert, so dass eine Arbeitskampfmaßnahme unabhängig von deren Führung durch eine Koalition ergriffen werden darf. Gegen die Ableitung eines solchen Rechts spricht bereits, dass Art. 11 I ein auf die Vereinigung bezogenes Grundrecht ist und keine eigenständige Gewährleistung des Streikrechts zugunsten der Arbeitnehmer wie Art. 6 Nr. 4 ESC enthält (vgl. → Art. 6 ESC Rn. 26 ff.). Daher fällt auch der sog. **wilde Streik** nicht in den sachlichen Schutzbereich des Art. 11 I. Etwas anderes ergibt sich auch nicht aus der Rechtsprechung des EGMR in der Rechtssache Demir and Baykara (**aA** *Seifert* EuZA 2013, 205 [214 f.]). Sie ändert nichts an dem Bezug des Art. 11 I auf die Vereinigungsfreiheit. Gerade darin unterscheidet sich die EMRK von Art. 6 Nr. 4 ESC und Art. 28 GRC, so dass auch die Spruchpraxis des Ausschusses für soziale Rechte in diesem Punkt nicht maßgebend sein kann. Das Recht zum Streik ist für den Arbeitnehmer ein Recht zur Mitwirkung an einer gewerkschaftlichen Arbeitskampfmaßnahme (vgl. EGMR 21.4.2009 – 68959/01 Rn. 24 – Enerji Yapı-Yol Sen/Türkei; *Otto* AK § 4 Rn. 50; *Zachert* AuR 2003, 370 [373]). Zum Teil wird für ein individuelles Streikrecht darauf verwiesen, dass die Gewerkschaft ohne Arbeitnehmer keinen Streik ausrufen könne (*Dorssemont* in Dorssemont/Lörcher/Schömann 333 [345 f.], der zugleich auf die unklare Position des Ausschusses für soziale Rechte verweist). Im Ergebnis ändert das indes nichts am Bezug des Art. 11 I auf die Vereinigung, so dass es kein individuelles Streikrecht und somit auch kein Recht auf einen sog. wilden Streik gibt. Allerdings schließt der EGMR die Anerkennung von Ad-hoc-Koalitionen – im Gegensatz zum deutschen Recht – nicht aus, so dass nach der Bildung einer solchen Koalition auch ein Recht zur Mitwirkung an den Arbeitskampfmaßnahmen solcher Bündnisse besteht (ähnlich *Dorssemont* in Dorssemont/Lörcher/Schömann 333 [354]).

Unklar ist auch die Rechtsstellung der **Arbeitnehmer-Außenseiter** bei einem Streik 15 nach Maßgabe der EMRK. Sofern man die Betätigungsfreiheit als eine auf die kollektive Koalitionsfreiheit bezogene Freiheit einordnet (*Grabenwarter/Pabel* § 23 Rn. 86; ähnlich *Wietfeld* 128 f.), ist der den Arbeitskampf der Koalition unterstützende Außenseiter als Nichtmitglied an sich nicht erfasst. Die Arbeitnehmer können sich insoweit nur auf die Versammlungs- bzw. Meinungsfreiheit berufen. Zweifel an dieser restriktiven Position können sich höchstens aus der Anerkennung von Ad-hoc-Koalitionen ergeben. Diese können einen Streik führen. Zum Sympathiestreik → Rn. 56, 69.

bb) Negative individuelle Koalitions- und Gewerkschaftsfreiheit. Der Schutz der 16 **negativen Koalitionsfreiheit** durch Art. 11 I war nicht von Anfang an anerkannt, weil eine klarstellende Regelung bei der Abfassung der EMRK bewusst unterlassen wurde (dazu

EGMR 13.8.1981 – 7601/76 Rn. 52 – Young, James and Webster/Vereinigtes Königreich; Frowein/Peukert/*Frowein* Rn. 14). Der EGMR hatte es daher zunächst offengelassen, ob ein solches Grundrecht besteht (EGMR 13.8.1981 – 7601/76 Rn. 52 – Young, James and Webster/Vereinigtes Königreich). Spätestens seit der Rechtssache Sigurjónsson gilt aber die negative Koalitionsfreiheit in vollem Umfang als von Art. 11 I gewährleistet (EGMR 30.6.1993 – 16130/90 Rn. 35 – Sigurjónsson/Island; bestätigend EGMR 25.4.1996 – 15573/89 Rn. 42 – Gustafsson/Schweden; 27.4.2010 – 20161/06 Rn. 45 – Vörður Ólafsson/Island; so auch *Dorssemont* ELLJ 1, 2010, 185 [195 ff.]; *Marauhn* RabelsZ 63, 1999, 537 [544]; *Seifert* EuZA 2013, 205 [208]). Der Gerichtshof nimmt eine evolutiv-dynamische Auslegung vor und verweist auf die in den Konventionsstaaten gewachsene Überzeugung, dass Pflichtmitgliedschaften in privatrechtlichen Vereinigungen nicht mit der Vereinigungsfreiheit in Einklang stehen (EGMR 30.6.1993 – 16130/90 Rn. 35 – Sigurjónsson/Island). Die negative Freiheit wird zudem angesichts des Grundgedankens personeller Autonomie als essentielles Pendant verstanden, um die Vereinigungsfreiheit voll zu garantieren (EGMR 11.1.2006 – 52562/99 Rn. 54 – Sørensen and Rasmussen/Dänemark). Kritik an der Anerkennung resultierte zum Teil daraus, dass die Entscheidungen des EGMR in eine Zeit fielen, in der die Gewerkschaften bereits einen Mitgliederschwund zu verzeichnen hatten (*Novitz* 87; *Van Hiel* in Dorssemont/Lörcher/Schömann, 287 [307 f.]). Das lässt jedoch den Charakter der Vereinigungsfreiheit als Freiheitsrecht zu sehr außer Acht.

17 Die negative Koalitionsfreiheit garantiert die freie Entscheidung über den Beitritt zu einer Koalition und schützt somit vor **Beitrittszwang** (EGMR 11.1.2006 – 52562/99 Rn. 54 – Sørensen and Rasmussen/Dänemark; 27.4.2010 – 20161/06 Rn. 46 – Vörður Ólafsson/Island; *Meyer-Ladewig* Rn. 11). Art. 11 I verbietet bei privatrechtlichen Vereinigungen daher grds. die Zwangsmitgliedschaft, es sei denn, es besteht eine Rechtfertigung nach Art. 11 II (EGMR 30.6.1993 – 16130/90 Rn. 35 – Sigurjónsson/Island). Der EGMR unterscheidet dabei zu Recht nicht zwischen Closed-shop-Vereinbarungen vor oder nach Abschluss des Arbeitsvertrages (so seit EGMR 11.1.2006 – 52562/99 Rn. 56 – Sørensen and Rasmussen/Dänemark; dazu *Dorssemont* ELLJ 1, 2010, 185 [191 ff.]; *Van Hiel* in Dorssemont/Lörcher/Schömann 287 [294]). Die Druckwirkung ist im Zeitpunkt der Begründung des Arbeitsvertrages nicht signifikant geringer. Nicht erfasst ist die Zwangsmitgliedschaft in öffentlich-rechtlichen Vereinigungen, die Art. 11 I nicht in seinen Schutzbereich einbezieht (Frowein/Peukert/*Frowein* Rn. 10; *Meyer-Ladewig* Rn. 12). Eine negative Tarifvertragsfreiheit hat der EGMR bisher nicht anerkannt. Die Ableitung der negativen Koalitionsfreiheit hat zwar den Freiheitsschutz von Art. 11 I vervollständigt, der Schutz vor Tarifverträgen betrifft aber die Berufsfreiheit, die die EMRK nur rudimentär schützt (*Hartmann,* Negative Tarifvertragsfreiheit im deutschen und europäischen Arbeitsrecht, 2014, 229 ff.; *Stettens,* Die negative Koalitionsfreiheit im europäischen und internationalen Recht, 2009, 137). Auch Ansätze für eine evolutiv-dynamische Auslegung bestehen angesichts des Fehlens eines europäischen Grundrechtsstandards (s. aber *Hartmann,* Negative Tarifvertragsfreiheit im deutschen und europäischen Arbeitsrecht, 2014, 247 ff., 385 ff.).

18 c) **Kollektive Koalitionsfreiheit.** Der EGMR hat frühzeitig anerkannt, dass Art. 11 I nicht nur die individuelle, sondern auch die kollektive Koalitionsfreiheit schützt (EGMR 27.10.1975 – 4464/70 Rn. 39 – Syndicat national de la police belge/Belgien; Frowein/Peukert/*Frowein* Rn. 9). Sie ist nicht nur vermittels ihrer Mitglieder, sondern selbst in ihrem **Bestand** und in der freien **Binnenorganisation** geschützt (*Meyer-Ladewig* Rn. 15). Dazu gehört nicht nur die interne Organisation der Koalition, sondern auch ihr Beitritt zu Koalitionsverbänden (zB zu Spitzenverbänden von Gewerkschaften oder Arbeitgeberverbänden; dazu *Meyer-Ladewig* Rn. 15). Zur Binnenorganisation gehört auch festzulegen, wer Mitglied der Gewerkschaft bzw. des Arbeitgeberverbands werden kann (EKMR 13.5.1985 – 10550/83 – Cheall/Vereinigtes Königreich; EGMR 27.1.2007 – 11002/05 Rn. 38 f. – ASLEF/Vereinigtes Königreich; so auch *Tomuschat* in Macdonald/Matscher/Petzold 493 [507]). Der Ausschluss kann auf einer Regelung beruhen, die für frühere Mitglieder einer

Schutzbereich   **Art. 11 EMRK 40**

anderen Gewerkschaft ein anderes Verfahren vorsieht (EKMR 13.5.1985 – 10550/83 – Cheall/Vereinigtes Königreich), oder auf dem Verbot der Mitgliedschaft in rechtsextremen politischen Parteien (EGMR 27.1.2007 – 11002/05 – ASLEF/Vereinigtes Königreich). Vorgaben des Staates hinsichtlich der Mitgliedschaft in der Gewerkschaft sind daher ein zu rechtfertigender Eingriff in Art. 11 I (EGMR 27.1.2007 – 11002/05 Rn. 40 – ASLEF/ Vereinigtes Königreich). Das gilt zumindest für privatrechtliche Vereinigungen uneingeschränkt, die weder staatlich finanziert sind noch staatliche Aufgaben übernommen haben (EGMR 27.1.2007 – 11002/05 Rn. 39 – ASLEF/Vereinigtes Königreich; vgl. *Van Hiel* in Dorssemont/Lörcher/Schömann 287 [303]). Insoweit ist zu beachten, dass der EGMR den Gewerkschaftsbegriff weit fasst und die Übernahme einzelner öffentlicher Aufgaben der Gewerkschaftseigenschaft nicht entgegensteht (→ Rn. 11). Solange es sich um eine Gewerkschaft handelt, muss grds. auch die Freiheit der Binnenorganisation gelten, wobei die Rechtsprechung die Abgrenzung im Unklaren lässt.

Darüber hinaus garantiert die kollektive Koalitionsfreiheit, dass die Vereinigung für die **19 Interessen ihrer Mitglieder** eintritt (EGMR 27.10.1975 – 4464/70 Rn. 39 – Syndicat national de la police belge/Belgien; 6.2.1976 – 5641/72 Rn. 40 – Swedish Engine Drivers' Union/Schweden; 25.4.1996 – 15573/89 Rn. 45 – Gustafsson/Schweden; 2.7.2002 – 30668/96 ua Rn. 42 – Wilson, National Union of Jounalists/Vereinigtes Königreich; 21.2.2006 – 28602/95 Rn. 28 – Tüm Haber Sen and Çinar/Türkei; 25.9.2012 – 11828/08 Rn. 54 – Trade union of the police in the Slovakian republic/Slowakei; 2.10.2014 – 32191/ 09 Rn. 41 – Adefdromil/Frankreich). Der Koalition ist aber nur ihre Zweckverfolgung, nicht ihre Zweckerreichung und daher auch kein Recht auf Verbandsklage gewährleistet (Frowein/Peukert/*Frowein* Rn. 9). Den Kreis der Arbeitnehmerinteressen, für die Gewerkschaften eintreten können, musste der EGMR bisher nicht abgrenzen. Das war im Grunde auch nicht erforderlich, solange Art. 11 I keine speziellen Rechte zugunsten der Gewerkschaften garantierte, die anderen Vereinigungen nicht gleichermaßen zukommen. Seit der Anerkennung des Streikrechts ist dies anders. Wegen der Organisation von Arbeitnehmerinteressen durch die Gewerkschaften wird man grds. annehmen müssen, dass die besondere Rechtsstellung der Gewerkschaften auf diese Interessen bezogen ist. Soweit sie allgemeine politische Interessen wahrnehmen, greift Art. 11 I als Garantie der Vereinigungs- und Versammlungsfreiheit zwar ein, das Recht auf Streik muss sich darauf aber nicht beziehen (zum politischen Streik oder Demonstrationsstreik → Rn. 27 ff.).

Die von der Gewerkschaft wahrgenommenen **Arbeitnehmerinteressen** hat der EGMR **20** bisher noch nicht konkretisiert. Das war vor allem im Unionsrecht für die Bereichsausnahme zum Kartellverbot aus Art. 101 AEUV erforderlich (→ Art. 28 GRC Rn. 83 ff.). Durch die Anerkennung des Streikrechts und die Einbeziehung des politischen oder Demonstrationsstreiks in die Koalitionsfreiheit ergibt sich allerdings eine Unterscheidung zwischen den durch Streik durchsetzbaren Arbeitnehmerinteressen und allgemeinen politischen Interessen, für die vor allem durch Demonstrationen eingetreten werden kann (*Dorssemont* in Dorssemont/Lörcher/Schömann 333 [354]). Der EGMR beschränkt Art. 11 I auf die „occupational interests" der Gewerkschaftsmitglieder (EGMR 10.1.2002 – 53574/99 – UNISON/Vereinigtes Königreich; 2.7.2002 – 30668/96 Rn. 42 – Wilson/Vereinigtes Königreich). Insofern ist entscheidend, dass nur für die Wahrnehmung der Arbeitnehmerinteressen der Streik als Mittel der Koalitionsbetätigung anerkannt wurde (→ Rn. 29). Die Eigenschaft als Arbeitnehmer beruht auf der weisungsabhängigen Beschäftigung beim Arbeitgeber, so dass grds. nur die sich aus dem Arbeitsverhältnis ergebenden und damit in Zusammenhang stehenden Interessen Gegenstand eines Streiks sein können. Diese sind von den wirtschaftlichen Interessen des Unternehmens und allgemeinen politischen Interessen, die keinen spezifischen Zusammenhang zu den Arbeitsbedingungen haben, zu differenzieren. Insoweit lässt sich auf die bereits weiter entwickelte Rechtsprechung des EuGH Bezug nehmen (→ Art. 28 GRC Rn. 30).

Die **Art und Weise,** wie die Koalitionen für die Interessen ihrer Mitglieder eintreten **21** können, ist in Art. 11 I nicht vorgegeben, so dass den Konventionsstaaten Spielraum bleibt

(EGMR 27.10.1975 – 4464/70 Rn. 39 – Syndicat national de la police belge/Belgien; 25.4.1996 – 15573/89 Rn. 45 – Gustafsson/Schweden; 21.2.2006 – 28602/95 Rn. 28 – Tüm Haber Sen and Çinar/Türkei; 25.9.2012 – 11828/08 Rn. 54 – Trade union of the police in the Slovakian republic/Slowakei). Der EGMR hat frühzeitig angenommen, dass die Gewerkschaften das Recht haben, den Arbeitgeber dazu zu veranlassen, sie anzuhören (EGMR 27.10.1975 – 4464/70 Rn. 39 – Syndicat national de la police belge/Belgien; 9.7.2013 – 2330/09 Rn. 134 – Sindicatul „Păstorul cel Bun"/Rumänien). Ein Recht auf eine Konsultation in einem bestimmten Verfahren ergibt sich aus Art. 11 I jedoch nicht (EGMR 6.2.1976 – 5641/72 Rn. 39 – Swedish Engine Drivers' Union/Schweden; 9.7.2013 – 2330/09 Rn. 134 – Sindicatul „Păstorul cel Bun"/Rumänien). Zudem hatte der EGMR zunächst kein Recht auf Tarifverhandlungen oder den Abschluss von Tarifverträgen anerkannt (EGMR 6.2.1976 – 5641/72 Rn. 39 – Swedish Engine Drivers' Union/Schweden; 6.2.1976 – 5589/72 Rn. 34 – Schmidt and Dahlström/Schweden; Frowein/Peukert/*Frowein* Rn. 17; *Mair* ZIAS 2006, 158 [164 f.]). In der Rechtssache Wilson hat der EGMR zwar den hohen Stellenwert der Kollektivverhandlungen anerkannt, ohne jedoch ein Recht auf solche Verhandlungen als garantiert anzusehen (EGMR 2.7.2002 – 30668/96 Rn. 42 – Wilson/Vereinigtes Königreich). Die Konventionsstaaten seien nur verpflichtet sicherzustellen, dass die Gewerkschaft ein Mittel zur Verfügung hat, um für die Interessen ihrer Mitglieder einzutreten (EGMR 27.10.1975 – 4464/70 Rn. 39 – Syndicat national de la police belge/Belgien; 6.2.1976 – 5614/72 Rn. 39 – Swedish Engine Drivers' Union/Schweden; 6.2.1976 – 5589/72 Rn. 36 – Schmidt and Dahlström/Schweden; 25.4.1996 – 15573/89 Rn. 45 – Gustafsson/Schweden). Kollektivverhandlungen galten als eine von mehreren Möglichkeiten, wie die Koalition für die Interessen ihrer Mitglieder eintreten könne. Dafür wurde darauf verwiesen, dass (nur) die ESC als speziellere Konvention weitergehende Garantien enthalte (EGMR 27.10.1975 – 4464/70 Rn. 39 – Syndicat national de la police belge/Belgien; 6.2.1976 – 5614/72 Rn. 39 – Swedish Engine Drivers' Union/Schweden; 6.2.1976 – 5589/72 Rn. 36 – Schmidt and Dahlström/Schweden).

22 Diese zurückhaltende Interpretation hat der EGMR in der Rechtssache Demir and Baykara aufgegeben und sieht nun ein **Recht auf Kollektivverhandlungen** (mit dem Ziel Tarifverträge abzuschließen) als garantiert an (EGMR 12.11.2008 – 34503/97 Rn. 147 ff. – Demir and Baykara/Türkei; bestätigend EGMR 3.12.2013 – 41547/08 Rn. 18 – Costut/Rumänien; zust. Frowein/Peukert/*Frowein* Rn. 19; *Fütterer* 239 f.; *Jacobs* in Dorssemont/Lörcher/Schömann 309 [311]). Damit ist freilich kein Anspruch auf Abschluss eines Kollektivvertrages ieS verbunden. Insofern besteht auch keine Pflicht, eine Gewerkschaft (als Verhandlungspartner) anzuerkennen (so bereits EGMR 2.7.2002 – 30668/96 Rn. 44 – Wilson/Vereinigtes Königreich). Diesen Rechtsprechungswandel stützte der Gerichtshof auf eine evolutiv-dynamische Auslegung, bei der er auf Art. 6 Nr. 4 ESC, die IAO-Konventionen Nr. 87, 98 und 151 einschließlich ihrer Interpretation durch die zuständigen Fachausschüsse und Art. 28 GRC Bezug nahm. Gerade in Art. 28 GRC sah er den entscheidenden Anknüpfungspunkt für die Entstehung eines allgemeinen europäischen Standards, der zu einer abweichenden Interpretation der EMRK führe (EGMR 12.11.2008 – 34503/97 Rn. 147 ff. – Demir and Baykara/Türkei). Auf welcher Ebene die Kollektivverhandlungen stattfinden, ist dadurch nicht vorgegeben. Da die Kollektivverhandlung Teil der autonomen Vertretung der Mitglieder ist, muss es grds. auch der Entscheidung der Gewerkschaft überlassen bleiben, auf welcher Ebene sie Verhandlungen führt (vgl. *Jacobs* in Dorssemont/Lörcher/Schömann 309 [317]). Das schließt die Regelung eines bestimmten Modells nicht aus, bedarf im Falle der staatlichen Regelung aber einer Rechtfertigung.

23 Einwände gegen diese Entscheidung ergeben sich vor allem in methodischer Hinsicht. Der EGMR legt seiner Auslegung sowohl die nicht-verbindliche Spruchpraxis der Sachverständigenausschüsse als auch die von der Türkei nicht-ratifizierten Konventionen zugrunde (*Junker* EuZA 2014, 1 [6]; *Seifert* KritV 2009, 357 [362]; *ders.* EuZA 2013, 205 [209]; *Widmaier/Alber* ZEuS 2012, 387 [410]; ähnlich *Rebhahn* DRdA 2004, 399 [408]; anders

Schutzbereich   **Art. 11 EMRK 40**

Fütterer 239 f.; *Lörcher* AuR 2011, 88 [89 f.]; *Schlachter* RdA 2011, 341 [346]). Ein Verweis auf andere völkerrechtliche Verträge ist zwar an sich nach Art. 31 III lit. c WVK zulässig (dazu *Schlachter* RdA 2011, 341 [345]). Eine Interpretation ohne Rücksicht auf den Ratifikationsstand übergeht aber die souveräne Entscheidung der Konventionsstaaten, was deren demokratischer Organisation widerspricht. Zudem lässt sich für die Verbindlichkeit der Spruchpraxis des Ausschusses für soziale Rechte auch nicht ohne Weiteres auf das Turiner Protokoll aus dem Jahre 1991 verweisen (so aber Däubler/*Lörcher* AK § 10 Rn. 27; *Schlachter* RdA 2011, 341 [345]). Dieses Änderungsprotokoll zur ESC wurde zwar unterzeichnet, aber nie in dem Umfang ratifiziert, dass es in Kraft treten könnte. Es ist eine Sache, wenn der Europarat intern auf der Basis dieses Protokolls agiert, aber eine andere, wenn aus der Spruchpraxis Rechtsfolgen für die Mitglieder des Europarats abgeleitet werden. Gerade der mangelnde Konsens über das Protokoll steht einem solchen Vorgehen entgegen. Nicht ohne Grund hat der EGMR lange Zeit Zurückhaltung bei der Auslegung von Art. 11 I gewährt, weil die sozialen Rechte Teil der ESC sind (dazu Karpenstein/Mayer/*Arndt*/*Schubert* Rn. 53; *Junker* EuZA 2014, 1 [5]). Das hohe Maß an Überzeugungskraft, das der Expertise des European Committee of Social Rights zuzumessen ist, ist sicher bei der Auslegung in Bedacht zu nehmen, es hat aber nicht das Gewicht, das einer verbindlichen Rechtsquelle zukommt. Trotz dieser Kritik wird die Entscheidung des EGMR – auch in ihrer Methodik – das zukünftige Handeln des Gerichtshofs bestimmen, da es sich um eine einstimmige Entscheidung der großen Kammer handelt.

Dieser grundlegende Rechtsprechungswandel betrifft auch das Recht der Koalition auf **24** **kollektive Maßnahmen,** insbesondere das **Recht auf Streik** (vgl. EGMR 21.4.2009 – 68959/01 Rn. 24 – Enerji Yapı-Yol Sen/Türkei; zur vorherigen Rechtsentwicklung *Mair* ZIAS 2006, 158 [166 ff.]). Die EMRK enthält insoweit keine explizite Garantie, so dass der EGMR zunächst weder ein Recht auf Streik noch auf andere Formen des Arbeitskampfes anerkannt hatte. Der sachliche Schutzbereich wurde zurückhaltend dahin ausgelegt, dass die Vereinigung nur ein Recht hat, für die Interessen der Mitglieder einzutreten, ohne dass eine spezifische Form des Arbeitskampfs oder gar ein Recht auf Streik gewährleistet wurde (EGMR 6.2.1976 – 5589/72 Rn. 34–36 – Schmidt and Dahlström/Schweden; 10.1.2002 – 53574/99 – UNISON/Vereinigtes Königreich). Das Streikrecht sei zwar eine der wichtigsten Maßnahmen für eine Gewerkschaft, es gebe aber auch andere. In der Rechtssache Schmidt and Dahlström ging der EGMR lediglich davon aus, dass Kollektivmaßnahmen grds. durch Art. 11 I gewährleistet seien (EGMR 6.2.1976 – 5589/72 Rn. 34–36 – Schmidt and Dahlström/Schweden), während die Auswahl der zulässigen Kollektivmaßnahmen Sache des Konventionsstaates sei.

Im Anschluss an die veränderte Interpretation des Art. 11 I in der Rechtssache Demir and **25** Baykara ging der EGMR in der Rechtssache Enerji Yapı-Yol Sen unter Verweis auf die IAO-Konvention Nr. 87, Art. 6 Nr. 4 ESC und die Bedeutung des Streikrechts als dem zentralen Arbeitskampfmittel für die Gewerkschaft davon aus, dass sich aus Art. 11 I ein Recht auf Streik ergebe (EGMR 21.4.2009 – 68959/01 Rn. 24 – Enerji Yapı-Yol Sen/ Türkei; bestätigend EGMR 8.4.2014 –31045/10 Rn. 84 – RMT/Vereinigtes Königreich; 27.11.2014 – 36701/09 Rn. 49 – Hrvatski Liječnički Sinidat/Kroatien; zust. Frowein/ Peukert/*Frowein* Rn. 19). Die relativ knapp begründete, aber einstimmig ergangene Kammerentscheidung präzisiert nicht, welche Formen des Streiks gewährleistet sind, überwindet aber die langjährige Rechtsprechung, die die Gewährleistung eines Streikrechts den Konventionsstaaten überließ. Das Streikrecht ist allerdings nicht absolut verbürgt (EGMR 21.4.2009 – 68959/01 Rn. 32 – Enerji Yapı-Yol Sen/Türkei), sondern kann von Voraussetzungen abhängig gemacht und sonst eingeschränkt werden, was stets der Rechtfertigung nach Art. 11 II bedarf. Methodisch ist die Entscheidung ähnlichen Einwänden wie die Rechtssache Demir and Baykara ausgesetzt. Das gilt umso mehr, als streitig ist, ob sich aus der IAO-Konvention, die keine ausdrückliche Regelung zum Streikrecht enthält, ein solches Recht ableiten lässt (dazu *Weiss*/*Seifert,* GS Zachert, 2010, 130 [132 ff.]). Es hätte näher gelegen, darauf zu verweisen, dass das Streikrecht ein in den Konventionsstaaten ganz

40 EMRK Art. 11 Versammlungs- und Vereinigungsfreiheit

überwiegend anerkanntes Recht der Gewerkschaften ist. Für Beamte, um die es im zu entscheidenden Fall ging, mag es in höherem Maße Divergenzen geben, was möglicherweise zu dem Rückgriff auf internationale Rechtsakte bewogen hat. Zum wilden Streik → Rn. 14.

26 Der EGMR hat inzwischen anerkannt, dass der sog. **Sympathie- bzw. Unterstützungsstreik** durch Art. 11 I garantiert ist, wenngleich er den Konventionsstaaten einen großen Spielraum für dessen Beschränkung gelassen hat (EGMR 8.4.2014 – 31045/10 Rn. 75 ff. – RMT/Vereinigtes Königreich; so bereits vorher *Paukner* 134 f.). Dabei nahm er auf die Beurteilung der Sachverständigengremien der IAO und der ESC Bezug sowie auf die seit langem bestehende Praxis in den Konventionsstaaten, räumt aber zugleich ein, dass es sich nicht um den Kern des Koalitionsrechts, sondern eher um einen Randaspekt handelt (EGMR 8.4.2014 – 31045/10 Rn. 77 – RMT/Vereinigtes Königreich). Zur Beschränkbarkeit → Rn. 69.

27 Nicht ausgesprochen hat der EGMR bisher, ob das Streikrecht wie im deutschen Recht akzessorisch zum Tarifvertrag ist. Noch offen ist damit die Gewährleistung des sog. **politischen Demonstrationsstreiks** durch Art. 11 I. Er richtet sich nicht auf den Abschluss eines Tarifvertrages, sondern wendet sich zB gegen ein Gesetz(esvorhaben) oder auf Erlass von Gesetzen. In der Rechtssache Enerji Yapı-Yol Sen hat der EGMR das Streikrecht auf die Gewerkschaft als Vereinigung zum Schutz der Arbeitnehmerinteressen bezogen (EGMR 21.4.2009 – 68959/01 Rn. 24 – Enerji Yapı-Yol Sen/Türkei), ohne explizit auf den Tarifvertrag Bezug zu nehmen. Insofern wurde ein Bezug zum Tarifvertrag nicht zwingend vorausgesetzt. Auch die Rechtssache RMT zieht für das Streikrecht keinen engeren Rahmen, sondern deutet mit der Anerkennung des Sympathie- oder Unterstützungsstreik eher darauf, dass der Abschluss eines Tarifvertrags durch die arbeitskampfführende Gewerkschaft keine Voraussetzung für das Streikrecht ist (EGMR 8.4.2014 – 31045/10 Rn. 75 ff. – RMT/Vereinigtes Königreich).

28 In der Literatur wird zum Teil für die Zulässigkeit der politischen Demonstrationsstreiks auf die Entscheidungen des EGMR Bezug genommen, die Sanktionen gegen Gewerkschaftsmitglieder wegen ihrer Teilnahme an Demonstrationen oder deren Diskriminierung zum Gegenstand haben (EGMR 30.7.3009 – 67336/01 – Danilenkov/Rußland; 15.9.2009 – 22943/04 – Saime Özcan/Türkei; 15.9.2009 – 30946/04 – Kaya and Seyhan/Türkei; dazu *Ewing/Hendy* ILJ 2010, 2 [16]; *Fütterer* 237; zurückhaltender *Marguénaud/Mouly* RDT 2009, 499 [503 f.]). Diese Entscheidung stützen sich aber eher auf die Versammlungsfreiheit als auf die Vereinigungsfreiheit und das sich daraus ergebende Recht auf Streik. Für die Zulässigkeit des politischen Demonstrationsstreik wird zum Teil auch darauf verwiesen, dass der EGMR den Beamtenstreik als garantiert ansehe, der sich ebenfalls gegen politische Institutionen richte (*Seifert* EuZA 2013, 205 [216]). Generell sei der Tarifbezug des Arbeitskampfs dem Streikrecht iSv Art. 11 I nicht eigen (*Gooren* 199 ff.). Es wird zudem als ausreichend angesehen, dass sich der Streik auf die Interessen der Mitglieder bezieht (*Dorssemont* in Dorssemont/Lörcher/Schömann 333 [354]).

29 Der EGMR hat das Recht auf Streik eng verbunden mit der Durchsetzung der Arbeitnehmerinteressen durch die Gewerkschaft. Zudem hat Art. 11 I auch nach dem Verständnis des EGMR einen Bezug auf die „occupational interests" (→ Rn. 20). Insofern können Demonstrationsstreiks sich allenfalls auf solche Interessen beziehen, nicht hingegen auf allg. politische Ziele. Für ein darüber hinausgehendes Streikrecht fehlt es auch an einem europäischen Konsens. Gerade die Uneinheitlichkeit des europäischen Standards spricht am stärksten gegen die Gewährleistung eines solchen Streiks durch Art. 11 I (zur Rechtsvergleichung *Rebhahn* DRdA 2004, 399 [402 ff.]). Die Spruchpraxis der IAO-Ausschüsse geht aber seit langem dahin, dass ein Streik für sozialpolitische Ziele zulässig ist (dazu Däubler/*Lörcher* AK § 10 Rn. 84). Anders hat der Europäische Ausschuss für soziale Rechte hinsichtlich der ESC wohl das Verständnis entwickelt, dass Arbeitskämpfe mit politischem Charakter grds. nicht vom Schutzbereich des Streikrechts aus Art. 6 Nr. 4 ESC umfasst seien (dazu *Swiątkowski* 227 ff.). Folgt der EGMR seiner in der Rechtssache RMT entwickelten Diktion, so

wird er zumindest die Demonstrationsstreik für arbeits- und sozialpolitische Ziele wohl dem Schutzbereich zuordnen, den Konventionsstaaten aber einen weiten Beurteilungsspielraum für dessen Beschränkung lassen. Damit bleibt die Entscheidung über sozialpolitische Fragen und die Auseinandersetzung darüber Sache der Konventionsstaaten.

Der EGMR hat bisher ausschließlich die Arbeitsniederlegung als Streik durch Art. 11 I 30 gewährleistet angesehen. Es bleibt offen, ob auch ähnliche Formen, wie der Bummelstreik oder das Verweigern der Maut erfasst sind (*Dorssemont* in Dorssemont/Lörcher/Schömann 333 [340] in Bezug auf EGMR in der Rs. Dilek). Auch der Einsatz von **Streikposten** ist bisher kein separat behandeltes Recht, der Gerichtshof kann ihn aber als Verhalten im Zusammenhang mit einem Streik dem Schutzbereich von Art. 11 I zuordnen, solange dieser friedlich verläuft (*Dorssemont* in Dorssemont/Lörcher/Schömann 333 [342]). Das Attribut „friedlich" bezieht sich in Art. 11 I zwar nur auf die Versammlungsfreiheit. Es wäre jedoch widersprüchlich, wenn die Betätigung einer Vereinigung in weitergehendem Maße gewährleistet wäre. Für ein solches Verständnis fehlte es auch an einem europäischen Konsens. Ob auch Blockaden oder Boykotte als Arbeitskampfmittel garantiert sind, hat der EGMR nicht explizit entschieden. Mit Bezug auf die negative Vereinigungsfreiheit hat der EGMR die Blockade zwar als unschädlich angesehen, weil sich daraus kein Beitrittszwang ergebe (EGMR 25.4.1996 – 15573/89 Rn. 44 – Gustafsson/Schweden; *Dorssemont* in Dorssemont/Lörcher/Schömann 333 [342]). Zugleich sieht der Gerichtshof den Konventionsstaat aber grds. in der Pflicht, den Arbeitgeber vor Boykottmaßnahmen zu schützen, die seine Vereinigungsfreiheit betreffen (→ Rn. 46). Die Entscheidung des EGMR lässt sich daher nicht dahin verstehen, dass Blockade oder Boykott als Arbeitskampfmittel anerkannt sind (*Dorssemont* in Dorssemont/Lörcher/Schömann 333 [342]).

Über ein **Recht auf Aussperrung**, wie es Art. 9 III 1 GG und Art. 6 Nr. 4 ESC 31 gewährleisten (Digest 2008, Art. 6 Nr. 4 Rn. 193), hat der EGMR im Hinblick auf Art. 11 I bisher nicht entschieden. Mit der Anerkennung eines Streikrechts als Teil der Gewährleistung von Art. 11 I liegt es nahe, auch die Aussperrung anzuerkennen. Dem Streik wird zwar eine größere Bedeutung zukommen, weil die Gewerkschaften in besonderer Weise auf ein Druckmittel zur Interessendurchsetzung angewiesen sind (*Dorssemont* in Dorssemont/ Lörcher/Schömann 333 [341]).

Schließlich sind die Koalitionen und die Gewerkschaften im Besonderen durch **Art. 11** 32 **iVm Art. 14** vor Maßnahmen geschützt, die zwar keine Beeinträchtigung von Art. 11 I darstellen, aber die Koalition diskriminieren. Die Ungleichbehandlung bedarf einer Rechtfertigung, mit einem legitimen Grund nach Maßgabe der Verhältnismäßigkeit (EGMR 6.2.1976 – 5641/72 Rn. 45 ff. – Swedish Engine Drivers' Union/Schweden; 6.2.1976 – 5589/72 Rn. 39 ff. – Schmidt and Dahlström/Schweden).

d) Insbesondere Recht auf Kollektivverhandlungen und Streikrecht für Beamte. 33
Die kollektive Koalitionsfreiheit, das Recht auf Kollektivverhandlungen und das Recht auf Streik ist auch den Vereinigungen von Beamten gewährleistet, zumal Beamte zu den Grundrechtsträgern gehören (EGMR 12.11.2008 – 34503/97 Rn. 109 – Demir and Baykara/Türkei; 21.4.2009 – 68959/01 Rn. 24 – Enerji Yapi-Yol Sen/Türkei; → Rn. 7). Für den sachlichen Schutzbereich von Art. 11 I ergeben sich nach der Rechtsprechung keine Besonderheiten oder Einschränkungen. Soweit die Verhandlungen über Arbeitsbedingungen oder Arbeitskämpfe in ihrer Zulässigkeit beschränkt sind, bedarf es der Rechtfertigung nach Maßgabe von Art. 11 II oder der Derogation nach Art. 15.

Die Literatur hat gegen die Rechtsprechung zum Teil methodische Einwände erhoben 34 (→ Art. 1 Rn. 11 ff.), ihr zum Teil aber auch zugestimmt (*Däubler*/*Lörcher* AK § 10 Rn. 40 f.; *Lörcher* AuR 2009, 229 [234, 237 ff.]; *Schlachter* RdA 2011, 341 [345 f.]). Für die Beurteilung des **deutschen Streikverbots für Beamte** wird dem Urteil in der Rechtssache Enerji Yapı-Yol Sen überwiegend Orientierungswirkung zuerkannt (*Gooren* ZBR 2011, 400; *Nietobietek* ZBR 2010, 361 [368]; *Seifert* KritV 2009, 357 [371]). Zum Teil wird angenommen, dass keine Verurteilung Deutschlands erfolgen werde, weil nicht dem gesamten öffentlichen Dienst der Streik verboten sei, sondern nur den Beamten als einer Teilgruppe (*Lindner* DÖV 2011, 305 [308 f.]). Für eine solche Unterscheidung ergibt sich aus Art. 11 I indes nichts. Den Beamtenvereinigungen iSv Art. 11 I sind weiterhin keine Tarifverhandlungen und keine Arbeitskämpfe für die Interessen ihrer Mitglieder möglich. Gerade daran nahm der EGMR Anstoß, wenn die Beschränkung allein auf dem Status beruht, ohne dass sie sich mit der Funktion des Beamten im Staatsgefüge, also mit der Sicherung der Funktionsfähigkeit des Staates, rechtfertigen lasse (EGMR 12.11.2008 – 34503/97 Rn. 106 f. – Demir and Baykara/Türkei). Gegen eine Orientierungswirkung lässt sich vor allem auf das besondere Dienst- und Treueverhältnis sowie die besonderen Privilegien der Beamten verweisen (Grundrechtssicherung, parteipolitische Neutralität) (*Schubert* AöR 137, 2012, 92 [107 ff.]; ähnlich *Traulsen* JZ 2013, 65 [72]). Darüber hinaus ist darauf hinzuweisen, dass sich der öffentliche Dienst in den Konventionsstaaten erheblich unterscheidet, was einer Orientierung an der bestehenden Rechtsprechung widerspricht (*Lindner* DÖV 2011, 305 [308 f.]; ähnlich *Schubert* AöR 137, 2012, 92 [107 ff.]).

35 Für eine tatbestandliche Einschränkung des Art. 11 I im Hinblick auf das deutsche Beamtenrecht sprechen insbesondere die Privilegien der Beamten, die der strukturellen Unterlegenheit entgegenwirken, die für Arbeitnehmer kennzeichnend ist und zu deren Überwindung es des Tarif- und Arbeitskampfrechts bedarf (ausf. dazu *Schubert* AöR 137, 2012, 92 [108 f.]). Gerade die verstärkte Fürsorgepflicht und der Anspruch auf amtsangemessene Alimentation verringern den typischen Interessengegensatz, der sonst zwischen Arbeitnehmer und Arbeitgeber besteht (*Schubert* AöR 137, 2012, 92 [108]; so auch *Traulsen* JZ 2013, 65 [72], Verweis auf ausgewogenes System von Rechten und Pflichten). Es bedarf allerdings einer angemessenen Beteiligung der Beamtenverbände, so dass diese durch Verhandlungen die Möglichkeit haben, auf die Ausgestaltung der Arbeitsbedingungen ihrer Mitglieder Einfluss zu nehmen (*Schubert* AöR 137, 2012, 92 [109 f.]). Die Beteiligungsrechte der Spitzenorganisationen nach § 53 BeamtenStG und § 118 BBG genügen indes den Vorgaben von Art. 11 I nicht (*Schubert* AöR 137, 2012, 92 [110]). Das gleichen die Privilegien der Beamten nicht in vollem Umfang aus, zumal die Spitzenorganisationen nur an der Erarbeitung formeller Gesetze beteiligt werden, während untergesetzliche Regelungen (zB Pflichtstundenerlasse für Lehrer) nicht erfasst sind. Insofern bedarf es zumindest einer Anpassung des deutschen Rechts im Hinblick auf das Recht auf Kollektivverhandlungen (*Schubert* AöR 137, 2012, 92 [110 f.]).

36 Wenn der EGMR diese tatbestandliche Einschränkung nicht gelten lässt, ist ein Streikverbot für Beamte nur noch in den Grenzen des Art. 11 II zulässig (→ Rn. 73). Zudem bedarf es der Einräumung eines echten Rechts auf Kollektivverhandlungen für die Beamtenverbände. Zur **Umsetzung der Vorgaben aus Art. 11 I** ist eine Änderung des GG erforderlich (so zum Streikrecht BVerwG 27.2.2014 BVerwGE 149, 117 Rn. 47 ff. = NVwZ 2014, 736; OVG Lüneburg 12.6.2012 ZBR 2013, 57 Rn. 66; OVG Münster 7.3.2012 NVwZ 2012, 890 [894 f.]; VG Berlin 18.12.2012 – 80 K 16.12 OL Rn. 66 ff.; 18.12.2012 – 80 K 51.12 OL Rn. 64 f.; s. aber VG Osnabrück 19.9.2011 – 9 A 2/11 Rn. 28, Umsetzung durch BVerfG; **aA** VG Kassel 27.7.2011 – 28 K 1208/10.KS.D, ZBR 2011, 386; → Rn. 37). Grds. ist zwar eine völkerrechtsfreundliche Auslegung der Verfassung geboten (→ Art. 1 Rn. 77, 79), sie stößt jedoch in diesem Fall an ihre Grenzen. Die Einführung von Kollektivverhandlungen mit den Beamtenverbänden macht Einschränkungen des Art. 33 IV GG bzw. Sonderregelungen zum Gesetzgebungsverfahren erforderlich, so dass eine Änderung des GG unvermeidlich ist (*Nokiel* DÖD 2012, 153 [156]; *Schubert* AöR 137, 2012, 92 [115 f.]; *Seifert* KritV 2009, 357 [375 f.]). Im einfachen Recht steht dem Abschluss von Tarifverträgen durch Beamtenvereinigungen § 2 BBesG entgegen, ebenso die §§ 44 ff. BeamtenStG und die §§ 87 ff. BBG, die die wesentlichen Beschäftigungsbedingungen der Beamten mit abschließender Wirkung regeln.

37 Hinsichtlich des Streikrechts ist eine konventionskonforme Auslegung von Art. 33 V GG nicht möglich (*Di Fabio*, Das beamtenrechtliche Streikverbot, 2012, 27 ff.; *Nokiel* DÖD 2012, 153 [155, 156 f.]; *Schubert* AöR 137, 2012, 92 [115 f.]; *Seifert* KritV 2009, 357

[372 ff.]; ders. EuZA 2013, 205 [218]; *Traulsen* JZ 2013, 65 [69 f., 72]; *Widmaier/Alber* ZEuS 2012, 387 [403 f.]; so auch *Seiter* Streikrecht 138; offenlassend *Niedobitek* ZBR 2010, 361 [368]). Zum Teil wird zwar angenommen, dass Art. 33 V GG einen hinreichenden Auslegungsspielraum aufweise (*Nußberger* RdA 2012, 270 [273]). Gewährte man dadurch den Beamten ein Streikrecht unter Beibehaltung aller Privilegien, so stünden Beamte (mit Privilegien) und Angestellte des öffentlichen Dienstes hinsichtlich des Streikrechts trotz ihrer Ungleichheit gleich, was zu einem Verstoß gegen Art. 3 I GG führte (auf den Zusammenhang zwischen Privilegien und Streikverbot verweisend *Isensee,* Beamtenstreik, 1971, 57 f.; vgl. auch *Traulsen* JZ 2013, 65 [71]; ähnlich *Fritz* ZG 2014, 372 [383 f.]). Die Verwaltungsgerichte haben ganz überwiegend eine konventionskonforme Auslegung des Beamtenrechts und des Art. 33 IV, V GG abgelehnt (BVerwG 27.2.2014 BVerwGE 149, 117 Rn. 47 ff. = NVwZ 2014, 736; OVG Lüneburg 12.6.2012 ZBR 2013, 57 Rn. 66; OVG Münster 7.3.2012 NVwZ 2012, 890 [894 f.]; VG Berlin 18.12.2012 – 80 K 16.12 OL Rn. 66 ff.; 18.12.2012 – 80 K 51.12 OL Rn. 64 ff. (beide juris); s. aber VG Osnabrück 19.9.2011 – 9 A 2/11 28 [Umsetzung durch das BVerfG]; **aA** VG Kassel 27.7.2011 ZBR 2011, 386; s. aber VG Düsseldorf 15.12.2010 – 31 K 3904/10 Rn. 32 – sanktionsloses Streikverbot). Die Entscheidung des BVerfG steht noch aus.

Neben der Änderung des GG bedarf es auf einfach-rechtlicher Ebene einer Anpassung **38** des Beamtenrechts oder einer Beschränkung der zu verbeamtenden Personen auf jenen Personenkreis, für den nach Art. 11 II 1, 2 ein Verbot des Streikrechts mit der EMRK vereinbar wäre. Angesichts des Zusammenhangs zwischen den beamtenrechtlichen Privilegien und dem Streikverbot greift jedenfalls die bloße Unterstellung der Beamten unter das allgemeine Tarif- und Arbeitskampfrecht zu kurz (so aber *Gooren* ZBR 2011, 400 [404]; *Schlachter* RdA 2011, 341 [343]). Zum Teil wird vorgeschlagen, ein beamtenähnliches Dienstverhältnisses eigener Art einzuführen, wobei der Alimentationsgrundsatz durch das Tarifvertragssystem ersetzt werde und somit ein Beamtenstatus ohne Alimentationsgrundsatz bestehe, das durch die Zulässigkeit von Tarifverträgen und das Streikrecht für Beamte ergänzt werde (*Traulsen* JZ 2013, 65 [71]). Damit steht der Beamte weiterhin besser als die Angestellten des öffentlichen Dienstes (Lebenszeitprinzip und Beihilfe). Die damit verbundene Besserstellung muss sich jedoch nach Art. 3 I GG rechtfertigen lassen. Gerade das Lebenszeitprinzip steht aber auch in einem Zusammenhang zur notwendigen Fürsorge infolge des Streikverbots und des geringen Einflusses auf die Ausgestaltung der Arbeitsverhältnisse. Näher liegt es, den Kreis der Beamten auf jene Personen zu begrenzen, für die sich das Streikverbot nach Art. 11 II rechtfertigen lässt (*Seifert* EuZA 2013, 205 [218 f.]; ähnlich *Kutzki* DÖD 2011, 169 [171]). Für die sog. Bestandsbeamten sollte die Möglichkeit geschaffen werden, – ähnlich wie bei der Privatisierung von Staatsunternehmen – in den Angestelltenstatus zu wechseln. Zur Abgrenzung des Personenenkreises nach Art. 11 II 2 → Rn. 70 ff.

C. Gewährleistungspflichten

Der EGMR hat aus Art. 11 I wiederholt Gewährleistungspflichten abgeleitet, die ihm **39** aufgeben, für das Verhältnis zwischen Privaten angemessene Maßnahmen zu ergreifen, um die wirksame Ausübung des Rechts aus Art. 11 I zu garantieren (EGMR 2.7.2002 – 30668/96 Rn. 41 – Wilson and National Union of Journalists/Vereinigtes Königreich; 11.1.2006 – 52562/99 ua Rn. 57 – Sørensen and Rasmussen/Dänemark; 12.11.2008 – 34503/97 Rn. 110 – Demir and Baykara/Türkei; 9.7.2013 – 2330/09 Rn. 131 – Sindicatul „Păstorul cel Bun"/Rumänien; van Dijk/van Hoof/van Rijn/Zwaak/*Heringa/van Hoof* 837 f.; *Van Hiel* in Dorssemont/Lörcher/Schömann 287 [289]; *Meyer-Ladewig* Rn. 3a; krit. *Tomuschat* in Macdonald/Matscher/Petzold 493 [506 f.]). Der Staat muss die tatsächliche Freiheit für den Grundrechtsberechtigten effektiv gewährleisten (EGMR 11.1.2006 – 52562/99 Rn. 57 – Sørensen and Rasmussen/Dänemark).

40 Wegen der Abgrenzungsschwierigkeiten zwischen der positiven und negativen Wirkung des Konventionsrechts geht die Rechtsprechung davon aus, dass ein angemessener Ausgleich zwischen den widerstreitenden Interessen des Einzelnen und der Gemeinschaft hergestellt werden müsse, wobei zu berücksichtigen ist, dass sensible soziale und politische Fragen betroffen seien (EGMR 11.1.2006 – 52562/99 ua Rn. 58 – Sørensen and Rasmussen/Dänemark; 9.7.2013 – 2330/09 Rn. 132 – Sindicatul „Păstorul cel Bun"/Rumänien). Insoweit wird den Konventionsstaaten ein weiter Beurteilungsspielraum dahingehend zugemessen, welche Maßnahmen angemessen sind und welche Mittel herangezogen werden (EGMR 21.6.1988 – 10126/82 Rn. 32, 34 – Plattform „Ärzte für das Leben"/Österreich). Das gilt umso mehr im Tarifvertragsrecht wegen der sehr unterschiedlichen Ausgestaltung der Tarifvertragssysteme in Europa (EGMR 6.2.1976 – 5614/72 Rn. 39 f. – Swedish Engine Drivers' Union/Schweden; 2.7.2002 – 30668/96 Rn. 44 – Wilson and National Union of Journalists/Vereinigtes Königreich). Die Interessen von Arbeitnehmern und Arbeitgeber sind daher ebenso in Bedacht zu nehmen wie die erheblichen Unterschiede der Systeme in den Konventionsstaaten (EGMR 6.2.1976 – 5614/72 Rn. 39 f. – Swedish Engine Drivers' Union/Schweden; 2.7.2002 – 30668/96 Rn. 44 – Wilson and National Union of Journalists/Vereinigtes Königreich; 11.1.2006 – 52562/99 Rn. 58 – Sørensen and Rasmussen/Dänemark).

41 Hinsichtlich der **positiven und kollektiven Gewerkschaftsfreiheit** ist der Staat somit verpflichtet sicherzustellen, dass die Mitglieder einer Gewerkschaft ihre Interessen durch die Gewerkschaftsaktivitäten verfolgen können (EGMR 2.7.2002 – 30668/96 Rn. 46 – Wilson and National Union of Journalists/Vereinigtes Königreich). Der Staat muss eingreifen, wenn es nach dem nationalen Recht zulässig ist, dass der Arbeitgeber die Arbeitnehmer durch finanzielle Anreize dazu bewegt, auf wesentliche tarifliche Rechte zu verzichten (EGMR 2.7.2002 – 30668/96 Rn. 47 f. – Wilson and National Union of Journalists/Vereinigtes Königreich). Umgekehrt kann eine Gewährleistungspflicht auch dann bestehen, wenn die Gewerkschaft ihre besondere Vormachtstellung zu Lasten eines (potentiellen) Mitglieds missbraucht (van Dijk/van Hoof/van Rijn/Zwaak/*Heringa*/*van Hoof* 834). Insbesondere ein Schutz vor dem Ausschluss aus der Gewerkschaft unter Verstoß gegen die Satzung oder unter Auferlegung außergewöhnlicher Belastungen aktualisiert die Gewährleistungspflicht des Staates (EGMR 13.5.1985 – 10550/83 – Cheall/Vereinigtes Königreich).

42 In Bezug auf die **negative Koalitionsfreiheit** trifft die Konventionsstaaten insbesondere bei einer Closed-shop-Vereinbarung des Arbeitgebers mit der Gewerkschaft eine Gewährleistungspflicht. Das gilt für die Closed-shop-Klausel vor oder nach Abschluss des Arbeitsvertrages (EGMR 11.1.2006 – 52562/99 Rn. 58 – Sørensen and Rasmussen/Dänemark). Der EGMR ging zunächst davon aus, dass eine Closed-shop-Vereinbarung nicht per se Art. 11 I widerspricht, sondern nur, wenn der Zwang den Kernbereich oder Wesensgehalt der Vereinigungsfreiheit berührt (EGMR 13.8.1981 – 7601/76 Rn. 55 – Young, James and Webster/Vereinigtes Königreich). Das wurde in der Rechtssache Young, James and Webster bejaht, wo der Arbeitnehmer nach 18-jähriger Tätigkeit für das Unternehmen einem Beitrittszwang ausgesetzt war, wobei ihm nur die Alternative der Arbeitslosigkeit blieb. Im Ergebnis hat der Gerichtshof den Fall unter Rückgriff auf die positive Vereinigungsfreiheit gelöst, weil der Beschwerdeführer bei einer anderen Gewerkschaft Mitglied war und die Closed-shop-Vereinbarung dieser Ausübung der positiven Vereinigungsfreiheit widersprach, wobei auch Art. 9 und 10 in Bedacht genommen wurden (EGMR 13.8.1981 – 7601/76 Rn. 55 – Young, James and Webster/Vereinigtes Königreich; ebenso EGMR 25.4.1996 – 15573/89 Rn. 45 – Gustafsson/Schweden; 30.6.1993 – 16130/90 Rn. 36 – Sigurjónsson/Island; 11.1.2006 – 52562/99 Rn. 54, 58 – Sørensen and Rasmussen/Dänemark; 27.4.2010 – 20161/06 Rn. 45 – Vörður Ólafsson/Island). Ein Unterlassen der staatlichen Gewährleistung wurde jedoch verneint, als keine Closed-shop-Vereinbarung vorlag und die Berufstätigkeit des Beschwerdeführers nicht vom Wiedereintritt in die Gewerkschaft abhing (EGMR 20.4.1993 – 14327/88 Rn. 29 – Sibson/Vereinigtes Königreich; abl. HdBG/*Blanke* § 142 Rn. 41; *Jacobs/White/Ovey* 472).

Gewährleistungspflichten **Art. 11 EMRK 40**

In der RS. *Sørensen and Rasmussen* nahm der EGMR eine evolutiv-dynamische Auslegung 43 vor und erkannte an, dass der Schutz der negativen Koalitionsfreiheit vor Closed-shop-Vereinbarungen heute dem allgemeinen europäischen Standard entspreche und daher nur ein eingeschränkter Beurteilungsspielraum bestehe (evolutive Entwicklung) (EGMR 11.1.2006 – 52562/99 Rn. 58 – Sørensen and Rasmussen/Dänemark). Der Staat dürfe bei seinem Eingreifen und der damit verbundenen Abwägung aber berücksichtigen, welche Beschäftigungsalternativen für den von der Closed-shop-Vereinbarung betroffenen Arbeitnehmer bleiben (EGMR 11.1.2006 – 52562/99 Rn. 61 – Sørensen and Rasmussen/ Dänemark). Zugleich bleibt es somit bei einer Einzelfallentscheidung über die Zulässigkeit von Closed-shop-Vereinbarungen, die aber grds. eine Beeinträchtigung der negativen Koalitionsfreiheit darstellen (HdBG/*Iliopoulos-Strangas* § 145 Rn. 37). Für die Rechtfertigung sind Art. 11 II und insbesondere kollidierende von der EMRK geschützte Rechte in Bedacht zu nehmen.

Gewährleistungspflichten können auch im Hinblick auf die **kollektive Koalitionsfrei-** 44 **heit** bestehen. Der EGMR sah die Konventionsstaaten zunächst nicht in der Pflicht, alle Arbeitnehmervereinigungen anzuerkennen oder eine Verhandlungspflicht zu statuieren (EGMR 2.7.2002 – 30668/96 Rn. 44 – Wilson and National Union of Journalists/Vereinigtes Königreich; 11.1.2006 – 52562/99 Rn. 58 – Sørensen and Rasmussen/Dänemark). Das hat sich seit der RS. *Demir and Baykara* zumindest dahingehend geändert, dass die mangelnde staatliche Anerkennung einer Vereinigung als Gewerkschaft, obwohl sie nach der EMRK eine solche ist, die positiven Pflichten des Staates verletzt (EGMR 12.11.2008 – 34503/97 Rn. 116 – Demir and Baykara/Türkei). Dieser Maßstab ist auch in den Fällen anzulegen, wo **kirchliche Einrichtungen** ein Recht auf Streik nach nationalem Recht in zulässiger Weise ablehnen (vgl. dazu BAG 20.11.2012 NZA 2013, 448). Diese Maßnahme darf aber nicht dazu führen, dass der Gewerkschaft insgesamt die Anerkennung versagt wird (EGMR 9.7.2013 – 2330/09 Rn. 164 – Sindicatul „Păstorul cel Bun"/Rumänien). Die Religionsgemeinschaft kann sich nur bei einer Bedrohung ihres Zusammenschlusses, ihrer Identität und ihres Images schützen (EGMR 9.7.2013 – 2330/09 Rn. 165 – Sindicatul „Păstorul cel Bun"/Rumänien). Die Gewährleistungspflicht des Staates ist indes nicht angesprochen, wenn die Koalition ihre Mitglieder auf einen bestimmten Personenkreis beschränkt, weil dies zu ihrer freien Binnenorganisation gehört (→ Rn. 18). Nur bei Diskriminierungen muss der Staat eingreifen.

Noch unbeantwortet ist die Frage, ob der Staat seine positiven Pflichten aus der kollek- 45 tiven Koalitionsfreiheit verletzt, wenn er das Streikverbot an kirchlichen Einrichtungen auf dem sog. **Zweiten Weg** hinnimmt (vgl. dazu BAG 20.11.2012 AP GG Art. 9 Arbeitskampf Nr. 179). Das gleiche Problem ergibt sich, wenn sich die kirchliche Einrichtung für den sog. **Dritten Weg** entschieden hat und daher keine Tarifverträge abschließt sowie den Arbeitskampf ablehnt (vgl. BAG 20.11.2012 AP GG Art. 9 Arbeitskampf Nr. 179). In diesen Fällen ist angesichts der Absolutheit des Streikverbots in kirchlichen Einrichtungen grds. eine Gewährleistungspflicht des Staates anzunehmen. Die Beeinträchtigung der Koalitionsfreiheit kann auch in der Untersagungsverfügung oder dem negativen Feststellungsurteil des Arbeitsgerichts im Hinblick auf einen Streik gesehen werden, so dass das Abwehrrecht betroffen ist. Allerdings bedarf es stets eines fairen Ausgleichs mit den einschlägigen Rechten der Religionsgemeinschaft, die durch Art. 9 I (iVm Art. 11 I) in ihrer Existenz, ihrer Binnenorganisation und ihrer Betätigung geschützt ist (→ Art. 9 Rn. 16; vgl. EGMR 9.7.2013 – 2330/09 Rn. 79 f. – Sindicatul „Păstorul cel Bun"/Rumänien; ebenso *Walter* ZevKR 57, 2012, 233 [250 ff.]; *Grzeszick* NZA 2013, 1377 [1382]). Zudem hat die Religionsgemeinschaft einen großen Gestaltungsspielraum bei der Festlegung ihrer Glaubensinhalte und der Vorgaben für die Glaubenspraxis. Ihre Idee von der Existenz und der Ausgestaltung der Dienstgemeinschaft ist daher von der kollektiven Religionsfreiheit geschützt (→ Art. 9 Rn. 18). Zudem haben die Konventionsstaaten bei der Abwägung einen erheblichen Gestaltungsspielraum, weil es keinen einheitlichen europäischen Standard gibt, so dass historischen Entwicklungen Rechnung getragen werden kann. Vor diesem Hintergrund ist die vom BAG hergestellte praktische Konkordanz zwischen individueller und kollektiver Koalitionsfreiheit auf der einen Seite und der kollektiven Religionsfreiheit, insbesondere dem Selbstbestimmungsrecht der Religionsgemeinschaft, auf der anderen Seite (BAG 20.11.2012 AP GG Art. 9 Arbeitskampf Nr. 179; 20.11.2012 AP GG Art. 9 Arbeitskampf Nr. 179) als mit der EMRK konform zu bewerten (*Reichold* NZA 2013, 585 [589]; *Schubert* JbArbR 50, 2013, 101 [125 f.]; **aA** *J. Schubert/Wolter* AuR 2013, 285 [288]). Bei der Umsetzung des Dritten Weges bedarf es eines angemessenen Ausgleichs der konfligierenden Positionen (*Grzeszick* NZA 2013, 1377 [1383]).

46 Darüber hinaus hat der Gerichtshof auch eine positive Pflicht des Staates anerkannt, den Arbeitgeber vor gewerkschaftlichen **Blockaden** zu schützen, die seine negative Koalitionsfreiheit vereiteln sollen (EGMR 25.4.1996 – 15573/89 Rn. 45 – Gustafsson/Schweden). Zugleich muss der Konventionsstaat die kollektive Koalitionsfreiheit in Bedacht nehmen, so dass ein angemessener Ausgleich zwischen negativer und kollektiver Koalitionsfreiheit herzustellen ist. Im entschiedenen Fall hat der EGMR eine Verletzung der negativen Koalitionsfreiheit verneint, weil kein Beitritt, sondern nur der Abschluss eines Tarifvertrages erzwungen werden sollte und ein Tarifvertrag mit dem Arbeitgeber unabhängig von seiner Verbandsmitgliedschaft möglich war (EGMR 25.4.1996 – 15573/89 Rn. 52 f. – Gustafsson/Schweden).

47 Eine Gewährleistungspflicht hat der EGMR darüber hinaus für die Durchführung gewerkschaftlicher Demonstrationen anerkannt, wobei den Konventionsstaaten aufgegeben ist, den Koalitionen die effektive Verwirklichung ihrer Rechte zu sichern (EGMR 18.7.2007 – 32124/02 ua Rn. 41 – Nurettin Aldemir/Türkei). Der Gerichtshof sah Art. 11 I aber nicht dadurch als verletzt an, wenn für die Demonstration die Pflicht bestand, sie spätestens 72 Stunden vorher anzumelden (EGMR 18.7.2007 – 32124/02 ua Rn. 43 – Nurettin Aldemir/Türkei). Auf derselben Grundlage ist eine unverhältnismäßige gewaltsame Intervention der Polizei als Verletzung von Art. 11 I zu bewerten (EGMR 18.7.2007 – 32124/02 ua Rn. 47 – Nurettin Aldemir/Türkei). Über diesen Stand der Rechtsprechung geht die Literatur zum Teil hinaus, indem sie eine Pflicht des Staates annimmt, Kollektivverhandlungen zu unterstützen, wenn nur ein geringer Organisationsgrad besteht (*Jacobs* in Dorssemont/Lörcher/Schömann 309 [325]). Unter solchen Umständen könne der Gewerkschaft ein Verhandlungsanspruch gewährt werden (*Jacobs* in Dorssemont/Lörcher/Schömann 309 [326 f.]). Solche Gewährleistungspflichten sind jedoch behutsam zu entwickeln, weil Art. 11 I vor allem ein Freiheitsrecht ist und nur die tatsächliche Verwirklichung des Konventionsrechts sicherstellen soll, wenn Dritte diese behindern. Der Schutz der Gewerkschaft intensiviert sich auch nach dem Verständnis des EGMR wohl nicht, wenn die Gewerkschaft und ihre Durchsetzungskraft unter Mitgliedermangel leiden.

D. Eingriff und sonstige Beeinträchtigungen

48 Eingriffe in die **Versammlungsfreiheit** sind nicht nur Verbote und Auflösungen von Versammlungen, sondern auch Bedingungen und Auflagen für deren Durchführung (Frowein/Peukert/*Frowein* Rn. 6; *Meyer-Ladewig* Rn. 7). Auch die Bestrafung von Versammlungsteilnehmern und Organisatoren ist ein erheblicher Eingriff in Art. 11 I. Kein Eingriff sind nach der Rechtsprechung jedoch solche staatlichen Regelungen, die nur zur vorherigen Anmeldung der Versammlung verpflichten oder sogar eine formelle Genehmigung verlangen (EGMR 7.10.2008 – 10346/05 Rn. 35 – Molnár/Ungarn; dazu Karpenstein/Mayer/*Arndt/J. Schubert* Rn. 10). Sofern dadurch die Friedlichkeit der Versammlung und somit eine Voraussetzung für den Schutz von Art. 11 I sichergestellt wird, ist die Grundrechtsausübung nicht beeinträchtigt (EKMR 10.10.1979 – 8191/78 – Rassemblement Jurassien/Schweiz; krit. *Meyer-Ladewig* Rn. 7). Das Gleiche gilt nach der Rechtsprechung, wenn die Anmeldung die Behörden in die Lage versetzen soll, die öffentliche Ordnung zu sichern (EGMR 7.10.2008 – 10346/05 Rn. 35 ff. – Molnár/Ungarn). Da-

durch sollen Beeinträchtigungen des öffentlichen Verkehrs, die zumindest bei Versammlungen in der Öffentlichkeit möglich sind, gering gehalten werden. Ein Eingriff ist jedoch die strafrechtliche Verurteilung wegen der Teilnahme an einer (gewerkschaftlich organisierten) Versammlung und dem Nichterscheinen zur Arbeit (EGMR 15.9.2009 – 33322/07 Rn. 22 – Saime Özcan/Türkei) oder einer anderen gewerkschaftlichen Aktion (zB Langsamfahren auf öffentlichen Straßen, EGMR 5.3.2009 – 31684/05 Rn. 39 – Barraco/Frankreich). Insoweit fällt auf, dass der EGMR auch bei gewerkschaftlichen Aktionen nicht immer die Koalitionsfreiheit heranzieht, sondern auch auf die Versammlungsfreiheit zurückgreift. Solange dies nicht zu einem geringeren Grundrechtsstandard führt, ist dies unschädlich.

Ein Eingriff in die **positive Koalitionsfreiheit** ist insbesondere die Entlassung aus dem 49 Staatsdienst wegen der Mitgliedschaft in einer bestimmten Gewerkschaft oder die Maßregelung wegen des Eintritts in die Gewerkschaft, den Arbeitgeberverband oder die Bedrohung damit (EGMR 27.9.2011 – 1305/05 Rn. 21, 23 – Sisman/Türkei; 6.10.2011 – 32820/09 – Vellutini et Michel/Frankreich; 25.9.2012 – 11828/08 Rn. 59 f. – Trade union of the police in the Slovakian republic/Slowakei; *Seifert* EuZA 2013, 205 [207]). Ein Eingriff ist auch die Verweigerung der rückwirkenden Lohnerhöhung wegen Streikteilnahme durch den staatlichen Arbeitgeber (EGMR 6.2.1976 – 5589/72 Rn. 37, 40 – Schmidt and Dahlström/Schweden), ebenso alle Maßregelungen wegen der Teilnahme am Streik oder einer Gewerkschaftskundgebung unabhängig von ihrem Gewicht (zB Entlassung, Disziplinarverfahren; vgl. EGMR 27.3.2007 – 6615/03 – Karaçay/Türkei; 2.6.2008 – 32124/02 Rn. 47 – Nurettin Aldemir/Türkei; 15.9.2009 – 30946/04 Rn. 31 ff. – Kaya and Seyhan/Türkei; 13.7.2010 – 33322/07 – Cerikci/Türkei; 28.10.2010 – 4241/03 Rn. 35 – Trofimchuk/Ukraine; 24.3.2015 – 36807/07 Rn. 49 ff. – Sezer/Türkei). Auch ein Disziplinarverfahren wegen des Aushangs eines Gewerkschaftsmitglieds im eigenen Büro ist ein Eingriff (EGMR 27.9.2011 – 1305/05 Rn. 23 – Şişman/Türkei).

Einen Eingriff in die **negative Koalitionsfreiheit** bewirken Pflichtmitgliedschaften, 50 sofern es sich nicht um öffentlich-rechtliche Zwangsverbände handelt, die nicht vom Schutzbereich erfasst sind (EGMR 30.6.1993 – 16130/90 Rn. 36 – Sigurjónsson/Island; 25.4.1996 – 15573/89 Rn. 42 – Gustafsson/Schweden; 27.4.2010 – 20161/06 Rn. 45 – Vörđur Ólafsson/Island). Ein solcher Eingriff kann sich auch mittelbar aus einer Beitragspflicht zu einer Vereinigung ergeben, in der der Zahlungsverpflichtete nicht Mitglied sein muss, sofern aber die Mitgliedschaft finanzielle Vergünstigungen zur Folge hat und Einfluss auf die Entscheidungsfindung des Verbandes gewährt (vgl. EGMR 27.4.2010 – 20161/06 Rn. 48 – Vörđur Ólafsson/Island). Dadurch entsteht ein faktischer Beitrittszwang. Ein solcher Eingriff kann auch gegenüber einer Koalition erfolgen, wobei dann die kollektive Koalitionsfreiheit betroffen ist (EGMR 30.6.1993 – 16130/90 Rn. 35 – Sigurjónsson/Island). Ein Eingriff ist auch die Entlassung oder sonstige Maßregelung wegen des Austritts aus einer bestimmten Gewerkschaft (vgl. EGMR 13.8.1981 – 7601/76 – Young, James and Webster/Vereinigtes Königreich, aber Fall von Schutzpflichten).

Ein Eingriff in die **kollektive Koalitionsfreiheit** erfolgt schließlich durch Beschränkun- 51 gen des Rechts auf Kollektivverhandlungen. Solche Beeinträchtigungen ergeben sich im deutschen Recht aus dem Erfordernis der sozialen Mächtigkeit für die Gewerkschaftseigenschaft. Die Arbeitnehmervereinigung, die nicht Gewerkschaft ist, kann zwar Kollektivverhandlungen führen, aber keine Tarifverträge schließen und keinen Arbeitskampf zu führen, was ihre Rechtsstellung erheblich entwertet. Ähnliches hat der EGMR bereits für die Beschränkung des Anhörungsrechts auf die repräsentativste Gewerkschaft oder die mitgliederstärksten Gewerkschaften festgestellt (EGMR 27.10.1975 – 4464/70 Rn. 41, 42 ff. – Syndicat national de la police belge/Belgien). In der Rechtssache Swedish Engine Drivers' Union lehnte der Gerichtshof aber einen Eingriff ab, weil die geringere Attraktivität der Vereinigung dafür nicht ausreiche, es sei denn, es liege eine Diskriminierung vor (EGMR 6.2.1976 – 5641/72 Rn. 40 – Swedish Engine Drivers' Union/Schweden). Ob der Gerichtshof daran festhält, nachdem er das Recht auf Kollektivverhandlungen anerkannt hat,

40 EMRK Art. 11

ist zu bezweifeln, zumal sich die Abgrenzung der Eingriffe unter Berücksichtigung des sachlichen Schutzbereichs vollzieht. Insofern bedarf es in Zukunft einer Rechtfertigung für solche Maßnahmen (→ Rn. 62).

52 Ein Eingriff in die kollektive Koalitionsfreiheit liegt zudem vor, wenn Tarifverträge nicht anerkannt oder aufgehoben werden (EGMR 12.11.2008 – 34503/97 Rn. 159 – Demir and Baykara/Türkei; ebenso EGMR 18.2.2014 – 38927/10 ua Rn. 24 – Tüm Bel-Sen/Türkei). Vor diesem Hintergrund ist auch die Einführung eines **Grundsatzes der Tarifeinheit,** wie ihn derzeit die Bundesregierung beabsichtigt (vgl. Regierungsentwurf, BT-Drs. 18/4062), ein Eingriff in das Recht auf Kollektivverhandlungen. Die Rechtsstellung der betroffenen Gewerkschaft wird dadurch entwertet, dass der von ihr ausgehandelte Tarifvertrag nicht zur Anwendung kommt. Zugleich handelt es sich um eine Ungleichbehandlung bei der Ausgestaltung der kollektiven Koalitionsfreiheit (Art. 11 I iVm Art. 14 I), die der Rechtfertigung bedarf (vgl. auch *Löwisch* RdA 2010, 263 [264]). Der EGMR hat bereits die Aussage eines Ministers, die Verhandlungen mit der Gewerkschaft dauerhaft abzubrechen, als Eingriff qualifiziert, weil dieses Handeln für die Gewerkschaftsaktivitäten einen spürbaren Abkühlungseffekt zur Folge hatte (EGMR 25.9.2012 – 11828/08 Rn. 59 f. – Trade union of the police in the Slovakian republic/Slowakei). Das gilt erst recht für Sanktionen gegen Gewerkschaftsmitglieder wie Versetzungen. Zur Rechtfertigung → Rn. 65.

53 Ein Eingriff ist schließlich das absolute **Streikverbot** für Beamte (EGMR 21.4.2009 – 68959/01 Rn. 24 – Enerji Yapı Yol Sen/Türkei). Ähnlich bewertete der EGMR das Streikverbot in der Rechtssache Tymoshenko als Eingriff (EGMR 2.10.2014 – 48408/12 Rn. 77 – Tymoshenko/Ukraine; ebenso EGMR 27.11.2014 – 36701/09 Rn. 49 – Hrvatski Liječnički Sindikat/Kroatien). Die Literatur geht generell davon aus, dass ein völliger Ausschluss des Streikrechts nicht mit Art. 11 I vereinbar ist (Frowein/Peukert/*Frowein* Rn. 18; *Jeschke* 72; Karpenstein/Mayer/*Arndt/Schubert* Rn. 54; *Meyer-Ladwig* Rn. 22).

54 In den Konventionsstaaten bestehen zum Teil sehr detaillierte **Vorgaben zur Durchführung von Arbeitskämpfen,** insbesondere Streiks. Das gilt gerade für das Vereinigte Königreich. Der EGMR hat über die Vereinbarkeit solcher Vorgaben mit Art. 11 I bisher nicht entschieden. In der Rechtssache RMT erfolgte die Abweisung bereits, weil die prozeduralen Vorgaben, die Darlegung einer nennenswerten Behinderung bei der Ausübung des Streikrechts nicht erfüllt werden (EGMR 8.4.2014 – 31045/10 Rn. 45 – RMT/Vereinigtes Königreich). Der Eingriff hängt somit von der Beschränkung der Streikrechtsausübung ab, worauf auch der Europäische Ausschuss für soziale Rechte verweist (→ Art. 6 ESC Rn. 43 ff.; so auch *Dorssemont* in Dorssemont/Lörcher/Schömann 333 [355]). Wann Behinderungen zu einem Eingriff in Art. 11 I erwachsen, lässt sich allerdings nicht klar aus der Entscheidung entnehmen. Zudem ist nach der bisherigen Entscheidungspraxis davon auszugehen, dass der EGMR den Konventionsstaaten einen erheblichen Spielraum für die Ausgestaltung belassen wird, weil es hierfür keinen einheitlichen europäischen Standard gibt. Insofern lassen sich verhältnismäßige Beschränkungen im öffentlichen Interesse sowie zum Schutz der Rechte und Freiheit Dritter nach Art. 11 II rechtfertigen. Daher sind die im deutschen Recht entwickelten Einschränkungen (ultima-ratio-Grundsatz, Prinzip der materiellen Parität, Not- und Erhaltungsarbeiten) rechtfertigbar.

55 Beeinträchtigungen von Gewährleistungspflichten aus Art. 11 I resultieren aus einem staatlichen Unterlassen. Das kann insbesondere aus dem mangelnden Vorgehen gegen Closed-shop-Vereinbarungen resultieren (vgl. EGMR 11.1.2006 – 52562/99 Rn. 57 – Sørensen und Rasmussen; 9.7.2013 – 2330/09 Rn. 131 f., 135 – Sindicatul „Păstorul cel Bun"/Rumänien).

E. Rechtfertigung

I. Rechtfertigung nach Art. 11 II 1

Für die Rechtfertigung eines Eingriffs oder einer Beeinträchtigung gelten grds. die gleichen Anforderungen wie bei Art. 8–10 (*Meyer-Ladewig* Rn. 19; vgl. allg. → Art. 1 Rn. 47 ff.). Die Rechtfertigung setzt somit eine gesetzliche Regelung voraus, wobei auch eine höchstrichterliche Rechtsprechung genügt, zumal wenn es sich um gesetzesvertretendes Richterrecht handelt, das in der Rechtsordnung des Konventionsstaats akzeptiert wird (→ Art. 1 Rn. 47). Das staatliche Handeln muss zudem einen iSv Art. 11 I legitimen Zweck verfolgen, in einer demokratischen Gesellschaft notwendig und angemessen sein. Die Rechtfertigung muss sich nicht notwendig auf die Aufrechterhaltung der öffentlichen Ordnung als legitimen Zweck beziehen, solange sie der Ordnung in einer der genannten Gruppen (zB Streitkräfte) dient (EGMR 2.10.2014 – 32191/09 Rn. 47 – Adefdromil/Frankreich). Darüber hinaus hat der EGMR auch wirtschaftliche Interessen als legitim zur Rechtfertigung eines Eingriffs anerkannt (EGMR 10.1.2002 – 53574/99 – UNISON/Vereinigtes Königreich). Das steht nicht in Einklang mit der Spruchpraxis des Europäischen Ausschusses für soziale Rechte und erzeugt zumindest dann einen Widerspruch zum Garantiegehalt des Art. 11 I, wenn es sich nur um die wirtschaftliche Belastung handelt, die unvermeidlich mit einem Streik als Arbeitskampfmaßnahme verbunden ist. Eine Rechtfertigung aufgrund von wirtschaftlichen Erwägungen in dieser Allgemeinheit würde das Streikrecht aushöhlen. In der Rechtssache RMT hat der EGMR explizit darauf verwiesen, dass sich die Rechtfertigung zu Recht nicht auf die wirtschaftlichen Folgen des Streiks als solchen richtet, sondern auf die Auswirkungen des Sympathiestreiks auf Arbeitgeber, die nicht in die Arbeitsstreitigkeit involviert sind (EGMR 8.4.2014 – 31045/10 Rn. 76, 82 – RMT/Vereinigtes Königreich). Auf diese Weise bezieht der Gerichtshof die Rechtfertigung auf die Rechte und Freiheiten Dritter, aber ohne sich explizit von seiner Rechtsprechung in der Rechtssache UNISON zu distanzieren.

In seiner bisherigen Rechtsprechung hat der EGMR keine Eingriffe in die wesentlichen Garantiegehalte akzeptiert wie die Gründung einer Gewerkschaft und den Beitritt zu ihr (EGMR 2.10.2014 – 32191/09 Rn. 44 – Adefdromil/Frankreich). Die Pflichtmitgliedschaft in einem privatrechtlichen Berufsverband ist eine Verletzung des Kernbereichs der Vereinigungsfreiheit, so dass eine Verletzung von Art. 11 I vorliegt, zumal es für die Pflichtmitgliedschaft an einer Notwendigkeit in einer freien Gesellschaft fehlte (EGMR 30.6.1993 – 16130/90 Rn. 36, 40 f. – Sigurjónsson/Island).

Für die Rechtfertigung einer **Closed-shop-Vereinbarung** kommt es nach dem Stand der Rechtsprechung auf die Umstände des Einzelfalles an, wenngleich die Entscheidung in der Rechtssache Sindicatul „Păstorul cel Bun"/Rumänien auch als generelles Verdikt von Closed-shop-Vereinbarungen gelesen werden kann (vgl. EGMR 9.7.2013 – 2330/09 Rn. 135). Für die Rechtfertigung sind insbesondere die berechtigten Interessen des Arbeitgebers an einer einheitlichen Interessenvertretung durch eine Gewerkschaft in Bedacht zu nehmen, ebenso die wirtschaftlichen Folgen, die sich für den Arbeitnehmer daraus ergeben (zB Verlust des Arbeitsplatzes). Selbst bei der bloßen Belastung mit Beitragspflichten kann es an der Rechtfertigung fehlen, obwohl keine Pflicht zu einer formalen Mitgliedschaft besteht, sofern nur die Mitglieder Vergünstigungen erhalten, wobei der Gerichtshof den Konventionsstaaten einen weiten Beurteilungsspielraum wegen der Sensibilität politischer und sozialer Fragen beim Interessenausgleich zugesteht (EGMR 11.1.2006 – 52562/99 ua Rn. 58 – Sørensen and Rasmussen/Dänemark; 27.4.2010 – 20161/06 Rn. 75 – Vörður Ólafsson/Island). Dabei hat der Gerichtshof in Bedacht genommen, ob und inwieweit die Vereinigung (zurechenbar) im Interesse des Zahlungspflichtigen handelt und klar zugewiesene Aufgaben auch in seinem Interesse erfüllt (EGMR 27.4.2010 – 20161/06 Rn. 81 f. – Vörður Ólafsson/Island).

59 Bei **Maßregelungen** oder dem Aufruf der untergeordneter Behörden zur Maßregelung hat der EGMR die Rechtfertigung zum Teil bereits an einem legitimen Zweck scheitern lassen bzw. diesen bezweifelt (zB EGMR 27.3.2007 – 6615/03 – Karaçay/Türkei; 15.9.2009 – 30946/04 Rn. 26 – Kaya and Seyhan/Türkei). Zumindest sah er die Sanktion nicht als in einer demokratischen Gesellschaft notwendig an (EGMR 27.3.2007 – 6615/03 Rn. 33 – Karaçay/Türkei; ähnlich EGMR 15.9.2009 – 30946/04 Rn. 31 – Kaya and Seyhan/Türkei). Soweit die öffentliche Äußerung und die Sanktion gegenüber einem Gewerkschaftsvertreter dazu dient, die Funktionsfähigkeit der Polizei als Teil der öffentlichen Verwaltung sicherzustellen, sieht der EGMR darin ein legitimes Ziel (EGMR 25.9.2012 – 11828/08 Rn. 65 – Trade union of the police in the Slovakian republic/Slowakei). Zudem ist eine weitergehende Beschränkung der Koalitionsfreiheit bei der Polizei nach Art. 11 II 2 möglich.

60 Auch die **strafrechtliche Verurteilung** wegen der Teilnahme an einer (gewerkschaftlich organisierten) Versammlung ist nicht gerechtfertigt, wenn ein so massiver Eingriff nicht notwendig ist, um öffentliche Interessen zu wahren (zB EGMR 15.9.2009 – 22943/04 Rn. 22 – Saime Özcan/Türkei). Gerade bei gewerkschaftlichen Aktionen, die die Allgemeinheit oder eine Vielzahl von Dritten betreffen, kann das staatliche Eingreifen gerechtfertigt sein. Das galt zB bei einem gewerkschaftlich organisierten Protest von Kraftfahrern durch Langsamfahren, für den der Gerichtshof darauf verwies, dass ein gewisses Maß an Störung und Verkehrsunterbrechung durch einen Streik zu dessen normalen Folgen gehört, während im entschiedenen Fall die Grenzen der Verhältnismäßigkeit überschritten waren und die Verurteilung nicht unverhältnismäßig war (zB EGMR 5.3.2009 – 31684/05 Rn. 43 ff. – Barraco/Frankreich). Auch bei sonstigem gewerkschaftsbezogenen Handeln des Arbeitnehmers kommt es für die Rechtfertigung auf die Notwendigkeit und Verhältnismäßigkeit an, so dass zB nur temporäre Aushänge des Gewerkschaftsmitglieds im eigenen Büro die Arbeitgeberinteressen nicht so wesentlich beeinträchtigen, dass eine Sanktion in einem Disziplinarverfahren gerechtfertigt ist (EGMR 27.9.2011 – 1305/05 Rn. 32 – Şişman/Türkei).

61 Die **Nichtanerkennung einer Gewerkschaft** als solche erachtet der EGMR nur für gerechtfertigt, wenn es überzeugende und zwingende Gründe für eine solche Einschränkung der Koalitionsfreiheit gibt, wobei er den Konventionsstaaten wegen des bestehenden Rechtsstandards nur einen verminderten Beurteilungsspielraum lässt (EGMR 10.7.1998 – 57/1997/841/1047 Rn. 40 – Sidiropoulos/Griechenland; 21.2.2006 – 28602/95 Rn. 35 – Tüm Haber Sen and Çinar/Türkei; 12.11.2008 – 34503/97 Rn. 119 – Demir and Baykara/Türkei). Insbesondere hat der Gerichtshof kein zwingendes soziales Bedürfnis anerkannt, einer Vereinigung von Beamten nicht die Gewerkschaftseigenschaft zuzubilligen (EGMR 12.11.2008 – 34503/97 Rn. 120 ff. – Demir and Baykara/Türkei). Die Auslegung beruht in diesem Fall auch darauf, dass die Türkei die IAO-Konventionen Nr. 87 und 151 bereits ratifiziert hatte, wenngleich es noch an der Umsetzung der Konventionen fehlte. Zudem verwies der EGMR – trotz der fehlenden Ratifikation durch die Türkei – auf Art. 5 ESC und nahm daher einen sehr eingeschränkten Gestaltungsspielraum an (EGMR 21.2.2006 – 28602/95 Rn. 35, 37 ff. – Tüm Haber Sen and Çinar/Türkei; 12.11.2008 – 34503/97 Rn. 103 – Demir and Baykara/Türkei). Im deutschen Recht sind Beamtenvereinigungen zwar auch keine Gewerkschaften, aber zumindest als Koalition nach Art. 9 III 1 GG geschützt. Lediglich von der Tarifautonomie und dem Recht auf Streik sind sie ausgenommen (→ Rn. 34).

62 Die Anforderung an die Arbeitnehmervereinigung, eine **soziale Mächtigkeit** aufzuweisen, um als Gewerkschaft zu gelten und Tarifverträge schließen zu können, hat die Literatur als gerechtfertigten Eingriff angesehen (vgl. *Giere* 176 ff.; *Isenhardt* 106 f.; **aA** *Mayer-Maly* SAE 1991, 100 [102]). Es wird insbesondere darauf verwiesen, dass der Arbeitnehmervereinigung andere Handlungsmöglichkeiten bleiben. Kollektivverhandlungen sind weiterhin möglich, allerdings nicht der Abschluss eines Tarifvertrages. Auch ein Verstoß gegen Art. 11 I iVm Art. 14 liegt nicht vor (EGMR 27.10.1975 – 4464/70 Rn. 44 ff. – National Union

Rechtfertigung Art. 11 EMRK 40

of Belgian Police/Belgien; *Doerlich,* Die Tariffähigkeit der Gewerkschaft, 2002, 205; *Rüthers/Roth* AP TVG § 2 Nr. 32, 4, 6; **aA** *Giere* 178 f.). Für die Rechtfertigung ließe sich insbesondere auf die Funktionsfähigkeit des Tarifvertragssystems verweisen, das Teil der Rechtsordnung zum Schutz der Arbeitnehmerinteressen ist. Das BAG hat mit Billigung des BVerfG diese Ausgestaltung der Tarifautonomie mit dem GG als vereinbar erachtet (BVerfG 26.5.1970 BVerfGE 28, 295 [305]; 20.10.1981 BVerfGE 58, 233 [248 ff.]; st.Rspr., BAG 9.7.1968 AP TVG § 2 Nr. 25; 5.10.2010 AP TVG § 2 Tariffähigkeit Nr. 7 Rn. 32, 34 ff.). Dagegen lassen sich im nationalen Recht gewichtige Gründe anführen (vgl. *Gamillscheg,* FS Herschel, 1982, 99 [102]; JKOS/*Schubert* § 2 Rn. 89 f.; Wiedemann/*Oetker* § 2 TVG Rn. 399 ff.; s. auch *Mayer-Maly* SAE 1991, 100 [102]). Der EGMR berücksichtigt bei der Prüfung von Art. 11 I indes, dass die Konventionsstaaten einen großen Beurteilungsspielraum haben. Zudem besteht kein einheitlicher europäischer Standard, so dass nationale Sonderwege, die auf die Funktionsfähigkeit des Tarifvertragssystems zielen, leichter gerechtfertigt werden können.

Die **Beschränkung** eines zwingenden **Anhörungsrechts** auf die repräsentativste Ge- 63
werkschaft hat der EGMR zunächst nicht als Verletzung von Art. 11 I angesehen. Ein Eingriff liege zwar vor, die Einschränkung der Zahl der Verhandlungspartner für den Staat ein legitimes Interesse und auch verhältnismäßig, zumal die EMRK nur garantiere, dass die Kollektivverhandlung ein, nicht das Mittel zur Verfolgung der Mitgliederinteressen sei (EGMR 27.10.1975 – 4464/70 Rn. 40 – National Union of Belgian Police/Belgien). Der EGMR hat eine Ungleichbehandlung zumindest für sachgerecht und angemessen gehalten, wenn sie dazu dient, eine einheitliche Personalpolitik zu erreichen (EGMR 27.10.1975 – 4464/70 Rn. 48 – National Union of Belgian Police/Belgien; 6.2.1976 – 5641/72 Rn. 39 ff. – Swedish Engine Drivers' Union/Schweden). Zur Vereinfachung der Verhandlungen könne auch die Zahl der Verhandlungspartner begrenzt werden (EGMR 27.10.1975 – 4464/70 Rn. 48 – National Union of Belgian Police/Belgien; 6.2.1976 – 5641/72 Rn. 42 ff. – Swedish Engine Drivers' Union/Schweden). Insofern sei eine Beschränkung des Rechts auf Gehör auf repräsentative Gewerkschaften zulässig (EGMR 27.10.1975 – 4464/70 Rn. 38 f. – Syndicat national de la police belge/Belgien; Frowein/ Peukert/*Frowein* Rn. 16). Es darf aber keine Verletzung des Diskriminierungsverbots vorliegen (EGMR 27.10.1975 – 4464/70 Rn. 41, 42 ff. – Syndicat national de la police belge/ Belgien).

Der EGMR hat auch die Beschränkung der Verhandlungen auf die **mitgliederstärksten** 64
Gewerkschaften und die Beschränkung von Verhandlungen mit kleinen Gewerkschaften auf Ausnahmefälle gebilligt (EGMR 6.2.1976 – 5641/72 Rn. 40 – Swedish Engine Drivers' Union/Schweden). Die daraus resultierende geringere Attraktivität führe nicht zur Verletzung der individuellen oder kollektiven Koalitionsfreiheit, es sei denn, es liege ein Verstoß gegen das Diskriminierungsverbot vor (EGMR 6.2.1976 – 5641/72 Rn. 42 – Swedish Engine Drivers' Union/Schweden). Der Gerichtshof hat insofern die hohe Konzentration der gewerkschaftlichen Organisation im Konventionsstaat in Bedacht genommen und die vom Konventionsstaat als Arbeitgeber gezogene Schlussfolgerung, nur noch mit den großen Gewerkschaften zu verhandeln, akzeptiert (EGMR 6.2.1976 – 5641/72 Rn. 46 – Swedish Engine Drivers' Union/Schweden; dazu auch *Jacobs* in Dorssemont/Lörcher/Schömann 309 [320, 331]).

Angesichts dieser Rechtsprechung kann grds. auch eine Regelung zur **Tarifeinheit** mit 65
Art. 11 I vereinbar sein, wobei es im Einzelfall darauf ankommen wird, wie diese ausgestaltet ist. Der Grundsatz der Tarifeinheit ist keine Regelung eines closed shop im herkömmlichen Sinne, weil es den Arbeitnehmern unbenommen bleibt, ihre Mitgliedschaft in einer Gewerkschaft frei zu wählen (dazu *Waas* AuR 2011, 93 [98]; **aA** *Salje* SAE 1993, 79 [80 f.]). Auch in anderen Fällen hat der EGMR zwar anerkannt, dass der Schutz der Ordnung sowie die Durchsetzung bestehenden Rechts ein legitimer Zweck für einen Eingriff in Art. 11 I sein kann (EGMR 21.2.2006 – 28602/95 Rn. 35 – Tüm Haber Sen and Çinar/Türkei; 12.11.2008 – 34503/97 Rn. 161 – Demir and Baykara/Türkei), die Erforderlichkeit kann im Einzelfall aber

scheitern, wobei sich insbesondere seit der Anerkennung des Rechts auf Kollektivverhandlungen die Anforderungen an die Rechtfertigung erhöht haben (EGMR 12.11.2008 – 34503/97 Rn. 164 ff. – Demir and Baykara/Türkei). Dafür wird es auch darauf ankommen, ob sich die angestrebten Ziele mit den ergriffenen Maßnahmen erreichen lassen. Insoweit lässt der Gerichtshof den Konventionsstaaten entsprechend seiner bisherigen Rechtsprechung sicher einen weiten Beurteilungsspielraum, so dass nur offensichtlich ungeeignete und nicht erforderliche Einschränkungen konventionswidrig sind. Dennoch ist dieser intensive Eingriff, der die Stellung der Gewerkschaft stark entwertet, wohl nicht zu rechtfertigen (vgl. *Schlachter*, Vereinbarkeit gesetzlich vorgeschriebener Tarifeinheit mit internationalem Recht, S. 35 ff. – www.vaa.de/fileadmin/www.vaa.de/Inhalte/Sonstiges/Gutachten_zw_Vereinbarkeit_der_Tarifeinheit_mit_internationalem_Recht.pdf, zuletzt 20.6.2015).

66 Nicht Stellung nehmen musste der Gerichtshof bisher zur Beschränkung der Kollektivverhandlungen durch **gesetzliche Lohnobergrenzen** oder Spannenvorgaben für die Festsetzung der Vergütung bei ernsthaften wirtschaftlichen Schwierigkeiten. Die Literatur hält solche Maßnahmen bei gravierenden wirtschaftlichen Problemen für zulässig (*Jacobs* in Dorssemont/Lörcher/Schömann 309 [329 f., 332]). Im Einzelfall kann es ein legitimer Zweck sein, Maßnahmen zur Sicherung der Volkswirtschaft als Ganzer zu ergreifen. Wegen der erheblichen Einschränkungen von Art. 11 I sind diese aber nur gerechtfertigt, wenn sie lediglich einen temporären Charakter haben und andere Handlungsmöglichkeiten nicht in geeigneter Weise zur Verfügung standen. Wegen der politischen Dimension solcher Entscheidungen wird der Gerichtshof in solchen Fällen den Beurteilungsspielraum der Konventionsstaaten in Bedacht nehmen müssen.

67 Ein Eingriff in die Koalitionsfreiheit dadurch, dass eine rückwirkende Lohnerhöhung durch den staatlichen Arbeitgeber wegen der Streikteilnahme verweigert wird, hat der EGMR als gerechtfertigt angesehen. Er verweist auf die lange Tradition dieses Vorgehens in Schweden, so dass keine Maßregelung vorliege und auch kein Nachteil für die Gewerkschaft entstehe, und verneint die Verletzung von Art. 11 bzw. Art. 11 iVm Art. 14 (EGMR 6.2.1976 – 5589/72 Rn. 37, 40 – Schmidt and Dahlström/Schweden). Eine Diskriminierung besteht nur, wenn der Tarifvertrag keine Rückwirkung für Mitglieder anderer Organisationen als den streikenden oder die Nichtorganisierten entfaltet, es sei denn, sie hatten sich am Streik beteiligt (EGMR 6.2.1976 – 5589/72 Rn. 37, 40 – Schmidt and Dahlström/Schweden). Eine Rechtfertigung nimmt der Gerichtshof zudem an, wenn staatliche Vorgaben für die Durchführung des Streiks (zB Anmeldung, Mitteilung) diesen nicht beschränken (EGMR 28.10.2010 – 4241/03 Rn. 45 f. – Trofimchuk/Ukraine).

68 Einer Rechtfertigung nach dem Maßstab von Art. 11 II bedarf jede Beschränkung des Streikrechts (EGMR 10.1.2002 – 53574/99). Insbesondere ein genereller **Ausschluss des Streikrechts** kann mit Art. 11 II unvereinbar sein (pauschal *Lörcher* AuR 2009, 229; *Zimmer* AuR 2012, 114 [117]). Im Einzelfall darf jedoch nicht außer Acht bleiben, ob andere Mechanismen zur Interessenverwirklichung bzw. -durchsetzung existieren. Ggf. kann die Rechtfertigung aber auch an einer unzureichenden gesetzliche Grundlage scheitern (EGMR 2.10.2014 – 48408/12 Rn. 84 – Tymoshenko/Ukraine, Widersprüche im nationalen Recht, die trotz Kenntnis nicht ausgeräumt). Zum Beamtenstreik → Rn. 33 ff., 73. Zur Durchführung des Streiks → Rn. 54. Beschränkungen durch Verfahrensvorgaben wie der Ultima-ratio-Grundsatz, den Grundsatz der Parität und der Verhältnismäßigkeit lassen sich nach Art. 11 II 1 rechtfertigen, solange sich daraus keine unangemessenen Beschränkungen ergeben, die das Streikrecht erheblichen Schranken unterworfen und insbesondere für lange Zeiträume eine Beschränkung erlauben und dadurch aushöhlen (vgl. EGMR 27.11.2014 – 36701/09 Rn. 56 ff. – Hrvatski Liječnički Sindikat/Kroatien). Zu rechtfertigen sind auch Not- und Erhaltungsarbeiten, die im Interesse der Allgemeinheit, der Rechte des Eigentümers oder Dritter, erfolgen und die Grenzen des Angemessenen nicht übersteigen. Der EGMR hat bereits ein legitimes Interesse am Schutz der Allgemeinheit anerkannt, wenn die Daseinsvorsorge in erheblichem Umfang bedroht ist (EGMR 8.4.2014 – 31045/10 Rn. 82 – RMT/Vereinigtes Königreich). Mangels eines

spezifischen europäischen Standards haben die Konventionsstaaten letztlich einen erheblichen Beurteilungsspielraum.

Der EGMR berücksichtigt bei der Rechtfertigung von Eingriffen in das Streikrecht, dass **69** die Ausgestaltung des Tarifvertrags- und Arbeitskampfrechts in den Konventionsstaaten sehr unterschiedlich ist und der Gesetzgeber in einem sensiblen Bereich der Sozialpolitik agiert, der in erheblichem Maße auf gewachsenen Strukturen fußt. Daher hat er das Verbot des sog. **Sympathie- oder Unterstützungsstreiks** in der Rechtssache RMT für gerechtfertigt erachtet (EGMR 8.4.2014 – 31045/10 Rn. 86 ff. – RMT/Vereinigtes Königreich). Auch in der Literatur wird zu Recht befürwortet, der EGMR sollte die unterschiedlichen Regelungen zum Recht auf Kollektivverhandlungen in den Konventionsstaaten als historisch gewachsene Diversität akzeptieren und den Staaten einen Beurteilungsspielraum überlassen (*Jacobs* in Dorssemont/Lörcher/Schömann 309 [315]). Ein vergleichbarer Prüfungsmaßstab sollte auch herangezogen werden, wenn es um die Rechtfertigung einer Beschränkung des Streikrechts auf die Herbeiführung von Tarifverträgen geht. Eine solche Beschränkung nimmt den Gewerkschaften nicht die Vertretung der Interessen ihrer Mitglieder, weil andere gewerkschaftliche Maßnahmen wie Demonstrationen oder Aktionstage möglich bleiben. Ähnlich wie beim Sympathiestreik ist jedoch in Bedacht zu nehmen, dass der Streik wesentlich mehr Drittwirkung herbeiführt und damit ein Eingreifen des Staates zum Schutz der Unternehmen leichter gerechtfertigt werden kann. Es bleibt abzuwarten, ob der EGMR bei der Linie bleibt, die er in der RMT-Entscheidung eingeschlagen hat, oder doch stärker die Spruchpraxis der IAO-Gremien bzw. des Europäischen Ausschusses für soziale Rechte seinen Entscheidungen zugrunde legt. Unter dieser Prämisse wird in der Literatur der Tarifbezug des Arbeitskampfs im deutschen Recht zum Teil grds. in Frage gestellt (*Gooren* 222 ff.).

II. Rechtfertigung nach Art. 11 II 2

Art. 11 II 2 ist lex specialis zu Art. 11 II 1. Das führt aber nicht zu einem Herabsetzen **70** der Rechtfertigungsanforderungen, sondern nur zu ihrer fallgruppenweisen Konkretisierung. Insofern müssen bei der Anwendung von Art. 11 II 2 auch die allg. Voraussetzungen für die Rechtfertigung vorliegen (van Dijk/van Hoof/van Rijn/Zwaak/*Heringa/ van Hoof* 840; *Marauhn* RabelsZ 63, 1999, 537 [549 f.]; *Meyer-Ladewig* Art. 11 Rn. 24; noch offengelassen durch EGMR 20.5.1999 – 25390/94 Rn. 61 – Rekvenyi/Ungarn; Prüfung der Verhältnismäßigkeit, EKMR 20.1.1987 – 11603/85 – Council of Civil Service Unions/Vereinigtes Königreich; EGMR 12.11.2008 – 34503/97 Rn. 97 – Demir and Baykara/Türkei). Das muss nicht nur wegen des systematischen Verhältnisses zwischen Art. 11 II 1 und 2 gelten, sondern auch wegen der Holzschnittartigkeit der in Satz 2 geregelten Fallgruppen, die ansonsten die Verhältnismäßigkeit als tragendes Prinzip für die Beschränkung von Grundrechten in der EMRK unterlaufen würden. Insofern genügt die bloße Zugehörigkeit zum Staatsdienst nicht, um die Koalitionsfreiheit auszuschließen oder eine Ausnahme zu rechtfertigen (ebenso *Dorssemont* in Dorssemont/Lörcher/Schömann 333 [351 f.]).

Art. 11 II 2 erfasst die **Streitkräfte** und die **Polizei** als Teil der Staatsgewalt, der der **71** Sicherung der Integrität des Staates nach außen und der Wahrung der öffentlichen Sicherheit und Ordnung sowie der Rechte der Bürger nach innen dient. Sie sichern damit in zentraler Weise die Funktionsfähigkeit des Staates. Der Verwirklichung der Koalitionsfreiheit müssen somit zumindest dort Schranken gezogen sein, wo die Funktion von Streitkräften und Polizei beeinträchtigt wird. Der EGMR berücksichtigt bei seinen Entscheidungen die anerkannten Besonderheiten für die Ausübung der Gewerkschaftsfreiheit bei der Polizei (EGMR 25.9.2012 – 11828/08 Rn. 67 – Trade union of the police in the Slovakian republic/Slowakei). Im konkreten Fall hat das Gericht die sehr massive Drohung mit der Kündigung gegenüber Polizeibediensteten im Falle der Missachtung des Ethikkodex gebilligt, weil es der Sicherung der öffentlichen Ordnung und des Ansehens der Polizei diente. Der Verhältnismäßigkeitsgrundsatz muss aber auch in diesen Fällen zur Anwendung kommen. Insofern können die besonderen Anforderungen, die für die Streitkräfte gelten, eine Beschränkung der Koalitionsfreiheit begründen, sie rechtfertigen aber nicht notwendig deren Ausschluss (so auch EGMR 2.10.2014 – 32191/09 Rn. 52, 55 – Adefdromil/Frankreich). Der EGMR wägt zwischen den militärischen Belangen und dem legitimen Interesse an der Organisation beruflicher Interessen ab. Das gilt auch für Polizeikräfte, schließt ein Streikverbot aber nicht aus. Ein solches hat der EGMR für polizeiliche Sicherheitskräfte gebilligt, die zum Schutz der öffentlichen Sicherheit eine durchgehende Einsatzbereitschaft gewährleisten müssen (EGMR 21.4.2015 – 45892/09 Rn. 34 ff. – Junta Rectora de Ertzainen Nazional Elkartasuna/Spanien). Er verweist auf den europäischen Ethikcodex der Polizei, der ebenfalls kein Streikrecht enthält und vom Ministerrat gebilligt wurde.

72   Art. 11 II 2 erfasst auch die **Staatsverwaltung.** Der Begriff ist nach der Rechtsprechung des EGMR eng auszulegen, wobei auf das bekleidete Amt abzustellen ist (funktioneller Ansatz) (EGMR 22.11.2001 – 39799/98 – Volkmer/Deutschland; *Meyer-Ladewig* Rn. 24; *Widmaier/Alber* ZEuS 2012, 387 [411]). Kommunalbeamte hat der Gerichtshof nicht als Mitglieder der Staatsverwaltung iSv Art. 11 II 2 eingeordnet (EGMR 12.11.2008 – 34503/97 Rn. 97 – Demir and Baykara/Türkei). Zur Abgrenzung verweist er auch auf die Entscheidung in der Rechtssache Pellegrin, die an sich Art. 6 betraf (EGMR 8.12.1999 – 28541/95 Rn. 62 f. – Pellegrin/Frankreich; vgl. auch *Maraun* RabelsZ 63, 1999, 537 [548]). Danach sind Bedienstete der Ordnungskräfte, Rechtspflege, Steuerverwaltung und Diplomatie sowie Verwaltungsstellen auf nationaler, regionaler und lokaler Ebene, die mit der Ausarbeitung von Rechtsakten, ihrer Durchführung und mit Aufsichtsfunktionen betraut sind, Teil der Staatsverwaltung. Ob dazu zB auch Lehrer gehören, wurde bisher offengelassen (EGMR 20.9.1995 – 17851/91 Rn. 68 – Vogt/Deutschland; dazu Frowein/Peukert/*Frowein* Rn. 21). Hiergegen spricht, dass ansonsten ein erheblicher Teil der Leistungsverwaltung weitergehenden Beschränkungen der Koalitionsfreiheit unterworfen wird, obwohl dieser Teil der Verwaltung für die Sicherung des Fortbestands und der Funktionstüchtigkeit des Staates nicht in gleicher Weise erforderlich ist. Auszunehmen von Art. 11 II 2 sind bei einem derart funktionalen (und zugleich grundrechtsschonenden Ansatz) Personen, die in staatlichen Bildungseinrichtungen, im öffentlichen Gesundheitswesen oder in sonstigen Einrichtungen der Daseinsvorsorge tätig sind (*Schubert* AöR 137, 2012, 92 [111 f.]; *Traulsen* JZ 2013, 65 [70]; zweifelnd *Widmaier/Alber* ZEuS 2012, 387 [411 f.]; **aA** Sachs/ *Battis* Art. 33 Rn. 55 f.).

73   Das **Streikverbot für Beamte,** das wie im deutschen Recht lediglich am Status anknüpft, ohne die Funktion des Beamten zu berücksichtigen, wird einer Prüfung durch den EGMR nicht standhalten, es sei denn, er akzeptiert die hier vorgeschlagene Auslegung des Schutzbereichs von Art. 11 I (→ Rn. 35). Die Rechtfertigung eines Streikverbots ist dann nur nach Maßgabe der Funktion des Beamten möglich. Dafür spricht Art. 11 II 2, der zeigt, dass Angehörigen des öffentlichen Dienstes besondere Pflichten auferlegt werden können, um die Funktionsfähigkeit des Staates aufrechtzuerhalten. Bereits die jetzige Rechtsprechung zu Art. 11 II macht deutlich, dass keinesfalls alle Beschäftigten des öffentlichen Dienstes, die in der Regel Beamte sind, von diesen Ausnahmen erfasst werden. Das ist umso deutlicher in Bereichen, wo Beamte und Angestellte im öffentlichen Dienst mit derselben Tätigkeit nebeneinander arbeiten (zB Lehrer). Die Umsetzung der Vorgaben der EMRK wird im Falle einer Verurteilung Deutschlands freilich nicht zum Verlust des Beamtenstatus für die Bestandsbeamten führen. Man wird ihnen aber anbieten müssen, in ein Angestelltenverhältnis zu wechseln, um ihre Rechte aus Art. 11 I in Anspruch nehmen zu können. Wegen der Vorgabe aus Art. 3 I GG ist es jedoch nicht möglich, den Bestandsbeamten zusätzlich zu ihrer privilegierten Rechtsstellung des Streikrechts zu gewähren, weil es ansonsten zu einer nicht gerechtfertigten Besserstellung im Vergleich zu den Arbeitnehmern im öffentlichen Dienst käme.

50. Europäische Sozialcharta

Vom 18. Oktober 1961
(BGBl. 1964 II S. 1262)

zuletzt geänd. durch ÄndBek zur Europäischen Sozialcharta v. 3.9.2001
(BGBl. II S. 970)

DIE UNTERZEICHNERREGIERUNGEN, Mitglieder des Europarats,

IN DER ERWÄGUNG, daß es das Ziel des Europarats ist, eine engere Verbindung zwischen seinen Mitgliedern herzustellen, um die Ideale und Grundsätze, die ihr gemeinsames Erbe sind, zu wahren und zu verwirklichen und ihren wirtschaftlichen und sozialen Fortschritt zu fördern, insbesondere durch die Erhaltung und Weiterentwicklung der Menschenrechte und Grundfreiheiten,

IN DER ERWÄGUNG, daß die Mitgliedstaaten des Europarats in der am 4. November 1950 zu Rom unterzeichneten Europäischen Konvention zum Schutz der Menschenrechte und Grundfreiheiten und in dem am 20. März 1952 zu Paris unterzeichneten Zusatzprotokoll übereingekommen sind, ihren Völkern die darin angeführten bürgerlichen und politischen Rechte und Freiheiten zu sichern,

IN DER ERWÄGUNG, daß die Ausübung sozialer Rechte sichergestellt sein muß, und zwar ohne Diskriminierung aus Gründen der Rasse, der Hautfarbe, des Geschlechts, der Religion, der politischen Meinung, der nationalen Abstammung oder der sozialen Herkunft,

IN DEM ENTSCHLUSS, gemeinsam alle Anstrengungen zu unternehmen, um durch geeignete Einrichtungen und Maßnahmen den Lebensstandard ihrer Bevölkerung in Stadt und Land zu verbessern und ihr soziales Wohl zu fördern,

SIND WIE FOLGT ÜBEREINGEKOMMEN:

Teil I. [Grundsätze]

Die Vertragsparteien sind gewillt, mit allen zweckdienlichen Mitteln staatlicher und zwischenstaatlicher Art eine Politik zu verfolgen, die darauf abzielt, geeignete Voraussetzungen zu schaffen, damit die tatsächliche Ausübung der folgenden Rechte und Grundsätze gewährleistet ist:

1. Jedermann muß die Möglichkeit haben, seinen Lebensunterhalt durch eine frei übernommene Tätigkeit zu verdienen.
2. Alle Arbeitnehmer haben das Recht auf gerechte Arbeitsbedingungen.
3. Alle Arbeitnehmer haben das Recht auf sichere und gesunde Arbeitsbedingungen.
4. Alle Arbeitnehmer haben das Recht auf ein gerechtes Arbeitsentgelt, das ihnen und ihren Familien einen angemessenen Lebensstandard sichert.
5. Alle Arbeitnehmer und Arbeitgeber haben das Recht auf Freiheit zur Vereinigung in nationalen und internationalen Organisationen zum Schutz ihrer wirtschaftlichen und sozialen Interessen.
6. Alle Arbeitnehmer und Arbeitgeber haben das Recht auf Kollektivverhandlungen.
7. Kinder und Jugendliche haben das Recht auf besonderen Schutz gegen körperliche und sittliche Gefahren, denen sie ausgesetzt sind.
8. Arbeitnehmerinnen haben im Falle der Mutterschaft und in anderen geeigneten Fällen das Recht auf besonderen Schutz bei der Arbeit.

9. Jedermann hat das Recht auf geeignete Möglichkeiten der Berufsberatung, die ihm helfen soll, einen Beruf zu wählen, der seiner persönlichen Eignung und seinen Interessen entspricht.
10. Jedermann hat das Recht auf geeignete Möglichkeiten der Berufsausbildung.
11. Jedermann hat das Recht, alle Maßnahmen in Anspruch zu nehmen, die es ihm ermöglichen, sich des besten Gesundheitszustandes zu erfreuen, den er erreichen kann.
12. Alle Arbeitnehmer und ihre Angehörigen haben das Recht auf Soziale Sicherheit.
13. Jedermann hat das Recht auf Fürsorge, wenn er keine ausreichenden Mittel hat.
14. Jedermann hat das Recht, soziale Dienste in Anspruch zu nehmen.
15. Jeder Behinderte hat das Recht auf berufliche Ausbildung sowie auf berufliche und soziale Eingliederung oder Wiedereingliederung ohne Rücksicht auf Ursprung und Art seiner Behinderung.
16. Die Familie als Grundeinheit der Gesellschaft hat das Recht auf angemessenen sozialen, gesetzlichen und wirtschaftlichen Schutz, der ihre volle Entfaltung zu sichern vermag.
17. Mütter und Kinder haben, unabhängig vom Bestehen einer Ehe und von familienrechtlichen Beziehungen, das Recht auf angemessenen sozialen und wirtschaftlichen Schutz.
18. Die Staatsangehörigen einer Vertragspartei haben das Recht, im Hoheitsgebiet jeder anderen Vertragspartei gleichberechtigt mit deren Staatsangehörigen jede Erwerbstätigkeit aufzunehmen, vorbehaltlich von Einschränkungen, die auf triftigen wirtschaftlichen oder sozialen Gründen beruhen.
19. Wanderarbeitnehmer, die Staatsangehörige einer Vertragspartei sind, und ihre Familien haben das Recht auf Schutz und Beistand im Hoheitsgebiet jeder anderen Vertragspartei.

Übersicht

	Rn.
A. Historische Entwicklung und Struktur der ESC	1
B. Geltung der ESC	3
I. Geltungsbereich	3
II. Stand der Ratifikation	7
C. Auslegung der ESC	9
D. Rechtliche Qualität der Regelungen	15
I. Soziale Menschenrechte als rechtliche Kategorie	15
II. Verbindlichkeit der sozialen Rechte in der ESC	21
III. Interstaatenverpflichtung, kein subjektives Recht	24
E. Derogation und Beschränkung der sozialen Rechte	27
I. Notstands- und Derogationsklausel, Art. 30	27
1. Krieg oder öffentlicher Notstand	28
2. Wirkung der Derogation	29
3. Notifikation	31
II. Schranken der sozialen Rechte der ESC, Art. 31	32
1. Normzweck	32
2. Rechtfertigung nach Art. 31 I	34
a) Rechtsgrundlage	34
b) Legitimes Interesse	36
c) Notwendigkeit der Einschränkung in einer demokratischen Gesellschaft	39
F. Durchsetzung der ESC	43
I. Berichtsverfahren	44
1. Durchführung des Berichtsverfahrens	46
a) Berichte nach Art. 21	46
b) Berichte nach Art. 22	50
2. Rechtscharakter der Conclusions und Recommendations	51
II. Kollektivbeschwerde	53
G. Einwirkung der ESC auf das Recht der Vertragsstaaten	55

A. Historische Entwicklung und Struktur der ESC

Die ESC regelt soziale und wirtschaftliche Rechte und ergänzt die auf bürgerliche und 1
politische Rechte konzentrierte EMRK (Präambel der Charta). Die Vorarbeiten zur ESC
begannen kurz nach der Unterzeichnung der EMRK im Jahre 1951. Die Charta wurde aber
erst am 18.10.1961 unterzeichnet und ist am 26.2.1965 in Kraft getreten. Die endgültige
Fassung steht zwischen den zunächst konträren Entwürfen, die entweder eine rein deklaratorische Charta mit grundlegenden Rechten oder eine sehr weitgehende Regelung sozialer
Rechte enthielten, die von einem Rat mit eigenen Kompetenzen in den Mitgliedstaaten
durchgesetzt werden sollten (*Dumke* 9 ff.). Die ESC enthält sowohl Grundsätze (Teil 1) als
auch soziale Grundrechte (Teil 2) und sieht zu ihrer Durchsetzung ein Berichtswesen vor,
das der Ausschuss für soziale Rechte überwacht (Teil 4, 5). Die ESC zielt auf wirtschaftlichen und sozialen Fortschritt und verpflichtet die Vertragsstaaten, ihren Sozialstandard zu
wahren und die Systeme sozialer Sicherheit auszubauen, soweit sie den Mindeststandards der
Charta noch nicht genügen (dazu *Pischel* 3).

Die ESC wurde 1988 durch ein Zusatzprotokoll ergänzt (5.5.1988 ETS 128), das 2
bestehende Rechte weiterentwickelte und neue soziale Rechte aufnahm (Recht auf Chancengleichheit und Gleichbehandlung, Recht der Arbeitnehmer auf Information und Konsultation im Betrieb, Rechte älterer Arbeitnehmer auf sozialen Schutz). Das Zusatzprotokoll
trat am 4.9.1992 in Kraft. Ein weiteres Protokoll zur Änderung des Berichtsverfahrens folgte
1991 (21.10.1991 ETS 142). Mangels der notwendigen Ratifikation durch alle Mitgliedstaaten ist es nicht in Kraft getreten. Seine Regeln werden aber von den Organen praktiziert,
soweit sie der ESC nicht widersprechen (Europarat 19; *Hohnerlein* ZESAR 2003, 17 [20];
Schlachter RdA 2011, 341 [346]; *v. Komorowski,* in: Blumenwitz/Gornig/Murswiek 99
[114 f.]). Wegen der unzureichenden Implementierung der ESC und der geringen Durchsetzungskraft des Überwachungsverfahrens wurde 1995 ein Zusatzprotokoll zur Einführung
einer Kollektivbeschwerde unterzeichnet (9.10.1995 ETS 158). Sie erlaubt den Arbeitnehmer- und Arbeitgebervereinigungen sowie bestimmten Nichtregierungsorganisationen eine
Beschwerde beim Sachverständigenausschuss wegen der Verletzung der ESC. Es handelt sich
dabei aber nicht um einen Individualrechtsschutz, der dem Schutz subjektiver Rechte dient,
sondern um ein Verfahren zur Feststellung einer Verletzung der ESC (*Ipsen,* Völkerrecht,
2014, § 37 Rn. 14 f.; *Świątkowski* 23; *Hohnerlein* ZESAR 2003, 17 [21]). Auf die Entscheidung des Ausschusses hin kann das Ministerkomitee Empfehlungen aussprechen. Die
Zusatzprotokolle wurden 1996 mit der ESC in eine revidierte ESC (RESC) zusammengeführt, die am 1.7.1999 in Kraft trat (3.5.1996 ETS 163).

B. Geltung der ESC

I. Geltungsbereich

Der **räumliche Geltungsbereich** erstreckt sich nach Art. 34 auf das Mutterland der 3
Mitgliedstaaten („metropolitain territory"/„territoire metropolitain"). Die Mitgliedstaaten
können durch eine Erklärung bestimmen, welche Gebiete dazugehören. Diese kann nachträglich modifiziert werden.

Der **persönliche Geltungsbereich** der Charta erstreckt sich auf alle Bürger der Mit- 4
gliedstaaten, die die ESC ratifiziert haben (*Wiebringhaus,* Liber Amicorum Aubin, 1979, 265
[271]). Das regelt die ESC nicht ausdrücklich, sondern das ergibt sich daraus, dass es sich um
eine Interstaatenverpflichtung handelt, die von Staaten grundsätzlich im Hinblick auf die
eigenen Staatsbürger eingegangen wird. Nach Nr. 1 des Anhangs der ESC gilt die Charta
auch zugunsten von Ausländern, die sich rechtmäßig im Hoheitsgebiet eines Vertragsstaates
aufhalten oder regelmäßig in deren Staatsgebiet arbeiten. Erfasst sind aber nur die Staats-

bürger anderer Mitgliedstaaten. Diese Regelung lehnt sich an den im Völkerrecht etablierten Grundsatz der Reziprozität an (vgl. *Neubeck* 69). Die Anwendung der Charta hängt für den Ausländer aber nicht davon ab, in welchem Umfang sein Heimatland die ESC ratifiziert hat, sondern gilt für in Deutschland lebende Ausländer nach Maßgabe der hiesigen Ratifikation (Conclusions VII, 1981, 77 ff.; *Wiebringhaus,* Liber Amicorum Aubin, 1979, 265 [270]; *Neubeck* 74 ff.). Die ESC sieht in Art. 20 ein Optionsmodell vor, das den Mitgliedstaaten die Entscheidung überlässt, wie weit sie soziale Rechte schützen. Sonderregelungen enthalten Art. 12 Nr. 4 und Art. 13 Nr. 4 (travailleur sans papiers). Eine Sonderstellung nehmen Flüchtlinge iSd Genfer Flüchtlingskonvention ein, sie dürfen aber keinesfalls schlechter behandelt werden als nach Maßgabe der ESC (siehe Anhang der ESC Abs. 2 zum persönlichen Geltungsbereich).

5 Die ESC bezieht sich in den Bestimmungen ganz überwiegend auf „worker"/„travailleur", die in der deutschen Fassung als **Arbeitnehmer** übersetzt werden. Diese Begriffe sind allein in der englischen und französischen Fassung maßgebend (→ Rn. 10), wobei sich die Auslegung nicht an den Eigenarten eines Vertragsstaates ausrichtet. Die Begriffe der ESC sind vielmehr autonom auszulegen, da ein einheitlicher Sozialstandard für die Vertragsstaaten geschaffen werden sollte. Im Rahmen der Auslegung von Art. 6 besteht Einigkeit, dass es für die Einordnung als „worker"/„travailleur" nicht darauf ankommt, ob der Beschäftigung ein Arbeitsverhältnis oder ein öffentlich-rechtliches Dienstverhältnis zugrunde liegt (Conclusions III, 1973, 33 – Deutschland; Collective Complaint 21.5.2002 – 11/2001 Rn. 58 – European Council of Police Trade Unions/Portugal; Collective Complaint 9.5.2005 – 25/2004 Rn. 41 – Centrale générale des services publics/Belgien; Digest 2008, 53; *Däubler* 183 f.; *Lörcher* AuR 2009, 229 [233]; *Mitscherlich* 96 ff.; *Świątkowski* 192, 215 [230]; ausf. *Dumke* 76 ff.). Hierfür spricht insbesondere der Schutzzweck der ESC, die wirtschaftlichen und sozialen Fortschritt verwirklichen will. Dieser mag von einer vergleichbaren Schutzbedürftigkeit abhängen, soweit diese vorhanden ist, kann indes nicht die Art des Rechtsverhältnisses entscheidend sein. Ansonsten könnten die Vertragsstaaten durch die Entscheidung über die Verbeamtung die ESC usurpieren (*Däubler* 184).

6 Darüber hinaus wird die ESC vom Ausschuss für soziale Rechte auf **arbeitnehmerähnliche Personen bzw. Selbständige** ausgedehnt (Conclusions XX-2, 2013, 3 f. – Deutschland; s. auch Digest 2008, 38; Europarat 119). Das gilt für die Art. 3 und 5. Auch die Literatur spricht sich zum Teil für ein weites Verständnis aus (zB *Kohte,* FS Birk, 2008, 417 [419, 421 f.]; *Świątkowski* 84, 191; *Wiebringhaus,* Liber Amicorum Aubin, 1979, 265 [270]; **aA** wohl *Pischel* 12). Eine solche Erweiterung wird aber nicht für alle Regelungen des 2. Teils der ESC angenommen. Der persönliche Anwendungsbereich wird (insbesondere in den hier kommentierten Art. 1 bis 8) auf „worker"/„travailleur" bezogen. Der Begriff „worker" ist im englischen Arbeitsrecht zwar weit und bezieht sich auch auf Personen, die nach deutschem Verständnis arbeitnehmerähnliche Beschäftigte wären. Die Begriffe der ESC sind aber autonom auszulegen und diese Erweiterung gilt nicht gleichermaßen für den französischen Begriff „travailleur". Für einen Bezug der Garantien auf Arbeitnehmer ieS spricht vor allem die Art des Sozialschutzes, die an einer persönlich abhängigen Beschäftigung im Betrieb des Arbeitgebers anknüpft und damit die spezifische Schutzbedürftigkeit auslöst, die zur Entwicklung sozialer Rechte geführt haben. Die Erweiterung über diesen Personenkreis hinaus lässt sich zumindest bei Art. 5 nicht mit dem Wortlaut vereinbaren, weil es keinen tragenden begrifflichen Unterschied gibt und auch teleologisch nicht ersichtlich ist, warum etwas Abweichendes gelten sollte. Einschließen lassen sich aber aber Arbeitsuchende und Rentner. Zudem besteht ein effizienter und gleichlautender Schutz der Vereinigungsfreiheit durch Art. 11 EMRK im Interesse der Selbständigen. Art. 3 nimmt zwar nicht wörtlich auf die Arbeitnehmer Bezug, aber zumindest indirekt im Einleitungssatz, der auf „right to safe and healthy working conditions"/„sécurité et à l'hygiène dans le travail" Bezug nimmt und in Nr. 3 die Arbeitnehmer- und Arbeitgeberkoalitionen anführt. Ein weitergehender Schutz von arbeitnehmerähnlichen Personen und Selbständigen kommt bei der von Art. 3 geregelten Arbeitssicherheit zudem nur in Betracht, wenn diese Berufs-

tätigen in einem von ihrem Auftraggeber determinierten Arbeitsumfeld tätig werden. Insoweit ist ein vergleichbarer Schutz, wie er für die Arbeitnehmer besteht, wünschenswert, ergibt sich aber nicht zweifelsfrei aus der ESC.

II. Stand der Ratifikation

Die Mitgliedstaaten müssen die ESC nicht im Ganzen ratifizieren. Art. 20 sieht ein **Optionsmodell** vor, wonach neben dem ersten Teil der Charta mindestens 5 der Artikel 1, 5, 6, 12, 13, 16, 19 sowie mindestens weitere 10 Artikel oder 45 Absätze von den Artikeln zu ratifizieren sind. Dieses im deutschen Sprachraum sog. Cafeteria-Modell macht die ESC trotz der unterschiedlichen politischen Ausrichtung und wirtschaftlichen sowie sozialen Entwicklung attraktiv für die Mitgliedstaaten (Europarat 73; *v. Komorowski*, in: Blumenwitz/Gornig/Murswiek 99 [120]); *Świątkowski* 10; *Hohnerlein* ZESAR 2003, 17 [20]). Gerade bei sozialen Rechten setzt der unterschiedliche Entwicklungsstand der Staaten dem Abschluss völkerrechtlicher Verträge merklich Grenzen, so dass das Optionsmodell die Chancen für die Ratifikation der ESC deutlich erhöht hat. Gleichzeitig schwächt das Opt-in den Menschenrechtsschutz durch die ESC entscheidend (vgl. *Świątkowski* 10; *v. Komorowski*, in: Blumenwitz/Gornig/Murswiek 99 [120]). 7

Deutschland hat die ESC im Jahre 1965 ratifiziert. Sie erstreckt sich auf den zweiten Teil hins. folgender Artikel: Art. 1–3, 4 Nr. 1–3, 5 f., 7 Nr. 2–10, 8 Nr. 1, 3, 9, 10 Nr. 1–3 sowie Art. 11–19. Wegen des im deutschen Recht bestehenden Streikverbots für Beamte wurde gegenüber Art. 6 Nr. 4 ESC ein Vorbehalt erklärt, der aber nicht in der Erklärung der Bundesregierung, sondern in einem Begleitbrief enthalten war (dazu *Miehsler*, FS Verdross, 1980, 547 [549 ff.]; zur Zulässigkeit dieser Form Europarat 77). Dieser Begleitbrief kann einen Vorbehalt nach Art. 19, 20 V WVK begründen, allerdings ist die Anwendung der Normen nicht unproblematisch, weil sie nicht in jeder Hinsicht dem Völkergewohnheitsrecht entsprechen (Dörr/Schmalenbach/*Walter*, Vienna Convention on the Law of Treaties, 2012, Art. 19 Rn. 133). Vorbehalte gegenüber der ESC sind zudem nicht nach Art. 19 lit. a WVK ausgeschlossen (aA *Betten*, The Right to Strike in Community Law, 1985, 196). Die ESC kann auch nur in Teilen ratifiziert werden, wobei absatzweise vorgegangen werden kann. Wenn bereits eine so weitgehende Auswahl möglich ist, so muss erst recht ein Vorbehalt zulässig sein, zumindest wenn er nach Vorlage des finalen Textes erklärt wird und vor der Ratifikation erfolgt (*Miehsler*, FS Verdross, 1980, 547 [565 ff.]). Immerhin kommt Art. 6 Nr. 4 nur um den im Vorbehalt erfassten Fall beschränkt zur Anwendung, was mit dem Ziel der ESC, den Schutz sozialer Rechte so weit wie möglich auszubauen, gut vereinbar ist. Das spricht für die Wirksamkeit des Vorbehalts. Problematisch bleibt, dass bei der Ratifikation durch das Parlament nicht auf den Vorbehalt Bezug genommen wird. In der Literatur ist streitig, ob der Vorbehalt in das Vertragsgesetz aufgenommen werden muss (darfür *Jarass* DÖV 1975, 117 [120 f.]; *Schweitzer*, Staatsrecht III, 10. Aufl. 2010, Rn. 207 ff.; **aA** *Treviranus* DÖV 1976, 325 [327 f.]; *Wiese* DVBl. 1975, 73 [79]). Nach den Leitsätzen des Rechtsausschusses des Bundesrates v. 7./8.6.1977 muss die Bundesregierung den Vorbehalt dem Parlament mitteilen und das Vertragsgesetz ist dementsprechend anzupassen. Für den Vorbehalt zu Art. 6 Nr. 4 besteht die Besonderheit, dass das Vertragsgesetz auf der Prämisse beruht, dass die ESC nicht für Beamte gelte (Regierungsentwurf, BT-Drs. IV/2117, 29). Das deckt sich zumindest inhaltlich im Ergebnis mit dem Vorbehalt. Die Protokolle von 1988, 1991 und 1995 wurden ebenso wenig ratifiziert wie die revidierte ESC. **Österreich** hat zunächst die ESC, später auch die Zusatzprotokolle sowie die RESC ratifiziert. Daher gilt die RESC mit Ausnahme von Art. 8 Nr. 2 und Art. 15 Nr. 2 ESC, an die sich Österreich weiterhin binden will. 8

C. Auslegung der ESC

9 Die Auslegung der ESC erfolgt nach Maßgabe der **Art. 31–33 WVK** (Art. 5 WVK). Die Konvention ist zwar erst nach der ESC in Kraft getreten, die Regelungen zur Vertragsauslegung haben jedoch bestehendes Völkergewohnheitsrecht kodifiziert (IGH 12.12.1996, ICJ Reports 1996, 803 [812] – Islamic Republic of Iran/USA; EGMR 21.2.1975 – 4451/70 Rn. 29 – Golder/Vereinigtes Königreich; *Villiger* Commentary Art. 31 WVK Rn. 37, Art. 32 WVK Rn. 13; *Matscher,* FS Masler, 1983, 545 [548]). Die ESC ist daher anhand ihres Wortlauts, ihres systematischen Kontexts und ihres Zwecks auszulegen. Da es sich um einen Vertrag handelt, ist streitig, ob es auf das subjektive Verständnis der Parteien ankommt, zumal es sich um souveräne Staaten handelt (**subjektive** Auslegung), oder ob einer **objektiven Auslegung** der Vorrang gebührt, die stärker auf den Zweck der Normen unter Berücksichtigung der sich wandelnden Verhältnisse abstellt (dazu *Dumke* 22 ff.; *Mitscherlich* 31 ff.; für eine objektive Auslegung *Däubler/Lörcher* AK § 10 Rn. 6; *Mitscherlich* 32 f.). Die WVK hat sich nicht eindeutig für eine der beiden Alternativen entschieden. Sie erlaubt die Bezugnahme auf die vorbereitenden Arbeiten (Art. 32 WVK), gebietet aber auch eine Auslegung mit Rücksicht auf den für Verträge typischen Grundsatz von Treu und Glauben (Art. 31 WVK; dazu *Villiger* Commentary Art. 32 WVK Rn. 7 ff.; *Ipsen,* Völkerrecht, 2014, § 12 Rn. 5; *Corten/Klein/Sorel/Baré/Eveno,* The Vienna Convention on the Law of Treaties, 2011, Art. 31 WVK Rn. 9, 29; *Dumke* 27). Zugleich betont sie den Regelungszweck und die Relevanz nachträglicher Vereinbarungen sowie der Vertragspraxis. Daher hat sich im Völkerrecht ein differenziertes Vorgehen entwickelt (vgl. *Bleckmann,* Völkerrecht, 2001, Rn. 370; *Dölle* RabelsZ 26, 1961, 4 [30 f.]; *Bernhardt,* Die Auslegung völkerrechtlicher Verträge, 1963, 23). Je weniger Vertragspartner kontrahieren, umso mehr kann die Auslegung nach subjektiven Kriterien erfolgen. Für eine stärker objektive Auslegung sprechen neben der Zahl der Vertragspartner der Aufbau einer eigenen Organisation und die lange Gültigkeit des Vertrages (*Bleckmann,* Völkerrecht, 2001, Rn. 371; *Dumke* 24; *Mitscherlich* 35; s. auch *Däubler/Lörcher* AK § 10 Rn. 6). Daneben kann es von Bedeutung sein, ob es sich wie üblich um eine reine Interstaatenverpflichtung oder einen Vertrag handelt, der Bürgern subjektive Rechte gewährt.

10 Bei der Anwendung dieser Grundsätze auf die ESC ist zu beachten, dass die Charta nur in der englischen und französischen Fassung verbindlich ist, ohne dass eine von beiden Vorrang genießt (Art. 38 Abs. 3). Bei der Auslegung ist auf den Einklang beider Fassung zu achten (Art. 33 WVK). Für die systematische Auslegung ist der Vertragstext der ESC heranzuziehen, ohne dass es auf die Ratifikation bzw. das Opt-in der Mitgliedstaaten ankommt. Zu ermitteln ist die (objektive) Bedeutung des Norminhalts, die unabhängig von der Bindung der Mitgliedstaaten ist. Die Begriffe der ESC sind generell autonom auszulegen (*Schlachter* SR 2013, 77 [83]). Das Begriffsverständnis in den Vertragsstaaten ist nicht von Belang. Allerdings werden insbesondere vom Europäischen Ausschuss für soziale Rechte auch rechtsvergleichende Erkenntnisse berücksichtigt (dazu *Birk* ZvglRWiss 100, 2001, 48 [55 ff.]; *Schlachter* SR 2013, 77 [84]).

11 Die ESC ist **systematisch** unter Berücksichtigung der Präambel und des Anhangs auszulegen (Art. 31 II WVK; s. auch *Wiebringhaus,* Liber Amicorum Aubin, 1979, 265 [275]). Das ergibt sich für den Anhang der ESC auch aus Art. 38, wonach er integraler Bestandteil der Charta ist. Andere völkerrechtliche Verträge erlangen Bedeutung für die Auslegung der ESC, soweit sie im Zusammenhang mit ihr vereinbart wurden (Art. 31 II WVK). Das gilt insbesondere bei Verträgen derselben Organisation oder unter Mitwirkung derselben Vertragsstaaten. Daher wird vor allem die EMRK zur Auslegung der ESC herangezogen (*Dumke* 38; Empfehlung des Ministerausschusses, RChS, 2003, 19 v. 24.9.2003, Rn. 8). Dabei ist zu berücksichtigen, dass soziale Grundrechte bewusst nicht in die EMRK aufgenommen wurden. Auch strukturelle Eigenarten (subjektiv-individuelle Abwehrrechte,

Rechtsschutz) stehen einem pauschalen Rückgriff auf die EMRK entgegen. Nur bei strukturgleichen Rechten ist die Bezugnahme legitim (zur Wechselwirkung von EMRK und ESC *Dumke* 38 f.; *Akandji-Kombé,* in de Búrca/de Witte, Social Rights in Europe, 2005, 89 [91 ff.]). Das gilt vor allem für Art. 5 und 6 (vgl. auch *Schlachter* SR 2013, 77 [78, 84]). Zur Bedeutung der ESC für die Auslegung der EMRK → EMRK Art. 1 Rn. 11 f.

Völkerrechtliche Verträge der VN (IPbpR, IPwskR) und von deren Unterorganisati- **12** on, wie der IAO lassen sich nicht ohne Weiteres zur Auslegung des ESC heranziehen (so aber zu Art. 33 Abs. 1 *Birk,* FS Rehbinder, 2002, 3 [6]; *Schlachter* SR 2013, 77 [84]). Die ESC ist ein Vertrag über regionale Menschenrechte, während die VN und die IAO weltweit geltende Standards setzen. Gerade bei sozialen Grundrechten, die vielfach nicht voraussetzungslos sind, sondern von den gesellschaftlichen und wirtschaftlichen Verhältnissen abhängen, ist das zu berücksichtigen. Je größer die Divergenz zwischen den Vertragsstaaten, umso geringer ist das Konsenspotential für rechtlich verbindliche soziale Standards. Daher bleiben die Gewährleistungen des IPwskR hinter denen des ESC zurück (*Nußberger* 86 f.). Einer systematischen Auslegung der ESC anhand der VN-Konventionen steht auch der abweichende Kreis der Vertragsstaaten entgegen. Die zuständigen Organe der IAO erhalten zwar die Berichte und conclusions des Europäischen Ausschusses für soziale Rechte (Art. 26), das führt aber nicht zur Auslegung der ESC im Lichte der IAO-Konventionen (*Dumke* 39 f.). Auch die Conclusions und Recommendations der IAO-Gremien, deren Verbindlichkeit ohnehin streitig ist (vgl. *Dumke* 40; *Seifert* KritV 2009, 357 [363 f.]; *Weiss/Seifert,* GS Zachert, 2010, 130 [131]), sind nicht bindend (BAG 13.10.1988 NZA 1989, 716 [719]; *Bepler,* FS Wißmann, 2005, 97 [107]; *Dumke* 40, 42; *Däubler* AuR 1998, 144 [147 f.]; *Rieble* RdA 2005, 200 [204]; **aA** *Däubler/Lörcher* AK § 10 Rn. 27; *Schlachter* RdA 2011, 341 [345 f.]; für eine Berücksichtigung der Spruchpraxis auch *Althoff* AuR 2013, 384 [386]). Die Gremien genießen ein hohes Ansehen, haben aber nicht die Interpretationshoheit, die dem IGH zufällt (Art. 36 II IGH-Statut). Zudem gebietet die unterschiedliche Normurheberschaft Zurückhaltung. Für eine Berücksichtigung der Spruchpraxis der IAO-Gremien spricht vor allem die damit beförderte Konvergenz sozialer Grundrechte (vgl. dazu Art. 1c Satzung des Europarats; dazu *Däubler/Lörcher* AK § 10 Rn. 9; *Nußberger* 408). Ein unterschiedliches Rechtsverständnis derogiert de facto die Wirkung der sozialen Grundrechte, zumal die EMRK soziale Rechte nur punktuell schützt (*v. Maydell,* FS Birk, 2008, 547 [556]; vgl. auch *Akandji-Kombé* in de Búrca/de Witte, Social Rights in Europe, 2005, 89 [92 f.]). Dieses Bestreben hilft nicht über die dogmatischen Grenzen hinweg, spricht aber für einen sorgsamen Umgang mit den Differenzen zwischen den grundrechtsschützenden Konventionen. Schließlich ist die ESC nicht systematisch anhand des **Europarechts** auszulegen, auch wenn die ESC nach Art. 151 AEUV auf das Unionsrecht ausstrahlt (so aber *Dumke* 40 f.; zu Rückschlüssen aus dem Gemeinschaftsrecht *Kohte/Doll* ZESAR 2003, 393 [397]; *Kohte,* FS Birk, 2008, 417 [419 ff.]; Callies/Ruffert/*Krebber* Art. 151 Rn. 27). Das gilt umgekehrt nicht in gleicher Weise.

Bei der **teleologischen Interpretation** der ESC ist der Normzweck, aber auch die **13** rechtliche Qualität der Regelung in Bedacht zu nehmen. Letztere sagt etwas über die Reichweite der Verpflichtung aus (*Villiger* Commentary Art. 31 WVK Rn. 11). Zudem ist die ESC wie die EMRK dynamisch auszulegen (*Dumke* 35; *Verdross/Simma,* Universelles Völkerrecht, 3. Aufl. 2010, § 782). Die Charta zielt nach ihrer Präambel auf die Erhöhung der Konvergenz zwischen den Mitgliedstaaten und den sozialen Fortschritt. Bei sozialen Rechten ist die Konvergenz zwischen den Mitgliedstaaten aber häufig geringer als bei den liberalen Abwehrrechten, so dass die Dynamisierung verhaltener ist. Es besteht aber – ebenso wie bei der EMRK (→ EMRK Art. 1 Rn. 14) – eine evolutiv-dynamische Auslegung. Der Ausschuss für soziale Rechte korrigiert regelmäßig die Interpretation der ESC, wenn sich die tatsächlichen Verhältnisse und die rechtlichen Rahmenbedingungen ändern (vgl. zB Conclusions XX-2, 2013, General Introduction Rn. 6; Conclusions XX-1, 2012, General Introduction Rn. 7). Darin kommt auch ein Effektivitätsgrundsatz ähnlich wie bei der EMRK zum Tragen, wobei der Ausschuss den Vertragsstaaten Gestaltungsspielraum belässt, wo die ESC ihn einräumt (*Schlachter* SR 2013, 77 [84]). Der Ausschuss argumentiert nicht damit, dass ein Beurteilungsspielraum dort einzuräumen ist, wo es an einem gemeinsamen europäischen Standard fehlt. Das mag auf der Zielsetzung der sozialen Grundrechte beruhen, den sozialen Schutz zu erhöhen.

14 **Institutionelle Rechtsanwender** der ESC im Europarat sind der Europäische Ausschuss für soziale Rechte und das Ministerkomitee, die ihre Conclusions und Recommendations veröffentlichen (→ Rn. 45, 52 ff.). Die Entscheidungen beider Gremien sind nicht verbindlich. Die conclusions sind aber von der unabhängigen Expertise der Ausschussmitglieder getragen, während die Recommendations eher politische Äußerungen sind, um die Einhaltung der Charta zu fördern. Die Interpretation des Ausschusses für soziale Rechte ist eine praktisch hoch angesehene Expertenmeinung, ohne dass normativ die gleiche Interpretationshoheit besteht, wie sie dem EGMR und dem EuGH im Verhältnis zu den Mitgliedstaaten eigen ist. Dem wird in der Literatur unter Verweis auf das Turiner Protokoll von 1991 widersprochen, das dem Ausschuss die verbindliche Interpretation der Charta zuschreibt (Däubler/*Lörcher* AK § 10 Rn. 27; *Schlachter* RdA 2011, 341 [346]; *dies.* SR 2013, 77 [79]; **aA** *Gooren* 181; MHdBArbR/*Birk* 2. Aufl. 2000, § 17 Rn. 96; *Kerwer* EuZA 2008, 335 [351]; *Rieble* RdA 2005, 200 [204]). Das Protokoll trat indes nie in Kraft. Der Beschluss des Ministerrats im Jahre 1991, das Protokoll dennoch anzuwenden, hat für den Europarat intern bindende Wirkung. Wenn es aber darum geht, ob die ESC in der Auslegung durch den Ausschuss verbindliche Wirkung für die Vertragsstaaten hat, so kommt es auf deren Ratifikation an. Darüber hilft nicht hinweg, dass die Vertragsstaaten im Ministerausschuss durch Regierungsvertreter repräsentiert sind und zugestimmt haben. Die Wirksamkeit der Ratifikation ist nach Maßgabe des nationalen Verfassungsrechts zu beurteilen, so dass es eines Parlamentsgesetzes bedarf, wenn eine Bundeszuständigkeit betroffen ist. Das hat für die Handhabung der ESC im Europarat keine praktischen Konsequenzen, ist aber bei der systematischen Auslegung der EMRK anhand der ESC in Bedacht zu nehmen (→ EMRK Art. 1 Rn. 13).

D. Rechtliche Qualität der Regelungen

I. Soziale Menschenrechte als rechtliche Kategorie

15 Die Verrechtlichung von Menschenrechten erfolgte in mehreren Etappen und begann mit den bürgerlichen und politischen Rechten, für die ein vergleichsweise hohes Konvergenz- und Konsenspotential bestand. Soziale Rechte und soziale Standards sind wesentlich stärker vom politischen, mehr sogar noch vom ökonomischen Entwicklungsstadium einer Gesellschaft abhängig, so dass die Konvergenzen zwischen den Staaten geringer sind (vgl. *Böckenförde,* in Böckenförde/Jekewitz/Ramm 10 f.). Sie gelten als Menschenrechte der Zweiten Generation, die im Wesentlichen erst seit Beginn des 20. Jahrhunderts allmählich verrechtlicht wurden (vgl. auch *Machacek,* in: Matscher 21 [25]; *Odendahl* JA 1996, 898 [899]; zu früheren Regelungen *Böckenförde,* in Böckenförde/Jekewitz/Ramm 7). Bewusstsein für ihre Notwendigkeit entstand insbesondere aus der Verteilungswirkung subjektiver Freiheitsrechte und deren Funktionslosigkeit aufgrund ungleicher Verteilung für einen Teil der Bürger. Liberale Ordnungen setzen Eigentum und Arbeit voraus, während soziale Rechte stärker die Voraussetzung für die Ausübung von Freiheitsrechten sichern (*Badura* Der Staat 14, 1975, 17 [23]; *Böckenförde,* in Böckenförde/Jekewitz/Ramm 9; HdBG/*Langenfeld* § 163 Rn. 5). Ihre rechtliche Qualität (Verbindlichkeit, Subjektivität/Objektivität, inhaltliche Bestimmtheit, dogmatische Struktur) weist Eigenarten auf (*Böckenförde,* in Böckenförde/Jekewitz/Ramm 10).

16 Der Begriff der **sozialen (Menschen-)Rechte** bedarf einer Eingrenzung, zumal er unterschiedlich gehandhabt wird (vgl. *Cottier* 45 ff.; HdBG/*Langenfeld* § 163 Rn. 5; HdBStR/*Murswiek* § 192 Rn. 44 ff.; *Odendahl* JA 1996, 898 f.). Soziale Menschenrechte in

internationalen Konventionen verpflichten, sofern sie verbindlich sind, die Vertragsstaaten, solche Rechte zu gewährleisten, und setzen damit den Vertragsstaaten Grenzen. Sie verpflichten die Vertragsstaaten nicht nur zur Schaffung von Rechten, sondern nehmen diese auch von der Disposition des Staates aus oder setzen dafür zumindest Grenzen. Als Grundrechte gelten im nationalen Recht allerdings nur subjektive und verfassungsförmige Rechte, insbesondere bürgerliche und politische Rechte (vgl. *Machacek,* in Matscher 21 [24]). Im Völkerrecht, das vor allem durch Interstaatenverpflichtungen gekennzeichnet ist, verbindet sich der Begriff sozialer Rechte nicht notwendig mit dem Charakter als subjektives Individualrecht (→ Rn. 25 f.). Von sozialen Rechten kann bereits gesprochen werden, wenn sich die Vertragsstaaten durch die Konventionen verpflichtet haben und ein Mindestmaß an Kontrolle besteht (*Machacek,* in: Matscher 21 [25]).

Inhaltlich gelten Rechte in der Regel als sozial, wenn sie sich auf das Recht auf Arbeit 17 oder auf das Recht auf soziale Sicherheit sowie auf das Recht auf Bildung und das Recht auf Rehabilitation beziehen (*Machacek,* in Matscher 21 [61]; ähnlich HdBStR/*Murswiek* § 192 Rn. 44 ff.; *v. Komorowski,* in Blumenwitz/Gornig/Murswiek 99 [133]; mit etwas anderer Einteilung *Cottier* 45 ff.; HdBG/*Langenfeld* § 163 Rn. 5, 11 ff., unter Hervorhebung der sozio-kulturellen Entfaltung als eigener Kategorie). Diese Gruppen von Rechten sind in der ESC enthalten. Der Ausschuss für soziale Rechte teilt die Regelungen iRd Berichtszyklus unter inhaltlichen Gesichtspunkten in vier Gruppen ein: (1) Beschäftigung, Ausbildung und Gleichbehandlung, (2) Gesundheit, soziale Sicherheit und sozialer Schutz, (3) Arbeitnehmerrechte, (4) Kinder, Familie, Einwanderer. Unabhängig von diesen inhaltlichen Einteilungen ist ihre Verbindlichkeit, das Vorliegen von Interstaatenverpflichtungen oder subjektiven Rechten sowie der Gewährleistungsgehalt dieser Rechte nach der ESC von Belang.

Grundrechtstheoretisch haben soziale Grundrechte keine eigene Grundrechtsqualität, 18 die außerhalb der bestehenden Kategorien existiert (vgl. *Cottier* 67). Es handelt sich regelmäßig um Schutzpflichten des Staates bzw. Teilhaberechte des Bürgers so dass der sog. status positivus betroffen ist, der alle Leistungen des Staates im individuellen Interesse erfasst (HdBG/*Langenfeld* § 163 Rn. 5; s. auch *Böckenförde,* in Böckenförde/Jekewitz/Ramm 9 [10]). Während die Schutzpflichten vor Übergriffen privater Dritter schützen, enthalten Leistungsrechte ieS unabhängig davon Ansprüche gegen den Staat. Daneben ist den sozialen Rechten in der ESC auch eigen, dass sich die Vertragsstaaten verpflichten, bestimmte Rechte anzuerkennen (und auch zu regeln). Soweit sich Überschneidungen mit Freiheitsrechten ergeben, kann auch eine abwehrrechtliche Komponente bestehen (vgl. HdBG/ *Langenfeld* § 163 Rn. 5, auf die GRC bezogen). Das gilt umso mehr, als die Vertragsstaaten verpflichtet sind, hinter einmal erreichte Standards nicht wieder zurückzugehen. Soziale Rechte sind regelmäßig auch der Schutz bestehender und erworbener Rechte. Häufig ist mit ihnen ein Gebot einer dynamischen Entwicklung, einer allmählichen Steigerung und Verbesserung der sozialen Situation verbunden (*Machacek,* in Matscher 21 [61]; vgl. auch *Böckenförde,* in Böckenförde/Jekewitz/Ramm 10). Das belegen auch Art. 1 Nr. 1, 2 Nr. 1, 12 Nr. 3 und Art. 18 Nr. 2 und 3 (dazu *Wiebringhaus,* Liber Amicorum Aubin, 1979, 265 [275 f.]).

Soziale Grundrechte sind in ihrer Konkretisierung in vielfältiger Weise abhängig vom 19 Entwicklungsstand, insbesondere von der wirtschaftlichen Situation im Vertragsstaat. Es handelt sich daher auch in der ESC häufig um detaillierte, aber in ihrem Maßstab konkretisierungsbedürftige Regelungen. Diese Vagheit ist sachnotwendig (dazu HdBStR/*Murswiek* § 192 Rn. 55 ff.). Sie resultiert aus der unterschiedlichen wirtschaftlichen und politischen Situation der Vertragsstaaten und dem dynamischen Charakter sozialer Rechte, soweit sie auf eine Verbesserung des bestehenden Zustands zielen (*Machacek,* in Matscher 21 [26] [48]).

Der Europäische Ausschuss für soziale Rechte beurteilt stets nur die Konformität mit der 20 ESC. Er begründet seine Einschätzung, hat aber nur in begrenztem Maße eine Grundrechtsdogmatik entwickelt. Schutzpflicht und Teilhaberechte werden vor allem durch Unterlassen beeinträchtigt, da ein aktives Handeln des Staates gefordert ist. Gerade die Teilhaberechte bedürfen in der Regel der Umsetzung, die von den tatsächlichen Gegebenheiten, auch der Finanzierung, abhängig sind (dazu *Böckenförde,* in Böckenförde/Jekewitz/Ramm 10 f.; HdBStR/*Murswiek* § 192 Rn. 63 f.). Diese Eigenart ist den Schutzpflichten aus Freiheitsrechten nicht unähnlich (vgl. *Böckenförde,* in Böckenförde/Jekewitz/Ramm 12). Die Rechtfertigung kann nur nach Art. 30, 31 erfolgen.

II. Verbindlichkeit der sozialen Rechte in der ESC

21   Die Diskussion über die Verrechtlichung von Sozialstandards differenziert häufig zwischen verbindlichen Werten, die sich im außerrechtlichen Bereich bewegen, bindenden Programmsätzen und sozialen Rechten. Die Unterscheidung zwischen Programmsätzen und sozialen Rechten beruht auf dem Grad der Konkretisierung und der Verbindlichkeit (vgl. *Machacek,* in Matscher 21 [25]; *Odendahl* JA 1996, 898 [900 f.]). Soziale Rechte müssen aber nicht notwendig einen definitiven Charakter haben. Sie können auch als Rechte an sich gedacht werden, die unter dem Vorbehalt des Möglichen stehen und der Beschränkung durch gegenläufige Rechte oder Prinzipien unterliegen. Für die Verbindlichkeit ist die Bestimmtheit des sozialen Rechts bzw. der Konkretisierungsbedarf nicht allein entscheidend. Die Unbestimmtheit kann ein Indiz für die Fixierung einer bloßen Wertvorstellung sein, zumal sie die Justiziabilität der Regelung oder die Durchsetzung der Konvention im Rahmen eines Überwachungssystems erschwert. Daneben ist der Verpflichtungswille der Vertragsstaaten von zentraler Bedeutung. Rechtssoziologische Ansätze heben darauf ab, ob die Vereinbarungen von einer Art sind, die Verhaltenserwartungen bei den Vertragsstaaten wie den rechtsbetroffenen Bürgern entstehen lassen (ausf. *Nußberger* 441 ff.).

22   Die Verbindlichkeit der ESC ist **nicht einheitlich** zu beurteilen, sondern bedarf angesichts ihrer Struktur eines differenzierenden Zugangs. Die Charta fasst im **ersten Teil** die Zielsetzung zusammen, die die Vertragsstaaten zum Gegenstand ihrer Politik machen („as the aim of their policy", „comme objectif d'une politique") und mit allen angemessenen Mitteln verfolgen sollen („by all appropriate means", „par tous les moyens utiles"). Im Anschluss daran sind Grundsätze bzw. Zielsetzungen für eine solche Politik aufgezählt. Sie spiegeln die im zweiten Teil der ESC aufgenommenen Rechte. Die Charta unterscheidet selbst zwischen der Beschreibung einer politischen Zielsetzung und verpflichtenden Rechten. Daher sind die Regelungen im ersten Teil unverbindliche politische Grundsätze (*v. Komorowski,* in Blumenwitz/Gornig/Murswiek 99 [119 f.]; MHdBArbR/*Birk,* 2. Aufl. 2000, § 17 Rn. 93; *Pischel* 4). Dem steht nicht entgegen, dass die ESC die EMRK hinsichtlich der sozialen Rechte ergänzt. Ihre Zweiteiligkeit verdeutlicht, dass sie einen Konvergenzprozess induziert und nicht ein bestehendes Rechtsverständnis festschreibt. Der systematische Zusammenhang zur EMRK erzwingt daher nicht die Verbindlichkeit der ESC in toto.

23   Der **zweite Teil der ESC** regelt hingegen verbindliche soziale Rechte (*v. Komorowski,* in Blumenwitz/Gornig/Murswiek 99 [138 f.]; MHdBArbR/*Birk,* 2. Aufl. 2000, § 17 Rn. 94; *Pischel* 15 f.; *Rieber* 5). Hierfür sprechen bereits die einleitende Formulierung („obligations") und die Bezeichnung als „Recht auf" („right to", „droit au"). Dieser Teil der Charta soll Minimalstandards garantieren, die Festlegungen für die Sozialpolitik treffen. Indirekt spricht dafür auch das Optionsmodell in Art. 20, das ohne die Verbindlichkeit der Rechte nicht erforderlich gewesen wäre. Auch der Entstehungszusammenhang zwischen EMRK und ESC (→ Rn. 1) und das Ziel, eine Wertegemeinschaft zu formen, legen eine verbindliche Vereinbarung nahe (unter Verweis auf die Präambel *Pischel* 15). Etwas anderes ergibt sich nicht daraus, dass es an einem gerichtlichen Verfahren zur Durchsetzung der Rechte fehlt, da zumindest das Berichtswesen nach Art. 21, 22 und für einen Teil der Vertragsstaaten die Kollektivbeschwerde als Durchsetzungsmechanismus bestehen. Auch die mangelnde Bestimmtheit der Rechte, die nur zu einem Teil klar fixierte Mindeststandards festlegen (zB Art. 2 Nr. 2, 3), schadet nicht. Es handelt sich um eine prima facie bestehende Verbindlichkeiten, die unter dem Vorbehalt des wirtschaftlich Möglichen und den gegenläufigen

Rechten stehen und nach den arbeitswissenschaftlichen Erkenntnissen zu konkretisieren sind (siehe die präzisionsbedürftigen Begriffe wie reasonable, appropriate, fair, certain, sufficient). Diese inhaltliche Vagheit ist aber auch Generalklauseln eigen, ohne dass sie dadurch an Verbindlichkeit einbüßen. Die ESC wird daher auch als rechtssetzender Vertrag (law-making treaty) qualifiziert (*Pischel* 16).

III. Interstaatenverpflichtung, kein subjektives Recht

Die ESC führt als völkerrechtlicher Vertrag unstreitig zu einer Interstaatenverpflichtung 24 (HdBG/*Langenfeld* § 163 Rn. 16; *Pischel* 16; *Scholz/Konzen* 61 f., vgl. auch *Frowein* 18; *Mitscherlich* 37; HdBStR/*Murswiek* § 192 Rn. 49). Ob die Charta darüber hinaus **subjektiv-individuelle Rechte** zugunsten der Bürger garantiert, ist streitig. Der Ableitung subjektiver Rechte steht die fehlende gerichtliche Durchsetzung nicht per se entgegen. Im Völkerrecht gelten auch andere Durchsetzungsmechanismen als ausreichend. Maßgebend ist vor allem der Konkretisierungsgrad der Normen. Nur wenn es sich um objektiv wie subjektiv vollzugsfähige Rechtssätze (self-executing character) handelt, liegt ein subjektives Recht vor (*Bleckmann,* Begriff und Kriterien der innerstaatlichen Anwendbarkeit völkerrechtlicher Verträge, 1970, 20 ff.; HdBG/*Langenfeld* § 163 Rn. 16; *v. Maydell,* FS Birk, 2008, 547 [549]; *Seiter* Streikrecht 131). Insofern kommt es vor allem auf die Auslegung der ESC an. Zum Teil wird generell für die sozialen Grundrechte angenommen, dass es sich nur um objektive Rechtssätze handelt (vgl. auch *Badura* Der Staat 14, 1975, 17 [25 f.]; *Böckenförde,* in Böckenförde/Jekewitz/Ramm 10 ff.; HdBStR/*Murswiek* § 192 Rn. 49, 58). In jedem Fall ist die Ableitung subjektiver Rechte eine Ausnahme, so dass es einer eindeutigen Formulierung bedarf (*v. Maydell,* FS Birk, 2008, 547 [549]).

Gegen die Begründung subjektiv-individueller Rechte spricht der Wortlaut der Bestim- 25 mungen im zweiten Teil, wonach die Vertragsstaaten es unternehmen, ein bestimmtes Recht anzuerkennen, Regelungen zu schaffen oder zu beseitigen (zB „undertake to provide"/„to recognize"/„to remote"/„to consider"; „s'engagent"/„á reconnaître"/„á fixer"/ „á prevoir"/„á interdire"). Insofern wird eine vom Staat zu schaffende Rechtslage normiert, so dass gerade noch kein subjektiv-individuelles Recht vorliegt. Das verdeutlicht ein Vergleich mit der EMRK, die in Art. 1 explizit regelt, dass die Vertragsstaaten allen in ihrer Hoheitsgewalt unterstellten Personen bestimmte Rechte und Freiheiten zusichern („shall secure to everyone within their jurisdiction the rights and freedoms"/„reconnaissent à toute personne relevant de leur juridiction les droits et libertés"). Zugleich ist eine Individualbeschwerde zum EGMR vorgesehen. Ähnliche Regelungen enthält die ESC nicht. Sie gewährt den Mitgliedsstaaten zudem weitreichende Wahlmöglichkeiten (Art. 20) und selbst die Beschwerdemöglichkeit nach der RESC eröffnet kein Rechtsmittel für den Bürger als potentiellen Rechtsinhaber. Für dieses Ergebnis spricht auch Art. 32, wonach die Charta Bestimmungen des nationalen Rechts unberührt lässt. Das wäre bei der Ableitung subjektiver Rechte gerade nicht der Fall. Daher sind der ESC keine subjektiven Rechte zu entnehmen, die unmittelbar in den Vertragsstaaten anwendbar sind (Brox/Rüthers/*Rüthers* Rn. 124; HdBG/*Langenfeld* § 163 Rn. 16; *Merten* in Merten/Pitschas, Der Europäische Sozialstaat und seine Institutionen, 1993, 63 [68 f.]; *Mitscherlich* 37; *Scholz/Konzen* 62; *Seiter* Streikrecht 133 ff.; *Thüsing,* Der Außenseiter im Arbeitskampf, 1996, 35 f.; *Wengler* 10 ff.; s. auch *Dötsch* AuA 2001, 27 [28 f.]; Schaub/*Treber* § 192 Rn. 27; **aA** *v. Komorowski,* in Blumenwitz/Gornig/Murswiek 99 [141 ff.]). Davon ging auch die Bundesregierung bei der Unterzeichnung der ESC aus (Regierungsentwurf, BT-Drs. IV/2117, 28).

Eine abweichende Beurteilung der Rechtsqualität wird vor allem für **Art. 6 Nr. 4** und 26 **Art. 18 Nr. 4** befürwortet. Mit der Ratifikation von Art. 6 Nr. 4 anerkennt der Vertragsstaat das Recht auf kollektive Maßnahmen, insbesondere das Streikrecht, so dass es sich um ein subjektives Recht handeln müsse (*Däubler* 178 ff.; Däubler/*Lörcher* AK § 10 Rn. 22; *Gitter* ZfA 1971, 127 [136]; *Kissel* AK § 20 Rn. 23; *Mitscherlich* 38 ff.; *Pischel* 45 f.; *Ramm,* Das Koalitions- und Streikrecht der Beamten, 1970, 26 ff.; *Ramm* AuR 1971, 65 [69 ff.];

ähnlich *Dietz* JuS 1968, 1 [4]; **aA** Brox/Rüthers/*Rüthers* Rn. 124; *Cottier* 84 ff.; *Dumke* 155 ff.; *Hueck/Nipperdey* II/2 922 f.; MHdBArbR/*Birk* 2. Aufl. 2000, § 17 Rn. 98; *Khol* JBl. 1965, 75 [79 f.]; *Otto* AK § 4 Rn. 55; *Seiter* Streikrecht 133 ff.; *Wengler* 10 ff.). Diese Auslegung anhand des Wortlauts setzt sich aber in Widerspruch zu Art. 32, der für alle Regelungen gleichermaßen gilt (vgl. zum unergiebigen Wortlaut *Mitscherlich* 38 ff.). Für ein subjektives Recht spricht auch nicht der Anhang zu Art. 6 Nr. 4, der bestätigt, dass das Streikrecht durch Art. 31 I beschränkbar ist. Einer solchen Klarstellung hätte es bei einer bloßen Interstaatenverpflichtung nicht bedurft, sie lässt sich aber auf die politische Auseinandersetzung zurückführen und macht deutlich, dass trotz der expliziten Garantie des Streikrechts die Beschränkbarkeit der Verpflichtungen aus der ESC erhalten bleibt (vgl. auch *Seiter* Streikrecht 132; **aA** Däubler/*Lörcher* AK § 10 Rn. 23). Für die Einordnung des Art. 6 Nr. 4 als subjektives Recht wird schließlich auf die partielle Überschneidung mit Art. 11 I EMRK verwiesen, der ein subjektives Recht gewährleistet (**aA** Däubler/*Lörcher* AK § 10 Rn. 24). Das gilt aber nicht nur für Art. 6 Nr. 4, sondern zumindest auch für die Vereinigungsfreiheit in Art. 5, deren Einordnung als subjektives Recht nicht in gleicher Weise befürwortet wird (*Frowein* 18; dazu auch *Thüsing*, Der Außenseiter im Arbeitskampf, 1996, 36). Das traf umso mehr zur Zeit der Entstehung der ESC zu, da das Streikrecht erst 2009 in der Rs. *Enerji Yapı Yol Sen* aus der EMRK abgeleitet wurde (→ EMRK Art. 11 Rn. 33 ff.). Insofern garantiert Art. 6 Nr. 4 trotz des abweichenden Wortlauts kein subjektives Recht. Die Konsequenzen dieser Entscheidung sind begrenzt, da alle staatlichen Gewalten an die ESC gebunden sind und sie entsprechend ihres internen durch die Gewaltenteilung bestimmten Verhältnisses umsetzen müssen (→ Rn. 56 f.). Es scheidet lediglich die Zuweisung eines subjektiven Rechts aus, das gegenüber dem Staat im Individualrechtsschutz geltend gemacht werden kann.

E. Derogation und Beschränkung der sozialen Rechte

I. Notstands- und Derogationsklausel, Art. 30

27 Art. 30 enthält eine sog. Notstands- oder Derogationsklausel. Parallele Regelungen sind in anderen internationalen Menschenrechtskonventionen enthalten (zB Art. 15 EMRK, Art. 4 IPbpR, Art. 27 AMRK). Sie erlauben den Staaten in sehr engen Grenzen die **Suspendierung** der völkerrechtlichen Vorgaben **in Krisensituationen** (*Świątkowski* 369). Die Interpretation der Norm kann sich an Art. 15 EMRK orientieren, der bei Abfassung der ESC bereits in Kraft getreten war und in seinen Voraussetzungen nicht davon abhängt, ob es sich um liberale Abwehrrechte oder soziale Rechte handelt (*Harris/Darcy* 377). Art. 15 I EMRK und Art. 30 I sind zudem ihrem Wortlaut nach (fast) identisch.

28 **1. Krieg oder öffentlicher Notstand.** Voraussetzung für die Derogation sozialer Rechte ist ein öffentlicher Notstand, wobei der Krieg ein Sonderfall eines solchen Notstands ist (so zur EMRK *Grabenwarter/Pabel* § 2 Rn. 9; → EMRK Art. 1 Rn. 54). Insofern bedarf es eines Krieges im völkerrechtlichen Sinne, der das Leben der Nation bedroht. Nach dem Anhang der ESC erfasst Art. 30 auch den Fall der drohenden Kriegsgefahr, der begrifflich als ein „anderer öffentlicher Notstand" einzuordnen ist. Die Anforderungen an einen öffentlichen Notstand im Übrigen regelt die Charta nicht. Angesichts der weit reichenden Rechtsfolge bedarf es ebenso wie bei Art. 15 I EMRK einer außerordentlichen Krisensituation, von der die gesamte Bevölkerung betroffen ist und die das Zusammenleben im Staat bedroht (→ EMRK Art. 1 Rn. 54; zur ESC *Świątkowski* 370). Die dem Staat verbleibenden Handlungsmöglichkeiten müssen wegen der bestehenden Verpflichtungen eindeutig unzureichend sein. Im Rahmen der ESC haben die Vertragsstaaten insofern ebenso wie nach der EMRK einen Beurteilungsspielraum (*Świątkowski* 370).

Derogation und Beschränkung der sozialen Rechte Vor Art. 1 ESC 50

2. Wirkung der Derogation. Für die Derogation nach Art. 30 bedarf es keiner formalen **Derogationserklärung,** es genügt, ein von der ESC abweichendes staatliches Handeln. Der Vertragsstaat verstößt in diesem Fall nicht gegen die ESC, so dass der Ausschuss für soziale Rechte keine dementsprechenden Conclusions aussprechen kann. Allerdings ist die Derogation zu notifizieren (→ Rn. 31). 29

Die Suspendierung der ESC erfolgt nur, soweit sie zwingend erforderlich ist und das staatliche Handeln nicht gegen andere völkerrechtliche Pflichten verstößt (*Harris/Darcy* 378). Dazu gehören nicht nur die Konventionen des Europarats, sondern alle internationalen Abkommen. Anders als der EMRK kennt die ESC keine derogationsfesten Rechte, was auf ihren Charakter als soziale Rechte zurückzuführen ist (*Harris/Darcy* 378). In jedem Fall muss die Derogation unbedingt erforderlich sein. Im Einzelfall ist die Einschränkung der ESC mit der drohenden Gefahr abzuwägen, wobei mit dem Umfang der Suspendierung auch die Anforderungen an die Gefahr steigen. 30

3. Notifikation. Die Vertragsstaaten müssen die Derogation der ESC in angemessener Zeit dem Generalsekretär des Europarats mitteilen. Dabei sind die Maßnahmen und ihre Gründe ebenso zu notifizieren wie ihr Beginn (*Harris/Darcy* 379). Eine vergleichbare Mitteilung ist mit Beendigung der Maßnahmen erforderlich (*Harris/Darcy* 379). Der Generalsekretär informiert seinerseits die IAO und die anderen Vertragsstaaten. Die Notifikation ist nach dem Wortlaut des Art. 30 keine Wirksamkeitsvoraussetzung („which has availed itself", „ayant exercé") (*Świątkowski* 370). Gleiches gilt für das Notifikationsverfahren nach Art. 15 III EMRK (→ EMRK Art. 1 Rn. 55). Die Erklärung des Vertragsstaates kann höchstens mittelbar für die Feststellung ihrer Erforderlichkeit unter Berücksichtigung des Ermessensspielraums Bedeutung erlangen (dazu *Harris/Darcy* 379). 31

II. Schranken der sozialen Rechte der ESC, Art. 31

1. Normzweck. Art. 31 enthält die **allg. Schrankenbestimmungen** für die Grundsätze und Rechte aus der ESC. Die Regelung stellt klar, dass die Rechte und Grundsätze aus Teil 1, soweit sie erfolgreich verwirklicht wurden, und ihre Ausübung in Teil 2 garantiert ist, nicht beschränkt werden dürfen. Daraus ergibt sich gerade für die Grundsätze, dass ein Rückschritt gegenüber einem einmal erreichten Standard sozialer Rechte nur zulässig ist, wenn die Voraussetzungen des Art. 31 erfüllt sind (zB Conclusions XX-2, 2013, 14 – Spanien; Conclusions XX-3, 2014, 23 – Spanien; Collective Complaint 7.12.2012 – 80/2012 Rn. 65 f. – Pensioners' Union of the Agricultural Bank of Greece/Griechenland), es sei denn, es liegt ein Fall der Derogation vor. 32

Die **Anforderungen des Schrankenvorbehalts** in Art. 31 I weisen Parallelen zur EMRK und insbesondere zu Art. 8–11 EMRK auf (*v. Komorowski,* in Blumenwitz/Gornig/Murswiek 99 [133]). Sie entsprechen den allg. Rechtfertigungsanforderungen, wie sie bereits für die EMRK entwickelt wurden (→ EMRK Art. 1 Rn. 46 ff.). Die Auslegung von Art. 31 I kann sich angesichts des historischen und systematischen Zusammenhangs zwischen den Konventionen an die EMRK anlehnen (*v. Komorowski,* in Blumenwitz/Gornig/Murswiek 99 [133]; *Harris/Darcy* 380 ff.). Es ist aber in Bedacht zu nehmen, dass die sozialen Rechte vielfach Teilhaberechte und Schutzpflichten enthalten, deren Gewährleistung sich dogmatisch von Abwehrrechten unterscheidet. Allerdings behandelt der EGMR Abwehr- und Teilhaberechte sowie Schutzpflichten bei der Rechtfertigung weitgehend gleich (→ EMRK Art. 1 Rn. 37). In Anbetracht der Tatsache, dass Teilhaberechte und Schutzpflichten vom Staat nicht nur ein Unterlassen fordern wie Abwehrrechte, muss der abweichenden dogmatischen Struktur Rechnung getragen werden. Dazu ist zumindest ein weiter Beurteilungsspielraum des Staates anzuerkennen (vgl. auch → EMRK Art. 1 Rn. 19 ff.). Das erhält zugleich den demokratisch legitimierten Staatsorganen einen politischen Handlungsspielraum. 33

34 **2. Rechtfertigung nach Art. 31 I. a) Rechtsgrundlage.** Die Beschränkung von sozialen Rechten bedarf nach Art. 31 I ESC einer Rechtsgrundlage. Welcher Art die Rechtsgrundlage sein muss, ergibt sich aus den beiden verbindlichen Sprachfassungen nicht eindeutig. Die englische Fassung („as are prescribed by law") lässt sich dahin verstehen, dass nicht nur ein formelles Gesetz, sondern auch ein Gesetz im materiellen Sinne genügt. Während die französische Fassung („prescrite par la loi") auf die Notwendigkeit eines formellen Gesetzes deutet (*Däubler* 186; *Ramm* AuR 1971, 65 [72]; *Sproedt* 86). Beide Interpretationen hätten zur Folge, dass in Rechtsordnungen oder einzelnen Rechtsgebieten mit einer starken Prägung durch die Rechtsprechung keine Beschränkungen für soziale Rechte möglich wären (*Bepler*, FS Wißmann, 2005, 97 [106]; *Däubler* 186; *Otto* AK § 4 Rn. 56). Das trifft sowohl das englische Recht als auch das französische Recht und erfasst in Deutschland insbesondere das Arbeitskampfrecht (vgl. *Bepler*, FS Wissmann, 2005, 97 [106]; *Dumke* 129). Eine so weitreichende Gewährleistung sozialer Rechte war wohl nicht gewollt (Conclusions I, 1969–1970, 38; ebenso *Dumke* 131; *Kissel* AK § 20 Rn. 27 ff.; vgl. *Mitscherlich* 115; *Seiter* Streikrecht 138 f.). Das gilt umso mehr, als die Prägung einzelner Rechtsgebiete durch die Rechtsprechung Folge einer historischen Entwicklung ist, die keinen spezifischen Konnex zu den sozialen Rechten hat. Zudem beruht die Anforderung an die Rechtsgrundlage auf rechtsstaatlichen Überlegungen und der Gewaltenteilung im Besonderen, die Gegenstand des Verfassungsrechts des Mitgliedstaates und nach dessen Vorgaben zu beurteilen ist. Angesichts des Normzwecks der ESC kann das unterschiedlich ausgeprägte Verhältnis von Legislative und Judikative nicht darüber entscheiden, in welchem Maße soziale Rechte einschränkbar sind. Die ESC wollte keine rechtsstaatlichen Standards setzen, sondern nimmt nur auf diese Bezug. Ebenso wie bei den Schrankenvorbehalten der EMRK ist der Wortlaut von Art. 31 I weit auszulegen (→ EMRK Art. 1 Rn. 47). Außer materiellen Gesetzen genügen auch Gewohnheitsrecht und (gesetzesvertretendes) Richterrecht als Schranke (Digest 2008, 177). Das gilt umso mehr, als für das Richterrecht rechtsstaatliche Vorgaben zur Rechtsfindung bestehen, die in den Vertragsstaaten ggf. auch einer verfassungsrechtlichen Überprüfung unterzogen werden können (vgl. *Dumke* 131). Der Europäische Ausschuss für soziale Rechte und das Ministerkomitee haben bei der Überprüfung des deutschen Arbeitskampfrechts nie gerügt, dass es an einer Rechtsgrundlage für die Beschränkungen fehle, sondern stets das inhaltliche Zurückbleiben hinter der Charta moniert (*Świątkowski* 240 f.). Schließlich ist nicht ersichtlich, warum die ESC strengere Anforderungen an die Rechtfertigung stellen sollte als die EMRK. Aus der Art der garantierten Rechte ergibt sich dafür nichts.

35 Ebenso wie nach der EMRK muss die rechtliche Grundlage für die Beschränkung der sozialen Menschenrechte nach der ESC hinreichend **bestimmt** und den Bürgern **zugänglich** sein (*Harris/Darcy* 380; → EMRK Art. 1 Rn. 48). Die Beeinträchtigung muss vorhersehbar sein. Das verwirklicht einen Minimalschutz gegen staatliche Willkür. Die Anforderungen können je nach dem betroffenen Recht, der Veränderungsgeschwindigkeit der tatsächlichen Verhältnisse und dem Adressatenkreis variieren (vgl. → EMRK Art. 1 Rn. 48). Insbesondere in Bereichen, wo sich die tatsächlichen Verhältnisse rasch ändern, können offenere Regelungen und Generalklauseln genügen, um diese Entwicklung adäquat regulatorisch zu erfassen (vgl. → EMRK Art. 1 Rn. 48). Diese Vorgaben stehen einer Beschränkung der ESC durch Richterrecht nicht generell entgegen (*Dumke* 130 ff.).

36 **b) Legitimes Interesse.** Die Beschränkung sozialer Rechte aus der ESC ist nur zum Schutz der Rechte und Freiheiten anderer oder zum **Schutz des öffentlichen Interesses,** der nationalen Sicherheit, der Gesundheit der Bevölkerung oder der Moral zulässig (Art. 31 Nr. 1). Diese Aufzählung ähnelt den Anforderungen an die Rechtfertigung eines Eingriffs nach der EMRK (Schranken-Schranken, → EMRK Art. 1 Rn. 49 f.). Erfasst sind neben Interessen der Allgemeinheit auch die subjektiven Rechte und Freiheiten Dritter, zu deren Schutz und Entfaltung soziale Rechte eingeschränkt werden können (*Dumke* 132). Der weite Rahmen legitimer Interessen iSv Art. 31 I wirkt kaum limitierend, zumal den Ver-

tragsstaaten ein Beurteilungsspielraum zustehen muss (aA *Harris/Darcy* 382). Der effektive Schutz der sozialen Rechte beruht vor allem auf der Anforderung, dass die Maßnahme in einer demokratischen Gesellschaft notwendig sein muss (→ Rn. 39).

Die staatliche Maßnahme kann insbesondere dem **Schutz der Rechte und Freiheiten** 37 anderer („the right and freedoms of others", „des droits et des liberté d'autrui") dienen. Damit sind nicht nur die Rechte und Freiheiten gemeint, die in der ESC oder den übrigen Rechtsakten des Europarats garantiert sind, sondern alle Freiheiten und Rechte, die die Rechtsordnung des Vertragsstaates anerkennt (*Dumke* 134; *Harris/Darcy* 380). Zusätzliche Anforderungen sieht die ESC nicht vor. Art. 31 I sollte gerade Beschränkungen möglich machen und so die Akzeptanz der ESC erhöhen (*Dumke* 134). Daher lassen sich alle gegenläufigen Rechtspositionen zu sozialen Rechten einbeziehen. Das sind zB beim Streikrecht die Berufsfreiheit und die unternehmerische Freiheit des Arbeitgebers oder anderer Unternehmen, insbesondere bei Streiks in Versorgungsunternehmen (zB Strom, Wasser, Gas), oder das Recht auf körperliche Unversehrtheit der Patienten eines Krankenhauses, in dem Ärzte streiken. Die mit dem Streik an sich einhergehenden wirtschaftlichen Belastungen hat der Europäische Ausschuss für soziale Rechte aber nicht als ausreichend für eine Beschränkung des Streikrechts angesehen (→ Art. 6 Rn. 43).

Die Beschränkung sozialer Rechte zum Schutz der öffentlichen Interessen und nationalen 38 Sicherheit, der öffentlichen Gesundheit und Moral weist Ähnlichkeiten zum Schutz der öffentlichen Sicherheit und Ordnung im Polizei- und Ordnungsrecht auf, ist aber autonom nach Maßgabe der ESC auszulegen (*Dumke* 135). Systematisch kann auf das Begriffsverständnis der EMRK als „Schwesterkonvention" Bezug genommen werden. Die Beschränkung der Chartarechte muss dazu dienen, die vertragsstaatliche Ordnung, insbesondere die Sicherheit und die Wertvorstellungen zu einem friedlichen Zusammenleben, aufrechtzuerhalten. „Moral" iSd ESC lässt sich als gemeinsame Wertvorstellung für ein geordnetes Zusammenleben beschreiben (vgl. *Dumke* 138). Es handelt sich um einen Auffangtatbestand, der aber infolge der gestiegenen Verrechtlichung seltener zur Anwendung kommen dürfte.

c) Notwendigkeit der Einschränkung in einer demokratischen Gesellschaft. Nach 39 dem Wortlaut des Art. 31 I muss die Beschränkung der garantierten Rechte in einer demokratischen Gesellschaft notwendig sein. Daraus ergibt sich nicht unmittelbar, dass die Maßnahme angesichts ihres legitimen Zwecks und des betroffenen sozialen Rechts verhältnismäßig sein muss. Dennoch hat der Ausschuss für soziale Rechte frühzeitig klargestellt, dass die Maßnahme tatsächlich auf das verfolgte legitime Ziel ausgerichtet und somit geeignet sein muss (dazu *Świątkowski* 371). Zugleich muss sie notwendig und verhältnismäßig sein, was auf das Verhältnis zwischen der Maßnahme und dem angestrebtem Zweck, aber auch auf das Verhältnis der Maßnahme zu dem eingeschränkten Recht bezogen wurde (dazu *Świątkowski* 371; *Dumke* 132, 140 f.; *Kovács* CLLPJ 26, 2006, 445 [460 ff.]). Die Literatur nimmt der Formulierung nach auf den Gedanken des Rechtsmissbrauchs Bezug, um eine solche Interpretation zu begründen (*Harris/Darcy* 382). Das deutet an, dass die Kontrollintensität nicht die gleiche ist wie im nationalen Verfassungsrecht, auch wenn die Struktur der Verhältnismäßigkeitsprüfung ähnlich ist (vgl. *Dumke* 140 f.; GMD/*Marauhn/ Merhof* Kap. 7 Rn. 43 ff.).

Der Europäische Ausschuss für soziale Rechte lässt den Vertragsstaaten bei der Recht- 40 fertigung eine **Einschätzungsprärogative** (*Dumke* 139). Das entspricht auch der Rechtsprechung des EGMR zur Eingriffsrechtfertigung nach der EMRK (→ EMRK Art. 1 Rn. 19 ff.). Der Gerichtshof stellt regelmäßig darauf ab, dass ein dringendes gesellschaftliches Bedürfnis für die Rechtfertigung eines Eingriffs in ein Menschenrecht vorliegen müsse, bei dem die Eignung und die Erforderlichkeit der Maßnahme nur zurückhaltend geprüft werden, um den Vertragsstaaten einen Beurteilungsspielraum zu lassen (→ EMRK Art. 1 Rn. 19). Dieser ist umso größer, je stärker der gesellschaftliche Wandel ist und je weniger ein gemeinsamer europäischer Standard existiert (EGMR 10.4.2007 – 6339/05 Rn. 77 – Evans/Vereinigtes Königreich; EGMR 9.7.2013 – 2330/09 Rn. 133 – Sindicatul „Păstorul cel Bun"/Rumänien; → EMRK Art. 1 Rn. 19 f.). Die Kontrolle konzentriert sich stärker auf die Proportionalität der Maßnahme. Der EGMR entscheidet bei einer Individualbeschwerde den Einzelfall, während der Ausschuss für soziale Rechte die Rechtslage und Rechtspraxis in den Vertragsstaaten allg. beurteilt. Das gilt auch bei den Kollektivbeschwerden, die ebenfalls nicht dem Individualschutz dienen. Insofern handelt es sich eher um eine Form der Normenkontrolle.

41 Einschränkungen für die Rechtfertigung haben sich bisher kaum daraus ergeben, dass die Maßnahme in einer demokratischen Gesellschaft notwendig sein muss. Aus dieser Vorgabe lässt sich zumindest nichts für eine ganz bestimmte Ausgestaltung der Verfassung ableiten, aber für die demokratische Legitimation staatlichen Handelns. Der Ausschuss unterstellt aber wie der EGMR, dass alle Mitglieder des Europarats demokratisch sind (*Świątkowski* 371). Grenzen für die Beschränkung sozialer Rechte ergeben sich vor allem aus der Verhältnismäßigkeit. Der Ausschuss geht davon aus, dass Beschränkungen nur ausnahmsweise zulässig seien (Digest 2008, 140 f.). In der Regel prüft der Ausschuss vor allem den Tatbestand der sozialen Rechte und die Erfüllung der sich daraus ergebenden Pflichten. Bleiben die Vertragsstaaten dahinter zurück, obliegt es ihnen iRd Berichts auf die Rechtfertigung dieses Handelns einzugehen.

42 In der gegenwärtigen Finanz- und Wirtschaftskrise dringt der Ausschuss für soziale Rechte allerdings auch darauf, dass der Standard, auf den sich die Vertragsstaaten in der ESC verpflichtet haben, aufrechterhalten wird und Beschränkungen nur nach Maßgabe des Art. 31 I zulässig sind (Conclusions XX-2, 2013, 14 – Spanien; Conclusions XX-3, 2014, 23 – Spanien; Collective Complaint 7.12.2012 – 80/2012 Rn. 65 f. – Pensioners' Union of the Agricultural Bank of Greece/Griechenland; dazu Conclusions XX-3, 2014, 12 – Griechenland). In den Grenzen des Art. 31 I sind bei Wirtschaftskrisen zumindest temporäre Beschränkungen möglich, die allerdings einen klaren Bezug darauf haben müssen und insbesondere auch dann vom Europäischen Ausschuss für soziale Rechte als konform behandelt werden, wenn sie dazu dienen, Arbeitsplätze zu schaffen (Conclusions XX-2, 2013, 45; Conclusions XX-3, 2014, 17 – beide Portugal; Conclusions XX-3, 2014, 23 – Spanien).

F. Durchsetzung der ESC

43 Die ESC wird durch die Vertragsstaaten implementiert. Zur Durchsetzung der sozialen Rechte dient vor allem die Pflicht der Vertragsstaaten gegenüber dem Ausschuss für soziale Rechte, über die Rechtslage und Rechtspraxis in regelmäßigen Abständen zu berichten (**Berichtswesen** nach Art. 21 ff. → Rn. 44). Daneben besteht gegenüber Vertragsstaaten, die die RESC oder zumindest das Zusatzprotokoll zur ESC von 1995 ratifiziert haben, die Möglichkeit, eine sog. Kollektivbeschwerde zu erheben (→ Rn. 54). Darüber hinaus trifft sich der Europäische Ausschuss für soziale Rechte mit Vertretern der Vertragsstaaten auf deren Initiative, um Fragen zur Einhaltung der ESC zu erörtern und Umsetzungsschwierigkeiten zu beseitigen (*Świątkowski* 383). Nach dem Zusatzprotokoll von 1991 (21.10.1991, ETS 142), das Deutschland nicht ratifiziert hat, kann auch der Ausschuss die Initiative zu einer solchen Konsultation ergreifen. Der Ausschuss unterstützt den Vertragsstaat bei der Implementierung der Charta und verbessert indirekt die Rechtsdurchsetzung.

I. Berichtsverfahren

44 Das Berichtsverfahren dient der Überwachung der Vertragsstaaten bei der Einhaltung der ESC und entspricht einem im Völkerrecht weit verbreiteten Durchsetzungsmechanismus. Das Verfahren nach Art. 21 ff. ist durch das Berichtssystem der IAO und der EMRK inspiriert. Es verlangt von den Vertragsstaaten sowohl Berichte über die ratifizierten als auch über die nicht ratifizierten Bestimmungen der ESC (Art. 21, 22), um auf eine weitergehende Ratifikation und Implementierung der ESC hinzuwirken.

Der Ausschuss für soziale Rechte ist darauf beschränkt die Konformität mit der Charta 45 oder Verstöße in seinen Conclusions festzustellen und zu veröffentlichen. Zudem kann das Ministerkomitee Empfehlungen aussprechen, um auf die Einhaltung der ESC hinzuwirken.

1. Durchführung des Berichtsverfahrens. a) Berichte nach Art. 21. Ein Bericht 46 über die ratifizierten Bestimmungen der ESC ist nach Art. 21 alle zwei Jahre vorzulegen. Zur effizienten Handhabung des Verfahrens hat das Ministerkomitee unter dem 3.5.2006 einen Modus für den Berichtszyklus ab dem 31.10.2007 beschlossen, wonach jährlich ein Bericht über einen Teil der Vorschriften abgegeben werden soll (dazu Świątkowski 381). Die Bestimmungen der ESC wurden dazu in vier thematische Gruppen eingeteilt (Gruppe 1: Beschäftigung, Ausbildung und Gleichbehandlung, Gruppe 2: Gesundheit, soziale Sicherheit und sozialer Schutz, Gruppe 3: Arbeitnehmerrechte, Gruppe 4: Kinder, Familie, Einwanderer). Somit ist jährlich ein Bericht einzureichen. Vertragsstaaten, die das Verfahren für die Kollektivbeschwerde ratifiziert haben, müssen aufgrund eines Beschlusses des Ministerrats v. 2.4.2014 nur alle zwei Jahre berichten (vgl. Dokument des Generalsekretärs v. 12.5.2014, GC, 2014, 12; Beschluss des Ministerkomitees v. 2.4.2014, CM, 2014, 26). Es handelt sich dabei um verkürzte Berichte, die sich darauf beschränken mitzuteilen, welche Maßnahmen in Reaktion auf die Entscheidungen des Ausschusses für soziale Rechte ergriffen wurden. Die Berichte werden anhand eines Fragenkatalogs erstellt und sind beim Ausschuss für soziale Rechte am 31.10. einzureichen (Świątkowski 381). Kopien gehen an die nationalen Arbeitnehmer- und Arbeitgebervereinigungen sowie deren internationale Organisationen, die nach Art. 27 II am Unterausschuss des Regierungsausschusses teilnehmen können. Die Organisationen haben die Möglichkeit, zu den Berichten Stellung zu nehmen (Conclusions I, 1969–1979, General Introduction Rn. 5; *Wiebringhaus*, Liber Amicorum Aubin, 1979, 265 [268]).

Der Europäische Ausschuss für soziale Rechte prüft auf der Grundlage der Berichte und 47 Stellungnahmen das nationale Recht und die (statistisch dokumentierte) Rechtspraxis juristisch auf ihre Übereinstimmung mit der ESC (*Hohnerlein* ZESAR 2003, 17 [21]; *Neubeck* 201; *Schlachter* RdA 2011, 341 [346]). Trotz des nicht ratifizierten Änderungsprotokolls zur ESC aus dem Jahre 1991 richtet der Ausschuss – wie im Protokoll vorgesehen – **Anfragen an die Vertragsstaaten,** wenn zusätzliche Informationen oder Klarstellungen erforderlich sind (Świątkowski 383).

Der Europäische Ausschuss für soziale Rechte ist darauf beschränkt, die Konformität mit 48 der Charta zu prüfen oder Verstöße in seinen Conclusions festzustellen und zu veröffentlichen. Zudem kann das Ministerkomitee Empfehlungen aussprechen, um auf die Einhaltung der ESC hinzuwirken. Bedarf es weiterer Informationen, um die Konformität mit der ESC festzustellen, wird auch dies in den Conclusions festgehalten. Die Berichte, Stellungnahmen und Conclusions werden an die Vertragsstaaten und an die IAO übersandt (Art. 23 II, 24, 26). Sie gehen außerdem an den zuständigen Unterausschuss des Regierungsausschusses, der die Entscheidungen des Ministerkomitees vorbereitet (Art. 27). Das Ministerkomitee kann konkrete Empfehlungen gegenüber einzelnen Vertragsstaaten aussprechen (Art. 29). Es entscheidet mit Zweidrittelmehrheit über individuelle Empfehlungen an den Vertragsstaat. Diese sind zugleich die am weitesten gehenden Rügen nach der ESC. Diese Empfehlungen werden ebenfalls veröffentlicht. Der Bericht des Ausschusses wird erst nach der Entscheidung des Ministerkomitees oder nach Ablauf von vier Monaten veröffentlicht.

Die Effektivität des Berichtsverfahrens leidet insbesondere unter der Länge der Berichts- 49 zeiträume und der Qualität der Berichte, die eine Entscheidung wegen eines Chartaverstoßes verzögern (*Birk,* in Becker/v. Maydell/Nußberger, Die Implementierung internationaler Sozialstandards, 2006, 39 [50]). Der Europäische Ausschuss für soziale Rechte ist aber dazu übergegangen, nach der zweimaligen Nichtbeantwortung einer Nachfrage nach dem nächsten Berichtszeitraum von einem Verstoß gegen die ESC auszugehen (Conclusions

XX-2, 2013, General Introduction Rn. 18; Conclusions XX-3, 2014, General Introduction Rn. 8; dazu Świątkowski 383). Weitergehende Sanktionen sieht die ESC nicht vor. Ein gerichtsförmiges Verfahren, mit dem der Bürger die Rechtsverletzungen durch den Staat geltend machen kann, besteht aufgrund der institutionellen Ausgestaltung des Europarats nicht. Zum subjektiv-individuellen Charakter der Rechte aus der ESC und ihrer Klagbarkeit vor nationalen Gerichten → Rn. 24 ff.

50   b) **Berichte nach Art. 22.** Über die nicht ratifizierten Bestimmungen des ESC berichten die Vertragsstaaten nur alle vier Jahre. Diese Berichte wurden zunächst nicht bzw. nicht vollständig bei den Vertragsstaaten angefordert (dazu Europarat 24 f.; *Świątkowski* 383 f.). Ende 2002 entschied das Ministerkomitee, dass alle fünf Jahre Berichte einzureichen sind (dazu *Świątkowski* 383). Die Berichte werden ebenfalls an die nationalen und internationalen Arbeitnehmer- und Arbeitgebervereinigungen sowie Nichtregierungsorganisationen zur Stellungnahme übersandt. Der Ausschuss für soziale Rechte trifft sich zudem mit Vertretern einzelner Vertragsstaaten, um zu erörtern, warum bestimmte soziale Rechte nicht ratifiziert werden (*Świątkowski* 383 f.).

51   **2. Rechtscharakter der Conclusions und Recommendations.** Die **Conclusions** des Ausschusses für soziale Rechte sind das Ergebnis einer Rechtsanwendung und insoweit eine durch Experten wohlbegründete Meinung (*Dumke* 43 f., 47; nicht diff. *Świątkowski* 383). Formal haben sie einen kommentierenden Charakter, setzen sich aber nicht in dokumentierter Form mit den Kontroversen zu den einzelnen Vorschriften auseinander. Die ESC hat den Conclusions keine formale rechtliche Bindungswirkung oder gar Rechtskraft gegenüber den Vertragsstaaten beigemessen (*Dumke* 52; *Rieble* RdA 2005, 200 [204]; *Świątkowski* 383; s. auch zur bindenden Auslegung → Rn. 14). Es handelt sich um Feststellungen, die infolge ihrer Veröffentlichung den Charakter der Rüge iSe Missbilligung erhalten. Der Verbindlichkeit der Entscheidung steht entgegen, dass es sich um eine Bewertung der Rechtslage und Rechtsanwendung in den Vertragsstaaten handelt, die die Entscheidungen des Ministerkomitees vorbereitet (*Świątkowski* 383). Allerdings finden die Conclusions praktisch hohe Anerkennung, da hinter ihnen ein hohes Maß an Expertise steht und eine Veröffentlichung erfolgt (*Dumke* 52; *Akandji-Kombé* in de Búrca/de Witte, Social Rights in Europe, 2005, 89 [99 ff.]; *Neubeck* 201 f.). Etwas anderes gilt auch nicht bei Entscheidungen des Ausschusses auf eine Kollektivbeschwerde (*Dumke* 53). Anders als bei einem rechtsstaatlichen Schutz von Individualgrundrechten kommt es nicht zu einer Verurteilung des Vertragsstaates. Hier wirkt sich aus, dass die ESC – anders als die EMRK – nur Interstaatenverpflichtungen und keine subjektiven Rechte für die Bürger gewährleistet (→ Rn. 24 ff.).

52   Auch die **Recommendations** des Ministerkomitees sind keine verbindlichen Entscheidungen (*Dumke* 54; *Świątkowski* 383; *Witter,* Europarechtliche Aspekte des Streikrechts, 2008, 82 ff.; **aA** *Jung,* FS Ress, 2005, 519 [523]). Das Gremium, das aus den Ministerialvertretern der Vertragsstaaten besteht und in dem die Vertragsstaaten ihre Position erneut vortragen können, entscheidet vor allem aufgrund einer politischen Bewertung der Nichtumsetzung der ESC. Die Empfehlungen haben nur tatsächliche Bedeutung, die auf die Autorität des Gremiums und die Veröffentlichung der Empfehlung zurückzuführen ist.

II. Kollektivbeschwerde

53   Die eingeschränkte Durchsetzbarkeit der ESC führte 1995 zur Unterzeichnung eines Zusatzprotokolls über die Einführung einer **Kollektivbeschwerde** (9.10.1995 ETS 158). Das Protokoll, das Deutschland im Gegensatz zu Österreich nicht ratifiziert hat, trat 1998 in Kraft. Es eröffnet nationalen Arbeitnehmer- und Arbeitgebervereinigungen sowie nichtstaatlichen Organisationen, die von den Vertragsstaaten ermächtigt sind, die Beschwerde gegen den Vertragsstaat, in dem sie ihren Sitz haben bzw. in dem sie anerkannt wurden, wegen Verstoßes gegen die ESC (Europarat 53, 57 ff.; *Hohnerlein* ZESAR 2003, 17 [21];

Świątkowski 389). Das Gleiche gilt für internationale Arbeitgeber- und Arbeitnehmerorganisationen, die von Art. 27 II erfasst sind, sowie nichtstaatliche Organisationen, die einen beratenden Status beim Europarat haben und vom Regierungsausschuss für das Beschwerdeverfahren registriert wurden. Die Beschwerde kann nur generelle Verstöße des Vertragsstaates gegen die ESC aufgreifen (ausf. zur Kollektivbeschwerde *Lörcher* AuR 1996, 49 ff.; *Neubeck* 94 ff.; *Świątkowski* 389 ff.).

Das Verfahren wird vor dem Europäischen Ausschuss für soziale Rechte geführt und kann **54** ausschließlich schriftlich erfolgen, wenngleich der Ausschuss häufig eine mündliche Verhandlung anberaumt (dazu *Birk,* in Becker/v. Maydell/Nußberger, Die Implementierung internationaler Sozialstandards, 2006, 39 [50]). Der Ausschuss handelt bei der Beschwerde wie ein Gericht, auch wenn sich das Verfahren und die institutionelle Stellung des Ausschusses von Gerichten und rechtsstaatlichen Gerichtsverfahren qualitativ unterscheiden. Die Unabhängigkeit des Gremiums ist vor allem durch die Auswahl der Mitglieder gewährleistet, die von Anfang an als unabhängige Experten gewählt wurden, die nicht an Weisungen gebunden sind (vgl. Conclusions XX-3, 2014, General Introduction Rn. 12 ff., 18 ff.). Das Verfahren ist nicht öffentlich (krit. *Lörcher* AuR 1996, 49 [53]), der Ausschuss bemüht sich aber darum, Waffengleichheit herzustellen (*Harris/Darcy* 369). Der Europäische Ausschuss für soziale Rechte kann den Verstoß gegen die ESC (auch auf die Kollektivbeschwerde hin) nur feststellen.

G. Einwirkung der ESC auf das Recht der Vertragsstaaten

Die ESC als völkerrechtlicher Vertrag erlangt mit ihrer Ratifikation innerstaatlich Geltung **55** und ist somit **Teil des innerstaatlichen Rechts** (*Pischel* 21 f.; vgl. auch *Wiebringhaus,* Liber Amicorum Aubin, 1979, 265 [299]). Sie steht nach **Art. 59 II GG** im Rang einfachen Bundesrechts (*Dumke* 147 ff.; *Frowein* 43; *Pischel* 17 ff., 23 ff.). Verfassungsrang kann sich nur daraus ergeben, dass es sich um vertraglich zusammengefasste Regeln des Völkergewohnheitsrechts handelt (Art. 25 GG). Daneben kann sich aus Art. 24 GG ein übergesetzlicher Rang ergeben. Die damit verbundene Diskussion ist die gleiche wie bei der EMRK (→ EMRK Art. 1 Rn. 69 ff.). Daher ist die Anwendung von Art. 24 GG mit denselben Argumenten zu verneinen (→ EMRK Art. 1 Rn. 69). Gegen die Einordnung der Regelungen der ESC als (inzwischen gesetzlich geregeltes) Völkergewohnheitsrecht spricht bereits, dass soziale Grundrechte erst relativ spät anerkannt und geregelt wurden und einen Regelungsbereich betreffen, in dem die Konvergenzen zwischen den Vertragsstaaten nur begrenzt vorhanden sind. Das indiziert bereits Art. 20. Zudem sind die Vorgaben der ESC trotz ihrer Ausfüllungsbedürftigkeit sehr detailliert. Eine ständige Praxis und die notwendige opinio iuris liegen daher nicht vor. Insofern handelt es sich nicht um Völkergewohnheitsrecht. Zudem ist selbst die EMRK nur in den ganz grundlegenden Artikeln Völkergewohnheitsrecht (→ EMRK Art. 1 Rn. 70). Für die ESC gilt wie für die EMRK das Günstigkeitsprinzip (Art. 32), so dass weitergehende Rechte im nationalen und internationalen Recht bestehen können.

Die ESC als reine Interstaatenverpflichtung bindet zwar den Staat als Völkerrechtssubjekt, **56** gewährt den Bürgern aber keine subjektiven Rechte, die sich direkt vor den nationalen Gerichten durchsetzen lassen (→ Rn. 24 ff.). Die ESC hat **unmittelbare Wirkung** im deutschen Recht, ist aber **nicht unmittelbar anwendbar** (*Bepler,* FS Wißmann, 2005, 97 [106]; *Dumke* 191 ff.; *Gooren* 194 ff.; *Konzen* JZ 1986, 157 [162]; *Otto* AK § 4 Rn. 55; *Wengler* 10 ff.). Die Interstaatenverpflichtung als objektive Norm verpflichtet Deutschland aber zur Umsetzung, ohne dass sich die Arbeitnehmer oder Arbeitgeber oder deren Organisationen gegenüber dem Staat oder dem privaten Arbeitgeber auf die ESC berufen können. Die **Umsetzung** der völkerrechtlichen Verpflichtung trifft aufgrund der **Gewaltenteilung** des Grundgesetzes zunächst die Legislative. Teilweise wird daraus geschlussfolgert, dass die Gerichte nicht verpflichtet sind, die ESC bei der Auslegung in Bedacht zu nehmen (*Scholz/*

Konzen 62; *Rüthers* 17; *Seiter* Streikrecht 137 ff.; **aA** *Frowein* 18). Eine Ausnahme bestehe nur in den Bereichen, in denen an die Stelle des Gesetzgebers gesetzesvertretendes Richterrecht tritt (*Frowein* 18; *Rüthers* 18; *Seiter* Streikrecht 138 f.; *Zöllner* 10 f.; *Wengler* 10 ff.; offenlassend BVerfG 20.10.1981 BVerfGE 58, 233 [254]). Das gilt im Arbeitsrecht für das Arbeitskampfrecht, das der Gesetzgeber entgegen dem Wesentlichkeitsgebot aus Art. 20 III GG nicht selbst geregelt, sondern die Ausgestaltung den Gerichten überlassen hat. Zum Teil wird eine weitergehende Anwendbarkeit der ESC damit begründet, dass der Europäische Ausschuss für soziale Rechte die Vorgaben der ESC konkretisiert. Der Umstand, dass es sich dann ggf. um einen konkret vollziehbaren Maßstab handelt, genügt dafür nicht (so aber *Hohnerlein* ZESAR 2003, 17 [23]). Es handelt sich um eine Interstaatenverpflichtung (→ Rn. 24), deren Rechtsqualität sich nicht durch die Interpretation des Ausschusses ändert. Zudem hat in diesem Punkt die mangelnde Ratifikation des Turiner Protokolls von 1991 zur Folge, dass die Spruchpraxis des Ausschusses keine innerstaatliche Verbindlichkeit hat (→ Rn. 14).

57 Dieser restriktive Ansatz in der Literatur wird der innerstaatlichen Umsetzung einer Interstaatenverpflichtung nicht gerecht. Auch wenn die ESC, anders als die EMRK, keine subjektiven Rechte der Bürger enthält, so liegt doch eine staatliche Verpflichtung vor, die ESC umzusetzen. Die Konkretisierungsbedürftigkeit ihrer Vorgaben hat in der Regel zur Folge, dass der Gesetzgeber konkrete Regelungen erlassen muss. Sofern aber bereits Gesetze bestehen, die iSd ESC interpretiert werden können, sind die Gerichte verpflichtet, die ESC iRd völkerrechtsfreundlichen Auslegung in Bedacht zu nehmen (BAG 12.9.1984 AP GG Art. 9 Arbeitskampf Nr. 81; 20.11.2012 AP GG Art. 9 Arbeitskampf Nr. 180 Rn. 74; *Bepler,* FS Wißmann, 2005, 97 [106]; Brox/Rüthers/*Rüthers* Rn. 124; *Dumke* 191 ff.; *Gooren* 197 f.; *Mitscherlich* 36; *Otto* AK § 4 Rn. 55; Schaub/*Treber* § 197 Rn. 5; *Seiter* Streikrecht 137 ff.). Das gilt für das einfache Recht in gleicher Weise wie für das Verfassungsrecht. Dabei sind die gleichen Maßgaben zu beachten, wie sie das BVerfG für die völkerrechtsfreundliche Auslegung des deutschen Rechts anhand der EMRK entwickelt hat (→ EMRK Art. 1 Rn. 77 ff.). Sofern die deutschen Gerichte dem nicht hinreichend Rechnung tragen, ist ebenso wie bei einer unzureichenden Berücksichtigung der Vorgaben der EMRK eine Verfassungsbeschwerde wegen der Verletzung von Art. 2 I GG iVm Art. 20 III GG statthaft (*Dumke* 365 ff.). Das widerspricht nicht dem Umstand, dass es sich bei der ESC im Gegensatz zur EMRK nur um eine Interstaatenverpflichtung handelt. Die Verfassungsbeschwerde ist nicht die Folge eines subjektiven Rechts, das sich aus dem internationalen Rechtsakt ergibt, sondern macht die Beschränkung der Handlungsfreiheit geltend, die daraus resultiert, dass ein Gericht nicht nach den geltenden Methoden das Recht anwendet.

58 Soweit die Gerichte im **Arbeitskampfrecht** auf Art. 6 Nr. 4 ESC zurückgreifen, kann ein Konflikt zwischen dem im Verfassungsrang stehenden Art. 9 III 1 GG und der ESC als einfachem Recht entstehen. Ebenso wie bei der EMRK (→ EMRK Art. 1 Rn. 79) ist Art. 9 III 1 GG völkerrechtsfreundlich auszulegen. Allerdings können sich die Gerichte nicht über eindeutig entgegenstehende verfassungsrechtliche Bestimmungen hinwegsetzen (*Frowein* 18, 45; *Seiter* Streikrecht 138). Das reduziert insbesondere bei Fällen von Beamtenstreik den Handlungsspielraum der Gerichte (→ Art. 6 Rn. 30, → EMRK Art. 11 Rn. 36 f.). Die ESC hat in der arbeitsgerichtlichen Rechtsprechung bisher nur eine untergeordnete Rolle gespielt (krit. Däubler/*Lörcher* AK § 10 Rn. 31). Zunächst hat das BAG offengelassen, ob die ESC die Wirkung eines Gesetzes hat (BAG 10.6.1980 AP GG Art. 9 Arbeitskampf Nr. 64; ähnlich BVerfG 20.10.1981 BVerfGE 58, 233 [254]), inzwischen geht es aber davon aus, dass es sich um eine Verpflichtung handelt, die die Gerichte beachten müssen (BAG 12.9.1984 AP GG Art. 9 Arbeitskampf Nr. 81; 10.12.2002 AP GG Art. 9 Arbeitskampf Nr. 162; 20.11.2012 AP GG Art. 9 Arbeitskampf Nr. 179 Rn. 132; 20.11.2012 AP GG Art. 9 Arbeitskampf Nr. 180 Rn. 74; zust. Brox/Rüthers/*Rüthers* Rn. 124; *Frowein* 18; *Konzen* JZ 1986, 157 [162]; *Seiter* Streikrecht 137 ff.; *Zöllner* 10 f.). Die Entscheidungen betreffen alle das Arbeitskampfrecht. Die höchstrichterlichen Entscheidungen führte bisher nicht zu einer Anpassung der Rechtsprechung (vgl. BAG 10.6.1980 AP

GG Art. 9 Arbeitskampf Nr. 65; 12.9.1984 AP GG Art. 9 Arbeitskampf Nr. 81; 5.3.1985 AP GG Art. 9 Arbeitskampf Nr. 85; 7.6.1988 AP GG Art. 9 Nr. 106; 10.12.2002 AP GG Art. 9 Arbeitskampf Nr. 162; 19.6.2007 AP GG Art. 9 Arbeitskampf Nr. 173; 24.4.2007 AP TVG § 1 Sozialplan Nr. 2; anders ArbG Gelsenkirchen 13.3.1998 NZA-RR 1998, 352).

Eine Besonderheit der ESC besteht darin, dass sie – obwohl es sich um einen völkerrechtlichen Vertrag handelt – nicht nur durch den Staat umgesetzt werden kann. Nach Art. 33 I kann die Umsetzung der für das Arbeitsrecht einschlägigen Art. 2 Nr. 1–5 und 7 Nr. 4, 6, 7 durch **Gesamtarbeitsverträge** – also Tarifverträge – erfolgen, wenn die normierten Angelegenheiten üblicherweise durch Gesamtarbeitsverträge geregelt werden. Eine Konformität mit der ESC liegt indes nur vor, wenn die überwiegende Mehrheit der betreffenden Arbeitnehmer in den Anwendungsbereich der Gesamtarbeitsverträge fällt. Das Gleiche gelte, wenn die Angelegenheiten üblicherweise auf andere Weise und nicht durch Gesetz geregelt werden, solange die überwiegende Mehrzahl der Arbeitnehmer erfasst wird. Die Umsetzung über Gesamtarbeitsverträge hält die ESC nach Art. 33 II sogar offen, wenn ansonsten eine Gesetzgebung üblich ist. Die ESC erkennt so die besondere Rolle der Sozialpartner an und erlaubt eine Umsetzung von Völkerrecht durch Private, die keine Völkerrechtssubjekte sind (dazu *Birk*, FS Rehbinder, 2002, 3 [5]). Art. 33 bedarf jedoch der Konkretisierung, da die Norm eine Reihe unbestimmter Rechtsbegriffe enthält („normally", „great majority"). Der Ausschuss fordert für eine „great majority", dass 80% der Arbeitnehmer betroffen sind (dazu *Birk*, FS Rehbinder, 2002, 3 [8 f.]) **59**

Zudem ist nicht festgelegt, welche Anforderungen an einen Kollektivvertrag zu stellen sind, damit er als einer iSv Art. 33 gelten kann. Insbesondere sind die Anforderungen an den Vertragspartner, die Rechtsverbindlichkeit des Vertrages und seine rechtliche Wirkung auf das Arbeitsverhältnis nicht genau bestimmt. *Birk* spricht sich insofern für einen Rückgriff auf die bei der IAO etablierten Regelungen aus, soweit sie unstreitig sind (vgl. *Birk*, FS Rehbinder, 2002, 3 [6]). Bei der Auslegung von Art. 33 ist zudem zu berücksichtigen, dass die Charta so eine Alternative für ihre Umsetzung schafft, ohne von ihrer Forderung, dass die in ihr geregelten Mindeststandards für alle Arbeitnehmer gelten, abzugehen. Insofern können Gesamtarbeitsverträge nur dann zu einer Umsetzung der ESC beitragen, ohne dass der Gesetzgeber eingreift, wenn nicht nur für eine Branche und für eine Region Regelungen geschaffen werden, sondern auch über die Branchen hinweg deutschlandweit Regelungen vorliegen, die der Umsetzung bestimmter Vorgaben der ESC dienen können (s. auch *Birk*, FS Rehbinder, 2002, 3 [7 f.]). Zudem muss die Umsetzung eine Dauerhaftigkeit aufweisen, so dass es sich entweder um langfristige Verträge handeln muss (*Birk*, FS Rehbinder, 2002, 3 [8], mehr als ein Jahr) oder um eine regelmäßige Wiederholung einer bestimmten Regelung, so dass sie als fester Bestandteil der Kollektivverträge gelten kann. **60**

Teil II. [Materielle Vorschriften]

Die Vertragsparteien erachten sich durch die in den folgenden Artikeln und Absätzen festgelegten Verpflichtungen nach Maßgabe des Teils III gebunden

Art. 1 Das Recht auf Arbeit

Um die wirksame Ausübung des Rechtes auf Arbeit zu gewährleisten, verpflichten sich die Vertragsparteien,
1. zwecks Verwirklichung der Vollbeschäftigung die Erreichung und Aufrechterhaltung eines möglichst hohen und stabilen Beschäftigungsstandes zu einer ihrer wichtigsten Zielsetzungen und Aufgaben zu machen;

2. das Recht des Arbeitnehmers wirksam zu schützen, seinen Lebensunterhalt durch eine frei übernommene Tätigkeit zu verdienen;
3. unentgeltliche Arbeitsvermittlungsdienste für alle Arbeitnehmer einzurichten oder aufrecht zu erhalten;
4. eine geeignete Berufsberatung, Berufsausbildung und berufliche Wiedereingliederung sicherzustellen oder zu fördern.

A. Normzweck und systematische Stellung

1   Art. 1 gehört zu dem Kernbestand an Normen, auf die sich die Mitgliedstaaten nach Maßgabe des Art. 20 I lit. b verpflichten müssen. Das Recht sichert die **Grundlagen einer freiheitlichen Arbeitsmarktordnung** sowie das Ob einer beruflichen Tätigkeit in den Grenzen des Möglichen. Er garantiert den Zugang zur freiwilligen beruflichen Tätigkeit, indem er Vorgaben zur Beschäftigungspolitik, zur Arbeitsvermittlung und zum Schutz vor Zwangsarbeit enthält (Art. 1 Nr. 1, 2, 3). Das wird flankiert durch den Schutz vor Diskriminierungen (Art. 1 Nr. 2) und die Gewährleistung von Berufsberatung, Berufsausbildung und Wiedereingliederung (Art. 1 Nr. 4). Der Schutz des Arbeitnehmers bei der Tätigkeit ist hingegen in Art. 2, 3 und 4 geregelt, der spezifische Schutz von Kindern, Jugendlichen und Frauen in Art. 7 und 8. Die konkreten Vorgaben für die Berufsausbildung und die Wiedereingliederung enthalten Art. 9, 10 und 15, die insoweit lex specialis sind. Art. 1 ESC und Art. 1 RESC sind identisch.

2   Art. 1 enthält Schutzpflichten (Art. 1 Nr. 2) und Leistungspflichten (Art. 1 Nr. 3, 4). Auch Art. 1 Nr. 1 ist als Leistungspflicht einzuordnen. Auch wenn die Vertragsstaaten nicht für einen bestimmten Erfolg einstehen müssen, ist von ihnen das Setzen von Beschäftigungszielen und aktives Bemühen um deren Verwirklichung gefordert.

B. Hohes Beschäftigungsniveau (Nr. 1)

3   Art. 1 Nr. 1 verpflichtet die Vertragsstaaten (trotz der Überschrift) nicht zur Gewährleistung eines Rechts auf Arbeit iSv Arbeitsbeschaffung (Digest 2008, 19; Europarat 111; *Świątkowski* 55). Vielmehr sind die Vertragsstaaten gehalten, im Hinblick auf eine Vollbeschäftigung ein hohes und stabiles Beschäftigungsniveau anzustreben oder beizubehalten (Digest 2008, 19 f.; Europarat 112). Die ESC legt weder einen absoluten Maßstab zugrunde noch einen Kanon von Maßnahmen fest. Die Vertragsstaaten verpflichten sich nur auf eine Zielvorgabe für die **Beschäftigungspolitik** und legen die Mittel dazu selbst fest. Diese sind im Bericht zu erläutern, ebenso wie die Situation auf dem Arbeitsmarkt. Der Ausschuss für soziale Rechte überprüft die Selbstverpflichtungen (*Świątkowski* 56). Im Übrigen gilt vor allem der Mangel einer aktiven Beschäftigungspolitik, die die unterschiedlichen aktiven und passiven Techniken nutzt, als Verletzung von Art. 1 Nr. 1 (Digest 2008, 20; *Świątkowski* 56). Trotz des Wortlauts von Art. 1 Nr. 1 ist ein Rückschritt auf dem Arbeitsmarkt keine Verletzung der ESC, solange der Vertragsstaat Maßnahmen ergreift, die auf eine Verbesserung der Beschäftigungssituation zielen und diese (bei Misserfolg) überprüft und korrigiert, wobei es darauf ankommt, ob die Maßnahmen angesichts der ökonomischen Situation und Arbeitslosenquote adäquat sind (Digest 2008, 19). Der Ausschuss für soziale Rechte hat für den letzten Berichtszyklus die Konformität des deutschen Rechts und der Rechtspraxis mit Art. 1 Nr. 1 festgestellt (Conclusions XX-1, 2012, 3 – Deutschland).

C. Schutz der freiwilligen Arbeit (Nr. 2)

I. Schutz vor Zwangsarbeit

Art. 1 Nr. 2 knüpft an das Verbot der Zwangsarbeit aus Art. 4 S. 1 Nr. 2 EMRK an und 4 verpflichtet den Vertragsstaat, die Arbeitnehmer zu schützen (vgl. Digest 2008, 20; vgl. auch *van der Veen*, FS Wannagat, 1981, 643 [648]). **Zwangsarbeit** ist nach dem Verständnis des Europäischen Ausschusses für soziale Rechte jede Arbeit, zu der ein Arbeitnehmer gegen seinen Willen gezwungen wird. Das gilt, wenn der Arbeitnehmer nicht freiwillig einen Vertrag geschlossen hat oder an einem solchen Vertrag gegen seinen Willen festgehalten wird. Zwangsarbeit ist daher auch die zeitweilige Beschränkung des Kündigungsrechts (zB für Seeleute oder Soldaten; s. Conclusions III, 1973, 5; Europarat 113; *Świątkowski* 59 f.). Das lehnt sich an das Verständnis von Art. 2 IAO-Konvention Nr. 29 und die UN-Konvention über Zwangsarbeit von 1930 an. Der EGMR stellt für Art. 4 EMRK aber zusätzlich darauf ab, dass im Falle der Verweigerung eine Strafe droht (→ EMRK Art. 4 Rn. 7). Die EKMR verlangt weiter, dass die Arbeit ungerecht oder erdrückend bzw. mit unzumutbaren Härten verbunden ist (→ EMRK Art. 4 Rn. 8). Der weitergehende Schutz der freiwilligen Arbeit durch die ESC lässt sich auf ihre Eigenart als Schutz sozialer Grundrechte zurückführen. Das ergibt sich aus dem Wortlaut höchstens indirekt, weil die Einschränkung des Tatbestands, die Art. 2 II IAO-Konvention Nr. 29 und Art. 4 III EMRK vornehmen, nicht existieren. Allerdings lässt sich ein Verstoß nach Art. 31 rechtfertigen, da es sich nicht um ein absolutes Verbot der Zwangsarbeit wie in Art. 4 II EMRK handelt und Art. 1 und 31 die Beschränkbarkeit der sozialen Rechte nicht ausschließen.

Beschränkungen von Art. 1 Nr. 2 sind nach Art. 31 I nur gerechtfertigt, wenn sie 5 angesichts der zu schützenden Interessen der Allgemeinheit oder Rechte Dritter verhältnismäßig sind. Anders als bei Art. 2 IAO-Konvention Nr. 29 und Art. 4 II, III EMRK handelt es sich aber nicht um Ausnahmen vom Tatbestand, sondern um gerechtfertigte Beeinträchtigungen des Art. 1 Nr. 2. Die Inpflichtnahme in Katastrophenfällen ist aber gerechtfertigt, ebenso die Verpflichtung zu Tätigkeiten in der Landwirtschaft im Interesse der Gemeinschaft (*Świątkowski* 62).

Grundsätzlich ist die Pflicht zum **Wehr- oder Zivildienst** kein Verstoß gegen Art. 1 6 Nr. 2. Der Zivildienst, der an die Stelle des Militärdiensts tritt, muss aber eine angemessene Länge haben (Conclusions XX-1, 2012, General Introduction Rn. 9). Die Empfehlung des Ministerkomitees bestimmt, dass die Dauer in zumutbaren Grenzen bleiben muss und keinen bestrafenden Charakter haben darf (Recommendation R, 87, 8, Rn. 10). Der Ausschuss ist aber von seiner Position abgerückt, dass der Ersatzzivildienst nicht mehr als das 1,5-fache des Militärdienstes haben darf. Es zieht eine flexiblere Gesamtbetrachtung vor, wobei der Prüfungsmaßstab dennoch umso strenger ist, je mehr die Dauer des Ersatzzivildiensts die des Militärdiensts übersteigt (Conclusions XX-1, 2012, General Introduction Rn. 9). Diese Anforderungen sind für Deutschland angesichts der Abschaffung der Wehrpflicht nicht mehr von Bedeutung.

Ein Verstoß gegen Art. 1 Nr. 2 sind die **Arbeit von Gefangenen** sowie die Arbeits- 7 auflagen durch ein Gericht nicht generell, die unter öffentlicher Aufsicht ausgeführt werden. Im laufenden Berichtszyklus hat der Ausschuss seine Auslegung dahingehend präzisiert, dass die direkte oder indirekte Tätigkeit für andere Arbeitgeber als den Justizvollzug angemessen geregelt sein muss. Es darf nicht gegen den Grundsatz der Gleichbehandlung verstoßen werden, der sich auf die Vergütung, die Arbeitszeit und die übrigen Arbeitsbedingungen sowie die soziale Sicherung (bzgl. Arbeitsunfällen, Arbeitslosigkeit, Gesundheit und Alter) bezieht (Conclusions XX-1, 2012, General Introduction Rn. 6). Bei einer Beschäftigung von Gefangenen durch private Unternehmen wird aber eine Verletzung von Art. 1 Nr. 2 angenommen, wenn es am Einverständnis des Gefangenen zu einer solchen Tätigkeit fehlt, während für die Tätigkeit bei staatlichen Arbeitgebern keine solche Zustimmung erforderlich sei (Digest 2008, 23; Świątkowski 62). Um die Konformität mit der Charta zu beurteilen, hat der Ausschuss weitere Informationen gefordert (Conclusions XX-1, 2012, 8 – Deutschland).

8   Als Verstoß gelten auch die Sanktionen gegen **Seeleute,** die ihre Arbeit verweigern, es sei denn, dass nicht nur die Sicherheit des Schiffes, sondern auch Gesundheit, Leib und Leben von Personen an Bord bedroht ist (Conclusions XIII-4, 1996, 320 – Belgien; Conclusions XIV-1, 1998, 105 Belgien; Conclusions XV-1, 2000, 67 f. – Belgien, 233 – Frankreich, 290 f. – Griechenland; Collective Complaint 5.12.2000 – 7/2000 Rn. 22 – FIDH/Griechenland; dazu Europarat 113). Eine Verletzung des Rechts auf Arbeit liegt auch vor, wenn das Ausscheiden aus dem Militärdienst über 25 Jahre oder sogar unbegrenzt durch das Recht des Vertragsstaates aufgeschoben ist (Conclusions XVII-1, 2004, 260 – Irland; Collective Complaint 5.12.2000 – 7/2000 Rn. 21 – FIDH/Griechenland; Digest 2008. 22; Europarat 113).

9   Der Europäische Ausschuss für soziale Rechte geht davon aus, dass ein Verstoß gegen Art. 1 Nr. 2 vorliegen kann, wenn die **finanzielle Unterstützung für Arbeitslose** von der Bedingung abhängig gemacht wird, dass eine aktive Arbeitssuche erfolgt (Conclusions XIV-1, 1998, 305 – Deutschland). Im laufenden Berichtszyklus (Conclusions XX-1, 2012, General Introduction Rn. 8) hat der Ausschuss seine Auslegung dahin konkretisiert, dass die Anforderungen an den Arbeitssuchenden an sich den Anforderungen von Art. 12 Nr. 1, 3 genügen müssen. Zugleich nimmt er die Position des Ausschusses der Experten für soziale Sicherheit beim Europarat aus dem Jahre 2009 in Bedacht und geht davon aus, dass eine Verletzung des Rechts auf Arbeit durch Restriktionen gegenüber einem Arbeitssuchenden vorliegt, wenn dieser gezwungen ist, jede Arbeit anzunehmen (Conclusions XX-1, 2012, General Introduction Rn. 8). Das gelte insbesondere, wenn die Arbeit weit unter der Qualifikation des Arbeitssuchenden liegt oder weit unter der früheren Vergütung oder wenn sie physische und psychische Fähigkeiten voraussetzt, die der Arbeitsuchende nicht hat. Das Gleiche wird angenommen, wenn die Tätigkeit nicht den Vorgaben an den Arbeitsschutz oder den Mindestlohn entspricht, wenn sie nur infolge einer laufenden Arbeitsstreitigkeit angeboten wurde oder wenn die Entfernung vom Wohnort angesichts der Fahrzeit und der Verkehrsverhältnisse unangemessen ist oder wenn sie den Arbeitssuchenden, der familiäre Pflichten hat, zum Wechsel des Wohnorts verpflichtet. Gegen die Entscheidung der Verwaltung muss zudem der Rechtsweg offenstehen. Dazu verlangt der Ausschuss weitere Informationen im nächsten Bericht, um die Konformität feststellen zu können (Conclusions XX-1, 2012, 7 – Deutschland).

II. Beseitigung von Diskriminierungen bei der Beschäftigung

10   Aus Art. 1 Nr. 2 leitet der Ausschuss eine staatliche Pflicht ab, Arbeitnehmer vor Diskriminierungen beim Zugang und der Ausübung der Beschäftigung zu schützen (Conclusions XVIII-1, 2006, 423 f. – Island; Digest 2008, 20; Europarat 113; Świątkowski 63). Der **Schutz der freiwilligen Beschäftigung** wird weit verstanden, so dass nicht nur der Schutz vor Zwangsarbeit, sondern auch das Beseitigen von (direkten und indirekten) Diskriminierungen, die als Beschäftigungshemmnis wirken, erfasst ist (Digest 2008, 20). Hierfür spricht die Präambel der ESC, die jedem die Wahrnehmung der gewährleisteten sozialen Rechte ohne Diskriminierungen wegen der Rasse, der Hautfarbe, des Geschlechts, der Religion, der politischen Anschauung der Nationalität oder der sozialen Herkunft zuweist. Ein Grund für die weite Auslegung von Art. 1 Nr. 2 ist wohl auch, dass die ESC zunächst kein Diskriminierungsverbot enthielt. Inzwischen ist das Verbot im Zusatzprotokoll v. 8.5.1988 bzw. in Art. 29 RESC enthalten, die Deutschland aber beide nicht ratifiziert hat. Insofern kommt es weiter auf die Auslegung von Art. 1 Nr. 2 an. Die Interpretation durch den Ausschuss deckt sich auch mit Art. 2 IAO-Konvention Nr. 111 v. 4.6.1958, die den Schutz vor Diskriminierung als Teil angemessener Arbeitsbedingungen begreift. Der Schutz vor Diskriminierungen wegen des Geschlechts ist bei der Prüfung der Berichte durch den Ausschuss von besonderer Bedeutung (Świątkowski 64). Das widerspricht in Bezug auf

Deutschland der Rechtslage, da das Protkoll von 1988 und die RESC nicht ratifiziert wurden.

Das Diskriminierungsverbot nach Art. 1 Nr. 2 erfasst nach dem Verständnis des Europäischen Ausschusses für soziale Rechte nicht nur den gleichen **Zugang zur Beschäftigung,** sondern auch gleiche **Beschäftigungsbedingungen** (Digest 2008, 21). Eine direkte Diskriminierung ist jede ungleiche Behandlung, die nicht von einem legitimen Interesse getragen ist, das verhältnismäßig verwirklicht wird (Digest 2008, 21). Eine indirekte Diskriminierung ist hingegen eine für alle Arbeitnehmer gleichermaßen geltende Maßnahme, die eine Personengruppe besonders erfasst, die durch eines der inkriminierten Merkmale gekennzeichnet ist (Digest 2008, 21). Der Antidiskriminierungsschutz erstreckt sich daher auch auf die Diskriminierung von Teilzeitbeschäftigten (Conclusions XVI-1, 2002, 28 – Österreich; Digest 2008, 23). Eine Sonderregelung zur gleichen Vergütung von Männern und Frauen enthält Art. 4 III. 11

Die Vertragsstaaten müssen einen **Schutz gegen Diskriminierungen** gewährleisten, so dass diskriminierende Maßnahmen unwirksam sind und ein Schutz gegen diskriminierende Entlassungen besteht (Digest 2008, 21). Eine unzureichende Verwirklichung der staatlichen Pflicht aus Art. 1 Nr. 2 kann sich auch daraus ergeben, dass die Sanktionen wegen einer Diskriminierung unzureichend sind, insbesondere weil die Höhe der Entschädigung zu gering ist (Conclusions XIV-1, 1998, 69 – Österreich; *Świątkowski* 64). Es müssen angemessene Sanktionen vorgesehen werden und die Beweislast sollte zugunsten des Diskriminierungsklägers ausgestaltet sein (Digest 2008, 21). Der Europäische Ausschuss für soziale Rechte hat die Rechtslage in Deutschland an sich gebilligt (s. aber → Art. 4 Rn. 16). 12

Beschränkungen dieses Rechts bedürfen der **Rechtfertigung** nach dem Maßstab von Art. 31. Der Europäische Ausschuss für soziale Rechte hat anders als der EuGH Einschränkungen für die Berufsausübung als Soldatin in kämpfenden Truppenteilen ebenso akzeptiert wie Beschränkungen für die Ausübung körperlich schwerer Arbeit (dazu *Świątkowski* 64; anders EuGH 26.10.1999 – C-273/97 – Sirdar, Slg. 1999, I-7403; 11.1.2000 – C-285/98 – Kreil, Slg. 2000, I-69). Ob der Ausschuss an dieser Position angesichts des gewandelten Geschlechterbilds noch festhalten würde, scheint offen. Auch positive Diskriminierungen von Frauen bedürfen der Rechtfertigung. Sie können, müssen aber nicht unternommen werden (*Świątkowski* 64). Der Ausschuss sieht zudem die Beschränkung des Zugangs zum Beruf als Arzt und Apotheker auf Deutsche, EU-Ausländer und Staatenlose als nicht gerechtfertigt an (Conclusions XX-1, 2012, 6 – Deutschland). 13

III. Weitere Fallgruppen

Der Ausschuss begreift auch den **Schutz der Privatsphäre** bei der beruflichen Tätigkeit und insbesondere den Datenschutz als Teil des Schutzes der freiwilligen Arbeit (Conclusions XX-1, 2012, General Introduction Rn. 7; Digest 2008, 24). Gerade die Entwicklung der modernen Technologien erlaube eine durchgehende Überwachung des Arbeitnehmers, was den Ausschuss zu der Schlussfolgerung veranlasst, dass das Recht auf Privatsphäre und Datenschutz im Arbeitsverhältnis angemessen geschützt sein muss (Conclusions XX-1, 2012, General Introduction Rn. 7). Für den Datenschutz hat der Ministerausschuss am 1.4.2015 eine Empfehlung beschlossen (CM/Rec [2015] 5), die sich speziell auf das Arbeitsverhältnis bezieht. 14

D. Kostenlose Arbeitsvermittlung (Nr. 3)

Art. 1 Nr. 3 verpflichtet zu einer kostenlosen und funktionierenden **staatlichen Arbeitsvermittlung,** um eine effektive Ausübung des Rechts auf Arbeit iSe Zugangs zur Beschäftigung zu verwirklichen (Europarat 114). Anders als Art. 29 GRC ist auch die Errichtung einer solchen Arbeitsvermittlung einbezogen (→ GRC Art. 29 Rn. 9). 15

16 Die Norm erfasst nur die Vermittlung einer Arbeit, nicht einer Berufsausbildung. Diese regelt Art. 1 Nr. 4 eigens. Die Begriffe „worker" und „travailleur" in der Charta erstrecken sich daher nicht nur auf die Beschäftigten, sondern auch auf die Arbeitssuchenden, wenn die angestrebte Tätigkeit die eines Arbeitnehmers iSd ESC und nicht die eines Selbständigen ist (Conclusions I, 1969, 8; *Świątkowski* 65 f.).

17 Eine Arbeitsvermittlung ist nach dem Verständnis des Ausschusses für soziale Rechte **nicht notwendig staatlich,** sondern kann auch privatrechtlich organisiert sein (Conclusions III, 1973, 9 – Österreich). Dieses weite Verständnis entspricht inzwischen Art. 29 GRC (→ GRC Art. 29 Rn. 8). Die Kosten der (staatlichen) Arbeitsvermittlung dürfen danach keine Gebühren (für den Arbeitnehmer oder den Arbeitgeber) nach sich ziehen, sondern seien vom Staat zu tragen (Conclusions IV, 1975, 10; Conclusions V, 1977, 10; Conclusions VI, 1979–1982,10; Conclusions VII, 1981, 11 – jeweils Vereinigtes Königreich; Conclusions XIII-3, 1993–1997, 233; Conclusions XIV-1, 1998, vol. 2, 275 – jeweils Türkei), so dass Art. 2 über Art. 29 GRC hinausgeht. Für die Wirksamkeit der Arbeitsvermittlung kommt es insbesondere darauf an, dass die Einrichtungen Kenntnis von freien Arbeitsplätzen erhalten (*Świątkowski* 66). Ein darüber hinausgehendes Verbot einer privaten Arbeitsvermittlung, für die Kosten anfallen, die der Arbeitgeber oder der Arbeitssuchende tragen muss, ergibt sich daraus indes nicht. Auch der Ausschuss für soziale Rechte geht inzwischen davon aus, dass kein Verstoß gegen die ESC vorliegt, wenn für die Vermittlung von Spitzenpositionen, vor allem im Management, auch ein kostenpflichtiger Service besteht (Conclusions VIII, 1984, 36 f. – Vereinigtes Königreich; Conclusions XII-1, 1991–1992, 37 f. – Dänemark; weitergehend Europarat 114).

E. Berufsausbildung, Weiterbildung, Rehabilitation (Nr. 4)

18 Art. 1 Nr. 4 enthält eine allg. Regelung, die die Vertragsstaaten zur Schaffung und Förderung einer angemessenen Berufsausbildung, beruflichen Weiterbildung und Rehabilitation verpflichtet, um eine wirksame Ausübung des Rechts auf Arbeit sicherzustellen. Der Zugang zur beruflichen Aus- und Weiterbildung muss daher für alle von der ESC geschützten Personen offenstehen (Europarat 114). Erfasst sind auch die Staatsangehörigen der anderen ESC-Staaten sowie Behinderte (Europarat 114), aber auch (bisher) Selbständige (*Świątkowski* 70), da sie übereinstimmend in ihrem Interesse auf Zugang zum Arbeitsmarkt betroffen sind. Genauere Vorgaben zur Ausgestaltung und Finanzierung sind mit der Regelung nicht verbunden. Das ergibt sich aus den ergänzenden Regelungen in Art. 9, 10 und 15 (Digest 2008, 25). Diese Abstufung ist zudem erforderlich, weil die Vertragsstaaten nicht notwendig alle Artikel ratifiziert haben. Art. 1 Nr. 4 erlangt vor allem Bedeutung, wenn die speziellen Regelungen nicht ratifiziert wurden. Das darf aber nicht dazu führen, dass die Verpflichtungen aus Art. 9, 10, 15 in Art. 1 Nr. 4 hineingelesen werden. Das widerspräche Art. 20 und der selektiven Ratifikation des Vertragsstaates. Der Europäische Ausschuss für soziale Rechte hat sich insoweit zu Recht korrigiert, indem er die finanzielle Unterstützung der beruflichen Weiterbildung von Arbeitsuchenden nicht Art. 1 Nr. 4 zuordnet (vgl. Conclusions XIV-2, 1998, 109 – Belgien, 293 – Deutschland; dazu *Świątkowski* 69 f.).

Art. 2 Das Recht auf gerechte Arbeitsbedingungen

Um die wirksame Ausübung des Rechtes auf gerechte Arbeitsbedingungen zu gewährleisten, verpflichten sich die Vertragsparteien,
1. für eine angemessene tägliche und wöchentliche Arbeitszeit zu sorgen und die **Arbeitswoche fortschreitend zu verkürzen, soweit die Produktivitätssteigerung und andere mitwirkende Faktoren dies gestatten;**

Angemessene Arbeits- und Ruhezeiten (Nr. 1, 5) Art. 2 ESC 50

2. bezahlte öffentliche Feiertage vorzusehen;
3. die Gewährung eines bezahlten Jahresurlaubs von mindestens zwei Wochen sicherzustellen;
4. für die Gewährung zusätzlicher bezahlter Urlaubstage oder einer verkürzten Arbeitszeit für Arbeitnehmer zu sorgen, die mit bestimmten gefährlichen oder gesundheitsschädlichen Arbeiten beschäftigt sind;
5. eine wöchentliche Ruhezeit sicherzustellen, die, soweit möglich, mit dem Tag zusammenfällt, der in dem betreffenden Land oder Bezirk durch Herkommen oder Brauch als Ruhetag anerkannt ist.

A. Normzweck und systematische Stellung

Art. 2 gehört schon wegen seiner Stellung zu den **zentralen Normen** der ESC und zielt 1
auf den Schutz von Leben, Körper und Gesundheit, indem die Arbeitszeit, Ruhezeiten und der bezahlte Urlaub geregelt werden (Europarat 115). Art. 2 gehört aber nicht zu dem Kernbestand der ESC, auf den sich die Mitgliedstaaten nach Art. 20 I lit. b verpflichten müssen. Die Norm ist Teil des Arbeitsschutzrechts und steht neben der allg. Regelung zum Arbeitsschutz in Art. 3 und den besonderen Bestimmungen in den Art. 7, 8 und 11.

Art. 2 **RESC** hat die Bestimmungen in Art. 2 ESC übernommen und in Absatz 4 um 2
die Pflicht ergänzt, die mit einer Beschäftigung verbundenen Risiken zu beseitigen und, wo das nicht möglich ist, die Arbeitszeit zu reduzieren oder zusätzlichen bezahlten Urlaub zu gewähren. Weiter wurden Art. 2 Nr. 6 und 7 RESC aufgenommen. Sie verpflichten die Vertragsstaaten sicherzustellen, dass die Arbeitnehmer spätestens zwei Monate nach Arbeitsaufnahme über die essentiellen Bestandteile des Arbeitsverhältnisses informiert werden. Zudem ist zu gewährleisten, dass Arbeitnehmer, die Nachtarbeit leisten, von besonderen Schutzmaßnahmen profitieren.

B. Angemessene Arbeits- und Ruhezeiten (Nr. 1, 5)

Art. 2 Nr. 1 ist eine **dynamische Regelung** (dazu Świątkowski 71), die eine Verkürzung 3
der Arbeitszeit insbesondere mit Rücksicht auf die Produktivität verlangt. Insofern sind die Vertragsstaaten nicht nur zum Gesundheitsschutz ieS verpflichtet. Hervorzuheben ist, dass Art. 2 Nr. 1 zur Verkürzung der täglichen und wöchentlichen Arbeitszeit nur mit Rücksicht auf die Produktivität verpflichtet. Das verhindert, dass ein Sozialschutz unter gleichzeitiger Vernichtung von Arbeitsplätzen erfolgt, wenngleich die Festsetzung der Arbeitszeit in der Regel nicht von diesem Kriterium inspiriert ist (dazu Świątkowski 72). Andere Faktoren für die Verkürzung der Arbeitszeit sind Gesundheits- und Sicherheitsrisiken für den Arbeitnehmer (Digest 2008, 27).

Zur Erfüllung der Pflicht lässt es der Europäische Ausschuss für soziale Rechte genügen, 4
wenn die Vertragsstaaten eine maximale Arbeitszeit regeln oder in Tarifverträgen entsprechende Bestimmungen enthalten sind, deren Einhaltung staatlich überwacht wird (vgl. Art. 33; Digest 2008, 27; Europarat 116). Zudem muss der Gestaltungsspielraum der Arbeitsvertragsparteien klar umrissen und ein angemessener Referenzzeitraum für die Berechnung der höchstzulässigen Arbeitszeit bestimmt sein (Digest 2008, 27). Der Ausschuss geht davon aus, dass über alle Änderungen der Arbeitszeit klar und rechtzeitig informiert werden muss (Europarat 116).

Arbeitszeit iSv Art. 2 Nr. 1 ist nicht nur die regelmäßige Arbeitszeit. Auch Überstunden 5
können nicht allein im Ermessen des Arbeitgebers stehen, da die Norm den Schutz der Gesundheit des Arbeitnehmers bezweckt (Conclusions XIV-2, 1998, 34 f.; Digest 2008, 27; Europarat 116). Auch flexible Arbeitszeitmodelle müssen daher auf gesetzlicher Grundlage – oder einem Tarifvertrag nach Maßgabe von Art. 33 – beruhen (Europarat 116). Bereit-

schaftsdienste sind nach dem Verständnis des Ausschusses ebenso wie im Unionsrecht keine Ruhezeit, selbst wenn der Arbeitnehmer in dieser Zeit ggf. nicht arbeitet (Digest 2008, 28).

6   Eine Verletzung von Art. 2 Nr. 1 wegen zu langer Arbeitszeiten identifiziert der Ausschuss für soziale Rechte fallbezogen, ohne einen allg. Standard aufzustellen (Digest 2008, 27). Verletzungen werden insbesondere bei mehr als 16 Arbeitsstunden pro Tag und 60 Arbeitsstunden pro Woche angenommen (Conclusions XIV-2, 1998, 34 f. – Norwegen, Niederlande; Conclusions XIV-2, 1998, Rn. 594 – Niederlande; Digest 2008, 27). Andere Conclusions sehen bei 50 Stunden pro Woche noch keinen Verstoß (vgl. Conclusions XIV-2, 1998, 365 – Griechenland). Der Ausschuss lehnt sich an die RL 93/104/EG (jetzt RL 2003/88/EG) an (Świątkowski 73). Das ist rechtlich keine konsequente Interpretation, da die Normen voneinander unabhängig sind und an sich eine genuine Interpretation erfolgen muss. Zudem gilt die Richtlinie nicht für die Vertragsstaaten, die nicht zur EU gehören.

7   In der Vergangenheit hat der Ausschuss die zu langen **Bezugszeiträume im ArbZG** als unvereinbar mit Art. 2 Nr. 1 erachtet (Conclusions XVIII-2, 2007, 136 f. – Deutschland). Der Ausschuss geht davon aus, dass der Bezugszeitraum etwa vier bis sechs Monate betragen sollte, maximal aber 12 Monate aufgrund einer Regelung der Tarifvertragsparteien, wenn objektive, technische oder arbeitsorganisatorische Gründe vorliegen (Conclusions XIV-2, 1998, 324 f. – Deutschland). Die Vereinbarkeit einer Regelung mit dem Unionsrecht führt nicht automatisch zu dem Schluss, dass die Bestimmungen auch mit der Charta vereinbar sind (Collective Complaint 23.6.2010 – 55/2009 Rn. 32 ff. – Confédération Général du Travail/Frankreich). Letztlich handelt es sich um autonom auszulegende Normen, zumal das Unionsrecht nicht für alle Vertragsstaaten gilt. Im laufenden Berichtszyklus hat der Ausschuss die Vereinbarkeit des deutschen Arbeitszeitrechts und der tariflichen Praxis mit Art. 2 Nr. 1 offengelassen und hat weitere Informationen verlangt.

8   Daneben legt **Art. 2 Nr. 5** fest, dass eine **wöchentliche Ruhezeit** von einem Tag vorzusehen ist, die so weit wie möglich nach den Traditionen oder Bräuchen des Landes oder der Region festzulegen ist. Das wird in vielen Fällen der Sonntag sein (Digest 2008, 31). Der Ruhetag kann – so der Ausschuss – verschoben werden, aber dann muss nach 12 Tagen min. eine Ruhezeit von 2 Tagen folgen (Digest 2008, 31). Sonntagsarbeit ist dadurch nicht ausgeschlossen, da nur ein alternativer Ruhetag von mindestens der gleichen Dauer gewährt werden muss (Conclusions XIV-2, 1998, 36; Świątkowski 81). Hierfür spricht, dass Art. 2 Nr. 5 selbst seine Vorgabe relativiert („as far as possible"/„autant que possible"). Zudem ist eine Rechtfertigung nach Art. 31 I möglich (zB für den Krankenhausbetrieb; Personennah- und Personenfernverkehr), ohne dass der Ausschuss den Rechtfertigungsgrund näher präzisiert hat. Der Ausschuss nimmt die Branche in Bedacht (Świątkowski 82). Allerdings ist der Ruhetag tatsächlich zu gewähren und kann nicht in Geld ausgeglichen werden (vgl. Conclusions XIII-3, 1996, 258; Conclusions XIV-2, 1998–2000, 247 – beide Finnland; Digest 2008, 31; Świątkowski 82). Eine Verschiebung der Ruhezeit um mehr als 12 Tage steht nach dem Verständnis des Ausschusses nicht mehr in Einklang mit Art. 2 Nr. 5, auch wenn die RL 2003/88/EG den Tarifvertragsparteien eine solche Regelung erlaubt (Conclusions XX-3, 2014, 10 – Deutschland). Der Ausschuss verlangt nähere Auskünfte über die Tarifpraxis und die Zahl der betroffenen Arbeitnehmer.

C. Bezahlter Erholungsurlaub und gesetzliche Feiertage (Nr. 2, 3)

9   Art. 2 Nr. 2 verpflichtet den Vertragsstaat sicherzustellen, dass an **gesetzlichen Feiertagen** eine Befreiung von der Arbeitspflicht unter Fortzahlung des Entgelts vorgesehen ist, wenn es sich sonst um Arbeitstage gehandelt hätte. Der Ausschuss geht davon aus, dass diese Verpflichtung nicht absolut ist (Conclusions XII-1, 1990–1991, 63 – Griechenland; dazu Świątkowski 74), ohne diese Ausnahme nach Art. 31 zu rechtfertigen oder Beschränkungen des Tatbestands abzuleiten. Der Ausschuss legt Art. 2 Nr. 2 dahin aus, dass die Bezahlung für die Arbeit an einem gesetzlichen Feiertag eine adäquate Kompensation für die zusätzli-

che Belastung sein muss, also höher ist als die sonst zu zahlende Vergütung für die Arbeitszeit (Conclusions XX-3, 2014, 6 – Deutschland; Europarat 117). Zudem findet weiterhin Art. 2 Nr. 5 Anwendung, so dass der Arbeitnehmer an einem anderen Tag freizustellen ist (Digest 2008, 28). Diese Freistellung kann durch eine Ausgleichzahlung kompensiert werden, die aber höher als die sonst bestehende Vergütung sein müsse (mindestens das Doppelte, vgl. Conclusions XVIII-1, 2006, 114 – Kroatien; Digest 2008, 28).

Nach Art. 2 Nr. 3 ist von den Vertragsstaaten ein **bezahlter Jahresurlaub** von min. 2 **10** Wochen zu gewährleisten. Damit bleibt die ESC hinter Art. 3 III IAO-Konvention Nr. 132 aus dem Jahre 1970 zurück, die einen Mindesturlaub von drei Wochen vorsieht und ebenso wie Art. 2 Nr. 3 dem langfristigen Schutz der Arbeitsfähigkeit dient. Die Charta enthält keine Vorgaben für eine Wartezeit bis zur Gewährung des vollen Urlaubsanspruchs oder die Durchführung des Urlaubs. Der Ausschuss sieht aber eine Wartezeit von max. 12 Monaten als vereinbar mit Art. 2 Nr. 3 an (dazu *Świątkowski* 75). Das lässt sich darauf zurückführen, dass es sich um einen Jahresurlaub handelt und selbst durch eine solche Wartezeit zumindest noch die Gewährung bezogen auf das erste Arbeitsjahr möglich ist.

Art. 2 Nr. 3 regelt nicht eindeutig, ob der **Urlaub zusammenhängend** zu gewähren ist. **11** Hierfür spricht die französische Fassung des Art. 2 Nr. 3 („un congé payé annuel de deux semaines"), während die englische Fassung („two weeks annual holiday with pay") offener scheint. Wegen des Normzwecks sollte die Bestimmung eng ausgelegt werden, so dass der Arbeitgeber zu verpflichten ist, eine zusammenhängende Gewährung des Urlaubs zu ermöglichen. Auch der Ausschuss legt Art. 2 Nr. 3 zu Recht dementsprechend aus (Digest 2008, 29; krit. *Świątkowski* 75). Art. 2 Nr. 3 regelt nicht ausdrücklich, ob der Urlaub im Falle von Krankheit verschoben oder nachgeholt werden kann (ausf. zu Praxis des Ausschusses *Świątkowski* 76 ff.; s. zB Conclusions XIV-2, 1998, 670 – Spanien; 580 – Norwegen; Digest 2008, 29). Der Zweck des Urlaubs – die Regeneration der Arbeitskraft – kann aber nicht in gleicher Weise erfolgen, wenn der Arbeitnehmer während des Urlaubs krank ist. Daher geht der Europäische Ausschuss für soziale Rechte zu Recht davon aus, dass die Vertragsstaaten für diese Fällen eine Regelung vorsehen müssen, um sicherzustellen, dass der Mindesturlaub gewährt wird. Unzulässig ist auch eine Substituierung des Urlaubs durch Geld mit Ausnahme der Abgeltung des nicht gewährten Urlaubs bei Beendigung des Arbeitsverhältnisses (Conclusions I, 1969–1970, 170 – Irland; Conclusions V, 1977, 14 – Österreich; Europarat 117; *Świątkowski* 75). Diese Auslegung steht in Einklang mit den Regelungen der IAO-Konvention Nr. 132 zum bezahlten Urlaub, die noch detailliertere Vorgaben enthält.

D. Arbeitnehmer mit gefährlicher oder ungesunder Tätigkeit (Nr. 4)

Art. 2 Nr. 4 ergänzt die Bestimmungen zum **Arbeitsschutz** und verlangt, dass zusätzli- **12** cher Urlaub oder reduzierte Arbeitszeit für solche Arbeitnehmer vorzusehen ist, die eine gefährliche bzw. ungesunde Tätigkeit ausüben. Die ESC enthält keine Definition oder Auflistung solcher Tätigkeiten. Der Ausschuss sieht alle Tätigkeiten als gefährlich an, die mit radioaktiven oder toxischen Substanzen oder der Exposition von Blei, Asbest, hohem Druck, Lärm, hohen oder niedrigen Temperaturen, explosiven Stoffen oder Arbeiten unter Tage, in Stahlwerken, Werften oder mit Strahlenbelastungen durch Monitore verbunden sind (Conclusions XII-1, 1990–1991, 65 – Griechenland; Digest 2008, 33; *Świątkowski* 79). Der Ausschuss greift dabei auf die Arbeitsschutzbestimmungen des Unionsrechts zurück (dazu *Świątkowski* 79), obwohl sie nicht der originären Interpretation der ESC dienen können. Soweit die Regelungen auf arbeitsmedizinischen Erkenntnissen beruhen, können sie aber ein Anhaltspunkt für die Konkretisierung der ESC sein. Entscheidender Wertungsmaßstab sind die für den Arbeitnehmer aus der beruflichen Tätigkeit resultierenden Gefahren für Körper und Gesundheit sowie Leben, vor denen die Vertragsstaaten schützen müssen.

13   Eine direkte Prävention ist zwar die Beseitigung der Gefahren für Körper und Gesundheit, Art. 2 Nr. 4 regelt – anders als die RESC – indes nur eine **sekundäre Prävention** durch erhöhten Urlaub und reduzierte Arbeitszeit. In diesem Punkt ergänzen sich Art. 2 Nr. 4 und Art. 3, der den Arbeitsschutz regelt. Allerdings ist Art. 2 Nr. 4 nicht mit Blick auf Art. 3 inhaltlich aufzuladen, das unterliefe die ggf. nur partielle Ratifikation der ESC durch die Vertragsstaaten (→ Rn. 1; dazu *Świątkowski* 78). Einen anderen Weg scheint der Ausschuss zu gehen, der trotz der fehlenden Ratifikation der RESC die Prävention von Risiken bei Art. 2 Nr. 4 begutachtet, auch wenn dazu der deutsche Bericht zu Art. 3 Nr. 1 herangezogen wird (vgl. Conclusions XX-3, 2014, 8 – Deutschland).

14   Wegen der konkreten Vorgaben für einen Ausgleich der Gefahren durch Urlaub bzw. reduzierte Arbeitszeit erlaubt es Art. 2 Nr. 4 nicht, stattdessen eine höhere Vergütung zu vereinbaren (Digest 2008, 30; *Świątkowski* 79). Das wäre weder vom Wortlaut noch vom Normzweck gedeckt. Wenn aber die Gefährlichkeit der Tätigkeit durch primäre Prävention beseitigt wird, kommt Art. 2 Nr. 4 nicht mehr zum Tragen (Europarat 118). Ein früherer Rentenbeginn ist keine Maßnahme iSv Art. 2 Nr. 4 (Digest 2008, 30). Der Ausschuss verlangt derzeit von Deutschland weitere Informationen dazu, welche Kompensation für besondere psychische und physische Belastungen der Gesundheit ergriffen werden (zB Gestaltung von Arbeitsabläufen; Conclusions XX-3, 2014, 8 f. – Deutschland).

Art. 3 Das Recht auf sichere und gesunde Arbeitsbedingungen

Um die wirksame Ausübung des Rechtes auf sichere und gesunde Arbeitsbedingungen zu gewährleisten, verpflichten sich die Vertragsparteien,
1. **Sicherheits- und Gesundheitsvorschriften zu erlassen;**
2. **für Kontrollmaßnahmen zur Einhaltung dieser Vorschriften zu sorgen;**
3. **die Arbeitgeber- und Arbeitnehmerorganisationen in geeigneten Fällen bei Maßnahmen zu Rate zu ziehen, die auf eine Verbesserung der Sicherheit und der Gesundheit bei der Arbeit gerichtet sind.**

A. Normzweck und systematische Stellung

1   Art. 3 ist die **Grundnorm des Arbeitsschutzrechts,** die zur Schaffung eines sicheren und gesunden Arbeitsumfelds verpflichtet und somit direkt auf den Schutz von Körper, Gesundheit und Leben ausgerichtet ist. Die ESC verstärkt insoweit die sich aus Art. 2 EMRK ergebende Gewährleistungspflicht (→ EMRK Art. 2 Rn. 5 ff.; dazu Digest 2008, 33; *Świątkowski* 84). Art. 3 enthält keine detaillierten Vorgaben, sondern nur eine allg. Verpflichtung der Vertragsstaaten. Eine gesundheitsschützende Wirkung entfaltet auch Art. 2.

2   Die **RESC** hat Art. 3 übernommen und dahin ergänzt, dass unter Konsultation der Arbeitnehmer- und Arbeitgeberorganisationen eine kohärente nationale Arbeitsschutz- und Arbeitssicherheitspolitik zu formulieren, zu implementieren und periodisch zu überwachen ist (dazu *Kohte*, FS Birk, 2008, 417 [433 f.]). Solche Konsultationen sind bereits in Art. 3 III ESC vorgesehen, sind in der RESC aber in eine breiter angelegte Politik integriert. Damit soll primär der Schutz für Gesundheit und Sicherheit gesteigert werden, indem Unfällen vorgebeugt wird. Zugleich soll der arbeitsmedizinische Schutz verbessert werden, indem Prävention und Belehrungen über inhärente Gesundheitsgefahren gefördert werden.

B. Ausgestaltung und Anpassung des Arbeitsschutzrechts

3   Die Vertragsstaaten müssen ein **Arbeitsschutzrecht** schaffen, das Risiken entgegenwirkt und die Arbeitnehmer vor den Folgen der vorhandenen Risiken schützt (Digest 2008, 35). Es handelt sich dabei im Gegensatz zu Art. 1 Nr. 1 oder 2 Nr. 1 nicht um eine dynamische

Vorschrift, allerdings bedarf der Arbeitsschutz wegen der sich verändernden Gesundheitsgefährdungen einer kontinuierlichen Anpassung (Conclusions III, 1973, 17; *Świątkowski* 85). Darauf verweist der Ausschuss auch im laufenden Berichtszyklus mit besonderem Bezug auf psychische Erkrankungen, gerade auf arbeitsbedingten Stress, Aggression und Gewalt (Conclusions XX-2, 2013, General Introduction Rn. 6). Bei der Überprüfung des Rechts der Vertragsstaaten nimmt der Ausschuss auf die Vorgaben der IAO-Konventionen und die Arbeitsschutzrichtlinien des Unionsrechts Bezug (Digest 2008, 35; Europarat 119; *Świątkowski* 84, 86). Daraus können sich Anhaltspunkte für Gesundheitsgefahren und die Prävention ergeben, es kann aber keine strikte Auslegung anhand dieser Rechtsquellen erfolgen, weil der notwendige rechtssystematischen Zusammenhang fehlt oder gering ist (→ Art. 2 Rn. 13). Der Ausschuss fordert einen Schutz auf dem höchstmöglichen Level (Digest 2008, 35), gegenläufige (wirtschaftliche) Interessen werden nicht explizit angesprochen, sondern können nach diesem Verständnis nur als Grenze für die Möglichkeit des Arbeitsschutzes oder eine Rechtfertigung nach Art. 31 angesehen werden. Eine Vereinbarkeit mit Art. 3 Nr. 2 wird angenommen, wenn die Vorgaben der IAO-Konventionen und der EU überwiegend erfüllt sind, wobei der Gefährdungsgrad in Bedacht genommen wird (Digest 2008, 37). Der Ausschuss geht nicht davon aus, dass Art. 3 Nr. 2 zur Einführung einer Unfallversicherung verpflichtet (Digest 2008, 36).

Art. 3 Nr. 1 gilt für **alle Branchen und Tätigkeiten** der Privatwirtschaft und des 4 öffentlichen Dienstes und verpflichtet somit zu einer umfassenden Ausgestaltung des Arbeitsschutzes (Digest 2008, 38; s. auch Conclusions XX-2, 2013, General Introduction Rn. 7). Der Ausschuss legt den persönlichen Schutzbereich sehr weit aus und will jede abhängige oder selbständige Beschäftigung erfassen (Digest 2008, 38; Europarat 119; *Świątkowski* 84; s. auch *Kohte*, FS Birk, 2008, 417 [419, 421 f.], der zugleich auf das EU-Recht verweist). Dieses Verständnis legt auch der zuständige Unterausschuss des Regierungsausschusses zugrunde (Conclusions XX-2, 2013, 3 f. – Deutschland). Eine vergleichbare Schlussfolgerung wird für den Schutzbereich von Art. 1 oder Art. 4, die den Begriff „worker" enthalten, nicht gezogen. Das gilt auch für die französische Fassung („travailleur"). Beide Begriffe sind zwar nicht unmittelbar in der Regelung des Art. 3 enthalten, dieser erfasst aber die Arbeitnehmervereinigungen („workers' organisations"/„organisations d'employeurs et de travailleurs") und ist auf das „right to safe and healthy working conditions" bzw. „droit à la sécurité et à l'hygiène dans le travail" bezogen. Das spricht dafür, dass Art. 3 auch der Arbeitnehmerbegriff zugrunde liegt (→ Teil I Rn. 5). Ein so weites Verständnis von Arbeitsschutz ist höchstens aus der Gewährleistungspflicht nach Art. 2 EMRK ableitbar, der ohne Bezug auf einen konkreten Personenkreis eine Pflicht des Staates zum Schutz des Lebens und damit auch zum Schutz vor Gefahren trägt, die sich bei der beruflichen Tätigkeit ergeben. Im Ergebnis moniert der Ausschuss in den aktuellen Feststellungen den unzureichenden Schutz der Selbständigen vor Gefahren bei der Berufsausübung (Conclusions XX-2, 2013, 3 f. – Deutschland).

Bei der Anpassung des Arbeitsschutzes sollen die Vertragsstaaten die **Arbeitnehmer- und** 5 **Arbeitgebervereinigungen** angemessenen konsultieren (Art. 3 Nr. 3), ohne dass dafür ein ständiges Gremium einzurichten ist (Europarat 123). Ob die Konsultation einheitlich oder differenziert nach Regionen erfolgt, bleibt den Vertragsstaaten überlassen (*Świątkowski* 88).

C. Überwachung des Arbeitsschutzes

Die Vertragsstaaten müssen die Anwendung des von ihnen geschaffenen Arbeitsschutzes 6 durch Überwachung sicherstellen. Dazu sind nach der Interpretation des Ausschusses die notwendigen zivil-, verwaltungs- oder strafrechtlichen **Sanktionen** vorzusehen (Conclusions I, 1969–1970, 23; Conclusions XIII-3, 1996, 203 f. – Griechenland; Conlusions XIV-2, 1998, 128 – Belgien). Vorrangig bedarf es der Inspektion durch die Arbeitsverwaltung. Das betrifft aber nur den Arbeitsschutz nach Art. 3 Nr. 1, auf den sich Art. 3 Nr. 2 bezieht, nicht hingegen Art. 2 Nr. 1. Ansonsten würde ggf. eine Verpflichtung geschaffen, die der Vertragsstaat durch die selektive Ratifikation gerade für sich vermeiden wollte. Das Gleiche gilt für das Verhältnis von Art. 3 Nr. 1 und 2. Daher ist der Ausschuss in diesem Punkt zu Recht zurückhaltend (krit. *Świątkowski* 86). Art. 3 RESC geht in seinen Vorgaben hins. der Überwachung des Arbeitsschutzes deutlich weiter. Der Ausschuss nimmt derzeit einen Verstoß Deutschlands gegen Art. 3 Nr. 2 an, weil die Arbeitsverwaltung verkleinert wurde und keine adäquaten Informationen über die Gründe vorliegen (Conclusions XX-2, 2013, 6 – Deutschland).

Art. 4 Das Recht auf ein gerechtes Arbeitsentgelt

¹Um die wirksame Ausübung des Rechtes auf ein gerechtes Arbeitsentgelt zu gewährleisten, verpflichten sich die Vertragsparteien,

1. das Recht der Arbeitnehmer auf ein Arbeitsentgelt anzuerkennen, welches ausreicht, um ihnen und ihren Familien einen angemessenen Lebensstandard zu sichern;
2. das Recht der Arbeitnehmer auf Zahlung erhöhter Lohnsätze für Überstundenarbeit anzuerkennen, vorbehaltlich von Ausnahmen in bestimmten Fällen;
3. das Recht männlicher und weiblicher Arbeitnehmer auf gleiches Entgelt für gleichwertige Arbeit anzuerkennen;
4. das Recht aller Arbeitnehmer auf eine angemessene Kündigungsfrist im Falle der Beendigung des Arbeitsverhältnisses anzuerkennen;
5. Lohnabzüge nur unter den Bedingungen und in den Grenzen zuzulassen, die in innerstaatlichen Rechtsvorschriften vorgesehen oder durch Gesamtarbeitsvertrag oder Schiedsspruch bestimmt sind.

²Die Ausübung dieser Rechte ist durch frei geschlossene Gesamtarbeitsverträge, durch gesetzliche Verfahren der Lohnfestsetzung oder auf jede andere, den Landesverhältnissen entsprechende Weise zu gewährleisten.

A. Normzweck und systematische Stellung

1   Art. 4 S. 1 enthält Regelungen, die ein **faires und angemessenes Arbeitsentgelt** sicherstellen, um die Existenz des Arbeitnehmers und seiner Familie zu gewährleisten. Um dieses Recht des Arbeitnehmers auf ein gerechtes Arbeitsentgelt sicherzustellen (Einleitungssatz), verpflichten sich die Mitgliedstaaten zur Anerkennung von Rechten des Arbeitnehmers, die darauf hinwirken. Die Ausübung der Rechte kann nicht nur durch Gesetz, sondern auch durch Tarifvertrag oder in einer den Verhältnissen des Vertragsstaates entsprechende Weise erfolgen (Art. 4 S. 2). Art. 4 ist nicht Teil der harten Kernbestimmungen iSv Art. 20 I lit. b, stellt aber eine Ergänzung zu den grundlegenden Bestimmungen in Art. 1–3 dar (*Lörcher,* in Sterkel/Schulten/Wiedemuth, Mindestlöhne gegen Lohndumping, 2006, 216 [220]). Die Bestimmung wurde ohne Änderungen in die RESC übernommen.

2   Es geht dabei nicht um die Sicherung eines **physischen Existenzminimums** (zur begrifflichen Kategorie *Martínez Soria* JZ 2005, 644 [647 f.]; s. auch Conclusions XIX-3, 2010, General Introduction Rn. 10; *Riechert/Stomps* RdA 2012, 81 [85]). Der Ausschuss für soziale Rechte ordnet Art. 4 als Kategorie der Sozialpolitik ein, so dass die Vertragsstaaten darauf verpflichtet sind, dass Arbeit die soziale Existenz des Beschäftigten und seiner Familie durch eigene Arbeit sichert und das Entgelt fair geregelt ist (dazu *Świątkowski* 92; s. auch Conclusions XIX-3, 2010, General Introduction Rn. 10; *Körner* NZA 2011, 425 [428]). Das erfasst nicht nur die Gleichbehandlung von Männern und Frauen hinsichtlich des Entgelts (Art. 4 S. 1 Nr. 3), sondern auch die Gewährleistung eines angemessenen Arbeitsentgelts und eine erhöhte Überstundenvergütung (Art. 4 S. 1 Nr. 1, 2) sowie die Beschränkung der Abzüge vom Arbeitsentgelt auf ein angemessenes Maß (Art. 4 S. 1 Nr. 5). Der Sicherung der wirtschaftlichen Existenz dient zudem eine angemessene Kündigungsfrist

bzw. Auslauffrist bei Beendigung des Arbeitsverhältnisses (Art. 4 S. 1 Nr. 4). Insoweit hat Deutschland die ESC indes nicht ratifiziert. Ursache hierfür war die erwartete Unvereinbarkeit des deutschen Rechts mit der ESC. Im Gesetz zur Ratifikation wird darauf verwiesen, dass das deutsche Recht nicht mit der ESC in Einklang stehe, weil es nicht nur bei schweren Verfehlungen eine fristlose Kündigung erlaube (Regierungsentwurf, BT-Drs. IV/2117, 31). Zudem galt der inzwischen unanwendbare § 622 II 2 als unvereinbar mit Art. 4 S. 1 Nr. 4, ebenso die Kündigungsfristen im öffentlichen Dienst und die Zulässigkeit von Tarifverträgen, die die gesetzliche Kündigungsfrist verkürzen (Bundesregierung auf eine kleine Anfrage, BT-Drs. 13/11415, 7). Die **RESC** stimmt der Regelung der ESC überein.

B. Angemessene Vergütung (Nr. 1)

Art. 4 S. 1 Nr. 1 verpflichtet die Vertragsstaaten, das Recht des Arbeitnehmers auf ein 3 Arbeitsentgelt anzuerkennen, das ihm und seiner Familie einen angemessenen Lebensstandard ermöglicht (Digest 2008, 43). Zugleich ergibt sich aus Art. 4 S. 1 und 2 die Verpflichtung, ein Lohnfestsetzungsverfahren zur Festsetzung eines angemessenen Mindestlohns zu schaffen, ohne dass ein konkretes Vorgehen vorgegeben wird (*Körner* NZA 2011, 425 [427]). Art. 4 S. 2 stellt aber frei, ob es sich um eine gesetzliche, tarifvertragliche oder andere Vorgehensweise handelt, die für den Vertragsstaat typisch ist. Neben der ESC enthält das internationale Arbeitsrecht weitere Regelungen zum Mindestlohn wie die IAO-Konvention Nr. 26, Nr. 99 und Nr. 131. Auch Art. 7 lit. a IPwskR garantiert einen angemessenen Lohn zur Sicherung eines angemessenen Lebensunterhalts für Arbeitnehmer und seine Familie. Dabei geht es um einen Mindestlohn, der zur Befriedigung elementarer Bedürfnisse dient und sich am Maßstab der Menschenwürde misst, während das Mindesteinkommen als Kategorie des Sozialschutzes in den IAO-Konventionen geregelt ist (dazu *Körner* NZA 2011, 425 [427]). Eine unverbindliche Erklärung enthält auch Art. 23 III AEMR (dazu *Kau*, in Vitzthum/Proelß, Völkerrecht, 2013, Rn. 235; *Seidl-Hohenveldern/Stein,* Völkerrecht, 2000, Rn. 1585).

Die ESC legt nicht fest, was ein **angemessener Lebensstandard** ist. Es muss sich 4 jedenfalls um einen Betrag oberhalb der Armutsgrenze des betreffenden Landes handeln (Europarat 125). Der Europäische Ausschuss für soziale Rechte geht davon aus, dass die Angemessenheit im Zusammenhang mit dem wirtschaftlichen Entwicklungsniveau des Staates steht (Conclusions II, 1971, 16; *Świątkowski* 92). Als angemessen hat der Ausschuss zunächst ein Entgelt angesehen, das 68% des durchschnittlichen nationalen Bruttomonatseinkommens nicht unterschreitet (Conclusions V, 1977, 25; Europarat 125; dazu *Samuel,* Fundamental Social Rights, 1997, 73 ff.). Bei Bruttoentgelten ist aber die ausgezahlte Summe von den Steuern und Abgaben abhängig, so dass der Maßstab nichts über das für den Arbeitnehmer zur freien Verfügung stehende Einkommen aussagt. Daher hat der Ausschuss zuletzt 60% des durchschnittlichen nationalen Nettomonatseinkommens eines Vollzeitarbeitnehmers zum Maßstab erhoben (Conclusions XIV-2, 1998, General Introduction 50; Digest 2008, 43; Europarat 125; dazu *Świątkowski* 92 ff.). Er verweist zudem darauf, dass nicht mehr die Alleinverdienerehe die Verhältnisse prägt und die Inhomogenität der wirtschaftlichen Verhältnisse in Bedacht zu nehmen sind (Conclusions XIV-2, 1998, General Introduction 50 f.). Dabei wird auf den gesamten Arbeitsmarkt, notfalls auf den einschlägigen Wirtschaftssektor Bezug genommen (Europarat 126).

Der vom Ausschuss entwickelte Standard evaluiert nicht, dass auch der Umfang der 5 Sozialleistungen variiert, nicht einheitlich finanziert ist (ggf. aus Arbeitnehmerbeiträgen) und Einfluss auf den Lebensstandard des Arbeitnehmers und seiner Familie hat (vgl. krit. *Riechert/Stomps* RdA 2012, 81 [87]). Dieser Einwand wird dadurch relativiert, dass nicht jedes Entgelt unterhalb der 60%-Grenze dem Ausschuss als unfair iSv Art. 4 Nr. 1 gilt (dazu Conclusions XIV-2, 1998, General Introduction 52; Digest 2008, 43; Europarat 126; *Świątkowski* 95). Er hat Nettoeinkommen zwischen 50% und 60% der Bemessungsgröße für ausreichend erachtet, wenn der Mitgliedsstaat die Lebenserhaltungskosten darlegt und nachweist, dass sie durch dieses Einkommen gedeckt sind (Europarat 126). Lediglich unterhalb von 50 % der Bemessungsgröße wird ein unangemessen niedriger Lohn angenommen (Digest 2008, 43).

6   **Entgelt** im Sinne dieser Norm ist jede Gegenleistung des Arbeitgebers für die erbrachte Arbeitsleistung. Dazu zählen auch Bonuszahlungen sowie (sonstige) freiwillige **Sonderzahlungen,** die der Ausschuss angemessen berücksichtigt (Europarat 126). Solange die Leistungen des Arbeitgebers im Synallagma zur erbrachten Arbeitsleistung stehen und Entgeltcharakter haben, sollte die Anrechnung aber uneingeschränkt erfolgen (so wohl Digest 2008, 43). Sonderzahlungen, die ausschließlich die Treue des Arbeitnehmers gegenüber dem Unternehmen honorieren, beziehen sich hingegen nicht auf die erbrachte Arbeitsleistung, was auch § 1 I, II MiLoG entspricht. Soweit sie regelmäßig erfolgen, tragen sie aber auch zum Lebensstandard des Arbeitnehmers bei, so dass sie bei der Anwendung von Art. 4 S. 1 Nr. 1 nicht strikt ausgeklammert werden müssten. In vielen Fällen haben die Zahlungen indes Mischcharakter, so dass sie zumindest dann wegen des Bezugs zur erbrachten Arbeitsleistung zu berücksichtigen sind. Dieser Entgeltbegriff deckt sich wohl nicht mit dem der IAO-Konvention Nr. 95, die nur den Lohn für die Arbeitsleistung ohne Zusatzzahlungen, die andere Zwecke haben, berücksichtigt (vgl. International Labour Conference, 91st session 2003, Report III, Part 1B Rn. 37 Fn. 1). Auch Kombilöhne sind nach der IAO-Konvention nicht geeignet, um deren Anforderungen zu erfüllen (dazu *Körner* NZA 2011, 425 [427]). Der Ausschuss für soziale Rechte rechnet Transferleistungen im Hinblick auf die ESC nur an, wenn sie in einem unmittelbaren Zusammenhang zur Arbeitsleistung stehen (Conclusions XIV-2, 1998, General Introduction 51 f.; dazu *Świątkowski* 94; Europarat 126; zweifelnd zum Kombilohn *Körner* NZA 2011, 425 [428]).

7   Bei der Anwendung von Art. 4 S. 1 Nr. 1 zieht der Ausschuss nun **Steuern und Sozialabgaben** vom Bruttoentgelt ab (Conclusions XIV-2, 1998, General Introduction 51 f.; Digest 2008, 43). Den Kreis der relevanten Sozialabgaben bestimmt die ESC nicht. Zweifel bestehen insbesondere bei freiwilligen Versicherungen, die typische Erwerbsrisiken (Krankheit, Alter, Arbeitslosigkeit) absichern. Um die Vergleichbarkeit mit den anderen Arbeitnehmern zu wahren, werden diese zumindest dann Berücksichtigung finden müssen, wenn die freiwillige Versicherung wegen Überschreitung der Beitragsbemessungsgrenze oder der Art der Beschäftigung geschlossen wurde und insoweit an die Stelle der sonst eingreifenden gesetzlichen Sozialversicherung tritt.

8   Die Umsetzung der Vorgaben in Art. 4 S. 1 Nr. 1 im deutschen Recht war insbesondere vor dem Inkrafttreten des **MiLoG** umstritten. Eine völkerrechtsfreundliche Auslegung des **§ 138 BGB** wurde wegen des Marktbezugs der Norm zum Teil abgelehnt und eine gesetzliche Lösung gefordert (*Böggemann* NZA 2011, 493 [496]; *Stütze,* Die Kontrolle der Entgelthöhe, 2010, 274; anders *Nassibi,* Schutz vor Lohndumping in Deutschland, 2012, 236; *dies.* KritJ 2010, 194 [204]; s. auch SG Berlin 27.2.2006 AuR 2007, 54 [55]). Zugleich wurde darauf verwiesen, dass § 138 BGB nur auf das ethische Minimum bezogen sei (*Stütze,* Die Kontrolle der Entgelthöhe, 2010, 274), was einem Verstoß gegen § 138 BGB bei Unterschreitung der Grenze aus Art. 4 S. 1 Nr. 1 nicht per se widerspricht (*Peter,* Gesetzlicher Mindestlohn, 1995, 120 f.). Einwände wurden auch gegen die (nicht verbindliche) Interpretation durch den Ausschuss erhoben (*Stütze,* Die Kontrolle der Entgelthöhe, 2010, 273). Der Ausschuss hat die Umsetzung der ESC durch das Gesetz über angemessene Arbeitsbedingungen, das AEntG und die Lohnfindung durch Tarifverträge vor dem Inkrafttreten des MiLoG akzeptiert (Conclusions XX-3, 2014, 11 – Deutschland). Das Absinken der Tarifbindung und die Erosion der Vorbildwirkung einschlägiger Tarifverträge sowie die tatsächlichen Verhältnisse in der Zeitarbeit machten indes ein Eingreifen des Gesetzgebers notwendig (*Körner* NZA 2011, 425 [427]). Der seit 1.1.2015 geltende Mindestlohn von 8,50 EUR wird den Anforderungen des Ausschusses gerecht. Der durchschnittliche Bruttostundenlohn lag 2010 bei 15,54 EUR (alte Bundesländer 16,05 EUR, neue Bundesländer 12,37 EUR; s. https://www.destatis.de/DE/ZahlenFakten/Indikato-

ren/QualitaetArbeit/Dimension2/2_5_Stundenlohn.html), so dass 60% des daraus errechneten Nettodurchschnittslohns noch unterhalb von 8,50 EUR liegt (vgl. auch 2007: durchschnittlicher Nettostundenlohn 12,98 EUR, davon 60%: 7,79 EUR; anders *Lakies* AuR 2013, 69 [73]).

Für das MiLoG gilt, dass der gesetzliche Mindestlohn das Niveau der ESC nicht 9 unterschreiten darf (*Lörcher,* in: Sterkel/Schulten/Wiedemuth, Mindestlöhne gegen Lohndumping, 2006, 216 [225]). Das Gleiche gilt für die Mindestlöhne, die infolge einer Allgemeinverbindlicherklärung nach § 5 TVG oder einer Verordnung nach §§ 7, 7a, 10 f. AEntG erlassen wurden. Ob sie den Anforderungen genügen, ist durch einen Vergleich des Netto-Mindestlohns mit dem durchschnittlichen Nettolohn zu prüfen (dazu Digest 2008, 43). Für den Mindestlohn nach dem MiLoG gilt als Maßstab für seine Höhe, dass er geeignet sein muss, zu einem angemessenen Mindestschutz der Arbeitnehmer beizutragen und dabei faire und funktionierende Wettbewerbsbedingungen zu ermöglichen, ohne Beschäftigung zu gefährden (§ 9 II MiLoG). Die Festsetzung des Mindestlohns nimmt somit auch auf den Lebensbedarf der Arbeitnehmer Bezug (vgl. BT-Drs. 18/1558, 38), ohne dass eine strikte Orientierung an den Größenvorgaben erfolgt, die der Europäische Ausschuss für soziale Rechte erarbeitet hat. Dessen Maßgaben lassen sich jedoch in den Wortlaut des § 9 II MiLoG bei völkerrechtsfreundlicher Auslegung hineinlesen, so dass die Mindestlohnkommission auf eine Umsetzung des Art. 4 S. 1 Nr. 1 hinwirken kann.

C. Erhöhte Vergütung für Überstunden (Nr. 2)

Nach Art. 4 S. 1 Nr. 2 müssen die Vertragsstaaten ein Recht auf eine erhöhte **Über-** 10 **stundenvergütung** anerkennen. Diese kann in Geld gewährt werden oder in Freizeit, die aber länger sein muss als die geleistete Arbeitszeit (Collective Complaint 23.10.2012 – 68/2012 Rn. 86 – European Council of Police Trade Union/Frankreich; Digest 2008, 44; Europarat 127; zum Freizeitausgleich Conclusions X-2, 1992, 62 – Frankreich; Conclusions XIV-2, 1998–2000, 134 – Belgien; *Świątkowski* 99). Für die erhöhte Vergütung ist kein Mindestmaß vorgegeben und der Ausschuss hat keine Maßgaben für die Erhöhung entwickelt (*Świątkowski* 99). Eine **Überstunde** iSv Art. 4 S. 1 Nr. 2 ist Arbeitszeit unter Überschreitung der Normalarbeitszeit (Conclusions XIV-2, 1998, General Introduction 35; *Świątkowski* 96). Das gilt für Voll- und Teilzeitbeschäftigte gleichermaßen, ebenso für Personen die in home offices arbeiten (*Świątkowski* 96). Eine Verletzung von Art. 4 S. 1 Nr. 2 hat der Ausschuss nicht angenommen, wenn die Arbeitsleistung innerhalb einer (auf den Monat bezogenen) Zeitspanne zu erbringen ist, ohne dass eine Überstundenvergütung gezahlt wird, solange sich die Arbeitsleistung in dem Rahmen bewegt (Digest 2008, 44; Europarat 127). Es handelt sich in diesem Fall noch nicht um Überstunden. Insofern scheint der Ausschuss den Begriff der Normalarbeitszeit weiter zu fassen als das deutsche Arbeitsrecht. Um Art. 4 Nr. 2 nicht auszuhöhlen, dürfen aber sehr weit gefasste Arbeitszeitkorridore nicht mehr als Normalarbeitszeit eingeordnet werden.

Art. 4 S. 1 Nr. 2 lässt Ausnahmen in bestimmten Fällen zu („exceptions in particular 11 cases"/„exception faite de certains cas particuliers"), ohne dass die ESC diese näher konkretisiert. Der Ausschuss geht davon aus, dass solche Fälle selten vorkommen und vor allem Angestellte im öffentlichen Dienst (mit Leitungsfunktion) und Führungskräfte betreffen (Digest 2008, 44; Europarat 127; s. auch Collective Complaint 23.6.2010 – 55/2009 Rn. 73 – Confédération général du travail/Frankreich; 1.12.2010 – 57/2009 Rn. 53 – European Council of Police Trade Union/Frankreich).

Zur Umsetzung von Art. 4 S. 1 Nr. 2 im nationalen Recht genügt die bloße Erwartung 12 der Arbeitnehmer nicht (Conclusions XIV-2, 1998, 772 f. – Vereinigtes Königreich; *Świątkowski* 97). Art. 4 nimmt vermittels Satz 2 zwar auf die Eigenarten der unterschiedlichen nationalen Lohnfindungsmechanismen Rücksicht. Es genügt aber nicht, wenn es nach den

Gepflogenheiten des nationalen Arbeitsrechts untunlich ist in die Lohnfindung staatlich zu intervenieren (dazu *Świątkowski* 98). Obwohl das deutsche Recht keine allgemeine Pflicht zur Überstundenvergütung kennt, hat der Ausschuss dies nicht beanstandet.

D. Gleiche Vergütung für Männer und Frauen (Nr. 3)

13 Die Vertragsstaaten sind verpflichtet, ein **Recht auf gleiches Entgelt** für gleichwertige Arbeit von Frauen und Männern vorzusehen (Art. 4 S. 1 Nr. 3), das für Arbeitsverträge und Tarifverträge gleichermaßen gilt (Europarat 127). Inhaltlich entspricht die Regelung den Vorgaben der IAO-Konvention Nr. 100.

14 Ein Vergleich, wie ihn Art. 4 S. 1 Nr. 3 vorsieht, setzt dieselbe oder eine **gleiche und gleichwertige Arbeit** voraus. Der Ausschuss akzeptiert insoweit keine einseitige Analyse nach Kriterien der Arbeitseffizienz, sondern verlangt, dass weitere Kriterien wie Verantwortung, notwendige Fähigkeiten und Arbeitsbedingungen in Bedacht genommen werden (zB Conclusions XIV-2, 1998, 741 – Türkei; dazu *Świątkowski* 102). Es muss eine Bewertung nach objektiven Kriterien erfolgen (Conclusions I, 1969, 28; *Świątkowski* 101), ohne dass der Ausschuss ein festes Regime entwickelt hätte (*Świątkowski* 101). Fälle indirekter Diskriminierung können sich ergeben, wenn die Vergütung höher ausfällt, weil der Arbeitnehmer in größerem Umfang verfügbar ist, zu Überstunden oder Nachtarbeit bereit ist oder einen Bonus für physische Arbeit erhält (Conclusions XIII-1, 1994, 134 – Norwegen). Ausnahmen lässt der Ausschuss nur zu, wenn ein hoher Frauenanteil besteht und sich daher Schwierigkeiten beim Entgeltvergleich ergeben (Conclusions XIII-1, 1994, 115 – Niederlande, 121 – Norwegen).

15 Der Ausschuss geht davon aus, dass die Anerkennung eines solchen Rechts, wie es Art. 4 S. 1 Nr. 3 vorsieht, im Vertragsstaat auch zur Nichtigkeit widersprechender (tarif-)vertraglicher Regelungen führen muss (Conclusions VIII, 1984, 66; Conclusions XII-1, 1990–1991, 86 – beide Dänemark; Conclusions XIII-1, 1994, 133 – Norwegen; Conclusions IX-1, 1985–1986, 42 – Dänemark; Europarat 127). Zudem müsse ein **Schutz vor Repressionen** wegen der Ausübung dieses Rechts bestehen (Europarat 127). Dabei handelt es sich nur um ein Maßregelungsverbot, das als Ausprägung eines allg. Rechtsmissbrauchsverbots verstanden werden kann. Bei Repressalien müsse der Arbeitnehmer einen Anspruch auf Entschädigung haben, der den Schaden kompensiert sowie präventive Wirkung entfaltet (Digest 2008, 46; Europarat 127).

16 Eine Beendigung des Arbeitsverhältnisses wegen der Ausübung des Rechts müsse nichtig sein, so dass es grundsätzlich fortbesteht (Europarat 127; *Świątkowski* 104 f.). Der Ausschuss verlangt sogar die Schaffung einer class action (Conclusions XIII-5, 1997, 56 – Finnland; Conclusions XIV-2, 1998–2000, 593 – Norwegen). Der Ausschuss überprüft insofern nicht nur, ob eine Regelung zur Gleichbehandlung vorliegt, sondern auch deren Durchsetzung (Digest 2008, 46). Letztlich geht es ihm um die Effizienz der Umsetzung (*Świątkowski* 100, 103), da die Berichte nach Art. 21 die Anwendung der ESC in den Vertragsstaaten der Überprüfung durch den Ausschuss unterstellen. Bei den Anforderungen an die Sanktion geht er im Interesse einer effektiven Rechtsdurchsetzung über die Regelung des Art. 4 S. 1 Nr. 3 hinaus. Der Ausschuss kritisiert die in Deutschland bestehenden Entschädigungsobergrenzen (Conclusions XX-3, 2014, 14 ff. – Deutschland); dem fügt *Schlachter* zu Recht hinzu, dass sich aus dieser Rechtsfolgenregelung keine Ungleichbehandlung zwischen den Geschlechtern ergibt, die Art. 4 S. 1 Nr. 3 erfasst. Solche Anforderungen an die Sanktion ergeben sich nur aus Art. 24 lit. b RESC und können Deutschland mangels Ratifikation nicht entgegengehalten werden.

E. Angemessene Auslauffrist (Nr. 4)

Art. 4 Nr. 4 verpflichtet die Vertragsstaaten, für alle Arbeitnehmer ein Recht auf eine 17 angemessene Auslauffrist bei Beendigung des Arbeitsverhältnisses anzuerkennen. Der englische Wortlaut („period of notice for termination of employment") könnte dahin ausgelegt werden, dass sich die ESC auf die Kündigung beschränkt. Für eine weite Auslegung, die alle Beendigungen des Arbeitsverhältnisses einschließt, spricht die französische Fassung der ESC („un délai de préavis raisonnable dans le cas de cessation de l'emploi"; vgl. Conclusions XIV-2, 1998, 684 – Spanien; Digest 2008, 47). Dieses weite Begriffsverständnis deckt sich mit der Systematik und dem Zweck der Norm. Die Regelung soll keinen Bestandsschutz, sondern eine Sicherung der wirtschaftlichen Existenz bewirken, so dass die Auslauffrist als **Dispositionsschutz** fungiert, der die wirtschaftliche Absicherung des Arbeitnehmers für eine Übergangszeit sichert (Collective Complaint 23.5.2012 – 65/2011 Rn. 25 – General Federation of employees of the national electric power corporation/Griechenland; ebenso *Junker* EuZA 2014, 143 [145]). Daher bedarf es bei jeder Beendigung des Arbeitsverhältnisses, auch infolge einer Anfechtung bzw. Nichtigkeit, keiner Beendigung ex nunc, sondern erst nach Ablauf einer Frist (Conclusions XIV-2, 1998, 684 – Spanien; Digest 2008, 46 f.; Europarat 128). Ausnahmen sind bei schweren Verfehlungen des Arbeitnehmers möglich (Anhang zu Art. 4 S. 1 Nr. 4). Angesichts der Zwecksetzung kann die Frist auch durch eine Geldzahlung substituiert werden (Europarat 128). Der Arbeitnehmer muss während der Auslauffrist bezahlt und ihm muss Freizeit zur Arbeitssuche gewährt werden (Europarat 128; *Świątkowski* 106). Statt der Auslauffrist kann ihm pauschal der Betrag gezahlt werden, den er während der angemessenen Auslauffrist verdient hätte (Collective Complaint 23.5.2012 – 65/2011 Rn. 25 – General Federation of employees of the national electric power corporation/Griechenland).

Die Kündigungsfrist gilt für alle Arbeitnehmer, unabhängig vom Alter, und muss mit der 18 Dauer des Arbeitsverhältnisses steigen, um den Zweck zu erreichen (Europarat 128). Der Europäische Ausschuss für soziale Rechte hat ausdifferenzierte Anforderungen entwickelt (zB Conclusions XIII-2, 1995, 275 – Belgien; dazu Digest 2008, 47; Europarat 128; *Świątkowski* 106 ff.). Die Frist läuft nicht, wenn die zwingende Konsultation der Arbeitnehmervertreter nicht abgeschlossen ist (*Świątkowski* 109). Eine verkürzte Frist während der Probezeit ist zulässig. Die Dauer der Probezeit darf aber nicht zu einer Umgehung führen (Collective Complaint 23.5.2012 – 65/2011 Rn. 25 f. – General Federation of employees of the national electric power corporation/Griechenland). Die Regelung wurde von Deutschland nicht ratifiziert, so dass es keiner Anpassung des deutschen Arbeitsrechts bedarf.

F. Vorgaben für Abzüge vom Arbeitsentgelt (Nr. 5)

Der Schutz des Einkommens wird durch Art. 4 S. 1 Nr. 5 vervollständigt, wonach die 19 Vertragsstaaten **Abzüge vom Arbeitsentgelt** nur erlauben dürfen, soweit sie durch Gesetz, Verordnung, Kollektivvertrag oder einen Schiedsspruch festgelegt sind und die **Grenze des Angemessenen** nicht überschreiten (*Świątkowski* 110). Die Notwendigkeit von Abzügen ist an sich anerkannt. Der Ausschuss berücksichtigt alle Abzüge, einschließlich Gewerkschaftsbeiträgen, Unterhaltszahlungen und Verrechnung von Gehaltsvorschüssen sowie Entgeltrückzahlungen, ohne deren Höhe zu kontrollieren (Europarat 129; *Świątkowski* 111). Das Arbeitsentgelt müsse nach Art. 4 S. 1 Nr. 1 trotz der Abzüge einen angemessenen Lebensstandard garantieren, was auch für die Anwendung des Art. 4 S. 1 Nr. 5 in Bedacht zu nehmen sei (Conclusions XII-1, 1990–1991, 96 – Griechenland; Conclusions XII-1, 1990–1991, 97 – Norwegen; Conclusions XIII-3, 1993–1997, 274 ff. – Türkei; Conclusions XIV-2, 1998–2000, 594 – Norwegen; Conclusions XX-3, 2014, 18 – Deutschland; dazu *Świątkowski* 111). Allerdings überzeugt nicht, dass die sozialen Verpflichtungen gegenüber

Dritten in Bedacht genommen werden, zumal dann indirekt das Familienrecht und die sich daraus ergebenden Unterhaltsverpflichtungen einbezogen sind. Der Unterhalt der Familie kann nur mittelbar Relevanz erlangen, weil der Familie durch das Entgelt ein angemessener Lebensstandard gesichert werden soll.

20 Beachtung findet auch das Verfahren der Entgeltkürzung und die Beteiligung der Arbeitnehmervertreter (Europarat 129). Der Arbeitnehmer muss die Möglichkeit haben, die Abzüge vom Gehalt rechtlich prüfen zu lassen (Świątkowski 111).

Art. 5 Das Vereinigungsrecht

¹Um die Freiheit der Arbeitnehmer und Arbeitgeber zu gewährleisten oder zu fördern, örtliche, nationale oder internationale Organisationen zum Schutze ihrer wirtschaftlichen und sozialen Interessen zu bilden und diesen Organisationen beizutreten, verpflichten sich die Vertragsparteien, diese Freiheit weder durch das innerstaatliche Recht noch durch dessen Anwendung zu beeinträchtigen. ²Inwieweit die in diesem Artikel vorgesehenen Garantien auf die Polizei Anwendung finden, bestimmt sich nach innerstaatlichem Recht. ³Das Prinzip und gegebenenfalls der Umfang der Anwendung dieser Garantien auf die Mitglieder der Streitkräfte bestimmen sich gleichfalls nach innerstaatlichem Recht.

A. Normzweck und systematische Stellung

1 Während die Gewährleistungspflichten die Vertragsstaaten regelmäßig zum Schutz oder zur Anerkennung von Rechten verpflichten, hat Art. 5 den Charakter eines Freiheitsrechts, da sich die Vertragsstaaten dazu verpflichten, die Vereinigungsfreiheit zu gewährleisten, indem sie deren Beeinträchtigung unterlassen. Art. 5 schützt somit die Freiheit der Arbeitnehmer und Arbeitgeber, Organisationen zum Schutz ihrer wirtschaftlichen und sozialen Interessen zu gründen (Świątkowski 189). Die Spruchpraxis des Ausschusses bezog sich bisher im Grunde auf Arbeitnehmervereinigungen, aber Arbeitgebervereinigungen sind gleichermaßen erfasst und geschützt (Świątkowski 189). Aus Art. 5 können sich auch Gewährleistungszupflichten ergeben („promoting"/„promouvoir") (Świątkowski 190).

2 Art. 5 steht in einem systematischen Zusammenhang zur IAO-Konvention Nr. 87 (Świątkowski 189). Auch die IAO-Konvention Nr. 98 hat einen Bezug zu Art. 5 und gilt zusammen mit der IAO-Konvention Nr. 87 zu den Kernkonventionen der IAO zur Vereinigungsfreiheit (Świątkowski 189; Weiss/Seifert, FS Zachert, 2010, 130 [133]). Art. 5 ist unverändert in die RESC übernommen worden. Er ist gegen über Art. 6 abzugrenzen, der einen besonderen Bereich der Koalitionsbetätigung (Kollektivverhandlungen und kollektive Maßnahmen) eigens regelt. Art. 6 ist insoweit lex specialis zu Art. 5.

B. Vereinigung von Arbeitnehmern oder Arbeitgebern

3 Arbeitnehmer- und Arbeitgebervereinigungen sind frei gebildete Zusammenschlüsse, die nach dem Wortlaut des Art. 5 sowohl auf örtlicher, nationaler als auch internationaler Ebene bestehen können (Europarat 132). Es handelt sich um Organisationen zur Wahrnehmung der wirtschaftlichen und sozialen Interessen ihrer Mitglieder. Insofern handelt es sich nicht um eine allg. Garantie der Vereinigungsfreiheit wie in Art. 11 I EMRK, sondern um eine Gewährleistung der Koalitionsfreiheit. Ebenso wie die IAO-Konventionen garantiert Art. 5 daher nicht das Recht, Vereinigungen mit allgemeinpolitischen Zielen zu gründen, sondern beschränkt sich auf Zusammenschlüsse im spezifischen Interesse der Arbeitnehmer und Arbeitgeber. Hierfür spricht nicht nur der Wortlaut, sondern die Aufnahme in die Sozialcharta als Dokument sozialer Grundrechte sowie der systematische Zusammenhang zu

Art. 6, der sich auf die Verwirklichung der Arbeitnehmer- und Arbeitgeberinteressen bei Kollektivverhandlungen bezieht. Ein Spruch des Ausschusses liegt dazu zwar nicht vor (*Świątkowski* 189 f.), er geht jedoch iRv Art. 6 davon aus, dass die Vertragsstaaten keinen Streik aus allg. politischen Gründen gewährleisten müssen. Wegen des Zwecks der Vereinigung und des systematischen Zusammenhangs zu Art. 6 spricht vieles dafür, dass die Vereinigungen gegnerunabhängig sein müssen.

C. Vereinigungsfreiheit

I. Individuelle Vereinigungsfreiheit

Der **persönliche Schutzbereich** der individuellen Vereinigungsfreiheit beschränkt sich 4 nicht auf die in einem Beschäftigungsverhältnis stehenden Arbeitnehmer sowie die Arbeitgeber. Eingeschlossen sind auch die Arbeitsuchenden und die im Ruhestand befindlichen Beschäftigten (Conclusions XVII-1, 2004, 377 f. – Polen; Conclusions XIX-3, 2010, General Introduction Rn. 11; Digest 2008, 49), deren Beschäftigungsinteressen auch von der Vereinigung vertreten werden (können). Die Vereinigungsfreiheit gilt sowohl für die Arbeitnehmer der Privatwirtschaft als auch des öffentlichen Dienstes (Digest 2008, 51). Das ergibt sich bereits aus Art. 5 S. 2, 3, die besondere Schranken für den öffentlichen Dienst vorsehen. Erfasst sind daher auch Beamte und Personen in ähnlichen Dienstverhältnissen (Soldaten, Richter). Auch Selbständige werden zum Teil in Art. 5 einbezogen (Conclusions I, 1969, 31; *Świątkowski* 191). Das kann sich aber nur auf Selbständige als Arbeitgeber beziehen. Art. 5 ist auf den Interessengegensatz von Arbeitgebern und Arbeitnehmern bezogen, was auch Art. 6 als lex specialis der Koalitionsbetätigungsfreiheit belegt.

Art. 5 verpflichtet die Vertragsstaaten zur Gewährleistung der **positiven individuellen** 5 **Vereinigungsfreiheit.** Der **sachliche Schutzbereich** erstreckt sich auf die Freiheit zur Gründung und zum Beitritt zu einer Arbeitgeber- oder Arbeitnehmervereinigung (Europarat 132; *Świątkowski* 190). Die Gründung muss ohne Schranken wie eine Autorisierung oder sonst erschwerende Formalien (zB Abgabe von Erklärungen, Registrierung) möglich sein (Digest 2008, 49; *Świątkowski* 190). Auch zusätzliche Anforderungen an die Zahl der Mitglieder für eine solche Vereinigung sind zu unterlassen (Digest 2008, 49; zur Rechtfertigung → Rn. 12). Schließlich müssen die Vertragsstaaten die Arbeitnehmer und Arbeitgeber vor Diskriminierungen wegen der gewerkschaftlichen Betätigung schützen (Europarat 133).

Der Ausschuss für soziale Rechte ging von Anfang an davon aus, dass nach Art. 5 neben 6 der positiven auch die **negative individuelle Vereinigungsfreiheit** durch die Vertragsstaaten zu gewährleisten ist (Conclusions I, 1969, 31; Digest 2008, 50; Europarat 132; *Świątkowski* 189, 190). Den Arbeitnehmern und Arbeitgebern ist die Entscheidungsfreiheit über ihre Mitgliedschaft in der Vereinigung zu sichern (Digest 2008, 50). Daran fehlt es, wenn sie das Recht zum Beitritt zu einer Vereinigung unter Zwang ausüben (Digest 2008, 50). Der Ausschuss leitet aus Art. 5 zudem die Pflicht für die Vertragsstaaten ab, einen Rechtsschutz für den Falle der Verletzung der negativen Vereinigungsfreiheit, insbesondere bei Diskriminierung und Maßregelung wegen der Entscheidung gegen den Beitritt, zu garantieren (Digest 2008, 50). Insofern sei ggf. auch eine Kompensation erforderlich (Digest 2008, 50).

II. Kollektive Vereinigungsfreiheit

Der sachliche Schutzbereich des Art. 5 umfasst auch die kollektive Vereinigungsfreiheit 7 und verpflichtet somit die Vertragsstaaten, die Freiheit der Vereinigungen eigens sicherzustellen. Dafür spricht die systematische Auslegung. Art. 6 verpflichtet zur Förderung von Kollektivverhandlungen, was für die Anerkennung und den Schutz der Vereinigung spricht. Zudem ist Art. 5 eine spezielle Regelung zur Vereinigungsfreiheit in Art. 11 I EMRK, die ebenfalls die kollektive Vereinigungsfreiheit schützt → EMRK Art. 11 Rn. 18. Zu ihrer kollektiven Freiheit gehört zunächst die freie Entscheidung über den Kreis der Mitglieder (Digest 2008, 50; *Schlachter* SR 2013, 77 [84]; *Świątkowski* 192). Insofern muss die Vereinigung nicht nur die Aufnahme verweigern, sondern auch Mitglieder ausschließen oder – als milderes Mittel – disziplinarische Maßnahmen verhängen dürfen. Art. 5 ist nach dem Verständnis des Ausschusses für soziale Rechte nur verletzt, wenn den Disziplinarmaßnahmen gegen Mitglieder unverhältnismäßige rechtliche Grenzen gezogen werden (Digest 2008, 51).

8   Zur kollektiven Vereinigungsfreiheit gehört auch die Freiheit der **Binnenorganisation** ohne staatliche Einmischung (Digest 2008, 49, 50; Europarat 132; *Świątkowski* 195). Es ist die freie Entscheidung der Vereinigungen, auf welcher Ebene sie die Arbeitnehmer bzw. Arbeitgeber organisieren (Europarat 132) und ob sie Spitzenorganisationen bilden (Digest 2008, 49; *Świątkowski* 196). Auch das Abhalten von Mitgliederversammlungen ist geschützt (Europarat 133). Zudem gehört die Entscheidung über ihre Repräsentanten zur Vereinigungsfreiheit, so dass insoweit keine staatlichen Vorgaben bestehen dürfen (vgl. Digest 2008, 49; *Świątkowski* 195; s. auch Conclusions XIV-1, 1998, 74 – Österreich; 46 – Luxemburg). Die Freiheit der Binnenorganisation schließt auch die Erhebung von Beiträgen und die Bildung von Gewerkschaftsfonds ein (Conclusions XIII-1, 1994, 130 – Vereinigtes Königreich; *Świątkowski* 195). Schließlich leitet der Europäische Ausschuss für soziale Rechte aus Art. 5 ab, dass ein Rechtsweg für den Fall von Beschränkungen gegeben sein muss (Digest 2008, 50).

9   Die positive individuelle und die kollektive Vereinigungsfreiheit führen letztlich dazu, dass auch ein **Pluralismus** bei den Organisationen in den Gewährleistungsbereich von Art. 5 eingeschlossen ist (Conclusions VII, 1981, 31 – Irland; Conclusions XII-2, 1991–1992, 94 – Malta; *Świątkowski* 192). Dabei ist nicht nur der Bestand, sondern auch die Betätigungsfreiheit der Vereinigungen garantiert (*Świątkowski* 190). Der Ausschuss für soziale Rechte leitet aus Art. 5 ab, dass Gewerkschaftsvertretern der **Zutritt zum Betrieb** und zum Arbeitsplatz zu gewährleisten ist, damit sie die Arbeitnehmer informieren oder Veranstaltungen abhalten können, solange die Arbeitgeberinteressen und die Belange des Unternehmens nicht entgegenstehen (Conclusions XV-1, 2000, 238 – Frankreich; Digest 2008, 51; Europarat 133). Somit schützt Art. 5 die Gewerkschaften in ihrem Ziel, die Interessen ihrer Mitglieder wahrzunehmen und geltend zu machen (Collective Complaint 21.5.2001 – 11/2001 Rn. 45 – European Council of Police Trade Unions/Portugal).

10 Der Ausschuss für soziale Rechte hat in Bezug auf Art. 5 die Konformität des nationalen Rechts mit der ESC festgestellt und zugleich weitergehende Erläuterungen hinsichtlich der Rechtsstellung und der Rechtspraxis der Spitzenorganisationen der Beamten erbeten (Conclusions XX-3, 2014, 19 – Deutschland).

D. Schranken der Vereinigungsfreiheit

I. Schranken nach Art. 31 I ESC

11 Eingriffe und Beschränkungen des Art. 5 sind nach Art. 31 I nur gerechtfertigt, wenn ein legitimer Zweck vorliegt, wobei solche Maßnahmen insbesondere dem Funktionieren der demokratischen Gesellschaft oder dem Schutz der Rechte und der Freiheit Dritter dienen können, solange sie in einer demokratischen Gesellschaft notwendig und angemessen sind (vgl. *Świątkowski* 192). An einer solchen Rechtfertigung fehlt es nach der Spruchpraxis des Ausschusses insbesondere bei sog. **Closed-shop-Vereinbarungen,** die auf die Mitgliedschaft der Arbeitnehmer in einer bestimmten Gewerkschaft hinwirken und somit deren negative individuelle Vereinigungsfreiheit und bei anders organisierten Mitgliedern deren positive individuelle Vereinigungsfreiheit verletzt (Europarat 132; *Świątkowski* 192; s. auch

Collective Complaint 14.5.2014 – 103/2013 – Bedriftsforbundet/Norwegen). Insoweit gilt für Beamte nichts anderes (Świątkowski 192).

Eine Verletzung der Vereinigungsfreiheit kann die Festlegung einer **Mindestmitglieder-** 12
zahl sein. Eine solche hat weder die ESC vorgesehen noch wurde sie vom Ausschuss für soziale Rechte abgeleitet (Świątkowski 193). Nach der Spruchpraxis des Ausschusses wird die Konformität mit Art. 5 angenommen, wenn die Mindestmitgliederzahlen gering und die Anforderungen somit nicht unverhältnismäßig sind (Conclusions XV-1, 2000, Addendum 147 f. – Polen; Conclusions XIV-1, 1998, 185 f. – Portugal; Digest 2008, 49; Europarat 131; Świątkowski 193). Mit Art. 5 steht es nicht in Einklang, wenn eine Mitgliederzahl von 500 oder 2000 Arbeitnehmern oder ein Organisationsgrad von 10 oder 25 Prozent gefordert wird (Świątkowski 193). Etwas anderes gilt höchstens, wenn das Verfehlen der Anforderungen keine Konsequenzen hat (vgl. Świątkowski 193). Gesetzlich geregelte **Anmeldepflichten** für die Vereinigung verstoßen gegen Art. 5, es sei denn, es ist sichergestellt, dass die Anmeldung nicht missbraucht werden kann oder keine unangemessene Anmeldegebühr gefordert wird (Conclusions XII-2, 1991–1992, 89 – Malta; Conclusions XV-1, 2000, 629 – Vereinigtes Königreich; Europarat 131; Świątkowski 193 f.).

Ein Verstoß gegen die Pflicht, die kollektive Koalitionsfreiheit zu gewährleisten, liegt vor, 13
wenn Vorgaben zur **internen Organisation** oder **Geschäftsführung** gemacht werden (Europarat 132). Das Gleiche gilt, wenn das passive Wahlrecht für Gewerkschaftsvertreter von der Staatsangehörigkeit oder dem Wohnsitz des Mitglieds abhängig gemacht wird (Digest 2008, 49; Europarat 132; Świątkowski 195; s. auch Conclusions XIV-1, 1998, 75 – Österreich; 48 ff. – Luxemburg) oder wenn Gründungsmitglieder keine Ausländer sein dürfen (Europarat 134). Mit Art. 5 ist ebenfalls unvereinbar, wenn die Vertragsstaaten die Vereinigung erheblich dabei beschränken, sich ihre Mitglieder auszusuchen (Europarat 132). Auch unverhältnismäßige rechtliche Grenzen für Disziplinarmaßnahmen gegen Mitglieder stehen nicht in Einklang mit Art. 5 (Digest 2008, 51). Auch Tarifverträge, die entsprechende Vorgaben für die Besetzung der Gewerkschaftspositionen enthalten, werden als unvereinbar mit Art. 5 angesehen (Europarat 134). Die Tarifvertragsparteien sind zwar nicht an Art. 5 gebunden, es ist aber von einer Gewährleistungspflicht des Vertragsstaats auszugehen, solchen Vereinbarungen entgegenzuwirken, um die Vereinigungsfreiheit sicherzustellen. Schließlich geht der Ausschuss davon aus, dass den Gewerkschaften nicht verboten werden darf, aus den Gewerkschaftsmitteln politische Stiftungen zu finanzieren (Conclusions X-1, 1987, 68 – Vereinigtes Königreich; Świątkowski 196). Dem lässt sich nicht entgegenhalten, dass Art. 5 nicht die Bildung von politischen Vereinigungen schützt. Das Verbot betrifft in diesen Fällen nicht die Bildung einer solchen Vereinigung, sondern die Verwendung von Gewerkschaftsmitteln. Die Erhebung von Gewerkschaftsbeiträgen und die Entscheidung über deren Verwendung ist jedoch Teil der geschützten freien Binnenorganisation der Gewerkschaft (→ Rn. 8). Demzufolge kann auch die Verwendung zu solchen Zwecken nicht beschränkt werden, solange die Voraussetzungen des Art. 31 nicht vorliegen. Davon unabhängig sind es Beschränkungen gegenüber der politischen Vereinigung selbst, die insbesondere am Maßstab des Art. 11 EMRK zu messen sind (Conclusions X-1, 1987, 67 – Dänemark).

Beschränkungen der Koalitionsbetätigung lassen sich im Einzelfall nach Maßgabe des 14
Art. 31 I rechtfertigen. Gerade Anforderungen an die **Repräsentativität** einer Vereinigung, um an Kollektivverhandlungen oder Konsultationen teilzunehmen, sind eine Beschränkung, die der Vertragsstaat an sich unterlassen muss. Eine Konformität mit Art. 5 hat der Ausschuss für soziale Rechte dennoch angenommen, wenn die Entscheidung über die Repräsentativität der Vereinigung die Gründung einer Vereinigung weder direkt noch indirekt behindert (Conclusions XV-1, 2000, 240 ff. – Frankreich; Digest 2008, 51) und die Kriterien der Repräsentativität angemessen, klar, vorhersehbar, objektiv, gesetzlich vorgeschrieben sind und einer Rechtskontrolle unterzogen werden können (Conclusions XV-1, 2000, 243 – Frankreich; Digest 2008, 51). Hinsichtlich der Rechtlage in Frankreich ging der Ausschuss von einer Chartakonformität aus, weil die Ausübung der Vereinigungsfreiheit nicht aus-

geschlossen war. Die Repräsentativität wird nach einer Mehrzahl von Kriterien wertend beurteilt (ua Mitgliederzahl, Unabhängigkeit der Vereinigung, Dauer ihres Bestands und Erfahrung, Gewerkschaftsbeiträge).

15   Der Europäische Ausschuss für soziale Rechte hat die Anforderungen an die soziale Mächtigkeit einer Gewerkschaft nach der deutschen Rechtsprechung bisher nicht bemängelt. Das betrifft sowohl die Zeit, als noch der Grundsatz der Tarifeinheit galt als auch nach Entstehung einer Tarifpluralität im Betrieb. Eine Rechtfertigung scheitert nicht daran, dass diese Anforderung sich erst aus der höchstrichterlichen Konkretisierung des Gewerkschaftsbegriffs ergibt. Die Erhaltung der Funktionsfähigkeit des Tarifvertragssystems kann als legitimes Ziel gelten, weil der Freiheit und den Rechten der Arbeitgeber und Arbeitnehmer Rechnung getragen wird. Zudem muss eine solche Einschränkung in einer demokratischen Gesellschaft notwendig sein. Dabei nimmt der Ausschuss insbesondere darauf Bedacht, wie weit die Betätigung der Vereinigung beschränkt wird. Nicht in Einklang mit Art. 5 steht es, wenn die zentralen Vorrechte der Gewerkschaft von der Repräsentativität der Vereinigung abhängen (Conclusions XV-1, 2000, 74 f. – Belgien). Ein Verstoß ist grundsätzlich das Verhindern oder Verbieten von Kollektivverhandlungen (dazu *Świątkowski* 192; zB Conclusions XII-1, 1990–1991, 111 – Vereinigtes Königreich), während die Haftung wegen eines rechtswidrigen Streiks gerechtfertigt ist (dazu *Świątkowski* 195). Art. 5 und Art. 6 Nr. 2 werden insoweit mit Bezug aufeinander ausgelegt. Die Anforderungen an die soziale Mächtigkeit durch das BAG verhindern die Gründung und die Tarifverhandlungen neuer Gewerkschaften nicht. Ähnlich wie bei Art. 11 I EMRK ist somit zu erwarten, dass der Ausschuss diese Einschränkung mit Rücksicht auf den Beurteilungsspielraum der Vertragsstaaten (zumindest bei Tarifpluralität) billigt. Insoweit ist zu beachten, dass der Ausschuss die Beschränkung des Streikrechts auf den Abschluss von Tarifverhandlungen durch solche Vereinigungen als unvereinbar mit Art. 6 Nr. 4 ansieht (→ Art. 6 Rn. 29), so dass den nicht sozial mächtigen Vereinigung nur der Abschluss von Tarifverträgen, aber nicht die Kollektivverhandlungen allg. versagt sind. Zum individuellen Streikrecht → Rn. 26 ff.; zu Ad-hoc-Koalitionen → EMRK Art. 11 Rn. 14.

16   Über diese Beschränkung des Art. 5 und des Art. 6 Nr. 2 geht das **Gesetz zur Tarifeinheit** noch hinaus (Entwurf der Bundesregierung, BT-Drs. 18/4062). Die Rechtsstellung der betroffenen Gewerkschaft wird dadurch entwertet, dass der von ihr ausgehandelte Tarifvertrag nicht zur Anwendung kommt. Insofern ist eine zentrale Betätigungsform der Gewerkschaften erheblich beschränkt. Grundsätzlich ist die Einführung solcher Regelungen zur Wahrung der öffentlichen Ordnung und zur Sicherung der Funktionsfähigkeit der autonomen Mechanismen zur Regelung von Arbeitsstreitigkeit im Interesse aller Beschäftigten denkbar. Das setzt aber voraus, dass die ergriffenen Mittel dazu beitragen können. Problematisch an dem bestehenden Entwurf ist das Abstellen auf die Zahl der repräsentierten Arbeitnehmer im Betrieb, ohne dass die beteiligten Vereinigungen voneinander wissen, wie viele Arbeitnehmer sie vertreten. Es gibt insoweit keine Transparenz, so dass ggf. Tarifverhandlungen oder sogar ein Streik geführt werden und nachträglich festgestellt wird, dass dieser Tarifvertrag keine Anwendung findet. Die „unterlegene" Gewerkschaft hat zwar ein Recht, den anderen Tarifvertrag nachzuzeichnen, gleichwohl bleibt ihre eigene Tätigkeit entwertet. Insofern ergeben sich erhebliche Zweifel daran, dass der Ausschuss diese Regelung zur Tarifeinheit billigen wird.

II. Schranken für die Angehörigen der Polizei und der nationalen Streitkräfte

17   Besondere Einschränkungen der Vereinigungsfreiheit erlaubt Art. 5 S. 2 für Angehörige der Polizei, wobei sich die Regelung an die IAO-Konvention Nr. 87 anlehnt (vgl. dazu *Świątkowski* 191). Die vollständige Beseitigung der Vereinigungsfreiheit ist nicht davon gedeckt (Collective Complaint 22.5.2002 – 11/2001 Rn. 25 f. – European Council of Police Trade Unions/Portugal; Europarat 134; *Schlachter* SR 2013, 77 [84]). Der Ausschuss verweist darauf, dass sich bereits aus den Gesetzesmaterialien ergebe, dass die Vereinigungs-

freiheit verkürzt, aber nicht vollständig ausgeschlossen werden kann (Digest 2008, 52). Allerdings ist die bloße Vorgabe, eine separate Vereinigung für die Angehörigen der Polizei zu bilden ist, mit Art. 5 konform, solange diese dieselben Rechte wie eine Gewerkschaft hat und wahrnehmen kann, insbesondere Verhandlung über die Vergütung und sonstige Arbeitsbedingungen führen kann (Collective Complaint 22.5.2002 – 11/2001 Rn. 25 f. – European Council of Police Trade Unions/Portugal; 2.12.2013 – 83/2012 Rn. 73 – European Confederation of Police/Irland; Digest 2008, 52; Europarat 134). Schranken können in den Grenzen des Art. 31 I vor allem für die Ausübung der Rechte als Vereinigung bestehen (vgl. *Schlachter* SR 2013, 77 [85]). Eine Pflichtmitgliedschaft ist indes nicht gerechtfertigt (Conclusions XII-2, 1991–1992, 94 – Malta; Digest 2008, 52; Europarat 134). Für vereinbar mit der ESC erachtet der Ausschuss aber den Ausschluss der Polizeibeamten in höherer Position, die aufgrund ihrer Leitungsfunktion eine besondere Verantwortung haben und nur ein kleiner Teil der Polizeiangehörigen sind (Collective Complaint 2.12.2013 – 83/2012 Rn. 79 – European Confederation of Police/Irland).

Eine vergleichbare Ausnahme sieht Art. 5 S. 3 für die Streitkräfte vor. Der Ausschuss für **18** soziale Rechte überprüft aber, ob die Einheiten, die als Streitkräfte von der Vereinigungsfreiheit ausgenommen, auch militärische Aufgaben wahrnehmen (Digest 2008, 51). Im Übrigen gelten die gleichen Maßgaben wie für die Polizei.

Art. 6 Das Recht auf Kollektivverhandlungen

Um die wirksame Ausübung des Rechtes auf Kollektivverhandlungen zu gewährleisten, verpflichten sich die Vertragsparteien,

1. gemeinsame Beratungen zwischen Arbeitnehmern und Arbeitgebern zu fördern;
2. Verfahren für freiwillige Verhandlungen zwischen Arbeitgebern oder Arbeitgeberorganisationen einerseits und Arbeitnehmerorganisationen andererseits zu fördern, soweit dies notwendig und zweckmäßig ist, mit dem Ziele, die Beschäftigungsbedingungen durch Gesamtarbeitsverträge zu regeln;
3. die Einrichtung und die Benutzung geeigneter Vermittlungs- und freiwilliger Schlichtungsverfahren zur Beilegung von Arbeitsstreitigkeiten zu fördern;
und anerkennen
4. das Recht der Arbeitnehmer und der Arbeitgeber auf kollektive Maßnahmen einschließlich des Streikrechts im Falle von Interessenkonflikten, vorbehaltlich etwaiger Verpflichtungen aus geltenden Gesamtarbeitsverträgen.

Übersicht

	Rn.
A. Regelungsgehalt und systematische Stellung	1
B. Beratung von Arbeitnehmern und Arbeitgebern (Nr. 1)	5
I. Gemeinsame Beratungen	5
II. Förderpflicht	9
III. Schranken	10
C. Freiwillige Verhandlungen von Arbeitnehmervereinigungen mit Arbeitgebern oder Arbeitgebervereinigungen (Nr. 2)	11
I. Freiwillige Verhandlungen	11
II. Zur Regelung von Beschäftigungsbedingungen in Gesamtarbeitsverträgen	14
III. Förderpflicht	16
IV. Schranken	18
D. Schlichtung von Arbeitsstreitigkeiten (Nr. 3)	22
I. Arbeitsstreitigkeiten	22
II. Schlichtung	23
III. Förderpflicht	24
E. Recht auf kollektive Maßnahmen (Nr. 4)	26
I. Recht auf kollektive Maßnahmen	26
1. Recht auf Streik	26
a) Individuelles oder kollektives Recht	26

	Rn.
b) Beamtenstreik	30
c) Zulässiges Streikziel	31
2. Aussperrung	38
3. Sonstige kollektive Maßnahmen	41
II. Anerkennung des Rechts auf kollektive Maßnahmen	42
III. Schranken des Art. 6 ESC	43

A. Regelungsgehalt und systematische Stellung

1 Art. 6 gewährleistet ein **Recht auf Kollektivverhandlungen** und somit ein Recht, die Ausgestaltung der Arbeitsbedingungen gemeinschaftlich und autonom zu regeln. Die Vertragsstaaten werden zu diesem Zweck verpflichtet, die Beratungen zwischen Arbeitgebern und Arbeitnehmern, ihre Verhandlungen und die ihrer Organisationen ebenso wie die Schlichtung von Arbeitsstreitigkeiten zu fördern.

2 Nach Art. 6 Nr. 4 anerkennen die Vertragsstaaten zudem ein **Recht auf kollektive Maßnahmen,** die als Mittel zur Lösung von Interessenkonflikten dienen. Der Streik wird als eine Form kollektiver Maßnahmen explizit aufgeführt. Die Regelung war die erste ausdrückliche Anerkennung des Streikrechts im internationalen Recht (dazu *Harris/Darcy* 103). Da kollektive Maßnahmen der Austragung von Interessenkonflikten dienen, trifft die Vertragsstaaten vor allem die Pflicht, dieses Handeln als legitim anzuerkennen. Sie dürfen kollektive Maßnahmen nicht verbieten und nur in den Grenzen des Art. 31 I beschränken.

3 Art. 6 erfasst einen wesentlichen Teil der Betätigung von Arbeitnehmer- und Arbeitgebervereinigungen. Er steht in einem engen systematischen Zusammenhang zu Art. 5, aber auch zu Art. 11 EMRK (vgl. Europarat 137). Er beschränkt seine Garantie im Gegensatz zur EMRK aber nicht auf die Vereinigungen, sondern räumt auch Arbeitnehmern und Arbeitgebern ein individuelles Recht ein (→ Rn. 26 f.). Zur Auslegung des Art. 11 I EMRK anhand von Art. 6 → EMRK Art. 11 Rn. 14. Das Streikrecht ist daneben in Art. 8 I lit. d IPwskR geregelt. Ob Art. 3 IAO-Konvention Nr. 87 als Rechtsquelle für das Recht zum Streik anzusehen ist, ist umstritten (ausf. *Weiss/Seifert,* FS Zachert, 2010, 130 [138 ff.]; s. auch die Gemeinsame Erklärung der Arbeitnehmer- und Arbeitgebergruppe des Verwaltungsrats der IAO v. 23.2.2015, TMFAPROC/2015/2).

4 Art. 6 wurde identisch in die **RESC** übernommen. Erweiterungen erfolgten vielmehr durch eine eigene Regelung über das Recht, an der Bestimmung und Verbesserung der Arbeitsbedingungen und des Arbeitsumfelds mitzuwirken (Art. 22 RESC). Diese Regelung ist lex specialis zu Art. 6 RESC, wenn es um Tarifverhandlungen für das Unternehmen geht (Digest 2008, 53).

B. Beratung von Arbeitnehmern und Arbeitgebern (Nr. 1)

I. Gemeinsame Beratungen

5 **Gemeinsame Beratungen** iSv Art. 6 Nr. 1 sind jeder (freiwillige) Meinungsaustausch zwischen Arbeitgeber und Arbeitnehmern (*Świątkowski* 213). Ihnen geht eine Unterrichtung voraus. Art. 6 Nr. 1 beschränkt die Beratungen nicht auf bestimmte Branchen, sondern erfasst die gesamte Wirtschaft, auch den öffentlichen Dienst (Digest 2008, 53; Europarat 136; *Świątkowski* 215). Erfasst sind auch Beamte, deren Dienstverhältnis durch Gesetz geregelt ist (dazu Collective Complaint 9.5.2005 – 25/2004 Rn. 41 – Centrale générale des services publics/Belgien; Digest 2008, 53; *Lörcher* AuR 2009, 229 [233]; *Świątkowski* 215; → Teil I Rn. 5). Die Vertragsstaaten müssen die Beratungen dann ggf. gesetzlich regeln. Selbständige sind indes nicht erfasst (*Świątkowski* 215).

6 Art. 6 Nr. 1 bezieht nur die Beratungen von Arbeitnehmern und Arbeitgebern in den sachlichen Regelungsbereich ein. Der Wortlaut erfasst im Gegensatz zu Art. 6 Nr. 2 nicht die **Vereinigungen** der Arbeitnehmer und Arbeitgeber. Der Ausschuss geht jedoch zu Recht davon aus, dass die Beratungen auch von den Vereinigungen für ihre Mitglieder geführt werden können (Digest 2008, 53; Europarat 136; Świątkowski 215). Für dieses Verständnis spricht auch ein Erst-recht-Schluss zu Art. 6 Nr. 2. Wenn Vereinigungen nach Art. 6 Nr. 2 bei freiwilligen Verhandlungen zu fördern sind, dann erst recht bei bloßen Beratungen, die gerade noch nicht auf den Abschluss von Kollektivverträgen zielen. Dieses Ergebnis lässt sich zusätzlich auf den Schutz der Vereinigungen durch Art. 5 stützen, der auch ihre Betätigung im Interesse der Mitglieder erfasst, so dass zumindest durch das Zusammenwirken von Art. 5 und Art. 6 Nr. 1 auch die Vereinigungen ein Recht auf Beratungen haben müssen. Der Ausschuss geht zudem davon aus, dass auch tripartistische Beratungen, also Verhandlungen zwischen Arbeitnehmern und Arbeitgeber unter Beteiligung des Staates, mit Art. 6 Nr. 1 in Einklang stehen, wenn die Arbeitnehmer und Arbeitgeber paritätisch beteiligt sind (Digest 2008, 53; dazu *Schlachter* SR 2013, 77 [87]). Das ergibt sich zwar nicht aus dem Wortlaut, steht aber mit dem Normzweck in Einklang, solange in den Verhandlungen der Meinungsaustausch zwischen Arbeitgeber- und Arbeitnehmerseite im Vordergrund steht. Der Staat kann durch die Beteiligung seiner Förderpflicht nachkommen, Beschränkungen der Beratungen müssen sich allerdings an Art. 31 I messen lassen.

Der **Beratungsgegenstand** ist in Art. 6 Nr. 1 nicht ausdrücklich geregelt. Die Gewährleistung der Beratungen für Arbeitnehmer und Arbeitgeber und der systematische Zusammenhang zu Art. 6 Nr. 2–4 zeigen aber, dass alle Angelegenheiten Gegenstand der Beratungen sein können, die die Interessen von Arbeitnehmern und Arbeitgebern in dieser Eigenschaft betreffen, also die Arbeitsbedingungen (Entgelt, Arbeitssicherheit und -hygiene, Arbeitszeit, Weiterbildung), die soziale Sicherheit sowie die soziale Wohlfahrt in Bezug auf die zwischen ihnen bestehenden Arbeitsverhältnisse (Digest 2008, 53; Europarat 136; Świątkowski 215). Der Ausschuss bezieht darüber hinaus wirtschaftliche Fragen in den Kreis der Beratungsgegenstände ein, einschließlich der Produktivität, der Effizienz, der Unternehmensleitung und der wirtschaftlichen Schwierigkeiten des Unternehmens (Conclusions I, 1969, 34 f.; Digest 2008, 53; Europarat 136; Świątkowski 215). Das geht über den Kreis der Gegenstände hinaus, über die ein Kollektivvertrag geschlossen werden kann (→ Rn. 15, → EMRK Art. 11 Rn. 20, → GRC Art. 28 Rn. 28). 7

Der Ausschuss für soziale Rechte geht davon aus, dass die Vertragsstaaten die Beratungen **auf allen Ebenen** fördern müssen (im Betrieb, regional, national) (Digest 2008, 53; Europarat 136). Das ist anders als in Art. 27 GRC nicht explizit geregelt, entspricht aber dem vom Ausschuss bei der Auslegung herangezogenen Effizienzgrundsatz (→ Teil I Rn. 13), der bei Art. 6 auch wegen des im Einleitungssatz aufgestellten Ziels gerechtfertigt ist. Der Ausschuss verlangt aber für die Feststellung der Konformität nicht, dass Konsultationen auf allen Ebenen stattfinden und lässt den Vertragsstaaten zu Recht einen Gestaltungsspielraum (*Harris/Darcy* 99), um den historisch entwickelten Strukturen Rechnung zu tragen, solange das Ziel einer effektiven Beratung über die Interessen von Arbeitgebern und Arbeitnehmern nicht verfehlt wird. Daher hat es der Ausschuss im Fall von Malta akzeptiert, wenn einzelne Ebenen wegen der Eigenarten des Mitgliedstaates ausgenommen wurden (Conclusions XIII-2, 1995, 273 – Malta; *Harris/Darcy* 100). 8

II. Förderpflicht

Die Vertragsstaaten sind verpflichtet, die Beratungen zu fördern. Sie müssen daher positive Schritte unternehmen, um freiwillige paritätische Beratungen zu initiieren (dazu Świątkowski 213). Ein Handlungsbedarf entfällt jedoch, wenn die Unterrichtung und Beratung bereits in angemessenem Umfang erfolgt (Europarat 136; *Schlachter* SR 2013, 77 [87]). Ggf. kann deren Erweiterung auf zusätzliche Gegenstände angeregt werden. Für ein Fördern kann es insofern genügen, wenn der Vertragsstaat freiwillig zustande gekommene Beratungen staatlich beobachtet und nur dann einschreitet, wenn es nötig ist (vgl. Świątkowski 214). Aus 9

Art. 6 Nr. 1 ergibt sich kein Anspruch auf Unterrichtung und Beratung, sondern nur eine zwischenstaatliche Verpflichtung, Beratungen zu fördern (vgl. *Świątkowski* 213).

III. Schranken

10 Hinter den Vorgaben des Art. 6 Nr. 1 können die Vertragsstaaten nur in den Grenzen des Art. 31 I zurückbleiben. Der Ausschuss erachtet es für konform mit der ESC, wenn die Vertragsstaaten von den Verhandlungspartnern (mit Rücksicht auf Art. 6 Nr. 2) verlangen, dass sie repräsentativ sind (Digest 2008, 53). Diese müssen auf einer gesetzlichen Grundlage beruhen, und die Kriterien müssen objektiv sowie angemessen sein und einer gerichtlichen Kontrolle unterliegen, die einen adäquaten Schutz gegen willkürliche Ablehnung bietet (Conclusions XVIII-1, 2006, 39 – Albanien; Digest 2008, 53). Es dürfen jedoch keine übermäßigen Anforderungen gestellt werden, die der Gewerkschaft die Möglichkeit nähmen, aktiv an den Konsultationen teilzunehmen (Digest 2008, 53). Auch wenn Beschränkungen für den Abschluss von Tarifverträgen gebilligt werden (zB soziale Mächtigkeit → Art. 5 Rn. 14), bestehen nicht die gleichen legitimen Interessen für die Beschränkung der gemeinsamen Beratungen.

C. Freiwillige Verhandlungen von Arbeitnehmervereinigungen mit Arbeitgebern oder Arbeitgebervereinigungen (Nr. 2)

I. Freiwillige Verhandlungen

11 Art. 6 Nr. 2 verpflichtet zur Förderung von Verhandlungen zwischen Arbeitnehmervereinigungen und Arbeitgebern oder Arbeitgebervereinigungen. Im Gegensatz zu Art. 6 Nr. 1 sind Verhandlungen zwischen Arbeitnehmern und Arbeitgebern nicht erfasst. Dieser Unterschied wiegt indes nicht schwer, wenn die Anforderungen an die Bildung einer Arbeitnehmer- oder Arbeitgebervereinigung gering sind. Insoweit ergänzt Art. 5 die Regelung in Art. 6 Nr. 2.

12 Erfasst sind nur freiwillige Verhandlungen. Diese können nur von frei agierenden Vereinigungen mit dem Ziel geführt werden, die Arbeitsbedingungen autonom zu regeln, so wie es Art. 6 anstrebt (vgl. Einleitungssatz). Daher kann eine Verletzung von Art. 5 auch eine Verletzung von Art. 6 Nr. 2 nach sich ziehen (→ Art. 5 Rn. 15; Conclusions XIV-1, 1998, 436 – Irland; *Harris/Darcy* 101). Mit Art. 5 und 6 Nr. 2 sieht es der Ausschuss für unvereinbar an, wenn eine Verhandlungserlaubnis einzuholen ist (Conclusions XIV-1, 1998, 436 – Irland; krit. *Harris/Darcy* 102).

13 **Der persönliche Anwendungsbereich** erfasst nicht nur Arbeitgeber und die Vereinigungen von Arbeitgebern oder Arbeitnehmern, sondern schließt auch Vereinigungen von Beamten ein (Digest 2008, 54, 57; Europarat 137). Diese Auslegung steht in Einklang mit dem Arbeitnehmerbegriff, der auch Beamte erfasst (→ Teil I Rn. 5). Die Vereinigungen müssen die Möglichkeit haben, durch Verhandlungen auf ihre Arbeitsbedingungen Einfluss zu nehmen (vgl. weiter → EMRK Art. 11 Rn. 19). Das schließt eine detaillierte Regelung der Kollektivverhandlungen nicht aus (Digest 2008, 54), die Beamten müssen aber das Recht behalten, an allen Abläufen teilzuhaben, die direkt für das Verfahren zur Bestimmung ihrer Arbeitsbedingungen relevant sind (Conclusions III, 1973, 34 – Deutschland; Collective Complaint 9.5.2005 – 25/2004 Rn. 41 – Centrale générale des services publics/Belgien; Digest 2008, 54).

II. Zur Regelung von Beschäftigungsbedingungen in Gesamtarbeitsverträgen

14 Nach Art. 6 Nr. 2 sind Verhandlungen zu fördern, die das Ziel verfolgen, einen Gesamtarbeitsvertrag zu schließen. Die Verhandlungen müssen aber nicht mit einem Gesamtarbeitsvertrag (Kollektivvertrag, Tarifvertrag) enden (*Paukner* 117). Das ergibt sich bereits daraus,

dass es freiwillige Verhandlungen sind. Wie der Vertrag geschlossen wird und welche Rechtswirkungen er entfaltet, ist durch Art. 6 Nr. 2 nicht vorgegeben. Die Rechtslage in den Vertragsstaaten ist insoweit sehr uneinheitlich, so dass ein Beurteilungsspielraum verbleiben muss.

Zulässige Gegenstände für solche Vereinbarungen sind nach Art. 6 Nr. 2 Beschäftigungs- 15
bedingungen („conditions d'emploi"/„terms and conditions of employment"). Das erfasst alle materiellen Arbeitsbedingungen wie Arbeitszeit, Urlaub, Feiertage, Ruhezeiten und Fragen der Berufsausbildung, aber auch Fragen der Arbeitnehmerbeteiligung, der Gleichbehandlung der Geschlechter, des sozialen Schutzes älterer Personen (*Birk*, FS Rehbinder, 2002, 3 [6], unter Verweis auf die IAO und den Ausschuss und mit dem Hinweis, dass der Schutz älterer Personen zu weit sei). Der Ausschuss hat nicht ausdrücklich bestimmte Gegenstände ausgenommen, zB wegen ihres Bezugs zu den Güter- und Dienstleistungsmärkten (vgl. zur Begrenzung des Rechts auf Kollektivverhandlung durch das Wettbewerbsrecht → GRC Art. 28 Rn. 69, 83). Eine vergleichbare Limitierung kann sich bei Art. 6 Nr. 2 zum einen aus der begrifflichen Beschränkung auf die Beschäftigungsbedingungen ergeben. Darüber hinaus ist auf Art. 31 I zurückzugreifen. Der Ausschuss hat insoweit die bestehende Rechtslage in Deutschland nicht beanstandet.

III. Förderpflicht

Die Vertragsstaaten trifft eine Förderpflicht. Das Fördern der Verhandlungen setzt zu- 16
nächst voraus, dass das nationale Recht anerkennt, dass Arbeitnehmer- und Arbeitgeberorganisationen ihre Beziehungen durch Kollektivverträge regeln (Digest 2008, 54). Art. 6 Nr. 2 kann die Vertragsstaaten nicht dazu verpflichten, eine Verhandlungs- oder Abschlusspflicht vorzusehen (*Schlachter* SR 2013, 77, 87]), da Kollektivverhandlungen freiwillig und ohne Einflussnahme erfolgen sollen (Conclusions I, 1969, 35; Digest 2008, 54). Der Staat muss nur sicherstellen, dass die Vereinigung bzw. der Arbeitgeber grundsätzlich zu Verhandlungen über einen Kollektivvertrag bereit ist (Europarat 136). Sofern die autonome Gestaltung der Arbeitsbedingungen, insbesondere durch die Arbeitnehmer- und Arbeitgebervereinigungen nicht ausreicht, muss der Vertragsstaat – soweit es notwendig und förderlich ist – positive Maßnahmen ergreifen, um den Abschluss von Kollektivverträge zu unterstützen (Digest 2008, 54; *Harris/Darcy* 101). Sie müssen die Freiheit zum Abschluss von Kollektivverträgen nach dem Recht und den Gepflogenheiten des Vertragsstaates fördern (*Harris/Darcy* 101). In Deutschland ist der Gesetzgeber der Förderpflicht durch Erlass des TVG nachgekommen. Soweit Arbeitnehmervereinigungen, die keine Gewerkschaften sind, Kollektivverträge schließen wollen, so können sie dies zumindest iRd Vertragsfreiheit tun. Art. 6 Nr. 2 gibt nicht vor, dass Gesamtarbeitsverträge eine bestimmte rechtliche Wirkung haben müssen. Somit besteht kein Verstoß gegen Art. 6 Nr. 2.

Aus Art. 6 Nr. 2 ergibt sich allerdings – wie bei Art. 6 Nr. 1 – kein Recht auf Tarif- 17
verhandlungen und auf den Abschluss von Tarifverträgen (*Lörcher* AuR 2009, 229 [233]). Den Beamten muss aber eine effektive Beteiligung an denjenigen Verfahren zugestanden werden, die für ihre Arbeitsbedingungen unmittelbar relevant werden (Conclusions III, 1971, 34 – Deutschland; Collective Complaint 9.5.2005 – 25/2004 Rn. 41 – Centrale générale des services publics/Belgien; *Schlachter* SR 2013, 77 [87]). Insoweit ist in Bedacht zu nehmen, dass Art. 6 Nr. 2 auf Verhandlungen von Arbeitnehmervereinigungen bezogen ist, die sich nach Art. 5 ebenfalls freiwillig gebildet haben. Insofern sind aus deutscher Sicht an der Spruchpraxis Zweifel anzumelden, wenn die Beteiligung einer Personalvertretung für ausreichend erachtet wird (vgl. Conclusions III, 1971, 34 – Deutschland). Selbst wenn sie demokratisch gebildet ist, so handelt es sich dennoch nicht um eine Vereinigung iSv Art. 5.

IV. Schranken

18 Art. 6 Nr. 2 kann nach Maßgabe des Art. 31 I beschränkt werden. Eine Einschränkung besteht nach der Spruchpraxis des Ausschusses darin, dass Kollektivverhandlungen zu selten ermöglicht werden, erst recht wenn ein **Schlichtungsverfahren** vorgegeben ist, das sehr lange dauert und ohne Ergebnis zu Ende gehen kann (Collective Complaint 2.12.2013 – 83/2012 Rn. 170 f. – European Confederation of Police/Irland). Die Arbeitnehmervereinigung muss sich an allen relevanten Verfahren für die Festlegung der Arbeitsbedingungen beteiligen können (Collective Complaint 2.12.2013 – 83/2012 Rn. 174 ff. – European Confederation of Police/Irland). Eine Rechtfertigung nach Art. 31 I hat der Ausschuss nicht angenommen. Das spricht dafür, dass die beschränkte Beteiligung der Spitzenverbände der Beamten an Gesetzgebungsverfahren nach § 118 BBG und § 53 BeamtenStG nicht ausreicht, um der Förderpflicht zu genügen (siehe auch → EMRK Art. 11 Rn. 34 ff.).

19 Darüber hinaus kann sich eine Einschränkung daraus ergeben, dass der Vertragsstaat einen staatlichen Mechanismus schafft, um die **Kernarbeitsbedingungen** festzulegen (vgl. *Bepler*, FS Wißmann, 2005, 97 [112]). Die staatliche Regelung kann dennoch zum Schutz der Rechte der Arbeitnehmer gerechtfertigt sein. Die Literatur befürwortet insoweit einen Beurteilungsspielraum für die Vertragsstaaten (*Harris/Darcy* 101). Hierfür spricht auch die Verpflichtung der Vertragsstaaten aus Art. 4 Nr. 1, ein Recht auf ein angemessenes Arbeitsentgelt anzuerkennen. Es kann sich dabei aber nur um Mindestarbeitsbedingungen handeln, die zudem so beschaffen sein müssen, dass noch ein Spielraum für Kollektivverhandlungen zur autonomen Ausgestaltung der Arbeitsbedingungen bleibt.

20 Einer Überprüfung nach Art. 6 Nr. 2 hat der Ausschuss für soziale Rechte auch die Beschränkungen der Tarifautonomie unterzogen, die Schweden nach der Entscheidung des EuGH in der Rs. *Laval* (EuGH 18.12.2007 – C-341/05 – Laval, Slg. 2007, I-11767) vorgenommen hat, so dass die Gewerkschaften gegenüber ausländischen Arbeitgebern, die Arbeitnehmer nach Schweden entsenden, nur Mindestarbeitsbedingungen regeln können. Ähnliches gilt bei grenzüberschreitender Arbeitnehmerüberlassung. Der Ausschuss verweist darauf, dass bei der Umsetzung von Unionsrecht oder Entscheidungen des EuGH angesichts des Schutzes der sozialen Rechte im Unionsrecht und der Art der Entscheidungsfindung eine Konformität mit der ESC nicht ohne Prüfung vermutet werden könne (Collective Complaint 3.7.2013 – 85/2012 Rn. 72, 74 – Swedish Trade Union Confederation/Schweden). Der Ausschuss ist insofern weniger zurückhaltend als der EGMR, ist aber bereit, sein Diktum bei einer entsprechenden Implementierung der GRC zu revidieren (Collective Complaint 3.7.2013 – 85/2012 Rn. 74 – Swedish Trade Union Confederation/Schweden; s. auch Collective Complaint 23.6.2010 – 55/2009 Rn. 33 ff. – Confédération Générale du Travail/France). In der Beschränkung der Gewerkschaften auf die Verhandlung von Mindestarbeitsbedingungen sieht der Ausschuss eine nicht gerechtfertigt Verletzung der staatlichen Verpflichtung aus Art. 6 Nr. 2, ebenso in der fehlenden Verpflichtung der Unternehmen, einen Verhandlungspartner in Schweden zu stellen, der auch Kollektivverträge schließen darf (Collective Complaint 3.7.2013 – 85/2012 Rn. 112, 114, 116 – Swedish Trade Union Confederation/Schweden). Auf dieser Grundlage hat der Ministerausschuss am 5.2.2014 zudem eine Resolution verabschiedet (Resolution CM/ResChS, 2014, 1), nachdem die schwedische Regierung der Auslegung der ESC durch den Ausschuss für soziale Rechte widersprochen hatte. Damit steht der Ausschuss in einem offenen Konflikt zur Verwirklichung der Grundfreiheiten durch den EuGH und der damit verbundenen Einschränkung des Rechts auf Kollektivverhandlungen, die eine Beschränkung der grenzüberschreitenden Dienstleistungsfreiheit bedeuten, ohne die Festlegung der Mindestarbeitsbedingungen durch die Gewerkschaften auszuschließen. Die Herstellung des Binnenmarktes wird dabei nicht in Bedacht genommen, ebenso wenig der damit verbundene Anpassungsbedarf, der auch eine Beschränkung von Gewerkschaftsrechten notwendig machen kann, da sie gerade nicht für den Binnenmarkt, sondern für ihre Mitglieder als Interessenvertreter handeln.

Interventionen in Kollektivverhandlungen sind mit Art. 6 Nr. 2 ebenfalls nur in den 21
Grenzen von Art. 31 I vereinbar (*Harris/Darcy* 102). Solche Interventionen können insbesondere in Form von inhaltlichen Vorgaben für die Lohnfindung bestehen, wie sie in den 1970iger Jahren in den Niederlanden temporär wegen eines nationalen wirtschaftlichen Notstands erfolgten. Diese wurden vom Ausschuss akzeptiert (Conclusions XII-1, 1991–1992, 79 f. – Niederlande; vgl. auch Conclusions X-1, 1987, 71 f. – Dänemark; dazu *Harris/Darcy* 102). Eine Verletzung liegt aber vor, wenn keine zeitliche Begrenzung für solche Maßnahmen vorgesehen ist oder der Bezug auf die schwierigen wirtschaftlichen Umstände fehlt (Conclusions XIII-3, 1996, 120 – Niederlande; *Harris/Darcy* 102). Dieser Maßstab muss auch in der aktuellen Finanz- und Wirtschaftskrise gelten. Für die dabei ergriffenen Maßnahmen geht der Ausschuss davon aus, dass nur temporäre Beschränkungen möglich sind, wenn sie einen klaren Bezug auf die Krise haben (vgl. Conclusions XX-2 2013, 45; XX-3, 2014, 54 – beide Portugal; Conclusions XX-3, 2014, 23 – Spanien).

D. Schlichtung von Arbeitsstreitigkeiten (Nr. 3)

I. Arbeitsstreitigkeiten

Arbeitsstreitigkeiten iSv Art. 6 Nr. 3 sind alle Interessenkonflikte zwischen Arbeitneh- 22
mern und Arbeitgebern, die sich im Zusammenhang mit dem Abschluss von Kollektivverträgen oder deren Änderung ergeben und die Regelung von Arbeitsbedingungen betreffen (Digest 2008, 55). Die Beschränkung auf Interessenkonflikte steht auch in Einklang mit Art. 6 Nr. 4, der sich ebenfalls darauf beschränkt (ausf. dazu → Rn. 31 ff.) und durch die Gewährleistung der kollektiven Maßnahmen gerade die konflikthafte Beendigung eines Interessenkonflikts erfasst, während sich Art. 6 Nr. 3 auf die vermittelte Konfliktlösung bezieht. Ausgenommen sind somit Schlichtungen wegen rechtlicher oder politischer Streitigkeiten. Dazu gehören auch Streitigkeiten über die Gültigkeit und die Auslegung von Kollektivverträgen. Darüber hinaus sind nach der Spruchpraxis des Ausschusses Streitigkeiten wegen der Anwendung und wegen der Erfüllung der Kollektivverträge nicht von Art. 6 Nr. 3 erfasst (Conclusions V, 1977, 45; Digest 2008, 55; Europarat 137). Art. 6 Nr. 3 steht in einem systematischen Zusammenhang zu den Kollektivverhandlungen iSv Art. 6 Nr. 2, so dass sich die Schlichtung auf die daraus entstandenen Interessenkonflikte beziehen muss.

II. Schlichtung

Nach Art. 6 Nr. 3 sind die Vertragsstaaten verpflichtet, ein Schlichtungsverfahren ein- 23
zuführen. Es kann auf Gesetz, Kollektivvertrag oder betrieblicher Praxis beruhen (Europarat 137). Entscheidend ist, dass das Schlichtungsverfahren unabhängig ist und keine inhaltlichen Vorgaben bestehen (Europarat 137). Der Ausschuss geht davon aus, dass jede Form der Zwangsschlichtung eine Verletzung von Art. 6 Nr. 2 ist (Digest 2008, 55). Davon sei auszugehen, wenn eine Partei der Arbeitsstreitigkeit ohne die Zustimmung der anderen die Schlichtung einleiten kann (Digest 2008, 55). Das Gleiche gilt, wenn die Regierung oder eine Behörde unabhängig von der Zustimmung der Parteien die Schlichtung einzuleiten vermag (Conclusions XVIII-1, 2006, 681 – Portugal; Digest 2008, 55; vgl. auch *Harris/Darcy* 103). Mangels eines absoluten Verbots ist im Einzelfall aber zu erwägen, ob die Zwangsschlichtung ggf. nach Art. 31 I gerechtfertigt ist (so noch Europarat 136, 137). Die sich daraus ergebenden Anforderungen an die Verhältnismäßigkeit hätten aber zur Folge, dass eine Zwangsschlichtung nur in besonderen Fällen ein notwendiges Mittel sein kann und daher höchstens vorübergehend vorgegeben sein darf (Europarat 137). Unverhältnismäßig ist jedenfalls eine Zwangsschlichtung, deren Ergebnis vorbestimmt ist (*Harris/Darcy* 103). Zu staatlichen Interventionen bei einem Streik → Rn. 51 ff.

III. Förderpflicht

24 Die Vertragsstaaten sind verpflichtet, die freiwillige Schlichtung zur Beilegung von Arbeitsstreitigkeiten zu fördern. Das gilt sowohl für die Privatwirtschaft als auch für den öffentlichen Dienst (Europarat 137), so dass es auch einer adäquaten Regelung für Beamte bedarf (*Harris/Darcy* 103). Der Ausschuss für soziale Rechte geht davon aus, dass ein Schlichtungsverfahren auch für Konflikte zwischen der öffentlichen Verwaltung und den Arbeitnehmern bestehen müsse (Conclusions III, 1973, 33 – Dänemark, Deutschland, Norwegen, Schweden; Digest 2008, 54). Das lässt sich aber nur dann aus Art. 6 Nr. 3 ableiten, wenn die Verwaltung als Arbeitgeber agiert. Art. 6 Nr. 3 ist auf die Beilegung von Arbeitsstreitigkeiten bezogen, die aus den Interessenkonflikten zwischen Arbeitgeber und Arbeitnehmer resultieren.

25 Beratung, Schlichtung und Mediation sind so auszugestalten, dass sie die Lösung von Arbeitsstreitigkeiten unterstützen (Digest 2008, 54). Es bedarf keiner gesetzlichen Regelung, auch Tarifverträge oder die Praxis in den Mitgliedstaaten kann genügen, um eine weitergehende staatliche Förderung überflüssig zu machen (Conclusions I, 1969, 37; Digest 2008, 54). Insofern müssen die Vertragsstaaten kein Schlichtungsregime schaffen, wo bereits die Sozialpartner ein solches vorsehen (*Harris/Darcy* 103). Sofern ein solches Verfahren geregelt wird, muss es unabhängig sein und sein Ergebnis darf nicht durch vorher festgelegte Kriterien determiniert werden (Conclusions XIV-1, 1998, 404 – Island; Digest 2008, 55). Der Ausschuss hat eine Konformität der deutschen Rechtspraxis mit Art. 6 Nr. 3 zuletzt festgestellt, obwohl es keine gesetzliche Regelung über eine Schlichtung gibt (Conclusions XX-3, 2014, 23 – Deutschland). Die Mitgliedstaaten haben ohnehin nur eine Förderpflicht, so dass sich das Eingreifen bei einer funktionierenden freiwilligen Schlichtung erübrigt.

E. Recht auf kollektive Maßnahmen (Nr. 4)

I. Recht auf kollektive Maßnahmen

26 **1. Recht auf Streik. a) Individuelles oder kollektives Recht.** Nach Art. 6 Nr. 4 anerkennen die Vertragsstaaten ein Streikrecht, so dass nicht nur Streikfreiheit besteht. Eine allg. Definition des Streiks hat der Ausschuss nicht formuliert, es handelt sich aber in den Vertragsstaaten regelmäßig um eine kollektive Arbeitsniederlegung durch die Arbeitnehmer. Nach dem Wortlaut der Norm ist das Streikrecht keine kollektive Maßnahme, die der Gewerkschaft als Arbeitnehmervereinigung zusteht, sondern den Arbeitnehmern selbst (*Dumke* 100). Im Gegensatz zum Recht auf Kollektivverhandlungen nach Art. 6 Nr. 2, das auf die Arbeitnehmervereinigung bezogen ist und somit einen kollektiven Charakter hat, ist das Streikrecht als individuelles Recht ausgestaltet. In der Literatur wird zum Teil darauf angenommen, dass es sich dennoch um ein kollektives Recht handelt, weil das Recht auf kollektive Maßnahmen gewährleistet sei (*Ramm* AuR 1967, 97 [108 f.]; *Rieble* RdA 2005, 200 [205 f.]). Daraus ergibt sich aber nicht zwingend, dass es sich um ein kollektives Recht handelt, weil auch ein Individualrecht gemeinschaftlich ausgeübt werden kann, so dass praktisch eine kollektive Maßnahme vorliegt (*Dumke* 99 ff., 112). Für dieses Verständnis spricht auch, dass das Streikrecht in einem Teil der Vertragsstaaten – anders als in Deutschland – ein individuelles Recht ist, insbesondere dort, wo der Streik nicht nur auf den Abschluss von Kollektivverträgen gerichtet sein kann (*Evju* AuR 2012, 276 [283]). Dem trägt die ESC Rechnung. Insofern ist das Streikrecht nach Art. 6 Nr. 4 zunächst als individuelles Recht der Arbeitnehmer in der ESC geregelt (vgl. Conclusions I, 1969, 184 – Deutschland; *Bepler*, FS Wißmann, 2002, 97 [107 f.]; *Dumke* 99 ff.; *Harris/Darcy* 109; *Jeschke* 72, 181; *Kothe/Doll* ZESAR 2003, 393 [396 ff.]; *Ramm* AuR 1967, 97 [108, 109]; *Sproedt* 65; vgl. auch Birk/Konzen/Löwisch/Raiser/Seiler, Gesetz zur Regelung kollektiver Arbeitskonflikte, 1988, 65 ff.; **aA** *Lembke,* Die Arbeitskampfbeteiligung von Außenseitern, 2000, 74 ff.; *Rieble* RdA 2005, 200 [205 f.]; *Thüsing,* Der Außenseiter im Arbeitskampf, 1996, 37 f.; *Wietfeld* 123 ff., weite Auslegung ohne Festlegung auf den Rechtsinhaber).

Nach dem der ESC zugrunde liegenden Verständnis haben Gewerkschaften kein Streik- **27** monopol. Dadurch unterscheidet sich die ESC von Art. 11 I EMRK, aus dessen kollektiver Koalitionsfreiheit der EGMR das Streikrecht abgeleitet hat (→ EMRK Art. 11 Rn. 24 f.). Der gewerkschaftsgetragene Streik hat im Wortlaut der ESC nicht eigens Niederschlag gefunden. In der Literatur wird daher trotz der Dichotomie von individuellem und kollektivem Streikrecht selbst bei gewerkschaftsgetragenen Streiks ein individuelles Streikrecht angenommen (*Evju* AuR 2012, 276 [284]). Dieses kommt nicht nur den Gewerkschaftsmitgliedern, sondern auch Nichtmitgliedern zugute, die sich dem Streik anschließen (Digest 2008, 56). Die Gewerkschaft hätte dann aber nur eine abgeleitete Rechtsposition. Angesichts der Bedeutung, die dem Streik auch bei der Erarbeitung der ESC beigemessen wurde, muss sich daraus aber zumindest ein gleichwertiger rechtlicher Schutz der Gewerkschaften ergeben.

Die Anerkennung eines individuellen Streikrechts des Arbeitnehmers hat zur Folge, dass **28** ein Streik – anders als in Deutschland – nicht nur durch eine Gewerkschaft geführt werden kann. Insofern steht seit der Ratifizierung der ESC fest, dass die Beschränkung des Streikrechts auf die Gewerkschaften in Widerspruch zu Art. 6 Nr. 4 steht (Conclusions I, 1969, 184; Conclusions XX-3, 2014, 23, 24 – beide Deutschland; Europarat 138; *Mitscherlich* 120 ff.; *Ramm* AuR 1967, 95 [109 f.]; *Zachert* AuR 2001, 401 [404]; s. auch *Dumke* 122 f.; **aA** *Gamillscheg,* KollArbR I 957; *Gitter* ZfA 1971, 127 [140]; *Hueck/Nipperdey* II/2, 925; *Konzen* JZ 1986, 168 [170 f.]; *Sproedt* 78 ff.). Etwas anderes ergibt sich auch nicht durch den Regelungszusammenhang zwischen Art. 5, 6 Nr. 2 und 4 (vgl. aber ArbG Berlin 10.10.1974 AP GG Art. 9 Arbeitskampf Nr. 49; *Hueck/Nipperdey* II/2 925; *Sproedt* 79 f.), weil das Recht auf Kollektivverhandlungen einem weiter gesteckten Personenkreis und zwar unabhängig vom Abschluss eines Gesamtarbeitsvertrages eingeräumt sein soll.

Eine abweichende Beurteilung ist nach der Spruchpraxis des Ausschusses nur möglich, **29** wenn die Arbeitnehmer schnell und ohne große Hindernisse eine Gewerkschaft gründen können (vgl. Conclusions XX-3, 2014, 24 – Deutschland; Conclusions XV-1, 2000, 566 – Schweden). Das ist wegen der Anforderungen an die Gewerkschaftseigenschaft nach § 2 I TVG indes nicht der Fall. Zumindest die Anforderungen an die soziale Mächtigkeit stehen einer schnellen Gründung und Betätigung einer Gewerkschaft durch einen rechtmäßigen Streik entgegen. Ein Verstoß gegen die ESC ist nur bei einer Rechtfertigung nach Art. 31 I vermeidbar. Das wird bei einem generellen Verbot aber zu Recht verneint (*Mitscherlich* 133 f.). Um Art. 6 Nr. 4 Rechnung zu tragen, spricht sich die Literatur für eine völkerrechtsfreundliche Auslegung von Art. 9 III 1 GG aus, die Ad-hoc-Koalitionen als Koalition in dessen Schutzbereich einbezieht (*Dumke* 291 ff.). Unter diesen Voraussetzungen ist eine Beschränkung des Streikrechts auf Koalitionen im Einklang mit der Spruchpraxis des Ausschusses für soziale Rechte zulässig (vgl. *Dumke* 294 ff.).

b) Beamtenstreik. Der persönliche Anwendungsbereich des Art. 6 Nr. 4 ESC erfasst **30** den gesamten öffentlichen Dienst, einschließlich der Beamten (*Däubler* 183 f.; *Mitscherlich* 96 ff.; ausf. dazu → Teil I Rn. 5). Unabhängig von der Wirksamkeit des deutschen Vorbehalts gegen Art. 6 Nr. 4 (→ Teil I Rn. 7 f.) ergibt sich aus aus dem Grundrecht kein subjektives Recht auf Streik für die Beamten, das sie dem Dienstherrn entgegenhalten können (*Kutzki* DÖD 2011, 169 [170]; zum Rechtscharakter → Teil I Rn. 24 ff.; anders *Däubler* 177 ff.). Allerdings macht Art. 6 Nr. 4 auch als Interstaatenverpflichtung eine völkerrechtsfreundliche Auslegung des deutschen Rechts erforderlich (→ Teil I Rn. 58). Ihr steht aber ebenso wie bei Art. 11 I EMRK die Regelung des Art. 33 IV, V GG entgegen, an dem die völkerrechtsfreundliche Auslegung hier eine Grenze findet (→ EMRK Art. 11 Rn. 37). Die Anerkennung eines Streikrechts für Beamte unter Beibehaltung aller Privilegien verstieße zudem gegen Art. 3 I GG (→ EMRK Art. 11 Rn. 37). Zur Vereinbarkeit des Streikverbots für Beamte mit der ESC → Rn. 45 ff.

31 **c) Zulässiges Streikziel. aa) Interessenkonflikte.** Der Streik als kollektive Maßnahme ist in Art. 6 Nr. 4 auf Interessenkonflikte bezogen und dient der Austragung einer **Arbeitsstreitigkeit** zwischen Arbeitgeber und Arbeitnehmer (Digest 2008, 56; ausf. dazu *Dumke* 65 ff.). Die Regelung zum Streikrecht ist nicht als Annex zum Recht für Kollektivverhandlungen konzipiert, auch wenn das Streikrecht entsprechend dem Einleitungssatz des Art. 6 Nr. 4 dazu dient, dieses Recht zu gewährleisten. Daher geht der Ausschuss davon aus, dass Streiks nicht auf den Abschluss eines Kollektivvertrages zielen müssen und entsprechende Beschränkungen nicht mit der ESC konform sind (Conclusions IV, 1975, 50 – Deutschland; Digest 2008, 56; ebenso für das deutsche Recht ArbG Gelsenkirchen 13.3.1998 NZA-RR 1998, 352). Erfasst sind zudem alle Interessenkonflikte, so dass der Streik grundsätzlich nicht auf Arbeitsstreitigkeiten wegen bestimmter Arbeitsbedingungen beschränkt werden kann (Conclusions XIII-3, 1996, 136 – Niederländische Antillen; *Harris/Darcy* 106). Zudem dürfen Streiks durch die Vertragsstaaten nicht auf die Regelung von Mindestarbeitsbedingungen oder die Abwehr von Verschlechterungen von Arbeitsbedingungen limitiert werden (Collective Complaint 3.7.2013 – 85/2012 Rn. 125 – Swedish Trade Union Confederation/Schweden; *Schlachter* SR 2013, 77 [88]). Eine Rechtfertigung einer solchen Beschränkung hat der Ausschuss abgelehnt, obwohl sie – im konkreten Fall in Schweden – die Entsenderichtlinie der EU umgesetzt hat. Anders als der EGMR nimmt der Europäische Ausschuss für soziale Rechte die Überwachung des Chartavollzugs nicht zurück. Der Schutz sozialer Rechte in der EU sei dafür nicht ausreichend; eine Umsetzung der GRC könne zu einer anderen Beurteilung führen (Collective Complaint 13.7.2013 – 85/2012 Rn. 74 – Swedish Trade Union Confederation/Schweden). Die Beschränkung der Kollektivhandlungen und kollektiven Maßnahmen betraf aber nur die grenzüberschreitende Arbeitnehmerüberlassung und die betreffenden Arbeitnehmer konnten sich im Entsendestaat organisieren und Kollektivverhandlungen sowie Streiks führen. Für die schwedischen Gewerkschaften geht es zudem (auch) um den Schutz der schwedischen Arbeitnehmer vor der Konkurrenz durch ausländische Arbeitnehmer. Im Rahmen eines Binnenmarktes muss im Interesse der Freiheit der Unternehmen aber eine beschränkende Regelung grundsätzlich möglich sein.

32 Die Literatur geht davon aus, dass nach Art. 6 Nr. 4 auch der Streik im Hinblick auf einen Arbeitsvertrag (*Gooren* 279 f.) oder die Kündigung eines Arbeitsverhältnisses zulässig ist (vgl. *Däubler/Lörcher* AK § 10 Rn. 83; *Evju* AuR 2012, 276 [281]; *Gooren* 284; *Mittag,* in: Mittag ua, Aspekte der Beendigung von Arbeitsverhältnissen, 2010, 175 [181] **aA** BAG 7.6.1988 AP GG Art. 9 Arbeitskampf Nr. 106; *Gamillscheg,* KollArbR I 957). Eine so weit gehende Ausdehnung des Streikrechts ist angesichts der Ausrichtung des Art. 6 Nr. 4 auf das Recht auf Kollektivverhandlungen zweifelhaft, weil dadurch die Interessen einer Mehrzahl von Arbeitnehmern im Vordergrund stehen muss. Das ist bei individuellen Arbeitsstreitigkeiten nicht der Fall.

33 Von den Interessenkonflikten zu unterscheiden sind **Rechtsstreitigkeiten,** insbesondere über das Vorliegen, die Wirksamkeit oder Auslegung eines Kollektivvertrages. Für diese Auseinandersetzungen besteht kein Streikrecht aus der ESC (Conclusions I, 1969, 38; Conclusions XX-3, 2014, 23 – Deutschland; Digest 2008, 56; *Fabricius,* Streik und Aussperrung im internationalen Recht, 1988, 31; *Harris/Darcy* 106; *Seiter* 496 f.). Der Ausschuss nimmt bei der Beurteilung in Bedacht, dass in Deutschland zwischen Rechtskonflikten, die vor staatlichen Gerichten geklärt werden, und Interessenkonflikten, die die Sozialpartner klären können, unterschieden wird (Conclusions XX-3, 2014, 23 – Deutschland). Diese Herangehensweise steht nach Ansicht des Ausschusses mit der ESC in Einklang, solange das Recht der Arbeitnehmer, an einem Streik teilzunehmen, nicht beschränkt wird (Conclusions XX-3, 2014, 23 – Deutschland).

34 **bb) Streik ohne Bezug zu Kollektivverhandlungen.** Art. 6 Nr. 4 konstruiert das Streikrecht nicht als Annex der Verhandlungen über Kollektivverträge, sondern als eigenständiges Recht, bindet es aber an die Interessenkonflikte zwischen Arbeitgeber und

Arbeitnehmer. Daher besteht weitgehend Einigkeit, dass Art. 6 Nr. 4 den **politischen Streik** nicht generell erfasst (Conclusions XIII-4, 1996, 351 – Deutschland; Conclusions XX-3, 2014, 23 – Deutschland; *Dumke* 114 f.; *Fabricius,* Streik und Aussperrung im internationalen Recht, 1988, 31; *Harris/Darcy* 107; *Mitscherlich* 149; *Paukner* ZTR 2008, 130 [137]; *Schlachter* SR 2013, 77 [88]; *Seiter* Streikrecht 498; diff. *Novitz* 294). Ob auch ein Streik um Gesetze mit arbeits- und sozialversicherungsrechtlichen Inhalten ausgeschlossen ist, ergibt sich nicht eindeutig aus der Spruchpraxis (*Gooren* 299 f.; weiterführend zur Spruchpraxis der IAO *Novitz* 294 ff.). Wegen des Bezugs des Art. 6 Nr. 4 auf die Konflikte der verbandsmäßig organisierten Arbeitnehmer- und Arbeitgeberinteressen sind jedenfalls alle Streiks nicht erfasst, die nicht das Verhältnis von Arbeitnehmer und Arbeitgeber betreffen (zB allg. politische Konflikte ohne Bezug zum Arbeitsverhältnis, Proteste gegen die Regierung, aber auch Entscheidungen zur Unternehmensführungen, die nicht unmittelbar die Arbeitnehmer betreffen).

Art. 6 Nr. 4 beschränkt sich auch nicht auf Streiks mit dem Ziel, einen Tarifvertrag 35 abzuschließen. Der Ausschuss für soziale Rechte und der Ministerausschuss gehen übereinstimmend davon aus, dass eine Beschränkung des Streikrechts auf Arbeitskämpfe um einen Tarifvertrag nicht mit Art. 6 Nr. 4 vereinbar ist (Empfehlung des Ministerausschusses v. 4.2.1998, RChS, 98, 2; Conclusions XIII-4, 1996, 351 – Deutschland; Europarat 138; ebenso *Kohte/Doll* ZESAR 2003, 393 [396]; s. auch *Bepler,* FS Wißmann, 2005, 97 [109] [111]; *Gooren* 182 ff.; zurückhaltender ErfK/*Schmidt* GG Art. 9 Rn. 105; abl. Bundesregierung, BT-Drs. 13/11415, 17 f.; *Däubler* 185 f.; *Rieble* RdA 2005, 200 [206]). „Kollektivverhandlungen über Kollektivverträge", wie sie in Art. 6 Nr. 2 geregelt sind, und „Kollektivverhandlungen", wie sie im Einleitungssatz von Art. 6 angeführt sind, stellen keine Synonyme dar (*Gooren* 183; *Mitscherlich* 120; *Ramm* AuR 1971, 65 [72]). Gerade auf letzteres beschränkt sich Art. 6 Nr. 4, der nicht auf den Abschluss eines Kollektivvertrags zielt (*Fabricius,* FS Gleitze, 1978, 463 [476]; vgl. auch *Schlachter* SR 2013, 77 [88]; zust. *Fütterer* 189 [für den Solidaritätsstreik]; **aA** *Seiter* Streikrecht 194 f.; so zunächst auch BAG 7.6.1988 AP GG Art. 9 Nr. 106; offenlassend BAG 24.4.2007 AP TVG § 1 Sozialplan Nr. 2 Rn. 79). Bei der Regelung des Streikrechts wurde der systematische Zusammenhang zu den Kollektivverhandlungen gelockert. Die kollektiven Maßnahmen können zwar als Mittel zur Austragung eines Interessenkonflikts dienen, der einer Regelung in einem Kollektivvertrag zugeführt werden soll, muss es aber nicht (ebenso *Fabricius* FS Gleitze, 1978, 463 [475]; *Kohte/Doll* ZESAR 2003, 393 [396]; *Seiter* Streikrecht 194). Zum Teil wird auch darauf verwiesen, dass allein die selektive Ratifizierbarkeit der ESC nach Art. 20 einen solchen Zusammenhang zwischen den einzelnen Nummern des Art. 6 ausschließe (*Paukner* 117). Art. 6 Nr. 4 nimmt nicht auf die Gesamtarbeitsverträge Bezug und beschränkt sich in seinem persönlichen Anwendungsbereich nicht auf Arbeitnehmervereinigungen, auf die sich Art. 6 Nr. 2 beschränkt. Welche Konsequenzen sich daraus für das nationale Recht ergeben, muss mit Rücksicht auf die Beschränkbarkeit des Streikrechts nach Art. 31 bestimmt werden (→ Rn. 43 ff.). Für das deutsche Recht kann auf den Verstoß gegen die ESC mit einer völkerrechtsfreundlichen Auslegung von Art. 9 III 1 GG reagiert werden (*Dumke* 288 f.), was die bisherige Konzeption des Arbeitskampfrechts indes fundamental veränderte.

cc) Sympathie-, Solidaritäts- oder Unterstützungsstreik. Art. 6 Nr. 4 bezieht das 36 Streikrecht auf Interessenkonflikte zwischen Arbeitnehmern und Arbeitgebern. Daraus ergibt sich nicht eindeutig, ob sie nur für eigene Interessen oder auch für Interessen anderer Arbeitnehmer streiken dürfen. Ebenso wie bei der Unzulässigkeit des politischen Streiks ist maßgebend, dass ein Interessenkonflikt zwischen den Parteien der kollektiven Maßnahme bestehen muss. Darüber hinausgehend kommt es für Sympathiestreiks darauf an, ob der Interessenkonflikt die eigenen Interessen der Streikenden betreffen muss. Nicht eindeutig für eine solche Einschränkung spricht der Einleitungssatz des Art. 6 Nr. 4, wonach die wirksame Ausübung des Rechts auf Kollektivverhandlungen angestrebt wird (so BAG 5.3.1985 AP GG Art. 9 Nr. 85; 7.6.1988 AP GG Art. 9 Nr. 106). Damit ist nicht gesagt, dass es einen Streik nicht auch zur Unterstützung von Kollektivverhandlungen gegen andere Arbeitgeber geben kann. Entscheidender ist daher der Bezug des Art. 6 Nr. 4 auf den Interessenkonflikt zwischen Arbeitgeber und Arbeitnehmer. Ein solcher lässt sich höchstens annehmen, wenn die Arbeitnehmer mittelbar von dem Hauptarbeitskampf in ihren Interessen im Verhältnis zu ihrem Vertragsarbeitgeber betroffen sind. Der Ausschuss für soziale Rechte hat jedenfalls nicht allg. angenommen, dass sog. Solidaritäts-, Sympathie- oder Unterstützungsstreiks zulässig und nach Art. 6 Nr. 4 anzuerkennen sind. Der Ausschuss geht aber davon aus, dass Streiks, die gegen einen anderen Arbeitgeber als den Vertragsarbeitgeber geführt werden, nicht verboten werden dürfen, wenn zwischen dem Vertragsarbeitgeber und dem anderen enge wirtschaftliche oder gesellschaftsrechtliche Verbindungen bestehen (Conclusions XIV-1, 1998, vol. 2, 309; Conclusions XVII-1, 2004, 517 – beide Vereinigtes Königreich; ebenso *Hayen/Ebert* AuR 2008, 19 [24]; *Mitscherlich* 141 f.; *Novitz* 288; ähnlich LAG Hamm 24.10.2001 AP GG Art. 9 Arbeitskampf Nr. 161; weiter *Kovac* CLLPJ 2005, 445 [450 f.]).

37   Die Literatur spricht sich zum Teil für eine weitergehende Interpretation aus, die Art. 6 Nr. 4 nicht auf ein Streikrecht wegen eines eigenen Interessenkonflikts beschränkt sieht (*Däubler* AuR 1998, 144 [146]; *ders.*, FS Hanau, 1999, 489 [497]; *Däubler/Lörcher* AK § 10 Rn. 84; *Fütterer* 192 ff.; *Mitscherlich* 139 ff., 151; *Novitz* 288; *Paukner* 116 f.; *Wohlgemuth* AuR 1980, 33 [38]; **aA** *Dumke* 116 ff.; *Gamillscheg* KollArbR I 957; *Sproedt* 82). Auch das BAG geht über das Verständnis des Europäischen Ausschusses für soziale Rechte zu Art. 6 Nr. 4 im Grunde hinaus, wenn es den Sympathiearbeitskampf aufgrund der Einwirkung der ESC für grundsätzlich zulässig erachtet (BAG 19.6.2007 NZA 2007, 1055). Die aus dem Verhältnismäßigkeitsgrundsatz resultierenden Beschränkungen haben aber zur Folge, dass sich die Rechtsprechung der Diktion des Ausschusses – soweit sie erkennbar ist – annähert.

38   **2. Aussperrung.** Art. 6 Nr. 4 regelt zwar nur das Streikrecht ausdrücklich, erfasst aber auch die Aussperrung als wesentliches Arbeitskampfmittel der Arbeitgeberseite. Darüber besteht inzwischen Einigkeit (st. Spruchpraxis, Conclusions I, 1969, 38; Conclusions IX-2, 1986, 48 – Italien; Digest 2008, 56; *Evju* AuR 2012, 276 [278]; *Fabricius*, FS Gleize, 1978, 499 [508]; *Frowein* 10 ff.; *Gitter* ZfA 1971, 127 [140 f.]; *Harris/Darcy* 105; *Gamillscheg* KollArbR I 957; *Isele*, Europäische Sozialcharta, 1962, 14 ff., 62 ff.; *Kissel* AK § 20 Rn. 10; *Mitscherlich* 60 ff., 86 ff.; *Rüthers* 15; *Scholz/Konzen* 62 ff.; *Seiter* Streikrecht 316 ff.; zur Spruchpraxis *Frowein* 14 f.; abw. *Wengler* 9). Dazu wird auch darauf verwiesen, dass die ESC in Art. 6 Nr. 4 nicht nur den Streik, sondern weitere kollektive Maßnahmen garantiert, ohne diese abschließend zu definieren. Die kollektiven Maßnahmen dienen zudem dazu, den Interessenkonflikt auszutragen, wobei ein Gegengewichtsmodell zugrunde gelegt wird (*Rüthers* 17; so aber *Frowein* 12 f. unter Verweis auf die Tripartite Conference der IAO v. 1.–12.12.1958). Im Ergebnis anerkennen die Vertragsstaaten somit nicht nur eine Aussperrungsfreiheit, sondern ein Aussperrungsrecht (*Mitscherlich* 89). Die Rechtsfolgen der Aussperrung sind in der ESC nicht geregelt. Wegen des von der Charta angestrebten Schutzes der Arbeitnehmer gerät die Gewährleistung einer lediglich suspendierenden Aussperrung mit Art. 6 Nr. 4 aber nicht in Konflikt (*Mitscherlich* 90 ff.).

39   Der Ausschuss geht davon aus, dass Art. 6 Nr. 4 nicht verlangt, ein Recht des einzelnen Arbeitgebers zur Aussperrung anzuerkennen, wenn Ausnahmen für besondere Fällen bestehen (zB Sabotage, Übergriffe auf arbeitswillige Arbeitnehmer, Gewalt; dazu Conclusions IX-2, 1986, 48 – Italien; Digest 2008, 56; **aA** *Seiter* Streikrecht 337). Das ergibt sich nicht explizit aus dem Wortlaut der Norm, die ein Recht der Arbeitnehmer und Arbeitgeber garantiert (so zum Streik → Rn. 26 f.). Zudem soll der einzelne Arbeitgeber nach Art. 6 Nr. 2 Kollektivverträge verhandeln und abschließen können, so dass sich auch aus diesem Gesichtspunkt nicht erschließt, warum das Recht zur Aussperrung nur den Vereinigungen zustehen soll, zumal sich dadurch ein Widerspruch zur Anerkennung eines individuellen Streikrechts ergibt. Zum Teil wird auch darauf verwiesen, dass die Spruchpraxis insoweit die Tradition der Mitgliedstaaten zu sehr außer Acht lasse (dazu *Evju* AuR 2012, 276 [278]).

Recht auf kollektive Maßnahmen (Nr. 4) **Art. 6 ESC 50**

Das Recht auf Aussperrung ist ebenso wie das Streikrecht nach Art. 31 I beschränkbar. **40** Der Ausschuss hat – ohne explizite Erwähnung des Art. 31 I – für mit Art. 6 Nr. 4 vereinbar erklärt, dass Deutschland nur die Abwehraussperrung zulässt, die Angriffsaussperrung aber ausschließt (Conclusions XV-1, 2000, Addendum 2, 27 – Deutschland). Ob sich daran aufgrund der Tarifpluralität etwas ändern muss, lässt sich den Conclusions nicht entnehmen und wird von der Bewertung der Verhältnismäßigkeit der Einschränkung durch den Ausschuss abhängen.

3. Sonstige kollektive Maßnahmen. Art. 6 Nr. 4 beschränkt sich nicht auf bestimmte **41** Arbeitskampfmaßnahmen, vielmehr anerkennen die Vertragsstaaten das Recht auf kollektive Maßnahmen bei Interessenkonflikten. Kollektive Maßnahmen sind alle Handlungen der Arbeitnehmer und Arbeitgeber bei einem Interessenkonflikt, die gemeinsam ergriffen werden, um Druck auf die Gegenseite aufzubauen (ausf. *Dumke* 71 ff.). Damit ist der Kreis der kollektiven Maßnahmen nicht abgeschlossen. Der Ausschuss hat insoweit auch keine einschränkende Auslegung entwickelt (dazu *Evju* AuR 2012, 276 [279]). Der Streik ist insofern nur eine mögliche kollektive Maßnahme (Europarat 137; *Evju* AuR 2012, 276 [279]; *Harris/Darcy* 103). Erfasst sind auch andere Formen wie Blockaden, Boykotte, Bummelstreik oder das Aufstellen von Streikposten (*Harris/Darcy* 103; *Evju* AuR 2012, 276 [279]). Eine Beschränkung solcher Maßnahmen ist nach Art. 31 I möglich.

II. Anerkennung des Rechts auf kollektive Maßnahmen

Die Vertragsstaaten müssen das Streikrecht garantieren. Das Fehlen einer gesetzlichen **42** Regelung führt nicht ohne Weiteres zu einem Verstoß gegen Art. 6 Nr. 4. Richterrecht kann genügen, wenn es in seiner Wirkung dem Gesetz nicht nachsteht (vgl. die Spruchpraxis des Ausschusses Conclusions I, 1969, 34, ohne konkrete Anforderungen; Digest 2008, 55). Der Ausschuss prüft nicht nur, ob die kollektiven Maßnahmen im nationalen Recht garantiert sind, sondern auch dessen Anwendung durch die Gerichte (Digest 2008, 55). Die Vertragsstaaten müssen sicherstellen, dass die Gerichte das Recht in angemessener Weise anwenden und die Substanz des Streikrechts nicht beeinträchtigen (Conclusions I, 1969, 34; Digest 2008, 55). Der Ausschuss verweist darauf, dass der Richter insbesondere nicht bestimmen darf, wann ein Streik voreilig ergriffen wurde. Es sei vielmehr Sache der Arbeitnehmer und Arbeitgeber bzw. ihrer Vereinigung festzulegen, wann ein Streik ergriffen wird (Conclusions XVII-1, 2004, 319 – Niederlande; Digest 2008, 55). Zu den Verfahrensvorgaben → Rn. 48 ff.

III. Schranken des Art. 6 ESC

Art. 6 Nr. 4 ist nach Maßgabe von Art. 31 I beschränkbar (Digest 2008, 55; Europarat **43** 137; *Harris/Darcy* 106). Das bestätigt der Anhang zur ESC für das explizit geregelte Streikrecht. Die Einschränkung muss auf Gesetz beruhen, einem legitimen Zweck dienen und in einer demokratischen Gesellschaft zum Schutz der Rechte und der Freiheit anderer oder zum Schutz des öffentliches Interesses, der nationalen Sicherheit, der öffentlichen Gesundheit und Moral notwendig sein (Conclusions X-1, 1987, 76 – Norwegen; Digest 2008, 56; dazu *Schlachter* SR 2013, 77 [88]). Der Ausschuss verweist darauf, dass ein dringendes soziales Bedürfnis vorliegen muss (Conclusions XIII-1, 1994, 158 – Niederlande). Es bedarf aber nicht notwendig eines formellen Gesetzes, vielmehr genügt auch Richterrecht als Grundlage (→ Teil I Rn. 34; *Paukner* 118 f.; **aA** *Bepler,* FS Wißmann, 2002, 97 [106]; *Czycholl/Frieling* ZESAR 2011, 322 [327]). Der Ausschuss hat das Richterrecht aber nicht voraussetzungslos ausreichen lassen, sondern hat es als Einschränkung nur akzeptiert, wenn die Entscheidungen bzw. die Rechtsentwicklung vorhersehbar ist, und hat insbesondere eine divergierende Rechtsprechung kritisch betrachtet (Conclusions XIX-3, 2010, 104; Conclusions XX-3, 2014, 25 – beide Deutschland; dazu *Schlachter* SR 2013, 77 [90]). Daneben muss vorhersehbar sein, wie die Gerichte entscheiden (Collective Complaint

50 ESC Art. 6 — Das Recht auf Kollektivverhandlungen

23.9.2011 – 59/2010 Rn. 43 – European Trade Union Confederation/Belgien). Der Ausschuss für soziale Rechte hat die deutsche Rechtslage trotz des Verhältnismäßigkeitsgrundsatzes der Einzelfallentscheidungen, die zwangsläufig die Vorhersehbarkeit der Entscheidung drastisch mindern, nicht beanstandet.

44 Aus Art. 31 I lässt sich schließen, dass das Streikrecht zwar beschränkbar ist, ein vollständiger Ausschluss lässt sich damit aber nicht vereinbaren (Europarat 138). Partielle **Streikverbote** für Branchen, die für die Gemeinschaft essentiell sind, dienen hingegen einem legitimen Zweck, wenn Streiks in diesen Sektoren eine Bedrohung für das öffentliche Interesse, die nationale Sicherheit bzw. öffentliche Gesundheit darstellen (Digest 2008, 56). Auch dabei ist der Verhältnismäßigkeitsgrundsatz zu berücksichtigen. Zu pauschale Einschränkungen sind daher nicht mit Art. 6 Nr. 4 vereinbar. Das Gleiche gilt bei einer weiten Auslegung des Begriffs der Daseinsvorsorge und ein daran anknüpfendes Streikverbot, weil die Maßnahme dann in der Regel zu den spezifischen Anforderungen jeder Branche nicht im Verhältnis steht (Digest 2008, 56; *Harris/Darcy* 108 f.). Der Ausschuss geht davon aus, dass in diesen Branchen höchstens die Einführung eines Mindestservice (Not- bzw. Erhaltungsarbeiten) mit Art. 6 Nr. 4 in Einklang steht (Conclusions I, 1969, 38; Digest 2008, 56). Als vereinbar mit Art. 6 Nr. 4 ist aber das Streikverbot nach § 74 II 1 BetrVG (*Gooren* 280 f.), da die Betriebsverfassung die Interessenvertretung und Interessendurchsetzung durch frei gebildete Arbeitnehmervereinigungen nicht entgegensteht.

45 Das **Verbot des Beamtenstreiks** lässt sich (ungeachtet der Wirksamkeit des Vorbehalts) nur in den Grenzen des Art. 31 I rechtfertigen. Der Ausschuss erachtet das generelle Verbot für unvereinbar mit Art. 6 Nr. 4 (Conclusions XIX-3, 2010, 104 f. – Deutschland; Conclusions XX-3, 2014, 25 – Deutschland; Digest 2008, 57; dazu *Miehsler*, FS Verdross, 1980, 547 [562]; *Novitz* 307 f.; zust. *Mitscherlich* 112 ff.). Wegen des Streits um die Wirksamkeit des Vorbehalts hat der Ausschuss von der Feststellung der Unvereinbarkeit abgesehen (vgl. Conclusions VII, 1981, 39; Conclusions XV, 1998, 314 – beide Deutschland). In den letzten Jahren hat der Ausschuss den Verstoß gegen Art. 6 Nr. 4 erneut aufgegriffen (Conclusions XIII-2, 1995, 281; Conclusions XX-3, 2014, 25 f. – beide Deutschland; dazu *Novitz* 308 f.). Zurückhaltung legt er sich zudem nicht auf, soweit Beamte von einer Privatisierung eines öffentlichen Unternehmens betroffen waren und somit keine Hoheitsgewalt mehr ausüben (Conclusions XVI-1, 2002, 250; Conclusions XVIII, 2006, 306; Conclusions XIX-3, 2010, 105 – alle Deutschland; dazu *Lörcher* AuR 2009, 229 [233]). Das betrifft insbesondere Beamte der Deutschen Post AG und der Deutschen Bahn AG (Conclusions XIX-3, 2010, 105 – Deutschland). Der Ausschuss hat im laufenden Berichtszyklus nachgefragt, welche Rechtsstellung die Arbeitnehmer haben, die nach der Privatisierung von Post und Bahn das Angebot, in ein privatrechtliches Arbeitsverhältnis zu wechseln, angenommen haben (Conclusions XX-3, 2014, 26 – Deutschland).

46 Nach Auffassung des Ausschusses muss den Beamten ein Recht auf Arbeitsniederlegung zustehen, ein symbolisches Streikrecht genügt nicht (Collective Complaint 16.10.2006 – 32/2005 Rn. 44 ff. – Confederation of Independent Trade Unions in Bulgaria, Confederation of Labour „Podkrepa" and European Trade Union Confederation/Bulgarien; Conclusions I, 1969, 38 f.; Digest 2008, 57). Eine Beschränkung des Streikrechts bei bestimmten Beamtengruppen lässt sich indes mit Art. 6 Nr. 4 in den Grenzen des Notwendigen vereinbaren (Conclusions XX-3, 2014, 26 – Deutschland; Digest 2008, 57). Sofern die Beamten keine Hoheitsrechte ausüben, ist ein Streikverbot nicht gerechtfertigt, höchstens dessen Beschränkung (Conclusions XX-3, 2014, 26 – Deutschland). Eine Rechtfertigung ist insbesondere möglich, wenn Grundbedürfnisse der Gesellschaft, die **Daseinsvorsorge,** betroffen sind (zB öffentliche Krankenhäuser, Schienenverkehr, Busverkehr, Postdienstleistungen, Feuerwehr, Katastrophenschutz). Ein Verbot darf nur die Arbeitnehmer betreffen, die für das Funktionieren der betreffenden Dienste erforderlich sind, ggf. genügt aber die Einführung von Notdiensten (→ Rn. 44). Sofern ein generelles Streikverbot für Beamte abgelehnt wird, lassen sich insoweit keine unterschiedlichen Maßstäbe für Beamte und Angestellte begründen (vgl. auch *Miehsler,* FS Verdross, 1980, 547 [563]).

Der Ausschuss will Ausnahmen für jene Beamten akzeptieren, deren Pflichten und Funk- **47** tionen einen direkten Bezug auf die nationale Sicherheit oder ein Interesse der Allgemeinheit haben (Collective Complaint 16.10.2006 – 32/2005 Rn. 44 ff. – Confederation of Independent Trade Unions in Bulgaria, Confederation of Labour „Podkrepa" and European Trade Union Confederation/Bulgarien; Conclusions I, 1969, 38 f.; Digest 2008, 57). Das gilt insbesondere für Polizei, Streitkräfte, Richter und höhere Verwaltungsbeamte (Conclusions I, 1969, 38 f.; Conclusions XX-3, 2014, 26 – Deutschland; Europarat 138; *Harris/Darcy* 111; *Miehsler,* FS Verdross, 1980, 547 [562]). Der Ausschuss hat in einer Kollektivbeschwerde (mit knapper Mehrheit) angenommen, dass genau nachzuweisen sei, dass das Streikverbot für die Polizisten konkret notwendig sei (Collective Complaint 2.12.2013 – 83/2012 Rn. 209 f. – European Confederation of Police/Irland). Gerade bei Streikverboten für Polizisten ist aber zu beachten, dass eine nur situative Einschränkung des Streikrechts angesichts der Handlungsfähigkeit, die zur Sicherung der öffentlichen Ordnung und Sicherheit notwendig ist, nicht zwingend geboten ist. Eine pauschalere Betrachtung muss zulässig sein, damit die Funktionsfähigkeit der Polizei erhalten bleibt.

Den **Rechtmäßigkeitsanforderungen** nach Art. 31 I müssen auch die Anforderungen **48** an die Rechtmäßigkeit einer Arbeitskampfmaßnahme genügen. Diese greifen zwar nicht so massiv in das Streikrecht ein wie Verbote, müssen aber auch den Anforderungen an die Verhältnismäßigkeit genügen (*Schlachter* SR 2013, 77 [88 f.]). Auch **Verfahrensvorgaben** müssen sich daher an diesem Maßstab messen lassen, wenn sie das Streikrecht in seiner Ausübung substanziell einschränken und seine Effektivität wesentlich verkürzen (Conclusions XX-3, 2014, 24 – Deutschland). Hierfür spricht bereits der Regelungszusammenhang zu den Nr. 1–3 des Art. 6, die die Förderung von Verhandlungen und anderen Konfliktlösungsmechanismen vorsehen (vgl. Tripartite Conference 1.–12.12.1958, 6. Sitting Rn. 90 in European Social Charter, Collected „Travaux Preparatoires", Vol. 5, 1958). Solche Anforderungen können zB in Form der Urabstimmung bestehen, wenn die rechtmäßige Durchführung des Streiks von der vorherigen Bestätigung durch ein bestimmtes Quorum von Arbeitnehmern abhängt. Der Ausschuss erachtet solche Quoten oder Mehrheitsanforderungen an sich für zulässig, wenn sie die Ausübung des Streikrechts nicht exzessiv beschränken (Conclusions II, 1971, 187 – Zypern; Conclusions XIV-1, 1998, vol. 2, 309; XX-3, 2014, 22 f. – beide Vereinigtes Königreich; Digest 2008, 57; *Harris/Darcy* 107).

Eine solche Verfahrensvorgabe kann darin bestehen, dass nur eine Gewerkschaft zum **49** Streik aufrufen darf. Dabei handelt es sich letztlich um eine Beschränkung des Streikrechts auf gewerkschaftsgeführte Streikmaßnahmen. Das schränkt das individuelle Streikrecht der Arbeitnehmer erheblich ein, es sei denn, dass die Gewerkschaftsgründung schnell und ohne übermäßige Formalia möglich ist (Conclusions XV-1, 2001, 566 – Schweden; Conclusions XVII-1, 2004, 565 f. – Schweden; Conclusions XX-3, 2014, 24 – Deutschland; Digest 2008, 56). Arbeitnehmer müssen zudem grundsätzlich das Recht auf Streikteilnahme haben, auch wenn sie nicht Gewerkschaftsmitglieder sind (Conclusions XVII-1, 2004, 405 – Norwegen; zu schwankenden Diktion des Ausschusses *Evju* AuR 2012, 276 [284 f.]). Schranken können aber für deren Teilnahme in den Grenzen des Art. 31 I gezogen werden.

Eine Beschränkung für das Streikrecht ist auch die Bindung an die **Friedenspflicht.** Der **50** Ausschuss geht aber zu Recht davon aus, dass die Friedenspflicht zulässig ist. Art. 6 Nr. 4 greift „Beschränkungen aus Gesamtarbeitsverträgen" explizit auf (darauf verweisend *Evju* AuR 2012, 276 [282]), was sogar als Vorbehalt verstanden werden kann. Die Friedenspflicht muss sich auf den Anwendungsbereich des Kollektivvertrages beziehen (Europarat 138; auf den Vorbehalt der Verpflichtungen aus Gesamtarbeitsverträgen verweisend *Seiter* Streikrecht 508). Der Europäische Ausschuss für soziale Rechte hat jedoch (zeitweilig) gerügt, dass eine solche Pflicht im Vertragsstaat ohne ausdrückliche Vereinbarung angenommen wurde, was auf den Widerspruch einer Minderheit des Ausschusses stieß (Conclusions XVI-1, 2002, 251 – Deutschland [Minderheitenvotum *Evju, Grillberger, Birk*]; dazu *Bepler,* FS Wißmann, 2005, 97 [112]; *Evju* AuR 2012, 276 [281]; *Kohte/Doll* ZESAR 2003, 393 [398]). Inzwischen geht die Spruchpraxis dahin, dass in Systemen, wo Kollektivvereinbarungen den sozialen Frieden sichern, die Friedenspflicht mit Art. 6 Nr. 4 vereinbar ist, so dass während ihrer Geltung Streiks verboten sind (Digest 2008, 57). Sie müsse mit Gewissheit den Willen der Sozialpartner reflektieren, wobei die Arbeitsbeziehungen im jeweiligen Land in Bedacht zu nehmen sind (Digest 2008, 57; s. auch Conclusions XVII-1, 2004, 404 f. – Norwegen). *Evju* verweist zu Recht darauf, dass es dabei eines normativen Verständnisses bedarf, das auch die Akzeptanz grundsätzlich unterschiedlicher Rechtssysteme unter Art. 6 Nr. 4 erlaubt (*Evju* AuR 2012, 276 [281]). Der Ausschuss hat die Unvereinbarkeit der Friedenspflicht nach deutschem Verständnis mit Art. 6 Nr. 4 nicht mehr festgestellt (Conclusions XX-3, 2014, 23 ff. – Deutschland). Davon geht auch das BAG aus (BAG 10.12.2002 AP GG Art. 9 Arbeitskampf Nr. 162; 19.6.2007 AP GG Art. 9 Arbeitskampf Nr. 173 Rn. 18).

51 Auch das **Verhältnismäßigkeitsprinzip** ist als Schranke des Streikrechts mit der ESC vereinbar, solange es dieses Recht nicht unangemessen aushöhlt (Conclusions XVIII-1, 2006, 304 f.; XIX-3, 2010, 104 – beide Deutschland; XVIII-1, 2006, 552 – Niederlande; zust. *Deinert,* in: Rehder/Deiner/Callsen, Arbeitskampfmittelfreiheit und atypische Arbeitskampfformen, 2012, 70 [78]). Das gilt auch für den Ultima-ratio-Grundsatz, der als dessen Ausprägung verstanden werden kann (*Dumke* 270 ff.; *Konzen* JZ 1986, 157 [162 f.]; *Lieb* NZA 1985, 265 [268]; *Müller* DB 1984, 2692 [2693]; vgl. auch *Kissel* AK § 30 Rn. 5; offenlassend BAG 12.9.1984 AP GG Art. 9 Arbeitskampf Nr. 81). Der Ausschuss geht davon aus, dass das Erfordernis, die Möglichkeiten zur Schlichtung und Mediation zu erschöpfen, als Voraussetzung für einen Streik mit der ESC konform ist, solange die Mechanismen dafür den Vorgaben des Art. 6 Nr. 3 entsprechen und nicht so langsam sind, dass ein abschreckender Effekt eintritt (Conclusions XVII-1, 2004, 101 f. – Tschechische Republik; Digest 2008, 57; *Harris/Darcy* 107). Insofern ist für den Ausschuss, anders als im deutschen Recht, die Zwangsschlichtung nicht per se mit Art. 6 Nr. 4 unvereinbar, vielmehr bedarf es der Einzelfallbetrachtung (Europarat 138). Dabei ist die Rolle und Natur der Schlichtung für die Arbeitsstreitigkeit zu berücksichtigen. Das gilt umso mehr, wenn sie den Streik verschiebt oder sogar verunmöglicht. Auch Ankündigungsfristen oder Abkühlungsphasen, die im Zusammenhang mit einer Schlichtung und vor Ausrufung eines Streiks vorgeschrieben sind, sind vereinbar mit Art. 6 Nr. 4, wenn sie von angemessener Dauer sind (Conclusions XIV-1, 1998, 159 – Zypern; Digest 2008, 57; Europarat 137; *Harris/Darcy* 107).

52 In einigen Vertragsstaaten erlaubt die Rechtsordnung dem Parlament, der Verwaltung oder einem unabhängigen Gremium wegen eines Streiks im öffentlichen Interesse zu intervenieren und diesen zu untersagen. Zweifel an der Rechtfertigung solcher **Interventionsmechanismen** bestehen insbesondere, wenn die Intervention in einen Streik nach relativ kurzer Zeit erlaubt wird (*Harris/Darcy* 108). Solche Eingriffe in das Streikrecht sind zwar nicht generell vereinbar mit Art. 31, wurden aber im Fall von Norwegen prima facie für konform mit der ESC erachtet (Conclusions XVII-1, 2004, 404 – Norwegen; Digest 2008, 57). Daher müssen erst recht Einschränkungen des Streikrechts dadurch zulässig sein, dass die Gewerkschaft für Not- und Erhaltungsmaßnahmen Sorge tragen muss. Solche Vorgaben müssen zum Schutz der Rechte und Rechtsgüter Dritter oder des Arbeitgebers bzw. zum Schutz der Interessen der Allgemeinheit erfolgen (Art. 31). Sie dürfen das Streikrecht ebenso wie der Verhältnismäßigkeitsgrundsatz nicht unangemessen aushöhlen.

53 Beschränkungen für das Streikrecht ergeben sich auch aus den **Streikfolgen** für den streikenden Arbeitnehmer. Der Ausschuss geht davon aus, dass der Streik nicht zur Beendigung des Arbeitsverhältnisses führen darf, es sei denn, es erfolgt eine Wiedereinstellung unter Wahrung aller vor dem Streik erworbenen Rechte (Rente, Urlaub, Seniorität) (Conclusions I, 1969, 39; Digest 2008, 58; Europarat 138; *Harris/Darcy* 109; vgl. auch *Seiter* Streikrecht 190). Insofern ist ein Kündigungsverbot nicht absolut mit Art. 6 Nr. 4 unvereinbar (so aber *Mitscherlich* 135 f.). Abzüge vom Gehalt, die in einer Relation zum Streik stehen und keine Strafabzüge darstellen, stehen mit der ESC in Einklang (Conclusions XIII-1, 1994, 148 – Frankreich; Collective Complaint 12.10.2004 – 16/2003 Rn. 63 – Confédération française de l'Encadrement/Frankreich; Digest 2008, 58; Europarat 138). Das muss in gleicher Weise für Gewerkschaftsmitglieder und Nichtmitglieder gelten (Conclusions

XVIII-1, 2006, 271 – Dänemark; Digest 2008, 58). Zudem ist der Streik nicht als Vertragsbruch zu bewerten (dazu Digest 2008, 58; *Harris/Darcy* 111; *Seiter* Streikrecht 190 f.). Insofern darf weder der Arbeitnehmer noch die Gewerkschaft bei einem rechtmäßigen Arbeitskampf haften oder sich strafbar machen (*Harris/Darcy* 110 f.). Das deutsche Recht genügt diesen Anforderungen bei gewerkschaftsgeführten Streiks nach Art. 9 III 1 GG. Bei einer völkerrechtsfreundlichen Auslegung von Art. 9 III 1 GG, so dass auch Ad-hoc-Koalitionen ein Streikrecht haben und der Arbeitskampf nicht auf einen Tarifvertrag gerichtet sein muss, hat dies auch Folgen für die Rechtsstellung der Streikteilnehmer. Art. 6 Nr. 4 ist bei der Konkretisierung bzw. Suspendierung der arbeitsvertraglichen Pflichten ebenso zu berücksichtigen wie bei der Prüfung der Rechtswidrigkeit nach § 823 I BGB wegen des Eingriffs in den eingerichteten und ausgeübten Gewerbebetrieb durch den Streik (vgl. *Dumke* 354).

Für die Beschränkung des Rechts auf Aussperrung gelten im Grundsatz die gleichen Maßgaben wie für das Streikrecht. Einschränkungen sind nach Art 31 I möglich (zB Bindung an Paritätsvorgaben, Verhältnismäßigkeitsgrundsatz) (*Mitscherlich* 93). Ein genereller Ausschluss der Aussperrung lässt sich nicht mit Art. 6 Nr. 4 vereinbaren (Conclusions I, 1969, 38; Conclusions VIII, 1984, 95; Conclusions XIV-1, 1998, 617 – Niederlande; Digest 2008, 55; zur Spruchpraxis *Frowein* 14 f.). Ein Verstoß gegen Art. 6 Nr. 4 ergibt sich insbesondere aus Art. 29 V HessVerf, wonach die Aussperrung generell rechtswidrig ist (*Gitter* ZfA 1971, 127 [141]; *Mitscherlich* 93 f.; aA HessLAG NJW 1979, 2268; *Wengler* 37 f.). Die Landesverfassung bricht insofern Bundesrecht. 54

Art. 7 Das Recht der Kinder und Jugendlichen auf Schutz

Um die wirksame Ausübung des Rechtes der Kinder und Jugendlichen auf Schutz zu gewährleisten, verpflichten sich die Vertragsparteien,
1. das Mindestalter für die Zulassung zu einer Beschäftigung auf 15 Jahre festzusetzen, vorbehaltlich von Ausnahmen für Kinder, die mit bestimmten leichten Arbeiten beschäftigt werden, welche weder ihre Gesundheit noch ihre Moral noch ihre Erziehung gefährden;
2. ein höheres Mindestalter für die Zulassung zur Beschäftigung in bestimmten Berufen festzusetzen, die als gefährlich oder gesundheitsschädlich gelten;
3. die Beschäftigung Schulpflichtiger mit Arbeiten zu verbieten, die verhindern würden, daß sie aus ihrer Schulausbildung den vollen Nutzen ziehen;
4. die Arbeitszeit von Jugendlichen unter 16 Jahren entsprechend den Erfordernissen ihrer Entwicklung und insbesondere ihrer Berufsausbildung zu begrenzen;
5. das Recht der jugendlichen Arbeitnehmer und Lehrlinge auf ein gerechtes Arbeitsentgelt oder eine angemessene Beihilfe anzuerkennen;
6. vorzusehen, daß die Zeit, die Jugendliche während der normalen Arbeitszeit mit Zustimmung des Arbeitgebers für die Berufsausbildung verwenden, als Teil der täglichen Arbeitszeit gilt;
7. für Arbeitnehmer unter 18 Jahren die Dauer des bezahlten Jahresurlaubs auf mindestens drei Wochen festzusetzen;
8. für Personen unter 18 Jahren Nachtarbeit zu verbieten, mit Ausnahme bestimmter, im innerstaatlichen Recht festgelegter Arbeiten;
9. vorzusehen, daß Arbeitnehmer unter 18 Jahren, die in bestimmten, in dem innerstaatlichen Recht festgelegten Beschäftigungen tätig sind, einer regelmäßigen ärztlichen Überwachung unterliegen;
10. einen besonderen Schutz gegen die körperlichen und sittlichen Gefahren sicherzustellen, denen Kinder und Jugendliche ausgesetzt sind, insbesondere gegen Gefahren, die sich unmittelbar oder mittelbar aus ihrer Arbeit ergeben.

A. Normzweck und systematische Stellung

1   Art. 7 enthält eine detaillierte Regelung zum **Schutz von Kindern und Jugendlichen**. Er dient nicht nur dem Schutz der Gesundheit, sondern auch dem Schutz ihrer Entwicklung und hat somit ein umfassendes Konzept. Die Bestimmung verpflichtet nicht nur zum Verbot der Kinderarbeit, indem ein Mindestalter für die Zulassung zur Berufstätigkeit festgesetzt und die Regelung eines speziellen Mindestalters für gefährliche und gesundheitsschädliche Arbeiten gefordert werden. Zugleich nehmen die Regelungen zum Mindestalter Rücksicht auf die Schulausbildung, um diese nicht zu gefährden. Diese doppelte Zwecksetzung bestätigen auch die Regelungen über die Arbeitsbedingungen, über Arbeitsentgelt, Arbeitszeit, Urlaub, Nacharbeit und ärztliche Betreuung. Sie richten sich gegen die Ausbeutung von Kindern und Jugendlichen und dienen dem Schutz ihrer Gesundheit sowie ihrer schulischen und beruflichen Ausbildung. Letzteres dokumentiert sich in der Einordnung der Zeiten der Berufsausbildung als Arbeitszeit, was sich in der Spruchpraxis des Ausschusses zur Urlaubsgewährung niedergeschlagen (→ Rn. 12 f.). Art. 7 enthält Gewährleistungspflichten, die die Vertragsstaaten zu gesetzlichen Regelungen und zur Kontrolle verpflichten (Collective Complaint 9.9.1999 – 1/1998 Rn. 29 f. – International Commission of Jurists/Portugal; Conclusions XIX-4, 2011, General Introduction Rn. 7; Digest 2008, 59). Dafür spricht vor allem der Einleitungssatz des Art. 7.

2   Art. 7 **RESC** entspricht weitgehend Art. 7, allerdings wurde das erhöhte Mindestalter für die Zulassung zu gefährlichen oder gesundheitsschädlichen Beschäftigung auf 18 Jahre festgelegt, so dass den Vertragsstaaten kein Beurteilungs- und Gestaltungsspielraum mehr verbleibt. Zudem wurde der Mindesturlaub nach Art. 7 Nr. 7 von drei auf vier Wochen erhöht. Deutschland hat Art. 7 mit Ausnahme der Nr. 1 ratifiziert. Die Ausnahme erfolgte, weil die Unvereinbarkeit deutschen Rechts mit der ESC angenommen wurde (Regierungsentwurf, BT-Drs. IV/2117, 31; dazu *Neubeck* 145 f.). Selbst nach der Anpassung des JArbSchG wurde die Ratifikation nie nachgeholt, was dem Stellenwert des Schutzes von Kindern und Jugendlichen nicht gerecht sind.

B. Mindestalter für die Beschäftigung

3   Art. 7 Nr. 1 legt das Mindestalter für die Zulassung zur Beschäftigung einheitlich auf 15 Jahre fest. Damit ist **Kinderarbeit** für Minderjährige unter 15 Jahren **verboten**. Das Verbot gilt umfassend für alle Branchen und somit auch für die Landwirtschaft, die Tätigkeit in Privathaushalten und Familienbetrieben (Conclusions I, 1969, 42; Digest 2008, 59), wo Kinderarbeit immer wieder aufgetreten ist (vgl. Collctive Complaint 9.9.1999 – 1/1998 Rn. 27 f. – International Commission of Jurists [CIJ]/Portugal). Der Ausschuss für soziale Rechte geht davon aus, dass alle wirtschaftlichen Tätigkeiten erfasst sind, wobei auch die Tätigkeit als Selbständige oder (unbezahlte) Hilfstätigkeiten einbezogen seien (Collective Complaint 9.9.1999 – 1/1998 Rn. 27 f. – International Commission of Jurists [CIJ]/Portugal; Digest 2008, 59). Für ein so weites Verständnis streitet der Zweck des Art. 7. Zudem scheinen der fehlende Bezug auf den Arbeitnehmerbegriff sowie der Terminus „Beschäftigung" dafür zu sprechen. Die für die Auslegung maßgebliche englische und französische Fassung verwenden statt Beschäftigung aber „employment" oder „emploi" und somit Termini, die auf die Beschäftigung als Arbeitnehmer deuten. Ein umfassender Schutz von Kindern und Jugendlichen ist mit Sicherheit der richtige Weg, um den Normzweck zu erreichen, und ist inzwischen durch eine Reihe völkerrechtlicher Verträge angestrebt. Ob sich ein solches Verständnis aus Art. 7 ergibt, ist jedoch zu bezweifeln.

4   Art. 7 Nr. 1 enthält eine **tatbestandliche Ausnahme** für „bestimmte" leichte Arbeiten, die Gesundheit, Moral und Erziehung nicht gefährden. Die Konkretisierung dieser Ausnahme ist Sache der Vertragsstaaten. Sie muss sich klar an dem Ziel der Norm orientieren

Mindestalter für die Beschäftigung **Art. 7 ESC 50**

und unterliegt der Kontrolle durch den Europäischen Ausschuss für soziale Rechte. Dabei ist unter systematischen Gesichtspunkten Art. 7 Nr. 3 zu beachten. Die Ausnahmen dürfen somit nicht zu einem Konflikt mit der Schulpflicht führen. Das lässt sich insbesondere durch eine Begrenzung des Umfangs und der Verteilung der Arbeitszeit steuern.

Ein **höheres Mindestalter** müssen die Vertragsstaaten nach Art. 7 Nr. 2 für die als 5 gefährlich oder gesundheitsschädlich geltenden Beschäftigungen festlegen. Es bedarf einer angemessenen gesetzlichen Regelung. Der Europäische Ausschuss für soziale Rechte überlässt den Vertragsstaaten, ob sie die betroffenen Arbeiten auflisten oder ob sie Typen von Risiken (physikalische, chemische oder biologische), die sich aus der Arbeit ergeben, aufnehmen und daran ein erhöhtes Mindestalter knüpfen (Digest 2008, 60). Um einen effektiven Schutz zu gewährleisten, bedarf eine solche Regelung der regelmäßigen Überprüfung, um nicht erfasste Arbeiten oder (noch) nicht erkannte gefährliche oder gesundheitsschädliche Arbeiten zu ergänzen. Der Ausschuss für soziale Rechte hält Ausnahmen von den Vorgaben in Art. 7 Nr. 2 für vereinbar mit der ESC, wenn die Tätigkeit für die Berufsausbildung notwendig ist, strikt durch sachverständige Personen überwacht wird und auf den notwendigen Zeitraum beschränkt ist (Digest 2008, 60).

Da nicht in allen Vertragsstaaten die Schulpflicht von Kindern und Jugendlichen mit dem 6 15. Lebensjahr endet (vgl. Art. 7 Nr. 1), sieht Art. 7 Nr. 3 eine Sonderregelung vor, die bestimmt, dass eine **Beschäftigung von Schulpflichtigen** zu verbieten ist, die ansonsten nicht mehr den vollen Nutzen der Schulausbildung hätten. Der Ausschuss für soziale Rechte geht davon aus, dass neben der Schulausbildung nur leichte Tätigkeiten möglich seien, wie sie auch in Art. 7 Nr. 1 als Ausnahme vorgesehen sind (Digest 2008, 60). Zudem müsse der Arbeitsumfang beschränkt sein, so dass die Kinder nicht nur in der Schule anwesend, sondern auch aufnahmefähig sind und die Möglichkeit haben, ihre Hausaufgaben zu machen (Digest 2008, 61). Damit hat der Ausschuss Art. 7 Nr. 3 entsprechend dem Normzweck ausgelegt und konkretisiert. Insbesondere Arbeit vor Schulbeginn am Morgen gilt danach grundsätzlich als unvereinbar mit Art. 7 Nr. 3 (zB Zeitungsaustragen für 2 Stunden vor Schulbeginn an 5 Tagen in der Woche) (Conclusions XVII-2, 2005, 581 – Niederlande; Conclusions XIX-4, 2011, 4 – Deutschland; Digest 2008, 61). Aus dem systematischen Zusammenhang zur Urlaubsregelung in Art. 7 Nr. 7 ergibt sich zudem, dass die Regelungen, die der Umsetzung von Art. 7 Nr. 3 dienen, den Mindesturlaub sicherstellen müssen. Mit Bezug auf die RESC stellt der Ausschuss fest, dass die Arbeit zumindest für vier Wochen während der Sommerferien verboten ist oder für die Hälfte der Schulferien während des gesamten Schuljahres (Conclusions XVII-2, 2005, 581 – Niederlande; Digest 2008, 61). Nach der ESC kann sich das Verbot auf drei Wochen beschränken. Zudem ist die Festlegung des Arbeitsverbots auf die Hälfte der gesamten Schulferien während eines Schuljahres wohl nur geboten, wenn und soweit dadurch die Zeit des Mindesturlaubs adäquat abgebildet ist, ansonsten kann die Festsetzung des Anteils der Schulferien auch abweichen. Auch für Art. 7 Nr. 3 gilt, dass der Schutz der Kinder einer angemessenen Absicherung durch die Verwaltung bedürfe, die in der Lage sein muss, zum Schutz der Kinder vorzugehen (Digest 2008, 61).

In den letzten Conclusions hat der Europäische Ausschuss für soziale Rechte in den allg. 7 Ausführungen eine **Neuausrichtung der Auslegung** des Art. 7 niedergelegt, mit dem er auf die Entwicklung des Schutzes für Kinder und Jugendliche in den letzten 20 Jahren eingeht (Conclusions XIX-4, 2011, General Introduction Rn. 7). Auf einzelne Abkommen zum Kinderschutz nimmt der Ausschuss indes keinen Bezug, sondern lässt nur indirekt erkennen, dass er eine evolutiv-dynamische Interpretation der ESC vornimmt. Das entspricht methodisch der Auslegung der EMRK als „Schwesterkonvention" (→ EMRK Art. 1 Rn. 11). Im Sinne einer Methodentransparenz als Teil der Rechtsstaatlichkeit wäre es aber notwendig gewesen, auch die Anleihen bei anderen Konventionen genauer zu benennen. Auch damit hätte man an das Vorgehen des EGMR anschließen können (vgl. zB EGMR 12.11.2008 – 34503/97, Rn. 37 ff. – Demir and Baykara/Türkei). Es soll ein konkreterer Maßstab entwickelt werden, um die divergierenden Standards in den Vertragsstaaten fair und abgewogen evaluieren zu können (Conclusions XIX-4, 2011, General Introduction Rn. 7). Auf dieser Grundlage geht der Ausschuss davon aus, dass ein ununterbrochener Urlaub während der Sommerferien von min. zwei Wochen sicherzustellen sei (Conclusions XIX-4, 2011, General Introduction Rn. 7). Die Einschätzung einer adäquaten Urlaubsdauer ohne Arbeit muss die Länge und Verteilung des Urlaubs während des Schuljahres sowie die Lage der ununterbrochenen Urlaubszeit als Faktoren einbeziehen (Conclusions XIX-4, 2011, General Introduction Rn. 7). Zudem sei von den Vertragsstaaten die tägliche und wöchentliche Arbeitszeit zu begrenzen (Conclusions XIX-4, 2011, General Introduction Rn. 7). Im letzten Berichtszyklus wurde Deutschland aufgefordert, genauere Informationen zur zulässigen Berufstätigkeit von Jugendlichen über 15 bei fortbestehender Schulpflicht (zB Zeitungsaustragen) vorzulegen (Conclusions XIX-4, 2011, 4 – Deutschland). Insoweit sind auch Beschäftigungsanzeige durch die Ausnahme vom Mindestlohn nach § 22 II MiLoG zu berücksichtigen.

C. Gerechtes Arbeitsentgelt oder angemessene Beihilfe

8   Um die Ausbeutung von jugendlichen Arbeitnehmern und Auszubildenden zu verhindern, müssen die Vertragsstaaten nach Art. 7 Nr. 5 ein **Recht der Jugendlichen** auf angemessene Vergütung oder eine angemessene Beihilfe anerkennen. Dieses Recht kann sich aus Gesetz, Tarifvertrag oder auf anderer Grundlage ergeben (Digest 2008, 61). Die Angemessenheit des Entgelts oder der Beihilfe beurteilt der Ausschuss für soziale Rechte durch einen Vergleich mit dem Mindestlohn, der für Erwachsene ab dem Alter von 18 Jahren gilt (Conclusions XI-1, 1992–1992, 96 – Vereinigtes Königreich; Digest 2008, 61). Ebenso wie bei Art. 4 S. 1 Nr. 1 ist der Nettolohn heranzuziehen (→ Art. 4 Rn. 4). Wegen der Vorgaben für die Vergütung erwachsener Arbeitnehmer ist iSe systematischen Auslegung des Art. 7 Nr. 5 zudem sicherzustellen, dass der Referenzlohn nicht unter Verstoß gegen Art. 4 S. 1 Nr. 1 zustande gekommen ist (Digest 2008, 62).

9   Der Europäische Ausschuss für soziale Rechte erachtet es für vereinbar mit Art. 7 Nr. 5, dass Jugendliche **weniger als den Mindestlohn** für Erwachsene erhalten, wenn der Unterschied nicht unangemessen ist und sich die Lücke im Laufe des Berufslebens rasch schließen lässt (Digest 2008, 62). Damit wird dem Schutz vor Ausbeutung Rechnung getragen und es erlaubt zugleich, die Unterschiede in der Belastbarkeit und Arbeitseffizienz abzubilden. Der Ausschuss akzeptiert bei 15 bis 16-Jährigen einen max. 30% niedrigeren Lohn und bei 17 bis 18-Jährigen eine Entgeltdifferenz von max. 20% (Conclusions XVIII-1, 2006, 56 – Albanien; Conclusions XIX-4, 2011, 5 – Deutschland; Digest 2008, 62). Sofern der Referenzlohn vom Vertragsstaat zu niedrig angesetzt wurde, legt der Ausschuss diese Prozentsätze nicht zugrunde (Conclusions XII-2, 1991–1992, 115 – Malta; Digest 2008, 62). Die Vergütung von Jugendlichen wurde durch den Ausschuss für soziale Recht zuletzt nicht beanstandet (Conclusions XIX-4, 2011, 5 – Deutschland).

10 Bei der **Vergütung bzw. Beihilfe für Auszubildende** legt der Europäische Ausschuss für soziale Rechte nicht denselben Maßstab zugrunde. Auszubildende können danach einen niedrigeren Lohn erhalten, weil der Wert der Berufsausbildung in die Betrachtung einzubeziehen sei (Digest 2008, 62). Wegen des Schutzzwecks von Art. 7 darf diese Einschränkung aber nicht zur Ausnutzung von Jugendlichen führen. Daraus ergibt sich nicht unmittelbar eine Untergrenze für die Vergütung. Dem Ausschuss ist aber zuzustimmen, wenn er Art. 7 Nr. 5 dahin auslegt, dass die niedrigere Vergütung nur für die Zeit gelten darf, die für die Ausbildung nötig ist (Digest 2008, 62). Darüber hinaus muss die Beihilfe den Fähigkeiten des Auszubildenden entsprechen, wobei in Bedacht zu nehmen ist, dass diese während der Vertragszeit kontinuierlich steigen (Digest 2008, 63). Der Ausschuss geht von einer Konformität mit der ESC aus, wenn die Ausbildungsvergütung oder -beihilfe zunächst mindestens ein Drittel der Referenzvergütung für Erwachsene beträgt und im Laufe der Ausbildung auf zwei Drittel davon ansteigt (Conclusions XVIII-1, 2006, 693 –

Portugal; Conclusions XIX-4, 2011, 5 – Deutschland; Digest 2008, 63). Diese Relationen stehen mit der Spruchpraxis zum Entgelt von jugendlichen Arbeitnehmern in Einklang, auch wenn der Ausschuss damit einen Teil der Konkretisierung vornimmt, die im Grunde den Vertragsstaaten offenstehen sollte. Gegen die vom Ausschuss entwickelten Vorgaben hat Deutschland im letzten Berichtszeitraum verstoßen, weil die Ausbildungsvergütung oder -beihilfe am Ende der Ausbildung zu gering sei (Conclusions XIX-4, 2011, 5 – Deutschland). Der Ausschuss nimmt Beihilfen wie die nach § 56 SGB III in Bedacht, verweist aber darauf, dass sie nur solchen Auszubildenden zugute kommt, die nicht bei den Eltern wohnen.

D. Arbeitsschutz für Jugendliche

Um die Gesundheit und Entwicklung der Jugendlichen zu schützen, müssen die Vertragsstaaten deren mögliche **Arbeitszeit** beschränken (Art. 7 Nr. 4). Aus dem systematischen Zusammenhang zu Art. 7 Nr. 3 ergibt sich, dass zugleich auf die Vereinbarkeit der Tätigkeit mit der Schulausbildung zu achten ist. Darüber hinaus ist auf die Berufsausbildung und auf die Erfordernisse Rücksicht zu nehmen, die die Entwicklung der Jugendlichen betreffen. Die Regelung kann durch Gesetz, Verordnung, Tarifverträge oder Gepflogenheiten erfolgen (Digest 2008, 61). Der Europäische Ausschuss für soziale Rechte geht davon aus, dass bei Jugendlichen eine Arbeitszeit von über 8 Stunden pro Tag und 40 Stunden pro Woche gegen Art. 7 verstößt (Conclusions XVI-2, 2002, 111 – Rumänien; Digest 2008, 61). Sofern ausnahmsweise eine berufliche Tätigkeit für Kinder unter 16 Jahren zulässig ist, muss zumindest derselbe Maßstab gelten (vgl. Conclusions XI-1, 1991–1992, 95 – Niederlande; Digest 2008, 61). Diese Maßstäbe sehen aber keine Ausnahme für den Fall vor, dass für den Jugendlichen Art. 7 Nr. 6 nicht zur Anwendung kommt, weil die Ausbildung nicht während der Arbeitszeit erfolgt. Soll die Gesundheit und Entwicklung des Jugendlichen effektiv geschützt werden, ist auch dieser Fall in Bedacht zu nehmen. Der Ausschuss verweist im Zusammenhang mit Art. 7 Nr. 6 darauf, dass die Regelung auch für ein Training gelten müsse, das nach der Arbeit stattfinde, aber nicht notwendig durch die Arbeit finanziert werde (Digest 2008, 62). Dies lässt sich in Art. 7 Nr. 6 nicht hineinlesen. Allerdings ist die Gleichstellung von Ausbildungs- und Arbeitszeit im Rahmen einer systematischen Auslegung auch bei der Anwendung von Art. 7 Nr. 4 in Bedacht zu nehmen, so dass auf diese Weise ein effektiver Schutz der Jugendlichen sichergestellt ist.

Die Regelung zur Arbeitszeit ergänzt Art. 7 Nr. 6, indem er bestimmt, dass die **Ausbildungszeit** als Teil der täglichen Arbeitszeit gilt, wenn die Ausbildung mit Zustimmung des Arbeitgebers aufgenommen wurde und während der normalen Arbeitszeit erfolgt (dazu Conclusions XV-2, 2001, 343 – Niederlande; Digest 2008, 62). Art. 7 Nr. 6 hat aber nur einen eingeschränkten Schutzbereich, weil das Einverständnis des Arbeitgebers erforderlich ist und de facto ein Bezug auf die Arbeit (so Digest 2008, 62). Mit der ESC unvereinbar ist es danach, wenn der Vertragsstaat nicht einschreitet, wenn die Ausbildungszeit nicht bezahlt oder ein Ausgleich für die in der Ausbildung verbrachte Zeit vereinbart wird (Conclusions V, 1977, 67 – Frankreich; Digest 2008, 62).

Zusätzlich zur Beschränkung der Arbeitszeit sieht Art. 7 Nr. 7 eine Pflicht vor, einen **Mindesturlaub** für Jugendliche unter 18 Jahren für die Dauer von mindestens drei Wochen vorzusehen. Für die Urlaubsgewährung kann insoweit nichts anderes gelten als nach Art. 2 Nr. 3 (→ Art. 2 Rn. 10 f.), da die Schutzbedürftigkeit der Jugendlichen nicht geringer ist. Daher ist vor allem eine Abgeltung des Urlaubs ausgeschlossen, es sei denn, das Arbeitsverhältnis endet. Auf den Urlaub kann nicht verzichtet werden. Zudem darf eine Krankheit oder ein Unfall während des Urlaubs nicht zur Verminderung des Urlaubsanspruchs führen (Conclusions XVIII-1, 2006, 316 – Frankreich; Digest 2008, 63).

Wegen der besonderen Belastungen, die mit der **Nachtarbeit** verbunden sind, sind die Vertragsstaaten durch Art. 7 Nr. 8 verpflichtet, Nachtarbeit für Jugendliche zu verbieten.

Das Verbot darf sich nicht auf einzelne Branchen oder die Industriearbeit im Besonderen beschränken (Digest 2008, 63). Nach dem Anhang der ESC genügt es aber, wenn die überwiegende Zahl der Jugendlichen von Nachtarbeit frei ist. Insofern kann das nationale Recht Ausnahmen vorsehen (Digest 2008, 63). Infolge einer Gesetzesänderung ist die Nachtarbeit in Deutschland nicht mehr genehmigungspflichtig. Daher hat der Ausschuss im letzten Berichtszeitraum Informationen angefordert, wie die Überwachung des Nachtarbeitsverbots erfolgt (Conclusions XIX-4, 2011, 6 – Deutschland). Anhand dessen wird der Ausschuss beurteilen müssen, ob ein effektiver Schutz vorliegt, wie ihn Art. 7 Nr. 8 fordert.

15   Art. 7 sieht für jugendliche Arbeitnehmer keine besonderen Vorgaben für die **Ausgestaltung des Arbeitsplatzes** vor, sondern regelt lediglich Arbeitszeit und Urlaub. Insofern gelten grundsätzlich aber weiterhin die allg. Vorgaben aus Art. 3. Ergänzend sieht Art. 7 Nr. 9 vor, dass für Jugendliche unter 18 Jahren in bestimmten Beschäftigungen regelmäßige medizinische Untersuchungen vorzusehen sind. Welche Branchen und Berufe oder Tätigkeiten davon erfasst sind, müssen die Vertragsstaaten selbst regeln. Dabei ist nach der Spruchpraxis des Europäischen Ausschusses für soziale Rechte die besondere Situation der Jugendlichen zu berücksichtigen, und es sind die spezifischen Risiken, denen sie ausgesetzt sind, in Bedacht zu nehmen (Conclusions XVIII-1, 2006, 58 – Albanien; Digest 2008, 63). Die Untersuchungen sind staatlich zu regeln, so dass es sich nach dem Verständnis des Ausschusses um Untersuchungen durch den staatlichen arbeitsmedizinischen Dienst handeln muss, der aber dafür hinreichend ausgebildet sein muss (Conclusions VIII, 1984, 119; Digest 2008, 64). Der Ausschuss geht davon aus, dass eine volle medizinische Untersuchung bei der Einstellung und in regelmäßigen Abständen danach stattfinden muss (Digest 2008, 64). Diese zeitlichen Abstände dürfen angesichts des Normzwecks, also zum Schutz des Jugendlichen, nicht zu lang sein. Das überlässt der Ausschuss nur eingeschränkt dem Beurteilungsspielraum der Vertragsstaaten, jedenfalls sieht er den Abstand von 3 Jahren als zu lang an (Digest 2008, 64). Zu Recht verweist er aber darauf, dass die Fähigkeiten des Jugendlichen und die Risiken der in Aussicht stehenden Arbeit bei der Festsetzung der zeitlichen Abstände zu berücksichtigen sind (Conclusions XIII-2, 1995, 99 – Italien; Digest 2008, 64).

16   Erfasst sind der **Menschenhandel** (Conclusions XVII-1, 2004, 55 – Bulgarien; 412 – Norwegen; Digest 2008, 64), ebenso die sexuelle Ausbeutung (Digest 2008, 64). Beides ist von den Vertragsstaaten zu verbieten und durch eine adäquate Überwachung und Sanktion zu bekämpfen (Conclusions XVII-1, 2004, 56 – Bulgarien; Digest 2008, 64). Das gilt insbesondere für die sexuelle Ausbeutung von Kindern, vor allem in der sog. Sex-Industrie (Digest 2008, 64). Der Ausschuss fordert ein strafrechtliches Verbot (Conclusions XVII-2, 2005, 638 – Polen). Es sind effektive Maßnahmen gegen Kinderprostitution, Kinderpornographie und Menschenhandel von Kindern zu ergreifen, zumal die modernen Informationstechnologien zu deren Verbreitung erheblich beigetragen haben (Digest 2008, 65). Eine besondere Form der strafrechtlichen Verfolgung müsse nicht erfolgen. Allerdings sei sicherzustellen, dass das Opfer der Tat wegen keiner Handlung, die damit in Verbindung steht, angeklagt werden soll (Conclusions XVII-2, 2005, 817 – Vereinigtes Königreich). Diese detaillierten Vorgaben gehen über das zunächst entwickelte Verständnis zu Art. 7 Nr. 10 deutlich hinaus. Sie stehen aber in Einklang mit der Rechtsprechungsentwicklung zu Art. 4 EMRK, in den der EGMR den Schutz vor Menschenhandel hineinliest und in der Rs. Rantsev detaillierte Gewährleistungspflichten abgeleitet hat, die den mit Vorgaben des Europäischen Ausschusses für soziale Rechte vergleichbar sind (EGMR 7.1.2010 – 25956/04 – Rantsev/Zypern und Russland; → Art. 4 EMRK Rn. 5 f., 15 f.). Auf die Spruchpraxis des Ausschusses nimmt der EGMR aber nicht explizit Bezug.

17   Daneben sind die Vertragsstaaten verpflichtet, auch vor **Ausbeutung in anderer Form** zu schützen (zB bei der Arbeit in Privathaushalten, bei Menschenhandel zum Zweck der Bettelei und des Organhandels; Conclusions XVII-1, 2004, 57 – Bulgarien; Digest 2008, 65). Schließlich werden Maßnahmen zur Unterstützung von Straßenkindern und zur Prävention solcher Zustände gefordert (Conclusions XV-2, 2001, General Introduction 26 f.; Digest 2008, 65). Im letzten Berichtszeitraum hat der Ausschuss für soziale Rechte

weitere Informationen über die Maßnahmen gegen sexuellen Missbrauch von Kindern (mit Rücksicht auf die Kritik der Nichtregierungsorganisation ECPAT) gefordert (Conclusions XIX-4, 2011, 6 f. – Deutschland).

Art. 8 Das Recht der Arbeitnehmerinnen auf Schutz

Um die wirksame Ausübung des Rechtes der Arbeitnehmerinnen auf Schutz zu gewährleisten, verpflichten sich die Vertragsparteien,
1. sicherzustellen, daß Frauen vor und nach der Niederkunft eine Arbeitsbefreiung von insgesamt mindestens 12 Wochen erhalten, und zwar entweder in Form eines bezahlten Urlaubs oder durch angemessene Leistungen der Sozialen Sicherheit oder aus sonstigen öffentlichen Mitteln;
2. es als ungesetzlich zu betrachten, daß ein Arbeitgeber einer Frau während ihrer Abwesenheit infolge Mutterschaftsurlaubs oder so kündigt, daß die Kündigungsfrist während einer solchen Abwesenheit abläuft;
3. sicherzustellen, daß Mütter, die ihre Kinder stillen, für diesen Zweck Anspruch auf ausreichende Arbeitsunterbrechungen haben;
4. a) die Nachtarbeit von Arbeitnehmerinnen in gewerblichen Betrieben zu regeln;
   b) jede Beschäftigung von Arbeitnehmerinnen mit Untertagarbeiten in Bergwerken und gegebenenfalls mit allen sonstigen Arbeiten zu untersagen, die infolge ihrer gefährlichen, gesundheitsschädlichen oder beschwerlichen Art für sie ungeeignet sind.

A. Normzweck und systematische Stellung

Art. 8 trägt der besonderen Schutzbedürftigkeit von **Frauen am Arbeitsplatz** Rechnung, die mit der Schwangerschaft in Verbindung steht, und gehört zu den traditionellen sozialen Rechten (vgl. *van der Veen*, FS Wannagat, 1981, 643 [649 f.]). Er verpflichtet die Vertragsstaaten, den Schutz von schwangeren Arbeitnehmerinnen, Wöchnerinnen und Stillenden zu gewährleisten. Die Vorgaben in Art. 8 zielen nicht nur auf den Schutz der Gesundheit von Mutter und Kind, sondern bezwecken auch die Vereinbarkeit von Familie und Beruf und letztlich die Persönlichkeitsentfaltung der berufstätigen Frauen. 1

Deutschland hat nur Art. 8 Nr. 1 und 3 ratifiziert. Für Art. 8 Nr. 2 verweist die Bundesregierung darauf, dass die Norm keine Ausnahmen wie das nationale Recht vorsehe (Regierungsentwurf, BT-Drs. 4/2117, 32; Bundesregierung auf eine kleine Anfrage, BT-Drs. 13/11415, 8). Die Ratifikation von Art. 8 Nr. 4 wurde abgelehnt, weil es an einem Nachtarbeitsverbot für Angestellte fehlte (Regierungsentwurf, BT-Drs. 4/2117, 33). Später wurde darauf verwiesen, dass die zusätzlichen Anforderungen an die Ausgestaltung des Arbeitsumfelds zu einer Benachteiligung der Frauen bei der Einstellung führten und somit den Zugang zur Beschäftigung erschweren (Bundesregierung auf eine kleine Anfrage, BT-Drs. 13/11415, 8; dazu *Neubeck* 143 f.). Das ist ein generelles Problem des besonderen Schutzes von Arbeitnehmerinnen, so berechtigt er sein mag (vgl. dazu *van der Veen*, FS Wannagat, 1981, 643 [651 f.]). Der Schutz der berufstätigen Frauen wurde durch die **RESC** noch erweitert, indem nicht nur ein bezahlter Mutterschaftsurlaub von 12, sondern von mindestens 14 Wochen vorzusehen ist. Der Kündigungsschutz nach Art. 8 Nr. 2 wird dahingehend präzisiert, dass er ab der Mitteilung der Schwangerschaft bis zum Ende des Mutterschaftsurlaubs gilt. Zudem ist die Kündigung als rechtswidrig anzusehen, wenn die Kündigungsfrist in der Mutterschutzfrist enden würde. Art. 8 Nr. 4 ESC geht in Nr. 4 und 5 auf. Zudem besteht eine Pflicht, adäquate Maßnahmen zu ergreifen, um die Frauen vor den in Nr. 5 genannten Gefahren zu schützen. 2

B. Bezahlter Mutterschaftsurlaub

3   Die Vertragsstaaten müssen den Arbeitnehmerinnen, unabhängig von der Art ihrer Tätigkeit, das Recht auf bezahlten Mutterschaftsurlaub von 12 Wochen zuerkennen und rechtlich garantieren (Digest 2008, 67). Es darf sich nicht nur um eine krankheitsbedingte Freistellung handeln, sondern muss ein **bezahlter Mutterschaftsurlaub** sein (Conclusions XV-2, 2001, 109 [Addendum] – Malta; Digest 2008, 67). Die Vertragsstaaten dürfen – anders als in Deutschland nach § 3 II und § 6 I MuSchG – den Frauen ein Wahlrecht hins. eines kürzeren Mutterschutzurlaubs einräumen, solange auf einen Mindesturlaub von sechs Wochen nicht verzichtet werden kann (Conclusions VIII, 1984, 123; Digest 2008, 67). Der Arbeitgeber muss die Entscheidung der Mutter, wann sie zur Berufstätigkeit zurückkehrt, akzeptieren (Conclusions XIX-4, 2011, General Introduction Rn. 8). Zudem ist Diskriminierungen und sonstigen Maßregelungen wegen der Inanspruchnahme des Mutterschaftsurlaubs durch die Vertragsstaaten entgegenzuwirken (Conclusions XIX-4, 2011, General Introduction Rn. 8). Der Mutterschaftsurlaub dient nach dem überzeugenden Verständnis des Ausschusses dem Schutz der berufstätigen Frauen, indem er ihnen insbesondere die Sorge um das finanzielle Auskommen abnimmt, und bezweckt zugleich den Schutz der Gesundheit von Mutter und Kind (Conclusions XIX-4, 2011, General Introduction Rn. 8).

4   Die **Bezahlung** während des Mutterschaftsurlaubs kann durch eine Entgeltfortzahlung des Arbeitgebers erfolgen, durch Leistungen der Sozialversicherung oder durch eine steuerfinanzierte Unterstützung (Digest 2008, 67). Ihre Höhe muss **angemessen** sein, so dass sie dem Umfang der Vergütung gleich oder angenähert sein muss (Conclusions XV-2, 2001, 596 – Vereinigtes Königreich; Conclusions XIX-4, 2011, General Introduction Rn. 8; Digest 2008, 67). Der Ausschuss hält selbst Leistungen iHv 70 % der früheren Vergütung für adäquat (Conclusions XVII-2, 2005, 488 – Lettland; Digest 2008, 67), wobei darauf hingewiesen wird, dass bei einer hohen Vergütung die Pflichten aus der ESC auch dann erfüllt sind, wenn der Unterschied signifikant ist. Dabei werden die Gründe für die Absenkung, die Höchstgrenzen für die Berechnung der Zahlungen und das Vergütungsgefüge in Bedacht genommen (Digest 2008, 67).

5   Der Europäische Ausschuss für soziale Rechte hat es für vereinbar mit der ESC erachtet, wenn der bezahlte Mutterschaftsurlaub von einer **Wartezeit** abhängig ist, die sich anhand der Dauer des Arbeitsverhältnisses oder der Dauer der Beitragszahlung an die Versicherung bemisst (Digest 2008, 67). Die Anforderungen dürfen aber nicht unverhältnismäßig sein. Insbesondere Zeiten der Arbeitslosigkeit sollen daher in die Berechnung der Arbeitszeit einbezogen werden (Conclusions XV-2, 2001, 197 – Frankreich; Digest 2008, 67). Ob es sich dabei um eine gerechtfertigte Beschränkung nach Art. 31 I handelt, stellt der Ausschuss nicht klar. Jedenfalls ist eine solche Beschränkung im Einzelfall daran zu messen.

C. Kündigungsschutz für Schwangere und Mütter

6   Nach Art. 8 Nr. 2 sind Kündigungen als rechtswidrig zu behandeln, wenn sie im Zeitraum zwischen der Mitteilung der Schwangerschaft gegenüber dem Arbeitgeber und dem Ende des Mutterschaftsurlaubs zugehen (Digest 2008, 68). Das Gleiche gilt, wenn die Kündigung vor der Mitteilung über die Schwangerschaft erfolgt, die Kündigungsfrist aber erst danach endet. Diese Vorgaben sind unabhängig davon, ob es sich um ein befristetes oder ein unbefristetes Arbeitsverhältnis handelt (Conclusions XIII-4, 1996, 95 – Österreich; Digest 2008, 68). Das in Art. 8 Nr. 2 enthaltene Kündigungsverbot gilt nicht absolut, Abweichungen sind insbesondere zulässig, wenn der Frau ein Fehlverhalten zur Last fällt, dass zur Kündigung berechtigt (Conclusions X-2, 1992, 96 – Spanien; Digest 2008, 68). Das ergibt sich bereits aus den Erläuterungen im Anhang der ESC. Der Europäische

Ausschuss für soziale Rechte hält eine Kündigung auch für zulässig, wenn der Betrieb schließt oder wenn der Arbeitsvertrag infolge einer Befristung endet (Conclusions XVII-2, 2005, 145 – Estland; Digest 2008, 68). Allerdings sei eine enge Auslegung der Ausnahmen geboten (Digest 2008, 68).

Art. 8 Nr. 2 verpflichtet die Vertragsstaaten nicht notwendig dazu, dass die Kündigung als nichtig zu behandeln ist. Nach dem Schutzzweck des Art. 8 Nr. 2 soll für die Zeit des Mutterschaftsurlaubs die Sorge um das Fortkommen und die finanzielle Absicherung gewährleistet werden. Daher geht der Ausschuss für soziale Rechte zu Recht davon aus, dass kein Verstoß gegen Art. 8 Nr. 2 vorliegt, wenn lediglich der Ablauf der Kündigungsfrist gehemmt ist, so dass die Kündigung nach Ablauf des Mutterschutzurlaubs noch Wirkung entfalten kann (Digest 2008, 68). Die Vertragsstaaten müssen Verstöße gegen Art. 8 Nr. 2 adäquat und effektiv sanktionieren. Der Ausschuss geht davon aus, dass die Vertragsstaaten verpflichtet sind, einen Anspruch auf Wiedereinstellung vorzusehen (Conclusions XVII-2, 2005, 73 – Zypern; Digest 2008, 69). An deren Stelle könne nur ausnahmsweise eine adäquate Kompensation (zB bei Betriebsschließung) treten, die aber der Höhe nach nicht beschränkt sein dürfe, um einen vollen Schadensausgleich bewirken zu können (Conclusions XIX-4, 2011, General Introduction Rn. 9; Digest 2008, 69). Zudem muss der Arbeitnehmerin der Rechtsweg in adäquater Zeit offenstehen (Conclusions XIX-4, 2011, General Introduction Rn. 9; Digest 2008, 68). Diese Anforderung lässt sich auf Art. 6 EMRK zurückführen. 7

Art. 8 Nr. 2 ist mangels Ratifizierung für Deutschland nicht verbindlich. Die ESC und § 9 MuSchG unterscheiden sich darin, dass nach der ESC auch Kündigungen rechtswidrig sein müssen, die vor Beginn der Schwangerschaft bei der Arbeitnehmerin zugegangen sind, deren Frist aber erst während der Schwangerschaft endet. Solche Kündigung dürfen nach Art. 8 Nr. 2 frühestens nach dem Mutterschaftsurlaub Wirkung entfalten (Europarat 148). § 9 MuSchG stellt hingegen auf den Zugang der Kündigungserklärung ab. 8

D. Gewährung von Stillzeiten

Berufstätigen Müttern ist nach Art. 8 Nr. 3 Zeit zum Stillen zu gewähren. Diese **Freistellung** soll grundsätzlich während der Arbeitszeit gewährt und als normale Arbeitszeit behandelt und als solche bezahlt werden (Conclusions XIII-4, 1996, 104 – Niederlande; Digest 2008, 69). Selbst wenn es an der Bezahlung fehlt, so liegt nach der Spruchpraxis des Ausschusses kein Verstoß gegen die ESC vor, wenn das Elterngeld oder eine andere Form von Beihilfe den Verdienstausfall ausgleicht (Conclusions XVII-2, 2005, 689 – Schweden; Digest 2008, 69). Diese Vorgabe erfasst alle stillenden Arbeitnehmerinnen, auch die Hausangestellten (Conclusions XVII-2, 2005, 726 – Spanien). Arbeitnehmer in Teilzeit sind ebenfalls erfasst. 9

Stillzeiten sollen nach der Spruchpraxis des Ausschusses zumindest eingeräumt werden, **bis das Kind 9 Monate alt** ist (Conclusions XVII-2, 2005, 74 – Zypern). Letztlich entscheidet der Ausschuss in Ansehung der konkreten landesrechtlichen Regelung. Als konform galten Regelungen, wonach der Arbeitgeber täglich zwei Pausen für ein Jahr, täglich zwei halbstündige Pausen in einem vom Arbeitgeber zur Verfügung gestellten Stillraum, täglich Pausen von einer Stunde gewähren musste oder die Stillende die Berechtigung hatte, die Arbeit täglich eher zu beginnen oder zu beenden (Conclusions I, 1969, 51 – Italien; 191 – Deutschland; Digest 2008, 69). 10

E. Zusätzlicher Arbeitsschutz

Art. 8 Nr. 4 soll die Schwangeren, Wöchnerinnen und Stillenden vor **gesundheitlichen Gefahren** für sich (und das Kind) schützen. Er erfasst insbesondere **Nachtarbeit** und die Arbeit unter Tage. Art. 8 Nr. 4 verpflichtet die Vertragsstaaten aber nicht zum Verbot von 11

Nachtarbeit für Schwangere und Wöchnerinnen und Stillende, sondern es genügen Regelungen, um nachteilige Auswirkungen auf die Gesundheit von Frauen zu vermeiden (zB Erlaubnis durch die Arbeitsverwaltung, Vorgaben für die Arbeitszeit, Pausen, Ruhezeiten nach der Nachtarbeit, Recht auf Wechsel in Tagesarbeit bei gesundheitlichen Problemen wegen der Nacharbeit; Conclusions X-2, 1992, 97; Digest 2008, 70). Der Ausschuss für soziale Rechte geht davon aus, dass Nachtarbeit nur erlaubt werden darf, wo sie angesichts der Arbeitsbedingungen und der Arbeitsorganisation im betreffenden Unternehmen notwendig ist (Conclusions XVI-2, 2003, 125 – Frankreich).

12   Daneben sind die Vertragsstaaten verpflichtet, Arbeit unter Tage in Bergwerken und andere gefährliche gesundheitsschädliche oder beschwerliche Arbeiten, die für Schwangere, Wöchnerinnen und Stillende ungeeignet sind, zu verbieten oder strikt zu regulieren (Digest 2008, 71). Die Arbeit in Bergwerken meint aber nur die Arbeit in der Förderung, die mit einer erheblichen körperlichen Belastung und mit Gesundheitsgefahren verbunden ist, nicht Positionen im Management oder im betriebsärztlichen Dienst oder kurze Trainingsphasen im Untergrund (Digest 2008, 70). Zu den gefährlichen Arbeiten gehören vor allem Tätigkeiten, bei denen eine Exposition von Blei, Benzol, ionisierender Strahlung, hohen Temperaturen, Vibration und Viren besteht. Das nationale Recht muss insgesamt ein hohes Maß an Schutz gegen alle bekannten Risiken für die Gesundheit und Sicherheit der Frauen vorsehen (Conclusions XVI-2, 2003, 46 f. – Bulgarien; Digest 2008, 71). Den Arbeitnehmerinnen müsse eine andere Arbeit ohne Einkommensverlust zugewiesen werden, wenn ihre bisherige Arbeit ungeeignet ist. Ggf. müsse sogar eine bezahlte Freistellung erfolgen. Zudem solle ein Anspruch auf Rückkehr zur früheren Beschäftigung eingeräumt werden (Digest 2008, 71).

Art. 30 Notstandsklausel

(1) In Kriegszeiten oder bei einem anderen öffentlichen Notstand, der das Leben der Nation bedroht, kann jede Vertragspartei Maßnahmen treffen, die von ihren Verpflichtungen aus dieser Charta abweichen, soweit es auf Grund der Lage unbedingt erforderlich ist, vorausgesetzt, daß diese Maßnahmen nicht zu ihren anderen völkerrechtlichen Verpflichtungen im Widerspruch stehen.

(2) ¹Jede Vertragspartei, die von diesem Recht der Abweichung Gebrauch gemacht hat, hält den Generalsekretär des Europarats innerhalb einer angemessenen Frist vollständig auf dem laufenden über die getroffenen Maßnahmen und die Gründe hierfür. ²Sie unterrichtet den Generalsekretär auch von dem Zeitpunkt, zu dem diese Maßnahmen aufgehoben wurden und die von ihr angenommenen Bestimmungen der Charta wieder in vollem Umfang angewandt werden.

(3) Der Generalsekretär setzt die anderen Vertragsparteien und den Generaldirektor des Internationalen Arbeitsamtes von allen nach Absatz 2 bei ihm eingegangenen Mitteilungen in Kenntnis.

Art. 31 Einschränkungen

(1) Die in Teil I niedergelegten Rechte und Grundsätze dürfen nach ihrer Verwirklichung ebenso wie ihre in Teil II vorgesehene wirksame Ausübung anderen als den in diesen Teilen vorgesehenen Einschränkungen oder Begrenzungen nur unterliegen, wenn diese gesetzlich vorgeschrieben und in einer demokratischen Gesellschaft zum Schutze der Rechte und Freiheiten anderer oder zum Schutze der öffentlichen Sicherheit und Ordnung, der Sicherheit des Staates, der Volksgesundheit und der Sittlichkeit notwendig sind.

(2) Von den nach dieser Charta zulässigen Einschränkungen der darin niedergelegten Rechte und Verpflichtungen darf für keinen anderen als den vorgesehenen Zweck Gebrauch gemacht werden.

Art. 32 Verhältnis zwischen der Charta und dem innerstaatlichen Recht sowie internationalen Übereinkünften

Die Bestimmungen dieser Charta lassen geltende oder künftig in Kraft tretende Bestimmungen des innerstaatlichen Rechtes und zwei- oder mehrseitiger Übereinkünfte unberührt, die den geschützten Personen eine günstigere Behandlung einräumen.

Art. 33 Erfüllung durch Gesamtarbeitsverträge

(1) In Mitgliedstaaten, in denen die Bestimmungen des Teils II Artikel 2 Absätze 1 bis 5, Artikel 7 Absätze 4, 6 und 7 und Artikel 10 Absätze 1 bis 4 Angelegenheiten sind, die üblicherweise durch Gesamtarbeitsverträge zwischen Arbeitgebern oder Arbeitgeberorganisationen und Arbeitnehmerorganisationen geregelt oder üblicherweise auf anderem Wege als dem der Gesetzgebung durchgeführt werden, können die Verpflichtungen aus diesen Absätzen übernommen werden und als erfüllt gelten, wenn diese Bestimmungen auf Grund derartiger Gesamtarbeitsverträge oder auf andere Weise auf die überwiegende Mehrheit der betreffenden Arbeitnehmer Anwendung finden.

(2) In Mitgliedstaaten, in denen diese Bestimmungen üblicherweise Gegenstand der Gesetzgebung sind, können die entsprechenden Verpflichtungen gleichfalls übernommen werden und als erfüllt gelten, wenn diese Bestimmungen auf Grund der Gesetze auf die überwiegende Mehrheit der betreffenden Arbeitnehmer Anwendung finden.

210. Verordnung (EG) Nr. 1346/2000 des Rates vom 29. Mai 2000 über Insolvenzverfahren[1]

(ABl. Nr. L 160 S. 1, ber. 2014 Nr. L 350 S. 15)

Celex-Nr. 3 2000 R 1346

zuletzt geänd. durch Art. 91 EuInsVO 2017 v. 20.5.2015
(ABl. Nr. L 141 S. 19)

– Auszug –

DER RAT DER EUROPÄISCHEN UNION –
gestützt auf den Vertrag zur Gründung der Europäischen Gemeinschaft, insbesondere auf Artikel 61 Buchstabe c) und Artikel 67 Absatz 1,
auf Initiative der Bundesrepublik Deutschland und der Republik Finnland,
nach Stellungnahme des Europäischen Parlaments[2],
nach Stellungnahme des Wirtschafts- und Sozialausschusses[3],
in Erwägung nachstehender Gründe:
(...)
(14) Diese Verordnung gilt nur für Verfahren, bei denen der Mittelpunkt der hauptsächlichen Interessen des Schuldners in der Gemeinschaft liegt.
(15) Die Zuständigkeitsvorschriften dieser Verordnung legen nur die internationale Zuständigkeit fest, das heißt, sie geben den Mitgliedstaat an, dessen Gerichte Insolvenzverfahren eröffnen dürfen. Die innerstaatliche Zuständigkeit des betreffenden Mitgliedstaats muß nach dem Recht des betreffenden Staates bestimmt werden.
(...)
(23) Diese Verordnung sollte für den Insolvenzbereich einheitliche Kollisionsnormen formulieren, die die Vorschriften des internationalen Privatrechts der einzelnen Staaten ersetzen. Soweit nichts anderes bestimmt ist, sollte das Recht des Staates der Verfahrenseröffnung (lex concursus) Anwendung finden. Diese Kollisionsnorm sollte für Hauptinsolvenzverfahren und Partikularverfahren gleichermaßen gelten. Die lex concursus regelt alle verfahrensrechtlichen wie materiellen Wirkungen des Insolvenzverfahrens auf die davon betroffenen Personen und Rechtsverhältnisse; nach ihr bestimmen sich alle Voraussetzungen für die Eröffnung, Abwicklung und Beendigung des Insolvenzverfahrens.
(...)
(28) Zum Schutz der Arbeitnehmer und der Arbeitsverhältnisse müssen die Wirkungen der Insolvenzverfahren auf die Fortsetzung oder Beendigung von Arbeitsverhältnissen sowie auf die Rechte und Pflichten aller an einem solchen Arbeitsverhältnis beteiligten Parteien durch das gemäß den allgemeinen Kollisionsnormen für den Vertrag maßgebliche Recht bestimmt werden. Sonstige insolvenzrechtliche Fragen, wie etwa, ob die Forderungen der Arbeitnehmer durch ein Vorrecht geschützt sind und welchen Rang dieses Vorrecht gegebenenfalls erhalten soll, sollten sich nach dem Recht des Eröffnungsstaats bestimmen.
(...)

HAT FOLGENDE VERORDNUNG ERLASSEN:

---

[1] **Aufgehoben mWv 26.6.2017** durch Art. 91 UAbs. 1 Insolvenz-VO 2017 v. 20.5.2015 (ABl. Nr. C 141 S. 19).
[2] **Amtl. Anm.:** Stellungnahme vom 2. März 2000 (noch nicht im Amtsblatt veröffentlicht).
[3] **Amtl. Anm.:** Stellungnahme vom 26. Januar 2000 (noch nicht im Amtsblatt veröffentlicht).

Kapitel I. Allgemeine Vorschriften

Art. 1 Anwendungsbereich

(1) Diese Verordnung gilt für Gesamtverfahren, welche die Insolvenz des Schuldners voraussetzen und den vollständigen oder teilweisen Vermögensbeschlag gegen den Schuldner sowie die Bestellung eines Verwalters zur Folge haben.

(2) Diese Verordnung gilt nicht für Insolvenzverfahren über das Vermögen von Versicherungsunternehmen oder Kreditinstituten, von Wertpapierfirmen, die Dienstleistungen erbringen, welche die Haltung von Geldern oder Wertpapieren Dritter umfassen, sowie von Organismen für gemeinsame Anlagen.

Übersicht

	Rn.
A. Arbeitsrechtliche Fragen und Rechtsgrundlagen bei grenzüberschreitenden Insolvenzen	1
I. Arbeitsrechtliche Fragen in der grenzüberschreitenden Insolvenz	1
II. Rechtsgrundlagen	3
B. Die EuInsVO im Überblick	5
I. Anwendbarkeit	5
II. Regelungsmechanismus	6
III. Entwicklung	10
C. Anwendungsbereich der EuInsVO	12
I. Funktion von Art. 1	12
II. Sachlicher Anwendungsbereich	13
1. Erfasste Gesamtverfahren, Art. 1 I	13
2. Nach Art. 1 II ausgenommene Insolvenzverfahren	14
III. Räumlicher Anwendungsbereich	15
IV. Zeitlicher Anwendungsbereich	19
V. Abgrenzung zur Brüssel Ia-VO	20
VI. Abgrenzung zur Rom I-VO	21

A. Arbeitsrechtliche Fragen und Rechtsgrundlagen bei grenzüberschreitenden Insolvenzen

I. Arbeitsrechtliche Fragen in der grenzüberschreitenden Insolvenz

1 Die durch eine Insolvenz hervorgerufenen **arbeitsrechtlichen** Fragen sind mannigfaltig: Auswirkung auf Arbeitsverhältnisse, also Beendigung, ggf. Massenentlassung, Möglichkeit, die Modalitäten der Beendigung mit dem Insolvenzverwalter zu behandeln (Interessenausgleich, § 125 InsO, ggf. besonderer Kündigungsschutz bei Betriebsübergang in der Insolvenz; Entgeltansprüche wegen Zahlungsrückstands vor Eröffnung des Insolvenzverfahrens, hier ggf. §§ 165 ff. SGB III, sowie Entgeltansprüche nach Eröffnung des Insolvenzverfahrens, wenn der Insolvenzverwalter die Erfüllung des Arbeitsvertrags verlangt; Sozialpläne vor und nach Eröffnung des Insolvenzverfahrens; Betriebsübergang in der Insolvenz; Ausüben von Rechten durch den Insolvenzverwalter mit Auswirkung auf das Arbeitsrecht wie zB die Rückforderung von Lohn; allg. Fragen im Zusammenhang mit der Erfüllung des Arbeitsverhältnisses, soweit der Insolvenzverwalter die Arbeitsverhältnisse nach Eröffnung des Insolvenzverfahrens weiterführen lässt.

2 Bei einer **grenzüberschreitenden** Insolvenz stellt sich zunächst die Frage nach der internationalen Zuständigkeit sowohl für das Insolvenzverfahren als auch – davon möglicherweise abweichend – für einige der genannten arbeitsrechtlichen Annexfragen. Für alle Probleme ist zudem das anwendbare Recht zu klären. Hierbei sind neben Belangen des Arbeitnehmerschutzes auch die mit dem Insolvenzrecht verfolgten Interessen zu berücksichtigen.

II. Rechtsgrundlagen

Grundlage der internationalen Zuständigkeit sind die EuInsVO sowie die Brüssel Ia-VO. **3** Das anwendbare Recht richtet sich nach der EuInsVO, doch macht schon die Breite der sich im Zusammenhang mit einer Insolvenz stellenden arbeitsrechtlichen Fragen (→ Rn. 1) klar, dass diese das anwendbare Recht **nicht** abschließend regeln kann, sondern sich die Frage stellt, welche Fragenkomplexe stattdessen an das Arbeitsverhältnisstatut, das Betriebsverfassungsstatut sowie möglicherweise das Tarifstatut anzuknüpfen sind. Unionsrechtlich geregelt ist neben dem auf die Insolvenz anwendbaren Recht nur das auf das Arbeitsverhältnis anwendbare Recht (Art. 8 Rom I-VO, → Rom I-VO Art. 8). Die Übergänge zwischen der Anwendbarkeit unionsrechtlichen oder mitgliedstaatlichen Kollisionsrechts sind wegen der Lückenhaftigkeit der EuInsVO teilweise fließend.

Zu berücksichtigen ist ferner, dass **Massenentlassung** (RL 98/59/EG v. 20.7.1998, ABl. **4** 1998 L 225,16, → RL 98/59/EG) und **Betriebsübergang** (RL 2001/23/EG v. 12.3.2001, ABl. 2001 L 082, 16, → RL 2001/23/EG) unionsrechtlich geregelt sind. Zu den Auswirkungen → Art. 4, 10 Rn. 9. Mit RL 2008/94 (v. 22.10.2008, ABl. 2008 L 283,36, → RL 2008/94/EG) existiert eine eigene unionsrechtliche Grundlage für den Schutz des Arbeitnehmers bei **Zahlungsunfähigkeit** des Arbeitgebers, die in ihren Art. 9 f. auch grenzübergreifende Fälle regelt (→ RL 2008/94/EG Art. 9 f.). Dieser Schutz, im deutschen Recht das Insolvenzgeld, §§ 165 ff. SGB III, unterliegt damit **nicht** der EuInsVO und damit auch nicht deren Kollisionsregeln (Gagel/*Fuchs*, SGB II/III, VO 883/2004 Rn. 8; *Paulus* Art. 10 Rn. 7a; Graf-Schlicker/*Bornemann/Sabel/Schlegel*, Kommentar zur Insolvenzordnung, 4. Aufl. 2014, Art. 10 Rn. 4); das gilt auch für die Finanzierung des Insolvenzgeldes, die Insolvenzumlage gem. §§ 358 ff. SGB III.

B. Die EuInsVO im Überblick

I. Anwendbarkeit

Die Verordnung regelt **grenzüberschreitende** Insolvenzen **innerhalb** der Europäischen **5** Union mit Ausnahme Dänemarks. Hat der Schuldner den Mittelpunkt seiner hauptsächlichen Interessen nicht in einem Mitgliedstaat, findet die Verordnung keine Anwendung. In einem solchen Fall ist das mitgliedstaatliche internationale Insolvenzrecht maßgeblich, in Deutschland also die §§ 335 ff. InsO. Sachlich sind nach Art. 1 I alle **Gesamtverfahren** erfasst, welche die Insolvenz des Schuldners voraussetzen und den vollständigen oder teilweisen Vermögensbeschlag gegen den Schuldner sowie die Bestellung eines Verwalters zur Folge haben. Diese Gesamtverfahren sind nach Art. 2 lit. a Insolvenzverfahren. Anhang A der EuInsVO listet die erfassten Insolvenzverfahren aus den jeweiligen Mitgliedstaaten auf. Für später beigetretene Mitgliedstaaten wurde diese Liste ergänzt: VO (EG) Nr. 603/2005 v. 12.4.2005, ABl. 2005 L 100, 1; VO (EG) Nr. 681/2007 v. 13.6.2007, ABl. 2007 L 159, 1; VO (EG) Nr. 517/2013 v. 13.5.2013, ABl. 2013 L 158, 1. Art. 1 II nimmt die dort genannten vom sachlichen Anwendungsbereich aus (dazu näher → Rn. 14).

II. Regelungsmechanismus

Ausgangspunkt der EuInsVO ist ein nach Art. 3 I eröffnetes **Hauptverfahren,** welches **6** **unionsweit universale** Wirkung hat. Hierzu regeln Art. 3 I die internationale Zuständigkeit, Art. 4 das anwendbare Recht, Art. 5 ff. bestimmte Sonderanknüpfungen mit dem im arbeitsrechtlichen Rahmen maßgeblichen Art. 10 für die Wirkungen des Insolvenzverfahrens auf das Arbeitsverhältnis, sowie Art. 16 ff. die Wirkung des Hauptinsolvenzverfahrens in den anderen Mitgliedstaaten.

Von diesem Hauptverfahren erfasst ist das **Vermögen** in allen Mitgliedstaaten, aber auch **7** das weltweite Vermögen. Allerdings entscheidet das internationale Insolvenzrecht der Drittstaaten, in denen Vermögen gelegen ist, über die Anerkennung des Hauptverfahrens iSv Art. 3 I (K. Schmidt/*Brinkmann* vor EuInsVO Rn. 8). Die in Art. 16 angeordnete Anerkennung findet ihre Grenzen lediglich in Art. 25 III sowie vor allem in dem ordre-public Vorbehalt des Art. 26 (K. Schmidt/*Brinkmann* Art. 17 Rn. 2, 7).

8 Vor dem Hauptverfahren sind unter den engen Voraussetzungen des Art. 3 IV sog. **Partikularverfahren** möglich. Nach Eröffnung des Hauptverfahrens besteht die Möglichkeit sog. **Sekundärinsolvenzverfahren** gem. Art. 27 ff. zu eröffnen. Die möglichen Verfahren sind in Anhang B genannt (für später beigetretene Mitgliedstaaten wurde die Liste ergänzt: VO (EG) Nr. 603/2005 v. 12.4.2005, ABl. 2005 L 100, 1; VO (EG) Nr. 681/2007 v. 13.6.2007, ABl. 2007 L 159, 1; VO (EG) Nr. 517/2013 v. 13.5.2013, ABl. 2013 L 158, 1). Die Wirkungen des Sekundärinsolvenzverfahrens beschränken sich nach Art. 27 S. 3 auf das im Gebiet des Mitgliedstaats gelegene Vermögen des Schuldners.

9 Für die Eröffnung des Insolvenzverfahrens nach Art. 3 I zuständig sind die Gerichte desjenigen Mitgliedstaats, in dessen Gebiet der Schuldner den **Mittelpunkt** seiner hauptsächlichen Interessen hat. Sein Insolvenzrecht ist nach Art. 4 das sog. lex fori concursus. Den Umfang der Maßgeblichkeit dieses Rechts regelt einerseits Art. 4 II. Für den arbeitsrechtlichen Kontext ist aber insbesondere Art. 10 zu beachten. Zu den arbeitsrechtlich relevanten Fragen → Art. 4, 10 Rn. 1 ff. Zur Abgrenzung der Maßgeblichkeit von Art. 3 I und Brüssel Ia-VO s. → Art. 3 Rn. 6.

III. Entwicklung

10 Das EuGVÜ von 1968 (ursprüngliche Fassung in ABl. 1972 L 299, 32), ein völkerrechtlicher Vertrag zwischen den Mitgliedstaaten und Vorgänger der Brüssel Ia-VO, nahm in Art. 1 II Nr. 2 (nicht anders Art. 1 II lit. b Brüssel Ia-VO) Konkurse, Vergleiche und ähnliche Verfahren von seinem sachlichen Anwendungsbereich aus. Arbeiten an einem vergleichbaren Übereinkommen über das Konkursrecht scheiterten (*Smid,* Deutsches und Europäisches Internationales Insolvenzrecht, 2004, vor Art. 1 Rn. 1; *Paulus* Einl. A. I. Rn. 10; Gebauer/Wiedmann/*Haubold,* Kapitel 32 Rn. 12). Die EuInsVO entspricht aber dem letzten Entwurf eines europäischen **Konkursübereinkommens** (MüKoBGB/*Kindler,* vor Art. 1 Rn. 1; Rauscher/*Mäsch,* Einl. EG-InsVO Rn. 2).

11 Zum Kommissionsentwurf zur **Reform** der EuInsVO von Ende 2012, s. K. Schmidt/*Brinkmann* Vor EuInsVO Rn. 1; *Prager/Keller* NZI 2013, 57; *Thole* ZEuP 2014, 39.

C. Anwendungsbereich der EuInsVO

I. Funktion von Art. 1

12 Art. 1 I definiert den **sachlichen** Anwendungsbereich der EuInsVO, indem er die erfassten Gesamtverfahren abstrakt umschreibt. Die wichtigen Elemente der Definition werden in Art. 2 lit. a und b legaldefiniert. Vor allem aber verweisen Art. 2 lit. a auf **Anhang A** sowie Art. 2 lit. b auf **Anhang C** der EuInsVO. Hierdurch wird die praktische Bedeutung von Art. 1 I reduziert, weil im Ergebnis allein entscheidend ist, ob es sich um ein Insolvenzverfahren handelt, welches in Anhang A aufgeführt ist und ob es sich bei dem Verwalter um eine in Anhang C aufgelistete Person oder Stelle handelt (Pannen/*Pannen* Rn. 9). Dazu auch → Art. 2 Rn. 1.

II. Sachlicher Anwendungsbereich

13 **1. Erfasste Gesamtverfahren, Art. 1 I.** Die Umschreibung des sachlichen Anwendungsbereichs in Art. 1 I enthält vier **Elemente:** (1.) das Gesamtverfahren; (2.) ein Gesamtverfahren, welches die Insolvenz des Schuldners voraussetzt und welches (3.) den vollständigen oder teilweisen Vermögensbeschlag gegen den Schuldner zur Folge hat; (4.) ist

schließlich Voraussetzung, dass ein Verwalter bestellt wird. Die erfassten Insolvenzverfahren sind in Anhang A und teilweise in Anhang B aufgeführt. Welche Personen oder Stellen Verwalter sind, findet sich in Anhang C, dazu näher → Art. 2 Rn. 1.

2. Nach Art. 1 II ausgenommene Insolvenzverfahren. Art. 1 II nimmt Insolvenzverfahren über das Vermögen von Versicherungsunternehmen, Kreditinstituten, Wertpapierfirmen, die Dienstleistungen erbringen, welche die Haltung von Geldern oder Wertpapieren Dritter umfassen, sowie von Organismen für gemeinsame Anlagen (Fonds) vom Anwendungsbereich der EuInsVO aus. Grund ist dem neunten Erwägungsgrund nach, dass für diese Unternehmen besondere Vorschriften gelten und sie insbes. den nationalen Aufsichtsbehörden unterliegen. Mit der Schaffung einer europäischen Bankaufsicht sind daher auch unionsrechtliche Vorgaben zur Abwicklung von **Banken** geschaffen wurden (VO (EU) Nr. 806/2014 v. 15.7.2014, ABl. 2014 L 225, 1; RL 2014/59/EU v. 15.5.2014, ABl. 2014 L 173, 190), in denen sich keine mit Art. 10 vergleichbare Bestimmung findet. Unionsrechtliche Vorgaben finden sich weiter für die Sanierung und Liquidation von **Versicherungsunternehmen** (RL 2001/17/EG v. 19.3.2001, ABl. 2001 L 110, 28). Art. 19 lit. a dieser Richtlinie entspricht Art. 10 EuInsVO. 14

III. Räumlicher Anwendungsbereich

Die Verordnung gilt für alle Mitgliedstaaten mit Ausnahme von **Dänemark** (Mü- 15 KoBGB/*Kindler* Rn. 22). Das Tatbestandsmerkmal Mitgliedstaat in den Bestimmungen der Verordnung bezeichnet damit alle Mitgliedstaaten mit Ausnahme Dänemarks (Gebauer/Wiedmann/*Haubold* Kapitel 32 Rn. 28).

Welche sonstigen Voraussetzungen für die räumliche Anwendbarkeit der EuInsVO erfüllt 16 sein müssen, wird nicht abstrakt definiert. Nach Erwägungsgrund 14 gilt die EuInsVO nur für Verfahren, bei denen der **Mittelpunkt** der hauptsächlichen Interessen des Schuldners in der Union liegt. Dies entspricht der Formulierung für die internationale Zuständigkeit in Art. 3 I 1. Liegt der Mittelpunkt der hauptsächlichen Interessen des Schuldners in einem Drittstaat, ist die EuInsVO mangels internationaler Zuständigkeit nach Art. 3 I 1 nicht anwendbar. Maßgeblich ist dann das mitgliedstaatliche internationale Insolvenzrecht (Geimer/Schütze/*Geimer* Eur. ZVR Rn. 52). Dazu näher → Art. 3 Rn. 2.

Ist die EuInsVO nach Art. 3 I 1 grds. anwendbar, engen **Einzelnormen** ihren Anwen- 17 dungsbereich teilweise weiter ein. Das gilt insbes. für Art. 10, nach dem für die Wirkungen des Insolvenzverfahrens auf ein Arbeitsverhältnis ausschließlich das Recht des Mitgliedstaats (und nicht eines Drittstaats), das auf den Arbeitsvertrag anzuwenden ist, gilt. Dazu näher → Art. 4, 10 Rn. 8 ff.

Auf Insolvenzverfahren ohne Auslandsbezug ist die EuInsVO nicht anwendbar. Nach 18 bisher herrschender Meinung ist Voraussetzung für einen **Auslandsbezug,** dass ein grenzüberschreitender Bezug wenigstens auch zu einem anderen Mitgliedstaat und nicht lediglich zu Drittstaaten besteht (s. etwa MüKoBGB/*Kindler* Rn. 28; *Nagel/Gottwald* § 20 Rn. 5; *Smid,* Deutsches und Europäisches Internationales Insolvenzrecht, 2014, Rn. 8; HambKomm/*Undritz* Rn. 6 f.; Duursma-Kepplinger/*Duursma-Kepplinger,* Europäische Insolvenzverordnung, 2002, Rn. 8; *Paulus* NZI 01, 505 [507]; **aA:** Gebauer/Wiedmann/*Haubold* Kapitel 32 Rn. 30; *Geimer,* Internationales Zivilprozessrecht, Rn. 3357c; MüKoInsO/*Reinhart* Rn. 16; Geimer/Schütze/*Huber,* Int. Rechtsverkehr, Rn. 19 ff.). Der EuGH (EuGH 16.1.2014 – C-328/12 Rn. 29 – Schmid, NZI 2014, 134; nachgehend BGH 27.3.2014 – IX ZR 2/12, WM 2012, 1449 ff.) hat auf Vorlage des BGH (BGH 21.6.2012 – IX ZR 2/12, WM 2012, 1449) abgelehnt, dass generelle Voraussetzung für die Anwendbarkeit von Art. 3 I ein grenzüberschreitender Bezug zu einem Mitgliedstaat sei. Siehe zu den Folgen der Entscheidung Graf-Schlicker/*Bornemann/Sabel/Schlegel,* Kommentar zur Insolvenzordnung, 4. Aufl. 2014, Rn. 6 f., wonach die Erforderlichkeit eines qualifizierten Drittstaatenbezuges für jede Vorschrift selbständig zu prüfen sei. Art. 5, 7, 8–11, 13, 15 setzen in ihren Tatbestandsmerkmalen etwa teilweise ausdrücklich den Bezug zu einem anderen Mitgliedstaat voraus, sodass insoweit ein Drittstaat nicht ausreicht.

IV. Zeitlicher Anwendungsbereich

19   Die EuInsVO ist gem. Art. 47 am 31.5.2002 in Kraft getreten.

V. Abgrenzung zur Brüssel Ia-VO

20   S. dazu → Art. 3 Rn. 6.

VI. Abgrenzung zur Rom I-VO

21   Zur Rom I-VO besteht insofern eine **Schnittmenge,** als eine Insolvenz Auswirkungen auf Arbeitsverhältnisse haben kann. Hierzu bestimmt Art. 10, dass für die Wirkungen des Insolvenzverfahrens auf das Arbeitsverhältnis ausschließlich das Recht des Mitgliedstaats gilt, das auf das Arbeitsverhältnis anzuwenden ist. Nicht dem Wortlaut, aber der Sache nach handelt es sich um einen Verweis auf die Bestimmung des auf ein Arbeitsverhältnis anwendbaren Rechts nach der Rom I-VO (näher → Art. 4, 10 Rn. 8 f.).

Art. 2 Definitionen

Für die Zwecke dieser Verordnung bedeutet

a) „Insolvenzverfahren" die in Artikel 1 Absatz 1 genannten Gesamtverfahren. Diese Verfahren sind in Anhang A aufgeführt;

b) „Verwalter" jede Person oder Stelle, deren Aufgabe es ist, die Masse zu verwalten oder zu verwerten oder die Geschäftstätigkeit des Schuldners zu überwachen. Diese Personen oder Stellen sind in Anhang C aufgeführt;

c) „Liquidationsverfahren" ein Insolvenzverfahren im Sinne von Buchstabe a), das zur Liquidation des Schuldnervermögens führt, und zwar auch dann, wenn dieses Verfahren durch einen Vergleich oder eine andere die Insolvenz des Schuldners beendende Maßnahme oder wegen unzureichender Masse beendet wird. Diese Verfahren sind in Anhang B aufgeführt;

d) „Gericht" das Justizorgan oder jede sonstige zuständige Stelle eines Mitgliedstaats, die befugt ist, ein Insolvenzverfahren zu eröffnen oder im Laufe des Verfahrens Entscheidungen zu treffen;

e) „Entscheidung", falls es sich um die Eröffnung eines Insolvenzverfahrens oder die Bestellung eines Verwalters handelt, die Entscheidung jedes Gerichts, das zur Eröffnung eines derartigen Verfahrens oder zur Bestellung eines Verwalters befugt ist;

f) „Zeitpunkt der Verfahrenseröffnung" den Zeitpunkt, in dem die Eröffnungsentscheidung wirksam wird, unabhängig davon, ob die Entscheidung endgültig ist;

g) „Mitgliedstaat, in dem sich ein Vermögensgegenstand befindet", im Fall von
   – körperlichen Gegenständen den Mitgliedstaat, in dessen Gebiet der Gegenstand belegen ist,
   – Gegenständen oder Rechten, bei denen das Eigentum oder die Rechtsinhaberschaft in ein öffentliches Register einzutragen ist, den Mitgliedstaat, unter dessen Aufsicht das Register geführt wird,
   – Forderungen den Mitgliedstaat, in dessen Gebiet der zur Leistung verpflichtete Dritte den Mittelpunkt seiner hauptsächlichen Interessen im Sinne von Artikel 3 Absatz 1 hat;

h) „Niederlassung" jeden Tätigkeitsort, an dem der Schuldner einer wirtschaftlichen Aktivität von nicht vorübergehender Art nachgeht, die den Einsatz von Personal und Vermögenswerten voraussetzt.

Internationale Zuständigkeit   Art. 3 VO 1346/2000/EG 210

Art. 2 definiert grundlegende Begriffe der EuInsVO. Bedeutsam ist vor allem, dass die 1
Insolvenzverfahren nach Art. 2 lit. a in **Anhang A** aufgeführt sind, die Personen oder
Stellen, die Verwalter sind, sich gem. Art. 2 lit. b in **Anhang C** finden und Liquidationsverfahren als besondere Insolvenzverfahren nach Art. 2 lit. c in **Anhang B** aufgeführt sind.
Die Auflistung in diesen Anhängen ist abschließend. Änderungen können nur gem. Art. 45
durch den Rat vorgenommen werden (für später beigetretene Mitgliedstaaten wurde die
Liste ergänzt: VO (EG) Nr. 603/2005 v. 12.4.2005, ABl. 2005 L 100, 1; VO (EG) Nr. 681/
2007 v. 13.6.2007, ABl. 2007 L 159, 1; VO (EG) Nr. 517/2013 v. 13.5.2013, Abl. 2013 L
158, 1). Die Anhänge A bis C sind auch deshalb rechtlich und praktisch bedeutsam, weil sie
die erfassten Verfahren oder Personen bzw. Stellen **präzise** aufführen und dabei auch
gewisse Einschränkungen vornehmen können (s. etwa zum sog. Winding-Up-Verfahren,
welches nach Anhang A nur bei gerichtlicher Bestätigung in den Anwendungsbereich der
EuInsVO fällt).

Art. 3 Internationale Zuständigkeit

(1) ¹Für die Eröffnung des Insolvenzverfahrens sind die Gerichte des Mitgliedstaats
zuständig, in dessen Gebiet der Schuldner den Mittelpunkt seiner hauptsächlichen
Interessen hat. ²Bei Gesellschaften und juristischen Personen wird bis zum Beweis des
Gegenteils vermutet, daß der Mittelpunkt ihrer hauptsächlichen Interessen der Ort des
satzungsmäßigen Sitzes ist.

(2) ¹Hat der Schuldner den Mittelpunkt seiner hauptsächlichen Interessen im Gebiet
eines Mitgliedstaats, so sind die Gerichte eines anderen Mitgliedstaats nur dann zur
Eröffnung eines Insolvenzverfahrens befugt, wenn der Schuldner eine Niederlassung
im Gebiet dieses anderen Mitgliedstaats hat. ²Die Wirkungen dieses Verfahrens sind auf
das im Gebiet dieses letzteren Mitgliedstaats belegene Vermögen des Schuldners beschränkt.

(3) ¹Wird ein Insolvenzverfahren nach Absatz 1 eröffnet, so ist jedes zu einem
späteren Zeitpunkt nach Absatz 2 eröffnete Insolvenzverfahren ein Sekundärinsolvenzverfahren. ²Bei diesem Verfahren muß es sich um ein Liquidationsverfahren handeln.

(4) Vor der Eröffnung eines Insolvenzverfahrens nach Absatz 1 kann ein Partikularverfahren nach Absatz 2 nur in den nachstehenden Fällen eröffnet werden:
a) falls die Eröffnung eines Insolvenzverfahrens nach Absatz 1 angesichts der Bedingungen, die in den Rechtsvorschriften des Mitgliedstaats vorgesehen sind, in dem
   der Schuldner den Mittelpunkt seiner hauptsächlichen Interessen hat, nicht möglich
   ist;
b) falls die Eröffnung des Partikularverfahrens von einem Gläubiger beantragt wird,
   der seinen Wohnsitz, gewöhnlichen Aufenthalt oder Sitz in dem Mitgliedstaat hat,
   in dem sich die betreffende Niederlassung befindet, oder dessen Forderung auf einer
   sich aus dem Betrieb dieser Niederlassung ergebenden Verbindlichkeit beruht.

A. Funktion und Überblick

Art. 3 regelt die internationale Zuständigkeit für die Eröffnung des Hauptverfahrens 1
(Abs. 1), eines Sekundärverfahrens (Abs. 2) sowie für vor Eröffnung des Hauptverfahrens
mögliche Partikularverfahren (Abs. 4). Die in Art. 3 I geregelte Zuständigkeit für das Hauptverfahren legt den **Grundstein** für den Mechanismus der EuInsVO. Die Eröffnung des
Hauptverfahrens nach Art. 3 I löst die **Anerkennungspflicht** des Art. 16 aus (HambKomm/
Undritz Rn. 58). Alle später eröffneten Verfahren können zudem nur Sekundärinsolvenzverfahren sein (Art. 3 III 1, 27), wodurch auch Kompetenzkonflikte zwischen mehreren
zuständigen Gerichten gelöst werden (Hamburger Kommentar/*Undritz* Rn. 58; K. Schmidt/

Brinkmann Rn. 21). Schließlich gibt die Zuständigkeit nach Art. 3 I auch das nach Art. 4 I anwendbare Recht vor, weil für das Insolvenzverfahren und seine Wirkungen das Insolvenzrecht des Mitgliedstaats gilt, in dem das Verfahren eröffnet wird (sog. lex fori concursus).

B. Internationale Zuständigkeit

I. Hauptverfahren

2 International zuständig für die Eröffnung des Hauptverfahrens sind nach Art. 3 I die Gerichte des Mitgliedstaats, in dessen Gebiet der Schuldner den **Mittelpunkt** seiner hauptsächlichen Interessen hat. Zu diesem gesetzlich nicht weiter definierten Merkmal gibt Erwägungsgrund 13 vor, dass als Mittelpunkt der hauptsächlichen Interessen der Ort gelten sollte, an dem der Schuldner gewöhnlich der Verwaltung seiner Interessen nachgeht und damit für Dritte feststellbar ist. Dem entspricht auch die Vermutung in Art. 3 I 2 für Gesellschaften und **juristische** Personen, bei denen Mittelpunkt ihrer hauptsächlichen Interessen der Ort des satzungsmäßigen **Sitzes** ist. Bei **natürlichen** Personen ist der **Ort** ausschlaggebend, von dem sie ihre **Tätigkeit** ausüben (Praxis, Kanzlei, Büro, Geschäftsräume, BGH 22.3.2007 – IX ZB 164/06 Rn. 14, ZinsO 2007, 440; Geimer/Schütze/*Geimer* Eur. ZVR Rn. 13; HambKomm/*Undritz* Rn. 18; MüKoInsO/*Reinhart* Rn. 44; HHGH/*Haß/Herweg* Rn. 10; Kübler/Prütting/Bork/*Kemper* Rn. 5; Nerlich/Römermann/*Nerlich*, Insolvenzordnung, 27. Aufl. 2015, Rn. 7; Buth/Hermanns/*Pannen/Riedemann*, Restrukturierung, Sanierung, Insolvenz, 4. Aufl. 2014, EuInsVO Rn. 19; *Mankowski* NZI 2005, 368 [370]). Natürliche Personen, die keiner selbständigen/freiberuflichen Tätigkeit nachgehen, haben den Mittelpunkt ihrer hauptsächlichen Interessen am gewöhnlichen Aufenthaltsort (Geimer/Schütze/*Geimer*, Eur. ZVR, Rn. 14; Pannen/*Pannen* Rn. 25 mwN; HHGH/*Haß/Herweg* Rn. 10; *Nagel/Gottwald* § 20 Rn. 42; für eine autonome Begriffsbestimmung: HambKomm/*Undritz* Rn. 20, wonach bei Verbrauchern der Schwerpunkt der sozialen Integration des Schuldners an einem Ort maßgeblich sein soll; MüKoInsO/*Reinhart* Rn. 41 ff. stellt auf den Lebensmittelpunkt ab). Das gilt auch für Grenzgänger, die einer abhängigen oder selbständigen Beschäftigung in einem Mitgliedstaat nachgehen, aber in einem anderen Mitgliedstaat wohnen, soweit es sich um eine Privatinsolvenz handelt (für abhängig Beschäftigte: im Hinblick auf den „Lebensmittelpunkt" MüKoInsO/*Reinhart* Rn. 43; *Mankowski* NZI 2005, 368 [370]; für Selbständige im Ergebnis: MüKoInsO/*Reinhart* Rn. 44).

3 **Konzerngesellschaften** werden grds. selbständig beurteilt (Geimer/Schütze/*Haß/Herweg*, Int. Rechtsverkehr, Rn. 58; Rauscher/*Mäsch* Rn. 10; Frankfurter Kommentar zur Insolvenzordnung/*Wenner/Schuster*, 8. Aufl. 2015, Rn. 12; s. aber EuGH 2.5.2006 – C-341/04 Rn. 34 ff. – Eurofood, NZI 2006, 360, wonach bei Vorliegen objektiver und für Dritte feststellbarer Anhaltspunkte die Vermutung hierfür im Einzelfall widerlegt werden kann, etwa wenn die Gesellschaft im Lande ihres satzungsmäßigen Sitzes keinerlei Tätigkeit nachgeht).

4 Die Eröffnung des Hauptverfahrens nach Art. 3 I löst die **Sperrwirkung** von Art. 3 III aus. Gerichte eines anderen Mitgliedstaats können nicht überprüfen, ob Gerichte des Ersteröffnungsstaates ihre Zuständigkeit nach Art. 3 I zu Unrecht angenommen haben (HHGH/*Haß/Herweg* Rn. 59; K. Schmidt/*Brinkmann* Rn. 22). Sie sind in den Grenzen von Art. 26 nach Art. 16 gezwungen, die Eröffnungsentscheidung anzuerkennen (EuGH 2.5.2006 – C-341/04 – Eurofood, Rn. 44, NZI 2006, 360).

II. Partikular- und Sekundärverfahren

5 Unter den Voraussetzungen von Art. 3 II kann nach Eröffnung eines Hauptverfahrens gem. Art. 3 I ein **Sekundärinsolvenzverfahren** in einem anderen Mitgliedstaat eröffnet werden, wenn der Schuldner dort eine Niederlassung hat. Dieses Sekundärverfahren erfasst nur Vermögensgegenstände, die in diesem Mitgliedstaat gelegen sind. Näheres regeln

Arbeitsvertrag **Art. 4, 10 VO 1346/2000/EG 210**

Art. 27 ff. Zudem muss es sich nach Art. 3 S. 2 zwingend um ein Liquidationsverfahren iSv Art. 2 lit. c iVm Anhang B handeln. Unter den Voraussetzungen von Art. 3 IV können Partikularverfahren vor Eröffnung des Verfahrens nach Art. 3 I eröffnet werden.

C. Abgrenzung zur Brüssel Ia-VO

Art. 1 II lit. b Brüssel Ia-VO erklärt die Brüssel Ia-VO für nicht anwendbar auf Konkurse, Vergleiche und ähnliche Verfahren. Der unionsrechtlichen Regelungssystematik nach greift für diese Verfahren die EuInsVO (MüKoZPO/*Gottwald* Art. 1 EuGVO Rn. 18). Der EuGH bejaht die Unanwendbarkeit der Brüssel Ia-VO, wenn ein insolvenzrechtliches Annexverfahren **unmittelbar** aus dem Konkursverfahren hervorgeht und sich eng innerhalb des Rahmens des Konkurs- oder Vergleichsverfahrens hält (zum EuGVÜ EuGH 22.2.1979 – Rs. 133/78 Rn. 5 – Gourdain, NJW 1978, 1768). Zu weiteren Entscheidungen sowie zu der Problematik, diese Formel anzuwenden, MüKoBGB/*Kindler* Rn. 84 ff.; *Haas* ZIP 2013, 2381. 6

Art. 4 Anwendbares Recht

(1) Soweit diese Verordnung nichts anderes bestimmt, gilt für das Insolvenzverfahren und seine Wirkungen das Insolvenzrecht des Mitgliedstaats, in dem das Verfahren eröffnet wird, nachstehend „Staat der Verfahrenseröffnung" genannt.

(2) ¹Das Recht des Staates der Verfahrenseröffnung regelt, unter welchen Voraussetzungen das Insolvenzverfahren eröffnet wird und wie es durchzuführen und zu beenden ist. ²Es regelt insbesondere:

a) bei welcher Art von Schuldnern ein Insolvenzverfahren zulässig ist;
b) welche Vermögenswerte zur Masse gehören und wie die nach der Verfahrenseröffnung vom Schuldner erworbenen Vermögenswerte zu behandeln sind;
c) die jeweiligen Befugnisse des Schuldners und des Verwalters;
d) die Voraussetzungen für die Wirksamkeit einer Aufrechnung;
e) wie sich das Insolvenzverfahren auf laufende Verträge des Schuldners auswirkt;
f) wie sich die Eröffnung eines Insolvenzverfahrens auf Rechtsverfolgungsmaßnahmen einzelner Gläubiger auswirkt; ausgenommen sind die Wirkungen auf anhängige Rechtsstreitigkeiten;
g) welche Forderungen als Insolvenzforderungen anzumelden sind und wie Forderungen zu behandeln sind, die nach der Eröffnung des Insolvenzverfahrens entstehen;
h) die Anmeldung, die Prüfung und die Feststellung der Forderungen;
i) die Verteilung des Erlöses aus der Verwertung des Vermögens, den Rang der Forderungen und die Rechte der Gläubiger, die nach der Eröffnung des Insolvenzverfahrens aufgrund eines dinglichen Rechts oder infolge einer Aufrechnung teilweise befriedigt wurden;
j) die Voraussetzungen und die Wirkungen der Beendigung des Insolvenzverfahrens, insbesondere durch Vergleich;
k) die Rechte der Gläubiger nach der Beendigung des Insolvenzverfahrens;
l) wer die Kosten des Insolvenzverfahrens einschließlich der Auslagen zu tragen hat;
m) welche Rechtshandlungen nichtig, anfechtbar oder relativ unwirksam sind, weil sie die Gesamtheit der Gläubiger benachteiligen.

Art. 10 Arbeitsvertrag

Für die Wirkungen des Insolvenzverfahrens auf einen Arbeitsvertrag und auf das Arbeitsverhältnis gilt ausschließlich das Recht des Mitgliedstaats, das auf den Arbeitsvertrag anzuwenden ist.

A. Bestimmung des auf grenzüberschreitende Insolvenzen mit arbeitsrechtlichen Fragen anwendbaren Rechts

1   Nach Art. 4 I gilt für das Insolvenzverfahren und seine Wirkungen das Insolvenzrecht des Mitgliedstaats, in dem das Verfahren eröffnet wird. Die Reichweite der lex fori concursus ist näher in Art. 4 II geregelt. Neben dieser Grundanknüpfung regeln Art. 5 ff. eine Reihe von Sonderanknüpfungen, die der lex-fori concursus gem. Art. 4 I vorgehen. Für das Arbeitsrecht ist Art. 10 von Bedeutung, nach dem für die **Wirkungen** des Insolvenzverfahrens auf das **Arbeitsverhältnis** ausschließlich das Recht des Mitgliedstaats gilt, das auf das Arbeitsverhältnis anwendbar ist. Der für Sekundärinsolvenzverfahren einschlägige Art. 28 wiederholt den Wortlaut von Art. 4 I. Damit ist Art. 10 auch in einem Sekundärinsolvenzverfahren zu beachten (MüKoBGB/*Kindler* Art. 28 Rn. 11; Gebauer/Wiedmann/*Haubold* Art. 28 Rn. 223; Rauscher/*Mäsch* Art. 28 Rn. 2).

B. Art. 10

I. Überblick und praktische Bedeutung

2   Während lex fori concursus das Insolvenzrecht des Mitgliedstaats ist, in dem das Verfahren eröffnet wird (Art. 4 I, Art. 28), ordnet Art. 10 eine **Sonderanknüpfung** für die Wirkungen des Insolvenzverfahrens auf das Arbeitsverhältnis an das **Recht** desjenigen Mitgliedstaats an, das auf das **Arbeitsverhältnis** anzuwenden ist. Art. 10 dient dem Arbeitnehmerschutz (Uhlenbruck/*Lüer* Art. 10 Rn. 3; *Paulus* Art. 10 Rn. 2; Rauscher/*Mäsch* Art. 10 Rn. 1) und entzieht die Wirkungen des Insolvenzverfahrens auf das Arbeitsverhältnis auch der automatischen Anerkennungspflicht der Art. 16 ff. Vielmehr sind die Wirkungen auf das Arbeitsverhältnis unter den Voraussetzungen des Art. 10 selbständig zu beurteilen.

3   Die praktische Bedeutung der Sonderanknüpfung des Art. 10 hängt zum einen von seinen Voraussetzungen und den jeweiligen Rechtsfolgen bei Vorliegen der Voraussetzungen bzw. bei ihrem Nichtvorliegen ab. In praktischer Hinsicht ist zudem entscheidend, ob die lex fori concursus und das auf das Arbeitsverhältnis iSv Art. 10 anzuwendende Recht **auseinanderfallen.** Das ist bei Hauptinsolvenzverfahren iSv Art. 3 I wahrscheinlicher als bei Sekundärinsolvenzverfahren, weil die Wirkung letzterer auf den Mitgliedstaat beschränkt ist, in dem es eröffnet wird. Doch sind auch hier Fälle denkbar, in denen nach Art. 8 Rom I-VO ein anderes Recht als die lex fori concursus anwendbar ist.

II. Voraussetzungen

4   **1. Arbeitsverhältnis.** Art. 10 stellt drei Voraussetzungen auf. Es muss erstens um Wirkungen des Insolvenzverfahrens auf ein Arbeitsverhältnis gehen. Nicht anders als im Zusammenhang mit Art. 8 Rom I-VO sowie mit den Art. 20 ff. Brüssel Ia-VO ist streitig, nach welchem Recht sich das Vorliegen eines Arbeitsverhältnisses bestimmt (für eine autonome Bestimmung: Frankfurter Kommentar zur Insolvenzordnung/*Wenner/Schuster*, 8. Aufl. 2015, Art. 10 Rn. 2; MüKoBGB/*Kindler* Art. 10 Rn. 4; Gebauer/Wiedmann/*Haubold* Art. 10 Rn. 135; Rauscher/*Mäsch* Art. 10 Rn. 7; K. Schmidt/*Brinkmann* Art. 10 Rn. 2; s. auch zu § 337 InsO: Kreft/*Stephan*, Insolvenzordnung, § 337 Rn. 5, wonach sich das Vorliegen eines Arbeitsverhältnisses auf der Grundlage des europäischen Gemeinschaftsrechts bestimmen soll; für eine Bestimmung nach der lex causae: Kübler/Prütting/Bork/*Kemper* Art. 10 EuInsVO Rn. 5; *Paulus* Art. 10 Rn. 3). Der mit Art. 10 bezweckte kollisionsrechtliche Arbeitnehmerschutz wird am besten realisiert, wenn wie bei Art. 8 Rom I-VO (→ Rom I-VO Art. 1 Rn. 35), Art. 9 Rom II-VO (→ Rom II-VO Art. 9 Rn. 9) und bei Art. 20 ff. Brüssel Ia-VO (→ Brüssel Ia-VO Art. 1 Rn. 4) die Figur des sog. **qualifikationsrechtlichen Rechtsformzwangs** zugrunde gelegt wird. Danach liegt ein Arbeitsverhältnis vor, wenn eine Person nach

Unionsrecht, lex-fori, lex-causae oder dem Recht des gewöhnlichen Arbeitsorts Arbeitnehmer oder arbeitnehmerähnlich ist (→ Rom I-VO Art. 1 Rn. 35).

2. Wirkungen des Insolvenzverfahrens auf das Arbeitsverhältnis. Art. 10 entzieht 5
nicht alle arbeitsrechtlichen Auswirkungen eines Insolvenzverfahrens der lex fori concursus, sondern nur die Wirkungen des Insolvenzverfahrens **auf** das Arbeitsverhältnis. **Erwägungsgrund 28** konkretisiert diese Formulierung dahingehend, dass es um die Wirkung des Insolvenzverfahrens auf die Fortsetzung oder Beendigung von Arbeitsverhältnissen sowie auf die Rechte und Pflichten aller an einem solchen Arbeitsverhältnis beteiligten Parteien geht. Die Sonderanknüpfung von Art. 10 betrifft damit: **Kündigungsmöglichkeiten** durch den Insolvenzverwalter sowie den **Kündigungsschutz** der betroffenen Arbeitnehmer (K. Schmidt/Brinkmann Art. 10 Rn. 4; MükoBGB/*Kindler* Art. 10 Rn. 6; *Graf* ZAS 2002, 173; *Liebmann*, Der Schutz des Arbeitnehmers bei grenzüberschreitenden Insolvenzen, 2005, 174); die Rechte und Pflichten von Arbeitnehmer und Arbeitgeber bei **Weiterführung** des Arbeitsverhältnisses während des Insolvenzverfahrens (s. etwa MüKoInsO/*Reinhart* Rn. 8); die Folgen eines **Betriebsübergangs** in der Insolvenz auf ein Arbeitsverhältnis (MüKoInsO/*Reinhart* Rn. 10).

Die Wirkungen des Insolvenzverfahrens auf das Arbeitsverhältnis betreffen hingegen 6
schon nach Erwägungsgrund 28 **nicht,** ob die Forderungen der Arbeitnehmer durch ein **Vorrecht** geschützt sind und welchen Rang dieses Vorrecht ggf. einnimmt (Geimer/Schütze/*Huber* Int. Rechtsverkehr Art. 10 Rn. 4; Rauscher/*Mäsch* Art. 10 Rn. 9). Der Sonderanknüpfung von Art. 10 unterliegt der **Pfändungsschutz** von Arbeitseinkommen nicht, weil Art. 10 an die Rechte und Pflichten zwischen Arbeitgeber und Arbeitnehmer anknüpft, Rechtsverhältnisse zu Dritten aber nicht betrifft (*Mankowski* NZI 2009, 785 [787 f.]). Bei Weiterführen der Arbeitsverhältnisse während des Insolvenzverfahrens unterliegen Rechte und Pflichten von Arbeitgeber und Arbeitnehmer, die in keinerlei Zusammenhang mit dem Insolvenzverfahren stehen, nicht Art. 10. Es fehlt dann an einer Wirkung auf das Arbeitsverhältnis. Sie sind unmittelbar nach der Rom I-VO anzuknüpfen, was im Ergebnis bei richtigem Verständnis (→ Rn. 8 ff.) des Verweises in Art. 8 Rom I-VO aber keinen Unterschied macht.

3. Anwendbarkeit eines mitgliedstaatlichen Rechts auf das Arbeitsverhältnis. 7
Art. 10 setzt schließlich voraus, dass auf das Arbeitsverhältnis das Recht eines **Mitgliedstaats** anwendbar ist. Ist hingegen das Recht eines Drittstaats auf das Arbeitsverhältnis anwendbar, wird nicht nach Art. 10 sonderangeknüpft (s. etwa Geimer/Schütze/*Huber* Int. Rechtsverkehr Art. 10 Rn. 2; hierzu näher → Rn. 13 mwN). Auch eine analoge Anwendung von Art. 10 ist bei Anwendbarkeit eines drittstaatlichen Rechts auf das Arbeitsverhältnis abzulehnen. Hingegen ist für das Vorliegen dieser Voraussetzung ausreichend, dass das Recht eines Mitgliedstaats auf die konkrete von Art. 10 erfasste Rechtsfrage anwendbar ist. Setzt sich etwa zu der konkreten Auswirkung der Insolvenz auf das Arbeitsverhältnis ein mitgliedstaatliches Arbeitsrecht als günstigeres Recht iSv Art. 8 I 2 Rom I-VO gegen ein nach Art. 3, 8 I 1 Rom I-VO gewähltes drittstaatliches Arbeitsrecht durch, ist nach Art. 10 sonderanzuknüpfen (→ Rn. 9). Ausreichend ist auch, dass das mitgliedstaatliche Arbeitsrecht als **Ersatzrecht** bei ordre public-Widrigkeit des Arbeitsverhältnisstatuts maßgeblich ist.

III. Wirkung

1. Bei Vorliegen der Voraussetzungen von Art. 10. Liegen die Voraussetzungen vor, 8
ordnet Art. 10 an, dass ausschließlich das Recht des Mitgliedstaates gilt, das auf den Arbeitsvertrag anzuwenden ist. Die genaue Bedeutung dieser Formulierung ist insoweit **unklar,** als nicht ausdrücklich klargestellt wird, ob nur das Arbeitsverhältnisstatut gem. Art. 8 Rom I-VO oder auch Eingriffsnormen iSv Art. 9 Rom I-VO anwendbar werden und ob ein etwaiger ordre public-Verstoß des Arbeitsverhältnisstatuts zu berücksichtigen ist.

Sicher umfasst ist das nach Art. 8 Rom I-VO bestimmte **Arbeitsverhältnisstatut.** Bei 9
der Wahl des Rechts eines Mitgliedstaats nach Art. 3, 8 I 1 Rom I-VO und einem anderen

mitgliedstaatlichen Recht als objektivem Arbeitsverhältnisstatut nach Art. 8 III oder IV Rom I-VO ist also ein Günstigkeitsvergleich durchzuführen und das für den Arbeitnehmer günstigere Recht nach Art. 10 anzuwenden. Bei einem Günstigkeitsvergleich iSv Art. 8 I 2 Rom I-VO zwischen einem mitgliedstaatlichen und einem drittstaatlichem Recht ist das günstigere mitgliedstaatliche Recht nach Art. 10 anwendbar. Ein in der konkreten Frage günstigeres drittstaatliches Recht führt der Systematik von Art. 10 nach dazu, dass Art. 10 insgesamt nicht anwendbar ist. Zum Umfang der Verweisung durch das Arbeitsverhältnisstatut, der auch für Art. 10 gilt → Rom I-VO Art. 3, 8 Rn. 46 f.

10   Erwägungsgrund 28 stellt auf das Recht ab, das durch die allg. Kollisionsnormen maßgeblich ist. Hieraus könnte gefolgert werden, dass die Anwendbarkeit einer mitgliedstaatlichen **Eingriffsnorm** nicht unter Art. 10 fällt, sondern dass sowohl bei der Frage, ob Art. 10 überhaupt eröffnet ist, als auch bei der Bestimmung des anwendbaren Rechts ausschließlich das Arbeitsverhältnisstatut zugrunde zu legen ist. Andererseits steht hinter Art. 9 II Rom I-VO, aber im arbeitsrechtlichen Bereich gerade auch hinter Art. 9 III Rom I-VO allg. kollisionsrechtliches Gedankengut, sodass es sich gerade im arbeitsrechtlichen Bereich bei Art. 9 Rom I-VO auch um eine allg. kollisionsrechtliche Anknüpfungsnorm handelt. Zudem möchte Art. 10 einen Gleichlauf mit der Rom I-VO herstellen. Es ist also gem. Art. 10 das nach der gesamten Rom I-VO im Ergebnis anwendbare Recht eines Mitgliedstaats maßgeblich. Soweit Auswirkungen einer Insolvenz auf das Arbeitsverhältnis durch Richtlinie geregelt sind (RL 98/59 und RL 2001/23) sind auch etwaige sich aus diesem Umstand ergebende Besonderheiten bei der Bestimmung des anwendbaren Rechts im Rahmen von Art. 10 zu beachten. Der in RL 2008/94 vorgesehene Schutz des Arbeitnehmers bei Zahlungsunfähigkeit des Arbeitgebers ist der EuInsVO entzogen, → Art. 1 Rn. 4.

11   Wegen des gewünschten Gleichlaufs ist auch eine **ordre public-Widrigkeit** nach Art. 21 Rom I-VO einschließlich der Folgen eines etwaigen Verstoßes zu berücksichtigen. Daher hat Art. 26 für spezifisch arbeitsrechtliche Belange keine selbständige Bedeutung.

12   **2. Bei Fehlen einer Voraussetzung von Art. 10.** Liegt kein Arbeitsverhältnis vor oder geht es nicht um Wirkungen des Insolvenzverfahrens auf das Arbeitsverhältnis, bleibt die **lex fori concursus** anwendbar (Gebauer/Wiedmann/*Haubold* Art. 10 Rn. 136; *Paulus* NZI 2001, 505 [513]).

13   **Fehlt** es daran, dass das Recht eines **Mitgliedstaats** auf das Arbeitsverhältnis anwendbar ist, spricht sich ein Teil der Literatur ebenfalls für die ausschließliche Anwendung der geltenden lex fori concursus aus (etwa Rauscher/*Mäsch* Art. 4 Rn. 5, Art. 10 Rn. 5). Überzeugender ist es jedoch, die Antwort in der Grundidee der EuInsVO zu suchen, nach der bei einer grenzüberschreitenden Insolvenz im Verhältnis zwischen einem Mitgliedstaat und einem Drittstaat das mitgliedstaatliche internationale Insolvenzrecht Anwendung finden soll (im Einzelnen Gebauer/Wiedmann/*Haubold* Art. 10 Rn. 137; Duursma/Kepplinger/*Duursma-Kepplinger*, Europäische Insolvenzordnung, 2002, Art. 10 Rn. 12; Geimer/Schütze/*Huber*, Art. 10 Rn. 2; HHGH/*Huber*, Art. 10 Rn. 2; K. Schmidt/*Brinkmann* Art. 10 Rn. 8). In Deutschland ist § 337 InsO maßgeblich, der Art. 10 entspricht (Gebauer/Wiedmann/*Haubold* Art. 10 Rn. 137). Wegen des Drittstaatenbezugs ist die Berücksichtigung einer möglichen ordre public-Widrigkeit des auf das Arbeitsverhältnis anwendbaren Rechts praktisch bedeutsamer. Ergebnis eines ordre public-Verstoßes wäre aber die Anwendung des deutschen Arbeitsrechts (→ Rom I-VO Art. 21 Rn. 6), wodurch im Ergebnis dann doch Art. 10 anwendbar wäre (→ Rn. 7).

C. Allgemeines Kollisionsrecht

14   Die Verweisung des Art. 4 und Art. 10 ist **Sachnormverweisung** (Rauscher/*Mäsch* Art. 4 Rn. 3; K. Schmidt/*Brinkmann* Art. 4 Rn. 2).

15   Zum ordre-public → Art. 26 Rn. 1 f.

D. Anwendungsprobleme

Die Sonderanknüpfung von Art. 10 bei grds. Maßgeblichkeit der lex fori concursus führt dazu, dass die nach dem maßgeblichen mitgliedstaatlichen Arbeitsrecht bestehenden insolvenzrechtlichen Auswirkungen auf das Arbeitsverhältnis in ein Zusammenspiel mit den Regeln des grds. maßgeblichen lex fori concursus zu bringen sind. Wegen der Unterschiede des mitgliedstaatlichen Insolvenzrechts kann es erforderlich werden, mittels **Substitution** Tatbestandselemente einer Sachnorm durch einen Rechtsvorgang nach ausländischem Recht zu ersetzen (s. allg. zur Substitution etwa *Looschelders,* Internationales Privatrecht – Art. 3–46 EGBGB, 2003, Vorb. Rn. 56). Wegen Art. 16 ff. EuInsVO ist bei der hierzu erforderlichen funktionellen Gleichwertigkeit ein großzügiger Maßstab anzulegen, dessen Ziel es ist, der lex fori concursus nach Art. 4 sowie der Sonderanknüpfung nach Art. 10 nach dem sog. effet utile-Grundsatz Wirkung zu verschaffen (aus der arbeitsrechtlichen Literatur *Abele,* FS v. Hoyningen-Huene, 2014, 1 [13 f.]; *Graf* ZAS 2002, 173 [175] mit Anwendungsbeispielen im Verhältnis Deutschland – Österreich). Daher kann ein ausländischer Verwalter iSv Anhang C nach § 113 InsO kündigen und mit dem Betriebsrat einen Interessenausgleich iSv § 125 InsO vereinbaren (BAG 20.9.2012 NZA 2013, 797; Rauscher/*Mäsch* Art. 10 EG-InsVO Rn. 10; *Giesen* EuZA 2013, 350). 16

Kapitel II. Anerkennung der Insolvenzverfahren

Art. 26 Ordre Public[1]

Jeder Mitgliedstaat kann sich weigern, ein in einem anderen Mitgliedstaat eröffnetes Insolvenzverfahren anzuerkennen oder eine in einem solchen Verfahren ergangene Entscheidung zu vollstrecken, soweit diese Anerkennung oder diese Vollstreckung zu einem Ergebnis führt, das offensichtlich mit seiner öffentlichen Ordnung, insbesondere mit den Grundprinzipien oder den verfassungsmäßig garantierten Rechten und Freiheiten des einzelnen, unvereinbar ist.

Der ordre public-Vorbehalt bezieht sich dem Wortlaut nach auf die Anerkennung des Insolvenzverfahrens und von Entscheidungen, die in dem Insolvenzverfahren ergangen sind und die vollstreckt werden sollen, ist aber im Grundsatz gleichermaßen auf das aufgrund der Kollisionsnormen der EuInsVO anwendbare Recht zu beziehen (Rauscher/*Mäsch* Rn. 23; HambKomm/*Undritz* Rn. 1; MüKoInsO/*Reinhart* Rn. 15; Gebauer/Wiedmann/*Haubold* Rn. 207a; HHGH/*Gruber* Rn. 11 f.; **aA** Nerlich/Römermann/*Nerlich,* Insolvenzordnung, Rn. 2). Art. 10 mit seiner auch eine etwaige ordre public-Widrigkeit berücksichtigende Verweisung auf das für das Arbeitsverhältnis maßgebliche Recht (→ Art. 4, 10 Rn. 8 f.) sowie bei richtigem Verständnis die Anwendbarkeit deutschen internationalen Insolvenzrechts, wenn auf ein Arbeitsverhältnis drittstaatliches Recht iSv Art. 10 anzuwenden ist (→ Art. 4, 10 Rn. 13), schließen die **Bedeutung** des ordre public Vorbehalts des Art. 26 aus spezifischen arbeitsrechtlichen Gesichtspunkten aus. 1

Zu **allg.** Aspekten: EuGH 2.5.2006 – C-341/04 Rn. 62 f.– Eurofood, NZI 2006, 360; Uhlenbruck/*Lüer* Rn. 3 ff.; MüKoInsO/*Reinhart* Rn. 5 ff.; Pannen/*Riedemann* Rn. 5 ff. 2

---

[1] **Amtl. Anm.:** Siehe die Erklärung Portugals zur Anwendung der Artikel 26 und 37 (ABl. C 183 vom 30.6.2000, S. 1).

Kapitel III. Sekundärinsolvenzverfahren

Art. 27 Verfahrenseröffnung

¹Ist durch ein Gericht eines Mitgliedstaats ein Verfahren nach Artikel 3 Absatz 1 eröffnet worden, das in einem anderen Mitgliedstaat anerkannt ist (Hauptinsolvenzverfahren), so kann ein nach Artikel 3 Absatz 2 zuständiges Gericht dieses anderen Mitgliedstaats ein Sekundärinsolvenzverfahren eröffnen, ohne daß in diesem anderen Mitgliedstaat die Insolvenz des Schuldners geprüft wird. ²Bei diesem Verfahren muß es sich um eines der in Anhang B aufgeführten Verfahren handeln. ³Seine Wirkungen beschränken sich auf das im Gebiet dieses anderen Mitgliedstaats belegene Vermögen des Schuldners.

Art. 28 Anwendbares Recht

Soweit diese Verordnung nichts anderes bestimmt, finden auf das Sekundärinsolvenzverfahren die Rechtsvorschriften des Mitgliedstaats Anwendung, in dessen Gebiet das Sekundärinsolvenzverfahren eröffnet worden ist.

1   Zur Geltung von Art. 10 in **Sekundärinsolvenzverfahren** oben → Art. 4, 10 Rn. 1.

220. Verordnung (EU) Nr. 1215/2012 des Europäischen Parlaments und des Rates vom 12. Dezember 2012 über die gerichtliche Zuständigkeit und die Anerkennung und Vollstreckung von Entscheidungen in Zivil- und Handelssachen (Neufassung)

(ABl. Nr. L 351 S. 1)[1]

Celex-Nr. 3 2012 R 1215

zuletzt geänd. durch Art. 1 ÄndVO (EU) 2015/281 v. 26.11.2014
(ABl. 2015 Nr. L 54 S. 1)

– Auszug –

DAS EUROPÄISCHE PARLAMENT UND DER RAT DER EUROPÄISCHEN UNION –

gestützt auf den Vertrag über die Arbeitsweise der Europäischen Union, insbesondere auf Artikel 67 Absatz 4 und Artikel 81 Absatz 2 Buchstaben a, c und e,
auf Vorschlag der Europäischen Kommission,
nach Zuleitung des Entwurfs des Gesetzgebungsakts an die nationalen Parlamente,
nach Stellungnahme des Europäischen Wirtschafts- und Sozialausschusses[2],
gemäß dem ordentlichen Gesetzgebungsverfahren[3],
in Erwägung nachstehender Gründe:
(…)
(10) Der sachliche Anwendungsbereich dieser Verordnung sollte sich, von einigen genau festgelegten Rechtsgebieten abgesehen, auf den wesentlichen Teil des Zivil- und Handelsrechts erstrecken; aufgrund der Annahme der Verordnung (EG) Nr. 4/2009 des Rates vom 18. Dezember 2008 über die Zuständigkeit, das anwendbare Recht, die Anerkennung und Vollstreckung von Entscheidungen und die Zusammenarbeit in Unterhaltssachen[4] sollten insbesondere die Unterhaltspflichten vom Anwendungsbereich dieser Verordnung ausgenommen werden.
(…)
(18) Bei Versicherungs-, Verbraucher- und Arbeitsverträgen sollte die schwächere Partei durch Zuständigkeitsvorschriften geschützt werden, die für sie günstiger sind als die allgemeine Regelung.
(19) Vorbehaltlich der in dieser Verordnung festgelegten ausschließlichen Zuständigkeiten sollte die Vertragsfreiheit der Parteien hinsichtlich der Wahl des Gerichtsstands, außer bei Versicherungs-, Verbraucher- und Arbeitsverträgen, wo nur eine begrenztere Vertragsfreiheit zulässig ist, gewahrt werden.
(…)

HABEN FOLGENDE VERORDNUNG ERLASSEN:

---

[1] Veröffentlicht am 20.12.2012.
[2] **Amtl. Anm.:** ABl. C 218 vom 23.7.2011, S. 78.
[3] **Amtl. Anm.:** Standpunkt des Europäischen Parlaments vom 20. November 2012 (noch nicht im Amtsblatt veröffentlicht) und Beschluss des Rates vom 6. Dezember 2012.
[4] **Amtl. Anm.:** ABl. L 7 vom 10.1.2009, S. 1.

Kapitel I. Anwendungsbereich und Begriffsbestimmungen

Art. 1 [Anwendungsbereich]

(1) ¹Diese Verordnung ist in Zivil- und Handelssachen anzuwenden, ohne dass es auf die Art der Gerichtsbarkeit ankommt. ²Sie gilt insbesondere nicht für Steuer- und Zollsachen sowie verwaltungsrechtliche Angelegenheiten oder die Haftung des Staates für Handlungen oder Unterlassungen im Rahmen der Ausübung hoheitlicher Rechte (*acta iure imperii*).

(2) Sie ist nicht anzuwenden auf:
(…)
b) Konkurse, Vergleiche und ähnliche Verfahren,
c) die soziale Sicherheit,
(…)

A. Die Brüssel Ia-VO im Überblick

1   Die Brüssel Ia-VO (EU) Nr. 1215/2012 v. 12.12.2012 löst gem. Art. 81 die Brüssel I-VO (EG) Nr. 44/2001 v. 22.12.2000 zum **10.1.2015** ab. Die Brüssel I-VO geht auf das Brüsseler Übereinkommen über die gerichtliche Zuständigkeit und die Vollstreckung gerichtlicher Entscheidungen in Zivil- und Handelssachen (EuGVÜ) aus dem Jahre 1968 zurück (ursprüngliche Fassung in ABl. 1972 L 299, 32). Das EuGVÜ wurde mehrfach geändert (zu den Änderungen *Kropholler/v. Hein* Einl. Rn. 17 ff.) und 1988 um das Lugano-Übereinkommen (ABl. 1988 L 319, 9; revidierte Version vom 2007, ABl. 2007 L 339, 1) ergänzt, das im Verhältnis zu den EFTA-Staaten gilt (Island, Norwegen, Schweiz; nicht Liechtenstein) und dem auch Drittstaaten beitreten können (Art. 62 des Übereinkommen von 1988; Art. 70 der revidierten Version; dazu Magnus/Mankowski/*Magnus* Introduction Rn. 21; Czernich/Tiefenthaler/Kodek/Heiss/*Czernich/Tiefenthaler/Kodek*, Europäisches Gerichtsstands- und Vollstreckungsrecht, 3. Aufl., Wien 2009, Brüssel I-VO Einleitung Rn. 50).

2   Die Brüssel Ia-VO schafft für Zivil- und Handelssachen iSv Art. 1 ein **System internationaler Zuständigkeiten** (Kap. II, Art. 4 ff.), welches die Grundlage für die **Anerkennung und Vollstreckung** der Urteile in den anderen Mitgliedstaaten bildet, ohne dass es dafür eines besonderen Verfahrens bedarf (Kap. III, Art. 36 ff.). Das Kapitel über die internationale Zuständigkeit ist in verschiedene **Abschnitte** untergliedert: die allg. Bestimmungen (Art. 4–6), die als Grundregel den Gerichtsstand im Mitgliedstaat festlegen, in dem der Beklagte seinen Wohnsitz hat, Art. 4 I. Nach Art. 5 I kann hiervon nur unter den Voraussetzungen der Art. 7 ff. abgewichen werden. Von den besonderen Zuständigkeiten in Art. 7–9 haben arbeitsrechtliche Relevanz Art. 7 Nr. 2 für den Arbeitskampf (→ Art. 7 Rn. 5 ff.) sowie Art. 8 Nr. 1, der in der Brüssel Ia-VO gem. Art. 20 I erstmals auf Arbeitsverhältnisse im Zusammenhang mit Klagen gegen den Arbeitgeber anwendbar ist (→ Art. 8 Rn. 1; → Art. 20 Rn. 12).

3   Für die Klage eines **Arbeitnehmers** aus seinem Arbeitsverhältnis gegen den Arbeitgeber eröffnen die Art. 20 ff. folgende Zuständigkeiten: gem. Art. 21 Klage am Wohnort des Arbeitgebers, am gewöhnlichen Arbeitsort sowie am Ort der einstellenden Niederlassung, wenn die Arbeit gewöhnlich nicht in einem Mitgliedstaat verrichtet wird. Nach Art. 20 I iVm Art. 7 Nr. 5 ist Gerichtsstand für Streitigkeiten aus dem Betrieb einer Zweigniederlassung deren Ort. Art. 20 I iVm Art. 6 sowie Art. 20 II betreffen die internationale Zuständigkeit bei Klagen des Arbeitnehmers gegen seinen Arbeitgeber, wenn der Arbeitgeber keinen Wohnsitz in einem Mitgliedstaat hat oder wenn er zwar keinen Wohnsitz in einem Mitgliedstaat, aber eine Zweigniederlassung, Agentur oder sonstige Niederlassung in einem Mitgliedstaat hat. Für die Klage des **Arbeitgebers** gegen seinen Arbeitnehmer ist

nach Art. 22 I der allg. Gerichtsstand des Arbeitnehmers an seinem Wohnsitz ausschlaggebend. Art. 23 schließlich schränkt die Möglichkeiten einer **Gerichtsstandsvereinbarung** bei individuellen Arbeitsverträgen ein.

Die Urfassung des EuGVÜ von 1968 sowie die Fassungen dieses Übereinkommens durch die ersten beiden Beitrittsübereinkommen (9.10.1978, ABl. 1978, L 304, 1; 25.10.1982, ursprüngliche Fassung in ABl. 1982, L 388, 1, konsolidierte Fassung in ABl. 1983, C 97, 2) sahen noch keine spezielle Regelung zu Gerichtsständen für Streitigkeiten aus Arbeitsverhältnissen vor. Grund waren Verordnungsentwürfe über das internationale Arbeitsrecht (23.3.1972, ABl. C 49, 26; 28.4.1976, KOM [75] 653 endg.), die auch Zuständigkeitsregeln enthielten, die im Ergebnis jedoch nicht verabschiedet wurden. Zunächst hat sich der EuGH in einer Reihe von Entscheidungen mit der Frage auseinandergesetzt, ob der allg. Gerichtsstand des Erfüllungsortes in Streitigkeiten aus Arbeitsverhältnissen als Gerichtsstand am gewöhnlichen Arbeitsort zu verstehen sei (EuGH 26.5.1982 – 133/81 Rn. 7 ff. – Ivenel, Slg. 1982, 1891; 15.1.1987 – 266/85 Rn. 11 – Shenavai, Slg. 1987, 239). Die Neufassung des EuGVÜ von 1989 hat den Gerichtsstand am gewöhnlichen Arbeitsort und hilfsweise am Ort der einstellenden Niederlassung ausdrücklich in Art. 5 Nr. 1 in Anlehnung an die Kollisionsnorm von Art. 6 EVÜ übernommen. Die Brüssel I-VO von 2001 hat nur die Systematik sowie die Nummerierung geändert, indem die Gerichtsstände für Streitigkeiten aus Arbeitsverhältnissen geschlossen in Art. 18–21 geregelt wurden. Die Brüssel Ia-VO hat im Wesentlichen nur die **Nummerierung** geändert sowie in Art. 20 I einen **Vorbehalt** auch zugunsten von **Art. 8 Nr. 1** eingeführt (dazu näher → Art. 8 Rn. 1; → Art. 20 Rn. 12).

B. Anwendungsbereich

I. Sachlicher Anwendungsbereich

Nach Art. 1 I ist die Brüssel Ia-VO in **Zivil- und Handelssachen** anzuwenden. Diese Voraussetzung ist bei jedem zivilrechtlich ausgestalteten Dienstverhältnis erfüllt (zur Abgrenzung s. etwa *Kropholler/v. Hein* Brüssel I-VO Art. 1 Rn. 6 ff.; *Junker* Int. ZPR § 7 Rn. 5). Entscheidend für die Anwendung der Art. 20 ff. ist dann, ob es sich um eine Streitigkeit aus einem **individuellen Arbeitsverhältnis** handelt. Parallel zum Begriffsverständnis in der Rom I-VO sowie bei der EuInsVO ist für das Vorliegen eines Arbeitsverhältnisses entscheidend, ob eine Person nach Unionsrecht, lex fori, lex causae oder dem Recht des gewöhnlichen Arbeitsorts Arbeitnehmer oder arbeitnehmerähnlich ist (sog. **qualifikationsrechtlicher Rechtsformzwang**, näher → Rom I-VO Art. 1 Rn. 33; **anders** etwa *Kropholler/v. Hein* Brüssel I-VO Art. 18; Rauscher/*Mankowski* Brüssel I-VO Art. 18 Rn. 4a f.; Thomas/Putzo/*Hüßtege* Brüssel I-VO Art. 18 Rn. 1: autonome Auslegung nach Unionsrecht). Liegt kein Arbeitsverhältnis vor, greifen im Anwendungsbereich der Brüssel Ia-VO die Art. 4–6 sowie möglicherweise besondere Zuständigkeiten nach Art. 7.

Tarifvertrags- und **Betriebsverfassungsrecht** sind auch rechtsvergleichend jedenfalls im Grundsatz Zivilrecht und würden damit der Brüssel Ia-VO unterliegen. Andererseits sind sie jeweils in ein Gesamtsystem des Tarifvertrags- und Betriebsverfassungsrechts eingebettet, welches Mechanismen vorsehen kann, die nicht mehr ohne weiteres als zivilrechtlich zu qualifizieren sind (normative Wirkung; erga omnes Wirkung; gesetzliche Betriebsverfassung). Wie bei dem deutschen Beschlussverfahren (§§ 2a, 80 ff. ArbGG) können eigene Verfahrensarten mit wiederum eigenen Regeln zur Zuständigkeit (§ 82 S. 1 ArbGG) vorgesehen sein. Solchen Besonderheiten wird das der Brüssel Ia-VO in Art. 4–7 zugrunde liegende Anknüpfungssystem nicht gerecht. Internationale Zuständigkeit und Vollstreckung in (praktisch seltenen) grenzüberschreitenden tarifvertraglichen oder betriebsverfassungsrechtlichen Streitigkeiten fallen daher **nicht** unter die Brüssel Ia-VO (Stein/Jonas/*Wagner* Brüssel I-VO Art. 1 Rn. 15, Art. 18 Rn. 9; **anders** Magnus/Mankowski/*Magnus* Art. 5

220 VO Nr. 1215/2012/EU Art. 1

Rn. 39a: Vertrag iSd Art. 7 Nr. 1 lit. a; ähnlich MHdBArbR/*Oetker* § 11 Rn. 136; MüKoZPO/*Gottwald* Brüssel I-VO Art. 18 Rn. 5). Beides richtet sich vielmehr nach autonomem internationalen Prozessrecht der Mitgliedstaaten (zur Zuständigkeit für das Beschlussverfahren am Betriebssitz MHdBArbR/*Birk*, 2. Aufl. 2000, § 23 Rn. 39, s. auch *Heinze* RabelsZ 2009, 770 [776 mit Fn. 36]). Für Klagen aus unerlaubter Handlung im Zusammenhang mit einem Arbeitskampf kann hingegen der Gerichtsstand nach Art. 7 Nr. 2 eröffnet sein (näher → Art. 7 Rn. 5 ff.). Für individualrechtliche Streitigkeiten im Zusammenhang mit einem Arbeitskampf greifen die Art. 20 ff.

7 Zur Ausnahme von **Konkursen,** Vergleichen und ähnlichen Verfahren aus dem Anwendungsbereich der Brüssel Ia-VO durch Art. 1 II lit. b → EuInsVO Art. 3 Rn. 6.

8 Art. 1 II lit. c nimmt Fragen der **sozialen Sicherheit** aus dem Anwendungsbereich der Brüssel Ia-VO aus. Diese Ausnahme greift nur, wenn eine sozialrechtliche Frage **Hauptfrage** eines Rechtsstreits ist (*Junker* ZZPInt 1998, 179 [183]; Thomas/Putzo/*Hüßtege* Brüssel I-VO Art. 1 Rn. 8; allg. für Art. 1 II Kropholler/v. Hein Brüssel I-VO Art. 1 Rn. 17; Stein/Jonas/*Wagner* Brüssel I-VO Art. 1 Rn. 28, 4 f.). Etwaige Regressansprüche im Verhältnis Arbeitnehmer/Arbeitgeber wegen sozialrechtlicher Fragen, die mit dem Sozialrecht stark verknüpfte Entgeltfortzahlung im Krankheitsfall, Ansprüche gegen den Arbeitgeber oder andere Arbeitnehmer wegen Arbeitsunfällen sowie der Anspruch auf Urlaubsgeld sind hingegen von Art. 1 II lit. c nicht berührt und unterliegen als Zivil- und Handelssache Art. 20 ff. (*Kropholler/v. Hein* Brüssel I-VO Art. 1 Rn. 39; Rauscher/*Mankowski* Brüssel I-VO Art. 1 Rn. 25; Simons/Hausmann/*Hausmann* Brüssel I-VO Art. 1 Rn. 103).

II. Räumlicher und persönlicher Anwendungsbereich

9 Die Brüssel Ia-VO ist grds. nur anwendbar, wenn der **Beklagte** seinen **Wohnsitz** in einem **Mitgliedstaat** hat (zu Überlegungen der Erweiterung auf Beklagte mit Wohnsitz in Drittstaaten *v. Hein* RIW 2013, 97 [100 f.]). Verfügt der Beklagte über keinen Wohnsitz im Hoheitsgebiet eines Mitgliedstaats, greift nach Art. 6 I grds. das autonome mitgliedstaatliche internationale Prozessrecht. Nach Art. 20 II wird ein Arbeitgeber ohne Wohnsitz in einem Mitgliedstaat, der aber in einem Mitgliedstaat eine Zweigniederlassung, Agentur oder sonstige Niederlassung besitzt, so behandelt, als habe er seinen Wohnsitz im Hoheitsgebiet dieses Mitgliedstaats. Dieser Arbeitgeber kann vom Arbeitnehmer dann nach Art. 21 I lit. a vor den Gerichten dieses Mitgliedstaats oder nach Art. 21 I lit. b in einem anderen Mitgliedstaat verklagt werden, wenn dort der gewöhnliche Arbeitsort liegt oder sich dort die einstellende Niederlassung befindet. Eine entsprechende Ausnahme für Klagen des Arbeitgebers gegen den Arbeitnehmer sieht Art. 22 nicht vor, sodass es hier bei der allg. Regel bleibt (*Junker,* Int. ZPR § 13 Rn. 37; *Kropholler/v. Hein* Brüssel I-VO Art. 20 Rn 1; Geimer/Schütze/ *Auer* Brüssel I-VO Art. 20 Rn. 1; Magnus/Mankowski/*Esplugues Mota/Palao Moreno* Brüssel I-VO Art. 20 Rn. 1).

10 Im Verhältnis zu **Dänemark** gilt das Abkommen von 2005 zwischen der Europäischen Gemeinschaft und dem Königreich Dänemark über die gerichtliche Zuständigkeit und die Anerkennung und Vollstreckung von Entscheidungen in Zivil- und Handelssachen (ABl. 2005, L 299, 62; 2007, L 94, 70), das mit Einschränkungen die Anwendbarkeit der Brüssel I-VO zur Folge hat (Rauscher/*Staudinger* Brüssel I-VO Einl. Rn. 15; Magnus/Mankowski/ *Magnus* Introduction Rn. 54; *Junker* Int. ZPR § 6 Rn. 1); Dänemark hat mitgeteilt, dass es auch die Brüssel Ia-VO umsetzen wird, ABl. 2013, L 79, 4 (dazu Thomas/Putzo/*Hüßtege* Vorb. Rn. 2).

III. Zeitlicher Anwendungsbereich

11 Die Brüssel Ia-VO findet ab dem **10.1.2015** Anwendung, Art. 81 S. 2. Entscheidend ist der Zeitpunkt, zu dem die Klage erhoben wird, Art. 66 I (s. näher *v. Hein* RIW 2013, 97 [101]; *Baumbach/Lauterbach/Albers/Hartmann* Art. 66 Rn. 2).

C. Vorabentscheidungsverfahren

Die für die Brüssel I-VO geltende Einschränkung des früheren Art. 68 I EGV, nach der **12** nur letztinstanzliche Gerichte vorlageberechtigt waren (dazu EuGH 10.6.2004 – C-555/03 Rn. 12 ff. – Magali Warbecq, Slg. 2004, I-6041), gilt unter dem Regime des AEUV nicht mehr (*Kropholler/v. Hein* Einl. Rn. 59; Simons/Hausmann/*Hausmann* Brüssel I-VO Einl. Rn. 35; *Nagel/Gottwald* § 1 Rn. 70; MüKoZPO/*Gottwald* Brüssel I-VO Vorb. zu Art. 1 ff. Rn. 33). **Art. 267 AEUV** ist iRd Brüssel Ia-VO **uneingeschränkt** anwendbar (Rauscher/*Staudinger* Einl. Rn. 63).

Kapitel II. Zuständigkeit

Abschnitt 1. Allgemeine Bestimmungen

Art. 4 [Allgemeiner internationaler Gerichtsstand]

(1) Vorbehaltlich der Vorschriften dieser Verordnung sind Personen, die ihren Wohnsitz im Hoheitsgebiet eines Mitgliedstaats haben, ohne Rücksicht auf ihre Staatsangehörigkeit vor den Gerichten dieses Mitgliedstaats zu verklagen.

(2) Auf Personen, die nicht dem Mitgliedstaat, in dem sie ihren Wohnsitz haben, angehören, sind die für Staatsangehörige dieses Mitgliedstaats maßgebenden Zuständigkeitsvorschriften anzuwenden.

Art. 5 [Keine exorbitanten Gerichtsstände]

(1) Personen, die ihren Wohnsitz im Hoheitsgebiet eines Mitgliedstaats haben, können vor den Gerichten eines anderen Mitgliedstaats nur gemäß den Vorschriften der Abschnitte 2 bis 7 dieses Kapitels verklagt werden.

(2) Gegen die in Absatz 1 genannten Personen können insbesondere nicht die innerstaatlichen Zuständigkeitsvorschriften, welche die Mitgliedstaaten der Kommission gemäß Artikel 76 Absatz 1 Buchstabe a notifizieren, geltend gemacht werden.

Art. 6 [Beklagte ohne Wohnsitz im Hoheitsgebiet eines Mitgliedstaates]

(1) Hat der Beklagte keinen Wohnsitz im Hoheitsgebiet eines Mitgliedstaats, so bestimmt sich vorbehaltlich des Artikels 18 Absatz 1, des Artikels 21 Absatz 2 und der Artikel 24 und 25 die Zuständigkeit der Gerichte eines jeden Mitgliedstaats nach dessen eigenem Recht.

(2) Gegenüber einem Beklagten, der keinen Wohnsitz im Hoheitsgebiet eines Mitgliedstaats hat, kann sich unabhängig von ihrer Staatsangehörigkeit jede Person, die ihren Wohnsitz im Hoheitsgebiet eines Mitgliedstaats hat, in diesem Mitgliedstaat auf die dort geltenden Zuständigkeitsvorschriften, insbesondere auf diejenigen, welche die Mitgliedstaaten der Kommission gemäß Artikel 76 Absatz 1 Buchstabe a notifizieren, wie ein Staatsangehöriger dieses Mitgliedstaats berufen.

Art. 4–6 legen das Grundmuster des **Systems** der internationalen Zuständigkeit der Brüssel **1** Ia-VO fest. Regelgerichtsstand ist nach Art. 4 I vor den Gerichten des Wohnsitzmitgliedstaats. Personen, die ihren Wohnsitz im Hoheitsgebiet eines Mitgliedstaats haben, können gem. Art. 5 I vor den Gerichten eines anderen Mitgliedstaats nur verklagt werden, wenn ein anderer

Gerichtsstand in den Abschnitten 2–7 der Brüssel Ia-VO vorgesehen ist. Dies ist zum einen für Klagen aus Arbeitsverhältnissen der Fall, für die Art. 20–23 eine vollständige Regelung der internationalen Zuständigkeit aufstellen. Anders als noch unter dem EuGVÜ ist in Art. 21 I lit. a auch der Gerichtsstand vor den Gerichten des Wohnsitzmitgliedstaats des Arbeitgebers geregelt, sodass es insoweit keines Rückgriffs auf Art. 4 I bedarf.

2   Auch der Gerichtsstand am Ort der **unerlaubten Handlung** nach Art. 7 Nr. 2 ist von arbeitsrechtlicher Bedeutung. Hierbei handelt es sich nicht um eine ausschließliche Zuständigkeit, sodass für eine etwaige Klage vor den Gerichten des Wohnsitzmitgliedstaats des Beklagten Art. 4 I greift (Rauscher/*Leible* Brüssel I-VO Art. 5 Rn. 1; Geimer/Schütze/*Auer* Int. Rechtsverkehr Brüssel I-VO Art. 5 Rn. 120; Magnus/Mankowski/*Magnus* Brüssel I-VO Art. 5 Rn. 9). Zu den nach Art. 5 II **ausgeschlossenen** Gerichtsständen s. Anh. I der Brüssel I-VO sowie Simons/Hausmann/*Hausmann* Brüssel I-VO Art. 3 Rn. 7; die für die Brüssel Ia-VO nach Art. 76 I, II nach Notifizierungen der Mitgliedstaaten noch zu erstellende Liste wird nach Art. 76 III im Amtsblatt veröffentlicht.

3   Art. 6 I ist für Klagen aus Individualarbeitsverträgen doppelt **aufgeweicht.** Zum einen stellt Art. 20 II klar, dass eine Zweigniederlassung, Agentur oder sonstige Niederlassung im Ergebnis einen Wohnsitz in einem Mitgliedstaat begründen. Zudem lässt Art. 21 II Klagen gegen einen Arbeitgeber, der auch keinen Wohnsitz iSv Art. 20 II in einem Mitgliedstaat hat, gem. Art. 21 I lit. b zu. Hierzu auch → Art. 1 Rn. 9; → Art. 21 Rn. 8 ff.

Abschnitt 2. Besondere Zuständigkeiten

Art. 7 [Besondere Gerichtsstände]

Eine Person, die ihren Wohnsitz im Hoheitsgebiet eines Mitgliedstaats hat, kann in einem anderen Mitgliedstaat verklagt werden:

1. a) wenn ein Vertrag oder Ansprüche aus einem Vertrag den Gegenstand des Verfahrens bilden, vor dem Gericht des Ortes, an dem die Verpflichtung erfüllt worden ist oder zu erfüllen wäre;
   b) im Sinne dieser Vorschrift – und sofern nichts anderes vereinbart worden ist – ist der Erfüllungsort der Verpflichtung
   – für den Verkauf beweglicher Sachen der Ort in einem Mitgliedstaat, an dem sie nach dem Vertrag geliefert worden sind oder hätten geliefert werden müssen;
   – für die Erbringung von Dienstleistungen der Ort in einem Mitgliedstaat, an dem sie nach dem Vertrag erbracht worden sind oder hätten erbracht werden müssen;
   c) ist Buchstabe b nicht anwendbar, so gilt Buchstabe a;
2. wenn eine unerlaubte Handlung oder eine Handlung, die einer unerlaubten Handlung gleichgestellt ist, oder wenn Ansprüche aus einer solchen Handlung den Gegenstand des Verfahrens bilden, vor dem Gericht des Ortes, an dem das schädigende Ereignis eingetreten ist oder einzutreten droht;

(...)

5. wenn es sich um Streitigkeiten aus dem Betrieb einer Zweigniederlassung, einer Agentur oder einer sonstigen Niederlassung handelt, vor dem Gericht des Ortes, an dem sich diese befindet;

(...)

A. Allgemeines

1   Art. 7 Nr. 2 eröffnet bei unerlaubten Handlungen und Ansprüchen aus einer solchen Handlung einen Gerichtsstand an dem Ort, an dem das schädigende Ereignis eingetreten ist

oder einzutreten droht. Dieser Gerichtsstand steht neben dem allg. Gerichtsstand nach Art. 4 I ("kann"). Der Begriff der unerlaubten Handlung ist **autonom** zu bestimmen (unter Geltung des EuGVÜ EuGH 27.9.1988 – 189/87 Rn. 16 – Kalfelis, NJW 1988, 3088). Die arbeitsrechtliche Bedeutung liegt im **Arbeitskampfrecht** sowie bei der **Haftung** des Arbeitnehmers gegenüber seinem Arbeitgeber oder Dritten bzw. der Haftung des Arbeitgebers gegenüber seinem Arbeitnehmer.

Ort des schädigenden Ereignisses ist nach der Rechtsprechung des EuGH sowohl der 2 Handlungs- als auch der Erfolgsort (st. Rspr. seit EuGH 30.11.1976 – 21/76 Rn. 15/19 – Bier/Mines de Potasse d'Alsace, Slg. 1976, 1735; unter Geltung der Brüssel I-VO EuGH 16.7.2009 – C-189/08 Rn. 23 – Zuid-Chemie/Philippo's Mineralenfabriek, NJW 2009, 3501). Bei **Distanzdelikten** hat der Kläger damit die Wahl zwischen dem allg. Gerichtsstand nach Art. 4 I sowie mehreren Gerichtsständen nach Art. 7 Nr. 2 (Rauscher/*Leible* Brüssel I-VO Art. 5 Rn. 85; *Kropholler/v. Hein* Brüssel I-VO Art. 5 Rn. 82; Simons/Hausmann/*Hausmann* Brüssel I-VO Art. 5 Nr. 3 Rn. 5, 32; näher *Junker* Int. ZPR § 10 Rn. 9 f.).

Art. 7 Nr. 2 eröffnet einen Gerichtsstand auch für **vorbeugenden** Rechtsschutz ("ein- 3 zutreten droht"). Nach Art. 7 Nr. 2 besteht aber **kein** Gerichtsstand für konkurrierende vertragliche Ansprüche (unter Geltung des EuGVÜ EuGH 27.9.1988 – 189/87 Rn. 19 f. – Kalfelis, NJW 1988, 3088; zum Meinungsstand *Kropholler/v. Hein* Brüssel I-VO Art. 5 Rn. 79 mit Fn. 474, 478; Geimer/Schütze/*Geimer*, Eur. ZVR Brüssel I-VO Art. 5 Rn. 222; zu den nach Art. 30 bestehenden Möglichkeiten Stein/Jonas/*Wagner* Brüssel I-VO Art. 28 Rn. 1 ff.; *Baumbach/Lauterbach/Albers/Hartmann* Art. 30 Rn. 1). Umstritten ist, ob am Gerichtsstand des Erfüllungsortes (allg. Art. 7 Nr. 1 sowie für Klagen des Arbeitnehmers gegen den Arbeitgeber gem. Art. 21 I lit. b) eine **Annexkompetenz** zur Entscheidung deliktischer Fragen besteht (→ Art. 21 Rn. 11). Zum Arbeitskampfrecht → Rn. 5 ff; zur Haftung im Zusammenhang mit dem Arbeitsverhältnis → Rn. 9.

Zu Art. 7 Nr. 5 unten → Art. 20 Rn. 10 f. 4

B. Arbeitskampfrecht

Unerlaubte Handlungen im Zusammenhang mit einem **Arbeitskampf** begründen den 5 Gerichtsstand nach Art. 7 Nr. 2, soweit es **nicht** um Klagen geht, die die **Auswirkungen** des Arbeitskampfs auf das **Individualarbeitsverhältnis** betreffen (EuGH 5.2.2004 – C-18/02 Rn. 19 ff. – DFDS Torline, Slg. 2004, I-1417; so auch *Hergenröder* GPR 2005, 33 [35]; *Franzen* IPRax 2006, 127 [127 f.]; *Heinze* RabelsZ 09, 770 [773 f., 776 f.]). Was unerlaubte Handlung ist, richtet sich auch im Zusammenhang mit einem Arbeitskampf nach dem **autonomen** Verständnis des EuGH (→ Art. 7 Rn. 1). Hierin liegt kein Widerspruch zu Art. 9 Rom II-VO, weil Art. 7 Nr. 2 am Tatbestandsmerkmal der unerlaubten Handlung und nicht am Vorliegen eines Arbeitskampfes anknüpft. Ist dann aber zu entscheiden, ob der Arbeitskampf rechtmäßig ist, gilt Art. 9 Rom II-VO (strittig, → Rom II-VO Art. 9 Rn. 13).

Ort des **schädigenden Ereignisses** ist im Zusammenhang mit Arbeitskämpfen der Ort, 6 an dem die deliktische Arbeitskampfmaßnahme **ergriffen** wird (*Heinze* RabelsZ 09, 770 [775]; *Franzen* IPRax 2006, 127 [128]; in EuGH 5.2.2004 – C-18/02 Rn. 41, Slg. 2004, I-1417, der Ort des Aufrufs). **Erfolgsort** ist, wo der Schaden eintritt. Bei Schiffen ist bei einem Boykott der Ort Erfolgsort, an dem das Schiff nicht entladen wurde, nicht hingegen der Staat der Flagge (*Heinze* RabelsZ 09, 770 [775 f.]; Magnus/Mankowski/*Magnus* Art. 5 Rn. 241 f.; unter Geltung des EuGVÜ auch EuGH 27.10.1998 – C-51/97 Rn. 34 f. – Réunion européenne/Spliethoff's Bevrachtingskantoor, EuZW 1999, 59; teilweise **anders** EuGH 5.2.2004 – C-18/02 Rn. 44 – DFDS Torline, Slg. 2004, I-1417: Flaggenstaat als Erfolgsort, wenn Schaden an Bord des Schiffes eingetreten ist). Weil der Ort der unmittelbaren Schädigung maßgeblich ist (Rauscher/*Leible* Brüssel I-VO Art. 5 Rn. 86; *Kropholler/v. Hein* Brüssel I-VO Art. 5 Rn. 87; Magnus/Mankowski/*Magnus* Brüssel I-VO Art. 5

Rn. 233 f.; s. auch EuGH 19.9.1995 – C-364/93 Rn. 14 – Marinari, EuZW 1995, 765; 10.6.2004 – C-168/02, Rn. 19 f. – Kronhofer, NJW 2004, 2441), liegen Handlungs- und Erfolgsort typischerweise in demselben Mitgliedstaat.

7 Bestehen **tarifvertragliche** Parallelansprüche, würden der allg. Regel nach die Gerichte am Erfüllungsort international zuständig. Weil entsprechende Streitigkeiten insgesamt dem Anwendungsbereich der Brüssel Ia-VO entzogen sind (→ Art. 1 Rn. 6), unterfallen dann auch auf Delikt gestützte Klagen nicht Art. 7 Nr. 2 (*Franzen* IPRax 2006, 127 [129], auch zur fehlenden Maßgeblichkeit der Frage in EuGH 5.2.2004 – C-18/02 Rn. 44 – DFDS Torline, Slg. 2004, I-1417). Die **praktische** Bedeutung von Art. 7 Nr. 2 im Arbeitskampfrecht ist damit auf Situationen **beschränkt,** in der ausschließlich deliktische Ansprüche in Betracht kommen.

8 Geht es um die Auswirkungen eines Arbeitskampfs auf das **Individualarbeitsverhältnis,** eröffnet auch eine auf Delikt gestützte Klage **nicht** den Gerichtsstand von Art. 7 Nr. 2. Für Klagen des Arbeitgebers bleibt es gem. Art. 22 I beim Gerichtsstand am Wohnsitz des Arbeitnehmers. Bei Klagen des Arbeitnehmers ist neben Art. 21 I lit. a auch Art. 21 I lit. b einschlägig (→ Art. 1 Rn. 9; → Art. 21 Rn. 8 ff.). Nur so lässt sich eine einheitliche Beurteilung der Rechtslage durch nur ein mitgliedstaatliches Gericht erreichen.

C. Haftung im Arbeitsverhältnis

9 Im Verhältnis Arbeitnehmer/Arbeitgeber bestehen neben den deliktischen Ansprüchen regelmäßig Parallelansprüche auf der Grundlage des Arbeitsverhältnisses. In diesen Fällen eröffnet eine auf Delikt gestützte Klage des Arbeitgebers gegen den Arbeitnehmer oder des Arbeitnehmers gegen den Arbeitgeber in Anlehnung an die Ausführungen zum Arbeitskampf in → Rn. 5 ff. **nicht** den Gerichtsstand von Art. 7 Nr. 2. Es bleibt bei den Gerichtsständen des Art. 22 I und des Art. 21 I. Geht es um einen im Außenverhältnis durch den Arbeitnehmer geschädigten Dritten, ist Art. 7 Nr. 2 hingegen maßgeblich. Zu beachten ist aber, ob diese Schädigung nicht im Rahmen eines Vertragsverhältnisses zwischen dem Dritten und dem Arbeitgeber erfolgt ist. Dann ist Art. 7 Nr. 1 einschlägig.

Art. 8 [Gerichtsstand des Sachzusammenhangs]

Eine Person, die ihren Wohnsitz im Hoheitsgebiet eines Mitgliedstaats hat, kann auch verklagt werden:

1. wenn mehrere Personen zusammen verklagt werden, vor dem Gericht des Ortes, an dem einer der Beklagten seinen Wohnsitz hat, sofern zwischen den Klagen eine so enge Beziehung gegeben ist, dass eine gemeinsame Verhandlung und Entscheidung geboten erscheint, um zu vermeiden, dass in getrennten Verfahren widersprechende Entscheidungen ergehen könnten;
2. wenn es sich um eine Klage auf Gewährleistung oder um eine Interventionsklage handelt, vor dem Gericht des Hauptprozesses, es sei denn, dass die Klage nur erhoben worden ist, um diese Person dem für sie zuständigen Gericht zu entziehen;
3. wenn es sich um eine Widerklage handelt, die auf denselben Vertrag oder Sachverhalt wie die Klage selbst gestützt wird, vor dem Gericht, bei dem die Klage selbst anhängig ist;
4. wenn ein Vertrag oder Ansprüche aus einem Vertrag den Gegenstand des Verfahrens bilden und die Klage mit einer Klage wegen dinglicher Rechte an unbeweglichen Sachen gegen denselben Beklagten verbunden werden kann, vor dem Gericht des Mitgliedstaats, in dessen Hoheitsgebiet die unbewegliche Sache belegen ist.

1 Anders als die Brüssel I-VO ist Art. 8 Nr. 1 in der Neufassung gem. Art. 20 I auf Klagen gegen den Arbeitgeber anwendbar. Diese Änderung korrigiert die Entscheidung des EuGH

in der Rs. *Glaxosmithkline* (EuGH 22.5.2008 – C-462/06 Rn. 13, 30 ff. – Glaxosmithkline, NZA 2008, 724) und erlaubt einem Arbeitnehmer insbesondere in **Konzernsachverhalten,** in denen der Anspruchsgegner nicht immer klar zuzuordnen ist, eine **einheitliche** Klage vor einem einzigen Gerichtsstand (s. dazu bereits *Krebber* IPRax 2009, 409 [412] sowie → Art. 20 Rn. 12; → Art. 22 Rn. 13).

Abschnitt 5. Zuständigkeit für individuelle Arbeitsverträge

Art. 20 [Anwendungsbereich]

(1) Bilden ein individueller Arbeitsvertrag oder Ansprüche aus einem individuellen Arbeitsvertrag den Gegenstand des Verfahrens, so bestimmt sich die Zuständigkeit unbeschadet des Artikels 6, des Artikels 7 Nummer 5 und, wenn die Klage gegen den Arbeitgeber erhoben wurde, des Artikels 8 Nummer 1 nach diesem Abschnitt.

(2) Hat der Arbeitgeber, mit dem der Arbeitnehmer einen individuellen Arbeitsvertrag geschlossen hat, im Hoheitsgebiet eines Mitgliedstaats keinen Wohnsitz, besitzt er aber in einem Mitgliedstaat eine Zweigniederlassung, Agentur oder sonstige Niederlassung, so wird er für Streitigkeiten aus ihrem Betrieb so behandelt, wie wenn er seinen Wohnsitz im Hoheitsgebiet dieses Mitgliedstaats hätte.

A. Allgemeines

Art. 20–23 regeln **abschließend** die möglichen Gerichtsstände in Verfahren, deren **1** Gegenstand ein Arbeitsverhältnis bildet, sowohl für Klagen des Arbeitnehmers gegen den Arbeitgeber als auch für Klagen des Arbeitgebers gegen den Arbeitnehmer. Der **allg. Gerichtsstand,** jeweils am Wohnsitz des Arbeitgebers und des Arbeitnehmers, ist in Art. 21 I lit. a bzw. Art. 22 I als Teil des besonderen Abschnittes über Zuständigkeiten für individuelle Arbeitsverträge geregelt. Ein Rückgriff auf die allg. Norm des Art. 4 I ist nicht statthaft, aber auch nicht erforderlich. Im Unionsrecht ist der Arbeitnehmer nicht Verbraucher (s. Art. 2 Nr. 1 RL 2011/83, ABl. 2011, L 304, 64), sodass die Art. 17–19 auch nicht analog auf Klagen von Arbeitnehmer und Arbeitgeber iSd Art. 20 ff. anwendbar sind.

Bei der erstmaligen Formulierung einer eigenen Regelung für die internationale Zustän- **2** digkeit bei Klagen des Arbeitnehmers gegen den Arbeitgeber aus dem Arbeitsverhältnis im EuGVÜ (→ Art. 1 Rn. 1, 4) wurde die grundlegende Systematik der objektiven Anknüpfung des Arbeitsverhältnisses aus Art. 6 EVÜ auch für die Zuständigkeit übernommen. Die entsprechenden Regelungen finden sich im geltenden Unionsrecht in Art. 8 II und III Rom I-VO sowie in Art. 21 I lit. b Brüssel Ia-VO. Der Wille des Gesetzgebers nach einer **Parallelregelung** von Anknüpfung des Arbeitsverhältnisstatuts und internationaler Zuständigkeit ist auch bei der Auslegung zu beachten. Daher sind Entscheidungen des EuGH zu Art. 8 II und III Rom I-VO im Zweifel auf Art. 21 I lit. b zu **übertragen** und umgekehrt (Stein/Jonas/*Wagner* Brüssel I-VO Art. 19 Rn. 10; allg. für eine parallele Auslegung auch Magnus/Mankowski/*Magnus* Introduction Rn. 91; im Verhältnis zur Brüssel I-VO vgl. auch Erwägungsgrund 7 Rom I-VO).

B. Anwendungsbereich der Art. 20–23

Der Normtext stellt auf den individuellen Arbeitsvertrag ab. Gemeint ist das Arbeits- **3** verhältnis (Saenger/*Dörner,* Brüssel I-VO Rn. 4; *Kropholler/v. Hein* Brüssel I-VO Art. 18 Rn. 3; Rauscher/*Mankowski* Brüssel I-VO Art. 18 Rn. 6; *Junker,* Arbeitnehmereinsatz im Ausland, Rn. 74). Ein Arbeitsverhältnis liegt dann vor, wenn eine der beiden Parteien die Eigenschaft als Arbeitnehmer hat. Um den mit den Sonderregelungen der Art. 20 ff. geförderten Arbeitnehmerschutz zu verwirklichen, ist es ausreichend, dass die Arbeitnehmereigenschaft oder die Eigenschaft als arbeitnehmerähnliche Person nach Unionsrecht, lex fori, lex causae oder dem Recht des gewöhnlichen Arbeitsorts vorliegt (sog. **qualifikationsrechtlicher Rechtsformzwang,** → Art. 1 Rn. 5).

C. Mögliche Gerichtsstände bei Verfahren, deren Gegenstand ein Arbeitsverhältnis ist

I. Klagen des Arbeitnehmers gegen den Arbeitgeber

4   1. **Zweipersonenbeziehung.** Ein Arbeitnehmer kann seinen Arbeitgeber, der seinen Wohnsitz im Hoheitsgebiet eines Mitgliedstaats hat, vor folgenden **Gerichtsständen** verklagen: (1) nach Art. 21 I lit. a vor den Gerichten des Wohnsitzmitgliedstaats; (2) nach Art. 21 I lit. b vor dem Gericht des Ortes, an dem oder von dem aus der Arbeitnehmer seine Arbeit gewöhnlich verrichtet (i), oder wenn der Arbeitnehmer seine Arbeit gewöhnlich nicht in ein und demselben Staat verrichtet, vor dem Gericht des Ortes der einstellenden Niederlassung (ii); (3) nach Art. 20 I iVm Art. 7 Nr. 5 kann der Arbeitnehmer den Arbeitgeber, der seinen Sitz im Wohnsitz eines Mitgliedstaats hat, vor dem Gericht des Ortes einer Zweigniederlassung, einer Agentur oder sonstigen Niederlassung verklagen, wenn es um Streitigkeiten aus dem Betrieb dieser Zweigniederlassung geht; (4) wenn der Arbeitgeber im Hoheitsgebiet eines Mitgliedstaats keinen Wohnsitz, aber eine Zweigniederlassung, Agentur oder sonstige Niederlassung hat, in diesem Mitgliedstaat für Streitigkeiten aus dem Betrieb dieser Zweigniederlassung, Agentur oder sonstigen Niederlassung.

5   2. **Arbeitsrechtliche Drittbeziehungen.** In arbeitsrechtlichen Drittbeziehungen gilt grds. dasselbe wie für die Zweipersonenbeziehung zwischen einem Arbeitnehmer und seinem Arbeitgeber. Sind auf Arbeitgeberseite mehrere Personen beteiligt, ist grds. jede Zweierbeziehung **getrennt** zu betrachten und es ist auch für jede Zweibeziehung selbständig zu beurteilen, ob ein Arbeitsverhältnis vorliegt, welches zur Anwendbarkeit der Art. 20–23 führt (so für die Arbeitnehmerüberlassung im Ergebnis Rauscher/*Mankowksi* Art. 18 Rn. 4d). Allerdings ist es unter den Voraussetzungen von Art. 20 I, 8 Nr. 1 möglich, dass der Arbeitnehmer mehrere Personen **zusammen** am Wohnsitzort eines der Beklagten verklagt, wenn zwischen den Klagen eine so enge Beziehung gegeben ist, dass eine gemeinsame Verhandlung und Entscheidung geboten erscheint.

II. Klagen des Arbeitgebers gegen den Arbeitnehmer

6   Der Arbeitgeber kann den Arbeitnehmer nach Art. 22 I **nur** vor den Gerichten verklagen, in dessen Hoheitsgebiet der Arbeitnehmer seinen Wohnsitz hat.

III. Widerklagen

7   Art. 20 I enthält keinen Vorbehalt zugunsten von Art. 8 Nr. 3, der damit iRd Art. 20 ff. eigentlich unanwendbar wäre. Art. 22 II trifft eine Sonderregelung nur für Widerklagen des **Arbeitgebers,** die an jedem Ort möglich sind, an dem der Arbeitnehmer den Arbeitgeber gem. Art. 20 ff. verklagt. Der Wortlaut mit fehlendem Vorbehalt zugunsten von Art. 8 Nr. 3 sowie Sonderregelung nur für den Arbeitgeber in Art. 22 II führt zu der widersprüchlichen Konstellation, dass der Arbeitnehmer nicht die Möglichkeit hätte, an dem Ort, an dem er nach Art. 20 I verklagt wird, auch Widerklage zu erheben. Dieses Ergebnis ist zu **korrigieren,** entweder indem Art. 8 Nr. 3 entgegen dem Wortlaut von Art. 20 I auch iRd Art. 20 ff. anwendbar ist oder indem Art. 22 II entsprechend auf Widerklagen des Arbeitnehmers angewendet wird (für eine entsprechende Anwendung von Art. 22 II: Rauscher/*Mankowski* Brüssel I-VO Art. 20 Rn. 4; *Schlosser* Brüssel I-VO Art. 20 Rn. 2; Geimer/*Schütze/Auer,* Int. Rechtsverkehr (Nr. 540), Brüssel I-VO Art. 18 Rn. 2; für eine direkte

Anwendung von Art. 22 II: Saenger/*Dörner* Brüssel I-VO Art. 20 Rn. 2; MüKoZPO/*Gottwald* Brüssel I-VO Art. 20 Rn. 3).

IV. Gerichtsstandsvereinbarungen

Art. 23 schränkt für den Bereich der Art. 20 ff. die Möglichkeit von Gerichtsstandsvereinbarungen stark ein (näher → Art. 23 Rn. 1 ff., → Art. 25 Rn. 1 ff.). **8**

V. Art. 6 Entsenderichtlinie

Art. 6 Entsenderichtlinie sieht einen **besonderen Gerichtsstand** für Klagen zur Durchsetzung des Rechts auf die in Art. 3 Entsenderichtlinie gewährleisteten Arbeits- und Beschäftigungsbedingungen im Entsendestaat vor. Dieser Gerichtsstand ist auf die Durchsetzung der den entsandten Arbeitnehmern durch die Entsende-Richtlinie gewährten Rechte **beschränkt** (*Krebber* IPRax 2013, 474 [477 f.]). S. im Übrigen → RL 96/71/EG Art. 6 Rn. 2. **9**

D. Vorbehalte des Art. 20 I

Die Art. 20–23 stellen eine abschließende Regelung der internationalen Zuständigkeit für Klagen aus Arbeitsverhältnissen dar. Art. 20 I sieht aber gewisse Vorbehalte vor. Zum einen ist Art. 7 Nr. 5 iRd Art. 20 ff. anwendbar. Der Arbeitgeber, der seinen Wohnsitz im Hoheitsgebiet eines Mitgliedstaates hat, kann in einem anderen Mitgliedstaat verklagt werden, wenn es sich um Streitigkeiten aus dem Betrieb einer **Zweigniederlassung,** einer Agentur oder einer sonstigen Niederlassung handelt. Art. 7 Nr. 5 greift auch neben Art. 21 I lit. b ii, kann also die einstellende Niederlassung sein (*Layton/Mercer* Rn. 18.023). Die Systematik ist hier eine andere. In Art. 21 I lit. b ii ist die einstellende Niederlassung Auffangtatbestand. Bei Art. 7 Nr. 5 geht es darum, dass der konkrete Rechtsstreit in einem Zusammenhang mit dieser Niederlassung steht, was bei Art. 21 I lit. b ii nicht vorausgesetzt wird. Ein Rechtsstreit steht dann mit der Niederlassung im Zusammenhang, wenn sich der Rechtsstreit aus dem Umstand ergibt, dass der Arbeitnehmer in dieser Zweigniederlassung tatsächlich seine Arbeit **verrichtet** hat und Rechte und Pflichten im Zusammenhang mit dieser tatsächlichen Arbeitsverrichtung Gegenstand des Verfahrens sind (Beispiel: Schädigung des Arbeitgebers in der Zweigniederlassung; Ausübung des Weisungsrechts aus der Zweigniederlassung; dazu auch Stein/Jonas/*Wagner* Brüssel I-VO Art. 5 Rn. 202; allg. zu Streitigkeiten aus dem Betrieb einer Niederlassung EuGH 22.11.1978 – 33/78 Rn. 13 – Somafer, Slg. 1978, 2183; *Junker* Int. ZPR § 11 Rn. 18). Zweigniederlassung, Agentur oder sonstige Niederlassung ist jeder Betrieb, aber auch jede Einrichtung des Arbeitgebers unterhalb der Betriebsschwelle, soweit es dort einen Mittelpunkt geschäftlicher Tätigkeit gibt, der auf Dauer als Außenstelle eines Stammhauses hervortritt. Dieser Mittelpunkt muss zudem eine Geschäftsführung haben und sachlich so ausgestattet sein, dass er in der Weise Geschäfte mit Dritten betreiben kann, dass diese sich nicht unmittelbar an das Stammhaus zu wenden brauchen (so EuGH 19.7.2012 – C-154/11 Rn. 48 – Mahamdia, NZA 2012, 935). **10**

Der Unterschied zwischen Art. 20 I iVm Art. 7 Nr. 5 auf der einen und Art. 20 II auf der anderen Seite besteht darin, dass Art. 20 I iVm Art. 7 Nr. 5 voraussetzt, dass der Arbeitgeber seinen Wohnsitz in einem Mitgliedstaat hat. Bei Art. 20 II reicht die Niederlassung in einem Mitgliedstaat. Zweigniederlassung iSv Art. 20 II ist auch eine **Botschaft,** ein Konsulat oder die Niederlassung einer internationalen Organisation, soweit der konkrete Arbeitnehmer keine Aufgaben ausübt, die hoheitliche Befugnisse sind und soweit die allg. Anforderungen an das Bejahen einer Zweigniederlassung erfüllt sind. **11**

Nach Art. 20 I ist auch Art. 8 Nr. 1 iRd Art. 20 ff. anzuwenden. Aus Gründen des Arbeitnehmerschutzes besteht der nach Art. 8 Nr. 1 erforderliche enge Zusammenhang immer dann, wenn in Beziehungen mit mehr als einer Person auf Arbeitgeberseite die **12**

Zuordnung eines Anspruchs zu einer dieser Personen nicht **zweifelsfrei** möglich ist (*Krebber* IPRax 2009, 409 [412]).

13   Art. 20 I iVm Art. 6 greift dann, wenn der Arbeitgeber auch unter Berücksichtigung von Art. 20 II keinen Wohnsitz in einem Mitgliedstaat hat. Nach deutschem internationalem Zivilprozessrecht führt die Bejahung der **örtlichen** Zuständigkeit eines Arbeitsgerichts auch zur Bejahung der internationalen Zuständigkeit (BAG 3.5.1995 NZA 1995, 1191; 10.4.1975 BAGE 27, 99; Grunsky/Waas/Benecke/Greiner/*Waas,* Arbeitsgerichtsgesetz, 8. Aufl. 2014, § 1 Rn. 9; Germelmann/Matthes/Prütting/*Prütting,* Arbeitsgerichtsgesetz, 8. Aufl. 2013, Einl. Rn. 274; zur Regelung in Österreich vgl. *Franzen* IPRax 1995, 257). Nach Art. 6 II sind auch die sog. **exorbitanten** Gerichtsstände (im deutschen Recht § 23 ZPO, Stein/Jonas/*Wagner* Brüssel I-VO Art. 4 Rn. 5; s. auch *Junker* Int. ZPR § 7 Rn. 14 f.) anzuwenden.

E. Wohnsitz in einem Mitgliedstaat gemäß Art. 20 II

14   Der für die Anwendbarkeit der Brüssel Ia-VO erforderliche Wohnsitz in einem Mitgliedstaat kann nach Art. 20 II auch dadurch begründet werden, dass der Arbeitgeber, der im Hoheitsgebiet eines Mitgliedstaats keinen Wohnsitz hat, dort aber eine **Zweigniederlassung,** Agentur oder sonstige Niederlassung hat. Erforderlich ist auch hier, dass die Streitigkeit aus dem Betrieb der Zweigniederlassung stammt (zum Begriff → Rn. 10).

Art. 21 [Gerichtsstände für Klagen gegen Arbeitgeber]

(1) Ein Arbeitgeber, der seinen Wohnsitz im Hoheitsgebiet eines Mitgliedstaats hat, kann verklagt werden:
a) vor den Gerichten des Mitgliedstaats, in dem er seinen Wohnsitz hat, oder
b) in einem anderen Mitgliedstaat
   i) vor dem Gericht des Ortes, an dem oder von dem aus der Arbeitnehmer gewöhnlich seine Arbeit verrichtet oder zuletzt gewöhnlich verrichtet hat, oder
   ii) wenn der Arbeitnehmer seine Arbeit gewöhnlich nicht in ein und demselben Staat verrichtet oder verrichtet hat, vor dem Gericht des Ortes, an dem sich die Niederlassung, die den Arbeitnehmer eingestellt hat, befindet oder befand.

(2) Ein Arbeitgeber, der seinen Wohnsitz nicht im Hoheitsgebiet eines Mitgliedstaats hat, kann vor dem Gericht eines Mitgliedstaats gemäß Absatz 1 Buchstabe b verklagt werden.

A. Zweck und Überblick

1   Art. 20 regelt, vor welchen Gerichtsständen der Arbeitnehmer seinen Arbeitgeber aus dem Arbeitsverhältnis verklagen kann. Art. 21 wird insoweit aber **ergänzt** durch Art. 20 I iVm Art. 7 Nr. 5 sowie Art. 8 Nr. 1. Einen weiteren Gerichtsstand bietet Art. 6 Entsenderichtlinie. Zur Gesamtsystematik → Art. 4, 5, 6 Rn. 1.

2   Art. 21 I wurde für die Brüssel Ia-VO leicht **überarbeitet** und dabei sein Buchst. b an Art. 8 II und III Rom I-VO angepasst. Art. 21 I setzt voraus, dass der Arbeitgeber seinen Wohnsitz im Hoheitsgebiet irgendeines Mitgliedstaats hat. Art. 21 II eröffnet die Gerichtsstände von Art. 21 I lit. b aber auch in den Fällen, in denen der Arbeitgeber seinen Wohnsitz nicht in einem der Mitgliedstaaten hat.

3   Zwischen mehreren Gerichtsständen kann der Arbeitnehmer frei **wählen** (Geimer/Schütze/*Geimer,* Eur. ZVR Brüssel I-VO Art. 19 Rn. 41; s. auch Rauscher/*Mankowski* Brüssel I-VO Art. 19 Rn. 1, 3a). Der Gerichtsstand nach Art. 6 Entsenderichtlinie ist aber

auf die Durchsetzung der in Art. 3 genannten Arbeits- und Beschäftigungsbedingungen beschränkt (→ Art. 20 Rn. 9; → RL 96/71/EG Art. 6 Rn. 2).

B. Allgemeiner Gerichtsstand des Arbeitgebers, Art. 21 I lit. a

Allg. Gerichtsstand des Arbeitgebers, der seinen **Wohnsitz** im Hoheitsgebiet eines Mitgliedstaats hat, ist vor den Gerichten dieses Mitgliedstaats. Für die **Wohnsitzbestimmung** natürlicher Personen ist Art. 62 maßgeblich. Art. 62 normiert keine einheitliche materiellrechtliche Regelung zur Bestimmung des Wohnsitzes, sondern regelt in seinen beiden Absätzen in jeweils einer Kollisionsnorm, welches Recht zur Entscheidung der Frage, ob eine Partei im Hoheitsgebiet eines Mitgliedstaats ihren Wohnsitz hat, maßgeblich ist. Geht es um einen möglichen Wohnsitz im Forumstaat, wendet das Gericht nach Art. 62 I sein eigenes Recht an. Steht im Raum, ob eine Partei einen Wohnsitz in einem anderen Mitgliedstaat als dem des Forums hat, ist gem. Art. 62 II das Recht dieses zweiten Mitgliedstaats anzuwenden (s. näher *Junker* Int. ZPR § 8 Rn. 8; *Geimer/Schütze/Geimer* Eur. ZVR Brüssel I-VO Art. 59 Rn. 15 ff.; *Magnus/Mankowski/Wautelet* Brüssel I-VO Art. 59 Rn. 6; für Deutschland s. *Baumbach/Lauterbach/Albers/Hartmann* Art. 62 Rn. 1; *Junker* Int. ZPR § 8 Rn. 9). 4

Den Wohnsitz **juristischer Personen** behandelt Art. 63. Abweichend von Art. 62 beschränkt sich Art. 63 nicht auf eine Kollisionsnorm, sondern stellt eine iRd Brüssel Ia-VO geltende Begriffsbestimmung auf. Der Wohnsitz juristischer Personen bestimmt sich nach den drei in Abs. 1 genannten Kriterien: satzungsmäßiger Sitz, Hauptverwaltung oder Hauptniederlassung. Die Anknüpfungspunkte stehen alternativ nebeneinander. Dem Arbeitnehmer werden hierdurch weitere Wahlmöglichkeiten eröffnet (allg. *Thomas/Putzo/Hüßtege* Brüssel I-VO Art. 60 Rn. 1; *Baumbach/Lauterbach/Albers/Hartmann* Art. 63 Rn. 2; *Leible/Terhechte/Oberhammer/Koller/Slonina*, EnzEuR Bd. 3, 2014, § 15 Rn. 92). Art. 63 II normiert eine Sonderregelung für Irland, Zypern und das Vereinigte Königreich. Um zu bestimmen, ob ein Trust seinen Sitz in dem Forummitgliedstaat hat, ist nach Art. 63 III das IPR dieses Mitgliedstaats anzuwenden. 5

Wohnsitz iSv Art. 21 I lit. a ist auch der über **Art. 20 II** begründete Wohnsitz (*Layton/Mercer* Rn. 18.013). 6

Art. 21 I lit. a regelt lediglich die internationale Zuständigkeit. Die **örtliche** Zuständigkeit ergibt sich aus dem mitgliedstaatlichen Recht, also in Deutschland aus § 13 ZPO (*Kropholler/v. Hein* Brüssel I-VO Art. 2 Rn. 1). Stellt ein nach Art. 21 lit. a international zuständiger Mitgliedstaat kein kompetentes Gericht zur Verfügung, sind die Gerichte der Hauptstadt örtlich zuständig (*Geimer/Schütze/Geimer*, Eur. ZVR Art. 19 Rn. 2). 7

C. Besondere Gerichtsstände für Klagen gegen den Arbeitgeber

I. Art. 21 I lit. b

Art. 21 I lit. b gestattet es dem Arbeitnehmer, seinen Arbeitgeber, der einen Wohnsitz im Hoheitsgebiet eines Mitgliedstaats hat, vor dem Gericht des Ortes des **gewöhnlichen Arbeitsorts** (i) oder vor dem Gericht des Ortes der **einstellenden Niederlassung** (ii) zu verklagen. Art. 21 I lit. b wurde für die Brüssel Ia-VO überarbeitet und an den Wortlaut von Art. 8 II, III Rom I-VO angepasst. Damit ist Art. 21 I lit. b genauso auszulegen wie Art. 8 II, III Rom I-VO. Der gewöhnliche Arbeitsort als Ort, von dem aus der Arbeitnehmer seine Arbeit verrichtet, ist daher ebenso weit zu verstehen wie bei Art. 8 II Rom I-VO, wodurch nicht anders als bei Art. 8 Rom I-VO die Bedeutung des Orts der einstellenden Niederlassung erheblich reduziert ist (s. auch *Junker* Int. ZPR § 13 Rn. 36). Zu den Einzelheiten s. die Kommentierung zu Art. 8 II und III Rom I-VO, Art. 3, 8 Rom I-VO Rn. 35 ff., 39. 8

9 Während es bei Art. 8 II und III Rom I-VO um die Frage nach dem anwendbaren Recht geht, die vom Gericht in die eine oder andere Richtung entschieden werden kann und die eine Auswirkung erst auf der Ebene des jeweils anwendbaren Sachrechts haben kann, stellt das Regel-Ausnahme-Verhältnis der Maßgeblichkeit von Art. 21 I lit. b i oder ii iRd internationalen Zuständigkeit für den Arbeitnehmer ein Risiko dar. Schätzt er die Rechtslage unzutreffend ein, kann seine Klage unzulässig sein. Dieses **Risiko** ist bei einer Klage vor dem Ort der einstellenden Niederlassung aufgrund der Systembildung des EuGH zum Verhältnis der beiden Alternativen iRv Art. 8 II, III Rom I-VO noch gestiegen. Auf der anderen Seite ist der Arbeitnehmer nicht gezwungen, sich für einen Gerichtsstand gem. Art. 21 I lit. b zu entscheiden. Daher ist dieses Risiko als vom Unionsgesetzgeber gewollt **hinzunehmen** und nicht zu korrigieren (**anders** Geimer/Schütze/*Auer* Int. Rechtsverkehr Brüssel I-VO Art. 19 Rn. 16: ausreichend, wenn nach Klägervortrag kein evident gewöhnlicher Arbeitsort besteht; dagegen Geimer/Schütze/*Geimer* Eur. ZVR Brüssel I-VO Art. 19 Rn. 35).

10 Nach Art. 21 II kann auch ein Arbeitgeber ohne Wohnsitz im Hoheitsgebiet eines Mitgliedstaats vor den Gerichtsständen des Art. 21 I lit. b verklagt werden. Diese Sonderregel hat für den Gerichtsstand am gewöhnlichen **Arbeitsort** Bedeutung, denn Art. 21 I lit. b ii setzt eine Niederlassung in einem Mitgliedstaat voraus. Dann aber greift schon Art. 20 II.

11 Um aus Gründen des Arbeitnehmerschutzes insoweit einen **einheitlichen** Gerichtsstand zu gewährleisten, eröffnet Art. 21 I lit. b auch einen Gerichtsstand für Klagen gegen den Arbeitgeber, die auf **deliktische** Ansprüche gestützt werden (Simons/Hausmann/*Simon* Brüssel I-VO vor Art. 18–21 Rn. 9; **anders** Rauscher/*Mankowski* Brüssel I-VO Art. 18 Rn. 2b; *Schlosser* Brüssel I-VO Art. 18 Rn. 3; MüKoZPO/*Gottwald* Brüssel I-VO Art. 18 Rn. 2: Gerichtsstand von Art. 7 Nr. 2 für deliktische Ansprüche; zum Meinungsstand zu Art. 7 Nr. 1 Rauscher/*Leible* Brüssel I-VO Art. 5 Rn. 59a; *Nagel/Gottwald* § 3 Rn. 73; Musielak/*Stadler* Brüssel I-VO Art. 5 Rn. 5; Saenger/*Dörner* Brüssel I-VO Art. 5 Rn. 8).

II. Ausweichklausel?

12 Art. 8 II Rom I-VO verankert das Arbeitsverhältnis in typisierender Betrachtung kollisionsrechtlich beim Recht des gewöhnlichen Arbeitsorts. Art. 8 III Rom I-VO ist eine wiederum typisierende Auffanglösung. Das Kollisionsrecht lässt es in Art. 8 IV Rom I-VO dann aber noch zu, an das Recht einer engeren Verbindung anzuknüpfen. Art. 8 IV Rom I-VO soll atypische Sachverhalte erfassen, die nicht angemessen über die Regelanknüpfungen gelöst werden (→ Rom I-VO Art. 3, 8 Rn. 40 ff.). Indem sich Art. 21 I lit. b an Art. 8 II, III Rom I-VO orientiert, stellt sich die Frage, ob auch eine prozessuale Ausweichklausel für atypische, nicht adäquat über die beiden Gerichtsstände von Buchst. b erfassten Sachverhalte vorzusehen ist. Der Unionsgesetzgeber hat hiervon nicht anders als im EuGVÜ und der Brüssel I-VO wegen der dadurch geschaffenen Unsicherheit zu Lasten des Arbeitnehmers **abgesehen.**

13 Der EuGH hat in der Rs. Pugliese (EuGH 10.4.2003 – C-437/00 Rn. 24 ff., NZA 2003, 711; dazu *Mankowski* RIW 2004, 133; *Junker* ZZPInt 8, 2003, 491) der Sache nach aber eine Ausweichklausel bejaht, indem er eine arbeitsrechtliche Drittbeziehung nicht getrennt nach Arbeitsverhältnissen, sondern in ihrer Gesamtheit betrachtet hat. Eine solche Aufweichung von Art. 21 I lit. b ist indes **abzulehnen,** weil sie Unsicherheit fördert, indem sie den Arbeitnehmer zwingt, bei dieser vom Gesetz losgelösten Betrachtung zum richtigen Ergebnis zu kommen, und weil für sie angesichts der Wahlmöglichkeiten für Klagen des Arbeitnehmers kein Bedarf besteht (*Krebber* IPRax 2009, 409 [409 f.]; *Kropholler/v. Hein* Brüssel I-VO Art. 19 Rn. 8; **anders** Magnus/Mankowski/*Esplugues Mota/Palao Moreno* Brüssel I-VO Art. 19 Rn. 20; diff. *Junker* ZZPInt 8, 2003, 491 [498]). Zu arbeitsrechtlichen Drittbeziehungen und Art. 8 Nr. 1 auch → Art. 20 Rn. 12.

Art. 22 [Gerichtsstände für Klagen gegen Arbeitnehmer; Widerklage]

(1) Die Klage des Arbeitgebers kann nur vor den Gerichten des Mitgliedstaats erhoben werden, in dessen Hoheitsgebiet der Arbeitnehmer seinen Wohnsitz hat.

(2) Die Vorschriften dieses Abschnitts lassen das Recht unberührt, eine Widerklage vor dem Gericht zu erheben, bei dem die Klage selbst gemäß den Bestimmungen dieses Abschnitts anhängig ist.

Art. 21, Grundlage der Gerichtsstände bei Klagen des Arbeitnehmers gegen den Arbeitgeber, steht spiegelbildlich Art. 22 gegenüber, der die internationale Zuständigkeit bei Klagen des Arbeitgebers gegen den Arbeitnehmer aus dem Arbeitsverhältnis regelt. Art. 22 I ermöglicht dem Arbeitgeber allerdings nur eine Klage vor den Gerichten des **Wohnsitzmitgliedstaates** des Arbeitnehmers (zum Wohnsitz bei natürlichen Personen → Art. 21 Rn. 4, 6). Hat der Arbeitnehmer keinen Wohnsitz in einem Mitgliedstaat (bsw. Grenzgänger aus einem Drittstaat), richtet sich die internationale Zuständigkeit gem. Art. 6 nach dem mitgliedstaatlichen Recht. 1

Die Grundregel von Art. 22 I wird durch Art. 22 II für **Widerklagen** des Arbeitgebers gegen den Arbeitnehmer aufgeweicht. Diese sind vor dem Gericht zu erheben, bei dem die Klage selbst gem. Art. 20 ff. anhängig ist. Dies umfasst auch die in Art. 20 I genannten Gerichtsstände. Zum Ungleichgewicht der Regelung der Brüssel Ia-VO zwischen Widerklagen des Arbeitgebers und Widerklagen des Arbeitnehmers und dessen Korrektur (→ Art. 20 Rn. 7). 2

Art. 23 [Zulässige Gerichtsstandsvereinbarungen]

Von den Vorschriften dieses Abschnitts kann im Wege der Vereinbarung nur abgewichen werden,

1. wenn die Vereinbarung nach der Entstehung der Streitigkeit getroffen wird oder
2. wenn sie dem Arbeitnehmer die Befugnis einräumt, andere als die in diesem Abschnitt angeführten Gerichte anzurufen.

Abschnitt 7. Vereinbarung über die Zuständigkeit

Art. 25 [Zulässigkeit und Form von Gerichtsstandsvereinbarungen]

(1) ¹Haben die Parteien unabhängig von ihrem Wohnsitz vereinbart, dass ein Gericht oder die Gerichte eines Mitgliedstaats über eine bereits entstandene Rechtsstreitigkeit oder über eine künftige aus einem bestimmten Rechtsverhältnis entspringende Rechtsstreitigkeit entscheiden sollen, so sind dieses Gericht oder die Gerichte dieses Mitgliedstaats zuständig, es sei denn, die Vereinbarung ist nach dem Recht dieses Mitgliedstaats materiell nichtig. ²Dieses Gericht oder die Gerichte dieses Mitgliedstaats sind ausschließlich zuständig, sofern die Parteien nichts anderes vereinbart haben. ³Die Gerichtsstandsvereinbarung muss geschlossen werden:

a) schriftlich oder mündlich mit schriftlicher Bestätigung,
b) in einer Form, welche den Gepflogenheiten entspricht, die zwischen den Parteien entstanden sind, oder
c) im internationalen Handel in einer Form, die einem Handelsbrauch entspricht, den die Parteien kannten oder kennen mussten und den Parteien von Verträgen dieser Art in dem betreffenden Geschäftszweig allgemein kennen und regelmäßig beachten.

(2) Elektronische Übermittlungen, die eine dauerhafte Aufzeichnung der Vereinbarung ermöglichen, sind der Schriftform gleichgestellt.

(...)

(4) Gerichtsstandsvereinbarungen und entsprechende Bestimmungen in Trust-Bedingungen haben keine rechtliche Wirkung, wenn sie den Vorschriften der Artikel 15, 19 oder 23 zuwiderlaufen oder wenn die Gerichte, deren Zuständigkeit abbedungen wird, aufgrund des Artikels 24 ausschließlich zuständig sind.

(5) Eine Gerichtsstandsvereinbarung, die Teil eines Vertrags ist, ist als eine von den übrigen Vertragsbestimmungen unabhängige Vereinbarung zu behandeln.

Die Gültigkeit der Gerichtsstandsvereinbarung kann nicht allein mit der Begründung in Frage gestellt werden, dass der Vertrag nicht gültig ist.

A. Zweck

1   Art. 23 schränkt die Möglichkeiten von Gerichtsstandsvereinbarungen, die von den gesetzlich normierten Zuständigkeiten abweichen, stark ein. Damit ist Art. 23 konsequente Weiterführung des materiellrechtlichen **Arbeitnehmerschutzes** im Bereich der internationalen Zuständigkeit.

B. Voraussetzungen einer wirksamen Gerichtsstandsvereinbarung

I. Anforderungen an die Wirksamkeit der Vereinbarung gemäß Art. 25

2   Die Voraussetzungen, unter denen eine Gerichtsstandsvereinbarung für Klagen aus dem Arbeitsverhältnis wirksam ist, sind nicht alleine in Art. 23 geregelt. Der Gesetzessystematik nach greift Art. 23 vielmehr erst, wenn überhaupt eine an sich **wirksame** Vereinbarung vorliegt. Anforderungen an die allg. Wirksamkeit einer Gerichtsstandsvereinbarung finden sich in **Art. 25.** Diese Voraussetzungen sind auch bei Gerichtsstandsvereinbarungen zwischen Arbeitnehmer und Arbeitgeber zu beachten (*Layton/Mercer* Rn. 18.031; Stein/Jonas/*Wagner* Brüssel I-VO Art. 23 Rn. 2; Prütting/Gehrlein/*Pfeiffer*, ZPO-Kommentar, 6. Aufl. 2014, Art. 23 Rn. 6).

3   Art. 25 stellt Anforderungen nur an die **Wirksamkeit** der Vereinbarung der Zuständigkeit der Gerichte eines **Mitgliedstaats,** vgl. Art. 25 I. Vereinbaren Arbeitgeber und Arbeitnehmer die internationale Zuständigkeit eines Gerichts im **Drittstaat,** ist Art. 25 nicht anwendbar (jeweils nicht im Zusammenhang mit Arbeitsverhältnissen: unter Geltung des EuGVÜ EuGH 9.11.2000 – C-387/98 Rn. 19 – Coreck, NJW 2001, 501; *Kropholler/v. Hein* Brüssel I-VO Art. 23 Rn. 14; *Schlosser*, Brüssel I-VO Art. 23 Rn. 6a; teilweise **anders** Geimer/Schütze/*Geimer* Eur. ZVR Brüssel I-VO Art. 23 Rn. 43; Rauscher/*Mankowski* Art. 23 Rn. 3b; Magnus/Mankowski/*Esplugues Mota/Palao Moreno* Brüssel I-VO Art. 23 Rn. 37: Anwendbarkeit der Anforderungen auf die in der Vereinbarung mitenthaltene Abbedingung der internationalen Zuständigkeit des an sich zuständigen Gerichts; dazu auch *Junker* Int. ZPR § 15 Rn. 11; für Arbeitsverhältnisse eine analoge Anwendung von Art. 25 in Betracht ziehend Stein/Jonas/*Wagner* Brüssel I-VO Art. 23 Rn. 30). Art. 23 aber greift unabhängig davon, wo das vereinbarte international zuständige Gericht liegt. Sachlicher Anknüpfungspunkt für Art. 23 ist nur ein Abweichen von den Zuständigkeiten nach Art. 20 ff.

4   Die Regelung zur Wirksamkeit der Vereinbarung in Art. 25 ist **lückenhaft.** Neben der Anforderung, dass eine Vereinbarung vorliegt, stellt Art. 25 I 3 Formerfordernisse auf, die ihrerseits offen und unpräzise ausformuliert sind. Art. 25 V, nach dem eine Gerichtsstandsvereinbarung, die Teil eines Vertrags ist, unabhängig zu behandeln ist und wonach die Gültigkeit der Gerichtsstandsvereinbarung nicht alleine mit der Ungültigkeit des Vertrags begründet werden kann, lässt die Anforderungen an die Wirksamkeit einer Gerichtsstandsvereinbarung auch in Streitigkeiten aus dem Arbeitsverhältnis nicht klarer werden. Um den auch kollisionsrechtlich gewollten Arbeitnehmerschutz nicht zu unterlaufen, ist die Ge-

richtsstandsvereinbarung zwischen Arbeitgeber und Arbeitnehmer, auch wenn sie selbständige Vereinbarung gem. Art. 25 V ist, nach **Art. 8 Rom I-VO** anzuknüpfen.

Art. 25 I 3 lässt neben der **schriftlichen** Vereinbarung auch die mündliche Vereinbarung 5
mit schriftlicher Bestätigung, eine Form, welche den Gepflogenheiten zwischen den Parteien entspricht, sowie eine dem Handelsbrauch entsprechende Form zu. Art. 25 I 3 lit. c greift im Zusammenhang mit Arbeitsverhältnissen von vorneherein nicht. Aus Gründen des Arbeitnehmerschutzes ist grds. nur Art. 25 I 3 lit. a einschlägig und damit Schriftform oder wenigstens schriftliche Bestätigung erforderlich. Bei einer Gerichtsstandvereinbarung iSv Art. 23 Nr. 1, die vor einem **Gericht** vereinbart wird, genügt hingegen auch Mündlichkeit.

II. Anforderungen des Art. 23

Liegt eine wirksame Vereinbarung vor, beschränkt Art. 23 die Wirksamkeit der Gerichts- 6
standsvereinbarung auf zwei Situationen: Nr. 1 auf die nach Entstehung der Streitigkeit getroffene Vereinbarung und Nr. 2 auf eine Vereinbarung, die dem Arbeitnehmer die Befugnis einräumt, andere als die in den Art. 20 ff. genannten Gerichten anzurufen. Eine Vereinbarung wird dann **nach** Entstehung der Streitigkeit getroffen, wenn wegen Uneinigkeit von Arbeitgeber und Arbeitnehmer ein gerichtliches Verfahren unmittelbar oder in Kürze bevorsteht (*Junker*, Arbeitnehmereinsatz im Ausland, Rn. 85; Rauscher/*Mankowski* Brüssel I-VO Art. 21 Rn. 3; Geimer/Schütze/*Auer*, Int. Rechtsverkehr (Nr. 540) Brüssel I-VO Art. 21 Rn. 5) oder wenn die Vereinbarung nach Klageerhebung getroffen wird. Eine Vereinbarung durch rügelose Einlassung ist grds. möglich (MüKoZPO/*Gottwald* Brüssel I-VO Art. 21 Rn. 1; s. auch Art. 26 I, II). Es müssen jedoch auch dann die Voraussetzungen einer Vereinbarung im Sinne einer wenigstens stillschweigenden Willenseinigung vorliegen (Leible/Terhechte/*Oberhammer/Koller/Slonina*, EnzEuR Bd. 3, 2014, § 15 Rn. 149; *Nagel/Gottwald* § 3 Rn. 245).

Art. 23 Nr. 2 erfasst nur solche Gerichtsstandvereinbarungen, die im Vergleich zu den 7
Art. 20 ff. **zusätzliche** Gerichtsstände schaffen (EuGH 19.7.2012 – C-154/11 Rn. 62 – Mahamdia, NZA 2012, 935; *Junker*, Arbeitnehmereinsatz im Ausland, Rn. 87; *Deinert*, § 18 Rn. 9; *Layton/Mercer* Rn. 18.034). Eine Gerichtsstandvereinbarung iSv Art. 23 Nr. 2 muss die Wahlmöglichkeiten des Arbeitnehmers erweitern. Nicht gedeckt sind Gerichtsstandsvereinbarungen, die wie in Rs. C-154/11 Gerichtsstände nach Art. 20 ausschließen und durch einen oder andere Gerichtsstände ersetzen. Die erforderliche Erweiterung liegt nur vor, wenn **kein** Gerichtsstand, der nach der Brüssel Ia-VO eröffnet wäre, ausgeschlossen wird. Ein Aufrechnen – ein Gerichtstand der Brüssel Ia-VO wird ausgeschlossen, dafür werden aber zwei weitere Gerichtsstände durch Vereinbarung vorgesehen – widerspräche dem Schutzzweck von Art. 23 Nr. 2.

C. Rechtsfolge bei Wirksamkeit

Eine nach dem oben Gesagten wirksame Gerichtsstandvereinbarung begründet die 8
internationale Zuständigkeit des vereinbarten Gerichts, wenn dieses in einem Mitgliedstaat belegen ist. Wurde die Zuständigkeit eines **drittstaatlichen** Gerichts dem oben Gesagten genügend vereinbart, ist zusätzlich noch erforderlich, dass das drittstaatliche Gericht seine internationale Zuständigkeit aufgrund seines eigenen internationalen Prozessrechts bejaht (Stein/Jonas/*Wagner* Brüssel I-VO Art. 23 Rn. 29; MüKoZPO/*Gottwald* Brüssel I-VO Art. 21 Rn. 2).

D. Rechtsfolge bei Unwirksamkeit

Liegt schon keine Vereinbarung iSv Art. 25 I vor, kommt es auf Art. 23 nicht mehr an. Es 9
bleibt bei der Anwendung der Art. 20 ff. Liegt eine wirksame Vereinbarung iSv Art. 25 I

vor, die Art. 23 nicht genügt, greift Art. 25 IV. Diese Gerichtsstandsvereinbarung hat **keine** rechtliche Wirkung. Anders als Art. 25 I greift Art. 25 IV auch bei der Vereinbarung der Zuständigkeit eines drittstaatlichen Gerichts (Geimer/Schütze/*Geimer,* Eur. ZVR Brüssel I-VO Art. 23 Rn. 42; Geimer/Schütze/*Auer* Int. Rechtsverkehr Brüssel I-VO Art. 23 Rn. 2). In beiden Situationen bestimmt sich die internationale Zuständigkeit dann auf der Grundlage der Art. 20 ff.

Kapitel III. Anerkennung und Vollstreckung

Abschnitt 3. Versagung der Anerkennung und Vollstreckung

Unterabschnitt 1. Versagung der Anerkennung

Art. 45 [Antrag auf Versagung der Anerkennung]

(1) **Die Anerkennung einer Entscheidung wird auf Antrag eines Berechtigten versagt, wenn**

a) **die Anerkennung der öffentlichen Ordnung (ordre public) des ersuchten Mitgliedstaats offensichtlich widersprechen würde;**

(...)

e) **die Entscheidung unvereinbar ist**
   i) **mit Kapitel II Abschnitte 3, 4 oder 5, sofern der Beklagte Versicherungsnehmer, Versicherter, Begünstigter des Versicherungsvertrags, Geschädigter, Verbraucher oder Arbeitnehmer ist, oder**

(...)

(...)

1 Die Zuständigkeitsregeln der Brüssel Ia-VO sind Grundlage für eine Anerkennung und Vollstreckung in den anderen Mitgliedstaaten gem. Art. 36 ff. Die Anerkennung bedarf nach Art. 36 I **keines** besonderen Verfahrens und die Vollstreckung nach Art. 39 keiner Vollstreckbarerklärung. Die Versagung der Anerkennung oder der Vollstreckung richten sich nach Art. 45 bzw. Art. 46 iVm Art. 45.

2 **Neu** ist, dass die Brüssel Ia-VO in Art. 45 I lit. e i) anders als vorher die Brüssel I-VO und das EuGVÜ die **Überprüfung** der internationalen Zuständigkeit des Erstgerichts auch in Arbeitssachen zulässt, soweit der Beklagte Arbeitnehmer ist. Handelt es sich hingegen um eine Klage des Arbeitnehmers gegen den Arbeitgeber, kommt eine Überprüfung der internationalen Zuständigkeit des Erstgerichts in Anerkennungs- und Vollstreckungsverfahren nicht in Betracht (*v. Hein* RIW 2013, 97 [109]).

3 Zum **Ablauf** des Anerkennungs- und Vollstreckungsverfahrens *Junker,* Int. ZPR § 27 Rn. 11 ff.; § 29 Rn. 5 ff.; MüKoZPO/*Gottwald* Brüssel I-VO Art. 31 Rn. 16 ff.; Art. 38 Rn. 15 ff.; Kindl/Meller-Hannich/Wolf/*Mäsch,* Gesamtes Recht der Zwangsvollstreckung, 2. Aufl. 2013, Brüssel I-VO Art. 33 Rn. 15 ff.; Art. 38 Rn. 16 ff.

230. Verordnung (EG) Nr. 864/2007 des Europäischen Parlaments und des Rates vom 11. Juli 2007 über das auf außervertragliche Schuldverhältnisse anzuwendende Recht („Rom II")

(ABl. Nr. L 199 S. 40, ber. ABl. 2012 Nr. L 310 S. 52)

Celex-Nr. 3 2007 R 0864

– Auszug –

DAS EUROPÄISCHE PARLAMENT UND DER RAT DER EUROPÄISCHEN UNION –
gestützt auf den Vertrag zur Gründung der Europäischen Gemeinschaft, insbesondere auf Artikel 61 Buchstabe c und Artikel 67,
auf Vorschlag der Kommission,
nach Stellungnahme des Europäischen Wirtschafts- und Sozialausschusses[1],
gemäß dem Verfahren des Artikels 251 des Vertrags, aufgrund des vom Vermittlungsausschuss am 25. Juni 2007 gebilligten gemeinsamen Entwurfs[2],
in Erwägung nachstehender Gründe:
(...)
(19) Für besondere unerlaubte Handlungen, bei denen die allgemeine Kollisionsnorm nicht zu einem angemessenen Interessenausgleich führt, sollten besondere Bestimmungen vorgesehen werden.
(...)
(27) Die exakte Definition des Begriffs „Arbeitskampfmaßnahmen", beispielsweise Streikaktionen oder Aussperrung, ist von Mitgliedstaat zu Mitgliedstaat verschieden und unterliegt den innerstaatlichen Vorschriften der einzelnen Mitgliedstaaten. Daher wird in dieser Verordnung grundsätzlich davon ausgegangen, dass das Recht des Staates anzuwenden ist, in dem die Arbeitskampfmaßnahmen ergriffen wurden, mit dem Ziel, die Rechte und Pflichten der Arbeitnehmer und der Arbeitgeber zu schützen.
(28) Die Sonderbestimmung für Arbeitskampfmaßnahmen nach Artikel 9 lässt die Bedingungen für die Durchführung solcher Maßnahmen nach nationalem Recht und die im Recht der Mitgliedstaaten vorgesehene Rechtsstellung der Gewerkschaften oder der repräsentativen Arbeitnehmerorganisationen unberührt.
(29) Für Schäden, die aufgrund einer anderen Handlung als aus unerlaubter Handlung, wie ungerechtfertigter Bereicherung, Geschäftsführung ohne Auftrag oder Verschulden bei Vertragsverhandlungen, entstanden sind, sollten Sonderbestimmungen vorgesehen werden.
(30) Der Begriff des Verschuldens bei Vertragsverhandlungen ist für die Zwecke dieser Verordnung als autonomer Begriff zu verstehen und sollte daher nicht zwangsläufig im Sinne des nationalen Rechts ausgelegt werden. Er sollte die Verletzung der Offenlegungspflicht und den Abbruch von Vertragsverhandlungen einschließen. Artikel 12 gilt nur für außervertragliche Schuldverhältnisse, die in unmittelbarem Zusammenhang mit den Verhandlungen vor Abschluss eines Vertrags stehen. So sollten in den Fällen, in denen einer Person während der Vertragsverhandlungen ein Personenschaden zugefügt wird, Artikel 4 oder andere einschlägige Bestimmungen dieser Verordnung zur Anwendung gelangen.

---

[1] **Amtl. Anm.:** ABl. C 241 vom 28.9.2004, S. 1.
[2] **Amtl. Anm.:** Stellungnahme des Europäischen Parlaments vom 6. Juli 2005 (ABl. C 157 E vom 6.7.2006, S. 371), Gemeinsamer Standpunkt des Rates vom 25. September 2006 (ABl. C 289 E vom 28.11.2006, S. 68) und Standpunkt des Europäischen Parlaments vom 18. Januar 2007 (noch nicht im Amtsblatt veröffentlicht). Legislative Entschließung des Europäischen Parlaments vom 10. Juli 2007 und Beschluss des Rates vom 28. Juni 2007.

(31) Um den Grundsatz der Parteiautonomie zu achten und die Rechtssicherheit zu verbessern, sollten die Parteien das auf ein außervertragliches Schuldverhältnis anzuwendende Recht wählen können. Die Rechtswahl sollte ausdrücklich erfolgen oder sich mit hinreichender Sicherheit aus den Umständen des Falles ergeben. Bei der Prüfung, ob eine solche Rechtswahl vorliegt, hat das Gericht den Willen der Parteien zu achten. Die Möglichkeit der Rechtswahl sollte zum Schutz der schwächeren Partei mit bestimmten Bedingungen versehen werden.

(...)

HABEN FOLGENDE VERORDNUNG ERLASSEN:

Kapitel I. Anwendungsbereich

Art. 1 Anwendungsbereich

(1) [1]Diese Verordnung gilt für außervertragliche Schuldverhältnisse in Zivil- und Handelssachen, die eine Verbindung zum Recht verschiedener Staaten aufweisen. [2]Sie gilt insbesondere nicht für Steuer- und Zollsachen, verwaltungsrechtliche Angelegenheiten oder die Haftung des Staates für Handlungen oder Unterlassungen im Rahmen der Ausübung hoheitlicher Rechte („acta iure imperii").

(2) Vom Anwendungsbereich dieser Verordnung ausgenommen sind
a) außervertragliche Schuldverhältnisse aus einem Familienverhältnis oder aus Verhältnissen, die nach dem auf diese Verhältnisse anzuwendenden Recht vergleichbare Wirkungen entfalten, einschließlich der Unterhaltspflichten;
b) außervertragliche Schuldverhältnisse aus ehelichen Güterständen, aus Güterständen aufgrund von Verhältnissen, die nach dem auf diese Verhältnisse anzuwendenden Recht mit der Ehe vergleichbare Wirkungen entfalten, und aus Testamenten und Erbrecht;
c) außervertragliche Schuldverhältnisse aus Wechseln, Schecks, Eigenwechseln und anderen handelbaren Wertpapieren, sofern die Verpflichtungen aus diesen anderen Wertpapieren aus deren Handelbarkeit entstehen;
d) außervertragliche Schuldverhältnisse, die sich aus dem Gesellschaftsrecht, dem Vereinsrecht und dem Recht der juristischen Personen ergeben, wie die Errichtung durch Eintragung oder auf andere Weise, die Rechts- und Handlungsfähigkeit, die innere Verfassung und die Auflösung von Gesellschaften, Vereinen und juristischen Personen, die persönliche Haftung der Gesellschafter und der Organe für die Verbindlichkeiten einer Gesellschaft, eines Vereins oder einer juristischen Person sowie die persönliche Haftung der Rechnungsprüfer gegenüber einer Gesellschaft oder ihren Gesellschaftern bei der Pflichtprüfung der Rechnungslegungsunterlagen;
e) außervertragliche Schuldverhältnisse aus den Beziehungen zwischen den Verfügenden, den Treuhändern und den Begünstigten eines durch Rechtsgeschäft errichteten „Trusts";
f) außervertragliche Schuldverhältnisse, die sich aus Schäden durch Kernenergie ergeben;
g) außervertragliche Schuldverhältnisse aus der Verletzung der Privatsphäre oder der Persönlichkeitsrechte, einschließlich der Verleumdung.

(3) Diese Verordnung gilt unbeschadet der Artikel 21 und 22 nicht für den Beweis und das Verfahren.

(4) Im Sinne dieser Verordnung bezeichnet der Begriff „Mitgliedstaat" jeden Mitgliedstaat mit Ausnahme Dänemarks.

A. Arbeitsrechtliche Relevanz der Rom II-VO

Die Rom II-VO ist Grundlage der Anknüpfung außervertraglicher Schuldverhältnisse in Zivil- und Handelssachen. Dies sind nach Art. 2 I unerlaubte Handlungen, ungerechtfertigte Bereicherung, Geschäftsführung ohne Auftrag und Verschulden bei Vertragsverhandlungen. Für das Arbeitsrecht ist in erster Linie Art. 9 bedeutsam, weil er die Haftung für **Arbeitskampfmaßnahmen** regelt. Darüber hinaus kann Art. 12 anwendbar sein, wenn Ansprüche aus der **Anbahnungsphase** eines **Arbeitsverhältnisses** hergeleitet werden; die praktische Bedeutung von Art. 12 ist jedoch begrenzt, da nach Art. 12 I an das Recht anzuknüpfen ist, das auf den Vertrag anzuwenden ist oder anzuwenden gewesen wäre, wäre er geschlossen worden. Die VO hat schließlich Bedeutung für eine etwaige **deliktische Haftung** im Verhältnis zwischen Arbeitnehmer und Arbeitgeber sowie wenn der Arbeitnehmer in Ausübung seiner Tätigkeit ein Delikt gegenüber einem Dritten begeht (dazu näher → Art. 4 Rn. 2).

1

B. Anwendbarkeit

Die **sachliche** Anwendbarkeit der Rom II-VO regeln Art. 1 I, die in Art. 1 II genannten Ausnahmen sowie Art. 2. Zur arbeitsrechtlichen Relevanz bereits → Rn. 1. **Räumlich** ist die Rom II-VO in allen Mitgliedstaaten mit Ausnahme **Dänemarks** anwendbar (NK-BGB/*Knöfel*, Rn. 58, 60 f.). Nach Art. 3 beansprucht die Rom II-VO **universelle** Anwendbarkeit und ist auch dann maßgeblich, wenn sie zur Anwendung eines drittstaatlichen Rechts führt. Damit greift sie auch im Verhältnis der anderen Mitgliedstaaten zu Dänemark (NK-BGB/*Knöfel*, Rn. 61; Palandt/*Thorn* Rn. 17; Huber/*Bach* Rn. 64). In zeitlicher Hinsicht gilt die Rom II-VO gem. Art. 32 ab dem 11.1.2009 (zur Anknüpfung vor Geltung der Rom II-VO s. *Otto* AK § 13 Rn. 3 ff.).

2

Art. 2 Außervertragliche Schuldverhältnisse

(1) Im Sinne dieser Verordnung umfasst der Begriff des Schadens sämtliche Folgen einer unerlaubten Handlung, einer ungerechtfertigten Bereicherung, einer Geschäftsführung ohne Auftrag („Negotiorum gestio") oder eines Verschuldens bei Vertragsverhandlungen („Culpa in contrahendo").

(2) Diese Verordnung gilt auch für außervertragliche Schuldverhältnisse, deren Entstehen wahrscheinlich ist.

(3) Sämtliche Bezugnahmen in dieser Verordnung auf

a) ein schadensbegründendes Ereignis gelten auch für schadensbegründende Ereignisse, deren Eintritt wahrscheinlich ist, und

b) einen Schaden gelten auch für Schäden, deren Eintritt wahrscheinlich ist.

Zu **Unterlassungsansprüchen** → Art. 9 Rn. 8.

1

Kapitel II. Unerlaubte Handlungen

Art. 4 Allgemeine Kollisionsnorm

(1) Soweit in dieser Verordnung nichts anderes vorgesehen ist, ist auf ein außervertragliches Schuldverhältnis aus unerlaubter Handlung das Recht des Staates anzuwen-

den, in dem der Schaden eintritt, unabhängig davon, in welchem Staat das schadensbegründende Ereignis oder indirekte Schadensfolgen eingetreten sind.

(2) Haben jedoch die Person, deren Haftung geltend gemacht wird, und die Person, die geschädigt wurde, zum Zeitpunkt des Schadenseintritts ihren gewöhnlichen Aufenthalt in demselben Staat, so unterliegt die unerlaubte Handlung dem Recht dieses Staates.

(3) ¹Ergibt sich aus der Gesamtheit der Umstände, dass die unerlaubte Handlung eine offensichtlich engere Verbindung mit einem anderen als dem in den Absätzen 1 oder 2 bezeichneten Staat aufweist, so ist das Recht dieses anderen Staates anzuwenden. ²Eine offensichtlich engere Verbindung mit einem anderen Staat könnte sich insbesondere aus einem bereits bestehenden Rechtsverhältnis zwischen den Parteien – wie einem Vertrag – ergeben, das mit der betreffenden unerlaubten Handlung in enger Verbindung steht.

1 Art. 4 enthält die **Regelanknüpfung** der Rom II-VO: Recht des Ortes, an dem der Schaden eintritt, Art. 4 I; Recht des Staates des gemeinsamen Aufenthaltes von Schädiger und Geschädigtem, Art. 4 II; allg. Ausweichklausel in Art. 4 III 1 sowie die vertragsakzessorische Anknüpfung als besondere Ausprägung dieser Ausweichklausel in Art. 4 III 2.

2 Für eine etwaige **deliktische Haftung** im Verhältnis zwischen Arbeitnehmer und Arbeitgeber greift Art. 4 III 2, nach dem deliktische Ansprüche **vertragsakzessorisch** anzuknüpfen sind. Begeht der Arbeitnehmer in Ausübung seiner Tätigkeit ein Delikt gegenüber einem **Dritten**, ist nach Art. 4 I, II, III 1 und ggf. Art. 4 III 2 anzuknüpfen, wenn zwischen Arbeitgeber und dem geschädigten Dritten ein Schuldverhältnis bestand. Ein etwaiges Haftungsprivileg im Verhältnis Arbeitgeber – Arbeitnehmer wird an das Arbeitsverhältnisstatut angeknüpft (→ Rom I-VO Art. 9 Rn. 40). Außenwirkung gegenüber dem geschädigten Dritten kann die Haftungsprivilegierung aber nur erlangen, wenn das Deliktsstatut sie vorsieht.

Art. 9 Arbeitskampfmaßnahmen

Unbeschadet des Artikels 4 Absatz 2 ist auf außervertragliche Schuldverhältnisse in Bezug auf die Haftung einer Person in ihrer Eigenschaft als Arbeitnehmer oder Arbeitgeber oder der Organisationen, die deren berufliche Interessen vertreten, für Schäden, die aus bevorstehenden oder durchgeführten Arbeitskampfmaßnahmen entstanden sind, das Recht des Staates anzuwenden, in dem die Arbeitskampfmaßnahme erfolgen soll oder erfolgt ist.

A. Grenzüberschreitende Arbeitskämpfe als tatsächliche Erscheinung und Quelle rechtlicher Probleme

1 Länderübergreifende Tarifverträge sind in der Praxis die Ausnahme (*Krebber* EuZA 2008, 141 [148 f.; 316 f.]), weshalb auch Arbeitskämpfe um einen grenzüberschreitend geltenden Tarifvertrag in der Praxis **kaum nachzuweisen** sind. Hingegen sind nationale, jedoch grenzüberschreitend koordinierte Arbeitskämpfe, Unterstützungskämpfe zugunsten eines in einem anderen Staat stattfindenden Hauptkampfs und grenzüberschreitende Streikabwehr vor allem in der **Seeschifffahrt** keinesfalls seltene Sachverhalte (MHdBArbR/*Birk*, 2. Aufl. 2000, § 21 Rn. 63; *Birk*, Die Rechtmäßigkeit gewerkschaftlicher Unterstützungskampfmaßnahmen, 1978, 127 ff.; *Hergenröder*, FS Birk, 2008, 197 [198]; *Wagner*, Der Arbeitskampf als Gegenstand des Rechts der Europäischen Union, 2010, 22 f.; *Otto* AK § 13 Rn. 2; zur Anknüpfung in der Seeschifffahrt s. auch *Ludewig*, Kollektives Arbeitsrecht auf Schiffen des Internationalen Seeschifffahrtsregisters, 2012, 204 ff. [211 ff.]). Berichtet wird ferner über Arbeitskämpfe, die sich gegen die Beschäftigung ausländischer Arbeitnehmer richten (*Wag-*

ner, Der Arbeitskampf als Gegenstand des Rechts der Europäischen Union, 2010, 38) und Rechtsprechung des EuGH gibt es – allerdings nicht zu kollisionsrechtlichen Fragen – zu dem Versuch, einen nationalen Tarifvertrag auf grenzüberschreitend entsandte Arbeitnehmer anzuwenden (EuGH 18.12.2007 – C-341/05 – Laval, NZA 2008, 159) sowie zu den Schäden Dritter, wenn durch Arbeitskämpfe Transportwege geschlossen werden (EuGH 9.12.1997 – C-265/95 – Kommission/Frankreich, NJW 1998, 1931).

Die **arbeitsrechtlichen Fragen,** die ein Arbeitskampf hervorruft (kollektivrechtliche 2 Zulässigkeit; Haftung für Schäden auch gegenüber Dritten; individualrechtliche Auswirkung bei Beteiligung am Arbeitskampf, bei Nichtbeteiligung am Arbeitskampf sowie bei nur mittelbar vom Arbeitskampf betroffenen Arbeitgebern), werden durch die verschiedenen Arbeitsrechtsordnungen unterschiedlich behandelt. Im Zentrum der wissenschaftlichen Auseinandersetzung um die Anknüpfung internationaler Arbeitskämpfe stand die Frage, ob ein Arbeitskampf schwerpunktmäßig einer einzigen Rechtsordnung zugeordnet werden kann (*Hergenröder,* 209 ff.) oder ob das am Ort jeder Kampfhandlung jeweils maßgebliche Recht anzuwenden ist (MHdBArbR/*Birk,* 2. Aufl. 2000, § 21 Rn. 65). Daneben geht es um das Problem, welchen Raum das Arbeitsverhältnisstatut bei der Anknüpfung der individualrechtlichen, durch einen Arbeitskampf hervorgerufenen Fragen einnimmt.

Art. 9 ist nicht mehr als eine unionsrechtliche **Teilregelung** der Anknüpfung grenzüber- 3 schreitender Arbeitskämpfe, die auf die Geltendmachung deliktischer Schadensersatzansprüche beschränkt ist. Zur Anknüpfung individualrechtlicher Fragen eines Arbeitskampfs iRd Rom I-VO → Rom I-VO Art. 9 Rn. 38, 42.

B. Anwendungsbereich von Art. 9

I. Arbeitskampfmaßnahme

Art. 9 erfasst Schäden, die aus bevorstehenden oder durchgeführten Arbeitskampfmaß- 4 nahmen entstanden sind. Art. 9 konkretisiert weder selbst den Begriff der Arbeitskampfmaßnahme, noch gibt er Aufschluss über die **Qualifikationsmethode.** Nach allg. Grundsätzen wäre der Begriff der Arbeitskampfmaßnahme autonom auszulegen. Auf der anderen Seite belässt Art. 153 V AEUV die Kompetenz für das Arbeitskampfrecht bei den Mitgliedstaaten. Grund sind nicht nur die erheblichen Unterschiede, sondern vor allem auch die gesellschaftliche und politische Bedeutung der rechtlichen Erfassung von Arbeitskämpfen, die so weit geht, dass Tarifautonomie und Arbeitskampfrecht zur nationalen Identität iSv Art. 4 II EUV zählen (*Krebber,* FS Schröder, 2012, 203 [216]). **Erwägungsgrund 27** erwähnt die Verschiedenheit der mitgliedstaatlichen Arbeitskampfbegriffe und hebt hervor, dass die Definition des Begriffs Arbeitskampfmaßnahme den innerstaatlichen Vorschriften der einzelnen Mitgliedstaaten unterliegt. Daher werde in der Rom II-VO grds. davon ausgegangen, dass das Recht des Staates anzuwenden ist, in dem die Arbeitskampfmaßnahmen ergriffen werden.

Auch wenn die Formulierung in Erwägungsgrund 27 nicht ganz präzise ist und ein 5 Erwägungsgrund nicht rechtlich verbindlich die Qualifikationsmethode vorschreiben kann, entspricht es auch der schwachen Gewährleistung des Arbeitskampfrechts in Art. 28 GRC (Calliess/Ruffert/*Krebber* GRC Art. 28 Rn. 4; **anders** NK-BGB/*Temming* Art. 9 Rn. 35: möglicherweise Art. 28 GRC als „korrigierenden Impuls" iRd Qualifikation) sowie den Viking- und Laval-Entscheidungen des EuGH (EuGH 11.12.2007 – C-438/05 – Viking, NZA 2008, 124; 18.12.2007 – C-341/05 – Laval, NZA 2008, 159), den Begriff der Arbeitskampfmaßnahme durch **Rückgriff auf nationales Recht** zu bestimmen (sog. Qualifikationsverweisung, MüKoBGB/*Junker* Art. 9 Rn. 14; *Deinert,* § 16 Rn. 4; Palandt/ *Thorn* Art. 9 Rn. 1). Indem das Recht des **Arbeitskampfortes** nach Art. 9 Arbeitskampfstatut ist, handelt es sich um eine Qualifikation nach der lex causae (*Zelfel,* 41 ff.; MüKoBGB/*Junker* Art. 9 Rn. 15; *Deinert,* § 16 Rn. 4; Calliess/*Rödl* Art. 9 Rn. 11 f.; Rauscher/

Unberath/Cziupka Art. 9 Rn. 8; anders *Knöfel* EuZA 2008, 228 [241]; EAS/*Winkler v. Mohrenfels/Block,* B 3000, Rn. 206; Erman/*Hohloch* Art. 9 Rn. 3; Bamberger/Roth/*Spickhoff* Art. 9 Rn. 1: lex fori; offen ErfK/*Schlachter* Rom II-VO Art. 9 Rn. 2). Ist nach dem einschlägigen Recht eine Maßnahme nicht Arbeitskampfmaßnahme, greift Art. 9 damit nicht. Dann ist vielmehr Art. 4 anwendbar (zu den Konsequenzen MüKoBGB/*Junker* Art. 9 Rn. 18).

6 Konsequenz dieser Methode ist auch, dass es auf den jeweiligen Ort einer Arbeitskampfmaßnahme ankommt und folglich eine **einheitliche Anknüpfung** eines grenzüberschreitenden Arbeitskampfes mit Kampfmaßnahmen in mehreren Staaten auch für die Frage der Haftung **nicht** möglich ist (*Knöfel* EuZA 2008, 228 [237]).

II. Unerlaubte Handlung

7 Art. 9 ist Teil des zweiten Kap. der Rom II-VO, welches das auf grenzüberschreitende unerlaubte Handlungen anwendbare Recht regelt. Soweit Ansprüche aus **anderen** von der Rom II-VO geregelten außervertraglichen Schuldverhältnissen (s. Art. 2 I) im Zusammenhang mit Arbeitskämpfen geltend gemacht werden, sind diese nicht nach Art. 9 anzuknüpfen. Geht es um Ansprüche aus Geschäftsführung ohne Auftrag **(Notstands- und Erhaltungsmaßnahmen),** ist Art. 11 einschlägig (MüKoBGB/*Junker* Art. 9 Rn. 11; *Deinert,* § 16 Rn. 25). Art. 12 kann bei Ansprüchen einschlägig sein, die sich aus **Verschulden bei Tarifvertragsverhandlungen** ergeben (MüKoBGB/*Junker* Art. 9 Rn. 11; *Deinert,* § 16 Rn. 25). Hierzu auch → Art. 12 Rn. 1.

III. Schaden aus bevorstehenden oder durchgeführten Arbeitskampfmaßnahmen

8 Art. 9 setzt einen Schaden aus bevorstehenden oder durchgeführten Arbeitskampfmaßnahmen, nicht aber aus Gelegenheit eines Arbeitskampfs voraus (MüKoBGB/*Junker* Art. 9 Rn. 20; *Däubler* AK, § 32 Rn. 35; *Heinze* RabelsZ 73, 2009, 770 [785]). Weil auch bevorstehende Schäden erfasst sind, unterliegt der **vorbeugende** Schutz gegen Arbeitskampfmaßnahmen durch **Unterlassungsansprüche** ebenfalls der Anknüpfung nach Art. 9 (*Heinze* RabelsZ 73, 2009, 770 [785]; *Knöfel* EuZA 2008, 228 [242]; *Collins* (Hrsg.), Dicey, Morris and Collins on the Conflict of Laws, Bd. 2, 15. Aufl. 2012, 35–086; in diese Richtung auch *Morse,* Liber Pocar, 2009, 723 [730]). Dieses Ergebnis lässt sich allerdings auch aus den allg. Bestimmungen der Art. 2 II, III herleiten (MüKoBGB/*Junker* Art. 9 Rn. 21 f.; ErfK/*Schlachter* Rom II-VO Art. 9 Rn. 1).

IV. Erfasste Anspruchsgegner und Anspruchsteller

9 Art. 9 erfasst nur Ansprüche gegen eine Person in ihrer Eigenschaft als Arbeitnehmer oder Arbeitgeber oder die Organisationen, die deren berufliche Interessen vertreten. Für diese **Qualifikation** allein das Recht am Ort der Arbeitskampfmaßnahme einschlägig sein zu lassen, könnte bei Arbeitskämpfen, die von einem Mitgliedstaat aus gesteuert, aber in einem anderen Mitgliedstaat durchgeführt werden, dazu führen, dass Art. 9 letztlich nicht greift (Beispiel: arbeitgeberfinanzierte französische Gewerkschaft ruft im Grenzgebiet zur Blockade eines in Deutschland belegenen Betriebs auf). Dieses Ergebnis ist von Art. 9 nicht gewollt. Dem Ort der Arbeitskampfmaßnahme ist hinreichend dadurch Geltung verschafft, dass es über die Frage entscheidet, ob überhaupt eine Arbeitskampfmaßnahme vorliegt. Der Kreis der **Anspruchsgegner** ist hingegen weiter auf breiterer Grundlage zu ermitteln. Ob Arbeitnehmer und folglich Arbeitgeber vorliegen, richtet sich alternativ nach dem unionsrechtlichen Arbeitnehmerbegriff, dem Arbeitnehmerbegriff der lex causae, der lex fori oder des Rechts des gewöhnlichen Arbeitsorts (sog **qualifikationsrechtlicher Rechtsformzwang,** → Rom I-VO Art. 1 Rn. 33). Ob eine Gewerkschaft oder ein Arbeitgeberverband vorliegt, wird durch die VO nicht geregelt. Nach deutschem Kollisionsrecht ist das Recht

des **Sitzstaats** maßgeblich (MHdBArbR/*Birk,* 2. Aufl. 2000, § 21 Rn. 11). Je nach Ortsrecht können damit auch Kammern Organisationen sein, die die beruflichen Interessen der Arbeitnehmer vertreten (DFL/*Krebber* Art. 1, 2, 4, 9, 14, 16, 31, 32 Rn. 3). Die Haftung von Funktionären ist über Art. 4 III nach Art. 9 anzuknüpfen (so im Ergebnis MüKoBGB/ *Junker* Art. 9 Rn. 25; *Deinert,* § 16 Rn. 33; **anders** ErfK/*Schlachter* Rom II-VO Art. 9 Rn. 1: wohl unmittelbar nach Art. 9; so auch *Zelfel,* 70 f.; *Däubler* AK, § 32 Rn. 28; Bamberger/Roth/*Spickhoff* Art. 9 Rn. 1).

Der Kreis der möglichen **Anspruchsteller** wird durch Art. 9 nicht bestimmt. Auch die 10 Ansprüche Dritter gegen einen der in Art. 9 genannten Anspruchsgegner sind folglich nach Art. 9 anzuknüpfen (*Zelfel,* 73 ff.; MüKoBGB/*Junker* Art. 9 Rn. 24; *Deinert,* § 16 Rn. 35; *Leible/Lehmann* RIW 2007, 721 (731); **aA** *Heinze* RabelsZ 73, 2009, 770 [784]; Calliess/ *Rödl* Art. 9 Rn. 15; jurisPK-BGB/*Heinze* Art. 9 Rn. 7; offen Rauscher/*Unberath/Cziupka* Art. 9 Rn. 10).

C. Bestimmung des anwendbaren Rechts

Art. 9 entzieht die Anknüpfung für die Haftung für Schäden aus bevorstehenden oder 11 durchgeführten Arbeitskampfmaßnahmen nicht ganz der Anknüpfungssystematik der Rom II-VO. Einen Vorbehalt zugunsten von Art. 4 II enthält Art. 9 ausdrücklich. Auch Art. 14 ist iRd Art. 9 anzuwenden. Maßgeblich ist daher zunächst, ob die Parteien nachträglich eine **Rechtswahl** iSv Art. 14 getroffen haben. Anschließend ist Art. 4 II zu prüfen, also ob Schädiger und Geschädigter ihren **gemeinsamen Aufenthalt** in einem Staat mit der Folge haben, dass dann das Recht dieses Staates anwendbar ist. Der Vorbehalt zugunsten von Art. 4 II ist wegen der Einbettung von Arbeitskampfmaßnahmen in das Ortsrecht nicht unproblematisch (kritisch auch MüKoBGB/*Junker* Art. 9 Rn. 31; ferner Palandt/*Thorn* Art. 9 Rn. 3; Rauscher/*Unberath/Cziupka* Art. 9 Rn. 13; Bamberger/Roth/*Spickhoff* Art. 9 Rn. 3). Erst **subsidiär** zu diesen beiden Bestimmungen greift Art. 9. Eine **Ausweichklausel** kennt Art. 9 als bewusste Entscheidung (MüKoBGB/*Junker* Art. 9 Rn. 6; kritisch Palandt/*Thorn* Art. 9 Rn. 3) des VO-Gesetzgebers nicht, womit anders als beim Vorbehalt zugunsten von Art. 4 II der Einbettung von Arbeitskampfmaßnahmen in das Ortsrecht Rechnung getragen wird. Zur **Korrektur** einer Anknüpfung nach Art. 4 II oder einer Rechtswahl gem. Art. 14 über die Anwendung der Eingriffsnormen des Forums, → Art. 16 Rn. 1.

Art. 9 beruft das Recht am Ort der jeweiligen Arbeitskampfmaßnahme zur Anwendung. 12 Bei seltenen **Distanzdelikten** (Aufruf zum Arbeitskampf in einem Staat, Durchführung in einem anderen Staat) ist das Recht am Ort der Durchführung anzuwenden (so auch *Däubler* AK, § 32 Rn. 30; Bamberger/Roth/*Spickhoff* Art. 9 Rn. 3; Huber/*Illmer* Art. 9 Rn. 29). **Unterstützungsarbeitskämpfe** sind nach dem Recht des Staates zu beurteilen, in dem sie stattfinden (DFL/*Krebber* Art. 1, 2, 4, 9, 14, 16, 31, 32 Rn. 5; teilweise anders MüKoBGB/ *Junker* Art. 9 Rn. 37; *Deinert,* § 16 Rn. 23; NK-BGB/*Temming* Art. 9 Rn. 38 f.: selbstständige Anknüpfung der Rechtmäßigkeit des Hauptkampfes, soweit Rechtmäßigkeit von dieser abhängt). Das Gleiche gilt für **Boykott** (*Deinert,* § 16 Rn. 15), Betriebsblockaden, Betriebsbesetzungen.

D. Reichweite der Verweisung

Maßgeblich ist grds. Art. 15. Das am Ort der Arbeitskampfhandlung geltende Recht 13 entscheidet insbesondere über die **Rechtmäßigkeit** eines Arbeitskampfes (etwa *Heinze* RabelsZ 73, 2009, 770 [787]; *Zelfel,* 119 f., die dies für die Fälle einer Rechtswahl und des Art. 4 II mit einer teleologischen Reduktion des Art. 15 lit. a begründet; im Ergebnis auch *Deinert,* § 16 Rn. 21; **anders** Knöfel EuZA 2008, 228 [234 f.]; MüKoBGB/*Junker* Art. 9

Rn. 20; ErfK/*Schlachter* Rom II-VO Art. 9 Rn. 1; Huber/*Illmer* Art. 9 Rn. 35), weil sonst gerade eine Kernfrage der Maßgeblichkeit des Rechts am Ort der Arbeitskampfmaßnahme **systemwidrig** entzogen würde. Die Verweisung erfasst alle Normen unabhängig von ihrer Rechtsnatur und damit auch in dem anwendbaren Recht existierende verfassungsrechtliche Gewährleistungen und Absicherungen. Zur deshalb begrenzten Bedeutung von Eingriffsnomen und ordre public-Vorbehalt, → Art. 16 Rn. 1; → Art. 26 Rn. 1.

14 Die Maßgeblichkeit des Rechts am Ort der Arbeitskampfmaßnahme steht der Bildung eines einheitlichen Arbeitskampfstatuts entgegen. **Jede** Maßnahme ist hinsichtlich der Haftung für Schäden iSv Art. 9 **selbständig** zu beurteilen (ErfK/*Schlachter* Rom II-VO Rn. 9; NK-BGB/*Temming* Art. 9 Rn. 58; anders *Leible/Lehmann* RIW 2007, 721 [731]; Hk-BGB/ *Dörner* Art. 9 Rn. 2: für alle Maßnahmen Schwerpunkt des Arbeitskampfs maßgeblich; **dagegen** etwa *Zelfel*, 98 f.).

E. Anknüpfung nicht von Art. 9 oder der Rom II-VO erfasster Fragen

15 Fällt ein Sachverhalt grds. in den Anwendungsbereich der Rom II-VO, ohne jedoch die besonderen Voraussetzungen von Art. 9 zu erfüllen, wird nach Art. 4 angeknüpft. Die nicht in den Anwendungsbereich der Rom II-VO fallenden arbeitskampfrechtlichen Fragen richten sich nach **mitgliedstaatlichem** internationalen Arbeitskampfrecht, soweit es sich nicht um eine arbeitsvertragliche Frage handelt, für die die Rom I-VO maßgeblich ist (→ Rom I-VO Art. 9 Rn. 38, 42). Tarifverträge unterliegen nach richtiger Ansicht nicht der Rom I-VO (→ Rom I-VO Art. 1 Rn. 34).

Kapitel III. Ungerechtfertigte Bereicherung, Geschäftsführung ohne Auftrag und Verschulden bei Vertragsverhandlungen

Art. 12 Verschulden bei Vertragsverhandlungen

(1) Auf außervertragliche Schuldverhältnisse aus Verhandlungen vor Abschluss eines Vertrags, unabhängig davon, ob der Vertrag tatsächlich geschlossen wurde oder nicht, ist das Recht anzuwenden, das auf den Vertrag anzuwenden ist oder anzuwenden gewesen wäre, wenn er geschlossen worden wäre.

(2) Kann das anzuwendende Recht nicht nach Absatz 1 bestimmt werden, so ist das anzuwendende Recht

a) das Recht des Staates, in dem der Schaden eingetreten ist, unabhängig davon, in welchem Staat das schadensbegründende Ereignis oder indirekte Schadensfolgen eingetreten sind, oder,

b) wenn die Parteien zum Zeitpunkt des Eintritts des schadensbegründenden Ereignisses ihren gewöhnlichen Aufenthalt in demselben Staat haben, das Recht dieses Staates, oder,

c) wenn sich aus der Gesamtheit der Umstände ergibt, dass das außervertragliche Schuldverhältnis aus Verhandlungen vor Abschluss eines Vertrags eine offensichtlich engere Verbindung mit einem anderen als dem in den Buchstaben a oder b bezeichneten Staat aufweist, das Recht dieses anderen Staates.

1 Zur arbeitsrechtlichen Relevanz → Art. 1 Rn. 1. Ansprüche des Arbeitnehmers gegen den Arbeitgeber aus dem **Anbahnungsverhältnis** sind nach Art. 12 I anzuknüpfen. Für Art. 12 II ist in diesem Kontext kein Raum. Art. 12 I knüpft an das Recht an, das auf den Vertrag anzuwenden wäre oder anzuwenden gewesen wäre. Das ist das Arbeitsverhältnisstatut nach Art. 8 Rom I-VO einschließlich etwaiger zu beachtender Eingriffsnormen nach Art. 9 Rom I-VO. Der von Art. 12 I gewollte Gleichklang mit der vertraglichen Anknüp-

Eingriffsnormen   **Art. 16 VO 864/2007/EG 230**

fung wäre sonst nicht gewährleistet. Für den im arbeitsrechtlichen Anbahnungsverhältnis besonders relevanten **Diskriminierungsschutz** gelten wegen des unionsrechtlichen Hintergrundes ohnehin abweichende Regeln (→ Rom I-VO Art. 3, 8 Rn. 26 ff., 30), die wegen der akzessorischen Anknüpfung an das Arbeitsverhältnisstatut auch iRv Art. 12 I zu berücksichtigen sind.

Kapitel IV. Freie Rechtswahl

Art. 14 Freie Rechtswahl

(1) Die Parteien können das Recht wählen, dem das außervertragliche Schuldverhältnis unterliegen soll:

a) durch eine Vereinbarung nach Eintritt des schadensbegründenden Ereignisses; oder

b) wenn alle Parteien einer kommerziellen Tätigkeit nachgehen, auch durch eine vor Eintritt des schadensbegründenden Ereignisses frei ausgehandelte Vereinbarung.

Die Rechtswahl muss ausdrücklich erfolgen oder sich mit hinreichender Sicherheit aus den Umständen des Falles ergeben und lässt Rechte Dritter unberührt.

(2) Sind alle Elemente des Sachverhalts zum Zeitpunkt des Eintritts des schadensbegründenden Ereignisses in einem anderen als demjenigen Staat belegen, dessen Recht gewählt wurde, so berührt die Rechtswahl der Parteien nicht die Anwendung derjenigen Bestimmungen des Rechts dieses anderen Staates, von denen nicht durch Vereinbarung abgewichen werden kann.

(3) Sind alle Elemente des Sachverhalts zum Zeitpunkt des Eintritts des schadensbegründenden Ereignisses in einem oder mehreren Mitgliedstaaten belegen, so berührt die Wahl des Rechts eines Drittstaats durch die Parteien nicht die Anwendung – gegebenenfalls in der von dem Mitgliedstaat des angerufenen Gerichts umgesetzten Form – der Bestimmungen des Gemeinschaftsrechts, von denen nicht durch Vereinbarung abgewichen werden kann.

Es kommt nur eine **nachträgliche** Rechtswahl nach Art. 14 S. 1 lit. a in Betracht. Die **1** Voraussetzungen von Art. 14 S. 1 lit. b liegen nicht vor, da die möglichen Anspruchsteller und Anspruchsgegner bei einer Arbeitskampfmaßnahme keiner kommerziellen Tätigkeit nachgehen (MüKoBGB/*Junker* Art. 9 Rn. 35).

Zu den **Anforderungen** an eine Rechtswahl → Rom I-VO Art. 3, 8 Rn. 4 ff. Die **2** Rechtswahl ändert nur das anzuwendende Recht, nicht aber, welche Rechtsfragen erfasst werden (zu Unterlassungsansprüchen → Art. 9 Rn. 8) oder den Umfang der Verweisung (→ Art. 9 Rn. 13 f.).

Kapitel V. Gemeinsame Vorschriften

Art. 16 Eingriffsnormen

Diese Verordnung berührt nicht die Anwendung der nach dem Recht des Staates des angerufenen Gerichts geltenden Vorschriften, die ohne Rücksicht auf das für das außervertragliche Schuldverhältnis maßgebende Recht den Sachverhalt zwingend regeln.

Über den Gerichtsstand am Ort der unerlaubten Handlung gem. Art. 7 Nr. 2 Brüssel Ia- **1** VO und die Anknüpfung nach Art. 9 ist den möglichen Steuerungsinteressen des Forumstaates schon über die Regelanknüpfung Genüge getan (zum Umfang der Verweisung → Art. 9 Rn. 13 f.). Kommt es über Art. 4 II oder Art. 14 zur Anwendbarkeit eines anderen Rechts, setzen sich wegen der herausragenden Bedeutung des Arbeitskampfrechts im Zweifel **alle** betroffenen Prinzipien und insbesondere die verfassungsrechtlichen Gewährleistungen des Forums als Eingriffsnorm durch, soweit sie den Sachverhalt trotz des **Auslandsbezugs** erfassen (**anders** zu den verfassungsrechtlichen Gewährleistungen *Knöfel* EuZA 2008, 228 [247]; MüKoBGB/*Junker* Art. 16 Rn. 16: erst über Art. 26). Mit dieser praktisch durchaus relevanten Einschränkung – die entsprechenden Rechtsgrundsätze setzen typischerweise einen hinreichenden Inlandsbezug voraus – ist das **gesamte,** auch das ungeschriebene deutsche Arbeitskampfrecht Eingriffsnorm (wohl enger und richterrechtliche Grundsätze über Streiknotdienstpflichten ausschließend MüKoBGB/*Junker* Art. 16 Rn. 16).

Kapitel VI. Sonstige Vorschriften

Art. 26 Öffentliche Ordnung im Staat des angerufenen Gerichts

Die Anwendung einer Vorschrift des nach dieser Verordnung bezeichneten Rechts kann nur versagt werden, wenn ihre Anwendung mit der öffentlichen Ordnung („ordre public") des Staates des angerufenen Gerichts offensichtlich unvereinbar ist.

1 Das Zusammenspiel von Gerichtsstand am Ort der unerlaubten Handlung gem. Art. 7 Nr. 2 Brüssel Ia-VO und der Anknüpfung nach Art. 9 bewirkt, dass für Art. 26 im Grundsatz **kein Raum** besteht. Vorstellbar ist eine Anwendung von Art. 26 nur bei Anknüpfung nach Art. 4 II oder bei Rechtswahl gem. Art. 14. Ist danach nicht das Recht des Forums anwendbar, setzen sich die arbeitskampfrechtlichen Prinzipien der lex fori, die im Grundsatz einen ordre public-Verstoß begründen könnten, indes bereits nach Art. 16 als Eingriffsnorm durch (anders zu den verfassungsrechtlichen Gewährleistungen *Knöfel* EuZA 2008, 228 [247]; MüKoBGB/*Junker* Art. 16 Rn. 16: erst über Art. 26).

Kapitel VII. Schlussbestimmungen

Art. 31 Zeitliche Anwendbarkeit

Diese Verordnung wird auf schadensbegründende Ereignisse angewandt, die nach ihrem Inkrafttreten eintreten.

Art. 32 Zeitpunkt des Beginns der Anwendung

Diese Verordnung gilt ab dem 11. Januar 2009, mit Ausnahme des Artikels 29, der ab dem 11. Juli 2008 gilt.

240. Verordnung (EG) Nr. 593/2008 des Europäischen Parlaments und des Rates vom 17. Juni 2008 über das auf vertragliche Schuldverhältnisse anzuwendende Recht (Rom I)

(ABl. Nr. L 177 S. 6, ber. 2009 Nr. L 309 S. 87)

Celex-Nr. 3 2008 R 0593

– Auszug –

DAS EUROPÄISCHE PARLAMENT UND DER RAT DER EUROPÄISCHEN UNION –
gestützt auf den Vertrag zur Gründung der Europäischen Gemeinschaft, insbesondere auf Artikel 61 Buchstabe c und Artikel 67 Absatz 5, zweiter Gedankenstrich,
auf Vorschlag der Kommission,
nach Stellungnahme des Europäischen Wirtschafts- und Sozialausschusses[1],
gemäß dem Verfahren des Artikels 251 des Vertrags[2],
in Erwägung nachstehender Gründe:
(…)
(10) Schuldverhältnisse, die aus Verhandlungen vor Abschluss eines Vertrags entstehen, fallen unter Artikel 12 der Verordnung (EG) Nr. 864/2007. Sie sollten daher vom Anwendungsbereich dieser Verordnung ausgenommen werden.
(…)
(23) Bei Verträgen, bei denen die eine Partei als schwächer angesehen wird, sollte die schwächere Partei durch Kollisionsnormen geschützt werden, die für sie günstiger sind als die allgemeinen Regeln.
(…)
(34) Die Kollisionsnorm für Individualarbeitsverträge sollte die Anwendung von Eingriffsnormen des Staates, in den der Arbeitnehmer im Einklang mit der Richtlinie 96/71/EG des Europäischen Parlaments und des Rates vom 16. Dezember 1996 über die Entsendung von Arbeitnehmern im Rahmen der Erbringung von Dienstleistungen[3] entsandt wird, unberührt lassen.
(35) Den Arbeitnehmern sollte nicht der Schutz entzogen werden, der ihnen durch Bestimmungen gewährt wird, von denen nicht oder nur zu ihrem Vorteil durch Vereinbarung abgewichen werden darf.
(36) Bezogen auf Individualarbeitsverträge sollte die Erbringung der Arbeitsleistung in einem anderen Staat als vorübergehend gelten, wenn von dem Arbeitnehmer erwartet wird, dass er nach seinem Arbeitseinsatz im Ausland seine Arbeit im Herkunftsstaat wieder aufnimmt. Der Abschluss eines neuen Arbeitsvertrags mit dem ursprünglichen Arbeitgeber oder einem Arbeitgeber, der zur selben Unternehmensgruppe gehört wie der ursprüngliche Arbeitgeber, sollte nicht ausschließen, dass der Arbeitnehmer als seine Arbeit vorübergehend in einem anderen Staat verrichtend gilt.
(37) Gründe des öffentlichen Interesses rechtfertigen es, dass die Gerichte der Mitgliedstaaten unter außergewöhnlichen Umständen die Vorbehaltsklausel („ordre public") und Eingriffsnormen anwenden können. Der Begriff „Eingriffsnormen" sollte von dem Begriff

---

[1] **Amtl. Anm.:** ABl. C 318 vom 23.12.2006, S. 56.
[2] **Amtl. Anm.:** Stellungnahme des Europäischen Parlaments vom 29. November 2007 (noch nicht im Amtsblatt veröffentlicht) und Beschluss des Rates vom 5. Juni 2008.
[3] **Amtl. Anm.:** ABl. L 18 vom 21.1.1997, S. 1.

"Bestimmungen, von denen nicht durch Vereinbarung abgewichen werden kann", unterschieden und enger ausgelegt werden.

(...)

HABEN FOLGENDE VERORDNUNG ERLASSEN:

Kapitel I. Anwendungsbereich

Art. 1 Anwendungsbereich

(1) Diese Verordnung gilt für vertragliche Schuldverhältnisse in Zivil- und Handelssachen, die eine Verbindung zum Recht verschiedener Staaten aufweisen.

Sie gilt insbesondere nicht für Steuer- und Zollsachen sowie verwaltungsrechtliche Angelegenheiten.

(2) Vom Anwendungsbereich dieser Verordnung ausgenommen sind:

a) der Personenstand sowie die Rechts-, Geschäfts- und Handlungsfähigkeit von natürlichen Personen, unbeschadet des Artikels 13;
b) Schuldverhältnisse aus einem Familienverhältnis oder aus Verhältnissen, die nach dem auf diese Verhältnisse anzuwendenden Recht vergleichbare Wirkungen entfalten, einschließlich der Unterhaltspflichten;
c) Schuldverhältnisse aus ehelichen Güterständen, aus Güterständen aufgrund von Verhältnissen, die nach dem auf diese Verhältnisse anzuwendenden Recht mit der Ehe vergleichbare Wirkungen entfalten, und aus Testamenten und Erbrecht;
d) Verpflichtungen aus Wechseln, Schecks, Eigenwechseln und anderen handelbaren Wertpapieren, soweit die Verpflichtungen aus diesen anderen Wertpapieren aus deren Handelbarkeit entstehen;
e) Schieds- und Gerichtsstandsvereinbarungen;
f) Fragen betreffend das Gesellschaftsrecht, das Vereinsrecht und das Recht der juristischen Personen, wie die Errichtung durch Eintragung oder auf andere Weise, die Rechts- und Handlungsfähigkeit, die innere Verfassung und die Auflösung von Gesellschaften, Vereinen und juristischen Personen sowie die persönliche Haftung der Gesellschafter und der Organe für die Verbindlichkeiten einer Gesellschaft, eines Vereins oder einer juristischen Person;
g) die Frage, ob ein Vertreter die Person, für deren Rechnung er zu handeln vorgibt, Dritten gegenüber verpflichten kann, oder ob ein Organ einer Gesellschaft, eines Vereins oder einer anderen juristischen Person diese Gesellschaft, diesen Verein oder diese juristische Person gegenüber Dritten verpflichten kann;
h) die Gründung von „Trusts" sowie die dadurch geschaffenen Rechtsbeziehungen zwischen den Verfügenden, den Treuhändern und den Begünstigten;
i) Schuldverhältnisse aus Verhandlungen vor Abschluss eines Vertrags;
j) Versicherungsverträge aus von anderen Einrichtungen als den in Artikel 2 der Richtlinie 2002/83/EG des Europäischen Parlaments und des Rates vom 5. November 2002 über Lebensversicherungen[1] genannten Unternehmen durchgeführten Geschäften, deren Zweck darin besteht, den unselbstständig oder selbstständig tätigen Arbeitskräften eines Unternehmens oder einer Unternehmensgruppe oder den Angehörigen eines Berufes oder einer Berufsgruppe im Todes- oder Erlebensfall oder bei Arbeitseinstellung oder bei Minderung der Erwerbstätigkeit oder bei arbeitsbedingter Krankheit oder Arbeitsunfällen Leistungen zu gewähren.

(3) Diese Verordnung gilt unbeschadet des Artikels 18 nicht für den Beweis und das Verfahren.

---

[1] **Amtl. Anm.:** ABl. L 345 vom 19.12.2002, S. 1. Zuletzt geändert durch die Richtlinie 2008/19/EG (ABl. L 76 vom 19.3.2008, S. 44).

(4) ¹Im Sinne dieser Verordnung bezeichnet der Begriff „Mitgliedstaat" die Mitgliedstaaten, auf die diese Verordnung anwendbar ist. ²In Artikel 3 Absatz 4 und Artikel 7 bezeichnet der Begriff jedoch alle Mitgliedstaaten.

Übersicht

	Rn.
A. Allgemeines zur Rom I-VO	1
I. Die rechtliche Erfassung grenzüberschreitender arbeitsrechtlicher Sachverhalte im Unionsrecht im Überblick	1
1. Rechtliche Grundlagen	1
a) Primärrechtliche Grundlagen zur Bestimmung der internationalen Zuständigkeit und des anwendbaren Rechts	1
b) Entsende-Richtlinie	2
c) Räumlicher Geltungsanspruch von unionsrechtlichem Sekundärrecht	3
d) Normen zur Bestimmung des anwendbaren Rechts im arbeitsrechtlichen Sekundärrecht der Union	4
e) Materien des Arbeitsrechts ohne unionsrechtliche Regelung zur Bestimmung des anwendbaren Rechts	5
2. Verhältnis der rechtlichen Grundlagen zueinander	8
3. Grundfragen der Bestimmung des Arbeitsverhältnisstatuts	10
a) Sachrechtliche Besonderheiten des Arbeitsrechts mit Bedeutung für die Bestimmung des Arbeitsverhältnisstatuts	10
b) Kollisionsrechtliche Umsetzung	11
II. Überblick über die arbeitsrechtlich relevanten Bestimmungen der Rom I-VO	16
III. Auslegung	17
B. Funktion von Art. 1	21
C. Sachlicher Anwendungsbereich der Rom I-VO	23
I. Vertragliches Schuldverhältnis in Zivil- und Handelssachen	23
1. Zusammenspiel von Art. 1 I, II und von Art. 8 Rom I-VO in arbeitsrechtlichen Sachverhalten	23
a) Normsystematik	23
b) Problematische Fälle aus der Sicht des Arbeitsrechts	24
c) Prüfung in arbeitsrechtlichen Konstellationen	26
2. Vorliegen eines Individualarbeitsvertrags iSv Art. 8	29
a) Autonomer unionsrechtlicher Begriff des Individualarbeitsverhältnisses	29
b) Qualifikation	32
c) Qualifikationsrechtlicher Rechtsformzwang	33
3. Vertragliche Schuldverhältnisse des Kollektiven Arbeitsrechts	34
II. Verbindung zum Recht verschiedener Staaten	36
D. Räumlicher Anwendungsbereich der Rom I-VO	37
E. Zeitlicher Anwendungsbereich der Rom I-VO	38

A. Allgemeines zur Rom I-VO

I. Die rechtliche Erfassung grenzüberschreitender arbeitsrechtlicher Sachverhalte im Unionsrecht im Überblick

1. Rechtliche Grundlagen. a) Primärrechtliche Grundlagen zur Bestimmung 1
der internationalen Zuständigkeit und des anwendbaren Rechts. Das Unionsrecht kennt **kein umfassendes** Regelungssystem zur Bestimmung der internationalen Zuständigkeit und des anwendbaren Rechts für alle erdenkbaren arbeitsrechtlichen grenzüberschreitenden Sachverhalte. Eine allg., auch Arbeitsverhältnisse erfassende Regelung zur Bestimmung der internationalen Zuständigkeit bietet die Brüssel Ia-VO (1215/2012 v. 12.12.2012, ABl. 2012 L 351, 1). Das Arbeitsverhältnisstatut richtet sich nach der Rom I-VO. Vorgänger der Rom I-VO war das Römische Übereinkommen über das auf vertragliche Schuldverhältnisse anzuwendende Recht vom 19.6.1980 (80/934/EWG, ursprüngliche Fassung in ABl. 1980 L 266, 1; konsolidierte Fassung in ABl. 1998 C 27, 34), ein zwischen den damaligen Mitgliedstaaten geschlossenes völkerrechtliches Übereinkommen, auf welches die nun aufgehobenen Art. 27 ff. EGBGB zurückgehen. Ein Verordnungsvorschlag über das Arbeitskollisionsrecht aus dem Jahre 1972 (ABl. 1972 C 49, 26; Abdruck einer geänderten

Fassung in RdA 1978, 57) ist nie geltendes Recht geworden. Unionsrechtliche Grundlage für die Anknüpfung von Teilfragen bei grenzüberschreitenden Arbeitskämpfen sowie von der Anknüpfung des Verschuldens bei Vertragshandlungen ist die Rom II-VO (864/2007 v. 11.7.2007, ABl. 2007 L 199, 40). Die EuInsVO schließlich ist Grundlage für die Bestimmung der internationalen Zuständigkeit und des anwendbaren Rechts der Auswirkung von Insolvenzen auf Arbeitsverhältnisse.

2   **b) Entsende-Richtlinie.** Art. 3 I Entsende-Richtlinie (RL 96/71/EG v. 16.12.1996, ABl. 1997 L 18, 1) verpflichtet die Mitgliedstaaten, den in dieser Bestimmung im Einzelnen normierten sog. harten **Kern** an Arbeitsbedingungen unabhängig vom Arbeitsverhältnisstatut anzuwenden.

3   **c) Räumlicher Geltungsanspruch von unionsrechtlichem Sekundärrecht.** Für das Arbeitsrecht relevantes unionsrechtliches Sekundärrecht kann seinen räumlichen Geltungsanspruch ausdrücklich festlegen. Beispiel ist Art. 1 II der **Betriebsübergangs-Richtlinie** (RL 2001/23/EG v. 12.3.2001, ABl. 2001, L 82, 16), nach dem die Richtlinie anwendbar ist, wenn und soweit sich das Unternehmen, der Betrieb oder der Betriebsteil, das bzw. der übergeht, innerhalb des räumlichen Geltungsbereich des Vertrages befindet (dazu → Art. 3, 8 Rn. 29).

4   **d) Normen zur Bestimmung des anwendbaren Rechts im arbeitsrechtlichen Sekundärrecht der Union.** Häufiger als die ausdrückliche Regelung des räumlichen Geltungsanspruchs von Sekundärrecht sind einzelne Normen und Richtlinien, die ausdrücklich regeln, dass für eine bestimmte Frage mitgliedstaatliches Recht maßgeblich ist. Soweit es hierbei um die Frage geht, ob entweder mitgliedstaatliches Recht oder stattdessen Unionsrecht bzw. ein autonomes unionsrechtliches Verständnis maßgeblich ist, handelt es sich nicht um räumliches Kollisionsrecht, sondern um die Abgrenzung des Geltungsbereichs von unions- und mitgliedstaatlichem Recht im **Mehrebenensystem** der Union (so Art. 3 lit. c RL 89/391/EWG v. 12.6.1989, ABl. 1989 L 183, 1; Art. 1 I RL 91/533/EWG v. 14.10.1991, ABl. 1991 L 288, 32; Art. 2 I RL 94/33/EG v. 22.6.1994, ABl. 1994 L 216, 12; §§ 2 I, II, 6 V RL 97/81/EG v. 15.12.1997, ABl. 1998 L 14, 9; Art. 1 I lit. b RL 98/59/EG v. 20.7.1998, ABl. 1998 L 225, 16; §§ 2 I, 3 II, 7 I, 8 V RL 1999/70/EG v. 25.1.1999, ABl. 1999 L 175, 43; Art. 2 III 2 RL 2000/43/EG v. 29.6.2000, ABl. 2000 L 180, 22; Art. 2 III 2 RL 2000/78/EG v. 27.11.2000, ABl. 2000 L 303, 16; Art. 2 I lit. c, d RL 2001/23/EG v. 12.3.2001, ABl. 2001 L 82, 16; Art. 2 lit. e RL 2001/86/EG v. 8.10.2001, ABl. 2001 L 294, 22; Art. 2 lit. b, c, d, e RL 2002/14/EG v. 11.3.2002, ABl. 2002 L 80, 29; Art. 3 lit. h RL 2002/15/EG v. 11.3.2002, ABl. 2002 L 80, 35; Art. 2 Nr. 1, 3, 4 RL 2003/88/EG v. 13.11.2002, ABl. 2003 L 299, 9; Art. 4 I RL 2005/56/EG v. 26.10.2005, ABl. 2005 L 310, 1; Art. 2 II RL 2008/94/EG v. 22.10.2008, ABl. 2008 L 283, 36; Art. 3 I lit. a, b, II RL 2008/104/EG v. 19.11.2008, ABl. 2008 L 327, 9; Art. 2 I lit. d, II RL 2009/38/EG v. 6.5.2009, ABl. 2009 L 122, 28; §§ 1 Nr. 2, 8 Nr. 5 RL 2010/18/EU v. 17.12.2013, ABl. 2013 L 353, 7). Steht jedoch die Entscheidung darüber im Vordergrund, welches von mehreren möglichen mitgliedstaatlichen Rechten maßgeblich ist, handelt es sich um räumliches **Kollisionsrecht** (so Art. 2 II RL 96/71/EG v. 10.1.1996, ABl. 1996 L 13, 23; Art. 6 RL 2001/86/EG v. 8.10.2001, ABl. 2001 L 294, 22; Art. 12 RL 2005/56/EG v. 26.10.2005, ABl. 2005 L 310, 1; Art. 9 RL 2008/94/EG v. 22.10.2008, ABl. 2008 L 283, 36; Art. 3 VI, 10 III RL 2009/38/EG v. 6.5.2009, ABl. 2009 L 122, 28).

5   **e) Materien des Arbeitsrechts ohne unionsrechtliche Regelung zur Bestimmung des anwendbaren Rechts.** Das Arbeitsverhältnisstatut richtet sich nach der Rom I-VO. Weil die Rom I-VO bestimmte Materien von ihrem Anwendungsbereich in Art. 1 ausschließt, ist es aber möglich, dass bestimmte Rechtsfragen im **Übergangsbereich** des Arbeitsverhältnisstatuts zu Rechtsverhältnissen anderer Natur nicht unter die Rom I-VO fallen und damit im Ergebnis unionsrechtlich nicht geregelt sind. Im Einzelnen → Rn. 26 f.

Allgemeines zur Rom I-VO   **Art. 1 VO 593/2008/EG 240**

Art. 9 Rom II-VO regelt nur **Teilaspekte** des Arbeitskampfstatuts. Im Einzelnen → Rom 6
II-VO Art. 9 Rn. 3 ff. Die nicht erfassten Fragen werden folglich nicht nach Unionsrecht
beurteilt.

Unionsrechtlich nicht geregelt ist mit der begrenzten Ausnahme von Art. 9 Rom II-VO 7
vor allem das **Kollektive Arbeitsrecht.** Es existieren also keine allg. kollisionsrechtlichen
Normen des Unionsrechts für das internationale Koalitionsrecht, das internationale Tarif-
vertrags- sowie das internationale Betriebsverfassungsrecht (Rauscher/*v. Hein* Art. 8
Rn. 2 f., 5 f.). Entsprechende Regelungen sind auch nicht geplant, obwohl Art. 153 V
AEUV nur unionsrechtlichem Sachrecht in diesen Fragen, nicht aber unionsrechtlichen
Kollisionsnormen entgegensteht. Als Folge bleibt es bei der Maßgeblichkeit des (über-
wiegend ungeschriebenen) mitgliedstaatlichen Kollisionsrechts. Wegen der grundlegenden
Zuständigkeitsverteilung und den Prinzipien zur Ausübung von Zuständigkeiten (Art. 4 f.
EUV) ist es nicht möglich, für das internationale Koalitionsrecht, Tarifvertrags- und Be-
triebsverfassungsrecht ungeschriebene Kollisionsnormen des Unionsrechts zu entwickeln.
Fraglich ist allenfalls, ob Kollektivverträge nach der Rom I-VO angeknüpft werden können
(dazu → Rn. 34).

2. Verhältnis der rechtlichen Grundlagen zueinander. Jede der genannten unions- 8
rechtlichen Grundlagen mit arbeitsrechtlich relevanten Kollisionsnormen bestimmt ihren
eigenen Anwendungsbereich. Hierdurch erfolgt eine gewisse Abgrenzung, insbesondere
zwischen den primären unionsrechtlichen Grundlagen Brüssel I-VO, Rom I-VO sowie
Rom II-VO. Das Verhältnis der unterschiedlichen Rechtsgrundlagen zueinander kann auch
durch materielle Regelungen geklärt sein. So bestimmt Art. 10 EuInsVO, dass für die
Wirkungen des Insolvenzverfahrens auf das Arbeitsverhältnis ausschließlich das Recht desjenigen Mitgliedstaates gilt, das auf den Arbeitsvertrag anzuwenden ist. Welches dieses Recht
ist, richtet sich nach Art. 8 Rom I-VO. Entsende-Richtlinie und Rom I-VO ergänzen
einander insoweit, als Art. 3 Entsende-Richtlinie den Normen des sog. harten Kerns den
Anwendungsbefehl gibt, die sie zu international zwingenden Normen iSv Art. 9 Rom I-
VO machen (*Krebber* IPRax 2001, 22 ff.).

Nach Art. 23 Rom I-VO lässt die Rom I-VO Vorschriften des Gemeinschaftsrechts, die 9
in besonderen Bereichen Kollisionsnormen für vertragliche Schuldverhältnisse enthalten,
unberührt. Einzelne **Kollisionsnormen** in **Sekundärrechtsakten** (→ Rn. 4) gehen daher
der Bestimmung des anwendbaren Rechts nach der Rom I-VO ebenso **vor** wie der
räumliche Geltungsanspruch eines Sekundärrechtsakts, der zu einem anderen Ergebnis als
die Anknüpfung nach Art. 8 Rom I-VO führen würde; Art. 3 IV regelt nur einen Teilaspekt dieser Problematik, → Art. 3, 8 Rn. 29 f.

3. Grundfragen der Bestimmung des Arbeitsverhältnisstatuts. a) Sachrechtliche 10
Besonderheiten des Arbeitsrechts mit Bedeutung für die Bestimmung des Arbeits-
verhältnisstatuts. Die Rom I-VO ist Grundlage der kollisionsrechtlichen Anknüpfung
vertraglicher Schuldverhältnisse im Allgemeinen. In sachrechtlicher Hinsicht unterscheidet
sich das Arbeitsverhältnis wesentlich von den übrigen Schuldverhältnissen, für die das Bild
des Austauschvertrags in der Form des Kaufvertrags prägend ist. Sachrechtliche **Besonder-**
heiten sind insbesondere: der Charakter des Arbeitsrechts als Arbeitnehmerschutzrecht; die
kollektive Ebene des Arbeitsrechts, die über Kollektivverträge wie Tarifverträge oder Betriebsvereinbarungen den Inhalt des Arbeitsverhältnisses bestimmt; Arbeitsrecht unmittelbar
als öffentliches Recht (Arbeitsschutzrecht) sowie eine mittelbare Wirkung von Grundrechten; eine Einbettung arbeitsrechtlicher Regelungen in einen sozialrechtlichen Kontext
(Mutterschaftsgeld); dass einzelne Arbeitsverhältnisse in einem rechtlichen Zusammenhang
mit anderen Arbeitsverhältnissen in einem Betrieb stehen können (§ 1 III KSchG); arbeitsrechtliche Normen mit Selbstbestimmung des räumlichen Geltungsbereichs (Vereinigtes
Königreich: Section 204(1) Employment Rights Act 1996; Section 6, 10 Sex Discrimination
Act 1975; Section 4, 8, 9 Race Relations Act 1976; Section 3(1), 3(3)(a),(b) Transfer of
Undertakings (Protection of Employment) Regulations 2006; Irland: Section 2(3) Unfair

Dismissals Act 1977; Section 25 Redundancy Payment Act 1967); die Beteiligung arbeitsrechtlicher Organe (§ 102 I BetrVG) oder staatlicher Institutionen (§ 8 II österreichisches Behinderteneinstellungsgesetz; § 27 AGG; Section 1 ff. Equality Act 2006) an individualarbeitsrechtlichen Sachverhalten – die Beteiligung kann so weit gehen, dass sie Voraussetzung einer Klageerhebung ist (National Labor Relations Act: 29 U. S. C. § 160; Title VII Civil Rights Act 1964: 42 U. S. C. § 2000e-5(f)(1); Age Discrimination in Employment Act: 29 U. S. C. § 626(d); Americans with Disabilities Act: 42 U. S. C. § 12117(a) iVm § 2000e-5(f)(1)).

11 **b) Kollisionsrechtliche Umsetzung. aa) Arbeitsverhältnisstatut und Eingriffsnormen.** Keineswegs alle, aber doch zahlreiche der genannten sachrechtlichen Besonderheiten könnten kollisionsrechtlich durch eine **objektive Anknüpfung** an das Recht des gewöhnlichen Arbeitsorts aufgefangen werden. Der Verordnungsvorschlag über das Arbeitskollisionsrecht von 1972 (→ Rn. 1) sah folgerichtig grds. eine solche Anknüpfung vor. Art. 8 Rom I-VO übernimmt hingegen das Modell von Art. 6 EVÜ, welches die **Wahl** des Arbeitsverhältnisstatuts ermöglicht. Dies entspricht der früheren Rechtslage in Deutschland (st. Rspr. seit BAG 13.5.1959 NJW 1959, 1893; *Gamillscheg*, 113; *Beitzke* AR-Blattei, D Rechtsquellen III, B. I.3. [Stand 1976]; gegen *Schnorr v. Carolsfeld*, Arbeitsrecht, 2. Aufl. 1954, 51; *ders.* RdA 1958, 201 [202]). Auch andere Mitgliedstaaten haben die Wahl des Arbeitsverhältnisstatus schon vor dem EVÜ zugelassen (Belgien, Spanien, Niederlande, England, Frankreich, Italien, *Krebber* 218 ff.; *Krebber*, FS Birk, 2008, 477 [477 f.]). Anders als in Deutschland wurde die Ermöglichung der Rechtswahl in den anderen Mitgliedstaaten jedoch nur ausnahmsweise konsequent angewandt und im Übrigen das gesamte kollisionsrechtliche Instrumentarium in erster Linie dazu genutzt, auf irgendeinem Weg zur Anwendung des Rechts jedenfalls des inländischen gewöhnlichen Arbeitsorts zu gelangen (*Krebber* 218 ff.; *Krebber*, FS Birk, 2008, 477 [477 f.]; eine seltene Ausnahme die Entscheidung Cass. soc. 12.7.2010, Rev. crit. DIP 2011, 73, 1re espèce).

12 Das grds. Ermöglichen der Rechtswahl wird durch Art. 8 I 2 ausgeglichen. Nach Art. 8 I 2 darf die Rechtswahl nicht dazu führen, dass dem Arbeitnehmer der Schutz des objektiven Arbeitsverhältnisstatuts entzogen wird. Dieses zu Art. 6 EVÜ entwickelte Konzept soll den Charakter des Arbeitsrechts als Arbeitnehmerschutzrecht in das Kollisionsrecht tragen (*Giuliano/Lagarde,* Bericht über das Übereinkommen über das auf vertragliche Schuldverhältnisse anzuwendende Recht, ABl. 1980 C 282, 1 [25]). Der Vorbehalt des sog. **Günstigkeitsvergleichs** reicht wegen seiner Ausrichtung am Grad des Arbeitnehmerschutzes allerdings nicht aus, die allg. Einbettung des Arbeitsverhältnisses in den Betrieb sowie den Gleichlauf mit sonstigem am gewöhnlichen Arbeitsort geltenden Recht zu gewährleisten. Die frühere Auseinandersetzung um subjektive oder objektive Anknüpfung des Arbeitsverhältnisstatuts hat sich daher auf die Bedeutung der international **zwingenden Bestimmungen** von Art. 9 verlagert (darauf früh hinweisend *Birk* SAE 1978, 239 [240]; *Birk* RabelsZ 46, 1982, 385 [387]). Welche arbeitsrechtlichen Fragen nach Art. 9 sonderanzuknüpfen sind, ist die bis heute umstrittenste Frage des Arbeitskollisionsrechts; → Art. 9 Rn. 9 ff.

13 **bb) Reichweite der Verweisung durch das Arbeitsverhältnisstatut.** Art. 10 ff. regeln nur Teilaspekte der Reichweite der Verweisung des Arbeitsverhältnisstatuts und beantworten insbesondere die besonderen arbeitsrechtlichen Fragen allenfalls punktuell. Um die rechtliche Behandlung eines grenzüberschreitenden individualarbeitsrechtlichen Falles nicht unnötig zu zersplittern, **umfasst** die Verweisung durch das Arbeitsverhältnisstatut **kollektivvertragliche** und **öffentlich-rechtliche** Regelungen, soweit sie unmittelbar das Rechte- und Pflichtengefüge zwischen Arbeitgeber und Arbeitnehmer betreffen (näher → Art. 3, 8 Rn. 46).

14 **cc) Allgemeine Lehren des Kollisionsrechts.** Die Rom I-VO regelt die allg. Lehren des Kollisionsrechts nur **unvollständig.** Fragen der Qualifikation als Arbeitsverhältnis sind

iRd Rom I-VO teilweise Probleme des Geltungsbereichs (arbeitsrechtliche Stellung von Gesellschaftsorganen, → Rn. 25).

Nach Art. 20 ist die Verweisung des Arbeitsverhältnisstatuts eine **Sachrechtsverweisung**. 15 Für die erwähnten Gesetze, die ihren räumlichen Geltungsbereich selbst festlegen (→ Rn. 3), stellt sich daher die Frage, ob die entsprechenden Normen Kollisions- oder Sachnormen sind; dazu → Art. 3, 8 Rn. 48. Zu der nach dem Arbeitsverhältnisstatut vorgesehenen Mitwirkung von arbeitsrechtlichen oder staatlichen Institutionen, die wegen einer Zuständigkeitsbeschränkung nicht mitwirken können oder die nicht existieren, → Art. 3, 8 Rn. 49.

II. Überblick über die arbeitsrechtlich relevanten Bestimmungen der Rom I-VO

Der sachliche Anwendungsbereich ist in Art. 1, der räumliche Anwendungsbereich in 16 Art. 1 IV und 25 und der zeitliche Anwendungsbereich schließlich in Art. 28 geregelt. Den **Kern** der Rom I-VO bilden die Art. 3, 8 (Arbeitsverhältnisstatut), 9 (Eingriffsnormen) und 21 (ordre public-Vorbehalt), die Grundlage der Bestimmung des auf ein Arbeitsverhältnis anwendbaren Rechts sind. Teilfragen der Reichweite des Arbeitsverhältnisstatuts behandeln die Art. 10–18. Art. 20 schließt Rück- und Weiterverweisung aus.

III. Auslegung

Die rechtlichen Begriffe der Rom I-VO sind im Grundsatz **autonom** auszulegen. Der 17 kollisionsrechtlichen Dogmatik nach handelt es sich bei der Subsumtion unter den Begriff des Individualarbeitsvertrags iSv Art. 8 um eine Frage der Qualifikation. Zur Methode im Einzelnen → Rn. 32 f.

Die Bestimmung des Arbeitsverhältnisstatuts nach Art. 8, 9 Rom I-VO unterscheidet sich 18 im Wesentlichen nicht von dem Anknüpfungssystem der Art. 6, 7 EVÜ (*Wurmnest* EuZA 2009, 481). Daher kann auf die Literatur zum **EVÜ** zurückgegriffen werden. Entscheidungen des EuGH zu Art. 6 EVÜ sind auf Art. 8 **übertragbar**, was der EuGH auch selbst hervorhebt (EuGH 15.3.2011 – C-29/10 Rn. 46 – Koelzsch, NZA 2011, 625; 12.9.2013 – C-64/12 Rn. 38 – Schlecker, EuZW 2011, 302).

Ein **paralleles** Verständnis arbeitsrechtlicher **Grundbegriffe** in Rom I-VO, Rom II-VO, 19 Brüssel I-VO sowie der EuInsVO ist wünschenswert und im Grundsatz möglich (*Krebber*, FS v. Hoffmann, 2011, 218 [225 f.]). Im Einzelnen → Rom II-VO Art. 9 Rn. 4; → Brüssel Ia-VO Art. 1 Rn. 5; → Brüssel Ia-VO Art. 20 Rn. 2, → Brüssel Ia-VO Art. 21 Rn. 8.

Für die Auslegung ist der EuGH iRd **Vorabentscheidungsverfahrens** nach Art. 267 20 AEUV zuständig.

B. Funktion von Art. 1

Art. 1 I–III regeln den **sachlichen** Anwendungsbereich der Rom I-VO. Diese gilt nach 21 Art. 1 I für vertragliche Schuldverhältnisse in Zivil- und Handelssachen, die eine Verbindung zum Recht verschiedener Staaten aufweisen. Art. 1 II und III nehmen die dort aufgeführten Bereiche oder Rechtsfragen ausdrücklich vom sachlichen Anwendungsbereich der Rom I-VO aus.

Art. 1 IV betrifft die **räumliche** Anwendbarkeit der Rom I-VO und lässt erkennen, dass 22 nicht alle Mitgliedstaaten an die Rom I-VO gebunden sind. Eine ausdrückliche Regelung des räumlichen Anwendungsbereichs stellt Art. 1 IV hingegen ebenso wenig wie Art. 2, nach dem die Verweisung des auf der Grundlage der Rom I-VO bestimmten Vertragsstatuts universell ist, noch Art. 24 I dar, der den Geltungsbereich der Rom I-VO dem territorialen Anwendungsbereich des AEUV folgen lässt. Für welche Mitgliedstaaten die Rom I-VO nicht gilt, ist in der Verordnung nicht ausdrücklich geregelt. Dazu → Art. 24 Rn. 1.

C. Sachlicher Anwendungsbereich der Rom I-VO

I. Vertragliches Schuldverhältnis in Zivil- und Handelssachen

23 **1. Zusammenspiel von Art. 1 I, II und von Art. 8 Rom I-VO in arbeitsrechtlichen Sachverhalten. a) Normsystematik.** Das Vorliegen eines vertraglichen Schuldverhältnisses in Zivil- und Handelssachen ist nach Art. 1 I Voraussetzung dafür, dass die Rom I-VO überhaupt sachlich anwendbar ist. Die Anwendbarkeit von Art. 8 setzt **zusätzlich** voraus, dass es sich bei dem vertraglichen Schuldverhältnis um einen Individualarbeitsvertrag handelt. Der Normsystematik nach unterfällt ein vertragliches Schuldverhältnis, welches nicht Individualarbeitsvertrag iSv Art. 8 ist, Art. 3 und 4. Das daraus erfolgende **Prüfungsschema** wäre, in einem ersten Schritt das Vorliegen eines vertraglichen Schuldverhältnisses in Zivil- und Handelssachen zu prüfen und nur bei dessen Vorliegen in einem zweiten Schritt zu klären, ob es sich bei diesem vertraglichen Schuldverhältnis um einen Individualarbeitsvertrag handelt. Der Normsystematik nach sind schon iRd ersten Schrittes, also bei der Frage, ob die Rom I-VO nach Art. 1 überhaupt sachlich anwendbar ist, die Ausnahmen des Art. 1 II einzubeziehen.

24 **b) Problematische Fälle aus der Sicht des Arbeitsrechts.** Die arbeitsrechtliche Auseinandersetzung sowohl auf unions- als auch auf mitgliedstaatlicher Ebene folgt einer teilweise abweichenden Systematik. Maßgeblich ist, ob eine Partei eines Vertrags **Arbeitnehmer** ist (so neben Deutschland etwa Frankreich: *Auzero/Dockès*, Droit du travail, 29. Aufl. 2014, Rn. 194; England: *Deakin/Morris*, Labour Law, 6. Aufl. 2012, 130 Rn. 3.1; Italien: Art. 2094 Codice Civile; dazu *Santoro-Passarelli*, Diritto dei lavori, 2013, 227). Wird dies bejaht, liegt ein Arbeitsverhältnis vor. Die Definition des Arbeitnehmerbegriffs kann, muss aber die rechtliche Natur der Beziehung zwischen Arbeitgeber und Arbeitnehmer nicht einbeziehen (einen privatrechtlichen Vertrag voraussetzend die gängige deutsche Definition, ErfK/*Preis* BGB § 611 Rn. 35 f.; die Rechtsnatur der Beziehung ausblendend hingegen die unionsrechtliche Arbeitnehmerdefinition, die für die Arbeitnehmerfreizügigkeit entwickelt wurde, → Rn. 29 f.). Die **problematischen Fälle** sind aber weniger im Übergang des Leistens von Diensten auf anderer als vertraglicher Basis (Beamte; Entwicklungshelfer; freiwilliges soziales Jahr), als vielmehr im Übergangsbereich von Arbeitnehmerstatus zur Selbständigkeit angesiedelt: sog. Scheinselbständigkeit; Vertriebspersonen als Arbeitnehmer; arbeitnehmerähnliche Personen; Beschäftigung auf gesellschaftsrechtlicher oder familienrechtlicher Basis. Werden in diesen Situationen der Arbeitnehmerstatus und damit das Vorliegen eines Arbeitsverhältnisses bejaht, liegt gleichzeitig auch ein vertragliches Schuldverhältnis zwischen beiden Parteien vor. Art. 1 II lit. b, c, und f legen andererseits auf den ersten Blick nahe, in familien- und gesellschaftsrechtlichen Konstellationen die Anwendbarkeit der Rom I-VO von vorneherein auszuschließen.

25 Die Arbeitnehmereigenschaft einer Person wird auch rechtsvergleichend im Kern über die Weisungsgebundenheit bestimmt (*Gamillscheg*, 43 f.; *Cavalier/Upex*, ICLQ 2006, 587 [590 ff.]; EuGH 3.7.1986 – 66/85 Rn. 17, Slg. 1986, 2121 – Lawrie-Blum; Frankreich: *Auzero/Dockès*, Droit du travail, 29. Aufl. 2014, Rn. 198; Italien: *Santoro-Passarelli*, Diritto dei lavori, 2013, 227 ff.). Rechtsvergleichend stehen ebenfalls dieselben Problemgruppen im Bereich des Übergangs des Arbeitnehmer- zu einem anderen Status im Vordergrund. Eine Besonderheit im grenzüberschreitenden Kontext ist aber, dass die unterschiedlichen betroffenen Rechtsordnungen den Status solcher Personen abw. bewerten können. Folgende **Fallgruppen** können hierbei unterschieden werden (*Krebber*, FS v. Hoffmann, 2011, 218 [219 f.]): 1. Eine Person ist unzweifelhaft selbständig, da nicht weisungsgebunden, aber Arbeitsrecht ist teilweise dennoch anzuwenden (arbeitnehmerähnliche Person; Deutschland: § 5 I 2 ArbGG, § 2 S. 2 BUrlG, § 12a TVG; Spanien: Ley del Estatuto del Trabajo Autónomo, Ley 20/2007 v. 11.7., BOE número 166 de 12/7/2007, p. 29964 ff.; Italien:

Art. 61 ff. Decreto Legislativo 276/2003, Gazzetta Ufficiale Nr. 235 v. 9.10.2003 – Supplemento Ordinario Nr. 159, erlassen auf der Grundlage der legge 30/2003, Gazzetta Ufficiale Nr. 47 v. 26.2.2003, sog. legge Biagi); 2. Rechtsordnungen beantworten die Frage des Vorliegens des Arbeitnehmerstatus unterschiedlich (gesellschaftsrechtliche Organe, Deutschland: idR keine Arbeitnehmer, s. nur BAG 3.2.2009 AP ArbGG 1979 § 5 Nr. 66; **anders** dagegen in England: statt vieler *Folami v Nigerline* (UK) Ltd (1978) I. C. R. 277, EAT; *Eaton v Robert Eaton Ltd*. (1988) I. C. R. 302, EAT. Frankreich: Zuordnung allein zum Gesellschaftsrecht, Cass. civ. 5.10.1999, Revue des sociétés 2000, 275, es sei denn das Organmitglied übt zusätzliche, von der Organstellung getrennte Tätigkeiten aus, Cass. soc. 16.5.1990, Revue des sociétés 1990, 407; Vertriebspersonen, Arbeitnehmer kraft Gesetzes in Frankreich, Art. L 7313-1 Code du travail; s. demgegenüber § 84 I 1 HGB); 3. Tätigkeiten auf der Schwelle zwischen Arbeitnehmereigenschaft und Selbständigkeit (Scheinselbständigkeit) mit möglichen unterschiedlichen Antworten (*Cavalier/Upex,* ICLQ 2006, 587 [599 f.]), zum Teil auch über die Figur der arbeitnehmerähnlichen Person (zu den Übergängen statt vieler hier Kommission der Europäischen Gemeinschaften, Grünbuch „Ein moderneres Arbeitsrecht für die Herausforderungen des 21. Jahrhunderts", 22.11.2006, KOM [2006] 708 endg., 12 f. Zur wirtschaftlichen Abhängigkeit als Hilfskriterium, vgl. auch *Wank* EuZA 2008, 172 [189]).

c) Prüfung in arbeitsrechtlichen Konstellationen. aa) Selbständige und vorrangige Bedeutung von Art. 1 I, II. Das durch die Normsystematik an sich vorgegebene Prüfungsschema (→ Rn. 23) ist für arbeitsrechtliche Konstellationen daher nicht geeignet. Selbständige Bedeutung im Sinne einer vorrangigen Prüfung hat Art. 1 I daher nur, als es um Rechtsverhältnisse auf **öffentlich-rechtlicher** Grundlage geht (Beamtenstatus; Entwicklungshelfer; freiwilliges soziales Jahr). Das auf sie in einem grenzüberschreitenden Fall anwendbare Recht bestimmt sich nicht auf der Grundlage der Rom I-VO. Die volle Übertragung des unionsrechtlichen Arbeitnehmerbegriffs auf die Anwendung der Rom I-VO scheidet daher insoweit von vorneherein aus, als er Dienstverhältnisse auf anderer als vertraglicher Grundlage erfasst. 26

Vorrangig zu prüfen sind **auch** Art. 1 II lit. e (zu Gerichtsstandsvereinbarungen im arbeitsrechtlichen Kontext → Brüssel Ia-VO Art. 23, 25 Rn. 1 ff.) sowie teilweise Art. 1 II lit. i (→ Rom II-VO Art. 12 Rn. 1). 27

bb) Notwendigkeit der gemeinsamen Prüfung des vertraglichen Schuldverhältnisses iSv Art. 1 I, II und des Individualarbeitsvertrags nach Art. 8 im Übergangsbereich des Arbeitnehmers zu einem anderen rechtlichen Status. In allen sonstigen Konstellationen sind Art. 1 I, II und Art. 8 **gemeinsam** zu prüfen. Maßgeblich ist der Arbeitnehmerstatus einer Person. Wird der Arbeitnehmerstatus bejaht, liegt ein Individualarbeitsvertrag iSv Art. 8 und gleichzeitig ein vertragliches Schuldverhältnis in Zivil- und Handelssachen iSv Art. 1 I vor. Wird daher der Arbeitnehmerstatus in einem gesellschaftsrechtlichen oder in einem familienrechtlichen Zusammenhang bejaht, bestimmt sich das Arbeitsverhältnisstatut trotz Art. 1 II lit. b, c, f nach Art. 8. 28

2. Vorliegen eines Individualarbeitsvertrags iSv Art. 8. a) Autonomer unionsrechtlicher Begriff des Individualarbeitsverhältnisses. Die unterschiedliche Beantwortung der Frage nach dem Arbeitnehmerstatus einer Person in verschiedenen Rechtsordnungen, von der das Vorliegen eines Individualarbeitsverhältnisses abhängt, verdeutlicht plastisch, wie bedeutend es ist, nach welchem Recht der Arbeitnehmerstatus bestehen muss. In erster Linie ist an ein **autonomes,** unionsrechtliches Verständnis des Arbeitnehmers zu denken (etwa *Junker* Konzern, 171 f.; Calliess/*Franzen* Art. 8 Rn. 5; DFL/*Krebber* Art. 1, 3, 8, 9 Rn 3; Rauscher/*v. Hein* Art. 8 Rn. 18). Obwohl das materielle unionsrechtliche Arbeitsrecht nicht in seiner Gesamtheit von der Leitidee des Arbeitnehmerschutzes geprägt ist (*Krebber*, FS v. Hoffmann, 2011, 218 [221]), hat sich in der Rechtsprechung des EuGH ein Arbeitnehmerbegriff herausgebildet, der immer dann zugrunde gelegt wird, wenn das 29

240 VO 593/2008/EG Art. 1 Anwendungsbereich

Unionsrecht das Bestehen des Arbeitnehmerstatus nicht ausdrücklich mitgliedstaatlichem Recht unterstellt. Arbeitnehmer ist hiernach jemand, der während einer bestimmten Zeit für einen anderen nach dessen Weisung Leistungen erbringt, für die er als Gegenleistung eine Vergütung erhält (EuGH 3.7.1986 – 66/85 Rn. 17– Lawrie-Blum, Slg. 1986, 2121).

30 Nach dieser Definition hängt der Arbeitnehmerstatus nicht von der rechtlichen Natur der Beziehung zwischen Arbeitnehmer und Arbeitgeber ab. Soweit damit auch das Erbringen von Arbeit auf öffentlich-rechtlicher Grundlage erfasst ist, ist dieser Begriff wegen des Erfordernisses eines vertraglichen Schuldverhältnisses in Zivil- und Handelssachen, Art. 1 I, **nicht** auf Art. 8 übertragbar. Die anderen Elemente können aber im Grundsatz im Rahmen von Art. 8 zugrunde gelegt werden; zur Prüfungsreihenfolge → Rn. 26 f.

31 Größter **Nachteil** dieser im Ansatz den mitgliedstaatlichen Arbeitnehmerdefinitionen entsprechenden Umschreibung ist derzeit und auf absehbare Zeit, dass seine Anwendung gerade in dem entscheidenden Übergangsbereich zwischen Arbeitnehmer- und einem anderen rechtlichen Status weitgehend ungeklärt ist. Es existieren weder hinreichend Fallmaterial, noch das für die Bewältigung des Übergangsbereichs erforderliche detaillierte dogmatische Instrumentarium. Entschieden wurde lediglich, dass die Geschäftsführerin einer Aktiengesellschaft dem ersten Anschein nach „Arbeitnehmerin" sei (EuGH 11.11.2010 – C-232/09 Rn. 39 ff. – Danosa, EuZW 2011, 74; für analoge Anwendung von Art. 8 Rauscher/*v. Hein* Art. 8 Rn. 18). Zu diesem Ergebnis gelangt der EuGH aber ohne theoretische Präzisierung seiner Arbeitnehmerdefinition und auch ohne differenzierte dogmatische Argumentation.

32 **b) Qualifikation.** In der kollisionsrechtlichen Dogmatik stellt die Frage, ob ein Individualarbeitsverhältnis vorliegt, einen Fall der Qualifikation dar. Zur allg. Auseinandersetzung zu dem für die Qualifikation maßgeblichen Recht *v. Hoffmann/Thorn*, Internationales Privatrecht, 9. Aufl. 2007, 226 ff.; *Siehr*, Internationales Privatrecht, 2001, 429 ff.; *Neuhaus*, Die Grundbegriffe des Internationalen Privatrechts, 2. Aufl. 1976, 113 ff.; *v. Bar/Mankowski*, Internationales Privatrecht, Bd. 1, 2. Aufl. 2003, 638 ff.; MüKoBGB/*v. Hein* IPR Einl. Rn. 114 ff. Zur Auseinandersetzung im internationalen Arbeitsrecht *Gamillscheg*, 53 ff.; *Coursier*, Le conflit de lois en matière de contrat de travail, 1993, 21 ff.; zum Meinungsstand s. auch Rauscher/*v. Hein* Art. 8 Rn. 18 mit Fn. 67 f. **In Betracht kommen** im Wesentlichen: Qualifikation nach der lex fori (unter Geltung des EVÜ *Däubler* RIW 1987, 249 [250]; *Smith/Cromack* Industrial Law Journal 1993, 1; *Smith/Villiers*, Juridical Review 1996, 165 [171]; *Knöfel* IPRax 2006, 552 [557]; mit Einschränkungen *Knöfel* RdA 2006, 269 [273]; unter Geltung der Rom I-VO: *Deinert* RdA 2009, 144 [154]; HWK/*Tillmanns* Rom I-VO Rn. 9: deutscher Begriff, soweit der EuGH sich nicht entschieden habe und zur Auslegung nicht anzurufen sei; Palandt/*Thorn* EGBGB Einl. v. Art. 3 Rn. 27) sowie nach der lex causae (unter Geltung des EVÜ *Clarkson/Hill*, The Conflict of Laws, 3. Aufl. 2006, S. 205; *Collins* (Hrsg.), Dicey, Morris and Collins on the Conflict of Laws, Bd. 2, 14. Aufl. 2006, Rn. 33–065.; ähnlich *Mankowski*, BB 1997, 465 [469]; unter Geltung der Rom I-VO: *Plender/Wilderspin*, The European Private International Law of Obligations, 3. Aufl. 2009, 309 [als Regelfall]). Die lex fori und die lex causae bieten den praktischen Vorteil, dass sie als einzelstaatliche und entwickelte Arbeitsrechts-Ordnungen präzise Vorgaben für das Bestehen einer Arbeitnehmereigenschaft kennen. Eine Qualifikation ausschließlich nach der lex fori würde indes die Anwendbarkeit der Rom I-VO von der Wahl des Forums abhängig machen, was sich insbesondere in einem unionsrechtlichen Zusammenhang verbietet (*Mankowski* BB 1997, 465 [466]; *Krebber*, FS v. Hoffmann, 2011, 218 [225]; MüKoBGB/*Martiny* Vor Art. 1 Rn. 23; ähnlich MüKoBGB/*v. Hein* IPR Einl. Rn. 115 f.; Staudinger/*Magnus* Einl. zur Rom I-VO Rn. 57; Art. 8 Rn. 21; Bamberger/Roth/*S. Lorenz* Einl. IPR Rn. 62).

33 **c) Qualifikationsrechtlicher Rechtsformzwang.** Die der Wirkung der Wahl des Arbeitsverhältnisstatuts durch Art. 8 gesetzten Grenzen dienen dem Arbeitnehmerschutz auf kollisionsrechtlicher Ebene. Im materiellen Arbeitsrecht wird der Arbeitnehmerschutz durch

den sog. Rechtsformzwang abgesichert, nach dem sich die Arbeitnehmereigenschaft nach objektiven Kriterien bestimmt (NK-ArbR/*Kreuder* BGB § 611 Rn 114). Zur kollisionsrechtlichen Bedeutung dieses Instituts *Birk,* FS Ansay, 2006, 15 ff. In Anlehnung an diese Rechtsfigur ist der kollisionsrechtliche Arbeitnehmerschutz in Art. 8 durch einen sog. qualifikationsrechtlichen Rechtsformzwang zu ergänzen. Ob eine Person Arbeitnehmer ist, ist **alternativ** nach dem unionsrechtlichen Arbeitnehmerbegriff, der lex fori, der lex causae oder dem Recht des gewöhnlichen Arbeitsorts zu bestimmen. Ist eine Person nach einer dieser Rechtsordnungen Arbeitnehmer oder arbeitnehmerähnlich, ist Art. 8 anwendbar (*Krebber,* FS v. Hoffmann, 2011, 218 [228 f.]). Die **Verstärkung** des kollisionsrechtlichen Arbeitnehmerschutzes durch den qualifikationsrechtlichen Rechtsformzwang besteht darin, dass die Arbeitnehmereigenschaft nach einer einzigen dieser Rechtsordnungen vorliegen muss, um das anwendbare Recht nach Art. 8 anzuknüpfen. Unterschiede in den maßgeblichen beteiligten Rechtsordnungen können somit nicht gegeneinander ausgespielt werden. Art. 8 ist auch dann einschlägig, wenn nach einer dieser Rechtsordnungen eine Schutzbedürftigkeit besteht, die der des Arbeitnehmers entspricht (etwa nach deutschem BBiG, ähnlich – analoge Anwendung – MHdBArbR/*Birk,* 2. Aufl. 2000, § 20 Rn. 61).

3. Vertragliche Schuldverhältnisse des Kollektiven Arbeitsrechts. Kollektivverträ- 34 ge (Tarifverträge, Betriebsvereinbarungen, sog. Koalitionsverträge, Regelungsabreden) sind **keine** Individualarbeitsverträge iSv Art. 8, weil sie nicht zwischen Arbeitgeber und Arbeitnehmer vereinbart werden (MHdBArbR/*Oetker* § 11 Rn. 9; EAS/*Winkler v. Mohrenfels/ Block* B 3000, Rn. 49). Wegen ihrer rechtlichen Einbettung in das Tarifvertrags- und Betriebsverfassungsrecht sind sie auch keine vertraglichen Schuldverhältnisse iSv Art. 1 I, auf die die Art. 3 f. anwendbar wären (DFL/*Krebber* Vorbem zu Art. 1, 3, 8, 9 Rn. 6; *Junker* Arbeitnehmereinsatz, Rn. 52, 55; **anders** *Deinert* § 15 Rn. 20, 38; ErfK/*Schlachter* Rom I-VO Art. 9 Rn. 32, Rom II-VO Art. 9 Rn. 2; Erman/*Hohloch* Art. 8 Rn. 29; Palandt/*Thorn* Art. 8 Rn. 5; nach Rauscher/*v. Hein* Art. 8 Rn. 6 analoge Anwendung von Art. 3 oder Rechtswahl kraft richterlicher Rechtsfortbildung). In grenzüberschreitenden Sachverhalten richtet sich das auf diese Verträge anwendbare Recht nach dem maßgeblichen **mitgliedstaatlichen** internationalen Tarifvertrags- oder Betriebsverfassungsrecht (dazu statt vieler MHdBArbR/*Birk,* 2. Aufl. 2000, §§ 21 f.; *Franzen* AR-Blattei SD 920 Rn. 185ff; 301 ff.).

Von der Rom I-VO werden ebenfalls **nicht** erfasst: Vereinbarungen der **Sozialpartner** 35 nach Art. 155 II AEUV; Vereinbarungen nach Art. 5 RL 2002/14/EG; Vereinbarungen nach Art. 6 RL 2009/38/EG; Vereinbarungen nach Art. 4 RL 2001/86/EG. In allen Situationen handelt es sich nicht um Vereinbarungen, die Ausdruck der Privatautonomie sind. Die genannten Vereinbarungen werden vielmehr erst durch die jeweilige rechtliche Grundlage ermöglicht und sind Teil des institutionellen Rechts der EU bei Art. 155 II AEUV bzw. der unionsrechtlichen Vorgaben zur Unterrichtung und Anhörung von Arbeitnehmern, zum europäischen Betriebsrat sowie zur Beteiligung der Arbeitnehmer im Rahmen einer SE.

II. Verbindung zum Recht verschiedener Staaten

Nach Art. 1 I ist weitere Voraussetzung, dass das vertragliche Schuldverhältnis in Zivil- 36 und Handelssachen eine Verbindung zum Recht verschiedener Staaten aufweist. Hierbei handelt es sich **nicht** um eine eigenständige Voraussetzung für die Anwendbarkeit der Rom I-VO. Wie aus Art. 3 III ersichtlich, kann die Verbindung zum Recht verschiedener Staaten auch dadurch hergestellt werden, dass in einem nicht grenzüberschreitenden Sachverhalt die Anwendbarkeit einer ausländischen Rechtsordnung gewählt wird (Bamberger/Roth/*S. Lorenz* Rn. 24; PWW/*Brödermann/Wegen* Art. 3 Rn. 3). Nach Art. 3 III hat diese Rechtswahl dann allerdings eingeschränkte Bedeutung, → Art. 3, 8 Rn. 25.

D. Räumlicher Anwendungsbereich der Rom I-VO

37 Siehe Kommentierung → Art. 24 Rn. 1 ff.

E. Zeitlicher Anwendungsbereich der Rom I-VO

38 Siehe Kommentierung → Art. 28 Rn. 1 ff.

Kapitel II. Einheitliche Kollisionsnormen

Art. 3 Freie Rechtswahl

(1) [1]Der Vertrag unterliegt dem von den Parteien gewählten Recht. [2]Die Rechtswahl muss ausdrücklich erfolgen oder sich eindeutig aus den Bestimmungen des Vertrags oder aus den Umständen des Falles ergeben. [3]Die Parteien können die Rechtswahl für ihren ganzen Vertrag oder nur für einen Teil desselben treffen.

(2) [1]Die Parteien können jederzeit vereinbaren, dass der Vertrag nach einem anderen Recht zu beurteilen ist als dem, das zuvor entweder aufgrund einer früheren Rechtswahl nach diesem Artikel oder aufgrund anderer Vorschriften dieser Verordnung für ihn maßgebend war. [2]Die Formgültigkeit des Vertrags im Sinne des Artikels 11 und Rechte Dritter werden durch eine nach Vertragsschluss erfolgende Änderung der Bestimmung des anzuwendenden Rechts nicht berührt.

(3) Sind alle anderen Elemente des Sachverhalts zum Zeitpunkt der Rechtswahl in einem anderen als demjenigen Staat belegen, dessen Recht gewählt wurde, so berührt die Rechtswahl der Parteien nicht die Anwendung derjenigen Bestimmungen des Rechts dieses anderen Staates, von denen nicht durch Vereinbarung abgewichen werden kann.

(4) Sind alle anderen Elemente des Sachverhalts zum Zeitpunkt der Rechtswahl in einem oder mehreren Mitgliedstaaten belegen, so berührt die Wahl des Rechts eines Drittstaats durch die Parteien nicht die Anwendung der Bestimmungen des Gemeinschaftsrechts – gegebenenfalls in der von dem Mitgliedstaat des angerufenen Gerichts umgesetzten Form –, von denen nicht durch Vereinbarung abgewichen werden kann.

(5) Auf das Zustandekommen und die Wirksamkeit der Einigung der Parteien über das anzuwendende Recht finden die Artikel 10, 11 und 13 Anwendung.

Art. 8 Individualarbeitsverträge

(1) [1]Individualarbeitsverträge unterliegen dem von den Parteien nach Artikel 3 gewählten Recht. [2]Die Rechtswahl der Parteien darf jedoch nicht dazu führen, dass dem Arbeitnehmer der Schutz entzogen wird, der ihm durch Bestimmungen gewährt wird, von denen nach dem Recht, das nach den Absätzen 2, 3 und 4 des vorliegenden Artikels mangels einer Rechtswahl anzuwenden wäre, nicht durch Vereinbarung abgewichen werden darf.

(2) [1]Soweit das auf den Arbeitsvertrag anzuwendende Recht nicht durch Rechtswahl bestimmt ist, unterliegt der Arbeitsvertrag dem Recht des Staates, in dem oder andernfalls von dem aus der Arbeitnehmer in Erfüllung des Vertrags gewöhnlich seine Arbeit verrichtet. [2]Der Staat, in dem die Arbeit gewöhnlich verrichtet wird, wechselt nicht, wenn der Arbeitnehmer seine Arbeit vorübergehend in einem anderen Staat verrichtet.

(3) Kann das anzuwendende Recht nicht nach Absatz 2 bestimmt werden, so unterliegt der Vertrag dem Recht des Staates, in dem sich die Niederlassung befindet, die den Arbeitnehmer eingestellt hat.

(4) Ergibt sich aus der Gesamtheit der Umstände, dass der Vertrag eine engere Verbindung zu einem anderen als dem in Absatz 2 oder 3 bezeichneten Staat aufweist, ist das Recht dieses anderen Staates anzuwenden.

Übersicht

	Rn.
A. Schritte der Bestimmung des auf ein grenzüberschreitendes Arbeitsverhältnis anwendbaren Rechts	1
B. Arbeitsverhältnisstatut	2
I. System der Bestimmung des Arbeitsverhältnisstatuts	2
II. Subjektives Arbeitsverhältnisstatut	4
1. Rechtswahl	4
a) Durchführung der Rechtswahl	4
b) Grundlage der Rechtswahl	9
c) Wirksamkeit der Rechtswahl	10
d) Zeitpunkt der Rechtswahl	13
e) Wählbare Rechte	14
f) Teilrechtswahl	16
2. Wirkungen der Rechtswahl	17
a) Grundsatz	17
b) Einschränkungen	18
III. Objektives Arbeitsverhältnisstatut	32
1. Verhältnis der Art. 8 II – IV	32
2. Anknüpfung an das Recht des gewöhnlichen Arbeitsorts	35
3. Anknüpfung an das Recht der einstellenden Niederlassung	39
4. Anknüpfung an das Recht der engeren Verbindung	40
IV. Statutenwechsel	44
C. Verweisung durch das Arbeitsverhältnisstatut	46
I. Grundsatz	46
II. Verweis auf Normen mit selbstdefiniertem räumlichen Geltungsanspruch	48
III. Sachrechtliche Hindernisse der Anwendung einer ausländischen Norm	49
D. Einzelne typisierbare grenzüberschreitende Arbeitsverhältnisse	50
I. Wanderarbeitnehmer/Grenzgänger	50
II. Entsendung	51
III. Arbeitnehmerüberlassung	53
IV. Telearbeit	54
V. Transportpersonal	55
VI. Botschaftspersonal	57
VII. Arbeitsverhältnisse mit internationalen Organisationen	58

A. Schritte der Bestimmung des auf ein grenzüberschreitendes Arbeitsverhältnis anwendbaren Rechts

Welches Recht auf ein Arbeitsverhältnis mit grenzüberschreitenden Elementen im Endeffekt anwendbar ist, bestimmt sich in **mehreren Schritten.** Zuerst ist das Arbeitsverhältnisstatut festzulegen, → Rn. 2 ff. Bestimmte Teilfragen unterliegen einer Sonderanknüpfung, die das Arbeitsverhältnisstatut ergänzen, aber auch verdrängen kann. Zu diesen Teilfragen zählen: Form, Art. 11, → Art. 11 Rn. 1 ff.; Rechts- und Geschäftsfähigkeit, Art. 13, → Art. 13 Rn. 1 f.; sozialrechtliche Einflüsse auf das Arbeitsverhältnisstatut wie zB der Arbeitsunfall, → Art. 9 Rn. 41, die Arbeitsunfähigkeitsbescheinigung, → Art. 9 Rn. 39, besonderer Kündigungsschutz und sonstige Fragen im Zusammenhang mit der Beschäftigung Schwerbehinderter, → Art. 9 Rn. 54, gesetzlicher Forderungsübergang, → Art. 15 Rn. 1. Ein weiterer besonders bedeutsamer Schritt besteht darin, zu klären, welche arbeitsrechtlichen Normen Eingriffsnormen iSv Art. 9 darstellen und ob sie im konkreten Fall anzuwenden sind, → Art. 9 Rn. 9 ff., 14 f. Schließlich ist noch zu prüfen, ob ein ordre public-Verstoß nach Art. 21 vorliegt, → Art. 21 Rn. 1 ff. 1

B. Arbeitsverhältnisstatut

I. System der Bestimmung des Arbeitsverhältnisstatuts

2   Die Parteien können nach Art. 8 I 1, 3 das auf den Arbeitsvertrag anwendbare Recht wählen. Wenn eine **Rechtswahl** erfolgt, darf diese nach Art. 8 I 2 aus Gründen des Arbeitnehmerschutzes nicht dazu führen, dass dem Arbeitnehmer der Schutz durch die zwingenden Bestimmungen des objektiven Arbeitsverhältnisstatuts entzogen wird. Auch bei Rechtswahl ist demnach nach Art. 8 II bis IV das objektive Arbeitsverhältnisstatut zu bestimmen und anschließend ein **Günstigkeitsvergleich** zwischen subjektivem und objektivem Arbeitsverhältnisstatut durchzuführen.

3   Haben die Parteien das auf ihr Arbeitsverhältnis anwendbare Recht nicht gewählt, ist allein das **objektive** Arbeitsverhältnisstatut maßgeblich. Vorrangig ist dies das Recht des gewöhnlichen Arbeitsorts, Art. 8 II 1. Wenn ein **gewöhnlicher** Arbeitsort nicht existiert, ist das Recht des Staates der einstellenden Niederlassung objektives Arbeitsverhältnisstatut nach Art. 8 III. Sowohl das Recht des gewöhnlichen Arbeitsorts als auch das Recht des Staates der einstellenden **Niederlassung** können nach Art. 8 IV zugunsten eines anderen Rechts verdrängt werden, wenn der Vertrag eine engere Verbindung zu einem anderen Staat hat, sog. **Ausweichklausel.**

II. Subjektives Arbeitsverhältnisstatut

4   **1. Rechtswahl. a) Durchführung der Rechtswahl. aa) Ausdrückliche Wahl des Arbeitsverhältnisstatuts.** Die Parteien können das Arbeitsverhältnisstatut ausdrücklich wählen. Eine ausdrückliche Rechtswahl liegt nur dann vor, wenn das gewählte **Recht** ausdrücklich bestimmt wird. Muss das gewählte Recht noch ermittelt werden, liegt selbst bei deutlichem Hinweis auf die gewählte Rechtsordnung eine stillschweigende Rechtswahl vor (MHdBArbR/*Birk*, 2. Aufl. 2000, § 20 Rn. 7). Eine ausdrückliche Rechtswahl kann auch durch **Bezugnahme** auf ein anderes rechtliches Regelwerk vorliegen, soweit in dem Bezug genommenen Text das anwendbare Recht ausdrücklich genannt ist (MHdBArbR/ *Birk*, 2. Aufl. 2000, § 20 Rn. 7). Die Rechtswahl ist **formfrei** möglich. Die dem Arbeitgeber durch Art. 4 der Nachweis-Richtlinie 91/533/EWG (RL 91/533/EWG v. 14.10.1991, ABl. 1991 L 288, 32) auferlegten Informationspflichten bei Tätigkeit im Ausland betreffen nicht die Einigung über die Wahl des anwendbaren Rechts; im Übrigen → Art. 11 Rn. 3.

5   **bb) Stillschweigende Wahl des Arbeitsverhältnisstatuts.** Nach Art. 3 I 2 Alt. 2 kann die Wahl des anwendbaren Rechts auch dadurch erfolgen, dass sie sich **eindeutig** aus den Bestimmungen des Vertrags oder aus den Umständen des Falles ergibt. Die stillschweigende Wahl des Arbeitsverhältnisstatuts ist damit rechtstechnische Alternative zur ausdrücklichen Rechtswahl. Ihrer Natur nach bleibt sie aber eine **echte** Rechtswahl. Daher muss die stillschweigende Rechtswahl zum einen vom Willen beider Parteien getragen sein. Zum anderen darf die Möglichkeit der stillschweigenden Wahl des Arbeitsverhältnisstatuts nicht zweckentfremdet werden, um die Anwendbarkeit der lex fori zu begründen (*Junker* Arbeitnehmereinsatz, Rn. 11, 55; *Deinert* § 9 Rn. 26; allg. PWW/*Brödermann/Wegen* Art. 3 Rn. 8) oder um zur Anwendbarkeit eines den Arbeitnehmer stärker schützenden Arbeitsrechts zu gelangen (*Deinert* § 9 Rn. 27). Die stillschweigende Rechtswahl unterscheidet sich von der ausdrücklichen Rechtswahl nur dadurch, dass der bei beiden Möglichkeiten erforderliche Wille, das anwendbare Recht zu wählen, nicht ausdrücklich, sondern nur stillschweigend geäußert wird. Das wirkliche Vorliegen des Willens, das anwendbare Recht zu wählen, grenzt die stillschweigende Rechtswahl von der objektiven Anknüpfung des Arbeitsverhältnisstatuts und insbesondere von Art. 8 IV ab (zum früheren Recht MHdBArbR/*Birk*, 2. Aufl. 2000, § 20 Rn. 10). Die Kriterien, die grds. für das Vorliegen

einer stillschweigenden Rechtswahl sprechen können, sind hingegen weitgehend deckungsgleich mit den Umständen, die bei objektiver Anknüpfung auf das Vorliegen einer engeren Verbindung zu einem anderen Staat iSv Art. 8 IV hindeuten können. Im Normtext wird das Erfordernis des tatsächlichen Vorliegens eines wirklichen Willens zur Rechtswahl durch das Erfordernis der Eindeutigkeit in Art. 3 I 2 abgesichert.

Wegen des Erfordernisses eines wirklichen Willens der Parteien, das Arbeitsverhältnisstatut 6 zu wählen, lässt sich das Vorliegen einer stillschweigenden Wahl nicht an bestimmten Kriterien festmachen. Daher ist auch **problematisch,** bestimmten Kriterien eine besondere **Indizwirkung** zukommen zu lassen. Zwar sind bestimmte Umstände oder die Summe verschiedener Kriterien eine sicherere Grundlage für die Annahme einer stillschweigenden Wahl des anwendbaren Rechts, doch kommt es letztlich immer auf den Einzelfall an (ähnlich MHdBArbR/*Birk,* 2. Aufl. 2000, § 20 Rn. 10, s. auch *Deinert* § 9 Rn. 26 ff.).

Die stillschweigende Rechtswahl muss sich nach Art. 3 I 2 eindeutig aus den Bestimmun- 7 gen des Vertrags oder aus den Umständen des Falls ergeben. Als mögliche Bestimmungen des Vertrags kommen bsw. **in Betracht:** Bezugnahme auf Bestimmungen einer bestimmten Rechtsordnung (BAG 9.10.2002 NZA 2003, 339; *Junker* RIW 2001, 94 [96]; *Däubler* RIW 1987, 249 [253]; MHdBArbR/*Oetker* § 11 Rn. 15; enger *Wurmnest* EuZA 2009, 481 [489]); eine Gerichtsstandsvereinbarung (BAG 1.7.2010 AP GG Art. 25 Nr. 5; *Junker* Konzern, 201; MHdBArbR/*Oetker* § 11 Rn. 15; einschränkend Erman/*Hohloch* Art. 3 Rn. 14; Rauscher/*v. Hein* Art. 8 Rn. 24); Verweisung auf Tarifverträge (BAG 12.12.2001 AP EGBGB nF Art. 30 Nr. 10; *Junker* Konzern, 201; ErfK/*Schlachter* Rom I-VO Art. 9 Rn. 6; Rauscher/*v. Hein* Art. 8 Rn. 23; **aA** *Deinert* § 9 Rn. 30); Bezugnahmen auf frühere Verträge (*Deinert* § 9 Rn. 32; MüKoBGB/*Martiny* Art. 3 Rn. 66); die Einstellung nur für einen bestimmten Betrieb (*Birk* RdA 1989, 201 [204]) oder die Beschränkung der Arbeitspflicht auf einen bestimmten Betrieb (MHdBArbR/*Birk,* 2. Aufl. 2000, § 20 Rn. 11; *Franzen* AR-Blattei SD 920 Rn. 114); Abreden über betriebliche Versicherungen, die einem bestimmten Recht unterliegen, sowie über Weiterversicherung in einer konkreten nationalen Sozialversicherung (*Franzen* AR-Blattei SD 920 Rn. 114; *Deinert* § 9 Rn. 32); die Vereinbarung eines Erfüllungsortes (*Franzen* AR-Blattei SD 920 Rn. 114; Palandt/*Thorn* Art. 3 Rn. 7); die Vereinbarung einer Vertragswährung (MHdBArbR/*Birk,* 2. Aufl. 2000, § 20 Rn. 11; *Franzen* AR-Blattei SD 920 Rn. 114). Umstände des Falles können zahlreiche der soeben genannten Kriterien sein, soweit sie nicht arbeitsvertraglich vereinbart, aber tatsächlich praktiziert werden.

Die **hypothetische** Rechtswahl des Arbeitsverhältnisstatuts ist nicht möglich (*Deinert* § 9 8 Rn. 34; allg. FKMOSSS/*Ferrari* Art. 3 Rn. 27; so bereits Soergel/*v. Hoffmann* Bd. 10, EGBGB Art. 27 Rn. 43). Auch die Anknüpfung nach Art. 8 IV ist kein Fall der hypothetischen Rechtswahl (**anders** *Gamillscheg* ZfA 1983, 307 [330 ff., 340 f.]).

b) Grundlage der Rechtswahl. Art. 3, 8 I gehen davon aus, dass die Wahl des Vertrags- 9 statuts durch die Vertragsparteien erfolgt. Grundlage der Rechtswahl ist damit in erster Linie der **Arbeitsvertrag** oder ein sonstiger Vertrag zwischen dem Arbeitnehmer und seinem Arbeitgeber. Die Rechtswahl kann auch durch allg. Arbeitsbedingungen erfolgen (MHdBArbR/*Birk,* 2. Aufl. 2000, § 20 Rn. 9; MHdBArbR/*Oetker* § 11 Rn. 14, 18; Palandt/*Thorn* Art. 3 Rn. 6, Art. 8 Rn. 7). Für arbeitsrechtliche Sachverhalte ist darüber hinaus zu Recht anerkannt, dass das Arbeitsverhältnisstatut auch durch **Kollektivvertrag** (in erster Linie Tarifvertrag, auch Betriebsvereinbarung) gewählt werden kann (*Deinert* § 9 Rn. 23; ErfK/*Schlachter* Rom I-VO Art. 9 Rn. 7; MHdBArbR/*Birk,* 2. Aufl. 2000, § 20 Rn. 8; *Franzen* AR-Blattei SD 920 Rn. 116; **anders** für den Tarifvertrag *Thüsing* NZA 2003, 1303 [1304 f.]; dies grds. zulassend auch LAG Rh-Pf, IP-Rspr. 1981, 94). Weitere Voraussetzung ist, dass der entsprechende Kollektivvertrag das in Frage stehende Arbeitsverhältnis rechtlich erfasst und gestaltet (dies voraussetzend auch Staudinger/*Magnus* Art. 8 Rn. 63). Das ist bei Tarifgebundenheit nach §§ 3 I, 4 II TVG der Fall (Soergel/*v. Hoffmann* Bd. 10, EGBGB Art. 30 Rn. 13; *Deinert* § 9 Rn. 23). Im Falle einer Bezugnahmeklausel auf einen Kollektivvertrag mit Rechtswahlklausel liegt eine Rechtswahl durch die Parteien des Arbeitsvertrags selbst vor.

10   c) **Wirksamkeit der Rechtswahl. aa) Anwendbares Recht.** Nach Art. 3 V sind auf das Zustandekommen und die Wirksamkeit der Vereinbarung über das anwendbare Recht die Art. 10, 11 und 13 anwendbar. Die Wirksamkeit der Rechtswahl bestimmt sich daher nach dem **gewählten** Recht. Das gilt auch für eine Rechtswahl durch Kollektivvertrag. Die Wirksamkeit der Rechtswahlklausel in einem Kollektivvertrag richtet sich daher nicht nach dem Kollektivvertragsstatut. Wegen der rechtlichen Einbettung einer Rechtswahlklausel in einem Kollektivvertrag in ein nationales Kollektivvertragsrechtssystem ist jedoch **kumulativ** erforderlich, dass die Rechtswahlklausel nach dem **Kollektivvertragsstatut** wirksam ist. Für Form und Rechts- sowie Geschäftsfähigkeit ergibt sich die Teilmaßgeblichkeit des Kollektivvertragsstatuts bereits aus der Verweisung des Art. 3 V auf Art. 11 und 13.

11   **bb) Einbeziehungs- und Inhaltskontrolle bei Rechtswahl durch allgemeine Arbeitsbedingungen.** Bei einer Rechtswahl durch allg. Arbeitsbedingungen richtet sich das Erfordernis einer Einbeziehungskontrolle dieser allg. Arbeitsbedingungen nach dem **gewählten** Recht, Art. 3 V, 10 (*Deinert* § 9 Rn. 18 f.; MüKoBGB/*Martiny* Art. 3 Rn. 18; Rauscher/*v. Hein* Art. 3 Rn. 42; **anders** *Mook* DB 1987, 2252 (2254 f.): Einbeziehungskontrolle analog § 3 AGBGB aF, der § 305c I BGB entspricht; ähnlich *Hergenröder* ZfA 1999, 1 [20]; für eine Anwendung von § 305c I BGB bei Inlandssachverhalten EAS/*Winkler v. Mohrenfels*/*Block* B 3000, Rn. 66; NK-ArbR/*Däubler* ROM I-VO/EGBGB Rn. 33; ggf. bei gewöhnlichem Aufenthalt in Deutschland wegen Art. 10 II Staudinger/*Magnus* Art. 3 Rn. 176).

12   Eine Inhaltskontrolle erfolgt unabhängig von dem nach Art. 3 V, 10 anwendbaren Recht **nicht**. Möglichkeiten, Wirkung und Grenzen der Wahl des Arbeitsverhältnisstatuts bestimmen sich abschließend nach der Rom I-VO (ErfK/*Schlachter* Rom I-VO Rn. 6; MHdBArbR/*Oetker* § 11 Rn. 18; MüKoBGB/*Martiny* Art. 3 Rn. 18; im Ergebnis *Deinert* § 9 Rn. 20; NK-BGB/*Leible* Art. 3 Rn. 75).

13   **d) Zeitpunkt der Rechtswahl.** Die Parteien können das anwendbare Recht **jederzeit** wählen oder ihre Rechtswahl ändern, Art. 3 II. Möglich ist es auch, die Rechtswahl aufzuheben. Das Arbeitsverhältnisstatut wird dann objektiv bestimmt. Der letztmögliche Zeitpunkt der nachträglichen oder geänderten Rechtswahl ist prozessual nach dem Prozessrecht der lex fori vorgegeben (Erman/*Hohloch* Art. 3 Rn. 23; Soergel/*v. Hoffmann* Bd. 10, EGBGB Art. 27 Rn. 69; in Deutschland **letzte** mündliche Verhandlung, MHdBArbR/ *Birk*, 2. Aufl. 2000, § 20 Rn. 17). Für die nachträgliche konkludente Rechtswahl im Prozess gelten die allg. Grundsätze der stillschweigenden Rechtswahl (→ Rn. 5 ff.). Zum Statutenwechsel allg. → Rn. 44 f.

14   **e) Wählbare Rechte.** Jedes staatliche Recht ist wählbar (MHdBArbR/*Oetker* § 11 Rn. 11; Erman/*Hohloch* Art. 3 Rn. 7; Palandt/*Thorn* Art. 3 Rn. 4). Ein Bezug zum Arbeitsverhältnis wird nicht vorausgesetzt (*Junker*, Arbeitnehmereinsatz im Ausland, Rn. 18, 55; ErfK/*Schlachter* Rom I-VO Art. 9 Rn. 5; EAS/*Winkler v. Mohrenfels*/*Block* B 3000, Rn. 63; Palandt/*Thorn* Art. 3 Rn. 4).

15   Aus Gründen des Arbeitnehmerschutzes ist weder ein **nichtstaatliches** Recht noch ein **supranationales** Recht (EU-Sekundärrecht, Recht der IAO) wählbar (*Franzen* AR-Blattei SD 920 Rn. 118; Soergel/*v. Hoffmann* Bd. 10, EGBGB Art. 27 Rn. 12; MüKoBGB/*Martiny* Art. 3 Rn. 28; so auch FKMOSSS/*Ferrari* Art. 3 Rn. 18 ff.: nur materiellrechtliche Wahl; **anders** teilweise *Deinert* § 9 Rn. 25; Erman/*Hohloch* Art. 3 Rn. 9). Die genannten Normen des supranationalen Arbeitsrechts sind überwiegend zu allg. gehalten, um sinnvoll in einem konkreten Lebenssachverhalt zur Anwendung gelangen zu können. Ihre Anwendung und das Auffangen ihrer Unvollständigkeit über den Günstigkeitsvergleich nach Art. 8 I 2 sind ein **überflüssiger,** zu vermeidender Aufwand.

f) Teilrechtswahl. Art. 3 I 3 gestattet die Teilrechtswahl. Aus Gründen des Arbeitneh- 16
merschutzes wird die Möglichkeit der Teilrechtswahl bei Arbeitsverhältnissen insgesamt
abgelehnt (*Gamillscheg* ZfA 1983, 307 [328]) oder überzeugender auf Fragen **beschränkt,**
welche ein vom Arbeitsvertrag trennbares Eigenleben führen (MHdBArbR/*Birk,* 2. Aufl.
2000, § 20 Rn. 15; *Franzen* AR-Blattei SD 920 Rn. 119; MüKoBGB/*Martiny* Art. 8
Rn. 31; *Krebber* IPRax 1999, 164 [166]; im Ergebnis auch BAG 20.4.2004 NZA 2005, 297;
ohne Einschränkung Rauscher/*v. Hein* Art. 8 Rn. 25). Abtrennbar idS sind: die betriebliche
Altersversorgung (BAG 20.4.2004 NZA 2005, 297; MHdBArbR/*Birk,* 2. Aufl. 2000, § 20
Rn. 15; *Junker* Konzern, 203); das nachvertragliche Wettbewerbsverbot (MHdBArbR/*Birk,*
2. Aufl. 2000, § 20 Rn. 15; MüKoBGB/*Martiny* Art. 8 Rn. 31; abl. *Gamillscheg,* FS Kissel,
1994, 239 [248]); die Abwicklung eines bereits aufgelösten Arbeitsverhältnisses
(MHdBArbR/*Birk,* 2. Aufl. 2000, § 20 Rn. 15; MüKoBGB/*Martiny* Art. 8 Rn. 31).

2. Wirkungen der Rechtswahl. a) Grundsatz. Das gewählte Recht wird Arbeitsver- 17
hältnisstatut. Zur Verweisung durch das Arbeitsverhältnisstatut → Rn. 46; Art. 1 Rn. 13.

b) Einschränkungen. aa) Günstigkeitsvergleich, Art. 8 I 2. (1) Einzubeziehende 18
Normen. Aus Gründen des Arbeitnehmerschutzes wird die Wirkung der Rechtswahl
durch Art. 8 I 2 eingeschränkt. Die Rechtswahl der Parteien darf nicht dazu führen, dass
dem Arbeitnehmer der Schutz entzogen wird, der ihm durch die zwingenden Bestimmungen des objektiven Arbeitsverhältnisstatuts gewährt wird. Zwingend ist nach Art. 8 I 2 **jede**
den Arbeitnehmer schützende Norm, von der nicht durch Vereinbarung abgewichen
werden darf. Gemeint ist Unabdingbarkeit nach dem nationalen Recht des objektiven
Arbeitsverhältnisstatuts (*Deinert* § 9 Rn. 53; MHdBArbR/*Oetker* § 11 Rn. 21 ff.; MüKo-
BGB/*Martiny* Art. 8 Rn. 36). Der Kreis der potentiell in den Günstigkeitsvergleich einzubeziehenden Normen wird durch den Umfang der Verweisung gezogen. Dieser ist bei
objektivem und subjektivem Arbeitsverhältnisstatut identisch, s. im Einzelnen → Rn. 46;
→ Art. 1 Rn. 13.

Die zwingenden Bestimmungen gem. Art. 8 I 2 von den zwingenden Bestimmungen iSv 19
Art. 3 III und IV sowie von denen des Art. 9 theoretisch **abzugrenzen** (dazu vor allem aus
der Zeit nach dem Inkrafttreten des EVÜ *Franzen* AR-Blattei SD 920 Rn. 122 ff.; Mü-
ArbR/*Birk,* 2. Aufl. 2000, § 20 Rn. 22 f.; Soergel/*v. Hoffmann,* Bd. 10, Art. 30 Rn 18,
22 f.; *Junker* IPRax 1989, 69 ff.), ist nicht zielführend. Art. 8 I 2, Art. 3 III und IV, Art. 9
legen jeweils ihr eigenes Verständnis der zwingenden Bestimmung zugrunde. Die Definitionen schließen einander jedoch nicht als solche aus. Vielmehr können Normen insbesondere
gleichzeitig zwingende Bestimmung iSv Art. 8 I 2 sowie Eingriffsnorm iSv Art. 9 sein,
→ Art. 9 Rn. 6).

(2) Durchführung. Art. 8 I 2 verpflichtet bei Rechtswahl zur Durchführung eines 20
Günstigkeitsvergleichs, ohne irgendwelche Vorgaben zu seiner Durchführung zu machen.
Nicht anders war es schon beim früheren Art. 6 I EVÜ. Die theoretischen Möglichkeiten
sind überschaubar und wurden schon im Rahmen von Art. 6 EVÜ herausgearbeitet. Zur
praktischen Durchführung gibt es hingegen kaum Rechtsprechungsbeispiele. Eine Orientierung an § 4 III TVG kann allenfalls der Anschauung dienen, weil die Rechtsprobleme
sich teilweise decken. Eine Übertragung der Grundsätze des Günstigkeitsvergleichs gem.
§ 4 III TVG auf die kollisionsrechtliche Ebene verbietet sich aber schon wegen der unionsrechtlichen Natur von Art. 8 I 2.

Als Vergleichsebenen kommen grds. **in Betracht:** der Einzelvergleich, der Gesamtver- 21
gleich sowie der Sachgruppenvergleich (MHdBArbR/*Oetker* § 11 Rn. 25; *Franzen* AR-
Blattei SD 920 Rn. 126; jurisPK-BGB/*Sutschet* Art. 8 Rn. 17). Am überzeugendsten ist der
Sachgruppenvergleich (*Gamillscheg* ZfA 1983, 307 [338]; *Hausmann* Jahrbuch für italienisches
Recht, Bd. 4, 1991, 49 [53]; *Junker* Konzern, 268; inzwischen hM, DFL/*Krebber* Art. 1, 3,
8, 9 Rn. 19; ErfK/*Schlachter* Rom I-VO Art. 9 Rn. 19; *Franzen* AR-Blattei SD 920
Rn. 127; Rauscher/*v. Hein* Art. 8 Rn. 30; Erman/*Hohloch* Art. 8 Rn. 12), was die recht-

liche Problematik auf das Bilden der **Sachgruppen** verschiebt. Hierzu ist es nicht erforderlich, ganze Themenbereiche miteinander zu vergleichen, auch weil dies im Ergebnis einem Gesamtvergleich nahe käme. Vielmehr könnten innerhalb eines arbeitsrechtlichen Themenbereichs rechtliche und logisch **abtrennbare Abschnitte** gebildet werden. Orientierungspunkt ist, ob es vorstellbar ist, einen solchen Abschnitt einer anderen Arbeitsrechtsordnung zu unterwerfen als den Rest des Arbeitsverhältnisses sowie die übrigen Rechtsfragen des in Frage stehenden arbeitsrechtlichen Themenbereichs (zum Kündigungsschutzrecht Beispiel bei *Krebber* 332 ff.; **anders** *Junker* Konzern, 269 ff.: nicht nur bei objektiv-innerem Zusammenhang zu einer Sachgruppe gehörend, sondern auch bei Subsumierbarkeit unter einen arbeitsrechtlichen Systembegriff, zB Urlaubsrecht oder Kündigungsrecht bzw. Beendigung; ähnlich MHdBArbR/*Oetker* § 11 Rn. 25; im Ergebnis wie hier EAS/*Winkler v. Mohrenfels/Block* B 3000, Rn. 75).

22 Der Vergleich ist nicht abstrakt, sondern **konkret** auf der Grundlage des einschlägigen Sachverhaltes durchzuführen (MHdBArbR/*Birk*, 2. Aufl. 2000, § 20 Rn. 25; EAS/*Winkler v. Mohrenfels/Block* B 3000, Rn. 75; Erman/*Hohloch* Art. 8 Rn. 12). Daher sind auch nur solche Normen in den Vergleich mit einzubeziehen, die auf den Sachverhalt im konkreten Fall angewandt werden (*Krebber* 335). Können staatliche oder privatrechtliche Institutionen, die nach dem objektiven Arbeitsverhältnisstatut in die Anwendung einer arbeitsrechtlichen Norm eingeschaltet sind, aus rechtlichen oder praktischen Gründen in dem konkret zur Entscheidung stehenden Sachverhalt nicht mitwirken, fließt dieser Umstand in die **Bewertung**, welche Regelung günstiger ist, mit ein. Zu selbstbeschränkten Sachnormen sowie der Mitwirkung privatrechtlicher oder staatlicher Institutionen → Rn. 48 f.

23 Der Günstigkeitsvergleich ist **objektiv** durchzuführen (EAS/*Winkler v. Mohrenfels/Block* B 3000, Rn. 76; MHdBArbR/*Oetker* § 11 Rn. 26; **aA** MHdBArbR/*Birk*, 2. Aufl. 2000, § 20 Rn. 26, mit Einschränkung Rn. 27; teilweise **anders** *Franzen* AR-Blattei SD 920 Rn. 129: objektiv, aber im Hinblick auf die vom Arbeitnehmer vorgegebenen Ziele). Die Bewertung der Günstigkeit freilich ist der Schwachpunkt der dogmatischen Konstruktion des Günstigkeitsvergleichs. Objektivität des Vergleichs bedeutet daher nur, dass die Entscheidung nicht dem einzelnen Arbeitnehmer überlassen ist. Eine **echte** Objektivität in dem Sinn, dass grenzüberschreitend Einigkeit über die Bewertung der Günstigkeit unterschiedlicher arbeitsrechtlicher Normen bestünde, ist hingegen eine **Illusion**. In die Bewertung fließen eigene Vorstellungen ein und es ist naheliegend, dass das eigene Recht als besonders vorteilhaft angesehen wird (s. etwa *Rebhahn* RdW 1996, 68 [70], der aus österreichischer Sicht Abfindungsschutz als gegenüber Bestandsschutz günstigere Regelung des Kündigungsschutzes ansieht, was aus deutscher Sicht anders beurteilt würde). Es ist vorstellbar, dass der EuGH autonome Vorgaben zur Günstigkeit entwickeln wird. Genauso möglich aber ist es, dass er sich auf abstrakte Ausführungen beschränkt und die Bewertung letztlich dem nationalen Gericht überlassen wird.

24 **(3) Ergebnis des Günstigkeitsvergleichs.** Soweit ein Normenkomplex (→ Rn. 21) des objektiven Arbeitsverhältnisstatuts für den Arbeitnehmer günstiger ist, wird zu dieser Frage das objektive Arbeitsverhältnisstatut angewendet. Im Übrigen bleibt das Recht des subjektiven Arbeitsverhältnisstatuts anwendbar (Palandt/*Thorn* Art. 8 Rn. 8; Erman/*Hohloch* Art. 8 Rn. 11). Im Ergebnis finden damit **zwei** Rechtsordnungen auf ein Arbeitsverhältnis Anwendung, jedoch nicht für dieselbe Rechtsfrage. Bei der vorgeschlagenen Sachgruppenbildung wird von vorneherein zu vermeiden versucht, dass ggf. durch Anpassung zu lösende Widersprüche zwischen den beiden Rechtsordnungen überhaupt schon entstehen.

25 **bb) Inlandssachverhalt, Art. 3 III.** Art. 3 III betrifft einen Sachverhalt, in dem die nach Art. 1 I erforderliche Verbindung zum Recht verschiedener Staaten allein durch die Rechtswahl herbeigeführt wird, der Sachverhalt im Übrigen in tatsächlicher Hinsicht aber mit einem einzigen Staat verbunden ist. Die Verweisung auf das ausländische Recht ist dann **materiellrechtliche** Verweisung (MüKoBGB/*Martiny* Art. 3 Rn. 94, Art. 8 Rn. 35; Palandt/*Thorn* Art. 3 Rn. 2, 5; Staudinger/*Magnus* Art. 3 Rn. 131; Art. 8 Rn. 53; **anders**

etwa EAS/*Winkler v. Mohrenfels/Block* B 3000, Rn. 67). Anwendbar ist das gewählte Recht nur, soweit nicht zwingende Bestimmungen des inländischen Rechts entgegenstehen. Zwingende Bestimmungen meinen bei Art. 3 III nicht anders als bei Art. 8 I 2 Bestimmungen, von denen nicht durch Vereinbarung abgewichen werden kann. Anders als Art. 8 I 2 erfasst Art. 3 III sämtliche und nicht nur arbeitnehmerschützende zwingende Bestimmungen (*Deinert* § 9 Rn. 42; MHdBArbR/*Oetker* § 11 Rn. 27). Wegen der weiten Verweisung durch das Arbeitsverhältnisstatut (→ Rn. 46; Art. 1 Rn. 13) hat dieser Unterschied in arbeitsrechtlichen Sachverhalten im Ergebnis keine Auswirkungen.

cc) **Binnenmarktsachverhalt, Art. 3 IV. (1) Umsetzung von Art. 3 IV.** Art. 3 IV 26 überträgt das Konzept von Art. 3 III auf sog. Binnenmarktsachverhalte. Sind bei Wahl des Rechts eines Drittstaats alle anderen Elemente des Sachverhalts zum Zeitpunkt der Rechtswahl in einem oder mehreren Mitgliedstaaten belegen, berührt die Rechtswahl die Anwendung der zwingenden Bestimmungen des Gemeinschaftsrechts ggf. in der von dem Mitgliedstaat des angerufenen Gerichts umgesetzten Form nicht. Art. 3 IV sichert damit den **Geltungsanspruch** des Unionsrechts ab. Die Einschränkung der Wirkung der Rechtswahl durch Art. 3 IV kann daher auch nicht weiter gehen als der Geltungsanspruch der jeweiligen Norm. Für das Arbeitsrecht bedeutet dies wegen Art. 153 II lit. b AEUV, nach dem sozialpolitische Richtlinien nur Mindestbestimmungen setzten dürfen, dass die Wahl eines drittstaatlichen Rechts, welches für den Arbeitnehmer **günstiger** ist, von Art. 3 IV unberührt bliebe (in diese Richtung auch *Junker* NZA-Beilage 2008, 59 [63]; nach Rauscher/*v. Hein* Art. 8 Rn. 32 ff. ggf. statt lex fori günstigeres objektives Vertragsstatut über Art. 8 I 2).

Voraussetzung ist die **Wahl** des Rechts eines Drittstaats. Wählen die Parteien das Recht 27 eines Mitgliedstaats, ist über Art. 8 I 2, III vorstellbar, dass das Recht der einstellenden Niederlassung drittstaatliches Recht ist und sich als günstigeres Recht durchsetzt. Wegen der Einschränkung von Art. 3 IV durch Art. 153 II lit. b AEUV ist dies unschädlich, weil der durch die Richtlinie gesetzte Mindeststandard auch bei Anwendung des drittstaatlichen Rechts gewahrt ist. Bei Verdrängung des gewählten mitgliedstaatlichen Rechts durch das günstigere Recht des gewöhnlichen Arbeitsorts eines Drittstaats würde dasselbe gelten, doch liegen schon die Grundvoraussetzungen für Art. 3 IV nicht vor. Kommt es bei fehlender Rechtswahl über Art. 8 III in einem ansonsten die Voraussetzungen von Art. 3 IV erfüllenden Sachverhalt zur Anwendung des Rechts eines Drittstaats, steht dies andererseits im Widerspruch zu Art. 3 IV und ist über eine **entsprechende Anwendung** dieser Norm zu korrigieren, soweit das drittstaatliche Recht nicht den durch die Richtlinie gesetzten Mindeststandard wahrt. Bei Art. 8 IV schließen die Voraussetzungen von Art. 3 IV aus, dass eine engere Verbindung zu einem Drittstaat bestehen kann.

Greift Art. 3 IV unmittelbar oder entsprechend (→ Rn. 27, 30), sind im Rahmen seines 28 jeweiligen Geltungsbereichs die Umsetzungsbestimmungen des Arbeitsrechts der **lex fori** anstelle des Arbeitsverhältnisstatuts anzuwenden (Palandt/*Thorn* Art. 3 Rn. 5).

(2) Räumlicher Geltungsanspruch von Sekundärrecht. Dem Unionsgesetzgeber 29 steht es frei, den räumlichen Geltungsanspruch vom Sekundärrecht festzulegen. Beispiel ist Art. 1 II Betriebsübergangs-Richtlinie (RL 2001/23/EG v. 12.3.2001, ABl. 2001, L 82, 16), nach dem die Richtlinie anwendbar ist, wenn und soweit sich das Unternehmen, der Betrieb oder der Betriebsteil, das bzw. der übergeht, innerhalb des räumlichen Geltungsbereichs des Vertrages befindet. Eine solche Festlegung des räumlichen Geltungsanspruchs setzt sich im Ergebnis durch, früher kraft Anwendungsvorrangs des Sekundärrechts vor dem mitgliedstaatlichen Kollisionsrecht (EuGH 9.11.2000 – C-381/98 Rn. 24 f., Slg 2000, I-9305 – Ingmar GB Ltd gegen Eaton Leonard Technologies Inc.; *Krebber* ZVglRWiss 97, 1998, 124 [135 f., 150]; MHdBArbR/*Birk*, 2. Aufl. 2000, § 20 Rn. 239; im Ergebnis ebenso *Pfeiffer*, FS v. Hoyningen-Huene, 2014, 351 [359]), unter der Rom I-VO kraft **Spezialität** im Verhältnis zu den allg. Kollisionsnormen. Nicht haltbar daher BAG 29.10.1992 AP Internat. Privatrecht Arbeitsrecht Nr. 31. Ob dieses Ergebnis dogmatisch aus Art. 23 folgt, weil eine solche Festlegung des räumlichen Geltungsbereichs Kollisionsnorm iSv Art. 23 ist, oder ob es aus einer entsprechenden Anwendung von Art. 3 IV hergeleitet wird, weil diese Norm von derselben Grundidee getragen wird, ist im Ergebnis ohne Bedeutung.

30 Auch ohne ausdrückliche Regelung ist von der Annahme auszugehen, dass sämtliche arbeitsrechtliche Richtlinien bei hinreichendem **Unionsbezug** Anwendung über ein Umsetzungsrecht beanspruchen (im Ergebnis auch *Deinert* § 3 Rn. 15 ff.: als sog. „positiver ordre public"; im Grundsatz **anders** Erman/*Hohloch* Art. 8 Rn. 3). Bei gewöhnlichem Arbeitsort in einem Mitgliedstaat ist dies über Art. 8 II (ggf. iVm Art. 8 I 2) sichergestellt. Kommt nach Art. 8 III bei tatsächlichen Arbeitsorten überwiegend oder ausschließlich in Mitgliedstaaten das Recht eines Drittstaats zur Anwendung, ist dies iRd sachlichen Geltungsanspruchs des Sekundärrechts entsprechend Art. 3 IV durch Anwendung des Umsetzungsrechts der lex fori zu korrigieren (→ Rn. 26 ff.). Im Zusammenhang von Art. 8 IV ist nicht vorstellbar, wie gleichzeitig der hinreichende Unionsbezug und eine engere Verbindung zu einem Drittstaat bestehen sollen.

31 **dd) Eingriffsnormen.** Die wichtigste Einschränkung der Wirkung der Rechtswahl erfolgt durch Eingriffsnormen iSv Art. 9. Siehe im Einzelnen → Art. 9 Rn. 1 ff.

III. Objektives Arbeitsverhältnisstatut

32 **1. Verhältnis der Art. 8 II – IV.** Bei fehlender Rechtswahl wird das Arbeitsverhältnis objektiv angeknüpft. Haben die Parteien das anwendbare Recht gewählt, ist das objektive Arbeitsverhältnisstatut iRd Günstigkeitsvergleichs nach Art. 8 I 2 von Bedeutung. Das objektive Arbeitsverhältnisstatut ist also in **jedem** grenzüberschreitenden individualarbeitsrechtlichen Sachverhalt zu bestimmen. Art. 8 II-IV sieht drei mögliche Anknüpfungspunkte für das objektive Arbeitsverhältnisstatut vor: das Recht des gewöhnlichen Arbeitsorts, Art. 8 II; das Recht der einstellenden Niederlassung, Art. 8 III; das Recht der engeren Verbindung nach Art. 8 IV. Zu einer möglichen Korrektur über Art. 3 IV → Rn. 26 ff.

33 Ob ein Arbeitsverhältnis nach Art. 8 II oder III angeknüpft wird, bestimmt sich nach der **Art** des Arbeitsverhältnisses und hängt davon ab, ob der Arbeitnehmer einen gewöhnlichen Arbeitsort hat. Art. 8 III ist im Verhältnis zu Art. 8 II jedoch **subsidiär** und eng auszulegen. Primär greift Art. 8 II. Die Merkmale „gewöhnlich seine Arbeit verrichtet" sind weit auszulegen. Ein gewöhnlicher Arbeitsort in einem Staat liegt auch dann vor, wenn der Arbeitnehmer seine Tätigkeit in mehreren Staaten ausübt, es einem Gericht aber möglich ist, einen dieser Staaten zu ermitteln, mit dem die Arbeit eine maßgebliche Verknüpfung aufweist (EuGH 15.3.2011 – C-29/10 Rn. 43 ff. – Koelzsch, NZA 2011, 625; 15.12.2011 – C-384/10 Rn. 32 ff. – Voogsgeerd, NZA 2012, 227; dazu *Mankowski/Knöfel* EuZA 2011, 521 ff.; *Lüttringhaus* IPRax 2011, 554 ff.; *Lüttringhaus/Schmidt-Westphal* EuZW 2012, 139 ff.). Art. 8 III ist so verstanden eine **Hilfsnorm,** die nur greift, wenn Art. 8 II nicht angewendet werden kann. So ist auch erklärbar, warum das Recht der einstellenden Niederlassung maßgeblich ist: Es gilt, in nicht über Art. 8 II lösbaren Sachverhalten Klarheit über das Arbeitsverhältnisstatut zu gewinnen. Die Vorrangigkeit von Art. 8 II im Verhältnis zu Art. 8 III findet, anders als bei Art. 6 EVÜ, nunmehr auch eine normative Grundlage in Art. 8 II: Gewöhnlicher Arbeitsort ist auch der Ort, von dem aus der Arbeitnehmer gewöhnlich seine Arbeit verrichtet.

34 Unabhängig davon, ob das objektive Arbeitsverhältnisstatut nach Art. 8 II oder III angeknüpft wird, ist in einem zweiten Schritt jeweils zu prüfen, inwieweit aus der Gesamtheit der Umstände folgt, dass das Arbeitsverhältnis eine engere Verbindung zu einem anderen als zu dem nach Art. 8 II oder III maßgeblichen Staat hat (sog. **Ausweichklausel**). Art. 8 IV soll auch in atypischen Sachverhalten die Anwendung des Rechts gewährleisten, zu dem das Arbeitsverhältnis die engste Verbindung hat.

35 **2. Anknüpfung an das Recht des gewöhnlichen Arbeitsorts.** Vorrangig wird das Arbeitsverhältnis objektiv an das Recht des gewöhnlichen Arbeitsorts angeknüpft. Am

gewöhnlichen Arbeitsort ist ein grenzüberschreitendes Arbeitsverhältnis am besten **verortet**. Nach Art. 8 II bestehen zwei Varianten als Grundlage der Anknüpfung an dem Recht des gewöhnlichen Arbeitsorts: (1.) Arbeit an gewöhnlichem Arbeitsort und (2.) Arbeit von dem gewöhnlichen Arbeitsort aus.

Der Arbeitnehmer verrichtet seine Arbeit gewöhnlich in einem Staat, wenn in diesem **36** Staat der **Schwerpunkt** seiner Arbeit liegt. Bei Eingliederung in einen Betrieb ist diese Voraussetzung stets erfüllt (*Junker* Konzern, 181; EAS/*Winkler v. Mohrenfels/Block* B 3000, Rn. 99; Erman/*Hohloch* Art. 8 Rn. 15; MüKoBGB/*Martiny* Art. 8 Rn. 48; teilweise **anders** Soergel/*v. Hoffmann* Bd. 10, EGBGB Art. 30 Rn. 36). Indem die gewöhnliche Verrichtung in einem Staat und nicht an einem bestimmten Ort in einem Staat maßgeblich ist, ist eine solche Eingliederung aber nicht Voraussetzung dieser Variante. Auch bei regelmäßigem Wechseln des Arbeitsorts innerhalb eines Staates greift die erste Alt. von Art. 8 II, solange der Schwerpunkt der Arbeitsverrichtung in diesem Staat liegt (EAS/*Winkler v. Mohrenfels/Block* B 3000, Rn. 99; *Franzen* AR-Blattei SD 920 Rn. 52 ff.; ähnlich ErfK/*Schlachter* Rom I-VO Art. 9 Rn. 9).

Das Arbeitsverhältnisstatut wird auch dann nach Art. 8 II angeknüpft, wenn der Arbeit- **37** nehmer zwar seine Arbeit nicht gewöhnlich in einem Mitgliedstaat verrichtet, die Arbeitsverrichtung jedoch von einem Mitgliedstaat aus gewöhnlich erfolgt. Bevor auf Art. 8 III zurückgegriffen wird, ist daher zu prüfen, ob das Arbeitsverhältnis trotz fehlenden gewöhnlichen Arbeitsorts in einem Land einem Staat **zugeordnet** werden kann. Maßgeblich ist, ob es einen Staat gibt, in dem das tatsächliche Umfeld der Arbeit liegt (EuGH 15.3.2011 – C-29/10 Rn. 42 – Koelzsch, Slg. 2011, I-1595). Ob es einen einzigen Staat gibt, in dem das tatsächliche Umfeld der Arbeit idS liegt, ist auf der Grundlage aller möglichen **Gesichtspunkte** zu ermitteln, die die konkrete Tätigkeit des betroffenen Arbeitnehmers kennzeichnen (EuGH 15.3.2011 – C-29/10 Rn. 48 – Koelzsch, NZA 2011, 625; 15.12.2011 – C-384/10 Rn. 38 – Voogsgeerd, NZA 2012, 227). Bezugspunkt bleibt aber die Verrichtung der Arbeit (EuGH 15.12.2011 – C-384/10 Rn. 39 – Voogsgeerd, NZA 2012, 227). Die einschlägigen Kriterien sind daher nicht deckungsgleich mit denen, die auf das Vorliegen einer stillschweigenden Rechtswahl oder auf die engere Verknüpfung des Sachverhalts mit einem anderen Staat iSv Art. 8 IV hinweisen können (zu diesen Kriterien → Rn. 7, 42). Zu berücksichtigen sind: Ort der Arbeitsmittel; Ort, von dem die Arbeit aus organisiert wird; Ort, von dem die Anweisungen an den Arbeitnehmer aus erfolgen; bei Transportarbeitnehmern Ort, von dem die Transporte starten oder an dem die Transporte enden, Ort eines Schreibtischarbeitsplatzes im Büro oder zuhause (EuGH 15.3.2011 – C-29/10 Rn. 49 – Koelzsch, NZA 2011, 625; 15.12.2011 – C-384/10 Rn. 38 – Voogsgeerd, NZA 2012, 227; ErfK/*Schlachter* Rom I-VO Art. 9 Rn. 12; *Deinert* § 9 Rn. 93; *Mankowski/Knöfel* EuZA 2011, 521 ff.). Der bloße Akt der Einstellung kann wegen Art. 8 III die Voraussetzungen der 2. Alt. von Art. 8 II nicht erfüllen (EAS/*Winkler v. Mohrenfels/Block* B 3000, Rn. 101).

Nach Art. 8 II 2 wechselt der Staat, in dem die Arbeit gewöhnlich verrichtet wird, nicht, **38** wenn der Arbeitnehmer seine Arbeit **vorübergehend** in einem anderen Staat verrichtet. Art. 8 II 2 dient der Klarstellung. Sein Regelungsinhalt folgt bereits aus dem Verständnis des gewöhnlichen Arbeitsorts (→ Rn. 35 ff.). Art. 8 II 2 dient auch der Praktikabilität, weil häufige Statutenwechsel insbesondere bei längerfristig beurteilten Rechtsfragen (Urlaub; Ancienniät) Probleme bereiten. Umstritten ist, ob Gegenstück der vorübergehenden **Entsendung** eine länger andauernde Entsendung (in diese Richtung EAS/*Winkler v. Mohrenfels/Block* B 3000, Rn. 104: dann ggf. Art. 8 IV) oder nur die endgültige **Verlagerung** des gewöhnlichen Arbeitsorts in einen anderen Mitgliedstaat ist (MHdBArbR/*Birk*, 2. Aufl. 2000, Rn. 37; *Junker* Arbeitnehmereinsatz, Rn. 35, 55; ErfK/*Schlachter* Rom I-VO Art. 9 Rn. 14; Palandt/*Thorn* Art. 8 Rn. 11; NK-BGB/*Doehner* Art. 8 Rn. 29; im Grundsatz auch Rauscher/*v. Hein* Art. 8 Rn. 50; zum Meinungsstand s. MüKoBGB/*Martiny* Art. 8 Rn. 63). Der Entwurf der Rom I-VO hatte sich in Art. 6 II lit. a S. 3 für die Maßgeblichkeit der endgültigen Verlagerung entschieden (KOM [2005] 0650 endg. – COD 2005/

0261). Art. 8 II 2 hat diese Klarstellung nicht übernommen. Sie findet sich jedoch in Erwägungsgrund 36. Auch unabhängig von Erwägungsgrund 36 ist es vor dem Hintergrund des Erfordernisses der Stabilität des Arbeitsverhältnisstatuts überzeugender, eine Entsendung erst dann nicht mehr als vorübergehend anzusehen, wenn der Arbeitnehmer seinen gewöhnlichen Arbeitsort in einen anderen Staat verlagert. Für Entsendungen innerhalb der EU wird Art. 8 II 2 weitgehend durch die Entsende-Richtlinie entwertet (→ Rn. 51; Art. 1 Rn. 2, 8; → Art. 9 Rn. 16 ff.). Für bestimmte Situationen beansprucht das Arbeitsrecht eines tatsächlichen Arbeitsorts unabhängig von der Entsende-Richtlinie über Art. 9 I Anwendung (→ Art. 9 Rn. 15).

39   **3. Anknüpfung an das Recht der einstellenden Niederlassung.** Mit der subsidiären (→ Rn. 33) Anknüpfung an das Recht der einstellenden Niederlassung soll gewährleistet sein, dass ein Arbeitsverhältnis, welches nicht nach Art. 8 II angeknüpft werden kann, einen rechtlich **stabilen** Anknüpfungspunkt hat. Maßgeblich ist dann das Recht der einstellenden Niederlassung. Niederlassung ist jeder Ort, von dem aus der Arbeitgeber geschäftlich tätig wird (MHdBArbR/*Birk*, 2. Aufl. 2000, § 20 Rn. 47; *Junker*, Int. ArbR im Konzern, 184; *Franzen* AR-Blattei SD 920 Rn. 70; enger MHdBArbR/*Oetker* § 11 Rn. 34: zudem auf gewisse Dauer angelegte organisatorische Einheit). Umstritten ist, wonach es sich richtet, ob eine Niederlassung die einstellende iSv Art. 8 III ist: Einstellung als Abschluss des Arbeitsvertrags (MHdBArbR/*Birk*, 2. Aufl. 2000, § 20 Rn. 49; *Pfeiffer*, FS Etzel, 2011, 291; Rauscher/*v. Hein* Art. 8 Rn. 63) oder als Ort der organisatorischen Eingliederung beim Arbeitgeber (MüKoBGB/*Martiny* Art. 8 Rn. 73; *Däubler* RIW 1987, 249 [251]; FKMOSSS/*Staudinger* Art. 8 Rn. 25; offengelassen von BAG 12.12.2001 NZA 2002, 734). Bei dem zutreffenden Verständnis von Art. 8 III als subsidiärer Anknüpfungsnorm erübrigt sich dieser Streit im Wesentlichen, weil Elemente, die über den Abschluss des Arbeitsvertrags hinausgehen, die Voraussetzung von Art. 8 II 1 Alt. 2 erfüllen können. Die subsidiäre Anknüpfung nach Art. 8 III dient zudem der Klarstellung, so dass es auch unter diesem Gesichtspunkt überzeugt, einen vergleichsweise einfach festzustellenden Tatbestand wie den Ort des **Abschlusses** des Arbeitsvertrags zugrunde zu legen.

40   **4. Anknüpfung an das Recht der engeren Verbindung.** Im Rahmen der objektiven Anknüpfung des Arbeitsverhältnisstatuts ist nach Anwendung von Art. 8 II oder III zu prüfen, ob der Vertrag eine engere Verbindung zu einem anderen Staat aufweist. Dann ist nach Art. 8 IV dessen Recht anwendbar. Die Regelanknüpfungen von Art. 8 II und III sollen im Grundsatz sicherstellen, dass das grenzüberschreitende Arbeitsverhältnis dem Recht unterstellt wird, zu dem es die engste Verbindung aufweist. Die Anknüpfung an das Recht der einstellenden Niederlassung ist zwar eine Auffanglösung, Regelanknüpfung ist Art. 8 III dennoch insoweit, weil er die traditionelle Auffanglösung des Arbeitskollisionsrechts aufgreift. Zweck von Art. 8 IV ist, die Anwendung des Rechts der engsten Verbindung auch in einem **ungewöhnlichen** Sachverhalt sicher zu stellen (*Krebber* RIW 2013, 873 [874]; EAS/*Winkler v. Mohrenfels/Block* B 3000, Rn. 112; unter Geltung der EVÜ *Junker* Konzern, 196).

41   Die Anknüpfung nach Art. 8 IV ist damit **Ausnahme** zur Regelanknüpfung. Wann auf die Ausweichklausel zurückzugreifen ist, lässt sich darüber hinaus kaum weiter abstrakt eingrenzen (EuGH 12.9.2013 – C-64/12 Rn. 40f – Schlecker, NZA 2013, 1163; *Krebber* RIW 2013, 873 [874]). Weil Art. 8 III eine Auffanglösung ist, während Art. 8 II die Anknüpfung an das Recht der engsten Verbindung für das Arbeitsrecht konkretisiert, ist die Schwelle für das Eingreifen von Art. 8 IV bei Art. 8 II **höher** als bei Art. 8 III (*Junker* Arbeitnehmereinsatz, Rn. 40, 55; *Franzen* AR-Blattei SD 920 Rn. 79; Soergel/*v. Hoffmann* Bd. 10, EGBGB Art. 30 Rn. 51).

42   Die Kriterien, die eine engere Verbindung zu einem anderen Staat begründen können, entsprechen denen, die auf das Vorliegen einer stillschweigenden Rechtswahl hinweisen können. Dogmatischer **Unterschied** ist, dass es bei Art. 8 IV nicht auf einen entsprechenden Willen der Parteien ankommt (zu den Kriterien → Rn. 7).

Das BAG wendet die Ausweichklausel **großzügig** an (BAG 24.8.1989 NZA 1990, 841; **43** 29.10.1992 NZA 1993, 743; 3.5.1995 NZA 1995, 1191; 9.7.2003 AP TVG § 1 Tarifverträge: Bau Nr. 261; 11.12.2003 AP EGBGB nF Art. 27 Nr. 6), was ihrem Ausnahmecharakter nicht immer hinreichend gerecht wird.

IV. Statutenwechsel

Ein Statutenwechsel kann beim **subjektiven** Arbeitsverhältnisstatut durch nachträgliche **44** Rechtswahl, Änderung der Rechtswahl und Aufhebung der Rechtswahl auftreten. Das **objektive** Arbeitsverhältnisstatut nach Art. 8 II wechselt, wenn der bisherige gewöhnliche Arbeitsort durch einen anderen ersetzt wird. Innerhalb eines Arbeitsverhältnisses bleibt die einstellende Niederlassung nach Art. 8 III dieselbe; jedoch kann sich die Art der Arbeitsverrichtung ändern, sodass ein ursprünglich Art. 8 III unterfallender Sachverhalt dann nach Art. 8 II anzuknüpfen ist. Eine engere Verbindung nach Art. 8 IV ist ohnehin wandelbar (zu Letzterem MHdBArbR/*Birk,* 2. Aufl. 2000, § 20 Rn. 56). Günstigkeitsvergleich und Sonderanknüpfungen führen nicht zu einem Statutenwechsel (MHdBArbR/*Oetker* § 11 Rn. 37; ähnlich *Deinert* § 9 Rn. 149 f.: „unechter Statutenwechsel").

Bei einem Statutenwechsel wird vor Zeitpunkt der Erfüllung der Voraussetzungen des **45** Statutenwechsels an das vorher geltende Arbeitsverhältnisstatut durch das neu geltende ersetzt. In zeitlicher Hinsicht ist dasjenige Arbeitsverhältnisstatut für die Lösung eines Falles zugrunde zu legen, welches zum Zeitpunkt des **Entstehens** der Rechtsfrage maßgeblich war (teilweise **anders** MHdBArbR/*Birk,* 2. Aufl. 2000, § 20 Rn. 56).

C. Verweisung durch das Arbeitsverhältnisstatut

I. Grundsatz

Nach Art. 20 stellt die Verweisung durch das subjektiv oder objektiv bestimmte Arbeits- **46** verhältnisstatut eine Sachnormverweisung dar, → Art. 20 Rn. 1. Art. 12 weist dem Arbeitsverhältnisstatut bestimmte Sachfragen zu, → Art. 12 Rn. 1. Nicht in der Rom I-VO geregelt ist, ob die Verweisung durch das Arbeitsverhältnisstatut auf bestimmte Normgruppen beschränkt ist oder ob auf sämtliche staatliche und private Normen verwiesen wird, die den Inhalt des Arbeitsverhältnisses regeln. Dann würde das Arbeitsverhältnisstatut auch auf tarifliche und öffentlich-rechtliche Normen verweisen. Art. 2 I des nie realisierten Vorschlags einer Verordnung über das Arbeitskollisionsrecht aus dem Jahre 1972 (ABl. 1972 C 49, 26) hatte diese Frage hingegen geregelt. Danach (geänderte Fassung in RdA 1978, 57) waren von der Verweisung alle auf Arbeitsverhältnisse anwendbaren Gesetze und Verwaltungsvorschriften, die Tarifverträge, soweit die Arbeitsvertragsparteien an sie gebunden sind, das Arbeitsgewohnheitsrecht und die Rechtsprechung umfasst. Ob die Verweisung des Vertragsstatuts auf bestimmte Normenkategorien zu beschränken ist, war sowohl in der allg. internationalprivatrechtlichen Literatur (*Mann,* FS Wahl, 1973, 139 [160]) als auch in der arbeitsrechtlichen Literatur umstritten (dazu *Krebber* 237 ff.). Der mit Art. 8 bezweckte Arbeitnehmerschutz, das Zusammenspiel von Art. 8 und Art. 9, die unsichere und je nach Rechtsordnung unterschiedliche Grenzziehung zwischen öffentlichem Recht und Privatrecht (dazu *Junker* Konzern, 112 ff.; *Gamillscheg* ZfA 1983, 307 [346 f.]) sowie der Umstand, dass die Gestaltung des Arbeitsverhältnisses durch Kollektivverträge ein Wesensmerkmal des Arbeitsrechts ist, sprechen dafür, dass die **Verweisung** durch das Arbeitsverhältnisstatut **umfassend** ist und **sämtliche** staatliche und private Normen erfasst, soweit sie den Inhalt des Arbeitsverhältnisses regeln (*Krebber* 237 ff.; Treves/*Villani,* Verso una disciplina comunitaria della legge applicabile ai contratti, 1983, 265 [271 ff.]; *Kronke* DB 1984, 404 [405]; *Junker* Konzern, 119 ff.; North/*Jackson,* Contract Conflicts, 1982, 59 [60]; *Moura Ramos,* Da lei aplicável ao contrato de trabalho internacional, 1991, Rn. 96, S. 684 ff.; MHdBArbR/

Oetker § 11 Rn. 40; *Deinert* § 10 Rn. 187; gegen North/*Morse,* Contract Conflicts, 1982, 143 [162]; *Coursier,* Le conflit de lois en matière de contrat de travail, 1993, 154 ff.).

47 Zum Verhältnis zu Eingriffsnormen → Art. 9 Rn. 6. Zum Günstigkeitsvergleich → Rn. 18 ff. Siehe ferner die Kommentierungen von Art. 10, 11, 13. Ein Gesetzgeber kann den räumlichen Geltungsbereich arbeitsrechtlicher Normen ausdrücklich bestimmen und dabei gleichzeitig auch beschränken, etwa auf einen inländischen gewöhnlichen Arbeitsort oder auf im Inland belegene Betriebe (zu Beispielen → Art. 1 Rn. 11). Entsprechende Regelungen werden dann praktisch bedeutsam, wenn ihre Anwendung sich nicht mit dem Ergebnis der Verweisung durch das Arbeitsverhältnisstatut deckt. Ist eine Norm nicht anwendbar, obwohl das Arbeitsverhältnisstatut auf sie verweist, stellt sich das Problem der sog. **selbstbeschränkten** Sachnorm, → Rn. 48). Bei der Selbstbestimmung des räumlichen Geltungswillens einer Norm wird häufig übersehen, dass eine entsprechende Regelung nicht ausschließlich beschränkender Natur sein muss. Vielmehr kann eine Regelung, die einen Geltungswillen bei inländischem Arbeitsort oder Betriebssitz zum Ausdruck bringt, gleichzeitig zur Selbstbeschränkung oder ausschließlich den Anwendungsbefehl als **Eingriffsnorm** iSv Art. 9 enthalten; dazu → Art. 9 Rn. 50.

II. Verweis auf Normen mit selbstdefiniertem räumlichen Geltungsanspruch

48 Verweist das Arbeitsverhältnisstatut auf eine Sachnorm, die ihrem ausdrücklichen räumlichen Geltungsanspruch nach den in Frage stehenden Sachverhalt **nicht** erfasst (Beispiel: BAG 24.8.1989 NZA 1990, 841: Anwendbarkeit des englischen Kündigungsschutzrechts auf einem Schiff bei Beschränkung des Geltungsbereichs der einschlägigen englischen Norm auf einen englischen Arbeitsort), ist fraglich, ob diese Norm dennoch anzuwenden ist. Der kollisionsrechtlichen Dogmatik nach hängt die Antwort davon ab, ob es sich bei der durch räumlichen Geltungsbereich beschränkenden Bestimmung um eine Kollisions- oder um eine Sachnorm handelt (Nachweise zum Meinungsstand bei *Deinert* § 6 Rn. 11; *Krebber* 261 ff.). Als Kollisionsnorm wäre die Selbstbeschränkung gem. Art. 20 unbeachtlich und die Norm kraft Verweisung durch das Arbeitsverhältnisstatut anzuwenden. Selbstbeschränkungen in angelsächsischen arbeitsrechtlichen Gesetzen sind typischerweise **Kollisionsnorm** und damit unbeachtlich (*Krebber* 265 ff; für eine entsprechende Anwendung von Art. 20 *Deinert* § 6 Rn. 11; **aA** die hM: Selbstbeschränkung beachtlich, *Junker* SAE 1990, 323 [326]; MHdBArbR/*Birk,* 2. Aufl. 2000, § 20 Rn. 77; *Gamillscheg* RiW 1979, 225 [229, 233]; MüKoBGB/*Martiny* Art. 8 Rn. 136). Ist Arbeitsverhältnisstatut die lex fori, ist ebenfalls entscheidend, ob es sich um eine Sach- oder eine Kollisionsnorm handelt. Art. 23 lässt nur Kollisionsnormen in Gemeinschaftsrechtsakten unberührt (**anders** noch unter dem EVÜ, *Krebber* 264 f.).

III. Sachrechtliche Hindernisse der Anwendung einer ausländischen Norm

49 Insbesondere bei dem richtigen weiten Verständnis der Verweisung durch das Arbeitsverhältnisstatut ist denkbar, dass eine ausländische Norm zur Anwendung berufen wird, in deren Anwendung privatrechtliche (kollektivvertraglich eingerichtete) oder staatliche **Institutionen** eingeschaltet sind (Zustimmungserfordernis einer Behörde bei besonderem Kündigungsschutz; behördliches Vorverfahren vor Klageerhebung, Betriebsratsbeteiligung, → Art. 9 Rn. 45, 48; *Krebber* 276 ff.). Ist die entsprechende kollektivvertragliche oder staatliche Behörde oder das betriebsverfassungsrechtliche Organ zur Mitarbeit auch in einem konkreten grenzüberschreitenden Sachverhalt willens, ist das ausländische Gesetz buchstabengetreu anzuwenden. **Verweigert** die kollektivvertragliche oder staatliche Institution oder das betriebsverfassungsrechtliche Organ wegen des Auslandsbezugs und einer möglicherweise begrenzten Zuständigkeit ihre Mitwirkung, ist das berufene ausländische Gesetz dennoch **soweit wie möglich** anzuwenden (*Krebber* 276 ff.). Mindert sich hierdurch der Schutz des Arbeitnehmers, ist dies zum einen iRd Günstigkeitsvergleichs (→ Rn. 18 ff.), zum anderen ggf. bei der Beurteilung eines Verstoßes gegen Art. 21 zu berücksichtigen (→ Art. 21 Rn. 1 ff.). Ein vor Klageerhebung zwingend vorgesehenes Vorverfahren, welches wegen fehlender Mitwirkung der Behörde nicht durchgeführt werden kann, steht der Anwendung des materiellrechtlichen Schutzes der Norm nicht entgegen (*Krebber* 279 f.).

D. Einzelne typisierbare grenzüberschreitende Arbeitsverhältnisse

I. Wanderarbeitnehmer/Grenzgänger

Im Rahmen des Anwendungsbereichs der unionsrechtlichen Bestimmungen zur Arbeitnehmerfreizügigkeit (Art. 45 ff. AEUV; VO 492/2011 v. 5.4.2011 über die Freizügigkeit der Arbeitnehmer innerhalb der Union, ABl. 2011 L 141, 1) folgt aus Art. 45 II AEUV, Art. 7 VO 492/2011 ein Verbot der Schlechterstellung von EU-Arbeitnehmern aus einem anderen Mitgliedstaat aufgrund ihrer Staatsangehörigkeit (→ VO 492/2011/EU Art. 7 Rn. 1 f.). Soweit der Grund für schlechtere Arbeitsbedingungen nicht in der Staatsangehörigkeit liegt, sondern Folge der kollisionsrechtlichen Anknüpfung des Arbeitsverhältnisses durch Wanderarbeitnehmers ist, wie es etwa bei objektiver Anknüpfung nach Art. 8 IV der Fall sein kann, liegt darin **kein** Verstoß gegen Art. 45 II AEUV oder Art. 7 VO 492/2011. Die Schlechterstellung ist dann nicht Ergebnis einer Diskriminierung aufgrund der Staatsangehörigkeit (MHdBArbR/*Birk,* 2. Aufl. 2000, § 20 Rn. 225 f.). 50

II. Entsendung

Entsendung meint den **vorübergehenden** Einsatz eines Arbeitnehmers in einem anderen Mitgliedstaat. Grundlage der Entsendung kann die Erfüllung eines Werk- oder Dienstvertrags durch den Arbeitgeber sein, der zum Zwecke der Arbeitserfüllung seine Arbeitnehmer an einen ausländischen tatsächlichen Arbeitsort mitnimmt. Das Arbeitsverhältnisstatut ändert sich gem. Art. 8 II 2 durch die vorübergehende Entsendung nicht (*Spieler* EuZA 2012, 168 [169]; ebenso unter Geltung des EGBGB EAS/*Feuerborn* B 2500, Rn. 33; *Borgmann,* Die Entsendung von Arbeitnehmern in der Europäischen Gemeinschaft, 2001, 104; *Eichenhofer* ZIAS 1996, 55 [68]). Allerdings wird Art. 8 II 2 durch die Entsende-Richtlinie überlagert (unter der Geltung des EGBGB *Junker* JZ 2005, 481 [485]; *Kort* NZA 2002, 1248; *Gotthardt,* MDR 2001, 961 [962]; EAS/*Feuerborn* B 2500, Rn. 112); zur Entsende-Richtlinie → Art. 1 Rn. 2, 8; → Art. 9 Rn. 16 ff.). 51

Die praktisch bedeutsame **konzerninterne** Entsendung wirft in ihren typischen Ausgestaltungsformen begrenzte kollisionsrechtliche Probleme auf (dazu *Junker,* FS Kropholler, 2008, 481 ff.; *Wolf,* Arbeitnehmereinsatz im Ausland, 2010). Typisch ist nämlich der Abschluss eines neuen Arbeitsverhältnisses mit der ausländischen Konzerntochter (MüKoBGB/*Martiny* Art. 8 Rn. 66; Rauscher/*v. Hein* Art. 8 Rn. 54). Das Arbeitsverhältnis mit der Konzernmutter kann ruhen oder aufgelöst sein. Bei der konzerninternen Versendung ist kollisionsrechtlich jedes Arbeitsverhältnis **getrennt** zu beurteilen (*Junker* Konzern, 215; ErfK/*Schlachter* Rom I-VO Art. 9 Rn. 15; diff. *Deinert* § 9 Rn. 115 f.; *Wolf,* Arbeitnehmereinsatz im Ausland, 2010), was im Ergebnis dazu führen kann, dass mangels Auslandsbezugs keine kollisionsrechtlichen Probleme vorliegen. Die Entsende-Richtlinie erfasst konzerninterne Entsendung zwar gem. Art 1 III lit. b, jedoch ergibt sich die Anwendung des am Ort der ausländischen Tochter geltenden Arbeitsrechts bereits nicht selten aus dem mit dieser abgeschlossenen Arbeitsvertrag (so auch *Hoppe,* Die Entsendung von Arbeitnehmern ins Ausland, 1999, 250). Davon abgesehen können Einzelfragen wie eine betriebliche Altersversorgung in einem **eigenen Vertrag** geregelt sein, der auch während des Auslandseinsatzes greift (zu Ausgestaltungen *Junker* Konzern, 206 ff.; ErfK/*Schlachter* Rom I-VO Art. 9 Rn. 15). Hierbei handelt es sich auch um einen Anwendungsfall zulässiger Teilrechtswahl (→ Rn. 16). 52

III. Arbeitnehmerüberlassung

53 Welche der Rechtsverhältnisse in der Dreiecksbeziehung Verleiher – Arbeitnehmer – Entleiher nach Art. 8 anzuknüpfen sind, entscheidet sich auf der Grundlage des sog. **qualifikationsrechtlichen Rechtsformzwangs** (→ Art. 1 Rn. 33). Da einzelne Rechtsordnungen allg. oder unter bestimmten Voraussetzungen auch das Rechtsverhältnis zwischen Entleiher und Arbeitnehmer als Arbeitsverhältnis betrachten (so zum Teil das englische Recht, *Deakin/Morris*, Labour Law, 6. Aufl. 2012, S. 184 Rn. 3.35; § 10 I 1 AÜG), ist bei Beteiligung einer dieser Rechtsordnungen auch auf dieses Rechtsverhältnis grds. Art. 8 anzuwenden (weitergehend EAS/*Winkler v. Mohrenfels/Block* B 3000, Rn. 123; *Deinert* 4 Rn. 34; NK-ArbR/*Däubler* ROM I-VO/EGBGB Rn. 12, 18; *Rebhahn* IPRax 1998, 368 [367]: generell Art. 8 auf das Rechtsverhältnis Entleiher/Arbeitnehmer; **anders** unter Geltung des EVÜ Schüren/Hamann/*Riederer v. Paar*, Einleitung Rn. 666: allg. Vertragsstatut). Arbeitnehmerüberlassung und Entsendung können zusammenfallen. Siehe zur Anknüpfung → Art. 9 Rn. 59.

IV. Telearbeit

54 Grenzüberschreitende Telearbeit (dazu *Springer*, Virtuelle Wanderarbeit, 2002; *Kaumanns*) weist einen **Auslandsbezug** nur auf, wenn das Rechtsverhältnis zwischen dem Telearbeitnehmer und seinem Arbeitgeber einen Auslandsbezug hat. Kein arbeitskollisionsrechtliches Problem stellt sich, wenn lediglich das Arbeitsergebnis grenzüberschreitend verwertet wird. Bei ausschließlicher Telearbeit wird objektiv nach Art. 8 II an den Ort der Telearbeit angeknüpft (*Franzen* AR-Blattei SD 920 Rn. 55; *Deinert* § 9 Rn. 97; Erman/*Hohloch* Art. 8 Rn. 15a; MüKoBGB/*Martiny* Art. 8 Rn. 51; *Kaumanns*, 165 ff.; *Fenski* FA 2000, 41 [45]). Bei nur partieller Telearbeit ist nach Art. 8 II 1 Alt. 2 das Recht der Betriebsstätte objektives Arbeitsverhältnisstatut (unter Geltung des EVÜ an den Ort der einstellenden Niederlassung anknüpfend *Kaumanns*, 181 ff.; *Springer*, Virtuelle Wanderarbeit, 2002, 159 f.; *Mankowski* DB 1999, 1854 [1858]).

V. Transportpersonal

55 Transportpersonal war **Standardbeispiel** für Arbeitsverhältnisse ohne gewöhnlichen Arbeitsort, die nach Art. 8 III an das Recht der einstellenden Niederlassung angeknüpft wurden (etwa für Flugpersonal 12.12.2001 – 5 AZR 255/00, NZA 2002, 734; *Thüsing*, NZA 2003, 1303, 1305 f.; dazu NK-ArbR/*Däubler* ROM I-VO/EGBGB Rn. 20; HWK/*Tillmanns* Rom I-VO Rn. 19; kritisch *Behr*, FS Buchner, 2009, 81 [89 f.]); *Junker*, FS 50 Jahre BAG, 2004, 1197 [1208 f.]). Bei Arbeitsverhältnissen mit Transportpersonal können jedoch die Voraussetzungen von einer Anknüpfung nach Art. 8 II 1 Alt. 2 (→ Rn. 37) vorliegen (NK-ArbR/*Däubler* ROM I-VO/EGBGB Rn. 20; Erman/*Hohloch* Art. 8 Rn. 17; MüKoBGB/*Martiny* Art. 8 Rn. 58; Staudinger/*Magnus* Art. 8 Rn. 163, 166; *Lüttringhaus* IPrax 2011, 554 [558 f.]; *Mankowski/Knöfel* EuZA 2011, 521 [531]; einschränkend EAS/*Winkler v. Mohrenfels/Block* B 3000, Rn. 28).

56 Der **Seearbeitsvertrag** wurde traditionell an das Recht der Flagge angeknüpft (*Gamillscheg*, 177; **anders** *Ebenroth/Fischer/Sorek* ZVglRWiss 1989, 124 [138 ff.]: einstellende Niederlassung; zum Meinungsstand *Junker*, FS Heldrich, 2005, 718 [730 f.]). Das Arbeitsverhältnisstatut ist nun nach Art. 3, 8 zu bestimmen, wobei auch hier Art. 8 II 1 Alt. 2 besondere Bedeutung erlangen kann (HWK/*Tillmanns* Rom I-VO Rn. 19; Staudinger/*Magnus* Art. 8 Rn. 147 f.; FKMOSSS/*Staudinger* Art. 8 Rn. 21; *Mankowski* RabelsZ 1989, 487 [504 ff.]; **anders** Palandt/*Thorn* Art. 8 Rn. 10). Die Besonderheiten des Heuerarbeitsverhältnisses können eine größere Bedeutung von Art. 8 IV bewirken (EAS/*Winkler v. Mohrenfels/Block* B 3000, Rn. 133; für Schiffe mit Billigflagge Staudinger/*Magnus* Art. 8 Rn. 150; NK-BGB Art. 8 Rn. 36). § 1 Seearbeitsgesetz, der ab dem 1.8.2013 § 1 Seemannsgesetz abgelöst hat

und nach dessen Abs. 1 S. 1 das Seearbeitsgesetz die Arbeits- und Lebensbedingungen von Seeleuten auf Kauffahrteischiffen regelt, die die Bundesflagge führen, sowie § 21 IV Flaggenrechtsgesetz, der bestimmt, dass Arbeitsverhältnisse von nicht in Deutschland wohnhaften Besatzungsmitgliedern auf Kauffahrteischiffen im Rahmen von Art. 8 der Rom I-VO nicht alleine aufgrund des Führens der deutschen Bundesflagge deutsches Recht anwendbar ist, sind unter dem Regime der Rom I-VO nicht mehr beachtlich (wie hier zu § 1 Seemannsgesetz *Deinert* § 9 Rn. 164, 171; MüKoBGB/*Martiny* Art. 8 Rn. 83; Staudinger/*Magnus* Art. 8 Rn. 141; bereits unter Geltung des Art. 30 II EGBGB BAG 3.5.1995 NZA 1995, 1191; zu § 21 IV Flaggenrechtsgesetz ErfK/*Schlachter* Rom I-VO Art. 9 Rn. 12; HWK/*Tillmanns* Rom I-VO Rn. 19; Palandt/*Thorn* Art. 8 Rn. 12; zu § 21 IV Flaggenrechtsgesetz abweichend EAS/*Winkler v. Mohrenfels/Block* B 3000, Rn. 135; MüKoBGB/*Martiny* Art. 8 Rn. 98; Staudinger/*Magnus* Art. 8 Rn. 155).

VI. Botschaftspersonal

Sog **Ortskräfte,** die an diplomatischen Vertretungen beschäftigt sind, schließen Arbeitsverhältnisse ab, die nach Art. 3, 8 angeknüpft werden (BAG 10.4.2014 RIW 2014, 691; 20.11.1997 NZA 1998, 813; dazu *Krebber* IPRax 1999, 164; *Junker,* FS 50 Jahre BAG, 2004, 1197 [1206]). In im Ausland gelegenen diplomatischen Vertretungen der Mitgliedstaaten ist Art. 45 AEUV anwendbar (EuGH 30.4.1996 – C-214/94 Rn. 22, I-2253 – Boukhalfa, NZA 1996, 971). Zum Verhältnis Diskriminierungsverbot – kollisionsrechtliche Anknüpfung → Rn. 50. 57

VII. Arbeitsverhältnisse mit internationalen Organisationen

Vergleichbar mit diplomatischen Vertretungen können auch internationale Organisationen oder Teileinrichtungen von ihnen Ortskräfte einstellen (*Löwisch* EuZA 2010, 198). Unter welchen Voraussetzungen die Wahl dieser Beschäftigungsform **zulässig** ist, richtet sich nach dem Recht der jeweiligen internationalen Organisation. Das **Arbeitsverhältnisstatut** richtet sich dann nach Art. 3, 8 (**anders** Soergel/*v. Hoffmann* Bd. 10, EGBGB Art. 27 Rn. 29: Recht der internationalen Organisation; diff. MüKoBGB/*Martiny* Art. 8 Rn. 24 ff.; Staudinger/*Magnus* Art. 8 Rn. 48; das Dienstrecht der int. Organisation als Recht iSd Art. 27, 30 EGBGB ansehend *Elwan/Ost* IPRax 1995, 1 [3 f.]). Bei der EU kann eine stärkere Bindung an unionsrechtliches Arbeitsrecht bestehen, als dies bei einem privaten oder gar staatlichen Arbeitgeber der Fall wäre (Art. 51 I 1 Alt. 1 GR-Charta). Dies ist iRd Anwendung des durch das Arbeitsverhältnisstatut berufenen Rechts zu berücksichtigen. 58

Art. 9 Eingriffsnormen

(1) Eine Eingriffsnorm ist eine zwingende Vorschrift, deren Einhaltung von einem Staat als so entscheidend für die Wahrung seines öffentlichen Interesses, insbesondere seiner politischen, sozialen oder wirtschaftlichen Organisation, angesehen wird, dass sie ungeachtet des nach Maßgabe dieser Verordnung auf den Vertrag anzuwendenden Rechts auf alle Sachverhalte anzuwenden ist, die in ihren Anwendungsbereich fallen.

(2) Diese Verordnung berührt nicht die Anwendung der Eingriffsnormen des Rechts des angerufenen Gerichts.

(3) ¹Den Eingriffsnormen des Staates, in dem die durch den Vertrag begründeten Verpflichtungen erfüllt werden sollen oder erfüllt worden sind, kann Wirkung verliehen werden, soweit diese Eingriffsnormen die Erfüllung des Vertrags unrechtmäßig werden lassen. ²Bei der Entscheidung, ob diesen Eingriffsnormen Wirkung zu verleihen ist, werden Art und Zweck dieser Normen sowie die Folgen berücksichtigt, die sich aus ihrer Anwendung oder Nichtanwendung ergeben würden.

Übersicht

	Rn.
A. Zwingendes Recht beim grenzüberschreitenden Arbeitsverhältnis	1
B. Aufbau von Art. 9	3
C. Begriff der Eingriffsnorm	4
I. Abstrakte Definition	4
1. Art. 9 I	4
2. Definition des BAG	8
II. Geltungswille unabhängig vom Vertragsstatut	9
III. Eingriffsnormcharakter von Unionsrecht	12
IV. Prüfungsschema	13
D. Anwendung	14
I. Eingriffsnormen des Forums	14
II. Eingriffsnormen des Staates, in dem der Vertrag erfüllt wird	15
E. Einzelfragen	16
I. Art. 3 Entsenderichtlinie	16
II. Einzelfragen des Arbeitsverhältnisses	19
1. Anbahnung	19
2. Begründung	23
3. Inhalt des Arbeitsverhältnisses	27
4. Störungen	37
5. Beendigung	45
6. Nachwirkung	55
7. Besondere Beschäftigungsformen	57
8. Arbeitgeberwechsel, § 613a BGB	60

A. Zwingendes Recht beim grenzüberschreitenden Arbeitsverhältnis

1 Arbeitsrecht als Arbeitnehmerschutzrecht ist im materiellen Recht durch zwingendes Recht geprägt. Das zwingende Recht kann gesetzlicher oder kollektivvertraglicher Natur sein, es kann sich um Zivil- oder um öffentliches Recht handeln. Grenzüberschreitende Elemente eines individualarbeitsrechtlichen Sachverhaltes können bewirken, dass mehrere Rechtsordnungen den Sachverhalt oder Teile davon durch ihr zwingendes Recht regeln wollen. Vorrangig gilt dies für die Rechtsordnung, in der ein Arbeitnehmer seinen gewöhnlichen Arbeitsort hat. In dieser Rechtsordnung ist das Arbeitsverhältnis tatsächlich und rechtlich verwurzelt, bsw. weil diese Rechtsordnung mehrere Arbeitsverhältnisse in einem Betrieb einheitlich betrachtet, weil die Arbeitsrechtsordnung des gewöhnlichen Arbeitsorts mit anderen Rechtsbereichen wie insbesondere dem Sozialversicherungsrecht abgestimmt ist, weil der entsprechende Staat mit seinem Arbeitsrecht nicht nur Arbeitnehmerschutz, sondern auch **wirtschafts- und sozialpolitische Interessen** verwirklichen möchte. Neben dem Staat, in dem sich der gewöhnliche Arbeitsort befindet, kann auch das Recht eines Staates Geltung beanspruchen, in dem sich lediglich ein tatsächlicher Arbeitsort des Arbeitnehmers befindet, auch wenn die Verwurzelung in einem solchen Staat von geringerer Tiefe ist.

2 Über die Regelanknüpfung des **objektiven** Arbeitsverhältnisstatuts an das Recht des gewöhnlichen Arbeitsorts in Art. 8 II, die bei Rechtswahl über den Günstigkeitsvergleich nach Art. 8 I 2 ebenfalls durchschlägt, ist dem Geltungsanspruch des Rechts des gewöhnlichen Arbeitsorts in der überwiegenden Zahl von Sachverhalten Genüge getan. Allerdings ist der Günstigkeitsvergleich auf die Betrachtung des einzelnen Arbeitsverhältnisses sowie auf arbeitsrechtliche Fragen beschränkt und somit nicht geeignet, alle genannten Interessen des Rechts des gewöhnlichen Arbeitsorts umzusetzen. Das Anknüpfungssystem von Art. 8 gewährleistet aus sich heraus in den typischen Konstellationen auch nicht die Anwendung des Rechts eines Staates, in dem sich lediglich ein tatsächlicher Arbeitsort findet. Solche Konstellationen sind die Domäne der Eingriffsnormen nach Art. 9. Nur unter den in Art. 9 genannten Voraussetzungen kann zwingendes Recht, welches nicht bereits über Art. 8 Anwendung findet, berücksichtigt werden.

B. Aufbau von Art. 9

Art. 9 I **definiert** die Eingriffsnorm. Die Abs. 2 und 3 zur **Anwendung** von Eingriffs- 3
normen stellen rechtstechnisch keinen Bezug zu der Frage her, ob eine Eingriffsnorm iSv
Art. 9 I möglicherweise bereits über ihre Zugehörigkeit zum Arbeitsverhältnisstatut angewandt wird. Diese Frage wird ausgeblendet (zum Verhältnis → Rn. 9). Art. 9 II und III
differenzieren vielmehr zwischen den Eingriffsnormen der lex fori, Art. 9 II, sowie den
Eingriffsnormen eines Staates, in dem die Verpflichtungen erfüllt werden sollen oder erfüllt
werden, Art. 9 III; hiermit ist in erster Linie das Recht des tatsächlichen Arbeitsorts gemeint,
doch betrifft Art. 9 III auch das Recht des gewöhnlichen Arbeitsorts, wenn dieses Recht
nicht Arbeitsverhältnisstatut ist.

C. Begriff der Eingriffsnorm

I. Abstrakte Definition

1. Art. 9 I. Die Eingriffsnorm wird in Art. 9 I definiert. Eingriffsnorm ist danach eine 4
zwingende Vorschrift, deren Einhaltung von einem Staat als so **entscheidend** für die
Wahrung seines öffentlichen Interesses, insbesondere seiner politischen, seiner sozialen oder
wirtschaftlichen Organisation, angesehen wird, dass sie unabhängig vom Vertragsstatut
anzuwenden ist, wenn der Sachverhalt in ihren Anwendungsbereich fällt.

Diese in entscheidenden Punkten abstrakt gehaltene Definition erlaubt erste **Eingren-** 5
zungen: Erstens enthält die Definition die drei Elemente zwingende Vorschrift, Anwendungswillen unabhängig vom Vertragsstatut sowie Anwendbarkeit in dem von der Norm
definierten Anwendungsbereich. Der vorausgesetzte Anwendungswille unabhängig vom
Vertragsstatut wird ebenso wie der Anwendungsbereich nach Art. 9 I von dem **Staat**
festgelegt, zu dessen Rechtsordnung die entsprechende Norm gehört (vgl. Staudinger/
Magnus Rn. 54). Art. 9 I legt den Mitgliedstaaten bei beidem **keine** Beschränkungen auf,
sondern stellt es den Mitgliedstaaten frei, zwingende Gesetze mit einem entsprechenden
Anwendungswillen zu versehen (Erman/*Hohloch* Rn. 12; enger EAS/*Winkler v. Mohrenfels/
Block* B 3000, Rn. 144: „gewissen Ermessensspielraum"; die von ihnen ins Spiel gebrachte
Entscheidung EuGH 19.6.2008 – C-319/06 – Kommission/Luxemburg, NZA 2008, 865
ist durch die Grundfreiheitendogmatik geprägt und daher von vorneherein nicht einschlägig).

Das **Motiv** für einen Staat, eine zwingende Vorschrift mit dem entsprechenden Anwen- 6
dungswillen zu versehen, muss das öffentliche Interesse, insbesondere die politische, soziale
oder wirtschaftliche Organisation des Staates sein. Nur auf den ersten Blick ließe sich in
Betracht ziehen, aus diesem Erfordernis einen Gegensatz von zwingenden Bestimmungen
iSv Art. 3 III, 8 I 2 auf der einen und Art. 9 auf der anderen Seite zu konstruieren (dazu
→ Art. 3, 8 Rn. 19). Hierbei handelt es sich jedoch nur um ein zweites Element der
Definition, welches zusätzlich zur innerstaatlichen Unabdingbarkeit gefordert wird. Eine
zwingende arbeitsrechtliche Norm kann daher **Teil des Arbeitsverhältnisstatuts** sein und
bei zusätzlicher Erfüllung der weiteren Voraussetzung von Art. 9 I Eingriffsnorm (Mü-
ArbR/*Oetker* § 11 Rn. 48; *Deinert* § 10 Rn. 31 f.; **anders** Rauscher/*v. Hein* Art. 8 Rn. 37;
im Grundsatz **anders** auch MüKoBGB/*Martiny* Rn. 25, s. aber Rn. 115, Art. 8 Rn. 131).
Praktische Bedeutung hat dies auch für den Aufbau der Prüfung (→ Rn. 13).

Ein gewisses Eigenleben führt zwingendes Recht **unionsrechtlichen** Ursprungs, 7
→ Rn. 12; Art. 3, 8 Rn. 26 ff., 29 f.

2. Definition des BAG. Das BAG hat Eingriffsnormen iSd Art. 34 EGBGB als Normen 8
umschrieben, die nicht nur dem Schutz und Ausgleich widerstreitender Interessen der
Vertragsparteien und damit reinen Individualbelangen dienen, sondern daneben zumindest

auch öffentliche **Gemeinwohlinteressen** verfolgen (BAG 24.8.1989 NZA 1990, 841; seitdem st.Rspr.). Diese Umschreibung ist mit der Definition in Art. 9 I **kompatibel** (EAS/ *Winkler v. Mohrenfels/Block* B 3000, Rn. 142; *Magnus* IPrax 2010, 27 [41]). Sie enthält darüber hinaus bestimmte richtige Klarstellungen; zu diesen → Rn. 10.

II. Geltungswille unabhängig vom Vertragsstatut

9   Wenn die mögliche Natur gerade arbeitsrechtlicher Normen als Eingriffsnormen die seit langem und nach wie vor **umstrittenste Frage** des Arbeitskollisionsrechts ist, liegt dies an dem Umstand, dass Staaten den international zwingenden Geltungswillen in der weit überwiegenden Zahl an Fällen nicht ausdrücklich in Gesetzen statuieren. Damit ist erforderlich, Bestehen oder Nichtbestehen des internationalen zwingenden Geltungswillens ohne ausdrücklichen Hinweis durch den Gesetzgeber zu bestimmen. Art. 9 I gibt hierzu nur recht vage Vorgaben. Ausgangspunkt ist die Freiheit eines jeden Staates, Normen im Rahmen von Art. 9 I international zwingenden Geltungswillen zu verleihen. Daher ist nach **Kriterien** zu suchen, die die einzelne Norm in das Zentrum der Betrachtung stellen. Wenig weiterführend sind demgegenüber insbesondere abstrakte Überlegungen zu einem Regel-/Ausnahmeverhältnis von Arbeitsverhältnisstatut und Eingriffsnorm, weshalb der Charakter als Eingriffsnorm nur ausnahmsweise anzuerkennen sei (*Däubler* RIW 1987, 249 [255]; *Magnus* IPrax 1991, 382 [385]; *Gamillscheg* ZfA 1983, 307 [362]; *Hausmann* Jahrbuch für italienisches Recht, Bd. 4, 49 [81]; ErfK/*Schlachter* Rom I-VO Rn. 21; *Deinert* § 10 Rn. 28). Ein solches Regel-/ Ausnahmeverhältnis besteht bei abstrakter Betrachtung, doch besagt es nichts über den etwaigen international zwingenden Geltungswillen einer **konkreten** Norm. Eine Reihe anderer in der Literatur genannter Gesichtspunkte lässt ebenfalls keinen sicheren Schluss auf den Charakter als Eingriffsnorm zu: abstrakte Anforderungen an die Ausgestaltung einer Norm wie die Art und Weise ihrer Durchsetzung, etwa der Strafbewährung oder Einschalten von Behörden (so *Gamillscheg* ZfA 1983, 307 [346]; Soergel/*v. Hoffmann* Bd. 10, EGBGB Art. 34 Rn. 3; dagegen *Benecke* IPrax 2001, 449 [452]); das Ausscheiden einseitig zwingender Normen aus dem Kreis potentieller Eingriffsnormen (*Junker* Konzern, 290); Inlandsbezug (*E. Lorenz* RdA 1989, 220 [227]); *Schlachter* NZA 2000, 57 [61]; EAS/*Winkler v. Mohrenfels/ Block* B 3000, Rn. 149; Erman/*Hohloch* Rn 13; so auch BAG 12.12.2001 NZA 2002, 734); Rechtsnatur der Norm, die grds. unbeachtlich ist (MHdBArbR/*Oetker* § 11 Rn. 48; MüKo-BGB/*Martiny* Rn. 12, 20, für das Sonderprivatrecht Rn. 15 f.; so auch BAG 29.10.1992 NZA 1993, 743), sodass auch tarifliche Normen Eingriffsnormcharakter haben können (*Wimmer*, Die Gestaltung internationaler Arbeitsverhältnisse durch kollektive Normenverträge, 1992, 280). Auch der Rückgriff auf die Figur des sog. Sonderprivatrechts (dazu Palandt/ *Thorn* Rn. 8 ff.) stellt zu wenig auf die konkrete Norm ab.

10 Ob eine Norm Eingriffsnorm ist, hängt alleine von der Bedeutung, dem Inhalt und der Systematik der materiellen Regelung ab. Manchen der oben genannten Kriterien kommt hierbei durchaus eine, wenngleich nicht zwingende, Indizwirkung zu. Je mehr eine den Arbeitnehmer schützende Norm auch Gemeininteressen dient, wird sie sich nicht auf die Regelung der Beziehung des Rechtsverhältnisses zwischen dem einzelnen Arbeitnehmer und seinem Arbeitgeber beschränken, sondern über diese Zweierbeziehung hinaus rechtliche Wirkungen entfalten (*Krebber* 296 f.; MHdBArbR/*Birk*, 2. Aufl. 2000, § 20 Rn. 88). Besondere Bedeutung hat daher, ob der **Individualschutz** in **andere** Gebiete insbesondere das Sozialrecht **eingegliedert** ist oder ob der Status verschiedener Arbeitsverhältnisse rechtlich miteinander **verknüpft** ist. Im Sinne von Art. 9 I ist dann die soziale und wirtschaftliche Organisation betroffen. Den Charakter als Eingriffsnorm kann eine arbeitsrechtliche Norm auch dadurch erhalten, dass sie aus arbeitsmarktpolitischen Gründen verabschiedet wurde (*Krebber*, FS Birk, 2008, 477 [492 f.]).

11 **Öffentliches Recht** und **Verfassungsrecht** bestimmen ihren räumlichen Anwendungsbereich ohnehin autonom. Für die Frage nach dem Vorliegen eines international zwingenden Geltungswillens ist entscheidend, ob sich dieser Geltungsanspruch mit der Anknüpfung

des Arbeitsverhältnisstatuts deckt. Ist dies nicht der Fall, ist der Geltungswille über Art. 9 II, III **durchzusetzen**.

III. Eingriffsnormcharakter von Unionsrecht

Ein etwaiger vom Arbeitsverhältnisstatut abweichender Geltungsanspruch von Unionsrecht wird **nicht** nach Art. 9, sondern nach Art. 3 IV sowie Art. 23 berücksichtigt. Dazu näher (→ Art. 3, 8 Rn. 26 ff.). Unionsrecht kann den Mitgliedstaaten aber vorgeben, dass sie bestimmte Normen mit dem Anwendungsbefehl iSv Art. 9 I versehen müssen (zur Entsende-Richtlinie → Rn. 16 ff.; Art. 1 Rn. 2, 8; Art. 3, 8 Rn. 51) 12

IV. Prüfungsschema

Auf den Eingriffsnormcharakter iSv Art. 9 kommt es im Ergebnis nur dann an, wenn die entsprechende Norm nicht bereits als Teil des Arbeitsverhältnisstatuts anwendbar ist. **Vorrangig** ist daher immer das Arbeitsverhältnisstatut zu bestimmen. Die Auseinandersetzung um Eingriffsnormen beschränkt sich daher im Wesentlichen auf die Situation, in der das Recht des gewöhnlichen Arbeitsortes nicht Arbeitsverhältnisstatut ist. In geringerem Maße geht es um Normen eines tatsächlichen Arbeitsorts, welcher nicht Arbeitsverhältnisstatut ist. 13

D. Anwendung

I. Eingriffsnormen des Forums

Eingriffsnormen des Forums müssen **aus sich heraus** angewendet werden. Art. 9 II erwähnt daher nur, dass ihre Anwendung von der Rom I-VO nicht berührt wird (NK-BGB Rn. 3; vgl. auch Ferrari/*Schmidt-Kessel* Rome I Regulation: Pocket Commentary, 2015, Rn. 39). 14

II. Eingriffsnormen des Staates, in dem der Vertrag erfüllt wird

In Betracht kommen die Normen, die am gewöhnlichen Arbeitsort oder an einem tatsächlichen Arbeitsort gelten. Dem Wortlaut von Art. 9 III 1 nach kann Eingriffsnormen der Rechtsordnung, in der der Vertrag erfüllt wird, nur Wirkung verliehen werden, wenn sie die **Erfüllung** des Vertrages **unrechtmäßig** werden lassen. Die seit langem anerkannten typischen Sachverhaltskonstellationen des Arbeitsrechts, in denen die Anwendung des Rechts des tatsächlichen Arbeitsorts bejaht wird, fallen unmittelbar (Feiertagsrecht) oder zumindest mittelbar (Arbeitsschutzrecht über Zurückbehaltungsrecht des Arbeitnehmers) unter diese zusätzliche Voraussetzung (*Deinert* § 12 Rn. 38, 68). Wird in einem von der Entsende-Richtlinie erfassten Sachverhalt der Rechtsstreit nicht vor dem besonderen Gerichtsstand nach Art. 6 Entsende-Richtlinie (dann Eingriffsnorm des Forums), sondern vor dem allg. Gerichtsstand geführt, geht der Anwendungsbefehl von Art. 3 Entsende-Richtlinie Art. 9 III 1 vor. Handelt es sich um einen Sachverhalt, in dem das Recht des gewöhnlichen Arbeitsorts nicht Arbeitsverhältnisstatut ist und in dem der Rechtsstreit nicht vor den Gerichten des Staates des gewöhnlichen Arbeitsorts ausgetragen wird, werden Eingriffsnormen des Rechts des gewöhnlichen Arbeitsorts, die die Vertragserfüllung nicht unrechtmäßig machen, sondern **andere Gegenstände** und Rechtsfolgen betreffen, typischerweise den Sachverhalt nicht erfassen. Stellt es sich anders dar, ist die mögliche Berücksichtigung nicht schon wegen Art. 9 III 1 ausgeschlossen. Vielmehr ist in diesen Konstellationen nur Art. 9 III 2 zugrunde zu legen (zum nicht abschließenden Charakter von S. 1 Erman/*Hohloch* Rn. 27; **anders** MüKoBGB/*Martiny* Art. 9 Rn. 117; Bamberger/Roth/*Spickhoff* Rn. 29; PWW/*Remien* Rn. 44 f.: keine kollisionsrechtliche, aber möglicherweise materiellrechtliche Berücksichtigung; beides **ablehnend** NK-BGB/*Doehner* Rn. 51). Die Berücksichtigung auch von Eingriffsnormen des Rechts des Staates, in dem der Vertrag 15 (zeitweise) erfüllt wird, ergibt sich auch aus Art. 12 II (EAS/*Winkler v. Mohrenfels/Block* B 3000, Rn. 188; HWK/*Tillmanns* Rom I-VO Rn. 40; Rauscher/*v. Hein* Art. 8 Rn. 36). Wegen der Verankerung des Arbeitsverhältnisses am gewöhnlichen und tatsächlichen Arbeitsort, kommt die Anwendung von Eingriffsnormen von Staaten ohne wenigstens tatsächlichen Arbeitsort nicht in Betracht (Vorlagebeschluss BAG 25.2.2015, NZA 2015, 542).

E. Einzelfragen

I. Art. 3 Entsenderichtlinie

16   Art. 3 Entsende-Richtlinie verpflichtet die Mitgliedstaaten, dafür Sorge zu tragen, dass unabhängig von dem Arbeitsverhältnisstatut ein sog. **harter** Kern an Arbeitsbedingungen auf entsandte Arbeitnehmer angewendet wird. Dieser harte Kern umfasst: Höchstarbeitszeiten und Mindestarbeitszeiten; bezahlten Mindestjahresurlaub; Mindestlohnsätze; Bedingungen für die Überlassung von Arbeitskräften, insbesondere durch Leiharbeitsunternehmen; Arbeitsschutz; Schwangeren-, Mutter- sowie Kinder- und Jugendschutz; Gleichbehandlung von Männern und Frauen sowie andere Nichtdiskriminierungsbestimmungen. Der Anwendungsbefehl besteht nach Art. 3 I Entsende-Richtlinie zudem nur, wenn diese Arbeitsbedingungen durch Rechts- oder Verwaltungsvorschriften oder durch allgemeinverbindlich erklärte Tarifverträge festgelegt sind. Art. 3 Entsende-Richtlinie durchbricht aus wirtschafts- und sozialpolitischen Gründen die grundlegende Entscheidung von Art. 8 II 2, nach der das Arbeitsverhältnisstatut bei vorübergehender Entsendung gerade nicht wechselt (*Krebber* IPRax 2013, 474 [476]; EAS/*Winkler v. Mohrenfels/Block* B 3000, Rn. 161). Im Einzelnen → RL 96/71/EG Art. 3.

17   Art. 3 I verleiht den genannten Bestimmungen unter den weiteren Voraussetzungen von Art. 3 (neben der rechtlichen Grundlage in Rechts- oder Verwaltungsvorschriften bzw. allgemeinverbindlich erklärten Tarifverträgen auch, dass der Anwendungsbereich nach Art. 1 Entsende-Richtlinie eröffnet ist) den Charakter als **Eingriffsnormen,** die sich je nach befasstem Gericht (allg. Gerichtsstand nach der Brüssel Ia-VO oder besonderer Gerichtsstand gem. Art. 6 Entsende-Richtlinie) nach Art. 9 II oder III gegen das Arbeitsverhältnisstatut durchsetzen. Aus der Grundfreiheitendogmatik folgt, dass ein Mitgliedstaat im Anwendungsbereich der Dienstleistungsfreiheit auf entsandte Arbeitnehmer sein eigenes Recht nur in dem durch Art. 3 Entsende-Richtlinie gesteckten Rahmen anwenden darf (EuGH 19.6.2008 – C-319/06 Rn. 46, Slg. 2008, I-4323 – Kommission/Luxemburg, NZA 2008, 865; *Krebber* EuZA 2013, 435 [446 f.]).

18   Wegen des besonderen Kontextes und der bestimmten Zielrichtung der Entsende-Richtlinie (→ RL 96/71/EG Rn. 1, 6 ff.) konkretisiert der Katalog von Art. 3 Entsende-Richtlinie den Kreis der Eingriffsnormen aber **nicht** über den Anwendungsbereich der Richtlinie hinaus (*Krebber* IPrax 2001, 22 [28]; zur Umsetzung im AEntG *Franzen* AR-Blattei SD 920 Rn. 146 f.; Erman/*Hohloch* Rn. 16). Aus Art. 3 Entsende-Richtlinie kann noch nicht einmal geschlossen werden, dass die dort genannten Bereiche des Arbeitsrechts bei gewöhnlichem Arbeitsort in einem Staat international zwingend sind (**anders** zur Umsetzung im AEntG *Deinert* § 10 Rn. 45; zur Diskussion MHdBArbR/*Birk,* 2. Aufl. 2000, § 20 Rn. 238).

II. Einzelfragen des Arbeitsverhältnisses

19   **1. Anbahnung.** Nach Art. 10 I unterliegen Zustandekommen und Wirksamkeit des Vertrags dem **Arbeitsverhältnisstatut** (MHdBArbR/*Oetker* § 11 Rn. 61; *Deinert* § 11 Rn. 6, 21). Hiervon gibt es jedoch zahlreiche Ausnahmen. Die staatlichen Rahmenbedingungen der **Arbeitsvermittlung** haben arbeitsmarktpolitischen Charakter und erfassen nur Arbeitgeber im Geltungsbereich der entsprechenden Regelung (*Gamillscheg* 221; MHdBArbR/*Birk,* 2. Aufl. 2000, § 20 Rn. 120; MHdBArbR/*Oetker* § 11 Rn. 58; diff. *Deinert* § 11 Rn. 14).

Die das allg. **Persönlichkeitsrecht** des Arbeitnehmers betreffenden Fragerechte oder 20 Modalitäten der Fragestellung (Fragebögen) sind an den **Betriebssitz** des Arbeitgebers anzuknüpfen, was teilweise mit der Nähe zum deliktsrechtlichen Anknüpfungssystem begründet wird (MHdBArbR/*Birk,* 2. Aufl. 2000, § 20 Rn. 121; deshalb nach EAS/ *Winkler v. Mohrenfels/Block* B 3000, Rn. 131: Deliktsstatut). Wegen Art. 12 I Rom II-VO ist es treffender, auf die Verknüpfung dieser Problematik mit Betriebsverfassungsrecht abzustellen. Vor allem ist bei einem einheitlichen Bewerbungsverfahren mit verschiedenen Kandidaten praktisch schwer vorstellbar, unterschiedliche rechtliche Anforderungen aufzustellen, die durch mögliche abweichende Arbeitsverhältnisstatute bedingt sind. Die Voraussetzungen eines Anspruchs auf Ersatz von **Vorstellungskosten** sind hingegen individualisierbar und richten sich auch in Anlehnung an den Art. 12 I Rom II-VO tragenden Gedanken nach dem Arbeitsverhältnisstatut (unter Anwendung von Art. 4 III auch *Deinert,* § 11 Rn. 18; **anders** MHdBArbR/*Oetker* § 11 Rn. 60: Vertragsstatut des Auftrags).

Zum europarechtlichen **Diskriminierungsschutz** → Art. 3, 8 Rn. 26 ff., 30 (dazu au- 21 ßerdem Rauscher/*v. Hein* Art. 8 Rn. 38; *Lüttringhaus,* Grenzüberschreitender Diskriminierungsschutz – Das internationale Privatrecht der Antidiskriminierung, 2012; *Wenninger,* Die arbeitsrechtlichen Schutzvorschriften des Allgemeinen Gleichbehandlungsgesetzes als inländische Eingriffsnormen des Internationalen Arbeitsrechts, 2012; *Junker* NZA-Beil. 2008, 59 ff. [62 ff.]; *Pfeiffer,* FS Schwerdtner, 2003, 775 ff.; *Schrader/Straube* NZA 2007, 184 ff.). Ist bei Vorliegen der Grundvoraussetzungen von Art. 3 IV ein drittstaatliches Recht Arbeitsverhältnisstatut, kommt es zur Anwendung der Umsetzungsbestimmungen der lex fori anstelle des Arbeitsverhältnisstatuts. Soweit daneben **grundrechtlich** begründeter Diskriminierungsschutz besteht (Fragerecht des Arbeitgebers nach Gewerkschaftszugehörigkeit, Art. 9 III GG) ist nicht Voraussetzung, dass deutsches Recht Arbeitsverhältnisstatut ist, sondern dass der gewöhnliche **Arbeitsort** in Deutschland liegt.

Zum Schadensersatz aus **vorvertraglichem** Schuldverhältnis → Rom II-VO Art. 12 22 Rn. 1.

2. Begründung. Als Grundregel ist nach Art. 10 I das **Arbeitsverhältnisstatut** zur 23 Beurteilung der Frage berufen, ob ein Arbeitsverhältnis wirksam begründet wurde (Mü-ArbR/*Birk,* 2. Aufl. 2000, § 20 Rn. 125). Daher richtet sich auch das Vorliegen eines etwaigen **faktischen** Arbeitsverhältnisses nach dem Arbeitsverhältnisstatut (EAS/*Winkler v. Mohrenfels/Block* B 3000, Rn. 50; NK-ArbR/*Däubler* ROM I-VO/EGBGB Rn. 12; Palandt/*Thorn* Art. 8 Rn. 3). Hier liegt gerade kein Fall der Nichtigkeit iSv Art. 12 I lit. e vor (**anders**, aber mit gleichem Ergebnis *Deinert* § 4 Rn. 35, § 11 Rn 22: Arbeitsverhältnisstatut wegen Art. 12 I lit. e; ähnlich ErfK/*Schlachter* Rom I-VO Rn. 4; HWK/*Tillmanns* Rom I-VO Rn. 9; wie hier MHdBArbR/*Oetker* § 11 Rn. 66).

Soweit die Beschäftigung von Ausländern eine **Arbeitserlaubnis** voraussetzt (§ 39 Auf- 24 enthG), handelt es sich um eine arbeitsmarktpolitische Norm, die dann anwendbar ist, wenn arbeitsmarktpolitische Belange des betroffenen Staates berührt sind. Das ist bei gewöhnlichem Arbeitsort im Geltungsbereich solcher Gesetze stets der Fall (MHdBArbR/*Birk,* 2. Aufl. 2000, § 20 Rn. 126; ähnlich *Deinert* § 11 Rn. 15), kann aber auch greifen, wenn der Arbeitnehmer von einem inländischen Arbeitsort iSv Art. 8 II 1 Alt. 2 aus arbeitet. Entsprechendes gilt für nichtvertragliche **Einstellungspflichten** (§§ 71 ff. SGB IX) (*Deinert* § 11 Rn. 11; *Müller* 277) sowie für **Beschäftigungsverbote** des Mutter- und Jugendschutzes (MHdBArbR/*Oetker* § 11 Rn. 58; MüKoBGB/*Martiny* Art. 8 Rn. 141; ähnlich *Deinert* § 11 Rn. 13, 16; MHdBArbR/*Birk,* 2. Aufl. 2000, § 20 Rn. 127, 175, für den Jugendschutz teils weitergehend Rn. 179 f.). Vertragliche Einstellungspflichten richten sich nach dem Arbeitsverhältnisstatut. § 78a II BetrVG wird nach dem Statut der Betriebsverfassung angeknüpft.

Zur **Arbeitsvertragsfähigkeit** → Art. 13 Rn. 1 f. Zur **Form** → Art. 1 Rn. 1 ff. Zu **§ 10** 25 **I AÜG** → Art. 3, 8 Rn. 53. Zu **§ 613a I 1 BGB** → Rn. 59.

26 Ob eine **Arbeitnehmervertretung** der Einstellung zuzustimmen hat (§ 99 II BetrVG), richtet sich nach dem Statut der Betriebsverfassung (MHdBArbR/*Oetker* § 11 Rn. 65; MHdBArbR/*Birk*, 2. Aufl. 2000, § 20 Rn. 142; *Deinert* § 11 Rn. 20; *Müller* 308).

27 **3. Inhalt des Arbeitsverhältnisses.** Als Grundregel ist für den Inhalt des Arbeitsverhältnisses gem. Art. 12 I das **Arbeitsverhältnisstatut** maßgeblich (Erman/*Hohloch* Art. 8 Rn 25). Welche Haupt- und Nebenpflichten Arbeitgeber und Arbeitnehmer treffen, ist daher im Grundsatz dem Arbeitsverhältnisstatut zu entnehmen (*Franzen* AR-Blattei SD 920 Rn. 133; MHdBArbR/*Oetker* § 11 Rn. 67; MüKoBGB/*Martiny* Art. 8 Rn. 105). Nach dem Arbeitsverhältnisstatut richtet sich auch der Umfang des **Direktionsrechts** (MHdBArbR/*Birk*, 2. Aufl. 2000, § 20 Rn. 143; *Deinert* § 12 Rn. 5; *Müller* 326 f.). Die Verweisung durch das Arbeitsverhältnisstatut umfasst auch die **kollektivvertragliche** Gestaltung der gegenseitigen Rechte und Pflichten; zusätzliche Voraussetzung ist, dass das Arbeitsverhältnis nach dem Kollektivvertragsstatut von der kollektivvertraglichen Regelung erfasst ist.

28 Der **Lohnanspruch** des Arbeitnehmers richtet sich nach dem Arbeitsverhältnisstatut (BAG 26.2.1985 NJW 1985, 1910; MHdBArbR/*Birk*, 2. Aufl. 2000, § 20 Rn. 147; *Franzen* AR-Blattei SD 920 Rn. 133; *Deinert* § 12 Rn. 29). Hiervon gibt es jedoch eine Reihe von Abweichungen bzw. Ergänzungen. Die wichtigste ist Art. 3 I lit. c Entsende-Richtlinie. **Staatliche Mindestlöhne** sind auch jenseits der Entsende-Richtlinie regelmäßig Eingriffsnorm bei gewöhnlichem Arbeitsort im Geltungsbereich des Gesetzes (MHdBArbR/*Oetker* § 11 Rn. 72; *Deinert* § 12 Rn. 30; im Ergebnis auch MHdBArbR/*Birk*, 2. Aufl. 2000, § 20 Rn. 160). Zu Tariflöhnen → Rn. 9, 16 ff. **Aufrechnungs-** und **Abtretungsverbote** bestimmen sich nach dem Arbeitsverhältnisstatut, Art. 14, 17 (*Deinert* § 12 Rn. 42; **anders** unter Geltung des EVÜ MHdBArbR/*Birk*, 2. Aufl. 2000, § 20 Rn. 161: gewöhnlicher Aufenthaltsort des Arbeitnehmers; teilweise **anders** MHdBArbR/*Oetker* § 11 Rn. 73: Abtretungsverbote als Eingriffsnormen). **Vollstreckungsrechtlicher** Lohnschutz unterliegt dem Recht des Vollstreckungsortes (MHdBArbR/*Oetker* § 11 Rn. 73; *Deinert* § 12 Rn. 48; EAS/*Winkler v. Mohrenfels/Block* B 3000, Rn. 202).

29 Die Pflicht des Arbeitnehmers zur **Leistung** der Arbeit wird an das Arbeitsverhältnisstatut angeknüpft (*Franzen* AR-Blattei SD 920 Rn. 133; EAS/*Winkler v. Mohrenfels/Block* B 3000, Rn. 198). Nach Art. 12 II ist bei der Art und Weise der Erfüllung das Recht des Staates, in dem die Erfüllung erfolgt, zu berücksichtigen. Art. 12 II wird bedeutsam, wenn das Recht des tatsächlichen oder gewöhnlichen Arbeitsorts bestimmte Erfüllungsmodalitäten vorschreibt, die nach dem Arbeitsverhältnisstatut nicht einzuhalten sind (s. auch → Rn. 15).

30 **Der Arbeitsort** bestimmt sich grds. nach dem Arbeitsverhältnisstatut. Die von den Parteien gewünschte und praktizierte Handhabung zum Arbeitsort kann wegen Art. 8 II-IV unmittelbare Rückwirkungen auf die Anknüpfung des objektiven Arbeitsverhältnisstatuts haben.

31 Nach dem Arbeitsverhältnisstatut richtet sich ebenfalls im Grundsatz die **Arbeitszeit** (MHdBArbR/*Oetker* § 11 Rn. 87; *Hohloch* RIW 1987, 353 [354 ff.]; **anders** BAG 12.12.1990 NZA 1991, 386 zu einer Rechtsverordnung zum ArbZG: Selbstbeschränkung des Anwendungsbereichs auf die BRD; EAS/*Winkler v. Mohrenfels/Block* B 3000, Rn. 209: Arbeitszeitvorschriften als Eingriffsnormen) einschließlich der Verpflichtung zum Erbringen von Überstunden (MHdBArbR/*Oetker* § 11 Rn. 89; Staudinger/*Magnus* Art. 8 Rn. 221). Zu kollektivrechtlichen Regelungen der Arbeitszeit s. → Rn. 9, 16 ff. Zum **Arbeitszeitschutz** unionsrechtlichen Ursprungs → Art. 3, 8 Rn. 26 ff., 30. Die Verpflichtung zu **Bereitschaftsdiensten** ist an den Betriebssitz anzuknüpfen, da sie typischerweise einheitlich für einen Betrieb erfolgt (MHdBArbR/*Birk*, 2. Aufl. 2000, § 20 Rn. 164).

32 Ansprüche aus dem **allg. Gleichbehandlungsgrundsatz** sowie aus **betrieblicher Übung** setzen ein bestimmtes Verhalten des Arbeitgebers in einem Betrieb voraus und sind daher an das Recht des Betriebssitzes anzuknüpfen (MHdBArbR/*Birk*, 2. Aufl. 2000, § 20 Rn. 158; für den allg. Gleichbehandlungsgrundsatz im Ergebnis auch *Bittner* NZA 1993,

161 [163 ff.]; sowie EAS/*Winkler v. Mohrenfels/Block* B 3000, Rn. 203: Eingriffsnorm; **anders** für den allg. Gleichbehandlungsgrundsatz *Deinert* § 12 Rn. 87; MüKoBGB/*Martiny* Art. 8 Rn. 107: Arbeitsverhältnisstatut; zum Meinungsstand MHdBArbR/*Oetker* § 11 Rn. 83 ff.).

Das **Urlaubsrecht** hat seine Grundlage in Art. 7 RL 2003/88. Urlaubsanspruch einschließlich des Anspruchs auf Urlaubsentgelt richten sich nach dem Arbeitsverhältnisstatut, wobei die allg. Einschränkungen für Richtlinien-Umsetzungsrecht zu beachten sind, → Art. 3, 8 Rn. 26 ff., 30. Die **Lage** des Urlaubs kann durch das Urlaubsrecht (§ 7 BUrlG), aber auch durch das Betriebsverfassungsrecht (§ 87 I Nr. 5 BetrVG) bestimmt werden. Eine Anknüpfung an das Arbeitsverhältnisstatut kommt nur dann in Betracht, wenn der Arbeitgeber den Urlaub nicht nach einem auf einen Betrieb abgestimmten Schema gewährt; gewährt er ihn nach einem solchen Schema, ist das Recht des Betriebssitzes maßgeblich. Ohne Differenzierung an das Arbeitsverhältnisstatut anknüpfend *Deinert* § 12 Rn. 99; MHdBArbR/*Oetker* § 11 Rn. 90; Erman/*Hohloch* Art. 8 Rn. 26; Staudinger/*Magnus* Art. 8 Rn. 230 (nach diesen aber Anspruch auf Mindestjahresurlaub wegen § 2 Nr. 2 AEntG international zwingend). Etwaige **Mitbestimmungsrechte** richten sich nach dem Statut der Betriebsverfassung. **Bildungsurlaub** auf landesrechtlicher Basis setzt voraus, dass der gewöhnliche Beschäftigungsort in dem entsprechenden Bundesland liegt, was teilweise auch in den Gesetzen geregelt ist (Beispiel: § 1 I Hessisches Gesetz über den Anspruch auf Bildungsurlaub, GVBl. I 1998, 294, 348). **Eltern- und Pflegezeit** setzen wegen der mit ihnen verbundenen möglichen Leistungen einen gewöhnlichen Arbeitsort im Inland voraus (**anders** für die Elternzeit *Deinert* § 12 Rn. 115; MHdBArbR/*Oetker* § 11 Rn. 90). 33

Das Verhältnis zwischen Arbeitgeber und Arbeitnehmer zu Fragen des Rechts am **Arbeitsergebnis** bestimmt sich anders als der Schutz der Rechte gegenüber **Dritten** nach dem Arbeitsverhältnisstatut (MHdBArbR/*Birk*, 2. Aufl. 2000, § 20 Rn. 168; MHdBArbR/*Oetker* § 11 Rn. 95; diff. *Deinert* § 12 Rn. 9 f.; *Sack*, FS Steindorf, 1990, 1333 [1337 f.]). Die **sachenrechtlichen** Verhältnisse werden gem. Art. 43 I EGBGB nach dem Recht des Staates beurteilt, in dem sich die Sache befindet (MHdBArbR/*Birk*, 2. Aufl. 2000, § 20 Rn. 169). 34

Für den technischen und den sozialen **Arbeitsschutz** ist das Recht des tatsächlichen Arbeitsortes maßgeblich (MHdBArbR/*Birk*, 2. Aufl. 2000, § 20 Rn. 165; *Franzen* AR-Blattei SD 920 Rn. 137 f.; im Ergebnis auch MHdBArbR/*Oetker* § 11 Rn. 91; Erman/*Hohloch* Rn. 16; diff. *Müller* 331 ff.). Zu Entsendesituationen s. → Rn. 16 ff.; Art. 1 Rn. 2, 8; Art. 3, 8 Rn. 51. Der **Datenschutz** ist unionsrechtlich in der RL 95/46 (v. 24.10.1995, ABl. L 281, 31) verankert. Nach Art. 4 I ist das Recht des Ortes maßgeblich, in dem sich die Niederlassung des Arbeitgebers befindet (*Deinert* § 12 Rn. 58; EAS/*Winkler v. Mohrenfels/Block* B 3000, Rn. 211; einschränkend für das BDSG MHdBArbR/*Oetker* § 11 Rn. 97: nur für im Inland tätige Arbeitnehmer). Diesem Recht unterliegen auch die Regeln zum sog. Whistleblowing (teilweise **anders** *Deinert* § 12 Rn. 16). 35

Ob das **Sicherheitsüberprüfungsgesetz** (BGBl. I 867) in einem grenzüberschreitenden Sachverhalt anwendbar ist, richtet sich nach dem Anwendungsbereich dieses Gesetzes. Grundsätzlich ist hierfür ein gewöhnlicher Arbeitsort in Deutschland erforderlich. Erfasst ist aber auch eine Tätigkeit, die von einem in Deutschland belegenen gewöhnlichen Arbeitsort iSv Art. 8 II 1 Alt. 2 aus ausgeübt wird. 36

4. Störungen. Die Rechtslage bei Nichterbringung der Arbeitsleistung durch den Arbeitnehmer aus Gründen, die aus der Sphäre des Arbeitgebers stammen (**Annahmeverzug;** Betriebs- und **Wirtschaftsrisiko**), richtet sich nach dem Arbeitsverhältnisstatut (*Schnorr v. Carolsfeld* RdA 1958, 201 [206]; *Gamillscheg*, 309; *Franzen* AR-Blattei SD 920 Rn. 143; MHdBArbR/*Oetker* § 11 Rn. 80; **aA** *Birk* BerDGesVR 18, 1978, 263 [303 ff.]). 37

Die mögliche Auswirkung eines Arbeitskampfes auf die Lohnzahlungspflicht streikbeteiligter und arbeitswilliger Arbeitnehmer richtet sich wegen der Vielzahl betroffener Arbeitsverhältnisse nicht nach dem Arbeitsverhältnisstatut, sondern nach dem Arbeitskampfstatut 38

(*Hergenröder*, 306 ff.; MHdBArbR/*Oetker* § 11 Rn. 81; **anders** EAS/*Winkler v. Mohrenfels*/ *Block* B 3000, Rn. 208). Das Arbeitsverhältnisstatut wird nach mitgliedstaatlichem Kollisionsrecht bestimmt. Die Lohnzahlungspflicht bei Fernwirkungen eines Arbeitskampfes in einem anderen Staat als demjenigen, in dem der Arbeitskampf stattfindet, unterliegen dem Recht dieses Staates (MHdBArbR/*Oetker* § 11 Rn. 81; hierzu näher *Hergenröder*, 308 ff.).

39   Erbringt ein **Arbeitnehmer** aus in seiner Sphäre liegenden Gründen die **Arbeit nicht,** stellt sich zum einen die Frage, ob darin eine **Pflichtverletzung** liegt; dazu → Rn. 42. Die Auswirkungen des Nichterbringens der Arbeitsleistung auf die **Lohnzahlungspflicht** richten sich nur dann nach dem Arbeitsverhältnisstatut, wenn eine etwaige Lohnzahlungspflicht nicht sozialrechtlich ergänzt bzw. überlagert wird (MHdBArbR/*Birk*, 2. Aufl. 2000, § 20 Rn. 146 ff.). Der Anspruch auf **Mutterschaftsgeld** sowie der Arbeitgeberzuschuss zum Mutterschaftsgeld bestimmen sich nach dem Anwendungsbereich des MuSchG (*Birk* RabelsZ 46, 1982, 385 [398]; *Gamillscheg*, 267; MHdBArbR/*Oetker* § 11 Rn. 91; § 14 I MuSchG als Eingriffsnorm auch nach BAG 12.12.2001 NZA 2002, 734; EAS/*Winkler v. Mohrenfels*/*Block* B 3000, Rn. 153, 219; MüKoBGB/*Martiny* Art. 8 Rn. 141; *Schrader*/ *Straube* NZA 2007, 184 [185]). Weil der Anspruch auf Mutterschaftsgeld in Art. 11 Nr. 1 RL 92/85 (v. 19.10.1992, ABl. 1992, L 348, 1) unionsrechtlich abgesichert ist, zudem → Art. 3, 8 Rn. 26 ff., 30. Lohn bzw. Lohnersatzleistungen bei **Elternurlaub,** die nach § 5 II der Rahmenvereinbarung über Elternurlaub (RL 2010/18 v. 8.3.2010, ABl. 2010, L 68, 13) Sache der Mitgliedstaaten sind (→ RL 2010/18/EU), werden nicht an das Arbeitsverhältnisstatut angeknüpft, sondern an das Recht des gewöhnlichen Arbeitsorts (ähnlich MHdBArbR/*Birk*, 2. Aufl. 2000, § 20 Rn. 151; auch → Rn. 33). Wegen der Verknüpfung der Lohnfortzahlung im **Krankheitsfall** mit dem Krankenversicherungsrecht (*Birk*/*Abele*/ *Kasel-Seibert*/*Maurer* ZIAS 1987, 45 ff., 159 ff.; EAS/*Winkler v. Mohrenfels*/*Block* B 3000, Rn. 201) ist nicht das Arbeitsverhältnisstatut, sondern das Statut der Krankenversicherung maßgeblich (im Ausgangspunkt **anders** BAG 12.12.2001 NZA 2002, 734; *Deinert* § 12 Rn. 37: Arbeitsverhältnisstatut, dann aber § 3 EFZG als Eingriffsnorm; nach BAG 18.4.2012 NZA 2012, 1154 Eingriffsnorm nur, wenn deutsches Sozialversicherungsrecht anwendbar), also in EU-Sachverhalten Art. 13 ff. VO 883/2004 (v. 29.4.2004, ABl. 2004, L 166, 1), ansonsten §§ 4 f. SGB IV sowie völkerrechtliche Abkommen der EU bzw. Deutschlands (*Franzen* AR-Blattei SD 920 Rn. 134; MHdBArbR/*Oetker* § 11 Rn. 78; s. im Einzelnen *Eichenhofer,* Sozialrecht der Europäischen Union, 5. Aufl. 2013, Rn. 116 f., 147 f., 175).

40   Eine Privilegierung des Arbeitnehmers bei **Haftung** für Schäden aus betrieblich veranlassten Tätigkeiten richtet sich einschließlich etwaiger besonderer Beweisregelungen wie § 619a BGB nach dem Arbeitsverhältnisstatut (MHdBArbR/*Birk*, 2. Aufl. 2000, § 20 Rn. 144; *Franzen* AR-Blattei SD 920 Rn. 133; *Deinert* § 12 Rn. 129). Dazu auch → Rom II Art. 4 Rn. 2.

41   Wird bei **Arbeitsunfällen** die zivilrechtliche Haftung durch eine gesetzliche Unfallversicherung ersetzt (§§ 104 ff. SGB VII), greift anstelle des Arbeitskollisionsrechts das internationale Sozialversicherungsrecht (Art. 13 ff. VO 883/2004; §§ 4 f. SGB IV; so auch BAG 30.10.1963 NJW 1964, 990; *Deinert* § 12 Rn. 130; EAS/*Winkler v. Mohrenfels*/*Block* B 3000, Rn. 205; *Müller* 370).

42   Ob ein bestimmtes Verhalten des Arbeitnehmers eine **Pflichtverletzung** darstellt und ob sich daran Schadensersatzansprüche knüpfen, entscheidet das Arbeitsverhältnisstatut. Ob das entsprechende Verhalten zur Kündigung berechtigt, bestimmt sich nach dem auf Kündigung und Kündigungsschutz anwendbaren Recht; dazu → Rn. 45 ff. Ob die Teilnahme an einem Arbeitskampf eine Pflichtverletzung darstellt, wird durch das nach mitgliedstaatlichen Kollisionsrecht bestimmte Arbeitskampfstatut entschieden.

43   Ob ein bestimmter Tag **Feiertag** ist, richtet sich nach dem Recht des tatsächlichen Arbeitsortes (MHdBArbR/*Birk*, 2. Aufl. 2000, § 20 Rn. 152; MHdBArbR/*Oetker* § 11 Rn. 79; EAS/*Winkler v. Mohrenfels*/*Block* B 3000, Rn. 200; *Müller* 327). Nach dessen Recht bestimmt sich folgerichtig auch, ob der Arbeitnehmer am Feiertag Anspruch auf Lohnzahlung hat (MHdBArbR/*Birk*, 2. Aufl. 2000, § 20 Rn. 152; **anders** BAG 18.4.2012 NZA

2012, 1152; MHdBArbR/*Oetker* § 11 Rn. 79; *Deinert* § 12 Rn. 38; EAS/*Winkler v. Mohrenfels/Block* B 3000, Rn. 200: Arbeitsverhältnisstatut). Das Arbeitsverhältnisstatut wird bei beiden Fragen verdrängt (*Schlachter* NZA 2000, 57 [61 f.]).
Zur **Insolvenz** → EuInsVO Art. 4, 10 Rn. 1 ff. 44

5. Beendigung. Die Beendigung eines Arbeitsverhältnisses ist rechtlich gesehen ein 45
mehrgliedriger Akt: rechtliche Formen der Beendigung (Aufhebungsvertrag, einseitige Beendigung durch Arbeitgeber oder Arbeitnehmerkündigung); Fristanforderungen; Formbestimmungen; individualrechtlich ausgestaltete Vorverfahren (Anhörungsverfahren des französischen Rechts, Art. L 1232-2 Code du travail); kollektivrechtliche Einflüsse im Vorfeld der Kündigung wie die Anhörungspflicht nach § 102 I BetrVG; allg. Kündigungsschutz; Tatbestände des besonderen Kündigungsschutzes. Im Grundsatz beruft Art. 12 I lit. d das Arbeitsverhältnisstatut. Für Formfragen ist nach Art. 11 I alternativ das Recht des Abschlussortes anwendbar, nach Art. 11 III bei einseitigen Rechtsgeschäften das Recht des Ortes, in denen das Rechtsgeschäft vorgenommen wird oder in dem die Person, die das Rechtsgeschäft vorgenommen hat, zu dieser Zeit ihren gewöhnlichen Aufenthaltsort hat, maßgeblich. Die Mitwirkung betriebsverfassungsrechtlicher Organe richtet sich nach dem Statut der Betriebsverfassung (*Junker* Arbeitnehmereinsatz, Rn. 54 f.). Vor allem beim allg. und besonderen Kündigungsschutz ist zu fragen, inwieweit es sich um Eingriffsnormen handelt.

Auf den **Aufhebungsvertrag** ist das Statut des aufzulösenden Arbeitsverhältnisses an- 46
wendbar (MHdBArbR/*Birk*, 2. Aufl. 2000, § 20 Rn. 190; *Deinert* § 13 Rn. 17; MüKo-BGB/*Martiny* Art. 8 Rn. 116; **anders** EAS/*Winkler v. Mohrenfels/Block* B 3000, Rn. 227: Art. 4; so auch unter der Geltung des EGBGB *Knöfel* ZfA 2006, 397 [415 ff.]). Wegen des engen Bezugs zwischen Aufhebungsvertrag und aufzuhebendem Arbeitsverhältnis ist eine vom Statut des aufzulösenden Arbeitsverhältnisses abweichende Rechtswahl im Aufhebungsvertrag nicht für die Frage möglich, ob und unter welchen Voraussetzungen der Aufhebungsvertrag das Arbeitsverhältnis auflöst (insoweit **anders** MHdBArbR/*Birk*, 2. Aufl. 2000, § 20 Rn. 190; *Deinert* § 13 Rn. 18). Eine **abweichende** Rechtswahl ist allerdings für die **Folgen** der Auflösung denkbar.

Die Auflösung durch Arbeitgeber- oder Arbeitnehmerkündigung (sog. démission, Art. L 47
1231-1 Var. 2 Code du travail) unterliegt ebenso dem **Arbeitsverhältnisstatut** wie die Fragen, ob fristlos oder nur ordentlich unter Einhaltung einer Frist gekündigt werden darf, ferner die Länge der Frist (MHdBArbR/*Oetker* § 11 Rn. 111; *Deinert* § 13 Rn. 31, 64).

Ob ein **individualrechtlich** ausgestaltetes **Vorverfahren** vor Ausspruch einer Arbeit- 48
geberkündigung durchzuführen ist, bestimmt das Arbeitsverhältnisstatut (*Krebber* 344; MHdBArbR/*Birk*, 2. Aufl. 2000, § 20 Rn. 196; *Deinert* § 13 Rn. 48; **anders** *Gamillscheg* ZfA 1983, 307 [355]). **Kollektivrechtliche** Elemente (§ 102 BetrVG; Art. L 1233-5 Code du travail) richten sich nach dem für sie maßgeblichen Statut (BAG 9.11.1977 NJW 1978, 1124; 7.12.1989 NZA 1990, 658; *Deinert* § 13 Rn. 65; *Reiter* NZA 2004, 1246 [1249 f.]; im Ergebnis auch *Müller* 159 f.).

Schriftformerfordernisse (§ 623 BGB) oder bestimmte Anforderungen an das Versen- 49
den bzw. Zustellen der Kündigung (Einschreiben mit Rückschein, Art. L 1232-6 Code du travail) als Form zu betrachten, hätte zur Folge, dass diese Erfordernisse durch Ausspruch der Kündigung von einem Ort in einem Land aus, welches formfreie Kündigungen zulässt, umgangen werden könnten (auf diesen unbefriedigenden Rechtszustand hinweisend bereits *Gamillscheg* ZfA 1983, 307 [355]). Funktion dieser Anforderungen ist hingegen der Beweis der Kündigung (zu § 623 BGB: *Preis/Gotthardt* NZA 2000, 348 [349]; zu Frankreich: *Krebber*, 343 f.). Sie sind damit nach Art. 18 an das **Arbeitsverhältnisstatut** anzuknüpfen (**anders** MHdBArbR/*Oetker* § 11 Rn. 109: Art. 11 und ggf. Einwand des Rechtsmissbrauchs).

Den allg. Kündigungsschutz der §§ 1 ff. KSchG knüpft die hM an das **Arbeitsverhält-** 50
nisstatut an (etwa BAG 24.8.1989 NZA 1990, 841; 1.7.2010 AP GG Art. 25 Nr. 5;

10.4.2014 RIW 2014, 691; *Franzen* AR-Blattei SD 920 Rn. 136; *Deinert* § 13 Rn. 32; Palandt/*Thorn* Art. 8 Rn. 4; *Reiserer* NZA 1994, 673 [677 f.]; *Abele* IPRax 2012, 422 [424 f.]). In einem weiteren Schritt nimmt das BAG aber eine Selbstbeschränkung des Geltungsanspruchs der §§ 1 ff. KSchG auf in Deutschland belegene Betriebe an (st. Rspr. BAG 9.10.1997 NZA 1998, 141; 17.1.2008 NZA 2008, 872; 26.3.2009 AP KSchG 1969 § 23 Nr. 45; dagegen *Junker*, FS Konzen, 2006, 367 ff.; *Deinert* § 13 Rn. 37; EAS/*Winkler v. Mohrenfels/Block* B 3000, Rn. 221; Palandt/*Thorn* Art. 8 Rn. 4; *Gravenhorst* RdA 2007, 283 [286 f.]; *Mauer*, FS Leinemann, 2006, 733 [735 ff.]). Richtig ist, dass in der Beschränkung auf in Deutschland belegene Betriebe gleichzeitig der Anwendungsbefehl iSv Art. 9 I liegt, die §§ 1 ff. KSchG unabhängig vom Arbeitsverhältnisstatut bei einem Arbeitsverhältnis anzuwenden, welches in einem in Deutschland belegenen Betrieb verwurzelt ist (*Birk* RdA 1989, 201 [207]; *Däubler* RIW 1987, 249 [255]; *Krebber*, 312 ff.; **anders** etwa BAG 24.8.1989 NZA 1990, 841; 1.7.2010 AP GG Art. 25 Nr. 5; 10.4.2014 RIW 2014, 691; *Deinert* § 13 Rn. 32; EAS/*Winkler v. Mohrenfels/Block* B 3000, Rn. 151, 219; MüKoBGB/ *Martiny* Art. 8 Rn. 116). Der **international zwingende Charakter** der §§ 1 ff. KSchG folgt aus § 1 III KSchG, der Verknüpfung des allg. Kündigungsschutzes mit dem Betriebsverfassungsrecht sowie in den §§ 4, 7 KSchG mit dem Verfahrensrecht, schließlich aus den Berührungspunkten mit dem Sozialrecht sowie aus der arbeitsmarktpolitischen Natur des Beendigungsschutzes gegenwärtiger Prägung (*Krebber* 308 ff.; zum Letzteren *Krebber*, FS Birk, 2008, 477 [487 ff.]).

51 Der **Weiterbeschäftigungsanspruch** nach § 102 V BetrVG unterliegt dem Statut der Betriebsverfassung (**anders** BAG 9.11.1977 NJW 1978, 1124: da Verstärkung des Kündigungsschutzes; wie hier *Deinert* § 17 Rn. 43; EAS/*Winkler v. Mohrenfels/Block* B 3000, Rn. 151). Der allg. Beschäftigungsanspruch während des Kündigungsschutzes besteht auch bei Anwendung der §§ 1 ff. KSchG über Art. 9 II, wenn das Arbeitsverhältnisstatut einen solchen Anspruch kennt (*Krebber* 315 f.). Zu §§ 17 ff. KSchG, die die Massenentlassungs-Richtlinie (RL 98/59 v. 20.7.1998, ABl. 1998, L 225, 16) umsetzen, → RL 98/59/EG Art. 1 Rn. 9.

52 Zu **§ 613a IV BGB** → Rn. 59.

53 Der besondere Kündigungsschutz für **Arbeitnehmervertreter** nach § 15 KSchG folgt der räumlichen Anknüpfung des BetrVG (so auch BAG 24.8.1989 NZA 1990, 841; MHdBArbR/*Birk*, 2. Aufl. 2000, § 20 Rn. 198; *Deinert* § 13 Rn. 62; EAS/*Winkler v. Mohrenfels/Block* B 3000, Rn. 224: Eingriffsnorm).

54 Bei gewöhnlichem Arbeitsort im Inland sind der besondere Kündigungsschutz für **Schwerbehinderte** (BAG 30.4.1987 NZA 1988, 135; EAS/*Winkler v. Mohrenfels/Block* B 3000, Rn. 153, 219; weiter *Deinert* § 13 Rn. 57), **Mütter** bzw. der Kündigungsschutz nach dem BEEG anwendbar (für Mütter BAG 24.8.1989 NZA 1990, 841; für beide MHdBArbR/*Birk*, 2. Aufl. 2000, § 20 Rn. 174 ff.; *Deinert* § 13 Rn. 58 f.; EAS/*Winkler v. Mohrenfels/Block* B 3000, Rn. 153). Zur kollisionsrechtlichen Bedeutung des unionsrechtlichen Hintergrundes von § 9 MuSchG und § 18 BEEG → Art. 3, 8 Rn. 26 ff., 30. Weitere Tatbestände eines besonderen Kündigungsschutzes bei *Krebber* 326 ff.

55 **6. Nachwirkung. Ausgleichsquittung** und Pflicht zur **Zeugniserteilung** unterliegen dem Arbeitsverhältnisstatut (MHdBArbR/*Birk*, 2. Aufl. 2000, § 20 Rn. 206 f.; *Deinert* § 12 Rn. 46; § 13 Rn. 15). Im Grundsatz gilt das auch für ein nachvertragliches **Wettbewerbsverbot**. Die durch §§ 74 ff. HGB gezogenen Grenzen sind jedoch international zwingend, soweit von dem Wettbewerbsverbot Tätigkeiten in Deutschland erfasst sind (MHdBArbR/ *Birk*, 2. Aufl. 2000, § 20 Rn. 210; MHdBArbR/*Oetker* § 11 Rn. 114; EAS/*Winkler v. Mohrenfels/Block* B 3000, Rn. 230; **anders** *Müller* 367 ff.; *Brendl*, Nachvertragliche grenzüberschreitende Wettbewerbsverbote, 2009, 104; diff. *Growe*, Nachtvertragliche Wettbewerbsbeschränkungen von Arbeitnehmern in multinationalen Konzernen, 2010, 324 ff.: nur § 74 II lit. b, c HGB).

56 Ansprüche aus **betrieblicher Altersversorgung** unterliegen bei individualrechtlicher Grundlage dem Arbeitsverhältnisstatut bzw. dem für diese Teilfrage gewählten Recht (so

auch BAG 20.4.2004 NZA 2005, 297; *Deinert* § 13 Rn. 6 f.; EAS/*Winkler v. Mohrenfels*/ *Block* B 3000, Rn. 201, 229; *Birk,* FS Müller, 1981, 31 [34 ff.]; *Bittner,* Europäisches und internationales Betriebsrentenrecht, 2000, 294 f.; *Eichenhofer* IPRax 1992, 74 [76]; teilweise **anders** *Bohne,* Kollisions- und Sachnormen der betrieblichen Altersversorgung bei internationalen Personaleinsätzen, 2004, 57). Soweit Ansprüche aus betrieblicher Altersversorgung staatlich abgesichert sind, teilt eine solche Absicherung den räumlichen Anwendungsbereich des entsprechenden Gesetzes (EAS/*Winkler v. Mohrenfels*/*Block* B 3000, Rn. 201; MüKo-BGB/*Martiny* Art. 8 Rn. 119; **anders** BAG 12.2.1991 NZA 1991, 723: Arbeitsverhältnisstatut).

7. Besondere Beschäftigungsformen. Befristungsschutz und Gleichbehandlung von **befristet** sowie unbefristet beschäftigten Arbeitnehmern sind unionsrechtlich durch die Befristungsrahmenvereinbarung vorgegeben (→ Befristungsrahmenvereinbarung § 5 Rn. 1 ff.; § 4 Rn. 1 ff.). Zur kollisionsrechtlichen Auswirkung → Art. 3, 8 Rn. 26 ff., 30: Ist bei Vorliegen der Grundvoraussetzungen von Art. 3 IV ein drittstaatliches Recht Arbeitsverhältnisstatut, kommt es zur Anwendung der Umsetzungsbestimmungen der lex fori anstelle des Arbeitsverhältnisstatuts. 57

Auch zur **Teilzeit** bestehen unionsrechtliche Vorgaben (→ RL 97/81/EG), was ebenfalls die aufgezeigten kollisionsrechtlichen Folgen hat und in den Fällen, in denen bei Vorliegen der Grundvoraussetzungen von Art. 3 IV Arbeitsverhältnisstatut ein drittstaatliches Recht ist, zur Anwendung der Umsetzungsbestimmungen der lex fori anstelle des Arbeitsverhältnisstatuts führt; dazu → Art. 3, 8 Rn. 26 ff., 30. Wegen der Verknüpfung der entsprechenden Ansprüche mit betrieblichen Belangen sind §§ **8 f. TzBfG** nicht an das Arbeitsverhältnisstatut anzuknüpfen (so aber BAG 13.11.2007 NZA 2008, 761; *Junker* EuZA 2009, 88 [93]; *Deinert* § 11 Rn. 8; MHdBArbR/*Oetker* § 11 Rn. 64; MüKoBGB/*Martiny* Art. 8 Rn. 137; *Müller* 365; *Pietras,* Der Anspruch auf Verringerung der Arbeitszeit gemäß § 8 TzBfG, im Lichte des Art. 34 EGBGB bei Entsendungen nach Deutschland, 2004, 122 ff.), sondern immer bei gewöhnlichem Arbeitsort in einem in Deutschland belegenen Betrieb anwendbar. 58

Die **Arbeitnehmerüberlassung** ist mit öffentlich-rechtlichen Elementen (Genehmigungspflicht) verknüpft. Eine akzessorische Anknüpfung der arbeitsrechtlichen Facetten an die Genehmigungspflicht (so noch MHdBArbR/*Birk,* 2. Aufl. 2000, § 20 Rn. 138: Recht des Einsatzortes) scheidet wegen der aus der Anwendung der Dienstleistungsfreiheit für die Genehmigungspflicht folgenden Vorgaben jedenfalls bei grenzüberschreitender Entsendung aus einem anderen Mitgliedstaat aus (im Ergebnis auch *Zimmermann,* Folgen illegaler grenzüberschreitender Arbeitnehmerüberlassung aus Sicht des Entleihers, 2008, 39 ff.). Weil die Leiharbeit unionsrechtlich geregelt ist (→ RL 2008/104/EG) kann sich das Recht der Arbeitnehmerüberlassung aber auch von vornherein nicht ausschließlich nach dem Arbeitsverhältnisstatut richten, → Art. 3, 8 Rn. 26 ff., 30. Zudem ist die Entsende-Richtlinie zu berücksichtigen. Wegen der trotz unionsrechtlicher Harmonisierung sehr unterschiedlichen Regelungen der arbeitsrechtlichen Facetten der Arbeitnehmerüberlassung (s. zum gänzlich anderen Regelungsmuster Frankreichs nur *Krebber* JZ 2013, 947 [949] und ihrer Bedeutung für die gesamte Arbeitsrechtsordnung ist es überzeugender, die arbeitsrechtlichen Bestimmungen des AÜG bei gewöhnlichem Einsatzort im Inland **sonderanzuknüpfen** (so unter Berufung auf § 2 Nr. 4 AEntG auch MüKoBGB/*Martiny* Art. 8 Rn. 140; *Deinert* § 10 Rn. 105; § 12 Rn. 109 f.; **anders** für §§ 9 Nr. 2, 10 IV AÜG *Franzen* EuZA 2011, 451 [466]; auch diese Vorschriften einschließend *Boemke* BB 2005, 266 [270]; *Borchard* AuR 2011, 413 [414]). 59

8. Arbeitgeberwechsel, § 613a BGB. Der Betriebsübergang ist unionsrechtlich in RL 2001/23 (v. 12.3.2001, ABl. 2001, L 82, 16) geregelt. Nach Art. 1 II ist diese Richtlinie anwendbar, wenn das übergehende Unternehmen, der übergehende Betrieb oder Betriebsbzw. Unternehmensteil sich innerhalb des räumlichen Geltungsbereichs der AEUV befindet. § 613a BGB kann daher **nicht** als Teil des Arbeitsverhältnisstatuts angeknüpft werden (so aber BAG 29.10.1992 NZA 1993, 743; 26.5.2011 NZA 2011, 1143; *Franzen* AR-Blattei SD 920 60

Rn. 136; Palandt/*Thorn* Art. 8 Rn. 5; MüKoBGB/*Martiny* Art. 8 Rn. 104; *Franzen*, Der Betriebsinhaberwechsel nach § 613a BGB im internationalen Arbeitsrecht, 1994, 71 ff.; *Kania*, Grenzüberschreitende Betriebsübergänge aus europarechtlicher Sicht, 2012, 89; *Becker*, Das Vertragsstatut der Outsourcing-Vereinbarung, 2010, 151 f.; *Cohnen*, FS zum 25-jährigen Bestehen der Arbeitsgemeinschaft Arbeitsrecht im Deutschen Anwaltsverein, 2006, 595 [599 ff.]; *Forst* SAE 2012, 18 [19 f.]; *Hergenröder* AR-Blattei SD 500.3 Rn. 34; *Richter* AuR 1992, 65 [67ff]). Maßgeblich für den gesamten Inhalt der Richtlinie ist vielmehr das Recht des **Betriebssitzes des übergehenden Betriebs,** wenn dieser seinen Sitz in einem Mitgliedstaat hat (allg. dazu oben → Art. 3, 8 Rn. 29; wie hier MHdBArbR/*Birk*, 2. Aufl. 2000, § 20 Rn. 184 f.; diff. *Deinert* § 13 Rn. 5 ff.; EAS/*Winkler v. Mohrenfels/Block* B 3000, Rn. 213 ff.; *Koch* RIW 1984, 592 [594]; *Reichold*, FS Birk, 687 [694 ff.]; **anders** für in Deutschland belegene Betriebe *Bezani/Richter*, FS 200 Jahre Arbeitsrechtsprechung in Köln, 2011, 235 [240 ff.]: § 613a BGB finde auf grenzüberschreitende Sachverhalte keine Anwendung). Geht ein in einem **Drittstaat** belegener Betrieb dergestalt auf einen neuen Inhaber über, dass er nach dem Übergang in einem Mitgliedstaat belegen ist, ist das Recht dieses Mitgliedstaats anzuwenden, weil Art. 1 II RL 2001/23 nicht berücksichtigt, dass ein Betrieb durch den Übergang seinen Sitzstaat ändern kann und auch dann der Richtlinien-Schutz seinem Sinn und Zweck nach zu gewähren ist. Befindet sich der übergehende Betrieb vor und nach dem Übergang in einem – demselben oder einem anderen – Drittstaat, ist ebenfalls alternativ an das Recht des früheren oder des neuen Sitzes anzuknüpfen.

Art. 10 Einigung und materielle Wirksamkeit

(1) Das Zustandekommen und die Wirksamkeit des Vertrags oder einer seiner Bestimmungen beurteilen sich nach dem Recht, das nach dieser Verordnung anzuwenden wäre, wenn der Vertrag oder die Bestimmung wirksam wäre.

(2) Ergibt sich jedoch aus den Umständen, dass es nicht gerechtfertigt wäre, die Wirkung des Verhaltens einer Partei nach dem in Absatz 1 bezeichneten Recht zu bestimmen, so kann sich diese Partei für die Behauptung, sie habe dem Vertrag nicht zugestimmt, auf das Recht des Staates ihres gewöhnlichen Aufenthalts berufen.

1   Gem. Art. 10 I beurteilen sich Zustandekommen und Wirksamkeit des Arbeitsverhältnisses nach dem **Arbeitsverhältnisstatut** (MHdBArbR/*Oetker* § 11 Rn. 61; *Deinert* § 11 Rn. 6, 21). Zu zahlreichen **Überlagerungen** des Arbeitsverhältnisstatuts durch Eingriffsnormen → Art. 9 Rn. 16 ff., 19 ff. sowie durch arbeitsrechtliche Richtlinien der EU → Art. 3, 8 Rn. 26 ff., 29 f.

2   Unter den Voraussetzungen von Abs. 2 kann **kumulativ** (MüKoBGB/*Spellenberg* Rn. 193, 217; Erman/*Hohloch* Rn. 11) das Aufenthaltsstatut einer Partei für das Zustandekommen des Arbeitsverhältnisses maßgeblich sein. Voraussetzung ist, dass sich die Partei darauf beruft, dass sie dem Vertrag nicht zugestimmt habe. Zu den Voraussetzungen im Einzelnen Palandt/*Thorn* Rn. 4; MüKoBGB/*Spellenberg* Rn. 224 ff. Eine besondere arbeitsrechtliche Bedeutung kommt Art. 10 II **nicht** zu. Wurde tatsächlich Arbeit geleistet, liegt ohnehin ein faktisches Arbeitsverhältnis vor, welches kollisionsrechtlich wie ein Arbeitsverhältnis zu behandeln ist, → Art. 9 Rn. 23.

Art. 11 Form

(1) Ein Vertrag, der zwischen Personen geschlossen wird, die oder deren Vertreter sich zum Zeitpunkt des Vertragsschlusses in demselben Staat befinden, ist formgültig, wenn er die Formerfordernisse des auf ihn nach dieser Verordnung anzuwendenden materiellen Rechts oder die Formerfordernisse des Rechts des Staates, in dem er geschlossen wird, erfüllt.

(2) Ein Vertrag, der zwischen Personen geschlossen wird, die oder deren Vertreter sich zum Zeitpunkt des Vertragsschlusses in verschiedenen Staaten befinden, ist formgültig, wenn er die Formerfordernisse des auf ihn nach dieser Verordnung anzuwendenden materiellen Rechts oder die Formerfordernisse des Rechts eines der Staaten, in denen sich eine der Vertragsparteien oder ihr Vertreter zum Zeitpunkt des Vertragsschlusses befindet, oder die Formerfordernisse des Rechts des Staates, in dem eine der Vertragsparteien zu diesem Zeitpunkt ihren gewöhnlichen Aufenthalt hatte, erfüllt.

(3) Ein einseitiges Rechtsgeschäft, das sich auf einen geschlossenen oder zu schließenden Vertrag bezieht, ist formgültig, wenn es die Formerfordernisse des materiellen Rechts, das nach dieser Verordnung auf den Vertrag anzuwenden ist oder anzuwenden wäre, oder die Formerfordernisse des Rechts des Staates erfüllt, in dem dieses Rechtsgeschäft vorgenommen worden ist oder in dem die Person, die das Rechtsgeschäft vorgenommen hat, zu diesem Zeitpunkt ihren gewöhnlichen Aufenthalt hatte.

(4) [1]Die Absätze 1, 2 und 3 des vorliegenden Artikels gelten nicht für Verträge, die in den Anwendungsbereich von Artikel 6 fallen. [2]Für die Form dieser Verträge ist das Recht des Staates maßgebend, in dem der Verbraucher seinen gewöhnlichen Aufenthalt hat.

(5) Abweichend von den Absätzen 1 bis 4 unterliegen Verträge, die ein dingliches Recht an einer unbeweglichen Sache oder die Miete oder Pacht einer unbeweglichen Sache zum Gegenstand haben, den Formvorschriften des Staates, in dem die unbewegliche Sache belegen ist, sofern diese Vorschriften nach dem Recht dieses Staates

a) unabhängig davon gelten, in welchem Staat der Vertrag geschlossen wird oder welchem Recht dieser Vertrag unterliegt, und
b) von ihnen nicht durch Vereinbarung abgewichen werden darf.

A. Überblick und Funktion

Für die Formwirksamkeit von Verträgen statuiert Art. 11 **zusätzlich** zum Vertragsstatut 1 alternative Anknüpfungsmöglichkeiten: Befinden sich die vertragsschließenden Parteien in demselben Staat, das Ortsrecht; erfolgt der Vertragsschluss durch Parteien, die sich in verschiedenen Staaten befinden, die beiden Rechte, in denen sich die Parteien befinden, sowie zusätzlich die Rechte des gewöhnlichen Aufenthaltes beider Parteien iSv Art. 19; für einseitige Rechtsgeschäfte das Recht des Vornahmeortes und das Recht, in dem diese Person zum Vornahmezeitpunkt ihren gewöhnlichen Aufenthalt iSv Art. 19 hat. Nur Verbraucherverträge nach Art. 6 nimmt Art. 11 IV von seinem Anwendungsbereich aus. Dem Normtext nach gilt die Erweiterung der Anknüpfungsmöglichkeiten daher ohne Einschränkung für Arbeitsverhältnisse. Funktion der Regelung ist es, die Formwirksamkeit von Verträgen zu begünstigen (MüKoBGB/*Spellenberg* Rn. 3, Art. 10 Rn. 16).

B. Anwendung im Arbeitsrecht

Die **Erweiterung** der zur Beurteilung der Formwirksamkeit maßgeblichen Rechte des 2 Art. 11 kann dem mit Art. 8, 9 bezweckten kollisionsrechtlichen Arbeitnehmerschutz zuwiderlaufen. Das ist immer dann der Fall, wenn Formerfordernisse auch arbeitnehmerschützenden Charakter haben. Ein solcher arbeitnehmerschützender Charakter besteht bereits dann, wenn eine Formvorschrift dazu dient, den Beweis zu erleichtern. Der Arbeitnehmerschutz durch Formerfordernisse könnte dann durch Wahl eines Vornahmeortes ausgehebelt werden (MHdBArbR/*Birk*, 2. Aufl. 2000, § 20 Rn. 67; zu dem Beispiel des Ausspruchs der Arbeitgeberkündigung → Art. 9 Rn. 49). Dienen Formerfordernisse daher auch dem **Arbeitnehmerschutz**, ist entgegen Art. 11 ggf. über Art. 18 **ausschließlich** die Formwirksamkeit nach dem **Arbeitsverhältnisstatut** ausschlaggebend (MHdBArbR/*Birk*,

2. Aufl. 2000, § 20 Rn. 67; **anders** MHdBArbR/*Oetker* § 11 Rn. 44, 109; *Deinert* § 8 Rn. 8; Erman/*Hohloch* Art. 8 Rn. 10; im Ergebnis **anders** auch Rauscher/*v. Hein* Art. 8 Rn. 22, Art. 11 Rn. 37; nach Staudinger/*Magnus* Art. 8 Rn. 182 f. Anwendung des für den Arbeitnehmer günstigsten Formstatuts). Damit sind auch deklaratorische Formerfordernisse (Schriftformerfordernis durch Tarifvertrag) nicht nach Art. 11 anzuknüpfen.

3 Die Anwendung der **Nachweis-Richtlinie** (RL 91/533/EWG v. 14.10.1991, ABl. 1991 L 288, 32) richtet sich ohnehin nicht nach Art. 11 und auch nicht abschließend nach dem Arbeitsverhältnisstatut. Zur kollisionsrechtlichen Anknüpfung von Richtlinien-Umsetzungsrecht → Art. 3, 8 Rn. 26 ff., 29 f.

Art. 12 Geltungsbereich des anzuwendenden Rechts

(1) Das nach dieser Verordnung auf einen Vertrag anzuwendende Recht ist insbesondere maßgebend für

a) seine Auslegung,
b) die Erfüllung der durch ihn begründeten Verpflichtungen,
c) die Folgen der vollständigen oder teilweisen Nichterfüllung dieser Verpflichtungen, in den Grenzen der dem angerufenen Gericht durch sein Prozessrecht eingeräumten Befugnisse, einschließlich der Schadensbemessung, soweit diese nach Rechtsnormen erfolgt,
d) die verschiedenen Arten des Erlöschens der Verpflichtungen sowie die Verjährung und die Rechtsverluste, die sich aus dem Ablauf einer Frist ergeben,
e) die Folgen der Nichtigkeit des Vertrags.

(2) In Bezug auf die Art und Weise der Erfüllung und die vom Gläubiger im Falle mangelhafter Erfüllung zu treffenden Maßnahmen ist das Recht des Staates, in dem die Erfüllung erfolgt, zu berücksichtigen.

1 Art. 12 regelt den Anwendungsbereich des Vertrags- und damit prinzipiell auch des Arbeitsverhältnisstatuts. In grenzüberschreitenden arbeitsrechtlichen Sachverhalten ist die **Bedeutung** der Norm **begrenzt.** Zum einen bezeichnet sie nur den thematischen Geltungsbereich des Arbeitsverhältnisstatuts, während sich der Umfang der Verweisung auch auf öffentlich-rechtliche sowie kollektivrechtliche, das Arbeitsverhältnis gestaltende Normen nicht auf diese Norm stützen lässt. Zum Umfang der Verweisung durch das Arbeitsverhältnisstatut → Art. 1 Rn. 13; Art. 3, 8 Rn. 46. Zudem ist das Arbeitsverhältnisstatut in nicht unerheblichem Maße durch Eingriffsnormen verdrängt. Dazu → Art. 9 Rn. 16 ff., 19 ff. Auch die kollisionsrechtliche Anknüpfung von Richtlinien-Umsetzungsrecht richtet sich nach eigenen Gesichtspunkten. Dazu → Art. 3, 8 Rn. 26 ff., 29 f. Zu Art. 12 II s. → Art. 9 Rn. 15.

Art. 13 Rechts-, Geschäfts- und Handlungsunfähigkeit

Bei einem zwischen Personen, die sich in demselben Staat befinden, geschlossenen Vertrag kann sich eine natürliche Person, die nach dem Recht dieses Staates rechts-, geschäfts- und handlungsfähig wäre, nur dann auf ihre sich nach dem Recht eines anderen Staates ergebende Rechts-, Geschäfts- und Handlungsunfähigkeit berufen, wenn die andere Vertragspartei bei Vertragsschluss diese Rechts-, Geschäfts- und Handlungsunfähigkeit kannte oder infolge von Fahrlässigkeit nicht kannte.

A. Überblick und Funktion

1 Art. 1 II lit. a nimmt die Rechts-, Geschäfts- und Handlungsfähigkeit natürlicher und juristischer Personen vom Anwendungsbereich der Rom I-VO aus. Diese Fragen richten

sich nach autonomem **mitgliedstaatlichen** Kollisionsrecht, im deutschen Recht nach Art. 7 EGBGB. Maßgeblich ist das **Personalstatut** (s. im Einzelnen Palandt/*Thorn* Rn. 1, EGBGB Art. 7 Rn. 1 ff.; MHdBArbR/*Oetker* § 11 Rn. 42 f.; *Deinert* § 7 Rn. 9). Dieses Personalstatut ist das Recht eines anderen Staates iSv Art. 13. Art. 13 beschränkt sich darauf, die Maßgeblichkeit des Personalstatuts zu reduzieren, wenn der Vertrag zwischen Personen geschlossen wurde, die sich in demselben Staat befinden. Dann ist eine sich aus dem Personalstatut ergebende Rechts-, Geschäfts- oder Handlungsfähigkeit nur bedeutsam, wenn die andere Partei die fehlende Rechts-, Geschäfts- und Handlungsfähigkeit bei Vertragsschluss kannte oder in Folge von Fahrlässigkeit nicht kannte.

B. Anwendung im Arbeitsrecht

Nach Art. 13 ist das Art. 7 EGBGB einschränkende Recht das Recht des Staates, in dem 2 sich die beiden vertragsschließenden Parteien befinden. Teilweise wird Art. 13 so verstanden, dass es nicht um den Ort des Abschlusses des Arbeitsvertrages, sondern um den Ort der Arbeitsleistung geht (*Deinert* § 7 Rn. 15, im Anschluss an *Gamillscheg* 79; **anders** allg. MüKoBGB/*Spellenberg* Rn. 58; Staudinger/*Hausmann* Rn. 37 f.: Anwesenheit im selben Staat bei Vertragsschluss erforderlich). Überzeugender ist es, **beide** Gestaltungen zuzulassen, um damit auch den Vertragsschluss durch Parteien, die sich in demselben Staat befinden, zu erfassen, weil sonst Konstellationen nach Art. 8 III, aber teilweise auch nach Art. 8 II 1 Alt. 1 nicht erfasst wären.

Art. 15 Gesetzlicher Forderungsübergang

Hat eine Person („Gläubiger") eine vertragliche Forderung gegen eine andere Person („Schuldner") und ist ein Dritter verpflichtet, den Gläubiger zu befriedigen, oder hat er den Gläubiger aufgrund dieser Verpflichtung befriedigt, so bestimmt das für die Verpflichtung des Dritten gegenüber dem Gläubiger maßgebende Recht, ob und in welchem Umfang der Dritte die Forderung des Gläubigers gegen den Schuldner nach dem für deren Beziehung maßgebenden Recht geltend zu machen berechtigt ist.

Abweichend von Art. 15 wird der gesetzliche Forderungsübergang nach **§ 116 SGB X** 1 nach Art. 85 VO 883/2004 angeknüpft (Staudinger/*Hausmann* Rom I VO Art. 15, Rn. 21; unter Geltung der VO 1408/71 Soergel/*v. Hoffmann* Bd. 10, EGBGB Art. 33 Rn. 25; **anders** Erman/*Hohloch* Rn. 1 f.). Zu dieser Norm Rolfs/Giesen/Kreikebohm/Udsching/ *Leopold*, BeckOK Sozialrecht, Edition 35, Stand 1.9.2014, VO (EG) 883/2004 Art. 85; SWD/*Wunder* VO (EG) Nr. 883/2004, 2012, VO (EG) 883/2004 Art. 85; zum früheren Art. 93 VO 1408/71 *Daum*, Der Sozialversicherungsregress nach § 116 SGB X im Internationalen Privatrecht, 1995, 40 ff. Der Forderungsübergang nach **§ 115 SGB X** ist in VO 883/2004 hingegen nicht geregelt. Insoweit ist Art. 15 anwendbar (Hauck/Noftz/*Eichenhofer*, EU-Sozialrecht, 2010 VO 883/04 K Art. 85 zu Art. 33 III EGBGB aF, der Art. 15 entspricht). Maßgeblich ist das sog. Zessionsgrundstatut (Palandt/*Thorn* Rn. 4; Erman/ *Hohloch* Rn. 3; MüKoBGB/*Martiny* Rn. 3; für eine Erklärung für das Funktionieren von § 115 SGB X s. v. Wulffen/Schütze/*Bieresborn*, SGB X, 8. Aufl. 2014, § 115 Rn. 2 ff.).

Art. 18 Beweis

(1) Das nach dieser Verordnung für das vertragliche Schuldverhältnis maßgebende Recht ist insoweit anzuwenden, als es für vertragliche Schuldverhältnisse gesetzliche Vermutungen aufstellt oder die Beweislast verteilt.

(2) Zum Beweis eines Rechtsgeschäfts sind alle Beweisarten des Rechts des angerufenen Gerichts oder eines der in Artikel 11 bezeichneten Rechte, nach denen das Rechtsgeschäft formgültig ist, zulässig, sofern der Beweis in dieser Art vor dem angerufenen Gericht erbracht werden kann.

1   Art. 18 unterstellt gesesetzliche Vermutungen oder die Beweislastverteilung dem Arbeitsverhältnisstatut (s. im Einzelnen MüKoBGB/*Spellenberg* Rn. 13 ff.). Nach Art. 18 sind auch **Formvorschriften** anzuknüpfen, die arbeitnehmerschützend sind, um eine Aushebelung des mit diesen Bestimmungen bezweckten Arbeitnehmerschutzes des Art. 11 zu verhindern, → Art. 11 Rn. 2.

Art. 20 Ausschluss der Rück- und Weiterverweisung

Unter dem nach dieser Verordnung anzuwendenden Recht eines Staates sind die in diesem Staat geltenden Rechtsnormen unter Ausschluss derjenigen des Internationalen Privatrechts zu verstehen, soweit in dieser Verordnung nichts anderes bestimmt ist.

1   Die Verweisung durch das Vertrags- und somit auch Arbeitsverhältnisstatut ist **Sachnormverweisung** (MHdBArbR/*Oetker* § 11 Rn. 40; Palandt/*Thorn* Rn. 1). Zum Umfang der Verweisung → Art. 1 Rn. 13; Art. 3, 8 Rn. 46. Zur Verweisung auf Gesetze, die ihren räumlichen Geltungsanspruch einschränkend selbst regeln → Art. 3, 8 Rn. 29.

Art. 21 Öffentliche Ordnung im Staat des angerufenen Gerichts

Die Anwendung einer Vorschrift des nach dieser Verordnung bezeichneten Rechts kann nur versagt werden, wenn ihre Anwendung mit der öffentlichen Ordnung („ordre public") des Staates des angerufenen Gerichts offensichtlich unvereinbar ist.

A. Anwendungsbereich

1   Art. 21 stellt die Anwendung einer Vorschrift des nach der Rom I-VO bezeichneten Rechts unter den Vorbehalt der ordre public-Widrigkeit aus der Sicht des Staates des angerufenen Gerichts. Gemeint ist also der ordre public des **Forums,** nicht ein ordre public der Union (**anders** MHdBArbR/*Oetker* § 11 Rn. 55; diff. *Deinert* § 3 Rn. 13, § 5 Rn. 9; wie hier MüKoBGB/*Martiny* Rn. 2). Unionsrecht und unionsrechtlich geprägtes Arbeitsrecht setzen sich nach einem anderen Mechanismus durch. Auch der Sache nach geht es in solchen Konstellationen nicht um die kollisionsrechtliche Figur des ordre public, sondern um den Anwendungsanspruch und Anwendungsvorrang des arbeitsrechtlichen Sekundärrechts. Zu alledem näher → Art. 3, 8 Rn. 26 ff., 30.

2   Der ordre public-Vorbehalt gilt gegenüber jedem nach der Rom I-VO berufenen Recht und erstreckt sich damit über das Arbeitsverhältnisstatut hinaus grds. auch auf **Eingriffsnormen** (**anders** MüKoBGB/*Martiny* Rn. 7; Art. 9 Rn. 111). Für Eingriffsnormen des Forums ist die Einschränkung im Ergebnis aber unbedeutend, weil Art. 9 II die Anwendung des Rechts des Forums als Eingriffsnorm gewährleistet (Erman/*Hohloch* Art. 3 Rn. 4). Der ordre public-Vorbehalt kann hier aber im Rahmen von Art. 9 III auch praktisch bedeutsam werden.

3   Art. 21 steht der Anwendung des Rechts entgegen; in der kollisionsrechtlichen Dogmatik geht es also um den sog. **negativen** ordre public (MHdBArbR/*Oetker* § 11 Rn. 56). Voraussetzung ist, dass die Anwendung einer Bestimmung ausländischen Rechts mit der öffentlichen Ordnung des Forumstaates offensichtlich unvereinbar ist. Gemeint ist das Ergebnis der Rechtsanwendung (*Deinert* § 5 Rn. 4, 11; MüKoBGB/*Martiny* Rn. 6). Voraussetzung dafür,

dass die offensichtliche Unvereinbarkeit der Anwendung bestehen kann, ist ein hinreichender Inlandsbezug (MHdBArbR/*Oetker* § 11 Rn. 55; *Deinert* § 5 Rn 16; Erman/*Hohloch* Rn. 2), für den grds. auch ein tatsächlicher Arbeitsort im Inland ausreichen kann.

Wann die **Schwelle** zur offensichtlichen Unvereinbarkeit mit dem ordre public des Forumstaates erreicht ist, konkretisiert Art. 21 in guter kollisionsrechtlicher Tradition nicht weiter. Dass es sich um Ausnahmesituationen handelt (MHdBArbR/*Birk,* 2. Aufl. 2000, § 20 Rn. 98; *Deinert* § 5 Rn 13), folgt schon aus der Formulierung sowie aus der Gesamtsystematik der Rom I-VO. Eine weitere abstrakte Eingrenzung führt letztlich nicht weiter, weil Maßstab das materielle Recht des Forumstaates einschließlich seiner Grundrechte (*Deinert* § 5 Rn 12) ist. Weil die Anknüpfungssystematik für Arbeitsverhältnisse, die der Rom I-VO zugrunde liegt, insgesamt durch die Vorstellung geprägt ist, den materiellrechtlichen Arbeitnehmerschutz auch kollisionsrechtlich durchzusetzen, ist es jedoch nur konsequent, auch in Art. 21 ein Instrument des kollisionsrechtlichen Arbeitnehmerschutzes zu sehen. Daher ist im Grundsatz dem Vorschlag zuzustimmen, dass ein ausländisches Recht, welches nicht zumindest die **Hälfte** des deutschen gesetzlichen Anspruchs gewährt, bei Vorliegen der weiteren Voraussetzungen von Art. 21 ordre public-widrig ist (zu diesem Vorschlag MHdBArbR/*Birk,* 2. Aufl. 2000, § 20 Rn. 102; *Krebber* 338 ff., auch zur Handhabung im Bereich des Kündigungsschutzes). 4

B. Bedeutung in arbeitsrechtlichen Sachverhalten

Das durch Art. 8 aufgestellte Anknüpfungssystem (→ Art. 3, 8 Rn. 2 ff.) sowie Art. 9 II (→ Art. 9 Rn. 14), die besondere Anknüpfung von Arbeitsrecht mit unionsrechtlichem Hintergrund (→ Art. 3, 8 Rn. 26 ff., 29 f.), Art. 3 Entsende-Richtlinie (→ Art. 9 Rn. 16 ff.) und schließlich die weitgehende Nichtbeachtlichkeit von Selbstbeschränkungen des räumlichen Anwendungsbereichs ausländischer arbeitsrechtlicher Normen (→ Art. 3, 8 Rn. 48) führen im Ergebnis freilich dazu, dass die praktische Bedeutung des ordre public-Vorbehaltes im Bereich des Individualarbeitsrechts **gering** ist (MHdBArbR/*Oetker* § 11 Rn. 54; ähnlich Erman/*Hohloch* Art. 8 Rn. 5; Beispiel bei DFL/*Krebber* Art. 1, 3, 8, 9 Rn. 26; Staudinger/*Hausmann* Art. 21 Rn. 27). Beim hiesigen Verständnis des international zwingenden Charakters der §§ 1 ff. KSchG ist die Anwendung von Art. 21 in diesem Bereich praktisch ausgeschlossen (ähnlich *Junker* Konzern, 315). Die potentielle Bedeutung steigt umgekehrt aber, wenn der Kreis der **Eingriffsnormen** enger gezogen wird. Ob darin ein Gewinn zu sehen ist, sei daher angezweifelt. 5

C. Rechtsfolge

Art. 21 nennt die Rechtsfolge nicht. **Ersatzrecht** ist grds. die **lex fori** (*Gamillscheg* ZfA 1983, 307 [345]; *Kropholler,* Internationales Privatrecht, 6. Aufl. 2006, 254; MüArbR/*Birk,* 2. Aufl. 2000, § 20 Rn. 98; *Deinert* § 5 Rn 27; **anders** *v. Hoffmann/Thorn,* Internationales Privatrecht, 9. Aufl. 2007, § 6 Rn. 154; *Hönsch* NZA 1988, 113 [116]: vorrangig das übrige ausländische Recht). 6

Art. 23 Verhältnis zu anderen Gemeinschaftsrechtsakten

Mit Ausnahme von Artikel 7 berührt diese Verordnung nicht die Anwendung von Vorschriften des Gemeinschaftsrechts, die in besonderen Bereichen Kollisionsnormen für vertragliche Schuldverhältnisse enthalten.

Art. 23 regelt ausdrücklich nur das Verhältnis der Rom I-VO zu besonderen unionsrechtlichen Kollisionsnormen für vertragliche Schuldverhältnisse. Zu denken wäre an Art. 3 1

Entsende-Richtlinie, doch lässt sich der Anwendungsbefehl als solcher iSv Art. 9 verstehen, sodass zwischen beiden Rechtsakten kein Widerspruch besteht (wie hier MüKoBGB/*Martiny* Rn. 17; Calliess/*Franzen* Art. 9 Rn. 9; Bamberger/Roth/*Spickhoff* Rn. 6). Zum Verhältnis der Rom I-VO zum Geltungsanspruch arbeitsrechtlichen Sekundärrechts → Art. 3, 8 Rn. 26 ff., 30. Das Kollisionsrecht der VO 883/2004 geht der Anknüpfung der Rom I-VO vor (→ Art. 9 Rn. 39, 41; Art. 15 Rn. 1; → VO 883/2004), auch wenn es sich nicht um Kollisionsnormen für vertragliche Schuldverhältnisse, sondern für das **Sozialversicherungsrecht** handelt.

Art. 24 Beziehung zum Übereinkommen von Rom

(1) Diese Verordnung tritt in den Mitgliedstaaten an die Stelle des Übereinkommens von Rom, außer hinsichtlich der Hoheitsgebiete der Mitgliedstaaten, die in den territorialen Anwendungsbereich dieses Übereinkommens fallen und für die aufgrund der Anwendung von Artikel 299 des Vertrags diese Verordnung nicht gilt.

(2) Soweit diese Verordnung die Bestimmungen des Übereinkommens von Rom ersetzt, gelten Bezugnahmen auf dieses Übereinkommen als Bezugnahmen auf diese Verordnung.

1   Die Rom I-VO ist nur für **Dänemark** nicht bindend. Erwägungsgrund 45 ist daher überholt. Zur sog. opt-in-Erklärung Irlands und des Vereinigten Königreichs s. ABl. 2009 L 10, 22 sowie *Mansel/Thorn/R. Wagner* IPrax 2009, 1, 7. Die anderen Mitgliedstaaten wenden die Rom I-VO jedoch auch im Verhältnis zu Dänemark an (Staudinger/*Magnus* Art. 1 Rn. 41; Ferrari/*Staudinger* Art. 8 Rn. 6; Rauscher/*v. Hein* Art. 1 Rn. 72). Der frühere Art. 299 und jetzige Art. 355 AEUV regelt die Anwendbarkeit in Überseegebieten (dazu Calliess/Ruffert/*Schmalenbach* AEUV Art. 355).

Art. 28 Zeitliche Anwendbarkeit

Diese Verordnung wird auf Verträge angewandt, die ab dem 17. Dezember 2009 geschlossen werden.

1   Die Rom I-VO ist auf Arbeitsverhältnisse anwendbar, die ab dem 17.12.2009 abgeschlossen worden sind. Für ältere Arbeitsverhältnisse gelten **Art. 6, 7 EVÜ** sowie 30, 34 EGBGB weiter (Palandt/*Thorn* Rn. 2; Rauscher/*v. Hein* Art. 8 Rn. 16). Wegen der Auslegungszuständigkeit des EuGH auch für das EVÜ (MüKoBGB/*Martiny* vor Art. 1 Rn. 14a; Rauscher/*v. Hein* Einl Rom I-VO Rn. 7) ergibt sich in der Sache **kein** Unterschied.

250. Verordnung (EU) Nr. 492/2011 des Europäischen Parlaments und des Rates vom 5. April 2011 über die Freizügigkeit der Arbeitnehmer innerhalb der Union

(kodifizierter Text)

(Text von Bedeutung für den EWR)

(ABl. Nr. L 141 S. 1)

Celex-Nr. 3 2011 R 0492

DAS EUROPÄISCHE PARLAMENT UND DER RAT DER EUROPÄISCHEN UNION –

gestützt auf den Vertrag über die Arbeitsweise der Europäischen Union, insbesondere auf Artikel 46,

auf Vorschlag der Europäischen Kommission,

nach Zuleitung des Entwurfs des Gesetzgebungsakts an die nationalen Parlamente,

nach Stellungnahme des Europäischen Wirtschafts- und Sozialausschusses[1],

gemäß dem ordentlichen Gesetzgebungsverfahren[2],

in Erwägung nachstehender Gründe:

(1) Die Verordnung (EWG) Nr. 1612/68 des Rates vom 15. Oktober 1968 über die Freizügigkeit der Arbeitnehmer innerhalb der Gemeinschaft[3] wurde mehrfach und erheblich geändert[4]. Aus Gründen der Klarheit und der Übersichtlichkeit empfiehlt es sich, die genannte Verordnung zu kodifizieren.

(2) Die Freizügigkeit der Arbeitnehmer muss innerhalb der Union gewährleistet sein. Dies schließt die Abschaffung jeder auf der Staatsangehörigkeit beruhenden unterschiedlichen Behandlung der Arbeitnehmer der Mitgliedstaaten in Bezug auf Beschäftigung, Entlohnung und sonstige Arbeitsbedingungen ein sowie das Recht für diese Arbeitnehmer, sich vorbehaltlich der aus Gründen der öffentlichen Ordnung, Sicherheit und Gesundheit gerechtfertigten Beschränkungen innerhalb der Union zur Ausübung einer Beschäftigung im Lohn- oder Gehaltsverhältnis frei zu bewegen.

(3) Es sollten Bestimmungen festgelegt werden, mit denen die in den Artikeln 45 und 46 des Vertrags über die Arbeitsweise der Europäischen Union auf dem Gebiet der Freizügigkeit festgelegten Ziele erreicht werden können.

(4) Die Freizügigkeit ist ein Grundrecht der Arbeitnehmer und ihrer Familien. Die Mobilität der Arbeitskräfte innerhalb der Union soll für den Arbeitnehmer eines der Mittel sein, die ihm die Möglichkeit einer Verbesserung der Lebens- und Arbeitsbedingungen garantieren und damit auch seinen sozialen Aufstieg erleichtern, wobei gleichzeitig der Bedarf der Wirtschaft der Mitgliedstaaten befriedigt wird. Allen Arbeitnehmern der Mitgliedstaaten sollte das Recht zuerkannt werden, eine von ihnen gewählte Tätigkeit innerhalb der Union auszuüben.

(5) Dieses Recht sollte gleichermaßen Dauerarbeitnehmern, Saisonarbeitern, Grenzarbeitnehmern oder Arbeitnehmern zustehen, die ihre Tätigkeit im Zusammenhang mit einer Dienstleistung ausüben.

(6) Damit das Recht auf Freizügigkeit nach objektiven Maßstäben in Freiheit und Menschenwürde wahrgenommen werden kann, muss sich die Gleichbehandlung tatsächlich

---

[1] **Amtl. Anm.:** ABl. C 44 vom 11.2.2011, S. 170.
[2] **Amtl. Anm.:** Standpunkt des Europäischen Parlaments vom 7. September 2010 (noch nicht im Amtsblatt veröffentlicht) und Beschluss des Rates vom 21. März 2011.
[3] **Amtl. Anm.:** ABl. L 257 vom 19.10.1968, S. 2.
[4] **Amtl. Anm.:** Siehe Anhang I.

und rechtlich auf alles erstrecken, was mit der eigentlichen Ausübung einer Tätigkeit im Lohn- oder Gehaltsverhältnis und mit der Beschaffung einer Wohnung im Zusammenhang steht; ferner müssen alle Hindernisse beseitigt werden, die sich der Mobilität der Arbeitnehmer entgegenstellen, insbesondere in Bezug auf die Bedingungen für die Integration der Familie des Arbeitnehmers im Aufnahmeland.

(7) Das Prinzip der Gleichbehandlung aller Arbeitnehmer der Union schließt ein, dass sämtlichen Staatsangehörigen der Mitgliedstaaten der gleiche Vorrang beim Zugang zu einer Beschäftigung zuerkannt wird wie den inländischen Arbeitnehmern.

(8) Die Zusammenführungs- und Ausgleichsverfahren und zwar insbesondere durch das Mittel der unmittelbaren Zusammenarbeit zwischen den zentralen Dienststellen wie auch den regionalen Dienststellen der Arbeitsverwaltungen sowie durch eine koordinierte Information gewährleisten ganz allgemein eine bessere Transparenz des Arbeitsmarktes. Die wanderungswilligen Arbeitnehmer sollten regelmäßig über die Lebens- und Arbeitsbedingungen unterrichtet werden.

(9) Zwischen der Freizügigkeit der Arbeitnehmer, der Beschäftigung und der Berufsausbildung, insbesondere soweit diese zum Ziel hat, die Arbeitnehmer in die Lage zu versetzen, sich auf konkrete Stellenangebote hin zu bewerben, die in anderen Gebieten der Union veröffentlicht worden sind, besteht ein enger Zusammenhang. Infolgedessen ist es notwendig, die Probleme, die sich in dieser Hinsicht stellen, nicht mehr getrennt, sondern in ihrer wechselseitigen Abhängigkeit zu prüfen und hierbei zugleich die Arbeitsmarktprobleme auf regionaler Ebene zu berücksichtigen. Es ist daher erforderlich, dass sich die Mitgliedstaaten bemühen, ihre Beschäftigungspolitik zu koordinieren —

HABEN FOLGENDE VERORDNUNG ERLASSEN:

Kapitel I. Die Beschäftigung, die Gleichbehandlung und die Familienangehörigen der Arbeitnehmer

Abschnitt 1. Zugang zur Beschäftigung

Art. 1 [Aufnahme einer Tätigkeit]

(1) Jeder Staatsangehörige eines Mitgliedstaats ist ungeachtet seines Wohnorts berechtigt, eine Tätigkeit im Lohn- oder Gehaltsverhältnis im Hoheitsgebiet eines anderen Mitgliedstaats nach den für die Arbeitnehmer dieses Staates geltenden Rechts- und Verwaltungsvorschriften aufzunehmen und auszuüben.

(2) Er hat insbesondere im Hoheitsgebiet eines anderen Mitgliedstaats mit dem gleichen Vorrang Anspruch auf Zugang zu den verfügbaren Stellen wie die Staatsangehörigen dieses Staates.

1 Die VO 492/2011 ist ergangen auf der Basis von Art. 46 AEUV und enthält die erforderlichen Maßnahmen, um die Freizügigkeit der Arbeitnehmer iSd Art. 45 AEUV herzustellen. Die **Ermächtigungsgrundlage** nennt dabei in einem nicht abschließend gemeinten Katalog insbesondere Maßnahmen zur Herstellung eines europäischen Arbeitsmarkts und zum Abbau bürokratischer Hemmnisse. Die VO geht darüber hinaus und enthält mit Regelungen über den **Zugang zur Beschäftigung, die Ausübung der Beschäftigung sowie über Familienangehörige des Wanderarbeitnehmers** auch materielle Regelungen, die sie zur **arbeitsrechtlichen Freizügigkeits-Verordnung** machen – neben der sozialrechtlichen Freizügigkeitsverordnung VO (EG) Nr. 883/2004. Die vorliegende Verordnung hat VO (EWG) Nr. 1612/68 abgelöst. Die Art. 1 bis 10 der neuen Verordnung entsprechen sehr weitgehend denen der alten Verordnung.

Art. 1 der Verordnung stellt sicher, dass den ausländischen Arbeitnehmern, soweit sie 2
Staatsangehörige eines Mitgliedstaats sind, **keine zusätzlichen Anforderungen** auferlegt
werden dürfen. Das bedeutet auch, dass EU-Staatsangehörige für die Arbeitstätigkeit in
einem anderen Mitgliedstaat keine Arbeitserlaubnis benötigen; dem wird auch regelmäßig
durch das nationale Recht Rechnung getragen (s. etwa § 284 SGB III, der sich inzwischen
nur noch auf Übergangstatbestände wegen des Beitritts neuer Mitgliedstaaten beschränkt).
Sofern ein solches Papier gleichwohl erteilt wird, kommen ihm lediglich Beweis- und
Nachweiszwecke zu.

Ein Mitgliedstaat mag vorsehen, dass **Arbeitsplätze vorrangig mit Inländern** zu 3
besetzen sind. Sofern er dies tut, darf er Nicht-EU-Ausländer in diesem Sinne nachrangig
behandeln, ist aber nach Abs. 2 gehalten, die EU-Staatsangehörigen wie eigene zu behandeln, darf also insoweit zwischen seinen eigenen und anderen EU-Staatsangehörigen insoweit keine Abstufung vornehmen.

Das **Recht auf gleichen Zugang** kann nicht durch den Vorbehalt des Art. 45 III AEUV 4
eingeschränkt werden, da dieser Vorbehalt die in Abs. 3 genannten Fälle betrifft, es hier aber
um die Gleichbehandlung geht. Dass Art. 45 III lit. a AEUV den Arbeitnehmern das Recht
einräumt, sich um angebotene Stellen zu bewerben, ändert daran nichts, da es sich nur um
einen Ausschnitt dessen handelt, was Art. 1 der VO einräumt (so auch HSW/*Hanau* § 15
Rn. 117; Calliess/Ruffert/*Brechmann* AEUV Art. 45 Rn. 57).

Das Recht auf gleichen Zugang zur Beschäftigung bedeutet auch, dass **schwerbehinder-** 5
te Wanderarbeitnehmer auch dann in den Genuss des Schwerbehindertenschutzes nach
dem SGB IX kommen, wenn sie auf Arbeitssuche sind oder ihren Wohnsitz – wie im Fall
von Grenzgängern – im Ausland haben. § 2 III SGB IX verlangt für die Anerkennung des
Schwerbehindertenschutzes grundsätzlich Wohnsitz oder gewöhnlichen Aufenthalt im Inland, lässt aber auch den Fall zu, wo nur der Beschäftigungsort im Inland liegt, was die
Grenzgänger abdeckt. In europarechtskonformer Auslegung ist dies auf Arbeitsuchende zu
erstrecken, da sie sonst nicht unter den gleichen Bedingungen wie Inländer Zugang zur
Beschäftigung haben (so auch HSW/*Hanau* § 15 Rn. 96).

Art. 2 [Stellenangebote, Arbeitsgesuche, Arbeitsverträge]

Jeder Staatsangehörige eines Mitgliedstaats und jeder Arbeitgeber, der eine Tätigkeit im Hoheitsgebiet eines Mitgliedstaats ausübt, können nach den geltenden Rechts- und Verwaltungsvorschriften ihre Stellenangebote und Arbeitsgesuche austauschen sowie Arbeitsverträge schließen und erfüllen, ohne dass sich Diskriminierungen daraus ergeben dürfen.

Diese Vorschrift stellt sicher, dass Stellenangebote und Arbeitsgesuche **EU-weit aus-** 1
getauscht werden können. Der Abschluss und die Durchführung von Arbeitsverträgen
muss diskriminierungsfrei ausgestaltet sein. Es ist- auch mangels einschlägiger Rechtsprechung – davon auszugehen, dass diese Vorgabe inzwischen unproblematisch umgesetzt wird.
Es handelt sich zudem um eine Frage des zivilrechtlichen Arbeitsrechts, das ohnehin nach
Staatsangehörigkeit nicht unterscheidet.

Ein Verstoß gegen Art. 2 ist etwa gegeben, wenn ein Mitgliedstaat es **einem Unterneh-** 2
mer verwehrt, eine Person einzustellen, die außerhalb des Staates der Niederlassung ihren
Wohnsitz hat. Hierauf können sich Arbeitgeber und Arbeitnehmer gleichermaßen berufen
(EuGH 7.5.1998 – C-350/96 Rn. 21 ff. = NZG 1998, 809).

Art. 3 [Verbot diskriminierender Vorschriften]

(1) Die folgenden Rechts- und Verwaltungsvorschriften oder Verwaltungspraktiken eines Mitgliedstaats finden im Rahmen dieser Verordnung keine Anwendung:

a) Vorschriften, die das Stellenangebot und das Arbeitsgesuch, den Zugang zur Beschäftigung und deren Ausübung durch Ausländer einschränken oder von Bedingungen abhängig machen, die für Inländer nicht gelten; oder
b) Vorschriften, die, ohne auf die Staatsangehörigkeit abzustellen, ausschließlich oder hauptsächlich bezwecken oder bewirken, dass Angehörige der übrigen Mitgliedstaaten von der angebotenen Stelle ferngehalten werden.

Unterabsatz 1 gilt nicht für Bedingungen, welche die in Anbetracht der Besonderheit der zu vergebenden Stelle erforderlichen Sprachkenntnisse betreffen.

(2) Zu den in Absatz 1 Unterabsatz 1 genannten Vorschriften oder Praktiken gehören insbesondere solche, die in einem Mitgliedstaat

a) ein besonderes Verfahren für die Anwerbung ausländischer Arbeitnehmer zwingend vorschreiben;
b) die Veröffentlichung eines Stellenangebots durch die Presse oder durch irgendwelche anderen Wege einschränken oder von anderen als den Bedingungen abhängig machen, die für den Arbeitgeber, der seine Tätigkeit im Hoheitsgebiet dieses Staates ausübt, gelten;
c) den Zugang zur Beschäftigung von Bedingungen abhängig machen, die sich auf die Einschreibung beim Arbeitsamt beziehen, oder die namentliche Anwerbung eines Arbeitnehmers hindern, soweit dadurch Personen betroffen sind, die nicht im Hoheitsgebiet dieses Mitgliedstaats wohnen.

1   Diese Vorschrift hat zum Ziel, den Zugang für Wanderarbeitnehmer zu einer Beschäftigung in einem anderen Mitgliedstaat **so diskriminierungsfrei wie möglich** zu gestalten. Dies betrifft nicht nur solche Regelungen, die den Zugang für Ausländer – ausdrücklich – beschränken sondern auch solche, die dies nur in ihrem Effekt bewirken. Dabei ist aber nicht jeder nachteilige Effekt erfasst sondern nur der Fall, dass die Vorschriften dies ausdrücklich oder hauptsächlich bezwecken oder bewirken; Eine reine Beeinträchtigung der Möglichkeit reicht deshalb nicht aus.

2   Eine Ausnahme hiervon wird nach Abs. 1 Satz 2 für **Sprachkenntnisse** gemacht. Es muss dann aber feststehen, dass diese Sprachkenntnisse für die betreffende Stelle auch tatsächlich erforderlich sind. Dem Mitgliedstaat ist es jedoch verwehrt, zu verlangen, dass die fraglichen Sprachkenntnisse in seinem Hoheitsgebiet erworben werden müssen oder die Sprachprüfung in ihrem Hoheitsgebiet abzulegen ist (s. dazu EuGH 5.2.2015 – C-317/14 Rn. 26 ff. – Kommission/Belgien). Den Angehörigen der anderen Mitgliedstaaten muss die Möglichkeit eingeräumt werden, sich der mündlichen Prüfung erneut zu stellen, wenn sie sie nicht bestanden haben, aber sich erneut um die Stelle bewerben, die Sprachkenntnisse voraussetzt (EuGH 28.11.1989 – C-379/87 Rn. 23 – Groener, BeckRS 2004, 71030).

3   Abs. 2 konkretisiert die Vorgaben hinsichtlich der **Verwaltungspraktiken und -regelungen.** Hier wird zum Ausdruck gebracht, dass auch insoweit zwischen inländischen und ausländischen Arbeitnehmern – soweit letztere EU-Staatsangehörige sind – kein Unterschied gemacht werden darf. Einem europäischen Arbeitsmarkt, auf dem sich die Arbeitnehmer wie auf einem nationalen Arbeitsmarkt bewegen, würde es etwa widersprechen, wenn ein besonderes Anwerbeverfahren vorgesehen würde. Ebenfalls würde es diesem Gedanken zuwiderlaufen, wenn die Veröffentlichung von Stellenangeboten in irgendeiner Weise behindert würde. Gleiches gilt für formale Barrieren und Beeinträchtigungen für den Zugang zur Beschäftigung, die – sofern unmittelbar oder mittelbar diskriminierend – Personen mit Wohnsitz außerhalb des Aufnahmestaates betreffen. Eine nationale Regelung darf also etwa nicht einen inländischen Wohnsitz verlangen oder die namentliche Anwerbung von derartigen Bedingungen abhängig machen oder sonst wie für den Arbeitnehmer erschweren. Angesichts der auch zu Art. 45 AEUV und dem dort entwickelten Beschränkungsverbot ergangenen recht weitgehenden Rechtsprechung des EuGH (→ AEUV Art. 45 Rn. 61 ff.) wird man auch hier jede Beeinträchtigung genügen lassen müssen.

Art. 4 [Zahlen- und anteilsmäßige Beschränkung]

(1) Rechts- und Verwaltungsvorschriften der Mitgliedstaaten, durch welche die Beschäftigung von ausländischen Arbeitnehmern zahlen- oder anteilmäßig nach Unternehmen, Wirtschaftszweigen, Gebieten oder im gesamten Hoheitsgebiet beschränkt wird, finden auf Staatsangehörige der übrigen Mitgliedstaaten keine Anwendung.

(2) Wenn in einem Mitgliedstaat für Unternehmen vorgesehene Vergünstigungen von der Beschäftigung eines bestimmten Hundertsatzes von inländischen Arbeitnehmern abhängig gemacht werden, werden Staatsangehörige der anderen Mitgliedstaaten vorbehaltlich der Richtlinie 2005/36/EG des Europäischen Parlaments und des Rates vom 7. September 2005 über die Anerkennung von Berufsqualifikationen[1] als inländische Arbeitnehmer gezählt.

Diese Vorschrift ist eine Konsequenz aus den in Art. 1 VO 492/2011 gemachten Vorgaben und betont konsequent, dass bei **zahlen- und anteilsmäßigen Beschränkungen** ausländische Arbeitnehmer mit EU-Staatsangehörigkeit ebenso zu zählen sind wie inländische. 1

Abs. 2 konkretisiert dies auch für **Vergünstigungen,** die einem Unternehmen bei Beschäftigung eines bestimmten Anteils inländischer Arbeitnehmer zuteilwerden. Der Vorbehalt in Abs. 2 erklärt sich daraus, dass bei den jeweiligen Vergünstigungen auch bestimmte Berufe oder Berufstätigkeiten maßgeblich sein können und es dann auf die Vergleichbarkeit der Berufsqualifikationen ankommt. 2

Art. 5 [Unterstützung durch die Arbeitsämter]

Ein Staatsangehöriger eines Mitgliedstaats, der im Hoheitsgebiet eines anderen Mitgliedstaats eine Beschäftigung sucht, erhält dort die gleiche Hilfe, wie sie die Arbeitsämter dieses Staates den eigenen Staatsangehörigen gewähren, die eine Beschäftigung suchen.

Es entspricht dem Gedanken eines **europäischen Arbeitsmarkts,** dass bei der Unterstützung von Arbeitsuchenden die jeweiligen nationalen Arbeitsverwaltungen keine Unterschiede nach Staatsangehörigkeit machen, aber auch nicht nach dem Wohnsitz oder ständigen Aufenthaltsort des Arbeitsuchenden. Die Arbeitsverwaltung sollte auch geeignete Vorkehrungen vorsehen, um Personen, die der Sprache des Aufnahmestaates (noch) nicht mächtig sind, geeignete Hilfestellungen zukommen zu lassen. 1

Art. 6 [Analoge Maßstäbe]

(1) Wird ein Staatsangehöriger eines Mitgliedstaats in einem anderen Mitgliedstaat eingestellt oder für eine Beschäftigung angeworben, so darf bei ihm hinsichtlich des Gesundheitszustands, des Berufes oder sonstiger Anforderungen aufgrund der Staatsangehörigkeit kein anderer Maßstab angelegt werden als bei den Arbeitnehmern, die Staatsangehörige des anderen Mitgliedstaats sind und die gleiche Beschäftigung ausüben wollen.

(2) Besitzt ein Staatsangehöriger eines Mitgliedstaats ein auf seinen Namen lautendes Stellenangebot eines Arbeitgebers aus einem anderen Mitgliedstaat als dem Staat, dessen Staatsangehöriger er ist, so darf er auf seine beruflichen Fähigkeiten hin geprüft werden, wenn der Arbeitgeber eine solche Prüfung bei Abgabe seines Stellenangebots ausdrücklich verlangt.

---

[1] **Amtl. Anm.:** ABl. L 255 vom 30.9.2005, S. 22.

1 Diese Vorschrift verlangt wie die anderen eine **strikte Gleichbehandlung** von Inländern und anderen EU-Staatsangehörigen. So dürfen etwa Gesundheitsprüfungen nur dann von EU-Ausländern verlangt werden, wenn dies auch für Inländer gilt.

2 Schwierig wird die Frage der Anlegung des gleichen Maßstabs dann, wenn es um **berufliche Qualifikationen** geht. Da eine Anerkennung beruflicher Qualifikationen nicht flächendeckend erfolgt ist, bleibt es in Zweifelsfällen bei der allg. Aussage, dass ein Mitgliedstaat bei der Anerkennung ausländischer Berufsqualifikationen keine Maßstäbe anlegen darf, die die Freizügigkeit der Arbeitnehmer behindern; so muss er bei Diplomen, Prüfungszeugnissen und sonstigen Befähigungsnachweisen, die der Betroffene erworben hat, um den gleichen Beruf in einem anderen Mitgliedstaat auszuüben, in der Weise vorgehen, dass er die durch diese Diplome bescheinigten Fachkenntnisse mit den nach nationalem Recht vorgeschriebenen Kenntnissen und Fähigkeiten vergleicht (EuGH 7.5.1991 – C-340/89 Rn. 16 – Vlassopoulos, BeckRS 2004, 76565; so auch Schwarze/*Schneider*/*Wunderlich* AEUV Art. 45 Rn. 67). Die Beurteilung soll allein danach erfolgen, welches Maß an Kenntnissen und Fähigkeiten der Befähigungsnachweis unter Berücksichtigung von Art und Dauer des Studiums und der praktischen Ausbildung, auf die es sich bezieht, bei seinem Besitzer vermuten lässt (EuGH 10.12.2009 – C-345/08 Rn. 39 – Pesla). Dabei sind bei der Festlegung etwaiger Ausgleichsmaßnahmen zur Beseitigung wesentlicher Unterschiede zwischen den Ausbildungen der Mitgliedstaaten praktische Erfahrungen zu berücksichtigen, die diese Unterschiede ganz oder teilweise ausgleichen können (EuGH 2.12.2010 – C-422/09, C-425/09, C-426/09 – Vandorou ua, BeckRS 2010, 91368). Der Mitgliedstaat darf in Rechnung stellen, dass objektive Unterschiede hinsichtlich bestimmter Berufe zwischen den Mitgliedstaaten bestehen; dies ist etwa bei juristischen Berufen relevant. Im Übrigen ist hinsichtlich der Einzelheiten auf die RL 2005/36/EG zu verweisen, von der allerdings nicht alle Berufe erfasst werden.

Abschnitt 2. Ausübung der Beschäftigung und Gleichbehandlung

Art. 7 [Arbeitsrechtliche Gleichstellung]

(1) Ein Arbeitnehmer, der Staatsangehöriger eines Mitgliedstaats ist, darf aufgrund seiner Staatsangehörigkeit im Hoheitsgebiet der anderen Mitgliedstaaten hinsichtlich der Beschäftigungs- und Arbeitsbedingungen, insbesondere im Hinblick auf Entlohnung, Kündigung und, falls er arbeitslos geworden ist, im Hinblick auf berufliche Wiedereingliederung oder Wiedereinstellung, nicht anders behandelt werden als die inländischen Arbeitnehmer.

(2) Er genießt dort die gleichen sozialen und steuerlichen Vergünstigungen wie die inländischen Arbeitnehmer.

(3) Er kann mit dem gleichen Recht und unter den gleichen Bedingungen wie die inländischen Arbeitnehmer Berufsschulen und Umschulungszentren in Anspruch nehmen.

(4) Alle Bestimmungen in Tarif- oder Einzelarbeitsverträgen oder sonstigen Kollektivvereinbarungen betreffend Zugang zur Beschäftigung, Entlohnung und sonstige Arbeits- und Kündigungsbedingungen sind von Rechts wegen nichtig, soweit sie für Arbeitnehmer, die Staatsangehörige anderer Mitgliedstaaten sind, diskriminierende Bedingungen vorsehen oder zulassen.

Übersicht

	Rn.
A. Normkonzept	1
B. Gleichbehandlung bei Beschäftigungs- und Arbeitsbedingungen	3
C. Gleichbehandlung bei sozialen und steuerlichen Vergünstigungen	12
I. Soziale Vergünstigungen	16

	Rn.
II. Steuerliche Vergünstigungen	24
1. Maßstab des Art. 7 Abs. 2	25
2. Kohärenz der nationalen Steuersysteme	32
3. Unterschiedliche Steuersätze	35
III. Diskriminierung	36
D. Kollektiv- und Einzelvereinbarungen	38
E. Berufsausbildung	39

A. Normkonzept

Die Vorschrift des Art. 7 wiederholt und spezifiziert die Vorgaben des Art. 45 AEUV und **1** des sich daraus ergebenden Gleichbehandlungsgrundsatzes. Sie bezieht sich dabei zunächst allg. auf **Beschäftigungs- und Arbeitsbedingungen.** Die Fokussierung auf Entlohnung und Kündigung sowie bei Arbeitslosigkeit auf berufliche Wiedereingliederung oder Wiedereinstellung, bedeutet insoweit keine Beschränkung, wie sich aus dem „insbesondere" ergibt. Art. 7 soll die Gleichbehandlung der Arbeitnehmer der Mitgliedstaaten hinsichtlich aller gesetzlichen und vertraglichen Regelungen sichern, die ihre Rechtsstellung und insbesondere ihre finanziellen Ansprüche bestimmen (EuGH 12.2.1974 – C-152/73 Rn. 8 f. – Sotgiu, BeckRS 2004, 71762). Art. 7 I richtet sich dabei allg. an alle Beteiligten während in Abs. 2 die Gleichbehandlung über die Arbeitsbedingungen hinaus auf die sozialen und steuerlichen Vergünstigungen erweitert wird. Abs. 3 betrifft die berufliche Aus- und Weiterbildung und Abs. 4 macht deutlich, dass die Grundsätze zur Gleichbehandlung auch Drittwirkung haben, indem die entsprechenden Vereinbarungen für nichtig erklärt werden.

Dieser Regelung liegt der Gedanke zugrunde, mittels eines **Diskriminierungsverbotes** **2** jede unterschiedliche Behandlung aufgrund der Staatsangehörigkeit in tatsächlicher und rechtlicher Hinsicht zu vermeiden, um die völlige Freizügigkeit der Arbeitnehmer auf dem Gebiet der Europäischen Union zu erwirken (so auch die Präambel der VO (EU) Nr. 492/2011). Die Gleichbehandlung muss sich iSd sechsten Begründungserwägung der VO (EU) Nr. 492/2011 auf alles erstrecken, „was mit der eigentlichen Tätigkeit im Lohn- oder Gehaltsverhältnis und mit der Beschaffung einer Wohnung im Zusammenhang steht". Darüber hinaus müssen alle Hindernisse beseitigt werden, die sich der Mobilität der Arbeitnehmer entgegenstellen, insbesondere in Bezug auf das Recht des Arbeitnehmers, seine Familie nachkommen zu lassen, und die Bedingungen für die Integration seiner Familie im Aufnahmeland.

B. Gleichbehandlung bei Beschäftigungs- und Arbeitsbedingungen

Art 7 I setzt die **Arbeitnehmereigenschaft** voraus; insofern ist vom Arbeitnehmer- **3** begriff des Art. 45 AEUV auszugehen, zumal die VO 492/2011 in Ausführung des Art. 45 AEUV ergangen ist. Dementsprechend erfasst Art. 7 auch Personen, die nicht mehr in einem Arbeitsverhältnis stehen. Es muss aber ein Zusammenhang mit dem Arbeitsverhältnis bestehen, dass hier in diesem Sinne zu verfahren ist, ergibt sich schon daraus, dass in Abs. 1 ausdrücklich auch auf die Arbeitslosigkeit verwiesen wird; beschränkt sich aber nicht auf den Fall der Arbeitslosigkeit (so auch EuGH 24.9.1998 – C-35/97 Rn. 41 – Kommission/ Frankreich; 21.6.1988 – 39/86 Rn. 34 – Lair; s. näher auch → AEUV Art. 45 Rn. 10 ff.).

Art. 7 I erfasst ebenso wie Art. 45 AEUV nicht nur die **unmittelbare sondern auch** **4** **die mittelbare Diskriminierung.** Abweichende Arbeitsbedingungen für Fremdsprachenlektoren können daher schon deshalb diskriminierend sein, weil sie typischerweise Staatsangehörige anderer Mitgliedstaaten erfassen (EuGH 20.10.1993 – C-272/92 – Spotti, NVwZ 1994, 365).

Art. 7 I geht nach der Rechtsprechung des EuGH auch von einem **weiten Begriff der** **5** **Beschäftigungs- und Arbeitsbedingungen** aus und erfasst nicht nur Leistungen, zu denen der Arbeitgeber gesetzlich oder vertraglich verpflichtet ist sondern auch freiwillige Leistungen des Arbeitgebers (EuGH 12.12.1974 C-152/73 Rn. 9 – Sotgiu, BeckRS 2004, 71762), was konsequent ist, da auch diese zu den Beschäftigungs- und Arbeitsbedingungen gehören und der Zustand der Gleichbehandlung iSe Herstellung und Sicherung der Arbeitnehmerfreizügigkeit andernfalls nicht vollständig hergestellt wäre.

6 Unter Arbeits- und Beschäftigungsbedingungen sind dann etwa **Befristungen von Arbeitsverträgen** zu verstehen. So darf etwa ein Mitgliedstaat nicht vorsehen, dass die Stellen von Fremdsprachenlektoren mittels befristeter Arbeitsverträge besetzt werden müssen oder können, während der Abschluss solcher Verträge mit sonstigen Lehrkräften für besondere Aufgaben im Einzelfall durch einen sachlichen Grund gerechtfertigt sein muss (EuGH 20.10.1993 – C-272/92 Rn. 20 f. – Spotti, NVwZ 1994, 365; 2.8.1993 – C-259/91, C-331/91 und C-332/91 Rn. 21 – Allue II, BeckRS 2004, 75765). Dies ist auch der Fall bei Arbeitsverträgen von Forschern mit einer Forschungseinrichtung, bei der für die Staatsangehörigen eines Mitgliedstaats die Tätigkeit auf Dauerplanstellen erfolgte, Staatsangehörige anderer Mitgliedstaaten hingegen nur befristete Verträge ohne Garantie einer Daueranstellung erhielten (EuGH 16.6.1987 – C-225/85 Rn. 13 f. – Kommission/Italien, BeckRS 2004, 72418).

7 Gleiches gilt auch für die **Aufstiegsmöglichkeiten;** das bedeutet etwa, dass bei einer Regelung oder Vereinbarung, die für eine Beförderung die Zurücklegung bestimmter Beschäftigungszeiten fordert, auch Zeiten in einem anderen Mitgliedstaat anzurechnen sind (EuGH 26.10.2006 – C-371/04 Rn. 21 f. – Kommission/Italien; 12.3.1998 – C-187/96 Rn. 22 – Kommission/Griechenland). Entsprechendes gilt auch für die Ableistung von Wehrdienstzeiten. Wird der Wehrdienst in einem Mitgliedstaat vertraglich oder gesetzlich auf Beschäftigungszeiten angerechnet, so muss dies auch für Wehrdienstzeiten gelten, die in einem anderen Mitgliedstaat abgeleistet worden sind (EuGH 15.10.1969 – C-15/69 – Ugliola, BeckRS 2004, 71729). Ein Wanderarbeitnehmer, der Staatsangehöriger eines Mitgliedstaats ist und seine Tätigkeit in einem Unternehmen eines anderen Mitgliedstaats zur Erfüllung der Wehrpflicht gegenüber seinem Heimatland hat unterbrechen müssen, hat deshalb Anspruch auf Anrechnung der Wehrdienstzeit auf die Betriebszugehörigkeit, soweit im Beschäftigungsland zurückgelegte Wehrdienstzeiten den einheimischen Arbeitnehmern gleichfalls angerechnet werden.

8 Davon zu unterscheiden ist allerdings der Fall, dass ein Mitgliedstaat nach den Regelungen etwa des **deutschen Arbeitsplatzschutzgesetzes** Beiträge an eine zusätzliche Alters- und Hinterbliebenenversorgung leistet oder andere Ausgleichsleistungen aus Anlass des Wehrdienstes gewährt. In diesem Fall erfolgt dies nicht aufgrund einer gesetzlichen oder vertraglichen Verpflichtung, die dem Arbeitgeber im Zusammenhang mit den Beschäftigungs- und Arbeitsbedingungen obliegt, sondern sie ist eine Vergünstigung, die der Mitgliedstaat selbst den Wehrpflichtigen gewährt, um teilweise die Nachteile auszugleichen, die sich aus ihrer Wehrpflicht ergeben (EuGH 14.3.1996 – C-315/94 Rn. 18 – de Vos, NZA 1996, 523); dies gilt, obwohl der Arbeitsvertrag während des Wehrdienstes ruht.

9 Zur Frage der **Entgelthöhe** hat der EuGH entschieden, dass eine Regelung, nach der bei der Gewährung einer besonderen Dienstalterszulage Dienstzeiten nicht berücksichtigt werden, die ein Universitätsprofessor in einem anderen Mitgliedstaat geleistet hat, vorbehaltlich geeigneter Rechtfertigung gegen Art. 7 I verstößt (EuGH 30.9.2003 – C-224/01 Rn. 70 ff. – Köbler, EuR 2004, 71). Art. 7 I steht auch einer Regelung entgegen, nach der die von den Arbeitnehmern einer Gebietskörperschaft ununterbrochen bei ihr zurückgelegten Beschäftigungszeiten bei der Berechnung des Stichtags für das Aufrücken in eine höhere Entgeltstufe in vollem Ausmaß, alle anderen Beschäftigungszeiten dagegen nur teilweise berücksichtigt werden. Der EuGH hat dies als mittelbar diskriminierend qualifiziert, da sich dies stärker auf Wanderarbeitnehmer als auf inländische Arbeitnehmer auswirke (EuGH 5.12.2013 – C-514/12 – Zentralbetriebsrat, NZA 2014, 204; so auch *Resch*, ZESAR 2014, 155 ff.). Damit sind Vordienstzeiten für die Bemessung der Entgelthöhe zwar nicht insgesamt problematisch; sie sind aber jeweils auf ihr Potential für eine mittelbare Diskriminie-

rung hin zu untersuchen. Diese Rechtsprechung dürfte aber auf einschlägige gesetzliche Regelungen zu beschränken sein und allenfalls noch für tarifvertragliche Regelungen gelten. Der EuGH betont denn auch, dass „Vorschriften des nationalen Rechts" insoweit unionsrechtswidrig sein könnten; die Verallgemeinerungsfähigkeit dieser Entscheidung ist deshalb fraglich. Im Einzelarbeitsvertrag muss den Parteien ein Spielraum bleiben. Im Übrigen ist hier besonders zu prüfen, ob diese mittelbare Diskriminierung gerechtfertigt ist. Das Argument der Verwaltungsvereinfachung, das in dem Verfahren vor dem EuGH vorgebracht wurde, reicht sicher nicht aus.

Insgesamt bedeutet dies, dass arbeitsvertragliche oder gesetzliche Regeln, die die **Berücksichtigung von Beschäftigungszeiten** vorsehen, die Anrechnung in anderen Mitgliedstaaten zurückgelegter Zeiten nicht ausschließen dürfen. Bei mittelbarer Diskriminierung ist die Rechtfertigung zu erörtern. 10

Auch der **Schutz besonderer Personengruppen** wie etwa Schwerbehinderter muss auch Wanderarbeitnehmern uneingeschränkt zuteilwerden, so dass also ua der besondere Kündigungsschutz auch in diesen Fällen greift (EuGH 13.12.1972 – C-44/72 – Marsmann/Rosskamp). Der Schwerbehindertenschutz des SGB IX ist also auch auf den von der VO 492/2011 erfassten Personenkreis anwendbar. 11

C. Gleichbehandlung bei sozialen und steuerlichen Vergünstigungen

Wenn Art. 7 II VO (EU) Nr. 492/2011 bestimmt, dass ein Arbeitnehmer, der Staatsangehöriger eines Mitgliedstaates ist, im Hoheitsgebiet eines anderen Mitgliedstaates die gleichen sozialen und steuerlichen Vergünstigungen genießt wie die inländischen Arbeitnehmer, so stellt dies im Ergebnis eine zentrale Vorschrift des europäischen Sozialrechts dar, da durch sie das **Koordinierungssystem der VO (EG) Nr. 883/2004** praktisch abgerundet wird. Es stellt ebenso eine zentrale Vorschrift des europäischen Steuerrechts dar, da durch diese Regelung Modifikationen im jeweiligen nationalen Steuerrecht bewirkt werden, das Europarecht also auf das nationale Steuerrecht einwirkt, obgleich die Union keine Gesetzgebungskompetenz im Bereich des Steuerrechts hat 12

Die Vorschrift soll die soziale **Integration des Arbeitnehmers im Aufnahmestaat** fördern, die neben der geografischen und der beruflichen Mobilität die dritte Komponente der Freizügigkeit darstellt. Sie bezweckt die Gleichstellung hinsichtlich solcher Umstände, die den Erwerb einer beruflichen Qualifizierung und den sozialen Aufstieg erleichtern (EuGH 27.9.1988 – C-235/87 – Matteuci, Slg. 1988, 5589, 5610 = BeckRS 2004, 72508). Sie ergänzt das koordinierende europäische Sozialrecht (s. dazu Kommentierungen zu → AEUV Art. 48 Rn. 6 ff.); dabei geht es nicht um ein Koordinierungssystem, wie dies aus der VO (EG) Nr. 883/2004 geläufig ist; vielmehr wird hier durch das Erfordernis der Gleichbehandlung ein ähnlicher Effekt erzielt. Es kommt auch nicht darauf an, ob Gesetz, Arbeitsvertrag, Kollektivvereinbarung oder eine autonome Entscheidung des Arbeitgebers die Rechtsgrundlage der Leistung bildet (näher dazu HSW/*Steinmeyer* § 22). 13

Allerdings bezieht sich diese Vorschrift **grundsätzlich nur auf Arbeitnehmer,** besitzt also nicht die Reichweite der VO (EG) 883/2004. Es ergeben sich aus ihr jedoch abgeleitete Ansprüche für Familienangehörige. Es ist an den Arbeitnehmerbegriff des Art. 45 AEUV anzuknüpfen (→ AEUV Art. 45 Rn. 10 ff.) Der EuGH hat auch Studenten unter gewissen Voraussetzungen Rechte aus Art. 7 II zugesprochen. Damit der Studierende derartige, prinzipiell den Arbeitnehmern vorbehaltene Rechte geltend machen kann, muss er vor seiner Hochschulausbildung allerdings bereits Arbeitnehmer iSd Unionsrechts gewesen sein, und das zu fördernde Studium muss mit der früheren Berufstätigkeit im Zusammenhang stehen (EuGH 21.6.1988 – C-39/86 – Lair, Slg. 1988, 3161 ff. = BeckRS 2004, 71074). Art. 7 II findet keine Anwendung auf Selbständige, Dienstleistungserbringer bzw. -empfänger und deren Familienangehörige. Ihnen bleibt uU der Rückgriff auf das allg. Diskriminierungsverbot des Art. 18. 14

15 Art. 7 II findet von der Rechtssystematik her an sich **keine Anwendung auf Arbeitssuchende und Arbeitslose.** Deshalb besteht auf der Basis der Rechtsprechung des EuGH eine gewisse Unsicherheit. Richtigerweise wird man hier differenzieren müssen; ein Arbeitssuchender ohne Bezug zum Mitgliedstaat, in dem er Arbeit sucht, wird sich auf die sozialen und steuerlichen Vergünstigungen nicht berufen können (so auch EuGH 18.6.1987 – 316/85 Rn. 26 – Lebon, BeckRS 2004, 70746); anders ist dies aber bei einem Arbeitslosen, der zuvor in dem betreffenden Mitgliedstaat in einem Beschäftigungsverhältnis gestanden hat (**anders** und nicht diff. GHN/*Randelzhofer/Forsthoff* EGV Art. 39 Rn. 159).

I. Soziale Vergünstigungen

16 Der Begriff der sozialen Vergünstigung ist weiter gefasst als der Begriff der sozialen Sicherheit und umfasst diese aber auch weiteres. Er umfasst alle Sozialleistungen, die – ob sie an einen Arbeitsvertrag anknüpfen oder nicht – den inländischen Arbeitnehmern wegen ihrer objektiven Arbeitnehmereigenschaft oder einfach wegen ihres Wohnsitzes im Inland gewährt werden und deren Ausdehnung auf die Arbeitnehmer, die Staatsangehörige eines anderen Mitgliedstaates sind, deshalb als geeignet erscheint, deren Mobilität in der Union zu fördern (st.Rspr seit EuGH 30.9.1975 – C-32/75 – Christini, Slg. 1975, 1085 = BeckRS 2004, 70771). Untechnisch wird hier deshalb auch an die Zugehörigkeit des Arbeitnehmers zur Gesellschaft des Gastlandes angeknüpft (*Everling* EuR 1990, 81 [86]).

17 Infolge der Auffangfunktion des Art. 7 II kann eine soziale Vergünstigung nur vorliegen, sofern eine Leistung **nicht bereits vom spezielleren Diskriminierungsverbot der VO (EG) Nr. 883/2004** erfasst wird. Zwar ist Art. 7 I VO (EU) Nr. 492/2011, der die Gleichbehandlung im Bereich der Beschäftigungs- und Arbeitsbedingungen betrifft, nach EuGH (EuGH 21.6.1988 – 39/86 Rn. 20 ff. – Lair, BeckRS 2004, 71074) ebenfalls lex specialis gegenüber Art. 7 II, allerdings ist eine Differenzierung zwischen beiden Absätzen aufgrund der fließend ineinander übergehenden Regelungsmaterien und der Gleichartigkeit der Rechtsfolgen entbehrlich. Demzufolge ist zur Abgrenzung auf Art. 3 VO (EG) Nr. 883/2004 Bezug zu nehmen. Einen eigenen Ausschluss mit der Folge einer Anwendungsmöglichkeit von Art. 7 II VO (EU) nimmt Art. 3 V vor, wenn dort bestimmt ist, dass die VO (EG) Nr. 883/2004 nicht gilt für soziale und medizinische Fürsorge sowie Leistungssysteme, bei denen ein Mitgliedstaat die Haftung für Personenschäden übernimmt und Entschädigung leistet, beispielsweise für Opfer von Krieg und militärischen Aktionen oder der sich daraus ergebenden Folgen, Opfer von Straftaten, Attentaten oder Terrorakten, Opfer von Schäden, die von Bediensteten eines Mitgliedstaats in Ausübung ihrer Pflichten verursacht wurden, oder für Personen, die aus politischen oder religiösen Gründen oder aufgrund ihrer Abstammung Nachteile erlitten haben. Diese Abgrenzung bedeutet auch, dass für Leistungen, die in den sachlichen Anwendungsbereich der VO (EG) 883/2004 fallen, Art. 7 II grundsätzlich zurücktritt (so auch EuGH 11.9.2007 – C-287/05 Rn. 51 ff. – Hendrix, EZAR NF 16 Nr. 9; **anders** BSG 18.1.2011 – SozR 4–4200 § 7 Nr. 22 BeckRS 2011, 70645, das von einer Konkurrenz des Art. 7 II der VO und Art. 3 III und VII VO (EG) 883/2004 auch hinsichtlich des sachlichen Anwendungsbereichs ausgeht; wie hier auch *Daiber* VSSR 2009, 299 [309 f.]); fällt aber eine Leistung unter die VO (EG) 883/2004, so kann Art. 7 II gleichwohl greifen, wenn sich aus der VO (EG) 883/2004 kein Anspruch ergibt (so auch EuGH 10.3.1993 – C-111/91 Rn. 21 – Kommission/Luxemburg; *Bokeloh* ZESAR 2014, 168 [174]; ähnlich *Husmann* ZfSH/SGB 2010, 87 [88]).

18 Schwierigkeiten bereitet insbesondere die **Abgrenzung der Sozialhilfe von den Leistungen der sozialen Sicherheit** iSd VO (EG) 883/2004, was Bedeutung für die Zuordnung zu Art. 7 II hat. Im Grundsatz geht es darum, ob der Leistungsgewährung nach den gesetzlichen Regelungen eine typischerweise der Sozialhilfe eigene Bedürftigkeitsprüfung im Einzelfall vorauszugehen hat, so dass ein Anspruch auf Sozialhilfe nicht von dem gesetzlichen Status des Arbeitnehmers oder von bestimmten zurückgelegten Wohn- oder Beschäftigungszeiten abhängt, sondern von der Ermessensentscheidung der zuständigen

Behörde (EuGH 22.6.1972 – C-1/72 – Frilli,Slg. 1972, 457 = BeckRS 2004, 70557; 9.10.1974 C-24/74 – Biason, Slg. 1974, 999ff = BeckRS 2004, 72546 für eine Leistung mit Doppelcharakter, die der sozialen Sicherheit zuzuordnen ist). In der Rs. *Piscitello* (EuGH vom 5.5.1983 – C-139/82 – Piscitello, Slg. 1983, 1427 = BeckRS 2004, 71597) wurde die italienische „pensione sociale", obwohl sie national als Sozialhilfeleistung angesehen wird, als Leistung der sozialen Sicherheit qualifiziert, weil der Leistungsgewährung nach den italienischen Rechtsvorschriften im Einzelfall keine Bedürftigkeitsprüfung vorauszugehen hat. Aufgrund der immer noch bestehenden Abgrenzungsprobleme in späteren Fällen wurde das Kriterium der Bedürftigkeit durch das Merkmal der Zweckbestimmung der Leistung und die Voraussetzungen ihrer Gewährung ergänzt (EuGH 27.3.1985 – C-122/84 – Scrivner, Slg. 1985, 1025 = NJW 1986, 2181). Gerade wegen des angesprochenen breiten Spektrums an divergierenden Leistungssystemen wurde die Rechtsprechung des EuGH in dieser Frage immer unübersichtlicher (siehe EuGH 5.5.1983 – C-139/82 – Piscitello, Slg. 1983, 1427 = BeckRS 2004, 71597; 9.10.1974 – C-24/74 – Biason, Slg. 1974, 999 = BeckRS 2004, 72546; 28.5.1974 – C-187/73 – Callemeyn, Slg. 1974, 553 = BeckRS 2004, 72092; 13.11.1974 – C-39/74 – Costa, Slg. 1974, 1251f. = BeckRS 2004, 71065; 27.5.1993 – C-310/91 – Hugo Schmid, Slg. 1993, I-3043 = BeckRS 2004, 76241). Dem Problem wurde mit der Einführung der Koordinierungsregeln zu den sog. beitragsunabhängigen Leistungen begegnet. Art. 3 III VO (EG) 883/2004 bezieht nunmehr die besonderen beitragsunabhängigen Geldleistungen, die in Art. 70 VO (EG) 883/2004 näher bestimmt werden, in den sachlichen Anwendungsbereich mit ein. Es muss sich aber um steuerfinanzierte Leistungen handeln, die entweder die in Abs. 1 aufgeführten Leistungen ersetzen, ergänzen oder zusätzlich gewährt werden oder allein zum besonderen Schutz der Behinderten bestimmt sind (s. dazu Art. 70). Anhang X enthält den Katalog der Leistungen, die einbezogen sind; die Eintragung in diesen Katalog ist konstitutiv. Für Deutschland zählen hierzu die Leistungen der Grundsicherung im Alter und bei Erwerbsminderung nach dem Vierten Kapitel des SGB XII sowie Leistungen zur Sicherung des Lebensunterhalts der Grundsicherung für Arbeitssuchende, soweit für diese Leistungen nicht dem Grunde nach die Voraussetzungen für den befristeten Zuschlag nach Bezug von Arbeitslosengeld (§ 24 I SGB II) erfüllt sind (vgl. hierzu auch *Fuchs* SGb 2008, 201 [203 f.]).

Nach der Rechtsprechung des EuGH sind eine **Reihe von Leistungen als soziale Vergünstigung** für den Arbeitnehmer iSd VO (EU) Nr. 492/2011 anzusehen, die typischerweise allein als Folge des Arbeitsplatzwechsels oder des Wohnsitzes unmittelbar in Anspruch genommen werden können, ohne dass wie etwa bei Leistungen der VO (EG) Nr. 883/2004 anspruchsbegründende Wohn-, Beschäftigungs- oder Versicherungszeiten vorausgesetzt werden. Hierzu zählen im Einzelnen: garantierte Mindesteinkommen im Alter (EuGH 22.6.1972 – C-1/72 – Frilli, Slg. 1972, 457 = BeckRS 2004, 70557; 12.7.1984 – C-261/83 – Castelli, Slg. 1984, 3199 = BeckRS 2004, 72738), Sozialleistungen für Behinderte bzw. für deren Integration (EuGH 11.4.1973 – C-76/72 – Michell, Slg. 1973, 457 = BeckRS 2004, 73649; 28.5.1974 – C-187/73 – Callemeyn, Slg. 1974, 553 = BeckRS 2004, 72092; 16.12.1976 – C-63/76 – Inzirillo, Slg. 1976, 2057 =BeckRS 2004, 73461), Arbeitslosengeld (EuGH 20.6.1985 – C-94/84 – Deak, Slg. 1985, 1873 = BeckRS 2004, 7395), Teilnahme am Unterricht (EuGH 3.7.1974 – C-9/74 – Casagrande, Slg. 1974, 773 =BeckRS 2004, 73876; 29.1.1975 – C-68/74 – Alaimo, Slg. 1975, 109 = BeckRS 2004, 73526), Geburtsbeihilfen bzw. zinslose Geburtsdarlehen (EuGH 10.3.1993 – C-111/91 – Kommission/Luxemburg, Slg. 1993, I-817 = BeckRS 2004, 74138; EuGH 14.1.1982 – C-65/81 – Reina, Slg. 1982, 33 = BeckRS 2004, 73494; aus deutscher Sicht auch Baby-Geld, vgl. BVerwG 15.4.1988 NJW 1988, 2195), Fahrpreisermäßigungen (EuGH 30.9.1975 – C-32/75 – Christini, Slg. = 1975, 1085 = BeckRS 2004, 70771), Aufenthaltsrecht für den Lebenspartner (EuGH 17.4.1986 – C-59/85 – Reed, Slg. 1986, 1283 = BeckRS 2004, 73383), Ausbildungsförderung bzw. Stipendium und Zugang zum Hochschulunterricht (EuGH 21.6.1988 – C-39/86 – Lair, Slg. 1988, 3161 = BeckRS 2004, 71074; 12.11.1987 – C-198/86 – Brown, Slg. 1988, 3105 = BeckRS 2004, 72183;

27.9.1988 – C-235/87 – Matteuci, Slg. 1988, 5589 = BeckRS 2004, 72508; 26.2.1992 – C-357/89 – RaulinSlg.; EuGH 26.2.1992 – C-3/90 – Bernini, Slg. 1992, I-1071 = BeckRS 2004, 76477), Einschreibegebühren (EuGH 27.9.1988 – C-263/86 – Humbel, Slg. 1988, 5365 = BeckRS 2004, 72754), Ausbildungsförderung für Auslandsstudium (EuGH 13.11.1990 – C-308/89 – di Leo, Slg. 1990, I-4185 = BeckRS 2004, 76211), Bestattungsgeld (EuGH 23.5.1996 – C-331/94 – O'Flynn, Slg. 1996, I-2617 = BeckRS 2004, 76495), einmalige Entschädigungsleistungen wegen Flächenstilllegung in der Landwirtschaft und damit verbundenem Arbeitsplatzverlust (EuGH 27.11.1997 – C-57/96 – Meints, Slg. 1997, I-6689 ff. = BeckRS 2004, 77580) und das Recht auf eine andere Verfahrenssprache in einem Strafprozess (EuGH 11.7.1985 – C-137/84 – Mutsch, Slg. 1985, 2681 = BeckRS 2004, 71580). Aus deutscher Sicht werden die klassische Sozialhilfe (also ohne die Grundsicherung im Alter und bei Erwerbsminderung nach dem SGB XII und die Leistungen nach dem SGB II) sowie Jugendhilfeleistungen und Unterhaltsvorschüsse von Art. 7 II erfasst. Den Schwerpunkt des sachlichen Anwendungsbereichs des Art. 7 II bilden somit, wegen ihrer vorrangigen Bedeutung für die Integration des Arbeitnehmers im Gastland, die Sicherung des notwendigen Lebensunterhalts und Maßnahmen der (Berufs-)Ausbildungsförderung. Inzwischen hat der EuGH auch die sog. Riester-Förderung unter Art. 7 II subsumiert und einen Verstoß gegen diese Vorschrift angenommen, soweit die einschlägigen Vorschriften Grenzarbeitnehmern und deren Ehegatten die Altersvorsorgezulage verweigern, falls sie in Deutschland unbeschränkt steuerpflichtig sind bzw. Grenzarbeitnehmern nicht gestatten, das geförderte Kapital für die Anschaffung oder Herstellung einer zu eigenen Wohnzwecken dienenden Wohnung zu verwenden, falls diese nicht in Deutschland gelegen ist und falls sie vorsehen, dass die Zulage bei der Beendigung der unbeschränkten Steuerpflicht in Deutschland zurückzuzahlen ist (EuGH 10.9.2009 – C-269/07 – Kommission/Deutschland).

20   Der EuGH legt Art. 7 II extensiv aus, so dass zunehmend auch **immaterielle Leistungen** wie ein Aufenthaltsrecht für den Lebenspartner (vgl. EuGH 17.4.1986 – C-95/85 – Reed), das Recht auf Durchführung eines Strafverfahrens in einer anderen Verfahrenssprache (EuGH 11.7.1985 – C-137/84 – Mutsch, Slg. 1985, 2681 = BeckRS 2004, 71580) für und entgegen der Systematik sogar Leistungen an Familienangehörige in den Anwendungsbereich des Art. 7 II einbezogen werden (s. auch *Fuchs/Marhold*, Europäisches Arbeitsrecht, 100).

21   Die Gewährung von sozialen Vergünstigungen iSv Art. 7 II an **Familienangehörige** entgegen dem Wortlaut rechtfertigt der EuGH mit der Feststellung, dass diese Leistungen im Grunde soziale Vergünstigungen für den Arbeitnehmer selbst sind (EuGH 30.9.1975 – C-32/75 – Christini, Slg. 1975, 1085 = BeckRS 2004, 70771; 16.12.1976 – C-63/76 – Inzirillo, Slg. 1976, 2057 = BeckRS 2004, 73461; 20.6.1985 – C-94/84 – Deak, Slg. 1985, 1873 = BeckRS 2004, 73951), so dass auch diese von dem Anwendungsbereich des Art. 7 II erfasst werden müssen. Diese Annahme ist konsequent, da das Grundrecht auf Freizügigkeit des Arbeitnehmers seine Schranken nicht darin finden kann, dass seinen Familienangehörigen eine Leistung versagt wird, die in einem vergleichbaren Fall den Angehörigen eines Inländers gewährt werden würde (s. die Entscheidungsgründe in EuGH 30.9.1975 – C-32/75 – Christini, Slg. 1975, 1085 = BeckRS 2004, 70771). Weil nach dem EuGH der Anknüpfungspunkt der Anspruchsberechtigung auch bei Leistungen an Familienangehörige weiterhin beim Arbeitnehmer selbst liegt, hat diese Rechtsprechung zur Folge, dass auf diesem Wege rechtlich der sachliche, faktisch hingegen der persönliche Anwendungsbereich des Art. 7 II erweitert wird. Dies soll nach der Rechtsprechung des EuGH auch dann gelten, wenn im Fall eines Grenzarbeitnehmers sich das Kind nie im Beschäftigungsstaat aufgehalten hat und es um die Förderung eines Studiums im Herkunftsstaat geht (EuGH 8.6.1999 – C-337/97 – Meussen, BeckRS 2004, 76538); dieses Urteil hat Kritik erfahren (s. GHN/*Randelzhofer/Forsthoff* EGV Art. 39 Rn. 161), rechtfertigt sich aber aus dem weiten Verständnis der Freizügigkeit durch den EuGH. Für die Begünstigung eines Familienangehörigen ist dessen Staatsangehörigkeit ohne Bedeutung, so dass auch Staatsangehörige von

Drittstaaten Leistungen nach Art. 7 II empfangen können (EuGH 20.6.1985 – C-94/84 – Deak, Slg. 1985, 1873 = BeckRS 2004, 73951).

Von Art. 7 II nicht erfasst werden Leistungen, bei denen gerade **die Staatsangehörig-** **keit die wesentliche Voraussetzung für den Anspruch** ist. Zu diesen Leistungen, die in besonderer Weise an das Verhältnis des Bürgers zu seinem Heimatstaat anknüpfen, zählen das Wahlrecht zu den Volksvertretungen und die bürgerlichen und politischen Grundrechte sowie Leistungen, die als Folge der Ableistung einer Wehrpflicht gewährt werden (vgl. EuGH 14.3.1996 – C-315/94 – de Vos, Slg. 1996, I-1417 = NZA 1996, 523). Dies gilt auch für Leistungen, mit denen ein Staat besonderen, nur seine Staatsangehörigen betreffenden Situationen und Belastungen Rechnung tragen will. So hat der EuGH Ansprüche auf Kriegsopferentschädigung für Nicht-Staatsnagehörige mit der Begründung versagt, die Entschädigung verfolge im Wesentlichen den Zweck der Vergünstigung im Hinblick auf die für seinen Heimatstaat erduldeten Prüfungen (EuGH 31.5.1997 – C-207/78 – Even, Slg. 1979, 2019, 2034); sie sei keine Vergünstigung, die dem inländischen Arbeitnehmer wegen seiner Eigenschaft als Arbeitnehmer oder als im Inland Ansässiger gewährt werde (EuGH 16.9.2004 – C-386/02 – Baldinger, BeckRS 2004, 76460). Art. 7 II findet auch keine Anwendung, wenn ein Erwerbsloser in einen anderen Mitgliedstaat übersiedelt, um dort in den Genuss von sozialen Vergünstigungen zu kommen. Art. 7 II knüpft insoweit nur an Fälle an, in denen ein Arbeitsplatzwechsel oder eine Arbeitsaufnahme bestimmte Sozialleistungen mit sich bringen oder die Beendigung dieses Arbeitsverhältnisses Sozialleistungsansprüche auslöst. 22

Gewisse Einschränkungen sind bei Art. 7 II hinsichtlich der **Grenzgänger** vorzunehmen, also solcher Personen, die in einem Mitgliedstaat wohnen und in dem anderen arbeiten. Für sie gilt die Verordnung im Grundsatz zwar ebenso, der Kreis der anwendbaren sozialen Vergünstigungen ist aber auf das zu reduzieren, was eng an die Arbeitnehmereigenschaft gebunden ist (so *Bokeloh* ZESAR 2014, 168 [174 f.]). Hier mag sich auch ergeben, dass eine solche Leistung in den Wohnstaat zu exportieren ist. 23

II. Steuerliche Vergünstigungen

Art. 7 II betrifft daneben auch steuerliche Vergünstigungen. Der Natur der Sache nach geht es hier vorrangig um das Einkommensteuerrecht. Das Kernproblem des Steuerrechts im europäischen Kontext ist, dass die Steuerrechtsordnungen bisher am wenigsten harmonisiert sind. Das Steuerrecht fällt nach wie vor – vollständig – in die **Gesetzgebungskompetenz der Mitgliedstaaten;** die europarechtliche Grenze ist lediglich, dass die Befugnisse unter Wahrung des Gemeinschaftsrechts auszuüben sind (vgl. nur EuGH 13.12.2005 – C-446/03 – Marks & Spencer, EuR 2006, 266). Allerdings stößt dies beim Steuerrecht auf besondere Schwierigkeiten insofern, als die Steuererhebung sich naturgemäß auf das Hoheitsgebiet des jeweiligen Mitgliedstaats beschränkt und nach internationalem Steuerrecht das gesamte Einkommen dort zu versteuern ist, wo der Betreffende ansässig ist. 24

1. Maßstab des Art. 7 Abs. 2. Steuerrechtliche Regelungen der Mitgliedstaaten sind daher an Art. 45 II AEUV sowie Art. 7 II VO 492/2011 zu messen. So verstößt etwa eine Regelung des nationalen Steuerrechts, nach der zu viel gezahlte Einkommensteuer nicht erstattet wird und dem Staat verfällt, wenn ein Arbeitnehmer nur während eines Teils des Jahres **gebietsansässiger Steuerpflichtiger** war, weil er sich im Laufe des Jahres im Lande niedergelassen oder das Land verlassen hat, gegen Art. 45 II AEUV und Art. 7 I VO 492/ 2011 (EuGH 8.5.1990 – C-175/88 Rn. 19 – Biehl, BeckRS 2004, 71995). Beide Vorschriften erlauben es nicht, einen Staatsangehörigen eines anderen Mitgliedstaats, der in Ausübung seines Rechts auf Freizügigkeit im Hoheitsgebiet des erstgenannten Staates eine nichtselbständige Beschäftigung ausübt, bei der Erhebung der direkten Steuern schlechter zu behandeln als einen eigenen Staatsangehörigen, der sich in der gleichen Lage befindet. Sie erlauben es auch nicht, einen Arbeitnehmer, der Staatsangehöriger eines anderen Mit- 25 gliedstaats ist, in dem er auch wohnt, und der im Hoheitsgebiet des erstgenannten Staates eine nichtselbständige Beschäftigung ausübt, höher zu besteuern als einen Arbeitnehmer, der im Hoheitsgebiet des erstgenannten Staates wohnt und dort die gleiche Beschäftigung ausübt, wenn der Staatsangehörige des zweitgenannten Mitgliedstaats sein Einkommen ganz oder fast ausschließlich aus der Beschäftigung erzielt, die er im ersten Mitgliedstaat ausübt, und im zweitgenannten Mitgliedstaat keine ausreichenden Einkünfte erzielt, um dort einer Besteuerung unterworfen zu werden, bei der seine persönliche Lage und sein Familienstand berücksichtigt werden. Ein Mitgliedstaat darf auch den Lohnsteuer-Jahresausgleich und die Einkommensteuerveranlagung durch die Verwaltung nicht nur für Gebietsansässige vorsehen und natürliche Personen, die im Hoheitsgebiet dieses Mitgliedstats weder einen Wohnsitz noch ihren gewöhnlichen Aufenthalt haben, dort jedoch Einkünfte aus nichtselbständiger Arbeit erzielen, davon ausschließen (EuGH 14.2.1995 – C-279/93 – Schumacker, BeckRS 2004, 75933). Damit wird auch steuerrechtlich eine Gleichbehandlung hergestellt und dabei auch die Situation der mittelbaren Diskriminierung berücksichtigt. Die Entscheidung betrifft einen sog. Grenzgänger, also eine Person, die in einem Mitgliedstaat wohnt, aber in einem anderen der Arbeit nachgeht. Die Aussagen lassen sich aber allg. übertragen auf die steuerrechtliche Behandlung von Arbeitnehmern.

26 Trotz fehlender Harmonisierung des Steuerrechts führen Art. 45 II AEUV und Art. 7 II VO 492/2011 zu **nachhaltigen Veränderungen des jeweiligen nationalen Steuerrechts.** So muss ein Mitgliedstaat dafür sorgen, dass ein Arbeitnehmer, der nicht in dem Mitgliedstaat wohnt, in dem er Einkünfte erzielt, die sein gesamtes oder nahezu sein gesamtes zu versteuerndes Einkommen ausmachen (nach § 1a I iVm § 1 III S. 2 EStG mindestens 90% der Einkünfte), bei der Ermittlung der Besteuerungsgrundlage für diese Einkünfte in diesem Mitgliedstaat die negativen Einkünfte betreffend ein ihm gehörendes, in einem anderen Mitgliedstaat belegenes Wohngebäude geltend machen kann. Er darf nicht gegenüber dem im Beschäftigungsstaat Ansässigen benachteiligt werden, wenn dieser solche negativen Einkünfte bei der Ermittlung der Besteuerungsgrundlage für seine Einkünfte geltend machen kann (EuGH 16.10.2008 – C-527/06 – Renneberg, DStRE 2009, 212). Der EuGH sieht in solchen Fällen die Diskriminierung darin, dass die persönliche Lage und der Familienstand eines Gebietsfremden, der in einem anderen Mitgliedstaat als seinem Wohnmitgliedstaat den wesentlichen Teil seiner Einkünfte und praktisch seine gesamten Familieneinkünfte erzielt, weder im Wohnmitgliedstaat noch im Beschäftigungsmitgliedstaat berücksichtigt werden (EuGH 18.7.2007 – C-182/06 Rn. 31 – Lakebrink, BeckRS 2007, 70516). In dieser Linie ist auch die Entscheidung des EuGH vom 1.7.2004, die es einem Mitgliedstaat im Fall von Grenzgängern untersagt, Personen mit steuerlichem Wohnsitz im Ausland aber Einkünften im Inland mit einer Quellensteuer zu belegen, die keinen Grundfreibetrag oder andere durch die persönlichen Verhältnisse des Steuerpflichtigen bedingte Abzüge vorsieht, während im Inland ansässige Personen bei der normalen Veranlagung zur Einkommensteuer Anspruch auf einen solchen Freibetrag haben oder zu solchen Abzügen berechtigt sind (EuGH 1.7.2004 – C-169/03 – Wallentin, DStRE 2004, 1346). Dies gilt etwa auch für die Geltendmachung von Vorsorgeabzügen (EuGH 11.8.1995 – C-80/94 Rn. 22 – Wielockx, BeckRS 2004, 77812). Es geht also bei allen diesen Fällen entscheidend um solche Situationen, in denen sich der Wohnsitz in dem einen Mitgliedstaat befindet und die Einkünfte sich überwiegend aus einem anderen Mitgliedstaat ergeben. Hier verlangt das primäre Gemeinschaftsrecht des Art. 45 AEUV sowie das sekundäre Gemeinschaftsrecht des Art. 7 II VO 492/2011, dass der Arbeitnehmer im Staat seines Haupteinkommens wie ein Inländer behandelt wird. Dies taucht als Problem nicht auf, sofern er seinen steuerlichen Wohnsitz im Staat seines Haupteinkommens hat, stellt sich aber, wenn Wohnsitzstaat und Beschäftigungsstaat divergieren. Insofern hat das europäische Gemeinschaftsrecht dann erhebliche Auswirkungen auf die Ausgestaltung der nationalen Steuerrechtsordnungen. Wird in dem anderen Staat nicht das Haupteinkommen erzielt, so folgt aus der Logik, dass der Mitgliedstaat dann nichtortsansässigen Grenzgängern bestimmte steuerliche Vergünstigungen versagt, die er Gebietsansässigen gewährt; in solchen Fällen

befindet er sich im Hinblick auf die direkten Steuern in der Regel nicht in einer vergleichbaren Situation mit den Gebietsansässigen (EuGH 16.5.2000 – C-87/99 Rn. 21 – Zustrassen, IStR 2000, 335).

Dies betrifft nicht nur die **Situation im Beschäftigungsstaat sondern auch im** 27 **Wohnsitzstaat,** weshalb das europäische Gemeinschaftsrecht einer Regelung entgegensteht, wonach ein Steuerpflichtiger bei der Berechnung seiner Einkommensteuer im Wohnsitzstaat einen Teil des Steuerfreibetrags und seiner persönlichen steuerlichen Vorteile verliert, weil er in dem betreffenden Jahr auch Einkünfte in einem anderen Mitgliedstaat erzielt hat, die dort ungeachtet seiner persönlichen und familiären Situation besteuert wurden. Allerdings macht das Gemeinschaftsrecht keine Vorgaben hinsichtlich der Art und Weise, wie der Wohnsitzstaat die persönliche und familiäre Situation eines Arbeitnehmers zu berücksichtigen hat; er muss nur sicherstellen, dass diese Bedingungen weder eine unmittelbare oder mittelbare Diskriminierung aufgrund der Staatsangehörigkeit noch eine Beschränkung der Ausübung einer durch den EG-Vertrag verbürgten Grundfreiheit darstellen (EuGH 12.12.2002 – C-385/00 – de Groot, DStRE 2003, 150). Der BFH hat § 62 I Nr. 2 lit. b EStG zur Kindergeldberechtigung als damit vereinbar angesehen (BFH 18.7.2013 BeckRS 2013, 96366 Rn. 28 f.). Mit der im Rahmen der Veranlagung von Amts wegen durchzuführenden sog. Günstigerprüfung (§ 31 S. 4 EStG) werde gewährleistet, dass eine Freistellung des Einkommens mindestens in Höhe der Freibeträge nach § 32 VI EStG erfolge. Damit sei dem Grundsatz entsprochen, dass unter § 1 III EStG fallende Gebietsfremde bei der Einkommensbesteuerung die gleichen steuerlichen Vergünstigungen erhielten wie Gebietsansässige.

Diese Problematik ist aber nicht zwingend auf **Grenzgänger** beschränkt, also solche 28 Personen, die ihren Wohnsitz in einem anderen Staat als dem Beschäftigungsstaat haben und zumeist regelmäßig in den Staat der Beschäftigung pendeln. Vielmehr taucht das steuerrechtliche Problem ebenso auch bei anderen Arbeitnehmern auf, wenn sie etwa Abzüge für Aufwendungen zu einer in einem anderen Mitgliedstaat belegenen Altersversorgung geltend machen.

Der EuGH spricht grundsätzlich aus, dass Regelungen in **Doppelbesteuerungs-** 29 **abkommen** sich ebenfalls den gemeinschaftsrechtlichen Vorgaben stellen müssen. Den Mitgliedstaaten stehe es in Ermangelung gemeinschaftlicher Maßnahmen zur Vereinheitlichung oder Harmonisierung zwar frei, diese Wechselbeziehung zwischen der Berücksichtigung des Gesamteinkommens der Gebietsansässigen sowie ihrer persönlichen und familiären Gesamtsituation durch den Wohnsitzstaat durch bilaterale oder multilaterale Doppelbesteuerungsübereinkünfte zu ändern. Die zur Vermeidung der Doppelbesteuerung verwendeten Mechanismen oder die nationalen Steuersysteme, die eine Ausschließung oder Milderung der Doppelbesteuerung bewirken, müssten jedoch den Steuerpflichtigen der betreffenden Staaten gewährleisten, dass ihre gesamte persönliche und familiäre Situation im Ganzen gebührend berücksichtigt werde, unabhängig davon, wie die betreffenden Mitgliedstaaten diese Verpflichtung untereinander aufgeteilt haben, da andernfalls eine mit den Vertragsbestimmungen über die Freizügigkeit der Arbeitnehmer unvereinbare Ungleichbehandlung entstünde, die sich keineswegs aus den Unterschieden zwischen den nationalen Steuervorschriften ergeben würde (EuGH 12.12.2002 – C-385/00 Rn. 93 ff. – de Groot; DStRE 2003, 150).

Art. 7 II betrifft auch die **Abzugsfähigkeit der geleisteten Sozialversicherungs-** 30 **beiträge** von einer direkten Steuer. Eine Regelung verstößt deshalb gegen Art. 7 II. wenn ein gebietsansässiger Steuerpflichtiger nur dann Anspruch auf Abzug der im Steuerjahr gezahlten Sozialversicherungsbeiträge von der Bemessungsgrundlage hat und demzufolge sich die von ihm geschuldete Einkommensteuer um diese entrichteten Beiträge mindert, wenn diese Beiträge im Mitgliedstaat der Besteuerung entrichtet werden, nicht aber, wenn die Beiträge in einem anderen Mitgliedstaat entrichtet werden, auch wenn sie dort nicht abgezogen wurden (EuGH 19.11.2009 – C-314/08 Rn. 74 – Filipiak; DStRE 2010, 1371).

31 Einen Grenzfall zwischen steuerlicher und sozialer Vergünstigung stellt das deutsche System der **Riesterrente** dar. Hier hat der EuGH hinsichtlich der Altersvorsorgezulage entschieden, dass es sich insoweit nicht um eine steuerliche sondern um eine soziale Vergünstigung handele. Maßgebend dafür seien Zweck und Voraussetzungen ihrer Gewährung. Der Altersvorsorgezulage lägen soziale Erwägungen zugrunde. Sie sei nämlich geschaffen worden, um die künftige Absenkung des Niveaus der gesetzlichen Rente zu kompensieren, und sei zu diesem Zweck als finanzielle Hilfe ausgestaltet, die den Betroffenen einen Anreiz für den Aufbau einer ergänzenden Rente während ihrer gesamten Berufstätigkeit geben solle (EuGH 10.9.2009 – C-269/07 Rn. 38 ff. – Kommission/Deutschland). Dies wird man aber nur hinsichtlich der Zulage annehmen können, nicht aber hinsichtlich der Möglichkeit, die geleisteten Beiträge nach § 10a EStG als Sonderausgaben geltend zu machen.

32 **2. Kohärenz der nationalen Steuersysteme.** Allerdings hat der EuGH eine Rechtfertigung unter Berufung auf die Kohärenz der nationalen Steuersysteme zugelassen. Damit wird der Umstand angesprochen, dass nationales Steuerrecht grundsätzlich von einer **Wechselbeziehung zwischen der Abzugsfähigkeit eines Aufwandes einerseits und der Steuerpflicht von darauf beruhenden Leistungen** ausgeht. Das bedeutet dann, dass bei einer solchen Steuerregelung der Einnahmeverlust, der sich aus dem Abzug der Beiträge etwa zu Lebensversicherungen vom Gesamtbetrag der steuerpflichtigen Einkünfte ergibt, durch die Besteuerung der von den Versicherern zu zahlenden Leistungen ausgeglichen wird (EuGH 28.1.1992 – C-204/90 – Bachmann; BeckRS 2004, 74945). Dahinter steht der Gedanke, dass ein nationales Steuersystem grundsätzlich ein in sich geschlossenes Konstrukt ist, in dem aus fiskalischen Gründen der Abzugsfähigkeit des Aufwands die Steuerpflichtigkeit des Ertrags gegenüberstehen muss. Dies entspricht der inneren Logik dieser Systeme. Deshalb sieht der EuGH die Kohärenz der nationalen Steuersysteme auch dann als gewahrt an, wenn der Staat aufgrund der Doppelbesteuerungsabkommen die Renten bzw. vergleichbare Leistungen aller Gebietsansässigen unabhängig davon der Steuer unterwirft, in welchem Staat die Beiträge gezahlt wurden, er aber umgekehrt darauf verzichtet, die im Ausland bezogenen Renten der Besteuerung zu unterwerfen, auch wenn sie auf Beiträgen beruhen, die in seinem Gebiet gezahlt wurden und die er als abzugsfähig angesehen hat. Hier wird diese Kohärenz nicht auf der Ebene der Einzelperson und der dort vorgesehenen Wechselbeziehung zwischen der Abzugsfähigkeit der Beiträge und der Besteuerung der Renten hergestellt; vielmehr wird dies auf die Ebene der Gegenseitigkeit der in den Vertragsstaaten anwendbaren Vorschriften verlagert (EuGH 11.8.1995 – C-80/94 Rn. 24 – Wielockx, BeckRS 2004, 77812). Dabei darf das einschlägige Doppelbesteuerungsabkommen unterschiedliche Anknüpfungsfaktoren vorsehen, je nachdem, ob die Steuerpflichtigen Grenzgänger sind oder nicht oder ob sie im privaten oder im öffentlichen Sektor arbeiten (EuGH 12.5.1996 – C-336/96 Rn. 29 – Gilly; EuZW 1999, 46).

33 In **späteren Entscheidungen** hat der EuGH dies allerdings **relativiert**. In der Rechtssache Danner hat der Gerichtshof eine Steuerregelung verworfen, die die Möglichkeit eines Abzugs der Beiträge zu einer freiwilligen Altersversicherung, die an in anderen Mitgliedstaaten ansässige Rentenversicherer gezahlt worden sind, bei der Einkommensbesteuerung beschränkt oder ausschließt, diese Möglichkeit aber für den Fall vorsieht, dass die Beiträge an Einrichtungen gezahlt worden sind, die im erstgenannten Staat ansässig sind, sofern die Regelung nicht gleichzeitig die Besteuerbarkeit der Renten ausschließt, die von den genannten Rentenversicherern gezahlt werden. In dieser Entscheidung hat der Gerichtshof insbesondere darauf verwiesen, dass ein Mitgliedstaat grundsätzlich in der Lage ist, zu überprüfen, ob Beiträge von einem Steuerpflichtigen dieses Staates tatsächlich an eine Einrichtung aus einem anderen Mitgliedstaat gezahlt worden sind (EuGH 3.10.2002 – C-136/00 Rn. 44 ff. – Danner, DStRE 2002, 1441). Es ist inzwischen festzustellen, dass der EuGH **regelmäßig** zu dem Ergebnis kommt, **dass der Einwand der Kohärenz nicht zieht.** Er begründet dies regelmäßig mit der Existenz von Doppelbesteuerungsabkommen und der

Gegenseitigkeit auf der Ebene der Vertragsstaaten. Es kann daraus nicht geschlossen werden, dass der Einwand der Kohärenz als solcher obsolet ist (so aber GHN/*Randelshofer/Forsthoff*, EGV vor Art. 39–55 Rn. 235 ff.). Es kann aber festgestellt werden, dass dieser regelmäßig entkräftet wird durch den Verweis auf die Doppelbesteuerungsabkommen und die Möglichkeit der Mitgliedstaaten, die Zahlungen auch an Einrichtungen in einem anderen Mitgliedstaat überprüfen zu können. Es ist allerdings einzuräumen, dass dieser Einwand an praktischer Bedeutung erheblich verloren hat.

Unabhängig von der Einschlägigkeit von Doppelbesteuerungsabkommen setzt diese Rechtfertigung eine **innere Kohärenz des Steuersystems** voraus. Wenn es nämlich positive Einkünfte, die etwa mit der Nutzung eines Wohnhauses in einem anderen Mitgliedstaat verbunden sind, bei der Festsetzung des Steuersatzes berücksichtigt, kann die Weigerung, bei dieser Festsetzung aus demselben Staat stammende Verluste gleicher Art zu berücksichtigen, nicht mit einer Berufung auf steuerliche Kohärenz gerechtfertigt werden (EuGH 21.2.2006 – C-152/03 Rn. 40 – Ritter-Coulais, NJW 2006, 1045); anders gewendet muss der Besteuerung der Einkünfte auch eine Abzugsfähigkeit der Verluste gegenüberstehen. 34

3. Unterschiedliche Steuersätze. Bei alledem ist festzustellen, dass eine Ungleichbehandlung nicht schon durch die unterschiedlichen Steuersätze in den verschiedenen Mitgliedstaaten hervorgerufen wird. Solange das Steuerrecht nicht harmonisiert ist, bleiben diese Unterschiede bestehen und es wird dem Freizügigkeitsgedanken ausreichend Rechnung getragen, da der Arbeitnehmer in dem jeweiligen Mitgliedstaat wie ein Inländer behandelt wird (ähnlich EuGH 12.5.1998 – 336/96 Rn. 34 – Gilly, EuZW 1999, 46; EuGH 12.12.2002 – C-385/00 Rn. 85 ff., DStRE 2003, 150). Dies mag sich besonders bei Grenzgängern auswirken, ist aber durch den Stand der Integration im Steuerrecht begründet. 35

III. Diskriminierung

Maßgebend ist dann bei Art. 7 II, dass eine Gleichbehandlung von Inländern und EU-Ausländern zu erfolgen hat. Das gilt auch für die Fälle der mittelbaren Diskriminierung. Der Grundsatz der Gleichbehandlung verbietet nicht nur offensichtliche Diskriminierungen aufgrund der Staatsangehörigkeit, sondern auch alle verschleierten Formen der Diskriminierung, die durch die Anwendung anderer Unterscheidungskriterien de facto zum gleichen Ergebnis führen. Dies gilt insbesondere für Maßnahmen, die eine **bestimmte Wohndauer** verlangen; dies wirkt sich vornehmlich zum Nachteil von Wanderarbeitnehmern aus, da Gebietsfremde meist Ausländer sind. 36

Deshalb hat der Gerichtshof eine niederländische Regelung verworfen, nach der Wanderarbeitnehmer und die von ihnen weiterhin unterhaltenen Familienangehörigen ein Wohnsitzerfordernis erfüllen müssen, die sogenannte „Drei-von-sechs-Jahren"-Regel, um für die Finanzierung eines Hochschulstudiums außerhalb der Niederlande in Betracht zu kommen (EuGH 14.6.2012 – C-542/09 – Kommission/Niederlande). In die gleiche Richtung geht eine Entscheidung aus 2013, nach der eine Regelung mittelbar diskriminierend ist, die die Gewährung einer finanziellem Studienbeihilfe abhängig macht von der Erfüllung eines **Wohnsitzerfordernisses** durch den Studierenden. In dieser Entscheidung prüft der EuGH dann auch die Rechtfertigung der mittelbaren Diskriminierung und erkennt das Ziel, den Anteil der Gebietsansässigen mit Hochschulabschluss zu erhöhen, um die Entwicklung der Wirtschaft des Mitgliedstaats zu fördern, als legitimes und für die Rechtfertigung grundsätzlich geeignetes Ziel an; der Gerichtshof stellt dann aber fest, dass die aufgestellte Voraussetzung über das hinausgehe, was zur Erreichung des mit ihr verfolgten Ziels erforderlich sei (EuGH 20.6.2013 – C-20/12 – Giersch, ZAR 2014, 37). 37

D. Kollektiv- und Einzelvereinbarungen

38 Art. 7 IV macht deutlich, dass die Vorgaben des Art. 7 auch im Verhältnis zwischen Arbeitnehmer und Arbeitgeber gelten. Sämtliche auch privatrechtliche bzw. arbeitsrechtliche Vereinbarungen individualrechtlicher und kollektivrechtlicher Art werden erfasst. Die Anordnung der Nichtigkeit bedeutet hier, dass bei einem Verstoß gegen die Vorgaben des Art. 7 I die den Staatsangehörigen des Mitgliedstaates begünstigende Regelung auch auf die Staatsangehörigen anderer Mitgliedstaaten anzuwenden ist. Einer vorherigen Umsetzung dieser Vorgabe durch Tarifvertrag oder auf anderem Wege bedarf es dafür nicht (EuGH 15.1.1998 – C-15/96 Rn. 35 – Schöning-Kougebetopoulou, NZA 1998, 205). Aus Art. 7 IV ergibt sich aber auch, dass bei der Ermittlung der Bemessungsgrundlage einer tarifvertraglich geregelten Überbrückungsbeihilfe bei einem in Frankreich ansässigen ehemaligen Arbeitnehmer nicht die fiktive deutsche Lohnsteuer sondern die fiktive in Frankreich zu entrichtende Lohn-/Einkommensteuer zu berücksichtigen ist; die fiktive deutsche Lohnsteuer kann sich nämlich nachteilig für Grenzgänger auswirken; der Tarifvertrag ist insoweit gemeinschaftsrechtswidrig, was die diskriminierende Norm unanwendbar macht und zum Abzug der fiktiven französischen Einkommensteuer führt (BAG 10.3.2005 BeckRS 2002, 41608).

E. Berufsausbildung

39 Art. 7 III sieht eine **Gleichbehandlung beim Zugang** zu Berufsschulen und Umschulungseinrichtungen vor. Dies ist eigentlich schon von Abs. 2 als soziale Vergünstigung mit erfasst (so auch Schwarze/*Schneider/Wunderlich* AEUV Art. 45 Rn. 89). Der EuGH versteht den Begriff der Berufsschulen und Umschulungseinrichtungen eng und versteht darunter nur solche Einrichtungen, die die nur eine Ausbildung vermitteln, die entweder in eine Berufstätigkeit eingebettet oder mit einer solchen, insbesondere während einer Lehre, eng verbunden ist. Hochschulen schließt der Gerichtshof dabei ausdrücklich aus. Dieses Recht auf eine besondere Ausbildung hängt nicht vom Fortbestehen eines Arbeitsverhältnisses ab (EuGH 21.6.1988 – C-39/86 Rn 26, 35 – Lair, BeckRS 2004, 71074). Ein besonderer Zusammenhang zwischen der bisherigen Tätigkeit und der Ausbildung muss nicht bestehen.

Art. 8 [Mitbestimmung]

[1]Ein Arbeitnehmer, der die Staatsangehörigkeit eines Mitgliedstaats besitzt und im Hoheitsgebiet eines anderen Mitgliedstaats beschäftigt ist, hat Anspruch auf gleiche Behandlung hinsichtlich der Zugehörigkeit zu Gewerkschaften und der Ausübung gewerkschaftlicher Rechte, einschließlich des Wahlrechts sowie des Zugangs zur Verwaltung oder Leitung von Gewerkschaften. [2]Er kann von der Teilnahme an der Verwaltung von Körperschaften des öffentlichen Rechts und der Ausübung eines öffentlich-rechtlichen Amtes ausgeschlossen werden. [3]Er hat ferner das Recht auf Wählbarkeit zu den Organen der Arbeitnehmervertretungen in den Betrieben.

Absatz 1 berührt nicht die Rechts- und Verwaltungsvorschriften, durch die in einigen Mitgliedstaaten weitergehende Rechte an Arbeitnehmer aus anderen Mitgliedstaaten eingeräumt werden.

1 Die Vorschrift erstreckt die Gleichbehandlung ausdrücklich auf die **kollektive Interessenvertretung** der Arbeitnehmer. Es betrifft sowohl die Zugehörigkeit zur gewerkschaftlichen Interessenvertretung als auch die Zugehörigkeit zu bzw. Mitwirkung bei anderen gesetzlich oder tarifvertraglich etablierten und organisierten Interessenvertretungen.

Hinsichtlich der **Zugehörigkeit zu Gewerkschaften** ist davon auszugehen, dass diese 2
Anordnung des Art. 8 nicht nur es dem Mitgliedstaat verbietet, diese Möglichkeit zu
behindern sondern dass auch die Arbeitnehmerorganisation selbst an diese Vorgaben gebunden ist. Was als Gewerkschaft anzusehen ist, bestimmt sich naturgemäß nicht nach nationalem Recht sondern nach europäischen Kriterien. Um dem Anspruch auf Freizügigkeit und
in der Folge auch Gleichbehandlung mit den Staatsangehörigen des Mitgliedstaats vollumfänglich sicherzustellen, ist hier von einem weiten Begriff auszugehen, weshalb der
EuGH insbesondere auch die Teilnahme der Arbeitnehmer an Einrichtungen als erfasst
ansieht, die zwar nicht die Rechtsnatur von Gewerkschaften aufweisen, aber dennoch der
Verteidigung und Vertretung von Arbeitnehmerinteressen vergleichbare Funktionen ausüben; dies hat der Gerichtshof für die luxemburgischen Berufskammern entschieden, die
zwar keine Gewerkschaftsorganisationen im eigentlichen Sinne seien, jedoch ähnliche
Funktionen der Verteidigung und Vertretung der Interessen der Arbeitnehmer wahrnähmen
(EuGH 4.7.1991 – C-213/90 Rn. 16 – ASTI; so auch 18.5.1994 – C-188/92 – Kommission/Luxemburg).

Das Recht auf Zugehörigkeit zu einer Gewerkschaft beschränkt sich nicht auf die ein- 3
fache Mitgliedschaft sondern erfasst neben der **Ausübung der Mitgliedschaftsrechte**
auch die Möglichkeit, in der Gewerkschaft auch Verantwortung zu übernehmen. Die
Wanderarbeitnehmer sind insofern in jeglicher Hinsicht wie inländische Arbeitnehmer zu
behandeln (EuGH 16.9.2004 – C-465/01 Rn. 30 ff. – Kommission/Österreich).

Entsprechendes gilt auch für die **gesetzlich oder tarifvertraglich etablierten Interes-** 4
senvertretungen – also etwa den Betriebsrat sowie den Personalrat und auch den Sprecherausschuss der leitenden Angestellten. Wenn insoweit die Verordnung allerdings von Arbeitnehmervertretung in den Betrieben spricht, so schließt sie damit die Mitbestimmung der
Arbeitnehmer im Aufsichtsrat aus (**anders** wohl Streinz/*Franzen* AEUV Art. 45 Rn. 112);
allerdings würde eine Gleichbehandlung dann über das primäre Unionsrecht sichergestellt.
Für den Betriebs- oder Personalrat oder vergleichbare Einrichtungen ist dann das aktive wie
das passive Wahlrecht gesichert.

Entsprechend der Grundentscheidung des Art. 45 IV AEUV können auch hier Aus- 5
nahmen für den **Bereich der öffentlichen Verwaltung** vorgesehen werden. Erforderlich
ist dafür aber, dass gerade dieser Ausschluss erforderlich ist, um den Vorgaben des Art. 45 IV
AEUV Rechnung zu tragen. Das bringt auch Abs. 1 S. 3 zum Ausdruck, der die Ausnahme
ausdrücklich begrenzt auf die Teilnahme an der Verwaltung von Körperschaften des öffentlichen Rechts und der Ausübung eines öffentlich-rechtlichen Amtes. Gewerkschaftliche
Rechte – auch im Bereich der öffentlichen Verwaltung – werden davon nicht berührt. Der
EuGH verlangt für die Bereichsausnahme einen Zusammenhang mit den spezifischen Tätigkeiten der öffentlichen Verwaltung, soweit diese mit der Ausübung hoheitlicher Befugnisse
und mit der Verantwortung für die Wahrung der allg. Belange des Staates befasst sind
(EuGH 26.5.1982 – 149/79 Rn. 7 – Kommission/Belgien). Das rechtfertigt deshalb etwa
keinen Ausschluss von der Wählbarkeit oder dem Wahlrecht zum Personalrat, obwohl dieser
auch die Belange hoheitlich tätiger Beschäftigter betrifft. Im Personalvertretungsrecht ist
aber eine Grenze dahin gezogen, dass die Befugnisse des Personalrats bei hoheitlichen
Entscheidungen und solchen der Wahrung der allg. Belange des Staates ihre Grenze finden.
§ 7 BetrVG und §§ 13 f. BPersVG unterscheiden deshalb auch nicht nach Staatsangehörigkeit. Man wird auch eine Eingrenzung dahin vornehmen müssen, dass solche öffentlichen
Körperschaften nicht erfasst werden, die im strengen engeren Sinne des Art. 45 IV AUEV
nicht zur öffentlichen Verwaltung gehören. Dies wird man etwa für Universitäten annehmen können und etwa auch für Krankenkassen. Der EuGH fasst diese Ausnahme eng, da es
Art. 45 IV AEUV nur erlaubt, gegebenenfalls ausländische Arbeitnehmer von bestimmten
Tätigkeiten der fraglichen Einrichtung auszuschließen, die als solche tatsächlich eine unmittelbare Teilnahme an der Ausübung hoheitlicher Befugnisse mit sich bringen; der Ausschluss vom Recht auf Wählbarkeit in eine Einrichtung zur Vertretung und zur Verteidigung
der Interessen der Arbeitnehmer lässt sich deshalb weder durch die Rechtsnatur der frag-

lichen Einrichtung nach nationalem Recht noch durch den Umstand rechtfertigen, dass einige Funktionen dieser Einrichtung mit einer Teilnahme an der Ausübung hoheitlicher Befugnisse verbunden sein könnten (EuGH 8.5.2003 – C-171/01 Rn. 92 f. – Wählergruppe, BeckRS 2004, 74654).

Art. 9 [Wohnrecht]

(1) Arbeitnehmer, die die Staatsangehörigkeit eines Mitgliedstaats besitzen und im Hoheitsgebiet eines anderen Mitgliedstaats beschäftigt sind, genießen hinsichtlich einer Wohnung, einschließlich der Erlangung des Eigentums an der von ihnen benötigten Wohnung, alle Rechte und Vergünstigungen wie inländische Arbeitnehmer.

(2) Die Arbeitnehmer gemäß Absatz 1 können sich mit dem gleichen Recht wie die inländischen Arbeitnehmer in dem Gebiet, in dem sie beschäftigt sind, in die Listen der Wohnungssuchenden einschreiben, wo solche geführt werden, und so die gleichen Vergünstigungen und den gleichen Rang erlangen.

Ihre im Herkunftsland verbliebene Familie wird zu diesem Zweck als in diesem Gebiet wohnend betrachtet, soweit auch für inländische Arbeitnehmer eine entsprechende Vermutung gilt.

1   Diese Vorschrift trägt zunächst dem Umstand Rechnung, dass zur Ausübung der Arbeitnehmerfreizügigkeit auch die **Erlangung einer Wohnung** gehört. Deshalb muss der Wanderarbeitnehmer auch in dieser Hinsicht mit den Inländern gleichbehandelt werden. Es geht aber nur um das Recht zur Wohnungsnahme. Eine – aufenthaltsrechtliche – Verpflichtung ergibt sich daraus nicht (HSW/*Hanau* § 15 Rn. 73).

2   Daraus folgt der Anspruch des Wanderarbeitnehmers, bei der Wohnungssuche wegen der Staatsangehörigkeit nicht benachteiligt zu werden. Er darf auch nicht beim Mietrecht anders behandelt werden, was aber zumindest im deutschen Recht eher unwahrscheinlich ist, da es keine spezifischen auf Staatsangehörigkeit abstellenden Regelungen enthält; soweit ersichtlich, ergeben sich auch keine Anhaltspunkte für eine mögliche verdeckte Diskriminierung.

3   Entsprechendes muss auch für den **Eigentumserwerb** gelten, so dass Regelungen und Maßnahmen, die den Eigentumserwerb auf Staatsangehörige beschränken, ebenfalls gegen diese Vorschrift verstoßen. Dies gilt auch dann, wenn der Eigentumserwerb ohne Anknüpfung an eine bestimmte Staatsangehörigkeit von einem vorherigen Mindestaufenthalt abhängig gemacht wird; dies würde eine mittelbare Diskriminierung darstellen. In diesem Zusammenhang hat der EuGH auch eine griechische Rechtsvorschrift verworfen, nach der für Arbeitnehmer, die Staatsangehörige eines anderen Mitgliedstaats sind, die Möglichkeit, Rechtsgeschäfte über Immobilien vorzunehmen, von Voraussetzungen abhängig gemacht wurde, die für griechische Staatsangehörige nicht vorgeschrieben waren (EuGH 30.5.1989 – C-305/87 Rn. 19 – Kommission/Griechenland).

4   Als Vergünstigung hinsichtlich einer Wohnung sind auch **Darlehen zum Erwerb einer Wohnung** sowie der **Zugang zu öffentlich gefördertem Wohnraum** zu verstehen. Deshalb hat der EuGH auch italienische Regelungen verworfen, die den Erwerb und die Miete von mit öffentlichen Mitteln errichteten oder renovierten Wohnungen sowie den Zugang zu Immobilienkrediten zu ermäßigtem Zinssatz den eigenen Staatsangehörigen vorbehalten haben (EuGH 14.1.1988 – C-63/86 – Kommission/Italien) Das Wohngeld gehört ebenfalls dazu, wird aber auch bereits von Art. 7 II erfasst.

5   Abs. 2 befasst sich mit **Listen von Wohnungssuchenden,** aus denen sich dann die Möglichkeit ergibt, in einer bestimmten Reihenfolge und nach einem bestimmten System an eine Wohnung zu kommen. Dies ist bedeutsam in Bereichen mit Wohnungsmangel oder Mangel an wirtschaftlich erschwingbarem Wohnraum. Hier müssen Wanderarbeitnehmer aus anderen EU-Mitgliedstaaten gleichrangig mit Inländern behandelt werden; dies gilt auch für andere vergleichbare Begünstigungen. In UAbs. 2 wird dabei die Berücksichtigung

von im Herkunftsstaat verbliebenen Familienangehörigen von anderen EU-Staatsangehörigen mit denen von Inländern gleichgestellt, sofern für Inländer eine entsprechende Vermutung gilt.

Abschnitt 3. Familienangehörige der Arbeitnehmer
Art. 10

Die Kinder eines Staatsangehörigen eines Mitgliedstaats, der im Hoheitsgebiet eines anderen Mitgliedstaats beschäftigt ist oder beschäftigt gewesen ist, können, wenn sie im Hoheitsgebiet dieses Mitgliedstaats wohnen, unter den gleichen Bedingungen wie die Staatsangehörigen dieses Mitgliedstaats am allgemeinen Unterricht sowie an der Lehrlings- und Berufsausbildung teilnehmen.

Die Mitgliedstaaten fördern die Bemühungen, durch die diesen Kindern ermöglicht werden soll, unter den besten Voraussetzungen am Unterricht teilzunehmen.

Diese Vorschrift ist in unmittelbarem **Zusammenhang zu sehen mit der RL 2004/ 38/EG.** Die VO (EWG) 1612/68 – die Vorgängerverordnung der nun vorliegenden VO 492/2011 – enthielt eingehendere Vorschriften zu den Familienangehörigen der Arbeitnehmer und befasste sich insbesondere auch mit dem Aufenthalts- und Verbleiberecht sowie mit den erforderlichen Einreise- und Aufenthaltsdokumenten. Angesichts der Tatsache, dass inzwischen die Arbeitnehmerfreizügigkeit um eine allg. Personenverkehrsfreiheit ergänzt worden ist, haben diese Regelungen ihren systematisch besseren Standort in der RL 2004/ 38/EG gefunden. Die Vorschrift des Art. 10 befasst sich deshalb sowohl personell als auch inhaltlich nur noch mit einem kleinen Ausschnitt. Obwohl die Kapitelüberschrift allg. auf Familienangehörige Bezug nimmt, betrifft Art. 10 nur noch die Kinder und nicht mehr auch die Ehegatten. Es geht auch nur noch um die Teilnahme am allg. Unterricht und an der Berufsausbildung. 1

Die Vorschrift erfasst die **Kinder** unabhängig davon, ob sie eine EU-Staatsangehörigkeit besitzen oder nicht. 2

Die Vorschrift betrifft den **Besuch von Unterricht** unabhängig davon, ob die Kinder den Schulbesuch auch im Herkunftsmitgliedstaat hätten fortführen können; dies beruht auf dem Gedanken, dass es Teil der Arbeitnehmerfreizügigkeit ist, sich auch von seinen Familienangehörigen begleiten zu lassen, was einem Verweis auf die Möglichkeit eines Schulbesuchs im Herkunftsstaat widerspricht (EuGH 17.9.2002 – C-413/99 Rn. 54 – Baumbast, NJW 2002, 3610); dabei ist es nicht erforderlich dass das betreffende Kind im Familienverband lebt bzw. Unterhalt erhält (Renner/Bergmann/*Dienelt* Ausländerrecht, FreizügG/ EU § 3 Rn. 64). Die Kinder können den Unterricht im Aufnahmemitgliedstaat auch dann fortsetzen, wenn der Wanderarbeitnehmer wieder in den Herkunftsstaat zurückgekehrt ist, sofern sie sich nur mit ihm während seiner Tätigkeit im Aufnahmemitgliedstaat dort aufgehalten haben. Für diesen Fall räumt der EuGH einem Elternteil ein Aufenthaltsrecht im Aufnahmemitgliedstaat ein, unabhängig davon, welcher Elternteil es ist, was dem Elternteil ohne EU-Staatsangehörigkeit in diesem Fall ein besonderes Aufenthaltsrecht einräumt; dabei ist bemerkenswert, dass der Gerichtshof dies nicht von der Voraussetzung abhängt, dass dieser Elternteil über ausreichende Existenzmittel verfügt, so dass er während seines Aufenthalts keine Sozialhilfeleistungen dieses Mitgliedstaats in Anspruch nehmen muss, und über einen umfassenden Krankenversicherungsschutz in diesem Staat verfügt. (EuGH 23.2.2010 – C-480/08 Rn. 61, 70 – Teixeira, NVwZ 2010, 887; 23.2.2010 – C-310/08 – Ibrahim, NVwZ 2010, 892); dies ist allerdings vor dem Hintergrund der Ermöglichung der Freizügigkeit zwar recht weit aber konsequent. Dieses besondere Aufenthaltsrecht beruht auf dem Gedanken der elterlichen Sorge für Minderjährige und endet deshalb bei Volljährigkeit, auch wenn die Ausbildung bis dahin noch nicht beendet ist; ggf. ist dies auch noch bei Volljährigkeit des Kindes möglich, sofern auch weiterhin die Anwesenheit und 3

Fürsorge eines Elternteils erforderlich ist (EuGH 8.5.2013 – C-529/11 Rn. 29 ff. – Alarape/Tijani, BeckRS 2013, 80074). Dies alles setzt aber auch voraus, dass das gemeinsame Kind im Aufnahmemitgliedstaat in das Schulsystem eingegliedert worden ist und es um das Kind eines Arbeitnehmers – nicht aber eines von der VO nicht erfassten Selbständigen – geht (EuGH 6.9.2012 – C- 147/11 und C-148/11 Rn. 29 – Czop und Punakova, BeckRS 2012, 81813).

4 Zum allg. Unterricht und der **Berufsausbildung** zählt auch ein **Hochschulstudium.** Der EuGH schließt aus der Formulierung, dass es – weil auch vom allg. Unterricht die Rede – nicht darauf ankomme, ob ein bestimmter Unterricht der Berufsausbildung diene oder nicht. Vielmehr werde ohne nähere Prüfung der beruflichen Relevanz jede Form von Unterricht erfasst (EuGH 15.3.1989 – 389/87 und 390/87 Rn. 27 f. – Echternach und Moritz, BeckRS 2004, 71059). Es soll dabei nicht auf eine Altersgrenze ankommen, da eine entsprechende Einschränkung in der Vorschrift nicht vorgesehen ist und auch nicht ihrem Sinn entsprechen würde (EuGH 4.5.1995 – C-7/94 Rn. 25 – Gaal, NVwZ 1996, 53).

5 Da hinter dieser Erstreckung auch auf Familienangehörige der **Gedanke der Integration** des Arbeitnehmers in den Aufenthaltsstaat steht, greift diese Regelung nicht für ein Kind, das erst nach der Rückkehr des Arbeitnehmers in seinen Herkunftsstaat geboren wird (EuGH 21.6.1988 – C- 197/86 Rn. 30 – Brown, BeckRS 2004, 72180); dies bedeutet aber zugleich, dass das Kind, das mit dem Arbeitnehmer im Aufnahmestaat gelebt hat, auch noch nach Beendigung der Tätigkeit des Arbeitnehmers die Rechte aus Art. 10 geltend machen kann (so auch Streinz/*Franzen* AEUV Art. 45 Rn. 143).

6 Art. 10 verbietet unterschiedliche **Zulassungsbedingungen** etwa zum Studium. Der Mitgliedstaat darf also keine Ausländerquoten vorsehen (EuGH 27.9.1988 – C-42/87 Rn. 10 ff. – Kommission/Belgien).

7 Maßnahmen, die im Zusammenhang mit Unterricht und Ausbildung in dem von Art. 10 erfassten Sinne stehen, sind ebenfalls erfasst, was auch **finanzielle Beihilfen für die Ausbildung** sowie sämtliche sonstigen Rahmenbedingungen betrifft. Dies kann nach der Rechtsprechung des EuGH sogar für eine Ausbildung im Herkunftsstaat gelten, wenn der Aufnahmestaat für seine Staatsangehörigen auch Studienförderung bei Auslandsstudium vorsieht (EuGH 13.11.1990 – C-308/89 Rn. 17 – di Leo, NVwZ 1991, 155).

8 Da Art. 10 sich ausdrücklich nur auf die Kinder bezieht, **scheidet eine Anwendung auch auf Ehegatten grundsätzlich aus** (s. Streinz/*Franzen* AEUV Art. 45 Rn. 143). Es ist davon auszugehen, dass es sich hier um eine bewusste Beschränkung auf die Kinder handelt, wenn auch Fälle denkbar sind, in denen die Interessenlage die gleiche ist. Man wird sicher aus der Vorschrift kein allg. Recht der Ehegatten auf Zugang zu Bildungseinrichtungen herleiten können, zumal es wohl eher um die Erstausbildung der Kinder gehen soll. Eine erweiternde Auslegung auf die Erstausbildung von Ehegatten – wie etwa ein Hochschulstudium am Beginn des Berufslebens – ist aber zu befürworten.

9 Art. 10 II verpflichtet die Mitgliedstaaten, die Bemühungen zu fördern, durch die es den Kindern ermöglicht werden soll, unter den **besten Voraussetzungen am Unterricht** teilzunehmen. Auf dieser Basis ist die RL 77/486/EWG des Rates vom 25.7.1977 über die schulische Betreuung der Kinder von Wanderarbeitnehmern ergangen. Danach sind die Mitgliedstaaten verpflichtet, geeignete Maßnahmen zu treffen, damit in ihrem Hoheitsgebiet für die Kinder von Wanderarbeitnehmern ein kostenloser Einführungsunterricht geboten wird, der insbesondere eine den spezifischen Bedürfnissen dieser Kinder angepasste Unterweisung in der Amtssprache oder einer der Amtssprachen des Aufnahmestaats umfasst. Sie sind auch verpflichtet, die erforderlichen Maßnahmen für die Ausbildung und Weiterbildung der Lehrkräfte, die diesen Unterricht erteilen, zu treffen. Außerdem sollen für die etwaige Reintegration in den Herkunftsstaat Maßnahmen getroffen werden, um unter Koordinierung mit dem Regelunterricht die Unterweisung dieser Kinder in der Muttersprache und der heimatlichen Landeskunde zu fördern. Diese Richtlinie ist allerdings offenbar bisher nur bruchstückhaft umgesetzt (so auch *Grünbuch* „Migration & Mobilität: Chancen und Herausforderungen für die EU-Bildungssysteme" – KOM [2008] 423 endg.).

Kapitel II. Zusammenführung und Ausgleich von Stellenangeboten und Arbeitsgesuchen

Abschnitt 1. Zusammenarbeit zwischen den Mitgliedstaaten und mit der Kommission

Art. 11 [Untersuchungen zu Beschäftigung und Arbeitslosigkeit]

(1) Die Mitgliedstaaten oder die Kommission veranlassen oder nehmen zusammen alle Untersuchungen vor in Bezug auf die Beschäftigung und die Arbeitslosigkeit, die sie im Rahmen der Freizügigkeit der Arbeitnehmer innerhalb der Union für erforderlich halten.

Die zentralen Dienststellen der Arbeitsverwaltungen der Mitgliedstaaten arbeiten sowohl untereinander als auch mit der Kommission eng zusammen, um ein gemeinsames Vorgehen beim Ausgleich von Stellenangeboten und Arbeitsgesuchen in der Union und bei der damit zusammenhängenden Vermittlung der Arbeitnehmer herbeizuführen.

(2) Zu diesem Zweck bestimmen die Mitgliedstaaten besondere Dienststellen, die damit betraut sind, die Arbeiten auf den in Absatz 1 Unterabsatz 2 genannten Gebieten zu organisieren und sowohl untereinander als auch mit den Dienststellen der Kommission zusammenzuarbeiten.

Die Mitgliedstaaten teilen der Kommission jede Änderung bezüglich der Bestimmung dieser Dienststellen mit, und die Kommission veröffentlicht die betreffende Änderung zur Unterrichtung im *Amtsblatt der Europäischen Union*.

Art. 12 [Informationen und Fachausschuss]

(1) Die Mitgliedstaaten leiten der Kommission alle die Freizügigkeit und die Beschäftigung der Arbeitnehmer betreffenden Informationen sowie die Angaben über die Lage und die Entwicklung der Beschäftigung zu.

(2) Die Kommission legt fest, wie die in Absatz 1 des vorliegenden Artikels genannten Informationen abzufassen sind, wobei sie der Stellungnahme des Fachausschusses gemäß Artikel 29 (im Folgenden „Fachausschuss") weitestgehend Rechnung trägt.

(3) [1]Die besondere Dienststelle jedes Mitgliedstaats übermittelt den besonderen Dienststellen der anderen Mitgliedstaaten und dem in Artikel 18 genannten Europäischen Koordinierungsbüro gemäß den von der Kommission unter weitestgehender Berücksichtigung der Stellungnahme des Fachausschusses ausgearbeiteten Verfahrensvorschriften die Informationen über die Lebens- und Arbeitsbedingungen sowie über die Arbeitsmarktlage, die geeignet sind, den Arbeitnehmern in den anderen Mitgliedstaaten als Orientierungshilfe zu dienen. [2]Diese Informationen werden regelmäßig auf den neuesten Stand gebracht.

Die besonderen Dienststellen der anderen Mitgliedstaaten gewährleisten eine weitreichende Verbreitung dieser Informationen, und zwar insbesondere durch Übermittlung an die zuständigen Arbeitsämter und durch Einsatz aller Kommunikationsmittel, die sich zur Unterrichtung der interessierten Arbeitnehmer eignen.

Abschnitt 2. Ausgleichsverfahren

Art. 13 [Übermittlung von Stellenangeboten und Arbeitsgesuchen]

(1) Die besondere Dienststelle jedes Mitgliedstaats übermittelt den besonderen Dienststellen der anderen Mitgliedstaaten sowie dem in Artikel 18 genannten Europäischen Koordinierungsbüro regelmäßig

a) die Stellenangebote, die voraussichtlich durch Staatsangehörige anderer Mitgliedstaaten befriedigt werden können;
b) die Stellenangebote, die an Drittstaaten gerichtet werden;
c) die Arbeitsgesuche von Personen, die formell erklärt haben, dass sie in einem anderen Mitgliedstaat arbeiten möchten;
d) nach Regionen und Wirtschaftszweigen aufgegliederte Angaben betreffend die Arbeitssuchenden, die sich ausdrücklich bereit erklärt haben, eine Stelle in einem anderen Land anzunehmen.

Die besondere Dienststelle jedes Mitgliedstaats leitet diese Angaben sobald wie möglich an die zuständigen Arbeitsämter und Arbeitsvermittlungsorganisationen weiter.

(2) Die in Absatz 1 genannten Stellenangebote und Arbeitsgesuche werden nach einem einheitlichen, vom Europäischen Koordinierungsbüro gemäß Artikel 18 in Zusammenarbeit mit dem Fachausschuss ausgearbeiteten Verfahren übermittelt.

Erforderlichenfalls kann dieses Verfahren angepasst werden.

Art. 14 [Übermittlung und Bearbeitung]

(1) Jedes Stellenangebot im Sinne des Artikels 13, das an die Arbeitsämter eines Mitgliedstaats gerichtet wird, wird von den zuständigen Arbeitsämtern der anderen in Frage kommenden Mitgliedstaaten übermittelt und bearbeitet.

Diese Dienststellen übermitteln den Dienststellen des ersten Mitgliedstaats genau umschriebene und geeignete Arbeitsgesuche.

(2) Die in Artikel 13 Absatz 1 Unterabsatz 1 Buchstabe c genannten Arbeitsgesuche werden innerhalb einer annehmbaren Frist, die einen Monat nicht überschreiten darf, von den betreffenden Dienststellen der Mitgliedstaaten beantwortet.

(3) Die Arbeitsämter gewähren den Arbeitnehmern aus den Mitgliedstaaten den gleichen Vorrang, wie er durch die entsprechenden Maßnahmen den inländischen Arbeitnehmern gegenüber den Arbeitnehmern aus Drittstaaten eingeräumt wird.

Art. 15 [Regionale Dienststellen]

(1) ¹Die in Artikel 14 genannten Maßnahmen werden von den besonderen Dienststellen durchgeführt. ²Soweit jedoch eine Ermächtigung seitens der zentralen Dienststellen der Arbeitsverwaltungen vorliegt, und soweit sich die Organisation der Arbeitsverwaltung eines Mitgliedstaats und die angewandten Arbeitsvermittlungsverfahren dazu eignen,

a) ergreifen die regionalen Dienststellen der Arbeitsverwaltungen der Mitgliedstaaten folgende Maßnahmen:
   i) Sie nehmen untereinander die Zusammenführung und den Ausgleich von Stellenangeboten und Arbeitsgesuchen aufgrund der Angaben nach Artikel 13, auf die geeignete Maßnahmen folgen, unmittelbar vor;
   ii) sie stellen unmittelbare Beziehungen zum Zwecke des Ausgleichs her:
      – bei auf den Namen lautenden Stellenangeboten,

– bei Einzelarbeitsgesuchen, die an ein bestimmtes Arbeitsamt oder an einen zu seinem Amtsbereich gehörigen Arbeitgeber gerichtet sind,
– bei Ausgleichsmaßnahmen für Saisonarbeitnehmer, deren Anwerbung so rasch wie möglich erfolgen muss;
b) tauschen die in Grenzbereichen territorial zuständigen Dienststellen zweier oder mehrerer Mitgliedstaaten regelmäßig die Angaben über die in ihrem Amtsbereich vorliegenden Stellenangebote und Arbeitsgesuche aus und nehmen unmittelbar untereinander deren Zusammenführung und Ausgleich in der gleichen Weise vor wie mit den anderen Dienststellen der Arbeitsverwaltung ihres eigenen Landes.
Erforderlichenfalls entwickeln die in Grenzbereichen territorial zuständigen Dienststellen ferner geeignete Strukturen für eine Zusammenarbeit und die Erbringung von Dienstleistungen, um
– den Benutzern möglichst umfangreiche praktische Informationen über die verschiedenen Aspekte der Mobilität anzubieten und
– den Sozial- und Wirtschaftspartnern, den Sozialdiensten (insbesondere öffentliche, private oder gemeinnützige Einrichtungen) und allen anderen betroffenen Einrichtungen einen Rahmen von koordinierten Maßnahmen im Bereich der Mobilität zu bieten;
c) arbeiten die amtlichen Fachvermittlungsstellen für bestimmte Berufe oder Personengruppen unmittelbar zusammen.

(2) Die betreffenden Mitgliedstaaten übermitteln der Kommission das im gegenseitigen Einvernehmen festgelegte Verzeichnis der in Absatz 1 genannten Dienststellen; die Kommission veröffentlicht das Verzeichnis sowie jede Änderung dieses Verzeichnisses zur Unterrichtung im *Amtsblatt der Europäischen Union*.

Art. 16 [Keine zwingende Inanspruchnahme der Anwerbeverfahren]

Die Inanspruchnahme der Anwerbeverfahren, die von den in zwei- oder mehrseitigen Abkommen bzw. Übereinkommen zwischen den Mitgliedstaaten vorgesehenen Durchführungsorganen angewandt werden, ist nicht zwingend.

Abschnitt 3. Regulierende Maßnahmen zur Förderung des Gleichgewichts auf dem Arbeitsmarkt

Art. 17

(1) Auf der Grundlage eines von der Kommission anhand der Informationen der Mitgliedstaaten ausgearbeiteten Berichts analysieren diese und die Kommission alljährlich mindestens einmal gemeinsam die Ergebnisse der Maßnahmen der Union im Zusammenhang mit den Stellenangeboten und Arbeitsgesuchen.

(2) [1] Die Mitgliedstaaten und die Kommission prüfen alle Möglichkeiten, die offenen Stellen vorrangig mit Staatsangehörigen aus den Mitgliedstaaten zu besetzen, um zwischen den Stellenangeboten und den Arbeitsgesuchen in der Union ein Gleichgewicht herzustellen. [2] Sie treffen alle dazu erforderlichen Maßnahmen.

(3) Die Kommission unterbreitet dem Europäischen Parlament, dem Rat und dem Europäischen Wirtschafts- und Sozialausschuss alle zwei Jahre einen Bericht über die Durchführung von Kapitel II, in dem die erhaltenen Informationen und die im Rahmen der Studien und Forschungen ermittelten Daten zusammengefasst werden und aus dem alle zweckdienlichen Angaben über die Entwicklung des Arbeitsmarktes in der Union hervorgehen.

Abschnitt 4. Das Europäische Koordinierungsbüro

Art. 18 [Ausgleich von Stellenangeboten und Arbeitsgesuchen]

¹Das im Rahmen der Kommission gegründete Europäische Koordinierungsbüro für den Ausgleich von Stellenangeboten und Arbeitsgesuchen (im Folgenden „Europäisches Koordinierungsbüro") hat die allgemeine Aufgabe, die Zusammenführung und den Ausgleich von Stellenangeboten und Arbeitsgesuchen auf Unionsebene zu fördern. ²Es ist insbesondere beauftragt, alle nach dieser Verordnung der Kommission obliegenden fachlichen Aufgaben wahrzunehmen und namentlich die Dienststellen der Arbeitsämter der Mitgliedstaaten in ihrer Tätigkeit zu unterstützen.

Das Europäische Koordinierungsbüro erstellt eine Übersicht über die in den Artikeln 12 und 13 genannten Informationen sowie über die Angaben, die sich aus den nach Artikel 11 durchgeführten Untersuchungen und Ermittlungen ergeben, und führt darin alle zweckdienlichen Auskünfte über die voraussichtliche Entwicklung der Arbeitsmarktlage in der Union auf; diese Auskünfte werden den besonderen Dienststellen der Mitgliedstaaten sowie dem Beratenden Ausschuss gemäß Artikel 21 und dem Fachausschuss mitgeteilt.

Art. 19 [Praktische Maßnahmen]

(1) Das Europäische Koordinierungsbüro ist insbesondere beauftragt,

a) die praktischen Maßnahmen zu koordinieren, die innerhalb der Union für die Zusammenführung und den Ausgleich von Stellenangeboten und Arbeitsgesuchen erforderlich sind, und die sich daraus ergebende Zu- und Abwanderung von Arbeitnehmern zu untersuchen;
b) in Zusammenarbeit mit dem Fachausschuss dazu beizutragen, dass zu diesem Zweck in verwaltungsmäßiger und technischer Hinsicht die Möglichkeiten für ein gemeinsames Vorgehen wahrgenommen werden;
c) bei besonderem Bedarf im Einvernehmen mit den besonderen Dienststellen die Zusammenführung von Stellenangeboten und Arbeitsgesuchen vorzunehmen, deren Ausgleich von diesen Dienststellen durchgeführt wird.

(2) Das Europäische Koordinierungsbüro leitet die unmittelbar an die Kommission gerichteten Stellenangebote und Arbeitsgesuche den besonderen Dienststellen zu und wird über die weitere Bearbeitung dieser Stellenangebote und Arbeitsgesuche unterrichtet.

Art. 20 [Dienstliche Aufenthalte und Fortbildung]

Im Einvernehmen mit der zuständigen Behörde jedes Mitgliedstaats und gemäß den von ihr nach Stellungnahme des Fachausschusses festgelegten Bedingungen und Einzelheiten kann die Kommission Besuche und dienstliche Aufenthalte von Beamten der anderen Mitgliedstaaten sowie Programme zur Fortbildung des Fachpersonals veranstalten.

1 Die Regelungen des 1. Abschnitts des 2. Kapitels der VO dienen der **Schaffung eines europäischen Arbeitsmarkts,** der als solcher eine supranational ausgerichtete Arbeitsvermittlung erforderlich macht. Deshalb konzentrieren sich die Vorschriften dieses Kapitels auf den Austausch und die Koordination von Informationen über die Arbeitsmärkte der Mitgliedstaaten.

2 Zu diesem Zweck hat die Europäische Kommission das **EURES-Netzwerk** (EURopean Employment Services) geschaffen, das die grenzüberschreitende Mobilität im Bereich des Arbeitsmarkts fördert. Dieses Netzwerk richtet sich auch an Arbeitgeber und Arbeitnehmer und hat dafür ein Internet-Portal eingerichtet. Das Netzwerk arbeitet mit sog. EURES-Beratern, die den grenzüberschreitenden Austausch von Stellengesuchen und Lebensläufen

sicherstellen aber auch über den Arbeitsmarkt und die Lebensumstände in anderen Mitgliedstaaten unterrichten. Es gewährt auch Hilfe für Arbeitgeber bei der Gewinnung von Arbeitskräften sowie eine spezielle Beratung für Arbeitgeber und Arbeitnehmer in Grenzregionen. Zu diesen EURES-Beratern gehört für Deutschland die Bundesagentur für Arbeit sowie die Zentrale Auslands- und Fachvermittlung (ZAV), aber auch verschiedene private Einrichtungen. EURES-Berater sind etwa der Deutsche Gewerkschaftsbund, das Raphaels-Werk und die Diakonie. Das Netzwerk besteht aus allen 28 Mitgliedstaaten der EU sowie die EWR-Staaten Island, Liechtenstein und Norwegen sowie der Schweiz. Besondere Bedeutung haben auch die regionalen EURES-Grenzpartnerschaften, die die Mobilität in Grenzregionen fördern.

Eine wichtige Rolle spielen in diesem System die sog. **besonderen Dienststellen,** die 3 von den jeweiligen Mitgliedstaaten benannt werden und die Aufgabe der Koordinierung übernehmen. Besondere Dienststelle in diesem Sinne ist für Deutschland die Bundesagentur für Arbeit.

Kapitel II der Verordnung sieht neben allg. **Untersuchungen zu Beschäftigung** und 4 Arbeitslosigkeit und deren organisatorischen Rahmenbedingungen (Art. 11 f.) ein Ausgleichsverfahren vor, dass in einem **wechselseitigen Austausch von relevanten Stellenangeboten** besteht (Art. 13 ff.) und betont dabei in Art. 16, dass bilateral vereinbarte Anwerbeverfahren nicht in Anspruch genommen werden müssen., was darauf beruht, dass für Wanderarbeitnehmer keine von den üblichen Verfahren abweichende Vorgehensweise verbindlich vorgesehen werden dürfen. Sie sind vielmehr in jeglicher Hinsicht mit den inländischen Arbeitnehmern gleich zu behandeln.

Abschnitt III (Art. 17) sieht **regulierende Maßnahmen zur Förderung des Gleichge-** 5 **wichts auf dem Arbeitsmarkt** vor und veranlasst die Kommission zur Analyse der Informationen aus den Mitgliedstaaten. Es werden dann auf dieser Basis alle Möglichkeiten geprüft, um offene Stellen vorrangig mit EU-Staatsangehörigen zu besetzen. Es erfolgt insoweit alle zwei Jahre ein „Bericht über offene Stellen und Einstellungen in Europa (European Vacancy and Recruitment Report – EVVR). Eine „Europäischer Monitor für offene Stellen (European Vacancy Monitor – EVM) bietet dann einen umfassenden Überblick über aktuelle Entwicklungen auf dem europäischen Arbeitsmarkt.

Ein **Europäisches Koordinierungsbüro,** das von der Kommission gestellt wird, soll die 6 Zusammenführung und den Ausgleich von Stellenangeboten und Arbeitsgesuchen auf Unionsebene fördern (Art. 18). Art. 19 benennt im Einzelnen die Aufgaben dieses Koordinierungsbüros.

Gegenstand der Regelungen des 3. Kapitels der VO sind **Organe zur Herbeiführung** 7 **einer engen Zusammenarbeit zwischen den Mitgliedstaaten** auf dem Gebiet der Freizügigkeit und der Beschäftigung der Arbeitnehmer. Hier geht es insbesondere um eine Beratung der Kommission. Beteiligt sind insoweit die mitgliedstaatlichen Regierungen sowie die Sozialpartner.

Es hat sich erwiesen, dass die **Mobilitätsrate in Europa** weiterhin relativ gering ist. Sie 8 betrug etwa in 2013 nur 0,29% aller Arbeitnehmer, dh nur zu diesem Prozentsatz sind Arbeitnehmer in einem anderen als dem Herkunftsstaat berufstätig. Auf der anderen Seite sind die Arbeitslosenquoten sowie die Zahl der offenen Stellen zwischen den Mitgliedstaaten höchst unterschiedlich, weshalb die Kommission bestrebt ist, die Mobilität zu erhöhen. Es liegt deshalb der Vorschlag für eine Verordnung des Europäischen Parlaments und des Rates über ein Europäisches Netz der Arbeitsvermittlungen, den Zugang von Arbeitskräften zu mobilitätsfördernden Diensten und die weitere Integration der Arbeitsmärkte (KOM [2014] 6 endg.) vor, der Kapitel II und Art. 38 VO 492/2011 ersetzen soll. Es sind einige **grundlegende Mängel bei EURES** festgestellt worden, die insbesondere in einem unvollständiger Pool an Stellen und Lebensläufen, die auf EU-Ebene für alle Mitgliedstaaten zugänglich sind, einem ungleichen Zugang zu EURES-Diensten innerhalb der EU und einem ineffizienter Informationsaustausch zwischen Mitgliedstaaten über Arbeitskräftemangel und -überschuss bestehen. Deshalb soll EURES neu ausgerichtet werden und etwa auch auf Lehrstellen und Praktikumsmöglichkeiten erweitert werden. Weiterhin soll das Verfahren nach Art. 13 im Wege des elektronischen Austauschs durchgeführt werden. Insgesamt soll das EURES-System technisch verbessert werden und die Mitgliedstaaten sollen angehalten werden, Arbeitgebern und Arbeitnehmern Unterstützungsleistungen zu gewähren, die insbesondere in Informationen über arbeitsmarktpolitische Maßnahmen und Hilfen bei der Erstellung von Stellenangeboten und Stellengesuchen bestehen sollen (s. zu allem auch die Stellungnahme des Europäischen Wirtschafts- und Sozialausschusses zu dem Vorschlag für eine VO des Europäischen Parlaments und des Rates über ein Europäisches Netz der Arbeitsvermittlungen, den Zugang von Arbeitskräften zu mobilitätsfördernden Diensten und die weitere Integration der Arbeit vom 4.6.2014 – SOC/500 EURES).

Kapitel III. Organe zur Herbeiführung einer engen Zusammenarbeit zwischen den Mitgliedstaaten auf dem Gebiet der Freizügigkeit und der Beschäftigung der Arbeitnehmer

Abschnitt 1. Der Beratende Ausschuss

Art. 21 [Allgemeine Aufgabe]

Der Beratende Ausschuss ist beauftragt, die Kommission bei der Prüfung der Fragen zu unterstützen, die sich aus der Anwendung des Vertrags über die Arbeitsweise der Europäischen Union und der zu seiner Durchführung getroffenen Maßnahmen auf dem Gebiet der Freizügigkeit und der Beschäftigung der Arbeitnehmer ergeben.

Art. 22 [Untersuchung und Stellungnahmen]

Der Beratende Ausschuss ist insbesondere beauftragt,

a) die Probleme der Freizügigkeit und der Beschäftigung im Rahmen der einzelstaatlichen Arbeitsmarktpolitik im Hinblick auf eine Koordinierung der Beschäftigungspolitik der Mitgliedstaaten auf Unionsebene zu prüfen, die zu einem weiteren Ausbau der Volkswirtschaften sowie zu einer ausgeglicheneren Arbeitsmarktlage beitragen soll;
b) allgemein die Auswirkungen der Durchführung dieser Verordnung und etwaiger ergänzender Bestimmungen zu untersuchen;
c) der Kommission gegebenenfalls mit Gründen versehene Vorschläge zur Änderung dieser Verordnung vorzulegen;
d) auf Ersuchen der Kommission oder von sich aus mit Gründen versehene Stellungnahmen zu allgemeinen oder grundsätzlichen Fragen abzugeben, insbesondere zum Informationsaustausch betreffend die Entwicklung auf dem Arbeitsmarkt, zur Zu- und Abwanderung von Arbeitnehmern zwischen den Mitgliedstaaten, zu den Programmen oder Maßnahmen, die geeignet sind, die Berufsberatung und die Berufsausbildung im Interesse einer größeren Freizügigkeit und besserer Beschäftigungsmöglichkeiten zu fördern, sowie zu jeder Form der Betreuung der Arbeitnehmer und ihrer Familienangehörigen, einschließlich der sozialen Betreuung und der Unterbringung der Arbeitnehmer.

Art. 23 [Zusammensetzung; Amtszeit]

(1) Der Beratende Ausschuss besteht aus sechs Mitgliedern je Mitgliedstaat, und zwar zwei Regierungsvertretern, zwei Vertretern der Arbeitnehmerverbände und zwei Vertretern der Arbeitgeberverbände.

(2) Für jede der in Absatz 1 bezeichneten Gruppen wird ein Stellvertreter je Mitgliedstaat ernannt.

(3) ¹Die Amtszeit der Mitglieder und der Stellvertreter beträgt zwei Jahre. ²Ihre Wiederernennung ist zulässig.

Nach Ablauf der Amtszeit bleiben die Mitglieder und die Stellvertreter im Amt, bis ihre Ersetzung oder ihre Wiederernennung vollzogen ist.

Art. 24 [Ernennung der Mitglieder; Veröffentlichung]

Die Mitglieder des Beratenden Ausschusses und ihre Stellvertreter werden vom Rat ernannt, der sich bei der Auswahl der Vertreter der Arbeitnehmer- und Arbeitgeberverbände um eine angemessene Vertretung der verschiedenen in Betracht kommenden Wirtschaftsbereiche bemüht.

Die Liste der Mitglieder und der Stellvertreter wird vom Rat im *Amtsblatt der Europäischen Union* zur Unterrichtung veröffentlicht.

Art. 25 [Vorsitz und Sekretariat]

¹Den Vorsitz im Beratenden Ausschuss führt ein Mitglied der Kommission oder dessen Vertreter. ²Der Vorsitz nimmt an der Abstimmung nicht teil. ³Der Ausschuss tritt mindestens zweimal im Jahr zusammen. ⁴Er wird von seinem Vorsitz auf eigene Veranlassung oder auf Antrag von mindestens einem Drittel der Mitglieder einberufen.

Die Sekretariatsgeschäfte werden von den Dienststellen der Kommission wahrgenommen.

Art. 26 [Beobachter, Sachverständige, Fachberater]

¹Der Vorsitz kann Personen oder Vertreter von Einrichtungen, die über umfassende Erfahrungen auf dem Gebiet der Beschäftigung und dem Gebiet der Zu- und Abwanderung von Arbeitnehmern verfügen, als Beobachter oder Sachverständige zu den Sitzungen einladen. ²Er kann Fachberater hinzuziehen.

Art. 27 [Beschlussfassung]

(1) Der Beratende Ausschuss ist beschlussfähig, wenn zwei Drittel seiner Mitglieder anwesend sind.

(2) Die Stellungnahmen sind mit Gründen zu versehen; sie werden mit der absoluten Mehrheit der gültig abgegebenen Stimmen beschlossen; ihnen ist eine Darstellung der Auffassungen der Minderheit beizufügen, wenn diese es beantragt.

Art. 28 [Geschäftsordnung]

¹Der Beratende Ausschuss legt seine Arbeitsmethoden in einer Geschäftsordnung fest, die in Kraft tritt, wenn der Rat sie nach Stellungnahme der Kommission genehmigt hat. ²Die vom Beratenden Ausschuss eventuell beschlossenen Änderungen treten nach dem gleichen Verfahren in Kraft.

Abschnitt 2. Der Fachausschuss

Art. 29 [Allgemeine Aufgabe]

Der Fachausschuss ist beauftragt, die Kommission bei der Vorbereitung, der Förderung und der laufenden Beobachtung der Ergebnisse aller technischen Arbeiten und Maßnahmen zur Durchführung dieser Verordnung und etwaiger ergänzender Bestimmungen zu unterstützen.

Art. 30 [Unterstützung der Verwaltungen]

Der Fachausschuss ist insbesondere beauftragt,
a) die Zusammenarbeit zwischen den betreffenden Verwaltungen der Mitgliedstaaten in allen fachlichen Fragen, die die Freizügigkeit und die Beschäftigung der Arbeitnehmer betreffen, zu fördern und zu vervollkommnen;
b) Verfahren für die organisatorische Durchführung der gemeinsamen Tätigkeit der betreffenden Verwaltungen auszuarbeiten;
c) die Zusammenstellung zweckdienlicher Auskünfte für die Kommission und die Durchführung der in dieser Verordnung vorgesehenen Untersuchungen und Ermittlungen zu erleichtern, sowie den Informations- und Erfahrungsaustausch zwischen den betreffenden Verwaltungen zu fördern;
d) in technischer Hinsicht zu prüfen, wie die Kriterien, nach denen die Mitgliedstaaten die Lage auf ihrem Arbeitsmarkt beurteilen, einander angeglichen werden können.

Art. 31 [Zusammensetzung]

(1) ¹Der Fachausschuss besteht aus Regierungsvertretern der Mitgliedstaaten. ²Jede Regierung ernennt als Mitglied des Fachausschusses eines der Mitglieder, die sie im Beratenden Ausschuss vertreten.

(2) Jede Regierung ernennt einen Stellvertreter aus dem Kreis der übrigen Regierungsvertreter, die dem Beratenden Ausschuss als Mitglieder oder Stellvertreter angehören.

Art. 32 [Vorsitz und Sekretariat]

¹Den Vorsitz im Fachausschuss führt ein Mitglied der Kommission oder dessen Vertreter. ²Der Vorsitzende nimmt an der Abstimmung nicht teil. ³Der Vorsitzende und die Mitglieder des Ausschusses können Fachberater hinzuziehen.

Die Sekretariatsgeschäfte werden von den Dienststellen der Kommission wahrgenommen.

Art. 33 [Weiterleitung der Vorschläge und Stellungnahmen]

¹Die vom Fachausschuss ausgearbeiteten Vorschläge und Stellungnahmen werden der Kommission zugeleitet und dem Beratenden Ausschuss zur Kenntnis gebracht. ²Diesen Vorschlägen und Stellungnahmen ist eine Darstellung der Auffassungen der einzelnen Mitglieder des Fachausschusses beigefügt, wenn diese es beantragen.

Art. 34 [Geschäftsordnung]

¹Der Fachausschuss legt seine Arbeitsmethoden in einer Geschäftsordnung fest, die in Kraft tritt, wenn der Rat sie nach Stellungnahme der Kommission genehmigt hat. ²Die vom Fachausschuss eventuell beschlossenen Änderungen treten nach dem gleichen Verfahren in Kraft.

Kapitel IV. Schlussbestimmungen

Art. 35 [Weitergeltende Geschäftsordnungen]

Die am 8. November 1968 geltenden Geschäftsordnungen des Beratenden Ausschusses und des Fachausschusses werden weiter angewandt.

Art. 36 [Prioritäre Geltung der Verträge und früherer Abkommen]

(1) Diese Verordnung berührt nicht die Bestimmungen des Vertrags zur Gründung der Europäischen Atomgemeinschaft über den Zugang zu qualifizierten Beschäftigungen auf dem Gebiet der Kernenergie und die Vorschriften zur Durchführung dieses Vertrags.

Diese Verordnung gilt jedoch für die in Unterabsatz 1 genannte Gruppe von Arbeitnehmern sowie ihre Familienangehörigen, soweit deren Rechtsstellung in dem in Unterabsatz 1 genannten Vertrag oder den in Unterabsatz 1 genannten Vorschriften nicht geregelt ist.

(2) Diese Verordnung berührt nicht die gemäß Artikel 48 des Vertrags über die Arbeitsweise der Europäischen Union erlassenen Bestimmungen.

(3) Diese Verordnung berührt nicht jene Verpflichtungen der Mitgliedstaaten, die sich aus besonderen Beziehungen zu einzelnen außereuropäischen Ländern oder Gebieten oder aus künftigen Abkommen mit diesen Ländern oder Gebieten aufgrund institutioneller Bindungen herleiten, die am 8. November 1968 bestanden haben oder die sich aus den am 8. November 1968 bestehenden Abkommen mit einzelnen außereuropäischen Ländern oder Gebieten aufgrund institutioneller Bindungen herleiten.

Die Arbeitnehmer dieser Länder und Gebiete, die entsprechend der vorliegenden Vorschrift eine Tätigkeit im Lohn- oder Gehaltsverhältnis im Hoheitsgebiet eines der betreffenden Mitgliedstaaten ausüben, können sich im Hoheitsgebiet anderer Mitgliedstaaten nicht auf diese Verordnung berufen.

Art. 37 [Unterrichtung über Abkommen, Übereinkommen und Vereinbarungen]

Die Mitgliedstaaten übermitteln der Kommission zur Unterrichtung den Wortlaut der zwischen ihnen auf dem Gebiet der Beschäftigung geschlossenen Abkommen, Übereinkommen oder Vereinbarungen, und zwar in der Zeit von der Unterzeichnung bis zum Inkrafttreten dieser Abkommen, Übereinkommen oder Vereinbarungen.

Art. 38 [Durchführungsvorschriften]

¹Die Kommission erlässt die für die Anwendung dieser Verordnung notwendigen Durchführungsvorschriften. ²Zu diesem Zweck handelt sie in enger Fühlungnahme mit den zentralen Verwaltungen der Mitgliedstaaten.

Art. 39 [Verwaltungsausgaben]

Die Verwaltungsausgaben des Beratenden Ausschusses und des Fachausschusses werden im Gesamthaushaltsplan der Europäischen Union im Einzelplan der Kommission aufgeführt.

Art. 40 [Geltungsbereich]

Diese Verordnung gilt für die Mitgliedstaaten und für deren Staatsangehörige, unbeschadet der Artikel 2 und 3.

Art. 41 [Aufhebung]

Die Verordnung (EWG) Nr. 1612/68 wird aufgehoben.

Bezugnahmen auf die aufgehobene Verordnung gelten als Bezugnahmen auf die vorliegende Verordnung und sind nach Maßgabe der Entsprechungstabelle in Anhang II zu lesen.

Art. 42 [Inkrafttreten]

Diese Verordnung tritt am zwanzigsten Tag nach ihrer Veröffentlichung im *Amtsblatt der Europäischen Union* in Kraft.

Anhang I. Aufgehobene Verordnung mit ihren nachfolgenden Änderungen

Verordnung (EWG) Nr. 1612/68 des Rates
(ABl. L 257 vom 19.10.1968, S. 2)
Verordnung (EWG) Nr. 312/76 des Rates
(ABl. L 39 vom 14.2.1976, S. 2)
Verordnung (EWG) Nr. 2434/92 des Rates
(ABl. L 245 vom 26.8.1992, S. 1)
Richtlinie 2004/38/EG des Europäischen Parlaments und   Nur Artikel 38
des Rates   Absatz 1
(ABl. L 158 vom 30.4.2004, S. 77)

Anhang II. Entsprechungstabelle

Verordnung (EWG) Nr. 1612/68	Vorliegende Verordnung
Erster Teil	Kapitel I
Titel I	Abschnitt 1
Artikel 1	Artikel 1
Artikel 2	Artikel 2
Artikel 3 Absatz 1 Unterabsatz 1	Artikel 3 Absatz 1 Unterabsatz 1
Artikel 3 Absatz 1 Unterabsatz 1 erster Gedankenstrich	Artikel 3 Absatz 1 Unterabsatz 1 Buchstabe a
Artikel 3 Absatz 1 Unterabsatz 1 zweiter Gedankenstrich	Artikel 3 Absatz 1 Unterabsatz 1 Buchstabe b
Artikel 3 Absatz 1 Unterabsatz 2	Artikel 3 Absatz 1 Unterabsatz 2
Artikel 3 Absatz 2	Artikel 3 Absatz 2
Artikel 4	Artikel 4
Artikel 5	Artikel 5
Artikel 6	Artikel 6
Titel II	Abschnitt 2
Artikel 7	Artikel 7
Artikel 8 Absatz 1	Artikel 8
Artikel 9	Artikel 9
Titel III	Abschnitt 3
Artikel 12	Artikel 10
Zweiter Teil	Kapitel II
Titel I	Abschnitt 1
Artikel 13	Artikel 11
Artikel 14	Artikel 12
Titel II	Abschnitt 2
Artikel 15	Artikel 13
Artikel 16	Artikel 14
Artiekl 17	Artikel 15
Artikel 18	Artikel 16
Titel III	Abschnitt 3
Artikel 19	Artikel 17
Titel IV	Abschnitt 4
Artikel 21	Artikel 18

Verordnung (EWG) Nr. 1612/68	Vorliegende Verordnung
Artikel 22	Artikel 19
Artikel 23	Artikel 20
Dritter Teil	Kapitel III
Titel I	Abschnitt 1
Artikel 24	Artikel 21
Artikel 25	Artikel 22
Artikel 26	Artikel 23
Artikel 27	Artikel 24
Artikel 28	Artikel 25
Artikel 29	Artikel 26
Artikel 30	Artikel 27
Artikel 31	Artikel 28
Titel II	Abschnitt 2
Artikel 32	Artikel 29
Artikel 33	Artikel 30
Artikel 34	Artikel 31
Artikel 35	Artikel 32
Artikel 36	Artikel 33
Artikel 37	Artikel 34
Vierter Teil	Kapitel IV
Titel I	—
Artikel 38	—
Artikel 39	Artikel 35
Artikel 40	—
Artikel 41	—
Titel II	—
Artikel 42 Absatz 1	Artikel 36 Absatz 1
Artikel 42 Absatz 2	Artikel 36 Absatz 2
Artikel 42 Absatz 3 Unterabsatz 1 erster und zweiter Gedankenstrich	Artikel 36 Absatz 3 Unterabsatz 1
Artikel 42 Absatz 3 Unterabsatz 2	Artikel 36 Absatz 3 Unterabsatz 2
Artikel 43	Artikel 37
Artikel 44	Artikel 38
Artikel 45	—
Artikel 46	Artikel 39
Artikel 47	Artikel 40
—	Artikel 41
Artikel 48	Artikel 42
—	Anhang I
—	Anhang II

410. Richtlinie 89/391/EWG des Rates vom 12. Juni 1989 über die Durchführung von Maßnahmen zur Verbesserung der Sicherheit und des Gesundheitsschutzes der Arbeitnehmer bei der Arbeit

(ABl. Nr. L 183 S. 1)

Celex-Nr. 3 1989 L 0391

zuletzt geänd. durch Anh. Nr. 2.1. ÄndVO (EG) 1137/2008 v. 22.10.2008
(ABl. Nr. L 311 S. 1)

DER RAT DER EUROPÄISCHEN GEMEINSCHAFTEN –
gestützt auf den Vertrag zur Gründung der Europäischen Wirtschaftsgemeinschaft, insbesondere auf Artikel 118a,
auf Vorschlag der Kommission[1], erstellt nach Anhörung des Beratenden Ausschusses für Sicherheit, Arbeitshygiene und Gesundheitsschutz am Arbeitsplatz,
in Zusammenarbeit mit dem Europäischen Parlament[2],
nach Stellungnahme des Wirtschafts- und Sozialausschusses[3],
in Erwägung nachstehender Gründe:
Artikel 118a des Vertrages sieht vor, daß der Rat durch Richtlinien Mindestvorschriften festlegt, die die Verbesserung insbesondere der Arbeitsumwelt fördern, um die Sicherheit und die Gesundheit der Arbeitnehmer verstärkt zu schützen.
Durch diese Richtlinie kann keine mögliche Einschränkung des bereits in den einzelnen Mitgliedstaaten erzielten Schutzes gerechtfertigt werden; die Mitgliedstaaten haben sich gemäß dem Vertrag verpflichtet, die bestehenden Bedingungen in diesem Bereich zu verbessern und sich eine Harmonisierung bei gleichzeitigem Fortschritt zum Ziel gesetzt.
Es ist erwiesen, daß Arbeitnehmer an ihrem Arbeitsplatz und während ihres gesamten Arbeitslebens gefährlichen Umgebungsfaktoren ausgesetzt sein können.
Gemäß Artikel 118a des Vertrages wird in den Richtlinien auf verwaltungsmäßige, finanzielle oder rechtliche Auflagen, die der Gründung und Entwicklung von Klein- und Mittelbetrieben entgegenstehen könnten, verzichtet.
Die Mitteilung der Kommission über ihr Aktionsprogramm für Sicherheit, Arbeitshygiene und Gesundheitsschutz am Arbeitsplatz[4] sieht die Verabschiedung von Richtlinien vor, die die Sicherheit und den Gesundheitsschutz der Arbeitnehmer gewährleisten sollen.
In seiner Entschließung vom 21. Dezember 1987 in bezug auf Sicherheit, Arbeitshygiene und Gesundheitsschutz am Arbeitsplatz[5] nimmt der Rat die Absicht der Kommission zur Kenntnis, ihm binnen kurzem eine Richtlinie über die Organisation der Sicherheit und des Gesundheitsschutzes der Arbeitnehmer am Arbeitsplatz vorzulegen.
Im Februar 1988 hat das Europäische Parlament im Anschluß an die Aussprache über den Binnenmarkt und den Arbeitsschutz vier Entschließungen angenommen. In diesen Entschließungen fordert das Parlament die Kommission insbesondere auf, eine Rahmenrichtlinie auszuarbeiten, die als Grundlage für Einzelrichtlinien dienen kann, die alle Risiken betreffend den Bereich Sicherheit und Gesundheitsschutz am Arbeitsplatz abdecken.
Es ist Aufgabe der Mitgliedstaaten, in ihrem Gebiet die Sicherheit und den Gesundheitsschutz von Arbeitnehmern zu verbessern. Maßnahmen betreffend Sicherheit und Gesund-

---
[1] **Amtl. Anm.:** ABl. Nr. C 141 vom 30.5.1988, S. 1.
[2] **Amtl. Anm.:** ABl. Nr. C 326 vom 19.12.1988, S. 102, und ABl. Nr. C 158 vom 26.6.1989.
[3] **Amtl. Anm.:** ABl. Nr. C 175 vom 4.7.1988, S. 22.
[4] **Amtl. Anm.:** ABl. Nr. C 28 vom 3.2.1988, S. 3.
[5] **Amtl. Anm.:** ABl. Nr. C 28 vom 3.2.1988, S. 1.

heitsschutz der Arbeitnehmer am Arbeitsplatz tragen in manchen Fällen auch zum Schutz der Gesundheit und gegebenenfalls zur Sicherheit der in ihrem Haushalt lebenden Personen bei.

Die Rechtsvorschriften der Mitgliedstaaten auf dem Gebiet der Sicherheit und des Gesundheitsschutzes am Arbeitsplatz sind sehr unterschiedlich und sollten verbessert werden. Die einschlägigen einzelstaatlichen Bestimmungen, die weitgehend durch technische Vorschriften bzw. freiwillig eingeführte Normen ergänzt werden, können zu einem unterschiedlichen Grad der Sicherheit und des Gesundheitsschutzes führen und eine Konkurrenz entstehen lassen, die zu Lasten der Sicherheit und des Gesundheitsschutzes geht.

Es sind nach wie vor zu viele Arbeitsunfälle und berufsbedingte Erkrankungen zu beklagen. Für die Sicherheit und den Gesundheitsschutz der Arbeitnehmer müssen daher unverzüglich vorbeugende Maßnahmen ergriffen bzw. bestehende Maßnahmen verbessert werden, um einen wirksameren Schutz sicherzustellen.

Um einen besseren Schutz zu gewährleisten, ist es erforderlich, daß die Arbeitnehmer bzw. ihre Vertreter über die Gefahren für ihre Sicherheit und Gesundheit und die erforderlichen Maßnahmen zur Verringerung oder Ausschaltung dieser Gefahren informiert werden. Es ist ferner unerläßlich, daß sie in die Lage versetzt werden, durch eine angemessene Mitwirkung entsprechend den nationalen Rechtsvorschriften bzw. Praktiken zu überprüfen und zu gewährleisten, daß die erforderlichen Schutzmaßnahmen getroffen werden.

Es ist erforderlich, die Unterrichtung, den Dialog und die ausgewogene Zusammenarbeit im Bereich der Sicherheit und des Gesundheitsschutzes am Arbeitsplatz zwischen den Arbeitgebern und den Arbeitnehmern bzw. ihren Vertretern durch geeignete Verfahren und Instrumente entsprechend den nationalen Rechtsvorschriften bzw. Praktiken auszuweiten.

Die Verbesserung von Sicherheit, Arbeitshygiene und Gesundheitsschutz der Arbeitnehmer am Arbeitsplatz stellen Zielsetzungen dar, die keinen rein wirtschaftlichen Überlegungen untergeordnet werden dürfen.

Die Arbeitgeber sind verpflichtet, sich unter Berücksichtigung der in ihrem Unternehmen bestehenden Risiken über den neuesten Stand der Technik und der wissenschaftlichen Erkenntnisse auf dem Gebiet der Gestaltung von Arbeitsplätzen zu informieren und diese Kenntnisse an die Arbeitnehmervertreter, die im Rahmen dieser Richtlinie Mitbestimmungsrechte ausüben, weiterzugeben, um eine bessere Sicherheit und einen besseren Gesundheitsschutz der Arbeitnehmer gewährleisten zu können.

Die Bestimmungen dieser Richtlinie gelten für alle Gefahren, unter anderem diejenigen, die sich aus der Verwendung der in der Richtlinie 80/1107/EWG[6], zuletzt geändert durch die Richtlinie 88/642/EWG[7], genannten chemischen, physikalischen und biologischen Arbeitsstoffe bei der Arbeit ergeben, und zwar unbeschadet bereits geltender oder künftiger strengerer gemeinschaftlicher Bestimmungen.

Der durch den Beschluß 74/325/EWG[8] eingesetzte Beratende Ausschuß für Sicherheit, Arbeitshygiene und Gesundheitsschutz am Arbeitsplatz wird im Hinblick auf die Ausarbeitung von Vorschlägen auf diesem Gebiet von der Kommission gehört.

Es ist angebracht, einen Ausschuß einzusetzen, dessen Mitglieder von den Mitgliedstaaten benannt werden und dessen Aufgabe es ist, die Kommission bei den in der Richtlinie vorgesehenen technischen Anpassungen zu unterstützen –

HAT FOLGENDE RICHTLINIE ERLASSEN:

---

[6] **Amtl. Anm.**: ABl. Nr. L 327 vom 3.12.1980, S. 8.
[7] **Amtl. Anm.**: ABl. Nr. L 356 vom 24.12.1988, S. 74.
[8] **Amtl. Anm.**: ABl. Nr. L 185 vom 9.7.1974, S. 15.

Abschnitt I. Allgemeine Bestimmungen

Art. 1 Ziel der Richtlinie

(1) Ziel dieser Richtlinie ist die Durchführung von Maßnahmen zur Verbesserung der Sicherheit und des Gesundheitsschutzes der Arbeitnehmer am Arbeitsplatz.

(2) Sie enthält zu diesem Zweck allgemeine Grundsätze für die Verhütung berufsbedingter Gefahren, für die Sicherheit und den Gesundheitsschutz, die Ausschaltung von Risiko- und Unfallfaktoren, die Information, die Anhörung, die ausgewogene Beteiligung nach den nationalen Rechtsvorschriften bzw. Praktiken, die Unterweisung der Arbeitnehmer und ihrer Vertreter sowie allgemeine Regeln für die Durchführung dieser Grundsätze.

(3) Diese Richtlinie berührt nicht bereits geltende oder künftige nationale und gemeinschaftliche Bestimmungen, die für die Sicherheit und den Gesundheitsschutz der Arbeitnehmer am Arbeitsplatz günstiger sind.

Art. 2 Anwendungsbereich

(1) Diese Richtlinie findet Anwendung auf alle privaten oder öffentlichen Tätigkeitsbereiche (gewerbliche, landwirtschaftliche, kaufmännische, verwaltungsmäßige sowie dienstleistungs- oder ausbildungsbezogene, kulturelle und Freizeittätigkeiten usw.).

(2) Diese Richtlinie findet keine Anwendung, soweit dem Besonderheiten bestimmter spezifischer Tätigkeiten im öffentlichen Dienst, z. B. bei den Streitkräften oder der Polizei, oder bestimmter spezifischer Tätigkeiten bei den Katastrophenschutzdiensten zwingend entgegenstehen.

In diesen Fällen ist dafür Sorge zu tragen, daß unter Berücksichtigung der Ziele dieser Richtlinie eine größtmögliche Sicherheit und ein größtmöglicher Gesundheitsschutz der Arbeitnehmer gewährleistet ist.

Art. 3 Definitionen

Für die Zwecke dieser Richtlinie gilt als:
a) Arbeitnehmer: jede Person, die von einem Arbeitgeber beschäftigt wird, einschließlich Praktikanten und Lehrlingen, jedoch mit Ausnahme von Hausangestellten;
b) Arbeitgeber: jede natürliche oder juristische Person, die als Vertragspartei des Beschäftigungsverhältnisses mit dem Arbeitnehmer die Verantwortung für das Unternehmen bzw. den Betrieb trägt;
c) Arbeitnehmervertreter mit einer besonderen Funktion bei der Sicherheit und beim Gesundheitsschutz der Arbeitnehmer: jede Person, die gemäß den nationalen Rechtsvorschriften bzw. Praktiken gewählt, ausgewählt oder benannt wurde, um die Arbeitnehmer in Fragen der Sicherheit und des Gesundheitsschutzes der Arbeitnehmer bei der Arbeit zu vertreten;
d) Gefahrenverhütung: sämtliche Bestimmungen oder Maßnahmen, die in einem Unternehmen auf allen Tätigkeitsstufen zur Vermeidung oder Verringerung berufsbedingter Gefahren eingeleitet oder vorgesehen werden.

Art. 4 [Kontrolle und Überwachung]

(1) Die Mitgliedstaaten treffen die erforderlichen Vorkehrungen, um zu gewährleisten, daß die Arbeitgeber, die Arbeitnehmer und die Arbeitnehmervertreter den für die Anwendung dieser Richtlinie erforderlichen Rechtsvorschriften unterliegen.

(2) Die Mitgliedstaaten tragen insbesondere für eine angemessene Kontrolle und Überwachung Sorge.

Abschnitt II. Pflichten des Arbeitgebers

Art. 5 Allgemeine Vorschrift

(1) Der Arbeitgeber ist verpflichtet, für die Sicherheit und den Gesundheitsschutz der Arbeitnehmer in bezug auf alle Aspekte, die die Arbeit betreffen, zu sorgen.

(2) Zieht ein Arbeitgeber in Anwendung von Artikel 7 Absatz 3 außerbetriebliche Fachleute (Personen oder Dienste) hinzu, so enthebt ihn dies nicht seiner diesbezüglichen Verantwortung.

(3) Die Pflichten der Arbeitnehmer in Fragen der Sicherheit und des Gesundheitsschutzes am Arbeitsplatz berühren nicht den Grundsatz der Verantwortung des Arbeitgebers.

(4) Diese Richtlinie steht nicht der Befugnis der Mitgliedstaaten entgegen, den Ausschluß oder die Einschränkung der Verantwortung des Arbeitgebers bei Vorkommnissen vorzusehen, die auf nicht von diesem zu vertretende anormale und unvorhersehbare Umstände oder auf außergewöhnliche Ereignisse zurückzuführen sind, deren Folgen trotz aller Sorgfalt nicht hätten vermieden werden können.

Die Mitgliedstaaten sind nicht verpflichtet, von der in Unterabsatz 1 genannten Möglichkeit Gebrauch zu machen.

Art. 6 Allgemeine Pflichten des Arbeitgebers

(1) Im Rahmen seiner Verpflichtungen trifft der Arbeitgeber die für die Sicherheit und den Gesundheitsschutz der Arbeitnehmer erforderlichen Maßnahmen, einschließlich der Maßnahmen zur Verhütung berufsbedingter Gefahren, zur Information und zur Unterweisung sowie der Bereitstellung einer geeigneten Organisation und der erforderlichen Mittel.

Der Arbeitgeber muß darauf achten, daß diese Maßnahmen entsprechend den sich ändernden Gegebenheiten angepaßt werden, und er muß eine Verbesserung der bestehenden Arbeitsbedingungen anstreben.

(2) Der Arbeitgeber setzt die Maßnahmen nach Absatz 1 Unterabsatz 1 ausgehend von folgenden allgemeinen Grundsätzen der Gefahrenverhütung um:
a) Vermeidung von Risiken;
b) Abschätzung nichtvermeidbarer Risiken;
c) Gefahrenbekämpfung an der Quelle;
d) Berücksichtigung des Faktors „Mensch" bei der Arbeit, insbesondere bei der Gestaltung von Arbeitsplätzen sowie bei der Auswahl von Arbeitsmitteln und Arbeits- und Fertigungsverfahren, vor allem im Hinblick auf eine Erleichterung bei eintöniger Arbeit und bei maschinenbestimmtem Arbeitsrhythmus sowie auf eine Abschwächung ihrer gesundheitsschädigenden Auswirkungen;
e) Berücksichtigung des Stands der Technik;
f) Ausschaltung oder Verringerung von Gefahrenmomenten;

g) Planung der Gefahrenverhütung mit dem Ziel einer kohärenten Verknüpfung von Technik, Arbeitsorganisation, Arbeitsbedingungen, sozialen Beziehungen und Einfluß der Umwelt auf den Arbeitsplatz;
h) Vorrang des kollektiven Gefahrenschutzes vor individuellem Gefahrenschutz;
i) Erteilung geeigneter Anweisungen an die Arbeitnehmer.

(3) Unbeschadet der anderen Bestimmungen dieser Richtlinie hat der Arbeitgeber je nach Art der Tätigkeiten des Unternehmens bzw. Betriebs folgende Verpflichtungen:

a) Beurteilung von Gefahren für Sicherheit und Gesundheit der Arbeitnehmer, unter anderem bei der Auswahl von Arbeitsmitteln, chemischen Stoffen oder Zubereitungen und bei der Gestaltung der Arbeitsplätze.

Die vom Arbeitgeber aufgrund dieser Beurteilung getroffenen Maßnahmen zur Gefahrenverhütung sowie die von ihm angewendeten Arbeits- und Produktionsverfahren müssen erforderlichenfalls
   – einen höheren Grad an Sicherheit und einen besseren Gesundheitsschutz der Arbeitnehmer gewährleisten;
   – in alle Tätigkeiten des Unternehmens bzw. des Betriebes und auf allen Führungsebenen einbezogen werden;
b) bei Übertragung von Aufgaben an einen Arbeitnehmer Berücksichtigung der Eignung dieses Arbeitnehmers in bezug auf Sicherheit und Gesundheit;
c) bei der Planung und Einführung neuer Technologien sind die Arbeitnehmer bzw. ihre Vertreter zu den Auswirkungen zu hören, die die Auswahl der Arbeitsmittel, die Gestaltung der Arbeitsbedingungen und die Einwirkung der Umwelt auf den Arbeitsplatz für die Sicherheit und Gesundheit der Arbeitnehmer haben;
d) es ist durch geeignete Maßnahmen dafür zu sorgen, daß nur die Arbeitnehmer, die ausreichende Anweisungen erhalten haben, Zugang zu den Bereichen mit ernsten und spezifischen Gefahren haben.

(4) Unbeschadet der übrigen Bestimmungen dieser Richtlinie müssen die Arbeitgeber für den Fall, daß an einem Arbeitsplatz Arbeitnehmer mehrerer Unternehmen anwesend sind, bei der Durchführung der Sicherheits-, Hygiene- und Gesundheitsschutzbestimmungen zusammenarbeiten, je nach Art der Tätigkeiten beim Gefahrenschutz und bei der Verhütung berufsbedingter Gefahren ihre Tätigkeiten koordinieren und sich gegenseitig sowie ihre jeweiligen Arbeitnehmer bzw. deren Vertreter über diese Gefahren informieren.

(5) Die Kosten für die Sicherheits-, Hygiene- und Gesundheitsschutzmaßnahmen dürfen auf keinen Fall zu Lasten der Arbeitnehmer gehen.

Art. 7 Mit Schutzmaßnahmen und Maßnahmen zur Gefahrenverhütung beauftragte Dienste

(1) Unbeschadet seiner Pflichten nach den Artikeln 5 und 6 benennt der Arbeitgeber einen oder mehrere Arbeitnehmer, die er mit Schutzmaßnahmen und Maßnahmen zur Verhütung berufsbedingter Gefahren im Unternehmen bzw. im Betrieb beauftragt.

(2) Den benannten Arbeitnehmern dürfen durch ihre Schutztätigkeiten und ihre Tätigkeiten zur Verhütung berufsbedingter Gefahren keine Nachteile entstehen.

Die benannten Arbeitnehmer müssen, um den sich aus dieser Richtlinie ergebenden Verpflichtungen nachkommen zu können, über die entsprechende Zeit verfügen.

(3) Reichen die Möglichkeiten im Unternehmen bzw. im Betrieb nicht aus, um die Organisation dieser Schutzmaßnahmen und Maßnahmen zur Gefahrenverhütung durchzuführen, so muß der Arbeitgeber außerbetriebliche Fachleute (Personen oder Dienste) hinzuziehen.

(4) Zieht der Arbeitgeber außerbetriebliche Fachleute hinzu, so hat er die betreffenden Personen oder Dienste über diejenigen Faktoren zu unterrichten, von denen

bekannt ist oder vermutet wird, daß sie Auswirkungen auf die Sicherheit und die Gesundheit der Arbeitnehmer haben, und ihnen Zugang zu den in Artikel 10 Absatz 2 genannten Informationen zu verschaffen.

(5) In allen Fällen gilt:

- die benannten Arbeitnehmer müssen über die erforderlichen Fähigkeiten und Mittel verfügen,
- die hinzugezogenen außerbetrieblichen Personen oder Dienste müssen über die erforderliche Eignung sowie die erforderlichen personellen und berufsspezifischen Mittel verfügen und
- die benannten Arbeitnehmer und die hinzugezogenen außerbetrieblichen Personen oder Dienste müssen über eine ausreichende Personalausstattung verfügen,

so daß sie die Schutzmaßnahmen und Maßnahmen zur Gefahrenverhütung übernehmen können, wobei die Größe des Unternehmens bzw. des Betriebs und/oder der Grad der Gefahren, denen die Arbeitnehmer ausgesetzt sind, sowie deren Lokalisierung innerhalb des gesamten Unternehmens bzw. des Betriebs zu berücksichtigen sind.

(6) Der Schutz und die Verhütung von Gefahren für die Sicherheit und die Gesundheit, die Gegenstand dieses Artikels sind, werden von einem oder mehreren Arbeitnehmern bzw. von einem einzigen oder von verschiedenen Diensten gewährleistet, der/die zu dem Unternehmen bzw. Betrieb gehört/gehören oder von außen hinzugezogen wird/werden.

Der oder die Arbeitnehmer bzw. der Dienst oder die Dienste müssen erforderlichenfalls zusammenarbeiten.

(7) Die Mitgliedstaaten können unter Berücksichtigung der Art der Tätigkeiten und der Größe der Unternehmen die Unternehmenssparten festlegen, in denen der Arbeitgeber die in Absatz 1 genannten Aufgaben selbst übernehmen kann, sofern er die erforderlichen Fähigkeiten besitzt.

(8) Die Mitgliedstaaten legen fest, welche Fähigkeiten und Eignungen im Sinne von Absatz 5 erforderlich sind.

Sie können festlegen, welche Personalausstattung im Sinne von Absatz 5 ausreichend ist.

Art. 8 Erste Hilfe, Brandbekämpfung, Evakuierung der Arbeitnehmer, ernste und unmittelbare Gefahren

(1) Der Arbeitgeber muß

- die der Art der Tätigkeiten und der Größe des Unternehmens bzw. Betriebs angepaßten Maßnahmen treffen, die zur Ersten Hilfe, Brandbekämpfung und Evakuierung der Arbeitnehmer erforderlich sind, wobei der Anwesenheit anderer Personen Rechnung zu tragen ist, und
- die erforderlichen Verbindungen zu außerbetrieblichen Stellen, insbesondere im Bereich der Ersten Hilfe, der medizinischen Notversorgung, der Bergung und der Brandbekämpfung organisieren.

(2) In Anwendung von Absatz 1 muß der Arbeitgeber insbesondere diejenigen Arbeitnehmer benennen, die für Erste Hilfe, Brandbekämpfung und Evakuierung der Arbeitnehmer zuständig sind.

Diese Arbeitnehmer müssen, unter Berücksichtigung der Größe bzw. der in diesem Unternehmen bzw. Betrieb bestehenden spezifischen Gefahren, entsprechend ausgebildet und zahlenmäßig stark genug sein sowie über die erforderliche Ausrüstung verfügen.

(3) Der Arbeitgeber

a) muß alle Arbeitnehmer, die einer ernsten und unmittelbaren Gefahr ausgesetzt sind oder sein können, möglichst frühzeitig über diese Gefahr und die getroffenen oder zu treffenden Schutzmaßnahmen unterrichten;

b) muß Maßnahmen treffen und Anweisungen erteilen, um den Arbeitnehmern bei ernster, unmittelbarer und nicht vermeidbarer Gefahr zu ermöglichen, ihre Tätigkeit einzustellen bzw. sich durch sofortiges Verlassen des Arbeitsplatzes in Sicherheit zu bringen;
c) darf außer in begründeten Ausnahmefällen die Arbeitnehmer nicht auffordern, ihre Tätigkeit in einer Arbeitssituation wieder aufzunehmen, in der eine ernste und unmittelbare Gefahr fortbesteht.

(4) Einem Arbeitnehmer, der bei ernster, unmittelbarer und nicht vermeidbarer Gefahr seinen Arbeitsplatz bzw. einen gefährlichen Bereich verläßt, dürfen dadurch keine Nachteile entstehen, und er muß gegen alle nachteiligen und ungerechtfertigten Folgen entsprechend den einzelstaatlichen Rechtsvorschriften bzw. Praktiken geschützt werden.

(5) Der Arbeitgeber trägt dafür Sorge, daß jeder Arbeitnehmer, wenn er den zuständigen Vorgesetzten nicht erreichen kann, in der Lage ist, bei ernster und unmittelbarer Gefahr für die eigene Sicherheit bzw. die Sicherheit anderer Personen unter Berücksichtigung seiner Kenntnisse und technischen Mittel die geeigneten Maßnahmen zu treffen, um die Folgen einer solchen Gefahr zu vermeiden.

Aus seinem Handeln dürfen ihm keine Nachteile entstehen, es sei denn, er hat unüberlegt oder grob fahrlässig gehandelt.

Art. 9 Sonstige Pflichten des Arbeitgebers

(1) Der Arbeitgeber muß
a) über eine Evaluierung der am Arbeitsplatz bestehenden Gefahren für die Sicherheit und die Gesundheit auch hinsichtlich der besonders gefährdeten Arbeitnehmergruppen verfügen;
b) die durchzuführenden Schutzmaßnahmen und, falls notwendig, die zu verwendenden Schutzmittel festlegen;
c) eine Liste der Arbeitsunfälle, die einen Arbeitsunfall von mehr als drei Arbeitstagen für den Arbeitnehmer zur Folge hatten, führen;
d) für die zuständige Behörde im Einklang mit den nationalen Rechtsvorschriften bzw. Praktiken Berichte über die Arbeitsunfälle ausarbeiten, die die bei ihm beschäftigten Arbeitnehmer erlitten haben.

(2) Die Mitgliedstaaten legen unter Berücksichtigung der Art der Tätigkeiten und der Größe der Unternehmen die Pflichten der verschiedenen Unternehmenskategorien betreffend die Erstellung der in Absatz 1 Buchstaben a) und b) vorgesehenen Dokumente und bei der Erstellung der in Absatz 1 Buchstaben c) und d) genannten Dokumente fest.

Art. 10 Unterrichtung der Arbeitnehmer

(1) Der Arbeitgeber trifft die geeigneten Maßnahmen, damit die Arbeitnehmer bzw. deren Vertreter im Unternehmen bzw. Betrieb gemäß den nationalen Rechtsvorschriften bzw. Praktiken, die insbesondere der Unternehmens- bzw. der Betriebsgröße Rechnung tragen können, alle erforderlichen Informationen erhalten über:
a) die Gefahren für Sicherheit und Gesundheit sowie die Schutzmaßnahmen und Maßnahmen zur Gefahrenverhütung im Unternehmen bzw. im Betrieb im allgemeinen und für die einzelnen Arten von Arbeitsplätzen bzw. Aufgabenbereichen;
b) die in Anwendung von Artikel 8 Absatz 2 ergriffenen Maßnahmen.

(2) Der Arbeitgeber trifft die geeigneten Maßnahmen, damit die Arbeitgeber der Arbeitnehmer der in seinem Unternehmen oder Betrieb hinzugezogenen außerbetrieblichen Unternehmen bzw. Betriebe gemäß den nationalen Rechtsvorschriften bzw. Praktiken angemessene Informationen über die in Absatz 1 Buchstaben a) und b) genannten Punkte erhalten, die für die betreffenden Arbeitnehmer bestimmt sind.

(3) Der Arbeitgeber trifft die geeigneten Maßnahmen, damit die Arbeitnehmer mit einer besonderen Funktion bei der Sicherheit und beim Gesundheitsschutz der Arbeitnehmer oder die Arbeitnehmervertreter mit einer besonderen Funktion bei der Sicherheit und beim Gesundheitsschutz der Arbeitnehmer zur Ausübung ihrer jeweiligen Tätigkeiten gemäß den nationalen Rechtsvorschriften bzw. Praktiken Zugang haben.

a) zu der in Artikel 9 Absatz 1 Buchstaben a) und b) vorgesehenen Evaluierung der Gefahren und zu der Aufstellung der zu ergreifenden Schutzmaßnahmen;

b) zu der Liste und den Berichten gemäß Artikel 9 Absatz 1 Buchstaben c) und d);

c) zu den Informationen, die sich aus den Schutzmaßnahmen und Maßnahmen zur Gefahrenverhütung ergeben, sowie zu Informationen der für Sicherheit und Gesundheitsschutz zuständigen Behörden und Organe.

Art. 11 Anhörung und Beteiligung der Arbeitnehmer

(1) Die Arbeitgeber hören die Arbeitnehmer bzw. deren Vertreter an und ermöglichen deren Beteiligung bei allen Fragen betreffend die Sicherheit und die Gesundheit am Arbeitsplatz.

Dies beinhaltet:
– die Anhörung der Arbeitnehmer;
– das Recht der Arbeitnehmer bzw. ihrer Vertreter, Vorschläge zu unterbreiten;
– die ausgewogene Beteiligung nach den nationalen Rechtsvorschriften bzw. Praktiken.

(2) Die Arbeitnehmer bzw. die Arbeitnehmervertreter mit einer besonderen Funktion bei der Sicherheit und beim Gesundheitsschutz der Arbeitnehmer werden in ausgewogener Weise nach den nationalen Rechtsvorschriften bzw. Praktiken beteiligt oder werden im voraus vom Arbeitgeber gehört:

a) zu jeder Aktion, die wesentliche Auswirkungen auf Sicherheit und Gesundheit haben kann;

b) zu der Benennung der Arbeitnehmer gemäß Artikel 7 Absatz 1 und Artikel 8 Absatz 2 sowie zu den Maßnahmen gemäß Artikel 7 Absatz 1;

c) zu den Informationen gemäß Artikel 9 Absatz 1 und Artikel 10;

d) zur etwaigen Hinzuziehung außerbetrieblicher Fachleute (Personen oder Dienste) gemäß Artikel 7 Absatz 3;

e) zur Planung und Organisation der in Artikel 12 vorgesehenen Unterweisung.

(3) Die Arbeitnehmervertreter mit einer besonderen Funktion bei der Sicherheit und beim Gesundheitsschutz der Arbeitnehmer haben das Recht, den Arbeitgeber um geeignete Maßnahmen zu ersuchen und ihm diesbezüglich Vorschläge zu unterbreiten, um so jeder Gefahr für die Arbeitnehmer vorzubeugen und/oder die Gefahrenquellen auszuschalten.

(4) Den in Absatz 2 genannten Arbeitnehmern und den in den Absätzen 2 und 3 genannten Arbeitnehmervertretern dürfen aufgrund ihrer in den Absätzen 2 und 3 genannten jeweiligen Tätigkeit keinerlei Nachteile entstehen.

(5) Der Arbeitgeber ist verpflichtet, den Arbeitnehmervertretern mit einer besonderen Funktion bei der Sicherheit und beim Gesundheitsschutz der Arbeitnehmer eine ausreichende Arbeitsbefreiung ohne Lohnausfall zu gewähren und ihnen die erforderlichen Mittel zur Verfügung zu stellen, um ihnen die Wahrnehmung der sich aus dieser Richtlinie ergebenden Rechte und Aufgaben zu ermöglichen.

(6) Die Arbeitnehmer bzw. ihre Vertreter haben das Recht, sich gemäß den nationalen Rechtsvorschriften bzw. Praktiken an die für die Sicherheit und den Gesundheitsschutz am Arbeitsplatz zuständige Behörde zu wenden, wenn sie der Auffassung sind, daß die vom Arbeitgeber getroffenen Maßnahmen und bereitgestellten Mittel nicht ausreichen, um die Sicherheit und den Gesundheitsschutz am Arbeitsplatz sicherzustellen.

Die Vertreter der Arbeitnehmer müssen die Möglichkeit haben, bei Besuchen und Kontrollen der zuständigen Behörde ihre Bemerkungen vorzubringen.

Art. 12 Unterweisung der Arbeitnehmer

(1) Der Arbeitgeber muß dafür sorgen, daß jeder Arbeitnehmer zum Zeitpunkt
- seiner Einstellung,
- einer Versetzung oder einer Veränderung seines Aufgabenbereichs,
- der Einführung oder Änderung von Arbeitsmitteln,
- der Einführung einer neuen Technologie,

eine ausreichende und angemessene Unterweisung über Sicherheit und Gesundheitsschutz, insbesondere in Form von Informationen und Anweisungen, erhält, die eigens auf seinen Arbeitsplatz oder seinen Aufgabenbereich ausgerichtet ist.

Diese Unterweisung muß
- an die Entwicklung der Gefahrensmomente und an die Entstehung neuer Gefahren angepaßt sein und
- erforderlichenfalls regelmäßig wiederholt werden.

(2) Der Arbeitgeber muß sich vergewissern, daß Arbeitnehmer außerbetrieblicher Firmen, die in seinem Unternehmen bzw. Betrieb zum Einsatz kommen, angemessene Anweisungen hinsichtlich der Sicherheits- und Gesundheitsrisiken während ihrer Tätigkeit in seinem Unternehmen oder Betrieb erhalten haben.

(3) Die Arbeitnehmervertreter mit einer besonderen Funktion bei der Sicherheit und beim Gesundheitsschutz der Arbeitnehmer haben Anspruch auf eine angemessene Unterweisung.

(4) Die in den Absätzen 1 und 3 vorgesehene Unterweisung darf nicht zu Lasten der Arbeitnehmer oder ihrer Vertreter gehen. Die in Absatz 1 vorgesehene Unterweisung muß während der Arbeitszeit erfolgen.

Die in Absatz 3 vorgesehene Unterweisung muß während der Arbeitszeit oder entsprechend den nationalen Praktiken entweder innerhalb oder außerhalb des Unternehmens bzw. Betriebs erfolgen.

Abschnitt III. Pflichten des Arbeitnehmers

Art. 13 [Pflichten des Arbeitnehmers]

(1) Jeder Arbeitnehmer ist verpflichtet, nach seinen Möglichkeiten für seine eigene Sicherheit und Gesundheit sowie für die Sicherheit und die Gesundheit derjenigen Personen Sorge zu tragen, die von seinen Handlungen oder Unterlassungen bei der Arbeit betroffen sind, und zwar gemäß seiner Unterweisung und den Anweisungen des Arbeitgebers.

(2) Zur Verwirklichung dieser Ziele ist jeder Arbeitnehmer insbesondere verpflichtet, gemäß seiner Unterweisung und den Anweisungen des Arbeitgebers

a) Maschinen, Geräte, Werkzeuge, gefährliche Stoffe, Transportmittel und sonstige Mittel ordnungsgemäß zu benutzen;
b) die ihm zur Verfügung gestellte persönliche Schutzausrüstung ordnungsgemäß zu benutzen und sie nach Benutzung an dem dafür vorgesehenen Platz zu lagern;
c) Schutzvorrichtungen insbesondere an Maschinen, Geräten, Werkzeugen, Anlagen und Gebäuden nicht außer Betrieb zu setzen, willkürlich zu verändern oder umzustellen und diese Schutzvorrichtungen ordnungsgemäß zu benutzen;
d) dem Arbeitgeber bzw. den Arbeitnehmern mit einer besonderen Funktion bei der Sicherheit und beim Gesundheitsschutz der Arbeitnehmer jede von ihm festgestellte ernste und unmittelbare Gefahr für die Sicherheit und Gesundheit sowie jeden an den Schutzsystemen festgestellten Defekt unverzüglich zu melden;

e) gemeinsam mit dem Arbeitgeber bzw. den Arbeitnehmern mit einer besonderen Funktion bei der Sicherheit und beim Gesundheitsschutz der Arbeitnehmer gemäß den nationalen Praktiken so lange wie nötig darauf hinzuwirken, daß die Ausführung aller Aufgaben und die Einhaltung aller Auflagen, die von der zuständigen Behörde für die Sicherheit und den Gesundheitsschutz der Arbeitnehmer am Arbeitsplatz vorgeschrieben sind, ermöglicht werden;

f) gemeinsam mit dem Arbeitgeber bzw. den Arbeitnehmern mit einer besonderen Funktion bei der Sicherheit und beim Gesundheitsschutz der Arbeitnehmer gemäß den nationalen Praktiken so lange wie nötig darauf hinzuwirken, daß der Arbeitgeber gewährleisten kann, daß das Arbeitsumfeld und die Arbeitsbedingungen sicher sind und keine Gefahren für die Sicherheit und die Gesundheit innerhalb des Tätigkeitsbereichs der Arbeitnehmer aufweisen.

Abschnitt IV. Sonstige Bestimmungen

Art. 14 Präventivmedizinische Überwachung

(1) Zur Gewährleistung einer geeigneten Überwachung der Gesundheit der Arbeitnehmer je nach den Gefahren für ihre Sicherheit und Gesundheit am Arbeitsplatz werden Maßnahmen im Einklang mit den nationalen Rechtsvorschriften bzw. Praktiken getroffen.

(2) Die in Absatz 1 genannten Maßnahmen sind so konzipiert, daß jeder Arbeitnehmer sich auf Wunsch einer regelmäßigen präventivmedizinischen Überwachung unterziehen kann.

(3) Die präventivmedizinische Überwachung kann Bestandteil eines nationalen Gesundheitsfürsorgesystems sein.

Art. 15 Risikogruppen

Besonders gefährdete Risikogruppen müssen gegen die speziell sie bedrohenden Gefahren geschützt werden.

Art. 16 Einzelrichtlinien – Änderungen; Allgemeiner Geltungsbereich dieser Richtlinie

(1) Der Rat erläßt auf der Grundlage eines auf Artikel 118a des Vertrages beruhenden Vorschlags der Kommission Einzelrichtlinien, unter anderem für die im Anhang aufgeführten Bereiche.

(2) Diese Richtlinie und – unbeschadet des Verfahrens nach Artikel 17 für technische Anpassungen – die Einzelrichtlinien können nach dem Verfahren des Artikel 118a des Vertrages geändert werden.

(3) Die Bestimmungen dieser Richtlinie gelten uneingeschränkt für alle Bereiche, die unter die Einzelrichtlinien fallen; gegebenenfalls bestehende strengere bzw. spezifische Bestimmungen in diesen Einzelrichtlinien bleiben unberührt.

Art. 17 Ausschussverfahren

(1) Bei rein technischen Anpassungen in den in Artikel 16 Absatz 1 genannten Einzelrichtlinien zur Berücksichtigung

a) der im Hinblick auf die technische Harmonisierung und Normung angenommenen Richtlinien,

b) des technischen Fortschritts, der Entwicklung der internationalen Vorschriften oder Spezifikationen und des Wissensstands

wird die Kommission von einem Ausschuss unterstützt.

[1] Diese Maßnahmen zur Änderung nicht wesentlicher Bestimmungen der Einzelrichtlinien werden nach dem in Absatz 2 genannten Regelungsverfahren mit Kontrolle erlassen. [2] Aus Gründen äußerster Dringlichkeit kann die Kommission auf das in Absatz 3 genannte Dringlichkeitsverfahren zurückgreifen.

(2) Wird auf diesen Absatz Bezug genommen, so gelten Artikel 5a Absätze 1 bis 4 und Artikel 7 des Beschlusses 1999/468/EG unter Beachtung von dessen Artikel 8.

(3) Wird auf diesen Absatz Bezug genommen, so gelten Artikel 5a Absätze 1, 2, 4 und 6 sowie Artikel 7 des Beschlusses 1999/468/EG unter Beachtung von dessen Artikel 8.

Art. 17a Durchführungsberichte

(1) [1] Alle fünf Jahre legen die Mitgliedstaaten der Kommission einen Gesamtbericht über die praktische Durchführung dieser Richtlinie sowie ihrer Einzelrichtlinien im Sinne von Artikel 16 Absatz 1 vor, wobei auf die Standpunkte der Sozialpartner einzugehen ist. [2] Der Bericht enthält eine Beurteilung der diversen Punkte, die mit der praktischen Durchführung der verschiedenen Richtlinien zusammenhängen, und liefert nach dem Geschlecht aufgeschlüsselte Daten, sofern dies möglich und sinnvoll ist.

(2) Die Struktur des Berichts wird zusammen mit einem Fragebogen mit näheren Angaben zu dessen Inhalt von der Kommission in Zusammenarbeit mit dem Beratenden Ausschuss für Sicherheit und Gesundheit am Arbeitsplatz festgelegt.

Der Bericht umfasst einen allgemeinen Teil, in dem die Bestimmungen der derzeitigen Richtlinie behandelt werden, die die gemeinsamen Grundsätze und Punkte betreffen, die für alle in Absatz 1 erwähnten Richtlinien gelten.

Der allgemeine Teil wird durch spezielle Kapitel über die Durchführung der besonderen Aspekte der einzelnen Richtlinien unter Einbeziehung etwa vorhandener spezieller Indikatoren ergänzt.

(3) [1] Die Kommission übermittelt den Mitgliedstaaten die Berichtsstruktur zusammen mit dem genannten Fragebogen mindestens sechs Monate vor Ende des Berichtszeitraums. [2] Der Bericht ist bei der Kommission innerhalb von zwölf Monaten nach Ablauf des von ihm erfassten Fünfjahreszeitraums einzureichen.

(4) [1] Auf der Grundlage dieser Berichte nimmt die Kommission eine Gesamtbewertung der Durchführung der betreffenden Richtlinien vor, insbesondere hinsichtlich ihrer Relevanz sowie der in den einschlägigen Bereichen erfolgten Forschungsarbeiten und gewonnenen neuen wissenschaftlichen Erkenntnisse. [2] Die Kommission erstattet dem Europäischen Parlament, dem Rat, dem Europäischen Wirtschafts- und Sozialausschuss sowie dem Beratenden Ausschuss für Sicherheit und Gesundheit am Arbeitsplatz innerhalb von 36 Monaten nach Ablauf des Fünfjahreszeitraums Bericht über die Ergebnisse dieser Bewertung und, falls erforderlich, über etwaige Initiativen zur Verbesserung des Funktionierens des rechtlichen Rahmens.

(5) Der erste Bericht umfasst den Zeitraum 2007–2012.

Art. 18 Schlußbestimmungen

(1) Die Mitgliedstaaten erlassen die erforderlichen Rechts- und Verwaltungsvorschriften, um dieser Richtlinie spätestens am 31. Dezember 1992 nachzukommen. Sie setzen die Kommission unverzüglich davon in Kenntnis.

(2) Die Mitgliedstaaten teilen der Kommission den Wortlaut der einzelstaatlichen Rechtsvorschriften mit, die auf dem unter diese Richtlinie fallenden Gebiet bereits erlassen worden sind oder von ihnen erlassen werden.

Art. 19 [Adressaten]

Diese Richtlinie ist an die Mitgliedstaaten gerichtet.

Anhang. Liste der von Artikel 16 Absatz 1 erfaßten Bereiche

- **Arbeitsstätten**
- **Arbeitsmittel**
- **Persönliche Schutzausrüstungen**
- **Arbeiten mit Bildschirmgeräten**
- **Handhabung schwerer Lasten, die Gefährdungen der Lendenwirbelsäule mit sich bringen**
- **Baustellen und Wanderbaustellen**
- **Fischerei und Landwirtschaft**

Übersicht

	Rn.
A. Überblick	1
I. Bestandteil des technischen (betrieblichen) Arbeitsschutzes	10
II. Gründe für den Erlass der Arbeitsschutz-Rahmenrichtlinie	12
III. Aufbau und Änderungen der RL 89/391/EWG	14
IV. Rechtsetzungstechnik und Umsetzung in innerstaatliches Recht	16
B. Nationale Umsetzung	17
I. Arbeitsschutzgesetz	18
1. „Allgemeiner Teil" des Arbeitsschutzrechts	18
2. Gesetzesgenese des ArbSchG	20
II. ASiG	23
III. ArbMedVV	24
IV. ABBergV	25
V. Vertragsverletzungsverfahren wegen fehlerhafter Umsetzung der Dokumentationspflichten	26
C. Anwendungsbereich und Zwecke der RL 89/391/EWG	27
I. Anwendungsbereich	28
1. Sachlicher Anwendungsbereich	29
a) Alle privaten oder öffentlichen Tätigkeiten	30
b) Ausnahmen bei Tätigkeiten im öffentlichen Dienst und Katastrophenschutzdienst	31
2. Persönlicher Anwendungsbereich	36
a) Arbeitnehmer	37
b) Arbeitgeber	39
c) Arbeitnehmervertreter mit einer besonderen Funktion bei der Sicherheit und beim Gesundheitsschutz der Arbeitnehmer	41
3. Örtlicher Anwendungsbereich	44
II. Zwecke	45
1. Verbesserung der Sicherheit und des Gesundheitsschutzes	45
2. Gefahrenverhütung und -vorsorge	47
3. Alle Gefahren	50
D. Pflichten der Arbeitgeber	51
I. Konzeption und Leitideen	51
II. Gefährdungsbeurteilungs- und Dokumentationspflicht	55
1. Durchführung der Gefährdungsbeurteilung	57
2. Dokumentation des Ergebnisses der Gefährdungsbeurteilung	59

	Rn.
III. Mit Schutzmaßnahmen und Maßnahmen zur Gefahrenverhütung beauftragte Dienste	60
IV. Erste Hilfe, Brandbekämpfung und Evakuierung der Arbeitnehmer, ernste und unmittelbare Gefahren	63
1. Erste Hilfe, Brandbekämpfung und Evakuierung der Arbeitnehmer	63
2. Ernste und unmittelbare Gefahren	64
V. Informationspflichten iwS	65
1. Grundlegung	65
2. Informationspflichten im engeren Sinne	68
a) Informationspflichten gegenüber den eigenen Arbeitnehmern	68
b) Informationspflichten gegenüber spezifischen Personengruppen	70
c) Informationspflichten gegenüber den Arbeitgebern von Fremdarbeitnehmern	73
3. Informationspflichten im weiteren Sinne	74
E. Rechte und Pflichten der Arbeitnehmer und ihrer Vertreter	75
I. Rechte der Arbeitnehmer und ihrer Vertreter	76
1. Entfernungs- und Leistungsverweigerungsrecht sowie Recht zur Gefahrenabwehr	76
2. Anhörungs- und Vorschlagsrecht	77
3. Beschwerderecht	78
4. Untersuchungsrecht	80
II. Pflichten der Arbeitnehmer	81
1. Zweck und Rechtsnatur	81
2. Allg. Unterstützungspflicht	82
3. Besondere Unterstützungspflichten	85
F. Sonstige Bestimmungen	87
I. Präventivmedizinische Überwachung	87
II. Risikogruppen	88
1. Jugendarbeitsschutz-RL	89
2. Mutterschutzrichtlinie	90
III. Durchführungsberichte	91
G. Einzelrichtlinien	93
I. Einzelrichtlinien iSd Art. 16	93
II. Übersicht zu den 19 Einzelrichtlinien und zu den nationalen Umsetzungsakten	94
1. 19 Einzelrichtlinien	94
2. Umsetzung in der Bundesrepublik Deutschland	95
III. Allgemeine Lehren	96
1. Primärrechtliche Rechtsgrundlage	97
2. Zweites Aktionsprogramm der Europäischen Gemeinschaften für Sicherheit und Gesundheitsschutz am Arbeitsplatz v. 27.2.1984	98
3. Europäisches Aktionsprogramm für Sicherheit, Arbeitshygiene und Gesundheitsschutz am Arbeitsplatz	99
4. Aktionsprogramm zur Anwendung der Gemeinschaftscharta der sozialen Grundrechte der Arbeitnehmer	100
5. Gründe für den Erlass der Einzelrichtlinien	101
6. Änderungen der Einzelrichtlinien	102
7. Entsprechungstabellen	103
8. Anwendungsbereich	104
a) Persönlicher Anwendungsbereich	104
b) Örtlicher Anwendungsbereich	105
9. Gefährdungsbeurteilungs- und Dokumentationspflicht	106
a) Gefährdungsbeurteilungspflicht	106
b) Dokumentationspflicht	109
10. Unterrichtung und Unterweisung (Schulung) der Arbeitnehmer	110
11. Anhörung und Beteiligung der Arbeitnehmer	113
12. Gesundheitsüberwachung	114
13. Risikogruppen	116
IV. Wesentliche Inhalte der 19 Einzelrichtlinien	117
1. RL 89/654/EWG (Erste Einzelrichtlinie)	118
a) Anwendungsbereich	119
b) Pflichten der Arbeitgeber	121
c) ArbStättV	122
2. RL 2009/104/EG (Zweite Einzelrichtlinie)	123
a) Anwendungsbereich	124
b) Pflichten der Arbeitgeber	125
c) Nationale Umsetzungsakte	132
3. RL 89/656/EWG (Dritte Einzelrichtlinie)	134
a) Anwendungsbereich	135

	Rn.
b) Pflichten der Arbeitgeber	136
c) Nationale Umsetzungsakte	137
4. RL 90/269/EWG (Vierte Einzelrichtlinie)	139
a) Anwendungsbereich	140
b) Pflichten der Arbeitgeber	141
c) LasthandhabV	142
5. RL 90/270/EWG (Fünfte Einzelrichtlinie)	143
a) Anwendungsbereich	144
b) Pflichten der Arbeitgeber	145
c) Rechte der Arbeitnehmer	146
d) BildscharbV	147
6. RL 2004/37/EG (Sechste Einzelrichtlinie)	148
a) Anwendungsbereich	149
b) Pflichten der Arbeitgeber	150
c) GefStoffV	151
7. RL 2000/54/EG (Siebte Einzelrichtlinie)	152
a) Anwendungsbereich	153
b) Pflichten der Arbeitgeber	154
c) BioStoffV	156
8. RL 92/57/EWG (Achte Einzelrichtlinie)	157
a) Anwendungsbereich	158
b) Pflichten der Normadressaten	159
c) BaustellV	163
9. RL 92/58/EWG (Neunte Einzelrichtlinie)	164
a) Anwendungsbereich	165
b) Pflichten der Arbeitgeber	166
c) Nationale Umsetzungsakte	167
10. RL 92/91/EWG (Elfte Einzelrichtlinie)	169
a) Anwendungsbereich	170
b) Pflichten der Arbeitgeber	171
c) ABBergV	173
11. RL 92/104/EWG (Zwölfte Einzelrichtlinie)	174
a) Anwendungsbereich	175
b) Pflichten der Arbeitgeber	176
c) ABBergV	178
12. RL 93/103/EG (13. Einzelrichtlinie)	179
a) Anwendungsbereich	180
b) Pflichten der Reeder	181
c) Vorgaben für den Vollzug durch die EU-Mitgliedstaaten	182
d) SeeArbG und SeeUnterkunftsV	183
13. RL 98/24/EG (14. Einzelrichtlinie)	184
a) Anwendungsbereich	185
b) Pflichten der Arbeitgeber	186
c) GefStoffV	188
14. RL 1999/92/EG (15. Einzelrichtlinie)	189
a) Anwendungsbereich	190
b) Pflichten der Arbeitgeber	191
c) GefStoffV und BetrSichV	192
15. RL 2002/44/EG (16. Einzelrichtlinie)	193
a) Anwendungsbereich	194
b) Pflichten der Arbeitgeber	195
c) LärmVibrationsArbSchV	196
16. RL 2003/10/EG (17. Einzelrichtlinie)	197
a) Anwendungsbereich	198
b) Pflichten der Arbeitgeber	199
c) LärmVibrationsArbSchV	200
17. RL 2006/25/EG (19. Einzelrichtlinie)	201
a) Anwendungsbereich	202
b) Pflichten der Arbeitgeber	203
c) OStrV und ArbMedVV	204
18. RL 2013/35/EU (20. Einzelrichtlinie)	205
a) Anwendungsbereich	206
b) Pflichten der Arbeitgeber	207

A. Überblick

Die RL 89/391/EWG v. 12.6.1989 über die Durchführung von Maßnahmen zur Verbesserung der Sicherheit und des Gesundheitsschutzes der Arbeitnehmer bei der Arbeit (sog. **Arbeitsschutz-Rahmenrichtlinie, Rahmenrichtlinie, EG-Rahmenrichtlinie Arbeitsschutz oder Rahmenrichtlinie(-)Arbeitsschutz [RRL]**) wird als „Grundgesetz des betrieblichen Arbeitsschutzes" (*Wlotzke* NZA 1990, 417 [419]); s. auch *Kollmer* NZA 1997, 138 [138]); *Dötsch* AuA 1996, 329 [329]) bezeichnet. Diese Richtlinie, welche den allg. Teil des europäischen Arbeitsschutzrechts bildet (MHdBArbR/*Kohte* § 289 Rn. 9, 12), war nicht nur Dreh- und Angelpunkt für die Neuordnung des europäischen **Arbeitsschutz-** bzw. **Arbeitsumweltrechts,** sondern hob auch Mindestanforderungen an den betrieblichen Arbeitsschutz aus der Taufe (HBD/*Theiss* C. I. Rn. 50). Damit wurden Ende der 1980er-Jahre die wesentlichen Rahmenbedingungen für die europarechtliche und mitgliedstaatliche Rechtsetzung auf dem Gebiet des Arbeitsschutzrechts geschaffen (*Dötsch* AuA 1996, 329 [329]). Indem die RL 89/391/EWG Aspekte der **Humanisierung der Arbeit** einbezog, ging sie über den klassischen (konventionellen) Arbeitsschutzbegriff hinaus (*Wlotzke* NZA 1990, 417 [420]); zur skandinavischen Prägung *Birk*, FS Wlotzke, 1996, 645 [647] [656]). Wo sich der konventionelle Arbeitsschutz auf die technische Sicherheit der Arbeit, die Arbeitshygiene und den Gesundheitsschutz der Arbeitnehmer beschränkte, bezog die RL 89/391/EWG auch psychische und soziale Faktoren mit ein (*Birk*, FS Wlotzke, 1996, 645 [659]). Im Ergebnis brachte die RL 89/391/EWG iW **drei neue Akzentuierungen** mit sich: Sie hob erstens einheitliche Grundsätze für alle privaten und öffentlichen Tätigkeitsbereiche aus der Taufe, erlegte zweitens dem Arbeitgeber einheitliche und umfassende Pflichten für die betriebliche Sicherheit und den Gesundheitsschutz seiner Beschäftigten auf und machte drittens auch den Arbeitnehmer ebenso zum Adressaten von Pflichten beim betrieblichen Gesundheits- und Arbeitsschutz wie zum Träger genuiner Rechte (*Dötsch* AuA 1996, 329 [330]).

Europarechtliche Rechtsgrundlage für den Erlass der Arbeitsschutz-Rahmenrichtlinie war seinerzeit die primärrechtliche Bestimmung in Art. 118a EWGV. Dieser Artikel in Gestalt einer autonom sozialpolitischen Kompetenznorm ermöglichte auf europäischer Ebene den (erstmaligen) Erlass von Mindestvorschriften in Gestalt von Richtlinien, um die **Verbesserung insbesondere der Arbeitsumwelt** zum Zwecke des besseren Schutzes der Sicherheit und der Gesundheit der Arbeitnehmer zu fördern. Die Rechtsgrundlage wurde von Anfang an entschlossen zur Gestaltung der sozialen Dimension des Binnenmarkts genutzt (MHdBArbR/*Kohte* § 289 Rn. 9). Der Rechtsbegriff der **Arbeitsumwelt** fand dabei aus der dänischen Rechtsordnung Eingang in das europäische Primärrecht und erfasst Gesundheitsschutz, Arbeitssicherung, Arbeitsplatzgestaltung sowie die sichere Gestaltung der Arbeitsgeräte, -stoffe und -materialien (Streinz/*Eichenhofer* AEUV Art. 153 Rn. 15; zum Begriff der Arbeitsumwelt in skandinavischen Arbeitsschutzgesetzen der 1970er-Jahre *Birk*, FS Wlotzke, 1996, 645 [650 ff.]). Bei den Richtlinien auf der Grundlage des Art. 118a EWGV handelte es sich um Maßnahmen der sozialpolitischen Flankierung des europäischen Binnenmarktes (BT-Drs. 13/3540, 11). Bei Zugrundelegung des AEUV entspricht Art. 153 I lit. a, II AEUV der damaligen Kompetenznorm des Art. 118a EWGV und ermöglicht weiterhin einen ebenso **technischen (betrieblichen) wie sozialen Arbeitsschutz** auf europäischer Ebene (Kollmer/Klindt/*Balze* Einl. B Rn. 70; zu Art. 118a EWGV *Wlotzke* RdA 1992, 85 [88]). Auf die Ermächtigung in Art. 153 I lit. a, II AEUV lassen sich all jene Rechtsakte zurückführen, die den Arbeitnehmer vor den physischen und psychischen Folgen gesundheitlicher Beeinträchtigung der Arbeit schützen (Streinz/*Eichenhofer* AEUV Art. 153 Rn. 15). Die seit der Schaffung des Art. 118a EWGV fortlaufend existierenden europarechtlichen Rechtsgrundlagen für genuines Arbeitsschutzrecht führten schon Mitte der 1990er-Jahre dazu, dass die Bestimmungen zum Arbeits- und Gesundheitsschutz zum umfangreichsten Teilgebiet des Arbeitsrechts der EU anwuchsen (*Dötsch* AuA 1996, 329

[329]). Neben dem technischen und sozialen Arbeitsschutz rechnet zum Arbeitsschutzrecht als arbeitsrechtlichem Teilgebiet noch der sog. **medizinische Arbeitsschutz** (Kollmer/Klindt/*Butz* § 17 Rn. 107). Mit Blick auf die bei Erlass der RL 89/391/EWG bestehende Rechtsgrundlage ist Art. 118a III EWGV hervorzuheben: Danach hinderten die aufgrund des Art. 118a EWGV erlassenen Bestimmungen die EWG-Mitgliedstaaten nicht daran, „Maßnahmen zum verstärkten Schutz der Arbeitsbedingungen beizubehalten oder zu treffen, die mit diesem Vertrag vereinbar sind." Die Regelung findet sich derzeit in Art. 153 IV zweiter Gedankenstrich AEUV wieder.

3   Vor der Verabschiedung der **Einheitlichen Europäischen Akte** im Jahr 1986 gab es demgegenüber keine ausdrückliche Rechtsgrundlage für Rechtsakte zur Verbesserung der Arbeitsumwelt (*BFK* Rn. 120; *Pieper* Einl. Rn. 73). Dessen ungeachtet wurde auf Art. 100 EWGV (Art. 115 AEUV) zurückgegriffen, der freilich in erster Linie dem Abbau von Handelshemmnissen diente, um Richtlinien zum Schutz der Arbeitnehmer gegen gefährliche Stoffe zu erlassen (*Wlotzke* RdA 1992, 85 [86]). Art. 100 EWGV ermöglichte den Erlass von Richtlinien „für die Angleichung derjenigen Rechts- und Verwaltungsvorschriften der Mitgliedstaaten, die sich unmittelbar auf die Errichtung oder das Funktionieren des Gemeinsamen Marktes auswirken." Dahinter stand die Überlegung, die Ziele der Gemeinschaft aus Art. 2 EWGV pragmatisch zu erfüllen: Gegenstand der EWG-Vertragsziele waren dabei auch **soziale Verpflichtungen der EWG,** die indes von den neben den fraglos im Vordergrund stehenden rein wirtschaftlichen Zielen in den Schatten gestellt wurden (*BFK* Rn. 114 ff.). Als Leitidee stand hinter dem Verhältnis von wirtschaftlichen und genuin sozialpolitischen Zielen die Überlegung, dass Sozialpolitik vorrangig Sache der EWG-Mitgliedstaaten sei. So redete insbesondere die Bundesrepublik Deutschland einem Konzept das Wort, wonach die Verbesserung der Beschäftigungsmöglichkeiten und der Arbeitsbedingungen notwendige Folge eines zuvor geschaffenen europäischen Binnenmarktes mitsamt der damit einhergehenden wirtschaftlichen Dynamik seien, sodass die soziale der wirtschaftlichen Integration folge. Demgegenüber präferierte Frankreich dezidiert das Gegenmodell, wonach die Anforderungen eines modernen Sozialsystems zum Zwecke der Wettbewerbsgleichheit nach oben zu harmonisieren seien (*BFK* Rn. 115). Dessen ungeachtet rückte das Arbeitsschutzrecht Ende der 1970er-Jahre von der Peripherie zunehmend ins Zentrum der damaligen EWG: Schwung bekam der Themenkomplex insbesondere durch die Arbeitnehmerfreizügigkeit sowie die Gleichbehandlung von Männern und Frauen im Erwerbsleben (*BFK* Rn. 111). Das sozialpolitische Bild vor dem Erlass der Arbeitsschutz-Rahmenrichtlinie wäre ohne einen Hinweis auf Art. 117 EWGV unvollständig: Sozialpolitisch zurückhaltend und iS eines Programmsatzes wurden die **Sozialvorschriften** in Art. 117 EWGV eingeleitet. Danach waren sich die EWG-Mitgliedstaaten über die Notwendigkeit einig, „auf eine Verbesserung der Lebens- und Arbeitsbedingungen der Arbeitskräfte hinzuwirken und dadurch auf dem Wege des Fortschritts ihre Angleichung zu ermöglichen", Art. 117 UAbs. 1 EWGV. Auch wenn hierauf keine europäischen Rechtsakte gestützt werden konnten, gingen doch Wirkungen von diesem Postulat aus, die sich bei der Auslegung europäischen Rechts niederschlugen und für ein zunehmendes Gewicht der europäischen Sozialpolitik sorgten.

4   Die Arbeitsschutz-Rahmenrichtlinie ist seit der Proklamierung der **Charta der Grundrechte der Europäischen Union** (ABl. 2007 C 303, 1) auch im Lichte des Titels IV der Charta über die Solidarität zu sehen. Gerechte und angemessene Arbeitsbedingungen sind Gegenstand des Art. 31 GRC. Danach hat jeder Arbeitnehmer „das Recht auf gesunde, sichere und würdige Arbeitsbedingungen", Art. 31 I GRC (hierauf wird etwa in der 20. Einzelrichtlinie Bezug genommen; → Rn. 205 ff.). Schon zuvor bestanden freilich Bezüge zu den sozialen Grundrechten, die in der Gemeinschaftscharta der Sozialen Grundrechte v. 9.12.1989 (KOM [89] 248 endg.) niedergelegt waren (MHdBArbR/*Kohte* § 289 Rn. 3; so auch *Wlotzke* NZA 1990, 417 [421 f.]). Diese Gemeinschaftscharta wird nunmehr von Art. 151 UAbs. 1 AEUV in Bezug genommen (s. zur Verbindlichkeit *Pieper* Einl. Rn. 71). Im Übrigen führten die zuletzt erfolgten primärrechtlichen Veränderungen nicht zu Änderungen in den Grundlagen des europäischen Arbeitsschutzrechts (*Pieper* Einl. Rn. 63).

Kennzeichen der Arbeitsschutz-Rahmenrichtlinie ist die Beschränkung auf die **grund-** 5
legenden Leitideen europäischen Arbeitsschutzrechts. Für gesonderte, vor allem im
Anhang der RL 89/391/EWG aufgeführte Bereiche existieren die auf Art. 16 I gestützten
19 Einzelrichtlinien, welche auf (fach-)spezifische Regelungskomplexe zugeschnittenes
europäisches Arbeitsschutzrecht zum Gegenstand haben (→ Rn. 93 ff.). Insgesamt widerlegt das europäische Arbeitsschutzrecht insbesondere mit der Arbeitsschutz-Rahmenrichtlinie und den Einzelrichtlinien den früher oft formulierten Vorwurf, das europäische Recht
sei wegen des auf die wirtschaftlichen Grundfreiheiten gerichteten Fokus unsozial (*BFK*
Rn. 111). In diesem Zusammenhang ist zudem auf den seinerzeit parallelen Erlass der
RL 89/392/EWG v. 14.6.1989 zur Angleichung der Rechtsvorschriften der Mitgliedstaaten
für Maschinen (ABl. 1989 L 183, 9) aufmerksam zu machen. Diese Richtlinie (sog. EWG-
Maschinenrichtlinie) rechnet zwar zum europäischen **Produktsicherheitsrecht,** leistet als
Bestandteil des vorgreifenden oder vorbeugenden (technischen) Arbeitsschutzes aber auch
einen wesentlichen Beitrag zur Verbesserung der Arbeitsumwelt und damit zum Gesundheitsschutz der Arbeitnehmer.

Die RL 89/391/EWG iVm den 19 Einzelrichtlinien iSd Art. 16 I (→ Rn. 93 ff.) darf 6
keinesfalls als Solitär im europäischen Arbeitsschutzrecht betrachtet werden: Die übrigen
Richtlinien zum technischen (betrieblichen) und sozialen Arbeitsschutz, die auf der Grundlage des Art. 153 AEUV erlassen werden, sind eng mit der Arbeitsschutz-Rahmenrichtlinie
verbunden, indem sie deren Vorgaben für bestimmte Bereiche konkretisieren (Kollmer/
Klindt/*Balze* Einl. B Rn. 85). Hervorzuheben ist in diesem Zusammenhang zum einen die
RL 91/383/EWG v. 25.6.1991 zur Ergänzung der Maßnahmen zur Verbesserung der
Sicherheit und des Gesundheitsschutzes von Arbeitnehmern mit befristetem Arbeitsverhältnis oder Leiharbeitsverhältnis (RL 91/383/EWG; *Vogl* NJW 1996, 2753 [2753]). Zum
anderen sind die RL 92/85/EWG v. 19.10.1992 über die Durchführung von Maßnahmen
zur Verbesserung der Sicherheit und des Gesundheitsschutzes von schwangeren Arbeitnehmerinnen, Wöchnerinnen und stillenden Arbeitnehmerinnen am Arbeitsplatz (Zehnte
Einzelrichtlinie; sog. **Mutterschutzrichtlinie;** ABl. 1992 L 348, 1; RL 92/85/EWG) und
RL 94/33/EG v. 22.6.1994 über den Jugendarbeitsschutz zu nennen (sog. **Jugendarbeitsschutz-Richtlinie;** ABl. 1994 L 216, 12; RL 94/33/EG) zu nennen. Vor diesem Hintergrund kann inzwischen eine **beachtliche Ausdehnung und Systematisierung** des europäischen Arbeitsschutzrechts besichtigt werden (MHdBArbR/*Kohte* § 289 Rn. 2).

Bedeutung für das europäische Arbeitsschutzrecht kommt sodann auch dem europäi- 7
schen **Gefahrstoffrecht** zu (HBD/*Theiss* C. I. Rn. 51; zur arbeitsschutzrechtlichen Domi-
nanz in den 1980er-Jahren *Wlotzke* RdA 1992, 85 [86]). In diesem Zusammenhang
kommen insbesondere der VO (EG) Nr. 1272/2008 v. 16.12.2008 über die Einstufung,
Kennzeichnung und Verpackung von Stoffen und Gemischen, zur Änderung und Aufhebung der RL 67/548/EWG und RL 1999/45/EG und zur Änderung der VO (EG)
Nr. 1907/2006 (sog. **CLP-Verordnung;** ABl. 2008 L 353, 1) und der VO (EG)
Nr. 1907/2006 v. 18.12.2006 zur Registrierung, Bewertung, Zulassung und Beschränkung
chemischer Stoffe (REACH), zur Schaffung einer Europäischen Agentur für chemische
Stoffe, zur Änderung der RL 1999/45/EG und zur Aufhebung der VO (EWG) Nr. 793/
93, der VO (EG) Nr. 1488/94, der RL 76/769/EWG sowie der RL 91/155/EWG, RL
93/67/EWG, RL 93/105/EG und RL 2000/21/EG (sog. **REACH-Verordnung;** ABl.
2006, L 396, 1) Bedeutung zu (s. zum deutschen Gefahrstoffrecht *Ahlhaus/Mayer/Schucht,*
StoffR 2011, 231). Mit Wirkung v. 1.6.2015 wurden gem. Art. 60 CLP-Verordnung
demgegenüber die RL 67/548/EWG v. 27.6.1967 zur Angleichung der Rechts- und
Verwaltungsvorschriften für die Einstufung, Verpackung und Kennzeichnung gefährlicher
Stoffe und 1999/45/EG v. 31.5.1999 zur Angleichung der Rechts- und Verwaltungsvorschriften der Mitgliedstaaten für die Einstufung, Verpackung und Kennzeichnung gefährlicher Zubereitungen aufgehoben. Hinzuweisen ist schließlich noch auf die VO (EU)
Nr. 528/2012 v. 22.5.2012 über die Bereitstellung auf dem Markt und die Verwendung
von Biozidprodukten (sog. **Biozidverordnung;** ABl. 2012 L 167, 1) und auf die VO

(EG) Nr. 1107/2009 v. 21.10.2009 über das Inverkehrbringen von Pflanzenschutzmitteln und zur Aufhebung der RL 79/117/EWG und RL 91/414/EWG (sog. **Pflanzenschutzmittelverordnung;** ABl. 2009 L 309, 1).

8   Dass sich europäisches Gefahrstoff- und Arbeitsschutzrecht überschneiden können, zeigen die RL 98/24/EG v. 7.4.1998 zum Schutz der Gesundheit und Sicherheit der Arbeitnehmer vor der Gefährdung durch chemische Arbeitsstoffe bei der Arbeit (14. Einzelrichtlinie; ABl. 1998 L 131, 11), RL 1999/92/EG v. 16.12.1999 über Mindestvorschriften zur Verbesserung des Gesundheitsschutzes und der Sicherheit der Arbeitnehmer, die durch explosionsfähige Atmosphären gefährdet werden können (15. Einzelrichtlinie; ABl. 2000 L 23, 57) und RL 2004/37/EG v. 29.4.2004 über den Schutz der Arbeitnehmer gegen Gefährdung durch Karzinogene oder Mutagene bei der Arbeit (Sechste Einzelrichtlinie; ABl. 2004 L 158, 50). Die drei genannten Richtlinien sind allesamt **Einzelrichtlinien** iSd Art. 16 I (→ Rn. 93 ff.) und zum anderen in Deutschland durch die Verordnung zum Schutz vor Gefahrstoffen (Gefahrstoffverordnung – GefStoffV) v. 26.11.2010 (BGBl. I 1643) umgesetzt worden. Eine Schnittstelle zum europäischen Gefahrstoffrecht weist darüber hinaus die **Jugendarbeitsschutz-Richtlinie** (RL 94/33/EG) auf: Die EU-Mitgliedstaaten müssen gem. Art. 7 II lit. b RL 94/33/EG eine Beschäftigung junger Menschen mit „Arbeiten, die eine schädliche Einwirkung von giftigen, krebserregenden, erbgutverändernden, fruchtschädigenden oder in sonstiger Weise den Menschen chronisch schädigenden Gefahrstoffen mit sich bringen", verbieten. Hinzuweisen ist sodann auf die RL 2009/148/EG v. 30.11.2009 über den Schutz der Arbeitnehmer gegen Gefährdung durch Asbest am Arbeitsplatz (ABl. 2009 L 330, 28). Bei Zugrundelegung eines weiten Verständnisses des europäischen Gefahrstoffrechts gilt nichts anderes für die RL 2000/54/EG v. 18.9.2000 über den Schutz der Arbeitnehmer gegen Gefährdung durch biologische Arbeitsstoffe bei der Arbeit, die als **Siebte Einzelrichtlinie** iSd Art. 16 I erlassen wurde (→ Rn. 152 ff.).

9   Als Richtlinie über den technischen (betrieblichen) Arbeitsschutz ist die Arbeitsschutz-Rahmenrichtlinie rechtssystematisch von jenen Richtlinien im europäischen Arbeitsschutzrecht zu unterscheiden, die dem Schutz der Arbeitnehmer wegen persönlicher Umstände dienen (sog. **Gruppenschutz**). Arbeitsschutzrechtliche Rechtsakte, die dem Jugendarbeitsschutz, dem Mutterschutz oder dem Schutz von Leiharbeitnehmern dienen, rechnen gemeinhin zum sozialen und nicht zum technischen (betrieblichen) Arbeitsschutz (Kollmer/Klindt/*Butz* § 17 Rn. 107). Der soziale Arbeitsschutz umfasst den Arbeitszeitschutz und den Schutz bestimmter Personengruppen, wobei zum Arbeitszeitschutz Regelungen über die werktägliche Arbeitszeit, Ruhepausen und -zeiten, Nacht- und Schichtarbeit sowie die Sonn- und Feiertagsarbeit gerechnet werden (Kollmer/Klindt/*Butz* § 17 Rn. 107 f.; *Wlotzke* RdA 1992, 85 [86]).

I. Bestandteil des technischen (betrieblichen) Arbeitsschutzes

10   Konkret rechnet die Arbeitsschutz-Rahmenrichtlinie zum **technischen bzw. betrieblichen Arbeitsschutz,** der gemeinhin vom ebenfalls zum technischen Arbeitsschutz rechnenden vorgreifenden oder vorbeugenden (produktbezogenen) Arbeitsschutz unterschieden wird (vgl. *Wlotzke* RdA 1992, 85 [86]). Der technische Arbeitsschutz zielt darauf ab, vor Gesundheitsgefahren zu schützen, die aus dem Einsatz der Technik im Produktionsprozess herrühren. Ganz allg. geht es dem technischen Arbeitsschutz um die Verhütung von Unfällen bei der Arbeit sowie den Schutz der Arbeitnehmer vor arbeitsbedingten Gesundheitsgefahren (TWE/*Wank* GewO § 120a aF Rn. 1). Die betreffenden Gefahrenlagen sind mithin untrennbar mit der Arbeitsaufgabe selbst verknüpft (Dauses/*Eichenhofer*, EU-Wirtschaftsrecht, 36. Erg.-Lfg. 2014, D. III. Rn. 114). Gegenstand des technischen Arbeitsschutzes ist zudem die menschengerechte Gestaltung der Arbeit (TWE/*Wank* GewO § 120a aF Rn. 1). Im Unterschied zur Zuordnung des technischen (betrieblichen) und auch des sozialen Arbeitsschutzes zur europarechtlichen Rechtsgrundlage gem. Art. 153 I lit. a, II AEUV steht der **produktbezogene Arbeitsschutz** in einem untrennbaren Zusammen-

hang mit Art. 114 AEUV. Diese Norm aus dem europäischen Primärrecht ermöglicht die **Rechtsangleichung im Binnenmarkt** und dient damit der Verwirklichung der Ziele des Art. 26 AEUV. Gem. Art. 26 I AEUV werden auf der Ebene der EU die erforderlichen Maßnahmen erlassen, „um nach Maßgabe der einschlägigen Bestimmungen der Verträge den Binnenmarkt zu verwirklichen" bzw. dessen Funktionieren zu gewährleisten. Der europäische Binnenmarkt wiederum umfasst einen Raum ohne Binnengrenzen, in dem die europäischen Grund- oder Marktfreiheiten (freier Warenverkehr, freier Personenverkehr, freier Dienstleistungsverkehr und freier Kapitalverkehr) gewährleistet werden (s. *Herdegen* § 16 Rn. 1). Die auf Art. 114 I AEUV gestützten Maßnahmen zur Angleichung der Rechts- und Verwaltungsvorschriften der EU-Mitgliedstaaten, welche die Errichtung und das Funktionieren des Binnenmarkts zum Gegenstand haben, haben in der Vergangenheit zu einer Vielzahl genuin **produktsicherheitsrechtlicher Rechtsakte** geführt, die zugleich einen wichtigen Beitrag zum **vorgreifenden oder vorbeugenden Arbeitsschutz** leisten (*Wilrich*, GPSG, 2004, Einl. Rn. 4; → Rn. 126).

Für die Verzahnung der auf Art. 114 AEUV gestützten produktsicherheitsrechtlichen 11 Rechtsakte mit den genuin arbeitsschutzrechtlichen Rechtsakten auf der Grundlage des Art. 153 AEUV sorgt insbesondere die RL 2009/104/EG v. 16.9.2009 über Mindestvorschriften für Sicherheit und Gesundheitsschutz bei Benutzung von Arbeitsmitteln durch Arbeitnehmer bei der Arbeit (Zweite Einzelrichtlinie; ABl. 2009 L 260, 5; → Rn. 123 ff.). Die damit einhergehende **enge Verzahnung von Markt und Betrieb** wird als eine der wesentlichen Innovationsleistungen des europäischen Rechts im Bereich der technischen Sicherheit bezeichnet (MHdBArbR/*Kohte* § 289 Rn. 8).

II. Gründe für den Erlass der Arbeitsschutz-Rahmenrichtlinie

Ausgangspunkt für den Erlass der RL 89/391/EWG war zum einen eine **Bestandsauf-** 12 **nahme,** im Rahmen derer festgestellt wurde, dass in den damaligen EWG-Mitgliedstaaten unterschiedliche Rechtsvorschriften über die Sicherheit und den Gesundheitsschutz existierten. Dieser Zustand konnte zu einem unterschiedlichen Grad der Sicherheit und des Gesundheitsschutzes führen und eine dem Arbeitsschutz abträgliche Konkurrenz mit sich bringen (vgl. Erwägungsgründe zur RL 89/391/EWG). Zum anderen wurde **Verbesserungspotential** in Bezug auf den bestehenden Arbeitsschutz erkannt, weil erstens nach wie vor eine Vielzahl von **Arbeitsunfällen** und **berufsbedingten Erkrankungen** zu konstatieren war und zweitens auch durch die Ergänzung der Rechtsvorschriften um technische Vorschriften und freiwillig eingeführte Normen Unterschiede im arbeitsschutzrechtlichen Niveau möglich waren. Unterschiedlichen Schutzniveaus in den EWG-Mitgliedstaaten und einem im Raum stehenden arbeitsschutzrechtlichen race to the bottom sollte indes wirksam entgegengetreten werden. Deutlich zum Ausdruck gebrachte wurde die Leitidee, wonach Arbeitsschutz keiner Abwägung zugänglich ist, in den Erwägungsgründen zur RL 89/391/EWG. Danach ist die **Verbesserung von Sicherheit, Arbeitshygiene und Gesundheitsschutz der Arbeitnehmer** am Arbeitsplatz ein Ziel, das rein wirtschaftlichen Überlegungen keinesfalls untergeordnet werden darf. Sodann spielte im Vorfeld der Verabschiedung der RL 89/391/EWG naturgemäß die Überlegung eine Rolle, dass Arbeitnehmer am Arbeitsplatz während des gesamten Arbeitslebens Gefährdungen ausgesetzt sind, sodass die **Gewährleistung von Sicherheit und Gesundheitsschutz** just für diesen Lebenssachverhalt auf der (europa-)politischen Agenda stand. Im Ergebnis zielt die RL 89/391/EWG auf den umfassenden Schutz der Arbeitnehmer in ihrer Arbeitsumwelt ab (*Birk*, FS Wlotzke, 1996, 645 [646]). Dabei wird der Schutzzweck freilich nicht auf die Arbeitnehmer verengt: Die Europäische Kommission weist in den Erwägungsgründen darauf hin, dass der Schutz der Arbeitnehmer bisweilen auch einen Beitrag zur Sicherheit der im selben Haushalt lebenden Personen leisten kann. Im Ergebnis sollen mit der Arbeitsschutz-Rahmenrichtlinie europäische **Harmonisierung** und **gleichzeitiger Fortschritt** Hand in Hand gehen.

13 Als hilfreiche Instrumente zur Überwindung des damaligen Status quo und zur Sicherstellung eines wirksamen Schutzes für die Arbeitnehmer innerhalb der EWG sollten unverzüglich **vorbeugende Maßnahmen ergriffen** und **bestehende Maßnahmen verbessert** werden. Durch das Zusammenspiel der Arbeitsschutz-Rahmenrichtlinie mit den (damals) noch zu schaffenden Einzelrichtlinien sollte ein ausbalanciertes System aus der Taufe gehoben werden, das sich auf alle arbeitsplatzspezifischen Gefahren erstreckt und damit Sicherheit und Gesundheitsschutz der Arbeitnehmer wirksam verbessert. Besondere Aufmerksamkeit erfährt in den Erwägungsgründen zur RL 89/391/EWG der Aspekt des **Informationsaustausches am Arbeitsplatz** und damit der Dialog zwischen Arbeitgeber und Arbeitnehmern bzw. Arbeitnehmervertretern: Die Information der Arbeitnehmer über Gefahren für die Sicherheit und Gesundheit sowie erforderliche Gefahrabwendungsmaßnahmen wird als bedeutsames Mittel zur Gewährleistung eines besseren Schutzes der Arbeitnehmer qualifiziert. Vor diesem Hintergrund gilt das **Kooperationsprinzip** in der RL 89/391/EWG (MHdBArbR/*Kohte* § 289 Rn. 11). Arbeitgeberseitig ist darüber hinaus dadurch die inhaltliche Belastbarkeit der zu gewährenden Informationen an die Arbeitnehmervertreter sicherzustellen, dass sie sich „über den neuesten Stand der Technik und der wissenschaftlichen Erkenntnisse auf dem Gebiet der Gestaltung von Arbeitsplätzen" informieren müssen.

III. Aufbau und Änderungen der RL 89/391/EWG

14 Die RL 89/391/EWG besteht aus insgesamt vier Abschnitten mit 19 Artikeln: In Abschnitt I werden „Allg. Bestimmungen" in den Art. 1–4, in Abschnitt II „Pflichten des Arbeitgebers" in den Art. 5–12, in Abschnitt III „Pflichten des Arbeitnehmers" in Art. 13 und in Abschnitt IV „Sonstige Bestimmungen" in den Art. 14–19 statuiert.

15 Seit dem Erlass der RL 89/391/EWG erfuhr die Richtlinie insgesamt **drei Änderungen:** Zunächst wurde das **Ausschussverfahren** in Art. 17 durch Anhang III der VO (EG) Nr. 1882/2003 v. 29.9.2003 zur Anpassung der Bestimmungen über die Ausschüsse zur Unterstützung der Kommission bei der Ausübung von deren Durchführungsbefugnissen, die in Rechtsakten vorgesehen sind, für die das Verfahren des Art. 251 des EG-Vertrags gilt, an den Beschluss 1999/468/EG des Rates (ABl. 2003 L 284, 1) angepasst. Sodann wurde Art. 17a mit der Bestimmung zu **Durchführungsberichten** aufgrund Art. 1 der RL 2007/30/EG v. 20.6.2007 zur Änderung der RL 89/391/EWG des Rates und ihrer Einzelrichtlinien sowie der RL 83/477/EWG, RL 92/29/EWG und RL 94/33/EG des Rates im Hinblick auf die Vereinfachung und Rationalisierung der Berichte über die praktische Durchführung (ABl. 2007 L 165, 21) neu in die Arbeitsschutz-Rahmenrichtlinie eingefügt. Erneut geändert wurde Art. 17 RL 89/391/EWG schließlich durch den Anhang zur VO (EG) Nr. 1137/2008 v. 22.10.2008 zur Anpassung einiger Rechtsakte, für die das Verfahren des Artikels 251 des Vertrags gilt, an den Beschluss 1999/468/EG des Rates in Bezug auf das Regelungsverfahren mit Kontrolle (ABl. 2008 L 311, 1).

IV. Rechtsetzungstechnik und Umsetzung in innerstaatliches Recht

16 Aufgrund der primärrechtlich vorgegebenen Rechtsetzungstechnik in Art. 118a EWGV bzw. Art. 153 I lit. a, II AEUV, die Verbesserung der Arbeitsumwelt im Wege von Richtlinien in Angriff zu nehmen, bedurfte es für die rechtliche Wirksamkeit der Arbeitsschutz-Rahmenrichtlinie der Umsetzung in die jeweiligen nationalen Rechtsordnungen. Die Richtlinie rechnet neben der Verordnung, dem Beschluss, der Empfehlung und der Stellungnahme zu den Rechtakten der EU; sie ist gem. Art. 288 UAbs. 3 AEUV für jeden Mitgliedstaat, an den sie gerichtet wird, hinsichtlich des zu erreichenden Ziels verbindlich. Die Wahl der Form und Mittel wird dabei allerdings den innerstaatlichen Stellen überlassen. Damit unterscheidet sie sich insbesondere von der Verordnung, weil diesem Rechtsakt gem. Art. 288 UAbs. 2 AEUV allg. Geltung zukommt. Wenn auch nicht im Bereich des tech-

nischen (betrieblichen) Arbeitsschutzes, so kommt der Verordnung als Rechtsakt gleichwohl Bedeutung im vorgreifenden oder vorbeugenden Arbeitsschutz zu: Die produktbezogene Binnenmarktharmonisierung wird im Anschluss an die schon in Kraft getretene VO (EU) Nr. 305/2011 (sog. EU-Bauproduktenverordnung) zukünftig vermehrt im Wege von Verordnungen ablaufen. Der Vorschlag der Kommission für eine Verordnung über persönliche Schutzausrüstung v. 27.3.2014 (COM [2014] 186 final) soll zB dafür sorgen, dass das europäische PSA-Recht zukünftig nicht mehr im Wege der Richtlinie, sondern als Verordnung Geltung beansprucht. Im Unterschied zur bisherigen PSA-Richtlinie soll die zu erlassende PSA-Verordnung das ordnungspolitische Umfeld vereinfachen und eine EU-weit einheitliche Durchführung der Rechtsvorschrift gewährleisten. Demgegenüber bezieht sich der Vorschlag der Kommission v. 13.2.2013 über die Sicherheit von Verbraucherprodukten und zur Aufhebung der RL 87/357/EWG des Rates und der RL 2001/95/EG (COM [2013] 78 final) nur auf Verbraucherprodukte bzw. B2C-Produkte (zu diesem Verordnungsentwurf Lenz/*Klindt*, Produkthaftung, 2014, § 8 Rn. 93 ff.; *Deutlmoser* NVwZ-Extra 16/2013, 1; *Polly* BB 2013, 164; *Koch*, InTeR 2013, 146). Die **europäische Sozialpolitik** wird demgegenüber von der Richtlinie dominiert (*Pieper* Einl. Rn. 69). Was die Arbeitsschutz-Rahmenrichtlinie anbetrifft, waren die EU-Mitgliedstaaten aufgefordert, die Richtlinie spätestens bis zum 31.12.1992 umzusetzen, Art. 18 I 1. In der Bundesrepublik Deutschland konnte diese richtlinienrechtliche Vorgabe freilich nicht eingehalten werden (→ Rn. 26). Verzögerungen bei der Umsetzung der RL 89/391/EWG waren allerdings auch in anderen Mitgliedstaaten zu besichtigen (vgl. *Birk*, FS Wlotzke, 1996, 645 [646]; *Dötsch* AuA 1996, 329 [329]). In einem Vertragsverletzungsverfahren gegen das Königreich Spanien nahm die Kommission die Klage nach erfolgter Rechtsetzung erst am 15.2.1996 zurück (vgl. EuGH 26.9.1996 – C-79/95 Rn. 8; s. auch *Birk*, FS Wlotzke, 1996, 645 [646]). Was die Umsetzung der Arbeitsschutz-Rahmenrichtlinie im Übrigen anbelangt, existieren mehrere Entscheidungen des EuGH iRv **Vertragsverletzungsverfahren** iSd Art. 258 AEUV (näher Kollmer/Klindt/*Balze* Einl. B Rn. 39, mwN aus der Rechtsprechung des EuGH; s. auch *Birk*, FS Wlotzke, 1996, 645 [661 f.], zur Umsetzung in Großbritannien).

B. Nationale Umsetzung

Was die Umsetzung der RL 89/391/EWG im deutschen Recht anbelangt, ist der Fokus 17 des Interesses in erster Linie auf das Gesetz über die Durchführung von Maßnahmen des Arbeitsschutzes zur Verbesserung der Sicherheit und des Gesundheitsschutzes der Beschäftigten bei der Arbeit (**Arbeitsschutzgesetz – ArbSchG**) v. 7.8.1996 (BGBl. I 1246) zu richten. Daneben sind auch das Gesetz über Betriebsärzte, Sicherheitsingenieure und andere Fachkräfte für Arbeitssicherheit (**ASiG**) v. 12.12.1973 (BGBl. I 1885) und die Verordnung zur arbeitsmedizinischen Vorsorge (**ArbMedVV**) v. 18.12.2008 (BGBl. I 2768) relevant. Schließlich dient die Bergverordnung für alle bergbaulichen Bereiche (**Allg. Bundesbergverordnung – ABBergV**) v. 23.10.1995 (BGBl. I 1466) der Umsetzung der Arbeitsschutz-Rahmenrichtlinie.

I. Arbeitsschutzgesetz

1. „Allgemeiner Teil" des Arbeitsschutzrechts. Als schlankes Gesetz bildet das 18 ArbSchG den Charakter der zugrunde liegenden Rahmenrichtlinie ab (*Kollmer* NZA 1997, 138 [139]). Vor diesem Hintergrund überrascht es nicht, dass das ArbSchG als „allg. Teil" bzw. „Grundgesetz" des deutschen Arbeitsschutzrechts bezeichnet wird (*Vogl* NJW 1996, 2753 [2754]). Inhaltlich handelt es sich beim ArbSchG um ein Rahmengesetz, welches die arbeitsschutzrechtlichen Basisvorschriften für Industrie, Handel, Dienstleistungsunternehmen und den öffentlichen Dienst statuiert (*Kollmer* NZA 1997, 138 [139]). Mit Blick auf die insgesamt

19 Einzelrichtlinien, die inzwischen auf die RL 89/391/EWG zurückzuführen sind, wird der Kreis der nationalen Umsetzungsakte freilich insbesondere um zahlreiche **Arbeitsschutzverordnungen** erweitert (→ Rn. 95). Zugleich wird damit vor Augen geführt, wie stark das deutsche Arbeitsschutzrecht vom Europarecht geprägt, ja determiniert wird.

19 Die aus Art. 18 I 1 folgende Umsetzungsfrist bis zum 31.12.1992 konnte die Bundesrepublik Deutschland nicht einhalten: Vorbehalte der Länder und die damalige Diskussion um den Wirtschaftsstandort Deutschland verhinderten den rechtzeitigen Erlass des ArbSchG (*Vogl* NJW 1996, 2753 [2753]; ausf. Kollmer/Klindt/*Kollmer,* Vor § 1 Rn. 27 ff.). Unterschiedliche Auffassungen bestanden insbesondere zwischen der Bunderegierung und den beteiligten Sozialpartnern und Institutionen (*Dötsch* AuA 1996, 329 [329]). Gegenstand der Diskussion war zB die drohende Überreglementierung durch die aufwendige Gefährdungsbeurteilungspflicht (*Koll,* FS Wlotzke, 1996, 701 [705 f.]). Das ArbSchG trat angesichts der damaligen Gefechtslage somit erst am 21.8.1996 in Kraft (vgl. Art. 6 des Gesetzes zur Umsetzung der EG-Rahmenrichtlinie Arbeitsschutz und weiterer Arbeitsschutz-Richtlinien; *Kollmer* NZA 1996, 138 [138]). Aufgrund der Fristüberschreitung von nicht weniger als drei Jahren veranlasste die Europäische Kommission seinerzeit ein Vertragsverletzungsverfahren gem. Art. 169 EGV (Art. 258 AEUV) gegen die Bundesrepublik Deutschland, das infolge des Erlasses des ArbSchG und der Novellierung des ASiG freilich rasch als gegenstandslos erachtet wurde (*Dötsch* AuA 1996, 329 [329]).

20 **2. Gesetzesgenese des ArbSchG.** Der Erlass der Arbeitsschutz-Rahmenrichtlinie traf in Deutschland auf ein Regime des Arbeitsschutzes, das zwar zum damaligen Zeitpunkt schon auf einem hohen Schutzniveau war, aber den mit der RL 89/391/EWG einhergehenden Akzenten noch nicht Rechnung trug (*Dötsch* AuA 1996, 329 [329]). Aus diesem Grund gingen die Überlegungen in Deutschland zunächst dahin, ein **Arbeitsschutzrahmengesetz** zu schaffen. Ausdruck dieser rechtspolitischen Bemühungen war der Gesetzentwurf der Bundesregierung eines Gesetzes über Sicherheit und Gesundheitsschutz bei der Arbeit (Arbeitsschutzrahmengesetz – ArbSchRG) v. 3.2.1994 (BT-Drs. 12/6752, 1). Mit diesem Entwurf strebte der deutsche Gesetzgeber eine grundlegende Neuregelung des betrieblichen Arbeitsschutzes an und löste damit eine rechtspolitische Grundsatzdiskussion aus (*Dötsch* AuA 1996, 329 [329]). Weil der Entwurf des Arbeitsschutzrahmengesetzes in der 12. Wahlperiode des deutschen Bundestags nicht mehr verabschiedet werden konnte, fand in der Folge ein Umdenken statt, das in einer Abkehr von Gedanken der grundlegenden Reform mündete (*Dötsch* AuA 1996, 329 [329]).

21 Sichtbaren Ausdruck fand diese Neujustierung im Gesetzentwurf der Bundesregierung eines Gesetzes zur Umsetzung der EG-Rahmenrichtlinie Arbeitsschutz und weiterer Arbeitsschutz-Richtlinien von 22.1.1996 (BT-Drs. 13/3540, 1). Konkret diente dieses aus insgesamt sechs Artikeln bestehende Artikelgesetz der Umsetzung der RL 89/391/EWG und der RL 91/383/EWG (RL 91/383/EWG; BT-Drs. 13/3540, 11). Herzstück des Artikelgesetzes war Art. 1 mit dem ArbSchG. Art. 2 des Artikelgesetzes wiederum führte zur Änderung des schon bestehenden ASiG. Die übrigen Artikel führten zur Änderung des Betriebsverfassungsgesetzes (Art. 3), der Gewerbeordnung (Art. 4) und des Arbeitnehmerüberlassungsgesetzes (Art. 5). Die Änderungen in den Art. 2–5 des Artikelgesetzes waren zwar aus Gründen der Anpassung erforderlich, standen aber im Schatten des neuen ArbSchG (*Dötsch* AuA 1996, 329 [329]). Eine Ausnahme in Bezug auf das in Art. 6 des Artikelgesetzes geregelte Inkrafttreten galt nur für die Regelung der Dokumentation des Ergebnisses der Gefährdungsbeurteilung, der vom Arbeitgeber festgelegten Maßnahmen des Arbeitsschutzes und des Ergebnisses der Überprüfung der Gefährdungsbeurteilung gem. § 6 I ArbSchG: Diese Regelung sollte erst am 21.8.1997 Geltung beanspruchen, womit dem Umstand Rechnung getragen werden sollte, dass die genannte Dokumentation einer gründlichen Vorbereitung bedarf (*Dötsch* AuA 1996, 329 [330]).

22 Mit dem Erlass des ArbSchG wurde in Deutschland die bis dato zu besichtigende Zersplitterung des Arbeitsschutzrechts überwunden. Die Zusammenführung des deutschen

Arbeitsschutzrechts im ArbSchG als neuem Zentralgesetz konnte insbesondere deshalb gelingen, weil der **persönliche Anwendungsbereich des ArbSchG** mit dem weiten Beschäftigtenbegriff denkbar weit gefasst wurde (*Dötsch* AuA 1996, 329 [330]). Ausgenommen sind nur Hausangestellte in privaten Haushalten (§ 1 II 1 ArbSchG) sowie die in Heimarbeit Beschäftigten und die ihnen Gleichgestellten (§ 2 II Nr. 3 aE ArbSchG). Für letztere gilt in Deutschland das Heimarbeitsgesetz v. 14.3.1951 (BGBl. I 191). Unangefochten bliebt indes das **duale System** im deutschen Arbeitsschutzrecht (Kollmer/Klindt/ *Kollmer*, Vor § 1 Rn. 44). Als **Dualismus** wird das Nebeneinander von staatlichem Arbeitsschutzrecht (insbesondere mit dem ArbSchG und den darauf gestützten Arbeitsschutzverordnungen) einerseits und dem autonomen Recht der Unfallversicherungsträger (mit den Unfallverhütungsvorschriften gem. § 15 I SGV VII) andererseits bezeichnet (*Kollmer* NZA 1997, 138 [139]). Ganz im Gegenteil sieht das ArbSchG dezidiert Schnittstellenregelungen vor, die Gestaltungsspielräume im Verhältnis von Staat zu den Unfallversicherungsträgern schaffen (Kollmer/Klindt/*Kollmer,* Vor § 1 Rn. 44). So kann die für den Arbeitsschutz zuständige oberste Landesbehörde gem. § 21 IV 1 ArbSchG „mit Trägern der gesetzlichen Unfallversicherung vereinbaren, dass diese in näher zu bestimmenden Tätigkeitsbereichen die Einhaltung dieses Gesetzes, bestimmter Vorschriften dieses Gesetzes oder der auf Grund dieses Gesetzes erlassenen Rechtsverordnungen überwachen." Diese sog. **Experimentierklausel** unterliegt indes nicht unerheblichen verfassungsrechtlichen Bedenken (näher Kollmer/Klindt/*Kollmer* § 21 Rn. 22 ff.). Das duale System hatte sich bereits vor Erlass des ArbSchG bewährt und ließ sich im Übrigen mit der Arbeitsschutz-Rahmenrichtlinie in Einklang bringen (*Dötsch* AuA 1996, 329 [330]).

II. ASiG

Neben dem ArbSchG dient auch das ASiG der Umsetzung der RL 89/391/EWG. **23** Sichtbar wird dies insbesondere mit Blick auf die dort geregelten **Fachkräfte für Arbeitssicherheit,** welche zugleich Arbeitnehmer iSd Art. 7 I sind, die mit Schutzmaßnahmen und Maßnahmen zur Verhütung berufsbedingter Gefahren im Unternehmen bzw. im Betrieb beauftragt sind. Konkretisiert wird das ASiG seit dem 1.1.2011 durch die DGUV Vorschrift 2 über „Betriebsärzte und Fachkräfte" v. 15.12.2009. Vor diesem Hintergrund existiert nunmehr eine einheitliche Vorgabe für die Berufsgenossenschaften und die Unfallversicherungsträger der öffentlichen Hand.

III. ArbMedVV

Die ArbMedVV dient dem Zweck, „durch Maßnahmen der arbeitsmedizinischen Vor- **24** sorge arbeitsbedingte Erkrankungen einschließlich Berufskrankheiten frühzeitig zu erkennen und zu verhüten", § 1 I 1 ArbMedVV. Vor diesem Hintergrund befasst sie sich mit dem Aspekt der **Gesundheitsüberwachung.** In diesem Bereich ist sie ohne Weiteres nationaler Umsetzungsakt der Arbeitsschutz-Rahmenrichtlinie und diverser Einzelrichtlinien iSd Art. 16 I (→ Rn. 93 ff.; BR-Drs. 643/08, 30).

IV. ABBergV

Mit der ABBergV werden gleich mehrere EU-Richtlinien in nationales Recht trans- **25** formiert. Neben der im Vordergrund stehenden Umsetzung von zwei Einzelrichtlinien iSd Art. 16 I (→ Rn. 93 ff.) dient die ABBergV dezidiert auch der Umsetzung der Arbeitsschutz-Rahmenrichtlinie (BR-Drs. 470/95, 22). Der Grund hierfür lag darin, dass mehrere Bestimmungen der RL 89/391/EWG zum damaligen Zeitpunkt noch nicht durch bergrechtliche Vorschriften abgedeckt waren. Namentlich aufgeführt waren in der Verordnungsbegründung die Art. 6 II-III, 8 III-V, 11, 13 (BR-Drs. 470/95, 22).

V. Vertragsverletzungsverfahren wegen fehlerhafter Umsetzung der Dokumentationspflichten

26   Wegen der **nicht vollständigen Umsetzung der Dokumentationspflichten** aus Art. 9 I lit. a, 10 III lit. a wurde die Bundesrepublik Deutschland vom EuGH verurteilt (EuGH 7.2.2002 – C-5/00). Gegenstand der Entscheidung des EuGH war somit die Pflicht des Arbeitgebers in Bezug auf die Evaluierung der am Arbeitsplatz bestehenden Gefahren für die Sicherheit und die Gesundheit auch hinsichtlich der besonders gefährdeten Arbeitnehmergruppen. § 6 I ArbSchG sah eine Befreiung von dieser Pflicht für Arbeitgeber mit zehn oder weniger Beschäftigten vor (sog. **Kleinbetriebsregelung**). Der Fortbestand der Kleinbetriebsregelung bis zum 24.10.2013 (s. zur Streichung des § 6 I 3–4 ArbSchG aF BT-Drs. 17/13808, 13) war darauf zurückzuführen, dass der EuGH der deutschen Argumentation gefolgt war, wonach die Berichte der Betriebsärzte und Fachkräfte für Arbeitssicherheit nach dem ASiG iVm § 15 I Nr. 6 SGB VII und den Unfallverhütungsvorschriften denselben Gegenstand und Inhalt hätten wie die von der RL 89/391/EWG geforderten Dokumente über eine Gefahrenevaluierung. Vor diesem Hintergrund war die erste Rüge der Kommission im Ergebnis unbegründet (EuGH 7.2.2002 – C-5/00 Rn. 31 f.). Erfolg hatte indes die zweite Rüge der Kommission, welche auf die Befugnis des Bundesministers für Arbeit und Sozialordnung gem. § 14 II Nr. 1 ASiG aF abstellte, für bestimmte Betriebsarten unter Berücksichtigung insbesondere der Zahl der Beschäftigten die Betriebsärzte und die Fachkräfte für Arbeitssicherheit ganz oder teilweise von den Aufgaben in den §§ 3, 6 ASiG und damit auch der Berichtspflicht zu befreien (EuGH 7.2.2002 – C-5/00 Rn. 35–37).

C. Anwendungsbereich und Zwecke der RL 89/391/EWG

27   In den allg. Bestimmungen und damit in Abschnitt I der RL 89/391/EWG werden zu Beginn insbesondere Ziel (Art. 1) und Anwendungsbereich (Art. 2) der Richtlinie konkretisiert. Aufgrund seiner Bedeutung für den Anwendungsbereich der Arbeitsschutz-Rahmenrichtlinie wird im Folgenden auch auf drei Begriffsbestimmungen aus dem Katalog der Definitionen des Art. 3 einzugehen sein.

I. Anwendungsbereich

28   Was den Anwendungsbereich der RL 89/391/EWG anbelangt, ist zwischen dem sachlichen (→ Rn. 29), persönlichen (→ Rn. 36 ff.) und örtlichen Anwendungsbereich (→ Rn. 44) zu unterscheiden. Dabei findet die RL 89/391/EWG nur dann Anwendung, wenn alle Voraussetzungen für die Eröffnung des Anwendungsbereichs in concreto kumulativ erfüllt sind.

29   **1. Sachlicher Anwendungsbereich.** Der sachliche Anwendungsbereich der RL 89/391/EWG ist Gegenstand der Regelung des Art. 2. Erfasst sind danach grds. alle Tätigkeitsbereiche und alle Beschäftigungsgruppen (HBD/*Theiss* C.I. Rn. 50). Der insoweit weite sachliche Anwendungsbereich der RL 89/391/EWG soll zu einer möglichst umfassenden Verbesserung der Arbeitsumwelt innerhalb der EU führen.

30   **a) Alle privaten oder öffentlichen Tätigkeiten.** Der sachliche Anwendungsbereich der RL 89/391/EWG soll – zum Zwecke der Verhinderung einer Zersplitterung des Arbeitsschutzes (Kollmer/Klindt/*Balze* Einl. B Rn. 104; MHdBArbR/*Kohte* § 289 Rn. 11) – umfassend sein: Gem. Art. 2 I werden **alle privaten oder öffentlichen Tätigkeitsbereiche** in Bezug genommen. Exemplarisch und damit keinesfalls abschließend werden gewerbliche, landwirtschaftliche, kaufmännische, verwaltungsmäßige sowie dienstleistungs- oder ausbildungsbezogene, kulturelle und Freizeittätigkeiten genannt. Für eine weite Auslegung des Anwendungsbereichs der RL 89/391/EWG streiten sowohl Zweck als auch

Wortlaut der Richtlinie (EuGH 5.10.2004 – C-397–403/01 Rn. 52). Die Bestimmung des Art. 2 ist im Übrigen über die Arbeitsschutz-Rahmenrichtlinie hinaus im europäischen Arbeitsrecht relevant: Die RL 93/104/EG v. 23.11.1993 über bestimmte Aspekte der Arbeitszeitgestaltung (ABl. 1993 L 307, 18) verweist in Art. 1 über „Gegenstand und Anwendungsbereich" auf Art. 2, Art. 1 III RL 93/104/EG. Aus diesem Grund kommt der Auslegung des positiven wie negativen Anwendungsbereichs der RL 89/391/EWG übergeordnete Bedeutung im europäischen Arbeitsrecht zu. Umgekehrt kann die Reichweite des Art. 2 durch Rechtsfragen konkretisiert werden, die aus der RL 93/104/EG herrühren (vgl. EuGH 5.10.2004 – C-397–403/01; 14.7.2005 – C-52/04).

b) Ausnahmen bei Tätigkeiten im öffentlichen Dienst und Katastrophenschutzdienst. Ausnahmen vom Anwendungsbereich der Arbeitsschutz-Rahmenrichtlinie werden in Art. 2 II UAbs. 1 für bestimmte spezifische Tätigkeiten im öffentlichen Dienst oder bei den Katastrophenschutzdiensten statuiert. Als **Ausnahmebestimmung** ist Art. 2 II UAbs. 1 schon bei Zugrundelegung der allg. Auslegungsgrundsätze des europäischen Rechts grds. **eng auszulegen** (GHN/*Mayer* EUV Art. 19 Rn. 56; Calliess/Ruffert/*Wegener* EUV Art. 19 Rn. 15). Einer engen Auslegung der beiden Bereichsausnahmen redet im Übrigen auch der EuGH das Wort: In Vorabentscheidungsverfahren gem. Art. 267 AEUV hat der EuGH unter Berufung auf die grammatikalische, systematische und teleologische Auslegung die engen Grenzen der Bereichsausnahmen in Art. 2 II UAbs. 1 festgezurrt (EuGH 5.10.2004 – C-397–403/01; 14.7.2005 – C-52/04). Die Hürden für die Inanspruchnahme dieser Ausnahmetatbestände sind indes schon tatbestandlich überaus hoch: Erstens muss es sich um ganz **spezifische Tätigkeiten** handeln, womit die Sonderstellung der Ausnahmen vom Anwendungsbereich unterstrichen wird. Zweitens müssen **Besonderheiten** vorliegen, welche die Ausnahme rechtfertigen. Vor diesem Hintergrund müssen die EU-Mitgliedstaaten sorgfältig prüfen, ob einer in Rede stehenden Tätigkeit ihre Unvereinbarkeit mit der Erreichung der Ziele der RL 89/391/EWG auf die Stirn geschrieben ist. In Bezug auf die Tätigkeiten im öffentlichen Dienst werden in der Richtlinie beispielhaft – ebenso naheliegend wie praktisch wichtig – **Streitkräfte** und **Polizei** erwähnt. 31

Anwendbar ist die Bereichsausnahme dem EuGH zufolge auf den **Katastrophenschutzdienst im engeren Sinne.** Hierunter versteht der EuGH Dienste, „die in Situationen von besonderer Schwere und besonderem Ausmaß (…), die dadurch gekennzeichnet sind, dass eine Arbeitszeitplanung für die Einsatz- und Rettungsteams nicht möglich ist," tätig sind und deren ordnungsgemäßes Funktionieren „für den Schutz der öffentlichen Sicherheit, Gesundheit und Ordnung unerlässlich" ist (EuGH 5.10.2004 – C-397–403/01 Rn. 55). Zu den beschriebenen Situationen rechnen naturgemäß **Katastrophen.** Gem. Art. 1 II BayKSG ist eine Katastrophe „ein Geschehen, bei dem Leben oder Gesundheit einer Vielzahl von Menschen oder die natürlichen Lebensgrundlagen oder bedeutende Sachwerte in ungewöhnlichem Ausmaß gefährdet oder geschädigt werden und die Gefahr nur abgewehrt oder die Störung nur unterbunden und beseitigt werden kann, wenn unter Leitung der Katastrophenschutzbehörde, die im Katastrophenschutz mitwirkenden Behörden, Dienststellen, Organisationen und die eingesetzten Kräfte zusammenwirken." Zudem sollen die Voraussetzungen des Art. 2 II UAbs. 1 dann erfüllt sein, wenn außergewöhnliche Ereignisse in Rede stehen, „bei denen die ordnungsgemäße Durchführung von Maßnahmen zum Schutz der Bevölkerung in schwerwiegenden kollektiven Gefahrensituationen es gebietet, dass die Bediensteten, die ein solches Ereignis bewältigen müssen, dem mit diesen Maßnahmen verfolgten Ziel absolute Priorität einräumen, damit dieses erreicht werden kann". Beispielhaft hierfür stehen **Natur- oder Technologiekatastrophen, Attentate, schwere Unglücksfälle oder andere Ereignisse gleicher Art** (EuGH 14.7.2005 – C-52/04 Rn. 53 f.). 32

Was die **Katastrophenschutzdienste** anbelangt, soll die Tätigkeit von **Rettungsassistenten,** die im Rahmen eines Rettungsdienstes ausgeübt wird (im konkreten Fall beim Deutsches Roten Kreuz) und sich in der Mittfahrt in Rettungstransportfahrzeugen oder Notarzt-Einsatzfahrzeugen niederschlägt, nicht unter den Ausnahmentatbestand fallen. Zur 33

Begründung verwies der EuGH darauf, dass gem. Art. 2 II UAbs. 1 bestimmte spezifische Tätigkeiten bei den Katastrophenschutzdiensten vorliegen müssen, deren Besonderheiten einer Anwendbarkeit der RL 89/391/EWG entgegenstehen. Im Ergebnis müsse die in Rede stehende Bereichsausnahme so ausgelegt werden, „dass sich ihre Tragweite auf das beschränkt, was zur Wahrung der Interessen, die sie den Mitgliedstaaten zu schützen erlaubt, unbedingt erforderlich ist." Mit Blick auf die Rettung Verletzter oder Kranker, um die es in concreto ging, sollen diese Voraussetzungen eines **Katastrophenschutzdienstes ieS** nicht vorgelegen haben. Damit ist die RL 89/391/EWG auf Rettungsassistenten anwendbar (EuGH 5.10.2004 – C-397–403/01 Rn. 51 ff.).

34   In Bezug auf die **Tätigkeiten von Einsatzkräften einer staatlichen Feuerwehr** bestehen dem EuGH zufolge keine signifikanten Unterschiede im Vergleich zu den Tätigkeiten von Rettungsassistenten, und zwar unabhängig davon, ob es sich um Tätigkeiten zur Brandbekämpfung oder andere Hilfeleistungen handelt (EuGH 14.7.2005 – C-52/04 Rn. 48, 52). Weil die Bereichsausnahmen in Art. 2 II UAbs. 1 eng mit dem Ziel verknüpft sind, das ordnungsgemäße Funktionieren der Dienste zu gewährleisten, sei es nicht gerechtfertigt, die „in den betreffenden Bereichen ausgeübten Tätigkeiten allg. als von dieser Ausnahme erfasst" anzusehen (EuGH 14.7.2005 – C-52/04 Rn. 49). Ausreichend für die Inanspruchnahme der Bereichsausnahmen ist folglich nicht die bloße Zugehörigkeit der Arbeitnehmer zu den in Art. 2 II UAbs. 1 genannten Tätigkeitsbereichen wie Streitkräfte, Polizei oder Katastrophenschutz und damit die Ausübung von Tätigkeiten, die „unter gewöhnlichen Umständen bei den Sicherheits- und Rettungsdiensten ausgeübt werden". Vielmehr muss die spezifische Natur der wahrgenommenen Aufgaben in diesen Tätigkeitsbereichen, die in untrennbarem Zusammenhang mit der Gewährleistung eines wirksamen Schutzes des Gemeinwesens stehen muss, die Ausnahme rechtfertigen (zum Ganzen EuGH 14.7.2005 – C-52/04 Rn. 51). Eine klare Zuordnung zu einer der in Art. 2 II UAbs. 1 aufgeführten Bereichsausnahmen nahm der EuGH in der in Rede stehenden Entscheidung im Übrigen nicht vor.

35   Selbst wenn nationale Ausnahmen für Tätigkeiten im öffentlichen Dienst bzw. bei den Katastrophenschutzdiensten bestehen, muss darauf hingewirkt werden, dass eine größtmögliche Sicherheit und ein größtmöglicher Gesundheitsschutz der Arbeitnehmer sichergestellt wird, Art. 2 II UAbs. 2. Mit der Verwendung des Rechtsbegriffs „größtmöglich" lässt der Richtliniengeber keinen Zweifel daran, dass die Zwecke der RL 89/391/EWG auch dann (möglichst) gelten sollen, wenn Sachverhalte ausnahmsweise nicht von ihrem Anwendungsbereich erfasst werden.

36   **2. Persönlicher Anwendungsbereich.** Die Bestimmungen über den persönlichen Anwendungsbereich regeln die Personen(kreise), die sich mit der Arbeitsschutz-Rahmenrichtlinie befassen müssen, weil sie Adressaten von Rechten und/oder Pflichten sind. Was die RL 89/391/EWG anbelangt, sind Arbeitnehmer (→ Rn. 37 f.), Arbeitgeber (→ Rn. 39 f.) sowie Arbeitnehmervertreter mit einer besonderen Funktion bei der Sicherheit und beim Gesundheitsschutz der Arbeitnehmer in den Fokus des Interesses (→ Rn. 41 ff.) zu rücken.

37   **a) Arbeitnehmer.** Mit dem Arbeitnehmerbegriff steht und fällt die Reichweite der Arbeitsschutz-Rahmenrichtlinie in Bezug auf den persönlichen Anwendungsbereich, da Sicherheit und Gesundheitsschutz der Arbeitnehmer Schutzgüter der RL 89/391/EWG sind. Hervorzuheben ist, dass in der Arbeitsschutz-Rahmenrichtlinie insoweit eine **eigenständige und autonome Begriffsbestimmung** vorgenommen wird (HBD/*Theiss* C. I. Rn. 52). Der persönliche Anwendungsbereich ist im Gefolge der Definition in Art. 3 lit. a denkbar weit: Arbeitnehmer ist jede Person, die von einem Arbeitgeber beschäftigt wird (s. auch Kollmer/Klindt/*Balze* Einl. B Rn. 90). Wer wiederum Arbeitgeber ist, ist Gegenstand der Definition in Art. 3 lit. b (→ Rn. 39 f.). Die Definition des Arbeitnehmers ist Ausdruck der Anerkennung der das Arbeitsrecht prägenden **Zweierbeziehung „Arbeitgeber-Arbeitnehmer"**. Die im Arbeitsrecht ebenfalls anzutreffende Dreierbeziehung ist demgegenüber nicht ausdrücklich in der RL 89/391/EWG anerkannt. Die **Dreierbeziehung** kennzeichnet die Leiharbeit (auch: Arbeitnehmerüberlassung oder Zeitarbeit). Bei der Leiharbeit

stellt der Arbeitgeber (Verleiher) bei ihm angestellte Arbeiter oder Angestellte (Leiharbeitnehmer) einem Dritten (Entleiher) zur Verfügung (*Dütz/Thüsing* Rn. 336). Die Leiharbeit ist wie die befristete Arbeit Gegenstand der die RL 89/391/EWG ergänzenden RL 91/383/EWG (RL 91/383/EWG).

Die Arbeitnehmer stehen als (alleiniges) **Schutzobjekt** im Zentrum der RL 89/391/ **38** EWG, die einen Beitrag dezidiert zur Verbesserung ihrer Sicherheit und ihres Gesundheitsschutzes leisten soll. Vor diesem Hintergrund zielen die in den Art. 4 ff. geregelten Pflichten der Arbeitgeber vornehmlich darauf ab, die klar umrissenen Ziele der Arbeitsschutz-Rahmenrichtlinie zu erfüllen. Dessen ungeachtet haben die Arbeitnehmer mit Blick auf die „Pflichten des Arbeitnehmers" gem. Art. 13 nicht nur als zu schützende Personen Eingang in die Arbeitsschutz-Rahmenrichtlinie gefunden. Auch wenn jeder Arbeitnehmer naturgemäß ein Eigeninteresse am Schutz seiner höchstpersönlichen Rechtsgüter haben wird, lässt der Richtliniengeber es in diesem Zusammenhang nicht mit dem aus dem Selbsterhaltungstrieb abgeleiteten Selbstschutz bewenden. Vielmehr werden die Arbeitnehmer als solche in die Pflicht genommen, an der Verbesserung ihrer Sicherheit und Gesundheit tatkräftig mitzuwirken, um Arbeitsunfälle und berufsbedingte Erkrankungen einzudämmen (hierzu näher → Rn. 81 ff.).

b) Arbeitgeber. Im Anschluss an die Definition des Arbeitnehmers wird definiert, wer **39** Arbeitgeber iSd RL 89/391/EWG ist. Danach ist Arbeitgeber gem. Art. 3 lit. b „jede natürliche oder juristische Person, die als Vertragspartei des Beschäftigungsverhältnisses mit dem Arbeitnehmer die Verantwortung für das Unternehmen bzw. den Betrieb trägt". Somit setzt die Arbeitgebereigenschaft in der RL 89/391/EWG die **Erfüllung zweier Begriffsmerkmale** voraus: Erstens muss der Arbeitgeber mit dem Arbeitnehmer iSd Art. 3 lit. a vertraglich verbunden sein, wobei der Vertrag ein Beschäftigungsverhältnis begründen muss. Zweitens beansprucht das Element der Verantwortung (für Unternehmen bzw. Betrieb) Geltung, ohne die eine Person kein Arbeitgeber iSd Arbeitsschutz-Rahmenrichtlinie sein kann.

Im Unterschied zum Arbeitnehmer ist der Arbeitgeber kein Schutzobjekt der RL 89/ **40** 391/EWG. Vielmehr kommt dem Arbeitgeber aufgrund seiner arbeitsrechtlichen Stellung mit dem Weisungsrecht sowie seiner Verantwortung die Aufgabe zu, die Erreichung der richtlinienrechtlichen Ziele vor Ort, dh im Unternehmen bzw. Betrieb, zu erfüllen. Es liegt in der Natur der Sache, dass dem Staat bei der Verbesserung der Arbeitsumwelt Schranken gesetzt sind: Die Lebenswirklichkeit im Unternehmen bzw. Betrieb wird in erster Linie durch das **Miteinander von Arbeitgeber und Arbeitnehmer** geprägt, sodass arbeitsschutzrechtlich motivierte Initiativen des Staates dort ansetzen müssen, indem sie den Arbeitgeber in die Pflicht nehmen. Einfallstor für die Verbesserung des Arbeitsschutzes ist demgemäß die Statuierung genuiner Arbeitgeberpflichten, die freilich durch eine wirksame Arbeitsschutzverwaltung flankiert werden muss. Dass diese Zusammenhänge eine wirkmächtige Rolle in der Arbeitsschutz-Rahmenrichtlinie spielen, wird neben dem umfangreichen Pflichtenkatalog für die Arbeitgeber durch Art. 4 mit seinen Vorgaben zu **Kontrolle und Überwachung** durch die EU-Mitgliedstaaten unterstrichen.

c) Arbeitnehmervertreter mit einer besonderen Funktion bei der Sicherheit und **41** **beim Gesundheitsschutz der Arbeitnehmer.** In der RL 89/391/EWG werden schließlich neben Arbeitnehmern und Arbeitgebern auch die Arbeitnehmervertreter mit einer besonderen Funktion bei der Sicherheit und beim Gesundheitsschutz der Arbeitnehmer als arbeitsschutzrechtlich relevanter Personenkreis in Bezug genommen. Mit diesem sperrigen Begriff gem. Art. 3 lit. c ist jede Person gemeint, „die gem. den nationalen Rechtsvorschriften bzw. Praktiken gewählt, ausgewählt oder benannt wurde, um die Arbeitnehmer in Fragen der Sicherheit und des Gesundheitsschutzes der Arbeitnehmer bei der Arbeit zu vertreten".

Erwähnung finden die Arbeitnehmervertreter mit einer besonderen Funktion bei der **42** Sicherheit und beim Gesundheitsschutz der Arbeitnehmer erstens in Art. 10 III. Danach muss der Arbeitgeber die geeigneten Maßnahmen treffen, damit diese Personengruppe

Zugang zu den dort im Einzelnen aufgeführten Dokumenten und Informationen hat. Sodann spielen sie zweitens gem. Art. 11 eine Rolle bei der Anhörung und Beteiligung der Arbeitnehmer. Drittens schließlich haben sie gem. Art. 12 III Anspruch auf eine angemessene Unterweisung. Inhaltlich werden sie im Übrigen vor allem in den Art. 7–8 angesprochen, indem dort Arbeitnehmer in Bezug genommen werden, die vom Arbeitgeber mit Schutzmaßnahmen und Maßnahmen zur Verhütung berufsbedingter Gefahren im Unternehmen bzw. Betrieb beauftragt (Art. 7 I) bzw. für Erste Hilfe, Brandbekämpfung und Evakuierung der Arbeitnehmer benannt werden (Art. 8 II UAbs. 1).

43 In einem Vertragsverletzungsverfahren gegen die Portugiesische Republik, in dem von der Kommission moniert wurde, dass in Portugal keine klare und genaue Regelung für das Wahlverfahren und den Schutz der Arbeitnehmervertreter im Bereich Sicherheit und Gesundheitsschutz am Arbeitsplatz vorhanden sei, hat der EuGH entschieden, dass im Falle der Existenz eines Wahlverfahrens sichergestellt sein müsse, „dass die Arbeitnehmer ihre Vertreter gem. den nationalen Rechtsvorschriften und/oder Praktiken wählen können." Ausreichend ist insoweit die mitgliedstaatliche Regelung der wesentlichen Fragen (EuGH 12.6.2003 – C-425/01 Rn. 22, 25).

44 **3. Örtlicher Anwendungsbereich.** Der örtliche Anwendungsbereich ist in der Arbeitsschutz-Rahmenrichtlinie nicht ausdrücklich geregelt. Im Hinblick darauf, dass die zugrunde liegende Richtlinie zu den Rechtsakten der EU rechnet, erstreckt sich ihr Regelungsanspruch territorial auf die 28 EU-Mitgliedstaaten. Die sachlich erfassten (privaten und öffentlichen) Tätigkeitsbereiche müssen daher innerhalb der EU ausgeübt werden. Jenseits der EU-Außengrenzen gilt entsprechend das jeweils anwendbare Arbeitsschutzrecht.

II. Zwecke

45 **1. Verbesserung der Sicherheit und des Gesundheitsschutzes.** Kernanliegen der RL 89/391/EWG ist die **Verbesserung der Sicherheit und des Gesundheitsschutzes** der Arbeitnehmer am Arbeitsplatz (zur Bedeutung dieses Ziels für die Auslegung der Richtlinie *Birk*, FS Wlotzke, 1996, 645 [657]). Hierbei ist zunächst festzuhalten, dass Verbesserung mehr ist als nur die **Beibehaltung eines Status quo.** Vor diesem Hintergrund ist die Aussage in den Begründungserwägungen, wonach die RL 89/391/EWG keinesfalls zu einer Einschränkung iSe Verschlechterung des arbeitsschutzrechtlichen Schutzniveaus führen darf, entbehrlich, zumal eine solche Zielsetzung ohnehin im Widerspruch zur Rechtsgrundlage in Art. 153 I lit. a, II AEUV stünde. Dort kommt in der Tat – neben dem unmissverständlichen Aspekt der Verbesserung der Arbeitsumwelt – dem Fortschrittsgedanken besondere Bedeutung zu, welcher Verschlechterungen des Arbeitsschutzes verhindern soll. Was in concreto zu verbessern ist, sind die beiden arbeitsschutzrechtlichen **Schutzgüter** Sicherheit und Gesundheitsschutz. Eine trennscharfe Abgrenzung dieses Begriffspaars ist kaum möglich; sie ist indes auch nicht erforderlich: Sicherheit bezieht sich in der Arbeitsschutz-Rahmenrichtlinie ersichtlich auf die **körperliche Sicherheit,** die wiederum nichts anderes als ein Synonym für den Gesundheitsschutz ist. **Gesundheit** wiederum umfasst in der Rechtsprechung des EuGH „sämtliche körperlichen und sonstigen Faktoren, die die Gesundheit und die Sicherheit der Arbeitnehmer in ihrem Arbeitsumfeld unmittelbar oder mittelbar berührten" (EuGH 12.11.1996 – C-84/94 Rn. 15). Die RL 89/391/EWG ging damit über die bis dahin maßgebliche technisch-medizinische Seite des Arbeitsschutzes hinaus, indem sie den **umfassenden Schutz des Arbeitnehmers in seiner Arbeitsumwelt** in den Mittelpunkt seines Regelungsauftrages stellte (*Dötsch* AuA 1996, 329 [330]).

46 Richtlinienrechtliches **Instrument** zur Erreichung des (Schutz-)Ziels ist zunächst ganz allg. die **Durchführung von Maßnahmen** iSd Art. 1 I. Bezugspunkt dieser Maßnahmen sind auf einer denkbar abstrakten Ebene die **Umgebungsfaktoren,** denen die Arbeitneh-

mer am Arbeitsplatz während ihres gesamten Arbeitslebens ausgesetzt sind. Aufgrund der RL 89/391/EWG soll die Gefährlichkeit dieser Faktoren reduziert werden. Auf einer konkreteren Ebene werden aus den Maßnahmen iSd Art. 1 **allg. Grundsätze**. Diese Grundsätze beziehen sich auf die in Art. 2 II im Einzelnen genannten Bereiche, unter denen die Verhütung berufsbedingter Gefahren, die Sicherheit und der Gesundheitsschutz sowie die Ausschaltung von Risiko- und Unfallfaktoren hervorzuheben sind. Bei der Statuierung solcher Grundsätze hat es freilich nicht sein Bewenden: Flankiert werden sie durch **allg. Regeln für ihre Durchführung**. Erst zusammen bilden allg. Grundsätze und allg. Regeln ein möglichst umfassendes System zur Verbesserung des betrieblichen Arbeitsschutzes innerhalb der EU.

2. Gefahrenverhütung und -vorsorge. Mit der **Verhütung berufsbedingter Gefahren** beginnt die Aufzählung der Regelungsgegenstände von allg. Grundsätzen in Art. 1 II. In engem Zusammenhang damit steht die Aussage in den Erwägungsgründen zur RL 89/391/EWG, wonach unverzüglich vorbeugende Maßnahmen für die Sicherheit und den Gesundheitsschutz der Arbeitnehmer ergriffen werden müssen. Damit räumt der Richtliniengeber dem Aspekt der **Gefahrenverhütung bzw. -vorsorge** eine hervorgehobene Bedeutung innerhalb der RL 89/391/EWG ein (vgl. auch *Dötsch* AuA 1996, 329 [330]). Im Hinblick auf die der RL 89/391/EWG innewohnende Zielsetzung, das ist die Verbesserung der Sicherheit und des Gesundheitsschutzes der Arbeitnehmer bei der Arbeit, ist diese Konzeption auch sachgerecht: Arbeitsschutzrechtliche Vorsorgemaßnahmen wie die Verhütung von Gefahren sind conditio sine qua non, wenn der mit der Arbeitsschutz-Rahmenrichtlinie geschaffene rechtliche Rahmen mit spürbaren Fortschritten einhergehen soll. Was Gefahrenverhütung iSd Arbeitsschutz-Rahmenrichtlinie ist, ist Gegenstand der Definition in Art. 3 lit. d. Danach rechnen zur Gefahrenverhütung „sämtliche Bestimmungen oder Maßnahmen, die in einem Unternehmen auf allen Tätigkeitsstufen zur Vermeidung oder Verringerung berufsbedingter Gefahren eingeleitet oder vorgesehen werden." Die für die Sicherheit und den Gesundheitsschutz der Arbeitnehmer erforderlichen Maßnahmen, die der Arbeitgeber gem. Art. 6 I treffen muss, sind an den **allg. Grundsätzen der Gefahrenverhütung** auszurichten. Diese sind in § 6 II näher konkretisiert (→ Rn. 54).

Der **Gefahrenbegriff** wird demgegenüber nicht näher in der RL 89/391/EWG definiert. Arbeitsschutzrechtlich wird unter einer Gefahr gemeinhin eine Sachlage verstanden, „die bei ungehindertem Ablauf des objektiv zu erwartenden Geschehens zu einem Schaden führt, wobei für den Schadenseintritt eine hinreichende Wahrscheinlichkeit verlangt wird". Ein Schaden wiederum soll dann vorliegen, „wenn eine nicht unerhebliche Beeinträchtigung vorliegt" (zum Ganzen BT-Drs. 13/3540, 16; Kollmer/Klindt/*Kohte* § 4 Rn. 7).

Abzugrenzen ist die **Gefahrenverhütung** von der **Gefahrenabwehr**. Gefahrenverhütung ist im Vergleich zur Gefahrenabwehr ein maius: Maßnahmen der Gefahrenverhütung sollen vor allem schon das Entstehen von Gefahren verhindern und sind als solche originäre **Vorfeldmaßnahmen**. Demgegenüber knüpft die Gefahrenabwehr typischerweise an schon existierende Gefahren an, sodass eine zeitlich vorgelagerte Verhütung mangels Rechtzeitigkeit naturgemäß nicht mehr in Betracht kommen kann (bzw. ggf. im Vorfeld ohne Erfolg geblieben ist).

3. Alle Gefahren. Konzeptionell erfasst die Arbeitsschutz-Rahmenrichtlinie ausweislich der Begründungserwägungen alle Gefahren. Exemplarisch wird auf die chemischen, physikalischen und biologischen Arbeitsstoffe bei der Arbeit hingewiesen. Vor diesem Hintergrund liegt der RL 89/391/EWG ein **umfassender arbeitsschutzrechtlicher Ansatz** zugrunde, der Ausnahmen nur dort zulässt, wo sie ausdrücklich normiert sind (wie zB in Art. 5 IV; so auch *Koll*, FS Wlotzke, 1996, 701 [703]).

D. Pflichten der Arbeitgeber

I. Konzeption und Leitideen

51 Wer Arbeitgeber iSd Art. 3 lit. b ist (→ Rn. 39 f.), muss die „Pflichten des Arbeitgebers" aus den Art. 5 ff. erfüllen. Hierbei handelt es sich fraglos um das Herzstück der Arbeitsschutz-Rahmenrichtlinie und damit den Dreh- und Angelpunkt für die Erreichung des arbeitsschutzrechtlichen Zwecks, die Arbeitsumwelt zum Schutz der Gesundheit und Sicherheit der Arbeitnehmer zu verbessern (s. auch *Dötsch* AuA 1996, 329 [330]). Indem die Arbeitgeber insoweit als Hauptverantwortliche für den Arbeitsschutz und zentrale Pflichtsubjekte anerkannt werden (*Birk,* FS Wlotzke, 1996, 645 [665]), wird die **Betriebsorientierung,** dh der Grundsatz der **Risikovermeidung vor Ort,** als Leitlinie der Arbeitsschutz-Rahmenrichtlinie betont (MHdBArbR/*Kohte* § 289 Rn. 11). Vor diesem Hintergrund wird von einer **Verlagerung der Verantwortlichkeit für den Arbeitsschutz** von den staatlichen Behörden in die Betriebe gesprochen (zum Ganzen Kollmer/Klindt/*Balze* Einl. B Rn. 92, 104; s. zur Bedeutung einer effektiven markt- und betriebsnahen Aufsicht MHdBArbR/*Kohte* § 289 Rn. 13).

52 Aufgrund seiner Verantwortung für das Unternehmen bzw. den Betrieb (vgl. Art. 3 lit. b) und damit für die betrieblichen Arbeitsbedingungen ist der Arbeitgeber verpflichtet, für die Sicherheit und den Gesundheitsschutz der Arbeitnehmer in Bezug auf alle die Arbeit betreffenden Aspekte zu sorgen, Art. 5 I. Aufgrund dessen muss er die für die Sicherheit und den Gesundheitsschutz der Arbeitnehmer erforderlichen Maßnahmen treffen, welche sich auf die Aspekte der Verhütung berufsbedingter Gefahren, der Information und Unterweisung sowie der Bereitstellung einer geeigneten Organisation und der erforderlichen Mittel beziehen, Art. 6 I UAbs. 1. Die Maßnahmen müssen zudem sich ändernden Gegebenheiten angepasst werden, Art. 6 I UAbs. 2. Vor diesem Hintergrund besteht eine **Grundverantwortung des Arbeitgebers,** die auch weder durch die Hinzuziehung außerbetrieblicher Fachleute noch durch die Pflichten der Arbeitnehmer berührt wird, Art. 5 II–III. Der Arbeitgeber muss im Ergebnis für ein **sicheres Arbeitsumfeld** Sorge tragen (EuGH 14.6.2007 – C-127/05 Rn. 41). Allerdings besteht insoweit eine **Öffnungsklausel für die EU-Mitgliedstaaten,** als die Verantwortung des Arbeitgebers im Falle von anormalen und unvorhersehbaren Umständen oder außergewöhnlichen Ereignissen gem. Art. 5 IV ausgeschlossen oder eingeschränkt werden kann.

53 Die Bestimmung des Art. 5 I wurde von der Kommission so verstanden, dass sie eine Verantwortlichkeit des Arbeitgebers, und zwar zivil- oder strafrechtlicher Natur, unabhängig von einem Verschulden begründe. Hierfür spreche das Fehlen der ergänzenden Klausel „soweit dies in der Praxis vertretbar ist" (vgl. zum Ganzen EuGH 14.6.2007 – C-127/05 Rn. 17, 19). Diese Auffassung wurde vom EuGH in einem Vertragsverletzungsverfahren gegen das Vereinigte Königreich und Nordirland zurückgewiesen: Art. 5 I sei nicht zu entnehmen, dass dem Arbeitgeber „eine verschuldensunabhängige Haftung auferlegt werden muss". Im Gegenteil gebe Art. 5 I keine bestimmte Art der Haftung bei Unfällen vor (vgl. zum Ganzen EuGH 14.6.2007 – C-127/05 Rn. 42, 47).

54 Bei der Umsetzung der Maßnahmen gem. Art. 6 I sind die **allg. Grundsätze der Gefahrenverhütung** zu beachten. Diese Grundsätze sind in Art. 6 II im Einzelnen aufgeführt. Ausdrücklich genannt werden in dem abschließenden Katalog zB die Grundsätze der Vermeidung von Risiken, der Gefahrenbekämpfung an der Quelle, der Berücksichtigung des Stands der Technik (und damit mehr als nur der allg. anerkannten Regeln der Technik; vgl. *Wlotzke* NZA 1990, 417 [420]), des Vorrangs des kollektiven Gefahrenschutzes vor individuellem Gefahrenschutz und die Erteilung geeigneter Anweisungen an die Arbeitnehmer. Mehrfach betont wird somit das Konzept einer **Bekämpfung der Gefahren an der Quelle,** weil etwa auch der Vorrang kollektiver vor individuellen Schutzmaßnahmen mit dieser Leitidee eng verbunden ist (Kollmer/Klindt/*Kohte* § 4 Rn. 25).

Dieser Ansatz wiederum ist Ausdruck des **Grundsatzes der Verhältnisprävention,** demzufolge in erster Linie die Arbeitsbedingungen zu ändern und die Gefahren zu verringern sind (Kollmer/Klindt/*Kohte* § 4 Rn. 25). Der Verweis auf den Stand der Technik wiederum ist zugleich Ausdruck eines **dynamischen Arbeitsschutzverständnisses** (Kollmer/Klindt/*Balze* Einl. B Rn. 104).

II. Gefährdungsbeurteilungs- und Dokumentationspflicht

Der Arbeitgeber muss gem. Art. 6 III lit. a S. 1 die Gefahren für Sicherheit und Gesundheit der Arbeitnehmer beurteilen. Diese arbeitsschutzrechtlich grundlegende Pflicht zur **Durchführung einer Gefährdungsbeurteilung** soll sich insbesondere auf die Aspekte „Auswahl von Arbeitsmitteln, chemischen Stoffen oder Zubereitungen" und „Gestaltung der Arbeitsplätze" beziehen. Flankiert wird das Institut der Gefährdungsbeurteilung durch eine entsprechende **Dokumentationspflicht,** die in Art. 9 I lit. a und damit nicht im unmittelbaren Umfeld der Gefährdungsbeurteilung statuiert ist. Zu Recht werden diese Pflichten als „Kernpflichten der EG-Rahmenrichtlinie" bezeichnet (*Vogl* NJW 1996, 2753 [2755]). Aus einer genuin deutschen Perspektive waren sie gleichwohl lange Zeit heftig umkämpft: Während die Arbeitgeberseite darin neue bürokratische Hürden ausmachte und gerade eine Gefahr für den Wirtschaftsstandort Deutschland heraufbeschwor (*Koll,* FS Wlotzke, 1996, 701 [705 f.]), wurden sie auf der anderen Seite als unabdingbare Voraussetzung für die systematische Wahrnehmung der Daueraufgabe Arbeitsschutz und für die Kontinuität der betrieblichen Arbeitsschutzpolitik angesehen (*Vogl* NJW 1996, 2753 [2755]). 55

Auch wenn erst die RL 89/391/EWG eine Pflicht zur Durchführung der Gefährdungsbeurteilung implementiert hat, war doch schon zuvor anerkannt, dass eine solche Beurteilung conditio sine qua non für einen effektiven betrieblichen Arbeitsschutz war, um das Gefährdungspotential zu erfassen und entsprechende Arbeitsschutzmaßnahmen zu ergreifen (*Vogl* NJW 1996, 2753 [2755]). Dessen ungeachtet darf die in Rede stehende Regelung in ihrer Bedeutung nicht unterschätzt werden, weil sie den zuvor bestehenden, fragmentarischen, dh nur für ganz bestimmte Gefahrenarten geltenden, Bestimmungen in den EU-Mitgliedstaaten ein Ende bereitete (vgl. *Koll,* FS Wlotzke, 1996, 701 [703]). 56

1. Durchführung der Gefährdungsbeurteilung. Der Gefährdungsbeurteilung kommt im europäischen Arbeitsschutzrecht eine **Schlüsselrolle** zu (MHdBArbR/*Kohte* § 289 Rn. 18). Zunächst setzt sie in einem ersten Schritt das **Erkennen bzw. Ermitteln etwaiger Gefahren** voraus, auch wenn dieser Aspekt in der RL 89/391/EWG nicht explizit angesprochen wird (*Koll,* FS Wlotzke, 1996, 701 [707]). Dabei bezieht sich die Gefährdungsbeurteilung dezidiert auf **alle Gefahren.** Ausnahmen von der Gefährdungsbeurteilungspflicht bestehen somit nicht (*Koll,* FS Wlotzke, 1996, 701 [706]). Dies folgt sowohl aus dem Wortlaut des Art. 6 III lit. a als auch aus den Erwägungsgründen (so auch EuGH 15.11.2001 – C-49/00 Rn. 12). Die in der Arbeitsschutz-Rahmenrichtlinie genannten Gefahrentypen („Auswahl von Arbeitsmitteln, chemischen Stoffen oder Zubereitungen" und „Gestaltung der Arbeitsplätze") sind folglich nur beispielhaft (anders früher die italienische Auffassung; dagegen EuGH 15.11.2001 – C-49/00 Rn. 1, 11). Die „Art der Tätigkeiten des Unternehmens bzw. Betriebs" ist ein Anhaltspunkt für **Art und Weise sowie Umfang** der Pflicht zur Gefährdungsbeurteilung (*Koll,* FS Wlotzke, 1996, 701 [706]). In einem zweiten Schritt sind die Gefahren zu beurteilen, ohne dass die RL 89/391/EWG insoweit Kriterien vorgibt. Gleichwohl herrscht Einigkeit, dass die **Eintrittswahrscheinlichkeit eines Schadens** sowie **Art und Umfang eines möglichen Schadens** relevant sind (*Koll,* FS Wlotzke, 1996, 701 [707]). Die Gefährdungsbeurteilung, die umso detaillierter sein muss, je komplexer die zugrunde liegende Gefahrenlage ist (*Koll,* FS Wlotzke, 1996, 701 [708]), ist sodann Grundlage für ggf. zu treffende **Maßnahmen zur Gefahrenverhütung** und für vom Arbeitgeber **angewendete Arbeits- und Produktionsverfahren.** 57

Diese Maßnahmen bzw. Verfahren müssen erforderlichenfalls einen höheren Grad an Sicherheit und Gesundheitsschutz der Arbeitnehmer mit sich bringen und unternehmensintern lückenlos implementiert werden.

58 Der EuGH hat in einem Vertragsverletzungsverfahren gegen die Italienische Republik deutlich gemacht, dass die vom Arbeitgeber zu beurteilenden Gefahren nicht ein für alle Mal festgelegt seien. Sie entwickelten sich vielmehr fortlaufend fort, und zwar nach Maßgabe der fortschreitenden Entwicklung der Arbeitsbedingungen und der wissenschaftlichen Untersuchungen über berufsbedingte Gefahren (EuGH 15.11.2001 – C-49/00 Rn. 13). Daraus folgt eine arbeitgeberseitige **Pflicht zur regelmäßigen Überprüfung** der Gefährdungsbeurteilung und **Anpassung der zu treffenden Maßnahmen** (MHdBArbR/*Kohte* § 289 Rn. 18).

59 **2. Dokumentation des Ergebnisses der Gefährdungsbeurteilung.** Gem. Art. 9 I muss der Arbeitgeber über „eine Evaluierung der am Arbeitsplatz bestehenden Gefahren für die Sicherheit und die Gesundheit auch hinsichtlich der besonders gefährdeten Arbeitnehmergruppen" verfügen. Was den **Zweck** dieser Dokumentationsplicht anbetrifft, soll sie die aktuelle betriebliche Arbeitsschutzsituation transparent machen (*Dötsch* AuA 1996, 329 [330]). Darüber hinaus ermöglicht sie dem Arbeitgeber die **Erfolgskontrolle** der getroffenen Maßnahmen und ist insofern ein Instrument zur Erfüllung der Anpassungspflicht aus Art. 6 I UAbs. 2 (→ Rn. 52; *Koll*, FS Wlotzke, 1996, 701 [710]). Gem. Art. 9 II legen die EU-Mitgliedstaaten insoweit die Pflichten der verschiedenen Unternehmenskategorien unter Berücksichtigung der Art. der Tätigkeiten und der Größe der Unternehmen fest. Damit wird den EU-Mitgliedstaaten insoweit ein **größerer Spielraum** eingeräumt (*Koll*, FS Wlotzke, 1996, 701 [706]). Eine umfassende Pflicht zur Dokumentation war in den EU-Mitgliedstaaten zuvor nicht bekannt (vgl. *Koll*, FS Wlotzke, 1996, 701 [704 f.]).

III. Mit Schutzmaßnahmen und Maßnahmen zur Gefahrenverhütung beauftragte Dienste

60 Der Arbeitgeber muss einen oder mehrere Arbeitnehmer benennen, die er mit Schutzmaßnahmen und Maßnahmen zur Verhütung berufsbedingter Gefahren beauftragt, Art. 7 I. Diesen Arbeitnehmern, bei denen es sich um Arbeitnehmervertreter mit einer besonderen Funktion iSd Art. 3 lit. c handelt (→ Rn. 41 ff.), dürfen in diesem Zusammenhang keine Nachteile entstehen. Wenn die innerbetrieblichen Möglichkeiten nicht ausreichen, müssen arbeitgeberseitig **außerbetriebliche Fachleute (Personen oder Dienste)** hinzugezogen werden, Art. 7 III. Der EuGH hat in einem Vertragsverletzungsverfahren gegen die Italienische Republik festgestellt, dass insoweit die bloße Möglichkeit, auf außerbetriebliche Personen oder Dienste zurückzugreifen, nicht genüge. Vielmehr müsse das nationale Recht eine entsprechende Verpflichtung vorsehen (EuGH 15.11.2001 – C-49/00 Rn. 1, 24 ff.). In einer weiteren Vertragsverletzungsklage gegen die Republik Österreich hat der EuGH entschieden, dass die Verpflichtung aus Art. 7 III subsidiär gegenüber der Pflicht aus Art. 7 I sei. Aus diesem Grund wohne Art. 7 eine **Rangfolge der Verpflichtungen** inne. Für diese Sichtweise spreche dem EuGH zufolge insbesondere auch die systematische Auslegung: In Art. 11 II lit. d ist nur von einer „etwaigen Hinzuziehung außerbetrieblicher Fachleute (Personen oder Dienste)" die Rede (zum Ganzen EuGH 6.4.2006 – C-428/04 Rn. 49–51; so auch EuGH 22.5.2003 – C-441/01). In der Tat entspricht der **Vorrang einer innerbetrieblichen Expertenorganisation** dem Leitbild der RL 89/391/EWG (MHdBArbR/*Kohte* § 289 Rn. 20).

61 In den EU-Mitgliedstaaten müssen die jeweiligen Umsetzungsakte der Rangfolge des Art. 7 entsprechen (EuGH 6.4.2006 – C-428/04 Rn. 52). Wegen Verstoßes hiergegen war die österreichische Umsetzung europarechtswidrig (EuGH 6.4.2006 – C-428/04 Rn. 54). In der Bundesrepublik Deutschland werden diese spezifischen Arbeitnehmerfunktionen insbesondere durch die Fachkräfte für Arbeitssicherheit (Sicherheitsingenieure, -techniker,

und -meister) iSd ASiG übernommen (Kollmer/Klindt/*Balze* Einl. B Rn. 95). Mit Blick auf die Regelung über die verantwortlichen Personen gem. Art. 13 ArbSchG im Allgemeinen und § 13 I Nr. 5 ArbSchG im Besonderen ist in Deutschland in der Tat eine richtlinienkonforme Auslegung angezeigt (so auch Kollmer/Klindt/*Balze* Einl. B Rn. 96).

Die Anforderungen an die benannten Arbeitnehmer bzw. die hinzugezogenen außerbetrieblichen Fachleute (Personen oder Dienste) sind in Art. 7 V statuiert. Gem. Art. 7 VIII UAbs. 1 legen die EU-Mitgliedstaaten fest, welche Fähigkeiten und Eignungen iSd Art. 7 V erforderlich sind. Die Erfüllung dieser Pflichten impliziert dem EuGH zufolge, dass Rechtsvorschriften erlassen werden, welche den Anforderungen der Arbeitsschutz-Rahmenrichtlinie genügen und den betroffenen Unternehmen mit geeigneten Mitteln zur Kenntnis gebracht werden. Demgegenüber genüge es nicht, dem Arbeitgeber die Verantwortung dafür zu übertragen, die erforderlichen Anforderungen in Bezug auf Fähigkeiten und Eignung selbst zu bestimmen (EuGH 15.11.2001 – C-49/00 Rn. 36 f.). **62**

IV. Erste Hilfe, Brandbekämpfung und Evakuierung der Arbeitnehmer, ernste und unmittelbare Gefahren

1. Erste Hilfe, Brandbekämpfung und Evakuierung der Arbeitnehmer. Art. 8 befasst sich mit Erster Hilfe, Brandbekämpfung, der Evakuierung der Arbeitnehmer sowie ernsten und unmittelbaren Gefahren und damit mit **spezifischen Gefahrenlagen** im Unternehmen bzw. Betrieb. Praktisch wichtig ist die Pflicht des Arbeitgebers, die mit Blick auf Erste Hilfe, Brandbekämpfung und die Evakuierung der Arbeitnehmer **erforderlichen Maßnahmen** zu treffen, wobei die Maßnahmen an der Art der Tätigkeiten und der Größe des Unternehmens auszurichten sind, Art. 8 I erster Gedankenstrich. Was die in Art. 8 II UAbs. 1 geregelte Benennung der Arbeitnehmer anbelangt, die für Erste Hilfe, Brandbekämpfung und Evakuierung der Arbeitnehmer zuständig sind, sollen die Art der Tätigkeiten und die Größe des Unternehmens bzw. Betriebs ausdrücklich keine Rolle spielen. Somit ist die Benennungspflicht insoweit nicht begrenzt (EuGH 6.4.2006 – C-428/04 Rn. 60 f.). Der Grund für diese Sichtweise liegt nicht nur im Wortlaut des Art. 8 II UAbs. 1; vielmehr wirkten sich die Besonderheiten kleiner und mittlerer Unternehmen dem EuGH zufolge nicht auf das dem Unternehmen immanente Gefahrenpotential aus (EuGH 6.4.2006 – C-428/04 Rn. 66). Die Größe bzw. die im betreffenden Unternehmen oder Betrieb bestehenden spezifischen Gefahren können sich indes gem. Art. 8 II UAbs. 2 auf die Bestimmung der Art der Ausbildung und der Zahl der benannten Arbeitnehmer sowie die ihnen zur Verfügung gestellte Ausrüstung auswirken (s. auch EuGH 6.4.2006 – C-428/04 Rn. 65). **63**

2. Ernste und unmittelbare Gefahren. Ein arbeitsschutzrechtliches Sonderrecht für ernste und unmittelbare Gefahren wurde in Art. 8 III, V aus der Taufe gehoben, ohne dass freilich die qualifizierten Gefahrbegriffe näher konkretisiert wurden. In § 9 II-III ArbSchG und damit dem deutschen Umsetzungsakt wird insoweit der Gefahrenbegriff der **unmittelbaren erheblichen Gefahr** verwendet. Mit dieser Qualifizierung des Gefahrbegriffs wird eine Sachlage bezeichnet, bei welcher des Eintritt eines Schadens sehr wahrscheinlich ist oder sein Eintritt nicht mehr abgewendet werden kann und der Schaden nach Art oder Umfang besonders schwer ist (BT-Drs. 13/3540, 18). Damit zeichnet sich diese spezifische Gefahr durch eine verwirklichungs- und rechtsgutbezogene Qualifikation aus (vgl. aus polizeirechtlicher Perspektive *Krugmann* NVwZ 2006, 152 [154]). Konkret muss der Arbeitgeber diverse **Vorkehrungen** für den Fall ernster und unmittelbarer Gefahren **treffen** (Art. 8 III) bzw. dafür Sorge tragen, dass jeder Arbeitnehmer in der in Rede stehenden Gefahrenlage die geeigneten Maßnahmen treffen kann, „um die Folgen einer solchen Gefahr zu vermeiden" (Art. 8 V; → Rn. 76). **64**

V. Informationspflichten iwS

65 **1. Grundlegung.** Der Stellenwert der Informationspflichten in der RL 89/391/EWG ist denkbar hoch. Er kommt schon darin zum Ausdruck, dass diesbezügliche Regelungen zum einen in Art. 10 und zum anderen in Art. 12 statuiert sind. Dabei regelt Art. 10 die **Unterrichtung der Arbeitnehmer,** wohingegen Art. 12 ihre **Unterweisung** zum Gegenstand hat. Ziel dieser genuinen und **auf Kooperation abzielenden** Arbeitgeberpflichten (s. MHdBArbR/*Kohte* § 289 Rn. 11) ist erstens die **Gefahrenverhütung** (vgl. Art. 1 II, 5 I, 6 I) und zweitens die Aktivierung der Arbeitnehmer zur eigenverantwortlichen Verbesserung des betrieblichen Arbeitsschutzes (*Dötsch* AuA 1996, 329 [330 f.]). Zu erinnern ist in diesem Zusammenhang an die Betonung der Bedeutung des innerbetrieblichen Informationsaustausches in den Erwägungsgründen der RL 89/391/EWG (→ Rn. 13). Die Statuierung umfassender Unterrichtungs- und Unterweisungspflichten ist Ausdruck des die Arbeitsschutz-Rahmenrichtlinie prägenden Prinzips eines präventiven Arbeitsschutzes (Kollmer/Klindt/*Balze* Einl. B Rn. 104).

66 Die **Unterrichtung** der Arbeitnehmer ist in Art. 10 geregelt. Aufgrund ihrer Stellung in der Arbeitsschutz-Rahmenrichtlinie kann sie als **allg. Unterrichtungspflicht** bezeichnet werden. Die Unterrichtung ist rechtsdogmatisch von der **Unterweisung** gem. Art. 12 zu unterscheiden. Im Unterschied zur Unterrichtung ist die Unterweisung eine Maßnahme, die zeitpunktbezogen ist, indem sie zB auf die Einstellung oder eine Versetzung abstellt. Dessen ungeachtet lassen sich Unterrichtung und Unterweisung nicht stets trennscharf auseinanderhalten, zumal beide Instrumente iW (Gefahren für) Sicherheit und Gesundheit (sschutz) zum Gegenstand haben.

67 Grundlegend für das Verständnis der Unterrichtung als Instrument des europäischen Arbeitsschutzrechts ist die Unterscheidung zwischen der **Unterrichtung der eigenen Arbeitnehmer** einerseits und der **Unterrichtung von Fremdarbeitnehmern** andererseits. Ausdruck findet diese Unterscheidung in den beiden ersten Absätzen des Art. 10. Während die Unterrichtung der eigenen Arbeitnehmer naturgemäß originäre Pflicht des Arbeitgebers ist, trifft ihn in Bezug auf Fremdarbeitnehmer nur eine Kontroll- und Überwachungspflicht in Bezug auf deren Unterrichtung durch deren jeweilige Arbeitgeber. Darüber hinaus werden spezifische Informationspflichten des Arbeitgebers gegenüber den Arbeitnehmern bzw. Arbeitnehmervertretern mit einer besonderen Funktion bei der Sicherheit und beim Gesundheitsschutz der Arbeitnehmer iSd Art. 3 lit. c statuiert (Art. 10 III).

68 **2. Informationspflichten im engeren Sinne. a) Informationspflichten gegenüber den eigenen Arbeitnehmern. aa) Unterrichtung.** Bei der Unterrichtung der Arbeitnehmer bzw. deren Vertreter muss der Arbeitgeber dafür Sorge tragen, dass die genannten Adressaten alle Informationen über „die Gefahren für Sicherheit und Gesundheit sowie die Schutzmaßnahmen und Maßnahmen zur Gefahrenverhütung" erhalten. Diese Informationen müssen auf die einzelnen Arten von Arbeitsplätzen bzw. Aufgabenbereichen zugeschnitten sein, Art. 10 I lit. a. Gegenstand der Unterrichtung sind gem. Art. 10 I lit. b zudem die Maßnahmen gem. Art. 8 II. Bei den insoweit ergriffenen Maßnahmen handelt es sich um die Benennung von Arbeitnehmern, die für Erste Hilfe, Brandbekämpfung und Evakuierung der Arbeitnehmer zuständig sind.

69 **bb) Unterweisung.** Die Unterweisung gem. Art. 12 verpflichtet den Arbeitgeber dazu, jedem Arbeitnehmer bei der Einstellung, einer Versetzung oder einer Veränderung seines Aufgabenbereichs, der Einführung oder Änderung von Arbeitsmitteln und der Einführung einer neuen Technologie ausreichende und angemessene Informationen und Anweisungen zukommen zu lassen, die sich auf Sicherheit und Gesundheitsschutz beziehen, Art. 12 I UAbs. 1. Wichtig ist, dass die Unterweisung auf Arbeitsplatz oder Aufgabenbereich zugeschnitten ist. Dass die Unterweisung kein statisches Element ist, wird durch die Pflicht zur **Anpassung** an die Entwicklung der Gefahrenmomente und an die Entstehung neuer

Gefahren einerseits und zur **regelmäßigen Wiederholung** andererseits verdeutlicht. Die Wiederholung der Unterweisung wird dabei unter den **Vorbehalt der Erforderlichkeit** gestellt, Art. 12 I UAbs. 2. Zu konkreten Zeitintervallen für wiederholende Unterweisungen verhält sich die RL 89/391/EWG hingegen nicht. Die Unterweisung darf nicht zu Lasten der Arbeitnehmer gehen, Art. 12 IV UAbs. 1.

b) Informationspflichten gegenüber spezifischen Personengruppen. IRd Art. 10 über die „Unterrichtung der Arbeitnehmer" trifft der Arbeitgeber die geeigneten Maßnahmen, damit die Arbeitnehmer(vertreter) mit einer besonderen Funktion bei der Sicherheit und beim Gesundheitsschutz der Arbeitnehmer iSd Art. 3 lit. c Zugang zu den in Art. 10 III lit. a-c genannten Dokumenten bzw. Informationen haben. Diese Informationspflicht betrifft etwa die Dokumentation der Gefährdungsbeurteilung (Art. 10 III lit. a iVm Art. 9 I lit. a) oder die Liste der Arbeitsunfälle, die einen Arbeitsausfall von mehr als drei Arbeitstagen für den Arbeitnehmer zur Folge hatten, (Art. 10 III lit. a iVm Art. 9 I lit. c). 70

Gem. Art. 11 II sollen die Arbeitnehmer bzw. die Arbeitnehmervertreter mit einer besonderen Funktion bei der Sicherheit und beim Gesundheitsschutz der Arbeitnehmer in ausgewogener Weise nach den nationalen Rechtsvorschriften bzw. Praktiken in den im Einzelnen genannten Sachverhalten beteiligt oder vom Arbeitgeber gehört werden. Die Umsetzung der Informationspflicht gem. Art. 11 II lit. c iVm Art. 10 I lit. a ist unzureichend, wenn in einer nationalen Regelung nacheinander Betriebsrat, Sicherheitsvertrauensperson und Arbeitnehmer allg. als Stellen benannt sind, die bei der Ermittlung und Beurteilung von Gefahren mitwirken müssen; denn in diesem Fall können die mit der Aufgabe gem. Art. 7 I betrauten Arbeitnehmer (→ Rn. 60) uU nicht an der in Art. 11 II lit. c vorgesehenen Informationsbeschaffung mitwirken (EuGH 6.4.2006 – C-428/04 Rn. 75). Was die Informationspflicht iSd Art. 11 II lit. c iVm Art. 10 II anbelangt, genügt eine nationale Bestimmung nicht, mit der die betriebsfremden Arbeitnehmer über die Gefahren für die Sicherheit und Gesundheit informiert werden. Erforderlich ist vielmehr die vorgeschaltete Pflicht zur Beteiligung und Anhörung der genannten Arbeitnehmer. Zudem zielt Art. 10 II darauf ab, die Arbeitgeber der betriebsfremden Arbeitnehmer zu informieren (und nicht die betriebsfremden Arbeitnehmer) (EuGH 6.4.2006 – C-428/04 Rn. 81). In Bezug auf die Informationspflicht gem. Art. 11 II lit. c iVm Art. 10 III lit. c genügt eine allg. Pflicht zur Information und Anhörung verschiedener Personen oder Einrichtungen, welche die Arbeitnehmer vertreten oder für Sicherheitsfragen verantwortlich sind, nicht den richtlinienrechtlichen Anforderungen (EuGH 6.4.2006 – C-428/04 Rn. 86). 71

Die Arbeitnehmervertreter mit einer besonderen Funktion bei der Sicherheit und beim Gesundheitsschutz der Arbeitnehmer haben gem. Art. 12 III **Anspruch auf eine angemessene Unterweisung.** Die Unterweisung darf nicht zu Lasten dieser Arbeitnehmervertreter gehen, Art. 12 IV UAbs. 1. 72

c) Informationspflichten gegenüber den Arbeitgebern von Fremdarbeitnehmern. Gem. Art. 10 II muss der Arbeitgeber die geeigneten Maßnahmen treffen, damit die Arbeitgeber von Fremdarbeitnehmern gem. den nationalen Rechtsvorschriften bzw. Praktiken angemessene Informationen über die in Art. 10 I lit. a-b genannten Punkte erhalten. Der Informationsfluss findet hier somit (horizontal) zwischen zwei Arbeitgebern statt. Eng verbunden damit ist die Koordinierungs- und wechselseitige Informationspflicht der Arbeitgeber gem. Art. 6 IV, wenn „an einem Arbeitsplatz Arbeitnehmer mehrerer Unternehmen anwesend sind". Die genannten Informationspflichten spielen insbesondere dann eine Rolle, wenn Beschäftigte verschiedener Arbeitgeber zeitlich oder örtlich gemeinsam tätig werden. In diesem Fall sind beide Arbeitgeber verpflichtet, sich und ihre Beschäftigten über die möglichen Gefahren zu unterrichten und die ergriffenen Schutzmaßnahmen abzustimmen (vgl. BT-Drs. 13/3540, 17). 73

3. Informationspflichten im weiteren Sinne. In Art. 12 II schließlich wird keine genuine Informationspflicht, sondern vielmehr eine **Anweisungskontrollpflicht** geregelt 74

(s. auch *Wilrich* DB 2009, 1294 [1297]). Danach muss sich der Arbeitgeber **vergewissern,** dass Fremdarbeitnehmer „angemessene Anweisungen hins. der Sicherheit- und Gesundheitsrisiken während ihrer Tätigkeit in seinem Unternehmen oder Betrieb erhalten haben." Dabei ist darauf hinzuweisen, dass Anweisungen von Unterweisungen zu unterscheiden sind: Unterweisungen sind umfangreicher gestaltet als Anweisungen (s. Kollmer/Klindt/ *A. W. Schack/P. Schack* § 8 Rn. 33). Im Übrigen können Anweisungen Bestandteil der Unterweisung gem. Art. 12 I sein. Unabhängig davon gehört die **Erteilung von Anweisungen** an die Arbeitnehmer zu den allg. Grundsätzen der Gefahrenverhütung gem. Art. 6 II lit. i.

E. Rechte und Pflichten der Arbeitnehmer und ihrer Vertreter

75 Neben den im Vordergrund stehenden Pflichten der Arbeitgeber regelt die RL 89/391/ EWG auch Rechte und Pflichten der Arbeitnehmer. Während die Rechte der Arbeitnehmer dabei nicht in einem separaten Abschnitt geregelt sind, befasst sich der Abschnitt III mit den „Pflichten des Arbeitnehmers" und bringt damit eine **moderne Arbeitsschutzkonzeption** zum Ausdruck (Kollmer/Klindt/*Balze* Einl. B Rn. 101). Im Ergebnis macht die RL 89/391/EWG den Arbeitnehmer „zu einer den Arbeitsschutz mittragenden Figur" (*Birk*, FS Wlotzke, 1996, 645 [665]). Was den Arbeitnehmerbegriff anbelangt, ist die Definition in Art. 3 lit. a maßgeblich (→ Rn. 37 f.).

I. Rechte der Arbeitnehmer und ihrer Vertreter

76 **1. Entfernungs- und Leistungsverweigerungsrecht sowie Recht zur Gefahrenabwehr.** In Art. 8 IV ist geregelt, dass einem Arbeitnehmer keine Nachteile entstehen dürfen, wenn er bei ernster, unmittelbarer und nicht vermeidbarer Gefahr seinen Arbeitsplatz bzw. einen gefährlichen Bereich verlässt. Erforderlich ist der Schutz gegen alle nachteiligen und ungerechtfertigten Folgen entsprechend den einzelstaatlichen Rechtsvorschriften bzw. Praktiken. Bei diesem Recht handelt es sich im Ergebnis um ein genuines **Entfernungsrecht,** das notwendigerweise mit einem **Leistungsverweigerungsrecht** einhergeht (*Dötsch* AuA 1996, 329 [331]; für ein Zurückbehaltungs- und Anzeigerecht Kollmer/Klindt/*Balze* Einl. B Rn. 102). Was die Umsetzung innerhalb der EU anbelangt, wird das Entfernungsrecht häufig schon dann eingeräumt, wenn der Arbeitnehmer **guten Glaubens** in Bezug auf die Gefahrenlage ist (*Birk*, FS Wlotzke, 1996, 645 [666]). Systematisch eng mit dem Entfernungsrecht verbunden ist das Recht zur Gefahrenabwehr aus Art. 8 V. Dieses Recht ist die Kehrseite der entsprechenden arbeitgeberseitigen Sorgetragungspflicht (→ Rn. 64).

77 **2. Anhörungs- und Vorschlagsrecht.** IRd Anhörung und Beteiligung der Arbeitnehmer bzw. ihrer Vertreter gem. Art. 11 I ist geregelt, dass den Arbeitnehmern bzw. ihren Vertretern das Recht zusteht, Vorschläge zu unterbreiten. Geregelt ist dieses Recht in Art. 11 I zweiter Gedankenstrich. Vor diesem Hintergrund kann es iRd vom Arbeitgeber durchzuführenden Anhörung in Bezug auf alle Fragen der Sicherheit und Gesundheit ausgeübt werden. Ergänzend zur Anhörung der Arbeitnehmer bzw. ihrer Vertreter iSd Art. 11 I sind sie auch gem. Art. 6 III lit. c „bei der Planung und Einführung neuer Technologien" zu arbeitsschutzrechtlich bedeutsamen Auswirkungen zu hören. Aufgrund des in der insoweit etablierten **Dualismus** sind die Arbeitnehmerrechte aus Art. 11 I von jenen Rechten gem. Art. 11 II zu unterscheiden, welche den Arbeitnehmervertretern mit einer besonderen Funktion bei der Sicherheit und beim Gesundheitsschutz der Arbeitnehmer zukommt (MHdBArbR/*Kohte* § 289 Rn. 22; → Rn. 71). Im Übrigen steht auch diesen Arbeitnehmervertretern iSd Art. 3 lit. c ein genuines **Vorschlagsrecht** zu, Art. 11 III.

3. Beschwerderecht. Gem. Art. 11 VI haben die Arbeitnehmer bzw. ihre Vertreter das 78
Recht, sich in einem näher bestimmten Szenario gem. den nationalen Rechtsvorschriften
bzw. Praktiken an die für die Sicherheit und den Gesundheitsschutz am Arbeitsplatz
zuständige Behörde zu wenden. Hiermit wird ein originäres Beschwerderecht aus der Taufe
gehoben (*Dötsch* AuA 1996, 329 [331]). Eine Einschränkung dieses Rechts zB durch eine
Kopplung an eine konkrete Gefahrensituation ist unzulässig (MHdBArb/*Kohte* § 289
Rn. 23).

Mit Blick auf die deutsche Umsetzung in § 17 II ArbSchG ist darauf aufmerksam zu 79
machen, dass die Beschäftigten nur dann das Beschwerderecht geltend machen können,
wenn sie ihre Sichtweise auf konkrete Anhaltspunkte stützen können. Zudem darf der
Arbeitgeber der Beschwerde zuvor nicht abgeholfen haben, § 17 II 1 ArbSchG. Mit diesen
Beschränkungen geht keine europarechtswidrige Umsetzung einher, weil in der Arbeitsschutz-Rahmenrichtlinie dezidiert auf die nationalen Rechtsvorschriften und Praktiken
verwiesen wird (*Dötsch* AuA 1996, 329 [331]; s. zur Umsetzung in der EU auch *Birk*, FS
Wlotzke, 1996, 645 [666]).

4. Untersuchungsrecht. Schließlich ist auf das Untersuchungsrecht der Arbeitnehmer 80
hinzuweisen. Es folgt aus Art. 14 II, wonach jeder Arbeitnehmer das Recht hat, „sich auf
Wunsch einer regelmäßigen präventivmedizinischen Überwachung" zu unterziehen. Damit
wird das Leitbild der **aktiven Rolle der Beschäftigten** aus der Taufe gehoben
(MHdBArb/*Kohte* § 289 Rn. 24). Hervorzuheben ist, dass sich das Recht der Arbeitnehmer
auf medizinische Behandlung nicht auf bestimmte, ggf. besonders gefährdete Arbeitnehmergruppen beschränkt, sondern ausnahmslose Geltung beansprucht. Aufgrund der Verknüpfung mit Art. 14 I kann das Recht national auch ausgeschlossen sein, wenn und soweit gar
keine Gefahren für die Sicherheit und Gesundheit der Arbeitnehmer am Arbeitsplatz
bestehen; denn die Maßnahmen gem. Art. 14 I sind abhängig von den existierenden
Gefahren (s. auch *Dötsch* AuA 1996, 329 [331]).

II. Pflichten der Arbeitnehmer

1. Zweck und Rechtsnatur. Abschnitt III der Arbeitsschutz-Rahmenrichtlinie regelt 81
die **Pflichten der Arbeitnehmer** in Art. 13. In den beiden Absätzen dieses Art. wird
allerdings eine Vielzahl von Pflichten statuiert. Art. 13 ist somit **kein bloßer und im
Ergebnis unverbindlicher Programmsatz.** Indem der Arbeitnehmer nicht nur Schutzobjekt der RL 89/391/EWG, sondern selbst Adressat genuiner Rechtspflichten ist, anerkennt der Richtliniengeber zum einen die Bedeutung, die dem **rechtlich aktivierten
Selbstschutz** der Arbeitnehmer für die Zielerreichung, das ist die Verbesserung der Sicherheit und des Gesundheitsschutzes der Arbeitnehmer am Arbeitsplatz, zukommt. Bei der
Aktivierung des Selbstschutzes hat es in Art. 13 indes nicht sein Bewenden: Zum anderen
wird berücksichtigt, dass wirksamer Arbeitnehmerschutz auch vom Verhalten der übrigen
Arbeitnehmer abhängt bzw. abhängen kann. Den Pflichten der Arbeitnehmer kommt somit
eine weitere Dimension zu, die auf die Verbesserung der Arbeitsumwelt für die Arbeitskollegen zielt. Vor diesem Hintergrund besteht der **Zweck des Abschnitts III** der RL 89/
391/EWG auch darin, die Arbeitnehmer dafür zu sensibilisieren, dass Sicherheit und
Gesundheitsschutz am Arbeitsplatz nur verbessert werden können, wenn sie selbst aktiv
einen Beitrag zur Erreichung dieses Ziels leisten. Die Inpflichtnahme der Arbeitnehmer ist
folglich ein elementarer Baustein in der europäischen Architektur des Arbeitsschutzrechts.
Umgekehrt vertraut die RL 89/391/EWG im Hinblick auf das selbst gesetzte Ziel, die
Verbesserung der Arbeitsumwelt zu fördern, nicht allein darauf, dass die Arbeitgeber die
ihnen auferlegten arbeitsschutzrechtlichen Pflichten erfüllen. Damit liegt der RL 89/391/
EWG ein Konzept zugrunde, wonach die Verbesserung der Arbeitsumwelt nur durch
gemeinsame Anstrengungen von Arbeitgebern wie Arbeitnehmern bewerkstelligt werden
kann. Dessen ungeachtet besteht kein Zweifel, dass die RL 89/391/EWG schwerpunkt-

mäßig die Arbeitgeber in die Verantwortung nimmt (vgl. Abschnitt II der Arbeitsschutz-Rahmenrichtlinie).

82   **2. Allg. Unterstützungspflicht.** Die allg. gehaltene Regelung in Art. 13 I ist zwar an jeden Arbeitnehmer adressiert, bezieht sich aber gleichwohl nicht nur auf seinen Schutz. Wer Arbeitnehmer ist, muss neben seiner eigenen Sicherheit und Gesundheit auch „für die Sicherheit und die Gesundheit derjenigen Personen Sorge" tragen, „die von seinen Handlungen oder Unterlassungen bei der Arbeit betroffen sind". Bei den genannten Personen wird es sich regelmäßig um Arbeitnehmer iSd Art. 3 lit. a handeln, welche denselben Arbeitgeber wie der angesprochene Arbeitnehmer haben. Daneben können Fremdarbeitnehmer, die iRv Werk- oder Dienstverträgen in derselben Arbeitsstätte tätig werden, oder Leiharbeitnehmer den Handlungen oder Unterlassungen jedes Arbeitnehmers ausgesetzt sein. Schließlich ist auch der Arbeitgeber selbst Schutzobjekt des Art. 13 I, wenn und soweit seine Sicherheit und Gesundheit in concreto von Arbeitnehmern beeinflusst werden können.

83   Besonders betont werden in Art. 13 I **Unterweisungen und Anweisungen.** Damit wird auch bei den Pflichten des Arbeitnehmers – jedenfalls mittelbar – die maßgebliche Rolle des Arbeitgebers für die Gewährleistung des Arbeitsschutzes anerkannt; denn dieser hält mit den beiden genannten Mitteln Steuerungsinstrumente von erheblicher Bedeutung in Händen. Der Inhalt von Unterweisungen und Anweisungen des Arbeitsgebers soll dezidiert Richtschnur für jenes Verhalten der Arbeitnehmer sein, das sich auf den Eigenschutz wie den Schutz anderer Arbeitnehmer auswirkt.

84   Bedeutsam ist der arbeitsschutzrechtliche **Sorgfaltsmaßstab,** den die statuiert und der von den Arbeitnehmern innerhalb der EU zu beachten ist. Danach verlangt die Arbeitsschutz-Rahmenrichtlinie das **Ausschöpfen der eigenen Möglichkeiten.** Im Unterschied zum in der Rechtsordnung zum Teil relevanten objektiven Maßstab des Menschenmöglichen statuiert die RL 89/391/EWG einen **subjektiven Maßstab,** der auf die Fähigkeiten des jeweiligen Arbeitnehmers Rücksicht nimmt. Diese Konzeption ist insofern sachgerecht, als arbeitsschutzrechtlich nicht mehr an Sorgfalt verlangt werden kann als jeder Arbeitnehmer zu leisten imstande ist.

85   **3. Besondere Unterstützungspflichten.** In § 13 II existiert ein Katalog genuiner Arbeitnehmerpflichten iSv **Einzelpflichten.** Aufgrund der Verwendung des Wortes „insbesondere" handelt es sich um eine **nicht-abschließende Aufzählung.** Weitere Pflichten der Arbeitnehmer existieren immer dann, wenn und soweit sie der Verwirklichung der Ziele aus Art. 13 I dienen. Insgesamt sind in Art. 13 II sechs Pflichten niedergelegt, denen eo ipso Bedeutung für die Förderung der Verbesserung des Arbeitsschutzes beigemessen wird.

86   Praktisch besonders wichtig sind die Pflichten der Arbeitnehmer aus Art. 13 II lit. a-b: Danach müssen Arbeitnehmer **Arbeitsmittel** wie namentlich Maschinen, Geräte, Werkzeuge, gefährliche Stoffe, Transportmittel und sonstige Mittel **ordnungsgemäß benutzen** (Buchst. a) sowie die ihnen zur Verfügung gestellte **persönliche Schutzausrüstung (PSA) ordnungsgemäß benutzen** und sie nach Benutzung an dem dafür vorgesehenen Platz **lagern** (Buchst. b). Was die ordnungsgemäße Benutzung der Arbeitsmittel anbelangt, ist nichts gegen eine nationale Bestimmung zu erinnern, wonach zwischen den verschiedenen Gefahrenquellen unterschieden wird. Dies gelte insbesondere für gesonderte Bestimmungen in Bezug auf gefährliche Stoffe neben den übrigen Arbeitsmitteln (EuGH 6.4.2006 – C-428/04 Rn. 100, 103). In Bezug auf die Benutzung von PSA bedarf es im nationalen Recht einer Bestimmung auch zur Lagerung. Diese Verpflichtung gelte jedenfalls dann, wenn eine gemeinsame Nutzung von PSA durch mehrere Arbeitnehmer zulässig ist (EuGH 6.4.2006 – C-428/04 Rn. 105 f.). In diesen Kontext gehört auch die Pflicht zum **ordnungsgemäßen Umgang mit Schutzvorrichtungen** zB von Maschinen, Art. 13 II lit. c. Daneben gibt es **Melde-** (Art. 13 II lit. d) und **Kooperationspflichten** (Art. 13 II lit. e-f; zur Systematisierung Kollmer/Klindt/*Balze* Einl. B Rn. 101).

F. Sonstige Bestimmungen

I. Präventivmedizinische Überwachung

Deutlich zum Vorschein kommt der arbeitsschutzrechtliche **Vorsorgegedanke** in Art. 14, indem dort der Rahmen für ein System präventivmedizinischer Überwachung in den Betrieben geregelt wird. Dieses System ermöglicht jedem Arbeitnehmer, sich auf seinen Wunsch einer regelmäßigen präventivmedizinischen Überwachung zu unterziehen (→ Rn. 80). Aufgrund der Ausgestaltung der präventivmedizinischen Überwachung als Arbeitnehmerrecht können **arbeitsmedizinisch begründete Beschäftigungsverbote** nicht auf Art. 14 gestützt werden (MHdBArbR/*Kohte* § 289 Rn. 24). Die präventivmedizinische Untersuchung wird zum Teil in den Einzelrichtlinien iSd Art. 16 I (→ Rn. 93 ff.) konkretisiert (→ Rn. 114 f.). 87

II. Risikogruppen

Die besonders gefährdeten Risikogruppen in den Betrieben sind gegen die „speziell sie bedrohenden Gefahren" zu schützen. Diese Mindestvorschrift in Art. 15 führt vor Augen, dass es wirksamer Arbeitsschutz innerhalb der EU nicht dabei bewenden lassen darf, nur typische Sachverhalte in den Fokus des Interesses zu rücken. Fundamental wichtig ist daneben auch die Gewährleistung von Sicherheit und Gesundheitsschutz in atypischen (Ausnahme-)Situationen bzw. Sonderkonstellationen. Dabei liegt auf der Hand, dass besonders gefährdete Risikogruppen wie zB Jugendliche oder schwangere Arbeitnehmerinnen einen besonderen Schutz am Arbeitsplatz benötigen. Gleichwohl ist die Vorgabe in Art. 15 angesichts des Rahmencharakters der Arbeitsschutz-Rahmenrichtlinie bemerkenswert. Rechtssystematisch rechnet Art. 15 zum **sozialen Arbeitsschutz.** Im Unterschied zum genuin technischen (betrieblichen) Arbeitsschutzrecht (→ Rn. 10) verfolgt das soziale Arbeitsschutzrecht neben dem Arbeitszeitschutz das Ziel, bestimmte Personengruppen vor spezifischen Gefahren zu schützen (Kollmer/Klindt/*Butz* § 17 Rn. 107 f.). Der Schutz besonders gefährdeter Gruppen ist ein Anliegen vor allem in den **Einzelrichtlinien** (→ Rn. 116). 88

1. Jugendarbeitsschutz-RL. Konkretisiert wird der Schutz besonders gefährdeter Risikogruppen in der Jugendarbeitsschutz-Richtlinie (→ Rn. 6). In den Erwägungsgründen zur RL 94/33/EG wird Bezug auf Art. 15 genommen und darauf hingewiesen, dass Kinder und Jugendliche als Gruppen mit besonderen Risiken betrachtet werden müssen. Aus diesem Grund besteht die Notwendigkeit, Maßnahmen für ihre Sicherheit und ihren Gesundheitsschutz zu treffen. Vor diesem Hintergrund kommt Art. 1 RL 94/33/EG fundamentale Bedeutung für den Jugendarbeitsschutz zu: Danach treffen die EU-Mitgliedstaaten nicht nur die erforderlichen Maßnahmen, um die **Kinderarbeit zu verbieten** (Art. 1 I RL 94/33/EG), sondern sie tragen auch dafür Sorge, dass die **Arbeit Jugendlicher** unter den in der RL 94/33/EG vorgesehenen Bedingungen **streng geregelt und geschützt wird** (Art. 1 II RL 94/33/EG; RL 94/33/EG). 89

2. Mutterschutzrichtlinie. Der Mutterschutzrichtlinie (→ Rn. 6) wohnt ebenfalls eine Dimension zum Schutz besonders gefährdeter Risikogruppen inne. Neben der Jugendarbeitsschutz-Richtlinie (→ Rn. 6, 89) zählt sie zu den wichtigsten europäischen Rechtsakten zum Schutz der Arbeitnehmer wegen persönlicher Umstände. In den Erwägungsgründen zur RL 92/85/EWG werden schwangere Arbeitnehmerinnen, Wöchnerinnen und stillende Arbeitnehmerinnen in mehreren Hinsichten als Gruppe mit besonderen Risiken betrachtet, welche des Schutzes durch spezifische Maßnahmen für ihre Sicherheit und ihren Gesundheitsschutz bedürfen (RL 92/85/EWG). 90

III. Durchführungsberichte

91 Gem. Art. 17a (zur Entstehung → Rn. 15) sind die EU-Mitgliedstaaten verpflichtet, der Europäischen Kommission im 5-Jahres-Turnus einen wertenden **Gesamtbericht über die praktische Durchführung** der RL 89/391/EWG zur Verfügung zu stellen. Gegenstand des Gesamtberichts sollen gem. Art. 17a I dezidert auch die Einzelrichtlinien iSd Art. 16 (→ Rn. 93 ff.) sein. Was die Struktur der Gesamtberichte anbelangt, zeichnet die **Kommission** zusammen mit dem **Beratenden Ausschuss für Sicherheit und Gesundheit am Arbeitsplatz** verantwortlich. Dabei ist vorgegeben, dass die Gesamtberichte aus einem allg. Teil und daran anschließenden speziellen Kapiteln bestehen sollen, Art. 17a II UAbs. 2–3. Der allg. Teil zielt auf jene gemeinsamen Grundsätze und Punkte ab, die für Rahmen- wie Einzelrichtlinien gleichermaßen Geltung beanspruchen. Entsprechend befassen sich die speziellen Kapitel mit der Durchführung der besonderen Aspekte der Einzelrichtlinien.

92 Die Gesamtberichte der EU-Mitgliedstaaten dienen wiederum der Europäischen Kommission als Grundlage für eine gem. Art. 17a IV 1 durchzuführende **Gesamtbewertung** in Bezug auf die betreffenden Richtlinien. Die von der Kommission erzielten Bewertungsergebnisse sind binnen drei Jahren dem Europäischen Parlament, dem Rat, dem Europäischen Wirtschafts- und Sozialausschuss sowie dem Beratenden Ausschuss für Sicherheit und Gesundheit am Arbeitsplatz zu übermitteln. Dabei beginnt die 3-Jahres-Frist nach Ablauf des jeweiligen 5-Jahres-Zeitraums, wobei der erste 5-Jahres-Zeitraum von 2007 bis 2012 dauert, Art. 17a V. Die Gesamtbewertung der Kommission soll sich insbesondere mit der Relevanz der Richtlinien bzw. ihrer Durchführung befassen und dabei auch auf Forschungsergebnisse und neue wissenschaftliche Erkenntnisse eingehen.

G. Einzelrichtlinien

I. Einzelrichtlinien iSd Art. 16

93 Die praktisch wichtigen arbeitsschutzrechtlichen **Einzelrichtlinien** mit ihren fachspezifischen Regelungsinhalten stehen in engem Zusammenhang mit Art. 16 I. Danach erlässt der (Minister-)Rat auf Vorschlag der Europäischen Kommission Einzelrichtlinien. Diese Einzelrichtlinien beziehen sich insbesondere, jedoch nicht ausschließlich auf die im Anhang zur RL 89/391/EWG genannten Bereiche, zu denen (1) Arbeitsstätten, (2) Arbeitsmittel, (3) persönliche Schutzausrüstungen, (4) Arbeiten mit Bildschirmgeräten, (5) die Handhabung schwerer Lasten, die Gefährdungen der Lendenwirbelsäule mit sich bringen, (6) Baustellen und Wanderbaustellen und schließlich (7) Fischerei und Landwirtschaft rechnen. Zusammen mit der RL 89/391/EWG bilden die Einzelrichtlinien „ein ‚corpus Europaeicum' des Arbeitsschutzes" (*Birk*, FS Wlotzke, 1996, 645 [645]). Mit Blick auf die Anwendung der Einzelrichtlinien ist zu beachten, dass sie im Lichte der RL 89/391/EWG und damit des allg. Teils des europäischen Arbeitsschutzrechts auszulegen sind (MHdBArb/*Kohte* § 289 Rn. 28).

II. Übersicht zu den 19 Einzelrichtlinien und zu den nationalen Umsetzungsakten

94 **1. 19 Einzelrichtlinien.** Auf europäischer Ebene wurden bis dato die folgenden **19 Einzelrichtlinien** erlassen:

– RL 89/654/EWG v. 30.11.1989 über Mindestvorschriften für Sicherheit und Gesundheitsschutz in Arbeitsstätten (Erste Einzelrichtlinie; ABl. 1989 L 393, 1)
– RL 2009/104/EG (→ Rn. 11); vorangehend RL 89/655/EWG v. 30.11.1989 über Mindestvorschriften für Sicherheit und Gesundheitsschutz bei Benutzung von Arbeitsmitteln der Arbeitnehmer bei der Arbeit (Zweite Einzelrichtlinie; ABl. 1989 L 393, 13)

- RL 89/656/EWG v. 30.11.1989 über Mindestvorschriften für Sicherheit und Gesundheitsschutz bei Benutzung persönlicher Schutzausrüstungen der Arbeitnehmer bei der Arbeit (Dritte Einzelrichtlinie; ABl. 1989 L 393, 18)
- RL 90/269/EWG v. 29.5.1990 über Mindestvorschriften bezüglich der Sicherheit und des Gesundheitsschutzes bei der manuellen Handhabung von Lasten, die für die Arbeitnehmer insbesondere eine Gefährdung der Lendenwirbelsäule mit sich bringt (Vierte Einzelrichtlinie; ABl. 1990 L 156, 9)
- RL 90/270/EWG v. 29.5.1990 über die Mindestvorschriften bezüglich der Sicherheit und des Gesundheitsschutzes bei der Arbeit an Bildschirmgeräten (Fünfte Einzelrichtlinie; ABl. 1990 L 156, 14)
- RL 2004/37/EG (→ Rn. 8); vorangehend RL 90/39/EWG v. 28.6.1990 über den Schutz der Arbeitnehmer gegen Gefährdung der Karzinogene bei der Arbeit (Sechste Einzelrichtlinie; ABl. 1990 L 196, 1)
- RL 2000/54/EG v. 18.9.2000 über den Schutz der Arbeitnehmer gegen Gefährdung durch biologische Arbeitsstoffe bei der Arbeit (Siebte Einzelrichtlinie; ABl. 2000 L 262, 21); vorangehend RL 90/679/EWG v. 26.11.1990 über den Schutz der Arbeitnehmer gegen Gefährdung durch biologische Arbeitsstoffe bei der Arbeit (ABl. 1990 L 374, 1)
- RL 92/57/EWG v. 24.6.1992 über die auf zeitlich begrenzte oder ortsveränderliche Baustellen anzuwendenden Mindestvorschriften für die Sicherheit und den Gesundheitsschutz (Achte Einzelrichtlinie; ABl. 1992 L 245, 6)
- RL 92/58/EWG v. 24.6.1992 über Mindestvorschriften für die Sicherheits- und/oder Gesundheitsschutzkennzeichnung am Arbeitsplatz (Neunte Einzelrichtlinie; ABl. 1992 L 245, 23)
- RL 92/85/EWG (→ Rn. 6; RL 92/85/EWG)
- RL 92/91/EWG v. 3.11.1992 über Mindestvorschriften zur Verbesserung der Sicherheit und des Gesundheitsschutzes der Arbeitnehmer in den Betrieben, in denen durch Bohrungen Mineralien gewonnen werden (Elfte Einzelrichtlinie; ABl. 1992 L 348, 9)
- RL 92/104/EWG v. 3.12.1992 über Mindestvorschriften zur Verbesserung der Sicherheit und des Gesundheitsschutzes der Arbeitnehmer in übertägigen oder untertägigen mineralgewinnenden Betrieben (Zwölfte Einzelrichtlinie; ABl. 1992 L 404, 10)
- RL 93/103/EG v. 23.11.1993 über Mindestvorschriften für Sicherheit und Gesundheitsschutz bei der Arbeit an Bord von Fischereifahrzeugen (13. Einzelrichtlinie; ABl. 1993 L 307, 1)
- RL 98/24/EG (→ Rn. 8) mit RL 2000/39/EG v. 8.6.2000 zur Festlegung einer ersten Liste von Arbeitsplatz-Richtgrenzwerten in Durchführung der RL 98/24/EG des Rates zum Schutz von Gesundheit und Sicherheit der Arbeitnehmer vor der Gefährdung durch chemische Arbeitsstoffe bei der Arbeit (ABl. 2000 L 142, 47) und RL 2006/15/EG v. 7.2.2006 zur Festlegung einer zweiten Liste von Arbeitsplatz-Richtgrenzwerten in Durchführung der RL 98/24/EG des Rates und zur Änderung der RL 91/322/EWG und RL 2000/39/EG (ABl. 2006 L 38, 36)
- RL 1999/92/EG (→ Rn. 8)
- RL 2002/44/EG v. 25.6.2002 über Mindestvorschriften zum Schutz von Sicherheit und Gesundheit der Arbeitnehmer vor der Gefährdung durch physikalische Einwirkungen (Vibrationen; 16. Einzelrichtlinie; ABl. 2002 L 177, 13)
- RL 2003/10/EG v. 6.2.2003 über Mindestvorschriften zum Schutz von Sicherheit und Gesundheitsschutz der Arbeitnehmer vor der Gefährdung durch physikalische Einwirkungen (Lärm; 17. Einzelrichtlinie; ABl. 2003 L 42, 38)
- RL 2006/25/EG v. 5.4.2006 über Mindestvorschriften zum Schutz von Sicherheit und Gesundheit der Arbeitnehmer vor der Gefährdung durch physikalische Einwirkungen (künstliche optische Strahlung; 19. Einzelrichtlinie; ABl. 2006 L 114, 38)
- RL 2013/35/EU v. 26.6.2013 über Mindestvorschriften zum Schutz von Sicherheit und Gesundheit der Arbeitnehmer vor der Gefährdung durch physikalische Einwirkungen (elektromagnetische Felder; 20. Einzelrichtlinie; ABl. 2013 L 179/1); vorangehend

RL 2004/40/EG v. 29.4.2004 über Mindestvorschriften zum Schutz von Sicherheit und Gesundheit der Arbeitnehmer vor der Gefährdung durch physikalische Einwirkungen (elektromagnetische Felder; 18. Einzelrichtlinie; ABl. 2004 L 159, 1)

95 **2. Umsetzung in der Bundesrepublik Deutschland.** Das typische Instrument in der Bundesrepublik Deutschland zur Umsetzung der Einzelrichtlinien iSd Art. 16 I in nationales Recht ist die Verordnung zum Arbeitsschutzgesetz (*Kollmer* NZA 1997, 138). Vehikel für die Umsetzung europäischer Rechtsakte ist dabei Art. 19 ArbSchG. Im Folgenden werden jeweils die zentralen nationalen Umsetzungsakte für die Einzelrichtlinien benannt. Im Hinblick auf die 20. Einzelrichtlinie liegt derzeit noch kein nationaler Umsetzungsakt vor.

– VO über Arbeitsstätten (Arbeitsstättenverordnung – ArbStättV) v. 12.8.2004 (BGBl. I 2179) zur Umsetzung der Ersten Einzelrichtlinie
– VO über Sicherheit und Gesundheitsschutz bei der Verwendung von Arbeitsmitteln (Betriebssicherheitsverordnung – BetrSichV) v. 3.2.2015 (BGBl. I 49) und ABBergV (→ Rn. 17) zur Umsetzung der Zweiten Einzelrichtlinie
– VO über Sicherheit und Gesundheitsschutz bei der Benutzung persönlicher Schutzausrüstungen bei der Arbeit (PSA-Benutzungsverordnung – PSA-BV) v. 4.12.1996 (BGBl. I 1841) und ABBergV (→ Rn. 17) zur Umsetzung der Dritten Einzelrichtlinie
– VO über Sicherheit und Gesundheitsschutz bei der manuellen Handhabung von Lasten bei der Arbeit (Lastenhandhabungsverordnung – LasthandhabV) v. 4.12.1996 (BGBl. I 1841) zur Umsetzung der Vierten Einzelrichtlinie
– VO über Sicherheit und Gesundheitsschutz bei der Arbeit an Bildschirmgeräten (Bildschirmarbeitsverordnung – BildscharbV) v. 4.12.1996 (BGBl. I 1841) zur Umsetzung der Fünften Einzelrichtlinie
– GefStoffV (→ Rn. 8) zur Umsetzung der Sechsten Einzelrichtlinie
– VO über Sicherheit und Gesundheitsschutz bei Tätigkeiten mit Biologischen Arbeitsstoffen (Biostoffverordnung – BioStoffV) v. 15.7.2013 (BGBl. I 2514) zur Umsetzung der Siebten Einzelrichtlinie
– VO über Sicherheit und Gesundheitsschutz auf Baustellen (Baustellenverordnung – BaustellV) v. 10.6.1998 (BGBl. I 1283) zur Umsetzung der Achten Einzelrichtlinie
– ArbStättV (s. bei der Ersten Einzelrichtlinie) iVm ASR A1.3 (Stand: Februar 2013) und ABBergV (→ Rn. 17) zur Umsetzung der Neunten Einzelrichtlinie
– Gesetz zum Schutze der erwerbstätigen Mutter (Mutterschutzgesetz – MuSchG) v. 20.6.2002 (BGBl. I 2318) und VO zum Schutz der Mütter am Arbeitsplatz v. 15.4.1997 (BGBl. I 782) zur Umsetzung der Zehnten Einzelrichtlinie
– ABBergV (→ Rn. 17) zur Umsetzung der Elften Einzelrichtlinie
– ABBergV (→ Rn. 17) zur Umsetzung der Zwölften Einzelrichtlinie
– Seearbeitsgesetz (SeeArbG) v. 20.4.2013 (BGBl. I 868) und VO über die Unterkünfte und Freizeiteinrichtungen der Besatzungsmitglieder an Bord von Kauffahrteischiffen (See-Unterkunftsverordnung – SeeUnterkunftsV) v. 25.7.2013 zur Umsetzung der 13. Einzelrichtlinie
– GefStoffV (→ Rn. 8) zur Umsetzung der 14. Einzelrichtlinie
– GefStoffV (→ Rn. 8) und BetrSichV (s. bei der Zweiten Einzelrichtlinie) zur Umsetzung der 15. Einzelrichtlinie
– VO zum Schutz der Beschäftigten vor Gefährdungen durch Lärm und Vibrationen (Lärm- und Vibrations-Arbeitsschutzverordnung – LärmVibrationsArbSchV) v. 6.3.2007 (BGBl. I 261) zur Umsetzung der 16. und 17. Einzelrichtlinie
– VO zum Schutz der Beschäftigten vor Gefährdungen durch künstliche optische Strahlung (Arbeitsschutzverordnung zu künstlicher optischer Strahlung – OStrV) v. 19.7.2010 (BGBl. I 960) zur Umsetzung der 19. Einzelrichtlinie und ArbMedVV (→ Rn. 17)

III. Allgemeine Lehren

Im Folgenden sollen jene Aspekte vor die Klammer gezogen werden, welchen innerhalb 96
der 19 Einzelrichtlinien eine übergeordnete Bedeutung zukommt. Auf die Besonderheiten
der Einzelrichtlinien soll sodann im nachfolgenden Abschnitt eingegangen werden. Die allg.
Lehren befassen sich mit der Rechtsgrundlage (dazu 1.), den zugrunde liegenden Motiven
(dazu 2.-5.), mit Änderungen (dazu 6.) und Entsprechungstabellen (dazu 7.), dem sachlichen und örtlichen Anwendungsbereich (dazu. 8.), der Gefährdungsbeurteilungs- und
Dokumentationspflicht (dazu 9.), der Unterrichtung und Unterweisung der Arbeitnehmer
(dazu 10.), der Anhörung und Beteiligung der Arbeitnehmer (dazu 11.), der Gesundheitsüberwachung (dazu 12.) und Risikogruppen (dazu 13.).

1. Primärrechtliche Rechtsgrundlage. Zunächst wurden die Einzelrichtlinien auf die 97
Rechtsgrundlage gem. Art. 118a EWGV (→ Rn. 2) gestützt. Diese Rechtsgrundlage führte
zum Erlass der ersten drei Einzelrichtlinien RL 89/654/EWG, RL 89/655/EWG und
RL 89/656/EWG bis hin zur RL 98/24/EG und damit bis zur 14. Einzelrichtlinie (vgl.
jeweils die Erwägungsgründe). Mit dem Erlass der 15. Einzelrichtlinie (RL 1999/92/EG)
Ende des Jahres 1999 diente Art. 137 I lit. a, II EGV als Rechtsgrundlage für den Erlass der
Einzelrichtlinien bis hin zur 19. Einzelrichtlinie (RL 2006/25/EG). Den genannten
Rechtsgrundlagen entspricht de lege lata Art. 153 I lit. a, II AEUV. Auf diese Rechtsgrundlage wurde im Jahr 2013 die 20. Einzelrichtlinie (RL 2013/35/EU) gestützt.

2. Zweites Aktionsprogramm der Europäischen Gemeinschaften für Sicherheit 98
und Gesundheitsschutz am Arbeitsplatz v. 27.2.1984. Zwei Einzelrichtlinien lassen
sich bereits auf die Entschließung des Rates v. 27.2.1984 über ein zweites Aktionsprogramm der Europäischen Gemeinschaften für Sicherheit und Gesundheitsschutz am Arbeitsplatz zurückführen (vgl. Erwägungsgründe zu den RL 90/394/EWG und RL 90/
679/EWG; ABl. 1984 C 67, 2). In dieser Entschließung wird das Ziel formuliert, die
Arbeitsbedingungen und die Arbeitsumgebung in umfassender Weise ins Auge zu fassen,
indem sich die entsprechenden Verbesserungen auf alle Bereiche der Wirtschaft erstrecken.
Besonders betont werden die positiven Auswirkungen jener Anstrengungen, welche im
Bereich der Unfallverhütung und des Gesundheitsschutzes unternommen werden. Der
Erfolg der bis Ende 1988 zu verwirklichenden Aktionen wurde eng mit der **Harmonisierung** der Begriffe, der Terminologie sowie der Verfahren zur Feststellung, Messung
und Beurteilung von Gefahren für Sicherheit und Gesundheit verbunden. Im zweiten
Aktionsprogramm fand zudem die Entschließung des Rates v. 29.6.1978 über ein Aktionsprogramm der Europäischen Gemeinschaften für Sicherheit und Gesundheitsschutz
am Arbeitsplatz (ABl. 1978 C 165, 1) über einen Verweis auf dessen Anhang Berücksichtigung.

3. Europäisches Aktionsprogramm für Sicherheit, Arbeitshygiene und Gesund- 99
heitsschutz am Arbeitsplatz. Weitaus mehr Einzelrichtlinien – aus der Anfangszeit – sind
indes auf die Mitteilung der Kommission über ihr Aktionsprogramm für Sicherheit, Arbeitshygiene und Gesundheitsschutz am Arbeitsplatz (ABl. 1988 C 28, 3) zurückzuführen. Auf
diesen rechtspolitischen Hintergrund wird in den Erwägungsgründen der RL 89/654/
EWG, RL 89/655/EWG, RL 89/656/EWG, RL 90/269/EWG, RL 90/270/EWG, RL
90/394/EWG, RL 90/679/EWG, RL 92/57/EWG und RL 92/58/EWG (folglich bis hin
zur Neunten Einzelrichtlinie) hingewiesen. Einen Verweis auf dieses Aktionsprogramm
enthält auch die RL 2003/10/EG (17. Einzelrichtlinie) in Erwägungsgrund 4. Auf diese
Mitteilung wiederum nahm der Rat in seiner Entschließung 88/C 28/01 v. 21.12.1987
Bezug (ABl. 1998, C 28, 1). Beginnend mit der RL 92/85/EWG (Zehnte Einzelrichtlinie)
fehlt sodann – abgesehen von der 17. Einzelrichtlinie – jegliche Bezugnahme auf das
genannte europäische Aktionsprogramm.

100 **4. Aktionsprogramm zur Anwendung der Gemeinschaftscharta der sozialen Grundrechte der Arbeitnehmer.** Die RL 92/85/EWG und sodann die RL 2002/44/EG, RL 2003/10/EG, RL 2004/40/EG (nunmehr abgelöst durch die RL 2013/35/EU) und RL 2006/25/EG sind ausweislich der jeweiligen Erwägungsgründe auf die Mitteilung der Kommission über ihr Aktionsprogramm zur Anwendung der Gemeinschaftscharta der sozialen Grundrechte der Arbeitnehmer (KOM [89] 568 endg.) zurückzuführen. Hierauf wiederum nahm das Europäische Parlament in seiner Entschließung v. 13.10.1990 Bezug (ABl. 1990 C. 260, 167).

101 **5. Gründe für den Erlass der Einzelrichtlinien.** Hinter dem Erlass der Einzelrichtlinien steckt – jedenfalls mit Blick auf die Einzelrichtlinien bis zum Jahr 2004 (RL 2004/37/EG) – ausweislich der jeweiligen Erwägungsgründe die Überlegung, dass die Einhaltung von Mindestvorschriften zur **Verbesserung der Sicherheit und des Gesundheitsschutzes** beim in der jeweiligen Richtlinie geregelten Bereich wie zB in Arbeitsstätten (RL 89/654/EWG) oder bei der in der jeweiligen Richtlinie geregelten Aktivität wie zB der Benutzung von Arbeitsmitteln (RL 2009/104/EG), bei der Benutzung persönlicher Schutzausrüstungen (RL 89/656/EWG) oder bei der manuellen Handhabung von Lasten (RL 90/269/EWG) eine conditio sine qua non (unabdingbare Voraussetzung bzw. zwingendes Erfordernis) für die Gewährleistung der Sicherheit und des Gesundheitsschutzes der Arbeitnehmer ist. Dementsprechend besteht der Zweck der Einzelrichtlinien darin, **Mindestvorschriften** in Bezug auf Sicherheit und Gesundheitsschutz in den sachlich erfassten Lebenssachverhalten festzulegen, vgl. zB Art. 1 I RL 89/654/EWG. Ausnahmen stellen insoweit die RL 92/58/EWG, RL 92/85/EWG und RL 98/24/EG dar, als dort ein untrennbarer Zusammenhang von entsprechenden Mindestvorschriften und der Gewährleistung von Sicherheit und Gesundheitsschutz der Arbeitnehmer nicht behauptet wird. Ab der RL 98/24/EG stellte der Richtliniengeber im Übrigen zum Teil darauf ab, dass die Mindestvorschriften bzw. die aus der Taufe gehobenen Maßnahmen nicht nur auf den Schutz der einzelnen Arbeitnehmer abzielen. Zugleich sorgen sie für einen Mindestschutz der gesamten Arbeitnehmerschaft innerhalb der EU, mit dem **Wettbewerbsverzerrungen** vermieden werden (s. auch RL 2002/44/EG, RL 2003/10/EG, RL 2006/25/EG und RL 2013/35/EU).

102 **6. Änderungen der Einzelrichtlinien.** Die RL 2007/30/EG (→ Rn. 15) führte zur Änderung einer Vielzahl von Einzelrichtlinien in Bezug auf die Erstellung von Berichten (eine Ausnahme stellt zB die RL 2004/37/EG dar). Der Grund für die Änderung lag in der Uneinheitlichkeit der jeweiligen Bestimmungen (vgl. Erwägungsgrund 3 zur RL 2007/30/EG). Welche Änderungen konkret erfolgt sind, ergibt sich aus Art. 3 RL 2007/30/EG. Übergeordnete Bedeutung kam sodann der RL 2014/27/EU v. 26.2.2014 zur Änderung der RL 92/58/EWG, RL 92/85/EWG, RL 94/33/EG und RL 98/24/EG des Rates sowie der RL 2004/37/EG des Europäischen Parlaments und des Rates zwecks ihrer Anpassung an die VO (EG) Nr. 1272/2008 über die Einstufung, Kennzeichnung und Verpackung von Stoffen und Gemischen (ABl. 2014 L 65, 1) zu.

103 **7. Entsprechungstabellen.** Inzwischen wurden einzelne Einzelrichtlinien bereits durch eine neue Richtlinie ersetzt. Im Einzelnen betrifft dies die Zweite, Sechste, Siebte und 18. bzw. 20. Einzelrichtlinie. Ursächlich für den Erlass von Neufassungen waren regelmäßig Gründe der **Übersichtlichkeit und Klarheit** (vgl. jeweils den Erwägungsgrund 1 zu den RL 2009/104/EG, RL 2004/37/EG und RL 2000/54/EG) Anders verhielt es sich indes bei der 18. Einzelrichtlinie: Sie wurde durch die 20. Einzelrichtlinie (RL 2013/35/EU) ersetzt, weil gegen sie im Ergebnis schwerwiegende Bedenken ins Feld geführt wurden. Mit der RL 2013/35/EU sollen angemessenere und verhältnismäßigere Maßnahmen zum Schutz der Arbeitnehmer eingeführt werden (vgl. Erwägungsgründe 3 und 5 zur RL 2013/35/EU). In den genannten vier Fällen wurde die zunächst erlassene Richtlinie jeweils ausdrücklich aufgehoben (Art. 13 UAbs. 1 RL 2009/104/EG; Art. 20 UAbs. 1 RL 2004/

37/EG; Art. 21 UAbs. 1 RL 2000/54/EG; Art. 17 I RL 2013/35/EU). Zugleich wird jeweils klargestellt, dass Verweisungen auf die aufgehobene Richtlinie nunmehr als Verweisungen auf die jüngere Richtlinie gelten sollen, wobei Entsprechungstabellen als Hilfestellung angeboten werden (Art. 13 UAbs. 2 iVm Anhang IV der RL 2009/104/EG; Art. 20 UAbs. 2 iVm Anhang V der RL 2004/37/EG; Art. 21 UAbs. 2 iVm Anhang IX der RL 2000/54/EG; Art. 17 II iVm Anhang IV der RL 2013/35/EU).

8. Anwendungsbereich. a) Persönlicher Anwendungsbereich. In **persönlicher Hinsicht** werden stets **Arbeitgeber** und **Arbeitnehmer** (→ Art. 45 AEUV) in Bezug genommen. Mit Blick auf die Arbeitgeber werden typischerweise in Abschnitt II der Einzelrichtlinien Pflichten („Pflichten des Arbeitgebers" bzw. „Pflichten der Arbeitgeber") statuiert. Regelmäßig werden auch die **Vertreter der Arbeitnehmer** erwähnt (RL 89/654/EWG; RL 89/656/EWG; RL 90/269/EWG; RL 2004/37/EG; RL 2000/54/EG; RL 98/24/EG; RL 2002/44/EG; RL 2003/10/EG; RL 2006/25/EG; RL 2013/35/EU). Wenn und soweit außer den beiden im Fokus stehenden Personenkreisen noch weitere Personen in den Richtlinien genannt werden, wird darauf iRd Darstellung der 19 Einzelrichtlinien jeweils gesondert hingewiesen (s. zu den besonders gefährdeten Arbeitnehmern → Rn. 116). 104

b) Örtlicher Anwendungsbereich. Was den örtlichen Anwendungsbereich der 19 Einzelrichtlinien anbelangt, gelten die Rechtsakte in den 28 EU-Mitgliedstaaten, dh zB die genutzten Arbeitsstätten (RL 89/654/EWG) oder die benutzten Arbeitsmittel (RL 2009/104/EG) müssen sich innerhalb des europäischen Territoriums befinden. Jenseits dieser territorialen Grenzen gilt das jeweilige Arbeitsschutzrecht des betreffenden Staates. 105

9. Gefährdungsbeurteilungs- und Dokumentationspflicht. a) Gefährdungsbeurteilungspflicht. In mehreren Einzelrichtlinien wird die Gefährdungsbeurteilungspflicht gem. Art. 6 III lit. a (→ Rn. 55 ff.) näher konturiert: Grundlegende Bedeutung kommt in der 14. Einzelrichtlinie der Pflicht der Arbeitgeber gem. **Art. 4 RL 98/24/EG** zu, die gem. der RL 89/391/EWG ermittelten Gefährdungen einer Bewertung zu unterziehen. Dabei sind die in § 4 I 2 RL 98/24/EG genannten Aspekte zu berücksichtigen, zu denen zB Ausmaß, Art und Dauer der Exposition, die geltenden Arbeitsplatz- bzw. biologischen Grenzwerte und die Wirkungen der getroffenen oder zu treffenden Vorbeugemaßnahmen rechnen. Das Prozedere der Festlegung von Arbeitsplatz-Richtgrenzwerten, Arbeitsplatzgrenzwerten und biologischen Grenzwerten auf europäischer wie nationaler Ebene ist Gegenstand der detaillierten Regelung in Art. 3 RL 98/24/EG. IRd durchzuführenden Risikobewertung sind erforderliche Informationen ua von Lieferanten einzuholen. Sodann besteht in **Art. 4 I RL 1999/92/EG** die Pflicht zur Beurteilung der Explosionsrisiken, und zwar in ihrer Gesamtheit. Die jedenfalls zu berücksichtigenden Inhalte dieser Beurteilung werden richtlinienrechtlich vorgegeben. 106

In **Art. 4 RL 2002/44/EG** wird eine Pflicht zur „Ermittlung und Bewertung der Risiken" in Bezug auf Vibrationen statuiert. Dabei sind Vibrationen zu bewerten und ggf. zu messen (wobei für die Messung der Anhang der RL 2002/44/EG zu beachten ist). Welche Aspekte bei der Risikobewertung zu berücksichtigen sind, ist Gegenstand des nichtabschließenden Katalogs in Art. 6 IV RL 2002/44/EG. Hierzu rechnen etwa Ausmaß, Art und Dauer der Exposition, die Expositionsgrenz- und Auslösewerte sowie besondere Arbeitsbedingungen wie zB Arbeit bei niedrigen Temperaturen. Die Expositions- und Auslösewerte sind in Art. 3 RL 2002/44/EG geregelt. Die „Ermittlung und Bewertung der Risiken" ist auch Gegenstand der RL 2003/10/EG. Gem. **Art. 4 I RL 2003/10/EG** ist jener Lärm zu bewerten und ggf. zu messen, dem die Arbeitnehmer ausgesetzt sind. Bei der Risikobewertung sind insbesondere die in Art. 4 VI RL 2003/10/EG aufgeführten Aspekte zu berücksichtigen, zu denen Ausmaß, Art und Dauer der Exposition, die Expositionsgrenz- und Auslösewerte iSd Art. 3 RL 2003/10/EG und die Verfügbarkeit von Gehörschutzeinrichtungen mit einer angemessenen dämmenden Wirkung rechnen. Die Ermittlung der 107

Exposition im Hinblick auf das Phänomen künstlicher optischer Strahlung ist Gegenstand des **Art. 4 I RL 2006/25/EG**. Ziel der Bewertung und ggf. Messung und/oder Berechnung des Ausmaßes optischer Strahlung ist die Ermittlung und Anwendung der erforderlichen Maßnahmen zur Beschränkung der Exposition auf die geltenden Grenzwerte. Die maßgeblichen Expositionsgrenzwerte (für inkohärente Strahlung und für Laserstrahlung) sind in Art. 3 iVm den Anhängen I-II der RL 2006/25/EG geregelt. Sie sind neben zB Ausmaß, Wellenlängenbereich und Dauer der Exposition sowie den Auswirkungen auf die Gesundheit und Sicherheit von Arbeitnehmern, die besonders gefährdeten Risikogruppen angehören, bei der Risikobewertung zu berücksichtigen, Art. 4 III RL 2006/25/EG. Schließlich besteht eine spezifische Risikobeurteilungspflicht auch gem. **Art. 4 I UAbs. 1 RL 2013/35/EU** in Bezug auf die Risiken für die Arbeitnehmer infolge von elektromagnetischen Feldern am Arbeitsplatz. Die insbesondere zu berücksichtigenden Aspekte sind in Art. 4 V RL 2013/35/EU aufgeführt.

108 Auch wenn nicht Bezug auf Art. 6 III lit. a genommen wird, statuiert **Art. 3 II RL 2004/37/EG** eine genuine Pflicht zur Durchführung einer Risikobewertung. Danach muss der Arbeitgeber für „jede Tätigkeit, bei der eine Exposition gegenüber Karzinogenen oder Mutagenen auftreten kann," die Art, das Ausmaß und die Dauer der Exposition der Arbeitnehmer ermitteln. Bei der Risikobewertung sind sämtliche Expositionswege einzubeziehen, Art. 3 III RL 2004/37/EG. Nichts anderes gilt für die Risikoermittlung und -abschätzung gem. **Art. 3 II RL 2000/54/EG:** Art, Ausmaß und Dauer der Exposition der Arbeitnehmer gegenüber biologischen Arbeitsstoffen müssen ermittelt werden. Diese Tätigkeit bildet die Grundlage für die anschließende Abschätzung der bestehenden Risiken und die Festlegung der entsprechenden Maßnahmen.

109 **b) Dokumentationspflicht.** In der RL 1999/92/EG fließt die Risikobewertung – neben anderen Informationen – in das sog. **Explosionsschutzdokument** ein, das vom Arbeitgeber vor der Aufnahme der Arbeit zu erstellen ist und die Inhalte gem. Art. 8 UAbs. 2 RL 1999/92/EG aufweisen muss. Es ist im Falle von wesentlichen Änderungen, Erweiterungen oder Umgestaltungen zu überarbeiten, Art. 8 UAbs. 4 RL 1999/92/EG. Das Explosionsschutzdokument kann Bestandteil der Evaluierung der am Arbeitsplatz bestehenden Gefahren für Sicherheit und Gesundheit sein.

110 **10. Unterrichtung und Unterweisung (Schulung) der Arbeitnehmer.** Konkretisiert werden in den Einzelrichtlinien regelmäßig die Bestimmungen zur „Unterrichtung der Arbeitnehmer" gem. Art. 10 und/oder zur „Unterweisung der Arbeitnehmer" gem. Art. 12. Die entsprechenden Bestimmungen in den Einzelrichtlinien wurden in diesem Szenario jeweils unbeschadet der Art. 10, 12 erlassen. Typischerweise werden dabei beide Bestimmungen konturiert: Exemplarisch sei auf die spezifischen, auf die Handhabung von Lasten bzw. die Tätigkeit am Bildschirm zugeschnittenen Bestimmungen zur **Unterrichtung** und **Unterweisung** in Art. 6 RL 90/269/EWG bzw. RL 90/270/EWG hingewiesen (s. auch RL 2009/104/EG, RL 98/24/EG, RL 2002/44/EG, RL 2003/10/EG, RL 2006/25/EG und RL 2013/35/EU). In den RL 92/58/EWG und RL 93/103/EG gilt nichts anderes; allerdings wird die Unterweisung iSd Art. 12 dort als **Schulung** bzw. **Ausbildung (Schulung)** bezeichnet, Art. 7 II RL 92/58/EWG bzw. Art. 9 RL 93/103/EG.

111 In der Sechsten Einzelrichtlinie wiederum gibt es zwar Regelungen zur „Unterrichtung und Unterweisung der Arbeitnehmer" (Art. 11 RL 2004/37/EG) bzw. zur „Unterweisung der Arbeitnehmer" (Art. 12 RL 2004/37/EG); diese nehmen jedoch keinen Bezug zu den Art. 10, 12 (so auch schon Art. 11, 12 RL 90/394/EWG). Vergleichbar hiermit ist die Regelung in der Siebten Einzelrichtlinie, wobei dort neben der „Unterrichtung und Unterweisung der Arbeitnehmer" gem. Art. 9 RL 2000/54/EG die „Unterrichtung der Arbeitnehmer in besonderen Fällen" gem. Art. 10 RL 2000/54/EG geregelt ist.

112 Weil daneben zahlreiche Einzelrichtlinien existieren, in denen nur die „Unterrichtung der Arbeitnehmer" iSd Art. 10 konkretisiert wird (Art. 7 RL 89/654/EWG; Art. 7 RL 89/656/EWG; Art. 11 RL 92/57/EWG; Art. 4 II RL 92/85/EWG; Art. 7 RL 92/91/EWG;

Art. 7 RL 92/104/EWG), liegt den Bestimmungen über die Unterrichtung und Unterweisung in den Einzelrichtlinien nach alledem kein begreifliches System zugrunde. Anstelle eines aufeinander abgestimmten Konzepts dürften vielmehr die konkreten (historischen) Gegebenheiten vor dem Erlass der jeweiligen Einzelrichtlinie den entsprechenden Inhalt beeinflusst haben.

11. Anhörung und Beteiligung der Arbeitnehmer. Die Anhörung und Beteiligung der Arbeitnehmer gem. Art. 11 (→ Rn. 77) wird in den Einzelrichtlinien fast durchgehend konkretisiert: In zB arbeitsstättenrechtlichen Fragen sind die Arbeitnehmer gem. Art. 8 ebenso anzuhören und zu beteiligen wie in die Arbeit an Bildschirmgeräten betreffenden Fragen gem. Art. 8 RL 90/270/EWG. Keine entsprechende Bestimmung kennt nur die RL 92/85/EWG (Zehnte Einzelrichtlinie).

12. Gesundheitsüberwachung. Mehrfach sind in den Einzelrichtlinien spezifische Vorgaben zur Gesundheitsüberwachung geregelt, die dezidiert Bezug nehmen auf die präventivmedizinische Überwachung gem. Art. 14 (→ Rn. 87). Eine solche Konkretisierung erfolgt erstens durch die Vorgaben zur Gesundheitsüberwachung in **Art. 10 RL 98/24/EG.** Eine angemessene Überwachung der Gesundheit der Arbeitnehmer ist danach dann durchzuführen, wenn Gesundheitsrisiken infolge gefährlicher chemischer Arbeitsstoffe zu besorgen sind. In diesem Zusammenhang sind **Gesundheits- und Expositionsakten** zu führen und auf dem neuesten Stand zu halten, Art. 10 II RL 98/24/EG. Zweitens regelt die RL 2002/44/EG die Gesundheitsüberwachung in Bezug auf durch Vibrationen verursachte Gefahren. Wenn und soweit entsprechend der durchgeführten Risikobewertung eine Gesundheitsgefährdung für Arbeitnehmer zu konstatieren ist, ist eine angemessene Überwachung ihrer Gesundheit sicherzustellen, **Art. 8 I UAbs. 1 1 RL 2002/44/EG.** Sie soll der **Vorbeugung und der Frühdiagnose der durch Vibrationen verursachten Gesundheitsstörungen** dienen. Im Übrigen sind für den betroffenen Arbeitnehmer **persönliche Gesundheitsakten** zu führen und auf dem neuesten Stand zu halten, Art. 8 II UAbs. 1 RL 2002/44/EG. In der RL 2003/10/EG wird drittens ebenfalls eine angemessene Gesundheitsüberwachung aus der Taufe gehoben, wenn und soweit Arbeitnehmer durch Lärm in ihrer Gesundheit gefährdet sein können, **Art. 10 I 1 RL 2003/10/EG.** Arbeitnehmer haben Anspruch auf (ärztliche) Untersuchungen des Gehörs, wenn sie über den oberen Auslösewerten liegendem Lärm ausgesetzt sind. Mit den Untersuchungen soll eine **Frühdiagnose jeglichen lärmbedingten Gehörverlusts** ermöglicht werden. Für jeden betroffenen Arbeitnehmer sind persönliche Gesundheitsakten zu führen und auf dem neuesten Stand zu halten, Art. 10 III 1 RL 2003/10/EG. Viertens sieht **Art. 8 RL 2006/25/EG** eine Gesundheitsüberwachung vor, mit der auf die Exposition gegenüber dem Phänomen optischer Strahlung reagiert werden soll. Für jeden Arbeitnehmer, welcher der Gesundheitsüberwachung unterliegt, sind **Gesundheitsakten** mit der Zusammenfassung der Ergebnisse zu führen und auf dem neuesten Stand zu halten, Art. 8 III 1–2 RL 2006/25/EG. Fünftens ist eine entsprechende Konkretisierung in **Art. 8 RL 2013/35/EU** geregelt: Aus Gründen der **Prävention und Früherkennung** jeglicher gesundheitsschädlicher Wirkungen ist eine **Gesundheitsüberwachung** in angemessener Form durchzuführen. Die Ergebnisse sind in geeigneter Form aufzubewahren, wobei die einzelnen Arbeitnehmer auf Verlangen Zugang zu ihrer Gesundheitsakte haben, Art. 10 II UAbs. 1 RL 2013/35/EU.

In diesem Zusammenhang ist zudem auf die Gesundheitsüberwachung gem. **Art. 14 RL 2000/54/EG** hinzuweisen. Sie bezieht sich dort auf die Überwachung der Arbeitnehmer **im Zusammenhang mit der Gefährdung durch biologische Arbeitsstoffe.** In der RL 2000/54/EG wird indes – insofern abweichend von den oben genannten Bestimmungen in den Einzelrichtlinien – nicht auf Art. 14 Bezug genommen. Die Gesundheitsüberwachung gem. der RL 2000/54/EG kann vor der Exposition und im Anschluss daran in regelmäßigen Abständen durchgeführt werden. Wichtig ist, dass für mind. zehn Jahre nach Ende der Exposition eine **persönliche Gesundheitsakte** zu führen ist, Art. 14 IV

UAbs. 1 RL 2000/54/EG. Die Arbeitnehmer wiederum sollen **Zugang zu den Unterlagen** über die sie betreffenden Maßnahmen iRd Gesundheitsüberwachung haben, Art. 14 VII lit. a RL 2000/54/EG.

116 **13. Risikogruppen.** In vier Einzelrichtlinien ab dem Jahr 2002 wird Bezug auf die Risikogruppen iSd Art. 15 (→ Rn. 88) genommen: Dabei handelt es sich um jene Einzelrichtlinien, die sich mit dem Phänomen physikalischer Einwirkungen befassen (16., 17., 19. und 20. Einzelrichtlinie). Die „Maßnahmen zur Vermeidung oder Verringerung der Exposition" in Art. 5 der genannten Richtlinien sind unter Berücksichtigung des Art. 15 an die Erfordernisse von Arbeitnehmern, die besonders gefährdeten Risikogruppen angehören, bzw. von besonders gefährdeten Arbeitnehmern anzupassen (Art. 5 IV RL 2002/44/EG; Art. 5 V RL 2003/10/EG; Art. 5 V RL 2006/25/EG; Art. 5 IV RL 2013/35/EU). In der RL 2004/37/EG muss der Arbeitgeber bei der Risikobewertung – ohne Bezugnahme auf Art. 15 RL 89/391/EWG – etwaigen Auswirkungen auf Sicherheit und Gesundheit besonders gefährdeter Arbeitnehmer besondere Aufmerksamkeit widmen, Art. 3 IV RL 2004/37/EG.

IV. Wesentliche Inhalte der 19 Einzelrichtlinien

117 Im Folgenden soll der Fokus auf die 19 Einzelrichtlinien mit ihren spezifischen arbeitsschutzrechtlichen Inhalten gerückt werden. Dabei ist Ziel der nachfolgenden Ausführungen nicht die umfassende Darstellung der zum besonderen Teil des europäischen Arbeitsschutzrechts rechnenden Richtlinien. Vielmehr soll ein Überblick über die praktisch wichtigsten Regelungsinhalte gegeben werden. Was die RL 92/85/EWG anbelangt, wird auf die entsprechende Kommentierung verwiesen (RL 92/85/EWG).

118 **1. RL 89/654/EWG (Erste Einzelrichtlinie).** Mit der RL 89/654/EWG, die als **(EG-)Arbeitsstättenrichtlinie** bezeichnet wird, trat der Richtliniengeber 1989 – zusammen mit dem Erlass weiterer Richtlinien – an, die Ermächtigung in Art. 16 I mit Leben zu füllen. Die RL 89/654/EWG weist drei Abschnitte mit elf Artikeln sowie zwei Anhänge auf (Anhänge I-II). Die RL 89/654/EWG war bis zum 31.12.1992 in nationales Recht umzusetzen (für Griechenland galt eine Umsetzungsfrist bis zum 31.12.1994), Art. 10 I RL 89/654/EWG.

119 **a) Anwendungsbereich.** Dreh- und Angelpunkt für die Geltung der RL 89/654/EWG ist naturgemäß der Rechtsbegriff der Arbeitsstätte. Arbeitsstätten sind gem. Art. 2 RL 89/654/EWG „Orte in den Gebäuden des Unternehmens und/oder Betriebs, die zur Nutzung für Arbeitsplätze vorgesehen sind, einschließlich jedes Orts auf dem Gelände des Unternehmens und/oder Betriebs, zu dem Arbeitnehmer im Rahmen ihrer Arbeit Zugang haben." Damit wurde ersichtlich ein **weiter Arbeitsstättenbegriff** etabliert. Dabei darf allerdings nicht übersehen werden, dass die Arbeitsstättenrichtlinie gem. Art. 1 II RL 89/654/EWG dezidiert nicht Geltung beansprucht für (1) Transportmittel, die außerhalb des Unternehmens und/oder des Betriebs genutzt werden, sowie für Arbeitsstätten in Transportmitteln, (2) Baustellen und Wanderbaustellen, (3) die mineralgewinnende Industrie, (4) Fischereifahrzeuge und schließlich (5) Felder, Wälder und sonstige Flächen, die zu einem land- oder forstwirtschaftlichen Betrieb gehören, aber außerhalb seiner bebauten Fläche liegen. Diese Aufzählung ist als **abschließende Ausnahmebestimmung** vom Anwendungsbereich der RL 89/654/EWG zu qualifizieren.

120 Für die aus dem Anwendungsbereich herausgenommenen **mineralgewinnenden Betriebe** gelten die Einzelrichtlinien RL 92/91/EWG (→ Rn. 169 ff.) und RL 92/104/EWG (→ Rn. 174 ff.). In diesen beiden Richtlinien gilt im Übrigen auch ein abweichendes Begriffsverständnis in Bezug auf den Rechtsbegriff der Arbeitsstätte (vgl. jeweils Art. 2 lit. b der RL 92/91/EWG und RL 92/104/EWG). Übertägige Nebenbetriebe von über- oder

Einzelrichtlinien   **Art. 1–19 RL 89/391/EWG**   410

untertägigen mineralgewinnenden Betrieben unterfallen indes der RL 89/654/EWG (s. Erwägungsgründe zur RL 92/104/EWG).

b) Pflichten der Arbeitgeber. Das Herzstück der Arbeitsstättenrichtlinie bildet der   **121** Abschnitt II mit den „Pflichten des Arbeitgebers". Innerhalb dieser Pflichten ist zunächst auf eine **zeitliche Kategorisierung** iSe **Stufenplans** hinzuweisen (so auch MHdBArbR/ *Kohte* § 289 Rn. 12): Wenn und soweit Arbeitsstätten erstmalig nach dem 31.12.1992 genutzt werden, gilt Art. 3 RL 89/654/EWG iVm Anhang I der RL 89/654/EWG. Für am maßgeblichen Stichtag (1.1.1993) schon genutzte Arbeitsstätten galt demgegenüber Art. 4 RL 89/654/EWG iVm Anhang II der RL 89/654/EWG: Danach mussten die Arbeitgeber binnen dreier Jahre die Anforderungen aus Anhang II umsetzen (für Portugal galt eine Ausnahmebestimmung mit einer vierjährigen Übergangsvorschrift für schon genutzte Arbeitsstätten). In den beiden Anhängen der RL 89/654/EWG sind jeweils Mindestvorschriften für Sicherheit und Gesundheitsschutz in erstmals bzw. bereits genutzten Arbeitsstätten statuiert, die sich zB auf „Stabilität und Festigkeit", „Elektrische Anlagen", „Fluchtwege und Notausgänge" oder „Brandmeldung und -bekämpfung" beziehen. Sodann muss der Arbeitgeber gem. Art. 5 RL 89/654/EWG dafür Sorge tragen, dass er auch im Falle von auf die Arbeitsstätten bezogenen **Änderungen, Erweiterungen und/oder Umgestaltungen** nach dem 31.12.1992 nicht von den Mindestvorschriften des Anhangs I der RL 89/654/EWG abweicht. Umfangreiche allg. Pflichten der Arbeitgeber werden in Art. 6 RL 89/654/EWG statuiert. Diese **allg. Verpflichtungen** beziehen sich auf Verkehrswege zu **Notausgängen und Fluchtwegen**, auf die **Instandhaltung** insbesondere der Arbeitsstätten und die möglichst umgehende **Beseitigung festgestellter sicherheitsrelevanter Mängel**, die **Reinigung** insbesondere der Arbeitsstätten und der umschlossenen Arbeitsräume und die **Wartung und Prüfung der Sicherheitseinrichtungen und -vorrichtungen** zur Verhütung oder Beseitigung von Gefahren.

c) ArbStättV. In Deutschland erfüllt die ArbStättV die Funktion, Sicherheit und Ge-   **122** sundheitsschutz der Beschäftigten beim Einrichten und Betreiben von Arbeitsstätten zu gewährleisten, § 1 I ArbStättV. Inhaltlich besteht im deutschen Arbeitsstättenrecht seit 2004 eine starke Orientierung an der RL 89/654/EG, sodass frühere Inhalte der ArbStättV 1975 nicht in die ArbStättV 2004 übernommen wurden (Kollmer/Klindt/*Lorenz* Einf. ArbStättV Rn. 2). Die Inhalte der RL 89/654/EWG wurden durch Art. 4 der Verordnung zur Umsetzung von EG-Einzelrichtlinien zur EG-Rahmenrichtlinie Arbeitsschutz v. 4.12.1996 (BGBl. I 1841) ins nationale Recht transformiert (s. die Verordnungsbegründung in BR-Drs. 656/96, 1). Die Übergangsvorschriften in § 8 ArbStättV werden in der Literatur als europarechtswidrig angesehen (MHdBArbR/*Kohte* § 289 Rn. 19).

2. RL 2009/104/EG (Zweite Einzelrichtlinie). Die RL 2009/104/EG, die als **(EG-)**   **123** **Arbeitsmittel(benutzungs)richtlinie** bezeichnet wird, ersetzte im Jahr 2009 die zuvor geltende RL 89/655/EWG. Grund für den Neuerlass waren mehrfache und erhebliche Änderungen an der RL 89/655/EWG (vgl. Erwägungsgrund 1 zur RL 2009/104/EG; zur fehlerhaften Umsetzung des Königreichs Spanien in Bezug auf Art. 4 I lit. b RL 89/655/ EWG EuGH 14.9.2004 – C-168/03). Kennzeichnend für die RL 2009/104/EG ist die enge **Verzahnung mit dem europäischen Produktsicherheitsrecht** (so auch Mü-ArbR/*Kohte* § 289 Rn. 8 zur RL 89/655/EWG). Geregelt sind in der RL 2009/104/EG drei Abschnitte mit 15 Artikeln sowie vier Anhängen (Anhänge I-IV). Die RL 89/655/ EWG war bis zum 31.12.1992 in innerstaatliches Recht umzusetzen, Art. 10 RL 89/655/ EWG.

a) Anwendungsbereich. Was den sachlichen Anwendungsbereich der RL 2009/104/   **124** EG anbelangt, kommt dem Rechtsbegriff der **Arbeitsmittel** zentrale Bedeutung zu. Gem. Art. 2 lit. a RL 2009/104/EG sind Arbeitsmittel „Maschinen, Apparate, Werkzeuge oder Anlagen, die bei der Arbeit benutzt werden". Damit hat der Richtliniengeber einen **weiten Arbeitsmittelbegriff** aus der Taufe gehoben, der in praxi alle arbeitsschutzrechtlich bedeutsamen Gerätschaften bzw. Erzeugnisse erfasst. Ebenso weit ist der **handlungsspezifische (tätigkeitsbezogene) Anwendungsbereich** der RL 2009/104/EG: Die **Benutzung von Arbeitsmitteln** umfasst gem. Art. 2 lit. b RL 2009/104/EG „alle ein Arbeitsmittel betreffenden Tätigkeiten wie An- oder Abschalten, Gebrauch, Transport, Instandsetzung, Umbau, Instandhaltung und Wartung, einschließlich insbesondere Reinigung". Bei der Aufzählung erfasster Tätigkeiten handelt es sich um nicht-abschließende Beispiele, da im Ergebnis jede ein Arbeitsmittel betreffende Tätigkeit eine Benutzung iSd EG-Arbeitsmittelbenutzungsrichtlinie darstellt. In **persönlicher Hinsicht** befassen sich spezifische Bestimmungen mit gefährdeten Arbeitnehmern iSd Art. 2 lit. d RL 2009/104/EG und mit Bedienungspersonal iSd Art. 2 lit. e RL 2009/104/EG.

125   **b) Pflichten der Arbeitgeber.** Innerhalb der in Kapitel II der RL 2009/104/EG geregelten „Pflichten des Arbeitgebers" sind die allg. Pflichten gem. Art. 3 RL 2009/104/EG und die besonderen Pflichten gem. den Art. 4–10 RL 2009/104/EG zu unterscheiden. Zunächst trifft der Arbeitgeber die erforderlichen Maßnahmen, „damit die den Arbeitnehmern im Unternehmen bzw. Betrieb zur Verfügung gestellten Arbeitsmittel für die jeweiligen Arbeiten geeignet sind oder zweckentsprechend angepasst werden, so dass bei der Benutzung die Sicherheit und der Gesundheitsschutz der Arbeitnehmer gewährleistet sind", Art. 3 I UAbs. 1 RL 2009/104/EG. Bei der Auswahl der Arbeitsmittel müssen die besonderen Bedingungen und Eigenschaften der Arbeit sowie die am Arbeitsplatz bestehenden Gefahren für die Sicherheit und die Gesundheit der Arbeitnehmer berücksichtigt werden. Hinzu kommen die Gefahren, die dezidiert aus der Benutzung der betreffenden Arbeitsmittel erwachsen können, Art. 3 I UAbs. 2 RL 2009/104/EG.

126   Zur **Verzahnung mit dem europäischen Produktsicherheitsrecht** führt Art. 4 I RL 2009/104/EG mit den „Vorschriften für die Arbeitsmittel". Danach wird der Arbeitgeber im Hinblick auf die Beschaffung und Benutzung von Arbeitsmitteln, die den Arbeitnehmern erstmalig nach dem 31.12.1992 zur Verfügung gestellt werden, verpflichtet, für eine Konformität der Arbeitsmittel mit „den Bestimmungen aller geltenden einschlägigen Gemeinschaftsrichtlinien" zu sorgen, Art. 4 I lit. a i) RL 2009/104/EG. Flankiert wird diese Vorgabe dadurch, dass die zur Verfügung gestellten Arbeitsmittel jedenfalls den **Mindestvorschriften** iSd Anhangs I der RL 2009/104/EG entsprechen müssen, wenn EU-Richtlinien entweder nicht oder nur teilweise anwendbar sind, Art. 4 I lit. a ii) RL 2009/104/EG. In der Praxis wirkt sich die Schnittstelle zwischen europäischem Arbeitsschutz- und Produktsicherheitsrecht dahingehend aus, dass die Arbeitgeber innerhalb der EU bei der Beschaffung von Arbeitsmitteln auf Compliance mit dem jeweils geltenden Inverkehrbringensrecht achten müssen. Konkret sind die **produktbezogenen (vertikalen) und gefahrenspezifischen (horizontalen) Verordnungen** und – regelmäßig – **Richtlinien** eins-zu-eins einzuhalten. In Bezug auf Arbeitsmittel kommen insbesondere die RL 2006/42/EG v. 17.5.2006 über Maschinen und zur Änderung der RL 95/16/EG (sog. **EG-Maschinenrichtlinie;** ABl. 2006 L 157, 24; hierzu *Klindt/Kraus/von Locquenghien/Ostermann,* Die neue EG-Maschinenrichtlinie 2006, 2. Aufl. 2007), RL 2006/95/EG v. 12.12.2006 zur Angleichung der Rechtsvorschriften der Mitgliedstaaten betreffend elektrische Betriebsmittel zur Verwendung innerhalb bestimmter Spannungsgrenzen (sog. **EG-Niederspannungsrichtlinie;** ABl. 2006 L 374, 10; hierzu *Schucht* EuZW 2013, 90) und RL 97/23/EG v. 29.5.1997 zur Angleichung der Rechtsvorschriften der Mitgliedstaaten über Druckgeräte (sog. **EG-Druckgeräterichtlinie;** ABl. 1997 L 181, 1; vgl. *Schucht* PHi 2014, 38) zur Anwendung (vgl. zur Verzahnung der beiden Rechtsgebiete in Deutschland mit Blick auf die BetrSichV 2015 *Scheuermann/Schucht,* Die neue Betriebssicherheitsverordnung. Praxisleitfaden zur sicheren Verwendung von Arbeitsmitteln, 2015; *Schucht* NZA 2015, 333; *ders.* BPUVZ 2014, 551). Was den **maßgeblichen Zeitpunkt** für die Erfüllung der produktsicherheitsrechtlichen Anforderungen anbelangt, ist auf das (erstmalige) Inverkehrbringen im EWR abzustellen. Spätere Rechtsänderungen sind danach unbeachtlich (allerdings sind stets die Mindestvorschriften zu beachten).

Auch wenn im europäischen Arbeitsmittelsicherheitsrecht auf das europäische Produktsicherheitsrecht verwiesen wird, verwendet dieses nicht den Rechtsbegriff des Arbeitsmittels. Arbeitsmittel werden indes ohne Weiteres vom **weiten Produktbegriff** erfasst, der in Art. 15 IV VO (EG) Nr. 765/2008 definiert wird. Danach ist ein Produkt iSd europäischen Produktsicherheitsrecht ein Stoff, eine Zubereitung oder eine Ware, „der bzw. die durch einen Fertigungsprozess hergestellt worden ist, außer Lebensmitteln, Futtermitteln, lebenden Pflanzen und Tieren, Erzeugnissen menschlichen Ursprungs und Erzeugnissen von Pflanzen und Tieren, die unmittelbar mit ihrer künftigen Reproduktion zusammenhängen" (s. hierzu aus nationaler Perspektive mit Blick auf § 2 Nr. 22 ProdSG *Schucht* DVBl. 2013, 760 [762]; *Kapoor/Klindt* NVwZ 2012, 719 [720]). Das europäische Produktsicherheitsrecht ist seit dem Maßnahmen- und Regelungspaket namens **New Legislative Framework (NLF)** im Jahr 2008 (s. *Kapoor/Klindt* EuZW 2008, 649; *dies.* EuZW 2009, 134; *Klindt/ Schucht,* in: Ehlers/Fehling/Pünder, Besonderes VerwR, Bd. 1, 3. Aufl. 2012, § 36 Rn. 45 ff.) im Wandel. Spürbarer Ausdruck ist derzeit die Anpassung der europäischen Rechtsakte an den Beschluss Nr. 768/2008/EG. Der entsprechende Anpassungsprozess hat insbesondere durch das Anfang 2014 im Amtsblatt der EU veröffentlichte **Alignment Package** mit insgesamt acht Richtlinien eine erhebliche Dynamik bekommen (*Schucht* EuZW 2014, 848; *ders.* InTeR 2014, 149; *Kapoor/Menz* BPUVZ 2014, 390). Grundlegend für das Verständnis des technischen (betrieblichen) Arbeitsschutzrechts sind die zum Teil **unterschiedlichen Adressaten:** Während der technische (betriebliche) Arbeitsschutz ieS Pflichten für den Arbeitgeber statuiert, die dem Schutz der Arbeitnehmer zu dienen bestimmt sind, richtet der vorgreifende oder vorbeugende (technische) Arbeitsschutz sein Augenmerk auf Hersteller und ggf. deren Bevollmächtigte, Einführer und Händler von Produkten in Gestalt von Arbeitsmitteln (*Wlotzke* RdA 1992, 85 [86]). Die produktsicherheitsrechtlichen Akteure werden dabei unter dem Oberbegriff der **Wirtschaftsakteure** (engl. economic operators) zusammengefasst (vgl. Art. 2 Nr. 7 VO (EG) Nr. 765/2008; § 2 Nr. 29 ProdSG).

Im europäischen Produktsicherheitsrecht werden **formelle** und **materielle** Anforderungen an das Inverkehrbringen von Produkten statuiert. Beim **Inverkehrbringen** handelt es sich um einen genuinen Rechtsbegriff: Es ist gem. Art. 2 Nr. 2 VO (EG) Nr. 765/2008 „die erstmalige Bereitstellung eines Produkts auf dem Gemeinschaftsmarkt". **Bereitstellung auf dem Markt** wiederum ist gem. Art. 2 Nr. 1 VO (EG) Nr. 765/2008 „jede entgeltliche oder unentgeltliche Abgabe eines Produkts zum Vertrieb, Verbrauch oder zur Verwendung auf dem Gemeinschaftsmarkt im Rahmen einer Geschäftstätigkeit". Diese beiden Begriffe regeln – neben der zum Teil anzutreffenden Inbetriebnahme – den handlungsspezifischen (tätigkeitsbezogenen) Anwendungsbereich des europäischen Produktsicherheitsrechts. Bei den **formellen Anforderungen** dominieren das Anbringen der CE-Kennzeichnung, das Ausstellen und ggf. Zurverfügungstellen der EG-Konformitätserklärung und die Kennzeichnung in Bezug auf Herstellerdaten (sog. Herstellerkennzeichnung) und Produkt-Kennzeichnung (sog. Identifikationskennzeichnung). Diese Anforderungen zeichnen sich dadurch aus, dass sich fehlende Compliance nicht auf die Sicherheit des Produkts auswirkt (fehlende Sicherheitsrelevanz).

Umgekehrt beziehen sich die **materiellen Anforderungen** grds. auf die Sicherheit des Produkts. Eine **Ausnahme** stellt insoweit allein die RL 2004/108/EG v. 15.12.2004 zur Angleichung der Rechtsvorschriften der Mitgliedstaaten über die elektromagnetische Verträglichkeit und zur Aufhebung der RL 89/336/EWG (sog. **EMV-Richtlinie;** ABl. 2004 L 390, 24) dar: Sie regelt das Phänomen der elektromagnetischen Verträglichkeit allein unter dem Aspekt fehlender Sicherheitsrelevanz (s. *Schucht* NVwZ 2014, 262 [263]). Im Übrigen bestehen die materiellen Anforderungen aufgrund der Geltung des sog. **Neuen Konzepts** (englisch: New Approach; hierzu *Klindt/Schucht,* in: Ehlers/Fehling/Pünder, Besonderes VerwR, Bd. 1, 3. Aufl. 2012, § 36 Rn. 33 ff.) typischerweise in **grundlegenden Sicherheitsanforderungen** bzw. **wesentliche Anforderungen.** Im arbeitsschutzrechtlich bedeutsamen Maschinenrecht führt dieses Konzept etwa dazu, dass eine Maschine ua so zu konstruieren und zu bauen ist, „dass sie ihrer Funktion gerecht wird und unter den vorgesehenen Bedingungen – aber auch unter Berücksichtigung einer vernünftigerweise vorhersehbaren Fehlanwendung der Maschine – Betrieb, Einrichten und Wartung erfolgen können, ohne dass Personen einer Gefährdung ausgesetzt sind" (Nr. 1.1.2. des Anhangs I der RL 2006/42/EG). Die Konkretisierung der grundlegenden Sicherheitsanforderungen (wesentlichen Anforderungen) erfolgt sodann durch den Erlass spezifischer technischer Normen. Die Einhaltung dieser sog. **harmonisierten Normen** bleibt zwar freiwillig; wer bei der Konstruktion eines Produkts die Normen eins-zu-eins beachtet, kann aber die sog. (produktsicherheitsrechtliche) **Konformitätsvermutung** oder **Vermutungswirkung** für sich beanspruchen. In diesem Fall ist (widerleglich) davon auszugehen, dass das betreffende Produkt auch die dahinter stehenden rechtlichen Anforderungen erfüllt. **Adressaten der Konformitätsvermutung** sind dabei vor allem die europäischen Marktüberwachungsbehörden.

130   Bedeutsam ist naturgemäß das produktsicherheitsrechtlich erforderliche **Sicherheitsniveau**. Arbeitsschutzrechtlich lässt sich dabei zwar nicht unmittelbar auf die Definition des sicheren Produkts aus der RL 2001/95/EG v. 3.12.2001 über die allgemeine Produktsicherheit (sog. **Allgemeine Produktsicherheitsrichtlinie;** ABl. 2002 L 11, 4) rekurrieren; gem. Art. 2 lit. b RL 2001/95/EG ist ein sicheres Produkt „jedes Produkt, das bei normaler oder vernünftigerweise vorhersehbarer Verwendung, was auch die Gebrauchsdauer sowie ggf. die Inbetriebnahme, Installation und Wartungsanforderungen einschließt, keine oder nur geringe, mit seiner Verwendung zu vereinbarende und unter Wahrung eines hohen Schutzniveaus für die Gesundheit und Sicherheit von Personen vertretbare Gefahren birgt". Die RL 2001/95/EG regelt indes nur die produktsicherheitsrechtlichen Anforderungen an **Verbraucherprodukte** (vgl. Art. 2 lit. a RL 2001/95/EG). Im Ergebnis muss diese sog. **Bagatellklausel** jedoch auch für Arbeitsmittel Geltung beanspruchen, und zwar schon aus Gründen der Verhältnismäßigkeit (*Schucht* BPUVZ 2012, 564 [566]). Im Übrigen ist anerkannt, dass ein „Nullrisiko" schon aus technischen Gründen nicht verlangt werden kann: Technisches Risiko wird vor diesem Hintergrund als **sozialadäquate Last** angesehen (*Wilrich,* Das neue Produktsicherheitsgesetz (ProdSG), 2012, Rn. 341; *Wilrich,* GPSG, 2004, § 4 Rn. 16).

131   Praktisch wichtig ist zudem die **Pflicht zur Instandhaltung** gem. Art. 4 II RL 2009/104/EG. Weil die Arbeitgeber danach verpflichtet sind, die Arbeitsmittel während der gesamten Zeit der Benutzung durch entsprechende Wartung auf dem in Art. 4 I RL 2009/104/EG etablierten Standard zu halten, statuiert die EG-Arbeitsmittelbenutzungsrichtlinie eine fortgesetzte und damit keine bloß zeitpunktbezogene (auf den Zeitpunkt der Beschaffung bzw. Zurverfügungstellung der Arbeitsmittel bezogene) arbeitsschutzrechtliche Pflicht.

132   **c) Nationale Umsetzungsakte. aa) BetrSichV.** In Deutschland wird die EG-Arbeitsmittelbenutzungsrichtlinie durch die BetrSichV umgesetzt (zur neuen BetrSichV 2015 *Scheuermann/Schucht,* Die neue Betriebssicherheitsverordnung. Praxisleitfaden zur sicheren Verwendung von Arbeitsmitteln, 2015; *Schucht* NZA 2015, 333; *ders.* BPUVZ 2014, 551). Die BetrSichV dient ausweislich der Verordnungsbegründung freilich nicht nur der **vollständigen Umsetzung** der RL 2009/104/EG ins nationale (deutsche) Recht, sondern darüber hinaus auch der teilweisen Umsetzung der RL 1999/92/EG (→ Rn. 189 ff.; BT-Drs. 400/14, 71).

133   **bb) ABBergV.** Nationaler Umsetzungsakt ist daneben auch die ABBergV. In dieser Verordnung wird in § 17 die „Bereitstellung und Benutzung von Arbeitsmitteln" geregelt. Gegenstand der Regelung sind Maschinen, Geräte, Apparate, Werkzeuge oder Anlagen (s. zum Anwendungsbereich § 2 ABBergV). In § 3 II Nr. 1 ABBergV wird ausdrücklich auf die Zweite Einzelrichtlinie und die darin statuierten Mindestvorschriften in Anhang I (→ Rn. 126) verwiesen.

3. RL 89/656/EWG (Dritte Einzelrichtlinie). Die RL 89/656/EWG, die als **(EG-)** 134
PSA-Benutzungsrichtlinie (PSA steht dabei für persönliche Schutzausrüstung) bezeichnet wird, rechnete ebenfalls zu jenen Richtlinien, die 1989 in einem ersten Schritt auf Art. 16 I gestützt wurden. Sie weist – wie die Zweite Einzelrichtlinie (RL 2009/104/EG; → Rn. 123 ff.) – eine Schnittstelle zum Produktsicherheitsrecht auf. Aufgrund dessen kommt in diesem Zusammenhang der zum europäischen Produktsicherheitsrecht rechnenden RL 89/686/EWG v. 21.12.1989 zur Angleichung der Rechtsvorschriften der Mitgliedstaaten für persönliche Schutzausrüstungen (sog. **PSA-RL;** ABl. 1989 L 399, 18) Bedeutung zu. Grundlegend für das Verständnis des europäischen PSA-Benutzungsrechts ist die Vorgabe, dass PSA nur dann zu verwenden sind, „wenn die Risiken nicht durch kollektive technische Schutzmittel oder durch arbeitsorganisatorische Maßnahmen, Methoden oder Verfahren vermieden oder ausreichend begrenzt werden können", Art. 3 RL 89/656/EWG. Die PSA-Benutzungsrichtlinie besteht aus drei Abschnitten mit insgesamt elf Artikeln sowie drei Anhängen (Anhänge I-III). Die **Umsetzung** der RL 89/656/EWG musste gem. Art. 10 I RL 89/656/EWG bis zum 31.12.1992 erfolgen.

a) Anwendungsbereich. Der **sachliche Anwendungsbereich** der RL 89/656/EWG 135
wird durch den Rechtsbegriff der **persönlichen Schutzausrüstung** geprägt. Als **PSA** gilt „jede Ausrüstung, die dazu bestimmt ist, vom Arbeitnehmer benutzt oder getragen zu werden, um sich gegen ein Risiko oder gegen Risiken zu schützen, die seine Sicherheit oder seine Gesundheit bei der Arbeit beeinträchtigen könnten, sowie jede mit demselben Ziel verwendete Zusatzausrüstung", Art. 2 I RL 89/656/EWG. Nicht als PSA gelten normale Arbeitskleidung und Uniformen, die nicht speziell dem Schutz von Sicherheit und Gesundheit des Arbeitnehmers dienen (Buchst. a), Ausrüstungen für Not- und Rettungsdienste (Buchst. b), persönliche Schutzausrüstungen für Militär, Polizei und Angehörige von Ordnungsdiensten (Buchst. c), persönliche Schutzausrüstungen bei Straßenverkehrsmitteln (Buchst. d), Sportausrüstungen (Buchst. e), Selbstverteidigungs- und Abschreckungsmittel (Buchst. f) sowie tragbare Geräte zur Feststellung und Signalisierung von Risiken und Schadstoffen (Buchst. g), Art. 2 II RL 89/656/EWG. Im Unterschied hierzu gilt als PSA iSd RL 89/686/EWG „jede Vorrichtung oder jedes Mittel, das dazu bestimmt ist, von einer Person getragen oder gehalten zu werden, und das diese gegen ein oder mehrere Risiken schützen soll, die ihre Gesundheit sowie ihre Sicherheit gefährden können", Art. 1 II UAbs. 1 RL 89/686/EWG. Hinzu kommen die ebenfalls als PSA anzusehenden Erzeugnisse gem. Art. 1 II UAbs. 2 RL 89/686/EWG.

b) Pflichten der Arbeitgeber. Die „Pflichten der Arbeitgeber" sind Gegenstand des 136
Abschnitts II der RL 89/656/EWG mit den Art. 4–8. Zentrale Bedeutung kommt den allg. Bestimmungen gem. Art. 4 RL 89/656/EWG zu. Danach muss eine PSA „hinsichtlich ihrer Konzeption und Konstruktion den einschlägigen Gemeinschaftsvorschriften über Sicherheit und Gesundheitsschutz entsprechen", Art. 4 I UAbs. 1 RL 89/656/EWG. Mit anderen Worten dürfen die Arbeitnehmer nur solche PSA benutzen, die der RL 89/686/EWG (→ Rn. 134) entsprechen. **Maßgeblicher Zeitpunkt** ist hierbei das (erstmalige) Inverkehrbringen der jeweiligen PSA innerhalb des EWR. Darüber hinaus muss eine PSA Schutz gegenüber den zu verhütenden Risiken bieten, ohne selbst ein größeres Risiko mit sich zu bringen, für die am Arbeitsplatz gegebenen Bedingungen geeignet sein, den ergonomischen Anforderungen und den gesundheitlichen Erfordernissen des Arbeitnehmers Rechnung tragen und dem Träger nach erforderlicher Anpassung passen, Art. 4 I UAbs. 2 RL 89/656/EWG. Hervorzuheben ist sodann die Pflicht der Arbeitgeber aus Art. 5 I RL 89/656/EWG, vor der Auswahl einer PSA eine **Bewertung vorzunehmen**. Diese Bewertung dient ua dem Ziel zu prüfen, ob die PSA im Einklang mit der produktsicherheitsrechtlichen PSA-Richtlinie steht.

c) Nationale Umsetzungsakte. aa) PSA-Benutzungsverordnung. In Deutschland 137
gilt seit Ende 1996 die PSA-BV, die als schlankes Gesetz aus nur drei Paragraphen besteht.

Sie war Art. 1 der Verordnung zur Umsetzung von EG-Einzelrichtlinien zur EG-Rahmenrichtlinie Arbeitsschutz v. 4.12.1996 (BGBl. I 1841; s. die Verordnungsbegründung in BR-Drs. 656/96, 1). Hervorzuheben ist, dass in der PSA-BV **keine Ordnungswidrigkeiten- und/oder Straftatbestände** statuiert sind.

138 **bb) ABBergV.** Als nationaler Umsetzungsakt dient überdies die ABBergV. § 18 ABBergV regelt die „Bereitstellung und Benutzung von persönlichen Schutzausrüstungen" (s. zum Anwendungsbereich § 2 ABBergV). Was die PSA anbelangt, wird auf die produktsicherheitsrechtliche Bestimmung in § 1 II–V der 8. ProdSV verwiesen, § 18 I 2 ABBergV. Die 8. ProdSV dient der Umsetzung der RL 89/686/EWG (→ Rn. 134).

139 **4. RL 90/269/EWG (Vierte Einzelrichtlinie).** Im unmittelbaren Anschluss an die ersten drei Richtlinien aus dem Jahr 1989 wurde am 29.5.1990 die RL 90/269/EWG erlassen. Die Richtlinie befasst sich inhaltlich mit einem klar abgegrenzten Bereich, indem sie **Gefährdungen der Lendenwirbelsäule bei der manuellen Handhabung von Lasten** verhindern soll. Sie beinhaltet drei Abschnitte mit insgesamt zehn Artikeln sowie zwei Anhänge (Anhänge I-II). Umzusetzen in nationales Recht war die RL 90/269/EWG bis zum 31.12.1992, Art. 9 I UAbs. 1 RL 90/269/EWG.

140 **a) Anwendungsbereich. Sachlich-inhaltlich** behandelt die RL 90/269/EWG die manuelle Handhabung von Lasten, dh gem. Art. 2 RL 90/269/EWG „jede Beförderung oder das Abstützen einer Last durch einen oder mehrere Arbeitnehmer". Beispielhaft erwähnt werden in diesem Zusammenhang das Heben, Absetzen, Schieben, Ziehen, Tragen und Bewegen einer Last, „die aufgrund ihrer Merkmale oder ungünstiger ergonomischer Bedingungen für die Arbeitnehmer eine Gefährdung" mit sich bringen. Was die Gefährdungen anbelangt, wird die Lendenwirbelsäule als Schutzgut besonders hervorgehoben.

141 **b) Pflichten der Arbeitgeber.** Die „Pflichten des Arbeitgebers" sind in Abschnitt II der RL 90/269/EWG mit den Art. 3–7 geregelt. Organisatorisch werden die Arbeitgeber gem. Art. 3 I RL 90/269/EWG in die Pflicht genommen, die geeigneten Mittel einzusetzen, damit Arbeitnehmer gar nicht erst Lasten manuell handhaben müssen. Hierbei sollen insbesondere **mechanische Ausrüstungen** zum Einsatz gelangen. Erst wenn der insoweit statuierte Vorrang der Vermeidung, manuelle Lasten zu handhaben, nicht möglich ist, müssen gem. Art. 3 II RL 90/269/EWG die geeigneten organisatorischen Maßnahmen getroffen, die geeigneten Mittel eingesetzt und den Arbeitnehmern zur Verfügung gestellt werden, „um die Gefährdung bei der manuellen Handhabung dieser Lasten gering zu halten". Im Falle nicht zu vermeidender Handhabung manueller Lasten sind bei der **Gestaltung des Arbeitsplatzes** die Vorgaben aus Art. 4 RL 90/269/EWG zu beachten. Somit ist die entsprechende Gestaltung danach auszurichten, dass die Handhabung möglichst sicher und mit möglichst geringer Gesundheitsgefährdung erfolgt. Praktisch wichtig ist die Pflicht, wonach der Arbeitgeber möglichst im Vorhinein die spezifischen Bedingungen in Bezug auf Sicherheit und Gesundheitsschutz bewertet, und zwar unter Berücksichtigung des Anhangs I der RL 90/269/EWG. Gem. Anhang I der RL 90/269/EWG sind die Merkmale der Last, der geforderte körperliche Kraftaufwand, die Merkmale der Arbeitsumgebung und die Erfordernisse der Aufgabe zu berücksichtigen. Dieser Anhang I spielt auch eine Rolle bei der Sorgetragungspflicht des Arbeitgebers, die darauf abzielt, dass die Arbeitnehmer (besonders mit Blick auf die Lendenwirbelsäule) gesundheitlich nicht gefährdet bzw. dass entsprechende Gefährdungen gering gehalten werden.

142 **c) LasthandhabV.** Aufgrund des Art. 2 der Verordnung zur Umsetzung von EG-Einzelrichtlinien zur EG-Rahmenrichtlinie Arbeitsschutz v. 4.12.1996 (BGBl. I 1841; s. die Verordnungsbegründung in BR-Drs. 656/96, 1) wurde die LasthandhabV mit vier Artikeln mitsamt Anhang aus der Taufe gehoben. Verstöße gegen die LasthandhabV werden weder als Ordnungswidrigkeit noch als Straftat sanktioniert. Vor dem Erlass der LasthandhabV gab es in der Bundesrepublik Deutschland keine entsprechenden Bestimmungen (MHdBArbR/ *Kohte* § 289 Rn. 29).

5. RL 90/270/EWG (Fünfte Einzelrichtlinie). Zeitgleich mit der RL 90/269/EWG **143** (→ Rn. 139 ff.) wurde die RL 90/270/EWG am 29.5.1990 erlassen. Gegenstand dieser **(EG-)Bildschirm(arbeits)richtlinie** ist die praktisch wichtige **Arbeit an Bildschirmgeräten**. Besondere Bedeutung hierbei kommt den ergonomischen Aspekten zu (vgl. Erwägungsgründe zur RL 90/270/EWG). Daneben wird in den Erwägungsgründen dezidiert darauf hingewiesen, dass die Arbeitgeber verpflichtet sind, „sich über den neuesten Stand der Technik und der wissenschaftlichen Erkenntnisse auf dem Gebiet der Gestaltung der Arbeitsplätze zu informieren". Die RL 90/270/EWG besteht aus drei Abschnitten mit zwölf Artikeln und einem Anhang. Sie war gem. Art. 11 I UAbs. 1 RL 90/270/EWG bis zum 31.12.1992 in nationales Recht umzusetzen.

a) Anwendungsbereich. Sachlich findet die RL 90/270/EWG auf den gesamten **144** Bereich der Arbeit an Bildschirmgeräten statt (zur weiten Auslegung MHdBArbR/*Kohte* § 289 Rn. 29). Ausnahmen bestehen indes gem. Art. 1 III RL 90/270/EWG für Fahrer- bzw. Bedienerplätze von Fahrzeugen und Maschinen (Buchst. a), Datenverarbeitungsanlagen an Bord eines Verkehrsmittels (Buchst. b), Datenverarbeitungsanlagen, die hauptsächlich zur Benutzung durch die Öffentlichkeit bestimmt sind (Buchst. c), sog. tragbare Datenverarbeitungsanlagen, die hauptsächlich zur Benutzung durch die Öffentlichkeit bestimmt sind (Buchst. d), Rechenmaschinen, Registrierkassen und Geräte mit einer kleinen Daten- oder Messwertanzeigevorrichtung, die zur direkten Benutzung des Geräts erforderlich ist (Buchst. e), und Schreibmaschinen klassischer Bauart („Display-Schreibmaschinen"; Buchst. f).

b) Pflichten der Arbeitgeber. Unter den in Abschnitt II der RL 90/270/EWG geregel- **145** ten „Pflichten des Arbeitgebers" praktisch bedeutsam ist die **Analyse der Arbeitsplätze,** welche der Arbeitgeber gem. Art. 3 I RL 90/270/EWG durchführen muss und die Sicherheits- und Gesundheitsbedingungen zum Gegenstand haben soll. Auf dieser Grundlage sind sodann **zweckdienliche Maßnahmen** zur Ausschaltung der festgestellten Gefahren zu treffen. Wie im europäischen Arbeitsstättenrecht (→ Rn. 118 ff.) war eine zeitliche Einteilung iSe **Stufenplans** zu beachten, in deren Zentrum der 31.12.1992 als Stichtag stand: Für die nach diesem Zeitpunkt in Betrieb genommenen Arbeitsplätze gilt Art. 4 RL 90/270/EWG iVm dem Anhang zur RL 90/270/EWG, wohingegen für die zu diesem Zeitpunkt schon in Betrieb genommenen Arbeitsplätze Art. 5 RL 90/270/EWG iVm dem Anhang zur RL 90/ 270/EWG galt. Gem. Art. 5 RL 90/270/EWG bestand eine Übergangsfrist von vier Jahren, um die bestehenden Arbeitsplätze an die Vorgaben aus dem Anhang der RL 90/270/EWG anzupassen. Für die erst nach dem 31.12.1992 in Betrieb genommenen Arbeitsplätze gelten demgegenüber ohne Weiteres die Mindestvorschriften des Anhangs der RL 90/270/EWG. Die insoweit zentralen Mindestvorschriften im Anhang der RL 90/270/EWG befassen sich mit den Aspekten „Gerät", „Umgebung" und „Mensch-Maschine-Schnittstelle". Diese drei zentralen Bereiche werden sodann in relevante Einzelbereiche wie zB „Bildschirm" oder „Tastatur" in Bezug auf „Gerät" oder zB „Platzbedarf" und „Beleuchtung" in Bezug auf „Umgebung" aufgegliedert. Darüber hinaus ist der Arbeitgeber gem. Art. 7 RL 90/270/ EWG verpflichtet, die Tätigkeit der Arbeitnehmer so zu organisieren, „dass die tägliche Arbeit an Bildschirmgeräten regelmäßig durch Pausen oder andere Tätigkeiten unterbrochen wird". Damit soll die Belastung durch die Arbeit an Bildschirmgeräten verringert werden.

c) Rechte der Arbeitnehmer. Besondere Aufmerksamkeit verdient das Recht der **146** Arbeitnehmer auf eine **angemessene Untersuchung der Augen und des Sehvermögens** durch eine entsprechend qualifizierte Person gem. Art. 9 I RL 90/270/EWG. Dieses Recht besteht erstens vor Aufnahme der Bildschirmarbeit, zweitens regelmäßig im Anschluss daran und schließlich drittens bei Auftreten von Sehbeschwerden, welche auf die Bildschirmarbeit zurückgeführt werden können. Erforderlichenfalls haben die Arbeitnehmer zudem das **Recht auf eine augenärztliche Untersuchung,** Art. 9 II RL 90/270/EWG. Wenn **spezielle Sehhilfen** unter Zugrundelegung der Ergebnisse der Untersuchungen gem. Art. 9 I-II RL 90/270/EWG notwendig sind, sind sie den Arbeitnehmern gem. Art. 9 III RL 90/270/EWG für die betreffende Arbeit zur Verfügung zu stellen. Alle genannten Maßnahmen dürfen im Übrigen nicht zu einer finanziellen Mehrbelastung der Arbeitnehmer führen.

147   d) **BildscharbV.** Die Umsetzung ins nationale Recht erfolgte in der Bundesrepublik Deutschland durch Art. 3 der Verordnung zur Umsetzung von EG-Einzelrichtlinien zur EG-Rahmenrichtlinie Arbeitsschutz v. 4.12.1996 (BGBl. I 1841; s. die Verordnungsbegründung in BR-Drs. 656/96, 1). Zuvor gab es in der Bundesrepublik Deutschland keine entsprechenden Bestimmungen (MHdBArbR/*Kohte* § 289 Rn. 29). Die BildscharbV besteht aus sechs Normen sowie dem Anhang über an Bildschirmarbeitsplätze zu stellende Anforderungen. Ende 2008 wurde § 7 BildscharbV aufgehoben, welcher den schuldhaften Verstoß gegen die Pflicht der Arbeitgeber gem. § 6 I 1 BildscharbV aF, insbesondere den Beschäftigten vor Aufnahme ihrer Tätigkeit an Bildschirmgeräten und anschließend in regelmäßigen Abständen eine angemessene Untersuchung der Augen und des Sehvermögens durch eine fachkundige Person anzubieten, als Ordnungswidrigkeit gem. § 25 I Nr. 1 ArbSchG sanktionierte. Ursächlich für die Reform war Art. 7 der Verordnung zur Rechtsvereinfachung und Stärkung der arbeitsmedizinischen Vorsorge v. 18.12.2008 (BGBl. I 2768). Diese Artikelverordnung führte insbesondere gem. Art. 1 zum Erlass der ArbMedVV (→ Rn. 17).

148   **6. RL 2004/37/EG (Sechste Einzelrichtlinie).** Mit der RL 2004/37/EG wurde 2004 die vorangehende RL 90/394/EWG ersetzt, weil letztere mehrfach in wesentlichen Punkten geändert wurde (Erwägungsgrund 1 zur RL 2004/37/EG). Inhaltlich befasst sich die Sechste Einzelrichtlinie mit der **Gefährdung durch Karzinogene oder Mutagene bei der Arbeit** und damit mit der Exposition der Arbeitnehmer gegenüber den genannten Stoffen, Gemischen oder Verfahren. Ziel der Richtlinie ist die **Verringerung der Exposition** gegenüber Karzinogenen und Mutagenen. Dabei räumt der Richtliniengeber ein, dass nach dem gegenwärtigen Stand der wissenschaftlichen Erkenntnisse kein Niveau bestimmt werden kann, unterhalb dessen eine Gefährdung der Gesundheit nicht mehr gegeben ist (Erwägungsgrund 11 zur RL 2004/37/EG). Gleichwohl sollen iRd zugrunde gelegten **Vorsorgeprinzips** Grenzwerte und andere damit unmittelbar zusammenhängende Bestimmungen für alle Karzinogene und Mutagene festgelegt werden, wenn und soweit dies aufgrund der verfügbaren Informationen möglich ist (Erwägungsgründe 12, 14 und 15 zur RL 2004/37/EG). Die RL 2004/37/EG wird gemeinhin als **(EG-)Krebsrichtlinie** bezeichnet und rechnet (auch) zum europäischen Gefahrstoffrecht (→ Rn. 7 f.). Aufgrund dessen existieren Bezüge zur **CLP-Verordnung** (vgl. Erwägungsgründe 7–8 zur RL 2004/37/EG; → Rn. 7). Insgesamt besteht die RL 2004/37/EG aus drei Kapiteln mit 22 Artikeln sowie fünf Anhängen (Anhänge I-V). Die RL 90/394/EWG war bis zum 31.12.1992 in innerstaatliches Recht umzusetzen, Art. 19 I UAbs. 1 RL 90/394/EWG.

149   a) **Anwendungsbereich.** Der **sachliche Anwendungsbereich** der RL 2004/37/EG wird durch die Rechtsbegriffe „Karzinogen" und „Mutagen" bestimmt; denn die Richtlinie gilt gem. Art. 3 I RL 2004/37/EG „für Tätigkeiten, bei denen Arbeitnehmer aufgrund ihrer Arbeit Karzinogenen oder Mutagenen ausgesetzt sind oder sein können." Die beiden Stoffe werden in Art. 2 lit. a-b RL 2004/37/EG unter Bezugnahme auf die VO (EG) Nr. 1272/2008 definiert. Im Weiteren sind Karzinogene **krebserzeugend,** und Mutagene **erbgutverändernd.** Für Asbest, der unter die RL 2009/148/EG (→ Rn. 8) fällt, gilt die RL 2004/37/EG gem. Art. 1 IV RL 2004/37/EG, wenn und soweit sie ein höheres Sicherheits- und Gesundheitsschutzniveau vorsieht. **In persönlicher Hinsicht** gilt die RL 2004/37/EG nicht für jene Arbeitnehmer, die nur den unter den Vertrag zur Gründung der Europäischen Atomgemeinschaft fallenden Strahlungen ausgesetzt sind, Art. 1 II RL 2004/37/EG.

b) Pflichten der Arbeitgeber. Die „Pflichten der Arbeitgeber" sind Gegenstand des 150
Kapitels II der RL 2004/37/EG. Ergeben sich aus der durchzuführenden Risikobewertung
(→ Rn. 108) Risiken für die Sicherheit und Gesundheit der Arbeitnehmer, muss die Exposition der Arbeitnehmer vermieden werden, Art. 5 I RL 2004/37/EG. Zentrale Bedeutung kommt sodann der **Pflicht zur Verringerung und zum Ersatz** gem. Art. 4 I
RL 2004/37/EG zu: Danach ist die Verwendung von Karzinogenen oder Mutagenen am
Arbeitsplatz zu verringern, und zwar – wenn technisch möglich – durch den Ersatz mit
weniger gefährlichen Stoffen, Gemischen oder Verfahren. Wenn eine solche Substitution
technisch unmöglich ist, sollen Herstellung und Verwendung des Karzinogens oder Mutagens gem. Art. 5 II RL 2004/37/EG möglichst in einem geschlossenen System stattfinden. Im Übrigen ist die Exposition der Arbeitnehmer gem. Art. 5 III RL 2004/37/EG
„auf das Geringste technisch mögliche Niveau" zu verringern, wobei die **Grenzwerte für
Karzinogene** gem. Anhang III der RL 2004/37/EG nicht überschritten werden dürfen
(vgl. zur Definition des Grenzwerts Art. 2 lit. c RL 2004/37/EG). Flankiert werden die
genannten Pflichten durch **spezifische Mitteilungspflichten** der Arbeitgeber gegenüber
der jeweils zuständigen Behörde, die indes an eine **vorherige An- bzw. Aufforderung**
durch die Behörde gekoppelt sind (vgl. Art. 3 II UAbs. 3, 4 II, 6 RL 2004/37/EG).
Schließlich sieht die Krebsrichtlinie Regelungen für die **unvorhersehbare Exposition** wie
zB bei einem Unfall einerseits (Art. 7 RL 2004/37/EG) und für die **vorhersehbare Exposition** wie zB bei Wartungsarbeiten andererseits (Art. 8 RL 2004/37/EG) vor.

c) GefStoffV. Die GefStoffV dient der Umsetzung einer Vielzahl europäischer Richt- 151
linien (vgl. BR-Drs. 456/10, 1). Zu den insgesamt elf Richtlinien rechnet auch die EG-Krebsrichtlinie. Die RL 2004/37/EG spielt bei den Grundpflichten gem. § 7 GefStoffV
eine Rolle (vgl. § 7 XI GefStoffV). Zudem werden in § 10 GefStoffV besondere Schutzmaßnahmen bei Tätigkeiten mit krebserzeugenden, erbgutverändernden und fruchtbarkeitsgefährdenden Gefahrstoffen geregelt, welche der Umsetzung der RL 2004/37/EG
dienen (BR-Drs. 456/10, 87).

7. RL 2000/54/EG (Siebte Einzelrichtlinie). Mit der RL 2000/54/EG wurde im 152
Jahr 2000 die vorangehende RL 90/679/EWG ersetzt, da letztere wiederholt in wesentlichen Punkten geändert worden war (Erwägungsgrund 1 zur RL 2000/54/EG). Inhaltlich
befasst sich die RL 2000/54/EG mit der **Gefährdung durch biologische Arbeitsstoffe
am Arbeitsplatz.** Aus diesem Grund wird sie als **(EG-)Biostoffrichtlinie** oder **(EG-)
Richtlinie zu biologischen Arbeitsstoffen** bezeichnet. Ebenso wie die Sechste Einzelrichtlinie dient auch die Siebte Einzelrichtlinie der **Vorsorge: Vorbeugende Maßnahmen**
sollen zum Schutz von Gesundheit und Sicherheit der durch biologische Stoffe gefährdeten
Arbeitnehmer getroffen werden (Erwägungsgrund 8 zur RL 2000/54/EG). Die **Vorbeugung gegen Gefährdungen durch biologische Arbeitsstoffe bei der Arbeit** wird auch
in Art. 1 I RL 2000/54/EG als Ziel dieser Richtlinie bezeichnet. Die RL 2000/54/EG
besteht aus drei Kapiteln mit 23 Artikeln sowie neun Anhängen (Anhänge I-IX). Was die
Umsetzung der Siebten Einzelrichtlinie anbelangt, sah Art. 20 RL 90/679/EWG eine Frist
von drei Jahren (bzw. für Portugal von fünf Jahren) nach ihrer Bekanntgabe vor, Art. 20 I
RL 90/679/EWG. Im Unterschied zur RL 2000/54/EG, die bislang nicht geändert wurde,
führte die RL 93/88/EWG v. 12.10.1993 zur Änderung der RL 90/679/EWG über den
Schutz der Arbeitnehmer gegen Gefährdung durch biologische Arbeitsstoffe bei der Arbeit
(ABl. 1993 L 268, 71) zur nachträglichen Einfügung des Anhangs III der RL 90/679/EWG
über die gemeinschaftliche Einstufung (sie ist de lege lata Gegenstand des Anhangs III der
RL 2000/54/EG).

a) Anwendungsbereich. Der **sachliche Anwendungsbereich** der RL 2000/54/EG 153
erfasst jegliche Exposition von Arbeitnehmern gegenüber biologischen Arbeitsstoffen, Art. 1
I, 3 I RL 2000/54/EG. Damit stehen die biologischen Arbeitsstoffe im Zentrum der
RL 2000/54/EG. Hierbei handelt es sich gem. Art. 2 UAbs. 1 lit. a RL 2000/54/EG um

„Mikroorganismen, einschließlich genetisch veränderter Mikroorganismen, Zellkulturen und Humanendoparasiten, die Infektionen, Allergien oder toxische Wirkungen hervorrufen könnten". Die Rechtsbegriffe „Mikroorganismen" und „Zellkulturen" sind in Art. 2 UAbs. 1 lit. b-c RL 2000/54/EG ebenfalls definiert. Die biologischen Arbeitsstoffe werden in Art. 2 UAbs. 2 Nrn. 1–4 RL 2000/54/EG in **vier Gruppen** eingeteilt, wobei in der vierten Gruppe jene Stoffe zusammengefasst werden, die eine schwere Krankheit beim Menschen hervorrufen und eine ernste Gefahr für Arbeitnehmer darstellen, wobei die Gefahr einer Verbreitung in der Bevölkerung uU groß ist und eine wirksame Vorbeugung oder Behandlung normalerweise nicht möglich ist.

154 **b) Pflichten der Arbeitgeber.** Kapitel III beinhaltet die „Pflichten der Arbeitgeber" in den Art. 5–13 RL 2000/54/EG. Bereits in den Erwägungsgründen wird indes darauf hingewiesen, dass die Arbeitgeber „sich ständig über den neuesten Stand der Technik" informieren müssen, um einen wirksamen Schutz der Arbeitnehmer sicherzustellen (Erwägungsgrund 7 zur RL 2000/54/EG). Das Ergebnis der durchzuführenden Ermittlung und Abschätzung der Risiken (→ Rn. 108) wirkt sich unmittelbar auf die Anwendbarkeit der Art. 5 ff. RL 2000/54/EG aus (vgl. hierzu Art. 4 RL 2000/54/EG). Auf Anforderung bestehen **Mitteilungspflichten** gegenüber den zuständigen Behörden, Art. 3 II UAbs. 4 RL 2000/54/EG.

155 Was die Pflichten aus den Art. 5–13 RL 2000/54/EG anbelangt, gilt zunächst der **Grundsatz der Ersetzung** in Art. 5 RL 2000/54/EG: Gefährliche biologische Arbeitsstoffe sind danach durch biologische Arbeitsstoffe zu ersetzen, die nach dem gegenwärtigen Erkenntnisstand nicht oder ggf. weniger gefährlich für die Gesundheit der Arbeitnehmer sind. Praktisch wichtig sind sodann die Maßnahmen zur „Verringerung der Risiken" gem. Art. 6 RL 2000/54/EG, wonach eine Exposition der Arbeitnehmer vermieden oder jedenfalls verringert werden muss, wenn und soweit die Risikoabschätzung (→ Rn. 108) Risiken für die Sicherheit oder die Gesundheit der Arbeitnehmer zutage gefördert hat. Flankiert werden diese Maßnahmen durch genuine **Informationspflichten gegenüber der zuständigen Behörde** auf deren Anforderung. Welche Informationen in diesem Fall zur Verfügung zu stellen sind, ist in Art. 7 I RL 2000/54/EG im Einzelnen niedergelegt. **Hygiene- und individuelle Schutzmaßnahmen** gem. Art. 8 RL 2000/54/EG runden das arbeitsschutzrechtliche Pflichtenprogramm der Arbeitgeber ab. Schließlich ist ein **Verzeichnis exponierter Arbeitnehmer** zu führen, Art. 11 RL 2000/54/EG. Das Verzeichnis ist für mind. zehn Jahre nach Ende der Exposition aufzubewahren.

156 **c) BioStoffV.** Nationaler Umsetzungsakt für die RL 2000/54/EG ist die BioStoffV, welche daneben auch der Umsetzung der RL 2010/32/EU v. 10.5.2010 zur Durchführung der von HOSPEEM und EGÖD geschlossenen Rahmenvereinbarung zur Vermeidung von Verletzungen durch scharfe/spitze Instrumente im Krankenhaus- und Gesundheitssektor (ABl. 2010 L 134, 66) dient (zur Umsetzung der RL 90/679/EWG durch die BioStoffV 1999 Kollmer/Klindt/*Kossens* § 1 BioStoffV Rn. 4). Genuin nationales Biostoffrecht ist Gegenstand des Abschnitts 6 der BioStoffV mit den Ordnungswidrigkeiten und Straftaten. In § 20 I BioStoffV sind nicht weniger als 26 Ordnungswidrigkeitentatbestände iSd § 25 I Nr. 1 ArbSchG statuiert, sodass im Falle ihrer schuldhaften Verwirklichung eine Geldbuße bis zu 5.000 EUR droht.

157 **8. RL 92/57/EWG (Achte Einzelrichtlinie).** Als **(EG-)Baustellenrichtlinie** wird die RL 92/57/EWG bezeichnet (Kollmer/Klindt/*Kann* Einf. BaustellV Rn. 8). Sie dient dem Schutz von Arbeitnehmern auf zeitlich begrenzten oder ortsveränderlichen Baustellen, weil insoweit besonders große Gefahren bestehen. Auf solchen Baustellen kam es vor dem Erlass der Richtlinie zu einer **Vielzahl von Arbeitsunfällen,** weil bei der Errichtung eines Bauwerks insbesondere **Fehler bei der Koordinierung** auftraten. Diese Fehler wiederum standen in engem Zusammenhang mit der gleichzeitigen bzw. aufeinanderfolgenden Anwesenheit verschiedener Unternehmen am Arbeitsort. Aus diesem Grund wird schon in den

Erwägungsgründen zur RL 92/57/EWG die Bedeutung der Koordinierung ab der Vorbereitung des Bauprojekts und während der Bauarbeiten betont. Darüber hinaus besteht ein Anliegen der Baustellenrichtlinie darin, auf das Gefährdungspotential aufmerksam zu machen, das von **Selbständigen und jenen Arbeitgebern** ausgeht, die selbst eine berufliche Tätigkeit auf einer zeitlich begrenzten oder ortsveränderlichen Baustelle ausüben. Anders als die bisherigen Einzelrichtlinien kennt die RL 92/57/EWG keine Gliederung in Abschnitte oder Kapitel. Die **Umsetzung** der Baustellenrichtlinie musste bis zum 31.12.1993 erfolgen.

a) **Anwendungsbereich.** Der **sachliche Anwendungsbereich** der Baustellenrichtlinie 158 steht und fällt mit dem Rechtsbegriff der zeitlich begrenzten oder ortsveränderlichen Baustelle. Solche qualifizierten Baustellen sind gem. Art. 2 lit. a RL 92/57/EWG „alle Baustellen, an denen Hoch- oder Tiefbauarbeiten ausgeführt werden, die in der nicht erschöpfenden Liste in Anhang I [der RL 92/57/EWG] aufgeführt sind". Daneben wird der sachliche Anwendungsbereich auch negativ abgegrenzt: Bohr- und Förderarbeiten der mineralgewinnenden Betriebe iSd Art. 1 II des Beschlusses 74/326/EWG v. 27.6.1974 über die Erstreckung der Zuständigkeit des Ständigen Ausschusses für die Betriebssicherheit und den Gesundheitsschutz im Steinkohlenbergbau auf alle mineralgewinnenden Betriebe (ABl. 1974 L 185, 18) sollen dezidiert nicht erfasst werden. Was den **persönlichen Anwendungsbereich** anbetrifft, kennt die Baustellenrichtlinie neben den Arbeitgebern und Arbeitnehmern zusätzlich noch **Bauherren** (Art. 2 lit. b RL 92/57/EWG), **Bauleiter** (Art. 2 lit. c RL 92/57/EWG), **Selbständige** (Art. 2 lit. d RL 92/57/EWG), **Arbeitgeber, die selbst eine berufliche Tätigkeit auf der Baustelle ausüben** (Art. 10 II RL 92/57/ EWG) sowie **Sicherheits- und Gesundheitsschutzkoordinatoren für die Vorbereitungsphase des Bauprojekts** (Art. 2 lit. e RL 92/57/EWG) und **für die Ausführungsphase des Bauwerks** (Art. 2 lit. f RL 92/57/EWG).

b) **Pflichten der Normadressaten.** Die RL 92/57/EWG weicht mit Blick auf die 159 Adressaten der Pflichten von den übrigen Einzelrichtlinien signifikant ab. Weil Selbständige und Arbeitgeber, die selbst eine berufliche Tätigkeit auf der Baustelle ausüben, die Sicherheit und Gesundheit der Arbeitnehmer durch ihre Tätigkeit gefährden können, müssen sie die Pflichten aus Art. 10 RL 92/57/EWG erfüllen. Im Übrigen gelten für Bauherren und Bauleiter, Koordinatoren und Arbeitgeber die nachfolgenden Pflichten.

aa) **Bauherren und Bauleiter.** Bauleiter und ggf. auch Bauherren müssen gem. Art. 4 160 UAbs. 1 RL 92/57/EWG bei Entwurf, Ausführungsplanung und Vorbereitung die **allg. Grundsätze der Gefahrenverhütung** iSd Art. 6 II (→ Rn. 54) berücksichtigen (vgl. zur Stellung der Bauherren im europäischen Arbeitsschutzrecht Kollmer/Klindt/*Kann* Einf. BaustellV Rn. 10). Wenn und soweit auf der Baustelle mehrere Unternehmen anwesend sind, wird mind. ein **Sicherheits- und Gesundheitsschutzkoordinator** vom Bauherren bzw. Bauleiter bestellt, Art. 3 I RL 92/57/EWG. In diesem Fall besteht eine Sorgetragungspflicht vom Bauherren bzw. Bauleiter dahingehend, dass vor der Eröffnung der Baustelle ein **Sicherheits- und Gesundheitsschutzplan** (durch den oder die Koordinatoren) erstellt wird. Die Beauftragung der Koordinatoren führt im Übrigen nicht zu einem verringerten Pflichtenprogramms des Bauherren bzw. Bauleiters, da beide gem. Art. 6 I RL 92/57/ EWG in der rechtlichen Verantwortung bleiben. Schließlich besteht in bestimmten Szenarien die Pflicht für Bauherr bzw. Bauleiter zur **Übermittlung der sog. Vorankündigung,** Art. 3 III UAbs. 1 iVm Anhang III der RL 92/57/EWG.

bb) **Sicherheits- und Gesundheitsschutzkoordinatoren.** Was die Koordinatoren für 161 die **Vorbereitungsphase des Bauprojekts** anbelangt, gilt Art. 5 RL 92/57/EWG. Danach müssen die Koordinatoren die Anwendung des Art. 4 RL 92/57/EWG durch Bauleiter und ggf. Bauherren koordinieren, den Sicherheits- und Gesundheitsschutzplan ausarbeiten bzw. ausarbeiten lassen und eine den Merkmalen des Bauwerks Rechnung tragende Unterlage zusammenstellen. Die Koordinatoren für die **Ausführungsphase des Bauwerks** müssen die Pflichten aus Art. 6 RL 92/57/EWG erfüllen. Hierbei handelt es sich im

Wesentlichen um genuine **Koordinierungspflichten,** die sich zum Teil auch auf die gegenseitige Information der Arbeitgeber iSd Art. 6 IV beziehen. Hinzu treten insbesondere die Pflichten zur Anpassung des Sicherheits- und Gesundheitsschutzplans und zur Überwachung der ordnungsgemäßen Anwendung der Arbeitsverfahren.

162 cc) **Arbeitgeber.** Für die Arbeitgeber gilt in erster Linie die mit „Verpflichtungen der Arbeitgeber" bezeichnete Bestimmung in Art. 9 RL 92/57/EWG. Sie müssen danach insbesondere bei der Anwendung von Art. 8 RL 92/57/EWG über die Ausführung des Bauwerks Maßnahmen ergreifen, die mit den Mindestvorschriften in Anhang IV der RL 92/57/EWG übereinstimmen. In diesem Anhang werden die „Mindestvorschriften für Sicherheit und Gesundheitsschutz auf Baustellen" geregelt. Daneben bleibt auch die rechtliche Verantwortung der Arbeitgeber gem. Art. 7 II RL 92/57/EWG unberührt von den Art. 5–6 RL 92/57/EWG und damit von den bestellten Sicherheits- und Gesundheitsschutzkoordinatoren.

163 c) **BaustellV.** Umsetzungsakt für die EG-Baustellenrichtlinie innerhalb der Bundesrepublik Deutschland ist die BaustellV aus dem Jahr 1998. Weil wesentliche Inhalte aus der RL 92/57/EWG schon Bestandteil des deutschen Arbeitsschutzrechts in Gestalt von ArbSchG, ArbStättV, Unfallverhütungsvorschriften und den Bauordnungen der Länder waren, mussten nur noch die insoweit neuen Inhalte in nationales Recht transformiert werden (Kollmer/Klindt/*Kann* Einf. BaustellV Rn. 8). Die BaustellV wurde mWv 1.1.2005 geändert, indem § 3 Ia BaustellV in die Verordnung eingefügt wurde. Danach wird der Bauherr oder der von ihm beauftragte Dritte durch die Beauftragung geeigneter Koordinatoren nicht von seiner Verantwortung entbunden. Hinter dieser Änderung stand die Überlegung, für eine formal umfassende Umsetzung der RL 92/57/EWG zu sorgen (Kollmer/Klindt/*Kann* Einf. BaustellV Rn. 9).

164 **9. RL 92/58/EWG (Neunte Einzelrichtlinie).** Die RL 92/58/EWG regelt im Anschluss an die RL 77/576/EWG v. 25.7.1977 zur Angleichung der Rechts- und Verwaltungsvorschriften der Mitgliedstaaten über die Sicherheitskennzeichnung am Arbeitsplatz (ABl. 1977 L 229, 12) die **Sicherheits- und Gesundheitsschutzkennzeichnung am Arbeitsplatz.** Im Rahmen einer Bestandsaufnahme musste vor dem Erlass der RL 92/58/EWG festgestellt werden, dass in diesem Bereich **erhebliche Unterschiede** in den damaligen EWG-Mitgliedstaaten bestanden. Im Hinblick auf existierende sprachliche und kulturelle Unterschiede der Arbeitnehmer sollte die Harmonisierung der Kennzeichnung am Arbeitsplatz dazu beitragen, die damit einhergehenden Risiken zu begrenzen (vgl. Erwägungsgründe zur RL 92/58/EWG). Zudem bezog sich die europäische Harmonisierung im Wesentlichen auf Sicherheitszeichen und die Kennzeichnung von Hindernissen und Gefahrenstellen. Weil diese beschränkte Harmonisierung nicht mehr als zielführend angesehen wurde, sollten mit der RL 92/58/EWG **neue Kennzeichnungsarten** eingeführt werden. Insgesamt besteht die RL 92/58/EWG aus drei Abschnitten mit zwölf Artikeln sowie neun Anhängen (Anhänge I-IX). Umzusetzen in nationales Recht war die RL 92/58/EWG gem. Art. 11 I UAbs. 1 RL 92/58/EWG bis zum 24.6.1994. Zugleich trat die RL 77/576/EWG außer Kraft, wobei sie in den Fällen des Art. 5 RL 92/58/EWG (→ Rn. 166) längstens weitere 18 Monate Geltung beanspruchte, Art. 10 I RL 92/58/EWG.

165 a) **Anwendungsbereich.** Der **sachliche Anwendungsbereich** der RL 92/58/EWG wird bestimmt durch die Sicherheits- und/oder Gesundheitsschutzkennzeichnung am Arbeitsplatz. Bei dieser spezifischen Kennzeichnung handelt es sich um „eine Kennzeichnung, die – bezogen auf einen bestimmten Gegenstand, eine bestimmte Tätigkeit oder einen bestimmten Sachverhalt – jeweils mittels eines Schildes, einer Farbe, eines Leucht- oder Schallzeichens, einer verbalen Kommunikation oder eines Handzeichens eine Aussage oder eine Vorschrift betreffend den Sicherheits- und/oder Gesundheitsschutz am Arbeitsplatz ermöglicht", Art. 2 lit. a RL 92/58/EWG. Demgegenüber gilt die RL 92/58/EWG nicht für die Kennzeichnung zur Regelung des Straßen-, Eisenbahn-, Binnenschiffs-, See- und

Luftverkehrs, Art. 1 III RL 92/58/EWG. Abzugrenzen ist sie zudem von den Bestimmungen über das Inverkehrbringen von gefährlichen Stoffen und Zubereitungen, von Erzeugnissen und Ausrüstungen, wenn nicht im Einzelfall in den hierfür geltenden europäischen Rechtsakten etwas anderes bestimmt ist, Art. 1 II RL 92/58/EWG. Sie findet hingegen Anwendung neben der RL 1999/92/EG (→ Rn. 190).

b) Pflichten der Arbeitgeber. Abschnitt II der RL 92/58/EWG regelt die „Pflichten des Arbeitgebers". Schon in den Erwägungsgründen zur RL 92/58/EWG wird indes auf den bedeutsamen Aspekt hingewiesen, dass eine Sicherheits- und/oder Gesundheitsschutzkennzeichnung de lege lata nur in Betracht kommt, wenn in concreto weder mittels **kollektiver technischer Schutzmaßnahmen** noch mittels **arbeitsorganisatorischer Maßnahmen, Methoden oder Verfahren** effektive Risikovermeidung bzw. -begrenzung bewerkstelligt werden kann. Vor diesem Hintergrund ist die Sicherheits- und Gesundheitsschutzkennzeichnung **arbeitsschutzrechtliche Ultima Ratio**. Ausdrücklich geregelt ist diese Leitlinie auch im verfügenden Teil der Richtlinie (Art. 3 I RL 92/58/EWG). Sodann war zeitlich danach zu differenzieren, ob es sich um erstmalig oder um bereits verwendete Sicherheits- und Gesundheitsschutzkennzeichnung handelte: Für letztere galt Art. 5 RL 92/58/EWG mit der Vorgabe, dass eine Anpassung an die Mindestvorschriften in den Anhängen I-IX der RL 92/58/EWG spätestens 18 Monate nach dem 24.6.1994 vorzunehmen war. Für die erstmalig verwendete Kennzeichnung gilt demgegenüber Art. 4 RL 92/58/EWG, sodass die Anforderungen aus der RL 92/58/EWG sofort nach Ablauf der Umsetzungsfrist am 24.6.1994 zu beachten waren. Unter den Anhängen der RL 92/58/EWG verdient Anhang I mit den **allg. Mindestvorschriften** für die Sicherheits- und/oder Gesundheitsschutzkennzeichnung am Arbeitsplatz besondere Aufmerksamkeit. Dort werden ua die Art der Kennzeichnung sowie die gegenseitige Austauschbarkeit und Kombination der Kennzeichnung geregelt. **Nationale Spielräume für Befreiungen** von den Vorgaben in Bezug auf die Leucht- und/oder Schallzeichen (vgl. die Definition in Art. 2 lit. k-l RL 92/58/EWG) sieht Art. 6 I RL 92/58/EWG vor. Die Mindestvorschriften für Leucht- und Schallzeichen sind in den Anhängen VI-VII der RL 92/58/EWG geregelt. **166**

c) Nationale Umsetzungsakte. aa) ArbStättV iVm ASR A1.3. Nachdem lange Zeit die Unfallverhütungsvorschrift BGV A8 über die „Sicherheits- und Gesundheitsschutzkennzeichnung am Arbeitsplatz" als Umsetzungsakt für die RL 92/58/EWG gedient hatte, übernahm die ArbStättV seit ihrem Inkrafttreten im Jahr 2004 diese Aufgabe in Gestalt eines gleitenden Verweises auf die RL 92/58/EWG (BR-Drs. 450/04, 32). Im Anhang I der ArbStättV werden die Anforderungen an Arbeitsstätten gem. § 3 I ArbStättV im Allgemeinen und an die Sicherheits- und Gesundheitsschutzkennzeichnung im Besonderen statuiert. Letztere sind Gegenstand der Regelung in Ziff. 1.3 des Anhangs I der ArbStättV. Konkretisiert wird diese arbeitsstättenrechtliche Anforderung seit Februar 2013 durch die ASR A1.3 über „die Sicherheits- und Gesundheitsschutzkennzeichnung". Diese ASR rechnet zu den Technischen Regeln für Arbeitsstätten, die auf die Regelung in § 7 III 1 Nr. 2 ArbStättV zurückzuführen sind (vgl. Kollmer/Klindt/*Lorenz* § 7 ArbStättV Rn. 6). Danach gehört es ua zu den Aufgaben des Ausschusses für Arbeitsstätten, „Regeln zu ermitteln, wie die in dieser Verordnung gestellten Anforderungen erfüllt werden können". Im Falle der Einhaltung der ASR ist gem. § 3a I 3 ArbStättV davon auszugehen, dass die Anforderungen der ArbStättV erfüllt sind. Ausweislich der ASR A1.3 soll ihre Anwendung die Mindestanforderungen der RL 92/58/EWG erfüllen (vgl. Punkt 2 der ASR A1.3). **167**

bb) ABBergV. Hinzuweisen ist zudem auf die ABBergV. In dieser Verordnung wird in § 19 die „Sicherheits- oder Gesundheitsschutzkennzeichnung" geregelt. Konkret muss der Unternehmer gewährleisten, dass Risiken und Gefahren für Sicherheit und Gesundheit an Arbeitsplätzen (s. zum Anwendungsbereich § 2 ABBergV) unter Berücksichtigung des Ergebnisses der Beurteilung von Gefährdungen nach § 3 I 5 Nr. 1 ABBergV gekennzeichnet werden. **168**

169 **10. RL 92/91/EWG (Elfte Einzelrichtlinie).** Mit der RL 92/91/EWG wird eine Regelung für den arbeitsstättenrechtlich ungeregelten Bereich der **mineralgewinnenden Betriebe** getroffen (→ Rn. 120). In diesen Betrieben, in denen durch Bohrungen Mineralien gewonnen werden, werden die Arbeitnehmer besonders hohen Risiken ausgesetzt (vgl. Erwägungsgründe zur RL 92/91/EWG). Insgesamt weist die RL 92/91/EWG drei Abschnitte mit 13 Artikeln und einem Anhang auf. Eine Umsetzung in nationales Recht musste binnen 24 Monaten nach der Annahme der RL erfolgen, Art. 12 I RL 92/91/EWG.

170 **a) Anwendungsbereich. Gegenständlich** erfasst werden von der RL 92/91/EWG Betriebe, in denen durch Bohrungen Mineralien gewonnen werden. Hierbei handelt es sich gem. Art. 2 lit. a RL 92/91/EWG um Betriebe, deren Tätigkeit entweder das eigentliche Gewinnen von Mineralien durch Bohrungen und/oder das Aufsuchen zum Zwecke einer späteren Gewinnung und/oder die Aufbereitung des Förderguts für den Verkauf mit Ausnahme der Tätigkeiten zur Weiterverarbeitung dieses Förderguts ist. Mit Blick auf diese Betriebe ist die RL 92/91/EWG **lex specialis** gegenüber der RL 92/104/EWG (→ Rn. 174 ff.). Keine Anwendung findet die RL 1999/92/EG auf die sachlich erfassten mineralgewinnenden Betriebe, Art. 1 II lit. d RL 1999/92/EG.

171 **b) Pflichten der Arbeitgeber.** Abschnitt II der RL 92/91/EWG regelt die „Pflichten des Arbeitgebers". In diesem Zusammenhang ist erstens auf die allg. Verpflichtungen aus Art. 3 RL 92/91/EWG hinzuweisen, die sich ua mit den **Anforderungen an Arbeitsstätten** befassen (Art. 3 I lit. a–b RL 92/91/EWG). Der Begriff der Arbeitsstätte ist dabei abweichend von der RL 89/654/EWG (→ Rn. 119) definiert: Arbeitsstätten iSd RL 92/91/EWG sind gem. Art. 2 lit. b RL 92/91/EG „alle Örtlichkeiten, die zur Einrichtung von Arbeitsplätzen vorgesehen sind und die Haupt- und Nebenbetriebe sowie Anlagen der Betriebe, in denen durch Bohrungen Mineralien gewonnen werden, umfassen – einschließlich vorhandener Unterkünfte –, zu denen die Arbeitnehmer im Rahmen ihrer Arbeit Zugang haben." Sodann muss sich der Arbeitgeber gem. Art. 3 II RL 92/91/EWG der Existenz eines **Sicherheits- und Gesundheitsschutzdokuments** vergewissern, welches vor Aufnahme der Arbeit erstellt und einen bestimmten Inhalt aufweisen muss. Bei wichtigen Änderungen, Erweiterungen oder Umgestaltungen an den Arbeitsstätten muss es **überarbeitet** werden, Art. 3 II UAbs. 3 RL 92/91/EWG. Zweitens statuiert Art. 10 RL 92/91/EWG „Mindestvorschriften für Sicherheit und Gesundheitsschutz", und zwar abhängig davon, ob die betreffende Arbeitsstätte zum ersten Mal nach Ablauf der Umsetzungsfrist genutzt wird (Art. 10 I RL 92/91/EWG iVm dem Anhang der RL 92/91/EWG) oder ob sie bereits vor diesem Zeitpunkt genutzt wurde (Art. 10 II RL 92/91/EWG iVm dem Anhang der RL 92/91/EWG). Letzterenfalls bestand eine **Übergangsfrist von fünf Jahren** für die Anpassung an die Vorgaben aus dem Anhang der RL 92/91/EWG. Was den Anhang der RL 92/91/EWG anbelangt, gibt es gemeinsame Mindestvorschriften für den Onshore- und Offshore-Bereich (Abschnitt A), besondere Mindestvorschriften für den Onshore-Bereich (Abschnitt B) und besondere Mindestvorschriften für den Offshore-Bereich (Abschnitt C). Wenn und soweit **Änderungen, Erweiterungen und/oder Umgestaltungen** nach Ablauf der Umsetzungsfrist vorgenommen werden, muss der Arbeitgeber dafür Sorge tragen, dass die Mindestvorschriften aus dem Anhang der RL 92/91/EWG nach wie vor eingehalten werden, Art. 10 III RL 92/91/EWG.

172 Besondere Regelungen befassen sich insbesondere mit der Verhinderung der Entstehung und der Ausbreitung von **Bränden und Explosionen** sowie der Verhinderung des Auftretens einer **explosionsfähigen und/oder gesundheitsgefährdenden Atmosphäre** (Art. 4 RL 92/91/EWG), mit **Flucht- und Rettungsmitteln** (Art. 5 RL 92/91/EWG) und **Kommunikations-, Warn- und Alarmsystemen** (Art. 6 RL 92/91/EWG). Abschließend besteht eine **Meldepflicht** in Bezug auf tödliche und/oder schwere Betriebsunfälle und gefährliche Vorkommnisse gegenüber den zuständigen Behörden, Art. 3 IV RL 92/91/EWG.

Einzelrichtlinien **Art. 1–19 RL 89/391/EWG 410**

c) ABBergV. Die Umsetzung der RL 92/91/EWG in der Bundesrepublik Deutschland 173
erfolgte durch die ABBergV. Diese Verordnung dient freilich auch der Umsetzung weiterer
arbeitsschutzrechtlicher Richtlinien (im Einzelnen der RL 89/391/EWG, RL 89/655/
EWG, RL89/656/EWG, RL 92/58/EWG und RL 92/104/EWG).

11. RL 92/104/EWG (Zwölfte Einzelrichtlinie). Wie in der RL 92/91/EWG steht 174
auch in der RL 92/104/EWG die **Mineralgewinnung** im Vordergrund. Die Zwölfte
Einzelrichtlinie zielt auf Sicherheit und Gesundheitsschutz **in über- oder untertägigen
mineralgewinnenden Betrieben** ab. Erforderlich ist dieser spezifische Rechtsakt, weil die
RL 89/654/EWG (→ Rn. 118 ff.) mineralgewinnende Betriebe sachlich nicht erfasst
(→ Rn. 120). Gerade in den über- oder untertägigen mineralgewinnenden Betrieben
werden die Arbeitnehmer besonders hohen Risiken ausgesetzt (s. Erwägungsgründe zur
RL 92/104/EWG). Die RL 92/104/EWG weist 14 Artikel in drei Abschnitten auf, die um
einen Anhang ergänzt werden. Die RL 92/104/EWG musste binnen 24 Monaten nach
ihrer Annahme in nationales Recht transformiert werden, Art. 13 I RL 92/104/EWG.

a) Anwendungsbereich. Was den **sachlichen Anwendungsbereich** der Zwölften 175
Einzelrichtlinie anbelangt, gilt sie für über- oder untertägige mineralgewinnende Betriebe.
Dies sind gem. Art. 2 lit. a RL 92/104/EWG alle Betriebe, deren Tätigkeit das eigentliche
Gewinnen von Mineralien über oder unter Tage ist und/oder das Aufsuchen zum Zwecke
einer späteren Gewinnung und/oder die Aufbereitung des Förderguts für den Verkauf mit
Ausnahme der Tätigkeiten zur Weiterverarbeitung dieses Förderguts. Für die **übertägigen
Nebeneinrichtungen** von über- oder untertägigen mineralgewinnenden Betrieben gilt
die RL 89/654/EWG (→ Rn. 118 ff.). Die **Mineralgewinnung der Schwimmbagger**
kann gem. Art. 12 RL 92/104/EWG unter bestimmten Voraussetzungen von den EU-
Mitgliedstaaten aus dem Anwendungsbereich der Richtlinie herausgenommen werden.
Keine Anwendung findet die RL 1999/92/EG auf die sachlich erfassten mineralgewinnen-
den Betriebe, Art. 1 II lit. d RL 1999/92/EG.

b) Pflichten der Arbeitgeber. In Abschnitt II der RL 92/104/EWG sind die „Pflich- 176
ten der Arbeitgeber" geregelt. **Anforderungen an Arbeitsstätten** werden in den allg.
Verpflichtungen aus Art. 3 RL 92/104/EWG niedergelegt (Art. 3 I lit. a-b RL 92/104/
EWG). Unter einer Arbeitsstätte versteht diese Richtlinie gem. Art. 2 lit. b RL 92/104/
EWG – abweichend von der RL 89/654/EWG (→ Rn. 119) – „alle Örtlichkeiten, die zur
Einrichtung von Arbeitsplätzen vorgesehen sind und die Haupt- und Nebenbetriebe sowie
Anlagen der übertägigen oder untertägigen mineralgewinnenden Betriebe umfassen – einschließlich der Abraumhalden und sonstigen Halden sowie ggf. vorhandener Unterkünfte –,
zu denen die Arbeitnehmer im Rahmen ihrer Arbeit Zugang haben." Der Arbeitgeber muss
sich gem. Art. 3 II RL 92/104/EWG der Existenz eines **Sicherheits- und Gesundheitsschutzdokuments** vergewissern, welches vor Aufnahme der Arbeit erstellt und einen
bestimmten Inhalt aufweisen muss. Bei wichtigen Änderungen, Erweiterungen oder Umgestaltungen an den Arbeitsstätten muss es **überarbeitet** werden, Art. 3 II UAbs. 3 RL 92/
104/EWG. Arbeitsschutzrechtlich besonders wichtig sind sodann die „Mindestvorschriften
für Sicherheit und Gesundheitsschutz" gem. Art. 10 RL 92/104/EWG: Wenn die betreffende Arbeitsstätte zum ersten Mal nach Ablauf der Umsetzungsfrist genutzt wird, gilt
Art. 10 I RL 92/104/EWG iVm dem Anhang der RL 92/104/EWG. Andernfalls, dh bei
vorheriger Nutzung, galt zwar gem. Art. 10 II RL 92/104/EWG ebenfalls der Verweis in
den Anhang der RL 92/104/EWG; in diesem Szenario bestand aber eine **Übergangsfrist
von neun Jahren** für die Anpassung an diese Vorgaben. Was den Anhang der RL 92/104/
EWG anbelangt, gibt es gemeinsame Mindestvorschriften für übertägige und untertägige
mineralgewinnende Betriebe und zugehörige Tagesanlagen (Abschnitt A), besondere Mindestvorschriften für übertägige mineralgewinnende Betriebe (Abschnitt B) und besondere
Mindestvorschriften für untertägige mineralgewinnende Betriebe (Abschnitt C). Wenn und
soweit **Änderungen, Erweiterungen und/oder Umgestaltungen** nach Ablauf der Um-

setzungsfrist vorgenommen werden, muss der Arbeitgeber dafür Sorge tragen, dass die Mindestvorschriften aus dem Anhang der RL 92/104/EWG nach wie vor eingehalten werden, Art. 10 III RL 92/104/EWG.

177 Besondere Regelungen befassen sich insbesondere mit der Verhinderung der Entstehung und der Ausbreitung von **Bränden und Explosionen** sowie der Verhinderung des Auftretens einer **explosionsfähigen und/oder gesundheitsgefährdenden Atmosphäre** (Art. 4 RL 92/104/EWG), mit **Flucht- und Rettungsmitteln** (Art. 5 RL 92/104/EWG) und **Kommunikations-, Warn- und Alarmsystemen** (Art. 6 RL 92/104/EWG). Schließlich besteht eine **Meldepflicht** in Bezug auf tödliche und/oder schwere Betriebsunfälle und gefährliche Vorkommnisse gegenüber den zuständigen Behörden, Art. 3 IV RL 92/104/EWG.

178 **c) ABBergV.** Die ABBergV ist nationaler Umsetzungsakt nicht nur für die Elfte Einzelrichtlinie (→ Rn. 169 ff.), sondern auch in Bezug auf die RL 92/104/EWG. Sie dient daneben auch der Umsetzung der RL 89/391/EWG, RL 89/655/EWG, RL 89/656/EWG und RL 92/58/EWG.

179 **12. RL 93/103/EG (13. Einzelrichtlinie).** Die Sicherheit und der Gesundheitsschutz an **Bord von Fischereifahrzeugen** ist Gegenstand der RL 93/103/EG. Weil die dortigen Arbeits- und Lebensbedingungen besonders schwierig sind, kommt es in der Seefischerei häufig zu tödlichen Unfällen (vgl. Erwägungsgründe zur RL 93/103/EG). Aus diesem Grund sind insbesondere **vorbeugende Maßnahmen** zur Gewährleistung des Arbeitsschutzes bedeutsam. Namentlich genannt wird schon in den Erwägungsgründen die **Ortung von Fischereifahrzeugen in Notfällen**. Auch wenn die Fischerei keine Erwähnung im europäischen Aktionsprogramm für Sicherheit, Arbeitshygiene und Gesundheitsschutz am Arbeitsplatz (→ Rn. 99) fand, soll in diesem Bereich kein geringeres Niveau in Bezug auf den Arbeitsschutz gelten (vgl. Erwägungsgründe zur RL 93/103/EG). Für die Seefischerei gilt im Übrigen ohne Weiteres die RL 92/29/EWG v. 31.3.1992 über Mindestvorschriften für die Sicherheit und den Gesundheitsschutz zum Zweck einer besseren medizinischen Versorgung auf Schiffen (ABl. 1992 L 113, 19; s. Erwägungsgründe zur RL 93/103/EG). Der spezifische Arbeitsschutz an Bord von Fischereifahrzeugen wird in 14 Artikeln sowie vier Anhängen geregelt (Anhänge I–IV). In nationales Recht umzusetzen war diese Richtlinie gem. Art. 13 I UAbs. 1 RL 93/103/EG bis zum 23.11.1995.

180 **a) Anwendungsbereich.** Prägend für den **sachlichen Anwendungsbereich** der RL 93/103/EG ist naturgemäß der Rechtsbegriff des **Fischereifahrzeugs**. Hierbei handelt es sich gem. Art. 2 lit. a RL 93/103/EG um „jedes zu gewerblichen Zwecken entweder für den Fang oder für den Fang und die Verarbeitung von Fisch oder sonstigen Seelebewesen eingesetzte Fahrzeug, das die Flagge eines Mitgliedstaats führt oder unter der unbeschränkten Hoheitsgewalt eines Mitgliedstaats eingetragen ist". Daneben werden auch die Rechtsbegriffe „neues Fischereifahrzeug" (Art. 2 lit. b RL 93/103/EG) und „vorhandenes Fischereifahrzeug" (Art. 2 lit. c RL 93/103/EG) definiert. Sowohl neue als auch vorhandene Fischereifahrzeuge werden unter dem Oberbegriff der **Fahrzeuge** zusammengefasst (vgl. Art. 2 lit. d RL 93/103/EG). Besonderheiten weist die RL 93/103/EG in Bezug auf den **persönlichen Anwendungsbereich** auf: Erstens spielt anstelle des Arbeitgebers der **Reeder** iSd Art. 2 lit. f RL 93/103/EG eine Rolle; und zweitens existiert neben dem Arbeitnehmer noch der **Schiffsführer**. Arbeitnehmer ist mit Blick auf die Besonderheiten an Bord von Fischereifahrzeugen gem. Art. 2 lit. e RL 93/103/EG „jede Person, die an Bord eines Fahrzeugs eine berufliche Tätigkeit ausübt". Ausdrücklich einbezogen sind Praktikanten und Auszubildende. Keine Arbeitnehmer iSd Richtlinie sind demgegenüber **nichtseefahrendes Personal,** das Arbeiten an Bord eines am Kai liegenden Fahrzeugs ausführt, und **Hafenlotsen.** Schiffsführer wiederum ist gem. Art. 2 lit. g RL 93/103/EG ein Arbeitnehmer, „der gem. den einzelstaatlichen Rechtsvorschriften und/oder Gepflogenheiten die Führung eines Fahrzeugs innehat oder die Verantwortung für das Fahrzeug trägt".

b) **Pflichten der Reeder.** Reeder ist gem. Art. 2 lit. f RL 93/103/EG grds. „der einge- 181 tragene Eigentümer eines Fahrzeugs". In Ausnahmefällen kann der Bareboat-Charterer bzw. die mit der Verwaltung des Fahrzeugs betraute natürliche oder juristische Person iSe richtlinienrechtlichen Fiktion **als Reeder gelten.** Zunächst müssen die Reeder gem. Art. 3 I RL 93/103/EG dafür Sorge tragen, dass die Fahrzeuge insbesondere bei vorhersehbaren Witterungsbedingungen so eingesetzt werden, dass Sicherheit und Gesundheit der Arbeitnehmer nicht gefährdet werden, und zwar unabhängig von der Verantwortung des Schiffsführers (→ Rn. 180). Auch wenn die Reeder in den Art. 4–6 RL 93/103/EG nicht explizit angesprochen werden, werden sie sich in praxi mit den **Beschaffenheitsanforderungen** an neue wie vorhandene Fischereifahrzeuge besonders intensiv befassen müssen. Hierbei müssen **neue Fischereifahrzeuge** gem. Art. 4 RL 93/103/EG spätestens nach Ablauf der Umsetzungsfrist (→ Rn. 179) den Anforderungen aus Anhang I der RL 93/103/EG entsprechen. Bei **vorhandenen Fischereifahrzeugen** galt mit Blick auf die Anforderungen aus Anhang II der RL 93/103/EG eine Übergangsfrist von sieben Jahren nach Ablauf der Umsetzungsfrist, Art. 5 RL 93/103/EG. Im Falle **umfangreicher Instandsetzungen, Umbauten und Veränderungen** an Fahrzeugen, die ab dem Ablauf der Umsetzungsfrist vorgenommen werden, muss Compliance mit den Anforderungen aus Anhang I der RL 93/103/EG hergestellt werden, Art. 6 RL 93/103/EG. Bestimmungen zu „Ausrüstung und Wartung" in Art. 7 RL 93/103/EG runden den fahrzeugbezogenen Pflichtenkatalog ab. In diesem Zusammenhang sind die „Mindestvorschriften für Sicherheit und Gesundheitsschutz hinsichtlich der Rettungs- und Überlebensmittel" gem. Anhang III der RL 93/103/EG zu beachten, Art. 7 I lit. d RL 93/103/EG. Bei Veränderungen der Tätigkeiten an Bord muss schließlich eine **Nachschulung der Arbeitnehmer** gem. Art. 9 II UAbs. 2 RL 93/103/EG erfolgen.

c) **Vorgaben für den Vollzug durch die EU-Mitgliedstaaten.** Flankiert werden die 182 Pflichten der Reeder durch genuine **Sorgetragungspflichten** der EU-Mitgliedstaaten: Zum einen muss sichergestellt werden, dass die arbeitsschutzrechtlich relevanten Begebenheiten auf See in einem ausführlichen Bericht für die zuständige Behörde dargelegt werden. Sie müssen zudem in einem etwaigen Schiffstagebuch oder in einem dafür vorgesehenen Dokument vermerkt werden, Art. 3 I lit. c RL 93/103/EG. Praktisch wichtig ist sodann die mitgliedstaatliche Pflicht gem. Art. 3 II RL 93/103/EG, die Fahrzeuge behördlicherseits **regelmäßig kontrollieren** zu lassen, und zwar am Maßstab der RL 93/103/EG. Relevant sind vor diesem Hintergrund die Mindestvorschriften in den Anhängen I–II der RL 93/103/EG.

d) **SeeArbG und SeeUnterkunftsV.** Die Umsetzung der RL 93/103/EG erfolgte in 183 der Bundesrepublik Deutschland insbesondere über das SeeArbG und die darauf gestützte SeeUnterkunftsV (Ermächtigungsgrundlagen für die SeeUnterkunftsV sind die §§ 96, 113 II SeeArbG).

13. RL 98/24/EG (14. Einzelrichtlinie). An der Schnittstelle zwischen europäischem 184 Arbeitsschutz- und Gefahrstoffrecht befindet sich die RL 98/24/EG (→ Rn. 7 f.). Wegen der bei **Tätigkeiten mit chemischen Arbeitsstoffen** einhergehenden **Risiken für die Arbeitnehmer** und zum Zwecke der **Verhinderung möglicher Wettbewerbsverzerrungen** wurde die 14. Einzelrichtlinie 1998 erlassen; denn durch diesen europäischen Rechtsakt wird ein Mindestschutz für sämtliche Arbeitnehmer innerhalb der EU geschaffen (vgl. die Erwägungsgründe 4–6 zur RL 98/24/EG). Vor dem Erlass der RL 98/24/EG regelten mehrere Richtlinien Sicherheit und Gesundheitsschutz der Arbeitnehmer bei Tätigkeiten mit chemischen Arbeitsstoffen. Im Einzelnen handelte es sich um die RL 80/1107/EWG v. 27.11.1980 zum Schutz der Arbeitnehmer vor der Gefährdung durch chemische, physikalische und biologische Arbeitsstoffe bei der Arbeit (ABl. 1980 L 327, 8), RL 82/605/EWG v. 28.7.1982 über den Schutz der Arbeitnehmer gegen Gefährdung durch metallisches Blei und seine Ionenverbindungen am Arbeitsplatz (Erste Einzelrichtlinie iSd

Art. 8 der RL 80/1107/EWG; ABl. 1982 L 247, 12) und RL 88/364/EWG v. 9.6.1988 zum Schutz der Arbeitnehmer durch ein Verbot bestimmter Arbeitsstoffe und/oder Arbeitsverfahren (Vierte Einzelrichtlinie iSd Art. 8 der RL 80/1107/EWG; ABl. 1988 L 179, 44). Diese Richtlinien wurden gem. Art. 13 I RL 98/24/EG mWv 5.5.2001 aufgehoben; denn dies war zugleich der Zeitpunkt des Ablaufs der Umsetzungsfrist für den Erlass nationaler Transformationsakte, Art. 14 I UAbs. 1 RL 98/24/EG. In der RL 98/24/EG gibt es vier Abschnitte mit 17 Artikeln und drei Anhängen (Anhänge I–III).

185 a) **Anwendungsbereich.** Weil sich die 14. Einzelrichtlinie gem. Art. 1 RL 98/24/EG mit dem Schutz der Arbeitnehmer gegen tatsächliche oder mögliche Gefährdungen ihrer Gesundheit und Sicherheit im Zusammenhang mit chemischen Arbeitsstoffen befasst, wird der **sachliche Anwendungsbereich** dieser Richtlinie durch den Rechtsbegriff des gefährlichen chemischen Arbeitsstoffs determiniert. Die Richtlinie versteht unter chemischen Arbeitsstoffen gem. Art. 2 lit. a RL 98/24/EG „alle chemischen Elemente und Verbindungen, einzeln oder in einem Gemisch, wie sie in der Natur vorkommen oder durch eine Arbeitstätigkeit hergestellt, verwendet oder freigesetzt werden – einschließlich der Freisetzung als Abfall –, unabhängig davon, ob sie absichtlich oder unabsichtlich erzeugt und ob sie in Verkehr gebracht werden". Der Rechtsbegriff des gefährlichen chemischen Arbeitsstoffs wird sodann in Art. 2 lit. b RL 98/24/EG durch **Verweise ins europäische Chemikalienrecht** konkretisiert. Was den erforderlichen Zusammenhang mit chemischen Arbeitsstoffen anbelangt, kann dieser erstens in den **Wirkungen** von am Arbeitsplatz vorhandenen chemischen Arbeitsstoffen und zweitens in **Tätigkeiten** mit chemischen Arbeitsstoffen bestehen. Unter einer **Tätigkeit mit chemischen Arbeitsstoffen** wird jede Arbeit verstanden, „bei der chemische Arbeitsstoffe im Rahmen eines Prozesses einschließlich Produktion, Handhabung, Lagerung, Beförderung, Entsorgung und Behandlung verwendet werden oder verwendet werden sollen oder bei dieser Arbeit auftreten", Art. 2 lit. c RL 98/24/EG. Was das **Verhältnis zur RL 2004/37/EG** (→ Rn. 148 ff.) anbelangt, findet die RL 98/24/EG in Bezug auf **Karzinogene am Arbeitsplatz** parallele Anwendung, Art. 1 III RL 98/24/EG. Auch wenn für die **Beförderung gefährlicher chemischer Stoffe** spezifische europäische Rechtsakte gelten, findet die 14. Einzelrichtlinie unbeschadet davon Anwendung, Art. 1 V RL 98/24/EG.

186 b) **Pflichten der Arbeitgeber.** In Abschnitt II der RL 98/24/EG werden die „Pflichten der Arbeitgeber" konkretisiert. IRd durchzuführenden Risikobewertung (→ Rn. 106) spielen die **Arbeitsplatz-Richtgrenzwerte** eine Rolle, hinsichtlich derer Listen in den RL 2000/39/EG und RL 2006/15/EG vorhanden sind. Die zuletzt genannte Richtlinie führte zugleich zu einer Änderung der RL 2000/39/EG und RL 91/322/EWG v. 29.5.1991 zur Festsetzung von Richtgrenzwerten zur Durchführung der RL 80/1107/EWG (ABl. 1991 L 177, 22). Welche konkreten **(Vorbeugungs-)Maßnahmen** getroffen werden müssen, ist Gegenstand des Art. 5 RL 98/24/EG. Hierbei wird dezidiert auch auf Maßnahmen gem. Art. 6 I–II (→ Rn. 52, 54) verwiesen. Klar umrissen werden in Art. 5 II RL 98/24/EG die Vorkehrungen, mit denen Risiken der Arbeitnehmer ausgeschaltet oder auf ein Minimum reduziert werden sollen.

187 Abhängig vom Ergebnis der Risikobewertung sind die **besonderen Schutz-, Vorbeugungs- und Überwachungsmaßnahmen** anwendbar: Im Falle eines Risiko für die Sicherheit und Gesundheit der Arbeitnehmer gelten gem. Art. 5 III RL 98/24/EG die Art. 6, 7, 10 RL 98/24/EG. Bei nur geringfügigen Risiken und ausreichenden Maßnahmen gem. Art. 5 I–II RL 98/24/EG sind die Art. 6, 7, 10 RL 98/24/EG demgegenüber nicht anwendbar, Art. 5 IV RL 98/24/EG. IRd besonderen Schutz- und Vorbeugemaßnahmen gem. Art. 6 RL 98/24/EG spielt die **Substitution** eine hervorgehobene Rolle, die in Vermeidung und/oder Ersetzung gefährlicher Stoffe zum Ausdruck kommen kann. Im Falle unmöglicher Substitution muss das Risiko durch **Schutz- und Vorbeugungsmaßnahmen** auf ein Mindestmaß verringert werden, Art. 6 II UAbs. 2 RL 98/24/EG. Flankiert werden diese Maßnahmen durch Pflichten ggf. in Gestalt von **Messungen** im

Hinblick auf die Arbeitsplatzgrenzwerte (Art. 6 IV Hs. 1 RL 98/24/EG) und im Bereich der **Lagerung, Handhabung und Trennung unvereinbarer chemischer Arbeitsstoffe** (Art. 6 VI UAbs. 1 1 RL 98/24/EG). Was die Sicherheit von Arbeitsmitteln und Schutzeinrichtungen anbelangt, wird in Art. 6 VI UAbs. 2 RL 98/24/EG zum einen auf das europäische Produktsicherheitsrecht im Allgemeinen und zum anderen auf die RL 94/9/EG v. 23.1994 zur Angleichung der Rechtsvorschriften der Mitgliedstaaten für Geräte und Schutzsysteme zur bestimmungsgemäßen Verwendung in explosionsgefährdeten Bereichen (sog. ATEX-RL; ABl. 1994 L 100, 1) im Besonderen verwiesen. Genuine **Verbote in Bezug auf Herstellung und Verarbeitung** der in Anhang III der RL 98/24/EG aufgeführten chemischen Arbeitsstoffe sind Gegenstand des Art. 9 I RL 98/24/EG. **Ausnahmen** können indes zugelassen werden, Art. 9 II RL 98/24/EG.

c) **GefStoffV.** Der deutsche Umsetzungsakt für die RL 98/24/EG ist die GefStoffV **188** (BR-Drs. 456/10, 1). Durch die GefStoffV werden daneben zehn weitere europäische Richtlinien, zu denen die Sechste und die 15. Einzelrichtlinie rechnen, in deutsches Recht umgesetzt (→ Rn. 151, 192).

14. RL 1999/92/EG (15. Einzelrichtlinie). Ebenso wie die Sechste und die 14. Ein- **189** zelrichtlinie rechnet auch die RL 1999/92/EG zu jenen Richtlinien, die Bezüge zum **europäischen Gefahrstoffrecht** aufweisen (→ Rn. 7 f.). Gegenstand dieser Richtlinie ist der **Explosionsschutz,** der zu den besonders sicherheitsrelevanten Aufgabenbereichen rechnet: Im Falle von Explosionen gefährden unkontrollierte Flammen- und Druckwirkung sowie schädliche Reaktionsprodukte und der Verbrauch von Sauerstoff Leben und Gesundheit der betroffenen Arbeitnehmer (Erwägungsgrund 8 zur RL 1999/92/EG). Ein wichtiges Instrument für den Explosionsschutz ist das Zusammenspiel zwischen **vorbeugenden Maßnahmen** einerseits und **ergänzenden Maßnahmen** zur Begrenzung der schädigenden Wirkungen von Explosionen andererseits (Erwägungsgrund 13 zur RL 1999/92/EG) Die RL 1999/92/EG steht in engem Zusammenhang mit der zum europäischen Produktsicherheitsrecht zählenden RL 94/9/EG (→ Rn. 187). In den dortigen Erwägungsgründen wurde ua darauf hingewiesen, dass sich eine auszuarbeitende Richtlinie gem. Art. 153 I lit. a, II AEUV (→ Rn. 2) insbesondere mit der Gefahr durch Explosionen aufgrund der Verwendung und/oder der Art und Weise der Installation der Geräte befassen werde. Während in der RL 94/9/EG die sachlich erfassten Geräte und Schutzsysteme in Gerätegruppen und Kategorien eingeteilt werden, sieht die RL 1999/92/EG eine Einteilung der Bereiche, in denen explosionsfähige Atmosphären vorhanden sind, in Zonen vor und legt fest, welche Geräte und Schutzsysteme in den jeweiligen Zonen benutzt werden können (Erwägungsgrund 15 zur RL 1999/92/EG). In der RL 1999/92/EG werden 13 Artikel in drei Abschnitten sowie drei Anhänge (Anhänge I-III) geregelt. Die **Umsetzung** in nationales Recht musste gem. Art. 13 I UAbs. 1 RL 1999/92/EG bis zum 30.6.2003 erfolgen.

a) **Anwendungsbereich.** Zentralbegriff der 15. Einzelrichtlinie und damit maßgeblich **190** für die Reichweite des **sachlichen Anwendungsbereichs** ist die explosionsfähige Atmosphäre. Hierbei handelt es sich gem. Art. 2 RL 1999/92/EG um ein „Gemisch aus Luft und brennbaren Gasen, Dämpfen, Nebeln oder Stäuben unter atmosphärischen Bedingungen, in dem sich der Verbrennungsvorgang nach erfolgter Entzündung auf das gesamte unverbrannte Gemisch überträgt". In Art. 1 II RL 1999/92/EG sind die Bereiche geregelt, die aus dem Anwendungsbereich der RL 1999/92/EG herausgenommen sind: Besonders hervorzuheben ist, dass die RL 92/91/EWG (→ Rn. 169 ff.) und RL 92/104/EWG (→ Rn. 174 ff.) leges speciales sind, Art. 1 II lit. d RL 1999/92/EG. Die RL 92/58/EWG (→ Rn. 164 ff.) findet hingegen parallele Anwendung (Erwägungsgrund 14 zur RL 1999/92/EG).

b) **Pflichten der Arbeitgeber.** Abschnitt II der RL 1999/92/EG statuiert die „Pflichten **191** des Arbeitgebers". Besonders wichtig ist hierbei zum einen die an § 6 II (→ Rn. 54) anknüpfende Bestimmung in Art. 4 RL 1999/92/EG. Danach muss der Arbeitgeber darauf hinwirken, Explosionen zu verhindern und Schutz gegen Explosionen zu gewährleisten. Dabei gilt die **Rangordnung,** wonach erstens die Bildung explosionsfähiger Atmosphären zu verhindern, zweitens die Zündung explosionsfähiger Atmosphären zu vermeiden und drittens schädliche Auswirkungen von Explosionen abzuschwächen sind. Zum anderen besteht die **Pflicht zur Beurteilung der Explosionsrisiken** (→ Rn. 106). Die beiden Anhänge I-II der RL 1999/92/EG werden durch Art. 7 RL 1999/92/EG einbezogen: Der Arbeitgeber muss dabei die Bereiche, in denen explosionsfähige Atmosphären auftreten können, gem. Anhang I der RL 1999/92/EG in Zonen einteilen (Art. 7 I RL 1999/92/EG) und sodann sicherstellen, dass die Mindestvorschriften gem. Anhang II der RL 1999/92/EG angewendet werden (Art. 7 II RL 1999/92/EG). Anhang II der RL 1999/92/EG besteht aus zwei Abschnitten: Abschnitt A regelt die „Mindestvorschriften zur Verbesserung der Sicherheit und des Gesundheitsschutzes der Arbeitnehmer, die durch explosionsfähige Atmosphären gefährdet werden können", wohingegen Abschnitt B die „Kriterien für die Auswahl von Geräten und Schutzsystemen" beinhaltet.

192 c) **GefStoffV und BetrSichV.** Umgesetzt wird die RL 1999/92/EG in der Bundesrepublik Deutschland durch die GefStoffV und die BetrSichV. Dabei war im Verhältnis der beiden Verordnungen zuletzt eine Akzentverschiebung zu besichtigen: Der Verordnungsgeber hat sich iRd Rechts- und Strukturreform des deutschen Betriebssicherheitsrechts durch die Neufassung der BetrSichV für das Konzept entschieden, die RL 1999/92/EG im Wesentlichen durch die GefStoffV umzusetzen (BR-Drs. 400/14, 71). Gem. § 6 IX 1 GefStoffV hat der Arbeitgeber bei der Dokumentation „die Gefährdungen durch gefährliche explosionsfähige Gemische besonders auszuweisen (Explosionsschutzdokument)". Damit wurde die Regelung zum **Explosionsschutzdokument** von der BetrSichV in die GefStoffV übertragen (BR-Drs. 400/14, 100). Der Grund hierfür liegt darin, dass die Explosionsgefährdung vorrangig vom Gefahrstoff ausgeht, sodass Gefährdungsbeurteilung und Festlegung von Schutzmaßnahmen zum Explosionsschutz in der GefStoffV geregelt werden sollen (BR-Drs. 400/14, 70). Die BetrSichV dient indes der Umsetzung in Bezug auf die **Prüfungen zum Explosionsschutz** (BR-Drs. 400/14, 71).

193 **15. RL 2002/44/EG (16. Einzelrichtlinie).** Mit der RL 2002/44/EG begannen die arbeitsschutzrechtlichen Regelungen in Bezug auf **physikalische Einwirkungen,** die in der 17., 19. und 20. Einzelrichtlinie fortgesetzt wurden. In der 16. Einzelrichtlinie geht es in diesem Zusammenhang um **Vibrationen.** Ziel der 16. Einzelrichtlinie ist vor diesem Hintergrund der Schutz der Arbeitnehmer gegen tatsächliche oder mögliche Gefährdungen ihrer Gesundheit und Sicherheit durch **Einwirkungen von Vibrationen.** Konkret sind in diesem Kontext **Muskel- und Skelettschädigungen, neurologische Erkrankungen und Durchblutungsstörungen** zu besorgen (Erwägungsgrund 3 zur RL 2002/44/EG). Besondere Aufmerksamkeit sollen **Präventivmaßnahmen** bei der Planung der Arbeitsplätze und Arbeitsstätten und die vorzugsweise **Verringerung von Gefahren am Entstehungsort** bei der Wahl der Arbeitsmittel, -verfahren und -methoden verdienen (Erwägungsgrund 6 zur RL 2002/44/EG). Gegliedert ist die RL 2002/44/EG in vier Abschnitte mit insgesamt 16 Artikeln sowie einen Anhang. Gem. Art. 14 I UAbs. 1 RL 2002/44/EG galt eine **Umsetzungsfrist** bis zum 6.7.2005.

194 a) **Anwendungsbereich.** Die RL 2002/44/EG erfasst sachlich Tätigkeiten, „bei denen die Arbeitnehmer während ihrer Arbeit einer Gefährdung durch Vibrationen ausgesetzt sind oder ausgesetzt sein können", Art. 1 II RL 2002/44/EG. Vibrationen sind hierbei Oberbegriff für **Hand-Arm-Vibrationen** einerseits und **Ganzkörper-Vibrationen** andererseits. Hand-Arm-Vibrationen sind gem. Art. 2 lit. a RL 2002/44/EG „mechanische Schwingungen, die bei Übertragung auf das Hand-Arm-System des Menschen Gefährdungen für die Gesundheit und Sicherheit der Arbeitnehmer verursachen, insbesondere Durchblutungsstörungen, Knochen- oder Gelenkschäden, neurologische oder Muskelerkrankungen". Bei den Ganzkörper-Vibrationen wiederum handelt es sich gem. Art. 2 lit. b RL 2002/44/EG um „mechanische Schwingungen, die bei Übertragung auf den gesamten Körper Gefährdungen für die Gesundheit und Sicherheit der Arbeitnehmer verursachen, insbesondere Rückenschmerzen und Schädigungen der Wirbelsäule." Ausnahmen können die EU-Mitgliedstaaten gem. Art. 10 RL 2002/44/EG für die **Seeschifffahrt und die Luftfahrt** regeln: Nach dem derzeitigen Stand der Technik ist es in diesen beiden Bereichen nicht möglich, die Expositionsgrenzwerte für Ganzkörper-Vibrationen einzuhalten (s. Erwägungsgrund 8 zur RL 2002/44/EG). Aus diesem Grund bezieht sich die Öffnungsklausel dezidiert auf das **Verbot der Expositionsgrenzwertüberschreitung** gem. Art. 5 III RL 2002/44/EG.

b) Pflichten der Arbeitgeber. Abschnitt II der 16. Einzelrichtlinie regelt die „Pflichten der Arbeitgeber". Neben der Durchführung einer Risikobewertung (→ Rn. 107) spielen insbesondere die „Maßnahmen zur Vermeidung oder Verringerung der Exposition" eine bedeutsame Rolle. Diese Maßnahmen gem. Art. 5 RL 2002/44/EG werden auf der Grundlage der Risikobewertung getroffen, Art. 4 V RL 2002/44/EG. Zunächst müssen vibrationsbedingte Gefährdungen am Entstehungsort ausgeschlossen oder so weit wie möglich verringert werden, wobei die **allg. Grundsätze der Gefahrenverhütung** gem. Art. 6 II (→ Rn. 54) zu berücksichtigen sind, Art. 5 I 2002/44/EG. Im Falle der **Überschreitung der täglichen Auslösewerte** (Art. 3 I lit. b, II lit. b RL 2002/44/EG) muss ein Programm mit technischen und/oder organisatorischen Maßnahmen zur Minimierung der Exposition gegenüber Vibrationen sowie der damit verbundenen Risiken unter Berücksichtigung von im Einzelnen aufgeführten Aspekten ausgearbeitet und durchgeführt werden, Art. 5 II Hs. 1 RL 2002/44/EG. Gem. Art. 5 III RL 2002/44/EG darf die Exposition der Arbeitnehmer den Expositionsgrenzwert iSd Art. 3 RL 2002/44/EG in keinem Fall überschreiten. Wenn und soweit dies nicht gelingt, muss der Arbeitgeber ua **unverzüglich Korrekturmaßnahmen** ergreifen, um die Exposition auf einen Wert unterhalb der Expositionsgrenzwerte zu senken. 195

c) LärmVibrationsArbSchV. Umgesetzt wurde die RL 2002/44/EG in der Lärm- VibrationsArbSchV. Diese Verordnung war Art. 1 und damit Herzstück der Verordnung zur Umsetzung der EG-Richtlinien RL 2002/44/EG und RL 2003/10/EG zum Schutz der Beschäftigten vor Gefährdungen durch Lärm und Vibrationen v. 6.3.2007 (BGBl. I 261). Der Erlass der Artikelverordnung mit der LärmVibrationsArbSchV wurde erforderlich, weil die Umsetzungsfristen aus den beiden RL 2002/44/EG und RL 2003/10/EG bereits abgelaufen waren. Vor diesem Hintergrund drohten Klageverfahren vor dem EuGH (BR-Drs. 751/06, 1). 196

16. RL 2003/10/EG (17. Einzelrichtlinie). Physikalische Einwirkungen unter dem Aspekt des **Lärms** sind Gegenstand der insoweit an die 16. Einzelrichtlinie anknüpfenden RL 2003/10/EG. Sie folgt der RL 86/188/EWG v. 12.5.1986 über den Schutz der Arbeitnehmer gegen Gefährdung durch Lärm am Arbeitsplatz (ABl. 1986 L 137, 28), welche gem. Art. 15 RL 2003/10/EG aufgehoben wurde. Mit der 17. Einzelrichtlinie wird das Ziel verfolgt, die Arbeitnehmer gegen tatsächliche oder mögliche Gefährdungen ihrer Gesundheit und Sicherheit durch Einwirkung von Lärm zu schützen. Im Fokus stehen dabei **Gehörschädigungen**. **Präventivmaßnahmen** bei der Planung der Arbeitsplätze und Arbeitsstätten und die vorzugsweise **Verringerung von Gefahren am Entstehungsort** bei der Wahl der Arbeitsmittel, -verfahren und -methoden werden als wirkungsvolle Instrumente zur Verringerung der Exposition gegenüber Lärm bezeichnet (Erwägungsgrund 10 zur RL 2003/10/EG). Die 17. Einzelrichtlinie beinhaltet vier Abschnitte mit 19 Artikeln. Umzusetzen war die 17. Einzelrichtlinie bis zum 15.2.2006, Art. 17 I UAbs. 1 RL 2003/10/EG. 197

a) Anwendungsbereich. Im sachlichen Anwendungsbereich der 17. Einzelrichtlinie sind gem. Art. 1 II RL 2003/10/EG alle Tätigkeiten, bei denen die Arbeitnehmer aufgrund ihrer Arbeit einer Gefährdung durch Lärm ausgesetzt sind oder ausgesetzt sein können. 198

199 b) Pflichten der Arbeitgeber. Die „Pflichten der Arbeitgeber" sind in Abschnitt II der 17. Einzelrichtlinie mit den Art. 4–9 RL 2003/10/EG geregelt. Außer der Risikobewertung (→ Rn. 107) ist der Fokus insbesondere auf die „Maßnahmen zur Vermeidung oder Verringerung der Exposition" gem. Art. 5 RL 2003/10/EG zu richten. Die Gefährdung aufgrund der Einwirkung von Lärm am Entstehungsort muss ausgeschlossen oder so weit wie möglich verringert werden, wobei die **allg. Grundsätze der Gefahrenverhütung** gem. Art. 6 II (→ Rn. 54) zu berücksichtigen sind, Art. 5 I RL 2003/10/EG. Sobald die oberen Auslösewerte überschritten werden, muss der Arbeitgeber ein Programm mit technischen und/oder organisatorischen Maßnahmen zur Verringerung der Exposition gegenüber Lärm ausarbeiten und durchführen, Art. 5 II RL 2003/10/EG. Bei Lärmpegeln, welche die oberen Auslösewerte überschreiten, ist gem. Art. 5 III RL 2003/10/EG ua eine **geeignete Kennzeichnung** anzubringen. Mit diesem sog. **Lärmminderungsprogramm** soll ein Veränderungs- und Verbesserungsprozess eingeleitet werden (MHdBArbR/*Kohte* § 289 Rn. 12). Als **Ultima Ratio** im Falle nicht zu vermeidender Gesundheitsrisiken durch Lärm muss der Arbeitgeber den betroffenen Arbeitnehmern einen geeigneten, ordnungsgemäß angepassten **persönlichen Gehörschutz** zur Verfügung stellen und alle Anstrengungen für die Verwendung des Gehörschutzes unternehmen, Art. 6 RL 2003/10/EG. Arbeitsschutzrechtlich bedeutsam ist sodann die **Begrenzung der Exposition** gem. Art. 7 RL 2003/10/EG. Dort ist zum einen geregelt, dass bei der gem. Art. 3 II RL 2003/10/EG festgestellten Exposition die Expositionsgrenzwerte nicht überschritten werden dürfen, Art. 7 I RL 2003/10/EG. Zum anderen wird dem Arbeitgeber vorgegeben, welche Schritte er im Falle der Überschreitung der Expositionsgrenzwerte unternehmen muss, Art. 7 II RL 2003/10/EG.

200 c) LärmVibrationsArbSchV. Was die Umsetzung der RL 2003/10/EG anbelangt, kann auf die entsprechenden Ausführungen zur RL 2002/44/EG verwiesen werden (→ Rn. 196).

201 17. RL 2006/25/EG (19. Einzelrichtlinie). Mit der RL 2006/25/EG wird der Schutz der Arbeitnehmer gegen tatsächliche oder mögliche Gefährdungen ihrer Gesundheit und Sicherheit durch die **Exposition gegenüber künstlicher optischer Strahlung** bezweckt. Diese Einzelrichtlinie rechnet ebenfalls zu jenen Einzelrichtlinien, die sich mit **Gefährdungen durch physikalische Einwirkungen** befassen. Dabei soll die 19. Einzelrichtlinie für eine **rechtzeitige Erkennung** negativer gesundheitlicher Auswirkungen der Exposition gegenüber optischer Strahlung sorgen (Erwägungsgrund 5 zur RL 2006/25/EG). Wichtig ist die Bedeutung der **Präventivmaßnahmen** bei der Planung der Arbeitsplätze und die vorzugsweise **Verringerung von Gefahren am Entstehungsort** bei der Wahl der Arbeitsmittel, -verfahren und -methoden (Erwägungsgrund 8 zur RL 2006/25/EG). Ein hohes Schutzniveau in diesem Bereich soll insbesondere durch das Instrument der **Expositionsgrenzwerte** sichergestellt werden (Erwägungsgrund 14 zur RL 2006/25/EG). Dabei soll vor allem die Schädigung von Augen und Haut verhindert werden, Art. 1 II RL 2006/25/EG. Geregelt sind in der RL 2006/25/EG vier Abschnitte mit 16 Artikeln sowie zwei Anhängen (Anhänge I–II). Umzusetzen war die RL 2006/25/EG bis zum 27.4.2010, Art. 14 I UAbs. 1 RL 2006/25/EG.

202 a) Anwendungsbereich. Der sachliche Anwendungsbereich der 19. Einzelrichtlinie wird durch den Rechtsbegriff der optischen Strahlung bestimmt. Gem. Art. 2 lit. a RL 2006/25/EG ist hierunter „jede elektromagnetische Strahlung im Wellenlängenbereich von 100 nm bis 1 mm" zu verstehen. Dabei wird das Spektrum optischer Strahlung in ultraviolette, sichtbare Strahlung und Infrarotstrahlung unterteilt. Relevant ist in diesem Zusammenhang auch die Laserstrahlung, bei der es sich gem. Art. 2 lit. c RL 2006/25/EG um „aus einem Laser resultierende optische Strahlung" handelt.

203 b) Pflichten der Arbeitgeber. Die „Pflichten der Arbeitgeber" sind in Abschnitt II der 19. Einzelrichtlinie mit den Art. 4–7 RL 2006/25/EG geregelt. Neben der Risikobewertung (→ Rn. 107) ist der Fokus insbesondere auf die „Maßnahmen zur Vermeidung oder Verringerung der Risiken" gem. Art. 5 RL 2006/25/EG zu richten. Diese sollen darauf abzielen, etwaige Gefährdungen im Zusammenhang mit künstlicher optischer Strahlung auszuschließen oder auf ein Mindestmaß zu reduzieren, wobei die **allg. Grundsätze der Gefahrenverhütung** gem. Art. 6 II (→ Rn. 54) zur Anwendung gelangen sollen, Art. 5 I RL 2006/25/EG. Im Falle ggf. überschrittener Expositionsgrenzwerte (vgl. die Anhänge I–II der RL 2006/25/EG muss der Arbeitgeber ein **Aktionsprogramm** mit technischen und/oder organisatorischen Maßnahmen unter Berücksichtigung von im Einzelnen aufgeführten Aspekten ausarbeiten und durchführen, um Grenzwertüberschreitungen zu verhindern, Art. 5 II RL 2006/25/EG. Hinzuweisen ist sodann auf die gem. Art. 5 III RL 2006/25/EG ggf. erforderliche **Kennzeichnung von Arbeitsplätzen** gem. der RL 92/58/EWG (→ Rn. 164 ff.). Schließlich besteht in Art. 5 IV RL 2006/25/EG ein klar formuliertes **Verbot,** Arbeitnehmer einer über den Grenzwerten liegenden Exposition auszusetzen. Wenn und soweit dies nicht gelingt, muss der Arbeitgeber ua **unverzüglich Korrekturmaßnahmen** ergreifen, um die Exposition auf einen Wert unterhalb der Expositionsgrenzwerte zu senken.

c) OStrV und ArbMedVV. Umgesetzt wird die 19. Einzelrichtlinie in der Bundesrepublik Deutschland in erster Linie durch die OStrV (BR-Drs. 262/10, 1). Sie war Art. 1 der Verordnung zur Umsetzung der RL 2006/25/EG zum Schutz der Arbeitnehmer vor Gefährdungen durch künstliche optische Strahlung und zur Änderung von Arbeitsschutzverordnungen v. 19.7.2010 (BGBl. I 960). Was die Gesundheitsüberwachung gem. Art. 8 RL 2006/25/EG anbelangt, diente Art. 2 der genannten Artikelverordnung der Umsetzung: Er führte zu einer Veränderung der ArbMedVV (→ Rn. 17; BR-Drs. 262/10, 1). **204**

18. RL 2013/35/EU (20. Einzelrichtlinie). Regelungsgegenstand der RL 2013/35/EU ist im Anschluss an die RL 2004/40/EG (18. Einzelrichtlinie) der Schutz der Arbeitnehmer gegen tatsächliche oder mögliche Gefährdungen ihrer Gesundheit und Sicherheit durch **Einwirkungen von elektromagnetischen Feldern** während der Arbeit. Hervorzuheben ist die Bedeutung der **Präventivmaßnahmen** bei der Planung der Arbeitsplätze und die vorzugsweise Verringerung von Gefahren am Entstehungsort bei der Wahl der Arbeitsmittel, -verfahren und -methoden (Erwägungsgrund 12 zur RL 2013/35/EU). Die 20. Einzelrichtlinie, die wegen ihres untrennbaren Zusammenhangs mit **physikalischen Einwirkungen** eng mit den RL 2002/44/EG, RL 2003/10/EG und RL 2006/25/EG verbunden ist, besteht aus vier Kapiteln mit 19 Artikeln sowie vier Anhängen (Anhänge I–IV). Was die Umsetzung der 20. Einzelrichtlinie anbelangt, sollte sie mit Blick auf die 18. Einzelrichtlinie gem. der RL 2008/46/EG v. 23.4.2008 zur Änderung der RL 2004/40/EG (ABl. 2008 L 114, 88) ursprünglich bis zum 30.4.2012 erfolgen, Art. 1 RL 2008/46/EG. Abermals verlängert wurde die Umsetzungsfrist durch die RL 2012/11/EU v. 19.4.2012 zur Änderung der RL 2004/40/EG (ABl. 2012 L 110/1), und zwar gem. Art. 1 RL 2012/11/EU bis zum 31.10.2013. Wegen vorgebrachter Bedenken gegen die RL 2004/40/EG ua im Hinblick auf etwaige Auswirkungen auf medizinische Anwendungen wurde auf der Grundlage neuer wissenschaftlicher Erkenntnisse im Jahr 2013 die RL 2013/35/EU aus der Taufe gehoben (s. Erwägungsgründe 3–4 zur RL 2013/35/EU). Aufgrund des Art. 17 I RL 2013/35/EU wurde die RL 2004/40/EG schließlich mWv 29.6.2013 aufgehoben. Die neue RL 2013/35/EU ist bis zum 1.7.2016 in nationales Recht umzusetzen, Art. 16 I UAbs. 1 RL 2013/35/EU. **205**

a) Anwendungsbereich. Was das Phänomen elektromagnetischer Felder und damit den **sachlichen Anwendungsbereich** der 20. Einzelrichtlinie anbelangt, werden gem. Art. 1 II RL 2013/35/EU alle bekannten direkten biophysikalischen Wirkungen (vgl. Art. 2 lit. b RL 2013/35/EU) und indirekten Auswirkungen (Art. 2 lit. c RL 2013/35/EU) erfasst. Elektromagnetische Felder sind gem. Art. 2 lit. a RL 2013/35/EU „statische elektrische, statische magnetische sowie zeitvariable elektrische, magnetische und elektromagnetische **206**

Felder mit Frequenzen bis 300 GHz". Demgegenüber sind weder die vermuteten **Langzeitwirkungen** noch Gefährdungen durch das Berühren von unter Spannung stehenden Leitern Gegenstand der 20. Einzelrichtlinie, Art. 1 IV-V RL 2013/35/EU. Was die Langzeitwirkungen einer Exposition gegenüber elektromagnetischen Feldern anbelangt, erhält die Kommission für den Fall dereinst vorliegender gesicherter wissenschaftlicher Erkenntnisse einen Prüfauftrag in Bezug auf die Bekämpfung dieser Wirkungen (s. Erwägungsgrund 7 zur RL 2013/35/EU).

207 **b) Pflichten der Arbeitgeber.** In Kapitel II der RL 2013/35/EU werden die „Pflichten der Arbeitgeber" geregelt. Schon im Kapitel I wird indes klargestellt, dass die Arbeitgeber dafür sorgen müssen, dass die Exposition der Arbeitnehmer gegenüber elektromagnetischen Feldern für nichtthermische Wirkungen auf die in Anhang II der RL 2013/35/EU aufgeführten Expositionsgrenzwerte (vgl. hierzu Art. 2 lit. d RL 2013/35/EU) für gesundheitliche Wirkungen und für sensorische Wirkungen und für thermische Wirkungen auf die in Anhang III der RL 2013/35/EU aufgeführten Expositionsgrenzwerte für gesundheitliche Wirkungen und für sensorische Wirkungen begrenzt wird, Art. 3 II 1 RL 2013/35/EU. Mit Blick auf die Einhaltung der Grenzwerte gelten die relevanten Expositionsbewertungsverfahren gem. Art. 4 RL 2013/35/EU. Die durchzuführende **Risikobewertung** (→ Rn. 107) muss ggf. durch Messungen und Berechnungen der entsprechenden Felder flankiert werden, Art. 4 I UAbs. 1 RL 2013/35/EU. Praktisch wichtig sind schließlich die „Maßnahmen zur Vermeidung oder Verringerung der Risiken" gem. Art. 5 RL 2013/35/EU. Dabei muss der Arbeitgeber zum einen sicherstellen, dass die Gefährdung durch elektromagnetische Felder am Arbeitsplatz ausgeschlossen oder auf ein Mindestmaß reduziert wird, Art. 5 I UAbs. 1 RL 2013/35/EU. Zum anderen kann der Arbeitgeber zur **Ausarbeitung eines Aktionsplans** verpflichtet sein, wenn die relevanten Auslöseschwellen und Expositionsgrenzwerte der Anhänge II-III der RL 2013/35/EU überschritten werden, sodass Sicherheitsrisiken nicht sicher ausgeschlossen werden können, Art. 5 II RL 2013/35/EU. Arbeitsschutzrechtlich wichtig ist die Vorgabe in Art. 5 VIII RL 2013/35/EU, wonach die Exposition der Arbeitnehmer die Expositionsgrenzwerte für gesundheitliche und sensorische Wirkungen grds. nicht überschreiten darf. Wenn und soweit dies nicht gelingt, muss der Arbeitgeber ua **unverzüglich Korrekturmaßnahmen** ergreifen, um die Exposition auf einen Wert unterhalb der Expositionsgrenzwerte zu senken.

420. Richtlinie 91/383/EWG des Rates vom 25. Juni 1991 zur Ergänzung der Maßnahmen zur Verbesserung der Sicherheit und des Gesundheitsschutzes von Arbeitnehmern mit befristetem Arbeitsverhältnis oder Leiharbeitsverhältnis

(ABl. Nr. L 206 S. 19)

Celex-Nr. 3 1991 L 0383

geänd. durch Art. 2 Abs. 2, Art. 3 Nr. 7 ÄndRL 2007/30/EG v. 20.6.2007
(ABl. Nr. L 165 S. 21)

DER RAT DER EUROPÄISCHEN GEMEINSCHAFTEN –
gestützt auf den Vertrag zur Gründung der Europäischen Wirtschaftsgemeinschaft, insbesondere auf Artikel 118a,
auf Vorschlag der Kommission[1],
in Zusammenarbeit mit dem Europäischen Parlament[2],
nach Stellungnahme des Wirtschafts- und Sozialausschusses[3],
in Erwägung nachstehender Gründe:

Artikel 118a des Vertrages sieht vor, daß der Rat durch Richtlinien Mindestvorschriften festlegt, die die Verbesserung insbesondere der Arbeitsumwelt fördern, um die Sicherheit und die Gesundheit der Arbeitnehmer verstärkt zu schützen.

Gemäß diesem Artikel sollen diese Richtlinien keine verwaltungsmäßigen, finanziellen oder rechtlichen Auflagen vorschreiben, die der Gründung und Entwicklung von Klein- und Mittelbetrieben entgegenstehen.

Arbeitsformen wie befristete Arbeit oder Leiharbeit haben erheblich zugenommen.

Untersuchungen haben gezeigt, daß Arbeitnehmer mit befristetem Arbeitsverhältnis oder Leiharbeitsverhältnis in einigen Bereichen generell in höherem Maße als andere Beschäftigte der Gefahr von Arbeitsunfällen und Berufskrankheiten ausgesetzt sind.

Diese in einigen Bereichen gegebene zusätzliche Gefährdung hängt zum Teil mit bestimmten besonderen Formen der Einbeziehung in den Betrieb zusammen. Diese Gefährdung kann durch eine angemessene Unterrichtung und Unterweisung zu Beginn des Arbeitsverhältnisses verringert werden.

Die Richtlinien auf dem Gebiet der Sicherheit und des Gesundheitsschutzes am Arbeitsplatz, insbesondere die Richtlinie 89/391/EWG des Rates vom 12. Juni 1989 über die Durchführung von Maßnahmen zur Verbesserung der Sicherheit und des Gesundheitsschutzes der Arbeitnehmer bei der Arbeit[4], enthalten Vorschriften, die auf die Verbesserung der Sicherheit und des Gesundheitsschutzes der Arbeitnehmer im allgemeinen abzielen.

Die besondere Lage der Arbeitnehmer mit befristetem Arbeitsverhältnis oder Leiharbeitsverhältnis und die besonderen Risiken, denen sie in einigen Bereichen ausgesetzt sind, erfordern besondere ergänzende Vorschriften, insbesondere über die Unterrichtung, die Unterweisung und die ärztliche Überwachung der betreffenden Arbeitnehmer.

Diese Richtlinie soll einen konkreten Beitrag zur Verwirklichung der sozialen Dimension des Binnenmarktes leisten –

HAT FOLGENDE RICHTLINIE ERLASSEN:

---

[1] **Amtl. Anm.:** ABl. Nr. C 224 vom 8.9.1990, S. 4.
[2] **Amtl. Anm.:** Stellungnahme vom 20. November 1990 (noch nicht im Amtsblatt veröffentlicht) und ABl. Nr. C 158 vom 17.6.1991.
[3] **Amtl. Anm.:** ABl. Nr. C 332 vom 31.12.1990, S. 167.
[4] **Amtl. Anm.:** ABl. Nr. L 183 vom 29.6.1989, S. 1.

Abschnitt I. Anwendungsbereich und Zweck

Art. 1 Anwendungsbereich

Diese Richtlinie gilt für
1. Arbeitsverhältnisse auf der Grundlage eines befristeten Arbeitsvertrags, der unmittelbar zwischen Arbeitgeber und Arbeitnehmer geschlossen und in dem das Vertragsende nach objektiven Bedingungen festgelegt wird, etwa: Erreichen eines bestimmten Datums, Abschluß eines bestimmten Arbeitsauftrags oder Eintritt eines bestimmten Ereignisses;
2. Leiharbeitsverhältnisse zwischen einem Leiharbeitsunternehmen als Arbeitgeber einerseits und einem Arbeitnehmer andererseits, wobei letzterer zur Verfügung gestellt wird, um für und unter der Kontrolle eines entleihenden Unternehmens und/ oder einer entleihenden Einrichtung zu arbeiten.

Art. 2 Zweck

(1) Ziel dieser Richtlinie ist es sicherzustellen, daß Arbeitnehmer mit einem Arbeitsverhältnis im Sinne des Artikels 1 im Hinblick auf Sicherheit und Gesundheitsschutz am Arbeitsplatz das gleiche Schutzniveau wie die anderen Arbeitnehmer des entleihenden Unternehmens und/oder der entleihenden Einrichtung genießen.

(2) Das Bestehen eines Arbeitsverhältnisses im Sinne des Artikels 1 darf in bezug auf die Arbeitsbedingungen nicht zu einer Ungleichbehandlung führen, soweit es sich um die Sicherheit und den Gesundheitsschutz am Arbeitsplatz und insbesondere um die Inanspruchnahme individueller Schutzeinrichtungen handelt.

(3) Die Bestimmungen der Richtlinie 89/391/EWG sowie die Einzelrichtlinien im Sinne des Artikels 16 Absatz 1 der Richtlinie 89/391/EWG finden unbeschadet strengerer und/oder spezifischerer Vorschriften der vorliegenden Richtlinie auf Arbeitnehmer mit einem Arbeitsverhältnis im Sinne des Artikels 1 voll Anwendung.

Abschnitt II. Allgemeine Bestimmungen

Art. 3 Unterrichtung der Arbeitnehmer

Die Mitgliedstaaten treffen unbeschadet des Artikels 10 der Richtlinie 89/391/EWG die erforderlichen Vorkehrungen, damit
1. jeder Arbeitnehmer mit einem Arbeitsverhältnis im Sinne des Artikels 1, bevor er eine Tätigkeit aufnimmt, vom entleihenden Unternehmen und/oder der entleihenden Einrichtung über die Risiken, denen er ausgesetzt sein könnte, unterrichtet wird;
2. diese Unterrichtung über folgendes Aufschluß gibt:
   – insbesondere die Notwendigkeit besonderer Qualifikationen bzw. beruflicher Fähigkeiten oder einer besonderen ärztlichen Überwachung, wie sie in der nationalen Gesetzgebung definiert ist, und
   – etwaige erhöhte spezifische Risiken des zu besetzenden Arbeitsplatzes, wie sie in der nationalen Gesetzgebung definiert sind.

Art. 4 Unterweisung der Arbeitnehmer

Die Mitgliedstaaten treffen unbeschadet des Artikels 12 der Richtlinie 89/391/EWG die erforderlichen Vorkehrungen, damit der Arbeitnehmer in den in Artikel 3 genannten Fällen unter Berücksichtigung seiner Qualifikation und seiner Erfahrung eine ausreichende und den besonderen Merkmalen des Arbeitsplatzes entsprechende Unterweisung erhält.

Art. 5 Einsatz und ärztliche Überwachung der Arbeitnehmer

(1) Die Mitgliedstaaten können verbieten, daß Arbeitnehmer mit einem Arbeitsverhältnis im Sinne des Artikels 1 für bestimmte mit besonderen Risiken für die Sicherheit oder die Gesundheit dieser Arbeitnehmer verbundene Arbeiten, wie sie in den einzelstaatlichen Rechtsvorschriften festgelegt sind, und insbesondere für bestimmte Arbeiten, für die in den einzelstaatlichen Rechtsvorschriften eine besondere ärztliche Überwachung vorgesehen ist, eingesetzt werden.

(2) Machen die Mitgliedstaaten von der in Absatz 1 genannten Möglichkeit nicht Gebrauch, so treffen sie unbeschadet des Artikels 14 der Richtlinie 89/391/EWG die erforderlichen Vorkehrungen, damit Arbeitnehmern mit einem Arbeitsverhältnis im Sinne des Artikels 1, die für Arbeiten eingesetzt werden, für die in den einzelstaatlichen Rechtsvorschriften eine besondere ärztliche Überwachung vorgesehen ist, eine angemessene besondere ärztliche Überwachung zugute kommt.

(3) Die Mitgliedstaaten können vorsehen, daß die in Absatz 2 vorgesehene angemessene besondere ärztliche Überwachung auch nach Beendigung des Arbeitsverhältnisses fortgesetzt wird.

Art. 6 Mit Schutzmaßnahmen und Maßnahmen zur Gefahrenverhütung beauftragte Dienste

Die Mitgliedstaaten treffen die erforderlichen Vorkehrungen, damit die Arbeitnehmer, Dienste oder Personen, die nach Artikel 7 der Richtlinie 89/391/EWG mit Schutzmaßnahmen und Maßnahmen zur Verhütung berufsbedingter Gefahren beauftragt werden, über den Einsatz von Arbeitnehmern mit einem Arbeitsverhältnis im Sinne des Artikels 1 unterrichtet werden, soweit dies erforderlich ist, damit die beauftragten Arbeitnehmer, Dienste oder Personen die Schutz- und Verhütungsmaßnahmen für alle Arbeitnehmer des Unternehmens und/oder der Einrichtung in angemessener Weise durchführen können.

Abschnitt III. Besondere Bestimmungen

Art. 7 Leiharbeitsverhältnisse: Unterrichtung

Unbeschadet des Artikels 3 treffen die Mitgliedstaaten die erforderlichen Vorkehrungen, damit
1. das entleihende Unternehmen und/oder die entleihende Einrichtung dem Leiharbeitsunternehmen vor der Überlassung des Arbeitnehmers mit einem Arbeitsverhältnis im Sinne des Artikels 1 Nummer 2 insbesondere die erforderliche berufliche Qualifikation und die besonderen Merkmale des zu besetzenden Arbeitsplatzes angibt;
2. das Leiharbeitsunternehmen diese Angaben den betreffenden Arbeitnehmern vollständig zur Kenntnis bringt. Die Mitgliedstaaten können vorsehen, daß die nach Absatz 1 Nummer 1 von dem entleihenden Unternehmen und/oder der entleihenden Einrichtung dem Leiharbeitsunternehmen zu machenden Angaben in einen Vertrag über die Arbeitnehmerüberlassung aufzunehmen sind.

Art. 8 Leiharbeitsverhältnisse: Verantwortung

Die Mitgliedstaaten treffen die erforderlichen Vorkehrungen, damit
1. unbeschadet der durch die einzelstaatlichen Rechtsvorschriften festgelegten Verantwortung des Leiharbeitsunternehmens das entleihende Unternehmen und/oder die entleihende Einrichtung während der Dauer des Arbeitsauftrags für die Bedingungen der Arbeitsausführung verantwortlich ist;
2. für die Anwendung der Nummer 1 die Bedingungen für die Arbeitsausführung ausschließlich diejenigen umfassen, die mit der Sicherheit, der Hygiene und dem Gesundheitsschutz am Arbeitsplatz zusammenhängen.

Abschnitt IV. Verschiedene Bestimmungen

Art. 9 Günstigere Bestimmungen

Diese Richtlinie berührt in keiner Weise bestehende oder künftige einzelstaatliche oder gemeinschaftliche Rechtsvorschriften, die den Arbeitnehmern mit einem Arbeitsverhältnis im Sinne des Artikels 1 günstigere Bedingungen in bezug auf die Sicherheit und den Gesundheitsschutz am Arbeitsplatz bieten.

Art. 10 Schlußbestimmungen

(1) ¹Die Mitgliedstaaten erlassen die erforderlichen Rechts- und Verwaltungsvorschriften, um dieser Richtlinie bis spätestens 31. Dezember 1992 nachzukommen. ²Sie setzen die Kommission unverzüglich davon in Kenntnis.

¹Wenn die Mitgliedstaaten Vorschriften nach Unterabsatz 1 erlassen, nehmen sie in diesen selbst oder durch einen Hinweis bei der amtlichen Veröffentlichung auf diese Richtlinie Bezug. ²Sie regeln die Einzelheiten der Bezugnahme.

(2) Die Mitgliedstaaten teilen der Kommission den Wortlaut der einzelstaatlichen Rechtsvorschriften mit, die auf dem unter diese Richtlinie fallenden Gebiet erlassen worden sind oder von ihnen erlassen werden.

Art. 10a Durchführungsbericht

Alle fünf Jahre legen die Mitgliedstaaten der Kommission einen Bericht über die praktische Durchführung dieser Richtlinie vor, und zwar in der Form eines gesonderten Kapitels des in Artikel 17a Absätze 1, 2 und 3 der Richtlinie 89/391/EWG vorgesehenen Gesamtberichts, der als Grundlage für die Bewertung dient, die von der Kommission gemäß Artikel 17a Absatz 4 jener Richtlinie durchzuführen ist.

Art. 11 [Adressaten]

Diese Richtlinie ist an die Mitgliedstaaten gerichtet.

Übersicht

	Rn.
A. Überblick	1
I. Gründe für den Erlass der RL 91/383/EWG	4
II. Aufbau und Änderungen der RL 91/383/EWG	6
III. Rechtsetzungstechnik und Umsetzung in innerstaatliches Recht	8
B. Nationale Umsetzung	9
I. ArbSchG	10

	Rn.
II. ASiG	11
III. AÜG	12
IV. TzBfG	13
C. Anwendungsbereich und Zwecke der RL 91/383/EWG	14
I. Anwendungsbereich	15
1. Sachlicher Anwendungsbereich	16
2. Persönlicher Anwendungsbereich	17
3. Örtlicher Anwendungsbereich	18
II. Zwecke	19
III. Verhältnis zur RL 89/391/EWG	20
D. Allg. Bestimmungen	21
I. Unterrichtung und Unterweisung	21
II. Besondere ärztliche Überwachung bei bestimmten Arbeiten	25
III. Unterrichtung der gem. Art. 7 RL 89/391/EWG beauftragten Arbeitnehmer, Personen oder Dienste	26
E. Besondere Bestimmungen zur Leiharbeit	27
I. Spezifische Unterrichtung bei Leiharbeitsverhältnissen	28
II. Verantwortung der Entleiher	31
F. Verschiedene Bestimmungen	33
I. Vorbehalt für günstigere Bestimmungen	33
II. Durchführungsbericht	34

A. Überblick

Gegenstand der RL 91/383/EWG v. 25.6.1991 zur Ergänzung der Maßnahmen zur Verbesserung der Sicherheit und des Gesundheitsschutzes von Arbeitnehmern mit befristetem Arbeitsverhältnis oder Leiharbeitsverhältnis (ABl. 1991 L 206, 19) ist der Arbeitsschutz in **atypischen Beschäftigungsverhältnissen** im Allgemeinen sowie von **Befristung und Leiharbeit** (auch: Arbeitnehmerüberlassung oder Zeitarbeit) im Besonderen. Atypische Beschäftigungsverhältnisse sind abzugrenzen vom **klassischen Normalarbeitsverhältnis**, dh dem auf unbestimmte Zeit geschlossenen Vollzeitarbeitsvertrag mit Beschäftigung im selben Unternehmen während der gesamten Vertragsdauer (*Dütz/Thüsing* § 8 Rn. 316). Die Richtlinie zum Arbeitsschutz von befristet Beschäftigten und Leiharbeitnehmern wurde auf Art. 118a EWGV über die Verbesserung der Arbeitsumwelt durch europäische Richtlinien gestützt. Bei Zugrundelegung des AEUV entspricht nunmehr Art. 153 I lit. a, II AEUV der genannten Rechtsgrundlage aus dem EWGV. 1

Die RL 91/383/EWG ergänzt – ebenso wie die RL 94/33/EG (sog. Jugendarbeitsschutz-Richtlinie; RL 94/33/EG) – die RL 89/391/EWG v. 12.6.1989 über die Durchführung von Maßnahmen zur Verbesserung der Sicherheit und des Gesundheitsschutzes der Arbeitnehmer bei der Arbeit (RL 89/391/EWG), ohne dabei zu den sog. 19 Einzelrichtlinien zu rechnen, die auf die Rechtsgrundlage in Art. 16 I RL 89/391/EWG zurückgehen (RL 89/391/EWG Rn. 93 ff.). im Ergebnis steht sie in **engem systematischen Zusammenhang** mit der RL 89/391/EWG (Kollmer/Klindt/*Balze* Einl. B Rn. 103). Als Rechtsakt, der auf die Grundlage des Art. 153 I lit. a, II AEUV gestützt wird, ist die RL 91/383/EWG insbesondere vom technischen (produktbezogenen) Arbeitsschutz zu unterscheiden. Der technische (produktbezogene) Arbeitsschutz findet seine Rechtsgrundlage in Art. 114 AEUV und kommt in zahlreichen Rechtsakten (zumeist Richtlinien) des europäischen Produktsicherheitsrechts zum Ausdruck (→ RL 89/391/EWG Rn. 10, 125). Demgegenüber rechnet die RL 91/383/EWG zum **sozialen Arbeitsschutzrecht;** denn dieser Teilbereich des Arbeitsschutzrechts befasst sich zum einen mit dem Arbeitszeitschutz und zum anderen mit dem Schutz bestimmter Personengruppen (Kollmer/Klindt/*Butz*, § 17 Rn. 107 f.). Was den sozialen Arbeitsschutz auf europäischer Ebene anbelangt, ist neben der RL 91/383/EWG und der schon erwähnten Jugendarbeitsschutz-Richtlinie insbesondere noch die RL 92/85/EWG (sog. Mutterschutzrichtlinie; RL 92/85/EWG) zu nennen. 2

Bes. hervorgehoben werden schon in den Erwägungsgründen der RL 91/383/EWG die arbeitsschutzrechtlichen Instrumente der **Unterrichtung, Unterweisung und der ärzt-** 3

lichen Überwachung der betreffenden Arbeitnehmer. Die spezifischen Arbeitsformen, mit denen sich die RL 91/383/EWG befasst, bergen wegen des vergleichsweise kurzen Einsatzes in den Unternehmen bzw. Betrieben spezifische Gefährdungen für die Beschäftigten, denen insbesondere durch Unterrichtungen sowie Unterweisungen begegnet werden soll (s. auch Kollmer/Klindt/*Balze* Einl. B Rn. 103).

I. Gründe für den Erlass der RL 91/383/EWG

4 Der Erlass der RL 91/383/EWG erfolgte ausweislich der Erwägungsgründe mit Blick auf das europaweit zu besichtigende Phänomen einer **erheblichen Zunahme der Arbeitsformen** der befristeten Arbeit einerseits und der Leiharbeit andererseits. Just diese beiden Arbeitsformen sollten Untersuchungen zufolge indes bes. anfällig für **Arbeitsunfälle und Berufskrankheiten** sein. Der Grund hierfür soll in der spezifischen Form der betrieblichen Integration liegen, die für befristete Arbeit sowie Leiharbeit kennzeichnend ist.

5 Was die **Motive** für die Schaffung der RL 91/383/EWG anbetrifft, entschied sich der Richtliniengeber auch deshalb zum Erlass dieser Richtlinie, weil die RL 89/391/EWG aufgrund ihres allg. Schutzkonzepts nicht auf die Besonderheiten der befristeten Arbeit und der Leiharbeit zugeschnitten sei. Aufgrund der besonderen Lage und der besonderen Risiken in den beiden genannten Arbeitsformen habe es mithin **ergänzende Vorschriften** geben müssen, um Sicherheit und Gesundheitsschutz auch für diese Gruppe von Beschäftigten zu gewährleisten.

II. Aufbau und Änderungen der RL 91/383/EWG

6 Die RL 91/383/EWG mit den Art. 1–11 besteht aus insgesamt zwölf Normen (§ 10a wurde erst später eingeführt; → Rn. 7), die sich auf vier Abschnitte aufteilen: Abschnitt 1 regelt in den Art. 1–2 „Anwendungsbereich und Zweck", Abschnitt 2 in den Art. 3–6 „Allg. Bestimmungen", Abschnitt 3 in den Art. 7–8 „Besondere Bestimmungen" und Abschnitt 4 in den Art. 9–11 „Verschiedene Bestimmungen".

7 Die RL 91/383/EWG wurde seit ihrem Erlass im Jahr 1989 nur einmal geändert: Aufgrund der RL 2007/30/EG v. 20.6.2007 zur Änderung der RL 89/391/EWG des Rates und ihrer Einzelrichtlinien sowie der Richtlinien 83/477/EWG, 91/383/EWG, 92/29/EWG und 94/33/EG des Rates im Hinblick auf die Vereinfachung und Rationalisierung der Berichte über die praktische Durchführung (ABl. 2007 L 165, 21) kam es zu einer Vereinheitlichung der Durchführungsberichte, die in den Richtlinien 89/391/EWG, den hierzu erlassenen Einzelrichtlinien sowie den Richtlinien 83/477/EWG, 91/383/EWG, 92/29/EWG und 94/33/EG vorgesehen sind (vgl. Erwägungsgründe 3–5 zur RL 2007/30/EWG). Art. 2 II RL 2007/30/EG führte dementsprechend zur Einfügung des Art. 10a RL 91/383/EWG über den **Durchführungsbericht.** Zugleich hob Art. 3 RL 2007/30/EG die Regelungen in Art. 10 III–IV auf. Was die Umsetzung der RL 2007/30/EG anbelangt, waren die EU-Mitgliedstaaten gem. Art. 4 RL 2007/30/EG aufgefordert, die erforderlichen Maßnahmen zu treffen, um dieser Richtlinie bis zum 31.12.2012 nachzukommen.

III. Rechtsetzungstechnik und Umsetzung in innerstaatliches Recht

8 Aufgrund der primärrechtlich vorgegebenen Rechtsetzungstechnik in Art. 118a EWGV bzw. Art. 153 I lit. a, II AEUV, die Verbesserung der Arbeitsumwelt im Wege von Richtlinien in Angriff zu nehmen, bedurfte es für die rechtliche Wirksamkeit der RL 91/383/EWG einer Implementierung in die jeweiligen nationalen Rechtsordnungen. Die Richtlinie ist gem. Art. 288 UAbs. 3 AEUV für jeden Mitgliedstaat, an den sie gerichtet wird, hinsichtlich des zu erreichenden Ziels verbindlich. Die Wahl der Form und der Mittel wird dabei allerdings den innerstaatlichen Stellen überlassen. Umzusetzen war die RL 91/383/EWG bis spätestens zum 31.12.1992. Geregelt ist diese Frist in Art. 10 und damit in den

Schlussbestimmungen dieser Richtlinie (zum Verstoß des Königreichs Spanien gegen die Umsetzungspflicht EuGH 26.9.1996 – C-79/95 Rn. 10).

B. Nationale Umsetzung

Die erforderliche Umsetzung der RL 91/383/EWG ins nationale Recht erfolgte in der Bundesrepublik Deutschland durch den Erlass bzw. die Novellierung diverser arbeits(schutz)rechtlicher Gesetze. Ursächlich hierfür war das Gesetz zur Umsetzung der EG-Rahmenrichtlinie Arbeitsschutz und weiterer Arbeitsschutz-Richtlinien vom 7.8.1996 (BGBl. I 1246). Dieses aus sechs Artikeln bestehende **Artikelgesetz** diente nicht nur der Umsetzung der RL 89/391/EWG (sog. Arbeitsschutz-Rahmenrichtlinie; RL 89/391/EWG), sondern auch der RL 91/383/EWG. Konkret führte der Erlass des Artikelgesetzes insbesondere zum Erlass des ArbSchG sowie zu Änderungen im ASiG und im AÜG.

I. ArbSchG

Relevanter Umsetzungsakt ist zunächst das Gesetz über die Durchführung von Maßnahmen des Arbeitsschutzes zur Verbesserung der Sicherheit und des Gesundheitsschutzes der Beschäftigten bei der Arbeit (Arbeitsschutzgesetz – ArbSchG) v. 7.8.1996 (BGBl. I 1246) als das zentrale arbeitsschutzrechtliche Gesetz in der Bundesrepublik Deutschland. Das ArbSchG war Art. 1 des oben genannten Artikelgesetzes aus dem Jahr 1996 (→ Rn. 9) und diente insbesondere dem Zweck, die RL 89/391/EWG (RL 89/391/EWG) ins nationale Recht umzusetzen, wohingegen die RL 91/383/EWG namentlich durch die Änderung des Arbeitnehmerüberlassungsgesetzes in Art. 4 des Artikelgesetzes umgesetzt werden sollte (BT-Drs. 13/3540, 13, 22). Im ArbSchG ist der Fokus mit Blick auf die RL 91/383/EWG auf § 12 ArbSchG über die **Unterweisung** im Allgemeinen und auf § 12 II ArbSchG im Besonderen zu richten (BT-Drs. 13/3540, 19).

II. ASiG

Art. 2 des Gesetzes zur Umsetzung der EG-Rahmenrichtlinie Arbeitsschutz und weiterer Arbeitsschutz-Richtlinien (→ Rn. 9) führte zur Novellierung des Gesetzes über Betriebsärzte, Sicherheitsingenieure und andere Fachkräfte für Arbeitssicherheit v. 12.12.1973 (BGBl. I 1885). Eingefügt wurde ein neuer § 2 II 3 ASiG, wonach der Arbeitgeber die Betriebsärzte über den Einsatz von Personen unterrichten muss, „die mit einem befristeten Arbeitsvertrag beschäftigt oder ihm zur Arbeitsleistung überlassen sind." Eine entsprechende Informationspflicht des Arbeitgebers gegenüber den Fachkräften für Arbeitssicherheit (Sicherheitsingenieure, -techniker und -meister) folgt seitdem aus § 5 II 3 ASiG (s. BT-Drs. 13/3540, 21).

III. AÜG

Was Leiharbeitnehmer anbelangt, kommt dem Gesetz zur Regelung der Arbeitnehmerüberlassung (Arbeitnehmerüberlassungsgesetz – AÜG) v. 3.2.1995 (BGBl. I 158) eine hervorgehobene Bedeutung zu: Mit Blick auf die nationale Umsetzung der RL 91/383/EWG ist insbesondere § 11 AÜG mit den sonstigen Vorschriften über das Leiharbeitsverhältnis relevant (Kollmer/Klindt/*Balze* Einl. B Rn. 103). Art. 4 des Gesetzes zur Umsetzung der EG-Rahmenrichtlinie Arbeitsschutz und weiterer Arbeitsschutz-Richtlinien (→ Rn. 9) führte zur Novellierung auch des AÜG, indem § 11 VI AÜG zwei weitere Sätze angefügt wurden (§ 11 VI 2–3 AÜG). Damit wurden genuine Unterrichtspflichten des Entleihers gegenüber dem Leiharbeitnehmer aus der Taufe gehoben. Zudem wurde § 12 AÜG über die Rechtsbeziehungen zwischen Verleiher und Entleiher um einen weiteren Satz erweitert: Die neu eingefügte Bestimmung sorgt dafür, dass der Entleiher in der schriftlichen Urkunde erklärt, „welche besonderen Merkmale die für den Leiharbeitnehmer vorgesehene

Tätigkeit hat und welche berufliche Qualifikation dafür erforderlich ist." Hinzuweisen ist zudem auf das **spezielle Diskriminierungsverbot** in § 9 Nr. 2 AÜG. Nach dieser Bestimmung sind **Vereinbarungen unwirksam,** die für den Leiharbeitnehmer „für die Zeit der Überlassung an einen Entleiher schlechtere als die im Betrieb des Entleihers für einen vergleichbaren Arbeitnehmer des Entleihers geltenden wesentlichen Arbeitsbedingungen einschließlich des Arbeitsentgelts vorsehen". Allerdings beziehen sich die wesentlichen Arbeitsbedingungen idS ausschließlich auf verbindliche Bestimmungen, die im entleihenden Unternehmen gelten und sich mit Dauer der Arbeitszeit, Überstunden, Pausen, Ruhezeiten, Nachtarbeit, Urlaub, arbeitsfreien Tagen sowie Arbeitsentgelt befassen (Thüsing/ Mengel § 9 Rn. 30 mwN).

IV. TzBfG

13 Das in der Bundesrepublik Deutschland zentrale Gesetz für die befristete Arbeit ist das Gesetz über Teilzeitarbeit und befristete Arbeitsverträge (Teilzeit- und Befristungsgesetz – TzBfG) v. 21.12.2000 (BGBl. I 1996). Dabei diente das TzBfG nicht der Umsetzung der RL 91/383/EWG. Ausweislich des Gesetzes sollten durch das TzBfG die RL 97/81/EG v. 15.12.1997 zu der von UNICE, CEEP and [sic] EGB geschlossenen Rahmenvereinigung über Teilzeitarbeit (ABl. 1998 L 14, 9) und 1999/70/EG v. 28.6.1999 zu der EGB-UNICE-CEEP-Rahmenvereinbarung über befristete Arbeitsverträge (ABl. 1999, L 175, 43) in nationales Recht umgesetzt werden (BT-Drs. 14/4374, 1). Gegenstand des TzBfG sind die Arbeitsverhältnisse von teilzeitbeschäftigten Arbeitnehmern einerseits und von befristet beschäftigten Arbeitnehmern andererseits. Die befristete Beschäftigung ist gem. § 3 I TzBfG durch den „auf bestimmte Zeit geschlossenen Arbeitsvertrag" gekennzeichnet. Relevant für die befristete Arbeit sind innerhalb des TzBfG zum einen die allg. Vorschriften in den §§ 1 ff. TzBfG und zum anderen die spezifischen Bestimmungen in den §§ 14 ff. TzBfG sowie die gemeinsamen Vorschriften in den §§ 22 f. TzBfG. Was letztere anbelangt, bleiben besondere gesetzliche Regelungen über die befristete Arbeit gem. § 23 TzBfG unberührt. Der richtlinienrechtliche Zweck der **Gleichbehandlung befristet beschäftigter Arbeitnehmer** kommt prominent in § 1 TzBfG zum Ausdruck: Zielsetzung des TzBfG ist nicht zuletzt die **Verhinderung der Diskriminierung** von befristet beschäftigten Arbeitnehmern. Dabei ist das Diskriminierungsverbot allumfassend zu verstehen, da es keine Einschränkung auf bestimmte Bereiche des Arbeitsrechts vorsieht. Näher konkretisiert wird das **Diskriminierungsverbot** in § 4 TzBfG. Das dortige Verbot der Diskriminierung bezieht sich zum einen auf teilzeitbeschäftigte Arbeitnehmer (§ 4 I TzBfG) und zum anderen auf befristet beschäftigte Arbeitnehmer (§ 4 II TzBfG). Letztere dürfen „wegen der Befristung des Arbeitsvertrages nicht schlechter behandelt werden als ein vergleichbar beschäftigter Arbeitnehmer, es sei denn, dass sachliche Gründe eine unterschiedliche Behandlung rechtfertigen", § 4 II 1 TzBfG. Aus der expliziten Statuierung eines Diskriminierungsschutzes folgt allerdings nicht, dass die **Besserstellung von befristet Beschäftigten** zulässig ist: Ohne Rechtfertigung ist sie ein Verstoß gegen den **allg. arbeitsrechtlichen Gleichbehandlungsgrundsatz** (*Dütz/Thüsing* § 8 Rn. 333).

C. Anwendungsbereich und Zwecke der RL 91/383/EWG

14 Anwendungsbereich und Zweck der RL 91/383/EWG sind in den Art. 1 f. geregelt und damit Gegenstand des Abschnitts I dieser Richtlinie.

I. Anwendungsbereich

15 Was den Anwendungsbereich der RL 91/383/EWG anbelangt, ist zwischen dem sachlichen (→ Rn. 16), persönlichen (→ Rn. 17) und örtlichen Anwendungsbereich (→ Rn. 18)

zu unterscheiden. Die RL 91/383/EWG findet nur dann Anwendung, wenn alle Voraussetzungen für die Eröffnung des Anwendungsbereichs in concreto kumulativ erfüllt sind.

1. Sachlicher Anwendungsbereich. Der Anwendungsbereich der RL 91/383/EWG ist in Art. 1 klar beschrieben. Danach gilt die Richtlinie für Arbeitsverhältnisse auf der Grundlage eines befristeten Arbeitsvertrags einerseits und Leiharbeitsverhältnisse zwischen einem Leiharbeitsunternehmen als Arbeitgeber und einem Arbeitnehmer andererseits. Kennzeichen der befristeten Arbeit ist die Festlegung **objektiver Bedingungen für das Vertragsende** im Arbeitsvertrag, der unmittelbar zwischen Arbeitgeber und Arbeitnehmer geschlossen wird. Was die objektiven Bedingungen anbelangt, werden in der RL exemplarisch das Erreichen eines bestimmten Datums, der Abschluss eines bestimmten Arbeitsauftrags und der Eintritt eines bestimmten Ereignisses genannt. Eine abschließende Aufzählung objektiver Bedingungen soll damit indes ersichtlich nicht einhergehen, weil ein „etwa" vor der Aufzählung in Art. 1 Nr. 1 steht. Zu unterscheiden ist der befristete Arbeitsvertrag vom Arbeitsvertrag auf Zeit in der RL 91/533/EWG v. 14.10.1991 über die Pflicht des Arbeitgebers zur Unterrichtung des Arbeitnehmers über die für seinen Arbeitsvertrag oder sein Arbeitsverhältnis geltenden Bedingungen (ABl. 1991 L 288, 32; RL 91/533/EWG). Von solchen Arbeitsverträgen oder Arbeitsverhältnissen auf Zeit sollen nicht alle befristeten Arbeitsverträge erfasst werden (EuGH 18.12.2008 – C-306/07 Rn. 42 f.) Demgegenüber zeichnen sich Leiharbeitsverhältnisse dadurch aus, dass der Arbeitnehmer dezidiert zur Verfügung gestellt wird, „um für und unter der Kontrolle eines entleihenden Unternehmens und/oder einer entleihenden Einrichtung zu arbeiten", Art. 1 Nr. 2. Vor diesem Hintergrund ist der **Kontrollbegriff** von elementarer Bedeutung (MHdBArbR/*Kohte* § 289 Rn. 26).

2. Persönlicher Anwendungsbereich. Der persönliche Anwendungsbereich ist untrennbar mit dem sachlichen Anwendungsbereich verknüpft: Wenn und soweit befristete Arbeit in Rede steht, sind die Arbeitsvertragsparteien, dh Arbeitgeber und Arbeitnehmer, die natürlichen Adressaten der RL 91/383/EWG. Maßgeblich ist damit die das Arbeitsrecht prägende **Zweierbeziehung „Arbeitgeber-Arbeitnehmer"** (*Dütz/Thüsing* Rn. 336). Komplexer ist die Bestimmung des persönlichen Anwendungsbereichs in Bezug auf die Leiharbeit: Im Unterschied zur Befristung begründet die Leiharbeit eine **Dreierbeziehung** mit Leiharbeitsunternehmen und Arbeitnehmer einerseits und dem entleihenden Unternehmen bzw. der entleihenden Einrichtung andererseits. Die vertragliche Bindung zwischen Leiharbeitsunternehmen und Arbeitnehmer bestätigt indes die Zugehörigkeit der Arbeitnehmer zum Leiharbeitsunternehmen und ihren Beitrag zum Vorliegen einer wirtschaftlichen Einheit in diesem Unternehmen (s. EuGH 13.9.2007 – C-458/05 Rn. 36).

3. Örtlicher Anwendungsbereich. Auch wenn der örtliche Anwendungsbereich keine explizite Regelung in der RL 91/383/EWG erfahren hat, lässt er sich unter Bezugnahme auf die Natur des zugrunde liegenden Rechtsakts ohne Weiteres bestimmen: Als europäische Richtlinie ist der Regelungsanspruch der RL 91/383/EWG auf das Territorium der 28 EU-Mitgliedstaaten begrenzt. Arbeitsverhältnisse auf der Grundlage eines befristeten Arbeitsvertrags und Leiharbeitsverhältnisse iSd RL 91/383/EWG, die nicht innerhalb der EU durchgeführt werden, sind dementsprechend nicht am Maßstab der RL 91/383/EWG zu messen. Vielmehr gelten etwaige arbeitsschutzrechtliche Bestimmungen im jeweiligen Drittstaat.

II. Zwecke

Vorrangiges Ziel der RL 91/383/EWG ist die **Gleichstellung** von Arbeitnehmern mit befristetem Arbeitsverhältnis oder Leiharbeitsverhältnis mit Arbeitnehmern in typischen Beschäftigungsverhältnissen. Dieser Hauptzweck wird mehrfach zum Ausdruck gebracht: Erstens wird der richtlinienrechtliche Sicherstellungsauftrag formuliert, das **gleiche Schutz-**

niveau in Bezug auf **Sicherheit und Gesundheitsschutz** für die sachlich erfassten Arbeitsverhältnisse zu implementieren, Art. 2 I. Dezidert auf den Aspekt der zu verhindernden **Ungleichbehandlung** wird in Art. 2 II abgestellt: Weder die befristete Arbeit noch die Leiharbeit darf zu einer unterschiedlichen Behandlung in Bezug auf Sicherheit und Gesundheitsschutz am Arbeitsplatz führen, wobei in diesem Zusammenhang insbesondere auf die Inanspruchnahme individueller Schutzeinrichtungen hingewiesen wird, Art. 2 II.

III. Verhältnis zur RL 89/391/EWG

20   Zur Gewährleistung eines lückenlosen Arbeitsschutzes in den beiden Arbeitsformen der befristeten Arbeit und der Leiharbeit wird in Art. 2 III klargestellt, dass die Arbeitsschutz-Rahmenrichtlinie (RL 89/391/EWG) neben der spezielleren RL 91/383/EWG vollumfänglich Anwendung findet.

D. Allg. Bestimmungen

I. Unterrichtung und Unterweisung

21   Unbeschadet der allg. arbeitsschutzrechtlichen Bestimmung zur **Unterrichtung** in Art. 10 RL 89/391/EWG gilt insbesondere für die Leiharbeit die Sonderregelung in Art. 3. Zeitlich vor der Aufnahme der Tätigkeit muss danach vom Entleiher (entleihendes Unternehmen oder entleihende Einrichtung) eine Unterrichtung durchgeführt werden. Gegenstand der Unterrichtung sind die Risiken, denen der Beschäftigte ausgesetzt sein könnte. Dass die Unterrichtungspflicht denkbar weit zu verstehen ist, hat der Richtliniengeber mit der Verwendung des Wortes „könnte" klargestellt. Die **Stoßrichtung der Unterrichtung** ist richtlinienrechtlich vorgegeben: Ob besondere Qualifikationen bzw. berufliche Fähigkeiten erforderlich sind, soll ebenso Ergebnis der Unterrichtung sein wie die Notwendigkeit einer besonderen ärztlichen Überwachung. Zur Sprache kommen sollen zudem etwaige erhöhte spezifische Risiken des betreffenden Arbeitsplatzes. Offenkundig sollen die Beschäftigten damit für die besonderen arbeitsplatzbezogenen Risiken frühzeitig sensibilisiert werden, um etwaigen Gesundheitsgefahren in diesem Zusammenhang schon im Vorfeld wirksam entgegenwirken zu können. Für eine Sichtweise, wonach sich Art. 3 nur auf die Leiharbeit bezieht, spricht die Bezugnahme auf das entleihende Unternehmen bzw. die entleihende Einrichtung, die im Zusammenhang mit befristeter Arbeit folgenlos ist. Allerdings wird in Art. 3 Nr. 1 als Adressat der Unterrichtung „jeder Arbeitnehmer mit einem Arbeitsverhältnis iSd Artikels 1" erwähnt. Zudem rechnet Art. 3 wie Art. 4 zu den allg. Bestimmungen, wohingegen spezifische Vorgaben für Leiharbeitsverhältnisse erst in den Art. 7–8 und damit in den besonderen Bestimmungen geregelt sind. Vor diesem Hintergrund sprechen die weitaus besseren Gründe dafür, dass sich die Pflicht zur Unterrichtung gem. Art. 3 auch auf die befristete Arbeit bezieht.

22   Ebenfalls ergänzend zum parallel anwendbaren Art. 12 RL 89/391/EWG ist in Art. 4 die **Unterweisung der Arbeitnehmer** normiert. Sie ist eng mit der in Art. 3 geregelten Unterrichtung der Arbeitnehmer verknüpft, indem sie vorsieht, dass die sachlich erfassten Arbeitnehmer im Falle der Unterrichtung auch „eine ausreichende und den besonderen Merkmalen des Arbeitsplatzes entsprechende Unterweisung" erhalten. Die Unterweisung muss ebenso die Qualifikation wie die Erfahrung des Arbeitnehmers berücksichtigen.

23   Zentralnorm für die Unterweisung im deutschen Arbeitsschutzrecht ist § 12 ArbSchG. Daraus folgt die arbeitgeberseitige Pflicht zur ausreichenden und angemessenen Unterweisung der Beschäftigten „über Sicherheit und Gesundheitsschutz bei der Arbeit während ihrer Arbeitszeit". Die Unterweisung kann dabei in Gestalt von **Anweisungen und Erläuterungen** erfolgen (§ 12 I 1–2 ArbSchG). Die Unterweisungspflicht rechnet zu den Kernbestandteilen des Arbeitsschutzrechts, weil der Beschäftigte hierdurch die erforderlichen und

auf ihn zugeschnittenen Informationen erhält (Kollmer/Klindt/*Steffek* § 12 Rn. 1). Wesensmerkmal der Unterweisung ist die Ausrichtung auf den jeweiligen Arbeitsplatz oder Aufgabenbereich. Wann Unterweisungen vorzunehmen sind, regelt § 12 I 3 ArbSchG. Demzufolge sind Unterweisungen bei der Einstellung, bei Veränderungen im Aufgabenbereich, der Einführung neuer Arbeitsmittel oder einer neuen Technologie vorzunehmen, und zwar vor Aufnahme der Tätigkeit der Beschäftigten. Für befristet Beschäftigte gilt § 12 ArbSchG ohne Weiteres, weil sie Beschäftigte iSd § 2 II ArbSchG sind (Landmann/Rohmer/*Kollmer* § 2 ArbSchG Rn. 13).

Für die Leiharbeit gilt in Bezug auf die Unterweisung die Bestimmung in § 12 II 24 ArbSchG: Danach trifft in diesem Szenario die Pflicht zur Unterweisung den **Entleiher**. Die Unterweisung muss unter Berücksichtigung der Qualifikation und der Erfahrung des Leiharbeitnehmers erfolgen, § 12 II 2 ArbSchG. Im Übrigen gelten für den Inhalt der Unterweisung die umfangreichen gesetzlichen Vorgaben aus § 12 I ArbSchG. Was die Unterrichtung anbelangt, hat der deutsche Gesetzgeber die Regelung des Art. 3 in § 11 VI 2–3 AÜG umgesetzt (BR-Drs. 13/3540, 22).

II. Besondere ärztliche Überwachung bei bestimmten Arbeiten

Aufgrund des Art. 5 I steht den EU-Mitgliedstaaten frei, ein **Arbeitsverbot** für befristet 25 Beschäftigte und Leiharbeitnehmer zu erlassen, und zwar erstens in Bezug auf Arbeiten, die „mit besonderen Risiken für die Sicherheit oder die Gesundheit dieser Arbeitnehmer" verbunden sind, und zweitens in Bezug auf Arbeiten, für die nationale Bestimmungen eine besondere ärztliche Überwachung vorsehen. Was die erste Alternative anbetrifft, ist mit Blick auf den Wortlaut der Norm darauf hinzuweisen, dass die besonderen Risiken dezidiert die befristet Beschäftigten bzw. die Leiharbeitnehmer betreffen müssen. Sollte die Ermächtigung zur Statuierung eines Arbeitsverbots nicht genutzt werden, müssen die EU-Mitgliedstaaten gem. Art. 5 II dafür Sorge tragen, dass die betreffenden Arbeitnehmer „eine angemessene besondere ärztliche Überwachung" erhalten, wenn sie Arbeiten ausführen, für die im nationalen Recht eine besondere ärztliche Überwachung vorgesehen ist. Damit wird in diesem Szenario **derselbe arbeitsschutzrechtliche Standard** für alle Arbeitnehmer implementiert, dh unabhängig davon, ob ihrer Tätigkeit ein typisches oder atypisches Beschäftigungsverhältnis zugrunde liegt. Unberührt hiervon bleibt Art. 14 RL 89/391/ EWG mit der Regelung über die **präventivmedizinische Überwachung**.

III. Unterrichtung der gem. Art. 7 RL 89/391/EWG beauftragten Arbeitnehmer, Personen oder Dienste

Eine genuine **Unterrichtungspflicht** ist Bestandteil des Art. 6. Adressat der zu über- 26 mittelnden Informationen sind hier jene Arbeitnehmer, Dienste oder Personen, die gem. Art. 7 RL 89/391/EWG mit Schutzmaßnahmen und Maßnahmen zur Verhütung berufsbedingter Gefahren beauftragt werden (RL 89/391/EWG Rn. 60 ff.). Sie sollen über den Einsatz von befristet Beschäftigten und Leiharbeitnehmern informiert werden, damit sie für alle Arbeitnehmer des Unternehmens bzw. Betriebs die Schutz- und Verhütungsmaßnahmen durchführen können (vgl. zur deutschen Umsetzung → Rn. 11).

E. Besondere Bestimmungen zur Leiharbeit

Abschnitt III der RL 91/383/EWG widmet sich allein den Leiharbeitsverhältnissen, und 27 zwar unter den Aspekten der Unterrichtung (Art. 7) einerseits und der Verantwortung (Art. 8) andererseits. Demgegenüber existieren in diesem Abschnitt über die besonderen Bestimmungen keine spezifischen Bestimmungen über die befristete Arbeit.

I. Spezifische Unterrichtung bei Leiharbeitsverhältnissen

28 Die beiden **Unterrichtungspflichten,** die in Art. 7 statuiert sind, sind im Kontext mit den Vorgaben zu Unterrichtung und Unterweisung in den Art. 3 f. zu sehen. Unterschiede bestehen in Bezug auf die **Beteiligten der Informationsübermittlung:** Während die Unterrichtung bzw. Unterweisung gem. den Art. 3 f. zwischen dem entleihenden Unternehmen bzw. der entleihenden Einrichtung (Entleiher) und dem Leiharbeitnehmer abläuft, regelt Art. 7 UAbs. 1 Unterrichtungspflichten zwischen Entleiher und dem Leiharbeitsunternehmen (Verleiher) einerseits (Nr. 1) sowie zwischen dem Leiharbeitsunternehmen (Verleiher) und seinem (Leih-)Arbeitnehmer andererseits (Nr. 2). Damit wird eine Informationskette aus der Taufe gehoben, welche dem laufenden Informationsfluss vom Entleiher zum Leiharbeitnehmer dient. Weil der Kontakt indes anfangs nur zwischen dem Entleiher und dem Verleiher besteht, kommt diesem als Schnittstelle zwischen Entleiher und Leiharbeitnehmer eine bedeutsame Rolle im Gefüge der arbeitsschutzrechtlich geprägten Kommunikation zu. Sodann ist in zeitlicher Hinsicht darauf hinzuweisen, dass die Unterrichtung gem. Art. 7 „vor der Überlassung des Arbeitnehmers" erfolgen soll, wohingegen die Unterrichtung bzw. Unterweisung gem. den Art. 3 f. vor der Aufnahme der Tätigkeit stattfinden soll. Die Unterrichtung gem. Art. 7 erfolgt damit im Vorfeld der Unterrichtung bzw. Unterweisung gem. den Art. 3 f.

29 Gegenstand der Informationsübermittlung iSd Art. 7 UAbs. 1 Nr. 1 sind erstens die **erforderliche berufliche Qualifikation** und zweitens die **besonderen Merkmale des zu besetzenden Arbeitsplatzes.** Hierbei soll es sich jedoch mit Blick auf das einleitende Wort „insbesondere" ersichtlich nicht um eine abschließende Aufzählung der relevanten Informationen handeln. Bemerkenswerterweise hat der Richtliniengeber allerdings die hinter der exemplarischen Auflistung stehende Leitidee nicht offengelegt. Gleichwohl lassen die beiden Beispiele die **Stoßrichtung der spezifischen Unterrichtungspflicht** ohne Weiteres erkennen: Der Entleiher soll jene arbeitsplatzimmanenten Angaben rechtzeitig zur Sprache bringen, die im Falle der unzureichenden Abdeckung durch den Leiharbeitnehmer notwendigerweise zu arbeitsschutzrechtlich bedenklichen Zuständen führen können. In Bezug auf die erforderliche berufliche Qualifikation und damit die intellektuell-kognitive Komponente tritt diese Erwägung offen zutage, da ihr Fehlen beim Leiharbeitnehmer eine Überforderung und damit arbeitsschutzrechtlich gefährliche Lagen mit sich bringen kann. Was die besonderen Merkmale des zu besetzenden Arbeitsplatzes anbelangt, werden demgegenüber weniger intellektuell-kognitive als vielmehr physische und/oder psychische Anforderungen in Bezug genommen. Gem. Art. 7 UAbs. 1 Nr. 2 müssen die Leiharbeitsunternehmen die Angaben iSd Art. 7 UAbs. 1 Nr. 1 den betreffenden Arbeitnehmern vollständig zur Kenntnis bringen.

30 Der deutsche Gesetzgeber hat die besondere Unterrichtungspflicht aus Art. 7 UAbs. 1 Nr. 1 in § 12 AÜG umgesetzt: Im schriftlichen Vertrag zwischen Verleiher und Entleiher muss der Entleiher u. a. angeben, „welche besonderen Merkmale die für den Leiharbeitnehmer vorgesehene Tätigkeit hat und welche berufliche Qualifikation dafür erforderlich ist", § 12 I 3 Hs. 1 AÜG (BT-Drs. 13/3540, 22). Die **Nebenpflicht,** für die Sicherheit des Leiharbeitnehmers am Arbeitsplatz zu sorgen, folgt aus der Stellung des Entleihers als **faktischer Arbeitgeber** (Thüsing/*ders.* § 12 Rn. 37; *Dütz/Thüsing* Rn. 336). Zugleich hat die Bundesrepublik Deutschland von der Möglichkeit in Art. 7 UAbs. 2 Gebrauch gemacht, wonach die Informationspflicht aus Art. 7 UAbs. 1 Nr. 1 in einen **Vertrag über die Arbeitnehmerüberlassung** aufgenommen werden kann.

II. Verantwortung der Entleiher

31 Eine genuine Zuordnung von Verantwortungsbereichen wird durch Art. 8 vorgenommen. Unbeschadet der rechtlichen Verantwortlichkeit der Verleiher bzw. Leiharbeitsunternehmen sollen die Entleiher „während der Dauer des Arbeitsauftrags für die Bedingungen

der Arbeitsausführung verantwortlich" sein, Art. 8 Nr. 1. Was mit den Bedingungen für die Arbeitsausführung gemeint ist, wird in Art. 8 Nr. 2 verdeutlicht: Erfasst sind ausschließlich die Aspekte der Sicherheit, der Hygiene und des Gesundheitsschutzes am Arbeitsplatz. Die europarechtliche Inpflichtnahme des Entleihers vollzieht insofern die faktischen Gegebenheiten nach, die darin zum Ausdruck kommen, dass es just diese Person ist, welche die Bedingungen der Arbeitsausführung kraft seines Weisungsrechts steuert und verantwortet; denn im Rahmen einer Arbeitnehmerüberlassung tritt der Verleiher dem Entleiher das arbeitsvertragliche Weisungsrecht ab (Kollmer/Klindt/*A. W. Schack/P. Schack* § 8 Rn. 27). Diese ebenso rechtlich begründete wie faktische Ausführungsmacht des Entleihers soll an die rechtliche Verantwortlichkeit für die Sicherheit und den Gesundheitsschutz der Leiharbeitnehmer gekoppelt sein.

Im nationalen Recht ist der Fokus insoweit auf § 11 VI 1 AÜG zu richten. Dieser **32** Spezialvorschrift im Verhältnis zu § 8 II ArbSchG zufolge (ErfK/*Wank* AÜG § 11 Rn. 21) gelten für die Tätigkeit des Leiharbeitnehmers „die für den Betrieb des Entleihers geltenden öffentlich-rechtlichen Vorschriften des Arbeitsschutzrechts", wobei die daraus folgenden Pflichten jedenfalls immer auch zugleich dem Entleiher obliegen: Als Arbeitgeber des Leiharbeitnehmers bleibt der Verleiher zur Einhaltung der öffentlich-rechtlichen Arbeitsschutzvorschriften verpflichtet (Thüsing/*Mengel* § 11 Rn. 57). Aus praktischen Gründen ist der Verleiher auf eine **Kontrolle** beschränkt, wohingegen die **praktische Durchführung** dem Entleiher obliegt (ErfK/*Wank* AÜG § 11 Rn. 21).

F. Verschiedene Bestimmungen

I. Vorbehalt für günstigere Bestimmungen

Aufgrund der Vorgabe in Art. 9 werden weder bestehende noch zukünftige europarecht- **33** liche wie nationale Rechtsvorschriften verdrängt, die befristet Beschäftigten und Leiharbeitnehmern günstigere Bedingungen in Bezug auf die Sicherheit und den Gesundheitsschutz am Arbeitsplatz bieten. Vor diesem Hintergrund statuiert die RL 91/383/EWG einen unbedingt einzuhaltenden **arbeitsschutzrechtlichen Mindeststandard,** der freilich sowohl auf der EU- als auch auf der mitgliedstaatlichen Ebene überschritten werden darf.

II. Durchführungsbericht

Zur Evaluierung der praktischen Durchführung der RL 91/383/EWG müssen die EU- **34** Mitgliedstaaten der Europäischen Kommission gem. Art. 10a alle fünf Jahre einen Bericht vorlegen, der als gesondertes Kapitel Teil des Gesamtberichts gem. Art. 17a I-III RL 89/391/EWG sein soll. Damit soll die Europäische Kommission in die Lage versetzt werden, eine Gesamtbewertung der Durchführung der betreffenden Richtlinien vorzunehmen.

430. Richtlinie 91/533/EWG des Rates vom 14. Oktober 1991 über die Pflicht des Arbeitgebers zur Unterrichtung des Arbeitnehmers über die für seinen Arbeitsvertrag oder sein Arbeitsverhältnis geltenden Bedingungen

(ABl. Nr. L 288 S. 32)

Celex-Nr. 3 1991 L 0533

DER RAT DER EUROPÄISCHEN GEMEINSCHAFTEN –
gestützt auf den Vertrag zur Gründung der Europäischen Wirtschaftsgemeinschaft, insbesondere auf Artikel 94,
auf Vorschlag der Kommission[1],
nach Stellungnahme des Europäischen Parlaments[2],
nach Stellungnahme des Wirtschafts- und Sozialausschusses[3],
in Erwägung nachstehender Gründe:
Die Entwicklung neuer Arbeitsformen in den Mitgliedstaaten hat zu einer Vielfalt der Arten von Arbeitsverhältnissen geführt.
Angesichts dieser Entwicklung haben sich einige Mitgliedstaaten veranlasst gesehen, Maßnahmen vorzusehen, um die Arbeitsverhältnisse bestimmten Formerfordernissen zu unterziehen. Diese Maßnahmen zielen darauf ab, die Arbeitnehmer besser vor etwaiger Unkenntnis ihrer Rechte zu schützen und den Arbeitsmarkt transparenter zu gestalten.
Die einschlägigen Rechtsvorschriften der Mitgliedstaaten weichen in wesentlichen Punkten wie etwa der Pflicht zur schriftlichen Unterrichtung des Arbeitnehmers über die wesentlichen Bedingungen seines Arbeitsvertrags oder Arbeitsverhältnisses erheblich voneinander ab.
Die Unterschiede in den Rechtsvorschriften der Mitgliedstaaten können sich unmittelbar auf das Funktionieren des Gemeinsamen Marktes auswirken.
Nach Artikel 136 des Vertrages sind sich die Mitgliedstaaten über die Notwendigkeit einig, auf eine Verbesserung der Lebens- und Arbeitsbedingungen der Arbeitskräfte hinzuwirken und dadurch auf dem Wege des Fortschritts deren Angleichung zu ermöglichen.
Die auf der Tagung des Europäischen Rates in Straßburg am 9. Dezember 1989 von den Staats- und Regierungschefs von elf Mitgliedstaaten angenommene Gemeinschaftscharta der sozialen Grundrechte der Arbeitnehmer bestimmt unter Nummer 9 folgendes:
„Die Arbeitsbedingungen eines jeden abhängig Beschäftigten der Europäischen Gemeinschaft müssen entsprechend den Gegebenheiten der einzelnen Länder durch das Gesetz, durch einen Tarifvertrag oder in einem Beschäftigungsvertrag geregelt sein."
Auf Gemeinschaftsebene muß allgemein zur Pflicht gemacht werden, daß jeder Arbeitnehmer über ein Schriftstück mit Angaben über die wesentlichen Bedingungen seines Arbeitsvertrags oder Arbeitsverhältnisses verfügt.
Da es zweckmässig ist, für das Arbeitsverhältnis eine gewisse Flexibilität zu wahren, sollte vorgesehen werden, daß die Mitgliedstaaten bestimmte, begrenzte Fälle von Arbeitsverhältnissen von dieser Richtlinie ausnehmen können.
Der Pflicht zur Unterrichtung kann durch Aushändigung eines schriftlichen Arbeitsvertrags, eines Anstellungsschreibens, eines oder mehrerer sonstiger Schriftstücke oder, falls dies unterbleibt, einer vom Arbeitgeber unterzeichneten schriftlichen Erklärung genügt werden.

---

[1] **Amtl. Anm.:** ABl. Nr. C 24 vom 31.1.1991, S. 3
[2] **Amtl. Anm.:** ABl. Nr. C 240 vom 16.9.1991, S. 21.
[3] **Amtl. Anm.:** ABl. Nr. C 159 vom 17.6.1991, S. 32.

Bei Entsendung ins Ausland muß sichergestellt sein, daß der Arbeitnehmer über die wesentlichen Bedingungen seines Arbeitsvertrags oder Arbeitsverhältnisses hinaus zuvor zusätzliche Angaben über die Bedingungen seiner Entsendung erhält.

Um das Interesse der Arbeitnehmer an der Aushändigung einer schriftlichen Unterrichtung zu schützen, muß ihnen jede Änderung der wesentlichen Bedingungen des Arbeitsvertrags oder Arbeitsverhältnisses schriftlich zur Kenntnis gebracht werden.

Es ist erforderlich, daß die Mitgliedstaaten den Arbeitnehmern die Möglichkeit bieten, ihre Rechte aus dieser Richtlinie geltend zu machen.

Die Mitgliedstaaten haben die Rechts- und Verwaltungsvorschriften zu erlassen, die erforderlich sind, um dieser Richtlinie nachzukommen, oder sie haben sich zu vergewissern, daß die Sozialpartner im Vereinbarungswege die erforderlichen Maßnahmen einführen, wobei die Mitgliedstaaten alle erforderlichen Vorkehrungen treffen müssen, um jederzeit gewährleisten zu können, daß die in der Richtlinie vorgeschriebenen Ergebnisse erzielt werden –

HAT FOLGENDE RICHTLINIE ERLASSEN:

Art. 1 Geltungsbereich

(1) Diese Richtlinie gilt für jeden Arbeitnehmer, der einen Arbeitsvertrag oder ein Arbeitsverhältnis hat, der/das in dem in einem Mitgliedstaat geltenden Recht definiert ist und/oder dem in einem Mitgliedstaat geltenden Recht unterliegt.

(2) Die Mitgliedstaaten können vorsehen, daß diese Richtlinie keine Anwendung findet für Arbeitnehmer mit einem Arbeitsvertrag oder Arbeitsverhältnis,

a) – dessen Gesamtdauer höchstens einen Monat beträgt und/oder
   – dessen Wochenarbeitszeit höchstens 8 Stunden beträgt
   oder
b) der/das eine Gelegenheitsarbeit und/oder eine Tätigkeit besonderer Art betrifft, sofern objektive Gründe in diesen Fällen die Nichtanwendung rechtfertigen.

A. Sachlicher und persönlicher Geltungsbereich, Absatz 1

1 Nach Abs. 1 erstreckt sich der **sachliche und persönliche Geltungsbereich** der Richtlinie grds. auf jeden Arbeitnehmer, dessen Arbeitsverhältnis nach dem Recht eines Mitgliedstaates „definiert" ist und/oder dem Recht eines Mitgliedstaates unterliegt. Die Richtlinie verfolgt einen ausschließlich arbeitsrechtlichen Schutzansatz und betrifft Arbeitspflichten auf anderer Grundlage nicht.

2 Der Verweis auf die nationalrechtlichen Bestimmungen über Arbeitsverhältnisse ist unglücklich formuliert und schwer zu verstehen: Er hebt mit dem Arbeitsvertragsstatut teleologisch fragwürdig auf ein qua Rechtswahl steuerbares Kriterium ab, stellt aber neben das Vertragsstatut das gleichrangige Merkmal der „Definition" eines Arbeitsverhältnisses im nationalen Recht (näher *Birk* NZA 1996, 281 [285]). Systematisch lässt sich das nur so verstehen, dass es nicht allein darauf ankommen soll, ob das betroffene Rechtsverhältnis nach seinem Vertragsstatut Arbeitsverhältnis ist; vielmehr sollen darüber hinaus noch andere Fälle erfasst sein (EAS/*Friese* B 3050 Rn. 10). Denkbar wäre es, hier einen Rückverweis auf nationalrechtliche Arbeitnehmerbegriffe zu sehen (etwa *Ventura-Heinrich* 35 mwN) und ohne Rücksicht auf das Vertragsstatut die Qualifikation als Arbeitsverhältnis in (irgend) einem anderen Mitgliedsstaat ausreichen zu lassen. In der Konsequenz müssten dann etwa arbeitnehmerähnliche Personen in Deutschland in den Anwendungsbereich der Umsetzungsgesetze einbezogen werden, soweit sie in einer anderen europäischen Rechtsordnung als Arbeitnehmer eingestuft werden (*Birk* NZA 1996, 281 [285] mit dem Beispiel Heim-

arbeit). Freilich hätte dann die zweite Tatbestandsalternative keine eigenständige Bedeutung mehr. Deshalb geht die Gegenauffassung mit Recht davon aus, dass der Arbeitnehmerbegriff der Richtlinie autonom unionsrechtlich bestimmt werden müsse (zu diesem unionsrechtlichen Arbeitnehmerbegriff etwa DFL/*Kolbe* GewO § 6 Rn. 4 ff.), so dass der Verweis auf nationale Rechtsordnungen den Anwendungsbereich weniger definiert als vielmehr einschränkt. Die „Definition" des Arbeitsverhältnisses soll dann Fälle einfangen, in denen in einem bestimmten Mitgliedstaat gearbeitet wird (und nach dessen Recht ein Nachweis erteilt werden müsste), aber ein Fremdrecht als Vertragsstatut gewählt wurde, das ein Arbeitsverhältnis verneint (*Thüsing* § 8 Rn. 6 ff.; *Riesenhuber* § 12 Rn. 7 ff.). Dabei überzeugt der einheitliche Arbeitnehmerbegriff mit Blick auf den Harmonisierungszweck der Richtlinie und fügen sich die nationalrechtlich bestimmten Einschränkungen insofern in das Regelungskonzept, als Bürokratiekosten in Rechtsverhältnissen vermieden werden, die keine der „berührten" nationalen Rechtsordnungen als Arbeitsverhältnis qualifiziert.

Die **deutsche Umsetzung** im NachwG gilt nach dessen § 1 nur für Arbeitnehmer iSd 3 deutschen Rechts. Will man der hier vertretenen Auslegung von Art. 1 I (→ Rn. 2) nicht folgen, ist das ein Umsetzungsdefizit, welches mit einer richtlinienkonform erweiternden Auslegung korrigiert werden müsste. Dass im Zuge der Einführung des allg. gesetzlichen Mindestlohns (bestimmte) Praktikanten iSd § 26 BBiG wie Arbeitnehmer den Mindestlohn erhalten und nach der Neufassung des NachwG besonders unterrichtet werden müssen, hat mit der Richtlinie nichts zu tun. Hier geht es um eine – mit Blick auf den Mindestharmonisierungsansatz (→ Art. 7 Rn. 1 f.) ohne weiteres zulässige – überschießende Maßnahme.

B. Erlaubte Ausnahmen, Absatz 2

Abs. 2 erlaubt es den Mitgliedstaaten iSd Erwägungsgrundes 8 „eine gewisse Flexibilität 4 für das Arbeitsverhältnis zu wahren" und eine eng **begrenzte Gruppe von Arbeitsverhältnissen** von der Richtlinienumsetzung **auszunehmen.** Dabei bestimmt Buchst. a die Ausnahme-Option nach dem Umfang der ausgeübten Tätigkeit, während Buchst. b am Inhalt dieser Tätigkeit ansetzt.

Die **tätigkeitsumfangsbezogene Ausnahmeerlaubnis des Buchst. a** betrifft befriste- 5 te Arbeitsverhältnisse mit einer Dauer von längstens einem Monat sowie Teilzeitarbeitsverhältnisse mit einer Wochenarbeitszeit von längstens 8 Stunden.

Die im ersten Gedankenstrich erfassten Fälle der **Befristung** sind nur solche, in denen 6 die Gesamtdauer des Arbeitsverhältnisses **max. einen Monat** beträgt; auf den Umfang der täglichen oder wöchentlichen Arbeitszeit (Voll- oder Teilzeit) kommt es nicht an. Nicht ausgenommen werden dürfen daher unterbrechungslose Kettenbefristungen, die insgesamt länger als einen Monat dauern. Freilich reicht es mit Blick auf das Informationsinteresse des Arbeitnehmers und damit das Schutzziel der Richtlinie (→ Art. 2 Rn. 3) aus, wenn ein Mitgliedstaat seine Umsetzungsvorschrift erst greifen lässt, sobald die aktuelle Befristung die Monatsgrenze planmäßig überschreitet. Ohnehin muss die Ausnahmeerlaubnis richtigerweise so verstanden werden, dass es auf die planmäßige Dauer des Arbeitsverhältnisses, mithin die vereinbarte Befristung, ankommen muss. Langfristig angelegte, aber bereits binnen Monatsfrist wieder beendete Arbeitsverhältnisse von den Vorgaben der Richtlinie auszunehmen, widerspricht dem Regelungsziel des Buchst. a erster Gedankenstrich, dem es ersichtlich um die „Entbürokratisierung" von Aushilfsarbeiten und vergleichbar kurzfristig angelegten Arbeitseinsätzen geht.

Mit dem zweiten Gedankenstrich erlaubt Buchst. a, **Teilzeit**arbeitsverhältnisse – ohne 7 Rücksicht darauf, ob diese befristet oder unbefristet sind – von den Vorgaben der Richtlinie auszunehmen, wenn die **wöchentliche Arbeitszeit max. 8 Stunden** beträgt. Dabei geht es um die Arbeitsschuld aus dem einzelnen Teilzeitarbeitsverhältnis; dass der Teilzeiter zugleich einer weiteren Arbeitstätigkeit nachgeht, löst keine Informationspflicht des Arbeitgebers aus. Will man jedenfalls die Ausnahmemöglichkeit auch für unbefristete Teilzeitarbeitsverhältnisse als Diskriminierung von Teilzeitern (und damit mittelbare Frauendiskriminierung) sehen (vgl. BT-Drs. 14/280, 17; EAS/*Friese* B 3050 Rn. 12; *Riesenhuber* § 12 Rn. 11), ist die Ungleichbehandlung zur Reduktion von Bürokratiekosten bei geringfügiger Beschäftigung gerechtfertigt.

8   Die **tätigkeitsbezogene Ausnahmeerlaubnis nach Buchst. b** umfasst Gelegenheitsarbeiten sowie Tätigkeiten „besonderer Art", sofern objektive Gründe die Ausnahme von der Richtlinienumsetzung tragen.

9   **Gelegenheitsarbeiten** iSd Alt. 1 kann nicht die kurze Dauer des Arbeitseinsatzes ausmachen, denn diese Fälle erfasst bereits Buchst. a (→ Rn. 6). Vielmehr muss es um Tätigkeiten gehen, die nicht auf eine regelmäßige Wiederholung angelegt sind und also nicht berufsmäßig ausgeübt werden (*Däubler* NZA 1992, 577 [578]), sondern (ggf. jeweils) auf Grund eines besonderen Anlasses. Saisonarbeit und saisonbedingte Mehrarbeit sind demgegenüber keine Gelegenheitsarbeiten, sondern unterfallen der Richtlinie (**aA** EAS/*Friese* B 3050 Rn. 13).

10 Von **„besonderer Art"** iSd Alt. 2 sind Tätigkeiten, die sich ihrem Inhalt nach gegen Bürokratisierung sperren. Wiederum kann es schon aus systematischen Erwägungen nicht darauf ankommen, ob es sich um eine geringfügige Tätigkeit handelt. Da sich die maßgebende Besonderheit aus der Tätigkeit selbst ergeben muss, kann sie nicht „statusbezogen", etwa für alle leitenden Angestellten, bejaht werden (richtig EAS/*Friese* B 3050 Rn. 14; *Riesenhuber* § 12 Rn. 12; **aA** *Däubler* NZA 1992, 577 [578]; Fuchs/Marhold/*Marhold* 140 f.). Stattdessen muss es darauf ankommen, ob der Arbeitnehmer konkret in einem besonderen Vertrauensverhältnis zum Arbeitgeber tätig wird (etwa bei Tätigkeiten im Privathaushalt), das eine informelle Gestaltung des Arbeitsverhältnisses rechtfertigt. Insoweit ergibt sich eine gewisse Doppelung zum Erfordernis rechtfertigender objektiver Gründe (→ Rn. 11); richtigerweise ist Alt. 2 als Auffangtatbestand zu verstehen.

11 **Für beide Fälle von Buchst. b** greift als zusätzliche Voraussetzung, dass **objektive Gründe** die Ausnahme von den Vorgaben der Richtlinie rechtfertigen. Diese Gründe können insbesondere in den Arbeitsmarktwirkungen erhöhter Bürokratiekosten liegen, bestehen also dann, wenn die betroffenen Arbeitsverhältnisse bei unterstellter Informationspflicht nicht mehr oder jedenfalls nur in erheblich vermindertem Umfang abgeschlossen würden (EAS/*Friese* B 3050 Rn. 15). Insoweit ist kein objektiver Maßstab denkbar, so dass es auf die Prognose des jeweiligen Mitgliedstaates ankommen muss, dem insoweit ein weiter Einschätzungsspielraum zuzubilligen ist.

12 **Deutschland** nutzt in § 1 NachwG inzwischen nur noch die tätigkeitsumfangsbezogene Ausnahme für „Aushilfen", die höchstens einen Monat beschäftigt werden. Weitere Ausnahmen, die dort zuvor geregelt waren (zu ihnen *Wank* RdA 1996, 21 [22]), wurden gerade mit Blick auf die Richtlinie wieder gestrichen (Art. 7 Gesetz zur Neuregelung der geringfügigen Beschäftigungsverhältnisse vom 24.3.1999, BGBl. I 388 [393]).

Art. 2 Informationspflicht

(1) Der Arbeitgeber ist verpflichtet, den unter diese Richtlinie fallenden Arbeitnehmer (im folgenden „Arbeitnehmer" genannt) über die wesentlichen Punkte des Arbeitsvertrags oder des Arbeitsverhältnisses in Kenntnis zu setzen.

(2) Die Unterrichtung nach Absatz 1 betrifft mindestens folgende Angaben:

a) Personalien der Parteien;
b) Arbeitsplatz oder, wenn es sich nicht um einen festen oder vorherrschenden Arbeitsplatz handelt, Hinweis darauf, daß der Arbeitnehmer grundsätzlich an verschiedenen Orten beschäftigt wird, sowie Sitz oder gegebenenfalls Wohnsitz des Arbeitgebers;
c) i) die dem Arbeitnehmer bei der Einstellung zugewiesene Amtsbezeichnung, sein Dienstgrad und Art oder Kategorie seiner Stelle oder
   ii) kurze Charakterisierung oder Beschreibung der Arbeit;

d) Zeitpunkt des Beginns des Arbeitsvertrags oder Arbeitsverhältnisses;
e) ist der Arbeitsvertrag oder das Arbeitsverhältnis befristet: vorhersehbare Dauer des Arbeitsvertrags oder des Arbeitsverhältnisses;
f) die Dauer des Jahresurlaubs, auf den der Arbeitnehmer Anspruch hat, oder, falls dies zum Zeitpunkt der Unterrichtung nicht angegeben werden kann, die Modalitäten der Gewährung und der Festlegung des Jahresurlaubs;
g) Länge der bei der Kündigung des Arbeitsvertrages oder des Arbeitsverhältnisses vom Arbeitgeber und vom Arbeitnehmer einzuhaltenden Kündigungsfristen oder, falls dies zum Zeitpunkt der Unterrichtung nicht angegeben werden kann, Modalitäten der Festsetzung der Kündigungsfristen;
h) anfänglicher Grundbetrag, die anderen Bestandteile sowie Periodizität der Auszahlung des Arbeitsentgelts, auf das der Arbeitnehmer Anspruch hat;
i) normale Tages- oder Wochenarbeitszeit des Arbeitnehmers;
j) gegebenenfalls:
  i) Angabe der Tarifverträge und/oder der kollektiven Vereinbarungen, in denen die Arbeitsbedingungen des Arbeitnehmers geregelt sind, oder
  ii) bei ausserhalb des Unternehmens durch einzelne paritätische Organe oder Institutionen abgeschlossenen Tarifverträgen Angabe des zuständigen Organs oder der zuständigen paritätischen Institution, in dessen/deren Rahmen sie abgeschlossen wurden.

(3) Die Unterrichtung über die Angaben nach Absatz 2 Buchstaben f), g), h) und i) kann gegebenenfalls durch einen Hinweis auf die Rechts- und Verwaltungsvorschriften bzw. die Satzungs- oder Tarifvertragsbestimmungen erfolgen, die für die entsprechenden Bereiche gelten.

Übersicht

	Rn.
A. Unterrichtung über die wesentlichen Arbeitsbedingungen, Absatz 1	1
I. Zentral: Informationspflicht des Arbeitgebers	1
1. (Schutz-)Zweck der Informationspflicht	3
2. (Allgemeine) Unterrichtung über die „wesentlichen Punkte" des Arbeitsverhältnisses	5
II. Ermächtigungsgrundlage der Richtlinie	11
III. Umsetzung in den Mitgliedstaaten	12
B. Mindestinhalt der Unterrichtung, Absatz 2	13
I. Personalien, Buchst. a	14
II. Arbeitsort, Buchst. b	17
III. Tätigkeit, Buchst. c	21
IV. Beginn des Arbeitsverhältnisses, Buchst. d	25
V. Dauer des Arbeitsverhältnisses bei Befristung, Buchst. e	26
VI. Urlaub, Buchst. f	30
VII. Kündigungsfristen, Buchst. g	34
VIII. Entgelt, Buchst. h	37
IX. Arbeitszeit, Buchst. i	41
X. Kollektivverträge, Buchst. j	44
C. Unterrichtung durch Bezugnahme, Absatz 3	52

A. Unterrichtung über die wesentlichen Arbeitsbedingungen, Absatz 1

I. Zentral: Informationspflicht des Arbeitgebers

Abs. 1 regelt die zentrale **Informationspflicht des Arbeitgebers** gegenüber dem Arbeitnehmer über die wesentlichen Arbeitsbedingungen. Anspruchsverpflichtet sein muss bei vertraglich begründeten Arbeitsverhältnissen der Vertragsarbeitgeber, bei Arbeitnehmerüberlassung also (nur) der Verleiher. 1

So wie die Richtlinie die Wirksamkeit arbeitsvertraglicher Regelungen nicht betrifft (→ Art. 6 Rn. 1), verlagert sie die Informationslast des Arbeitnehmers als Vertragspartei 2 nicht etwa vollständig auf den Arbeitgeber. Nicht nur darf sich der Arbeitgeber nach Abs. 3 und Art. 4 II für bestimmte Informationen auf den offenen Hinweis auf die Rechtsquelle beschränken, ohne den Inhalt der dort geregelten Arbeitsbedingungen anzugeben. Vor allem fehlt eine über die vorgeschriebenen Angaben hinausweisende Pflicht, den Arbeitnehmer auf besondere Vor- oder Nachteile der für ihn geltenden Bedingungen hinzuweisen. Es geht also „nur" darum, dem Arbeitnehmer die Entscheidungsgrundlagen mitzuteilen, darüber hinaus sind weder umfassende Informationsfürsorge noch Beratung geschuldet.

3   **1. (Schutz-)Zweck der Informationspflicht. Zweck** dieser Unterrichtungspflicht ist vor allem der **Schutz von Arbeitnehmern durch Transparenz.** Das belegen die ersten beiden Erwägungsgründe: Dass in der Praxis verstärkt neue, atypische Arbeitsformen auftreten, hat den Arbeitsmarkt komplexer gemacht. Das hat im Vorfeld der Richtlinie bereits den Anlass für verschiedene nationalrechtliche Regelungen gegeben, die – mit unterschiedlichen Mitteln und in unterschiedlicher Intensität – Transparenz- oder Formanforderungen für Arbeitsverträge vorgegeben haben (zur Unterrichtungsgesetzgebung in Europa *Maul-Sartori* 21 ff.). Gemeint ist etwa der englische *Contracts of Employment Act* von 1963 (EAS/ *Friese* B 3050 Rn. 1; weiter zu den nationalrechtlichen Vorbildern *Thüsing* § 8 Rn. 4). Diese, für das Funktionieren des gemeinsamen (Arbeits-)Marktes relevanten, Regelungen harmonisiert die Richtlinie insoweit, als jeder Arbeitnehmer iSd Erwägungsgrundes 7 „ein Schriftstück mit Angaben über die wesentlichen Bedingungen seines Arbeitsvertrags oder Arbeitsverhältnisses" erhalten soll.

4   Daneben zielt die Richtlinie ausweislich des Erwägungsgrundes 5 auf die Verbesserung und Angleichung der Arbeitsbedingungen und soll nach dem Erwägungsgrund 6 auch das durch die (heute überholte) Gemeinschaftscharta der sozialen Grundrechte vorgegebene Ziel befördern, dass die Arbeitsbedingungen jedes Arbeitnehmers durch Gesetz, Kollektivvertrag oder Arbeitsvertrag geregelt sein sollen. Beide Ziele sind durch die Richtlinie und Art. 2 als deren Zentralregelung nur sehr mittelbar betroffen. Der Nachweis von Arbeitsbedingungen hat zunächst weder mit deren Inhalt noch mit der Regelungsquelle zu tun. Insofern steht der Schutz durch Transparenz (→ Rn. 3) ganz im Vordergrund. Sagen lässt sich nur, aber doch immerhin, dass die Transparenz von Arbeitsbedingungen und Regelungsquellen deren Vergleichbarkeit gewährleistet und damit zumindest einen mittelbaren Anreiz für eine Angleichung bietet.

5   **2. (Allgemeine) Unterrichtung über die „wesentlichen Punkte" des Arbeitsverhältnisses.** Um diese Ziele zu verwirklichen, müssen die Mitgliedstaaten nach Abs. 1 eine **Pflicht des Arbeitgebers** normieren, seine Arbeitnehmer über „die wesentlichen Punkte des Arbeitsvertrags oder des Arbeitsverhältnisses", also die wesentlichen Arbeitsbedingungen **zu informieren.** Auf diese allg. Informationspflicht baut Abs. 2 auf, und gibt den Mindestinhalt der Unterrichtung vor.

6   Dieses Verhältnis von Abs. 1 und 2 belegt, dass sich der **Arbeitgeber nicht in jedem Fall darauf beschränken darf, nur die Minimalangaben des Abs. 2 mitzuteilen.** Vielmehr zwingt die allg. Informationspflicht dazu, auch alle sonstigen wesentlichen Arbeitsbedingungen nachzuweisen; dazu gehört etwa die vertraglich begründete Befugnis des Arbeitgebers, einseitig **Überstunden** anzuordnen (EuGH 8.2.2001 – C-350/99 Rn. 22 f. – Lange, NJW 2001, 955; noch → Rn. 41). Anders gewendet ist der Katalog des Abs. 2 nicht als abschließende Aufzählung aller wesentlichen Arbeitsbedingungen zu verstehen (BAG 23.1.2002 NZA 2002, 800 [803]).

7   Vor diesem Hintergrund stellt sich die Frage, wann eine **Arbeitsbedingung wesentlich** iSd Richtlinie ist. Zu den wesentlichen Arbeitsbedingungen rechnen sicher die *essentialia negotii* – andererseits muss es daneben noch weitere wesentliche Punkte geben, weil schon der Katalog der Mindestangaben in Abs. 2 über die *essentialia* hinausgeht (ErfK/*Preis* NachwG § 2 Rn. 7). Zu weit geht es hingegen, alle für bestimmte Arbeitnehmer üblichen Arbeitsbedingungen als wesentlich zu qualifizieren (ErfK/*Preis* NachwG § 2 Rn. 8). Überzeugender ist es, für jeden Punkt zwischen dem Informationsinteresse des Arbeitnehmers und dem Interesse des Arbeitgebers abzuwägen, den (auch finanziellen) Informationsaufwand gering zu halten (*Maul-Sartori* 166 f.). Als Leitlinie für diese kaum rechtssicher zu handhabende Abwägung kann gelten, dass eine Arbeitsbedingung dann als wesentlich zu qualifizieren ist, wenn der Arbeitnehmer die Bedingung notwendig kennen muss, um seine Rechte geltend zu machen, und die Unkenntnis zu erheblichen Nachteilen führen kann (DFL/*Wolff* NachwG § 2 Rn. 4 mwN; weitergehend *Ventura-Heinrich* 101 ff., die auf Rechte mit Bezug zum vertraglichen Äquivalenzinteresse abhebt). Nicht zu den wesentlichen Arbeitsbedingungen gehören selbstverständliche Verhaltensanweisungen an den Arbeitnehmer, etwa dahingehend, seine Aufgaben gewissenhaft und ungeachtet eigener Interessen zu erfüllen (EuG 18.1.2001 – T-333/99 Rn. 76 ff. – X / EZB, Slg. 2001, II-3021; **aA** *Ventura-Heinrich* 103: mitzuteilen seien alle Pflichten, deren Verletzung disziplinarisch geahndet werden kann).

Besondere Zurückhaltung ist insoweit bei gesetzlich geregelten Arbeitsbedingungen geboten. So wie dem Arbeitnehmer die Kenntnis unterstellt werden kann, dass das gesamte Arbeitsrecht überhaupt auf seinen Arbeitsvertrag wirkt (→ Rn. 49), muss ein Informationsinteresse mit Blick auf den Inhalt gesetzlicher Arbeitsbedingungen grds. verneint werden. Andernfalls droht – trotz der Möglichkeit, durch Bezugnahme iSv Abs. 3 zu unterrichten (→ Rn. 56) – überbordender Informationsaufwand ohne echten Transparenzgewinn. Zwar belegt Abs. 3, dass ggf. auch über gesetzliche Arbeitsbedingungen unterrichtet werden muss. Das betrifft aber nur Arbeitsbedingungen, die nach den Vorstellungen des Richtliniengebers ebenso gut im Arbeits- oder Kollektivvertrag geregelt werden können (und vielfach dort geregelt werden), so dass der Hinweis auf die *in concreto* maßgebenden gesesetzlichen Vorschriften gerade keine bloße Selbstverständlichkeit wiedergibt. Hier zeigt sich, dass die spät in die Richtlinie eingefügte allg. Informationspflicht nicht nur unzureichend auf die anderen Vorschriften abgestimmt ist (→ Art. 3 Rn. 10), sondern generell als problematisch eingestuft werden muss. **8**

Nicht zur Konkretisierung der Wesentlichkeit taugt die **Leiharbeits-Richtlinie** 2008/104/EG, nach deren Art. 5 I UAbs. 1 entliehene Arbeitnehmer mit Blick auf die „wesentlichen Arbeits- und Beschäftigungsbedingungen" Beschäftigten des Entleiherunternehmens (mind.) gleichgestellt werden müssen. Insoweit kennt Art. 3 I lit. f der RL 2008/104/EG eine eigenständige Definition der „wesentlichen Arbeits- und Beschäftigungsbedingungen", die freilich schon deshalb nicht für die Auslegung der Nachweis-Richtlinie herangezogen werden kann, weil sie teilweise hinter den Minimalinformationen des Abs. 2 zurückbleibt und also von vornherein nicht alle wesentlichen Arbeitsbedingungen iSd Nachweis-Richtlinie einschließt. Diesen Befund bestätigt ein teleologischer Vergleich der von den beiden Richtlinien verfolgten Schutzzwecke: Während die Leiharbeitsrichtlinie vor allem das durch Entgelt und Arbeitszeit definierte arbeitsvertragliche Synallagma als „wesentlich" einordnet, um eine Schlechterstellung von Leiharbeitnehmern zu verhindern (BAG 23.3.2011 NZA 2011, 850 Rn. 23 ff.), geht es bei den „wesentlichen" Arbeitsbedingungen iSd Nachweis-Richtlinie weitergehend darum, dem Arbeitnehmer die Eckdaten seines Arbeitsverhältnisses vor Augen zu führen. Anders gewendet verengt die Leiharbeits-Richtlinie schutzzweckkonform den Blick auf besonders diskriminierungsverdächtige Bedingungen, wohingegen die Nachweis-Richtlinie einen breiteren Fokus hat. **9**

In Deutschland stellt sich die Frage der Wesentlichkeit von Arbeitsbedingungen vor allem für (arbeits- und) tarifvertragliche **Ausschlussfristen.** Richtigerweise spricht schon deren anspruchsvernichtende Wirkung entscheidend für eine Zuordnung zu den wesentlichen Arbeitsbedingungen (BAG 23.1.2002 NZA 2002, 800 [802]; ErfK/*Preis* NachwG § 2 Rn. 8). Nach dem BAG heißt das freilich nicht, dass tarifvertragliche Ausschlussfristen explizit mitgeteilt werden müssten; insoweit soll sich der Arbeitgeber mit dem pauschalen Hinweis auf die geltenden Kollektivverträge iSv Buchst. j entlasten können. Das widerspricht zwingenden Vorgaben der Richtlinie; möglich ist hingegen, die Pflichtinformation über die Ausschlussfrist in der Form des Abs. 3 zu erteilen (→ Rn. 56). **10**

II. Ermächtigungsgrundlage der Richtlinie

11 Die Richtlinie ist auf Art. 100 EWGV (heute Art. 115 AEUV, wobei Art. 114 II AEUV die Anwendung auf Rechte der Arbeitnehmer verbietet; aus heutiger Sicht käme als Kompetenznorm daher nur Art. 153 II lit. b AEUV in Betracht; *Thüsing* § 8 Rn. 5) gestützt, soll sich also unmittelbar auf Errichtung oder Funktionieren des EU-Binnenmarktes auswirken (näher *Ventura-Heinrich* 24). Mit Blick auf das sozialpolitische Ziel der Schutztransparenz im Arbeitsverhältnis ist diese Entscheidung zumindest fragwürdig (*Birk* NZA 1996, 281 [282]; *Müller-Glöge* RdA Sonderbeil. 2001, 46 [46]). Inhaltliche Wirkung auf Arbeitsbedingungen und damit auf den Arbeitsmarkt entfaltet die Richtlinie nur höchst mittelbar (→ Rn. 4).

III. Umsetzung in den Mitgliedstaaten

12 Die deutsche Umsetzung der Richtlinie erfolgte zentral im NachwG, das sich eng an die Vorgaben der Richtlinie hält. Daneben rechnen aber auch § 11 AÜG, § 11 BBiG sowie die §§ 28, 29 SeeArbG zu den Umsetzungsvorschriften. Angesichts der sehr detaillierten Vorgaben der Richtlinie fallen die **Umsetzungen in den anderen Mitgliedstaaten** recht ähnlich aus (*Birk* NZA 1996, 281 [282] [289 f.]; knappe Übersicht bei *Ventura-Heinrich* 38 ff.).

B. Mindestinhalt der Unterrichtung, Absatz 2

13 Die Unterrichtung über die wesentlichen Arbeitsbedingungen muss **mind. die in Abs. 2 ausdrücklich aufgeführten Punkte** einschließen.

I. Personalien, Buchst. a

14 Dass die Personalien der Parteien des Arbeitsverhältnisses angegeben werden müssen, soll **dem Arbeitnehmer zeigen, welche Rechtsperson sein (Vertrags-)Arbeitgeber ist.** Interessant ist das vor allem in Unternehmensgruppen, etwa wenn der Arbeitnehmer bei einer konzernangehörigen Personalführungsgesellschaft angestellt ist und dann bei einem anderen Konzernunternehmen eingesetzt wird.

15 Bei **juristischen Personen** ist die **Firma** anzugeben, bei anderen Gesellschaften kommt es darauf an, ob nach dem einzelstaatlichen Recht die Gesellschaft oder die Gesellschafter Vertragsarbeitgeber sind.

16 Die **Anschrift** der Parteien bzw. der Sitz des Arbeitgebers gehört nicht zu den Mindestangaben nach Buchst. a. Dass der (Wohn-)Sitz des Arbeitgebers nach Buchst. b mitgeteilt werden muss, belegt im Gegenschluss, dass Buchst. a diese Pflichtangabe nicht verlangt (EAS/*Friese* B 3050 Rn. 27). Die deutsche Umsetzung genügt den Vorgaben der Richtlinie, auch wenn § 2 I 2 Nr. 1 NachwG die Angabe der Arbeitgeber-Anschrift zu den Personalien zieht.

II. Arbeitsort, Buchst. b

17 Mit dem Arbeitsplatz meint Buchst. b ersichtlich nur den **Arbeitsort**; es geht also nicht im funktionalen Sinne um Anforderungsprofil, Vergütung und andere Determinanten der Stelle (*Däubler* NZA 1992, 577 [578]). Stattdessen soll der Arbeitnehmer erfahren, wo er seine Arbeitsschuld ableisten muss. Ein entsprechendes Informationsinteresse besteht gerade dann, wenn der Ort der Arbeitsleistung im Arbeitsvertrag nicht festgelegt, sondern vom Arbeitgeber durch einseitige Weisung bestimmt wird. Insofern ist die Richtlinie so zu verstehen, dass der konkrete Einsatzort anhand der Unterrichtung zumindest bestimmbar

sein muss; die Angabe einer politischen Gemeinde reicht daher nur aus, wenn der Arbeitgeber dort nur eine Betriebsstätte unterhält.

Angeben muss der Arbeitgeber zunächst den **festen Arbeitsort**. Sofern die Arbeit nicht 18 an einem festen oder wenigstens überwiegend an einem bestimmten Ort verrichtet werden muss, genügt insofern der Hinweis, dass der Arbeitnehmer „grds. an verschiedenen Orten" beschäftigt wird. Angesprochen sind damit vor allem **Arbeitnehmer im Außendienst** sowie **„Springer"**.

Die Möglichkeit des Arbeitgebers, den Arbeitnehmer einseitig zu versetzen, etwa durch 19 eine arbeitsvertragliche **Versetzungsklausel,** ist nach dem Wortlaut von Buchst. b nicht mitzuteilen (**aA** für § 2 I 2 Nr. 4 NachwG DFL/*Wolff* NachwG § 2 Rn. 14). Insbesondere schließt die rechtliche Option zur Versetzung nicht aus, dass die Arbeit überwiegend an einem bestimmten Ort zu verrichten ist, so dass auch der allg. Hinweis entbehrlich ist. Richtigerweise ist die einseitige Versetzungsbefugnis des Arbeitgebers aber – wie die einseitige Berechtigung, Überstunden anzuordnen – als „sonstige" wesentliche Arbeitsbedingung nach Abs. 1 mitzuteilen (→ Rn. 6). Dass damit das Transparenzziel strukturell verfehlt wird (ErfK/*Preis* NachwG § 2 Rn. 14), ist mit Blick auf die gewünschte Flexibilität unvermeidlich und hinzunehmen.

Daneben ist der **Sitz** oder ggf. (bei Privatleuten als Arbeitgebern) der Wohnsitz **des** 20 **Arbeitgebers** anzugeben.

III. Tätigkeit, Buchst. c

In Buchst. c verlangt die Richtlinie, dass der Arbeitnehmer über Amtsbezeichnung, 21 Dienstgrad sowie Art oder Kategorie der Stelle im Zeitpunkt der Einstellung unterrichtet wird. Es geht also um eine grobe Charakterisierung der **Arbeitsstelle und -tätigkeit** im funktionalen Sinn. **Alternativ** (oder kumulativ → Art. 7 Rn. 1) kann eine **kurze Charakterisierung oder Beschreibung der Arbeit**(stätigkeit) verlangt werden.

Ob die „Art oder Kategorie" der Stelle auch die **Wertigkeit** iSv tariflichen Vergütungs- 22 systemen einschließt, hat der EuGH (4.12.1997 – C-253/96 Rn. 48 f. – Kampelmann ua, EuZW 1998, 88) offen gelassen. Richtigerweise ist die Frage zu verneinen (*Schwarze* RdA 1997, 343 [348 f.]): Zwar werden Dienstgrad oder Amtsbezeichnung oft die Zuordnung in ein Vergütungssystem ermöglichen, darauf zielt die Transparenzvorgabe der Richtlinie aber nicht. Vielmehr belegt der Vergleich mit der – von der Richtlinie als gleichwertig ausgewiesenen – Alt. 2 (→ Rn. 23), dass Buchst. c nicht bezweckt, dem Arbeitnehmer die Kontrolle der Eingruppierung in ein Vergütungssystem zu ermöglichen.

Die kurze Charakterisierung oder Beschreibung darf **sich nicht in allen Fällen in der** 23 **bloßen Bezeichnung der Tätigkeit erschöpfen** (EuGH 4.12.1997 – C-253/96 Rn. 44 – Kampelmann ua, EuZW 1998, 88). Dass der EuGH insoweit differenziert, bedeutet freilich umgekehrt, dass er Fälle sieht, in denen die bloße Bezeichnung der Stelle ausreicht. Insofern kann es mit Blick auf das Informationsinteresse des Arbeitnehmers nur darauf ankommen, ob die Bezeichnung der Tätigkeit bereits hinreichend konkret erkennen lässt, welche Arbeiten der Arbeitnehmer auszuführen hat. IdS ist „kaufmännischer Angestellter" intransparent, demgegenüber sollte „Solo-Trompeter" die auszuübende Tätigkeit bereits hinreichend klar erkennen lassen. Keinesfalls ausreichen kann es, wenn der Arbeitgeber lediglich die tarifliche Vergütungsgruppe mitteilt; vielmehr gehören Fragen der tariflichen Eingruppierung von vornherein nicht zu der von der Richtlinie verlangten Tätigkeitsbeschreibung (zu § 2 I 2 Nr. 5 NachwG BAG 8.6.2005 NZA 2006, 53 [55]).

Diese vom EuGH konkretisierten Vorgaben hat der **deutsche Gesetzgeber** in § 2 I 2 24 Nr. 5 NachwG nachträglich (Art. 2a G zur Änderung des Bürgerlichen Gesetzbuchs und des Arbeitsgerichtsgesetzes vom 29.7.1998, BGBl. I 1694 [1695]) umgesetzt. Das deutsche Recht verlangt iSd Alt. 2 (nur) eine Charakterisierung oder Beschreibung der Tätigkeit. Ausnahme ist insoweit § 11 I 2 Nr. 1 BBiG, demzufolge die Art der Ausbildung, insbesondere das Berufsziel, mitzuteilen ist. Richtlinienkonform auszulegen ist § 28 II Nr. 3

SeeArbG, der in Alt. 1 eine bloße Bezeichnung der zu leistenden Dienste verlangt; das ist ggf. nicht mit der Richtlinie vereinbar (→ Rn. 23), dann ist eine Beschreibung der zu leistenden Dienste iSd Alt. 2 erforderlich.

IV. Beginn des Arbeitsverhältnisses, Buchst. d

25 Nach Buchst. d mitzuteilen ist weder der Zeitpunkt des Vertragsschlusses, noch der Zeitpunkt der tatsächlichen Arbeitsaufnahme. Beide sind dem Arbeitnehmer ohnehin bekannt, so dass insoweit kein Informationsinteresse ersichtlich ist. Gemeint sein kann mithin nur der **Zeitpunkt des rechtlichen Beginns des Arbeitsverhältnisses,** in dem die gegenseitigen Hauptleistungspflichten einsetzen (*Däubler* NZA 1992, 577 [578]; EAS/*Friese* B 3050 Rn. 30).

V. Dauer des Arbeitsverhältnisses bei Befristung, Buchst. e

26 Ist das **Arbeitsverhältnis befristet,** muss die **voraussichtliche Dauer** angegeben werden. Konkret ist bei der Zeitbefristung der vereinbarte Endtermin mitzuteilen, bei der Zweckbefristung der prognostizierte. Der Befristungsgrund muss grds. nicht genannt werden. Anders ist das in Fällen der Zweckbefristung, wenn eine realistische Prognose hinsichtlich der Dauer nicht möglich ist. Dann muss der Arbeitgeber einen Endtermin nicht ins Blaue hinein raten, sondern darf sich auf die Angabe des Befristungszwecks beschränken (APS/*Greiner* TzBfG § 14 Rn. 488 mwN).

27 Die auflösende Bedingung ist in der Richtlinie nicht genannt, ist aber der Befristung funktional so ähnlich, dass sie schon von Unionsrechts wegen ebenfalls angegeben werden muss (EAS/*Friese* B 3050 Rn. 31).

28 Ob angegeben werden muss, unter welchen Voraussetzungen sich ein zunächst befristetes Arbeitsverhältnis in ein unbefristetes umwandeln kann, hat der EuGH offen gelassen (EuGH 26.11.2014 – C–22/13 ua Rn. 121 – Mascolo ua, BeckRS 2014, 82420). Richtigerweise ist die Frage zu verneinen: Mit Blick auf eine mögliche **Entfristung** ist ex ante kein Informationsinteresse des Arbeitnehmers zu erkennen, weil er deren Voraussetzungen nicht kennen muss, um aktuell Rechte geltend zu machen (→ Rn. 7). Eine Schutzlücke ergibt sich nicht, weil durch die Entfristung die Angabe nach Buchst. e unrichtig wird und diese Änderung nach Art. 5 I (→ Art. 5 Rn. 1) mitgeteilt werden muss.

29 Soweit das nationale Recht – wie in Deutschland § 14 IV TzBfG – ein Schriftformgebot für die Befristungsabrede kennt, das auch das (prognostizierte) Tätigkeitsende erfasst, ist ein gesonderter Nachweis nicht erforderlich. Generell gilt, dass die Richtlinie keinen Überformalismus verlangt, nach dem der Arbeitgeber Angaben ein zweites Mal schriftlich mitteilen müsste, die dem Arbeitnehmer bereits in Schriftform vorliegen (→ Art. 9 Rn. 2).

VI. Urlaub, Buchst. f

30 Mitzuteilen ist grds. die **Dauer des Jahresurlaubs.** Weil es auch in Abs. 2 um wesentliche Arbeitsbedingungen iSd Abs. 1 geht, kann nur der **bezahlte Erholungsurlaub** gemeint sein. Ob der Arbeitnehmer daneben Anspruch auf Sonderurlaub zu bestimmten Zwecken (etwa: Bildungsurlaub) hat, muss nicht angegeben werden.

31 Steht die Dauer des Jahresurlaubs noch nicht fest, sondern hängt von zukünftigen Variablen ab, muss der Arbeitgeber stattdessen über die Modalitäten der Gewährung und Festlegung des Jahresurlaubs unterrichten. Weil diese Information die grds. erforderliche Angabe zur Dauer des Urlaubs ersetzt, kann es dabei nur darum gehen, unter welchen Voraussetzungen der Arbeitnehmer Anspruch auf einen Erholungsurlaub bestimmter Dauer hat (EAS/*Friese* B 3050 Rn. 32). Müssten die konkreten Modalitäten der Urlaubsgewährung, etwa mit Blick auf die Bestimmung des Urlaubszeitraums, angegeben werden, ergäbe sich insoweit ein wertungsmäßig nicht gerechtfertigtes Informations-Privileg für Arbeitnehmer, deren Urlaubsdauer noch nicht von vornherein festgelegt ist.

Mindestinhalt der Unterrichtung, Absatz 2   **Art. 2 RL 91/533/EWG 430**

Leiharbeitnehmer müssen – vom Verleiher als Vertragsarbeitgeber (→ Rn. 1) – grds. **32** über die Arbeitsbedingungen des Leiharbeitsvertrags unterrichtet werden. Nur wenn die erste Überlassung bereits bei Beginn des Leiharbeitsverhältnisses feststeht, müssen sich die Angaben auch auf die beim Entleiher geltendem Bedingungen beziehen. Zusätzlich muss – hinsichtlich künftiger Überlassungen – auf die jeweiligen nationalrechtlichen Regelungen zu *equal pay* und *equal treatment* verwiesen werden (mit Blick auf die Information über die Vergütung nach deutschem Recht ErfK/*Wank* AÜG § 11 Rn. 6).

Die **deutschen Umsetzungsgesetze** (§ 3 I 2 Nr. 8 NachwG, § 28 II Nr. 8 SeeArbG, **33** § 11 I 2 Nr. 7 BBiG) verlangen durchgehend nur die Angabe der Dauer des Jahresurlaubs. Dass bei variabler Urlaubsdauer die Voraussetzungen der Konkretisierung angegeben werden müssen, lässt sich aber im Wege richtlinienkonformer Auslegung der jeweiligen Vorschrift ergänzen (EAS/*Friese* B 3050 Rn. 33; **aA** ErfK/*Preis* NachwG § 2 Rn. 21: mit der Richtlinie vereinbar).

VII. Kündigungsfristen, Buchst. g

Zu den Pflichtangaben rechnet die **Länge der Kündigungsfrist bei ordentlicher 34 Kündigung** des Arbeitsverhältnisses, und zwar für beide Seiten. Stehen diese Fristen bei Unterrichtung noch nicht fest, muss über die Voraussetzungen unterrichtet werden, unter denen sich eine bestimmte Fristdauer ergibt (insoweit gilt das → Rn. 31 Gesagte entsprechend).

Die **deutsche Umsetzung** in § 2 I 2 Nr. 9 NachwG, § 28 II Nr. 9 SeeArbG lässt den **35** Fall der noch nicht festzulegenden Kündigungsfrist außer Acht, kann und muss aber auch insoweit richtlinienkonform ausgelegt werden (→ Rn. 33). In der Regel stellt sich diese Frage im deutschen Recht freilich nicht, wenn und weil sich die Kündigungsfrist nach der Staffel-Regelung des § 622 BGB richtet. Insoweit kann der Arbeitgeber durch Bezugnahme iSd Abs. 3 unterrichten (→ Rn. 52 ff.), die den unionsrechtswidrigen § 622 II 2 (EuGH 19.1.2010 – C-555/07 Rn. 29 ff. – Kücükdeveci, NZA 2010, 85; BAG 9.9.2010 NZA 2011, 343 Rn. 15 ff.) aussparen muss (ErfK/*Preis* NachwG § 2 Rn. 22). Gesondert anzugeben sind arbeitsvertragliche Vereinbarungen über die Kündigungsfrist, etwa eine Probezeitabrede iSd § 622 III BGB.

Ist das Arbeitsverhältnis, etwa im Fall der Befristung, ordentlich **unkündbar,** muss die **36** Unkündbarkeit schon als wesentliche Arbeitsbedingung iSd Abs. 1 angegeben werden. Ob für eine eventuelle außerordentliche Kündigung dann besondere Auslauffristen gelten (vgl. zum deutschen Recht ErfK/*Müller-Glöge* BGB § 626 Rn. 189), muss schon deshalb nicht mitgeteilt werden, weil ein solcher Sonder-Sozialschutz von den Umständen der Kündigung im Einzelfall abhängt, während das Informationsinteresse des Arbeitnehmers auf reguläre Arbeitsbedingungen zielt.

VIII. Entgelt, Buchst. h

Unterrichten muss der Arbeitgeber mit Blick auf das Entgelt über den **anfänglichen 37 Grundbetrag** sowie die **sonstigen Entgeltbestandteile,** auf die der Arbeitnehmer Anspruch hat. Daneben ist die **Periodizität der Auszahlung** mitzuteilen, nicht aber deren sonstige Modalitäten; dabei wird dem Transparenzziel der Richtlinie nur eine Auslegung gerecht, die unter der Periodizität nicht den regelmäßigen Auszahlungszeitpunkt versteht, sondern den rechtlich maßgebenden Zeitpunkt der Fälligkeit der nach Zeitabschnitten bemessenen Vergütung.

Andere Bestandteile des Arbeitsentgeltes sind sämtliche Leistungen des Arbeitgebers, **38** die als Gegenleistung für die Arbeitsleistung gewährt werden. Dazu rechnen variable Vergütungsbestandteile wie Tantiemen oder Provisionen ebenso wie feste Zulagen oder Prämien, sofern der Arbeitnehmer nur einen Anspruch auf die Leistung hat. Damit fallen Leistungen, auf die der Arbeitnehmer wegen eines wirksamen Freiwilligkeitsvorbehalts keinen Anspruch hat, nicht unter Buchst. h. Sie sind auch nicht als sonstige wesentliche Arbeitsbedingungen mitzuteilen, weil dem Arbeitnehmer – mangels durchsetzbaren Rechtsanspruchs – aus der Unkenntnis keine Nachteile erwachsen können (→ Rn. 7). Das hindert die Mitgliedstaaten freilich nicht, die Informationspflicht des Arbeitgebers über den Mindestschutz der Richtlinie hinaus auch auf solche Pflichtangaben zu erstrecken.

39 Hinsichtlich der variablen Vergütungsbestandteile muss der Arbeitgeber die **Berechnungsmaßstäbe** mitteilen (EAS/*Friese* B 3050 Rn. 35); insoweit muss eine Information über die Grundstrukturen ausreichen, komplizierte Berechnungsbeispiele beeinträchtigen das Transparenzziel der Richtlinie eher, als dem Arbeitnehmer zu nutzen.

40 Für **Leiharbeitnehmer** gilt das zum Urlaub Gesagte (→ Rn. 32) entsprechend.

IX. Arbeitszeit, Buchst. i

41 Mit der „normale[n] Tages- oder Wochenarbeitszeit" muss die **Arbeitsschuld des Arbeitnehmers** angegeben werden. Zugleich gibt die Information einen Maßstab vor, anhand dessen beurteilt werden kann, wann **Überstunden** geleistet werden (müssen). Ob der Arbeitnehmer überhaupt (und wenn ja, auf welcher rechtlichen Grundlage) verpflichtet ist, Mehrarbeit zu erbringen, muss freilich nicht mitgeteilt werden, weil Buchst. i nur die übliche Arbeitszeitdauer anspricht. Mit Blick auf den vertragsbezogenen Informationszweck der Richtlinie kann damit nur die vertragliche Regelarbeitszeit gemeint sein, nicht aber die (womöglich kürzere oder längere) betriebsübliche Arbeitszeit (EuGH 8.2.2001 – C-350/99 Rn. 16 ff. – Lange, NJW 2001, 955). Freilich ist das Recht des Arbeitgebers, einseitig Mehrarbeit anzuordnen, als „sonstige" wesentliche Arbeitsbedingung nach Abs. 1 mitzuteilen (→ Rn. 6). Hinzukommt: Fehlt eine ausdrückliche arbeitsvertragliche Regelung zur Arbeitszeitdauer (und greift insoweit auch kein Kollektivvertrag), wird der Vertrag in der Regel so auszulegen sein, dass die betriebsübliche Arbeitszeit geschuldet ist (DFL/*Kolbe* GewO § 106 Rn. 27), die dann entsprechend mitgeteilt werden muss.

42 Dem Wortlaut nach entfällt die Unterrichtung nach Buchst. i, wenn sich die Arbeitsvertragsparteien auf eine flexible Arbeitszeitgestaltung einigen, bei der sich eine „normale Tages- oder Wochenarbeitszeit" nicht angeben lässt. Indes ist das Informationsinteresse des Arbeitnehmers in diesen Fällen eher noch stärker ausgeprägt und ist der Schutzzweck von Buchst. i ebenfalls angesprochen. Daher spricht eine teleologische Auslegung dafür, dass der Arbeitgeber dann eben die Vereinbarung zur Arbeitszeitdauer mitteilen muss (HSW/*Wank* § 18 Rn. 20).

43 **Nicht** angegeben werden muss die **Lage** der Arbeitszeit, also der tägliche Arbeitsbeginn und das Arbeitsende (EAS/*Friese* B 3050 Rn. 37). Vielfach verzichten die Arbeitsvertragsparteien ohnehin auf eine bestimmte Regelung, weil sich die Arbeitszeitlage nach den betrieblichen Erfordernissen richtet und richten muss. Vertraglich festgelegt wird dann oft nur, dass zur (jeweiligen) betriebsüblichen Arbeitszeit gearbeitet werden muss (DFL/*Kolbe* GewO § 106 Rn. 33). Mit Blick auf die dabei intendierte Flexibilität ist eine Unterrichtung zum derzeitigen Stand nicht geeignet, das Informationsinteresse des Arbeitnehmers zu befriedigen.

X. Kollektivverträge, Buchst. j

44 Angegeben werden müssen ggf. auch **Kollektivverträge,** in denen Arbeitsbedingungen des Arbeitnehmers geregelt sind. Die Informationspflicht bezieht sich insoweit auf die **Rechtsquellen,** nicht auf deren Inhalt. Damit belegt auch Buchst. j, dass die Richtlinie die vertragsrechtliche Informationslast des Arbeitnehmers nicht beseitigen bzw. vollständig auf den Arbeitgeber abwälzen soll (→ Rn. 2). Alternativ können die Mitgliedstaaten vorsehen, dass bei „außerhalb des Unternehmens durch einzelne paritätische Organe oder Institutionen abgeschlossenen Tarifverträgen" die für den Abschluss zuständigen Organe oder Institutionen angegeben werden. Die Alternative zielt auf Mitgliedstaaten mit institutionalisierten

Tarifverhandlungsgremien, wie etwa der Nationale Arbeitsrat und die paritätischen Kommissionen in Belgien (dazu Henssler/Braun/*Matray/Hübinger* Belgien Rn. 168 ff.).

Vor dem Hintergrund der massiven Unterschiede der europäischen Tarifrechte (dazu etwa **45** *Rebhahn* NZA 2001, 763 [764 ff.] mwN) lässt sich Buchst. j nicht ohne weiteres in jede einzelstaatliche Rechtsordnung integrieren. Bei der Auslegung der Vorschrift darf nicht nur die individualrechtliche Ebene der Unterrichtungspflicht gesehen werden, sondern sind darüber hinaus die weithin unvereinbaren Tarifrechtstraditionen der Mitgliedstaaten (*Rieble/ Kolbe* EuZA 2008, 453 [458]) zu berücksichtigen.

Das gilt schon mit Blick auf den konkreten **Zweck** der nach Buchst. j geschuldeten **46** Information: Die Vorschrift lässt sich so lesen, dass die Richtlinie die normative Geltung von Tarifverträgen per se als wesentliche Arbeitsbedingung wertet (ErfK/*Preis* NachwG § 2 Rn. 24) – unabhängig vom Tarifinhalt. Dass die Richtlinie diese Information nur „ggf." verlangt, wäre dann als Einschränkung der Umsetzungspflicht bestimmter Mitgliedstaaten zu verstehen (EAS/*Friese* B 3050 Rn. 38), um nicht Staaten, deren Recht eine normative Geltung von Kollektivvereinbarungen nicht vorsieht, zu einer Umsetzungsvorschrift ohne Anwendungsbereich zu zwingen. Indes verfehlt eine solche Auslegung das Transparenzziel der Richtlinie deutlich. Die Normwirkung von Kollektivvereinbarungen auf das Arbeitsverhältnis ist für den Arbeitnehmer per se nicht von zentralem Interesse. Ihn interessiert allenfalls, welche Normenverträge seine Arbeitsbedingungen regeln (→ Rn. 50).

An der normativen Wirkung anzusetzen, bedeutet nämlich zugleich, dass Kollektiv- **47** verträge nicht mitgeteilt werden müssten, die nicht normativ, sondern kraft arbeitsvertraglicher Bezugnahme im Arbeitsverhältnis gelten. Geht es bei der Bezugnahme – wie in Deutschland (*Löwisch/Rieble* § 3 Rn. 515) – nach dem nationalen Recht um eine arbeitsvertragliche Regelung von Arbeitsbedingungen, erfasst der so verstandene Regelungszweck von Buchst. j die individualvertragliche Regelung von Arbeitsbedingungen durch Bezugnahme nicht. Damit ergeben sich zwei Transparenzdefizite: Erstens müssten wesentliche Arbeitsbedingungen auch dann als arbeitsvertragliche angegeben werden, wenn sie sich aus dem in Bezug genommenen Kollektivvertrag ergeben. Für den Arbeitnehmer ist das weniger informativ als vielmehr irreführend; tatsächlich die Vertragsbedingungen einzusehen, wird eher erschwert. Zweitens wären die Angaben nach Buchst. j auch dann verpflichtend, wenn der Arbeitgeber nicht weiß, ob Tarifverträge für das Arbeitsverhältnis normativ gelten, weil er nicht nach der Gewerkschaftsmitgliedschaft des Arbeitnehmers fragt (und uU auch nicht danach fragen darf) und das nationale Tarifrecht auch auf Arbeitnehmerseite eine mitgliedschaftliche Tarifbindung verlangt. Dann müssten entweder die Kollektivverträge mitgeteilt werden, in denen die Arbeitsbedingungen des Arbeitnehmers „potentiell" geregelt sind, oder es wären Informationslücken in Kauf zu nehmen (Letzteres befürwortet *Müller-Glöge* RdA Sonderbeil. 2001, 46 [49]: Hinweispflicht nur, wenn der Arbeitgeber subjektiv von der Anwendbarkeit der Tarifverträge ausgeht). Auch das bedingt eher Unklarheit über die geltenden Vertragsbedingungen und unterläuft das Ziel, die normative Geltung von Kollektivverträgen als wesentliche Arbeitsbedingung transparent zu machen.

Richtigerweise geht das von Buchst. j geschützte Informationsinteresse des Arbeitnehmers **48** dahin, den Regelungsstandort außerhalb des Arbeitsvertrags geregelter Arbeitsbedingungen zu erfahren, um ggf. Einsicht in die betroffenen Rechtsquellen nehmen zu können. Dabei kommt es nicht darauf an, ob die arbeitsvertragsexternen Arbeitsbedingungen iSd Abs. 1 „wesentlich" (→ Rn. 7) sind. Entscheidend ist nur, dass der Blick in den Arbeitsvertrag allein kein vollständiges Bild der Arbeitsbedingungen liefert. Dieses Interesse ist bei der **Bezugnahme** auf Kollektivvereinbarungen ebenso angesprochen wie bei der normativen Wirkung; deshalb muss der Hinweis nach Buchst. j erfolgen, wenn sich die Arbeitsbedingungen im Einzelarbeitsverhältnis nach Kollektivverträgen richten, ohne dass es auf deren rechtlichen Geltungsgrund ankommt (*Maul-Sartori* 154; für § 2 I 2 Nr. 10 NachwG BAG 23.1.2002 NZA 2002, 800 [802]). Dass die Angabe nur „ggf." zu erfolgen hat, meint also, dass die entsprechenden Hinweise zwar im nationalen Recht vorgeschrieben werden müssen, aber nur dann erteilt werden können und sollen, wenn sich Arbeitsbedingungen im konkreten Arbeitsverhältnis aus Kollektivverträgen ergeben.

49 Das im hier befürworteten Sinne konkretisierte Informationsinteresse des Arbeitnehmers (→ Rn. 48) spräche dafür, jede arbeitsvertragsexterne Regelungsquelle und jedes Bezugnahmeobjekt mitteilen zu lassen. Indes sucht die Richtlinie generell einen Ausgleich zwischen Informationsinteresse und Bürokratiekosten (→ Rn. 2, Art. 9 Rn. 2); idS klammert sie gesetzlich geregelte Arbeitsbedingungen aus, weil als allg. bekannt unterstellt werden kann, dass Arbeitsbedingungen zumindest teilweise durch Gesetze vorgegeben werden (*Maul-Sartori* 152), und beschränkt Buchst. j auf Kollektivverträge als zentrale Quellen von Arbeitsbedingungen neben dem Arbeitsvertrag.

50 Wortlaut (ErfK/*Preis* NachwG § 2 Rn. 23) und Transparenzziel (*Maul-Sartori* 156 f.) von Buchst. j sprechen zunächst dafür, dass alle (normativ oder schuldrechtlich) für das Arbeitsverhältnis geltenden Kollektivverträge einzeln identifiziert und mitgeteilt werden müssen. Bei einer Vielzahl anwendbarer Kollektivvereinbarungen führt das freilich zu erheblichen Bürokratiekosten, weil der Arbeitgeber die Geltung der Normenverträge erst und uU mit erheblichem Aufwand feststellen müsste. Zudem verlangt wenigstens Buchst. j (vgl. aber zu Abs. 3 → Rn. 54) keine Zuordnung der Normenverträge zu einzelnen Arbeitsbedingungen, so dass der Arbeitnehmer die Rechtsquelle der gesuchten Bedingungen ohnehin aus einer langen (und uU schon deshalb wenig transparenten) Liste zu ermitteln hätte. Weil damit einem überschaubaren Informationsgehalt ein erheblicher Mehraufwand bei der Unterrichtung gegenübersteht, und weil die Richtlinie grds. einen angemessenen Ausgleich zwischen diesen beiden Faktoren sucht, spricht aus teleologischer Sicht mehr für eine einschränkende Auslegung von Buchst. j (in diese Richtung auch *Maul-Sartori* 157; HSW/*Wank* § 18 Rn. 21). Demnach reicht (auch) ein genereller Hinweis auf anwendbare Kollektivvereinbarungen aus, wenn diese zumindest nach allg. Merkmalen wie dem Geltungsbereich so eingegrenzt werden, dass der Arbeitnehmer die für ihn geltenden Regelwerke erkennen kann. Nicht ausreichen kann jedenfalls der pauschale Hinweis, dass für das Arbeitsverhältnis die „einschlägigen" Kollektivverträge gelten (EAS/*Friese* B 3050 Rn. 41). Nur wenn man diese restriktive Auslegung befürwortet, genügt die deutsche Regelung in § 2 I 2 Nr. 10 NachwG, nach der der Arbeitgeber im Vereinfachungsinteresse von einer **Auflistung aller anwendbaren Tarifverträge und Betriebsvereinbarungen** absehen und sich auf den allg. Verweis auf die Geltung solcher Kollektivverträge in Kombination mit der Angabe von Tarifbereich und Betrieb beschränken darf (BT-Drs. 13/668, 11; BAG 14.11.2012 AP TVG § 1 Bezugnahme auf Tarifvertrag Nr. 118 Rn. 26), den Anforderungen der Richtlinie.

51 Die Angabe der Kollektivvereinbarungen iSv Buchst. j ist nach dem Konzept der Richtlinie eigenständige Pflichtangabe, die weder voraussetzt, dass diese Vereinbarungen „wesentliche Arbeitsbedingungen" regeln (→ Rn. 47), noch die Angabe wesentlicher, im Kollektivvertrag geregelter Arbeitsbedingungen ersetzt. Eine solche Ersetzung der Einzelunterrichtung durch Hinweis auf Kollektivverträge ist Gegenstand nur von Abs. 3, nicht aber von Buchst. j (*Maul-Sartori* 181; EAS/*Friese* B 3050 Rn. 39; zum deutschen Recht ErfK/*Preis* NachwG § 2 Rn. 25 mwN).

C. Unterrichtung durch Bezugnahme, Absatz 3

52 Für die Mindestangaben nach Abs. 2 lit. f – lit. i (→ Rn. 30 ff) kann die **Unterrichtung nach Abs. 3 ersetzt werden durch einen Hinweis** auf Rechts- und Verwaltungsvorschriften bzw. Satzungs- oder Tarifbestimmungen, in denen die entsprechenden Arbeitsbedingungen – mit (normativer oder schuldrechtlicher) Wirkung für das konkrete Arbeitsverhältnis – geregelt sind. Ziel ist ersichtlich eine Entlastung des Arbeitgebers als Informationsschuldner.

53 In der ersten Entwurfsfassung der Richtlinie (ABl. EG Nr. C 24 vom 31.1.1999, S. 3 [4] in Art. 3 zweiter Gedankenstrich) war die Bezugnahme daran geknüpft, dass das Bezugnahmeobjekt „ohne weiteres **zugänglich**" ist. Dass dieses Erfordernis gestrichen wurde, belegt die Zurückhaltung des Richtliniengebers, einseitig den Arbeitgeber mit dem Problem der tatsächlichen Verfügbarkeit von Dokumenten, insbesondere Kollektivverträgen, zu belasten (*Maul-Sartori* 188 f.). Deshalb lässt sich auch nicht behaupten, dass der Zweck der Richtlinie ausnahmslos verlangte, dass der Arbeitgeber dem Arbeitnehmer einen in Bezug genommenen Kollektivvertrag zugänglich macht (**aA** EAS/*Friese* B 3050 Rn. 45). Eine entsprechende Pflicht entsteht vielmehr nur ausnahmsweise, wenn im Fall der arbeitsvertraglichen Bezugnahme die Publizität des Kollektivvertrags nicht anderweitig gewährleistet ist; dann setzt die Bezugnahme nach Abs. 3 voraus, dass der Arbeitgeber den Text des Bezugnahmeobjekts zur Verfügung stellt (*Maul-Sartori* 189).

Schon weil es bei der Bezugnahme in der Sache darum geht, den Arbeitgeber zu entlasten, verbietet sich eine Auslegung von Abs. 3, nach der aus den geltenden Gesetzen, Kollektivverträgen, etc. die jeweils maßgebende Bestimmung anzugeben und der jeweiligen Pflichtinformation zuzuordnen wäre. Andererseits scheidet nach dem Wortlaut der Richtlinie auch ein pauschaler Hinweis auf „einschlägige" Gesetze oder Tarifverträge aus; überdies stellt Abs. 3 höhere Anforderungen an die Unterrichtung als Abs. 2 lit. j (→ Rn. 50). Erforderlich, aber auch ausreichend ist, dass der Arbeitgeber das maßgebende Gesetz, den maßgebenden Kollektivvertrag, etc. konkret benennt und der jeweiligen Pflichtinformation zuordnet (*Maul-Sartori* 181 f.). Anders gewendet muss die **für die entsprechende Materie maßgebende Rechtsquelle** angegeben werden. Das ist bei allgemeinverbindlich erklärten Kollektivverträgen der Vertrag selbst, nicht der staatliche Erstreckungsakt. 54

Nach der Richtlinie nicht erforderlich ist, dass der Hinweis nach Abs. 3 als dynamische Verweisung ausgestaltet wird, also auf die für die betroffenen Arbeitsbedingungen geltenden arbeitsvertragsexternen Regelwerke in ihrer jeweiligen Fassung Bezug nimmt (anders für das deutsche NachwG *Müller-Glöge* RdA Sonderbeil. 2001, 46 [47]). Das ergibt sich schon aus der Zusammenschau mit Art. 5 II, der bei der Änderung der Bezugnahmeobjekte keine Nach-Unterrichtung verlangt, obschon zumindest die Änderung von Gesetzen zwingend auf das Arbeitsverhältnis durchschlägt und die Richtlinie ersichtlich von einer Änderung der Arbeitsbedingungen ausgeht. 55

Obwohl Abs. 3 die verkürzte Unterrichtung durch Bezugnahme auf bestimmte Mindestangaben beschränkt, ist die Vorschrift **entsprechend anzuwenden,** wenn sich „sonstige" wesentliche Arbeitsbedingungen iSd Abs. 1 (→ Rn. 6 f.) aus Gesetz oder Kollektivvertrag ergeben (EuGH 8.2.2001 – C-350/99 Rn. 24 – Lange, NJW 2001, 955). Wie für Art. 3 (→ Art. 3 Rn. 10) gilt es auch mit Blick auf Abs. 3 zu berücksichtigen, dass die Richtlinie unzureichend an die spät eingefügte allg. Informationspflicht des Abs. 1 angepasst wurde (*Maul-Sartori* 182 f.; EAS/*Friese* B 3050 Rn. 128). Vor diesem Hintergrund verbietet sich freilich auch, aus der engen Fassung von Abs. 3 einen Gegenschluss dahin zu ziehen, dass für „sonstige" wesentliche Arbeitsbedingungen schon der allg. Hinweis auf die geltenden Kollektivverträge nach Abs. 2 lit. j ausreichen müsste, wenn diese Bedingungen in Normenverträgen geregelt sind (**aA** freilich BAG 23.1.2002 NZA 2002, 800 [802]; 17.4.2002 NZA 2002, 1096 [1098]; 5.11.2003 NZA 2005, 64 [65], *Müller-Glöge* RdA Sonderbeil. 2001, 46 [55]; wie hier dagegen *Maul-Sartori* 184 f. mwN). Richtig ist der Einwand, dass mit dieser Prämisse überlange Bezugnahme-Kataloge auf gesetzlich geregelte, „sonst wesentliche" Arbeitsbedingungen mitzuteilen wären. Indes ist diesem Problem nicht durch die restriktive Auslegung von Abs. 3 zu begegnen, sondern bei der Prüfung der Wesentlichkeit (→ Rn. 7). 56

In **Deutschland** erlaubt § 2 III NachwG die Unterrichtung durch Bezugnahme nur für die in Abs. 3 ausdrücklich genannten Punkte. Eine den Vorgaben der Richtlinie entsprechende Anwendung für andere, in Kollektivverträgen oder Gesetzen geregelte wesentliche Arbeitsbedingungen ist vor dem Hintergrund der Richtlinie (→ Rn. 56) geboten. Deshalb kann die Unterrichtung über tarifvertragliche Ausschlussfristen in der Form des § 2 III 1 NachwG erfolgen; nicht ausreichend ist freilich – entgegen dem BAG – die Unterrichtung über die Geltung von Tarifverträgen nach Buchst. j (→ Rn. 56). Soweit das NachwG auch die Bezugnahme auf „ähnliche Regelungen" erlaubt, muss es sich um solche mit normati- 57 vem Charakter handeln; andernfalls würde der von Abs. 3 vorgegebene Rahmen nicht eingehalten (ErfK/*Preis* NachwG § 2 Rn. 33).

Art. 3 Informationsmöglichkeiten

(1) Die Unterrichtung über die Angaben nach Artikel 2 Absatz 2 kann dadurch erfolgen, daß dem Arbeitnehmer spätestens zwei Monate nach Aufnahme der Arbeit folgende Schriftstücke ausgehändigt werden:
a) ein schriftlicher Arbeitsvertrag und/oder
b) ein Anstellungsschreiben und/oder
c) ein anderes oder mehrere andere Schriftstücke, wenn eines dieser Dokumente mindestens alle Angaben nach Artikel 2 Absatz 2 Buchstaben a), b), c), d), h) und i) enthält.

(2) Wird dem Arbeitnehmer keines der Dokumente nach Absatz 1 innerhalb der dort vorgesehenen Frist ausgehändigt, so ist der Arbeitgeber verpflichtet, ihm spätestens zwei Monate nach Aufnahme der Arbeit eine vom Arbeitgeber unterzeichnete schriftliche Erklärung auszuhändigen, die zumindest die Angaben nach Artikel 2 Absatz 2 enthält.

Enthalten die Dokumente nach Absatz 1 nur einen Teil der erforderlichen Angaben, so erstreckt sich die in Unterabsatz 1 dieses Absatzes vorgesehene schriftliche Erklärung auf den restlichen Teil der Angaben.

(3) Endet der Arbeitsvertrag oder das Arbeitsverhältnis vor Ablauf der Frist von zwei Monaten nach Aufnahme der Arbeit, so muß die Unterrichtung des Arbeitnehmers nach Artikel 2 und diesem Artikel spätestens bis zum Ablauf dieser Frist erfolgen.

A. Form der Unterrichtung

1   Seine Unterrichtungspflicht kann der Arbeitgeber nur erfüllen, indem er dem Arbeitnehmer wenigstens ein Schriftstück aushändigt, das zumindest die Pflichtinformationen iSd Art. 2 II enthält; anders gewendet ordnen Abs. 1 und 2 die **Form** der Unterrichtung durch **Übergabe von Schriftstücken** an. Dabei geht es aus deutschrechtlicher Perspektive nicht (ausschließlich) um Schriftform, weil jedenfalls die Schriftstücke iSd Abs. 1 nicht unterschrieben sein müssen (→ Rn. 3). Auch um Textform nach § 126b BGB geht es nicht, weil jede Ersetzung durch elektronische Form von Unionsrechts wegen ausgeschlossen ist (und in Deutschland von § 2 I 3 NachwG untersagt wird).

2   Abs. 1 erlaubt die Unterrichtung durch – kumulativ oder alternativ – Übergabe eines schriftlichen Arbeitsvertrags (Buchst. a), eines Anstellungsschreibens (Buchst. b) oder eines oder mehrerer anderer Schriftstücke (Buchst. c). Systematisch nur auf Buchst. c Alt. 2 bezogen ist die Anforderung, dass eines der Dokumente zumindest über die Personalien der Parteien des Arbeitsverhältnisses, den Arbeitsort, die Tätigkeit, den Beginn des Arbeitsverhältnisses, das Entgelt sowie die Arbeitszeit(dauer) Auskunft geben muss (→ Art. 2 Rn. 14 ff.). In der Sache geht es dabei um die Frage, ob dem Arbeitnehmer nach Abs. 2 UAbs. 1 ein einheitliches Informationsschreiben nachgereicht werden muss, oder ob es ausreicht, wenn die Information nach Abs. 1 und 2 UAbs. 2 „gestückelt" wird. Ziel ist es, dem Arbeitnehmer ein einheitliches Dokument mit den zentralen Eckdaten seines Arbeitsverhältnisses an die Hand zu geben; dazu nimmt es die Richtlinie in Kauf, dass (insoweit) ausnahmsweise (→ Art. 9 Rn. 2) eine sachlich überflüssige Doppelinformation erfolgen muss. Dass etwa die Pflichtangaben zur auszuübenden Tätigkeit in einem separaten Dokument mitgeteilt werden (BAG 8.6.2005 NZA 2006, 53 [55]: Stellenbeschreibung des öffentlichen Arbeitgebers), reicht also nur aus, wenn der Arbeitnehmer zugleich einen Arbeits-

vertrag oder ein vergleichbares „Sammeldokument" erhalten hat – andernfalls greift Abs. 2 UAbs. 1 (→ Rn. 4).

Dass der Arbeitgeber das Dokument bzw. die Dokumente unterzeichnet, ist nicht erforderlich; eine Unterschrift verlangt nur Abs. 2 (*Birk* NZA 1996, 281 [285]; **aA** *Maul-Sartori* 174). 3

Wird der Arbeitnehmer nicht nach Abs. 1 unterrichtet, schreibt Abs. 2 UAbs. 1 die **Information durch ein vom Arbeitgeber unterzeichnetes Schreiben** vor, das alle Pflichtangaben nach Art. 2 II (→ Art. 2 Rn. 14 ff.) enthalten muss. Sofern zwar eine Unterrichtung nach Abs. 1 erfolgt ist, dem Arbeitnehmer aber nicht alle erforderlichen Informationen mitgeteilt wurden, muss ein Schreiben nach Abs. 2 UAbs. 2 die offenen Lücken schließen. Diese Pflicht, Unterrichtungsdefizite auszugleichen, hatte Deutschland zumindest in dem – inzwischen außer Kraft gesetzten – § 24 IV SeemG nicht umgesetzt; die Vorschrift ließ die Unterrichtungspflicht schon dann entfallen, wenn dem Arbeitnehmer ein Heuervertrag ausgehändigt worden war. Die aktuell geltende Regelung in § 28 SeeArbG entspricht den Vorgaben der Richtlinie. 4

Anspruch auf schriftliche Unterrichtung in einer bestimmten **Sprache** hat der Arbeitnehmer nach der Richtlinie grds. nicht (näher *Maul-Sartori* 177 ff.). Nationale Bestimmungen können – über den Mindestschutz der Richtlinie hinaus (→ Art. 9 Rn. 1) – einen Übersetzungsanspruch aber unproblematisch vorsehen. Soweit der Arbeitsvertrag aus nationalrechtlichen Gründen in einer bestimmten Sprache abgefasst sein muss (zur unionsrechtlichen Zulässigkeit solcher Anforderungen EuGH 16.4.2013 – C-202/11 Rn. 25 ff. – Las, RiW 2013, 372), erfordert der auf Transparenz gerichtete Zweck der Richtlinie, dem Arbeitnehmer die rechtlich verbindliche Sprachfassung zur Verfügung zu stellen. 5

In Entsendefällen sind nach Art. 4 (→ Art. 4 Rn. 1 ff.) zusätzliche Pflichtangaben erforderlich. 6

B. Zeitpunkt der Unterrichtung

Unterrichten muss der Arbeitgeber **spätestens zwei Monate nach Arbeitsaufnahme.** Die Frist läuft also weder mit Vertragsschluss noch mit dem rechtlichen Beginn des Arbeitsverhältnisses an, sondern erst, sobald tatsächlich gearbeitet wird. 7

Nach Abs. 3 bleibt es selbst dann bei der verpflichtenden Information binnen der Frist von zwei Monaten, wenn das **Arbeitsverhältnis vor Fristablauf endet.** Die praktische Bedeutung der Regelung ist dadurch eingeschränkt, dass Mitgliedstaaten Arbeitsverhältnisse mit einer Dauer von max. einem Monat nach Art. 1 II lit. a generell von der Informationspflicht ausnehmen können. In Deutschland kommt hinzu, dass § 2 I 1 NachwG die Frist auf einen Monat verkürzt, so dass für Abs. 3 kaum ein Anwendungsbereich verbleibt. 8

In Entsendefällen muss die Unterrichtung nach Art. 4 I vor der Abreise erfolgen, also ggf. vor Ablauf der Zwei-Monats-Frist. 9

C. Entsprechende Anwendung

Nach seinem Wortlaut betrifft Art. 3 nur die Information über die Minimalangaben des Art. 2 II. Eine Regelung zu Form und Frist der **sonstigen Pflichtangaben** fehlt. Insoweit ist richtigerweise Art. 3 entsprechend anzuwenden (EuGH 8.2.2001 – C-350/99 Rn. 24 – Lange, NJW 2001, 955; BAG 23.1.2002 NZA 2002, 800 [803]). Dafür spricht vor allem die Entstehungsgeschichte der Richtlinie: Erste Entwürfe beschränkten die Unterrichtung auf einen Katalog bestimmter Angaben, die allg. Unterrichtungspflicht hinsichtlich aller wesentlichen Arbeitsbedingungen nach Art. 2 I wurde erst spät aufgenommen, die übrigen Vorschriften der Richtlinie nicht mehr an diese Erweiterung angepasst (EAS/*Friese* B 3050 Rn. 52; *Riesenhuber* § 12 Rn. 23). 10

Art. 4 Im Ausland tätiger Arbeitnehmer

(1) Muß der Arbeitnehmer seine Arbeit in einem oder mehreren anderen Ländern als dem Mitgliedstaat ausüben, dessen Rechtsvorschriften und/oder Praxis der Arbeitsvertrag oder das Arbeitsverhältnis unterliegt, so müssen das oder die in Artikel 3 genannten Dokumente vor der Abreise des Arbeitnehmers in dessen Besitz sein und wenigstens folgende zusätzliche Angaben enthalten:
a) Dauer der im Ausland ausgeübten Arbeit,
b) Währung, in der das Arbeitsentgelt ausgezahlt wird,
c) gegebenenfalls die mit dem Auslandsaufenthalt verbundenen Vorteile in Geld und in Naturalien,
d) gegebenenfalls die Bedingungen für die Rückführung des Arbeitnehmers.

(2) Die Unterrichtung über die Angaben nach Absatz 1 Buchstaben b) und c) kann gegebenenfalls durch einen Hinweis auf die Rechts- und Verwaltungsvorschriften bzw. die Satzungs- oder Tarifvertragsbestimmungen erfolgen, die für die entsprechenden Bereiche gelten.

(3) Die Absätze 1 und 2 finden keine Anwendung, wenn die Dauer der Arbeit ausserhalb des Landes, dessen Rechtsvorschriften und/oder Praxis der Arbeitsvertrag oder das Arbeitsverhältnis unterliegt, einen Monat oder weniger beträgt.

1 Sollen **Arbeitnehmer** vorübergehend in ein anderes Land als den Mitgliedstaat **entsandt werden,** dessen „Rechtsvorschriften/und oder Praxis" ihr Arbeitsverhältnis unterliegt, müssen sie **vor der Abreise** iSd Art. 3 schriftlich unterrichtet werden. Zudem muss die schriftliche Unterrichtung die in Abs. 1 aufgeführten zusätzlichen Mindestangaben enthalten. Der sperrige kumulativ-alternative Verweis auf Recht und Praxis zielt darauf, jede Entsendung aus einem Mitgliedstaat zu erfassen, dessen Recht einen Nachweis verlangt. Mit Blick auf eine mögliche Rechtswahl kann insoweit nicht allein auf das Vertragsstatut abgestellt werden; anders gewendet muss die „Praxis" (des gewöhnlichen Arbeitsortes) dann maßgebend sein, wenn die Parteien ein Fremdrecht zum Vertragsstatut bestimmt haben.

2 Zu diesen **zusätzlichen Mindestangaben** rechnet nach Buchst. a zunächst die **Dauer des Arbeitseinsatzes im Ausland.** Gemeint sein kann mit Blick auf das Informationsinteresse des Arbeitnehmers nur die Dauer einer jeweils zusammenhängenden Entsendung. Soweit bereits vorgesehen ist, dass der Arbeitnehmer nach seiner Rückkehr zu einem späteren Zeitpunkt erneut ins Ausland entsandt werden soll, spielt das für die Unterrichtung keine Rolle. Anzugeben ist ferner nach Buchst. b, in welcher **Währung** das Arbeitsentgelt ausgezahlt wird; das schließt nicht – auch nicht als Annex – eine Information über die Versteuerung des im Ausland erzielten Entgelts ein (zum deutschen NachwG BAG 22.1.2009 NZA 2009, 608 Rn. 39).

3 Sofern die betroffenen Punkte im konkreten Fall besonders geregelt sind und daher ein Informationsinteresse besteht, muss auch über die mit dem Auslandsaufenthalt verbundenen **Vorteile in Geld und Naturalien** (zB Trennungsgeld, Unterkunft, etc.) sowie über die **Bedingungen für die Rückführung** des Arbeitnehmers informiert werden.

4 Eine **Ausnahme** von den Anforderungen nach Abs. 1 (iVm Abs. 2) gilt nach Abs. 3, wenn die Entsendung **nicht länger als einen Monat** dauert. Auch insoweit (→ Rn. 2) kann es nur auf die einzelne, zusammenhängende Entsendung ankommen. Ob die Voraussetzungen der Ausnahme erfüllt sind, muss zwingend nach einer **Prognose** vor der Abreise entschieden werden, da die Unterrichtung ggf. noch vor der Abreise erfolgen müsste. Der Richtlinie ist nicht zu entnehmen, welche Rechtsfolge eintreten soll, wenn diese Prognose fehlgeht und der Auslandseinsatz länger dauert als geplant. Richtigerweise greift für diese Fälle eine nachträgliche Unterrichtungspflicht analog Art. 5: Das Ziel der Richtlinie, bereits vor Abreise Transparenz herzustellen, ist zwar nicht mehr zu erreichen. Wenn aber Art. 5 I ein Informationsinteresse des Arbeitnehmers anerkennt, sobald sich etwa die vorgesehene Dauer des Arbeitseinsatzes im Ausland von zwei auf drei Monate verlängert, dann kann

nichts anderes gelten, wenn die planmäßige Dauer des Einsatzes von einem auf zwei Monate heraufgesetzt wird. Im Kontext der Änderungsmitteilung sind dann auch die übrigen Pflichtangaben nach Abs. 1 mitzuteilen.

Abs. 2 erlaubt für die vergütungsbezogenen Information nach Abs. 1 lit. b und lit. c eine **Ersetzung durch Bezugnahme** auf Rechts- und Verwaltungsvorschriften bzw. Satzungs- oder Tarifbestimmungen. Insofern gilt das zu Art. 2 III Gesagte entsprechend (→ Art. 2 Rn. 52 ff.). 5

Die deutschen Umsetzungsvorschriften in den § 2 II NachwG, § 28 IV SeeArbG halten sich eng an die Vorgaben der Richtlinie. Problematisch ist indes, dass das SeeArbG auf die voraussichtliche Dauer des Auslandseinsatzes abstellt, ohne eine Unterrichtung bei nachträglichem Fehlgehen der Prognose zu verlangen (→ Rn. 4). Eine entsprechende Pflicht ist durch richtlinienkonforme Auslegung von § 28 IV, VI SeeArbG herzuleiten. Das BBiG kennt keine Sonderinformationspflicht für Entsendefälle, sondern geht davon aus, dass Berufsbildung iSd BBiG in der Regel in Deutschland stattfindet (vgl. den Bericht der Kommission über die Anwendung der RL 91/533/EWG [abrufbar über http://ec.europa.eu/social/main.jsp?catId=706&langId=de&intPageId=202; zul. abgerufen am 1.8.2014], S. 16). 6

Art. 5 Änderung der Angaben über den Arbeitsvertrag oder das Arbeitsverhältnis

(1) Jede Änderung der Angaben nach Artikel 2 Absatz 2 und Artikel 4 Absatz 1 muß Gegenstand eines Schriftstücks sein, das der Arbeitgeber dem Arbeitnehmer umgehend, jedoch spätestens einen Monat nach dem Wirksamwerden der betreffenden Änderung aushändigen muß.

(2) Das Schriftstück nach Absatz 1 ist nicht erforderlich im Fall einer Änderung der Rechts- und Verwaltungsvorschriften bzw. der Satzungs- oder Tarifvertragsbestimmungen, auf die die Dokumente nach Artikel 3, die gegebenenfalls gemäß Artikel 4 Absatz 1 ergänzt worden sind, Bezug nehmen.

Ändern sich im laufenden Arbeitsverhältnis Arbeitsbedingungen iSd Art. 2 II oder (in Entsendefällen) Art. 4 I, über die der Arbeitgeber den Arbeitnehmer bereits nach Art. 3 unterrichtet hatte, verlangt Abs. 1 grds. eine schriftliche Änderungsmitteilung. Ändern sich Arbeitsbedingungen noch in der Frist des Art. 3 (→ Art. 3 Rn. 7 ff.) und vor der ersten Unterrichtung, muss es mit Blick auf das Transparenzschutzziel der Richtlinie ausreichen, wenn der Arbeitgeber die Änderung in die Unterrichtung nach Art. 3 einarbeitet und keine gesonderte Änderungsmitteilung erstellt. Erlaubt ist eine solche Zweiteilung aber gleichwohl, insbesondere bleibt es für die Änderung bei der Frist des Abs. 1 (→ Rn. 4). 1

Wie in Art. 2 III, Art. 3 ist auch in Abs. 1 nur von (einer Änderung der) Minimalangaben die Rede, nicht aber von den **sonstigen wesentlichen Arbeitsbedingungen iSd Art. 2 I**. Und wie dort (→ Art. 2 Rn. 56, Art. 3 Rn. 10) gilt auch hier, dass insbesondere die Entstehungsgeschichte der Richtlinie für eine entsprechende Anwendung spricht. 2

Von der Änderung unterrichten muss der Arbeitgeber den Arbeitnehmer durch **Übergabe eines Schriftstücks**. Der Vergleich mit Art. 3 zeigt (→ Art. 3 Rn. 3 f.), dass der Arbeitgeber dieses Schriftstück nicht unterzeichnet haben muss. 3

Die Änderungsmitteilung ist **umgehend, spätestens aber einen Monat nach Wirksamwerden der Änderung** zu erteilen. Dabei spielt es keine Rolle, aus welcher rechtlichen Grundlage sich die Änderung ergibt. Die deutsche Umsetzung in § 3 S. 1 NachwG (anders § 28 VI SeeArbG, der für die Änderung auf die Vorschrift über die Erst-Information vor Dienstantritt verweist und damit wohl auf eine umgehende Information zielt) verzichtet darauf, eine umgehende Änderungsmitteilung anzuordnen, und berechnet die Monatsfrist vom Änderungsakt selbst (und nicht von dessen Wirksamkeit) an. Beides ist mit der Richt- 4 linie zu vereinbaren: Die „umgehende" Unterrichtung ist jedenfalls keine zwingende Vorgabe (*Birk* NZA 1996, 281 [288]) und der Änderungsakt geht – mit Ausnahme der rückwirkenden Änderung, die von der Richtlinie ohnehin nicht gesehen ist (*Müller-Glöge* RdA Sonderbeil. 2001, 46 [47] spricht von einer „verdeckten Regelungslücke in der Richtlinie [...], die bei der Umsetzung [...] zulässigerweise geschlossen worden ist") – der Wirksamkeit der Änderung voraus, so dass die Änderungsmitteilung nach deutschem Recht früher oder zumindest dann erfolgt, wenn sie auch unionsrechtlich geboten ist.

5   Die **Pflicht zur Änderungsmitteilung entfällt** nach Abs. 2, wenn sich die geänderten Arbeitsbedingungen aus Gesetzen, Kollektivverträgen, etc. ergeben, auf die der Arbeitgeber in seiner Unterrichtung iSd Art. 2 III oder Art. 4 II zulässig Bezug genommen hatte. Anders gewendet muss der Arbeitgeber nicht über die Änderung des Bezugnahmeobjekts unterrichten, auch dann nicht, wenn die angegebene Rechtsquelle durch eine andere ersetzt wird (*Riesenhuber* § 12 Rn. 31; aA EAS/*Friese* B 3050 Rn. 56). Schon dem Wortlaut nach kann das freilich nicht gelten, wenn ein Gesetz, Tarifvertrag etc. nachträglich erstmals auf das Arbeitsverhältnis wirkt. Dann geht es nicht um eine Änderung (etwa BAG 5.11.2003 NZA 2004, 102 [104]; bestätigt BAG 3.5.2006 NZA 2006, 1420 Rn. 25), außerdem fehlt es notwendig an einer vorherigen Bezugnahme iSv Abs. 2 iVm Art. 2 III, Art. 4 II.

6   Die **deutschen Umsetzungsregeln** sind sowohl in § 3 S. 2 NachwG als auch in § 28 VI 2 SeeArbG insofern problematisch, als sie die Änderungsmitteilung bei Gesetzes- und Kollektivvertragsänderungen generell nicht verlangen, ohne danach zu fragen, ob der Arbeitgeber die geänderten Norm durch einen Hinweis iSd Art. 2 III, 4 II (→ Rn. 5) mitgeteilt hatte (EAS/*Friese* B 3050 Rn. 58). Richtlinienkonform ausgelegt sind die beiden Vorschriften so zu lesen, dass Arbeitgeber, die nicht durch Bezugnahme auf normative Regelungen, sondern durch Angabe der einzelnen Arbeitsbedingungen unterrichtet haben, auch jede Änderung der Normen mitteilen müssen. Praktisch werden dürfte der Fall freilich nicht.

Art. 6 Bestimmungen über die Form des Arbeitsvertrags oder Arbeitsverhältnisses, über die Regelung für deren Nachweis und über Verfahrensregeln

Diese Richtlinie berührt nicht die einzelstaatlichen Rechtsvorschriften und/oder einschlägigen einzelstaatlichen Praktiken für
– die Form des Arbeitsvertrags oder Arbeitsverhältnisses,
– die Regelung für den Nachweis über das Vorhandensein und den Inhalt des Arbeitsvertrags oder des Arbeitsverhältnisses,
– einschlägige Verfahrensregeln.

1   Art. 6 stellt klar, dass die Richtlinie keine Vorgaben zu Formvorschriften und zum Verfahrens-, insbesondere Beweisrecht der Mitgliedstaaten macht. Daraus folgt mit Blick auf **Unterrichtungsfehler** zunächst, dass nach den nationalen Umsetzungsgesetzen unzureichend nachgewiesene Arbeitsbedingungen nicht von Unionsrechts wegen unwirksam sind (EuGH 8.2.2001 – C-350/99 Rn. 27 ff. – Lange, NJW 2001, 955). Stattdessen verlangt Art. 8 I (→ Art. 8 Rn. 1 f.), dass die Mitgliedstaaten den Arbeitnehmer in die Lage versetzen, sein Recht auf den Nachweis gegen den Arbeitgeber durchzusetzen. Dann aber kann es nicht darum gehen, den Nachweis wegen des Unterrichtungsmangels unwirksamer Arbeitsbedingungen zu erzwingen. Damit ist zugleich gesagt, dass sich auch der Arbeitgeber auf nicht nachgewiesene Arbeitsbedingungen berufen darf (BAG 17.4.2002 NZA 2002, 1096 [1098]; 5.11.2003 NZA 2004, 102 [104]; **aA** *Weber* NZA 2002, 641 [643]); hier ohne weiteres von Rechtsmissbrauch auszugehen, ist nichts als ein Umweg zum – in der Richtlinie gerade ausgeschlossenen – unionsrechtlich induzierten Formgebot.

2   Für den **Beweiswert** des Nachweises ist zu unterscheiden: Die Richtlinie zwingt nicht etwa dazu, die Unterrichtung des Arbeitnehmers als verfahrensrechtlich unumstößlichen

Nachweis für den Inhalt des Arbeitsvertrags bzw. Arbeitsverhältnisses einzustufen. Anders gewendet ist der Arbeitgeber an den inhaltlich unrichtig erteilten Nachweis nicht zwingend gebunden. Für unvereinbar mit dem Zweck der Richtlinie hat es der EuGH (4.12.1997 – C-253/96 Rn. 32 ff. – Kampelmann ua, EuZW 1998, 88) hingegen erachtet, die schriftliche Pflichtinformation des Arbeitgebers beweisrechtlich völlig auszublenden. Der Arbeitnehmer muss sie vor Gericht zu Beweiszwecken nutzen können; der Beweiswert muss dem entsprechen, den eine nationalrechtlich vorgeschriebene Dokumentation der Arbeitsbedingungen hätte. Unionsrechtlich zulässig bleibt aber der Beweis des Gegenteils.

Umgekehrt verhält sich die Richtlinie nicht dazu, ob die Nichterfüllung der Nachweispflicht die Beweissituation des Arbeitgebers beeinträchtigt. Nach dem EuGH (8.2.2001 – C-350/99 Rn. 33 ff. – Lange, NJW 2001, 955) bleibt das nationale Beweisrecht hier unberührt. Die Richtlinie fordert also keine beweisrechtlichen Folgen für den Fall, dass der Arbeitgeber seine Informationspflichten nicht erfüllt – verbietet sie aber auch nicht. So kann das mitgliedstaatliche Recht etwa von einer Beweisvereitelung ausgehen, wenn eine Prozesspartei gesetzliche Dokumentationspflichten nicht erfüllt. Unionsrechtswidrig wäre es demgegenüber, aus dem Verstoß des Arbeitgebers gegen seine unionsrechtlich induzierten Nachweispflichten Beweisnachteile für den Arbeitnehmer abzuleiten; aus dem eigenen Rechtsverstoß darf niemand (verfahrens)rechtliche Vorteile ziehen. 3

Das **deutsche Verfahrensrecht** misst der schriftlichen Information über die Arbeitsbedingungen nur einen eingeschränkten Beweiswert zu: Nach § 416 ZPO erbringen solche Privaturkunden vollen Beweis nur darüber, dass der Arbeitgeber eine entsprechende Unterrichtung erteilt hat. Mit Blick auf den Inhalt des Arbeitsvertrags sind sie lediglich iRd freien Beweiswürdigung nach § 286 ZPO zu berücksichtigen (*Müller-Glöge* RdA Sonderbeil. 2001, 46 [50 f.]). Uneingeschränkt gelten diese Grundsätze jedenfalls dann, wenn die Beweislast im konkreten Prozess den Arbeitgeber trifft; die von ihm einseitig erteilten Informationen verbessern seine Beweissituation nicht. Steht jedoch der Arbeitnehmer in der Beweislast, muss die schriftliche Mitteilung des Arbeitgebers nach allg. Ansicht seine Beweissituation entscheidend verbessern. Strittig ist nur, ob es zu einer Beweislastumkehr kommen soll (etwa ErfK/*Preis* NachwG Einf. Rn. 19 mwN), oder ob ein Anscheinsbeweis für die inhaltliche Richtigkeit der Pflichtinformation spricht (etwa EAS/*Friese* B 3050 Rn. 64). In der Sache sind die Unterschiede zwischen den beiden Auffassungen marginal. 4

Für den umgekehrten Fall des nicht erteilten Nachweises kennt das deutsche Recht zwar keine gesetzlich angeordnete Rechtsfolge; aus den allg. verfahrensrechtlichen Grundsätzen wird aber abgeleitet, dass die schuldhafte Beweisvereitelung iRd Beweiswürdigung zu Beweiserleichterungen für die beweisbelastete Partei führt (etwa MüKoZPO/*Prütting* § 286 Rn. 80 ff.). Für die teilweise befürwortete Beweislastumkehr fehlt hingegen eine verfahrensrechtliche Grundlage (zum Meinungsstand ErfK/*Preis* NachwG Einf. Rn. 22 f. mwN). 5

Art. 7 Günstigere Vorschriften

Das Recht der Mitgliedstaaten, für die Arbeitnehmer günstigere Rechts- oder Verwaltungsvorschriften anzuwenden oder zu erlassen oder die Anwendung von für die Arbeitnehmer günstigeren tarifvertraglichen Bestimmungen zu fördern oder zu ermöglichen, bleibt von dieser Richtlinie unberührt.

Die Richtlinie zielt auf **Mindestharmonisierung** im Arbeitnehmerinteresse. Dem Arbeitnehmer günstigere gesetzliche Regelungen werden ausdrücklich zugelassen, ebenso halbseitige Tarifdispositivität. Deutschland hat von dieser Option etwa dadurch Gebrauch gemacht, dass die Frist des Art. 3 (→ Art. 3 Rn. 7) auf einen Monat verkürzt wurde. 1

Unproblematisch können Mitgliedstaaten ferner den von der Richtlinie vorgesehenen Schutz durch Transparenz (auch teilweise) auf Nicht-Arbeitnehmer erstrecken. In Deutschland betrifft das Praktikanten iSd § 26 BBiG: Soweit diese den allg. gesetzlichen Mindest- 2 lohn erhalten, werden sie nach § 2 Ia NachwG teilweise Arbeitnehmern iSd NachwG gleichgestellt und mit besonderen Informationsansprüchen ausgestattet (näher ErfK/*Preis* NachwG § 2 Rn. 27a f.).

Art. 8 Verteidigung der Rechte

(1) Die Mitgliedstaaten erlassen die innerstaatlichen Vorschriften, die notwendig sind, damit jeder Arbeitnehmer, der sich durch die Nichterfüllung der Verpflichtungen aus dieser Richtlinie für beschwert hält, nach etwaiger Befassung anderer zuständiger Stellen seine Rechte gerichtlich geltend machen kann.

(2) Die Mitgliedstaaten können vorsehen, daß eine gerichtliche Geltendmachung nach Absatz 1 nur zulässig ist, wenn eine Mahnung des Arbeitnehmers an den Arbeitgeber vorliegt, die innerhalb von 15 Tagen ohne Antwort geblieben ist.

Die vorherige Mahnung darf nicht in den Fällen des Artikels 4 verlangt werden, und zwar weder für Arbeitnehmer mit einem befristeten Arbeitsvertrag oder Arbeitsverhältnis noch für Arbeitnehmer, deren Arbeitsverhältnis keiner tarifvertraglichen Regelung unterliegt.

1 Der **Informationsanspruch des Arbeitnehmers** muss nach Abs. 1 **gerichtlich durchsetzbar** sein. Damit ist insbesondere eine Umsetzung der Richtlinie ausgeschlossen, die keinen individuellen Rechtsanspruch auf den Nachweis vorsieht und Unterrichtungsmängel nur über Schadensersatzansprüche oder durch Bußgelder sanktioniert. Möglich ist aber, dass das nationale Verfahrensrecht ein Vorverfahren verlangt.

2 In Abs. 1 findet sich die einzige Vorgabe der Richtlinie zur **Durchsetzung der Informationspflicht.** Anders gewendet schreibt die Richtlinie zwar einen klagbaren Unterrichtungsanspruch des Arbeitnehmers und eine korrespondierende Informationspflicht des Arbeitgebers vor, aber keine besondere Rechtsfolge bei Verstößen gegen diese Pflicht oder auch nur ein Fehlerfolgenregime nach dem Ermessen der Mitgliedstaaten. Insoweit bleibt es bei den allg. Anforderungen des *effet utile,* nach denen das Unionsrecht durch die Umsetzungsgesetze praktisch wirksam werden muss. Vor diesem Hintergrund lässt sich bezweifeln, dass ein klagbarer Unterrichtungsanspruch des Arbeitnehmers das Transparenzziel der Richtlinie hinreichend absichert. Eine entsprechende Klage ist im laufenden Arbeitsverhältnis (und damit gerade dann, wenn die Pflichtinformation dem Arbeitnehmer Einblick in seine Rechte verschaffen soll) ebenso unrealistisch (*Däubler* NZA 1992, 577 [578]) wie eine mögliche Zurückhaltung der Arbeitsleistung, um die Information zu erzwingen (zu einem Zurückbehaltungsrecht nach deutschem Recht ErfK/*Preis* NachwG Einf. Rn. 15).

3 Nach Abs. 2 UAbs. 1 können die Mitgliedstaaten die Klagbarkeit des Informationsanspruchs davon abhängig machen, dass eine **Mahnung** des Arbeitnehmers nicht binnen 15 Tagen beantwortet worden ist. Auf den Inhalt der Antwort kommt es nicht an; der Arbeitgeber kann den Arbeitnehmer bereits in einem Antwortschreiben nachinformieren oder den Anspruch des Arbeitnehmers zurückweisen. UAbs. 2 schließt es aus, das Mahnungserfordernis auf Entsendefälle, auf Arbeitnehmer mit Kurzzeitverträgen sowie auf Arbeitnehmer zu erstrecken, die keinen Tarifschutz genießen (zu diesen Ausnahmen EuGH 18.12.2008 – C-306/07 Rn. 32 ff. – Ruben Andersen, NZA 2009, 95). Im Umkehrschluss belegt Abs. 2, dass dem Nachweis sonst keine besondere Aufforderung des Arbeitnehmers vorausgehen muss, vielmehr hat der Arbeitgeber von sich aus zu unterrichten (*Riesenhuber* § 12 Rn. 21).

4 Das deutsche Recht kennt einen klagbaren Informationsanspruch des Arbeitnehmers aus § 2 I 1 NachwG (ErfK/*Preis* NachwG Einf. Rn. 12 f.: Anspruch aus §§ 2, 3 NachwG). Von der Möglichkeit des Abs. 2 hat Deutschland keinen Gebrauch gemacht.

5 Demgegenüber kennt das NachwG keine besondere Rechtsfolge für Verstöße gegen die Informationspflicht (ein Umsetzungsdefizit sieht daher *Weber* NZA 2002, 641 [642 f.]).

Insbesondere ist kein § 15 II AGG vergleichbarer Entschädigungsanspruch vorgesehen. Nach den allg. Vorschriften kann der Arbeitnehmer ggf. Schadensersatzansprüche aus §§ 280 ff. BGB geltend machen. Als Schutzgesetze iSd § 823 II BGB anerkennen will das BAG (17.4.2002 NZA 2002, 1096 [1099]) die Vorschriften des NachwG nicht. Regelmäßig bedingen Unterrichtungsfehler keinen Schaden des Arbeitnehmers, bleiben also sanktionslos. Anders ist das vor allem in Fällen, in denen der Arbeitnehmer ihm unbekannte Ansprüche nicht rechtzeitig geltend macht, so dass diese durch den Ablauf tarifvertraglicher Ausschlussfristen untergehen. Hier kommt ein Ersatzanspruch nach §§ 280 ff. BGB in Betracht; mit Blick auf die – wie generell bei Aufklärungspflichtverletzungen – schwer nachzuweisende Kausalität des Unterrichtungsfehlers hilft das BAG dem Arbeitnehmer durch die Vermutung aufklärungsrichtigen Verhaltens, um die praktische Wirksamkeit der Richtlinie zu gewährleisten (BAG 17.4.2002 NZA 2002, 1096 [1098 f.]).

Sonderfälle sind insoweit die schriftliche Unterrichtung von Auszubildenden und Leih- **6** arbeitnehmern; hier sind schuldhafte Unterrichtungsfehler nach § 102 I Nr. 1, Nr. 2 BBiG sowie § 16 I Nr. 8 AÜG bußgeldbewehrt.

Art. 9 Schlußbestimmungen

(1) Die Mitgliedstaaten erlassen die erforderlichen Rechts- und Verwaltungsvorschriften, um dieser Richtlinie spätestens am 30. Juni 1993 nachzukommen, oder vergewissern sich spätestens zu diesem Zeitpunkt, daß die Sozialpartner im Vereinbarungswege die erforderlichen Maßnahmen einführen, wobei die Mitgliedstaaten alle erforderlichen Vorkehrungen treffen, um jederzeit gewährleisten zu können, daß die in der Richtlinie vorgeschriebenen Ergebnisse erzielt werden.

Sie setzen die Kommission unverzüglich davon in Kenntnis.

(2) Die Mitgliedstaaten treffen die erforderlichen Vorkehrungen, um sicherzustellen, daß der Arbeitgeber im Fall eines Arbeitsverhältnisses, das bei Inkrafttreten der von ihnen erlassenen Bestimmungen bereits besteht, dem Arbeitnehmer auf dessen Antrag innerhalb von zwei Monaten nach Eingang dieses Antrags das oder die Dokumente nach Artikel 3, gegebenenfalls ergänzt gemäß Artikel 4 Absatz 1, aushändigt.

(3) ¹Wenn die Mitgliedstaaten Vorschriften nach Absatz 1 erlassen, nehmen sie in den Vorschriften selbst oder durch einen Hinweis bei der amtlichen Veröffentlichung auf diese Richtlinie Bezug. ²Die Mitgliedstaaten regeln die Einzelheiten der Bezugnahme.

(4) Die Mitgliedstaaten setzen die Kommission unverzüglich von den gemäß dieser Richtlinie erlassenen Vorschriften in Kenntnis.

Die Richtlinie stellt in Abs. 1 UAbs. 1 klar, dass die **Richtlinienumsetzung** auch den **1** **nationalen Sozialpartnern** überlassen werden darf, solange die Mitgliedstaaten nur in der Lage sind, die von der Richtlinie intendierten Ergebnisse zu gewährleisten. Das bedeutet insbesondere, dass staatliches Recht zumindest in den Fällen greifen muss, in denen Tarifverträge die Arbeitnehmer – etwa mangels mitgliedschaftlicher Tarifbindung – nicht erreichen; rechtstechnisch kommt insoweit eine Tariferstreckung auf Außenseiter in Betracht (EuGH 18.12.2008 – C-306/07 Rn. 24 ff. – Ruben Andersen, NZA 2009, 95). Die Richtlinienumsetzung durch Tarifverträge spielt in Deutschland keine Rolle, weil das TVG keine allg. Außenseiterwirkung der Tarifverträge kennt und die Allgemeinverbindlichkeit nach deutschem Recht die klare Ausnahme ist. Selbst wenn sich das mit der Erleichterung der Allgemeinverbindlicherklärung nach § 5 TVG in der Fassung des Tarifautonomiestärkungsgesetzes (Art. 5 G zur Stärkung der Tarifautonomie vom 11.8.2014 BGBl. I 1348 [1356]) künftig ändern sollte, betrifft das jedenfalls die Umsetzung der Nachweis-Richtlinie nicht mehr.

Die Übergangsregelung in Abs. 2 sieht vor, dass der Nachweis in Alt-Arbeitsverhältnissen **2** nur auf Antrag (gemeint ist ein formloses Verlangen) des Arbeitnehmers erbracht werden muss. Die Vorschrift ist inzwischen überholt, etwaige Antragsrechte sind heute verwirkt, etwaige Ansprüche verjährt. Daneben durften die Mitgliedstaaten eine Ausnahme vorsehen, soweit der Arbeitnehmer bereits vor Inkrafttreten der Umsetzungsvorschrift schriftlich über die nachweispflichtigen Punkte unterrichtet worden war (EuGH 4.12.1997 – C-253/96 Rn. 52 – Kampelmann ua, EuZW 1998, 88). Der EuGH begründet diese im Wortlaut nicht vorgesehene Ausnahme überzeugend mit dem Zweck der Richtlinie: Dieselbe Information mehrfach zu erteilen, verbessert die Transparenz für den Arbeitnehmer nicht; solche Doppelungen verlangt die Richtlinie grds. nicht. Die deutsche Umsetzung kennt eine entsprechende Ausnahmeregelung in § 4 S. 2 NachwG.

3   Abs. 3 und 4 regeln technische Vorgaben für das Gesetzgebungsverfahren bei der Richtlinienumsetzung.

Art. 10 [Adressaten]

Diese Richtlinie ist an die Mitgliedstaaten gerichtet.

1   Die Richtlinie ist für alle Mitgliedstaaten verbindlich. Soweit der Wortlaut einzelner Vorschriften (etwa Art. 2 I) direkt den Arbeitgeber adressiert, betrifft dies unmittelbar nur die Mitgliedstaaten als öffentliche Arbeitgeber. Daneben geht es um eine Indienstnahmeverpflichtung: Die Mitgliedstaaten müssen private Arbeitgeber mit den Umsetzungsgesetzen an die in der Richtlinie vorgegebenen Ziele binden.

440. Richtlinie 92/85/EWG des Rates vom 19. Oktober 1992 über die Durchführung von Maßnahmen zur Verbesserung der Sicherheit und des Gesundheitsschutzes von schwangeren Arbeitnehmerinnen, Wöchnerinnen und stillenden Arbeitnehmerinnen am Arbeitsplatz

Vom 19. Oktober 1992

(ABl. Nr. L 348 S. 1)

Celex-Nr. 3 1992 L 0085

zuletzt geänd. durch Art. 2 ÄndRL 2014/27/EU v. 26.2.2014 (ABl. Nr. L 65 S. 1)

– Auszug –

DER RAT DER EUROPÄISCHEN GEMEINSCHAFTEN –
gestützt auf den Vertrag zur Gründung der Europäischen Wirtschaftsgemeinschaft, insbesondere auf Artikel 118 a,
auf Vorschlag der Kommission, erstellt nach Anhörung des Beratenden Ausschusses für Sicherheit, Arbeitshygiene und Gesundheitsschutz am Arbeitsplatz[1],
in Zusammenarbeit mit dem Europäischen Parlament[2],
nach Stellungnahme des Wirtschafts- und Sozialausschusses[3],
in Erwägung nachstehender Gründe:
Artikel 118 a des Vertrages sieht vor, daß der Rat durch Richtlinien Mindestvorschriften erlässt, um die Verbesserung insbesondere der Arbeitsumwelt zu fördern und so die Sicherheit und die Gesundheit der Arbeitnehmer zu schützen.
Diese Richtlinie ermöglicht keine Einschränkung des bereits in den einzelnen Mitgliedstaaten erzielten Schutzes; die Mitgliedstaaten haben sich gemäß dem Vertrag verpflichtet, die bestehenden Bedingungen in diesem Bereich zu verbessern, und sich eine Harmonisierung bei gleichzeitigem Fortschritt zum Ziel gesetzt.
Gemäß dem Artikel 118 a des Vertrages wird in diesen Richtlinien auf verwaltungsmäßige, finanzielle oder rechtliche Auflagen verzichtet, die der Gründung und Entwicklung von Klein- und Mittelbetrieben entgegenstehen.
Gemäß dem Beschluß 74/325/EWG[4], zuletzt geändert durch die Beitrittsakte von 1985, wird der Beratende Ausschuß für Sicherheit, Arbeitshygiene und Gesundheitsschutz am Arbeitsplatz im Hinblick auf die Ausarbeitung von Vorschlägen auf diesem Gebiet von der Kommission gehört.
In der vom Europäischen Rat am 9. Dezember 1989 in Straßburg verabschiedeten Gemeinschaftscharta der sozialen Grundrechte der Arbeitnehmer heißt es insbesondere in Absatz 19:
„Jeder Arbeitnehmer muß in seiner Arbeitsumwelt zufriedenstellende Bedingungen für Gesundheitsschutz und Sicherheit vorfinden. Es sind geeignete Maßnahmen zu ergreifen, um die Harmonisierung der auf diesem Gebiet bestehenden Bedingungen auf dem Weg des Fortschritts weiterzuführen."
Die Kommission hat sich im Rahmen ihres Aktionsprogramms zur Anwendung der Gemeinschaftscharta der sozialen Grundrechte der Arbeitnehmer unter anderem den Erlaß einer Richtlinie über den Schutz von Schwangeren am Arbeitsplatz durch den Rat zum Ziel gesetzt.

---

[1] **Amtl. Anm.:** ABl. Nr. C 281 vom 9.11.1990, S. 3, und ABl. Nr. C 25 vom 1.2.1991, S. 9.
[2] **Amtl. Anm.:** ABl. Nr. C 19 vom 28.1.1991, S. 177, und ABl. Nr. C 150 vom 15.6.1992, S. 99.
[3] **Amtl. Anm.:** ABl. Nr. C 41 vom 18.2.1991, S. 29.
[4] **Amtl. Anm.:** ABl. Nr. L 185 vom 9.7.1974, S. 15.

Gemäß Artikel 15 der Richtlinie 89/391/EWG des Rates vom 12. Juni 1989 über die Durchführung von Maßnahmen zur Verbesserung der Sicherheit und des Gesundheitsschutzes der Arbeitnehmer bei der Arbeit[5] müssen besonders gefährdete Risikogruppen gegen die speziell sie bedrohenden Gefahren geschützt werden.

Da schwangere Arbeitnehmerinnen, Wöchnerinnen und stillende Arbeitnehmerinnen in vielerlei Hinsicht als eine Gruppe mit besonderen Risiken betrachtet werden müssen, sind Maßnahmen für ihre Sicherheit und ihren Gesundheitsschutz zu treffen.

Der Schutz der Sicherheit und der Gesundheit von schwangeren Arbeitnehmerinnen, Wöchnerinnen und stillenden Arbeitnehmerinnen darf Frauen auf dem Arbeitsmarkt nicht benachteiligen; er darf ferner nicht die Richtlinien zur Gleichbehandlung von Männern und Frauen beeinträchtigen.

Bei bestimmten Tätigkeiten kann ein besonderes Risiko einer Exposition der schwangeren Arbeitnehmerin, der Wöchnerin oder der stillenden Arbeitnehmerin gegenüber gefährlichen Agenzien, Verfahren oder Arbeitsbedingungen bestehen; diese Risiken müssen beurteilt und die Ergebnisse dieser Beurteilung den Arbeitnehmerinnen und/oder ihren Vertretern mitgeteilt werden.

Für den Fall, daß das Ergebnis dieser Beurteilung ein Risiko für die Sicherheit und die Gesundheit der Arbeitnehmerin ergibt, ist eine Regelung zum Schutz der Arbeitnehmerin vorzusehen.

Schwangere Arbeitnehmerinnen und stillende Arbeitnehmerinnen dürfen keine Tätigkeiten ausüben, bei denen die Beurteilung ergeben hat, daß das Risiko einer die Sicherheit oder Gesundheit gefährdenden Exposition gegenüber bestimmten besonders gefährlichen Agenzien oder Arbeitsbedingungen besteht.

Es sind Bestimmungen vorzusehen, nach denen schwangere Arbeitnehmerinnen, Wöchnerinnen oder stillende Arbeitnehmerinnen nicht verpflichtet werden, Nachtarbeit zu verrichten, wenn dies aus Gründen ihrer Sicherheit und Gesundheit erforderlich ist.

Die Empfindlichkeit der schwangeren Arbeitnehmerin, der Wöchnerin oder der stillenden Arbeitnehmerin machen einen Anspruch auf Mutterschaftsurlaub von mindestens 14 Wochen ohne Unterbrechung erforderlich, die sich auf die Zeit vor und/oder nach der Entbindung aufteilen; ferner muß ein Mutterschaftsurlaub von mindestens zwei Wochen obligatorisch gemacht werden, der auf die Zeit vor und/oder nach der Entbindung aufzuteilen ist.

Die Gefahr, aus Gründen entlassen zu werden, die mit ihrem Zustand in Verbindung stehen, kann sich schädlich auf die physische und psychische Verfassung von schwangeren Arbeitnehmerinnen, Wöchnerinnen oder stillenden Arbeitnehmerinnen auswirken; daher ist es erforderlich, ihre Kündigung zu verbieten.

Die arbeitsorganisatorischen Maßnahmen zum Schutz der Gesundheit der schwangeren Arbeitnehmerinnen, der Wöchnerinnen oder der stillenden Arbeitnehmerinnen hätten keine praktische Wirksamkeit, wenn nicht gleichzeitig die mit dem Arbeitsvertrag verbundenen Rechte, einschließlich der Fortzahlung eines Arbeitsentgelts und/oder des Anspruchs auf eine angemessene Sozialleistung, gewährleistet wären.

Desgleichen hätten die Bestimmungen über den Mutterschaftsurlaub keine praktische Wirksamkeit, wenn nicht gleichzeitig die mit dem Arbeitsvertrag verbundenen Rechte und die Fortzahlung eines Arbeitsentgelts und/oder der Anspruch auf eine angemessene Sozialleistung gewährleistet wären.

Der Begriff der angemessenen Sozialleistung beim Mutterschaftsurlaub ist als ein technischer Bezugspunkt zur Festlegung des Mindestschutzstandards anzusehen; er darf keinesfalls als eine Gleichstellung von Schwangerschaft und Krankheit ausgelegt werden –

HAT FOLGENDE RICHTLINIE ERLASSEN:

---

[5] **Amtl. Anm.:** ABl. Nr. L 183 vom 29.6.1989, S. 1.

Abschnitt I. Ziel und Definitionen

Art. 1 Ziel

(1) Ziel dieser Richtlinie, die die zehnte Einzelrichtlinie im Sinne von Artikel 16 Absatz 1 der Richtlinie 89/391/EWG darstellt, ist die Durchführung von Maßnahmen zur Verbesserung der Sicherheit und des Gesundheitsschutzes von schwangeren Arbeitnehmerinnen, Wöchnerinnen und stillenden Arbeitnehmerinnen am Arbeitsplatz.

(2) Die Bestimmungen der Richtlinie 89/391/EWG mit Ausnahme von Artikel 2 Absatz 2 gelten unbeschadet strengerer und/oder spezifischer Bestimmungen dieser Richtlinie uneingeschränkt für den gesamten Bereich im Sinne von Absatz 1.

(3) Aus dieser Richtlinie läßt sich bei ihrer Umsetzung keine Rechtfertigung für einen Abbau des der schwangeren Arbeitnehmerin, der Wöchnerin oder der stillenden Arbeitnehmerin gewährten Schutzes im Vergleich mit der Lage ableiten, die in den einzelnen Mitgliedstaaten zum Zeitpunkt des Erlasses dieser Richtlinie besteht.

Kompetenzgrundlage für die „Mutterschutz-Richtlinie" war zum Zeitpunkt von deren 1 Erlassung Art. 118a EWG: Demnach legt der Rat durch Richtlinie Mindestvorschriften fest, die die Verbesserung, insbesondere der Arbeitsumwelt fördern, um die Sicherheit und die Gesundheit der Arbeitnehmer verstärkt zu schützen. Diese arbeitnehmerinnenschutzrechtliche Basis hatte vor allem den pragmatischen Grund, dass so nur eine qualifizierte Mehrheit im Rat, nicht aber Einstimmigkeit erforderlich war (zur Genese der Richtlinie Schlachter/*Kovács*/Hießl 285). Der Änderungsvorschlag der Kommission (KOM [2008] 600, 4; s. auch den Fortschrittsbericht 2008/0193 [COD]) gründete sich auf Art. 137 II EG-V (jetzt Art 153 II AEUV) und auf Art. 141 III EG-V (Gleichbehandlung; jetzt Art. 157 AEUV). Dieser Vorschlag fand in der Ratssitzung vom 11.6.2011 keine ausreichende Zustimmung (PRES/2011/176). Die Mutterschutz-Richtlinie stellt die zehnte Einzel-Richtlinie iSd → Arbeitsschutzrahmen-Richtlinie 89/391/EWG Rn. 6 dar.

Das **Ziel der Richtlinie** ist die Durchführung von Maßnahmen zur Verbesserung der 2 Sicherheit und des Gesundheitsschutzes von schwangeren Arbeitnehmerinnen, Wöchnerinnen und stillenden Arbeitnehmerinnen am Arbeitsplatz. Dies geht auch aus den Erwägungsgründen hervor, die ausführen, dass schwangere Arbeitnehmerinnen, Wöchnerinnen und stillende Arbeitnehmerinnen in vielerlei Hinsicht als eine Gruppe mit besonderen Risiken betrachtet werden müssen und deshalb Maßnahmen für ihre Sicherheit und ihren Gesundheitsschutz zu treffen sind. Dabei ist der **Begriff der „Sicherheit" weit zu verstehen.** Die Mutterschutz-Richtlinie umfasst nämlich neben dem Gesundheitsschutz (zB Verbot der Exposition gem. Art. 6 oder der Nachtarbeit gem. Art. 7) auch einen Schutz vor Beendigung (Art. 10) und einen Entgeltschutz (Art. 11). In den Erwägungsgründen wird die Verbindung zum Gesundheitsschutz dergestalt hergestellt, dass sich die Gefahr, aus Gründen entlassen zu werden, die mit dem Zustand der Schwanger- oder Mutterschaft in Verbindung stehen, schädlich auf die physische und psychische Verfassung von schwangeren Arbeitnehmerinnen, Wöchnerinnen oder stillenden Arbeitnehmerinnen auswirken kann; daher sei es erforderlich, ihre Kündigung zu verbieten. Die arbeitsorganisatorischen Maßnahmen zum Schutz der Gesundheit der schwangeren Arbeitnehmerinnen, der Wöchnerinnen oder der stillenden Arbeitnehmerinnen hätten weiter keine praktische Wirksamkeit, wenn nicht gleichzeitig die mit dem Arbeitsvertrag verbundenen Rechte, einschließlich der Fortzahlung eines Arbeitsentgelts und/oder des Anspruchs auf eine angemessene Sozialleistung, gewährleistet wären. Ebenso würde es den Bestimmungen über den Mutterschaftsurlaub an praktischer Wirksamkeit fehlen, wenn nicht gleichzeitig die mit dem Arbeitsvertrag verbundenen Rechte und die Fortzahlung eines Arbeitsentgelts und/oder der Anspruch auf eine angemessene Sozialleistung gewährleistet wären. Die Richtlinie dient damit nicht nur dem technischen Arbeitnehmerschutz, sondern in erster Linie dem **„sozialen**

Arbeitsschutz". Darunter werden jene Richtlinien zusammengefasst, die dem Arbeitszeitschutz und dem Schutz besonderer Personengruppen dienen (*Wank/Börgmann* 13).

3   Außerdem stellt eine Diskriminierung auf Grund der Schwangerschaft, der Wöchnerinnenschaft (dh der Zeit unmittelbar nach der Geburt → Art. 2 Rn. 7) oder des Stillens eine **unmittelbare Diskriminierung auf Grund des Geschlechts** dar, da diese Kriterien nur Frauen betreffen können (so bspw. EuGH 8.11.1990 – C-177/88 Rn. 12 – Dekker, → AEUV Art. 157 Rn. 40).

4   Für die **Interpretation der Mutterschutz-Richtlinie** ist zwar der sich aus der Kompetenzgrundlage (→ Rn. 1) ergebende Zweck des Arbeitnehmerschutzes heranzuziehen, der jedoch iSd umfassenden Zielsetzung (→ Rn. 3) weit zu verstehen ist. Dies zeigt sich gut an der vom EuGH judizierten doppelten Zwecksetzung des Mutterschaftsurlaubes nach Art. 8: Dieser dient einerseits dem Schutz der körperlichen Verfassung der Frau während und nach der Schwangerschaft (Gesundheitsschutz), und andererseits dem Schutz der besonderen Beziehung zwischen der Mutter und ihrem Kind während der an Schwangerschaft und Entbindung anschließenden Zeit, damit diese Beziehung nicht durch die Doppelbelastung infolge der gleichzeitigen Ausübung eines Berufs gestört wird (sozialer Arbeitsschutz) (EuGH 29.11.2001 – C-366/99 Rn. 43 – Griesmar; 18.3.2004 Rn. 32 – Merino Gómez; 14.4.2005 – C-519/03 Rn. 32 – Kommission/Luxemburg; 20.9.2007 – C-116/06 Rn. 46 – Kiiski; 19.9.2013 – C-5/12 Rn. 50 – Montull).

5   Abs. 2 stellt das **Verhältnis zur Arbeitsschutzrahmen-Richtlinie** 89/391/EWG klar: Diese findet unbeschadet strengerer oder spezifischerer Regelungen in der Mutterschutz-Richtlinie jedenfalls Anwendung auf schwangere Arbeitnehmerinnen, Wöchnerinnen und stillende Arbeitnehmerinnen. Von der Verweisung ausgenommen ist Art. 2 II Arbeitsschutzrahmen-Richtlinie. Deshalb soll die Mutterschutz-Richtlinie uneingeschränkt auch auf den öffentlichen Dienst und bei den Katastrophenschutzdiensten zur Anwendung kommen (Schlachter/*Kovács*/*Hießl* 286).

6   Abs. 3 enthält ein **Verschlechterungsverbot.** Die Umsetzung der Richtlinie darf nicht dazu dienen den schwangeren Arbeitnehmerinnen, Wöchnerinnen oder stillenden Arbeitnehmerinnen bislang gewährten, über dem Niveau der Mutterschutz-Richtlinie liegenden Schutz abzusenken. Eine ähnliche Bestimmung enthält bsw. die Arbeitszeit-Richtlinie (→ RL 2003/88/EG Art. 23 Rn. 1 ff.) oder die Leiharbeits-Richtlinie (→ Leiharbeits-Richtlinie 2008/104/EG Art. 9 Rn. 2). Daraus ergibt sich, dass eine Zurücknahme des nationalen Mutterschutzes in den durch die Richtlinie geregelten Bereichen, die deren Schutzniveau übersteigen, grds. unzulässig ist, es sei denn andere Gründe sprechen für eine derartige Verringerung des Mutterschutzes. Den Mitgliedstaaten ist damit eine besondere Verpflichtung zur Rechtfertigung und zur Offenlegung der Gründe abverlangt, nicht jedoch jegliche Änderung der Mutterschutzbestimmungen europarechtlich untersagt. Gründe, die in keinem Zusammenhang mit der Richtlinie-Umsetzung stehen können demnach eine Verschlechterung der bisherigen Rechtslage rechtfertigen (EuGH 22.11.2005 – C 144/04 Rn. 52 – Mangold; 24.6.2010 – C-98/09 Rn. 36 – Sorge). Es handelt sich somit nicht um eine „Stillhalte-", sondern eher um eine „Transparenzklausel" (*Preis* NZA 2006, 401 [402]; *Kerwer* EuZA 2010, 253 [259]; *Greiner* EuZA 2011, 74 [80]; Schwarze/*Rehhahn*/*Reiner* AEUV Art. 153 Rn. 86).

Art. 2 Definitionen

Im Sinne dieser Richtlinie gilt als

a) „schwangere Arbeitnehmerin" jede schwangere Arbeitnehmerin, die den Arbeitgeber gemäß den einzelstaatlichen Rechtsvorschriften und/oder Gepflogenheiten von ihrer Schwangerschaft unterrichtet;

b) „Wöchnerin" jede Arbeitnehmerin kurz nach einer Entbindung im Sinne der einzelstaatlichen Rechtsvorschriften und/oder Gepflogenheiten, die den Arbeitgeber gemäß diesen Rechtsvorschriften und/oder Gepflogenheiten von ihrer Entbindung unterrichtet;

c) „stillende Arbeitnehmerin" jede stillende Arbeitnehmerin im Sinne der einzelstaatlichen Rechtsvorschriften und/oder Gepflogenheiten, die den Arbeitgeber gemäß diesen Rechtsvorschriften und/oder Gepflogenheiten darüber unterrichtet, daß sie stillt.

A. Allgemeines

Die Begriffsdefinitionen sind vor allem für den persönlichen Geltungsbereich der Richtlinie von Bedeutung. Sie stellen klar, dass davon nur Arbeitnehmerinnen, nicht jedoch Selbständige und Arbeitslose erfasst sind. Dies zeigt nicht zuletzt die Entstehungsgeschichte, in einem früheren Stadium sollten nämlich diese beiden Gruppen auch erfasst sein (Schlachter/*Kovács*/*Hießl* 289). 1

Um vom persönlichen der Richtlinie erfasst zu sein sind drei Voraussetzungen zu erfüllen: 2
1. Arbeitnehmerin (→ Rn. 3),
2. Schwangerschaft (→ Rn. 6), Wöchnerin (→ Rn. 7) oder stillend,
3. Information des Arbeitgebers (→ Rn. 11).

B. Arbeitnehmerinnenbegriff

Der **Arbeitnehmerinnenbegriff** ist nach dem EuGH (20.9.2007 – C-116/06 Rn. 24 ff. 3 – Kiiski) autonom auszulegen, wobei auf die Rechtsprechung zur Freizügigkeit verwiesen wird (ausgehend von EuGH 3.7.1986 – 66/85 – Lawrie-Blum). Er ist anhand objektiver Kriterien zu definieren, die das Arbeitsverhältnis im Hinblick auf die Rechte und Pflichten der betroffenen Personen kennzeichnen. Das wesentliche Merkmal des Arbeitsverhältnisses besteht darin, dass eine Person während einer bestimmten Zeit für eine andere nach deren Weisung Leistungen erbringt, für die sie als Gegenleistung eine Vergütung erhält. Für die Arbeitnehmerinneneigenschaft iSd Gemeinschaftsrechts ist es ohne Bedeutung, dass das Beschäftigungsverhältnis nach nationalem Recht ein Rechtsverhältnis *sui generis* ist (EuGH 23.3.1982 – 53/81 – Levin ua). Somit können – trotz ausdrücklicher nationaler Regelung, dass es sich dabei jedenfalls um Selbständige handelt – auch **Mitglieder der Unternehmensleitung** einer Kapitalgesellschaft unter den Arbeitnehmerinnenbegriff der Richtlinie fallen. Wesentlich ist, dass gegen Entgelt Leistungen gegenüber der Gesellschaft erbracht werden, die sie bestellt hat und in die sie eingegliedert sind, dass sie ihre Tätigkeiten nach der Weisung oder unter der Aufsicht eines anderen Organs dieser Gesellschaft ausüben und dass sie jederzeit ohne Einschränkung von ihrem Amt abberufen werden können (EuGH 11.11.2010 – C-232/09 Rn. 51 – Danosa; zu den Auswirkungen auf das deutsche Recht *Kruse*/*Stenslik* NZA 2013, 596; *Oberthür* NZA 2011, 253; *U. Fischer* NJW 2011, 2329; *Junker* NZA 2011, 950). Die Richtlinie gilt jedenfalls im öffentlichen als auch im privaten Sektor und ungeachtet dessen, ob die Frauen in einem unbefristeten oder befristeten Arbeitsverhältnis stehen sowie ausnahmslos in allen Bereichen und Berufen (KOM [1999] 100, 3, 7).

Vom Schutz der Richtlinie sind **nicht nur aktive Arbeitnehmerinnen** erfasst, sondern 4 auch solche, die wegen eines Elternurlaubes iSd Richtlinie gerade nicht arbeiten (EuGH 20.9.2007 – C-116/06 Rn. 32 – Kiiski). **Arbeitslose** fallen hingegen nicht in den Anwendungsbereich der Richtlinie (Schlachter/*Kovács*/*Hießl* 290). Art. 45 AEUV (→ AEUV Art. 45 Rn. 15) ist im Unterschied dazu weiter auszulegen; auch eine Frau, die ihre Erwerbstätigkeit oder Arbeitsuche wegen der körperlichen Belastungen im Spätstadium ihrer Schwangerschaft und nach der Geburt des Kindes aufgibt, behält nämlich die „Arbeitnehmerinneneigenschaft" iSd Vorschrift, sofern sie innerhalb eines angemessenen Zeitraums nach der Geburt ihres Kindes ihre Beschäftigung wieder aufnimmt oder eine andere Stelle findet (EuGH 19.6.2014 – C-507/12 – Prix).

Sollten Personen mangels Arbeitnehmerinneneigenschaft nicht vom Schutz der Richtlinie 5 erfasst sein, so unterfallen sie uU als selbständig Erwerbstätige der RL 2010/41/EU, die in

Art. 8 ebenfalls Mutterschaftsleistungen in Form eines Mutterschaftsurlaubes vorsieht. Den Mitgliedstaaten sind dabei aber freilich weitere Spielräume bei der Umsetzung eingeräumt (Schlachter/*Kovács*/*Hießl* 289).

C. Schwangere, Wöchnerinnen und Stillende

I. Schwangere Arbeitnehmerinnen

6   Der EuGH (26.2.2008 – C-506/06 Rn. 40 – Mayr) vertritt, dass vom frühestmöglichen Zeitpunkt des Vorliegens einer **Schwangerschaft** auszugehen ist, um die Sicherheit und den Schutz der schwangeren Arbeitnehmerinnen zu gewährleisten. Damit ist idR die Empfängnis, dh die Verschmelzung von Ei- und Samenzelle der relevante Zeitpunkt. Geschützt sind freilich nicht alle Schwangeren, sondern nur solche die Arbeitnehmerinnen-Eigenschaft aufweisen (→ Rn. 3). Das entspricht dem Verständnis des MuSchG, das den Begriff „werdende Mütter" (zB § 3) verwendet. Aus § 1 MuSchG ergibt sich, dass dieses nur für werdende Mütter in einem Arbeitsverhältnis, anwendbar ist.

7   Im Falle der ***In-vitro*-Fertilisation** gelten Besonderheiten: Hier kommt es auf die Einsetzung der befruchteten Eizellen in die Gebärmutter der Frau und auf nicht die *In vitro*-Befruchtung an (EuGH 26.2.2008 – C-506/06 Rn. 41 ff.). Dieses Ergebnis wird vom EuGH mit Gründen der Rechtssicherheit gerechtfertigt, da die *in vitro* befruchteten Eizellen vor ihrer Einsetzung in die Gebärmutter der betreffenden Frau in verschiedenen Mitgliedstaaten für einen mehr oder weniger langen Zeitraum aufbewahrt werden dürfen. Käme der Kündigungsschutz bei einer Frau vor der Einsetzung der befruchteten Eizellen zur Anwendung, so könnte dies dazu führen, dass dieser Schutz auch dann gewährt würde, wenn die Einsetzung aus irgendwelchen Gründen für mehrere Jahre zurückgestellt wird. Es ist sogar denkbar, dass ein Kündigungsschutz bestehe, wenn auf eine solche Einsetzung definitiv verzichtet, die *In–vitro*-Fertilisation also nur vorsorglich vorgenommen worden sein sollte. Das bei dieser restriktiveren Auslegung entstehende Schutzdefizit wird aber dadurch eingeschränkt, dass eine Diskriminierung einer Frau wegen der geplanten Schwangerschaft gegen die → RL 2006/54/EG Art. 14 Rn. 3 verstößt (EuGH 26.2.2008 – C-506/06 Rn. 44 ff. – Mayr; *Reiner* EuZA 2009, 79).

II. Wöchnerinnen

8   **Wöchnerinnen** sind Arbeitnehmerinnen (→ Rn. 3) kurz nach der Geburt, wobei – anders als beim Arbeitnehmerinnenbegriff – auf die einzelstaatlichen Regeln und Gepflogenheiten abgestellt wird. Ziel ist, Müttern für einen bestimmten Zeitraum auch nach der Geburt noch einen Schutz zukommen zu lassen. Die Richtlinie bleibt hinsichtlich des Zeitrahmens vage, die Regelungen der Mitgliedstaaten weisen eine erhebliche Bandbreite auf (KOM [1999] 100, 6). Dies ist aber insoweit unproblematisch, als der Mutterschaftsurlaub (und dessen Mindestdauer) in Art. 8 geregelt ist, worauf auch die Art. 10 und 11 verweisen. Hinsichtlich der Schutzbestimmungen der Art. 4–7 ist fraglich, ob diese nur auf Fälle „kurz nach der Geburt" anzuwenden sind oder so lange wie die Geburt den Gesundheitszustand der Mutter dergestalt beeinflusst, dass bestimmte Tätigkeiten ohne ihre Gefährdung nicht geleistet werden können (so Schlachter/*Kovács*/*Hießl* 290). Wesentlich ist wohl, dass entsprechende Regelungen vorzusehen sind, wobei die Staaten einen weiten Spielraum bezüglich des Zeitrahmens haben.

III. Stillende Arbeitnehmerinnen

9   Die Bezugnahme auf das **Stillen** erstreckt den Schutzzeitraum noch weiter. Diese Gruppe von Arbeitnehmerinnen ist insbesondere durch die Art. 4–6 vor Exposition geschützt (siehe auch Anhang II, wo ein eigener Absatz für stillende Arbeitnehmerinnen vorgesehen ist).

Dies kann auch Bestellmütter (→ Rn. 10) und wohl auch Adoptivmütter, betreffen, die ihr Kind stillen.

D. Bestell- und Adoptivmütter

Probleme ergeben sich im Fall der **Ersatzmutterschaft,** dh wenn die biologische Mutter (Bestellmutter) und die Frau, die das Kind austrägt (Ersatzmutter), nicht dieselbe Person sind. Unstrittig ist, dass die **Ersatzmutter** selbst grds. vom Schutz der Richtlinie erfasst ist, wobei zwischen der Schwangerschaft und der Wöchnerinnenschaft zu unterscheiden ist. Während die Regelungen betreffend die Schwangerschaft uneingeschränkt zur Anwendung kommen, ist zu hinterfragen, ob dies auch bei der Wöchnerinnenschaft der Fall ist. Der EuGH betont die doppelte Zwecksetzung des Mutterschaftsurlaubes, der der Arbeitnehmerin zum einen den Schutz der körperlichen Verfassung der Frau während und nach ihrer Schwangerschaft und zum anderen den Schutz der besonderen Beziehung zwischen der Mutter und ihrem Kind während der an Schwangerschaft und Entbindung anschließenden Zeit gewährleisten soll, damit diese Beziehung nicht durch die Doppelbelastung infolge der gleichzeitigen Ausübung eines Berufs gestört wird (EuGH 12.7.1984 – 184/83 Rn. 25 – Hofmann; 20.9.2007 – C-116/06 Rn. 46 – Kiiski; 19.9.2013 – C-5/12 Rn. 50 – Montull). Deshalb ist zumindest argumentierbar, dass ein reduzierter Anspruch nach der Geburt für die Bestellmutter besteht, da in diesem Fall ja keine Beziehung mehr zum Kind vorliegt (insbesondere für den Fall des Mutterschaftsurlaubes nach der Geburt, wenn dieser nicht mehr gesundheitlich indiziert ist und keine Beziehung zum Kind mehr besteht). Für alle Bestimmungen, die hingegen „nur" auf den Gesundheitsschutz abstellen, ist eine Einschränkung hingegen nicht rechtfertigbar. Ein Schutz unter Berufung auf das Stillen ist hingegen mangels eines zu stillenden Kindes jedenfalls ausgeschlossen. Gleiches muss für den Fall gelten, wenn die Mutter ihr Kind unmittelbar nach der Geburt zur Adoption freigibt bzw. wenn das Kind während oder nach der Geburt stirbt.

Die **Bestellmutter** hingegen fällt nach Ansicht des EuGH zumindest nicht in den Anwendungsbereich des Art. 8 (Mutterschaftsurlaub), weil sie selbst zu keinem Zeitpunkt schwanger war. Dies soll auch dann gelten, wenn die Bestellmutter stillen sollte (EuGH 18.3.2014 – C-167/12 Rn. 40 ff. – C. D./S. T.). Der von ihr beanspruchte Urlaub ist dem Adoptionsurlaub vergleichbar, auf den nach Art. 16 RL 2006/54/EG kein europarechtlicher Anspruch besteht (vgl. EuGH 18.3.2014 – C-363/12 Rn. 62 – Z./A Government Department). Wenn der Arbeitgeber einer Bestellmutter keinen Mutterschaftsurlaub gewährt, stellt dies auch keine Diskriminierung auf Grund des Geschlechts iSd Art. 14 RL 2006/54/EG dar, da dies gleichermaßen auch Männer betrifft (EuGH 18.3.2014 – C-167/12 Rn. 44 ff. – C. D./S. T.). Auch liegt keine Diskriminierung auf Grund einer Behinderung vor, da die Unfruchtbarkeit nicht unter den Begriff der „Behinderung" iSd RL 2000/78/EG fällt (EuGH 18.3.2014 – C 363/12 Rn. 78 – Z./A Government Department). Diese restriktive Interpretation der Mutterschaft steht in einem Widerspruch zur Aussage, dass der Mutterschaftsurlaub auch dem Schutz der besonderen Beziehung zwischen der Mutter und ihrem Kind während der an Schwangerschaft und Entbindung anschließenden Zeit gewährleisten soll, damit diese Beziehung nicht durch die Doppelbelastung infolge der gleichzeitigen Ausübung eines Berufs gestört wird (EuGH 12.7.1984 – 184/83 Rn. 25 – Hofmann; 20.9.2007 – C-116/06 Rn. 46 – Kiiski; 19.9.2013 – C-5/12 Rn. 50 – Montull). Eine Differenzierung danach, ob die Mutter davor selbst die Schwangerschaft und Geburt durchlebt hat, erscheint schwer rechtfertigbar, ist die Beziehung doch gleichermaßen förderungswürdig. Nachvollziehbarer ist eine Unterscheidung danach, ob das Kind während des nach Art. 8 vorgesehenen Zeitraumes von der Bestellmutter betreut wird oder nicht.

Die Bestimmungen zum Schutz der **stillenden Mütter** sind hingegen mE auch auf Bestell- und Adoptivmütter anwendbar, sollten diese ihr Kind auch tatsächlich stillen. Nur so kann der Schutzzweck der Richtlinie erreicht werden.

E. Informationspflichten

13 Der Schutz der Richtlinie greift nur dann, wenn die Arbeitnehmerin ihren Arbeitgeber vom Umstand der Schwangerschaft, der Wöchnerinnenschaft oder des Stillens informiert hat. Dabei wird auf die einzelstaatlichen Rechtsvorschriften und/oder Gepflogenheiten abgestellt. Damit können die Mitgliedstaaten auch Formvorschriften (zB Schriftlichkeit) oder auch die Vorlage eines ärztlichen Zeugnisses (so zB in § 5 MuSchG) vorschreiben. Durch den damit den Mitgliedstaaten eingeräumten weiten Spielraum kann es uU zu einer erheblichen Einschränkung des durch die Richtlinie gebotenen Schutzes kommen (KOM [1999] 100, 22). Die Auswirkungen der Verletzung einer uU nationalstaatlich festgelegten formalen Informationspflicht werden vom EuGH (11.11.2010 – C-232/09 Rn. 52 ff. – Danosa) zumindest für den Fall der Beendigung des Arbeitsverhältnisses abgeschwächt, um den besonderen Schutz der Frau nicht seiner Substanz zu entleeren. Wenn der Arbeitgeber, ohne von der Arbeitnehmerin selbst formal darüber unterrichtet worden zu sein, von der Schwangerschaft Kenntnis hatte, liefe es dem Zweck und dem Geist der Richtlinie zuwider, den Wortlaut eng auszulegen und der betroffenen Arbeitnehmerin dort vorgesehenen Kündigungsschutz zu verweigern.

Abschnitt II. Allgemeine Bestimmungen

Art. 3 Leitlinien

(1) Die Kommission erstellt im Benehmen mit den Mitgliedstaaten und mit Unterstützung des Beratenden Ausschusses für Sicherheit, Arbeitshygiene und Gesundheitsschutz am Arbeitsplatz Leitlinien für die Beurteilung der chemischen, physikalischen und biologischen Agenzien sowie der industriellen Verfahren, die als Gefahrenquelle für Gesundheit und Sicherheit der Arbeitnehmerinnen im Sinne des Artikels 2 gelten.

Die in Unterabsatz 1 genannten Leitlinien erstrecken sich auch auf die Bewegungen und Körperhaltungen, die geistige und körperliche Ermüdung und die sonstigen, mit der Tätigkeit der Arbeitnehmerinnen im Sinne des Artikels 2 verbundenen körperlichen und geistigen Belastungen.

(2) Die in Absatz 1 genannten Leitlinien sollen als Leitfaden für die in Artikel 4 Absatz 1 vorgesehene Beurteilung dienen.

Zu diesem Zweck bringen die Mitgliedstaaten diese Leitlinien den Arbeitgebern und den Arbeitnehmerinnen und/oder ihren Vertretern in dem betreffenden Mitgliedstaat zur Kenntnis.

1 Die Richtlinie kann in zwei Teile aufgegliedert werden: Einerseits enthält sie Verwendungseinschränkungen, die dem technischen Arbeitnehmerschutz bzw. dem Arbeitszeitschutz zugerechnet werden können und die in Art. 4–7 geregelt sind. Andererseits enthält sie vertragsrechtliche Bestimmungen, wie den Anspruch auf Mutterschaftsurlaub, ein Recht auf Freistellung für Vorsorgeuntersuchungen und den Kündigungsschutz sowie flankierende Maßnahmen in Art. 8–11.

2 Für die Fragen des Verwendungsschutzes sieht Art. 3 vor, dass die Europäische Kommission im Benehmen mit den Mitgliedstaaten und mit Unterstützung des Beratenden Ausschusses für Sicherheit, Arbeitshygiene und Gesundheitsschutz am Arbeitsplatz **Leitlinien** für die Beurteilung der chemischen, physikalischen und biologischen Agenzien sowie der industriellen Verfahren, die als Gefahrenquelle für Gesundheit und Sicherheit der Arbeitnehmerinnen gelten, erstellt. Dies ist mit der Mitteilung der Kommission über die Leitlinien für die Beurteilung der chemischen, physikalischen und biologischen Agenzien sowie der

industriellen Verfahren, die als Gefahrenquelle für Gesundheit und Sicherheit von schwangeren Arbeitnehmerinnen, Wöchnerinnen und stillenden Arbeitnehmerinnen am Arbeitsplatz gelten (KOM [2000] 466 endg.) erfolgt. Diese sollen als Leitfaden für die nach Art. 4 vorzunehmende Risikobeurteilung dienen, die wiederum ein Teil der Evaluierung arbeitsplatzbezogener Risiken nach Art. 6 und 9 RL 89/391/EWG ist.

Art. 4 Beurteilung und Unterrichtung

(1) Für jede Tätigkeit, bei der ein besonderes Risiko einer Exposition gegenüber den in der nicht erschöpfenden Liste in Anhang I genannten Agenzien, Verfahren und Arbeitsbedingungen besteht, sind in dem betreffenden Unternehmen und/oder Betrieb vom Arbeitgeber selbst oder durch die in Artikel 7 der Richtlinie 89/391/EWG genannten Dienste für die Gefahrenverhütung Art, Ausmaß und Dauer der Exposition der Arbeitnehmerinnen im Sinne des Artikels 2 zu beurteilen, damit
– alle Risiken für Sicherheit und Gesundheit sowie alle Auswirkungen auf Schwangerschaft oder Stillzeit der Arbeitnehmerinnen im Sinne des Artikels 2 abgeschätzt und
– die zu ergreifenden Maßnahmen bestimmt werden können.

(2) Unbeschadet des Artikels 10 der Richtlinie 89/391/EWG werden in dem betreffenden Unternehmen und/oder Betrieb die Arbeitnehmerinnen im Sinne des Artikels 2 sowie diejenigen Arbeitnehmerinnen, die sich in einer der in Artikel 2 genannten Situationen befinden könnten, und/oder ihre Vertreter über die Ergebnisse der Beurteilung nach Absatz 1 und über die in bezug auf Sicherheit und Gesundheitsschutz am Arbeitsplatz zu ergreifenden Maßnahmen unterrichtet.

Grundsätzlich hat der Arbeitgeber neben der allg. Risikobeurteilung, wie sie nach der RL 89/391/EWG und der RL 92/85/EWG erforderlich ist, nach der Unterrichtung über die Schwangerschaft einer Arbeitnehmerin die spezifischen Risiken für die betreffende Arbeitnehmerin beurteilen. Er hat dafür sorgen, dass sie zu keiner Tätigkeit verpflichtet wird, bei der das Risiko einer Exposition besteht, die ihrer eigenen Gesundheit oder der des Kindes im Mutterleib schadet (KOM [2000] 466, 10). 1

Art. 4 verpflichtet daher den Arbeitgeber entweder selbst oder durch einen Präventivdienst iSd Art. 7 der Rahmenrichtlinie 89/391/EWG (→ RL 89/391/EWG Rn. 87) eine Beurteilung vorzunehmen, die dreigliedrig erfolgen soll (KOM [2000] 466, 10): 2
(1) Abschätzung der Risiken, wobei
  – festzustellen ist, welchen Risiken die schwangere Arbeitnehmerin, Wöchnerin bzw. stillende Arbeitnehmerin ausgesetzt ist und
  – die Art, Intensität und Dauer der Exposition zu ermitteln ist;
(2) Beseitigung der Gefährdung und Ausschaltung oder Verringerung des Risikos,
(3) Sorgetragung dafür, dass kein Gesundheitsschaden eintritt.

Der erste Schritt der **Risikobewertung** beinhaltet die systematische Überprüfung aller Gesichtspunkte der Arbeit, um mögliche Ursachen von Unfällen oder Schäden zu ermitteln und herauszufinden, wie diese Ursachen zur Ausschaltung oder Minderung von Risiken beseitigt werden können (KOM [2000] 466, 6). Dazu dienen sowohl der Anhang I der Richtlinie sowie die umfangreichen Listen in der nach Art 3 zu erlassenden Leitlinie (KOM [2000] 466, 7). Bei der Abschätzung der Risiken für schwangere Arbeitnehmerinnen handelt es sich um eine zusätzliche Risikobeurteilung, die im Einklang mit den Bestimmungen der Richtlinie zu erfolgen hat. Die Risikobeurteilung muss das in der Rahmenrichtlinie 89/391/EWG verankerte Vorbeugeprinzip berücksichtigen und sollte zumindest auch auf die potentiellen Risiken für schwangere Arbeitnehmerinnen verweisen, soweit derartige Risiken bekannt sind (zB Gefährdung durch bestimmte Chemikalien, KOM [2000] 466, 8) 3

4 Der in Art. 4 I vorgesehene **Anhang I der Richtlinie** enthält eine nicht erschöpfende Liste der Agenzien, Verfahren und Arbeitsbedingungen, die jedenfalls eine Verpflichtung zur Risikobewertung auslösen. Die Auslagerung der Liste in einen Anhang hat den Grund, dass dieser nach Art. 13 leichter abgeändert werden kann als die Richtlinie. Genannt sind dort **physikalische Agenzien,** sofern sie als Agenzien gelten, die zu Schädigungen des Fötus führen und/oder eine Lösung der Plazenta verursachen können. Es sind dies insbesondere Stöße, Erschütterungen oder Bewegungen; das Bewegen schwerer Lasten von Hand, gefahrenträchtig insbesondere für den Rücken- und Lendenwirbelbereich; Lärm; ionisierende Strahlungen (s. die RL 80/836/Euratom); nicht ionisierende Strahlungen; extreme Kälte und Hitze; Bewegungen und Körperhaltungen, sowohl innerhalb als auch außerhalb des Betriebs. Ebenso sind geistige und körperliche Ermüdung und sonstige mit der Tätigkeit der Arbeitnehmerin iSd Art. 2 verbundene körperliche Belastungen genannt. **Biologische Agenzien** sind solche der Risikogruppen 2–4 iSd Art. 2 lit. d der RL 90/679/EWG, soweit bekannt ist, dass diese Agenzien oder die im Fall einer durch sie hervorgerufenen Schädigung anzuwendenden therapeutischen Maßnahmen die Gesundheit der schwangeren Arbeitnehmerin und des ungeborenen Kindes gefährden und soweit sie noch nicht in Anhang II (→ Art. 6 Rn. 2) aufgenommen sind. Genannt sind weiter folgende **chemische Agenzien,** soweit bekannt ist, dass sie die Gesundheit der schwangeren Arbeitnehmerin und des ungeborenen Kindes gefährden und soweit sie noch nicht in Anhang II (→ Art. 6 Rn. 2) aufgenommen sind: nach der RL 67/548/EWG als R 40, R 45, R 46 und R 47 gekennzeichnete Stoffe; die in Anhang I der RL 90/394/EWG aufgeführten chemischen Agenzien; Quecksilber und Quecksilberderivate; Mitosehemmstoffe; Kohlenmonoxid; gefährliche chemische Agenzien, die nachweislich in die Haut eindringen. Als Verfahren führt Anhang I die in Anhang I der RL 90/394/EWG (jetzt RL 2000/54/EG) aufgeführten industriellen Verfahren an und als Arbeitsbedingungen Bergbauarbeiten unter Tage.

5 Daneben enthalten die Leitlinien KOM [2000] 466, 13 ff. noch eine **Liste allg. Gefährdungen** und entsprechender Situationen samt Beispielen für die Ausschaltung des Risikos bzw. für vorbeugende Maßnahmen. Ebenso nennen die Leitlinien KOM [2000] 466, 19 ff. eine **Liste von spezifischen Gefährdungen** (physikalische, biologische und chemische Agenzien sowie Arbeitsbedingungen wie zB das Heben von Lasten) und von Möglichkeiten zur Ausschaltung der Risiken. Diese geht über den Anhang I der Richtlinie (→ Rn. 3) hinaus. Im Anhang der Leitlinien KOM [2000] 466, 36 ff. findet sich eine Aufzählung von **Gesichtspunkten der Schwangerschaft, die eine Umgestaltung der Arbeitsorganisation erforderlich machen können** (zB morgendlicher Brechreiz).

6 Wenn aus der Beurteilung hervorgeht, dass ein solches Risiko besteht, muss der Arbeitgeber die betreffende Frau darüber unterrichten und ihr mitteilen, welche **Maßnahmen** zum Schutz ihrer Gesundheit und Sicherheit bzw. der des ungeborenen Kindes ergriffen werden. Diese Pflicht besteht ohnehin schon auf Grund von Art. 10 RL 89/391/EWG und kann auch gegenüber den Arbeitnehmervertretern (insbesondere dem Betriebsrat) vorgesehen werden. Die **Mitteilungspflicht** umfasst nicht nur jene Arbeitnehmerinnen, deren Zustand dem Arbeitgeber bekannt ist, sondern auch auf solche, die schwanger sein bzw. stillen könnten (Schlachter/*Kovács*/*Hießl* 296). Die Leitlinie KOM [2000] 466, 8 weist deshalb darauf hin, dass sich die betreffende Arbeitnehmerin über einen Zeitraum von 30 bis 45 Tagen möglicherweise über ihre Schwangerschaft nicht im Klaren und daher nicht in der Lage oder nicht willens sind, ihren Arbeitgeber zu informieren. Manche Agenzien, insbesondere physikalischer und chemischer Art, können aber das Kind im Mutterleib unmittelbar nach der Empfängnis schädigen, so dass geeignete Vorbeugemaßnahmen sehr wesentlich sind. Dies erfordert eine besondere Fürsorgepflicht gegenüber allen Arbeitnehmerinnen in dem Sinne, dass ihre Exposition gegenüber diesen schädlichen Agenzien verringert wird.

Art. 5 Konsequenzen aus der Beurteilung

(1) Ergibt die Beurteilung nach Artikel 4 Absatz 1 das Vorhandensein einer Gefährdung für Sicherheit oder Gesundheit sowie eine mögliche Auswirkung auf Schwangerschaft oder Stillzeit einer Arbeitnehmerin im Sinne des Artikels 2, so trifft der Arbeitgeber unbeschadet des Artikels 6 der Richtlinie 89/391/EWG die erforderlichen Maßnahmen, um durch eine einstweilige Umgestaltung der Arbeitsbedingungen und/oder der Arbeitszeiten der betreffenden Arbeitnehmerin auszuschließen, daß die Arbeitnehmerin dieser Gefährdung ausgesetzt ist.

(2) Ist die Umgestaltung der Arbeitsbedingungen und/oder der Arbeitszeiten technisch und/oder sachlich nicht möglich oder aus gebührend nachgewiesenen Gründen nicht zumutbar, so trifft der Arbeitgeber die erforderlichen Maßnahmen für einen Arbeitsplatzwechsel der betreffenden Arbeitnehmerin.

(3) Ist der Arbeitsplatzwechsel technisch und/oder sachlich nicht möglich oder aus gebührend nachgewiesenen Gründen nicht zumutbar, so wird die betreffende Arbeitnehmerin während des gesamten zum Schutz ihrer Sicherheit und Gesundheit erforderlichen Zeitraums entsprechend den einzelstaatlichen Rechtsvorschriften und/oder Gepflogenheiten beurlaubt.

(4) Die Bestimmungen dieses Artikels gelten sinngemäß für den Fall, daß eine Arbeitnehmerin, die eine nach Artikel 6 verbotene Tätigkeit ausübt, schwanger wird oder stillt und ihren Arbeitgeber davon unterrichtet.

Ergibt sich auf Grund der Beurteilung nach Art. 4 eine Gefährdung für die Sicherheit oder Gesundheit oder eine mögliche Auswirkung auf Schwangerschaft oder Stillzeit einer schwangeren oder stillenden Arbeitnehmerin bzw. Wöchnerin so sind daraufhin die in Art. 5 vorgesehenen **Maßnahmen** zu treffen. Diese gelten nach Abs. 4 auch dann, wenn die Arbeitnehmerin eine nach Art. 6 verbotene Tätigkeit ausübt und schwanger wird oder stillt und ihren Arbeitgeber davon unterrichtet. 1

Die Richtlinie legt eine verpflichtend einzuhaltende **Reihenfolge** an Maßnahmen fest: 2
(1) Umgestaltung der Arbeitsbedingungen und/oder der Arbeitszeiten,
(2) Arbeitsplatzwechsel, wenn eine Umgestaltung technisch und/oder sachlich nicht möglich oder aus gebührend nachgewiesenen Gründen nicht zumutbar ist,
(3) Beurlaubung der Arbeitnehmerin, wenn Arbeitsplatzwechsel technisch und/oder sachlich nicht möglich oder aus gebührend nachgewiesenen Gründen nicht zumutbar ist.

Bei der Umgestaltung des Arbeitsplatzes sind insbesondere die Leitlinien KOM [2000] 466, 36 (s. Art. 3) zu berücksichtigen, die zu den einzelnen Risiken Beispiele für konkrete Maßnahmen vorsehen (zB bei Schichtarbeit die Veränderung des Schichtrhythmus und der Schichtdauer). 3

Sowohl bei einem Arbeitsplatzwechsel (EuGH 1.11.2010 – C-471/08 Rn. 32 – Parviainen) als auch bei der Beurlaubung (EuGH 19.11.1998 – C-66/96 Rn. 57 ff. – Pedersen ua) ist zu beachten, dass diese Maßnahmen erst dann zulässig sind, wenn die Umgestaltung der Arbeitsbedingungen bzw. – im Falle der Beurlaubung – auch der Arbeitsplatzwechsel nicht möglich oder unzumutbar sind. So ist zB ein Wechsel auf einen Arbeitsplatz am Boden bei einer schwangeren Flugbegleiterin wegen der Exposition von Strahlungen notwendig (EuGH 1.11.2010 – C-471/08 – Parviainen). Eine Arbeitsplatzänderung oder Beurlaubung kann insbesondere dann problematisch sein, wenn es im Zuge dessen zu einer Entgeltreduktion kommt, die *per se* nicht unzulässig ist. Art. 11 (→ Art. 11 Rn. 5, 9) sieht nämlich eine Entgeltfortzahlung und/oder einen Anspruch auf eine angemessene Sozialleistung nur „entsprechend den einzelstaatlichen Rechtsvorschriften und/oder Gepflogenheiten" vor. Eine nationale Regelung kann jedoch uU eine Diskriminierung auf Grund des Geschlechts darstellen (→ Art. 11 Rn. 10). 4

Ein Arbeitgeber hat dieses stufenweise Verfahren (→ Rn. 2) auch in dem Fall zu beachten, dass eine Arbeitnehmerin als Schwangere vor Ende eines Erziehungsurlaub mit Zustimmung 5

440 RL 92/85/EWG Art. 7

ihres Arbeitgebers zur Arbeit zurückkehrt. Sie ist dabei nicht verpflichtet, dem Arbeitgeber mitzuteilen, dass sie (wieder) schwanger ist, wenn sie wegen bestimmter gesetzlicher Beschäftigungsverbote ihre Tätigkeit nicht in vollem Umfang ausüben kann. Der Arbeitgeber hat in diesem Fall auch nicht das sonst nach nationalem Recht zustehende Recht zur Anfechtung seiner Willenserklärung, weil er über das Bestehen einer Schwangerschaft bei der Betroffenen geirrt hat (EuGH 27.2.2003 – C-320/01 Rn. 48 ff. – Busch).

Art. 6 Verbot der Exposition

Neben den allgemeinen Vorschriften zum Schutz der Arbeitnehmer und insbesondere den Vorschriften über die Grenzwerte berufsbedingter Expositionen gilt folgendes:
1. **Schwangere Arbeitnehmerinnen im Sinne des Artikels 2 Buchstabe a) dürfen in keinem Fall zu Tätigkeiten verpflichtet werden, bei denen die Beurteilung ergeben hat, daß das Risiko einer die Sicherheit oder Gesundheit gefährdenden Exposition gegenüber den in Anhang II Abschnitt A aufgeführten Agenzien und Arbeitsbedingungen besteht.**
2. **Stillende Arbeitnehmerinnen im Sinne des Artikels 2 Buchstabe c) dürfen in keinem Fall zu Tätigkeiten verpflichtet werden, bei denen die Beurteilung ergeben hat, daß das Risiko einer die Sicherheit oder Gesundheit gefährdenden Exposition gegenüber den in Anhang II Abschnitt B aufgeführten Agenzien und Arbeitsbedingungen besteht.**

1   Art. 6 verbietet explizit Tätigkeiten, bei denen die Beurteilung nach Art. 4 ergeben hat, dass das Risiko einer die Sicherheit oder Gesundheit gefährdenden Exposition gegenüber den im Anhang II angeführten, aber nicht abschließend aufgezählten Agenzien und Arbeitsbedingungen besteht. Die Auslagerung dieser Listen in einen Anhang hat den Grund, dass dieser nach Art. 13 leichter abgeändert werden kann als die Richtlinie. Der **Anhang II** unterscheidet, wie auch Art. 6, zwischen schwangeren und stillenden Arbeitnehmerinnen, wobei die Liste für zweitere weniger umfassend ist.

2   Konkret sind in Anhang II in einer nicht erschöpfenden Liste folgende Agenzien und Arbeitsbedingungen aufgezählt, denen **schwangere Arbeitnehmerinnen** (→ Art. 2 Rn. 6) nicht ausgesetzt werden dürfen: Die Arbeit bei Überdruck (zB in Druckkammern, beim Tauchen); die Exposition gegenüber Toxoplasma und Rötelvirus außer in Fällen, in denen nachgewiesen wird, dass die Arbeitnehmerin durch Immunisierung ausreichend gegen diese Agenzien geschützt ist; sowie Exposition gegenüber Blei und Bleiderivaten, soweit die Gefahr besteht, dass diese Agenzien vom menschlichen Organismus absorbiert werden. Außerdem dürfen sie zu keinen Bergbauarbeiten unter Tage eingesetzt werden. Für **stillende Arbeitnehmerinnen** (→ Art. 2 Rn. 9) gilt folgende nicht erschöpfende Liste in Anhang II: Blei und Bleiderivate, soweit die Gefahr besteht, dass diese Agenzien vom menschlichen Organismus absorbiert werden sowie Bergbauarbeiten unter Tage.

Art. 7 Nachtarbeit

(1) Die Mitgliedstaaten treffen die erforderlichen Maßnahmen, damit Arbeitnehmerinnen im Sinne des Artikels 2 während ihrer Schwangerschaft und während eines von der für die Sicherheit und den Gesundheitsschutz zuständigen einzelstaatlichen Behörde festzulegenden Zeitraums nach der Entbindung nicht zu Nachtarbeit verpflichtet werden, vorbehaltlich eines nach den von den Mitgliedstaaten zu bestimmenden Einzelheiten vorzulegenden ärztlichen Attestes, in dem die entsprechende Notwendigkeit im Hinblick auf die Sicherheit und den Gesundheitsschutz der Arbeitnehmerin bestätigt wird.

Allgemeines   **Art. 7 RL 92/85/EWG 440**

(2) Die in Absatz 1 genannten Maßnahmen müssen entsprechend den einzelstaatlichen Rechtsvorschriften und/oder Gepflogenheiten folgendes ermöglichen:
a) die Umsetzung an einen Arbeitsplatz mit Tagarbeit oder
b) die Beurlaubung oder die Verlängerung des Mutterschaftsurlaubs, sofern eine solche Umsetzung technisch oder sachlich nicht möglich oder aus gebührend nachgewiesenen Gründen nicht zumutbar ist.

A. Allgemeines

Art. 7 legt den Mitgliedsaaten die Verpflichtung auf, dass Arbeitnehmerinnen während 1 ihrer Schwangerschaft sowie eines bestimmten Zeitraumes nach ihrer Geburt (→ Rn. 3) nicht zur Nachtarbeit verpflichtet werden dürfen. Ein generelles Nachtarbeitsverbot für Schwangere bzw. Mütter ist damit nicht vorgesehen (zu einem derartigen einzelstaatlich angeordneten Verbot → Rn. 6 f.); sie sind nur davor zu schützen gegen ihren Willen Nachtarbeit zu verrichten.

Der **Begriff der „Nachtarbeit"** ist in der Richtlinie nicht definiert. Damit ist den 2 Mitgliedstaaten ein gewisser Spielraum eingeräumt (Schlachter/*Kovács*/*Hießl* 300), der jedoch nicht vom allg. Begriffsverständnis abweichen darf, das sich insbesondere aus Art. 2 Rn. 3 Arbeitszeit-Richtlinie 2003/88/EG ergibt. Die Nachtzeit ist demnach eine in den Einzelstaaten festgelegte Zeitspanne von mind. sieben Stunden, welche auf jeden Fall die Zeitspanne zwischen 24 Uhr und 5 Uhr umfasst. Dieser Kernbereich ist mE auch beim Schutz (werdender) Mütter relevant. Auf die Frequenz der Nachtarbeit, die für die Definition der Nachtarbeiter nach Art. 2 Nr. 4 Arbeitszeit-Richtlinie 2003/88/EG relevant ist, kommt es hingegen nicht an, da jede Form der Nacharbeit gegen den Willen der (werdenden) Mutter untersagt ist.

Zum Begriff der Schwangerschaft → Art. 2 Rn. 6. Hinsichtlich der Zeit nach der Geburt 3 führt die Richtlinie nur aus, dass der dafür relevante Zeitraum von der für die Sicherheit und den Gesundheitsschutz zuständigen einzelstaatlichen Behörde festzulegenden ist. Der Begriff deckt sich nur bedingt mit jenem der Wöchnerin in → Art. 2 Rn. 7, da diese Bestimmung Mütter nur „kurz" nach der Entbindung erfasst, Art. 7 hingegen nur auf einen Zeitraum „nach der Entbindung" abstellt. Es kann daher von der für die Sicherheit und den Gesundheitsschutz zuständige einzelstaatliche Behörde auch für einen längeren Zeitraum eine Beschränkung der Nachtarbeit gegen den Willen der Mutter vorgesehen werden.

Regelungsziel ist in seinem Mindestausmaß der **Gesundheitsschutz** des *nasciturus* und 4 der (werdenden) Mutter. Dies ergibt sich insbesondere aus der Regelung des Abs. 1 aE, wonach die Mitgliedstaaten auch ein ärztliches Attest verlangen können, in dem die entsprechende Notwendigkeit im Hinblick auf die Sicherheit und den Gesundheitsschutz der Arbeitnehmerin bestätigt wird. Da die Richtlinie nur Mindestbestimmungen festlegt können für die Mutter günstigere Regelungen wie zB ein Ablehnungsrecht von Nachtarbeit auch aus Gründen der Vereinbarkeit von Familie und Beruf einzelstaatlich festgelegt werden.

Außerhalb der Festlegung des Zeitraumes nach der Geburt kann einzelstaatlich auch 5 vorgesehen werden, dass ein **ärztliches Attest** verlangt werden kann, in dem die entsprechende Notwendigkeit im Hinblick auf die Sicherheit und den Gesundheitsschutz der Arbeitnehmerin individuell bestätigt wird. Dies stellt den maximalen Rahmen an Hürden für den Nachweis des Ablehnungsrechts von Nachtarbeit dar. Die Mitgliedstaaten müssen die Vorlage eines derartigen ärztlichen Zeugnisses nicht vorsehen, sondern können das Ablehnungsrecht auch generell für bestimmte Zeiträume normieren oder auch andere Zeugnisse wie zB das einer Hebamme akzeptieren. Hinsichtlich der Kostentragung für das Attest ist in der Richtlinie nichts vorgesehen, aus dem Eingangssatz der Art. 7 („erforderliche Maßnahme") ist mE jedoch davon auszugehen, dass die Mutter mit diesen nicht belastet werden darf. In Deutschland werden diese nach § 24d SGB V von den Krankenkassen getragen.

B. Zur Zulässigkeit eines generellen Nachtarbeitsverbots

6   Wenngleich die Richtlinie kein Nachtarbeitsverbot erfordert sehen dies aber dennoch zahlreiche Mitgliedstaaten vor, wie insbesondere auch Deutschland (§ 8 MuSchG) oder in Österreich (§ 6 MuSchG). Ein **generelles Verbot der Nachtarbeit für Frauen** sah der EuGH (25.7.1991 – C-345/89 Rn. 16 – Stoeckel) als Diskriminierung wegen des Geschlechts und somit als Verstoß gegen RL 76/207/EWG (jetzt RL 2006/54/EG) an, wenn es keine derartigen Verbote für Männer gibt (so auch EuGH 13.3.1997 – CC-197/96 – Kommission/Frankreich; 4.12.1997 – C-197/96 – Kommission/Italien). Dies war im Hinblick darauf ein Problem, dass zahlreiche Mitgliedstaaten das Übereinkommen Nr. 89 der internationalen Arbeitsorganisation (ILO) vom 9.7.1948 über die Nachtarbeit von Frauen im Gewerbe unterzeichnet hatten. Nunmehr haben diese Mitgliedstaaten das Übereinkommen gekündigt und ihre generellen Frauennachtarbeitsverbote abgeschafft.

7   Im Falle der Schwangerschaft bzw. der Mutterschaft kann ein Frauennachtarbeitsverbot jedoch notwendig und damit gerechtfertigt sein (EuGH 3.2.1994 – C-13/93 – Minne). Dies ermöglicht es den Mitgliedstaaten grds. auch ein **generelles Nachtarbeitsverbot für Schwangere und Mütter** vorzusehen (→ RL 2006/54/EG Art. 28 Rn. 2 sowie den dortigen Erwägungsgrund 24). Wesentlich ist dabei aber jedenfalls, dass dies durch den Gesundheitsschutz der schwangeren Frau bzw. der Mutter gerechtfertigt ist, was einen differenzierten Zugang zu derartigen Verboten erfordert. Das deutsche Verbot der Nachtarbeit in § 8 MuSchG wird in diesem Sinne als zulässig angesehen (ErfK/*Schlachter* MuSchG § 8 Rn. 3).

C. Maßnahmen zur Umsetzung

8   Europarechtlich geschützt ist die autonome Entscheidung der Schwangeren bzw. der Mutter zur Nacharbeit (zum Verbot → Rn. 7); sie kann dazu nicht „verpflichtet" werden. Einschlägige gesetzliche, tarifliche oder vertragliche Verpflichtungen müssen somit für den Zeitraum der Schwangerschaft und danach außer Kraft treten. Ein bloßes Ablehnungsrecht genügt mE nicht, da dieses von einer Verpflichtung ausgeht, die von der (werdenden) Mutter durch Ablehnung außer Kraft gesetzt werden muss. Zum ärztlichen Zeugnis → Rn. 5.

9   Für den Fall, dass die Nacharbeit nicht geleistet werden muss, sieht die Richtlinie eine zwingend einzuhaltende **Reihenfolge** an Maßnahmen vor: Zuerst ist eine Versetzung auf einen Arbeitsplatz mit Tagarbeit vorzunehmen (zum allfällig damit verbundenen Entgeltausfall → Art. 11 Rn. 5, 9). Nur wenn dies technisch oder sachlich nicht möglich oder aus gebührend nachgewiesenen Gründen nicht zumutbar ist, ist eine Beurlaubung oder eine Verlängerung des Mutterschaftsurlaubes vorzusehen. Damit wird gewährleistet, dass der allg. Beschäftigungsanspruch der Arbeitnehmerin durch die Umsetzung der Richtlinie nicht eingeschränkt wird (Preis/Sagan/*Ulber* § 6 Rn. 85).

Art. 8 Mutterschaftsurlaub

(1) Die Mitgliedstaaten treffen die erforderlichen Maßnahmen, um sicherzustellen, daß den Arbeitnehmerinnen im Sinne des Artikels 2 ein Mutterschaftsurlaub von mindestens 14 Wochen ohne Unterbrechung gewährt wird, die sich entsprechend den einzelstaatlichen Rechtsvorschriften und/oder Gepflogenheiten auf die Zeit vor und/oder nach der Entbindung aufteilen.

(2) Der Mutterschaftsurlaub gemäß Absatz 1 muß einen obligatorischen Mutterschaftsurlaub von mindestens zwei Wochen umfassen, die sich entsprechend den einzelstaatlichen Rechtsvorschriften und/oder Gepflogenheiten auf die Zeit vor und/oder nach der Entbindung aufteilen.

A. Allgemeines

Die Richtlinie sieht einen Mindestanspruch auf Mutterschaftsurlaub von mind. 14 Wochen vor. Diese Entbindung der Dienstleistungsverpflichtung stellt ein Recht der Mutter dar und kein absolutes Arbeitsverbot (Abs. 1). Lediglich zwei Wochen davon („obligatorischer Mutterschaftsurlaub") sind gem. Abs. 2 verpflichtend und verbieten jedenfalls – auch mit Zustimmung der Mutter – deren Arbeitseinsatz. Flankiert wird der Anspruch auf Freistellung durch Art. 11, der insbesondere eine Entgeltfortzahlungsverpflichtung während des Mutterschaftsurlaubes vorsieht. Der Mutterschaftsurlaub ist somit eine Freistellung von der Arbeitsleistung unter Entgeltfortzahlung. **1**

Die ursprüngliche Entwurf der Kommission (KOM [90] 406) war insbesondere hinsichtlich der freien Gestaltung der Lage des Mutterschaftsurlaubes durch die Mutter weitergehend. Er enthielt auch eine konkrete Regelung betreffend das Verhältnis von Krankenstand und Mutterschaftsurlaub (→ Rn. 9). Der Entwurf zur Abänderung (KOM [2008] 637) sieht eine Verlängerung des Mutterschaftsurlaubes auf 18 Wochen sowie eine Verlängerung des obligatorischen Mutterschaftsurlaubes auf sechs Wochen nach der Geburt vor. Die Arbeitnehmerinnen sollen frei über die Lage des nicht obligatorischen Mutterschaftsurlaubes entscheiden können. **2**

Der Anspruch auf Mutterschaftsurlaub ist nach dem EuGH als **„sozialrechtliches Schutzinstrument von besonderer Bedeutung"** anzusehen: Der Gemeinschaftsgesetzgeber ist zur Ansicht gelangt, dass wesentliche Änderungen in den Lebensbedingungen der Frauen während des begrenzten Zeitraums von mind. 14 teils vor, teils nach der Entbindung liegenden Wochen ein triftiger Grund dafür sind, die Ausübung ihrer Berufstätigkeit auszusetzen, ohne dass die Stichhaltigkeit dieses Grundes von den Behörden oder den Arbeitgebern in irgendeiner Weise in Frage gestellt werden kann (EuGH 20.9.2007 – C-116/06 Rn. 49 – Kiiski). Der Mutterschaftsurlaub dient dabei einem doppelten **Zweck:** Einerseits soll die körperlichen Verfassung der Frau während und nach der Schwangerschaft geschützt werden, die Erwägungsründen nehmen auf deren „Empfindlichkeit" Bezug. Andererseits geht es um den Schutz der besonderen Beziehung zwischen der Mutter und ihrem Kind während der an Schwangerschaft und Entbindung anschließenden Zeit, damit diese Beziehung nicht durch die Doppelbelastung infolge der gleichzeitigen Ausübung eines Berufs gestört wird (EuGH 29.11.2001 – C-366/99 Rn. 43 – Griesmar; 18.3.2004 – C 342/01 Rn. 32 – Merino Gómez; 14.4.2005 – C-519/03 Rn. 32 – Kommission/Luxemburg; 20.9.2007 – C-116/06 Rn. 46 – Kiiski; 19.9.2013 – C-5/12 Rn. 50 – Montull). **3**

B. Verhältnis zur geschlechtsbezogenen Diskriminierung

Nach → RL 2006/54/EG Art 28 I steht das Verbot der Diskriminierung auf Grund des Geschlechts **Sondervorschriften zum Schutze der Frau,** insbesondere bei Schwangerschaft und Mutterschaft, nicht entgegen. So befinden sich Frauen während eines Mutterschaftsurlaubes „in einer besonderen Situation, die verlangt, dass ihnen besonderer Schutz gewährt wird" (EuGH 13.2.1996 – C-342/93 Rn. 17 – Gillespie). Deshalb müssen die damit verbundenen Rechte Väter nicht unbedingt zuerkannt werden (EuGH 12.7.1984 – C-184/83 – Hofmann), was auch für den Fall einer Adoption gilt (EuGH 26.10.1983 – C 163/82 Rn. 16 – Kommission/Italien). Es ist jedoch wesentlich, dass diese unterschiedliche Behandlung den Schutz der körperlichen Verfassung der Frau nach der Schwangerschaft oder der besonderen Beziehung zwischen Mutter und Kind gewährleisten soll (zum Wandel des „Stillurlaubes": EuGH 30.9.2010 – C-104/09 Rn. 31 – Roco Álvarez). Zulässig ist auch eine Differenzierung danach, ob die Mutter Arbeitnehmerin ist oder nicht sowie daran anschließend, dass nur Väter einen Teil des Mutterschaftsurlaubes konsumieren können, **4** wenn die Mutter Arbeitnehmerin ist (EuGH 19.9.2013 – C-5/12 Rn. 59 – Betriu Montull; krit. Schlachter/*Kovács*/*Hießl* 303 f.).

5 Andererseits stellt eine Schlechterbehandlung der (werdenden) Mutter auf Grund des Mutterschaftsurlaubes eine **unmittelbare geschlechtsbezogene Diskriminierung** dar (EuGH 13.2.1996 – C-342/93 Rn. 22 – Gillespie; 30.4.1998 – C-136/95 Rn. 29 u. 32 – Thibault; 30.3.2004 – C-147/02 Rn. 47 – Alabaster; 18.11.2004 – C-284/02 Rn. 34 f. – Sass).

C. Anspruchsdauer

6 Die Richtlinie legt einen **Mindestanspruch von 14 Wochen** fest, der sich auf die Zeit vor und/oder nach der Entbindung aufteilen kann. Dabei handelt es sich – abgesehen von den zwei Wochen obligatorischen Mutterschaftsurlaub gem. Abs. 2 (→ Rn. 7) – um ein Recht, auf das die (werdenden) Mütter verzichten können (EuGH 19.9.2013 – C-5/12 Rn. 58 – Montull). § 6 MuSchG stellt hinsichtlich der vorzeitigen Geburten die Einhaltung des Mindestanspruches nach der Richtlinie sicher (ErfK/*Schlachter* MuSchG § 6 Rn. 4).

7 Die Mitgliedstaaten müssen nur **zwei Wochen** als „**obligatorischen Mutterschaftsurlaub**", dh als absolutes Beschäftigungsverbot (EAS/*Klein-Jahns* B 5100 Rn. 32), vorsehen (EuGH 27.10.1998 – C-411/96 Rn. 58 – Boyle; 19.9.2013 – C-5/12 Rn. 57 – Montull). Diese können vor und/oder nach der Entbindung liegen, womit den Mitgliedstaaten ein gewisser Spielraum eingeräumt ist. Die Regelungen der §§ 3 und 6 MuSchG entsprechen diesen Voraussetzungen; die jedenfalls nach der Geburt einzuhaltende zweiwöchige Schutzfrist gem. § 6 I 3 MuSchG stellt die Einhaltung von Art. 8 II der Richtlinie sicher (ErfK/*Schlachter* MuSchG § 6 Rn. 3).

8 Die Ansprüche nach der Richtlinie sind **Mindestansprüche.** Die Mitgliedstaaten können deshalb einen längeren (obligatorischen) Mutterschaftsurlaub vorsehen und dabei auch dessen Lage näher konkretisieren (Schlachter/*Kovács*/*Hießl* 302) bzw. festlegen wann dieser zu beginnen hat (EuGH 19.9.2013 – C-5/12 Rn. 49 – Montull). Der Mutterschaftsurlaub kann daher zB an dem Tag beginnen, den die Arbeitnehmerin ihrem Arbeitgeber als den Tag mitgeteilt hat, von dem an sie der Arbeit fernbleiben möchte (EuGH 27.10.1998 – C-411/96 Rn. 51 – Boyle).

9 Jedenfalls muss der Mutterschaftsurlaub, zumindest soweit er den europarechtlich gebotenen Mindestanspruch betrifft, **ununterbrochen** sein. Das gilt jedenfalls für den obligatorischen Mindestanspruch nach Abs. 2. So hält der EuGH (27.10.1998 – C-411/96 Rn. 59 ff. – Boyle) fest, dass der Mutterschaftsurlaub nach Art. 8 mind. 14 Wochen ohne Unterbrechung dauern muss, die sich auf die Zeit vor und/oder nach der Entbindung aufteilen. Das soll insbesondere gewährleisten, dass sich die Frau in den Wochen nach der Entbindung um ihr neugeborenes Kind kümmern kann. Aus diesem Zweck ergebe sich, dass die Frau den Mutterschaftsurlaub nicht unterbrechen dürfe oder zu dessen Unterbrechung gezwungen sein und ihre Arbeit wiederaufnehmen darf, um später die restliche Zeit des Mutterschaftsurlaubs zu nehmen. Beim darüber hinausgehenden Anspruch nach Abs. 1 kommt es mE bei der Unterbrechung darauf an, ob es sich um eine freie Entscheidung der Mutter handelt. Wenn sie diesen Urlaub nach der Richtlinie gar nicht in Anspruch nehmen muss (→ Rn. 6), ist nicht ersichtlich, warum ihr eine Unterbrechung verboten sein soll. Unterbrechungen, die nicht vom Willen der (werdenden) Mutter getragen sind, sind hingegen jedenfalls unzulässig.

D. Verhältnis zu anderen Freistellungsgründen

10 Es ist denkbar, dass nationale Rechtsordnungen vorsehen, dass während des Mutterschaftsurlaubes iSd Richtlinie auch „**Krankheitsurlaub**" in Anspruch genommen werden kann.

Dies kann insbesondere dann für die Mutter attraktiv sein, wenn im Fall des Krankheitsurlaubes ein Anspruch auf höhere Entgeltfortzahlung zusteht. Problematisch ist das jedoch, wenn in diesem Fall der Mutterschaftsurlaub beendet und nur noch Krankheitsurlaub gewährt wird, der dann früher endet als der in Aussicht genommene Mutterschaftsurlaub. Im Falle des in Art. 8 vorgesehenen Mutterschaftsurlaubs von mind. 14 Wochen darf der Mutter jedenfalls nicht dieser Mindestanspruch verwehrt werden (EuGH 27.10.1998 – C‑411/96 Rn. 57 ff. – Boyle). Das bedeutet im Ergebnis, dass bei einem früheren Ende des Krankheitsurlaubes der Mutterschaftsurlaub bis zu dessen Ende weiterlaufen muss. Eine Klausel eines Arbeitsvertrags, wonach eine Frau während eines zusätzlichen vom Arbeitgeber gewährten Mutterschaftsurlaubes nur dann Krankheitsurlaub nehmen darf, wenn sie sich entscheidet, die Arbeit wiederaufzunehmen und damit den zusätzlichen Mutterschaftsurlaub zu beenden, ist hingegen zulässig. Die Mutterschutzrichtlinie ist auf diesen Fall nicht anwendbar und die Gleichbehandlungsrichtlinie 76/207 (jetzt RL 2006/54/EG) steht dem nicht entgegen. Es sei nämlich europarechtlich nicht vorgegeben, dass eine Frau ihren Anspruch auf einen über den in der Richtlinie vorgesehenen Mutterschaftsurlaub und ihren Anspruch auf Krankheitsurlaub gleichzeitig ausüben können müsse (EuGH 27.10.1998 – C‑411/96 Rn. 63 ff. – Boyle).

Hinsichtlich des Verhältnisses eines **„Erziehungsurlaubes"** (dh eines den Anspruch nach Art. 8 übersteigenden Urlaubes zu Betreuung eines Kindes) zum Mutterschaftsurlaub gilt folgendes: Nationale Vorschriften dürfen der Mutter die mit dem Mutterschaftsurlaub verbundene Rechte nicht dadurch nehmen, dass sie während eines solchen Erziehungsurlaubes keinen Mutterschaftsurlaub iSd Art. 8 zulassen. Sie haben Änderungen zu berücksichtigen, die sich aus der Schwangerschaft für die betreffende Arbeitnehmerin in dem auf mind. 14 teils vor, teils nach der Entbindung liegende Wochen begrenzten Zeitraum ergeben (EuGH 20.9.2007 – C‑116/06 Rn. 50 ff. – Kiiski). Eine (tarifvertragliche) Regelung, die vorsieht, dass eine Arbeitnehmerin, die von einem unbezahlten Elternurlaub wegen einer erneuten Schwangerschaft auf einen Mutterschaftsurlaub wechseln muss, keinen Anspruch auf Fortzahlung des Entgelts hat, das ihr zugestanden hätte, wenn sie vor diesem Mutterschaftsurlaub ihre Arbeit zumindest für kurze Zeit wieder aufgenommen hätte, ist ebenfalls unzulässig. Die Entscheidung einer Arbeitnehmerin, Elternurlaub in Anspruch zu nehmen, darf nämlich nicht die Bedingungen verändern, unter denen sie einen anderen Urlaub (konkret: den Mutterschaftsurlaub) in Anspruch nehmen kann (EuGH 13.2.2014 – C‑512/11 u. C‑513/11 Rn. 48 ff. – TSN). 11

Für das Verhältnis zum **Urlaub** gem. → RL 2003/88/EG Art. 7 Rn. 11, 19, 26 gilt, dass diese beiden Freistellungsansprüche unterschiedliche Zwecke verfolgen und daher bei einem Zusammenfallen der Mutterschaftsurlaub nicht das Recht auf Jahresurlaub konsumiert. Der Arbeitnehmerin muss es möglich sein ihren Jahresurlaub zu einer anderen Zeit als der ihres Mutterschaftsurlaubs nehmen zu können (EuGH 18.3.2004 – C‑342/01 Rn. 28–32 – Gómez). 12

Art. 9 Freistellung von der Arbeit für Vorsorgeuntersuchungen

Die Mitgliedstaaten treffen die erforderlichen Maßnahmen, damit schwangeren Arbeitnehmerinnen im Sinne des Artikels 2 Buchstabe a) entsprechend den einzelstaatlichen Rechtsvorschriften und/oder Gepflogenheiten eine Freistellung von der Arbeit gewährt wird, die es ihnen erlaubt, die Vorsorgeuntersuchungen während der Schwangerschaft ohne Lohn- bzw. Gehaltseinbußen wahrzunehmen, wenn diese Untersuchungen während der Arbeitszeit stattfinden müssen.

Schwangere Arbeitnehmerinnen haben einen **Anspruch auf Freistellung** von der Arbeit, wenn Vorsorgeuntersuchungen während der Arbeit stattfinden müssen, wofür diese beweispflichtig sind (*Riesenhuber* EEL 501; *EAS/Klein-Jahns* B 5100 Rn. 38). Die Arbeitneh- 1 merin hat demnach alles ihr zumutbare zu unternehmen, damit die Untersuchung in der Freizeit stattfindet. Die Richtlinie beschränkt den Anspruch der Schwangeren nicht auf die gesetzlichen vorgesehenen Untersuchungen, sondern räumt ihn für alle medizinisch indizierten ein (Schlachter/*Kovács*/*Hießl* 304).

2   Während der Freistellung ist das **Entgelt fortzuzahlen,** wobei auf den Lohn bzw. das Gehalt abgestellt wird. Demnach ist es europarechtlich nicht geboten, während dieser Zeit allfällig gemachte Überstunden einzubeziehen (Schlachter/*Kovács*/*Hießl* 304).

Art. 10 Verbot der Kündigung

Um den Arbeitnehmerinnen im Sinne des Artikels 2 die Ausübung der in diesem Artikel anerkannten Rechte in bezug auf ihre Sicherheit und ihren Gesundheitsschutz zu gewährleisten, wird folgendes vorgesehen:

1. Die Mitgliedstaaten treffen die erforderlichen Maßnahmen, um die Kündigung der Arbeitnehmerinnen im Sinne des Artikels 2 während der Zeit vom Beginn der Schwangerschaft bis zum Ende des Mutterschaftsurlaubs nach Artikel 8 Absatz 1 zu verbieten; davon ausgenommen sind die nicht mit ihrem Zustand in Zusammenhang stehenden Ausnahmefälle, die entsprechend den einzelstaatlichen Rechtsvorschriften und/oder Gepflogenheiten zulässig sind, wobei gegebenenfalls die zuständige Behörde ihre Zustimmung erteilen muß.
2. Wird einer Arbeitnehmerin im Sinne des Artikels 2 während der in Nummer 1 genannten Zeit gekündigt, so muß der Arbeitgeber schriftlich berechtigte Kündigungsgründe anführen.
3. Die Mitgliedstaaten treffen die erforderlichen Maßnahmen, um Arbeitnehmerinnen im Sinne des Artikels 2 vor den Folgen einer nach Nummer 1 widerrechtlichen Kündigung zu schützen.

A. Kündigungsverbot

I. Verhältnis zur diskriminierenden Kündigung

1   Schon vor dem Inkrafttreten der Richtlinie hatte der EuGH auf der Grundlage des Grundsatzes der Nichtdiskriminierung und insbesondere der RL 76/207 (jetzt: RL 2006/54/EG) entschieden, dass Kündigungsschutz nicht nur während des Mutterschaftsurlaubs gewährt werden muss, sondern während der gesamten Schwangerschaft. Eine Kündigung während der entsprechenden Zeiten aus Gründen, die mit der Schwangerschaft und/oder der Geburt des Kindes zusammenhängen, kann nur Frauen treffen und ist daher als **unmittelbare Diskriminierung aufgrund des Geschlechts** anzusehen (EuGH 8.11.1990 – C–179/88 Rn. 15 – Handels– og Kontorfunktionærernes Forbund; 30.6.1998 – C–394/96 Rn. 24–27 – Brown; 8.9.2005 – C–191/03 Rn. 47 – McKenna; 11.10.2007 – C–460/06 Rn. 29 – Paquay).

2   Auch weiterhin wird der Kündigungsschutz nach Art. 10 durch das Verbot der Kündigung wegen des Geschlechts ergänzt. Dies kann insbesondere im Hinblick auf eine Kündigung stillender Mütter nach dem Mutterschaftsurlaub von Bedeutung sein (EuGH 19.11.1998 – C–66/96 Rn. 33 ff. – Pedersen; *Riesenhuber* EEL 503). Eine Beendigung wegen durch eine Schwangerschaft verursachter Fehlzeiten stellt jedoch nicht schon per se eine Diskriminierung auf Grund des Geschlechts dar sofern auch Männer unter den gleichen Voraussetzungen aufgrund solcher Fehlzeiten gekündigt oder entlassen würden (EuGH 8.11.1990 – C–179/88 Rn. 13 ff. – Herz).

II. Zwecksetzung

Die Erwägungsgründe führen aus, dass die Gefahr, aus Gründen entlassen zu werden, die 3
mit ihrem Zustand in Verbindung stehen, sich schädlich auf die physische und psychische
Verfassung von schwangeren Arbeitnehmerinnen, Wöchnerinnen oder stillenden Arbeitnehmerinnen auswirken kann. Daher sei es erforderlich, ihre Kündigung zu verbieten. Der
telos von Art. 10 liegt somit im Schutz der (werdenden) Mutter vor den Auswirkungen einer
Beendigung des Arbeitsverhältnisses auf deren Gesundheitszustand, einschließlich des besonders schwerwiegenden Risikos, dass eine schwangere Arbeitnehmerin zum freiwilligen
Abbruch ihrer Schwangerschaft veranlasst wird (EuGH 14.7.1994 – C–32/93 Rn. 21 –
Webb; 30.6.1998 – C–394/96 Rn. 18 – Brown; 4.10.2001 – C–109/00 Rn. 26 – Tele
Danmark; 8.9.2005 – C-191/03 Rn. 48 – McKenna; 11.10.2007 – C-460/06 Rn. 30 –
Paquay).

III. Erfasste Beendigungsformen

Für den Zeitraum vom Beginn der Schwangerschaft (→ Art 2 Rn. 6) an bis zum Ende des 4
Mutterschaftsurlaubes (→ Art. 8 Rn. 6) ist eine Kündigung (dh eine einseitige Beendigung
durch den Arbeitgeber) verboten. Das **Kündigungsverbot** gilt sowohl für befristete als
auch für unbefristete Arbeitsverträge (EuGH 4.10.2001 – C-438/99 Rn. 44 – Jiménez
Melgar; 4.10.2001 – C-109/09 Rn. 30 – Tele Danmark). Auch die Abberufung eines
Mitgliedes der Unternehmensleitung stellt eine Kündigung dar und ist, wenn es sich dabei
um eine Arbeitnehmerin (→ Art. 2 Rn. 3) iSd Richtlinie handelt, unzulässig, wenn diese
auf ihrer Schwangerschaft beruht (EuGH 11.11.2010 – C-232/09 Rn. 57 ff. – Danosa).

Das Verbot der Kündigung während der Schutzzeit ist dabei nicht auf die Mitteilung der 5
Kündigungsentscheidung beschränkt. Der Schutz schließt auch aus, dass eine Kündigungsentscheidung getroffen wird, sowie, dass **Vorbereitungen für eine Kündigung** getroffen
werden wie etwa die Suche und Planung eines endgültigen Ersatzes für die betroffene
Arbeitnehmerin aufgrund der Schwangerschaft und/oder der Geburt eines Kindes (EuGH
11.10.2007 – C-460/06 Rn. 30 – Paquay). Ein Arbeitgeber, der beschließt, eine schwangere Arbeitnehmerin, Wöchnerin oder stillende Arbeitnehmerin aufgrund ihres Zustands zu
ersetzen, und der von dem Moment an, in dem er von der Schwangerschaft Kenntnis erhält,
konkrete Schritte zur Ersetzung der Arbeitnehmerin unternimmt, verfolgt nämlich genau
das durch die Richtlinie verbotene Ziel der Kündigung. Die gegenteilige Auslegung nähme
Art. 10 seine praktische Wirksamkeit und könnte die Gefahr mit sich bringen, dass die
Arbeitgeber dieses Verbot zum Nachteil der in der Richtlinie niedergelegten Rechte für
Schwangere, Wöchnerinnen und stillende Frauen umgehen (EuGH 11.10.2007 – C-460/
06 Rn. 34 f. – Paquay).

Die **Nichterneuerung eines befristeten Vertrages** zum Zeitpunkt seines Auslaufens 6
kann hingegen nicht als eine nach Art. 10 verbotene Kündigung angesehen werden. Soweit
jedoch die Nichterneuerung eines befristeten Arbeitsvertrags ihren Grund in der Schwangerschaft der Arbeitnehmerin hat, stellt sie eine unmittelbare Diskriminierung aufgrund des
Geschlechts dar, die gegen die RL 76/207 verstößt (jetzt: Art. 1 RL 2006/54/EG) (EuGH
4.10.2001 – C-438/99 Rn. 45–47 – Jiménez Melgar).

IV. Zeitlicher Geltungsbereich

Das Kündigungsverbot läuft ab dem **Beginn der Schwangerschaft** (→ Art. 2 Rn. 6), 7
wobei aber die **Information** des Arbeitgebers eine zusätzliche Voraussetzung darstellt
(*Riesenhuber* EEL 502; dazu → Art. 2 Rn. 11). § 9 MuSchG sieht dementsprechend ein
absolutes Kündigungsverbot (mit Erlaubnisvorbehalt) während der Schwangerschaft und bis
zum Ablauf von vier Monaten nach der Entbindung vor, wenn dem Arbeitgeber die

Schwangerschaft oder Entbindung bekannt war oder innerhalb von zwei Wochen nach der Kündigung mitgeteilt wird (dazu ErfK/*Schlachter* § 9 MuSchG Rn. 6 f.)

8   Es **endet** zu dem Zeitpunkt zu dem nach einzelstaatlichem Recht der Mutterschaftsurlaub endet, der auch nach der Minimalfrist nach Art. 8 I von 14 Wochen liegen kann (EAS/*Klein-Jahns* B 5100 Rn. 33). Das in § 9 MuSchG vorgesehene Ende vier Wochen nach der Geburt geht über die Dauer des Mutterschaftsurlaubes von acht Wochen bzw. bei Früh- und Mehrlingsgeburt von 12 Wochen nach der Geburt hinaus und damit jedenfalls europarechtskonform.

B. Ausnahmen

9   Nach Ziff. 1 2. Hs. sind nicht mit dem Zustand der (werdenden) Mutter in Zusammenhang stehenden Ausnahmefälle vom Kündigungsverbot ausgenommen, die entsprechend den einzelstaatlichen Rechtsvorschriften und/oder Gepflogenheiten zulässig sind. Demnach gelten die allg. Kündigungsgründe der Mitgliedstaaten eingeschränkt, wobei sich die Arbeitnehmerin auf die Beweislast-Richtlinie 97/80/EG (jetzt: Art. 19 RL 2006/54/EG) berufen kann. Sie muss dafür vorbringen, dass sich die Beendigung auf ihren Zustand im Zusammenhang mit der Schwangerschaft oder der Geburt des Kindes gründet. Danach obliegt dem beklagten Arbeitgeber der Beweis, dass keine Verletzung des Gleichbehandlungsgrundsatzes vorgelegen hat, wenn die Arbeitnehmerin Tatsachen glaubhaft macht, die das Vorliegen einer Diskriminierung vermuten lassen (EuGH 11.10.2007 – C-460/06 Rn. 30 – Paquay).

C. Formvorschriften und Schutzbestimmungen

10 Nach Ziff. 2 muss der Arbeitgeber im Falle eine Kündigung während der Schutzfrist **schriftlich berechtigte Kündigungsgründe anführen** (so auch § 9 III MuSchG).

11 Die Mitgliedstaaten sind darüber hinaus verpflichtet die erforderlichen Maßnahmen zu treffen, um nach Art. 10 kündigungsgeschützte Arbeitnehmerinnen vor den **Folgen einer widerrechtlichen Kündigung** zu schützen (Ziff. 3). Sie können zu diesem Behufe vorsehen, dass die zuständige Behörde ihre Zustimmung zu einer Kündigung erteilen muss (so auch § 9 III MuSchG); eine diesbezügliche Verpflichtung ist aus der Richtlinie jedoch nicht abzuleiten (EuGH 4.10.2001 – C-438/99 Rn. 51 – Jiménez Melgar).

Art. 11 Mit dem Arbeitsvertrag verbundene Rechte

Um den Arbeitnehmerinnen im Sinne des Artikels 2 die Ausübung der in diesem Artikel anerkannten Rechte in bezug auf ihre Sicherheit und ihren Gesundheitsschutz zu gewährleisten, wird folgendes vorgesehen:

1. In den in den Artikeln 5, 6 und 7 genannten Fällen müssen die mit dem Arbeitsvertrag verbundenen Rechte der Arbeitnehmerinnen im Sinne des Artikels 2, einschließlich der Fortzahlung eines Arbeitsentgelts und/oder des Anspruchs auf eine angemessene Sozialleistung, entsprechend den einzelstaatlichen Rechtsvorschriften und/oder Gepflogenheiten gewährleistet sein.
2. In dem in Artikel 8 genannten Fall müssen gewährleistet sein:
   a) die mit dem Arbeitsvertrag der Arbeitnehmerinnen im Sinne des Artikels 2 verbundenen anderen Rechte als die unter dem nachstehenden Buchstaben b) genannten;
   b) die Fortzahlung eines Arbeitsentgelts und/oder der Anspruch auf eine angemessene Sozialleistung für die Arbeitnehmerinnen im Sinne des Artikels 2.
3. Die Sozialleistung nach Nummer 2 Buchstabe b) gilt als angemessen, wenn sie mindestens den Bezügen entspricht, die die betreffende Arbeitnehmerin im Falle einer Unterbrechung ihrer Erwerbstätigkeit aus gesundheitlichen Gründen erhalten

würde, wobei es gegebenenfalls eine von den einzelstaatlichen Gesetzgebern festgelegte Obergrenze gibt.
4. Es steht den Mitgliedstaaten frei, den Anspruch auf die Fortzahlung des Arbeitsentgelts oder die in Nummer 1 und Nummer 2 Buchstabe b) genannte Sozialleistung davon abhängig zu machen, daß die betreffende Arbeitnehmerin die in den einzelstaatlichen Rechtsvorschriften vorgesehenen Bedingungen für das Entstehen eines Anspruchs auf diese Leistungen erfüllt.

Nach diesen Bedingungen darf keinesfalls vorgesehen sein, daß dem voraussichtlichen Zeitpunkt der Entbindung eine Erwerbstätigkeit von mehr als zwölf Monaten unmittelbar vorangegangen sein muß.

A. Grundsätzliches

Art. 11 flankiert die Beschäftigungsverbote nach Art. 5–7 sowie die Freistellungsansprüche nach Art. 8 f. mit dem Gebot der Aufrechterhaltung der mit dem Arbeitsvertrag verbundenen Rechte sowie insbesondere der Verpflichtung zur Fortzahlung eines Arbeitsentgelts und/oder des Anspruchs auf eine angemessene Sozialleistung. Dabei wird zwischen der Beurlaubung nach Art. 5 und Art. 7 (Nachtarbeit) sowie dem Verbot der Exposition nach Art. 6 einerseits und dem Mutterschaftsurlaub gem. Art. 8 andererseits unterschieden. 1

Wer für die Abdeckung des Entgeltausfalles von Müttern aufzukommen hat, überlässt die Richtlinie den Mitgliedstaaten. Sie können frei entscheiden, ob dies durch die Arbeitgeber oder den Staat in Form von Sozialleistungen erfolgt (*Klein-Jahns* EAS B 5100 Rn. 31; *Riesenhuber* EEL 500). Aus Art. 4 Nr. 8 ILO-Übereinkommen Nr. 103 kann sich anderes ergeben, da hier eine Tragung der Kosten durch die Arbeitgeber vermieden werden soll. 2

Der **Entwurf der Kommission** (KOM [2008] 637) enthält beim Abänderungsvorschlag von Art. 11 weitreichende Verbesserungen zu Gunsten der Arbeitnehmerinnen: volle Entgeltfortzahlung bei Versetzung ohne Vorlage einer ärztlichen Bescheinigung durch die Arbeitnehmerin (Nr. 1a), ein Rückkehrrecht bei Versetzung (Nr. 2 lit. c), Neudefinition der Angemessenheit der Sozialleistung unter Bezugnahme auf das letzte bzw. das durchschnittliche Monatsentgelt (Nr. 3 neu), Recht zumindest auf Prüfung eines Ersuchens auf Änderung der Arbeitszeiten und Arbeitsmuster durch den Arbeitgeber (Nr. 5). 3

B. Entgeltfortzahlung und/oder Sozialleistung

I. Beurlaubung und Versetzung

Bei die **Beurlaubung** nach Art. 5, Art. 6 oder Art. 7 müssen die Rechte der Arbeitnehmerin einschließlich jener auf Fortzahlung „eines" Arbeitsentgelts und/oder eine angemessene Sozialleistung „entsprechend den einzelstaatlichen Rechtsvorschriften und/oder Gepflogenheiten" gewährleistet sein. Der EuGH weist darauf hin, dass Art. 11 Nr. 1 in den meisten der zum Zeitpunkt des Erlasses der Richtlinie vorliegenden Sprachfassungen auf die Fortzahlung „eines" Arbeitsentgelts und nicht „des" Arbeitsentgelts der betroffenen Arbeitnehmerin bezieht (EuGH 1.7.2010 – C-194/08 Rn. 61 – Gassmayr). Dies macht es möglich, dass die Entgeltfortzahlung/Sozialleistung unter dem Niveau des vollen Entgelts liegt (*Riesenhuber* EEL 500), wobei jedenfalls das Verbot der Diskriminierung auf Grund des Geschlechts zu beachten ist. 4

Mitgliedstaaten sind während einer vorübergehenden Beschäftigung nach Art. 5 II (→ Art. 5 Rn. 4) zwar verpflichtet, über das **Grundgehalt** hinaus der Schwangeren den Anspruch auf die **Entgeltbestandteile** oder die Zulagen zu erhalten, die an ihre **berufliche Stellung anknüpfen** (zB für eine leitende Position, die Dauer der Betriebszugehörigkeit oder die beruflichen Qualifikationen). Dies gilt aber nicht für Entgeltbestandteile oder die Zulagen, die davon abhängen, dass die betroffene Arbeitnehmerin (hier eine auf den Büro- 5 dienst versetzte Kabinenchefin) bestimmte Tätigkeiten unter besonderen Umständen ausübt, und mit denen im Wesentlichen die mit der **Ausübung dieser Tätigkeiten verbundenen Nachteile ausgeglichen** werden sollen (EuGH 1.7.2010 – C–471/08 Rn. 49, 61 – Parviainen). Das gilt auch für eine wegen der Schwangerschaft nicht mehr zulässige Überstundentätigkeit, die den Entfall der Journalzulage einer Assistenzärztin rechtfertigen kann (EuGH 1.7.2010 – C–194/08 Rn. 57ff – Gassmayr).

6   Das Entgelt, das einer schwangeren Arbeitnehmerin bei einer **Versetzung** fortzuzahlen ist darf jedenfalls nicht geringer sein als das Entgelt, das auf einem derartigen Arbeitsplatz beschäftigten Arbeitnehmern gezahlt wird. Für die Dauer ihrer vorübergehenden Beschäftigung auf einem anderen Arbeitsplatz hat die schwangere Arbeitnehmerin auch Anspruch auf die mit diesem Arbeitsplatz verbundenen Entgeltbestandteile und Zulagen, sofern sie gem. Art. 11. Nr. 4 die Bedingungen für das Entstehen eines Anspruchs auf diese Leistungen erfüllt (EuGH 1.7.2010 – C–471/08 Rn. 58 – Parviainen).

7   Unzulässig sind schon aus dem Aspekt der **Diskriminierung aufgrund des Geschlechts** nationale Rechtsvorschriften, die hinsichtlich der Höhe der Entgeltfortzahlung bzw. der Sozialleistung danach differenzieren, ob eine Arbeitsunfähigkeit auf die Schwangerschaft zurückzuführen ist oder nicht. Dies kann auch nicht mit der Zulässigkeit der Obergrenze nach Art. 11 Nr. 3 begründet werden (EuGH 19.11.1998 – C–66/96 Rn. 28 ff. – Pedersen; Schlachter/*Kovács*/*Hießl* 312). Anders ist der Fall zu beurteilen, dass eine Arbeitnehmerin nicht arbeitsunfähig ist und bei „gewöhnlichen" Schwangerschaftsbeschwerden bzw. auf Basis ärztlicher, keine Arbeitsunfähigkeit begründender Empfehlungen aus eigener Entscheidung nicht arbeitet (EuGH 19.11.1998 – C–66/96 Rn. 42 ff. – Pedersen). Ebenso stellt es **keine Diskriminierung aufgrund des Geschlechts** dar, wenn für weibliche Arbeitnehmer, die vor einem Mutterschaftsurlaub wegen einer mit ihrer Schwangerschaft zusammenhängenden Krankheit fehlen, ebenso wie für männliche Arbeitnehmer, die infolge irgendeiner anderen Krankheit fehlen, eine Kürzung der Vergütung ab einer bestimmten Dauer der Fehlzeiten vorgesehen ist. Die Arbeitnehmerin muss dabei aber zum einen genauso wie ein krankheitsbedingt fehlender männlicher Arbeitnehmer behandelt werden und zum anderen darf die gezahlten Leistungen nicht so niedrig sind, dass dadurch das Ziel des Schutzes schwangerer Arbeitnehmerinnen gefährdet würde (EuGH 8.9.2005 – C 191/03 Rn. 57 ff. – McKenna). Zulässig ist auch, dass krankheitsbedingte Fehlzeiten unabhängig davon, ob die Krankheit mit einer Schwangerschaft zusammenhängt oder nicht, auf die maximale innerhalb eines Zeitraumes zustehender Gesamtzahl bezahlter Krankheitsurlaubstage angerechnet werden. Dies darf aber nicht dazu führen, dass die Arbeitnehmerin während der von der Anrechnung betroffenen Fehlzeit nach dem Ende des Mutterschaftsurlaubs Leistungen unterhalb jenes Minimums erhält, das sie während der zur Zeit ihrer Schwangerschaft aufgetretenen Krankheit beanspruchen konnte. Dadurch würde nämlich das Ziel des Schutzes schwangerer Arbeitnehmerinnen gefährdet werden (EuGH 8.9.2005 – C 191/03 Rn. 62, 65 ff. – McKenna).

8   Nach Nr. 4 steht es den Mitgliedstaaten frei, den Anspruch auf die Fortzahlung des Arbeitsentgelts oder die Sozialleistung **von Bedingungen abhängig** zu machen, wie zB der Erfüllung einer Wartezeit. Dies gilt jedoch nicht bei den mit dem Arbeitsvertrag verbundenen Rechten iSv Nr. 1 und 2 (EuGH 27.10.1998 – C–411/96 Rn. 84 – Boyle; → Rn. 14ff.).

II. Mutterschaftsurlaub

9   Auch im Mutterschaftsurlaub besteht **kein Anspruch auf volle Entgeltfortzahlung** bzw. eine **Sozialleistung,** die das **volle bisherige Entgelt ausgleicht** (EuGH 1.7.2010 – C–194/08 Rn. 91 – Gassmayr). Dies ergibt sich aus dem Hinweis, dass „ein" und nicht „das" Arbeitsentgelt fortzuzahlen ist bzw. dass die Sozialleistung „angemessen" zu sein hat (*Riesenhuber* EEL 500). Demnach kann es zulässig sein, auf den Durchschnittsverdienst abzustellen, den die Arbeitnehmerin in einem Referenzzeitraum vor Beginn des Mutter-

schaftsurlaubs unter Ausschluss der Journaldienstzulage bezogen hat (EuGH 1.7.2010 – C-194/08 Rn. 91 – Gassmayr; → Rn. 4 ff.). Dies entspricht auch der Rechtsprechung vor dem Inkrafttreten der Richtlinie (EuGH 11.2.1996 – C-342/93 Rn. 17 – Gillespie).

Eine Grenze zieht auch hier das **Verbot der geschlechtsbezogenen Diskriminierung** 10 gem. Art. 157 AEUV: Für die Gewährung einer freiwillig als Sonderzuwendung zu Weihnachten gezahlten Gratifikation sind zumindest die im Jahr der Gewährung geleistete Arbeit oder Mutterschutzzeiten (Beschäftigungsverbote) zu berücksichtigen, wenn diese Gratifikation eine Vergütung für die in diesem Jahr geleistete Arbeit sein soll. Mutterschutzzeiten (Beschäftigungsverbote) sind demnach Beschäftigungszeiten gleichzustellen, da ansonsten eine Arbeitnehmerin allein aufgrund ihres Geschlechts diskriminiert wird. Ansonsten würden ja diese Zeiten als Beschäftigungszeiten angerechnet werden, wäre sie nicht schwanger gewesen. Für die Zeiten des von der Richtlinie nicht erfassten Erziehungsurlaubes kann hingegen anderes gelten (EuGH 21.10.1999 – C-333/97 Rn. 41 ff. – Lewen).

Die Richtlinie sieht alternativ zur Entgeltfortzahlung während des Mutterschaftsurlaubes 11 die Gewährung einer angemessenen **Sozialleistung** vor. Nach Nr. 3 ist sie dann **angemessen,** wenn sie mind. den Bezügen entspricht, die die betreffende Arbeitnehmerin im Falle der Arbeitsunfähigkeit in Folge einer Krankheit erhalten würde. Mitgliedstaaten können hierfür jedoch eine betragsmäßige Obergrenze festlegen. Der EuGH hat dieses Prinzip auch auf die Entgeltfortzahlung angewendet (EuGH 19.11.1998 – C-66/96 Rn. 57 ff. – Pedersen; zust. *Riesenhuber* EEL 500). Keinesfalls dürfen die Leistungen aber so niedrig sein, dass dadurch der Zweck des Mutterschaftsurlaubes, der Schutz der Arbeitnehmerin vor und nach der Niederkunft, gefährdet werde (EuGH 11.2.1996 – C-342/93 Rn. 20 – Gillespie).

Nach Nr. 4 steht es den Mitgliedstaaten frei, den Anspruch auf die Fortzahlung des 12 Arbeitsentgelts oder die Sozialleistung während des Mutterschaftsurlaubes **von Bedingungen abhängig** zu machen, wie zB der Erfüllung einer Wartezeit (EuGH 27.10.1998 – C-411/96 Rn. 84 – Boyle; → Rn. 14). Auch können vertraglich vereinbarte Leistungen für Mutterschaftsurlaube, die die Mindestdauer nach Art. 8 übersteigen, an zusätzliche Voraussetzungen geknüpft werden (EuGH 27.10.1998 – C-411/96 Rn. 44 – Boyle).

Eine Beihilfe, die nur Arbeitnehmerinnen gewährt wird, die den Mutterschaftsurlaub 13 antreten und die dazu bestimmt ist, die beruflichen Nachteile auszugleichen, die ihnen aus ihrer Abwesenheit vom Arbeitsplatz entstehen, widerspricht nicht dem Grundsatz des gleichen Entgelts gem. Art. 157 AEUV. Diese Arbeitnehmerinnen befinden sich nämlich im Hinblick auf diese nicht in einer vergleichbaren Situation mit männlichen Arbeitnehmern (EuGH 16.9.1999 – C-218/98 – Abdoulaye).

C. Sonstige Ansprüche

Während eines Mutterschaftsurlaubes besteht das Vertragsband zum Arbeitgeber weiter. 14 Deshalb müssen die mit dem Arbeitsvertrag verbundenen Rechte auch während der Schwangerschaft bzw. dem Mutterschaftsurlaub gewährleistet sein. Anders als bei beim Anspruch auf Fortzahlung des Entgelts oder auf die angemessene Sozialleistung besteht **keine** Möglichkeit, die „sonstigen Ansprüche" (Beispiele sogleich bei Rn. 15) an **Bedingungen** zu knüpfen (EuGH 27.10.1998 – C-411/96 Rn. 84 – Boyle). Die einschlägigen Entscheidungen des EuGH gründen zumeist auf Richtlinie 76/207/EWG (jetzt: RL 2006/54/EG).

Die Entstehung von **Rentenanwartschaften** im Rahmen eines betrieblichen Systems 15 während des Mutterschaftsurlaubs darf deshalb nicht davon abhängig gemacht werden, dass die Arbeitnehmerin in dieser Zeit ein Entgelt erhält (EuGH 27.10.1998 – C-411/96 Rn. 85 – Boyle; 13.1.2005 – C-356/03 – Mayer). Der Mutterschaftsurlaub muss wie ein Erholungsurlaub auf **Bewährungszeit** angerechnet werden, die den Zugang zu einer höheren Vergütungsgruppe eröffnet (EuGH 18.11.2004 – C-284/02 Rn. 54 – Sass). Auch darf einer Arbeitnehmerin der Anspruch auf **Beurteilung** und damit eine Möglichkeit zum beruflichen Aufstieg nicht deshalb vorenthalten werden, weil sie dem Betrieb wegen eines Mutterschaftsurlaubs ferngeblieben ist (EuGH 30.4.1998 – C-136/95 – Thibault). Die Nichtberücksichtigung des Mutterschaftsurlaubes für die Berechnung des **Dienstalters** ist ebenfalls unzulässig; im Fall ging es darum, dass eine Frau während eines Mutterschaftsurlaubs in eine neue Beamtenbeschäftigung beim selben Dienstgeber gewechselt war und der Zeitpunkt ihres Dienstantritts auf das Ende dieses Urlaubs verschoben wurde (EuGH 16.2.2006 – C-294/04 – Sarkatzis Herrero).

16   Dies gilt auch für allfällige während des Mutterschaftsurlaubes, uU auch rückwirkend gewährte **Lohnerhöhungen.** Die Arbeitnehmerin würde ansonsten allein wegen ihrer Arbeitnehmerinneneigenschaft diskriminiert, da sie, wenn sie nicht schwanger gewesen wäre, den erhöhten Lohn erhalten hätte (EuGH 13.2.1996 – C – 342/93 Rn. 21 f. – Gillespie). Wird das während des Mutterschaftsurlaubes bezogene Entgelt zumindest teilw. anhand des Lohnes bestimmt, den die Arbeitnehmerin vor Beginn dieses Urlaubs erhalten hat, so ist eine Lohnerhöhung, die zwischen dem Beginn des Zeitraums, für den der Referenzlohn gezahlt worden ist, und dem Ende dieses Urlaubs erfolgt, zu berücksichtigen. Das gilt nicht nur für den Fall, dass diese Erhöhung rückwirkend für den Zeitraum gilt, für den der Referenzlohn gezahlt worden ist (EuGH 30.3.2004 – C-147/02 Rn. 47 ff. – Alabaster). Da es sich im Anlassfall um eine „allg. oder hypothetische" Frage handelte, wurde es vom EuGH offen gelassen, ob auch **Lohnkürzungen** zu berücksichtigen sind, denen die Arbeitnehmerin nach dem Zeitraum, für den der Referenzlohn gezahlt worden ist, und während des Mutterschaftsurlaubs ausgesetzt sein könnte (EuGH 30.3.2004 – C-147/02 Rn. 54 ff. – Alabaster). ME spricht jedoch grds. nichts dagegen.

17   Der **Mindestjahresurlaub** iSd → RL 2003/88/EG Art. 7 Rn. 26 darf für die Zeiten des Mutterschaftsurlaubes nicht gekürzt werden. Für darüber hinausgehende Zeiten, dh soweit ein Elternurlaub den Zeitraum von vier Monaten überschreitet, ist eine Kürzung des Mehrurlaubs dagegen wohl zulässig (*Kamanabrou* RdA 2014, 321).

D. Unmittelbare Anwendbarkeit

18   Art. 11 Nr. 1–3 entfalten unmittelbare Wirkung und begründen für die einzelne Arbeitnehmerin Rechte, die diese gegenüber dem Mitgliedstaat, der diese Richtlinie nicht oder nur unzulänglich in nationales Recht umgesetzt hat, geltend machen kann und zu deren Schutz die nationalen Gerichte verpflichtet sind (EuGH 1.7.2010 – C-194/08 Rn. 43 ff. – Gassmayr).

Art. 12 Rechtsschutz

Die Mitgliedstaaten erlassen die innerstaatlichen Vorschriften, die notwendig sind, damit jede Arbeitnehmerin, die sich durch die Nichterfüllung der Verpflichtungen aus dieser Richtlinie für beschwert hält, ihre Rechte gerichtlich und/oder entsprechend den innerstaatlichen Rechtsvorschriften und/oder Gebräuchen durch Befassung anderer zuständiger Stellen geltend machen kann.

1   Anders als der Entwurf der Kommission (KOM [90] 406) enthält die Richtlinie keine konkreten Verfahrensvorschriften, insbesondere auch keine Regelungen zur Beweislast (s. jedoch zur Frage der Rechtfertigung einer Kündigung → Art. 10 Rn. 9) Dies will der Vorschlag KOM [2008] 637 insofern ändern als dieser Regelungen zu Beweislast (Art. 12a), die Viktimisierung (Art. 12b), Strafen sowie zu Stellen zur Förderung der Gleichbehandlung (Art. 12d) vorsieht.

2   Nach der Rechtsprechung (EuGH 11.10.2007 – C-406/06 Rn. 49 ff. – Paquay; ähnlich 29.10.2009 – C- 63/08 Rn. 42 ff. – Pontin) sind die Mitgliedstaaten nicht verpflichtet, eine bestimmte Maßnahme zu ergreifen, doch muss die gewählte Maßnahme geeignet sein,

einen tatsächlichen und wirksamen Rechtsschutz sicherzustellen. Sie muss eine wirklich abschreckende Wirkung gegenüber dem Arbeitgeber haben und in jedem Fall in angemessenem Verhältnis zu dem erlittenen Schaden stehen. Bei der Wahl der zur Verwirklichung des Ziels der Richtlinie angemessenen Lösung müssen die Mitgliedstaaten zudem darauf achten, dass Verstöße gegen das Gemeinschaftsrecht nach ähnlichen sachlichen und verfahrensrechtlichen Regeln geahndet werden wie nach Art und Schwere gleichartige Verstöße gegen das nationale Recht bzw. das Gemeinschaftsrecht. Demnach kann bei einer gegen die Richtlinie verstoßende Beendigung auch eine finanzielle Wiedergutmachung gewährt werden, wenn diese den vorgenannten Voraussetzungen entspricht.

Die Mitgliedsstaaten können auch **spezifische Rechtsbehelfe** vorsehen, die gem. ihnen 3 eigenen Verfahrensmodalitäten ausgeübt werden. Diese Verfahrensmodalitäten dürfen dann aber nicht weniger günstig seien als die für entsprechende innerstaatliche Klagen (Grundsatz der Äquivalenz) und nicht so beschaffen seien, dass sie die Ausübung der von der Gemeinschaftsrechtsordnung anerkannten Rechte praktisch unmöglich machen oder übermäßig erschweren (Grundsatz der Effektivität). Eine Ausschlussfrist von fünfzehn Tagen wurde im konkreten Fall als offenbar nicht geeignet angesehen, diese Bedingung zu erfüllen. Auch die aus dem Sonderverfahren für werdende Mütter resultierende Vorenthaltung der Möglichkeit, eine Schadensersatzklage bei Gericht zu erheben, obwohl diese Möglichkeit anderen gekündigten Arbeitnehmern offen steht, ist problematisch (EuGH 29.10.2009 – C-63/08 Rn. 37 ff., 70 ff. – Pontin).

Art. 13 Anpassung der Anhänge

(1) Rein technische Anpassungen des Anhangs I zur Berücksichtigung des technischen Fortschritts, der Entwicklung der internationalen Vorschriften oder Spezifikationen und des Wissensstandes auf dem Gebiet, auf das diese Richtlinie Anwendung findet, werden nach dem Verfahren des Artikels 17 der Richtlinie 89/391/EWG vorgenommen.

(2) Anhang II kann nur nach dem Verfahren des Artikels 118 a des Vertrages geändert werden.

Die Richtlinie sieht zwei Anhänge vor, die hinsichtlich ihrer Abänderung unterschiedli- 1 chen Verfahren unterliegen. Bei der Abänderung des Anhangs I (zu dessen Inhalt → Art. 4 Rn. 3) ist das Verfahren nach Art. 17 RL 89/391/EWG zu beachten, das im Wesentlichen ein Zusammenwirken der Kommission mit einem Ausschuss der Vertreter der Mitgliedstaaten vorsieht. Anhang I wurde bislang auch mehrmals abgeändert (zuletzt durch RL 2014/27/EU).

Für die Änderung des Anhang II (zu dessen Inhalt → Art. 6 Rn. 2) sind die Sozialpartner 2 nach → AEUV Art. 154 Rn. 7 ff. (ex-Art. 138 EGV) einzubinden. Dieser Anhang wurde bislang noch nicht geändert (Schlachter/*Kovács*/*Hießl* 319).

Art. 14 Schlußbestimmungen

(1) ¹Die Mitgliedstaaten erlassen die erforderlichen Rechts- und Verwaltungsvorschriften, um dieser Richtlinie spätestens zwei Jahre nach ihrem Erlaß nachzukommen, bzw. vergewissern sich, daß die Sozialpartner bis spätestens zwei Jahre nach dem Erlaß dieser Richtlinie die notwendigen Vorschriften durch Vereinbarungen einführen, wobei die Mitgliedstaaten die notwendigen Vorkehrungen zu treffen haben, um jederzeit in der Lage zu sein, die dieser Richtlinie entsprechenden Ergebnisse zu gewährleisten. ² Sie setzen die Kommission unverzüglich davon in Kenntnis.

(2) ¹Wenn die Mitgliedstaaten die Vorschriften nach Absatz 1 erlassen, nehmen sie in den Vorschriften selbst oder durch einen Hinweis bei der amtlichen Veröffentlichung

440 Richtlinie 92/85 EWG Art. 15

auf diese Richtlinie Bezug. ²Die Mitgliedstaaten regeln die Einzelheiten der Bezugnahme.

(3) Die Mitgliedstaaten teilen der Kommission den Wortlaut der wesentlichen einzelstaatlichen Rechtsvorschriften mit, die auf dem unter diese Richtlinie fallenden Gebiet bereits erlassen worden sind oder von ihnen erlassen werden.

Art. 15 [Adressaten]

Diese Richtlinie ist an die Mitgliedstaaten gerichtet.

450. Richtlinie 94/33/EG des Rates vom 22. Juni 1994 über den Jugendarbeitsschutz

(ABl. Nr. L 216 S. 12)

Celex-Nr. 3 1994 L 0033

geänd. durch Art. 2 Abs. 4 , Art. 3 Nr. 15 ÄndRL 2007/30/EG v. 20.6.2007 (ABl. Nr. L 165 S. 21) sowie Art. 3 ÄndRL 2014/27/EU v. 26.2.2014 (ABl. Nr. L 65 S. 1)

– Auszug –

DER RAT DER EUROPÄISCHEN UNION –
gestützt auf den Vertrag zur Gründung der Europäischen Gemeinschaft, insbesondere auf Artikel 118 a,
auf Vorschlag der Kommission[1],
nach Stellungnahme des Wirtschafts- und Sozialausschusses[2],
gemäß dem Verfahren des Artikel 252 des Vertrags[3],
in Erwägung nachstehender Gründe:
Artikel 118 a des Vertrags bestimmt, daß der Rat durch Richtlinien Mindestvorschriften zur Verbesserung insbesondere der Arbeitsumwelt erläßt, um einen besseren Schutz der Sicherheit und Gesundheit der Arbeitnehmer zu gewährleisten.
Nach demselben Artikel sollen diese Richtlinien keine verwaltungsmäßigen, finanziellen oder rechtlichen Aufgaben vorschreiben, die der Gründung und Entwicklung von Klein- und Mittelbetrieben entgegenstehen.
In der Gemeinschaftscharta der sozialen Grundrechte der Arbeitnehmer, die von den Staats- und Regierungschefs von elf Mitgliedstaaten auf der Tagung des Europäischen Rates in Straßburg am 9. Dezember 1989 verabschiedet wurde, heißt es unter den Punkten 20 und 22:
„20. Unbeschadet günstigerer Vorschriften für Jugendliche, vor allem solcher Vorschriften, die ihre berufliche Eingliederung durch Berufsausbildung gewährleisten, und abgesehen von auf bestimmte leichte Arbeiten beschränkten Ausnahmen darf das Mindestalter für den Eintritt in das Arbeitsleben das Alter, in dem die Schulpflicht erlischt, nicht unterschreiten und in keinem Fall unter 15 Jahren liegen.
22. Es sind die notwendigen Maßnahmen zu ergreifen, um die arbeitsrechtlichen Vorschriften für junge Arbeitnehmer so umzugestalten, daß sie den Erfordernissen ihrer persönlichen Entwicklung und ihrem Bedarf an beruflicher Bildung und an Zugang zur Beschäftigung entsprechen.
Namentlich die Arbeitszeit der Arbeitnehmer unter achtzehn Jahren ist zu begrenzen – ohne daß dieses Gebot durch den Rückgriff auf Überstunden umgangen werden kann – und die Nachtarbeit zu untersagen, wobei für bestimmte durch die einzelstaatlichen Rechtsvorschriften und Regelungen festgelegte berufliche Tätigkeiten Ausnahmen gelten können."
Es ist den Grundsätzen der Internationalen Arbeitsorganisation hinsichtlich des Jugendarbeitsschutzes Rechnung zu tragen, einschließlich der Regeln über das Mindestalter für den Zugang zur Beschäftigung oder zur Arbeit.

---

[1] **Amtl. Anm.:** ABl. Nr. C 84 vom 4.4.1992, S. 7.
[2] **Amtl. Anm.:** ABl. Nr. C 313 vom 30.11.1992, S. 70.
[3] **Amtl. Anm.:** Stellungnahme des Europäischen Parlaments vom 17. Dezember 1992 (ABl. Nr. C 21 vom 25.1.1993, S. 167). Gemeinsame Stellungnahme des Rates vom 23. November 1993 (noch nicht im Amtsblatt veröffentlicht) und Beschluß des Europäischen Parlaments vom 9. März 1994 (ABl. Nr. C 91 vom 28.3.1994, S. 89).

In seiner Entschließung über die Kinderarbeit[4] hat das Europäische Parlament die Aspekte der Arbeit Jugendlicher zusammengefaßt und insbesondere die Auswirkungen dieser Arbeit auf die Gesundheit, die Sicherheit sowie die körperliche und geistige Entwicklung der jungen Menschen hervorgehoben; es hat die Notwendigkeit unterstrichen, eine Richtlinie zu erlassen, die die einschlägigen nationalen Rechtsvorschriften vereinheitlicht.

Gemäß Artikel 15 der Richtlinie 89/391/EWG des Rates vom 12. Juni 1989 über die Durchführung von Maßnahmen zur Verbesserung der Sicherheit und des Gesundheitsschutzes der Arbeitnehmer bei der Arbeit[5] müssen besonders gefährdete Risikogruppen gegen die speziell sie bedrohenden Gefahren geschützt werden.

Da Kinder und Jugendliche als Gruppen mit besonderen Risiken betrachtet werden müssen, sind Maßnahmen für ihre Sicherheit und ihren Gesundheitsschutz zu treffen.

Die Gefährdungen für Kinder machen es erforderlich, daß die Mitgliedstaaten Kinderarbeit verbieten und dafür Sorge tragen, daß das Mindestalter für den Zugang zur Beschäftigung oder Arbeit nicht unter dem Alter, mit dem gemäß den einzelstaatlichen Rechtsvorschriften die Vollzeitschulpflicht endet, und in keinem Fall unter 15 Jahren liegt. Ausnahmen von dem Verbot der Kinderarbeit können nur in einzelnen Fällen und unter den in dieser Richtlinie genannten Bedingungen zugelassen werden. Sie dürfen sich auf keinen Fall auf den Schulbesuch und den Nutzen des Unterrichts nachteilig auswirken.

Die besonderen Merkmale des Übergangs von der Kindheit zum Erwachsenenalter machen eine strenge Regelung und einen strengen Schutz der Arbeit von Jugendlichen erforderlich.

Die Arbeitgeber müssen gewährleisten, daß die Arbeitsbedingungen dem Alter des jungen Menschen angepaßt sind.

Die Arbeitgeber müssen die für die Sicherheit und den Gesundheitsschutz der jungen Menschen erforderlichen Maßnahmen aufgrund einer Beurteilung der für die jungen Menschen mit ihrer Arbeit verbundenen Gefährdungen treffen.

Die Mitgliedstaaten müssen die jungen Menschen vor den spezifischen Gefahren schützen, die aus der mangelnden Erfahrung, dem fehlenden Bewusstsein für tatsächliche oder potentielle Gefahren und der noch nicht abgeschlossenen Entwicklung des jungen Menschen herrühren.

Die Mitgliedstaaten müssen zu diesem Zweck eine Beschäftigung junger Menschen mit den in der vorliegenden Richtlinie genannten Arbeiten verbieten.

Mit dem Erlaß von eindeutigen Mindestvorschriften für die Arbeitszeitgestaltung können die Arbeitsbedingungen der jungen Menschen verbessert werden.

Die Höchstdauer der Arbeitszeit der jungen Menschen muß strikt begrenzt werden, und Nachtarbeit muß für junge Menschen verboten werden, ausgenommen in bestimmten, durch einzelstaatliche Rechtsvorschriften festzulegenden Tätigkeitsbereichen.

Die Mitgliedstaaten müssen geeignete Maßnahmen treffen, damit bei Jugendlichen, die noch in schulischer Ausbildung stehen, die Arbeitszeit sich nicht nachteilig auf die Fähigkeit auswirkt, dem Unterricht mit Nutzen zu folgen.

Die Zeit, die die jungen Menschen, die im Rahmen eines dualen Systems der theoretischen und/oder praktischen Berufsausbildung oder eines Betriebspraktikums arbeiten, für die Ausbildung aufwenden, muß als Teil der Arbeitszeit gelten.

Um die Sicherheit und Gesundheit der jungen Menschen zu gewährleisten, müssen ihnen Mindestruhezeiten – je Tag, Woche und Jahr – sowie angemessene Ruhepausen zugestanden werden.

Bei der wöchentlichen Ruhezeit muß der Unterschiedlichkeit der kulturellen, ethnischen, religiösen und anderen Faktoren in den Mitgliedstaaten hinreichend Rechnung getragen werden. Insbesondere fällt es in den Zuständigkeitsbereich eines jeden Mitglied-

---

[4] **Amtl. Anm.:** ABl. Nr. C 190 vom 20.7.1987, S. 44.
[5] **Amtl. Anm.:** ABl. Nr. L 183 vom 29.6.1989, S. 1.

staats, letztlich darüber zu befinden, ob und in welchem Masse der Sonntag in die wöchentliche Ruhezeit einzubeziehen ist.

Eine angemessene Arbeitserfahrung kann dazu beitragen, die jungen Menschen auf das berufliche und gesellschaftliche Leben von Erwachsenen vorzubereiten, vorausgesetzt, es wird dafür Sorge getragen, daß nachteilige Auswirkungen auf ihre Sicherheit, Gesundheit und Entwicklung vermieden werden.

Wenn Ausnahmen von den in dieser Richtlinie vorgesehenen Verboten und Einschränkungen für bestimmte Beschäftigungen oder besondere Situationen unumgänglich erscheinen, darf ihre Anwendung nicht die Grundsätze des festgelegten Schutzsystems beeinträchtigen.

Diese Richtlinie stellt ein konkretes Element iRd Verwirklichung der sozialen Dimension des Binnenmarktes dar.

Das von dieser Richtlinie vorgesehene Schutzsystem erfordert für seine konkrete Anwendung, daß die Mitgliedstaaten ein System von Maßnahmen einführen, die wirksam und angemessen sind.

Die Durchführung einiger Bestimmungen dieser Richtlinie stellt einen Mitgliedstaat in bezug auf sein System des Schutzes Jugendlicher bei der Arbeit vor besondere Schwierigkeiten. Diesem Mitgliedstaat sollte deshalb gestattet werden, die betreffenden Bestimmungen während eines angemessenen Zeitraums noch nicht anzuwenden –

HAT FOLGENDE RICHTLINIE ERLASSEN:

Abschnitt I.

Art. 1 Gegenstand

(1) **Die Mitgliedstaaten treffen die erforderlichen Maßnahmen, um die Kinderarbeit zu verbieten.**

Sie tragen unter den in dieser Richtlinie vorgesehenen Bedingungen dafür Sorge, daß das Mindestalter für den Zugang zur Beschäftigung oder Arbeit nicht unter dem Alter, mit dem gemäß den einzelstaatlichen Rechtsvorschriften die Vollzeitschulpflicht endet und in keinem Fall unter 15 Jahren liegt.

(2) **Die Mitgliedstaaten tragen dafür Sorge, daß die Arbeit Jugendlicher unter den in dieser Richtlinie vorgesehenen Bedingungen streng geregelt und geschützt wird.**

(3) **Die Mitgliedstaaten tragen allgemein dafür Sorge, daß der Arbeitgeber gewährleistet, daß die Arbeitsbedingungen dem Alter der jungen Menschen angepaßt sind.**

Sie tragen dafür Sorge, daß junge Menschen vor wirtschaftlicher Ausbeutung sowie vor Arbeiten geschützt werden, die ihrer Sicherheit, ihrer Gesundheit oder ihrer physischen, psychischen, moralischen oder sozialen Entwicklung schaden oder ihre Gesamtbildung beeinträchtigen könnten.

Die Richtlinie regelt grundlegende **Mindestvorschriften** für die abhängige Beschäftigung von Kindern und Jugendlichen. **Ziele** sind der Gesundheitsschutz sowie der Schutz der Entwicklung junger Arbeitnehmer. Die wesentlichen **Mittel** hierzu sind das in Abs. 1 angeordnete und in den Art. 4 und 5 konkretisierte Verbot der Kinderarbeit sowie die in Abs. 2 verlangten und in den Art. 6 ff. näher geregelten Schutzvorschriften für arbeitsberechtigte (Kinder und) Jugendliche. Eine Art mittelbare Drittwirkung verlangt die Richtlinie durch die Indienstnahme-Verpflichtung nach Abs. 3 UAbs. 1. Die Mitgliedstaaten müssen sicherstellen, dass private (und öffentliche) Arbeitgeber bei Beschäftigung junger Arbeitnehmer die Vorgaben der Richtlinie einhalten. 1

Die Richtlinie reagiert (vgl. Erwägungsgründe 6 und 7) auf die Forderung in Art. 15 der Rahmen-Richtlinie 89/391/EWG, besonders gefährdete Risikogruppen am Arbeitsmarkt müssten vor den für diese Gruppen spezifisch drohenden Gefahren speziell geschützt 2 werden. Der **Sonderschutz für Kinder und Jugendliche** hat dabei zwei wesentliche Richtungen (vgl. Erwägungsgrund 12): Zunächst wird das Risiko von Arbeitsunfällen bei Kindern und Jugendlichen höher eingeschätzt, weil diesen zumindest die längere Erfahrung mit den Arbeitsabläufen und den dabei drohenden Gefahren fehlt. Daneben wird den beiden Gruppen entwicklungsbedingt ein unzureichendes Gefahrenbewusstsein unterstellt. Der zweite Schutzansatz zielt auf die – ggf. noch nicht abgeschlossene – Schulbildung der jungen Arbeitnehmer. Dabei soll ausgeschlossen werden, dass der Bildungserfolg der Vollzeitschulpflicht durch Belastungen aus der Arbeitstätigkeit beeinträchtigt wird. Diese besondere Schutzbedürftigkeit rechtfertigt auch die Altersdiskriminierung, die in einem strengeren Sonderarbeitsschutzrecht für junge Menschen notwendig liegt (vgl. mit Blick auf den längeren Mindesturlaub für Jugendliche nach dem deutschrechtlichen § 57 II SeeArbG *Maul-Sartori* NZA 2013, 821 [825]).

3   Gestützt ist die Richtlinie dementsprechend auf die **Ermächtigungsgrundlage** des Art. 118a EGV-Maastricht (heute Art. 153 II lit. b, I lit. a AEUV), die unionsrechtliche Mindestbedingungen zum Sicherheits- und Gesundheitsschutz von Arbeitnehmern erlaubt. Dabei sind die möglichen Schutzziele „Sicherheit" und Gesundheit" weit auszulegen, iSe Zustands vollständigen körperlichen, geistigen und auch sozialen Wohlempfindens (zur Vorläufervorschrift in Art. 118a EGV-Maastricht EuGH 12.11.1996 – C-84/94 Rn. 15 – Vereinigtes Königreich/Rat, NZA 1997, 23). In der Konsequenz erlaubt die Ermächtigungsgrundlage insbesondere Vorgaben zu Arbeitszeitfragen, auch wenn arbeitswissenschaftlich kein unmittelbarer Zusammenhang mit Gesundheitsgefahren nachgewiesen werden kann. Andererseits kann die Richtlinie von vornherein „nur" auf eine **Mindestharmonisierung** zielen, erlegt den Mitgliedstaaten aber schon in Abs. 2 die Verpflichtung auf, für ein hohes Schutzniveau zu sorgen. Soweit die Richtlinie in diesem Rahmen auch die **Sonntagsruhe** vorschreibt, ist das **von der Ermächtigungsgrundlage nicht gedeckt** und unwirksam (→ Art. 10 Rn. 4).

4   Der Sonderschutz für Kinder und Jugendliche fügt sich in ein detailliertes **System unionsrechtlicher Vorgaben für den Arbeitsschutz,** in dessen Zentrum die Rahmen-Richtlinie 89/391/EWG zum Arbeitsschutz steht (MHdBArbR/*Kothe* § 289 Rn. 31 bezeichnet die Rahmen-Richtlinie als „Allgemeine[n] Teil" ua der Jugendarbeitsschutz-Richtlinie; im Ergebnis auch *Lörcher* AuR 1994, 360 [363]). Weil der Kinder- und Jugendarbeitsschutz zentral über restriktive Vorgaben zu den Arbeitszeiten realisiert wird, ist die Richtlinie in diesem Bereich eine Spezialregelung zur Arbeitszeit-Richtlinie 2003/88/EG (bzw. der Vorläufer-Richtlinie 93/104/EG). Art. 32 GRC ist jünger als die Richtlinie und zeichnet deren wesentliche Vorgaben (Verbot der Kinderarbeit, speziell angepasste Arbeitsbedingungen für arbeitende Jugendliche) nach, so dass die Richtlinie sich iRd GRC hält. Umgekehrt füllt die Richtlinie zwar den wesentlichen (Verbot der Kinderarbeit; vgl. *Seifert* EuZW 2011, 696 [701]), nicht aber den gesamten Schutzauftrag des Art. 32 GRC aus: Den von Art. 32 II GRC verlangten Schutz Jugendlicher auch vor wirtschaftlicher Ausbeutung leistet die auf den Gesundheitsschutz fixierte Richtlinie kaum, kennt insoweit nur einen wenig konkreten Auftrag an die Mitgliedstaaten in Abs. 3 UAbs. 2. Nicht zum konkreten, wohl aber zum erweiterten normativen Hintergrund der Richtlinie zählen verschiedene ILO-Abkommen zum Schutz von Kindern und Jugendlichen im Arbeitsleben.

5   Spezieller gegenüber der Jugendarbeitsschutz-Richtlinie ist die RL 1999/63/EG über die Arbeitszeit von Seeleuten (bzw. die dort in Bezug genommene Vereinbarung der europäischen Sozialpartner), die Personen unter 16 Jahren die Arbeit auf einem Schiff generell untersagt.

6   **Deutschland** hat die Richtlinie vor allem mit dem Zweiten Gesetz zur Änderung des JArbSchG vom 24.2.1997 (BGBl I 311) umgesetzt. Freilich war der Umsetzungsbedarf gering: Gegenüber dem früheren deutschen Recht geändert wurde das Kinderarbeitsverbot, das auf alle jungen Menschen unter 15 Jahren ausgedehnt wurde (§ 2 I JArbSchG; dazu *Sowka* NZA 1997, 296 [297 f.]). Zudem wurde die ausnahmsweise Beschäftigung von mind. 13-Jährigen mit leichten und geeigneten Arbeiten (§ 5 III JArbSchG) erlaubt. Umsetzungs-

vorschriften finden sich aber nicht nur im JArbSchG, sondern auch im BBiG. Die Sondervorgaben für die Arbeit auf See (→ Rn. 5) sind im SeeArbG umgesetzt.

Art. 2 Geltungsbereich

(1) Diese Richtlinie gilt für Personen unter 18 Jahren, die einen Arbeitsvertrag haben oder in einem Arbeitsverhältnis stehen, der bzw. das durch das in einem Mitgliedstaat geltende Recht definiert ist und/oder dem in einem Mitgliedstaat geltenden Recht unterliegt.

(2) Die Mitgliedstaaten können durch Rechtsvorschrift vorsehen, daß diese Richtlinie im Rahmen von ihnen durch Rechtsvorschrift festgesetzter Grenzen und Bedingungen keine Anwendung findet auf gelegentliche oder kurzfristige

a) Hausarbeiten in einem Privathaushalt oder
b) Arbeiten in Familienbetrieben, sofern diese Arbeiten als für junge Menschen weder schädlich noch nachteilig noch gefährlich anzusehen sind.

A. Persönlicher und sachlicher Schutzbereich, Absatz 1

Die Richtlinie gilt nach Abs. 1 für **Arbeitnehmer unter 18 Jahren.** Der **persönliche** 1 **Schutzbereich** hängt vom Lebensalter ab; mit Vollendung des 18. Lebensjahrs greifen die strengen Vorgaben des unionsrechtlichen Jugendarbeitsschutzes nicht mehr. Zudem erfasst die Richtlinie nur Arbeitnehmer im arbeitsrechtlichen Sinne.

Die **Schutzintensität** divergiert innerhalb des persönlichen Schutzbereichs erheblich. 2 Um diese Differenzierungen rechtstechnisch abzubilden, definiert Art. 3 lit. a – lit. c die in persönlicher Hinsicht erfassten Arbeitnehmer als junge Menschen und scheidet sie in Kinder und Jugendliche (→ Art. 3 Rn. 1 f.).

Die Formulierung, nach der Arbeitsvertrag oder Arbeitsverhältnis nach nationalem Recht 3 „definiert" sein bzw. dem nationalen Recht unterliegen müssen, ist unglücklich und schwer verständlich: Mit dem Arbeitsvertragsstatut stellt der Rückverweis teleologisch zweifelhaft auf ein qua Rechtswahl steuerbares Kriterium ab, und gibt neben diesem Vertragsstatut das gleichrangige Merkmal der „Definition" eines Arbeitsverhältnisses im nationalen Recht vor. Der Verweis entspricht wortgleich dem in Art. 1 II (der Nachweis-)Richtlinie 91/533/EWG und muss wie dort ausgelegt werden (eingehend → RL 91/533/EWG Art. 1 Rn. 2). Richtigerweise geht es nicht um einen Rückverweis auf nationalrechtliche Arbeitnehmerbegriffe, sondern wird ein einheitlich unionsrechtlich bestimmter Arbeitnehmerbegriff als Ausgangspunkt dahingehend eingeschränkt, dass die Richtlinie nur greifen soll, wenn auch das Vertragsstatut und/oder das Recht des gewöhnlichen Arbeitsortes ein Arbeitsverhältnis sehen.

Die Beschränkung auf Arbeitsverhältnisse bedeutet, dass die Mitgliedstaaten etwa Maß- 4 nahmen der Beschäftigungs- und Arbeitstherapie von den Richtlinienvorgaben ausnehmen dürfen (vgl. in Deutschland § 5 II 1 Nr. 1 JArbSchG), wenn die Arbeit im Rahmen eines sonstigen Rechtsverhältnisses geleistet wird. Keine Bedenken bestehen ferner, wenn Rechtsverhältnisse – unabhängig von einer allg. Definition – spezialgesetzlich als Arbeitsverhältnis definiert oder umgekehrt als Nicht-Arbeitsverhältnis definiert werden (vgl. in Deutschland § 16d VII 2 SGB III). Der Richtlinie widersprechen würde nur der Versuch eines Mitgliedstaates, durch einen besonderen Arbeitnehmer-Begriff gerade für das Jugendarbeitsschutzrecht den Anwendungsbereich der Umsetzungsvorschriften gezielt zu beschneiden. Problematisch ist die Anknüpfung an das Arbeitsverhältnis für die **Kinderarbeit,** weil hier auch die Beschäftigung **außerhalb eines Arbeitsverhältnisses** Gefahren für Gesundheit und Entwicklung bedingen kann. Insofern ist davon auszugehen, dass das von der Richtlinie intendierte Mindestschutzniveau – gerade für die Kinderarbeit – nicht durch restriktive nationale Definitionen des Arbeitsverhältnisses unterlaufen werden darf.

5 Nationale Jugendarbeitsschutzvorschriften können als zwingendes Schutzrecht iSd Art. 8 I 2 Rom I-VO (VO [EG] Nr. 593/2008) nicht durch Rechtswahl abgestreift werden (Staudinger/*Magnus,* Rom I-VO Art. 8 Rn. 79).

B. Erlaubte Ausnahmen, Absatz 2

6 Nach Abs. 2 haben Mitgliedstaaten die Option, für Hausarbeiten im Privathaushalt (Buchst. a) „oder" (zu lesen als „und", weil der Schutzzweck der Richtlinie Alternativität nicht erfordert und es daher nicht einzusehen ist, weshalb die Mitgliedstaaten nur eine Ausnahmeoption wahrnehmen dürften) unschädliche und ungefährliche Arbeiten in Familienbetrieben eine vollständige **Ausnahme** von den Vorgaben der Richtlinie zu regeln.

7 Beide Ausnahmeerlaubnisse gelten nur für **gelegentliche oder kurzfristige** Arbeiten. Der Wortlaut stellt die beiden Merkmale alternativ, so dass gelegentliche Arbeiten auch langfristig sein und kurzfristige auch regelmäßig anfallen dürfen. **Gelegentlich** sind Tätigkeiten, die nicht auf eine regelmäßige Wiederholung angelegt sind und also nicht berufsmäßig ausgeübt werden (*Däubler* NZA 1992, 577 [578]), sondern (ggf. jeweils) auf Grund eines besonderen Anlasses (zum deutschen Recht HWK/*Tillmanns* JArbSchG § 1 Rn. 9a); das wird etwa beim Babysitten iaR zutreffen. **Kurzfristig** sind Arbeiten, wenn die Einsatzdauer deutlich hinter den nach der Richtlinie erlaubten Höchstarbeitszeiten (vgl. Art. 8 ff.) zurückbleibt. Dabei ist mit Blick auf den Schutzzweck der Richtlinie gleichgültig, ob die Relation zur Tages- oder Wochenhöchstarbeitszeit gebildet wird. Längere Arbeitsbereitschaft ist idS weder gelegentlich (ErfK/*Schlachter* JArbSchG § 1 Rn. 14) noch kurzfristig, auch wenn die tatsächlichen Einsätze nur gelegentlich oder kurzfristig erfolgen.

8 Der **deutsche Gesetzgeber** hat die Ausnahmeerlaubnis weit interpretiert und in § 1 II Nr. 1 JArbSchG gelegentliche „geringfügige Hilfeleistungen" auch außerhalb von Privathaushalten und Familienbetrieben freigestellt. Das ist mit der Richtlinie vereinbar, wenn in diesen Fällen keine Arbeitsverhältnisse begründet werden. Dass die Beschäftigung durch Personensorgeberechtigte im Familienhaushalt einschränkungslos vom JArbSchG freigestellt wird, ist mit Blick auf die Richtlinie bedenklich. Richtigerweise lässt sich das unionsrechtlich gebotene Schutzniveau nicht dadurch gewährleisten, dass familienrechtliche Schranken für die Beschäftigung (die nach dem System des JArbSchG den Schutz der arbeitenden Kinder und Jugendlichen sichern sollen; ErfK/*Schlachter* JArbSchG § 1 Rn. 17) entsprechend ausgelegt werden. Erforderlich ist eine richtlinienkonforme Auslegung des § 1 II Nr. 2 JArbSchG, nach der die Beschäftigung nur gelegentlich oder kurzfristig sein darf (EAS/*Balze* B 5200 Rn. 25).

Art. 3 Begriffsbestimmungen

In dieser Richtlinie bezeichnet der Ausdruck
a) „junger Mensch" jede Person unter 18 Jahren im Sinne des Artikels 2 Absatz 1;
b) „Kind" jeden jungen Menschen, der noch nicht 15 Jahre alt ist oder gemäß den einzelstaatlichen Rechtsvorschriften noch der Vollzeitschulpflicht unterliegt;
c) „Jugendlicher" jeden jungen Menschen, der mindestens 15, aber noch nicht 18 Jahre alt ist und gemäß den einzelstaatlichen Rechtsvorschriften nicht mehr der Vollzeitschulpflicht unterliegt;
d) „leichte Arbeit" jede Arbeit, die aufgrund ihrer Beschaffenheit und der besonderen Bedingungen, unter denen sie ausgeführt wird, sich
   i) weder auf die Sicherheit, die Gesundheit oder die Entwicklung der Kinder
   ii) noch auf ihren Schulbesuch, ihre Beteiligung an Programmen zur Berufsberatung oder -ausbildung, die von der zuständigen Stelle anerkannt sind, oder ihre Fähigkeit, dem Unterricht mit Nutzen zu folgen,
nachteilig auswirkt;

e) „Arbeitszeit" jegliche Zeitspanne, während der der junge Mensch gemäß den einzelstaatlichen Rechtsvorschriften und/oder Gepflogenheiten arbeitet, dem Arbeitgeber zur Verfügung steht und seine Tätigkeit ausübt oder Aufgaben wahrnimmt;
f) „Ruhezeit" jegliche Zeitspanne außerhalb der Arbeitszeit.

Die **Definitionsnorm** bestimmt in Buchst. a – Buchst. c zunächst die Determinanten 1 des persönlichen Schutzbereichs (→ Art. 2 Rn. 1 ff.): Personen iSd Art. 2 I definiert **Buchst. a** als **junge Menschen.** Mit dem Verweis auf Art. 2 I ist klargestellt, dass junge Menschen iSd Richtlinie nur Arbeitnehmer sind. Damit bildet junger Mensch als Oberbegriff den gesamten Schutzbereich der Richtlinie ab. In diesem Schutzbereich isoliert **Buchst. b** die **Kinder** als besonders zu schützende Gruppe und erfasst der Auffangtatbestand in **Buchst. c** die **Jugendlichen,** also alle jungen Menschen, die keine Kinder sind.

Während der junge Mensch allein durch sein Lebensalter definiert wird, setzt die Unter- 2 scheidung zwischen Kindern und Jugendlichen daneben an der Vollzeitschulpflicht nach nationalem Recht an. **Kind** ist demnach, wer jünger als 15 Jahre ist (Buchst. b Alt. 1) oder (trotz höheren Alters) noch der Vollzeitschulpflicht unterliegt (Buchst. b Alt. 2). Die zweite Alternative belegt, dass das Schutzkonzept der Richtlinie nicht ausschließlich auf den Gesundheitsschutz ausgerichtet ist, sondern die Entwicklung der jungen Menschen auch unter dem Gesichtspunkt der (Schul-)Bildung in den Blick nimmt (→ Art. 1 Rn. 2).

Nach **Buchst. d** geht es iSd Richtlinie um **leichte Arbeit,** wenn sich die Tätigkeit mit 3 Blick auf ihren Inhalt („Beschaffenheit") und das Arbeitsumfeld (äußere Bedingungen der Arbeit) weder auf Sicherheit, Gesundheit oder Entwicklung von Kindern noch auf deren (schulische oder außerschulische) Ausbildung negativ auswirkt. Die Auswirkungen auf Jugendliche spielen keine Rolle, weil die Richtlinie nur für die Kinderarbeit (Art. 4 II lit. c, III und Art. 8 I lit. d) nach dem Merkmal fragt. Trotz der unionsrechtlichen Legaldefinition verlangt Art. 4 III nach einer nationalrechtlichen Konkretisierung geeigneter Tätigkeiten (→ Art. 4 Rn. 4).

Als **Arbeitszeit** bestimmt **Buchst. e** jede Zeitspanne, während der ein junger Mensch 4 nach den einzelstaatlichen Vorschriften und/oder Gepflogenheiten arbeitet, dem Arbeitgeber zur Verfügung steht oder sonst Aufgaben wahrnimmt. Dass die Richtlinie hier auf das nationale Recht Bezug nimmt, hat den EuGH (3.10.2000 – C-303/98 Rn. 48 ff. – Simap, NZA 2000, 1227) im Zusammenhang mit der wortlautgleichen Definition der Arbeitszeit-Richtlinie nicht gehindert, einen eigenständig unionsrechtlichen Arbeitszeitbegriff zu formulieren, der aus dem Gesundheitsschutzziel und dem dienenden Ruhebedürfnis der Arbeitnehmer abgeleitet wird. Er sieht Arbeitszeit und Ruhezeit als unionsrechtliche „Begriffe [...], die anhand objektiver Merkmale unter Berücksichtigung des Regelungszusammenhangs und des Zweckes dieser Richtlinie zu bestimmen sind"; der Rückverweis auf das nationale Recht bedeutet nicht, dass die Mitgliedstaaten den Inhalt des Arbeitszeitbegriffs einseitig festlegen könnten (EuGH 9.9.2003 – C-151/02 Rn. 58 f. – Jaeger, NZA 2003, 1019; in der Sache auch BAG 18.2.2003 NZA 2003, 742 [746 f.]; aus dem Schrifttum *Boerner/Boerner* NZA 2003, 883 [886]; *Wank* RdA 2004, 246 [248] – jeweils mwN). Vor diesem Hintergrund muß auch für die Jugendarbeitsschutz-Richtlinie gelten, dass bei verpflichtender persönlicher Anwesenheit an einem vom Arbeitgeber vorgegebenen Ort von Arbeitszeit auszugehen ist. Darunter fallen Bereitschaftsdienste (und ebenso Arbeitsbereitschaftszeiten, EuGH 5.10.2004 – C-397–403/01 Rn. 93 ff. – Pfeiffer ua, EuZW 2004, 691), Rufbereitschaft aber nur mit Blick auf die aktive Phase der tatsächlichen Inanspruchnahme (*Wank* RdA 2014, 285 [287]). Mit Blick auf den Gesundheitsschutzzweck hätte eine belastungsbezogene Differenzierung innerhalb des Arbeitszeitbegriffs freilich näher gelegen (*Wank* RdA 2014, 285 [286]).

Die Richtlinie verhält sich nicht zu dem vergleichsweise neuen Phänomen der **ständigen** 5 **Erreichbarkeit** von Arbeitnehmern, die bsw. am Smartphone dienstliche Mails empfangen und bearbeiten. Insoweit muss – entsprechend der Differenzierung zwischen Bereitschaftsdienst und Rufbereitschaft – gelten, dass Arbeitnehmer, auch wenn sie ihrem Arbeitgeber iS ständiger Erreichbarkeit zur Verfügung stehen, frei über ihre Zeit verfügen und eigenen Interessen nachgehen können (vgl. EuGH 3.10.2000 – C-303/98 Rn. 50 – Simap, NZA 2000, 1227). Arbeitszeit iSd Richtlinie ist dann nur die Zeit, in der die Arbeitnehmer tatsächlich dienstliche Aufgaben erledigen (zur Unterbrechung der Ruhezeit → Art. 10 Rn. 2). Weil der Arbeitgeber das Freizeitverhalten seiner Arbeitnehmer nicht steuern kann, ist aber richtigerweise danach zu differenzieren, ob diese Arbeitstätigkeit „außer der Reihe" dem Arbeitgeber zugerechnet werden kann, oder ob der Arbeitnehmer aus eigenem Antrieb aktiv wird (*Wank* RdA 2014, 285 [288]; jeweils zum deutschen Recht: *Schlegel* NZA-Beilage 2014, 16 [19 f.]; aA *Falder* NZA 2010, 1150 [1151 f.]). Technische Maßnahmen gegen solche Eigeninitiative (Abschalten der Mailserver nach Feierabend etc.) sind als deutlich überschießende Maßnahmen nicht erforderlich; arbeitet der Arbeitnehmer ungefragt von zu Hause aus, ohne dass der Arbeitgeber davon Kenntnis hätte, handelt es sich vielmehr nicht um Arbeitszeit iSd Richtlinie.

6   Demgegenüber definiert **Buchst. f** die **Ruhezeit** negativ als jede Zeitspanne außerhalb der Arbeitszeit. Damit sind Arbeitszeit und Ruhezeit Gegensätze, die einander wechselseitig ausschließen (zur Arbeitszeit-Richtlinie EuGH 3.10.2000 – C-303/98 Rn. 47 – Simap, NZA 2000, 1227); eine dritte Kategorie gibt es nicht (EuGH 1.12.2005 – C-14/04 Rn. 43 – Dellas ua, NZA 2006, 89).

Art. 4 Verbot der Kinderarbeit

(1) Die Mitgliedstaaten treffen die erforderlichen Maßnahmen für ein Verbot der Kinderarbeit.

(2) Die Mitgliedstaaten können unter Berücksichtigung der Ziele des Artikels 1 durch Rechtsvorschrift vorsehen, daß das Verbot der Kinderarbeit nicht gilt für
a) Kinder, die unter Artikel 5 fallende Tätigkeiten ausüben;
b) Kinder, die mindestens 14 Jahre alt sind und im Rahmen eines Systems der dualen Ausbildung oder eines Betriebspraktikums arbeiten, sofern diese Arbeit unter den von der zuständigen Behörde vorgeschriebenen Bedingungen ausgeübt wird;
c) Kinder, die mindestens 14 Jahre alt sind und leichte Arbeiten mit Ausnahme der unter Artikel 5 fallenden leichten Arbeiten verrichten; leichte Arbeiten mit Ausnahme der unter Artikel 5 fallenden leichten Arbeiten dürfen jedoch nach Maßgabe der einzelstaatlichen Rechtsvorschriften in bestimmten Kategorien von Arbeiten für eine begrenzte Zahl von Stunden auch von Kindern ab 13 Jahren verrichtet werden.

(3) Die Mitgliedstaaten, die von der in Absatz 2 Buchstabe c) genannten Möglichkeit Gebrauch machen, legen die Arbeitsbedingungen für leichte Arbeiten nach Maßgabe dieser Richtlinie fest.

1   Abs. 1 enthält mit dem **Verbot der Kinderarbeit** eine der zentralen Regelungen der Richtlinie, die bereits in Art. 1 I enthalten ist. Da sich der Regelungsgehalt der beiden Vorschriften nicht unterscheidet, kommt es auf ihr Verhältnis nicht an; letztlich ist Abs. 1 redundant und ein handwerklicher Fehler des Normgebers.

2   Nach Abs. 2 dürfen die Mitgliedstaaten in begrenztem Rahmen **Ausnahmen** vom Kinderarbeitsverbot vorsehen. Soweit Kinder ausnahmsweise arbeiten dürfen, greifen hinsichtlich der Arbeitsbedingungen grds. die Schutzvorschriften der Art. 6 ff. Eine Sonderstellung unter den Ausnahmeerlaubnissen nimmt **Buchst. a** (iVm Art. 5) ein: Zunächst hängt nur die Öffnungsklausel für **Kinderarbeit bei kulturellen und ähnlichen Aktivitäten** (→ Art. 5 Rn. 1 f.) nicht von einem bestimmten Mindestalter der Kinder ab. Darüber hinaus erteilt Art. 5 Dispens von den Schutzvorschriften der Art. 8 ff. (→ Art. 5 Rn. 3).

3   Die Mitgliedstaaten dürfen nach **Abs. 2 lit. b** Kindern von mind. 14 Jahren erlauben, im Rahmen eines **Systems der dualen Ausbildung oder eines Betriebspraktikums** zu

arbeiten, sofern diese Arbeit nach den von der zuständigen nationalen Behörde vorgegebenen Bedingungen ausgeführt wird. Ohne Anknüpfung an einen Berufsbildungszweck kann nach **Abs. 2 lit. c** erlaubt werden, dass Kinder von zumindest 14 Jahren **leichte Arbeiten** iSd Art. 3 lit. d (→ Art. 3 Rn. 3) verrichten. In bestimmten Kategorien von Arbeiten, also für bestimmte Tätigkeiten, dürfen die Mitgliedstaaten das Mindestalter auf 13 Jahre herabsetzen, solange nur für eine begrenzte Zahl von Stunden gearbeitet werden darf. Mit Blick auf die Schutzrichtung der Richtlinie wird man nur dann von einer „begrenzten" Zahl von Stunden sprechen können, wenn die Einsatzzeit deutlich hinter den Höchstarbeitszeiten nach den Art. 8 ff. zurückbleibt. Insofern gilt dasselbe wie für die Kurzfristigkeit iSd Art. 2 II (→ Art. 2 Rn. 7); teleologisch geht es in beiden Fällen darum, eine Grenze zu ermitteln, diesseits derer die zeitliche Arbeitsbelastung so gering ausfällt, dass Kinder keinen Schaden nehmen können.

Missverständlich ist die Regelung des Abs. 3, der zufolge Mitgliedstaaten, die Kindern 4 „leichte" Arbeiten nach Abs. 2 lit. c erlauben, die Arbeitsbedingungen für leichte Arbeiten nach Maßgabe der Richtlinie festlegen müssen. Dabei geht es – anders als im Fall des Art. 5 II (→ Art. 5 Rn. 3) – nicht darum, eigenständig nationale Schutzbestimmungen für Kinder zu erlassen, die zulässigerweise leichte Arbeit iSd Richtlinie verrichten. Für die Kinderarbeit gem. Abs. 2 (lit. b und) lit. c hält die Richtlinie diese Schutzvorschriften nämlich selbst vor (vgl. *Riesenhuber* § 22 Rn. 10). Stattdessen ist Abs. 3 richtigerweise als Auftrag und Erlaubnis an die Mitgliedstaaten zu lesen, die vergleichsweise unbestimmte Legaldefinition leichter Arbeit in Art. 3 lit. d näher zu konkretisieren (EAS/*Balze* B 5200 Rn. 29).

Deutschland hat das grds. Verbot der Kinderarbeit in § 5 I JArbSchG umgesetzt. Die 5 Ausnahmeoption des Abs. 2 lit. a nimmt § 6 JArbSchG wahr, auf die des Abs. 2 lit. b stützt sich § 5 II 1 Nr. 2 JArbSchG, der freilich richtlinienkonform dahin ausgelegt werden muss, dass die Beschäftigung im Betriebspraktikum ein Mindestalter von 14 Jahren voraussetzt (ErfK/*Schlachter* § 2 JArbSchG Rn. 4; EAS/*Balze* B 5200 Rn. 31). Nur teilweise wahrgenommen hat der deutsche Gesetzgeber die Ausnahmeerlaubnis nach Abs. 2 lit. c; er hat davon abgesehen, das Mindestalter für bestimmte Kategorien von Arbeiten herabzusetzen. Leichte Arbeiten für mind. 14-Jährige erlaubt § 5 III JArbSchG, der die Definition der leichten Arbeit weitgehend der Richtlinie entnimmt. Eine Konkretisierung der erlaubten Tätigkeiten findet sich in § 2 KinderArbSchV (v. 23.7.1998, BGBl I 1508 ff.; näher zu der VO *Anzinger* BB 1998, 1843 ff.). Die weiteren Ausnahmebestimmungen in § 5 II 1 Nr. 1 und Nr. 3, IV JArbSchG sind – soweit die Kinder im Rahmen eines Arbeitsverhältnisses tätig werden (vgl. → Art. 2 Rn. 4) – von den Ausnahmeerlaubnissen der Richtlinie nicht gedeckt und keiner richtlinienkonformen Auslegung zugänglich (*M. Schmidt* BB 1998, 1362 [1362 ff.]).

Art. 5 Kulturelle und ähnliche Aktivitäten

(1) **Die Einstellung von Kindern im Hinblick auf ihre Mitwirkung bei kulturellen, künstlerischen, sportlichen oder Werbetätigkeiten bedarf der vorherigen Genehmigung im Einzelfall durch die zuständige Stelle.**

(2) **Die Mitgliedstaaten regeln durch Rechtsvorschrift die Arbeitsbedingungen der Kinder in den in Absatz 1 genannten Fällen sowie die Modalitäten des Verfahrens der vorherigen Genehmigung mit der Maßgabe, daß sich diese Tätigkeiten**

i) **weder auf die Sicherheit, die Gesundheit oder die Entwicklung der Kinder**
ii) **noch auf ihren Schulbesuch, auf ihre Beteiligung an Programmen zur Berufsberatung oder -ausbildung, die von der zuständigen Stelle anerkannt sind, oder ihre Fähigkeit, dem Unterricht mit Nutzen zu folgen,**

nachteilig auswirken dürfen.

(3) Abweichend von dem in Absatz 1 vorgesehenen Verfahren können die Mitgliedstaaten durch Rechtsvorschrift vorsehen, daß Kinder, die mindestens 13 Jahre alt sind, im Hinblick auf ihre Mitwirkung bei kulturellen, künstlerischen, sportlichen oder Werbetätigkeiten unter von den Mitgliedstaaten festgesetzten Bedingungen beschäftigt werden dürfen.

(4) Mitgliedstaaten können Regelungen beibehalten, nach denen Modell-Agenturen einer besonderen Genehmigung für die Beschäftigung von Kindern bedürfen.

1 Sofern Mitgliedstaaten von der Option des Art. 4 II lit. a (→ Art. 4 Rn. 2) Gebrauch machen wollen, müssen sie **nach Abs. 1 ein Verbot mit Erlaubnisvorbehalt** für die Einstellung von Kindern zur Mitwirkung bei kulturellen, künstlerischen, sportlichen oder Werbetätigkeiten anordnen. Zudem sind ihre Beschäftigungsbedingungen nach Abs. 2 besonders zu regeln. Eine **Ausnahme** vom Genehmigungserfordernis dürfen die Mitgliedstaaten **nach Abs. 3** für Kinder mit einem Alter von mind. 13 Jahren festlegen.

2 Privilegiert sind **kulturelle, künstlerische, sportliche und Werbetätigkeiten**. Damit ist zweierlei gesagt: Erstens muss gerade die Tätigkeit des Kindes dem privilegierten Bereich zuzuordnen sein; ausgeschlossen ist also zB, Kinder zum Verkauf von Eintrittskarten oder zur Reinigung bei kulturellen Veranstaltungen einzusetzen. Zweitens sind Mischtätigkeiten, die nur teilweise dem privilegierten Bereich zuzuordnen sind, grds. ausgeschlossen. Bsw. dürfen Kinder zwar als Museumsführer eingesetzt werden, aber nicht zugleich die Eintrittspreise kassieren. Nur wenn eine Mischtätigkeit unteilbar ist (etwa im Bereich der Landschaftskunst durch Landschaftsgestaltung), kann auf den Schwerpunkt abgestellt werden.

3 Nach **Abs. 2** regeln die Mitgliedstaaten das Genehmigungsverfahren und die **Arbeitsbedingungen der Kinder bei privilegierten Tätigkeiten** – und zwar ohne Rücksicht auf die Arbeitszeitvorgaben der Richtlinie in den Art. 8 ff., die eine nach Art. 4 II lit. a erlaubte Tätigkeit jeweils ausnehmen. In der Folge können die Mitgliedstaaten (jeweils) eigene Regeln zu den Arbeitszeiten festsetzen (EAS/*Balze* B 5200 Rn. 30). Die Richtlinie schreibt nur vor, dass die Tätigkeiten „leichte Arbeit" iSd Art. 3 lit. d (→ Art. 3 Rn. 3) sein müssen. Dass dabei keine Verweistechnik benutzt wird, sondern die Voraussetzungen des Art. 3 lit. d wörtlich wiedergegeben werden, ist ein handwerklicher Fehler bei der Richtliniengestaltung.

4 Soweit Mitgliedstaaten eine **besondere Genehmigungspflicht für Fotomodell-Agenturen** vorschreiben, dürfen sie nach **Abs. 4** an dieser Pflicht festhalten. Die Richtlinie schreibt eine Konzentrationswirkung der Genehmigung iSd Abs. 1 im Verhältnis zu der besonderen Genehmigung iSd Abs. 4 weder vor, noch verbietet sie eine entsprechende Koppelung.

5 Die **deutsche Umsetzung** in § 6 JArbSchG grenzt die privilegierten Tätigkeiten gegenüber der Richtlinie ein. Die Vorgaben zu den Arbeitsbedingungen sichert § 6 II JArbSchG, die Arbeitszeiten werden nach § 6 III JArbSchG von der nach Landesrecht zuständigen Aufsichtsbehörde festgelegt.

Abschnitt II.

Art. 6 Allgemeine Pflichten des Arbeitgebers

(1) Unbeschadet des Artikels 4 Absatz 1 trifft der Arbeitgeber unter besonderer Berücksichtigung der in Artikel 7 Absatz 1 genannten spezifischen Gefahren die für die Sicherheit und den Gesundheitsschutz der jungen Menschen erforderlichen Maßnahmen.

(2) Der Arbeitgeber trifft die Maßnahmen gemäß Absatz 1 aufgrund einer Beurteilung der für die jungen Menschen mit ihrer Beschäftigung verbundenen Gefährdungen.

Allgemeine Pflichten des Arbeitgebers **Art. 6 RL 94/33/EG 450**

Die Beurteilung erfolgt vor Beginn der Beschäftigung des jungen Menschen und bei jeder bedeutenden Änderung der Arbeitsbedingungen; sie bezieht sich insbesondere auf folgende Punkte:

a) Einrichtung und Gestaltung der Arbeitsstätte und des Arbeitsplatzes;
b) Art, Grad und Dauer der physikalischen, chemischen und biologischen Einwirkungen;
c) Gestaltung, Auswahl und Einsatz von Arbeitsmitteln, insbesondere von Arbeitsstoffen, Maschinen, Geräten und Anlagen sowie den Umgang damit;
d) Gestaltung von Arbeitsverfahren und Arbeitsabläufen und deren Zusammenwirken (Arbeitsorganisation);
e) Stand von Ausbildung und Unterweisung der jungen Menschen.

Wenn diese Beurteilung ergibt, daß eine Gefahr für die Sicherheit, die körperliche oder geistige Gesundheit oder die Entwicklung der jungen Menschen besteht, so ist sicherzustellen, daß unbeschadet der Richtlinie 89/391/EWG in regelmäßigen Zeitabständen kostenlos eine angemessene Bewertung und Überwachung des Gesundheitszustands der jungen Menschen erfolgt.

Die kostenlose Gesundheitsbewertung und -überwachung kann Bestandteil eines nationalen Gesundheitssystems sein.

(3) Der Arbeitgeber unterrichtet die jungen Menschen über mögliche Gefahren sowie über alle zu ihrer Sicherheit und ihrem Gesundheitsschutz getroffenen Maßnahmen.

Der Arbeitgeber unterrichtet ferner die gesetzlichen Vertreter der Kinder über mögliche Gefahren sowie über alle zu ihrer Sicherheit und ihrem Gesundheitsschutz getroffenen Maßnahmen.

(4) Der Arbeitgeber beteiligt die mit Schutzmaßnahmen und Maßnahmen zur Gefahrenverhütung beauftragten Dienste im Sinne des Artikels 7 der Richtlinie 89/391/EWG an der Planung, Durchführung und Überwachung der für die Sicherheit und den Gesundheitsschutz bei der Beschäftigung junger Menschen geltenden Vorschriften.

Art. 6 ergänzt und verschärft die allg. Arbeitsschutzregeln in Art. 5–12 der Rahmen- 1 Richtlinie 89/391/EWG. Auch wenn die Vorschriften direkt den Arbeitgeber als Pflichtigen adressiert, richtet sich die Richtlinie nur an die Mitgliedstaaten (→ Art. 18 Rn. 1). Diese sind entsprechend der Vorgabe des Art. 1 III UAbs. 1 (→ Art. 1 Rn. 1) verpflichtet, **private Arbeitgeber** durch Indienstnahmeregelungen an die Vorgaben der Richtlinie zu binden. Als öffentliche Arbeitgeber sind die Mitgliedstaaten direkt nach Art. 6 verpflichtet.

Die zentralen **Pflichten des Arbeitgebers** regeln **Abs. 1,** der ganz allg. die zum Schutz 2 der Sicherheit und Gesundheit junger Menschen erforderlichen Maßnahmen verlangt, und **Abs. 2,** demzufolge diese Maßnahmen auf der Grundlage einer obligatorischen Gefährdungsbeurteilung erfolgen.

Die **Gefährdungsbeurteilung** iSd Abs. 2 UAbs. 1 muss nach Abs. 2 UAbs. 2 zunächst 3 **vor Beginn der Beschäftigung** erfolgen; dabei kann mit Blick auf den Gesundheitsschutz-Zweck des Art. 6 nicht der rechtliche Beginn des Arbeitsverhältnisses gemeint sein, sondern nur die tatsächliche Arbeitsaufnahme. **Wiederholt werden** muss die Beurteilung **bei jeder bedeutenden Änderung der Arbeitsbedingungen;** dabei folgt wiederum aus dem Schutzzweck des Art. 6, dass als bedeutend vor allem die Änderung der äußeren Umstände der Arbeitsleistung zu qualifizieren ist, aber auch die Aufstockung der Arbeitszeit und die Änderung der Arbeitsaufgabe.

Bei der Beurteilung **berücksichtigen** muss der Arbeitgeber nach Abs. 2 UAbs. 2 **ins-** 4 **besondere** die äußeren Umstände der Arbeitsleistung (Ausgestaltung von Arbeitsstätte und konkretem Arbeitsplatz; physikalische, chemische und biologische Einwirkungen auf den Arbeitnehmer; Ausgestaltung und Einsatz von Arbeitsmitteln; Einbindung der Tätigkeit in die Arbeitsorganisation) sowie den Stand von Ausbildung und Unterweisung des Arbeitnehmers. Da der Katalog nicht abschließend formuliert ist, sind letztlich alle mit Blick auf die

Kolbe

Arbeitssicherheit relevanten Umstände des Einzelfalls zu beurteilen, Abs. 2 UAbs. 2 bietet lediglich einen Anhaltspunkt.

5 Zeigt das **Ergebnis der Beurteilung** Gefahren für Gesundheit oder Entwicklung des Arbeitnehmers, ist Rechtsfolge nicht etwa ein Beschäftigungsverbot, sondern – vorbehaltlich eines Beschäftigungsverbots iSd Art. 7 II (→ Art. 7 Rn. 2 f.) – „nur" eine Pflicht des Arbeitgebers nach Abs. 2 UAbs. 3, regelmäßig für eine kostenlose Bewertung und Überwachung des Gesundheitszustandes des Arbeitnehmers zu sorgen. Obwohl die Gefährdungsbeurteilung vor dem Arbeitseinsatz (ggf. zu neuen Bedingungen) vorgeschrieben ist, folgt Art. 6 also nicht dem Prinzip, Risiken möglichst zu vermeiden, sondern vielmehr dem „Leitbild eines mündigen Arbeitnehmers" (*Riesenhuber* § 22 Rn. 20). Die kostenlose Gesundheitsbewertung und -überwachung kann nach UAbs. 4 Bestandteil des nationalen (staatlichen) Gesundheitssystems sein, muss also nicht zwingend vom Arbeitgeber bezahlt werden. Dass sie „unbeschadet" der Rahmen-Richtlinie erfolgen soll, bedeutet nur, dass die Gesundheitsüberwachung nach Art. 6 nicht die Möglichkeit der Arbeitnehmer ausschließen darf, sich nach Art. 14 II Richtlinie 89/391/EWG (→ RL 89/391/EWG Rn. 80) einer regelmäßigen präventivmedizinischen Überwachung zu unterziehen. Beide Kontrollsysteme stehen unabhängig nebeneinander. Ein Intervall für die Gesundheitsuntersuchungen gibt die Richtlinie nicht vor; mit Blick auf den Schutzzweck kann „regelmäßig" aber nur so interpretiert werden, dass die jeweils nächste Untersuchung so bald erfolgen muss, dass die Beteiligten noch reagieren können, ehe sich die erkannte Gefahr in einem erheblichen Gesundheitsschaden für den Arbeitnehmer niederschlägt.

6 Über bei der Gefährdungsbeurteilung ermittelte Gefahren und korrespondierende Schutzmaßnahmen sind nach Abs. 3 der Arbeitnehmer (UAbs. 1) sowie die gesetzlichen Vertreter eines Kindes (UAbs. 2) – ggf. kumulativ – zu **unterrichten.** Dabei geht die Richtlinie insofern weiter als die Rahmen-Richtlinie (→ RL 89/391/EWG Rn. 68), als auch über bloß mögliche Gefahren unterrichtet werden muss. Dass gegen solche nur potentiellen Gefahren stets auch Maßnahmen iSd Abs. 1 „erforderlich" wären, ist damit freilich nicht gesagt.

7 Bei Planung, Durchführung und Überwachung der Arbeitsschutzvorschriften hat der Arbeitgeber nach Abs. 4 die gem. Art. 7 der Rahmen-Richtlinie 89/391/EWG beauftragten **Dienste zu beteiligen,** also in der Regel den betrieblichen Arbeitsschutzbeauftragten (→ RL 89/391/EWG Rn. 60 ff.). Die Formulierung ist insofern missglückt, als „Vorschriften" zum Gesundheitsschutz der Arbeitnehmer weitestgehend staatliche sind, die der Arbeitgeber nicht „plant". Überzeugend ist insoweit nur eine Auslegung, nach der die verpflichtende Beteiligung vor allem auf die Durchführung der Schutzvorschriften anhand konkreter Maßnahmen zu beziehen ist, also auf die Umsetzung der Arbeitsschutzregeln im Betrieb (im Ergebnis auch *Riesenhuber* § 22 Rn. 21; zu § 29 III JArbSchG ErfK/*Schlachter* JArbSchG § 29 Rn. 1).

8 Die **deutsche Umsetzung** des Art. 6 erfolgte in den §§ 28 ff. JArbSchG. Dabei finden sich zwar Abweichungen von den Vorgaben der Richtlinie, diese begegnen aber keinen durchgreifenden Bedenken: § 28a S. 1 JArbSchG verlangt nur allgemein, die mit der Beschäftigung verbundenen Gefährdungen zu beurteilen. Dabei ist insoweit eine richtlinienkonforme Auslegung möglich und angezeigt, als dass die in Abs. 2 UAbs. 2 genannten Gesichtspunkte besonders zu berücksichtigen sind. Weiter hat nach §§ 29, 39 JArbSchG nicht der Arbeitgeber, sondern – entgegen Abs. 3 UAbs. 2 – der untersuchende Arzt die gesetzlichen Vertreter des jungen Arbeitnehmers über Gefahren und Schutzmaßnahmen zu unterrichten. Freilich setzt die Unterrichtung über gefährliche Arbeiten und Schutzmaßnahmen ohnehin eine Abstimmung mit dem Arbeitgeber voraus, so dass die Unterrichtung diesem zumindest mittelbar zugerechnet werden kann. Unproblematisch ist, dass bei nach ärztlicher Einschätzung gefährlichen Arbeiten gem. § 40 II JArbSchG grds. ein Beschäftigungsverbot greift, und dass die regelmäßige, für den Arbeitnehmer kostenfreie Gesundheitsüberwachung nach den §§ 32 ff. JArbSchG nicht vom Ergebnis der Gefährdungsbeurteilung abhängt. In beiden Fällen geht es nur um eine Verbesserung des Mindestschutzes nach der Richtlinie.

Art. 7 Gefährdungen für junge Menschen – Beschäftigungsverbote

(1) Die Mitgliedstaaten tragen dafür Sorge, daß junge Menschen vor den spezifischen Gefahren für die Sicherheit, die Gesundheit und die Entwicklung geschützt werden, die aus der mangelnden Erfahrung, dem fehlenden Bewußtsein für tatsächliche oder potentielle Gefahren und der noch nicht abgeschlossenen Entwicklung des jungen Menschen herrühren.

(2) Unbeschadet des Artikels 4 Absatz 1 verbieten die Mitgliedstaaten zu diesem Zweck eine Beschäftigung junger Menschen mit

a) Arbeiten, die objektiv ihre physische oder psychische Leistungsfähigkeit übersteigen;
b) Arbeiten, die eine schädliche Einwirkung von giftigen, krebserregenden, erbgutverändernden, fruchtschädigenden oder in sonstiger Weise den Menschen chronisch schädigenden Gefahrstoffen mit sich bringen;
c) Arbeiten, die eine schädliche Einwirkung von Strahlen mit sich bringen;
d) Arbeiten, die mit Unfallgefahren verbunden sind, von denen anzunehmen ist, daß junge Menschen sie wegen mangelnden Sicherheitsbewußtseins oder wegen mangelnder Erfahrung oder Ausbildung nicht erkennen oder nicht abwenden können; oder
e) Arbeiten, bei denen die Gesundheit durch extreme Kälte oder Hitze oder durch Lärm oder Erschütterungen gefährdet wird.

Zu den Arbeiten, die spezifische Gefahren für junge Menschen im Sinne des Absatzes 1 mit sich bringen, gehören insbesondere

– Arbeiten unter schädlicher Einwirkung der in Abschnitt I des Anhangs aufgeführten physikalischen, chemischen und biologischen Agenzien und
– Verfahren und Arbeiten, die in Abschnitt II des Anhangs aufgeführt sind.

(3) Die Mitgliedstaaten können durch Rechtsvorschrift für Jugendliche Abweichungen von Absatz 2 zulassen, soweit sie für die Berufsausbildung der Jugendlichen unbedingt erforderlich sind und die Sicherheit und der Gesundheitsschutz der Jugendlichen dadurch sichergestellt sind, daß die Arbeiten unter der Aufsicht einer gemäß Artikel 7 der Richtlinie 89/391/EWG hierfür zuständigen Person ausgeführt werden und daß der in derselben Richtlinie vorgesehene Schutz gewährleistet ist.

Während Art. 6 die Mitgliedstaaten verpflichtet, Arbeitgeber zu konkret-arbeitsplatzspezifischen Sicherheitskontrollen und -maßnahmen anzuhalten (→ Art. 6 Rn. 1), verlangt Art. 7 generell-abstrakte staatliche Schutzvorschriften zugunsten junger Menschen. Dabei regelt **Abs. 1** ein **allg. Schutzgebot** mit Blick auf spezifische Gefahren durch mangelnde Erfahrung und mangelndes Gefahrbewusstsein. Insoweit ergibt sich eine gewisse Überschneidung mit Art. 6 I, da die Verpflichtung der Arbeitgeber zu konkreten Sicherungsmaßnahmen zugleich den staatlichen Schutzauftrag realisiert. Welche Arbeiten idS spezifisch gefährlich für junge Menschen sind, konkretisiert der Anhang der Richtlinie, auf den Abs. 2 UAbs. 2 verweist. Dabei geht es vor allem um Arbeiten, bei denen der Arbeitnehmer mit gefährlichen Stoffen oder Gegenständen umgehen muss, aber auch um maschinell getaktete Akkordarbeit und psychisch belastende Tätigkeiten wie die industrielle Schlachtung.

Während gefährliche Arbeiten iSd Abs. 1 zwar durch besondere Schutzvorschriften und -maßnahmen „flankiert" werden müssen, aber gerade nicht für junge Menschen verboten sind, gibt **Abs. 2 UAbs. 1** einen Katalog „objektiv gefährlicher" Arbeiten vor, hinsichtlich derer alle Mitgliedstaaten **Beschäftigungsverbote** für junge Arbeitnehmer erlassen müssen. Es sind dies zunächst Arbeiten, die nach dem Tätigkeitsinhalt die Leistungsfähigkeit, egal ob körperlich oder geistig/seelisch, der Arbeitnehmer objektiv übersteigen, Abs. 2 UAbs. 1 **lit. a**. „Objektiv" bedeutet dabei nicht, dass es auf die durchschnittliche Leistungsfähigkeit vergleichbarer Arbeitnehmer ankäme; Maßstab ist das individuelle Leistungsvermögen. Vielmehr ist die Überforderung nicht nach der Selbsteinschätzung zu bemessen, sondern aus der Perspektive eines außenstehenden Dritten. Zu verbieten ist nach Abs. 2 UAbs. 1 **lit. d** weiter die Beschäftigung mit Arbeiten, bei denen besondere Unfallgefahren für (noch) nicht ausreichend ausgebildete und erfahrene Arbeitnehmer bestehen. Die wesentliche Gruppe der zu untersagenden Tätigkeiten bilden (Abs. 2 UAbs. 1 **lit. b, c und e**) solche, bei denen die Arbeit unter Einwirkung von Gefahrstoffen, Strahlung oder extremen Umweltbedingungen verrichtet werden muss.

3   Soweit Jugendliche Tätigkeiten iSd Abs. 2 UAbs. 1 zu Ausbildungszwecken unbedingt ausüben müssen, dürfen die Mitgliedstaaten nach **Abs. 3** eine **Ausnahme von den Beschäftigungsverboten** vorsehen. Voraussetzung ist aber, dass die Arbeiten nur unter der Aufsicht des Arbeitsschutzbeauftragten iSd Art. 7 RL 89/391/EWG (→ RL 89/391/EWG Rn. 60 ff.) und unter den in der RL 89/391/EWG vorgegebenen Sicherheitsstandards verrichtet werden.

4   In **Deutschland** ist Art. 7 teilweise in § 28 JArbSchG umgesetzt, die unionsrechtlich geforderten Beschäftigungsverbote sind in §§ 22 ff. JArbSchG und § 117 SeeArbG geregelt. Die Beschäftigungsverbote der §§ 22 ff. JArbSchG sind aus der Perspektive der Richtlinie aber zumindest zT überschießend. Von der Ausnahmeerlaubnis des Abs. 3 hat Deutschland in § 22 II, III JArbSchG Gebrauch gemacht; dabei ist § 22 III JArbSchG richtlinienkonform dahin auszulegen, dass die Fachkraft für Arbeitssicherheit die Arbeit des Jugendlichen beaufsichtigen muss. Dass § 23 II Nr. 2 JArbSchG Akkordarbeit nicht nur zu Ausbildungszwecken, sondern auch nach Abschluss der Ausbildung erlaubt, verstößt gegen die Richtlinie (EAS/*Balze* B 5200 Rn. 43).

Abschnitt III.

Art. 8 Arbeitszeit

(1) Die Mitgliedstaaten, die von Artikel 4 Absatz 2 Buchstabe b) oder c) Gebrauch machen, treffen die erforderlichen Maßnahmen, um die Arbeitszeit von Kindern wie folgt zu begrenzen:

a) auf 8 Stunden pro Tag und auf 40 Stunden pro Woche für Kinder, die im Rahmen eines Systems der dualen Ausbildung oder eines Betriebspraktikums arbeiten;

b) auf 2 Stunden pro Schultag und auf 12 Stunden pro Woche bei Arbeiten, die während der Schulzeit außerhalb der Unterrichtsstunden verrichtet werden, sofern die einzelstaatlichen Rechtsvorschriften und/oder Praktiken dies nicht verbieten;

die Tagesarbeitszeit darf in keinem Fall 7 Stunden überschreiten; diese Höchstdauer kann für Kinder, die mindestens 15 Jahre alt sind, auf 8 Stunden heraufgesetzt werden;

c) auf 7 Stunden pro Tag und auf 35 Stunden pro Woche bei Arbeiten während der unterrichtsfreien Zeit, wenn diese mindestens eine Woche beträgt; diese Begrenzungen können für Kinder, die mindestens 15 Jahre alt sind, auf 8 Stunden pro Tag und 40 Stunden pro Woche heraufgesetzt werden;

d) auf 7 Stunden pro Tag und auf 35 Stunden pro Woche bei leichten Arbeiten, die von Kindern ausgeführt werden, die gemäß den einzelstaatlichen Rechtsvorschriften nicht mehr der Vollzeitschulpflicht unterliegen.

(2) Die Mitgliedstaaten treffen die erforderlichen Maßnahmen, um die Arbeitszeit von Jugendlichen auf 8 Stunden pro Tag und auf 40 Stunden pro Woche zu begrenzen.

(3) Die Zeit, die ein junger Mensch, der im Rahmen eines dualen Systems der theoretischen und/oder praktischen Berufsausbildung oder eines Betriebspraktikums arbeitet, für die Ausbildung aufwendet, gilt als Teil der Arbeitszeit.

(4) Ist ein junger Mensch bei mehreren Arbeitgebern beschäftigt, so sind die geleisteten Arbeitstage und Arbeitsstunden zusammenzurechnen.

Abschnitt III. **Art. 8 RL 94/33/EG 450**

(5) Die Mitgliedstaaten können durch Rechtsvorschrift vorsehen, daß in Ausnahmefällen oder in Fällen, in denen dies durch objektive Gründe gerechtfertigt ist, von Absatz 1 Buchstabe a) bzw. Absatz 2 abgewichen werden kann.

Die Mitgliedstaaten legen die Bedingungen, Einschränkungen und sonstigen Einzelheiten für die Durchführung der Abweichungen durch Rechtsvorschrift fest.

Der dritte Abschnitt der Richtlinie mit den **Art. 8–13** enthält Vorgaben zur **Arbeitszeit** 1
für Jugendliche sowie für ausnahmsweise (→ Art. 4 Rn. 2 f.) beschäftigte Kinder. In der Sache werden die Mindestvorgaben der Arbeitszeit-Richtlinie 2003/88/EG deutlich verschärft, insbesondere erlaubt die Jugendarbeitsschutz-Richtlinie keine Abweichung durch oder auf Grund von Tarifverträge(n).

Dabei gelten die Höchstarbeitszeiten für **Kinder** nach Art. 8 **Abs. 1** nur für die aus- 2
nahmsweise zulässige Beschäftigung zu Ausbildungszwecken oder mit leichten Arbeiten (Art. 4 II lit. b und lit. c; → Art. 4 Rn. 3). Bei der privilegierten Beschäftigung von Kindern mit kulturellen, sportlichen, etc. Tätigkeiten nach Art. 4 II lit. a, Art. 5 stellt die Richtlinie die Arbeitszeitvorgaben in das Belieben der Mitgliedstaaten (→ Art. 5 Rn. 3).

Für **Kinder** beschränkt Abs. 1 die tägliche und wöchentliche Arbeitszeit. Dabei wird 3
danach unterschieden, ob die Kinder (Buchst. a) im Rahmen eines Systems der dualen Ausbildung oder eines Betriebspraktikums, (Buchst. b) an Schultagen, (Buchst. c) in Schulferien, die mind. eine Woche dauern, oder dann arbeiten, (Buchst. d) wenn sie nicht mehr der Vollzeitschulpflicht unterliegen. Insofern darf in der Ausbildung im dualen System bis zu 8 Stunden täglich und 40 Stunden pro Woche gearbeitet werden; freilich gilt die Zeit der (theoretischen) Ausbildung nach Abs. 3 als Arbeitszeit (→ Rn. 6). Außerhalb der Schulferien ist eine Arbeitszeit von 2 Stunden pro Schultag zulässig; dabei ist zu bedenken, dass trotz einer zulässigen Wochenarbeitszeit von 12 Stunden auch am Wochenende nur 7 (8 für Kinder von mind. 15 Jahren) Arbeitsstunden am Tag erlaubt sind. In den Ferien und nach dem Ende der Vollzeitschulpflicht sind 7 Stunden täglich bei 35 Wochenstunden erlaubt; die Mitgliedstaaten dürfen für Kinder von mind. 15 Jahren Ferienarbeit von 8 Stunden täglich und 40 Stunden pro Woche erlauben.

Für **Jugendliche** gilt nach Abs. 2 eine tägliche Höchstarbeitszeit von 8 Stunden bei 40 4
Arbeitsstunden pro Woche.

Sowohl für Kinder als auch für Jugendliche gilt, dass die Richtlinie – im Gegensatz zu 5
Art. 16 der Arbeitszeit-Richtlinie 2003/88/EG – **keine Bezugszeiträume** erlaubt, in denen die Arbeitszeitvorgaben im Schnitt erreicht sein müssen. Thematisch begrenzte Ausnahmen regeln Art. 9 II UAbs. 2 für die Nachtarbeit (→ Art. 9 Rn. 2), Art. 10 IV für die täglichen und wöchentlichen Ruhezeiten von Jugendlichen bei bestimmten Tätigkeiten (→ Art. 10 Rn. 6) sowie Art. 13 für Notfallarbeiten (→ Art. 13 Rn. 3). Damit müssen die Tages- und Wochenhöchstgrenzen in jedem Referenzzeitraum eingehalten werden, eine Überschreitung bsw. der täglichen Höchstarbeitszeit kann nicht durch Freizeitausgleich am Folgetag kompensiert werden.

In **Abs. 3 und 4** wird, an systematisch fragwürdigem Regelungsstandort, der Sache nach 6
die Arbeitszeitdefinition des Art. 3 lit. e (→ Art. 3 Rn. 4) ergänzt. Demnach gelten Zeiten der theoretischen Ausbildung während einer Ausbildung im dualen System oder während eines Betriebspraktikums als Arbeitszeit, und werden bei gleichzeitiger Beschäftigung bei mehreren Arbeitgebern die jeweils geleisteten Arbeitsstunden zusammen auf die Höchstgrenzen des Art. 8 angerechnet. Der verbindende Gedanke zwischen den beiden Vorschriften ist, dass die Höchstgrenzen schutzzweckkonform nur bezogen auf die Gesamtbelastung des jungen Menschen bestimmt werden können, nicht aber bezogen auf den Arbeitseinsatz bei einem konkreten Arbeitgeber.

Von den Höchstarbeitszeiten von Jugendlichen und Kindern in der Ausbildung nach dem 7
dualen System oder im Betriebspraktikum dürfen die Mitgliedstaaten nach **Abs. 5 UAbs. 1 Abweichungen** erlauben. Die dann geltenden Höchstarbeitszeiten legen die Mitgliedstaaten nach Abs. 5 UAbs. 2 in eigener Verantwortung fest, sind dabei aber richtiger Ansicht

nach an die Vorgaben der Arbeitszeit-Richtlinie 2003/88/EG gebunden (EAS/*Balze* B 5200 Rn. 52). Erlaubt werden können solche Abweichungen „in Ausnahmefällen oder in Fällen, in denen dies durch objektive Gründe gerechtfertigt ist". Das lässt sich schon systematisch nur so auslegen, dass in den Ausnahmefällen gerade keine Gründe für die Abweichung sprechen müssen (**aA** EAS/*Balze* B 5200 Rn. 51: eine Beschäftigung in den Höchstarbeitszeiten müsse objektiv ausscheiden).

8   In **Deutschland** umgesetzt sind die Richtlinienvorgaben zu den Höchstarbeitszeiten in den §§ 5 ff. JArbSchG für Kinder und in § 8 I JArbSchG, § 53 SeeArbG für Jugendliche. Dabei ist § 5 III 3 2. Teilsatz JArbSchG sichtbar nicht mit Abs. 1 lit. b zu vereinbaren, weil Kinder in landwirtschaftlichen Familienbetrieben auch an Schultagen bis zu drei Stunden täglich und bis zu 15 Stunden wöchentlich eingesetzt werden können. Denkbar ist allenfalls eine Zuordnung zur Ausnahmeerlaubnis des Art. 2 II Buchst. b; dann freilich wäre das JArbSchG richtlinienkonform dahin zu ergänzen, dass der Einsatz der Kinder auf gelegentliche oder kurzfristige Arbeiten beschränkt ist (→ Art. 2 Rn. 7). Die systematische Stellung der deutschen Norm spricht eher gegen eine solche Zuordnung. Dann kommt eine richtlinienkonforme Auslegung gegen den klaren Wortlaut nicht in Betracht und wird die Sonderregel für den Einsatz von Kindern in landwirtschaftlichen Familienbetrieben von der Richtlinie verdrängt (*M. Schmidt* BB 1998, 1362 [1363 ff.]). Zu weit geraten und deshalb richtlinienkonform restriktiv zu lesen ist ferner der Verweis in § 5 II 2 JArbSchG (*M. Schmidt* BB 1998, 1362 [1363 ff.]). Die Abweichungserlaubnis für Kollektivverträge nach § 21a I Nr. 1 JArbSchG erlaubt, den Jugendlichen in ein betriebliches Gleitzeit- oder Rolliersystem einzugliedern; das ist ein objektiver Abweichungsgrund iSd Abs. 5 UAbs. 1 (ErfK/*Schlachter* JArbSchG § 21a Rn. 3; HWK/*Tillmanns* JArbSchG § 21a Rn. 2; **aA** *M. Schmidt* BB 1998, 1362 [1363 ff.]).

Art. 9 Nachtarbeit

(1)

a) Die Mitgliedstaaten, die von Artikel 4 Absatz 2 Buchstabe b) oder c) Gebrauch machen, treffen die erforderlichen Maßnahmen, um Kinderarbeit zwischen 20.00 Uhr und 6.00 Uhr zu verbieten.

b) Die Mitgliedstaaten treffen die erforderlichen Maßnahmen, um die Arbeit von Jugendlichen zwischen 22.00 Uhr und 6.00 Uhr oder zwischen 23.00 Uhr und 7.00 Uhr zu verbieten.

(2)

a) Die Mitgliedstaaten können durch Rechtsvorschrift in besonderen Tätigkeitsbereichen die Arbeit von Jugendlichen während des Nachtarbeitsverbots nach Absatz 1 Buchstabe b) zulassen.
In diesem Fall treffen die Mitgliedstaaten geeignete Maßnahmen für die Beaufsichtigung des Jugendlichen durch einen Erwachsenen in den Fällen, in denen eine solche Beaufsichtigung zum Schutz des Jugendlichen erforderlich ist.

b) Für den Fall, daß Buchstabe a) angewendet wird, bleibt eine Arbeit zwischen Mitternacht und 4.00 Uhr verboten.

Die Mitgliedstaaten können jedoch durch Rechtsvorschrift in den nachstehend aufgeführten Fällen die Arbeit von Jugendlichen während des Nachtarbeitsverbots zulassen, sofern dies durch objektive Gründe gerechtfertigt ist, den Jugendlichen angemessene Ausgleichsruhezeiten gewährt werden und die Ziele des Artikels 1 nicht in Frage gestellt werden:

– Beschäftigung in der Schiffahrt oder in der Fischerei;
– Beschäftigung in den Streitkräften oder in der Polizei;
– Beschäftigung in Krankenhäusern oder ähnlichen Einrichtungen;
– kulturelle, künstlerische, sportliche oder Werbetätigkeiten.

(3) Vor einer Einteilung zur Nachtarbeit und anschließend in regelmäßigen Abständen muß den Jugendlichen eine kostenlose Bewertung ihres Gesundheitszustands und ihrer Fähigkeiten gewährt werden, es sei denn, die Arbeit während des Nachtarbeitsverbots wird nur ausnahmsweise verrichtet.

Das **Nachtarbeitsverbot des Abs. 1** differenziert zwischen ausnahmsweise arbeitsberechtigten Kindern und Jugendlichen. **Kinder (Buchst. a)** dürfen nur zwischen 6.00 Uhr und 20.00 Uhr eingesetzt werden; auch insoweit gilt, dass die privilegierte Kinderarbeit bei kulturellen, sportlichen, etc. Tätigkeiten iSd Art. 4 II lit. a, Art. 5 von den Arbeitszeitvorgaben der Art. 8 ff. ausgenommen ist (→ Art. 5 Rn. 3), und die Mitgliedstaaten den entsprechenden Arbeitszeitschutz in eigener Verantwortung regeln können und müssen. Für **Jugendliche (Buchst. b)** stellt die Richtlinie die Mitgliedstaaten vor die Wahl, das Nachtarbeitsverbot entweder zwischen 22.00 und 6.00 Uhr oder zwischen 23.00 Uhr und 7.00 Uhr festzulegen. 1

Ausnahmen vom Nachtarbeitsverbot **nur für Jugendliche** erlaubt Abs. 2 UAbs. 1. Nach Buchst. a können die Mitgliedstaaten in besonderen Tätigkeitsbereichen entgegen Abs. 1 lit. b Nachtarbeit zulassen, müssen dann aber – soweit erforderlich – dafür sorgen, dass der Jugendliche bei der Nachtarbeit von einem Erwachsenen beaufsichtigt wird. **Verboten** bleibt Nachtarbeit für Jugendliche zwischen 0.00 Uhr und 4.00 Uhr, Buchst. b. Von diesem „Kern" des Nachtarbeitsverbots für Jugendliche dürfen die Mitgliedstaaten nur in den von UAbs. 2 ausdrücklich aufgezählten Bereichen abweichen; Voraussetzung ist, dass die Ausnahme auch angesichts der Ziele des Art. 1 (→ Art. 1 Rn. 1 f.) objektiv gerechtfertigt ist und die Jugendlichen angemessene Ausgleichsruhezeiten bekommen. Soweit UAbs. 2 erster Gedankenstrich Schifffahrt und Fischerei nennt, ist die RL 1999/63/EG spezieller und vorrangig (→ Art. 1 Rn. 4). Der systematische Vergleich von UAbs. 1 lit. a und UAbs. 2 spricht dagegen, auch für die Ausnahme in „besonderen Tätigkeitsbereichen" eine objektive Rechtfertigung zu verlangen. Vorzuziehen ist indes eine teleologische Auslegung dahin, dass die in UAbs. 1 lit. a verlangte Besonderheit in der Tätigkeit selbst liegen und einen Arbeitseinsatz während der Nacht erfordern muss (EAS/*Balze* B 5200 Rn. 54 mit dem Beispiel der Bäcker). 2

Bevor **Jugendliche** zu **regelmäßiger Nachtarbeit** „eingeteilt" werden (und nicht nur ausnahmsweise nachts arbeiten), muss ihnen nach Abs. 3 eine kostenlose **Untersuchung** ihres Gesundheitszustands gewährt werden, die eine Bewertung der Fähigkeiten des Jugendlichen einschließt. Die Untersuchung muss in regelmäßigen Abständen wiederholt werden; ein Intervall gibt die Richtlinie nicht vor, insoweit muss es wie bei Art. 6 II UAbs. 3 (→ Art. 6 Rn. 5) darauf ankommen, den Arbeitnehmer jeweils zu untersuchen, ehe erhebliche gesundheitliche Beeinträchtigungen eingetreten sind. Zwar verlangt die Richtlinie eine erste Untersuchung ausdrücklich vor der „Einteilung" des Jugendlichen, mit Blick auf den Schutzzweck ist hier aber eine weite Auslegung gerechtfertigt: Um Gesundheitsgefahren zu vermeiden reicht es aus, wenn die erste Untersuchung so rechtzeitig vor der Arbeitsaufnahme stattfindet, dass die Nachtarbeit noch verhindert werden kann. 3

Das Nachtarbeitsverbot im **deutschen Recht** fällt im Vergleich zur Richtlinie strenger aus: Grds. dürfen Kinder nach § 5 III 3 JArbSchG nur zwischen 8.00 Uhr und 18.00 Uhr und Jugendliche nach § 14 I JArbSchG nur zwischen 6.00 Uhr und 20.00 Uhr beschäftigt werden. Freilich sind für beide Gruppen Ausnahmen erlaubt, die sich nicht iRd Ausnahmeerlaubnisse der Richtlinie halten: So schließt die Verweisung der §§ 5 II 2, 7 S. 2 JArbSchG für Kinder richtlinienwidrige Ausnahmeoptionen ein (ErfK/*Schlachter* JArbSchG § 7 Rn. 1; HWK/*Tillmanns* JArbSchG § 7 Rn. 2), und ist die Möglichkeit, das Nachtarbeitsverbot für Jugendliche nach § 21b Nr. 2 JArbSchG durch VO zu lockern, nicht auf bestimmte Tätigkeitsbereiche beschränkt; durch richtlinienkonforme Auslegung korrigieren lässt sich nur Ersteres (*M. Schmidt* BB 1998, 1362 [1363 ff.]). 4

Art. 10 Ruhezeiten

(1)

a) Die Mitgliedstaaten, die von Artikel 4 Absatz 2 Buchstabe b) oder c) Gebrauch machen, treffen die erforderlichen Maßnahmen, damit Kinder während jedes Zeitraums von 24 Stunden eine Ruhezeit von mindestens 14 aufeinanderfolgenden Stunden erhalten.

b) Die Mitgliedstaaten treffen die erforderlichen Maßnahmen, damit Jugendliche während jedes Zeitraums von 24 Stunden eine Ruhezeit von mindestens 12 aufeinanderfolgenden Stunden erhalten.

(2) Die Mitgliedstaaten treffen die erforderlichen Maßnahmen, damit

– Kinder, auf die Artikel 4 Absatz 2 Buchstabe b) oder c) angewendet wird, und
– Jugendliche

während jedes Zeitraums von 7 Tagen mindestens 2 Ruhetage, die nach Möglichkeit aufeinanderfolgen, erhalten.

Die Mindestruhezeit kann verkürzt werden, sofern technische oder organisatorische Gründe dies rechtfertigen; sie darf in keinem Fall weniger als 36 aufeinanderfolgende Stunden betragen.

Die in den Unterabsätzen 1 und 2 genannte Mindestruhezeit umfaßt im Prinzip den Sonntag.

(3) Die Mitgliedstaaten können durch Rechtsvorschrift vorsehen, daß die in den Absätzen 1 und 2 genannten Mindestruhezeiten bei Tätigkeiten mit über den Tag verteilten oder kurzen Arbeitszeiten unterbrochen werden können.

(4) Die Mitgliedstaaten können durch Rechtsvorschrift in den nachstehend aufgeführten Fällen für Jugendliche Abweichungen von Absatz 1 Buchstabe b) und Absatz 2 zulassen, sofern dies durch objektive Gründe gerechtfertigt ist, den Jugendlichen angemessene Ausgleichsruhezeiten gewährt werden und die Ziele des Artikels 1 nicht in Frage gestellt werden:

a) Beschäftigung in der Schiffahrt oder in der Fischerei;
b) Beschäftigung in den Streitkräften oder in der Polizei;
c) Beschäftigung in Krankenhäusern oder ähnlichen Einrichtungen;
d) Beschäftigung in der Landwirtschaft;
e) Beschäftigung im Fremdenverkehr oder im Hotel- und Gaststättengewerbe;
f) Beschäftigung, bei der die Arbeitszeiten über den Tag verteilt sind.

1 Die Regelung zu den **täglichen Ruhezeiten** in Abs. 1 unterscheidet zwischen ausnahmsweise arbeitsberechtigten Kindern und Jugendlichen. Dabei ist für **Kinder (Buchst. a)** für jeden Referenzzeitraum von 24 Stunden – nicht zwingend ist es, die Berechnung an den Kalendertag anzuknüpfen – eine zusammenhängende Ruhezeit von mind. 14 Stunden vorgeschrieben. Für **Jugendliche (Buchst. b)** verlangt die Richtlinie eine zusammenhängende Ruhezeit von mind. 12 Stunden für denselben Referenzzeitraum.

2 Auch nur **kurzfristige Unterbrechungen** der täglichen Ruhezeiten für nicht belastende Tätigkeiten (etwa Abrufen dienstlicher Mails) sind ggf. Arbeitszeit (zur „ständigen Erreichbarkeit" → Art. 3 Rn. 5) und lösen damit nach strenger Lesart zwingend eine neue, zusammenhängende Ruhezeit aus. Das ist in der Sache kaum angemessen und wird in der Praxis vielfach missachtet. Der Ausweg, unerhebliche Belastungen zwar als Arbeitszeit, aber nicht als Unterbrechung der Ruhezeit zu werten, ist schon mit dem strengen Dualismus von Arbeitszeit und Ruhezeit im unionsrechtlichen Arbeitsschutz (→ Art. 3 Rn. 6) kaum zu vereinbaren (*Wank* RdA 2014, 285 [289]). Im Jugendarbeitsschutz ist er aber vor allem methodisch ausgeschlossen, weil Abs. 3 eine besondere Ausnahmeerlaubnis vorsieht, die die Mitgliedstaaten freilich durch eine entsprechende Rechtsvorschrift wahrnehmen müssen (→ Rn. 5).

Die in **Abs. 2 UAbs. 1** geregelten **wöchentlichen Ruhezeiten** gelten für alle jungen 3
Menschen einheitlich. Erforderlich sind in jedem Referenzzeitraum von 7 (zusammenhängenden) Tagen, wiederum nicht zwingend ist die Anknüpfung an der Kalenderwoche, mind. 2 Ruhetage. **Ruhetage** idS sind Kalendertage, in die keine Arbeitszeit fällt, sondern ausschließlich Ruhezeit. Die beiden wöchentlichen Ruhetage sollen „nach Möglichkeit" aufeinanderfolgen; die Regelung zerfällt in einen zwingenden Teil und eine Sollvorgabe. Letztere ist mehr als ein Appell; sie eröffnet den Mitgliedstaaten zwar die Möglichkeit, von der Vorgabe abzuweichen, bindet solche Abweichungen aber an Sachgründe (vgl. ErfK/ *Schlachter* JArbSchG § 15 Rn. 1). Nur für die wöchentlichen Ruhezeiten des Abs. 2 UAbs. 1 gilt die Erlaubnis an die Mitgliedstaaten nach Abs. 2 UAbs. 2, die Ruhezeiten bis zu einer Untergrenze von 36 aufeinanderfolgenden Stunden zu verkürzen, wenn technische oder organisatorische Gründe dies rechtfertigen. Dass die Untergrenze in zusammenhängenden Stunden ausgedrückt ist, lässt sich nur so verstehen, dass jede Unterschreitung der Regel-Ruhezeit von 2 Tagen pro Woche dazu zwingt, die verbleibende wöchentliche Ruhezeit zusammenzufassen.

Unklar formuliert Abs. 2 UAbs. 3, die wöchentliche Mindestruhezeit umfasse „im Prin- 4
zip den Sonntag". Ob das als Verbot der Sonntagsarbeit für Kinder und Jugendliche gemeint ist, spielt keine Rolle. Für Art. 5 II RL 93/104/EG hat der EuGH (12.11.1996 – C-84/94 Rn. 37 – Vereinigtes Königreich/Rat, NZA 1997, 23) klar gesagt, dass die **Sonntagsruhe** als kulturelle, ethnische und religiöse Vorgabe keinen Bezug zum Arbeitsschutz hat und also nicht von der Ermächtigung zu unionsrechtlichen Arbeits- und Gesundheitsschutzregelungen gedeckt ist. Für den Jugendarbeitsschutz kann – mit Blick auf den Schutzzweck und die entsprechende Ermächtigungsgrundlage (→ Art. 1 Rn. 3) – nichts anderes gelten. Abs. 2 UAbs. 3 ist kompetenzwidrig und ergo unwirksam.

Sowohl für die täglichen als auch für die wöchentlichen Ruhezeiten gilt nach **Abs. 3,** 5
dass die Mitgliedstaaten für Tätigkeiten mit über den Tag verteilten und kurzen Arbeitszeiten **Unterbrechungen der Mindestruhezeiten** anordnen dürfen. Dabei rechtfertigen die „über den Tag verteilten" Arbeitszeiten teleologisch nur eine Unterbrechung der täglichen Ruhezeiten; verteilt idS sind die Arbeitszeiten, wenn die Unterbrechung deutlich über eine Pause iSd Art. 12 hinausgeht. Demgegenüber rechtfertigen die „kurzen" Arbeitszeiten ggf. eine Unterbrechung der täglichen und der wöchentlichen Ruhezeiten. Entscheidend muss jeweils sein, ob das Ruhebedürfnis der jungen Menschen trotz der Unterbrechung noch gedeckt ist.

Bei **Jugendlichen,** die eine der in **Abs. 4** abschließend aufgelisteten Tätigkeiten aus- 6
üben, dürfen die Mitgliedstaaten sowohl die **täglichen als auch die wöchentlichen Ruhezeiten abweichend** von Abs. 1 bzw. 2 regeln. Diese Abweichungsoption setzt voraus, dass die eigenständige nationale Regelung durch objektive Gründe gerechtfertigt ist, die Jugendlichen angemessene Ausgleichsruhezeiten erhalten, und dass die Ziele des Art. 1 nicht in Frage gestellt werden. In der Sache bedeutet der Rekurs auf die Ziele des Art. 1, dass die Rechtfertigungsreichweite der Gründe uU auch dann nicht ausgereizt werden kann, wenn die Jugendlichen später Ausgleichsruhezeiten erhalten. Stattdessen ist eine Abwägung mit den Schutzzielen der Richtlinie (→ Art. 1 Rn. 1 f.) geboten.

Die Ruhezeitvorgabe des Abs. 1 lit. a gewährleistet in **Deutschland** grds. schon das 7
Nachtarbeitsverbot für Kinder nach § 5 III 3 JArbSchG; allerdings fehlt für Kinderarbeit iSd § 7 S. 1 Nr. 1 JArbSchG eine unionsrechtskonforme Regelung (*M. Schmidt* BB 1998, 1362 [1364]). Für Jugendliche sichert § 13 JArbSchG die tägliche Mindestruhezeit; die Abweichungsmöglichkeiten durch Kollektivvertrag und VO in §§ 21a, 21b JArbSchG sind richtlinienkonform um das Erfordernis technischer oder organisatorischer Gründe zu ergänzen (*M. Schmidt* BB 1998, 1362 [1364]). Die wöchentlichen Mindestruhezeiten regeln für beide Gruppen die §§ 15 ff. JArbSchG. Von den Ausnahmen nach Abs. 2 UAbs. 2 und Abs. 4 hat Deutschland nur teilweise Gebrauch gemacht, vgl. etwa § 20 JArbSchG.

Art. 11 Jahresruhezeit

Die Mitgliedstaaten, die von der Möglichkeit des Artikels 4 Absatz 2 Buchstabe b) oder c) Gebrauch machen, tragen dafür Sorge, daß bei Kindern, die aufgrund der einzelstaatlichen Rechtsvorschriften der Vollzeitschulpflicht unterliegen, die Schulferien im Rahmen des Möglichen einen arbeitsfreien Zeitraum umfassen.

1 Eine Sonderregelung nur für ausnahmsweise zulässige Kinderarbeit – ausgespart ist auch insoweit die privilegierte Beschäftigung von Kindern mit kulturellen, sportlichen etc. Tätigkeiten iSd Art. 4 II lit. a, Art. 5 (→ Art. 5 Rn. 3) – trifft Art. 11 zu den **Jahresruhezeiten**. Dabei geht es nicht um einen unionsrechtlichen Mindesturlaub, wie ihn Art. 7 RL 2003/88/EG vorschreibt. Vielmehr betrifft Art. 11 „nur" die Arbeitszeitlage: Kinder, die der nationalrechtlichen Vollzeitschulpflicht unterliegen, sollen „im Rahmen des Möglichen" in ihren Schulferien auch einen arbeitsfreien Zeitraum haben, sollen die Ferien also zumindest teilweise zur Erholung nutzen (können).

2 Die Jahresruhezeiten regelt in **Deutschland** zentral § 19 JArbSchG, der einen Mindesturlaub festsetzt. Dieser Urlaub soll Berufsschülern nach § 19 III 1 JArbSchG in den Schulferien gewährt werden. Für noch vollzeitschulpflichtige Jugendliche erlaubt § 5 IV 1 JArbSchG einen Arbeitseinsatz während der Schulferien, aber nur für 4 Wochen im Kalenderjahr. Für ausnahmsweise arbeitsberechtigte Kinder gilt nach § 5 III 2 Nr. 2 generell, dass die Arbeit den schulischen Erfolg nicht gefährden darf; dazu gehört auch eine Erholungsphase in den Schulferien (aA *M. Schmidt* BB 1998, 1362 [1364]: Umsetzungsdefizit).

Art. 12 Pausen

Die Mitgliedstaaten treffen die erforderlichen Maßnahmen, damit junge Menschen eine nach Möglichkeit zusammenhängende Ruhepause von mindestens 30 Minuten erhalten, wenn die tägliche Arbeitszeit mehr als viereinhalb Stunden beträgt.

1 Die Pausenregelung in Art. 12 ist zweigeteilt: **Zwingend** vorgegeben ist, dass junge Menschen bei einer täglichen Arbeitszeit von über 4,5 Stunden eine **Pause von mind. 30 Minuten** erhalten müssen. Diese Pause ist iSd Art. 3 lit. f **Ruhezeit** (→ Art. 3 Rn. 6), geht also nicht von der (Höchst-)Arbeitszeit ab. Nur eine Sollvorschrift („nach Möglichkeit") ist demgegenüber, dass die Pause zusammenhängend gewährt werden soll; auch insoweit (vgl. → Art. 10 Rn. 3) muss gelten, dass Abweichungen sachliche Gründe voraussetzen.

2 **Deutschland** hat Art. 12 in § 11 I JArbSchG (zum Teil überschießend) umgesetzt. Zwar muss die Pause von 30 Minuten nicht am Stück gewährt werden, wegen § 11 I 3 JArbSchG kann sie aber max. in zwei Pausen zu 15 Minuten gestückelt werden; richtlinienkonform ist das so zu verstehen, dass auch diese Zweiteilung nur aus sachlichen Gründen erlaubt ist (→ Rn. 1). Für die ausnahmsweise zulässige Kinderarbeit verweisen § 5 II 2, IV 2 JArbSchG.

Art. 13 Jugendarbeit in Fällen höherer Gewalt

Die Mitgliedstaaten können durch Rechtsvorschrift für Arbeiten, die unter den in Artikel 5 Absatz 4 der Richtlinie 89/391/EWG genannten Bedingungen ausgeführt werden, Ausnahmen von Artikel 8 Absatz 2, Artikel 9 Absatz 1 Buchstabe b), Artikel 10 Absatz 1 Buchstabe b) sowie, im Fall von Jugendlichen, von Artikel 12 zulassen, sofern diese Arbeiten vorübergehend sind und keinen Aufschub dulden, keine erwachsenen Arbeitnehmer zur Verfügung stehen und den betroffenen Jugendlichen binnen drei Wochen entsprechende Ausgleichsruhezeiten gewährt werden.

Art. 13 erlaubt den Mitgliedstaaten, in Fällen des Art. 5 IV RL 89/319/EWG, also „bei Vorkommnissen […], die auf nicht von diesem [gemeint: dem Arbeitgeber] zu vertretende anormale und unvorhersehbare Umstände oder auf außergewöhnliche Ereignisse zurückzuführen sind, deren Folgen trotz aller Sorgfalt nicht hätten vermieden werden können", unter bestimmten Voraussetzungen von bestimmten Vorgaben der Richtlinie abzuweichen. Aus deutschrechtlicher Perspektive geht es um Arbeit in Fällen **höherer Gewalt** (etwa MüKoBGB/*Tonner* § 651j Rn. 7 ff.). 1

Ausnahmen zulassen dürfen die Mitgliedstaaten dann **nur für Jugendliche,** und zwar von der täglichen und wöchentlichen Höchstarbeitszeit (→ Art. 8 Rn. 4), dem Kern-Nachtarbeitsverbot zwischen 0.00 Uhr und 4.00 Uhr (→ Art. 9 Rn. 2), den täglichen Mindestruhezeiten und (der zwingenden Komponente) der Pausenregelung (→ Art. 12 Rn. 1). 2

Voraussetzung für solche Notarbeiten ist stets, dass die Arbeiten vorübergehend sind und keinen Aufschub dulden, keine erwachsenen Arbeitnehmer zur Verfügung stehen und den betroffenen Jugendlichen binnen 3 Wochen entsprechende Ausgleichsruhezeiten gewährt werden. Vor allem der unionsrechtliche Vorrang des Einsatzes erwachsener Arbeitnehmer dürfte dazu führen, dass Notarbeiten für Kinder und Jugendliche kaum praktisch werden. 3

Deutschland hat die Notarbeit in § 21 JArbSchG geregelt. Dabei werden die Voraussetzungen der Richtlinie weitgehend nachgezeichnet. Ausnahme ist die Vorgabe höherer Gewalt; der deutschrechtliche „Notfall" ist hier mit Rücksicht auf den Verweis des Art. 13 auf Art. 5 IV RL 89/391/EWG auszulegen. 4

Abschnitt IV.

Art. 14 Maßnahmen

Jeder Mitgliedstaat legt die erforderlichen Maßnahmen fest, die bei einem Verstoß gegen die zur Durchführung dieser Richtlinie erlassenen Bestimmungen zu ergreifen sind; diese Maßnahmen müssen wirksam und angemessen sein.

Mit Blick auf die praktische Durchsetzung der Umsetzungsgesetze gibt die Richtlinie vage vor, dass Verstöße mit wirksamen und angemessenen „Maßnahmen" sanktioniert werden müssen. Den Mitgliedstaaten bleibt in diesem Rahmen überlassen, die Erforderlichkeit von **Sanktionen** zu beurteilen. Dass Kinderarbeit in der EU auch nach Umsetzung der Richtlinie verbreitet ist, lässt nicht unbedingt auf ein entsprechendes Vollzugsdefizit schließen (vgl. EAS/*Balze* B 5200 Rn. 9). 1

Deutschland hat sich entschieden, Verstöße gegen die zentralen Vorschriften des Jugendarbeitsschutzes als Ordnungswidrigkeit zu ahnden, §§ 58 f. JArbSchG. Vorsätzliche Verstöße stehen bei konkreter Gefahr für Gesundheit oder Arbeitskraft eines geschützten Arbeitnehmers sowie bei beharrlicher Wiederholung sogar unter Strafe, § 58 V, VI JArbSchG. Dieses Sanktionssystem genügt den Anforderungen des Art. 14. 2

Art. 15 Anpassung des Anhangs

Die rein technischen Anpassungen des Anhangs aufgrund des technischen Fortschritts, der Entwicklung der internationalen Vorschriften oder Spezifikationen oder des Wissensstandes in dem von dieser Richtlinie erfaßten Bereich erfolgen nach dem Verfahren des Artikels 17 der Richtlinie 89/391/EWG.

450 RL 94/33/EG Art. 17 Schlußbestimmungen

1   Der Anhang der Richtlinie, der die gefährlichen Arbeiten iSd Art. 7 I konkretisiert (→ Art. 7 Rn. 1), muss an die Entwicklung des Arbeitslebens angepasst werden, wenn der technische Fortschritt neue Arbeitsverfahren und damit auch Gefahren befördert oder bislang gefährliche Arbeiten durch neue Verfahren risikolos verrichtet werden können. Entsprechende Änderungen erleichtert Art. 15, indem er insoweit das Ausschussverfahren des Art. 17 RL 89/391/EWG für anwendbar erklärt. In der Sache bedeutet das ein schlankeres Rechtsetzungsverfahren, bei dem der Rat nicht beteiligt ist und die Mitgliedstaaten durch einen Ausschuss repräsentiert werden.

Art. 16 Nichtrückschrittsklausel

Unbeschadet des Rechts der Mitgliedstaaten, aufgrund der Entwicklung der Lage unterschiedliche Vorschriften im Bereich des Jugendschutzes zu erlassen, sofern die in dieser Richtlinie vorgesehenen Mindestanforderungen eingehalten werden, darf die Umsetzung dieser Richtlinie keinen Rückschritt gegenüber dem in jedem Mitgliedstaat bestehenden allgemeinen Jugendschutzniveau bedeuten.

1   Art. 16 besagt zweierlei: Geregelt ist zunächst ein Verbot an die Mitgliedstaaten, bei der Umsetzung der Richtlinie das allg. Jugendschutzniveau (zu lesen als „Jugendarbeitsschutzniveau") zu unterschreiten. Dieses **„Verschlechterungsverbot"** bei der Richtlinienumsetzung (dazu etwa EuGH 23.4.2009 – C-378–380/07 Rn. 122 ff. – Angelidaki ua, EuZA 2010, 253) zielt in der Sache auf ein bloßes Transparenzgebot. Das nationale Jugendarbeitsschutzniveau wird nicht petrifiziert; vielmehr sollen die Mitgliedstaaten eine (iRd Mindestvorgaben der Richtlinie zulässige) Absenkung des Schutzniveaus vor ihren Bürgern selbst verantworten und diese Verantwortung nicht mit dem Hinweis auf europarechtliche Zwänge verschleiern (vgl. *Kolbe* EuZA 2011, 65 [72]).

2   Zudem unterstreicht Art. 16 noch einmal, dass die Vorgaben der Richtlinie nur Mindestanforderungen sind (→ Art. 1 Rn. 3), die Richtlinie also auf eine **Mindestharmonisierung** zielt.

Art. 17 Schlußbestimmungen

(1)
a) Die Mitgliedstaaten erlassen die erforderlichen Rechts- und Verwaltungsvorschriften, um dieser Richtlinie spätestens am 22. Juni 1996 nachzukommen, bzw. vergewissern sich spätestens zu jenem Zeitpunkt, daß die Sozialpartner die notwendigen Vorschriften durch Vereinbarungen einführen, wobei die Mitgliedstaaten die notwendigen Maßnahmen zu treffen haben, um die dieser Richtlinie entsprechenden Ergebnisse jederzeit gewährleisten zu können.
b) Während eines Zeitraums von vier Jahren ab dem unter Buchstabe a) genannten Zeitpunkt kann das Vereinigte Königreich die Durchführung von Artikel 8 Absatz 1 Buchstabe b) Unterabsatz 1 hinsichtlich der Höchstdauer der Wochenarbeitszeit sowie von Artikel 8 Absatz 2 und von Artikel 9 Absatz 1 Buchstabe b) und Absatz 2 hinausschieben.
Die Kommission legt einen Bericht über die Auswirkungen dieser Bestimmung vor.
Der Rat entscheidet nach den im Vertrag vorgesehenen Bedingungen, ob der obengenannte Zeitraum verlängert wird.
c) Die Mitgliedstaaten setzen die Kommission unverzüglich davon in Kenntnis.

(2) [1] Wenn die Mitgliedstaaten Vorschriften nach Absatz 1 erlassen, nehmen sie in den Vorschriften selbst oder durch einen Hinweis bei der amtlichen Veröffentlichung auf diese Richtlinie Bezug. [2] Die Mitgliedstaaten regeln die Einzelheiten der Bezugnahme.

(3) Die Mitgliedstaaten teilen der Kommission den Wortlaut der wichtigsten innerstaatlichen Rechtsvorschriften mit, die sie in dem unter diese Richtlinie fallenden Bereich erlassen bzw. bereits erlassen haben.

Art. 17a Durchführungsbericht

Alle fünf Jahre legen die Mitgliedstaaten der Kommission einen Bericht über die praktische Durchführung dieser Richtlinie vor, und zwar in der Form eines gesonderten Kapitels des in Artikel 17a Absätze 1, 2 und 3 der Richtlinie 89/391/EWG vorgesehenen Gesamtberichts, der als Grundlage für die Bewertung dient, die von der Kommission gemäß Artikel 17a Absatz 4 jener Richtlinie durchzuführen ist.

Art. 17 und Art. 17a regeln technische Vorgaben für die Umsetzung der Richtlinie sowie für die Nachsorge mit Blick auf die Durchsetzung des Umsetzungsrechts in der Praxis der Mitgliedstaaten. 1

Bei Umsetzungsfehlern kommt eine unmittelbare Wirkung der Richtlinie vor allem mit Blick auf die detaillierten Arbeitszeitvorgaben der Art. 8 ff. in Betracht (näher *M. Schmidt* BB 1998, 1362 [1365 f.]). 2

Art. 18 [Adressaten]

Diese Richtlinie ist an die Mitgliedstaaten gerichtet.

Die Richtlinie ist für alle Mitgliedstaaten verbindlich. Soweit der Wortlaut einzelner Vorschriften (etwa Art. 6 I, vgl. → Art. 6 Rn. 1) direkt den Arbeitgeber adressiert, betrifft dies unmittelbar nur die Mitgliedstaaten als öffentliche Arbeitgeber. Daneben geht es um eine Indienstnahmeverpflichtung; die Mitgliedstaaten müssen private Arbeitgeber mit den Umsetzungsgesetzen an die in der Richtlinie vorgegebenen Ziele binden. 1

460. Richtlinie 96/71/EG des Europäischen Parlaments und des Rates vom 16. Dezember 1996 über die Entsendung von Arbeitnehmern im Rahmen der Erbringung von Dienstleistungen

(ABl. 1997 Nr. L 18 S. 1)

Celex-Nr. 3 1996 L 0071

DAS EUROPÄISCHE PARLAMENT UND DER RAT DER EUROPÄISCHEN UNION –

gestützt auf den Vertrag zur Gründung der Europäischen Gemeinschaft, insbesondere auf Artikel 47 Absatz 2 und Artikel 55,

auf Vorschlag der Kommission[1],

nach Stellungnahme des Wirtschafts- und Sozialausschusses[2],

gemäß dem Verfahren des Artikels 251 des Vertrags[3],

in Erwägung nachstehender Gründe:

(1) Die Beseitigung der Hindernisse für den freien Personen- und Dienstleistungsverkehr zwischen den Mitgliedstaaten gehört gemäß Artikel 3 Buchstabe c) des Vertrages zu den Zielen der Gemeinschaft.

(2) Für die Erbringung von Dienstleistungen sind nach dem Vertrag seit Ende der Übergangszeit Einschränkungen aufgrund der Staatsangehörigkeit oder einer Wohnsitzvoraussetzung unzulässig.

(3) Die Verwirklichung des Binnenmarktes bietet einen dynamischen Rahmen für die länderübergreifende Erbringung von Dienstleistungen. Das veranlaßt eine wachsende Zahl von Unternehmen, Arbeitnehmer für eine zeitlich begrenzte Arbeitsleistung in das Hoheitsgebiet eines Mitgliedstaats zu entsenden, der nicht der Staat ist, in dem sie normalerweise beschäftigt werden.

(4) Die Erbringung von Dienstleistungen kann entweder als Ausführung eines Auftrags durch ein Unternehmen, in seinem Namen und unter seiner Leitung im Rahmen eines Vertrags zwischen diesem Unternehmen und dem Leistungsempfänger oder in Form des Zurverfügungstellens von Arbeitnehmern für ein Unternehmen im Rahmen eines öffentlichen oder privaten Auftrags erfolgen.

(5) Voraussetzung für eine solche Förderung des länderübergreifenden Dienstleistungsverkehrs sind ein fairer Wettbewerb sowie Maßnahmen, die die Wahrung der Rechte der Arbeitnehmer garantieren.

(6) Mit der Transnationalisierung der Arbeitsverhältnisse entstehen Probleme hinsichtlich des auf ein Arbeitsverhältnis anwendbaren Rechts. Es liegt im Interesse der betroffenen Parteien, die für das geplante Arbeitsverhältnis geltenden Arbeits- und Beschäftigungsbedingungen festzulegen.

(7) Das Übereinkommen von Rom vom 19. Juni 1980 über das auf vertragliche Schuldverhältnisse anzuwendende Recht[4], das von zwölf Mitgliedstaaten unterzeichnet wurde, ist am 1. April 1991 in der Mehrheit der Mitgliedstaaten in Kraft getreten.

(8) In Artikel 3 dieses Übereinkommens wird als allgemeine Regel die freie Rechtswahl der Parteien festgelegt. Mangels einer Rechtswahl ist nach Artikel 6 Absatz 2 auf

---

[1] **Amtl. Anm.:** ABl. Nr. C 225 vom 30.8.1991, S. 6, und ABl. Nr. C 187 vom 9.7.1993, S. 5.
[2] **Amtl. Anm.:** ABl. Nr. C 49 vom 24.2.1992, S. 41.
[3] **Amtl. Anm.:** Stellungnahme des Europäischen Parlaments vom 10. Februar 1993 (ABl. Nr. C 72 vom 13.3.1993, S. 78), gemeinsamer Standpunkt des Rates vom 3. Juni 1996 (ABl. Nr. C 220 vom 29.7.1996, S. 1) und Beschluß des Europäischen Parlaments vom 18. September 1996 (ABl. Nr. C 320 vom 28.10.1996, S. 73). Beschluß des Rates vom 24. September 1996.
[4] **Amtl. Anm.:** ABl. Nr. L 266 vom 9.10.1980, S. 1.

den Arbeitsvertrag das Recht des Staates anzuwenden, in dem der Arbeitnehmer in Erfüllung des Vertrages gewöhnlich seine Arbeit verrichtet, selbst wenn er vorübergehend in einen anderen Staat entsandt ist, oder das Recht des Staates, in dem sich die Niederlassung befindet, die den Arbeitnehmer eingestellt hat, sofern dieser seine Arbeit gewöhnlich nicht in ein und demselben Staat verrichtet, es sei denn, daß sich aus der Gesamtheit der Umstände ergibt, daß der Arbeitsvertrag engere Verbindungen zu einem anderen Staat aufweist; in diesem Fall ist das Recht dieses anderen Staates anzuwenden.

(9) Nach Artikel 6 Absatz 1 dieses Übereinkommens darf die Rechtswahl der Parteien nicht dazu führen, daß dem Arbeitnehmer der Schutz entzogen wird, der ihm durch die zwingenden Bestimmungen des Rechts gewährt wird, das nach Absatz 2 mangels einer Rechtswahl anzuwenden wäre.

(10) Nach Artikel 7 dieses Übereinkommens kann – zusammen mit dem für anwendbar erklärten Recht – den zwingenden Bestimmungen des Rechts eines anderen Staates, insbesondere des Mitgliedstaats, in dessen Hoheitsgebiet der Arbeitnehmer vorübergehend entsandt wird, Wirkung verliehen werden.

(11) Nach dem in Artikel 20 dieses Übereinkommens anerkannten Grundsatz des Vorrangs des Gemeinschaftsrechts berührt das Übereinkommen nicht die Anwendung der Kollisionsnormen für vertragliche Schuldverhältnisse auf besonderen Gebieten, die in Rechtsakten der Organe der Europäischen Gemeinschaften oder in dem in Ausführung dieser Akte harmonisierten innerstaatlichen Recht enthalten sind oder enthalten sein werden.

(12) Das Gemeinschaftsrecht hindert die Mitgliedstaaten nicht daran, ihre Gesetze oder die von den Sozialpartnern abgeschlossenen Tarifverträge auf sämtliche Personen anzuwenden, die – auch nur vorübergehend – in ihrem Hoheitsgebiet beschäftigt werden, selbst wenn ihr Arbeitgeber in einem anderen Mitgliedstaat ansässig ist. Das Gemeinschaftsrecht verbietet es den Mitgliedstaaten nicht, die Einhaltung dieser Bestimmungen mit angemessenen Mitteln sicherzustellen.

(13) Die Gesetze der Mitgliedstaaten müssen koordiniert werden, um einen Kern zwingender Bestimmungen über ein Mindestmaß an Schutz festzulegen, das im Gastland von Arbeitgebern zu gewährleisten ist, die Arbeitnehmer für eine zeitlich begrenzte Arbeitsleistung in das Hoheitsgebiet eines Mitgliedstaats entsenden, in dem eine Dienstleistung zu erbringen ist. Eine solche Koordinierung kann nur durch Rechtsvorschriften der Gemeinschaft erfolgen.

(14) Ein „harter Kern" klar definierter Schutzbestimmungen ist vom Dienstleistungserbringer unabhängig von der Dauer der Entsendung des Arbeitnehmers einzuhalten.

(15) In bestimmten Einzelfällen von Montage- und/oder Einbauarbeiten sind die Bestimmungen über die Mindestlohnsätze und den bezahlten Mindestjahresurlaub nicht anzuwenden.

(16) Die Anwendung der Bestimmungen über die Mindestlohnsätze und den bezahlten Mindestjahresurlaub bedarf außerdem einer gewissen Flexibilität. Beträgt die Dauer der Entsendung nicht mehr als einen Monat, so können die Mitgliedstaaten unter bestimmten Bedingungen von den Bestimmungen über die Mindestlohnsätze abweichen oder die Möglichkeit von Abweichungen im Rahmen von Tarifverträgen vorsehen. Ist der Umfang der zu verrichtenden Arbeiten gering, so können die Mitgliedstaaten von den Bestimmungen über die Mindestlohnsätze und den bezahlten Mindestjahresurlaub abweichen.

(17) Die im Gastland geltenden zwingenden Bestimmungen über ein Mindestmaß an Schutz dürfen jedoch nicht der Anwendung von Arbeitsbedingungen, die für die Arbeitnehmer günstiger sind, entgegenstehen.

(18) Es sollte der Grundsatz eingehalten werden, daß außerhalb der Gemeinschaft ansässige Unternehmen nicht besser gestellt werden dürfen als Unternehmen, die im Hoheitsgebiet eines Mitgliedstaats ansässig sind.

(19) Unbeschadet anderer Gemeinschaftsbestimmungen beinhaltet diese Richtlinie weder die Verpflichtung zur rechtlichen Anerkennung der Existenz von Leiharbeitsunternehmen, noch hindert sie die Mitgliedstaaten, ihre Rechtsvorschriften über das Zurverfügungstellen von Arbeitskräften und über Leiharbeitsunternehmen auf Unternehmen anzuwenden, die nicht in ihrem Hoheitsgebiet niedergelassen, dort aber im Rahmen der Erbringung von Dienstleistungen tätig sind.

(20) Diese Richtlinie berührt weder die von der Gemeinschaft mit Drittländern geschlossenen Übereinkünfte noch die Rechtsvorschriften der Mitgliedstaaten, die den Zugang von Dienstleistungserbringern aus Drittländern zu ihrem Hoheitsgebiet betreffen. Ebenso bleiben die einzelstaatlichen Rechtsvorschriften, die die Einreise und den Aufenthalt von Arbeitnehmern aus Drittländern sowie deren Zugang zur Beschäftigung regeln, von dieser Richtlinie unberührt.

(21) Welche Bestimmungen im Bereich der Sozialversicherungsleistungen und -beiträge anzuwenden sind, ist in der Verordnung (EWG) Nr. 1408/71 des Rates vom 14. Juni 1971 zur Anwendung der Systeme der sozialen Sicherheit auf Arbeitnehmer und deren Familien, die innerhalb der Gemeinschaft zu- und abwandern[5], geregelt.

(22) Diese Richtlinie berührt nicht das Recht der Mitgliedstaaten über kollektive Maßnahmen zur Verteidigung beruflicher Interessen.

(23) Die zuständigen Stellen in den Mitgliedstaaten müssen bei der Anwendung dieser Richtlinie zusammenarbeiten. Die Mitgliedstaaten haben geeignete Maßnahmen für den Fall der Nichteinhaltung dieser Richtlinie vorzusehen.

(24) Es muß sichergestellt werden, daß diese Richtlinie ordnungsgemäß angewandt wird. Hierzu ist eine enge Zusammenarbeit zwischen der Kommission und den Mitgliedstaaten vorzusehen.

(25) Spätestens fünf Jahre nach Annahme dieser Richtlinie hat die Kommission die Anwendung dieser Richtlinie zu überprüfen und, falls erforderlich, Änderungsvorschläge zu unterbreiten –

HABEN FOLGENDE RICHTLINIE ERLASSEN:

Art. 1 Anwendungsbereich

(1) Diese Richtlinie gilt für Unternehmen mit Sitz in einem Mitgliedstaat, die im Rahmen der länderübergreifenden Erbringung von Dienstleistungen Arbeitnehmer gemäß Absatz 3 in das Hoheitsgebiet eines Mitgliedstaats entsenden.

(2) Diese Richtlinie gilt nicht für Schiffsbesatzungen von Unternehmen der Handelsmarine.

(3) Diese Richtlinie findet Anwendung, soweit die in Absatz 1 genannten Unternehmen eine der folgenden länderübergreifenden Maßnahmen treffen:

a) einen Arbeitnehmer in ihrem Namen und unter ihrer Leitung in das Hoheitsgebiet eines Mitgliedstaats im Rahmen eines Vertrags entsenden, der zwischen dem entsendenden Unternehmen und dem in diesem Mitgliedstaat tätigen Dienstleistungsempfänger geschlossen wurde, sofern für die Dauer der Entsendung ein Arbeitsverhältnis zwischen dem entsendenden Unternehmen und dem Arbeitnehmer besteht, oder

b) einen Arbeitnehmer in eine Niederlassung oder ein der Unternehmensgruppe angehörendes Unternehmen im Hoheitsgebiet eines Mitgliedstaats entsenden, sofern für die Dauer der Entsendung ein Arbeitsverhältnis zwischen dem entsendenden Unternehmen und dem Arbeitnehmer besteht, oder

c) als Leiharbeitsunternehmen oder als einen Arbeitnehmer zur Verfügung stellendes Unternehmen einen Arbeitnehmer in ein verwendendes Unternehmen entsenden,

---

[5] **Amtl. Anm.:** ABl. Nr. L 149 vom 5.7.1971, S. 2. Verordnung zuletzt geändert durch die Verordnung (EG) Nr. 3096/95 (ABl. Nr. L 335 vom 30.12.1995, S. 10).

das seinen Sitz im Hoheitsgebiet eines Mitgliedstaats hat oder dort seine Tätigkeit ausübt, sofern für die Dauer der Entsendung ein Arbeitsverhältnis zwischen dem Leiharbeitunternehmen oder dem einen Arbeitnehmer zur Verfügung stellenden Unternehmen und dem Arbeitnehmer besteht.

(4) Unternehmen mit Sitz in einem Nichtmitgliedstaat darf keine günstigere Behandlung zuteil werden als Unternehmen mit Sitz in einem Mitgliedstaat.

Übersicht

	Rn.
A. Grundlegendes	1
I. Historische Entwicklung und Zielsetzung	1
II. Die Entsende-Richtlinie im Kontext zu anderen Richtlinien	6
1. VO (EU) 593/2008 (Rom I-VO) – Die Entsende-Richtlinie als Sonderkollisionsrecht	6
2. RL 2014/67/EU – Durchsetzungs-Richtlinie	16
3. RL 2006/123/EG – Dienstleistungs-Richtlinie	19
4. VO (EU) 492/2011 – Freizügigkeitsverordnung	24
5. RL 2008/104/EG – Leiharbeits-Richtlinie	28
B. Anwendungsbereich	30
I. Persönlicher und territorialer Geltungsbereich	30
II. Dienstleistungserbringung	38
1. Dienstleistungsfreiheit	40
2. Warenverkehrsfreiheit	49
III. Entsendetypen	50
1. Dienstleistungsentsendung	52
2. Konzernentsendung oder Entsendung in eine Niederlassung	56
3. Grenzüberschreitende Leiharbeit	60
IV. Ausnahmen vom Anwendungsbereich der Entsende-Richtlinie	63
1. Handelsmarine	63
2. Ausnahme mangels Dienstleistungserbringung	64
V. Unternehmen mit Sitz im Ausland	74

A. Grundlegendes

I. Historische Entwicklung und Zielsetzung

1   Die Initiative um eine Entsende-Richtlinie entstand im Zusammenhang mit der Vollendung des Binnenmarktes. Als ein Baustein der sozialen Flankierung des Binnenmarktes erwog die Kommission erstmalig 1989 ein Rechtsinstrument zur Regelung der grenzüberschreitenden Erbringung von Dienstleistungen. Die Ankündigung erfolgte im **Aktionsprogramm** zur Umsetzung der Gemeinschaftscharta der sozialen Grundrechte der Arbeitnehmer von 1989 (dazu ausführlich *Sörries,* Die Entsende-Richtlinie: Entscheidungsprozeß und Rückkopplungen im Mehrebenensystem, Industrielle Beziehungen, 4. Jg., Heft 2, 1997, 125 ff.). Auslöser für den 1. Richtlinienvorschlag der Kommission vom 1.8.1991 war das Urteil des **EuGH in der Rs.** *Rush Portuguesa,* in dem der EuGH festhielt, dass das „Gemeinschaftsrecht es den Mitgliedstaaten nicht verwehrt, ihre Rechtsvorschriften oder die von den Sozialpartnern geschlossenen Tarifverträge unabhängig davon, in welchem Land der Arbeitgeber ansässig ist, auf alle Personen auszudehnen, die in ihrem Hoheitsgebiet eine unselbständige Erwerbstätigkeit ausüben" (EuGH 7.3.1990 – C-113/89 Rn. 18).

2   Der **1. Richtlinienvorschlag** der Kommission (KOM [91] 230 endg. ABl. C 225 vom 30.8.1991) verdeutlicht die **Ziele,** die mit der Erlassung einer Entsende-Richtlinie verfolgt werden sollten: Im Interesse des freien Dienstleistungsverkehrs sollten **Rechtsunsicherheiten** in Bezug auf das anwendbare Arbeitsrecht beseitigt werden. Im Jahr 1991 hing die Lösung dieser Frage davon ab, welche Kriterien in den Kollisionsnormen der Mitgliedstaaten zur Feststellung des anwendbaren Arbeitsrechts festgelegt waren. Da die Anwendung dieser Kriterien nach den nationalen Rechtsordnungen unterschiedlich war, konnte es zu Rechtsunsicherheiten und Schwierigkeiten kommen, die für die betroffenen Unternehmen

maßgebenden Arbeitsbedingungen im Voraus zu bestimmen. Ferner sollten **Wettbewerbsverzerrungen** zwischen in- und ausländischen Unternehmen verhindert werden. Der Kommissionsentwurf gibt Lohndaten im Baugewerbe aus dem Jahr 1990 wieder, wonach die niedrigsten tarifvertraglichen Stundenlöhne im Baugewerbe bsw. in Dänemark 13,32 ECU, in Deutschland 7,11 ECU, in Portugal 1,50 ECU und in Griechenland 2,12 ECU betrugen (S. 5). Der Kommissionsentwurf anerkennt das Interesse an einem freien Wettbewerb zwischen den Unternehmen im Hinblick auf das Ziel, vollen Nutzen aus dem Binnenmarkt zu ziehen, anerkennt aber auch das Interesse der Gaststaaten, Mindestlöhne für ihr Hoheitsgebiet vorzuschreiben, um ihrem Land einen angemessenen Mindestlebensstandard zu sichern (S. 4). Außerdem wird der **Schutz der entsandten Arbeitnehmer** berücksichtigt, welche – vage formuliert – „vor Praktiken geschützt werden sollen, die sich im internationalen Rahmen des ständig zunehmenden Einsatzes externer Arbeits- und Beschäftigungsressourcen herausbilden könnten" (S. 14).

Bereits die Stellungnahme des Wirtschafts- und Sozialausschusses (WSA) vom 18.12.1991 **3** (ABl. Nr. C 49/42 vom 24.2.1992) macht auf die **Strittigkeit der Rechtsgrundlage** aufmerksam. Die Rechtsgrundlage sei unklar, da dem Richtlinienvorschlag kein kohärentes Ziel zugrunde liege, denn er diene sowohl der Dienstleistungsfreiheit als auch der Beseitigung des unlauteren Wettbewerbs und enthalte darüber hinaus zahlreiche Bestimmungen über den Schutz der Arbeitnehmer. Es folgte entsprechende Kritik in der Literatur, zB *Steck,* Geplante Entsende-Richtlinie nach Maastricht ohne Rechtsgrundlage?, EuZW 1994, 140–142.

Nach Abänderungsvorschlägen im Europäischen Parlament (ABl. Nr. C 72/78 vom **4** 15.3.1993) erließ die Kommission einen geänderten Richtlinienvorschlag (KOM [93] 225 endg., ABl. Nr. C 187/5 vom 9.7.1993). Beide Kommissionsentwürfe fanden keine qualifizierte Mehrheit im Ministerrat. Im darauf folgenden Ringen sämtlicher befassten Ratspräsidentschaften bis April 1996 wurden die **Interessenkonflikte** zwischen Vertretern der **Hochlohn- und der Niedriglohnstaaten** sichtbar. Die Entsendestaaten Portugal, Großbritannien, Irland und auch Italien opponierten aus wirtschaftlichen Gründen gegen eine obligatorisch wirkende Erstreckung der Mindestlöhne. Sie votierten für eine Ausschlussfrist für kürzere Entsendungen von drei bzw vier Monaten, sodass kurze Entsendungen nicht von der Entsende-Richtlinie erfasst sein sollten. Typische Gaststaaten wie Belgien, Dänemark, Deutschland, Frankreich, Luxemburg und die Niederlande lehnten dagegen anwendungsfreie Zeiträume ab (*Sörries,* Industrielle Beziehungen 1997, 136). Ein Kompromiss wurde unter der italienischen Ratspräsidentschaft 1996 möglich. Nationale Gesetzgebungsakte wie die Erlassung des AEntG sowie politische und wirtschaftliche Veränderungen in einigen Mitgliedstaaten führten zu veränderten Standpunkten (ausführlich *Sörries,* Industrielle Beziehungen 1997, 141 ff.).

Eine tragende Rolle für die Ausgestaltung der Entsende-Richtlinie kam den **Sozialpartnern** zu. Im Rahmen des Sozialen Dialogs zwischen den europäischen Zentralverbänden der **5** Arbeitgeber und Gewerkschaften, als dessen Moderator die Kommission auftritt und dessen Ziel die Entwicklung und Veränderung einer sozialen Dimension des Binnenmarktes ist (Art. 155 AEUV), fand die Problematik der Entsende-Richtlinie insbesondere Eingang in die Verhandlungen der sektoralen Verbände der Bauwirtschaft. In einer Stellungnahme aus dem Jahr 1993 forderten sie unter Bezugnahme auf die ILO-Konvention Nr. 94, die Sozialklauseln bei öffentlichen Aufträgen regelt, eine Geltung der Entsende-Richtlinie ohne Ausschlussfrist. Die Betonung der Richtlinienrelevanz für den Bausektor führte zu der unter der deutschen Ratspräsidentschaft 1994 vorgeschlagenen sektoriellen Fokussierung der Entsende-Richtlinie auf die **Bauwirtschaft** (*Sörries,* Industrielle Beziehungen 1997, 125 [140]), was die in der endgültigen Fassung der Richtlinie wesentlich strengeren Regelungen für den Bausektor erklärt. Dass sich die Problematik des Entsenderechts auch in der Praxis schwerpunktmäßig im Bausektor zeigt, macht die Judikatur des EuGH deutlich. Alle von 1982 (EuGH 3.2.1982 – C-62/81 – Seco) bis Ende 2014 aufgrund von Vorlagen entschiedenen Fälle bis auf die Rs. *Mazzoleni* (EuGH 15.3.2001 – C165/98) und zuletzt die Rs. *Bundesdruckerei* (EuGH 18.9.2014 – C-549/13) bezogen sich auf Sachverhalte der Bauwirtschaft.

Windisch-Graetz

II. Die Entsende-Richtlinie im Kontext zu anderen Richtlinien

6   **1. VO (EU) 593/2008 (Rom I-VO) – Die Entsende-Richtlinie als Sonderkollisionsrecht.** Im Fall des grenzüberschreitenden Einsatzes eines Arbeitnehmers ist zunächst das **maßgebliche Arbeitsvertragsstatut** zu ermitteln. Für Verträge, die nach dem 17.12.2009 abgeschlossen werden, enthält die VO (EG) 593/2008 **(Rom I-VO)** die maßgeblichen kollisionsrechtlichen Regelungen. Mit der Rom I-VO hat sich die Europäische Union ein auf vertragliche Schuldverhältnisse einheitlich anwendbares Kollisionsrecht gegeben. Sie ist als EU-Verordnung in den Mitgliedstaaten unmittelbar anwendbar und geht entgegenstehendem nationalem Recht vor. Zur Auslegung der Verordnung ist der EuGH berufen, der kollisionsrechtliche Begriffe wie etwa jenen der Eingriffsnorm unionsrechtlich autonom auszulegen hat.

7   Für ältere Verträge sind nach wie vor das EVÜ, das als völkerrechtlicher Vertrag in nationales Recht zu transformieren war, und für vor dem 1.12.1998 abgeschlossene Arbeitsverträge nationale IPR-Gesetze anzuwenden.

8   Die Rom I-VO berührt **gem. Art. 23** Rom I-VO allerdings nicht die Anwendung von Vorschriften des Unionsrechts, die in besonderen Bereichen Kollisionsnormen für vertragliche Schuldverhältnisse enthalten. Eine solche Vorschrift ist die Entsende-Richtlinie 96/71/EG, die innerhalb ihres Anwendungsbereiches **sonderkollisionsrechtliche Regelungen** enthält. Die Entsende-Richtlinie enthält diese für Fälle, in denen ein Arbeitgeber einen Arbeitnehmer in einen anderen Staat als jenen entsendet, der nach der Rom I-VO als Staat des gewöhnlichen Arbeitsorts bestimmt wird (Art. 2 RL 96/71/EG).

9   Ausgangspunkt für die Frage nach der anzuwendenden Regelung im Einzelfall ist die **generelle Regelung,** i. e. die Rom I-VO. Die auf Arbeitsverträge anzuwendenden Bestimmungen finden sich in Art. 8 Rom I-VO. Nach dem allgemeinen Prinzip des Art. 3 Rom I-VO unterliegt auch der Arbeitsvertrag grds. dem von den Parteien gewählten Recht. Art. 8 Rom I-VO bestimmt das Arbeitsvertragsstatut, soweit die Arbeitsvertragsparteien keine Rechtswahl getroffen haben. Zu berücksichtigen ist, dass auch die Rechtswahl der Parteien nicht dazu führen darf, dass dem Arbeitnehmer der Schutz jener Rechtsordnung entzogen wird, die mangels Rechtswahl anzuwenden wäre (Art. 8 I S. 2 Rom I-VO).

10 Gem. **Art. 8 II Rom I-VO** unterliegt der Arbeitsvertrag dem Recht des Staates, in dem oder allenfalls von dem aus der Arbeitnehmer in Erfüllung des Vertrages gewöhnlich seine Arbeit verrichtet (gewöhnlicher Arbeitsort). Der Staat, in dem die Arbeit gewöhnlich verrichtet wird, wechselt nicht, wenn der Arbeitnehmer seine Arbeit vorübergehend in einem anderen Staat verrichtet. Das bedeutet, dass im Fall der **vorübergehenden Entsendung das Recht des gewöhnlichen Arbeitsortes weiterhin anwendbar** bleibt. Kann das anzuwendende Recht nicht nach Art. 8 II Rom I-VO bestimmt werden, so unterliegt gem. Art. 8 III Rom I-VO der Arbeitsvertrag dem Recht des Staates, in dem sich die Niederlassung befindet, die den Arbeitnehmer eingestellt hat. Ergibt sich aus der Gesamtheit der Umstände allerdings, dass der Vertrag eine engere Verbindung zu einem anderen als dem in Abs. 2 oder 3 bezeichneten Staat aufweist, ist das Recht dieses anderen Staates anzuwenden.

11 Gem. Art. 9 III Rom I-VO darf unabhängig vom anzuwendenden Recht den **Eingriffsnormen** des Staates, in dem die durch den Vertrag begründeten Verpflichtungen erfüllt werden sollen oder erfüllt worden sind, Wirkung verliehen werden, soweit diese Eingriffsnormen die Erfüllung des Vertrags unrechtmäßig werden lassen. Art. 9 I Rom I-VO definiert Eingriffsnormen als zwingende Vorschriften, deren Einhaltung von einem Staat als so entscheidend für die Wahrung seines öffentlichen Interesses, insbesondere seiner politischen, sozialen oder wirtschaftlichen Organisation, angesehen wird, dass sie ungeachtet des nach Maßgabe dieser Verordnung auf den Vertrag anzuwendenden Rechts auf alle Sachverhalte anzuwenden sind, die in ihren Anwendungsbereich fallen.

12 Die **Entsende-Richtlinie** enthält **sonderkollisionsrechtliche Regelungen** für den Fall, dass Arbeitnehmer von einem Arbeitgeber vorübergehend in einen anderen Mitglied-

staat entsandt werden. Die Regelungen der Entsende-Richtlinie sind demnach nur auf Sachverhalte anwendbar, in denen eine kollisionsrechtliche Beurteilung aufgrund der Rom I-VO zu dem Ergebnis führt, dass Arbeitnehmer in einen Staat entsandt werden, dessen Recht nicht das für das Arbeitsverhältnis maßgebliche Vertragsstatut ist. Als Sonderkollisionsrecht koordiniert die Entsende-Richtlinie bloß die Rechtsordnungen der Mitgliedstaaten, sie enthält **keine Regelungen zur Harmonisierung** des Arbeitsrechts (*Barnard,* EU Employment Law, 221; Preis/Sagan/*Heuschmid/Schierle* § 5 Rn. 68).

Gem. Art. 3 I Entsende-Richtlinie haben die Mitgliedstaaten Arbeitnehmern, die in ihr 13 Staatsgebiet entsandt werden, einen **„harten Kern"** an Arbeitsbedingungen zu garantieren. Die Mitgliedstaaten sind somit durch die Entsende-Richtlinie verpflichtet, entsprechende Bestimmungen des nationalen Rechts **als Eingriffsrecht auszugestalten** (*Deinert,* Internationales Arbeitsrecht, § 10 Rn. 59). Eingriffsrechtscharakter bekommen die Arbeitsrechtsnormen des Empfangsstaates aber auch in jenen Fällen, in denen die Empfangsstaaten bloß von ihrer **Ermächtigung** Gebrauch gemacht haben, ihre Regelungen auf entsandte Arbeitnehmer zu erstrecken (→ Art. 3 X). Zu berücksichtigen ist jedoch, dass sowohl die gem. Art. 9 Rom I-VO als auch die gem. Art. 3 X auf entsandte Arbeitnehmer erstreckten Normen als Eingriffsnormen nicht gegen Primärrecht, insbesondere nicht gegen die Dienstleistungsfreiheit verstoßen dürfen. Dies ist im Einzelfall zu prüfen (→ Art. 3 Rn. 39 ff.). Für Art. 3 I Rom I-VO darf man dagegen aufgrund der Rechtsprechung des EuGH davon ausgehen, dass der EuGH die Erstreckung der dort genannten Arbeitsbedingungen als primärrechtskonform erachtet.

Im Erwägungsgrund 12 der Entsende-Richtlinie wird festgehalten, dass „das Gemein- 14 schaftsrecht die Mitgliedstaaten nicht daran hindert, ihre Gesetze oder die von den Sozialpartnern abgeschlossenen Tarifverträge auf sämtliche Personen anzuwenden, die – wenn auch nur vorübergehend – in ihrem Hoheitsgebiet beschäftigt werden, selbst wenn ihr Arbeitgeber in einem anderen Mitgliedstaat ansässig ist". Diese Behauptung ist der frühen Rechtsprechung des EuGH entnommen, welcher sie aber nicht weiter begründet (EuGH 3.2.1982 – C-62/81 Rn. 14 – Seco; 27.3.1990 – C-113/89 Rn. 18 – Rush Portuguesa). Sie findet sich auch noch später (EuGH 21.10.2004 – C-445/03 Rn. 29 – Kommission/Luxemburg). Angesichts des nunmehr in der Rom I-VO **vergemeinschafteten Kollisionsrechts** kann diese Aussage in dieser Allgemeinheit nicht mehr als richtig erachtet werden. Zum Zeitpunkt der genannten Entscheidungen und des Erlasses der Entsende-Richtlinie gab es im Gegensatz zu heute keine unionsrechtlich geregelten kollisionsrechtlichen Normen (*Schrammel,* EuZA 2009, 36). Nunmehr bestimmt außerhalb des Anwendungsbereichs der Entsende-Richtlinie Art. 8 Rom I-VO zwingend das bei grenzüberschreitenden Arbeitstätigkeiten anzuwendende Recht. Die Mitgliedstaaten haben **nur mehr** unter der Voraussetzung die Möglichkeit, die Einhaltung bestimmter zwingender Arbeitsnormen zu verlangen, dass diese als **Eingriffsnormen** iSd Art. 9 Rom I-VO qualifiziert werden können. Ob eine mitgliedstaatliche Norm, die ihrerseits internationalen Anwendungswillen hat, auch iSd Art. 9 Rom I-VO den Kriterien als Eingriffsnorm entspricht, hat der EuGH im Rahmen seines Auslegungsmonopols zu entscheiden (*Windisch-Graetz,* Grenzüberschreitende Beschäftigung im Transportgewerbe, DRdA 2013, 13 [20]; in diesem Sinn hat bereits *Pfeil* zum EVÜ festgehalten, dass es der nationale Gesetzgeber nicht in der Hand hat, durch eine einseitige Definition seiner Eingriffsnormen das System des EVÜ ad absurdum zu führen, DRdA 2008, 8).

Soweit die **Entsende-Richtlinie keine sonderkollisionsrechtlichen Regelungen** 15 enthält, ist auf das Vertragsverhältnis zwischen dem entsendenden Arbeitgeber und dem entsandten Arbeitnehmer das nach der **Rom I-VO** ermittelte Vertragsstatut anzuwenden. Dies bezieht sich etwa auf Regelungen über die Beendigung des Arbeitsvertrages, die Entgeltfortzahlung, das Haftungsrecht etc.

2. RL 2014/67/EU – Durchsetzungs-Richtlinie. Am 15.5.2014 wurde vom Rat eine 16 Richtlinie zur Durchsetzung der RL 96/71/EG über die Entsendung von Arbeitnehmern iRd Erbringung von Dienstleistungen und zur Änderung der Verordnung (EU) Nr. 1024/2012 über die Verwaltungszusammenarbeit mit Hilfe des Binnenmarkt-Informationssystems („IMI-Verordnung") verabschiedet. Mit dieser Richtlinie wird ein gemeinsamer Rahmen einer Reihe angemessener Bestimmungen, **Maßnahmen** und Kontrollmechanismen festgelegt, die für eine **bessere und einheitlichere Durchführung,** Anwendung und Durchsetzung der RL 96/71/EG in der Praxis notwendig sind, einschließlich Maßnahmen zur Verhinderung und Sanktionierung jeglichen Missbrauchs und jeglicher Umgehung der anzuwendenden Rechtsvorschriften (Art. 1 I RL 2014/67/EU).

17   Mit der RL 2014/67/EU soll die Entsende-Richtlinie nicht neuerlich aufgeschnürt werden (KOM [2012] 0131 endg.). Art. 1 I RL 2014/67/EU regelt dementsprechend ausdrücklich, dass der **Geltungsbereich der Entsende-Richtlinie 96/71/EG nicht berührt** wird.

18   Die Durchsetzungs-Richtlinie enthält ergänzende Regelungen vor allem zu folgenden Fragen: Feststellung einer tatsächlichen Entsendung und Verhinderung von Missbrauch und Umgehung (→ Rn. 37, 48; → Art. 2 Rn. 9); Zugang der Entsender und Arbeitnehmer zu Informationen und Zusammenarbeit der Behörden der Mitgliedstaaten (→ Art. 4); sowie zur Überwachung insbesondere durch den Aufnahmestaat (→ Art. 5).

19   **3. RL 2006/123/EG – Dienstleistungs-Richtlinie.** Der ursprüngliche Entwurf der Kommission zur Dienstleistungs-Richtlinie (*Bolkestein*-Entwurf SEK[2004] 21) aus dem Jahr 2004 war im Hinblick auf die Durchsetzung der Dienstleistungsfreiheit zunächst radikal: Zur Beseitigung der Hindernisse für den freien Dienstleistungsverkehr sollte grundsätzlich das Herkunftslandprinzip gelten, wonach der Dienstleistungserbringer ausschließlich den Rechtsvorschriften des Niederlassungsstaates unterliegen soll und wonach die Mitgliedstaaten die Erbringung von Dienstleistungen aus anderen Staaten nicht beschränken dürfen. Wer auch immer in einem Mitgliedstaat Leistungen erbringt, sollte auch berechtigt sein, sie in den anderen Mitgliedstaaten zu vermarkten. Dem Dienstleistungserbringer sollte ermöglicht werden, eine einmal konzipierte Dienstleistung überall in der Union anzubieten und nicht für jeden Markt ein neues Paket schnüren zu müssen (*Claasen,* Auf dem Weg zu einer einheitlichen Dogmatik der EG-Freiheiten? EWS 1995, 97, 102). Für die Kontrolle des Dienstleistungserbringers und der von ihm erbrachten Dienstleistungen sollte der Herkunftsstaat verantwortlich sein, auch wenn der Dienstleistungserbringer die Dienstleistungen in einem anderen Mitgliedstaat erbringt.

20   Die arbeitsvertragsrechtlichen Beziehungen zwischen dem Dienstleister und seinen Arbeitnehmern waren nicht Regelungsgegenstand des ursprünglichen Entwurfs (*Kröll,* Dienstleistungs-Richtlinie, Arbeitsrecht und Entsendebestimmungen, JRP 2006, 134). Angelegenheiten, die unter die Entsende-Richtlinie fallen, waren gem. Art. 17 vom Herkunftslandprinzip in der radikalen Form ausgenommen und es wurden in Art. 24 und 25 besondere Bestimmungen für Entsendungsfälle getroffen. Es wurde eine Aufgabenteilung zwischen Herkunfts- und Entsendestaat im Hinblick auf die Zuständigkeit für Kontrollen des Dienstleistungserbringers und somit entsendenden Unternehmens vorgesehen.

21   Der Kommissionsentwurf wurde im Europäischen Parlament tiefgreifenden Änderungen unterzogen. Insbesondere wurden die Art. 24 und 25 über die Entsendung gestrichen. Die Kommission erließ am 4.4.2006 einen geänderten Vorschlag (KOM [2006] 160 endg.). Am 15.11.2006 wurde im Europäischen Parlament die Dienstleistungs-Richtlinie, wie sie in einem Gemeinsamen Standpunkt des Rates vom 17.7.2006 am 7.9. dem Europäischen Parlament übergeben worden war, verabschiedet. Die Dienstleistungs-Richtlinie berührt gem. Art. 1 VI weder arbeits- noch sozialrechtliche Angelegenheiten. Art. 2 der Dienstleistungs-Richtlinie nimmt vom Geltungsbereich Dienstleistungen von Leiharbeitsagenturen aus. Art. 3 normiert den **Vorrang** anderer Gemeinschaftsrechtsakte, die spezifische Aspekte der Aufnahme oder Ausübung einer Dienstleistungstätigkeit in bestimmten Bereichen oder bestimmten Berufen regeln, **insbesondere der Entsende-Richtlinie 96/71/EG.** Aufgrund der bloß demonstrativen Aufzählung vorrangiger Rechtsakte genießt jedenfalls auch

die **Durchsetzungs-Richtlinie 2014/167/EU** Vorrang vor der Dienstleistungs-Richtlinie.

Die Mitgliedstaaten sind gem. Art. 16 III Dienstleistungs-Richtlinie ausdrücklich nicht 22 gehindert, im Einklang mit dem Gemeinschaftsrecht ihre Bestimmungen über Beschäftigungsbedingungen, einschließlich derjenigen in Tarifverträgen, anzuwenden. Die Bedeutung dieser Bestimmung ist unklar. Denn ein solches Recht der Empfangsstaaten ergibt sich bereits aus der Entsende-Richtlinie, die ausdrücklich Vorrang vor der Dienstleistungs-Richtlinie genießt. Es ist anzunehmen, dass die Dienstleistungs-Richtlinie in diesem Punkt schlicht die Judikatur des EuGH zu Fragen des Entsenderechts vor Erlassung der Entsende-Richtlinie wiedergibt, was auch hätte unterbleiben können. Sollte die Entsende-Richtlinie jedoch einmal aufgehoben werden, wäre diese Bestimmung der Dienstleistungs-Richtlinie weiter als die derzeit geltende Regelung der Entsende-Richtlinie. Neben der verpflichtenden Regelung zu Mindestbedingungen gem. Art. 3 I haben die Mitgliedstaaten gem. Art. 3 X nur dann das Recht, weitere Arbeits- und Beschäftigungsbedingungen auf alle Unternehmen auszudehnen, soweit es sich um Vorschriften im Bereich der öffentlichen Ordnung handelt, oder um Arbeits- und Beschäftigungsbedingungen, die in allg. verbindlichen Tarifverträgen festgelegt sind (*Windisch-Graetz,* Auswirkungen der Dienstleistungs-Richtlinie auf das Arbeitsrecht, ecolex 2007, 8, 11).

Gem. Art. 17 Dienstleistungs-Richtlinie findet Art. 16 keine Anwendung auf Angelegen- 23 heiten, die unter die Entsende-Richtlinie fallen – dh Meldungen, Registrierungen, das Bereithalten von Unterlagen etc dürfen grundsätzlich verlangt werden. In Bezug auf Drittstaatsangehörige haben die Mitgliedstaaten das Recht, Visa oder Aufenthaltstitel zu verlangen, oder den Drittstaatsangehörigen eine Meldepflicht bei oder nach der Einreise bei den zuständigen Behörden vorzuschreiben.

4. VO (EU) 492/2011 – Freizügigkeitsverordnung. Die Freizügigkeitsverordnung 24 (Verordnung (EU) Nr. 492/2011 des Europäischen Parlaments und des Rates vom 5. April 2011 über die Freizügigkeit der Arbeitnehmer innerhalb der Union, ABl. L 141/1 vom 27.5.2011) dient der Umsetzung der Arbeitnehmerfreizügigkeit gem. Art. 45 AEUV. Sie stützt sich daher auf den Kompetenztatbestand des Art. 46 AEUV, allerdings nur „insbesondere". Die Freizügigkeitsverordnung regelt Zugangsbedingungen und Gleichbehandlungsgebote für Arbeitnehmer, die Staatsangehörige eines Mitgliedstaates sind und die auf dem Territorium eines anderen Mitgliedstaates Arbeit suchen oder arbeiten. Fraglich ist, ob auch entsandte Arbeitnehmer Rechte aus der Freizügigkeitsverordnung geltend machen können. Von Bedeutung ist **insbesondere Art. 7 VO** (EU) 492/2011, der die **Gleichbehandlung** von Wanderarbeitnehmern bei den Arbeitsbedingungen (Art. 7 I) vorsieht sowie deren Anspruch auf gleiche steuerliche und soziale Vergünstigungen (Art. 7 III). Aber auch Art. 9 und 10, die einen Anspruch auf Gleichbehandlung beim Zugang zu Wohnraum und zu Bildungsmöglichkeiten der Kinder geben, können bei längeren Entsendungen einschlägig sein.

Für iRv **Dienstleistungsverträgen entsandte Arbeitnehmer** verneint der EuGH in 25 st.Rspr. die Anwendung der Arbeitnehmerfreizügigkeit. Der entsandte Arbeitnehmer übt kein eigenes Recht als Wanderarbeitnehmer gem. Art. 45 AEUV aus, vielmehr macht der Arbeitgeber von seinem unternehmerischen Recht der Dienstleistungsfreiheit Gebrauch. Der EuGH trifft diese Unterscheidung, da seiner Ansicht nach entsandte Arbeitnehmer keinen Zugang zum Arbeitsmarkt im Empfangsstaat suchen, sondern weiter in den Arbeitsmarkt des Herkunftsstaates integriert bleiben (→ AEUV Art. 56; EuGH 27.3.1990 – C-113/89 Rn. 15 – Rush Portuguesa; 9.8.1994 – C-43/93 Rn. 21 – Vander Elst; 25.1.2001 – C-49/98 Rn. 22 – Finalarte; *Franzen,* EuZA 2011, 451 [454]). Anders ist dies jedoch im Fall der **Arbeitskräfteüberlassung:** Die Arbeitskräfteüberlassung ist nach st.Rspr des EuGH zwar als Dienstleistung zu qualifizieren (EuGH 17.12.1981 – 279/80 – Webb), in der Rs. *Vicoplus* zeigt der EuGH aber, dass dennoch auch arbeitnehmerfreizügigkeitsspezifische Regelungen anwendbar sein können (hier eine aufgrund des Beitrittsvertrags zulässigerweise die Arbeitnehmerfreizügigkeit beschränkende Genehmigung). Der EuGH wiederholt, dass Arbeitskräfteüberlassung Auswirkungen auf den Arbeitsmarkt der Empfangsstaaten haben kann. Die Überlassung kann sich auf die berechtigten Interessen der betroffenen Arbeitnehmer auswirken. Auf die entsandten Arbeitnehmer könnten eventuell auch die Art. 45–48 AEUV und die zu deren Durchführung erlassenen Unionsverordnungen anwendbar sein (EuGH 10.2.2011 – C-307/09 Rn. 28 f. – Vicoplus; 17.12.1981 – 279/80 Rn. 10 – Webb; vgl. auch *Feuerborn*, Grenzüberschreitender Einsatz von Fremdfirmenpersonal in Oetker/Preis, EAS, B 2500; Rn. 61 mwN).

26 Die Überlegungen zum **Grad der Integration** der entsandten Arbeitnehmer in den Arbeitsmarkt, aber auch in die Gesellschaft des Empfangsstaates können für die Frage der Anwendbarkeit der Freizügigkeitsverordnung auf entsandte Arbeitnehmer fruchtbar gemacht werden. Gerade bei längeren Entsendesachverhalten – weder die Rom I-VO noch die Entsende-Richtlinie geben eine Höchstdauer einer Entsendung vor – ist von einer stärkeren Integration des Arbeitnehmers in den Empfangsstaat auszugehen. Die Familienangehörigen des Arbeitnehmers werden möglicherweise mitziehen, der Arbeitnehmer mag sich am allg. Wohnungsmarkt eine Wohnung suchen etc. *Schlachter* (Die Freizügigkeit der Arbeitnehmer in der Europäischen Union – Wer ist Träger dieses Rechts?, ZESAR 2011, 156 [158]) zeigt zurecht die **Lücke im Geltungsbereich der Grundfreiheiten** für entsandte Arbeitnehmer auf, die den ursprünglich durch die Freizügigkeitsverordnung intendierten Schutz auch für entsandte Arbeitnehmer nach der Rechtsprechung des EuGH seit der Rs. *Rush Portuguesa* verloren zu haben scheinen. Anders als der EuGH hat die Frage der Anwendbarkeit der Freizügigkeitsverordnung auf entsandte Arbeitnehmer offenbar der unionsrechtliche Gesetzgeber selbst gesehen: Nach Erwägungsgrund 5 der VO (EU) 492/2011 sollte das Recht aus der Arbeitnehmerfreizügigkeit „gleichermaßen Dauerarbeitnehmern, Saisonarbeitern, Grenzarbeitnehmern oder Arbeitnehmern zustehen, die ihre Tätigkeit im Zusammenhang mit einer Dienstleistung ausüben". Auch der 1. Richtlinienentwurf der Kommission (KOM [91] 230 endg.) geht von der Beachtlichkeit der Freizügigkeitsverordnung für entsandte Arbeitnehmer unter Bezugnahme auf die Erwägungsgründe derselben aus.

27 Es ist daher zu überlegen, die **Freizügigkeitsverordnung zumindest teilweise** ihrer Zielsetzung entsprechend **auf entsandte Arbeitnehmer anzuwenden.** Folgt man der Grundauffassung des EuGH, dass iRv Dienstleistungsverträgen entsandte Arbeitnehmer keinen Zugang zum Arbeitsmarkt des Empfangsstaates suchen, scheidet die Anwendung jener Regelungen der Freizügigkeitsverordnung aus, die einen gleichberechtigten Zugang zum Arbeitsmarkt regeln (Art. 1–6). Dasselbe muss für überlassene Arbeitskräfte gelten, da sich auch diese nicht aktiv selbst um eine Stelle im Empfangsstaat bewerben. Differenziert sind dagegen die Gleichbehandlungsgebote gem. Art. 7 ff. VO (EU) 492/2011 zu betrachten. Eine Anwendung des Art. 7 I VO (EU) 492/2011 wird aus Spezialitätsgründen ausscheiden. Gegenüber dem dort geregelten Diskriminierungsverbot bei den Arbeits- und Beschäftigungsbedingungen gehen die Regelungen der Entsende-Richtlinie vor. Demgegenüber ist die Anwendbarkeit des Art. 7 III VO (EU) 492/2011 in Bezug auf gleiche soziale und steuerliche Vergünstigungen auf entsandte Arbeitnehmer zu überlegen. Insbesondere wenn die Entsendung von längerer Dauer ist und der entsandte Arbeitnehmer im Empfangsstaat lohnsteuerpflichtig wird, ist mE die Anwendbarkeit zu bejahen. Ebenso ist Art. 10 über den gleichberechtigten Zugang der Kinder zu Bildungseinrichtungen des Empfangsstaates anzuwenden, dasselbe gilt für den Zugang zu Wohnraum.

28 **5. RL 2008/104/EG – Leiharbeits-Richtlinie.** Die Entsendung von Arbeitnehmern im Rahmen grenzüberschreitender Arbeitskräfteüberlassung fällt in den Geltungsbereich der Entsende-Richtlinie 96/71/EG. Beide Richtlinien enthalten Regelungen im Hinblick auf die Beschäftigungsbedingungen der überlassenen Arbeitskräfte während der Überlassung.

29 Zentrale Norm der Leiharbeits-Richtlinie ist Art. 5, der ein **Gleichbehandlungsgebot** zugunsten überlassener Arbeitskräfte normiert: „Die wesentlichen Arbeits- und Beschäftigungsbedingungen der Leiharbeitnehmer entsprechen während der Dauer ihrer Überlassung

Anwendungsbereich   **Art. 1 RL 96/71/EG 460**

an ein entleihendes Unternehmen mindestens denjenigen, die für sie gelten würden, wenn sie von jenem genannten Unternehmen unmittelbar für den gleichen Arbeitsplatz eingestellt worden wären." Allerdings werden die Mitgliedstaaten ermächtigt, unter bestimmten Voraussetzungen vom Gleichbehandlungsgebot abzusehen (siehe Art. 5 II-IV RL 2008/104/EG). Sollte ein Mitgliedstaat von diesen Ermächtigungen keinen Gebrauch machen und sich für die volle Gleichbehandlung grenzüberschreitend überlassener Arbeitskräfte entscheiden, wäre dies nach der Entsende-Richtlinie zulässig (*Barnard,* EU Employment Law, 219): „Die Mitgliedstaaten können vorsehen, dass die in Art. 1 I genannten Unternehmen Arbeitnehmern iSv Art. 1 III lit. c diejenigen Bedingungen garantieren, die in dem Mitgliedstaat, in dessen Hoheitsgebiet die Arbeitsleistung erbracht wird, für Leiharbeitnehmer gelten." Gewährt ein Mitgliedstaat gem. Art. 5 RL 2008/104/EG den von inländischen Arbeitskräfteüberlassern überlassenen Leiharbeitern volle Gleichbehandlung mit den Stammarbeitnehmern des Beschäftigerbetriebes und macht der Mitgliedstaat ferner von Art. 3 IX Gebrauch, genießen die grenzüberschreitend überlassenen Arbeitskräfte sämtliche arbeitsrechtlichen Rechte des Beschäftigungsstaates; solche grenzüberschreitend überlassenen Arbeitskräfte wären somit in einer besseren Position als entsandte Arbeitskräfte, die lediglich im Rahmen einer Dienstleistungsentsendung gem. Art. 1 III lit. a entsandt werden (*Barnard,* EU Employment Law, 219).

B. Anwendungsbereich

I. Persönlicher und territorialer Geltungsbereich

Die Entsende-Richtlinie gilt für Unternehmen mit Sitz in einem Mitgliedstaat, die iRd **30** länderübergreifenden Erbringung von Dienstleistungen Arbeitnehmer in das Hoheitsgebiet eines Mitgliedstaates entsenden. Das entsendende Unternehmen muss somit in einem EU-Mitgliedstaat **niedergelassen** sein (Preis/Sagan/*Heuschmied/Schierle* § 5 Rn. 80).

Der **Unternehmensbegriff** wird nicht definiert. Aufgrund der Zielsetzung der Entsen- **31** de-Richtlinie ist von einem weiten Unternehmensbegriff, wie er auch den Art. 101 ff. AEUV zugrunde liegt, auszugehen. Der EuGH versteht unter einem Unternehmen jede wirtschaftliche Einheit, unabhängig von ihrer Rechtsform und der Art der Finanzierung (EuGH 23.4.1991 – C-41/90 – Höfner und Elser). Maßgeblich ist die Teilnahme am Wirtschaftsleben, in dem Güter oder Dienstleistungen auf einem Markt angeboten werden. Irrelevant ist, ob es sich bei der unternehmerischen Einheit um eine natürliche Person oder um eine juristische Person handelt, und ob diese im privaten oder im öffentlichen Eigentum steht. Ebenso unerheblich ist, ob das Unternehmen in Gewinnerzielungsabsicht handelt; der Unternehmensbegriff erfasst auch gemeinnützige Vereinigungen und Non-Profit-Organisationen (Mayer/*Wollmann,* AEUV Art. 101 Rn. 28).

Nicht als Unternehmen sind Einrichtungen des Staates zu qualifizieren, soweit sie als **32** Träger der **öffentlichen Gewalt** handeln (EuGH 4.5.1988 – 30/87 Rn. 18 – Bodson). Grenzüberschreitende Hilfseinsätze zB des Militärs oder der Polizei fallen daher nicht in den Geltungsbereich der Entsende-Richtlinie.

Der persönliche Geltungsbereich der Entsende-Richtlinie erfasst Unternehmen mit **Sitz in 33 einem Mitgliedstaat der EU.** Unternehmen mit Sitz in Drittstaaten sind von Art. 1 I nicht erfasst. Gem. Art. 1 IV wirken sich die Regelungen der Entsende-Richtlinie jedoch insofern indirekt auf Unternehmen mit **Sitz im EU-Ausland** aus, als diesen **keine günstigere Behandlung** zuteilwerden darf als Unternehmen mit Sitz in einem Mitgliedstaat. Die Mitgliedstaaten haben daher Vorsorge zu treffen, dass aus Drittstaaten entsandten Arbeitnehmern zumindest die gleichen Arbeits- und Lohnbedingungen gewährt werden wie sie die Entsende-Richtlinie für innerhalb der Europäischen Union entsandte Arbeitnehmer vorsieht.

Aus der Formulierung des Richtlinientextes geht nicht klar hervor, ob die Entsendung **34** aus dem Mitgliedstaat erfolgen muss, in dem das entsendende Unternehmen niedergelassen ist. Preis/Sagan/*Heuschmied*/*Schierle* § 5 Rn. 80 und Schlachter/*Schierle,* 169 sind der Ansicht, dass aus systematischen Gründen eine Niederlassung in dem Mitgliedstaat vorauszusetzen sei, aus dem die Entsendung erfolgt, da gem. Art. 2 I Entsende-Richtlinie ein entsandter Arbeitnehmer normalerweise im Herkunftsstaat beim entsendenden Arbeitgeber arbeiten müsse, und daher sowohl der entsandte Arbeitnehmer als auch das Entsendeunternehmen eine Verbindung zum Herkunftsstaat aufweisen müssten. Diese enge Auslegung wird weder dem Richtlinienwortlaut noch dem Gesetzeszweck gerecht.

35 Art. 2 I **Entsende-Richtlinie verlangt nicht,** dass der **entsandte Arbeitnehmer** im Herkunftsstaat „**beim entsendenden Arbeitgeber" arbeitet** (vgl. bereits *Rebhahn,* Entsendung von Arbeitnehmern in der Europäischen Union – arbeitsrechtliche Fragen zum Gemeinschaftsrecht, DRdA 1999, 173 [176]). Art. 2 I definiert als entsandten Arbeitnehmer jeden Arbeitnehmer, der seine Arbeitsleistung während eines begrenzten Zeitraums im Hoheitsgebiet eines anderen Mitgliedstaats als demjenigen erbringt, in dessen Hoheitsgebiet er normalerweise arbeitet. Damit wird an die übliche kollisionsrechtliche Regelung der Arbeitsortanknüpfung, wie sie sich ua in Art. 6 EVÜ und in Art. 8 Rom I-VO ausdrückt, angeknüpft (dazu *Deinert,* Internationales Arbeitsrecht, 88). Während einer vorübergehenden Entsendung soll sich das anwendbare Vertragsstatut grds. nicht ändern. Die Entsende-Richtlinie verlangt jedoch, dass ein „harter Kern" von Mindestvorschriften im Empfangsstaat garantiert wird. Die damit verfolgten Regelungsziele, einen fairen Wettbewerb zu garantieren und den Schutz der Arbeitnehmer zu gewährleisten, sind auch maßgeblich, wenn der Arbeitnehmer seinen gewöhnlichen Arbeitsort nicht im Niederlassungsstaat des Arbeitgebers hat. So mag ein IT-Fachmann, dessen Arbeitgeber in Deutschland niedergelassen ist, seinen gewöhnlichen Arbeitsort in Tschechien haben. Wird er für einige Zeit nach Österreich entsandt, bleibt gem. Art. 8 II Rom I-VO grds. tschechisches Arbeitsrecht anwendbar, zusätzlich sind die zwingenden Ansprüche nach der Entsende-Richtlinie zu gewährleisten.

36 Daher sind auch **Mehrfachentsendungen** vom Geltungsbereich der Entsende-Richtlinie nicht ausgeschlossen. Entsendet ein Unternehmen einen Arbeitnehmer zunächst in einen ersten Empfangsstaat und in der Folge in einen weiteren Mitgliedstaat, bleibt die Entsende-Richtlinie auch für die Anschlussentsendung anwendbar, solange die arbeitsvertragsrechtliche Verbindung zwischen dem entsendenden Unternehmen und dem Arbeitnehmer aufrecht bleibt und das Arbeitsvertragsstatut nach wie vor das Recht des Entsendestaates als gewöhnlicher Arbeitsort bleibt. Das erfordert sowohl der Regelungszweck der Richtlinie als auch das Anliegen, Umgehungskonstruktionen zu vermeiden.

37 Anders als die offen formulierte Entsende-Richtlinie (→ Rn. 34) geht die **Durchsetzungs-Richtlinie 2014/67/EU** im Erwägungsgrund 8 von der Bedingung aus, dass der Arbeitgeber tatsächlich in dem Mitgliedstaat, „aus dem entsandt wird", niedergelassen ist. Ein solch enges Verständnis spiegelt der Richtlinientext der Durchsetzungs-Richtlinie selbst nicht wieder. Art. 4 II Durchsetzungs-Richtlinie gibt den Behörden lediglich Kriterien an die Hand, die sie bei der Entscheidung, ob „ein Unternehmen [im Niederlassungsstaat] **tatsächlich wesentliche Tätigkeiten** ausübt, die über rein interne Management- und/oder Verwaltungstätigkeiten hinausgehen", zu berücksichtigen haben. Eine Verknüpfung, dass die entsandten Arbeitnehmer aus dem Staat der Niederlassung entsandt werden müssen, findet sich nicht. Art. 4 III Durchsetzungs-Richtlinie nennt dagegen Kriterien für die Beurteilung, ob der entsandte Arbeitnehmer seine Tätigkeit vorübergehend in einem anderen Mitgliedstaat als jenem ausübt, in dem er normalerweise arbeitet (→ Art. 2 Rn. 9). Die Durchsetzungs-Richtlinie steht daher dem oben Gezeigten (→ Rn. 34–36) nicht entgegen. Zur Frage, welche Bedeutung dann Art. 4 II Durchsetzungs-Richtlinie haben kann → Rn. 48.

II. Dienstleistungserbringung

38 Art. 1 I Entsende-Richtlinie schränkt den Geltungsbereich auf Entsendungen ein, die iRd **länderübergreifenden Dienstleistungserbringung** getätigt werden. Das entsenden-

Anwendungsbereich **Art. 1 RL 96/71/EG 460**

de Unternehmen muss also von der Dienstleistungsfreiheit gem. Art. 56 ff. AEUV (AEUV Art. 56) Gebrauch machen; andernfalls ist die Entsende-Richtlinie nicht anwendbar.

Werden grenzüberschreitend Dienstleistungen erbracht, **ohne** dass dazu Dienstnehmer aus einem Mitgliedstaat in den Empfangsstaat **entsandt** werden (Korrespondenzdienstleistungen), ist die Entsende-Richtlinie **nicht anwendbar** (vgl. EuGH 18.9.2014 – C-549/13 – Bundesdruckerei). 39

1. Dienstleistungsfreiheit. Die **Dienstleistungsfreiheit** ermöglicht einem Unternehmen, seine Tätigkeit **vorübergehend** in einem anderen Staat als dem Niederlassungsstaat auszuüben (EuGH 3.2.1982 – 62, 63/81 Rn. 8 –Seco; 30.11.1995 – C-55/94 – Gebhard). Die Dienstleistungsfreiheit verlangt nicht nur die Beseitigung sämtlicher **Diskriminierungen** des Dienstleistungserbringers aufgrund seiner Staatsangehörigkeit, sondern auch die Aufhebung aller **Beschränkungen** – selbst wenn sie unterschiedslos für einheimische Dienstleistende sowie für Dienstleistende anderer Mitgliedstaaten gelten –, wenn sie geeignet sind, die Tätigkeit des Dienstleistenden, der in einem anderen Mitgliedstaat ansässig ist und dort rechtmäßig ähnliche Dienstleistungen erbringt, zu unterbinden oder zu behindern. Ein Mitgliedstaat darf die Erbringung von Dienstleistungen insbesondere **nicht** von der Einhaltung aller Voraussetzungen abhängig machen, die für eine **Niederlassung** gelten und damit der Dienstleistungsfreiheit jede praktische Wirksamkeit nehmen (EuGH 25.7.1991 – C-76/90 – Säger). 40

Der Dienstleistende darf zur Dienstleistungserbringung sein **eigenes Personal,** selbst wenn dieses keine Rechte aus der Arbeitnehmerfreizügigkeit genießt (Drittstaatsangehörige, Übergangsregelungen in Beitrittsverträgen), im Empfangsstaat einsetzen (EuGH 27.3.1990 – C-113/89 – Rush Portuguesa). Der Empfangsstaat darf die Dienstleistungsfreiheit nicht dadurch beschränken, dass er den Einsatz des vorübergehend entsandten Personals von einer **Arbeitserlaubnis** abhängig macht (EuGH 27.3.1990 – C-113/89 Rn. 12 – Rush Portuguesa). Dies gilt jedenfalls dann, wenn der Dienstleistende die entsandten Arbeitnehmer **ordnungsgemäß und dauerhaft beschäftigt** (EuGH 9.8.1994 – C-43/93 Rn. 18 – Vander Elst). Nationale Regelungen, die zu strenge Anforderungen an die Bindung des entsandten Arbeitnehmers an das entsendende Unternehmen stellen, sind unzulässig, so etwa die Voraussetzung eines unbefristeten Arbeitsvertrages, oder eines Vertrages, der bereits 6 Monate gedauert hat (EuGH 21.10.2004 – C-445/03 – Kommission/Luxemburg). Es dürfen aber Angaben dahingehend verlangt werden, ob die Arbeitnehmer **legal beschäftigt** werden und ob sie ihre **Haupttätigkeit** in dem Mitgliedstaat ausüben, in dem das Dienstleistungsunternehmen ansässig ist (EuGH 21.10.2004 – C-445/03 Rn. 46 – Kommission/Luxemburg). 41

Der EuGH anerkennt somit das Interesse der Mitgliedstaaten, **Umgehungen und Missbrauch** zu unterbinden. Der freie Dienstleistungsverkehr soll zu keinem anderen Zweck als dem der Erbringung der betreffenden Leistung genutzt werden, etwa um Arbeitnehmer zu vermitteln (EuGH 21.10.2004 – C-445/03 Rn. 39 – Kommission/Luxemburg; 27.3.1990 – C-113/89 Rn. 17 – Rush Portuguesa). 42

Praktisch problematisch ist die Gründung von **Schein- oder Briefkastenfirmen** in einem Mitgliedstaat, von dem aus Arbeitskräfte in andere Mitgliedstaaten „entsandt werden", wobei die Umgehung arbeits- und sozialrechtlicher Schutzstandards im Vordergrund steht (vgl. Preis/Sagan/*Heuschmid/Schierle* § 5 Rn. 82 ff.). In beiden Fällen ist im Einzelfall zu prüfen, ob überhaupt eine grenzüberschreitende Dienstleistungserbringung oder ein Entsendetatbestand gegeben sind. Bei Scheinfirmen, die rechtlich nicht existieren, wäre zu prüfen, wer tatsächlich der die Arbeiten ausführende Unternehmer und damit Arbeitgeber der eingesetzten Arbeitskräfte ist. Häufig wird die Prüfung dazu führen, dass der tatsächliche Unternehmer dauerhaft im Empfangsstaat tätig ist und durch eine vorgeblich im Ausland ansässige Scheinfirma unternehmensrechtliche, arbeits- und sozial- sowie steuerrechtliche Vorschriften des Empfangsstaates zu umgehen versucht. 43

Bei **Briefkastenfirmen,** die am satzungsmäßigen Sitz lediglich eine Postadresse haben, deren Geschäftsführung sich aber in einem anderen Mitgliedstaat befindet, oder bei reinen 44

Verwaltungsgesellschaften, deren operatives Geschäft in einem anderen Mitgliedstaat liegt, ist zu unterscheiden. Gesellschaftsrechtlich sind diese Firmen nicht unzulässig. Auch unionsrechtlich sind sie beachtlich. Die Gründung einer Ltd nach britischem Recht, selbst wenn diese nie Geschäftstätigkeiten entfaltet hat, berechtigt nach Ansicht des EuGH aufgrund der Niederlassungsfreiheit zur Gründung einer Zweigniederlassung in einem anderen Mitgliedstaat (EuGH 9.3.1999 – C-212/97 – Centros). Dennoch soll es gem. Art. 4 II Durchsetzungs-Richtlinie 2014/67/EU von Relevanz sein, ob ein Unternehmen im Sitzstaat tatsächlich wesentliche Tätigkeiten ausübt, die über rein interne Management- oder Verwaltungstätigkeiten hinausgehen.

45   Blickt man auf die **Kriterien,** die Art. 4 II Durchsetzungs-Richtlinie den Behörden an die Hand gibt – Ort, an dem das Unternehmen seinen Sitz und seine Verwaltung hat, Büroräume nutzt, Steuern und Sozialabgaben zahlt, eine gewerberechtliche Zulassung besitzt; Ort, an dem entsandte Arbeitnehmer eingestellt werden und von dem aus sie entsandt werden; Recht, das auf die Verträge anzuwenden ist, die das Unternehmen mit Arbeitnehmern und Kunden abschließt; Ort, an dem das Unternehmen seine wesentliche Geschäftstätigkeit ausübt; Zahl der im Niederlassungsmitgliedstaat erfüllten Verträge, Höhe des Umsatzes – stellt man fest, dass es sich um Kriterien handelt, aufgrund derer beurteilt werden kann, ob das Unternehmen in den betreffenden Mitgliedstaaten von der **Niederlassungsfreiheit oder von der Dienstleistungsfreiheit** Gebrauch macht. Nur im Fall der grenzüberschreitenden Dienstleistungsfreiheit ist die Entsende-Richtlinie anwendbar. Nur im Fall der grenzüberschreitenden Dienstleistungsfreiheit ist der Unternehmer von der Einhaltung bestimmter Rechtsvorschriften des Empfangsstaates befreit (Art. 3).

46   Ein in einem Mitgliedstaat niedergelassenes Unternehmen kann auch in einem anderen Mitgliedstaat von der **Niederlassungsfreiheit** Gebrauch machen (Art. 49 ff. AEUV). Dies ist der Fall, wenn der Wirtschaftsteilnehmer seine Dienstleistungen in **stabiler und kontinuierlicher Weise von einem Berufsdomizil** im Empfangsstaat aus anbietet (EuGH – C-55/94 Rn. 25 – Gebhard; 29.4.2004 – C-171/02 Rn. 25 – Kommission/Portugal). Voraussetzung für die Anwendbarkeit der Bestimmungen über das Niederlassungsrecht ist grundsätzlich, dass eine dauernde Präsenz im Aufnahmemitgliedstaat sichergestellt ist (EuGH 14.9.2006 – C-386/04 – Stauffer). Der Niederlassungsbegriff verlangt die tatsächliche Ausübung einer wirtschaftlichen Tätigkeit mittels einer **festen Einrichtung** in diesem Staat **auf unbestimmte Zeit** (EuGH 25.7.1991 – C-221/89 Rn. 20 – Factortame II). Er impliziert eine tatsächliche Ansiedlung der betreffenden Gesellschaft und die Ausübung einer **wirklichen wirtschaftlichen Tätigkeit** im Empfangstaat. Eine solche dauernde Präsenz muss sich auf der Grundlage objektiver und nachprüfbarer Anhaltspunkte feststellen lassen, die sich ua auf das Ausmaß des greifbaren Vorhandenseins in Form von **Geschäftsräumen, Personal und Ausrüstungsgegenständen** beziehen (EuGH 12.9.2006 – C-196/04 Rn. 67 – Cadbury Schweppes).

47   **Dienstleistungen** iSv Art. 56 AEUV sind dagegen Dienstleistungen, die **nicht in stabiler und kontinuierlicher Weise** von einem Berufsdomizil im Empfangstaat aus angeboten werden, selbst wenn sie mehr oder weniger häufig oder regelmäßig auch über einen längeren Zeitraum hinweg erbracht werden (EuGH 29.4.2004 – C-171/02 Rn. 26 – Kommission/Portugal). Der **vorübergehende Charakter** der Leistung schließt allerdings nicht die Möglichkeit für den Dienstleistungserbringer aus, sich im Aufnahmemitgliedstaat mit einer bestimmten **Infrastruktur** (einschließlich eines Büros, einer Praxis oder einer Kanzlei) auszustatten, soweit diese Infrastruktur für die Erbringung der fraglichen Leistung erforderlich ist (EuGH 30.11.1995 – C-55/94 Rn. 27 – Gebhard). Verfügt der Unternehmer allerdings im Empfangstaat über keine Infrastruktur, die es ihm erlauben würde, in diesem Mitgliedstaat in stabiler und kontinuierlicher Weise einer Erwerbstätigkeit nachzugehen, und von der aus er sich ua an die Angehörigen dieses Mitgliedstaats wendet, kann er nicht als in diesem Mitgliedstaat niedergelassen angesehen werden (EuGH 11.12.2003 – C-215/01 – Schnitzer).

Anwendungsbereich　　　　　　　　　　　　　　　　**Art. 1 RL 96/71/EG 460**

Sollten die Behörden aufgrund der Kriterienprüfung gem. Art. 4 II Durchsetzungs- 48
Richtlinie zum Ergebnis kommen, dass ein im Ausland ansässiges Unternehmen lediglich interne Management- oder Verwaltungstätigkeiten erbringt, jedoch **keine „tatsächlichen wesentlichen Tätigkeiten"** in der Art der Geschäftstätigkeit, wie sie im Ausland erbracht wird, kann dies folgende rechtliche Auswirkungen haben: (1) Werden ausschließlich im Empfangsstaat „tatsächliche wesentliche Tätigkeiten" dauerhaft erbracht, sind die Kriterien für eine **Niederlassung,** nicht aber jene für eine vorübergehenden grenzüberschreitenden Dienstleistungserbringung erfüllt. Der Empfangsstaat darf in diesem Fall die Einhaltung sämtlicher Regelungen, die im Empfangsstaat für niedergelassene Unternehmer gelten, verlangen (zB Eintrag in die Handwerksrolle, Beiträge zu öffentlich-rechtlichen Körperschaften, Beschäftigungsbewilligung für drittstaatsangehörige Arbeitnehmer usw.). (2) Erbringt ein Unternehmer im Herkunftsstaat keine „tatsächlichen wesentlichen Tätigkeiten" in dem Geschäftsfeld, das er im Empfangsstaat ausübt, wird es in der Regel am **Entsendetatbestand scheitern.** Der Entsendetatbestand verlangt zumindest, dass der entsandte Arbeitnehmer nach Ende der Tätigkeiten im Empfangsstaat in den Mitgliedstaat zurückkehrt, aus dem er entsandt wurde (vgl. Art. 4 III lit. d RL 2014/67/EU). Wird im vorgeblichen Entsendestaat keine tatsächliche wesentliche Tätigkeit in dem Geschäftsfeld, in dem der betreffende Arbeitnehmer eingesetzt wird, ausgeübt, ist eine „Rückkehr" des Arbeitnehmers in diesen Staat zur Fortsetzung seiner Tätigkeit dort nicht denkbar. Der Arbeitnehmer wird in solchen Fällen seinen gewöhnlichen Arbeitsort in der Regel im Empfangsstaat haben (vgl. den Sachverhalt in EuGH 15.3.2011 – C-29/10 – Koelzsch).

2. Warenverkehrsfreiheit. Nicht jede tatsächliche Leistungserbringung im Ausland fällt 49
unter die Dienstleistungsfreiheit. Auch wenn die Lieferung oder der Vertrieb von Waren Aspekte einer Dienstleistung haben mag, fällt sie als **Begleitleistung** der Warenverkehrsfreiheit nicht unter Art. 56 ff. AEUV sondern unter die Reglungen über die **Warenverkehrsfreiheit** (Art. 34 ff. AEUV; Streinz/*Müller-Graff*, AEUV Art. 56 Rn. 24; EuGH 12.5.2005 – C-20/03 Rn. 34, 25 – Burmanjer; 11.12.2003 – C-322/01 Rn. 65, 76, 124 – Deutscher Apothekerverband; 2.12.2010 – C-108/09 Rn. 43, 44 – Ker-Optika bt). Macht ein Unternehmer von der Warenverkehrsfreiheit Gebrauch, indem er Waren in einen anderen Staat verkauft, ist die durch ihn dazu erbrachte Lieferleistung keine „länderübergreifende Dienstleistungserbringung" iSd Art. 1 Entsende-Richtlinie. Die Entsende-Richtlinie findet auf die im Zuge der Warenlieferung grenzüberschreitend eingesetzten Arbeitnehmer keine Anwendung. Anderes gilt, wenn im Fall von Warenverbringung ein eigenständiges Dienstleistungskonzept im Vordergrund steht, zB wenn ein Transportunternehmen grenzüberschreitend Warentransporte als Dienstleistung anbietet (vgl. Streinz/*Müller-Graff* AEUV Art. 56 Rn. 25).

III. Entsendetypen

Die Entsende-Richtlinie erfasst nicht alle Erscheinungsformen geschäftlicher Tätigkeiten, 50
mit denen die Entsendung von Arbeitnehmern verbunden ist. Art. 1 III der Richtlinie nennt vielmehr drei Fälle von Entsendetatbeständen.

Das **Bestehen(bleiben) eines Arbeitsvertrages** zwischen dem entsendenden Unter- 51
nehmen und dem entsandten Arbeitnehmer kennzeichnet alle drei Entsendesituationen des Art. 1 III Entsende-Richtlinie.

1. Dienstleistungsentsendung. Die Entsende-Richtlinie findet Anwendung, wenn ein 52
Unternehmen mit Sitz in einem Mitgliedstaat einen Arbeitnehmer **in seinem Namen und unter seiner Leitung** in das Hoheitsgebiet eines Mitgliedstaats **im Rahmen eines Vertrags** entsendet, der zwischen dem entsendenden Unternehmen und dem **in diesem Mitgliedstaat tätigen Dienstleistungsempfänger** geschlossen wurde, sofern für die Dauer der Entsendung ein Arbeitsverhältnis zwischen dem entsendenden Unternehmen und dem Arbeitnehmer besteht (*Rush-Portuguesa-Situation* – gem. KOM [91] 230 endg.).

Kennzeichnend für diesen Entsendetatbestand ist das Bestehen eines **Dienstleistungsvertrages** zwischen dem entsendenden Unternehmen und einem Empfänger im Empfangsstaat.

53   Wer **Dienstleistungsempfänger** ist, wird nicht exakt definiert. Der deutsche Richtlinientext spricht von einem im Empfangsstaat „tätigen" Dienstleistungsempfänger. Dies scheint auf eine unternehmerische Rolle des Dienstleistungsempfänger zu deuten und damit Privatpersonen in ihrer Rolle als Konsumenten auszuschließen. Ein Blick in andere Sprachfassungen scheint ein derart enges Verständnis zu bestätigen: Der englische Text spricht von „the party for whom the services are intended, *operating* in that Member State", der französische vom „destinataire de la prestation de services *opérant* dans cet État membre". Preis/Sagan/*Heuschmid/Schierle* § 5 Rn. 88 behaupten demgegenüber ohne weitere Begründung, ob es sich bei dem Dienstleistungsempfänger um eine Privatperson, ein Unternehmen oder einen öffentlichen Auftraggeber handelt, sei unerheblich. Orientiert man sich bei der Auslegung am Richtlinienzweck, ist letzteren Recht zu geben. Sollen Wettbewerbsverzerrungen durch das Ausnutzen zwischenstaatlichen Lohngefälles vermieden werden, ist die Person des Empfängers grenzüberschreitender Dienstleistungen unerheblich. Das Schutzinteresse der Unternehmen des Empfangsstaats vor unfairem Wettbewerb rechtfertigt eine weite Auslegung des Richtlinientexts, die **auch Privatpersonen** als Konsumenten erfasst.

54   Die Entsende-Richtlinie verlangt nicht, dass der Dienstleistungsempfänger im Empfangsstaat eine Niederlassung oder einen Wohnsitz hat. Der Tatbestand des Art. 1 III lit. a Entsende-Richtlinie ist bereits erfüllt, wenn der Dienstleistungsempfänger im Empfangsstaat „tätig" ist, d. h. geschäftliche oder tatsächliche Tätigkeiten entfaltet. Es genügt, wenn der Dienstleistungsempfänger im Empfangsstaat seinerseits lediglich vorübergehend Dienstleistungen erbringt. Die Entsende-Richtlinie ist dementsprechend bsw. anwendbar, wenn ein deutscher Reiseveranstalter Rundreisen in Österreich anbietet – also in Österreich „tätig" wird – und sich dazu eines rumänischen Subunternehmers bedient, der im Rahmen seiner Dienstleistungen Arbeitnehmer nach Österreich entsendet. Dies ist teleologisch schon deshalb gerechtfertigt, weil die Anwendung der Richtlinie sonst leicht umgangen werden könnte (ebenso *Hoek/Houwerzijl,* Complementary study, Recommendation 11).

55   **Nicht in den Geltungsbereich** der RL 96/71/EG fallen Arbeitstätigkeiten, die ein Arbeitnehmer eines Unternehmers auf dem Territorium eines anderen Mitgliedstaates erbringt, ohne dass diese Tätigkeiten im Rahmen eines Vertrages mit einem im Empfangsstaat tätigen Dienstleistungsempfänger erbracht werden (→ Rn. 64 ff.).

56   **2. Konzernentsendung oder Entsendung in eine Niederlassung.** Die Entsende-Richtlinie findet gem. Art. 1 III lit. b Anwendung, wenn ein Arbeitnehmer in eine Niederlassung oder ein der Unternehmensgruppe angehörendes Unternehmen im Hoheitsgebiet eines Mitgliedstaats entsendet wird, sofern für die Dauer der Entsendung ein Arbeitsverhältnis zwischen dem entsendenden Unternehmen und dem Arbeitnehmer besteht. Dieser Entsendetatbestand wurde eingeführt, um nicht „die ganze Richtlinie zur Bedeutungslosigkeit zu verurteilen" (KOM [91] 230 endg. 15). Unternehmen soll die Möglichkeit genommen werden, die Regelungen der Entsende-Richtlinie durch die Gründung von Zweigniederlassungen oder Tochtergesellschaften im Empfangsstaat zu umgehen.

57   Kein Entsendetatbestand iSd Art. 1 III lit. b liegt vor, wenn der Arbeitsvertrag mit dem entsendenden Unternehmen karenziert wird und der Arbeitnehmer mit dem beschäftigenden Unternehmen einen für die Dauer der Entsendung eigenen Arbeitsvertrag abschließt. Dieser Arbeitsvertrag wird nach den Regelungen der Rom I-VO, sofern keine Rechtswahl getroffen wurde, idR dem Recht des Beschäftigungsstaates unterliegen.

58   Die Anwendung der Entsende-Richtlinie setzt auch im Fall des Art. 1 III lit. b voraus, dass die Entsendung iRd **länderübergreifenden Dienstleistungserbringung** erfolgt. Es ist zu überlegen, zwischen welchen Akteuren die erforderlichen Dienstleistungsverträge geschlossen werden müssen. Die Ansicht mancher in der Praxis, dass der entsandte Dienst-

nehmer gegenüber dem Konzernunternehmen oder der Niederlassung im Empfangsstaat Dienstleistungen erbringen muss, ist zu kurz gegriffen. Hält man sich den Gesetzeszweck vor Augen, durch diesen Tatbestand Umgehungen der Entsende-Richtlinie zu vermeiden, wird deutlich, dass in diesem Fall die Entsendung selbst, ähnlich wie bei der grenzüberschreitenden Leiharbeit, als Dienstleistung verstanden werden muss.

Der Tatbestand des Art. 1 III lit. b ist nicht erfüllt, wenn der in das Konzernunternehmen **59** oder in die Niederlassung entsandte Arbeitnehmer keine Arbeitsleistungen für das Unternehmen oder die Niederlassung im Empfangsstaat erbringt. Dies wäre der Fall, wenn Arbeitnehmer aus dem Ausland ausschließlich zu Ausbildungszwecken in ein Konzernunternehmen oder eine Zweigniederlassung entsandt werden.

3. Grenzüberschreitende Leiharbeit. Die Entsende-Richtlinie ist gem. Art. 1 III lit. c **60** anwendbar, wenn ein Unternehmer als Leiharbeitsunternehmen oder als einen Arbeitnehmer zur Verfügung stellendes Unternehmen einen Arbeitnehmer in ein verwendendes Unternehmen entsendet, das seinen Sitz im Hoheitsgebiet eines Mitgliedstaats hat oder dort seine Tätigkeit ausübt, sofern für die Dauer der Entsendung ein Arbeitsverhältnis zwischen dem Leiharbeitsunternehmen oder dem einen Arbeitnehmer zur Verfügung stellenden Unternehmen und dem Arbeitnehmer besteht. Die Unterscheidung von Leiharbeitsunternehmen und Unternehmen, die Arbeitnehmer zur Verfügung stellen, macht deutlich, dass die Entsende-Richtlinie sowohl auf Fälle anzuwenden ist, in denen die Überlassung von Arbeitskräften der Unternehmensgegenstand selbst ist, als auch auf die Überlassung von Arbeitnehmern anlässlich eines anderen Geschäftszwecks.

In der Rs. *Vicoplus* arbeitet der EuGH die Kriterien heraus, anhand derer sich bestimmen **61** lässt, ob eine Dienstleistung als Entsendung iSd Art. 1 III lit. c Entsende-Richtlinie zu qualifizieren ist. Der EuGH verweist zunächst auf die Definition in der Rs. *Webb* (EuGH 17.12.1981 – 279/80 Rn. 10), wonach **Leiharbeit** jene **Dienstleistung** ist, die darin besteht, dass ein Unternehmen anderen entgeltlich Arbeitnehmer, die im Dienst dieses Unternehmens bleiben, zur Verfügung stellt, ohne dass ein Arbeitsvertrag mit den Entleihungsunternehmen geschlossen wird. Ferner ist zwischen der Überlassung und einem vorübergehendem Ortswechsel von Arbeitnehmern, die in einen anderen Mitgliedstaat entsandt werden, um dort iRv Dienstleistungen ihres Arbeitgebers Arbeiten auszuführen, zu unterscheiden, wobei ein Ortswechsel zu letzterem Zweck unter Art. 1 III lit. a Entsende-Richtlinie fällt. Im Fall der Arbeitskräfteüberlassung ist der vorübergehende Ortswechsel des Arbeitnehmers dagegen der **eigentliche Gegenstand** einer länderübergreifenden Dienstleistung (EuGH 10.2.2011 – C-307/09 Rn. 45, 46 – Vicoplus). Außerdem arbeitet ein überlassener Arbeitnehmer unter der Aufsicht und Leitung des verwendenden Unternehmens. Dies folgt zwingend daraus, dass ein solcher Arbeitnehmer seine Arbeit nicht im Rahmen einer Dienstleistung verrichtet, die sein Arbeitgeber im Empfangsstaat erbringt (EuGH 10.2.2011 – C-307/09 Rn. 47 – Vicoplus).

Zum Zusammenspiel der Entsende-Richtlinie mit der Leiharbeits-Richtlinie → Rn. 28, **62** 29. Zur Frage der auf grenzüberschreitend überlassende Arbeitskräfte anwendbaren Rechtsnormen → Art. 2 Rn. 30 ff.

IV. Ausnahmen vom Anwendungsbereich der Entsende-Richtlinie

1. Handelsmarine. Gem. Art. 1 II Entsende-Richtlinie ist diese **nicht auf Schiffs-** **63** **besatzungen** von Unternehmen der Handelsmarine anzuwenden.

2. Ausnahme mangels Dienstleistungserbringung. Die Beschränkung des Anwen- **64** dungsbereichs der Entsende-Richtlinie auf Entsendungen im Rahmen einer Dienstleistungserbringung hat zur Folge, dass **Entsendungen** von Arbeitnehmern **zu anderen Zwecken** vom Anwendungsbereich der Entsende-Richtlinie nicht erfasst sind.

Die beiden **Richtlinienentwürfe** der Kommission enthielten **keinerlei Ausnahme-** **65** **regelungen** von der Entsende-Richtlinie. Die Kommission hielt es „wegen des Zusammenwirkens und der Interdependenz von Art. 1 und Art. 2 für überflüssig, ein Verzeichnis von Ausnahmen aufzunehmen" Als Beispiele für von der Entsende-Richtlinie ausgenommene Personen werden Handlungsreisende, Mitglieder des nicht ortsfesten Personals von Unternehmen, die im internationalen Personen- und Güterverkehr zu Wasser, zu Land und in der Luft tätig sind, sowie öffentlich Bedienstete und vergleichbares in öffentlichen Verwaltungen beschäftigtes Personal genannt (KOM [91] 230 endg. ABl. C 225 v. 30.8.1991, 15).

66 Unter anderem deswegen dürfte sich bei nationalen Akteuren die Auffassung gebildet haben, dass „die Entsende-Richtlinie auf Arbeitnehmer, die normalerweise im Hoheitsgebiet zweier oder mehrerer Mitgliedstaaten tätig sind und zum fahrenden oder fliegenden Personal eines Unternehmens gehören, das im eigenen Namen internationale Personen- und Güterbeförderungen auf dem Schienen-, Land-, Luft- oder Wasserweg durchführt, sowie auf Arbeitnehmer, die zum nicht ortsgebundenen Personal eines Presse-, Rundfunk- oder Fernsehunternehmens oder eines Unternehmens für kulturelle Veranstaltungen gehören, das im eigenen Namen vorübergehend seine Tätigkeit im Hoheitsgebiet eines anderen Mitgliedstaates ausübt, keine Anwendung finde" (so österreichische Parlamentarische Materialien: IA 1103/A BlgNR 20.GP.; AB 1970 BlgNR 20. GP 2).

67 Die **systematische Auslegung** der Entsende-Richtlinie 96/71/EG deutet dagegen klar auf den Willen des Europäischen Gesetzgebers hin, auch die Transportwirtschaft in den Anwendungsbereich der Entsende-Richtlinie einzubeziehen. Die Ausnahme für Schiffsbesatzungen von Unternehmen der Handelsmarine vom Anwendungsbereich der Richtlinie führt im Umkehrschluss zum Ergebnis, dass **andere Wirtschaftsbereiche außerhalb der Handelsmarine** – so die Transportwirtschaft in den Bereichen Straße, Schiene, Luft und der nicht ausgenommene Verkehr zu Wasser – **nicht per se vom Geltungsbereich der Entsende-Richtlinie ausgenommen** sind (*Windisch-Graetz*, Grenzüberschreitende Beschäftigung im Transportgewerbe, DRdA 2013, 13, 15).

68 Dokumente von Rat und Kommission bestätigen diese Auffassung: Der Rat geht nur für den Fall, dass keine Dienstleistungsentsendung iSd Art. 1 III lit. a vorliegt, von einer Nichtanwendbarkeit der Entsende-Richtlinie auf grenzüberschreitende Tätigkeiten im Transport aus (Interinstitutionelles Dossier 00/0346 SYN vom 20.5.1996). Ebenso wird eine Nichtanwendbarkeit der Richtlinie für Fernseh- und Presseteams ausschließlich für den Fall angenommen, dass die grenzüberschreitende Entsendung nicht deswegen erfolgt, um grenzüberschreitende Dienstleistungsaufträge zu erfüllen. Derselben Ansicht ist die Kommission in einer Stellungnahme aus dem Jahr 2009: „In summary, international rail, road or air transport is not excluded per se from the scope of the Posting of Workers Directive. Neither the specificity of cabotage activities as such, nor the frequency and diversity of the journeys seem to be pertinent for the application of the Posting of Workers Directive. Provided that the requirements of the Directive are met, it can therefore be applicable" (ECPW 06/09 final: Note on applicability of the posting of workers Directive to transport activities, in particular cabotage).

69 Die genannten **Ausnahmen** sind daher **nicht branchenbezogen sondern falltypisch** zu verstehen, wobei die genannten Tätigkeitsfelder nur exemplarisch verstanden werden können. Das **Fehlen eines Dienstleistungsvertrages** zwischen entsendendem Unternehmen und Dienstleistungsempfänger im Aufnahmestaat wird in den genannten Bereichen **Verkehr und Medien** häufig der Fall sein, ist aber auch in anderen Tätigkeitsbereichen durchaus denkbar und gegeben. Entsendungen von Journalisten ins Ausland, um dort für ihren Arbeitgeber Reportagen oder Fernsehübertragungen zu machen, von Filmteams oder Forschern, die für einen begrenzten Zeitraum im Ausland für ihren Arbeitgeber tätig sind, ohne dass im Empfangsstaat Dienstleistungsverträge für dort tätige Dienstleistungsempfänger erfüllt würden, fallen nicht in den Anwendungsbereich der Entsende-Richtlinie.

70 Im **Transportsektor** gibt es vielfach Konstellationen, in denen der **Entsendetatbestand** der RL 96/71/EG **nicht erfüllt** ist. Dies ist etwa der Fall, wenn auf dem Territorium eines Staates, in dem der Arbeitnehmer Transportleistungen erbringt, kein Dienstleistungsempfänger als Auftraggeber der erbrachten Transportdienstleistung tätig wird (Korridorzüge,

LKW-Transit). Werden mit der Transportleistung jedoch Dienstleistungen in Erfüllung vertraglicher Verpflichtungen gegenüber einem im Empfangsstaat befindlichen Dienstleistungsempfänger erbracht, ist der Tatbestand der Entsende-Richtlinie erfüllt. Ebenso ist der Tatbestand erfüllt, wenn ein Fernfahrer nach erfolgreichem Abliefern seiner Ware im Empfangsstaat weitere Beförderungsaufträge im Empfangsstaat für einen da ansässigen Dienstleistungsempfänger übernimmt (Kabotage) (*Windisch-Graetz,* DRdA 2013, 13, 16).

Ist die Entsende-Richtlinie auf Entsendetatbestände gem. Art. 1 II nicht anwendbar, bleibt es bei der ausschließlichen Anwendbarkeit der VO 593/2008 (Rom I). In diesem Fall ist zu überlegen, ob nationale Regelungen zur **Erstreckung von Mindestlöhnen** als **Eingriffsnormen** iSd Art. 9 III Rom I-VO (→ Rn. 11) qualifiziert werden können. Ein verstärktes öffentliches Interesse an der Einhaltung von Mindestlöhnen zeigt sich jedenfalls in der Regelung von Strafbestimmungen für Unterentlohnung (bsw. das österr. Lohn- und Sozialdumpingbekämpfungsgesetz). Das öffentliche Interesse beruht auf wettbewerbs-, sozial- und arbeitsmarktpolitischen Gründen, insbesondere zur Verhinderung von Lohn- und Sozialdumping. Auch die Regelung des Art. 3 I lit. c Entsende-Richtlinie ist ein Indiz dafür, dass die Normierung allg. verbindlicher Mindestlöhne Eingriffsnormcharakter hat. **71**

Zu berücksichtigen ist jedoch, dass die Anwendung einer Norm als Eingriffsnorm zu **keiner Verletzung von EU-Primärrecht,** allen voran der Grundfreiheiten, führen darf. Es ist im Einzelfall zu prüfen, ob die Anwendung einer Mindestlohnvorschrift als Eingriffsnorm die darin liegende Beschränkung der Dienstleistungsfreiheit des ausländischen Unternehmers rechtfertigen kann. Die **Judikatur des EuGH** zum Entsenderecht ist **auch für Entsendesachverhalte, die nicht in den Geltungsbereich der Entsende-Richtlinie fallen, von Bedeutung.** Die Erstreckung von Mindestlohnnormen auf sämtliche Arbeitnehmer, die auf dem Territorium des Aufnahmestaates tätig sind, muss den Zielen des Arbeitnehmerschutzes, der Vermeidung unfairen Wettbewerbs und von Lohn- und Sozialdumping genügen. Die Erstreckung der Mindestlohnregelung als Eingriffsnorm muss jedoch auch dem Verhältnismäßigkeitsgebot entsprechen. **72**

Fehlt es an einer Konkurrenzsituation zwischen dem ausländischen Unternehmen und jenen des Aufnahmestaates bzw. an der Gefahr von **Wettbewerbsverzerrungen** durch die Bezahlung niedrigerer Löhne an die entsandten Arbeitnehmer, fehlt es aus diesem Grund an einer Rechtfertigung für die Erstreckung der Mindestlöhne. Dies gilt jedenfalls für **kurzfristige Auslandseinsätze** der entsandten Arbeitnehmer. Werden Arbeitnehmer jedoch für längere Zeit in einen anderen Staat als jenen, in dem sie gewöhnlich tätig sind, entsandt, kann der **Schutz der betroffenen Arbeitnehmer** zur Rechtfertigung der Anwendung der Mindestlohnregelungen als Eingriffsnormen als Rechtfertigungsgrund herangezogen werden. Halten sich aus dem Ausland entsandte Arbeitnehmer länger im Aufnahmestaat auf, rechtfertigt der Arbeitnehmerschutz für diese Zeit ein Einkommen, das an den im Aufnahmestaat gegebenen Lebenshaltungskosten orientiert ist. Offen bleibt die Dauer dieses „länger". Versucht man, dem Unionsrecht eine diesbezügliche Wertung zu entnehmen, wird man in Art. 3 III Entsende-Richtlinie und in Art. 4 III Nachweis-Richtlinie 91/533/EWG fündig: Art. 3 III Entsende-Richtlinie ermächtigt die Mitgliedstaaten, von einer Erstreckung von Mindestlöhnen abzusehen, wenn die Dauer der Entsendung einen Monat nicht übersteigt. Die Nachweis-Richtlinie erlaubt eine Ausnahme von der Dienstzettelpflicht für Tätigkeiten im Ausland, deren Dauer ebenfalls maximal einen Monat beträgt. Daran anschließend könnte man auch bei Entsendungen, die nicht in den Geltungsbereich der Entsende-Richtlinie fallen, eine Erstreckung von Mindestlöhnen für Entsendungen annehmen, die **länger als einen Monat** währen. **73**

V. Unternehmen mit Sitz im Ausland

Gem. Art. 1 IV Entsende-Richtlinie darf Unternehmen mit Sitz in einem Nichtmitgliedstaat keine günstigere Behandlung zuteilwerden als Unternehmen mit Sitz in einem Mitgliedstaat. Gem. Art. 1 I ist die Richtlinie nur auf Unternehmen mit Sitz in einem EU- **74**

Mitgliedstaat anwendbar. Art. 1 IV bewirkt eine mittelbare Geltung der Entsende-Richtlinie auch für aus Drittstaaten entsandte Arbeitnehmer. Deshalb sind die Mindestschutzbedingungen der Entsende-Richtlinie gleichzeitig auch Mindestschutzbedingungen für entsandte Arbeitnehmer aus Drittstaaten (Preis/Sagan/*Heuschmid*/*Schierle* § 5 Rn. 103). Zur Regelung der unternehmensinternen Entsendung von Drittstaatsangehörigen aus Drittstaaten → Art. 2 Rn. 18.

Art. 2 Begriffsbestimmung

(1) Im Sinne dieser Richtlinie gilt als entsandter Arbeitnehmer jeder Arbeitnehmer, der während eines begrenzten Zeitraums seine Arbeitsleistung im Hoheitsgebiet eines anderen Mitgliedstaats als demjenigen erbringt, in dessen Hoheitsgebiet er normalerweise arbeitet.

(2) Für die Zwecke dieser Richtlinie wird der Begriff des Arbeitnehmers in dem Sinne verwendet, in dem er im Recht des Mitgliedstaats, in dessen Hoheitsgebiet der Arbeitnehmer entsandt wird, gebraucht wird.

1   Damit ein Sachverhalt in den Anwendungsbereich der Entsende-Richtlinie fällt, muss ein Arbeitnehmer iSd Art. 2 II von seinem Arbeitgeber iSd Art. 2 I entsandt sein. Im Folgenden wird zuerst auf die Arbeitnehmereigenschaft eingegangen, in der Folge auf Art. 2 I. Im Kontext des Art. 2 ist auch die Entsendung von Drittstaatsangehörigen zu erörtern.

A. Arbeitnehmereigenschaft

2   Das Unionsrecht kennt verschiedene Arbeitnehmerbegriffe (vgl. *Ziegler*, Arbeitnehmerbegriffe im Europäischen Arbeitsrecht, 2011; *Rebhahn*, Die Arbeitnehmerbegriffe des Unionsrechts, EuZA 2012, 3 ff.), die jedenfalls für die Bereiche der Grundfreiheiten und der arbeitsrechtlichen Richtlinien im Kern übereinstimmen. Manche arbeitsrechtlichen Richtlinien und die Entsende-Richtlinie verweisen jedoch auf den jeweiligen nationalen Arbeitnehmerbegriff. Art. 2 II verweist auf den **Arbeitnehmerbegriff des Aufnahmelandes.** Präpositiv kann für die Frage, ob jemand im potentiellen Aufnahmeland unselbständig oder selbstständig tätig ist, nur die tatsächlichen Gestaltung der Arbeit entscheidend sein.

3   Rechtlich ist dazu allerdings primär die Bedeutung der **Entsendebescheinigung A 1** (früher E 101) fraglich. Diese wird auf Grundlage der Sozialrechtskoordinierungs-VO 883/2004 von Behörden des Herkunftsstaates ausgestellt. Sie soll auch besagen, ob die Person im anderen Mitgliedstaat selbständig oder unselbständig tätig wird; der Antrag auf Ausstellung der Bescheinigung verlangt allerdings erstaunlicherweise keine Angaben zur – untergeordneten oder selbständigen – Gestaltung der Tätigkeit. Der EuGH hat (gleichwohl) gesagt, dass diese Bescheinigung die Behörden des Aufnahmelandes und dort auch jene Person, der Leistungen erbracht werden, bindet (vgl. EuGH 30.3.2000 – C-178/97 Rn. 38 ff. – Barry Banks; 15.6.2006 – C-255/04 Rn. 48 – Kommission/Frankreich; sowie Art. 5 VO 987/2009). Der EuGH geht dabei von der Fiktion aus, dass die Behörde des Herkunftsstaates beurteilen kann, ob die Person später im Aufnahmeland selbständig oder unselbständig tätig sein wird, was hellseherische Fähigkeiten voraussetzt, und verweist die Behörden des Aufnahmelandes letztlich auf ein in diesem Zusammengang völlig unpraktikables Vertragsverletzungsverfahren. Allerdings betrafen die Entscheidungen zur **Bindungswirkung** primär die **Lage zum Sozialrecht,** nicht das Vertragsverhältnis zum Empfänger der Dienste. Zum Sozialrecht ist eine Bindungswirkung auch weitaus eher (und aus Sicht des Aufnahmelandes auch unabhängig davon, ob die Arbeit unselbständig erfolgt) gerechtfertigt als zum Vertragsrecht, um das allein es bei der Entsende-Richtlinie geht, weil es nur beim Sozialrecht darum gehen kann, eine echte Doppelbelastung durch zweifache Beitragszahlung zu vermeiden,

während es im Vertragsrecht stets nur darum gehen kann, das Schutzniveau zu bestimmen. Insoweit kann aus den Urteilen daher **keine Bindung** an die Bescheinigung zur Frage abgeleitet werden, ob die entsendete Person **für Zwecke des Vertragsrechts** als unselbständig oder selbständig einzuordnen ist. Selbst wenn es anders wäre, würde die aus einem Sekundärrechtsakt abgeleitete Bindungswirkung vor der spezielleren Regelung in einem anderen Sekundärrechtsakt, hier der Entsende-Richtlinie, zurücktreten, die gerade die Einordnung für deren Zwecke betrifft; auch Erwägungsgrund 12 zur Durchsetzungs-Richtlinie führt nicht zu der fraglichen Bindung, weil er das Nichtvorliegen der Bescheinigung betrifft. Daher kann auch die Auffassung des EuGH im zweiten Urteil, wonach die aus der Bescheinigung hervorgehende selbständige Tätigkeit das Aufnahmeland daran hindere, dem Tätigen einen Urlaubsanspruch zuzuerkennen (EuGH 15.6.2006 – C-255/04 Rn. 50 f. – Kommission/Frankreich), hier nicht zur Bindung führen, weil das Unionsrecht keine Regelung enthält, wonach es für das Bestehen eines Urlaubsanspruches auf die Einordnung im Aufnahmeland ankomme (die Arbeitszeit-Richtlinie verweist für den Arbeitnehmerbegriff nicht auf das nationale Recht). **Für Zwecke der Entsende-Richtlinie besteht** daher **keine Bindung** an eine Entsendebescheinigung A 1, welche die Tätigkeit der entsendeten Peron als selbständig ausweist (krit. zu einer allfälligen Bindung auch *Muller*, Face aux abus et countourments, la directive d'exécution de la directive détachment est-elle à la hauteur du temps, Droit Social 2014, 788, 800).

Die Frage, **ob** eine entsendete Person im Aufnahmeland als „Arbeitnehmer", also **unselbständig,** tätig ist, ist somit nach dem **Recht des Aufnahmelandes** zu beurteilen. Dies ist ein bedeutsamer Unterschied zur Qualifikation eines Vertrages nach der Rom I-VO, die allein nach deren Kriterien zu erfolgen hat. Die Verweisung auf den Arbeitnehmerbegriff des Aufnahmelandes entspricht dem Zweck des Art. 3 I, dessen Arbeitsbedingungen zur Geltung zu bringen (*Riesenhuber* EEL § 6 Rn. 13) Das Aufnahmeland muss allerdings jene Kriterien anwenden, nach denen es im Rahmen des Vertragsrechts die Arbeitnehmereigenschaft **üblicherweise** bestimmt. Eine erweiterte Definition allein für Zwecke der Entsendung wäre eine unzulässige Beeinträchtigung der Dienstleistungsfreiheit. Kennt das Aufnahmeland neben der Kategorie der Arbeitnehmer jene der Arbeitnehmerähnlichen, auf welche der Großteil der arbeitsrechtlichen Vorschriften nicht anwendbar ist, so dürfen diese Arbeitnehmerähnlichen auch für Zwecke der Entsende-Richtlinie nicht als Arbeitnehmer eingeordnet werden. Überdies wird der Arbeitnehmerbegriff, den das Unionsrecht im Zusammenhang mit Regelungen unselbständiger Erwerbsarbeit verwendet, einen Rahmen abgeben, von dem der nationale Arbeitnehmerbegriff zwar in Details, aber nicht allzu sehr abweichen darf. Fraglich ist die Rechtslage bei **„Trainees"**. Werden sie zur praktischen Ausbildung in einen anderen Mitgliedstaat „entsendet", so übt eher der Trainee seine passive und nicht der Entsendende seine aktive Dienstleistungsfreiheit aus. Ordnet das Aufnahmeland den Trainee als Arbeitnehmer ein, so kann das Vorschreiben der Arbeitsbedingungen die Ausübung der Freiheit beeinträchtigen, insbesondere wenn das Herkunftsland anders einordnet. Allerdings ist es mit dem Unionsrecht vereinbar, wenn Praktikanten als Arbeitnehmer eingeordnet werden, „sofern das Praktikum unter den Bedingungen einer tatsächlichen und echten Tätigkeit im Lohn- oder Gehaltsverhältnis durchgeführt wird" (EuGH 3.12.2014 – C-315/13 Rn. 36 – De Clercq).

Art. 4 V Durchsetzungs-Richtlinie versucht, bei der Frage, ob Arbeitnehmereigenschaft vorliegt, zu „helfen", versagt dabei aber völlig. So „sollen" sich die Mitgliedstaaten nicht an der Vertragsbezeichnung orientieren, sondern „unter anderem" an den tatsächlichen Umständen bezüglich der Durchführung von Arbeiten, der Unterordnung und der Entlohnung des Arbeitnehmers. Das meiste davon versteht sich in der Sache von selbst, unverständlich sind daher die Abschwächungen „sollen" und „unter Umständen". Überdies soll die Fülle der vorher in Art. 4 Durchsetzungs-Richtlinie (gemeint ist aber wohl nur Abs. 3; → Rn. 9) genannten Umstände bei der Frage der Arbeitnehmereigenschaft berücksichtigt werden „können". Auch dies verwirrt mehr als es klärt, weil (nur) manche der in Abs. 3 genannten Umstände zwar für die Frage einer Entsendung relevant sein können, aber nicht für die Arbeitnehmereigenschaft, weil sie nichts mit der Unterordnung zu tun haben. Die Kommission hat bei ihrem Vorschlag zu Art. 4 V wohl den Gehalt des primärrechtlichen Arbeitnehmerbegriffes aus den Augen verloren, der wesentlich auf Arbeit in Unterordnung aufbaut.

B. „Entsandter Arbeitnehmer"

6   Art. 2 I legt **zwei Voraussetzungen** fest, damit ein Arbeitnehmer in den Anwendungsbereich der Entsende-Richtlinie fällt, die zueinander komplementär sind. Erforderlich ist, dass der Arbeitnehmer (1) „während eines begrenzten Zeitraums" im Rahmen einer Entsendung nach Art. 1 seine Arbeitsleistung in einem anderen Mitgliedstaat als jenem erbringt, in dem er (2) „normalerweise arbeitet". Das erste Erfordernis nimmt Bezug auf das Erfordernis einer Entsendung aus Sicht des grenzüberschreitend dienstleistenden Unternehmens, das im Aufnahmeland nur vorübergehend tätig ist bzw. sein darf. Beide Erfordernisse entsprechen strukturell den **Voraussetzungen,** die **Art. 8 II 2 Rom I-VO** für die weitere Maßgeblichkeit des bisher anwendbaren Arbeitsrechts nennt. Die Entsende-Richtlinie sagt „begrenzter Zeitraum" (limited period) und „normalerweise" (normally), die IPR-Regelung spricht von „vorübergehend" (temporarily) und „gewöhnlich" (habitually).

7   Allerdings ist das genaue **Verhältnis von Art. 2 I Entsende-Richtlinie zu Art. 8 II-IV Rom I-VO unklar,** insbesondere inwieweit Art. 2 I neben Art. 8 Rom I-VO eigenständige Bedeutung hat. Auszugehen ist davon, dass das **Arbeitsvertragsstatut allein** durch die **Rom I-VO** bestimmt wird. **Fraglich** ist aber, ob die beiden Erfordernisse in Art. 2 I Entsende-Richtlinie genau dieselbe Bedeutung haben wie die funktionell ähnlichen Erfordernisse in Art. 8 II 2 Rom I-VO – ob es also Situationen geben kann, in denen zwar eine Entsendung iSv Art. 8 II Rom I-VO vorliegt, aber Art. 2 I Entsende-Richtlinie nicht erfüllt ist (materiell weil die Verbindung zum Land des Arbeitsortes enger ist als sonst). Das Bejahen dieser Frage und damit einer **eigenständigen Bedeutung von Art. 2 I** hätte zwei Folgen. Zum einen würde in diesen Situationen die Sperrwirkung der Entsende-Richtlinie (→ Art. 3 Rn. 2) nicht eingreifen. Das Land des tatsächlichen Arbeitsortes (Aufnahmeland aus Sicht des IPR) könnte über die Entsende-Richtlinie hinaus Arbeitsbedingungen auf Grundlage von Art. 9 Rom I-VO (Eingriffsnormen) vorschreiben, soweit dies mit Art. 56 AEUV vereinbar ist (→ AEUV Art. 56 Rn. 14; gegen ein Heranziehen des Art. 3 zur Konkretisierung von Art. 9 Rom I → VO 593/2008/EG Art. 9 Rn. 18). Allerdings wäre es dazu (da die Entsende-Richtlinie nicht eingreift) nicht verpflichtet. Letztlich geht es darum, inwieweit die Rom I-VO auch über die Anwendbarkeit der Entsende-Richtlinie entscheidet. Probleme bereiten ferner die in Art. 8 III und IV Rom I-VO geregelten Sonderfälle; eine Entsendung iSd Entsende-Richtlinie kommt nicht nur im Fall des Art. 8 II 2 Rom I-VO in Betracht, sondern auch wenn das Arbeitsvertragsstatut nach Art. 8 III oder IV Rom I-VO bestimmt ist. Das Zusammenspiel von Art 2 I Entsende-Richtlinie und Art. 8 Rom I-VO bildet leider ein **Dickicht,** das der Unionsgesetzgeber bisher nicht voll geklärt hat.

8   Die Frage nach der eigenständigen Bedeutung von Art. 2 I stellt sich praktisch zum einen **bei sehr langen „Entsendungen".** Art 2 I nennt keine Obergrenze für den „begrenzten Zeitraum". Die Dienstleistungsfreiheit greift aufgrund der (fragwürdigen) Judikatur des EuGH auch bei mehrjährigen Zeiträumen ein (→ AEUV Art. 56 Rn 7). Auch Art. 8 II 2 Rom I-VO soll bei langer Dauer zur Anwendung kommen, weil nach hM die gemeinsame Intention zur Rückkehr in das Land des gewöhnlichen Arbeitsortes ausreiche; eine zeitliche Obergrenze wird abgelehnt (*Deinert,* Internationales Arbeitsrecht, § 9 Rn. 102 ff.; → wohl auch VO 593/2008/EG Art. 8 Rn. 38). Zum anderen geht es um die Frage, ob die (Sperrwirkung der) Entsende-Richtlinie auch eingreift, wenn das Arbeitsverhältnis **kaum eine tatsächliche Verbindung zu jenem Land** B hat, **dessen Recht Arbeitsvertragsstatut** ist, weil für das Eingreifen von Art. 8 II Rom I-VO nach hM eine gemeinsame Intention zur späteren Fortsetzung des Arbeitsverhältnisses in B ausreiche (→ Rn. 12).

Art. 4 III Durchsetzungs-Richtlinie trägt zur Klärung leider kaum etwas bei (sondern 9 eher zur weiteren Verwirrung). Danach sind bei der Beurteilung, ob Art. 2 I letzter Halbsatz erfüllt ist, „sämtliche für die entsprechende Arbeit charakteristischen tatsächlichen Umstände sowie die Situation des Arbeitnehmers zu prüfen." Abs. 3 nennt dann sieben Umstände. Nach Art. 4 IV Durchsetzungs-Richtlinie schließt die Nichterfüllung eines oder mehrerer dieser Umstände „nicht automatisch aus, dass eine Situation als Entsendung angesehen werden kann. Die Bewertung dieser Umstände ist an den jeweiligen Einzelfall anzupassen und muss den Besonderheiten des Sachverhalts Rechnung tragen." Weiterführend sind nur zwei der sieben Umstände, nämlich Buchst. f („ob **Reise,** Verpflegung und **Unterbringung** von dem Arbeitgeber, der den Arbeitnehmer entsendet, bereitgestellt oder die Kosten von ihm erstattet werden") und Buchst. g („vorangegangene Zeiträume, in denen die Stelle von demselben oder einem anderen (entsandten) Arbeitnehmer besetzt wurde"). Beide Umstände sprechen für eine Entsendung, die Nichterstattung der Aufwendungen kann nun gegen eine Entsendung ins Treffen geführt werden. Im Übrigen kann man auch diesen Beitrag der Durchsetzungs-Richtlinie als missglückt ansehen. Andere genannte Umstände führen nämlich nicht weiter, und zwar Buchst. a („ob die Arbeit für einen begrenzten Zeitraum in einem anderen Mitgliedstaat verrichtet wird" – das ist doch die zu beantwortende Frage), Buchst. b („an welchem Datum die Entsendung beginnt" – was soll daraus folgen?), und Buchst. e („die Art der Tätigkeiten" – was soll daraus folgen?). Die Buchst. c und d schließlich können mehr verwirren als klären. Nach Buchst. c sei zu berücksichtigen „ob die Entsendung in einen anderen Mitgliedstaat erfolgt als denjenigen, in dem oder von dem aus der Arbeitnehmer seine Tätigkeit üblicherweise gemäß Rom I-VO ... ausübt", nach Buchst. d „ob der entsandte Arbeitnehmer nach ... Erbringung der Dienstleistungen ... für die er entsandt wurde, wieder in den Mitgliedstaat zurückkehrt, aus dem er entsandt wurde, oder dies von ihm erwartet wird." Nimmt man beides zusammen, dann scheint Art. 4 III iVm IV es zu ermöglichen, dass eine „Entsendung" iSd Art. 2 I auch vorliegt, wenn der Arbeitnehmer weder vor der Arbeit in A im „Herkunftsstaat" gearbeitet hat noch danach dorthin zurückkehren soll. Allerdings sollte man aus Art. 4 III nicht allzu viel ableiten und muss dies wegen Art. 4 IV auch nicht. Insgesamt ist es eine mehr als **schwammige „Regelung",** die kaum zum Zurückdrängen von Missbrauch beiträgt, sondern eher Mitgliedstaaten stützt, die diesen zulassen wollen (ähnlich krit. *Muller,* Droit social 2014, 788, 796 f.). Logisch störend ist überdies, dass der Begriff, zu dessen Auslegung Art. 4 III helfen soll, nämlich „entsendet" mehrmals in der Auslegungshilfe selbst verwendet wird.

Die Texturierung der Entsende-Richtlinie spricht **eher** für eine **eigenständige Bedeutung** 10 von Art. 2 I neben Art. 8 Rom I. Sie weicht schon von jener der Vorgängerregelung der Rom I-VO, dem EVÜ aus 1980, ab. Die Formulierungen der Entsende-Richtlinie (→ Rn. 6) sind sprachlich wohl jeweils strenger als jene der IPR-Regelung in dem Sinn, dass die Dauer der Arbeit im anderen Land mehr begrenzt ist und die Verbindung zum Ausgangsland stärker sein muss. Der Wortlaut von Art. 2 I spricht daher eher dafür, dass die Entsende-Richtlinie nur anwendbar ist, wenn der Zeitraum der Arbeit im anderen Mitgliedstaat von vornherein zeitlich begrenzt ist. Für eine eigenständige Bedeutung spricht auch, dass der heutige Art. 2 selbst im geänderten Vorschlag der Kommission aus 1993 (ABl. C 187 vom 9.7.1993) noch nicht enthalten war, sondern erst im Standpunkt des Rates (ABl. C 220 vom 29.7.1996) aufscheint und von diesem durchgesetzt wurde. Gegen eine eigenständige Bedeutung kann sprechen, dass die Nichtanwendung der Entsende-Richtlinie nicht nur die Sperrwirkung beseitigt, sondern auch die Verpflichtung zum Vorschreiben der in Art. 3 I genannten Arbeitsbedingungen gerade in Situationen, in denen die Verbindung zum Arbeitsland enger ist. Allerdings kann man diese Sorge dem Arbeitsortland überlassen, das Eingriffsnormen erlassen kann, soweit dies mit Art. 56 AEUV vereinbar ist. Teleologisch spricht für eine eigenständige Bedeutung von Art. 2 I, dass es bei der (Sperrwirkung der) Entsende-Richtlinie nicht nur (wie in Art. 8 II 2 Rom I) um die Interessen der Parteien des Arbeitsvertrages geht, und auch nicht (wie bei der Dienstleistungsfreiheit) um die Interessen des Aufnahmelandes daran, dass das Unternehmen seinen Regelungen für dort niedergelassene Unternehmen unterliegt, die ohnehin am Beschränkungsverbot des Art. 49 AEUV zu messen sind. Es geht vielmehr auch um das **Interesse** des Aufnahmelandes und der dort tätigen Arbeitnehmer und Unternehmer **an Beachtung der Arbeitsrechtsordnung** dieses Landes und damit um das Interesse an **gleichen Wettbewerbsbedingungen** in diesem Land. Der EuGH hat dieses Interesse (zwar nur) partiell anerkannt (→ AEUV Art. 56 Rn. 14). Mit der Dauer der Tätigkeit der Entsendeten im Aufnahmeland nimmt seine Relevanz ebenso deutlich zu wie die Annäherung der Entsendung an den Tatbestand des Art. 45 AEUV (→ AEUV Art. 56 Rn. 19 f.).

11 Die genannten Interessen sind jedenfalls bei **langdauernder Arbeit in einem Staat** zu berücksichtigen. Eine Möglichkeit wäre, sie schon im Rahmen des IPR zu berücksichtigen, indem man den gewöhnlichen Arbeitsort früher wechseln oder Art. 8 IV Rom I-VO eher eingreifen lässt. Der EuGH hat im Urteil *Schlecker* (in im Ergebnis nicht sehr klaren Ausführungen) erkennen lassen, dass es für die objektive Anknüpfung im IPR auch darauf ankommt, wo der Arbeitnehmer sozialversichert ist und Einkommensteuer zahlt (EuGH 12.9.2013 – C-64/12 Rn. 40 f. – Schlecker). Die Lage zur Einkommensteuer ist nicht harmonisiert, wohl aber jene zum Sozialrecht. Nach Art. 12 Koordinierungs-VO 883/2004 bleiben Entsendete idR nur bis zur Dauer von zwei Jahren im Sozialsystem des Herkunftslandes. Bei deutlich längerer Arbeit in A sollte daher schon im IPR das Recht von B nur dann als Arbeitsvertragsstatut angesehen werden, wenn Arbeitnehmer und Vertrag sonst starke Verbindungen zu B haben. Die andere Möglichkeit ist eine entsprechende Auslegung von **„begrenzter Zeitraum"** in Art. 2 I. Die genannten Interessen sprechen dafür, dass nicht jede zeitliche Begrenzung ausreicht (etwa: „für zehn Jahre"), sondern dass eine **objektive** zeitliche **Obergrenze** besteht. Aus der Relevanz der Lage im Sozialrecht für die objektive Anknüpfung im IPR kann für die Entsende-Richtlinie wohl geschlossen werden, dass bei einer Arbeit im anderen Land, die deutlich über die Frist des Art. 12 VO 883/2004 (EU) hinausgeht, jedenfalls im Kontext der Entsende-Richtlinie nicht mehr davon gesprochen werden kann, die Arbeit werde noch normalerweise im „Herkunftsland" erbracht. Die Obergrenze nach der Richtlinie wird jedenfalls unter dem Doppelten der Frist für Zwecke des Sozialrechts (also unter vier Jahren) liegen. Mit der Richtlinie wäre es auch vereinbar, wenn ein **Mitgliedstaat** als Aufnahmeland eine zeitliche **Obergrenze festlegt,** also „begrenzt" konkretisiert. Eine konkretisierende Obergrenze (die dann den Weg für die Anwendung von manchen Eingriffsnormen des Aufnahmelandes öffnet) sollte bei langdauernder Entsendungen auch mit Art. 56 AEUV vereinbar sein, wenn man – wie mE geboten – die zunehmende Nähe zu Art. 45 AEUV berücksichtigt (→ AEUV Art. 56 Rn. 19 f.). Bei Anwendung der Obergrenze kann dann, wohl entsprechend Art. 3 VI, die Dauer einer von einem zu ersetzenden Arbeitnehmer bereits zurückgelegten Entsendungsdauer angerechnet werden.

12 Der **„Idealtypus"** der Entsendung liegt vor, wenn der Arbeitgeber Arbeitnehmer nach A entsendet, die schon bisher (1) in B (2) für ihn gearbeitet haben und (3) nach Ende der Entsendung dort voraussichtlich auch weiter für ihn arbeiten werden. Das Zurückdrängen der Vorschriften von A zugunsten jener von B ist dann – jedenfalls bei nicht allzu langer Dauer – aus Sicht der Vertragsparteien wie des Binnenmarktes gerechtfertigt. In der **Realität** kann es allerdings dazu kommen, dass nach Art. 8 Rom I-VO das Recht von B auch dann Arbeitsvertragsstatut ist, wenn keines der drei erwähnten faktischen Elemente das Arbeitsverhältnis des Entsendeten sicher mit B verbindet (→ Art. 1 Rn. 35). Besteht das Arbeitsverhältnis zum grenzüberschreitenden Dienstleister nur für die Zeit dieser Dienstleistung, so führt schon Art. 8 II Rom I-VO zum Recht des Aufnahmelandes, der Arbeitnehmer fällt dann auch nicht unter Art. 2 I Entsende-Richtlinie (*Riesenhuber* EEL § 6 Rn. 13). Das Recht von B ist aber auch dann Vertragsstatut, wenn der Arbeitgeber den Arbeitnehmer gezielt für die Auslandsdienstleistung einstellt und dieser bisher nicht in B gearbeitet hat, sondern in C oder auch in A, aber eine gemeinsame Intention besteht (behauptet wird), das Arbeitsverhältnis (nach Arbeit in A) in B fortzusetzen; dies soll für das Eingreifen von Art. 8 II 2 Rom I-VO ausreichen (vgl. *Deinert*, Internationales Arbeitsrecht,

§ 9 Rn. 102 ff.) – allerdings ist die Intention nicht selten nur eine ungesicherte Erwartung (Papier ist geduldig, und nach hM zum IPR soll nicht einmal eine entsprechende Vertragsklausel erforderlich sein). Für die Anwendung der Entsende-Richtlinie ist dann entscheidend, welche Anforderungen man an die Worte **„normalerweise arbeitet"** stellt, insbesondere ob man sie in völligem Gleichklang mit Art. 8 II 1 Rom I-VO auslegt. Die Wendung „normalerweise arbeitet" verwendet zwar das Präsens. Da der Arbeitnehmer aber im fraglichen Zeitraum in A arbeitet, muss für die Frage, wo er „normalerweise" arbeitet, schon deshalb der Beobachtungszeitraum erweitert werden (auch bei Art. 8 I 2 Rom I-VO geschieht dies, etwa indem auf die Intention zur „Rückkehr" abgestellt wird). Ist das Recht von B aufgrund von **Art. 8 II 1 Rom I-VO** Arbeitsvertragsstatut, hat der Arbeitnehmer aber vor der Arbeit in A weder in B gearbeitet noch woanders für den Arbeitgeber gearbeitet, so widerspricht es schon dem Wortlaut von Art. 2 I Entsende-Richtlinie, B als jenes Land anzusehen, in dem der Arbeitnehmer normalerweise arbeitet. Auch teleologisch spricht in diesem Fall nichts dafür, dass A nur jene Arbeitsbedingungen vorschreiben kann, welche Art. 3 I Entsende-Richtlinie nennt, und nicht zB auch Bestimmungen zu Kündigungsschutz und Entgeltfortzahlung. Mit der Nichtanwendung der Entsende-Richtlinie in diesem Fall kann insbesondere verhindert werden, dass der Arbeitgeber (etwa mit Hauptsitz in A) als „Herkunftsland einer Entsendung" nach A über eine Niederlassung gezielt ein Land B mit niedrigen Arbeitsbedingungen auswählt und von dort aus auch Arbeitnehmer „entsenden" kann, die bisher in C oder A gearbeitet haben (zu Grenzen auch → Art. 1 Rn. 48). Die Anwendung der Eingriffsnormen von A dürfte in diesem Fall auch mit Art. 56 AEUV vereinbar sein, weil man hier kaum davon sprechen kann, der Arbeitgeber nehme sein Personal für die Dienstleistung mit, weil sich die Zuordnung zu seinem Personal erst aus jener Konstellation ergibt, für welche die Zuordnung schon Voraussetzung ist. Hat der Arbeitnehmer vor der Arbeit in A hingegen bereits für den Arbeitgeber, wenn auch in C gearbeitet, so kann man dies als Rechtfertigung für das Zurückdrängen des Rechts von A sehen, weil der Arbeitnehmer hier schon zum Personal des Entsenders zählte. Hat der Arbeitnehmer vor der Arbeit in A in B gearbeitet, wenn auch für einen anderen Arbeitgeber, so spricht dies wohl ausreichend dafür, dass B das Land ist, in dem er „normalerweise arbeitet". Die Entsende-Richtlinie greift in der Folge auch dann nicht ein, wenn der Arbeitnehmer bisher in jenem Land „normalerweise" gearbeitet hat, das nun als Aufnahmeland dienen soll, und auch nach dem aktuellen Arbeitsvertrag nur oder ganz überwiegend in A arbeiten soll. Auch hier kann man nicht sagen, der Arbeitgeber nehme sein Personal nach A mit. Anders ist die Lage, wenn das Recht von B aufgrund von **Art. 8 III Rom I-VO** Arbeitsvertragsstatut ist (wechselnder Arbeitsort in mehreren Ländern). Auch wenn der Arbeitnehmer bisher für jemand anderen in A gearbeitet hat, ist hier in der neuen Arbeitsbeziehung die Verbindung zu A nicht eng genug, um die Voraussetzung des Art. 2 I ab Beginn dieser Arbeitsbeziehung in Bezug auf B zu verneinen. Über das Gesagte hinaus verlangen *Hoek/Houwerzijl,* Complementary study, Recommendation 1 und 8 de lege ferenda, dass die Entsende-Richtlinie nur eingreift, wenn eine echte Verbindung zwischen dem Arbeitsvertrag und dem Land, das als Herkunftsland dienen soll, besteht, etwa durch das Erfordernis einer Mindestbeschäftigung in diesem Land.

In manchen Fällen arbeitet der Arbeitnehmer lange und ohne Entsendung im Land A, **13** Arbeitsvertragsstatut ist jedoch aufgrund **Art. 8 IV Rom I-VO** ausnahmsweise das Recht von B, weil der Vertrag nach der Gesamtheit der Umstände eine engere Verbindung zu B aufweist. Das Urteil *Schlecker* hatte den Fall zu beurteilen, dass die Arbeitnehmerin seit Jahren nur in den Niederlanden arbeitete. Der EuGH hielt es aber für möglich, dass der Arbeitsvertrag dennoch dem Recht Deutschlands unterlag, ua weil sie vorher in Deutschland gearbeitet hatte, weiter dort wohnte und dort sozialversichert war (was mit den Koordinierungsvorschriften aber schwer vereinbar war) und Einkommensteuer bezahlte (EuGH 12.9.2013 – C-64/12 Rn. 40 f. – Schlecker). Die Entsende-Richtlinie ist in diesem Fall nach dem Wortlaut von Art. 2 I wohl nicht anwendbar, weil die Arbeitnehmerin ihre Arbeitsleistung in den Niederlanden in eben jenem Mitgliedstaat erbrachte, in dem sie normalerweise arbeitete. Gleichwohl erfordert der Zweck der Entsende-Richtlinie, hier eine **„Entsendung"** in die Niederlande **anzunehmen** (*Riesenhuber* EEL § 6 Rn. 13), sodass jedenfalls auch jene Vorschriften der Niederlande anzuwenden sind, welche dieser Staat für entsendete Arbeitnehmer nach Art. 3 I zulässigerweise vorgeschrieben hat. Lehnte man die Anwendung der Entsende-Richtlinie ab, so wäre die Anwendung der Eingriffsnormen der Niederlande nicht durch die Entsende-Richtlinie gesperrt und direkt an Art. 56 AEUV zu messen.

14   Das Unternehmen, das grenzüberschreitend im Binnenmarkt Dienstleistungen erbringt, kann dabei auch Arbeitnehmer (insbesondere Unionsbürger) einsetzen, die vor dieser Arbeit in einem **Drittstaat gearbeitet** haben. Die Entsende-Richtlinie ist nach dem Wortlaut von Art. 2 I (arg. „demjenigen") aber nur anwendbar, wenn der Arbeitnehmer „normalerweise" in einem Mitgliedstaat arbeitet. Verweist Art. 8 Rom I-VO dann dennoch auf das Recht eines Mitgliedstaates (insbesondere wenn für die Arbeit in A ein neuer Arbeitsvertrag geschlossen wird, der nach Art. 8 II Rom I-VO an das Recht in B anzuknüpfen ist), dann wird dasselbe gelten, wie wenn der Arbeitnehmer vorher in einem Mitgliedstaat gearbeitet hat (→ Rn. 12). Da Art. 8 Rom I-VO allseitige Kollisionsnormen enthält, kann allerdings auch das Recht des Drittstaates objektives Vertragsstatut sein, insbesondere wenn der Arbeitnehmer von dort aus iSd Art. 8 II Rom I-VO entsendet wird. Für die Nichtanwendbarkeit der Entsende-Richtlinie in diesem Fall (und damit das Fehlen von deren Sperrwirkung) spricht schon der Wortlaut von Art. 2 I („in dessen Hoheitsgebiet er normalerweise arbeitet"). Darüber hinaus liegt der Sperrwirkung wohl auch die Überlegung zugrunde, dass die Arbeitsrechtsordnungen der Mitgliedstaaten – trotz aller Unterschiede – für Zwecke des Binnenmarktes gleichwertig sind. Zugunsten der Arbeitsrechtsordnung eines Drittstaates besteht keine derartige Vermutung (vgl. EuGH 21.9.2006 – C-168/04 Rn. 49 – Kommission/Österreich). Das Zurückdrängen des Arbeitsvertragsstatutes (Recht des Drittstaates) ist dann auch mit Art. 56 AEUV vereinbar. Der EuGH hat im eben genannten Urteil allerdings unter Berufung auf EuGH 9.8.1994 – C-43/93 Rn. 24 f. – *Vander Elst* gesagt, das Verlangen des Aufnahmelandes nach systematischer Einhaltung seiner Arbeitsbedingungen berücksichtige nicht die sozialen Schutzmaßnahmen, „denen das entsendende Unternehmen nach dem im Herkunftsstaat geltenden Recht oder einem gegebenenfalls zwischen der Europäischen Gemeinschaft und dem betreffenden Drittstaat geschlossenen Kooperationsabkommen unterliegt". Allerdings hat das Urteil *Kommission/Österreich* dabei übersehen, dass im Sachverhalt zum Urteil *Vander Elst* belgisches Recht Arbeitsvertragsstatut war und das dort relevante Kooperationsabkommen (mit Marokko) nur die Diskriminierung wegen der Staatsangehörigkeit ausschloss, also nichts zur Gleichwertigkeit der Arbeitsbedingungen sagte. Das Zurückdrängen des Arbeitsrechtes eines Drittstaates wird nur dann Art. 56 AEUV verletzen, wenn das Kooperationsabkommen die Gleichwertigkeit der Arbeitsbedingungen zum Ausdruck bringt.

C. Entsandte Drittstaatsangehörige

15   Die **Entsende-Richtlinie** differenziert für ihre Anwendbarkeit nicht nach der Staatsangehörigkeit der Entsendeten. Sie ist daher **prima facie** auch **anwendbar,** wenn Drittstaatsangehörige im Binnenmarkt entsendet werden. Eine Einschränkung könnte sich nur ergeben, wenn die Dienstleistungsfreiheit die „Mitnahme" von Drittstaatsangehörigen als „Personal" nicht oder nicht voll erfasste. Die **Dienstleistungsfreiheit umfasst** aber auch das Recht, dass ein Unternehmer im Rahmen einer Entsendung Drittstaatsangehörige als „Personal" entsenden kann (EuGH 9.8.1994 – C-43/93 Rn. 20 f. – Vander Elst; 21.9.2006 – C-168/04 Rn. 39 – Kommission/Österreich; → AEUV Art. 56 Rn. 8). Näher stellen sich dann (neben der Frage nach dem Arbeitsvertragsstatut) **zwei Fragen:** (1) Darf das Aufnahmeland besondere Regelungen in Bezug auf die anwendbaren Arbeitsbedingungen vorsehen, insbesondere das Zurückdrängen seiner Eingriffsnormen von – im Vergleich zur

Entsende-Richtlinie – zusätzlichen Voraussetzungen abhängig machen? (2) Welche Voraussetzungen/Beschränkungen darf das Aufnahmeland in Bezug auf die Zulassung der Entsendeten zum Aufenthalt auf seinem Staatsgebiet normieren? Dabei könnte dieselbe Voraussetzung (etwa das Erfordernis einer Mindestbeschäftigung beim Arbeitgeber oder im Ausgangsland der Entsendung) häufig in beiden Bereichen verwendet werden. Daher ist auch nicht stets klar, zu welchem der beiden Bereiche ein Urteil des EuGH Stellung nimmt. Die Kommission legte 2000 den Vorschlag zur Harmonisierung der Regelungen zur Entsendung von Drittstaatsangehörigen vor (KOM [2000], 271 endg, ABl. C 311E v. 31.10.2000, 187), der später zurückgezogen wurde. Der Vorschlag betraf primär das Vorschreiben von Arbeitsbedingungen.

Die spezifischen Regelungen zum **Aufenthaltsrecht** von Drittstaatsangehörigen, die im Rahmen einer Entsendung in einem Mitgliedstaat arbeiten sollen, wurden 2014 nur für einen kleinen Teilbereich harmonisiert (→ Rn. 18), darüber hinaus sind sie nicht harmonisiert (EuGH 21.9.2006 – C-168/04 Rn. 59 – Kommission/Österreich). Daher sind einschlägige Behinderungen der Entsendung von Drittstaatsangehörigen unmittelbar an Art. 56 AEUV zu messen (EuGH 21.9.2006 – C-168/04 Rn. 38 – Kommission/Österreich). Auch Regelungen und Maßnahmen zum Aufenthaltsrecht dürfen die Dienstleistungsfreiheit des die Drittstaatsangehörigen beschäftigenden Unternehmens nicht in Frage stellen (EuGH 3.2.1982 – C-62/81 Rn. 12 – Seco; 21.9.2006 – C-168/04 Rn. 59 ff. – Kommission/Österreich). Dies ist etwa der Fall, wenn das Aufnahmeland einem entsendeten Arbeitnehmer, der im Herkunftsmitgliedstaat aufenthaltsberechtigt ist, den Aufenthalt allein deshalb untersagen kann, weil er ohne Sichtvermerk in das Aufnahmeland eingereist ist (EuGH 21.9.2006 – C-168/04 Rn. 65 – Kommission/Österreich).

In Bezug auf besondere **Voraussetzungen,** die primär auf das **Arbeitsverhältnis** des entsendeten Drittstaatsangehörigen abstellen, hat der EuGH 1994 zum Recht zur Mitnahme bei Entsendung noch von Arbeitnehmern gesprochen, die „ordnungsgemäß und dauerhaft" im Niederlassungsstaat des Entsenders beschäftigt sind (EuGH 9.8.1994 – C-43/93 Rn. 26 – Vander Elst). Später hat er die Zulässigkeit von Voraussetzungen deutlich eingeschränkt. So geht das Verlangen des Aufnahmelandes, dass der Arbeitsvertrag des Entsendeten auf zumindest ein Jahr befristet ist oder dieser einen unbefristeten Arbeitsvertrag hat, über das hinaus, was zum sozialen Schutz der Entsendeten notwendig ist (EuGH 21.10.2004 – C-445/03 Rn. 32 f. – Kommission/Luxemburg.; 19.1.2006 – C-244/04 Rn. 58 – Kommission/Deutschland; 21.9.2006 – C-168/04 Rn. 50 – Kommission/Österreich). Das Erfordernis kann auch nicht durch den Schutz des heimischen Arbeitsmarktes gerechtfertigt werden (EuGH 21.9.2006 – C-168/04 Rn. 54 ff. – Kommission/Österreich). Ebenfalls unzulässig ist es zu verlangen, dass der Entsendete im Herkunftsland einen Wohnsitz hat (EuGH 19.1.2006 – C-244/04 Rn. 55 – Kommission/Deutschland). Unzulässig ist es ferner, die Entsendung an eine Erlaubnis oder eine gleich wirkende Maßnahme zu binden (EuGH 21.9.2006 – C-168/04 Rn. 39 ff. – Kommission/Österreich). Im Ergebnis kann man daher wohl sagen, dass die **Entsende-Richtlinie** die Fragen der anwendbaren Arbeitsbedingungen **auch bei Entsendung von Drittstaatsangehörigen abschließend** regelt. Die Dienstleistungsfreiheit schützt daher wohl auch den Fall, in dem ein Unternehmen aus B Arbeitnehmer aus einem Drittstaat anwirbt, um diese sogleich nach Erteilen eines Aufenthaltstitels durch B nach A zu entsenden.

Die **RL 2014/66/EU** über die Bedingungen für die Einreise und den Aufenthalt von Drittstaatsangehörigen im Rahmen eines **unternehmensinternen Transfers** (umzusetzen bis 29.11.2016) harmonisiert für diesen Teilbereich primär das Aufenthaltsrecht. Sie betrifft nur Transfers (Entsendungen) von Drittstaatsangehörigen, die bisher **außerhalb des Hoheitsgebiets der Mitgliedstaaten aufhältig** waren, durch ein außerhalb des Hoheitsgebiets der Mitgliedstaaten **ansässiges** Unternehmen, mit dem der Arbeitnehmer vor dem Transfer und für dessen Dauer einen Arbeitsvertrag geschlossen hat, in eine Niederlassung, die zum gleichen Unternehmen oder zur gleichen Unternehmensgruppe gehört und ihren Sitz im Hoheitsgebiet des betreffenden Mitgliedstaats hat (vgl. Art. 3 lit. b RL 2014/66/

EU). Die Richtlinie greift nur, wenn der Arbeitnehmer als Führungskraft, Spezialist oder Trainee arbeiten wird. Die Richtlinie regelt die Bedingungen, unter denen dieser Arbeitnehmer in dem beantragten Mitgliedstaat zuzulassen ist (Erwerb eines **Aufenthaltstitels** für drei Jahre, bei Trainees ein Jahr) sowie das Recht zur kurzfristigen Mobilität zur Arbeit in einem anderen Mitgliedstaat. Vom Geltungsbereich der RL 2014/66/EU ausgenommen sind Entsendungen iSd Entsende-Richtlinie (Art. 2 II lit. c); die Prämissen dieser Ausnahme erscheinen unklar. Für die erfassten Transfers bestimmt Art. 18 I RL 2014/66/EU, dass die Arbeitnehmer „in Bezug auf die Arbeits- und Beschäftigungsbedingungen gem. Art. 3 in dem Mitgliedstaat, in dem die Arbeit ausgeführt wird, mindestens wie Personen behandelt werden, die unter die RL 96/71/EG fallen." Dies und Art. 1 IV Entsende-Richtlinie legen also **Mindestbedingungen** für die erfassten Arbeitnehmer fest (vgl. *Bayreuther,* Arbeitsrecht im Richtlinienvorschlag zur konzerninternen Versendung von Drittstaatsangehörigen, ZESAR 2012, 405). Zur Frage, inwieweit das Aufnahmeland unter Rückgriff auf Art. 9 Rom I-VO dann weitere Arbeitsbedingungen vorschreiben darf, wenn das Recht eines anderen Staates objektiv verwiesenes Arbeitsvertragsstatut ist, werden die allg. Regeln gelten (→ Rn. 12 ff.).

Art. 3 Arbeits- und Beschäftigungsbedingungen

(1) Die Mitgliedstaaten sorgen dafür, daß unabhängig von dem auf das jeweilige Arbeitsverhältnis anwendbaren Recht die in Artikel 1 Absatz 1 genannten Unternehmen den in ihr Hoheitsgebiet entsandten Arbeitnehmern bezüglich der nachstehenden Aspekte die Arbeits- und Beschäftigungsbedingungen garantieren, die in dem Mitgliedstaat, in dessen Hoheitsgebiet die Arbeitsleistung erbracht wird,

– durch Rechts- oder Verwaltungsvorschriften und/oder
– durch für allgemein verbindlich erklärte Tarifverträge oder Schiedssprüche im Sinne des Absatzes 8, sofern sie die im Anhang genannten Tätigkeiten betreffen,

festgelegt sind:

a) Höchstarbeitszeiten und Mindestruhezeiten;
b) bezahlter Mindestjahresurlaub;
c) Mindestlohnsätze einschließlich der Überstundensätze; dies gilt nicht für die zusätzlichen betrieblichen Altersversorgungssysteme;
d) Bedingungen für die Überlassung von Arbeitskräften, insbesondere durch Leiharbeitsunternehmen;
e) Sicherheit, Gesundheitsschutz und Hygiene am Arbeitsplatz;
f) Schutzmaßnahmen im Zusammenhang mit den Arbeits- und Beschäftigungsbedingungen von Schwangeren und Wöchnerinnen, Kindern und Jugendlichen;
g) Gleichbehandlung von Männern und Frauen sowie andere Nichtdiskriminierungsbestimmungen.

Zum Zweck dieser Richtlinie wird der in Unterabsatz 1 Buchstabe c) genannte Begriff der Mindestlohnsätze durch die Rechtsvorschriften und/oder Praktiken des Mitgliedstaats bestimmt, in dessen Hoheitsgebiet der Arbeitnehmer entsandt wird.

(2) Absatz 1 Unterabsatz 1 Buchstaben b) und c) gilt nicht für Erstmontage- und/oder Einbauarbeiten, die Bestandteil eines Liefervertrags sind, für die Inbetriebnahme der gelieferten Güter unerläßlich sind und von Facharbeitern und/oder angelernten Arbeitern des Lieferunternehmens ausgeführt werden, wenn die Dauer der Entsendung acht Tage nicht übersteigt.

Dies gilt nicht für die im Anhang aufgeführten Bauarbeiten.

(3) Die Mitgliedstaaten können gemäß ihren üblichen Verfahren und Praktiken nach Konsultation der Sozialpartner beschließen, Absatz 1 Unterabsatz 1 Buchstabe c) in den in Artikel 1 Absatz 3 Buchstaben a) und b) genannten Fällen nicht anzuwenden, wenn die Dauer der Entsendung einen Monat nicht übersteigt.

(4) Die Mitgliedstaaten können gemäß ihren Rechtsvorschriften und/oder Praktiken vorsehen, daß durch Tarifverträge im Sinne des Absatzes 8 für einen oder mehrere Tätigkeitsbereiche in den in Artikel 1 Absatz 3 Buchstaben a) und b) genannten Fällen von Absatz 1 Unterabsatz 1 Buchstabe c) sowie von dem Beschluß eines Mitgliedstaats nach Absatz 3 abgewichen werden kann, wenn die Dauer der Entsendung einen Monat nicht übersteigt.

(5) Die Mitgliedstaaten können in den in Artikel 1 Absatz 3 Buchstaben a) und b) genannten Fällen eine Ausnahme von Absatz 1 Unterabsatz 1 Buchstaben b) und c) vorsehen, wenn der Umfang der zu verrichtenden Arbeiten gering ist.

Die Mitgliedstaaten, die von der in Unterabsatz 1 gebotenen Möglichkeit Gebrauch machen, legen die Modalitäten fest, denen die zu verrichtenden Arbeiten entsprechen müssen, um als Arbeiten von geringem Umfang zu gelten.

(6) Die Dauer der Entsendung berechnet sich unter Zugrundelegung eines Bezugszeitraums von einem Jahr ab Beginn der Entsendung.

Bei der Berechnung der Entsendungsdauer wird die Dauer einer gegebenenfalls im Rahmen einer Entsendung von einem zu ersetzenden Arbeitnehmer bereits zurückgelegten Entsendungsdauer berücksichtigt.

(7) Die Absätze 1 bis 6 stehen der Anwendung von für die Arbeitnehmer günstigeren Beschäftigungs- und Arbeitsbedingungen nicht entgegen.

Die Entsendungszulagen gelten als Bestandteil des Mindestlohns, soweit sie nicht als Erstattung für infolge der Entsendung tatsächlich entstandene Kosten wie z. B. Reise-, Unterbringungs- und Verpflegungskosten gezahlt werden.

(8) Unter „für allgemein verbindlich erklärten Tarifverträgen oder Schiedssprüchen" sind Tarifverträge oder Schiedssprüche zu verstehen, die von allen in den jeweiligen geographischen Bereich fallenden und die betreffende Tätigkeit oder das betreffende Gewerbe ausübenden Unternehmen einzuhalten sind.

Gibt es kein System zur Allgemeinverbindlicherklärung von Tarifverträgen oder Schiedssprüchen im Sinne von Unterabsatz 1, so können die Mitgliedstaaten auch beschließen, folgendes zugrunde zu legen:

– die Tarifverträge oder Schiedssprüche, die für alle in den jeweiligen geographischen Bereich fallenden und die betreffende Tätigkeit oder das betreffende Gewerbe ausübenden gleichartigen Unternehmen allgemein wirksam sind, und/oder

– die Tarifverträge, die von den auf nationaler Ebene repräsentativsten Organisationen der Tarifvertragsparteien geschlossen werden und innerhalb des gesamten nationalen Hoheitsgebiets zur Anwendung kommen,

sofern deren Anwendung auf die in Artikel 1 Absatz 1 genannten Unternehmen eine Gleichbehandlung dieser Unternehmen in bezug auf die in Absatz 1 Unterabsatz 1 genannten Aspekte gegenüber den im vorliegenden Unterabsatz genannten anderen Unternehmen, die sich in einer vergleichbaren Lage befinden, gewährleistet.

Gleichbehandlung im Sinne dieses Artikels liegt vor, wenn für die inländischen Unternehmen, die sich in einer vergleichbaren Lage befinden,

– am betreffenden Ort oder in der betreffenden Sparte hinsichtlich der Aspekte des Absatzes 1 Unterabsatz 1 dieselben Anforderungen gelten wie für die Entsendeunternehmen und

– diese Anforderungen ihnen gegenüber mit derselben Wirkung durchgesetzt werden können.

(9) Die Mitgliedstaaten können vorsehen, daß die in Artikel 1 Absatz 1 genannten Unternehmen Arbeitnehmern im Sinne von Artikel 1 Absatz 3 Buchstabe c) diejenigen Bedingungen garantieren, die in dem Mitgliedstaat, in dessen Hoheitsgebiet die Arbeitsleistung erbracht wird, für Leiharbeitnehmer gelten.

(10) Diese Richtlinie berührt nicht das Recht der Mitgliedstaaten, unter Einhaltung des Vertrags für inländische und ausländische Unternehmen in gleicher Weise

- Arbeits- und Beschäftigungsbedingungen für andere als die in Absatz 1 Unterabsatz 1 aufgeführten Aspekte, soweit es sich um Vorschriften im Bereich der öffentlichen Ordnung handelt,
- Arbeits- und Beschäftigungsbedingungen, die in Tarifverträgen oder Schiedssprüchen nach Absatz 8 festgelegt sind und andere als im Anhang genannte Tätigkeiten betreffen,

vorzuschreiben.

Übersicht

	Rn.
A. Art. 3 Abs. 1 und 7 bis 9	1
I. Abschließende Regelung	1
II. Erfasste Rechtsquellen	6
III. Mindestlohnsätze	13
1. Vorschreibbare Entgeltteile	15
2. Anrechnung auf den Mindestlohn	22
IV. Weitere erfasste Regelungsgegenstände	26
V. Leiharbeitnehmer	30
B. Art. 3 II bis VI – Marginale Entsendungen	34
C. Art. 3 X – Ermächtigung der Mitgliedstaaten zur Erstreckung weiterer Arbeitsbedingungen	39
I. Erstreckung arbeitsrechtlicher Normen der öffentlichen Ordnung	40
II. Erstreckung tarifvertraglicher Arbeitsbedingungen außerhalb der Baubranche	46

A. Art. 3 Abs. 1 und 7 bis 9

I. Abschließende Regelung

1 Die **zentralen Vorgaben** der Entsende-Richtlinie finden sich in Art. 3 Abs. 1 und 8. Sie enthalten **keine Harmonisierung des Arbeitsrechts,** sondern geben (nur) vor, welche seiner nationalen generellen Regelungen zu Arbeitsbedingungen der Aufnahmestaat für entsendete Arbeitnehmer vorschreiben muss. Daneben stehen Abs. 10 und 9, die sagen, welche Regelungen der Aufnahmestaat darüber hinaus vorschreiben darf. Es handelt sich um **Sonderregeln zum Kollisionsrecht** für das auf Arbeitsbedingungen anwendbare Recht (→ Art. 1 Rn. 6 ff.). **Art. 3 VII** sieht daher vor, „dass die Absätze 1 bis 6 der Anwendung von für die Arbeitnehmer günstigeren Beschäftigungs- und Arbeitsbedingungen nicht entgegenstehen"; Gleiches wird in Bezug auf die Abs. 10 und 9 gelten. Gemeint sind (jedenfalls) jene Bedingungen, die sich aus Normen des Arbeitsvertragstatuts (idR das Recht des Herkunftsstaates einschließlich dessen Tarifverträge) oder dem Arbeitsvertrag ergeben. Fraglich ist, ob schon die kollisionsrechtliche Regelung durch die Europäische Union dazu führt, dass die verwiesenen nationalen Normen in den Anwendungsbereich des Unionsrechts mit der Folge fallen, dass die **Grundrechtecharta** anwendbar ist. Würde man dies bejahen, so wäre etwa prüfbar, ob die nationale Regelung mit dem Gleichheitssatz der Charta vereinbar ist. Die bloße Festlegung der Kollisionsnorm begründet jedoch keine für Art. 51 I GRC ausreichende enge Verbindung der nationalen Regelung mit dem Unionsrecht; andernfalls wäre die Charta insbesondere auf fast das gesamte Privatrecht anwendbar.

2 Strittig war, ob **Art. 3 VII** die Günstigkeitsregel nur für die Bedingungen aus Arbeitsvertrag und Arbeitsvertragstatut ausdrückt oder den Aufnahmestaat ermächtigt, über den „harten Kern" hinaus weitere Arbeitsbedingungen aus dem Recht des Aufnahmestaates vorzuschreiben. Der EuGH hat im Urteil Laval so gut wie ohne jede Begründung gesagt, „dass sich Art. 3 Abs. 7 ... nicht dahin auslegen lässt, dass er es einem Aufnahmemitgliedstaat erlaubt, die Erbringung einer Dienstleistung in seinem Hoheitsgebiet davon abhängig zu machen, dass Arbeits- und Beschäftigungsbedingungen eingehalten werden, die über die zwingenden Bestimmungen über ein Mindestmaß an Schutz hinausgehen" (EuGH 18.12.2007 – C-341/05 Rn. 80 – Laval; 3.4.2008 – C-346/06 Rn. 33 – Rüffert; 19.6.2008

– C-319/06 Rn. 26 – Kommission/Luxemburg; nur implizit 7.11.2013 – C-522/12 Rn. 37 ff. – Isbir und 12.2.2015 – C-396/13 Rn. 30 ff. – Sähköalojen). Art. 3 VII enthält also keine zusätzliche Ermächtigung; die **Möglichkeiten des Aufnahmestaates,** seine Arbeitsbedingungen für Entsendungen vorzuschreiben, sind in der Folge **in Art. 3 I, X und IX abschließend geregelt.** Davon darf auch nicht durch Rückgriff auf Art. 9 Rom I-VO abgewichen werden (→ Rn. 42; *Tscherner,* Arbeitsbeziehungen, 203 ff., 52 ff., 275 ff.; sie sieht die Entsende-Richtlinie zu Recht als vollharmonisierend in Bezug auf – nur – das IPR). Die Entsende-Richtlinie entfaltet also eine (durch Abs. 10 und 9 gemilderte) **Sperrwirkung.** Sie ist daher keine Regelung, die primär dem Arbeitnehmerschutz dient (*Barnard,* EU Employment Law, 228). Die dazu führende Auslegung hat viele überrascht. Sie ist auch nicht zwingend, wie der Schlussantrag von Generalanwalt Bot zeigt, der strengere Schutzbestimmungen „nur" an Art. 56 AEUV messen, also konkret beurteilen wollte (SA des GA *Bot* 20.9.2007 – C-346/06 Rn. 82 ff. – Rüffert; vgl. die Wiedergabe anderer Auffassungen bei *Tscherner,* Arbeitsbeziehungen, 278 ff.). Allerdings gibt es Argumente für die Sperrwirkung (diese bejahend bereits *Rebhahn,* DRdA 1999, 173, 177), nämlich die Systematik der Richtlinie (Art. 3 X und IX), sowie die in Anspruch genommene Kompetenzgrundlage zur Konkretisierung der Dienstleistungsfreiheit (*Barnard,* EU Employment Law, 228) und damit die Förderung der Dienstleistungsfreiheit. Diese wird nämlich (in Anbetracht der von der Entsende-Richtlinie vorgesehenen bzw. zugelassenen Belastungen der Entsender durch Arbeitsbedingungen des Aufnahmelandes) nur befördert, wenn die Richtlinie die Rechtslage für die Entsender dadurch verbessert, dass sie die anwendbaren Arbeitsbedingungen des Aufnahmelandes begrenzt. Dazu passt dann der Hinweis des Urteils *Laval* auf die praktische Wirksamkeit der Richtlinie. Die Sperrwirkung wird auch damit erklärt, dass Art. 3 I das Aufnahmeland von der Maßgeblichkeit der Arbeitsrechtsordnung des Herkunftslandes freistellt (*Barnard,* EU Employment Law, 226). Nur wenige der in Art. 3 I genannten Regelungen dürften ja die Voraussetzungen erfüllen, die der EuGH nun zu Art. 3 X aufstellt (*Barnard,* EU Employment Law, 232). *Barnard* (EU Employment Law, 232) sagt, der EuGH habe durch seine Auslegung „a careful compromise" erreicht. Zur Rechtsfolge, wenn das Aufnahmeland Bestimmungen für Entsendungen vorschreibt, deren Vorschreibung nach der Entsende-Richtlinie unzulässig ist, → Art. 9 Rn. 2. Geht man davon aus, dass Art. 3 die Möglichkeiten des Aufnahmelandes, seine Vorschriften vorzuschreiben, abschließend regelt, so wird fraglich, ob eine in diesem Rahmen getroffene Maßnahme noch zusätzlich **an Art. 56 AEUV geprüft** werden kann (vgl. *Däubler,* Der vergaberechtliche Mindestlohn im Fadenkreuz des EuGH, NZA 2014, 694 [698]). IdR wird eine gesonderte Prüfung ausscheiden (bei Unvereinbarkeit wäre die Richtlinienbestimmung aufzuheben), und auch der EuGH hatte bisher keine Bedenken gegen Art. 3 I. Nur wenn die Anwendung einer Vorschrift des Aufnahmelandes, die an sich unter Art. 3 I fällt, im konkreten Fall unverhältnismäßig ist, weil sie eine deutliche längere Anwendung unterstellt, die Entsendung aber nur kurzfristig ist (vgl. *Krebber,* Vergabegesetze der Länder und Dienstleistungsfreiheit, EuZA 2013, 435 [447 f.]), kann – allenfalls – auf Art. 56 AEUV zurückgegriffen werden. Ist die **Entsende-Richtlinie nicht anwendbar** (weil etwa Art. 1 III oder Art. 2 I nicht erfüllt ist), so entfaltet sie auch **keine Sperrwirkung.** Regelungen des Aufnahmelandes, die eigene Vorschriften für Entsendungen vorschreiben, sind dann direkt an Art. 56 AEUV zu messen. Soweit die Regelungen nicht über das hinausgehen was die Entsende-Richtlinie bei Anwendbarkeit erlauben würde, werden sie mit Art. 56 AEUV vereinbar sein.

Art. 3 VII führt dazu, dass die Kollisionsregel, die sich aus Umsetzung von Art. 3 I **3** Entsende-Richtlinie oder aus einer Anordnung nach Art. 3 IX oder X Entsende-Richtlinie ergibt, nicht abschließend ist. Vielmehr muss im Einzelfall gefragt werden, ob die Arbeitsbedingungen, die sich aus **Normen des Arbeitsvertragstatuts oder dem Arbeitsvertrag** ergeben, **günstiger** sind als jene; dies wird idR nur bei Entsendung aus einem Hochlohnland praktisch relevant sein. Die Richtlinie sagt nicht, wie dieser Günstigkeitsvergleich (vgl. allg. *Rebhahn,* Der Vorrang der günstigeren Regel aus rechtsvergleichender Sicht, EuZA 2008, 39 ff.) durchzuführen ist. Die Richtlinie legt aber nahe, dass der Vergleich jeweils

460 RL 96/71/EG Art. 3

(zumindest) gesondert nach den in Art. 3 I genannten Regelungsgegenständen durchzuführen ist (Sachgruppenvergleich; *Tscherner*, Arbeitsbeziehungen, 55), also zB für das Thema „bezahlter Jahresurlaub". Dies entspricht auch dem zu Art. 8 I Rom I-VO Gesagten (*Deinert*, Internationales Arbeitsrecht, § 9 Rn. 58; → VO 593/2008 EG Art. 8 Rn. 21). Ein Gesamtvergleich scheidet daher ebenso aus wie ein Einzelvergleich. Soweit die nach Abs. 7 anwendbaren Bestimmungen günstiger sind, ist es dem Aufnahmeland untersagt, seine Vorschriften anzuwenden. Insoweit müssen dessen Behörden die Günstigkeit beurteilen. Im Übrigen sind für die Beurteilung die Gerichte jenes Landes zuständig, in dem der Arbeitnehmer klagt (→ VO 1215/2012/EU Art. 20 Rn. 4 ff.) – vorausgesetzt, dieses Land beachtet die Vorgaben des Aufnahmelandes nach Art. 9 II Rom I-VO (→ Art. 5 Rn. 2).

4 **Ähnliche Fragen wie zur Günstigkeit** stellen sich im Kontext der Entsendung auch, wenn das Vorschreiben von Arbeitsbedingungen durch das Aufnahmeland an Art. 56 AEUV zu prüfen ist. Das Vorschreiben ist nur zulässig, wenn die Regelung für die Entsendeten deutlich vorteilhaft ist, also das Herkunftsland keinen vergleichbaren Schutz bietet (→ AEUV Art. 56 Rn. 15). Allerdings tritt hier zur Frage nach der Günstigkeit jene nach der Verhältnismäßigkeit der Beschränkung. Diese beiden Punkte sind aber klar zu trennen, sodass aus Aussagen des EuGH zur Zulässigkeit der Vorschreibung (insbesondere in EuGH 15.3.2001 – C-165/98 Rn. 35 – Mazzoleni) keine Schlüsse für den Günstigkeitsvergleich ieS gezogen werden sollten (so wohl auch *Velikova*, Arbeitnehmerentsendung, 2013, 185 ff.). Mit der Frage der Günstigkeit nicht identisch ist auch die Frage, ob eine Leistung des Entsenders auf den Mindestlohn des Aufnahmelandes **angerechnet** werden kann. Hier kommt es auch nach der neueren Judikatur des EuGH (→ Rn. 22 ff.) auf die Zweckbestimmung der Leistungen nach dem Recht des Aufnahme- und des Entsendelandes an, und damit – in der Terminologie des Günstigkeitsvergleichs – eher auf einen Einzelvergleich.

5 **Abs. 1** differenziert – in eher komplizierter Weise, die den Kompromisscharakter der Regelung erkennen lässt – nach **drei Kriterien:** Regelungsquelle, Regelungsgegenstand und Art der Tätigkeit. Zentral ist – auch für Abs. 10 – die Umschreibung der Gegenstände, für die der Aufnahmestaat seine Regelungen vorschreiben muss bzw. darf („harter Kern" der Arbeitsbedingungen). Erforderlich ist wohl, dass das Aufnahmeland **deutlich anordnet,** welche Vorschriften bei Entsendungen anwendbar sind. Aus der Liste der in Abs. 1 genannten Regelungsgegenstände bereitet vor allem die Auslegung von Buchst. c (Mindestlohn-Probleme). Über den „harten Kern" hinaus darf der Aufnahmestaat nach hM Regelungen nur nach Maßgabe von Abs. 10 vorschreiben (→ Rn. 39 ff.).

II. Erfasste Rechtsquellen

6 „**Rechts- oder Verwaltungsvorschriften**" meint generelle Regelungen des Aufnahmestaates, die einseitig von diesem erlassen werden (hoheitliche Akte), neben Gesetzen auch Verordnungen uä. Die Entsende-Richtlinie enthält keine inhaltlichen Vorgaben für die nationalen Vorschriften und verpflichtet die Mitgliedstaaten nicht, Regelungen zu den von Abs. 1 genannten Regelungsgegenständen zu erlassen (insbesondere nicht zur Normierung eines gesetzlichen Mindestlohnes). Die Regelungen können insbesondere nach Wirtschaftssektoren verschieden sein. Die Mitgliedstaaten sind **verpflichtet,** zu ihnen entsendete Arbeitnehmer in den Geltungsbereich all ihrer Rechts- und Verwaltungsvorschriften zu den Regelungsgegenständen des Art. 3 I einzubeziehen (EuGH 19.6.2008 – C-319/06 Rn. 71 ff. – Kommission/Luxemburg).

7 „Für allgemein verbindlich erklärte **Tarifverträge** oder Schiedssprüche iSd Absatzes 8" im Aufnahmestaat **sind** nur dann von diesem für Entsendete vorzuschreiben, wenn sie eine der im Anhang der Richtlinie genannten Tätigkeiten betreffen (Verpflichtung). Es handelt sich dabei um **Bauarbeiten** (die Definition ist gleich wie jene der Bauleistungen in § 101 I 2 SGB III). Für andere Tätigkeiten bzw. Branchen **kann** der Aufnahmestaat gem. Art. 3 X diese Regelungsquellen für Entsendete vorschreiben (Erlaubnis). Die Erwägungsgründe

sprechen die Sonderstellung der Bauwirtschaft nicht an. Die besondere Behandlung beruht nicht nur darauf, dass Entsendungen in dieser Branche vor Erlass der Richtlinie besondere Bedeutung hatten und wohl auch heute noch haben, sondern auch darauf, dass der Lohnkostenanteil hier jedenfalls partiell (Hochbau) sehr hoch ist (*Tscherner,* Arbeitsbeziehungen, 70) und die Umstände der Arbeit das Nichteinhalten der Arbeitsstandards im Vergleich zu anderen Branchen sehr begünstigen (temporäre Arbeitsstätten, häufiger Wechsel der Arbeitnehmer zwischen diesen, und Zusammentreffen der Mitarbeiter verschiedener Unternehmen auf einer Arbeitsstätte); Kritiker meinen hingegen, die Sonderbehandlung der Bauwirtschaft beruhe nur darauf, dass Baustellen nicht verlagert werden können. Für den Begriff der Tarifverträge verweist die Richtlinie schlüssig auf das nationale Recht des Aufnahmestaates, allerdings mit der Maßgabe, dass es sich um (rechtlich) freiwillig abgeschlossene Vereinbarungen zwischen einer Organisation der Arbeitnehmer und einer Organisation der Arbeitgeber handelt (vgl. Art. 29 GRC). Der Aufnahmestaat darf jedoch nicht die Beachtung jedes Tarifvertrages vorschreiben, sondern nur eines Tarifvertrages, der den **Anforderungen des Abs. 8** genügt. Diese Anforderungen zielen darauf ab, Entsender nur jenen Tarifverträgen des Aufnahmestaates zu unterwerfen, welche **allg. wirksam** sind, wenn also gewährleistet ist, dass bei ihrer Anwendung Entsender mit Unternehmen des Aufnahmestaates gleichbehandelt werden – wenn auch nur in Bezug auf die in Abs. 1 genannten Regelungsgegenstände. Ordnet der Aufnahmestaat die Anwendung eines Tarifvertrages auf Entsender an, der nicht für alle vergleichbaren bzw. konkurrierenden heimischen Unternehmer des Aufnahmestaates anwendbar ist, so führt dies zu einer Benachteiligung der Entsender im Vergleich zu den nicht-tarifunterworfenen heimischen Unternehmen. Dies verletzt die Entsende-Richtlinie wie die Dienstleistungsfreiheit (EuGH 24.1.2002 – C-164/99 Rn. 34 – Portugaia Construções). Die Beschränkung auf „allgemein verbindliche" Tarifverträge vermeidet weitgehend ein Problem, das bei anderen Bezugnahmen des Unionsrechts auf Tarifverträge auftreten kann, nämlich ob das national als „Tarifvertrag" Angesehene auch dem unionsrechtlichen Rahmenbegriff entspricht. Die Richtlinie stellt den Tarifverträgen **Schiedssprüche** gleich, gleichgültig ob diese aus freiwilliger oder obligatorischer Schlichtung hervorgehen.

Abs. 8 VIII sieht **drei Fälle** vor, in denen ein Tarifvertrag „allgemein verbindlich" iSd Abs. 1 ist. Erstens sind dies gem. UAbs. 1 „für **allgemein verbindlich erklärte** Tarifverträge" im eigentlichen Wortsinn, bei denen einem Tarifvertrag durch **Hoheitsakt** die Wirkung beigelegt wird, dass er „von allen in den jeweiligen geographischen Bereich fallenden und die betreffende Tätigkeit oder das betreffende Gewerbe ausübenden Unternehmen einzuhalten" ist. Die nähere Ausgestaltung des Hoheitsaktes (zB Antragsbedürftigkeit, Voraussetzungen) bleibt den Mitgliedstaaten überlassen. Neben einem Hoheitsakt, der einen individuellen Tarifvertrag betrifft, kann der Hoheitsakt die verbindlich erklärten Tarifverträge auch durch generelle Merkmale bestimmen. Die allg. Verbindlichkeit kann sich auch nur auf einen Teil des Staatsgebietes erstrecken. UAbs.1 ist aber nur anwendbar, wenn wirklich alle einschlägigen Unternehmen vom allgemeinverbindlichen Tarifvertrag erfasst werden. Unzulässig ist es daher, Entsender an einen solchen Tarifvertrag zu binden, wenn heimische Unternehmen von der Beachtung des allg. verbindlichen Tarifvertrages bei Anwendbarkeit eines Firmentarifvertrages befreit sind (EuGH 24.1.2002 – C-164/99 Rn. 34 – Portugaia Construções; 3.4.2008 – C-346/06 Rn. 39 – Rüffert). In Deutschland sind sowohl § 5 TVG als auch § 7 AEntG erfasst, in Österreich die Satzungserklärung nach § 18 ArbVG. 8

Die **beiden weiteren Fälle des Abs. 8** kommen nur für Mitgliedstaaten in Betracht, die kein System der Allgemeinverbindlicherklärung im eben umschriebenen Sinn kennen, wie insbesondere für Schweden und Dänemark. In diesen beiden Fällen ist es nicht erforderlich, dass ein bestimmter Tarifvertrag hoheitlich für allg. verbindlich erklärt wird. Vielmehr muss der Aufnahmestaat (arg: „beschließen") ausdrücklich eine der beiden Möglichkeiten hoheitlich für verbindlich erklären (EuGH 18.12.2007 – C-341/05 Rn. 66 f. – Laval). Die zweite Möglichkeit betrifft Tarifverträge, „die für alle in den jeweiligen geographischen Bereich 9 fallenden und die betreffende Tätigkeit oder das betreffende Gewerbe ausübenden gleichartigen Unternehmen allg. wirksam sind". Die dritte, reichlich kompliziert umschriebene Möglichkeit betrifft auf nationaler Ebene von den „repräsentativsten" Organisationen abgeschlossene Tarifverträge, sofern diese im gesamten Staatsgebiet wirksam sind. Die beiden weiteren Fälle kommen gem. Art. 3 X auch für andere Branchen als die Bauwirtschaft in Betracht.

10 Für die zweite und dritte Möglichkeit wird überdies gefordert, dass die Vorgaben des Tarifvertrages für alle vergleichbaren inländischen Unternehmer in gleicher Weise wie für Entsender verbindlich und auch durchsetzbar sind. Die darin zum Ausdruck kommende Forderung nach **Gleichbehandlung** entspricht der Grundwertung von Dienstleistungsfreiheit und Entsende-Richtlinie. Über das sonst Gesagte geht allerdings hinaus, dass die „Anforderungen" gegenüber den heimischen Unternehmen „mit **derselben Wirkung durchgesetzt** werden können". Überwachungs- und Durchsetzungsmöglichkeiten dürfen also gegenüber Entsendern grds. nicht wirksamer und damit strenger sein als gegenüber Unternehmen des Aufnahmestaates.

11 Die Frage der auf Entsender anwendbaren Rechtsquellen hat insbesondere in **Schweden** und Dänemark, ausgehend vom Urteil *Laval*, große Aufregung verursacht (vgl. zur Rechtslage *Evju*, Die Zukunft der Tarifautonomie und das nordische Modell, EuZA 2010, 48; *Lind*, The Danish law on the posting of workers, University of Oslo Formula Working Paper No. 24, 2010). Das schwedische Modell der Tarifverhandlungen, das auf nationalen Tarifverträgen und darauf aufbauenden Verhandlungen der Gewerkschaft mit einzelnen Arbeitgebern beruht, war bei Entsendungen – für viele in Schweden bestürzend – mit den Vorgaben der Entsende-Richtlinie nicht vereinbar. Allerdings hatte Schweden keine der drei Möglichkeiten des Abs. 8 genutzt, und die Forderung der Gewerkschaft nach individuellen Verhandlungen mit dem Entsender machte für diesen die Dienstleistungserbringung in Schweden schwer kalkulierbar (vgl. EuGH 18.12.2007 – C-341/05 Rn. 100 ff. – Laval; *Tscherner*, Arbeitsbeziehungen, 199 ff.).

12 Die Anforderungen des Art. 3 VIII gelten laut EuGH auch bei der **Vergabe öffentlicher Aufträge.** Die Ausschreibung darf also die Anwendung eines Tarifvertrages durch Auftragnehmer (aus einem anderen Mitgliedstaat) nur verlangen, wenn der vom Aufnahmestaat vorschreibbare **Tarifvertrag** allg. verbindlich bzw. wirksam ist (EuGH 3.4.2008 – C-346/06 Rn. 37 ff. – Rüffert). Anderes könnte danach allenfalls gelten, wenn es „Anhaltspunkte dafür gibt, dass die auf dem privaten Markt tätigen Arbeitnehmer nicht desselben Lohnschutzes bedürfen wie die im Rahmen öffentlicher Aufträge tätigen Arbeitnehmer.". Dies wird aber kaum je zutreffen. Das vom EuGH verlangte Verhalten der öffentlichen Auftraggeber kann in manchen Ländern zu einem Widerspruch zu Art. 2 I ILO-Übereinkommen Nr. 94 über die Arbeitsklauseln in den von Behörden abgeschlossenen Verträgen führen. Das Übereinkommen verlangt, dass die öffentliche Hand von Auftragnehmern die Anwendung von Tarifverträgen bereits dann verlangt, wenn diese für „wesentliche Teile" der Arbeitgeber und Arbeitnehmer in einem bestimmten Gebiet gelten (vgl. Preis/Sagan/Heuschmied/Schierle § 5 Rn. 141 ff.). Fraglich ist daher, ob der öffentliche Auftraggeber mittels **Rechtsvorschrift** verlangen darf, dass Auftragnehmer (und Subauftragnehmer) einen **vergabespezifischen Mindestlohn** einhalten (bejahend *Däubler*, NZA 2014, 695 ff.; auf Basis der EuGH-Judikatur wohl treffend verneinend *Krebber*, EuZA 2013, 435 [449]; vgl. auch *Glaser/Kahl*, ZHR 2013, 643). Jedenfalls unzulässig ist solch ein Verlangen, wenn der (Sub) Auftrag ausschließlich in einem anderen Mitgliedsstaat durchgeführt wird; hier liegt auch kein Fall der Entsende-Richtlinie vor (EuGH 18.9.2014 – C-549/13 Rn. 24 f., 33 ff. – Bundesdruckerei). Ist das Verlangen nach Einhalten eines durch Rechtsvorschrift festgesetzten vergabespezifischen Mindestlohnes unzulässig, so auch das Verlangen, der Auftragnehmer möge sich dazu durch Erklärung verpflichten. Aus Sicht des Entsenderechts zulässig dürfte hingegen das Verlangen nach Einhaltung der Mindeststandards jenes Landes sein, in dem der (Sub-)Auftrag tatsächlich durchgeführt wird, auch wenn dadurch zusätzlich das Vertragsrecht zur Durchsetzung der Standards eingesetzt werden kann.

III. Mindestlohnsätze

Der wichtigste Regelungsgegenstand betrifft „Mindestlohnsätze". Nach Art. 3 I letzter 13
Satz wird „der Begriff der Mindestlohnsätze" zwar „durch die Rechtsvorschriften und/oder Praktiken" des Aufnahmestaates „bestimmt", seine Auslegung führte dennoch zu beträchtlichen Differenzen. Nach dem Wortlaut (nicht nur der deutschen Fassung) bezieht sich die **Verweisung auf das nationale Recht** nicht (erst) auf die Festlegung der Mindestlohnsätze, sondern schon auf die Frage, was unter „Mindestlohnsätze" zu verstehen ist (notion, concept). Gleichwohl muss es einen gewissen autonomen unionsrechtlichen Rahmen dazu geben, strittig wurde „nur", wie eng dieser ist. Gegen Beschränkungen durch die Entsende-Richtlinie kann jedenfalls nicht eingewendet werden, dass die Union nach Art. 153 V AEUV zur Regelung des Arbeitsentgelts nicht zuständig ist, weil es hier nicht um dessen Regelung geht, sondern um die Beschränkung der Dienstleistungsfreiheit durch Mindestlohnanforderungen (*Bayreuther,* EuZA 2014, 191). Nach undeutlichen Äußerungen in früheren Urteilen, aus denen manche ein sehr enges Verständnis von „Mindestlohnsatz" herauslesen wollten, hat der EuGH treffend gesagt: „Aus welchen Bestandteilen sich ... der Mindestlohn zusammensetzt, ist ... im Recht des Mitgliedstaats, in den der Arbeitnehmer entsandt wird, festzulegen, wobei diese Definition ... nicht zu einer Behinderung des freien Dienstleistungsverkehrs zwischen den Mitgliedstaaten führen darf." (EuGH 12.2.2015 – C-396/13 Rn. 34 – Sähköalojen), und in der Folge den Begriff eher weit ausgelegt.

Unter „Mindestlohnsätze" fällt jedenfalls ein **staatlicher** nationaler **Mindestlohn** ebenso 14
wie ein staatlicher branchenbezogener Mindestlohn, gleichgültig ob dieser durch Gesetz oder auf gesetzlicher Grundlage durch Verwaltungsvorschrift festgesetzt wird. Fraglich könnte sein, ob es zulässig ist, für Ältere einen anderen Mindestlohn vorzusehen als für Jüngere.

1. Vorschreibbare Entgeltteile. Praktisch ist fraglich, welche **Lohnbestandteile** unter 15
„Mindestlohnsätze" fallen. Diese Frage stellt sich in **zwei Perspektiven.** Zum einen geht es darum zu bestimmen, welche entgeltbezogene Regelungen im Aufnahmestaat unter Mindestlohnsätze fallen (→ Rn. 16 ff.). Zum anderen ist zu bestimmen, welche Leistungen, die der Entsender zu bezahlen hat oder bezahlt, bei der Prüfung zu berücksichtigen sind, ob der vom Aufnahmestaat vorgeschriebene Mindestlohn gewährt wird, welche also „angerechnet" werden können (→ Rn. 22 ff.). Die beiden Perspektiven sind nicht identisch, aber auch nicht beziehungslos. So wird zB ein Zuschlag für einen bestimmten Zweck, der nicht unter „Mindestlohnsätze" fällt und daher vom Aufnahmestaat nicht vorgeschrieben werden darf, bei tatsächlicher Leistung auch nicht auf den vom Aufnahmestaat vorgeschriebenen Mindestlohn angerechnet werden dürfen. In beiden Perspektiven kommt es primär auf das Vertragsentgelt an (**Bruttolohn;** EuGH 14.4.2005 – C-341/02 Rn. 29 – Kommission/Deutschland), nicht auf das Nettoentgelt nach Abzug von hoheitlichen Abgaben (insbesondere Sozialversicherungsbeiträge und Steuern), weil es primär um die Gleichbehandlung der Arbeitgeber geht.

Staatliche Mindestlöhne legen das Mindestentgelt entweder je Arbeitsstunde oder für 16
einen längeren **Zeitraum** (Monat) fest. Im ersten Fall müssen die anrechenbaren Leistungen des Arbeitgebers den Mindeststundenlohn erreichen. Im zweiten Fall ist der Mindestlohn auf eine bestimmte Dauer der Arbeitszeit bezogen; für den Zweck der Entsende-Richtlinie wird dann daraus ein einzuhaltender Stundenlohn zu berechnen sein (vgl. EuGH 14.4.2005 – C-341/02 Rn. 40 – Kommission/Deutschland). Mindeststundenlöhne sind für den Schutz der Entsendeten effektiver. Art. 3 I nennt auch „Überstundensätze". Schreibt das Aufnahmeland diese vor, so ist auch die Vorfrage, wann eine **Überstunde** vorliegt, nach den Vorschriften des Aufnahmestaates zu beurteilen. Art. 3 I nennt ferner „bezahlter Mindestjahresurlaub". Entsprechend der Auffassung des EuGH, wonach Freistellung und Urlaubsentgelt nach Art. 7 I RL 2003/88 „zwei Aspekte eines einzigen Anspruchs" sind, gehört auch die Fortzahlung des „Mindestlohnes" während des **Jahresurlaubes** zum

„harten Kern" (EuGH 12.2.2015 – C-396/13 Rn. 67 ff. – Sähköalojen). Beiträge zu einem „betrieblichen Altersversorgungssystem" zählen aufgrund der Anordnung in Art. 3 I nicht zum vorschreibbaren Mindestlohn, auch nicht wenn sie gesetzlich vorgeschrieben sind. Die österreichische „Abfertigung Neu" (BMSVG) ist kein solches System. Die Zahlung der Beiträge dazu wird aber nicht vorgeschrieben.

17 In Bezug auf **Tarifverträge** des Aufnahmestaates ist unstrittig, dass dieser die Einhaltung nicht nur von nationalen, sondern auch von branchenspezifischen Tarifverträgen vorschreiben kann. Strittig war jedoch insbesondere, inwieweit nur der jeweils unterste einheitliche Mindestlohn vorgeschrieben werden kann oder auch die gesamte Lohnstruktur (Lohngitter). Manche Urteile deuteten in eine restriktive Richtung (vgl. Thüsing/*Bayreuther*, AEntG § 8 Rn. 4 f.). Der EuGH hat jüngst entschieden, dass – insbesondere aufgrund der Verweisung in Abs. 1 auf die Vorschriften des Aufnahmestaates – „die Vorschriften über die Einteilung der Arbeitnehmer in **Lohngruppen,** die im Aufnahmemitgliedstaat auf der Grundlage verschiedener Kriterien angewandt werden, wie etwa der Qualifikation, der Ausbildung und der Erfahrung der Arbeitnehmer und/oder der Art der von ihnen ausgeübten Tätigkeit, an die Stelle der Vorschriften treten, die im Herkunftsmitgliedstaat auf die entsandten Arbeitnehmer anwendbar sind." (EuGH 12.2.2015 – C-396/13 Rn. 43 – Sähköalojen) „Mindestlohnsätze" eines Tarifvertrages erfassen also grds. das gesamte **„Lohngitter"** (so bereits *Rebhahn*, Grundfreiheiten und Arbeitskampf, in Scholz/Becker [Hrsg.], Die Auswirkung der Rechtsprechung des Europäischen Gerichtshofs auf das Arbeitsrecht der Mitgliedstaaten, 2009, 17 ff.). Der Aufnahmestaat muss dessen Beachtung in Bezug auf Bauarbeiten vorschreiben, und darf dies für andere Branchen vorschreiben. Die Berechnung des Mindestlohns kann nicht nur auf Zeitbasis, sondern auch auf Akkordbasis erfolgen (EuGH 12.2.2015 – C-396/13 Rn. 40 – Sähköalojen). Ist das „Lohngitter" eines Tarifvertrages maßgebend, so erfasst dies auch die Regeln zur **Einordnung der Arbeitnehmer** in dieses. Voraussetzung ist stets, dass die anzuwendenden Tarifvorschriften zwingend sind „und den Anforderungen an die **Transparenz** entsprechen, was insbesondere bedeutet, dass sie zugänglich und klar sein müssen." (EuGH 12.2.2015 – C-396/13 Rn. 44 – Sähköalojen). Der Transparenz wird bei Vorschriften über die Einteilung in Lohngruppen besondere Bedeutung zukommen, weil Regelungen, die nur sehr mühsam anwendbar sind, von Entsendungen abhalten können. Weder Art. 3 I noch Art. 3 X erlauben es dem Aufnahmeland, eine Regelung auf Entsendete zu erstrecken, welche eine automatische Anpassung der Ist-Löhne bei Anstieg der Lebenshaltungskosten vorsieht (EuGH 19.6.2008 – C-319/06 Rn. 47 ff. – Kommission/Luxemburg).

18 Zur Frage, ob **andere Leistungen** des Arbeitgebers als das laufende Stunden- oder Monatsentgelt, welche Vorschriften des Aufnahmestaates zwingend vorschreiben, unter Mindestlohnsätze fallen, ist die Judikatur des EuGH nicht sehr klar. Der EuGH knüpft dazu jüngst an Urteile an, die sich primär mit der Frage befassten, ob vom Arbeitgeber erbrachte Leistungen auf den Mindestlohn des Aufnahmelandes angerechnet werden dürfen. Dazu wurde gesagt, dass „Zulagen und Zuschläge, die durch die Rechtsvorschriften [des Aufnahmestaates] nicht als Bestandteile des Mindestlohns definiert werden und die das Verhältnis zwischen der Leistung des Arbeitnehmers auf der einen und der ihm erbrachten Gegenleistung auf der anderen Seite verändern, nicht aufgrund der Bestimmungen der RL 96/71 als derartige Bestandteile betrachtet werden können." (EuGH 14.4.2005 – C-341/02 Rn. 39 f. – Kommission/Deutschland; 7.11.2013 – C-522/12 Rn. 38 – Isbir). Nicht zum Mindestlohn in diesem Sinne sollen danach etwa Qualitätsprämien und Schmutz-, Erschwernis- oder Gefahrenzulagen zählen. „Es ist nämlich völlig normal, dass der Arbeitnehmer, der auf Verlangen des Arbeitgebers ein Mehr an Arbeit oder Arbeitsstunden unter besonderen Bedingungen leistet, einen Ausgleich für diese zusätzliche Leistung erhält, ohne dass dieser bei der Berechnung des Mindestlohns berücksichtigt wird." (EuGH 14.4.2005 – C-341/02 Rn. 40 – Kommission/Deutschland). Die Auffassung des EuGH ist zur Aufrechnungsfrage treffend (keine Anrechnung). Auch die Wortfolge „die nicht durch die Rechtsvorschriften [des Aufnahmestaates] als Bestandteile des Mindestlohns definiert werden" ist im Kontext der Anrechnungsfrage sinnvoll. Jüngst hat der EuGH aber die gesamte Wendung auf die Frage übertragen, welche von Vorschriften des Aufnahmelandes vorgeschriebenen Entgeltteile zu dessen Mindestlohnsätzen zählen (können); EuGH 12.2.2015 – C-396/13 Rn. 36 – Sähköalojen. Hier könnte die Wortfolge zu „nicht definiert" allerdings dazu führen, dass der Aufnahmestaat Leistungen, die das Verhältnis von Leistung und Gegenleistung verändern, durch Erklärung zum Bestandteil des Mindestlohnes machen kann und damit das materielle Erfordernis (Gegenseitigkeitsverhältnis) beseitigen. Maßgebend für die Möglichkeit der Subsumtion einer Entgeltregelung des Aufnahmelandes dürfte dennoch sein, ob der Entgeltteil das Gegenleistungsverhältnis verändert. Folgte man dem, dann können zum Mindestlohn der Vorschriften des Aufnahmestaates **nicht auch Leistungen** gezählt werden, die das **Verhältnis zwischen Leistung und Gegenleistung** verändern.

Allerdings ist fraglich, ob die Ausführungen des Urteils *Sähköalojen* zu konkreten Fragen voll mit der allg. Formel übereinstimmen. So sieht dieses Urteil eine **Wegezeitentschädigung,** die nach dem Tarifvertrag des Aufnahmestaates als Ausgleich für die tägliche Pendelzeit als Bestandteil des Mindestlohns zu zahlen ist, ebenso als „Mindestlohn" iSd Art. 3 I Entsende-Richtlinie an wie ein **Tagegeld,** das die Nachteile ausgleicht, die den Arbeitnehmern durch eine Entsendung aufgrund der Entfernung von ihrem gewohnten Umfeld entstehen (EuGH 12.2.2015 – C-396/13 Rn. 53 ff., 46 ff. – Sähköalojen). Die Frage, ob die Zusatzleistung das Verhältnis zwischen Leistung und Gegenleistung verändert, spielt bei den Überlegungen keine erkennbare Rolle. Zum Taggeld wird vor allem mit Art. 3 VII UAbs. 2 Entsende-Richtlinie argumentiert; danach ist eine echte **„Entsendungszulage"** Bestandteil des Mindestlohns. Die Bestimmung hat allerdings aufgrund der systematischen Stellung in Abs. 7 (dessen UAbs. 1 betrifft Regelungen des Arbeitsvertragsstatuts) primär wohl die Frage der Anrechenbarkeit im Auge. Sie spricht dann kaum für (wenn auch nicht gegen) das Ergebnis des EuGH: Falls eine tatsächlich bezahlte Entsendungszulage auf den Mindestlohn des Aufnahmestaates angerechnet werden kann, dann spricht wenig dafür, dass der Aufnahmestaat diesen Mindestlohn deshalb durch eine Entsendezulage erhöhen kann. Die Auffassung zur Entsendezulage (und zum Taggeld) ist allerdings teleologisch zu begründen. Wenn die Entsende-Richtlinie Entsender mit Unternehmen des Aufnahmestaates beim Mindestentgelt gleichstellen will, dann muss dies gerade auch für Entgeltteile gelten, welche für Arbeit fern des gewohnten Umfeldes vorgeschrieben wird (sei es im Aufnahmestaat oder in dessen Ausland). Unzulässig wird das Vorschreiben solcher Zulagen nur sein, wenn deren Voraussetzungen bei Arbeitnehmern von Unternehmen des Aufnahmestaates kaum je erfüllt sein werden (die also speziell für Entsendungen in den Aufnahmestaat gedacht erscheinen).

Besonders schwierig ist die Lage in Bezug auf die Aufwendungen für **Reisekosten** (zwischen Herkunfts- und Aufnahmeland) sowie für **Übernachtung und Verpflegung** im Aufnahmeland während der Entsendung. „Die Entsendungszulagen gelten" gemäß Art. 3 VII Entsende-Richtlinie „als Bestandteil des Mindestlohns, soweit sie nicht als Erstattung für infolge der Entsendung tatsächlich entstandene Kosten wie zB Reise-, Unterbringungs- und Verpflegungskosten gezahlt werden." Nach Art. 11 VI UAbs. 2 lit. c Durchsetzungs-Richtlinie haben die Mitgliedstaaten zu gewährleisten: die „Erstattung von — im Verhältnis zum Nettoarbeitsentgelt oder der Qualität der Unterbringung — unvertretbar hohen Beträgen, die für die vom Arbeitgeber organisierte Unterbringung vom Arbeitsentgelt einbehalten oder abgezogen wurden". Unstrittig dürfte sein, dass **Vorschriften des Herkunftsstaates** (auch Tarifverträge) anordnen dürfen, dass der Entsender die genannten Aufwendungen trägt. Dies macht zwar die Entsendung für diesen teurer, allerdings ist es keine Maßnahme des Aufnahmelandes, und daher mit Art. 56 AEUV vereinbar. Fraglich ist hingegen, ob das **Aufnahmeland** den (partiellen) Ersatz der genannten Aufwendungen vorschreiben darf. Der EFTA-Gerichtshof hat dies verneint (EFTA Gerichtshof 8.4.2013 – E-2/11 Rn. 97 – STX Norway Offshore). Gegen die Zulässigkeit spricht prima facie, dass es sich dabei um Aufwandersatz und nicht um Entgelt handelt. Art. 3 VII Entsende-Richtlinie zeigt allerdings, dass tatsächlich gezahlter Aufwandersatz für Reise-, Unterbringungs-

und Verpflegungskosten auf den Mindestlohn des Aufnahmestaates nicht angerechnet werden, diesen also nicht schmälern darf. Dem liegt die Wertung zugrunde, dass die Anrechnung dieses Aufwandersatzes die Gewährleistung der „Mindestlohnsätze" beeinträchtigen würde. Art. 11 VI UAbs. 2 lit. c Durchsetzungs-Richtlinie dürfte hingegen wieder gegen die Zulässigkeit sprechen, wenn man die Bestimmung dahin versteht, dass der Entsender angemessene Beträge für die Unterbringung abziehen darf. Teleologisch ist die Beurteilung schwierig. Gegen die Zulässigkeit spricht, dass das Vorschreiben des Aufwandersatzes ausländische Entsender typischerweise mehr belastet als Unternehmen des Aufnahmestaates, weil bei jenen solche Kosten notwendig, bei diesen aber nur gelegentlich anfallen. Für die Zulässigkeit spricht wohl entscheidend, dass den Entsendeten der Mindestlohn des Aufnahmestaates nur bei Ersatz des Zusatzaufwandes voll zugutekommen kann. Auch bei diesem „Detail" stellt sich also die **Grundfrage**, ob die Union bei Entsendungen eher die Arbeitnehmer und deren Mindestlohn oder die Entsender durch Gleichbehandlung mit Unternehmen des Aufnahmestaates schützen will. Der EuGH hat jüngst unter Bezugnahme auf die Auffassung des Generalanwaltes, wonach Art. 3 VII „die Möglichkeit ausräumen [soll], bei der Berechnung des Mindestlohns Leistungen im Zusammenhang mit Fahrtzeiten, Unterbringung und Verpflegung derart zu berücksichtigen, dass den betroffenen Arbeitnehmern der wirtschaftliche Gegenwert ihrer Arbeitsleistung vorenthalten wird", die Anrechnung von tatsächlich bezahltem Aufwandersatz für diese Auslagen auf den Mindestlohn des Aufnahmestaates für unzulässig angesehen (EuGH 12.2.2015 – C-396/13 Rn. 60 – Sähköalojen). Auch die faktische Notwendigkeit für die Entsendeten, die genannten Aufwendungen selbst (aus dem Lohn) zu tragen, schmälert aber den wirtschaftlichen Wert der Gegenleistung in Bezug auf den vorgeschriebenen Mindestlohn insbesondere bei Kosten für Unterkunft und Reisen. *Hoek/Houwerzijl,* Complementary study, Recommendation 9 und 1 empfehlen daher vorzuschreiben, dass der Entsender diese Kosten trägt, andernfalls das Recht des Aufnahmelandes voll anwendbar sein solle. Recommandation 10 empfiehlt, dass die Übernahme der Kosten ein entscheidendes Kriterium dafür sein soll, ob ein Arbeitnehmer iSd Art. 2 I „entsendet" ist. Nach Art. IV III Durchsetzungs-Richtlinie ist dies zumindest zu berücksichtigen.

21 Zur Regelung der Mindestlohnsätze des Aufnahmelandes zählen auch dessen Regelungen zur **Fälligkeit** der Ansprüche (Preis/Sagan/*Heuschmied/Schierle* § 5 Rn. 125 f.), und wohl auch dessen Verjährungsregeln. Ist es nach dem Recht des Aufnahmestaates zulässig, dass Arbeitnehmer ihre Entgeltforderungen an eine Gewerkschaft zu deren Durchsetzung abtreten, so kann der Arbeitgeber gegen die Geltendmachung der abgetretenen Forderungen entsendeter Arbeitnehmer nicht einwenden, die **Abtretung** sei nach dem auf den Arbeitsvertrag anwendbaren Recht des Herkunftsstaates unzulässig (EuGH 12.2.2015 – C-396/13 Rn. 20 ff. – Sähköalojen). Dies gilt nicht nur, wenn der Entsender im Aufnahmestaat eine Zweigniederlassung hat (das Urteil ist diesbezüglich unklar). Auch die Zulässigkeit einer **Aufrechnung** durch den Entsender wird in Bezug auf den Mindestlohn des Aufnahmestaates nach dessen Vorschriften zu beurteilen sein (Preis/Sagan/*Heuschmied/Schierle* § 5 Rn. 127 f.).

22 **2. Anrechnung auf den Mindestlohn.** Zur Frage, inwieweit tatsächliche Leistungen des Arbeitgebers an die Entsendeten auf den vom Aufnahmestaat vorgeschriebenen Mindestlohn angerechnet werden dürfen, regelt die Richtlinie nur ein Detail in Art. 3 VII: **Entsendungszulagen** „gelten als Bestandteil des Mindestlohns, soweit sie nicht als Erstattung für infolge der Entsendung tatsächlich [dem Entsendeten] entstandene Kosten wie zB Reise-, Unterbringungs- und Verpflegungskosten gezahlt werden". Echte Entsendungszulagen dürfen also angerechnet werden, die Erstattung der genannten Kosten hingegen nicht. In der Folge dürfen die Übernahme der Kosten für die Unterbringung der Entsendeten durch den Entsender sowie Zulagen für die Verpflegung am Arbeitsort (zB Essensgutscheine) nicht auf den Mindestlohn des Aufnahmestaates angerechnet werden (EuGH 12.2.2015 – 396/13 Rn. 58 ff. – Sähköalojen). Andere Formen des **Naturalentgelts** dürfen auf den Mindestlohn nur angerechnet werden, wenn die Mindestlohnvorschriften des Aufnahmestaates dies erlauben. **Entfernungszulagen** dürfen wohl angerechnet werden, weil echte Entsendezulagen angerechnet werden dürfen, und Entfernungszulagen denselben Zweck verfolgen. Die unterschiedliche Behandlung im Verhältnis zum Kostenersatz für Reisekosten, Unterkunft und Verpflegung ist schon durch die Differenz von Entgelt und Aufwandersatz gerechtfertigt.

Die Anrechenbarkeit anderer Zahlungen/Leistungen des Entsenders fand lange wenig 23 Aufmerksamkeit (vgl. nun ausführlich *Bayreuther,* Mindestlohnwirksame Leistungen im Geltungsbereich des Entsenderechts, EuZA 2014, 189ff [194 ff.]; *Hoek/Houwerzijl,* Complementary study, 132 ff.). Nach der (wie gesagt nicht sehr klaren) Judikatur des EuGH kommt es wohl darauf an, ob der Entgeltteil „das **Verhältnis zwischen der Leistung des Arbeitnehmers und der von ihm erhaltenen Gegenleistung verändert**". Trifft dies zu, so dürfen sie nicht angerechnet werden (EuGH 7.11.2013 – C-522/12 Rn. 40 ff. – Isbir). Laut EuGH dürfte dies bei Qualitätsprämien und **Schmutz-, Erschwernis- oder Gefahrenzulagen** zutreffen (EuGH 14.4.2005 – C-341/02 Rn. 39 f. – Kommission/Deutschland): „Es ist nämlich völlig normal, dass der Arbeitnehmer, der auf Verlangen des Arbeitgebers ein Mehr an Arbeit oder Arbeitsstunden unter besonderen Bedingungen leistet, einen Ausgleich für diese zusätzliche Leistung erhält, ohne dass dieser bei der Berechnung des Mindestlohns berücksichtigt wird." Auch Akkordprämien sowie Zulagen für Nach-, Schicht- und Feiertagsarbeit werden daher nicht anrechenbar sein. Dasselbe gilt für vermögenswirksame Leistungen (EuGH 7.11.2013 – C-522/12 Rn. 44 – Isbir). Die Anrechenbarkeit von Entfernungs- und echten Entsendezulagen, nicht aber von Erschwerniszulagen spiegelt wieder, dass das Unionsrecht die Arbeit in einem anderen Mitgliedstaat nicht als Erschwernis wertet und gewertet sehen will. Das Kriterium des EuGH zielt auf einen **Vergleich der einzelnen Leistungen.** *Hoek/Houwerzijl,* Complementary study, Recommendation 18 erwägen (eher de lege ferenda), einen Einzelvergleich erst vorzunehmen, wenn ein Gesamtvergleich zur Bezahlung einen deutlichen Unterschied zeigt.

Leistungen des Arbeitgebers, die über das laufende Entgelt hinausgehen, jedoch weder 24 Mehrarbeit noch besondere Arbeitsbedingungen abgelten sollen, sondern nach ihrer **Zweckbestimmung** im Rahmen des Synallagmas **für die „Normalarbeit"** (also jene Arbeitsleistung, die Gegenstand der Mindestlohnverpflichtung ist) erbracht werden, sind hingegen grundsätzlich **anrechenbar** (EuGH 7.11.2013 – C-522/12 Rn. 40 ff. – Isbir; vgl. *Bayreuther,* EuZA 2014, 194 – Äquivalenzregel). Dies trifft etwa für ein 13. und 14. Monatsentgelt (Urlaubs-, Weihnachtsgeld) zu. Allerdings könnte es sein, dass der EuGH die Anrechnung nur für zulässig hält, wenn die Sonderzahlungen während der Entsendung anteilig ausbezahlt werden (die Ausführungen dazu in EuGH 14.4.2005 – C-341/02 Rn. 30 ff. – Kommission/Deutschland sind wenig klar; auch spätere Urteile klären die Frage bislang nicht). ME sollten Leistungen anrechenbar sein, wenn sie regelmäßig, längstens jährlich und vorhersehbar zustehen und bezahlt werden (und damit zB ein unbedingt ausbezahltes Weihnachtsgeld; den EuGH anders deutend *Bayreuther,* EuZA 2014, 196). Andere **einmalige Zahlungen** wie ein Jubiläumsgeld können dann hingegen nicht angerechnet werden; dasselbe dürfte für eine Ergebnisbeteiligung gelten. Eine Pauschalzahlung im Zusammenhang mit dem Aushandeln eines neues Tarifvertrages kann wohl nur angerechnet werden, wenn sie das Entgelt während jenes Zeitraumes, in dem entsendet wird, erhöhen will (EuGH 7.11.2013 – C-522/12 Rn. 42 – Isbir), nicht aber wenn sie das Entgelt für davor geleistete Arbeit erhöhen soll. Auch wenn das Recht des Aufnahmelandes Zuschläge für **Mehrarbeit** vorsieht, dürfte es ausreichen, wenn der Mindeststundenlohn durch das Zeitentgelt einschließlich von Zuschlägen für Mehrarbeit erreicht wird (*Bayreuther,* EuZA 2014, 197).

Die Frage nach der Anrechenbarkeit von Leistungen stellt sich in verstärktem Maße im 25 Verhältnis zu **tariflichen Mindestlöhnen** des Aufnahmestaates. Allgemein wird für die Frage, ob ein vom Entsender (etwa aufgrund des heimischen Tarifvertrages) gezahlter Lohnbestandteil mit erkennbarer Zweckwidmung auf den tariflichen Mindestlohn (iSd Art. 3 I) des Aufnahmestaates angerechnet werden kann, auch der erkennbare **Zweck des Tarif-**

vertrages des Aufnahmestaates zu berücksichtigen sein (vgl. Preis/Sagan/*Heuschmied/Schierle* § 5 Rn. 134 ff.).

IV. Weitere erfasste Regelungsgegenstände

26   Art. 3 I lit. a Entsende-Richtlinie nennt „**Höchstarbeitszeiten** und Mindestruhezeiten". Der Aufnahmestaat kann dazu seine allg. Regelungen auch vorschreiben, wenn sie über jene der Arbeitszeit-Richtlinie 2003/88/EG hinausgehen und die Arbeitnehmer mehr schützen. Zulässig ist es auch, wenn der Aufnahmestaat die Freistellung von Verboten an eine behördliche Erlaubnis knüpft, die dann Entsendern unter denselben Bedingungen erteilt werden muss wie einheimischen Unternehmen. Weicht die dem als Monatsentgelt ausgedrückten Mindestentgelt des Aufnahmestaates zugrundeliegende übliche monatliche Arbeitszeit von jener Arbeitszeit ab, die nach der Regelung des Arbeitsvertragsstatuts maßgebend ist, so ist darauf zu achten, dass Entsendete zumindest das nach dem Mindestentgelt des Aufnahmestaates maßgebende Stundenentgelt erhalten. Regelungen des Aufnahmestaates zur höheren Bezahlung von **Mehrarbeit** über die generelle Höchstarbeitszeit hinaus gelten auch für Entsendungen.

27   Art. 3 I lit. b nennt „bezahlter **Mindestjahresurlaub**". Der Aufnahmestaat kann dazu seine allg. Regelungen auch vorschreiben, wenn sie über Art. 7 Arbeitszeit-Richtlinie 2003/88/EG hinausgehen. Dies betrifft sowohl die Dauer des Urlaubs (EuGH 25.10.2001 – C-49/98 Rn. 57 f. – Finalarte) wie das Entgelt während des Urlaubs, aber wohl auch Zahlungen für die Abgeltung des Urlaubs bei vorzeitiger Beendigung. Zum „harten Kern" können auch Regelungen über eine (von der Sozialversicherung getrennte) **Urlaubssozialkasse** zählen, wie es sie insbesondere für die Bauwirtschaft in mehreren Mitgliedstaaten gibt (vgl. EuGH 25.10.2001 – C-49/98 Rn. 42 ff. – Finalarte; vgl. näher *Preis/Temming*, Die Urlaubs- und Lohnausgleichskasse im Kontext des Gemeinschaftsrechts, 2006). Dies ergibt sich aus dem Zusammenwirken von Buchst. b mit Buchst. c und entspricht dem Willen der Normsetzer (Preis/Sagan/*Heuschmied/Schierle* § 5 Rn. 116 f.). Das Urteil fügt allerdings einige Einschränkungen bei. Insbesondere muss das Einbeziehen den Entsendeten einen deutlichen tatsächlichen Vorteil verschaffen, und es darf bei Bestehen einer gleichartigen Einrichtung im Herkunftsstaat zu keiner Doppelbelastung kommen (vgl. auch EuGH 18.7.2007 – C-490/04 Rn. 45 ff. – Kommission/Deutschland).

28   Art. 3 I lit. e nennt „Sicherheit, **Gesundheitsschutz** und Hygiene am Arbeitsplatz". Vieles dazu ist bereits durch Richtlinien vorgegeben. Der Aufnahmestaat kann dazu aber auch Regelungen allg. vorschreiben, die über diese Richtlinien hinausgehen. Problematisch kann wegen der hohen Spezifizität dieser Regelungen uU die erforderliche Transparenz für Entsender sein, und in der Folge auch die Kontrolle vor Ort. *Hoek/Houwerzijl*, Complementary study, 140 ff. weisen darauf hin, dass es zu diesem Punkt „confusion" gebe, weil der Tatbestand „may cover different elements such as on-site protective measures, health checks, as well as liability for industrial accidents." Regelungen zur Haftung des Arbeitgebers bei Arbeitsunfällen können aufgrund des Wortlautes jedoch nicht unter Buchst. e fallen. Art. 3 I lit. f nennt „Schutzmaßnahmen im Zusammenhang mit den Arbeits- und Beschäftigungsbedingungen von **Schwangeren** und Wöchnerinnen, **Kindern** und Jugendlichen". Das Verhältnis der verschiedenen unionalen Vorgaben zu Zahlungen aus Anlass der Schwangerschaft ist unklar (*Hoek/Houwerzijl*, Complementary study, 145 f.). Art. 3 I lit. g nennt „**Gleichbehandlung** von Männern und Frauen sowie andere Nichtdiskriminierungsbestimmungen". Der EuGH hat Diskriminierung hier (einmal) eng verstanden, und Bestimmungen zu Teilzeit und Befristung nicht darunter subsumiert (EuGH 19.6.2008 – C-319/06 Rn. 57 – Kommission/Luxemburg). Zu **Art. 3 X** → Rn. 39 ff.

29   **Nicht** zu den Bestimmungen, die der Aufnahmestaat nach Art. 3 I **vorschreiben kann,** gehören ua Vorschriften über die Begründung und Beendigung des Arbeitsverhältnisses, Informations- und Mitbestimmungsrechte der Arbeitnehmer, sowie Bestimmungen zum Recht der Tarifverträge (EuGH 19.6.2008 – C-319/06 Rn. 65 ff. – Kommission/Luxem-

burg). Auch Regelungen zur Entgeltfortzahlung bei Krankheit und aus anderen Gründen dürften nicht zu den vorschreibbaren Arbeitsbedingungen zählen. Die **Entgeltfortzahlung** betrifft zwar auch das Arbeitsentgelt, primär aber die Risikoverteilung im Arbeitsverhältnis. Bei der Fortzahlung bei Krankheit spricht gegen das Einbeziehen auch, dass die Regelung in vielen Ländern eng mit der Lage im Sozialrecht zusammenhängt, in manchen ist die Fortzahlung primär oder allein Pflicht einer Sozialkasse. Im Zusammenhang mit → Art. 3 X hat der EuGH weitere Grenzen gesetzt, insbesondere in Bezug auf all jene in Art. 3 I nicht genannten Regelungsgegenstände, die bereits durch Richtlinien geregelt sind, weil die Einhaltung hier vom Herkunftsland kontrolliert würde (EuGH 19.6.2008 – C-319/06 Rn. 40, 60 – Kommission/Luxemburg). Allerdings ist fraglich, wie weit diese Erwartung zutrifft; → Art. 5 Rn. 1 ff.

V. Leiharbeitnehmer

Art. 3 Entsende-Richtlinie enthält in Bezug auf Leiharbeit zwei Bestimmungen. Nach Abs. 1 gehören „Bedingungen für die Überlassung von Arbeitskräften, insbesondere durch Leiharbeitsunternehmen" zum „harten Kern" der Arbeitsbedingungen. Ferner können die Mitgliedstaaten gem. Abs. 9 vorsehen, dass Entsender (Art. 1 I) Arbeitnehmern iSv Art. 1 III lit. c „diejenigen Bedingungen garantieren", die in diesem für Leiharbeitnehmer gelten. Das Verhältnis der beiden Bestimmungen zueinander wird als wenig klar gesehen. Vgl. auch → Art. 1 Rn. 60 ff. **30**

Die Bedeutung von **Art. 3 IX** ist relativ klar: Der Aufnahmestaat kann anordnen, dass **alle für Leiharbeitnehmer** im Aufnahmestaat **geltenden Vorschriften** – staatliche Vorschriften wie Tarifverträge – auch auf entsendete Leiharbeiter anwendbar sind, auch ein Gleichbehandlungsgebot. Die Ermächtigung des Art. 3 IX geht also über Art. 3 I (Aufzählung der Regelungsgegenstände) und Art. 3 X Entsende-Richtlinie hinaus. Fraglich ist allerdings, inwieweit auch bei Inanspruchnahme von Art. 3 IX zu prüfen ist, ob das Vorschreiben der zusätzlichen Arbeitsbedingungen mit dem Unionsrecht, insbesondere Art. 56 AEUV, vereinbar ist. Dabei ist zu berücksichtigen, dass die Entsendung von Leiharbeitnehmern – anders als bei Entsendung anderer Arbeitnehmer – „wegen der Besonderheiten der mit ihr verbundenen Arbeitsbeziehungen" „Auswirkungen unmittelbar sowohl auf die Verhältnisse auf dem Arbeitsmarkt als auch auf die berechtigten Interessen der betroffenen Arbeitnehmer" im Aufnahmeland haben kann, weil (nur) ein entsandter Leiharbeitnehmer „typischerweise auf einem Arbeitsplatz im verwendenden Unternehmen verwendet wird, der sonst mit einem Arbeitnehmer dieses Unternehmens besetzt worden wäre." Daher können auf Leiharbeitnehmer „eventuell die Art. 45–48 AEUV" anwendbar sein (EuGH 10.2.2011 – C-307/09 Rn. 28–31 – Vicoplus; vgl. *Franzen*, EuZA 2011, 455; → AEUV Art. 56 Rn. 10), Die volle Anwendung der Vorschriften des Aufnahmelandes für entsandte Leiharbeitnehmer dürfte (schon) daher mit Art. 56 AEUV vereinbar sein. Dies gilt insbesondere (aber nicht nur), wenn der Verleiher im Herkunftsstaat nur rein interne Verwaltungstätigkeit ausübt; in diesem Fall unterliegen die Entsendeten auch den Sozialversicherungsvorschriften des Aufnahmelandes (Art. 14 II VO EG 987/2009). **31**

Seit Erlass der **Leiharbeits-Richtlinie** 2008/104/EG ist auch diese bei Entsendungen zu beachten. Zum einen wollte sie wohl die Möglichkeiten der Mitgliedstaaten beschränken, Leiharbeit zu behindern. Zum anderen enthält sie Mindestvorschriften für die Arbeitsbedingungen von Leiharbeitnehmern (→ RL 2008/104/EG Art. 2 Rn. 2 ff.). Bei Entsendungen ist daraus vor allem ein Gebot der Gleichbehandlung mit den Arbeitnehmern des Beschäftigers/Entleihers relevant. Soweit dieses Gebot nach der Leiharbeits-Richtlinie oder deren Umsetzung im Herkunftsland reicht, gilt es schon aufgrund der Leiharbeits-Richtlinie auch zugunsten der entsendeten Arbeitnehmer; vgl. *Franzen*, Grenzüberschreitende Arbeitnehmerüberlassung – Überlegungen aus Anlass der Herstellung vollständiger Arbeitnehmerfreizügigkeit zum 1.5.2011, EuZA 2011, 451 [460 ff.]; → Art. 1 Rn. 29. Der im Beschäftigerbetrieb anwendbare Tarifvertrag muss dann nicht den Anforderungen von Art. 3 VIII Entsende-Richtlinie genügen. **32**

33 **Art. 3 I lit. c** Entsende-Richtlinie verpflichtet die Mitgliedstaaten, ihre staatlichen Vorschriften und für Bauarbeiten ihre allg. verbindlichen Tarifverträge betreffend die „Bedingungen für die Überlassung von Arbeitskräften" für Entsendungen vorzuschreiben. Sicher erfasst sind **Beschränkungen der Leiharbeit** (wie etwa ein Erlaubnisvorbehalt), soweit diese nach der Leiharbeits-Richtlinie noch zulässig sind; solche Beschränkungen fallen nicht unter Art. 3 IX. Fraglich ist hingegen, ob Buchst. c im Übrigen alle vertragsrechtlichen Vorschriften zur Überlassung erfasst (also insoweit denselben Inhalt hat wie Abs. 9), oder nur einen Teil dieser (vgl. *Franzen,* EuZA 2011, 462). Die Frage ist jedenfalls nach Erlass der Leiharbeits-Richtlinie praktisch wohl nicht sehr bedeutsam.

B. Art. 3 II bis VI – Marginale Entsendungen

34 Art. 3 II-VI regeln Ausnahmen vom Geltungsbereich der Entsende-Richtlinie für kurzfristige oder marginale Entsendetatbestände. Die **Frage nach einem anwendungsfreien Zeitraum** der Entsende-Richtlinie war ein **zentraler Streitpunkt** im Entstehungsprozess der Richtlinie. Der 1. Richtlinienentwurf der Kommission (KOM [91] 230 endg. ABl. C 225 vom 30.8.1991) sah eine Ausnahme von der Verpflichtung, Mindesturlaub und Mindestlöhne auf entsandte Arbeitnehmer zu erstrecken, vor, wenn die Dauer der Entsendung weniger als drei Monate beträgt. Der freie Dienstleistungsverkehr sollte nicht unverhältnismäßig beschränkt werden. Die Kommission ging davon aus, dass Entsendungen unter drei Monaten marginal seien, nur in geringer Zahl vorkämen, und bloß unwesentliche Bedeutung im Zusammenhang mit Praktiken hätten, die zu Wettbewerbsverzerrungen führen könnten (KOM [91] 230 endg. ABl. C 225 vom 30.8.1991, 16).

35 Die typischen **Empfangsstaaten** mit hohem Lohnniveau vertraten demgegenüber eine sog. **Null-Option** (*Sörries,* Industrielle Beziehungen 1997, 125 [136]). Es sollte keine zeitlichen Ausnahmen von der Entsende-Richtlinie geben. 1993 führte eine Stellungnahme der europäischen Sozialpartner zu einer differenzierten Lösung. Die Sozialpartner verwiesen auf die ILO-Konvention Nr. 94 aus dem Jahr 1949. Dort werden Sozialklauseln bei öffentlichen Aufträgen geregelt. Im Unterschied zum Richtlinienentwurf sieht die Konvention Nr. 94 keine Ausschlussfrist vor. Außerdem wurde die Richtlinienrelevanz für den Bausektor betont, was zu der unter deutscher Ratspräsidentschaft vorgeschlagenen sektoriellen Fokussierung der Regelungen führte (*Sörries,* Industrielle Beziehungen 1997, 125 [140]). Die aktuelle Regelung ist das Ergebnis des gemeinsamen Standpunktes des Rates vom 3.6.1996 (RAT 6689/96).

36 Art. 3 II Entsende-Richtlinie regelt zunächst eine **obligatorische Ausnahme** der Erstreckung von **Mindesturlaub und Mindestlöhnen** für kurzfriste Entsendungen, die im Zusammenhang mit Erstmontage- und/oder Einbauarbeiten, die Bestandteil eines Liefervertrags sind, für die Inbetriebnahme der gelieferten Güter unerlässlich sind und von Facharbeitern und/oder angelernten Arbeitern des Lieferunternehmens ausgeführt werden. Dieses sog. **Montageprivileg** gilt nur für Entsendungen, deren Dauer **acht Tage** nicht übersteigt. Das Montageprivileg gilt **nicht für den Bausektor**. Für Entsendungen, die im Zusammenhang mit im Anhang der Entsende-Richtlinie aufgeführten Arbeiten erfolgen, sind somit vom ersten Tag der Entsendung an der Mindesturlaub und die Mindestlöhne des Empfangsstaates zu gewähren.

37 Art. 3 III **ermächtigt** die Mitgliedstaaten, Entsendungen in der Dauer von **maximal einem Monat** von der Erstreckung der Mindestlöhne auszunehmen, sofern es sich nicht um Entsendungen iRv Arbeitskräfteüberlassung handelt. Die Mitgliedstaaten können gem. Art. 3 IV dazu auch die Tarifpartner ermächtigen. Art. 3 V ermächtigt die Mitgliedstaaten, Entsendungen von der Erstreckung des Mindesturlaubs und der Mindestlöhne auszunehmen, wenn der **Umfang der zu verrichtenden Arbeiten gering** ist. Den Mitgliedstaaten steht es also frei, in diesen als Bagatellfälle eingestuften Entsendesachverhalten den Marktfreiheiten entsprechende liberalere Regelungen zu erlassen.

Art. 3 VI regelt, dass sich die **Dauer der Entsendung** unter Zugrundelegung eines 38
Bezugszeitraums von einem Jahr ab Beginn der Entsendung berechnet. Bei der Berechnung
der Entsendungsdauer ist die Dauer einer gegebenenfalls im Rahmen einer Entsendung von
einem zu ersetzenden Arbeitnehmer bereits zurückgelegten Entsendungsdauer zu berücksichtigen. Diese Regelung ist jedenfalls im Hinblick auf die in Abs. 2–5 geregelten Ermächtigungen der Mitgliedstaaten, geringfügige Entsendungen von der Erstreckung der Mindestarbeitsbedingungen auszunehmen, von Bedeutung. Fraglich ist, ob sich daraus eine etwaige **Maximalbefristung** einer Entsendung iSd Art. 2 Entsende-Richtlinie ergibt. Aufgrund der textlichen Nähe zu den Abs. 2–5 des Art. 3 Entsende-Richtlinie ist dies **zu verneinen.** Hätte der Gesetzgeber die Dauer der Entsendung für den gesamten Geltungsbereich der Entsende-Richtlinie beschränken wollen, wäre eine entsprechende Regelung in Art. 2 im Zusammenhang mit der Definition des entsandten Arbeitnehmers zu erwarten gewesen. Im Übrigen finden sich weder in den Erwägungsgründen noch in den Materialien zur Richtlinie Hinweise darauf, dass die Entsende-Richtlinie eine maximale Entsendedauer regeln wollte.

C. Art. 3 X – Ermächtigung der Mitgliedstaaten zur Erstreckung weiterer Arbeitsbedingungen

Die Entsende-Richtlinie berührt gem. Art. 3 X nicht das Recht der Mitgliedstaaten, unter 39
Einhaltung des Vertrages für inländische und ausländische Unternehmen in gleicher Weise
Arbeits- und Beschäftigungsbedingungen für andere als die in Absatz 1 UAbs. 1 aufgeführten
Aspekte, soweit es sich um **Vorschriften der öffentlichen Ordnung** handelt, für entsandte
Arbeitnehmer anwendbar zu machen. Weiter werden die Mitgliedstaaten ermächtigt, Arbeits- und Beschäftigungsbedingungen, die in **Tarifverträgen** oder Schiedssprüchen nach
Abs. 8 festgelegt sind und andere als im Anhang zur Entsende-Richtlinie genannte Tätigkeit
betreffen, sich also **nicht auf die Bauwirtschaft** beziehen, vorzuschreiben.

I. Erstreckung arbeitsrechtlicher Normen der öffentlichen Ordnung

Art. 3 X erster Gedankenstrich ermächtigt die Mitgliedstaaten, über die in Art. 3 I 40
zwingend vorzusehenden Arbeitsbedingungen hinaus weitere arbeitsrechtliche Normen
auch für aus dem Ausland entsandte Arbeitnehmer vorzusehen, sofern gewisse, dieses Recht
einschränkende Voraussetzungen erfüllt sind. Aufgrund des unionsrechtlichen **Diskriminierungsverbot**s selbstredend und nicht weiter zu erläutern ist, dass die betreffenden
Normen für in- und ausländische Unternehmen gleichermaßen Anwendung finden müssen. Des Weiteren ist die Erstreckung arbeitsrechtlicher Normen aufgrund von Art. 3 X nur
zulässig, sofern dadurch nicht primärrechtliche Normen verletzt werden. Hier ist allen voran
die Dienstleistungsfreiheit zu beachten.

Die Ermächtigung, über Art. 3 III hinausgehende Normen auf entsandte Arbeitnehmer 41
auszudehnen, bezieht sich lediglich auf „Normen der öffentlichen Ordnung". Der EuGH
hat dazu in der Rs. *Kommission/Luxemburg* wesentliche Grundsätze herausgearbeitet. Anders
als von Luxemburg im Verfahren vorgebracht, ist es nicht ausschließlich Sache der Mitgliedstaaten, zu definieren, welche Regelungen für sie im öffentlichen Interesse liegen. Es steht
den Mitgliedstaaten daher nicht offen, zB ihre gesamte Arbeitsrechtsordnung als Rechtsnormen im öffentlichen Interesse zu qualifizieren. Damit würden sich die differenzierten
Regelungen der Entsende-Richtlinie erübrigen. Der EuGH gesteht den Mitgliedstaaten
zwar weiterhin zu, die **Erfordernisse der öffentlichen Ordnung frei nach ihren innerstaatlichen Bedürfnissen** zu bestimmen, doch seien sie im Unionsrecht und insbesondere,
wenn sie eine Ausnahme von dem fundamentalen Grundsatz der Dienstleistungsfreiheit
rechtfertigen sollen, **eng zu verstehen.** Die Mitgliedstaaten dürfen den Begriff der öffentlichen Ordnung nicht einseitig ohne **Nachprüfung durch die Organe der Europäi-**

460 RL 96/71/EG Art. 3

schen Union bestimmen (EuGH 19.6.2008 – C-319/06 Rn. 50 – Kommission/Luxemburg; ebenso Rn. 30).

42   Was die **Qualität von Normen der „öffentlichen Ordnung"** betrifft, verweist der EuGH zunächst auf das Urteil *Arblade* (23.11.1999 – C-369/96). Er hält fest, dass die Qualifizierung von nationalen Vorschriften als Polizei- und Sicherheitsgesetze auf solche Vorschriften abzielt, deren Einhaltung als so entscheidend für die Wahrung der politischem, sozialen oder wirtschaftlichen Organisation des betreffenden Mitgliedstaates angesehen wird, dass ihre Beachtung für alle Personen, die sich im Hoheitsgebiet dieses Mitgliedstaats befinden, und für jedes dort lokalisierte Rechtsverhältnis vorgeschrieben wird (Rn. 29). Diese Formulierung, die später Eingang in die **Definition der Eingriffsnorm des Art. 9 Rom I-VO** gefunden hat, lässt den Schluss zu, dass Art. 3 X RL 96/71/EU und Art. 9 VO (EU) 593/2008 von **gleicher Reichweite** sind (*Barnard*, EU Employment Law, 231).

43   Die Berufung auf die öffentliche Ordnung ist laut EuGH nur möglich, wenn eine tatsächliche und hinreichend **schwere Gefährdung** vorliegt, die ein **Grundinteresse der Gesellschaft** berührt (EuGH 19.6.2008 – C-319/06 Rn. 50 – Kommission/Luxemburg). Einen pauschalen Verweis auf die Wahrung der Kaufkraft oder die Erhaltung des sozialen Friedens durch Inflationsanpassung der Löhne erachtet der EuGH nicht als hinreichenden Nachweis einer Bedrohung der öffentlichen Ordnung (EuGH 19.6.2008 – C-319/06 Rn. 54 – Kommission/Luxemburg), ebenso wenig allg. Verweise auf Tarifverträge oder Regelungen für das Zustandekommen und die Durchführung derselben (Rn. 65).

44   Der EuGH zieht **zur Begründung** seiner engen Auslegung des Begriffes der „öffentlichen Ordnung" die Erklärung Nr. 10 zu Art. 3 X erster Gedankenstrich der Entsende-Richtlinie im **Protokoll des Rates** der Europäischen Union heran (vgl. zur Frage inwieweit auf Materialien, die möglicherweise gar nicht publiziert sind, Bezug genommen werden darf, Riesenhuber/*Riesenhuber* § 10 Rn. 36 f.): „Der Rat und die Kommission haben folgende Erklärung abgegeben: Unter den Worten ‚Vorschriften im Bereich der öffentlichen Ordnung' sollten die verbindlichen Vorschriften verstanden werden, von denen nicht abgewichen werden darf und die nach ihrer Art und ihrem Ziel den zwingenden Erfordernissen des öffentlichen Interesses gerecht werden. Diese Vorschriften können insbesondere das **Verbot der Zwangsarbeit** oder die Beteiligung der Behörden an der **Überwachung** der Einhaltung der Rechtsvorschriften über die Arbeitsbedingungen umfassen." (EuGH 19.6.2008 – C-319/06 Rn. 3, 32 – Kommission/Luxemburg).

45   Betrachtet man die zwingend auf entsandte Arbeitnehmer zu erstreckenden Arbeitsbedingungen gem. Art. 3 I als das von der Richtlinie jedenfalls zu beachtende Eingriffsrecht des Empfangsstaates, bleibt darüber hinaus aufgrund der nunmehr strengen Judikatur des EuGH zu Art. 3 X **wenig Raum** für eine weitere Erstreckung arbeitsrechtlicher Normen des Empfangsstaates. (Art. 3 X „almost out of existence": *Barnard*, EU Employment Law, 233). Dies auch deshalb, weil nicht zuletzt aufgrund der unionsrechtlichen arbeitsrechtlichen Gesetzgebung davon auszugehen ist, dass die grundlegenden arbeitsrechtlichen Standards in allen EU-Mitgliedstaaten gewährleistet sind. Die Judikatur des EuGH erachtet es regelmäßig als Verletzung der Dienstleistungsfreiheit, wenn Empfangsstaaten Regelungen, die bereits im Herkunftsstaat eingehalten werden müssen, noch einmal anwenden wollen.

II. Erstreckung tarifvertraglicher Arbeitsbedingungen außerhalb der Baubranche

46   Die Entsende-Richtlinie verpflichtet bzw. ermächtigt die Mitgliedstaaten in unterschiedlichem Grad zur Erstreckung von Mindestarbeitsbedingungen auf entsandte Arbeitnehmer. Sind Mindestarbeitsbedingungen insbesondere betreffend Arbeitszeit, Urlaub und Mindestlohnsätze nicht in Rechts- oder Verwaltungsvorschriften geregelt, trifft die Mitgliedstaaten zur Erstreckung dieser Arbeitsbedingungen auf entsandte Arbeitnehmer nur dann eine Verpflichtung, wenn diese Arbeitsbedingungen (1) in allg. verbindlichen Tarifverträgen festgesetzt sind, und es sich (2) um Tätigkeiten in der Bauwirtschaft gem. Anhang zur

Entsende-Richtlinie handelt. Allerdings werden die Mitgliedstaaten durch Art. 3 X **ermächtigt,** Mindestarbeitsbedingungen aus allgemeinverbindlichen **Tarifverträgen** auch auf **andere Branchen auszudehnen.**

Die Erstreckung tarifvertraglich geregelter Arbeitsbedingungen des Empfangsstaates auf aus dem Ausland entsandte Arbeitnehmer in anderen Branchen als der Bauwirtschaft steht allerdings unter dem **Vorbehalt,** dass diese nicht gegen **EU-Primärrecht,** insbesondere nicht gegen die Dienstleistungsfreiheit, verstößt. **47**

Der EuGH hatte mit der **Rs.** *Mazzoleni* (EuGH 15.3.2001 – C-165/98) die bisher **einzige Entscheidung** zu einem Fall der Arbeitnehmerentsendung, die **nicht die Bauwirtschaft** betrifft, zu fällen. Das Urteil ist für die Abwägung der beteiligten Interessen richtungsweisend. Ein in Frankreich niedergelassenes Bewachungsunternehmen entsandte seine gewöhnlich in Frankreich beschäftigten Arbeitnehmer kurzfristig, teils auch nur stundenweise nach Belgien, um dort Verkaufslokale zu bewachen. Der EuGH sah in der Vorschreibung belgischer Tariflöhne für die Zeit der Entsendung eine **unzulässige Beschränkung der Dienstleistungsfreiheit.** Die Anwendung der nationalen Vorschriften des Aufnahmemitgliedstaats über Mindestlöhne auf Dienstleistende, die in einer an den Aufnahmemitgliedstaat angrenzenden Region eines anderen Mitgliedstaats ansässig sind, könne zum einen zu unverhältnismäßig hohen **zusätzlichen Verwaltungskosten** führen, etwa für eine stundenweise Berechnung des angemessenen Entgelts für jeden Arbeitnehmer, und zum anderen zur Zahlung **unterschiedlich hoher Entgelte an die Beschäftigten,** die **alle derselben Operationsbasis** angehören und die gleiche Arbeit leisten. Die zuletzt genannte Auswirkung könne wiederum Spannungen zwischen den Beschäftigten zur Folge haben und sogar die Kohärenz der im Niederlassungsmitgliedstaat geltenden Tarifverträge bedrohen. Der EuGH verneint im konkreten Fall, dass die Erstreckung der Mindestlöhne im Hinblick auf das grds. legitime Ziel, die entsandten Arbeitnehmer zu schützen, erforderlich und geeignet sei. Das Ziel, für die entsandten Arbeitnehmer das gleiche soziale Schutzniveau sicherzustellen wie für die im Empfangsstaat arbeitenden Arbeitnehmer desselben Sektors, könne nämlich als verwirklicht angesehen werden, wenn sich alle betroffenen Arbeitnehmer im Aufnahmemitgliedstaat und im Niederlassungsmitgliedstaat hinsichtlich des Entgelts, der Steuerlast und der Sozialabgaben in einer insgesamt gleichen Lage befinden (EuGH 15.3.2001 – C-165/98 Rn. 35 – Mazzoleni – Anm.: Die Einkünfte der belgischen und französischen Arbeitnehmer waren nach Abzug von Steuern und Sozialversicherungsbeiträgen in beiden Staaten annähernd gleich hoch.). **48**

Der EuGH verlangt somit von den Behörden des Empfangsstaates eine **Beurteilung im Einzelfall,** um zu prüfen, ob der Schutz der entsandten Arbeitnehmer im Herkunftsstaat **gleichwertig** ist. Bei dieser Bewertung sind ua die **Dauer der Dienstleistungen,** ihre **Vorhersehbarkeit** und die Frage zu berücksichtigen, ob die Arbeitnehmer tatsächlich in den Aufnahmemitgliedstaat „umgesetzt" wurden oder ob sie weiterhin der Operationsbasis ihres Arbeitgebers in dessen Niederlassungsmitgliedstaat angehören. Ferner sind insbesondere die **Höhe des Entgelts** sowie die Höhe der **Sozialabgaben** und der **steuerlichen Belastung** zu berücksichtigen (EuGH 15.3.2001 – C-165/98 Rn. 38, 39 – Mazzoleni). **49**

Setzt der EuGH diese Judikatur fort, könnte sie sich insbesondere bei **kurzfristigen Entsendungen** zwischen **Hochlohnstaaten** dahingehend auswirken, dass eine Erstreckung tarifvertraglicher Mindestlöhne auf entsandte Arbeitnehmer als unzulässige Beschränkung der Dienstleistungsfreiheit anzusehen und somit unzulässig ist. **50**

Das Urteil *Mazzoleni* stammt aus der Zeit vor dem Beitritt der Mittel- und Osteuropäischen Staaten zur EU. Seit deren Beitritt im Jahr 2004 und damit dem vermehrten Auftreten der Problematik grenzüberschreitenden Wettbewerbs durch das Ausnutzen niedriger Löhne akzeptiert der EuGH als Rechtfertigungsgrund für die Erstreckung der Mindestlöhne durch die Empfangsstaaten auch Maßnahmen des Empfangsstaates zum Schutz seiner Unternehmen vor unlauterem Wettbewerb und zum Schutz der Arbeitnehmer des Empfangsstaates gegen Sozialdumping (EuGH 12.10.2004 – C-60/03 Rn. 41, 42 – Wolff & Müller; 18.12.2007 – C-341/05 Rn. 103 – Laval). Ergänzend zu den Überlegungen in der Rs. **51**

Mazzoleni sind daher zusätzliche Gesichtspunkte einzubeziehen. Haben Entsendungen aus Niedrig- in Hochlohnstaaten den Effekt, dass in den Empfangsstaaten ansässige Unternehmen und deren Arbeitnehmer durch **Wettbewerb über Lohndumping** verdrängt werden, ist mE selbst bei kurzfristigen Entsendungen, wie sie dem Urteil *Mazzoleni* zugrunde lagen, eine Erstreckung der Mindestlöhne und -arbeitsbedingungen durch das von der Entsende-Richtlinie angestrebte Ziel, unfairen Wettbewerb zu verhindern, gerechtfertigt.

Art. 4 Zusammenarbeit im Informationsbereich

(1) Zur Durchführung dieser Richtlinie benennen die Mitgliedstaaten gemäß ihren Rechtsvorschriften und/oder Praktiken ein oder mehrere Verbindungsbüros oder eine oder mehrere zuständige einzelstaatliche Stellen.

(2) [1]Die Mitgliedstaaten sehen die Zusammenarbeit der Behörden vor, die entsprechend den einzelstaatlichen Rechtsvorschriften für die Überwachung der in Artikel 3 aufgeführten Arbeits- und Beschäftigungsbedingungen zuständig sind. [2]Diese Zusammenarbeit besteht insbesondere darin, begründete Anfragen dieser Behörden zu beantworten, die das länderübergreifende Zurverfügungstellen von Arbeitnehmern, einschließlich offenkundiger Verstöße oder Fälle von Verdacht auf unzulässige länderübergreifende Tätigkeiten, betreffen.

Die Kommission und die in Unterabsatz 1 bezeichneten Behörden arbeiten eng zusammen, um etwaige Schwierigkeiten bei der Anwendung des Artikels 3 Absatz 10 zu prüfen.

Die gegenseitige Amtshilfe erfolgt unentgeltlich.

(3) Jeder Mitgliedstaat ergreift die geeigneten Maßnahmen, damit die Informationen über die nach Artikel 3 maßgeblichen Arbeits- und Beschäftigungsbedingungen allgemein zugänglich sind.

(4) Jeder Mitgliedstaat nennt den anderen Mitgliedstaaten und der Kommission die in Absatz 1 bezeichneten Verbindungsbüros und/oder zuständigen Stellen.

1   Art. 4 betrifft die Information über die bei Entsendungen maßgeblichen Arbeitsbedingungen sowie die Zusammenarbeit der nationalen Behörden. Der etwas rudimentäre Artikel wird heute ergänzt durch die **RL 2014/67/EU** zur Durchsetzung der Entsende-Richtlinie **(Durchsetzungs-Richtlinie),** die bis 18.6.2016 umzusetzen ist. Näher lassen sich drei Themenbereiche unterscheiden: Erfordernis nationaler Verbindungsbüros; Informationspflichten betreffend die Arbeitsbedingungen; sowie Zusammenarbeit der Behörden der Mitgliedstaaten. Nach § 4 I Entsende-Richtlinie hat jeder Mitgliedstaat (zumindest) ein Verbindungsbüro zu benennen und daher einzurichten. Dieses war primär für Informationsaufgaben gedacht. Die Durchsetzungs-Richtlinie spricht nun auch in Bezug auf diese Aufgabe meist von zuständiger Behörde (vgl. deren Art. 3). Sie verlangt nicht, dass die Mitgliedstaaten, insbesondere als Aufnahmeland, nur eine einzige Behörde als zentrale Anlaufstelle für Fragen der Entsendung und deren Überwachung benennt (Art. 3 I Durchsetzungs-Richtlinie: eine oder mehrere Behörden); *Hoek/Houwerzijl,* Complementary study, Recommandation 25 f. empfehlen eine solche Konzentration.

2   Art. 4 III Entsende-Richtlinie spricht allg. davon, dass jeder Mitgliedstaat die geeigneten Maßnahmen ergreift, damit die **Informationen** über die Arbeits- und Beschäftigungsbedingungen, die gem. Art. 3 dieser Richtlinie von Dienstleistungserbringern angewandt und eingehalten werden müssen, **allg. zugänglich** sind. Diese Informationspflichten werden in Art. 5 Durchsetzungs-Richtlinie konkretisiert. Danach müssen die Informationen kostenlos sowie in klarer, transparenter, umfassender und leicht zugänglicher Art und Weise durch Fernkommunikationsmittel und auf elektronischem Wege zur Verfügung gestellt werden, und zwar primär auf einer einzigen offiziellen nationalen Website (was unterstellt, dass auch alle Entsendeten Zugang zu Internet haben). Die Informationspflicht nach Art. 5 I Durchsetzungs-Richtlinie erstreckt sich auf staatliche Vorschriften sowie darauf, welche

Tarifverträge anwendbar sind. Die Informationen müssen außer in der Amtssprache auch „unter Berücksichtigung der Nachfrage auf dem dortigen Arbeitsmarkt in den wichtigsten **Sprachen** — deren Wahl Sache des Aufnahmemitgliedstaats ist — zugänglich" gemacht werden (Art. 5 II lit. c Durchsetzungs-Richtlinie). Bemerkenswert ist, dass hier auf den Arbeitsmarkt des Aufnahmelandes Bezug genommen wird, obwohl Entsendungen nach Auffassung von EuGH und Kommission diesen Arbeitsmarkt doch gar nicht betreffen (→ AEUV Art. 56 Rn. 7). Richtigerweise wird auf die Sprachen jener Länder abzustellen sind, aus denen jeweils eine Vielzahl von Arbeitnehmern entsendet wird. Art. 5 III Durchsetzungs-Richtlinie erweitert die Informationspflicht auf den Inhalt der anwendbaren Arbeitsbedingungen in Tarifverträgen, insbesondere Mindestlohnsätze und deren wesentliche Bestandteile, die Methode zur Berechnung des Entgelts und die maßgeblichen Kriterien für die Einstufung in die verschiedenen Lohngruppen. Nach dem Wortlaut der Durchsetzungs-Richtlinie erstrecken sich die Pflichten zur Information auf der zentralen Webseite und in fremden Sprachen nicht auf diese Informationen.

Nach Art. 4 II sehen die Mitgliedstaaten „die **Zusammenarbeit der Behörden** vor, die **3** entsprechend den einzelstaatlichen Rechtsvorschriften für die Überwachung der in Art. 3 aufgeführten Arbeits- und Beschäftigungsbedingungen zuständig sind. Diese Zusammenarbeit besteht insbesondere darin, **begründete Anfragen** dieser Behörden zu beantworten." Allerdings wird es im Herkunftsstaat kaum je aus eigenem eine Behörde geben, die für die Überwachung der Arbeitsbedingungen im Aufnahmeland zuständig ist, und die Entsende-Richtlinie verpflichtet den Herkunftsstaat auch nicht, deren Einhaltung zu überwachen (so nun auch Art. 7 I Durchsetzungs-Richtlinie). Das **Herkunftsland** wird aber **verpflichtet,** bei Entsendungen das **Einhalten der eigenen Vorschriften zu überwachen** (Art. 7 II Durchsetzungs-Richtlinie). Art. 6 und 7 Durchsetzungs-Richtlinie regeln die – unentgeltliche – Verwaltungszusammenarbeit zwischen den Behörden des Aufnahme- und des Herkunftslandes näher, wobei es hier vor allem darum geht, „mit Gründen versehene Auskunftsersuchen und Ersuchen um die Durchführung von Kontrollen, Prüfungen und Untersuchungen zu beantworten." Diese sollen innerhalb je nach Dringlichkeit festgelegter Fristen beantwortet werden. Der Herkunftsstaat wird verpflichtet dafür zu sorgen, dass Entsender die erforderlichen Informationen geben. Die Behörden beider Länder werden dann, wenn Umstände auf mögliche Unregelmäßigkeiten hinweisen, verpflichtet, dem anderen Land „aus eigener Initiative unverzüglich alle entsprechenden Auskünfte" zu erteilen.

Art. 5 Maßnahmen

Die Mitgliedstaaten sehen geeignete Maßnahmen für den Fall der Nichteinhaltung dieser Richtlinie vor.

Sie stellen insbesondere sicher, daß den Arbeitnehmern und/oder ihren Vertretern für die Durchsetzung der sich aus dieser Richtlinie ergebenden Verpflichtungen geeignete Verfahren zur Verfügung stehen.

Übersicht

	Rn.
A. Allgemeines	1
B. Verwaltungsanforderungen und Kontrollmaßnahmen	6
C. Rechtsverfolgung	15
D. Haftung bei Unteraufträgen	16

A. Allgemeines

Die **Durchsetzung arbeitsrechtlicher Vorgaben** ist in den Mitgliedstaaten sehr **unter- 1 schiedlich geregelt** (vgl. Malmberg [Hrsg.], Effective Enforcement of Labour Law, 2003). Neben die Durchsetzung durch Klagen der anspruchsberechtigten Arbeitnehmer tritt in sehr verschiedenem Ausmaß die Durchsetzung durch Behörden (Überwachung und Sanktionen) und/oder durch Interessenvertretungen der Arbeitnehmer. Einzelne Arbeitnehmer klagen schon bei reinen Inlandssachverhalten häufig nur bei Beendigung, nicht aber während des aufrechten Arbeitsverhältnisses. Bei Entsendungen von einem Niedrig- in ein Hochlohnland gibt es zur Durchsetzung zwei besondere Aspekte: Die Entsendeten werden noch seltener klagen als sonst, insbesondere wenn sie auf erneute Entsendung hoffen, solange die Bezahlung während der Entsendung nur besser ist als jene im Herkunftsstaat (vgl. auch *Hoek/Houwerzijl,* Complementary study, 171). Der **Herkunftsstaat** wird idR nur ein **geringeres Interesse** an der Durchsetzung von Normen während der Arbeit im Aufnahmeland haben, insbesondere wenn es sich – wie partiell bei Entsendungen – um Normen des Aufnahmelandes handelt. In Bezug auf die Durchsetzung der Normen des Aufnahmelandes kommt daher der Überwachung durch dieses eine im Vergleich zur Normallage bei Arbeitsverhältnissen gesteigerte Bedeutung zu.

2   Die Regelung der Entsende-Richtlinie zu Maßnahmen der Mitgliedstaaten, insbesondere des Aufnahmelandes, zur Überwachung und Sanktionierung der in Umsetzung dieser Richtlinie getroffenen Anordnungen ist weniger als **rudimentär**. Sie beschränkt sich darauf, „**geeignete Maßnahmen**" zu verlangen, und legt besonderen Wert auf die Durchsetzung durch die Entsendeten (Art. 4 II). Es fehlt also die etwa in arbeitsrechtlichen Richtlinien übliche Vorgabe, dass die Mitgliedstaaten wirksame und abschreckende Sanktionen vorsehen müssen, und zwar auch in Bezug auf die Verwirklichung der Vorgaben des Art. 3 I Entsende-Richtlinie. Die Richtlinie hat die eben beschriebene Interessenlage zur Durchsetzung verkannt, oder sie hat diese richtig eingeschätzt und genutzt, um der Richtlinie weniger praktische Wirksamkeit zu verschaffen. Verstärkt wird die Bedeutung der Überwachung durch das Aufnahmeland durch die wohl herrschende Auffassung, wonach die Entsende-Richtlinie nur das Aufnahmeland verpflichtet, die gerichtliche Durchsetzung der von ihm vorgeschriebenen Arbeitsbedingungen zu gewährleisten. Das Herkunftsland könne nach verbreiteter Auffassung hingegen nach Art. 9 II Rom I-VO frei entscheiden, ob es diesen Normen des Aufnahmelandes Wirkung verleiht (*Fornasier/Torga,* The posting of workers: The perspective of the sending state, EuZA 2013, 356 [361]; für Bindung hingegen treffend *Tscherner,* Arbeitsbeziehungen, 54). *Hoek/Houwerzijl,* Complementary study, berichten, dass mehrere Mitgliedstaaten die von ihnen aus entsendeten Arbeitnehmer entweder von ihren Regelungen ausnehmen (insbesondere bei kurzen Entsendungen, 273) oder deren Einhaltung nicht kontrollieren (Recommendation 2). Manche Mitgliedstaaten gehen aber von diesem **einseitigen Ansatz** ab und verpflichten ihre Gerichte, den vom Aufnahmeland vorgeschriebenen Arbeitsbedingungen Wirkung zu verleihen (*Fornasier/Torga,* EuZA 2013, 362). Überdies verpflichtet nun Art. 7 II Durchsetzungs-Richtlinie das **Herkunftsland** zumindest, das **Einhalten der eigenen Vorschriften** zu **überwachen.** Von dieser Pflicht ist der EuGH in Bezug auf Regelungsgegenstände, die bereits durch Richtlinien geregelt sind, schon bisher ausgegangen (EuGH 19.6.2008 – C-319/06 Rn. 40, 60 – Kommission/Luxemburg). Allerdings ist fraglich, inwieweit dies der Realität entspricht.

3   In der Folge kam es zu mehreren Verfahren (insbesondere Vertragsverletzungsverfahren) beim EuGH betreffend Überwachung und Sanktionen durch das Aufnahmeland. Der EuGH ist (zur Rechtslage vor der Durchsetzungs-Richtlinie) davon ausgegangen, dass das Unionsrecht die Kontrollmaßnahmen zu Entsendungen nicht harmonisiert hat (zB EuGH 3.12.2014 – C-315/13 Rn. 47 – De Clercq). Er hat die **Zulässigkeit der Überwachungsbefugnisse** daher direkt an Art. 56 AEUV gemessen. Dabei ist davon auszugehen, dass zwischen Unternehmen, die im Aufnahmeland niedergelassen sind, und Entsendern aus einem anderen Mitgliedstaat „**objektive Unterschiede**" in Bezug auf die Möglichkeit der Behörden des Aufnahmelandes bestehen, Kontrollen zur Wahrung der Rechte der Entsendeten, welche die Vorschriften des Aufnahmelandes diesen einräumen (EuGH 3.12.2014 – C-315/13 Rn. 63 – De Clercq). Durch jene „zwingenden Gründe des Allgemeininteresses, die die materiell-rechtlichen Bestimmungen einer Regelung rechtfertigen, [können] auch die Kontrollmaßnahmen gerechtfertigt sein, die erforderlich sind, um die Beachtung dieser

Bestimmungen sicherzustellen." (EuGH 3.12.2014 – C-315/13 Rn. 66); vgl. zu den in Betracht kommenden Gründen → AEUV Art. 56 Rn. 14. Allerdings dürfen die Maßnahmen nicht über das (unbedingt) Erforderliche hinausgehen und nicht unverhältnismäßig sein. Eine **Doppelbelastung** ist unzulässig, wenn das Überwachungsziel bereits durch Unterlagen des Herkunftsstaates erfüllt werden kann (zB EuGH 23.11.1999 – C-369/96 Rn. 39, 55, 61 ff. – Arblade; 19.6.2008 – C-319/06 Rn. 35 ff. – Kommission/Luxemburg). Soweit der EuGH die Verhältnismäßigkeit selbst beurteilt hat, ist er zuweilen sehr/zu restriktiv, und hat dann wohl zu wenig berücksichtigt, dass es nicht nur um das Interesse an der Durchsetzung nationaler Arbeitsbedingungen des Aufnahmelandes geht, dem gegenüber die Dienstleistungsfreiheit zu verteidigen wäre, sondern **auch** um das **Interesse an der Durchsetzung des Unionsrechts** geht, insbesondere dort, wo Art. 3 I Entsende-Richtlinie das Vorschreiben der Arbeitsbedingungen des Aufnahmelandes gebietet. Das Interesse an der Durchsetzung der arbeitsrechtlichen Vorgaben ist nun überdies wohl ein durch die GRC geschütztes Interesse (vgl. *Rebhahn,* Grundrechte des Arbeitslebens, in Grabenwarter (Hrsg.), Enzyklopädie des Unionsrechts Band II Grundrechte, 2013, Rn. 90).

Die **Durchsetzungs-Richtlinie 2014/67/EU,** die bis 18.6.2016 umzusetzen ist, enthält **4** nun detailliertere Regelungen zu Durchsetzungsmaßnahmen. Näher kann man **drei Bereiche** unterscheiden: Verwaltungsanforderungen und Kontrollmaßnahmen (Art. 9 und 10), Rechtsverfolgung (Art. 11), sowie Haftung des Auftraggebers bei Unteraufträgen (Art. 12). Auffällig ist, dass auch die Durchsetzungs-Richtlinie die Mitgliedstaaten nicht verpflichtet, bei Nichteinhaltung der Umsetzungsvorschriften zur Entsende-Richtlinie durch die Entsender Sanktionen vorzusehen, wohl im Interesse der Herkunftsländer (Art. 20 Durchsetzungs-Richtlinie betreffend Sanktionen fordert Sanktionen nur bei Verletzung dieser Richtlinie, nicht auch der Entsende-Richtlinie; krit. dazu *Muller,* Droit Social 2014, 788 [798]). Auch sonst wird die neue Richtlinie ihrem Titel („Durchsetzung") nur wenig gerecht, weil die meisten Bestimmungen zwar viele Wörter enthalten, aber sehr schwammig sind (sehr krit. zB *Muller,* Droit Social 2014, 788 ff.).

Näher regeln die Art. 13 ff. Durchsetzungs-Richtlinie die **grenzüberschreitende Durch-** **5** **setzung von finanziellen Verwaltungssanktionen,** die ein Aufnahmeland gegenüber einem Entsender wegen Nichteinhaltung der entsendespezifischen Arbeitsbedingungen verhängt hat, durch den Herkunftsstaat. Auch diese Bestimmungen lassen in Details **Vorbehalte** des Unionsgesetzgebers gegenüber der Durchsetzung der Arbeitsbedingungen des Aufnahmelandes erkennen. So sieht Art. 17 Durchsetzungs-Richtlinie Gründe vor, in denen die Behörden des Herkunftslandes die Beitreibung von Geldbußen ablehnen können, die wohl deutlich über das hinausgehen, was in anderen Bereichen (etwa bei Übertretung der Straßenverkehrsvorschriften) üblich ist. So kann das Beitreibungsersuchen abgelehnt werden, wenn die Geldbuße unter 350 EUR liegt oder die Verhängung der Sanktion Grundrechte des Herkunftslandes verletzt (ein Ablehnungsgrund, der nicht einmal für den Europäischen Haftbefehl anerkannt wird; vgl. EuGH 26.2.2013 – C-399/11 Rn. 55 ff. – Melloni). Einen gewissen Anreiz soll wohl bieten dass, die beigetriebene Geldbuße dem Herkunftsstaat zukommt.

B. Verwaltungsanforderungen und Kontrollmaßnahmen

Nach Art. 10 I Durchsetzungs-Richtlinie („Prüfungen") stellen die Mitgliedstaaten sicher, **6** dass „geeignete und wirksame **Kontroll- und Überwachungsmechanismen** eingesetzt werden" und dass „wirksame und angemessene Prüfungen" durchgeführt werden, um die Einhaltung der RL 96/71/EG zu überwachen. „Unbeschadet der Möglichkeit der Durchführung von Zufallskontrollen basieren diese Prüfungen in erster Linie auf einer **Risikobewertung** durch die zuständigen Behörden." Die Richtlinie will die Aufnahmeländer also zu einer Überwachung anhalten, die sich primär an der Wahrscheinlichkeit von Verstößen orientiert. Sie legitimiert damit wohl jedenfalls insoweit zu systematischen Kontrollen, die aber „nicht diskriminierend und/oder unverhältnismäßig" sein dürfen.

7   Noch vor dieser Norm bestimmt Art. 9 I UAbs. 1 Durchsetzungs-Richtlinie: „Die Mitgliedstaaten dürfen nur die Verwaltungsanforderungen und Kontrollmaßnahmen vorschreiben, die notwendig sind, um eine wirksame Überwachung der Einhaltung der Pflichten" aus dieser Richtlinie und der Entsende-Richtlinie „zu gewährleisten, vorausgesetzt, sie sind im Einklang mit dem Unionsrecht gerechtfertigt und verhältnismäßig". Danach folgt in Art. 9 I UAbs. 2 eine **Liste von Maßnahmen,** welche die Mitgliedstaaten zu diesem Zweck „insbesondere" vorsehen können. Die in der Liste genannten Maßnahmen spiegeln zu einem beträchtlichen Teil jene Fragen, mit denen sich der EuGH zur Durchsetzung der Entsende-Richtlinie befassen musste, und die Auffassungen des EuGH. Vor Beschlussfassung der Durchsetzungs-Richtlinie war heftig umstritten, ob die Liste **abschließend oder demonstrativ** sein soll (→ Rn. 14).

8   Art. 9 I UAbs. 2 lit. e Durchsetzungs-Richtlinie nennt „die Pflicht, den zuständigen Behörden des Aufnahmemitgliedstaats gegenüber, in dem die Dienstleistungen erbracht werden, einen **Ansprechpartner** zu benennen, der bei Bedarf Dokumente und/oder Mitteilungen verschickt und entgegennimmt". Dies kann auch einer der Entsendeten sein. Dieses Erfordernis wurde vom EuGH gebilligt (EuGH 19.6.2008 – C-319/06 Rn. 91 – Kommission/Luxemburg). Für unverhältnismäßig und daher unzulässig hält der EuGH es hingegen, vom Entsender zu verlangen, im Aufnahmeland eine Zweigniederlassung zu begründen (vgl. EuGH 7.2.2002 – C-279/00 Rn. 18 ff. – Kommission/Italien; 16.6.2010 – C-298/09 – RANI Slovakia) oder zu verlangen, dass der Ansprechpartner im Aufnahmeland ansässig ist. Der Ansprechpartner nach Art. 9 I UAbs. 2 lit. e Durchsetzungs-Richtlinie muss, folgt man der Richtlinie, während der Zeit der Entsendung im Aufnahmeland anwesend (und erreichbar) sein. Dies folgt zum einen aus einem Gegenschluss zu Buchst. f, zum anderen aus der Erwägung, dass Buchst. e sonst wohl überflüssig wäre (im Herkunftsland wird der Entsender voraussetzungsgemäß erreichbar sein). Die Anforderung der Anwesenheit während der Entsendung ist mit Art. 56 AEUV vereinbar. Eine Anwesenheit im Aufnahmeland nach Ende der Entsendung darf entsprechend der Auffassung zu den Unterlagen (→ Rn. 11) a fortiori nicht verlangt werden.

9   Art. 9 I UAbs. 2 lit. a Durchsetzungs-Richtlinie nennt „die Pflicht des in einem anderen Mitgliedstaat niedergelassenen Dienstleistungserbringers zur Abgabe einer **einfachen Erklärung** gegenüber den zuständigen nationalen Behörden spätestens zu Beginn der Erbringung der Dienstleistung in (einer) der Amtssprache(n) des Aufnahmemitgliedstaats oder in (einer) anderen von dem Aufnahmemitgliedstaat akzeptieren Sprache(n), die die einschlägigen **Informationen** enthält, die eine Kontrolle der Sachlage am Arbeitsplatz erlauben, dies umfasst unter anderem: „i) die Identität des Dienstleistungserbringers; ii) die voraussichtliche Zahl klar identifizierbarer entsandter Arbeitnehmer; iii) die unter den Buchst. e und f genannten Personen [Ansprechpartner und Kontaktperson der Sozialpartner]; iv) die voraussichtliche Dauer sowie das geplante Datum des Beginns und des Endes der Entsendung; v) die Anschrift(en) des Arbeitsplatzes; und vi) die Art der die Entsendung begründenden Dienstleistungen". Das Erfordernis einer „einfachen" Erklärung wurde vom EuGH gebilligt (EuGH 7.10.2010 – C-515/08 Rn. 51 ff. – Santos Palhota; vgl. dazu zB *Tscherner*, Arbeitsbeziehungen, 101 ff.); das Erfordernis einer Anmeldung, das materiell einer **Genehmigung** gleichkommt, ist hingegen **unzulässig** (EuGH 7.10.2010 – C-515/08 – Termiso Limitada). Auch bei selbständigen Dienstleistungserbringern ist das Erfordernis „einfacher" Anmeldung im Aufnahmeland zulässig (so wohl EuGH 19.12.2012 –C-577/10 – Kommission/Belgien). Die Durchsetzungs-Richtlinie sieht aber keine einheitlichen Formulare für die Informationen an die Behörde vor (*Hoek/Houwerzijl*, Complementary study, Recommendation 39 empfehlen dies).

10 Art. 9 I UAbs. 2 lit. b Durchsetzungs-Richtlinie nennt „die Pflicht zur **Bereithaltung** oder Verfügbarmachung und/oder Aufbewahrung in Papier- oder elektronischer Form des **Arbeitsvertrags** oder eines gleichwertigen Dokuments im Sinne der RL 91/533/EWG des Rates, einschließlich – sofern angebracht oder relevant – der zusätzlichen Angaben nach Art. 4 jener Richtlinie, der Lohnzettel, der Arbeitszeitnachweise mit Angabe des Beginns, des Endes und der Dauer der täglichen Arbeitszeit sowie der Belege über die Entgeltzahlung

oder der Kopien gleichwertiger Dokumente während des Entsendezeitraums an einem zugänglichen und klar festgelegten Ort im eigenen Hoheitsgebiet, wie dem Arbeitsplatz oder der Baustelle, oder bei mobilen Arbeitnehmern im Transportgewerbe an der Operationsbasis oder in dem Fahrzeug, in dem die Dienstleistung erbracht wird". Diese Anforderungen wurden vom EuGH bereits gebilligt (vgl. EuGH 18.7.2007 – C-490/04 Rn. 66 ff. – Kommission/Deutschland; 19.6.2008 – C-319/06 Rn. 95 – Kommission/Luxemburg). Art. 9 I UAbs. 2 lit. d Durchsetzungs-Richtlinie nennt „die Pflicht zur Vorlage einer **Übersetzung** der unter Buchst. b genannten Dokumente in die (oder eine der) Amtssprache(n) des Aufnahmemitgliedstaats oder in (eine) andere von dem Aufnahmemitgliedstaat akzeptierte Sprache(n)". Dies wurde vom EuGH gebilligt (EuGH 18.7.2007 – C-490/04 Rn. 71 – Kommission/Deutschland), jedenfalls wenn die zu übersetzenden Dokumente nicht zu lang und deren Zahl gering ist.

Art. 9 I UAbs. 2 lit. c Durchsetzungs-Richtlinie nennt „die Pflicht, **nach Ende der** 11 **Entsendung** auf Ersuchen der Behörden des Aufnahmemitgliedstaats die unter Buchst. b genannten **Dokumente** innerhalb einer angemessenen Frist **vorzulegen**". Der EuGH hat diese Pflicht bereits gebilligt (EuGH 7.10.2010 – C-515/08 Rn. 61 – Santos Palhota), wohl auch ohne Ersuchen der Behörde. Unverhältnismäßig und unzulässig sei hingegen die Pflicht, die **Unterlagen** nach Ende der Entsendung bei einem Bevollmächtigten im Aufnahmestaat aufzubewahren (EuGH 23.11.1999 – C-369/96 Rn. 77 – Arblade; 19.6.2008 – C-319/06 Rn. 93 – Kommission/Luxemburg). Die Durchsetzungs-Richtlinie hält daran fest, obwohl sie in Art. 11 I das Aufnahmeland gleichzeitig verpflichtet, auch nach Ende der Entsendung für ein Verfahren zu sorgen, in dem die Arbeitnehmer ihre Rechte aus der Entsendung „wirksam" verfolgen können. Ein wesentlicher Beitrag dazu wäre wohl eine Pflicht, die Aufzeichnungen im Aufnahmeland aufzubewahren.

Art. 9 I UAbs. 2 lit. f Durchsetzungs-Richtlinie nennt „erforderlichenfalls die Pflicht zur 12 Benennung einer **Kontaktperson** als Vertreter, durch den die einschlägigen **Sozialpartner** während des Zeitraums der Dienstleistungserbringung versuchen können, den Dienstleistungserbringer zur Aufnahme von Kollektivverhandlungen im Aufnahmemitgliedstaat gemäß dem nationalen Recht und/oder den nationalen Gepflogenheiten zu bewegen." Fraglich ist, ob „einschlägig" die Sozialpartner des Aufnahme- oder des Herkunftslandes meint. Aus dem Urteil *Laval* folgt, dass die Gewerkschaft anderer Arbeitnehmer als der Entsendeten keinen Druck auf den Entsender ausüben darf, um diesen zum Abschluss einer Vereinbarung über die Arbeitsbedingungen der Entsendeten zu bewegen (EuGH 18.12.2007 – C-341/05 Rn. 80 – Laval). Buchst. f hat insoweit eher symbolische Bedeutung. Anders ist es in Bezug auf eine Gewerkschaft, welche die Entsendeten tatsächlich (und nicht nur nach ihren Statuten) vertritt (→ AEUV Art. 56 Rn. 17).

Art. 9 Durchsetzungs-Richtlinie sieht keine **Pflichten des Dienstleistungsempfängers** 13 vor, um die Einhaltung der Mindestvorschriften des Aufnahmelandes abzusichern. Der EuGH hat jüngst Meldepflichten des Empfängers zu Daten der Entsendeten, die bereits vor Beginn der Arbeit zu erfüllen ist, nicht vorweg als unzulässig angesehen, sondern dem nationalen Gericht aufgetragen, die Verhältnismäßigkeit zu prüfen (EuGH 3.12.2014 – C-315/13 Rn. 67 ff. – De Clercq zum belgischen „Limosa"-Meldesystem). Nach *Hoek/Houwerzijl*, Complementary study, 260 ff. sieht schon die Mehrheit der Mitgliedstaaten Pflichten der Dienstleistungsempfänger vor.

Nach Art. 9 II Durchsetzungs-Richtlinie können die Mitgliedstaaten „**weitere** Verwal- 14 tungsanforderungen und **Kontrollmaßnahmen** vorschreiben, falls sich angesichts einer Sachlage oder neuer Entwicklungen abzeichnet, dass die bestehenden Verwaltungsanforderungen und Kontrollmaßnahmen nicht ausreichend oder effizient genug sind, um die wirksame Überwachung der Einhaltung der Pflichten ... zu gewährleisten, sofern diese gerechtfertigt und verhältnismäßig sind." Fraglich ist, ob Maßnahmen, die nicht in der Liste des Abs. 1 enthalten sind, nur unter den Voraussetzungen des Abs. 2 vorgesehen werden können. Die Liste wäre dann – entgegen dem, was „insbesondere" nahelegt – nicht wirklich demonstrativ, sondern nur bei Erforderlichkeit erweiterbar. Allerdings ergibt sich die Maßgeblichkeit dieses Kriteriums schon aus Art. 56 AEUV. Im Ergebnis wird Art. 9 II Durchsetzungs-Richtlinie die Zulässigkeit weiterer Kontrollmaßnahmen nicht stärker einschränken als Art. 56 AEUV. Zu bedenken ist, dass die Zulässigkeit weiterer Maßnahmen auch von der Möglichkeit des Aufnahmestaates abhängt, von diesem für erforderlich gehaltene Informationen vom Herkunftsstaat zu erlangen (vgl. EuGH 23.11.1999 – C-369/96 Rn. 61 f. – Arblade). Die verbesserte Zusammenarbeit der Behörden von Aufnahme- und Herkunftsland, welche die Durchsetzungs-Richtlinie (zumindest) verlangt, könnte daher dazu führen, dass sich der Kreis zulässiger Anforderungen des Aufnahmelandes verringert – auch wenn die Möglichkeit zum Erlangen der Informationen faktisch gering ist, weil – so hört man – die Behörden mancher typischen Herkunftsländer kaum kooperieren; dem EuGH aber genügt die Pflicht zur Kooperation.

C. Rechtsverfolgung

15   Art. 11 Durchsetzungs-Richtlinie enthält eine Reihe von Vorschriften, deren Inhalt sich – jedenfalls in einer entwickelten Arbeitsrechtsordnung – von selbst versteht. Von Interesse ist aber Art. 11 IV lit. a. Danach darf die Rechtsverfolgung zwar durch nationale **Verjährung**svorschriften oder Verfahrensfristen des Aufnahmelandes geregelt werden, allerdings nur „sofern nicht anzunehmen ist, dass diese es nahezu unmöglich machen oder übermäßig erschweren, diese Rechte wahrzunehmen". Kurze Verjährungsfristen in Tarifverträgen (etwa in Österreich häufig drei Monate) fallen wohl darunter (seltsam ist, dass der Normtext auf die Annahme der Erschwernis und nicht auf diese abstellt).

D. Haftung bei Unteraufträgen

16   Viele, darunter das Europäische Parlament, erhoffen sich eine Stärkung der Position der Arbeitnehmer, insbesondere bei Entsendungen, wenn bei Werk- oder Dienstverträgen nicht nur der Arbeitgeber, sondern auch dessen Auftraggeber für Forderungen der Arbeitnehmer haftet, insbesondere falls dieser seinerseits einen Teil seines „Auftrages" (also der Pflichten aus Werk- oder Dienstvertrag) an den **Arbeitgeber als Subunternehmer** weitergegeben hat. Es geht also um die Haftung dann, wenn der vom ersten Auftraggeber A an B erteilte Auftrag von diesem teilweise (oder zur Gänze) an C weitervergeben wird, und uU C seinen Auftrag wiederum teilweise (oder zur Gänze) an D weitervergibt. In den Beratungen zur Durchsetzungs-Richtlinie war die Frage, inwieweit Auftraggeberhaftung bei Entsendungen (in Anbetracht der Dienstleistungsfreiheit) zulässig sein oder gar vorgeschrieben werden soll, **heftig umstritten.** Die Spuren dieses Ringens sind im legistisch wenig geglückten Art. 12 Durchsetzungs-Richtlinie deutlich erkennbar. Die praktische Bedeutung einer Haftung des Auftraggebers dürfte gerade bei Entsendungen aufgrund der dargelegten (Rn. 1) Zurückhaltung der Entsendeten zu klagen schon deshalb nicht sehr groß sein. Zum nationalen Recht vgl. *Houwerzijl,* Liability in subcontracting processes in the European construction sector, 2008; *Jorens/Peters/Houwerzijl,* Study on the protection of workers' rights in subcontracting processes in the European Union, 2012.

17   Praktisch weit wirksamer dürfte eine **Haftung des Auftraggebers für Sozial(versicherungs)beiträge** des Auftragnehmers sein. Diese Haftung ist jedoch von Art. 12 Durchsetzungs-Richtlinie **nicht geregelt.** Auch Art. 12 III 1 Durchsetzungs-Richtlinie bezieht sich aufgrund des systematischen Zusammenhanges wohl nur auf die Haftung für Forderungen der Arbeitnehmer. Nationale Bestimmungen zur Auftraggeberhaftung für Sozialbeiträge sind daher nicht an Art. 12 zu messen.

18   **Art. 12 Durchsetzungs-Richtlinie** betrifft als einzige Bestimmung dieser Richtlinie eine Frage, die in der Entsende-Richtlinie noch nicht angesprochen ist. Die in Art. 12 I und II Durchsetzungs-Richtlinie vorgesehene Haftung des Auftraggebers betrifft (nur) die Haf-

tung für Entgeltverbindlichkeiten eines Arbeitgebers, der direkter Auftragnehmer des haftenden Auftraggebers ist und überdies Entsender iSd Art. 1 III Entsende-Richtlinie ist. Geregelt wird also (nur) die **Haftung eines Auftraggebers aus dem Aufnahmeland für Entgeltverbindlichkeiten eines entsendenden Arbeitgebers,** der sein **direkter Subunternehmer** ist. Die Regelung betrifft dabei nicht auch die Haftung eines Auftraggebers für Entgeltverbindlichkeiten eines Subunternehmers des direkten Subunternehmers, auch wenn der Subsubunternehmer seinen Auftrag ebenfalls durch in das Aufnahmeland entsendete Arbeitnehmer erfüllt (zur Anwendbarkeit der Entsende-Richtlinie in diesem Fall → Art. 1 Rn. 54). Sie betrifft also nur die Haftung des B für Entgeltverbindlichkeiten des C, nicht auch des D. Die Regelung betrifft auch nicht die Haftung des ersten Auftraggebers A (zB Staat oder Privater), sondern frühestens die Haftung des B für Entgeltverbindlichkeiten des C (daher spricht Art. 12 Durchsetzungs-Richtlinie von der Haftung des Auftragnehmers und nicht des Auftraggebers). Bei Aufträgen eines Unternehmens liegt nur dann eine Weitervergabe vor, wenn der von ihm erteilte Auftrag in direktem Zusammenhang mit einem ihm selbst erteilten Auftrag steht und zum Verpflichtungsprogramm dieses Auftrages gehört (und nicht bloß dazu beiträgt, wie zB bei der durch den Auftrag veranlassten Reparatur einer Maschine). Fraglich ist die Bedeutung von „**Unterauftragskette**" in Art. 12 I und II Durchsetzungs-Richtlinie. Würde man dies wörtlich nehmen, so würden die Bestimmungen nur eingreifen, wenn es neben B und C auch einen D gibt, weil nur dann zwei Unteraufträge und damit eine Kette vorliegen. Bei teleologischer Interpretation ist aber bereits der Fall erfasst, dass nur B einen Unterauftrag an C erteilt; B haftet dann für die Entgeltverbindlichkeiten des C. Bei weiteren Unteraufträgen betrifft Art. 12 I und II nur die Haftung von B für die Verbindlichkeiten des C und die Haftung des C für Verbindlichkeiten des D, aber nicht eine Haftung des B für Verbindlichkeiten des D.

Die Haftung nach Art. 12 I und II Durchsetzungs-Richtlinie erfasst (nur) den Anspruch **19** auf die Nettoentgelte, die den **Mindestnettolöhnen** entsprechen (also nicht einen darüber hinausgehenden Nettolohn), sowie die von Art. 3 Entsende-Richtlinie erfassten Beiträge zu Einrichtungen der Sozialpartner, allerdings jeweils nur die Ansprüche für den **Zeitraum der Vertragsbeziehung** zwischen dem Arbeitgeber und dem haftenden Auftraggeber (Art. 12 III Durchsetzungs-Richtlinie). Auch insoweit dürfte die Haftung aber nicht jene Ansprüche erfassen, die aus der Arbeit für andere Aufträge des Arbeitgebers stammen. Fraglich ist die Bedeutung der Wendung, dass der Auftraggeber „neben dem oder an Stelle des Arbeitgebers" haftet. „**An Stelle**" dürfte nicht vorschreiben/zulassen, dass die Mitgliedstaaten den Arbeitgeber aus der Haftung für seine Entgeltverbindlichkeiten entlassen, sondern nur ausdrücken, dass der Berechtigte auch allein den Auftraggeber klagen kann, ohne gleichzeitig seinen (ehemaligen) Arbeitgeber zu klagen. Die Beschränkung der Haftung auf den Nettolohn, der sich aus dem Mindestlohn ergibt, ist wenig einsichtig, weil das Risiko der Haftung für Steuern und Sozialbeiträge damit die Arbeitnehmer trifft.

Art. 12 II Durchsetzungs-Richtlinie **verpflichtet** die Mitgliedstaaten vorzusehen, dass im **20** Bereich der **Bauwirtschaft** (Anhang der Entsende-Richtlinie) die eben umschriebene Haftung des Auftraggebers vorgesehen wird. Allerdings können sie gem. Abs. 4 vorsehen, dass „ein Auftragnehmer, der seinen im nationalen Recht festgelegten **Sorgfaltspflichten** nachgekommen ist, nicht haftbar gemacht wird." Mit Auftragnehmer ist nicht der Arbeitgeber, sondern dessen Auftraggeber gemeint. Die Richtlinie präzisiert nicht, wie tief die Anforderungen an die Sorgfalt angesetzt werden dürfen. Erwägungsgrund 37 Durchsetzungs-Richtlinie verweist dazu (nur) auf Dokumentationen (unklar ist, ob des Auftraggebers oder des Subauftragnehmers) und Überwachung in Bezug auf die Entsendung. Allerdings ist zweifelhaft, ob dies einer Haftung äquivalent ist. Um ein Leerlaufen des Abs. 1 zu vermeiden, dürfte die Haftung nur entfallen, wenn der Auftraggeber aufgrund objektiver Umstände annehmen durfte, dass der Auftragnehmer seine Verbindlichkeiten als Arbeitgeber bis zur Auftragserteilung typischerweise erfüllt hat und auch der zu erteilende Auftrag keine Gründe liefert daran in Zukunft zu zweifeln. Überdies **befreit** Art. 12 VI Durchsetzungs-Richtlinie die Mitgliedstaaten von der Pflicht, die umschriebene Haftung vorzusehen, wenn sie „im

Einklang mit dem Unionsrecht ... andere angemessene Durchsetzungsmaßnahmen ergreifen". Erforderlich sind dann wohl Strafen, wenn ein Auftrag weitervergeben wird, obwohl dem Auftraggeber erkennbar ist, dass der entsendende Subauftragnehmer die Verbindlichkeiten gegenüber den bei der Erfüllung des Subauftrages eingesetzten Arbeitnehmern voraussichtlich nicht voll erfüllen wird. Art. 12 VI Durchsetzungs-Richtlinie ist aufgrund der unklaren Tatbestandsvoraussetzungen ein typischer Fall für wenig brauchbare Unionsgesetzgebung. Überdies folgt daraus, dass die Durchsetzungs-Richtlinie die Auftraggeberhaftung nicht einmal für die Bauwirtschaft verpflichtend vorschreibt.

21 Art. 12 I Durchsetzungs-Richtlinie erlaubt den Mitgliedstaaten die oben umschriebene Haftung für **andere Branchen** als die Bauwirtschaft vorzusehen. **Art. 12 IV** 1 erlaubt den Mitgliedstaaten, für die Bauwirtschaft **„strengere Haftungsregeln"** „im Einklang mit dem Unionsrecht" vorzusehen, „und zwar in nichtdiskriminierender und verhältnismäßiger Weise hinsichtlich des Geltungsbereichs und Umfangs der Haftung". Art. 12 IV 2 erlaubt dies unter derselben Einschränkung auch für andere Branchen. Macht ein Mitgliedstaat von Art. 12 I Gebrauch, so ist zumindest nach der Richtlinie davon auszugehen, dass die Haftung in Bezug auf die Ausgestaltung (zur Beschränkung auf Entsendefälle → Rn. 20) mit dem Unionsrecht grds. vereinbar ist, auch wenn dort noch gesagt wird „unter Wahrung der Grundsätze der Nichtdiskriminierung und der Verhältnismäßigkeit". Bei strengeren Haftungsregeln ist die **Vereinbarkeit mit dem** Unionsrecht jeweils gesondert **zu prüfen.** Der EuGH hatte 2001 zur Generalunternehmerhaftung nach § 1a AEntG, heute § 14 AEntG, Stellung zu nehmen. Er hat diese Regelung, die (sogar) eine Haftung für Verbindlichkeiten aller Nachunternehmer vorsah, im Ansatz für mit der Dienstleistungsfreiheit vereinbar gehalten, weil die entsendeten Arbeitnehmer mit dem Haftenden den Vorteil eines zweiten Schuldners zur Durchsetzung des Mindestlohnanspruchs erhält. Allerdings habe das nationale Gericht noch zu prüfen, ob die Regelung auch verhältnismäßig ist (EuGH 12.10.2004 – C-60/03 Rn. 40, 43 f. – Wolff & Müller). Das Urteil billigt also nicht jede Generalunternehmerhaftung.

22 Fraglich ist zu Art. 56 AEUV überdies, ob die **Auftraggeberhaftung nur für Entsendefälle** vorgesehen werden darf, sie für Inlandsfälle also nicht besteht. Preis/Sagan/*Heuschmied/Schierle* § 5 Rn. 196 f. halten dies wohl nicht nur in Bezug auf die von der Richtlinie angeordnete, sondern auch die von dieser nur erlaubte Haftung für zulässig. ME ist die Zulässigkeit (jedenfalls) im zweiten Fall **fraglich.** Die Haftung kann es für Auftraggeber weniger attraktiv machen, Aufträge an ein ausländisches Unternehmen zu vergeben, das dafür Arbeitnehmer entsendet. Die entsendeten Arbeitnehmer befinden sich in Bezug auf die Durchsetzbarkeit ihrer Forderungen gegen den Arbeitgeber – geht man von der vom EuGH (zuweilen kontrafaktisch) vertretenen Prämisse aus, wonach die Rechtsverfolgung in jedem Mitgliedstaat in gleicher Weise möglich sei – nämlich in keiner anderen Lage als die Arbeitnehmer eines inländischen Subunternehmers des Auftraggebers. Dann ist aber fraglich, worin der objektive Grund für die Verschiedenbehandlung der Auftragnehmer liegen soll.

23 Die **Vorgaben** von Art. 12 Durchsetzungs-Richtlinie sind aufgrund der Ausweichklausel (→ Rn. 18) und der Beschränkung der Haftung auf Verbindlichkeiten des direkten Auftragnehmers (→ Rn. 16) **kaum** geeignet, eine **wirksam**e Auftraggeberhaftung in Ländern zu veranlassen, die diese nicht wollen (krit. deshalb *Muller,* Droit Social 2014, 788 [793 f.]). Allerdings unterlässt dann jenes Land (Aufnahmeland), um dessen Arbeitsbedingungen es geht. Die praktisch wichtigste Norm des Art. 12 ist daher wohl dessen Abs. 4. Nach Preis/Sagan/*Heuschmied/Schierle* § 5 Rn. 198 ergibt sich für Deutschland aus Art. 12 Durchsetzungs-Richtlinie kein Änderungsbedarf an § 14 AEntG.

Art. 6 Gerichtliche Zuständigkeit

Zur Durchsetzung des Rechts auf die in Artikel 3 gewährleisteten Arbeits- und Beschäftigungsbedingungen kann eine Klage in dem Mitgliedstaat erhoben werden, in dessen Hoheitsgebiet der Arbeitnehmer entsandt ist oder war; dies berührt nicht die

Möglichkeit, gegebenenfalls gemäß den geltenden internationalen Übereinkommen über die gerichtliche Zuständigkeit in einem anderen Staat Klage zu erheben.

Gem. Art. 19 EuGVVO (VO (EG) Nr. 44/2001 des Rates vom 22.12.2000 über die gerichtliche Zuständigkeit und die Anerkennung und Vollstreckung von Entscheidungen in Zivil- und Handelssachen) hat der Arbeitnehmer die Möglichkeit, seinen Arbeitgeber vor den Gerichten des Mitgliedstaats, in dem dieser seinen Wohnsitz (Niederlassung, Zweigniederlassung, Agentur) hat, oder in einem anderen Mitgliedstaat zu klagen: a) vor dem Gericht des Ortes, an dem der Arbeitnehmer **gewöhnlich seine Arbeit verrichtet** oder zuletzt gewöhnlich verrichtet hat, oder b) wenn der Arbeitnehmer seine Arbeit gewöhnlich nicht in ein und demselben Staat verrichtet oder verrichtet hat, vor dem Gericht des Ortes, an dem sich die **Niederlassung,** die den Arbeitnehmer eingestellt hat, befindet bzw. befand.

Im Entsendefall wäre somit ein Gerichtsstand im Empfangsstaat nur gegeben, wenn der Arbeitgeber dort eine (Zweig)niederlassung hat. Art. 6 Entsende-Richtlinie sieht daher einen Sondergerichtsstand für Ansprüche entsandter Arbeitnehmer gegen den entsendenden Arbeitgeber vor. Der Arbeitnehmer kann diesen auch in dem Mitgliedstaat klagen, in den er entsandt worden ist. Diese Möglichkeit steht aber nur für jene Ansprüche offen, die der Empfangsstaat gem. Art. 3 Entsende-Richtlinie garantiert. Ansprüche, die sich aus der Rechtsordnung des Herkunftsstaates ergeben, sind entsprechend den Bestimmungen der EuGVVO einzuklagen.

Art. 7 Durchführung

¹ Die Mitgliedstaaten erlassen die Rechts- und Verwaltungsvorschriften, die erforderlich sind, um dieser Richtlinie spätestens ab dem 16. Dezember 1999 nachzukommen. ² Sie setzen die Kommission hiervon unverzüglich in Kenntnis.

¹ Wenn die Mitgliedstaaten diese Vorschriften erlassen, nehmen sie in den Vorschriften selbst oder durch einen Hinweis bei der amtlichen Veröffentlichung auf diese Richtlinie Bezug. ² Die Mitgliedstaaten regeln die Einzelheiten dieser Bezugnahme.

In Deutschland wurde bereits im Februar 1996, noch vor Verabschiedung der Richtlinie, das ArbeitnehmerentsendeG (AEntG) beschlossen (BGBl. I 227). Dieses wurde danach mehrfach geändert, auch um es der Richtlinie anzupassen. 2009 wurde das AEntG neu beschlossen (BGBl. I 799). Vgl. zB Thüsing (Hrsg.), Arbeitnehmer-Entsendegesetz, 2010; Koberski/Asshoff/Eustrup/Winkler, Arbeitnehmerentsendegesetz, 2011.

In Österreich erfolgte die Umsetzung durch BGBl. 1999 I 120, allerdings nicht in einem einzigen Sondergesetz. Die wichtigsten Anordnungen zu anwendbaren Bestimmungen finden sich in § 7b AVRAG; zur Leiharbeit wurde das AÜG ergänzt, zur Gleichbehandlung das GlBG. Die Überwachung wurde hingegen im Ausländerbeschäftigungsgesetz geregelt. Vgl. zB *Kühteubl/Kozak,* Arbeitnehmerentsendung, 2010; *Binder,* AVRAG, 2.Aufl., 2010, 348 ff.

Die Kommission gab 2009 eine umfangreiche Studie „**Comparative study** of the legal aspects of the posting of workers in the framework of the provision of services in the European Union" in Auftrag, die zuerst (2011) die Lage in zwölf Mitgliedstaaten und in einer „Complementary study" (2012) die Lage in den anderen Mitgliedstaaten untersuchte. Die Arbeiten erfolgten unter Leitung von *van Hoek/Houwerzijl.* Die beiden Studien enthalten eine Reihe von Recommendations, die in Anhang I der späteren Studie zusammengefasst sind. Landesberichte zur Umsetzung in sieben Ländern finden sich in Evju (Hrsg.), Cross-Border Services, Posting of Workers, and Multilevel Governance, 2013, University of Oslo Faculty of Law.

Art. 8 Überprüfung durch die Kommission

Spätestens zum 16. Dezember 2001 überprüft die Kommission die Anwendung dieser Richtlinie, um dem Rat erforderlichenfalls entsprechende Änderungen vorzuschlagen.

460 RL 96/71/EG Art. 9

1   Die Kommission hat 2003 einen „Bericht der Kommissionsdienststellen über die Umsetzung der Richtlinie 96/71/EG" vorgelegt (http://ec.europa.eu/social/main.jsp?catId=471&langId=de). 2006 wurde ein weiterer Bericht zur Durchführung der RL 96/71/EG vorgelegt (KOM [2006] 159 endg.). Ebenfalls 2006 hat die Kommission „Leitlinien für die Entsendung von Arbeitnehmern iRd Erbringung von Dienstleistungen" publiziert (KOM [2006] 0159 endg.). 2007 erging eine „Mitteilung der Kommission – Entsendung von Arbeitnehmern (COM [2007] 304). Ebenfalls 2007 erstattete die Kommission einen „Implementation Report Directive 96/71/EC" betreffend die neuen Mitgliedstaaten. Diese und andere Berichte finden sich auf der Webseite der Kommission / Beschäftigung, Soziales und Integration / Arbeiten in einem anderen EU-Land (Stand April 2015).

Art. 9 [Adressaten]
Diese Richtlinie ist an die Mitgliedstaaten gerichtet.

1   Für die Frage, ob die Richtlinie selbst unmittelbar zwischen Privaten wirkt, gelten die allg. Regeln (dazu zB Riesenhuber/*Roth/Jopen* § 13 Rn. 3 ff.). Danach ist das nationale Recht richtlinienkonform zu interpretieren, soweit dies nach den nationalen Auslegungsregeln möglich ist. Bleibt danach ein Widerspruch des nationalen Rechts zur Richtlinie, so ist davon auszugehen, dass auch die Entsende-Richtlinie selbst zwischen Privaten nicht unmittelbar wirkt (*Tscherner*, Arbeitsbeziehungen, 284 ff.). Praktisch ist aber danach zu unterscheiden, wer durch deren Verletzung benachteiligt wird; die folgende Asymmetrie ergibt sich aus dem unterschiedlichen Schutz für Entsender und Entsendeten durch die ökonomischen Freiheiten.

2   Schreibt das Aufnahmeland Bestimmungen für Entsendungen vor, deren **Vorschreibung** nach der Entsende-Richtlinie **unzulässig** ist (Benachteiligung des Entsenders), so sind die Bestimmungen **nicht anzuwenden.** Dies folgt allerdings noch nicht aus der Richtlinie, sondern erst aus dem unmittelbar anwendbaren Art. 56 AEUV. Dieser ist nach hM neben einem konkretisierenden Sekundärrechtsakt anwendbar (zB EuGH 18.12.2007 – C-341/05 Rn. 99 f. – Laval). Überdies wird Art. 56 AEUV vom EuGH unter Heranziehen des Art. 3 Entsende-Richtlinie ausgelegt („sekundärrechtsrespektierende" Auslegung des Primärrechts; vgl. *Tscherner*, Arbeitsbeziehungen, 288 ff.). Der genannte Verstoß gegen die Richtlinie führt daher zu einer Verletzung des Art. 56 AEUV (*Barnard*, EU Employment Law, 227).

3   Schreibt das **Aufnahmeland** Bestimmungen, die es nach der Richtlinie für Entsendungen vorschreiben müsste, **unzulässigerweise nicht vor** (Benachteiligung der Entsendeten), so führen die allg. Regeln nur dann zur Anwendbarkeit der Bestimmungen, wenn der nach der Richtlinie zu Belastende der Staat (iSd Rechtslage zur Wirkung von Richtlinien) ist. Der Staat müsste dafür aber Entsender sein, was selten zutreffen wird. Die Entsendung von Arbeitnehmern im Rahmen eines Auftrages, der für den Staat als Dienstleistungsempfänger ausgeführt wird, reicht nicht aus, damit der Arbeitnehmer sich gegenüber dem Entsender unmittelbar auf die Richtlinie berufen kann. Die fehlende Vorschreibung kann auch nicht durch die Grundrechtecharta in Verbindung mit der Entsende-Richtlinie substituiert werden. Die Charta enthält nämlich keine Bestimmung, aus der die Vorgaben der Richtlinie hinreichend deutlich folgen würden (vgl. EuGH 15.1.2014 – C-176/12 Rn. 44 ff. – Association de médiation sociale; die Überlegungen zur Verdrängung nationalen Rechts sind hier, wo es um dessen Ersetzung geht, umso mehr einschlägig).

Anhang

Die in Artikel 3 Absatz 1 zweiter Gedankenstrich genannten Tätigkeiten umfassen alle Bauarbeiten, die der Errichtung, der Instandsetzung, der Instandhaltung, dem Umbau oder dem Abriß von Bauwerken dienen, insbesondere

1. Aushub
2. Erdarbeiten
3. Bauarbeiten im engeren Sinne
4. Errichtung und Abbau von Fertigbauelementen
5. Einrichtung oder Ausstattung
6. Umbau
7. Renovierung
8. Reparatur
9. Abbauarbeiten
10. Abbrucharbeiten
11. Wartung
12. Instandhaltung (Maler- und Reinigungsarbeiten)
13. Sanierung.

470. Richtlinie 97/81/EG des Rates vom 15. Dezember 1997 zu der von UNICE, CEEP und EGB geschlossenen Rahmenvereinbarung über Teilzeitarbeiter

(ABl. Nr. L 14 S. 9, ber. ABl. 1998 Nr. L 128 S. 71)

Celex-Nr. 3 1997 L 0081

geänd. durch RL 98/23/EG v. 7.4.1998 (ABl. Nr. L 131 S. 10)

DER RAT DER EUROPÄISCHEN UNION –
gestützt auf das Abkommen über die Sozialpolitik, das dem Protokoll (Nr. 14) über die Sozialpolitik im Anhang zum Vertrag zur Gründung der Europäischen Gemeinschaft beigefügt ist, insbesondere auf Artikel 4 Absatz 2,
auf Vorschlag der Kommission,
in Erwägung nachstehender Gründe:

(1) Auf der Grundlage des Protokolls (Nr. 14) über die Sozialpolitik haben die Mitgliedstaaten mit Ausnahme des Vereinigten Königreichs Großbritannien und Nordirland (im folgenden als „Mitgliedstaaten" bezeichnet) in dem Wunsch, auf dem von der Sozialcharta von 1989 vorgezeichneten Weg weiterzugehen, ein Abkommen über die Sozialpolitik geschlossen.

(2) Die Sozialpartner können entsprechend Artikel 4 Absatz 2 des Abkommens über die Sozialpolitik gemeinsam beantragen, daß die auf Gemeinschaftsebene geschlossenen Vereinbarungen durch einen Beschluß des Rates auf Vorschlag der Kommission durchgeführt werden.

(3) Nummer 7 der Gemeinschaftscharta der sozialen Grundrechte der Arbeitnehmer sieht unter anderem folgendes vor: „Die Verwirklichung des Binnenmarktes muß zu einer Verbesserung der Lebens- und Arbeitsbedingungen der Arbeitnehmer in der Europäischen Gemeinschaft führen. Dieser Prozeß erfolgt durch eine Angleichung dieser Bedingungen auf dem Wege des Fortschritts und betrifft namentlich andere Arbeitsformen als das unbefristete Arbeitsverhältnis, wie das befristete Arbeitsverhältnis, Teilzeitarbeit, Leiharbeit und Saisonarbeit".

(4) Der Rat hat weder zu dem Vorschlag für eine Richtlinie über bestimmte Arbeitsverhältnisse im Hinblick auf Wettbewerbsverzerrungen[1] in der geänderten Fassung[2] noch zu dem Vorschlag für eine Richtlinie über bestimmte Arbeitsverhältnisse hinsichtlich der Arbeitsbedingungen[3] einen Beschluß gefaßt.

(5) Entsprechend den Schlußfolgerungen des Europäischen Rates von Essen sind Maßnahmen zur Förderung der Beschäftigung und Chancengleichheit zwischen Frauen und Männern sowie Maßnahmen zur Steigerung der Beschäftigungsintensität des Wachstums, insbesondere durch eine flexiblere Organisation der Arbeit, die sowohl den Wünschen der Arbeitnehmer als auch den Erfordernissen des Wettbewerbs gerecht wird, erforderlich.

(6) Die Kommission hat nach Artikel 3 Absatz 2 des Abkommens über die Sozialpolitik die Sozialpartner zu der Frage gehört, wie eine Gemeinschaftsaktion zur Flexibilisierung der Arbeitszeit und zur Absicherung der Arbeitnehmer gegebenenfalls ausgerichtet werden sollte.

(7) Die Kommission, die nach dieser Anhörung eine Gemeinschaftsaktion für zweckmäßig hielt, hat die Sozialpartner nach Artikel 3 Absatz 3 des Abkommens erneut zum Inhalt des in Aussicht genommenen Vorschlags gehört.

---

[1] **Amtl. Anm.:** ABl. C 224 vom 8.9.1990, S. 6.
[2] **Amtl. Anm.:** ABl. C 305 vom 5.12.1990, S. 8.
[3] **Amtl. Anm.:** ABl. C 224 vom 8.9.1990, S. 4.

(8) Die europäischen Sozialpartner (Union der Industrie- und Arbeitgeberverbände Europas (UNICE), Europäischer Zentralverband der öffentlichen Wirtschaft (CEEP) und Europäischer Gewerkschaftsbund (EGB)) haben der Kommission in einem gemeinsamen Schreiben vom 19. Juni 1996 mitgeteilt, daß sie das Verfahren nach Artikel 4 des Abkommens über die Sozialpolitik in Gang setzen wollen. Sie haben die Kommission in einem gemeinsamen Schreiben vom 12. März 1997 um eine zusätzliche Frist von drei Monaten gebeten. Die Kommission hat ihnen diese Frist eingeräumt.

(9) Die genannten Sozialpartner haben am 6. Juni 1997 eine Rahmenvereinbarung über Teilzeitarbeit geschlossen und der Kommission nach Artikel 4 Absatz 2 des Abkommens ihren gemeinsamen Antrag auf Durchführung dieser Rahmenvereinbarung übermittelt.

(10) Der Rat hat in seiner Entschließung vom 6. Dezember 1994 zu bestimmten Perspektiven einer Sozialpolitik der Europäischen Union: ein Beitrag zur wirtschaftlichen und sozialen Konvergenz in der Union[4] die Sozialpartner ersucht, die Möglichkeiten zum Abschluß von Vereinbarungen wahrzunehmen, weil sie in der Regel näher an den sozialen Problemen und der sozialen Wirklichkeit sind.

(11) Die Unterzeichnerparteien wollten eine Rahmenvereinbarung über Teilzeitarbeit schließen, in der die allgemeinen Grundsätze und Mindestvorschriften für die Teilzeitarbeit niedergelegt sind. Sie haben ihren Willen bekundet, einen allgemeinen Rahmen für die Beseitigung der Diskriminierungen von Teilzeitbeschäftigten zu schaffen und einen Beitrag zur Entwicklung der Teilzeitarbeitsmöglichkeiten auf einer für Arbeitgeber und Arbeitnehmer akzeptablen Grundlage zu leisten.

(12) Die Sozialpartner wollten der Teilzeitarbeit besondere Beachtung schenken, haben aber auch erklärt, daß sie in Erwägung ziehen wollten, ob ähnliche Vereinbarungen für andere Arbeitsformen erforderlich sind.

(13) In den Schlußfolgerungen des Rates von Amsterdam haben die Staats- und Regierungschefs der Mitgliedstaaten der Europäischen Union die Vereinbarung der Sozialpartner über Teilzeitarbeit nachdrücklich begrüßt.

(14) Der geeignete Rechtsakt zur Durchführung der Rahmenvereinbarung ist eine Richtlinie im Sinne von Artikel 249 des Vertrags. Diese ist für die Mitgliedstaaten hinsichtlich des zu erreichenden Ziels verbindlich, überläßt jedoch den einzelstaatlichen Stellen die Wahl der Form und der Mittel.

(15) Entsprechend den in Artikel 5 des Vertrags genannten Grundsätzen der Subsidiarität und der Verhältnismäßigkeit können die Ziele dieser Richtlinie auf Ebene der Mitgliedstaaten nicht ausreichend erreicht werden, so daß sie besser auf Gemeinschaftsebene verwirklicht werden können. Die Richtlinie geht nicht über das für die Erreichung dieser Ziele Erforderliche hinaus.

(16) Bezüglich der in der Rahmenvereinbarung verwendeten, jedoch nicht genauer definierten Begriffe überläßt es die Richtlinie – wie andere im Sozialbereich erlassene Richtlinien, in denen ähnliche Begriffe vorkommen – den Mitgliedstaaten, diese Begriffe entsprechend ihrem nationalen Recht und/oder ihrer nationalen Praxis zu definieren, vorausgesetzt, diese Definitionen entsprechen inhaltlich dem Rahmenabkommen.

(17) Die Kommission hat ihren Richtlinienvorschlag entsprechend ihrer Mitteilung vom 14. Dezember 1993 über die Anwendung des Protokolls (Nr. 14) über die Sozialpolitik und ihrer Mitteilung vom 18. September 1996 zur Entwicklung des sozialen Dialogs auf Gemeinschaftsebene unter Berücksichtigung des Vertretungsanspruchs der Vertragsparteien, ihres Mandats und der Rechtmäßigkeit der Bestimmungen der Rahmenvereinbarung ausgearbeitet.

(18) Die Kommission hat ihren Richtlinienvorschlag unter Berücksichtigung des Artikels 2 Absatz 2 des Abkommens über die Sozialpolitik ausgearbeitet, wonach die Richtlinien im Bereich der Sozialpolitik „keine verwaltungsmäßigen, finanziellen oder rechtlichen Auflagen vorschreiben (sollen), die der Gründung oder Entwicklung von kleinen und mittleren Unternehmen entgegenstehen".

---

[4] **Amtl. Anm.:** ABl. C 368 vom 23.12.1994, S. 6.

(19) Im Einklang mit ihrer Mitteilung vom 14. Dezember 1993 über die Anwendung des Protokolls (Nr. 14) über die Sozialpolitik hat die Kommission das Europäische Parlament unterrichtet und ihm ihren Richtlinienvorschlag mit der Rahmenvereinbarung übermittelt.

(20) Die Kommission hat außerdem den Wirtschafts- und Sozialausschuß unterrichtet.

(21) Nach Paragraph 6 Absatz 1 der Rahmenvereinbarung dürfen die Mitgliedstaaten und/oder die Sozialpartner günstigere Bestimmungen beibehalten oder einführen.

(22) Nach Paragraph 6 Absatz 2 des Rahmenabkommens darf die Durchführung dieser Richtlinie nicht als Rechtfertigung für eine Verschlechterung der derzeit in den einzelnen Mitgliedstaaten bestehenden Situation dienen.

(23) Die Gemeinschaftscharta der sozialen Grundrechte der Arbeitnehmer betont die Notwendigkeit, gegen Diskriminierungen jeglicher Art, insbesondere aufgrund von Geschlecht, Hautfarbe, Rasse, Meinung oder Glauben vorzugehen.

(24) Nach Artikel 6 Absatz 2 des Vertrags über die Europäische Union achtet die Union die Grundrechte, wie sie in der Europäischen Konvention zum Schutze der Menschenrechte und Grundfreiheiten gewährleistet sind und wie sie sich aus den gemeinsamen Verfassungsüberlieferungen der Mitgliedstaaten als allgemeine Grundsätze des Gemeinschaftsrechts ergeben.

(25) Die Mitgliedstaaten können den Sozialpartnern auf deren gemeinsamen Antrag die Durchführung dieser Richtlinie übertragen, sofern sie alle erforderlichen Maßnahmen treffen, um jederzeit gewährleisten zu können, daß die durch die Richtlinie vorgeschriebenen Ergebnisse erzielt werden.

(26) Die Durchführung der Rahmenvereinbarung trägt zur Verwirklichung der in Artikel 1 des Abkommens über die Sozialpolitik genannten Ziele bei –

HAT FOLGENDE RICHTLINIE ERLASSEN:

Art. 1 [Rahmenvereinbarung über Teilzeitarbeit]

Mit dieser Richtlinie soll die am 6. Juni 1997 zwischen den europäischen Sozialpartnern (UNICE, CEEP, EGB) geschlossene Rahmenvereinbarung über Teilzeitarbeit, die im Anhang enthalten ist, durchgeführt werden.

A. Bedeutung der Teilzeitarbeit

Teilzeitbeschäftigung hat große arbeitsmarkt- und gesellschaftspolitische Bedeutung. Sie ermöglicht zum einen den flexiblen Einsatz der Arbeitskraft sowie die Vereinbarkeit von Beruf und Familie. Teilzeitbeschäftigung kann daher im Interesse des Arbeitgebers als auch im Interesse des Arbeitnehmers liegen. Zum anderen ist sie ein Mittel zur Förderung der Vollbeschäftigung. Deutlich betont all dies auch der Regierungsentwurf zur deutschen Umsetzung der Richtlinie (BT-Drs. 14/4374, 11): Danach müssen zur Erreichung von Beschäftigungssicherung künftig alle beschäftigungspolitisch wirksamen Instrumente genutzt werden, wozu auch zählt, das vorhandene Arbeitsvolumen durch individuelle Verkürzung der Arbeitszeit in Form der Teilzeitarbeit auf mehr Menschen zu verteilen. Ferner wird ausgeführt, dass viele Arbeitnehmer aus persönlichen Gründen Teilzeitbeschäftigung anstreben, wobei familiäre Gründe der häufigste Beweggrund sind. Ein weiteres Motiv für die Ausübung einer Teilzeitbeschäftigung liegt in der Verfolgung außerberuflicher Interessen sowie in der Nutzung der durch Teilzeitarbeit gewonnenen Zeit zu Aus- und Weiterbildungszwecken. Der Ausbau von Teilzeitarbeit berücksichtigt insofern auch die unterschiedlichen Lebensentwürfe der Arbeitnehmer. Schließlich geht der Entwurf davon aus, dass Teilzeitbeschäftigung für den Arbeitgeber den Vorteil der größeren Flexibilität, Produktivität und besseren Arbeitsqualität habe.

2   Wenngleich Teilzeitbeschäftigung im Interesse aller Beteiligten liegen kann, so birgt diese Beschäftigungsform für die betroffenen Arbeitnehmer auch Nachteile in sich. In der Arbeitswelt wurden und werden Teilzeitbeschäftige in Bezug auf ihre Arbeitsbedingungen häufig schlechter gestellt als Vollzeitbeschäftigte. Die Schlechterstellung betrifft nicht bloß das laufende Entgelt, sondern auch (und insbesondere) den Zugang zu betrieblichen Sozialleistungen und anderen Vergünstigungen sowie den Zugang zu betrieblichen Aus- und Weiterbildungsmöglichkeiten. Teilzeitbeschäftigung gilt nach wie vor als atypische Beschäftigungsform. Manche Arbeitgeber stehen ihr skeptisch gegenüber, insbesondere bei leitenden oder anderen höherwertigen Tätigkeiten. Auch teilzeitbeschäftigte Arbeitnehmer streben häufig eine Vollzeitbeschäftigung an.

3   Teilzeitbeschäftigung kann daher nicht generell als positiv oder negativ beurteilt werden, sondern es kommt stets auf den Blickwinkel an sowie auf die Interessenlage der konkret beteiligten Arbeitgeber und Arbeitnehmer. Dessen ungeachtet bedarf das Phänomen der Teilzeitbeschäftigung schon angesichts seiner faktischen Bedeutung der Regulierung. Bereits bei Annahme der Richtlinie im Jahr 1998 waren in der Europäischen Union rund 16 % der Beschäftigten teilzeitbeschäftigt, heute sind es rund 20 %. In Deutschland betrug der Anteil der Teilzeitbeschäftigen im Jahr 2014 rund 27 % (Quelle: EUROSTAT 2015). Da die Teilzeitquote unter den weiblichen Beschäftigten rund dreimal so hoch ist wie bei den männlichen, hat die Regelung der Teilzeitbeschäftigung auch Relevanz für die Geschlechtergleichstellung. Das ungleiche Geschlechterverhältnis unter den Teilzeitbeschäftigten ist insbesondere im Bereich des Diskriminierungsschutzes relevant. Wegen des hohen Frauenanteils bewirken Teilzeitdiskriminierungen zugleich eine mittelbare Geschlechterdiskriminierung. Verbote zur Diskriminierung von Teilzeitbeschäftigten dienen daher nicht bloß der Aufwertung einer gesellschafts- und arbeitsmarktpolitisch wichtigen Beschäftigungsform, sondern zugleich auch der Geschlechtergleichstellung. Es ist daher nur konsequent, dass wesentlicher Regelungsinhalt der Richtlinie ein Verbot der Diskriminierung von Teilzeitbeschäftigten ist. Daneben bezweckt die Richtlinie die Förderung der freiwilligen Teilzeitarbeit sowie den freiwilligen Wechsel zwischen Voll- und Teilzeitbeschäftigung.

B. Entstehungsgeschichte und Kompetenzgrundlage der Richtlinie

4   Aus den oben dargelegten Gründen hat die Kommission bereits seit den 1980er Jahren Vorschläge zur Regulierung der Teilzeitbeschäftigung unterbreitet, zunächst den Vorschlag für eine Richtlinie des Rates zur Regelung der freiwilligen Teilzeitarbeit vom 4.1.1982 (KOM [1981] 775 endg.) samt geändertem Vorschlag vom 5.1.1983. Diese Vorschläge enthielten bereits als Kernregelung ein Diskriminierungsverbot, wobei dieses (anders als in der angenommenen Fassung) auch die soziale Sicherheit erfasste. Die Annahme scheiterte jedoch am Wiederstand des Vereinigten Königreichs. Im Jahr 1990 unterbreitete die Kommission schließlich Vorschläge für drei Richtlinien über bestimmte Arbeitsverhältnisse (dazu eingehend *Wank* RdA 1992, 106 f.; EAS/*Balze* B 3100 Rn. 245), nämlich Teilzeitarbeit und Zeitarbeit (KOM [1990] 228 endg.) sowie einen geänderten Vorschlag dazu (KOM [1990] 533 endg.). Diese Vorschläge wurden in den darauffolgenden Jahren mehrmals im Rat erörtert, die Verabschiedung einer Richtlinie zur Teilzeitarbeit scheiterte vorerst aber weiterhin.

5   Angesichts der mangelnden Fortschritte im Rat entschied sich die Kommission schließlich für die Einbindung der europäischen Sozialpartner auf Grundlage von Art. 3 f. des Maastrichter Abkommens zur Sozialpolitik (ASP). Dieses Verfahren, das als „sozialer Dialog" bezeichnet wird und heute in Art. 154 f. AEUV verankert ist, ermöglicht die Übernahme von Sozialpartnervereinbarung ins Unionsrecht. Gelangen die europäischen Sozialpartner zu einer Einigung und beantragen sie deren Umsetzung auf Ebene des Unionsrechts, so kann eine Umsetzung auf Vorschlag der Kommission durch Ratsbeschluss erfolgen. Am 6.7.1997 haben die drei Organisationen UNICE, CEEP, EGB der Kommission eine Rah-

menvereinbarung über Teilzeitarbeit übermittelt und um Durchführung ersucht. Die Kommission hat daraufhin einen entsprechenden Richtlinienvorschlag übermittelt (KOM [1997)] 392 endg.), der am 15.12.1997 angenommen wurde. Das Vereinigte Königreich und Nordirland waren zunächst ausgenommen, deren Einbeziehung erfolgte mit der RL 1998/23/EG. Bislang wurden nur wenig andere Sozialpartnervereinbarungen ins Unionsrecht übernommen: zu nennen sind insbesondere die RL 1996/34/EG zu der von UNICE, CEEP und EGB geschlossenen Rahmenvereinbarung über Elternurlaub sowie die RL 1999/70/EG zu der von UNICE, CEEP und EGB geschlossenen Rahmenvereinbarung über befristete Arbeitsverträge.

Die Richtlinie beruht auf den Kompetenzgrundlage des Art. 4 IV ASP iVm Art. 2 I ASP, 6 was vor allem für die von der Richtlinie erfassten Arbeitsbedingungen relevant ist (dazu eingehend EAS/*Balze* B 3100 Rn. 252 f.) Ausgenommen sind nach den Kompetenzgrundlagen Regelungen zur sozialen Sicherheit, zum Entgelt und zur Vertragsbeendigung (→ § 4 Rn. 7 f.).

C. Aufbau und Inhalt der Richtlinie

Das sozialpartnerschaftliche Rechtssetzungsverfahren spiegelt sich auch in Aufbau und 7 Inhalt der Richtlinie wieder. Der Regelungsinhalt der Richtlinie beschränkt sich im Wesentlichen darauf, in Art. 1 die Durchführung der Sozialpartnervereinbarung anzuordnen. Die Vereinbarung selbst wird als Richtlinienanhang inkorporiert. Wesentlicher Inhalt der Sozialpartnervereinbarung ist das in § 4 normierte Teilzeitdiskriminierungsverbot. Die Art. 2–4 der Richtlinie regeln allg. Umsetzungsfragen wie zB Umsetzungsfristen. Die Erwägungsgründe der Richtlinie beschreiben den Gang des Rechtssetzungsverfahrens und die Prüfschritte der Kommission.

D. Vorjudikatur des EuGH

Teilzeitbeschäftigung war schon lange vor Inkrafttreten der Richtlinie Gegenstand der 8 Judikatur des EuGH, wobei es stets um die Zulässigkeit der Verschiedenbehandlungen zwischen Voll- und Teilzeitbeschäftigten ging. Einige Entscheidungen betrafen den unionsrechtlichen Arbeitnehmerbegriff im Zusammenhang mit den Grundfreiheiten (EuGH 23.3.1982 – C-53/81 – Levin; 3.6.1986 – C-139/85 – Kempf). Der EuGH hat hier ausgesprochen, dass auch Teilzeitbeschäftigte dem Arbeitnehmerbegriff des Unionsrechts unterliegen und sich daher auf die Arbeitnehmerfreizügigkeit berufen können. Die meisten Entscheidungen betrafen hingegen die Zulässigkeit der Ungleichbehandlung von Voll- und Teilzeitbeschäftigungen in Bezug auf Entgelt und andere Arbeitsbedingungen. Wegen des hohen Frauenanteils unter den Teilzeitbeschäftigten prüfte der EuGH solche Ungleichbehandlungen nach dem Arbeitszeitausmaß schon früh als mögliche (mittelbare) Geschlechterdiskriminierung.

Zunächst war der Gerichtshof allerdings noch eher großzügig und hat es zB als gerecht- 9 fertigt angesehen, wenn der Arbeitgeber Teilzeitbeschäftigte gezielt benachteiligt, um Teilzeitbeschäftigung unattraktiv zu machen und auf diese Weise Anreize zur Vollzeitbeschäftigung zu geben. Der EuGH hat die genannte Anreizwirkung zB als mögliche Rechtfertigung für einen geringeren Stundenlohn für Teilzeitbeschäftigte angesehen (EuGH 31.3.1981 – 96/80 – Jenkins) oder für den Ausschluss Teilzeitbeschäftigter von betrieblichen Ruhegeldzusagen (EuGH 13.5.1986 – C-170/84 – Bilka). Diese Fälle würden heue anders entschieden, und die damalige Sichtweise des EuGH verträgt sich auch nicht mit dem Richtlinienziel der Förderung von Teilzeitbeschäftigung (§ 1). Der EuGH hat seine Rechtfertigungsanforderungen an die Schlechterstellung von Teilzeitbeschäftigten allerdings bald angehoben. Er hat es zB als unzulässig angesehen, wenn für dienstzeitabhängige Ansprüche

470 RL 97/81/EG Art. 2

Zeiten der Teilzeitbeschäftigung generell nicht in vollem Ausmaß berücksichtigt werden, sondern nur aliquot (EuGH 7.2.1991 – C-184/89 – Nimz; ebenfalls deutlich strenger waren zB die Entscheidungen in den Fällen 27.6.1990 – C-33/89 – Kowalska; 4.6.1992 – C-360/90 – Bötel; 6.2.1996 – C-457/93 – Lewark; 2.10.1997 – C-1/95 – Gerster; vgl. aber auch 15.12.1994 – C-78/93 – Helmig). Insgesamt waren die Entscheidungen des EuGH zur mittelbaren Geschlechterdiskriminierung auf Grund des Arbeitszeitausmaßes wesentlicher Beitrag dafür, Teilzeit- und Vollzeitbeschäftigung im Kern als gleichwertig anzuerkennen. Die Judikatur war wichtiger Wegbereiter für die Festlegung eines eigenständigen Teilzeitdiskriminierungsverbots im Sekundärrecht (treffend Schlachter/*Kiss*, EU Labour Law, 2015, 195 [202]).

E. Verhältnis zum geschlechtlichen Diskriminierungsverbot

10 Das Teilzeitdiskriminierungsverbot der Richtlinie überschneidet sich häufig mit den geschlechtlichen Diskriminierungsverboten des Unionsrechts. In Entgeltfragen ist zugleich Art. 157 AEUV betroffen, der unmittelbare und mittelbare Entgeltdiskriminierungen nach dem Geschlecht verbietet. Art. 157 AEUV ist im Gegensatz zum Teilzeitdiskriminierungsverbot unmittelbar anwendbar. Dies kann bei nicht ausreichender Umsetzung der Teilzeit-Richtlinie im Entgeltbereich relevant sein. Bei Benachteiligungen Teilzeitbeschäftigter in anderen Arbeitsbedingungen ist zugleich die Gleichbehandlungs-Richtlinie 2006/54/EG berührt, die unmittelbare und mittelbare Geschlechterdiskriminierungen in der gesamten Arbeitswelt untersagt.

11 Hinsichtlich der **Rechtfertigungsanforderungen** besteht zwischen dem Verbot der mittelbaren Geschlechterdiskriminierung und dem Teilzeitdiskriminierungsverbot wohl kein Unterschied, sondern kann auch bei Teilzeitbenachteiligung die Judikatur des EuGH zur Geschlechterdiskriminierung herangezogen werden (→ § 4 Rn. 5, 16).

12 Zu beachten ist allerdings, dass das Teilzeitdiskriminierungsverbot auf den nationalen Arbeitnehmerbegriff der Mitgliedstaaten verweist (→ § 2). Hingegen stellen die geschlechtlichen Diskriminierungsverbote auf den unionsrechtlichen Arbeitnehmerbegriff ab, der tendenziell weiter ist. Die meisten Entscheidungen zum unionsrechtlichen Arbeitnehmerbegriff betreffen die Freizügigkeitsregeln. Der EuGH orientiert sich am Kern der dort vorgenommenen Begriffsbildung aber auch bei der Geschlechterdiskriminierung. Der EuGH versteht in diesem Zusammenhang als Arbeitnehmer jede Person, die gegen Entgelt während einer bestimmten Zeit für einen anderen nach dessen Weisungen Leistungen erbringt (EuGH 3.7.1986 – 66/85 – Lawrie-Blum; 27.6.1996 – C-107/94 – Asscher; 17.7.2008 – C-94/07 – Raccanelli). Ebenso wie das deutsche Recht grenzt der EuGH Arbeitnehmer und Selbständige somit nach dem organisatorischen Kriterium der Fremdbestimmtheit beim Arbeitsvollzug ab. Vereinzelt prüft der EuGH die Fremdbestimmtheit allerdings nur wenig streng oder stützt sie auf Umstände, die in Wahrheit nichts mit organisatorischer Unterordnung zu tun haben (so zur Arbeitnehmereigenschaft der Geschäftsführerin einer Kapitalgesellschaft EuGH 11.11.2010 – C-232/09 – Danosa). Keine Rolle spielt die Art des Rechtsverhältnisses, sodass auch Beamte dem unionsrechtlichen Arbeitnehmerbegriff unterliegen (EuGH 12.2.1974 – 152/73 – Sotgiu).

Art. 2 [Umsetzungsvorschriften]

(1) **Die Mitgliedstaaten setzen die Rechts- und Verwaltungsvorschriften, die erforderlich sind, um dieser Richtlinie nachzukommen, bis zum 20. Januar 2000 in Kraft oder vergewissern sich spätestens zu diesem Zeitpunkt, daß die Sozialpartner im Wege einer Vereinbarung die erforderlichen Vorkehrungen getroffen haben; dabei haben die Mitgliedstaaten alle notwendigen Maßnahmen zu treffen, um jederzeit gewährleisten**

zu können, daß die durch diese Richtlinie vorgeschriebenen Ergebnisse erzielt werden. Sie setzen die Kommission unverzüglich davon in Kenntnis.

Den Mitgliedstaaten kann bei besonderen Schwierigkeiten oder im Falle einer Durchführung mittels eines Tarifvertrags eine zusätzliche Frist von höchstens einem Jahr gewährt werden.

Sie setzen die Kommission umgehend von diesen Gegebenheiten in Kenntnis.

[1] Wenn die Mitgliedstaaten die Vorschriften nach Unterabsatz 1 erlassen, nehmen sie in den Vorschriften selbst oder bei der amtlichen Veröffentlichung auf diese Richtlinie Bezug. [2] Die Mitgliedstaaten regeln die Einzelheiten der Bezugnahme.

(1a) Für das Vereinigte Königreich Großbritannien und Nordirland gilt anstelle des in Absatz 1 genannten Zeitpunkts des 20. Januar 2000 der 7. April 2000.

(2) Die Mitgliedstaaten teilen der Kommission die wichtigsten innerstaatlichen Rechtsvorschriften mit, die sie im Anwendungsbereich dieser Richtlinie erlassen haben oder erlassen.

A. Umsetzungsvorgaben

Die Richtlinie war von den Mitgliedstaaten bis zum 20.1.2000 umzusetzen, sohin binnen zwei Jahren ab ihrem Inkrafttreten am 20.1.1998. Für das Vereinigte Königreich und Nordirland endete die Umsetzungsfrist nach Abs. 1a erst am 7.4.2000. Diese Länder wurden erst später (durch die RL 1998/23/EG) in den Anwendungsbereich einbezogen, die für sie maßgebliche Umsetzungsfrist sollte aber nicht kürzer sein als die der anderen Mitgliedstaaten. 1

In Bezug auf den **zeitlichen Anwendungsbereich** der Richtlinie sagt der EuGH, dass die Richtlinie auf die künftigen Auswirkungen auch solcher Sachverhalte anzuwenden ist, die sich vor Inkrafttreten der Richtlinie beziehungsweise vor Ablauf der Umsetzungsfrist ereignet haben (EuGH – C-393/10 – O 'Brien). Daher ist zB bei diskriminierender Berechnung von Beitragszeiten für eine Betriebspension die Richtlinie auch auf vor ihrem Inkrafttreten liegende Beschäftigungszeiten anwendbar (EuGH 10.6.2010 – verb. Rs. C-395/08, C-396/08 Rn. 52 ff. – Bruno/Pettini). 2

Der materielle Regelungsgehalt der Richtlinie ist eine europäische Sozialpartnervereinbarung, die von der Richtlinie bloß inkorporiert wurde (→ Art. 1 Rn. 5). Diese **Einbindung der Sozialpartner** setzt Art. 2 auch für die Umsetzung der Richtlinie fort: neben der Umsetzung durch mitgliedstaatliches Gesetz ist auch die Umsetzung durch nationale Sozialpartnervereinbarung erlaubt, insbesondere also durch Tarifvertrag. Diese Form der Sekundärrechtsetzung wird als „sozialer Dialog" bezeichnet und ist heute in Art. 154 f. AEUV verankert. Die Erlaubnis an die Mitgliedstaaten, die Richtlinienumsetzung ganz oder teilweise auf die nationalen Sozialpartner zu übertragen, ändert aber nichts an der mitgliedstaatlichen Einstandspflicht für die ordnungsgemäße Richtlinienumsetzung. Die Mitgliedstaaten sind weiterhin alleiniger Adressat der Umsetzungsverpflichtung, was auch Art. 2 der Richtlinie klarstellt. Auch Art. 153 III AEUV sagt ausdrücklich, dass bei sozialpartnerschaftlicher Richtlinienumsetzung der Mitgliedstaat dafür Sorge tragen muss, dass die Sozialpartner spätestens zum Ablauf der Umsetzungsfrist eine entsprechende Vereinbarung getroffen haben. Ferner hat der Mitgliedstaat alle erforderlichen Maßnahmen zu treffen, um jederzeit die ordnungsgemäße Richtlinienumsetzung zu gewährleisten. 3

B. Umsetzung

Soweit eine Richtlinie (ebenso wie die vorliegende) sämtliche Arbeitsverhältnisse erfasst und im Mitgliedstaat keine entsprechend allg. Zuständigkeit der Tarifvertragsparteien besteht, bedarf die Richtlinienumsetzung notwendig des staatlichen Gesetzgebers. Daher 4 wurde die Richtlinie auch in Deutschland auf gesetzlicher Ebene umgesetzt; und zwar durch das **Gesetz über Teilzeitarbeit und befristete Arbeitsverträge** (Teilzeit- und Befristungsgesetz –TzBfG, BGBl. I 1966), das am 1.1.2001 in Kraft getreten ist. Die Umsetzung erfolgte somit ein Jahr verspätet. Zugleich hat das TzBfG die RL 1999/70/EG zur von UNICE, CEEP und EGB geschlossenen Rahmenvereinbarung über befristete Arbeitsverhältnisse umgesetzt. Bei Zweifeln über die Auslegung dieser Richtlinien (also auch im Zusammenhang mit der Frage der Vereinbarkeit des TzBfG mit den Richtlinien) müssen letztinstanzliche Gerichte nach den allg. Regeln des Art. 267 AEUV den EuGH zur Vorabentscheidung anrufen.

5   Das TzBfG geht über die **Mindestanforderungen der Richtlinie** hinaus. Es sieht in seinen §§ 8 f. strengere Vorschriften zu Gunsten der Teilzeitbeschäftigung vor, und zwar **Ansprüche auf Wechsel zwischen Vollzeit- und Teilzeitbeschäftigung.** Der deutsche Gesetzgeber macht damit von der Ermächtigung in § 6 Nr. 1 des Richtlinienanhanges Gebrauch, der seine primärrechtliche Grundlage nunmehr in Art. 153 IV AEUV hat. Nach § 8 TzBfG hat der Arbeitnehmer Anspruch auf Herabsetzung und Neuverteilung seiner (verbleibenden) Arbeitszeit, wenn folgende Voraussetzungen vorliegen: Das Arbeitsverhältnis muss länger als sechs Monate bestanden haben; der Arbeitgeber muss dauernd mehr als 15 Arbeitnehmer beschäftigen; der Arbeitnehmer darf in den zwei vorangegangenen Jahren nicht bereits ein entsprechendes Verlangen an den Arbeitgeber gerichtet haben (dem der Arbeitgeber entsprochen oder das er berechtigt abgelehnt hat); und der gewünschten Arbeitszeitverkürzung dürfen keine dringenden betrieblichen Gründe entgegenstehen. Die Richtlinie selbst sieht keinen solchen Anspruch vor (§ 5). Ferner gewährt § 9 TzBfG einem teilzeitbeschäftigten Arbeitnehmer unter folgenden Voraussetzungen einen Anspruch auf bevorzugte Aufnahme auf einen freien Vollzeitarbeitsplatz: es dürfen keine besser qualifizierten Bewerber vorhanden sein und auch keine anderen betrieblichen Gründe entgegenstehen; und der Arbeitnehmer muss dem Arbeitgeber den Verlängerungswunsch angezeigt haben. Einen solchen Anspruch kennt die Richtlinie ebenfalls nicht (§ 5).

Art. 3 [Inkrafttreten]

Diese Richtlinie tritt am Tag ihrer Veröffentlichung im *Amtsblatt der Europäischen Gemeinschaften* **in Kraft.**

1   Das Datum der Veröffentlichung der Richtlinie im Amtsblatt war 20.1.1998. An diesem Tag ist die Richtlinie somit in Kraft getreten.

Art. 4 [Adressaten]

Diese Richtlinie ist an die Mitgliedstaaten gerichtet.

1   **Adressaten der Richtlinie** sind die Mitgliedstaaten der Europäischen Union. Das Vereinigte Königreich und Nordirland waren in der Stammfassung vom Anwendungsbereich der Richtlinie ausgenommen und wurden erst durch die RL 98/23/EG einbezogen. Neben den Mitgliedstaaten der Europäischen Union sind von der Richtlinie ferner Liechtenstein, Island und Norwegen kraft ihrer EWR-Mitgliedschaft erfasst.

2   Auch die **Umsetzungspflicht** trifft nach allg. Grundsätzen die Mitgliedstaaten. Daran ändert auch Art. 2 I der Richtlinie nichts, der auch Sozialpartnervereinbarungen wie zB Tarifverträge als Mittel der Richtlinienumsetzung erlaubt. Es sind weiterhin die Mitgliedstaaten für eine ausreichende Umsetzung verantwortlich (→ Art. 2 Rn. 3). In Deutschland wurde die Richtlinie durch das TzBfG umgesetzt (→ Art. 2 Rn. 4 f.).

3   Eine **unmittelbare Berufung auf die Richtlinie** im Fall mangelnder Umsetzung ist nach allg. Grundsätzen zwischen Privaten nicht möglich. Zwischen Privaten besteht bloß

das Gebot der richtlinienkonformen Interpretation des nationalen Rechts, soweit die nationalen Auslegungsregeln dies erlauben (EuGH 24.1.2012 – C-282/10 Rn. 24 f. – Dominguez). Zu einer Verdrängung widersprechenden nationalen Rechts durch die Richtlinie (und somit zu ihrer unmittelbaren Anwendung) kann es grundsätzlich nur gegenüber dem Staat kommen, sowie gegenüber dem Staat zurechenbaren Arbeitgebern. Der Staatsbegriff ist hier weit zu verstehen (EuGH 24.1.2012 – C-282/10 Rn. 39 – Dominguez). Die Frage der (ausnahmsweisen) unmittelbaren Anwendbarkeit der Richtlinie stellt sich allerdings erst, wenn richtlinienkonforme Auslegung des nationalen Rechts nicht möglich ist (EuGH 24.1.2012 – C-282/10 Rn. 39 – Dominguez).

Mitunter neigt der EuGH allerdings dazu, Richtlinien zum Antidiskriminierungsrecht **4** gewalthaft **unmittelbare Wirkung auch zwischen Privaten** zuzuerkennen. So hat er zum Verbot der Altersdiskriminierung der RL 2000/78/EG gesagt, dieses Diskriminierungsverbot wäre ein ungeschriebener Grundsatz des Unionsrechts, der durch die Richtlinie bloß konkretisiert würde (EuGH 22.11.2005 – C-144/04 – Mangold; 19.1.2010 – C-555/07 – Kücükdeveci). Es kann daher nicht ausgeschlossen werden, dass der EuGH auf diese Weise auch anderen Diskriminierungsverboten unmittelbare Drittwirkung verleiht; dies vor allem auch deshalb, weil mittlerweile all diese Diskriminierungsverbote (sowie viele weitere) in Art. 21 GRC enthalten und damit ausdrücklich im Primärrecht verankert sind. Die Diskriminierungsverbote der Charta gehen in Bezug auf unzulässige Unterscheidungsmerkmale und sachlichen Anwendungsbereich weit über die bisher bekannten Verbote hinaus. Art. 21 GRC nennt zB auch Sprache, Geburt, soziale Herkunft sowie Vermögen als unzulässige Differenzierungsgründe, und zwar bloß demonstrativ und ohne Beschränkung auf bestimmte Sachfragen oder Wirtschaftsbereiche wie etwa die Arbeitswelt. Die Charta bindet nach ihrem Art. 51 GRC die Mitgliedstaaten zwar nur bei Durchführung des Unionsrechts. Dies ist nach dem EuGH aber bereits dann der Fall, wenn eine nationale Vorschrift in den Anwendungsbereich des Unionsrechts fällt (EuGH 26.2.2013 – C-617/10 – Fransson). Sollte damit auch jede Grundfreiheitenberührung gemeint sein, wäre der Anwendungsbereich der Charta praktisch immer eröffnet. Es wäre dem EuGH dann ein Leichtes, die Diskriminierungsverbote der Charta nach Belieben unmittelbar auch zwischen Privaten anzuwenden. Die genauen Auswirkungen des umfassenden Diskriminierungsschutzes der Charta sind derzeit noch kaum abschätzbar.

Anhang. Union der Europäischen Industrie- und Arbeitgeberverbände. Europäischer Gewerkschaftsbund. Europäischer Zentralverband der öffentlichen Wirtschaft. Rahmenvereinbarung über Teilzeitarbeit

Präambel

Die vorliegende Rahmenvereinbarung ist ein Beitrag zur allgemeinen europäischen Beschäftigungsstrategie. Die Teilzeitarbeit hat in den letzten Jahren einen erheblichen Einfluß auf die Beschäftigungslage gehabt. Aus diesem Grunde haben die Unterzeichner dieser Vereinbarung dieser Form der Arbeit vorrangige Beachtung eingeräumt. Die Parteien beabsichtigen, die Notwendigkeit ähnlicher Abkommen für andere flexible Arbeitsformen in Erwägung zu ziehen.

Diese Vereinbarung legt in Anerkennung der Vielfalt der Verhältnisse in den Mitgliedstaaten und in der Erkenntnis, daß die Teilzeitarbeit ein Merkmal der Beschäftigung in bestimmten Branchen und Tätigkeiten ist, die allgemeinen Grundsätze und Mindestvorschriften für die Teilzeitarbeit nieder. Sie macht den Willen der Sozialpartner deutlich, einen allgemeinen Rahmen für die Beseitigung von Diskriminierungen von Teilzeitbeschäftigten zu schaffen und einen Beitrag zur Entwicklung der Teilzeitarbeitsmöglichkeiten auf einer für Arbeitgeber und Arbeitnehmer akzeptablen Grundlage zu leisten.

Die Vereinbarung erstreckt sich auf die Beschäftigungsbedingungen von Teilzeitbeschäftigten und erkennt an, daß Fragen der gesetzlichen Regelung der sozialen Sicherheit der Entscheidung der Mitgliedstaaten unterliegen. Die Unterzeichnerparteien haben im Sinne des Grundsatzes der Nichtdiskriminierung von der Erklärung zur Beschäftigung des Europäischen Rates von Dublin im Dezember 1996 Kenntnis genommen, in welcher der Rat unter anderem betont, daß die Systeme der sozialen Sicherheit beschäftigungsfreundlicher gestaltet werden sollten, indem „Systeme der sozialen Sicherheit entwickelt werden, die sich an neue Arbeitsstrukturen anpassen lassen und die jedem, der im Rahmen solcher Strukturen arbeitet, auch einen angemessenen sozialen Schutz bieten." Die Unterzeichnerparteien sind der Ansicht, daß diese Erklärung in die Praxis umgesetzt werden sollte.

EGB, UNICE und CEEP ersuchen die Kommission, diese Rahmenvereinbarung dem Rat vorzulegen, damit deren Vorschriften in den Mitgliedstaaten, die das Abkommen über die Sozialpolitik, das dem Protokoll (Nr. 14) über die Sozialpolitik im Anhang zum Vertrag zur Gründung der Europäischen Gemeinschaft beigefügt ist, unterzeichnet haben, durch Ratsbeschluß verbindlich gemacht werden.

Die Unterzeichnerparteien ersuchen die Kommission, die Mitgliedstaaten in ihrem Vorschlag zur Umsetzung dieser Vereinbarung aufzufordern, die erforderlichen Rechts- und Verwaltungsvorschriften zu erlassen, um dem Ratsbeschluß innerhalb einer Frist von zwei Jahren nach seiner Verabschiedung nachzukommen, oder sich zu vergewissern[1], daß die Sozialpartner im Wege einer Vereinbarung die erforderlichen Maßnahmen vor Ablauf dieser Frist ergreifen. Den Mitgliedstaaten kann bei besonderen Schwierigkeiten oder im Fall einer Durchführung im Wege eines Tarifvertrags höchstens ein zusätzliches Jahr gewährt werden, um dieser Bestimmung nachzukommen.

Unbeschadet der jeweiligen Rolle der einzelstaatlichen Gerichte und des Gerichtshofs bitten die Unterzeichnerparteien darum, daß jede Frage im Hinblick auf die Auslegung dieser Vereinbarung auf europäischer Ebene über die Kommission zunächst an sie weitergeleitet wird, damit sie eine Stellungnahme abgeben können.

---

[1] Amtl. Anm.: Im Sinne von Artikel 2 Absatz 4 des Abkommens über die Sozialpolitik im Anhang zum Vertrag zur Gründung der Europäischen Gemeinschaft. [Red. Anm.: Außer Kraft mWv 1.5.1999 durch Art. 2 Nr. 58 des Vertrags von Amsterdam.]

Allgemeine Erwägungen

1. Gestützt auf das Abkommen über die Sozialpolitik im Anhang zum Protokoll (Nr. 14) über die Sozialpolitik, das dem Vertrag zur Gründung der Europäischen Gemeinschaft beigefügt ist, insbesondere auf Artikel 3 Absatz 4 und Artikel 4 Absatz 2, in Erwägung nachstehender Gründe:
2. Gemäß Artikel 4 Absatz 2 des Abkommens über die Sozialpolitik erfolgt die Durchführung der auf Gemeinschaftsebene geschlossenen Vereinbarungen auf gemeinsamen Antrag der Unterzeichnerparteien durch einen Beschluß des Rates auf Vorschlag der Kommission.
3. Die Kommission kündigte in ihrem zweiten Konsultationspapier über die Flexibilität der Arbeitszeit und die Absicherung der Arbeitnehmer an, eine gesetzlich bindende Gemeinschaftsmaßnahme vorschlagen zu wollen.
4. Die Schlußfolgerungen des Europäischen Rates von Essen betonen nachdrücklich die Notwendigkeit von Maßnahmen zur Förderung der Beschäftigung und Chancengleichheit zwischen Frauen und Männern und fordern Maßnahmen zur „Steigerung der Beschäftigungsintensität des Wachstums, insbesondere durch eine flexiblere Organisation der Arbeit, die sowohl den Wünschen der Arbeitnehmer als auch den Erfordernissen des Wettbewerbs gerecht wird".
5. Die Unterzeichnerparteien messen denjenigen Maßnahmen Bedeutung zu, die den Zugang zur Teilzeitarbeit für Frauen und Männer erleichtern, und zwar im Hinblick auf die Vorbereitung des Ruhestands, die Vereinbarkeit von Beruf und Familienleben sowie die Nutzung von allgemeinen und beruflichen Bildungsmöglichkeiten zur Verbesserung ihrer Fertigkeiten und ihres beruflichen Fortkommens, im beiderseitigen Interesse der Arbeitgeber und der Arbeitnehmer und auf eine Weise, die die Entwicklung der Unternehmen begünstigt.
6. Diese Vereinbarung überläßt es den Mitgliedstaaten und den Sozialpartnern, die Anwendungsmodalitäten dieser allgemeinen Grundsätze, Mindestvorschriften und Bestimmungen zu definieren, um so der jeweiligen Situation der einzelnen Mitgliedstaaten Rechnung zu tragen.
7. Diese Vereinbarung berücksichtigt die Notwendigkeit, die sozialpolitischen Anforderungen zu verbessern, die Wettbewerbsfähigkeit der Wirtschaft der Gemeinschaft zu stärken, und zu vermeiden, daß verwaltungstechnische, finanzielle und rechtliche Zwänge auferlegt werden, die die Gründung und Entwicklung von kleinen und mittleren Unternehmen hemmen könnten.
8. Die Sozialpartner sind am besten in der Lage, Lösungen zu finden, die den Bedürfnissen der Arbeitgeber und der Arbeitnehmer gerecht werden; daher ist ihnen eine besondere Rolle bei der Umsetzung und Anwendung dieser Vereinbarung einzuräumen –

Die Unterzeichnerparteien haben folgende Vereinbarung geschlossen:

§ 1 Ziel

Diese Rahmenvereinbarung soll
a) die Beseitigung von Diskriminierungen von Teilzeitbeschäftigten sicherstellen und die Qualität der Teilzeitarbeit verbessern;
b) die Entwicklung der Teilzeitarbeit auf freiwilliger Basis fördern und zu einer flexiblen Organisation der Arbeitszeit beitragen, die den Bedürfnissen der Arbeitgeber und der Arbeitnehmer Rechnung trägt.

Die Rahmenvereinbarung verfolgt mehrere Zielsetzungen, die eng zusammenhängen. **1** Wesentliches Anliegen ist der Abbau von Diskriminierungen Teilzeitbeschäftigter. Neben der darin enthaltenen gleichstellungspolitischen Zielsetzung ist das Diskriminierungsverbot zugleich wesentliches Mittel zur angestrebten Förderung der freiwilligen Teilzeitarbeit. Diskriminierungen Teilzeitbeschäftigter lassen diese Beschäftigungsform für die Arbeitnehmer wenig attraktiv erscheinen. Teilzeitdiskriminierungen stehen mit der von der Richtlinie bezweckten Anreizschaffung für Teilzeitbeschäftigung im Widerspruch und sind daher auch aus diesem Blickwinkel nicht mit der Richtlinie vereinbar (zu diesem Zusammenhang EuGH 10.6.2010 – verb. Rs. C-395/08, C-396/08 Rn. 76 ff. – Bruno/Pettini). Ältere Entscheidungen des EuGH, in denen er die Teilzeitbenachteiligung mit dem Argument für rechtfertigbar gehalten hat, auf diese Weise Arbeitnehmer von Teilzeitbeschäftigung abzuhalten, sind daher spätestens seit Inkrafttreten der Richtlinie überholt (so noch EuGH 31.3.1981 – 96/80 – Jenkins; 13.5.1986 – C-170/84 – Bilka).

2   Teilzeitbeschäftigung kann für die Arbeitgeber und Arbeitnehmer sowohl vor- als auch nachteilig sein und deshalb nicht generell als positiv oder negativ bewertet werden (→ Art. 1 Rn. 2 f.). Konsequenterweise betont deshalb auch die Rahmenvereinbarung die freiwillige Basis der Teilzeitbeschäftigung. Die Rahmenvereinbarung sieht Teilzeitbeschäftigung insgesamt als wünschenswerte Beschäftigungsform an. Wesentlicher Grund dafür ist wohl das arbeitsmarktpolitische Streben nach Steigerung der Vollbeschäftigung (→ Art. 1 Rn. 1).

§ 2 Anwendungsbereich

1. **Die vorliegende Vereinbarung gilt für Teilzeitbeschäftigte, die nach den Rechtsvorschriften, Tarifverträgen oder Gepflogenheiten in dem jeweiligen Mitgliedstaat einen Arbeitsvertrag haben oder in einem Arbeitsverhältnis stehen.**
2. **Nach Anhörung der Sozialpartner gemäß den einzelstaatlichen Rechtsvorschriften, den Tarifverträgen oder Gepflogenheiten können die Mitgliedstaaten und/oder die Sozialpartner auf der entsprechenden Ebene in Übereinstimmung mit den einzelstaatlichen Praktiken im Bereich der Arbeitsbeziehungen aus sachlichen Gründen Teilzeitbeschäftigte, die nur gelegentlich arbeiten, ganz oder teilweise ausschließen. Dieser Ausschluß sollte regelmäßig daraufhin überprüft werden, ob die sachlichen Gründe, auf denen er beruht, weiter vorliegen.**

1   Die Rahmenvereinbarung erfasst teilzeitbeschäftigte Arbeitnehmer. Der Begriff der Teilzeitbeschäftigung ist autonom definiert, also unabhängig vom mitgliedstaatlichen Begriffsverständnis. Für die Arbeitnehmereigenschaft verweist die Rahmenvereinbarung hingegen auf den nationalen Arbeitnehmerbegriff der Mitgliedstaaten. Allein dieser ist daher für den Anwendungsbereich der Richtlinie maßgeblich (EuGH 12.10.2004 – C-313/02 – *Wippel*). Der persönliche Anwendungsbereich der Richtlinie kann daher in den einzelnen Mitgliedstaaten voneinander abweichen. Auf den nationalen Arbeitnehmerbegriff verweisen zB auch die Entsende-RL 96/71/EG; die Betriebsübergangs-Richtlinie 2001/23/EG; sowie die Befristungs-Richtlinie 1999/70/EG.

2   Trotz Verweis auf den nationalen Arbeitnehmerbegriff ist allerdings fraglich, inwieweit ein Mitgliedstaat Beschäftigungsverhältnisse kraft Sonderanordnung von seinem nationalen Arbeitnehmerbegriff und damit im Ergebnis von der Richtlinienumsetzung ausnehmen darf. Nach dem EuGH kommt den Mitgliedstaaten diesbezüglich kein freies Ermessen zu, sondern darf die faktische Wirksamkeit der Richtlinie dadurch nicht unterlaufen werden (EuGH 1.3.2012 – C-393/10 – O'Brien; ebenso 13.9.2007 – C-307/05 – Alonso zur RL 1999/70/EG). Danach darf ein Mitgliedstaat nicht nach Belieben bestimmte Personalkategorien von dem durch die Richtlinie bezweckten Schutz ausnehmen. Der Ausschluss ist vielmehr nur dann zulässig, wenn sich das ausgenommene Beschäftigungsverhältnis seinem Wesen nach erheblich von jenen Beschäftigungsverhältnissen unterscheidet, die an sich nach nationalem Recht als Arbeitsverhältnis gelten.

3   Anders als noch die Vorschläge der Kommission aus dem Jahr 1990, deren Anwendungsbereich ein Beschäftigungsausmaß von zumindest acht Wochenstunden verlangte (dazu

Wank RdA 1992, 106), setzt die Anwendung der Richtlinie keine Mindestarbeitszeit voraus. Mangels Bagatellgrenze sind daher auch nur für ganz wenige Wochenstunden beschäftigte Arbeitnehmer erfasst. Auch geringfügig Beschäftigte unterliegen daher der Richtlinie.

Die Mitgliedstaaten sowie die nationalen Sozialpartner dürfen allerdings Teilzeitbeschäftigte, die nur gelegentlich arbeiten, ganz oder teilweise vom Anwendungsbereich der Richtlinie ausschließen. Entsprechende Ausnahmeregelungen auf gesetzlicher oder tarifvertraglicher Ebene stehen allerdings unter der Schranke der Sachlichkeit und sind insofern vom EuGH überprüfbar. Insgesamt dürfte die Bedeutung dieser Ermächtigung gering sein. Dann im Fall einer sachlichen Rechtfertigung wäre nach § 4 ohnedies die Ungleichbehandlung Teilzeitbeschäftigter zulässig. Außerdem ändert die mitgliedstaatliche Ausnahme bloß gelegentlich beschäftigter Teilzeitkräfte nichts daran, dass deren Benachteiligung weiterhin aus einem anderen Diskriminierungsgrund angreifbar sein kann – denkbar wären mittelbare Diskriminierungen auf Grund des Geschlechts oder des Alters. 4

§ 3 Begriffsbestimmungen

Im Sinne dieser Vereinbarung ist

1. „Teilzeitbeschäftigter" ein Arbeitnehmer, dessen normale, auf Wochenbasis oder als Durchschnitt eines bis zu einem Jahr reichenden Beschäftigungszeitraumes berechnete Arbeitszeit unter der eines vergleichbaren Vollzeitbeschäftigten liegt;
2. „vergleichbarer Vollzeitbeschäftigter" ein Vollzeitbeschäftigter desselben Betriebs mit derselben Art von Arbeitsvertrag oder Beschäftigungsverhältnis, der in der gleichen oder einer ähnlichen Arbeit/Beschäftigung tätig ist, wobei auch die Betriebszugehörigkeitsdauer und die Qualifikationen/Fertigkeiten sowie andere Erwägungen heranzuziehen sind.

Ist in demselben Betrieb kein vergleichbarer Vollzeitbeschäftigter vorhanden, so erfolgt der Vergleich anhand des anwendbaren Tarifvertrages oder, in Ermangelung eines solchen, gemäß den gesetzlichen oder tarifvertraglichen Bestimmungen oder den nationalen Gepflogenheiten.

A. Teilzeitbeschäftigter

Die Richtlinie umschreibt den Begriff „Teilzeitbeschäftigter" nicht mit einem absoluten Beschäftigungsausmaß, sondern relativ. Erfasst sind alle Arbeitnehmer, deren regelmäßige Arbeitszeit unter jener eines vergleichbaren Vollzeitbeschäftigten liegt. In einem ersten Schritt ist daher das tatsächliche Arbeitszeitausmaß des zu beurteilenden Arbeitnehmers zu ermitteln. Dieses ist dann in einem zweiten Schritt jenem eines vergleichbaren Vollzeitbeschäftigten gegenüber zu stellen. Besteht eine Differenz in den Arbeitszeitausmaßen, so liegt Teilzeitbeschäftigung iSd Richtlinie vor. 1

Bei Ermittlung des Arbeitszeitausmaßes des Arbeitnehmers, dessen Eigenschaft als Teilzeitbeschäftigter auf dem Prüfstand steht, ist danach zu unterscheiden, ob eine gleichmäßige Wochenarbeitszeit vereinbart ist, oder eine flexible Arbeitszeiteinteilung. Bei gleichmäßiger Wochenarbeitszeit ist auf diese abzustellen, bei unregelmäßiger Beschäftigung (zB Saisonarbeit) auf die durchschnittliche Normalarbeitszeit in einem Beschäftigungszeitraum bis zu einem Jahr: ist innerhalb dieses Beobachtungszeitraumes die durchschnittliche Arbeitszeit geringer als bei einem vergleichbaren Vollzeitbeschäftigten, so gilt der unregelmäßig beschäftigte Arbeitnehmer ebenfalls als teilzeitbeschäftigt. Arbeitnehmer können daher auch dann als Teilzeitbeschäftigte anzusehen sein, wenn sie (nur) während eines Teils des Beobachtungszeitraumes gleich lange arbeiten wie vergleichbare Vollzeitbeschäftige. Mehrleistungen bleiben bei Ermittlung des maßgeblichen Arbeitszeitausmaßes zumindest dann außer 2

Betracht, wenn sie bloß unregelmäßig anfallen. Die Richtlinie stellt sowohl für regelmäßig als auch für unregelmäßig Beschäftigte ausdrücklich auf deren „normale" Arbeitszeit ab.

3 Fehlt eine ausdrückliche Abrede zum Arbeitszeitausmaß des zu beurteilenden Arbeitnehmers, so ist nach allg. vertragsrechtlichen Grundsätzen auf den tatsächlichen Arbeitsvollzug abzustellen; im Zweifel gibt allein dieser Auskunft über den wahren Parteiwillen. Der tatsächliche Vollzug des Arbeitsverhältnisses ist auch dann maßgeblich, wenn er vom Vertragstext abweicht: die Abrede im Vertrag war dann offenbar nur zum Schein vereinbart oder wurde nachträglich (schlüssig) abgeändert.

B. Vergleichbarer Vollzeitbeschäftigter

4 Zur Bestimmung des vergleichbaren Vollzeitbeschäftigten stellt die Richtlinie zunächst auf Vollzeitbeschäftigte mit gleicher Tätigkeit und Qualifikation im Betrieb ab, hilfsweise auch auf Vollzeitbeschäftigte außerhalb des Betriebs (→ Rn. 2). Die Richtlinie regelt allerdings nicht, wann Vollzeitbeschäftigung in quantitativer Hinsicht vorliegt. Dies kann auch nicht allgemein gesagt werden, sondern hängt vom üblichen Vollzeitbeschäftigungsausmaß der jeweiligen Branche im jeweiligen Mitgliedstaat ab. Maßgeblich ist also das branchenübliche beziehungsweise tarifvertragliche Vollzeitbeschäftigungsausmaß für eine bestimmte Tätigkeit. Liegt das tatsächliche Beschäftigungsausmaß eines Arbeitnehmers im Betrieb darunter, so gilt er als teilzeitbeschäftigt iSd Richtlinie.

5 Keine Rolle spielt nach dem Regelungskonzept der Richtlinie, ob die im Betrieb beschäftigten Arbeitnehmer mehrheitlich vollzeitbeschäftigt sind, oder ob im Betrieb überhaupt ein (vergleichbarer) vollzeitbeschäftigter Arbeitnehmer vorhanden ist. Gibt es im Betrieb **keinen (vergleichbaren) vollzeitbeschäftigten** Arbeitnehmer, ist für den Teilzeitbegriff gleichwohl die im anwendbaren Tarifvertrag für Vollzeitbeschäftigung vorgesehene Normalarbeitszeit maßgeblich; ist kein Tarifvertrag anwendbar, kommt es auf das branchenübliche Vollzeitbeschäftigungsausmaß an. Erreicht das Arbeitszeitausmaß keines der im Betrieb beschäftigter Arbeitnehmer diese Grenze(n), so gelten alle Arbeitnehmer im Betrieb als teilzeitbeschäftigt. Dies schließt allerdings entgegen der Ansicht mancher (zB BeckOKArbR/*Bayreuther* TzBfG § 2 Rn. 3) eine Verletzung des Teilzeitdiskriminierungsverbotes im Betrieb nicht aus (treffend *Riesenhuber,* EEL § 16 Rn. 7 f.; *Thüsing* ZfA 2002, 257): Vielmehr kann auch dann eine Diskriminierung nach § 4 vorliegen, wenn im Betrieb gar keine oder zumindest keine (dem Tätigkeitsinhalt) vergleichbare Vollzeitbeschäftigte vorhanden sind. Diesfalls ist ein **hypothetischer Vergleich** anzustellen und zu fragen, ob der Arbeitgeber seine teilzeitbeschäftigten Arbeitnehmer ohne Sachgrund schlechter behandelt, als er einen vergleichbaren Vollzeitarbeitnehmer behandeln *würde*. Keine Rolle spielt hingegen, wie andere Arbeitgeber ihre Vollzeitbeschäftigten behandeln (ebenso zum geschlechtlichen Entgeltdiskriminierungsverbot EuGH 17.9.2002 – C-320/00 Rn. 17 – Lawrence; 31.1.2004 – C-256/01 Rn. 46 ff. – Allonby: die Ungleichbehandlung muss auf ein und dieselbe Quelle zurückgehen).

6 Das Erfordernis einer solchen **hypothetischen Vergleichsprüfung** folgt zum einen aus den Begriffsbestimmungen des § 3 in Zusammenschau mit dem Diskriminierungsverbot des § 4: § 4 stellt auf die Schlechterbehandlung gegenüber vergleichbaren Vollzeitbeschäftigten ab, und § 3 verlangt die Vergleichsmöglichkeit auch dann, wenn im Betrieb kein vergleichbarer Vollzeitbeschäftigter vorhanden ist. Zum anderen entspricht die hypothetische Vergleichsprüfung dem allg. Konzept der (anderen) unionsrechtlichen Diskriminierungsverbote. So definiert zB die Gleichbehandlungs-Richtlinie 2006/54/EG in Art. 2 die unmittelbare Diskriminierung als „eine Situation, in der eine Person aufgrund ihres Geschlechts eine weniger günstige Behandlung erfährt, als eine andere Person in einer vergleichbaren Situation erfährt, erfahren hat oder erfahren *würde.*" Auch eine mittelbare Geschlechterdiskriminierung kann nach der Definition der Gleichbehandlungs-Richtlinie bereits dann vorliegen, wenn „dem Anschein nach neutrale Vorschriften, Kriterien oder Verfahren Personen des einen Geschlechts in besonderer Weise gegenüber Personen des anderen Geschlechts benachteiligen *können*". Die anderen Diskriminierungsverbote des Unionsrechts sind ebenso ausgestaltet (zB Art. 2 der Rahmen-Richtlinie 2000/78/EG in Bezug auf die Merkmale Alter, Religion, Weltanschauung und Behinderung). Es ist daher nur konsequent, wenn das Teilzeitdiskriminierungsverbot die gleiche Struktur aufweist. Daher kommt auch ein Vergleich mit früher beim Arbeitgeber beschäftigten Vollzeitarbeitskräften in Betracht, und kann die Schlechterstellung einer später beschäftigten (und ansonsten vergleichbaren) Teilzeitkraft eine Diskriminierung begründen (so EuGH 27.3.1980 – 129/79 Rn. 11 – Macarthys zum geschlechtlichen Entgeltdiskriminierungsverbot). Freilich kann das Zeitmoment möglicherweise die Benachteiligung rechtfertigen (zB wegen geänderter wirtschaftlicher Lage).

C. Vergleichbare Lage

Die Einbeziehung hypothetischer Vergleichspersonen in die Diskriminierungsprüfung ändert allerdings nichts daran, dass sich der (reale oder hypothetische) Vollzeitarbeitnehmer in einer (vom Arbeitszeitausmaß abgesehen) **vergleichbaren Lage** wie der teilzeitbeschäftigte Arbeitnehmer befinden muss, insbesondere in Bezug auf Art und Inhalt der geschuldeten Tätigkeit. Fehlt es hingegen an der vergleichbaren Lage der verschieden behandelten Personen, so kann von vornherein keine Diskriminierung vorliegen (zB EuGH 14.9.1999 – C-249/97 Rn. 27 – Gruber). Es fehlt hier schon an der Ungleichbehandlung, sodass sich auch die Rechtfertigungsfrage nicht stellt. Dies gilt für alle unionsrechtlichen Diskriminierungsverbote. Die in § 3 geforderte Vergleichbarkeit des (realen oder hypothetischen) Vollzeitbeschäftigten ist daher nicht bloß für die Begriffsbestimmung der Teilzeitbeschäftigung relevant, sondern vor allem auch für den Diskriminierungstatbestand des § 4 (→ § 4 Rn. 11 f.). 7

Nach § 3 ist die Vergleichbarkeit eines Vollzeitarbeitnehmers nach der **Art des Arbeitsvertrages** und dem **Tätigkeitsinhalt** zu beurteilen, wobei aber auch die Betriebszugehörigkeitsdauer, die fachlichen Qualifikationen sowie andere Erwägungen heranzuziehen sind. Diese Aufzählung ist bewusst nicht abschließend, weil sich die Vergleichbarkeit von Voll- und Teilzeitbeschäftigten nicht allgemein bestimmen lässt, sondern die Vergleichsgruppenbildung nur im Kontext einer konkret zu beurteilenden Verschiedenbehandlung möglich ist. Maßgeblich ist, ob Voll- und Teilzeitbeschäftigte in Bezug auf eine konkrete Maßnahme oder Leistung des Arbeitgebers als vergleichbar anzusehen sind, wobei dies wesentlich von Charakter und Zweck der in Frage stehenden Leistung abhängt. Geht es zB um die die Höhe des Stundenlohnes, so hängt die Vergleichbarkeit der unterschiedlich entlohnten voll- und teilzeitbeschäftigten Arbeitnehmer davon ab, ob diese gleiche oder gleichwertige Arbeit leisten. Bei anderen Arbeitgeberleistungen wie zB Prämien für lange Betriebszugehörigkeit oder betriebliche Ruhegeldzusagen, kann die Vergleichbarkeit der einbezogenen und ausgeschlossenen Arbeitnehmer hingegen unabhängig von der konkret ausgeübten Tätigkeit zu bejahen sein. Umgekehrt kann aber auch bei inhaltlich gleicher Art der Tätigkeit die Vergleichbarkeit fehlen, wenn sich die vertraglichen Modalitäten der Leistungserbringung zwischen Voll- und Teilzeitbeschäftigten erheblich unterscheiden (EuGH 12.10.2004 – C-313/02 – Wippel: keine Vergleichbarkeit zwischen Teilzeitbeschäftigten, die ihre Tätigkeit nur gelegentlich auf Abruf und ohne durchgehende Leistungspflicht verrichten, und Vollzeitbeschäftigten mit durchgehender Arbeitsverpflichtung). 8

Im Einzelnen kann für die Vergleichsgruppenbildung auf die Grundsätze der Judikatur des EuGH zu den anderen Diskriminierungsverboten zurückgegriffen werden, in Entgeltfragen also insbesondere auf die Entscheidungen zum Vorliegen gleicher oder gleichwertiger Tätigkeit. Danach ist die Gleichheit beziehungsweise **Gleichwertigkeit der Arbeit** zweier Arbeitnehmer anhand einer Gesamtschau objektiver Faktoren wie insbesondere Art der Arbeit, Ausbildungsanforderungen und Arbeitsbedingungen zu beurteilen (ebenso § 3 9

Nr. 2). Dabei scheint der EuGH der **unterschiedlichen Berufsausbildung** zweier Arbeitnehmergruppen allerdings auch dann entscheidende Bedeutung für das Nichtvorliegen gleicher oder gleichwertiger Arbeit beizumessen, wenn die Berufsausbildung der einen Vergleichsgruppe für die konkret ausgeübte Tätigkeit nicht wirklich erforderlich ist, sondern bloß zusätzliche, potentielle Einsatzmöglichkeiten eröffnet. So betont der Gerichtshof in der Entscheidung *Kenney* (EuGH 28.2.2013 – C-427/11 – Kenney), das nationale Gericht habe insbesondere zu prüfen, ob ungeachtet der an sich gleichen Tätigkeit der zum Innendienst abgestellten Polizisten einerseits und Verwaltungssekretärinnen andererseits das Vorliegen gleicher oder gleichwertiger Arbeit zu verneinen sei, weil den Polizisten wegen deren Exekutivausbildung auch Polizeiaufgaben übertragen werden könnten. Ebenso hat der EuGH in der Entscheidung *Angestelltenbetriebsrat der Wiener Gebietskrankenkasse* (EuGH 11.5.1999 – C-309/97) die Vergleichbarkeit der Arbeit von als Psychotherapeuten eingesetzten Ärzten einerseits und Psychologen andererseits allein wegen der unterschiedlichen Berufsausbildung verneint. Der Gerichtshof sagt in dieser Entscheidung, dass keine gleiche oder vergleichbare Arbeit vorliegt, „wenn eine gleiche Tätigkeit über einen erheblichen Zeitraum von Arbeitnehmern mit unterschiedlicher Berufsberechtigung ausgeübt wird". Folgt man dem, so wird man aber wohl fordern müssen, dass die durch die Berufsausbildung gesteigerten Verwendungsmöglichkeiten vom Arbeitgeber zumindest in gewissem Ausmaß auch real genutzt werden; dies zumindest dann, wenn man die Frage der gleichen oder vergleichbaren Arbeit anhand der real ausgeübten Tätigkeit(en) beurteilt. Letztlich geht es also darum, ob das Vorliegen gleicher oder gleichwertiger Arbeit anhand der real ausgeübten Tätigkeit zu beurteilen ist; oder ob es allein auf das aus dem Arbeitsverhältnis geschuldete (und nach der Ausbildung mögliche) Leistungsspektrum ankommen soll, und zwar auch dann, wenn dieses vom Arbeitgeber nicht oder fast nie (in vollem Ausmaß) abgerufen wird. Die Position des EuGH dazu ist (noch) nicht klar.

10 Zuweilen ist die Beurteilung der Vergleichbarkeit somit schwierig (und auch schwierig überprüfbar!). Der Rückzug auf das Argument der mangelnden Vergleichbarkeit erlaubt es dem Gericht, mit weitaus geringerem Begründungsaufwand eine Diskriminierung zu verneinen als dies iRd Rechtfertigungsprüfung möglich wäre. Deutlich zeigt dies etwa der Fall *Wippel* (EuGH 12.10.2004 – C-313/02 – Wippel): Der EuGH hat mangelnde Vergleichbarkeit angenommen, wenn generell sämtliche Vollzeitbeschäftigte Verträge mit durchgehender Arbeitspflicht erhalten, Teilzeitbeschäftigte hingegen nur Bedarfsarbeitsverträge. In der unterschiedlichen Vertragsgestaltung könnte man (anstelle der vom EuGH angenommenen nicht vergleichbaren Lage) aber genauso gut eine relevante Benachteiligung der Teilzeitbeschäftigten erblicken, die der Rechtfertigung bedarf.

§ 4 Grundsatz der Nichtdiskriminierung

1. **Teilzeitbeschäftigte dürfen in ihren Beschäftigungsbedingungen nur deswegen, weil sie teilzeitbeschäftigt sind, gegenüber vergleichbaren Vollzeitbeschäftigten nicht schlechter behandelt werden, es sei denn, die unterschiedliche Behandlung ist aus sachlichen Gründen gerechtfertigt.**
2. **Es gilt, wo dies angemessen ist, der Pro-rata-temporis-Grundsatz.**
3. **Die Anwendungsmodalitäten dieser Vorschrift werden von den Mitgliedstaaten und/oder den Sozialpartnern unter Berücksichtigung der Rechtsvorschriften der Gemeinschaft und der einzelstaatlichen gesetzlichen und tarifvertraglichen Bestimmungen und Gepflogenheiten festgelegt.**
4. **Wenn dies aus sachlichen Gründen gerechtfertigt ist, können die Mitgliedstaaten nach Anhörung der Sozialpartner gemäß den einzelstaatlichen Rechtsvorschriften, Tarifverträgen oder Gepflogenheiten und/oder die Sozialpartner gegebenenfalls den Zugang zu besonderen Beschäftigungsbedingungen von einer bestimmten Betriebszugehörigkeitsdauer, der Arbeitszeit oder Lohn- und Gehaltsbedingungen abhängig**

machen. Die Zugangskriterien von Teilzeitbeschäftigten zu besonderen Beschäftigungsbedingungen sollten regelmäßig unter Berücksichtigung des in Paragraph 4 Nummer 1 genannten Grundsatzes der Nichtdiskriminierung überprüft werden.

Übersicht

	Rn.
A. Struktur des Diskriminierungsverbotes	1
B. Zusammenhang mit dem geschlechtlichen Diskriminierungsverbot	4
C. Sachlicher Anwendungsbereich	7
D. Vergleichsgruppenbildung	11
E. Unmittelbare und mittelbare Diskriminierung	13
F. Rechtfertigung der Ungleichbehandlung	16
G. Aliquotierungsgrundsatz	24

A. Struktur des Diskriminierungsverbotes

Das Teilzeitdiskriminierungsverbot in § 4 Nr. 1 ist das Herzstück der Rahmenvereinbarung. Es untersagt die sachgrundlose Schlechterstellung Teilzeitbeschäftiger in ihren Beschäftigungsbedingungen gegenüber vergleichbaren Vollzeitbeschäftigten. Erforderlich ist daher, dass sich die in den Beschäftigungsbedingungen **verschieden behandelten Arbeitnehmer** (abgesehen vom Arbeitszeitausmaß) in einer **vergleichbaren Lage** befinden, dass deren Verschiedenbehandlung **wegen des unterschiedlichen Arbeitszeitausmaßes** erfolgt, und dass schließlich für die Verschiedenbehandlung **kein sachlicher Rechtfertigungsgrund** besteht. Mit diesen drei Prüfschritten folgt das Teilzeitdiskriminierungsverbot in seiner tatbestandlichen Struktur den anderen unionsrechtlichen Diskriminierungsverboten. Die dazu existierende Judikatur des EuGH ist daher auch für die Anwendung des Teilzeitdiskriminierungsverbots maßgeblich. 1

Der in Nr. 2 angeordnete **Pro-rata-temporis-Grundsatz** ergänzt das Diskriminierungsverbot der Nr. 1, indem für teilbare Entgeltleistungen die beschäftigungsausmaßabhängige Aliquotierung als jedenfalls diskriminierungsfreie Auszahlungsmodalität festlegt (→ Rn. 24 ff.). 2

Wenig verständlich und wohl ohne praktische Bedeutung ist die **Ermächtigungsklausel** der Nr. 4 (treffend EAS/*Balze* B 3100 Rn. 265). Danach können die Mitgliedstaaten nach Anhörung der Sozialpartner Teilzeitbeschäftigte in Bezug auf manche Arbeitsbedingungen schlechter stellen, wenn dafür eine sachliche Rechtfertigung besteht. Die Ungleichbehandlung Teilzeitbeschäftigter aus sachlichem Grund ist aber bereits nach der Vorschrift der Nr. 1 möglich. 3

B. Zusammenhang mit dem geschlechtlichen Diskriminierungsverbot

Wegen des überwiegenden Frauenanteils unter den Teilzeitbeschäftigten steht das Teilzeitdiskriminierungsverbot in engem **Zusammenhang mit dem geschlechtlichen Diskriminierungsverbot** des Art. 157 AEUV und der Gleichbehandlungs-Richtlinie 2006/54/EG. Die Diskriminierung wegen der Teilzeitbeschäftigung bewirkt stets auch eine mittelbare Geschlechterdiskriminierung. Dies ist vor allem dann relevant, wenn man mit manchen das Teilzeitdiskriminierungsverbot restriktiv auslegt und die Vertragsbeendigung oder die mittelbare Teilzeitdiskriminierungen ausnimmt (→ Rn. 8). Für diese Fälle bleibt dann häufig der Rückgriff auf das geschlechtliche Diskriminierungsverbot. Falls innerstaatliche Normen im Entgeltbereich gegen das Teilzeitdiskriminierungsverbot verstoßen, können sich die benachteiligten Arbeitnehmer unmittelbar auf Art. 157 AEUV berufen. 4

Zum anderen ist das geschlechtliche Diskriminierungsverbot auch für die Anforderung an die Rechtfertigung einer Teilzeitbenachteiligungen relevant: da zugleich eine mittelbare Geschlechterbenachteiligung vorliegt, müssen auch die Rechtfertigungsanforderungen je- 5

470 RL 97/81/EG Anh. § 4   Grundsatz der Nichtdiskriminierung

nen des geschlechtlichen Diskriminierungsverbotes entsprechen (→ Rn. 16 f.). Es reicht daher keineswegs jeder sachliche Grund im Sinne einer schlichten Sachlichkeitsprüfung aus. Erforderlich sind neben einem legitimen Ziel auch zur Zielerreichung geeignete und erforderliche Mittel, also eine echte Verhältnismäßigkeitsprüfung (vgl. zB die Rechtfertigungsanforderungen in Art. 2 der Gleichbehandlungs-Richtlinie 2006/54/EG).

6   Der Zusammenhang mit dem geschlechtlichen Diskriminierungsverbot ist auch für jene Fälle relevant, in denen es um die **Besserstellung Teilzeitbeschäftigter** im Vergleich zu Vollzeitbeschäftigten geht. Das Teilzeitdiskriminierungsverbot selbst steht einer solchen Besserstellung nicht entgegen, sehr wohl aber das geschlechtliche Diskriminierungsverbot. Ebenso wie die sachgrundlose Schlechterstellung Teilzeitbeschäftigter eine mittelbare Geschlechterdiskriminierung (zu Lasten der überwiegend teilzeitbeschäftigten Frauen) bewirkt, führt umgekehrt auch die sachgrundlose Besserstellung Teilzeitbeschäftigter zu einer mittelbaren Geschlechterdiskriminierung (zu Lasten der überwiegend vollzeitbeschäftigten Männer). Ganz allgemein wirken die unionsrechtlichen Diskriminierungsverbote stets in beide Richtungen, weil die Benachteiligung der einen Gruppe der Merkmalsträger stets eine Besserstellung der anderen Gruppe bewirkt und umgekehrt. Insofern wirkt auch der in § 4 Nr. 2 festgelegte **Pro-rata-temporis-Grundsatz** in zwei Richtungen: er verbietet nicht bloß die unteraliquote Entlohnung teilzeitbeschäftigter Arbeitnehmer, sondern auch deren überaliquote Entlohnung (→ Rn. 29). Daher erscheint auch die Formulierung in § 4 II TzBfG wenig glücklich, wonach einem Teilzeitbeschäftigten das Arbeitsentgelt *mindestens* im anteiligen Umfang seiner Arbeitszeit zu gewähren ist.

C. Sachlicher Anwendungsbereich

7   Das Teilzeitdiskriminierungsverbot erstreckt sich auf „Beschäftigungsbedingungen". Dieses Tatbestandsmerkmal ist wegen des Zwecks des Diskriminierungsverbotes weit auszulegen und erfasst **sämtliche Entgelt- und sonstige Arbeitsbedingungen** (EuGH 10.6.2010 – verb. Rs. C-395/08, C-396/08 Rn. 32 ff. – Bruno/Pettini), nicht aber staatliche Sozialleistungen (EuGH 5.11.2014 – C-476/12 Rn. 12 ff. – Bankenverband). Der praktisch wichtigste Anwendungsfall des Teilzeitdiskriminierungsverbotes ist die Schlechterstellung von Teilzeitbeschäftigten in **Entgeltfragen.** Art. 153 V AEUV steht dem nicht entgegen: er untersagt der Union nur die unmittelbare Regelung der Entgelthöhe (zB Festlegung von Mindestlöhnen), nicht aber die mittelbare Einflussnahme auf Entgeltfragen im Wege der Diskriminierungsverbote (EuGH 10.6.2010 – verb. Rs. C-395/08, C-396/08 Rn. 39 ff. – Bruno/Pettini).

8   Auch die **betriebsverfassungsrechtliche Rechtsstellung** teilzeitbeschäftigter Arbeitnehmer wie zB das aktive und passive Wahlrecht zur Belegschaftsvertretung ist erfasst (EuGH 22.3.2006 – C-204/04 – Kommission/Deutschland). Unklar ist, ob **Vertragsbeendigungen** erfasst sind, weil das Teilzeitdiskriminierungsverbot diese (im Gegensatz zu den anderen unionsrechtlichen Diskriminierungsverboten) nicht gesondert erwähnt. Außerdem regelt die Richtlinie aus kompetenzrechtlichen Gründen keine Vertragsbeendigung (→ Art. 1 Rn. 6; ablehnend daher aus systematischen Gründen *Riesenhuber,* EEL § 16 Rn. 15). Subsumiert man die Vertragsauflösung nicht unter den sachlichen Anwendungsbereich des Teilzeitdiskriminierungsverbotes, so ist eine Vertragsauflösung wegen Teilzeitbeschäftigung aber weiterhin als mittelbare Geschlechterdiskriminierung angreifbar (→ Rn. 4).

9   Keine Rolle spielt (wie auch sonst bei den unionsrechtlichen Diskriminierungsverboten) die **Rechtsgrundlage der Arbeitsbedingungen.** Neben einzelvertraglichen Bedingungen (Arbeitsvertragsabrede oder Weisung) sind daher auch tarifvertragliche und gesetzliche Arbeitsbedingungen erfasst. Gleiches gilt für Betriebsvereinbarungen. Neben der inhaltlichen Ausgestaltung der Arbeitsbedingungen gilt das Diskriminierungsverbot auch für die

Geltungsbereichsfestlegung. Daher darf ein Tarifvertrag zB Teilzeitbeschäftigte nicht sachgrundlos von seinem Geltungsbereich ausschließen.

Für die **Verantwortlichkeit des Arbeitgebers** spielt die Rechtsgrundlage diskriminierender Arbeitsbedingungen ebenfalls keine Rolle. Der Arbeitgeber kann eine Diskriminierung zB nicht mit dem Argument rechtfertigen, er habe bloß einen diskriminierenden Tarifvertrag vollzogen. Nach dem EuGH ist der Arbeitgeber vielmehr auch dann für die Diskriminierung verantwortlich (und gegebenenfalls nachzahlungspflichtig), wenn er bloß einen diskriminierenden Tarifvertrag angewendet hat, an dessen Entstehung er selbst nicht beteiligt war (zB EuGH 27.6.1990, C-33/89 – Kowalska; 27.10.1993 – C-127/92 – Enderby). Das Diskriminierungsverbot ist insoweit **verschuldensunabhängig,** und es trifft den Arbeitgeber eine entsprechende Erfolgspflicht. Er muss auch bei Anwendung überbetrieblicher Regelungen Diskriminierungen erkennen und selbständig ausgleichen.

D. Vergleichsgruppenbildung

Die Rechtsgrundlage der diskriminierenden Maßnahme oder Arbeitsbedingung kann für den Rahmen der Vergleichsgruppenbildung relevant sein; also für die Frage, welche voll- und teilzeitbeschäftigten Arbeitnehmer in die Diskriminierungsprüfung einzubeziehen sind. **Äußerste Grenze des Vergleichsrahmens** zur Feststellung von Benachteiligungen ist die Regelungsbefugnis der auf dem Prüfstand stehenden Norm beziehungsweise der mögliche Wirkungskreis des jeweiligen Normsetzers. Davon nicht erfasste Personen können von vornherein nicht in den Vergleich einbezogen werden. In diesem Sinne sagt der EuGH, dass keine Diskriminierung vorliegen kann, wenn die fragliche Differenzierung nicht auf ein und dieselbe Regelungsquelle zurückgeht und somit eine Einheit fehlt, welche für die Ungleichbehandlung verantwortlich ist (EuGH 17.9.2002 – C-320/00 Rn. 17 – Lawrence; 13.1.2004 – C-256/01 Rn. 46 ff. – Allonby). Zuweilen ist die Sichtweise des EuGH aber sehr formalistisch. So verneint er zB selbst dann die gleiche Regelungsquelle (und damit jedwede Diskriminierung), wenn der Arbeitgeber Teilzeitbeschäftigte im Betrieb nicht mehr verlängert, sondern auf deren Dienste jetzt über eine Personalagentur zurückgreift, wobei das (niedrigere) Entgelt der jetzt über die Agentur beschäftigten Teilzeitkräfte auf die Vereinbarung zwischen früherem Arbeitgeber und Personalagentur zurückgeht (13.1.2004 – C-256/01 – Allonby). An einer einheitlichen Regelungsquelle als Voraussetzung für den Diskriminierungstatbestand fehlt es zB auch dann, wenn der Arbeitgeber für gleiche Tätigkeiten unterschiedliche Entgelte auf Grund verschiedener Kollektivverträge zahlt, die er selbst oder seine Interessenvertretung mit verschiedenen Gewerkschaften abgeschlossen hat (EuGH 27.10.1993 – C-127/92 Rn. 22 – Enderby).

Der durch die Regelungszuständigkeit der fraglichen Norm abgesteckte äußerste Vergleichsrahmen gibt vor, welche Personen überhaupt für einen Vergleich zwecks Benachteiligungsprüfung in Betracht kommen. Damit ist noch nicht gesagt, dass auch all diese Personen in weiterer Folge tatsächlich in den Vergleich einzubeziehen sind. Auch innerhalb des äußerst möglichen Vergleichsrahmens sind vielmehr nur jene in den Vergleich einzubeziehen, die sich in einer **vergleichbaren Lage** befinden (→ § 3 Rn. 7 ff.). Maßgeblich sind dabei Wesen und Zweck der in Frage stehenden Maßnahme. So sind zB bei der Beurteilung von Entlohnungssystemen nur Arbeitnehmer mit gleicher oder gleichwertiger Tätigkeit zu vergleichen (zuletzt zB EuGH 28.2.2013 – C-427/11 – Kenny). Auch unterschiedliche Vertragspflichten von Vollzeitbeschäftigten einerseits und bloß nach Bedarf beschäftigten Teilzeitkräften andererseits können die Vergleichbarkeit ausschließen (EuGH 12.10.2004 – C-313/02 Rn. 59 f. – Wippel). Im Rahmen der Sozialauswahl bei betriebsbedingter Kündigung eines Teilzeitarbeitsplatzes sind nach Auffassung des EuGH voll- und teilzeitbeschäftige Arbeitnehmer generell nicht vergleichbar (EuGH 26.9.2000 – C-322/98 – Kachelmann). Daraus folgt freilich kein Recht des Arbeitgebers, vorrangig Teilzeitbeschäftigte zu kündigen.

E. Unmittelbare und mittelbare Diskriminierung

13 Fraglich ist, ob das Diskriminierungsverbot nur unmittelbare Benachteiligungen wegen der Teilzeitbeschäftigung erfasst, also nur das direkte Anknüpfen an das Beschäftigungsausmaß, oder auch mittelbare. Eine **mittelbare Teilzeitbenachteiligung** läge zB vor, wenn nebenberuflich Beschäftigte sachgrundlos schlechter gestellt werden als hauptberufliche, oder wenn eine arbeitgeberseitige Maßnahme an die Arbeitszeitlage anknüpft und davon überwiegend Teilzeitbeschäftigte nachteilig betroffen sind.

14 Seinem Wortlaut nach („…deswegen, weil sie teilzeitbeschäftigt sind…") verbietet § 4 nur unmittelbare Diskriminierungen wegen der Teilzeitbeschäftigung. Manche wollen deshalb das Verbot auf diese Diskriminierungsform beschränken (zB *Riesenhuber* § 16 Rn. 18). Die überwiegenden Gründen sprechen aber wohl dafür, dass auch mittelbare Diskriminierungen erfasst sind (treffend *Thüsing* ZfA 2002, 261 f.). Dafür spricht vor allem, dass die Rechtsfigur der mittelbaren Diskriminierung zunächst vom EuGH entwickelt wurde, wobei der Gerichtshof sie im Wege der Auslegung aus dem Verbot der unmittelbaren Diskriminierung abgeleitet hat (zB EuGH 12.2.1974 – 152/73 – Sotgiu; 31.3.1981 – 96/80 – Jenkins; eingehend dazu *Rebhahn/Kietaibl* RW 2010, 373 ff.). Danach beinhaltet jedes unmittelbare Diskriminierungsverbot auch ein Verbot mittelbarer Diskriminierungen. Dies muss dann auch für das Teilzeitdiskriminierungsverbot gelten.

15 Lehnt man die hier vertretene Sichtweise ab und beschränkt § 4 auf unmittelbare Diskriminierungen, so werden mittelbare Teilzeitdiskriminierung aber häufig als mittelbare Geschlechterdiskriminierung angreifbar sein. Dies gilt insbesondere in jenen Fällen, in denen das neutrale Kriterium alle Teilzeitbeschäftigten mittelbar benachteiligt (zB Arbeitszeitlage oder Entgelthöhe). Wird hingegen bloß eine spezifische Gruppe innerhalb der Teilzeitbeschäftigten benachteiligt (zB Studenten), so bewirkt dies nicht notwendig eine mittelbare Geschlechterbenachteiligung. Die Benachteiligung Teilzeitbeschäftigter untereinander wird häufig keine unionsrechtlichen Diskriminierungsverbote verletzen (diese Frage offen lassend EuGH 10.6.2010 – verb. Rs. C-395/08, C-396/08 Rn. 83 – Bruno/Pettini).

F. Rechtfertigung der Ungleichbehandlung

16 Die Sachlichkeitsprüfung von Ungleichbehandlungen Teilzeitbeschäftigter ist eine echte Verhältnismäßigkeitsprüfung: neben einem legitimen Ziel sind auch Geeignet- und Erforderlichkeit der zur Zielerreichung eingesetzten Maßnahme zu prüfen (→ Rn. 5). Diese strenge Rechtfertigungsprüfung folgt zwar nicht zwingend aus dem Wortlaut des § 4. Sie folgt aber daraus, dass die Teilzeitbenachteiligung zugleich eine mittelbare Geschlechterbenachteiligung mit entsprechend strengen Rechtfertigungsanforderungen bewirkt (zB Art. 2 der Gleichbehandlungs-Richtlinie 2006/54/EG). Ließe man für die Rechtfertigung einer Teilzeitbenachteiligung eine schlichte Sachlichkeitsprüfung genügen, müsste der Sachverhalt anschließender dennoch den strengen Rechtfertigungsanforderungen des geschlechtlichen Diskriminierungsverbots standhalten. Schon zwecks Vermeidung solcher Doppelprüfungen nach unterschiedlichen Maßstäben sollte daher die Rechtfertigung nach § 4 genauso streng geprüft werden wie bei der Geschlechterbenachteiligung.

17 Daher lassen sich auch die älteren Entscheidungen heute nicht mehr aufrechterhalten, die noch sehr geringe Rechtfertigungsanforderungen stellten. So hat der EuGH früher zB die gezielte Benachteiligung Teilzeitbeschäftigter (geringerer Stundenlohn) erlaubt, wenn auf diese Weise Teilzeitbeschäftigung unattraktiv gemacht und zur Vollzeitbeschäftigung angereizt werden soll (EuGH 31.3.1981 – 96/80 – Jenkins). Abgesehen davon verträgt sich ein solcher Rechtfertigungsgrund heute nicht mit dem Richtlinienziel der Förderung von Teilzeitarbeit (→ § 1). Es fehlt insoweit schon am legitimen Ziel der Schlechterstellung (und

auch Angemessenheit und Erforderlichkeit würden heute verneint; vgl. nunmehr zB auch EuGH 9.9.1999 – C-281/97 – Krüger).

Das Arbeitszeitausmaß allein kann niemals eine Schlechterstellung rechtfertigen, sondern Teilzeitarbeit ist anteilsmäßig (und damit qualitativ) als genauso wertvoll anzusehen wie Vollzeitarbeit. Entgeltleistungen sind Teilzeitbeschäftigten daher grundsätzlich anteilig zu gewähren, sohin mit dem gleichen rechnerischen Wert pro Zeiteinheit (→ Rn. 25). Der gänzliche (oder überaliquote) Ausschluss Teilzeitbeschäftigter von Entgeltleistungen kommt angesichts der strengen Rechtfertigungsanforderungen heute kaum noch in Betracht. So ist zB die früher weit verbreitete gänzliche Ausnahme Teilzeitbeschäftigter aus **Betriebspensionszusagen** eine unzulässige Diskriminierung, weil auf diese Weise Teilzeitbeschäftigte einen geringeren Stundenlohn erhalten als Vollzeitbeschäftigte (zB EuGH 10.2.2000 – C-50/96 Rn. 29 – Schröder). Dafür ist keine Rechtfertigung ersichtlich. Gleiches gilt, wenn Teilzeitbeschäftigungszeiten für die Erfüllung einer Wartezeit oder Mindestanwartschaftsdauer in der Pensionszusage nur in geringerem Ausmaß berücksichtigt werden als Zeiten der Vollbeschäftigung (zB EuGH 10.6.2010 – verb. Rs. C-395/08, C-396/08 Rn. 65 – Bruno/Pettini; 23.10.2002 – C-4/02 Rn. 90 f. – Schönheit). Das geringere Beschäftigungsausmaß wird nach Nr. 2 ohnedies schon im Wege der geringeren Pensionshöhe berücksichtigt (→ Rn. 25). 18

Auch der mitunter immer noch anzutreffende gänzliche Ausschluss **geringfügig Beschäftigter** aus betrieblichen Pensionszusagen würde vor dem EuGH heute kaum standhalten. Die vom EuGH zugelassene Ausnahme geringfügig Beschäftigter aus der gesetzlichen Pensionsversicherung (EuGH 14.12.1995 – C-317/93 – Nolte) erscheint nicht übertragbar. Zum einen ist die gesetzliche Vorsorge im Gegensatz zur betrieblichen kein Entgelt und damit keine Arbeitsbedingung iSd Diskriminierungsverbots. Zum anderen hat der EuGH die Ausnahme aus der gesetzlichen Pensionsversicherung mit dem Argument erlaubt, dies sei ein tragender Grundsatz des gesetzlichen Sozialrechts, der überdies dem arbeitsmarktpolitischen Ziel der Förderung geringfügiger Beschäftigung diene und die illegale Ausübung solcher Beschäftigungsformen hintanhalte. Auf private Pensionszusagen einzelner Arbeitgeber trifft all dies aber kaum zu. Dies dürfte auch der EuGH so sehen. Immerhin hat er bereits den Ausschluss geringfügig Beschäftigter von betrieblichen Sonderzahlungen für unzulässig erachtet und gesagt, dass die Schlechterstellung in der gesetzlichen Sozialversicherung keine Rechtfertigung für die Benachteiligung beim arbeitsrechtlichen Entgelt ist (EuGH 9.9.1999 – C-281/97 – Krüger). Dies muss dann wohl auch für den Entgeltbestandteil Betriebspension gelten. 19

Keine taugliche Rechtfertigung für Benachteiligungen ist das Argument, Teilzeitbeschäftige würden erforderliche Fertigkeiten nur langsamer erwerben oder hätten eine geringere Betriebsverbundenheit als Vollzeitbeschäftigte (EuGH 7.2.1991 – C-184/89 Rn. 14 – Nimz; 13.7.1989 – 171/88 Rn. 13 – Rinner-Kühn). Unzulässig ist es daher auch, unter Berufung auf diese Argumente für Teilzeitbeschäftigte generell eine (wenn auch proportional zum Beschäftigungsausmaß) längere Wartezeit für Vorrückungen vorzusehen (EuGH 7.2.1991 – C-184/89 Rn. 15 – Nimz; 2.10.1997 – C-1/95 Rn. 40 ff. – Gerster). Ein längerer Vorrückungszeitraum für Teilzeitbeschäftigte kann nur zulässig sein, wenn eine konkreter Zusammenhang zwischen Art der Tätigkeit und (vom abgeleisteten Stundenausmaß abhängiger) Berufserfahrung nachgewiesen wird (EuGH 7.2.1991 – C-184/89 Rn. 14 – Nimz; 17.6.1998 – C-243/95 Rn. 32 ff. – Hill/Stapleton). 20

Schwierig kann mitunter die Beurteilung von (Arbeitszeit-)**Schwellenwerten** sein, ab deren Überschreitung eine bestimmte Leistung zusteht. Die Judikatur dazu ist kasuistisch. So verneint der EuGH bereits das Vorliegen einer Ungleichbehandlung, wenn für Voll- und Teilzeitbeschäftigte die gleiche Stundengrenze für Überstundenzuschläge besteht und Zuschläge somit im Ergebnis erst bei Erreichen der Vollarbeitszeit gebühren (EuGH 15.12.1994 – C-399/92 – Helmig). Es fehlt an der Ungleichbehandlung, weil Teilzeitbeschäftigte für die gleiche Anzahl geleisteter Arbeitsstunden die gleiche Gesamtvergütung erhalten – so der EuGH. Umgekehrt soll aber eine Ungleichbehandlung vorliegen, wenn 21 ein Mehrarbeitszuschlag zB generell erst ab der vierten Mehrarbeitsstunde zusteht und somit Vollzeitbeschäftigte den Zuschlag bereits bei Überschreitung eines geringeren Prozentsatzes ihrer Normalarbeitszeit erhalten als Teilzeitbeschäftigte (EuGH 27.5.2004 – C-285/02 – Elsner). Mit dem gleichen Argument hätte man aber auch in der erstgenannten Entscheidung die Ungleichbehandlung bejahen können (oder umgekehrt mit dem Argument der gleichen Entlohnung aus der ersten Entscheidung auch im zweiten Fall die Ungleichbehandlung verneinen können). Zu Recht hat der EuGH hingegen eine Diskriminierung bejaht, wenn Mehrarbeit generell niedriger entlohnt wird als die Normalarbeitszeit, weil in diesem Fall die dem Vollzeitbeschäftigten bei gleicher Stundenzahl (zB 40 Wochenstunden) gezahlte Vergütung höher ausfällt als jene eines Teilzeitbeschäftigten bei gleicher Stundenanzahl (EuGH 6.12.2007 – C-300/06 – Voß).

22   Nach fragwürdiger Auffassung des EuGH soll auch darin eine rechtfertigungspflichtige Benachteiligung Teilzeitbeschäftigter liegen, wenn bei teilzeitbeschäftigten Betriebsratsmitgliedern für das gleiche Ausmaß an **Mandatsausübung** weniger Arbeit ausfällt als bei Vollbeschäftigten und daher auch der Entgeltfortzahlungsanspruch entsprechend geringer ist (EuGH 4.6.1992 – C-360/90 – Bötel; 6.2.1996 – C-457/93 – Lewark). Hier wären wohl bereits vergleichbare Lage und somit Ungleichbehandlung zu verneinen. Der EuGH verkennt, dass wegen der Ehrenamtlichkeit des Betriebsratsmandats die während der Mandatsausübung geleistete Entgeltfortzahlung keine Entlohnung der Betriebsratstätigkeit ist und daher teil- und vollzeitbeschäftigte Betriebsräte nicht unterschiedlich entlohnt werden. Jedenfalls aber ist die Ehrenamtlichkeit wegen der damit bezweckten Unabhängigkeit des Betriebsrates ein legitimes sozialpolitisches Ziel, das eine taugliche Rechtfertigung iSd § 4 abgibt.

23   Keine Rechtfertigungsmöglichkeit soll nach zweifelhafter EuGH-Judikatur dafür bestehen, während Vollzeitbeschäftigung erworbene **Urlaubsansprüche** zu aliquotieren, falls diese in einer nachfolgenden Teilzeitbeschäftigung konsumiert werden (EuGH 22.4.2010 – C-486/08 – Zentralbetriebsrat der Landeskrankenhäuser Tirols; 13.6.2013 – C-415/12 – Brandes). Dabei übersieht der EuGH den Zweck des Jahresurlaubs, dem Arbeitnehmer eine durchgehende Freizeitphase von zB einer Woche zu verschaffen. Bei einem jetzt teilzeitbeschäftigten Arbeitnehmer bedarf es nur einer entsprechend geringeren Arbeitsfreistellung, um eine gleich lange Freizeitphase wie zuvor in der Vollzeitphase zu erreichen. Der EuGH lehnt dieses Argument als Rechtfertigung allerdings ausdrücklich ab (EuGH 13.6.2013 – C-415/12 Rn. 40 f. – Brandes).

G. Aliquotierungsgrundsatz

24   Neben dem Diskriminierungsverbot in Nr. 1 ordnet Nr. 2 die Leistungsgewährung nach dem Pro-rata-temporis-Grundsatz an, falls dies angemessen ist. Nr. 2 verlangt somit eine arbeitszeitausmaßabhängige Leistungsaliquotierung. Nr. 2 ist im **Verhältnis zum Diskriminierungsverbot** der Nr. 1 kein aliud, sondern eine vorweggenommene Sachlichkeitsprüfung: Die Leistungsaliquotierung iSd Nr. 2 ist jedenfalls sachlich gerechtfertigt. In einer arbeitszeitausmaßabhängigen Entlohnung liegt daher keinesfalls eine Diskriminierung. Ungleichbehandlungen Teilzeitbeschäftigter in Anwendung des Pro-rata-temporis-Grundsatzes sind daher stets gerechtfertigt und ersparen dem Rechtsanwender die Rechtfertigungsprüfung im Einzelfall.

25   Der Pro-rata-temporis-Grundsatz gilt für **alle entgeltwerten Leistungen,** deren Teilung möglich ist (EuGH 5.11.2014 – C-476/12 Rn. 21 – Bankenverband; 10.6.2010 – verb. Rs. C-395/08, C-396/08 Rn. 34 – Bruno/Pettini). Der Grundsatz bezweckt, dass Teilzeitbeschäftigte den gleichen rechnerischen Stundenlohn erhalten wie Vollzeitbeschäftigte. Er erlaubt (verlangt → Rn. 29) deshalb eine beschäftigungsausmaßabhängige Entgeltaliquotierung. Das laufende Grundentgelt ist ebenso entsprechend der geringeren Arbeitszeit zu verringern wie zB eine Weihnachtsgratifikation (EuGH 21.10.1999 – C-333/97 – Lewen)

oder der Anspruch auf bezahlten Jahresurlaub (EuGH 22.4.2010 – C-486/08 Rn. 33 – Zentralbetriebsrat der Landeskrankenhäuser Tirols; 13.6.2013 – C-415/12 Rn. 31 – Brandes; nicht aber ein während der Vollzeitbeschäftigung erworbener Urlaubsanspruch beim nachfolgenden Wechsel in Teilzeit → Rn. 23). Ebenso ist die Betriebspensionshöhe proportional zu kürzen, um dem geringeren Beschäftigungsausmaß Teilzeitbeschäftigter Rechnung zu tragen (EuGH 10.6.2010 – verb. Rs. C-395/08, C-396/08 Rn. 66 – Bruno/Pettini; 23.10.2003 – C-4/02 Rn. 91 f. – Schönheit; 16.7.2009 – C-537/07 Rn. 62 f. – Camacho). Eine zusätzliche Verlängerung der Wartezeit oder Mindestanwartschaftsdauer ist freilich unzulässig, weil ansonsten das geringere Beschäftigungsausmaß doppelt berücksichtigt würde (→ Rn. 18).

Auch **Entgeltzulagen zu sozialen Zwecken** wie zB kollektivvertragliche Kinderzulagen stehen Teilzeitbeschäftigten nur anteilig im Ausmaß ihrer Arbeitszeit zu (EuGH 5.11.2014 – C-476/12 Rn. 21 – Bankenverband). Dabei kommt es auch nicht auf den sozialpolitischen Zweck der Zulage an, weil dieser nichts daran ändert, dass die Zulage als Leistung aus dem Arbeitsverhältnis Entgeltcharakter hat und daher entsprechend der Arbeitsleistung zu aliquotieren ist (EuGH 5.11.2014 – C-476/12 Rn. 28 – Bankenverband). Dagegen wird zwar mitunter eingewandt, die Kosten für zB den Kindesunterhalt sind beschäftigungsunabhängig und die Kinderzulage müsste ihrem Zweck nach daher auch Teilzeitbeschäftigten ungeschmälert zustehen. Dieses Argument übersieht aber, dass zB auch das laufende Grundentgelt typischerweise der Bestreitung des Lebensunterhaltes dient und die Lebenserhaltungskosten wie zB Wohnungsmieten oder Nahrungsmittelpreise ebenfalls beschäftigungsausmaßunabhängig sind. Dennoch würde wohl niemand ernstlich vertreten, dass wegen des gleichen Bedarfs das monatliche Grundgehalt eines Teilzeitbeschäftigten gleich jenem eines Vollzeitbeschäftigten sein muss. Wegen des Entgeltcharakters (sowohl des Grundgehalts als auch aller anderen entgeltwerten Leistungen) kommt es eben nicht auf den Bedarf des Arbeitnehmers an, sondern auf das Ausmaß der abzugeltenden Arbeitsleistung. Auch nach Einzelvertrag oder Tarifvertrag gebührende Sozialzulagen stehen daher nicht bedarfsabhängig, sondern arbeitsausmaßabhängig zu.

Der Pro-rata-temporis-Grundsatz hat somit einen umfassenden Anwendungsbereich. Dieser wird durch den **Angemessenheitsvorbehalt** in Nr. 2 bloß insofern eingeschränkt, als der Grundsatz bei Leistungen ohne Entgeltcharakter nicht in Betracht kommt, sowie bei (Entgelt)Leistungen, die nicht teilbar sind. Leistungen aus dem Arbeitsverhältnis **ohne Entgeltcharakter** sind zB Aufwandsersatz, Arbeitskleidung oder Schutzausrüstungen. Mangels Entgeltcharakter besteht kein Grund (und wäre es daher „unangemessen") nach dem Arbeitsausmaß zu rationieren. Gleiches gilt zB auch für die betriebsverfassungsrechtliche Rechtsstellung der Arbeitnehmer (zB Wahlrecht zum Betriebsrat → Rn. 8), die ebenfalls keinen Entgeltcharakter hat. Zum anderen sind jene Entgeltleistungen vom Aliquotierungsgrundsatz ausgenommen, die ihrer Natur nach **nicht teilbar** sind (die Teilung wäre hier nicht bloß unangemessen, sondern in Wahrheit unmöglich). Das betrifft zB manche Naturalentgelte und Wohlfahrtseinrichtungen wie zB Theaterkarten oder Zugang zur Betriebskantine. Solche Leistungen können nur zustehen oder eben nicht. Allerdings ist zu bedenken, dass auch bei Sachbezügen eine Teilbarkeit weitaus häufiger möglich ist als gemeinhin angenommen. Beispielsweise kann und darf das Ausmaß der privaten Dienstwagennutzung durchaus nach dem Beschäftigungsausmaß ausgerichtet werden – zB durch entsprechende Aliquotierung der zustehenden Freikilometer sowie der vom Arbeitgeber zu tragenden Wartungskosten, oder durch anteilig höhere Selbstbehalte Teilzeitbeschäftigter für Sonderausstattungen am Fahrzeug. Häufig hängt die Teilbarkeit einer Leistung somit von ihrer konkreten Ausgestaltung ab und ist die Angemessenheit der Leistungsaliquotierung somit durchaus vom Arbeitgeber steuerbar. Wird zB den Arbeitnehmern in der Kantine eine kostenlose Essensmöglichkeit zur Verfügung gestellt, so ist der Zugang zur Kantine als solcher nicht teilbar. Ferner wäre es unangemessen, Teilzeitbeschäftigten geringere Portionen oder kleinere Menüs auszugeben. Wird hingegen die Verköstigung in der Weise ausgestaltet, dass der Arbeitgeber geldwerte Essensbons ausgibt, erscheint die Leistung plötzlich teilbar und ist eine Aliquotierung der ausgegebenen Gutscheine vorstellbar. Gleiches gilt, wenn die Essensausgabe gegen Kostenbeteiligung der Arbeitnehmer erfolgt und dann bei Teilzeitbeschäftigten der Betrag entsprechend höher ist.

28 Neben dem Aliquotierungsgrundsatz der Nr. 2 verbleibt für die einzelfallbezogene Diskriminierungsprüfung nach Nr. 1 somit nur ein geringer Anwendungsbereich. Die Diskriminierungsprüfung nach Nr. 1 ist letztlich nur in Bezug auf die vom Aliquotierungsgrundsatz ausgenommenen Arbeitsbedingungen erforderlich: also nur bei ihrem Wesen nach nicht teilbaren (Entgelt)Leistungen sowie bei Aufwandsersatz und anderen Arbeitsbedingungen ohne Entgeltcharakter (zB Wahlrecht zum Betriebsrat). Nur in diesen Fällen ist eine Sachlichkeitsprüfung nach Nr. 1 erforderlich.

29 Im Anwendungsbereich des Pro-rata-temporis-Grundsatzes ist daran zu erinnern, dass er nicht bloß eine Aliquotierungserlaubnis nach dem Beschäftigungsausmaß normiert, sondern zugleich ein **Aliquotierungsgebot** (→ Rn. 6). Ebenso wie die unteraliquote Entgeltleistung an Teilzeitbeschäftigte eine mittelbare Geschlechterdiskriminierung zu Lasten der überwiegend teilzeitbeschäftigten Frauen bewirkt, diskriminiert auch eine überaliquote Entlohnung teilzeitbeschäftigter Arbeitnehmer nach dem Geschlecht (zu Lasten der überwiegend in Vollzeit beschäftigten Männer). Das Diskriminierungsverbot wirkt in beide Richtungen. Dies dürfte auch der Grund dafür sein, warum Nr. 2 nicht als bloße Erlaubnis zur Entgeltaliquotierung formuliert ist, sondern vielmehr sagt, dass der Aliquotierungsgrundsatz „gilt" und sohin anzuwenden ist (aA allerdings SA des GA *Sharpston* 13.2.2014 – C-476/12 Rn. 42; das vom GA aufgeführte Bibelzitat aus *Matthäus 20:1–16,* wonach Ganz- und Halbtagsbeschäftigte „aus Großzügigkeit" gleich entlohnt werden, ändert allerdings [heute] nichts an der mittelbaren Geschlechterbenachteiligung). Aus dem Aliquotierungsgebot der Nr. 2 folgt, dass teilbare Entgeltleistungen auch dann im Wege unionsrechtskonformer Auslegung zwingend zu aliquotieren sind, wenn die nationale Anspruchsgrundlage die Aliquotierung nicht ausdrücklich anordnet.

§ 5 Teilzeitarbeitsmöglichkeiten

1. Im Rahmen des Paragraphen 1 dieser Vereinbarung und im Einklang mit dem Grundsatz der Nichtdiskriminierung von Teilzeit- und Vollzeitbeschäftigten,
    a) sollten die Mitgliedstaaten nach Anhörung der Sozialpartner gemäß den einzelstaatlichen Rechtsvorschriften oder Gepflogenheiten Hindernisse rechtlicher oder verwaltungstechnischer Natur, die die Teilzeitarbeitsmöglichkeiten beschränken können, identifizieren und prüfen und sie gegebenenfalls beseitigen;
    b) sollten die Sozialpartner innerhalb ihres Zuständigkeitsbereiches durch tarifvertraglich vorgesehene Verfahren Hindernisse, die die Teilzeitarbeitsmöglichkeiten beschränken können, identifizieren und prüfen und sie gegebenenfalls beseitigen.
2. Die Weigerung eines Arbeitnehmers, von einem Vollzeitarbeitsverhältnis in ein Teilzeitarbeitsverhältnis oder umgekehrt überzuwechseln, sollte, unbeschadet der Möglichkeit, gemäß den gesetzlichen und tarifvertraglichen Bestimmungen und den nationalen Gepflogenheiten aus anderen Gründen, wie etwa wegen betrieblicher Notwendigkeit, Kündigungen auszusprechen, als solche keinen gültigen Kündigungsgrund darstellen.
3. Die Arbeitgeber sollten, soweit dies möglich ist,
    a) Anträge von Vollzeitbeschäftigten auf Wechsel in ein im Betrieb zur Verfügung stehendes Teilzeitarbeitsverhältnis berücksichtigen;
    b) Anträge von Teilzeitbeschäftigung auf Wechsel in ein Vollzeitarbeitsverhältnis oder auf Erhöhung ihrer Arbeitszeit, wenn sich diese Möglichkeit ergibt, berücksichtigen;
    c) bemüht sein, zur Erleichterung des Wechsels von einem Vollzeit- in ein Teilzeitarbeitsverhältnis und umgekehrt rechtzeitig Informationen über Teilzeit- oder Vollzeitarbeitsplätze, die im Betrieb zur Verfügung stehen, bereitzustellen;

d) Maßnahmen, die den Zugang zur Teilzeitarbeit auf allen Ebenen des Unternehmens einschließlich qualifizierten und leitenden Stellungen erleichtern, und in geeigneten Fällen auch Maßnahmen, die den Zugang von Teilzeitbeschäftigten zur beruflichen Bildung erleichtern, zur Förderung des beruflichen Fortkommens und der beruflichen Mobilität in Erwägung ziehen;
e) bemüht sein, den bestehenden Arbeitnehmervertretungsgremien geeignete Informationen über die Teilzeitarbeit in dem Unternehmen zur Verfügung zu stellen.

§ 5 enthält (zusätzlich zum Diskriminierungsverbot des § 4) Regelungen zur Förderung der Teilzeitarbeit. Hindernisse und negative Anreize für Teilzeitbeschäftigungen sollen beseitigt werden, und zwar durch die Mitgliedstaaten selbst, die nationalen Sozialpartner sowie die einzelnen Arbeitgeber. Die Mitgliedstaaten und Sozialpartner sind in Nr. 1 angehalten, rechtliche und verwaltungstechnische Erschwernisse der Teilzeitbeschäftigung zu beseitigen. Nach Nr. 2 soll die Weigerung eines Arbeitnehmers zum Wechsel zwischen Voll- und Teilzeitbeschäftigung keinen Kündigungsgrund darstellen. Und nach Nr. 3 sollen die Arbeitgeber Wechsel zwischen Voll- und Teilzeitbeschäftigung ermöglichen sowie Teilzeitbeschäftigung als solche fördern und die Belegschaftsvertretung über die Teilzeitarbeit im Unternehmen informieren. 1

Von der Formulierung her sind all diese Maßnahmen als bloße Empfehlung ausgestaltet („sollten"). Dies gilt insbesondere für die Fördermaßnahmen des Arbeitgebers nach Nr. 3 („sollten... soweit dies möglich ist... bemüht sein"). Die überwiegende Ansicht lehnt daher treffend entsprechende Rechtspflichten ab (*Riesenhuber* § 16 Rn. 38, 42; EAS/*Balze* B 3100 Rn. 268ff). Hingegen hat der EuGH zu Nr. 1 lit. a gesagt, dass daraus eine Verpflichtung des Mitgliedstaates zum Abbau von Hindernissen der Teilzeitbeschäftigung folgt (EuGH 24.4.2008 – C-55/07 – Michaeler). Danach verstößt eine nationale Bestimmung gegen die Rahmenvereinbarung, die innerhalb von 30 Tagen ab dem Abschluss eines Teilzeitvertrags eine Ablichtung und Übersendung desselben an die Verwaltung verlangt. Kein Verstoß liegt hingegen vor, wenn eine nationale Regelung den Arbeitgeber zur Aufbewahrung und Bekanntmachung der Arbeitsverträge und der Arbeitszeiten der Teilzeitarbeitnehmer verpflichtet (EuGH 9.12.2011 – C-349/11 – Yangwei; 7.4.2011 – C-151/10 – Dai Cuigini). 2

Es ist daher nicht ausgeschlossen, dass der EuGH im Fall einer Vorlage auch die anderen „Empfehlungen" der Richtlinie als Rechtspflichten deutet. In Bezug auf die Kündigungsbeschränkung der Nr. 2 wäre dies allerdings (neben den allg. Bedenken) auch aus kompetenzrechtlichen Gründen fragwürdig, weil die Richtlinie den Schutz vor Vertragsbeendigungen nicht erfasst (→ Art. 1 Rn. 6; EAS/*Balze* B 3100 Rn. 269). Solange keine gegenteiligen Entscheidungen vorliegen, sollte weiterhin vom Empfehlungscharakter der Nr. 2 und Nr. 3 ausgegangen werden. 3

Davon unabhängig hat der EuGH ausgesprochen, dass bei Verletzung des Diskriminierungsverbotes in § 4 zugleich auch das Teilzeitfördergebot in § 5 verletzt ist (EuGH 10.6.2010 – verb. Rs. C-395/08, C-396/08 Rn. 76 ff. – Bruno Pettini). Daran ist in der Sache sicher richtig, dass Teilzeitdiskriminierungen dem Fördergebot zuwiderlaufen. Unklar ist allerdings, welche (zusätzlichen) Rechtsfolgen die Verletzung des Fördergebotes nach sich ziehen soll (dazu auch *Riesenhuber* § 16 Rn. 39) Entweder ist nach nationalem Recht die fragliche Maßnahme ohnehin bereits wegen Verletzung des Diskriminierungsverbotes unwirksam (zB arbeitgeberseitige Weisung). Scheidet diese Rechtsfolge hingegen aus, weil zB ein nationales Gesetz diskriminiert, so kann auch das Fördergebot nach § 5 nicht die Anwendung der nationalen Regelung hindern. 4

§ 6 Umsetzungsbestimmungen

1. Die Mitgliedstaaten und/oder die Sozialpartner können günstigere Bestimmungen beibehalten oder einführen, als sie in dieser Vereinbarung vorgesehen sind.
2. Die Umsetzung dieser Vereinbarung rechtfertigt nicht eine Verringerung des allgemeinen Schutzniveaus der Arbeitnehmer in dem unter diese Vereinbarung fallenden Bereich; dies berührt nicht das Recht der Mitgliedstaaten und/oder der Sozialpartner, bei Veränderungen der Umstände unterschiedliche Rechts- und Verwaltungsvorschriften oder tarifvertragliche Regelungen zu entwickeln, und steht der Anwendung von Paragraph 5.1 nicht entgegen, sofern der in Paragraph 4.1 festgelegte Grundsatz der Nichtdiskriminierung eingehalten wird.
3. Diese Vereinbarung beeinträchtigt nicht das Recht der Sozialpartner auf der entsprechenden Ebene, einschließlich der europäischen Ebene, Übereinkünfte zur Anpassung und/oder Ergänzung dieser Vereinbarung zu schließen, um besonderen Bedürfnissen der betroffenen Sozialpartner Rechnung zu tragen.
4. Diese Vereinbarung gilt unbeschadet spezifischer Gemeinschaftsbestimmungen, insbesondere der Gemeinschaftsbestimmungen zur Gleichbehandlung und Chancengleichheit von Männern und Frauen.
5. Die Vermeidung und Behebung von Streitfällen aufgrund der Anwendung dieser Vereinbarung erfolgt gemäß den einzelstaatlichen Rechtsvorschriften, Tarifverträgen oder Gepflogenheiten.
6. Die Unterzeichnerparteien überprüfen die Anwendung dieser Vereinbarung fünf Jahre nach Erlaß des Ratsbeschlusses, wenn eine von ihnen einen entsprechenden Antrag stellt.

1   Der in Nr. 1 angeordnete Mindeststandardcharakter der Vereinbarung entspricht den primärrechtlichen Vorgaben in Art. 153 IV AEUV. Deutschland hat in den §§ 8 f. TzBfG strengere Schutzvorschriften vorgesehen und dem einzelnen Arbeitnehmer Ansprüche auf Verlängerung und Verkürzung seiner Arbeitszeit eingeräumt (→ Art. 2 Rn. 5).

2   Das Verschlechterungsverbot in Nr. 2 ist auch in vielen anderen Richtlinien anzutreffen und nach überwiegender Auffassung als bloße „Transparenzklausel" zu verstehen: Untersagt ist danach keineswegs jedwede Verschlechterung der bestehenden Rechtslage, sondern nur die Zuordnung der Verschlechterung zur Europäischen Union (Schwarze/*Rebhahn/Reiner* AEUV Art. 153 Rn. 86). Überdies hat der EuGH zur gleichlautenden Klausel in § 8 Nr. 3 des Anhanges zur Befristungs-Richtlinie 1999/70/EG entschieden, dass nur erhebliche Verschlechterungen erfasst sind, und dass einzelne Verschlechterungen durch Verbesserungen in anderen Bereichen ausgleichbar sind (EuGH 24.6.2010 – C-98/09 Rn. 36 ff. – *Sorge*).

480. Richtlinie 98/49/EG des Rates vom 29. Juni 1998 zur Wahrung ergänzender Rentenansprüche von Arbeitnehmern und Selbständigen, die innerhalb der Europäischen Gemeinschaft zu- und abwandern

(ABl. Nr. L 209 S. 46)

Celex-Nr. 3 1998 L 0049

DER RAT DER EUROPÄISCHEN UNION –
gestützt auf den Vertrag zur Gründung der Europäischen Gemeinschaft, insbesondere auf die Artikel 42 und 308,
auf Vorschlag der Kommission[1],
nach Stellungnahme des Europäischen Parlaments[2],
nach Stellungnahme des Wirtschafts- und Sozialausschusses[3],
in Erwägung nachstehender Gründe:

(1) Eine der grundlegenden Freiheiten der Gemeinschaft ist die Freizügigkeit. Der Vertrag sieht vor, daß der Rat die auf dem Gebiet der sozialen Sicherheit für die Herstellung der Freizügigkeit der Arbeitnehmer notwendigen Maßnahmen einstimmig beschließt.

(2) Der soziale Schutz der Arbeitnehmer wird durch gesetzliche Systeme der sozialen Sicherheit gewährleistet, die durch zusätzliche Sozialschutzsysteme ergänzt werden.

(3) Die vom Rat bereits angenommenen Rechtsvorschriften zum Schutz der Ansprüche auf soziale Sicherheit der Arbeitnehmer, die innerhalb der Gemeinschaft zu- und abwandern, und ihrer Familienangehörigen, nämlich die Verordnung (EWG) Nr. 1408/71 des Rates vom 14. Juni 1971 zur Anwendung der Systeme der sozialen Sicherheit auf Arbeitnehmer, Selbständige und deren Familienangehörige, die innerhalb der Gemeinschaft zu- und abwandern[4] und die Verordnung (EWG) Nr. 574/72 des Rates vom 21. März 1972 über die Durchführung der Verordnung (EWG) Nr. 1408/71 zur Anwendung der Systeme der sozialen Sicherheit auf Arbeitnehmer, Selbständige und deren Familienangehörige, die innerhalb der Gemeinschaft zu- und abwandern[5], beziehen sich nur auf die gesetzlichen Rentensysteme. Das in diesen Verordnungen vorgesehene Koordinierungssystem erstreckt sich nicht auf ergänzende Rentensysteme, außer im Falle von Systemen, die unter den Begriff „Rechtsvorschriften" gemäß der Definition in Artikel 1 Buchstabe j) Unterabsatz 1 der Verordnung (EWG) Nr. 1408/71 fallen oder in bezug auf die ein Mitgliedstaat eine Erklärung nach diesem Artikel abgibt.

(4) Der Rat verfügt über ein weites Ermessen hinsichtlich der Wahl der Maßnahmen, die zur Erreichung des Ziels nach Artikel 51 des Vertrags am besten geeignet sind. Das durch die Verordnungen (EWG) Nr. 1408/71 und (EWG) Nr. 574/72 geschaffene Koordinierungssystem und insbesondere die Regeln für die Zusammenrechnung eignen sich nicht für Ergänzende Rentensysteme, außer im Falle von Systemen, die unter den Begriff „Rechtsvorschriften" im Sinne von Artikel 1 Buchstabe j) Unterabsatz 1 der Verordnung (EWG) Nr. 1408/71 fallen oder in bezug auf die ein Mitgliedstaat eine Erklärung nach diesem Artikel abgibt; deshalb sollten hierfür spezifische Maßnahmen gelten, wie sie mit der

---
[1] **Amtl. Anm.:** ABl. C 5 vom 9.1.1998, S. 4.
[2] **Amtl. Anm.:** ABl. C 152 vom 18.5.1998.
[3] **Amtl. Anm.:** ABl. C 157 vom 25.5.1998, S. 26.
[4] **Amtl. Anm.:** ABl. L 149 vom 5.7.1971, S. 2. Verordnung zuletzt geändert durch Verordnung (EG) Nr. 1223/98 (ABl. L 68 vom 13.6.1998, S. 1).
[5] **Amtl. Anm.:** ABl. L 74 vom 27.3.1972, S. 1, Verordnung zuletzt geändert durch Verordnung (EG) Nr. 1223/98 (ABl. L 68 vom 13.6.1998, S. 1).

vorliegenden Richtlinie erstmals getroffen werden, damit ihrer spezifischen Beschaffenheit und der Unterschiedlichkeit derartiger Systeme sowohl innerhalb einzelner Mitgliedstaaten als auch im Vergleich zwischen ihnen Rechnung getragen wird.

(5) Keine Rente oder Leistung darf sowohl den Bestimmungen dieser Richtlinie als auch den Bestimmungen der Verordnungen (EWG) Nr. 1408/71 und (EWG) Nr. 574/72 unterworfen sein, und ein ergänzendes Rentensystem, das in den Anwendungsbereich der genannten Verordnungen fällt, weil ein Mitgliedstaat eine entsprechende Erklärung nach Artikel 1 Buchstabe j) der Verordnung (EWG) Nr. 1408/71 abgegeben hat, kann somit nicht den Bestimmungen dieser Richtlinie unterworfen werden.

(6) In seiner Empfehlung 92/442/EWG vom 27. Juli 1992 über die Annäherung der Ziele und der Politiken im Bereich des sozialen Schutzes[6] empfiehlt der Rat in den Mitgliedstaaten folgendes: „Falls erforderlich, sollte die Anpassung der Bedingungen für den Erwerb von Ansprüchen auf Altersrenten, insbesondere im Rahmen von Zusatzsystemen, gefördert werden, um die Hindernisse für die Mobilität der Arbeitnehmer zu beseitigen".

(7) Ein Beitrag zu diesem Ziel kann geleistet werden, wenn den Arbeitnehmern, die sich von einem Mitgliedstaat in einen anderen begeben oder deren Arbeitsplatz in einen anderen Mitgliedstaat verlegt wird, in bezug auf den Schutz ihrer ergänzenden Rentenansprüche Gleichbehandlung gegenüber den Arbeitnehmern gewährleistet wird, die im selben Mitgliedstaat verbleiben oder ihren Arbeitsplatz im selben Mitgliedstaat wechseln.

(8) Die Freizügigkeit als eines der im Vertrag niedergelegten Grundrechte ist nicht auf Arbeitnehmer beschränkt, sondern gilt auch für Selbständige.

(9) Der Vertrag sieht außer in Artikel 308 keine Befugnisse für die Annahme geeigneter Maßnahmen im Bereich der sozialen Sicherheit für Selbständige vor.

(10) Um eine tatsächliche Wahrnehmung des Rechts auf Freizügigkeit zu ermöglichen, sollten die Arbeitnehmer und sonstigen Anspruchsberechtigten bestimmte Garantien hinsichtlich der Gleichbehandlung in bezug auf die Aufrechterhaltung ihrer erworbenen Rentenansprüche im Zusammenhang mit einem ergänzenden Rentensystem haben.

(11) Die Mitgliedstaaten sollten die erforderlichen Maßnahmen treffen, um sicherzustellen, daß Leistungen im Rahmen ergänzender Rentensysteme gegenüber derzeitig und früher anspruchsberechtigten Personen sowie sonstigen im Rahmen dieser Systeme Berechtigten in sämtlichen Mitgliedstaaten erbracht werden, da alle Einschränkungen des freien Zahlungs- und Kapitalverkehrs gemäß Artikel 58 des Vertrags untersagt sind.

(12) Um die Wahrnehmung des Rechts auf Freizügigkeit zu erleichtern, sollten die innerstaatlichen Vorschriften erforderlichenfalls angepaßt werden, damit in ein in einem Mitgliedstaat eingerichtetes ergänzendes Rentensystem durch oder für Arbeitnehmer, die sich gemäß Titel II der Verordnung (EWG) Nr. 1408/71 in einen anderen Mitgliedstaat begeben haben, weiter Beiträge eingezahlt werden können.

(13) Diesbezüglich schreibt der Vertrag nicht nur die Abschaffung jeder auf der Staatsangehörigkeit beruhenden unterschiedlichen Behandlung der Arbeitnehmer der Mitgliedstaaten, sondern auch die Beseitigung aller innerstaatlichen Maßnahmen vor, die die Ausübung der durch den Vertrag garantierten und vom Gerichtshof der Europäischen Gemeinschaften in nachfolgenden Urteilen ausgelegten grundlegenden Freiheiten durch die Arbeitnehmer behindern oder weniger attraktiv machen könnten.

(14) Die Arbeitnehmer, die ihr Recht auf Freizügigkeit wahrnehmen, sollten von Arbeitgebern, Treuhändern oder sonstigen für die Verwaltung der ergänzenden Rentensysteme verantwortlichen Personen insbesondere über die ihnen offenstehenden Wahlmöglichkeiten und Alternativen angemessen informiert werden.

(15) Diese Richtlinie berührt nicht das Recht der Mitgliedstaaten über kollektive Maßnahmen zur Sicherung beruflicher Interessen.

---

[6] **Amtl. Anm.**: ABl. L 245 vom 26.8.1992, S. 49.

(16) Angesichts der Verschiedenartigkeit der ergänzenden Sozialschutzsysteme sollte die Gemeinschaft lediglich einen allgemeinen Rahmen für Zielsetzungen festlegen, so daß eine Richtlinie das geeignete Rechtsinstrument darstellt.

(17) Entsprechend den in Artikel 5 des Vertrags genannten Grundsätzen der Subsidiarität und der Verhältnismäßigkeit können die Ziele dieser Richtlinie auf Ebene der Mitgliedstaaten nicht ausreichend erreicht werden, so daß sie besser auf Gemeinschaftsebene verwirklicht werden können. Zur Erreichung dieser Ziele geht die Richtlinie nicht über das dazu Erforderliche hinaus –

HAT FOLGENDE RICHTLINIE ERLASSEN:

Kapitel I. Ziel und Anwendungsbereich

Art. 1 [Ziele]

¹ Ziel dieser Richtlinie ist es, Ansprüche von Anspruchsberechtigten ergänzender Rentensysteme, die sich von einem Mitgliedstaat in einen anderen begeben, zu schützen und dadurch dazu beizutragen, daß Hindernisse für die Freizügigkeit von Arbeitnehmern und Selbständigen innerhalb der Gemeinschaft beseitigt werden. ² Dieser Schutz betrifft Rentenansprüche aus freiwilligen wie auch aus vorgeschriebenen ergänzenden Rentensystemen mit Ausnahme der von der Verordnung (EWG) Nr. 1408/71 erfaßten Systeme.

Die Arbeitnehmerfreizügigkeit ist ohne die Berücksichtigung der sozialrechtlichen Auswirkungen nicht herstellbar. Diese Erkenntnis führte bereits früh zur Koordinierung der staatlichen Sozialsysteme, so auch der Rentenversicherung (VO (EWG) Nr. 3 und 4 aus 1958). Diese Koordinierung ist aber dort unzureichend, wo (auch) die betriebliche Altersversorgung eine wichtige Rolle spielt (vgl. Erwägungsgrund 3 der Richtlinie). Mit der Beschränkung der Koordination auf die 1. Pensionssäule waren im Ergebnis – in Abhängigkeit vom nationalen Rentenmix – nur ein mehr oder weniger großer Teil der gesamten Rentenansprüche einer Person koordiniert. Mit diesem Problem beschäftigte sich die Kommission ab 1989 (detailliert zur Regelungsgeschichte → RL 2014/50/EU Art. 1 Rn. 4 ff.; *Bittner* 53 ff.; *Steinmeyer* EuZW 1999, 645 ff.; KOM [97] 486 endg. 2 ff.). Eine Einbeziehung in das sozialrechtliche Koordinierungsregime wurde wegen der Unterschiede zwischen den staatlichen und den Systemen der betrieblichen Altersversorgung verworfen; vielmehr wurden für die betriebliche Altersversorgung eigene, spezifische Regelungen gesucht (Erwägungsgrund 4 der Richtlinie). Im Anschluss und aufbauend auf einen Expertenbericht (*Veil,* Report of the High Level Panel on the free movement of persons, 1997, 99 ff.) kündigte die Kommission im Grünbuch über die zusätzliche Altersvorsorge im Binnenmarkt (KOM [97] 283 endg.) einen entsprechenden Richtlinien-Vorschlag (KOM [97] 486 endg.) an; die Richtlinie wurde am 29.6.1998 verabschiedet. Schon zum Erlasszeitpunkt war klar, dass die Richtlinie nur ein erster Schritt zur Lösung des Freizügigkeitsproblems war; vgl. nun RL 2014/50/EU. 1

Die Richtlinie hat wenig Aufmerksamkeit erfahren und es liegt bislang auch **kein Urteil des EuGH** vor. In Deutschland wurde von Anfang an **kein Umsetzungsbedarf** verortet (*Steinemeyer* 1999, 645 [650]). In Abgrenzung zur RL 2014/50/EU könnte die RL 98/49/EG als Zusatzrenten-Gleichstellungs-Richtlinie bezeichnet werden → RL 2014/50/EU Art. 1 Rn. 3. 2

Die Richtlinie hat materiell vier **Regelungsinhalte:** (1) Bei Wechsel eines Versorgungsanwärters innerhalb der EU dürfen keine nachteiligeren Bedingungen für die Behandlung der Anwartschaft gelten als bei Verbleib im Inland, Art. 4; (2) bei grenzüberschreitender Mitgliedschaft ist die Auszahlung der Leistungen innerhalb der EU auch in einen anderen 3

MS zu gewährleisten, Art. 5; (3) bei einer Entsendung innerhalb der EU ist zu gewährleisten, dass durch oder für den Arbeitnehmer weiterhin Beiträge in das System des Herkunftslandes gezahlt werden können. Eine weitere/zusätzliche Mitgliedschaft in einem System der betrieblichen Altersversorgung im Tätigkeitsland darf nicht verlangt werden, Art. 6. (4) Bei Ausscheiden ist der Arbeitnehmer über seine Rentenansprüche sowie über etwaige Übertragungsrechte zu informieren. Diese Information muss zumindest jenem Standard entsprechen, der für innerstaatliche Sachverhalte gilt, Art. 7.

4   Die Richtlinie wurde auf Art. 42 EG (jetzt **Art. 48 AEUV**) und Art. 308 EG (jetzt **Art. 352 AEUV**) gestützt. Art. 352 wurde deshalb ergänzend herangezogen, um auch Selbständige einbeziehen zu können (KOM [97] 486 endg. 5 f.). Die Heranziehung von Art. 48 AEUV wurde kritisiert, weil „soziale Sicherheit" im Sinne der Bestimmung auf gesetzliche Rentensysteme abstelle und die betriebliche Altersversorgung damit nicht erfasse (*Bittner* 57 ff.).

5   Wie die RL 2014/50/EU ist der Anwendungsbereich von den Koordinierungsvorschriften abzugrenzen. Neben der VO 883/2004 sollen jedoch grundsätzlich alle Systeme der betrieblichen Altersversorgung erfasst werden, damit ein nahtloses System entsteht; zur näheren Abgrenzung zur VO 883/2004 vgl. → RL 2014/50/EU Art. 2 Rn. 2 f.

Art. 2 [Anwendungsbereich]

Diese Richtlinie gilt für Anspruchsberechtigte ergänzender Rentensysteme und sonstige im Rahmen dieser Systeme Berechtigte, die ihre Ansprüche in einem Mitgliedstaat oder mehreren Mitgliedstaaten erworben haben oder erwerben.

1   Die Richtlinie gilt für Arbeitnehmer und Selbständige (vgl. Erwägungsgründe 8 und 9 der Richtlinie), die (endgültig) in einen anderen Mitgliedstaat wechseln, Art. 6 betrifft hingegen entsandte Arbeitnehmer. Partiell gilt die Richtlinie freilich auch für Betriebsrentner (insbesondere Art. 5). Nach *Steinmeyer* gilt die Richtlinie auch für Drittstaatsagehörige (*Steinmeyer* EuZW 1999, 645 [649]; → RL 2014/50/EU Art. 1 Rn. 11). „Sonstige Berechtigte" erfasst auch Hinterbliebene. Wie die RL 2014/50/EU gilt die Richtlinie aber nur für grenzüberscheitende Konstellationen.

Kapitel II. Begriffsbestimmungen

Art. 3 [Definitionen]

Im Sinne dieser Richtlinie bezeichnet der Ausdruck

a) „ergänzende Rentenleistungen" die Altersversorgung und, sofern nach den Bestimmungen des nach einzelstaatlichen Rechtsvorschriften und Gepflogenheiten eingerichteten ergänzenden Rentensystems vorgesehen, die Invaliditäts- und Hinterbliebenenversorgung, durch die die in denselben Versicherungsfällen von den gesetzlichen Sozialversicherungssystemen gewährten Leistungen ergänzt oder ersetzt werden;

b) „ergänzendes Rentensystem" ein nach einzelstaatlichen Rechtsvorschriften und Gepflogenheiten eingerichtetes betriebliches Rentensystem, beispielsweise ein Gruppenversicherungsvertrag oder ein branchenweit oder sektoral vereinbartes System nach dem Umlageverfahren, ein Deckungssystem oder Rentenversprechen auf der Grundlage von Pensionsrückstellungen der Unternehmen, oder eine tarifliche oder sonstige vergleichbare Regelung, die ergänzende Rentenleistungen für Arbeitnehmer oder Selbständige bieten soll;

c) „Rentenansprüche" eine Leistung, auf die Anspruchsberechtigte und sonstige Berechtigte im Rahmen der Regelungen eines ergänzenden Rentensystems und gegebenenfalls nach einzelstaatlichem Recht Anspruch haben;
d) „erworbene Rentenansprüche" Ansprüche auf Leistungen, die erworben sind, nachdem die nach den Regelungen eines ergänzenden Rentensystems und gegebenenfalls nach einzelstaatlichem Recht erforderlichen Bedingungen erfüllt worden sind;
e) „entsandter Arbeitnehmer" einen Arbeitnehmer, der zum Arbeiten in einen anderen Mitgliedstaat entsandt wird und gemäß Titel II der Verordnung (EWG) Nr. 1408/71 weiterhin den Rechtsvorschriften des Herkunftsmitgliedstaates unterliegt; die „Entsendung" ist entsprechend zu verstehen;
f) „Beiträge" Zahlungen, die an ein ergänzendes Rentensystem geleistet werden oder als geleistet gelten.

Art. 3 definiert wichtige Begriffe der Richtlinie und steckt damit auch den Anwendungsbereich ab. Insbesondere aus Buchst. b wird deutlich, dass die Richtlinie auf einen umfassenden Anwendungsbereich abzielt (*Steinmeyer* EuZW 1999, 645 [648]); gemeinsam mit der Negativabgrenzung zur VO 883/2004 wird deutlich, dass die Rentensysteme der 1. und 2. Pensionssäule (für grenzüberschreitende Sachverhalte) nun sachlich vollständig erfasst sind, wenn auch mit verschiedenen Regeln. Anders als die RL 2014/50/EU (→ RL 2014/50/EU Art. 2 Rn. 14) gilt die RL 98/49/EG nicht bloß für Altersleistungen, sondern auch Invaliditäts- und Hinterbliebenenleistungen. Ihr Anwendungsbereich ist auch insofern weiter, als sie im Unterschied zur RL 2014/50/EU auch Direktzusagen erfasst. 1

Kapitel III. Maßnahmen zum Schutz ergänzender Rentenansprüche von Arbeitnehmern, die innerhalb der Gemeinschaft zu- und abwandern

Art. 4 Gleichbehandlung hinsichtlich der Aufrechterhaltung von Rentenansprüchen

¹Die Mitgliedstaaten treffen die erforderlichen Maßnahmen, um die Aufrechterhaltung erworbener Rentenansprüche für Anspruchsberechtigte eines ergänzenden Rentensystems sicherzustellen, für die als Folge des Wechsels von einem Mitgliedstaat in einen anderen keine weiteren Beiträge in dieses System gezahlt werden, und zwar im gleichen Umfang wie für anspruchsberechtigte Personen, für die keine Beiträge mehr gezahlt werden, die jedoch im selben Mitgliedstaat verbleiben. ²Dieser Artikel gilt ebenfalls für sonstige im Rahmen des betreffenden ergänzenden Rentensystems Berechtigte.

Art. 4 verlangt die Gleichbehandlung ruhender Rentenanwartschaften unabhängig davon, ob der Arbeitnehmer nach dem Ausscheiden im Inland verbleibt oder in einen anderen Mitgliedstaat zieht; die Behandlung ruhender Anwartschaften ist mittlerweile harmonisiert, Art. 5 RL 2014/50. Ob auch die Bedingungen für den Erwerb der Anwartschaften (Vorschaltezeiten, Unverfallbarkeitsfristen und Unverfallbarkeitsalter) von Art. 4 erfasst sind, ist unklar. Der deutsche Gesetzgeber dürfte durch die Umsetzung in § 1b I S. 6 BetrAVG (also im Kontext der Unverfallbarkeitsfrist) offensichtlich davon ausgegangen sein, dass die Richtlinie auch für diese Aspekte gilt (zur Richtlinienkonformität des deutschen Rechts BRO/*Rolfs* § 1b Rn. 158; *Bittner* 137). Der Vorschlag scheint in der Begründung aber nur die Behandlung der ruhenden Anwartschaft im Auge zu haben (KOM [97] 486 endg. 8). Praktisch ist diese Frage aber wenig relevant, weil die Gleichbehandlung ohnehin (auch) 1

480 RL 98/49/EG Art. 6 — Beiträge an ein ergänzendes Rentensystem

primärrechtlich geboten ist und der Anwartschaftserwerb nun durch die RL 2014/50/EU harmonisiert ist.

Art. 5 Grenzüberschreitende Zahlungen

Die Mitgliedstaaten stellen sicher, daß für Anspruchsberechtigte ergänzender Rentensysteme sowie für sonstige Berechtigte dieser Systeme die ergänzenden Rentensysteme die Auszahlung sämtlicher nach diesen Systemen fälligen Leistungen abzüglich gegebenenfalls zu erhebender Steuern und Transaktionsgebühren in anderen Mitgliedstaaten leisten.

1   Die Überweisung von Leistungen ins Ausland wurde schon vor der Richtlinie praktiziert (*Steinmeyer* EuZW 1999, 645 [649]). Art. 5 betrifft nicht die Anwartschaftsphase, sondern die Leistungsphase, in der der Versorgungsberechtigte regelmäßig bereits aus dem Arbeitsverhältnis ausgeschieden ist (zur primärrechtlichen Erfassung von Betriebsrentnern durch die AN-Freizügigkeit *Bittner* 110 f.). Grenzüberschreitende Leistungsauszahlungen sind (auch) nach der Zahlungsverkehrsfreiheit geschuldet (Erwägungsgrund 11 der Richtlinie; *Bittner* 145 f.).

Art. 6 Durch oder für einen entsandten Arbeitnehmer geleistete Beiträge an ein ergänzendes Rentensystem

(1) Die Mitgliedstaaten treffen die erforderlichen Maßnahmen, damit in ein in einem Mitgliedstaat eingerichtetes ergänzendes Rentensystem weiterhin Beiträge durch oder für einen entsandten Arbeitnehmer als Anspruchsberechtigten eines Systems während des Zeitraums seiner Entsendung in einen anderen Mitgliedstaat eingezahlt werden können.

(2) Werden gemäß Absatz 1 weiterhin Beiträge in ein ergänzendes Rentensystem in einem Mitgliedstaat eingezahlt, so werden der entsandte Arbeitnehmer und gegebenenfalls sein Arbeitgeber von der Verpflichtung freigestellt, Beiträge zu einem ergänzenden Rentensystem in einem anderen Mitgliedstaat zu zahlen.

1   Art. 6 betrifft die Entsendung eines Arbeitnehmers in einen anderen Mitgliedstaat. Erfasst sind wohl mehrere Spielarten der Entsendung: Arbeit für denselben Arbeitgeber im Ausland, Arbeit für einen anderen Arbeitgeber (zB innerhalb des Konzerns) sowie Arbeit im Rahmen einer Auftragserfüllung (vgl. auch Art. 1 III RL 96/71/EG). Die Richtlinie ist nicht zwingend auf Entsendungen anzuwenden, die bei der Richtlinienumsetzung bereits bestehen, sondern kann nach Art. 8 auch erst auf nach der Umsetzung neu erfolgte Entsendungen angewendet werden. Abs. 1 verlangt, dass der Arbeitnehmer weiter in das System des Arbeitgebers im Herkunftsstaat einbezogen bleiben und Beiträge leisten kann (nicht muss, dazu *Bittner* 122); dazu waren für Deutschland keine Umsetzungsmaßnahmen erforderlich (*Bittner* 181 ff.). Damit ist freilich mittelbar auch ein etwaiger externer Vorsorgeträger und dessen Dienstleistungsfreiheit tangiert (*Bittner* 181 ff.).

2   Für die **Definition der Entsendung** knüpft die Richtlinie in Art. 2 lit. e an die VO 883/2004 an (vgl. auch Erwägungsgrund 12 der Richtlinie). Nach Art. 12 I VO 883/2004 liegt sozialversicherungsrechtlich eine Entsendung (und damit der Verbleib im Versicherungssystem des Herkunftsstaates) vor, wenn diese voraussichtlich nicht länger als 24 Monate dauert. Sinnvoller wäre wohl eine Anknüpfung an Art. 8 II 2 Rom I-VO, der hier mehr Flexibilität eröffnet (dies schon de lege lata annehmen *Steinmeyer* EuZW 1999, 645 [649]; dazu auch *Bittner* 120); soweit Art. 12 VO 883/2004 und Art. 8 Rom I-VO auseinanderfallen, würde dies auch zu einem Gleichklang mit dem sonst auf das Arbeitsverhältnis anwendbare Recht führen (aber eben nicht mit dem anwendbaren Sozialrecht). Die Richt-

linie steht der Anknüpfung an Art. 8 Rom I-VO wohl nicht entgegen, wenn und soweit dies zu einer längeren Zugehörigkeit im System des Herkunftsstaates führt (*Bittner* 276).

Abs. 2 sucht eine **Doppeleinziehung des Arbeitnehmers** zu vermeiden (hier ist die 3 Dienstleistungsfreiheit des Arbeitgebers berührt, vgl. Art. 3 I lit. c EntsendeRL; zur parallelen Anwendung der Arbeitnehmerfreizügigkeit und der Dienstleistungsfreiheit bei Entsendungen *Bittner* 115). Die Kommission hielt diese Bestimmung in Folge der Rs. *Guiot* (EuGH 28.3.1996 – C-272/94 – Guiot; KOM [97] 486 endg. 10) für erforderlich. Abs. 2 steht einer freiwilligen Doppeleinbeziehung aber nicht entgegen. Die Befreiung gilt auch für Systeme im Herkunfts-MS, bei denen das Vorsorgekapital nicht durch regelmäßige Beitragszahlung im engeren Sinne aufgebaut wird (zB Rückstellungsbildung bei Direktzusagen; in diese Richtung weist auch die weite Definition von „Beiträge" nach Art. 3 lit. f (arg.: „als geleistet gelten"). Ob diese Freistellung auch dann greifen muss, wenn im Tätigkeitsland ein (zusätzliches) Arbeitsverhältnis begründet wird, ist fraglich (so aber offenbar *Bittner* 125 f.). Systeme, die der VO 883/2004 unterliegen, sind vom Verbot der Doppeleinbeziehung nicht erfasst und können (nach der Richtlinie) stets neben die betriebliche Altersversorgung des Herkunftslandes treten (primärrechtlich sind funktionsäquivalente Systeme im Herkunftsland aber problematisch, Schwarze/*Holoubek* AEUV Art. 56, 57 Rn. 90 ff.) Abs. 2 greift nicht bei Entsendung in Drittsaaten.

Art. 7 Unterrichtung anspruchsberechtigter Personen

¹Die Mitgliedstaaten treffen Maßnahmen, um sicherzustellen, daß die Arbeitgeber, Treuhänder oder sonstigen für die Verwaltung der ergänzenden Rentensysteme verantwortlichen Personen die anspruchsberechtigten Personen, wenn sie sich in einen anderen Mitgliedstaat begeben, angemessen über deren Rentenansprüche und über die Wahlmöglichkeiten informieren, die ihnen in dem System offenstehen. ²Diese Informationen entsprechen mindestens den Informationen, die anspruchsberechtigte Personen erhalten, für die keine Beiträge mehr gezahlt werden, die jedoch im selben Mitgliedstaat verbleiben.

Art. 7 normiert Informationsrechte der Vorsorgeanwärter, die in einen anderen Mitglied- 1 staat wechseln. Anders als beim Auskunftsrecht nach RL 2014/50/EU (→ RL 2014/50/EU Art. 6 Rn. 1) müssen die Arbeitnehmer also aktiv informiert werden, und nicht erst auf Anfrage. Die Information muss grds. zum Zeitpunkt des Ausscheidens erfolgen, sobald der Vorsorgeanwärter dartut, dass er in einen anderen Mitgliedstaat wechselt. Die Information ist wohl auch bei einem erst späteren Wechsel (also nach einem Ruhen der Anwartschaft) ins Ausland zu geben.

Art. 7 verlangt bestimmte Mindestinformationen und bringt insofern eine **Harmonisie-** 2 **rung.** Soweit jedoch die innerstaatliche Information in den von Art. 7 erfassten Situationen weitreichender ist, ist dieser Standard auch für die grenzüberschreitende Konstellation maßgebend. Die Mindestinformation nach Satz 1 betrifft die Rentenansprüche sowie etwaige Wahlmöglichkeiten. Die Rentenansprüche werden (insbesondere bei rein beitragsorientierten Systemen) auch als Kapitalsumme angegeben werden können, eine Prognoserechnung ist nicht erforderlich.

Art. 7 lässt offen, wer die Information schuldet für; die Mitgliedstaaten haben insofern 3 einen Umsetzungsspielraum.

Kapitel IV. Schlußbestimmungen

Art. 8 [Zeitliche Befristung]

Die Mitgliedstaaten können vorsehen, daß Artikel 6 nur für Entsendungen gilt, die zum oder nach dem 25. Juli 2001 erfolgen.

1   Die Richtlinie war nach Art 10 I bis zum 25.7.2001 umzusetzen. Art. 8 normiert eine Übergangsvorschrift für Entsendungen, die zu diesem Zeitpunkt bereits in Gang gesetzt waren.

Art. 9 [Rechtsbehelf]

Die Mitgliedstaaten sehen in ihrer Rechtsordnung die erforderlichen Maßnahmen vor, damit jede Person, die sich durch die Nichtanwendung der Bestimmungen dieser Richtlinie geschädigt fühlt, die Möglichkeit erhält, ihre Ansprüche, gegebenenfalls nach Befassung anderer zuständiger Stellen, gerichtlich geltend zu machen.

1   Die Möglichkeit, für die Durchsetzung der Rechte aus der Richtlinie ein Gericht anrufen zu können, ist schon grundrechtlich (und damit primärrechtlich) geschuldet, Art. 47 GRC.

Art. 10 [Umsetzungsvorschriften]

(1) [1]Die Mitgliedstaaten erlassen die erforderlichen Rechts- und Verwaltungsvorschriften, um dieser Richtlinie spätestens 36 Monate nach ihrem Inkrafttreten nachzukommen, oder sie stellen spätestens bis zu diesem Zeitpunkt sicher, daß Arbeitgeber und Arbeitnehmer die erforderlichen Maßnahmen durch Vereinbarung einführen. [2]Die Mitgliedstaaten unternehmen alle erforderlichen Schritte, um jederzeit in der Lage zu sein, die durch diese Richtlinie vorgeschriebenen Ergebnisse zu gewährleisten. [3] Sie setzen die Kommission unverzüglich davon in Kenntnis.

[1] Wenn die Mitgliedstaaten diese Vorschriften erlassen, nehmen sie in den Vorschriften selbst oder durch einen Hinweis bei der amtlichen Veröffentlichung auf diese Richtlinie Bezug. [2]Die Mitgliedstaaten regeln die Einzelheiten der Bezugnahme.

Sie teilten der Kommission mit, welche einzelstaatlichen Behörden im Zusammenhang mit der Anwendung dieser Richtlinie zuständig sind.

(2) Spätestens am 25. Juli 2002 teilen die Mitgliedstaaten der Kommission den Wortlaut der innerstaatlichen Rechtsvorschriften mit, die sie auf dem unter diese Richtlinie fallenden Gebiet erlassen.

(3) Auf der Grundlage der von den Mitgliedstaaten gelieferten Informationen legt die Kommission dem Europäischen Parlament, dem Rat und dem Wirtschafts- und Sozialausschuß innerhalb von sechs Jahren nach Inkrafttreten der Richtlinie einen Bericht vor.

Der Bericht betrifft die Umsetzung dieser Richtlinie und enthält gegebenenfalls erforderliche Änderungsvorschläge.

1   Nach Abs. 1 war die Richtlinie bis 25.7.2001 umzusetzen. Die einzelnen Anforderungen an die Richtlinienumsetzung ergeben sich aus Art. 288 III AEUV und Art. 4 III EUV. Zur Umsetzung der Richtlinie in den Mitgliedstaaten vgl. folgende **Reports:** KOM [2006] 22 final, KOM [2009] 283 final (betrifft Bulgarien und Rumänien) und für den EFTA-Bereich

Schlußbestimmungen **Art. 12 RL 98/49/EG 480**

EFTA-Surveillance-Authority, 13.6.2007, Event No. 420677. In den Reports wird von keinen größeren Umsetzungsproblemen berichtet, hinsichtlich etwaiger Änderungsvorschläge verweist die Kommission auf die damals laufenden Arbeiten für eine Portabilitäts-RL (KOM [2006] 22 final 12; → RL 2014/50/EU Art. 1 Rn. 7).

Unklar formuliert ist die in Abs. 1 angeführte Möglichkeit, wonach die Richtlinie durch Vereinbarung zwischen Arbeitgeber und Arbeitnehmer umgesetzt werden kann. Gemeint ist die **Umsetzung** der Richtlinie **durch die Sozialpartner** (KOM [97] 486 endg. 12; die engl. Fassung ist insofern klarer als sie von „management and labour" spricht). 2

Art. 11 [Inkrafttreten]

Diese Richtlinie tritt am Tag ihrer Veröffentlichung im *Amtsblatt der Europäischen Gemeinschaften* **in Kraft.**

Die Richtlinie wurde am 25.7.1988 im Amtsblatt veröffentlicht (ABl. EG v. 25.7.1998, Nr. L 209/46). 1

Art. 12 [Adressaten]

Diese Richtlinie ist an die Mitgliedstaaten gerichtet.

Richtlinien sind nach Art. 288 III AEUV an die Mitgliedstaaten gerichtet. Eine wirksame Umsetzung verlangt, dass sich der Versorgungsanwärter grundsätzlich auch gegenüber einem externen Vorsorgeträger auf die Rechte aus der Richtlinie berufen kann (vgl. zum Diskriminierungsrecht EuGH 9.10.2001 – C-379/99 – Menauer). Bei Nichtumsetzung und hinreichender Konkretisierung (dies ist mE bei Art. 4, 5 und 6 gegeben, nicht aber bei Art. 7, weil hier der Informationsverpflichtete offengelassen ist) ist die Richtlinie gegenüber dem Staat unmittelbar anwendbar. Im Verhältnis zwischen Privaten ist das nationale Gesetz soweit als möglich richtlinienkonform zu interpretieren. 1

490. Richtlinie 98/59/EG des Rates vom 20. Juli 1998 zur Angleichung der Rechtsvorschriften der Mitgliedstaaten über Massenentlassungen

(ABl. Nr. L 225 S. 16)

Celex-Nr. 3 1998 L 0059

– Auszug –

DER RAT DER EUROPÄISCHEN UNION –
gestützt auf den Vertrag zur Gründung der Europäischen Gemeinschaft, insbesondere auf Artikel 94,
auf Vorschlag der Kommission,
nach Stellungnahme des Europäischen Parlaments,
nach Stellungnahme des Wirtschafts- und Sozialausschusses[1],
in Erwägung nachstehender Gründe:

(1) Aus Gründen der Übersichtlichkeit und der Klarheit empfiehlt es sich, die Richtlinie 75/129/EWG des Rates vom 17. Februar 1975 zur Angleichung der Rechtsvorschriften der Mitgliedstaaten über Massenentlassungen[2] zu kodifizieren.

(2) Unter Berücksichtigung der Notwendigkeit einer ausgewogenen wirtschaftlichen und sozialen Entwicklung in der Gemeinschaft ist es wichtig, den Schutz der Arbeitnehmer bei Massenentlassungen zu verstärken.

(3) Trotz einer konvergierenden Entwicklung bestehen weiterhin Unterschiede zwischen den in den Mitgliedstaaten geltenden Bestimmungen hinsichtlich der Voraussetzungen und des Verfahrens für Massenentlassungen sowie hinsichtlich der Maßnahmen, die die Folgen dieser Entlassungen für die Arbeitnehmer mildern könnten.

(4) Diese Unterschiede können sich auf das Funktionieren des Binnenmarktes unmittelbar auswirken.

(5) Die Entschließung des Rates vom 21. Januar 1974 über ein sozialpolitisches Aktionsprogramm[3] hat eine Richtlinie über die Angleichung der Rechtsvorschriften der Mitgliedstaaten über Massenentlassungen vorgesehen.

(6) Die auf der Tagung des Europäischen Rates in Straßburg am 9. Dezember 1989 von den Staats- und Regierungschefs von elf Mitgliedstaaten angenommene Gemeinschaftscharta der sozialen Grundrechte der Arbeitnehmer sieht unter Nummer 7 Unterabsatz 1 erster Satz und Unterabsatz 2, unter Nummer 17 Unterabsatz 1 und unter Nummer 18 dritter Gedankenstrich folgendes vor:

„7. Die Verwirklichung des Binnenmarktes muß zu einer Verbesserung der Lebens- und Arbeitsbedingungen der Arbeitnehmer in der Europäischen Gemeinschaft führen [...].

Diese Verbesserung muß, soweit nötig, dazu führen, daß bestimmte Bereiche des Arbeitsrechts, wie die Verfahren bei Massenentlassungen oder bei Konkursen, ausgestaltet werden.

[...]

17. Unterrichtung, Anhörung und Mitwirkung der Arbeitnehmer müssen in geeigneter Weise, unter Berücksichtigung der in den verschiedenen Mitgliedstaaten herrschenden Gepflogenheiten, weiterentwickelt werden.

[...]

18. Unterrichtung, Anhörung und Mitwirkung sind rechtzeitig vor allem in folgenden Fällen vorzusehen:

---

[1] **Amtl. Anm.:** ABl. C 158 vom 26.5.1997, S. 11.
[2] **Amtl. Anm.:** ABl. L 48 vom 22.2.1975, S. 29. Richtlinie zuletzt geändert durch die Richtlinie 92/56/EWG (ABl. L 245 vom 26.8.1992, S. 3).
[3] **Amtl. Anm.:** ABl. C 13 vom 12.2.1974, S. 1.

[– ...]
[– ...]
– bei Massenentlassungen;
[– ...];".

(7) Daher muß auf diese Angleichung auf dem Wege des Fortschritts im Sinne des Artikel 136 EG-Vertrag hingewirkt werden.

(8) Es empfiehlt sich, im Hinblick auf die Berechnung der Zahl der Entlassungen gemäß der Definition der Massenentlassungen im Sinne dieser Richtlinie den Entlassungen andere Arten einer Beendigung des Arbeitsverhältnisses, die auf Veranlassung des Arbeitgebers erfolgt, gleichzustellen, sofern die Zahl der Entlassungen mindestens fünf beträgt.

(9) Es sollte vorgesehen werden, daß diese Richtlinie grundsätzlich auch für Massenentlassungen gilt, die aufgrund einer auf einer gerichtlichen Entscheidung beruhenden Einstellung der Tätigkeit eines Betriebs erfolgen.

(10) Die Mitgliedstaaten sollten vorsehen können, daß die Arbeitnehmervertreter angesichts der fachlichen Komplexität der Themen, die gegebenenfalls Gegenstand der Information und Konsultation sind, Sachverständige hinzuziehen können.

(11) Es sollte sichergestellt werden, daß die Informations-, Konsultations- und Meldepflichten des Arbeitgebers unabhängig davon gelten, ob die Entscheidung über die Massenentlassungen von dem Arbeitgeber oder von einem den Arbeitgeber beherrschenden Unternehmen getroffen wird.

(12) Die Mitgliedstaaten sollten dafür Sorge tragen, daß den Arbeitnehmervertretern und/oder den Arbeitnehmern administrative und/oder gerichtliche Verfahren zur Durchsetzung der Verpflichtungen gemäß dieser Richtlinie zur Verfügung stehen.

(13) Diese Richtlinie soll die Verpflichtungen der Mitgliedstaaten in bezug auf die in Anhang I Teil B angeführten Richtlinien und deren Umsetzungsfristen unberührt lassen –

HAT FOLGENDE RICHTLINIE ERLASSEN:

A. Zielrichtung der Massenentlassungs-Richtlinie

1   Zum Verständnis der Vorschriften der Massenentlassungs-Richtlinie ist die Kenntnis ihrer Ziele unerlässlich. An diesen Zielen hat sich nicht nur die Auslegung der Massenentlassungs-Richtlinie, sondern auch die des **§ 17 KSchG**, durch den die Massenentlassungs-Richtlinie in das deutsche Recht umgesetzt worden ist (BAG 21.3.2012 NZA 2012, 1058 Rn. 21), zu orientieren. Die Zielrichtung der Massenentlassungs-Richtlinie lässt sich nur vor dem Hintergrund ihrer Entstehungsgeschichte und des supranationalen Umfelds, in das sie eingebettet ist, ermitteln.

I. Entstehungsgeschichte

2   Die am 17.2.1975 erlassene Richtlinie zur Angleichung der Rechtsvorschriften der Mitgliedstaaten über Massenentlassungen **75/129/EWG** (ABl. 1975 L 48, 29) war einer der ersten Rechtssetzungsakte des EWG auf dem Gebiet des Arbeitsrechts. Anlass dieses **Teil-Harmonisierungsakts** war eine ausschließlich vor dem Hintergrund unterschiedlicher Kündigungsschutzstandards getroffene Stilllegungsentscheidung des deutsch-niederländischen Konzerns AKZO. Zwei Werke dieses Konzerns in den Niederlanden und Deutschland arbeiteten defizitär. Ursprünglich war deshalb beabsichtigt, diese Werke zu schließen. Nach Ermittlung der dadurch entstehenden Kosten entschloss sich AKZO 1973 aber, die erforderlichen Entlassungen allein in Belgien durchzuführen und dafür das dort angesiedelte, wirtschaftlich gesunde Werk zu schließen, weil das belgische Recht betriebsbedingte Kündigungen ohne jede materielle Einschränkung gegen Zahlung einer Abfindung erlaubte (*Hinrichs* 31). Diese Vorgehensweise führte zu einer Verständigung der Mitgliedstaaten, dass

es notwendig sei, solche wettbewerbsverzerrenden Strategien, die sich unterschiedliche Sozialstandards zunutze machen, künftig zu verhindern. Die Arbeitnehmer sollten vor den sozialen Konsequenzen der Umstrukturierungen, die die Errichtung des gemeinsamen Marktes nach sich zog, geschützt werden (*Blanpain/Schmidt/Schweibert* 315). Bereits die **Entschließung des Rats v. 21.1.1974 über ein sozialpolitisches Aktionsprogramm** (ABl. 1974 C 13, 1, 4) sah den Erlass einer Richtlinie zur Angleichung der Rechtsvorschriften über Massenentlassungen vor, die dann 1975 verabschiedet wurde. Die **Kompetenz** zu dieser Richtlinie entnahm das Europäische Parlament Art. 100 EG-Vertrag (jetzt Art. 115 AEUV), der der Union die Befugnis gab, Rechtsvorschriften der Mitgliedstaaten, die sich unmittelbar auf die Errichtung oder das Funktionieren des Binnenmarktes auswirkten, anzugleichen. Die RL 75/129/EWG entsprach bereits weitgehend der heute geltenden Massenentlassungs-Richtlinie. Durch die **RL 92/56/EWG** des Rates v. 24.6.1992 (ABl. 1992 L 245, 3) wurde der Entlassungsbegriff unter Einfügung des heutigen Art. 1 I UAbs. 1 ergänzt, ferner wurde die Bereichsausnahme für Betriebseinstellungen aufgrund gerichtlicher Entscheidung in Art. 1 II lit. d gestrichen. Die Bestimmungen zum Konsultationsverfahren in Art. 2 wurden erweitert und präzisiert. Insbesondere wurde der Arbeitgeber verpflichtet, das Konsultationsverfahren auch dann durchzuführen, wenn nicht er selbst, sondern das ihn beherrschende Unternehmen die Kündigungsentscheidung getroffen hatte. 1998 wurde die RL 75/129/EWG aus Gründen der Vereinfachung und Transparenz **neu kodifiziert** und erhielt ihre heutige Fassung. Inhaltliche Änderungen gegenüber der RL 75/129/EWG in der durch die RL 92/56/EG geänderten Fassung waren damit nicht verbunden (KOM [96] 620 endg. Nr. 4). Die Massenentlassungs-Richtlinie ist praktisch die amtliche „Lesefassung" der bisherigen Richtlinie, die die RL 75/129/EWG und RL 92/56/EWG vereint und ersetzt. Eine (erneute) Umsetzung durch die Mitgliedstaaten war deshalb nicht erforderlich (*Alber*, FS Wißmann, 2005, 507 [510]). Die zu den Bestimmungen der früheren Fassungen ergangene **Rechtsprechung des EuGH** ist uneingeschränkt **weiter maßgeblich,** soweit diese inhaltsgleich waren.

II. Supranationales Umfeld der Massenentlassungs-Richtlinie

Die Änderungen der RL 75/129/EWG waren auch auf den Einfluss des **Übereinkommens 158** der **ILO** über die Beendigung des Arbeitsverhältnisses durch den Arbeitgeber v. 2.6.1982 zurückzuführen (KOM [91] 292 endg. Nr. 19). Nach **Art. 13** dieses Übereinkommen muss der Arbeitgeber ua bei Kündigungen aus wirtschaftlichen oder strukturellen Gründen der Arbeitnehmervertretung rechtzeitig einschlägige Auskünfte erteilen und ihr Gelegenheit zur Anhörung über Maßnahmen zu geben, durch die die Kündigungen abgewendet oder beschränkt werden können und die Auswirkungen etwaiger Kündigungen auf die Arbeitnehmer gemildert werden können. **Art. 14** dieses Übereinkommen verpflichtet den Arbeitgeber, die zuständige Stelle so früh wie möglich unter Beachtung einer durch die innerstaatliche Gesetzgebung festzulegenden Mindestfrist vor solchen Kündigungen zu unterrichten. Beide Verpflichtungen können durch die innerstaatliche Gesetzgebung auf Massenentlassungen beschränkt werden. Das Übereinkommen 158 ist von der BRD nach wie vor nicht ratifiziert (http://www.ilo.org/dyn/normlex/en/). 3

Maßgeblich beeinflusst waren die 1992 erfolgten Änderungen in der Richtlinie auch von der am 9.12.1989 angenommenen **Gemeinschaftscharta der sozialen Grundrechte der Arbeitnehmer.** Die Erwägungsgründe der RL 92/56/EWG verweisen auf **Nr. 7** I 1 und II sowie auf **Nr. 17** und **18** der Charta. Danach müssen die Verfahren bei Massenentlassungen ausgestaltet werden, insbesondere sind rechtzeitige Unterrichtung, Anhörung und Mitwirkung der Arbeitnehmer vorzusehen. Die GRC hat diesen Gedanken aufgenommen. Sie gewährleistet in **Art. 27** unter den im Unionsrecht und den Rechtsvorschriften der Mitgliedstaaten vorgesehenen Bedingungen ein Recht auf Unterrichtung und Anhörung der Arbeitnehmer. Die Erläuterungen zu Art. 27 verweisen insoweit ausdrücklich auf die Massenent- 4

Spelge

lassungs-Richtlinie als Teil des „beachtlichen Besitzstands" der Union. Art. 27 GRC verleiht dem einzelnen Arbeitnehmer jedoch auch in der Gesamtschau mit der Massenentlassungs-Richtlinie kein **subjektives Recht,** das er als solches geltend machen kann. Art. 27 GRC bedarf vielmehr der Konkretisierung auf der Unionsebene oder im nationalen Recht, um Wirksamkeit zu entfalten. Verstoßen nationale Regelungen gegen die Massenentlassungs-Richtlinie und können diese nicht unionsrechtskonform ausgelegt werden, darf das nationale Gericht die Norm nicht unter Berufung auf Art. 27 GRC unangewendet lassen. Der Arbeitnehmer ist auf einen **Schadenersatzanspruch** zu verweisen. Etwas anderes gilt nach der st.Rspr. des EuGH nur dann, wenn er bei einem staatlichen Arbeitgeber beschäftigt ist und die nicht umgesetzte Bestimmung der Massenentlassungs-Richtlinie inhaltlich unbedingt und hinreichend genau ist (vgl. EuGH 15.1.2014 – C-176/12 Rn. 30 ff. – Association de médiation sociale, NZA 2014, 193 für die RL 2002/14/EG).

III. Wettbewerbspolitisch motivierter Arbeitnehmerschutz und beschäftigungspolitische Ziele

5   Die Massenentlassungs-Richtlinie verfolgt entsprechend ihrer Entstehungsgeschichte verschiedene Ziele. Diese gehen über den mit **§§ 17 ff.** KSchG ursprünglich verfolgten **rein arbeitsmarktpolitischen Zweck** (*Nikisch* I § 53, 839), der den Schutz des einzelnen Arbeitnehmers nach dem Willen des Gesetzgebers allein den §§ 1 ff. KSchG zuwies (RdA 1951, 58 (65) zu § 15 KSchG 1951), deutlich hinaus. Aus den Erwägungsgründen 2, 4 und 6 folgt, dass die Massenentlassungs-Richtlinie einerseits die **Verstärkung des Arbeitnehmerschutzes** und andererseits die **Verbesserung des Funktionierens des Binnenmarktes** bezweckt (EuGH 18.10.2012 – C-583/10 Rn. 39 – Nolan, ZESAR 2013, 235). Mit der Teil-Harmonisierung (dazu → Art. 2 Rn. 3) der Vorschrift über Massenentlassungen sollte ein vergleichbarer Schutz der Arbeitnehmer in den verschiedenen Mitgliedstaaten gewährleistet werden. Zugleich sollten die Wettbewerbsbedingungen in den Mitgliedstaaten einander angeglichen werden. Die Unternehmen sollten nicht von unterschiedlichen Schutzstandards und sich daraus ergebenden niedrigeren Belastungen bei Massenentlassungen profitieren (EuGH 30.4.2015 – C-80/14 Rn. 621 – USDAW und Wilson, NZA 2015, 601). Mittelbar hat auch das **beschäftigungspolitische Ziel** der Massenentlassungs-Richtlinie, positiv auf den Arbeitsmarkt einzuwirken, Niederschlag gefunden. Die 5. Begründungserwägung verweist auf die Entschließung des Rats v. 21.1.1974 über ein sozialpolitisches Aktionsprogramm (→ Rn. 2). Darin wird ua Vollbeschäftigung und bessere Beschäftigung durch die Abstimmung der Beschäftigungspolitik der Mitgliedstaaten und Förderung der Zusammenarbeit der nationalen Arbeitsverwaltungen angestrebt. Dieses Ziel wird insbesondere auch durch die in Art. 3 und 4 Massenentlassungs-Richtlinie geregelte Beteiligung der Arbeitsverwaltung verdeutlicht.

6   Die vorstehend dargestellten Aussagen des EuGH zu den Zielen der Massenentlassungs-Richtlinie sind vor dem Hintergrund der Entstehungsgeschichte der Richtlinie zu würdigen. Diese zeigt zwar, dass die Richtlinie auch **den Schutz der Arbeitnehmer** bezweckt. Dieser Schutz ist allerdings vor allem **wettbewerbspolitisch motiviert.** Dies hat die Kommission – ausgehend von der von ihr in Anspruch genommenen Regelungsgrundlage des Art. 100 EG-Vertrag (→ Rn. 2) konsequent – im E der RL 75/129/EWG deutlich gemacht: Die Unterschiede in den Kündigungsbestimmungen beeinflussten und beeinträchtigten den Gemeinsamen Markt, weil sie sich auf die Entscheidungen der Unternehmen, welche Betriebe oder Betriebsteile sie schlössen, auswirken könnten (COM [72] 1400, 1 und Erwägungsgründe S. 4; vgl. auch die Unterrichtung des deutschen Bundestag BT-Drs. 7/1669, 3). Auch wenn der EuGH immer wieder den Zweck des Arbeitnehmerschutzes betont und aus der 2. Begründungserwägung geschlossen hat, dass die Massenentlassungs-Richtlinie „gerade" der Verstärkung des Arbeitnehmerschutzes diene (EuGH 7.12.1985 – C-449/93 Rn. 29 – Rockfon, NZA 1996, 471), sind diese Aussagen vor dem

Hintergrund zu würdigen, dass dem einzelnen Gekündigten Schutz nur gebührt, weil und soweit eine Massenentlassung erfolgt (vgl. EuGH 30.4.2015 – C-80/14 Rn. 64 – USDAW und Wilson, NZA 2015, 601; *Vielmeier* NJW 2014, 2678 [2681]). Sie sind deshalb nicht dahin zu verstehen, dass der Schutz der Arbeitnehmer bei Massenentlassungen abstrakt und unabhängig von bereits bestehenden Schutzniveau im jeweiligen Mitgliedstaat verstärkt werden sollte. Das ließe das wettbewerbsrechtliche Motiv der Massenentlassungs-Richtlinie, das der EuGH schon in seiner ersten Entscheidung zur RL 75/129/EWG in den Blick genommen hat, außer Acht. Mit der Richtlinie soll ein gemeinsamer Grundstock für eine in allen Mitgliedstaaten anwendbare Regelung gebildet werden, die aber den Mitgliedstaaten die Möglichkeit zu günstigeren Regelungen lässt (EuGH 8.6.1982 – C-91/81 Rn. 11 – Kommission/Italien, Slg. 1982, I-2133). Bezweckt ist lediglich die **Annäherung** der unterschiedlichen Systeme des Arbeitnehmerschutzes bei Massenentlassungen. Der Arbeitnehmerschutz soll auf ein **einheitliches Mindestniveau** (vgl. Art. 5 Massenentlassungs-Richtlinie) gehoben werden, das Wettbewerbsverzerrungen verhindert (vgl. *Böning*, Europäische Arbeitsrechtsangleichung zwischen Anspruch und Wirklichkeit, 2011, 54). Ein **Unterbietungswettbewerb** der Mitgliedstaaten soll **verhindert** werden (*Klumpp* NZA 2006, 703 [706]). In der Gesamtschau der Ziele der Massenentlassungs-Richtlinie geht es letztlich darum, die **sozioökonomischen Auswirkungen** von Massenentlassungen aufzufangen, indem vor der Entlassung Beratungen mit den Arbeitnehmervertretern erfolgen und die zuständige Arbeitsbehörde informiert wird (EuGH 15.2.2007 – C-270/05 Rn. 28 – Athinaïki Chartopoiïa, NZA 2007, 319; BAG 21.3.2012 NZA 2012, 1058 Rn. 21). Ausgehend von dieser Entstehungsgeschichte ergibt sich von selbst, dass **kein grenzüberschreitender Sachverhalt** erforderlich ist, um den Anwendungsbereich der Massenentlassungs-Richtlinie zu eröffnen (*Oetker/Schubert* EAS B 8300 Rn. 401).

Die **Kompetenz** der Gremien der Europäischen Union, auch auf dem Gebiet der Sozialpolitik rechtssetzend tätig zu werden, steht seit dem Protokoll über die Sozialpolitik im Anhang des Maastrichter Vertrages über die Europäische Union v. 7.2.1992 (BGBl. II 1251 [1313]) außer Frage. Sie war seit 1997 in Art. 137 EGV und ist nunmehr in Art. 153 AEUV geregelt. (Zu Art 153 I lit. d AEUV als Kompetenzgrundlage für die Massenentlassungsrichtlinie → AEUV Art. 153 Rn. 25, 28). Danach unterstützt und ergänzt die Union die Tätigkeit der Mitgliedstaaten ua auf dem Gebiet des Schutzes der Arbeitnehmer bei Beendigung des Arbeitsvertrags. Zweifel, ob auf der vom Europäischen Parlament in Anspruch genommenen Regelungsgrundlage des Art. 100 EG-Vertrag bzw. des Art. 94 EGV (→ Rn. 2) schon eine Regelungskompetenz für die sozialpolitischen Ziele der RL 75/129/EWG und der RL 92/96/EWG bestand (bejahend *Hinrichs* 67 f.), haben spätestens mit der Kodifikation der Massenentlassungs-Richtlinie ihre Grundlage verloren. 7

IV. Kollektivrechtliche Ausgestaltung des Arbeitnehmerschutzes

Die Massenentlassungs-Richtlinie setzt die ihr zugrunde liegenden Ziele auf zwei verschiedenen Wegen um. Zum einen verlangt Art. 2 die Durchführung eines Konsultationsverfahrens mit der Arbeitnehmervertretung, zum anderen muss der Arbeitgeber die beabsichtigten Kündigungen gegenüber der Arbeitsverwaltung anzeigen. Dabei ist die Durchführung des **Konsultationsverfahrens** Hauptziel und **Kernstück** der Massenentlassungs-Richtlinie (EuGH 10.12.2009 – C-323/08 Rn. 43 – Rodríguez Mayor, NZA 2010, 151; BAG 13.12.2012 AP KSchG 1969 § 17 Nr. 44 Rn. 61; *Oetker/Schubert* EAS B 8300 Rn. 400; → Art. 2 Rn. 1 f.). Der Arbeitnehmerschutz wird also vor allem **kollektivrechtlich** und damit **mittelbar vermittelt** (*Vielmeier* NJW 2014, 2678 [2680]). Die Rechte aus Art. 2 Massenentlassungs-Richtlinie stehen allein den **Arbeitnehmervertretern,** nicht aber den einzelnen Arbeitnehmern zu (EuGH 16.7.2009 – C-12/08 Rn. 38 – Mono Car Styling, AP RL 98/59/EG Nr. 5; BAG 22.4.2010 BAGE 134, 176 Rn. 20 = NZA 2010, 1057; → Art. 2 Rn. 4). 8

B. Umsetzung des § 17 KSchG

9 Der deutsche Gesetzgeber hat sich dafür entschieden, den unionsrechtlichen Massenentlassungsschutz allein in den schon lange vor der RL 75/129/EWG bzw. der Massenentlassungs-Richtlinie bestehenden § 17 KSchG zu integrieren. Er hat dabei bewusst an günstigeren Regelungen, zB bei den Schwellenwerten (→ Art. 1 Rn. 78 ff.), festgehalten und bestehende Widersprüche zum Unionsrecht, zB beim Betriebs- und Arbeitnehmerbegriff (→ Art. 1 Rn. 10 ff., 45 ff.), nicht gänzlich aufgelöst. Auf die Entscheidung des EuGH v. 27.1.2005 (C-188/03 – Junk, NZA 2005, 213), die dem bis dahin geltenden Verständnis des Entlassungsbegriffs diametral entgegenstand, hat er nach wie vor nicht reagiert. Er hat das Konsultationsverfahren als **betriebsverfassungsrechtliche Regelung** (ErfK/*Kiel* KSchG § 17 Rn. 19) **systemwidrig** in § 17 II KSchG und damit im Kündigungsschutzrecht verankert (HWK/*Molkenbur* KSchG § 17 Rn. 17) und die nicht in allen Teilen deckungsgleichen Pflichten aus § 17 II KSchG und §§ 111 ff. BetrVG beziehungslos nebeneinander gestellt (→ Art. 2 Rn. 29 ff.). Eine Verfahrensregelung für § 17 II KSchG fehlt – ebenso wie in der Massenentlassungs-Richtlinie – weitgehend (*Hinrichs* 160 f.). Das BAG hat mit einer Vielzahl von Entscheidungen einzelne Fragestellungen gelöst, die aber notwendig fragmentarisch bleiben müssen. All dies führt zu einer äußerst unübersichtlichen Rechtslage, die für die Praxis kaum zu handhaben ist und das Massenentlassungsverfahren für alle Beteiligten zu einem **Risikogeschäft** macht (*Fuhlrott* BB 2013, 1152). Insbesondere für Insolvenzverwalter, die Massenentlassungen regelmäßig vornehmen müssen, sind §§ 17 ff. KSchG ein Minenfeld (*Hützen* ZInsO 2012, 1801 [1811]). Insoweit droht § 17 KSchG trotz der Bemühungen des BAG um die Entwicklung eines Systems des Massenentlassungsverfahrens zum „neuen § 102 BetrVG" zu werden (*Lelley/Gurevich* BB 2014, 128). Dem können Arbeitgeber dadurch entgehen, dass sie Massenentlassungen durch Staffelung von Kündigungen so weit wie möglich vermeiden. Derartige Staffelungen sind mit der Massenentlassungs-Richtlinie und § 17 KSchG vereinbar (→ Art. 1 Rn. 81).

Teil I. Begriffsbestimmungen und Anwendungsbereich

Art. 1 [Begriffsbestimmungen; Ausnahmen vom Anwendungsbereich]

(1) Für die Durchführung dieser Richtlinie gelten folgende Begriffsbestimmungen:

a) „Massenentlassungen" sind Entlassungen, die ein Arbeitgeber aus einem oder mehreren Gründen, die nicht in der Person der Arbeitnehmer liegen, vornimmt und bei denen – nach Wahl der Mitgliedstaaten – die Zahl der Entlassungen
 i) entweder innerhalb eines Zeitraums von 30 Tagen
  – mindestens 10 in Betrieben mit in der Regel mehr als 20 und weniger als 100 Arbeitnehmern,
  – mindestens 10 v. H. der Arbeitnehmer in Betrieben mit in der Regel mindestens 100 und weniger als 300 Arbeitnehmern,
  – mindestens 30 in Betrieben mit in der Regel mindestens 300 Arbeitnehmern,
 ii) oder innerhalb eines Zeitraums von 90 Tagen mindestens 20, und zwar unabhängig davon, wie viele Arbeitnehmer in der Regel in dem betreffenden Betrieb beschäftigt sind,
 beträgt;
b) „Arbeitnehmervertreter" sind die Arbeitnehmervertreter nach den Rechtsvorschriften oder der Praxis der Mitgliedstaaten.

Für die Berechnung der Zahl der Entlassungen gemäß Absatz 1 Buchstabe a) werden diesen Entlassungen Beendigungen des Arbeitsvertrags gleichgestellt, die auf Veranlassung des Arbeitgebers und aus einem oder mehreren Gründen, die nicht in der Person der Arbeitnehmer liegen, erfolgen, sofern die Zahl der Entlassungen mindestens fünf beträgt.

(2) Diese Richtlinie findet keine Anwendung auf
a) Massenentlassungen im Rahmen von Arbeitsverträgen, die für eine bestimmte Zeit oder Tätigkeit geschlossen werden, es sei denn, daß diese Entlassungen vor Ablauf oder Erfüllung dieser Verträge erfolgen;
b) Arbeitnehmer öffentlicher Verwaltungen oder von Einrichtungen des öffentlichen Rechts (oder in Mitgliedstaaten, die diesen Begriff nicht kennen, von gleichwertigen Stellen);
c) Besatzungen von Seeschiffen.

Übersicht

	Rn.
A. Geltungsbereich der Bestimmungen über Massenentlassungen	1
I. Betrieblicher Geltungsbereich	2
1. Betriebsgröße	2
2. Betriebe der öffentlichen Hand	3
a) Vorgaben der Massenentlassungs-Richtlinie	3
b) Umsetzung im deutschen Recht	5
3. Betriebe der Seeschifffahrt	8
4. Saisonbetriebe	10
a) Unionsrechtswidrige Ausnahme für Saisonbetriebe	10
b) Unionsrechtskonforme Rechtsfortbildung	12
5. Tendenzbetriebe	14
II. Sachlicher Geltungsbereich	15
1. Befristete Arbeitsverhältnisse	15
2. Kirchliche Arbeitsverhältnisse	16
a) Keine Bereichsausnahme in der Massenentlassungs-Richtlinie	16
b) Massenentlassungsschutz nach deutschem Recht	17
B. Massenentlassung	19
I. Autonome Auslegung	20
II. Entlassungsbegriff	21
1. Maßgeblicher Zeitpunkt	22
2. Rechtsform und Grund der Entlassung	26
a) Änderungskündigungen	26
b) Verhaltensbedingte und außerordentliche Kündigungen	27
c) Insolvenzkündigungen	29
d) Weitere Fälle	30
III. Beendigung auf Veranlassung des Arbeitgebers	32
1. Verständnis des Art. 1 I UAbs. 2 Massenentlassungs-Richtlinie	32
2. Anforderungen des Art. 1 I UAbs. 2 Massenentlassungs-Richtlinie	33
3. Abweichung des § 17 I 2 KSchG von Art. 1 I UAbs. 2 Massenentlassungs-Richtlinie	34
4. Veranlassung durch den Arbeitgeber	37
a) Rentenbezug und ältere Arbeitnehmer	38
b) Ausscheiden ohne unmittelbare Auswirkung auf den Arbeitsmarkt	39
c) Sonstige Fälle	41
IV. Arbeitgeberbegriff	44
V. Arbeitnehmerbegriff	45
1. Ausschluss von Geschäftsführern und Vertretungsorganen durch § 17 V Nr. 1 und Nr. 2 KSchG	46
2. Ausschluss leitender Angestellter des § 17 V Nr. 3 KSchG	49
a) Unionsrechtswidrigkeit des Ausschlusses	49
b) Rechtsfolge des Verstoßes gegen das Unionsrecht	50
3. Sonstige Zweifelsfälle	52
VI. Betriebsbegriff	56
1. Verständnis des EuGH	57
2. Betriebsverfassungsrechtlich geprägtes Begriffsverständnis des BAG	58
3. Anwendungsfälle	59
a) Betriebsteile und Ladengeschäfte	59
b) Gemeinschaftsbetrieb	60
c) Zusammenschlüsse nach § 3 BetrVG	64

	Rn.
C. Arbeitnehmervertreter	65
I. Anknüpfungspunkt: Kompetenzverteilung nach dem BetrVG	65
II. Fehlen einer Arbeitnehmervertretung	66
III. Zu beteiligende Gremien	67
1. Zuständigkeit bei betriebs- bzw. unternehmensübergreifenden Entlassungen und Zusammenschlüssen nach § 3 BetrVG	67
a) Gesamtbetriebsrat	67
b) Konzernbetriebsrat	68
c) Zusammenschlüsse nach § 3 BetrVG	71
d) Europäischer Betriebsrat	72
2. Sonstige Fälle	73
D. Schwellenwerte	78
E. 30-Tages-Frist	81
I. Zusammenrechnung aller Entlassungen	81
II. Nachkündigungen	83

A. Geltungsbereich der Bestimmungen über Massenentlassungen

1   Die Massenentlassungs-Richtlinie sieht in Art. 1 II **drei Ausnahmen** vor, bei denen die Richtlinie keine Anwendung findet. Diese Ausnahmen sind **abschließend** (EuGH 7.9.2006 – C-187/05 Rn. 29 – Agorastoudis, NZA 2006, 1087). Sie finden sich in §§ 17, 22 und 23 KSchG nur eingeschränkt wieder. Zum Teil ist der **Anwendungsbereich des § 17 KSchG** weiter, zum Teil enger als der der Richtlinie. Die Bereichsausnahme für Saison- und Kampagnebetriebe in § 22 I KSchG ist nicht uneingeschränkt konform mit der Richtlinie (→ Rn. 10 ff.). Der deutsche Gesetzgeber hat von der durch Art. 3 I UAbs. 2 und Art. 4 IV Massenentlassungs-Richtlinie eröffneten Möglichkeit, die gegenüber der Arbeitsverwaltung des Arbeitgebers bestehenden Pflichten bei einer Betriebsstilllegung infolge einer Insolvenz einzuschränken bzw. aufzuheben, keinen Gebrauch gemacht. § 17 KSchG findet damit auch bei **insolvenzbedingten** Massenentlassungen uneingeschränkt Anwendung (→ Rn. 29).

I. Betrieblicher Geltungsbereich

2   **1. Betriebsgröße.** Die Massenentlassungs-Richtlinie erfasst nur Betriebe, die **idR mehr als 20 Arbeitnehmer** beschäftigen. Das ergibt sich aus den Schwellenwerten in Art. 1 I lit. a Massenentlassungs-Richtlinie. Dem entspricht § 17 I Nr. 1 KSchG. Für die Anwendbarkeit der Massenentlassungs-Richtlinie bzw. von § 17 KSchG sowie für die nach § 17 I Nr. 1 bis 3 KSchG maßgeblichen Beschäftigtenzahlen kommt es nicht auf die im konkreten Zeitpunkt der Entlassung beschäftigten Arbeitnehmer oder auf die durchschnittliche Arbeitnehmerzahl in einem bestimmten Zeitraum an, sondern auf die **normale Arbeitnehmerzahl** des Betriebs. Das ist die Personalstärke, die für den Betrieb im Allgemeinen, also bei regelmäßigem Gang des Betriebs, kennzeichnend ist. Insoweit kann auf die Rechtsprechung zu § 23 I 2 KSchG (BAG 24.2.2005 NZA 2005, 766 Rn. 23) und § 111 S. 1 BetrVG zurückgegriffen werden (im Einzelnen KR/*Bader* KSchG § 23 Rn. 37 ff.). Bei einer **stufenweisen Betriebsstilllegung** bzw. **stufenweisem Personalabbau** ist auf die Arbeitnehmerzahl im Zeitpunkt der unternehmerischen Entscheidung, die der Entlassung zugrunde liegt, abzustellen (für § 23 KSchG: BAG 8.10.2009 DB 2010, 230 Rn. 15). **Leiharbeitnehmer** können vom Entleiher nicht iSd Massenentlassungs-Richtlinie „entlassen" werden (→ Rn. 21) und sind deshalb bei der Ermittlung von dessen Betriebsgröße nicht zu berücksichtigen. Ihre Einbeziehung kann auch nicht damit gerechtfertigt werden, dass die Arbeitnehmer des Entleihers nicht dem Massenentlassungsschutz entzogen werden dürften, der ihnen aufgrund der regelmäßigen Betriebsgröße zukomme. Sie sind darum für die **Betriebsgröße** des **Entleiherbetriebs** selbst dann nicht zu berücksichtigen, wenn ihr Einsatz auf einem „idR" vorhandenen Personalbedarf beruht (Löwisch/Spinner/*Wertheimer* § 17 Rn. 24; TLL/*Lembke/Oberwinter* KSchG § 17 Rn. 60; **aA** *Fuhlrott/Fabritius* NZA 2014, 122

[126]). Zwar werden Leiharbeitnehmer bei Schwellenwerten, die auf „idR" beschäftigte Arbeitnehmer abstellen, ausgehend vom Schutzzweck der jeweiligen Vorschrift vielfach berücksichtigt (vgl. für § 23 I KSchG: BAG 24.1.2013 NZA 2013, 726; für § 9 BetrVG: 13.3.2013 NZA 2013, 789; für § 111 BetrVG: 18.10.2011 BAGE 139, 342 = NZA 2012, 221). Der Schutzzweck der Massenentlassungs-Richtlinie gebietet jedoch die Einbeziehung der Leiharbeitnehmer nicht, er untersagt dies im Gegenteil. Vergrößert sich die maßgebliche Betriebsgröße durch die Berücksichtigung der Leiharbeitnehmer, muss uU auch die Zahl der Entlassungen steigen, damit die Schwellenwert überschritten wird. Werden Leiharbeitnehmer bei des Betriebsgröße berücksichtigt, müssten sie darum konsequenterweise auch bei den **Entlassungen** mitgezählt werden, damit die Stammbelegschaft nicht dem Schutz des §§ 17 ff. KSchG entzogen wird (vgl. das Beispiel bei TLL/*Lembke*/*Oberwinter* KSchG § 17 Rn. 61). Das ist aber mit dem Entlassungsbegriff der Massenentlassungs-Richtlinie nicht zu vereinbaren (→ Rn. 21). Das Arbeitsverhältnis der Leiharbeitnehmer mit ihrem Arbeitgeber besteht fort, sie gelangen durch die Entscheidung des Verleihers nicht – jedenfalls nicht unmittelbar – auf den Arbeitsmarkt. Für ein Einschalten der Arbeitsverwaltung besteht darum kein Anlass. Das Konsultationsverfahren kann aus demselben Grund nicht auf die Leiharbeitnehmer erstreckt werden. Einer **Vorlage an den EuGH** bedarf es zur Klärung dieser Frage nicht (**aA** *Lelley*/*Taterka* DB 2013, 2564). Der Schutzzweck der Massenentlassungs-Richtlinie lässt sich gefestigter Rechtsprechung des EuGH entnehmen (→ vor Art. 1 Rn. 5 ff.).

2. Betriebe der öffentlichen Hand. a) Vorgaben der Massenentlassungs-Richt- 3
linie. Art. 1 II lit. b Massenentlassungs-Richtlinie nimmt Arbeitnehmer **öffentlicher Verwaltungen** und von Einrichtungen des öffentlichen Rechts aus dem Anwendungsbereich der Massenentlassungs-Richtlinie aus. Gemeint sind nur Tätigkeiten der **hoheitlichen Verwaltung** ieS Bereichsausnahmen sind nach st.Rspr. des EuGH als **Ausnahmevorschriften eng auszulegen** (seit EuGH 5.12.1974 – C-176/73 Rn. 21/24 – Van Belle/Rat, Slg. 1974 I-1361; für die Ausnahmebestimmungen in Art. 3 I UAbs. 2 und Art. 4 IV Massenentlassungs-Richtlinie EuGH 17.12.1998 – C-250/97 Rn. 19 – Lauge, NZA 1999, 305). Von der Massenentlassungs-Richtlinie werden deshalb Unternehmen der öffentlichen Hand, die eine **wirtschaftliche Tätigkeit** ausüben, erfasst (*Hagemeister* EuZA 2013, 340 [344]). Das folgt zum einen aus dem wettbewerbsrechtlichen Zweck der Massenentlassungs-Richtlinie (→ vor Art. 1 Rn. 5 f.), der bei solchen Unternehmen – anders als bei der Ausübung rein hoheitlicher Befugnisse – berührt ist (vgl. EuGH 18.10.2012 – C-583/10 Rn. 41 – Nolan, ZESAR 2013, 235). Zum anderen ergibt sich dieses Begriffsverständnis aus dem systematischen Vergleich mit Art. 1 Nr. 1 lit. c der Betriebsübergangs-Richtlinie (vgl. *Hagemeister* EuZA 2013, 340 [344]). In dieser nach der Massenentlassungs-Richtlinie erlassenen Richtlinie wird ausdrücklich zwischen öffentlichen Unternehmen, die eine wirtschaftliche Tätigkeit verfolgen, auf die die Richtlinie anwendbar ist, und der Umstrukturierung von Verwaltungsbehörden bzw. der Übertragung von Verwaltungsaufgaben, für die die Richtlinie nicht gilt, differenziert. Auf diese Differenzierung greift des EuGH auch für die Massenentlassungs-Richtlinie stillschweigend zurück (vgl. EuGH 18.10.2012 – C-583/10 Rn. 41 – Nolan, ZESAR 2013, 235). Dieses Begriffsverständnis steht im Einklang mit der funktionellen Interpretation der „öffentlichen Verwaltung" in Art. 45 IV AEUV, die der EuGH in st.Rspr. vornimmt, die ein **hoheitliches Tätigwerden** voraussetzt (seit EuGH 17.12.1980 – C-149/79 Rn. 10 – Kommission/Belgien, Slg. 1980, I-3881; → AEUV Art. 45 Rn. 126 f.).

Streitkräfte unterfallen der Bereichsausnahme des Art. 1 II lit. b, weil sie mit der Landes- 4
verteidigung hoheitliche Befugnisse wahrnehmen. Das gilt auch für die **Zivilbeschäftigten** der Streitkräfte (EuGH 18.10.2012 – C-583/10 Rn. 34, 41 – Nolan, ZESAR 2013, 235). Bei diesen Beschäftigten kann sich ein etwaiges unterschiedliches Schutzniveau bei Massenentlassungen nicht negativ auf den Binnenmarkt auswirken, weil die Streitkräfte am Wett-

bewerb innerhalb der Union nicht teilnehmen. Das Ziel des Arbeitnehmerschutzes (→ vor Art. 1 Rn. 5 f.) tritt deshalb zurück (*Hagemeister* EuZA 2013, 340 [345]).

5   **b) Umsetzung im deutschen Recht.** Die Frage, ob §§ 17 ff. KSchG Betriebe der öffentlichen Hand erfassen, ist von praktischer Bedeutung, wie die Insolvenz der Stadtwerke Gera AG im Juni 2014 zeigt. § 23 II 1 KSchG ordnet die Geltung des 3. Abschnitts und damit der Vorschriften über die Massenentlassungen nur für Betriebe der öffentlichen Verwaltung an, die **wirtschaftliche Zwecke** verfolgen. Dies steht im Einklang mit den Vorgaben der Massenentlassungs-Richtlinie (→ Rn. 3). Solche Zwecke liegen vor, wenn die Einrichtung wie ein privatwirtschaftlicher Betrieb wirtschaftlichen Bedürfnissen dienen soll. Unerheblich ist, ob Gewinn erzielt wird (BAG 21.5.1970 BAGE 22, 336 [341] = AP KSchG § 15 Nr. 11). Anwendbar sind die §§ 17 ff. KSchG danach auf **Regiebetriebe** der öffentlichen Hand ohne eigene Rechts- und Parteifähigkeit, die Teil der unmittelbaren Verwaltung geblieben sind, zB Theater, Stadtwerke, Krankenhäuser. **Eigenbetriebe** und andere **juristischen Personen,** an denen die öffentliche Hand die Mehrheit der Anteile hält, unterfallen den §§ 17 ff. KSchG unabhängig von den Voraussetzungen des § 23 II 1 KSchG bereits als juristische Personen des Privatrechts (KR/*Bader* KSchG § 23 Rn. 71). Dagegen finden die §§ 17 ff. KSchG keine Anwendung auf Betriebe der **Daseinsvorsorge** wie einen auf öffentliche Zuschüsse und Beiträge der Eltern angewiesenen **Kindergarten** (BAG 6.7.2006 NZA 2007, 139 Rn. 63), auf **öffentlich-rechtliche Körperschaften** und auf öffentliche Einrichtungen mit ideeller, karitativer oder kultureller Zweckbestimmung wie Museen, Universitäten (ErfK/*Kiel* KSchG § 23 Rn. 20). Zur Anwendbarkeit auf kirchliche Arbeitsverhältnisse → Rn. 16 ff.

6   Auch die (Stationierungs-)**Streitkräfte** unterfallen grds. nicht den Vorschriften über Massenentlassungen. Das BAG hat §§ 17 ff. KSchG aber auf **Zivilbeschäftigte** angewandt, die in Betrieben der Streitkräfte mit wirtschaftlicher Zwecksetzung tätig sind. Eine derartige Zwecksetzung hat es für eine **Wäscherei** und chemische Reinigung, die ausschließlich für die Angehörigen der Streitkräfte tätig war, bejaht (BAG 21.5.1970 BAGE 22, 336 [341] = AP KSchG § 15 Nr. 11), für eine **Druckerei,** die nur die Streitkräfte versorgte, dagegen verneint (BAG 22.9.2005 NZA 2006, 558 Rn. 52 ff.). Die unterschiedlichen Ergebnisse erklären sich aus dem gewandelten Bezugspunkt der Betrachtung: Während in der ersten Entscheidung maßgeblich war, dass eine Wäscherei im Unterschied zu Museen und anderen ihrer Natur nach gemeinnützigen Einrichtungen privatwirtschaftlich betrieben werden könne und typischerweise auch werde, war für die jüngere Entscheidung ausschlaggebend, dass es sich um eine rein interne Einrichtung handele, die nicht am Wirtschaftsleben teilnehme. Die zweite Betrachtungsweise trifft zu. Für die Frage, ob ein Betrieb der öffentlichen Verwaltung einen wirtschaftlichen Zweck verfolgt, kommt es nicht darauf an, ob die Leistung typischerweise mit wirtschaftlicher Zielrichtung angeboten wird, sondern ob das konkret der Fall ist.

7   Nach deutscher Rechtsprechungspraxis ist damit der **Anwendungsbereich** der **§§ 17 ff. KSchG** hinsichtlich der Zivilbeschäftigten der Streitkräfte **weiter** als der der Massenentlassungs-Richtlinie. Die Massenentlassungs-Richtlinie lässt solche Abweichungen zugunsten der Arbeitnehmer in Art. 5 ausdrücklich zu. Große **praktische Relevanz** dürfte diese Abweichung nicht erlangen, weil Kündigungen bei der Bundeswehr durch den Tarifvertrag über sozialverträgliche Begleitmaßnahmen im Zusammenhang mit der Umgestaltung der Bundeswehr v. 18.7.2001(TV UmBw) praktisch ausgeschlossen und bei den Stationierungsstreitkräften durch den Tarifvertrag zur sozialen Sicherung der Arbeitnehmer bei den Stationierungsstreitkräften im Gebiet der BRD v. 31.8.1971 (TVSozSich) so stark sozial abgefedert sind, dass Streitigkeiten im Zusammenhang mit Massenentlassungen nicht zu erwarten sind.

8   **3. Betriebe der Seeschifffahrt.** Die Bereichsausnahme in **Art. 1 II lit. c** Massenentlassungs-Richtlinie erfasst die Besatzungen von Seeschiffen. Die Kommission beabsichtigte bereits bei der Änderung der RL 75/129/EWG, diesem Personenkreis nur dann den

Massenentlassungsschutz zu versagen, wenn er aufgrund anderer Regelungen einen gleichwertigen Schutz erhielt (KOM [91] 292 endg. Nr. 17). Dies hat jedoch in die RL 92/56/EWG keinen Eingang gefunden. Aktuell strebt die Kommission eine **Änderung ua der Massenentlassungs-Richtlinie** an, um den Schutz der Seeleute zu verbessern. Sie stützt sich dabei auf Art. 27 GRC (→ vor Art. 1 Rn. 4) und beruft sich auf eine Ungleichbehandlung der Seeleute in den Mitgliedstaaten. Acht Mitgliedstaaten, darunter Frankreich und Spanien, haben Seeleute nicht aus dem Geltungsbereich der Massenentlassungs-Richtlinie ausgenommen. Sie stellt darauf ab, dass mithilfe moderner Kommunikationsmittel auch bei Entlassungen von Seeleuten die Anforderungen an Unterrichtung und Anhörung der Arbeitnehmervertreter leichter erfüllt werden könnten. Sie beabsichtigt daher, die Bereichsausnahme zu streichen, in Art. 3 Massenentlassungs-Richtlinie eine Information der Arbeitsverwaltung des Flaggenstaates vorzusehen und den Mitgliedstaaten in Art. 4 Massenentlassungs-Richtlinie zu gestatten, die 30-Tages-Frist des Abs. 1 abzukürzen, wenn die Entlassung die Folge des Verkaufs von Seeschiffen ist (KOM [2013] 798 endg.). Der Europäische Wirtschafts- und Sozialausschuss hat sich zu diesem Vorschlag zustimmend geäußert (Abl. 2014 C 226/35), der Ausschuss der Regionen hat Änderungen vorgeschlagen (Abl. 2014 C 174/50). Zu Einzelheiten des Richtlinienvorschlags s. *Loth* GPR 2014, 223 [226].

Mit § 23 II 2 KSchG ist die Bereichsausnahme für die **Besatzungen von Seeschiffen** 9 umgesetzt worden. § 24 KSchG ordnet nur die Geltung des 1. und 2. Abschnitts des KSchG, nicht aber die Geltung der Vorschriften über die Massenentlassung an. Die frühere weitere Ausnahme für **Binnenschiffe** und **Luftverkehrsfahrzeuge** ist durch Art. 1 Nr. 4 des Zweiten Gesetzes zur Änderung des KSchG v. 27.4.1978 (BGBl. I 550 [551]) im Interesse der Richtlinienkonformität gestrichen worden (BT-Drs. 8/1041, 6). **Landbetriebe** von Seeschifffahrtsunternehmen wie Docks und Lagerhäuser werden von der Bereichsausnahme, die sich ausdrücklich nur auf die Besatzungen von Seeschiffen bezieht, nicht erfasst.

4. Saisonbetriebe. a) Unionsrechtswidrige Ausnahme für Saisonbetriebe. § 22 I 10 **KSchG** nimmt **Saison- und Kampagnebetriebe** (zur Definition s. ErfK/*Kiel* KSchG § 22 Rn. 3 f.) aus dem Geltungsbereich anzeigepflichtiger Massenentlassungen aus. Die Bereichsausnahme gilt nur für Entlassungen, die „durch die **Eigenart des Betriebs bedingt**" sind, die also wegen des **Endes der Saison** bzw. der Kampagne erklärt werden. Entlassungen, die **während der Saison** oder Kampagne erklärt werden, sind bei Überschreiten der Schwellenwerte anzeigepflichtig (ErfK/*Kiel* KSchG § 22 Rn. 5). Eine Unterausnahme enthält § 22 II KSchG für Baubetriebe, die nach § 101 ff. SGB III gefördert werden. Diese Betriebe unterliegen uneingeschränkt der Anzeigepflicht.

Die Massenentlassungs-Richtlinie enthält keine ausdrückliche Herausnahme von Saison- 11 betrieben aus ihrem Geltungsbereich. Als Rechtsgrundlage für § 22 I KSchG kommt darum allein **Art. 1 II lit. a** Massenentlassungs-Richtlinie in Betracht. Danach findet die Richtlinie im Rahmen von Arbeitsverträgen, die für eine bestimmte Zeit oder Tätigkeit geschlossen werden, keine Anwendung. Die hM im Schrifttum nimmt unter Bezug auf *Opolony* (NZA 1999, 791 [793]) an, dass diese Ausnahmeregelung § 22 I KSchG legitimiert (APS/*Moll* KSchG § 22 Rn. 2; HLK/*v. Hoyningen-Huene* § 22 Rn. 1; KR/*Weigand* KSchG § 17 Rn. 24; aA *Zwanziger* AuR 2001, 384 [385]; zweifelnd *Thüsing* § 6 Rn. 22). Dem ist nur eingeschränkt zu folgen. Art. 1 II lit. a betrifft **nur befristete Arbeitsverhältnisse,** wie sie in Saisonbetrieben typischerweise geschlossen werden. Enden diese durch Zeitablauf, greift der Massenentlassungsschutz nicht (→ Rn. 15). **Unbefristet Beschäftigte** in Saisonbetrieben werden dagegen von der Massenentlassungs-Richtlinie erfasst. Nach seinem **Wortlaut** nimmt Art. 1 II lit. a Massenentlassungs-Richtlinie eindeutig nur **Zeit- und Zweckbefristungen** aus (*Mauthner* 116; aA *Opolony* NZA 1999, 791 [793], der von einem offenen Wortlaut ausgeht). Das macht insbesondere der Vergleich mit den französischen und englischen Sprachfassungen deutlich, in denen auf „tâche déterminées" bzw. „specific tasks",

490 RL 98/59/EG Art. 1 — Begriffsbestimmungen; Ausnahmen

also jeweils auf **bestimmte Aufgaben,** abgestellt wird. Zudem ist Art. 1 II lit. a Massenentlassungs-Richtlinie als **Ausnahmeregelung eng auszulegen** (→ Rn. 3). Aus der Stellungnahme der Kommission im Verfahren Kommission/Belgien (s. EuGH 28.3.1985 – C-215/83 Rn. 22, Slg. 1985, I-1039) folgt, dass sie die Voraussetzungen der Art. 1 II lit. a Massenentlassungs-Richtlinie nur als erfüllt ansieht, wenn der Arbeitsvertrag für eine bestimmte Zeit oder eine „klar definierte Tätigkeit" geschlossen ist. Dieses Verständnis des Art. 1 II lit. a liegt auch ihrem gescheiterten Versuch zugrunde, die Bereichsausnahme für Besatzungen von Seeschiffen 1992 zu modifizieren (→ Rn. 8). Sie führt unter Verweis auf Art. 1 II lit. a an, „das Argument, die Beschäftigung einiger Seeleute sei befristeter Art und daher mit den Bestimmungen der Richtlinie unvereinbar, ist nicht stichhaltig" (KOM [91] 292 endg. Nr. 19). Der Hinweis, Art. 1 II Massenentlassungs-Richtlinie regele Einschränkungen des betrieblichen Geltungsbereichs, sodass Buchst. a nicht als Definition des Begriffs „Entlassung" verstanden werde könne (*Opolony* NZA 1999, 791 [793]), hilft nicht weiter. Buchst. a definiert nicht den Entlassungsbegriff, sondern nimmt einen eng begrenzten Personenkreis aufgrund der Rechtsnatur des Arbeitsverhältnisses aus dem Geltungsbereich der Massenentlassungs-Richtlinie aus. Arbeitnehmer, die unbefristet in einem Saison- oder Kampagnebetrieb beschäftigt sind, gehören nicht zu diesem ausgenommenen Personenkreis. Auch wenn der Personalbedarf dieser Betriebe naturgemäß starken Schwankungen unterworfen ist und die Arbeitgeber von den mit Massenentlassungen verbundenen Formalitäten belastet werden (vgl. ErfK/*Kiel* KSchG § 22 Rn. 1), werden diese Arbeitnehmer von den Schutzzwecken der Massenentlassungs-Richtlinie (→ vor Art. 1 Rn. 5 f.) erfasst. Für sie soll ein einheitliches Mindestschutzniveau gelten. Gelangen Arbeitnehmer von Saison- oder Kampagnebetrieben in einem engen Zeitfenster während oder zum Ende der Saison bzw. Kampagne aufgrund von **Kündigungen** in größerer Menge auf den Arbeitsmarkt, führt dies genau zu der Belastung des Arbeitsmarkts, der die Massenentlassungs-Richtlinie entgegenwirken will.

12 **b) Unionsrechtskonforme Rechtsfortbildung.** § 22 I KSchG ist daher **nur insoweit unionsrechtskonform,** als Arbeitnehmer, die **zweck- oder zeitbefristet in einem Saison- oder Kampagnebetrieb beschäftigt** sind und deren Arbeitsverhältnis am Ende der Saison bzw. Kampagne durch Auslaufen der Befristung endet, von der Anwendung des §§ 17 ff. KSchG ausgeschlossen sind. Die nationalen Gerichte müssen jedoch im Rahmen ihrer Verpflichtungen aus Art. 4 III EUV und Art. 288 III AEUV unter Heranziehung aller möglichen Auslegungsmethoden iSe **Optimierungsgebotes** in den Grenzen des nach innerstaatlicher Rechtstradition Erlaubten ein richtlinienkonformes Ergebnis erzielen (BVerfG 26.9.2011 NJW 2012, 669; allg. zur Verpflichtung der nationalen Gerichte, durch unionsrechtskonforme Auslegung im Rahmen ihrer Zuständigkeit die volle Wirksamkeit des Unionsrechts sicherzustellen EuGH 24.1.2012 – C-282/10 Rn. 24 ff. – Dominguez, NZA 2012, 139; → AEUV Art. 288 Rn. 37 ff., Rn. 49). Das gilt insbesondere dann, wenn ein Mitgliedstaat wie hier der Ansicht ist, dass die geltenden nationalen Vorschrift der Richtlinie bereits genügen und **kein Anpassungsbedarf** besteht (EuGH 16.12.1993 – C-334/92 Rn. 21 – Wagner Miret, NJW 1994, 921). Darum ist § 22 I KSchG im Wege der **unionsrechtskonformen Rechtsfortbildung teleologisch zu reduzieren.** Eine solche Fortbildung scheitert nicht notwendig an der **Grenze des Wortlauts** (zu dieser Rechtsfigur mit ausf. Begründung BAG 24.3.2009 BAGE 130, 119 Rn. 64 ff. = AP BUrlG § 7 Nr. 39; vgl. auch BVerfG 26.9.2011, NJW 2012, 669; *Schlachter* EuZA 2015, 1 [11 ff.]). Die dafür erforderliche verdeckte Regelungslücke im Sinne einer **planwidrigen Unvollständigkeit** liegt vor. Der Gesetzgeber hat im KSchG lediglich an der bereits seit den 20iger Jahren durch die StillegungsVO v. 8.11.1920 idF v. 15.10.1923 (RGBl. I 983) sowie durch § 20 IV des Gesetzes zur Ordnung der nationalen Arbeit v. 20.1.1934 (RGBl. I 45) bestehenden Rechtslage festgehalten (Begründung zum Entwurf eines KSchG v. 23.1.1951, RdA 1951, 65) und hat anlässlich der Anpassung des KSchG an die RL 75/129/EWG (BT-Drs. 8/1041) keinen Anlass gesehen, § 22 KSchG zu ändern. Es spricht viel dafür, dass die in den 20iger

Jahren getroffene Entscheidung, die Pflichten bei Massenentlassung in Saisonbetrieben nicht greifen zu lassen, darauf beruht, dass zu diesem Zeitpunkt ein ausdifferenziertes Befristungsrecht, wie es heute besteht, noch nicht existierte und befristete Arbeitsverträge die Ausnahme waren, und eine Anpassung an die geänderte Rechtslage versehentlich unterblieben ist. Jedenfalls fehlt es an einer eindeutigen Entscheidung des Gesetzgebers, **bewusst** eine von der Massenentlassungs-Richtlinie abweichende Regelung zu schaffen bzw. aufrechtzuerhalten, die die Arbeitsgerichte aufgrund ihrer Bindung an Recht und Gesetz sowie wegen des Gewaltenteilungsgrundsatzes zu beachten hätten (BAG 24.3.2009 BAGE 130, 119 Rn. 65 = AP BUrlG § 7 Nr. 39; vgl. dagegen für den Fall einer eindeutigen Richtungsentscheidung des Gesetzgebers BAG 17.11.2009 BAGE 132, 247 Rn. 30 ff. = NZA 2010, 1020). Das Problem der fehlenden Kompatibilität des § 22 KSchG mit Art. 1 II lit. a Massenentlassungs-Richtlinie hat der Gesetzgeber schlicht übersehen.

Die teilweise Unvereinbarkeit des § 22 I KSchG mit dem Unionsrecht dürfte **kaum** **13** **praktische Bedeutung** erlangen. Die Mehrzahl der Arbeitsverhältnisse in Saison- und Kampagnebetrieben wird wegen der Besonderheiten dieser Arbeitsverhältnisse befristet. Diese Befristungen sind grds. wirksam (BAG 29.1.1987 NZA 1987, 627). Zudem wird eine Vielzahl dieser Arbeitsverhältnisse mit Arbeitnehmern aus anderen Mitgliedstaaten oder Drittstaaten geschlossen, die idR keine Kündigungsschutzklage erheben werden. Sollte die Frage der Vereinbarkeit von § 22 I KSchG mit Art. 1 II lit. a Massenentlassungs-Richtlinie zur gerichtlichen Entscheidung kommen, wird eine Vorlage an den EuGH dann unumgänglich sein, wenn das BAG als letztinstanzliches Gericht die Vereinbarkeit von § 22 I KSchG mit der Massenentlassungs-Richtlinie uneingeschränkt bejahen will.

5. Tendenzbetriebe. Eine Einschränkung der Massenentlassungsschutzes in Tendenz- **14** betrieben sehen weder Art. 1 II Massenentlassungs-Richtlinie noch § 17 KSchG vor. Eine § 118 I 2 BetrVG vergleichbare Beschränkung fehlt. Auf Tendenzbetriebe findet daher § 17 KSchG, insbesondere die Pflicht zur Konsultation des Betriebsrats, **uneingeschränkt Anwendung** (BAG 18.11.2003 BAGE 108, 311 Rn. 38 = NZA 2004, 741). Dies begegnet keinen Bedenken wegen der Eigenheit dieser Betriebe, weil es an einem Einigungszwang fehlt (→ Art. 2 Rn. 43 ff.). Allerdings enthält das **BetrVG keine angemessene Sanktion** für eine Verletzung der Informations- und Anhörungsrechte des Betriebsrats in Tendenzbetrieben. Ein Anspruch auf **Nachteilsausgleich** nach § 113 III BetrVG im Wege unionsrechtskonformer Auslegung lässt sich weder bei Verstößen gegen **§ 17 II KSchG** (BAG 18.11.2003 BAGE 108, 311 Rn. 45 ff. = NZA 2004, 741) noch bei Verstößen gegen **§ 17 III KSchG** (BAG 30.3.2004 BAGE 110, 122 Rn. 44 ff. = NZA 2004, 931) herleiten. Die **Sanktion** folgt in diesen Fällen allein aus dem **Kündigungsrecht.** Die Kündigung ist bei Verstößen gegen die Konsultationspflichten unwirksam (BAG 21.3.2013 NZA 2013, 966 Rn. 60 ff.), ebenso bei Verstößen gegen § 17 III KSchG (BAG 22.11.2012 NZA 2013, 2620 Rn. 31 ff.). Das gilt auch in Tendenzbetrieben. Diese Sanktion ist hinreichend wirksam → Art. 6 Rn. 2.

II. Sachlicher Geltungsbereich

1. Befristete Arbeitsverhältnisse. Art. 1 II lit. a nimmt Zeit- und Zweckbefristungen **15** aus dem Geltungsbereich der Massenentlassungs-Richtlinie aus (zum Anwendungsbereich dieser Norm → Rn. 11). Endet das Arbeitsverhältnis **mit Ablauf der Zeit oder Eintritt des Zwecks,** für die bzw. den das Arbeitsverhältnis abgeschlossen worden ist, ist auch bei Massentatbeständen kein Massenentlassungsverfahren erforderlich. Etwas anderes gilt nach Buchst. a nur dann, wenn **während** des laufenden Befristungsverhältnisses Massenentlassungen erfolgen. Ob die Befristung wirksam ist, spielt nach der Massenentlassungs-Richtlinie keine Rolle. Das wirft das Problem auf, ob Befristungen oder auflösende Bedingungen, die zur **Umgehung des Kündigungsschutzes** vereinbart werden, vom Schutz der Massenentlassungs-Richtlinie erfasst werden. Die hM im Schrifttum bejaht das (HLK/*v. Hoyningen-*

Spelge

Huene § 17 Rn. 34 mwN; **aA** APS/*Moll* KSchG § 17 Rn. 35). Ein solcher Fall läge etwa dann vor, wenn generell eine Beendigung des Arbeitsverhältnisses für den Fall der Betriebsstilllegung vereinbart würde, ohne dass zu diesem Zeitpunkt die Stilllegung auch nur geplant ist. Das Problem dürfte kaum praxisrelevant werden, weil kein Arbeitgeber das Risiko eingehen wird, sich bei einer Massenentlassung allein auf derart offenkundig unwirksame Befristungen oder auflösende Bedingungen zu verlassen. Kündigt er aber zumindest vorsorglich ordentlich, löst das bei Überschreiten der Schwellenwerte seine Verpflichtungen aus der Massenentlassungs-Richtlinie aus. Kommt aber doch ein solcher Fall zur Entscheidung, wird zu berücksichtigen sein, dass nach den Schutzzwecken der Massenentlassungs-Richtlinie gerade Wettbewerbsverzerrungen durch unterschiedliche Schutzniveaus in den einzelnen Mitgliedstaaten verhindert werden sollen (im Einzelnen → vor Art. 1 Rn. 5 f.). Das spräche dafür, Art. 1 II lit. a Massenentlassungs-Richtlinie dahin zu verstehen, dass die Anwendung der Richtlinie nur bei solchen befristeten Arbeitsverhältnissen ausgeschlossen sein soll, bei denen von vornherein **kein dauerhafter Beschäftigungsbedarf** bestand und der Zeitpunkt der Beendigung bei Vertragsschluss absehbar oder zumindest angelegt war. Ob dieses Verständnis zutrifft, kann letztlich nur der EuGH entscheiden. Zur Berücksichtigung von Beendigungen durch Fristablauf bei der Frage, ob der **Schwellenwert** erreicht ist → Rn. 80.

16   **2. Kirchliche Arbeitsverhältnisse. a) Keine Bereichsausnahme in der Massenentlassungs-Richtlinie.** Die Massenentlassungs-Richtlinie enthält – anders als etwa Art. 4 II der RL 2000/78/EG – keine allg. **Kirchenklausel,** die Sonderregelungen im nationalen Recht für Arbeitnehmer im kirchlichen Bereich zulässt. Soweit Religionsgemeinschaften wie die Bistümer und der Verband der Diözesen in der katholischen Kirche sowie die EKD, die EKU und die VELKD in der evangelischen Kirche **Körperschaften des öffentlichen Rechts** sind, findet die Massenentlassungs-Richtlinie allerdings nach **Art. 1 II lit. b Massenentlassungs-Richtlinie** keine Anwendung (→ Rn. 3, 5 f.). Im Übrigen werden kirchliche Arbeitsverhältnisse von der Massenentlassungs-Richtlinie uneingeschränkt erfasst. Die Massenentlassungs-Richtlinie stellt nicht darauf ab, ob der Arbeitgeber Erwerbszwecke verfolgt (→ Rn. 44).

17   **b) Massenentlassungsschutz nach deutschem Recht. aa) Konsultationsverfahren.** §§ 17 ff. KSchG finden auf kirchliche Arbeitgeber, die als öffentlich-rechtliche Körperschaft organisiert sind, keine Anwendung (→ Rn. 5). Im Übrigen kennt das deutsche Massenentlassungsverfahren **für kirchliche Arbeitsverhältnisse keine Ausnahme.** Die Bereichsausnahme in **§ 118 II BetrVG** für Religionsgemeinschaften und ihre karitativen und erzieherischen Einrichtungen betrifft nur den Geltungsbereich des BetrVG. Zwar ist das in § 17 II KSchG geregelte Konsultationsverfahren materielles Betriebsverfassungsrecht, wird aber wegen seiner eindeutigen, wenn auch systemwidrigen (→ vor Art. 1 Rn. 10) Verankerung im Kündigungsschutzrecht von § 118 II BetrVG nicht erfasst. § 17 II KSchG gilt deshalb uneingeschränkt auch für kirchliche Arbeitsverhältnisse (vgl. allg. für Tendenzbetriebe → Rn. 14). Insoweit besteht **kein Umsetzungsdefizit.** Die in §§ 17 KSchG geregelten Informations- und Anhörungspflichten bestehen jedoch nur gegenüber **Betriebsräten.** Ein solches Gremium existiert im kirchlichen Dienst nicht (*Thüsing* § 6 Rn. 20). Dort sind nur **Mitarbeitervertretungen** vorgesehen, denen § 27a MAVO 2011 bzw. § 34 MVG-EKD idF v. 12.11.2013 (ABl. EKD 2013, 425) Informationsrechte gewähren. Die in den kirchlichen Vorschriften vorgesehenen Informationspflichten bleiben jedoch deutlich hinter den in Art. 2 II und III Massenentlassungs-Richtlinie bzw. § 17 II KSchG vorgesehenen zurück. Die Informationsrechte knüpfen an eine Mindestbetriebsgröße v. 50 (§ 27a MAVO) bzw. 150 (§ 34 MVG-EKD) Arbeitnehmern. Sie beschränken sich auf eine reine Information der Vertretung. Insbesondere fehlt es an einer Verpflichtung, mit den Mitarbeitervertretungen mit dem Ziel einer Einigung zu beraten. Einen Art. 2 III Massenentlassungs-Richtlinie bzw. § 17 II 2 KSchG entsprechenden Katalog enthalten die kirchlichen Bestimmungen nicht, sondern beschränken sich auf die allg. Verpflichtung, die „erforderlichen" Unterlagen vor-

zulegen. Das insoweit bestehende **Umsetzungsdefizit** (aA wohl *Thüsing* § 6 Rn. 20) ist durch unionsrechtskonforme Rechtsfortbildung (zu dieser Rechtsfigur → Rn 12) zu schließen. Als „Betriebsrat" iSd § 17 II KSchG sind im Wege der **Analogie** auch Mitarbeitervertretungen zu verstehen. Für die Herausnahme dieser Gremien aus dem Anwendungsbereich des § 17 II KSchG gibt es – anders als bei § 118 II BetrVG, der insoweit dem durch Art. 140 GG iVm Art. 137 III WRV gewährleisteten kirchlichen Selbstbestimmungsrecht Rechnung trägt – keinen eindeutigen, verfassungsrechtlich motivierten Willen des Gesetzgebers. Die Konsultationspflicht ist mit dem **kirchlichen Selbstbestimmungsrecht** vereinbar, weil kein Einigungszwang besteht (→ Art. 2 Rn. 43, 50) und das Konsultationsverfahren auf Kooperation ausgerichtet ist (vgl. BAG 20.11.2012 BAGE 143, 354 Rn. 108 = NZA 2013, 448). Allerdings ist der Begriff „Betriebsrat" im deutschen Sprachgebrauch mit einem eindeutigen Bedeutungsgehalt besetzt, den Mitarbeitervertretungen kirchlichen Rechts nicht erfüllen. Der Gesetzgeber hat die vorstehend dargelegte Regelungslücke bei der Umsetzung der Massenentlassungs-Richtlinie in das deutsche Recht aber nicht erkannt. Es ist davon auszugehen, dass er bei Erkennen der Lücke seiner Umsetzungspflicht, die ihm keine Ausnahme wie in § 118 II BetrVG eröffnete, genügt hätte (vgl. zur Vermutung eines derartigen Willens BVerfG 26.9.2011, NJW 2012, 669 Rn. 51). Dafür spricht auch, dass er im Bereich der Anzeigepflicht keine Ausnahme vorgesehen hat, sodass kirchliche Arbeitgeber zumindest die Pflichten nach § 17 III 4 und 5 KSchG treffen (→ Rn. 18). Einer **Vorlage an den EuGH bedarf es** zur Klärung dieser Frage, die ausschließlich die Auslegung und Anwendung deutschen Rechts betrifft, **nicht**. Die unionsrechtliche Rechtslage ist eindeutig (vgl. zur Entbehrlichkeit der Vorlage in derartigen Fällen BVerfG 26.9.2011 Rn. 47 f.; BAG 18.1.2012 BAGE 140, 261 Rn. 48 = NZA 2012, 2376). Zudem ist der Begriff der „Arbeitnehmervertreter" allein nach deutschem Recht zu bestimmen (→ Rn. 19, 65).

bb) Anzeigepflicht. Nehmen kirchliche Arbeitgeber, die keine Körperschaften öffent- **18** lichen Rechts sind (zur Herausnahme dieser Arbeitgeber aus dem Geltungsbereich der Massenentlassungs-Richtlinie → Rn. 16), Massenentlassungen vor, unterliegen sie der Anzeigepflicht nach **§ 17 III KSchG**. Ebenso wenig wie § 17 II sieht Abs. 3 eine Bereichsausnahme für kirchliche Arbeitsverhältnisse vor (vgl. für einen Tendenzbetrieb iSd § 118 I BetrVG BAG 30.3.2004 BAGE 110, 122 Rn. 41 = NZA 2004, 931). Die Pflichten nach § 17 III 4 und 5 KSchG können solche Arbeitgeber unproblematisch erfüllen. Bei einer analogen Anwendung des § 17 II KSchG auf Mitarbeitervertretungen (→ Rn. 17) können sie auch den Pflichten nach § 17 III 1 bis 3 und 6 KSchG genügen.

B. Massenentlassung

„Massenentlassungen" iSv Art. 1 I lit. a Massenentlassungs-Richtlinie sind Entlassungen, **19** die der Arbeitgeber aus Gründen, die nicht in der Person des Arbeitnehmers liegen, vornimmt, sofern die in Art. 1 I lit a Ziff. i genannten Schwellenwerte (Ziff. ii hat für das deutsche Recht keine Bedeutung) überschritten sind. Art. 1 UAbs. 2 Massenentlassungs-Richtlinie stellt dem unter näher geregelten Voraussetzungen Beendigungen auf Veranlassung des Arbeitgebers gleich.

I. Autonome Auslegung

Die zur Ausfüllung des Begriffs der Massenentlassung verwendeten Begriffe „Arbeitneh- **20** mer", „Arbeitgeber", „Entlassungen" und „Betrieb" sind in der Massenentlassungs-Richtlinie nicht näher umschrieben und müssen dem allg. Unionsrecht entnommen werden. Nach st.Rspr. des EuGH sind Begrifflichkeiten in einer Richtlinie anhand von einheitlichen und **autonomen Kriterien** und damit losgelöst von den nationalen Begrifflichkeiten **auszulegen,** wenn die Richtlinie für die Ermittlung ihres Sinnes und ihrer Bedeutung nicht ausdrücklich auf das Recht der Mitgliedstaaten verweist (EuGH 14.10.2010 – C-428/09 Rn. 27 f. – Union syndicale Solidaires Isère, Slg. 2010, I-9961). Eine solche Verweisung ist in Art. 1 I lit. a nicht erfolgt. Deshalb sind für alle dort verwendeten Begriffe nicht die deutschen Begriffsverständnisse und Auslegungsgrundsätze maßgeblich, sondern die vom EuGH entwickelten unionsrechtlichen. Ihre Bedeutung ist anhand objektiver Merkmale unter Berücksichtigung des Regelungszusammenhangs und des Zweckes der Massenentlassungs-Richtlinie **vom EuGH** zu bestimmen (vgl. für den Entlassungsbegriff EuGH 12.10.2004 – C-55/02 Rn. 45 – Kommission/Portugal, NZA 2004, 1265).

II. Entlassungsbegriff

21 „**Entlassung**" ist jede vom **Arbeitnehmer** nicht gewollte, **ohne** seine **Zustimmung** erfolgte Beendigung des Arbeitsvertrags, die ihren **Grund nicht in seiner Person** hat. Das gilt auch, wenn die Beendigung der Arbeitsverhältnisse durch vom Arbeitgeber nicht gewollte betriebliche Umstände erzwungen wird (EuGH 12.10.2004 – C-55/02 Rn. 50 ff. – Kommission/Portugal, NZA 2004, 1265). Setzt der Entleiher **Leiharbeitnehmer** nicht mehr ein, liegt darin **keine Entlassung**. Das Arbeitsverhältnis zum Verleiher besteht fort. Der Schutzzweck der Massenentlassungs-Richtlinie gebietet keine andere Auslegung (→ Rn. 2). Die Beendigung des Arbeitsverhältnisses muss durch eine **Handlung** des Arbeitgebers erfolgen. Endet daher – wie nach dem spanischen Recht – das Arbeitsverhältnis, wenn der Arbeitgeber stirbt, ohne dass es zu einer Unternehmensnachfolge kommt, werden die Pflichten nach der Massenentlassungs-Richtlinie nicht ausgelöst (EuGH 10.12.2009 – C-323/08 Rn. 34 – Rodríguez Mayor, NZA 2010, 151).

22 **1. Maßgeblicher Zeitpunkt.** „Entlassung" ist die Kündigungserklärung des Arbeitgebers. Art. 2 I und Art. 3 I der Massenentlassungs-Richtlinie stellen auf „beabsichtigte" Massenentlassungen ab. Die Massenentlassungs-Richtlinie verfolgt das Ziel, Kündigungen zu verhindern oder zu beschränken (→ vor Art. 1 Rn. 5 f.). Das setzt voraus, dass der Arbeitgeber in dem Zeitpunkt, in dem ihn die Pflichten aus Art. 2 und 3 Massenentlassungs-Richtlinie treffen, noch keine Kündigung erklärt hat (EuGH 27.1.2005 – C-188/03 Rn. 36 ff. – Junk, NZA 2005, 213). Maßgeblicher Zeitpunkt ist darum der **Zugang der Kündigungserklärung.**

23 Das **BAG** hat den Begriff der „Entlassung" in **§ 17 KSchG** dem Verständnis des EuGH folgend **unionsrechtskonform ausgelegt** (st.Rspr. seit BAG 23.3.2006 BAGE 117, 281 = NZA 2006, 971). Die gegen diese Auslegung gerichtete Kritik (HLK/*v. Hoyningen-Huene* § 17 Rn. 6; KR/*Weigand* KSchG § 17 Rn. 32 d f.) berücksichtigt die weitreichenden Verpflichtungen der nationalen Gerichte aus Art. 4 III EUV und Art. 288 III AEUV (→ Rn. 12) nicht hinreichend, die insbesondere auch den Zweck der Massenentlassungs-Richtlinie, der § 17 KSchG ebenso zugrunde liegt, zu berücksichtigen hatten. Ein eindeutiger Wille des Gesetzgebers, der einer unionsrechtskonformen Auslegung entgegengestanden hätte (→ Rn. 12), bestand nicht (BAG 13.7.2006 BAGE 119, 66 Rn. 19 f. = NZA 2007, 25). Zugleich hat das BAG den von dieser Änderung der Rechtsprechung nachteilig betroffenen Arbeitgebern **Vertrauensschutz** gewährt. Das BVerfG hat eine dieser Entscheidungen (BAG 1.2.2007 – 2 AZR 15/06) mit Beschluss v. 10.12.2014 (NZA 2015, 375) aufgehoben. Das BAG habe vorab vom EuGH klären lassen müssen, ob die damit einhergehende Beschränkung der Wirkung der Entscheidung des EuGH (EuGH 27.1.2005 – C-188/03 – Junk, NZA 2005, 213) mit dem Unionsrecht vereinbar sei. Der Rechtsstreit ist zwischenzeitlich durch einen Vergleich, mit dem das Arbeitsverhältnis rückwirkend beendet worden ist, beendet (BAG: 2 AZR 3/15). Eine **Wiederaufnahme** anderer, rechtskräftig abgeschlossener Verfahren, in denen die Arbeitnehmer wegen der Gewährung von Vertrauensschutz für den Arbeitgeber den Rechtsstreit verloren haben, nach § 579 I Nr. 1 ZPO scheidet aus, weil die Wiederaufnahmefrist von höchstens 5 Jahren nach Eintritt der Rechtskraft (§ 587 I 2 ZPO) idR abgelaufen sein wird. Zur Gewährung

von Vertrauensschutz durch die Gerichte der Mitgliedstaaten bei Rechtsprechungsänderungen aufgrund des Unionsrechts unter kritischer Betrachtung der Entscheidung des BVerfG → AEUV Art. 288 Rn. 51 ff., der dabei nicht ausreichend berücksichtigt, dass in Fällen, in denen das Vertrauen in die bisherige nationale Rechtsprechung einer unionsrechtskonformen Auslegung entgegensteht, eine solche Auslegung gänzlich unterbleiben muss. Eine Norm kann von einem Gericht eines Mitgliedstaats nicht einerseits iSd Unionsrechts ausgelegt werden, die Wirksamkeit dieser Auslegung aber andererseits durch Einräumen von Vertrauensschutz ausgehebelt werden. Hierzu auch → Art. 6 Rn. 17. Zur Gewährung von **Schadenersatz** statt Vertrauensschutz *Koch* SR 2012, 159 [167 f.]; *Spelge* FA 2011, 34 [36].

Das frühere deutsche Verständnis, Entlassung sei die Beendigung des Arbeitsverhältnisses, **24** also das Ende der Kündigungsfrist (ausführlich APS/*Moll* KSchG § 17 Rn. 26), ist damit ebenso überholt wie eine Vielzahl von Entscheidungen des BAG aus der „Ante-Junk-Ära". Zahlreiche Anwendungs- und Auslegungsprobleme der §§ 17 ff. KSchG ergeben sich daraus, dass der **Gesetzgeber** bisher eine **Anpassung** dieser Vorschrift an das unter dem Druck des EuGH gewandelte Begriffsverständnis der Entlassung **versäumt** hat. Weitere Probleme folgen daraus, dass das Konsultationsverfahren des § 17 II KSchG bis zur Entscheidung „Junk" praktisch keine eigenständige Bedeutung hatte, sondern als zu vernachlässigendes Anhängsel des Verfahrens nach §§ 111 ff. BetrVG angesehen wurde. Das war nach dem alten Verständnis des Entlassungsbegriffs konsequent: Nach Erklären der Kündigung war ein Konsultationsverfahren sinnlos. Dementsprechend finden sich in der früheren Rechtsprechung des BAG auch kaum Ausführungen zu § 17 II KSchG. Seit 2010 ist es vermehrt damit befasst, die durch die Untätigkeit des Gesetzgebers entstandenen Probleme zu lösen.

Offengelassen hat das BAG bisher, ob auch der Entlassungsbegriff bei der in **§ 18 IV** **25** **KSchG** geregelten **Freifrist** die Kündigungserklärung oder weiterhin die tatsächliche Beendigung des Arbeitsverhältnisses meint (BAG 22.4.2010 BAGE 134, 176 Rn. 18 = NZA 2010, 1057). § 18 IV KSchG stellt auf die „Durchführung" der Entlassung ab. Das spricht dafür, dass auch in dieser Norm die **Kündigungserklärung** maßgeblich ist. Unabhängig davon verpflichtet § 18 IV KSchG den Arbeitgeber nicht dazu, nur deshalb eine erneute Massenentlassungsanzeige zu erstatten, weil die **Kündigungsfrist außerhalb der Freifrist endet.** Das folgt aus dem Verweis in § 18 IV auf § 17 I KSchG. § 18 IV KSchG will aber **Vorratsanzeigen** verhindern. Eine (erneute) Anzeige ist deshalb nötig, wenn der Arbeitgeber **nach Ablauf der Freifrist** Massenentlassungen erklären will (BAG 23.2.2010 BAGE 133, 240 Rn. 32 f. = NZA 2010, 944 mwN zum Streitstand in Rn. 29 ff.; s. auch → Art. 4 Rn. 6). Hat der Arbeitgeber eine angezeigte Kündigung erklärt, ist diese Anzeige **verbraucht.** Er kann dann auch **in der Freifrist** keine Massenentlassungen ohne erneute Anzeige vornehmen. Hat er aber die **Kündigung bisher nicht erklärt,** etwa weil noch die Zustimmung einer Behörde fehlte, kann er ohne erneute Anzeige auch dann innerhalb der Freifrist kündigen, wenn ein Massenentlassungstatbestand vorliegt, sobald das Formerfordernis nachgeholt worden ist (BAG 22.4.2010 BAGE 134, 176 Rn. 21 = NZA 2010, 1057). Zu **Nachkündigungen** → Rn. 83.

2. Rechtsform und Grund der Entlassung. a) Änderungskündigungen. Die Mas- **26** senentlassungs-Richtlinie differenziert nicht zwischen unterschiedlichen Formen der Entlassung. Sie erfasst damit auch **Änderungskündigungen.** Das gilt unabhängig davon, ob der Arbeitnehmer das Änderungsangebot unter Vorbehalt annimmt oder es ablehnt (BAG 20.2.2014 NZA 2014, 1069). Bei Ablauf der Annahmefrist müssen Konsultationsverfahren und Anzeige bereits erfolgt sein. **Konsultation** und **Anzeige** sind deshalb auch auf Arbeitnehmer, denen Änderungskündigungen erklärt werden sollen, zu erstrecken. Auch diese Arbeitnehmer können auf den Arbeitsmarkt gelangen. Allein maßgeblich ist die Lage im Zeitpunkt der Kündigung. Spätere Entwicklungen sind unerheblich (ArbG Berlin 30.9.2009 – 55 Ca 7676/09; *Bissels* jurisPR-ArbR 32/2010 Anm. 4). Nimmt der Gekündigte die Änderung unter Vorbehalt an, ist es ihm im Kündigungsschutzprozess **nicht**

verwehrt, sich auf Fehler im Verfahren nach § 17 KSchG zu berufen (ArbG Berlin 30.9.2009 – 55 Ca 7676/09; offengelassen von BAG 20.2.2014 NZA 2014, 1069; **aA** *Dzida/Hohenstadt,* DB 2006, 1897 [1900]). Erforderlich ist aber, dass sich der Fehler im Verfahren nach §§ 17 ff. KSchG auf die Kündigung überhaupt auswirken konnte, also **kausal** war (→ Art. 6 Rn. 18 f.) Darum können sich Arbeitnehmer, die eine **Beendigungskündigung** erhalten haben, grds. nicht darauf berufen, dass Änderungskündigungen bei der Anzeige nicht berücksichtigt worden sind, wenn ihre Entlassung der Arbeitsverwaltung angezeigt worden ist (vgl. BAG 28.6.2012 BAGE 142, 202 Rn. 50 = NZA 2012, 1029). Ist allerdings, wie in dem der Entscheidung v. 20.2.2014 (2 AZR 346/12) zugrunde liegenden Fall, das Massenentlassungsverfahren gar nicht durchgeführt worden, weil ohne die Änderungskündigungen der Schwellenwert nicht erreicht war, dann ist für alle Entlassenen der Fehler kausal.

27 **b) Verhaltensbedingte und außerordentliche Kündigungen.** Die Massenentlassungs-Richtlinie sieht für **außerordentliche Kündigungen** keine Sonderregelungen vor. Das ist angesichts der Vielgestaltigkeit der nationalen Kündigungsbegriffe (so wird zB im österreichischen Recht unter „Entlassung" ausschlich die arbeitgeberseitige außerordentliche Kündigung verstanden, *Resch* ZESAR 2010, 41 [43]) konsequent. Der Begriff der Massenentlassung erstreckt sich auf **alle Gründe, die nicht in der Person des Arbeitnehmers liegen** (EuGH 12.10.2004 – C-55/02 Rn. 66 – Kommission/Portugal, NZA 2004, 1265). Demgegenüber lässt **§ 17 I 1 KSchG** das Recht zur „fristlosen Entlassung" unberührt. Gem. **§ 17 IV 2 KSchG** sind „fristlose Entlassungen" bei den Schwellenwerten nicht zu berücksichtigen. Dies steht im **Einklang** mit der Massenentlassungs-Richtlinie, soweit fristlose Kündigungen – wie idR – aus **verhaltens- oder personenbedingten Gründen** erfolgen (→ Rn. 28). Soweit dagegen fristlose Entlassungen aus **betrieblichen Gründen** vorgenommen werden, ist § 17 IV KSchG mit der Massenentlassungs-Richtlinie **nicht vereinbar.** Diese Ausnahme ist noch aus dem ursprünglich rein arbeitsmarktpolitischen Zweck (→ vor Art. 1 Rn. 5) der Massenentlassungsbestimmungen des KSchG zu erklären. Dies hat der Gesetzgeber bei der Anpassung des KSchG an die Massenentlassungs-Richtlinie und ihre Vorgängerrichtlinie übersehen, als er ohne jede Begründung an der Herausnahme fristloser Entlassungen festgehalten hat (BT-Drs. 8/1041, 5). Andererseits hat er bei der Umsetzung dieser Richtlinie erkannt, dass diese den Individualschutz verstärken, aber angenommen, dass weitere Änderungen des deutschen Rechts als die von ihm vorgenommenen nicht erforderlich seien (BT-Drs. 8/1041, 4). In der Zusammenschau von Entstehungsgeschichte, Wortlaut und Regelungszweck lässt § 17 IV 2 KSchG eine **unionsrechtskonforme Auslegung** dahin zu, dass außerordentliche Kündigungen aus betrieblichen Gründen als Entlassung anzusehen sind und im Rahmen des § 17 I KSchG zu berücksichtigen sind (im Ergebnis ebenso Preis/Sagan/*Naber/Sittard* § 10 Rn. 40; APS/*Moll* KSchG § 17 Rn. 40). Ein eindeutiger, einer solchen Auslegung entgegenstehender Wille des deutschen Gesetzgebers (→ Rn. 12), abweichend von der Massenentlassungs-Richtlinie zu handeln, lässt sich nicht feststellen. Bei einer solchen Auslegung stellt sich das Problem des möglichen **Rechtsmissbrauchs** durch die Erklärung unbegründeter, außerordentlicher Kündigungen nicht (vgl. dazu LAG Nds 6.4.2009 BB 2009, 1981 Rn. 19; *Resch* ZESAR 2010, 41 [43]). Große praktische Relevanz hat diese Frage nicht, weil kaum „echte" außerordentliche Kündigungen aus betriebsbedingten Gründen erklärt werden (zu denkbaren Fällen KR/*Fischermeier* BGB § 626 Rn. 157 ff.). **Entfristete ordentliche Kündigungen** und **Kündigungen** ordentlich unkündbarer Arbeitnehmer **mit sozialer Auslauffrist** werden von der Ausnahme in § 17 IV KSchG nicht erfasst, sind also als Entlassungen zu berücksichtigen (ErfK/*Kiel* KSchG § 17 Rn. 16).

28 Entlassungen, die aus Gründen **in der Person** des Arbeitnehmers erfolgen, werden gem. **Art. 1 I lit. a Massenentlassungs-Richtlinie** von dieser ausdrücklich nicht erfasst. Damit sind personen- und verhaltensbedingte Kündigungen aus dem Geltungsbereich der Massenentlassungs-Richtlinie ausgenommen (*Riesenhuber* § 23 Rn. 11). Diese Einschränkung hat

§ 17 KSchG nicht übernommen. Die Anregung des Wirtschaftsausschusses, die Pflichten nach §§ 17 ff. KSchG wie im Unionsrecht nur bei betriebsbedingten Massenentlassungen entstehen zu lassen, fand bei der Anpassung an die RL 75/129/EWG keine Berücksichtigung. Der Gesetzgeber wollte keine Verschlechterung gegenüber der bisherigen Rechtslage, um eine vorausschauende Arbeitsvermittlung nicht zu erschweren (BT-Drs. 8/1546, 7). Art. 5 Massenentlassungs-Richtlinie lässt dieses Beibehalten einer für die Arbeitnehmer günstigeren Rechtslage zu. Personen- und verhaltensbedingte Kündigungen können deshalb die Pflichten nach §§ 17 ff. KSchG auslösen (vgl. BAG 8.6.1989 NZA 1990, 224 Preis/Sagan/Naber/Sittard § 10 Rn. 37). Auch wenn personen- oder verhaltensbedingte Massenentlassungen kaum praxisrelevant sein dürften, kann die Abweichung vom Unionsrecht Bedeutung erlangen, wenn **personen- bzw. verhaltensbedingte und betriebsbedingte Kündigungen in engem zeitlichen Zusammenhang erklärt** werden. Unterschreitet die Zahl der betriebsbedingten Kündigungen noch knapp die Schwellenwerte des § 17 I 1 KSchG, können diese uU überschritten werden, wenn innerhalb der 30-Tages-Frist (→ Rn. 81 f.) personen- und/oder verhaltensbedingte Kündigungen erfolgen. Zu den dadurch entstehenden Problemen im Konsultationsverfahren → Rn. 82.

c) **Insolvenzkündigungen.** Massenentlassungen in der **Insolvenz** unterfallen uneingeschränkt der Massenentlassungs-Richtlinie und §§ 17 ff. KSchG. Die **RL 75/129/EWG** sah in **Art. 1 II lit. d** eine Bereichsausnahme für Entlassungen vor, die wegen einer gerichtlich angeordneten Einstellung des Betriebes erfolgten. Diese Ausnahme ist nie in deutsches Recht umgesetzt worden. Durch die RL 92/56/EWG ist Buchst. d **gestrichen** worden. Von den Ausnahmemöglichkeiten in Art. 3 I UAbs. 2 und Art. 4 IV Massenentlassungs-Richtlinie für das Anzeigeverfahren und die Freifrist (dazu EuGH 17.12.1998 – C-250/97 Rn. 18 f. – Lauge, NZA 1999, 305) hat die BRD keinen Gebrauch gemacht. Bis zum Zeitpunkt der endgültigen Liquidation der Rechtspersönlichkeit müssen deshalb auch in einer Insolvenz die Pflichten nach § 17 II und III KSchG uneingeschränkt erfüllt werden. Das gilt auch dann, wenn die Betriebsstilllegung zwingend erforderlich ist, weil die Masse unzulänglich ist und sich kein Erwerber findet. Die Massenentlassungs-Richtlinie greift auch dann ein, wenn die Gründe, auf denen die Entlassung beruht, nicht dem (freien) Willen des Arbeitgebers entsprechen (vgl. EuGH 12.10.2004 – C-55/02 Rn. 49 f. – Kommission/Portugal, NZA 2004, 1265). Nach Insolvenzeröffnung treffen die Pflichten aus § 17 II KSchG den **Insolvenzverwalter** (vgl. EuGH 3.3.2011 – C-235/10 ua Rn. 53, 55 – Claes, NZA 2011, 494). Davon geht auch das BAG ohne nähere Problematisierung aus (BAG 18.1.2012 BAGE 140, 261 Rn. 29 = NZA 2012, 2376). Allerdings entfaltet eine **noch vom späteren Schuldner erstattete wirksame Massenentlassungsanzeige** nach Eröffnung des Verfahrens für den Insolvenzverwalter weiter Wirkung (BAG 22.4.2010 BAGE 134, 176 Rn. 15 = NZA 2010, 1057). Gilt bei **Insolvenzen mit Auslandsbezug** ausländisches Recht als lex fori concursus, für die materiell-rechtliche Wirksamkeit der Kündigung aber nach Art. 10 EuInsVO bzw. § 337 InsO deutsches Recht als lex causae, sind die Pflichten nach §§ 17 ff. KSchG von demjenigen zu erfüllen, der nach ausländischem Recht Arbeitgeber ist. Verbleibt die Arbeitgeberstellung bei dem insolventen Unternehmen, muss dieses – ggf. vertreten durch den nach dem ausländischen Recht eingesetzten Verwalter – das Konsultationsverfahren durchführen (vgl. für ein Sonderliquidationsverfahren nach griechischem Recht BAG 13.12.2012 AP KSchG 1969 § 17 Nr. 44 Rn. 40 ff.; vgl. für den Administrator nach englischem Recht BAG 20.9.2012 BAGE 143, 129 Rn. 37 ff. = NZA 2013, 797).

d) **Weitere Fälle.** Endet ein Arbeitsverhältnis durch **Befristung oder Bedingung,** unterfällt das nicht dem Entlassungsbegriff (EuGH 13.5.2015 – C-392/13 Rn. 67 – Ralal Cañas, NZA 2015, 669; s. auch → Rn. 15).

Eigenkündigungen oder **Aufhebungsverträge** werden nach dem eindeutigen Wortlaut des Art. 1 I lit. a Massenentlassungs-Richtlinie vom Entlassungsbegriff **nicht erfasst.** Art. 1 I UAbs. 2 Massenentlassungs-Richtlinie stellt allerdings für die Berechnung der Zahl der Entlassungen Beendigungen auf Veranlassung des Arbeitgebers den Entlassungen iSd Art. 1 I lit. a gleich. Dies setzt § 17 I 2 KSchG mit Modifikationen ins deutsche Recht um (→ Rn. 34 ff.).

III. Beendigung auf Veranlassung des Arbeitgebers

32 1. **Verständnis des Art. 1 I UAbs. 2 Massenentlassungs-Richtlinie.** Zum Verständnis des kryptisch formulierten Art. 1 I UAbs. 2 Massenentlassungs-Richtlinie hat sich des EuGH noch nicht geäußert. Klarheit kann insoweit nur ein Vorabentscheidungsersuchen geben. Die in dieser Bestimmung genannten Beendigungen des Arbeitsverhältnisses auf Veranlassung des Arbeitgebers dürften selbst nicht der Massenentlassungs-Richtlinie unterliegen, sondern **nur für die Berechnung** der erforderlichen **Mindestanzahl an Entlassungen** von Bedeutung sein (SA des GA *Tizzano* C-55/02 v. 11.3.2004 Rn. 42). Das dürfte sich aus **Wortlaut, Systematik** und **Entstehungsgeschichte** der Norm ergeben. Arbeitnehmer, die selbst kündigten, konnten sich auf den Schutz der RL 75/129/EWG nicht berufen (EuGH 12.2.1985 – C-284/83 Rn. 8 – Dansk Metalarbejderforbund, Slg. 1985, I-553). Dies nahm die Kommission zum Anlass, die Richtlinie durch **Art. 1 I UAbs. 2 Massenentlassungs-Richtlinie** zu ergänzen. Dabei sollte ursprünglich der Begriff der Massenentlassung durch die geänderte Formulierung „Massenentlassung ist jede von einem Arbeitgeber aus einem oder mehreren Gründen, die nicht in der Person der Arbeitnehmer liegen, ausgehende Beendigung von Arbeitsverträgen" in Art. 1 I lit. a RL 92/56/EWG klargestellt werden (KOM [92] 127 endg., 2). Das machte die im Entwurf der Kommission vorgesehene Ergänzung der Begründungserwägungen mit der Formulierung deutlich: „Die sich aus der Richtlinie ergebenden Verpflichtungen gelten für den Arbeitgeber, wenn die festgelegten Grenzzahlen erreicht sind, und zwar entweder durch Entlassungen oder durch andere Formen der Beendigung des Arbeitsvertrages ..." (KOM [92] 127 endg., 5, 8). Diese Formulierung wurde jedoch nicht Inhalt der RL 92/56/EWG und später der Massenentlassungs-Richtlinie. Art. 1 I UAbs. 2 Massenentlassungs-Richtlinie stellt – wie bereits die RL 92/56/EWG – Beendigungen auf Veranlassung des Arbeitgebers den Entlassungen, also Kündigungen, iSd Art. 1 I lit. a Massenentlassungs-Richtlinie, nur „für die Berechnung der Zahl der Entlassungen" gleich. Diese Regelung dürfte also **nur für die Frage Bedeutung haben, ob die Schwellenwerte überschritten** sind. Dies machen Art. 2 und 3 der Massenentlassungs-Richtlinie deutlich. Danach erstrecken sich die Konsultations- und Anzeigepflichten nur auf die „beabsichtigten" Massen"entlassungen" und damit nur auf die Entlassungen iSd Art. 1 I lit. a Massenentlassungs-Richtlinie. Art. 1 I UAbs. 2 Massenentlassungs-Richtlinie dürfte den Anwendungsbereich der Massenentlassungs-Richtlinie also lediglich insoweit erweitern, als die **Schwellenwerte leichter erreicht** und damit der **Schutz** der Massenentlassungs-Richtlinie **für die Entlassenen,** dh Gekündigten, häufiger **ausgelöst** wird. Die auf **Veranlassung des Arbeitgebers Ausgeschiedenen** dürften daher nach der Massenentlassungs-Richtlinie (zum deutschen Recht → Rn. 34) nicht anzuzeigen und das Konsultationsverfahren auf sie nicht zu erstrecken sein. Zudem könnten sich bei einem derartigen Verständnis diese Arbeitnehmer **nicht auf Fehler** im Massenentlassungsverfahren **berufen,** wenn sie die Beendigung – etwa in Anfechtungsprozessen – angreifen. Dieses Problem wirkt sich im praktischen Ergebnis nur für die **Anzeigepflicht** des Art. 3 Massenentlassungs-Richtlinie aus. Dagegen ist das **Konsultationsverfahren** idR auch auf die Arbeitnehmer zu erstrecken, die später auf Veranlassung des Arbeitgebers ausscheiden. In dem Zeitpunkt, zu dem die Konsultationspflicht entsteht (→ Art. 2 Rn. 15 ff.), wird zumeist die Eigenkündigung noch nicht erklärt bzw. der Aufhebungsvertrag noch nicht geschlossen sein.

33 2. **Anforderungen des Art. 1 I UAbs. 2 Massenentlassungs-Richtlinie.** Wie Art. 1 I lit. a Massenentlassungs-Richtlinie nimmt auch UAbs. 2 Beendigungen aus Gründen **in der Person** der Arbeitnehmer aus seinem Geltungsbereich aus. Beendigungen aus verhaltens- oder personenbedingten Gründen werden also nicht erfasst. Darüber hinaus verlangt UAbs. 2, dass die **„Zahl der Entlassungen" mind. fünf** beträgt. Dies führt nur scheinbar zu einem Widerspruch zwischen Art. 1 I lit. a i Massenentlassungs-Richtlinie, die mind. 10 Entlassungen verlangt (vgl. zu diesem Widerspruch SA des GA *Mengozzi* C-323/08 v. 16.7.2009 Rn. 62). Der Begriff der Entlassung ist in der Massenentlassungs-Richtlinie einheitlich auszulegen, hat also in Art. 1 1 lit. a Massenentlassungs-Richtlinie dies. Bedeutung wie in I UAbs. 2 Massenentlassungs-Richtlinie (EuGH 12.10.2004 – C-55/02 Rn. 44 – Kommission/Portugal, NZA 2004, 1265). UAbs. 2 ist daher so zu lesen, dass die Zahl der Entlassungen **iSd Art. 1 I lit. a Massenentlassungs-Richtlinie** mind. fünf betragen muss. Ist das nicht der Fall, sind also nicht **mind. fünf** „echte" **Kündigungen** erfolgt, kann durch vom Arbeitgeber veranlasste Beendigungen des Arbeitsverhältnisses den Schwellenwert nicht überschritten und der Massenentlassungsschutz nicht ausgelöst werden (vgl. *Riesenhuber* § 23 Rn. 11; *Boemke* EAS B 7100 Rn. 8; *Weiss* RdA 1992, 367 [371]). Generalanwalt *Mengozzi* nimmt allerdings an, der Schwellenwert sei bei „Entlassungen" auf Veranlassung des Arbeitgebers niedriger (SA C-323/08 v. 16.7.2009 Rn. 89). Dies berücksichtigt nicht, dass UAbs. 2 gerade zwischen Entlassungen iSd Art. 1 I lit. a Massenentlassungs-Richtlinie und Beendigungen auf Veranlassung des Arbeitgebers differenziert (→ Rn. 32). Zudem steht dieses Verständnis im Widerspruch zu den Zielen der Massenentlassungs-Richtlinie. Sozioökonomische Auswirkungen (→ vor Art. Rn. 6) haben einvernehmliche Beendigungen des Arbeitsverhältnisses idR nicht. Ein Grund, warum gerade für diese Form des Ausscheidens ein niedrigerer Schwellenwert angemessen sein soll, ist nicht erkennbar. Auch insoweit kann Klarheit aber nur der EuGH schaffen.

3. Abweichung des § 17 I 2 KSchG von Art. 1 I UAbs. 2 Massenentlassungs- 34
Richtlinie. Art. 1 I UAbs. 2 der RL 92/56/EWG ist durch **§ 17 I 2 KSchG** umgesetzt worden. Die Beschränkung „für die Berechnung der Zahl der Entlassungen" findet sich dort allerdings bewusst nicht. Der Gesetzgeber wollte an die Rechtsprechung des BAG anknüpfen (BT-Drs. 13/668, 13 unter Bezug auf BAG 6.12.1973 BAGE 25, 430 = AP KSchG 1969 § 17 Nr. 1). In der vom Gesetzgeber angesprochenen Entscheidung hatte das BAG angenommen, Arbeitnehmer, die mit ihrer Eigenkündigung einer Beendigungskündigung des Arbeitgebers zuvorkämen, müssten bei der Berechnung, ob der Schwellenwert erreicht sei, mit berücksichtigt werden. Sei dadurch der Schwellenwert überschritten, sei auch die Eigenkündigung anzeigepflichtig. Unabhängig davon, wie die Massenentlassungs-Richtlinie insoweit zu verstehen ist → Rn. 32, ist jedenfalls nach deutschem Recht die **Anzeigepflicht** nach diesem Willen des Gesetzgebers, der im Wortlaut Niederschlag gefunden hat, grds. auch **auf Arbeitnehmer zu erstrecken,** die **auf Veranlassung** des Arbeitgebers **ausgeschieden** sind. Das ist günstiger und damit nach Art. 5 Massenentlassungs-Richtlinie wirksam. Auf Fehler im Verfahren nach § 17 III KSchG können sich diese Arbeitnehmer allerdings nicht berufen → Rn. 36. Zum Ausscheiden von Arbeitnehmern unter Wechsel in ein neues, dem Arbeitgeber bekanntes Arbeitsverhältnis → Rn. 39. Die **Konsultationspflicht** erstreckt sich aus den in → Rn. 32 genannten Gründen ohnehin idR auch auf die Arbeitnehmer, die auf Veranlassung des Arbeitgebers ausgeschieden sind.

Auch bei den Beendigungen des Arbeitsverhältnisses auf Veranlassung des Arbeitgebers 35 spielt es nach dem Willen des Gesetzgebers wie bei § 17 I 1 KSchG (→ Rn. 28) **keine Rolle,** ob der Grund für die Beendigung **betriebsbedingt** ist (BT-Drs. 13/668, 13). Auch insoweit zählen also – anders als nach der Massenentlassungs-Richtlinie (→ Rn. 33) – zB aus personenbedingten Gründen geschlossene Aufhebungsverträge mit. Die **Mindestanzahl von fünf Entlassungen** ist nicht ins deutsche Recht übernommen worden. Nach der unter → Rn. 33 vertretenen Auffassung ist dies für die deutschen Arbeitnehmer **günstiger** und damit nach Art. 5 Massenentlassungs-Richtlinie wirksam (APS/*Moll* KSchG § 17 Rn. 31). Wird weniger als fünf Arbeitnehmern gekündigt und scheiden die restlichen Arbeitnehmer einvernehmlich aus, ist nach dieser Auffassung gem. § 17 KSchG – nicht aber nach der Massenentlassungs-Richtlinie – das Massenentlassungsverfahren durchzuführen. Nimmt man dagegen mit Generalanwalt *Mengozzi* an, dass der Schwellenwert bei Beendigungen auf Veranlassung des Arbeitgebers generell niedriger als nach Art. 1 I lit. a Massenentlassungs-Richtlinie ist (SA C-323/08 v. 16.7.2009, Rn. 89; s. dazu → Rn. 33), wäre § 17 I 2 KSchG **unionsrechtswidrig**. Dann wäre nach den Anforderungen der Massenentlassungs-Richtlinie – nicht aber nach § 17 KSchG – das Massenentlassungsverfahren zB schon dann durchzuführen, wenn ein Arbeitgeber, der 120 Arbeitnehmer hat, innerhalb von 30 Tagen fünf Kündigungen erklärt und fünf Aufhebungsverträge schließt. In einem solchen Fall wäre eine **Vorlage an den EuGH** zur Klärung dieser dann entscheidungserheblichen Frage erforderlich.

36 Auf **Fehler im Verfahren** durch eine zu geringe Anzahl angezeigter Entlassungen können sich nur die gekündigten Arbeitnehmer berufen, die von der Anzeige nicht erfasst sind. Zum **Kausalitätserfordernis** unterlassener Anzeigen im Einzelnen → Rn. 26 und → Art. 6 Rn. 18 f. **Einvernehmlich ausgeschiedene Arbeitnehmer** dürften sich auch nach deutschem Recht wie nach der Massenentlassungs-Richtlinie (→ Rn. 32) idR **nicht** auf Fehler im Verfahren nach §§ 17 f. KSchG **berufen** können. Die Einbeziehung der auf Veranlassung des Arbeitgebers ausgeschiedenen Arbeitnehmer in die Anzeigepflicht durch den Gesetzgeber in § 17 I 2 KSchG (→ Rn. 34) beruht noch auf dem arbeitsmarktpolitisch geprägten Verständnis der früheren Rechtsprechung. Nach diesem Verständnis war die Anzeige der einvernehmlichen Beendigungen auch dann sinnvoll, wenn die einvernehmlichen Beendigungen wirksam blieben. Das Arbeitsverhältnis sollte auch bei Fehlern bei der Anzeige entsprechend dem Willen des Arbeitnehmers beendet bleiben (*Hueck* Anm. AP KSchG 1969 § 17 Nr. 1 zu 4b; offengelassen vom BAG 6.12.1973 BAGE 25, 430 = AP KSchG 1969 § 17 Nr. 1). Der Wille des Gesetzgebers richtete sich also nicht darauf, den ohne Arbeitgeberkündigung Ausgeschiedenen Individualschutz durch § 17 KSchG zu verschaffen. Dieser Wille dürfte trotz der geänderten Zielrichtung des § 17 KSchG, die die Umsetzung der Massenentlassungs-Richtlinie durch die deutsche Rechtsprechung erzwungen hat, weiter zu respektieren sein. Einer Vorlage an den EuGH bedarf diese sich nur im deutschen Recht stellende Frage zu ihrer Klärung nicht. Zur möglichen Ausnahme bei rechtsmissbräuchlicher Gestaltung des Konsultationsverfahrens → Art. 2 Rn. 21

37 **4. Veranlassung durch den Arbeitgeber.** Eine „Veranlassung" verlangt eine **aktive Rolle des Arbeitgebers** in Form einer unmittelbaren Willensäußerung (EuGH 10.12.2009 – C-323/08 Rn. 40 – Rodríguez Mayor, NZA 2010, 151) sowie die **Zustimmung des Arbeitnehmers** (EuGH 12.10.2004 – C-55/02 Rn. 56 – Kommission/Portugal, NZA 2004, 1265). Dementsprechend liegt eine Veranlassung iSd **§ 17 I 2 KSchG** vor, wenn die Beendigung des Arbeitsverhältnisses darauf zurückzuführen ist, dass der Arbeitgeber dem Arbeitnehmer zu verstehen gegeben hat, es bestehe keine Beschäftigungsmöglichkeit mehr und er werde das Arbeitsverhältnis beenden. Das ist insbesondere der Fall, wenn der Arbeitnehmer durch eine **Eigenkündigung** oder einen **Aufhebungsvertrag** der sonst erforderlichen **Beendigungskündigung zuvorkommt** (BAG 28.6.2012 BAGE 142, 202 Rn. 47 f. = NZA 2012, 1029). Zu den nach deutschem Recht denkbaren Konstellationen APS/*Moll* KSchG § 17 Rn. 33.

38 a) **Rentenbezug und ältere Arbeitnehmer.** Geht ein Arbeitnehmer in **Rente** und bezieht der Arbeitgeber das in die Planung des Personalabbaus ein, fehlt es am erforderlichen aktiven Handeln des Arbeitgebers, der sich das Ausscheiden des Arbeitnehmers nur passiv zu Nutze macht, und damit an einer Veranlassung (*Mauthner* 95). Scheiden **ältere Arbeitnehmer** auf Veranlassung des Arbeitgebers aus, sind sie bei der Berechnung, ob eine anzeigepflichtige Massenentlassung vorliegt, dagegen zu berücksichtigen. Die sog. **„58er-Regelung"** (§ 65 IV 1 SGB II iVm § 428 SGB III), nach der Arbeitslosengeldanspruch auch bestand, wenn keine Vermittlungsbereitschaft vorlag, ist am 31.12.2007 ausgelaufen. Gem. § 3 IIa SGB II sind erwerbsfähige Leistungsberechtigte, die das 58. Lebensjahr vollendet haben, unverzüglich in Arbeit zu vermitteln. Auch wenn ältere Arbeitnehmer einvernehmlich ausscheiden, um mit Hilfe des Arbeitslosengeldes und einer Abfindung die **Zeit bis zur**

Rente zu überbrücken, was bei Inkrafttreten der Regelung zum abschlagsfreien Rentenbezug mit 63 nach 45 Beitragsjahren häufig vorkommen wird, gelangen sie nach dieser Rechtslage iSd Massenentlassungs-Richtlinie zunächst auf den Arbeitsmarkt (vgl. *Mauthner* 96; **aA** HLK/*v. Hoyningen-Huene* KSchG § 17 Rn. 32). Bei Vereinbarung von **Altersteilzeit** besteht das Arbeitsverhältnis dagegen fort, sodass keine Veranlassung iSd Art. 1 I UAbs. 2 Massenentlassungs-Richtlinie vorliegt (vgl. HLK/*v. Hoyningen-Huene* § 17 Rn. 32).

b) Ausscheiden ohne unmittelbare Auswirkung auf den Arbeitsmarkt. Steht vor Erkklärung der Massenkündigungen fest, dass Arbeitnehmer auf Veranlassung des Arbeitgebers aus dem Arbeitsverhältnis ausscheiden, **ohne auf den Arbeitsmarkt zu gelangen,** etwa weil sie sofort ein neues Arbeitsverhältnis begründen oder in eine **Transfergesellschaft** wechseln, und ist dies dem **Arbeitgeber bekannt,** ist zwischen der Konsultations- und der Anzeigepflicht zu unterscheiden (diese Differenz übersieht *Hützen* EWiR 2014, 463 [464], wenn er den Telos im individuellen Schutz des Arbeitnehmers sieht). Das **Konsultationsverfahren** ist aus den in → Rn. 32, 34 genannten Gründen idR auch auf diese Arbeitnehmer zu erstrecken, wenn ihr Ausscheiden nicht schon bei Beginn des Konsultationsverfahrens feststeht. Ist das nicht der Fall, kann der Abschluss von Aufhebungsverträgen Ergebnis des Konsultationsverfahrens sein, macht dieses aber nicht entbehrlich. Bezüglich der **Anzeigepflicht** nehmen Art. 1 I lit. a Massenentlassungs-Richtlinie und § 17 I 2 KSchG nach ihrem **Wortlaut** keine Differenzierung danach vor, ob in dem Zeitpunkt der Kündigungserklärung, vor der diese Pflicht entsteht (→ Rn. 22 ff.), schon **feststeht,** dass die Arbeitnehmer **nicht arbeitslos werden** (LAG BW 23.10.2013 NZA-RR 2014, 192 (rkr) Rn. 34; *Niklas/Köhler* NZA 2010, 913 [914]). Der **Zweck** der Anzeigepflicht spricht allerdings dafür, jedenfalls den im Zeitpunkt der Entlassungen feststehenden Wechsel in eine Transfergesellschaft für den Schwellenwert nicht mehr zu berücksichtigen und diese Arbeitnehmer auch nicht der Arbeitsverwaltung anzuzeigen. Sie benötigen in dieser Situation und zu diesem Zeitpunkt nicht den wettbewerbspolitisch motivierten Schutz der Massenentlassungs-Richtlinie (→ vor Art. 1 Rn. 6; ähnlich Preis/Sagan/*Naber/Sittard* § 10 Rn. 35; **aA** *Hützen* EWiR 2014, 463 [464]). Auch wenn nicht auszuschließen ist, dass einer oder mehrere dieser Arbeitnehmer den neuen Arbeitsplatz nach kurzer Zeit wieder verlieren, weil das Arbeitsverhältnis nur für eine befristete Zeit besteht oder es in der Wartezeit des § 1 KSchG gekündigt wird, gelangen sie zunächst nicht auf den Arbeitsmarkt. Die sozioökonomischen Auswirkungen, denen die Massenentlassungs-Richtlinie ua durch die Anzeige bei der Arbeitsverwaltung begegnen will (→ vor Art. 1 Rn. 5 f.), treten jedenfalls in der 30-Tages-Frist, auf die Art. 1 I lit. a i Massenentlassungs-Richtlinie iVm § 17 I 1 KSchG ausschließlich abstellt, nicht ein. Der Wechsel in die Transfergesellschaft ist zu dem Zeitpunkt, in dem die Anzeigepflicht besteht, sowohl dem Arbeitgeber als auch der Arbeitsagentur bekannt, sodass insoweit auch keine Rechtsunsicherheit hinsichtlich der Pflichten des Arbeitgebers entsteht. Dass es bei einer derartigen Sichtweise zum Teil in der Hand des Arbeitgebers läge, ob die Schwellenwerte erreicht werden, ist keine Besonderheit des Wechsels in eine Transfergesellschaft. Der Arbeitgeber entscheidet auch durch die Wahl des Kündigungszeitpunkts darüber, ob eine Massenentlassung vorliegt (→ Rn. 81). Ob angesichts vorstehender Erwägungen Art. 1 I UAbs. 2 Massenentlassungs-Richtlinie **teleologisch zu reduzieren** ist (abl. LAG BW 23.10.2013 NZA-RR 2014, 192 (rkr.) Rn. 37 ff. mit zust. Anm. *O. Müller; Hützen* EWiR 2014, 463), kann nur der EuGH klären. Das BAG konnte dies offenlassen (BAG 28.6.2012 BAGE 142, 202 Rn. 49 = NZA 2012, 1029). Folgt man der in → Rn. 32, 36 vertretenen Ansicht, **einvernehmlich ausgeschiedene Arbeitnehmer** könnten **sich auf Fehler** im Massenentlassungsverfahren ohnehin **nicht berufen,** wird vorstehende Frage kaum praxisrelevant werden, weil sich auch die Arbeitnehmer, deren Entlassung angezeigt worden ist, auf die unterlassene Anzeige anderer Arbeitnehmer nicht berufen können → Rn. 36.

Die Anzeigepflicht besteht jedenfalls **uneingeschränkt,** wenn **noch nicht feststeht,** ob der Arbeitnehmer von der Arbeitsagentur vermittelt werden muss. Darum sind die erst

nach den anzeigepflichtigen Kündigungen in eine **Transfergesellschaft** gewechselten Arbeitnehmer in der Anzeige noch zu berücksichtigen. Das gilt auch dann, wenn die Gründung der Transfergesellschaft der Arbeitsagentur bekannt ist und sie weiß, welche Arbeitnehmer von Kündigungen bedroht sind. Gleichwohl steht in diesen Fällen im Zeitpunkt der Kündigung noch nicht fest, welche Arbeitnehmer das Angebot, in die Transfergesellschaft zu wechseln, annehmen werden (BAG 28.6.2012 BAGE 142, 202 Rn. 44 f. = NZA 2012, 1029; **aA** Löwisch/Spinner/*Wertheimer* § 17 Rn. 35).

41 **c) Sonstige Fälle.** Endet das Arbeitsverhältnis aufgrund einer **Zeit- und Zweckbefristung**, ist dies keine Beendigung auf Veranlassung des Arbeitgebers. Solche Befristungen sind vom Anwendungsbereich der Massenentlassungs-Richtlinie ausgenommen → Rn. 15. Sie sind darum bei den Schwellenwerten nicht zu berücksichtigen → Rn. 80.

42 Kündigt der Arbeitnehmer aufgrund von **Entgeltrückständen,** ist dies nur dann eine Veranlassung iSd § 17 I 2 KSchG und der Massenentlassungs-Richtlinie, wenn der Arbeitgeber das Entgelt gerade deshalb nicht zahlt, um den Arbeitnehmer zur Kündigung zu bewegen (vgl. für § 111 BetrVG: BAG 4.7.1989 AP BetrVG 1972 § 111 Nr. 27). Das wird idR nicht nachzuweisen sein. Bei allen anderen Kündigungen wegen Entgeltrückständen fehlt es an der erforderlichen aktiven Rolle des Arbeitgebers (→ Rn. 37). Insoweit hat sich an der Rechtslage nach der RL 75/129/EWG (dazu EuGH 12.2.1985 – C-284/83 Rn. 8 – Dansk Metalarbejderforbund, Slg. 1985, I-553) nichts geändert. Die Kommission hat sich mit dem Vorschlag, der diese Rechtslage ändern sollte, nicht durchgesetzt (→ Rn. 32; **aA** wohl *Fuchs/Marhold* 232).

43 Schließen die Parteien in einem Kündigungsschutzprozess einen **Vergleich,** der eine **neue Kündigung** enthält, ist dies eine Veranlassung iSd § 17 I 2 KSchG. Das gilt auch, wenn die Kündigung auf **personen- oder verhaltensbedingten Gründen** beruht, weil auch derartige Gründe nach deutschem Recht für den Massenentlassungstatbestand zu berücksichtigen sind (→ Rn. 28, 35). Ein solcher Vergleich kann darum uU (erneut) die Pflichten nach § 17 KSchG auslösen, wenn der Vergleichsschluss bzw. – bei einem Widerrufsvergleich – dessen Wirksamwerden in der 30-Tages-Frist des § 17 I 1 KSchG erfolgt (APS/*Moll* KSchG § 17 Rn. 32) und die Schwellenwerte, vielleicht sogar erst durch die vergleichsweise Beendigung des Arbeitsverhältnisses, überschritten sind. Das ist insbesondere denkbar, wenn die Kündigungen in mehreren **Kündigungswellen** erfolgen (zu den dadurch entstehenden Problemen für das Konsultationsverfahren → Rn. 82). Wird dagegen in dem Vergleich nur die Wirksamkeit einer **außerhalb der 30-Tage-Zeitraums erklärten Kündigung** geregelt, ist die Beendigung für den Schwellenwert sowie die Konsultations- und Anzeigepflicht ohne Belang.

IV. Arbeitgeberbegriff

44 Die Massenentlassungs-Richtlinie definiert den Begriff des Arbeitgebers nicht. Der Versuch der Kommission, in Art. 1 I lit. c Massenentlassungs-Richtlinie festzulegen, dass Arbeitgeber jede **natürliche oder juristische Person** ist, die in einem **Beschäftigungsverhältnis zu einem Arbeitnehmer** steht (KOM [92] 127 endg., 8), ist ohne Erfolg geblieben. Der EuGH hat den Arbeitgeberbegriff jedoch in diesem Sinn definiert. In einem **Konzern** ist deshalb nur die Tochter, zu der das Arbeitsverhältnis besteht, Arbeitgeberin iSd Massenentlassungs-Richtlinie (EuGH 10.9.2009 – C-44/08 Rn. 57 f. – Akavan Erityisalojen Keskusliitto, NZA 2009, 1083). Diese Tochter kann sich jedoch nach der durch die RL 92/56/EWG in Art. 2 IV Massenentlassungs-Richtlinie eingefügten **Konzernklausel** (→ Art. 2 Rn. 9 ff.) nicht darauf berufen, nicht sie, sondern das beherrschende Unternehmen habe die Entscheidung zur Massenentlassung getroffen oder sie erhalte die zur Durchführung des Konsultationsverfahrens bzw. der Meldepflichten erforderlichen Informationen nicht. Dies ist durch § 17 IIIa KSchG umgesetzt worden. Arbeitgeber iSd Massenentlassungs-Richtlinie sind auch solche, die **keinen Erwerbszweck** verfolgen (EuGH 16.10.2003 – C-32/02

Rn. 26 – Kommission/Italien, Slg. 2003, I-12063). Auch kirchliche Arbeitgeber sind darum von der Massenentlassungs-Richtlinie erfasst (→ Rn. 16). Etwas anderes gilt nur, wenn es sich um Arbeitgeber handelt, die Betriebe führen, die nach Art. 1 II Massenentlassungs-Richtlinie von ihrem Geltungsbereich ausgenommen sind (→ Rn. 3 ff.).

V. Arbeitnehmerbegriff

Die Massenentlassungs-Richtlinie definiert den Arbeitnehmerbegriff nicht und verweist 45 auch nicht auf andere unionsrechtliche Bestimmungen oder das nationale Verständnis. Auf die Definition in der **RL 2002/14/EG** kann zur Ausfüllung dieses Defizits **nicht zurückgegriffen** werden. Die Massenentlassungs-Richtlinie stützt sich auf Art. 100 EG (jetzt Art. 115 AEUV) und dient der Harmonisierung der Bestimmungen zu Massenentlassungen in den einzelnen Mitgliedstaaten (→ vor Art. 1 Rn. 2). Dem widerspräche es, für den Arbeitnehmerbegriff wie in Art. 2 lit. d RL 2002/14/EG auf das jeweilige nationale Begriffsverständnis abzustellen (vgl. die im SA des GA *Mengozzi* v. 18.1.2007– C-385/05 Rn. 78 wiedergegebene Argumentation der Kommission). Der Begriff des Arbeitnehmers ist darum **autonom** zu definieren (zur autonomen Auslegung → Rn. 20). Das hat des EuGH inzwischen klargestellt (EuGH 13.2.2014 – C-596/12 Rn. 16 – ABl. 2014 C 93, 14; das Urteil liegt nur in französischer. und italienischer Sprache vor). Das berücksichtigt die hM nicht, die nach wie vor annimmt, wegen der impliziten Verweisung auf das nationale Recht für den Begriff der Arbeitnehmervertreter müsse zur Vermeidung von Wertungswidersprüchen auf den allg. (deutschen) Arbeitnehmerbegriff zurückgegriffen werden (*Vielmeier* NJW 2014, 2678 [2680]; *Hohenstatt/Naber* NZA 2014, 637 [639]; ausf. *Ziegler*, Arbeitnehmerbegriffe im Europäischen Arbeitsrecht, 2010, 359 ff.). **Arbeitnehmer** ist, wer während einer **bestimmten Zeit** für eine andere Person **nach deren Weisung** Leistungen erbringt, für die er als **Gegenleistung** eine **Vergütung** erhält (EuGH 13.2.2014 – C-596/12 Rn. 17 – ABl. 2014 C 93, 14 unter Bezug auf EuGH 11.11.2010 – C-232/09 Rn. 39 – Danosa, NZA 2011, 143). Im Ergebnis stimmt damit das deutsche Begriffsverständnis mit dem der Massenentlassungs-Richtlinie weitgehend überein. Unterschiede bestehen allerdings bei der Arbeitnehmereigenschaft von **abhängigen Geschäftsführern**, insbesondere bei GmbHs → Rn. 47.

1. Ausschluss von Geschäftsführern und Vertretungsorganen durch § 17 V Nr. 1 46 und Nr. 2 KSchG.

§ 17 V Nr. 1 und 2 KSchG nehmen Personen vom Anwendungsbereich des § 17 KSchG aus, die nach deutschem Verständnis idR keine Arbeitnehmer sind (Schaub/*Vogelsang* § 14 Rn. 3). Soweit in extremen Ausnahmefällen Geschäftsführer in so starkem Maß **weisungsgebunden** sind, dass sie als **Arbeitnehmer** anzusehen sind (BAG 4.2.2013 NZA 2013, 397 Rn. 9), greift idR jedenfalls der Ausschluss nach Abs. 5 Nr. 3, der allerdings unionsrechtswidrig ist (→ Rn. 49). Für diese Arbeitnehmer ist nach der hier vertretenen Auffassung (→ Rn. 50) § 17 KSchG anzuwenden. Das Konsultationsverfahren ist mit dem Sprecherausschuss durchzuführen (→ Rn. 74 f.).

Ungeklärt ist, ob **„abhängige Geschäftsführer"**, dh Fremdgeschäftsführer einer GmbH 47 und Gesellschafter-Geschäftsführer ohne bestimmenden Einfluss auf die Gesellschafterversammlung, iSd Massenentlassungs-Richtlinie als Arbeitnehmer anzusehen sind. Der EuGH hat die Arbeitnehmereigenschaft einer Geschäftsführerin einer Kapitalgesellschaft für die Mutterschutz-Richtlinie 92/85 bejaht, sofern diese in die Gesellschaft eingegliedert ist, ihre Tätigkeit nach Weisung oder unter Aufsicht eines Gesellschaftsorgans erbringt und jederzeit von ihrem Amt abberufen werden kann (EuGH 11.11.2010 – C-232/09 Rn. 51 – Danosa, NZA 2011, 143). Nach diesem Verständnis sind abhängige Geschäftsführer Arbeitnehmer, weil sie dem organschaftlichen Weisungsrecht der Gesellschafterversammlung nach § 37 I GmbHG unterliegen (*Preis/Sagan* ZGR 2013, 26 [43, 58]; *Hohenstatt/Naber* NZA 2014, 637 [638]). **Für die Massenentlassungs-Richtlinie** macht ein solches Begriffsverständnis jedoch **keinen Sinn**. Auch der abhängige Geschäftsführer ist im Außenverhältnis zu den

Arbeitnehmern deren **sozialer Gegenspieler** (vgl. Schaub/*Vogelsang* § 14 Rn. 3). Der Schutz der Massenentlassungs-Richtlinie erfolgt wegen der Auswirkungen der Entlassungen, die gerade von dem Geschäftsführer (mit)geplant und umgesetzt werden. Er stünde bei Bejahung seiner Arbeitnehmereigenschaft also auf beiden Seiten des Konsultationsverfahrens und müsste praktisch mit sich selbst über Änderungen der von ihm geplanten Maßnahmen verhandeln. Auch der Zweck der Anzeigepflicht (→ vor Art. 1 Rn. 5 f.) ist bei einem Geschäftsführer verfehlt. Sozioökonomische Auswirkungen hat seine Entlassung nicht, weil er sich idR nach Stellung, Qualifikation und Profil der neuen Beschäftigung grundlegend von den übrigen Entlassenen unterscheidet (vgl. *Vielmeier* NJW 2014, 2678 [2681]). Er bedarf des Schutzes der Massenentlassungs-Richtlinie – anders als der leitende Angestellte mit Einstellungs- und Entlassungsbefugnis als weisungsgebundener Arbeitnehmer (→ Rn. 49) – nicht. Er ist deshalb **als Schutzobjekt** des Massenentlassungsrechts **untauglich** (*Hohenstatt/Naber* NZA 2014, 637 [640]). Das **ArbG Verden** hat dem EuGH die Frage vorgelegt, ob der Fremdgeschäftsführer einer GmbH, der keine Gesellschaftsanteile hält, Arbeitnehmer iSd Massenentlassungs-Richtlinie und deshalb bei der Berechnung des Schwellenwerts zu berücksichtigen ist (ArbG Verden 6.5.2014 – 1 Ca 35/13, NZA 2014, 665; EuGH anhängig unter – C-229/14 – Balkaya; Verkündungsdatum 9.7.2015). Sollte der EuGH abhängige Geschäftsführer als Arbeitnehmer einstufen, wäre § 17 V Nr. 1 KSchG insoweit unionsrechtswidrig. Mit denselben Erwägungen wie für § 17 V Nr. 3 KSchG (→ Rn. 50) wäre dann § 17 V Nr. 1 KSchG **teleologisch zu reduzieren** (aA *Hohenstatt/Naber* NZA 2014, 637 [640]). Der vom ArbG Verden vorgelegte Fall dürfte den oberen Instanzen indes keine Gelegenheit geben, diese Frage zu klären. Nach den bisherigen Feststellungen ist nicht entscheidungserheblich, ob im vorgelegten Fall der Geschäftsführer Arbeitnehmer ist. Auch mit ihm wird der Schwellenwert nicht überschritten. Unabhängig davon, dass Umschüler keine Arbeitnehmer sind (→ Rn. 54), ist nicht festgestellt, dass der Betrieb von einer Personalstärke von mehr als 20 Arbeitnehmern gekennzeichnet ist (→ Rn. 2), also sowohl die Umschülerin als auch ein durch Eigenkündigung ausgeschiedener Arbeitnehmer zur normalen Arbeitnehmerzahl gehörten. Zu den **Konsequenzen** einer Einbeziehung der Fremdgeschäftsführer in den Anwendungsbereich der §§ 17 ff. für die Schwellenwerte → Rn. 79; für das Konsultationsverfahren → Art. 2 Rn. 6; zum Kausalitätserfordernis → Art. 6 Rn. 18.

48 Der „**selbständige Geschäftsführer**", der bestimmenden Einfluss auf die Gesellschafterversammlung oder eine Sperrminorität hat, ist auch nach unionsrechtlichem Verständnis kein Arbeitnehmer (*Preis/Sagan* ZGR 2013, 26, 43, 58). Die Bereichsausnahme in § 17 I Nr. 1 KSchG ist insoweit wirksam.

49 **2. Ausschluss leitender Angestellter des § 17 V Nr. 3 KSchG. a) Unionsrechtswidrigkeit des Ausschlusses.** Die Herausnahme **leitender Angestellter** mit Einstellungs- und Entlassungsbefugnis durch **§ 17 V Nr. 3 KSchG verstößt gegen die Massenentlassungs-Richtlinie** (EuGH 13.2.2014 – C-596/12 Rn. 22 ff. – ABl. 2014 C 93, 14 für die Herausnahme des „dirigenti" im italienischen Recht aus dem Konsultationsverfahren; ErfK/*Kiel* KSchG § 17 Rn. 10 mwN). Diese Arbeitnehmer sind sowohl nach deutschem als auch nach dem Verständnis des EuGH Arbeitnehmer. Das gilt auch für die in Nr. 3 angeführten Geschäftsführer, bei denen es sich nicht um Mitglieder von Vertretungsorganen, die ausschließlich von Nr. 1 erfasst sind, sondern um Arbeitnehmer mit Leitungsfunktionen handelt (ErfK/*Kiel* KSchG § 14 Rn. 10 f. für die wortgleiche Definition in § 14 II KSchG). Die Massenentlassungs-Richtlinie sieht keine Möglichkeit der Mitgliedstaaten vor, bestimmte Arbeitnehmergruppen von den Massenentlassungsvorschriften auszunehmen. Dies wäre mit ihrem Ziel, Schutzniveau der Arbeitnehmer und wirtschaftliche Belastungen der Arbeitgeber in der Union anzugleichen (→ vor Art. 1 Rn. 5 ff.), nicht zu vereinbaren und würde die praktische Wirksamkeit der Massenentlassungs-Richtlinie beeinträchtigen (EuGH 18.1.2007 – C-385/05 Rn. 43, 48 – Confédération générale du travail, NZA 2007, 193). Unerheblich ist, dass dieser Personenkreis selbst kündigungsberechtigt ist

und damit eine **Interessenkollision** bestehen könnte. Die Massenentlassungs-Richtlinie erkennt diesen Konflikt nicht an, sondern billigt allen Arbeitnehmern bei Massenentlassungen ein grds. gleiches Schutzniveau zu (zur Ausnahme bei Fremdgeschäftsführern → Rn. 47). Zudem erhöht die Einbeziehung der leitenden Angestellten das Schutzniveau der übrigen Arbeitnehmer, weil so die Schwellenwerte eher erreicht werden (*Mauthner*, 80 ff. mit Ablehnung weiterer Rechtfertigungsmöglichkeiten wie Vertrauensstellung und geringerem Schutzbedürfnis; **aA** Löwisch/Spinner/*Wertheimer* § 17 Rn. 26).

b) **Rechtsfolge des Verstoßes gegen das Unionsrecht.** Der deutsche Gesetzgeber hat die Herausnahme bestimmter leitender Angestellter aus dem Massenentlassungsschutz nicht näher begründet, sondern nur angenommen, diese seien nicht als Arbeitnehmer iSd Massentlassungsvorschriften anzusehen (RdA 1951, 58 (65) zu § 15 III KSchG 1951). Bei den Anpassungen des KSchG an die verschiedenen Fassungen der Massenentlassungs-Richtlinie hat er sich nicht dazu geäußert, warum er an der Regelung festhält. Aus welchem Grund der Gesetzgeber die Herausnahme der leitenden Angestellten mit Einstellungs- und Entlassungsbefugnis als gerechtfertigt und als vereinbar mit der dieser Herausnahme klar entgegenstehenden Massenentlassungs-Richtlinie ansieht, bleibt damit unklar (zu verschiedenen denkbaren Ansätzen *Mauthner* 82 ff.). Es **fehlt** an einer **eindeutigen Richtungsentscheidung** des deutschen Gesetzgebers, ein klarer Regelungswille ist ebenso wenig erkennbar wie ein Regelungszweck. Deshalb ist deshalb davon auszugehen, dass der Gesetzgeber die Absicht hatte, den sich aus der Massenentlassungs-Richtlinie ergebenden Verpflichtungen in vollem Umfang nachzukommen (vgl. BVerfG 26.9.2011 Rn. 51, NJW 2012, 669). Er ist bei der Umsetzung aber zu Unrecht davon ausgegangen, dass der größte Teil der im unionsrechtlichen Massenentlassungsschutz getroffenen Bestimmungen bereits geltendes deutsches Recht sei, sodass es anderer als der in den Umsetzungsgesetzen getroffenen Regelungen nicht bedürfe (vgl. BT-Drs. 8/1041, 4). Durch dieses Verfehlen seines Regelungsplans ist § 17 V Nr. 3 KSchG planwidrig lückenhaft. Darum ist eine **unionsrechtskonforme Rechtsfortbildung** des § 17 V Nr. 3 KSchG in Form einer **teleologischen Reduktion** möglich (EuGH 16.12.1993 – C-334/92 Rn. 20 – Wagner Miret, NJW 1994, 921; vgl. *Schlachter* EuZA 2015, 1 [13]; vgl im Einzelnen → Rn. 12). Alle leitenden Angestellten sind darum bei der Berechnung der Schwellenwerte zu berücksichtigen. Sind dadurch die **Schwellenwerte der Massenentlassungs-Richtlinie überschritten,** sind sie in vollem Umfang in das Verfahren nach §§ 17 ff. KSchG einzubeziehen (→ Rn. 79). Zur Frage der Beteiligung des Sprecherausschusses → Rn. 74.

Nimmt man dagegen mit der **herrschenden Meinung im Schrifttum** an, eine **unionsrechtskonforme Auslegung** des § 17 V Nr. 3 KSchG sei **unmöglich** (ErfK/*Kiel* KSchG § 17 Rn. 10 mwN), gewähren die auf leitende Angestellte **anwendbaren Vorschriften** wie §§ 102, 111 ff. BetrVG und § 31 II sowie § 32 II SprAuG **keinen vergleichbaren Schutz** wie § 17 ff. KSchG. Die §§ 111 ff. BetrVG und § 32 II SprAuG finden wegen abweichender Schwellenwerte und der Ausnahmeregelung in § 112a II BetrVG nicht in jedem Fall einer Massenentlassung Anwendung. Zudem sehen sie keine § 17 III KSchG vergleichbaren Pflichten vor. § 102 BetrVG und § 31 II SprAuG regeln nur Anhörungs-, aber keine Konsultationspflichten (*Wißmann* RdA 1998, 221 [222]; *Mauthner* 86 ff.). **Rechtsfolge** des unionswidrigen Ausschlusses der leitenden Angestellten ist dann ein **Schadenersatzanspruch** für die betroffenen Arbeitnehmer (ErfK/*Kiel* KSchG § 17 Rn. 10). Betroffen können nicht nur leitende Angestellte sein, sondern auch die **übrigen Arbeitnehmer,** wenn für sie die §§ 17 ff. KSchG keine Anwendung gefunden haben, weil die Leitenden nicht berücksichtigt worden sind (vgl. ArbG Verden 6.5.2014 – 1 Ca 35/13 Rn. 141, NZA 2014, 665). Das setzt allerdings voraus, dass die Schwellenwerte der Massenentlassungs-Richtlinie – und nicht die des § 17 KSchG – durch die Einbeziehung der Leitenden erreicht worden wären (→ Rn. 79). Zum **insolvenzrechtlichen Rang** eines solchen Anspruchs → Art. 6 Rn. 36. Rechtsfolge ist dagegen **nicht** die **Unanwendbarkeit** von § 17 V Nr. 3 KSchG. Das Unionsrecht erlaubt es nationalen Gerichten nicht, Normen zu „eliminieren", die eine Richtlinie nicht oder unzureichend umsetzen. Nur wenn eine nationale Norm unvereinbar mit dem Primärrecht ist, ist sie unangewendet zu lassen. Art. 27 GRC rechtfertigt eine Unanwendbarkeit nicht (→ vor Art. 1 Rn. 4). Auch eine sog. **Abkopplung,** dh allein die Anwendung des von der richtlinienwidrigen Norm befreiten innerstaatlichen Rechts, sieht das Unionsrecht nicht vor (vgl. BAG 17.11.2009 BAGE 132, 247 Rn. 22 f. = NZA 2010, 1020). Zur unmittelbaren Anwendung der Massenentlassungs-Richtlinie bei Beschäftigten des **Staates** → vor Art. 1 Rn. 4.

52   **3. Sonstige Zweifelsfälle. Leiharbeitnehmer** sind keine Arbeitnehmer des Entleihers. Sie sind auch nicht bei der Betriebsgröße und damit für die Schwellenwerte zu berücksichtigen (→ Rn. 2). Eine Entlassung kann nur der Verleiher vornehmen (→ Rn. 21).

53   **Auszubildende** sind nach hM Arbeitnehmer iSd §§ 17 f. KSchG (ErfK/*Kiel* KSchG § 17 Rn. 9; KR/*Weigand* KSchG § 17 Rn. 29). Dem ist nicht zu folgen. Auszubildende sind nach deutschem Verständnis wegen der unterschiedlichen Pflichtenbindung der Rechtsverhältnisse und des im Vordergrund stehenden Ausbildungszwecks **keine Arbeitnehmer** (BAG 12.2.2015 Rn. 37). Sollen Bestimmungen, die nur für Arbeitnehmer gelten, auch auf Auszubildende Anwendung finden, ist dies – wie zB in § 5 I 1 BetrVG oder § 5 I 1 ArbGG – gesondert anzuordnen. Eine derartige Anordnung fehlt in § 17 KSchG. Sie ergibt sich auch nicht im Umkehrschluss aus § 23 I 2 und 3 KSchG. Daraus folgt gerade, dass Auszubildende für die Betriebsgröße nicht zu berücksichtigen sind. Hätte der Gesetzgeber diesen Personenkreis bei des Betriebsgröße berücksichtigen und darüber hinaus in den Schutz der §§ 17 ff. KSchG einbeziehen wollen, hätte dies einer ausdrücklichen Anordnung bedurft (**aA** wohl Löwisch/Spinner/*Wertheimer* § 17 Rn. 23). Aus der Massenentlassungs-Richtlinie folgt nichts anderes. Auch sie gilt nur für Arbeitnehmer. Die Voraussetzungen des Arbeitnehmerbegriffs der Massenentlassungs-Richtlinie (→ Rn. 45) erfüllen Auszubildende nicht. Aus demselben Grund sind entgegen der hM auch **Volontäre** und **Praktikanten** keine Arbeitnehmer, wenn es sich nicht um verdeckte Arbeitsverhältnisse handelt.

54   **Umschüler** sollen ebenfalls Arbeitnehmer iSd §§ 17 f. KSchG sein (KR/*Weigand* KSchG § 17 Rn. 29). Das ArbG Verden (6.5.2014 – 1 Ca 35/14 Rn. 171 ff., NZA 2014, 665, Az. beim EuGH C-229/14 – Balkaya Verkündungsdatum 9.7.2015) hat sich dem ohne jede Begründung angeschlossen und beim EuGH angefragt, ob **berufliche Weiterbildungsmaßnahmen,** die die Agentur für Arbeit nach § 81 SGB III fördert, Arbeitsverhältnisse iSd Massenentlassungs-Richtlinie sind. Diese Geförderten erhalten einen Bildungsgutschein nach § 81 IV SGB III. Der von ihnen ausgewählte Bildungsträger rechnet unmittelbar mit der Agentur für Arbeit ab, sodass keine unmittelbaren Zahlungen vom Träger an den Geförderten fließen (Hauck/Noftz/*Hengelhaupt,* SGB III, § 81 Rn. 182). Das Arbeitsgericht will wissen, ob der Erhalt einer Vergütung unmittelbar vom Arbeitgeber unverzichtbares Kriterium des unionsrechtlichen Arbeitnehmerbegriffs ist und ob bejahendenfalls Art. 5 Massenentlassungs-Richtlinie eine günstigere nationale Handhabung zulässt. Die Vorlage geht bereits von einem unzutreffenden Verständnis des deutschen Rechts aus. Umschulungsverhältnisse sind nach st.Rspr. des BAG **keine Arbeitsverhältnisse** (BAG 19.1.2006 BAGE 117, 20 Rn. 18, 21 = NZA 2007, 97). Umschüler unterfallen deshalb §§ 17 f. KSchG nicht. Das gilt auch, soweit die Umschulung nach **§ 81 SGB III gefördert** wird. Soweit § 81 I 1 SGB III von der Förderung von „Arbeitnehmern" spricht, ist als Arbeitnehmer iSd Vorschrift bereits anzusehen, wer bei der Antragstellung und während der Maßnahme ohne die Weiterbildung eine abhängige Beschäftigung ausüben würde (Hauck/Noftz/*Hengelhaupt,* SGB III, § 81 Rn. 71). Es ist zu befürchten, dass des EuGH aufgrund der unzutreffenden bzw. unvollständigen Darstellung des deutschen Rechts und der fehlenden Feststellungen zur Ausgestaltung des Umschulungsverhältnisses eine für Verwerfungen im deutschen Recht sorgende Antwort geben wird. Zur Reichweite des Arbeitnehmerbegriffs im Übrigen ErfK/*Kiel* KSchG § 17 Rn. 9 f.

Eine **Vorlage an den EuGH** ist in allen Zweifelsfällen **nicht erforderlich.** Der EuGH 55
hat den Arbeitnehmerbegriff definiert. Die Subsumtion für die verschiedenen Ausgestaltungen in der BRD obliegt allein den deutschen Gerichten.

VI. Betriebsbegriff

Der Betriebsbegriff ist **Dreh- und Angelpunkt** des Massenentlassungsschutzes. Der 56
EuGH hat unter Berücksichtigung der Ziele der Massenentlassungs-Richtlinie (→ vor
Art. 1 Rn. 5 f.) den Betriebsbegriff **weit ausgelegt.** Von dem ursprünglich damit verfolgten Ziel, so weit als möglich zu verhindern, dass der Massenentlassungsschutz in den Mitgliedstaaten aufgrund des Verständnisses des Betriebsbegriffs nicht greift (EuGH 7.9.2006 – C-187/05 Rn. 37 – Agorastoudis, NZA 2006, 1087), hat sich der EuGH in seiner neueren Rechtsprechung gelöst und stellt nunmehr den Zweck, einer vergleichbaren Schutz der Arbeitnehmer und eine vergleichbare Belastung der Arbeitgeber in den Mitgliedstaaten zu gewährleisten, in den Vordergrund (EuGH 30.4.2015 – C-80/14 Rn. 61 ff. – USDAW und Wilson, NZA 2015, 601). Er hat darum in Kauf genommen, dass uU die maßgebliche Einheit die erforderliche Betriebsgröße von 20 Arbeitnehmern (→ Rn. 2) unterschreitet, sodass die Pflichten nach §§ 17 ff. KSchG nicht ausgelöst werden (EuGH 13.5.2015 – C-182/13 Rn. 45, 51 – Lyttle, BeckRS 2015, 80637). Dieses Verständnis der Massenentlassungs-Richtlinie ist bei der Auslegung des Betriebsbegriffes des § 17 KSchG zu beachten.

1. Verständnis des EuGH. Der Inhalt des Betriebsbegriffs bestimmt sich nicht nach den 57
Rechtsvorschriften der Mitgliedstaaten, sondern ist vom EuGH für die gesamte Unionsrechtsordnung **autonom** (→ Rn. 20) und einheitlich auszulegen (EuGH 30.4.2015 – C-80/14 Rn. 45, NZA 2015, 601). Die Massenentlassungs-Richtlinie verwendet in den einzelnen Sprachfassungen zur Umschreibung ihres Anwendungsbereichs unterschiedliche Begriffe (zB „Betrieb", „establishment", „centro de trabajo", „établissement", „stabilimento", „plaatselijke eenheid"), die einen unterschiedlichen Bedeutungsgehalt haben. Zum Teil beziehen sich diese Begriffe auf den Betrieb, zum Teil auf die Niederlassung, zum Teil auf das Unternehmen, zum Teil auf den Arbeitsmittelpunkt oder den Arbeitsort. Der EuGH hat deshalb den Begriff des Betriebs anhand von Zweck, Systematik und Entstehungsgeschichte der Massenentlassungs-Richtlinie ausgelegt. Der Entwurf der Massenentlassungs-Richtlinie verwendete noch die Bezeichnung „enterprise" (Unternehmen), die in Art. 1 I letzter UAbs. des Vorschlags als „örtliche Beschäftigungseinheit" umschrieben wurde. Der EuGH hat daraus gefolgert, dass mit dem nunmehr verwendeten Begriff „établissement" (Niederlassung) die **Einheit** gemeint ist, der die von der Entlassung betroffenen **Arbeitnehmer zur Erfüllung ihrer Aufgabe angehören. Unerheblich** ist, ob die Einheit eine **Leitung** hat, die selbständig Massenentlassungen vornehmen kann (EuGH 7.12.1995 – C-449/93 Rn. 25 ff., 32 – Rockfon, NZA 1996, 471), oder ob sie rechtlich, wirtschaftlich, finanziell, verwaltungsmäßig oder technologisch betrachtet **selbständig** ist. Deshalb kann eine unterscheidbare Einheit, die eine gewisse **Dauerhaftigkeit** und Stabilität aufweist, bestimmte Aufgaben erledigen soll, über eine Gesamtheit von Arbeitnehmern und über technische Mittel sowie eine **organisatorische Struktur** verfügt, um diese Aufgaben zu erfüllen, ein Betrieb iSd Massenentlassungs-Richtlinie sein, auch wenn sie **Teil eines Unternehmens** ist. Nicht erforderlich ist eine **räumliche Trennung** von den anderen Einheiten und Einrichtungen des Unternehmens (EuGH 30.4.2015 – C-80/14 Rn. 44 ff., NZA 2015, 601).

2. Betriebsverfassungsrechtlich geprägtes Begriffsverständnis des BAG. Das BAG 58
legt seiner Rechtsprechung für § 17 KSchG nach wie vor den **betriebsverfassungsrechtlichen Betriebsbegriff** der §§ 1, 4 BetrVG zugrunde. Betrieb ist danach die organisatorische Einheit, innerhalb derer ein Arbeitgeber allein oder mit seinen Arbeitnehmern mit Hilfe von technischen und immateriellen Mitteln bestimmte arbeitstechnische Zwecke

fortgesetzt verfolgt (BAG 15.12.2011 AP BGB § 613a Nr. 424 Rn. 73 f. mwN). Allerdings ist für den Betrieb als betriebsverfassungsrechtliche Einheit ein **einheitlicher Leitungsapparat** erforderlich, der die **mitbestimmungsrelevanten Entscheidungen,** insbesondere in personellen und sozialen Angelegenheiten, einheitlich **trifft** (ErfK/*Koch* BetrVG § 1 Rn. 10). Diese Anforderung steht mit dem Betriebsbegriff der Massenentlassungs-Richtlinie (→ Rn. 57) nicht im Einklang. Das BAG hat deshalb den Betriebsbegriff des § 17 KSchG insoweit **unionsrechtskonform ausgelegt** und angenommen, dass es nicht zwingend darauf ankommt, ob des Betriebsteil eine Leitung hat, die selbständig Entlassungen vornehmen kann (BAG 14.8.2007 NZA 2007, 1431 Rn. 35). In dieser Auslegung haben die Betriebsbegriffe des EuGH und des BAG bisher nicht zu unterschiedlichen Ergebnissen geführt (vgl. BAG 13.12.2012 NZA 2013, 669 Rn. 84 f.; APS/*Moll* KSchG § 17 Rn. 9 f.; zum Gemeinschaftsbetrieb → Rn. 60 f.).

59 **3. Anwendungsfälle. a) Betriebsteile und Ladengeschäfte.** Der EuGH stellt keine hohen Anforderungen an eine organisatorische Struktur iSd → Rn. 57. Er sieht sie schon bei einem **Ladengeschäft** als erfüllt an, das als eigene Kostenstelle betrieben wird, bei dem aber der Filialleiter für die Erfüllung der Zielvorgaben seines Geschäfts verantwortlich ist und Einfluss auf Art und Menge der gelieferte Ware sowie den Einsatz der Arbeitnehmer nehmen kann (EuGH 13.5.2015 – C-182/13 Rn. 16, 51 – Lyttle, BeckRS 2015, 80637). Bei einem **Dienstleistungsbetrieb** bejaht er einen Betrieb, wenn die Einheit über einen Betriebsleiter verfügt, der die Aufgaben vor Ort koordiniert, auch wenn die Einheit keine eigene Buch- oder Haushaltsführung hat (EuGH 13.5.2015 – C-392/13 Rn. 50 – Rabal Cañas, NZA 2015, 669), ebenso bei einem **Produktionsbetrieb** mit eigener Ausstattung und Fachpersonal und einem Produktionsleiter, der die ordnungsgemäße Durchführung der Arbeit und die Lösung technischer Probleme sicherstellt. Den Umstand, dass Einkauf, Kalkulation und Buchhaltung zentral am Sitz des Unternehmens erfolgten, sieht der EuGH als irrelevant an (EuGH 15.2.2007 – C-270/05 Rn. 15 f., 31 f. – Athinaïki Chartopoiïa, NZA 2007, 319). Sind diese Voraussetzungen erfüllt, sind bei der Ermittlung der Schwellenwerte und der Prüfung, ob den Pflichten der Massenentlassungs-Richtlinie genügt ist, die Entlassungen in jedem Betrieb für sich genommen zu berücksichtigen (EuGH 30.4.2015 – C-80/14, Rn. 68 – USDAW und Wilson, NZA 2015, 601). Gilt ein **Betriebsteil** nach § 4 I 1 BetrVG als **selbständig** (dazu ErfK/*Koch* BetrVG § 4 Rn. 3), müssen deshalb die Schwellenwerte des § 17 I KSchG in diesem Betriebsteil überschritten sein, um die Anzeigepflicht auszulösen (BAG 13.12.2012 NZA 2013, 669 Rn. 84 f.).

60 **b) Gemeinschaftsbetrieb.** Bilden mehrere Unternehmen einen **Gemeinschaftsbetrieb** (dazu ErfK/*Koch* BetrVG § 1 Rn. 13ff; ErfK/*Kiel* KSchG § 23 Rn. 5), ist für § 17 KSchG auf den Gemeinschaftsbetrieb abzustellen. Das gilt auch dann, wenn eines der beteiligten Unternehmen seine betriebliche Tätigkeit einstellen und damit den Gemeinschaftsbetrieb **auflösen** will (BAG 14.8.2007 NZA 2007, 1431 Rn. 35; TLL/*Lembke/Oberwinter* KSchG § 17 Rn. 50 ff.).

61 Darum ist im Gemeinschaftsbetrieb das Massenentlassungsverfahren für alle beteiligten Unternehmen durchzuführen, auch wenn die maßgeblichen Schwellenwerte bei isolierter Betrachtung in einem Unternehmen nicht erreicht wären. Für die Schwellenwerte ist auf den **Gemeinschaftsbetrieb** abzustellen. Dieser ist der **Betrieb iSd Massenentlassungs-Richtlinie** und damit des § 17 KSchG (vgl. LAG Nds 18.12.2013 – 17 Sa 335/13 rkr., zust. *Naber* EWiR 2014, 399). Das steht nur scheinbar im Widerspruch zum Betriebsverständnis des EuGH (→ Rn. 57). Zwar sind die Arbeitnehmer in einem Gemeinschaftsbetrieb vertraglich nur an ihren jeweiligen Arbeitgeber gebunden (BAG 21.11.2013 NZA 2014, 255 Rn. 18). Diese sind jedoch rechtlich durch eine **Führungsvereinbarung** verbunden, die sich auf die wesentlichen Funktionen in personellen und sozialen Angelegenheiten erstreckt und institutionell einheitlich wahrgenommen wird (BAG 14.8.2013 BeckRS 2013, 73496 Rn. 27). Dadurch werden im Gemeinschaftsbetrieb die vorhandenen Mittel zusammengefasst, geordnet und gezielt eingesetzt und das vorhandene Personal gesteuert. Charakteristisch für den Gemeinschaftsbetrieb ist ein arbeitgeberübergreifender Personaleinsatz (vgl. BAG 13.2.2013 AP BetrVG 1972 § 1 Gemeinsamer Betrieb Nr. 34 Rn. 28). Bei genauer Betrachtung hat keines der beteiligten Unternehmen die erforderliche organisatorische Struktur, um seine Aufgaben zu erfüllen, sondern nur der Gemeinschaftsbetrieb. Die Arbeitnehmer werden von mehreren verbundenen Unternehmen eingesetzt, sind aber in der tatsächlichen Betrachtung keinem der Unternehmen eindeutig zuzuordnen (vgl. *Wiedemann* Anm. AP BetrVG 1972 § 1 Nr. 5). Die Arbeitnehmer **gehören** iSd Massenentlassungs-Richtlinie zur Erfüllung ihrer vertraglich geschuldeten Aufgaben **allen beteiligten Unternehmen an** (vgl. → Rn. 57). Den Arbeitgebern steht in einem solchen Konstrukt auch nur **ein** Betriebsrat als betriebsverfassungsrechtlicher Ansprechpartner gegenüber, der alle Beschäftigten unabhängig von ihrem Vertragsarbeitgeber repräsentiert und von diesen gewählt wird (ErfK/*Koch* BetrVG § 1 Rn. 13). Dies bedingt es, den Gemeinschaftsbetrieb und nicht die beteiligten Unternehmen als Betrieb iSd Massenentlassungsschutzes anzusehen. Die Pflichten aus §§ 17 II KSchG treffen deshalb den **Betriebsarbeitgeber** (→ Art. 2 Rn. 8), der das Konsultationsverfahren mit dem ohnehin für beide Unternehmen zuständigen Betriebsrat durchführen muss (zutreffend LAG Nds 18.12.2013 − 17 Sa 335/13 Rn. 35).

Nichts anderes gilt in der **Insolvenz** eines Gemeinschaftsbetriebs. Zwar ist das deutsche **62** Insolvenzrecht **rechtsträgerbezogen** ausgestaltet („ein Rechtsträger − eine Masse", BAG 21.11.2013 NZA 2014, 255 Rn. 20). IdR wird jedoch ein und dieselbe Person zum Verwalter über beide beteiligten Unternehmen bestellt, sodass der Insolvenzverwalter unschwer die Pflichten aus § 17 KSchG einheitlich für beide Unternehmen erfüllen kann. Sollten ausnahmsweise zwei Verwalter bestellt sein, kann einer der beiden jedenfalls die Anzeige auch für das andere Unternehmen erstatten (*Naber* EWiR 2014, 399).

Einer **Vorlage an den EuGH bedarf es** zur Klärung der Anwendbarkeit des § 17 **63** KSchG auf den Gemeinschaftsbetrieb **nicht.** Der EuGH hat den Betriebsbegriff umfänglich definiert. Seine Anwendung auf eine komplizierte, nur aus dem nationalen Recht heraus verständliche betriebliche Konstruktion kommt allein den deutschen Gerichten zu (vgl. EuGH 13.5.2013 − C-182/13 Rn. 52 − Lyttle, BeckRS 2015, 80637).

c) **Zusammenschlüsse nach § 3 BetrVG.** § 3 I-III BetrVG ermöglicht die Bestim- **64** mung von Betriebs- und Arbeitnehmervertretungsstrukturen, die von den Organisationsbestimmungen des BetrVG abweichen. Insbesondere erlaubt § 3 Nr. 1b BetrVG die **Zusammenfassung von Betrieben** durch Tarifvertrag (im Einzelnen ErfK/*Koch* BetrVG § 3 Rn. 4). Die so entstandenen Organisationseinheiten gelten gem. § 3 V 1 BetrVG als ein Betrieb iSd BetrVG. Eine derartige Möglichkeit sieht die Massenentlassungs-Richtlinie zwar nicht ausdrücklich vor. Art. 5 der Richtlinie gibt den Mitgliedstaaten jedoch die Möglichkeit, für die Arbeitnehmer **günstigere tarifvertragliche Vereinbarungen** zuzulassen, die den Massenentlassungsschutz auf alle entlassene Arbeitnehmer größerer Strukturen ausdehnen (vgl. für Unternehmen oder Teile eines Unternehmens desselben Arbeitgebers EuGH 30.4.2015 − C-80/14 Rn. 65 f. − USDAW und Wilson, NZA 2015, 601). Sind also die nach § 3 BetrVG geschaffenen Strukturen günstiger für die Arbeitnehmer, insbesondere weil die Schwellenwerte erst in diesen tariflich bestimmten Einheiten, nicht aber bezogen auf den einzelnen Betrieb erreicht werden, steht die Richtlinie einem Abstellen auf diese Struktur nicht entgegen. Ist der Massenentlassungsschutz dagegen nur in dem Betrieb iSd Richtlinie eröffnet, ist allein dieser Betrieb, der auch in der tariflich bestimmten Einheit seine Identität als betriebliche Einheit behält (HaKo-BetrVG/*Kloppenburg* § 3 Rn. 88), für den Massenentlassungsschutz maßgeblich. Diese Differenzierung lässt sich jedoch **nicht** auf § 17 KSchG übertragen. Der Gesetzgeber hat die Fiktionswirkung des § 3 V BetrVG ausdrücklich auf das BetrVG begrenzt. § 17 KSchG ist − wenn auch systemwidrig (→ vor Art. 1 Rn. 9) − vom Gesetzgeber bewusst im Kündigungsschutzrecht verankert worden. Für den Betriebsbegriff des KSchG ist die Fiktion des § 3 V BetrVG aber bedeutungslos (ErfK/*Koch* BetrVG § 3 Rn. 12). Ein hinreichender Wille, von der durch Art. 5 der Richtlinie eröffneten Möglichkeit, für den Bereich des Massenentlassungsschutzes auf die nach § 3 BetrVG geschaffenen tariflich bestimmten Einheiten abzustellen, sofern dies für die betroffenen Arbeitnehmer günstiger ist, Gebrauch zu machen, lässt sich aufgrund dieser gesetzlichen Regelungstechnik nicht feststellen. Für das Verfahren nach §§ 17 ff. KSchG ist darum auf den Betrieb iSd Richtlinie (→ Rn. 57) abzustellen (vgl. ErfK/*Kiel* KSchG § 17 Rn. 8; **aA** Löwisch/Spinner/*Wertheimer* KSchG § 17 Rn. 21). Dies bereitet bei den **Schwellenwerten** keine Probleme. Zum **Konsultationsverfahren** → Rn. 71; zur Zuständigkeit der Arbeitsagentur → Art. 3 Rn. 3. Bis zu einer höchstrichterlichen Klärung kann betroffenen Arbeitgebern aber nur empfohlen werden, „**zweigleisig**" zu fahren, also alternativ auf den Betrieb nach § 3 BetrVG und die einzelnen darin zusammengeschlossenen Einheiten abzustellen, sofern letztere den Voraussetzungen eines Betriebs (→ Rn. 57) genügen (so auch Preis/Sagan/*Naber*/*Sittard* § 10 Rn. 27).

C. Arbeitnehmervertreter

I. Anknüpfungspunkt: Kompetenzverteilung nach dem BetrVG

65   Art. 1 I lit. b Massenentlassungs-Richtlinie verweist zur Definition des Begriffs „**Arbeitnehmervertreter**" auf das nationale Recht. Welche Gremien jeweils angesprochen sind, ist daher – im Unterschied zu den Begrifflichkeiten, die die „Massenentlassung" umschreiben (→ Rn. 20) – nicht autonom vom EuGH, sondern allein von den **nationalen Gerichten** festzulegen. Dabei ist zu beachten, dass es sich bei dem Konsultationsverfahren um eine betriebsverfassungsrechtliche Regelung handelt (→ vor Art. 1 Rn. 9). Zuständig ist darum grds. das Betriebsverfassungsorgan, das nach der **Kompetenzzuweisung des BetrVG** für die Wahrnehmung durch die Arbeitnehmervertretung nach § 17 KSchG zustehenden Rechte zuständig ist (vgl. *Moll*/*Katerndahl* RdA 2013, 159 [162]), also grds. der **Betriebsrat**. Zur **Ausnahme** beim **Konzernbetriebsrat** → Rn. 68 ff. und → Art. 2 Rn. 31, zur Zuständigkeit bei Zusammenschlüssen nach § 3 BetrVG → Rn. 71. Der **Wirtschaftsausschuss** ist nicht zuständig (BAG 26.2.2015 – 2 AZR 955/13 Rn. 20).

II. Fehlen einer Arbeitnehmervertretung

66   Die Massenentlassungs-Richtlinie trifft keine Regelung, wie zu verfahren ist, wenn es aufgrund des nationalen Rechts keine Arbeitnehmervertreter gibt. Ist der Betrieb **nicht betriebsratsfähig**, steht außer Frage, dass kein Konsultationsverfahren durchgeführt werden kann. IdR wird es hier bereits an der erforderlichen Betriebsgröße von 20 Arbeitnehmern (→ Rn. 2) fehlen. Ist in einem **betriebsratsfähigen Betrieb kein Betriebsrat gewählt**, gilt grds. nichts anderes (zur Ersatzzuständigkeit des Gesamtbetriebsrats bei betriebsübergreifenden Entlassungen → Rn. 67). Die Massenentlassungs-Richtlinie verpflichtet die Mitgliedstaaten nicht dazu, eine Vertretung der Arbeitnehmer einzuführen, wenn ihr nationales Recht das nicht vorsieht. Der Arbeitgeber muss also nicht verpflichtet werden, für die nach deutschem Recht mögliche Wahl eines Betriebsrats zu sorgen (*Wißmann* RdA 1998, 221 [224]; *Mauthner* 129). Aus den missverständlichen Ausführungen des EuGH in Rn. 19 und 23 seiner Entscheidung v. 8.6.1994 (– C-383/92 Rn. 19, 23 – Kommission/Vereinigtes Königreich, Slg. 1994, I-2479), folgt nichts anderes. Dort hat er zwar angenommen, Art. 1 I lit. b Massenentlassungs-Richtlinie überlasse den Mitgliedstaaten lediglich die Entscheidung, wie die Arbeitnehmervertreter, die nach Art. 2 und 3 II Massenentlassungs-Richtlinie beteiligt werden müssten oder könnten, zu bestellen seien, und die Mitgliedstaaten seien gem. Art. 2 und 3 iVm Art. 6 Massenentlassungs-Richtlinie verpflichtet, die Maßnahmen zu treffen, damit die Arbeitnehmer im Falle von Massenentlassungen konsultiert werden könnten. Diese Ausführungen sind jedoch allein vor dem Hintergrund des englischen Rechts, um das es in dem Vertragsstrafenverfahren ging, zu verstehen. Danach hing die Vertretung der Arbeitnehmer von der Anerkennung der Gewerkschaften durch den Arbeitgeber ab. Ein Verfahren für den Fall, dass diese Anerkennung nicht erfolgte, gab es nicht. Darin sah der EuGH einen Verstoß gegen die Massenentlassungs-Richtlinie. Nur darauf beziehen sich seine Ausführungen in Rn. 19 und 23. Gemeint ist damit lediglich, das nationale Recht dürfe die **Beteiligung** einer (vorhandenen) Arbeitnehmervertretung **nicht zur Disposition des Arbeitgebers** stellen (vgl. SA 2.3.1994 – C-382/92 Rn. 12). Unzulänglich wäre das deutsche Recht nur, wenn die Arbeitnehmer keinen Betriebsrat wählen könnten, obwohl sie das wollten, weil der Arbeitgeber sich mit der Wahl nicht einverstanden erklärte oder deren Ergebnis nicht anerkennen würde (*Wißmann* RdA 1998, 221 [224]). Ist die **Betriebsratswahl nichtig,** hat der Betriebsrat rechtlich nie existiert. Es ist daher unschädlich, wenn der Arbeitgeber kein Konsultationsverfahren durchgeführt hat (BAG 22.4.2010 BAGE 134, 176 Rn. 17 = NZA 2010, 1057).

III. Zu beteiligende Gremien

1. Zuständigkeit bei betriebs- bzw. unternehmensübergreifenden Entlassungen und Zusammenschlüssen nach § 3 BetrVG. a) Gesamtbetriebsrat. Bei **betriebsübergreifenden Massenentlassungen** ist der **Gesamtbetriebsrat** originär zuständig. Nur so kann eine ggf. betriebsübergreifende Lösung entwickelt werden (BAG 13.12.2012 AP KSchG 1969 § 17 Nr. 44 Rn. 44). Außerdem ist der Gesamtbetriebsrat zuständig, wenn der örtliche Betriebsrat die Regelungsbefugnis wirksam **delegiert** hat (ErfK/*Kiel* KSchG § 17 Rn. 19a; zu den Voraussetzungen einer Delegation *Fitting* § 50 Rn. 62 ff.). Der Gesamtbetriebsrat wird dann als Vertreter der beauftragenden Einzelbetriebsräte tätig (BAG 18.5.2010 BAGE 134, 249 Rn. 19 = NZA 2010, 1433). Die Delegation ist nur für eine oder mehrere bestimmte Angelegenheiten zulässig. Darum genügt die Beauftragung mit den Verhandlungen über einen Interessenausgleich nicht, um auch eine Delegation der Verhandlung nach § 17 II KSchG anzunehmen (*Hützen* ZInsO 2012, 1801 [1804]). In **betriebsratslosen Betrieben** besteht bei **betriebsübergreifenden** Massenentlassungen eine **Ersatzzuständigkeit des Gesamtbetriebsrats** (ErfK/*Kiel* KSchG § 17 Rn. 19a; **aA** *Mauthner* 129). Dieser hat zwar für betriebsratslose Betriebe nur die Aufgaben, für die er nach § 50 BetrVG originär zuständig ist, wahrzunehmen. Die dort beschäftigten Arbeitnehmer werden von ihm aber insoweit repräsentiert, als ein zwingendes Erfordernis für eine unternehmenseinheitliche oder betriebsübergreifende Regelung besteht (BAG 9.12.2009 BAGE 132, 357 Rn. 23 = NZA 2010, 662). Das ist bei betriebsübergreifenden Massenentlassungen der Fall. Ist die Massenentlassung allerdings nur auf den betriebsratslosen Betrieb bezogen und hat keine darüber hinausgehenden Auswirkungen, besteht keine Ersatzzuständigkeit.

b) Konzernbetriebsrat. Ob und unter welchen Voraussetzungen der **Konzernbetriebsrat** zuständiges Gremium sein kann, hat das BAG offengelassen (BAG 22.11.2012 NZA 2013, 2620 Rn. 23). Nach der Konzeption des Betriebsverfassungsrechts ist der Konzernbetriebsrat zuständig, wenn die geplanten Maßnahmen **unternehmensübergreifend** sind und auf einem dementsprechenden Konzept beruhen (*Fitting* § 58 Rn. 15). Darum wäre er nach dem maßgeblichen nationalen Recht (→ Rn. 65) an sich das zu beteiligende Gremium (so *Hützen* ZInsO 2012, 1801 [1803]; ErfK/*Kiel* KSchG § 17 Rn. 19a; APS/*Moll* KSchG § 17 Rn. 74c; wohl auch *Moll/Katerndahl* RdA 2013, 159 [161 f.]). Die Informations-, Konsultations- und Meldepflichten aus Art. 2 I und III sowie Art. 3 I und 2 Massenentlassungs-Richtlinie treffen aber aufgrund der eindeutigen Vorgaben der Richtlinie **auf Arbeitgeberseite** im Konzern allein den **Vertragsarbeitgeber** (→ Art. 2 Rn. 10), der das Konsultationsverfahren erst einleiten kann und muss, wenn die Konzernleitung schon die Entscheidung getroffen hat, dass Entlassungen bei ihm als konzernangehörigem Unternehmen erfolgen könnten (→ Art. 2 Rn. 20). Zu diesem Zeitpunkt ist der Konzernbetriebsrat nicht mehr zuständig. Das Konsultationsverfahren muss darum auf der **Ebene der betroffenen Tochterunternehmen** durchgeführt werden. Dementsprechend verlangt der EuGH, dass der Vertragsarbeitgeber der betroffenen Arbeitnehmer die Konsultationen mit den Vertretern „seiner" Arbeitnehmer aufnimmt (EuGH 10.9.2009 – C-44/08 Rn. 62 – Akavan Erityisalojen Keskusliitto, NZA 2009, 1083).

69 In solchen Fällen ist daher ein **mehrstufiges Verfahren** erforderlich: Zunächst ist von der **Konzernleitung** – uU unter Beteiligung des Konzernbetriebsrats – festzulegen, in welchem Unternehmen bzw. in welchen Unternehmen Entlassungen in Betracht kommen sollen. Ist ein solches, sich auf die Ebene der Tochterunternehmen auswirkendes **Grundkonzept** über die erforderlichen Strukturveränderungen entwickelt, müssen die **Töchter** mit dem auf ihrer Ebene bestehenden Gremium, dh dem **örtlichen Betriebsrat** oder **Gesamtbetriebsrat,** die Konsultation durchführen. Erst danach kann die Konzernleitung die endgültige Entscheidung über die erforderlichen Entlassungen treffen (vgl. EuGH 10.9.2009 – C-44/08 Rn. 71 – Akavan Erityisalojen Keskusliitto, NZA 2009, 1083). Dann hat wiederum das Tochterunternehmen die Anzeigepflichten nach § 17 III KSchG zu erfüllen. Diese Vorgehensweise vermeidet ein **„gespaltenes" Verfahren,** in dem beim Konsultationsverfahren auf Seiten des Arbeitgebers der Vertragsarbeitgeber, auf Seiten des Betriebsrats aber der Konzernbetriebsrat agieren müsste. Ein solches Verfahren wäre dem Konzept der Betriebsverfassung fremd, die von einem **„Konzernarbeitgeber"** als Anspruch- und Verhandlungspartner des Konzernbetriebsrats ausgeht (vgl. BAG 12.11.1997 NZA 1998, 497; *Fitting* § 58 Rn. 6; ErfK/*Koch* BetrVG § 58 Rn. 1). Dieses Konzept ist für die Zuständigkeit nach § 17 II KSchG zu berücksichtigen, weil es sich dabei um ein betriebsverfassungsrechtliches Verfahren handelt (→ Rn. 65).

70 Dieses komplizierte Verfahren steht im **Einklang mit den Zielen der Massenentlassungs-Richtlinie:** Das Interesse der Arbeitnehmervertretungen der betroffenen Töchter besteht darin, auf ihrer Ebene Entlassungen so weit wie möglich zu vermeiden oder sie so „teuer" wie möglich zu machen. Damit wird die Belastung der örtlichen Arbeitsmärkte vermieden oder gemildert. Ein Wettbewerb der Günstigkeit des Arbeitsplatzabbaus unter den Töchtern wird verhindert. Nicht zu verkennen ist aber, dass die Umsetzung der von der Konzernleitung vorgesehenen Strukturänderungen Schwierigkeiten begegnen kann, wenn alle Töchter zu dem Ergebnis kommen, dass bei ihnen weniger als die von der Konzernleitung ins Auge gefassten Entlassungen erfolgen sollen. Das von der Massenentlassungs-Richtlinie vorgegebene Verfahren birgt die Gefahr, dass die unkoordiniert verlaufenden Konsultationen zu gegenläufigen Ergebnissen gelangen, die die **Konzernleitung** veranlassen, sich über das Ergebnis der Konsultation bei einzelnen oder allen Töchtern **hinwegzusetzen.** Die Massenentlassungs-Richtlinie stünde dem nicht entgegen, weil sie die unternehmerische Entscheidungsfreiheit nicht einschränkt (→ Art. 2 Rn. 3). Dieser Gefahr kann dadurch begegnet werden, dass der Gesamtbetriebsrat – in den Fällen des § 54 II BetrVG auch der Betriebsrat – die Verhandlung gem. **§ 58 II 1 BetrVG** an den Konzernbetriebsrat **delegiert** (vgl. zur Delegation BAG 19.6.2007 BAGE 123, 152 Rn. 26 = NZA 2007, 1184; *Fitting* § 58 Rn. 25 ff.). Möglich ist auch eine **„Durchdelegation",** bei der zunächst der örtliche Betriebsrat den Gesamtbetriebsrat und dieser dann den Konzernbetriebsrat beauftragt (*Fitting* § 58 Rn. 25). Auch durch eine Delegation auf den Konzernbetriebsrat lassen sich zwar **keine konzerneinheitlichen Regelungen** erreichen. Verhandlungspartner des Konzernbetriebsrats ist – wie von der Massenentlassungs-Richtlinie verlangt – allein der Vertragsarbeitgeber. Der Konzernbetriebsrat verhandelt statt des Gremiums, das ihn beauftragt hat, mit dessen Ansprechpartner. Der Konzernbetriebsrat kann aber seine konzernweiten Informationsmöglichkeiten und seinen faktischen Einfluss sowie seinen Zugang zur Konzernleitung bei den Konsultationen nutzen (vgl. BAG 12.11.1997 NZA 1998, 497).

71 c) **Zusammenschlüsse nach § 3 BetrVG.** Ein Verständnis, das **Konsultationsverfahren** müsse in der nach § 3 BetrVG gebildeten Organisationseinheit **nicht durchgeführt** werden, weil nur dafür, nicht aber für den Betrieb iSd § 17 KSchG ein Betriebsrat gewählt sei, es also an einem zuständigen Gremium fehle, widerspräche dem Zweck der Massenentlassungs-Richtlinie (→ vor Art. 1 Rn. 5 f.) sowie der kollektivrechtlich geprägten Ausgestaltung des Arbeitnehmerschutzes (→ vor Art. 1 Rn. 8). Zu berücksichtigen ist dabei, dass der für die gebildete Einheit gewählte Betriebsrat (auch) die Arbeitnehmer jedes einzelnen Teils der neu gebildeten Einheit repräsentiert und von diesen mitgewählt wird. Deshalb ist der Begriff **„Betriebsrat"** in § 17 II KSchG **unionsrechtskonform** dahin **auszulegen,** dass das Konsultationsverfahren, bei dem es sich um eine betriebsverfassungsrechtliche Regelung handelt (→ vor Art. 1 Rn. 9; → Rn. 65), mit dem bei der neu gebildeten Organisationseinheit bestehenden Betriebsrat durchzuführen ist (im Ergebnis ebenso HWK/*Gaul* BetrVG § 3 Rn. 31; *Mückl* DB 2010, 2615 [2618]). Einer Anrufung des EuGH bedarf es insoweit nicht, weil der Betriebsbegriff von diesem bereits autonom ausgelegt ist und die Bestimmung des zuständigen Gremiums allein den nationalen Gerichten obliegt → Rn. 65.

d) Europäischer Betriebsrat. Der nach dem EBRG gebildete Europäische Betriebsrat 72 ist **keine Arbeitnehmervertretung** iSd Art. 1 I lit. b Massenentlassungs-Richtlinie. Die Pflichten aus § 29 II Nr. 10 und § 30 I Nr. 3 EBRG zur Unterrichtung bei Massenentlassungen richten sich an die „zentrale Leitung" und nicht an den Vertragsarbeitgeber. Sie stehen selbständig neben denen aus der Massenentlassungs-Richtlinie (Löwisch/Spinner/*Wertheimer* § 17 Rn. 56; KR/*Weigand* KSchG § 17 Rn. 71a).

2. Sonstige Fälle. Die **Mitarbeitervertretungen** nach dem kirchlichen Arbeitsrecht 73 sind Arbeitnehmervertreter iSd Art. 1 I lit. b Massenentlassungs-Richtlinie (*Thüsing* § 6 Rn. 20). Zum Umsetzungsdefizit in § 17 II KSchG und einer möglichen unionsrechtskonformen Auslegung → Rn. 17.

Leitende Angestellte sind Arbeitnehmer iSd Massenentlassungs-Richtlinie (→ Rn. 49). 74 Für diese Angestellten ist der Betriebsrat nicht zuständig. Auf sie findet das BetrVG gem. § 5 III BetrVG keine Anwendung. Sie wählen den Betriebsrat nicht mit, dieser repräsentiert sie nicht. Stattdessen vertritt der für leitende Angestellte iSd § 1 SprAuG zuständige **Sprecherausschuss** nach § 25 SprAuG die Belange dieser Angestellten (vgl. BT-Drs. 11/2503, 26). Allein er ist deshalb Arbeitnehmervertretung iSd Art. 1 I lit. b Massenentlassungs-Richtlinie. § 17 II KSchG sieht eine Beteiligung des Sprecherausschusses im Konsultationsverfahren allerdings nicht vor, sondern nur die des Betriebsrats. Für eine Zuständigkeit des Betriebsrats für das Konsultationsverfahren auch bezüglich der leitenden Angestellten (so APS/*Moll* KSchG § 17 Rn. 57; TLL/*Lembke*/*Oberwinter* KSchG § 17 Rn. 80) hätte es eines eindeutigen Willens des Gesetzgebers bedurft, die Konzeption zur Abgrenzung der Kompetenzen von Betriebsrat und Sprecherausschuss zu durchbrechen und die leitenden Angestellten im Konsultationsverfahren vom Betriebsrat repräsentieren zu lassen. Ein solcher Wille lässt sich weder den Gesetzgebungsmaterialien des SprAuG noch denen zur Umsetzung der Massenentlassungs-Richtlinie und ihrer Vorgänger entnehmen. Im Gegenteil ist die Notwendigkeit, die leitenden Angestellten in die Konsultation einzubeziehen, offensichtlich übersehen worden (ErfK/*Kiel* KSchG § 17 Rn. 19a).

Jedenfalls für die leitenden Angestellten **ohne Einstellungs- und Entlassungsbefugnis,** 75 die von der – unionswidrigen (→ Rn. 49) – Herausnahme durch § 17 V Nr. 3 KSchG nicht erfasst werden, besteht deshalb eine unbewusste **Regelungslücke.** Diese ist im Wege der **unionsrechtskonformen** Auslegung, bei der es sich nach deutschem Verständnis um eine **Analogie** handelt, zu schließen. § 17 II KSchG ist analog auch auf den Sprecherausschuss anzuwenden, die Konsultation ist (auch) mit ihm durchzuführen (vgl. ErfK/*Kiel* KSchG § 17 Rn. 19a; *Wißmann* RdA 1998, 221 [224]; *Mauthner* 132; HLK/*v. Hoyningen-Huene* § 17 KSchG Rn. 59; KR/*Weigand* KSchG § 17 Rn. 55b). Allein dies entspricht dem Zweck der Massenentlassungs-Richtlinie, für alle Arbeitnehmer in der Union bei Massenentlassungen ein vergleichbares Schutzniveau sicherzustellen. Diesem Zweck wäre mit der Beteiligung des Betriebsrats, der die leitenden Angestellten nicht repräsentiert und sich idR auch praktisch nicht für sie zuständig fühlt und ihre Interessen deshalb nicht vertritt, nicht genügt. Bis zur höchstrichterlichen Klärung dieser Frage ist es ratsam, sowohl den Sprecherausschuss als auch den Betriebsrat hinsichtlich der von der Massenentlassung erfassten leitenden Angestellten zu beteiligen. Dies gilt insbesondere dann, wenn Zweifel bestehen, ob die als leitende Angestellte bezeichneten Arbeitnehmer überhaupt diese Eigenschaft besitzen.

76 §§ 17 ff. KSchG erfassen aufgrund einer unionsrechtskonformen Rechtsfortbildung auch die leitenden Angestellten nach **§ 17 V Nr. 3 KSchG** (→ Rn. 50). Deshalb ist auch für diesen Personenkreis der **Sprecherausschuss** zu beteiligen. **Besteht** allerdings **kein Ausschuss,** sei es, dass die erforderliche Anzahl von 10 leitenden Angestellten nicht erreicht ist, sei es, dass kein Ausschuss gewählt ist, kann keine Konsultation hinsichtlich der leitenden Angestellten erfolgen (aA *Mauthner* 132).

77 Für **Betriebe der öffentlichen Hand mit wirtschaftlicher Zwecken** gelten gem. § 23 II KSchG die §§ 17 ff. KSchG (→ Rn. 5). Wird der Betrieb nicht in privatrechtlicher Form geführt, gilt gem. § 130 BetrVG, § 1 BPersVG Personalvertretungsrecht. § 17 II KSchG sieht keine Konsultationspflicht gegenüber dem Personalrat vor. Insoweit besteht eine unbewusste Regelungslücke, die durch die **analoge Anwendung des § 17 II KSchG** auf den **Personalrat** zu schließen ist (*Mauthner* 134; aA APS/*Moll* KSchG § 17 Rn. 59). Zwar ist nicht anzunehmen, dass dem Gesetzgeber der Unterschied bei den Aufgabenstellungen und Beteiligungsrechten von Betriebs- und Personalrat verborgen geblieben ist. Es ist aber kein Grund ersichtlich, warum er einerseits die in § 23 II KSchG genannten Betriebe der öffentlichen Verwaltung ausdrücklich in den Geltungsbereich der Massenentlassungsschutzes hätte einbeziehen wollen, andererseits aber in einem Teil der genannten Betriebe das Konsultationsverfahren hätte strukturell ausschließen wollen, obwohl es sich dabei um den Kern dieses Schutzes handelt (→ vor Art. 1 Rn. 8). Damit hätte er zugleich die Möglichkeit eröffnet, allein durch die **Wahl der Rechtsform** einen Teil der **Massenentlassungsschutzes abzuschneiden.** Eine solche Wahlmöglichkeit lässt die Massenentlassungs-Richtlinie Betrieben der öffentlichen Hand mit wirtschaftlicher Zwecksetzung offenkundig nicht. Es gibt keine Anhaltspunkte dafür, dass sich der Gesetzgeber in eindeutigen Widerspruch zum Unionsrecht setzen wollte. Er hat vielmehr offensichtlich übersehen, dass § 17 II KSchG eine Regelungslücke für die vom § 23 II 1 KSchG erfassten Betriebe enthält, die keine Privatrechtsform haben. Es ist deshalb davon auszugehen, dass der Gesetzgeber die Absicht hatte, den sich aus der Massenentlassungs-Richtlinie ergebenden Verpflichtungen in vollem Umfang nachzukommen, was die Möglichkeit einer unionsrechtskonformen Auslegung eröffnet (vgl. EuGH 16.12.1993 – C-334/92 Rn. 20 – Wagner Miret, NJW 1994, 921; BVerfG 26.9.2011 Rn. 51, NJW 2012, 669).

D. Schwellenwerte

78 Art. 1 I lit. a Massenentlassungs-Richtlinie eröffnet den Mitgliedstaaten die Wahl zwischen einem Schwellenwert, der sich auf eine 30-Tages-Frist, die Größe des Betriebes und die Zahl der entlassenen Arbeitnehmer bezieht, und einem Schwellenwert, bei dem es nur darauf ankommt, ob innerhalb von 90 Tagen mind. 20 Arbeitnehmer entlassen werden. Die BRD hat sich für die erste Alternative entschieden. Bei der Berechnung, ob die für die Schwellenwerte erforderliche Anzahl von Entlassungen erreicht sind, zählen alle entlassenen Arbeitnehmer voll mit. Das gilt insbesondere für die **Teilzeitbeschäftigten.** Eine abweichende Regelung wäre mit Art. 1 I Massenentlassungs-Richtlinie nicht vereinbar. Die Schwellenwerte sind **Mindestvorschriften.** Die Berechnungsmodalitäten für die Schwellenwerte stehen nicht zur Disposition der Mitgliedstaaten (EuGH 18.1.2007 – C-385/05 Rn. 45, 47 – Confédération générale du travail, NZA 2007, 193). Soweit die Schwellenwerte des § 17 I 1 KSchG aufgrund einer bewussten Entscheidung des Gesetzgebers, der am bisherigen Recht festhalten wollte (BT-Drs. 8/1041, 4), vielfach **niedriger** sind als die der Massenentlassungs-Richtlinie, sind diese günstigeren Grenzen wirksam, Art. 5 Massenentlassungs-Richtlinie. Anders als § 111 BetrVG, bei dem die Werte nach § 17 KSchG nur

als Richtschnur gelten sollen und daher das Verfahren auch bei einer geringfügigen Unterschreitung durchzuführen sein soll (vgl. BAG 7.8.1990 NZA 1991, 113; zum Streitstand *Bissels* jurisPR-ArbR 43/2010 Anm. 6), verlangt § 17 KSchG die Entlassung von „mehr als" bzw. „mindestens" einer bestimmten Anzahl von Arbeitnehmern. Wird der in § 17 KSchG genannte Wert knapp verfehlt, erfolgt darum **keine Auf- oder Abrundung.** Werden zB in einem Betrieb mit 181 Arbeitnehmern, der damit § 17 I Nr. 2 KSchG unterfällt, 18 Arbeitnehmer entlassen, ist das Verfahren nach §§ 17 f. KSchG nicht durchzuführen, erforderlich ist die Entlassung von 10 % und damit mind. 18,1 Arbeitnehmern.

Da die **leitenden Angestellten** grds. mitzuzählen sind (→ Rn. 49 ff.), kann der Schwellenwert auch durch die Entlassung von Leitenden erreicht werden. Bejaht der EuGH die Arbeitnehmereigenschaft von **Fremdgeschäftsführern** → Rn. 47), sind diese bei den Schwellenwerten ebenfalls zu berücksichtigen, wenn § 17 V Nr. 1 KSchG unionsrechtskonform ausgelegt werden kann (→ Rn. 50). Auch bei einer solchen Einbeziehung von leitenden Angestellten und Fremdgeschäftsführern ist das Massenentlassungsverfahren aber nur dann durchzuführen, wenn dadurch die zum Teil höheren **Schwellenwerte der Massenentlassungs-Richtlinie überschritten** werden. Die Einbeziehung dieser Personenkreise wird durch die Massenentlassungs-Richtlinie erzwungen, nur insoweit ist das deutsche Recht teleologisch zu reduzieren (vgl. *Hohenstatt/Naber* NZA 2014, 637 [641]). Die günstigeren deutschen Schwellenwerte sind nur maßgeblich, wenn auch nach dem Willen des deutschen Gesetzgebers das Verfahren nach §§ 17 ff. KSchG durchzuführen ist. Werden in einem Betrieb mit 400 Arbeitnehmern 25 Arbeitnehmer und ein leitender Angestellter gekündigt, ist deshalb das Massenentlassungsverfahren nicht durchzuführen, weil nicht die von Art. 1 I Zf. 1 Massenentlassungs-Richtlinie geforderten mind. 30 Arbeitnehmer entlassen worden sind. Werden dagegen von 250 Arbeitnehmern 24 „normale" Arbeitnehmer und ein leitender Angestellter entlassen, ist das Verfahren durchzuführen, weil mit mind. 10 % die Schwelle der Massenentlassungs-Richtlinie erreicht ist. Auch die nach der herrschenden Meinung im Schrifttum allein möglichen **Schadenersatzansprüche** (→ Rn. 51) bestehen nur, wenn die Schwellenwerte der Massenentlassungs-Richtlinie überschritten sind.

Der Schwellenwert kann durch **einvernehmliche Beendigungen,** die in der 30-Tages-Frist erfolgen, erreicht werden (→ Rn. 32 ff.). Wird der Schwellenwert – etwa durch Rücknahme von Kündigungen – **rückwirkend unterschritten,** lässt das die Pflichten aus § 17 KSchG nicht entfallen (BAG 22.11.2012 NZA 2013, 2620 Rn. 48) Zum Erreichen des Schwellenwertes bei Wechsel von Arbeitnehmern in eine **Transfergesellschaft** → Rn. 39 f. Im **Gemeinschaftsbetrieb** ist dieser für die Schwellenwerte maßgeblich → Rn. 60 ff. Zur Berücksichtigung von **Leiharbeitnehmern** → Rn. 2, 21. Beendigungen wegen **Fristablaufs** sind nicht mit zu berücksichtigen EuGH 13.5.2015 – C-392/13 Rn. 67 – Ralal Cañas, NZA 2015, 669).

E. 30-Tages-Frist

I. Zusammenrechnung aller Entlassungen

Eine Massenentlassung liegt nur vor, wenn innerhalb von 30 Tagen durch Entlassungen (bzw. Beendigungen des Arbeitsverhältnisses auf Veranlassung des Arbeitgebers) der Schwellenwert erreicht wird. Dabei sind alle innerhalb von 30 Tagen erklärten Kündigungen und vom Arbeitgeber veranlasste Beendigungen **zusammenzuzählen.** Das gilt auch, wenn sie auf einem neuen Kündigungsentschluss beruhen (APS/*Moll* KSchG § 17 Rn. 49a). Eine „Verrechnung" mit im selben Zeitraum vorgenommenen Einstellungen erfolgt nicht (APS/*Moll* KSchG § 17 Rn. 53). **Maßgeblicher Zeitpunkt** ist bei Kündigungen deren Zugang (→ Rn. 22), bei einvernehmlichen Beendigungen das Wirksamwerden der Vereinbarung. Bei einem Widerrufsvergleich kommt es demnach auf den Ablauf der Widerrufsfrist an. Werden Kündigungen **nach** Ablauf der **30-Tages-Frist** wieder zurückgenommen, geht die einmal ausgelöste Anzeigepflicht nicht unter (→ Rn. 80). Werden allerdings Kündigungen **in der 30-Tages-Frist** so rechtzeitig zurückgenommen, dass der Schwellenwert nie überschritten wird, entstehen die Pflichten nach der Massenentlassungs-Richtlinie bzw. §§ 17 ff. KSchG nicht. Der Arbeitgeber kann also letztlich das Entstehen der Pflichten nach §§ 17 ff. KSchG **steuern** und ihn **bewusst ausschließen.** Das begegnet keinen rechtlichen Bedenken (APS/*Moll* KSchG § 17 Rn. 49c). Der Schutz der Massenentlassungs-Richtlinie und des § 17 KSchG ist zwar auch individualrechtlich ausgeprägt, aber letztlich wettbewerbs- und arbeitsmarktpolitisch motiviert (→ vor Art. 1 Rn. 5 ff.). Werden Entlassungen über einen Zeitraum gestreckt, der länger als 30 Tage andauert, besteht aus Sicht der Massenentlassungs-Richtlinie kein Anlass, das Schutzniveau der Arbeitnehmer zu vereinheitlichen, weil solche Entlassungen weder arbeitsmarktpolitische Auswirkungen haben noch den Wettbewerb zwischen den Mitgliedstaaten verzerren (vgl. EuGH 30.4.2015 – C-80/14 Rn. 64 – USDAW und Wilson, NZA 2015, 601).

82 Die Zusammenrechnung aller Entlassungen wirft Probleme hinsichtlich des **Konsultationsverfahrens** auf (APS/*Moll* KSchG § 17 Rn. 49a). Das wird noch dadurch verstärkt, dass nach deutschem Recht auch verhaltens- und personenbedingte Entlassungen (→ Rn. 28) und Beendigungen der Vergleiche (→ Rn. 43) mit zu berücksichtigen sind. Unproblematisch sind insoweit nur **außerordentliche verhaltens- oder personenbedingte Kündigungen.** Die Herausnahme dieser Kündigungen durch § 17 IV 2 KSchG ist wirksam (→ Rn. 27). Diese Schwierigkeiten hat zum größten Teil der deutsche Gesetzgeber zu verantworten, der das Schutzniveau der §§ 17 ff. KSchG über betriebsbedingte Kündigungen hinaus ausgedehnt hat. Wird der Schwellenwert erst durch verhaltens- oder personenbedingte Beendigungen überschritten, wird der Arbeitgeber, der diese nicht eingeplant hat und möglicherweise auch gar nicht einplanen konnte, weil er z. B. über den Vergleich noch gar nicht informiert war, oft das Konsultationsverfahren nicht durchgeführt haben. § 17 II KSchG löst das Konsultationsverfahren aber nur aus, wenn der Arbeitgeber Massenentlassungen **„beabsichtigt".** Hat der Arbeitgeber im Zeitpunkt der Kündigungen den Vergleichsabschluss noch nicht geplant oder war ihm der Grund, der zur Erklärung einer verhaltensbedingten ordentlichen Kündigung führt, noch nicht bekannt, dürfte deshalb keine Verpflichtung bestehen, das Konsultationsverfahren durchzuführen, wenn erst der Vergleich bzw. die verhaltensbedingte Kündigung zum Überschreiten der Schwellenwerte führt. Der Arbeitgeber wird hier aber oft vor Beweisschwierigkeiten stehen. Gelingt ihm der Beweis nicht, könnte die Kündigung wegen Verletzung der Pflichten aus § 17 II KSchG unwirksam sein. Allerdings wird in einem solchen Fall über die **Sanktionsfolge** nachzudenken sein. Die **Massenentlassungs-Richtlinie verlangt** die Berücksichtigung verhaltens- oder personenbedingter Kündigungen nicht und erfordert deshalb bei Verstößen gegen die Konsultationspflicht, die dadurch entstehen, dass das nationale Recht über die Massenentlassungs-Richtlinie hinausgeht, wohl auch **keine wirksame Sanktion.** Nur der EuGH kann aber entscheiden, ob die Massenentlassungs-Richtlinie tatsächlich so zu verstehen ist.

II. Nachkündigungen

83 **Nachkündigungen,** die etwa bei Schwerbehinderten oder Arbeitnehmern in Elternzeit oder Mutterschutz nach Erteilen der erforderlichen behördlichen Genehmigungen erfolgen, sind nicht mit zu berücksichtigen, wenn sie außerhalb der 30-Tages-Frist erfolgen. Das gilt auch dann, wenn sie auf **derselben Stilllegungsentscheidung** beruhen. Erforderlich ist allein ein erneuter Kündigungsentschluss. Der Massenentlassungsschutz wird allein vor dem Hintergrund der sozioökonomischen Folgen solcher Entlassungen gewährt (→ vor Art. 1 Rn. 6). An diesen Auswirkungen fehlt es bei Arbeitnehmern, die außerhalb der 30-Tages-Frist nachgekündigt werden (BAG 25.4.2013 NZI 2013, 758 Rn. 154 ff.). Die in der Richtlinie vorgesehenen Anzeige- und Informationspflichten sind auf Einzelfälle wie die

durch Nachkündigungen entstehenden nicht zugeschnitten (vgl. EuGH 30.4.2015 – C-80/14 Rn. 64, USDAW und Wilson, NZA 2014, 601). Das führt grds. zu **keiner Diskriminierung** wegen des Geschlechts oder der Behinderung. Der besondere Bestandsschutz, der uU die Unwirksamkeit der Kündigung zur Folge hat, bleibt erhalten. Den Nachgekündigten wird nicht etwa der Massenentlassungsschutz „genommen", sondern sie bedürfen seiner nicht (vgl. LAG Nds 7.5.2015 – 5 Sa 1321/14, Rev. zugelassen). Etwas anderes dürfte gelten, wenn gezielt § 17 KSchG umgangen werden soll. Die für die erste Kündigung erfolgte Massenentlassungsanzeige ist **verbraucht,** wenn der Arbeitgeber die Kündigung nach ihrem Zugang, zB wegen einer unzutreffenden Kündigungsfrist, zurücknimmt (BAG 22.4.2010 BAGE 134, 176 Rn. 21 = NZA 2010, 1057; → Rn. 25). Für eine erneute Kündigung bedarf es grds. einer **neuen Anzeige,** die auch diesen Arbeitnehmer erfasst, wenn **die zweite Kündigung in den 30-Tage-Zeitraum** fällt. Nur dann liegt unter Berücksichtigung der zuvor erklärten Kündigungen abermals ein Massenentlassungstatbestand vor (**aA** LAG BW 13.8.2014 – 4 Sa 12/14, Revision anhängig unter 6 AZR 601/14). Die Massenentlassungs-Richtlinie verlangt für jeden Fall einer Massenentlassung eine eigenständige Anzeige. Die Arbeitsverwaltung muss die Möglichkeit haben, hinsichtlich der konkreten Kündigung innerhalb der Frist des § 18 I KSchG tätig zu werden (BAG 22.4.2010 BAGE 134, 176 Rn. 19 f. = NZA 2010, 1057). Diese Frist steht ihr in einem Fall wie dem des LAG BW hinsichtlich der zweiten Kündigung nicht mehr uneingeschränkt zur Verfügung, weil sie von dieser Kündigung keine Kenntnis hat. Unerheblich ist deshalb, ob wie im vom LAG BW entschiedenen Fall der Arbeitnehmer von der hinsichtlich der ersten Kündigung erstatteten Massenentlassungsanzeige erfasst war. Unerheblich ist auch, ob diese Anzeige wie im Fall des LAG BW ein unzutreffendes Beendigungsdatum enthält. Zur **Nachkündigung** während und außerhalb der Freifrist des § 18 IV KSchG → Rn. 25. Zur Notwendigkeit eines erneuten Konsultationsverfahrens → Art. 2 Rn. 61.

Teil II. Information und Konsultation

Art. 2 [Unterrichtungs- und Beratungsrecht der Arbeitnehmervertreter]

(1) Beabsichtigt ein Arbeitgeber, Massenentlassungen vorzunehmen, so hat er die Arbeitnehmervertreter rechtzeitig zu konsultieren, um zu einer Einigung zu gelangen.

(2) Diese Konsultationen erstrecken sich zumindest auf die Möglichkeit, Massenentlassungen zu vermeiden oder zu beschränken, sowie auf die Möglichkeit, ihre Folgen durch soziale Begleitmaßnahmen, die insbesondere Hilfen für eine anderweitige Verwendung oder Umschulung der entlassenen Arbeitnehmer zum Ziel haben, zu mildern.

Die Mitgliedstaaten können vorsehen, daß die Arbeitnehmervertreter gemäß den innerstaatlichen Rechtsvorschriften und/oder Praktiken Sachverständige hinzuziehen können.

(3) Damit die Arbeitnehmervertreter konstruktive Vorschläge unterbreiten können, hat der Arbeitgeber ihnen rechtzeitig im Verlauf der Konsultationen

a) die zweckdienlichen Auskünfte zu erteilen und
b) in jedem Fall schriftlich folgendes mitzuteilen:
   i) die Gründe der geplanten Entlassung;
   ii) die Zahl und die Kategorien der zu entlassenden Arbeitnehmer;
   iii) die Zahl und die Kategorien der in der Regel beschäftigten Arbeitnehmer;
   iv) den Zeitraum, in dem die Entlassungen vorgenommen werden sollen;
   v) die vorgesehenen Kriterien für die Auswahl der zu entlassenden Arbeitnehmer, soweit die innerstaatlichen Rechtsvorschriften und/oder Praktiken dem Arbeitgeber die Zuständigkeit dafür zuerkennen;

Spelge

vi) die vorgesehene Methode für die Berechnung etwaiger Abfindungen, soweit sie sich nicht aus den innerstaatlichen Rechtsvorschriften und/oder Praktiken ergeben.

Der Arbeitgeber hat der zuständigen Behörde eine Abschrift zumindest der in Unterabsatz 1 Buchstabe b) Ziffern i) bis v) genannten Bestandteile der schriftlichen Mitteilung zu übermitteln.

(4) Die Verpflichtungen gemäß den Absätzen 1, 2 und 3 gelten unabhängig davon, ob die Entscheidung über die Massenentlassungen von dem Arbeitgeber oder von einem den Arbeitgeber beherrschenden Unternehmen getroffen wurde.

Hinsichtlich angeblicher Verstöße gegen die in dieser Richtlinie enthaltenen Informations-, Konsultations- und Meldepflichten findet der Einwand des Arbeitgebers, das für die Massenentlassungen verantwortliche Unternehmen habe ihm die notwendigen Informationen nicht übermittelt, keine Berücksichtigung.

Übersicht

	Rn.
A. Bedeutung des Konsultationsverfahrens	1
B. Teilharmonisiertes Verfahren	3
C. Zweck des Verfahrens	4
I. Grundsätze	4
II. Konsultationsverfahren auch bei Stilllegung des Betriebs	5
D. Zuständige Gremien	6
E. Normadressat	7
I. Regelfall	7
II. Sonderfälle	8
1. Gemeinschaftsbetrieb	8
2. „Konzern"-Klausel (Art. 2 IV Massenentlassungs-Richtlinie, § 17 IIIa KSchG)	9
F. Form der Konsultation	11
I. Schriftliche Mitteilung	11
II. Heilung bei Mängeln	14
G. Rechtzeitige Einleitung des Konsultationsverfahrens	15
I. Grundsätze	15
II. Mindestfrist von zwei Wochen	19
III. Beginn der Konsultationspflicht im „Konzern"	20
IV. Verfrühte Einleitung	21
H. Inhalt der Konsultation	22
I. Zielrichtung	22
II. Erforderliche Auskünfte und Inhalt der Beratungen	23
I. Verbindung des Konsultationsverfahrens mit anderen Beteiligungsverfahren	29
I. Verbindung der Verfahren nach §§ 111 ff. BetrVG und nach § 17 II KSchG	29
1. Ausgangspunkt	29
2. Auseinanderfallen der Beteiligungsverfahren	31
a) Unterschiedliche Gremien bei unternehmensübergreifenden Entlassungen im Konzern	31
b) Inhaltliche und formale Abweichungen, unterschiedliche Anknüpfungspunkte	33
II. Verbindung der Verfahren nach § 102 BetrVG und nach § 17 II KSchG	36
J. Beendigung des Konsultationsverfahrens	38
I. Praktische Bedeutung der Beendigung des Verfahrens	39
II. Vorgaben der Massenentlassungs-Richtlinie	40
1. Zeitlicher Ablauf von Konsultationsverfahren und Massenentlassungsanzeige	40
2. Kein Einigungszwang	43
3. Art. 2 III UAbs. 2 Massenentlassungs-Richtlinie: keine Übermittlung der Stellungnahme der Arbeitnehmervertreter an die Arbeitsverwaltung	44
III. Regelung in § 17 KSchG	46
1. § 17 III 1 KSchG	46
2. Folgerungen aus § 17 III 2 und 3 KSchG für die Beendigung des Konsultationsverfahrens	47
3. Folgerungen aus § 17 III 2 und 3 KSchG für die zeitliche Abfolge von Konsultation und Anzeige	49
a) Kein Einigungszwang	50
b) Keine Nachreichung der Stellungnahme	52
c) Keine Vorlage an den EuGH	55
4. Vereinbarkeit von § 17 III 2 und 3 KSchG mit der Massenentlassungs-Richtlinie	56

	Rn.
IV. Einzelfälle	57
1. Abschluss des Verfahrens durch Interessenausgleich mit Namensliste	57
2. Abschluss des Verfahrens durch abschließende Stellungnahme des Betriebsrats	59
3. Abschluss ohne ausreichende Stellungnahme des Betriebsrats	60
K. Notwendigkeit erneuten Konsultationsverfahrens	61
L. Besonderheiten in der Insolvenz	62

A. Bedeutung des Konsultationsverfahrens

Art. 2 Massenentlassungs-Richtlinie regelt mit der Konsultationspflicht das **Kernstück** der Massenentlassungs-Richtlinie (→ vor Art. 1 Rn. 8). Die Bedeutung, die die Massenentlassungs-Richtlinie diesem Verfahren beimisst, wird dadurch belegt, dass sie den Mitgliedstaaten in Art. 3 I UAbs. 2 und Art. 4 IV Massenentlassungs-Richtlinie nur im Zusammenhang mit der Anzeige der Massenentlassungen die Möglichkeit eröffnet, bei Betriebsstilllegungen Einschränkungen vorzusehen (zu diesem Rechtscharakter der Bestimmungen EuGH 3.3.2011 – C-235/10 ua Rn. 37– Claes, NZA 2011, 494), während das Konsultationsverfahren auch bei Stilllegungen in vollem Umfang durchzuführen ist (→ Rn. 5). Ungeachtet des wettbewerbspolitischen Hintergrunds der Massenentlassungsschutzes (→ vor Art. 1 Rn. 6) hatte die Kommission schon im Entwurf der RL 75/129/EWG deutlich gemacht, dass die Richtlinie von dem Gedanken getragen sei, gemeinsames Handeln von Unternehmensleitung, Arbeitsverwaltung und Arbeitnehmervertretern sei das geeignetste Mittel, die Ziele der Massenentlassungs-Richtlinie zu erreichen (vgl. COM [72] 1400, 3).

In krassem Gegensatz zu der Bedeutung, die die Massenentlassungs-Richtlinie damit dem Konsultationsverfahren beimisst, steht das Schattendasein, das § 17 II KSchG im deutschen Recht bisher geführt hat. Bis zur Entscheidung des EuGH v. 27.1.2005 (– C-188/03 – Junk, NZA 2005, 213) nahm das BAG an, die Wirksamkeitsvoraussetzungen der Massenentlassungsanzeige seien in § 17 III KSchG abschließend aufgezählt (BAG 24.10.1996 BAGE 84, 267 = NZA 1997, 373). Fehler im Konsultationsverfahren wirkten sich damit nicht auf die Kündigung aus. Dies entsprach der Sichtweise des Gesetzgebers. Dieser ging davon aus, das Konsultationsverfahren müsse **nach** der Anzeige und damit nach dem bis 2005 geltenden Verständnis des Entlassungsbegriffs (→ Art. 1 Rn. 24) typischerweise nach der Kündigungserklärung durchgeführt werden (BT-Drs. 8/1546, 8; im Einzelnen → Art. 3 Rn. 4). Er hielt das Konsultationsverfahren nur für erforderlich, damit der Ausschuss nach § 20 KSchG die Sicht des Betriebsrats zur Kenntnis nehmen konnte, und sah es damit letztlich als Anhängsel der Anzeige an (BT-Drs. 8/1041, 4). Dies wird den Anforderungen der Massenentlassungs-Richtlinie nicht gerecht. In seiner aktuellen Rechtsprechung entnimmt das BAG § 17 II KSchG deshalb ein **eigenständiges,** der Anzeigepflicht gem. § 17 III KSchG **gleichwertiges Formerfordernis** (BAG 21.3.2013 NZA 2013, 966; 13.12.2012 AP KSchG 1969 § 17 Nr. 44; im Einzelnen → Art. 6 Rn. 3 ff.).

B. Teilharmonisiertes Verfahren

Die Massenentlassungs-Richtlinie nimmt in mehrfacher Hinsicht nur eine **Teilharmonisierung** der Vorschrift über den Schutz der Arbeitnehmer bei Massenentlassungen vor: Die Massenentlassungs-Richtlinie schränkt die **unternehmerische Freiheit** der Unternehmen **nicht ein** (EuGH 10.9.2009 – C-44/08 Rn. 45 – Akavan Erityisalojen Keskusliitto, NZA 2009, 1083; 7.9.2006 – C-187/05 Rn. 35 – Agorastoudis, NZA 2006, 1087). Diese sind also frei darin, ihren Personalbestand festzulegen (EuGH 7.12.1985 – C-449/93 Rn. 21 – Rockfon, NZA 1996, 471). Darum kann die Arbeitnehmervertretung die Massenentlassung letztlich nicht verhindern und auch keine Einigung mit dem Arbeitgeber erzwingen (→ Rn. 43 ff.). Die Massenentlassungs-Richtlinie soll auch keinen allg. (finanziellen) Ausgleichsmechanismus auf Unionsebene für den Verlust des Arbeitsplatzes schaffen. Harmonisiert wird nur das **Verfahren,** das anzuwenden ist, wenn es zu Massenentlassungen kommt (EuGH 10.12.2009 – C-323/08 Rn. 56, 51 – Rodríguez Mayor ua, NZA 2010, 151). Die Massenentlassungs-Richtlinie regelt also nicht, „ob" Massenentlassungen erforderlich sind, sondern nur, „wie" sie durchzuführen sind (*Alber,* FS Wißmann, 2005, 507 [510]; *Weiss* RdA 1992, 367 [368]). Schließlich werden auch die nationalen Systeme der **Arbeitnehmervertretungen** in den Betrieben nicht harmonisiert (EuGH 10.9.2009 – C-44/08 Rn. 60 – Akavan Erityisalojen Keskusliitto, NZA 2009, 1083). Die Mitgliedstaaten sind zwar verpflichtet, Verfahren einzurichten, die die Einhaltung der Verpflichtungen der Massenentlassungs-Richtlinie sicherstellen. In deren Ausgestaltung sind sie aber frei, solange der Massenentlassungs-Richtlinie dadurch nicht die praktische Wirksamkeit genommen wird (EuGH 16.7.2009 – C-12/08 Rn. 36 – Mono Car Styling, AP RL 98/59/EG Nr. 5; BAG 20.9.2012 NZA 2013, 32 Rn. 50). Das führt dazu, dass das Konsultationsverfahren je nach Ausgestaltung des nationalen Rechts sehr unterschiedlich verläuft, weil das Druckpotential und damit die Verhandlungsstärke der Arbeitnehmervertretungen unterschiedlich ist (*Weiss* RdA 1992, 367 [369]; vgl. die Übersicht bei *Wisskirchen/Bissels* ZESAR 2010, 164 [170]).

C. Zweck des Verfahrens

I. Grundsätze

4   Im Konsultationsverfahren soll der Betriebsrat dem Arbeitgeber **konstruktive Vorschläge,** etwa zur Vermeidung der Kündigungen, unterbreiten können, um Massenentlassungen zu verhindern oder zumindest zu beschränken (EuGH 10.9.2009 – C-44/08 Rn. 51, 64 – Akavan Erityisalojen Keskusliitto, NZA 2009, 1083; BAG 20.9.2012 NZA 2013, 32 Rn. 60). Art. 2 Massenentlassungs-Richtlinie regelt damit ein **kollektives Informationsrecht** (BAG 7.7.2011 BAGE 138, 301 Rn. 20 = NZA 2011, 1108). Das Konsultationsverfahren ist also **kein individuelles Recht** des einzelnen Arbeitnehmers, sondern eine kollektiv ausgestaltete individualschützende Komponente des Massenentlassungsschutzes (BAG 13.12.2012 AP KSchG 1969 § 17 Nr. 44 Rn. 61; → vor Art. 1 Rn. 8). Letztlich soll das Konsultationsverfahren verhindern, dass der Arbeitgeber vor einer Beratung mit den Arbeitnehmervertretern unumkehrbare Fakten schafft (BAG 21.3.2013 NZA 2013, 966 Rn. 26; 22.11.2012 NZA 2013, 2620 Rn. 45). Ausgehend von diesem Zweck und dieser Zielrichtung ist zu prüfen, ob der Arbeitgeber seiner Pflicht genügt hat und welche Folgen eine Verletzung dieser Pflicht hat.

II. Konsultationsverfahren auch bei Stilllegung des Betriebs

5   Sind die Schwellenwerte erreicht, ist das Konsultationsverfahren auch vor einer **Betriebsstilllegung** durchzuführen. Art. 2 Massenentlassungs-Richtlinie sieht für diesen Fall keine Ausnahme vor. Solange eine Rechtspersönlichkeit existiert, die die Verpflichtungen nach Art. 2 Massenentlassungs-Richtlinie bzw. § 17 II KSchG erfüllen kann, ist das Verfahren rechtlich möglich und muss zwingend erfolgen (EuGH 3.3.2011 – C-235/10 ua Rn. 43, 46 – Claes, NZA 2011, 494; für die RL 75/129 7.9.2006 – C-187/05 Rn. 32 – Agorastoudis, NZA 2006, 1087). Nur dann, wenn kein Arbeitgeber mehr existiert und darum das Arbeitsverhältnis auch nicht durch eine Handlung des Arbeitgebers endet, liegt keine Massenentlassung vor, sodass das Konsultationsverfahren obsolet ist. Das hat der EuGH im Falle des **Todes** einer natürlichen Person, die nach dem spanischen Recht das Erlöschen der Rechtspersönlichkeit des Unternehmens und des Arbeitsverhältnisses zur Folge hatte, bejaht (EuGH 10.12.2009 – C-323/08 – Rodríguez Mayor ua, NZA 2010, 151). Das deutsche Recht kennt eine solche Situation grds. nicht. In einem inhabergeführten Betrieb ohne „2. Führungsebene" kann es allerdings **faktisch unmöglich** sein, die Konsultation durch-

zuführen, weil **kein Ansprechpartner** auf Arbeitgeberseite mehr vorhanden ist (vgl. EuGH 10.12.2009 – C-323/08 Rn. 44 – Rodríguez Mayor ua, NZA 2010, 151; ErfK/*Kiel* KSchG § 17 Rn. 26a). Das Konsultationsverfahren ist bei Betriebsstilllegungen auch **keine** bloße **Förmelei.** Insoweit gilt nichts anderes als für §§ 111 ff. BetrVG (vgl. BAG 22.7.2003 BAGE 107, 91 = NZA 2004, 93): Ziel der Konsultationen ist es auch, die Folgen von Massenentlassungen durch soziale Begleitmaßnahmen abzumildern. Der Arbeitgeber muss deshalb die Arbeitnehmervertretung an seiner Entscheidung über das „Wie" einer Massenentlassung beteiligen. Diese kann allerdings gegen den Willen des Arbeitgebers die Stilllegung nicht verhindern (→ Rn. 43 ff.). Verhandlungen über einen **Interessenausgleich** oder **Sozialplan** machen das Konsultationsverfahren nicht entbehrlich und ersetzen es auch nicht. Die Verhandlungen können lediglich verbunden werden (BAG 13.12.2012 Rn. 42 f., AP KSchG 1969 § 17 Nr. 44; 18.1.2012 BAGE 140, 261 Rn. 33 = NZA 2012, 2376; im Einzelnen → Rn. 29 ff.).

D. Zuständige Gremien

Welches Gremium zu beteiligen ist, bestimmt sich gem. Art. 1 I lit. b Massenentlassungs- 6
Richtlinie nach dem nationalen Recht (→ Art. 1 Rn. 65). Grundsätzlich ist damit der Betriebsrat zu beteiligen. Besteht ein solcher nicht, entfällt das Konsultationsverfahren, wenn keine Ersatzzuständigkeit eines anderen Gremiums besteht (→ Art. 1 Rn. 66). Sollte der abhängige Fremdgeschäftsführer Arbeitnehmer iSd Massenentlassungs-Richtlinie sein, wäre § 17 V Nr. 1 KSchG teleologisch zu reduzieren (zum Streitstand → Art. 1 Rn. 47). Gleichwohl wäre kein Konsultationsverfahren durchzuführen, weil der Betriebsrat für die Vertretung dieses Personenkreises nicht zuständig ist und auch sonst kein Vertretungsgremium besteht (vgl. *Hohenstatt/Naber* NZA 2014, 637 [641]; *Vielmeier* NJW 2014, 2678 [2681]). Zur Zuständigkeit des Betriebsrats im **Gemeinschaftsbetrieb** → Art. 1 Rn. 60 ff., des **Gesamtbetriebsrats** bei betriebsübergreifenden Massenentlassungen bzw. durch Delegation → Art. 1 Rn. 67; des **Sprecherausschusses** → Art. 1 Rn. 74 f.; des Betriebsrats der neu gebildeten Organisationseinheit bei **Zusammenschlüssen nach § 3 BetrVG** → Art. 1 Rn. 71; des **Personalrats** → Art. 1 Rn. 77; der kirchlichen **Mitarbeitervertretungen** → Art. 1 Rn. 73. Der **Konzernbetriebsrat** ist auch bei unternehmensübergreifenden Entlassungen nicht originär zuständig, auf ihn können die Verhandlungen aber delegiert werden → Art. 1 Rn. 68 ff. Der **Europäische Betriebsrat** ist nicht zuständig → Art. 1 Rn. 72.

E. Normadressat

I. Regelfall

Das Konsultationsverfahren ist vom **Arbeitgeber** (→ Art. 1 Rn. 44) bzw. dessen gesetzli- 7
chem Vertreter einzuleiten, der dafür seinerseits Vertreter einsetzen darf. Nach Insolvenzeröffnung treffen die Pflichten aus § 17 II KSchG den Insolvenzverwalter → Art. 1 Rn. 29.

II. Sonderfälle

1. Gemeinschaftsbetrieb. Im **Gemeinschaftsbetrieb,** auf den für die Pflichten nach 8
§§ 17 ff. KSchG abzustellen ist (→ Art. 1 Rn. 60 ff.), ist der **Betriebsarbeitgeber,** dh die Gemeinschaft der Arbeitgeber, bzw. die von ihm bestellte Betriebsleitung verpflichtet (*Fitting* § 111 Rn. 105; *Wißmann* NZA 2001, 409 [411]; vgl. BAG 12.11.2002 BAGE 103, 312 = NZA 2003, 676).

2. „Konzern"-Klausel (Art. 2 IV Massenentlassungs-Richtlinie, § 17 IIIa 9
KSchG). Der für die Auslegung des Begriffs des „herrschenden Unternehmens" in Art. 2 IV Massenentlassungs-Richtlinie allein zuständige EuGH (→ Art. 1 Rn. 20) hat diesen

Begriff noch nicht definiert. Entgegen der üblichen Bezeichnung des § 17 IIIa KSchG als „Konzernklausel" dürfte für die Anwendbarkeit dieser Bestimmung aber **kein Konzernverbund** iSv § 18 AktG und damit keine einheitliche Leitung erforderlich sein (zu den Voraussetzungen eines Unterordnungskonzerns iSd § 18 I AktG *Fitting* § 54 Rn. 10 ff.). Davon geht zwar der deutsche Gesetzgeber aus (BT-Drs. 13/668, 14). § 17 IIIa KSchG verwendet aber – im Anschluss an Art. 2 IV 1 Massenentlassungs-Richtlinie – die Begrifflichkeiten des § 17 I AktG. Darin wird nur die **Beherrschungsmöglichkeit** zur Bejahung der Abhängigkeit verlangt. Der deutsche Gesetzgeber wollte mit § 17 IIIa KSchG keine eigenständige Regelung schaffen, sondern lediglich Art. 2 IV Massenentlassungs-Richtlinie, der mit der RL 92/56/EWG eingefügt worden war, Rechnung tragen (BT-Drs. 13/668, 14). Mit der Ergänzung der Richtlinie sollte eine Rechtslücke geschlossen werden, die die Wirksamkeit des Konsultationsverfahrens gefährdete. Sie sollte die Umsetzung der Richtlinie bei multinationalen Unternehmen und Unternehmenszusammenschlüssen gewährleisten. Dafür sollte sichergestellt werden, dass das Konsultationsverfahren auch dann durchgeführt werden kann, wenn die Entscheidung über die Massenentlassungen von einem herrschenden Unternehmen oder der „Entscheidungszentrale" eines Unternehmens mit mehreren Betriebsstätten und damit auf einer höheren Ebene als der des unmittelbaren Arbeitgebers getroffen wird (KOM [91] 292 endg. Nr. 8, 14). Art. 2 IV Massenentlassungs-Richtlinie dient damit der effektiven Verwirklichung des mit der Massenentlassungs-Richtlinie angestrebten Ziels, den Arbeitnehmerschutz bei Massenentlassungen zu verstärken (EuGH 10.9.2009 – C-44/08 Rn. 44 – Akavan Erityisalojen Keskusliitto, NZA 2009, 1083). Dieser Zweck dürfte eine weite Auslegung erfordern, die es dem Arbeitgeber untersagt, sich hinter der Entscheidung des für die Massenentlassungen „verantwortlichen" Unternehmens zu verstecken (vgl. *Wißmann* RdA 1998, 221 [225]). Es dürfte daher für die Anwendung des § 17 IIIa KSchG genügen, dass ein Unternehmen auf ein anderes, rechtlich selbständiges Unternehmen unmittelbar oder mittelbar beherrschenden Einfluss ausüben „kann", das damit abhängig ist (HLK/*v. Hoyningen-Huene* § 17 Rn. 61; *Wißmann* RdA 1998, 221 [225]; aA *Schiefer* DB 1995, 1910 [1914]). Das bringt die englische Sprachfassung mit der Formulierung „undertaking controlling the employer" besser zum Ausdruck als die deutsche. Letzte Gewissheit über das Begriffsverständnis des herrschenden Unternehmens kann nur der **EuGH** im Rahmen eines **Vorabentscheidungsersuchens** schaffen.

10 Wird der Arbeitgeber iSv § 17 I AktG von einem anderen Unternehmen beherrscht, ist er auch dann Normadressat, wenn die Entscheidung, die zu den Massenentlassungen führt, von herrschenden Unternehmen getroffen worden ist. Die Pflichten nach § 17 II und III KSchG treffen nicht das herrschende Unternehmen, dem die Arbeitgebereigenschaft fehlt, sondern den **Vertragsarbeitgeber** (vgl. EuGH 10.9.2009 – C-44/08 Rn. 57, 62, 67 ff. – Akavan Erityisalojen Keskusliitto, NZA 2009, 1083). Mit der Konzernmutter kann deshalb das Konsultationsverfahren nicht wirksam durchgeführt werden (LAG Düsseldorf 25.4.2013 – 15 Sa 1982/12 Rn. 49; die dagegen eingelegte Revision 2 AZR 601/13 ist durch außergerichtlichen Vergleich erledigt worden); s. auch → Rn. 31 und → Art. 1 Rn. 44, 69 f.).

F. Form der Konsultation

I. Schriftliche Mitteilung

11 Art. 2 III UAbs. 1 lit. b Massenentlassungs-Richtlinie verlangt eine „schriftliche" Mitteilung der in der Vorschrift im einzelnen aufgeführten Informationen. § 17 II 1 KSchG setzt dies um. Anders als nach § 111 BetrVG kann die Unterrichtung also **nicht mündlich** erfolgen. Die **hM** nimmt an, dass § 17 II 1 KSchG ein **Schriftformerfordernis** iSv **§§ 126, 126a BGB** enthält (APS/*Moll* KSchG § 17 Rn. 70; HLK/*v. Hoyningen-Huene* § 17 Rn. 63 mwN; aA *Mauthner* 207 für die Schriftlichkeit der Anzeige nach § 17 III KSchG; differenziert *Riesenhuber* § 23 Rn. 24: Komplexität kann Schriftform erfordern). Die hM

berücksichtigt nicht, dass das deutsche Schriftformverständnis nicht unionsweit gilt. So lässt zB § 886 des öst. Allgemeinen Bürgerlichen Gesetzbuchs (ABGB) eine Nachbildung der eigenhändigen Unterschrift auf mechanischem Wege zur Wahrung der Schriftlichkeit genügen, wenn dies im Geschäftsverkehr üblich ist. Das **BAG** hat darum **offengelassen,** wie das Schriftformerfordernis zu definieren ist (BAG 20.9.2012 NZA 2013, 32 mwN zum Schrifttum Rn. 58 f.; 18.1.2012 Rn. 40, BAGE 140, 261 = NZA 2012, 2376). Der Wortlaut des § 17 KSchG erzwingt die Anwendung des § 126 BGB nicht. Die Unterrichtung nach § 17 II KSchG ist eine **rechtsgeschäftsähnliche Handlung** (zur Definition s. BAG 13.12.2012 NZA 2013, 669 Rn. 73). Auf solche Handlungen ist § 126 BGB nicht unmittelbar anzuwenden (BAG 10.3.2009 BAGE 130, 1 Rn. 32 = NZA 2009, 622). Was unter „schriftlich" zu verstehen ist, ist nach dem Zweck der Massenentlassungs-Richtlinie zu entscheiden (vgl. EuGH 29.4.1982 – C-66/81 Rn. 22 – Pommerehnke, Slg. 1982, 1363). Es spricht viel dafür, dass das Schriftlichkeitserfordernis allein der **Dokumentation** und damit **Beweiszwecken** dient. Dafür sprechen die Formulierungen in der englischen („in writing"), französischen („par écrit") und niederländischen („schriftelijk") Sprachfassung. Diesen Zwecken genügt die **entsprechende Anwendung des § 126b BGB** (dazu BAG 1.6.2011 AP § 99 BetrVG 1972 Nr. 139 Rn. 49), der auch ohne das Erfordernis eigenhändiger Unterzeichnung sicherstellt, dass die Identitäts- und Vollständigkeitsfunktion einer schriftlichen Erklärung neben der ohnehin gegebenen Dokumentationsfunktion gewahrt ist (vgl. Schaub/*Linck* § 142 Rn. 19a). Darum dürften Mitteilungen per **E-Mail** oder **Telefax** das Formerfordernis des § 17 II KSchG wahren (idS TLL/*Lembke*/*Oberwinter* KSchG § 17 Rn. 84; vgl. BAG 10.3.2009 BAGE 130, 1 Rn. 35 f. = NZA 2009, 622).

Verlangt man mit der hM die Schriftform nach § 126 BGB, wäre es nach der **Auflocke-** 12 **rungsrechtsprechung** zur Wahrung dieses Erfordernisses ausreichend, dass nur die Haupturkunde unterzeichnet ist, wenn Anlagen in ihr so genau bezeichnet sind, dass eine zweifelsfreie Zuordnung möglich ist (BAG 18.1.2012 BAGE 140, 261 Rn. 40 = NZA 2012, 2376). Im Interesse einer unionsrechtskonformen Anwendung des § 17 II 1 KSchG wäre diese Rechtsprechung dann großzügig anzuwenden.

Die Bedeutung des Begriffs „Schriftlichkeit" bedarf zur Vereinheitlichung der Anwen- 13 dung der Massenentlassungs-Richtlinie der **autonomen Auslegung** durch den EuGH (→ Art. 1 Rn. 20) und damit einer **Vorlage** an diesen. Fälle, in denen ein ordnungsgemäßes Konsultationsverfahren durchgeführt wird, ohne zumindest den Anforderungen des § 126b BGB zu genügen, sind allerdings kaum vorstellbar. Der Arbeitgeber wird schon im Interesse einer möglicherweise erforderlichen Glaubhaftmachung nach § 17 III 3 KSchG die Informationen in Textform erteilen. Zudem wird oft eine Heilung von Mängeln in Betracht kommen (→ Rn. 14). In der Mehrzahl der Fälle dürfte die Frage, ob die Schriftform des § 126 BGB gewahrt ist, deshalb nicht entscheidungserheblich sein.

II. Heilung bei Mängeln

Ist der Betriebsrat durch einen vom Arbeitgeber nicht unterschriebenen Text, der auch 14 Teil eines Interessenausgleichs oder eines Entwurfs eines solchen sein kann, unterrichtet worden, genügt die abschließende Stellungnahme des Betriebsrats, um einen evtl. Schriftformverstoß zu **heilen.** Der Betriebsrat zeigt damit, dass er sich für ausreichend unterrichtet hält (BAG 20.9.2012 NZA 2013, 32 Rn. 55, 60).

G. Rechtzeitige Einleitung des Konsultationsverfahrens

I. Grundsätze

Art. 2 I Massenentlassungs-Richtlinie und § 17 II 1 KSchG verlangen die „rechtzeitige" 15 Konsultation des zuständigen Gremiums, ohne festzulegen, was darunter zu verstehen ist. Dieser Zeitpunkt lässt sich aus dem Zweck des Konsultationsverfahrens (→ Rn. 4) und der

Rechtsprechung des EuGH aber so eindeutig ableiten, dass **keine Vorlage** an den EuGH erforderlich ist. Soll das Ziel, Massenentlassungen in ihrer Zahl zu beschränken oder zumindest ihre Folgen zu mildern, erreicht werden, muss die Konsultation **vor der endgültigen Entscheidung** des Arbeitgebers, die Massenentlassungen **notwendig** macht, erfolgen, also zu einem Zeitpunkt, in dem für die Arbeitnehmervertreter noch die Möglichkeit besteht, diese Entscheidung zu beeinflussen. Andererseits kann das ausgehend von diesem Zweck erst sinnvoll erfolgen, wenn die **Kriterien** für die Entlassungen bereits soweit **feststehen,** dass Verhandlungen darüber erfolgen können. Die in Art. 2 III UAbs. 1 lit. b Massenentlassungs-Richtlinie genannten Faktoren müssen also vom Arbeitgeber schon dem Grunde nach ins Auge gefasst worden sein (vgl. BAG 26.2.2015 – 2 AZR 955/13 Rn. 18). Nicht erforderlich ist, dass er der Arbeitnehmervertretung alle diese Faktoren bereits zu Beginn der Verhandlung vollständig nennen kann. Es genügt, wenn er die Auskünfte im Lauf des Verfahrens **vervollständigen** kann (EuGH 10.9.2009 – C-44/08 Rn. 52 ff. – Akavan Erityisalojen Keskusliitto, NZA 2009, 1083; im Einzelnen → Rn 26). Nicht erforderlich ist auch, dass bereits eine Konkretisierung auf individuell bestimmte Arbeitnehmer erfolgt ist (*Domröse* EuZA 2010, 397 [400]). Die Pflicht zur Konsultation entsteht nach diesen Grundsätzen, wenn der Arbeitgeber **erwägt, Massenentlassungen vorzunehmen** oder einen Plan für solche Entlassungen aufstellt (EuGH 10.9.2009 – C-44/08 Rn. 38, 46 ff. – Akavan Erityisalojen Keskusliitto, NZA 2009, 1083; 27.1.2005 – C-188/03 Rn. 37 f. – Junk, NZA 2005, 213). Zum Beginn der Konsultationspflicht im Konzern → Rn. 20.

16 Die Konsultation ist deshalb **rechtzeitig,** wenn der Arbeitgeber den Betriebsrat nicht schon in der Phase der Vorüberlegungen über anstehende Entlassungen, sondern erst dann informiert, wenn die Größenordnung der Entlassungen und die Maßstäbe, nach denen die Arbeitnehmer ausgewählt werden sollen, bekannt und konkretisiert sind und damit ein **umsetzungsfähiges Konzept** vorliegt (*Hützen* ZInsO 2012, 1801 [1805]). **Unschädlich** ist, wenn der Arbeitgeber – etwa durch einen Gesellschafterbeschluss einer GmbH – einen feststehenden **Beschluss** über die nach seiner Auffassung erforderlichen Entlassungen **fasst,** solange er noch keine unumkehrbare Maßnahmen getroffen und damit noch **keine vollendeten Tatsachen** geschaffen hat. Dann steht der Möglichkeit des Betriebsrats, über das „Wie" der Entlassungen ernsthaft zu verhandeln, darauf noch Einfluss zu nehmen und ggf. den Arbeitgeber zur (teilweisen) Änderung der Entscheidung zu bewegen, nichts entgegen (vgl. für §§ 111 ff. BetrVG: BAG 20.11.2001 BAGE 99, 377 = NZA 2002, 1862). Die **Einstellung der Produktion** und die **widerrufliche Freistellung** der Mehrzahl der Arbeitnehmer schaffen noch keine vollendeten Tatsachen. Diese Maßnahmen lassen idR den Bestand der Arbeitsverhältnisse unberührt und sind grds. umkehrbar. Eine irreversible Auflösung der betrieblichen Organisation ist mit ihnen deshalb nicht verbunden (vgl. BAG 30.5.2006 BAGE 118, 222 Rn. 21 = NZA 2006, 1122).

17 Die Konsultation ist dagegen **nicht rechtzeitig,** wenn sie erst erfolgt, nachdem der Arbeitgeber **unumkehrbare Maßnahmen** getroffen hat, die zur Auflösung der Betriebsorganisation führen. Das ist der Fall zB bei der **Veräußerung** zwingend erforderlicher **Betriebsmittel** (BAG 30.5.2006 BAGE 118, 222 Rn. 20 = NZA 2006, 1122), der **Fremdvergabe** von Aufgaben der noch nicht entlassenen Arbeitnehmer eines stillzulegenden Bereichs (vgl. BAG 16.5.2007, NZA 2007, 1296 Rn. 30) oder der **Kündigung** einzelner „**know-how-Träger"** oder der Arbeitnehmer der **Führungsebene** (vgl. BAG 4.6.2003 NZA 2003, 1087 Rn. 37).

18 Aufgrund dieser Anforderungen fallen die Zeitpunkte, in denen die Verpflichtung des Arbeitgebers zur Aufnahme von **Interessenausgleichsverhandlungen** (vgl. *Fitting* § 111 Rn. 107 ff.) und zur Durchführung der **Konsultation** beginnen, **regelmäßig zusammen** (ErfK/*Kiel* KSchG § 17 Rn. 20; zu einem Ausnahmefall vgl. BAG 26.2.2015 – 2 AZR 955/13). Zu den **Rechtsfolgen** einer nicht rechtzeitig eingeleiteten Konsultation → Art. 6 Rn. 1 ff.; zum Wechselspiel mit der 2-Wochen-Frist des **§ 17 III 3 KSchG** → Rn. 19, 49 ff.

II. Mindestfrist von zwei Wochen

Ohne eine ausreichende Stellungnahme des Betriebsrats (zu den diesbezüglichen Anforderungen → Art. 3 Rn. 12) oder deren Ersetzung nach § 17 III 3 KSchG kann grds. keine wirksame Massenentlassungsanzeige erstattet werden. Ohne wirksame Anzeige sind die daraufhin erklärten Kündigungen unwirksam (BAG 22.11.2012 NZA 2013, 2620; im Einzelnen → Art. 6 Rn. 12). Der Arbeitgeber muss deshalb das Konsultationsverfahren grds. **mind. zwei Wochen vor der Anzeige** einleiten. Tut er das nicht, ist er darauf angewiesen, dass der Betriebsrat vor Ablauf von zwei Wochen ausreichend und abschließend Stellung nimmt. Lässt sich der Betriebsrat darauf nicht ein oder gibt eine ungenügende Stellungnahme ab, muss der Arbeitgeber die Anzeige und die Kündigungen verschieben. Das folgt aus dem Wechselspiel von § 17 II KSchG mit der in der Massenentlassungs-Richtlinie nicht enthaltenen Zwei-Wochen-Frist des § 17 III 3 KSchG (BAG 13.12.2012 AP KSchG 1969 § 17 Nr. 44 Rn. 51 ff.; vgl. auch die Konstellation in BAG 26.2.2015 – S AZR 955/13; im Einzelnen → Rn. 49 ff.). 19

III. Beginn der Konsultationspflicht im „Konzern"

Wird die Entscheidung, die zu Massenentlassungen führt, von einem herrschenden Unternehmen getroffen (zum Begriffsverständnis → Rn. 9), kommt es zu einem **mehrstufigen Verfahren** (dazu auch → Rn. 31 und → Art. 1 Rn. 69) zwischen dem herrschenden Träger und dem beherrschten Unternehmen als Adressaten der Konsultationspflicht (dazu → Rn. 10). Entgegen dem Wortlaut der deutschen Sprachfassung von Art. 2 IV UAbs. 1 Massenentlassungs-Richtlinie und von § 17 IIIa KSchG entsteht auch in diesen Fällen die Konsultationspflicht nicht erst, wenn die (endgültige) Entscheidung des herrschenden Unternehmens bereits **„getroffen wurde".** Andere Sprachfassungen verwenden insoweit zutreffend den Präsens (englisch: „is being taken"; französisch: „émane") bzw. des Perfekt (Nachw. im SA des GA *Mengozzi* v. 22.4.2008 – C-44/08 Rn. 70). Aus dem **Zweck** des Art. 2 IV Massenentlassungs-Richtlinie, auch bei Unternehmenszusammenschlüssen eine effektive Anwendung der Massenentlassungs-Richtlinie sicherzustellen (→ Rn. 9), folgt, dass auch in solchen Zusammenschlüssen die Konsultation bereits im **Planungsstadium** des herrschenden Unternehmens zu beginnen hat. Die Planungen müssen sich allerdings so weit verfestigt haben, dass bereits feststeht, **bei welcher Tochter** es zu **Entlassungen** kommen soll (EuGH 10.9.2009 – C-44/08 Rn. 63 – Akavan Erityisalojen Keskusliitto, NZA 2009, 1083). Es muss also ein **umsetzungsfähiges,** auf die Ebene der einzelnen Töchter heruntergebrochenes, konkretisiertes **Konzept** vorliegen (vgl. EuGH 10.9.2009 – C-44/08 Rn. 49 – Akavan Erityisalojen Keskusliitto, NZA 2009, 1083). Beratungen der Entscheidungszentrale über Strukturveränderungen begründen die Pflicht noch nicht (*Domröse* EuZA 2010, 397 [403 f.]). **Unumkehrbare Maßnahmen** darf das herrschende Unternehmen aber erst treffen, wenn bei der Tochter das Konsultationsverfahren beendet worden ist (→ Rn. 17). Trifft es solche Maßnahmen früher, trägt die Tochter die Konsequenzen (EuGH 10.9.2009 – C-44/08 Rn. 71 – Akavan Erityisalojen Keskusliitto, NZA 2009, 1083). 20

IV. Verfrühte Einleitung

Leitet der Arbeitgeber die Konsultation verfrüht ein, bleibt dies idR **folgenlos.** Voraussetzung ist allerdings die erkennbare Absicht, Arbeitsverhältnisse in anzeigepflichtigem Ausmaß zu beenden (BAG 26.2.2015 – 2 AZR 955/13 Rn. 18). Der Arbeitgeber ist nicht gezwungen, den aus der ex-post-Perspektive perfekten Zeitpunkt punktgenau zu finden. Die Massenentlassungs-Richtlinie will die unternehmerische Entscheidungsfreiheit gerade nicht beeinträchtigen (→ Rn. 3). Wenn der Arbeitgeber den Betriebsrat freiwillig zu früh einschaltet und ihm damit eine größere Beteiligung zugesteht, als die Massenentlassungs- 21

Richtlinie fordert, liegt dies in seiner Hand. Ob etwas anderes gilt, wenn der Arbeitgeber die verfrühte Konsultation **rechtsmissbräuchlich** als taktisches Mittel einsetzt, um Arbeitnehmer zum Ausscheiden zu veranlassen, sodass der Schwellenwert innerhalb von 30 Tagen nicht erreicht wird, ist fraglich (bejahend *Domröse* EuZA 2010, 397 [405]). Die Sanktion könnte in diesen Fällen – unter Durchbrechung des Grundsatzes, dass sich auf Veranlassung des Arbeitgebers ausgeschiedene Arbeitnehmer auf Fehler im Massenentlassung nicht berufen können (→ Art. 1 Rn. 36) – nur die Unwirksamkeit der Eigenkündigung bzw. des Aufhebungsvertrages sein.

H. Inhalt der Konsultation

I. Zielrichtung

22 Art. 2 I Massenentlassungs-Richtlinie verlangt, dass der Arbeitgeber das zuständige Gremium konsultiert, „um zu einer Einigung zu gelangen". Die englische Sprachfassung bringt das Verlangte deutlicher zum Ausdruck: Der Arbeitgeber muss das **Ziel einer Einigung** im Auge haben („with a view to reaching an agreement"). Diese Zielvorgabe fehlt in § 17 II KSchG, der insoweit **unionsrechtskonform auszulegen** ist. Der Arbeitgeber muss dem Betriebsrat zumindest anbieten, mit ihm über die Entlassungen bzw. die Möglichkeiten, Entlassungen zu vermeiden, ergebnisoffen zu beraten (BAG 26.2.2015 – 2 AZR 955/13 Rn. 26). Er muss **konsensbereit** sein, die konkreten Kündigungen dürfen nicht bereits „beschlossene Sache" sein (vgl. BAG 21.3.2013 NZA 2013, 966 Rn. 15, 18). Das setzt voraus, dass der Arbeitgeber mit dem **ernstlichen Willen zu einer Einigung** in die Verhandlung gegangen ist (vgl. BAG 28.6.2012 Rn. 57, BAGE 142, 202 Rn. 57 = NZA 2012, 1029; *Ferme* DB 2012, 2162 [2164]). Der Arbeitgeber muss also auf die Vorschläge des Betriebsrats nicht eingehen, er muss sie aber ins Kalkül ziehen und sich mit ihnen **auseinandersetzen**.

II. Erforderliche Auskünfte und Inhalt der Beratungen

23 Der Arbeitgeber muss die in Art. 2 III UAbs. 1 Massenentlassungs-Richtlinie genannten Auskünfte bzw. Informationen erteilen. § 17 II 1 KSchG setzt dies wörtlich um, wobei statt des in der Massenentlassungs-Richtlinie verwendeten Begriffs der „Kategorien" die Bezeichnung **„Berufsgruppen"** verwendet worden ist. Unter den Begriff der „Kategorie" dürften jedoch nicht nur die Aufteilung in Arbeiter und Angestellte und Gelernte und Ungelernte, sondern auch die nach Alter, Geschlecht, Betriebszugehörigkeit, Familienstand, Schwerbehinderung und Staatsangehörigkeit fallen (*Oetker/Schubert* EAS B 8300 Rn. 421; *Weiss* RdA 1992, 367 [371]). Insoweit dürfte die **Umsetzung unzureichend** sein. Legt der Arbeitgeber dem Betriebsrat bei den Konsultationen Listen vor, wie sie für die Sozialauswahl üblich sind, dürfte sich die unzureichende Umsetzung nicht auswirken. Diese Listen enthalten idR die geforderten Angaben.

24 Ausgehend vom Zweck (→ Rn. 4) und Zielrichtung (→ Rn. 22) des Konsultationsverfahrens müssen die Informationen so genau sein, dass sich die Arbeitnehmervertretung über die geplanten Entlassungen ein **vollständiges Bild** machen, Verhandlungen führen und **Vorschläge** zu deren Vermeidung bzw. Verminderung oder der Milderung der damit verbundenen Folgen **einbringen** kann. Je nach ihrem bereits bestehenden Informationsstand können dafür auch **schlagwortartige Informationen** genügen (vgl. *Hützen* ZInsO 2012, 1801 [1805]; *Schubert* EWiR 2013, 693 [694]).

25 Zu den Anforderungen nach § 17 II **Nr. 1 bis Nr. 5** ErfK/*Kiel* KSchG § 17 Rn. 21 f.; vgl. auch *Krieger/Ludwig* NZA 2010, 919 [921 f.] mit Formulierungsvorschlägen. Zur Erfüllung der Pflicht nach § 17 II 1 **Nr. 6** KSchG reicht es, wenn der Arbeitgeber darauf verweist, die **Kriterien** für die Berechnung der **Abfindung** ergäben sich aus einem noch abzuschließenden Sozialplan. Vor Abschluss des Sozialplans kann er die Kriterien der

Abfindung nicht einseitig festlegen. Die Erteilung **unmöglicher Auskünfte** verlangt Art. 2 III Massenentlassungs-Richtlinie nicht. Eigenständige Bedeutung hat Nr. 6 deshalb allein bei Massenentlassungen, die keine Sozialplanpflicht auslösen (BT-Drs. 13/668, 14), zB in Tendenzbetrieben, für die § 17 KSchG uneingeschränkt gilt (→ Art. 1 Rn. 14). Einer **Vorlage an den EuGH** bedarf es nicht, weil Art. 2 III UAbs. 1 lit. b Ziff. vi Massenentlassungs-Richtlinie insoweit auf das nationale Recht verweist (BAG 30.3.2004 BAGE 110, 122 Rn. 34 f. = NZA 2004, 931). Hat der – nicht sozialplanpflichtige – Arbeitgeber **keine Abfindungen** vorgesehen, muss er dies dem Betriebsrat nicht mitteilen. Mitzuteilen sind nach § 17 II 1 Nr. 6 in Übereinstimmung mit Art. 2 III Massenentlassungs-Richtlinie nur die Kriterien „etwaiger" Abfindungen. Mit dem **Schweigen** bringt der Arbeitgeber ausreichend zum Ausdruck, dass es keine Abfindungen geben soll (**aA** ErfK/*Kiel* KSchG § 17 Rn. 22).

Die von Art. 2 II Massenentlassungs-Richtlinie und § 17 II 2 KSchG verlangte Konsultation bzw. Beratung geht über eine bloße Anhörung deutlich hinaus (BAG 21.3.2013 NZA 2013, 966 Rn. 15). Sie ist aber **kein Mitbestimmungsrecht,** weil die Arbeitnehmervertretung eine Einigung nicht erzwingen kann → Rn. 43, 50 (*Oetker/Schubert* EAS B 8300 Rn. 422). Die Massenentlassungs-Richtlinie gibt den geforderten **Inhalt der Beratungen** deutlicher vor als § 17 II 2 KSchG: Zu beraten ist darüber, ob Massenentlassungen wenn nicht vermieden, so doch wenigstens beschränkt werden können. Außerdem sind die Beratungen darauf zu erstrecken, ob die Folgen der Entlassungen durch soziale Begleitmaßnahmen gemildert werden können. Beispielhaft werden Umschulungen oder Fortbildungen genannt. § 17 II 2 KSchG ist **richtlinienkonform** idS zu verstehen (BAG 13.12.2012 AP KSchG 1969 § 17 Nr. 44 Rn. 42). Mit etwaigen Vorschlägen des Betriebsrats muss sich der Arbeitgeber **ernsthaft auseinandersetzen** (*Hützen* ZInsO 2012, 1801 [1805]; s. auch → Rn. 22). Das Konsultationsverfahren ist ein **dynamischer Prozess,** sodass der Arbeitgeber die Möglichkeit, aber auch die Pflicht hat, die zu Beginn des Verfahrens im Verlauf der Beratungen noch fehlenden **Informationen nachzureichen** (vgl. EuGH 10.9.2009 – C-44/08 Rn. 53 f. – Akavan Erityisalojen Keskusliitto, NZA 2009, 1083). Auskünfte müssen demnach nicht unbedingt bereits bei Eröffnung der Konsultationen erteilt werden (BAG 20.9.2012 NZA 2013, 32 Rn. 53). **Fragen** des Betriebsrats muss der Arbeitgeber wahrheitsgemäß und vollständig beantworten, soweit sie mit den beabsichtigten Entlassungen und ihren wirtschaftlichen Hintergründen zusammenhängen (*Krieger/Ludwig* NZA 2010, 919 [922]). Dieser Prozess kann gegenüber dem Gremium noch bis unmittelbar vor dem Abschluss der Konsultation **schriftlich dokumentiert** werden (BAG 20.9.2012 NZA 2013, 32 Rn. 53).

Die bloße Information über die beabsichtigte Massenentlassung von näher bezeichneten Arbeitnehmern im Hinblick auf einen etwa 5 Jahre vor der Massenentlassung geschlossenen Interessenausgleich in der Zusammenschau mit Gesprächen im Wirtschaftsausschuss, wöchentlichen Regelkommunikationen, Gesprächen über die Verlängerung von befristeten Verträgen, Qualifikationsmaßnahmen und Gründung einer Transfergesellschaft genügt den Anforderungen an ein ordnungsgemäßes Konsultationsverfahren nicht (BAG 26.2.2015 – 2 AZR 955/13).

Von der durch Art. 2 II UAbs. 2 Massenentlassungs-Richtlinie eröffneten Möglichkeit, dem Arbeitnehmergremium die **Hinzuziehung eines Sachverständigen** zu ermöglichen, hat der deutsche Gesetzgeber **keinen Gebrauch** gemacht, weil dies in § 111 iVm § 80 III BetrVG bereits geltendes Recht sei (BT-Drs. 13/668, 9). In Betrieben mit weniger als 300 Arbeitnehmern oder in solchen, in denen die §§ 111 ff. aus anderen Gründen nicht gelten, zB in Tendenzbetrieben, besteht daher kein Anspruch, einen Berater hinzuziehen. Dies ist **richtlinienkonform.** Die Massenentlassungs-Richtlinie enthält insoweit keinen Umsetzungszwang.

I. Verbindung des Konsultationsverfahrens mit anderen Beteiligungsverfahren

I. Verbindung der Verfahren nach §§ 111 ff. BetrVG und nach § 17 II KSchG

29 **1. Ausgangspunkt.** Das Konsultationsverfahren ist auch dann **nicht entbehrlich,** wenn ein Interessenausgleich oder ein **Interessenausgleich mit Namensliste** geschlossen worden ist. Die Interessenausgleichsverhandlungen **ersetzen** die Konsultation **nicht.** § 1 V 4 KSchG und § 125 II InsO ordnen nur die Ersetzung der Stellungnahme des Betriebsrats gegenüber der Arbeitsverwaltung an (BAG 18.1.2012 – BAGE 140, 261 Rn. 39 = NZA 2012, 2376). Die Konsultation unterliegt in solchen Fällen auch **keinen erleichterten Anforderungen.** Die Verfahren nach § 17 f. KSchG und nach §§ 111 ff. BetrVG stehen selbständig nebeneinander (*Giesen* SAE 2006, 135 [136]). Darum genügt die Erklärung des Betriebsrats im Interessenausgleich, er sei rechtzeitig und umfassend über die Entlassungen unterrichtet worden, zum Nachweis der Erfüllung der Konsultationspflicht allein noch nicht. Zwar schreiben weder die §§ 111 ff. BetrVG noch § 17 II KSchG eine **Synchronisation** der Verhandlungen über den Interessenausgleich und der Konsultationen vor. Die Pflichten aus § 111 BetrVG und § 17 II 1 KSchG können jedoch vom Arbeitgeber gleichzeitig erfüllt werden, wenn und soweit sie **inhaltlich übereinstimmen** und **dieselbe Arbeitnehmervertretung** zu beteiligen ist (BAG 18.1.2012 BAGE 140, 261 Rn. 33 f., 39 = NZA 2012, 2376; 13.12.2012 Rn. 46, AP KSchG 1969 § 17 Nr. 44). Insoweit können die Verfahren miteinander **verbunden** werden. Dies ist **richtlinienkonform** (BAG 20.9.2012 NZA 2013, 32 Rn. 49 ff.). Das ergibt sich von selbst, wenn die Verbindung aus dem **richtigen Blickwinkel** betrachtet wird: Nach deutschem Verständnis ist zu prüfen, inwieweit Interessenausgleichsverhandlungen zugleich den Anforderungen des § 17 II KSchG genügen. Dieser national geprägte Ansatz ist unzutreffend. Aus der maßgeblichen unionsrechtlichen Sicht, die die deutschen Normanwender bindet, kommt es allein darauf an, inwieweit **durch das Konsultationsverfahren zugleich** auch die Verpflichtungen nach **§ 111 BetrVG** erfüllt werden (zutreffend BT-Drs. 8/1041, 5). IdR ist das der Fall, weil die **Unterrichtungspflichten weitgehend übereinstimmen** (BAG 21.3.2012 NZA 2012, 1058 Rn. 23; vgl. *Hinrichs* 162 ff.). Gleichwohl verlaufen die Beteiligungsverfahren nicht notwendig in vollem Umfang parallel. IdR verlaufen die Konsultationen zügiger als die Verhandlungen über einen Interessenausgleich und Sozialplan (*Giesen* SAE 2006, 135 [136]). Insbesondere können **unterschiedliche Gremien** zu beteiligen sein (→ Rn. 31 ff.), **unterschiedliche Beendigungszeitpunkte** gelten (→ Rn. 40 ff.) oder die Interessenausgleichsverhandlungen beendet sein, bevor das Konsultationsverfahren einzuleiten ist (BAG 26.2.2015 – 2 AZR 955/13 Rn. 18).

30 Ein echtes „**Zitiergebot**" idS, dass der Arbeitgeber gegenüber dem Betriebsrat ausdrücklich angeben müsste, er wolle jetzt das Verfahren nach § 17 II KSchG durchführen, besteht bei der Verbindung nicht. Erforderlich ist aber in jedem Fall, dass der Arbeitgeber hinreichend **klarstellt,** dass er inhaltlich – zumindest auch – die Pflichten aus § 17 II KSchG erfüllen will (BAG 21.3.2013 NZA 2013, 966 Rn. 15; 13.12.2012 AP KSchG 1969 § 17 Nr. 44 Rn. 47 f.). Er muss also deutlich machen, dass er nicht nur seinen Pflichten hinsichtlich der Interessenausgleichsverhandlungen, sondern auch im Zusammenhang mit den Massenentlassungen nachkommen will. Insbesondere muss er den Zeitpunkt deutlich machen, ab dem er diese Pflichten erfüllen will, plastisch ausgedrückt also den „**Startschuss**" für die Durchführung des Konsultationsverfahrens geben (vgl. BAG 26.2.2015 – 2 AZR 955/13 Rn. 24).

31 **2. Auseinanderfallen der Beteiligungsverfahren. a) Unterschiedliche Gremien bei unternehmensübergreifenden Entlassungen im Konzern.** Bei unternehmensübergreifenden Massenentlassungen im Konzern erfordert die Massenentlassungs-Richtlinie

Verbindung Konsultations- mit Beteiligungsverfahren **Art. 2 RL 98/59/EG 490**

ein **mehrstufiges Verfahren,** das sich von dem nach §§ 111 ff. BetrVG unterscheiden kann. Können Entlassungen nur unternehmensübergreifend oder konzerneinheitlich erfolgen, ist der **Interessenausgleich** mit dem **Konzernbetriebsrat** zu schließen (ErfK/*Koch* BetrVG § 58 Rn. 3; *Fitting* § 58 Rn. 15). Dieser ist aber für das Verfahren nach § 17 II KSchG nicht zuständig, sondern der **örtliche Betriebsrat** oder der **Gesamtbetriebsrat** (→ Art. 1 Rn. 68 ff.). Damit sind in solchen Fällen **unterschiedliche Gremien** zu beteiligen, sodass eine Verbindung der Beteiligungsverfahren ausscheidet. Das gilt auch dann, wenn die Durchführung der Konsultation auf den Konzernbetriebsrat kraft **Delegation** übertragen ist (dazu → Art. 1 Rn. 70). Die Verhandlungen erfolgen auch dann auf unterschiedlichen Ebenen: Der Interessenausgleich ist mit dem „Konzernarbeitgeber" auszuhandeln. Das Konsultationsverfahren muss der Konzernbetriebsrat als Vertreter des zuständigen Gremiums mit dem Vertragsarbeitgeber führen.

Ist der **Gesamtbetriebsrat** zuständig für den Interessenausgleich (dazu *Fitting* § 50 **32** Rn. 59), kommt es dagegen nicht zu unterschiedlichen Zuständigkeiten. In diesen Fällen ist der Gesamtbetriebsrat auch zuständig für das Konsultationsverfahren (BAG 13.12.2012 AP KSchG 1969 § 17 Nr. 44 Rn. 44; → Art. 1 Rn. 67). **Ansprechpartner** ist hier die **Unternehmensleitung** als Vertragsarbeitgeber (vgl. die Konstellation im Verfahren BAG 7.7.2011 BAGE 138, 301 = NZA 2011, 1108).

b) Inhaltliche und formale Abweichungen, unterschiedliche Anknüpfungspunk- 33 te. In **Tendenzbetrieben,** auf die § 17 II KSchG uneingeschränkt Anwendung findet (→ Art. 1 Rn. 14), besteht keine Verpflichtung des Arbeitgebers nach §§ 111 ff. BetrVG (BAG 27.10.1998 BAGE 90, 65 = NZA 1999, 328). Führt der Arbeitgeber nicht freiwillig Verhandlungen über einen Interessenausgleich (zur Zulässigkeit solcher Verhandlungen *Gillen/Hörle* NZA 2003, 1225 [1228]), ist **nur** das Verfahren nach § 17 II KSchG durchzuführen (ErfK/*Kania* BetrVG § 118 Rn. 18).

§ 111 BetrVG lässt auch die mündliche Unterrichtung genügen (*Fitting* § 111 Rn. 112). **34** Eine solche Form reicht für § 17 II KSchG nicht aus (→ Rn. 11). Will der Arbeitgeber die Beteiligungsverfahren verbinden, muss er die **Formanforderungen** des § 17 II KSchG beachten.

Ob ein bloßer Personalabbau eine **Betriebseinschränkung** iSd § 111 S. 3 Nr. 1 BetrVG **35** ist, orientiert sich zwar grds. an den Schwellenwerten des § 17 KSchG. Abweichend davon müssen aber bei Betrieben mit **mehr als 600 Arbeitnehmern** nicht nur 30 Arbeitnehmer, sondern mind. 5 % entlassen werden (st.Rspr., vgl. nur BAG 9.11.2010 BAGE 136, 140 Rn. 14 = NZA 2011, 466; *Fitting* § 111 BetrVG Rn. 75). Zudem knüpft das Beteiligungsrecht des Betriebsrats nach § 111 BetrVG seit Inkrafttreten der BetrVerf-ReformG (BGBl. I 1852) am 28.7.2001 an die **Unternehmens-** und nicht die **Betriebs(teil)größe** an (BAG 9.11.2010 BAGE 136, 140 Rn. 12 = NZA 2011, 466), während für § 17 KSchG auf den Betriebs(teil) abzustellen ist (→ Art. 1 Rn. 59). Bei größeren Betrieben und bei unternehmensübergreifenden Betriebsänderungen ist also uU wegen der unterschiedlichen Anknüpfungspunkte das Verfahren nach § 111 BetrVG durchzuführen, das nach § 17 II KSchG aber nicht. Ebenso kann umgekehrt das Konsultationsverfahren erforderlich sein, aber keine Interessenausgleichspflicht bestehen.

II. Verbindung der Verfahren nach § 102 BetrVG und nach § 17 II KSchG

Auch das Verfahren nach **§ 102 BetrVG** kann grds. mit dem nach § 17 II KSchG **36** verbunden werden (BAG 13.12.2012 AP KSchG 1969 § 17 Nr. 44 Rn. 46; 18.1.2012, BAGE 140, 261 Rn. 34 = NZA 2012, 2376). Die dagegen erhobenen Bedenken, eine **gleichzeitige** Durchführung dieser Pflichten sei nicht wirksam möglich, weil bei Beginn des Konsultationsverfahrens die Gründe der Kündigung noch nicht in einer § 102 BetrVG genügenden Weise feststünden oder – umgekehrt – mit dem Anhörungsverfahren dokumentiert werde, dass die Konsultation nur noch „pro forma" erfolge (vgl. BAG 21.3.2013

Spelge

NZA 2013, 966 Rn. 15; ErfK/*Kiel* KSchG § 17 Rn. 26), missversteht die Ausführungen des BAG. Es geht nicht darum, mit dem Verfahren nach § 102 BetrVG das nach § 17 II KSchG zu verbinden. Dann ist es für die Konsultation in der Tat zu spät (vgl. BAG 21.3.2013 NZA 2013, 966 Rn. 17 f.). Es geht umgekehrt darum, am **Ende des Konsultationsverfahrens** zu diesem laufenden Verfahren das nach § 102 BetrVG hinzu zu verbinden. Das entspricht der Verfahrensweise bei der nach st.Rspr. zulässigen Verbindung der Verfahren nach §§ 111 ff. BetrVG und § 102 BetrVG. Der Arbeitgeber ist aber nicht gehindert, den Betriebsrat erst nach Eingang der Anzeige bei der Arbeitsverwaltung nach § 102 BetrVG anzuhören (*Ginal/Raif* ArbR 2013, 94 [97]).

37 Eine **Verbindung** des Anhörungsverfahrens mit dem Konsultationsverfahren **scheidet** allerdings grds. **aus,** wenn für die Konsultation der **Gesamtbetriebsrat** zuständig ist (→ Art. 1 Rn. 68 ff.), weil grds. der örtliche Betriebsrat zuständig für die Anhörung nach § 102 BetrVG ist. Eine Verbindung kommt hier nur bei einer originären Zuständigkeit der Gesamtbetriebsrats in Betracht, die voraussetzt, dass ein Arbeitsverhältnis mehreren Betrieben zuzuordnen ist (BAG 13.12.2012 AP KSchG 1969 § 17 Nr. 44 Rn. 50).

J. Beendigung des Konsultationsverfahrens

38 Die Kündigung darf erst erklärt werden, wenn der Arbeitgeber seine Konsultationspflichten erfüllt und die Massenentlassungsanzeige erstattet hat. Das Konsultationsverfahren muss also im Zeitpunkt der Entscheidung über die Kündigungen **abgeschlossen** sein (EuGH 10.9.2009 – C-44/08 Rn. 70 – Akavan Erityisalojen Keskusliitto, NZA 2009, 1083; 27.1.2005 – C-188/03 Rn. 45, 53 – Junk, NZA 2005, 213; BAG 21.3.2013 NZA 2013, 966 Rn. 26; → Rn. 41). Ältere Rechtsprechung des BAG, die das anders gesehen hat, ist damit obsolet (BAG 18.9.2003 BAGE 107, 318 Rn. 47 = NZA 2004, 375). Nicht ausdrücklich geklärt hat der EuGH bisher, **wann** das Verfahren **abgeschlossen** ist. Das BAG hat diese Frage bis zuletzt offengelassen (BAG 21.3.2013 NZA 2013, 966 Rn. 26, 26.2.2015 – 2 AZR 955/13 Rn. 28 ff.). Sie beantwortet sich jedoch aus der **Verzahnung** von § 17 III 2 und 3 KSchG und damit ausschließlich nach deutschem Recht (→ Rn. 49 ff.), sodass eine Vorlage entbehrlich ist.

I. Praktische Bedeutung der Beendigung des Verfahrens

39 Vielfach wird das Konsultationsverfahren mit Interessenausgleichsverhandlungen verbunden (→ Rn. 29 ff.). In der Praxis wird der Arbeitgeber selbst dann, wenn das Konsultationsverfahren bereits beendet ist, keine Massenentlassungsanzeige erstatten und anschließend Kündigungen erklären, solange die Interessenausgleichsverhandlungen bzw. das Verfahren vor der Einigungsstelle noch laufen, um **Nachteilsausgleichsansprüche** zu vermeiden. Gleichwohl kann das Konsultationsverfahren in verschiedenen Konstellationen **eigenständige Bedeutung** erlangen. Dies ist zB der Fall, wenn unterschiedliche Gremien zu beteiligen sind (→ Rn. 31), wenn zwar der Schwellenwert des § 17 KSchG, nicht aber der nach §§ 111 ff. BetrVG überschritten ist (→ Rn. 35) oder die Interessenausgleichsverhandlungen bereits geraume Zeit vor des Betriebsänderung abgeschlossen worden sind (vgl. BAG 26.2.2015 – 2 AZR 955/13). Insbesondere bei **etappenweise** durchgeführten **Betriebsänderungen** kann die Schwelle zur Massenentlassung erst bei späteren Etappen und damit nach Abschluss des Interessenausgleichs überschritten sein. Dann ist das Konsultationsverfahren **später** als die Interessenausgleichsverhandlungen durchzuführen. Eigenständige Bedeutung kann die Frage auch in der **Insolvenz** erlangen. Der Insolvenzverwalter ist aufgrund der Regelung in **§ 122 InsO** gerade nicht verpflichtet, bei erfolglosen Verhandlungen über einen Interessenausgleich die Einigungsstelle anzurufen, sondern kann die Kündigungen vornehmen, wenn das Arbeitsgericht ihnen zugestimmt hat (BAG 22.7.2003 BAGE 107, 91 Rn. 19 = NZA 2004, 93). Der Zeitpunkt der Beendigung des Konsultati-

onsverfahrens ist aber vor allem von Bedeutung, wenn keine Interessenausgleichsverhandlungen erfolgen müssen, zB in **Tendenzbetrieben,** in denen § 17 KSchG uneingeschränkt gilt (→ Rn. 33; → Art. 1 Rn. 14).

II. Vorgaben der Massenentlassungs-Richtlinie

1. Zeitlicher Ablauf von Konsultationsverfahren und Massenentlassungsanzeige. 40
Die Massenentlassungs-Richtlinie enthält keinerlei Vorgaben zum Ablauf und zur Beendigung des Konsultationsverfahrens. Aus der Verpflichtung, die Konsultation „rechtzeitig" durchzuführen, folgt nur, dass die erforderlichen Informationen bis zum Abschluss des Verfahrens erteilt werden müssen (EuGH 10.9.2009 – C-44/08 Rn. 53 – Akavan Erityisalojen Keskusliitto, NZA 2009, 1083).

Allerdings muss nach Wortlaut und Zweck der Massenentlassungs-Richtlinie (→ vor 41
Art. 1 Rn. 5 ff.) das **Konsultationsverfahren beendet** sein, bevor die nach Art. 3 I Massenentlassungs-Richtlinie erforderliche Anzeige an die Arbeitsverwaltung erstattet wird (→ Rn. 38). Anderenfalls kann die Arbeitnehmervertretung nicht wirksam auf den Kündigungsentschluss des Arbeitgebers Einfluss nehmen (*Oetker/Schubert* EAS B 8300 Rn. 413). Konsultationsverfahren und Anzeige sind zwei aneinander anschließende Phasen eines einheitlichen Verfahrens (vgl. SA des GA *Cosmas* v. 24.9.1998 – C-250/97 Rn. 45 f.; SA des GA *Tizzano* v. 30.9.2004 – C-188/03 Rn. 58 ff.; *Temming* ZESAR 2010, 277 [284]; aA *Giesen* SAE 2006, 135 [138]). Zwar könnten theoretisch die Verhandlungen mit dem Betriebsrat und die von Art. 4 II Massenentlassungs-Richtlinie geforderten Bemühungen der Arbeitsverwaltung auch parallel verlaufen. Bereits die **Gliederung der Massenentlassungs-Richtlinie** spricht aber dafür, dass Konsultation und Anzeige unterschiedlicher Teile eines Verfahrens sind: Art. 2 bildet den mit „Information und Konsultation" überschriebenen Teil II der Massenentlassungs-Richtlinie. Art. 3 ist Bestandteil des in Teil III der Massenentlassungs-Richtlinie geregelten „Massenentlassungsverfahrens". Auch die Verpflichtung des Arbeitgebers in Art. 2 III UAbs. 2 Massenentlassungs-Richtlinie, der Arbeitsverwaltung eine **Abschrift** wesentlicher Bestandteile der schriftlichen Mitteilung an den Betriebsrat zu übermitteln, spricht dafür, dass die Massenentlassungs-Richtlinie von einem **zweiphasigen Verfahren** ausgeht. Über den Ausgangspunkt des Konsultationsverfahrens ist die Verwaltung mit der Abschrift informiert. Würde die Massenentlassungs-Richtlinie von parallelen Verfahren ausgehen, hätte es mit dieser Information sein Bewenden, die Arbeitsverwaltung müsste dann bereits mit ihren Vermittlungs- oder sonstigen Bemühungen starten (idS *Franzen* ZfA 2006, 437 [456 f.]). Art. 3 I Massenentlassungs-Richtlinie fordert aber zusätzlich eine Anzeige „aller" beabsichtigten Entlassungen, erst dann beginnt nach Art. 4 I, II Massenentlassungs-Richtlinie die Verpflichtung der Arbeitsverwaltung. Die Anzeige muss gem. Art. 3 I UAbs. 2 Massenentlassungs-Richtlinie ua alle zweckdienlichen Angaben über die Konsultationen enthalten. Das setzt grds. voraus, dass diese abgeschlossen sind (vgl. *Klumpp* NZA 2006, 703 [706]; APS/*Moll* KSchG § 17 Rn. 74a, 125a). Das entspricht dem Zweck der Anzeigepflicht: Bevor die genaue Anzahl und die konkreten Personen, die entlassen werden sollen, feststehen, kann die Arbeitsverwaltung keine sinnvollen Bemühungen welcher Art auch immer entfalten.

Wann das Konsultationsverfahren beendet ist, beurteilt sich allein nach Art. 2 Massen- 42
entlassungs-Richtlinie. Das Konsultationsverfahren ist demnach nicht erst dann beendet, wenn die Anzeige erstattet werden kann, sondern umgekehrt hängt die Zulässigkeit der Anzeige davon ab, dass die Konsultationen beendet sind (*Klumpp* NZA 2006, 703 [707]).

2. Kein Einigungszwang. Für die Beendigung des Konsultationsverfahrens ist **kein** – 43
wie auch immer gearteter – **formaler Akt** erforderlich. Das Konsultationsverfahren ist abgeschlossen, wenn und sobald der Arbeitgeber seine Pflichten aus Art. 2 Massenentlassungs-Richtlinie (dazu → Rn. 23 ff.) erfüllt hat (EuGH 27.1.2005 – C-188/03 Rn. 45 – Junk, NZA 2005, 213; BAG 21.3.2013 NZA 2013, 966 Rn. 26; *Giesen* SAE 2006, 135

[137 f.]; *Franzen* ZfA 2006, 437 [441]). Geht der Betriebsrat auf das Verhandlungsangebot des Arbeitgebers nicht ein oder kommt es zu keiner Einigung, ist der Konsultationspflicht trotzdem genügt. Eine **Einigung** zwischen Arbeitgeber und Arbeitnehmervertretern ist für die ordnungsgemäße Durchführung des Konsultationsverfahrens und seinen Abschluss **nicht erforderlich** (BAG 13.7.2006 BAGE 119, 66 Rn. 24 = NZA 2007, 25; 30.3.2004 BAGE 110, 122 = NZA 2004, 93; ErfK/*Kiel* KSchG § 17 Rn. 25 mwN; *Hützen* ZInsO 2012, 1801 [1806 mwN]). Art. 2 Massenentlassungs-Richtlinie schränkt die unternehmerische Freiheit des Arbeitgebers nicht ein (→ Rn. 3). Das wäre aber die Folge, wenn der Arbeitgeber seine Entscheidung nur um den Preis einer Einigung mit der Arbeitnehmervertretung zumindest teilweise durchsetzen könnte oder auf eine (Zwangs)Schlichtung, zB durch eine Einigungsstelle, zurückgreifen müsste. Die Massenentlassungs-Richtlinie erlegt dem Arbeitgeber darum nur die Pflicht, eine **Verständigung zu versuchen,** nicht aber den Zwang zur Einigung auf (vgl. *Klumpp* NZA 2006, 703 [706]). Dafür spricht auch ihre Entstehungsgeschichte. Der erste E der späteren RL 75/129/EWG sah in Art. 1 III noch die Möglichkeit vor, bei Scheitern der Konsultationen die Vermittlung durch die Arbeitsverwaltung zu beantragen (COM [72] 1400, 7; ABl. EG Nr. C 19/13 v. 12.4.1973; vgl. auch die Unterrichtung des deutschen Bundestags: BT-Drs. 7/1669, 6). Das hat keinen Eingang in die endgültige Fassung der RL 75/129/EWG gefunden. Ein mögliches Ergebnis von Verhandlungen ist damit auch das **Scheitern** ohne anschließende Vermittlung. Daraus folgt zugleich, dass der **Arbeitgeber** keine **Schlichtungsstelle** oder einen **unparteiischen Dritten** anrufen muss, sondern letztlich selbst **entscheidet,** wann die Verhandlung gescheitert und damit das Verfahren abgeschlossen ist (*Giesen* SAE 2006, 135 (137); aA *Riesenhuber* § 23 Rn. 20). Das ist derartig offenkundig, dass ein **acte clair** (zu dessen Voraussetzungen BAG 27.1.2011 BAGE 137, 80 Rn. 56 ff. = NZA 2011, 1361) vorliegt und eine Anrufung des EuGH entbehrlich ist (vgl. BAG 20.11.2001 BAGE 99, 377 = NZA 2002, 1862; vgl. auch BVerfG 25.2.2010 NZA 2010, 439). Die Vorlage des ArbG Berlin (28.2.2006 – 79 Ca 22399/05, Az. beim EuGH C-115/06), die die Frage aufwarf, ob die Konsultationen bei Anrufen der Einigungsstelle erst durch den Abschluss dieses Verfahrens abgeschlossen sind, ist nach einem Vergleich der Parteien durch Rücknahme der Vorlage erledigt (ArbG Berlin 26.7.2006 BB 2006, 2084).

44 **3. Art. 2 III UAbs. 2 Massenentlassungs-Richtlinie: keine Übermittlung der Stellungnahme der Arbeitnehmervertreter an die Arbeitsverwaltung.** Art. 2 III UAbs. 2 Massenentlassungs-Richtlinie verpflichtet den Arbeitgeber nur dazu, der Arbeitsverwaltung eine Abschrift der **schriftlichen Mitteilung,** die er den Arbeitnehmervertretern hat zukommen lassen, zu übermitteln. Auch wenn die Massenentlassungs-Richtlinie nicht regelt, **wann** die Abschrift zu übermitteln ist, ist Zweck dieser Abschrift offensichtlich, das gemeinsame Handeln von Unternehmensleitung, Arbeitsverwaltung und Arbeitnehmervertretern zu ermöglichen, das die Massenentlassungs-Richtlinie anstrebt → Rn. 1. Sie dürfte darum **zu Beginn** des Konsultationsverfahrens erfolgen müssen und für dessen **Beendigung** ohne Bedeutung sein (→ Rn. 41). Eine **Sanktion** für einen **Verstoß gegen** die Pflicht aus **Art. 2 III UAbs. 2 Massenentlassungs-Richtlinie** lässt sich dieser nicht entnehmen. Sollte es entscheidungserheblich auf Zeitpunkt der Mitteilung und die Rechtsfolge eines Verstoßes gegen diese Bestimmung ankommen, wird eine Vorlage an den EuGH erforderlich sein (im Einzelnen → Art. 6 Rn. 11).

45 Eine Verpflichtung wie in § 17 III 2 KSchG, der Anzeige die **Stellungnahme des Betriebsrats** als Ergebnis des Konsultationsverfahrens beizufügen, enthält die Massenentlassungs-Richtlinie weder in Art. 2 noch in Art. 3. Zwar sah der ursprünglich vorgeschlagene Text der RL 75/129/EWG in Art. 1 II vor, dass das Ergebnis der Anhörung der Arbeitnehmer der Anzeige beizufügen sei oder baldmöglichst nachgereicht werden müsse. Das Europäische Parlament wollte die Nachreichungsmöglichkeit ganz streichen („Das Ergebnis der ... Anhörung der Arbeitnehmervertreter ist dieser Anzeige beizufügen", ABl. EG Nr. C 19/11 v. 12.4.1973), der Wirtschafts- und Sozialausschuss eine Nachreichungsfrist von 3 Wochen einfügen („Liegt im Zeitpunkt der Anzeige ein Ergebnis nicht vor, so ist der Anzeige die Mitteilung über die Einleitung und den Stand der Konsultationen beizufügen und das Ergebnis innerhalb ... von 3 Wochen nachzureichen", ABl. EG Nr. C 100/15 v. 22.11.1973; ausführlich zur **Entstehungsgeschichte** des Konsultationsverfahrens *Hinrichs* 33 ff.; s. auch die Gegenüberstellung der Vorschläge der Kommission, des Europäischen Parlaments und des WSA zu Art. 1 II der E der RL 75/129/EWG in der Unterrichtung des deutschen Bundestags BT-Drs. 7/1669, 4). Keine dieser Bemühungen, in Art. 1 II des Entwurfs der RL 75/129/EWG eine § 17 III 2 und 3 KSchG vergleichbare Verpflichtung aufzunehmen, hatte jedoch Erfolg. Art. 3 II UAbs. 2 Massenentlassungs-Richtlinie sieht nur die Option vor, „etwaige Bemerkungen" an die Arbeitsverwaltung zu richten. Damit ist nach der Massenentlassungs-Richtlinie das Vorliegen einer **Stellungnahme** der Arbeitnehmervertretung **keine Wirksamkeitsvoraussetzung** für die Anzeige, der entsprechende Regelungswille (vgl. WSA ABl. EG Nr. C 100/14 v. 22.11.1973) hat in den Richtlinien-Text keinen Eingang gefunden. Auch für den **Abschluss des Konsultationsverfahrens** ist eine derartige Stellungnahme darum **keine Voraussetzung.**

III. Regelung in § 17 KSchG

1. § 17 III 1 KSchG. § 17 III 1 KSchG setzt Art. 2 III UAbs. 2 Massenentlassungs- 46 Richtlinie um. Durch die „gleichzeitige" Mitteilung an Betriebsrat und Arbeitsamt soll eine frühzeitige Unterrichtung der Arbeitsverwaltung sichergestellt werden (BT-Drs. 8/1041, 5). Dies bringt den arbeitsmarktpolitischen Zweck, den § 17 KSchG ursprünglich hatte (→ vor Art. 1 Rn. 5), zum Ausdruck. Ob die Abschrift der Arbeitsverwaltung **am selben Tag** zugehen muss wie dem Betriebsrat (ErfK/*Kiel* KSchG § 17 Rn. 28), erscheint zweifelhaft. Eine Verzögerung von ein bis zwei Tagen dürfte die Arbeitsverwaltung nicht ernsthaft in ihren Bemühungen beeinträchtigen. Zu den Rechtsfolgen einer Verletzung → Art. 6 Rn. 11.

2. Folgerungen aus § 17 III 2 und 3 KSchG für die Beendigung des Konsultati- 47 **onsverfahrens.** § 17 III 2 KSchG verlangt, dass der Anzeige an die Arbeitsverwaltung eine Stellungnahme des Betriebsrats beigefügt wird. Erfolgt eine solche nicht oder liegt sie noch nicht vor, gibt § 17 III 3 KSchG dem Arbeitgeber die Möglichkeit, frühestens 2 Wochen nach ordnungsgemäßer Unterrichtung des Betriebsrats Anzeige zu erstatten. Der Gesetzgeber hat erkannt, dass diese Verpflichtungen über die der Massenentlassungs-Richtlinie (→ Rn. 44 f.) hinausgehen. Satz 2 sollte gewährleisten, dass der Ausschuss nach § 20 KSchG auch die Stellungnahme des Betriebsrats berücksichtigen kann. Satz 3 sollte klarstellen, dass der Arbeitgeber auch ohne Stellungnahme eine wirksame Anzeige erstatten kann. In der Gesamtschau des § 17 III 1–3 KSchG sollte es dem Ausschuss ermöglicht werden, die Wirksamkeit der Anzeige schnell und einfach festzustellen (BT-Drs. 8/1041, 5; vgl. auch BT-Drs. 7/1669, 4). Zum gewandelten Verständnis des § 17 III 2 KSchG infolge des Entlassungsbegriffs des EuGH → Art. 3 Rn. 12. Die BRD hat damit im Ergebnis den gescheiterten Änderungsvorschlag des WSA zur RL 75/129/EWG (→ Rn. 45) aufgegriffen, ohne jedoch, wie von diesem vorgeschlagen, eine Höchstfrist von 3 Wochen zum Nachreichen der Stellungnahme zu setzen.

Die **Stellungnahme** des Betriebsrats kann – im Unterschied zu der Verpflichtung des 48 Arbeitgebers nach § 17 III 1 KSchG, die „gleichzeitig" mit der Einleitung des Konsultationsverfahrens zu erfüllen ist – begriffsnotwendig erst **am Ende** des Konsultationsverfahrens erfolgen. Auch das deutsche Recht setzt damit voraus, dass vor Erstattung der Anzeige das **Konsultationsverfahren abgeschlossen** ist (BAG 21.3.2013 NZA 2013, 966 Rn. 22, 28). Das wird alternativ durch die (abschließende) **Stellungnahme** des Betriebsrats iSv § 17 II 2 KSchG oder durch die Anzeige des Arbeitgebers iVm dem Verfahren nach § 17 III 3 KSchG **dokumentiert.** Im letzteren Fall zeigt der Arbeitgeber, dass er die Verhandlung als gescheitert und damit als **beendet** ansieht. Das wird insbesondere in Betracht kommen, wenn der Betriebsrat Verhandlungen verweigert oder blockiert (ähnlich *Hützen* ZInsO 2012, 1801 [1808]; offengelassen vom BAG 21.3.2013 NZA 2013, 966 Rn. 26). Ein solches Vorgehen ist aber auch möglich, wenn der Arbeitgeber ernsthaft verhandelt hat und eine Verständigung der Beteiligten nicht erfolgt ist.

49　**3. Folgerungen aus § 17 III 2 und 3 KSchG für die zeitliche Abfolge von Konsultation und Anzeige.** Bei konsequenter Trennung der von der Massenentlassungs-Richtlinie vorgegebenen Pflichten und der **nur im deutschen Recht** bestehenden Vorgaben sowie bei gesetzestreuer Umsetzung insbesondere der § 17 III 2 und 3 KSchG entstehen aus der Verzahnung von Konsultationsverfahren, Stellungnahmeerfordernis und Anzeigepflicht sowie der Einbindung des Betriebsrats in das Anzeigeverfahren keine Probleme hinsichtlich der zeitlichen Abfolge dieser Verfahrensschritte. Der Arbeitgeber muss den Betriebsrat nach § 17 II KSchG informieren, sobald ein umsetzungsfähiges Konzept über die ins Auge gefassten Entlassungen vorliegt (→ Rn. 16 f.). An die vollständige Unterrichtung des zuständigen Gremiums schließen sich die konsensorientierten Beratungen an. Sind bereits – etwa im Rahmen von Interessenausgleichsverhandlungen – ausreichende Beratungen zwischen Arbeitgeber und zuständigem Gremium erfolgt, kann der Betriebsrat auf eine „**Schlussberatung**" verzichten (vgl. BAG 20.9.2012 NZA 2013, 32; offengelassen von BAG 26.2.2015 – 2 AZR 955/13 Rn. 28). Das Konsultationsverfahren ist **abgeschlossen**, wenn der Betriebsrat eine ausreichende (→ Art. 3 Rn. 12) Stellungnahme abgibt. Fehlt es daran, ist das Konsultationsverfahren abgeschlossen, wenn der Arbeitgeber mind. 2 Wochen ernsthaft (→ Rn. 22) verhandelt bzw. dies dem Betriebsrat angeboten hat und das Verfahren für gescheitert erklärt hat. Dieses Verständnis vermeidet Rechtsunsicherheiten, wie sie aufträten, wenn das Konsultationsverfahren erst dann als abgeschlossen anzusehen wäre, wenn der Betriebsrat „nicht binnen zumutbarer Frist" auf die ausreichende Unterrichtung reagiert hat oder dessen Reaktion aus Sicht des Arbeitgebers „keinen Ansatz für weitere, zielführende Verhandlungen bietet" (offengelassen von BAG 26.2.2015 – 2 AZR 955/13 Rn. 29). Nach dem so erfolgten Abschluss des Konsultationsverfahrens kann der Arbeitgeber die **Massenentlassungsanzeige** erstatten, dabei ggf. die Stellungnahme des Betriebsrats nach § 17 III 3 KSchG ersetzen und im Anschluss an die Anzeige unmittelbar kündigen (→ Art. 3 Rn. 1). Im Einzelnen:

50　**a) Kein Einigungszwang.** § 17 KSchG enthält ebenso wie Art. 2 Massenentlassungs-Richtlinie (→ Rn. 43) **keinen Einigungszwang** (vgl. BAG 30.3.2004 BAGE 110, 122 Rn. 37 = NZA 2004, 931). § 17 III 3 KSchG macht deutlich, dass der Arbeitgeber die Anzeige erstatten und daran anschließend auch die Kündigung erklären kann, ohne sich zuvor mit dem Betriebsrat geeinigt zu haben (→ Rn. 47 f.). § 17 KSchG gibt damit wie die Massenentlassungs-Richtlinie (→ Rn. 43) dem Arbeitgeber das Recht, die **Verhandlung für gescheitert zu erklären,** damit die Konsultation zu beenden, die Anzeige zu erstatten und anschließend zu kündigen, sofern er eine **Mindestfrist von 2 Wochen** zwischen Einleitung der Konsultation und der Erstattung der Anzeige beachtet (→ Rn. 19) und in der Zwischenzeit ernsthaft mit dem Betriebsrat verhandelt (vgl. *Krieger/Ludwig* NZA 2010, 919 [923]; ErfK/*Kiel* KSchG § 17 Rn. 24) oder ihm dies zumindest angeboten hat, ohne dass der Betriebsrat darauf eingegangen ist. Nur dann gibt es einen „Beratungsstand", der der Arbeitsverwaltung mitgeteilt werden kann (*Giesen* SAE 2006, 135, [138]). Dieses Verständnis des § 17 II iVm § 17 III 2 und 3 KSchG liegt den Ausführungen des BAG, die Unterrichtung des Betriebsrats müsse idR mind. 2 Wochen vor der Anzeige erfolgen (BAG 13.12.2012 AP KSchG 1969 § 17 Nr. 44 Rn. 51 ff.), zugrunde.

51　Nicht erforderlich ist, dass etwaige parallel verlaufende **Interessenausgleichsverhandlungen abgeschlossen** sind. Auch die **Einigungsstelle** muss nicht angerufen werden (BAG 21.5.2008 NZA 2008, 753 Rn. 49; ErfK/*Kiel* KSchG § 17 Rn. 25; TLL/*Lembke/Oberwinter* KSchG § 17 Rn. 98). Die Massenentlassungs-Richtlinie enthält derartige Verpflichtungen nicht (→ Rn. 43). Aus dem **Äquivalenzgrundsatz** (dazu EuGH 19.6.2014 – C-501/12 Rn. 112 – *Specht;* → von der Groeben/Schnasse/*Hatje,* 7. Aufl. EUV Art. 4

Rn. 104) folgt nichts anderes (**aA** *Franzen* ZfA 2006, 437 [450 f.]). Die Konsultationspflicht ist zwar inhaltlich eine betriebsverfassungsrechtliche Regelung (→ vor Art. 1 Rn. 9). Gleichwohl ist sie vom deutschen Gesetzgeber eigenständig durch § 17 II KSchG umgesetzt und nicht in das Verfahren nach §§ 111 ff. BetrVG integriert worden. Der Gesetzgeber hat dabei bewusst zwischen den Verfahren unterschieden und angenommen, dass der Arbeitgeber seine Konsultationspflicht durch das Verfahren nach § 111 ff. BetrVG erfüllen kann, soweit die Pflichten übereinstimmen (BT-Drs. 8/1041, 5). Er hat erkannt, dass das Verfahren über das Zustandekommen eines Interessenausgleichs ein eigenständiges, über die Verpflichtungen der Massenentlassungs-Richtlinie hinausgehendes Verfahren mit eigenen, uU abweichenden Voraussetzungen, eigenem Inhalt und gänzlich anderen Rechtsfolgen ist (vgl. *Weber*, FS Richardi, 2007, 461 [470]), und damit kein „gleichartiger Sachverhalt" iSd Äquivalenzgrundsatzes vorliegt. Der Gesetzgeber hat zudem mit § 17 III 3 KSchG deutlich gemacht, dass der Massenentlassungsschutz der Durchführung von Kündigungen vor Abschluss des Interessenausgleichs nicht entgegensteht. Werden die Verfahren – wie ohnehin erforderlich (→ Rn. 30) sauber getrennt, gebietet der Äquivalenzgrundsatz deshalb nicht, dass der Arbeitgeber die Anzeige erst erstattet und die Kündigungen erst erklärt, wenn der Interessenausgleich abgeschlossen ist (*Riesenhuber* § 23 Rn. 22; differenzierend zwischen Interessenausgleich – Abschluss erforderlich – und Sozialplan – kein Abschluss erforderlich – *Oetker/Schubert* EAS B 8300 Rn. 414). Praktische Bedeutung dürfte die Streitfrage aus den in → Rn. 39 genannten Gründen kaum erlangen, sodass es nicht darauf ankommt, ob sie ohne Anrufung des EuGH entschieden werden könnte.

b) Keine Nachreichung der Stellungnahme. Ob der Arbeitgeber die Anzeige erst 52 nach dem Ende der Konsultationen mit dem Betriebsrat erstatten oder die **Stellungnahme** des Betriebsrats **nachreichen** kann (offengelassen vom BAG 26.2.2015 – 2 AZR 955/13 Rn. 31), bedarf nach Auffassung des BVerfG (25.2.2010 NZA 2010, 439 unter Aufhebung vom BAG 21.5.2008 NZA 2008, 753) einer Vorlage an den EuGH. Bei dieser Frage (nur diese Fragestellung lag der aufgehobenen Entscheidung zugrunde; das BAG hatte die Konsultationspflichten bezogen auf den Zeitpunkt, zu dem die Anzeige nach der Praxis der Arbeitsverwaltung wirksam geworden war, als erfüllt angesehen; zutreffend die Kritik an der Herausarbeitung der unionsrechtlichen Fragestellung durch das BVerfG bei APS/*Moll* KSchG § 17 Rn. 125a) handelt es sich jedoch um ein **Scheinproblem.** Dabei sind 2 Fallgestaltungen zu unterscheiden:

Erstattet der Arbeitgeber – wie in den den Entscheidungen des BVerfG und des BAG v. 53 26.2.2015 – 2 AZR 955/13) zugrunde liegenden Fällen – die Anzeige bereits **weniger als 2 Wochen** nach Unterrichtung des Betriebsrats und hat dieser auch **keine abschließende Stellungnahme** abgegeben, ist das Konsultationsverfahren noch nicht beendet. Die **Anzeige** kann daher **noch nicht wirksam** erstattet werden. Die Möglichkeit, eine Stellungnahme **nachzureichen,** sieht § 17 KSchG nicht vor. Die Norm setzt vielmehr voraus, dass die Konsultationen vor Erstattung der Anzeige beendet sind (→ Rn. 47 f.). Die Verwaltungspraxis der Agentur für Arbeit, die in derartigen Fällen die Nachreichung der Stellungnahme zulässt (vgl. 5.3. des Merkblatts 5 – Anzeigepflichtige Entlassungen für Arbeitgeber), ist vom Gesetz nicht gedeckt. Der Arbeitgeber hat in dieser Konstellation weder das Verfahren nach § 17 II noch das nach § 17 III 2 bzw. 3 KSchG eingehalten. Eine Heilung dieser Fehler tritt durch einen etwaigen Bescheid der Arbeitsverwaltung nach § 18 KSchG nicht ein (→ Art. 6 Rn. 20 ff.). Die **Kündigungen** sind **unwirksam** (vgl. TLL/*Lembke/Oberwinter* KSchG § 17 Rn. 125).

Hat der Arbeitgeber im Zeitpunkt der Anzeige dagegen den Betriebsrat bereits vor **mehr** 54 **als 2 Wochen** ordnungsgemäß unterrichtet und mit ihm zwischenzeitlich beraten oder dies ernsthaft versucht, kann er die von **§ 17 III 3 KSchG** geforderten Angaben glaubhaft machen (zu den diesbezüglichen Anforderungen BAG 28.5.2009 NZA 2009, 1267 Rn. 61; ErfK/*Kiel* KSchG § 17 Rn. 32; TLL/*Lembke/Oberwinter* KSchG § 17 Rn. 123). Das Konsultationsverfahren ist **beendet,** die Anzeige wirksam erstattet. Auf eine **Nachreichung** der

Stellungnahme ist er in dieser Konstellation **nicht angewiesen.** Die **Kündigungen** sind **wirksam.**

55 **c) Keine Vorlage an den EuGH.** Die Frage, wann nach § 17 KSchG das Konsultationsverfahren beendet worden ist, beantwortet sich aufgrund der Verzahnung dieses Verfahrens mit den in der Massenentlassungs-Richtlinie nicht enthaltenen Vorgaben des § 17 III 2 und 3 KSchG unabhängig von der Massenentlassungs-Richtlinie. Die **Lösung** dieser Frage ergibt sich letztlich allein aus dem **nationalen Recht.** Darum ist **keine Vorlage** an den EuGH erforderlich.

56 **4. Vereinbarkeit von § 17 III 2 und 3 KSchG mit der Massenentlassungs-Richtlinie.** Die sich aus § 17 III 2 und 3 ergebende Verpflichtung zur Dokumentation des Abschlusses des Konsultationsverfahrens (→ Rn. 48) sowie die dadurch begründete **Mindestfrist** für die Konsultationen (→ Rn. 19) gehen über die Vorgaben der Massenentlassungs-Richtlinie in deren kodifizierter Fassung (zur Entstehungsgeschichte → Rn. 45) hinaus. Das ist mit der Massenentlassungs-Richtlinie vereinbar. Diese enthält insoweit **keinerlei Verbot** einer nationalen Regelung und auch keinerlei Regelungsvorgaben. Sie schafft nur einen Mindestschutz (EuGH 30.4.2015 – C-80/14 Rn. 65 – USDAW und Wilson, NZA 2015/601). Den Mitgliedstaaten bleibt darum insbesondere die Ausgestaltung von Dauer und Beendigung des Konsultationsverfahrens überlassen (*Riesenhuber* § 23 Rn. 21).

IV. Einzelfälle

57 **1. Abschluss des Verfahrens durch Interessenausgleich mit Namensliste.** Nach § 125 II InsO bzw. § 1 V 4 KSchG ersetzt ein Interessenausgleich mit Namensliste die von § 17 III 2 KSchG grds. verlangte Stellungnahme. Dies ist **richtlinienkonform.** Die Massenentlassungs-Richtlinie verlangt die Übersendung einer Stellungnahme nicht (→ Rn. 45). Einer **Vorlage** an den EuGH bedarf es nicht. Alle damit im Zusammenhang stehenden Probleme resultieren allein aus dem deutschen Recht.

58 Unterzeichnet ein **vertretungsberechtigtes Mitglied des Betriebsrats** den Interessenausgleich mit Namensliste, ist das Konsultationsverfahren **abgeschlossen** (BAG 18.1.2012 BAGE 140, 261 Rn. 45 = NZA 2012, 2376). Einer gesonderten oder in den Interessenausgleich integrierten **Stellungnahme** des Betriebsrats als Dokumentation des Abschlusses des Konsultationsverfahrens bedarf es in diesen Fällen nicht (BAG 28.6.2012 BAGE 142, 202 Rn. 55 = NZA 2012, 1029). Die Stellungnahme wird auch dann ersetzt, wenn der Interessenausgleich nur vom Betriebsrat, aber noch nicht vom Arbeitgeber unterzeichnet ist und deshalb nicht dem **Schriftformerfordernis** des § 112 I BetrVG genügt (BAG 18.1.2012 BAGE 140, 261 Rn. 41 ff. = NZA 2012, 2376). Ein mit dem zuständigen **Gesamtbetriebsrat** (→ Art. 1 Rn. 67) geschlossener Interessenausgleich mit Namensliste ersetzt die Stellungnahme (BAG 7.7.2011 BAGE 138, 301 Rn. 18 ff. = NZA 2011, 1108). Der mit einer **anderen Konzerntochter** geschlossene Interessenausgleich hat dagegen ebenso wenig Ersetzungswirkung (BAG 28.6.2012 BAGE 142, 202 Rn. 60 = NZA 2012, 1029) wie ein durch Spruch der Einigungsstelle zustande gekommener **Sozialplan** (BAG 13.12.2012 – Rn. 57 AP KSchG 1969 § 17 Nr. 44 Rn. 57) oder das **Protokoll** und **Spruch der Einigungsstelle,** wenn sich diesen Unterlagen keine abschließende Äußerung des zuständigen Gremiums entnehmen lässt (BAG 13.12.2012 – Rn. 56 AP KSchG 1969 § 17 Nr. 44 Rn. 56).

59 **2. Abschluss des Verfahrens durch abschließende Stellungnahme des Betriebsrats.** Gibt der Betriebsrat eine **inhaltlich ausreichende, abschließende Stellungnahme** (zu den diesbezüglichen Anforderungen → Art. 3 Rn. 12) ab, ist das Konsultationsverfahren beendet. Das gilt auch dann, wenn er die Stellungnahme weniger als 2 Wochen nach ordnungsgemäßer Einleitung und Durchführung des Konsultationsverfahrens abgibt, sofern die Stellungnahme erkennen lässt, dass sich der Betriebsrat ausreichend unterrichtet fühlt

und die 2-Wochen-Frist des § 17 III 3 KSchG nicht ausschöpfen will (BAG 13.12.2012 AP KSchG 1969 § 17 Nr. 44 Rn. 53). Das Konsultationsverfahren wird auch durch eine inhaltlich ausreichende, abschließende Stellungnahme des Betriebsrats, die in einen **Interessenausgleich ohne Namensliste integriert** ist, beendet (BAG 21.3.2012 NZA 2012, 1058 Rn. 17 ff.).

3. Abschluss ohne ausreichende Stellungnahme des Betriebsrats. Gibt der Betriebsrat bewusst oder unbewusst **keine** den Anforderungen des § 17 III 2 KSchG (→ dazu Art. 3 Rn. 12) genügende **Stellungnahme** ab, wird das Konsultationsverfahren zunächst nicht abgeschlossen. Der Arbeitgeber kann verhindern, dass sich die geplanten Kündigungen erheblich verzögern, indem er die Verhandlungen für gescheitert erklärt und dann oder bereits vorsorglich parallel zur Unterrichtung und Beratung das Verfahren nach **§ 17 III 3 KSchG** beschreitet, das nicht nur bei gänzlich fehlender, sondern auch inhaltlich ungenügender Stellungnahme möglich ist (BAG 28.6.2012 BAGE 142, 202 Rn. 57 ff. = NZA 2012, 1029; *Hützen* ZInsO 2012, 1801 [1808]). Er kann dann rechtssicher kündigen (ErfK/ *Kiel* KSchG § 17 Rn. 32). Das setzt allerdings voraus, dass er tatsächlich glaubhaft macht (→ Rn. 54), dass er den Betriebsrat rechtzeitig und ordnungsgemäß informiert hat, und den Stand der Beratungen darlegt. Unterbleiben diese Angaben ganz oder teilweise, ist das Konsultationsverfahren nicht abgeschlossen und zudem die Anzeige unwirksam (BAG 26.2.2015 – 2 AZR 955/13 Rn. 32 ff.). Eine **Heilung** dadurch, dass die Arbeitsverwaltung ungeachtet dieser Mängel den Entlassungen zustimmt, tritt nicht ein. Die gegenteilige Ansicht (BAG 28.5.2009 NZA 2009, 126 Rn. 62 ff.) ist überholt. Sie basiert noch auf der bei unionsrechtskonformem Rechtsverständnis nicht mehr aufrechtzuerhaltenden Annahme, §§ 17 ff. KSchG verfolgten einen rein arbeitsmarktpolitischen Zweck (zu den Zwecken der Massenentlassungs-Richtlinie → vor Art. 1 Rn. 5 ff.; zur Heilung im Einzelnen → Art. 6 Rn. 20 ff.). Zur **Sanktion** → Art. 6 Rn. 7.

K. Notwendigkeit erneuten Konsultationsverfahrens

Das Konsultationsverfahren ist vor **Folgekündigungen** erneut durchzuführen, wenn abermals ein Massenentlassungstatbestand vorliegt und (noch) ein beteiligungsfähiges Gremium, etwa im Rahmen eines Restmandats nach § 21b BetrVG, besteht (BAG 22.4.2008 BAGE 134, 176 Rn. 20 = NZA 2010, 1057). Das ist keine unnütze Förmelei, weil sich die Umstände geändert haben können (LAG RhPf. 20.2.2014 – 2 Sa 119/13 Rn. 72, rkr.; vgl. auch LAG BW 13.8.2014 – 4 Sa 12/14, Revision anhängig unter 6 AZR 601/14). Insoweit gilt nichts anderes als für das Anzeigeverfahren (→ Art. 1 Rn. 83).

L. Besonderheiten in der Insolvenz

In der Insolvenz ist das Konsultationsverfahren nicht entbehrlich. Das gilt auch dann, wenn die Stilllegung des Betriebs die unausweichliche Folge einer wirtschaftlichen Zwangslage war und es zu ihr **keine sinnvolle Alternative** gab. Das Verfahren dient auch dazu, die Folgen der durch die Stilllegung erforderlichen Entlassungen abzumildern (vgl. BAG 22.7.2003, BAGE 107, 91 Rn. 17, 22 = NZA 2004, 93; siehe auch → Rn. 5). Die Beschleunigungsmöglichkeit des § 122 InsO gilt zwar nur für § 112 BetrVG und nicht für § 17 II KSchG. Das Konsultationsverfahren sieht jedoch selbst Möglichkeiten vor, insbesondere **§ 17 III 3 KSchG**, die dem **Beschleunigungsbedürfnis** hinreichend Rechnung tragen (im Einzelnen → Rn. 47 f.).

Teil III. Massenentlassungsverfahren

Art. 3 [Anzeigepflicht]

(1) Der Arbeitgeber hat der zuständigen Behörde alle beabsichtigten Massenentlassungen schriftlich anzuzeigen.

Die Mitgliedstaaten können jedoch vorsehen, daß im Fall einer geplanten Massenentlassung, die aufgrund einer gerichtlichen Entscheidung über die Einstellung der Tätigkeit des Betriebs erfolgt, der Arbeitgeber diese der zuständigen Behörde nur auf deren Verlangen schriftlich anzuzeigen hat.

Die Anzeige muß alle zweckdienlichen Angaben über die beabsichtigte Massenentlassung und die Konsultationen der Arbeitnehmervertreter gemäß Artikel 2 enthalten, insbesondere die Gründe der Entlassung, die Zahl der zu entlassenden Arbeitnehmer, die Zahl der in der Regel beschäftigten Arbeitnehmer und den Zeitraum, in dem die Entlassungen vorgenommen werden sollen.

(2) Der Arbeitgeber hat den Arbeitnehmervertretern eine Abschrift der in Absatz 1 genannten Anzeige zu übermitteln.

Die Arbeitnehmervertreter können etwaige Bemerkungen an die zuständige Behörde richten.

A. Schriftliche Anzeige

I. Zeitpunkt

1   Die Anzeige muss **nach der Beendigung des Konsultationsverfahrens** (→ Art. 2 Rn. 40 ff., 49 f.), aber **vor** der Entlassung, dh vor Zugang der **Kündigungserklärung**, erfolgen (EuGH 27.1.2005 – C-188/03 Rn. 53 – Junk, NZA 2005, 213; *Riesenhuber* § 23 Rn. 34, offen gelassen von BAG 26.2.2015 – 2 AZR 955/13 Rn. 30). Die Kündigung kann unmittelbar nach Eingang der Anzeige bei der Arbeitsverwaltung erfolgen, sofern die individuelle Kündigungsfrist so lang ist, dass die für die Tätigkeit der Arbeitsverwaltung nach Art. 4 Massenentlassungs-Richtlinie zur Verfügung stehende Zeit von idR 30 Tagen gewahrt bleibt (EuGH 27.1.2005 – C-188/03 Rn. 52 – Junk, NZA 2005, 213; BAG 6.11.2008 BAGE 128, 256 Rn. 25 f. = NZA 2009, 1013). Im Ergebnis gewährleisten Art. 3 I und Art. 4 Massenentlassungs-Richtlinie eine **Mindestkündigungsfrist** (*Riesenhuber* § 23 Rn. 33). Wird sie gewahrt, kann die Kündigung noch **am Tag des Eingangs der Anzeige** erklärt werden (vgl. die Konstellation BAG 18.1.2012 BAGE 140, 261 Rn. 3 = NZA 2012, 2376). Die Anzeige kann **nicht nachgeholt** werden, wenn zunächst anzeigefrei erklärte Kündigungen durch innerhalb der 30-Tage-Frist erklärte spätere Kündigungen anzeigepflichtig werden. Die anderslautende Rechtsprechung des BAG (13.4.2000 NZA 2001, 144 Rn. 38) ist durch den geänderten Entlassungsbegriff (→ Art. 1 Rn. 22 ff.) überholt (Löwisch/Spinner/*Wertheimer* § 17 Rn. 44; **aA** KR/*Weigand* KSchG § 17 Rn. 54).

II. Zweck

2   Die Anzeige soll es der Arbeitsverwaltung ermöglichen, innerhalb einer Frist von grds. 30 Tagen nach Lösungen für die durch die Massenentlassung ausgelösten sozio-ökonomischen Probleme zu suchen. Das ergibt sich aus Art. 4 II Massenentlassungs-Richtlinie (EuGH 27.1.2005 – C-188/03 Rn. 47 f. – Junk, NZA 2005, 213; BAG 22.4.2008 BAGE 134, 176 Rn. 20 = NZA 2010, 1057). Die Folgen der Massenentlassungen sollen für die Betroffenen möglichst gemildert werden. Die Arbeitsverwaltung soll für anderweitige Beschäftigung der Entlassenen sorgen (BAG 21.3.2013 NZA 2013, 966 Rn. 28, 44).

III. Zuständigkeit

Die Massenentlassung ist vom Arbeitgeber (→ Art. 1 Rn. 44) der zuständigen Behörde 3 anzuzeigen. Das ist gem. § 17 I KSchG die Agentur für Arbeit. Der Arbeitgeber kann sich in entsprechender Anwendung von § 13 SGB X **vertreten** lassen (BAG 14.8.1986 BeckRS 1986, 05524). Die Massenentlassungs-Richtlinie regelt die **örtliche Zuständigkeit** nicht explizit. Aus der englischen (competent public authority) und französischen (l'autorité publique compétente) Sprachfassung sowie aus dem Zweck der Massenentlassungs-Richtlinie (→ vor Art. 1 Rn. 5 ff.) folgt, dass die Anzeige an die Behörde zu richten ist, bei der die sozio-ökonomischen Auswirkungen der Entlassungen auftreten. Das ist die Arbeitsagentur, in deren **Bezirk** der **betroffene Betrieb iSd Massenentlassungs-Richtlinie** (→ Art. 1 Rn. 56 ff.) liegt (KR/*Weigand* KSchG § 17 Rn. 17). Nicht maßgebend ist der Sitz des Unternehmens (TLL/*Lembke/Oberwinter* KSchG § 17 Rn. 110; ErfK/*Kiel* KSchG § 17 Rn. 28). In Zusammenschlüssen nach **§ 3 BetrVG** ist die Anzeige bei der für den Betrieb iSd Massenentlassungs-Richtlinie (→ Art. 1 Rn. 56 ff., 64) örtlich zuständigen Arbeitsagentur zu erstatten. Ist ein **Betriebsteil** der Betrieb iSd Massenentlassungs-Richtlinie (→ Art. 1 Rn. 59), ist die Anzeige an die für diesen Betriebsteil zuständige Agentur zu richten. Das gilt auch bei **standortübergreifendem Personalabbau**. Die Anzeige ist nicht am Sitz des die anderen Standorte zentral lenkenden (Haupt)Betriebs bzw. am Sitz der Standorte mit eigenständigen Leitungsfunktionen zu erstatten. Ein solches, noch ausschließlich vom deutschen Recht her argumentierendes Verständnis (*Kühn* NZA 2010, 259 [261 ff.]) ist mit dem Betriebsbegriff der Massenentlassungs-Richtlinie nicht zu vereinbaren. **§ 21 S. 3 KSchG** enthält eine abweichende Regelung für den Sonderfall einer Entlassung von mehr als 500 Arbeitnehmern in Betrieben aus dem Geschäftsbereich bestimmter Ministerien. Die Vorschrift hat wegen der Privatisierung der Deutschen Post nur noch geringe praktische Bedeutung (im Einzelnen → APS/*Moll* KSchG § 21 Rn. 5 ff.). Zur **Rechtsfolge** bei Erstattung der Anzeige bei einer örtlich unzuständigen Agentur → Art. 6 Rn. 17.

IV. Inhalt

1. Unionsrechtskonforme Differenzierung zwischen Muss- und Soll-Angaben. 4 Den Inhalt der Anzeige gibt Art. 3 I UAbs. 3 Massenentlassungs-Richtlinie vor. Das setzen § 17 III 4 (Muss-Angaben) und § 17 III 5 (Soll-Angaben) KSchG um. Eine Differenzierung zwischen **Muss-** und **Soll-Angaben** wie im deutschen Recht nimmt die Massenentlassungs-Richtlinie nicht ausdrücklich vor. Inhaltlich differenziert sie aber zwischen bloß „**zweckdienlichen**" und **zwingend** aufzuführenden, im Einzelnen genannten Angaben. Die in § 17 III 5 KSchG aufgeführten Sollangaben gehören zu den nur zweckdienlichen Angaben. Die gegen § 17 III 5 KSchG erhobenen Bedenken, die Angabe derart präziser Auswahlkriterien lege oft bereits die zu kündigenden Arbeitnehmer fest, sodass kein Raum mehr für Verhandlungen mit dem Betriebsrat bleibe (BT-Drs. 8/1546, 7; *Mauthner* 209 f.), denen der Gesetzgeber durch das Erfordernis, mit dem Betriebsrat Einvernehmen herzustellen, begegnen wollte (BT-Drs. 8/1546, 8; APS/*Moll* KSchG § 17 Rn. 103), sind seit der Junk-Entscheidung des EuGH (27.1.2005 – C-188/03, NZA 2005, 213) obsolet. Das Konsultationsverfahren muss abgeschlossen sein, bevor die Anzeige erstattet werden kann (→ Art. 2 Rn. 38, 41, 48). Auch in den Fällen des § 17 III 3 KSchG ist das Konsultationsverfahren gescheitert und damit beendet (→ Art. 2 Rn. 50). Zur **Bindungswirkung** der Muss- und Soll-Angaben nach deutschem Recht → APS/*Moll* KSchG § 17 Rn. 101, 108; zur Möglichkeit, die Sollangaben deshalb unter **Vorbehalt** zu machen → APS/*Moll* § 17 Rn. 110; TLL/*Lembke/Oberwinter* KSchG § 17 Rn. 135.

2. Angaben zu Berufsgruppen und Auswahlkriterien. Zu den Muss-Angaben nach 5 § 17 III 4 KSchG gehören auch die in § 17 II 1 Nr. 1–5 KSchG aufgezählten. Soweit in der Anzeige Angaben zu den Berufsgruppen der zu entlassenden sowie der idR beschäftigten

Arbeitnehmer und den Kriterien für die Auswahl der zu entlassenden Arbeitnehmer gefordert werden, **geht** das deutsche Recht **über die Vorgaben der Massenentlassungs-Richtlinie** hinaus. Die Massenentlassungs-Richtlinie verlangt derartige Angaben nur im Konsultationsverfahren (Art. 2 III UAbs. 1). Sie beschränkt sich in **Art. 3 I UAbs. 3** für die Anzeige darauf, den Arbeitgeber allg. zu den beispielhaft aufgeführten „zweckdienlichen" Angaben zu verpflichten. Die Kriterien der Auswahl und die Berufsgruppen (zum Problem der unzureichenden Umsetzung der Massenentlassungs-Richtlinie durch diesen Begriff → Art. 2 Rn. 23) gehören dazu nicht. Jedenfalls die Kriterien der Auswahl sind für die Arbeitsverwaltung auch ohne Belang (*Ostermaier* EWiR 2014, 127 [128]). Diese Auslassung in der Massenentlassungs-Richtlinie ist bewusst geschehen. Art. 2 III Ziff. v der Richtlinie ist eingefügt worden, (zur Entstehungsgeschichte der Massenentlassungs-Richtlinie → Vor Art. 1 Rn. 2), um zu präzisieren, welche Informationen den Arbeitnehmervertretern zur Verfügung zu stellen sind. Die Kommission ist dabei zutreffend davon ausgegangen, dass diese Informationen der Arbeitsverwaltung ohnehin bekannt sind, weil ihr gem. Art. 2 III UAbs. 2 Massenentlassungs-Richtlinie eine Abschrift der an die Arbeitnehmervertretung gerichteten schriftlichen Mitteilung übersandt werden muss (KOM [91] 292 endg. Nr. 19). Das hat der deutsche Gesetzgeber erkannt (BT-Drs. 13/668, 13, rechte Spalte unten). § 17 III 4 KSchG hat er allein deshalb entsprechend § 17 II 1 KSchG ergänzt, um sicherzustellen, dass die Arbeitsverwaltung alle erforderlichen Informationen auch dann erhält, wenn **kein Betriebsrat vorhanden** ist, ihr also keine Abschrift der Mitteilung zugehen kann (BT-Drs. 13/668, 14). Nur in diesem Fall hat bei **unionsrechtskonformer Auslegung** § 17 III 4 KSchG insoweit **eigenständige Bedeutung**.

6   Unter Berücksichtigung dieser Gesetzgebungsgeschichte erstattet der Arbeitgeber eine ordnungsgemäße Anzeige auch dann, wenn er hinsichtlich der Kriterien für die Auswahl der zu entlassenden Arbeitnehmer sowie der Berufsgruppen lediglich auf die Informationen an den Betriebsrat verweist, sofern er diese ordnungs- und wahrheitsgemäß erteilt hat, sie der Arbeitsverwaltung entsprechend seiner Verpflichtung aus § 17 III 1 KSchG tatsächlich übermittelt hat und die Auswahl der zu Entlassenden nach diesen bereits zu Beginn der Konsultationsverfahren mitgeteilten Kriterien erfolgt ist. Ist ein **Betriebsrat vorhanden,** sind **konstitutiv** für die Wirksamkeit der Anzeige damit nur die Angaben über Namen des Arbeitgebers, seinen Sitz und die Art des Betriebs, außerdem die Gründe der Entlassung, die Zahl der zu Entlassenden und der idR Beschäftigten sowie der Zeitraum der Entlassungen, sofern der Arbeitsverwaltung die übrigen Angaben nach § 17 II 1 Nr. 1–5 KSchG schon gem. § 17 III 1 KSchG bekannt geworden sind. Der Verweis auf einen beigefügten **Interessenausgleich mit Namensliste** ist nur sinnvoll, wenn sich daraus die Kriterien der Auswahl nachvollziehbar ergeben. Die Beifügung einer mit dem Betriebsrat erarbeiteten **Namensliste** wird zwar idR nicht die Kriterien der Auswahl, sondern nur deren Ergebnis erkennen lassen (vgl. LAG Düsseldorf 26.9.2013 – 5 Sa 530/13, rkr. – im Revisionsverfahren 6 AZR 973/13 ist ebenso wie im Parallelverfahren 5 Sa 557/13 = 6 AZR 979/13 ein außergerichtlicher Vergleich geschlossen worden). Darin liegt aber aus den genannten Gründen **kein zur Unwirksamkeit der Kündigung führender Verstoß gegen § 17 III 4 KSchG,** wenn der Arbeitgeber dem Betriebsrat die von § 17 II 1 Nr. 1–5 KSchG geforderten Informationen hat zukommen lassen, diese gem. § 17 III 1 KSchG der Arbeitsverwaltung zugeleitet hat und die Auswahl nach diesen Kriterien erfolgt ist. (**aA** ErfK/*Kiel* KSchG § 17 Rn. 29).

7   **Eigenständige Bedeutung** hat § 17 III 4 KSchG dagegen, wenn die **Auswahlkriterien erst im Konsultationsverfahren entwickelt** worden sind oder **kein Betriebsrat** besteht. Dann ist der bloße Verweis auf § 1 III KSchG entgegen vielfach geübter Praxis (*Lelley/Gurevich* BB 2014, 128) nicht ausreichend, weil damit die konkrete Gewichtung der Kriterien nicht ausreichend deutlich gemacht ist. Zwar erschließt sich nicht ohne Weiteres, wie sich die Kriterien der Auswahl auf die Arbeit der Arbeitsverwaltung auswirken sollen (*Ostermaier* EWiR 2014, 127 [128]). Der insoweit eindeutige Wille des deutschen Gesetzgebers, der Arbeitsverwaltung auch diese Information zur Verfügung zu stellen (→ Rn. 5) ist aber zu achten. Zur Rechtsfolge eines Verstoßes → Art. 6 Rn. 15.

3. Objektive Richtigkeit der Angaben. Die Angaben in der Anzeige müssen **objektiv** **8** **richtig** sein, um den Anforderungen der Massenentlassungs-Richtlinie bzw. des § 17 III KSchG zu genügen. Der Grundsatz der **subjektiven Determination** findet keine Anwendung (aA TLL/*Lembke/Oberwinter* KSchG § 17 Rn. 87, 117, 139). Dem stehen sowohl der Rechtscharakter der Anzeigepflicht, die eine **öffentlich-rechtliche Verpflichtung** des Arbeitgebers gegenüber der Arbeitsverwaltung ist (*Mauthner* 205 f.; APS/*Moll* KSchG vor § 17 Rn. 13), als auch der Zweck der Anzeige (→ Rn. 2) entgegen. Damit ist es nicht zu vereinbaren, wenn die Anzeigepflicht als erfüllt gilt, der Arbeitgeber subjektiv angenommen hat, alle erforderlichen Angaben gemacht zu haben. Art. 3 Massenentlassungs-Richtlinie und § 17 III 4 KSchG verlangen die geforderten Angaben, wobei der Kündigungsgrund nicht in einer § 1 II KSchG genügenden Weise dargestellt sein muss (APS/*Moll* KSchG § 17 Rn. 99). Diese Angaben kann der Arbeitgeber in dem Zeitpunkt, in dem die Anzeigepflicht entsteht (→ Rn. 1), ohne Weiteres machen, weil sich in diesem Zeitpunkt die Kündigungsentscheidung konkretisiert haben muss.

V. Schriftform

Art. 3 I Massenentlassungs-Richtlinie verpflichtet den Arbeitgeber, alle beabsichtigten **9** Massenentlassungen **schriftlich** anzuzeigen. Entgegen der hM (TLL/*Lembke/Oberwinter* KSchG § 17 Rn. 112; ErfK/*Kiel* KSchG § 17 Rn. 28, 23 mwN) ist keine Originalunterschrift erforderlich (*Mauthner* 207). Es genügt die **Textform des § 126b BGB.** Damit ist die erforderliche Information der Arbeitsverwaltung gewährleistet (→ Art. 2 Rn. 11). Auch die Übermittlung per **Telefax** ist wirksam (ErfK/*Kiel* KSchG § 17 Rn. 28). Die im Schrifttum als zulässig angesehene Übermittlung per **Telegramm** (ErfK/*Kiel* KSchG § 17 Rn. 28) dürfte daran scheitern, dass die Post AG nur noch Telegramme mit max. 30 Wörtern anbietet.

VI. „Konzern"Klausel

Die „Konzern"Klausel in Art. 2 IV UAbs. 1 Massenentlassungs-Richtlinie (zum Ver- **10** ständnis des „Konzernbegriffs" → Art. 2 Rn. 9 f.) bezieht sich allein auf das Konsultationsverfahren. Art. 2 IV UAbs. 2 Massenentlassungs-Richtlinie legt fest, dass sich der Vertragsarbeitgeber hinsichtlich der **„Meldepflichten"** nicht darauf berufen kann, er habe die nötigen Informationen vom verantwortlichen Unternehmen nicht erhalten. Dies bezieht sich ungeachtet des abweichenden Wortlauts von Art. 2 IV Abs. 2 und Art. 3 I der Richtlinie in der deutschen Fassung auf die Anzeigepflicht nach Art. 3 I Massenentlassungs-Richtlinie. In der englischen und französischen Sprachfassung entsprechen sich die Begrifflichkeiten in Art. 2 IV UAbs. 2 und Art. 3 I Massenentlassungs-Richtlinie (notification requirements/notify bzw. obligations de notification/notifier). § 17 IIIa 1 KSchG ordnet uneingeschränkt auch eine Anzeigepflicht in Konzernfällen an. Inhaltlich führt das zu keinen Unterschieden. Die Anzeigepflicht nach Art. 3 I Massenentlassungs-Richtlinie und § 17 IIIa KSchG trifft jeweils den **Vertragsarbeitgeber** (EuGH 10.9.2009 – C-44/08 Rn. 57 – Akavan Erityisalojen Keskusliitto, NZA 2009, 1083; vgl. auch → Art. 2 Rn. 10).

B. Beifügung der Stellungnahme des Betriebsrats

Art. 3 II UAbs. 2 Massenentlassungs-Richtlinie sieht wie die RL 75/129/EWG nur vor, **11** dass die Arbeitnehmervertreter etwaige „Bemerkungen" an die Arbeitsverwaltung richten „können". Eine Verpflichtung, der Anzeige die Stellungnahme des Betriebsrats beizufügen, wie sie § 17 III 2 KSchG enthält, fehlt. Die Beifügung der Stellungnahme des Betriebsrats ist nach der Massenentlassungs-Richtlinie darum **keine Voraussetzung** für die **Wirksamkeit** der Anzeige (→ Art. 2 Rn. 45). Zur **Entstehungsgeschichte** des Art. 3 UAbs. 2 Massenentlassungs-Richtlinie → Art. 2 Rn. 45; zu der des § 17 III 2 KSchG und dessen

Zweck → Art. 2 Rn. 47. Die aus § 17 III 2 KSchG entstehenden Risiken für die Wirksamkeit der Anzeige resultieren ausschließlich aus der bewussten (BT-Drs. 8/1041, 5) Entscheidung des deutschen Gesetzgebers, am bisherigen Rechtszustand festzuhalten und damit aus dem nationalen Recht. Darum werden im Folgenden nur die Kernaussagen des BAG zu § 17 III 2 KSchG dargestellt. Zu § 17 III 2 KSchG im Einzelnen vgl. ErfK/*Kiel* KSchG § 17 Rn. 30–32a. Zum Vorgehen bei **Fehlen** eines **Betriebsrats** vgl. APS/*Moll* KSchG § 17 Rn. 122.

12   **Nach deutschem Recht** ist die Beifügung der Stellungnahme **Wirksamkeitsvoraussetzung** für die Anzeige (BAG 13.12.2012 AP KSchG 1969 § 17 Nr. 44 Rn. 64; 22.11.2012 NZA 2013, 2620 Rn. 20). Sie hat nach dem objektivierten Willen des Gesetzgebers (vgl. dazu BAG 18.9.2014 NZA 2014, 1400 Rn. 24) den **Zweck,** gegenüber der Arbeitsverwaltung zu belegen, ob und welche Möglichkeiten der Betriebsrat sieht, die angezeigten Kündigung zu vermeiden und zeigt, dass soziale Maßnahmen mit dem Betriebsrat beraten und ggf. getroffen worden sind (BAG 21.3.2012 NZA 2012, 1058 Rn. 22). Sie **dokumentiert** also Durchführung und Ergebnis der Konsultationen (BAG 21.3.2013 NZA 2013, 966 Rn. 44). Das frühere Verständnis dieser Vorschrift, das noch auf dem überholten Entlassungsbegriff beruhte (→ Art. 2 Rn. 47), ist obsolet. Eine diesem Zweck genügende und damit **ordnungsgemäße Stellungnahme** liegt nur vor, wenn sie sich auf die angezeigten Kündigungen bezieht und eine abschließende Meinungsäußerung des Betriebsrats zu diesen Kündigungen enthält (BAG 21.3.2012 NZA 2012, 1058 Rn. 23, 33). Eine eindeutige Äußerung, **keine Stellung nehmen zu wollen,** reicht aus (BAG 28.6.2012 BAGE 142, 202 Rn. 53 = NZA 2012, 1029). Der **Widerspruch** nach § 102 BetrVG ist keine ordnungsgemäße Stellungnahme (BAG 21.3.2013 NZA 2013, 966 Rn. 37). Der Arbeitgeber kann auch bei einer vorstehenden Anforderungen nicht gerecht werdenden und damit **ungenügenden Stellungnahme** das Verfahren nach **§ 17 III 3 KSchG** durchführen (BAG 28.6.2012 BAGE 142, 202 Rn. 57 f. = NZA 2012, 1029). Schickt der Betriebsrat die **Stellungnahme direkt an** die zuständige **Agentur für Arbeit,** ist dies idR unzureichend. Die Anzeige ist dann nicht wirksam erstattet (im Einzelnen → Art. 6 Rn. 14). Eine **Nachreichung** der Stellungnahme ist nicht möglich (→ Art. 2 Rn. 52).

13   Bei einem **Interessenausgleich mit Namensliste** ist kraft gesetzlicher Anordnung (§ 125 II InsO bzw. § 1 V 4 KSchG) keine Stellungnahme erforderlich, sie wird durch den Interessenausgleich ersetzt (BAG 21.3.2012 NZA 2012, 1058 Rn. 15). Auf einen **Interessenausgleich ohne Namensliste** sind diese gesetzlichen Regelungen nicht entsprechend anwendbar (BAG 22.11.2012 NZA 2013, 2620 Rn. 18). Allerdings kann die Stellungnahme in einen Interessenausgleich ohne Namensliste **integriert** sein. Voraussetzung ist, dass sie den Anforderungen an eine ordnungsgemäße Stellungnahme (→ Rn. 12) erfüllt (BAG 21.3.2012 NZA 2012, 1058 Rn. 23 ff.). Zu den **zuständigen Gremien** und Anforderungen an die **Form** des Interessenausgleichs → Art. 2 Rn. 57 f.

C. Übermittlung der Abschrift der Anzeige an die Arbeitnehmervertretung

14   Gem. Art. 3 II UAbs. 1 Massenentlassungs-Richtlinie, der durch § 17 III 6 KSchG umgesetzt worden ist, muss der Arbeitgeber der Arbeitnehmervertretung eine Abschrift der Anzeige übermitteln. Dies dient nicht der Erfüllung der Aufgaben der Arbeitsverwaltung, sondern allein der Information der Arbeitnehmervertreter. Dabei weist die Massenentlassungs-Richtlinie der Arbeitsverwaltung eine Überwachungsfunktion zu (*Riesenhuber* § 23 Rn. 32). Dieser kommt die Agentur für Arbeit durch den Hinweis auf § 17 III 6 KSchG unter 2.1 des Merkblatts für Arbeitgeber nach. Durch Art. 3 II Massenentlassungs-Richtlinie bzw. § 17 III 6–8 KSchG wird der Betriebsrat in das Verfahren der Arbeitsverwaltung eingebunden (BT-Drs. 8/1041, 5).

D. Insolvenz

Von der durch Art. 3 I UAbs. 2 eröffneten Möglichkeit, die Anzeigepflicht bei insolvenz- 15
bedingter Betriebsstilllegung zu beschränken, hat die BRD keinen Gebrauch gemacht. Die Anzeigepflicht gilt deshalb uneingeschränkt auch in der Insolvenz (BAG 20.9.2012 NZA 2013, 32 Rn. 24). Eine Erleichterung enthält allein § 125 II InsO, wonach ein Interessenausgleich mit Namensliste die an sich beizufügende Stellungnahme des Betriebsrats ersetzt. In der Insolvenz des Gemeinschaftsbetriebs muss der Insolvenzverwalter bzw. müssen die bestellten Insolvenzverwalter die Pflichten aus § 17 KSchG einheitlich für die beteiligten Unternehmen erfüllen (→ Art. 1 Rn. 62).

Art. 4 [Entlassungssperre]

(1) Die der zuständigen Behörde angezeigten beabsichtigten Massenentlassungen werden frühestens 30 Tage nach Eingang der in Artikel 3 Absatz 1 genannten Anzeige wirksam; die im Fall der Einzelkündigung für die Kündigungsfrist geltenden Bestimmungen bleiben unberührt.

Die Mitgliedstaaten können der zuständigen Behörde jedoch die Möglichkeit einräumen, die Frist des Unterabsatzes 1 zu verkürzen.

(2) Die Frist des Absatzes 1 muß von der zuständigen Behörde dazu benutzt werden, nach Lösungen für die durch die beabsichtigten Massenentlassungen aufgeworfenen Probleme zu suchen.

(3) Soweit die ursprüngliche Frist des Absatzes 1 weniger als 60 Tage beträgt, können die Mitgliedstaaten der zuständigen Behörde die Möglichkeit einräumen, die ursprüngliche Frist auf 60 Tage, vom Zugang der Anzeige an gerechnet, zu verlängern, wenn die Gefahr besteht, daß die durch die beabsichtigten Massenentlassungen aufgeworfenen Probleme innerhalb der ursprünglichen Frist nicht gelöst werden können.

Die Mitgliedstaaten können der zuständigen Behörde weitergehende Verlängerungsmöglichkeiten einräumen.

Die Verlängerung ist dem Arbeitgeber vor Ablauf der ursprünglichen Frist des Absatzes 1 mitzuteilen und zu begründen.

(4) Die Mitgliedstaaten können davon absehen, diesen Artikel im Fall von Massenentlassungen infolge einer Einstellung der Tätigkeit des Betriebs anzuwenden, wenn diese Einstellung aufgrund einer gerichtlichen Entscheidung erfolgt.

A. Sperrfrist

I. Grundsätze

Art. 4 I UAbs. 1 und III UAbs. 1 Massenentlassungs-Richtlinie ist durch § 18 I und II 1
KSchG umgesetzt. Die Entlassungssperre des § 18 I KSchG steht einer Kündigung während des Laufs der Sperrfrist unmittelbar nach Eingang der Anzeige nicht entgegen und verlängert die gesetzlichen Kündigungsfristen nicht (BAG 6.11.2008 BAGE 128, 256 Rn. 25 ff. = NZA 2009, 1013). Der Arbeitgeber muss deshalb keine neue Anzeige erstatten, wenn die Kündigungsfrist über die Sperr- oder Freifrist hinaus reicht. Zu § 18 I im Einzelnen vgl. ErfK/*Kiel* KSchG § 18 Rn. 3 ff. Zum verbliebenen Bedeutungsgehalt des § 18 I KSchG → Art. 6 Rn. 22.

II. Unionsrechtskonforme Beschränkung der rückwirkenden Erteilung der Zustimmung

2 Von der Möglichkeit, die **Sperrfrist** gem. Art. 4 I UAbs. 2 Massenentlassungs-Richtlinie zu **verkürzen,** hat der deutsche Gesetzgeber keinen ausdrücklichen Gebrauch gemacht. Er hat allerdings in § 18 I Hs. 2 KSchG der Arbeitsverwaltung die Möglichkeit eröffnet, die **Zustimmung** rückwirkend zu erteilen. Die **Rückwirkung** ist begrenzt auf den Tag der Antragstellung. Diese Regelung begegnet **unionsrechtlichen Bedenken.** Ihre Wirksamkeit kann nicht mit einer – die Arbeitsgerichte bindenden – Dispositionsfreiheit der Arbeitsverwaltung begründet werden → Art. 6 Rn. 21 ff. (**aA** APS/*Moll* KSchG § 18 Rn. 21). Auch kann die Arbeitsverwaltung nicht auf die Sperrfrist „verzichten", weil diese zu ihrem Schutz bestehe (**aA** *Boemke* EAS B 7100 Rn. 85). Die Sperrfrist dient nicht dem Schutz der Arbeitsverwaltung. Sie soll ihr insbesondere nicht die Zahlung von Arbeitslosengeld ersparen (KR/*Weigand* KSchG § 18 Rn. 22). Sie dient im Zusammenwirken von Arbeitgeber, Arbeitnehmervertretern und Verwaltung der Milderung der für die Arbeitnehmer und den Arbeitsmarkt aus der Massenentlassung entstehenden Folgen (→ vor Art. 1 Rn. 5 f.; → Art. 2 Rn. 1).

3 Allerdings sieht die Massenentlassungs-Richtlinie keine Untergrenze für die durch Art. 4 I UAbs. 2 eröffnete Verkürzungsbefugnis durch die nationalen Behörden vor (vgl. *Riesenhuber* § 23 Rn. 36). Ob die Sperrfrist deshalb rückwirkend auch **auf „Null" verkürzt** werden darf, ist bezweifelt worden, weil sie dadurch praktisch ausgehebelt werde (MHdB ArbR/*Birk* 2. Aufl. § 19 Rn. 289; *Mauthner* 215). Vom Wortlaut der Richtlinie ist aber auch eine Verkürzung auf „Null" noch gedeckt. Allerdings ist die **Verkürzungsoption** des § 18 I Hs. 2 KSchG **unionsrechtskonform zu beschränken:** Die Sperrfrist soll der Arbeitsverwaltung die Möglichkeit geben, auf die Massenentlassungen mit den vom nationalen Recht eröffneten Mitteln zu reagieren (→ Art. 3 Rn. 2). Eine – zumal rückwirkende – Verkürzung kommt daher nur **ausnahmsweise** in Betracht. Dabei ist zu beachten, dass nach st.Rspr. des EuGH die Eröffnung eines **Ermessens** bei einer Genehmigung durch die nationalen Behörden nicht dazu führen darf, dass den Bestimmungen des Unionsrechts die praktische Wirksamkeit genommen wird. Darum müssen **objektive,** im Voraus bekannte **Kriterien** festgesetzt werden, die der Ermessensausübung der Behörde hinreichende Grenzen setzen (vgl. nur EuGH 10.3.2009 – C-169/07 Rn. 64 – Hartlauer, Slg. 2009 I-1721; *Riesenhuber* § 23 Rn. 36).

4 Solche objektiven, **ermessensbeschränkende Kriterien** für § 18 I Hs. 2 KSchG lassen sich wohl den Gesetzgebungsmaterialien sowie § 20 IV KSchG entnehmen. Letzte Klarheit kann insoweit aber nur eine **Vorlage an den EuGH** schaffen. Bereits § 16 I Hs. 2 KSchG 1951 sah eine der heutigen Regelung entsprechende Möglichkeit zur rückwirkenden Erteilung der Zustimmung vor. Dies wurde damit begründet, dass die Arbeitgeber billigerweise nicht gezwungen werden könnten, die Löhne für die Dauer der Sperrfrist weiterzuzahlen, wenn die Entlassungen durch unvorhergesehene Ereignisse ausgelöst würden. Namentlich ging es um mit öffentlichen Mitteln finanzierte Bauvorhaben, die kurzfristig stillgelegt werden müssten, weil öffentliche Mittel versagt würden (RdA 1951, 58, 65). Ausgehend von diesem gesetzlichen Regelungszweck darf die Arbeitsverwaltung die Zustimmung nur dann rückwirkend erteilen und damit im Ergebnis die Sperrfrist verkürzen, wenn die Massenentlassungen auf **unvorhersehbaren Ereignissen** beruhen und der Arbeitgeber in **wirtschaftliche Schwierigkeiten** geriete, wenn er für die Dauer der normalen Sperrfrist das Entgelt zahlen müsste (idS ErfK/*Kiel* KSchG § 18 Rn. 4; *Mauthner* 215). Nur in diesem Fall überwiegt bei Abwägen der Interessen von Arbeitnehmern, Arbeitgeber und Arbeitsmarkt eindeutig das Interesse des Arbeitgebers und sind die daraus für Arbeitnehmer und Arbeitsmarkt entstehenden nachteiligen Folgen hinzunehmen. Weil die Sperrfrist keinen Einfluss auf die gesetzliche, tarifliche oder vertragliche Kündigungsfrist hat, kommt im Ergebnis eine Verkürzung der Sperrfrist durch rückwirkende Zustimmung nur

bei Kündigungsfristen von wenigen Tagen in Betracht, wie sie vor allem im Baugewerbe und seinen Nebengewerben bestehen. Vgl. die Nachweise zur praktischen Handhabung des § 18 I Hs. 2 KSchG bei KR/*Weigand* KSchG § 18 Rn. 16 f. Eine rückwirkende Zustimmung allein deshalb, weil bei **etappenweise erfolgten Entlassungen** der Schwellenwert erst durch die späteren Kündigungen überschritten wird, scheidet dagegen aus (**aA** APS/*Moll* KSchG § 18 Rn. 20). Ebenso wenig rechtfertigt eine Anzeige, die der Arbeitgeber verspätet erstattet hat, um seine **Kreditlinie** nicht zu gefährden, eine rückwirkende Zustimmung (vgl. BSG 21.3.1978 BSGE 46, 99 = NJW 1980, 2430).

Für die Überprüfung der Ermessensentscheidung der Arbeitsverwaltung nach § 18 **5** KSchG sind die **Sozialgerichte** zuständig (BSG 21.3.1978 BSGE 46, 99 = NJW 1980, 2430).

B. Freifrist

Eine **Freifrist** wie § 18 IV KSchG sieht die Massenentlassungs-Richtlinie nicht vor. Die **6** aus der fehlenden Reaktion des deutschen Gesetzgebers auf das geänderte Verständnis der Entlassungsbegriffs (→ Art. 1 Rn. 21 ff.) entstehenden Probleme, insbesondere die Frage, ob § 18 IV KSchG obsolet geworden ist oder ob unter „Entlassung" hier weiterhin der Ablauf der Kündigungsfrist zu verstehen ist, bestehen allein im nationalen Recht. Das BAG hat diese Frage bisher offengelassen (BAG 22.4.2010 BAGE 134, 176 Rn. 18 = NZA 2010, 1057; 23.2.2010 BAGE 133, 240 Rn. 29 = NZA 2010, 944; zum Streitstand APS/*Moll* KSchG § 18 Rn. 38). Jedenfalls verbleibt für § 18 IV KSchG ein **Anwendungsbereich**, weil der Arbeitgeber eine erneute Anzeige erstatten muss, wenn er bis zum Ablauf der Freifrist von der Möglichkeit einer Kündigungserklärung keinen Gebrauch gemacht hat (BAG 23.2.2010 BAGE 133, 240 Rn. 33 = NZA 2010, 944). **Vorratsanzeigen** sind damit ausgeschlossen. Zum **Verbrauch** der Anzeige → Art. 1 Rn. 25.

Teil IV. Schlußbestimmungen

Art. 5 [Günstigkeitsklausel]

Diese Richtlinie läßt die Möglichkeit der Mitgliedstaaten unberührt, für die Arbeitnehmer günstigere Rechts- oder Verwaltungsvorschriften anzuwenden oder zu erlassen oder für die Arbeitnehmer günstigere tarifvertragliche Vereinbarungen zuzulassen oder zu fördern.

Die BRD hat von der durch Art. 5 Massenentlassungs-Richtlinie eröffneten Möglichkeit **1** in großem Umfang, zum Teil bewusst, zB bei den Schwellenwerten (→ Art. 1 Rn. 78), bei der Einbeziehung personen- und verhaltensbedingter Kündigungen (→ Art. 1 Rn. 28), bei § 17 I 2 KSchG (→ Art. 1 Rn. 39 ff.) oder durch § 17 III 3 KSchG (→ Art. 2 Rn. 47), zum Teil auch unbewusst, zB bei der Verknüpfung von § 17 II mit § 17 III 3 KSchG (→ Art. 2 Rn. 49 ff.), Gebrauch gemacht.

Das ArbG Verden hat die Frage aufgeworfen, ob Art. 5 auch die Möglichkeit umfasst, den **2** Arbeitnehmerbegriff weiter auszulegen als dies unionsrechtlich geboten ist (ArbG Verden 6.5.2014 – 1 Ca 35/13 Rn. 172, NZA 2014, 665, Az. beim EuGH C-229/14 – Balkaya). Es hat dabei übersehen, dass das deutsche Recht den betroffenen Personenkreis der Umschüler nicht als Arbeitnehmer ansieht (→ Art. 1 Rn. 54). Dehnt ein Mitgliedstaat den Entlassungsbegriff auf Unternehmen aus, ist das nur dann günstiger und damit von Art. 5 gedeckt (vgl. dazu EuGH 30.4.2015 – C-80/14 Rn. 66 – USDAW und Wilson, NZA 2015, 601), wenn erst diese Ausdehnung den Massenentlassungsschutz eröffnet. Ist dagegen nur beim Abstellen auf den Betrieb der Schwellenwert erreicht, ist auf den Betrieb abzustellen → Art. 1 Rn. 64.

Art. 6 [Durchsetzungsmöglichkeiten]

Die Mitgliedstaaten sorgen dafür, daß den Arbeitnehmervertretern und/oder den Arbeitnehmern administrative und/oder gerichtliche Verfahren zur Durchsetzung der Verpflichtungen gemäß dieser Richtlinie zur Verfügung stehen.

Übersicht

	Rn.
A. Rechtsfolgen von Fehlern im Massenentlassungsverfahren	1
I. Grundsätze	1
II. Fehler im Konsultationsverfahren	3
1. Grundsätzliche Sanktion: Unwirksamkeit der Kündigung	3
2. Sanktionslose Fehler?	6
III. Fehler bei der Anzeigepflicht	10
1. Grundsätzliche Sanktion: Unwirksamkeit der Kündigung	10
2. Fehler im Zusammenhang mit der Einbindung des Betriebsrats in das Anzeigeverfahren	11
3. Fehler bei den „Muss-Angaben" nach § 17 III 4 KSchG	15
4. Fehler bei den „Soll-Angaben" nach § 17 III 5 KSchG	16
5. Erstattung der Anzeige bei der örtlich unzuständigen Behörde	17
IV. Kausalitätserfordernis	18
V. Keine Heilung durch Bescheide der Arbeitsverwaltung	20
1. Fehler bei der Anzeige	20
2. Fehler im Konsultationsverfahren	24
3. Eingangsmitteilungen	25
4. Kein „Verzicht" der Arbeitsverwaltung auf ordnungsgemäße Anzeige	26
5. Kein Vertrauensschutz	27
VI. „Heilung" durch Verstreichen der Klagefrist des § 4 KSchG	28
VII. Negativattest	29
B. Darlegungs- und Beweislast	31
I. Anwendbarkeit der §§ 17 f. KSchG	31
II. Ordnungsgemäße Durchführung des Massenentlassungsverfahrens	32
C. Kein Unterlassungsanspruch des Betriebsrats	34
D. Besonderheiten in der Insolvenz	36

A. Rechtsfolgen von Fehlern im Massenentlassungsverfahren

I. Grundsätze

1   Die Massenentlassungs-Richtlinie überlässt den Mitgliedstaaten die Ausgestaltung der Verfahren, mit denen diese gewährleisten, dass die Verpflichtungen der Richtlinie erfüllt werden. Allerdings darf die Ausgestaltung des Verfahrens der Massenentlassungs-Richtlinie nicht ihre praktische Wirksamkeit nehmen. Es muss einen **effektiven gerichtlichen Schutz** der in der Massenentlassungs-Richtlinie verankerten kollektiven Informations- und Konsultationsrechte geben. Auch wenn der von der Massenentlassungs-Richtlinie ua bezweckte Arbeitnehmerschutz kollektivrechtlich vermittelt wird (→ vor Art. 1 Rn. 8), dürfen die Mitgliedstaaten Verwaltungs- oder Gerichtsverfahren zur Durchsetzung der Rechte einzelner Arbeitnehmer einrichten (EuGH 16.7.2009 – C-12/08 Rn. 34–36, Rn. 48–51 – Mono Car Styling, AP RL 98/59/EG Nr. 5). Das BAG sieht darum in seiner neueren Rechtsprechung Fehler im Massenentlassungsverfahren nicht mehr nur als Entlassungshindernis an (Nachweise zur älteren Rechtsprechung bei TLL/*Lembke*/*Oberwinter* KSchG § 17 Rn. 142). Es hält vielmehr sowohl bei Fehlern im Konsultationsverfahren als auch bei der Erfüllung der Anzeigepflicht die **Kündigung** idR für **unwirksam** (BAG 22.11.2012 NZA 2013, 2620 Rn. 31 ff.), sofern die Fehler kausal sind (→ Rn. 19 f.).

Die Unwirksamkeit der Kündigung ist eine **hinreichend wirksame Sanktion** für Fehler 2
im Massenentlassungsverfahren. Die Diskussion, ob andere Sanktionen hinreichend wirksam
wären (APS/*Moll* KSchG § 17 Rn. 80 ff.; *Wißmann* RdA 1998, 221 [226 f.]; *Boemke* EAS B
7100 Rn. 89 ff.; *Schlachter,* FS Wißmann, 2005, 412 [421 ff.]), hat sich damit erledigt. Zwar
entfaltet diese Sanktion volle Wirksamkeit nur, wenn wenigstens eine größere Anzahl
Arbeitnehmer – erfolgreich – gegen die Kündigungen klagt (*Wißmann* RdA 1998, 221
[226]). Dieser Regelungsmechanismus entspricht jedoch allg. deutschem Verständnis, das
eine Geltendmachung durch den Arbeitnehmer selbst verlangt und kollektive Geltendma-
chungen nicht vorsieht. Kündigungen sind generell nur unwirksam, wenn sich der Arbeitnehmer selbst gegen die Kündigung wehrt. Auch der Nachteilsausgleich kann nur vom
Arbeitnehmer selbst und nicht vom Betriebsrat für ihn geltend gemacht werden. Der
Betriebsrat hat keine Befugnis zur Vertretung des einzelnen Arbeitnehmers (*Fitting* § 1
Rn. 208). Das Erfordernis einer Kündigungsschutzklage ist deshalb mit dem **Äquivalenzgrundsatz** vereinbar. Auch der **Effektivitätsgrundsatz** (von der Goeben/Schwasse/*Hatje*
EUV Art. 4 Rn. 105) steht der Notwendigkeit einer Klage des Arbeitnehmers nicht ent-
gegen. Die Massenentlassungs-Richtlinie lässt es in Art. 6 ausdrücklich ausreichend, wenn
den Arbeitnehmern gerichtliche Verfahren zur „Durchsetzung" der Verpflichtungen des
Arbeitgebers zur Verfügung stehen. Sie sieht es also als hinreichend wirksame Sanktion an,
wenn das nationale Recht vom Arbeitnehmer ein **aktives Tätigwerden** verlangt. Einer
Anrufung des EuGH zur Klärung dieser Frage bedarf es **nicht,** weil die Richtlinie den
Mitgliedstaaten die Ausgestaltung der Durchsetzung der Massenentlassungs-Richtlinie über-
lässt (EuGH 16.7.2009 – C-12/08 Rn. 34, 36 – Mono Car Styling, AP RL 98/59/EG
Nr. 5). Den Schwierigkeiten des Arbeitnehmers, im Kündigungsschutzprozess Fehler des
Arbeitgebers im Konsultationsverfahren, an dem der Arbeitnehmer nicht beteiligt ist, nach-
zuweisen (*Wißmann* RdA 1998, 221 [226]), ist durch die Verteilung der **Darlegungs- und
Beweislast** Rechnung zu tragen (→ Rn. 31 ff.). Bescheide der Arbeitsverwaltung **heilen**
Fehler im Verfahren nach § 17 KSchG nicht, sodass der Arbeitnehmer die Unwirksamkeit
der Kündigung auch tatsächlich durchsetzen kann (→ Rn. 20 ff.). Zur Vereinbarkeit von
§§ 4, 7 KSchG mit Art. 6 → Rn. 28. Zum Fehlen eines **Unterlassungsanspruchs** des
Betriebsrats → Rn. 34 ff.

II. Fehler im Konsultationsverfahren

1. Grundsätzliche Sanktion: Unwirksamkeit der Kündigung. Das Konsultations- 3
verfahren erfordert als eigenständiges Verfahren, das Kern des Massenentlassungsverfahrens
ist (→ Art. 2 Rn. 1 f.), eine eigene Sanktion. Seine ordnungsgemäße Durchführung ist
eigenständiges Wirksamkeitserfordernis für die Kündigung. **§ 17 II KSchG** ist ein **Verbots-
gesetz iSd § 134** BGB. Kündigungen dürfen erst nach ordnungsgemäß durchgeführtem
und abgeschlossenem Konsultationsverfahren erklärt werden. Die **Kündigung** ist darum
unwirksam, wenn das Konsultationsverfahren bei Zugang der Kündigung nicht oder nicht
in ausreichender Weise durchgeführt und damit nicht abgeschlossen ist. Nur so lässt sich
sicherstellen, dass die Ziele der Massenentlassungs-Richtlinie (→ vor Art. 1 Rn. 5 ff.) praktisch wirksam werden. Anderenfalls könnte der Arbeitgeber unumkehrbare Fakten schaffen.
Andere Sanktionen wie ein Nachteilsausgleich oder Freiheits- oder Geldstrafen könnten an
der Beendigung des Arbeitsverhältnisses nichts ändern. Die Sanktionierung von Verletzungen der Anzeigepflicht (→ Rn. 11 ff.) allein genügt nicht, weil Konsultationsverfahren und
Anzeige unterschiedlichen Zielen (→ Art. 2 Rn. 4 f., → Art. 3 Rn. 2) dienen (BAG
21.3.2013 BAGE 144, 366 Rn. 19 ff., 28 = NZA 2013, 966; zust. ErfK/*Kiel* KSchG § 17
Rn. 36; *Fitting* § 111 Rn. 103b; *Schubert* EWiR 2014, 693; TLL/*Lembke/Oberwinter* KSchG
§ 17 Rn. 104 ff.; Nachweise zum Diskussionsstand bis zur BAG-Entscheidung bei *Moll* EzA
KSchG § 17 Nr. 30 unter 1.). Zum **Kausalitätserfordernis** → Rn. 18 ff.

Die gegen diese Rechtsprechung erhobene **Kritik** (*Moll* EzA KSchG § 17 Nr. 30 unter 4
4.) nimmt den Kern der Argumentation des BAG nicht zur Kenntnis. Danach wäre die

Geldsanktion der **Nachteilsausgleichs** unzureichend, weil sie den Bestand der Kündigung unberührt lässt und darum den Ausspruch von **Kündigungen** vor Abschluss der Konsultationsverfahrens **nicht effektiv verhindern** kann (BAG 21.3.2013 NZA 2013, 966 Rn. 26 f.). Der EuGH verlangt für Sanktionen, die das nationale Recht für Verletzungen der Verpflichtungen des Arbeitgebers aus der Massenentlassungs-Richtlinie vorsieht, ausdrücklich, dass sie wirksam und abschreckend sein müssen. Er hat darauf hingewiesen, dass es für die Arbeitnehmervertreter schwieriger sei, die Rücknahme einer Kündigung zu erreichen als den Verzicht auf Kündigungen (EuGH 27.1.2005 – C-188/03 Rn. 44 – Junk, NZA 2005, 213). Dem trägt die Massenentlassungs-Richtlinie durch die Ausgestaltung der Konsultationsverfahrens Rechnung. Dieser Zielrichtung und Ausgestaltung würde eine Sanktion, die sich auf die Zahlung einer Abfindung oder eines Nachteilsausgleichs beschränkte, nicht gerecht. Darauf hat das BAG abgestellt (BAG 21.3.2013 NZA 2013, 966 Rn. 26). Zudem berücksichtigt die Kritik nicht die – wenn auch kollektiv ausgestaltete – **individualschützende Komponente** des Massenentlassungsschutzes (→ vor Art. 1 Rn. 8; → Art. 2 Rn. 4). Unerheblich ist, dass sich die Kommission mit ihrem Vorschlag, die RL 75/129/EWG durch einen Art. 5a zu ergänzen, der klarstellen sollte, dass die Mitgliedstaaten Verfahren zur Verfügung stellen müssten, mit denen Massenentlassungen für null und nichtig erklärt werden können (KOM [91] 292 endg., 17), nicht durchgesetzt hat und Art. 5a die dem heutigen Art. 6 entsprechende Fassung erhalten hat. Die Kommission ist dabei davon ausgegangen, dass eine derartige Sanktion ua in der BRD bereits zur Verfügung stehe (KOM [91] 292 endg., 8).

5 Schließlich kann die **Sanktion** für Verletzungen der Konsultationspflicht **nicht** hinter der für Verletzungen der Anzeigepflicht **zurückbleiben** (vgl. *Schubert* EWiR 2013, 694 [694]). Beide Pflichten sind **zwei hintereinandergeschaltete Phasen** des einheitlichen Massenentlassungsverfahrens, dessen Kernstück das Konsultationsverfahren ist (→ Art. 2 Rn. 41). Wären nur Verstöße des Arbeitgebers gegen die Anzeigepflicht sanktioniert und damit die Einhaltung der Konsultationspflicht nicht gesichert, läge auch darum keine hinreichend effektive Sanktion vor. Der **Effektivitätsgrundsatz** verlangt, dass die Unwirksamkeitsfolge das **gesamte** in Art. 2 und 3 Massenentlassungs-Richtlinie geregelte **Verfahren** abdeckt (vgl. *Wißmann* RdA 1998, 221 [226]). Die Massenentlassungs-Richtlinie eröffnet dem nationalen Recht in Art. 6 ausdrücklich die Möglichkeit, auch die Einhaltung des Konsultationsverfahrens durch gerichtliche Verfahren, die von den Arbeitnehmern selbst betrieben werden, sichern zu lassen (→ Rn. 2). Darin liegt der Unterschied zu § 87 BetrVG, der verlangt, dass der Betriebsrat selbst eine wirksame Möglichkeit haben muss, aktiv für die Einhaltung seines Mitbestimmungsrechts Sorge zu tragen und darum nicht auf ein Tätigwerden gerade derjenigen verwiesen werden kann, deren Rechte durch seine Beteiligung gesichert werden sollen (BAG 3.5.1994 BAGE 76, 364 = AP BetrVG 1972 § 23 Nr. 23 Rn. 40).

6 **2. Sanktionslose Fehler?** Verletzt der Arbeitgeber die aus dem Wechselspiel von § 17 II und III 3 KSchG abzuleitende **Mindestfrist von 2 Wochen** zwischen Einleitung des Konsultationsverfahrens und Erstattung der Anzeige (→ Art. 2 Rn. 19), bleibt dies sanktionslos, wenn der Betriebsrat mit einer ausreichenden (→ Art. 3 Rn. 12) und abschließenden Stellungnahme das ordnungsgemäß durchgeführte Konsultationsverfahren beendet hat. Dann genügt auch eine solche kurzfristige Konsultation den gesetzlichen Anforderungen (BAG 13.12.2012 AP KSchG 1969 § 17 Nr. 44 Rn. 53). Der Verstoß ist „**geheilt**". Ebenso kann ein **Verstoß** gegen das Gebot zur schriftlichen Information durch eine abschließende Stellungnahme des Betriebsrats geheilt werden (→ Art. 2 Rn. 14).

7 Dagegen **genügt** es zur „Heilung" von **inhaltlichen Fehlern** im Konsultationsverfahren **nicht,** dass der Betriebsrat in einem Interessenausgleich mit oder ohne Namensliste **erklärt,** er sei **rechtzeitig und umfassend unterrichtet** worden. Damit ist nur die Stellungnahme ersetzt bzw. erteilt (→ Art. 3 Rn. 13), nicht aber inhaltlich der Konsultationspflicht genügt (BAG 18.1.2012 BAGE 140, 261 = NZA 2012, 2376 Rn. 33). Bei **unzureichender**

Unterrichtung genügt es darum auch nicht, wenn der Betriebsrat eine abschließende Stellungnahme abgibt, weil er sich fälschlich für inhaltlich ausreichend hält (**aA** Preis/Sagan/*Naber*/*Sittard* § 10 Rn. 96). Das Pflichtenniveau des Arbeitgebers darf durch eine derartige Auslegung der Massenentlassungs-Richtlinie nicht verringert werden (BAG 20.9.2012 NZA 2013, 32 unter Bezug auf EuGH 16.7.2009 – C-12/08 Rn. 64 – Mono Car Styling, AP RL 98/59/EG Nr. 5 Rn. 61). Das wird sich allerdings nur schwer von den Fällen abgrenzen lassen, in denen der Betriebsrat aufgrund seines bereits vor der Konsultation bestehenden Informationsstands auch schlagwortartig ausreichend unterrichtet ist (→ Art. 2 Rn. 24; zur Darlegungslast → Rn. 31 ff.). Gibt der Betriebsrat eine inhaltlich unzureichende Stellungnahme ab und hat der Arbeitgeber nicht parallel das Verfahren nach § 17 III 3 KSchG durchgeführt (dazu → Art. 2 Rn. 60), ist – jedenfalls für die Fälle, in denen die Stellungnahme **bewusst** unzureichend ist – zu erwägen, ob dieser Fehler im Konsultationsverfahren sanktionslos bleibt (Preis/Sagan/*Naber*/*Sittard* § 10 Rn. 96). Auf die Stellungnahme des Betriebsrats kann der Arbeitgeber auch bei sonst ordnungsgemäßem Konsultationsverfahren keinen Einfluss nehmen, der Fehler rührt allein aus der **Sphäre des Betriebsrats**. Einer Anrufung des EuGH bedarf es zur Klärung dieser Frage nicht, weil die Richtlinie keine Stellungnahme des Betriebsrats vorsieht (→ Art. 2 Rn. 44 f.) und darum auch keine Sanktion bei einer fehlenden oder unzureichenden Stellungnahme verlangt.

Geringfügige formale Fehler im Konsultationsverfahren sollen nach verbreiteter Auffassung im Schrifttum **sanktionslos** bleiben (Löwisch/Spinner/*Wertheimer* § 17 Rn. 75 mwN). Als Beispiel genannt wird eine nur **mündliche,** inhaltlich aber ausreichende **Information** (KR/*Weigand* KSchG § 17 Rn. 65). Im Hinblick auf die Bedeutung der Schriftform für den Nachweis der ordnungsgemäßen Unterrichtung des Betriebsrats (→ Art. 2 Rn. 11 ff.) kann dem nicht zugestimmt werden. Art. 2 III Massenentlassungs-Richtlinie verlangt zwingend die schriftliche Mitteilung der in Buchst. b angeführten Informationen. Allerdings kann ein Verstoß gegen die Schriftlichkeit uU durch eine abschließende Stellungnahme des Betriebsrats **geheilt** werden (→ Rn. 6; → Art. 3 Rn. 14). 8

Das BAG hat in seiner jüngeren Rechtsprechung offengelassen, ob eine **partiell in einem Nebenpunkt unvollständige Information** ausnahmsweise nicht zur Unwirksamkeit der Kündigung führt, wenn sich der Fehler im Konsultationsverfahren nicht nachteilig für die Arbeitnehmer auswirken kann (BAG 13.12.2012 AP KSchG 1969 § 17 Nr. 44 Rn. 63; 18.1.2012, BAGE 140, 261 Rn. 36 = NZA 2012, 2376). Im Schrifttum wird dies bejaht, zu Recht aber darauf hingewiesen, dass derartige Ausnahmen im Hinblick auf den effet utile **eng zu begrenzen** sind (Löwisch/Spinner/*Wertheimer* § 17 Rn. 75; *Schramm*/*Kuhnke* NZA 2011, 1071 [1074] weitgehend Preis/Sagan/*Naber*/*Sittard* § 10 Rn. 96). Teilt der Arbeitgeber dem Betriebsrat nicht mit, welche **Berufsgruppen** von der Maßnahme erfasst sind, kann sich dies bei einer Betriebsstilllegung, die nach dem Willen des Arbeitgebers zur **Entlassung aller Arbeitnehmer** führen soll, anders als bei der Arbeitsverwaltung, die auf diese Angaben für die Vermittlung der Entlassenen angewiesen ist, nicht auf die Konsultationen auswirken (BAG 18.1.2012 BAGE 140, 261 Rn. 36 = NZA 2012, 2376). Wird wegen einer **Betriebsstilllegung** allen Arbeitnehmern gleichzeitig gekündigt, dürfte sich aus demselben Grund die Angabe zu den **Kriterien der Auswahl** nach § 17 I Nr. 5 KSchG erübrigen (BAG 28.5.2009 Rn. 57, NZA 2009, 1267). Zweck (→ Art. 2 Rn. 4), Zielrichtung (→ Art. 2 Rn. 22) und Ablauf (→ Art. 2 Rn. 26) des Konsultationsverfahrens gebieten in diesen Fällen derartige Informationen nicht. Art. 2 III UAbs. 1 lit. b Massenentlassungs-Richtlinie verpflichtet den Arbeitgeber allerdings dazu, die nachstehend aufgeführten Informationen „in jedem Fall", also auch dann, wenn sie nicht, wie von Art. 2 III UAbs. 1 lit. a Massenentlassungs-Richtlinie vorausgesetzt, zweckdienlich sind, zu erteilen. Ob die vorgenannten Fehler tatsächlich die Wirksamkeit der Konsultation unberührt lassen, kann daher nur eine **Vorlage an den EuGH** klären. 9

III. Fehler bei der Anzeigepflicht

10 **1. Grundsätzliche Sanktion: Unwirksamkeit der Kündigung.** Fehlt es an einer wirksamen Massenentlassungsanzeige, ist die **Kündigung** nach § 134 BGB **unwirksam**. Nur so erlangen die mit der Anzeigepflicht verfolgten Ziele (→ Art. 3 Rn. 2) praktische Wirksamkeit. Führte das Fehlen oder die Unvollständigkeit der Anzeige nur zu einem Entlassungsverbot, also wegen des noch nicht begonnenen Laufs der Sperrfrist des § 18 I KSchG nur zu einem vorübergehenden Hindernis für die faktische Wirksamkeit der Kündigung, wären unumkehrbare Fakten geschaffen, bevor die Arbeitsverwaltung die Chance gehabt hätte, auf der Basis einer den gesetzlichen Anforderungen genügenden Anzeige Maßnahmen zugunsten der Arbeitnehmer zu treffen (BAG 21.3.2013 NZA 2013, 966 Rn. 42 ff.; 22.11.2012 NZA 2013, 2620 Rn. 39 ff.; zust. ErfK/*Kiel* KSchG § 17 Rn. 35; TLL/*Lembke*/*Oberwinter* KSchG § 17 Rn. 144; Löwisch/Spinner/*Wertheimer* § 17 Rn. 72 differenzierend Preis/Sagan/*Naber*/*Sittard* § 10 Rn. 148; krit. *Boemke* jurisPR-ArbR 25/2013 Anm. 2 C III 2). Einfacher ausgedrückt: Eine wirksame Kündigung setzt voraus, dass der Arbeitgeber das Verfahren nach der Massenentlassungs-Richtlinie bzw. § 17 KSchG eingehalten hat. Nach deren Zweck besteht ein gesetzliches Verbot, Kündigungen zu erklären, bevor das Massenentlassungsverfahren ordnungsgemäß durchgeführt worden ist (ErfK/*Kiel* KSchG § 17 Rn. 35). Zur ordnungsgemäßen Durchführung dieses Verfahrens gehört auch eine ordnungsgemäße Anzeige. Sowohl das **Unterlassen** der Anzeige als auch eine **inhaltlich fehlerhafte Anzeige** machen darum die darauf beruhenden Kündigungen grds. unwirksam (zu Fehlern bei den „Soll-Angaben" nach § 17 III 5 KSchG → Rn. 16). Das gilt auch dann, wenn der **Schwellenwert rückwirkend**, zB durch einvernehmliche „Rücknahme" von Kündigungen, **unterschritten** wird. Maßgeblich ist allein, ob im **Zeitpunkt des Zugangs der Kündigungserklärung** die Voraussetzungen für das Massenentlassungsverfahren vorlagen. Der Arbeitgeber muss erneut kündigen (BAG 22.11.2012 NZA 2013, 2620 RN. 48). Soweit sich der Rechtsprechung des BAG anderslautende Überlegungen entnehmen lassen (BAG 22.4.2010 BAGE 134, 176 = NZA 2010, 1057 Rn. 23), sind diese mit der geänderten Bedeutung des Entlassungsbegriffs nicht zu vereinbaren und überholt.

11 **2. Fehler im Zusammenhang mit der Einbindung des Betriebsrats in das Anzeigeverfahren.** Leitet der Arbeitgeber unter Verstoß gegen **§ 17 III 1 KSchG** (→ Art. 2 Rn. 46) der Arbeitsverwaltung keine Abschrift der Mitteilung an den Betriebsrat zu, dürfte dies nicht zur Unwirksamkeit der Anzeige und der Kündigung führen. Nach **Art. 2 III UAbs. 2 Massenentlassungs-Richtlinie,** den § 17 III 1 KSchG umsetzt (→ Art. 2 Rn. 44, 46), dürfte die Erfüllung dieser Verpflichtung gerade keine Wirksamkeitsvoraussetzung sein. Sie dient wohl nur der Vorabinformation der Arbeitsverwaltung, aber noch nicht der Erfüllung der Anzeigepflicht selbst (BT-Drs. 8/1041, 5; *Hützen* ZInsO 2012, 1801 [1805]; im Ergebnis ebenso ErfK/*Kiel* KSchG § 17 Rn. 28; TLL/*Lembke*/*Oberwinter* § 17 Rn. 115; in der Tendenz ebenso BAG 30.3.2004 BAGE 110, 122 = NZA 2004, 931 Rn. 42 f.). Ohne eine **Vorlage an den EuGH** kann diese Frage aber nicht abschließend geklärt werden. **Eigenständige Bedeutung** kann die Verletzung dieser Verpflichtung erlangen, wenn der Arbeitgeber die **Kriterien der Auswahl** entgegen § 17 III 4 KSchG der Arbeitsverwaltung nicht mitteilt. Der Verstoß gegen diese nur nach deutschem Recht bestehende Verpflichtung ist dann erheblich, weil die Arbeitsverwaltung wegen des Verstoßes gegen § 17 III 1 KSchG nicht bereits auf andere Weise über die Kriterien der Auswahl informiert wird (im Einzelnen → Art. 3 Rn. 5 ff.; auch → Rn. 15).

12 Verstößt der Arbeitgeber gegen **§ 17 III 6 KSchG,** leitet er also dem Betriebsrat keine Abschrift der Massenentlassungsanzeige zu, soll das keine Sanktion nach sich ziehen (ErfK/*Kiel* KSchG § 17 Rn. 32a mwN; Löwisch/Spinner/*Wertheimer* § 17 Rn. 106). Diese Verpflichtung ist zwar nach Art. 3 II Massenentlassungs-Richtlinie zwingend. Ein Verstoß dagegen dürfte aber aus den in → Rn. 11 genannten Gründen **keine Sanktion** nach sich ziehen. Art. 6 Massenentlassungs-Richtlinie verlangt wohl nur die Sanktionierung von Verstößen, die der Arbeitgeber im Konsultationsverfahren gegenüber dem Betriebsrat bzw. im Anzeigeverfahren gegenüber der Arbeitsverwaltung begeht. Dagegen dürfte es keine nachteilige Folgen haben, wenn der Arbeitgeber außerhalb dieses eigentlichen Pflichtenkreises Informationspflichten gegenüber dem jeweils nicht unmittelbar Beteiligten verletzt (vgl. *Hützen* ZInsO 2012, 1801 [1810]). Auch dies lässt sich jedoch nur durch eine **Vorlage an den EuGH** klären.

Hat der Arbeitgeber das **Konsultationsverfahren** überhaupt **nicht durchgeführt,** kann er der Anzeige nicht, wie von § 17 III 2 KSchG gefordert, eine Stellungnahme des Betriebsrats beifügen und auch nicht nach § 17 III 3 KSchG vorgehen. Damit ist zugleich die Massenentlassungsanzeige unwirksam, was wiederum die Kündigung unwirksam macht (BAG 21.3.2013 NZA 2013, 966 Rn. 31; 13.12.2012 AP KSchG 1969 § 17 Nr. 44 Rn. 64, 72). Auch ein Verstoß gegen das Erfordernis, den Betriebsrat **schriftlich zu informieren,** macht nicht nur das Konsultationsverfahren (→ Rn. 8), sondern auch die Anzeige und damit die Kündigung unwirksam. Etwas anderes gilt nur dann, wenn der Betriebsrat ungeachtet des Formmangels eine abschließende, inhaltlich ausreichende (→ Art. 3 Rn. 12) Stellungnahme abgibt und den Mangel damit heilt. Geschieht das nicht, kann der Arbeitgeber auch das Verfahren nach § 17 III 3 KSchG nicht durchführen. Die eindeutigen Vorgaben dieser Bestimmung können nicht durch eine einschränkende Auslegung, wonach die Verweisung in § 17 III 3 KSchG auf § 17 II 1 KSchG nur für den Unterrichtungsgegenstand, nicht aber für die Unterrichtungsform gelte, umgangen werden (so aber APS/*Moll* KSchG § 17 Rn. 78b). Eine derartige, das Schriftlichkeitserfordernis generell aushebelnde Auslegung des § 17 III 3 KSchG **verstieße gegen das Gebot unionsrechtskonformen Rechtsverständnisses** (→ Art. 1 Rn. 12). 13

Ob eine ordnungsgemäße Anzeige vorliegt, wenn der Betriebsrat eine den gesetzlichen Anforderungen genügende (→ Art. 3 Rn. 12) **Stellungnahme direkt an** die zuständige **Agentur für Arbeit** schickt, hat das BAG zuletzt offengelassen (BAG 28.6.2012 BAGE 142, 202 = NZA 2012, 1029 Rn. 52; bejahend ohne nähere Begründung BAG 21.5.2008 NZA 2008, 753 Rn. 44). Eine solche Stellungnahme lässt für die Arbeitsverwaltung nicht erkennen, ob sie den Stand der Beratungen zutreffend wiedergibt. Dem Arbeitgeber wird die Möglichkeit genommen, den Stand der Beratungen aus seiner Sicht darzustellen. Die Durchführung des Verfahrens nach § 17 III 3 KSchG wird ihm erschwert, weil er uU keine Kenntnis von der Stellungnahme hat. Es besteht die Gefahr widersprüchlicher Darstellungen des Stands der Beratungen, was Verzögerungen im Verfahren nach §§ 18 ff. KSchG zur Folge haben kann. Eine direkt an die Arbeitsverwaltung übersandte Stellungnahme des Betriebsrats kann darum den Zwecken des § 17 II 2 und 3 KSchG allenfalls genügen, wenn der Betriebsrat zeitgleich eine Durchschrift an den Arbeitgeber leitet. Ist die Stellungnahme, die der Arbeitgeber der Anzeige beifügt, inhaltlich ungenügend, ist zu überlegen, ob dies sanktionslos bleibt → Rn. 7. 14

3. Fehler bei den „Muss-Angaben" nach § 17 III 4 KSchG. Fehler bei den „Muss-Angaben" führen idR zur Unwirksamkeit der Massenentlassungsanzeige und damit der Kündigung (BAG 28.6.2012 BAGE 142, 202 = NZA 2012, 1029 Rn. 50; ErfK/*Kiel* KSchG § 17 Rn. 29). Davon ist in Betrieben, in denen ein **Betriebsrat besteht,** eine Ausnahme zu machen, wenn die **Kriterien der Auswahl** nicht mitgeteilt worden sind. Diese Information ist für die Arbeitsverwaltung ohne Belang. Hat sie diese bereits aufgrund der von § 17 III 1 KSchG geforderten Übermittlung der Information an den Betriebsrat erhalten, ist kein Grund ersichtlich, die Wirksamkeit der Kündigung an dieser fehlenden Angabe scheitern zu lassen. Nach dem Willen des Gesetzgebers sollte § 17 III 4 KSchG insoweit nur eigenständige Bedeutung in **betriebsratslosen Betrieben** oder bei Entwicklung der Kriterien erst im Konsultationsverfahren haben. Dann ist allerdings wegen des eindeutigen Willens des Gesetzgebers die Anzeige und damit die Kündigung bei Nicht- 15 angabe der Auswahlkriterien unwirksam (→ Art. 3 Rn. 5 ff.). Einer **Vorlage an den EuGH** bedarf es hinsichtlich dieser allein aus der deutschen Umsetzung resultierenden Frage nicht.

16   **4. Fehler bei den „Soll-Angaben" nach § 17 III 5 KSchG.** Nach allg. Ansicht machen **geringfügige Fehler** oder Ungenauigkeiten, die den gekündigten Arbeitnehmer nicht betreffen und keine Auswirkungen auf die sachliche Prüfung der Arbeitsverwaltung haben können, die Anzeige und damit die Kündigung nicht unwirksam (ErfK/*Kiel* KSchG § 17 Rn. 35 mwN). Insbesondere sollen Fehler oder Auslassungen bei den **Soll-Angaben** keine rechtlichen Auswirkungen haben (ErfK/*Kiel* KSchG § 17 Rn. 29 mwN; TLL/ *Lembke/Oberwinter* KSchG § 17 Rn. 134; Löwisch/Spinner/*Wertheimer* § 17 Rn. 70). Zwar ist die Differenzierung zwischen Soll- und Muss-Angaben in § 17 III 6 bzw. 4 KSchG unionsrechtskonform (→ Art. 3 Rn. 4). Auch die Soll-Angaben sind aber idR „zweckdienlich" iSd Art. 3 I UAbs. 3 Massenentlassungs-Richtlinie und damit für die Wirksamkeit der Anzeige zwingend erforderlich. Auch Verstöße gegen die Sollangaben führen deshalb **idR** zur **Unwirksamkeit der Kündigung.**

17   **5. Erstattung der Anzeige bei der örtlich unzuständigen Behörde.** Wird die Anzeige bei der **örtlich unzuständigen Arbeitsagentur** erstattet (→ Art. 3 Rn. 3), ist nach herrschender Meinung die Kündigung unwirksam (ErfK/*Kiel* KSchG § 17 Rn. 28 mwN). Das BAG hat dies formal noch offengelassen, aber deutliche Sympathie für diese Ansicht erkennen lassen (BAG 14.3.2013 BeckRS 2013, 74879 Rn. 47). Eine **Anrufung des EuGH** ist zur Klärung dieser Frage **nicht erforderlich,** weil die Richtlinie insoweit den Mitgliedstaaten die Ausgestaltung der Durchsetzung der Massenentlassungs-Richtlinie überlässt (EuGH 16.7.2009 – C-12/08 Rn. 34, 36 – Mono Car Styling, AP RL 98/59/EG Nr. 5). Ausgehend vom **effet utile** (→ GHN/*Mayer* EUV Art. 19 Rn. 57 f.) ist zu differenzieren: Erkennt auch die Agentur ihre örtliche Unzuständigkeit nicht, ist die Anzeige und damit die Kündigung unwirksam. **Leitet** die unzuständige Agentur dagegen die Anzeige an die tatsächlich **zuständige weiter,** wozu sie nach dem Rechtsgedanken des § 16 II 2 SGB I sowie aufgrund der für sie geltenden Amtsermittlungsgrundsatzes (dazu BAG 21.3.2012 NZA 2012, 1058 Rn. 27) verpflichtet ist, wird die **Anzeige** mit **Eingang bei der zuständigen Agentur wirksam.** Ab diesem Zeitpunkt kann der Arbeitgeber wirksam kündigen. Hat er – wie idR – bereits davor gekündigt, ist die Kündigung unwirksam (vgl. TLL/*Lembke/Oberwinter* KSchG § 17 Rn. 110, 131).

IV. Kausalitätserfordernis

18   Fehler wirken sich auf die Kündigung nur aus, wenn sie für die Kündigung **kausal** waren oder zumindest kausal werden konnten. Dabei ist zwischen Fehlern im Konsultationsverfahren und Fehlern bei der Anzeigepflicht zu **differenzieren:** Wird etwa die Anzahl der zu entlassenden Beschäftigten in der **Anzeige** nach § 17 III KSchG falsch angegeben, weil der Entlassungsbegriff (→ Art. 1 Rn. 21 ff.) oder der Betriebsbegriff (→ Art. 1 Rn. 56 ff.) nicht richtig angewendet worden ist, können sich darauf nur die Arbeitnehmer berufen, die von der Anzeige nicht erfasst sind (BAG 28.6.2012 BAGE 142, 202 = NZA 2012, 1029 Rn. 50). Sieht man den abhängigen Fremdgeschäftsführer einer GmbH als Arbeitnehmer an (→ Art. 1 Rn. 47, 50), hat die unterlassene Anzeige seiner Entlassung darum nicht zur Folge, dass auch die Kündigungen der angezeigten Arbeitnehmer unwirksam werden (*Vielmeier* NJW 2014, 2678 [2682]).

19   Ob vorstehende Grundsätze auch für das **Konsultationsverfahren** gelten, ist vom EuGH noch nicht entschieden. Das BAG war mit dieser Fragestellung noch nicht befasst. IdR wird die Kausalität des Fehlers generell zu bejahen sein, wenn bestimmte **Personenkreise** im Konsultationsverfahren **nicht berücksichtigt** worden sind. Wurden etwa die Arbeitnehmer eines Teils des Gemeinschaftsbetriebs nicht einbezogen, ist der Betriebsrat auch für diesen Teil zuständig und ist für die übrigen Arbeitnehmer ein Interessenausgleich mit Namensliste erstellt worden, lässt sich nicht ausschließen, dass die Namensliste anders ausgefallen wäre,

wenn das Konsultationsverfahren korrekt unter Berücksichtigung aller Arbeitnehmer des Gemeinschaftsbetriebs erfolgt wäre. Dann können sich auch die Arbeitnehmer, die auf der Namensliste stehen, auf den Fehler berufen. Weist das Konsultationsverfahren **inhaltliche Fehler** auf, werden sich ebenfalls idR alle Gekündigten auf diesen berufen können. Es ist nicht auszuschließen, dass die Kündigungsentscheidung bei ordnungsgemäßem Verfahren anders getroffen worden wäre und ein Anderer gekündigt worden wäre.

V. Keine Heilung durch Bescheide der Arbeitsverwaltung

1. Fehler bei der Anzeige. Nach älterer Rechtsprechung des BAG konnten Fehler, die 20 dem Arbeitgeber bei der Erstattung der Massenentlassungsanzeige unterliefen, durch einen nicht offensichtlich unwirksamen Verwaltungsakt der Arbeitsverwaltung nach §§ 18, 20 KSchG **geheilt** werden (seit BAG 24.10.1996 BAGE 84, 267 = NZA 1997, 373). Durch die „Junk"-Entscheidung (EuGH 27.1.2005 – C-188/03, NZA 2005, 213) war dieser Rechtsprechung die Grundlage entzogen. Das BAG hat sie darum **aufgegeben** (st.Rspr. seit BAG 28.6.2012 BAGE 142, 202 = NZA 2012, 1029 Rn. 62 ff. mwN zum Streitstand; 22.11.2012 NZA 2013, 2620 Rn. 30; zust. ErfK/*Kiel* KSchG § 20 Rn. 6; Löwisch/Spinner/*Wertheimer* § 17 Rn. 77; HLK/*v. Hoyningen-Huene* § 18 Rn. 17; TLL/*Lembke*/*Oberwinter* KSchG § 18 Rn. 14; krit. *Moll* AP KSchG 1969 § 17 Nr. 40; *Sittard*/*Knoll* BB 2013, 2037 [2040 f.]). Bereits aus **verwaltungsverfahrensrechtlichen Gründen** entfaltet ein Bescheid des zuständigen Entscheidungsträgers nach §§ 18, 20 KSchG keine materielle Bestandskraft zu Lasten des Arbeitnehmers, der gegen diesen Bescheid nicht vorgehen kann (BSG 30.10.1959 BSGE 11, 14; 15.10.2012 BeckRS 2012, 75126). Der Bescheid bindet auch die Arbeitsgerichtsbarkeit nicht, weil die Einhaltung der formalen Anforderungen des § 17 KSchG nur **Vorfrage** und damit nicht Regelungsinhalt des Verwaltungsakts ist (BAG 28.6.2012 BAGE 142, 202 = NZA 2012, 1029 Rn. 72 ff.). Darüber hinaus wäre der Sanktion der Unwirksamkeit der Kündigung die Wirksamkeit entzogen, wenn die Arbeitsverwaltung Verstöße heilen könnte. Erfahrungsgemäß beanstandet sie selbst **offensichtliche Fehler** nicht. So sind die Übersendung eines falschen Interessenausgleichs mit Namensliste und damit das Fehlen einer Stellungnahme des Betriebsrats ebenso unbemerkt bzw. unbeanstandet geblieben (BAG 18.1.2012 BAGE 140, 261 Rn. 3, 51 = NZA 2012, 2376; 28.6.2012 BAGE 142, 202 Rn. 8 = NZA 2012, 1029) wie ein offensichtlicher Verstoß gegen § 17 III 3 KSchG (BAG 28.5.2009 NZA 2009, 126 Rn. 62 ff.). Selbst die Erstattung der Anzeige auf dem „ante Junk" gebräuchlichen Formular, also mit der Angabe des Ablaufs der Kündigungsfrist als Zeitpunkt der Entlassung, wurde durchgewunken (BAG 22.4.2008 BAGE 134, 176 Rn. 22 = NZA 2010, 1057). Die Anforderungen des § 17 KSchG an eine wirksame Anzeige dürfen aber nicht der weder vom Arbeitnehmer noch vom Betriebsrat überprüfbaren Disposition der Arbeitsverwaltung unterliegen. Bei einem solchen Verständnis wäre das von der Massenentlassungs-Richtlinie geforderte Schutzniveau unterschritten (*Mauthner* 229). Ein kollektives Recht des Betriebsrats, gegen Entscheidungen der Arbeitsverwaltung vorzugehen, besteht nach der sozialgerichtlichen Rechtsprechung nicht (BSG 14.8.1980 AP KSchG 1969 § 17 Nr. 2). Darum kann dahinstehen, ob ein Rechtsschutz, der allein kollektiv ausgestaltet wäre, überhaupt den Anforderungen des Art. 6 Massenentlassungs-Richtlinie genügte (idS *Moll* AP KSchG 1969 § 17 Nr. 40 Bl. 677; *Sittard*/*Knoll* BB 2013, 2037 [2041]; *Mückl* BB 2012 2567 [2571]). Der EuGH hat bisher nur eine Beschränkung des individuellen Klagerechts des Arbeitnehmers durch bestimmte Voraussetzungen, zu denen ein vorrangig zu gewährender kollektiver Rechtsschutz gehörte, als zulässig angesehen, nicht aber den von vornherein bestehenden gänzlichen Ausschluss eines individuellen Klagerechts (EuGH 16.7.2009 – C-12/08 Rn. 45 – Mono Car Styling, AP RL 98/59/EG Nr. 5). Angesichts der bestehenden Rechtslage gebietet es der **effet utile** deshalb, die Bindungswirkung des Bescheids auf seinen eigentlichen Regelungsgehalt (dazu → Rn. 22) zu beschränken (vgl. BAG 28.6.2012 BAGE 142, 202 Rn. 76 ff. = NZA 2012, 1029). Art. 6 Massenentlassungs-Richtlinie erlaubt ein solches Verständnis einer ausschließlich individualrechtlich ausgestalteten Rechtsschutzgewährung (EuGH 16.7.2009 – C-12/08 Rn. 50 – Mono Car Styling, AP RL 98/59/EG Nr. 5).

21 Die gegen diese Rechtsprechung gerichtete Kritik (*Moll* AP KSchG 1969 § 17 Nr. 40 Bl. 675) berücksichtigt nicht, dass sich entgegen dem irreführenden Wortlaut des § 18 I KSchG die Zustimmung nie auf die „Wirksamkeit der Kündigungen unter dem Gesichtspunkt des Massenentlassungsrechts" bezogen hat. Auch ist die ordnungsgemäße Durchführung des Massenentlassungsverfahrens nicht Tatbestandsvoraussetzung für den Erlass des Bescheids (**aA** ohne jede Begründung *Sittard/Knoll* BB 2013, 2037 [2040]). Das „Ob" von Massenentlassungen steht – im Unterschied zB zum Schwerbehinderten- oder Mutterschutzrecht – nicht unter einem staatlichen Genehmigungsvorbehalt, sondern hängt nur von der Einhaltung eines bestimmten Verfahrens ab. Der Staat stellt die Einhaltung dieses Verfahrens nicht durch eine „Freigabeerklärung" fest. Die Befugnis der Arbeitsverwaltung erschöpfte sich darum bereits nach dem aufgegebenen Verständnis des Entlassungsbegriffs darin, über die Verkürzung oder Verlängerung der Sperrfrist zu entscheiden (vgl. BAG 28.6.2012 BAGE 142, 202 Rn. 75 = NZA 2012, 1029; *Mauthner* 227 f.).

22 Zudem liegt dieser Kritik noch die Annahme zugrunde, das Massenentlassungsverfahren habe einen ausschließlich arbeitsmarktpolitischen Zweck. Sie blendet damit den **Bedeutungswandel** aus, den **§ 18 I KSchG** durch das neue Verständnis des Entlassungsbegriffs (→ Art. 1 Rn. 21 ff.) erfahren hat. Das „Wirksamwerden" iSd § 18 I KSchG bezieht sich bei unionsrechtskonformer Auslegung seitdem nur noch auf den Vollzug der Entlassungen, dh auf den Eintritt der Rechtsfolgen der Kündigung (BAG 6.11.2008 BAGE 128, 256 Rn. 25 f. = NZA 2009, 1013). § 18 I KSchG umschreibt nach diesem gewandelten Verständnis den Mindestzeitraum zwischen Anzeigeerstattung und tatsächlicher Beendigung des Arbeitsverhältnisses (TLL/*Lembke/Oberwinter* KSchG § 18 Rn. 7 f.), hat also nur noch die Wirkung einer gesetzlichen **Mindestkündigungsfrist** (*Lembke/Oberwinter* NJW 2007, 721 [726]; → Art. 3 Rn. 1). Die Prüfungskompetenz der Arbeitsverwaltung und die Bindungswirkung des Bescheids beschränken sich allein auf diesen Mindestzeitraum. Eigenständige Bedeutung hat § 18 I KSchG darum nur noch in den wenigen Fällen, in denen die individuelle Kündigungsfrist kürzer als 1 Monat ist bzw. – bei einer Sperrfristverlängerung – zwischen 1 und 2 Monaten beträgt (Löwisch/Spinner/*Wertheimer* § 18 Rn. 1). Schließlich vermag diese Ansicht nicht zu erklären, warum die Arbeitsverwaltung auch über die Wirksamkeit des Konsultationsverfahrens entscheiden können soll (dazu → Rn. 24).

23 Der aktuellen Rechtsprechung kann auch nicht entgegengehalten werden, dass der Entscheidungsträger vor seiner Entscheidung gem. **§ 20 III KSchG** ua den Betriebsrat anhören müsse und nach **§ 20 IV KSchG** neben dem Interesse des Arbeitgebers auch das des Arbeitnehmers zu berücksichtigen habe. Auch diese Pflichten erstrecken sich nur auf die vom Ausschuss zu entscheidenden Fragen und damit nicht auf die inhaltliche Wirksamkeit der Anzeige (vgl. BAG 13.12.2012 AP KSchG 1969 § 17 Nr. 44 Rn. 67; **aA** *Ferme* DB 2012, 2162 [2165]; *Moll* AP KSchG 1969 § 17 Nr. 40 Bl. 676). Die Arbeitsverwaltung hat nicht „die" Voraussetzungen des Massenentlassungsrechts zu prüfen, sondern nur die Voraussetzungen der Sperrfrist (→ Rn. 22 f.). Im Übrigen wäre die nach diesen Normen bestehende, allenfalls mittelbare Beteiligung des Betriebsrats nach § 20 III und IV KSchG (insoweit zutreffend *Moll* AP KSchG 1969 § 17 Nr. 40 Bl. 677) kein hinreichend effektives administratives Verfahren zur „Durchsetzung" der Pflichten des Arbeitgebers, wie es Art. 6 Massenentlassungs-Richtlinie verlangt. Die Beteiligung der Arbeitnehmerseite im Ausschuss bietet keine hinreichende Interventionsmöglichkeit, weil sie eine ohne Weiteres überstimmbare Minderheit ist (*Mauthner* 229; zur Zusammensetzung des Ausschusses TLL/*Lembke/Oberwinter* KSchG § 20 Rn. 6–8). Fehler des Ausschusses wären nicht sanktioniert und könnten von den mittelbar Beteiligten nicht gerügt werden. Sie sind in einem etwaigen Anfechtungsverfahren nicht einmal beizuladen (BSG 30.10.1959 BSGE 11, 14). Zur Kritik, die Massenentlassungs-Richtlinie entfalte **keine unmittelbare Drittwirkung** BAG 13.12.2012 AP KSchG 1969 § 17 Nr. 44 Rn. 68.

2. Fehler im Konsultationsverfahren. Mit der Frage, ob Fehler im **Konsultations-** 24
verfahren durch Bescheide nach §§ 18, 20 KSchG geheilt werden könnten, war das BAG in seiner älteren Rechtsprechung nie befasst. Es ging ohnehin davon aus, die Wirksamkeitsvoraussetzungen der Massenentlassungsanzeige seien in § 17 III KSchG abschließend aufgezählt (BAG 24.10.1996 BAGE 84, 267 = NZA 1997, 373; → Art. 2 Rn. 2). Es hat nunmehr klargestellt, dass sich der Bescheid der Arbeitsverwaltung schon inhaltlich nicht auf den korrekten Ablauf des Konsultationsverfahrens erstreckt und darum keine Heilungswirkung entfalten kann (BAG 21.3.2013 NZA 2013, 966 Rn. 30).

3. Eingangsmitteilungen. In der Praxis wurde auch bei bloßen Schreiben von Sach- 25
bearbeitern, mit denen bestätigt wurde, dass die Anzeige wirksam eingegangen sei, eine Heilungswirkung angenommen. Mangels Entscheidungskompetenz („VA-Befugnis") stellen derartige Schreiben, die nicht von den nach § 20 I KSchG zuständigen Entscheidungsträgern stammen, keinen Verwaltungsakt, sondern bloße **Eingangsbestätigungen** dar und können bereits deshalb keinerlei heilende Wirkung entfalten (BAG 28.6.2012 BAGE 142, 202 Rn. 67 = NZA 2012, 1029).

4. Kein „Verzicht" der Arbeitsverwaltung auf ordnungsgemäße Anzeige. Aus 26
den in → Rn. 20 ff. genannten Gründen kann eine unzureichende Anzeige den Anforderungen des § 17 III KSchG auch dann nicht genügen, wenn die Arbeitsverwaltung nachträglich zu erkennen gibt, dass sie sich aufgrund der vom Arbeitgeber gemachten Angaben in der Lage sah, sich ein ausreichendes Bild von den geplanten Massenentlassungen zu machen, um erforderliche arbeitsmarktpolitische Maßnahmen zu ergreifen und/oder Entscheidungen nach § 18 I oder II KSchG zu treffen (*Klasen* EWiR 2010, 161 [162]). Die gegenteilige Ansicht (BAG 28.5.2009 NZA 2009, 126 Rn. 62 f.) basiert noch auf der bei unionsrechtskonformem Rechtsverständnis nicht mehr aufrechtzuerhaltenden Annahme, §§ 17 ff. KSchG verfolgten einen rein arbeitsmarktpolitischen Zweck (zu den Zwecken der Massenentlassungs-Richtlinie → vor Art. 1 Rn. 5 ff.).

5. Kein Vertrauensschutz. Das BAG hat bei der Änderung seiner Rechtsprechung zur 27
Heilungswirkung von Bescheiden der Arbeitsverwaltung betroffenen Arbeitgebern keinen **Vertrauensschutz** gewährt. Die **Gewährung** eines solchen Schutzes ist wegen des unionsrechtlichen Bezugs des § 17 KSchG grds. **nur** dem **EuGH** möglich, obwohl nur Sekundärrecht betroffen ist (*Koch* SR 2012, 159 [166 ff.]; *Spelge* FA 2011, 34). Unabhängig davon konnten und mussten sich die Arbeitgeber seit 2005 auf die neuen, aus der Rechtsprechung des EuGH seit seiner Entscheidung „Junk" zwingend ergebenden Anforderungen an das Massenentlassungsverfahren einstellen. Es war ihnen möglich, die Pflichten aus der Massenentlassungs-Richtlinie zu erfüllen. Darin liegt der Unterschied zur Änderung der Rechtsprechung hinsichtlich des Zeitpunkts der Entlassung, bei der Vertrauensschutz gewährt worden ist (→ Art. 1 Rn. 23). Das Vertrauen darauf, dass die Arbeitsverwaltung etwaige bei der Erfüllung der **Anzeigepflicht** begangene Fehler heilen werde und der Arbeitgeber deshalb das Verfahren nach § 17 KSchG nachlässig betreiben könne, ist offenkundig nicht schutzwürdig (vgl. BAG 13.12.2012 AP KSchG 1969 § 17 Nr. 44 Rn. 69 ff.; aA *Ferme* DB 2012, 2162 [2165 f.]; *Moll* AP KSchG 1969 § 17 Nr. 40 Bl. 676 [Bl. 677/R]). Mangels einschlägiger Rechtsprechung des BAG zu einer Heilungswirkung von Bescheiden der Arbeitsverwaltung bei Fehlern im **Konsultationsverfahren** konnte insoweit kein schutzwürdiges Vertrauen entstehen.

VI. „Heilung" durch Verstreichen der Klagefrist des § 4 KSchG

Das BAG hat bisher nicht geklärt, ob die **Fiktion des § 7 KSchG,** wonach die Kündi- 28
gung bei Versäumen der 3-Wochen-Frist des § 4 KSchG als wirksam gilt, auch gegen Massenentlassungen gerichtete Klagen erfasst und ob dies bejahendenfalls **mit Art. 6 Massenentlassungs-Richtlinie in Einklang** steht. Die Instanzrechtsprechung (LAG Nds

6.4.2009; Preis/Sagan/*Naber*/*Sittard* § 10 Rn. 150 BB 2009, 1981, rkr.) und das Schrifttum (ErfK/*Kiel* KSchG § 18 Rn. 40 mwN) nehmen das an. Dem ist zuzustimmen. Es ist mit Art. 6 Massenentlassungs-Richtlinie vereinbar, wenn das nationale Recht das individuelle Klagerecht von Voraussetzungen abhängig macht (EuGH 16.7.2009 – C-12/08 Rn. 52 – Mono Car Styling, AP RL 98/59/EG Nr. 5). Solche Voraussetzungen sind nicht nur der Vorrang eines kollektiven Klagerechts und die Beschränkung der möglichen Rügen wie im belgischen Recht, zu dem die Entscheidung des EuGH ergangen ist. Darunter fällt auch eine den Anspruch wahrende Frist wie § 4 KSchG (vgl. *Niklas/Koehler* NZA 2010, 913 [918 f.]).

VII. Negativattest

29   Nach bisheriger Rechtsprechung (BAG 22.9.2005 NZA 2006, 558 Rn. 56; 21.5.1970 BAGE 22, 336 = AP KSchG § 15 Nr. 11) und verbreiteter Ansicht im Schrifttum (APS/ *Moll* KSchG § 18 Rn. 27; Schaub/*Linck* § 142 Rn. 35; HLK/*v. Hoyningen-Huene* § 18 Rn. 16; *Mauthner* 230 mwN) soll sich der Arbeitgeber auf ein sog. „Negativattest", dh einen Bescheid, mit dem die Arbeitsverwaltung dem Arbeitgeber auf einen Antrag nach § 18 I KSchG mitteilt, ein Massenentlassungstatbestand liege nicht vor, eine Genehmigung sei daher nicht erforderlich, hinsichtlich der **Anzeigepflicht** wie auf eine Zustimmung nach § 18 I KSchG verlassen dürfen, sofern es nicht nur von einem Sachbearbeiter, sondern dem Entscheidungsträger herrührt. An dieser Auffassung kann aus denselben Gründen wie an der Rechtsprechung zur Heilungswirkung von Bescheiden nach §§ 18, 20 KSchG (→ Rn. 20 ff.) nicht festgehalten werden (ArbG Bochum 3 Ca 307/04 Rn. 90 ff., ArbuR 2005, 232; ErfK/*Kiel* KSchG § 20 Rn. 4; TLL/*Lembke*/*Oberwinter* KSchG § 17 Rn. 15). Ob die Voraussetzungen der Anzeigepflicht erfüllt sind, ist schon nicht Gegenstand des Bescheids (→ Rn. 21 f.). Die gegenteilige Ansicht (*Mauthner* 231) berücksichtigt den Bedeutungswandel des § 18 I KSchG (→ Rn. 22) nicht. Jedenfalls steht das Gebot des **effet utile** der Wirkung eines Negativattests zu Lasten des Arbeitnehmers im Kündigungsschutzprozess entgegen. Der Arbeitnehmer ist nach gefestigter Rechtsprechung des BSG nicht am Verfahren nach § 18 KSchG beteiligt (→ Rn. 20). Er kann darum nach aktueller Rechtslage gegen das Negativattest nicht vorgehen (vgl. dagegen zur Klagebefugnis des am Zustimmungsverfahren nach §§ 85 ff. SGB IX beteiligten Arbeitnehmers BAG 16.2.2012 BAGE 141, 1 Rn. 17 = NZA 2012, 555). Nur wenn ein Anfechtungsrecht des Arbeitnehmers oder zumindest des Betriebsrats gegen ein Negativattests bestünde, wäre ein bestandskräftiges Negativattest auch im Kündigungsschutzprozess bindend (idS auch *Mauthner* 232–236). Solange das BSG an seiner Rechtsprechung festhält, müssen die Arbeitsgerichte daher dem **Negativattest** die **Anerkennung verweigern.**

30   Hinsichtlich der Erfüllung der Anforderungen an das **Konsultationsverfahren** entfaltet ein Negativattest keinerlei Bindungswirkung, weil es sich nicht auf dieses bezieht (*Mauthner* 232).

B. Darlegungs- und Beweislast

I. Anwendbarkeit der §§ 17 f. KSchG

31   Nach allg. zivilprozessualen Regeln trägt der **Arbeitnehmer** die Darlegungs- und Beweislast für die **tatsächlichen Voraussetzungen** des § 17 KSchG. § 17 KSchG ist im Unterschied zu § 23 I 2 KSchG kein Ausnahmetatbestand. Der Arbeitnehmer muss also im Streitfall sowohl die Zahl der beschäftigten Arbeitnehmer als auch die Zahl der entlassenen Arbeitnehmer beweisen. Dabei ist zu berücksichtigen, dass er idR diese Tatsachen nicht im Einzelnen kennt. Es genügt daher, wenn er die äußeren Umstände schlüssig darlegt, die für die Annahme sprechen, dass die **Schwellenwerte übertroffen** sind. Auf einen solchen schlüssigen Vortrag hat der Arbeitgeber gemäß § 138 II ZPO im Einzelnen zu erklären,

warum der Schwellenwert gleichwohl nicht erreicht worden sein soll, zB weil einzelne Entlassene keine Arbeitnehmer oder bereits außerhalb der 30-Tages-Frist (dazu → Art. 1 Rn. 81 ff.) gekündigt waren (BAG 21.3.2012 NZA 2012, 1058 Rn. 10; 24.2.2005 NZA 2005, 766 Rn. 27, 31). Erfolgt solcher Vortrag des Arbeitgebers nicht, gilt der Vortrag des Arbeitnehmers als zugestanden, § 138 III ZPO.

II. Ordnungsgemäße Durchführung des Massenentlassungsverfahrens

Steht die Anzeigepflicht fest, trifft die Darlegungs- und Beweislast für die **ordnungsgemäße Durchführung der Massenentlassungsverfahrens** den **Arbeitgeber**, weil es sich dabei um eine Wirksamkeitsvoraussetzung der Kündigung handelt (→ Rn. 1). Der konkrete Umfang des erforderlichen Vortrags ergibt sich gem. § 138 II ZPO aus dem Wechselspiel von Vortrag und Gegenvortrag. Hat der Arbeitgeber substantiiert dargelegt, dass und **mit welchem Inhalt** er das Konsultationsverfahren durchgeführt und Massenentlassungsanzeige erstattet hat, darf sich der **Arbeitnehmer** nicht auf ein pauschales Bestreiten beschränken, sondern muss sich vollständig über den vom Arbeitgeber vorgetragenen Sachverhalt erklären und **konkrete Fehler des Verfahrens aufzeigen.** Er muss deutlich machen, welche Angaben des Arbeitgebers er für zutreffend erachtet und welche nicht (BAG 13.12.2012 AP KSchG § 17 Nr. 43 Rn. 42; zur konkreten Anwendung dieser Grundsätze vgl. dort Rn. 44 ff. sowie LAG Hamm 6.6.2014 – 18 Sa 1686/13 Rn. 85 ff., insoweit rkr.). 32

Auch **ohne konkrete Rüge** des Arbeitnehmers muss allerdings das Gericht **von Amts wegen** die Verletzung des § 17 KSchG berücksichtigen, wenn sich eine solche Verletzung aus dem unstreitigen Tatsachenvortrag des Arbeitgebers oder aus dem unstreitigen Akteninhalt ergibt. Darauf muss es den Arbeitgeber vor seiner Entscheidung nach **§ 139 ZPO hinweisen** (BAG 13.12.2012 AP KSchG § 17 Nr. 43 Rn. 43; 18.1.2012 BAGE 140, 261 Rn. 26 = NZA 2012, 817). 33

C. Kein Unterlassungsanspruch des Betriebsrats

Ein **Anspruch** des Betriebsrats auf **Unterlassung der Kündigungen** kann § 17 II KSchG auch bei unionsrechtskonformer Auslegung nicht entnommen werden (*Lipinski/Reinhardt* NZA 2009, 1184 [1188 f.]; *Ferme/Lipinski* NZA 2006, 937 [944]; **aA** LAG SchlH 15.12.2010 – 3 TaBVGa 12/10 Rn. 24; LAG München 22.12.2008 – 6 TaBVGa 6/08 Rn. 32 ff. – unter Rückgriff auf die RL 2002/14/EG v. 11.3.2003; *Mauthner* 200 ff.; *Hinrichs* 193 ff., *Boemke* EAS B 7100 Rn. 108 ff.; zweifelnd *Fitting* § 111 Rn. 103e). Ein solcher Anspruch wäre von Regelungszweck und -ausgestaltung des Konsultationsverfahrens nicht gedeckt. Dieses auf Konsens ausgerichtete Verfahren gewährt kein Mitbestimmungsrecht (→ Art. 2 Rn. 26), sondern nur einen Informations- und Verhandlungsanspruch (*Ferme/Lipinski* NZA 2006, 937 (944). Es schränkt die unternehmerische Freiheit nicht ein (→ Art. 2 Rn. 3). Darum ist für den Abschluss des Konsultationsverfahrens sowohl nach der Massenentlassungs-Richtlinie (→ Art. 2 Rn. 43) als auch nach § 17 KSchG (→ Art. 2 Rn. 50) **keine Einigung** erforderlich. Sie kann vom Betriebsrat auch **nicht erzwungen** werden (→ Art. 2 Rn. 43, 51). Letztlich entscheidet der Arbeitgeber darüber, wann das Konsultationsverfahren beendet ist (→ Art. 2 Rn. 43). Hat der Arbeitgeber rechtzeitig die Konsultation begonnen, ernsthaft mind. zwei Wochen verhandelt und eine ordnungsgemäße Anzeige erstattet, kann er wirksam kündigen. Hat er Fehler im Konsultationsverfahren und/oder bei der Anzeige begangen, kann er zwar ebenfalls kündigen, allerdings sind die Kündigungen unwirksam mit den sich daraus ergebenden finanziellen Konsequenzen. Mit dieser Ausgestaltung stünde es nicht im Einklang, wenn der Betriebsrat nach Ablauf der 2-wöchigen Mindestfrist für das Konsultationsverfahren, die aus § 17 II 3 KSchG folgt (→ Art. 2 Rn. 19), durch eine einstweilige Verfügung die Erklärung der 34

Kündigungen zumindest vorübergehend verhindern könnte. Die **Unwirksamkeit der Kündigungen** als Rechtsfolge von Fehlern im Massenentlassungsverfahren ist eine dem **Effektivitätsgrundsatz** genügende Sanktion (→ Rn. 2). Eines Unterlassungsanspruchs als einzig wirksamer Sanktion (idS *Boemke* EAS B 7100 Rn. 109) bedarf es jedenfalls seit Anerkennung der Unwirksamkeit der Kündigung bei Fehlern im Massenentlassungsverfahren durch die Rechtsprechung des BAG (→ Rn. 1) nicht mehr. Dies steht im Einklang mit dem **Äquivalenzgrundsatz,** weil ein Unterlassungsanspruch bisher auch für §§ 111 ff. BetrVG nicht anerkannt ist (*Oetker/Schubert* EAS B 8300 Rn. 439).

35 Dagegen kommt ein im Wege der einstweiligen Verfügung durchsetzbarer Anspruch des Betriebsrats auf **Sicherung seines Rechts auf Konsultation** in Betracht. Entgegen der Ansicht des LAG Bln-Bbg (12.12.2013 – 17 TaBVGa 2058/13 Rn. 23) kann der Arbeitgeber, der kein Konsultationsverfahren vornimmt, seine Betriebsänderung unter Inkaufnahme der Unwirksamkeit der Kündigungen rechtlich durchführen und damit den Konsultationsanspruch ins Leere laufen lassen. Darum besteht ein Verfügungsanspruch und -grund. Dieser Anspruch ist allerdings aus den in → Rn. 34 genannten Gründen auf die Zeit bis zum Ablauf der **2-wöchigen Mindestfrist** für die Dauer der Konsultationen **beschränkt.**

D. Besonderheiten in der Insolvenz

36 In einer Vielzahl von Fällen verstößt nach herrschender Meinung § 17 KSchG gegen die Massenentlassungs-Richtlinie, ohne unionsrechtskonform ausgelegt werden zu können. Dann besteht als Sanktion nur ein **Schadenersatzanspruch** (vgl. zB zur Bereichsausnahme von Saisonbetrieben → Art. 1 Rn. 10 ff.; zur Herausnahme leitender Angestellter und abhängiger Fremdgeschäftsführer → Art. 1 Rn. 51 und 47). Ein solcher Anspruch ist in der Insolvenz des Arbeitgebers idR eine **Masseforderung.** Der Insolvenzverwalter hat idR als Arbeitgeber selbst die Pflichten aus §§ 17 ff. KSchG verletzt. Etwas anderes gilt nur, wenn noch der Schuldner das Konsultationsverfahren und die Anzeige durchführt, aber erst der Insolvenzverwalter kündigt. Dann wirkt dieser Fehler zwar in der Insolvenz fort, der Insolvenzverwalter hat aber selbst den Fehler nicht begangen (BAG 22.4.2010 Rn. 15 für den umgekehrten Fall, dass die Anzeige wirksam ist).

Art. 9 [Inkrafttreten]

Diese Richtlinie tritt am zwanzigsten Tag nach ihrer Veröffentlichung im Amtsblatt der Europäischen Gemeinschaften *in Kraft.*

1 Die Massenentlassungs-Richtlinie ist im ABl. v. 12.8.1998 veröffentlicht worden und damit am 1.9.1998 in Kraft getreten.

500. Richtlinie 1999/70/EG des Rates vom 28. Juni 1999 zu der EGB-UNICE-CEEP-Rahmenvereinbarung über befristete Arbeitsverträge[1]

(ABl. Nr. L 175 S. 43)

Celex-Nr. 3 1999 L 0070

geändt. durch Art. 1 ÄndB 2007/882/EG vom 20.12.2007 (ABl. Nr. L 346 S. 19)

DER RAT DER EUROPÄISCHEN UNION –
gestützt auf den Vertrag zur Gründung der Europäischen Gemeinschaft, insbesondere auf Artikel 139 Absatz 2,
auf Vorschlag der Kommission,
in Erwägung nachstehender Gründe:
(1) Durch das Inkrafttreten des Vertrags von Amsterdam wurden die Vorschriften des Abkommens über die Sozialpolitik, das dem Protokoll über die Sozialpolitik beigefügt war, welches dem Vertrag zur Gründung der Europäischen Gemeinschaft beigefügt war, in die Artikel 136 bis 139 des Vertrages zur Gründung der Europäischen Gemeinschaft übernommen.
(2) Die Sozialpartner können nach Artikel 139 Absatz 2 des Vertrags gemeinsam beantragen, daß die auf Gemeinschaftsebene geschlossenen Vereinbarungen durch einen Beschluß des Rates auf Vorschlag der Kommission durchgeführt werden.
(3) Nummer 7 der Gemeinschaftscharta der sozialen Grundrechte der Arbeitnehmer sieht unter anderem folgendes vor: „Die Verwirklichung des Binnenmarktes muß zu einer Verbesserung der Lebens- und Arbeitsbedingungen der Arbeitnehmer in der Europäischen Gemeinschaft führen. Dieser Prozeß erfolgt durch eine Angleichung dieser Bedingungen auf dem Wege des Fortschritts und betrifft namentlich andere Arbeitsformen als das unbefristete Arbeitsverhältnis, wie das befristete Arbeitsverhältnis, Teilzeitarbeit, Leiharbeit und Saisonarbeit".
(4) Der Rat hat weder zu dem Vorschlag für eine Richtlinie über bestimmte Arbeitsverhältnisse im Hinblick auf Wettbewerbsverzerrungen[2] noch zu dem Vorschlag für eine Richtlinie über bestimmte Arbeitsverhältnisse hinsichtlich der Arbeitsbedingungen[3] einen Beschluß gefaßt.
(5) Entsprechend den Schlußfolgerungen des Europäischen Rates von Essen sind Maßnahmen „zur Steigerung der Beschäftigungsintensität des Wachstums, insbesondere durch eine flexiblere Organisation der Arbeit, die sowohl den Wünschen der Arbeitnehmer als auch den Erfordernissen des Wettbewerbs gerecht wird," erforderlich.
(6) In der Entschließung des Rates vom 9. Februar 1999 zu den beschäftigungspolitischen Leitlinien für 1999 werden die Sozialpartner aufgefordert, auf allen geeigneten Ebenen Vereinbarungen zur Modernisierung der Arbeitsorganisation, darunter auch anpassungsfähige Arbeitsregelungen, auszuhandeln, um die Unternehmen produktiv und wettbewerbsfähig zu machen und ein ausgewogenes Verhältnis zwischen Anpassungsfähigkeit und Sicherheit zu erreichen.
(7) Die Kommission hat nach Artikel 3 Absatz 2 des Abkommens über die Sozialpolitik die Sozialpartner zu der Frage gehört, wie eine Gemeinschaftsaktion zur Flexibilisierung der Arbeitszeit und Absicherung der Arbeitnehmer gegebenenfalls ausgerichtet werden sollte.
(8) Die Kommission, die nach dieser Anhörung eine Gemeinschaftsaktion für zweckmäßig hielt, hat die Sozialpartner nach Artikel 3 Absatz 3 des genannten Abkommens erneut zum Inhalt des in Aussicht genommenen Vorschlags gehört.

---

[1] **Amtl. Anm.:** Text von Bedeutung für den EWR.
[2] **Amtl. Anm.:** ABl. C 224 vom 8.9.1990, S. 6 und ABl. C 305 vom 5.12.1990, S. 8.
[3] **Amtl. Anm.:** ABl. C 224 vom 8.9.1990, S. 4.

(9) Die allgemeinen branchenübergreifenden Organisationen, d. h. die Union der Industrie- und Arbeitgeberverbände Europas (UNICE), der Europäische Zentralverband der öffentlichen Wirtschaft (CEEP) und der Europäische Gewerkschaftsbund (EGB) haben der Kommission in einem gemeinsamen Schreiben vom 23. März 1998 mitgeteilt, daß sie das Verfahren nach Artikel 4 des genannten Abkommens in Gang setzen wollen. Sie haben die Kommission in einem gemeinsamen Schreiben um eine zusätzliche Frist von drei Monaten gebeten. Die Kommission kam dieser Bitte nach und verlängerte den Verhandlungszeitraum bis zum 30. März 1999.

(10) Die genannten branchenübergreifenden Organisationen schlossen am 18. März 1999 eine Rahmenvereinbarung über befristete Arbeitsverträge und übermittelten der Kommission nach Artikel 4 Absatz 2 des Abkommens über die Sozialpolitik ihren gemeinsamen Antrag auf Durchführung dieser Rahmenvereinbarung durch einen Beschluß des Rates auf Vorschlag der Kommission.

(11) Der Rat hat in seiner Entschließung vom 6. Dezember 1994 „Bestimmte Perspektiven einer Sozialpolitik der Europäischen Union: ein Beitrag zur wirtschaftlichen und sozialen Konvergenz in der Union"[4] die Sozialpartner ersucht, die Möglichkeiten zum Abschluß von Vereinbarungen wahrzunehmen, weil sie in der Regel näher an den sozialen Problemen und der sozialen Wirklichkeit sind.

(12) In der Präambel zu der am 6. Juni 1997 geschlossenen Rahmenvereinbarung über Teilzeitarbeit kündigten die Unterzeichnerparteien ihre Absicht an, zu prüfen, ob ähnliche Vereinbarungen für andere flexible Arbeitsformen erforderlich sind.

(13) Die Sozialpartner wollten den befristeten Arbeitsverträgen besondere Beachtung schenken, erklärten jedoch auch, daß sie in Erwägung ziehen wollten, ob eine ähnliche Vereinbarung über Leiharbeit erforderlich ist.

(14) Die Unterzeichnerparteien wollten eine Rahmenvereinbarung über befristete Arbeitsverträge schließen, welche die allgemeinen Grundsätze und Mindestvorschriften für befristete Arbeitsverträge und Beschäftigungsverhältnisse niederlegt. Sie haben ihren Willen bekundet, durch Anwendung des Grundsatzes der Nichtdiskriminierung die Qualität befristeter Arbeitsverhältnisse zu verbessern und einen Rahmen zu schaffen, der den Mißbrauch durch aufeinanderfolgende befristete Arbeitsverträge oder Beschäftigungsverhältnisse verhindert.

(15) Der geeignete Rechtsakt zur Durchführung der Rahmenvereinbarung ist eine Richtlinie im Sinne von Artikel 249 des Vertrags. Sie ist für die Mitgliedstaaten hinsichtlich des zu erreichenden Zieles verbindlich, überläßt diesen jedoch die Wahl der Form und der Mittel.

(16) Entsprechend den in Artikel 5 des Vertrags genannten Grundsätzen der Subsidiarität und der Verhältnismäßigkeit können die Ziele dieser Richtlinie auf Ebene der Mitgliedstaaten nicht ausreichend erreicht werden, so daß sie besser auf Gemeinschaftsebene verwirklicht werden können. Die Richtlinie geht nicht über das für die Erreichung dieser Ziele Erforderliche hinaus.

(17) Bezüglich der in der Rahmenvereinbarung verwendeten, jedoch nicht genau definierten Begriffe überläßt es diese Richtlinie – wie andere im Sozialbereich erlassene Richtlinien, in denen ähnliche Begriffe vorkommen – den Mitgliedstaaten, diese Begriffe entsprechend ihrem nationalen Recht und/oder ihrer nationalen Praxis zu definieren, vorausgesetzt, diese Definitionen entsprechen inhaltlich der Rahmenvereinbarung.

(18) Die Kommission hat ihren Richtlinienvorschlag entsprechend ihrer Mitteilung vom 14. Dezember 1993 über die Anwendung des Protokolls über die Sozialpolitik und ihrer Mitteilung vom 20. Mai 1998 zur Entwicklung des sozialen Dialogs auf Gemeinschaftsebene unter Berücksichtigung des Vertretungsanspruchs der Unterzeichnerparteien, ihres Mandats und der Rechtmäßigkeit der Bestimmungen der Rahmenvereinbarung ausgearbeitet. Die Unterzeichnerparteien verfügen über einen ausreichenden kumulativen Vertretungsanspruch.

(19) Entsprechend ihrer Mitteilung über die Anwendung des Protokolls über die Sozialpolitik hat die Kommission das Europäische Parlament und den Wirtschafts- und Sozial-

---

[4] **Amtl. Anm.:** ABl. C 368 vom 23.12.1994, S. 6.

ausschuß unterrichtet und ihnen den Wortlaut der Rahmenvereinbarung sowie ihren mit einer Begründung versehenen Vorschlag für eine Richtlinie übermittelt.

(20) Das Europäische Parlament hat am 6. Mai 1999 eine Entschließung zu der Rahmenvereinbarung der Sozialpartner angenommen.

(21) Die Durchführung der Rahmenvereinbarung trägt zur Verwirklichung der in Artikel 136 des Vertrags genannten Ziele bei –

HAT FOLGENDE RICHTLINIE ERLASSEN:

Art. 1 [Rahmenvereinbarung-Durchführung]

Mit dieser Richtlinie soll die zwischen den allgemeinen branchenübergreifenden Organisationen (EGB, UNICE und CEEP) geschlossene Rahmenvereinbarung vom 18. März 1999 über befristete Arbeitsverträge, die im Anhang enthalten ist, durchgeführt werden.

Art. 2 [Umsetzungsvorschriften]

Die Mitgliedstaaten setzen die Rechts- und Verwaltungsvorschriften in Kraft, die erforderlich sind, um dieser Richtlinie spätestens am 10. Juli 2001 nachzukommen, oder vergewissern sich spätestens zu diesem Zeitpunkt, daß die Sozialpartner im Wege einer Vereinbarung die erforderlichen Vorkehrungen getroffen haben; dabei haben die Mitgliedstaaten alle notwendigen Maßnahmen zu treffen, um jederzeit gewährleisten zu können, daß die durch die Richtlinie vorgeschriebenen Ergebnisse erzielt werden. Sie setzen die Kommission unverzüglich davon in Kenntnis.

[1] Sofern notwendig kann den Mitgliedstaaten bei besonderen Schwierigkeiten oder im Falle einer Durchführung mittels eines Tarifvertrags nach Konsultation der Sozialpartner eine zusätzliche Frist von höchstens einem Jahr gewährt werden. [2] Sie setzen die Kommission umgehend von diesen Gegebenheiten in Kenntnis.

[1] Wenn die Mitgliedstaaten die Vorschriften nach Absatz 1 erlassen, nehmen sie in diesen Vorschriften selbst oder bei deren amtlicher Veröffentlichung auf diese Richtlinie Bezug. [2] Die Mitgliedstaaten regeln die Einzelheiten der Bezugnahme.

Art. 3 [Inkrafttreten]

Diese Richtlinie tritt am Tag ihrer Veröffentlichung im *Amtsblatt der Europäischen Gemeinschaften* in Kraft.

Art. 4 [Adressaten]

Diese Richtlinie ist an die Mitgliedstaaten gerichtet.

Übersicht

	Rn.
A. Zusammenspiel von Richtlinie und Rahmenvereinbarung	1
B. Richtlinie und Rahmenvereinbarung zu unionsrechtlichem Befristungsschutz	3
I. Entstehungsgeschichte	3
II. Entwicklung seit Verabschiedung der Richtlinie	5
C. Rechtliche Bedeutung der Richtlinie 1999/70/EG	6
I. Überblick	6
II. Umsetzungspflicht	9
1. Rechtliche Grundlagen	9
2. Umsetzungsakte	12
III. Anforderungen an die Umsetzung	14
1. Inhalt	14
2. Art. 2 III	18

	Rn.
IV. Anwendung des Umsetzungsrechts in den Mitgliedstaaten	19
1. Äquivalenz- und Effektivitätsprinzip	19
2. Übergangsrecht des mitgliedstaatlichen Umsetzungsrechts	24
V. Nicht fristgerechte und nicht richtlinienkonforme Umsetzung	25
1. Rechtsfolgen im Überblick	25
2. Unmittelbare Wirkung	26
3. Richtlinienkonforme Auslegung	29
4. Unionsrechtlicher Haftungsanspruch gegen den nicht oder nicht richtlinienkonform umsetzenden Mitgliedstaat	32
D. Weitere unionsrechtliche Regelungen zum befristeten Arbeitsverhältnis im Primär- und im Sekundärrecht	33

A. Zusammenspiel von Richtlinie und Rahmenvereinbarung

1   Die RL 1999/70/EG setzt gem. Art. 155 II 1 Alt. 2 AEUV eine Rahmenvereinbarung von EGB, UNICE sowie CEEP über befristete Arbeitsverträge um. Die Richtlinie verleiht der Rahmenvereinbarung die **verbindliche** rechtliche **Wirkung** gegenüber den Mitgliedstaaten. Der materiellrechtliche Inhalt hat seine Grundlage allein in der Rahmenvereinbarung (Preis/Sagan/*Brose* § 9 Rn. 1).

2   Die Richtlinie wird durch Erwägungsgründe, die Rahmenvereinbarung durch eine Präambel eingeleitet. Während der Präambel der Rahmenvereinbarung die Motivation und Hintergründe der materiellrechtlichen Vorgaben zu befristeten Arbeitsverhältnissen aus Sicht der die Rahmenvereinbarung schließenden Vertragsparteien schildert, lassen die Erwägungsgründe der Richtlinie Aufschluss darüber zu, warum der Rat der Europäischen Union der Rahmenvereinbarung unionsrechtliche Verbindlichkeit verliehen hat. In den Erwägungsgründen der Richtlinie werden auch materiellrechtliche Gesichtspunkte angesprochen. Die Präambel hat im Zweifel **Vorrang,** weil die Organe der EU, die eine Vereinbarung der Sozialpartner durchführen, deren Inhalt auch durch eine bestimmte Auslegung nicht ändern dürfen (Calliess/Ruffert/*Krebber* AEUV Art. 155 Rn. 26; Preis/Sagan/*Brose* § 9 Rn. 8; → AEUV Art. 155 Rn. 3, 20 f.).

B. Richtlinie und Rahmenvereinbarung zu unionsrechtlichem Befristungsschutz

I. Entstehungsgeschichte

3   Auf mitgliedstaatlicher Ebene ist die Vorstellung eines Befristungsschutzes vielfach im Anschluss an die Verabschiedung eines allg. Kündigungsschutzes entstanden: Die Problematik unbegrenzter Befristungsmöglichkeiten bei gleichzeitig bestehendem allg. Kündigungsschutz verdeutlicht plastisch die Entscheidung des BAG aus dem Jahre 1960 (Befristung unzulässig, wenn objektiv zwingende Bestimmungen des Kündigungsschutzes umgangen würden, BAG 12.10.1960 NJW 1961, 798). Auf unionsrechtlicher Ebene besteht dieser Zusammenhang nicht, da ein unionsrechtlicher allg. Kündigungsschutz weder existiert, noch wegen der unterschiedlichen Systeme (Bestands- oder Abfindungsschutz) durchführbar wäre und daher auch nicht geplant ist. In dem sozialpolitischen Aktionsprogramm von 1974 (ABl. 1974 C 13, 1), dem bislang noch immer einzigen Versuch eines Konzeptes für das europäische Arbeitsrecht, wird das befristete Arbeitsverhältnis nicht erwähnt. Der **erste Versuch** einer Regelung findet sich im Kommissionsvorschlag einer Richtlinie des Rates zur Regelung der Zeitarbeit (ABl. 1982 C 128, 2). Ohne dass es in den Erwägungsgründen des Vorschlags erwähnt wird, wird in Art. 15 im Grundsatz nur eine Sachgrundbefristung gestattet. Die Befristungsgründe werden in Art. 15 I im Einzelnen umschrieben. Nach Art. 21 ist zudem die Einstellung mit befristetem Arbeitsvertrag zur Erfüllung der Aufgaben streikender Arbeitnehmer untersagt. Auf Vorschlag des Parlaments (ABl. 1983 C 242, 23,

37) wurde in einem geänderten Vorschlag aus dem Jahre 1984 die allg. Formulierung gewählt, nach der ein Arbeitgeber einen befristeten Arbeitsvertrag nur schließen kann, um einer zeitweiligen Verringerung der Belegschaft des Unternehmens entgegenzutreten oder zur Ausführung von Gelegenheitsarbeiten, die ihrem Wesen nach oder aus sonstigen berechtigten Gründen nicht dauerhaft sind und so eine Befristung des Vertrags rechtfertigen (ABl. 1984 C 133, 1; zu dem Richtlinien-Vorschlag *Becker/Bader* RdA 1983, 1 ff.). 1990 wurden von der Kommission drei Richtlinien-Vorschläge verabschiedet: Vorschlag für eine Richtlinie des Rates über bestimmte Arbeitsverhältnisse hinsichtlich der Arbeitsbedingungen (ABl. 1990 C 224, 4), Vorschlag für eine Richtlinie des Rates über bestimmte Arbeitsverhältnisse im Hinblick auf Wettbewerbsverzerrungen (ABl. 1990 C 224, 6; geändert durch ABl. 1990 C 305, 8) sowie ein Vorschlag für eine Richtlinie zur Ergänzung von Maßnahmen zur Verbesserung der Sicherheit und des Gesundheitsschutzes von Zeitarbeitnehmern. Nur der letzte Vorschlag wurde als RL 91/383/EWG (ABl. 1991 L 206, 19) verabschiedet. Auf der Grundlage von Art. 3 III, 4 des **Abkommens über die Sozialpolitik** wurde dann ohne Beteiligung Großbritanniens das Verfahren eingeleitet, welches im März 1999 zu einer Einigung von UNICE, CEEP und EGB über die Rahmenvereinbarung über befristete Arbeitsverhältnisse geführt hat. Die die Rahmenvereinbarung rechtlich verbindlich umsetzende Richtlinie wurde nach Inkrafttreten des Vertrags von Amsterdam zum 1.5.1999 auf Art. 139 II EGV, heute Art. 155 II AEUV, gestützt.

Die 21 Erwägungsgründe schildern im Wesentlichen den Verfahrensablauf und die Gesetzgebungsgeschichte. Erwägungsgrund 13 betont, dass die Sozialpartner den befristeten Arbeitsverträgen besondere Beachtung schenken wollen, jedoch auch erklärt haben, dass sie in Erwägung ziehen, eine ähnliche Vereinbarung über Leiharbeit abzuschließen. Zu dieser Vereinbarung ist es nicht gekommen (→ RL 2008/104/EG Art. 1 Rn. 3), jedoch ist Erwägungsgrund 13 ein erster Anhaltspunkt dafür, dass **Leiharbeitsverhältnisse** nicht in den sachlichen Anwendungsbereich der Befristungsrahmenvereinbarung fallen (näher → § 2 Rn. 21). Zum Konzept des unionsrechtlichen Befristungsschutzes → § 1 Rn. 1 ff. 4

II. Entwicklung seit Verabschiedung der Richtlinie

Weder die Richtlinie noch die Rahmenvereinbarung über befristete Arbeitsverträge wurden seit 1999 geändert. Eine Überarbeitung ist derzeit **nicht** geplant. 5

C. Rechtliche Bedeutung der Richtlinie 1999/70/EG

I. Überblick

Die RL 1999/70/EG führt die Rahmenvereinbarung über befristete Arbeitsverträge, die 6 von EGB, UNICE und CEEP vereinbart wurde, iSv Art. 155 II AEUV durch, vgl. Art. 1. Ermächtigungsgrundlage der Richtlinie ist daher Art. 155 II AEUV. Nach Art. 155 II AEUV kommt eine rechtlich **verbindliche** Umsetzung einer Vereinbarung von Sozialpartnern nur in einem durch Art. 153 AEUV erfassten Bereich in Betracht. Für den Befristungsschutz von § 5 Befristungsrahmenvereinbarung ist Art. 153 I lit. d AEUV (Schutz der Arbeitnehmer bei Beendigung des Arbeitsvertrags) einschlägig (Calliess/Ruffert/*Krebber* AEUV Art. 153 Rn. 19). Das Gebot des § 4 Befristungsrahmenvereinbarung, befristet Beschäftigte in ihren Beschäftigungsbedingungen nicht schlechter zu behandeln als Dauerbeschäftigte, ist Arbeitsbedingung iSv Art. 153 I lit. b AEUV. Wegen der unterschiedlichen Mehrheitsanforderungen der Art. 153 UAbs. 1–3 AEUV ist, soweit nicht von der Ausnahme des Art. 153 II UAbs. 3 AEUV Gebrauch gemacht wird, wegen Art. 153 II UAbs. 2 iVm Art. 153 I lit. d AEUV Einstimmigkeit erforderlich. Zur Gleichbehandlung nach § 4 Befristungsrahmenvereinbarung beim Arbeitsentgelt s. → § 4 Rn. 15.

Die rechtliche Bedeutung von RL 1999/70/EG ist auf die **Durchführung** der Befris- 7 tungsrahmenvereinbarung iSv Art. 155 II AEUV beschränkt. Art. 1–4 der Richtlinie treffen daher keine inhaltlichen Aussagen zum unionsrechtlichen Befristungsschutz. Grundlage der unionsrechtlichen Vorgaben zu befristeten Arbeitsverhältnissen ist die Befristungsrahmenvereinbarung. Art. 1 ist zusammen mit Art. 3 und 4 Grundlage der unionsrechtlichen Verbindlichkeit der Rahmenvereinbarung im Verhältnis zu den Mitgliedstaaten. Art. 2 spricht bestimmte Anforderungen an die Umsetzung aus. Die Durchführung der Befristungsrahmenvereinbarung als Richtlinie bewirkt, dass die Mitgliedstaaten bei Umsetzung der inhaltlichen Vorgaben der Befristungsrahmenvereinbarung sämtliche Pflichten aus Art. 288 III AEUV treffen. Das Ziel iSv Art. 288 III AEUV wird durch die Befristungsrahmenvereinbarung, insbesondere deren § 1, definiert. Die Durchführung der Befristungsrahmenvereinbarung als Richtlinie ist darüber hinaus Grundlage der Anwendung der gesamten Richtlinien-Dogmatik. Zu den Anforderungen an die Umsetzung → Rn. 14 ff. Zu den Anforderungen an die Anwendung des Umsetzungsrechts in den Mitgliedstaaten → Rn. 19 ff. Zur Rechtslage bei nicht fristgerechter oder nicht richtlinienkonformer Umsetzung s. → Rn. 25 ff. In der Anwendung von Richtlinien und Umsetzungsrecht spielt der Umstand, dass die unionsrechtlichen/materiellrechtlichen Vorgaben zum Befristungsschutz einer Vereinbarung von Sozialpartnern entstammen, daher rechtlich keine Rolle. Die Vorgaben der Befristungsrahmenvereinbarung sind nicht anders umzusetzen und anzuwenden als Vorgaben einer Richtlinie.

8   Für die **Auslegung** der in der Rahmenvereinbarung verwendeten Begriffe ist Erwägungsgrund 17 bedeutsam. Der Unionsgesetzgeber kann hierzu Vorgaben treffen, weil die Rahmenvereinbarung nur durch den Rechtsakt der Union den Mitgliedstaaten gegenüber verbindlich wird. Dennoch bestimmt Erwägungsgrund 17 mittelbar, dass die Definition von Begriffen in der Rahmenvereinbarung vorgeht. Nur für in der Rahmenvereinbarung „nicht genau definierte Begriffe" trifft Erwägungsgrund 17 nämlich eine Aussage. Bei diesen Begriffen überlässt es die Richtlinie den Mitgliedstaaten, sie nach ihrem jeweiligen mitgliedstaatlichen Recht auszulegen. Grenze ist, dass diese Auslegung inhaltlich der Rahmenvereinbarung entspricht. Das mitgliedstaatliche Verständnis eines Begriffes darf also nicht zu einem Widerspruch zur Regelung in der Rahmenvereinbarung führen.

II. Umsetzungspflicht

9   **1. Rechtliche Grundlagen.** Grundlage der Pflicht der Mitgliedstaaten, die inhaltlichen Vorgaben der Befristungsrahmenvereinbarung in ihrem Recht umzusetzen, ist Art. 288 III AEUV. Art. 2 konkretisiert die Pflicht zeitlich und bestimmt als Umsetzungsfrist den 10.6.2001.

10 Neben Art. 288 III AEUV und Art. 2 der Richtlinie sind bei der Umsetzung noch Art. 153 III AEUV (Umsetzung durch Sozialpartner, → Rn. 16) sowie Art. 153 II lit. b AEUV (Mindestbestimmungen, → Rn. 15) zu berücksichtigen.

11 **Umsetzungsmodalitäten** werden auch in § 8 Befristungsrahmenvereinbarung angesprochen. Sozialpartner haben grds. keine rechtliche Befugnis, das Verhältnis der Union zu den Mitgliedstaaten rechtlich verbindlich zu gestalten. Andererseits verleiht RL 1999/70/EG auch § 8 Befristungsrahmenvereinbarung rechtliche Verbindlichkeit im Verhältnis zu den Mitgliedstaaten. Dabei kann der Unionsgesetzgeber jedoch nicht von Primärrecht abweichen. Soweit § 8 Befristungsrahmenvereinbarung mit Primärrecht nicht vereinbar ist, geht das Primärrecht vor.

12 **2. Umsetzungsakte.** In Deutschland wird die Befristungsrahmenvereinbarung durch das **Teilzeit- und Befristungsgesetz** vom 21.12.2000 (BGBl. I 1966) umgesetzt.

13 Zu den Umsetzungsakten in den anderen **Mitgliedstaaten** s. http://old.eur-lex.europa.eu/LexUriServ/LexUriServ.do?uri=CELEX:71999L0070:DE:NOT.

III. Anforderungen an die Umsetzung

14 **1. Inhalt.** Die **Verbindlichkeit des Ziels** bei Wahl der Form und Mittel der Umsetzung durch den Mitgliedstaat gem. Art. 288 III AEUV hat bei der Befristungsrahmenvereinbarung tatsächlich rechtliche Bedeutung. Die in § 1 Befristungsrahmenvereinbarung ge-

nannten Ziele Nichtdiskriminierung und Schaffen eines rechtlichen Rahmens zur Verhinderung des Missbrauchs durch aufeinanderfolgende befristete Arbeitsverhältnisse werden in § 4 und § 5 Befristungsrahmenvereinbarung konkretisiert. Bei § 5 handelt es sich um eine offene Formulierung alternativer Regelungsmuster, die für sich genommen Mehrfachbefristungen keinesfalls zwingend ausschließt. Erst in der Verbindung der Regelungsvorschläge mit dem Ziel, einen Missbrauch durch Mehrfachbefristungen zu vermeiden, ergibt sich die rechtliche Grundlage für die Entscheidung insbesondere in den Rs. *Adeneler* (EuGH 4.7.2006 – C-212/04, NZA 2006, 909; näher → § 5 Rn. 8), den hierzu ergangenen Folgeentscheidungen (dazu → § 5 Rn. 8) sowie der Entscheidung in der Rs. *Kücük* (EuGH 26.1.2012 – C-586/10, NZA 2012, 135). Die von den Mitgliedstaaten jeweils gewählte Art der Umsetzung von § 5 Befristungsrahmenvereinbarung ist nur dann richtlinienkonform, wenn sie dem Ziel von § 1 lit. b, der Verhinderung des Missbrauchs durch aufeinanderfolgende befristete Arbeitsverträge, genügt.

Art. 155 II AEUV verknüpft die rechtlich verbindliche Durchführung einer Sozialpartnervereinbarung mit Art. 153 AEUV. Schon aus Art. 153 II lit. b AEUV folgt, dass die Befristungsrahmenvereinbarung nur **Mindestbedingungen** setzt. Die mitgliedstaatlichen Rechte können daher einen weitergehenden Befristungsschutz vorsehen. Von dem Ausmaß des vor Inkrafttreten der RL 1999/70/EG geltenden maßgeblichen Befristungsschutzes hängt daher auch die praktische Bedeutung der Befristungsrahmenvereinbarung in den jeweiligen Mitgliedstaaten ab (näher → § 1 Rn. 10). 15

Die nach Art. 153 III AEUV grds. mögliche Umsetzung einer Richtlinie durch mitgliedstaatliche Sozialpartner **(Tarifparteien)** setzt voraus, dass diese Form der Umsetzung durch die Ausgestaltung des mitgliedstaatlichen Rechts die Wirkung einer Umsetzung durch staatliches Recht hat und damit allg. (erga omnes) wirkt (EuGH 11.2.2010 – C-405/08 Rn. 34 ff. – Holst, NZA 2010, 286). Für Deutschland kommt eine Umsetzung durch die Tarifparteien wegen §§ 3, 4 I TVG grds. **nicht** in Betracht. Zu § 8 Nr. 4 Befristungsrahmenvereinbarung → § 8 Rn. 14. 16

Die Umsetzung im Mitgliedstaat darf nach § 8 Nr. 3 Befristungsrahmenvereinbarung nicht als Rechtfertigung für die Senkung des allg. Niveaus des Arbeitnehmerschutzes in dem von dieser Vereinbarung erfassten Bereich dienen. Ein sog **Verschlechterungsverbot** ist unionsrechtskonform und wird vom EuGH inzwischen auch bei arbeitsrechtlichen Richtlinien angenommen, in denen anders als in § 8 Nr. 3 Befristungsrahmenvereinbarung ein solcher Grundsatz nicht ausdrücklich verankert ist (s. etwa EuGH 6.9.2011 – C-108/10 Rn. 75 ff. – Scattolon, NZA 2011, 1077). Zu den Einzelheiten → § 8 Rn. 2 ff. 17

2. Art. 2 III. Art. 2 III normiert den allg. Grundsatz des Unionsrechts, dass Mitgliedstaaten ihr Umsetzungsrecht als solches kenntlich machen müssen. Fehlt eine solche **Kenntlichmachung,** kann die Kommission dies in einem Vertragsverletzungsverfahren gem. Art. 258 AEUV rügen. In einem Vorabentscheidungsverfahren nach Art. 267 AEUV schließt eine fehlende Bezugnahme für sich allein nicht aus, dass die in Frage stehende mitgliedstaatliche Regelung als Umsetzungsrecht zu betrachten ist (EuGH 22.12.2010 – C-444/09 Rn. 59 ff., 67 – Gavieiro Gavieiro, Slg. 2010, I-14031). Auch eine solche mitgliedstaatliche Regelung ist daher insbesondere richtlinienkonform auszulegen. Im Rahmen von § 5 Befristungsrahmenvereinbarung wird eine solche Bestimmung als gleichwertige Maßnahme zur Missbrauchsverhinderung auf ihre Vereinbarkeit mit den unionsrechtlichen Vorgaben hin geprüft. 18

IV. Anwendung des Umsetzungsrechts in den Mitgliedstaaten

1. Äquivalenz- und Effektivitätsprinzip. Die Befristungsrahmenvereinbarung regelt nicht die Modalitäten der Durchsetzung der Rechte, die ein Arbeitnehmer wegen Verstoßes gegen das Umsetzungsrecht hat. Es gilt das allg. Prinzip des Unionsrechts, dass die Durchführung sich nach dem jeweiligen mitgliedstaatlichen Recht richtet. Einschränkungen sind das **Äquivalenzprinzip,** nach dem die Durchsetzung nicht ungünstiger sein darf als bei ent- 19 sprechenden Sachverhalten, die nur innerstaatliches Recht betreffen, sowie der **Effektivitätsgrundsatz,** nach dem das innerstaatliche Recht die Ausübung der durch die Unionsrechtsordnung verliehenen Rechte nicht praktisch unmöglich oder übermäßig erschweren darf (EuGH 4.7.2006 – C-212/04 Rn. 95 – Adeneler, NZA 2006, 909; EuGH 12.12.2013 – C-50/13 Rn. 21 – Papalia; EuGH 24.4.2009 – C-519/08 Rn. 60 ff. – Koukou, Slg. 2009, I-65).

20 Zur Befristungsrahmenvereinbarung hat der EuGH wiederholt im Grundsatz entschieden, dass zwingende Vorschriften über die Dauer und die Verlängerung befristeter Verträge sowie ein Anspruch auf Ersatz des durch Einsatz missbräuchlicher aufeinanderfolgender befristeter Arbeitsverträge entstandenen Schadens im Grundsatz den Anforderungen von Äquivalenz- und Effektivitätsprinzip genügen (EuGH 7.9.2006 – C-53/04 Rn. 56 – Marrosu und Sardino, NZA 2006, 1265; 7.9.2006 – C-180/04 Rn. 41 – Vassallo, Slg. 2006, I-7251). In den Rs. *Berkizi-Nikolakaki* (EuGH 18.1.2011 – C-272/10 Rn. 39 ff., 61, Slg. 2011, I-3) sowie Rs. *Rosado Santano* (EuGH 8.9.2011 – C-177/10 Rn. 85 ff., 100, NZA 2011, 1219) entscheidet der EuGH, dass eine zweimonatige Frist zur Geltendmachung von Ansprüchen richtlinienkonform ist; diese Feststellung wird jedoch ausdrücklich unter den Vorbehalt des vom mitgliedstaatlichen Gericht zu prüfenden Äquivalenz- und Effektivitätsprinzips gestellt, sodass es im Ergebnis darauf ankommt, ob eine solche **Frist** im Mitgliedstaat üblich ist. **Beweisanforderungen,** die die Durchsetzung eines Schadensersatzanspruchs praktisch unmöglich machen oder übermäßig erschweren, sind unionsrechtswidrig (EuGH 12.12.2013 – C-50/13 Rn. 21 ff. – Papalia).

21 § 17 TzBfG ist richtlinienkonform (zu § 17 TzBfG auch → § 5 Rn. 30). Das deutsche Arbeitsrecht ist schon wegen der allg. üblichen tariflichen Ausschlussfristen insgesamt durch den Gedanken geprägt, dass Arbeitnehmer ihre Rechte binnen kurzer Fristen geltend machen müssen. Weitere gesetzliche Fristen wie § 15 IV 2 AGG (→ RL 2006/54/EG Art. 9 Rn. 6 ff.), vor allem aber der systematisch mit dem Befristungsschutz untrennbar zusammenhängende Kündigungsschutz in §§ 4, 7 KSchG, kennen noch kürzere Fristen. Wegen des Schriftformerfordernisses von § 14 IV TzBfG ist dem Arbeitnehmer das Befristungsende bekannt. § 17 TzBfG stellt daher auch keine unnötige Erschwerung dar.

22 Äquivalenz- und Effektivitätsprinzip überschneiden sich mit **§ 4** Befristungsrahmenvereinbarung, wenn ein mitgliedstaatliches Recht unterschiedliche Sanktionen je nachdem vorsieht, ob ein Arbeitsverhältnis befristet ist oder nicht. Auch unter diesem Gesichtspunkt ist die parallele Regelung in §§ 4, 7 KSchG sowie § 17 TzBfG richtlinienkonform (näher → § 4 Rn. 8 ff.).

23 Äquivalenz- und Effektivitätsprinzip überschneiden sich zudem mit **§ 5** Befristungsrahmenvereinbarung, weil die Ausgestaltung des mitgliedstaatlichen Rechts bei Durchsetzung von Sanktionen auch dazu führen kann, dass keine effektive Sanktion iSv § 5 Befristungsrahmenvereinbarung mehr vorliegt (näher → § 5 Rn. 25 f.).

24 **2. Übergangsrecht des mitgliedstaatlichen Umsetzungsrechts.** Die Befristungsrahmenvereinbarung erfasst zeitlich alle befristeten Arbeitsverhältnisse, die **nach** der **Umsetzungsfrist** von Art. 2 I abgeschlossen oder verlängert werden. Tritt mitgliedstaatliches Umsetzungsrecht zeitlich nach der Umsetzungsfrist von Art. 2 I in Kraft und wirkt es nicht zu dem in Art. 2 I genannten Zeitpunkt zurück, liegt ein Verstoß gegen Unionsrecht vor, wenn nicht das sonstige mitgliedstaatliche Arbeitsrecht einen § 5 Befristungsrahmenvereinbarung genügenden Befristungsschutz gewährt (EuGH 24.4.2009 – C-519/08 Rn. 79 – Koukou, Slg. 2009, I-65; in diese Richtung bereits EuGH 23.4.2009 – C-378/07 Rn. 170 – Angelidaki, Slg. 2009, I-3071). Welche Rechtsfolgen sich an diesen Verstoß knüpfen, richtet sich nach den allg. Grundsätzen bei nicht fristgerechter oder nicht richtlinienkonformer Umsetzung (→ Rn. 25 ff.).

V. Nicht fristgerechte und nicht richtlinienkonforme Umsetzung

25 **1. Rechtsfolgen im Überblick.** Ist die Befristungsrahmenvereinbarung nicht fristgerecht oder – inzwischen praktisch bedeutsamer – nicht richtlinienkonform umgesetzt,

sind zuerst die Voraussetzungen der unmittelbaren Wirkung zu prüfen (→ Rn. 26 ff.). Kommt eine unmittelbare Wirkung nicht in Betracht, ist eine richtlinienkonforme Auslegung des mitgliedstaatlichen Rechts in Betracht zu ziehen (→ Rn. 29 ff.). Können die Vorgaben der Befristungsrahmenvereinbarung auch nicht über das Institut der richtlinienkonformen Auslegung in einem Mitgliedstaat zur Anwendung gebracht werden, ist schließlich an einen unionsrechtlichen Haftungsanspruch gegen den nicht oder nicht richtlinienkonform umsetzenden Mitgliedstaat zu denken (→ Rn. 32).

2. Unmittelbare Wirkung. Eine unmittelbare Wirkung kommt nur **gegen** den **Mitgliedstaat** in Betracht (Verbot der horizontalen unmittelbaren Richtlinien-Wirkung). Unter den Staatsbegriff in diesem Sinne fallen öffentliche Arbeitgeber. In Entscheidungen zur Befristungsrahmenvereinbarung prüft der EuGH diese Beschränkung der unmittelbaren Wirkung verschiedentlich nicht (EuGH 24.6.2010 – C-98/09 – Sorge, NZA 2010, 805 – für das Ergebnis unerheblich, da unmittelbare Wirkung abgelehnt wird; EuGH 10.3.2011 – C-109/09 – Deutsche Lufthansa, NZA 2011, 397) – für das Ergebnis unerheblich, da unmittelbare Wirkung abgelehnt wird; EuGH 12.12.2013 – C-361/12 Rn. 28 f. – Carratù, NZA 2014, 79 – die Möglichkeit der unmittelbaren Wirkung wird nicht im Einzelnen geprüft, sondern im Zusammenhang mit einer richtlinienkonformen Auslegung erwähnt). Diese Entscheidungen begründen jedoch keine Abweichung vom allg. Prinzip der Beschränkung der unmittelbaren Wirkung gegen Staat und öffentliche Arbeitgeber. Siehe aber zur richtlinienkonformen Auslegung → Rn. 29 ff. 26

Weitere Voraussetzung ist, dass die Richtlinie inhaltlich hinreichend **bestimmt** und **unbedingt** ist. Unmittelbare Wirkung ist daher möglich bei § 4 Nr. 1 (EuGH 15.4.2008 – C-268/06 Rn. 49 ff. – Impact, NZA 2008, 581; 22.12.2010 – C-444/09 – Gavieiro Gavieiro, Slg. 2010, I-14031; 12.12.2013 – C-361/12 – Carratù, NZA 2014, 79; krit. Rolfs/Evke de Groot ZESAR 2009, 5, 12 f.; zust. Preis/Sagan/Brose § 9 Rn. 54). Weil § 5 Befristungsrahmenvereinbarung verschiedene Regelungsmodelle alternativ vorschlägt, ist bei § 5 eine unmittelbare Wirkung nicht möglich (EuGH 15.4.2008 – C-268/06 Rn. 69 ff. – Impact, NZA 2008, 581; 10.3.2011 – C-109/09 – Dt. Lufthansa, NZA 2011, 397). § 5 Befristungsrahmenvereinbarung ist auch nicht zu entnehmen, dass bei Fehlen anderer Maßnahmen als Mindestschutz jedenfalls eine Sachgrundbefristung iSv § 5 Nr. 1 verlangt wird (EuGH 15.4.2008 – C-268/06 Rn. 75 ff. – Impact, NZA 2008, 581). Auch das Verschlechterungsverbot von § 8 Nr. 3 Befristungsrahmenvereinbarung ist zu unbestimmt, um unmittelbar wirken zu können (EuGH 23.4.2009 – C-378/07 – Angelidaki, Slg. 2009, I-3071; 24.6.2010 – C-98/09 – Sorge, NZA 2010, 805). 27

Konsequenz aus der dogmatischen Herleitung des Instituts der unmittelbaren Wirkung einer Richtlinie ist, dass diese ab Verstreichen der Umsetzungsfrist besteht. Auf § 4 Nr. 1 Befristungsrahmenvereinbarung unmittelbar gestützte Ansprüche bestehen daher auch **rückwirkend** (EuGH 22.12.2010 – C-444/09 Rn. 91 ff. – Gavieiro Gavieiro, Slg. 2010, I-14031; **anders** EuGH 15.4.2008 – C-268/06 Rn. 93 – Impact, NZA 2008, 581; die Begründung in der Rs. Impact ist unklar und letztlich Folgeproblem der insgesamt diffusen Haltung zur richtlinienkonformen Auslegung, näher → Rn. 29 ff.). Das mitgliedstaatliche Recht kann einer rückwirkenden Geltendmachung Grenzen setzen (Verjährungs-, Verwirkungsbestimmungen; tarifliche Ausschlussfristen). Diese müssen ihrerseits den durch Äquivalenz- und Effektivitätsgrundsatz bestehenden Voraussetzungen genügen; dazu → Rn. 19 ff. 28

3. Richtlinienkonforme Auslegung. Die genauen Grenzen der Pflicht nationaler Gerichte zur richtlinienkonformen Auslegung ihres mitgliedstaatlichen Rechts (allg. dazu Calliess/Ruffert/Ruffert AEUV Art. 288 Rn. 77 ff.) sind auch für die Befristungsrahmenvereinbarung nur grob einzugrenzen. Die Eckpunkte bilden einerseits die Rs. Marleasing (EuGH 13.11.1990 – C-106/89, Slg. 1990 I-4135), die verschiedentlich auch in Entscheidungen zur Befristungsrahmenvereinbarung genannt wird (EuGH 10.3.2011 – C-109/09 Rn. 52 – Deutsche Lufthansa, NZA 2011, 397; 12.6.2008 – C-364/07 Rn. 56, Slg. 2008, I-90 – Vassilakis). Hiernach muss im Ergebnis jeder Spielraum des mitgliedstaatlichen Rechts 29 genutzt werden, um den Inhalt der Richtlinie in das mitgliedstaatliche Recht hineinzulesen. Auf der anderen Seite steht die auch wiederum in Entscheidungen zur Befristungsrahmenvereinbarung gezogene Grenze, nach der eine richtlinienkonforme Auslegung nicht contra legem durchgeführt werden muss (EuGH 4.7.2006 – C-212/04 Rn. 110 – Adeneler, NZA 2006, 909; 15.4.2008 – C-268/06 Rn. 100 – Impact, NZA 2008, 581; 22.12.2010 – C-444/09 Rn. 95 – Gavieiro Gavieiro, Slg. 2010, I-14031). Einen dritten und praktisch bei der Befristungsrahmenvereinbarung besonders wichtigen Eckpunkt bildet die Frage, ob eine unmittelbare Anwendung der in Frage stehenden Bestimmung möglich ist. Im Bereich von § 5 ist eine richtlinienkonforme Auslegung nur möglich, wenn der Mitgliedstaat sich für ein Muster des Befristungsschutzes entschieden hat und hierbei unionsrechtliche Vorgaben missachtet. So ist es etwa möglich, die vom EuGH verlangte Wirksamkeit der Maßnahmen zur Vermeidung von Missbrauch iSv § 5 Befristungsrahmenvereinbarung durch richtlinienkonforme Auslegung herbeizuführen (EuGH 10.3.2011 – C-109/09 Rn. 50 ff. – Dt. Lufthansa, NZA 2011, 397). Eine richtlinienkonforme Auslegung kommt im Zusammenhang mit § 5 hingegen nicht in Betracht, wenn der Mitgliedstaat die Befristungsrahmenvereinbarung nicht umgesetzt hat und auch in seinem sonstigen Recht keinen Befristungsschutz kennt, der einem der nach § 5 Befristungsrahmenvereinbarung möglichen Regelungsmuster folgt und damit die Entscheidung erkennen lässt, welches Schutzmodell zugrunde gelegt wird. Die Umsetzung der in der Rs. *Kücük* entwickelten (EuGH 26.1.2012 – C-586/10, NZA 2012, 135) (näher → § 5 Rn. 18) Missbrauchskontrolle im Einzelfall (BAG 18.7.2012 NZA 2012, 1351 und NZA 2012, 1359; näher → § 5 Rn. 30) ist aus der Sicht des Unionsrechts richtlinienkonforme Auslegung des deutschen Rechts.

30 Ist eine richtlinienkonforme Auslegung nicht möglich, greift der unionsrechtliche **Haftungsanspruch** gegen den Mitgliedstaat (EuGH 4.7.2006 – C-212/04 Rn. 112 – Adeneler, NZA 2006, 909).

31 In den genannten Grenzen ist ab Umsetzungsfrist das mitgliedstaatliche Recht auch **rückwirkend** richtlinienkonform auszulegen (EuGH 15.4.2008 – C-268/06 Rn. 93 ff. – Impact, NZA 2008, 581).

32 **4. Unionsrechtlicher Haftungsanspruch gegen den nicht oder nicht richtlinienkonform umsetzenden Mitgliedstaat.** Sind weder unmittelbare Wirkung noch eine richtlinienkonforme Auslegung möglich, steht dem hiervon betroffenen Arbeitnehmer der auf die Rs. *Francovich* (EuGH 19.11.1991 – C-6/90 und C-9/90, NJW 1992, 165) zurückgehende **Haftungsanspruch** gegen seinen Mitgliedstaat zu (näher dazu allg. Calliess/Ruffert/*Ruffert* AEUV Art. 340 Rn. 36 ff.).

D. Weitere unionsrechtliche Regelungen zum befristeten Arbeitsverhältnis im Primär- und im Sekundärrecht

33 **Art. 30 GRC** ist wegen des Zusammenhangs zwischen Befristungs- und Kündigungsschutz sachlich auf den Befristungsschutz anwendbar (Calliess/Ruffert/*Krebber* GRC Art. 30 Rn. 4; → GRC Art. 30 Rn. 11), verstärkt aber wegen seines schwachen Gewährleistungsgehalts nicht den Schutz durch die Befristungsrahmenvereinbarung (teilweise **aA** *Rebhahn* ZfA 2003, 163 [180]; *Heuschmidt* AuR 2014, 221 [222]).

34 Die **RL 91/383/EWG** (ABl. 1991 L 206, 19) erfasst auch das befristete Arbeitsverhältnis. Näher zu dieser Richtlinie → Rn. 3.

35 Während die Befristungsrahmenvereinbarung Leiharbeitsverhältnisse nicht erfasst (→ § 2 Rn. 21), ist vorstellbar, dass aus der **RL 2008/104/EG** (ABl. 2008 L 327, 9) Vorgaben zu den Möglichkeiten einer Befristung des Leiharbeitsverhältnisses entwickelt werden (s. dazu RL 2008/104/EG).

Anhang. EGB–UNICE–CEEP. Rahmenvereinbarung über befristete Arbeitsverträge

Präambel

Die vorliegende Rahmenvereinbarung ist ein Beispiel für die Rolle, die Sozialpartner im Rahmen der 1997 auf der Sondertagung in Luxemburg vereinbarten europäischen Beschäftigungsstrategie spielen können, und nach der Rahmenvereinbarung über Teilzeitarbeit ein weiterer Beitrag auf dem Weg zu einem besseren Gleichgewicht zwischen „Flexibilität der Arbeitszeit und Sicherheit der Arbeitnehmer".

Die Unterzeichnerparteien dieser Vereinbarung erkennen an, daß unbefristete Verträge die übliche Form des Beschäftigungsverhältnisses zwischen Arbeitgebern und Arbeitnehmern darstellen und weiter darstellen werden. Sie erkennen auch an, daß befristete Beschäftigungsverträge unter bestimmten Umständen den Bedürfnissen von Arbeitgebern und Arbeitnehmern entsprechen.

Die Vereinbarung legt die allgemeinen Grundsätze und Mindestvorschriften für befristete Arbeitsverträge in der Erkenntnis nieder, daß bei ihrer genauen Anwendung die besonderen Gegebenheiten der jeweiligen nationalen, sektoralen und saisonalen Situation berücksichtigt werden müssen. Sie macht den Willen der Sozialpartner deutlich, einen allgemeinen Rahmen zu schaffen, der durch den Schutz vor Diskriminierung die Gleichbehandlung von Arbeitnehmern in befristeten Arbeitsverhältnissen sichert und die Inanspruchnahme befristeter Arbeitsverträge auf einer für Arbeitgeber und Arbeitnehmer akzeptablen Grundlage ermöglicht.

Die Vereinbarung gilt für Arbeitnehmer in befristeten Arbeitsverhältnissen mit Ausnahme derer, die einem Unternehmen von einer Leiharbeitsagentur zur Verfügung gestellt werden. Es ist die Absicht der Parteien, den Abschluß einer ähnlichen Vereinbarung über Leiharbeit in Erwägung zu ziehen.

Die Vereinbarung erstreckt sich auf die Beschäftigungsbedingungen von Arbeitnehmern in befristeten Arbeitsverhältnissen und erkennt an, daß Fragen der gesetzlichen Regelung der sozialen Sicherheit der Entscheidung der Mitgliedstaaten unterliegen. Die Sozialpartner nehmen in diesem Sinne von der Erklärung zur Beschäftigung des Europäischen Rates von Dublin aus dem Jahre 1996 Kenntnis, in der unter anderem betont wird, daß die Systeme der sozialen Sicherheit beschäftigungsfreundlicher gestaltet werden sollten, indem Systeme der sozialen Sicherheit entwickelt werden, die sich an neue Arbeitsstrukturen anpassen lassen und die jedem, der im Rahmen solcher Strukturen arbeitet, auch einen angemessenen sozialen Schutz bieten. Die Unterzeichnerparteien wiederholen ihre bereits 1997 in der Rahmenvereinbarung über Teilzeitarbeit geäußerte Ansicht, daß die Mitgliedstaaten die Erklärung unverzüglich umsetzen sollten.

Außerdem wird anerkannt, daß Innovationen in den betrieblichen Sozialschutzsystemen erforderlich sind, um sie an die Bedingungen von heute anzupassen und insbesondere die Übertragbarkeit von Ansprüchen zu ermöglichen.

EGB, UNICE und CEEP ersuchen die Kommission, diese Rahmenvereinbarung dem Rat vorzulegen, damit deren Vorschriften in den Mitgliedstaaten, die das Abkommen über die Sozialpolitik, das dem Protokoll (Nr. 14) über die Sozialpolitik im Anhang zum Vertrag zur Gründung der Europäischen Union beigefügt ist, unterzeichnet haben, durch Ratsbeschluß verbindlich werden.

Die Unterzeichnerparteien ersuchen die Kommission, die Mitgliedstaaten in ihrem Vorschlag zur Umsetzung dieser Vereinbarung aufzufordern, die erforderlichen Rechts- und Verwaltungsvorschriften zu erlassen, um dem Ratsbeschluß innerhalb einer Frist von zwei Jahren nach seiner Verabschiedung nachzukommen, oder sich zu vergewissern[1], daß die

---

[1] **Amtl. Anm.:** Im Sinne von Artikel 2 Absatz 4 des Abkommens über die Sozialpolitik, das dem Protokoll (Nr. 14) über die Sozialpolitik im Anhang zum Vertrag zur Gründung der Europäischen Gemeinschaft beigefügt ist.

Sozialpartner die notwendigen Maßnahmen vor Ablauf dieser Frist im Wege einer Vereinbarung ergreifen. Bei besonderen Schwierigkeiten oder einer Umsetzung mittels eines Tarifvertrags haben die Mitgliedstaaten nach Konsultation der Sozialpartner gegebenenfalls zusätzlich bis zu einem Jahr Zeit, dieser Bestimmung nachzukommen.

Die Unterzeichnerparteien bitten darum, daß die Sozialpartner vor jeder Maßnahme, die Rechts- und Verwaltungsvorschriften der Mitgliedstaaten zur Erfüllung dieser Vereinbarung betrifft, konsultiert werden.

Unbeschadet der jeweiligen Rolle der einzelstaatlichen Gerichte und des Gerichtshofs bitten die Unterzeichnerparteien darum, daß jede Frage im Hinblick auf die Auslegung dieser Vereinbarung auf europäischer Ebene über die Kommission zunächst an sie weitergeleitet wird, damit sie eine Stellungnahme abgeben können.

Allgemeine Erwägungen

1. Gestützt auf das Abkommen über die Sozialpolitik, das dem Protokoll (Nr. 14) über die Sozialpolitik im Anhang zum Vertrag zur Gründung der Europäischen Gemeinschaft beigefügt ist, insbesondere auf Artikel 3 Absatz 4 und Artikel 4 Absatz 2,

in Erwägung nachstehender Gründe:

2. Gemäß Artikel 4 Absatz 2 des Abkommens über die Sozialpolitik erfolgt die Durchführung der auf Gemeinschaftsebene geschlossenen Vereinbarungen auf gemeinsamen Antrag der Unterzeichnerparteien durch einen Beschluß des Rates auf Vorschlag der Kommission.

3. Die Kommission kündigte in ihrem zweiten Konsultationspapier über die Flexibilität der Arbeitszeit und Arbeitnehmersicherheit an, eine gesetzlich bindende Gemeinschaftsmaßnahme vorschlagen zu wollen.

4. Das Europäische Parlament forderte die Kommission in seiner Stellungnahme zum Vorschlag für eine Richtlinie über Teilzeitarbeit auf, unverzüglich Vorschläge für Richtlinien über andere Formen der flexiblen Arbeit wie befristete Arbeitsverträge und Leiharbeit zu unterbreiten.

5. In den Schlußfolgerungen des außerordentlichen Gipfeltreffens über Beschäftigungsfragen in Luxemburg ersuchte der Europäische Rat die Sozialpartner, „Vereinbarungen zur Modernisierung der Arbeitsorganisation, darunter flexible Arbeitsregelungen, auszuhandeln, um die Unternehmen produktiv und wettbewerbsfähig zu machen und ein ausgewogenes Verhältnis zwischen Flexibilität und Sicherheit zu erreichen".

6. Unbefristete Arbeitsverträge sind die übliche Form des Beschäftigungsverhältnisses. Sie tragen zur Lebensqualität der betreffenden Arbeitnehmer und zur Verbesserung ihrer Leistungsfähigkeit bei.

7. Die aus objektiven Gründen erfolgende Inanspruchnahme befristeter Arbeitsverträge hilft Mißbrauch zu vermeiden.

8. Befristete Arbeitsverträge sind für die Beschäftigung in bestimmten Branchen, Berufen und Tätigkeiten charakteristisch und können den Bedürfnissen der Arbeitgeber und der Arbeitnehmer entsprechen.

9. Da mehr als die Hälfte der Arbeitnehmer in befristeten Arbeitsverhältnissen in der Europäischen Union Frauen sind, kann diese Vereinbarung zur Verbesserung der Chancengleichheit zwischen Frauen und Männern beitragen.

10. Diese Vereinbarung überläßt es den Mitgliedstaaten und den Sozialpartnern, die Anwendungsmodalitäten ihrer allgemeinen Grundsätze, Mindestvorschriften und Bestimmungen zu definieren, um so der jeweiligen Situation der einzelnen Mitgliedstaaten und den Umständen bestimmter Branchen und Berufe einschließlich saisonaler Tätigkeiten Rechnung zu tragen.

11. Diese Vereinbarung berücksichtigt die Notwendigkeit, die sozialpolitischen Rahmenbedingungen zu verbessern, die Wettbewerbsfähigkeit der Wirtschaft der Gemeinschaft zu fördern und verwaltungstechnische, finanzielle oder rechtliche Zwänge zu vermeiden, die die Gründung und Entwicklung von kleinen und mittleren Unternehmen behindern könnten.

12. Die Sozialpartner sind am besten in der Lage, Lösungen zu finden, die den Bedürfnissen der Arbeitgeber und der Arbeitnehmer gerecht werden. Daher ist ihnen eine besondere Rolle bei der Umsetzung und Anwendung dieser Vereinbarung einzuräumen –

HABEN DIE UNTERZEICHNERPARTEIEN FOLGENDES VEREINBART:

§ 1 Gegenstand

Diese Rahmenvereinbarung soll:
a) durch Anwendung des Grundsatzes der Nichtdiskriminierung die Qualität befristeter Arbeitsverhältnisse verbessern;
b) einen Rahmen schaffen, der den Mißbrauch durch aufeinanderfolgende befristete Arbeitsverträge oder -verhältnisse verhindert.

A. Ziele der Befristungsrahmenvereinbarung

I. Überblick

Der mit „Gegenstand" überschriebene § 1 regelt nicht den sachlichen Anwendungsbereich der Befristungsrahmenvereinbarung. Dieser wird vielmehr in § 2 definiert. § 1 bestimmt die **Ziele** der durch Richtlinien umgesetzten Befristungsrahmenvereinbarung iSv Art. 288 III AEUV. 1

In den Mitgliedstaaten wurde das befristete Arbeitsverhältnis rechtlich zuerst über die Entwicklung eines **Befristungsschutzes** erfasst, der den allg. **Kündigungsschutz** ergänzen sollte: Mit rechtlich nicht begrenzten Befristungsmöglichkeiten kann der allg. Kündigungsschutz umgangen werden. Nicht nur in Deutschland hat sich der Befristungsschutz aber von dem bloßen Umgehungsgedanken emanzipiert und wird in einem breiteren arbeitsmarktpolitischen Konzept gesehen (*Krebber*, FS Stürner, 2013, 1105 ff.). Wegen Fehlens eines unionsrechtlichen allg. Kündigungsschutzkonzeptes hat der Umgehungsgedanke auf unionsrechtlicher Ebene von vorneherein die Existenz eines Befristungsschutzes nicht begründen können und damit den Befristungsschutz rechtlich vom Kündigungsschutz **gelöst** (*Hanau* NZA 2000, 1045). 2

Der unionsrechtliche Befristungsschutz fußt konzeptuell vielmehr auf folgenden **Säulen:** (1) dem unbefristeten Arbeitsverhältnis als Normalfall (Abs. 2 Präambel und Nr. 6 allg. Erwägungen in der Befristungsrahmenvereinbarung); (2) der Anerkennung, dass befristete Arbeitsverhältnisse unter Umständen den Bedürfnissen von Arbeitgebern und Arbeitnehmern entsprechen können (Abs. 2 Präambel und Nr. 8, 10 und 11 allg. Erwägungen der Befristungsrahmenvereinbarung); sowie (3) der Gleichbehandlung befristet Beschäftigter mit unbefristet Beschäftigten. Diese Haltung entspricht der in der Teilzeitrahmenvereinbarung (RL 97/81/EG v. 15.12.1997, ABl. 1998 L 14, 9) und Leiharbeits-Richtlinie (RL 2008/104/EG v. 19.11.2008, ABl. 2008 L 327, 9) verfolgten Herangehensweise an die beiden anderen unionsrechtlich geregelten sog. **atypischen Arbeitsverhältnisse:** Das jeweilige atypische Arbeitsverhältnis wird mit gewissen Grenzen zugelassen. Im Gegenzug dürfen die jeweils atypisch Beschäftigten nicht schlechter behandelt werden als die Arbeitnehmer der einschlägigen Vergleichsgruppe Vollzeitbeschäftigte, Arbeitnehmer mit unbefristetem Arbeitsverhältnis sowie Arbeitnehmer des Entleihers. 3

Das unionsrechtliche Konzept des Befristungsschutzes enthält neben den beiden zugunsten des Arbeitnehmers wirkenden Schutzelementen starke **arbeitsmarktpolitische** Elemente, wie es nicht zuletzt in Nr. 10 allg. Erwägungen der Befristungsrahmenvereinbarung mit dem Bezug zur jeweiligen Situation in den Mitgliedstaaten und den Umständen bestimmter Branchen und Berufe einschließlich saisonaler Tätigkeit zum Ausdruck kommt. 4

5   Vor diesem Hintergrund definiert § 1 zwei **Ziele** der Befristungsrahmenvereinbarung: Buchst. a die Verbesserung der Qualität befristeter Arbeitsverhältnisse durch Anwendung des Grundsatzes der Nichtdiskriminierung sowie Buchst. b das Schaffen eines Rahmens, der den Missbrauch durch aufeinanderfolgende befristete Arbeitsverträge oder -verhältnisse verhindert. Sonstige Inhalte der Befristungsrahmenvereinbarung wie die Pflichten aus §§ 6, 7 und insbesondere das Verschlechterungsverbot von § 8 Nr. 3 sind nicht Ziel der Befristungsrahmenvereinbarung iSv Art. 288 III AEUV. §§ 6 und 7 stellen Annexverpflichtungen dar, die dazu beitragen, den Status befristet beschäftigter Arbeitnehmer oder der befristeten Beschäftigung zu verbessern. Das Verschlechterungsverbot ist ein auch in anderen arbeitsrechtlichen Richtlinien festgehaltenes sowie vom EuGH auch bei Fehlen einer entsprechenden ausdrücklichen Regelung angenommenes Prinzip. Auch ohne eigentliches Ziel iSv Art. 288 III AEUV zu sein, sind diese Inhalte der Befristungsrahmenvereinbarung nach den allg. Grundsätzen für die Mitgliedstaaten verpflichtend.

II. Gleichbehandlung befristet und unbefristet Beschäftigter

6   § 1 lit. a wird durch **§ 4** konkretisiert. Die präzise gefassten unionsrechtlichen Vorgaben von § 4 bewirken, dass § 1 lit. a in der bisherigen Rechtsprechung des EuGH keine eigenständige rechtliche Bedeutung hat. Auch das Potential einer eigenständigen rechtlichen Bedeutung von § 1 lit. a im Verhältnis zu § 4 ist nicht ersichtlich.

7   Die Entscheidung von UNICE, CEEP und EGB, die Gleichbehandlung befristet und unbefristet Beschäftigter zu einem **zentralen Baustein** ihrer Rahmenvereinbarung zu machen, wird in Präambel und allg. Erwägungen der Befristungsrahmenvereinbarung nur mittelbar angesprochen: Nr. 9 der allg. Erwägungen gibt hierzu an, dass mehr als die Hälfte der Arbeitnehmer in befristeten Arbeitsverhältnissen in der Union Frauen seien und die Regelung somit zur Chancengleichheit von Arbeitnehmerinnen und Arbeitnehmern beitragen könne. Wegen des auch zum Zeitpunkt der Vereinbarung der Befristungsrahmenvereinbarung bestehenden weitgehenden unionsrechtlichen Diskriminierungsschutzes gegen Unterscheidungen aufgrund des Geschlechts handelt es sich bei dieser Überlegung nicht um einen maßgeblichen Gesichtspunkt. Entscheidend ist vielmehr das Gesamtkonzept der Union für atypische Arbeitsverhältnisse, bei dem auch bei Leiharbeit und Teilzeit – bei letzterer wegen des Verbots mittelbarer Diskriminierung aufgrund des Geschlechts praktisch erheblich bedeutsamer – die Zulassung der Beschäftigungsform mit der grds. Gleichbehandlung der jeweils atypisch Beschäftigten mit der typisch beschäftigten Vergleichsgruppe als zentrales Element des Arbeitnehmerschutzes verbunden wird.

III. Befristungsschutz

8   § 1 lit. b gibt vor, dass sog. Kettenbefristungen **missbräuchlich** sein können und dass es Ziel der Befristungsrahmenvereinbarung ist, die Mitgliedstaaten dazu zu verpflichten, einen rechtlichen Rahmen zur Verhinderung von Missbrauch durch Kettenarbeitsverträge zu schaffen. § 1 lit. b wird durch den offenen § 5, der den Mitgliedstaaten **alternativ** und nicht abschließend bestimmte **Regelungsmodelle** zur Erreichung des in § 1 lit. b festgehaltenen Ziels vorschlägt, konkretisiert. Anders als noch der erste Kommissionsvorschlag, auch in seiner geänderten Fassung, verzichtet § 5 Befristungsrahmenvereinbarung darauf, im Grundsatz nur die Sachgrundbefristung für zulässig zu erklären und Sachgründe selbst zu definieren. Weder § 1 lit. b noch § 5 geben im Einzelnen für sich genommen jedoch präzise vor, wann ein Missbrauch durch Kettenbefristungen vorliegt. Nr. 6, 7, 8 und 11 der allg. Erwägungen der Befristungsrahmenvereinbarung enthalten in dem Bekenntnis zum unbefristeten Arbeitsverhältnis als übliche Form des Beschäftigungsverhältnisses in Nr. 6 zwar eine erkennbare Orientierung am Sachgrunderfordernis als Voraussetzung der Wirksamkeit einer Befristung. Allerdings stellt Nr. 7 den dort als objektiven Grund bezeichneten Sachgrund nur als eine Möglichkeit des Befristungsschutzes dar.

Anwendungsbereich **§ 2 Anh. RL 1999/70/EG 500**

Auch wenn § 1 lit. b ebenso wenig wie § 5 im Einzelnen entnommen werden kann, 9
wann bei einer iSd Befristungsrahmenvereinbarung zulässigen Mehrfachbefristung ein durch
die Befristungsrahmenvereinbarung zu verhindernder Missbrauch vorliegt, hat § 1 lit. b in
der Rechtsprechung des EuGH eine wesentliche selbständige Rolle gespielt (EuGH
4.7.2006 – C-212/04 – Adeneler, NZA 2006, 909; 12.6.2008 – C-364/07 – Vassilakis, Slg.
2008, I-90; 23.4.2009 – C-378/07 – Angelidaki, Slg. 2009, I-3071; 10.3.2011 – C-109/09
– Dt. Lufthansa, NZA 2011, 397). Die Bedeutung von § 1 lit. b liegt darin, dass er iSv
Art. 288 III AEUV verbindlich die Vorgabe setzt, dass Kettenbefristungen in den mitgliedstaatlichen
Umsetzungsrechten weder unmittelbar noch mittelbar unbegrenzt ermöglicht
werden können. Diese Vorgabe ist dem Verständnis von § 5 zugrunde zu legen. Aus dem
Zusammenspiel von § 1 lit. b und § 5 folgt damit, dass die Mitgliedstaaten **Mehrfachbefristungen
begrenzen müssen,** weil die unbegrenzte Möglichkeit zur Mehrfachbefristung
missbräuchlich iSd Befristungsrahmenvereinbarung ist.

B. Praktische Bedeutung der Befristungsrahmenvereinbarung in den Mitgliedstaaten

Das Ausmaß der praktischen Bedeutung der Befristungsrahmenvereinbarung in den Mit- 10
gliedstaaten hängt abstrakt betrachtet von der Rigorosität des jeweiligen Befristungsschutzes
ab. In Deutschland wirkt die Befristungsrahmenvereinbarung zum einen bei denjenigen
Befristungsgründen des § 14 II TzBfG, die **keinen** objektiven Sachgrund für die Befristung
darstellen, sondern eine Befristung aus Erwägungen heraus erlauben, die in keinem Zusammenhang
mit der Art der Tätigkeit oder mit der besonderen Situation des Arbeitnehmers
stehen: § 14 I Nr. 7, 8 TzBfG (näher → § 5 Rn. 31). Zweitens stehen § 1 lit. b der Grundvorstellung
des deutschen Befristungsschutzes entgegen, nach der es für Sachgrundbefristungen
keine zeitliche Obergrenze gibt, sondern eine Sachgrundbefristung so lange rechtmäßig
ist, wie einer der Sachgründe des § 14 I TzBfG existiert (näher → § 5 Rn. 1 f., 18).

Kein mitgliedstaatliches Recht kann wegen § 1 lit. b rechtlich unbegrenzt Mehrfachbe- 11
fristungen zulassen. Die nach mitgliedstaatlichem Recht durchaus vorstellbare Konstellation,
einem strengen allg. Kündigungsschutz aus arbeitsmarktpolitischen Gründen unbegrenzte
Befristungsmöglichkeiten gegenüberzustellen, verstößt daher gegen die Befristungsrahmenvereinbarung.
Zu Detailfragen ist das Potential der Beeinflussung der mitgliedstaatlichen
Rechte durch die Befristungsrahmenvereinbarung aber noch unklar. **Ungeklärt** ist bislang
insbesondere das Verhältnis verschiedener Modelle des Befristungsschutzes zueinander.
Querverbindungen verschiedener Befristungsschutzmodelle etwa derart, dass eine enge
zeitliche Obergrenze bei Sachgrundbefristungen (Frankreich: 18 Monate, Art. L 1242-8 –
Code du travail) dazu führen könnte, dass ein nicht objektiver Sachgrund, der eine
Befristung erlaubt, die in keinem Zusammenhang mit der Art der Tätigkeit oder mit der
besonderen Situation des Arbeitnehmers steht, trotz Rs. *Adeneler* (EuGH 4.7.2006 – C-
212/04, NZA 2006, 909) unionsrechtskonform ist, wurde bislang vom EuGH nicht ausgelotet.
Zur Frage der Kombination näher → § 5 Rn. 27 f.

§ 2 Anwendungsbereich

1. **Diese Vereinbarung gilt für befristet beschäftigte Arbeitnehmer mit einem Arbeitsvertrag oder -verhältnis gemäß der gesetzlich, tarifvertraglich oder nach den Gepflogenheiten in jedem Mitgliedstaat geltenden Definition.**
2. **Die Mitgliedstaaten, nach Anhörung der Sozialpartner, und/oder die Sozialpartner können vorsehen, daß diese Vereinbarung nicht gilt für:**
    a) **Berufsausbildungsverhältnisse und Auszubildendensysteme/Lehrlingsausbildungssysteme;**

500 RL 1999/70/EG Anh. § 2 Anwendungsbereich

b) Arbeitsverträge und -verhältnisse, die im Rahmen eines besonderen öffentlichen oder von der öffentlichen Hand unterstützten beruflichen Ausbildungs-, Eingliederungs- oder Umschulungsprogramms abgeschlossen wurden.

Übersicht

	Rn.
A. Bedeutung von § 2	1
I. Überblick	1
II. Begriffsbestimmung nach autonomem oder mitgliedstaatlichem Verständnis: Zusammenspiel von § 2 Nr. 1 und § 3 Nr. 1	3
III. Anwendungsbereich einzelner Normen der Befristungsrahmenvereinbarung	6
B. Anwendungsbereich der Befristungsrahmenvereinbarung	7
I. § 2 Nr. 1	7
1. Arbeitnehmer	7
a) Maßgeblichkeit des mitgliedstaatlichen Arbeitnehmerbegriffs	7
b) Überlagerung der Maßgeblichkeit des mitgliedstaatlichen Rechts durch Unionsrecht	9
c) Maßgebliches mitgliedstaatliches Recht in grenzüberschreitenden Sachverhalten	12
d) Einzelfälle	13
2. Befristete Beschäftigung	17
II. § 2 Nr. 2	18
C. Verhältnis zu anderen Richtlinien	21

A. Bedeutung von § 2

I. Überblick

1 § 2 definiert den **sachlichen** Anwendungsbereich der Befristungsrahmenvereinbarung. Voraussetzung ist nach § 2 Nr. 1 ein befristet beschäftigter Arbeitnehmer mit einem Arbeitsvertrag oder -verhältnis gem. der mitgliedstaatlichen Definition. § 2 Nr. 2 gestattet es den Mitgliedstaaten, die dort genannten Personengruppen und Beschäftigungsverhältnisse vom Anwendungsbereich auszunehmen. Abgesehen von § 2 Nr. 2 ist die Befristungsrahmenvereinbarung unter den Voraussetzungen von § 2 Nr. 1 auf alle Beschäftigungsbranchen anwendbar (EuGH 3.7.2014 – C-362/13, C-363/13 und C-407/13 Rn. 27 ff. – Fiamingo; 26.11.2014 – C-22/13, C-61/13 bis C-63/13 und C-418/13 Rn. 68 ff. – Mascolo, NZA 2015, 153).

2 Die Befristungsrahmenvereinbarung ist **unabhängig** von der Betriebs- oder Unternehmensgröße anwendbar (EAS/*Rolfs*, B 3200, Rn. 9). Sieht ein Mitgliedstaat in seinem Umsetzungsrecht unterschiedliche Schutzregime je nach Betriebsgröße vor, gilt → § 5 Rn. 29 entsprechend: Jedes dieser Schutzregime muss für sich genommen den Anforderungen von § 5 genügen (EAS/*Rolfs*, B 3200, Rn. 9: Lösung über § 8 Nr. 1). Die **unterschiedlichen Modelle** sind nicht an § 4 zu messen (→ § 4 Rn. 9).

II. Begriffsbestimmung nach autonomem oder mitgliedstaatlichem Verständnis: Zusammenspiel von § 2 Nr. 1 und § 3 Nr. 1

3 Nach § 2 Nr. 1 gilt die Befristungsrahmenvereinbarung für befristet beschäftigte Arbeitnehmer mit einem Arbeitsvertrag oder -verhältnis gem. der **mitgliedstaatlichen** Definition. Der genaue Bezugspunkt dessen, was das mitgliedstaatliche Recht definiert, ist sprachlich unklar. Die Möglichkeiten sind: (1) Arbeitnehmerbegriff, Arbeitsverhältnis sowie befristete Beschäftigung werden alle drei dem mitgliedstaatlichen Recht unterstellt; (2) dem in anderen Sprachfassungen (englisch, französisch, italienisch, spanisch) noch klareren grammatikalischen Bezug zwischen mitgliedstaatlichem Recht und dem Arbeitsverhältnis folgend, richtet sich nur das Vorliegen eines Arbeitsverhältnisses nach mitgliedstaatlichem Recht.

Das Vorliegen eines Arbeitsverhältnisses richtet sich nach beiden Möglichkeiten nach 4
mitgliedstaatlichem Recht. Da ein Arbeitsverhältnis Grundlage des Status als Arbeitnehmer ist, hängt die Anwendbarkeit der Befristungsrahmenvereinbarung im Ergebnis davon ab, ob jemand nach mitgliedstaatlichem Recht **Arbeitnehmer** ist.

Bei der befristeten Beschäftigung ist **zusätzlich** § 3 Nr. 1 zu beachten. Die befristete 5
Beschäftigung ist für die Befristungsrahmenvereinbarung in § 3 Nr. 1 autonom definiert. Im Zusammenspiel mit § 2 Nr. 1 ergibt sich folgendes **Gesamtbild:** Der Status als befristet beschäftigter Arbeitnehmer ist gem. § 2 Nr. 1 in einem ersten Schritt nach mitgliedstaatlichem Recht zu beurteilen. Die autonome Definition der befristeten Beschäftigung in § 3 Nr. 1 hat nur den Zweck, aus der Gruppe der nach einem mitgliedstaatlichen Recht befristeten Arbeitnehmer bestimmte Formen der befristeten Beschäftigung aus dem Anwendungsbereich der Befristungsrahmenvereinbarung auszuschließen. Praktische Bedeutung hat der Ausschluss nach § 3 Nr. 1 im Wesentlichen für befristete Leiharbeitsverhältnisse (näher → § 3 Rn. 10). Im Übrigen sind die Merkmale der Befristung in § 3 Nr. 1 so offen umschrieben, dass eine Abweichung zwischen autonomem und mitgliedstaatlichem Befristungsverständnis nur ausnahmsweise vorstellbar ist.

III. Anwendungsbereich einzelner Normen der Befristungsrahmenvereinbarung

Nach § 2 Nr. 1 wird der Anwendungsbereich der Befristungsrahmenvereinbarung nur 6
grds. eröffnet. Nicht anders als im Verhältnis von § 2 Nr. 1 und § 3 Nr. 1 haben insbesondere auch die Kernnormen der Befristungsrahmenvereinbarung § 4 (→ § 4 Rn. 8 ff.) und § 5 (→ § 5 Rn. 5 ff.) **eigene** Tatbestandsvoraussetzungen, die zusätzlich erfüllt sein müssen, damit die entsprechenden Normen zur Anwendung gelangen.

B. Anwendungsbereich der Befristungsrahmenvereinbarung

I. § 2 Nr. 1

1. Arbeitnehmer. a) Maßgeblichkeit des mitgliedstaatlichen Arbeitnehmer- 7
begriffs. Ob ein Arbeitsverhältnis vorliegt und eine Person Arbeitnehmer ist, was Voraussetzung der Anwendbarkeit der Befristungsrahmenvereinbarung ist, bestimmt sich nach mitgliedstaatlichem Recht. **Hintergrund** der Maßgeblichkeit mitgliedstaatlichen Rechts und des Fehlens einer autonomen Arbeitnehmerdefinition ist auch bei der Befristungsrahmenvereinbarung die Unvollständigkeit des materiellen europäischen Arbeitsrechts. Ist wie mit der Befristung nur ein inselartiger Bereich des Arbeitsrechts Ziel unionsrechtlicher Vorgaben, ist eine andere Regelungstechnik als die der punktuellen Ergänzung mitgliedstaatlichen Arbeitnehmerschutzes nicht möglich. Unionsrechtliche Befristungsvorgaben, die Personen erfassen, die nach mitgliedstaatlichem Recht nicht Arbeitnehmer sind, ließen sich nicht in die mitgliedstaatliche Rechtsordnung integrieren. Zur Bestimmung des maßgeblichen mitgliedstaatlichen Rechts in grenzüberschreitenden Sachverhalten → Rn. 12.

Mitgliedstaatlichem Recht unterliegt damit insbesondere die Entscheidung über die Fälle 8
mit **unklarem Status** auf der Schwelle zwischen Arbeitnehmereigenschaft und Selbständigkeit. Auch wenn dies zu einem unterschiedlichen Anwendungsbereich der Befristungsvereinbarung in unterschiedlichen Mitgliedstaaten führen kann, unterliegt auch die Zuordnung bestimmter Tätigkeiten wie der von Organen einer Gesellschaft oder von Vertriebspersonen dem mitgliedstaatlichen Recht. Der Arbeitnehmerbegriff der Rs. *Danosa* (EuGH 11.11.2010 – C-232/09, NZA 2011, 143; → Rom I-VO Art. 1 Rn. 30; RL 92/85/EWG Art. 2 Rn. 3) ist auf die Befristungsrahmenvereinbarung nicht übertragbar. Zu arbeitnehmerähnlichen Personen → Rn. 15; zu Beamten → Rn. 16.

9 **b) Überlagerung der Maßgeblichkeit des mitgliedstaatlichen Rechts durch Unionsrecht.** Ist eine Person nach mitgliedstaatlichem Recht nicht Arbeitnehmer, überlagert der EuGH die Beurteilung der Arbeitnehmereigenschaft nach mitgliedstaatlichem Recht, um der Befristungsrahmenvereinbarung **volle Wirksamkeit** iSd allg. Richtlinien-Dogmatik zu geben. In einer ersten Argumentationslinie stützt sich der EuGH auf die Bedeutung des Grundsatzes der Gleichbehandlung in § 4, der zu den allg. Rechtsgrundsätzen der Gemeinschaft gehöre und der eine besonders wichtige Regel des Sozialrechts sei, die jedem Arbeitnehmer als Mindestschutzbestimmung zugutekommen müsse (EuGH 13.9.2007 – C-307/05 Rn. 27 – Del Cerro Alonso, NZA 2007, 1223). Die Nichtanerkennung der Arbeitnehmereigenschaft im mitgliedstaatlichen Recht sei für sich genommen unerheblich, da die Mitgliedstaaten sonst die Möglichkeit hätten, nach ihrem Belieben bestimmte Personalkategorien von dem Schutz der Befristungsrahmenvereinbarung auszunehmen (EuGH 13.9.2007 – C-307/05 Rn. 29 – Del Cerro Alonso, NZA 2007, 1223). In der Rs. *O'Brien* (EuGH 1.3.2012 – C-393/10, NZA 2012, 313) zur Teilzeitrahmenvereinbarung, die in der Rs. *Sibilio* (EuGH 15.3.2012 – C-157/11 Rn. 50) auf die Befristungsrahmenvereinbarung übertragen wurde, präzisiert und verallgemeinert der EuGH die Argumentation. Der EuGH stuft die Definitionsmacht der Mitgliedstaaten nach § 2 Nr. 1 als Ermessen ein, welches nicht unbegrenzt bestehe, sondern nur in einer Weise ausgeübt werden könne, welche die praktische Wirksamkeit der Befristungsrahmenvereinbarung wahre. Ein Mitgliedstaat könne insbesondere nicht nach seinem Belieben bestimmte Personalkategorien von dem Anwendungsbereich ausnehmen. Ein solcher Ausschluss sei nur dann unionsrechtskonform, wenn das fragliche Rechtsverhältnis seinem Wesen nach erheblich anders als Arbeitsverhältnisse nach dem Recht des betroffenen Mitgliedstaats sei.

10 Schon der Ausgangspunkt der Argumentation des EuGH überzeugt **nicht**. Die Maßgeblichkeit mitgliedstaatlichen Rechts für die Bestimmung des Arbeitnehmerstatus nach § 2 Nr. 1 stellt kein Ermessen dar. Die Entscheidung der Parteien der Befristungsrahmenvereinbarung und des Uniongesetzgebers ist durch sachliche Notwendigkeiten (→ Rn. 7) bedingt. Auch aus tatsächlicher Sicht beruht die Vorstellung, dass Mitgliedstaaten die Entscheidung über den Arbeitnehmerstatus vor dem Hintergrund treffen, bestimmten Personengruppen den Schutz unionsrechtlicher Richtlinien zu gewähren oder nicht, auf einer Fehleinschätzung. Die Bedeutung des rudimentären europäischen Arbeitsrechts ist zu gering, um in den Mitgliedstaaten die Entscheidung über das Bestehen des Arbeitnehmerstatus beeinflussen zu können. Dogmatisch geht es auch nicht um den Grundsatz der Nichtdiskriminierung des § 4 Befristungsrahmenvereinbarung (so neben EuGH 13.9.2007 – C-307/05 Rn. 27 – Del Cerro Alonso, NZA 2007, 1223; aus der Literatur *Uffmann* EuZA 2012, 518 [526]), denn dessen Anwendung setzt eine bestehende Arbeitnehmereigenschaft voraus.

11 Die vom EuGH entwickelte Ausnahme kann daher **nur** unter folgenden Voraussetzungen in Betracht gezogen werden: (1) Es handelt sich um eine Person, die nach der allg. Arbeitnehmerdefinition im Mitgliedstaat ohne Zweifel den Arbeitnehmerstatus hat. Es ist Sache des mitgliedstaatlichen Rechts, abschließend über den Status von Zweifelsfällen zu entscheiden. Diese Beurteilung nach mitgliedstaatlichem Recht kann nicht durch Unionsrecht überlagert werden. (2) Es liegt kein Fall von § 2 Nr. 2 vor (→ Rn. 18 ff.). Mitgliedstaaten können nach § 2 Nr. 2 bestimmte Personengruppen vom Anwendungsbereich der Befristungsrahmenvereinbarung ausschließen. Haben Mitgliedstaaten von der Möglichkeit des § 2 Nr. 2 Gebrauch gemacht, ist diese Entscheidung bindend und nicht eine vom Unionsrecht zu korrigierende willkürliche Herausnahme (so in der Sache auch EuGH 15.3.2012 – C-157/11 Rn. 35 ff. – Sibilio). (3) Nur wenn es sich um eine Person handelt, die nach der mitgliedstaatlichen Arbeitnehmerdefinition ohne Zweifel Arbeitnehmer ist und wenn zusätzlich kein Fall von § 2 Nr. 2 vorliegt, kann die Möglichkeit einer **willkürlichen** Herausnahme mit dem Ergebnis einer Überlagerung der Beurteilung nach mitgliedstaatlichem Recht in Betracht gezogen werden. So verstanden, wird die vom EuGH entwickelte Ausnahme auf Fälle begrenzt, in denen tatsächlich Personengruppen gezielt vom Schutz der Befristungsrahmenvereinbarung ausgeschlossen werden sollen, was kaum vorkommen wird. Die praktische Bedeutung ist damit gering. Kein Anwendungsfall der vom EuGH entwickelten Ausnahme ist aber die Situation, in der ein Mitgliedstaat bei Bejahen des Arbeitnehmerstatus die Beschäftigung in einer bestimmten Branche/in einem bestimmten Beruf vom Befristungsschutz ausnimmt (zur allg. Anwendbarkeit der Befristungsrahmenvereinbarung → Rn. 1).

c) Maßgebliches mitgliedstaatliches Recht in grenzüberschreitenden Sachverhalten. In grenzüberschreitenden Sachverhalten ist zu bestimmen, nach welchem mitgliedstaatlichen Recht sich der Arbeitnehmerstatus nach § 2 Nr. 1 richtet. § 2 Nr. 1 spricht diese Frage nicht an. § 2 Nr. 1 regelt, ob Unionsrecht oder mitgliedstaatliches Recht maßgeblich ist und ist seiner Natur nach daher nicht räumliches Kollisionsrecht (→ Rom I-VO Art. 1 Rn. 4). In grenzüberschreitenden Sachverhalten ist daher weder unmittelbar Art. 8 Rom I-VO Grundlage der Bestimmung des für den Arbeitnehmerstatus maßgeblichen Rechts, noch gelten die Regeln zur Bestimmung der Anwendbarkeit von Art. 1, 8 Rom I-VO (→ Rom I-VO Art. 1 Rn. 25 ff.). Art. 8 Rom I-VO kann auch nicht ohne weiteres entsprechend herangezogen werden, weil er auch bei engem Unionsbezug zur Anwendung eines drittstaatlichen Rechts führen kann. Gleichwohl ist Gleichlauf mit dem anwendbaren Umsetzungsrecht herzustellen, weil Grundgedanke von § 2 Nr. 1 ist, die unionsrechtlichen Vorgaben zum Befristungsschutz dann greifen zu lassen, wenn eine Person nach dem für sie maßgeblichen mitgliedstaatlichen Recht Arbeitnehmer ist. Entscheidend ist daher, in welchem Mitgliedstaat der zu beurteilende Arbeitnehmer seinen **gewöhnlichen Arbeitsort** hat. Hierzu kann auf die zu Art. 8 II 1 Rom I-VO entwickelten Grundsätze zurückgegriffen werden (→ Rom I-VO Art. 3, 8 Rn. 33 ff.). Fehlt es danach an einem gewöhnlichen Arbeitsort, ist entsprechend Art. 8 III das Recht der einstellenden Niederlassung entscheidend, soweit diese in einem Mitgliedstaat liegt. Liegt der Schwerpunkt der Tätigkeit in der Union, ist sonst das Arbeitsrecht des Forum-Mitgliedstaates der Beurteilung zugrunde zu legen (zum Kollisionsrecht → Rom I-VO Art. 3, 8 Rn. 1 ff.).

d) Einzelfälle. Ob jemand **Selbständiger** oder Arbeitnehmer ist, richtet sich abschließend nach mitgliedstaatlichem Recht. Auch wenn die Abgrenzungsfälle im Einzelnen bei weitgehend kongruenten Arbeitnehmerdefinitionen im Ergebnis unterschiedlich ausfallen können, liegt darin keine Willkür, sondern eine im Gesamtbild der mitgliedstaatlichen Rechtsordnung verankerte und begründete Entscheidung.

Vertriebspersonen und **Gesellschaftsorgane** können selbständig oder Arbeitnehmer sein. Hierzu existieren in den Mitgliedstaaten teils gesetzliche, teils von der Rechtsprechung entwickelte Vorgaben, die auch für § 2 Nr. 1 abschließend maßgeblich sind (gesellschaftsrechtliche Organe, Deutschland: idR keine Arbeitnehmer, s. nur BAG 3.2.2009 NZA 2009, 669; anders dagegen in England: statt vieler *Folami v Nigerline* (UK) Ltd (1978) I. C. R. 277, EAT; *Eaton v Robert Eaton Ltd*. (1988) I. C. R. 302, EAT; Frankreich: Zuordnung allein zum Gesellschaftsrecht, Cass. civ. 5.10.1999, Revue des sociétés 2000, 275, es sei denn das Organmitglied übt zusätzliche, von der Organstellung getrennte Tätigkeiten aus, Cass. soc. 16.5.1990, Becq/ASSEDIC du Bassin de l'Adour und ASSEDIC de l'Ain/Venturini, Revue des sociétés 1990, 407; Vertriebspersonen, Arbeitnehmer kraft Gesetzes in Frankreich, Art. L 7313-1 Code du travail; s. demgegenüber § 84 I 1 HGB). Dass die Statuszuordnung in den Mitgliedstaaten unterschiedlich ausfallen kann, ist erneut keine Willkür, sondern in der Gesamtbetrachtung der mitgliedstaatlichen Rechtsordnung begründet. Die Rechtsprechung des EuGH in der Rs. *Danosa* (EuGH 11.11.2010 – C-232/09, NZA 2011, 143) ist wegen der Maßgeblichkeit des mitgliedstaatlichen Rechts nach § 2 Nr. 1 auf die Befristungsrahmenvereinbarung nicht übertragbar.

Arbeitnehmerähnliche Personen sind in den Mitgliedstaaten, soweit überhaupt bekannt, nicht Arbeitnehmer; sie sind grds. ein Unterfall der Selbständigen (für Deutschland: MHdBArbR/*Richardi* § 20 Rn. 1 ff.; für Italien: *Stefanescu,* Die arbeitnehmerähnliche Person im italienischen Recht, 2013, 40; für Spanien: *Kersting,* Die arbeitnehmerähnliche Person im spanischen Arbeitsrecht, 2012, 38 ff. [160 ff.]). Das Wesen der arbeitnehmerähnlichen Person besteht in der Erstreckung einzelner Schutzelemente des Arbeitsrechts auf Selbständige. Eine Anwendung der Befristungsrahmenvereinbarung auf arbeitnehmerähnliche Personen kommt nur dann in Betracht, wenn das maßgebliche mitgliedstaatliche Recht die Anwendung des Befristungsschutzes auf arbeitnehmerähnliche Personen anordnet (Italien: über die Spezialvorschriften der Art. 62 Nr. 1 lit. a, 69 Decreto Legislativo 276/2003, Gazzetta Ufficiale Nr. 235 v. 9.10.2003 – Supplemento Ordinario Nr. 159, wobei die Einzelheiten umstritten sind, *Stefanescu,* Die arbeitnehmerähnliche Person im italienischen Recht, 2013, 153 [220 ff.; 237 ff.]; Spanien: Art. 15 I lit. b Ley del Estatuto del Trabajo Autónomo, Ley 20/2007 v. 11.7.2007, BOE número 166 de 12/7/2007, S. 29964 ff., *Kersting,* Die arbeitnehmerähnliche Person im spanischen Arbeitsrecht, 2012, 102).

16 Sind Beschäftigte des **öffentlichen Dienstes** nach mitgliedstaatlicher Definition Arbeitnehmer, folgt die Anwendbarkeit der Befristungsrahmenvereinbarung unmittelbar aus § 2 Nr. 1. Haben Beschäftigte im öffentlichen Dienst nach mitgliedstaatlichem Recht einen anderen Status als den Arbeitnehmerstatus, ist die Befristungsrahmenvereinbarung nach § 2 Nr. 1 nicht anwendbar. Die Entscheidung über einen vom Arbeitnehmerstatus zu unterscheidenden Sonderstatus nach mitgliedstaatlichem Recht ist auch dann keine willkürliche Entscheidung, wenn sich die Statuszuordnung als Arbeitnehmer oder zum Sonderstatus nicht an der konkreten Tätigkeit festmachen kann. Auch haushaltspolitische und sonstige Erwägungen sind nicht von der Union zu korrigieren (teilweise **anders** EuGH 13.9.2007 – C-307/05 Rn. 27 ff. – Del Cerro Alonso, NZA 2007, 1223; 1.3.2012 – C-393/10 Rn. 36 ff. – O'Brien, NZA 2012, 313). Die Union hat es in der Hand, sozialpolitische Richtlinien auf Beamte anwendbar zu machen und hiervon bei der Befristungsrahmenvereinbarung keinen Gebrauch gemacht. Beamte deutschen Rechts unterfallen daher nicht der Befristungsrahmenvereinbarung.

17 **2. Befristete Beschäftigung.** Ob ein Arbeitnehmer befristet beschäftigt ist, bestimmt sich gem. § 2 Nr. 1 nach mitgliedstaatlichem Recht. **§ 3 Nr. 1** ist darauf beschränkt, den Kreis der nach mitgliedstaatlichem Recht befristet beschäftigten Arbeitnehmer für die Anwendung der Befristungsrahmenvereinbarung einzuschränken (→ Rn. 5).

II. § 2 Nr. 2

18 § 2 Nr. 2 gestattet es den Mitgliedstaaten, (nur, → Rn. 1) die in Buchst. a und b genannten Personengruppen vom Anwendungsbereich der Befristungsrahmenvereinbarung **auszuschließen.** Voraussetzung für § 2 Nr. 2 ist, dass die Mitgliedstaaten einen Ausschluss von der Anwendung der Befristungsrahmenvereinbarung ausdrücklich vorsehen. Ergibt sich bei den in § 2 Nr. 2 lit. a und b genannten Personengruppen, dass sie nach mitgliedstaatlichem Recht nicht Arbeitnehmer sind, folgt die Nichtanwendbarkeit der Befristungsrahmenvereinbarung bereits aus § 2 Nr. 1. Auch diese Entscheidung ist idR keine Willkür (→ Rn. 10). Wegen der insoweit zum Teil unklaren Haltung des EuGH kann die ausdrückliche Herausnahme iSv § 2 Nr. 2 in der Praxis ratsam sein. § 2 Nr. 2 wird vom EuGH durch die Willkür-Rechtsprechung zum Arbeitnehmerbegriff (→ Rn. 11) nicht korrigiert (EuGH 15.3.2012 – C-157/11 Rn. 52 ff. – Sibilio). Jenseits von § 2 Nr. 2 ist die Herausnahme bestimmter Tätigkeiten vom Befristungsschutz an § 5 Befristungsvereinbarung zu messen (so im Ergebnis EuGH 26.2.2015 – C-238/14 – Kommission/Luxemburg, NZA 2015, 424 sowie → § 5 Rn. 21).

19 In Deutschland wurde von § 2 Nr. 2, der Möglichkeit, bestimmte Gruppen gänzlich vom Schutz auszunehmen, **kein** Gebrauch gemacht. Für bestimmte Fälle bestehen Sondervorschriften (Umsetzungsbericht der Kommission, SEC(2006) 1074, http://ec.europa.eu/social/BlobServlet?docId=2880&langId=en, S. 8; Laux/Schlachter/*Laux* TzBfG § 1 Rn. 5 f.), die der Umsetzung der Befristungsrahmenvereinbarung in Deutschland gem. § 23 TzBfG vorgehen. Im sachlichen Rahmen von § 5 Befristungsrahmenvereinbarung handelt es sich um gleichwertige gesetzliche Maßnahmen zur Missbrauchsverhinderung, die den Vorgaben von § 5 genügen müssen.

Zu den Vorbehalten **anderer** Mitgliedstaaten s. die Überblicke bei: SEC(2006) 1074, http://ec.europa.eu/social/BlobServlet?docId=2880&langId=en, S. 7 ff. sowie für die neuen Mitgliedstaaten SEC(2008) 2485, http://ec.europa.eu/social/BlobServlet?docId=2404&langId=en, S. 8 ff. **20**

C. Verhältnis zu anderen Richtlinien

Nach Abs. 3 der Präambel der Befristungsrahmenvereinbarung haben die vertragschließenden Parteien die **Leiharbeit** aus dem Geltungsbereich ihrer Vereinbarung ausgeschlossen. Diese Aussage ist ein zentrales Element in der Begründung des EuGH in der Rs. *Della Rocca* (EuGH 11.4.2013 – C-290/12, NZA 2013, 495), um die Befristungsrahmenvereinbarung auf Leiharbeit nicht anzuwenden. Es wäre allerdings überzeugender gewesen, sich von dem historischen Willen der Vereinbarungsparteien zu lösen (*Krebber* JZ 2013, 947; krit. auch *Lembke* NZA 2013, 815 [818]; Preis/Sagan/*Brose* § 9 Rn. 26 ff.), weil nunmehr keine überzeugende Grundlage für unionsrechtliche Vorgaben der Befristung von Leiharbeitsverhältnissen existiert. **21**

Befristete Arbeitsverhältnisse können unionsrechtlich nicht nur durch die Befristungsrahmenvereinbarung erfasst sein. Ein Beispiel für die Maßgeblichkeit mehrerer Richtlinien sind als Befristung zu qualifizierende **Altersgrenzen** beim Ausscheiden aus der Beschäftigung. Eine entsprechende Befristung ist bei Vorliegen der jeweiligen Anwendungsvoraussetzungen sowohl an der Befristungsrahmenvereinbarung als auch an der RL 2000/78/EG zu messen. In der Rs. *Mangold* war die Befristungsrahmenvereinbarung nicht anwendbar, da es um eine Erstbefristung ging (EuGH 22.11.2005 – C-144/04, NZA 2005, 1345; näher → § 5 Rn. 5 ff.). **22**

§ 3 Definitionen

Im Sinne dieser Vereinbarung ist:

1. „befristet beschäftigter Arbeitnehmer" eine Person mit einem direkt zwischen dem Arbeitgeber und dem Arbeitnehmer geschlossenen Arbeitsvertrag oder -verhältnis, dessen Ende durch objektive Bedingungen wie das Erreichen eines bestimmten Datums, die Erfüllung einer bestimmten Aufgabe oder das Eintreten eines bestimmten Ereignisses bestimmt wird.
2. „vergleichbarer Dauerbeschäftigter" ein Arbeitnehmer desselben Betriebs mit einem unbefristeten Arbeitsvertrag oder -verhältnis, der in der gleichen oder einer ähnlichen Arbeit/Beschäftigung tätig ist, wobei auch die Qualifikationen/Fertigkeiten angemessen zu berücksichtigen sind.

Ist in demselben Betrieb kein vergleichbarer Dauerbeschäftigter vorhanden, erfolgt der Vergleich anhand des anwendbaren Tarifvertrags oder in Ermangelung eines solchen gemäß den einzelstaatlichen gesetzlichen oder tarifvertraglichen Bestimmungen oder Gepflogenheiten.

Übersicht

	Rn.
A. Funktion	1
B. Nr. 1: Befristet beschäftigter Arbeitnehmer	4
I. Elemente der Definition	4
II. Beendigung des Vertrags durch objektive Bedingungen	6
III. Direkt zwischen dem Arbeitgeber und dem Arbeitnehmer geschlossenes Arbeitsverhältnis	10

500 RL 1999/70/EG Anh. § 3   Definitionen

	Rn.
C. Nr. 2: Vergleichbarer Dauerbeschäftigter	12
I. Grundsatz	12
II. Vorhandener vergleichbarer Dauerbeschäftigter	14
III. Nicht vorhandener Dauerbeschäftigter	18

A. Funktion

1   In § 3 werden mit dem befristet beschäftigten Arbeitnehmer (Nr. 1) sowie dem vergleichbaren Dauerbeschäftigten (Nr. 2) zwei für den Zweck der Befristungsrahmenvereinbarung wichtige Begriffe **legaldefiniert**. Die Legaldefinition des befristet beschäftigten Arbeitnehmers hat Bedeutung für die gesamte Befristungsrahmenvereinbarung (→ § 2 Rn. 5). Der vergleichbare Dauerbeschäftigte ist Grundlage der Durchführung des Gleichbehandlungsgebots befristeter und unbefristeter Arbeitnehmer in § 4 Nr. 1 (→ Rn. 12).

2   § 3 Nr. 1 ergänzt § 2 Nr. 1: In einem ersten Schritt ist zu prüfen, ob eine Person nach dem maßgeblichen mitgliedstaatlichen Recht befristet beschäftigt ist. Die Voraussetzungen von § 3 Nr. 1 müssen **zusätzlich** erfüllt sein (→ § 2 Rn. 5). § 3 Nr. 1 beschränkt sich auf die Definition des befristet beschäftigten Arbeitnehmers, gibt den Mitgliedstaaten aber keine Modalitäten für den Abschluss befristeter Arbeitsverhältnisse vor (Angabe des Endzeitpunkts, EuGH 3.7.2014 – C-362/13, C-363/13 und C-407/13 Rn. 41 ff. – Fiamingo; Schriftform wie § 14 IV TzBfG).

3   Für die in § 3 nicht legaldefinierten Begriffe gilt im Grundsatz die in Erwägungsgrund 17 der RL 1999/70/EG genannte Regel: Definition nach **mitgliedstaatlichem** Recht, vorausgesetzt, diese Definitionen entsprechen inhaltlich der Rahmenvereinbarung. Der EuGH legt zunehmend die in der Befristungsrahmenvereinbarung verwendeten Begriffe autonom aus (Beispiel: befristete Beschäftigung, § 2 Rn. 3 ff.). Zur Einschränkung der Maßgeblichkeit mitgliedstaatlichen Rechts zur Bestimmung des Arbeitnehmerstatus sowie der Kritik hierzu → § 2 Rn. 9 ff.

B. Nr. 1: Befristet beschäftigter Arbeitnehmer

I. Elemente der Definition

4   Die Definition des befristet beschäftigten Arbeitnehmers in § 3 Nr. 1 ergänzt § 2 Nr. 1. Ein befristet beschäftigter Arbeitnehmer fällt nur dann in den Anwendungsbereich der Befristungsrahmenvereinbarung, wenn er erstens nach dem einschlägigen mitgliedstaatlichen Recht befristet beschäftigter Arbeitnehmer ist und wenn er **zusätzlich** die Voraussetzung von § 3 Nr. 1 erfüllt (→ § 2 Rn. 3 ff.).

5   Die Definition in § 3 Nr. 1 enthält **zwei** Elemente: (1) eine Definition dessen, was die eigentliche Befristung ausmacht – Beendigung des Vertrags durch objektive Bedingungen – und (2) das Erfordernis eines direkt zwischen dem Arbeitgeber und dem Arbeitnehmer geschlossenen Arbeitsvertrags.

II. Beendigung des Vertrags durch objektive Bedingungen

6   Die befristete Beschäftigung ist nach § 3 Nr. 1 dadurch gekennzeichnet, dass der Arbeitsvertrag durch eine objektive Bedingung endet. Objektive Bedingung ist nicht Bedingung iSv § 158 BGB, sondern **Oberbegriff** für Erreichen eines bestimmten Datums, Erfüllung einer bestimmten Aufgabe oder Eintreten eines bestimmten Ereignisses. Die offene Formulierung („wie") lässt weitere objektive Bedingungen zu. Die Umschreibung ist aber bereits so allg. gehalten, dass praktische Anwendungsfälle hierfür nicht ersichtlich sind. Das Arbeitsverhältnis muss aber enden, ws bei der Probezeit eines unbefristeten Arbeitsverhältnisses nicht der Fall ist. Die Dauer der Probezeit unterfällt daher nicht der Befristungsvereinbarung (EuGH 5.2.2015 – C-117/14 Rn. 37 – Poclava, NZA 2015, 349).

Die Definition in § 3 Nr. 1 entspricht der in Art. 1 Nr. 1 RL 91/383/EWG zum Gesundheitsschutz von Leiharbeitnehmern und befristeten Beschäftigten (→ RL 91/383/EWG Art. 1–11 Rn. 16). Der in Art. 8 II UAbs. 2 der Nachweis-Richtlinie 91/533/EWG erwähnte Arbeitnehmer mit einem befristeten Arbeitsverhältnis hat jedoch eine andere Bedeutung (EuGH 18.12.2008 – C-306/07 Rn. 42 f. – Ruben Andersen, NZA 2009, 95; → RL 91/533/EWG Art. 8 Rn. 3). 7

Die Konkretisierung der objektiven Bedingung in § 3 Nr. 1 stimmt mit der Unterscheidung der deutschen allg. Zivilrechtsdogmatik zwischen **Bedingung** (Erfüllung einer bestimmten Aufgabe; Eintreten eines bestimmten Ereignisses) sowie Befristung (Erreichen eines bestimmten Datums) überein. Der § 3 Nr. 1 ins deutsche Recht umsetzende § 3 I TzBfG nennt die **Befristung** kalendermäßige Befristung sowie die Bedingung Zweckbefristung, während die auflösende Bedingung erst in § 21 TzBfG aufgegriffen wird (dazu NK-ArbR/*Joussen* TzBfG § 3 Rn. 1, 23; Laux/Schlachter/*Schlachter* TzBfG § 21 Rn. 1). Die Bedingung eines Arbeitsverhältnisses zuzulassen, ist rechtsvergleichend aus Gründen des Arbeitnehmerschutzes keine Selbstverständlichkeit, weil das Ende des Arbeitsvertrags anders als bei der Befristung für den Arbeitnehmer nicht ohne weiteres erkennbar ist (zur Zurückhaltung in Frankreich *Poulain* Dr. soc. 1979, 67 [68]). Auch das deutsche Recht sieht in § 15 II TzBfG sowie in dem Erfordernis, auch den Vertragszweck nach § 14 IV TzBfG schriftlich zu vereinbaren (dazu BAG 21.12.2005 NZA 2006, 321), Elemente des Befristungsschutzes vor, die diesen Umstand abfedern. 8

§ 3 Nr. 1 definiert seinem Wortlaut nach den befristet beschäftigten Arbeitnehmer und umfasst anders als § 5 (→ Art. 5 Rn. 5 ff.) damit auch die Erstbefristung (Preis/Sagan/*Brose* § 9 Rn. 33). Die Definition **bezieht** die Beendigung durch objektive Bedingung auf Arbeitsvertrag oder Arbeitsverhältnis. § 3 Nr. 1 ist folglich auch dort maßgeblich, wo wie in § 5 Nr. 1 nicht der befristet beschäftigte Arbeitnehmer, sondern das befristete Arbeitsverhältnis im Zentrum der Regelung steht. 9

III. Direkt zwischen dem Arbeitgeber und dem Arbeitnehmer geschlossenes Arbeitsverhältnis

Das zweite Element der Definition in § 3 Nr. 1, das **direkt** zwischen Arbeitgeber und Arbeitnehmer geschlossene Arbeitsverhältnis, bedeutet nicht, dass bei einem Vertragsschluss, bei der auf einer oder auf beiden Seiten Hilfspersonen (Stellvertreter; Boten) eingesetzt werden, keine befristete Beschäftigung iSd Befristungsrahmenvereinbarung vorliegt. Welche Bedeutung dieses Erfordernis hat, ist unklar. Der EuGH hat in der Rs. *Della Rocca* (EuGH 11.4.2013 – C-290/12, Rn. 39 f., NZA 2013, 495) seine Begründung, warum die Befristungsrahmenvereinbarung nicht auf **Leiharbeit** anwendbar ist, auf dieses Erfordernis gestützt (so auch EAS/*Rolfs*, B 3200, Rn. 12; nach *Franzen* EuZA 2013, 433 [434] wird die Nichtanwendbarkeit auf Leiharbeit so wenigstens angedeutet). Diese Begründung überzeugt **nicht.** Auch bei Leiharbeit liegt ein unmittelbar zwischen Leiharbeitnehmer und Vertragsarbeitgeber/Verleiher geschlossenes Arbeitsverhältnis vor. Das Erfordernis eines direkten zwischen Arbeitgeber und Arbeitnehmer geschlossenen Arbeitsverhältnisses ist allg. nicht geeignet, Dreipersonenverhältnisse von Zweipersonenverhältnissen zu unterscheiden, weil arbeitsrechtliche Drittbeziehungen typischerweise dadurch gekennzeichnet sind, dass der Arbeitnehmer nur mit einem der auf der anderen Seite Beteiligten durch ein Arbeitsverhältnis verbunden ist (*Krebber*, Unternehmensübergreifende Arbeitsabläufe im Arbeitsrecht, 2005, 155 f.). Es ist rechtsvergleichend auch bei Leiharbeit nicht die Regel (in diese Richtung aber EuGH 11.4.2013 – C-290/12 Rn. 40 – Della Rocca, NZA 2013, 495), sondern die Ausnahme, dass mehrfache Arbeitsverhältnisse vorliegen, → Rom I-VO Art. 3, 8 Rn. 53. 10

11 Aus dem Erfordernis eines direkt zwischen Arbeitgeber und Arbeitnehmer geschlossenen Arbeitsverhältnisses folgt auch nicht, dass die Befristungsrahmenvereinbarung in ihrer Gesamtheit nur auf **rechtsgeschäftlich** zustande gekommene Arbeitsverhältnisse anzuwenden ist. Wenn ein befristetes Arbeitsverhältnis gesetzlich zustande kommt, was als Sanktion vorgesehen sein kann (nach dem Muster des aber schon wegen der Nichtanwendbarkeit auf Leiharbeit nicht unmittelbar einschlägigen § 10 I 2 AÜG) hat zwar der Gesetzgeber eine Befristung angeordnet. Die Gründe für diese gesetzliche Anordnung können, müssen aber nicht zwingend mit einer Anwendung von § 5 inkompatibel sein, zumal der EuGH die allein durch Gesetz bedingte Befristung nicht anerkennt (EuGH 4.7.2006 – C-212/04 – Adeneler, NZA 2006, 909). Warum § 4 und der sonstige Schutz der Befristungsrahmenvereinbarung nicht greifen sollten, ist ohnehin nicht ersichtlich.

C. Nr. 2: Vergleichbarer Dauerbeschäftigter

I. Grundsatz

12 Zentrales Element des unionsrechtlichen Befristungsschutzes ist nach § 4 Nr. 1, dass befristet beschäftigte Arbeitnehmer gegenüber vergleichbaren Dauerbeschäftigten nicht schlechter behandelt werden dürfen. § 4 Nr. 1 gibt damit im Grundsatz auch die zu vergleichenden **Personengruppen** vor: den befristet Beschäftigten auf der einen und den unbefristet Beschäftigten auf der anderen Seite. § 3 Nr. 2 konkretisiert die Vergleichsmodalitäten sowohl für die Situation, in der ein vergleichbarer Dauerbeschäftigter in demselben Betrieb existiert als auch für die Konstellation, in der eine entsprechende Vergleichsperson fehlt. Mit der 2. Alt. weicht die Befristungsrahmenvereinbarung von der Rechtsprechung zum Entgeltgleichheitsgebot in Art. 157 I, II AEUV ab, die den Vergleich mit einem hypothetischen Arbeitnehmer ablehnt (EuGH 27.3.1980 – 129/79 Rn. 15 – Macarthys, NJW 1981, 516; 28.9.1994 – C-200/91 Rn. 100 ff. – Coloroll Pension Trustees, NZA 1994, 1073).

13 Soweit die Vorgaben von § 3 Nr. 2 den in der Rechtsprechung entwickelten Grundsätzen zum Vergleich beim unionsrechtlichen Diskriminierungsschutz nicht widersprechen, können diese Prinzipien (→ RL 2000/78/EG Art. 2 Rn. 20 ff.) auf den Vergleich nach § 4 Nr. 1 ergänzend übertragen werden.

II. Vorhandener vergleichbarer Dauerbeschäftigter

14 Die 1. Alt. von § 3 Nr. 2 geht davon aus, dass in demselben Betrieb ein Arbeitnehmer unbefristet beschäftigt wird, der in der gleichen oder einer ähnlichen Arbeit tätig ist. Die räumliche Bezugsebene ist der **Betrieb**, nicht das Unternehmen oder der Konzern. Dass es möglicherweise in einem anderen Betrieb desselben Unternehmens oder in einem anderen Unternehmen desselben Konzerns einen unbefristet Beschäftigten gibt, der in der gleichen oder einer ähnlichen Arbeit tätig ist, ist unerheblich, weil es bei Fehlen eines vergleichbaren unbefristet beschäftigten Arbeitnehmers in demselben Betrieb zu einem Vergleich auf der Grundlage der in der 2. Alt. von § 3 Nr. 2 definierten Modalitäten kommt.

15 Das unbefristete Arbeitsverhältnis der Vergleichsperson in demselben Betrieb muss zu **demselben** Arbeitgeber wie das Arbeitsverhältnis des befristet Beschäftigten bestehen. Arbeitsverhältnis ist auch ein sog faktisches Arbeitsverhältnis. **Dritte** mit einem Arbeitsverhältnis zu einem anderen Arbeitgeber, die in demselben Betrieb, in dem der befristete Arbeitnehmer beschäftigt ist, ihre Tätigkeit vorübergehend oder dauerhaft erbringen, taugen nicht als Vergleichsperson nach § 3 Nr. 2 Alt. 1. Für Leiharbeitnehmer gilt das im Betrieb des Entleihers auch dann, wenn nach dem einschlägigen mitgliedstaatlichen Recht ein Arbeitsverhältnis nicht nur zum Verleiher, sondern auch zum Entleiher besteht. In diesen Situationen greift § 3 Nr. 2 Alt. 2.

Nr. 2: Vergleichbarer Dauerbeschäftigter § 3 Anh. RL 1999/70/EG 500

Die Vergleichsperson nach § 3 Nr. 2 Alt. 1 muss in der gleichen oder einer ähnlichen 16
Arbeit tätig sein, wobei auch die Qualifikationen/Fertigkeiten angemessen zu berücksichtigen sind. Die Wortfassung lässt einerseits erkennen, dass ein Vergleich auch bei nicht identischen Tätigkeiten mit der Vergleichsperson nach § 3 Nr. 2 Alt. 1 in Betracht kommt. Andererseits ist Rechtsfolge des Fehlens der gleichen oder ähnlichen Arbeit nicht, dass ein Vergleich nach § 4 Nr. 1 nicht möglich ist. Vielmehr ist auch in dieser Situation der Vergleich auf der Grundlage von § 3 Nr. 2 Alt. 2 durchzuführen. Daher ist die von § 3 Nr. 2 Alt. 1 vorausgesetzte **Ähnlichkeit** der Tätigkeit **enger** zu verstehen als das Konzept gleicher oder gleichwertiger Arbeit bei Art. 157 I, II AEUV (zu diesem Konzept Calliess/Ruffert/*Krebber* AEUV Art. 157 Rn. 54 ff.). Die Ähnlichkeit der Arbeit ist nur bei im Grundsatz gleicher Arbeit mit unerheblichen Abweichungen zu bejahen. In allen anderen Fällen ist der anhand sicherer Kriterien durchzuführende Vergleich auf der Basis von § 3 Nr. 2 Alt. 2 einem Fantasievergleich auf der Grundlage unterschiedlicher Tätigkeiten vorzuziehen. Ein bei Art. 157 I, II AEUV denkbarer Vergleich unterschiedlicher Berufe (Calliess/Ruffert/*Krebber* AEUV Art. 157 Rn. 55) ist iRv § 4 Nr. 1 nicht statthaft.

Wird der Vergleich nach § 4 Nr. 1 auf der Grundlage von § 3 Nr. 2 Alt. 1 durchgeführt, 17
sind auch Arbeitsbedingungen in den Vergleich einzubeziehen, auf die der unbefristet beschäftigte Vergleichsarbeitnehmer keinen Anspruch hat, sondern die lediglich **tatsächlich** gewährt werden.

III. Nicht vorhandener Dauerbeschäftigter

Im Rahmen der Befristungsrahmenvereinbarung ist der Vergleich nach § 4 Nr. 1 auch 18
bei **Fehlen** einer Vergleichsperson in demselben Betrieb iSv § 3 Nr. 2 Alt. 1 möglich. Nach § 3 Nr. 2 Alt. 2 erfolgt dann ein abstrakter Vergleich anhand des anwendbaren Tarifvertrags oder hilfsweise gem. den einzelstaatlichen gesetzlichen oder tarifvertraglichen Bestimmungen oder Gepflogenheiten.

Bei einem Vergleich auf der Grundlage von § 3 Nr. 2 Alt. 2 wird die rechtliche Stellung 19
eines befristet Beschäftigten mit der **rechtlichen** Stellung eines unbefristet Beschäftigten verglichen, den der Arbeitgeber eingestellt hätte. Der Unterschied zwischen § 3 Nr. 2 Alt. 1 und Alt. 2 besteht darin, dass der Vergleich bei Alt. 1 konkret und bei Alt. 2 abstrakt ist. Die Bezugspunkte von Alt. 1 bleiben jedoch erhalten: Es wird nicht ein abstrakter Vergleich mit irgendeinem unbefristet Beschäftigten durchgeführt, sondern mit einem **hypothetischen** unbefristet Beschäftigten desselben Arbeitgebers in demselben Betrieb.

Der nach § 3 Nr. 2 Alt. 2 maßgebliche Tarifvertrag ist damit der **Tarifvertrag,** an den 20
Arbeitgeber und befristet Beschäftigter nach mitgliedstaatlichem Recht tarifgebunden sind. Fehlt es an der nach mitgliedstaatlichem Recht erforderlichen Tarifbindung des befristet beschäftigten Arbeitnehmers, kann ein Tarifvertrag herangezogen werden, an den nur der Arbeitgeber tarifgebunden ist. Befristet Beschäftigter und der hypothetisch unbefristet Beschäftigte müssen aber in den persönlichen Anwendungsbereich des Tarifvertrags fallen. Verwendet der Arbeitgeber in seinen Arbeitsverträgen eine einheitliche **Bezugnahmeklausel,** ist der Tarifvertrag maßgeblich, auf den die Bezugnahmeklausel verweist. Verwendet der Arbeitgeber je nach Berufsgruppe unterschiedliche Bezugnahmeklauseln, ist der Tarifvertrag der Berufsgruppe des befristet Beschäftigten maßgeblich. Ist der Arbeitgeber nicht tarifgebunden und verwendet er keine Bezugnahmeklauseln, ist der Vergleich zuerst auf der Grundlage anderer **kollektiver** Arbeitsbedingungen (nach deutschem Recht zB AGB; Gesamtzusage; betriebliche Übung; allg. Gleichbehandlungsgrundsatz) durchzuführen. Ein Vergleich von individuell ausgehandelten Arbeitsverträgen scheidet bei Fehlen einer Vergleichsperson iSv § 3 Nr. 2 Alt. 1 rechtlich und auch aus praktischen Gründen (ein entsprechender Arbeitsvertrag wird nicht existieren) aus.

In dem Vergleich auf der Grundlage von § 3 Nr. 2 Alt. 2 ist grds. ein Vergleich nur von 21
Rechtspositionen, nicht aber von tatsächlich gewährten Leistungen, auf die kein rechtlicher Anspruch besteht, möglich. Nur wenn es zwar zum Zeitpunkt des Vergleichs keinen

vergleichbaren Dauerbeschäftigten gibt, der Arbeitgeber aber zeitnah vergleichbare Arbeitnehmer unbefristet beschäftigt hatte und diesen freiwillige Leistungen gewährt hat, können letztere in den Vergleich auf der Grundlage von § 3 Nr. 2 Alt. 2 einbezogen werden.

22 § 3 II 1, 2 TzBfG setzen § 3 Nr. 2 für das deutsche Recht um.

§ 4 Grundsatz der Nichtdiskriminierung

1. **Befristet beschäftigte Arbeitnehmer dürfen in ihren Beschäftigungsbedingungen nur deswegen, weil für sie ein befristeter Arbeitsvertrag oder ein befristetes Arbeitsverhältnis gilt, gegenüber vergleichbaren Dauerbeschäftigten nicht schlechter behandelt werden, es sei denn, die unterschiedliche Behandlung ist aus sachlichen Gründen gerechtfertigt.**
2. **Es gilt, wo dies angemessen ist, der Pro-rata-temporis-Grundsatz.**
3. **Die Anwendungsmodalitäten dieser Bestimmung werden von den Mitgliedstaaten nach Anhörung der Sozialpartner und/oder von den Sozialpartnern unter Berücksichtigung der Rechtsvorschriften der Gemeinschaft und der einzelstaatlichen gesetzlichen und tarifvertraglichen Bestimmungen und Gepflogenheiten festgelegt.**
4. **In Bezug auf bestimmte Beschäftigungsbedingungen gelten für befristet beschäftigte Arbeitnehmer dieselben Betriebszugehörigkeitszeiten wie für Dauerbeschäftigte, es sei denn, unterschiedliche Betriebszugehörigkeitszeiten sind aus sachlichen Gründen gerechtfertigt.**

Übersicht

	Rn.
A. Allgemeines	1
I. Zweck	1
II. Aufbau der Norm	2
III. § 4 als Grundsatz des Sozialrechts der Union	7
B. Anwendungsbereich	8
I. Verglichene Beschäftigungsformen	8
II. Vergleichsebene in zeitlicher Hinsicht	10
III. Vergleichbarkeit	11
1. Vergleichbarer Dauerbeschäftigter iSv § 3 Nr. 2 (gleiche oder ähnliche Beschäftigung)	11
2. Vergleichbarkeit im weiteren Sinne	12
IV. Beschäftigungsbedingungen	15
C. Tatbestand der Diskriminierung	16
I. Verbotene Diskriminierungsformen	16
II. Pro-rata-temporis-Grundsatz	17
D. Rechtfertigung	19
E. Rechtsfolge	21
F. Einzelfälle	22

A. Allgemeines

I. Zweck

1 § 4 ist Grundlage eines der beiden **Hauptelemente** des unionsrechtlichen Befristungsschutzes. § 4 konkretisiert § 1 lit. a, der eines der beiden Ziele der Befristungsrahmenvereinbarung iSv Art. 288 III AEUV ist. Die Nichtdiskriminierung des befristet beschäftigten Arbeitnehmers im Vergleich zum unbefristet beschäftigten Arbeitnehmer ist Teil des Grundschemas der unionsrechtlichen Rechtsakte zu den sog atypischen Arbeitsverhältnissen. Seine praktische Bedeutung ist beim befristeten Arbeitsverhältnis geringer als bei Teilzeit (→ RL 97/81/EG § 4 Rn. 1 ff.) sowie bei Leiharbeit (→ RL 2008/104/EG Art. 5 Rn. 1 ff.).

II. Aufbau der Norm

Die Grundregel findet sich in § 4 Nr. 1: keine Schlechterstellung befristet beschäftigter 2
Arbeitnehmer, es sei denn, die unterschiedliche Behandlung ist aus sachlichen Gründen
gerechtfertigt. § 4 Nr. 1 folgt damit dem auch im Unionsrecht gängigen dogmatischen
Schema, das eine Diskriminierung in **Tatbestand** und **Rechtfertigung** unterteilt.

Nach § 4 Nr. 2 gilt, wo angemessen, der **pro-rata-temporis-Grundsatz**. Der pro-rata- 3
temporis-Grundsatz betrifft zum einen die Tatbestandsmäßigkeit einer Diskriminierung,
weil er die zu vergleichenden Arbeitsbedingungen in ihrer Höhe relativiert, indem er sie in
Verhältnis zu einem Zeitelement setzt. Auch bei der Rechtsfolge ist der pro-rata-temporis-
Grundsatz zu berücksichtigen. Der pro-rata-temporis-Grundsatz ist bei der Befristung
praktisch weniger bedeutsam als bei Teilzeit.

§ 4 Nr. 3 **wiederholt** lediglich, was sich aus Art. 288 III AEUV sowie der allg. Richt- 4
linien-Dogmatik ergibt. Mitgliedstaaten und mitgliedstaatlichen Sozialpartnern werden nach
§ 4 Nr. 3 nicht weitergehende Befugnisse eingeräumt, als sie nach Art. 288 III AEUV sowie
allg. Richtlinien-Dogmatik bestünden.

§ 4 Nr. 4 ist in der deutschen Fassung sprachlich nicht geglückt. Insbesondere aus den 5
romanischen Sprachfassungen, französisch, italienisch und spanisch, ergibt sich deutlicher,
was gemeint ist: Sind Vorbeschäftigungszeiten Anspruchsvoraussetzung oder Voraussetzung
für das Ausüben von Rechten oder den Zugang zu Auswahlverfahren, Beförderungsmög-
lichkeiten oder Ähnlichem, müssen gleiche Vorbeschäftigungszeiten grds. für befristet und
unbefristet beschäftigte Arbeitnehmer gelten. Ausnahme ist wie bei § 4 Nr. 1 die Rechtfertigung einer unterschiedlichen Behandlung durch sachliche Gründe. § 4 Nr. 4 hat im
Verhältnis zu § 4 Nr. 1 damit **keine** eigenständige Bedeutung, sondern konkretisiert § 4
Nr. 1 lediglich für diese besondere Frage (Preis/Sagan/*Brose* § 9 Rn. 107). Damit ist auf § 4
Nr. 4 aber auch § 4 Nr. 2 anwendbar. Zum Hintergrund von § 4 Nr. 4 – ermöglichen von
Unterschieden beim Zugang zur betrieblichen Altersversorgung durch befristet und unbe-
fristet Beschäftigte – EAS/*Rolfs*, B 3200, Rn. 16 f.; *Kröger*, Die Befristung von Arbeitsver-
trägen in Frankreich, Großbritannien und Deutschland, 2008, 130.

Für die Anwendung von § 4 Nr. 1 ist zudem § 3 Nr. 2 heranzuziehen. 6

III. § 4 als Grundsatz des Sozialrechts der Union

In der Rechtsprechung des EuGH findet sich der Passus, § 4 sei Grundsatz des Sozial- 7
rechts der Union, der nicht restriktiv ausgelegt werden dürfe (EuGH 13.9.2007 – C-307/05
Rn. 38 – Del Cerro Alonso, NZA 2007, 1223; 15.4.2008 – C-268/06 Rn. 114 – Impact,
NZA 2008, 581; 22.12.2010 – C-444/09 Rn. 49 – Gavieiro Gavieiro, Slg. 2010, I-14031).
Der sog Grundsatz des Sozialrechts der Union ist ein Wortgeschöpf des EuGH, welches
auch in anderem Kontext benutzt worden ist (→ RL 2010/18/EU § 5 Rn. 8). Anders als
im unionsrechtlichen Urlaubsrecht kann § 4 Befristungsrahmenvereinbarung nicht in ein
Grundrecht der GRC überführt werden. Bei der Befristungsrahmenvereinbarung hat die
Qualifizierung als Grundsatz des Sozialrechts der Union damit **keine** unmittelbare rechtliche Bedeutung. Sie ist allenfalls Hinweis auf eine strikte Handhabung von § 4 Nr. 1 durch
den EuGH.

B. Anwendungsbereich

I. Verglichene Beschäftigungsformen

Dem allg. unionsrechtlichen **Schema** der Regelung sog atypischer Arbeitsverhältnisse 8
folgend darf der befristet Beschäftigte nach § 4 Nr. 1 nicht schlechter gestellt werden als ein
vergleichbarer (→ Rn. 11 ff.; § 3 Rn. 12 ff.) unbefristet beschäftigter Arbeitnehmer. Ver-

gleichsperson und Modalitäten des konkreten oder abstrakten Vergleichs bestimmen sich nach § 3 Nr. 2 (→ § 3 Rn. 12 ff.).

9 Nicht von § 4 Nr. 1 erfasst ist hingegen die Situation, in der ein Mitgliedstaat **unterschiedlichen Befristungsschutz** für verschiedene Arbeitnehmerkategorien vorsieht. Die befristet beschäftigten Arbeitnehmer können sich dann nicht auf § 4 Nr. 1 berufen, um Gleichbehandlung mit einer anderen Gruppe befristet beschäftigter Arbeitnehmer zu verlangen (EuGH 11.11.2010 – C-20/10 Rn. 50 ff. – Vino I, Slg. 2010, I-148; 22.6.2011 – C-161/11 Rn. 17 ff. – Vino II, Slg. 2011, I-91; 7.3.2013 – C-178/12 Rn. 51 f. – Rivas Montes). Aus unionsrechtlicher Sicht ist in dieser Konstellation alleine maßgeblich, dass der jeweilige Befristungsschutz den Anforderungen von § 5 genügt.

II. Vergleichsebene in zeitlicher Hinsicht

10 Um in den Anwendungsbereich von § 4 Nr. 1 zu fallen, ist **nicht** maßgeblich, dass der sich auf Schlechterstellung berufende Arbeitnehmer und die Vergleichsperson zum Zeitpunkt der Geltendmachung der Rechte aus § 4 Nr. 1 einerseits befristet und andererseits unbefristet beschäftigte Arbeitnehmer sind. Die Anwendung von § 4 Nr. 1 ist vielmehr auch dann möglich, wenn zum Zeitpunkt der Geltendmachung der Rechte aus § 4 Nr. 1 beide Arbeitnehmer unbefristet beschäftigt sind, der sich auf § 4 Nr. 1 berufende Arbeitnehmer aber zu einem früheren Zeitpunkt befristet beschäftigt war, soweit aus dieser früheren befristeten Beschäftigung eine Schlechterstellung folgt (Preis/Sagan/*Brose* § 9 Rn. 62). Hauptanwendungsfall hierfür ist eine bessere Berücksichtigung von Vordienstzeiten in einem unbefristeten Arbeitsverhältnis (EuGH 8.9.2011 – C-177/10 Rn. 37 ff. – Rosado Santana, NZA 2011, 1219; 18.10.2012 – C-302/11 bis C-305/11 Rn. 30 ff. – Valenza, NZA 2013, 261).

III. Vergleichbarkeit

11 **1. Vergleichbarer Dauerbeschäftigter iSv § 3 Nr. 2 (gleiche oder ähnliche Beschäftigung).** Ob eine Schlechterstellung iSv § 4 Nr. 1 vorliegt, wird durch Vergleich des befristet beschäftigten Arbeitnehmers mit einem vergleichbaren unbefristet beschäftigten Arbeitnehmer ermittelt (hierzu → § 3 Rn. 12 ff.).

12 **2. Vergleichbarkeit im weiteren Sinne.** Von § 4 Nr. 1 werden nur solche Schlechterstellungen eines befristet beschäftigten Arbeitnehmers mit einem vergleichbaren Dauerbeschäftigten erfasst, die „nur deswegen", also ausschließlich, auf die Befristung zurückzuführen sind. Richtigerweise geht § 4 Nr. 1 davon aus, dass eine unterschiedliche rechtliche Behandlung befristet und unbefristet beschäftigter Arbeitnehmer jedenfalls zusätzlich auch auf anderen Erwägungen fußen kann. Dieser Umstand ist nicht nur bei einer möglichen Rechtfertigung aus sachlichen Gründen, sondern auch schon auf der Ebene des Tatbestandes zu berücksichtigen. Der EuGH verlangt eine Vergleichbarkeit der befristet Beschäftigten mit den unbefristet Beschäftigten (EuGH 18.10.2012 – C-302/11 bis C-305/11 Rn. 39 ff. – Valenza, NZA 2013, 261; 12.12.2013 – C-361/12 Rn. 39 ff. – Carratù, NZA 2014, 79; 30.4.2014 – C-89/13 Rn. 23 ff. – D'Aniello). Diese Vergleichbarkeit bezieht sich nicht wie die von § 3 Nr. 2 auf die Art der Beschäftigung. Vielmehr handelt es sich um eine Vergleichbarkeit im weiteren Sinne, bei der sowohl die **tatsächliche Gesamtsituation,** als auch der rechtliche Kontext der zum Vergleich anstehenden Regelungen berücksichtigt werden. Das so verstandene Erfordernis der Vergleichbarkeit im weiteren Sinne ermöglicht es, die tatsächlichen und rechtlichen Gesamtumstände in Tatbestand, Rechtfertigung und sogar bei der Rechtsfolge einzubeziehen.

13 **Beispielsfälle** aus der Rechtsprechung des EuGH: (1) Zugang zu einer unbefristeten Beschäftigung im öffentlichen Dienst nur über ein Auswahlverfahren bei Möglichkeit der Beschäftigung im öffentlichen Dienst ohne ein solches Auswahlverfahren nur auf der Grundlage von befristeten Arbeitsverhältnissen. Derart im öffentlichen Dienst befristet

beschäftigte Arbeitnehmer können über ein im Vergleich zum Auswahlverfahren vereinfachten Prozess in eine unbefristete Beschäftigung überführt werden. Hierbei werden dann Vordienstzeiten aus der befristeten Beschäftigung nicht berücksichtigt. Eine volle Berücksichtigung von Vordienstzeiten könnte im Ergebnis eine Besserstellung der befristet beschäftigten Arbeitnehmer im Vergleich mit den über ein Auswahlverfahren sofort unbefristet eingestellten Arbeitnehmern bewirken. Nur der gänzliche Ausschluss der Berücksichtigung von Vordienstzeiten in befristeten Arbeitsverhältnissen verstößt gegen § 4 Nr. 1 (EuGH 18.10.2012 – C-302/11 bis C-305/11 Rn. 39 ff. – Valenza, NZA 2013, 261). (2) Ein mitgliedstaatliches Recht sieht eine niedrigere Entschädigung bei rechtswidriger Befristung vor als die Entschädigung, die bei Auflösung eines unbefristeten Arbeitsverhältnisses gewährt wird. Hierauf beruft sich in der Rs. *Carratù* eine Arbeitnehmerin, deren befristetes Arbeitsverhältnis ohnehin in ein unbefristetes Arbeitsverhältnis umgewandelt worden ist (EuGH 12.12.2013 – C-361/12, NZA 2014, 79). Der EuGH verneint die Vergleichbarkeit.

Dem Erfordernis der Vergleichbarkeit im weiteren Sinne fehlt dogmatische Schärfe. Auf der anderen Seite stellt dies auch die Stärke dieses Erfordernisses dar, welches es erlaubt, § 4 Nr. 1 nicht auf einen mechanischen Vergleich zu reduzieren, sondern § 4 Nr. 1 **wertend** durchzuführen. 14

IV. Beschäftigungsbedingungen

§ 4 Nr. 1 betrifft die Schlechterstellung bei den Beschäftigungsbedingungen. Dieser Begriff ist **weit** zu verstehen und erfasst die gesamte arbeitsrechtliche Stellung des befristet beschäftigten Arbeitnehmers (im Ergebnis auch Preis/Sagan/*Brose* § 9 Rn. 65 ff.). Wegen der Verknüpfung einer unionsrechtlich verbindlich durchgeführten Sozialpartnervereinbarung mit Art. 153 AEUV hat sich die Frage gestellt, ob wegen des Ausschlusses des Arbeitsentgelts von der Zuständigkeit der Union in Art. 153 V AEUV auch § 4 Nr. 1 das **Entgelt** nicht erfasst. Die praktische Bedeutung dieser Problematik ist bei der Befristungsrahmenvereinbarung geringer als insbesondere bei der Leiharbeit. Der EuGH bezieht das Arbeitsentgelt in § 4 Nr. 1 mit ein (EuGH 13.9.2007 – C-307/05 Rn. 31 ff. – Del Cerro Alonso, NZA 2007, 1223; 15.4.2008 – C-268/06 Rn. 105 ff. – Impact, NZA 2008, 581; zust. *Bieder*/*Diekmann* EuZA 2008, 515 [517 ff.]; *Hanau* EuZA 2009, 534 [545]; zur Kritik Calliess/Ruffert/*Krebber* AEUV Art. 153 Rn. 11; anders als der EuGH vor dessen Entscheidung in der Rs. *Del Cerro Alonso* auch EAS/*Rolfs*, B 3200, Rn. 14). 15

C. Tatbestand der Diskriminierung

I. Verbotene Diskriminierungsformen

§ 4 Nr. 1 verbietet die unmittelbare Diskriminierung. **Nicht** von § 4 Nr. 1 erfasst sind **mittelbare** Diskriminierungen, weil § 4 Nr. 1 ausdrücklich bestimmt, dass befristet beschäftigte Arbeitnehmer nur deswegen nicht schlechter behandelt werden dürfen, weil für sie ein befristeter Arbeitsvertrag oder ein befristetes Arbeitsverhältnis gilt (**aA** Laux/Schlachter/*Schlachter* TzBfG § 4 Rn. 242; tendenziell auch Preis/Sagan/*Brose* § 9 Rn. 83; wie hier *Riesenhuber* § 17 Rn. 12; zu § 4 TzBfG im Ergebnis wie hier *Thüsing* ZfA 2002, 249 [260]). Ein Einbezug der mittelbaren Diskriminierung in § 4 Nr. 1 wäre praktisch auch kaum handhabbar und würde nur den Anwendungsbereich des Erfordernisses der Vergleichbarkeit im weiteren Sinne unnötig erweitern. 16

II. Pro-rata-temporis-Grundsatz

Nach § 4 Nr. 2 gilt, wo dies angemessen ist, der pro-rata-temporis-Grundsatz. Der pro-rata-temporis-Grundsatz ist schon bei der Tatbestandsmäßigkeit einer unmittelbaren Diskriminierung iSv § 4 Nr. 1 zu beachten. § 4 Nr. 2 bewirkt, dass beim Vergleich nicht 17 mechanisch Arbeitsbedingungen gegenübergestellt werden, sondern dass der Umstand, dass die Dauer eines befristeten Arbeitsverhältnisses bei seinem Abschluss feststeht, in die Durchführung des Vergleichs einfließt. Eine Schlechterstellung iSv § 4 Nr. 1 liegt also dann vor, wenn eine Beschäftigungsbedingung unter Berücksichtigung des durch die Befristung bestehenden **Zeitelementes** schlechter ist als die Beschäftigungsbedingung eines unbefristet Beschäftigten. Werden Beschäftigungsbedingungen bei befristet und unbefristet Beschäftigten gleichermaßen von der Dauer des Arbeitsverhältnisses abhängig gemacht, liegt auch dann keine Schlechterstellung iSv § 4 Nr. 1 vor, wenn der unbefristet beschäftigte Arbeitnehmer im Ergebnis einen höheren Anspruch erlangen kann als der befristet beschäftigte Arbeitnehmer. Eine Schlechterstellung iSv § 4 Nr. 1 liegt aber immer dann vor, wenn das Zeitelement nur beim befristet beschäftigten Arbeitnehmer einfließt und er hierdurch schlechter gestellt wird oder wenn für ihn eine von der Zeit unabhängige Regelung gilt, unbefristet beschäftigte Arbeitnehmer hingegen von einer im Verhältnis zur Beschäftigungsdauer abhängigen und sie daher besserstellenden Regelung profitieren (EuGH 13.3.2014 – C-38/13 Rn. 19 ff. – Nierodzik, NZA 2014, 421: feste Kündigungsfristen bei Befristung gegenüber von der Dauer abhängigen Kündigungsfristen bei unbefristetem Arbeitsverhältnis). Ein **Verstoß** gegen § 4 Nr. 1 besteht auch dann, wenn eine Beschäftigungsbedingung zwar bei befristeter und unbefristeter Beschäftigung im Verhältnis zur Beschäftigungsdauer steht, die Regelung jedoch so zugeschnitten ist, dass bestimmte Kategorien befristet beschäftigter Arbeitnehmer nicht in ihren Genuss kommen können (EuGH 22.4.2010 – C-486/08 Rn. 36 ff. – Zentralbetriebsrat der Landeskrankenhäuser Tirols, NZA 2010, 557: kein Urlaubsanspruch für Arbeitnehmer, die bis zu sechs Monate befristet beschäftigt sind). Unterschiedliche Zeitfaktoren je nach Vorliegen einer befristeten oder einer unbefristeten Beschäftigung verstoßen ebenfalls gegen § 4 Nr. 1.

18 Der pro-rata-temporis-Grundsatz ist nur anzuwenden, wo dies angemessen ist, § 4 Nr. 2. Die Angemessenheit iSv § 4 Nr. 2 ergibt sich aus der Natur der Regelung. Sie liegt nur bei Beschäftigungsbedingungen vor, denen ein Zeitelement bezogen auf die Dauer der Beschäftigung beim Arbeitgeber inne wohnt (möglich bei Weihnachtsgeld, Urlaubsgeld, EAS/*Rolfs*, B 3200, Rn. 18, Urlaubslänge; s. auch *Riesenhuber* § 17 Rn. 20; Preis/Sagan/*Brose* § 9 Rn. 101), nicht aber bei solchen Beschäftigungsbedingungen, die lediglich den Bestand eines Arbeitsverhältnisses mit dem Arbeitgeber voraussetzen (Zugang zu Sozialeinrichtungen, EAS/*Rolfs*, B 3200, Rn. 18) oder die **unteilbar** sind (Teilnahme an Fortbildungen, Schulungen).

D. Rechtfertigung

19 Eine nach § 4 Nr. 1 tatbestandsmäßige Schlechterbehandlung der unbefristet Beschäftigten kann durch sachliche Gründe gerechtfertigt sein. Nach der Rechtsprechung des EuGH muss **sachlicher** Grund ein genau bezeichneter, konkreter Umstand sein, der die betreffende Beschäftigungsbedingung in ihrem speziellen Zusammenhang und auf der Grundlage objektiver und transparenter Kriterien kennzeichnet und eine Prüfung zulässt, ob die Ungleichbehandlung einem echten Bedarf entspricht und ob sie zur Erreichung des verfolgten Ziels geeignet und erforderlich ist (EuGH 13.9.2007 – C-307/05 Rn. 58 – Del Cerro Alonso, NZA 2007, 1223; dazu *Benecke* EuZA 2012, 236 [242 f.]). **Kein** sachlicher Grund iSv § 4 Nr. 1 ist der Umstand der Befristung selbst, weil sonst das Diskriminierungsverbot unterhöhlt würde (EuGH 22.12.2010 – C-444/09 Rn. 54 ff. – Gavieiro Gavieiro, Slg. 2010, I-14031; 8.9.2011 – C-177/10 Rn. 71 ff. – Rosado Santana, NZA 2011, 1219). Zudem hat der EuGH eine Parallele zu den Anforderungen an die sachlichen Gründe von § 5 Nr. 1 lit. a gezogen und ausgeschlossen, dass der bloße Umstand, dass eine Rechtsnorm eine Schlechterstellung befristet Beschäftigter vorsieht, sachlicher Grund iSv § 4 Nr. 1 sein kann (EuGH 13.9.2007 – C-307/05 Rn. 56 f. – Del Cerro Alonso, NZA 2007, 1223).

Positivbeispiele für einen verhältnismäßigen echten Bedarf an einer Schlechterstellung 20
befristet beschäftigter Arbeitnehmer sind nicht ersichtlich, weil die Situationen, in denen
eine Beschäftigungsbedingung in Relation zu einem Zeitfaktor steht, über die Anwendung
des pro-rata-temporis-Grundsatzes schon tatbestandlich von § 4 Nr. 1 nicht erfasst werden.
Steht eine Beschäftigungsbedingung in einem Zusammenhang mit einem Zeitfaktor, ist die
Anwendung des pro-rata-temporis-Grundsatzes stets auch verhältnismäßiger als eine
Schlechterstellung. Eine Rechtfertigung kann im Einzelfall aber bei **unteilbaren** Beschäftigungsbedingungen in Betracht kommen (→ Rn. 18). Bei Beschäftigungsbedingungen, die
in keinem zeitlichen Zusammenhang mit der Beschäftigungsdauer stehen, fehlt naturgemäß
ein sachlicher Grund, der die Schlechterstellung des befristet beschäftigten Arbeitnehmers
rechtfertigen könnte.

E. Rechtsfolge

Im Falle einer tatbestandsmäßigen und nicht gerechtfertigten Schlechterstellung des be- 21
fristet beschäftigten Arbeitnehmers ist der befristet beschäftigte Arbeitnehmer unter Anwendung des pro-rata-temporis-Grundsatzes so zu stellen wie der **bessergestellte** unbefristet
beschäftigte Arbeitnehmer (in diese Richtung auch Preis/Sagan/*Brose* § 9 Rn. 119). Es
besteht jedoch kein Automatismus einer solchen Gleichstellung des befristet beschäftigten
mit dem unbefristet beschäftigten Arbeitnehmer. Vielmehr kann auch bei der Rechtsfolge
die Vergleichbarkeit der beiden Situationen berücksichtigt werden (→ Rn. 12). Die mitgliedstaatlichen Gerichte haben insoweit einen weiten und flexiblen Spielraum.

F. Einzelfälle

Hauptanwendungsfall von § 4 Nr. 1 sind rechtliche Regelungen in Mitgliedstaaten, nach 22
denen **Vorbeschäftigungszeiten** und Betriebszugehörigkeitszeiten befristet beschäftigter
Arbeitnehmer nicht oder nur in geringerem Umfang als die entsprechenden Zeiten unbefristet beschäftigter Arbeitnehmer berücksichtigt werden. Entsprechende Regelungen verstoßen im Grundsatz gegen § 4 Nr. 1 (EuGH 22.12.2010 – C-444/09 Rn. 46 ff. – Gavieiro
Gavieiro, Slg. 2010, I-14031; 8.9.2011 – C-177/10 Rn. 63 ff. – Rosado Santana, NZA
2011, 1219). Allerdings kann zu berücksichtigen sein, ob im Ergebnis eine Besserstellung
befristet Beschäftigter erreicht würde (Anwendungsfall der Vergleichbarkeit im weiteren
Sinne, → Rn. 12 ff.).

Mit der Nichtanerkennung von Vordienstzeiten vergleichbar ist, wenn bestimmte Leis- 23
tungen wie **Anciennitätsprämien** unbefristet beschäftigten Arbeitnehmern vorbehalten
sind (EuGH 13.9.2007 – C-307/05 Rn. 47 f. – Del Cerro Alonso, NZA 2007, 1223;
22.12.2010 – C-456/09 Rn. 48 – Iglesias Torres, Slg. 2010, I-14031).

Das Nichtbestehen eines **Urlaubsanspruchs** für bis zu sechs Monate befristet beschäftig- 24
ter Arbeitnehmer verstößt gegen § 4 Nr. 1 (EuGH 22.4.2010 – C-486/08 Rn. 36 ff. –
Zentralbetriebsrat der Landeskrankenhäuser Tirols, NZA 2010, 557).

Feste **Kündigungsfristen** bei Befristung, aber von der Dauer abhängige Kündigungs- 25
fristen bei unbefristetem Arbeitsverhältnis stellen ebenfalls einen Verstoß gegen § 4 Nr. 1
dar (EuGH 13.3.2014 – C-38/13 Rn. 19 ff. – Nierodzik, NZA 2014, 421).

§ 5 Maßnahmen zur Vermeidung von Mißbrauch

1. Um Mißbrauch durch aufeinanderfolgende befristete Arbeitsverträge oder -verhältnisse zu vermeiden, ergreifen die Mitgliedstaaten nach der gesetzlich oder tarifvertraglich vorgeschriebenen oder in dem Mitgliedstaat üblichen Anhörung der Sozialpartner und/oder die Sozialpartner, wenn keine gleichwertigen gesetzlichen Maß-

nahmen zur Mißbrauchsverhinderung bestehen, unter Berücksichtigung der Anforderungen bestimmter Branchen und/oder Arbeitnehmerkategorien eine oder mehrere der folgenden Maßnahmen:
  a) sachliche Gründe, die die Verlängerung solcher Verträge oder Verhältnisse rechtfertigen;
  b) die insgesamt maximal zulässige Dauer aufeinanderfolgender Arbeitsverträge oder -verhältnisse;
  c) die zulässige Zahl der Verlängerungen solcher Verträge oder Verhältnisse.
2. Die Mitgliedstaaten, nach Anhörung der Sozialpartner, und/oder die Sozialpartner legen gegebenenfalls fest, unter welchen Bedingungen befristete Arbeitsverträge oder Beschäftigungsverhältnisse:
  a) als „aufeinanderfolgend" zu betrachten sind;
  b) als unbefristete Verträge oder Verhältnisse zu gelten haben.

Übersicht

	Rn.
A. Allgemeines	1
I. Ziel	1
II. Aufbau der Norm	3
B. Anwendungsbereich	5
I. Ausschluss der Erstbefristung	5
II. Aufeinanderfolgende befristete Arbeitsverhältnisse	8
III. Gleichwertige Maßnahmen zur Missbrauchsverhinderung	10
C. Anforderungen an den von den Mitgliedstaaten vorzusehenden Befristungsschutz	12
I. Allgemeines	12
II. Modelle des nach § 5 Nr. 1 lit. a bis c möglichen Befristungsschutzes	15
1. § 5 Nr. 1 lit. a: Sachliche Gründe	15
a) Definition	15
b) Einzelfälle	18
c) Weitere Anforderungen an den Sachgrund	22
2. § 5 Nr. 1 lit. b: Höchstdauer	23
3. § 5 Nr. 1 lit. c: Zahlenmäßige Begrenzung der Verlängerung befristeter Arbeitsverhältnisse	24
III. Sanktion bei Missbrauch iSv § 5 Nr. 1	25
IV. Anforderungen an das Gesamtbild des Befristungsschutzes nach § 5 Nr. 1	27
1. Möglichkeiten und Grenzen der Kombination der Regelungsmodelle von § 5 Nr. 1	27
2. Unterschiedliche Befristungsschutzmodelle innerhalb einer mitgliedstaatlichen Rechtsordnung	29
D. Umsetzung im deutschen Recht	30
I. §§ 14 ff. TzBfG als Umsetzung von § 5	30
1. § 14 I TzBfG	30
2. § 14 II TzBfG	32
3. § 14 IIa TzBfG	33
4. § 14 III TzBfG	34
II. Gleichwertige gesetzliche Maßnahmen im Sinne von § 5	35
1. TzBfG	35
2. Gesetz über befristete Arbeitsverträge in der Wissenschaft	36
3. Gesetz über befristete Arbeitsverträge mit Ärzten in der Weiterbildung	38
4. Gesetz zum Elterngeld und zur Elternzeit	39
5. Gesetz über die Pflegezeit und Gesetz über die Familienpflegezeit	40
6. Berufsbildungsgesetz	41

A. Allgemeines

I. Ziel

1 § 5 ist die **zentrale** Norm der Befristungsrahmenvereinbarung. § 5 konkretisiert das in § 1 lit. b genannte Ziel iSv Art. 288 III AEUV der Befristungsrahmenvereinbarung, einen Rahmen zu schaffen, der den Missbrauch durch aufeinanderfolgende befristete Arbeitsverträge oder -verhältnisse verhindert. § 5 Nr. 1 greift die Formulierung von § 1 lit. b mit einer unbedeutenden Abweichung – vermeiden statt verhindern – auf. Damit ist unionsrechtlich verbindlich festgelegt, dass aufeinanderfolgende befristete Arbeitsverhältnisse missbräuchlich sein können. Eine derartige gesetzgeberische Brandmarkung aufeinanderfolgender Arbeitsverhältnisse als Missbrauch ist nicht zwingend, sondern nur eine denkbare Beurteilung. Als Ausgangspunkt des unionsrechtlichen Befristungsschutzes die Aussage zu setzen, dass aufeinanderfolgende befristete Arbeitsverhältnisse missbräuchlich sein können, hat zur praktischen Folge, dass kein Mitgliedstaat die Möglichkeiten der Verlängerung befristeter Arbeitsverhältnisse grenzenlos ermöglichen kann. Die **Notwendigkeit,** die Verlängerung befristeter Arbeitsverhältnisse rechtlich in Umsetzung von § 5 zu **begrenzen,** hat der EuGH in seiner Rechtsprechung abgesichert. Der Hinweis in EuGH 13.3.2014 – C-190/13 Rn. 51 – Márquez Samohano, NZA 2014, 475, dass unbefristete Arbeitsverhältnisse zwar die übliche Form der Beschäftigung sind, dass Abs. 2 und 3 der Präambel der Befristungsrahmenvereinbarung und Nr. 8, 10 ihrer allg. Erwägungen aber anerkennen, dass befristete Arbeitsverhältnisse in bestimmten Berufen und Tätigkeiten charakteristisch seien, ist keine sichere Grundlage, unbegrenzte Möglichkeiten der Verlängerung von befristeten Arbeitsverhältnissen für unionsrechtskonform zu halten. In der entsprechenden Entscheidung kam hinzu, dass es sich um eine Nebentätigkeit in Teilzeit gehandelt hat; s. auch → Rn. 18.

§ 5 ist jedoch nicht zu entnehmen, wo in den übrigen Fällen die Grenze zu Missbrauch 2 im Sinne dieser Bestimmung verläuft. § 5 ist vielmehr **offen** formuliert und räumt den Mitgliedstaaten damit einen breiten **Beurteilungsspielraum** ein, welche Form des Befristungsschutzes sie wählen und wie streng der Befristungsschutz die Verlängerung von befristeten Arbeitsverhältnissen erschweren muss. Auch die Sanktion einer iSv § 5 unrechtmäßigen Befristung wird durch § 5 nicht im Einzelnen vorgegeben. § 5 Nr. 2 lit. b statuiert ausdrücklich, dass die Mitgliedstaaten zu entscheiden haben, unter welchen Bedingungen befristete Arbeitsverhältnisse als unbefristete Arbeitsverhältnisse zu gelten haben. Schließlich sorgt der eingeschränkte Anwendungsbereich von § 5, der insbesondere nicht auf Erstbefristungen anwendbar ist (→ Rn. 5 ff.), dafür, dass den Mitgliedstaaten in weitem Umfang ermöglicht wird, Befristungen und die Verlängerung von Befristungen aus wirtschaftspolitischen und beschäftigungspolitischen Gründen zuzulassen, solange nur die Verlängerung von befristeten Arbeitsverhältnissen nicht grenzenlos ermöglicht wird.

II. Aufbau der Norm

Die materiellen Vorgaben des Unionsrechts für den Befristungsschutz in den mitgliedstaatlichen Arbeitsrechten werden in § 5 Nr. 1 normiert. § 5 Nr. 1 lit. a bis c schlägt drei **alternative,** aber **kombinierbare Modelle** eines möglichen Befristungsschutzes vor: die Sachgrundbefristung; eine Höchstdauer für Befristungen, die Sachgrund- oder sachgrundlose Befristung sein können; eine Begrenzung der Verlängerungsmöglichkeiten befristeter Arbeitsverhältnisse über die Bestimmung einer Höchstzahl zulässiger Verlängerungen befristeter Arbeitsverhältnisse. Dem Wortlaut ist an verschiedenen Stellen zu entnehmen, dass § 5 Nr. 1 die Erstbefristung nicht erfasst (→ Rn. 5 ff.). Dass die Pflicht zum Ergreifen des in § 5 lit. a-c genannten Befristungsschutzes nicht besteht, wenn gleichwertige gesetzliche Maßnahmen im Mitgliedstaat bestehen, hat nur eingeschränkte Bedeutung (→ Rn. 10 f.).

§ 5 Nr. 2 greift zwei mögliche Aspekte von vielen auf und betont die **mitgliedstaatliche** 4 Zuständigkeit, den Begriff „aufeinanderfolgend" zu bestimmen sowie festzulegen, wann aus einem rechtswidrig befristeten Arbeitsverhältnis ein unbefristetes Arbeitsverhältnis wird. Die Bedeutung von § 5 Nr. 2 ist beschränkt, da sich die Zuständigkeit der Mitgliedstaaten für das Ausfüllen des Ziels aus Art. 288 III AEUV sowie der hierzu entwickelten allg. Richtlinien-Dogmatik ergibt. Dass diese beiden Punkte in § 5 Nr. 2 ausdrücklich erwähnt werden, wird Ergebnis des Verhandlungsprozesses der Befristungsrahmenvereinbarung durch die Parteien der Vereinbarung sein.

B. Anwendungsbereich

I. Ausschluss der Erstbefristung

5   Von den unionsrechtlichen Vorgaben eines Befristungsschutzes ist die erste Befristung eines Arbeitsverhältnisses ausgenommen. Ziel von § 5 ist die Vermeidung des Missbrauchs durch aufeinanderfolgende befristete Arbeitsverträge (→ Rn. 1 f.). § 5 Nr. 1 lit. a stellt ausdrücklich auf die **Verlängerung** des befristeten Arbeitsverhältnisses ab. § 5 Nr. 1 lit. b betrifft eine Höchstdauer aufeinanderfolgender Arbeitsverhältnisse. § 5 Nr. 1 lit. c schließlich setzt an der zulässigen Zahl der Verlängerungen befristeter Arbeitsverhältnisse an.

6   Ausgenommen ist die Erstbefristung mit einem Arbeitgeber. Ob mit diesem Arbeitgeber **zuvor** bereits ein befristetes Arbeitsverhältnis bestanden hat, ist nach § 2 Nr. 1 dem maßgeblichen mitgliedstaatlichen Recht zu entnehmen. Zu unionsrechtlichen Grenzen des mitgliedstaatlichen Verständnisses aufeinanderfolgender Arbeitsverträge → Rn. 1 f., 18.

7   Der EuGH erkennt die Nichtanwendbarkeit auf das erste befristete Arbeitsverhältnis mit einem Arbeitgeber an (EuGH 22.11.2005 – C-144/04 Rn. 14 ff. – Mangold, NZA 2005, 1345; 12.6.2008 – C-364/07 Rn. 90 – Vassilakis, Slg. 2008, I-90; 11.11.2010 – C-20/10 Rn. 58 – Vino I, Slg. 2010, I-148; aus der Literatur *Rolfs/Evke de Groot* ZESAR 2009, 5 [7]). § 5 ist auch dann auf eine Erstbefristung unanwendbar, wenn ein mitgliedstaatliches Recht eine langfristige Erstbefristung ermöglicht. Der Wortlaut macht hierfür **keine Ausnahme.** Hintergrund der Beschränkung von § 5 auf die Verlängerung befristeter Arbeitsverhältnisse ist die im Ablauf der Erstbefristung für den Arbeitnehmer liegende Unsicherheit. Ein langfristig befristetes erstes Arbeitsverhältnis mit einem Arbeitgeber hingegen kann mehr Sicherheit gewähren als beispielsweise ein lediglich durch Abfindungsschutz geschütztes unbefristetes Arbeitsverhältnis.

II. Aufeinanderfolgende befristete Arbeitsverhältnisse

8   Das Vorliegen aufeinanderfolgender befristeter Arbeitsverhältnisse setzt voraus, dass bereits vorher ein **befristetes** Arbeitsverhältnis mit **demselben** Arbeitgeber bestanden hat. Wegen des Ausschlusses der Erstbefristung ist hingegen nicht ausreichend, dass ein befristetes Arbeitsverhältnis sich an ein unbefristetes Arbeitsverhältnis mit demselben Arbeitgeber anschließt. Zur Beurteilung der Frage, ob bereits vorher ein befristetes Arbeitsverhältnis mit demselben Arbeitgeber bestanden hat, ist nach § 2 Nr. 1, § 5 Nr. 2 lit. das mitgliedstaatliche Recht berufen. Die Hoheit des mitgliedstaatlichen Rechts findet in der Rechtsprechung des EuGH ihre **Grenze** jedoch in der Verwirklichung des Ziels der Rahmenvereinbarung (EuGH 4.7.2006 – C-212/04 Rn. 82 – Adeneler, NZA 2006, 909; 12.6.2008 – C-364/07 Rn. 105 – Vassilakis, Slg. 2008, I-90). Praktischer Anwendungsfall ist eine zeitliche Unterbrechung zwischen beiden befristeten Arbeitsverhältnissen, die aufeinander folgen sollen. Liegt nach mitgliedstaatlichem Recht bei einer Unterbrechung von zwanzig Tagen (EuGH 4.7.2006 – C-212/04 Rn. 76 ff. – Adeneler, NZA 2006, 909) oder drei Monaten (EuGH 12.6.2008 – C-364/07 Rn. 95 ff. – Vassilakis, Slg. 2008, I-90) kein aufeinanderfolgendes befristetes Arbeitsverhältnis vor, kann das mitgliedstaatliche Verständnis durch Unionsrecht überlagert werden. Allerdings hat der EuGH in einer jüngeren Entscheidung im Zusammenhang von § 5 und insbesondere der beim Befristungsschutz vorgesehenen Sanktion eine Unterbrechung von 60 Tagen nicht gerügt (EuGH 3.7.2014 – C-362/13, C-363/13 und C-407/13 Rn. 71 – Fiamingo), sodass schon die Voraussetzungen, unter denen die Ausnahme greift, unklar sind.

9   Die genauen **Konturen** des dann maßgeblichen unionsrechtlichen Konzepts aufeinanderfolgender befristeter Arbeitsverhältnisse sind vom EuGH bislang über die beiden Einzelentscheidungen hinaus nicht entwickelt worden. Weil die unionsrechtliche Überlagerung der mitgliedstaatlichen Definition aufeinanderfolgender befristeter Arbeitsverhältnisse aus

dem Grundsatz der vollen Richtlinien-Wirksamkeit hergeleitet wird, reicht nicht jedes vorherige befristete Arbeitsverhältnis mit einem Arbeitgeber, um den Anwendungsbereich von § 5 Nr. 1 zu öffnen. Voraussetzung ist vielmehr, dass sich ein Arbeitnehmer trotz Unterbrechung in einer vergleichbaren Lage wie ein befristet beschäftigter Arbeitnehmer befindet, dessen befristetes Arbeitsverhältnis ohne Unterbrechung verlängert werden soll. Die vom BAG zu § 14 II TzBfG entwickelte Dreijahresgrenze (BAG 6.4.2011 NZA 2011, 905) ist auf § 5 wegen der unterschiedlichen Zielsetzung von § 14 II TzBfG nicht übertragbar. Vielmehr ist maßgeblich, ob es einen sachlichen Grund dafür gibt, warum das mitgliedstaatliche Recht wegen einer Unterbrechung die Qualifikation als Verlängerung eines mitgliedstaatlichen Arbeitsverhältnisses ablehnt oder ob der Mitgliedstaat ähnlich wie bei sog selbstgerechten Sachgründen (→ § 5 Rn. 16) sein Recht so ausgestaltet, dass er allg. oder in bestimmten Bereichen befristete Arbeitsverhältnisse dem Befristungsschutz entziehen möchte.

III. Gleichwertige Maßnahmen zur Missbrauchsverhinderung

Nach § 5 Nr. 1 müssen die Mitgliedstaaten die in Buchst. a–c genannten Maßnahmen **nicht** ergreifen, wenn gleichwertige gesetzliche Maßnahmen zur Missbrauchsverhinderung bestehen. § 5 Nr. 1 bedeutet jedoch nicht, dass einer Regelung des Befristungsschutzes, die der Umsetzung von § 5 Nr. 1 dient, entgegengehalten werden kann, dass vorher bereits ein gleichwertiger Befristungsschutz bestand (EuGH 23.4.2009 – C-378/07 Rn. 67 ff. – Angelidaki, Slg. 2009, I-3071; *Kerwer* EuZA 2010, 253 [256 f.]). Das Verhältnis von Umsetzungsrecht zu vorher geltendem Befristungsschutz ist vielmehr eine Frage des Verschlechterungsverbots von § 8 Nr. 3, wenn die der Umsetzung von § 5 dienende Neuregelung möglicherweise den Arbeitnehmer weniger schützt als das vorher geltende Recht. Ist das Umsetzungsrecht für den Arbeitnehmer günstiger als ein vorher bestehender Befristungsschutz, ist allein entscheidend, ob das Umsetzungsrecht § 5 genügt. 10

Die Möglichkeit gleichwertiger Maßnahmen zur Missbrauchsverhinderung bewirkt, dass nicht nur das die Befristungsrahmenvereinbarung umsetzende mitgliedstaatliche Recht an § 5 Nr. 1 gemessen wird, sondern dass das **Gesamtbild** des mitgliedstaatlichen Befristungsschutzes entscheidet, ob das mitgliedstaatliche Recht § 5 Nr. 1 genügt (etwa EuGH 10.3.2011 – C-109/09 Rn. 44 ff. – Deutsche Lufthansa, NZA 2011, 397). Auch die Rechtsfolge wird einbezogen, s. aber → Rn. 28. 11

C. Anforderungen an den von den Mitgliedstaaten vorzusehenden Befristungsschutz

I. Allgemeines

Der Wortlaut von § 5 Nr. 1 sieht **drei** mögliche **Regelungsmuster** eines Befristungsschutzes vor: Buchst. a sachliche Gründe, die die Verlängerung eines befristeten Arbeitsverhältnisses rechtfertigen; Buchst. b eine Höchstdauer aufeinanderfolgender befristeter Arbeitsverhältnisse; Buchst. c eine Höchstzahl zulässiger Verlängerungen befristeter Arbeitsverhältnisse. Die Mitgliedstaaten können eines der drei Modelle alternativ vorsehen oder verschiedene Modelle kombinieren. § 5 Nr. 1 trifft keine ausdrückliche Regelung zur Sanktion im Falle eines Missbrauchs im Sinne dieser Regelung. 12

Das vollständige Bild der unionsrechtlichen Vorgaben zum Befristungsschutz in den Mitgliedstaaten ergibt sich erst, wenn zum einen der Grundsatz der vollen Richtlinien-Wirksamkeit mitbedacht wird. Sowohl das von einem Mitgliedstaat konkret gewählte Schutzmodell als auch die Sanktion bei rechtswidriger Befristung müssen die praktische Wirksamkeit von § 5 gewährleisten. In das **Gesamtbild** miteinzubeziehen ist zudem, ob ein Mitgliedstaat andersartige, aber **gleichwertige** Mechanismen zum Schutz des Arbeitnehmers bei der Verlängerung befristeter Arbeitsverhältnisse vorsieht. Die drei von § 5 Nr. 1 13

14 genannten Regelungsmodelle sind daher nicht abschließend. Allerdings ist schwer vorstellbar, wie ein gleichwertiger Schutz, dem keines der drei genannten Systeme zugrunde liegt, aussehen könnte (dazu näher → Rn. 10 f.). Der vom Mitgliedstaat gewählte Befristungsschutz muss darüber hinaus den Grundsätzen von Äquivalenz und Effektivität genügen (→ Art. 1–4 Rn. 19 ff.). Schließlich darf ein Mitgliedstaat nicht gegen das Verschlechterungsverbot von § 8 Nr. 3 verstoßen (dazu näher → § 8 Rn. 2 ff.).

14 Die Regelungsmodelle von § 5 Nr. 1 spiegeln im Grundsatz die Muster wieder, die sich in den **mitgliedstaatlichen Arbeitsrechten** finden (dazu etwa *Waas* ZAF 2007, 99 [106 ff.]; *Runggaldier*, FS Säcker, 2011, 299 ff.; *Krebber*, FS Stürner, 2013, 1105 [1108 ff.]; *Kröger*, Die Befristung von Arbeitsverträgen in Frankreich, Großbritannien und Deutschland, 2008, 151 ff.; *Wipper*, Befristete Arbeitsverträge in Spanien und Deutschland, 2011, 63 ff.; *Timke*, Der Bestandsschutz im Arbeitsverhältnis in Deutschland und in den MOE-Staaten unter besonderer Berücksichtigung der Abfindungsregelungen, 2012, 19 ff.; *Hoffmann*, Befristungsrecht in Großbritannien und Deutschland, 2012). Damit allein ist aber noch nicht sichergestellt, dass die mitgliedstaatlichen Rechte jeweils befristungsrahmenvereinbarungskonform sind. Die Vorgaben von § 5 Nr. 1 sind allg. gehalten. Das Gesamtbild des von § 5 Nr. 1 verlangten Befristungsschutzes ist durch den EuGH erst in vereinzelten Punkten konkretisiert. Insbesondere zu den Sachgründen iSv § 5 Nr. 1 lit. a hat der EuGH ein unionsrechtliches Konzept formuliert (→ Rn. 15 ff.). Offen ist, ob der Grundsatz der vollen Richtlinien-Wirksamkeit Grenzen bei der Höchstdauer befristeter Arbeitsverhältnisse nach § 5 Nr. 1 lit. b oder bei der nach § 5 Nr. 1 lit. c zulässigen Zahl der Verlängerungen setzen kann. Die Rs. *Kücük* (EuGH 26.1.2012 – C-586/10, NZA 2012, 135) deutet darauf hin, dass eine hohe Anzahl an Verlängerungen oder eine lange Höchstdauer jedenfalls eine Missbrauchskontrolle erforderlich machen (näher → Rn. 18). Wegen der **Kombinationsmöglichkeiten** sowie der Berücksichtigung gleichwertiger Schutzmaßnahmen ist aber die Benennung einer konkreten Höchstdauer oder konkreten zulässigen Zahl an Verlängerungen nicht möglich. Dass § 5 Nr. 1 die in den Mitgliedstaaten üblichen Modelle eines Befristungsschutzes aufgreift, hat allerdings zur Folge, dass die grds. Unvereinbarkeit einer entsprechenden mitgliedstaatlichen Regelung mit § 5 Nr. 1 fernliegt, sondern dass nur Einzelfragen der Ausgestaltung unionsrechtswidrig sein können. Auch wegen Herausnahme der Erstbefristung aus dem Anwendungsbereich von § 5 Nr. 1 (→ Rn. 5 ff.) verbleibt den Mitgliedstaaten daher ein breiter Spielraum, Befristungsmöglichkeiten aus arbeitsmarktpolitischen Gründen zuzulassen.

II. Modelle des nach § 5 Nr. 1 Buchst. a bis c möglichen Befristungsschutzes

15 **1. § 5 Nr. 1 lit. a: Sachliche Gründe. a) Definition.** Sachliche Gründe, die die Verlängerung befristeter Arbeitsverhältnisse rechtfertigen, sind das erste in § 5 Nr. 1 genannte mögliche Regelungsmodell eines Befristungsschutzes. Der EuGH hat über eine Verknüpfung mit Nr. 7 der allg. Erwägungen, wonach eine aus objektiven Gründen erfolgende Inanspruchnahme befristeter Arbeitsverhältnisse hilft, Missbrauch zu vermeiden, ein Verständnis des Sachgrunds entwickelt, welches einen inneren Zusammenhang zwischen dem Sachgrund und der Erforderlichkeit einer Befristung verlangt. Sachliche Gründe iSv § 5 Nr. 1 lit. a sind genau bezeichnete, **konkrete** Umstände, die eine bestimmte Tätigkeit kennzeichnen und daher in diesem speziellen Zusammenhang die Verwendung aufeinanderfolgender befristeter Arbeitsverträge rechtfertigen können (EuGH 4.7.2006 – C-212/04 Rn. 69 – Adeneler, NZA 2006, 909). Voraussetzung ist stets, dass der Sachgrund tatsächlich **besteht,** was geprüft werden muss (EuGH 23.4.2009 – C-378/07 Rn. 96 ff. – Angelidaki, Slg. 2009, I-3071; *Kamanabrou* EuZA 2012, 441 [454]). Der innere Zusammenhang zwischen Sachgrund und Befristung kann sich aus der Natur der Tätigkeit ergeben oder in der Verfolgung eines legitimen sozialpolitischen Ziels bestehen (EuGH 4.7.2006 – C-212/04 Rn. 70 – Adeneler, NZA 2006, 909).

Kein sachlicher Grund iSv § 5 Nr. 1 lit. a sind hingegen sog **selbstgerechte** Sachgründe, 16
die allein von dem Willen getragen sind, die Verlängerung eines befristeten Arbeitsverhältnisses zuzulassen (EuGH 4.7.2006 – C-212/04 – Adeneler, NZA 2006, 909; EuGH 23.4.2009 – C-378/07 – Angelidaki, Slg. 2009, I-3071; EuGH 26.1.2012 – C-586/10 Rn. 21 ff. – Kücük, NZA 2012, 135; aus der Literatur vor allem *Junker* EuZA 2013, 3).

Das Vorliegen eines Sachgrundes iSv § 5 Nr. 1 lit. a ist auch dann fraglich, wenn das vom 17
Mitgliedstaat verfolgte Ziel **besser** über § 5 Nr. 1 lit. b oder c realisierbar ist (EuGH 26.11.2014 – C-22/13, C-61/13 bis C-63/13 und C-418/13 Rn. 112 – Mascolo, NZA 2015, 153).

b) Einzelfälle. aa) Vorliegen eines Sachgrunds. So verstanden, sind Sachgründe: **Ver-** 18
tretung eines Arbeitnehmers (EuGH 26.1.2012 – C-586/10 Rn. 21 ff. – Kücük, NZA 2012, 135); **zeitweiliger** Bedarf (EuGH 4.7.2006 – C-212/04 Rn. 88 – Adeneler, NZA 2006, 909; 12.6.2008 – C-364/07 Rn. 82 – Vassilakis, Slg. 2008, I-90; 23.4.2009 – C-378/07 Rn. 101 f. – Angelidaki, Slg. 2009, I-3071), bei Lehrkräften auch wegen der Fluktuation der Schülerzahlen (EuGH 26.11.2014 – C-22/13, C-61/13 bis C-63/13 und C-418/13 Rn. 94 f. – Mascolo, NZA 2015, 153). Aufeinanderfolgende Befristungen können unter den allg. Voraussetzungen durch einen Sachgrund gerechtfertigt sein. Es stellt sich jedoch im Einzelfall die Frage, ob bei langfristiger Beschäftigung eines Arbeitnehmers auf der Grundlage befristeter Arbeitsverhältnisse der erforderliche Sachgrund nicht besteht, weil der Arbeitgeber dauerhaften Bedarf hat. Zwingend ist diese Annahme eines dauerhaften Bedarfs indes nicht (EuGH 26.1.2012 – C-586/10 Rn. 50 – Kücük, NZA 2012, 135; *Kamanabrou* EuZA 2012, 441 [454 ff.]; *Drosdeck/Bitsch* NJW 2012, 977 [979 f.]). Vielmehr verlangt der EuGH, dass die Umstände des Einzelfalles, insbesondere die Zahl und die Gesamtdauer der befristeten Arbeitsverhältnisse im Rahmen einer **Missbrauchskontrolle** berücksichtigt werden (EuGH 26.1.2012 – C-586/10 Rn. 21 ff. – Kücük, NZA 2012, 135; *Junker* EuZA 2013, 3 [6 ff.]; *Greiner* ZESAR 2013, 305 [309]; *ders.* EuZA 2013, 529 [534 ff.]; *Brose/Sagan* NZA 2012, 308 [310]; *Joussen* AP Nr. 9 zu RL 99/70/EG; *Bayreuther* NZA 2013, 23 [24 ff.]). Siehe auch → Rn. 30. Eine Teilzeitbeschäftigung in Nebentätigkeit kann dauerhaft, also ohne Höchstdauer nach § 5 Nr. 1 lit. b und ohne Obergrenze der zulässigen Verlängerungen nach § 5 Nr. 1 lit. c, befristet werden und § 5 Nr. 1 lit. a genügen, wenn die (dauerhafte) Befristung durch einen sachlichen Grund getragen ist (EuGH 13.3.2014 – C-190/13 Rn. 44 ff., Ergebnis Rn. 60 – Márquez Samohano, NZA 2014, 475; Sachgrund: Beschäftigung von Assistenzprofessoren in Nebentätigkeit und Teilzeit, damit Fachleute mit anerkannter Qualifikation ihre Kenntnisse und Berufserfahrungen in die Universität einbringen). Grenze ist auch hier, dass ein zeitweiliger und nicht ein Dauerbedarf gedeckt werden soll.

Arbeitsmarktpolitisch motivierte Sachgründe können sich als legitimes sozialpolitisches 19
Ziel aus dem politischen Wunsch ergeben, die Beschäftigung bei bestimmten Berufen, bestimmten Altersgruppen (zu älteren Arbeitnehmern *Rolfs/Evke de Groot* ZESAR 2009, 5 [9]) oder in bestimmten Regionen eines Mitgliedstaats durch die Erleichterung von Befristungen zu fördern. Beispiel aus dem deutschen Recht ist § 14 I Nr. 2 TzBfG. Die ebenfalls arbeitsmarktpolitisch motivierten § 14 II, IIa, III TzBfG lösen sich gerade vom Muster des Befristungsschutzes durch Sachgrund (*Greiner* ZESAR 2013, 305) und sind daher nicht an § 5 Nr. 1 lit. a zu messen. Arbeitsmarktpolitisch motiviert ist es auch, wenn Arbeitsverhältnisse, die nach Erreichen der Altersgrenze eingegangen werden, befristet werden (*Junker* EuZA 2013, 3 [13 f.]). Siedelt man diese Befristung im deutschen Recht bei § 14 I Nr. 6 TzBfG an (Rieble/Junker/Giesen/*Stoffels,* Arbeiten im Alter (von 55 bis 75), 2013, S. 53 [63 ff.]), ist auch dieser ein arbeitsmarktpolitischer Sachgrund in diesem Sinne. Zu beachten ist zusätzlich RL 2000/78/EG, → RL 2000/78/EG.

Ein **legitimes** sozialpolitisches Ziel liegt auch bei Maßnahmen vor, die den Schutz von 20
Schwangerschaft, Mutterschaft und allg. der Vereinbarkeit von Familie und Beruf ermöglichen sollen (EuGH 26.1.2012 – C-586/10 Rn. 32 f. – Kücük, NZA 2012, 135). Der

Zusammenhang mit der Befristung ist mittelbar, weil entsprechende Maßnahmen Vertretungsbedarf schaffen, der mit befristeten Arbeitsverhältnissen aufzufangen ist (vgl. auch *Greiner* EuZA 2013, 529 [533 f.]). Das Verfolgen eines solchen Ziels verstärkt den Charakter der Befristung zur Vertretung als Sachgrund iSv § 5 Nr. 1 lit. a (EuGH 26.11.2014 – C-22/13, C-61/13 bis C-63/13 und C-418/13 Rn. 93 – Mascolo).

21 **bb) Kein Sachgrund.** Als selbstgerechter Sachgrund nicht von § 5 Nr. 1 lit. a gedeckt ist der bloße Umstand, dass der **Gesetzgeber** die Verlängerung eines befristeten Arbeitsverhältnisses – auch nicht in der Form, dass bestimmte Tätigkeiten vom Befristungsschutz ausgenommen werden (EuGH 26.2.2015 – C-238/14 Rn. 39 ff. - Kommission/Luxemburg, NZA 2015, 424) – erlaubt. Das Ermöglichen von **Haushaltsbefristungen** legt die Möglichkeit der Befristung mittelbar in die freie Entscheidung öffentlicher Arbeitgeber und stellt ebenfalls keinen Sachgrund dar (in diese Richtung nun auch EuGH 26.11.2014 – C-22/13, C-61/13 bis C-63/13 und C-418/13 Rn. 110 – Mascolo). In beiden Fällen ist auch nicht gewährleistet, dass eine dauerhafte Befristung ausgeschlossen ist (so zur Haushaltsbefristung *Preis/Greiner* RdA 2010, 148 [156]). Ein selbstgerechter Sachgrund liegt auch bei der Möglichkeit der dauerhaften Befristung im öffentlichen Dienst bis zum Abschluss eines **Auswahlverfahrens** für den Zugang zu einer unbefristeten Beschäftigung vor, wenn der Zeitpunkt der Durchführung des Auswahlverfahrens ungewiss ist (EuGH 26.11.2014 – C-22/13, C-61/13 bis C-63/13 und C-418/13 Rn. 97 ff. – Mascolo).

22 **c) Weitere Anforderungen an den Sachgrund.** Der Sachgrund iSv § 5 Nr. 1 lit. a muss gerade die **Verlängerung** des befristeten Arbeitsverhältnisses rechtfertigen. Es ist in jedem Einzelfall zu prüfen, ob auf eine Erstbefristung zugeschnittene Sachgründe (Erprobung des Arbeitnehmers) auch eine Verlängerung des befristeten Arbeitsverhältnisses tragen. Zu den Gründen des § 14 I TzBfG → Rn. 30 ff.

23 **2. § 5 Nr. 1 lit. b: Höchstdauer.** Ein auch in den Mitgliedstaaten verbreitetes Regelungsmodell eines Befristungsschutzes ist eine Höchstdauer bei sachgrundlosen und bei Sachgrundbefristungen. Eine zeitliche Höchstdauer nimmt einem System des Befristungsschutzes Flexibilität und kann unvorteilhaft für Arbeitnehmer sein, weil die Begrenzung der Ermöglichung befristeter Beschäftigung zu Beschäftigungslosigkeit führen kann. Jedoch stellt die zeitliche Höchstdauer auch bei Sachgrundbefristungen den **Ausnahmecharakter** befristeter Arbeitsverhältnisse in einer Rechtsordnung klar. In Anlehnung an die Rechtsprechung zu den sachlichen Gründen iSv § 5 Nr. 1 lit. a darf die Höchstdauer nicht lediglich dazu dienen, die Verlängerung befristeter Arbeitsverhältnisse zuzulassen. Eine längere Höchstdauer kann aber durchaus von arbeitsmarktpolitischen Erwägungen getragen sein (*Krebber*, FS Stürner, 2013, 1105 ff.). Sie ist dann wiederum in Anlehnung zur Rechtsprechung zu den sachlichen Gründen iSv § 5 Nr. 1 lit. a mit § 5 Nr. 1 lit. b vereinbar. Im deutschen Recht statuieren § 14 II, IIa, III TzBfG eine Höchstdauer.

24 **3. § 5 Nr. 1 lit. c: Zahlenmäßige Begrenzung der Verlängerung befristeter Arbeitsverhältnisse.** Mit der Begrenzung der Anzahl der Verlängerungsmöglichkeiten befristeter Arbeitsverhältnisse setzt ein Befristungsschutz an der für den Arbeitnehmer entstehenden Unsicherheit insbesondere bei kurzzeitigen Befristungen an. § 5 Nr. 1 lit. c greift damit einen dritten Aspekt auf, aus dem die Verlängerung befristeter Arbeitsverhältnisse für Arbeitnehmer ungünstig sein kann. In Anlehnung an die Rechtsprechung zu den sachlichen Gründen des § 5 Nr. 1 lit. a ist nur eine solche Begrenzung der Anzahl möglicher Verlängerungen mit § 5 Nr. 1 lit. c vereinbar, die Ausdruck von Arbeitnehmerschutz oder arbeitsmarktpolitischen Erwägungen ist. Ein bloßes **Gestatten** einer hohen oder unbegrenzten Anzahl an Verlängerungen ist nicht von § 5 Nr. 1 lit. c gedeckt. Im deutschen Recht kennt § 14 II TzBfG eine zahlenmäßige Begrenzung der Verlängerung befristeter Arbeitsverhältnisse.

III. Sanktion bei Missbrauch iSv § 5 Nr. 1

§ 5 Nr. 1 macht **keine** Vorgaben zur Sanktion, die eine mitgliedstaatliche Rechtsordnung 25
für den Fall iSv § 5 Nr. 1 missbräuchlicher Verwendung aufeinanderfolgender befristeter
Arbeitsverhältnisse vorsehen muss. Es gilt die allg. Richtlinien-Dogmatik, nach der Sanktionen **effektiv** und **abschreckend** sein müssen (Calliess/Ruffert/*Ruffert,* AEUV Art. 288
Rn. 30; zur Befristungsrahmenvereinbarung etwa EuGH 26.11.2014 – C-22/13, C-61/13
bis C-63/13 und C-418/13 Rn. 77 – Mascolo, NZA 2015, 153). Genauso wenig, wie die
konkrete Ausgestaltung der Befristungsschutzsysteme nach § 5 Nr. 1 lit. a bis c bewirken
darf, dass die Verlängerung befristeter Arbeitsverhältnisse grenzenlos oder in weitem Umfang ermöglicht wird, darf auch die Sanktionierung nicht dieses Ergebnis haben. Eine
besonders starke Sanktionierung liegt in der Umwandlung des befristeten Arbeitsverhältnisses in ein **unbefristetes** Arbeitsverhältnis. § 5 Nr. 1 verlangt diese Sanktion jedoch nicht
(st. Rspr. seit EuGH 4.7.2006 – C-212/04 Rn. 91 ff. – Adeneler, NZA 2006, 909). Sieht
eine mitgliedstaatliche Rechtsordnung die Umwandlung in ein unbefristetes Arbeitsverhältnis vor, macht § 5 Nr. 1 nicht die Vorgabe, dass dieses unbefristete Arbeitsverhältnis
denselben Inhalt haben muss wie das befristete Arbeitsverhältnis. Daher schließt § 5 Nr. 1
eine Verschlechterung der Arbeitsbedingungen bei Umwandlung in ein unbefristetes Arbeitsverhältnis nicht schlechthin aus. Tiefgreifende Veränderungen zu Lasten des Arbeitnehmers bei Umwandlung in ein unbefristetes Arbeitsverhältnis hingegen gefährden die praktische Wirksamkeit von § 5 Nr. 1, weil sie den betroffenen Arbeitnehmer davon abhalten
könnten, den unbefristeten Arbeitsvertrag anzunehmen (EuGH 8.3.2012 – C-251/11
Rn. 27 ff., 44 – Huet, NZA 2012, 441).

Die Durchsetzbarkeit der Sanktionen richtet sich nach den allg. Grundsätzen des Effekti- 26
vitäts- und Äquivalenzprinzips (→ Art. 1–4 Rn. 20 ff.). **Ungleiche** Sanktionen für unterschiedliche Gruppen von Arbeitnehmern sind nicht an § 4 zu messen. Entscheidend ist
nicht der Vergleich, sondern ob die jeweilige Sanktion den Anforderungen von § 5 genügt
(EuGH 7.9.2006 – C-53/04 Rn. 38 ff. – Marrosu und Sardino, NZA 2006, 1265; krit.
Preis/Sagan/*Brose* § 9 Rn. 186).

IV. Anforderungen an das Gesamtbild des Befristungsschutzes nach § 5 Nr. 1

1. Möglichkeiten und Grenzen der Kombination der Regelungsmodelle von § 5 27
Nr. 1. Auch wenn § 5 Nr. 1 die Verlängerung befristeter Arbeitsverhältnisse in weitem
Umfang zulassen kann, ist die Regelung von der Vorstellung des Ausnahmecharakters
befristeter Arbeitsverhältnisse im Vergleich zum unbefristeten Arbeitsverhältnis getragen
(EuGH 4.7.2006 – C-212/04 Rn. 62 f. – Adeneler, NZA 2006, 909). Diesen **Ausnahmecharakter** befristeter Arbeitsverhältnisse unterstreichen am **deutlichsten** eine Höchstdauer
auch für sachgrundbefristete Arbeitsverhältnisse sowie eine Begrenzung der Anzahl möglicher Verlängerungen befristeter Arbeitsverhältnisse, bei denen deshalb auch keine Missbrauchskontrolle erforderlich ist (**aA** Preis/Sagan/*Brose* § 9 Rn. 169). Eine zu lange Höchstdauer oder eine zu große Anzahl möglicher Verlängerungen würde als solche § 5 Nr. 1 lit. b
oder c nicht genügen. Sieht ein Mitgliedstaat zusätzlich zu einem Sachgrunderfordernis
einen Schutz nach § 5 Nr. 1 lit. b oder c vor, spricht das im Grundsatz für die Vereinbarkeit
seines Rechts mit § 5 (in diese Richtung EuGH 3.7.2014 – C-362/13, C-363/13 und C-
407/13 Rn. 70 – Fiamingo). Das ausschließliche Erfordernis einer Sachgrundbefristung
kann hingegen im Ergebnis zu der dauerhaften Beschäftigung eines Arbeitnehmers auf der
Grundlage befristeter Arbeitsverhältnisse führen. Ein nicht durch zeitliche Höchstgrenze
oder Höchstanzahl an Verlängerungsmöglichkeiten flankierter Schutz über die Erforderlichkeit eines Sachgrundes für die Befristung genügt zwar dem Wortlaut von § 5 Nr. 1, stellt im
Ergebnis jedoch eine schwächere Form des Arbeitnehmerschutzes dar (**aA** Preis/Sagan/
Brose § 9 Rn. 134: Gleichwertigkeit). **Daher** verlangt der EuGH bei Sachgrundbefristungen, dass die Umstände des Einzelfalles, insbesondere die Zahl und die Gesamtdauer der

befristeten Arbeitsverhältnisse im Rahmen einer Missbrauchskontrolle berücksichtigt werden (EuGH 26.1.2012 – C-586/10 Rn. 21 ff. – Kücük, NZA 2012, 135; oben → Rn. 18). In der Rechtsprechung des EuGH ist zudem ein erster Ansatz dafür zu finden, dass in die Beurteilung der Vereinbarkeit mit § 5 einfließt, ob das vom Mitgliedstaat mit der Ermöglichung einer Befristung verfolgte Ziel besser über ein Regelungsmodell nach § 5 lit. b oder c als nach lit. a realisiert werden kann (EuGH 26.11.2014 – C-22/13, C-61/13 bis C-63/13 und C-418/13 Rn. 112 – Mascolo).

28   Die Regelungsmodelle von § 5 Nr. 1 sind im Grundsatz **kombinierbar.** Entscheidend ist, dass das **Gesamtbild** auch unter Berücksichtigung gleichwertiger Schutzmaßnahmen den Vorgaben von § 5 Nr. 1 entspricht. Verschiedene Elemente des Befristungsschutzes müssen sich aber auf derselben Ebene ergänzen. Eine besonders stark ausgeprägte Sanktion bei rechtswidriger Verlängerung eines befristeten Arbeitsverhältnisses kann damit einen im Grundsatz schwachen Befristungsschutz nicht kompensieren, weil die Sanktion erst durch einen Verstoß ausgelöst wird.

29   **2. Unterschiedliche Befristungsschutzmodelle innerhalb einer mitgliedstaatlichen Rechtsordnung.** Sieht ein Mitgliedstaat unterschiedliche Systeme des Befristungsschutzes für verschiedene Arbeitnehmerkategorien vor, muss **jedes** Befristungsschutzmodell **für sich** die Voraussetzungen von § 5 Nr. 1 erfüllen (→ § 4 Rn. 9). Auch wenn die mitgliedstaatliche Regelung in dem einen Modell Ausnahmen zu dem an sich gewählten Befristungsschutzgrundmodell zulässt, liegt darin als solches kein Verstoß gegen § 5 Nr. 1. Geprüft werden muss vielmehr, ob auch bei den Ausnahmen insgesamt noch ein § 5 Nr. 1 genügendes Schutzniveau gewährleistet ist (EuGH 24.4.2009 – C-519/08 Rn. 49 ff. – Koukou, Slg. 2009, I-65).

D. Umsetzung im deutschen Recht

I. §§ 14 ff. TzBfG als Umsetzung von § 5

30   **1. § 14 I TzBfG. § 14 I Nr. 1–4** TzBfG erfüllen im Grundsatz die Anforderungen des EuGH (oben → Rn. 15 ff.) an einen Sachgrund. § 14 I TzBfG stellt aber auf das Bestehen eines Sachgrundes ohne zeitliche Höchstdauer und ohne Begrenzung der zulässigen Anzahl an Verlängerungen ab. Daher ist bei einer Sachgrundbefristung nach § 14 I TzBfG im Einzelfall eine **Missbrauchskontrolle** durchzuführen (→ Rn. 18; zum deutschen Recht BAG 18.7.2012 NZA 2012, 1351; NZA 2012, 1359; *Kamanabrou* EuZA 2012, 441 [460 ff.]; *Junker* EuZA 2013, 3 [11 f.]; *Greiner* ZESAR 2013, 305 [310 ff.]). Über diese Missbrauchskontrolle werden auch frühere Befristungen in die Beurteilung der Rechtmäßigkeit der letzten Befristung einbezogen (*Kamanabrou* EuZA 2012, 441 [459]), sodass § 17 TzBfG auch unter diesem Gesichtspunkt unionsrechtskonform ist (**aA** *Persch* NZA 2011, 1068 [1070]; zu § 17 TzBfG auch → Art. 1–4 Rn. 21), ohne dass es auf die Frage ankommt, wann eine Geltendmachung der Rechtswidrigkeit früherer Befristungen nach § 17 TzBfG präkludiert ist (dazu ErfK/*Preis* TzBfG § 17 Rn. 8; *Bayreuther* NZA 2013, 23).

31   **§ 14 I Nr. 7 und Nr. 8** TzBfG erfüllen nicht die Voraussetzungen des Sachgrundes iSv § 5 Nr. 1 (*Junker* EuZA 2013, 3 [6, 12 f.]; zu § 14 I Nr. 7 TzBfG. krit Preis/Sagan/*Brose* § 9 Rn. 141 ff.; zu § 14 I Nr. 7 *Rolfs/Evke de Groot* ZESAR 2009, 5 [8]; anders zu § 14 I Nr. 8 TzBfG und ohne Vorlage BAG 12.11.2014 NZA 2015, 379). § 14 I Nr. 7 TzBfG kann zudem eine Dauerbefristung tragen und verstößt auch aus diesem Grund gegen § 5 Befristungsrahmenvereinbarung (*Preis/Greiner* RdA 2010, 148 [156]). Problematisch, da eher auf die Erstbefristung zugeschnitten, sind **§ 14 I Nr. 2, Nr. 5** und möglicherweise auch **Nr. 6** TzBfG (aber → Rn. 19). Hier ist im Einzelfall zu prüfen, ob der entsprechende Sachgrund des § 14 I TzBfG auch die Verlängerung eines befristeten Arbeitsverhältnisses rechtfertigen kann.

2. § 14 II TzBfG. § 14 II TzBfG fällt erst in der **Verlängerungsvariante** von § 14 II 1 32
2. Hs. TzBfG in den Anwendungsbereich von § 5. § 14 II 1 2. Hs. kombiniert § 5 Nr. 1
lit. b und lit. c. Trifft ein Tarifvertrag abweichende Regelungen iSv § 14 II 3 TzBfG, müssen
diese den Anforderungen von § 5 Nr. 1 lit. b und c genügen (→ Rn. 23 f.).

3. § 14 IIa TzBfG. Entsprechendes gilt für § 14 IIa 1, 2. Hs. TzBfG, der Befristungs- 33
schutz iSv § 5 Nr. 1 lit. b ist. Die Norm ist arbeitsmarktpolitisch motiviert (Anreiz zur
Steigerung der Beschäftigung in neu gegründeten Unternehmen, vgl. nur *Thüsing* ZfA
2004, 67 [95]) und damit mit § 5 Nr. 1 **vereinbar** (vgl. auch Laux/Schlachter/*Schlachter*
TzBfG § 14 Rn. 130; Annuß/Thüsing/*Maschmann*, Kommentar zum Teilzeit- und Befristungsgesetz, 3. Aufl. 2012, TzBfG § 14 Rn. 79b).

4. § 14 III TzBfG. § 14 III 2 TzBfG stellt ein Befristungsschutzmodell iSv § 5 Nr. 1 34
lit. b dar. Indem die Möglichkeit der Befristung nach § 14 III TzBfG an vier Monate
Beschäftigungslosigkeit geknüpft wird, lässt der Gesetzgeber die arbeitsmarktpolitische Motivation für diese Regelung erkennen. Sie ist daher mit § 5 Nr. 1 **vereinbar**. Zur Altersgrenze (→ RL 2000/78/EG Art. 6 Rn. 44 ff.).

II. Gleichwertige gesetzliche Maßnahmen im Sinne von § 5

1. TzBfG. Gleichwertige gesetzliche Maßnahmen des TzBfG sind § 14 IV (die Befris- 35
tungsrahmenvereinbarung selbst macht keine Vorgaben zu bestimmten Abschlussmodalitäten, EuGH 3.7.2014 – C-362/13, C-363/13 und C-407/13 Rn. 45 f. – Fiamingo) sowie
die Umwandlung in ein unbefristetes Arbeitsverhältnis zu unveränderten Arbeitsbedingungen durch § 16 TzBfG. Auch die **Verlängerungs-Rechtsprechung** des BAG zu § 14 II
TzBfG (BAG 19.10.2005 NZA 2006, 154; 20.2.2008 NZA 2008, 883) ist eine gleichwertige gesetzliche Maßnahme. Da nicht dem Befristungsschutz, sondern dem Schutz der
Betriebsratstätigkeit dienend, stellt der auf § 78 S. 2 BetrVG gestützte Anspruch des befristet
beschäftigten Betriebsratsmitglieds auf Abschluss eines Folgevertrags (BAG 25.6.2014 NZA
2014, 1209) hingegen keine gleichwertige gesetzliche Maßnahme dar.

2. Gesetz über befristete Arbeitsverträge in der Wissenschaft. § 5 wird auch durch 36
das Gesetz über befristete Arbeitsverträge in der Wissenschaft umgesetzt. § 2 I WissZeitVG
orientiert sich an § 5 Nr. 1 lit. b. Die Verknüpfung der Zeiträume mit Promotionsphase und
Qualifikationsphase nach Promotion genügt den Anforderungen von § 5 Nr. 1 lit. b. Die
längere Dauer für Befristungen im Bereich der Medizin hängt mit den Erfordernissen der
Facharztausbildung zusammen (ErfK/*Müller-Glöge* WissZeitVG § 2 Rn. 3b) und genügt
daher § 5 Nr. 1.

Der Befristungsgrund **Drittmittel** in § 2 II WissZeitVG stellt im Grundsatz einen 37
sachlichen Grund iSv § 5 Nr. 1 lit. a dar (*Löwisch* NZA 2007, 482). Dass eine Vergleichbarkeit mit § 14 I Nr. 7 TzBfG (so Laux/Schlachter/*Schlachter* TzBfG § 23 Anh. 2 Rn. 13)
und sog. selbstgerechten Sachgründen (→ § 5 Rn. 16) im Allgemeinen bestehen könnte,
weil der Drittmittelgeber es in der Hand hat, ob er die Mittel weitergewährt, berücksichtigt
bei nicht aus Steuergeldern stammenden Drittmitteln nicht hinreichend, dass der private
Drittmittelgeber nicht zur Weitergewährung gezwungen werden kann. Eine Vergleichbarkeit besteht daher eher mit § 14 I Nr. 1 TzBfG (vorübergehender Bedarf aufgrund der
guten Auftragslage). In jedem Einzelfall aber ist die Missbrauchskontrolle der Rs. *Kücük*
(EuGH 26.1.2012 – C-586/10, NZA 2012, 135) durchzuführen. Die Bestimmung gerät
zudem insgesamt in eine problematische Nähe zu § 14 I Nr. 7 TzBfG, wenn es sich um
Drittmittel aus **Steuergeldern** handelt. Dass es sich um Steuermittel aus einer anderen
Quelle handelt, aus der der Arbeitgeber steuerlich finanziert wird, ist kein überzeugendes
Unterscheidungsmerkmal, weil es letztlich wie iSd Adeneler-Rechtsprechung (EuGH
4.7.2006 – C-212/04, NZA 2006, 909) darum geht, Befristungen einfach per Gesetz
zuzulassen. Zudem versteht der EuGH den Mitgliedstaat umfassend und lässt keine Diffe-

renzierung nach seinen verschiedenen Untereinheiten zu. § 2 II WissZeitVG ist daher **unionsrechtswidrig.**

38 **3. Gesetz über befristete Arbeitsverträge mit Ärzten in der Weiterbildung.** Das Gesetz über befristete Arbeitsverträge mit Ärzten in der Weiterbildung kombiniert § 5 Nr. 1 lit. a mit § 5 Nr. 1 lit. b. Der sachliche Zusammenhang mit der Weiterbildung gewährleistet die **Vereinbarkeit** mit § 5.

39 **4. Gesetz zum Elterngeld und zur Elternzeit.** Der Sachgrund der Vertretung ist im Grundsatz mit § 5 Nr. 1 lit. a vereinbar (→ Rn. 18, 20), sodass § 21 BEEG **unionsrechtskonform** ist. Unter den allg. Voraussetzungen ist die Missbrauchskontrolle durchzuführen (→ Rn. 18).

40 **5. Gesetz über die Pflegezeit und Gesetz über die Familienpflegezeit.** § 6 PflegeZG sowie § 9 V FPfZG iVm § 6 PflegeZG gestatten die befristete Beschäftigung zur Vertretung von Arbeitnehmern, die von den Freistellungsmöglichkeiten der beiden Gesetze Gebrauch machen. Die Regelungen sind im Grundsatz mit § 5 Nr. 1 lit. a **vereinbar** (→ Rn. 18, 20), jedoch ist unter den allg. Voraussetzungen die Missbrauchskontrolle durchzuführen (→ Rn. 18).

41 **6. Berufsbildungsgesetz.** Nach § 5 Abs. 1 Nr. 2 BBiG soll die in der Ausbildungsordnung festzulegende Dauer der Ausbildung nicht mehr als drei und nicht weniger als zwei Jahre betragen. § 21 I BBiG knüpft das Ende des Berufsausbildungsverhältnisses an den Ablauf der Ausbildungszeit. Damit wird das Regelungsmodell von § 5 lit. b aufgegriffen, sodass die **Vereinbarkeit** mit § 5 sichergestellt ist (s. auch Laux/Schlachter/*Schlachter* TzBfG § 3 Rn. 4).

§ 6 Information und Beschäftigungsmöglichkeiten

1. **Die Arbeitgeber informieren die befristet beschäftigten Arbeitnehmer über Stellen, die im Unternehmen oder Betrieb frei werden, damit diese die gleichen Chancen auf einen sicheren unbefristeten Arbeitsplatz haben wie andere Arbeitnehmer. Diese Information kann durch allgemeine Bekanntgabe an geeigneter Stelle im Unternehmen oder Betrieb erfolgen.**
2. **Die Arbeitgeber erleichtern den befristet beschäftigten Arbeitnehmern, soweit dies möglich ist, den Zugang zu angemessenen Aus- und Weiterbildungsmöglichkeiten, die die Verbesserung ihrer Fertigkeiten, ihr berufliches Fortkommen und ihre berufliche Mobilität fördern.**

A. Allgemeines

1 Hintergrund von § 6 ist die Grundvorstellung der Befristungsrahmenvereinbarung, dass unbefristete Arbeitsverhältnisse die übliche Beschäftigungsform sind und befristet beschäftigte Arbeitnehmer es daher anstreben, in ein unbefristetes Beschäftigungsverhältnis zu gelangen. In einem weiteren Sinne ist § 6 damit Teil der Umsetzung von § 1 lit. a, der Verbesserung der Qualität befristeter Arbeitsverhältnisse durch Anwendung des Grundsatzes der Nichtdiskriminierung. Der **Adressat** von § 6 ist der Arbeitgeber befristet beschäftigter Arbeitnehmer.

2 § 6 Nr. 1 ist in § 18 TzBfG, § 6 Nr. 2 in § 19 TzBfG ins deutsche Recht umgesetzt.

B. Unterrichtungspflicht des Arbeitgebers

I. Inhalt

Nach § 6 Nr. 1 sind befristet beschäftigte Arbeitnehmer von ihrem Arbeitgeber über im Unternehmen oder Betrieb frei werdende Stellen zu **unterrichten.** Ziel ist es, dass die befristet beschäftigten Arbeitnehmer die gleichen Chancen auf einen sicheren unbefristeten Arbeitsplatz haben wie andere Arbeitnehmer. Der Vergleich mit den anderen Arbeitnehmern ist freilich sprachlich auch in anderen Sprachfassungen schief. Es ist unklar, wer diese anderen Arbeitnehmer sein sollen (unbefristet beschäftigte Arbeitnehmer des Arbeitgebers haben bereits ein unbefristetes Arbeitsverhältnis und externe Arbeitnehmer oder Arbeitsuchende können nicht gemeint sein). Gemeint ist, dass befristet Beschäftigte dieselbe Chance haben, wie sie die jetzt unbefristet Beschäftigten hatten. 3

Aus dem Ziel, in eine unbefristete Beschäftigung zu gelangen, ist nicht zu schließen, dass § 6 Nr. 1 nur die Unterrichtung über unbefristete frei werdende Stellen umfasst. Vielmehr kann eine Weiterbeschäftigung auf einer **befristeten** Stelle ein Schritt sein, der mittelbar zu einem unbefristeten Arbeitsverhältnis führen kann. 4

Bezugspunkt der frei werdenden Stelle sind **Betrieb** oder **Unternehmen,** also nicht Konzern. Das Ausmaß der Unterrichtungspflicht ist in § 6 Nr. 1 nicht näher umschrieben. Die Unterrichtung durch den Arbeitgeber muss aber so detailliert sein, dass die befristet beschäftigten Arbeitnehmer beurteilen können, ob sie für die frei werdende Stelle in Betracht kommen. 5

II. Modalitäten der Durchführung der Unterrichtung

Nach § 6 Nr. 1 S. 2 kann die Unterrichtung durch allg. Bekanntgabe an **geeigneter** Stelle im Unternehmen oder Betrieb erfolgen (schwarzes Brett, EAS/*Rolfs,* B 3200, Rn. 27). Geeignet ist darüber hinaus jede Form der Bekanntgabe, die den befristet beschäftigten Arbeitnehmern eine Kenntnisnahme der Information ohne Aufwand gestattet. Entscheidet sich der Arbeitgeber zu einer anderen Form der Bekanntgabe, müssen die begünstigten Arbeitnehmer ohne weiteres Zugang zu dieser Form der Bekanntgabe haben. In Betracht kommen E-Mails, eine Bekanntgabe über ein Arbeitnehmervertretungsorgan oder Ähnliches. Die Bekanntgabe muss aber allg. sein, sodass eine Bekanntgabe über Gewerkschaftsvertreter, die nur ihre Mitglieder repräsentieren, grds. ausscheidet. 6

C. Zugang zu Aus- und Weiterbildung

§ 6 Nr. 2 betrifft die Aus- und Weiterbildungsmöglichkeiten befristet beschäftigter Arbeitnehmer. Eine befristete Beschäftigung soll nicht eine Beschäftigung zweiter Klasse sein, die als solche dazu führt, dass Arbeitnehmer sich nicht aus- oder weiterbilden können. Ziel ist letztlich auch hier die Qualifizierung für ein unbefristetes Arbeitsverhältnis. § 6 Nr. 2 ist allerdings sehr weich formuliert: Die Pflicht ist nur eine **Förderpflicht.** Zudem steht sie unter dem Vorbehalt der Möglichkeit und schließlich betrifft sie nur angemessene Aus- und Weiterbildungsmöglichkeiten. Die weiche Formulierung bewirkt, dass ein konkreter, befristet beschäftigter Arbeitnehmer sich nicht auf § 6 Nr. 2 berufen kann, um einen Anspruch auf eine bestimmte Fort- oder Weiterbildung geltend zu machen. Der Arbeitgeber befristet beschäftigter Arbeitnehmer muss die Förderungspflicht jedoch erfüllen. Soweit es um den Zugang zu allg. Aus- und Weiterbildungsmöglichkeiten geht, die der Arbeitgeber anbietet, greift § 4. 7

§ 7 Information und Konsultation

1. Befristet beschäftigte Arbeitnehmer werden entsprechend den nationalen Rechtvorschriften bei der Berechnung der Schwellenwerte für die Einrichtung von Arbeitnehmervertretungen in den Unternehmen berücksichtigt, die nach den Rechtsvorschriften der Gemeinschaft und der Mitgliedstaaten vorgesehen sind.
2. Die Anwendungsmodalitäten des Paragraphs 7 Nummer 1 werden von den Mitgliedstaaten nach Anhörung der Sozialpartner und/oder von den Sozialpartnern unter Berücksichtigung der einzelstaatlichen gesetzlichen und tarifvertraglichen Bestimmungen und Gepflogenheiten und im Einklang mit Paragraph 4 Nummer 1 festgelegt.
3. Die Arbeitgeber ziehen, soweit dies möglich ist, eine angemessene Information der vorhandenen Arbeitnehmervertretungsgremien über befristete Arbeitsverhältnisse im Unternehmen in Erwägung.

A. Allgemeines

1   § 7 regelt **zwei** unterschiedliche Tatbestände, die lediglich dadurch verbunden sind, dass beide Arbeitnehmervertretungsgremien betreffen. § 7 Nr. 1 und 2 betreffen die Berücksichtigung befristet beschäftigter Arbeitnehmer bei der Berechnung von Schwellenwerten für die Einrichtung von Arbeitnehmervertretungen. § 7 Nr. 3 hat die Unterrichtung vorhandener Arbeitnehmervertretungsgremien über befristete Arbeitsverhältnisse durch den Arbeitgeber zum Gegenstand.

B. Berücksichtigung befristet beschäftigter Arbeitnehmer bei der Einrichtung von Arbeitnehmervertretungen

I. Schwellenwerte bei der Einrichtung

2   **1. Schwellenwert.** § 7 Nr. 1, 2 betreffen Schwellenwerte, also eine von der Anzahl der beschäftigten Arbeitnehmer her definierte Begrenzung des sachlichen Anwendungsbereichs. § 7 Nr. 1 steht einer Regelung entgegen, die befristet beschäftigte Arbeitnehmer bei der Berechnung des Schwellenwertes als solche gänzlich **ausnimmt**. Nicht an § 7 Nr. 1 zu messen sind Regelungen, die andere Arbeitnehmergruppen als befristet beschäftigte Arbeitnehmer vom Anwendungsbereich eines Gesetzes iSv § 7 Nr. 1 ausnehmen (§ 5 II, III BetrVG), auch wenn diese im Einzelfall befristet beschäftigt sind.

3   **2. Einrichtung.** Von § 7 Nr. 1 sind nur Schwellenwerte erfasst, die die **Einrichtung** einer Arbeitnehmervertretung betreffen. Daher fallen nicht unter § 7 Nr. 1 Schwellenwerte, die innerhalb einer bestehenden Arbeitnehmervertretung besondere Rechte auslösen (zB §§ 95 II, 106 I BetrVG).

4   **3. Arbeitnehmervertretungen.** § 7 Nr. 1 macht Vorgaben nur für die Einrichtung einer **Arbeitnehmervertretung.** Was Arbeitnehmervertretung iSv § 7 Nr. 1 ist, bestimmt sich nach **mitgliedstaatlichem** Recht und nach Unionsrecht, soweit eine Arbeitnehmervertretung unionsrechtlich vorgesehen ist. Weil § 7 Nr. 1, anders etwa als Art. 2 lit. e RL 2002/14/EG, auf das Organ der Arbeitnehmervertretung und nicht auf die Person des Arbeitnehmervertreters abstellt, sind nur Organe erfasst, die zum Zweck der Arbeitnehmervertretung gebildet werden. Im deutschen Recht fallen darunter Betriebsräte, Personalräte sowie Sprecherausschüsse, nicht aber die Aufsichtsräte der Unternehmensmitbestimmung unterliegender Unternehmen. Ob eine Arbeitnehmervertretung hingegen nur Mitwirkungs- oder echte Mitbestimmungsrechte hat, ist unerheblich. Wegen des Abstellens auf ein Organ der Arbeitnehmervertretung ist § 7 Nr. 1 auch nicht auf etwaige Schwellenwerte bei

Belegschafts- oder Gewerkschaftsvertretern anwendbar, wenn diese nicht zu einem Organ zusammengefasst werden.

4. Schwellenwerte nach Unions- und mitgliedstaatlichem Recht. § 7 Nr. 1 unter- 5
fallende Schwellenwerte durch Unionsrecht finden sich in Art. 3 I RL 2002/14/EG sowie in Art. 2 I lit. a, c RL 2009/38/EG. Im deutschen Recht sind erfasst § 1 I BetrVG, § 1 I SprAuG sowie die entsprechenden Regelungen in den Personalvertretungsgesetzen.

II. Berücksichtigung

§ 7 Nr. 1 gibt eine Berücksichtigung befristet beschäftigter Arbeitnehmer **ohne Kon-** 6
kretisierung der Berücksichtigungsmodalitäten vor. Die Anwendungsmodalitäten werden nach § 7 Nr. 2 durch die Mitgliedstaaten festgelegt; diese Regelung ist nur als Klarstellung sinnvoll, da die Zuständigkeit der Mitgliedstaaten bereits aus Art. 288 III AEUV folgt.

Berücksichtigung heißt nicht, dass befristet Beschäftigte in jedem Fall mitzuzählen sind. 7
Die Pflicht zur Berücksichtigung schließt nur aus, dass befristet Beschäftigte in die Berechnung der Schwellenwerte **insgesamt nicht** einbezogen werden. Dass Schwellenwerte bei der Einrichtung von Arbeitnehmervertretungen von einer gewissen Verbundenheit der Arbeitnehmer zu Betrieb oder Unternehmen abhängig gemacht werden, ist jedoch mit § 7 Nr. 1 vereinbar. Kurzzeitig befristet beschäftigte Arbeitnehmer können daher von der Berechnung der Schwellenwerte ausgenommen werden. Die Regelungen in § 1 I BetrVG und § 1 I SprAuG (idR beschäftigt) sind mit § 7 Nr. 1, 2 vereinbar. Eine partielle Berücksichtigung, wie sie nach dem Muster von § 23 I 4 KSchG bei Teilzeitbeschäftigten vorstellbar ist, wird der Beschäftigungsform Befristung nicht gerecht und scheidet daher aus.

C. Unterrichtung der Arbeitnehmervertretungsgremien über befristete Arbeitsverhältnisse

Nach § 7 Nr. 3 ziehen Arbeitgeber in Erwägung, vorhandene Arbeitnehmervertretungs- 8
gremien angemessen über befristete Arbeitsverhältnisse im Unternehmen zu unterrichten. Eine Pflicht hierzu statuiert § 7 Nr. 3 **nicht** (EAS/*Rolfs*, B 3200, Rn. 28). Der weiche Charakter von § 7 Nr. 3 wird durch die zweite Einschränkung (soweit dies möglich ist) bekräftigt. Es sind in den Grenzen von § 7 Nr. 3 nur vorhandene Arbeitnehmervertretungsgremien zu unterrichten. Auf § 7 Nr. 3 kann kein Verlangen der Einrichtung einer Arbeitnehmervertretung gestützt werden. § 7 Nr. 3 ist für das deutsche Recht in § 20 TzBfG umgesetzt und dort als Pflicht zur Unterrichtung ausgestaltet.

§ 8 Umsetzungsbestimmungen

1. **Die Mitgliedstaaten und/oder die Sozialpartner können günstigere Bestimmungen für Arbeitnehmer beibehalten oder einführen, als sie in dieser Vereinbarung vorgesehen sind.**
2. Diese Vereinbarung gilt unbeschadet spezifischerer Gemeinschaftsbestimmungen, insbesondere der Gemeinschaftsbestimmungen zur Gleichbehandlung und Chancengleichheit von Männern und Frauen.
3. Die Umsetzung dieser Vereinbarung darf nicht als Rechtfertigung für die Senkung des allgemeinen Niveaus des Arbeitnehmerschutzes in dem von dieser Vereinbarung erfaßten Bereich dienen.
4. Diese Vereinbarung beeinträchtigt nicht das Recht der Sozialpartner, auf der geeigneten, einschließlich der europäischen Ebene, Vereinbarungen zu schließen, die die Bestimmungen dieser Vereinbarung unter Berücksichtigung der besonderen Bedürfnisse der betroffenen Sozialpartner anpassen und/oder ergänzen.

5. Die Vermeidung und Behandlung von Streitfällen und Beschwerden, die sich aus der Anwendung dieser Vereinbarung ergeben, erfolgen im Einklang mit den einzelstaatlichen gesetzlichen und tarifvertraglichen Bestimmungen und Gepflogenheiten.
6. Falls eine der Unterzeichnerparteien dies beantragt, nehmen diese fünf Jahre nach dem Datum des Ratsbeschlusses eine Überprüfung der Anwendung dieser Vereinbarung vor.

A. Überblick

1   Der nicht ganz exakt mit Umsetzungsbestimmungen überschriebene § 8 behandelt neben unterschiedlichen, mit der Umsetzung zusammenhängenden Fragen, auch eine Überprüfung der Anwendung der Befristungsrahmenvereinbarung durch die Vertragsparteien EGB, UNICE und CEEP sowie das Recht der Sozialpartner, die Befristungsrahmenvereinbarung anzupassen oder zu ergänzen. Eine gewisse materielle Bedeutung kommt dem Verschlechterungsverbot von § 8 Nr. 3 zu.

B. Verschlechterungsverbot, § 8 Nr. 3

I. Grundsatz

2   Auf Art. 153 AEUV gestützte sozialpolitische Richtlinien sowie im Fall der Befristungsrahmenvereinbarung durch Richtlinien nach Art. 155 II iVm Art. 153 AEUV durchgeführte Vereinbarungen europäischer Sozialpartner können gem. Art. 153 II lit. b nur Mindestvorschriften erlassen. Ob eine sozialpolitische Richtlinie sich in einem Mitgliedstaat auswirkt, hängt damit von dem Rechtszustand vor Inkrafttreten und Umsetzen der Richtlinie ab. Schützt ein mitgliedstaatliches Recht den Arbeitnehmer insgesamt oder punktuell weiter als eine Richtlinie, könnte ein Mitgliedstaat sein mitgliedstaatliches Recht auf die unionsrechtlichen Vorgaben der Richtlinie **zurückführen** und damit das Niveau des Arbeitnehmerschutzes im Ergebnis im Vergleich zum vorherigen Zustand einschränken. Dies versuchen vielfach der Richtlinien-Geber und in § 8 Nr. 3 die Vertragsparteien der Befristungsrahmenvereinbarung durch ein sog Verschlechterungsverbot zu verhindern. Der EuGH nimmt Verschlechterungsverbote auch bei Fehlen einer entsprechenden ausdrücklichen Regelung teilweise an (EuGH 6.9.2011 – C-108/10 Rn. 75 ff. – Scattolon, NZA 2011, 1077).

II. Anwendungsbereich

3   Nur die Umsetzung der Befristungsrahmenvereinbarung darf nicht als Rechtfertigung für die Senkung des allg. Niveaus des Arbeitnehmerschutzes dienen. Ändert ein Mitgliedstaat sein Befristungsrecht, **ohne** dass ein Zusammenhang mit der Umsetzung der Befristungsrahmenvereinbarung besteht, greift § 8 Nr. 3 nicht (EuGH 22.11.2005 – C-144/04 Rn. 52 f. – Mangold, NZA 2005, 1345; 23.4.2009 – C-378/07 Rn. 131 – Angelidaki, Slg. 2009, I-3071).

4   Darüber muss die Herabsenkung des Arbeitnehmerschutzes gerade mit der **Umsetzung** der Befristungsrahmenvereinbarung gerechtfertigt werden (EuGH 23.4.2009 – C-378/07 Rn. 208 f. – Angelidaki, Slg. 2009, I-3071; *Kerwer* EuZA 2010, 253 [261 f.[). Ein zeitlicher Zusammenhang mit der Umsetzung reicht hierfür als solcher nicht aus (tendenziell **aA** *Greiner* EuZA 2011, 74 [78 f.]: wichtiger Anhaltspunkt), auch nicht der Umstand, dass die Herabsenkung in dem eigentlichem Umsetzungsakt erfolgt (**aA** *Greiner* EuZA 2011, 74 [78 f.]: stärkstes Indiz). Entscheidet sich ein Mitgliedstaat, sein Befristungsrecht anlässlich der Umsetzung der Befristungsrahmenvereinbarung iRd unionsrechtlichen Vorgaben im Vergleich zum vorherigen Zustand abzusenken, ist er daran durch § 8 Nr. 3 nicht gehindert,

soweit er die Einschränkung des Befristungsschutzes sachlich anders als mit der Umsetzung begründet. In Betracht kommen insbesondere arbeitsmarktpolitische Erwägungen.

§ 8 Nr. 3 ist zeitlich auf die **Erstumsetzung** beschränkt, was sich nicht eindeutig aus 5 dem Wortlaut, aber aus dem Zusammenspiel von Verschlechterungsverbot und Art. 153 II lit. b AEUV ergibt, weil das grundlegende Konzept der Mindestharmonisierung sonst untergraben würde (**anders** EuGH 22.11.2005 – C-144/04 Rn. 51– Mangold, NZA 2005, 1345; 23.4.2009 – C-378/07 Rn. 131 – Angelidaki, Slg. 2009, I-3071; *Kerwer* EuZA 2010, 253 [261]). Passt ein Mitgliedstaat sein Befristungsrecht später an, ist der Tatbestand von § 8 Nr. 3 von vornherein nicht betroffen. Auch nach der vom EuGH vertretenen Gegenauffassung muss die spätere Änderung im Zusammenhang mit der Umsetzung der Befristungsrahmenvereinbarung stehen und die spätere Absenkung mit der Umsetzung gerechtfertigt werden. Diese Voraussetzungen stellen bei späteren Änderungen eine größere Hürde für die Anwendbarkeit von § 8 Nr. 3 auf als bei der Erstumsetzung.

III. Vergleich

§ 8 Nr. 3 statuiert ein Verbot der Senkung des allg. Niveaus des Arbeitnehmerschutzes in 6 dem von der Befristungsrahmenvereinbarung erfassten Bereich. Diese Formulierung erweitert auf der einen Seite die Grundlage des Vergleichs. **Einbezogen** werden sämtliche Bestimmungen des innerstaatlichen Rechts, die den Schutz der Arbeitnehmer im Zusammenhang mit befristeten Arbeitsverhältnissen betreffen (EuGH 23.4.2009 – C-378/07 Rn. 120 – Angelidaki, Slg. 2009, I-3071). In die Beurteilung, ob eine Verschlechterung iSv § 8 Nr. 3 vorliegt, werden daher auch von der Befristungsrahmenvereinbarung nicht verlangte Schutzmechanismen einbezogen (Befristungsschutz bei Erstbefristung, EuGH 23.4.2009 – C-378/07 Rn. 108 ff. – Angelidaki, Slg. 2009, I-3071; 11.11.2010 – C-20/10 Rn. 39 – Vino I, Slg. 2010, I-148).

§ 8 Nr. 3 betrifft andererseits nur die Senkung des allg. Niveaus des Befristungsschutzes. 7 Eine Verschlechterung iSv § 8 Nr. 3 liegt demnach nicht vor, wenn die in Frage stehende Regelung **keinen erheblichen** Teil der befristet beschäftigten Arbeitnehmer betrifft (EuGH 23.4.2009 – C-378/07 Rn. 146 – Angelidaki, Slg. 2009, I-3071; 24.6.2010 – C-98/09 Rn. 48 – Sorge, NZA 2010, 805; dazu *Greiner* EuZA 2011, 74 [78 f.]). Zudem kann der Mitgliedstaat die abgeschaffte Regelung immer noch durch andere Schutzvorschriften **ausgleichen** (EuGH 23.4.2009 – C-378/07 Rn. 146 – Angelidaki, Slg. 2009, I-3071; 24.6.2010 – C-98/09 Rn. 48 – Sorge, NZA 2010, 805; dazu *Kerwer* EuZA 2010, 253 [264]). Beide Gesichtspunkte sind durch die mitgliedstaatlichen Gerichte zu prüfen (EuGH 23.4.2009 – C-378/07 Rn. 146 – Angelidaki, Slg. 2009, I-3071; 24.6.2010 – C-98/09 Rn. 48 – Sorge, NZA 2010, 805).

Ob eine von § 8 Nr. 3 erfasste Regelung durch andere Schutzvorschriften im betreffen- 8 den Mitgliedstaat ausgeglichen wird, kann im Ergebnis nur an dem von der Befristungsrahmenvereinbarung verlangten Mindestschutzniveau gemessen werden. § 8 Nr. 3 ist also nur dann sicher verletzt, wenn das mitgliedstaatliche Niveau durch die Änderung **insgesamt** unter das von der Befristungsrahmenvereinbarung verlangte Schutzniveau absinkt (EuGH 4.7.2006 – C-212/04 Rn. 63 – Adeneler, NZA 2006, 909; 15.4.2008 – C-268/06 Rn. 88 – Impact, NZA 2008, 581; 23.4.2009 – C-378/07 Rn. 149 – Angelidaki, Slg. 2009, I-3071). Die praktische Bedeutung von § 8 Nr. 3 ist daher begrenzt. § 8 Nr. 3 wurde in einer Reihe von Entscheidungen geprüft, aber nie bejaht (neben den zitierten noch EuGH 18.1.2011 – C-272/10 Rn. 62 ff. – Berkizi-Nikolakaki, Slg. 2011, I-3; 24.4.2009 – C-519/08 Rn. 103 ff. – Koukou, Slg. 2009, I-65).

IV. Unmittelbare Wirkung

§ 8 Nr. 3 erfüllt die Voraussetzungen an eine unmittelbare Wirkung (→ Art. 1–4 Rn. 26 ff.) 9 **nicht** (EuGH 23.4.2009 – C-378/07 Rn. 210 f. – Angelidaki, Slg. 2009, I-3071).

C. Befristungsrahmenvereinbarung als Mindestbestimmung, § 8 Nr. 1

10   § 8 Nr. 1 hat lediglich deklaratorische Wirkung. Dass die Befristungsrahmenvereinbarung nur Mindestbestimmung ist, folgt zwingend bereits aus Art. 155 II iVm Art. 153 II lit. b AEUV.

D. Abgrenzung zu sonstigen sozialpolitischen Rechtsakten der Union, § 8 Nr. 2

11   Die sozialpolitischen Richtlinien sowie die durch Richtlinien durchgeführten Sozialpartnervereinbarungen definieren ihre jeweiligen Anwendungsbereiche. Daher ist es keine Besonderheit, wenn ein arbeitsrechtlicher Sachverhalt von mehreren Unionsrechtsakten erfasst wird. Zur RL 2000/78/EG → § 2 Rn. 22.

E. Streitfälle und Beschwerden, § 8 Nr. 5

12   § 8 Nr. 5 hat nur deklaratorischen Charakter. Zur Durchführung in den Mitgliedstaaten und insbesondere dem dabei zu beachtenden Äquivalenz- und Effektivitätsprinzip (→ Art. 1–4 Rn. 19 ff.).

F. Überprüfung der Anwendung der Befristungsrahmenvereinbarung, § 8 Nr. 6

13   Nach § 8 Nr. 6 kann jede Partei der Befristungsrahmenvereinbarung die Überprüfung der Anwendung durch die Vertragsparteien beantragen. § 8 Nr. 6 betrifft nicht das Überwachungsrecht der Anwendung des Unionsrechts durch die Kommission nach Art. 17 I 2 EUV. Vielmehr handelt es sich bei § 8 Nr. 6 um eine die Parteien der Befristungsrahmenvereinbarung **schuldrechtlich** untereinander verpflichtende Möglichkeit, die weder das Unionsrecht allg. noch das Verhältnis der Union zu den Mitgliedstaaten betrifft. Erfolgt ein Antrag, führen die Parteien der Befristungsrahmenvereinbarung die Überprüfung der Anwendung selbst durch.

G. Änderung der Befristungsrahmenvereinbarung, § 8 Nr. 4

14   § 8 Nr. 4 ist eine nicht ganz klare Bestimmung, die nur **deklaratorischer** Natur ist. Dass die Parteien der Befristungsrahmenvereinbarung diese ändern können, ergibt sich schon aus Art. 155 I AEUV, der nicht erst dann greift, wenn zuvor ein Anhörungsverfahren nach Art. 154 AEUV durchgeführt wurde (Calliess/Ruffert/*Krebber* AEUV Art. 155 Rn. 1), sodass die Parteien auch die Initiative der Änderung der Befristungsrahmenvereinbarung ergreifen könnten. Im Falle einer entsprechenden Änderung besteht keine Pflicht der Unionsorgane, die neue Befristungsrahmenvereinbarung als Richtlinien iSv Art. 155 II AEUV durchzuführen und es bliebe zunächst bei der derzeitigen Rechtslage. § 8 Nr. 4 kann diesen Mechanismus des Primärrechts nicht einschränken oder erweitern. Unklar ist, warum § 8 Nr. 4 auf Sozialpartner allg. und nicht auf die Unterzeichnerparteien der Befristungsrahmenvereinbarung abstellt. Es folgt aber aus dem Wesen einer Vereinbarung iSv Art. 155 I AEUV, dass diese nicht durch andere Parteien geändert werden kann. Möglich wäre aber, dass andere Sozialpartner eine eigene Vereinbarung zu Fragen des Befristungsrechts schließen. Ob diese Vereinbarung unionsrechtlich verbindlich wird und wie sie sich zur vorliegenden Befristungsrahmenvereinbarung verhielte, würden die Organe der EU nach Art. 155 AEUV entscheiden.

510. Richtlinie 2000/43/EG des Rates vom 29. Juni 2000 zur Anwendung des Gleichbehandlungsgrundsatzes ohne Unterschied der Rasse oder der ethnischen Herkunft

(ABl. Nr. L 180 S. 22)

Celex-Nr. 3 2000 L 0043

DER RAT DER EUROPÄISCHEN UNION –
gestützt auf den Vertrag zur Gründung der Europäischen Gemeinschaft, insbesondere auf Artikel 13,
auf Vorschlag der Kommission[1],
nach Stellungnahme des Europäischen Parlaments[2],
nach Stellungnahme des Wirtschafts- und Sozialausschusses[3],
nach Stellungnahme des Ausschusses der Regionen[4],
in Erwägung nachstehender Gründe:

(1) Der Vertrag über die Europäische Union markiert den Beginn einer neuen Etappe im Prozeß des immer engeren Zusammenwachsens der Völker Europas.

(2) Nach Artikel 6 des Vertrags über die Europäische Union beruht die Europäische Union auf den Grundsätzen der Freiheit, der Demokratie, der Achtung der Menschenrechte und Grundfreiheiten sowie der Rechtsstaatlichkeit; diese Grundsätze sind den Mitgliedstaaten gemeinsam. Nach Artikel 6 EU-Vertrag sollte die Union ferner die Grundrechte, wie sie in der Europäischen Konvention zum Schutze der Menschenrechte und Grundfreiheiten gewährleistet sind und wie sie sich aus den gemeinsamen Verfassungsüberlieferungen als allgemeine Grundsätze des Gemeinschaftsrechts ergeben, achten.

(3) Die Gleichheit vor dem Gesetz und der Schutz aller Menschen vor Diskriminierung ist ein allgemeines Menschenrecht. Dieses Recht wurde in der Allgemeinen Erklärung der Menschenrechte, im VN-Übereinkommen über die Beseitigung aller Formen der Diskriminierung von Frauen, im Internationalen Übereinkommen zur Beseitigung jeder Form von Rassendiskriminierung, im Internationalen Pakt der VN über bürgerliche und politische Rechte sowie im Internationalen Pakt der VN über wirtschaftliche, soziale und kulturelle Rechte und in der Europäischen Konvention zum Schutz der Menschenrechte und der Grundfreiheiten anerkannt, die von allen Mitgliedstaaten unterzeichnet wurden.

(4) Es ist wichtig, daß diese Grundrechte und Grundfreiheiten, einschließlich der Vereinigungsfreiheit, geachtet werden. Ferner ist es wichtig, daß im Zusammenhang mit dem Zugang zu und der Versorgung mit Gütern und Dienstleistungen der Schutz der Privatsphäre und des Familienlebens sowie der in diesem Kontext getätigten Geschäfte gewahrt bleibt.

(5) Das Europäische Parlament hat eine Reihe von Entschließungen zur Bekämpfung des Rassismus in der Europäischen Union angenommen.

(6) Die Europäische Union weist Theorien, mit denen versucht wird, die Existenz verschiedener menschlicher Rassen zu belegen, zurück. Die Verwendung des Begriffs „Rasse" in dieser Richtlinie impliziert nicht die Akzeptanz solcher Theorien.

(7) Auf seiner Tagung in Tampere vom 15. und 16. Oktober 1999 ersuchte der Europäische Rat die Kommission, so bald wie möglich Vorschläge zur Durchführung des Artikels 13 EG-Vertrag im Hinblick auf die Bekämpfung von Rassismus und Fremdenfeindlichkeit vorzulegen.

---

[1] **Amtl. Anm.:** Noch nicht im Amtsblatt veröffentlicht.
[2] **Amtl. Anm.:** Stellungnahme vom 18. Mai 2000 (noch nicht im Amtsblatt veröffentlicht).
[3] **Amtl. Anm.:** Stellungnahme vom 12. April 2000 (noch nicht im Amtsblatt veröffentlicht).
[4] **Amtl. Anm.:** Stellungnahme vom 31. Mai 2000 (noch nicht im Amtsblatt veröffentlicht).

(8) In den vom Europäischen Rat auf seiner Tagung vom 10. und 11. Dezember 1999 in Helsinki vereinbarten beschäftigungspolitischen Leitlinien für das Jahr 2000 wird die Notwendigkeit unterstrichen, günstigere Bedingungen für die Entstehung eines Arbeitsmarktes zu schaffen, der soziale Integration fördert; dies soll durch ein Bündel aufeinander abgestimmter Maßnahmen geschehen, die darauf abstellen, Diskriminierungen bestimmter gesellschaftlicher Gruppen, wie ethnischer Minderheiten, zu bekämpfen.

(9) Diskriminierungen aus Gründen der Rasse oder der ethnischen Herkunft können die Verwirklichung der im EG-Vertrag festgelegten Ziele unterminieren, insbesondere die Erreichung eines hohen Beschäftigungsniveaus und eines hohen Maßes an sozialem Schutz, die Hebung des Lebensstandards und der Lebensqualität, den wirtschaftlichen und sozialen Zusammenhalt sowie die Solidarität. Ferner kann das Ziel der Weiterentwicklung der Europäischen Union zu einem Raum der Freiheit, der Sicherheit und des Rechts beeinträchtigt werden.

(10) Die Kommission legte im Dezember 1995 eine Mitteilung über Rassismus, Fremdenfeindlichkeit und Antisemitismus vor.

(11) Der Rat hat am 15. Juli 1996 die Gemeinsame Maßnahme 96/443/JI zur Bekämpfung von Rassismus und Fremdenfeindlichkeit[5] angenommen, mit der sich die Mitgliedstaaten verpflichten, eine wirksame justitielle Zusammenarbeit bei Vergehen, die auf rassistischen oder fremdenfeindlichen Verhaltensweisen beruhen, zu gewährleisten.

(12) Um die Entwicklung demokratischer und toleranter Gesellschaften zu gewährleisten, die allen Menschen – ohne Unterschied der Rasse oder der ethnischen Herkunft – eine Teilhabe ermöglichen, sollten spezifische Maßnahmen zur Bekämpfung von Diskriminierungen aus Gründen der Rasse oder der ethnischen Herkunft über die Gewährleistung des Zugangs zu unselbständiger und selbständiger Erwerbstätigkeit hinausgehen und auch Aspekte wie Bildung, Sozialschutz, einschließlich sozialer Sicherheit und der Gesundheitsdienste, soziale Vergünstigungen, Zugang zu und Versorgung mit Gütern und Dienstleistungen, mit abdecken.

(13) Daher sollte jede unmittelbare oder mittelbare Diskriminierung aus Gründen der Rasse oder der ethnischen Herkunft in den von der Richtlinie abgedeckten Bereichen gemeinschaftsweit untersagt werden. Dieses Diskriminierungsverbot sollte auch hinsichtlich Drittstaatsangehörigen angewandt werden, betrifft jedoch keine Ungleichbehandlungen aufgrund der Staatsangehörigkeit und läßt die Vorschriften über die Einreise und den Aufenthalt von Drittstaatsangehörigen und ihren Zugang zu Beschäftigung und Beruf unberührt.

(14) Bei der Anwendung des Grundsatzes der Gleichbehandlung ohne Ansehen der Rasse oder der ethnischen Herkunft sollte die Gemeinschaft im Einklang mit Artikel 3 Absatz 2 EG-Vertrag bemüht sein, Ungleichheiten zu beseitigen und die Gleichstellung von Männern und Frauen zu fördern, zumal Frauen häufig Opfer mehrfacher Diskriminierungen sind.

(15) Die Beurteilung von Tatbeständen, die auf eine unmittelbare oder mittelbare Diskriminierung schließen lassen, obliegt den einzelstaatlichen gerichtlichen Instanzen oder anderen zuständigen Stellen nach den nationalen Rechtsvorschriften oder Gepflogenheiten. In diesen einzelstaatlichen Vorschriften kann insbesondere vorgesehen sein, daß mittelbare Diskriminierung mit allen Mitteln, einschließlich statistischer Beweise, festzustellen ist.

(16) Es ist wichtig, alle natürlichen Personen gegen Diskriminierung aus Gründen der Rasse oder der ethnischen Herkunft zu schützen. Die Mitgliedstaaten sollten auch, soweit es angemessen ist und im Einklang mit ihren nationalen Gepflogenheiten und Verfahren steht, den Schutz juristischer Personen vorsehen, wenn diese aufgrund der Rasse oder der ethnischen Herkunft ihrer Mitglieder Diskriminierungen erleiden.

(17) Das Diskriminierungsverbot sollte nicht der Beibehaltung oder dem Erlaß von Maßnahmen entgegenstehen, mit denen bezweckt wird, Benachteiligungen von Angehörigen einer bestimmten Rasse oder ethnischen Gruppe zu verhindern oder auszugleichen, und diese Maßnahmen können Organisation von Personen einer bestimmten Rasse oder eth-

---

[5] **Amtl. Anm.:** ABl. L 185 vom 24.7.1996, S. 5.

nischen Herkunft gestatten, wenn deren Zweck hauptsächlich darin besteht, für die besonderen Bedürfnisse dieser Personen einzutreten.

(18) Unter sehr begrenzten Bedingungen kann eine unterschiedliche Behandlung gerechtfertigt sein, wenn ein Merkmal, das mit der Rasse oder ethnischen Herkunft zusammenhängt, eine wesentliche und entscheidende berufliche Anforderung darstellt, sofern es sich um einen legitimen Zweck und eine angemessene Anforderung handelt. Diese Bedingungen sollten in die Informationen aufgenommen werden, die die Mitgliedstaaten der Kommission übermitteln.

(19) Opfer von Diskriminierungen aus Gründen der Rasse oder der ethnischen Herkunft sollten über einen angemessenen Rechtsschutz verfügen. Um einen effektiveren Schutz zu gewährleisten, sollte auch die Möglichkeit bestehen, daß sich Verbände oder andere juristische Personen unbeschadet der nationalen Verfahrensordnung bezüglich der Vertretung und Verteidigung vor Gericht bei einem entsprechenden Beschluß der Mitgliedstaaten im Namen eines Opfers oder zu seiner Unterstützung an einem Verfahren beteiligen.

(20) Voraussetzungen für eine effektive Anwendung des Gleichheitsgrundsatzes sind ein angemessener Schutz vor Viktimisierung.

(21) Eine Änderung der Regeln für die Beweislastverteilung ist geboten, wenn ein glaubhafter Anschein einer Diskriminierung besteht. Zur wirksamen Anwendung des Gleichbehandlungsgrundsatzes ist eine Verlagerung der Beweislast auf die beklagte Partei erforderlich, wenn eine solche Diskriminierung nachgewiesen ist.

(22) Die Mitgliedstaaten können davon absehen, die Regeln für die Beweislastverteilung auf Verfahren anzuwenden, in denen die Ermittlung des Sachverhalts dem Gericht oder der zuständigen Stelle obliegt. Dies betrifft Verfahren, in denen die klagende Partei den Beweis des Sachverhalts, dessen Ermittlung dem Gericht oder der zuständigen Stelle obliegt, nicht anzutreten braucht.

(23) Die Mitgliedstaaten sollten den Dialog zwischen den Sozialpartnern und mit Nichtregierungsorganisationen fördern, mit dem Ziel, gegen die verschiedenen Formen von Diskriminierung anzugehen und diese zu bekämpfen.

(24) Der Schutz vor Diskriminierung aus Gründen der Rasse oder der ethnischen Herkunft würde verstärkt, wenn es in jedem Mitgliedstaat eine Stelle bzw. Stellen gäbe, die für die Analyse der mit Diskriminierungen verbundenen Probleme, die Prüfung möglicher Lösungen und die Bereitstellung konkreter Hilfsangebote an die Opfer zuständig wäre.

(25) In dieser Richtlinie werden Mindestanforderungen festgelegt; den Mitgliedstaaten steht es somit frei, günstigere Vorschriften beizubehalten oder einzuführen. Die Umsetzung der Richtlinie darf nicht als Rechtfertigung für eine Absenkung des in den Mitgliedstaaten bereits bestehenden Schutzniveaus benutzt werden.

(26) Die Mitgliedstaaten sollten wirksame, verhältnismäßige und abschreckende Sanktionen für den Fall vorsehen, daß gegen die aus der Richtlinie erwachsenden Verpflichtungen verstoßen wird.

(27) Die Mitgliedstaaten können den Sozialpartnern auf deren gemeinsamen Antrag die Durchführung der Bestimmungen dieser Richtlinie übertragen, die in den Anwendungsbereich von Tarifverträgen fallen, sofern sie alle erforderlichen Maßnahmen treffen, um jederzeit gewährleisten zu können, daß die durch diese Richtlinie vorgeschriebenen Ergebnisse erzielt werden.

(28) Entsprechend dem in Artikel 5 EG-Vertrag niedergelegten Subsidiaritäts- und Verhältnismäßigkeitsprinzip kann das Ziel dieser Richtlinie, nämlich ein einheitliches, hohes Niveau des Schutzes vor Diskriminierungen in allen Mitgliedstaaten zu gewährleisten, auf der Ebene der Mitgliedstaaten nicht ausreichend erreicht werden; es kann daher wegen des Umfangs und der Wirkung der vorgeschlagenen Maßnahme besser auf Gemeinschaftsebene verwirklicht werden. Diese Richtlinie geht nicht über das für die Erreichung dieser Ziele erforderliche Maß hinaus –

HAT FOLGENDE RICHTLINIE ERLASSEN:

Kapitel I. Allgemeine Bestimmungen

Art. 1 Zweck

Zweck dieser Richtlinie ist die Schaffung eines Rahmens zur Bekämpfung der Diskriminierung aufgrund der Rasse oder der ethnischen Herkunft im Hinblick auf die Verwirklichung des Grundsatzes der Gleichbehandlung in den Mitgliedstaaten.

A. Überblick

1   Nach Art. 1 bezweckt die Richtlinie die Schaffung eines **allg. europäischen Rahmens zur Bekämpfung von Diskriminierungen aufgrund der Rasse oder der ethnischen Herkunft,** um auf diesem Wege den Grundsatz der Gleichbehandlung in den Mitgliedstaaten zu verwirklichen. Art. 1 im Besonderen und die sonstigen Vorschriften der RL 2000/43/EG im Allgemeinen sind in wesentlichen Teilen der RL 2000/78/EG nachgebildet. Folgerichtig legt der EuGH die Vorschriften der beiden Richtlinien – ebenso wie diejenigen der RL 2006/54/EG – übereinstimmend aus, sofern es um vergleichbare Problemstellungen geht (→ Art. 2000/78/EG Art. 1 Rn. 4). In diesem Rahmen wird nachfolgend zur Vermeidung einer Doppelung auf die Ausführungen zur RL 2000/78/EG verwiesen, etwa zu den dogmatischen Grundlagen des Art. 1 sowie zu den Verknüpfungen mit dem Unionsprimärrecht (→ RL 2000/78/EG Art. 1 Rn. 1 ff.). Einzugehen ist an dieser Stelle auf die zentralen Tatbestandsmerkmale der „Rasse" und der ethnischen Herkunft.

B. Rasse

2   Der Begriff „Rasse" bezieht sich auf die wissenschaftlich nicht begründete **biologische Einteilung von Menschen wegen ihrer Erbanlagen und ihrer morphologischen Züge** wie der Hautfarbe oder der Gesichtsform (→ GRC Art. 21 Rn. 58). Es handelt sich somit um kein Merkmal, dass auf tatsächliche Gegebenheiten Bezug nimmt, da keine verschiedenen menschlichen Rassen existieren (so auch Erwägungsgrund 6). Der Schutz von Menschen vor Diskriminierungen wegen einer zugeschriebenen Rasse soll vielmehr verdeutlichen, dass die EU und ihre Mitgliedstaaten **rassistische Tendenzen konsequent bekämpfen,** ohne dass damit irgendwelche nicht zutreffenden Rassentheorien aufgegriffen oder sogar anerkannt werden (*Adomeit/Mohr* AGG § 1 Rn. 44; MHdBArbR/*Oetker* § 14 Rn. 6).

3   Beim Merkmal Rasse handelt es sich de facto um ein **absolutes Differenzierungsverbot.** Zwar ist Art. 4 nach seinem Wortlaut auch auf Diskriminierungen wegen der vermeintlichen Rasse anwendbar. Es sind jedoch keine Fälle denkbar, in denen eine Rasse oder ein eng mit der Rasse zusammenhängendes Merkmal – etwa die Erbanlagen – eine wesentliche und entscheidende berufliche Anforderung darstellen könnten (*Meyer-Ladewig* EMRK Art. 14 Rn. 22; *Frenz* Handbuch 4, Rn. 3286; Ehlers/*Kingreen* § 13 Rn. 21; → Art. 4 Rn. 1).

C. Ethnische Herkunft

4   Die „**ethnische Herkunft**" steht in engem Zusammenhang mit dem Merkmal der zugeschriebenen Rasse (*Wank* NZA Sonderbeil. 22/2004, 16 [20]; → GRC Art. 21 Rn. 62). Der Schutz vor Diskriminierungen wegen der ethnischen Herkunft zielt im Gegensatz zur

„Rasse" nicht auf vermeintlich lebenslängliche und vererbliche Merkmale einer Person ab, sondern auf die Zugehörigkeit eines Menschen zu einer durch Sprache und/oder kulturelle Merkmale verbundenen Gemeinschaft (*Adomeit/Mohr* AGG § 1 Rn. 49), in anderen Worten also zu einem bestimmten Volk (so Meyer/*Hölscheidt* GRC Art. 21 Rn. 43; *Jarass* GRC Art. 21 Rn. 20; *Frenz* Handbuch 4, Rn. 3265). Im allg. Sprachgebrauch hat sich die Formulierung „Menschen mit Migrationshintergrund" eingebürgert (*Göbel-Zimmermann/Marquardt* ZAR 2012, 369).

Das Merkmal der ethnischen Herkunft ist ebenso wie dasjenige der Rasse in einem **5** umfassenden Sinn zu verstehen, denn es soll einen **möglichst lückenlosen Schutz vor ethnisch motivierten Benachteiligungen** gewährleisten (BAG 21.6.2012 NZA 2012, 1345 Rn. 31). Es umfasst deshalb auch Kriterien, wie sie das Internationale Übereinkommen zur Beseitigung jeder Form von Rassendiskriminierung (CERD) vom 7.3.1966 benennt, nämlich **Rasse, Hautfarbe, Abstammung, nationaler Ursprung oder Volkstum** (vgl. BT-Drs. 16/1780, 31; dazu BAG 21.6.2012 NZA 2012, 1345 Rn. 31). Unter einer **ethnischen Gruppierung** werden Bevölkerungsteile verstanden, die durch eine gemeinsame Herkunft, eine lange gemeinsame Geschichte, Kultur oder Zusammengehörigkeitsgefühl verbunden sind (BAG 21.6.2012 NZA 2012, 1345 Rn. 31). Aus dogmatischer Sicht stellt die ethnische Herkunft somit den Oberbegriff zur Rasse dar. Wie Art. 3 II iVm Erwägungsgrund 13 klarstellt, zählt die Staatsangehörigkeit nicht zur ethnischen Herkunft. Allerdings liegt bei einer scheinbar allein auf die Staatsangehörigkeit bezogenen Differenzierung eine Benachteiligung wegen der Ethnie vor, sofern für eine Benachteiligung in Wirklichkeit die Zugehörigkeit zur Volks- und Kulturgemeinschaft ausschlaggebend ist (BAG 21.6.2012 NZA 2012, 1345 Rn. 31; Schaub/*Linck* § 36 Rn. 8). Im Einzelfall bestehen noch Unklarheiten. Das BAG hat etwa offen gelassen, ob allein der Umstand, dass ein Arbeitnehmer in Spanien geboren und dort zur Schule gegangen ist, das Tatbestandsmerkmal der Ethnie erfüllt (BAG 28.1.2010 NZA 2010, 625 Rn. 17 = AP AGG § 3 Nr. 4 mit Anm. *Mohr*).

Auch **innerhalb eines EU-Mitgliedstaats** können schützenswerte Ethnien gegeben **6** sein. Ein Beispiel einer innerhalb Deutschlands durch Brauchtum, Religion und durch ihre Sprache abgegrenzten ethnischen Gruppe sind die in der Oberlausitz siedelnden **Sorben**, aber auch die **Sinti und Roma** (Schaub/*Linck* § 36 Rn. 8). Allein die Herkunft aus **bestimmten Landesteilen** oder **Bundesländern Deutschlands** begründet demgegenüber auch dann keine ethnische Herkunft, wenn Personen ein bestimmtes lokales Zusammengehörigkeitsgefühl oder einen bestimmten Dialekt haben (wie hier Erman/*Armbrüster* AGG § 1 Rn. 6; **aA** *Greiner* DB 2010, 1940.). Keine eigenen ethnischen Gruppen sind deshalb „Wessis" und „Ossis" (ArbG Stuttgart 15.4.2010 NZA-RR 2010, 344). Eine Subsumtion unter den Begriff der Ethnie hätte die wenig überzeugende Folge, dass eine Person aus Westdeutschland eine solche aus Ostdeutschland als einer anderen Ethnie zugehörig bezeichnen könnte, ohne eine Persönlichkeitsrechtsverletzung zu begehen (*Schmitz-Scholemann/Brune* RdA 2011, 129 [140]). Weiterhin sind Personen aus bestimmten Landesteilen oder Bundesländern in ihren (vermeintlichen) Unterschieden nicht klar entsprechend den benannten Kriterien abgrenzbar. Dementsprechend sind weder die Bayern noch die Brandenburger noch die Sachsen als eigene ethnische Gruppe anzusehen (so auch BAG 5.2.2004 NZA 2004, 540 mit Anm. *Mohr* SAE 2006, 13: Suche eines Rechtsanwalts mit „Lokalkolorit").

Art. 2 Der Begriff „Diskriminierung"

(1) Im Sinne dieser Richtlinie bedeutet „Gleichbehandlungsgrundsatz", daß es keine unmittelbare oder mittelbare Diskriminierung aus Gründen der Rasse oder der ethnischen Herkunft geben darf.

(2) Im Sinne von Absatz 1

510 RL 2000/43/EG Art. 2   Der Begriff „Diskriminierung"

a) liegt eine unmittelbare Diskriminierung vor, wenn eine Person aufgrund ihrer Rasse oder ethnischen Herkunft in einer vergleichbaren Situation eine weniger günstige Behandlung als eine andere Person erfährt, erfahren hat oder erfahren würde;
b) liegt eine mittelbare Diskriminierung vor, wenn dem Anschein nach neutrale Vorschriften, Kriterien oder Verfahren Personen, die einer Rasse oder ethnischen Gruppe angehören, in besonderer Weise benachteiligen können, es sei denn, die betreffenden Vorschriften, Kriterien oder Verfahren sind durch ein rechtmäßiges Ziel sachlich gerechtfertigt, und die Mittel sind zur Erreichung dieses Ziels angemessen und erforderlich.

(3) ¹Unerwünschte Verhaltensweisen, die im Zusammenhang mit der Rasse oder der ethnischen Herkunft einer Person stehen und bezwecken oder bewirken, daß die Würde der betreffenden Person verletzt und ein von Einschüchterungen, Anfeindungen, Erniedrigungen, Entwürdigungen oder Beleidigungen gekennzeichnetes Umfeld geschaffen wird, sind Belästigungen, die als Diskriminierung im Sinne von Absatz 1 gelten. ²In diesem Zusammenhang können die Mitgliedstaaten den Begriff „Belästigung" im Einklang mit den einzelstaatlichen Rechtsvorschriften und Gepflogenheiten definieren.

(4) Die Anweisung zur Diskriminierung einer Person aus Gründen der Rasse oder der ethnischen Herkunft gilt als Diskriminierung im Sinne von Absatz 1.

1 Art. 2 definiert den Begriff „Gleichbehandlungsgrundsatz" **abwehrrechtlich** als **Verbot von Diskriminierungen.** Gem. Art. 2 II liegt eine Diskriminierung iSd Art. 2 I RL 2000/78/EG vor bei einer unmittelbaren und einer mittelbaren Diskriminierung wegen der Rasse oder der ethnischen Herkunft (EuGH 10.7.2008 – C-54/07 – Feryn, NJW 2008, 2767; 19.4.2012 – C-415/10 – Meister, NZA 2012, 493; s. für das allg. Privatrecht auch BGH 9.3.2012 NJW 2012, 1725 mit Bespr. *Adomeit/Mohr* Deutscher AnwaltSpiegel 8/2012, 13). Art. 2 III fingiert als Diskriminierung die **Belästigung** wegen der Rasse oder der ethnischen Herkunft (dazu BAG 22.6.2011 NZA 2011, 1226 Rn. 42 = AP AGG § 3 Nr. 8 mit Anm. *Mohr*). Hiernach sind die zu Art. 2 I geltenden Grundsätze auf Art. 2 III zu übertragen (EuGH 17.7.2008 – C-303/06 Rn. 58 ff. – Coleman, EuZW 2008, 497). Art. 2 IV verbietet schließlich die **Anweisung zur Diskriminierung** wegen der Rasse oder der ethnischen Herkunft. Da der EuGH die **arbeitsrechtlichen Diskriminierungsverbote übereinstimmend auslegt,** kann zur Interpretation des Art. 2 auf die Rechtsprechung zur RL 2000/78/EG abgestellt werden (→ RL 2000/78/EG Art. 2 Rn. 2 ff.), ebenso wie auf die Rechtsprechung zu den Diskriminierungsverboten wegen des Geschlechts (→ AEUV Art. 157 Rn. 1 ff.; → RL 2006/54/EG Art. 2 Rn. 1 ff.).

2 Für die Anwendung des Diskriminierungsverbots gem. Art. 2 I ist es nicht erheblich, ob eine Unterscheidung nach der Ethnie **positiv oder negativ formuliert** wird. Erfasst werden sowohl Fälle, in denen die Benachteiligung eine bestimmte Herkunft betrifft, als auch solche, in denen die Benachteiligung allein daran anknüpft, dass der Betroffene nichtdeutscher Herkunft ist (dazu BAG 21.6.2012 NZA 2012, 1345 Rn. 31) oder im Gegenteil deutscher Herkunft ist (dazu, im Ergebnis verneinend, ArbG Köln 6.8.2008, BeckRS 2008, 58106: Einstellung von Frauen mit Migrationshintergrund; krit. insoweit *Novara* NZA 2015, 142 [144]). Angehörige eines fremden Volkes oder einer fremden Kultur werden auch dann geschützt, wenn die Gruppe der in Deutschland lebenden Ausländer nicht durch gemeinsame einheitliche Merkmale geprägt ist (BAG 21.6.2012 NZA 2012, 1345 Rn. 31).

3 Im Rahmen des sachlichen Anwendungsbereichs Beschäftigung und Beruf gem. Art. 3 I lit. a bis lit. d dominieren Verfahren, in denen es um Anforderungen an die Sprachkompetenz von Personen geht (Nachweise bei *Göbel-Zimmermann/Marquardt* ZAR 2012, 369 [371 ff.]). Die Aufforderung an einen Arbeitnehmer, einen **Deutschkurs zu absolvieren, um arbeitsnotwendige Sprachkenntnisse zu erwerben,** stellt weder eine unmittelbare Diskriminierung gem. Art. 2 II lit. a, noch eine mittelbare Diskriminierung iSd Art. 2 II lit. b, noch eine Belästigung iSd Art. 2 III dar (zum AGG siehe BAG 22.6.2011 NZA 2011,

1226 = AP AGG § 3 Nr. 8 mit Anm. *Mohr*). Eine unmittelbare Diskriminierung gem. Art. 2 II lit. a scheidet aus, weil die deutsche Herkunft nicht automatisch mit ausreichenden deutschen Sprachkenntnissen korrespondiert. Die Aufforderung, einen Sprachkurs zu besuchen, um ausreichende Kenntnisse der deutschen Sprache zu erwerben, betrifft somit nicht zwangsläufig Personen mit einer anderen Ethnie (BAG 28.1.2010 Rn. 16 NZA 2010, 625; 22.6.2011 NZA 2011, 1226 Rn. 34; *Mohr* Anm. BAG AP AGG § 3 Nr. 8). Die Anforderung, in einem bestimmten Umfang die deutsche Sprache in Wort und Schrift zu beherrschen, kann zwar ausländische Arbeitnehmer in besonderer Weise gegenüber deutschen Arbeitnehmern benachteiligen (Art. 2 II lit. b Hs. 1). Diese vermutete Diskriminierung ist jedoch nach Art. 2 II lit. b Hs. 2 widerlegt, sofern – wie dies vor allem in „kommunikationslastigen" Berufen der Fall sein wird (*Göbel-Zimmermann/Marquardt* ZAR 2012, 369 [373]) – die Verständigungsmöglichkeit mit Kunden und Arbeitskollegen für die Tätigkeit erforderlich ist und die entsprechenden Tätigkeiten den vertraglichen Vereinbarungen entsprechen und zulässigerweise angeordnet sind. Durch die Absolvierung eines Sprachkurses können – ebenso wie bei deutschsprachigen Arbeitnehmern, die zur Erfüllung der von ihnen geschuldeten Tätigkeiten eine Fremdsprache beherrschen müssen – die arbeitsnotwendigen Sprachkenntnisse vermittelt werden (BAG 22.6.2011 NZA 2011, 1226 Rn. 40 f.). Aus demselben Grunde enthält die Aufforderung durch den Arbeitgeber, einen Sprachkurs zu absolvieren, weil dieser die Sprachkenntnisse des Arbeitnehmers zur Durchführung der arbeitsvertraglich geschuldeten Tätigkeit für unzureichend hält, keine Belästigung wegen der Rasse oder der Ethnie (BAG 22.6.2011 Rn. 46, NZA 2011, 1226).

Ausländerfeindliche Schmierereien auf Toiletten können im Einzelfall eine Belästigung von Arbeitnehmern mit Migrationshintergrund iSd Art. 2 III darstellen (BAG 24.9.2009 NZA 2010, 387 Rn. 34). Allein durch das Nichtentfernen von Schmierereien an den Toiletteninnentüren wird jedoch nicht zwingend ein durch Einschüchterungen, Anfeindungen, Erniedrigungen, Entwürdigungen oder Beleidigungen gekennzeichnetes Umfeld geschaffen. Zwar gehören Toiletten zum Umfeld in einem Arbeitsverhältnis, weil sie üblicherweise während der Arbeitszeit aufgesucht werden. Dass allein die Beschriftungen charakteristisch oder typisch für das Arbeitsverhältnis sind, kann aber ohne Hinzutreten weiterer Anhaltspunkte nicht angenommen werden (BAG 24.9.2009 NZA 2010, 387 Rn. 34). 4

Art. 3 Geltungsbereich

(1) Im Rahmen der auf die Gemeinschaft übertragenen Zuständigkeiten gilt diese Richtlinie für alle Personen in öffentlichen und privaten Bereichen, einschließlich öffentlicher Stellen, in bezug auf:
a) die Bedingungen – einschließlich Auswahlkriterien und Einstellungsbedingungen – für den Zugang zu unselbständiger und selbständiger Erwerbstätigkeit, unabhängig von Tätigkeitsfeld und beruflicher Position, sowie für den beruflichen Aufstieg;
b) den Zugang zu allen Formen und allen Ebenen der Berufsberatung, der Berufsausbildung, der beruflichen Weiterbildung und der Umschulung einschließlich der praktischen Berufserfahrung;
c) die Beschäftigungs- und Arbeitsbedingungen, einschließlich Entlassungsbedingungen und Arbeitsentgelt;
d) die Mitgliedschaft und Mitwirkung in einer Arbeitnehmer- oder Arbeitgeberorganisation oder einer Organisation, deren Mitglieder einer bestimmten Berufsgruppe angehören, einschließlich der Inanspruchnahme der Leistungen solcher Organisationen;
e) den Sozialschutz, einschließlich der sozialen Sicherheit und der Gesundheitsdienste;
f) die sozialen Vergünstigungen;
g) die Bildung;

510 RL 2000/43/EG Art. 3

h) den Zugang zu und die Versorgung mit Gütern und Dienstleistungen, die der Öffentlichkeit zur Verfügung stehen, einschließlich von Wohnraum.

(2) Diese Richtlinie betrifft nicht unterschiedliche Behandlungen aus Gründen der Staatsangehörigkeit und berührt nicht die Vorschriften und Bedingungen für die Einreise von Staatsangehörigen dritter Staaten oder staatenlosen Personen in das Hoheitsgebiet der Mitgliedstaaten oder deren Aufenthalt in diesem Hoheitsgebiet sowie eine Behandlung, die sich aus der Rechtsstellung von Staatsangehörigen dritter Staaten oder staatenlosen Personen ergibt.

A. Überblick

1   Art. 3 I behandelt den **persönlichen sowie den sachlichen Anwendungsbereich** der Richtlinie. Gem. Art. 3 II gilt die Richtlinie nicht für unterschiedliche Behandlungen wegen der **Staatsangehörigkeit** und für das Aufenthaltsrecht von Staatsangehörigen aus dritten Staaten und staatenlosen Personen.

B. Anwendungsbereich

2   Der **persönliche Anwendungsbereich** des Art. 3 I erfasst „alle Personen im öffentlichen und privaten Bereich, einschließlich öffentlicher Stellen". Die Vorschrift gilt somit – wie Art. 3 I lit. a verdeutlicht – sowohl für unselbständig tätige Arbeitnehmer als auch für selbständige Dienstnehmer (→ RL 2000/78/EG Art. 3 Rn. 5 ff.).

3   Der **sachliche Anwendungsbereich** der RL 2000/43/EG erstreckt sich gem. Art. 3 I lit. a bis lit. d auf alle Stadien der Erwerbstätigkeit einschließlich der Mitgliedschaft und Mitwirkung in bestimmten Interessenvertretungen. Der Anwendungsbereich ist insoweit deckungsgleich mit Art. 3 I RL 2000/78/EG (→ RL 2000/78/EG Art. 3 Rn. 11 ff.). Anders als Art. 3 I RL 2000/78/EG erstreckt Art. 3 I den sachlichen Anwendungsbereich in seinen Buchstaben e bis h auch auf zivilrechtliche Sachverhalte. Diese werden nachfolgend nicht näher behandelt (dazu→ *Adomeit/Mohr* AGG § 2 Rn. 137 ff.).

4   Anders als Art. 3 III RL 2000/78/EG enthält Art. 3 keine Klarstellung, wonach die Richtlinie nicht für Leistungen seitens der staatlichen Systeme oder der damit gleichgestellten Systeme einschließlich der **staatlichen Systeme der sozialen Sicherheit oder des sozialen Schutzes** gilt. Dies hängt anscheinend mit Art. 3 I lit. e und lit. f zusammen, der den Anwendungsbereich auf bestimmte Bereiche des Sozialschutzes und der sozialen Vergünstigungen erstreckt, soweit diese durch privatrechtlichen Vertrag erbracht werden. Gleichwohl sind Leistungen der Sozialschutzsysteme iSd Art. 3 III RL 2000/78/EG auch im Anwendungsbereich der RL 2000/43/EG nicht als Arbeitsentgelt gem. Art. 3 I lit. c anzusehen (→ RL 2000/78/EG Art. 3 Rn. 32).

C. Staatsangehörigkeit

5   Art. 3 II stellt klar, dass der Begriff der **Ethnie** gem. Art. 1 nicht deckungsgleich mit demjenigen der **Staatsangehörigkeit** ist (BAG 21.6.2012 NZA 2012, 1345 Rn. 31). So betrifft die Richtlinie nach Art. 3 II nicht unterschiedliche Behandlungen aus Gründen der Staatsangehörigkeit (so auch Erwägungsgrund 13). Sie berührt auch nicht die Vorschriften und Bedingungen für die Einreise von **Staatsangehörigen dritter Staaten** oder **staatenlosen Personen** in das Hoheitsgebiet der Mitgliedstaaten oder deren Aufenthalt in diesem Hoheitsgebiet sowie eine Behandlung, die sich aus der Rechtsstellung von Staatsangehörigen dritter Staaten oder staatenlosen Personen ergibt (dazu EuGH 24.4.2012 – C-571/10 Rn. 49 – Servet Kamberaj, NVwZ 2012, 950.)

Art. 4 Wesentliche und entscheidende berufliche Anforderungen

Ungeachtet des Artikels 2 Absätze 1 und 2 können die Mitgliedstaaten vorsehen, daß eine Ungleichbehandlung aufgrund eines mit der Rasse oder der ethnischen Herkunft zusammenhängenden Merkmals keine Diskriminierung darstellt, wenn das betreffende Merkmal aufgrund der Art einer bestimmten beruflichen Tätigkeit oder der Rahmenbedingungen ihrer Ausübung eine wesentliche und entscheidende berufliche Voraussetzung darstellt und sofern es sich um einen rechtmäßigen Zweck und eine angemessene Anforderung handelt.

Art. 4 enthält die zentrale Rechtfertigungsvorschrift für unmittelbare Diskriminierungen iSd Art. 2 II lit. a. Diese ist nach dem Wortlaut sowohl auf die Merkmale **ethnische Herkunft** als auch auf die **vermeintlich unterschiedliche menschliche Rasse** anzuwenden. Es sind aber jedenfalls de facto keine Sachverhalte denkbar, bei denen die zugeschriebene Rasse einer Person eine wesentliche und entscheidende berufliche Anforderung sein kann, schon, weil es menschliche Rassen gar nicht gibt (→ Art. 1 Rn. 3). Der Geltungsbereich von Art. 4 beschränkt sich somit in der Rechtswirklichkeit auf Unterscheidungen wegen der ethnischen Herkunft, zumal dieses Merkmal den Oberbegriff zur Rasse bildet (→ Art. 1 Rn. 5). Anders als Art. 4 II RL 2000/78/EG enthält Art. 4 keine spezifische Regelung für Diskriminierungen wegen der Religion oder Weltanschauung, weil sich die Richtlinie allein auf die Merkmale Rasse und ethnische Herkunft bezieht. **1**

Art. 4 setzt voraus, dass eine Regelung oder Maßnahme einem **rechtmäßigen Zweck** dient, dass das **Differenzierungsmerkmal eine wesentliche und entscheidende berufliche Anforderung** darstellt, die **mit einem geschützten Grund zusammenhängt** und dass die Unterscheidung schließlich **verhältnismäßig** ist (zum Alter s. EuGH 12.1.2010 – C-229/08 Rn. 35 ff. – Wolf, EuZW 2010, 142). Ein Merkmal, das eine wesentliche und entscheidende berufliche Anforderung bedeutet, muss mit der Ethnie in Zusammenhang stehen (EuGH 13.11.2014 – C-416/13 Rn. 48 – Vital Pérez, NVwZ 2015, 427). Nicht die Ethnie selbst, sondern ein mit dieser im Zusammenhang stehendes Merkmal muss also wesentliche und entscheidende berufliche Anforderung darstellen (wiederum zum Alter EuGH 12.1.2010 – C-229/08 Rn. 35 – Wolf, EuZW 2010, 142; 13.9.2011 – C-447/09 Rn. 66 – Prigge, NJW 2011, 3209). Die Vorschrift ist eng auszulegen, da sie es ermöglicht, vom Diskriminierungsverbot gem. Art. 2 I abzuweichen (zum Merkmal Alter s. EuGH 13.11.2014 – C-416/13 Rn. 47 – Vital Pérez, NVwZ 2015, 427). Zu den Einzelheiten → RL 2000/78/EG Art. 4 Rn. 4 ff. **2**

Eine Unterscheidung nach der ethnischen Herkunft kann gem. Art. 4 zulässig sein, wenn sie der Wahrung der **Authentizität der Dienst- oder Arbeitsleistung bzw. einer Leistung gegenüber Kunden** dient, etwa bei der Besetzung von Theater- und Filmrollen (SSV/*Schleusener* AGG § 8 Rn. 33). Dies gilt auch mit Blick auf ein bestimmtes unternehmerisches Konzept, zB bei der Einstellung von asiatischen Kellnern durch ein asiatisches Restaurant. Im Schrifttum wird die Zulässigkeit der Differenzierung mit einer **Marktaufteilung** begründet (*Thüsing* AGG Rn. 332). Dies erscheint mit Blick auf die Rechtsprechung des EuGH zu Art. 4 I RL 2000/78/EG nicht zweifelsfrei, da die Unterscheidung hier direkt nach der Ethnie erfolgt. Im Ergebnis sollte es Restaurants aber aus Gründen der Authentizität erlaubt sein, nur Menschen mit einer bestimmten ethnischen Herkunft zu beschäftigen (Schaub/*Linck* § 36 Rn. 48). Es ist somit auf das Unternehmenskonzept abzustellen, sofern dieses nicht nur auf unbestimmte Kundenerwartungen abstellt und selbst nicht diskriminierend ist (SSV/*Schleusener* AGG § 8 Rn. 34). Zulässig ist außerdem die an einen Bewerber gerichtete Frage nach einer **Aufenthalts- und Arbeitserlaubnis**. Zum einen stellen Unterscheidungen nach der Staatsangehörigkeit gem. Art. 3 II keine Diskriminierungen iSd Richtlinie dar. Zum anderen ist die Arbeitserlaubnis oft eine wesentliche und entscheidende Anforderung für die tatsächliche Beschäftigung (*Wisskirchen/Bissels* NZA 2007, 169 [171]). Demgegenüber kann der Sitz eines Unternehmens allein die **3**

Ungleichbehandlung nicht rechtfertigen. Eine türkische Bank kann deshalb nicht verlangen, dass ihr Geschäftsführer Türke ist (LG Frankfurt aM 7.3.2001 NZA-RR 2001, 298), sofern nicht ausnahmsweise eine Rechtfertigung über benachteiligende Kundenerwartungen zulässig ist (→ RL 2000/78/EG Art. 4 Rn. 12).

4 Zulässig ist auch das Erfordernis eines **„Muttersprachlers"** („native speaker"), sofern dies für eine Tätigkeit als Dolmetscher, Übersetzer oder als Vertriebsmitarbeiter erforderlich ist. Eine wesentliche und entscheidende berufliche Anforderung gem. Art. 4 I setzt aber voraus, dass die Tätigkeit nicht auch von Personen erbracht werden kann, die keine Muttersprachler sind. Dies ist der Fall, wenn ein Bewerber das vom Arbeitgeber erstellte Anforderungsprofil bei objektiver Betrachtung auch dann erfüllt, wenn er die deutsche Sprache zwar nicht im Rahmen des primären Spracherwerbs als Kind, aber später zureichend erlernt hat (*Mohr* Anm. BAG AP AGG § 3 Nr. 4; *Gruber* NZA 2009, 1247 [1248]; ArbG Berlin 11.2.2009 NZA-RR 2010, 16). Die Anforderung **„akzentfreies Deutsch"** kann bei anspruchsvollen Tätigkeiten ebenfalls zulässig sein (*Thüsing* AGG Rn. 271; **aA** ArbG Mönchengladbach 15.6.2007 BeckRS 2010, 66307). Regelmäßig wird man von Arbeitnehmern verlangen können, dass sie **schriftliche Arbeitsanforderungen in deutscher Sprache** verstehen (BAG 28.1.2010 NZA 2010, 626 = AP AGG § 3 Nr. 4 mit Anm. *Mohr*). Die Aufforderung des Arbeitnehmers durch den Arbeitgeber, an einem **Deutschkurs** teilzunehmen, um arbeitsnotwendige Sprachkenntnisse für eine zulässigerweise angeordnete Tätigkeit zu erwerben, stellt ebenfalls keinen Verstoß gegen das Diskriminierungsverbot wegen der Ethnie dar. Das gilt auch dann, wenn der Deutschkurs vertrags- oder tarifvertragswidrig außerhalb der Arbeitszeit und auf eigene Kosten des Arbeitnehmers absolviert werden soll (BAG 22.6.2011 NZA 2011, 1226 = AP AGG § 3 Nr. 8 mit Anm. *Mohr*).

Art. 5 Positive Maßnahmen

Der Gleichbehandlungsgrundsatz hindert die Mitgliedstaaten nicht daran, zur Gewährleistung der vollen Gleichstellung in der Praxis spezifische Maßnahmen, mit denen Benachteiligungen aufgrund der Rasse oder ethnischen Herkunft verhindert oder ausgeglichen werden, beizubehalten oder zu beschließen.

1 Art. 5 behandelt die Grundlagen und Grenzen **positiver Diskriminierungen** von Menschen mit einer bestimmten Ethnie durch die Mitgliedstaaten („affirmative actions"). Die Vorschrift erlaubt den Mitgliedstaaten unter den dort normierten Voraussetzungen die Förderung **individueller Personen** zum Ausgleich typisierend unterstellter Nachteile wegen deren **Gruppenzugehörigkeit** (zur Dogmatik *Burg* 80 ff. und 178 ff.). Die Vorschrift ist nach ihrer Normstruktur vergleichbar mit Art. 7 I RL 2000/78/EG, weshalb vorbehaltlich der nachfolgenden Präzisierungen auf die entsprechenden Ausführungen verwiesen werden kann (→ RL 2000/78/EG Art. 7 Rn. 2 ff. und Rn. 6 ff.).

2 Eine Bevorzugung von Menschen mit einer bestimmten **„Rasse"** scheidet schon deshalb aus, weil es keine menschlichen Rassen gibt. Das Merkmal „Rasse" hat deshalb allein einen abwehrrechtlichen Gehalt (→ Art. 1 Rn. 3).

3 Positive Diskriminierungen wegen der ethnischen Herkunft betreffen einen auch rechtspolitisch hochumstrittenen Bereich, wie zwei Entscheidungen des US-Supreme-Court aus dem Jahr 2003 zur Förderung ethnischer Minderheiten beim Hochschulzugang zeigen (Lutter v. Bollinger, 123 S. Ct. 2325 (2003), 539 U. S. 241 (2003); Gratz v. Bollinger, 123 S. Ct. 2411 (2003), 539 U. S. 516 (2003); dazu *Empt* DÖV 2004, 239 ff.; *Thüsing* ZfA 2001, 397 [416]; *ders.* NZA 2001, 939; *Burg* 153 ff.). Art. 5 ermöglicht zum Zwecke der tatsächlichen Gleichstellung, genauer: der Herstellung von **Chancengleichheit** von Menschen mit einer bestimmten Ethnie gegenüber Menschen ohne eine solche Ethnie verhältnismäßige Fördermaßnahmen, um die Qualifikation von Bewerbern mit Migrationshintergrund zu verbessern, etwa durch vom Arbeitgeber bezahlte **Sprachkurse** (*näher* Burg 199 ff.). Zu-

reichende Sprachkenntnisse stellen häufig recht- und verhältnismäßige berufliche Anforderungen dar (dazu BAG 22.6.2011 NZA 2011 1226 = AP AGG § 3 Nr. 8 mit Anm. *Mohr*). Anders als Art. 7 I RL 2000/78/EG bezieht sich Art. 5 nicht auf Fallgestaltungen „im Berufsleben", sondern auf solche „in der Praxis". Dies erklärt sich mit dem erweiterten sachlichen Anwendungsbereich, der nach Art. 3 I lit. e bis lit. h auch zivilrechtliche Sachverhalten erfasst. Eine Änderung des materiellen Konzepts positiver Diskriminierungen ist mit dieser Formulierung nicht verbunden (*Burg* 182).

Art. 6 Mindestanforderungen

(1) Es bleibt den Mitgliedstaaten unbenommen, Vorschriften einzuführen oder beizubehalten, die im Hinblick auf die Wahrung des Gleichbehandlungsgrundsatzes günstiger als die in dieser Richtlinie vorgesehenen Vorschriften sind.

(2) Die Umsetzung dieser Richtlinie darf keinesfalls als Rechtfertigung für eine Absenkung des von den Mitgliedstaaten bereits garantierten Schutzniveaus in bezug auf Diskriminierungen in den von der Richtlinie abgedeckten Bereichen benutzt werden.

Nach Art. 6 I können die Mitgliedstaaten Vorschriften einführen oder beibehalten, die **im Hinblick auf die Wahrung des Gleichbehandlungsgrundsatzes günstiger als die in dieser Richtlinie vorgesehenen Vorschriften** sind. Art. 6 II stellt klar, dass die Umsetzung dieser Richtlinie nicht als Rechtfertigung für eine Absenkung des von den Mitgliedstaaten bereits garantierten allg. Schutzniveaus in Bezug auf Diskriminierungen in den von der Richtlinie abgedeckten Bereichen benutzt werden darf, also in deren persönlichem, sachlichem und zeitlichem Anwendungsbereich. Zur Interpretation kann auf die Ausführungen zu Art. 8 RL 2000/78/EG verwiesen werden (→ RL 2000/78/EG Art. 8 Rn. 1 ff.). 1

Kapitel II. Rechtsbehelfe und Rechtsdurchsetzung

Art. 7 Rechtsschutz

(1) Die Mitgliedstaaten stellen sicher, daß alle Personen, die sich durch die Nichtanwendung des Gleichbehandlungsgrundsatzes in ihren Rechten für verletzt halten, ihre Ansprüche aus dieser Richtlinie auf dem Gerichts- und/oder Verwaltungsweg sowie, wenn die Mitgliedstaaten es für angezeigt halten, in Schlichtungsverfahren geltend machen können, selbst wenn das Verhältnis, während dessen die Diskriminierung vorgekommen sein soll, bereits beendet ist.

(2) Die Mitgliedstaaten stellen sicher, daß Verbände, Organisationen oder andere juristische Personen, die gemäß den in ihrem einzelstaatlichen Recht festgelegten Kriterien ein rechtmäßiges Interesse daran haben, für die Einhaltung der Bestimmungen dieser Richtlinie zu sorgen, sich entweder im Namen der beschwerten Person oder zu deren Unterstützung und mit deren Einwilligung an den in dieser Richtlinie zur Durchsetzung der Ansprüche vorgesehenen Gerichts- und/oder Verwaltungsverfahren beteiligen können.

(3) Die Absätze 1 und 2 lassen einzelstaatliche Regelungen über Fristen für die Rechtsverfolgung betreffend den Gleichbehandlungsgrundsatz unberührt.

Nach Art. 7 stellen die Mitgliedstaaten sicher, dass alle Personen, die sich durch die Nichtanwendung des Diskriminierungsverbots gem. Art. 2 I in ihren Rechten für verletzt halten, ihre Ansprüche aus dieser Richtlinie auf dem **Gerichts- und/oder Verwaltungs-** 1 weg sowie, wenn die Mitgliedstaaten es für angezeigt halten, in Schlichtungsverfahren geltend machen können, selbst wenn das Verhältnis, während dessen die Diskriminierung vorgekommen sein soll, bereits beendet ist. Das **Recht auf effektiven gerichtlichen Rechtsschutz** folgt primärrechtlich aus Art. 47 GRC (EuGH 14.10.2010 – C-243/09 Rn. 66 – Fuß, NZA 2010, 1344). Sekundärrechtlich geht Art. 7 I zurück auf Art. 1 RL 97/80/EG aF, mit dem eine wirksamere Durchführung der Maßnahmen gewährleistet werden sollte, die von den Mitgliedstaaten in Anwendung des Diskriminierungsverbots wegen des Geschlechts getroffen werden, damit jeder, der sich wegen Nichtanwendung desselben auf ihn für beschwert hält, seine Rechte nach etwaiger Befassung anderer zuständiger Stellen gerichtlich geltend machen kann (dazu EuGH 21.7.2011 – C-104/10 Rn. 33 – Kelly, BeckRS 2011, 81408). Dieser Grundsatz wurde in Art. 7 I sowie in Art. 9 I RL 2000/78/EG, Art. 17 I RL 2006/54/EG übernommen (EuGH 19.4.2012 – C-415/10 Rn. 38 – Meister, NZA 2012, 493). Nach der Rechtsprechung des EuGH ist es mangels einer einschlägigen Regelung des Unionsrechts Sache der Rechtsordnungen der Mitgliedstaaten, die **zuständigen Gerichte** und die **Ausgestaltung von Verfahren** zu bestimmen, **die den Schutz der den Bürgern aus dem Unionsrecht erwachsenden Rechte gewährleisten sollen** (EuGH 8.7.2010 – C-246/09 Rn. 25 – Bulicke, NZA 2010, 869; 16.1.2014 – C-429/12 Rn. 23 – Pohl, NVwZ 2014, 433). Die Verfahrensregelungen müssen aber die Grundsätze der **Äquivalenz** und der **Effektivität** wahren (EuGH 8.7.2010 – C-246/09 Rn. 35 – Bulicke, NZA 2010, 869; *Schubert* S. 424 ff.). Zu Einzelheiten → RL 2000/78/EG Art. 9 Rn. 1 ff.

2   Art. 7 II behandelt nach mitgliedstaatlichem Recht bestehende **Verbandsklagebefugnisse.** Hiernach können die Mitgliedstaaten Verbänden das Recht einräumen, Gerichts- oder Verwaltungsverfahren zur Durchsetzung der Verpflichtungen aus dieser Richtlinie einzuleiten, auch wenn die Verbände nicht im Namen einer bestimmten beschwerten Person handeln oder sich keine beschwerte Person feststellen lässt (EuGH 25.4.2013 – C-81/12 Rn. 37 – Associatia ACCEPT, NZA 2013, 891). Sieht ein Mitgliedstaat ein solches Verbandsklagerecht vor, gilt nach Art. 8 IV zugunsten des Verbands die Beweislastregelung des Art. 8 I (EuGH 25.4.2013 – C-81/12 Rn. 38 – Associatia ACCEPT, NZA 2013, 891). Aus Art. 7 II folgt keine Pflicht, Antidiskriminierungsverbänden oder ähnlichen Organisationen generell eine Mitwirkungsbefugnis in Verfahren nach Art. 7 I einzuräumen, wie der Verweis auf die im einzelstaatlichen Recht festgelegten Kriterien zeigt (**aA** ErfK/*Schlachter* AGG § 23 Rn. 1). In seiner zu Art. 2 I ergangenen Entscheidung *Feryn* hat der EuGH zur Reichweite der Verbandsklagebefugnis bei Sachverhalten mit Bezug zu den Diskriminierungsverboten Stellung genommen (EuGH 10.7.2008 – C-54/07 – Feryn, NJW 2008, 2767; → RL 2000/78/EG Art. 9 Rn. 5).

3   Nach Art. 7 III werden mitgliedstaatliche Regelungen über **Fristen für die Rechtsverfolgung** – vorbehaltlich der Grundsätze der Äquivalenz und Effektivität (→ Rn. 1) – vom Diskriminierungsverbot gem. Art. 2 I nicht berührt (EuGH 8.7.2010 – C-246/09 – Bulicke, NZA 2010, 869; 16.1.2014 – C-429/12 – Pohl, NVwZ 2014, 433; → RL 2000/78/EG Art. 9 Rn. 7 ff.).

Art. 8 Beweislast

(1) Die Mitgliedstaaten ergreifen im Einklang mit ihrem nationalen Gerichtswesen die erforderlichen Maßnahmen, um zu gewährleisten, daß immer dann, wenn Personen, die sich durch die Nichtanwendung des Gleichbehandlungsgrundsatzes für verletzt halten und bei einem Gericht oder einer anderen zuständigen Stelle Tatsachen glaubhaft machen, die das Vorliegen einer unmittelbaren oder mittelbaren Diskriminierung vermuten lassen, es dem Beklagten obliegt zu beweisen, daß keine Verletzung des Gleichbehandlungsgrundsatzes vorgelegen hat.

(2) Absatz 1 läßt das Recht der Mitgliedstaaten, eine für den Kläger günstigere Beweislastregelung vorzusehen, unberührt.

(3) Absatz 1 gilt nicht für Strafverfahren.

(4) Die Absätze 1, 2 und 3 gelten auch für Verfahren gemäß Artikel 7 Absatz 2.

(5) Die Mitgliedstaaten können davon absehen, Absatz 1 auf Verfahren anzuwenden, in denen die Ermittlung des Sachverhalts dem Gericht oder der zuständigen Stelle obliegt.

A. Überblick

Art. 8 enthält die praktisch wichtigen Vorgaben für die Darlegungs- und Beweislast bei **1** Diskriminierungen gem. Art. 2. Der EuGH legt die Regelungen über die Darlegungs- und Beweislast für **alle Richtlinien gegen Diskriminierungen übereinstimmend** aus, namentlich für Art. 8 I, für Art. 10 I RL 2000/78/EG und für Art. 19 I RL 2006/54/EG (EuGH 19.4.2012 – C-415/10 Rn. 34 ff. – Meister, NZA 2012, 493). Ergänzend zu den nachfolgenden Ausführungen kann deshalb auf die Darstellung zu Art. 10 RL 2000/78/EG verwiesen werden (→ RL 2000/78/EG Art. 10 Rn. 3 ff.).

B. Unmittelbare und mittelbare Diskriminierung

Die Beweislastregelung des **Art. 8 I** steht in engem Zusammenhang mit der Rechts- **2** schutzgarantie des Art. 7 I (EuGH 19.4.2012 – C-415/10 Rn. 38 – Meister, NZA 2012, 493; BAG 19.8.2010 NZA 2011, 200 Rn. 34). Nach Art. 8 I obliegt dem Beklagten der Beweis, dass keine Verletzung des Gleichbehandlungsgrundsatzes (dh des Diskriminierungsverbots gem. Art. 2 I) vorgelegen hat, wenn Tatsachen eine **unmittelbare oder mittelbare Diskriminierung** vermuten lassen. Die Verpflichtung zur Führung des Gegenbeweises, die denjenigen trifft, dem die Diskriminierung angelastet wird, hängt somit von der Feststellung ab, dass auf Grund glaubhafter Tatsachen das Vorliegen einer Diskriminierung zu vermuten ist (speziell zum Diskriminierungsverbot wegen der ethnischen Herkunft EuGH 10.7.2008 – C-54/07 Rn. 30 – Feryn, NJW 2008, 2767; BAG 21.6.2012 NZA 2012, 1345 Rn. 32 ff.).

Vermutungstatsachen für eine **unmittelbare Diskriminierung** können in Äußerungen **3** bzw. Fragen des Arbeitgebers, in Verstößen gegen Verfahrensvorschriften, die der Förderung eines bestimmten Personenkreises dienen, in sonstigen Verfahrenshandlungen wie einer merkmalspezifischen Stellenausschreibung, im Einzelfall auch in statistischen Daten begründet sein (BAG 21.6.2012 NZA 2012, 1345 Rn. 33). Werden vom Arbeitnehmer Vermutungstatsachen vorgetragen, die für sich genommen nicht zur Begründung der Vermutungswirkung ausreichen, ist vom Tatrichter eine Gesamtbetrachtung vorzunehmen, ob diese im Zusammenhang gesehen geeignet sind, die Vermutungswirkung zu begründen (BAG 21.6.2012 NZA 2012, 1345 Rn. 33). Der EuGH hat bestätigt, dass **öffentliche Äußerungen eines Arbeitgebers,** wonach er im Rahmen seiner Einstellungspolitik keine Arbeitnehmer einer bestimmten ethnischen Herkunft oder Rasse beschäftigen werde, geeignete Vermutungstatsachen iSd Art. 8 I sind (EuGH 10.7.2008 – C-54/07 Rn. 29 ff. – Feryn, NJW 2008, 2767). Es obliegt hiernach dem Arbeitgeber, den Beweis zu erbringen, dass er den Gleichbehandlungsgrundsatz nicht verletzt hat, was er unter anderem dadurch tun kann, dass er nachweist, dass die tatsächliche Einstellungspraxis des Unternehmens diesen Äußerungen nicht entspricht. Insoweit ist es Sache des vorlegenden Gerichts, zum einen zu prüfen, ob die diesem Arbeitgeber vorgeworfenen Tatsachen glaubhaft sind, und zum anderen zu beurteilen, ob die Beweise, die er zur Stützung seines Vorbringens vorgelegt hat, ausreichend sind. Auch aus **Quoten** oder **Statistiken** können sich Indizien für eine unmittelbare Diskriminierung wegen der Rasse oder der Ethnie ergeben (BAG 21.6.2012

NZA 2012, 1345 Rn. 35 ff.). Jedoch ist die bloße Unterrepräsentation einer Gruppe von Beschäftigten nicht zwingend eine ausreichende Vermutungstatsache für eine diskriminierende Personalpolitik. Eine Vermutung für ein regelhaft die Merkmalsträgergruppe benachteiligendes Verhalten kann sich aus statistischen Daten deshalb nur dann ergeben, wenn sie sich konkret auf den betreffenden Arbeitgeber beziehen und aussagekräftig sind, was sein Verhalten gegenüber der Merkmalsträgergruppe anbelangt. Allein der Umstand, dass ein Arbeitgeber im gesamten Unternehmen Arbeitnehmer aus 13 Nationen beschäftigt, in einem Betrieb jedoch **zeitweise keine Arbeitnehmer nichtdeutscher Herkunft,** ist allein nicht aussagekräftig (BAG 21.6.2012 Ls. 1 NZA 2012, 1345). Zu weiteren Indizien für eine unmittelbare Diskriminierung → RL 2000/78/EG Art. 10 Rn. 8 ff.

4 Das **Verbot mittelbarer Diskriminierungen** hat keinen eigenständigen Regelungsgehalt, sondern dient als Hilfsinstrument zur Feststellung von unmittelbaren Diskriminierungen (EuGH 27.10.1993 – C-127/92 Rn. 13 f.– Enderby, NZA 1994, 797; *Thüsing* NZA Sonderbeil. 2/2004, 3 [6]). Es stellt damit eine spezialgesetzliche Ausprägung der Beweislastregel des Art. 8 I dar (BAG 14.11.2013 NZA 2014, 489 Rn. 37; zum Streitstand → RL 2000/78/EG Art. 2 Rn. 40 ff.). Der erste Anschein einer Diskriminierung kann sich aus einem Gruppenvergleich auf der Grundlage aussagekräftiger, auf den konkreten Arbeitgeber bezogener statistischer Daten, aber auch aus anderen Umständen ergeben (BAG 16.10.2014 NJOZ 2015, 355 Rn. 44; 21.6.2012 NZA 2012, 1345 Rn. 36). Die anderen Nachweise müssen einzeln oder in Summe dieselbe Aussagekraft wie Statistiken haben (→ RL 2000/78/EG Art. 10 Rn. 10 ff.). Entscheidend ist, ob eine Regelung oder Maßnahme ihrem Wesen nach geeignet ist, eine bestimmte Personengruppe gerade wegen der Rasse oder der ethnischen Herkunft zu benachteiligen (s. zur Staatsangehörigkeit EuGH 23.5.1996 – C-237/94 Rn. 20 – O`Flynn, EAS VO 1612/68/EWG Nr. 26; dazu → RL 2000/78/EG Art. 2 Rn. 49).

5 Gem. Art. 2 III 1 gilt eine **Belästigung** als Diskriminierung iSd Art. 2 I. Die Vorschrift enthält eine gesetzliche Fiktion (vgl. auch Art. 2 II lit. a RL 2006/54/EG), wonach die zu Art. 2 I entwickelten Grundsätze auf Art. 2 III übertragen werden können. Dies gilt insbesondere für die Beweislast (s. zum Merkmal Behinderung EuGH 17.7.2008 – C-303/06 Rn. 58 ff. – Coleman, EuZW 2008, 497). Macht hiernach ein Arbeitnehmer Tatsachen glaubhaft, die das Vorliegen einer Belästigung vermuten lassen, verlangt die tatsächliche Umsetzung des Gleichbehandlungsgrundsatzes, dass die Beweislast beim Beklagten liegt, der nachweisen muss, dass unter den Umständen des vorliegenden Falls keine Belästigung stattgefunden hat (EuGH 17.7.2008 – C-303/06 Rn. 58 ff. – Coleman, EuZW 2008, 497). Der Nachweis einer **Anweisung zur Diskriminierung** gem. Art. 2 IV richtet sich nach den für die Haupttat geltenden Grundsätzen.

C. Weitere Regelungen

6 Nach **Art. 8 II** dürfen die Mitgliedstaaten eine für den Kläger **günstigere Beweislastregelung** schaffen. Dies entspricht der Ausgestaltung der RL 2000/43/EG als Rahmenregelung (→ RL 2000/78/EG Art. 10 Rn. 15).

7 **Nach Art. 8 III sind Strafverfahren** ex lege von der Beweiserleichterung des Art. 8 I ausgenommen.

8 Gem. **Art. 8 IV** gelten die Regelungen gem. Art. 8 I bis III auch für **Verbandsklageverfahren** gem. Art. 7 II (vgl. EuGH 25.4.2013 – C-81/12 Rn. 38 – Associatia ACCEPT, NZA 2013, 891). Allerdings sind die Mitgliedstaaten nur dann verpflichtet, Verbandsklagebefugnisse einzuführen, wenn dies den im einzelstaatlichen Recht festgelegten Kriterien entspricht (→ Art. 7 Rn. 2). Gem. Erwägungsgrund 19 sollten Opfer von Diskriminierungen aus Gründen der Rasse oder der ethnischen Herkunft allerdings über einen angemessenen Rechtsschutz verfügen. Um einen effektiveren Schutz zu gewährleisten, sollte insoweit auch die Möglichkeit bestehen, dass sich Verbände oder andere juristische Personen unbe-

schadet der nationalen Verfahrensordnung bezüglich der Vertretung und Verteidigung vor Gericht bei einem entsprechenden Beschluss der Mitgliedstaaten im Namen eines Opfers oder zu seiner Unterstützung an einem Verfahren beteiligen.

Die Mitgliedstaaten können gem. **Art. 8 V** davon absehen, die Beweislastregelung auf **Verfahren mit Untersuchungsgrundsatz** anzuwenden, zB auf Beschlussverfahren im Arbeitsrecht (so auch Art. 10 V RL 2000/78/EG).

Art. 9 Viktimisierung

Die Mitgliedstaaten treffen im Rahmen ihrer nationalen Rechtsordnung die erforderlichen Maßnahmen, um den einzelnen vor Benachteiligungen zu schützen, die als Reaktion auf eine Beschwerde oder auf die Einleitung eines Verfahrens zur Durchsetzung des Gleichbehandlungsgrundsatzes erfolgen.

Art. 9 I fordert einen wirksamen Schutz vor **Viktimisierung (Maßregelung)** als Reaktion auf eine Beschwerde oder auf die Einleitung eines Verfahrens zur Durchsetzung des Gleichbehandlungsgrundsatzes, also des Diskriminierungsverbots gem. Art. 2 I (→ RL 2000/78/EG Art. 11 Rn. 1 ff.).

Art. 10 Unterrichtung

Die Mitgliedstaaten tragen dafür Sorge, daß die gemäß dieser Richtlinie getroffenen Maßnahmen sowie die bereits geltenden einschlägigen Vorschriften allen Betroffenen in geeigneter Form in ihrem Hoheitsgebiet bekanntgemacht werden.

Gem. Art. 10 müssen die Mitgliedstaaten die geeigneten Vorkehrungen treffen, um sicherzustellen, dass alle Betroffenen von den in den Anwendungsbereich der RL 2000/43/EG fallenden nationalen Vorschriften sowie den getroffenen Maßnahmen in geeigneter Form Kenntnis erlangen (→ RL 2000/78/EG Art. 12 Rn. 1 f.).

Art. 11 Sozialer Dialog

(1) Die Mitgliedstaaten treffen im Einklang mit den nationalen Gepflogenheiten und Verfahren geeignete Maßnahmen zur Förderung des sozialen Dialogs zwischen Arbeitgebern und Arbeitnehmern, mit dem Ziel, die Verwirklichung des Gleichbehandlungsgrundsatzes durch Überwachung der betrieblichen Praxis, durch Tarifverträge, Verhaltenskodizes, Forschungsarbeiten oder durch einen Austausch von Erfahrungen und bewährten Lösungen voranzubringen.

(2) ¹Soweit vereinbar mit den nationalen Gepflogenheiten und Verfahren, fordern die Mitgliedstaaten Arbeitgeber und Arbeitnehmer ohne Eingriff in deren Autonomie auf, auf geeigneter Ebene Antidiskriminierungsvereinbarungen zu schließen, die die in Artikel 3 genannten Bereiche betreffen, soweit diese in den Verantwortungsbereich der Tarifparteien fallen. ²Die Vereinbarungen müssen den in dieser Richtlinie festgelegten Mindestanforderungen sowie den einschlägigen nationalen Durchführungsbestimmungen entsprechen.

Art. 11 enthält Vorgaben zum sozialen Dialog zur Verwirklichung des Diskriminierungsverbots gem. Art. 2 I. Als Maßnahmen benennt die Vorschrift die Überwachung der betrieblichen Praxis, Tarifverträge, Verhaltenskodizes (dazu *Schneider/Sittard* NZA 2007, 654), Forschungsarbeiten und den Austausch von Erfahrungen und bewährten Lösungen (Abs. 1) sowie den Abschluss von Antidiskriminierungsvereinbarungen (Abs. 2). Zu Einzelheiten → RL 2000/78/EG Art. 13 Rn. 1 ff.

Art. 12 Dialog mit Nichtregierungsorganisationen

Die Mitgliedstaaten fördern den Dialog mit geeigneten Nichtregierungsorganisationen, die gemäß ihren nationalen Rechtsvorschriften und Gepflogenheiten ein rechtmäßiges Interesse daran haben, sich an der Bekämpfung von Diskriminierung aus Gründen der Rasse oder der ethnischen Herkunft zu beteiligen, um den Grundsatz der Gleichbehandlung zu fördern.

1   Art. 12 behandelt den Dialog mit Nichtregierungsorganisationen (→ RL 2000/78/EG Art. 14 Rn. 1 f.).

Kapitel III. Mit der Förderung der Gleichbehandlung befasste Stellen

Art. 13 [Zuständige Stellen]

(1) ¹Jeder Mitgliedstaat bezeichnet eine oder mehrere Stellen, deren Aufgabe darin besteht, die Verwirklichung des Grundsatzes der Gleichbehandlung aller Personen ohne Diskriminierung aufgrund der Rasse oder der ethnischen Herkunft zu fördern. ²Diese Stellen können Teil einer Einrichtung sein, die auf nationaler Ebene für den Schutz der Menschenrechte oder der Rechte des einzelnen zuständig ist.

(2) Die Mitgliedstaaten stellen sicher, daß es zu den Zuständigkeiten dieser Stellen gehört,
– unbeschadet der Rechte der Opfer und der Verbände, der Organisationen oder anderer juristischer Personen nach Artikel 7 Absatz 2 die Opfer von Diskriminierungen auf unabhängige Weise dabei zu unterstützen, ihrer Beschwerde wegen Diskriminierung nachzugehen;
– unabhängige Untersuchungen zum Thema der Diskriminierung durchzuführen;
– unabhängige Berichte zu veröffentlichen und Empfehlungen zu allen Aspekten vorzulegen, die mit diesen Diskriminierungen in Zusammenhang stehen.

1   Art. 13 I verpflichtet die Mitgliedstaaten, eine oder mehrere zuständige **Stellen** zu benennen, deren Aufgabe es ist, die **Verwirklichung des Grundsatzes der Gleichbehandlung ohne Diskriminierung aufgrund der Rasse oder der ethnischen Herkunft zu fördern,** wobei die Stellen Teil einer Einrichtung sein dürfen, die auf nationaler Ebene für den Schutz der Menschen- oder Persönlichkeitsrechte zuständig sind. Art. 13 II normiert Mindestzuständigkeiten dieser Stellen. Eine vergleichbare Regelung ist in Art. 20 RL 2006/54/EG enthalten. Demgegenüber hat Art. 13 keine Entsprechung in der RL 2000/78/EG.
2   Im deutschen Recht wurden die vorstehenden Vorgaben durch die Regelungen über die **Antidiskriminierungsstelle des Bundes gem. §§ 25–30 AGG** umgesetzt, die sich nach § 25 I AGG auf alle Merkmale des § 1 AGG, also nicht nur auf die Rasse, die ethnische Herkunft und das Geschlecht beziehen (*Adomeit/Mohr* AGG §§ 25–30 Rn. 2; *Bauer/Krieger* AGG § 30 Rn. 2). Dies gründet wohl auch auf dem Umstand, dass der deutsche Gesetzgeber durch die §§ 29, 30 AGG die Pflicht zum Dialog mit NGO's gem. Art. 14 RL 2000/78/EG umsetzt (→ RL 2000/78/EG Art. 14 Rn. 2). Dasselbe gilt für die Bekanntmachungspflicht des Art. 12 RL 2000/78/EG durch § 27 II Nr. 1 AGG (→ RL 2000/78/EG Art. 12 Rn. 2).

Kapitel IV. Schlussbestimmungen

Art. 14 Einhaltung

Die Mitgliedstaaten treffen die erforderlichen Maßnahmen, um sicherzustellen,
a) daß sämtliche Rechts- und Verwaltungsvorschriften, die dem Gleichbehandlungsgrundsatz zuwiderlaufen, aufgehoben werden;
b) daß sämtliche mit dem Gleichbehandlungsgrundsatz nicht zu vereinbarenden Bestimmungen in Einzel- oder Kollektivverträgen oder -vereinbarungen, Betriebsordnungen, Statuten von Vereinigungen mit oder ohne Erwerbszweck sowie Statuten der freien Berufe und der Arbeitnehmer- und Arbeitgeberorganisationen für nichtig erklärt werden oder erklärt werden können oder geändert werden.

Gem. **Art. 14 lit. a** müssen die Mitgliedstaaten durch geeignete Maßnahmen sicherstellen, **dass alle Rechts- oder Verwaltungsvorschriften,** die dem Gleichbehandlungsgrundsatz in Form des Verbots von Diskriminierungen gem. Art. 2 I zuwiderlaufen, aufgehoben werden. Die Vorschrift bezieht sich auf staatliche Regelungen, die gegen das Verbot von Diskriminierungen nach der Richtlinie verstoßen, in Abgrenzung zu Art. 15, der die Sanktionen bei einer Verletzung der zur Umsetzung der RL 2000/43/EG geschaffenen nationalen Regelungen beinhaltet (s. zum Merkmal Alter EuGH 28.1.2015 – C-417/13 Rn. 42 – Starjakob; im Einzelnen → RL 2000/78/EG Art. 16 Rn. 3 ff.).

Weiterhin müssen die Mitgliedstaaten nach **Art. 14 lit. b** sicherstellen, dass die mit dem Diskriminierungsverbot nicht zu vereinbarenden Regelungen in **Individual- und Kollektivverträgen,** in **Betriebsordnungen** sowie in **Statuten der freien Berufe und der Arbeitgeber- und Arbeitnehmerorganisationen** für nichtig erklärt werden oder erklärt werden können oder geändert werden (s. *Krebber* EuZA 2009, 200 [201]). Zu Einzelheiten → RL 2000/78/EG Art. 16 Rn. 6 ff.

Art. 15 Sanktionen

¹Die Mitgliedstaaten legen die Sanktionen fest, die bei einem Verstoß gegen die einzelstaatlichen Vorschriften zur Anwendung dieser Richtlinie zu verhängen sind, und treffen alle geeigneten Maßnahmen, um deren Durchsetzung zu gewährleisten. ²Die Sanktionen, die auch Schadenersatzleistungen an die Opfer umfassen können, müssen wirksam, verhältnismäßig und abschreckend sein. ³Die Mitgliedstaaten teilen der Kommission diese Bestimmungen bis zum 19. Juli 2003 mit und melden alle sie betreffenden Änderungen unverzüglich.

Art. 15 überträgt den Mitgliedstaaten die Aufgabe, die **zivilen Ansprüche** („private enforcement") und **öffentlichen Rechtsbehelfe** („public enforcement") festzulegen, die bei einem Verstoß gegen die einzelstaatlichen Vorschriften zur Anwendung dieser Richtlinie zu verhängen sind. Hiernach müssen die privaten und öffentlichen Sanktionen wirksam, verhältnismäßig und abschreckend sein (EuGH 10.7.2008 – C-54/07 Rn. 36 – Feryn, NJW 2008, 2767). Art. 15 erlegt den Mitgliedstaaten die Verpflichtung auf, in ihre innerstaatliche Rechtsordnung Maßnahmen aufzunehmen, die hinreichend wirksam sind, um das Ziel dieser Richtlinie zu erreichen, und dafür Sorge zu tragen, dass diese Maßnahmen vor den nationalen Gerichten tatsächlich geltend gemacht werden können, damit der gerichtliche Rechtsschutz effektiv und wirksam ist (EuGH 10.7.2008 – C-54/07 Rn. 37 – Feryn, NJW 2008, 2767; s. dazu auch Art. 7 I). Für die Einzelheiten → RL 2000/78/EG Art. 17 Rn. 1 ff.

2 Die RL 2000/43/EG verpflichtet die Mitgliedstaaten nicht zu bestimmten Sanktionen, sondern belässt ihnen die Freiheit der Wahl unter den verschiedenen Lösungen, die zur Verwirklichung des Ziels gem. Art. 1 geeignet sind (EuGH 10.7.2008 – C-54/07 Rn. 37 – Feryn, NJW 2008, 2767). Diese können deshalb privatrechtlich, aber auch öffentlich-rechtlich ausgestaltet sein. Die **Härte der Sanktionen** muss der Schwere der mit ihnen geahndeten Verstöße entsprechen, indem sie eine wirklich **abschreckende Wirkung** gewährleisten (s. zum Merkmal sexuelle Ausrichtung EuGH 25.4.2013 – C-81/12 Rn. 63 – Associatia ACCEPT, NZA 2013, 891, unter Verweis auf EuGH 22.4.1997 – C-180/95 Rn. 40 – Draempaehl, NJW 1997, 1839). Anderseits müssen die Sanktionen den allg. Grundsatz der **Verhältnismäßigkeit** wahren (EuGH 25.4.2013 – C-81/12 Rn. 63 – Associatia ACCEPT, NZA 2013, 891, unter Verweis auf EuGH 6.11.2003 – C-101/01 Rn. 81 f. – Lindqvist, EuZW 2004, 245). Eine rein symbolische Sanktion stellt danach keine ordnungsgemäße und wirksame Umsetzung dar (EuGH 25.4.2013 – C-81/12 Rn. 64 – Associatia ACCEPT, NZA 2013, 891). Für Einzelheiten → RL 2000/78/EG Art. 17 Rn. 2 ff.

3 Art. 15 gilt für **Verbandsklageverfahren** gem. Art. 7 II. Hiernach müssen auch dann, wenn es kein unmittelbares Opfer einer Diskriminierung gibt, sondern in dem eine Einrichtung, die dazu kraft Gesetzes ermächtigt ist, die Feststellung und Ahndung einer Diskriminierung beantragt, die Sanktionen iSd Art. 15 wirksam, verhältnismäßig und abschreckend sein (EuGH 10.7.2008 – C-54/07 Rn. 38 – Feryn, NJW 2008, 2767). Während die von einer Diskriminierung konkret-individuell Betroffenen grundsätzlich einen Anspruch auf finanziellen Ausgleich der materiellen und immateriellen Einbußen haben müssen (EuGH 25.4.2013 – C-81/12 Rn. 68 – Associatia ACCEPT, NZA 2013, 891; → RL 2000/78/EG Art. 17 Rn. 2), ist dies bei Verbandsklagen nur fakultativ (EuGH 10.7.2008 – C-54/07 Rn. 39 – Feryn, NJW 2008, 2767). Die Sanktion kann hier auch in der Anordnung einer **adäquaten Veröffentlichung** bestehen, deren Kosten zu Lasten des Beklagten gehen, oder in einer **Unterlassungsverpflichtung,** verbunden mit einem Zwangsgeld (EuGH 10.7.2008 – C-54/07 Rn. 39 – Feryn, NJW 2008, 2767).

4 Die **Mitteilungspflicht** des Art. 15 S. 3 entspricht Art. 17 S. 3 RL 2000/78/EG und Art. 25 S. 3 RL 2006/54/EG (→ RL 2000/78/EG Art. 17 Rn. 11).

Art. 16 Umsetzung

¹Die Mitgliedstaaten erlassen die erforderlichen Rechts- und Verwaltungsvorschriften, um dieser Richtlinie bis zum 19. Juli 2003 nachzukommen, oder können den Sozialpartnern auf deren gemeinsamen Antrag die Durchführung der Bestimmungen dieser Richtlinie übertragen, die in den Anwendungsbereich von Tarifverträgen fallen. ²In diesem Fall gewährleisten die Mitgliedstaaten, daß die Sozialpartner bis zum 19. Juli 2003 im Wege einer Vereinbarung die erforderlichen Maßnahmen getroffen haben; dabei haben die Mitgliedstaaten alle erforderlichen Maßnahmen zu treffen, um jederzeit gewährleisten zu können, daß die durch diese Richtlinie vorgeschriebenen Ergebnisse erzielt werden. ³Sie setzen die Kommission unverzüglich davon in Kenntnis.

¹Wenn die Mitgliedstaaten derartige Vorschriften erlassen, nehmen sie in den Vorschriften selbst oder durch einen Hinweis bei der amtlichen Veröffentlichung auf diese Richtlinie Bezug. ²Die Mitgliedstaaten regeln die Einzelheiten der Bezugnahme.

1 Art. 16 enthält Vorgaben für die **Umsetzung der RL 2000/43/EG durch die Mitgliedstaaten.** Bis auf das abweichende Datum und die nicht enthaltenen Sonderregelungen für die Merkmale Alter und Behinderung entspricht die Vorschrift Art. 18 RL 2000/78/EG (→ RL 2000/78/EG Art. 18 Rn. 1).

Art. 17 Bericht

(1) Bis zum 19. Juli 2005 und in der Folge alle fünf Jahre übermitteln die Mitgliedstaaten der Kommission sämtliche Informationen, die diese für die Erstellung eines dem Europäischen Parlament und dem Rat vorzulegenden Berichts über die Anwendung dieser Richtlinie benötigt.

(2) ¹Die Kommission berücksichtigt in ihrem Bericht in angemessener Weise die Ansichten der Europäischen Stelle zur Beobachtung von Rassismus und Fremdenfeindlichkeit sowie die Standpunkte der Sozialpartner und der einschlägigen Nichtregierungsorganisationen. ²Im Einklang mit dem Grundsatz der Berücksichtigung geschlechterspezifischer Fragen wird ferner in dem Bericht die Auswirkung der Maßnahmen auf Frauen und Männer bewertet. ³Unter Berücksichtigung der übermittelten Informationen enthält der Bericht gegebenenfalls auch Vorschläge für eine Änderung und Aktualisierung dieser Richtlinie.

Art. 17 regelt **die Berichtspflicht der Kommission** gegenüber dem Europäischen 1 Parlament und dem Rat und die **Mitwirkungspflichten der EU-Mitgliedstaaten.** Nach dem Wortlaut des Art. 17 II berücksichtigt die Kommission in ihrem Bericht nicht nur die Ansichten der Sozialpartner und der einschlägigen NGO's, sondern auch der Europäischen Stelle für die Beobachtung von Fremdenfeindlichkeit und Rassismus. Die letztgenannte Stelle wurde im Jahr 2007 in die **Europäische Agentur für Grundrechte** integriert (Art. 33 I iVm den Erwägungsgründen 5 ff. VO 168/2007/EG, ABl. EU Nr. L 53 v. 22.2.2007, 1). Hinsichtlich der Einzelheiten → Art. 19 RL 2000/78/EG Rn. 1 f.

Art. 18 Inkrafttreten

Diese Richtlinie tritt am Tag ihrer Veröffentlichung im *Amtsblatt der Europäischen Gemeinschaften* in Kraft.

Die RL 2000/43/EG wurde am 19.7.2000 im Amtsblatt der Europäischen Gemeinschaf- 1 ten veröffentlicht und trat am Folgetag in Kraft.

Art. 19 Adressaten

Diese Richtlinie ist an die Mitgliedstaaten gerichtet.

Adressaten der Richtlinie sind allein die **Mitgliedstaaten** (vgl. Art. 288 III AEUV). Eine 1 **vertikale Drittwirkung in privaten Rechtsverhältnissen** ist nicht zulässig (→ RL 2000/78/EG Art. 21 Rn. 1; → RL 2000/78/EG Art. 16 Rn. 3 ff.). Eine solche wird erst durch die mitgliedstaatlichen Umsetzungsnormen geschaffen (zum Schutz vor Diskriminierungen wegen der Rasse und Ethnie nach dem AGG siehe *Göbel-Zimmermann/Marquardt* ZAR 2012, 369 [370 ff.]). Zur Direktwirkung von Richtlinien → RL 2006/54/EG Art. 36 Rn. 2.

520. Richtlinie 2000/78/EG des Rates vom 27. November 2000 zur Festlegung eines allgemeinen Rahmens für die Verwirklichung der Gleichbehandlung in Beschäftigung und Beruf

(ABl. Nr. L 303 S. 16)
Celex-Nr. 3 2000 L 0078

DER RAT DER EUROPÄISCHEN UNION –
gestützt auf den Vertrag zur Gründung der Europäischen Gemeinschaft, insbesondere auf Artikel 13,
auf Vorschlag der Kommission[1],
nach Stellungnahme des Europäischen Parlaments[2],
nach Stellungnahme des Wirtschafts- und Sozialausschusses[3],
nach Stellungnahme des Ausschusses der Regionen[4],
in Erwägung nachstehender Gründe:

(1) Nach Artikel 6 Absatz 2 des Vertrags über die Europäische Union beruht die Europäische Union auf den Grundsätzen der Freiheit, der Demokratie, der Achtung der Menschenrechte und Grundfreiheiten sowie der Rechtsstaatlichkeit; diese Grundsätze sind allen Mitgliedstaaten gemeinsam. Die Union achtet die Grundrechte, wie sie in der Europäischen Konvention zum Schutze der Menschenrechte und Grundfreiheiten gewährleistet sind und wie sie sich aus den gemeinsamen Verfassungsüberlieferungen der Mitgliedstaaten als allgemeine Grundsätze des Gemeinschaftsrechts ergeben.

(2) Der Grundsatz der Gleichbehandlung von Männern und Frauen wurde in zahlreichen Rechtsakten der Gemeinschaft fest verankert, insbesondere in der Richtlinie 76/207/EWG des Rates vom 9. Februar 1976 zur Verwirklichung des Grundsatzes der Gleichbehandlung von Männern und Frauen hinsichtlich des Zugangs zur Beschäftigung, zur Berufsbildung und zum beruflichen Aufstieg sowie in Bezug auf die Arbeitsbedingungen[5].

(3) Bei der Anwendung des Grundsatzes der Gleichbehandlung ist die Gemeinschaft gemäß Artikel 3 Absatz 2 des EG-Vertrags[6] bemüht, Ungleichheiten zu beseitigen und die Gleichstellung von Männern und Frauen zu fördern, zumal Frauen häufig Opfer mehrfacher Diskriminierung sind.

(4) Die Gleichheit aller Menschen vor dem Gesetz und der Schutz vor Diskriminierung ist ein allgemeines Menschenrecht; dieses Recht wurde in der Allgemeinen Erklärung der Menschenrechte, im VN-Übereinkommen zur Beseitigung aller Formen der Diskriminierung von Frauen, im Internationalen Pakt der VN über bürgerliche und politische Rechte, im Internationalen Pakt der VN über wirtschaftliche, soziale und kulturelle Rechte sowie in der Europäischen Konvention zum Schutze der Menschenrechte und Grundfreiheiten anerkannt, die von allen Mitgliedstaaten unterzeichnet wurden. Das Übereinkommen 111 der Internationalen Arbeitsorganisation untersagt Diskriminierungen in Beschäftigung und Beruf.

(5) Es ist wichtig, dass diese Grundrechte und Grundfreiheiten geachtet werden. Diese Richtlinie berührt nicht die Vereinigungsfreiheit, was das Recht jeder Person umfasst, zum Schutze ihrer Interessen Gewerkschaften zu gründen und Gewerkschaften beizutreten.

---

[1] **Amtl. Anm.:** ABl. C 177 E vom 27.6.2000, S. 42.
[2] **Amtl. Anm.:** Stellungnahme vom 12. Oktober 2000 (noch nicht im Amtsblatt veröffentlicht).
[3] **Amtl. Anm.:** ABl. C 204 vom 18.7.2000, S. 82.
[4] **Amtl. Anm.:** ABl. C 226 vom 8.8.2000, S. 1.
[5] **Amtl. Anm.:** ABl. L 39 vom 14.2.1976, S. 40.
[6] Nunmehr Art. 8 AEUV durch Vertrag von Lissabon v. 13.12.2007 (ABl. Nr. C 306 S. 1).

(6) In der Gemeinschaftscharta der sozialen Grundrechte der Arbeitnehmer wird anerkannt, wie wichtig die Bekämpfung jeder Art von Diskriminierung und geeignete Maßnahmen zur sozialen und wirtschaftlichen Eingliederung älterer Menschen und von Menschen mit Behinderung sind.

(7) Der EG-Vertrag[7] nennt als eines der Ziele der Gemeinschaft die Förderung der Koordinierung der Beschäftigungspolitiken der Mitgliedstaaten. Zu diesem Zweck wurde in den EG-Vertrag[8] ein neues Beschäftigungskapitel eingefügt, das die Grundlage bildet für die Entwicklung einer koordinierten Beschäftigungsstrategie und für die Förderung der Qualifizierung, Ausbildung und Anpassungsfähigkeit der Arbeitnehmer.

(8) In den vom Europäischen Rat auf seiner Tagung am 10. und 11. Dezember 1999 in Helsinki vereinbarten beschäftigungspolitischen Leitlinien für 2000 wird die Notwendigkeit unterstrichen, einen Arbeitsmarkt zu schaffen, der die soziale Eingliederung fördert, indem ein ganzes Bündel aufeinander abgestimmter Maßnahmen getroffen wird, die darauf abstellen, die Diskriminierung von benachteiligten Gruppen, wie den Menschen mit Behinderung, zu bekämpfen. Ferner wird betont, dass der Unterstützung älterer Arbeitnehmer mit dem Ziel der Erhöhung ihres Anteils an der Erwerbsbevölkerung besondere Aufmerksamkeit gebührt.

(9) Beschäftigung und Beruf sind Bereiche, die für die Gewährleistung gleicher Chancen für alle und für eine volle Teilhabe der Bürger am wirtschaftlichen, kulturellen und sozialen Leben sowie für die individuelle Entfaltung von entscheidender Bedeutung sind.

(10) Der Rat hat am 29. Juni 2000 die Richtlinie 2000/43/EG[9] zur Anwendung des Gleichbehandlungsgrundsatzes ohne Unterschied der Rasse oder der ethnischen Herkunft angenommen, die bereits einen Schutz vor solchen Diskriminierungen in Beschäftigung und Beruf gewährleistet.

(11) Diskriminierungen wegen der Religion oder der Weltanschauung, einer Behinderung, des Alters oder der sexuellen Ausrichtung können die Verwirklichung der im EG-Vertrag[10] festgelegten Ziele unterminieren, insbesondere die Erreichung eines hohen Beschäftigungsniveaus und eines hohen Maßes an sozialem Schutz, die Hebung des Lebensstandards und der Lebensqualität, den wirtschaftlichen und sozialen Zusammenhalt, die Solidarität sowie die Freizügigkeit.

(12) Daher sollte jede unmittelbare oder mittelbare Diskriminierung wegen der Religion oder der Weltanschauung, einer Behinderung, des Alters oder der sexuellen Ausrichtung in den von der Richtlinie abgedeckten Bereichen gemeinschaftsweit untersagt werden. Dieses Diskriminierungsverbot sollte auch für Staatsangehörige dritter Länder gelten, betrifft jedoch nicht die Ungleichbehandlungen aus Gründen der Staatsangehörigkeit und lässt die Vorschriften über die Einreise und den Aufenthalt von Staatsangehörigen dritter Länder und ihren Zugang zu Beschäftigung und Beruf unberührt.

(13) Diese Richtlinie findet weder Anwendung auf die Sozialversicherungs- und Sozialschutzsysteme, deren Leistungen nicht einem Arbeitsentgelt idS gleichgestellt werden, der diesem Begriff für die Anwendung des Artikels 141 des EG-Vertrags[11] gegeben wurde, noch auf Vergütungen jeder Art seitens des Staates, die den Zugang zu einer Beschäftigung oder die Aufrechterhaltung eines Beschäftigungsverhältnisses zum Ziel haben.

(14) Diese Richtlinie berührt nicht die einzelstaatlichen Bestimmungen über die Festsetzung der Altersgrenzen für den Eintritt in den Ruhestand.

(15) Die Beurteilung von Tatbeständen, die auf eine unmittelbare oder mittelbare Diskriminierung schließen lassen, obliegt den einzelstaatlichen gerichtlichen Instanzen oder

---

[7] Nunmehr Vertrag über die Arbeitsweise der Europäischen Union durch Vertrag von Lissabon v. 13.12.2007 (ABl. Nr. C 306 S. 1).

[8] Nunmehr Vertrag über die Arbeitsweise der Europäischen Union durch Vertrag von Lissabon v. 13.12.2007 (ABl. Nr. C 306 S. 1).

[9] **Amtl. Anm.:** ABl. L 180 vom 19.7.2000, S. 22.

[10] Nunmehr Vertrag über die Arbeitsweise der Europäischen Union durch Vertrag von Lissabon v. 13.12.2007 (ABl. Nr. C 306 S. 1).

[11] Nunmehr Art. 157 AEUV durch Vertrag von Lissabon v. 13.12.2007 (ABl. Nr. C 306 S. 1).

anderen zuständigen Stellen nach den einzelstaatlichen Rechtsvorschriften oder Gepflogenheiten; in diesen einzelstaatlichen Vorschriften kann insbesondere vorgesehen sein, dass mittelbare Diskriminierung mit allen Mitteln, einschließlich statistischer Beweise, festzustellen ist.

(16) Maßnahmen, die darauf abstellen, den Bedürfnissen von Menschen mit Behinderung am Arbeitsplatz Rechnung zu tragen, spielen eine wichtige Rolle bei der Bekämpfung von Diskriminierungen wegen einer Behinderung.

(17) Mit dieser Richtlinie wird unbeschadet der Verpflichtung, für Menschen mit Behinderung angemessene Vorkehrungen zu treffen, nicht die Einstellung, der berufliche Aufstieg, die Weiterbeschäftigung oder die Teilnahme an Aus- und Weiterbildungsmaßnahmen einer Person vorgeschrieben, wenn diese Person für die Erfüllung der wesentlichen Funktionen des Arbeitsplatzes oder zur Absolvierung einer bestimmten Ausbildung nicht kompetent, fähig oder verfügbar ist.

(18) Insbesondere darf mit dieser Richtlinie den Streitkräften sowie der Polizei, den Haftanstalten oder den Notfalldiensten unter Berücksichtigung des rechtmäßigen Ziels, die Einsatzbereitschaft dieser Dienste zu wahren, nicht zur Auflage gemacht werden, Personen einzustellen oder weiter zu beschäftigen, die nicht den jeweiligen Anforderungen entsprechen, um sämtliche Aufgaben zu erfüllen, die ihnen übertragen werden können.

(19) Ferner können die Mitgliedstaaten zur Sicherung der Schlagkraft ihrer Streitkräfte sich dafür entscheiden, dass die eine Behinderung und das Alter betreffenden Bestimmungen dieser Richtlinie auf alle Streitkräfte oder einen Teil ihrer Streitkräfte keine Anwendung finden. Die Mitgliedstaaten, die eine derartige Entscheidung treffen, müssen den Anwendungsbereich dieser Ausnahmeregelung festlegen.

(20) Es sollten geeignete Maßnahmen vorgesehen werden, d. h. wirksame und praktikable Maßnahmen, um den Arbeitsplatz der Behinderung entsprechend einzurichten, z. B. durch eine entsprechende Gestaltung der Räumlichkeiten oder eine Anpassung des Arbeitsgeräts, des Arbeitsrhythmus, der Aufgabenverteilung oder des Angebots an Ausbildungs- und Einarbeitungsmaßnahmen.

(21) Bei der Prüfung der Frage, ob diese Maßnahmen zu übermäßigen Belastungen führen, sollten insbesondere der mit ihnen verbundene finanzielle und sonstige Aufwand sowie die Größe, die finanziellen Ressourcen und der Gesamtumsatz der Organisation oder des Unternehmens und die Verfügbarkeit von öffentlichen Mitteln oder anderen Unterstützungsmöglichkeiten berücksichtigt werden.

(22) Diese Richtlinie lässt die einzelstaatlichen Rechtsvorschriften über den Familienstand und davon abhängige Leistungen unberührt.

(23) Unter sehr begrenzten Bedingungen kann eine unterschiedliche Behandlung gerechtfertigt sein, wenn ein Merkmal, das mit der Religion oder Weltanschauung, einer Behinderung, dem Alter oder der sexuellen Ausrichtung zusammenhängt, eine wesentliche und entscheidende berufliche Anforderung darstellt, sofern es sich um einen rechtmäßigen Zweck und eine angemessene Anforderung handelt. Diese Bedingungen sollten in die Informationen aufgenommen werden, die die Mitgliedstaaten der Kommission übermitteln.

(24) Die Europäische Union hat in ihrer der Schlussakte zum Vertrag von Amsterdam beigefügten Erklärung Nr. 11 zum Status der Kirchen und weltanschaulichen Gemeinschaften ausdrücklich anerkannt, dass sie den Status, den Kirchen und religiöse Vereinigungen oder Gemeinschaften in den Mitgliedstaaten nach deren Rechtsvorschriften genießen, achtet und ihn nicht beeinträchtigt und dass dies in gleicher Weise für den Status von weltanschaulichen Gemeinschaften gilt. Die Mitgliedstaaten können in dieser Hinsicht spezifische Bestimmungen über die wesentlichen, rechtmäßigen und gerechtfertigten beruflichen Anforderungen beibehalten oder vorsehen, die Voraussetzung für die Ausübung einer diesbezüglichen beruflichen Tätigkeit sein können.

(25) Das Verbot der Diskriminierung wegen des Alters stellt ein wesentliches Element zur Erreichung der Ziele der beschäftigungspolitischen Leitlinien und zur Förderung der Vielfalt im Bereich der Beschäftigung dar. Ungleichbehandlungen wegen des Alters kön-

nen unter bestimmten Umständen jedoch gerechtfertigt sein und erfordern daher besondere Bestimmungen, die je nach der Situation der Mitgliedstaaten unterschiedlich sein können. Es ist daher unbedingt zu unterscheiden zwischen einer Ungleichbehandlung, die insbesondere durch rechtmäßige Ziele im Bereich der Beschäftigungspolitik, des Arbeitsmarktes und der beruflichen Bildung gerechtfertigt ist, und einer Diskriminierung, die zu verbieten ist.

(26) Das Diskriminierungsverbot sollte nicht der Beibehaltung oder dem Erlass von Maßnahmen entgegenstehen, mit denen bezweckt wird, Benachteiligungen von Personen mit einer bestimmten Religion oder Weltanschauung, einer bestimmten Behinderung, einem bestimmten Alter oder einer bestimmten sexuellen Ausrichtung zu verhindern oder auszugleichen, und diese Maßnahmen können die Einrichtung und Beibehaltung von Organisationen von Personen mit einer bestimmten Religion oder Weltanschauung, einer bestimmten Behinderung, einem bestimmten Alter oder einer bestimmten sexuellen Ausrichtung zulassen, wenn deren Zweck hauptsächlich darin besteht, die besonderen Bedürfnisse dieser Personen zu fördern.

(27) Der Rat hat in seiner Empfehlung 86/379/EWG vom 24. Juli 1986[12] zur Beschäftigung von Behinderten in der Gemeinschaft einen Orientierungsrahmen festgelegt, der Beispiele für positive Aktionen für die Beschäftigung und Berufsbildung von Menschen mit Behinderung anführt; in seiner Entschließung vom 17. Juni 1999 betreffend gleiche Beschäftigungschancen für behinderte Menschen[13] hat er bekräftigt, dass es wichtig ist, insbesondere der Einstellung, der Aufrechterhaltung des Beschäftigungsverhältnisses sowie der beruflichen Bildung und dem lebensbegleitenden Lernen von Menschen mit Behinderung besondere Aufmerksamkeit zu widmen.

(28) In dieser Richtlinie werden Mindestanforderungen festgelegt; es steht den Mitgliedstaaten somit frei, günstigere Vorschriften einzuführen oder beizubehalten. Die Umsetzung dieser Richtlinie darf nicht eine Absenkung des in den Mitgliedstaaten bereits bestehenden Schutzniveaus rechtfertigen.

(29) Opfer von Diskriminierungen wegen der Religion oder Weltanschauung, einer Behinderung, des Alters oder der sexuellen Ausrichtung sollten über einen angemessenen Rechtsschutz verfügen. Um einen effektiveren Schutz zu gewährleisten, sollte auch die Möglichkeit bestehen, dass sich Verbände oder andere juristische Personen unbeschadet der nationalen Verfahrensordnung bezüglich der Vertretung und Verteidigung vor Gericht bei einem entsprechenden Beschluss der Mitgliedstaaten im Namen eines Opfers oder zu seiner Unterstützung an einem Verfahren beteiligen.

(30) Die effektive Anwendung des Gleichheitsgrundsatzes erfordert einen angemessenen Schutz vor Viktimisierung.

(31) Eine Änderung der Regeln für die Beweislast ist geboten, wenn ein glaubhafter Anschein einer Diskriminierung besteht. Zur wirksamen Anwendung des Gleichbehandlungsgrundsatzes ist eine Verlagerung der Beweislast auf die beklagte Partei erforderlich, wenn eine solche Diskriminierung nachgewiesen ist. Allerdings obliegt es dem Beklagten nicht, nachzuweisen, dass der Kläger einer bestimmten Religion angehört, eine bestimmte Weltanschauung hat, eine bestimmte Behinderung aufweist, ein bestimmtes Alter oder eine bestimmte sexuelle Ausrichtung hat.

(32) Die Mitgliedstaaten können davon absehen, die Regeln für die Beweislastverteilung auf Verfahren anzuwenden, in denen die Ermittlung des Sachverhalts dem Gericht oder der zuständigen Stelle obliegt. Dies betrifft Verfahren, in denen die klagende Partei den Beweis des Sachverhalts, dessen Ermittlung dem Gericht oder der zuständigen Stelle obliegt, nicht anzutreten braucht.

(33) Die Mitgliedstaaten sollten den Dialog zwischen den Sozialpartnern und im Rahmen der einzelstaatlichen Gepflogenheiten mit Nichtregierungsorganisationen mit dem Ziel

---

[12] **Amtl. Anm.:** ABl. L 225 vom 12.8.1986, S. 43.
[13] **Amtl. Anm.:** ABl. C 186 vom 2.7.1999, S. 3.

fördern, gegen die verschiedenen Formen von Diskriminierung am Arbeitsplatz anzugehen und diese zu bekämpfen.

(34) In Anbetracht der Notwendigkeit, den Frieden und die Aussöhnung zwischen den wichtigsten Gemeinschaften in Nordirland zu fördern, sollten in diese Richtlinie besondere Bestimmungen aufgenommen werden.

(35) Die Mitgliedstaaten sollten wirksame, verhältnismäßige und abschreckende Sanktionen für den Fall vorsehen, dass gegen die aus dieser Richtlinie erwachsenden Verpflichtungen verstoßen wird.

(36) Die Mitgliedstaaten können den Sozialpartnern auf deren gemeinsamen Antrag die Durchführung der Bestimmungen dieser Richtlinie übertragen, die in den Anwendungsbereich von Tarifverträgen fallen, sofern sie alle erforderlichen Maßnahmen treffen, um jederzeit gewährleisten zu können, dass die durch diese Richtlinie vorgeschriebenen Ergebnisse erzielt werden.

(37) Im Einklang mit dem Subsidiaritätsprinzip nach Artikel 5 des EG-Vertrags[14] kann das Ziel dieser Richtlinie, nämlich die Schaffung gleicher Ausgangsbedingungen in der Gemeinschaft bezüglich der Gleichbehandlung in Beschäftigung und Beruf, auf der Ebene der Mitgliedstaaten nicht ausreichend erreicht werden und kann daher wegen des Umfangs und der Wirkung der Maßnahme besser auf Gemeinschaftsebene verwirklicht werden. Im Einklang mit dem Verhältnismäßigkeitsprinzip nach jenem Artikel geht diese Richtlinie nicht über das für die Erreichung dieses Ziels erforderliche Maß hinaus –

HAT FOLGENDE RICHTLINIE ERLASSEN:

Kapitel I. Allgemeine Bestimmungen

Art. 1 Zweck

Zweck dieser Richtlinie ist die Schaffung eines allgemeinen Rahmens zur Bekämpfung der Diskriminierung wegen der Religion oder der Weltanschauung, einer Behinderung, des Alters oder der sexuellen Ausrichtung in Beschäftigung und Beruf im Hinblick auf die Verwirklichung des Grundsatzes der Gleichbehandlung in den Mitgliedstaaten.

Übersicht

	Rn.
A. Überblick	1
B. Bekämpfung von Diskriminierungen	10
C. Geschützte Merkmale	14
I. Religion	15
1. Rechtliche Rahmenbedingungen	15
2. Grundstruktur	17
II. Weltanschauung	24
1. Rechtliche Rahmenbedingungen	24
2. Grundstruktur	25
III. Behinderung	28
1. Rechtliche Rahmenbedingungen	28
2. Grundstruktur	32
IV. Alter	46
1. Rechtliche Rahmenbedingungen	46
2. Grundstruktur	52
V. Sexuelle Ausrichtung	59
1. Rechtliche Rahmenbedingungen	59
2. Grundstruktur	60

---

[14] Nunmehr Art. 5 EUV durch Vertrag von Lissabon v. 13.12.2007 (ABl. Nr. C 306 S. 1).

A. Überblick

1   Art. 1 enthält die übergreifende **Zweckbestimmung** der Richtlinie, wonach diese einen allg. Rahmen zur Bekämpfung von Diskriminierungen in Beschäftigung und Beruf wegen der Religion oder der Weltanschauung, einer Behinderung, des Alters oder der sexuellen Ausrichtung im Hinblick auf die Verwirklichung des Grundsatzes der Gleichbehandlung in den Mitgliedstaaten schaffen will. Die Vorschrift differenziert somit zwischen dem Schutz vor Diskriminierungen und der dadurch zu verwirklichenden Gleichbehandlung in den Mitgliedstaaten. Die RL 2000/78/EG „pönalisiert" tatsächlich „spürbare" Diskriminierungen wegen der geschützten Merkmale, da diese in das Persönlichkeitsrecht und in besonders schwerwiegenden Fällen auch in die Menschenwürde der Betroffenen eingreifen (vgl. BAG 24.9.2009 NZA 2010, 159 Rn. 46 f. = AP BGB § 611 Persönlichkeitsrecht Nr. 41). Liegt eine derartige Diskriminierung vor, ist der Normadressat zur Gleichbehandlung des Benachteiligten mit dem Begünstigten verpflichtet. Tatbestandsmäßig ist nicht allein eine unredliche Gesinnung des Normadressaten, sondern es muss eine tatsächliche Diskriminierung vorliegen (BAG 14.11.2013 NZA 2014, 489 Rn. 35). Folgerichtig spricht das Unionsrecht den Individuen keinen präventiven Unterlassungsanspruch zu (BAG 14.11.2013 NZA 2014, 489 Rn. 43). Der von der RL 2000/78/EG geschaffene Rahmen zur Bekämpfung von Diskriminierungen bezieht sich seit Inkrafttreten des Vertrags von Lissabon auf das in **Art. 21 I GRC** normierte Grundrecht gegen Diskriminierungen. Dieses wird seinerseits durch die RL 2000/78/EG konkretisiert. Der EuGH orientiert sich deshalb zur Interpretation des Art. 21 I GRC an den Vorgaben der RL 2000/78/EG (EuGH 22.11.2005 – C 144/04 Rn. 74 ff. – Mangold, NJW 2005, 3695; 19.1.2010 – C-555/07 Rn. 50 – Kücükdeveci, NZA 2010, 85; 8.9.2011 – C-297/10 Rn. 47 – Hennigs und Mai, NZA 2011, 1100; 13.9.2011 – C-447/09 Rn. 38 – Prigge, NJW 2011, 3209; 26.9.2013 – C-476/11 Rn. 19 – Kristensen, EuZW 2013, 951; 21.1.2015 – C-529/13 Rn. 15 ff. – Felber, NVwZ 2015, 798; → GRC Art. 21 Rn. 8). Die Rechtsprechung nimmt die Verknüpfung der RL 2000/78/EG mit dem Grundrecht gegen Diskriminierungen gem. Art. 21 I GRC zum Anlass, das sekundärrechtliche Diskriminierungsverbot auch dann zur Anwendung zu bringen, wenn der zeitliche Geltungsbereich der Richtlinie noch gar nicht eröffnet ist (so BAG 15.2.2012 NZA 2012, 866 Rn. 17 ff., mit krit. Bespr. *Mohr*, SAE 2013, 36 [41]). Sofern die Rechtsprechung die RL 2000/78/EG mit Blick auf das Grundrecht des Art. 21 I GRC interpretiert (und andersherum), muss sie auch die Grundrechte des Arbeitgebers als Normadressat beachten, vor allem die Unternehmerfreiheit gem. Art. 16 GRC und die Eigentumsfreiheit gem. Art. 17 GRC (*Mohr* ZHR 178, 2014, 326 [348 ff.]; nicht überzeugend demgegenüber BAG 15.2.2012, NZA 2012, 866 Rn. 30, das Art. 4 I als Umsetzung des Verhältnismäßigkeitsgrundsatzes ansieht; → Art. 4 Rn. 2).

2   Die RL 2000/78/EG basiert ebenso wie die RL 2000/43/EG auf der **Ermächtigungsgrundlage des Art. 19 I AEUV** (Art. 13 EG aF; → GRC Art. 21 Rn. 24 ff.). Art. 19 I AEUV verbietet nicht selbst Diskriminierungen aus den dort aufgeführten Gründen (EuGH 18.12.2014 – C-354/13 Rn. 32 – Kaltoft, NZA 2015, 33; 11.7.2006 – C-13/05 Rn. 56 – Chacón Navás, NZA 2006, 839; GHN/*Grabenwarter* AEUV Art. 19 Rn. 6; *Mohr* Diskriminierungen 180 ff.). Die Vorschrift begründet somit keine Rechte des Einzelnen (*Mohr* Diskriminierungen 184; *Forst* EuZA 2015, 241 [243]; **aA** *Circel* NJW 1998, 3332 [3333]). Wegen des Grundsatzes der begrenzten Einzelermächtigung können auf Art. 19 I AEUV nur sekundärrechtliche Vorschriften zur Bekämpfung von Diskriminierungen aus Gründen des Geschlechts, der Rasse, der ethnischen Herkunft, der Religion oder der Weltanschauung, einer Behinderung, des Alters oder der sexuellen Ausrichtung gestützt werden. Die Vorschrift kann demgegenüber nicht erweiternd auf andere Merkmale wie die Krankheit von Personen ausgedehnt werden (EuGH 18.12.2014 – C-354/13 Rn. 32 – Kaltoft, NZA 2015, 33; 11.7.2006 – C-13/05 Rn. 56 – Chacón Navás, NZA 2006, 839). Die Einstufung von Art. 19 I AEUV als Kompetenzgrundlage ist auch bedeutsam für die Frage, ab welchem

Zeitpunkt bei einer feststehenden Diskriminierung rückwirkend eine Anpassung nach oben verlangt werden kann (EuGH 23.9.2008 – C-427/08 Rn. 62 – Römer, NJW 2011, 2187; allg. EuGH 8.4.1976 – 43/75 Rn. 14/15 – Defrenne II, NJW 1976, 2068; 28.9.1994 – C-28/93 Rn. 15 ff. – Van den Akker, EAS Art. 119 EGV Nr. 31; *Mohr* Diskriminierungen 307 ff.). So wurden die Umsetzungspflichten als Grundlage eines Anspruchs auf Gleichbehandlung infolge einer Diskriminierung erst durch Erlass des Sekundärrechts begründet; maßgeblich ist deshalb der Ablauf von dessen Umsetzungsfrist (vorliegend Art. 18). Will der Rat von der Ermächtigung des Art. 19 I AEUV Gebrauch machen, muss er **Art. 3 III UAbs. 2 EUV** beachten, wonach die Union soziale Ausgrenzungen und Diskriminierungen bekämpft und soziale Gerechtigkeit und sozialen Schutz, die Gleichstellung von Frauen und Männern, die Solidarität zwischen den Generationen und den Schutz der Rechte des Kindes fördert (EuGH 1.3.2011 – C-236/09 Rn. 19 – Test Achats, NJW 2011, 907; → GRC Art. 21 Rn. 14). Darüber hinaus sind die Querschnittsklauseln gem. **Art. 8 und Art. 10 AEUV** einschlägig (EuGH 1.3.2011 – C-236/09 Rn. 19 – Test Achats, NJW 2011, 907; → GRC Art. 21 Rn. 15 u. 18).

Art. 1 enthält nach dem Wortlaut eine an die Mitgliedstaaten gerichtete **Zielbestimmung** (vgl. auch Art. 21). Diese müssen nach Art. 4 III UAbs. 2 und 3 EUV alle geeigneten Maßnahmen allg. oder besonderer Art zur Erfüllung der aus der RL 2000/78/EG folgenden Verpflichtungen ergreifen (EuGH 19.4.2012 – C-415/10 Rn. 41 – Meister, NZA 2012, 493). Art. 1 ist auch deshalb von großer praktischer Relevanz, weil er die **geschützten Merkmale** als zentrale Tatbestandsmerkmale enthält (*Adomeit/Mohr* AGG § 1 Rn. 1). Bereits in Art. 1 spiegelt sich somit die Regelungstechnik aller Richtlinien gegen Diskriminierungen wider, den Tatbestand und die Rechtsfolgen einer Diskriminierung in diversen, sich ergänzenden und aufeinander aufbauenden Vorschriften zu behandeln **(Patchwork-Tatbestände).** So nimmt Art. 2 I auf Art. 1 Bezug, indem die Vorschrift den Begriff „Gleichbehandlungsgrundsatz" iSd Richtlinie dahingehend spezifiziert, dass es keine unmittelbare oder mittelbare Diskriminierung wegen eines geschützten Merkmals geben darf. Die RL 2000/78/EG bezweckt somit **keine allg. Gleichbehandlung,** sondern verbietet nur bestimmte Verhaltensweisen aufgrund ihrer bezweckten oder bewirkten negativen Auswirkungen auf die geschützten Personen (s. BAG 9.4.2008 AP TVG § 1 Nr. 43); denn Diskriminierungsverbote und Gleichbehandlungsgebote sind wesensmäßig verschieden (*Richardi* ZfA 2008, 31; Wendeling-Schröder/Stein/*Stein* AGG § 1 Rn. 10; *Adomeit/Mohr* JZ 2009, 183; → GRC Art. 21 Rn. 1 ff.).

In den Anfangstagen der Europäischen Gemeinschaften waren nur Diskriminierungen wegen der **Staatsangehörigkeit** (Art. 12 EG, jetzt Art. 18 AEUV; → GRC Art. 21 Rn. 99 ff.) und wegen des **Geschlechts** untersagt (Art. 119 EWG, danach Art. 141 I EG, jetzt Art. 157 I AEUV; → AEUV Art. 157 Rn. 1 ff.). Nach Art. 1 schützt die Richtlinie nunmehr auch vor Diskriminierungen wegen der dort aufgeführten **fünf Merkmale** („Diskriminierungsgründe", vgl. Art. 2 I und IV, Art. 4 I, Art. 7 I), namentlich vor solchen wegen der **Religion** oder der **Weltanschauung,** einer **Behinderung,** des **Alters** oder der **sexuellen Ausrichtung.** Die noch in den Anfangstagen des europäischen Diskriminierungsschutzes zu beobachtende extensive Auslegung der geschützten Merkmale ist deshalb nicht mehr zulässig (s. zur Interpretation des Geschlechts auch iSv Transsexualität EuGH 30.4.1996 – C-13/94 Rn. 13 ff. – P., NJW 1996, 2421; dazu *Mohr* Diskriminierungen 196; → GRC Art. 21 Rn. 57). Durch die RL 2000/43/EG, RL 2006/54/EG und RL 2010/41/EU wird der sekundärrechtliche Schutz um die Merkmale „Rasse" und ethnische Herkunft sowie um das Geschlecht erweitert. Die weiteren in Art. 21 GRC benannten Merkmale haben noch keine sekundärrechtliche Ausformung gefunden (GRC Art. 21 Rn. 51). Der EuGH legt die Tatbestände der RL 2000/43/EG, RL 2000/78/EG und RL 2006/54/EG übereinstimmend aus, sofern sich ihr Wortlaut gleicht oder jedenfalls stark ähnelt (zur übereinstimmenden Auslegung der Regelungen zur Darlegungs- und Beweislast s. etwa EuGH 19.4.2012 – C-415/10 Rn. 40 – Meister, NZA 2012, 493).

5   Die klassischen Diskriminierungsmerkmale wie die **Ethnie,** eine **Behinderung,** das natürliche **Geschlecht** sowie die **sexuelle Ausrichtung** betreffen Eigenschaften, die einem Menschen unverfügbar und unveränderlich anhaften, und die aus diesem Grunde seine Identität festlegen, ohne eine Aussage zu seinem persönlichen Wert und seinen Fähigkeiten in verschiedenen sozialen Zusammenhängen zu treffen. Die Diskriminierungsverbote untersagen deshalb **irrationale Typisierungen** anhand dieser Eigenschaften und dienen damit der „Herstellung gleicher Freiheitschancen" (BAG 14.3.1989 NZA 1990, 21; *Mager,* FS Säcker, 2011, 1075). In dieser Funktion folgen die Diskriminierungsverbote einem privatrechtskonformen materialen Freiheitskonzept, da sie die chancengleiche Freiheit des Vertragspartners und Drittbetroffener mit einschließen (*Mohr* Vertragsfreiheit Teil 3 D.; → GRC Art. 21 Rn. 1). Die Schlechterstellung eines Menschen wegen seiner unveränderlichen und unveräußerlichen, durch Art. 1 geschützten Eigenschaften verletzt hiernach ebenso wie der Missbrauch von ökonomischer Macht seine subjektiven Freiheitsrechte (*Nörr,* Die Leiden des Privatrechts, 1994, S. 152; *Böhm,* Schweiz. Z. Volkswirtsch. Stat. 87, 1951, 193 [194] und [199]). Anders ist dies bei den sonstigen Diskriminierungsmerkmalen der RL 2000/78/EG, besonders beim **Alter.** Zwar hat jeder Mensch ein Alter; dieses ist jedoch **im Zeitablauf veränderlich.** Darüber hinaus wird die **Relevanz des Alters häufig erst durch den Sachzusammenhang begründet,** wohingegen bei anderen Merkmalen eine relativ klare Zuordnung unabhängig vom jeweiligen Sachzusammenhang möglich ist (*Mohr* NZA 2014, 459; *Mohr* ZHR 178, 2014, 326 [330 f.]; *Reichold/Hahn/Heinrich* NZA 2005, 1270 [1275]). Das individuell veränderliche Alter steht daher in Beziehung zu unterschiedlichen individuell verwirklichten und in unterschiedlichen Zusammenhängen auch unterschiedlich bewerteten Eigenschaften (*Mager,* FS Säcker, 2011, 1075 f.). Hieraus folgt, dass beim Alter anders als bei den klassischen Diskriminierungsmerkmalen eine Vielzahl von ökonomisch und rechtlich rationalen und zulässigen Typisierungen möglich sind, wie der Rechtfertigungstatbestand des Art. 6 verdeutlicht.

6   Die RL 2000/78/EG schließt nicht die **Anwendung sonstiger Diskriminierungsverbote** aus, wie sich mittelbar aus Art. 8 iVm Erwägungsgrund 28 ergibt. Nach Art. 8 I können die Mitgliedstaaten Vorschriften einführen oder beibehalten, die im Hinblick auf die Wahrung des Gleichbehandlungsgrundsatzes günstiger sind als die in dieser Richtlinie vorgesehenen Vorschriften (dazu EuGH 25.4.2013 – C-81/12 Rn. 37 – Asociatia ACCEPT, NZA 2013, 891). Gem. Art. 8 II dürfen die Mitgliedstaaten den Erlass der Richtlinie nicht zum Anlass nehmen, den von ihnen bereits garantierten Schutzstandard in Bezug auf Diskriminierungen abzusenken. Der deutsche Gesetzgeber hat deshalb in § 2 III AGG klargestellt, dass die im AGG geregelten, auch unionsrechtlich determinierten Diskriminierungsverbote nicht abschließend sind. Art. 8 II bezieht sich nur auf den Zeitpunkt der Umsetzung der Richtlinie, nicht auf davon unabhängige Regelungsvorhaben.

7   Art. 1 bezieht den Diskriminierungsschutz auf die sachlichen Geltungsbereiche **„Beschäftigung"** und **„Beruf",** nimmt somit im Umkehrschluss den allg. zivilrechtlichen Diskriminierungsschutz bei Massengeschäften aus dem Anwendungsbereich aus (Umkehrschluss zu Art. 3 I lit. h iVm Erwägungsgrund 12 RL 2000/43/EG). Durch die Bezugnahme auf den „Beruf" wird grds. auch die **selbständige Tätigkeit** vom persönlichen Schutzbereich der RL 2000/78/EG umfasst (*Mohr* Diskriminierungen 211 f.; → Art. 3 Rn. 7). In Abhängigkeit von den betroffenen Grundrechtspositionen kann der inhaltliche Schutzumfang hier jedoch abgeschwächt sein (s. für Gesellschaftsorgane *Mohr* ZHR 178, 2014, 326). Eine andere Regelungstechnik wählt der Unionsgesetzgeber für das Merkmal Geschlecht. Hier enthält die RL 2010/41/EU eigenständige Regelungen zum Schutz vor Diskriminierung selbständig tätiger Personen.

8   Art. 1 setzt den Diskriminierungsschutz in einen auf den ersten Blick schwer verständlichen Zusammenhang mit dem allg. **„Grundsatz der Gleichbehandlung"** (EuGH 25.4.2013 – C-81/12 – Asociatia ACCEPT, NZA 2013, 891). Dies ist ein schon seit den Anfangstagen der Europäischen Gemeinschaften zu beobachtendes Phänomen (*Ipsen,* Europäisches Gemeinschaftsrecht, 1972, S. 590 ff.). In Anlehnung an die Formulierung ihres Art. 1 wird die RL

2000/78/EG auch als „**Gleichbehandlungsrahmenrichtlinie**" bezeichnet (BAG 28.7.2005 NZA-RR 2006, 591). Die Formulierung verunklart das Regelungsanliegen freilich mehr, als dass sie dieses erhellt, da es sich bei einem selektiven, nur bestimmten Personengruppen zukommenden Schutz vor bestimmten Verhaltensweisen nicht lediglich um die Kehrseite eines Gebots allg. Gleichbehandlung iS eines Willkürverbots handelt (*Thüsing* ZfA 2001, 397 [414]). Dieser scheinbare Widerspruch wird von Art. 2 I dahingehend aufgelöst, dass die Vokabel „Gleichbehandlungsgrundsatz" iSd Richtlinie bedeutet, dass es keine unmittelbare oder mittelbare Diskriminierung wegen eines der in ihrem Art. 1 genannten Gründe geben darf. Das Unionsrecht verpflichtet die Normadressaten also nicht auf eine allg. Gleichbehandlung der geschützten Personen, sondern auf die **Sicherung ihrer chancengleichen Freiheit,** wie Erwägungsgrund 9 verdeutlicht (*Adomeit/Mohr* AGG § 1 Rn. 3; → Rn. 10; für ein „egalitaristisches" Verständnis demgegenüber *Grünberger* 543 ff., insb. 560). Die Richtlinie dient damit dem Schutz der Persönlichkeit der von Art. 1 erfassten Personen (BAG 19.12.2013 NZA 2014, 372 Rn. 38).

In Umsetzung der Vorgaben des BVerfG (BVerfG 24.10.2011, NZA 2012, 202) interpretiert das BAG die zur Umsetzung der RL 2000/78/EG erlassenen Vorschriften wie das AGG, aber auch Regelungen im Anwendungsbereich der RL 2000/78/EG wie § 1 III KSchG oder das BetrAVG (§ 2 II 2 und § 2 IV AGG) **im Lichte der Vorgaben des Unionsrechts** (beispielhaft BAG 5.3.2013 NZA 2013, 916 Rn. 40; 20.6.2013 NZA 2014, 208 Rn. 39). Aus diesem Grunde ist im Folgenden auch auf Judikate der deutschen (Ober-) Gerichte einzugehen, soweit diese das unionsrechtskonform interpretierte nationale Recht betreffen (s. explizit BAG 12.11.2013 NZA 2014, 848 Rn. 32). 9

B. Bekämpfung von Diskriminierungen

Art. 1 benennt als übergreifendes, nach dem Wortlaut freilich noch wenig konturiertes Ziel der Richtlinie die **Bekämpfung von Diskriminierungen** wegen der im Einzelnen aufgeführten („geschützten", nicht: „pönalisierten") Merkmale. In Erwägungsgrund 9 wird diese Zielsetzung näher erläutert. Danach sind Beschäftigung und Beruf sachliche Anwendungsbereiche, die nicht nur für die Gewährleistung **gleicher Chancen** für alle Bürger von entscheidender Bedeutung sind, sondern auch für eine volle **Teilhabe** am wirtschaftlichen, kulturellen und sozialen Leben sowie für die **individuelle Entfaltung.** Erwägungsgrund 11 ergänzt diese Vorgaben dahingehend, dass Diskriminierungen wegen der Religion oder der Weltanschauung, einer Behinderung, des Alters oder der sexuellen Ausrichtung die Verwirklichung der im EG-Vertrag (jetzt: in den Unionsverträgen) festgelegten Ziele unterminieren können, insbesondere die Erreichung eines hohen Beschäftigungsniveaus und eines hohen Maßes an sozialem Schutz, die Hebung des Lebensstandards und der Lebensqualität, den wirtschaftlichen und sozialen Zusammenhalt, die Solidarität sowie die (Arbeitnehmer-)Freizügigkeit. Der Schutz vor Diskriminierungen steht somit – im Gegensatz zu „egalitaristischen Konzeptionen" (vgl. etwa *Grünberger* 560) – auch in Zusammenhang mit der Sicherung grenzüberschreitender chancengleicher Privatautonomie durch die Grundfreiheiten des AEUV (dazu *Bachmann,* AcP 210 2010, 424 [428 ff.]; *Franzen* Privatrechtsangleichung 20 f. mwN). 10

Die Vokabel „**bekämpfen**" verdeutlicht, dass die Mitgliedstaaten eine **Schutzpflicht** haben, ebenso wie der Unionsgesetzgeber gem. Art. 19 I AEUV (*Mohr* Diskriminierungen 185 f.) und gem. Art. 23 GRC (→ GRC Art. 23 Rn. 12). Sie sollen die Regelungen der RL 2000/78/EG nicht wörtlich-formal, sondern teleologisch-stimmig in ihre nationalen Rechtsordnungen einpassen. Im Gegenzug kann aus der Vokabel bekämpfen kein pauschaler Auftrag zur materiellen Gleichstellung der von Art. 1 geschützten Personen abgeleitet werden, schon weil die Bevorzugung der einen Personengruppe eine zu rechtfertigende Benachteiligung anderer geschützter Personengruppen beinhalten kann. Auch haben alle Menschen ein Alter und ein Geschlecht, und jedenfalls die meisten eine Religion oder 11

Weltanschauung. Aus diesem Grunde differenziert die RL 2000/78/EG zwischen Abwehrrechten und Ermächtigungen zur Schaffung von verhältnismäßigen Gleichstellungsregelungen.

12   Art. 1 dient damit vornehmlich dem **Schutz der material-chancengleichen beruflichen Selbstbestimmung** der Bürger, für dessen Begründung es keiner gleichheitsrechtlichen Aufladung des Freiheitsbegriffs bedarf (s. *Böhm* ORDO 17, 1966, 75 ff.; **aA** *Grünberger* 577). Die **Privatrechtsgesellschaft**, also **die bürgerliche Gesellschaft von „Gleichfreien und Gleichberechtigten"**, die einer einheitlichen Ordnung – einer Rechtsordnung – unterworfen sind, zeichnet sich dadurch aus, dass sie zwar nicht ohne den Staat und die zwangsweise Durchsetzung von Rechtsregeln auskommt, die wesentlichen Entscheidungen jedoch von ihren Mitgliedern autonom und nicht durch eine übergeordnete Instanz, also heteronom getroffen werden (*Böhm* ORDO 17, 1966, 75 [78]; Riesenhuber/*Roth* Privatrechtsgesellschaft 175 [176]; ausführlich *Mohr* Vertragsfreiheit Teil 3 B. IV. 3 und Teil 4 D. I.). Vor diesem Hintergrund sind die Regelungen des Privatrechts darauf ausgerichtet, die rechtliche und tatsächliche Selbstbestimmung der Bürger zu sichern. Eine ergebnisbezogene Beeinflussung der individuellen Vertragsbeziehungen bedarf demgegenüber einer besonderen Rechtfertigung (*Mohr*, FS Adomeit, 2008, 477 ff.). Augenfälligster Ausdruck eines derart **ergebnisbezogenen Gleichheitsverständnisses** sind die Art. 5 und 7, die unter den dort normierten Voraussetzungen „positive Diskriminierungen" erlauben, also zeitlich begrenzte und zudem verhältnismäßige Fördermaßnahmen zugunsten einzelner Personengruppen zum Ausgleich konkreter beruflicher Nachteile (→ GRC Art. 23 Rn. 14 ff.). Die normativ vorgegebene Differenzierung zwischen einem negativen Schutz vor Diskriminierungen und positiven Förderungsmaßnahmen dient neben dem Schutz der Grundrechte der benachteiligten Arbeitnehmer vor allem der **Argumentationsklarheit**. Der Gesetzgeber kann im Rahmen seines auch unionsrechtlich gegebenen Gestaltungsspielraums bei der „Ordnung der Wirtschaft" einzelne Personengruppen gegenüber anderen bevorzugen. Er darf dies jedoch nicht – gleichsam dialektisch – als Schutz vor Diskriminierungen titulieren, sondern muss den Charakter der Regelung als gesellschaftlich gewünschte Bevorzugung offen legen, um eine Diskussion über die Sinnhaftigkeit der Regelung zu ermöglichen. Eine Zwischenstellung nimmt das **Verbot der mittelbaren Diskriminierung** gem. Art. 2 II lit. b ein, das zwar nach seiner dogmatischen Grundstruktur dem Schutz der chancengleichen Selbstbestimmung dient, in der Rechtsprechung jedoch auch als Instrument eines ergebnisbezogenen „positiven" Gleichheitsverständnisses eingesetzt wird (näher *Ebsen* RdA 1993, 11 [12 f.]; *Fastrich* RdA 2000, 65 [80]; krit. *Mohr* Diskriminierungen 284 ff.; *Adomeit/Mohr* RdA 2011, 102 ff.; → Art. 2 Rn. 40).

13   Nicht zu verwechseln ist das Ziel einer Bekämpfung von Diskriminierungen mit den **Rechtsfolgen** einer tatbestandlich festgestellten Diskriminierung (*Mohr* Diskriminierungen 193 ff.). Letztere sind insoweit auf die Herstellung gleicher Ergebnisse ausgerichtet, als die Rechtsstellung der benachteiligten Person derjenigen der (tatsächlich oder fiktiv) bevorzugten Person entsprechen muss (Tettinger/Stern/*Nußberger* GRC Art. 23 Rn. 112; *Mohr* Diskriminierungen 307 ff.). Die Besonderheiten einer Ergebnisgleichheit als Rechtsfolge von Diskriminierungen zeigen sich besonders deutlich beim Arbeitsentgelt gem. Art. 3 I lit. c. Nach der Rechtsprechung des EuGH liegt die Rechtsfolge eines Verstoßes gegen den Grundsatz des „gleichen Entgelts" bei gleicher oder gleichwertiger Arbeit regelmäßig in einer **Angleichung nach oben** (EuGH 8.4.1976 – 43/75 Rn. 14/15 – Defrenne II, NJW 1976, 2068; 28.9.1994 – C-28/93 Rn. 15 ff. – van den Akker, EAS Art. 119 EGV Nr. 31). Demgegenüber zielen die Diskriminierungsverbote bei personellen Einzelmaßnahmen wie dem Zugang zur Beschäftigung iSd Art. 3 I lit. a allein auf die **Sicherung der chancengleichen Selbstbestimmung** der geschützten Personen ab (*Mohr* Diskriminierungen 194), wie im deutschen Recht § 15 VI AGG klarstellt. Ungleichheit beim Zugang zu Arbeitsverhältnissen und Ungleichheit beim Arbeitsentgelt bedürfen somit auch mit Blick auf die Rechtsfolgen einer verschiedenen dogmatischen Behandlung (näher *Adomeit/Mohr* JZ 2009, 183).

C. Geschützte Merkmale

Art. 1 enthält die geschützten Merkmale und damit die zentralen Tatbestandsmerkmale der Richtlinie. Die Begriffe sind – obschon völkerrechtlichen Verträgen wie Art. 14 EMRK und den Verfassungstraditionen der Mitgliedstaaten entlehnt (s. EuGH 22.11.2005 – C-144/04 Rn. 74 – Mangold, NJW 2005, 3695) – **unionsrechtlich autonom und einheitlich** zu definieren (EuGH 11.7.2006 – C-13/05 Rn. 40 – Chacón Navás, NZA 2006, 839; *Grünberger* S. 575). Der Katalog des Art. 1 ist abschließend (*Junker/Aldea* EuZW 2007, 13 [17]). Die RL 2000/78/EG untersagt es den Mitgliedstaaten aber nicht, einen strengeren Diskriminierungsschutz vorzusehen, als dies unionsrechtlich geboten ist. So ermöglicht **Art. 8 I** nicht nur die Aufnahme weiterer Diskriminierungsmerkmale, sondern auch deren erweiternde Auslegung zugunsten der geschützten Personen (BAG 19.12.2013 NZA 2014, 372; MHdBArbR/*Oetker*, § 14 Rn. 18). 14

I. Religion

1. Rechtliche Rahmenbedingungen. Im primären Unionsrecht schützt **Art. 10 I GRC iVm Art. 6 I EUV** die Religionsfreiheit gegen ungerechtfertigte Eingriffe des Staates (vgl. auch EuGH 27.10.1976 – C-130/75 – Prais, Slg. 1976, 1589 [1598]). **Art. 21 I GRC** verbietet Diskriminierungen in Beschäftigung und Beruf wegen der Religion oder Weltanschauung, sofern Personen ihre individuelle Überzeugung offenlegen (*Grünberger* 579 f.). Das grundrechtliche Verbot von Diskriminierungen wegen der Religion oder Weltanschauung beeinflusst die Auslegung des Sekundärrechts und bewirkt so eine Anwendung in Rechtsverhältnissen von Privaten, im Sinne einer abgeschwächten **horizontalen Drittwirkung** (verallgemeinerungsfähig EuGH 22.11.2005 – C-144/04 – Mangold, NJW 2005, 3695; 19.1.2010 – C-555/07 – Kücükdeveci, NJW 2010, 427 ff.). 15

Die Religionsfreiheit wird auch von **Art. 9 EMRK** geschützt, der ebenso wie das akzessorische Diskriminierungsverbot des **Art. 14 EMRK** nach Art. 6 III EUV im Rang des Primärrechts steht (dazu *Meyer-Ladewig* EMRK Art. 9 Rn. 1). Hiernach betrifft die Religionsfreiheit vorrangig das individuelle Gewissen, umfasst aber auch die Freiheit, seine Religion nicht nur gemeinsam mit anderen öffentlich oder im Kreise von Personen desselben Glaubens zu bekennen, sondern auch allein und privat. Die Vorschrift schützt aber nicht jede mit einer Religion oder Weltanschauung begründete oder durch sie angeregte Handlung, sondern ist mit den (arbeits-)vertraglich übernommenen Pflichten in einen sachgerechten Ausgleich zu bringen. Vor diesem Hintergrund gibt es zB kein Recht auf Arbeitsbefreiung an religiösen Feiertagen (EGMR 13.4.2006 – 55170/00 Rn. 37 ff. – Kosteski, NZA 2006, 1401). Art. 9 EMRK bezieht sich somit nicht auf jedes religiös oder weltanschaulich begründete oder veranlasste Verhalten; denn in einer demokratischen Gesellschaft, in der mehrere Religionen nebeneinander bestehen, ist es notwendig, die Freiheit, seine Religion oder Weltanschauung aktiv zu bekennen, zu beschränken, um die Interessen der unterschiedlichen Gruppen zu versöhnen und die Achtung der Überzeugung jeder Person sicherzustellen (Schaub/*Linck* § 36 Rn. 10). Erfasst werden deshalb nur **Handlungen, die ein gewisses Maß an Nachhaltigkeit, Ernsthaftigkeit, Kohärenz und Bedeutung** haben (EGMR 10.11.2005 – 44774/98 – Sahin, NVwZ 2006, 1389; *Meyer-Ladewig* EMRK Art. 9 Rn. 8), und die nicht übermäßig in die gleichen Rechte anderer eingreifen (vgl. für Nordirland auch Art. 15). 16

2. Grundstruktur. Weder in der Ermächtigungsgrundlage des Art. 19 I AEUV noch in Art. 1 sind die Begriffe Religion und Weltanschauung legal definiert (dazu *Lingscheid* S. 132). Das BAG versteht unter **Religion,** in Unterscheidung zur Weltanschauung, eine mit der Person des Menschen verbundene Gewissheit über bestimmte Aussagen zum Weltganzen sowie zur Herkunft und zum Ziel des menschlichen Lebens. Eine Religion legt 17 hiernach eine **den Menschen überschreitende und umgreifende (transzendente) Wirklichkeit** zugrunde, während sich die Weltanschauung auf innerweltliche (immanente) Bezüge bezieht (BAG 22.3.1995 NJW 1996, 143 [146]; so auch HaKo-AGG/*Däubler* § 1 Rn. 51). Religion ist also durch den Glauben des einzelnen Menschen zum dies- und jenseitigen Weltganzen und zur Herkunft sowie zum Ziel des menschlichen Lebens gekennzeichnet (so auch BVerwG 27.3.1992 NJW 1992, 2496 [2497]). Ein wesentliches Merkmal der Religion ist die **subjektive Überzeugung** des Einzelnen, die einer Erklärung nach wissenschaftlichen Maßstäben nicht zugänglich sein muss (*Wank* NZA-Sonderbeil. Heft 22/2004, 16 [20]). Eine allein auf das Selbstverständnis des Einzelnen blickende Interpretation hätte jedoch zur Folge, dass die Religions- und Weltanschauungsfreiheit letztlich alle menschlichen Eigenarten und Handlungen erfasste (zutreffend ErfK/*Schmidt* GG Art. 4 Rn. 6). Folgerichtig wählt das BVerfG zur Interpretation des Art. 4 I, II GG einen Mittelweg, indem es einerseits auf das Selbstverständnis des Grundrechtsträgers abstellt (BVerfG 11.4.1972 NJW 1972, 1183), andererseits jedoch auch auf den geistigen Gehalt und das äußere Erscheinungsbild (BVerfG 5.2.1991, NJW 1991 2623 [2625]).

18 Abzugrenzen sind Religionen – und noch mehr die keine Transzendenz voraussetzenden Weltanschauungen – von „einfachen" inneren Vorstellungen, die sich weder auf eine transzendente Wirklichkeit beziehen noch anderweitig die grundlegenden Fragen des Woher und Wohin menschlicher Existenz beantworten (Schaub/*Linck* § 36 Rn. 10). Im angloamerikanischen Rechtsraum wurde diskutiert, ob die **Einnahme von Drogen** oder das **Tragen von Piercings,** woran man Anstoß genommen hatte, mit einer Religion gerechtfertigt werden konnten („First church of body modification", vgl. Cloutier v. Costco Wholesale Corp., No. 04–1475, 1st Cir. 2004; *Thüsing* JZ 2006, 223 [226]). Derartige Verhaltensweisen unterfallen weder dem Schutzbereich der Religionsfreiheit noch dem Diskriminierungsverbot, da der Religionsbegriff nicht nur subjektiv den Glauben an eine übergreifende, sinnerfüllte Wirklichkeit mit einem transzendenten Bezug voraussetzt, sondern auch objektiv einen gewissen geistigen Gehalt und ein entsprechendes Erscheinungsbild erfordert (MHdBArbR/*Oetker* § 14 Rn. 14).

19 Kontrovers erörtert wird, ob die **„Scientology-Kirche"** als unionsrechtlich zu schützende Religion oder Weltanschauung einzustufen ist (MüKoBGB/*Thüsing* AGG § 1 Rn. 60). Das BAG hat Scientology mit guten Argumenten als nicht geschützte Sekte eingestuft, da die Vereinigung im Kern wirtschaftliche Interessen verfolge (BAG 22.3.1995 NJW 1996, 143). Dies gilt auch für einzelne „überzeugte" Mitglieder (BeckOK ArbR/*Roloff* AGG § 1 Rn. 6; **aA** HaKo-AGG/*Däubler* § 1 Rn. 54). Etwas anderes ergibt sich auch nicht aus der Rechtsprechung des EGMR (EGMR 5.4.2007 – 18147/02 – Church of Scientology Moscow, NJW 2008, 495; dazu *Weber* NVwZ 2009, 503); denn der EGMR stellte in seiner Entscheidung lediglich fest, dass die konkreten Gründe der Versagung einer Registrierung von Scientology als Religionsgesellschaft durch die russischen Behörden bei einer grundsätzlichen Anerkennung derselben rechtswidrig waren. Er hat somit nicht selbst geprüft, ob Scientology überhaupt eine Religionsgesellschaft ist.

20 Art. 1 erfasst nicht nur die **positive,** sondern auch die **negative Religionsfreiheit,** weshalb auch eine Benachteiligung wegen des Nichtvorliegens einer Religion (oder einer Weltanschauung) dem Diskriminierungsverbot unterfällt (SSV/*Schleusener* AGG § 1 Rn. 59). Auch die Gleichgültigkeit in religiösen Fragen wird geschützt (HaKo-AGG/*Däubler* § 1 Rn. 57).

21 Die RL 2000/78/EG erfasst nach ihren Art. 1 und 2 nicht nur das **Haben** einer Religion und einer Weltanschauung, sondern auch das **religiöse Bekenntnis** und dessen **Betätigung,** etwa durch das Tragen religiöser Symbole, da allein die innere Überzeugung eines Menschen in der Regel keinen Anlass für negative Reaktionen Dritter gibt (*Adomeit*/*Mohr* AGG § 1 Rn. 91; *Grünberger* 579 f.; zur Glaubensfreiheit als Kern der Religionsfreiheit ErfK/*Schmidt* GG Art. 4 Rn. 9).

22 **Art. 4 II** enthält einen besonderen Tatbestand zur Rechtfertigung von Benachteiligungen wegen der Religion, der im Lichte der Art. 21 I GRC, Art. 17 AEUV zu interpretieren ist

(→ GRC Art. 21 Rn. 20 ff.). Das Diskriminierungsverbot gibt insoweit kein Recht auf **Arbeitsbefreiung an religiösen Feiertagen** (EGMR 13.4.2006 – 55170/00 Rn. 37 ff., 43 ff. – Kosteski, NZA 2006, 1401). Auch bedeutet eine Weisung, **während der Arbeitszeit keine Gebetspausen** einzulegen, keine unzulässige Benachteiligung wegen der Religion (SSV/*Schleusener* AGG § 1 Rn. 55 und AGG § 8 Rn. 44; **aA** HaKo-AGG/*Brors* § 8 Rn. 43). Andererseits kann der Arbeitgeber den Gläubigen freiwillig eine Religionsausübung ermöglichen, ohne dass darin ein Verstoß gegen die Religions- oder Weltanschauungsfreiheit der anderen Arbeitnehmer läge. Das BAG hat entschieden, dass der Arbeitgeber einem Arbeitnehmer, der sich aus religiösen Gründen außerstande sieht, im Getränkebereich eines Warenhauses zu arbeiten (und dort die Waren zu verräumen), eine andere Tätigkeit anbieten muss, wenn der Arbeitgeber dazu iRd betrieblichen Organisation in der Lage ist (BAG 24.2.2011 NJW 2011, 3319). Eine Besonderheit des Falles war jedoch, dass der Arbeitnehmer für viele Jahre ohne Beanstandungen in der Getränkeabteilung gearbeitet hatte. Erst als er – nach Versetzung in eine andere Abteilung – erkrankt war, weigerte er sich, wieder in die Getränkeabteilung zurückzukehren. In einem solchen Fall muss der Arbeitnehmer seinen Sinneswandel jedoch konkret begründen (ebenso *Bauer* ArbRAktuell 2011, 143; so auch EGMR 13.4.2006 – 55170/00 Rn. 39 – Kosteski, NZA 2006, 1401).

Der im Arbeitsrecht wohl relevanteste Anwendungsbereich des Diskriminierungsverbots 23 wegen der Religion sind sog. **Bekleidungsvorschriften,** die etwa dem Tragen eines religiös motivierten Kopftuchs entgegenstehen. Im Kern geht es um die Reichweite des arbeitgeberseitigen **Direktionsrechts,** das durch das Persönlichkeitsrecht der Arbeitnehmer und den Schutz vor Diskriminierungen eingeschränkt wird. Das BAG billigte Arbeitgebern in Abwägung der Unternehmerfreiheit mit der Glaubens- und Bekenntnisfreiheit zwar das Recht zu, Beschäftigungsverhältnisse mit Arbeitnehmern zu beenden, wenn es durch das Tragen eines Kopftuchs zu konkreten betrieblichen Störungen oder wirtschaftlichen Einbußen kommt (BAG 10.10.2002 NZA 2003, 483). Allein die ungewohnte Bekleidung und die Auffälligkeit des Kopftuchs reichen jedoch nicht aus, derartige Störungen darzutun (so auch BVerfG 27.1.2015 NJW 2015, 1359). Arbeitgeber müssen deshalb die Gefahr von betrieblichen Störungen oder wirtschaftlichen Einbußen konkret darlegen. In Anwendung der RL 2000/78/EG ist entscheidend, ob eine unmittelbare oder eine unter erweiterten Voraussetzungen zu widerlegende mittelbare Benachteiligung gegeben ist (→ Art. 2 Rn. 40). Für eine unmittelbare Benachteiligung wird angeführt, dass das Kopftuch repräsentativ für die Religion des Islam sei (*Thüsing* JZ 2006, 223 [228]). Dagegen spricht jedoch, dass Kopftücher nicht nur aus religiösen, sondern auch aus modischen und politischen Gründen getragen werden, wie das von palästinensischen Männern getragene Kopftuch zeigt. Bei der Benachteiligung wegen eines Kopftuchs wird es sich somit oft um eine zu rechtfertigende mittelbare Benachteiligung wegen des Geschlechts (Kopftücher tragen zumeist Frauen), wegen der ethnischen Herkunft (Menschen, die Kopftücher tragen, kommen zumeist aus bestimmten Regionen der Welt) sowie vor allem um eine solche wegen der Religion handeln (Islam). Diese Benachteiligung kann bei Sachverhalten mit Bezug zu Beschäftigung und Beruf durch sachliche Gründe gerechtfertigt werden, zB durch die Gefahr von Umsatzeinbußen aufgrund des Erscheinungsbildes des Arbeitnehmers oder durch den Schutz entgegenstehender Grundrechte, wozu auch die negative Religionsfreiheit anderer Menschen gehört.

II. Weltanschauung

1. Rechtliche Rahmenbedingungen. Art. 21 I GRC schützt nicht nur vor Diskrimi- 24 nierungen wegen der Religion, sondern auch vor solchen wegen der Weltanschauung (→ GRC Art. 21 Rn. 68). Darüber hinaus erfasst Art. 21 I GRC – wie Art. 14 EMRK – auch den Schutz von **politischen und sonstigen Anschauungen** (s. *Meyer-Ladewig* EMRK Art. 14 Rn. 28; → GRC Art. 21 Rn. 71).

25 **2. Grundstruktur.** In Abgrenzung zur Religion weist eine Weltanschauung keine transzendenten Bezüge auf, sondern ist ein weltliches Phänomen (*Thüsing* NZA Sonderbeil. 22/2004, 3 [11]). Nach deutschem Verständnis bezieht sich eine Weltanschauung auf **gedankliche Systeme, die das Weltgeschehen in großen Zusammenhängen bewerten, ohne dabei auf Transzendenz zu verweisen,** wobei der Begriff neben einer subjektiven auch eine objektive Komponente aufweist (BVerfG 5.2.1991 NJW 1991, 2623 [2625]; ErfK/*Schmidt* GG Art. 4 Rn. 6). Ob auch Art. 1 einem derart „engen" Verständnis geschützter Weltanschauungen folgt, wird im Schrifttum bezweifelt (*Däubler* NJW 2006, 2608), obwohl hierfür die besseren Gründe sprechen. Zwar finden sich in anderen europäischen Diskriminierungsverboten (bzw. in den Übersetzungen des Art. 19 I AEUV) keine dem Begriff der Weltanschauung vergleichbaren Termini. Verwandt werden vielmehr Ausdrücke wie „belief" (Glaube), „convicciones" (Überzeugungen) oder sogar „convinzioni personali" (Überzeugungen des Einzelnen). Stellte man isoliert auf den Wortsinn dieser Begriffe ab, würden somit **alle individuellen Anschauungen** geschützt, egal zu welchem Thema und mit welcher Wertigkeit (so, im Ergebnis ablehnend, *Säcker* ZRP 2002, 286 [289]). Wortwahl und Systematik des Art. 1 sprechen freilich dafür, dass die Weltanschauung dieselbe Wertigkeit wie eine Religion aufweisen muss (*Hanau* ZIP 2006, 2189 [2190]; *Bauer/Krieger* AGG § 1 Rn. 30). Für eine solche Interpretation spricht auch das Telos des Diskriminierungsschutzes gem. Art. 1, wonach die Betroffenen vor spürbaren Verletzungen ihres Persönlichkeitsrechts geschützt werden sollen.

26 Einfache, auch feste Überzeugungen über **die Art und Weise der Ernährung** oder die **sonstige Lebensführung** (Veganer, Nichtraucher, einem Fußballverein in „echter Liebe" verbundene Anhänger etc.) werden somit nicht von Art. 1 geschützt. Auch die Sympathie einer Redakteurin für die Volksrepublik China und deren aktuelle Regierung ist keine geschützte Weltanschauung (BAG 20.6.2013 NZA 2014, 21; *Bauer/Krieger* AGG § 1 Rn. 30; **aA** HaKo-AGG/*Däubler,* § 1 Rn. 68: Entwicklungshilfe, Abrüstung, „Pflege deutscher Sprache im Ausland"). Ansonsten wandelte sich der die gleiche Freiheit der Menschen sichernde Schutz vor Diskriminierungen in ein Instrument zur Beschränkung der individuellen Freiheit anderer aus Gründen der eigenen Weltanschauung. Da **Scientology** keine Religion darstellt (→ Rn. 19), liegt auf der Grundlage der vorstehend begründeten wertungsharmonisierenden Interpretation auch keine Weltanschauung vor (*Bauer/Krieger* AGG § 1 Rn. 33; *Adomeit/Mohr* AGG § 1 Rn. 95); denn allein eine „subjektive Weltsicht" beinhaltet noch keinen hinreichenden Bezug zur Sinndeutung der Welt im Ganzen (**aA** ErfK/*Schlachter* AGG § 1 Rn. 8).

27 Art. 1 erwähnt anders als Art. 21 I GRC und Art. 14 EMRK die **politischen Anschauungen** nicht (→ GRC Art. 21 Rn. 71). Politische Anschauungen sind grds. auch nicht als Bestandteil des Merkmals **„Weltanschauung"** vom Diskriminierungsschutz erfasst (offengelassen für die „kommunistische Weltanschauung" von BAG 20.6.2013 NZA 2014, 21 Rn. 37 f.). So sind politische Anschauungen nur für Teilaspekte des Lebens relevant und haben deshalb nicht dieselbe Wertigkeit wie Religionen und diesen vergleichbare Anschauungen zum Weltganzen (*Thüsing* NZA Sonderbeil. 22/2004, 3 [11]; so auch ArbG Wuppertal 1.3.2012 BeckRS 2012, 69523 Rn. 26). Auch sind politische Anschauungen – sei es aus Überzeugung oder aus pragmatischen Erwägungen – wandelbar. Etwas anderes wird für den Fall erwogen, dass sich die **Angehörigen einer unionsrechtlich relevanten Weltanschauung zu einer politischen Partei zusammengeschlossen** haben (MHdBArbR/*Oetker* § 14 Rn. 15; SSV/*Schleusener* AGG § 1 Rn. 49), die politische Anschauung also gerade Ausdruck einer Weltanschauung ist (Schiek/*Schiek* AGG § 1 Rn. 24). Eine solche Herangehensweise zwänge freilich zu einer Bewertung der Programme politischer Parteien und erscheint deshalb weder mit einer freiheitlich-demokratischen Grundordnung noch mit einem individualzentrierten Diskriminierungsschutz vereinbar.

III. Behinderung

1. Rechtliche Rahmenbedingungen. Der Schutz vor Diskriminierungen wegen einer Behinderung hat in der Rechtsprechung des EuGH große Relevanz (vgl. aus jüngerer Zeit EuGH 11.4.2013 – C-335/11 ua – Ring, NZA 2013, 553; 4.7.2013 – C-312/11 – Kommission/Italien, BeckRS 2013, 81408; 18.3.2014 – C-363/12 – Z., NZA 2014 525; 22.5.2014 – C-356/12 – Glatzel, BeckRS 2014, 80909; 18.12.2014 – C-354/13 – Kaltoft, NZA 2015, 33). Die Situation von behinderten Menschen in der EU ist eine der **zentralen politischen Fragen,** weil viele Bürger behindert und hiervon gerade ältere Menschen, ethnische Minderheiten und Angehörige von gesellschaftlichen Gruppen mit niedrigem sozialökonomischem Status überproportional häufig betroffen sind (KOM [99] 564 endg., unter 2). In diesem Zusammenhang spielen die in einer Behinderung begründeten Nachteile für die Teilhabe am Berufsleben wie eine unzureichende Anpassung von Arbeitsstätten, von Arbeitsplätzen und von der gesamten Arbeitsorganisation an die Bedürfnisse der Behinderten eine entscheidende Rolle. Demgemäß sieht der europäische Regelungsgeber im Rahmen eines von der Fürsorge wegführenden und mehr an den Menschenrechten ausgerichteten Ansatzes nicht nur ein abwehrrechtliches **Diskriminierungsverbot** als erforderlich an, sondern auch „positive" **Fördermaßnahmen.** Die RL 2000/78/EG setzt diesen Ansatz insbesondere durch die Verpflichtung zu „angemessenen Vorkehrungen" in Art. 5 um (*Mohr* BehindertenR 2008, 33 [41]). Die Förderpflichten folgen der Erkenntnis, dass eine durch Diskriminierungsverbote gesicherte Gleichbehandlung von behinderten Menschen häufig erst dann möglich ist, wenn diese von ähnlichen Voraussetzungen wie nicht behinderte Menschen ausgehen können (*Mohr* Diskriminierungen 244 ff. und 324); denn das Diskriminierungsverbot des Art. 2 I, II lit. a und b knüpft an eine „vergleichbare Situation" an, die bei formaler Betrachtung aufgrund einer Behinderung zu verneinen sein könnte.

In den vorstehenden Ausführungen kommt die Differenzierung zwischen einem eher „einschränkungsbezogenen" und einem eher „teilhabebezogenen" Verständnis von Behinderung zum Ausdruck (*Adomeit/Mohr* AGG § 1 Rn. 123). Bei einer **medizinisch-individuellen Sichtweise** werden Einschränkungen behinderter Menschen vor allem durch ihre körperlichen, geistigen und seelischen Beeinträchtigungen erklärt. Einer solchen Sichtweise entspricht ein negativer Schutzansatz, wie er auch bei den anderen geschützten Merkmalen Platz greift. Demgegenüber beruft sich eine neuere Sichtweise vorrangig auf **soziale Barrieren und Umweltbarrieren** als Ursachen von Störungen, mit der etwas schwerfälligen Formulierung einer „Teilhabebeeinträchtigung als Folge der sozialen Zuschreibung einer Disfunktionalität" (*Pärli/Naguib/Kuratli* 65, die das Konzept auch als „soziales Modell" bezeichnen). Im Rahmen der zweitgenannten Sichtweise soll es über den klassisch-abwehrrechtlichen Schutz vor Diskriminierungen hinaus auch um die Frage gehen, „ob und inwiefern eine Krankheit mit Funktionsbeeinträchtigung einhergeht mit einer substanziellen Störung der gesellschaftlichen Teilhabe, dies entweder unmittelbar aufgrund der chronischen Krankheit oder aber mittelbar aufgrund einstellungsbedingter Zuschreibungen gegenüber Menschen mit chronischen Erkrankungen" (*Pärli/Naguib/Kuratli* 71).

Die RL 2000/78/EG differenziert nach ihrer normativen Grundstruktur zwischen dem **Schutz vor persönlichkeitsverletzenden Diskriminierungen wegen einer Behinderung** und **sozialen („positiven") Förderungsmaßnahmen** zur Beseitigung der Barrieren, die die volle und wirksame Teilhabe der Menschen mit Behinderung am Berufsleben einschränken (EuGH 11.4.2013 – C-335/11 ua Rn. 48 ff. – Ring, NZA 2013, 553; 4.7.2013 – C-312/11 Rn. 56 ff. – Kommission/Italien, BeckRS 2013, 81408). Art. 5 verpflichtet die Mitgliedstaaten zum Treffen angemessener Vorkehrungen. Darüber hinaus können die Mitgliedstaaten „harte" Quoten vorsehen, die behinderte Menschen ohne Abwägung bevorzugen (Art. 7 II). Hieraus folgt nicht, dass ein **Unterlassen angemessener Vorkehrungen** zur Ermöglichung einer Beschäftigung von behinderten Menschen einer Diskriminierung durch aktives Tun gleichgestellt werden kann (*Mohr* Anm. BAG 15.2.2005, EzA § 81 SGB IX Nr. 6; **aA** LAG Nds 24.4.2008 – 4 Sa 1077/07; *Schiek* NZA 2004, 873

[875]; *von Medem* NZA 2007, 545 [548]). Während Diskriminierungsverbote eine Ungleichbehandlung von Personen bzw. Personengruppen wegen eines bestimmten Grundes verbieten, ihren „Schwerpunkt" somit gleichsam auf der Ebene des **Tatbestandes** haben, intendieren Gleichstellungsgebote auf der **Rechtsfolgenseite** eine Angleichung der Lebensverhältnisse unabhängig von einer aktuellen tatbestandlichen Benachteiligung durch eine ausnahmsweise erlaubte „positive" Ungleichbehandlung (*Mohr* Diskriminierungen 319). Dem unterschiedlichen Gerechtigkeitsgehalt von Diskriminierungsverboten und Gleichstellungsgeboten trägt die RL 2000/78/EG dadurch Rechnung, dass sie die Verpflichtung zu Förderungsmaßnahmen schon bei ökonomischer Unverhältnismäßigkeit entfallen lässt, wohingegen eine unmittelbare Diskriminierung wegen der Behinderung nur unter engen Voraussetzungen zulässig ist (BAG 22.5.2014 NZA 2014, 924 Rn. 34 ff.).

31 Der Schutzbereich des Art. 1 erfasst – anders als § 81 II SGB IX – nicht nur schwerbehinderte Menschen, sondern **alle Menschen** mit rechtlich relevanten Behinderungen. Ergänzend sind Arbeitgeber nach Art. 5 zu **Förderungsmaßnahmen** für behinderte Menschen verpflichtet, ohne dass es einer besonderen, auf Art. 7 II gestützten mitgliedstaatlichen Regelung bedürfte. Gem. Art. 5 S. 1 sind **angemessene Vorkehrungen** zu treffen, um die Anwendung des „Gleichbehandlungsgrundsatzes" iSd Art. 2 I, also des Verbots von Diskriminierungen von Menschen wegen einer Behinderung in Beschäftigung und Beruf zu gewährleisten. Diese abstrakte Vorgabe wird von Art. 5 S. 2 dahingehend konkretisiert, dass Arbeitgeber die geeigneten und im konkreten Fall erforderlichen Maßnahmen ergreifen (müssen), um den Menschen mit einer Behinderung **den Zugang zur Beschäftigung, die Ausübung eines Berufes, den beruflichen Aufstieg und die Teilnahme an Aus- und Weiterbildungsmaßnahmen zu ermöglichen, es sei denn, diese Maßnahmen belasten den Arbeitgeber unverhältnismäßig.** Erwägungsgrund 20 enthält eine nicht abschließende Aufzählung von Fördermaßnahmen, die die Arbeitsumgebung, die Arbeitsorganisation und/oder die Aus- und Fortbildung betreffen (EuGH 11.4.2013 – C-335/11 ua Rn. 49 – Ring, NZA 2013, 553). Durch die Fördermaßnahmen hervorgerufene Belastungen sind nach Art. 5 S. 3 nicht unverhältnismäßig, wenn sie durch geltende Maßnahmen iRd Behindertenpolitik des Mitgliedstaates ausreichend kompensiert werden. Den Arbeitgebern muss mit anderen Worten ein hinreichender finanzieller Ausgleich gewährt werden. Im Rahmen der Prüfung einer Diskriminierung durch aktives Tun sind die Förderpflichten des Art. 5 für die Frage relevant, ob behinderte Menschen eine **vergleichbare Tätigkeit** ausüben, außerdem bei der **Rechtfertigung** gem. Art. 4 I und gem. Art. 2 II lit. b Nr. ii (BAG 22.5.2014 NZA 2014, 924 Rn. 42; → Art. 5 Rn. 5). Darüber hinaus sind die Förderpflichten im Rahmen einer unionsrechtskonformen Auslegung des § 241 II BGB zu berücksichtigen (BAG 19.12.2013 NZA 2014, 372 Rn. 53). Besondere praktische Relevanz hat Art. 5 bei der Interpretation des Art. 4 I (*Mohr* BehindertenR 2008, 33 [41]). Eine Behinderung ist hiernach nur dann eine **wesentliche und entscheidende berufliche Anforderung,** wenn zum einen der Zweck der Ungleichbehandlung rechtmäßig ist und die Anforderung in einem angemessenen Verhältnis zu den verfolgten Zielen steht (s. zu Art. 21 I GRC EuGH 22.5.2014 – C-356/12 – Glatzel, BeckRS 2014, 80909), und zum anderen – dies ist vorliegend entscheidend – der Arbeitgeber die durch die Behinderung hervorgerufenen Beeinträchtigungen für die auszuübende Tätigkeit nicht durch angemessene Vorkehrungen ausgleichen kann (EuGH 11.7.2006 – C-13/05 Rn. 50 ff. – Chacón Navás, NZA 2006, 839; 11.4.2013 – C-335/11 ua Rn. 48 ff. – Ring, NZA 2013, 553). Ein behinderter Arbeitnehmer darf hiernach also erst dann entlassen werden, wenn er auch unter Berücksichtigung der Verpflichtung, angemessene Vorkehrungen für Menschen mit Behinderungen zu treffen, für die Erfüllung der wesentlichen Funktionen des Arbeitsplatzes nicht kompetent, fähig oder verfügbar ist.

32 **2. Grundstruktur.** Ebenso wie hinsichtlich der anderen Diskriminierungsverbote enthält Art. 19 I AEUV allein eine **Rechtsgrundlage** zur Schaffung von Regelungen zur Bekämpfung von Diskriminierungen wegen einer Behinderung. Die Vorschrift beinhaltet somit

kein eigenes, noch dazu ein unmittelbar anwendbares Verbot von Diskriminierungen wegen der Behinderung (EuGH 11.7.2006 – C-13/05 Rn. 55 – Chacón Navás, NZA 2006, 839; 18.12.2014 – C 354/13 Rn. 34 – Kaltoft, NZA 2015, 33). Dessen Inhalt bestimmt sich vielmehr nach Maßgabe der RL 2000/78/EG.

Anders als das Diskriminierungsverbot wegen des Geschlechts, das sowohl Männer als auch Frauen erfasst, schützt das Diskriminierungsverbot wegen der Behinderung **ausschließlich Menschen mit Behinderungen.** Eine Diskriminierung kann insoweit in der Schlechterbehandlung von behinderten gegenüber nicht behinderten Menschen, aber auch in der Benachteiligung der behinderten Menschen gegenüber mitgliedstaatlich besonders geschützten Schwerbehinderten liegen. Letztere kann jedoch durch die besonderen Schutzbedürfnisse schwerbehinderter Menschen gerechtfertigt sein (*Adomeit/Mohr* AGG § 3 Rn. 288). **33**

In seinem Urteil *Chacón Navás* hat der EuGH erstmals die Notwendigkeit einer **autonomen und für die gesamte Union einheitlichen Auslegung des Merkmals „Behinderung"** gem. Art. 1 betont (EuGH 11.7.2006 – C-13/05 Rn. 43 ff. – Chacón Navás, NZA 2006, 839; auf § 2 I SGB IX stellte noch ab BAG 16.2.2012 NZA 2012, 667 Rn. 32; anders sodann BAG 19.12.2013 NZA 2014, 57 Rn. 57; 26.6.2014 BeckRS 2014, 73097 Rn. 25). Auch angesichts der internationalen Entwicklung folgt die RL 2000/78/EG einem **weiten Begriffsverständnis** (*Thüsing/Wege* FA 2003, 296 [297]; HaKo-AGG/*Däubler* AGG § 1 Rn. 75; *Mohr* Diskriminierungen 205). Der EuGH hat dies in seinem Urteil **Ring** aus dem Jahr 2013 bestätigt, konkret mit Blick auf die **UN-Behindertenrechtskonvention** („Übereinkommen der Vereinten Nationen über die Rechte von Menschen mit Behinderungen"), die von der EU mit Beschluss 2010/48/EG v. 26.11.2009 ratifiziert worden ist (ABl.EU Nr. L 23/35; EuGH 11.4.2013 – C-335/11 ua Rn. 28 ff. – Ring, NZA 2013, 553; → Rn. 39 ff.). **34**

Erste Anhaltspunkte für das unionsrechtliche Verständnis der „Behinderung" ergaben die SA von GA *Geelhoed* in der Rs. *Chacón* **Navás** (v. 16.3.2006 zur Rs. C-13/05). Ein spanisches Gericht hatte den EuGH um Vorabentscheidung über die Frage ersucht, ob bereits eine **Krankheit,** also ein regelwidriger Gesundheitszustand, als Behinderung iSd RL 2000/78/EG anzusehen sei (ABl.EU 19.3.2005 – C-69/8). Der Generalanwalt befürwortete eine europarechtlich eigenständige Definition, da die **je nach Kontext unterschiedliche Bedeutung dieses Begriffs** zu erheblichen Unterschieden bei der Auslegung und Anwendung des Diskriminierungsverbots führen könne. Zu einer einheitlichen Auslegung bestehe umso mehr Anlass, als der Begriff „Behinderung" als **medizinisch-wissenschaftlicher Terminus,** aber auch in seiner **sozialen Bedeutung** einer **raschen Fortentwicklung** unterliege. So würden bestimmte psychische oder physische Einschränkungen **in einem bestimmten gesellschaftlichen Kontext den Charakter einer Behinderung haben, in einem anderen nicht.** Im Ergebnis seien nur Personen mit **ernsthaften Funktionsbeeinträchtigungen als Folge körperlicher, geistiger und psychischer Probleme** „behindert" und damit besonders zu schützen, also mit Beeinträchtigungen, die auf ein Gesundheitsproblem oder eine physiologische Abweichung beim Betroffenen zurückgehen und die zumindest langwierig sind. Gerade in Abgrenzung der chronischen Erkrankungen von Behinderungen müsse außerdem das **Gesundheitsproblem als Ursache** der Funktionsbeeinträchtigung von der **Beeinträchtigung selbst** unterschieden werden. Der EuGH hat diese Ausführungen in seiner Entscheidung vom 11.7.2006 weitgehend aufgegriffen (EuGH 11.7.2006 – C-13/05 – Chacón Navás, NZA 2006, 839). **35**

Eine **Krankheit** ist hiernach nur dann als Behinderung anzusehen, wenn die in Rede stehende Einschränkung der Leistungsfähigkeit 1. **auf psychische, geistige oder physische Beeinträchtigungen zurückzuführen** ist und sie 2. dauerhaft ein **Hindernis für die Teilnahme am Berufsleben** bildet, also nicht allg. am Leben in der Gesellschaft. Mit der Verwendung des Begriffs „Behinderung" hat der europäische Gesetzgeber bewusst ein Wort gewählt, das sich von demjenigen der **„Krankheit"** unterscheidet (*Bayreuther,* FS Reuter, 2010, 453 [459 f.]; *Selzer* EuZA 2014, 96 [101]). Eine Krankheit muss deshalb **36** regelmäßig von langer Dauer sein, damit sie eine Behinderung darstellen kann. Zusätzlich ist ein qualitatives Moment notwendig. Allein die Erfüllung des Zeitmoments macht eine Krankheit somit noch nicht zur Behinderung (*Thüsing/Stiebert* ZESAR 2011, 429 [431]). In der *Navás*-Entscheidung sah der EuGH eine **achtmonatige Arbeitsunterbrechung** de facto noch nicht als ausreichend an, um von einer langen Dauer sprechen zu können (EuGH 11.7.2006 – C-13/05 Rn. 26 ff. – Chacón Navás, NZA 2006, 839). Eine derart zeitliche Grenze wird sich abstrakt nur schwer festlegen lassen. Die spezifisch-krankheitsbezogene Fragestellung der *Navás*-Entscheidung darf nicht den Blick dafür verstellen, dass **Krankheiten und Behinderungen** – was auch der EuGH betont – **zu unterscheiden** sind (*Selzer* EuZA 2014, 96 [100 ff.]): Nicht jede Krankheit führt zu einer Behinderung, auch wenn sie wie eine Allergie lange andauert. Umgekehrt kann eine Behinderung auf einer Erkrankung basieren, muss dies jedoch nicht. Auch ein Unfall kann zu einer rechtlich relevanten Behinderung führen. Im Ergebnis sind somit die Merkmale des Behinderungsbegriffs zu prüfen. Auf die Ursachen der Behinderung kommt es nicht an (*Selzer* EuZA 2014, 96 [101]). Dies gilt auch bei Anwendung der UN-Behindertenrechtskonvention; dazu im Folgenden.

37 Beginnend mit dem Urteil *Ring* aus dem Jahr 2013 hat der EuGH den Begriff der Behinderung insoweit fortentwickelt, als für dessen Interpretation nunmehr vor allem das **Übereinkommen der Vereinten Nationen über die Rechte von Menschen mit Behinderungen** und damit eine stärker „**teilhabeorientierte Sichtweise**" relevant sein soll (EuGH 11.4.2013 – C-335/11 ua Rn. 28 ff. – Ring, NZA 2013, 553; so auch EuGH 4.7.2013 – C-312/11 Rn. 56 – Kommission/Italien, BeckRS 2013, 81408; 18.3.2014 – C-363/12 Rn. 76 – Z., NZA 2014, 525; 22.5.2014 – C-356/12 Rn. 45 – Glatzel, BeckRS 2014, 80909; 18.12.2014 – C-354/13 Rn. 53 – Kaltoft, NZA 2015, 33). Wie sich aus der Anlage zu Anhang II des Beschlusses 2010/48/EG ergebe, gehöre die RL 2000/78/EG in den Bereichen selbständige Lebensführung, soziale Eingliederung, Arbeit und Beschäftigung zu den Rechtsakten der Union, die durch die UN-Behindertenrechtskonvention erfasste Angelegenheiten beträfen (EuGH 11.4.2013 – C-335/11 ua Rn. 31 – Ring, NZA 2013, 553). Daraus folge, dass die RL 2000/78/EG nach Möglichkeit in Übereinstimmung mit diesem Übereinkommen auszulegen sei (EuGH 11.4.2013 – C-335/11 Rn. 32 – Ring, NZA 2013, 553). Zugleich stellte der EuGH fest, dass die RL 2000/78/EG mit den Vorgaben der UN-Behindertenrechtskonvention übereinstimmt (EuGH 18.3.2014 – C-363/12 Rn. 84 ff. – Z., NZA 2014, 525).

38 Nach ihrer Präambel (Buchst. e) folgt die **UN-Behindertenrechtskonvention** der „Erkenntnis, dass das Verständnis von Behinderung sich ständig weiterentwickelt und dass Behinderung aus der Wechselwirkung zwischen Menschen mit Beeinträchtigungen und einstellungs- und umweltbedingten Barrieren entsteht, die sie an der vollen, wirksamen und gleichberechtigten Teilhabe an der Gesellschaft hindern". Gem. Art. 1 I UN-Behindertenrechtskonvention ist es deshalb der Zweck der Übereinkunft, „den vollen und gleichberechtigten Genuss aller Menschenrechte und Grundfreiheiten durch alle Menschen mit Behinderungen zu fördern, zu schützen und zu gewährleisten und die Achtung der ihnen innewohnenden Würde zu fördern". Zu den Menschen mit Behinderungen zählen nach Art. 1 II UN-Behindertenrechtskonvention solche, die „**langfristige körperliche, seelische, geistige oder Sinnesbeeinträchtigungen haben, welche sie in Wechselwirkung mit verschiedenen Barrieren an der vollen, wirksamen und gleichberechtigten Teilhabe an der Gesellschaft hindern können.**" Entscheidendes Merkmal des Behindertenbegriffs ist somit nicht etwa eine lange Dauer der Einschränkung, sondern die daraus folgende **Einschränkung der Teilhabe, vorliegend am Arbeits- und Berufsleben** (*Selzer* EuZA 2014, 96 [100]). Darauf aufbauend bezieht sich der Begriff der „**Diskriminierung**" nach Art. 2 III UN-Behindertenrechtskonvention auf „jede Unterscheidung, Ausschließung oder Beschränkung aufgrund von Behinderung, die zum Ziel oder zur Folge hat, dass das auf die Gleichberechtigung mit anderen gegründete Anerkennen, Genießen oder Ausüben aller Menschenrechte und Grundfreiheiten im politischen, wirtschaftlichen, sozialen, kulturellen,

bürgerlichen oder jedem anderen Bereich beeinträchtigt oder vereitelt wird. Sie umfasst alle Formen der Diskriminierung, einschließlich der Versagung angemessener Vorkehrungen" (so auch Art. 27 I 2 lit. i UN-Behindertenrechtskonvention). Derartig „angemessene Vorkehren" sind nach Art. 2 IV UN-Behindertenrechtskonvention „notwendige und geeignete Änderungen und Anpassungen, die keine unverhältnismäßige oder unbillige Belastung darstellen und die, wenn sie in einem bestimmten Fall erforderlich sind, vorgenommen werden, um zu gewährleisten, dass Menschen mit Behinderungen gleichberechtigt mit anderen alle Menschenrechte und Grundfreiheiten genießen oder ausüben können". Parallelen zu Art. 5 sind offenkundig (vgl. BAG 22.5.2014 NZA 2014, 924 Rn. 42).

Vor diesem Hintergrund versteht der EuGH den Begriff Behinderung auch unionsrechtlich dahingehend, dass er „eine **Einschränkung** erfasst, die **insbesondere auf physische, geistige oder psychische Beeinträchtigungen zurückzuführen ist,** die in Wechselwirkung mit verschiedenen Barrieren den Betreffenden **an der vollen und wirksamen Teilhabe am Berufsleben, gleichberechtigt mit den anderen Arbeitnehmern, hindern können**" (EuGH 11.4.2013 – C-335/11 ua Rn. 37 ff. – Ring, NZA 2013, 553; Herv. durch Verf.). Die körperlichen, seelischen, geistigen oder Sinnesbeeinträchtigungen müssen außerdem – dh zusätzlich zur Teilhabeeinschränkung – **langfristig** sein (*Selzer* EuZA 2014, 96 [100]); dieses Merkmal dient insbesondere der Rechtssicherheit. Demgegenüber ist die Ursache der Behinderung nicht erheblich, solange sie zu einer qualitativ und quantitativ relevanten Einschränkung der beruflichen Tätigkeit führt. Die Dauer der Krankheit bildet hiernach also einen die Rechtsanwendung erleichternden „zeitlichen Filter", der bestimmt, ab wann eine Einschränkung zugleich eine Behinderung ist (*Selzer* EuZA 2014, 96 [100 f.]). Folglich ist nach dem EuGH eine **„heilbare oder unheilbare Krankheit"** als Behinderung anzusehen, „wenn sie eine Einschränkung mit sich bringt, die insbesondere auf physische, geistige oder psychische Beeinträchtigungen zurückzuführen ist, die in Wechselwirkung mit verschiedenen Barrieren den Betreffenden an der vollen und wirksamen Teilhabe am Berufsleben, gleichberechtigt mit den anderen Arbeitnehmern, hindern können, und wenn diese Einschränkung von langer Dauer ist" (EuGH 11.4.2013 – C-335/11 ua Rn. 41 ff. – Ring, NZA 2013, 553; Herv. durch Verf.). Eine Behinderung muss damit nicht so schwerwiegend sein, dass sie zu einem vollständigen Ausschluss von der Arbeit oder vom Berufsleben führt. Auch der Gesundheitszustand von Menschen mit Behinderung, die zumindest in Teilzeit arbeiten können, kann unter den Begriff Behinderung fallen. Vor allem aber hängt eine Behinderung unionsrechtlich – anders als dies der Wortlaut von Art. 2 III 2 UN-Behindertenrechtskonvention suggeriert – **nicht** von den zu treffenden **Vorkehrungsmaßnahmen** iSd Art. 5 ab, etwa von der Verwendung besonderer Hilfsmittel oder der Verkürzung der Arbeitszeit; denn die Definition des Begriffs „Behinderung" gem. Art. 1 geht der Bestimmung und Beurteilung der in Art. 5 benannten Vorkehrungsmaßnahmen voraus (so ausdrücklich EuGH 11.4.2013 – C-335/11 ua Rn. 45 – Ring, NZA 2013, 553; dazu *Selzer* EuZA 2014, 96 [98]). Bewirkt eine Krankheit keine derartig relevante Einschränkung, verbleibt es mit dem Urteil *Chacón Navás* dabei, dass sie keine Behinderung iSd RL 2000/78/EG bedeutet (EuGH 11.7.2006 – C-13/05 Rn. 57 – Chacón Navás, NZA 2006, 839).

In Übernahme der vorstehenden Grundsätze ist es nicht ausgeschlossen, dass Menschen mit **graduellen Beeinträchtigungen** wie solchen des Stütz- und Bewegungsapparats, mit Verschleißerscheinungen der Wirbelsäule, mit Atemwegserkrankungen sowie mit körperlichen Entstellungen als behindert anzusehen sind. Generell nicht ausreichend sind demgegenüber **vorübergehende, bei wertender Betrachtung eher als „alltäglich" anzusehende Krankheitsbilder** wie Schnupfen, Fieber, Zahn- oder Kopfschmerzen (*Adomeit/Mohr* AGG § 1 Rn. 135); denn Krankheit und Behinderung sind unterschiedliche Begriffe. Unionsrechtlich entscheidend ist allein das Vorliegen einer relevanten Beeinträchtigung der Teilnahme an Beschäftigung und Beruf (→ Rn. 39).

Noch ungeklärt ist, ob und inwieweit das Unionsrecht ebenso wie das deutsche Recht (BAG 19.12.2013 NZA 2014, 372 Rn. 62) **altersbedingte Einschränkungen** vom

Behindertenbegriff ausnimmt. Für deren Relevanz spricht, dass der EuGH im Urteil *Chacón Navás* pauschal auf eine nachhaltige Beeinträchtigung der Teilhabe am Berufsleben abgestellt hat, die auch durch altersbedingte Einschränkungen hervorgerufen werden kann (*Kock* ZIP 2006, 1551 [1552]), dagegen, dass die RL 2000/78/EG ein eigenes Diskriminierungsverbot wegen des Alters enthält, das auch altersbedingte Einschränkungen der Leistungsfähigkeit erfasst (HaKo-AGG/*Däubler* § 1 Rn. 74). Auch nach dem Wortsinn wird man als Behinderung nur solche Einschränkungen ansehen können, die vom „Normalzustand" abweichen, der für das jeweilige Lebensalter nicht ungewöhnlich ist, weshalb eine altersbedingte Sehschwäche nicht zugleich eine Behinderung darstellt (*Bayreuther*, FS Reuter, 2010, 453 [462]). Ansonsten wären ältere Menschen wohl nicht selten zugleich behindert, was dem differenzierten Schutzanliegen des Gesetzes widerspräche.

42   Da **nicht nach der Ursache der Behinderung zu differenzieren** ist, spielt es für den EuGH weder eine Rolle, ob der Betroffene etwas zur Entstehung der Beeinträchtigung beigetragen hat (EuGH 18.12.2014 – C-354/13 Rn. 56 – Kaltoft, NZA 2015, 33), noch, ob er die Beeinträchtigung durch eigens Verhalten (etwa durch eine Diät) wieder minimieren bzw. sogar eliminieren könnte (so aber *Stiebert* NZA Editorial 5/2014, III). Der EuGH entnimmt diesen Grundsatz auch **Art. 5** (EuGH 18.12.2014 – C-354/13 Rn. 57 – Kaltoft, NZA 2015, 33), obwohl die Vorschrift eigentlich angemessene Vorkehrungen der Arbeitgeber behandelt und nicht auch die vorgelagerte Frage, ob die Entstehung einer Behinderung durch Vorkehrungen der Arbeitnehmer selbst verhindert werden kann. Da die Ursache der Behinderung keine Rolle spielt, ist auch das Krankheitsbild **„Adipositas"** nicht generell als Behinderung einzustufen, da die dadurch bewirkten Einschränkungen nicht zwangsläufig auf physische, geistige oder psychische Beeinträchtigungen von Dauer zurückzuführen sind, die den Betreffenden in Wechselwirkung mit anderen Barrieren an der vollen und wirksamen Teilhabe am Berufsleben, gleichberechtigt mit den anderen Arbeitnehmern, hindern können (EuGH 18.12.2014 – C-354/13 Rn. 53 und 58 – Kaltoft, NZA 2015, 33). Demgegenüber ist eine Behinderung zu bejahen, „wenn der Arbeitnehmer auf Grund seiner Adipositas an der vollen und wirksamen Teilhabe am Berufsleben, gleichberechtigt mit den anderen Arbeitnehmern, gehindert wäre, und zwar auf Grund eingeschränkter Mobilität oder dem Auftreten von Krankheitsbildern, die ihn an der Verrichtung seiner Arbeit hindern oder zu einer Beeinträchtigung der Ausübung seiner beruflichen Tätigkeit führen" (EuGH 18.12.2014 – C-354/13 Rn. 60 – Kaltoft, NZA 2015, 33). Diese Sichtweise ist überzeugend, da sie nicht auf die Ursache der Beeinträchtigung (Krankheit, Unfall etc.) abstellt, sondern auf deren Auswirkungen in Beschäftigung und Beruf. Letztere müssen von einer gewissen Dauer und Schwere sein, um den Tatbestand einer Behinderung zu erfüllen.

43   Zweifelhaft ist, ob Beeinträchtigungen von körperlichen Funktionen, zB die mit einer **symptomlosen HIV-Infektion** einhergehende **Einschränkung der Sexualaktivitäten**, als Behinderung iSd RL 2000/78/EG anzusehen sind, sofern sie keine relevanten Auswirkungen auf die Fähigkeit zur Ausübung der Arbeitsleistung haben (MüKoBGB/*Thüsing* AGG § 1 Rn. 79). Unionsrechtlich ist dies, wie gesehen, zu verneinen. Demgegenüber geht das BAG im Anwendungsbereich des AGG davon aus, dass bereits dann eine „verdeckte unmittelbare Diskriminierung" vorliege, wenn mit der symptomlosen HIV-Infektion „nach einem scheinbar objektiven, nicht diskriminierenden Kriterium (ansteckende Krankheit) unterschieden" werde, welches „in untrennbarem Zusammenhang mit einem in § 1 AGG genannten Grund (Behinderung)" stehe und „damit kategorial ausschließlich Träger eines Diskriminierungsmerkmals" treffe (BAG 19.12.2013 NZA 2014, 372 Rn. 49). Entscheidend sei nicht die Beeinträchtigung der individuellen Leistungsfähigkeit; es genüge vielmehr, dass eine Person „in interpersonellen Beziehungen und bei der Arbeit Stigmatisierungen ausgesetzt sein" könne, da „solche Stigmatisierungen und Vorurteile [...] benachteiligende gesellschaftliche Kontextfaktoren" iSd Rechtsprechung des EuGH in der Rs. *Ring* seien (BAG 19.12.2013 Rn. 73 f., NZA 2014, 372). Das BAG folgt damit insoweit der Ansicht des EuGH, als es nicht allein auf eine (tatsächlich gegebene oder zugeschriebene)

Funktionsbeeinträchtigung einer Person ankommt, sondern auch auf die daraus folgende eingeschränkte Teilhabe am beruflichen und/oder gesellschaftlichen Leben (*Stenslik* Anm. BAG AP AGG § 2 Nr. 3). Anders als der EuGH sieht das BAG aber auch in **arbeitsrechtlichen Sachverhalten** eine **sozial-gesellschaftliche Beeinträchtigung** als ausreichend an, weshalb eine symptomlose HIV-Infektion so lange als Behinderung zu bewerten sei, „wie das gegenwärtig auf eine solche Infektion zurückzuführende soziale Vermeidungsverhalten und die darauf beruhenden Stigmatisierungen andauern" (BAG 19.12.2013 NZA 2014, 372 Rn. 70, im Anschluss an *Pärli/Naguib/Kuratli* 72 f., 77 f.). Dies ist nicht überzeugend; denn im Anwendungsbereich der RL 2000/78/EG geht es nicht um gesellschaftliche Beeinträchtigungen, sondern um solche in Beschäftigung und Beruf (so eigentlich auch BAG 19.12.2013 NZA 2014, 372 Rn. 61). Auch ist entgegen der Ansicht des BAG die Teilhabebeeinträchtigung positiv festzustellen; eine bloße Möglichkeit derselben reicht nicht aus.

Der Hang zur **Kleptomanie,** zum **Exhibitionismus** und zur **Pyromanie** sind nach dem Ordre-public-Vorbehalt des Art. 2 V RL 2000/78/EG aus dem unionsrechtlichen Diskriminierungsschutz ausgenommen (HaKo-AGG/*Däubler* § 1 Rn. 82; s. zum US-amerikanischen Recht *Thüsing* NZA Sonderbeil. 22/2004, 11). Nach dieser Vorschrift berührt die RL 2000/78/EG nicht die im einzelstaatlichen Recht vorgesehenen Maßnahmen, die in einer demokratischen Gesellschaft für die Gewährleistung der öffentlichen Sicherheit, die Verteidigung der Ordnung und die Verhütung von Straftaten, zum Schutz der Gesundheit und zum Schutz der Rechte und Freiheiten anderer notwendig sind (→ Art. 2 Rn. 68). **44**

Von der Definition des Begriffs der Behinderung zu unterscheiden ist die Frage, **bei wem eine Behinderung vorliegt.** Nach Ansicht des EuGH ist es nicht notwendig, dass eine Person gerade wegen ihrer eigenen Behinderung benachteiligt wird. Es reiche vielmehr aus, dass die Benachteiligung einer Person auf die Behinderung einer anderen, ihr nahestehenden Person zurückgehe (EuGH 17.7.2008 – C-303/06 – Coleman, EuZW 2008, 497). Entscheidend ist danach einzig, ob eine Diskriminierung auf eine Behinderung zurückgeht (sog. **Diskriminierung durch Zugehörigkeit** oder „discrimination by association"; vgl. *Bayreuther* NZA 2008, 986 [987]). **45**

IV. Alter

1. Rechtliche Rahmenbedingungen. Art. 1 schützt Arbeitnehmer vor ungerechtfertigten Benachteiligungen wegen des Alters. Gemeint ist damit das **Lebensalter** (BAG 20.3.2012 NZA 2012, 803 Rn. 14). Das Diskriminierungsmerkmal „Alter" hat in der Rechtsprechung des EuGH seit Inkrafttreten der RL 2000/78/EG eine **herausragende Bedeutung** (grundlegend EuGH 22.11.2005 – C-144/04 – Mangold, NJW 2005, 3695 = AP Richtlinie 2000/78/EG Nr. 1 mit Anm. *Wiedemann*). Dies wird auch darauf zurückgeführt, dass eine **Unterscheidung nach dem Alter** im Rechtsbewusstsein vieler Bürger bis zu diesem Zeitpunkt gar nicht „verpönt" gewesen war, sondern als typisierender **Ausdruck von ausgleichender Gerechtigkeit** gewertet wurde (*Schmitz-Scholemann/Brune* RdA 2011, 129 [139]). Vor diesem Hintergrund wurden seit Inkrafttreten der RL 2000/78/EG viele Regelungen in Zweifel gezogen, die vorher als rechtspolitisch sinnvolle Differenzierungen im Arbeitsleben angesehen worden sind, etwa eine Differenzierung von Kündigungsfristen nach dem Alter unter Herausnahme jüngerer Arbeitnehmer bis 25 Jahre (EuGH 19.1.2010 – C-555/07 – Kücükdeveci, NZA 2010, 85). Ein besonders markantes Beispiel für den Versuch, das Recht gegen Diskriminierungen als Anknüpfungspunkt für die Änderung einer als nicht überzeugend bewerteten Rechtsprechung zu instrumentalisieren, ist die Ansicht, Sozialplanabfindungen müssten „diskriminierungsrechtlich" als vergangenheitsbezogene Abfindungen behandelt werden, dürften also nicht mit Blick auf die Chancen auf dem Arbeitsmarkt bemessen werden (so *Temming* RdA 2008, 205; *Temming* S. 272 ff. und 578 ff.; **aA** BAG 26.3.2013 NZA 2013, 921 Rn. 20 ff.; 9.12.2014 NZA 2015, 365 Rn. 21 ff.; *Mohr* RdA 2010, 44 [45 f.]). Eine solche Sichtweise übersieht, dass das unions- **46**

rechtliche Verbot von Altersdiskriminierungen den Mitgliedstaaten einen weiten Ermessensspielraum bei der Wahl der zulässigen Ziele und der dazu eingesetzten Mittel einräumt (→ Art. 6 Rn. 10). Dies lässt sich auch darauf zurückführen, dass dem unionsrechtlichen Verbot von Altersdiskriminierungen – anders als etwa dem Verbot von Diskriminierungen wegen des Geschlechts oder wegen der sexuellen Orientierung – kein striktes Unwerturteil zugrunde liegt (BAG 25.2.2010 NZA 2010, 561 Rn. 20), weshalb es nicht als Anknüpfungspunkt für eine generelle Harmonisierung der mitgliedstaatlichen Arbeitsmarktordnungen dienen kann, geschweige denn für deren verteilungspolitisch motivierte Umgestaltung.

47 Beim Verbot von Diskriminierungen wegen des Alters werden die Verknüpfungen der RL 2000/78/EG mit dem Primärrecht besonders deutlich, da der EuGH das Grundrecht auf Schutz vor Diskriminierungen wegen des Alters auch dazu benutzt hat, den Anwendungsbereich und die Wirkungen des Sekundärrechts auszuweiten (→ GRC Art. 21 Rn. 44 f.). Ein solches Grundrecht lässt sich nicht bereits aus Art. 19 AEUV (Art. 13 EG) ableiten, da diese Vorschrift lediglich eine **Rechtsgrundlage** zur Schaffung von Regelungen zur Bekämpfung von Diskriminierungen aufgrund des Alters enthält, also kein eigenständiges und unmittelbar anwendbares Verbot von Altersdiskriminierungen (EuGH 23.9.2008 – C-427/06 Rn. 18 u. 24 – Bartsch, NJW 2008, 3417; s. zum Merkmal „Behinderung" auch EuGH 11.7.2006 – C-13/05 Rn. 55 – Chacón Navás, NZA 2006, 839; 18.12.2014 – C-354/13 Rn. 34 – Kaltoft, NZA 2015, 33; → GRC Art. 21 Rn. 24 ff.). Art. 19 I AEUV unterscheidet sich hierdurch von den primärrechtlichen Diskriminierungsverboten wegen des Geschlechts und wegen der Nationalität (vgl. Art. 157 AEUV und Art. 18 AEUV). Dies gründet auch auf der Erwägung, dass dem Unionsgesetzgeber die Möglichkeit belassen werden soll, die konkrete Reichweite der Diskriminierungsverbote zu bestimmen und ggf. zu ändern (*Mohr* Diskriminierungen 181 ff.).

48 In seiner *Mangold*-Entscheidung hat der EuGH das arbeitsrechtliche Verbot von Altersdiskriminierungen als **allg. Grundsatz des Unionsrechts** iSd heutigen Art. 6 III EUV eingestuft (EuGH 22.11.2005 – C-144/04 – Mangold, NJW 2005, 3695; dazu *Bauer/Arnold* NJW 2006, 6; *Gerken/Rieble/Roth/Stein/Streinz*, 1 ff.; *Hailbronner* NZA 2006, 811; *Körner* NZA 2005, 1395; *Mohr* SAE 2007, 16; *Preis* NZA 2006, 401; *Stenslik* 267 ff.; *Reichold* ZfA 2006, 257; *Riesenhuber*, FS Adomeit, 2008, 631; *Riesenhuber* 246; *Rüthers* NJW 2006, 1640; *Temming* 64; *Thüsing* ZIP 2005, 2149; *Säcker* Deutscher AnwaltSpiegel 2009, 15; *Steiner* EuZA 2009, 140; *Streinz/Herrmann* RdA 2007, 165; *Wendeling-Schröder* NZA 2010, 19). In der *Mangold*-Entscheidung stand die Rechtswirksamkeit des **§ 14 III 4 TzBfG** idF bis 1.5.2007 in Rede, wonach Arbeitgeber mit Arbeitnehmern über 52 Jahren uneingeschränkt befristete Arbeitsverträge schließen durften (zur Unionsrechtskonformität von § 14 III 1 und 2 TzBfG idF ab 1.5.2007 BAG 28.5.2014 ZIP 2015, 287). Die Vorschrift enthielt nach Ansicht des EuGH eine unmittelbare Diskriminierung wegen des Alters gem. Art. 2 I, II lit. a, da sie Arbeitnehmer über 52 Jahren wegen des Alters diskriminiere (EuGH 22.11.2005 – C-144/04 Rn. 55 ff. – Mangold, NJW 2005, 3695). Zwar könne die berufliche Eingliederung arbeitsloser älterer Menschen ein legitimes Ziel iSd Art. 6 I sein. § 14 III 4 TzBfG aF sei jedoch **unverhältnismäßig**, da er Arbeitnehmer über 52 Jahren faktisch von unbefristeten Arbeitsverhältnissen ausschließe, ohne danach zu unterscheiden, ob und wie lange sie zuvor arbeitslos waren. Im Zeitpunkt des Erlasses der *Mangold*-Entscheidung war die **Umsetzungsfrist gem. Art. 18 II** noch nicht abgelaufen. Das in der Richtlinie geregelte Verbot von Altersdiskriminierungen konnte deshalb keine unmittelbare Geltung entfalten. Der EuGH berief sich für seinen Unanwendbarkeitsausspruch deshalb ergänzend auf das sog. **Frustrationsverbot von Richtlinien** (Vorwirkung) sowie auf einen **primärrechtlichen allg. Grundsatz,** wonach Altersdiskriminierungen verboten seien (EuGH 22.11.2005 – C-144/04 Rn. 66 ff. – Mangold, NJW 2005, 3695; → GRC Art. 21 Rn. 120). Dabei blieb unklar, ob es sich um eine Alternativ- oder um eine Doppelbegründung handelte (*Giesen* SAE 2006, 45 [49 f.]; *Gas* EuZW 2005, 737; *Koenigs* DB 2006, 49 [50]).

49 Die **dogmatische Begründung** eines Grundrechts auf Nichtdiskriminierung wegen des Alters begegnete (jedenfalls) in der Entscheidung *Mangold* Bedenken, da sich ein solches

Verbot zum damaligen Zeitpunkt weder aus völkerrechtlichen Verträgen, noch aus den Verfassungstraditionen der meisten Mitgliedstaaten, noch aus der Rechtsprechung des EuGH ableiten ließ (*Preis* NZA 2006, 401 [406]; *Streinz* JuS 2006, 357 [360]). Auch das europäische Primärrecht enthielt bis dato kein ausdrückliches Verbot der Altersdiskriminierung (dazu *Schmidt/Senne* RdA 2002, 80 [81 Fn. 6]). Allerdings nehmen die Erwägungsgründe 4 ff. RL 2000/78/EG auf völkerrechtliche Vereinbarungen Bezug, die Diskriminierungen wegen der geschützten Merkmale verböten. Das BAG hat das *Mangold*-Urteil durch seine Entscheidung vom 26.4.2006 nachvollzogen (BAG 26.4.2006 NZA 2006, 1163 = AP § 14 TzBfG Nr. 23 mit Anm. *Franzen;* krit. *Mohr* SAE 2007, 16; *Stenslik* RdA 2010, 247). In seinem „Honeywell-Beschluss" hat das BVerfG auch die dagegen eingelegte Verfassungsbeschwerde zurückgewiesen (BVerfG 6.7.2010 NZA 2010, 995 Rn. 77 f.; dazu *Gehlhaar* NZA 2010, 1053).

Nach **Inkrafttreten des Vertrags von Lissabon** am 1.12.2009 enthält das Unionsrecht 50
mit Art. 6 III EUV eine Rechtsgrundlage, wonach die vom EuGH entwickelten allg. Grundsätze des Unionsrechts im Rang des Primärrechts stehen. Zusätzlich ordnet Art. 6 I EUV die Gültigkeit des **Grundrechts auf Schutz vor Diskriminierungen wegen des Alters gem. Art. 21 I GRC** im Rang des Primärrechts an (→ GRC Art. 21 Rn. 79 f.). Diese Grundrechte wirken ebenso wie die nationalen Grundrechte lediglich als staatsgerichtete Abwehrrechte (→ GRC Art. 21 Rn. 119). Die RL 2000/78/EG konkretisiert diese Grundrechte (EuGH 22.11.2005 – C 144/04 Rn. 74 ff. – Mangold, NJW 2005, 3695; 19.1.2010 – C-555/07 Rn. 50 – Kücükdeveci, NZA 2010, 85; 8.9.2011 – C-297/10 Rn. 47 – Hennigs und Mai, NZA 2011, 1100; 13.9.2011 – C-447/09 Rn. 38 – Prigge, NJW 2011, 3209; 26.9.2013 – C-476/11 Rn. 19 – Kristensen, EuZW 2013, 951; 21.1.2015 – C-529/13 Rn. 15 ff. – Felber, NVwZ 2015, 798; → GRC Art. 21 Rn. 8).

Die Rechtsprechung des EuGH zum Verbot von Diskriminierungen wegen des Alters 51
verlief bislang nicht stringent (*Preis* NZA 2010, 1323 [1324]; → Art. 6 Rn. 18). So erklärte der Gerichtshof in seiner Entscheidung **Palacios de la Villa** eine Regelaltersgrenze von 65 Jahren für den Eintritt in den Ruhestand als zulässig, ohne das in *Mangold* entwickelte Grundrecht gegen Altersdiskriminierungen als allg. Grundsatz des Europarechts zu erwähnen (EuGH 16.10.2007 – C-411/05 Rn. 68 – Palacios de la Villa, NZA 2007, 1219 = EzA EG-Vertrag 1999 RL 2000/78 Nr. 3 mit Anm. *Mohr*). In der Rs. **Bartsch** (EuGH 23.9.2008 – C-427/06 Rn. 16 ff. – Bartsch, NJW 2008, 3417) betonte er sodann, dass die Mitgliedstaaten nur dann einen Schutz vor Altersdiskriminierungen gewähren müssen, wenn die **diskriminierende Behandlung einen Bezug zum Unionsrecht** aufweise. Ein derart unionsrechtlicher Bezug werde nicht bereits durch die Ermächtigungsgrundlage des Art. 19 I AEUV (Art. 13 EG), sondern erst durch Ablauf der Umsetzungsfrist einer Richtlinie hergestellt (vorliegend: 18 I, nicht Art. 18 II; → Rn. 58). In der Entscheidung *Kücükdeveci* griff der EuGH erneut auf das ungeschriebene primärrechtliche Verbot von Altersdiskriminierungen als allg. Grundsatz des Unionsrechts zurück, diesmal um den aus dem Jahr 1926 stammenden § 622 II 2 BGB aF für unanwendbar zu erklären (EuGH 19.1.2010 – C-555/07 – Kücükdeveci, NJW 2010, 427). Nach Inkrafttreten des Lissabon-Vertrags konnte sich der EuGH auch auf Art. 6 I u. III EUV stützen, wonach die Regeln der Grundrechtecharta (Art. 21 I GRC) und die vom EuGH entwickelten allg. Grundsätze des Unionsrechts im Rang des Primärrechts stehen. Zwar seien auch nach Inkrafttreten des Art. 6 III EUV mitgliedstaatliche Vorschriften sowie individuelle oder kollektive Regelungen **inhaltlich** allein an der RL 2000/78/EG zu messen. Ein Verstoß gegen das Verbot von Altersdiskriminierungen gemäß der RL 2000/78/EG habe jedoch wegen der primärrechtlichen Verankerung des entsprechenden allg. Grundsatzes des Unionsrechts **unmittelbare Wirkung in Rechtsverhältnissen von Privaten.** Der EuGH nutzte das Konstrukt des ungeschriebenen Verbots der Altersdiskriminierung in den Entscheidungen *Mangold* und *Kücükdeveci* somit dazu, an dem (zutreffenden) Grundsatz, dass Richtlinien keine horizontale Drittwirkung entfalten, festzuhalten, und das Verbot von Diskriminierungen wegen des Alters gleichwohl anwenden zu können (*Stenslik* RdA 2010, 247 [249]).

52 **2. Grundstruktur.** Das Verbot von Altersdiskriminierungen will historisch verfestigte stereotype Benachteiligungen auf ihre sozialpolitische (Art. 6 I) und betriebswirtschaftliche (Art. 4 I) Berechtigung hinterfragen und „wirksam, verhältnismäßig und abschreckend" korrigieren (Art. 17; KOM [99] 564 endg., 2). Während Menschen im Regelfall entweder Mann oder Frau sind, haben alle ein bestimmtes biologisches Alter iSd vergangenen Zeit ihres Lebens (BAG 25.2.2010 NZA 2010, 561 Rn. 20; *Linsenmaier* RdA Sonderbeil. 5/2003, 22 [25]; *Sprenger* 58). Das Verbot von Altersdiskriminierungen schützt deshalb nicht nur Arbeitnehmer mit einem besonders hohen Lebensalter, sondern **Menschen jeden Alters** (EuGH 19.1.2010 – C-555/07 Rn. 29 – Kücükdeveci, NJW 2010, 427; BAG 25.2.2010 NZA 2010, 561 Rn. 32; *Löwisch*, FS Schwerdtner, 2003, 769 [770]; Hey/Forst/*Hey* AGG § 1 Rn. 112). Als Anknüpfungspunkt einer rechtlichen Prüfung kann somit nicht auf das Alter an sich abgestellt werden, sondern allein auf dessen **individuelle Divergenz auf einer nach Lebensjahren eingeteilten Skala**. Bei typisierender Betrachtung gehen die verschiedenen biologischen Lebensalter mit **verschiedenen Kenntnissen, Fähigkeiten und Bedürfnissen** einher, die eine unterschiedliche Behandlung der verschiedenen Lebensalter rechtfertigen können (s. zur Zulässigkeit einer Typisierung BAG 15.12.2011 NZA 2012, 1044 Rn. 56). Welches die anerkennenswerten Kenntnisse, Fähigkeiten und Bedürfnisse sind und wie man diese im Einzelfall gewichtet, wird jedoch unterschiedlich beurteilt. Im Ausgangspunkt kann man weder ausschließlich positive Aussagen über die Leistungsfähigkeit junger Arbeitnehmer treffen, noch rein negativ verallgemeinernde Aussagen über das Nachlassen der Leistungsfähigkeit von älteren Arbeitnehmern (BAG 6.11.2008 NZA 2009, 361 Rn. 54). Jedenfalls überwiegend anerkannt ist, dass die Chancen für ältere Menschen auf dem Arbeitsmarkt bei typisierender Betrachtung mit steigendem Lebensalter abnehmen (BAG 15.12.2011 NZA 2012, 1044 Rn. 56), sowie dass ihre körperliche und psychische Belastbarkeit sinkt und damit ihre Krankheitsanfälligkeit steigt (EuGH 13.9.2011 – C-447/09 Rn. 67 – Prigge, NJW 2011, 3209). Streitig ist demgegenüber, ob und unter welchen Umständen es zulässig ist, bei typisierender Betrachtung von einer sinkenden Mobilität sowie einer abnehmenden körperlichen und geistigen Flexibilität älterer Menschen auszugehen (dagegen der 8. Senat des BAG 24.1.2013 NZA 2013, 498 Rn. 57; dafür der 2. Senat des BAG 15.12.2011 NZA 2012, 1044 Rn. 56; 5.11.2009 NZA 2010, 457 Rn. 25).

53 Die Relevanz des Alters wird häufig erst durch den **konkreten Sachzusammenhang** begründet, wohingegen bei anderen Merkmalen – paradigmatisch ist dasjenige der „Ethnie" – eine klarere Zuordnung unabhängig vom jeweiligen Sachzusammenhang möglich ist (*Mager*, FS Säcker, 2011, 1075). So fungiert das Alter oft als **„Stellvertretermerkmal"** für andere Gesichtspunkte wie die **Berufserfahrung** (und für diese wiederum das **Dienstalter**) oder für die **Leistungsfähigkeit** (mit Blick auf Altersgrenzen *Mohr* SAE 2013, 36). Unterscheidungen nach dem Alter sind im Arbeits- und Wirtschaftsleben weithin anerkannt, soweit sie **sozialpolitischen Zielen** wie der Herstellung von „Generationengerechtigkeit", der „Vielfalt in Beschäftigung und Beruf", der „angemessenen Verteilung der Berufschancen jüngerer und älterer Arbeitnehmer" sowie der „Funktionsfähigkeit der sozialen Sicherungssysteme" dienen (BAG 15.12.2011 Ls. 3 NZA 2012, 1044). Normativ anerkannt ist auch die Sicherung einer ausgewogenen Altersmischung der Belegschaft als Bestandteil einer ausgewogenen Personalstruktur, da diese nicht nur im Wettbewerbsinteresse des Arbeitgebers, sondern auch im Interesse der Gesamtheit der Belegschaft und der sozialen Sicherungssysteme liegt (BAG 22.1.2009 NZA 2009, 945 Rn. 58; 19.12.2013, NZA-RR 2014, 185; aA *Bertelsmann* AuR 2007, 369).

54 Vor dem Hintergrund dieser komplexen Gemengelage kann die zu anderen, „absoluten" Diskriminierungsmerkmalen entwickelte Dogmatik nicht unbesehen auf das unionsrechtliche Diskriminierungsmerkmal „Alter" übertragen werden (BAG 25.2.2010 Rn. 19 NZA 2010, 561; *Mohr* NZA 2014, 459; *Mohr* ZHR 178, 2014, 326 [330f.]; → GRC Art. 21 Rn. 79). Vielmehr **indiziert eine Differenzierung nach dem Alter selbst dann, wenn sie zu einer Benachteiligung einer Person oder Personengruppe eines bestimmten**

Alters führt, nicht zwingend eine Diskriminierung im Sinne einer rechtswidrigen **Benachteiligung** (BAG 25.2.2010 NZA 2010, 561 Rn. 20; Herv. d. Verf.; **aA** EuGH 19.1.2010 – C-555/07 Rn. 31 – Kücükdeveci, NZA 2010, 85). Geboten ist vielmehr eine Interessenabwägung, wie sie aus der Rechtswidrigkeitsprüfung des deutschen Deliktsrechts bekannt ist (*Mager*, FS Säcker, 2011, 1075 [1077]; BAG 24.1.2013 NZA 2013, 498 Rn. 32 f.). Eine Differenzierung zwischen unterschiedlich alten Arbeitnehmern muss sich hiernach für eine Person negativ auswirken und sie zugleich nachgewiesener Maßen – also nicht kraft normativer Typisierung wie beim Merkmal Geschlecht – **in der Persönlichkeit zurücksetzen** (*Waltermann* NZA 2005, 1265 [1269]; *Nettesheim* EuZW 2013, 48). In diesem Zusammenhang ist zu klären, wie die unterschiedlichen Fähigkeiten und Interessen von Arbeitnehmern verschiedenen Alters mit den sozialpolitisch anerkannten Interessen der Unternehmen und der Allgemeinheit in Einklang gebracht werden können (zur Zulässigkeit allg. Altersgrenzen mit 67 Jahren s. EuGH 5.7.2012 – C-141/11 Rn. 29 – Hörnfeldt, NZA 2012, 785; 21.7.2011 – C-159, 160/10 Rn. 49 – Fuchs und Köhler, NVwZ 2011, 1249).

Das Unionsrecht trägt den Besonderheiten des Merkmals Alter zum einen durch **Art. 6 I** **55** Rechnung. Im Ausgangspunkt sind nachteilig wirkende Ungleichbehandlungen wegen des Alters zulässig, sofern sie einem legitimen Ziel dienen und verhältnismäßig sind (EuGH 16.10.2007 – C-411/05 Rn. 52 – Palacios de la Villa, NZA 2007, 1219 = EzA EG-Vertrag RL 2000/78 Nr. 3 mit Anm. *Mohr*). Was unter einem legitimen Ziel iSd Art. 6 I zu verstehen ist, wird unterschiedlich gesehen: Die Regierungsbegründung zum deutschen AGG geht davon aus, dass „legitim" nicht nur Ziele im Interesse der staatlichen Sozialpolitik, sondern auch betriebs- und unternehmensbezogene Interessen sind (BT-Drs. 16/1780, S. 36; ebenso BAG 22.1.2009 NZA 2009, 945 Rn. 53; BGH 23.4.2012 NJW 2012, 2346). Demgegenüber ist der EuGH der Ansicht, dass nur **sozialpolitische Ziele** insbesondere aus den Bereichen **Beschäftigungspolitik, Arbeitsmarkt** oder **berufliche Bildung** eine Ungleichbehandlung über Art. 6 I rechtfertigen können (EuGH 5.3.2009 – C-388/07 Rn. 46 – Age Concern England, EuZW 2009, 340). Hiernach reichen rein **unternehmensindividuelle Erwägungen** wie eine Reduzierung der Kosten oder eine Verbesserung der Wettbewerbsfähigkeit nicht aus, um eine unternehmerische Maßnahme zu legitimieren (EuGH 5.3.2009 – C-388/07 Rn. 35 – Age Concern England, EuZW 2009, 340), obwohl die Leistungsfähigkeit der Unternehmen mittelfristig auch den Beschäftigten zugutekommt und den allg. Wohlstand der Verbraucher befördert (s. BAG 28.6.2012 NZA 2012, 1190 Rn. 31). Auf der anderen Seite sieht der EuGH solche Maßnahmen als zulässig an, zu denen sich die **„betreffenden nationalen Stellen aufgrund politischer, wirtschaftlicher, sozialer, demografischer und/oder haushaltsbezogener Erwägungen und in Anbetracht der konkreten Arbeitsmarktlage in einem bestimmten Mitgliedstaat veranlasst sehen können"** (EuGH 16.10.2007 – C-411/05 Rn. 69 – Palacios de la Villa, NZA 2007, 1219). Dabei ist es nicht ausgeschlossen, dass eine nationale Vorschrift bei der Verfolgung dieser sozialpolitischen Ziele den Arbeitgebern einen gewissen Grad an Flexibilität einräumt (EuGH 21.7.2011 – C- 159/10 u. C-160/10 Rn. 52 – Fuchs und Köhler, NVwZ 2011, 1249; EuGH 5.3.2009 – C-388/07 Rn. 46 – Age Concern England, EuZW 2009, 340). Auch haben die zuständigen Stellen auf nationaler, regionaler oder Branchenebene die Möglichkeit, die zu Gunsten eines legitimen Ziels von allg. Interesse eingesetzten Mittel zu ändern, indem sie sie beispielsweise an die Beschäftigungslage im betreffenden Mitgliedstaat anpassen (EuGH 21.7.2011 – C-159/10 u. C-160/10 Rn. 54 – Fuchs und Köhler, NVwZ 2011, 1249). Zu den nach Art. 6 I zulässigen Zielen gehören nicht solche, die wie die Flugsicherheit im Interesse **allg. Sicherheit und Ordnung** iSd Art. 2 V stehen, aber **keinen Bezug zur Sozialpolitik des Staates** haben (EuGH 13.9.2011 – C-447/09 Rn. 77 ff. – Prigge, NJW 2011, 3209; dazu *Mohr* SAE 2013, 36 [40]).

Man wird hieraus schließen können, dass über Art. 6 I UAbs. 1 staatliche oder kollektive **56** Regelungen gerechtfertigt werden können, die im sozialpolitischen Interesse des Staates und zugleich im Interesse der Unternehmen liegen; denn dem Gesetzgeber ist es unbenommen, auch betriebs- und unternehmensbezogene Interessen als im sozialen Allgemeininteresse stehend anzuerkennen (*Mohr* RdA 2010, 44 [51]). Nach überzeugender Ansicht müssen die legitimen betriebs- und unternehmensbezogenen Interessen nicht ausdrücklich gesetzlich normiert sein, sofern sich durch Interpretation der jeweiligen Norm ergibt, dass der Gesetzgeber ein bestimmtes Ziel zugleich als sozialpolitisches ansieht (BAG 24.1.2013 NZA 2013, 498 Rn. 45; 22.1.2009 NZA 2009, 945 Rn. 53). Fehlt es an einer solchen Angabe, ist allerdings wichtig, dass andere – aus dem allg. Kontext der betreffenden Maßnahme abgeleitete – Anhaltspunkte die Feststellung des hinter dieser Maßnahme stehenden Ziels ermöglichen, damit dessen Rechtmäßigkeit sowie die Angemessenheit und Erforderlichkeit der zu seiner Erreichung eingesetzten Mittel gerichtlich überprüft werden können (EuGH 21.7.2011 – C-159/10 u. C-160/10 Rn. 39 – Fuchs und Köhler, NVwZ 2011, 1249). Im Einzelnen → Art. 6 Rn. 11).

57   Für Unterscheidungen wegen des Alters in **Betriebsrentensystemen** enthält **Art. 6 II** einen besonderen Erlaubnistatbestand, dessen Anwendungsbereich und Aussagegehalt von der lex generalis des Art. 6 I abzugrenzen sind (EuGH 26.9.2013 – C-476/11 Rn. 55 – Kristensen, EuZW 2013, 951; SA der GA *Kokott* v. 7.2.2013 – C-476/11 Rn. 52 – Kristensen, BeckRS 2013, 80255). Nach Art. 6 II können die Mitgliedstaaten „vorsehen, dass bei den betrieblichen Systemen der sozialen Sicherheit die **Festsetzung von Altersgrenzen** als Voraussetzung für die Mitgliedschaft oder den Bezug von Altersrente oder von Leistungen bei Invalidität einschließlich der Festsetzung unterschiedlicher Altersgrenzen im Rahmen dieser Systeme für bestimmte Beschäftigte oder Gruppen bzw. Kategorien von Beschäftigten und die Verwendung im Rahmen dieser Systeme von **Alterskriterien für versicherungsmathematische Berechnungen** keine Diskriminierung wegen des Alters darstellt, solange dies nicht zu Diskriminierungen wegen des Geschlechts führt." Nach dem Wortlaut der Vorschrift scheint es somit zulässig, dass die Mitgliedstaaten die dort benannten Sachverhalte insgesamt aus dem Anwendungsbereich des AGG herausnehmen (so BAG 12.2.2013 NZA 2013, 733 Rn. 29). Interpretierte man Art. 6 II in diesem Sinne als „Bereichsausnahme", wären die Mitgliedstaaten nicht verpflichtet, Altersgrenzen für die Mitgliedschaft in einem Betriebsrentensystem oder für den Bezug von Altersrente einer Verhältnismäßigkeitsprüfung zu unterziehen (so BAG 17.9.2013 AP AGG § 10 Nr. 4 Rn. 20; 12.11.2013 Rn. 24, BeckRS 2014, 66664; 18.3.2014 NZA 2014, 606 Rn. 22); denn eine strikte Zulässigkeitsprüfung könnte ein Hindernis für die Verbreitung der betrieblichen Altersversorgung in den Mitgliedstaaten aufstellen (BAG 17.9.2013 AP AGG § 10 Nr. 4 Rn. 20; 18.3.2014 NZA 2014, 606 Rn. 22). Demgegenüber legt der EuGH die Regelung des Art. 6 II als Ausnahme vom primärrechtlich durch Art. 21 I GRC verbürgten Verbot von Altersdiskriminierungen und von der allg. Rechtfertigungsbestimmung des Art. 6 I eng aus (EuGH 26.9.2013 – C-546/11 Rn. 40 f. – Toftgaard, NVwZ 2013, 1401; 26.9.2013 – C-476/11 Rn. 45 f. – Kristensen, EuZW 2013, 951). Vor diesem Hintergrund ist es offen, ob Art. 6 II anders als Art. 6 I wirklich eine Bereichsausnahme statuiert, die keine Verhältnismäßigkeitsprüfung erfordert (zur entsprechenden Diskussion s. SA der GA *Kokott* v. 7.2.2013 – C-476/11 Rn. 44 ff. – Kristensen, BeckRS 2013, 80255).

58   Der deutsche Gesetzgeber hat Art. 6 I, II durch **§ 10 S. 1 bis 3 Nr. 1 bis 4 AGG** umgesetzt (*König* ZESAR 2005, 218). Die **Umsetzungsfrist** der RL 2000/78/EG ist hinsichtlich des Merkmals „Alter" grds. am 2.12.2003 abgelaufen. Deutschland hat jedoch in zulässiger Weise eine dreijährige Zusatzfrist in Anspruch genommen (Art. 18 II). Die Umsetzungsfrist endete deshalb erst am 2.12.2006 (*Klumpp* NZA 2005, 848; → Art. 18 Rn. 1).

V. Sexuelle Ausrichtung

59   **1. Rechtliche Rahmenbedingungen.** Art. 1 erfasst als fünftes Merkmal die sexuelle Ausrichtung von Personen. Das Diskriminierungsverbot wegen der sexuellen Ausrichtung basiert ebenso wie die anderen Verbote der RL 2000/78/EG auf der Ermächtigungsgrund-

lage des **Art. 19 I AEUV** (Art. 13 EG). Es dient der Konkretisierung von **Art. 21 I GRC,** wobei der EuGH das Grundrecht wiederum im Lichte der RL 2000/78/EG interpretiert (→ GRC Art. 21 Rn. 8). Nach Erkenntnissen der EU-Kommission sind Diskriminierungen wegen der sexuellen Ausrichtung am Arbeitsplatz ein weit verbreitetes Phänomen (KOM [99] 564 endg., unter 2). Dass eine solche Problematik tatsächlich existiert, zeigen auch die zu **Art. 8 und Art. 14 EMRK** entschiedenen Fälle (s. EGMR 27.9.1999 – 33985/96 Rn. 113 ff. – Smith, NJW 2000, 2089).

2. Grundstruktur. Die „sexuelle Ausrichtung" knüpft an die **objektive sexuelle Veranlagung eines Menschen** an und bezieht sich sowohl auf das eigene Geschlecht als auch auf das Geschlecht des Sexualpartners (*Adomeit/Mohr* AGG § 1 Rn. 164; MHdBArbR/ *Oetker* § 14 Rn. 12). Zur objektiven sexuellen Veranlagung zählen insbesondere die **Heterosexualität,** die **Homosexualität** und die **Bisexualität** (Erman/*Armbrüster* AGG § 1 Rn. 11). Weiterhin werden von der sexuellen Ausrichtung auch **subjektive Ansichten über die Geschlechtsidentität** erfasst, wie die Transsexualität (MHdBArbR/*Oetker* § 14 Rn. 12; Wendeling-Schröder/Stein/*Wendeling-Schröder* AGG § 1 Rn. 74; **aA** EuGH 30.4.1996 – C-13/94 Rn. 20 – P./S., NZA 1996, 695; 7.1.2004 – C-117/01 Rn. 28 ff. – K. B., NJW 2004, 1440; 27.4.2006 – C-423/04 Rn. 20 ff. – Richards EuZW 2006, 342; → GRC Art. 21 Rn. 57). **Nicht** geschützt ist grds. das (konkrete) **sexuelle Verhalten,** sofern bestimmte Verhaltensweisen nicht untrennbar mit der sexuellen Ausrichtung zusammenhängen, weshalb eine Benachteiligung wegen dieser stellvertretend für eine solche wegen der (generellen) sexuellen Ausrichtung erfolgt (KOM [99] 565 endg.). 60

Art. 1 schützt nicht nur die sexuelle Ausrichtung der **benachteiligten Person,** sondern auch diejenige **dritter Personen,** die mit der benachteiligten Person eng verbunden sind (HaKo-AGG/*Däubler* § 1 Rn. 98 aE). In seinem Urteil *Coleman* hat der EuGH entschieden, dass eine Benachteiligung wegen der Behinderung iSd RL 2000/78/EG keine Schlechterbehandlung einer Person wegen ihrer Behinderung voraussetzt (EuGH 17.7.2008 – C-303/ 06 – Coleman, EuZW 2008, 497). Es reiche aus, dass die Benachteiligung auf eine Behinderung zurückgehe (vgl. *Bayreuther* NZA 2008, 986 [987]). Diese Rechtsprechung ist auf das Verbot einer Diskriminierung wegen der sexuellen Orientierung zu übertragen (*Adomeit/Mohr* AGG § 1 Rn. 159). 61

Praktische Relevanz hatte das Verbot von Diskriminierungen wegen der sexuellen Ausrichtung bislang insbesondere für den **Schutz homosexueller Menschen.** Im Jahr 1998, also noch vor Inkrafttreten der RL 2000/78/EG am 2.12.2000 (Art. 20), hat der EuGH entschieden, dass die Gewährung von Fahrtvergünstigungen durch eine Eisenbahngesellschaft an Ehegatten oder andersgeschlechtliche, nicht jedoch an gleichgeschlechtliche Partner zulässig sei, da sie **unabhängig vom Geschlecht** des betreffenden Arbeitnehmers erfolge (EuGH 17.2.1998 – C-249/96 Rn. 25–28 – Grant, EuZW 1998, 212, 214). Allerdings wies der EuGH schon damals darauf hin, dass sich die Beurteilung ändern könne, wenn der Richtliniengeber feste Beziehungen zwischen Personen des gleichen Geschlechts solchen zwischen Verheirateten bzw. den festen nichtehelichen Beziehungen zwischen Personen verschiedenen Geschlechts gleichstelle (EuGH 17.2.1998 – C-249/96 Rn. 29 und Rn. 48 – Grant, EuZW 1998, 212). Mit Blick auf **Erwägungsgrund 22** sind für eine derartige Gleichstellung grds. die nationalen Gesetzgeber zuständig (dazu EuGH 1.4.2008 – C-267/06 Rn. 58 f. – Maruko, NZA 2008, 459; 10.5.2011 – C-147/08 Rn. 34 ff. – Römer, NZA 2011, 557; 12.12.2013 – C-267/12 Rn. 26 – Hay, NZA 2014, 153; BAG 15.9.2009 AP GG Art. 3 Nr. 318 Rn. 28). Der deutsche Gesetzgeber hat die Gleichstellung zwischen Ehe und eingetragener Lebenspartnerschaft durch das LPartG weitgehend vollzogen. Dadurch wird die eingetragene Lebenspartnerschaft als der Ehe grds. gleichwertig anerkannt (*Adomeit/Mohr* AGG § 1 Rn. 168). 62

Die wirtschaftlich erheblichsten Auswirkungen hatte das Benachteiligungsverbot wegen der sexuellen Ausrichtung bislang auf **Betriebsrentensysteme** (*Adomeit/Mohr* ZfA 2008, 449 [468]). Nach dem EuGH gelten als **Arbeitsentgelt** iSd Art. 157 I, II AEUV nicht nur 63

Leistungen aus einem betrieblichen Sicherungssystem, sondern auch Ansprüche auf den „Anschluss" an ein solches System, mit anderen Worten auf die Mitgliedschaft, da diese die Voraussetzung für den Erhalt von Entgeltzahlungen ist (EuGH 28.9.1994 – C-57/93 Rn. 11 – Vroege, EAS Art. 119 EGV Nr. 32; *Mohr* Diskriminierungen 221; → Art. 3 Rn. 28). Mit Beschluss vom 20.6.2006 hat das VG München dem EuGH die Frage vorgelegt, ob der Ausschluss von eingetragenen Lebenspartnern aus der Hinterbliebenenversorgung eines berufsständischen Versorgungswerks eine Diskriminierung wegen der sexuellen Ausrichtung iSd RL 2000/78/EG bedeute (VG München 1.6.2006 – M 3 K 05.1595). Das BVerwG hatte dies zuvor mit Blick auf Erwägungsgrund 22 abgelehnt (BVerwG 26.1.2006 NJW 2006, 1828 Rn. 16). Dieser Sichtweise hatten sich der BGH (BGH 14.2.2007 Rn. 22, NJW-RR 2007, 1441) und für Familienzuschläge im öffentlichen Dienst sogar das BVerfG angeschlossen (BVerfG 20.9.2007 NJW 2008, 209 [212]; dazu *Thüsing* RdA 2008, 51 [53]). Demgegenüber entschied der EuGH im **Maruko-Urteil,** dass die RL 2000/78/EG einer Regelung entgegenstehe, wonach der überlebende Partner nach Versterben seines Lebenspartners keine Hinterbliebenenversorgung entsprechend einem überlebenden Ehegatten erhält, obwohl die Lebenspartnerschaft nach nationalem Recht Personen gleichen Geschlechts in eine Situation versetze, die in Bezug auf die Hinterbliebenenversorgung mit der Situation von Ehegatten vergleichbar sei (EuGH 1.4.2008 – C-267/06 Rn. 73 – Maruko, NZA 2008, 459; dazu *Lembke* NJW 2008, 1631; *Franzen* EuZA 2009, 395). Entscheidend sei nicht, dass sich der (überlebende) Ehegatte und der (überlebende) Lebenspartner in einer identischen, sondern in einer **vergleichbaren Situation in Bezug auf die Hinterbliebenenversorgung** befänden (EuGH 1.4.2008 – C-267/06 Rn. 67 ff. – Maruko, NZA 2008, 459; ebenso 10.5.2011 – C-147/08 Rn. 42 – Römer, NZA 2011, 557), wie dies auch im Merkmal „gleiche oder gleichwertige Arbeit" gem. Art. 157 I AEUV angelegt ist (*Mohr* Diskriminierungen 239). Die Gleichwertigkeit bestimmt sich in Übertragung der Rechtsprechung zum Diskriminierungsverbot wegen des Geschlechts nach nationalem Recht (EuGH 1.4.2008 – C-267/06 Rn. 73 – Maruko, NZA 2008, 459; so auch EuGH 31.5.1995 – C-400/93 Rn. 42 – Royal Copenhagen, EAS Art. 119 EGV Nr. 36). Der Vergleich der Situationen ist „auf eine Analyse zu stützen, die sich auf die Rechte und Pflichten verheirateter Personen und eingetragener Lebenspartner, wie sie sich aus den anwendbaren innerstaatlichen Bestimmungen ergeben, konzentriert, die unter Berücksichtigung des Zwecks und der Voraussetzungen für die Gewährung der im Ausgangsverfahren fraglichen Leistung relevant sind, und darf nicht in der Prüfung bestehen, ob die eingetragene Lebenspartnerschaft der Ehe im nationalen Recht allgemein und umfassend rechtlich gleichgestellt ist" (EuGH 10.5.2011 – C-147/08 Rn. 43 – Römer, NZA 2011, 557). Auch wenn im nationalen Recht somit weiterhin Unterschiede zwischen der Ehe und der Lebensgemeinschaft im Hinblick auf Rechte und Pflichten der beteiligten Personen bestehen, schließt dies eine Vergleichbarkeit im Hinblick auf anderweitige Vergünstigungen wie Prämien und Urlaubstage aus Anlass einer „Eheschließung" nicht notwendig aus (EuGH 12.12.2013 – C-267/12 Rn. 37 ff. – Hay, NZA 2014, 153).

64 Liegt eine vergleichbare Situation im vorstehenden Sinne vor, geht der EuGH auch dann von einer **unmittelbaren Diskriminierung** homosexueller Menschen iSd Art. 2 II lit. a aus, wenn die Homosexualität de lege lata keine notwendige Voraussetzung für eine Lebenspartnerschaft ist. Dasselbe gilt, wenn die unterschiedliche Behandlung darauf beruht, dass Arbeitnehmer verheiratet sind, also nicht ausdrücklich auf deren sexuelle Ausrichtung abstellt; denn homosexuelle Arbeitnehmer könnten die notwendigen Voraussetzungen nicht erfüllen, um die beanspruchte Vergünstigung zu erhalten, da die Ehe (noch) Personen unterschiedlichen Geschlechts vorbehalten sei (EuGH 12.12.2013 – C-267/12 Rn. 44 – Hay, NZA 2014, 153). Dies ist dogmatisch nur begrenzt überzeugend, da auch homosexuelle Menschen eine bürgerliche Ehe mit einem andersgeschlechtlichen Partner eingehen können, etwa aus Versorgungszwecken (zur Kritik *Rupp* RdA 2009, 307 [310]). Im Ergebnis erscheint die Rechtsprechung des EuGH mit Blick auf die einfachgesetzliche Gleichstellung von Ehe und eingetragener Lebenspartnerschaft gleichwohl als überzeugend.

In Fortführung des *Maruko*-Urteils urteilte das BAG, dass eingetragene Lebenspartner 65
hinsichtlich der **Hinterbliebenenversorgung** Ehegatten **gleichzustellen** sind, soweit am
1.1.2005 zwischen dem Versorgungsberechtigten und dem Versorgungsschuldner noch ein
Rechtsverhältnis bestand (BAG 14.1.2009 Rn. 32 ff., NZA 2009, 489). Ehegatten und
eingetragene Lebenspartner befänden sich in Deutschland auch hinsichtlich der Hinterbliebenenversorgung in einer „vergleichbaren Lage". Zwar hatte das am 1.8.2001 in Kraft
getretene LPartG Fragen der Altersversorgung für eingetragene Lebenspartner noch nicht
zum Gegenstand. Das habe sich jedoch durch das am 1.5.2005 in Kraft getretene „Überarbeitungsgesetz" (Gesetz zur Überarbeitung des Lebenspartnerschaftsrechts v. 15.12.2004,
BGBl. I S. 3396) geändert, wodurch mit § 20 LPartG bei Aufhebung der Lebenspartnerschaft ein Versorgungsausgleich nach dem Modell, wie es auch für die Ehescheidung gilt,
eingeführt wurde. Gleichzeitig wurde § 46 VI SGB IV angepasst. Danach gilt für den
Anspruch auf Witwen- oder Witwerrente als Heirat auch die Begründung einer Lebenspartnerschaft und als Ehe auch eine Lebenspartnerschaft, als Witwe und Witwer auch ein
überlebender Lebenspartner und als Ehegatte auch ein Lebenspartner. Diese vom Gesetzgeber geschaffene Vergleichbarkeit zwischen Ehe und eingetragener Lebenspartnerschaft ist
nach Ansicht des BAG auch für die Beurteilung **betriebsrentenrechtlicher Regelungen
zur Hinterbliebenenversorgung** maßgeblich (näher *Adomeit/Mohr* ZfA 2008, 449 [471]).

Art. 2 Der Begriff „Diskriminierung"

(1) Im Sinne dieser Richtlinie bedeutet „Gleichbehandlungsgrundsatz", dass es keine unmittelbare oder mittelbare Diskriminierung wegen eines der in Artikel 1 genannten Gründe geben darf.

(2) Im Sinne des Absatzes 1

a) liegt eine unmittelbare Diskriminierung vor, wenn eine Person wegen eines der in Artikel 1 genannten Gründe in einer vergleichbaren Situation eine weniger günstige Behandlung erfährt, als eine andere Person erfährt, erfahren hat oder erfahren würde;

b) liegt eine mittelbare Diskriminierung vor, wenn dem Anschein nach neutrale Vorschriften, Kriterien oder Verfahren Personen mit einer bestimmten Religion oder Weltanschauung, einer bestimmten Behinderung, eines bestimmten Alters oder mit einer bestimmten sexuellen Ausrichtung gegenüber anderen Personen in besonderer Weise benachteiligen können, es sei denn:
 i) diese Vorschriften, Kriterien oder Verfahren sind durch ein rechtmäßiges Ziel sachlich gerechtfertigt, und die Mittel sind zur Erreichung dieses Ziels angemessen und erforderlich, oder
 ii) der Arbeitgeber oder jede Person oder Organisation, auf die diese Richtlinie Anwendung findet, ist im Falle von Personen mit einer bestimmten Behinderung aufgrund des einzelstaatlichen Rechts verpflichtet, geeignete Maßnahmen entsprechend den in Artikel 5 enthaltenen Grundsätzen vorzusehen, um die sich durch diese Vorschrift, dieses Kriterium oder dieses Verfahren ergebenden Nachteile zu beseitigen.

(3) Unerwünschte Verhaltensweisen, die mit einem der Gründe nach Artikel 1 in Zusammenhang stehen und bezwecken oder bewirken, dass die Würde der betreffenden Person verletzt und ein von Einschüchterungen, Anfeindungen, Erniedrigungen, Entwürdigungen oder Beleidigungen gekennzeichnetes Umfeld geschaffen wird, sind Belästigungen, die als Diskriminierung im Sinne von Absatz 1 gelten. In diesem Zusammenhang können die Mitgliedstaaten den Begriff „Belästigung" im Einklang mit den einzelstaatlichen Rechtsvorschriften und Gepflogenheiten definieren.

(4) Die Anweisung zur Diskriminierung einer Person wegen eines der Gründe nach Artikel 1 gilt als Diskriminierung im Sinne des Absatzes 1.

(5) Diese Richtlinie berührt nicht die im einzelstaatlichen Recht vorgesehenen Maßnahmen, die in einer demokratischen Gesellschaft für die Gewährleistung der öffentlichen Sicherheit, die Verteidigung der Ordnung und die Verhütung von Straftaten, zum Schutz der Gesundheit und zum Schutz der Rechte und Freiheiten anderer notwendig sind.

Übersicht

	Rn.
A. Überblick	1
B. Unmittelbare Diskriminierung	11
I. Grundlagen	11
II. Weniger günstige Behandlung	15
III. Vergleichbare Situation	20
IV. Benachteiligung wegen eines geschützten Merkmals	26
C. Mittelbare Diskriminierung	36
I. Grundlagen	36
II. Beweiserleichterung oder positive Diskriminierung?	40
III. Tatbestand	44
IV. Widerlegung der Vermutungswirkung	51
V. Beispiele	56
D. Verbot von Belästigungen	59
I. Überblick	59
II. Tatbestand	61
E. Anweisung zur Diskriminierung	65
F. Ordre-Public-Vorbehalt	68

A. Überblick

1 Wie die Normüberschrift verdeutlicht, definiert Art. 2 den bereits in Art. 1 enthaltenen Begriff der Diskriminierung. Der EuGH hat mittlerweile mehrere Dutzend Urteile zur Interpretation der RL 2000/78/EG erlassen, die wesentliche Aussagen auch zum Verständnis des Begriffs der Diskriminierung enthalten. Da er die arbeitsrechtlichen Diskriminierungsverbote weitgehend übereinstimmend auslegt (→ Art. 1 Rn. 4), kann zur **Interpretation** von Art. 2 auch auf die Rechtsprechung zu den Diskriminierungsverboten wegen des Geschlechts gem. Art. 157 I AEUV (Art. 119 EGV, Art. 141 EG; → AEUV Art. 157 Rn. 1 ff.), gem. Art. 1 RL 75/117/EWG (EuGH 6.12.2012 – C-124/11 ua Rn. 31 – *Dittrich*, NVwZ 2013, 132; 26.9.2013 – C-476/11 Rn. 25 – *Kristensen*, EuZW 2013,) und gem. Art. 2 I RL 76/207/EWG zurückgegriffen werden (heute: Art. 4 I, 5 I und 14 I RL 2006/54/EG). Schließlich ist die Rechtsprechung zur RL 2000/43/EG zu beachten, etwa zur Vermutung einer unmittelbar diskriminierenden Einstellungspolitik durch öffentliche Äußerungen des Arbeitgebers (dazu EuGH 10.7.2008 – C-54/07 – *Feryn*, NJW 2008, 2767; s. zur RL 2000/78/EG auch EuGH 25.4.2013 – C-81/12 Rn. 36, 44 ff. – *Asociatia/ACCEPT*, NZA 2013, 891).

2 Art. 2 I kennzeichnet den **Gleichbehandlungsgrundsatz** als das **Fehlen jeder unmittelbaren oder mittelbaren Diskriminierung** wegen eines der in Art. 1 aufgeführten Gründe (EuGH 13.9.2011 – C-447/09 Rn. 52 – *Prigge*, NJW 2011, 3209). Die Vorschrift stellt klar, dass der Gleichbehandlungsgrundsatz iSd Richtlinie nicht auf ein allg. Gebot der Gleichbehandlung verweist, in Ausdehnung der *aristotelischen* iustitia distributiva auch auf privatrechtliche Sachverhalte (*Canaris* 9 ff.; *Aristoteles,* Nikomachische Ethik, Rn. 1130b), sondern dass er einen negativen, abwehrrechtlichen Tatbestand zum Schutz der Persönlichkeit der Betroffenen enthält.

3 Art. 2 II bis IV definieren diejenigen **Verhaltensweisen,** die als Diskriminierung anzusehen sind (EuGH 13.9.2011 – C-447/09 Rn. 53 – *Prigge*, NJW 2011, 3209). Art. 2 II bestimmt zunächst die **Begriffe der unmittelbaren** und **der mittelbaren Diskriminierung.** Nach Art. 2 III gilt als Diskriminierung eine **Belästigung** in Zusammenhang mit einem der Gründe gem. Art. 1. Art. 2 IV verbietet schließlich die „Anweisung zur Diskriminierung". Schließlich stellt der **Ordre-public-Vorbehalt** des Art. 2 V klar, dass die Richtlinie nicht für notwendige Maßnahmen des nationalen Rechts zur Gewährleistung der öffentlichen Sicherheit und Ordnung, der Verhütung von Straftaten sowie zum Schutz der Gesundheit und der Rechte und Freiheiten anderer Personen gilt. Der EuGH definiert die letztgenannte Regelung nicht als Bereichsausnahme, sondern als eng zu interpretierenden Rechtfertigungsgrund („Ausnahmetatbestand") vergleichbar den Art. 4 I und 6 (zum Gesundheitsschutz EuGH 12.1.2010 – C-341/08 Rn. 49 ff. – Petersen, EuZW 2010 137).

Art. 2 enthält mit der **Definition** der Diskriminierung einen wesentlichen Bestandteil des **Tatbestands gegen Diskriminierungen.** Allerdings normiert die RL 2000/78/EG – anders als die Art. 4, Art. 5 und Art. 14 RL 2006/54/EG und auch anders als § 7 I AGG – kein eigenständiges Diskriminierungsverbot. Der EuGH entnimmt das Diskriminierungsverbot deshalb der Definitionsnorm des Art. 2 (beispielhaft EuGH 26.9.2013 – C-476/11 Rn. 34 ff. – Kristensen, EuZW 2013, 951), bei innerstaatlichen Rechts- und Verwaltungsvorschriften und Kollektivverträgen in Kombination mit Art. 16 (EuGH 28.1.2015 – C-417/13 Rn. 41 ff. – Starjakob, NZA 2015, 217; BAG 11.12.2012 NZA-RR 2013, 308 Rn. 30). Die in Art. 2 enthaltenen Regelungen sind zu ergänzen um die geschützten Merkmale gem. Art. 1, um die Regelungen zum persönlichen und sachlichen Anwendungsbereich in Art. 3, um diejenigen zum zeitlichen Anwendungsbereich in Art. 18, 20, zur Rechtfertigung in Art. 4–7 und zum Rechtsschutz gem. Art. 9 ff., insbesondere mit Blick auf die Beweislastregelung des Art. 10. Beim Verbot von Diskriminierungen wegen der in Art. 1 benannten Gründe handelt es sich somit um einen **Patchworktatbestand.** Art. 2 regelt auch die vertrags- und deliktsrechtlichen **Rechtsfolgen** eines Verstoßes gegen das Diskriminierungsverbot nicht selbst (public enforcement und private enforcement). Diese sind vielmehr in den Art. 16 f. enthalten. Nach Art. 16 müssen die Mitgliedstaaten sicherstellen, dass die Rechts- und Verwaltungsvorschriften, die dem Gleichbehandlungsgrundsatz zuwiderlaufen, aufgehoben werden (Buchst. a) und die mit dem Gleichbehandlungsgrundsatz nicht zu vereinbarenden Bestimmungen in Arbeits- und Tarifverträgen, Betriebsordnungen und Statuten der freien Berufe und der Arbeitgeber- und Arbeitnehmerorganisationen für nichtig erklärt werden oder erklärt werden können oder geändert werden (Buchst. b). Mit Blick auf die letztgenannte Regelung ist es aus Sicht der deutschen Dogmatik zulässig, von einem gesetzlichen Verbot zu sprechen (vgl. § 134 BGB und § 7 II AGG). Art. 17 behandelt die sonstigen Sanktionen. Diese müssen gem. Art. 17 S. 2 wirksam, verhältnismäßig und abschreckend sein, gem. dem Konzept der Prävention durch Schadensausgleich (*Wagner* AcP 206, 2006, 352 [394]; *Wagner/Potsch* JZ 2006, 1085 [1088]; → Art. 17 Rn. 3).

Anders als § 3 AGG verwendet Art. 2 I nicht den Begriff der **Benachteiligung,** sondern denjenigen der **Diskriminierung.** Auch im Unionsrecht ist jedoch nicht jede Ungleichbehandlung wegen eines geschützten Merkmals unzulässig, wie die Rechtfertigungsgründe („Ausnahmetatbestände") gem. Art. 2 V, Art. 4–7 verdeutlichen. Als verbotene Diskriminierung ist deshalb – entgegen dem missverständlichen Wortlaut des Art. 2 II lit. a – nur eine rechtswidrige Ungleichbehandlung zu verstehen. Demgemäß spricht Art. 2 II lit. a von einer „weniger günstigen Behandlung" und Art. 2 II lit. b von „dem Anschein nach neutralen Vorschriften, Kriterien oder Verfahren", die „Personen […] gegenüber anderen Personen in besonderer Weise benachteiligen können". Der EuGH bestimmt das Vorliegen einer Diskriminierung gem. Art. 2 I allerdings nicht materiell-wertend, sondern formal auf der Grundlage eines Anknüpfungsverbots (EuGH 6.11.2012 – C-286/12 Rn. 48 ff. – Kommission/Ungarn, BeckRS 2012, 82346), wohingegen er die Rechtfertigungsgründe eng interpretiert, da diese Vorschriften es erlaubten, vom Diskriminierungsverbot abzuweichen (EuGH 13.9.2011 – C-447/09 Rn. 72 – Prigge, NJW 2011, 3209). Das Verbot von Diskriminierungen gem. Art. 2 I steht darüber hinaus in engem Zusammenhang mit der **Beweislastregelung** des **Art. 10** (EuGH 25.4.2013 – C-81/12 Rn. 40 ff. – Asociatia ACCEPT, NZA 2013, 891). Die letztgenannte Vorschrift wird nicht nur bei unmittelbaren

Diskriminierungen praktisch, sondern kommt auch bei mittelbaren Diskriminierungen zur Anwendung (BAG 22.7.2010 NZA 2011, 93 Rn. 50, zu Art. 19 RL 2006/54/EG).

6 Gem. Art. 2 II lit. a liegt eine **unmittelbare Diskriminierung** vor, wenn eine Person wegen eines in Art. 1 genannten Merkmals in einer vergleichbaren Situation eine weniger günstige Behandlung erfährt, als eine andere Person erfährt, erfahren hat oder erfahren würde. Die Feststellung einer Benachteiligung setzt deshalb grds. einen Vergleich zwischen zwei individuellen Personen voraus, auch wenn die Vorschrift mit der Formulierung „erfahren würde" hypothetische Vergleiche nicht ausschließt (**„Individualgleichheit"**). Im Gegensatz zur unmittelbaren Diskriminierung knüpft die **mittelbare Diskriminierung** nicht an eine verbotene Tathandlung gegenüber konkret-individuellen Personen, sondern an die diskriminierenden Wirkungen eines Verhaltens auf eine abgrenzbare Gruppe von Personen an. Sie liegt gem. Art. 2 II lit. b vor, wenn dem Anschein nach neutrale Vorschriften, Kriterien oder Verfahren die von Art. 1 geschützten Personen in besonderer Weise benachteiligen können, es sei denn, die Vorschriften, Kriterien oder Verfahren sind durch ein legitimes Ziel getragen und verhältnismäßig oder werden durch angemessene Vorkehrungen iSd Art. 5 kompensiert. Anders als bei der unmittelbaren Diskriminierung geht es bei der mittelbaren Diskriminierung somit nicht um einen Vergleich von Individuen, sondern um einen solchen von Personengruppen (**„Gruppengleichheit"**, vgl. *Adomeit/ Mohr* AGG § 3 Rn. 9 und öfter). Die Figur der mittelbaren Benachteiligung geht zurück auf die Rechtsprechung des EuGH zur Benachteiligung von Frauen in Teilzeitarbeit (EuGH 31.3.1981 – C-96/80 Rn. 11 – Jenkins, EAS Art. 119 EGV Nr. 6). Der Tatbestand ist grds. erfüllt, wenn in der benachteiligten Gruppe wesentlich mehr Arbeitnehmer mit dem relevanten Anknüpfungskriterium enthalten sind als in der bevorzugten, und hieraus auf eine Benachteiligung gerade wegen eines untersagten Merkmals geschlossen werden kann. Der Anspruchsteller kann den Nachweis durch Vorlage aussagekräftiger Statistiken führen (EuGH 13.5.1986 – 170/84 Rn. 29 ff. – Bilka, NZA 1986, 559; dazu *Mohr* Diskriminierungen 283 f.; so auch BAG 13.2.2007 NZA 2007, 862 Rn. 20; 18.5.2006 NZA 2007, 105 Rn. 17). Er muss dies jedoch nicht, sofern sich die nachteilige Gruppenbetroffenheit auch anderweitig mit der gleichen Sicherheit nachweisen lässt („benachteiligen können"). Da es sich um ein vom Kläger nachzuweisendes Tatbestandsmerkmal handelt, kann ihm der Nachweis seiner negativen Betroffenheit gerade wegen des geschützten Merkmals nicht generell durch eine „wertend-typisierende Betrachtung" abgenommen werden (*Adomeit/ Mohr* RdA 2011, 102 [105 f.]; unklar BAG 22.4.2010 NZA 2010, 947 Rn. 20), auch weil dies der Beweislastregelung des Art. 10 widerspräche, die für alle Formen der Diskriminierung gilt (zum Merkmal Geschlecht s. EuGH 27.10.1993 – C-127/92 Rn. 14 ff. – Enderby, NZA 1994, 797; 2.10.1997 – C-1/95 Rn. 33 – Gerster, NZA 1997, 1277). Ist eine mittelbare Diskriminierung indiziert, muss der in Anspruch Genommene darlegen und beweisen, dass keine Diskriminierung aufgrund eines in Art. 1 benannten Merkmals vorgelegen hat. Gelingt ihm dies, ist bereits der Tatbestand der mittelbaren Diskriminierung widerlegt. Dies entspricht den Vorgaben des Art. 10 (*Mohr* Diskriminierungen 330 ff.).

7 Das Verbot von unmittelbaren und mittelbaren Diskriminierungen gem. Art. 2 I, II iVm Art. 16 erfasst nicht nur **offene**, ausdrücklich an ein von Art. 1 erfasstes Merkmal anknüpfende Vereinbarungen und Maßnahmen, sondern auch alle **verdeckten Verhaltensweisen** (BAG 7.6.2011 NZA 2011, 1370 Rn. 23; 21.6.2012 NZA 2014, 489 Rn. 25; s. zur Anknüpfung an Schwangerschaft und Mutterschaft auch BVerfG 28.4.2011 NZA 2011, 857 Rn. 54; aus dem Schrifttum *Däubler* ZfA 2006, 479 [487]; *Richardi* NZA 2006, 881 [883]). Vor diesem Hintergrund können theoretisch sowohl unmittelbare als auch mittelbare Diskriminierungen offen oder verdeckt erfolgen. In der Rechtswirklichkeit erfolgen jedoch vor allem unmittelbare Diskriminierungen verdeckt (vgl. BAG 22.7.2010 NZA 2011, 93 Rn. 50; *Hanau/Preis* ZfA 1988, 177 [181]; *Schiek/Horstkötter* NZA 1998, 863; *Wiedemann*, FS Friauf, 1996, 135 [138]). Die Unterscheidung zwischen offenen und verdeckten Begehungsweisen spiegelt sich in Art. 2 nicht wider. Entscheidend sind hiernach die Tatbestandsvoraussetzungen der zu prüfenden Norm. Die dogmatische Einordnung einer Maß-

nahme oder Regelung als „verdeckte" unmittelbare Diskriminierung hängt letztlich von der Zwecksetzung ab, die man der mittelbaren Diskriminierung zuspricht. Soll Letztere den Nachweis einer unmittelbaren Diskriminierung erleichtern (so → Rn. 40), ist die Figur der verdeckten unmittelbaren Diskriminierung entbehrlich (*Herrmann* SAE 1993, 271 [276 f. mit Fn. 45]). Wird die mittelbare Diskriminierung demgegenüber als eigenständiger Tatbestand zum Ausgleich historischer oder bestehender Nachteile der betreffenden Personengruppe in der Gesellschaft eingestuft (*Schiek/Horstkötter* NZA 1998, 863 [864]), kann die verdeckte Diskriminierung als eigenständige Form des Nachweises spezifischer Erscheinungsformen einer unmittelbaren Diskriminierung angesehen werden (dazu *Adomeit/Mohr* RdA 2011, 102). Im Schrifttum hat sich noch keine einheitliche Begrifflichkeit eingebürgert. So wird auch dann von einer verdeckten mittelbaren Benachteiligung gesprochen, wenn die mittelbaren Wirkungen bezweckt werden (Schwarze/Becker/Hatje/Schoo/*Graser* GRC Art. 21 Rn. 12).

Gem. Art. 2 III 1 gilt eine **Belästigung** als Diskriminierung iSd Art. 2 I. Belästigungen sind legaldefiniert als unerwünschte Verhaltensweisen, die mit einem der Gründe nach Art. 1 in Zusammenhang stehen und bezwecken oder bewirken, dass die Würde der betreffenden Person verletzt und ein von Einschüchterungen, Anfeindungen, Erniedrigungen, Entwürdigungen oder Beleidigungen gekennzeichnetes Umfeld geschaffen wird. Belästigungen haben mit Diskriminierungen gemeinsam, dass beide Verhaltensweisen in das Persönlichkeitsrecht des Opfers eingreifen (*Thüsing* ZfA 2001, 397 [411]). Eine unzulässige Belästigung („harassment") unterscheidet sich von einer Diskriminierung gem. Art. 2 I, II jedoch dadurch, dass sie sich gegen die Würde der Arbeitnehmer richtet, ohne dass es auf einen – und sei es auch nur fiktiven – Vergleich mit weiteren Personen ankommt (*Nickel* NJW 2001, 2668 [2670]; Hey/Forst/*Hey* AGG § 3 Rn. 76). Eine Belästigung ist deshalb nicht etwa dann zulässig, wenn der Handelnde auch noch andere Personen belästigt, die Opfer also im Unrecht gleichbehandelt (*Thüsing* NZA 2001, 939 [941]). Art. 2 III 1 enthält folgerichtig eine gesetzliche Fiktion. Gem. Art. 2 III 2 können die Mitgliedstaaten den Begriff der Belästigung im Einklang mit ihren nationalen Rechtsvorschriften und Gepflogenheiten definieren (EuGH 17.7.2008 – C-303/08 Rn. 60 – Coleman, EuZW 2008, 497). Der deutsche Gesetzgeber hat davon in § 3 III AGG keinen Gebrauch gemacht (dazu BAG 17.10.2013 NZA 2014, 303 Rn. 40 ff. 24.9.2009 NZA 2010, 387 Rn. 29; 22.6.2011 AP AGG § 3 Nr. 8 mit Anm. *Mohr*). 8

Nach Art. 2 IV gilt die **Anweisung zur Diskriminierung** einer Person wegen eines der Gründe nach Art. 1 als Diskriminierung iSd Art. 2 I. Ebenso wie bei der Belästigung gem. Art. 2 III handelt es sich um eine gesetzliche Fiktion, da eine Anweisung zur Diskriminierung an sich noch keine negativen Auswirkungen auf den Adressaten der benachteiligenden Regelung oder Maßnahme hat. Die Vorschrift bezweckt eine Art Vorfeldschutz, weshalb der Betroffene die Benachteiligung nicht abwarten muss, sondern schon vorher dagegen vorgehen kann (*Battis/Nebel,* FS Adomeit, 2008, 1 [9]). Dies entspricht einem im Vordringen befindlichen Ansatz des europäischen Normgebers, der das Augenmerk zunehmend auf die Diskriminierungsprävention legt (s. explizit Art. 26 RL 2006/54/EG). 9

Gem. Art. 2 V berührt die Richtlinie nicht die im einzelstaatlichen Recht vorgesehenen Maßnahmen, die in einer demokratischen Gesellschaft für die **Gewährleistung der öffentlichen Sicherheit, die Verteidigung der Ordnung und die Verhütung von Straftaten, zum Schutz der Gesundheit und zum Schutz der Rechte und Freiheiten anderer** notwendig sind. Nach dem Wortlaut handelt es sich um eine Bereichsausnahme. Der EuGH versteht die Vorschrift demgegenüber als Rechtfertigungsgrund für tatbestandliche Benachteiligungen (grundlegend EuGH 12.1.2010 – C-341/08 Rn. 49 ff. – Petersen, EuZW 2010, 137; 13.9.2011 – C-447/09 Rn. 52 ff. – Prigge, NJW 2011, 3209), entgegen der Systematik der Richtlinie, die die Rechtfertigungsgründe erst in den Art. 4 ff. normiert (*Mohr* EuZA 2010, 371 ff.). 10

B. Unmittelbare Diskriminierung

I. Grundlagen

11 Nach Art. 2 II lit. a liegt eine unmittelbare Diskriminierung vor, wenn eine (individuelle) Person wegen eines in Art. 1 genannten Merkmals („Grundes") eine weniger günstige Behandlung erfährt, als eine andere Person in einer vergleichbaren Situation erfährt, erfahren hat oder erfahren würde. Der Tatbestand der unmittelbaren Diskriminierung besteht somit – soweit er in Art. 2 II lit. a geregelt ist – aus den **Merkmalen** 1. Benachteiligung einer Person, die von Art. 1 geschützt wird, 2. gegenüber einer anderen Person, die sich in einer vergleichbaren Lage befindet, 3. gerade wegen dieses Kriteriums.

12 Der EuGH hatte in den zurückliegenden Jahren vielfach Gelegenheit, sich mit dem Verbot der unmittelbaren Diskriminierung gem. Art. 2 I, II lit. a zu befassen (s. etwa EuGH 22.11.2005 – C-144/04 Rn. 57 – Mangold, NJW 2005, 3695; 16.10.2007 – C-441/05 Rn. 51 – Palacios de la Villa, NZA 2007, 1219 = EzA RL 2000/78/EG-Vertrag 1999 Nr. 3 mit Anm. *Mohr;* 1.4.2008 – C-267/06 Rn. 69 ff. – Maruko, NZA 2008, 459; 17.7.2008 – C-303/06 Rn. 45 – Coleman, EuZW 2008, 497; 5.3.2009 – C-388/07 Rn. 33 – Age Concern England, NZA 2009, 305; 18.6.2009 – C-88/08 Rn. 38 – Hütter, NZA 2009, 891; 12.1.2010 – C-341/08 Rn. 34 – Petersen, EuZW 2010, 137; 12.1.2010 – C-229/08 Rn. 28 – Wolf, EuZW 2010, 142; 19.1.2010 – C-555/07 Rn. 28 – Kücükdeveci, NJW 2010, 427; 12.10.2010 – 499/08 Rn. 22 – Andersen, NZA 2010, 1341; 12.10.2010 – C-45/09 Rn. 37 – Rosenbladt, NZA 2010, 1167; 18.11.2010 – C-250/09 ua Rn. 31 – Georgiev, NJW 2011, 42; 10.5.2011 – C-147/08 Rn. 39 – Römer, NJW 2011, 2187; 21.7.2011 – C-159/10 ua Rn. 34 – Fuchs und Köhler, NVwZ 2011, 1249; 8.9.2011 – C-297/10 ua Rn. 53 – Hennigs und Mai, NZA 2011, 1100; 13.9.2011 – C-447/09 Rn. 42 – Prigge, NJW 2011, 3209; 7.6.2012 – C-132/11 Rn. 27 – Tyrolean Airways, NZA 2012, 742; 6.11.2012 – C-286/12 Rn. 48 – Kommission/Ungarn, EuGRZ 2012, 752; 11.4.2013 – C-335/11 ua Rn. 72 ff. – Ring, NZA 2013, 553; 25.4.2013 – C-81/12 Rn. 40 – Asociatia ACCEPT, NZA 2013, 891; 26.9.2013 – C-476/11 Rn. 34 – Kristensen, EuZW 2013, 951; 12.12.2013 – C-267/21 Rn. 30 – Hay, NZA 2014, 153; 18.12.2014 – C-343/13 Rn. 51 – Kaltoft, NZA 2015, 33; 28.1.2015 – C-417/13 Rn. 23 – Starjakob, NZA 2015, 217; 26.2.2015 – C-525/13 Rn. 14 – Landin, NZA 2015, 473).

13 Knüpft der Benachteiligende unmittelbar an ein Merkmal gem. Art. 1 an, so ergibt sich zwangsläufig eine **homogene Gruppenbildung,** da in der begünstigten Gruppe nur Nichtmerkmalsträger und in der benachteiligten Gruppe ausschließlich Merkmalsträger vorhanden sind (*Rupp* RdA 2009, 307 [308]; *Adomeit/Mohr* AGG § 3 Rn. 69 f.). Selbst wenn eine Person ihrer Entscheidung keine allg. Regel zugrunde legt, sondern eine Einzelfallentscheidung trifft, muss dies somit zu einer homogenen Gruppenbildung führen, sofern man das Differenzierungskriterium als allg. Regel formuliert. Trifft etwa ein Arbeitgeber eine Einzelfallentscheidung dahingehend, dass er eine Person nicht einstellt, weil diese behindert ist, würden bei Anwendung der entsprechenden Regel „keine Einstellung von behinderten Menschen" homogene Gruppen von Personen mit dem Merkmal Behinderung und ohne dieses entstehen. In rechtstechnischer Hinsicht bildet die Homogenität der Gruppen damit den zentralen Unterschied zwischen der unmittelbaren Diskriminierung gem. Art. 2 II lit. a und der mittelbaren Diskriminierung gem. Art. 2 II lit. b. Mittelbare Diskriminierungen sind – wie noch zu zeigen ist → Rn 36 – merkmalsneutral, wirken sich jedoch im Ergebnis überwiegend, wenn auch nicht notwendig ausschließlich zu Lasten der geschützten Personen aus. Das Anknüpfen an ein neutrales Merkmal führt hier also dazu, dass sich eine ungleiche Verteilung von Personen ergibt, die sich hinsichtlich eines geschützten Merkmals unterscheiden. Im Gegensatz zur unmittelbaren Diskriminierung muss in den Konstellationen der mittelbaren Diskriminierung aber theoretisch die Möglichkeit bestehen, dass von der benachteiligenden Maßnahme sowohl Personen der einen wie der anderen

Gruppe erfasst werden. Eine mittelbare Diskriminierung kann daher anders als eine unmittelbare nicht in einer konkreten Einzelmaßnahme, sondern nur in der Anwendung einer allg. Regel bzw. eines verallgemeinerungsfähigen Kriteriums liegen. Im Hinblick auf die Abgrenzung zwischen unmittelbaren und mittelbaren Diskriminierungen gilt es damit zu beachten, dass eine homogene Gruppenbildung zwar eine zwangsläufige Folge einer unmittelbaren Benachteiligung ist, diese jedoch nicht allein mit Blick auf die Homogenität der gebildeten Gruppen identifiziert werden kann, da dieser Umstand auch auf zufälligen Gegebenheiten beruhen kann. Erst wenn die zur Gruppenbildung führende allg. Regel erkannt und es nach dieser Regel denklogisch unmöglich ist, dass Merkmalsträger sowohl bei der Gruppe der Begünstigten als auch bei der Gruppe der Benachteiligten vertreten sind, liegt eine unmittelbare Diskriminierung vor (*Rupp* RdA 2009, 307 [308]).

Eine unmittelbare Diskriminierung iSd Art. 2 I, II lit. a indiziert grds. die **Rechtswidrigkeit** der Verhaltensweise. Die weniger günstige Behandlung kann jedoch nach den „Ausnahmevorschriften" der Art. 4–7 zulässig sein (EuGH 12.1.2010 – C-229/08 Rn. 30 – Wolf, EuZW 2010, 142, zu Art. 4 I und Art. 6 I). Darüber hinaus interpretiert der EuGH auch Art. 2 V als **Rechtfertigungsvorschrift** (EuGH 21.1.2010 – C-341/08 Rn. 44 – Petersen, EuZW 2010, 137; 13.9.2011 – C-447/09 Rn. 54 – Prigge, NJW 2011, 3209). Eine über diese Regelungen hinausgehende Rechtfertigung aus sachlichen Gründen ist bei der unmittelbaren Diskriminierung – anders als bei der mittelbaren Diskriminierung gem. Art. 2 II lit. b – nicht zulässig (EuGH 12.12.2013 – C-267/12 Rn. 45 – Hay, NZA 2014, 153; aus dem Schrifttum s. *Schmidt/Senne* RdA 2002, 80 [85 Fn. 54]; **aA** BAG 18.11.2003 NZA 2005, 870 [872]; *Wernsmann* JZ 2005, 224 [227 ff.]; *Hanau* ZIP 2006, 2189 [2194]). Gleichsam spiegelbildlich sind die Art. 4 ff. auf mittelbare Diskriminierungen nicht anzuwenden, da dort bei Vorliegen eines anerkennenswerten Sachgrunds bereits der Tatbestand entfällt, weshalb es keiner Rechtfertigung mehr bedarf (EuGH 5.3.2009 – C-388/07 Rn. 66. – Age Concern England, NZA 2009, 305; BAG 18.8.2009 NZA 2010, 222 Rn. 31). Von der Rechtfertigung zu unterscheiden ist die Beweislast gem. Art. 10 I. Hiernach steht es dem Beklagten grds. offen, das Vorliegen einer Benachteiligung gerade wegen eines geschützten Merkmals durch sachliche Gründe zu widerlegen (EuGH 25.4.2013 – C-81/12 Rn. 58 – Associatia ACCEPT, NZA 2013, 891; einschränkend BAG 26.6.2014 BeckRS 2014, 73097 Rn. 37; → Art. 10 Rn. 15). **14**

II. Weniger günstige Behandlung

Eine unmittelbare Diskriminierung setzt nach Art. 2 I, II lit. a voraus, dass eine von Art. 1 geschützte Person gegenüber einer anderen (realen oder fiktiven) Person, die kein derartiges Merkmal verwirklicht, **weniger günstig behandelt,** also **benachteiligt** worden ist. Das Unionsrecht enthält keine Vorgaben, wann eine Maßnahme als „weniger günstig" (dh als nachteilig), als neutral oder sogar als vorteilhaft einzustufen ist. Nach dem EuGH ist der Tatbestand einer Benachteiligung erfüllt, „wenn unterschiedliche Vorschriften auf gleiche Sachverhalte angewandt werden" oder wenn dieselbe „Vorschrift auf ungleiche Sachverhalte angewandt wird" (EuGH 13.2.1996 – C-342/93 Rn. 16 – Gillespie, EAS Art. 119 EGV Nr. 38). Das Merkmal der Benachteiligung hängt somit untrennbar mit demjenigen der vergleichbaren Situation zusammen; denn wenn sich zwei Personen in einer vergleichbaren Situation befinden, liegt eine relevante Benachteiligung bereits dann vor, wenn eine Person wegen eines in Art. 1 benannten Merkmals anders behandelt wird. Im Ergebnis verwendet der EuGH das Verbot von unmittelbaren Diskriminierungen somit formal als **Anknüpfungsverbot** (EuGH 6.11.2012 – C-286/12 Rn. 48 ff. – Kommission/Ungarn, BeckRS 2012, 82346). Nach **aA** ist das Vorliegen einer Benachteiligung **wertend** aus der Sicht eines verständigen Dritten zu ermitteln (vgl. zum Merkmal Alter BAG 25.2.2010 NZA 2010, 561 Rn. 33). Die subjektive Einschätzung einzelner Personen soll demgegenüber nicht relevant sein (BAG 17.12.2009 NZA 2010, 273 Rn. 31). **15**

16 Eine Benachteiligung ist nicht gleichzusetzen mit einem **Vermögensschaden**. Letzterer wird erst bei den Rechtsfolgen einer Diskriminierung relevant, namentlich bei einem Anspruch auf Ersatz des materiellen Schadens gem. § 15 I AGG, § 251 BGB (BAG 19.8.2010 NZA 2011, 200 Rn. 18). Vor diesem Hintergrund kann ein Nachteil im Rahmen personeller Einzelmaßnahmen bereits darin liegen, dass eine Person nicht zu einem **Bewerbungsgespräch** eingeladen wird (BAG 19.8.2010 NZA 2011, 200 Rn. 23 ff.) und ihr dadurch die **Chance auf Einstellung** genommen wird (BVerfG 16.11.1993 NJW 1994, 647; BAG 28.5.2009 NZA 2009, 1016 Rn. 31; 21.7.2009 NZA 2009, 1087 Rn. 42; 19.8.2010 NZA 2010, 1412 Rn. 51; 17.8.2010 NZA 2011, 153 Rn. 29; 18.3.2010 NZA 2010, 872 Rn. 20). Im Unionsrecht folgt die Erstreckung des Diskriminierungsverbots auf das Auswahlverfahren aus Art. 3 I lit a, wonach die Richtlinie „für alle Personen in öffentlichen und privaten Bereichen, einschließlich öffentlicher Stellen, in Bezug auf die Bedingungen – einschließlich Auswahlkriterien und Einstellungsbedingungen – für den Zugang zu unselbstständiger und selbstständiger Erwerbstätigkeit, unabhängig von Tätigkeitsfeld und beruflicher Position" gilt (EuGH 12.1.2010 – C-229/08 Rn. 26 – Wolf, EuZW 2010, 142). Demgemäß können öffentliche Äußerungen eines Arbeitgebers, er werde keine Arbeitnehmer mit einem geschützten Merkmal einstellen, die Vermutung einer unmittelbaren Diskriminierung iSd Art. 10 I begründen, da solche Äußerungen bestimmte Bewerber ernsthaft davon abhalten können, ihre Bewerbungen einzureichen, und damit ihren Zugang zum Arbeitsmarkt behindern (EuGH 10.7.2008 – C-54/07 Rn. 28 – Feryn, NJW 2008, 2767). Auf eine Benachteiligungsabsicht kommt es nach der Rechtsprechung nicht an. Es reicht vielmehr aus, wenn vom Arbeitgeber unterlassene Maßnahmen objektiv geeignet sind, einem Bewerber keine oder schlechtere Chancen einzuräumen (BAG 17.8.2010 NZA 2011, 153 Rn. 31). Da eine Benachteiligung im Bewerbungsverfahren bereits in der unterbliebenen Einladung zu einem Vorstellungsgespräch liegen kann, kommt es auch nicht darauf an, ob der Arbeitgeber nach Abschluss des Verfahrens **einen der Bewerber einstellt**; ansonsten hätte er es in der Hand, durch eine geeignete Verfahrensgestaltung, etwa das vorläufige Absehen von einer Stellenbesetzung, die Chancen von geschützten Bewerbern so zu mindern, dass seine Entscheidung praktisch unangreifbar wird (BAG 23.8.2012 NZA 2013, 37 Rn. 23).

17 Problematisch sind Fallgestaltungen, in denen ein **Nachteil** durch einen anderweitigen **Vorteil kompensiert** wird. Der EuGH hat die erleichterte Befristung von Arbeitsverhältnissen mit Arbeitnehmern über 52 Jahren als nachteilig angesehen, da die Befristungserleichterung den arbeitsrechtlichen Schutz verringere (EuGH 22.11.2005 – C-144/04 Rn. 57 – Mangold, NJW 2005, 3695, 3697; ebenso *Schlachter*, GS Blomeyer, 2003, 355 [365]). Eine derartige Sichtweise lässt außer Acht, dass durch eine Reduzierung des arbeitsrechtlichen Schutzes neue Beschäftigungsmöglichkeiten geschaffen werden können (*Mohr* ZfA 2006, 547 ff.). Der unmittelbare Nachteil kann also durch einen anderen Vorteil kompensiert werden. Nach überzeugender Ansicht ist deshalb eine **wertende Gesamtbetrachtung** anzustellen, ob der Vorteil in einem angemessenen Verhältnis zum Nachteil steht (*Adomeit/Mohr* AGG § 3 Rn. 30). In einer jüngeren Entscheidung zum Verbot von (mittelbaren) Diskriminierungen wegen einer Behinderung hat sich der EuGH einer solchen Sichtweise jedenfalls angenähert, indem er im Gegensatz zum *Mangold*-Urteil eine „Einstellungsförderung durch Schutzniveauabsenkung" (so *Franzen* EuZA 2014, 285 [294]) als zulässige Maßnahme iSd Art. 5 anerkannt hat (EuGH 11.4.2013 – C-335/11 ua Rn. 82 – Ring, NZA 2013, 553). Ob er eine derartige Rechtfertigung auch bei der unmittelbaren Diskriminierung zulassen wird, ist zweifelhaft (ebenso *Franzen* EuZA 2014, 285 [295]).

18 Die Notwendigkeit einer **materiell-wertenden Feststellung der Benachteiligung** zeigt sich besonders deutlich im Bewerbungsverfahren, wenn ein Bewerber – bei gegebener objektiver Vergleichbarkeit mit anderen Bewerbern – **subjektiv nicht an der ausgeschriebenen Tätigkeit interessiert** ist, sondern es nach den Umständen allein auf eine Geldzahlung wegen vermeintlicher Diskriminierung abgesehen hat (BAG 21.7.2009 NZA 2009, 1087 Rn. 50). Das Phänomen wird in Deutschland verstärkt seit der zum Diskriminierungsverbot wegen des Geschlechts ergangenen Entscheidung des EuGH *Draempaehl* diskutiert (EuGH 22.4.1997 – C-180/95 – Draempaehl, NJW 1997, 1839; **aA** *Adomeit* NJW 1997, 2295 f.). In einem solchen Fall wird ein Bewerber bei materiell-wertender Betrachtung nicht benachteiligt (BAG 12.11.1998 NZA 1999, 371 [373]). Es scheidet mithin schon der Tatbestand des Art. 2 II lit. a aus. Sofern man – wie der EuGH – das Merkmal der Benachteiligung formal („objektiv") versteht, also lediglich prüft, ob eine geschützte Person eine Leistung nicht erhält, die eine andere (objektiv vergleichbare Person) erhält, bzw. anders als die vergleichbare Person nachteilig behandelt wird, ist ein Anspruch auf Schadensersatz oder Entschädigung jedenfalls wegen eines – dann allerdings vom Arbeitgeber nachzuweisenden – **Rechtsmissbrauchs** abzulehnen. Auch nach dem EuGH ist eine betrügerische oder missbräuchliche Berufung auf die Rechtsvorschriften der Europäischen Union nicht erlaubt (EuGH 21.2.2006 – C-255/02 Rn. 68 – Halifax, DStR 2006, 420; 13.3.2014 – C-155/13 Rn. 29 – SICES, BeckRS 2014, 80525; 17.7.2014 – C-58/13, C-59/13 Rn. 42 – Torresi, NJW 2014, 2849). Dieser Grundsatz gilt auch im Recht gegen Diskriminierungen (EuGH 28.1.2015 – C-417/13 Rn. 51 ff. – Starjakob, NZA 2015, 317). Da die innere Befindlichkeit eines Bewerbers in der Praxis nur schwer nachzuweisen ist, behilft sich die Praxis in Deutschland unionsrechtskonform mit Hilfstatsachen (*Windel* RdA 2011, 193 [194]; *Diller* BB 2006, 1968 [1969]; *Walker* NZA 2009, 5 [6]). Als Grundsatz gilt, dass ein subjektiv ernsthafter Bewerber in seiner Bewerbung alles tun wird, um ein positives Bild von seiner Person und seinen tätigkeitsbezogenen Fähigkeiten abzugeben (LAG Bln 30.3.2006 NZA-RR 2006, 513 [514]). Aus diesem Grunde sind Indizien für das Fehlen einer subjektiv ernsthaften Bewerbung darin zu sehen, wenn eine Bewerbung diesen Merkmalen in einer Weise nicht entspricht, die nicht nur auf Ungeschicklichkeit oder Unfähigkeit des Bewerbers oder der Bewerberin bei der Abfassung der Bewerbung schließen lassen (LAG Bln 30.3.2006 NZA-RR 2006, 513 [514]).

Eine Benachteiligung setzt nach dem Wortsinn ein **aktives Tun** voraus. Sie kann nach dem EuGH aber auch durch ein **Unterlassen** erfolgen, wenn ein Arbeitgeber ein befristetes Arbeitsverhältnis allein wegen eines geschützten Merkmals nicht verlängert (EuGH 4.10.2001 – C – 438/99 Rn. 46 – Jiménez Melgar, NZA 2001, 1243, wonach die Nichterneuerung eines befristeten Vertrages unter bestimmten Umständen als Einstellungsverweigerung angesehen werden könne; so auch BAG 21.6.2012 NZA 2012, 1345 Rn. 25; 20.6.2013 NZA 2014, 21 Rn. 34; 25.6.2014 NZA 2014, 1209). Demgegenüber besteht keine generelle **Handlungspflicht** des Arbeitgebers **aus Ingerenz** (*Bauer/Krieger* AGG § 3 Rn. 9). Es stellt deshalb keine relevante Benachteiligung dar, wenn der Arbeitgeber einer Frau kündigt und nach späterer Kenntnis von einer Schwangerschaft an der Kündigung festhält (s. zu § 22 AGG BAG 17.10.2013 NZA 2014, 303 Rn. 26 ff.). 19

III. Vergleichbare Situation

Eine unmittelbare Diskriminierung gem. Art. 2 II lit. a setzt voraus, dass sich der weniger günstig behandelte Anspruchsteller in **einer identischen oder jedenfalls in einer vergleichbaren Lage** befindet (EuGH 1.4.2008 – C-267/06 Rn. 67 ff. – Maruko, NZA 2008, 459; 10.5.2011 – C-147/08 Rn. 42 – Römer, NZA 2011, 557; 12.12.2013 – C-267/12 Rn. 32 ff. – Hay, NZA 2013, 153; 9.12.2004 – C-19/02 – Hlozek, BB 2005, 273; *Franzen* EuZA 2008, 1 [5]). Der Ausdruck „**vergleichbare Situation**" bildet den **Oberbegriff** zu demjenigen der „gleichen oder gleichwertigen Arbeit", wie er beim Verbot von Diskriminierungen wegen des Entgelts gem. Art. 157 I AEUV zum Tragen kommt (*Mohr* Diskriminierungen 228 ff.). 20

Gem. Art. 10 I muss ein Anspruchsteller **substantiiert und unter Beweisantritt vortragen,** dass er gegenüber einer anderen Person benachteiligt worden ist, die sich in einer vergleichbaren Situation befindet (EuGH 10.5.2011 – C-147/08 Rn. 41 – Römer, NZA 2011, 557; 1.4.2008 – C-267/06 Rn. 72 f. – Maruko, NZA 2008, 459; zur RL 76/2007/EWG so auch EuGH 18.11.2010 – C-356/09 Rn. 29 – Kleist, NZA 2010, 1401). Die 21

Vergleichbarkeit ist von den nationalen Gerichten nicht allg. und abstrakt, sondern spezifisch und konkret im Einzelfall anhand des Zwecks und der Voraussetzungen für die Gewährung der jeweiligen Leistung festzustellen (EuGH 10.5.2011 – C-147/08 Rn. 52 – Römer, NZA 2011, 557; EuGH 1.4.2008 – C-267/06 Rn. 73 – Maruko, NZA 2008, 459; so auch BAG 7.6.2011 NZA 2011, 1370 Rn. 29). Ob verschiedene Tätigkeiten vergleichbar sind, wird in den Mitgliedstaaten unterschiedlich beurteilt (Nachweise bei Calliess/Ruffert/*Krebber* AEUV Art. 157 Rn. 55). Aus diesem Grunde gibt der EuGH den nationalen Gerichten zuweilen die Prüfung besonderer Gegebenheiten eines Falles auf (EuGH 26.6.2001 – C-381/99 Rn. 50 – Brunnhofer, NZA 2001, 883). Eine vergleichbare Situation kann auch dann gegeben sein, wenn mit Blick auf die in Rede stehende Leistung wie beim Mutterschaftsurlaub nicht die **Arbeitsleistung,** sondern nur die **persönliche Situation** der Betroffenen verglichen werden kann (EuGH 13.2.1996 – C-342/93 Rn. 15 ff. – Gillespie, EAS Art. 119 EGV Nr. 38; 13.7.1989 – C-171/88 Rn. 7 ff. – Rinner-Kühn, EAS Art. 119 EGV Nr. 16; 19.11.1998 – C-66/96 Rn. 28 ff. – Pedersen, NZA 1999, 757, 759; 16.9.1999 – C-218/98 Rn. 17 ff. – Abdoulaye, EAS Art. 119 EGV Nr. 53; 21.10.1999 – C-333/97 Rn. 25 ff. – Lewen, EzA Art. 119 EWG-Vertrag Nr. 57). Dasselbe gilt im Vergleich von eingetragenen Lebenspartnern zu Ehegatten mit Blick auf die rechtliche Behandlung dieser Rechtsinstitute im nationalen Recht (EuGH 10.5.2011 – C-147/08 Rn. 42 ff. – Römer, NZA 2011, 557; 1.4.2008 – C-267/06 Rn. 67 ff. – Maruko, NZA 2008, 459). Hiernach „ist der Vergleich der Situationen auf eine Analyse zu stützen, die sich auf die Rechte und Pflichten verheirateter Personen und eingetragener Lebenspartner, wie sie sich aus den anwendbaren innerstaatlichen Bestimmungen ergeben, konzentriert, die unter Berücksichtigung des Zwecks und der Voraussetzungen für die Gewährung der im Ausgangsverfahren fraglichen Leistung relevant sind, und darf nicht in der Prüfung bestehen, ob die eingetragene Lebenspartnerschaft der Ehe im nationalen Recht allgemein und umfassend rechtlich gleichgestellt ist" (EuGH 10.5.2011 – C-147/08 Rn. 43 – Römer, NZA 2011, 557).

22   Nach dem Wortlaut des Art. 2 II lit. a muss der Vergleich zunächst auf die **gegenwärtige Situation** abstellen („erfährt"). Ist ein Vergleich mit einer anderen Person aktuell nicht möglich, kann der Anspruchsteller die Vergleichsprüfung auf in der **Vergangenheit** liegende Sachverhalte erstrecken („erfahren hat"). Besondere dogmatische Herausforderungen bereitet die Feststellung einer „weniger günstigen" Behandlung dann, wenn es an der Besserstellung einer anderen Person in Gegenwart oder Vergangenheit fehlt (vgl. BAG 7.6.2011 NZA 2011, 1370). In diesem Fall ist ausnahmsweise ein **hypothetischer Vergleich** zulässig („erfahren würde"), wobei gem. Art. 10 I strenge Voraussetzungen an die Darlegungs- und Beweislast zu stellen sind (*Diller/Krieger/Arnold* NZA 2006, 887 [891]). Der EuGH sieht einen derart fiktiven Vergleich etwa dann als zulässig an, wenn das einer Benachteiligung zugrunde liegende Merkmal nur bei dem diskriminierten Arbeitnehmer, nicht jedoch bei der Vergleichsperson vorliegen kann (EuGH 14.7.1994 – C-32/93 – Webb, DB 1994, 1522, zur Diskriminierung wegen der Schwangerschaft). Im Anwendungsbereich der RL 2000/78/EG ist eine derartige Situation insbesondere beim Merkmal der Behinderung denkbar, da dieses – anders als die Merkmale Religion, Weltanschauung, Alter und sexuelle Ausrichtung – nicht alle Menschen, sondern nur bestimmte Personen schützt. Auch beim Verbot von Altersdiskriminierungen wird zuweilen die Zulässigkeit eines hypothetischen Vergleichs erwogen (*Kuras* RdA Sonderbeil. 5/2003, 11 [13]).

23   Entscheidend für die Beurteilung einer vergleichbaren Situation ist der **maßgebliche Anknüpfungspunkt;** denn das Ergebnis eines Vergleichs ändert sich mit der Wahl des Gesichtspunkts, unter dem der Vergleich durchgeführt wird. Der anzuwendende Vergleichsmaßstab ergibt sich aus dem Sinn und Zweck der die Differenzierung enthaltenden Regelung (*Rupp* RdA 2009, 307). So bedeutet das Anknüpfen an die Rentenberechtigung für den Ausschluss von Arbeitgeberleistungen mangels einer vergleichbaren Situation der Betroffenen keine Benachteiligung gerade wegen des Geschlechts, sondern wird mit Blick auf dieses Merkmal quasi zu einem neutralen Kriterium (EuGH 9.11.1993 – C-132/92 Rn. 17 – Birds Eye Walls, Slg. 1993 I-5579; EuGH 9.12.2004 – C-19/02 – Hlozek, BB 2005, 273).

Etwas anderes kann für eine Diskriminierung wegen des Alters gelten (vgl. EuGH 6.12.2012 – C-152/11 – Odar, NZA 2012, 1435).

Im Rahmen von **Bewerbungsverfahren** gilt es zu beachten, dass der Arbeitgeber grds. **24** frei über den der Stelle zugeordneten Aufgabenbereich und die dafür geforderten Qualifikationen des Stelleninhabers entscheiden darf (Art. 16 GRC; dazu *Mohr* ZHR 178, 2014, 326 [358]). Anforderungsprofile und Stellenanzeigen können deshalb gerichtlich nur daraufhin überprüft werden, ob der Arbeitgeber die Vergleichbarkeit der Situation willkürlich gestaltet und dadurch den Schutz vor Diskriminierungen beseitigt, indem die Anforderungen „unter keinem nachvollziehbaren Gesichtspunkt gedeckt sind" (BAG 22.7.2010 NZA 2011, 93 Rn. 55; 7.4.2011, NZA-RR 2011, 494 Rn. 38; *Windel* RdA 2011, 193 [194]). Unionsrechtlich ist in einem solchen Fall das Rechtsmissbrauchsverbot einschlägig (EuGH 21.2.2006 – C-255/02 Rn. 68 – Halifax, DStR 2006, 420; 13.3.2014 – C-155/13 Rn. 29 – SICES, BeckRS 2014, 80525; 17.7.2014 – C-58/13, C-59/13 Rn. 42 – Torresi, NJW 2014, 2849). Die objektive Eignung ist nicht gleichzusetzen mit der individuellen fachlichen und persönlichen Qualifikation des Bewerbers, die erst als Kriterium der Auswahlentscheidung auf der Ebene des Zurechnungszusammenhangs zwischen Benachteiligung und dem geschützten Merkmal eine Rolle spielt (EuGH 22.4.1997 – C-180/95 Rn. 32 ff. – Draempaehl, NJW 1997, 1839; BAG 18.3.2010 NZA 2010, 872 Rn. 22; 17.12.2009 NZA 2010, 383).

Besonderheiten ergeben sich beim Verbot der **Entgeltdiskriminierung** gem. Art. 2 II **25** lit. a iVm Art. 3 I lit. c. So lässt sich eine „Angleichung nach oben" (EuGH 8.4.1976 – C-43/75 Rn. 14/15 – Defrenne II, EAS Art. 119 EGV Nr. 2; EuGH 28.9.1994 – C-28/93 Rn. 15 – Van den Akker, EAS Art. 119 EGV Nr. 31), also eine Ergebnisgleichheit als **Rechtsfolge eines Verstoßes gegen das Diskriminierungsverbot** allein durch einen Vergleich von zwei gegebenen Zuständen herstellen. Notwendig ist mit anderen Worten ein „gültiges Bezugssystem" (→ Art. 17 Rn. 8). Die Rechtsfolge eines Verstoßes gegen das Diskriminierungsverbot ist insoweit also relativer Natur, da sie an das Entgelt eines Arbeitnehmers anknüpft, der gleiche bzw. gleichwertige Arbeit leistet. Ein **hypothetischer Vergleich** ist hier also nicht möglich (*Adomeit/Mohr* AGG § 3 Rn. 34). Diskriminierte Arbeitnehmer können vielmehr nur dasjenige Entgelt verlangen, das die relevanten Vergleichspersonen erhalten (EuGH 7.2.1991 – C-184/89 Rn. 18 – Nimz, NVwZ 1991, 461). Nach der Rechtsprechung des EuGH sind die **Entgeltbestandteile** separat auf ihre Vereinbarkeit mit den unionsrechtlichen Diskriminierungsverboten zu überprüfen (EuGH 17.5.1990 – C-262/88 Rn. 34 – Barber, NZA 1990, 775; 26.6.2001 – C-381/99 Rn. 35 – Brunnhofer, NZA 2001, 883). Gegen eine derartige Einzelkontrolle spricht freilich, dass diese nicht aus Gründen des materiellen Rechts, sondern nur um einer verbesserten Überprüfbarkeit willen durchgeführt wird (*Lieb* ZfA 1996, 319 [328]). Sachlich angemessen ist vielmehr ein Gesamtvergleich (*Gamillscheg* Arbeitsrecht I, 80 f.).

IV. Benachteiligung wegen eines geschützten Merkmals

Art. 2 I, II lit. a untersagt nicht jede weniger günstige Behandlung (Benachteiligung), **26** sondern nur eine solche, die **wegen** eines der in Art. 1 genannten Merkmale („Gründe") erfolgt. Dies ist nach der Rechtsprechung dann der Fall, wenn die benachteiligende Regelung oder Maßnahme unmittelbar mit einem geschützten Merkmal **begründet wird oder daran anknüpft** (EuGH 6.11.2012 – C-286/12 Rn. 48 ff. – Kommission/Ungarn, BeckRS 2012, 82346; BAG 21.6.2012 NZA 2012, 1345 Rn. 25, unter Verweis auf EuGH 4.10.2001 – C-438/99 – Jiménez Melgar, NZA 2001, 1243). Nach einer anderen Formulierung liegt eine unmittelbare Diskriminierung vor, wenn die Regelung oder Maßnahme eine **Ungleichbehandlung bewirkt, die auf dem geschützten Merkmal beruht** (EuGH 19.1.2010 – C-555/07 Rn. 31 – Kücükdeveci, NZA 2010, 85). Ob die Anknüpfung an das geschützte Merkmal offen oder verdeckt erfolgt, ist unerheblich (BAG 21.6.2012 NZA 2012, 1345 Rn. 25; → Rn. 7). Tatbestandsmäßig ist hiernach sowohl das

Bezwecken als auch das **Bewirken** einer Diskriminierung. Ob diese Tatbestandsvoraussetzungen erfüllt sind, bestimmt sich nach dem Telos der Diskriminierungsverbote, die Persönlichkeit und die Menschenwürde der von Art. 1 erfassten Personen zu schützen, da diese Personen nach Ansicht des Gesetzgebers im Arbeits- und Berufsleben besonderen Gefährdungen ausgesetzt sind (s. zur vergleichbaren Problematik bei Art. 101 I AEUV *Mohr* ZWeR 2015, 1 ff.).

27 Die Interpretation des Tatbestandsmerkmals „wegen" steht außerdem in engem Zusammenhang mit der **Beweislastregelung des Art. 10 I**. Die dort geregelte Umkehr der Darlegungs- und Beweislast betrifft die Verknüpfung zwischen einem benachteiligenden Verhalten und den in Art. 1 genannten Merkmalen (BAG 20.5.2010 NZA 2010, 1006 Rn. 15). Darüber hinaus ist im Blick zu behalten, dass die nationalen Rechtsfolgen eines Verstoßes gegen die unionsrechtlich geforderten Diskriminierungsverbote gem. Art. 16 f. zwischen verschuldensunabhängigen Beseitigungs- und Unterlassungsansprüchen (vgl. § 1004 BGB) und Ansprüchen auf Schadensersatz und Entschädigung in Geld differenzieren können (BAG 14.11.2013 NZA 2014, 489 Rn. 38 ff.). Auch wenn man die Ansicht vertritt, dass eine Diskriminierung jedenfalls bei der Begründung eines Arbeitsverhältnisses ein subjektives Moment erfordert, ist es also nicht ausgeschlossen, als Rechtsfolge der erwiesenen Diskriminierung verschuldensunabhängige Ansprüche zu gewähren (so die zentrale Forderung von EuGH 22.4.1997 – C-180/95 Rn. 17 ff. – Draempaehl, NJW 1997, 1839). Demgegenüber darf die Haftung des Arbeitgebers nach Ansicht des EuGH insgesamt weder vom **Fehlen eines Rechtfertigungsgrunds** noch von einem **Verschulden** abhängig gemacht werden (EuGH 8.1.1990 – C-177/88 Rn. 22 ff. – Dekker, NJW 1991, 628; dazu *Mohr* Diskriminierungen 113; so auch EuGH 22.4.1997 – C-180/95 Rn. 17 ff. – Draempaehl, NJW 1997, 1839). In der Entscheidung *Dekker* war der EuGH von einem niederländischen Gericht gefragt worden, ob die Art. 2 und 3 RL 76/207/EWG es ausschlössen, dass ein Schadensersatzanspruch nur dann bestehe, wenn erwiesen sei, dass sich der Arbeitgeber schuldhaft verhalten habe, und feststehe, dass er sich nicht auf einen Rechtfertigungsgrund berufen könne. Der beklagte Arbeitgeber trug vor, dass die Unterscheidung zwischen einem Verschulden und einem eventuellen Fehlen eines Rechtfertigungsgrundes mit dem anzuwendenden nationalen Recht zusammenhänge, das in den beiden Fällen unterschiedliche Rechtsfolgen vorsehe. Der EuGH stellte dazu fest, dass die Richtlinie zwar Ausnahmevorschriften vom allg. Grundsatz der Gleichbehandlung vorsehe (vorliegend: Art. 2 V, Art. 4–7), sie aber „keineswegs" die Haftung des Urhebers einer Diskriminierung davon abhängig mache, dass „ein Verschulden nachgewiesen wird oder kein Rechtfertigungsgrund vorliegt" (EuGH 8.1.1990 – C-177/88 Rn. 22 – Dekker, NJW 1991, 628). Diese Rechtsprechung ist augenscheinlich vom **anglo-amerikanischen Rechtsdenken** geprägt („**strict liability**"), weshalb sie nicht unbesehen auf die Rechtslage in den kontinentaleuropäischem Rechtsdenken verpflichteten Mitgliedstaaten übertragen werden kann. So betont der EuGH zwar, dass die Haftung wegen Diskriminierung nicht von einem Rechtfertigungsgrund abhängig gemacht werden dürfe. Auch bei den von ihm benannten Ausnahmevorschriften, vorliegend also den Art. 4 ff., handelt es sich nach deutscher Dogmatik jedoch um Rechtfertigungsvorschriften. Auch ein Verschulden ist unionsrechtlich nicht irrelevant. Zum einen diskutiert der EuGH die Verknüpfung der Haftung mit einem Verschulden allein in Zusammenhang mit den Rechtsfolgen eines gegebenen Verstoßes gegen das Diskriminierungsverbot und nicht bei der vorgelagerten Frage, ob überhaupt ein solcher vorliegt (EuGH 8.1.1990 – C-177/88 Rn. 23 ff. – Dekker, NJW 1991, 628). Zum anderen erachtet der EuGH das Motiv des Normadressaten bei der Ermittlung einer tatbestandlichen Diskriminierung durchaus als relevant, wenn er dieses etwa zur Abgrenzung von unmittelbaren und mittelbaren Diskriminierungen heranzieht (EuGH 8.1.1990 – C-177/88 Rn. 17 – Dekker, NJW 1991, 628). Es erscheint deshalb nicht überzeugend, wenn pauschal die Ansicht vertreten wird, die Haftung wegen Diskriminierung sei eine „objektive" (so aber *Bauer/Krieger* AGG § 3 Rn. 10; *MHH* AGG § 3 Rn. 9; wie vorliegend *Wank* NZA Sonderbeil. 22/2004, 16 [21]). Auch das BAG differenziert überzeugend zwischen

dem Tatbestand des Diskriminierungsverbots und den Rechtsfolgen eines gegeben Verstoßes. Während Letztere nicht von einem Verschulden abhängig gemacht werden dürfen (BAG 22.1.2009 NZA 2009, 945 Rn. 64, unter Verweis auf die *Dekker*-Entscheidung des EuGH), sei für eine weniger günstige Behandlung" wegen eines geschützten Merkmals ein „Kausalzusammenhang" erforderlich, der gegeben sei, wenn die Benachteiligung an eines der geschützten Merkmale „anknüpft oder dadurch motiviert ist" (3 AK 21.9.2009 Rn. 64, NZA 2009, 945. Auch eine bewirkte Diskriminierung erfüllt mit anderen Worten den Tatbestand, wenn sich aus den Umständen ergibt, dass hierdurch unzulässig in das Persönlichkeitsrecht des Betroffenen eingegriffen wird.

Das BAG sieht eine Benachteiligung schon dann als gegeben an, wenn ein geschütztes 28
Merkmal „Bestandteil eines **Motivbündels**" sei, „das die Entscheidung beeinflusst" habe. Zugleich erhöht das Gericht aber die Anforderungen an die Widerlegung einer Diskriminierung durch den Arbeitgeber; dieser müsse (negativ!) nachweisen, dass das geschützte Merkmal bei seiner Entscheidung überhaupt keine Rolle gespielt habe (BAG 22.1.2009 NZA 2009, 945 Rn. 37, unter Berufung auf BVerfG 16.11.1993, NZA 1994, 745; so auch BAG 13.10.2009 NZA 2010, 327 Rn. 50; 21.7.2009 NZA 2009, 1087 Rn. 44; 26.6.2014 BeckRS 2014, 73097 Rn. 34 u. 41). Trotz der Anknüpfung an das Motiv des Arbeitgebers hält das BAG jedoch formal am Grundsatz fest, dass weder ein schuldhaftes Handeln noch eine Benachteiligungsabsicht erforderlich seien, wenn sich eine Benachteiligung wegen eines geschützten Merkmals anderweitig feststellen lasse (BAG 17.8.2010 NZA 2011, 153 Rn. 31). Den darin liegenden (vermeintlichen) Widerspruch löst das BAG insofern auf, als es die Rechtsprechung zum Motivbündel nicht auf den materiellen Tatbestand des Diskriminierungsverbots, sondern auf die Darlegungs- und Beweislast iSd Art. 10 I bezieht. Hiernach stellt es eine günstigere Beweislastregelung iSd 10 II iVm Erwägungsgrund 28 dar, wenn das nationale Recht ein Motivbündel ausreichen lasse und dem Beklagten im Anschluss den kaum zu erbringenden Negativbeweis auferlege, er habe sich ausschließlich an zulässigen Gesichtspunkten orientiert (BAG 26.6.2014 BeckRS 2014, 73097 Rn. 37). Dies verschärft die Rechtsprechung des EuGH, wonach der Arbeitgeber eine durch ein Motivbündel indizierte Benachteiligung – auch zum Schutz eines homosexuellen Arbeitnehmers vor einem „Outing" – schon durch ein Bündel von Gegenindizien widerlegen kann (EuGH 25.4.2013 – C-81/12 Rn. 58 – Associatia ACCEPT, NZA 2013, 891; zur Kritik → Art. 10 Rn. 15).

Gerade beim **Zugang zur Erwerbstätigkeit** iSd Art. 3 I lit. a kommt dem Motiv des 29
Arbeitgebers eine wichtige Bedeutung zu (vgl. *Adomeit/Mohr* JZ 2009, 183). Diskriminierungen beim Arbeitsentgelt können regelmäßig „objektiv" ermittelt werden, durch einen Vergleich des gezahlten Entgelts an die bevorzugte und die benachteiligte Person, sofern sich Personen nur in einer vergleichbaren Situation befinden. Demgegenüber ist eine Diskriminierung beim Zugang zur Erwerbstätigkeit mit gleicher Sicherheit nur bei abstrakten Zugangsbedingungen feststellbar. Besonders deutliche Beispiele sind der Ausschluss der Frauen vom Wehrdienst (EuGH 26.10.1999 – C-273/97 – Sidar, NZA 2000, 25; 11.1.2000 – C-285/98 – Kreil, NZA 2000, 137) oder das Aufstellen von allg. Höchstaltersgrenzen für eine Tätigkeit (EuGH 13.11.2014 – C-416/13 Rn. 33 – Vital Pérez, NVwZ 2015, 427). Ansonsten ist ein Bewerbungsverfahren nach seiner Struktur gerade auf die Herstellung von Ungleichheit gerichtet, da üblicherweise nur eine Person eingestellt wird, während alle anderen eine Absage erhalten (*Adomeit/Mohr* NZA 2007, 179). Bei einem „gleichheitszentrierten Verständnis" der Diskriminierungsverbote müssen deshalb spezifische Voraussetzungen erfüllt sein, um einen üblichen betrieblichen Vorgang als Diskriminierung erscheinen zu lassen. Objektive Voraussetzung ist, dass der (die) Betroffene im Gegensatz zum Begünstigten zu einer der von Art. 1 geschützten Personengruppen gehört. Zusätzlich ist ein besonderer Zurechnungszusammenhang notwendig, um die zulässige Ungleichbehandlung als unzulässige Diskriminierung einstufen zu können. Dieser wird regelmäßig in einer subjektiven Motivation des Normadressaten liegen, die durch Hilfstatsachen iSd Art. 10 I nachgewiesen werden kann.

30 Die Verknüpfung des Diskriminierungsschutzes mit dem Schutz der individuellen Persönlichkeit zeigt sich besonders deutlich beim **„Alter"** (BAG 25.2.2010 NZA 2010, 561 Rn. 22 ff.; *Mohr* ZHR 178, 2014, 326 [330 ff.]; → Art. 1 Rn. 52). So steht das individuell veränderliche Alter in Beziehung zu unterschiedlichsten individuell verwirklichten und in unterschiedlichen Zusammenhängen auch unterschiedlich bewerteten Eigenschaften, weshalb anders als bei den klassischen Diskriminierungsmerkmalen eine Vielzahl von ökonomisch und rechtlich rationalen und zulässigen Typisierungen denkbar sind (*Mager*, FS Säcker, 2011, 1075 f.). Eine „weniger günstige Behandlung" wegen des Alters gem. Art. 2 II lit. a liegt deshalb nicht bereits dann vor, wenn ein Arbeitnehmer objektiv anders als ein älterer oder jüngerer Arbeitnehmer behandelt wird. Erforderlich ist vielmehr, dass sich die Differenzierung für Personen mit einem bestimmten Alter negativ auswirkt und diese Personen nachgewiesener Maßen in der Persönlichkeit zurücksetzt (*Waltermann* NZA 2005, 1265 [1269]; *Mager*, FS Säcker, 2011, 1075 [1091]; *Nettesheim* EuZW 2013, 48).

31 Art. 2 II lit. a enthält keine Regelung, ob auch **Benachteiligungen wegen eines in der Person eines Dritten vorliegenden geschützten Merkmals** unter das Verbot der unmittelbaren Diskriminierung fallen. Entscheidend ist damit das übergreifende Telos der Diskriminierungsverbote, Benachteiligungen wegen persönlicher Eigenschaften zu verhindern, die einem Menschen grds. unverfügbar und unveränderlich anhaften, und die aus diesem Grunde seine Identität festlegen, ohne damit eine Aussage zu seinem persönlichen Wert und seinen Fähigkeiten in verschiedenen sozialen Zusammenhängen zu treffen (*Mager*, FS Säcker, 2011, 1075). Für das Vorliegen einer unmittelbaren Diskriminierung spricht, dass eine Person nicht aufgrund einer scheinbar neutralen Maßnahme iSd Art. 2 II lit. b benachteiligt, sondern „herausgehoben und angegriffen" wird, gerade weil ein Dritter, mit dem sie in einem Näheverhältnis steht, ein von Art. 1 geschütztes Merkmal aufweist (SA des GA *Maduro* 31.1.2008 – C-303/06 Rn. 20 – Coleman, BeckRS 2008, 70217; ebenso – wenn auch auf der Grundlage eines differenzierenden Verständnisses des Schutzzwecks – *Reich* EuZW 2008, 132 [133]). Das Persönlichkeitsrecht einer Person kann sogar noch stärker als bei einer sie selbst betreffenden Diskriminierung berührt werden, wenn sie wegen eines bei einem Angehörigen vorliegenden Merkmals benachteiligt wird (HaKo-AGG/*Däubler* § 1 Rn. 98). Auch hieran zeigt sich, dass der Diskriminierungsschutz im Kern auf den Schutz der individuellen Persönlichkeit abzielt. Insoweit folgerichtig hat der EuGH entschieden, dass eine Benachteiligung wegen der **Behinderung** gem. Art. 1 keine Schlechterbehandlung einer Person wegen ihrer eigenen Behinderung voraussetzt (EuGH 17.7.2008 – C-303/06 – Coleman, EuZW 2008, 497). Es sei die „praktische Wirksamkeit" der RL 2000/78/EG gefährdet, wenn sich ein Arbeitnehmer nicht auf das Verbot der unmittelbaren Diskriminierung berufen könne, sofern er wegen der Behinderung seines Kindes in einer vergleichbaren Situation eine weniger günstige Behandlung erfahren hat als ein anderer Arbeitnehmer, selbst wenn der klagende Arbeitnehmer selbst nicht behindert ist (EuGH 17.7.2008 – C-303/06 Rn. 50 f. – Coleman, EuZW 2008, 497). Geht man davon aus, dass die Verbote der unmittelbaren und der mittelbaren Diskriminierung demselben Schutzzweck dienen, also der Sicherung der tatsächlich-chancengleichen Selbstbestimmung von Personen, ist die *Coleman*-Entscheidung auf alle anderen unionsrechtlich geschützten Merkmale und unzulässigen Verhaltensweisen zu übertragen (*Bayreuther* NZA 2008, 986 [987]; *Lingscheid* BB 2008, 1963 [1964]; *Lindner* NJW 2008, 2750 [2752]). Etwas anders ist allenfalls denkbar, wenn das Unionsrecht das geschützte Merkmal explizit an die betroffene Person anknüpft, wie dies bei Art. 2 I lit. a RL 2006/54/EG für Diskriminierungen wegen des Geschlechts der Fall zu sein scheint, wonach allein die weniger günstige Behandlungen „einer Person aufgrund ihres Geschlechtes" untersagt ist (so BAG 22.4.2010 NZA 2010, 947). Für die praktische Rechtsanwendung stellt sich die schwierige Frage nach der **Abgrenzung der in den Schutzbereich einbezogenen Dritten** (*Bayreuther* NZA 2008, 986 [987]). Der EuGH bezieht sich in seiner Entscheidung nur auf die Mutter-Kind-Beziehung. Nicht ausreichend ist eine irgend geartete Verbindung zwischen benachteiligter Person und Drittem (**aA** SA des GA *Maduro* 31.1.2008 – C-303/06 Rn. 22 – Coleman, BeckRS 2008, 70217.

In seinem zur RL 2000/43/EG ergangenen Urteil *Feryn* hat der EuGH entschieden, dass **32** in gewissen Konstellationen bereits die **öffentliche Äußerung** eines Arbeitgebers, er werde keine Arbeitnehmer einer bestimmten ethnischen Herkunft einstellen, eine unmittelbare Diskriminierung bei der Einstellung vermuten lasse, da solche Äußerungen bestimmte Bewerber ernsthaft davon abhalten könnten, sich um eine Tätigkeit zu bewerben, und damit ihren Zugang zum Arbeitsmarkt behinderten (EuGH 10.7.2008 – C-54/07 Rn. 25 – Feryn, NJW 2008, 2767). Dies gilt es zu präzisieren: Während sich der Tatbestand des Diskriminierungsverbots aus Art. 2 RL 2000/43/EG bzw. aus Art. 2 ergibt, sind die Vorgaben zum Rechtsschutz gem. Art. 7 I RL 2000/43/EG und Art. 9 I nur als Mindestvorgaben ausgestaltet (Art. 6 I, Art. 8 I), weshalb die Mitgliedstaaten insoweit auch Verbandsklagebefugnisse vorsehen können (EuGH 10.7.2008 – C-54/07 Rn. 26 – Feryn, NJW 2008, 2767). In Abhängigkeit von der Ausgestaltung der Verbandsklagebefugnis können auch öffentliche Äußerungen eine Diskriminierung wegen eines geschützten Merkmals vermuten lassen, selbst wenn sich keine konkret-individuell benachteiligte Person ermitteln lässt. Demgegenüber bewirkt die *Feryn*-Rechtsprechung keine „Vorverlagerung des Diskriminierungsschutzes" auch in individuellen Diskriminierungsprozessen idS, dass eine Diskriminierung gem. Art. 2 I RL 2000/43/EG bzw. Art. 2 I ohne konkret nachgewiesene Benachteiligung wegen des geschützten Merkmals vorliegen kann (zutreffend BAG 19.8.2010 NZA 2011, 200 Rn. 34). In individuellen Rechtsstreitigkeiten können abwertende öffentliche Äußerungen lediglich als Indiz auch für eine konkret-individuelle Diskriminierung iSd Art. 10 I gewertet werden (EuGH 25.4.2013 – C-81/12 Rn. 54 ff. – Asociatia ACCEPT, NZA 2013, 891). In seiner Entscheidung *Asociatia ACCEPT* hat der EuGH diese Rechtsprechung auf das Verbot unmittelbarer Diskriminierungen wegen der sexuellen Ausrichtung gem. Art. 2 II lit. a übertragen (EuGH 25.4.2013 – C-81/12 Rn. 36 – Asociatia ACCEPT, NZA 2013, 891).

Eine Diskriminierung kann sich auch auf sog. **Teilgruppen** beziehen. Hierbei geht es um **33** Merkmale, die nur verbunden mit einem verbotenen Unterscheidungsmerkmal vorkommen, aber nicht zwangsläufig. Im Unterschied zur unmittelbaren Diskriminierung gem. Art. 2 lit. a führt die Gruppenbildung hinsichtlich des geschützten Merkmals hier nicht zur Homogenität der benachteiligten und der begünstigten Gruppe, sondern nur zu einer **Gruppenhomogenität auf Seite der benachteiligten Personen** (*Rupp* RdA 2009, 307 [309]). So bilden sich bei einer Differenzierung nach der **Schwangerschaft** zum einen die Gruppe der Nichtschwangeren, die aus Frauen und Männern bestehen kann, und zum anderen die Gruppe der Schwangeren, die ausschließlich aus Frauen besteht (EuGH 8.1.1990 – C-177/88 Rn. 10 f. – Dekker, NJW 1991, 628). Für eine Einbeziehung in den Tatbestand des Art. 2 II lit. a spricht, dass die direkte Anknüpfung an ein Merkmal nach Art. 1 nicht dadurch entfällt, dass andere Personen mit gleichen Merkmalen nicht benachteiligt werden (*Rupp* RdA 2009, 307 [309]). Anderseits wurde das Verbot der mittelbaren Benachteiligung gem. Art. 2 II lit. b gerade geschaffen, um derartige Konstellationen zu erfassen (*Mohr* Diskriminierungen 283 ff.). Im Ergebnis geht es deshalb um die Wertung, **welcher Rechtfertigungsmaßstab** an Benachteiligungen von Teilgruppen anzulegen ist.

Abgrenzungsschwierigkeiten bestehen schließlich in Fallgruppen, in denen eine Person **34** an ein geschütztes Merkmal und ein weiteres neutrales Merkmal anknüpft. Für das Diskriminierungsverbot wegen des Geschlechts („sex") werden diese Sachverhalte im US-amerikanischen Recht als **„sex-plus discrimination"** bezeichnet und als unmittelbare Diskriminierungen eingestuft (*Schlachter* Gleichberechtigung 149). Die Problematik ist nicht auf Benachteiligungen wegen des Geschlechts beschränkt. So könnten etwa **homosexuelle Menschen** benachteiligt werden, die einen „gay pride"-Anstecker tragen (*Thüsing* AGG Rn. 237). Während eine Anknüpfung allein an das Zusatzmerkmal eine mittelbare Benachteiligung homosexueller Menschen iSd Art. 2 II lit. b bewirken kann, begründet die zusätzliche Verknüpfung mit der Homosexualität eine unmittelbare Benachteiligung nach Art. 2 II lit. a. So sind in der begünstigten Gruppe sowohl homosexuelle (solche, die keinen „gay pride"-Anstecker tragen) als auch heterosexuelle Menschen enthalten, wohingegen in der benachteiligten Gruppe ausschließlich Homosexuelle enthalten sind (*Rupp* RdA 2009, 307 [309]). Wird demgegenüber nicht nach einem verbotenen Merkmal in Zusammenhang mit einem Zusatzmerkmal differenziert, sondern allein nach einem neutralen Merkmal, das jedoch bei einer Gruppe verstärkt auftritt (Differenzierung nach Kinderbetreuung bei unverheirateten/getrennten Personen – derzeit wohl noch mehr Frauen als Männer), kommt nach allg. Grundsätzen allein eine mittelbare Benachteiligung in Betracht, da auf der Seite der Benachteiligten keine homogene Gruppenbildung möglich ist (*Rupp* RdA 2009, 307 [309]).

35 Von einer **intersektionellen Benachteiligung** oder **Schnittmengen-Benachteiligung** wird gesprochen, wenn ebenso wie bei der „sex-plus-Benachteiligung" nicht alle Merkmalsträger nachteilig behandelt werden, sondern nur eine Teilgruppe von ihnen, die wiederum eine zusätzliche Voraussetzung erfüllt, die im Gegensatz zur typischen „sex-plus-Benachteiligung" nicht in irgendeinem, sondern in einem von Art. 1 geschützten Merkmal besteht (*Rupp* RdA 2009, 307 [309 f.]). Als Beispiel ist die Benachteiligung von Frauen mit dunkler Hautfarbe zu benennen. In diesem Fall liegen **zwei unmittelbare Benachteiligungen** vor, die separat zu prüfen sind (s. im deutschen Recht § 4 AGG).

C. Mittelbare Diskriminierung

I. Grundlagen

36 Gem. Art. 2 II lit. b liegt eine mittelbare Diskriminierung vor, wenn **dem Anschein nach neutrale Vorschriften, Kriterien oder Verfahren** Personen mit einer bestimmten Religion oder Weltanschauung, einer bestimmten Behinderung, eines bestimmten Alters oder mit einer bestimmten sexuellen Ausrichtung gegenüber anderen Personen **in besonderer Weise benachteiligen können,** es sei denn: diese Vorschriften, Kriterien oder Verfahren sind **durch ein rechtmäßiges Ziel sachlich gerechtfertigt, und die Mittel sind zur Erreichung dieses Ziels angemessen und erforderlich** (Nr. i), oder der Arbeitgeber oder jede Person oder Organisation, auf die diese Richtlinie Anwendung findet, ist im Falle von Personen mit einer bestimmten Behinderung aufgrund des einzelstaatlichen Rechts verpflichtet, geeignete Maßnahmen entsprechend den in Art. 5 enthaltenen Grundsätzen vorzusehen, um die sich durch diese Vorschrift, dieses Kriterium oder dieses Verfahren ergebenden Nachteile zu beseitigen (Nr. ii). Die Legaldefinition des Art. 2 II lit. b ist somit durch positive und negative Tatbestandsmerkmale gekennzeichnet. Die Unterscheidung wirkt sich insbesondere auf die Nachweislast gem. Art. 10 I aus. In den Worten des BAG kommt es insoweit darauf an, ob die Benachteiligung von Trägern geschützter Merkmale aus dem neutralen Differenzierungskriterium und dieses wiederum aus dem Differenzierungsziel begründet werden kann (BAG 18.9.2014 NZA 2014, 1400 Rn. 23).

37 Eine mittelbare Diskriminierung durch ein von Art. 1 geschütztes Anknüpfungsmerkmal, zB durch das Alter oder die Behinderung einer Person, ist gem. **Art. 10 I** zu vermuten, wenn als Differenzierungskriterium, das die nachteiligen Folgen bewirkt, zwar nicht unmittelbar die Zugehörigkeit zur geschützten Personengruppe dient (zB Personen eines fortgeschrittenen Alters oder mit einer bestimmten Behinderung), aber ein scheinbar neutrales Merkmal, das im Ergebnis überwiegend von Personen mit dem Merkmal verwirklicht wird (s. zur Suche nach Berufsanfängern BAG 18.8.2009 NZA 2010, 222 Rn. 34; zur Anknüpfung an hohe Fehlzeiten EuGH 11.4.2013 – C-335/11 ua Rn. 69 ff. – Ring, NZA 2013, 553). In einem derartigen Fall wird gem. Art. 10 I vermutet, dass gerade die Zugehörigkeit zur Gruppe der Merkmalsträger die maßgebliche Ursache der Benachteiligung war, diese also **„wegen" der Gruppenzugehörigkeit** erfolgt ist (s. zum Geschlecht EuGH 27.10.1993 – C-127/92 Rn. 13 f. – Enderby, NZA 1994, 797; *Kort* RdA 1997, 277 [280]). Anders als bei der unmittelbaren Diskriminierung knüpft eine nachteilige Maßnahme bei der mittelbaren Diskriminierung gem. Art. 2 II lit. b somit nicht direkt an ein

Merkmal iSd Art. 1 an, sondern an scheinbar neutrale Kriterien, die theoretisch auch von nicht geschützten Personen erfüllt werden können, die sich aber im Ergebnis vor allem auf geschützte Personen nachteilig auswirken. Eine mittelbare Diskriminierung kann anders als eine unmittelbare Diskriminierung also nicht in einer konkreten Einzelmaßnahme, sondern nur in der **Anwendung einer allg. Regel oder eines verallgemeinerungsfähigen Kriteriums** liegen (*Rupp* RdA 2009, 307 [308]). Die Vermutungswirkung für eine Benachteiligung wegen eines untersagten Merkmals ist nicht zwingend. Vielmehr kann eine vermutete Diskriminierung durch Sachgründe iSd Art. 2 II lit. a Nr. i widerlegt werden (EuGH 11.4.2013 – C-335/11 ua Rn. 77 ff. – Ring, NZA 2013, 553; BAG 28.1.2010 NZA 2010, 625 Rn. 17 ff.). In diesem Fall scheidet schon der Tatbestand einer mittelbaren Diskriminierung aus, weshalb es insoweit keiner Rechtfertigung gem. den Art. 2 V, Art. 4 bis 7 bedarf (EuGH 5.3.2009 – C-388/07 Rn. 59 – Age Concern England, NZA 2009, 305; präzisierend BAG 18.9.2014 NZA 2014, 1400 Rn. 21; 7.7.2011 NZA 2011, 1412 Rn. 27; 18.8.2009 NZA 2010, 222 Rn. 31). Steht deshalb fest, dass sich eine Regelung oder Maßnahme zwar auf den Merkmalsträger nachteilig auswirkt, aber nicht einmal mittelbar mit dem geschützten Merkmal zusammenhängt, scheidet ein Verstoß gegen Art. 2 II lit. b aus (EuGH 7.6.2012 – C-132/11 Rn. 29 – Tyrolean Airways, NZA 2012, 742).

Anders als zur unmittelbaren Diskriminierung gem. Art. 2 II lit. a gibt es zur mittelbaren **38** Diskriminierung gem. Art. 2 II lit. b nur wenige Judikate des EuGH (s. aber EuGH 5.3.2009 – C-388/07 Rn. 61 ff. – Age Concern England, NZA 2009, 305; 11.4.2013 – C-335/11 ua Rn. 67 ff. – Ring, NZA 2013, 553). Es kann jedoch auf die Rechtsprechung des BAG zum unionsrechtskonform zu interpretierenden Tatbestand gegen mittelbare Diskriminierungen gem. Art. 3 II AGG (BAG 22.4.2010 NZA 2010, 947 mit Bespr. *Adomeit/Mohr* RdA 2011, 102 ff.) sowie auf die **Rechtsprechung zum Verbot von mittelbaren Geschlechtsdiskriminierungen** gem. Art. 157 I, II AEUV und gem. Art. 2 I lit. b RL 2006/54/EG (bzw. zur Vorgängerregelung Art. 2 I RL 76/207/EWG) abgestellt werden. Von den letztgenannten Vorschriften unterscheidet sich Art. 2 II lit. b insbesondere dadurch, dass er in Nr. ii eine spezifische Regelung über die „angemessenen Vorkehrungen" zugunsten behinderter Menschen gem. Art. 5 enthält. Hiernach stellt eine Regelung, die derartige Vorkehrungen vorsieht, um behinderten Arbeitnehmern die chancengleiche Teilhabe am Arbeitsleben zu ermöglichen, keine mittelbare Diskriminierung dar, sondern ist sachlich gerechtfertigt, auch wenn sie überwiegend Personen mit anderen geschützten Merkmalen benachteiligt, die keine Förderung erhalten.

Die Abgrenzung zwischen unmittelbarer und mittelbarer Diskriminierung ist vor allem **39** deshalb von großer praktischer Bedeutung, weil nur der Tatbestand der mittelbaren Diskriminierung durch **einfache Sachgründe** iSd Art. 2 II lit. b Nr. i **widerlegt** werden kann, wohingegen eine unmittelbare Diskriminierung – in der Diktion des EuGH – nur ausnahmsweise nach Art. 2 V gerechtfertigt ist (EuGH 12.12.2013 – C-267/12 Rn. 45 – Hay, NZA 2014, 153) oder einer „Ausnahmevorschrift" gem. Art. 4 ff. unterfällt (EuGH 12.1.2010 – C-229/08 Rn. 30 ff. – Wolf, EuZW 2010, 142). Nach kontinentaleuropäischem Verständnis handelt es sich bei den Art. 2 V und Art. 4–7 durchweg um **Rechtfertigungstatbestände**. Art. 2 II lit. b Nr. i setzt – anders als Art. 6 I – **kein sozialpolitisches Ziel** voraus. Rechtmäßige Ziele iSd Vorschrift sind vielmehr alle von der Rechtsordnung anerkannten Gründe, die nicht ihrerseits diskriminierend sind (BAG 18.9.2014 NZA 2014, 1400 Rn. 23, unter Verweis auf EuGH 5.3.2009 – C-388/07 Rn. 53 ff. – Age Concern England, NZA 2009, 305). Eine eindeutige, klarstellende Entscheidung des EuGH steht aus.

II. Beweiserleichterung oder positive Diskriminierung?

Das Verbot mittelbarer Diskriminierungen hat nach seiner Grundidee keinen eigenständi- **40** gen Regelungsgehalt, sondern dient als **Hilfsinstrument zur Feststellung von unmittelbaren Diskriminierungen** (EuGH 27.10.1993 – C-127/92 Rn. 13 f. – Enderby, NZA

1994, 797; *Thüsing* NZA Sonderbeil. 2/2004, 3 [6]). Es stellt damit eine **spezialgesetzliche Ausprägung der Beweislastregel des Art. 10 I** dar. Folgerichtig setzt eine mittelbare Diskriminierung im Bewerbungsverfahren die objektive Eignung des Bewerbers voraus (überzeugend BAG 14.11.2013 NZA 2014, 489 Rn. 37). In der Rechtsprechung wird diese Hilfsfunktion zum Nachweis einer unmittelbaren Diskriminierung nicht immer hinreichend deutlich (*Mohr* Diskriminierungen 283 ff.; krit. deshalb *Rebhahn/Kietaibl* Rechtswissenschaft 2010, 373; *Adomeit/Mohr* RdA 2011, 102).

41   Hält sich ein Arbeitnehmer für diskriminiert, besteht die entscheidende Hürde für eine klageweise Durchsetzung seines Anspruchs im Nachweis des **„ersten Anscheins einer Diskriminierung"** gem. Art. 10 I iVm Erwägungsgrund 31 S. 1 (s. zum Diskriminierungsverbot wegen des Geschlechts EuGH 26.6.2001 – C-381/99 Rn. 60 – Brunnhofer, NZA 2001, 883). Bis zum Inkrafttreten der RL 2000/78/EG war hierzu ein **Gruppenvergleich** vorzunehmen, der durch **statistische Nachweise** unterlegt werden musste (EuGH 13.5.1986 – C-170/84 Rn. 29 ff. – Bilka, NZA 1986, 559; BAG 13.2.2007 NZA 2007, 860 Rn. 20; 18.5.2006 NZA 2007, 103 Rn. 17). Demgegenüber kann eine mittelbare Diskriminierung nach Art. 2 II lit. b bereits dann indiziert sein, wenn dem Anschein nach neutrale Vorschriften, Kriterien oder Verfahren die Personen mit einer bestimmten Religion oder Weltanschauung, einer bestimmten Behinderung, eines bestimmten Alters oder mit einer bestimmten sexuellen Ausrichtung gegenüber anderen Personen **in besonderer Weise benachteiligen können** (BAG 22.4.2010 NZA 2010, 947 mit Bespr. *Adomeit/Mohr* RdA 2011, 102 [105 f.]). Mittelbare Diskriminierungen können somit statistisch nachgewiesen werden, sich aber auch aus anderen Umständen ergeben (BAG 16.10.2014 NJOZ 2015, 355 Rn. 44). Die anderen Nachweise müssen jedoch einzeln oder in Summe dieselbe Aussagekraft wie Statistiken aufweisen (zu möglichen Indizien s. EuGH 19.4.2012 – C-415/10 Rn. 42 ff. – Meister, NZA 2012, 493). Eine Analyse der Rechtsprechung des EuGH zum Verbot von Diskriminierungen wegen des Geschlechts ergibt, dass der Gerichtshof keineswegs eine pauschale Reduzierung der Darlegungs- und Beweislast in Richtung einer „wertenden typisierenden Betrachtung" erlaubt (*Adomeit/Mohr* RdA 2011, 120 [107 f.]). Eine derartige Nachweiserleichterung kann sich deshalb nur aus dem nationalen Recht ergeben (vgl. Erwägungsgrund 28 und Art. 8 I). Nach der Rechtsprechung des EuGH muss der Anspruchsteller nämlich mindestens dasjenige darlegen und beweisen, was ihm im konkreten Fall möglich ist (*Mohr* Diskriminierungen 336; so auch BVerwG 22.2.2008 – 5 B 209/07 Rn. 4). Dazu gehört nicht nur das Vorliegen einer Benachteiligung, sondern auch der Nachweis einer überwiegenden Wahrscheinlichkeit der Benachteiligung gerade wegen eines geschützten Merkmals. Im Anwendungsbereich des Verbots von Diskriminierungen wegen des Geschlechts gemäß Art. 157 I, II AEUV gewährte der EuGH deshalb nur unter engen Voraussetzungen weitere Nachweiserleichterungen, zB bei dem Arbeitgeber zuzurechnenden undurchschaubaren Entlohnungssystemen (EuGH 27.10.1993 – C-127/92 Rn. 14 – Enderby, NZA 1994, 797; 26.6.2001 – C-381/99 Rn. 53 – Brunnhofer, NZA 2001, 883; 17.10.1989 – 109/88 Rn. 13 ff. – Danfoss, NZA 1990, 772; dazu *Mohr* Diskriminierungen 334). Demgegenüber greift kein allg. Auskunftsanspruch des Bewerbers gegen den Arbeitgeber (EuGH 21.7.2011 – C-104/10 – Kelly, BeckRS 2011, 81408; 19.4.2012 – C-415/10 – Meister, NZA 2012, 493; → Art. 10 Rn. 14).

42   Entwickelt wurde das Instrument der mittelbaren Diskriminierung bei der **Grundfreiheit des Warenverkehrs,** die im Interesse eines gemeinsamen Marktes (Binnenmarktes) Diskriminierungen aufgrund der Nationalität verbietet. Der EuGH begründete hier bereits 1974 den Rechtssatz, dass das Diskriminierungsverbot nicht auf offene Diskriminierungen beschränkt sei, sondern alle versteckten Formen einer unmittelbaren Diskriminierung untersage (EuGH 12.2.1974 – C-152/73 Rn. 11 – Sotgiu, Slg. 1974, 153). Das hierunter zu subsumierende Verbot der mittelbaren Diskriminierung diente damals also unstreitig als Beweiserleichterung (*Blomeyer* 93 ff.). Normiert wurde die mittelbare Diskriminierung erstmals im Jahr 1976 in Art. 2 I RL 76/207/EWG (nunmehr Art. 2 I lit. b RL 2006/54/EG).

In der Folgezeit übertrug der EuGH die Beweiserleichterung der mittelbaren Diskriminierung auch auf das primärrechtliche Verbot von Entgeltdiskriminierungen wegen des Geschlechts nach Art. 119 I EGV (Art. 141 I EG, Art. 157 I AEUV; vgl. EuGH 31.3.1981 – C-96/80 – Jenkins, EAS Art. 119 EGV Nr. 6). Aufhänger war die Ungleichbehandlung von Teilzeit- gegenüber VollzeitarbeitnehmerInnen. Auch insoweit schien es, als ob der EuGH das Verbot in einem rein prozessualen Sinn als **Beweiserleichterung** verstünde, da er keine gesteigerten Anforderungen an die Rechtfertigung der statistisch indizierten Benachteiligung durch den Arbeitgeber aufstellte (EuGH 31.3.1981 – C-96/80 Rn. 9 ff. – Jenkins, EAS Art. 119 EGV Nr. 6). Im Urteil *Bilka* aus dem Jahr 1986 zum Ausschluss teilzeitbeschäftigter Arbeitnehmer von der betrieblichen Altersversorgung definierte der EuGH erstmals detailliert den Tatbestand der mittelbaren Diskriminierung wegen des Geschlechts. In diesem Rahmen formulierte er **schärfere Anforderungen an die Widerlegung einer indizierten Benachteiligung** (EuGH 13.5.1986 – C-170/84 Rn. 29 ff. – Bilka, NZA 1986, 559). Ein objektiv gerechtfertigter wirtschaftlicher Grund liege nur dann vor, wenn die Mittel des Arbeitgebers einem „wirklichen Bedürfnis des Unternehmens" dienten, also nicht nur vorgeschoben würden, und vor allem „für die Erreichung dieses Ziels geeignet und erforderlich", also verhältnismäßig seien. Diese Rechtsprechung übertrug der EuGH in der Folgezeit auch auf gesetzliche Regelungen, die „einem notwendigen Ziel der Sozialpolitik dienen und für die Erreichung dieses Ziels geeignet und erforderlich" sein müssten (EuGH 13.7.1989 – C-171/88 Rn. 14 – Rinner-Kühn, EAS Art. 119 EGV Nr. 16). An die letztgenannte Formulierung knüpft die Diskussion an, ob der Gesetzgeber iRd Art. 2 II lit. b Nr. i auch Ziele im Interesse der Unternehmen verfolgen darf (bejahend BAG 7.7.2011 NZA 2011, 1412 Rn. 27).

Die vorstehend skizierte Rechtsprechung zum Verbot von Geschlechtsdiskriminierungen könnte auf ein – nicht überzeugendes – Verständnis der mittelbaren Diskriminierung als eines eigenständigen, über die Reichweite der unmittelbaren Diskriminierung hinausgehenden Tatbestands hindeuten (so SA des GA *Lenz* 27.10.1993 – C-127/92 – Enderby, EAS Art. 119 EGV Nr. 24). Dies wäre der Fall, wenn das Instrument der mittelbaren Diskriminierung nicht nur auf den erleichterten Nachweis einer unmittelbaren Diskriminierung abzielte, sondern auf die Beseitigung tatsächlicher, in der Rechtswirklichkeit bestehender Nachteile von Personen auch aus gesellschaftspolitischen Gründen, vergleichbar mit einer Fördermaßnahme gem. Art. 7 I (so – im Ergebnis krit. – *Ebsen* RdA 1993, 1 [12]; *Raab* Anm. EAS Art. 119 EGV Nr. 36, 27 [31]; befürwortend *Schiek* AuR 1996, 128 [130]). Ein solches Verständnis findet in der Richtlinie mit Blick auf Art. 7 I keine Stütze. Hiernach sind positive Fördermaßnahmen nur ausnahmsweise und unter strengen Voraussetzungen zulässig. Ein materielles Verständnis der mittelbaren Diskriminierung kann auch nicht als für die Betroffenen „günstigere" Beweislastregel iSd Art. 8 I verstanden werden, da hiermit wiederum die Vorgaben des Art. 7 I umgangen würden. Die mittelbare Diskriminierung ist deshalb – wie oben geschildert – als Nachweiserleichterung zu interpretieren, um bestimmte Verhaltensweisen des Normadressaten unterbinden zu können, die sich zwar nicht offenkundig als Diskriminierungen darstellen, für die es aber keine andere Erklärung gibt. Im Rahmen der Interpretation des Art. 2 II lit. b spielt die Zwecksetzung der mittelbaren Diskriminierung zum einen bei den Anforderungen an einen hypothetischen Nachweis einer Benachteiligung eine Rolle. Versteht man diese als Beweiserleichterung, können nur objektiv geeignete Bewerber benachteiligt werden (BAG 14.11.2013 NZA 2014, 489 Rn. 37). Der Zweck als Hilfsinstrument zum Nachweis einer unmittelbaren Diskriminierung leitet zum anderen die Interpretation der zulässigen Sachgründe iSd Art. 2 II lit. b Nr. i. Bei einem Verständnis als Beweislastregel ist nicht erforderlich, dass sich der Regelungsgeber auf ein sozialpolitisches Ziel analog Art. 6 I berufen kann (BAG 7.7.2011 NZA 2011, 1412 Rn. 27). Auch ist keine strenge Verhältnismäßigkeitsprüfung vorzunehmen (*Herrmann* SAE 1993, 271 [278]; *Mohr* Diskriminierungen 287 f.).

III. Tatbestand

44 Anders als bei der unmittelbaren Diskriminierung gem. Art. 2 II lit. a bezieht sich die mittelbare Diskriminierung gem. Art. 2 II lit. b nicht auf Regelungen bzw. Maßnahmen, die direkt an ein von Art. 1 erfasstes Kriterium anknüpfen, sondern auf solche, die **dem Anschein nach neutral** sind, **tatsächlich jedoch überwiegend Personen mit einem geschützten Diskriminierungsmerkmal benachteiligen** (zum Geschlecht s. EuGH 9.9.1999 – C-281/97 Rn. 19 – Krüger, NZA 1999, 1151).

45 Der Tatbestand des Art. 2 II lit. b erfordert zunächst ein **neutrales Kriterium.** Neutral sind nur solche Kriterien, die in keinem untrennbaren Zusammenhang mit einem geschützten Merkmal stehen; andernfalls handelt es sich um eine verdeckte unmittelbare Diskriminierung (→ Rn. 7). Neutrale Regelungen können sowohl vom Staat als auch durch die Tarifvertragsparteien, Betriebspartner und die einzelnen Arbeitgeber geschaffen werden. Insbesondere bei Letzteren ist auch ein tatsächliches **regelhaftes Verhalten** diskriminierungsrelevant (EuGH 9.2.1982 – C-12/81 Rn. 10 – Garland, EAS Art. 119 EGV Nr. 7). Beim Merkmal Alter kann ein neutrales Verhalten iSd Art. 2 II lit. b etwa bei Regelungen mit Bezug zur Betriebszugehörigkeit oder zum störungsfreien Verlauf des Arbeitsverhältnisses gegeben sein (*Kamanabrou* Anm. BAG AP BGB § 626 Nr. 237; offen gelassen für verhaltensbedingte Kündigungen von BAG 7.7.2011 NZA 2011, 1412 Rn. 26 ff.).

46 Das neutrale Kriterium muss dazu führen, dass **geschützte Personen in einer vergleichbaren Situation gegenüber anderen Personen eine weniger günstige Behandlung** erfahren. Das Kriterium muss also **Diskriminierungspotential** haben (*Kamanabrou* Anm. BAG AP BGB § 626 Nr. 237). Zur Feststellung, ob eine mittelbare Diskriminierung vorliegt, sind immer **Vergleichsgruppen** zu bilden, die dem persönlichen Geltungsbereich der Differenzierungsregel entsprechend zusammengesetzt sind (BAG 16.10.2014 NJOZ 2015, 355 Rn. 44). Die Gruppen bestehen aus den von einer Norm bzw. Maßnahme begünstigten und den benachteiligten Personen (*Mohr* Diskriminierungen 289 ff.; *Wiedemann*, FS Friauf, 1996, 135). Innerhalb der Vergleichsgruppen muss das Verhältnis von Arbeitnehmern, die in ihrer Person eines der von Art. 1 geschützten Kriterien aufweisen, zu den Arbeitnehmern, bei denen dies nicht der Fall ist, erheblich divergieren (*Raab*, Anm. EAS Art. 119 EGV Nr. 36, 27 [36]). Erst im Vergleich dieser Gruppen ist zu prüfen, ob die Träger eines Merkmals gem. Art. 1 besonders benachteiligt werden (BAG 16.10.2014 NJOZ 2015, 355 Rn. 44).

47 Da das Verhältnis der Vergleichsgruppen maßgeblich durch die Art und Weise ihrer Bildung beeinflusst wird, ist deren Ordnungsgemäßheit von besonderer Wichtigkeit (*Hanau/Gilberg* BB 1995, 1238 [1239]). Der Gruppenvergleich ist nur dann hinreichend aussagekräftig (EuGH 27.10.1993 – C-127/92 Rn. 19 – Enderby, NZA 1994, 797), wenn er **alle Personen** mit einbezieht, die **von einer Regelung/Maßnahme erfasst werden** und sich in einer **vergleichbaren Situation** befinden, da ansonsten die Gefahr von Zufallsergebnissen besteht (BAG 22.4.2010 NZA 2010, 947 Rn. 22). Bei einer gesetzlichen Regelung ist der Anwendungsbereich der Norm zu ermitteln. Ein allg. formuliertes Gesetz hat als Anwendungsbereich die gesamte (Erwerbs-)Bevölkerung. Eine Kollektivvereinbarung gilt für alle Personen, die in ihren Anwendungsbereich fallen (BAG 22.4.2010 NZA 2010, 947 Rn. 22; EuGH 27.10.1993 – C-127/92 Rn. 22 – Enderby, NZA 1994, 797), also ebenfalls für alle Normunterworfenen (BAG 16.10.2014 NJOZ 2015, 355 Rn. 44). Bei einseitigen **Maßnahmen des Arbeitgebers** sind alle Arbeitnehmer einzubeziehen, die von diesen betroffen sind. Vereinbart der Arbeitgeber die Arbeitsbedingungen durch Formularverträge oder vertragliche Einheitsregelungen, sind alle Arbeitnehmer zu ermitteln, deren Arbeitsvertrag die Regelung enthält. Die willkürliche Bildung von Untergruppen ist nicht zulässig, da dies die Beurteilung der Auswirkungen der Regelung oder Maßnahme verfälschen würde (EuGH 31.5.1995 – C-400/93 Rn. 36 – Royal Copenhagen, EAS Art. 119 EGV Nr. 36; BAG 10.12.1997 NZA 1998, 599). Bei der Überprüfung einer Einstellungsentscheidung auf ihre mittelbare Diskriminierungsrelevanz sind die Vergleichsgruppen an der in Betracht kommenden Bewerbergruppe zu orientieren, die den relevanten Arbeitsmarkt abbildet, nicht jedoch an der zufällig zusammengesetzten tatsächlichen Bewerbersituation (MüKoBGB/*Thüsing* AGG § 3 Rn. 33). Die Vergleichsgruppen sind grds. nur dann hinreichend aussagekräftig, wenn sie sich auf eine ausreichende Anzahl von Personen beziehen. Nach dem EuGH muss das nationale Gericht beurteilen, ob sich die Angaben des Klägers auf eine ausreichende Anzahl von Personen beziehen, ob sie nicht rein zufällige oder konjunkturelle Erscheinungen widerspiegeln und ob sie aussagekräftig sind (EuGH 27.10.1993 – C-127/92 Rn. 17 – Enderby, NZA 1994, 797).

Die Ermittlung des Diskriminierungspotentials eines Kriteriums setzt nach Art. 10 I zwingend voraus, dass sich die nachteilige Regelung/Maßnahme **unterschiedlich auswirkt,** je nachdem, ob Personen das untersagte Anknüpfungsmerkmal aufweisen oder nicht (EuGH 9.2.1999 – C-167/97 Rn. 58 – Seymour-Smith, EAS Art. 119 EGV Nr. 48). Eine geschützte Personengruppe ist von einer Regelung oder Maßnahme überwiegend betroffen, wenn ihr prozentualer Anteil an der benachteiligten Hauptgruppe größer ist als an der bevorzugten Hauptgruppe (BAG 10.12.1997 NZA 1998, 599 [601]; *Wiedemann,* FS Friauf, 1996, 135 [138]). Der Anteil der Personen mit dem geschützten Merkmal muss innerhalb der benachteiligten Hauptgruppe „erheblich" höher sein als in der bevorzugten Gruppe (EuGH 13.7.1989 – C-171/88 Rn. 11 f. – Rinner-Kühn, EAS Art. 119 EGV Nr. 16; 27.6.1990 – C-33/89 Rn. 13 – Kowalska, NZA 1990, 771; 9.2.1999 – C-167/97 Rn. 60 – Seymour-Smith, EAS Art. 119 EGV Nr. 48). Dieser Nachweis ist bei den von Art. 1 geschützten Personengruppen schwieriger zu erbringen als etwa beim Geschlecht, weil aussagekräftige Statistiken über die Verteilung von Menschen mit einem bestimmten Alter, einer bestimmten Religion oder einer bestimmten ethnischen Zugehörigkeit auch aus Datenschutzgründen nur begrenzt vorhanden sind (*Bayreuther* NJW 2009, 806 [808]; ErfK/ *Schlachter* AGG § 3 Rn. 12). Außerdem lassen sich die Statistiken in viele Vergleichsgruppen unterteilen (*Bayreuther* NJW 2009, 806 [808]). Auch die Möglichkeit eines hypothetischen Vergleichs hilft insoweit aber nicht weiter, weil dieser erst dann greifen kann, wenn sich eine Regelung nachgewiesener Maßen nachteilig auf eine geschützte Personengruppe auswirkt (EuGH 23.5.1996 – C-237/94 Rn. 20 – O´Flynn, EAS VO 1612/68 EWG Nr. 269). Dies ist bei der Forderung fehlerfreier Deutschkenntnisse im Hinblick auf Bewerber anderer ethnischer Herkunft nicht der Fall (BAG 28.1.2010 NZA 2010, 627 Rn. 17 mit zust. Anm. *Mohr* AP § 3 AGG Nr. 4). Auch die Feststellung der erheblich nachteiligen Wirkung obliegt im Einzelfall den mitgliedstaatlichen Gerichten (EuGH 9.2.1999 – C-167/97 Rn. 61 – Seymour-Smith, EAS Art. 119 EGV Nr. 48; *Hanau/Gilberg* BB 1995, 1238 [1239]).

48

Nach Art. 2 II lit. b ist (ebenso wie nach Art. 2 II lit. b RL 2000/43/EG und nach Art. 2 I lit. b RL 2006/54/EG) ein statistischer Nachweis eine hinreichende, aber keine notwendige Bedingung für die Begründung der Vermutung einer Diskriminierung gerade wegen eines geschützten Merkmals iSd Art. 10 I (EuGH 19.4.2012 – C-415/10 Rn. 43 – Meister, NZA 2012, 493; BAG 16.10.2014 NJOZ 2015, 355 Rn. 44). Zulässig ist vielmehr auch die wertende Feststellung der Benachteiligung wegen des geschützten Merkmals durch einen **hypothetischen Vergleich** (zum Alter s. BAG 18.8.2009 NZA 2010, 222 Rn. 29 ff.; zur Ethnie s. BAG 22.4.2010 NZA 2010, 947 Rn. 20). Ob eine Regelung bzw. Maßnahme mittelbar benachteiligende Wirkungen hat, kann hiernach mit „allen Mitteln, einschließlich statistischer Beweise" festgestellt werden (Erwägungsgrund 15; so auch KOM [99] 564 endg.). Es ist zu ermitteln, **ob eine Regelung oder Maßnahme ihrem Wesen nach geeignet ist, eine bestimmte Personengruppe zu benachteiligen** (EuGH 23.5.1996 – C-237/94 Rn. 20 – O'Flynn, EAS VO 1612/68 EWG Nr. 26). Eine Absenkung der Nachweisanforderungen des Klägers ist aber nur iRd Vorgaben des Art. 10 I zulässig. Hiernach obliegt es dem Kläger nachzuweisen, dass zwischen Benachteiligung und geschütztem Merkmal ein relevanter Zusammenhang besteht (BAG 16.10.2014 NJOZ 2015, 355 Rn. 45). Stützt sich der Kläger auf eine Statistik, muss diese hinreichend aussagekräftig im

49

Hinblick auf den Umstand sein, dass eine neutrale Regelung die geschützte Personengruppe überwiegend benachteiligt und dies nicht auf zufälligen Gegebenheiten beruht (BAG 18.9.2014 BeckRS 2014, 73584 Rn. 34 ff.). Es sollen aber auch nicht-arbeitgeberbezogene Statistiken herangezogen werden dürfen (so im Hinblick auf den sog. Mikrozensus BAG 18.9.2014 BeckRS 2014, 73584 Rn. 41, unter Verweis auf BAG 22.4.2010 NZA 2010, 947 Rn. 20, sowie 18.8.2009 NZA 2010, 222 Rn. 29; in beiden Urteilen geht es jedoch gar nicht um statistische Nachweise). Es ist jedoch an dem Erfordernis festzuhalten, dass sich die Statistik auf den konkreten Arbeitgeber beziehen muss, da ihr ansonsten die Aussagekraft fehlt. Nimmt der Anspruchsteller einen hypothetischen Vergleich vor, muss dieser dazu geeignet sein, nach Art. 10 I eine hinreichende Vermutung für eine Diskriminierung zu begründen. Dies kann zum einen der Fall sein, wenn Regelungen im Wesentlichen oder ganz überwiegend Personen, die eines der geschützten Merkmale erfüllen, betreffen, bzw. an Voraussetzungen anknüpften, die von Personen mit einem geschützten Merkmal typischerweise leichter erfüllt werden (**überproportionale Betroffenheit;** vgl. BAG 22.4.2010 NZA 2010, 947 Rn. 24). Klassisches Beispiel ist die Benachteiligung von Teilzeitbeschäftigten, die typischerweise überwiegend Frauen betrifft (→ RL 2006/54/EG Art. 2 Rn. 11). Zum anderen soll der Tatbestand der mittelbaren Benachteiligung auch dann verwirklicht sein, wenn sich die Tatbestandsvoraussetzungen besonders zum Nachteil von geschützten Personen auswirken (**materiell gravierende Betroffenheit;** vgl. BAG 22.4.2010 NZA 2010, 947 Rn. 24). Insbesondere die zweitgenannte Voraussetzung ist kritisch zu hinterfragen, weil derartig garvierende Verletzungen klassischer Weise vom Verbot der unmittelbaren Diskriminierung erfasst werden. Liegt eine unmittelbare Diskriminierung nicht vor, kann die Unzulässigkeit des Verhaltens nicht allein mit faktisch negativen Drittwirkungen für einzelne Personen begründet werden. Dies widerspricht insbesondere der oben geschilderten Rechtsprechung des EuGH zu den Anforderungen an einen hinreichend aussagekräftigen Gruppenvergleich. Trotz der Zulässigkeit eines hypothetischen Vergleichs spielen statistische Nachweise somit auch künftig eine relevante Rolle, insbesondere, wenn einschlägige Daten vorliegen oder ermittelt werden können (VGH Hessen 14.9.2010 BeckRS 2010, 52898). In einem solchen Fall ist nach Art. 10 I ein hypothetischer Vergleich nicht zulässig. Der Kläger muss vielmehr nachweisen, dass ihm kein geeignetes Zahlenmaterial zur Verfügung steht oder dessen Erhebung jedenfalls mit besonderen (zeitlichen oder finanziellen) Schwierigkeiten verbunden ist; ansonsten verbleibt es nach Art. 10 I bei seiner Darlegungs- und Beweislast (*MHH* AGG § 3 Rn. 21).

50 Nach dem Vorstehenden ist ein statistischer Nachweis gem. Art. 10 I etwa dann entbehrlich, wenn eine Regelung an den **Wehr- oder Ersatzdienst** anknüpft und dadurch faktisch (nur) Frauen benachteiligt (EuGH 7.12.2000 – C-79/99 – Schnorbus, NZA 2001, 141). Auch werden die für Bewerber um eine Tätigkeit im öffentlichen Dienst geltenden **Gesundheitsanforderungen** typischerweise von behinderten Menschen schwerer als von Nicht-Behinderten erfüllt, weshalb es auch hier keines statistischen Nachweises bedarf, um die Vermutungswirkung zu begründen (EuGH 11.4.2013 – C-335/11 ua Rn. 76 – Ring, NZA 2013, 533). Ein hypothetischer Vergleich ist weiterhin zulässig bei einem Abstellen auf das scheinbar neutrale Kriterium der **fehlerfreien Sprachkenntnisse** in Zusammenhang mit der ethnischen Herkunft (EuGH 21.9.2000 – C 124/99 – Borawitz, NZS 2001, 254). Abgelehnt wurde ein Gruppenvergleich mit „hypothetischen Arbeitnehmern" demgegenüber beim Verbot von Diskriminierungen beim Arbeitsentgelt, da dies ansonsten zu einem pauschalen Anspruch auf Gleichstellung unabhängig von einer tatbestandlich nachgewiesenen Diskriminierung führen könnte (EuGH 28.9.1994 – C-200/91 – Collorol, NZA 1994, 1073; anders zur unmittelbaren Diskriminierung EuGH 8.11.1990 – C-177/88 Rn. 12 – Dekker, NJW 1991, 628). Auch hieran zeigt sich die Problematik von hypothetischen Vergleichen.

IV. Widerlegung der Vermutungswirkung

Gem. Art. 2 II lit. b Nr. i ist **eine indizierte Diskriminierung widerlegt,** wenn zwar 51 dem Anschein nach neutrale Vorschriften, Kriterien oder Verfahren Personen mit einer bestimmten Religion oder Weltanschauung, einer bestimmten Behinderung, einem bestimmten Alter oder mit einer bestimmten sexuellen Ausrichtung gegenüber anderen Personen in besonderer Weise benachteiligen können, diese Vorschriften, Kriterien oder Verfahren jedoch durch ein rechtmäßiges Ziel sachlich gerechtfertigt und die Mittel zur Erreichung dieses Ziels angemessen und erforderlich sind. Trotz der missverständlichen Formulierung handelt es sich nicht um einen Rechtfertigungsgrund, sondern um die Widerlegung einer durch die erhebliche unterschiedliche Betroffenheit von Personengruppen indizierten Diskriminierung. Demgemäß gilt Art. 2 II lit. b Nr. i **nicht für unmittelbare Diskriminierungen** (EuGH 12.12.2013 – C-267/12 Rn. 45 – Hay, NZA 2014, 153). Die Darlegungs- und Beweislast richtet sich auch insoweit nach Art. 10 I (→ Art. 10 Rn. 10).

Bei mittelbaren Diskriminierungen wegen der **Behinderung** kommt eine Widerlegung 52 der indizierten Diskriminierung auch über Art. 2 II lit. b Nr. ii in Betracht, sofern ein Arbeitgeber nach einzelstaatlichem, wegen Art. 5 zu schaffendem Schutzrecht gehalten ist, die durch eine Regelung/Maßnahme hervorgerufenen Nachteile für behinderte Menschen zu kompensieren. Demgegenüber kann Art. 2 II lit. b Nr. ii ebenso wenig wie Art. 5 dazu herangezogen werden, die Vermutung einer mittelbaren Diskriminierung durch Verfahrensfehler zu begründen (*Mohr* Anm. BAG AP SGB IX § 81 Nr. 16; **aA** BAG 18.11.2008 AP SGB IX § 81 Nr. 16 Rn. 49). Die Darlegungs- und Beweislast bestimmt sich vielmehr nach Art. 10 I (zum Zusammenhang zwischen Beweislast und angemessenen Vorkehrungen s. BAG 26.6.2014 BeckRS 2014, 73079 Rn. 52 ff.).

Die Vorschriften, Kriterien oder Verfahren müssen gem. Art. 2 II lit. b Nr. i einem 53 „**rechtmäßigen Ziel**" dienen. Dieses muss kein legitimes sozialpolitisches Ziel iSd Art. 6 I UAbs. 1 sein, etwa aus den Bereichen Beschäftigungspolitik, Arbeitsmarkt und berufliche Bildung (→ Art. 6 Rn. 8), sondern schließt andere von der Rechtsordnung anerkannte Gründe für die Verwendung des neutralen Kriteriums ein (BAG 18.9.2014 NZA 2014, 1400 Rn. 23 u. 30; 20.6.2013 NZA-RR 2013, 662 Rn. 49; 7.7.2011 NZA 2011, 1412 Rn. 27; 18.8.2009 NZA 2010, 222 Rn. 31). Dieses Ergebnis folgt letztlich schon aus der Einstufung der mittelbaren Diskriminierung als Hilfsmittel zum Nachweis von unmittelbaren Diskriminierungen (→ Rn. 40). Auch die Rechtsprechung des EuGH enthält Hinweise auf ein derartiges Verständnis (vgl. BAG 28.1.2010 NZA 2010, 625 Rn. 25, unter Verweis auf EuGH 5.3.2009 – C-388/07 Rn. 65 f. – Age Concern England, NZA 2009, 305). Die Normadressaten dürfen somit **jedes rechtmäßige, seinerseits nicht diskriminierende Ziel** verfolgen (BAG 28.1.2010 NZA 2010, 625 Rn. 19). Auch der Gesetzgeber ist nicht auf sozialpolitische Ziele beschränkt, sondern kann Regelungen im Interesse der Arbeitgeber treffen, etwa im Interesse der personalwirtschaftlichen Flexibilität (so BAG 7.7.2011 NZA 2011, 1412 Rn. 42). Auf der anderen Seite ist es dem Gesetzgeber ebenso wenig wie den Tarifvertragsparteien verwehrt, sozialpolitische Ziele zu verfolgen (EuGH 6.2.1996 – C-457/93 Rn. 36 – Lewark, NZA 1996, 319; BAG 18.9.2014 NZA 2014, 1400 Rn. 30; *Mohr* Diskriminierungen 302). Dem Gesetzgeber und den Tarifvertragsparteien kommt ein weiter, von den mitgliedstaatlichen Gerichten nur auf seine Überschreitung zu überprüfender Beurteilungs- und Ermessensspielraum zu (BAG 18.9.2014 NZA 2014, 1400 Rn. 33 u. 47, unter Verweis auf EuGH 5.3.2009 – C-388/07 Rn. 41, 51 f. – Age Concern England, NZA 2009, 305). Auch dürfen die Normadressaten typisieren; eine Einzelfallprüfung ist nicht erforderlich (BAG 18.9.2014 NZA 2014, 1400 Rn. 38; s. zur Berufserfahrung auch EuGH 3.10.2006 – C-17/05 Rn. 34 f. – Cadman, NZA 2006, 1205; 7.6.2012 – C-132/11 Rn. 29 – Tyrolean Airways, NZA 2012, 742). Die **Arbeitgeber** können mittelbare Diskriminierungen insbesondere durch wirtschaftliche Erwägungen widerlegen (EuGH 31.3.1981 – C-96/80 Rn. 12 – Jenkins, EAS Art. 119 EGV Nr. 6). Ein sachlicher Grund ist deshalb auch der Grundsatz „ohne Arbeit kein Lohn" (BAG 20.4.2010 NZA 2010, 1188 Rn. 51; 18.8.2009 NZA 2010, 222 Rn. 31). Nicht zulässig ist es demgegenüber, dass ein Arbeitgeber eine Ungleichbehandlung allein mit Kostengesichtspunkten begründet, wonach die geschützten Personen teurer seien als die nicht geschützten (EuGH 8.11.1990 – C-177/88 Rn. 10 ff. – Dekker, NJW 1991, 628). Es obliegt primär den mitgliedstaatlichen Gerichten, die Rechtfertigung einer Regelung/Maßnahme zu prüfen, wobei der EuGH in Abhängigkeit von den Vorlagefragen sachdienliche Hinweise zur Interpretation gibt (EuGH 6.2.1996 – C-457/93 Rn. 32 – Lewark, NZA 1996, 319; 26.6.2001 – C-381/99 Rn. 65 – Brunnhofer, NZA 2001, 883).

54   Art. 2 II lit. b Nr. i verlangt weiterhin eine **Verhältnismäßigkeitsprüfung** (BAG 7.7.2011 NZA 2011, 1412 Rn. 29). Die Regelung basiert auf der Rechtsprechung des EuGH zum Diskriminierungsverbot wegen des Geschlechts. Ein vom Arbeitgeber vorgebrachter Sachgrund muss hiernach „einem wirklichen Bedürfnis des Unternehmens entsprechen und für die Erreichung dieses Ziels geeignet und erforderlich" sein (EuGH 26.6.2001 – C-381/99 Rn. 67 – Brunnhofer, NZA 2001, 883). Eine staatliche Maßnahme muss „einem legitimen sozialpolitischen Ziel dienen" und „für die Erreichung dieses Ziels geeignet und erforderlich" sein (EuGH 6.4.2000 – C-226/98 Rn. 41 – Joergensen, EAS RL 76/207/EWG Art. 2 Nr. 18). Die letztgenannte Formulierung darf unter Geltung der RL 2000/78/EG nicht dahingehend missinterpretiert werden, dass eine mittelbare Diskriminierung nur durch sozialpolitische Gründe iSd Art. 6 I widerlegt werden kann, da die Vorschrift bei einer solchen Lesart wie Art. 7 I als positive Fördermaßnahme wirkte (BAG 28.1.2010 NZA 2010, 625 Rn. 25, unter Verweis auf EuGH 5.3.2009 – C-388/07 Rn. 65 f. – Age Concern England, NZA 2009, 305). Eine Regelung oder Maßnahme ist hiernach erforderlich iSd Art. 2 II lit. b Nr. i, wenn es keine weniger diskriminierende Alternative gibt (EuGH 6.2.1996 – C-457/93 Rn. 38 – Lewark, NZA 1996, 319). Der Differenzierungsgrund muss außerdem ein solches Gewicht besitzen, dass er die konkrete Ungleichbehandlung rechtfertigt (BAG 7.7.2011 NZA 2011, 1412 Rn. 29). Geboten ist eine Abwägung der Schwere der Benachteiligung der geschützten Personen mit dem Gewicht und der Dringlichkeit der vom Normadressaten verfolgten Ziele (BAG 18.9.2014 NZA 2014, 1400 Rn. 37). An diese Prüfung dürfen keine übersteigerten Anforderungen gestellt werden, da nach Art. 10 I eine vermutete Diskriminierung widerlegt ist, sobald der Normadressat nachgewiesen hat, dass keine Verletzung des Verbots von Benachteiligungen wegen eines geschützten Merkmals vorgelegen hat. Eine Benachteiligung ist mit anderen Worten solange zulässig iSd RL 2000/78/EG, als sie nicht gerade wegen des geschützten Merkmals erfolgt. Dies gilt insbesondere dann, wenn man auf einen statistischen Nachweis zugunsten einer hypothetischen Betrachtung verzichtet. Dem Anspruchsgegner sind hier nach Art. 10 I erweiterte Möglichkeiten der Widerlegung einer indizierten Diskriminierung zuzubilligen, da die Überzeugungskraft der Indizien für das Bestehen eines relevanten Zusammenhangs zwischen geschütztem Merkmal und Benachteiligung relativ gering ist (*Schlachter*, GS Blomeyer, 2003, 355 [358 f.]).

55   **Folgende Erwägungen können nach dem EuGH eine Ungleichbehandlung durch Arbeitgeber rechtfertigen:** Ein unternehmerisches Bedürfnis, den Anreiz für die Aufnahme von Teilzeitarbeit zu beseitigen (EuGH 13.5.1986 – C-170/84 Rn. 33 und 36 – Bilka, NZA 1986, 599), die Berücksichtigung besonderer persönlicher Fähigkeiten (EuGH 26.6.2001 – C-381/99 Rn. 77 – Brunnhofer, NZA 2001, 883) wie eines höheren Erfahrungswissens (EuGH 7.2.1991 – C-184/89 Rn. 14 – Nimz, NVwZ 1991, 461) oder einer bestimmten Berufsausbildung (EuGH 17.10.1989 – C-109/88 Rn. 22 – Danfoss, NZA 1990, 772), die Anpassungsfähigkeit der Arbeitnehmer an unterschiedliche Arbeitszeiten und Arbeitsorte, jedenfalls sofern diese Fähigkeit für die konkrete Tätigkeit von Bedeutung ist (EuGH 17.10.1989 – C-109/88 Rn. 21 f. – Danfoss, NZA 1990, 772), die Berufserfahrung eines Arbeitnehmers (bereits den Tatbestand verneinend EuGH 7.6.2012 – C-

132/11 Rn. 29 – Tyrolean Airways, NZA 2012, 742) sowie das mit der Berufserfahrung zusammenhängende Dienstalter (EuGH 3.10.2006 – C-17/05 Rn. 34 f. – Cadman, NZA 2006, 1205), ein Mangel an Bewerbern auf dem Arbeitsmarkt (EuGH 27.10.1993 – C-127/92 Rn. 26 f., NZA 1994, 797), die konkreten Ausübungsbedingungen verschiedener Tätigkeiten (EuGH 31.5.1995 – C-400/93 Rn. 43 – Royal Copenhagen, EAS Art. 119 EGV Nr. 36), insbesondere die mit der Verrichtung der Arbeit verbundene Beanspruchung (EuGH 1.7.1986 – C-237/85 Rn. 24 – Rummler, EAS RL 75/117/EWG Art. 1 Nr. 8), die Produktivität der Arbeitnehmer iRv Akkordarbeit (EuGH 26.6.2001 – C-381/99 Rn. 72 – Brunnhofer, NZA 2001, 883) sowie allg. die Qualität der Arbeitsleistung (EuGH 17.10.1989 – C-109/88 Rn. 20 – Danfoss, NZA 1990, 772), was bei der Vereinbarung von Zeitlohn beinhaltet, dass der Arbeitgeber den Arbeitnehmern unterschiedliche Aufgaben zuweisen kann (EuGH 26.6.2001 – C-381/99 Rn. 77 – Brunnhofer, NZA 2001, 883). Ist ein **Entgeltbemessungssystem** mittelbar benachteiligend, obliegt es dem Arbeitgeber, das gesamte System zu rechtfertigen. Hierbei kann die benachteiligende Wirkung eines Faktors durch einen anderen Faktor kompensiert werden (EuGH 1.7.1986 – C-237/85 Rn. 15 – Rummler, EAS RL 75/117/EWG Art. 1 Nr. 8). Wird demgegenüber nur ein Faktor eines Systems bemängelt, kann der Arbeitgeber diesen Faktor isoliert oder als Teil des gesamten Entgeltsystems rechtfertigen.

V. Beispiele

Sucht der Arbeitgeber in einer Stellenanzeige nach **„Berufsanfängern"**, indiziert dies eine mittelbare Benachteiligung wegen des Alters (*Mohr* NZA 2014, 459 [462]). Das Merkmal „Erstes Berufs-/Tätigkeitsjahr" schließt diejenigen Personen von dem Bewerbungsverfahren aus, die zB nach den einschlägigen Gehaltstarifverträgen des Einzelhandels in ein höheres Berufs-/Tätigkeitsjahr einzustufen sind. Arbeitnehmer mit einer höheren Anzahl von Berufs-/Tätigkeitsjahren weisen gegenüber Berufsanfängern typischerweise ein höheres Lebensalter auf (BAG 18.8.2009 NZA 2010, 222 Rn. 34). Eine Bestimmung in einer Versorgungsordnung, die die anrechenbare Dienstzeit auf 40 Jahre bis zur Vollendung des 65. Lebensjahres begrenzt und bestimmt, dass bei mehr als 40 Dienstjahren die letzten 40 Jahre zählen (Limitierungsklausel), bewirkt keine mittelbare Diskriminierung wegen des Alters (BAG 11.12.2012 NZA 2013, 564). Arbeitgeber dürfen beim Arbeitsentgelt nach der Berufserfahrung differenzieren (BAG 27.1.2011 NZA 2011, 1109). Im Rahmen der Interessenabwägung einer außerordentlichen Kündigung gem. § 626 I BGB können die Kriterien „Dauer des Arbeitsverhältnisses" und „störungsfreier Verlauf" berücksichtigt werden (BAG 7.7.2011 NZA 2011, 1412 Rn. 26 ff.). 56

Es bedeutet keine mittelbare Diskriminierung wegen der **ethnischen Herkunft,** wenn ein in der Automobilindustrie tätiges Unternehmen zur Erfüllung der Voraussetzungen einer ISO-Zertifizierung verlangt, dass ein langjährig beschäftigter Arbeitnehmer Texte in **deutscher Sprache lesen** kann, um schriftliche Arbeitsanweisungen verstehen zu können (BAG 28.1.2010 NZA 2010, 625 = AP § 3 AGG Nr. 4 mit Anm. *Mohr; Natzel* SAE 2010, 248). 57

Es bedeutet keine mittelbare Benachteiligung wegen der Schwerbehinderung, wenn ein Arbeitgeber bei einer Suche von Personen als Sekretär/in auf das Kriterium der **Schreibmaschinenkenntnisse** abstellt (BAG 15.2.2005 NZA 2005, 870 = EzA § 81 SGB IX Nr. 6 mit Anm. *Mohr*). Eine Stellenausschreibung, die für eine Stelle als Kfz-Mechaniker im Kleinbetrieb die Eigenschaften **„flexibel und belastbar"** aufführt, begründet ebenfalls kein Indiz dafür, dass behinderte Bewerber mittelbar benachteiligt werden (LAG Nürnberg 19.2.2008 NZA 2009, 148 Rn. 32). Erhält ein behinderter Bewerber ein **Absageschreiben,** wonach die Absage weder in der Person noch in der Qualifikation des Bewerbers begründet sei, liegt hierin auch kein Indiz für eine Benachteiligung wegen der Behinderung (LAG Nürnberg 19.2.2008 NZA 2009, 148 Rn. 33). Schwerbehinderte Menschen werden aber durch Altersgrenzen benachteiligt, wonach sie von tariflichen **Vorruhe-** 58

standsleistungen ausgeschlossen sind, sofern sie eine vorgezogene Regelaltersrente beantragen können (BAG 16.12.2008 NZA-RR 2010, 32 Rn. 58).

D. Verbot von Belästigungen

I. Überblick

59   Gem. Art. 2 III 1 **gilt eine Belästigung als Diskriminierung** iSd Art. 2 I. Eine solche wird definiert als unerwünschte Verhaltensweisen, die mit einem in Art. 1 benannten Grund in Zusammenhang stehen und bezwecken oder bewirken, dass die Würde der betreffenden Person verletzt und ein von Einschüchterungen, Anfeindungen, Erniedrigungen, Entwürdigungen oder Beleidigungen gekennzeichnetes Umfeld geschaffen wird. Die Vorschrift enthält eine **gesetzliche Fiktion** (deutlich Art. 2 II lit. a RL 2006/54/EG), wonach die zu Art. 2 I entwickelten Grundsätze auf Art. 2 III übertragen werden können (EuGH 17.7.2008 – C-303/06 Rn. 58 ff. – Coleman, EuZW 2008, 497). Macht hiernach ein Betroffener Tatsachen glaubhaft, die gem. Art. 10 I das Vorliegen einer Belästigung vermuten lassen, muss der Gegenüber beweisen, dass unter den Umständen des vorliegenden Falls keine Belästigung stattgefunden hat (EuGH 17.7.2008 – C-303/06 Rn. 62 – Coleman, EuZW 2008, 497). Belästigungen haben mit Diskriminierungen gem. Art. 2 I gemeinsam, dass beide Verhaltensweisen in das Persönlichkeitsrecht (die Würde) des Opfers eingreifen (*Thüsing* ZfA 2001, 397 [411 ff.]). Eine verbotene Belästigung unterscheidet sich von einer (un-)mittelbaren Diskriminierung jedoch dadurch, dass sie sich gegen das Persönlichkeitsrecht der betreffenden Person richtet, ohne dass es auf einen Vergleich mit weiteren Personen ankommt (*Nickel* NJW 2001, 2668 [2670]). Eine Belästigung ist deshalb nicht etwa dann zulässig, wenn der Handelnde auch noch andere Personen belästigt, die Opfer also gleichbehandelt (*Thüsing* NZA 2001, 939 [941]; *Feuerborn* JR 2008, 485 [487]).

60   Art. 2 III 2 ermöglicht es den Mitgliedstaaten, den Begriff „Belästigung" **im Einklang mit den einzelstaatlichen Rechtsvorschriften und Gepflogenheiten** zu definieren. Von dieser Möglichkeit hat der deutsche Gesetzgeber in § 3 III AGG keinen Gebrauch gemacht. Im deutschen Recht können Belästigungen wegen der in Art. 1 geschützten Merkmale mit dem sog. Mobbing zusammenfallen (so BAG 25.10.2007 NZA 2008, 223 Rn. 57). Mobbing ist in Deutschland – anders als gem. Art. 12a des Status der Beamten der Europäischen Gemeinschaft (dazu EuGÖD 9.12.2008 – F-52/05, BeckEuRS 2008, 484352, unter Verweis auf Art. 2 III) – kein eigenständiger Rechtsbegriff, sondern bildet den Oberbegriff für unzulässige, das Persönlichkeitsrecht verletzende Verhaltensweisen (BAG 22.7.2010 NZA 2011, 93 Rn. 90; 25.10.2007 NZA 2008, 223 Rn. 56; 16.5.2007 NZA 2007, 1154 Rn. 56; 15.1.1997 NZA 1997, 781; *Rieble/Klumpp* ZIP 2002, 369). Nach Ansicht des BAG hat der Gesetzgeber mit dem Begriff „Belästigung" aber zugleich den Begriff des „Mobbing" umschrieben, soweit dieses seine Ursachen in der Rasse, der ethnischen Herkunft (dazu Art. 2 III RL 2000/43/EG), im Geschlecht (dazu Art. 2 I lit. c RL 2006/54/EG), in der Religion oder Weltanschauung, in einer Behinderung, im Alter oder in der sexuellen Identität des Belästigten hat (BAG 25.10.2007 NZA 2008, 223 Rn. 58). Zentrales Merkmal des Belästigungsbegriffs ist hiernach **die systematische, sich aus vielen einzelnen Verhaltensweisen zusammensetzende Persönlichkeitsrechtsverletzung,** wobei den einzelnen Verhaltensweisen für sich allein betrachtet keine rechtliche Bedeutung zukommen muss (BAG 25.10.2007 NZA 2008, 223 Rn. 59). Ob ein Verhalten als Mobbing bzw. als Belästigung einzustufen ist, unterliegt der tatrichterlichen Würdigung und ist nur beschränkt revisibel (BAG 22.7.2010 NZA 2011, 93 Rn. 91). Der Arbeitgeber hat seinerseits einen Ermessensspielraum, mit welchen Maßnahmen er auf Belästigungen eines Arbeitnehmers durch Vorgesetzte oder Mitarbeiter reagiert (BAG 25.10.2007 NZA 2008, 223 Rn. 66 ff.).

II. Tatbestand

Der Tatbestand des Art. 2 III 1 setzt eine von der betroffenen Person **unerwünschte** **61** **Verhaltensweise** voraus. Verhaltensweise ist jedes aktive Tun; ein Unterlassen ist grds. nicht geeignet, als Belästigung iSd Art. 2 III 1 gewertet zu werden. Die Verhaltensweise muss unerwünscht sein. Dies bestimmt sich nach der inneren Einstellung des Betroffenen (BAG 22.7.2008 NZA 2008, 1248 [1256]). Die Nichterwünschtheit eines Verhaltens muss gegenüber dem Belästigenden nicht zum Ausdruck gebracht worden sein. Es ist vielmehr ausreichend, dass Letzterer aus der Sicht eines objektiven Beobachters davon ausgehen muss, dass sein Verhalten unter den gegebenen Umständen vom Betroffenen nicht erwünscht ist bzw. nicht akzeptiert wird (BAG 24.9.2009 NZA 2010, 387 Rn. 27). Sofern ein vermeintliches Opfer die Ablehnung nicht verbal oder durch eindeutige, klare Gesten zum Ausdruck bringt, kann aus Indizien auf die Unerwünschtheit geschlossen werden (BAG 25.3.2004 NJW 2004, 3508 [3509]); die Beweislastumkehr des Art. 10 I greift insoweit nicht, da sie nur für die Belästigung gerade wegen des geschützten Merkmals gilt. Eine Belästigung scheidet aus, wenn sich das vermeintliche Opfer überhaupt nicht belästigt fühlt, da es sich dann nicht um eine unerwünschte Verhaltensweise handelt (*Annuß* BB 2006, 1629 [1632]). Der Begriff der Belästigung setzt ebenso wenig wie derjenige der unmittelbaren Benachteiligung voraus, dass der Belästigte selbst in seiner Person ein geschütztes Merkmal verwirklicht. Es genügt vielmehr, dass die Belästigung auf ein geschütztes Merkmal in der Person eines Dritten zurückgeht (EuGH 17.7.2008 – C-303/06 – Coleman, EuZW 2008, 497; *Bayreuther* NZA 2008, 986 [987]). Anders als bei der unmittelbaren Diskriminierung steht es den Mitgliedstaaten frei, die drittbezogenen Belästigungen gem. Art. 2 III 2 im Einklang mit den einzelstaatlichen Rechtsvorschriften und Gepflogenheiten aus dem Tatbestand des Belästigungsverbots auszunehmen (EuGH 17.7.2008 – C-303/06 Rn. 60 – Coleman, EuZW 2008, 497).

Die unerwünschte Verhaltensweise muss mit einem von Art. 1 erfassten Merkmal **62** („Grund") zusammenhängen, also **wegen eines geschützten Merkmals erfolgen** (BAG 24.9.2009 NZA 2010, 387 Rn. 27). Art. 2 III 1 schützt somit nicht gegen alle Verletzungshandlungen, die im Arbeitsrecht unter dem Begriff „Mobbing" diskutiert werden (BAG 25.10.2007 NZA 2008, 223 Rn. 57). In der Rechtswirklichkeit bezieht sich der Tatbestand gegen Belästigungen vor allem auf vorsätzliche Verhaltensweisen wegen eines in Art. 1 geschützten Merkmals (**aA** *Annuß* BB 2006, 1629 [1632]; *Wank* NZA Sonderbeil. 22/2004, 16 [19]; *Wendeling-Schröder*, FS Schwerdtner, 2003, 269 [280]). Die Tathandlung kann durch den Arbeitgeber selbst, durch Organe einer juristischen Person oder durch Vorgesetzte erfolgen. Notwendig ist jedoch, dass der Täter „in Erfüllung seiner Pflichten" und nicht nur bei Gelegenheit derselben handelt (*Göpfert/Siegrist* NZA 2007, 473 [475]"). Nicht erfasst werden deshalb belästigende Handlungen von Dritten, sofern ihre Handlungen dem in Anspruch Genommenen nicht zugerechnet werden können. Für eine Zurechnung zum Arbeitgeber reicht nicht aus, dass der Täter gegenüber dem Opfer allg. weisungsbefugt ist (so aber BAG 25.10.2007 NZA 2008, 223 Rn. 79). Ansonsten müsste man dem Arbeitgeber jede Rechtsgutsverletzung eines Vorgesetzten gegenüber einem Arbeitnehmer bis hin zu Straftaten zurechnen, selbst wenn diese nicht vorhersehbar waren.

Art. 2 III 1 schützt das allg. **Persönlichkeitsrecht** und damit die Würde der betroffenen **63** Person. Anders als nach Art. 2 I wird der Beschäftigte also nicht bereits vor einer benachteiligenden Ungleichbehandlung geschützt (MüKoBGB/*Thüsing* AGG § 3 Rn. 53). Ein Verhalten „unterhalb der Lästigkeitsschwelle", das sich in einem einmaligen Vorfall erschöpft, ist deshalb nicht tatbestandlich (BAG 24.9.2009 NZA 2010, 387 Rn. 29). Das Verhalten muss andererseits nicht die Qualität einer Verletzung der Menschenwürde gem. Art. 1 GRC erreichen. Ebenso wie Art. 101 I AEUV unterscheidet Art. 2 III 1 zwischen den Tathandlungen bezwecken und bewirken (dazu *Mohr* ZWeR 2015, 1 [12 ff.]; SA der GA *Kokott* 19.2.2009 – C-8/08 Rn. 47 – T-Mobile-Netherlands, BeckRS 2009, 70220). Ist eine Verletzung der Würde „bezweckt", kommt es nicht darauf an, ob der Erfolg tatsächlich eintritt. Erfasst ist damit auch eine versuchsweise Begehung (*Wank* NZA Sonderbeil. 22/2004, 16 [19]). Lässt sich eine objektiv-bezweckte Belästigung nicht feststellen, ist zu prüfen, ob ein Verhalten die Würde des Betroffenen tatsächlich verletzt, die Verletzung also bewirkt.

64 Art. 2 III 1 verlangt schließlich, dass ein **durch „Einschüchterungen, Erniedrigungen, Entwürdigungen oder Beleidigungen gekennzeichnetes Umfeld"** geschaffen wird. Die Schaffung eines feindlichen Umfelds ist zusätzlich zur „Würdeverletzung" eine kumulative Tatbestandsvoraussetzung („und"), wohingegen sie bei der sexuellen Belästigung gem. Art. 2 I lit. d RL 2006/54/EG lediglich als Regelbeispiel dient („insbesondere"; vgl. auch BAG 17.10.2013 NZA 2014, 303 Rn. 41; 24.9.2009 NZA 2010, 387 Rn. 29). „Gekennzeichnet" ist ein Umfeld dann von Einschüchterungen, Anfeindungen, Erniedrigungen, Entwürdigungen oder Beleidigungen, wenn diese für das Umfeld **charakteristisch oder typisch** sind (BAG 24.9.2009 NZA 2010, 387 Rn. 32). Im Ergebnis ist eine wertende Gesamtschau aller Faktoren vorzunehmen (BAG 17.10.2013 NZA 2014, 303 Rn. 42; 24.9.2009 NZA 2010, 387 Rn. 33). In die Betrachtung sind alle aktuellen und zurückliegenden Handlungen und Verhaltensweisen mit einzubeziehen, die dem systematischen Prozess der Schaffung eines bestimmten Umfelds zuzuordnen sind (BAG 24.4.2008 NZA 2009, 38 Rn. 28). Die Gesamtschau unterliegt der revisionsrechtlich nur eingeschränkt überprüfbaren tatrichterlichen Würdigung (BAG 24.9.2009 NZA 2010, 387 Rn. 33). Ein einmaliges Verhalten führt grds. nicht zur Schaffung eines feindlichen Umfeldes (BAG 24.9.2009 NZA 2010, 387 Rn. 32). Vielmehr ist dafür regelmäßig ein Verhalten von gewisser Dauer erforderlich. Dies schließt es umgekehrt nicht aus, dass das Umfeld ausnahmsweise auch durch ein (besonders schwerwiegendes) einmaliges Verhalten gekennzeichnet sein kann (BAG 24.9.2009 NZA 2010, 387 Rn. 32).

E. Anweisung zur Diskriminierung

65 Gem. Art. 2 IV gilt die **Anweisung zur Diskriminierung** einer Person wegen eines der Gründe nach 1 als Diskriminierung iSd Art. 2 I. Die Vorschrift enthält ebenso wie Art. 2 III 1 eine gesetzliche Fiktion (deutlich Art. 2 II lit. b), weshalb die zu Art. 2 I entwickelten Grundsätze auf Art. 2 IV zu übertragen sind (s. zu Art. 2 III 1 EuGH 17.7.2008 – C-303/06 Rn. 58 ff. – Coleman, EuZW 2008, 497), soweit dem nicht spezifische Eigenarten des Art. 2 IV entgegenstehen. Mit der Anweisung zur Diskriminierung behandelt Art. 2 IV einen Ausschnitt aus der Problematik **der Zurechnung von diskriminierenden Verhaltensweisen**. Die Zurechnung bestimmt sich ansonsten nach nationalem Recht (vgl. die §§ 31, 278, 831 BGB; dazu *Adomeit/Mohr* FS Kreutz, 2010, 3 ff.; *Adomeit/Mohr* AGG § 3 Rn. 268 ff.; BAG 5.2.2004 NZA 2004, 540 = SAE 2006, 37 mit krit. Anm. *Mohr*), wobei unionsrechtlich die Grundsätze der Äquivalenz und Effektivität einzuhalten sind (→ Art. 9 Rn. 1). Auch wenn nach nationalem Recht eine Zurechnung eines diskriminierenden Verhaltens zum Arbeitgeber ausscheidet, können Äußerungen von Personen, die die Einstellungspolitik eines Unternehmens zwar nicht rechtlich, aber faktisch beeinflussen können, unter den Voraussetzungen des Art. 10 I als Indiz für eine Diskriminierung durch den Arbeitgeber gewertet werden (EuGH 25.4.2013 – C-81/12 Rn. 47 – Asociatia ACCEPT, NZA 2013, 891).

66 Art. 2 IV bezweckt einen **Vorfeldschutz,** weshalb ein potentielles Diskriminierungsopfer nicht erst die Diskriminierung abwarten muss, sondern unter den Voraussetzungen des Art. 2 IV bereits gegen die Anweisung zu dieser vorgehen kann (*Battis/Nebel*, FS Adomeit, 2008, S. 1 [9]; *Kummer* S. 30). Im Schrifttum wird der Tatbestand deshalb auch als „versuchte Anstiftung" bezeichnet (*Bauer/Krieger* AGG § 3 Rn. 68). Art. 2 IV findet eine gewisse Parallele in der Rechtsprechung des EuGH, die von einer Tendenz zur Ausweitung des Diskriminierungsschutzes auf „Vorfeldsituationen" gekennzeichnet ist, wie das Urteil zur Unzulässigkeit der öffentlichen Ankündigung einer Diskriminierung ohne konkret-

individuelle Benachteiligung zeigt (EuGH 10.7.2008 – C-54/07 – Feryn, NJW 2008, 2767).

Art. 2 IV setzt voraus, dass der **Normadressat** eine andere Person zu einem Verhalten 67 bestimmt, das einen Beschäftigten wegen eines in Art. 1 benannten Grundes benachteiligt oder benachteiligen kann. Im Zentrum des Schutzes vor diskriminierenden Anweisungen steht somit nicht die Person des Angewiesenen, sondern die an ihn gerichtete Anweisung (MHdBArbR/*Oetker* § 14 Rn. 63). Die Anweisung muss sich auf eine nach Art. 2 I unzulässige Diskriminierung oder auf einen kraft gesetzlicher Fiktion gleichgestellten Tatbestand beziehen. Art. 2 IV erfasst somit auch die Anweisung zur Belästigung gem. Art. 2 III 1. Eine Anweisung setzt regelmäßig eine **Anweisungsbefugnis** voraus (*Thüsing* NZA Sonderbeil. 22/2004, 3 [8]). Ob der Angewiesene die Tat wirklich ausführt, ist für den Tatbestand des Art. 2 IV nicht erheblich. Kommt es nicht zu einer konkret-individuellen Diskriminierung, hat der potentiell Betroffene allerdings keinen eigenen Schaden erlitten. Allenfalls könnte man an einen Anspruch auf Entschädigung wegen einer Verletzung des Persönlichkeitsrechts denken, was freilich etwas gekünstelt wirkt (**aA** *Thüsing* NZA Sonderbeil. 22/2004, 3 [8]: die Hälfte). Demgemäß hat der EuGH entschieden, dass die nach Art. 17 im nationalen Recht vorzusehenden Sanktionen zwar auch dann wirksam, verhältnismäßig und abschreckend sein müssen, wenn es kein identifizierbares Opfer gibt (EuGH 25.4.2013 – C-81/12 Rn. 61 – Asociatia ACCEPT, NZA 2013, 891). Insbesondere reicht es nicht aus, eine rein symbolische Sanktion vorzusehen (EuGH 25.4.2013 – C-81/12 Rn. 64 – Asociatia ACCEPT, NZA 2013, 891). Es ist aber – zusätzlich zur Unwirksamkeit der Anweisung – kein Ersatzanspruch in Geld erforderlich, wenn die Sanktion etwa mit einem angemessenen Grad an Öffentlichkeit einhergeht (etwa im Rahmen einer auf Unterlassung gerichteten Verbandsklage) und sie iRd Art. 10 I den Nachweis (künftiger) Diskriminierungen wegen gleichgelagerter Verstöße erleichtert (EuGH 25.4.2013 – C-81/12 Rn. 68 – Asociatia ACCEPT, NZA 2013, 891).

F. Ordre-Public-Vorbehalt

Gem. Art. 2 V berührt diese Richtlinie nicht die im einzelstaatlichen Recht vorgesehenen 68 Maßnahmen, die in einer demokratischen Gesellschaft für die **Gewährleistung der öffentlichen Sicherheit**, die **Verteidigung der Ordnung** und **die Verhütung von Straftaten**, zum **Schutz der Gesundheit** und zum **Schutz der Rechte und Freiheiten anderer** notwendig sind. Der EuGH interpretiert die Vorschrift als eng auszulegende Ausnahme vom Grundsatz der Nichtdiskriminierung wegen der in Art. 1 benannten Gründe (EuGH 12.1.2010 – C-341 Rn. 44 ff. – Petersen, EuZW 2010, 137 mit Bespr. *Mohr* EuZA 2010, 371 [380]; 13.9.2011 – C-447/09 Rn. 54 ff. – Prigge, NJW 2011, 3209; 12.12.2013 – C-267/12 Rn. 45 f. – Hay, NZA 2014, 153; so auch *Mohr* SAE 2007, 16 [21]; *Mohr* SAE 2013, 36 [40 f.]). Hiernach wollte der Unionsgesetzgeber mit dieser Regelung auf dem Gebiet von Beschäftigung und Beruf dem Entstehen eines Spannungsfelds zwischen dem in Art. 2 I als Diskriminierungsverbot definierten „Grundsatz der Gleichbehandlung" und den in Art. 2 V aufgeführten Rechtsgütern und Rechten „vorbeugen und vermittelnd eingreifen" (EuGH 13.9.2011 – C-447/09 Rn. 55 – Prigge, NJW 2011, 3209; dazu *Mohr* SAE 2013, 36 [40 f.]). Aus diesen Gründen gelten die in der RL 2000/78/EG aufgestellten Grundsätze in den in Art. 2 V aufgeführten Fallgestaltungen (s. zu diesen EuGH 12.12.2013 – C-267/12 Rn. 46 – Hay, NZA 2014, 153) nicht für solche Maßnahmen, die Ungleichbehandlungen wegen eines der in Art. 1 genannten Gründe enthalten, sofern diese Maßnahmen zum Erreichen der oben genannten Ziele „notwendig" sind (EuGH 13.9.2011 – C-447/09 Rn. 55 – Prigge, NJW 2011, 3209). In diesem Sinne normiert Erwägungsgrund 18, dass mit dieser Richtlinie insbesondere den Streitkräften sowie der Polizei, den Haftanstalten oder den Notfalldiensten unter Berücksichtigung des rechtmäßigen Ziels, die Einsatzbereitschaft dieser Dienste zu wahren, nicht zur Auflage gemacht werden darf, Personen einzustellen oder weiter zu beschäftigen, die nicht den jeweiligen Anforderungen entsprechen, um sämtliche Aufgaben zu erfüllen, die ihnen übertragen werden können.

69 Eine ähnliche Vorschrift wie Art. 2 V findet sich für die Arbeitnehmerfreizügigkeit in **Art. 45 III Hs. 1 AEUV** (s. *Mohr* Diskriminierungen 240). Hiernach steht die Freizügigkeit der Arbeitnehmer unter dem Vorbehalt von Beschränkungen aus Gründen der öffentlichen Ordnung, der Sicherheit und der Gesundheit. Vergleichbare Ordre-public-Vorbehalte gelten auch für den freien Warenverkehr gem. Art. 36 AEUV, die Niederlassungsfreiheit gem. Art. 52 I AEUV, die Dienstleistungsfreiheit gem. Art. 62 iVm Art. 59 I AEUV sowie für den freien Kapital- und Zahlungsverkehr gem. Art. 65 I lit. b AEUV (s. Streinz/*Franzen* AEUV Art. 45 Rn. 125; Calliess/Ruffert/*Brechmann* AEUV Art. 45 Rn. 95). Der EuGH legt den Begriff der öffentlichen Ordnung gem. Art. 45 III Hs. 1 AEUV unter Beachtung eines Beurteilungsspielraums der Mitgliedstaaten einheitlich aus. Er interpretiert Art. 45 III Hs. 1 AEUV als Ausnahmebestimmung von einem fundamentalen Grundsatz der Union eng, indem er eine Verhältnismäßigkeitsprüfung vornimmt, wonach eine **tatsächliche und hinreichend schwere Gefährdung vorliegen muss, die ein Grundinteresse der Gesellschaft berührt** (EuGH 27.11.1977 – 30/77 – Bouchereau, NJW 1978, 479 [480]; EuGH 18.5.1989 – 249/86 Rn. 16 ff. – Kommission/Deutschland, NJW 1989, 745; so auch Streinz/*Franzen* AEUV Art. 45 Rn. 132).

70 Die Grundsatzentscheidung des EuGH zu Art. 2 „Petersen" betraf **Höchstaltersgrenzen** für die Ausübung des Berufs eines Vertragszahnarztes in der gesetzlichen Krankenversicherung, also eine unmittelbare Diskriminierung wegen des Alters (EuGH 12.1.2010 – C-341 Rn. 44 ff. – Petersen, EuZW 2010, 137 mit Bespr. *Mohr* EuZA 2010, 371 [380]). Ein solches Verhalten konnte somit nicht nach Art. 2 II lit. b Nr. i gerechtfertigt werden (EuGH 12.12.2013 – C-267/12 Rn. 45 f. – Hay, NZA 2014, 153). Der EuGH prüfte die Zulässigkeit der Altersgrenze hinsichtlich der mit der Regelung verfolgten Ziele „Schutz der Gesundheit der Patienten" und „Wahrung des finanziellen Gleichgewichts der gesetzlichen Krankenversicherung" vielmehr anhand von Art. 2 V (nicht problematisiert von *Preis/ Temming* NZA 2010, 185 [195]; *Röbke* EuZW 2010, 142 [146]). Generalanwalt *Bot* begründete diese Vorgehensweise in seinen Schlussanträgen damit, dass sich der Gesundheitsschutz schwerlich als „sozialpolitisches Ziel" iSd Art. 6 I UAbs. 1 einstufen lasse (SA des GA *Bot* 3.9.2009 – C-341/08 Rn. 55 – Petersen, BeckRS 2009, 70918; → Art. 6 Rn. 9). Hinsichtlich der konkreten Prüfdichte legt die *Petersen*-Entscheidung eine Willkürkontrolle nahe (EuGH 12.1.2010 – C-341/08 Rn. 63 f. – Petersen, EuZW 2010, 137; so auch *Mohr* EuZA 2010, 371 [381]). Der vom EuGH betonte Grundsatz der „engen Auslegung" (EuGH 13.9.2011 – C-447/09 Rn. 56 – Prigge, NJW 2011, 3209; 12.12.2013 – C-267/12 Rn. 46 – Hay, NZA 2014, 153) wäre bei einer solchen Lesart auf den personellen und sachlichen Geltungsbereich der Norm und nicht auf den Rechtfertigungsmaßstab bezogen.

71 In der *Prigge*-Entscheidung ging es um **tarifvertraglich festgelegte Altersgrenzen für Piloten von 60 Jahren** (EuGH 13.9.2011 – C-447/09 – Prigge, NJW 2011, 3209; dazu *Mohr* SAE 2013, 36 ff.; *Schubert* ZfA 2013, 1 [26 ff.]). Die Altersgrenze beinhaltete eine unmittelbare Diskriminierung wegen des Alters iSd Art. 2 II lit. a. Nach Ansicht des EuGH konnte diese nicht gerechtfertigt werden, da nationale und internationale Regelungen das Höchstalter auf 65 Jahre festlegten (s. schon *Kamanabrou/Wietfeld* SAE 2010, 269 [273]). Außerdem sei es nicht notwendig gewesen, die Tätigkeit ab 60 Jahren ganz zu verbieten. Man könne diese vielmehr auch beschränken (EuGH 13.9.2011 – C-447/09 Rn. 63 – Prigge, NJW 2011, 3209). Im Ergebnis erlaubt der EuGH somit keine strengeren nationalen Vorschriften zum Schutz von Leben und Gesundheit der Flugzeugpassagiere (krit. *Krieger* NJW 2011, 3214). Im Schrifttum wird dieses Ergebnis auch darauf zurückgeführt, dass im Konzern für andere Unternehmen tarifliche Altersgrenzen von 65 Jahren gegolten hätten, weshalb die Regelung inkohärent gewesen sei (*Schubert* ZfA 2013, 1 [29]; **aA** wegen der fehlenden Vergleichbarkeit von Tarifverträgen unterschiedlicher Sozialpartner → Art. 6 Rn. 28). Ein angemessener Schutz des Lebens und der Gesundheit von Personen lässt sich schwerlich damit versagen, dass andere Personen – ob zu Recht oder zu Unrecht – nicht

geschützt werden. Die *Prigge*-Entscheidung verdeutlicht somit die Grenzen eines extensiv verstandenen Schutzes vor Diskriminierungen wegen des Alters, der vor dem Schutz der in Art. 2 V normierten Rechtsgüter zurückstehen muss, will er sich nicht selbst delegitimieren.

Art. 3 Geltungsbereich

(1) Im Rahmen der auf die Gemeinschaft übertragenen Zuständigkeiten gilt diese Richtlinie für alle Personen in öffentlichen und privaten Bereichen, einschließlich öffentlicher Stellen, in Bezug auf

a) die Bedingungen – einschließlich Auswahlkriterien und Einstellungsbedingungen – für den Zugang zu unselbständiger und selbständiger Erwerbstätigkeit, unabhängig von Tätigkeitsfeld und beruflicher Position, einschließlich des beruflichen Aufstiegs;
b) den Zugang zu allen Formen und allen Ebenen der Berufsberatung, der Berufsausbildung, der beruflichen Weiterbildung und der Umschulung, einschließlich der praktischen Berufserfahrung;
c) die Beschäftigungs- und Arbeitsbedingungen, einschließlich der Entlassungsbedingungen und des Arbeitsentgelts;
d) die Mitgliedschaft und Mitwirkung in einer Arbeitnehmer- oder Arbeitgeberorganisation oder einer Organisation, deren Mitglieder einer bestimmten Berufsgruppe angehören, einschließlich der Inanspruchnahme der Leistungen solcher Organisationen.

(2) Diese Richtlinie betrifft nicht unterschiedliche Behandlungen aus Gründen der Staatsangehörigkeit und berührt nicht die Vorschriften und Bedingungen für die Einreise von Staatsangehörigen dritter Länder oder staatenlosen Personen in das Hoheitsgebiet der Mitgliedstaaten oder deren Aufenthalt in diesem Hoheitsgebiet sowie eine Behandlung, die sich aus der Rechtsstellung von Staatsangehörigen dritter Länder oder staatenlosen Personen ergibt.

(3) Diese Richtlinie gilt nicht für Leistungen jeder Art seitens der staatlichen Systeme oder der damit gleichgestellten Systeme einschließlich der staatlichen Systeme der sozialen Sicherheit oder des sozialen Schutzes.

(4) Die Mitgliedstaaten können vorsehen, dass diese Richtlinie hinsichtlich von Diskriminierungen wegen einer Behinderung und des Alters nicht für die Streitkräfte gilt.

Übersicht

	Rn.
A. Überblick	1
B. Persönlicher Anwendungsbereich	4
C. Sachlicher Anwendungsbereich	11
I. Bedingungen für den Zugang zur Erwerbstätigkeit	12
1. Begründung von Dienst- oder Arbeitsverträgen	12
2. Vermutungstatsachen für eine Zugangsdiskriminierung	14
3. Beruflicher Aufstieg	17
II. Berufsberatung, berufliche (Aus-)Bildung, berufliche Weiterbildung, praktische Berufserfahrung	18
III. Beschäftigungs-, Arbeits- und Entlassungsbedingungen	19
1. Beschäftigungs- und Arbeitsbedingungen	19
2. Entlassungsbedingungen	20
3. Arbeitsentgelt	22
IV. Mitgliedschaft in Vereinigungen	29
D. Unterschiedliche Behandlung aus Gründen der Staatsangehörigkeit	31
E. Staatliche Systeme der sozialen Sicherheit	32
F. Streitkräfte	34

A. Überblick

1 Art. 3 I behandelt den **persönlichen** sowie den **sachlichen Anwendungsbereich** der Richtlinie. Der Vorbehalt der „auf die Gemeinschaft übertragenen Zuständigkeiten" bezieht sich auf die Ermächtigungsgrundlage des Art. 19 I AEUV, nicht auf das Grundrecht gegen Diskriminierungen gem. Art. 21 I GRC, schon weil dieses nach Art. 51 I 1 GRC selbst unter dem Vorbehalt steht, dass der Anwendungsbereich des Unionsrechts eröffnet ist (krit. *Forst* EuZA 2015, 241 [244 f.]). Der **zeitliche Anwendungsbereich** der Richtlinie ist nicht in Art. 3, sondern in Art. 18 normiert.

2 Art. 3 II enthält eine Bereichsausnahme für **Diskriminierungen wegen der Staatsangehörigkeit** und für das **Aufenthaltsrecht**. Art. 3 III nimmt **Systeme der sozialen Sicherheit** ebenfalls aus dem Geltungsbereich aus. Nach Art. 3 IV können die Mitgliedstaaten schließlich vorsehen, dass die Richtlinie hinsichtlich Diskriminierungen wegen einer Behinderung und wegen des Alters nicht für die Streitkräfte gilt.

3 Der EuGH geht zunehmend dazu über, den Anwendungsbereich der RL 2000/78/EG unter mehreren Gesichtspunkten zu bejahen. So soll etwa eine **Altersgrenze für die Zulassung zur ärztlichen Tätigkeit** (EuGH 12.1.2010 – C-341/08 Rn. 32 – Petersen, EuZW 2010, 137) ebenso wie eine **Höchstaltersgrenze für die Einstellung bei der Berufsfeuerwehr** eine Bedingung für den Zugang zur selbständigen Tätigkeit iSv Art. 3 I lit. a bedeuten (EuGH 12.1.2010 – C-229/08 Rn. 25 ff. – Wolf, EuZW 2010, 142). Zusätzlich kann eine Altersgrenze für die Einstellung als Beschäftigungs- und Arbeitsbedingung iSv Art. 3 I 1 lit. c angesehen werden (EuGH 12.1.2010 – C-229/08 Rn. 25 ff. – Wolf, EuZW 2010, 142) Demgegenüber hat der EuGH eine allg. Altersgrenze in der Entscheidung *Palacios de la Villa* als „Entlassungsbedingung" gem. Art. 3 I lit. c eingestuft (EuGH 16.10.2007 – C-411/05 Rn. 42 ff. – Palacios de la Villa, NZA 2007, 1219). Die Differenzierung beruht allem Anschein nach auf dem Umstand, dass es einem Vertragsarzt nach dem Ende der Zulassung zur kassenärztlichen Versorgung freisteht, weiterhin Patienten auf der Grundlage eines privatrechtlichen Vertragsverhältnisses zu behandeln. Ob man hieraus schließen kann, dass sich der EuGH der im deutschen Schrifttum vertretenen Ansicht anschließt, eine Regelung über die Beendigung einer Tätigkeit bedeute immer zugleich eine Bedingung für den Berufszugang (*Thüsing* AGG Rn. 98), erscheint aber zweifelhaft (s. aber → Art. 2 Rn. 19). Wortlaut und Gesetzessystematik sprechen gegen eine derartige Gleichsetzung (*Willemsen/Schweibert* NJW 2006, 2583 [2584]). Bestimmungen für die Einordnung von neu eingestellten Arbeitnehmern in **Verwendungsgruppen,** die sich auf das Entgelt auswirken, beziehen sich nach Ansicht des EuGH sowohl auf die Bedingungen für den Zugang zur Erwerbstätigkeit, als auch auf die Einstellungsbedingungen, als auch auf das Arbeitsentgelt iSv Art. 3 I lit. a und lit. c (EuGH 7.6.2012 – C-132/11 Rn. 24 – Tyrolean Airways, NZA 2012, 742). Auch daran zeigt sich, dass der EuGH zunehmend auf eine trennscharfe Abgrenzung des sachlichen Anwendungsbereichs verzichtet.

B. Persönlicher Anwendungsbereich

4 Der persönliche Anwendungsbereich des Art. 3 I erfasst „**alle Personen im öffentlichen und privaten Bereich, einschließlich öffentlicher Stellen**". In Zusammenschau mit dem Titel der Richtlinie und den Erwägungsgründen sowie nach ihrem Inhalt und der Zielsetzung geht der EuGH davon aus, dass „**jeder**" in Beschäftigung und Beruf wirksam vor Diskriminierungen wegen der in Art. 1 erfassten Gründe geschützt werden muss (EuGH 13.11.2014 – C-416/13 Rn. 28 – Vital Pérez, NVwZ 2015, 427). Die Formulierung erinnert an die *Courage*-Rechtsprechung des EuGH zum europäischen Wettbewerbsrecht, wonach „jedermann" die Nichtigkeit einer wettbewerbsbeschränkenden Vereinbarung einwenden und entsprechend den Vorgaben des nationalen Rechts einen delikti-

schen Anspruch auf Schadensersatz geltend machen darf, sofern er durch einen Verstoß gegen Vorschriften des Wettbewerbsrechts negativ betroffen ist (s. zu Art. 101 AEUV EuGH 20.9.2001 – C-453/99 Rn. 26 – Courage, Slg. 2001, I-6297; vgl. zu Art. 102 AEUV EuGH 14.6.2011 – C-360/09 Rn. 28 – Pfleiderer, EuZW 2011, 598; dazu *Mohr* ZWeR 2011, 383 [384]). **Normadressaten** der Diskriminierungsverbote sind alle Dienst- und Arbeitgeber, unabhängig davon, ob ein **privates Rechtsverhältnis** (EuGH 13.11.2014 – C-416/13 Rn. 28 – Vital Pérez, NVwZ 2015, 427) oder ein **öffentlich-rechtliches Sonderstatusverhältnis** in Rede steht (s. für deutsche Landesbeamte EuGH 12.1.2010 – C-229/08 Rn. 26 – Wolf, EuZW 2010, 142 mit Bespr. *Mohr* EuZA 2010, 371 [372 ff.]).

Wie ein Blick auf die Regelbeispiele des Art. 3 I zeigt, werden die geschützten Personen 5 nicht in sämtlichen Lebenslagen, sondern nur in Rechtsverhältnissen mit Bezug zu Beschäftigung und Beruf geschützt. So sind unter den zentralen Begriff der **Erwerbstätigkeit** gem. Art. 3 I lit. a sämtliche Dienstleistungen zu subsumieren, für die der Bewerber aus der angestrebten Tätigkeit eine **Gegenleistung** erhält, die zur Schaffung einer Lebensgrundlage dient (*Schmidt/Senne* RdA 2002, 80 [82]).

Die **Unselbständigkeit** einer Erwerbstätigkeit steht synonym für die Eigenschaft als 6 **Arbeitnehmer**. Der Status eines Arbeitnehmers bestimmt sich unionsrechtlich anhand objektiver Kriterien, die das Arbeitsverhältnis im Hinblick auf die Rechte und Pflichten der Betroffenen kennzeichnen. Nach st. Rspr. des EuGH besteht das wesentliche Merkmal des Arbeitsverhältnisses darin, dass eine Person während einer bestimmten Zeit für eine andere **nach deren Weisung** Leistungen erbringt, für die sie als Gegenleistung eine **Vergütung** erhält (EuGH 4.12.2014 – C-413/13 Rn. 34 – FNV Kunsten Informatie en Media, NZA 2015, 55; 10.9.2014 – C-270/13 Rn. 28 – Haralambidis, EuZW 2014, 946; 11.11.2010 – C-232/09 Rn. 39 – Danosa, NZA 2011, 143; s. ebenfalls EuGH 20.9.2007 – C-116/06 Rn. 25 – Kiiski, NZA 2007, 1274; 6.11.2003 – C-413/01 Rn. 23 f. – Ninni-Orasche, NZA 2014, 87; *Wank* RdA 2011, 178 [180]). Die Weisungsgebundenheit einer Person bestimmt sich grds. danach, „inwieweit ihre Freiheit bei der Wahl von Zeit, Ort und Inhalt ihrer Arbeit eingeschränkt" ist (EuGH 13.1.2004 – C-256/01 Rn. 72 – Allonby, EuZW 2004, 210). Zu beurteilen sind die „Gesamtheit der jeweiligen Faktoren und Umstände […], die die Beziehungen zwischen den Parteien charakterisieren", also auch „die Beteiligung an den geschäftlichen Risiken des Unternehmens […] und der freie Einsatz eigener Hilfskräfte" (EuGH 14.12.1989 – C 3/87 Rn. 36 – Agegate, Slg. 1989, 4459). Die Person muss eine „tatsächliche und echte Tätigkeit" ausüben, „wobei Tätigkeiten außer Betracht bleiben, die einen so geringen Umfang haben, dass sie sich als völlig untergeordnet und unwesentlich darstellen" (EuGH 28.2.2013 – C-544/11 Rn. 30 – Petersen, DStRE 2013, 661).

Art. 3 I lit. a dehnt den Anwendungsbereich der Richtlinie auf die **selbständige Tätig-** 7 **keit** aus (*Mohr* ZHR 178, 2014, 326 [338 ff.]). Bereits vor Inkrafttreten der RL 2000/78/EG hat der EuGH die Bedingungen für den Verkauf einer Kassenarztpraxis anhand des arbeitsrechtlichen Diskriminierungsverbots wegen des Geschlechts kontrolliert (EuGH 6.4.2000 – C-226/98 – Jorgensen, AP EWG-Richtlinie 76/207 Nr. 21). Er unterstellt auch Höchstaltersgrenzen für die Ausübung des Berufs als Vertragszahnarzt dem Diskriminierungsverbot der RL 2000/78/EG, unabhängig davon, ob eine unselbständige oder eine selbständige Tätigkeit in Rede steht (EuGH 12.1.2010 – C-341/08 Rn. 32 f. – Petersen, EuZW 2010, 137). Ein Dienstleistungserbringer verliert seine Eigenschaft als unabhängiger (selbständiger) Wirtschaftsteilnehmer, wenn er sein Verhalten auf dem Markt nicht selbstständig bestimmt, sondern vollkommen abhängig von seinem Auftraggeber ist, weil er **keines der finanziellen und wirtschaftlichen Risiken aus dessen Geschäftstätigkeit trägt** und **als Hilfsorgan in sein Unternehmen eingegliedert ist** (EuGH 14.12.2006 – C-217/05 Rn. 43 f. – Confederación, EuZW 2007, 150). Auch die formale Einstufung als Selbständiger schließt es somit nicht aus, dass eine Person unionsrechtlich als Arbeitnehmer einzustufen ist, wenn ihre Selbständigkeit ein Arbeitsverhältnis lediglich „verschleiert" (EuGH 4.12.2014 – C-413/13 Rn. 35 – FNV Kunsten Informatie en Media, NZA 2015,

55; 11.11.2010 – C-232/09 Rn. 41 – Danosa, NZA 2011, 143). Daraus folgt, dass die Eigenschaft als „Arbeitnehmer" iSd Unionsrechts nicht dadurch berührt wird, dass eine Person aus steuerlichen, administrativen oder verwaltungstechnischen Gründen nach innerstaatlichem Recht als selbständiger Dienstleistungserbringer beschäftigt wird, sofern sie **nach Weisung ihres Auftraggebers handelt,** insbesondere was ihre Freiheit bei der Wahl von Zeit, Ort und Inhalt ihrer Arbeit angeht (EuGH 4.12.2014 – C-413/13 Rn. 36 – FNV Kunsten Informatie en Media, NZA 2015, 55).

8 Umstritten ist die Einordnung der Tätigkeit von **Organen juristischer Personen** als selbständige oder als unselbständige Tätigkeit. Nach Ansicht des EuGH können **GmbH-Fremdgeschäftsführer** als Arbeitnehmer iSd Unionsrechts einzustufen sein (EuGH 11.11.2010 – C-232/09 Rn. 43 ff. – Danosa, NZA 2011, 143). In der *Danosa*-Entscheidung ging es um die Bewertung des Rechtsverhältnisses einer Fremdgeschäftsführerin zu einer lettischen Gesellschaftsform, die Ähnlichkeiten zur GmbH aufweist. Die Fremdgeschäftsführerin berief sich auf Vorschriften zum Mutterschutz, die nur für Arbeitnehmer gelten. Der EuGH stellte fest, dass „ein Mitglied der Unternehmensleitung, das gegen Entgelt Leistungen gegenüber der Gesellschaft erbringt, die es bestellt hat und in die es eingegliedert ist, das seine Tätigkeit nach der Weisung oder unter der Aufsicht eines anderen Organs dieser Gesellschaft ausübt und das jederzeit ohne Einschränkung von seinem Amt abberufen werden kann," jedenfalls „dem ersten Anschein" nach die Voraussetzungen erfüllt, um als Arbeitnehmer iSd Unionsrechts zu gelten (EuGH 11.11.2010 – C-232/09 Rn. 51 – Danosa, NZA 2011, 143). Die knappe Formulierung hat im deutschen Schrifttum eine rege Diskussion über die Frage entfacht, unter welchen Bedingungen Leitungsorgane unionsrechtlich als Arbeitnehmer anzusehen sind (Nachweise bei *Mohr* ZHR 178, 2014, 326 [340 Fn. 99]). Im Schrifttum wird dies überwiegend für **GmbH-Fremdgeschäftsführer** und **Gesellschafter-Geschäftsführer mit Minderheitsbeteiligung** bejaht (etwa *Bauer/Arnold* ZIP 2008, 993 [995]; *Bauer/Arnold* ZIP 2012, 597 [599]; *Schubert* ZESAR 2013, 5 [12]; *Schubert* ZIP 2013, 289). Anders als im Verhältnis zwischen Aktionären bzw. Aufsichtsräten und AG-Vorständen hätten GmbH-Gesellschafter eine den Geschäftsführern übergeordnete Geschäftsführungskompetenz. Letztere könnten jederzeit von ihrer Organstellung abberufen werden, sofern sie kein uneingeschränktes Vertrauen der Gesellschafter mehr genössen (*Kruse/Stenslik* NZA 2013, 596 [597]). Die Begründung des EuGH stützt diese Interpretation nicht zwingend (*Mohr* ZHR 178, 2014, 326 [340]). So dient das Merkmal der **„Eingliederung"** vornehmlich dazu, Personen aus dem Arbeitnehmerbegriff auszugrenzen, die „externe Dienstleistungen" erbringen, wie etwa selbständige Rechtsanwälte oder Wirtschaftsprüfer. Demgegenüber erbringen Organe ihre Tätigkeit dauerhaft unter Rückgriff auf die personellen, sachlichen und immateriellen Ressourcen der Gesellschaft (so – im Ergebnis kritisch – *Preis/Sagan* ZGR 2013, 26 [41]). Problematischer ist die Voraussetzung einer Tätigkeit **„unter Weisung oder Aufsicht eines anderen Gesellschaftsorgans"**, die zu einem rechtlich relevanten **„Unterordnungsverhältnis"** führt (EuGH 11.11.2010 – C-232/09 Rn. 44 ff. – Danosa, NZA 2011, 143). Daraus kann nicht abgeleitet werden, der EuGH habe in *Danosa* die Anforderungen an die Arbeitnehmereigenschaft generell abgesenkt: Auch wenn eine Person bei der Wahrnehmung ihrer Aufgaben über einen Ermessensspielraum verfüge, könne sie Arbeitnehmer sein, sofern sie nur einer anderen Person oder einem anderen Organ, das sie nicht selbst kontrolliere, **Rechenschaft schulde** und **jederzeit aus ihrem Amt abberufen** werden könne (*Ziemons* KSzW 2013, 19 [20]). Ein derart wörtlich-formalistisches Verständnis der EuGH-Entscheidung kann nicht überzeugen, schon weil sich Rechenschaftspflichten nicht nur aus Organverhältnissen, sondern auch aus fremdnützigen Schuldverhältnissen wie der Geschäftsführung ohne Auftrag ergeben können (ebenso *Preis/Sagan* ZGR 2013, 26 [42]; *Kort* NZG 2013, 601 [606]). Auch die Existenz eines Weisungsrechts spricht nicht per se für eine Arbeitnehmereigenschaft, da dieses auch Werkbestellern zustehen kann (so schon *Boemke* ZfA 1998, 209 [213]). Entscheidend kann deshalb nur die besondere Qualität des Weisungsrechts in persönlicher und wirtschaftlicher Hinsicht sein (*Mohr* ZHR 178, 2014, 326 [341]). Hiernach kann die

konkrete Ausgestaltung des Organverhältnisses ein Indiz für eine Arbeitnehmerstellung sein. Unterliegt ein Leitungsorgan umfassenden organschaftlichen Weisungen, spricht dies dafür, dass es auch in seiner Tätigkeit fremdbestimmt ist. Eben dies scheint der Ansatz des EuGH in *Danosa* zu sein (EuGH v. 11.11.2010 – C-232/09 Rn. 48, 50 f. – Danosa, NZA 2011, 143). **Ein umfassendes organschaftliches Weisungsverhältnis indiziert somit die Weisungsabhängigkeit der Dienstleistung. Die dadurch bewirkte Indizwirkung kann aber vom Unternehmen widerlegt werden.**

Überträgt man die vorstehenden Grundsätze auf das deutsche Recht, ist neben den allg. **9** Kriterien zur Abgrenzung von Arbeitnehmern und Selbständigen entscheidend, ob das **(Dienst-)Vertragsverhältnis eines Organs durch die gesellschaftsrechtlich herausgehobene Stellung geprägt wird** (*Boemke* ZfA 1998, 209 [210]; *Mohr* ZHR 178, 2014, 326 [334 f.]). Nach dem Trennungsprinzip ist zwar grds. zwischen organschaftlicher Bestellung und schuldrechtlicher Anstellung zu differenzieren (BGH 28.10.2002 NJW 2003, 351; BAG 25.10.2007 NZA 2008, 168). Dieses Prinzip basiert freilich auf einem juristischen Kunstgriff, der auch von der Abstraktion der Vertretungsmacht von der Geschäftsführungsmacht bekannt ist (*Säcker* BB 1979, 1321). Es dient anders als dort aber nicht allein dem Schutz des Rechtsverkehrs, sondern soll auch gewährleisten, dass die Gesellschaft nach Bestellung des Organs durch das zuständige Kreationsorgan in Ruhe den Anstellungsvertrag aushandeln kann (*Säcker* BB 1979, 1321). Bestellung und Anstellung sind somit zwar abstrakt, weshalb sie sich unabhängig voneinander entwickeln können. Ebenso wie im allg. Zivilrecht stehen beide Rechtsverhältnisse aber nicht beziehungslos nebeneinander (s. § 168 S. 1 BGB). So werden umfassende Einschränkungen der unternehmerischen Entscheidungsbefugnisse in der Rechtswirklichkeit häufig auch mit einer engen persönlichen Weisungsabhängigkeit einhergehen (*Mohr* ZHR 178, 2014, 326 [335]). Umgekehrt lassen umfassende Unternehmer- und Arbeitgeberbefugnisse eines Organs vermuten, dass auch das Dienstverhältnis eines Organmitglieds nicht dem Arbeitsrecht unterfällt (*Henssler* RdA 1992, 289 [294]). **Die Anstellungsebene wird somit nach Inhalt und Struktur maßgeblich durch die Organebene geprägt** (*Boemke* ZfA 1998, 209 [216]; *G. Hueck* ZfA 1985, 25 [33]). In der Rechtswirklichkeit wird es freilich auch den Gesellschaftern einer GmbH nicht immer möglich sein, das Rechtsverhältnis zu den Geschäftsführern jederzeit ohne Einschränkungen zu beenden. Der fehlende organschaftliche Schutz wird hier nämlich häufig durch die Ausgestaltung des Dienstvertrags kompensiert (zur vertraglich vereinbarten Geltung des KSchG s. BGH 10.5.2010 NZA 2010, 899). Sofern man demgegenüber die freie Abberufbarkeit iSd § 38 I GmbHG als ausreichend ansehen wollte, um die Arbeitnehmereigenschaft zu begründen, also nur auf die Organstellung blickte, träfe dies jedenfalls nur für Minderheitsgesellschafter-Geschäftsführer und Fremdgeschäftsführer zu; denn ein Geschäftsführer, der bestimmenden Einfluss auf die Gesellschafterversammlung ausübt, kann nicht gegen seinen Willen abberufen werden (*Wank* EWiR Art. 10 RL 92/85/EWG 1/2011, 27 [28]; *Junker* NZA 2011, 950 [951]). Keine Änderungen bringt die *Danosa*-Rechtsprechung für **Vorstandsmitglieder einer AG** (*Kruse/Stenslik* NZA 2013, 596 [601]; zum Geschäftsführer eines VVaG s. *Schubert* ZESAR 2013, 5 [9]; aA *Ziemons* KSzW 2013, 19). AG-Vorstände sind nach § 76 I AktG organschaftlich weisungsfrei und können nach § 84 III 1 AktG durch den Aufsichtsrat nur aus wichtigem Grund abberufen werden (*Hohenstatt/Naber* ZIP 2012, 1989 [1990]). Zwar gilt als wichtiger Grund bereits der Entzug des Vertrauens der Hauptversammlung. Dies gibt jedoch nicht zwangsläufig einen wichtigen Grund auch für die außerordentliche Kündigung des befristeten Anstellungsverhältnisses nach § 626 BGB (*Mohr* ZHR 178, 2014, 326 [343]).

Der BGH erstreckt den Schutzbereich der Vorschriften gegen Diskriminierungen nicht **10** nur auf die schuldrechtliche Anstellung, sondern auch auf die **organschaftliche Bestellung** (BGH 23.4.2012 NJW 2012, 2346 Rn. 19, unter Verweis auf die Formulierung des § 6 III AGG; ebenso *Oetker*, FS Otto, 2008, 361 [373]; *Lutter* BB 2007, 725 [726]; *Mansel*, FS Canaris I, 2007, 809 [815]; *Hoentzsch* S. 34). Unionsrechtlich ist dies in Ländern mit Trennungsprinzip aber nicht zwingend (*Mohr* ZHR 178, 2014, 326 [343]; *Bauer/Arnold* ZIP

2008, 793 [797]; *Preis/Sagan* ZGR 2013, 26 [38 f.]). So ist für die soziale Absicherung eines Geschäftsführers nicht seine Organstellung, sondern sein Dienstverhältnis maßgeblich. Demgegenüber überwiegt beim Organverhältnis das Interesse der Gesellschaft und ihrer Anteilseigner, nur solche Personen mit Leitungsaufgaben zu betrauen, die deren uneingeschränktes Vertrauen genießen (*Schubert* ZIP 2013, 289 [293]; **aA** *Kort* WM 2013, 1049 [1056]). Auch der *Danosa*-Entscheidung des EuGH kann keine Erstreckung des Diskriminierungsschutzes auf das Organverhältnis entnommen werden, schon weil weder das vorlegende Gericht noch der EuGH trennscharf zwischen Bestellung und Anstellung unterschieden haben (*Mohr* ZHR 178, 2014, 326 [344]; *Preis/Sagan* ZGR 2013, 26 [38]).

C. Sachlicher Anwendungsbereich

11 Art. 3 I bezieht den sachlichen Anwendungsbereich der Richtlinie auf **alle Stadien eines Dienst- und Arbeitsverhältnisses,** von seiner Begründung über die Durchführung bis zur Beendigung. Darüber hinaus werden auch **Qualifikationsmaßnahmen** sowie die **Mitgliedsschaft und Mitwirkung in Arbeitnehmer- und sonstigen Berufsorganisationen** erfasst. Schließlich greift die RL 2000/78/EG insbesondere bei Leistungen der betrieblichen Altersversorgung sogar noch nach Beendigung des Arbeitsverhältnisses, sofern die Leistungen einen Bezug zum Arbeitsverhältnis haben.

I. Bedingungen für den Zugang zur Erwerbstätigkeit

12 **1. Begründung von Dienst- oder Arbeitsverträgen.** Gem. Art. 3 I lit. a gilt die Richtlinie für alle Personen in Bezug auf „die Bedingungen – einschließlich Auswahlkriterien und Einstellungsbedingungen – für den Zugang zu unselbständiger und selbständiger Erwerbstätigkeit, unabhängig von Tätigkeitsfeld und beruflicher Position, einschließlich des beruflichen Aufstiegs". Die Begriffe **unselbständige** und **selbständige** Erwerbstätigkeit definieren den persönlichen Anwendungsbereich (→ Rn. 4). Unter eine **Erwerbstätigkeit** fallen sämtliche Tätigkeiten, für die eine Person eine **Gegenleistung** erhält, die zur **Schaffung einer Lebensgrundlage** dient (*Schmidt/Senne* RdA 2002, 80 [82]). Ob die Gegenleistung im konkreten Fall zur Deckung des Lebensunterhalts ausreicht, ist unerheblich; erfasst werden deshalb auch Tätigkeiten in Teilzeit (s. zur betrieblichen Altersversorgung EuGH 13.5.1986 – C-170/84 – Bilka, NZA 1996, 599; BAG 14.10.1986, AP EWG-Vertrag Art. 119 Nr. 11). Folglich ist es auch ohne Bedeutung, ob die Tätigkeit als Haupt- oder Nebentätigkeit erbracht wird (MHdBArbR/*Oetker* § 14 Rn. 13). **Ehrenamtliche Tätigkeiten** ohne Vergütung wie eine solche von Mitgliedern in Vereinen, Stiftungen oder von Amateursportlern bedeuten demgegenüber keine Erwerbstätigkeit (*Oetker*, GS Eckert, 2008, 617 [622]; *Reuter*, FS Adomeit, 2008, 595 [599 f.]).

13 Der **Zugang zur Erwerbstätigkeit** bezieht sich auf die Begründung eines Dauerschuldverhältnisses in Form eines Arbeits- oder Dienstvertrags. Der Geltungsbereich der RL 2000/78/EG erstreckt sich somit nicht allein auf bestehende Rechtsverhältnisse, sondern auch auf die Vertragsanbahnungsphase (zur Dogmatik *Adomeit*, FS Westermann, 2007, 19). Der Unionsgesetzgeber stuft Arbeits- und Dienstverhältnisse als begrenzte Güter ein, bei deren Verteilung auf den Bewerberkreis der Arbeit- oder Dienstgeber bestimmte Motive nicht verfolgen darf (*Krause*, FS Adomeit, 2008, 377 [380]). Nach Art. 3 I lit. a gilt die Richtlinie deshalb für alle von Art. 1 geschützten Personen, die eine Beschäftigung suchen, und zwar auch in Bezug auf die Auswahlkriterien und die Einstellungsbedingungen für die Beschäftigung (EuGH 19.4.2012 – C-415/10 Rn. 33 – Meister, NZA 2012, 493; 25.4.2013 – C-81/12 Rn. 44 – Asociatia ACCEPT, NZA 2013, 891). Im vorvertraglichen Bereich beeinflusst der Schutz vor Diskriminierungen sowohl die **Stellenausschreibung** als auch das **Auswahlverfahren** als auch die **konkrete Einstellungsentscheidung** (*Lingscheid* S. 71 ff.). Eine ungünstigere Behandlung iSd Art. 2 I liegt insbesondere in der benachteiligenden

Sachlicher Anwendungsbereich   **Art. 3 RL 2000/78/EG 520**

Nichteinstellung einer Person wegen eines geschützten Merkmals (vgl. EuGH 3.2.2000 – C-207/98 Rn. 20 – Mahlburg, NJW 2000, 1019; BAG 18.8.2009 NZA 2010, 222 Rn. 22). Sie kann jedoch auch bereits in der **Versagung der Chance auf Einstellung** etwa durch Nichteinladung zum Bewerbungsgespräch liegen (BAG 17.8.2010 NZA 2011, 153 Rn. 29; 19.8.2010 NZA 2010, 1412 Rn. 51; 5.2.2004 NZA 2004, 540 [543]). Die Eröffnung des sachlichen Anwendungsbereichs gem. Art. 3 I lit. a setzt aber nicht voraus, dass eine **Stelle öffentlich ausgeschrieben** wird, sofern etwa das System der Einstellung von Fußballprofis nicht auf einem öffentlichen Angebot oder direkten Verhandlungen nach einem Auswahlverfahren beruht, das die Einreichung von Bewerbungen und eine entsprechende Vorauswahl im Hinblick auf das Interesse, das sie für den Arbeitgeber haben, voraussetzt (EuGH 25.4.2013 – C-81/12 Rn. 45 – Asociatia ACCEPT, NZA 2013, 891).

2. Vermutungstatsachen für eine Zugangsdiskriminierung. Von der Eröffnung des   **14** sachlichen Anwendungsbereichs zu trennen sind Verhaltensweisen, die gem. Art. 10 I als **Vermutungstatsachen** für eine Diskriminierung beim Zugang zur Erwerbstätigkeit dienen können (dazu *Kania/Merten* ZIP 2007, 8 [12]; *von Medem* NZA 2007, 545; *Windel* RdA 2007, 1 [6]). Hierzu zählen **merkmalsspezifische Stellenanzeigen** (BAG 24.4.2008 NZA 2008, 1351 Rn. 35; 14.3.1989 NJW 1990, 67; BVerfG 16.11.1993 NZA 1994, 745; 21.9.2006 NZA 2007, 195), wobei die Rechtsprechung den Ausschreibungstext allein nach dem Wortlaut und nicht materiell-wertend interpretiert (zur Suche nach „Young Professionals" s. BAG 24.1.2013 NZA 2013, 498 Rn. 41 ff.; krit. deshalb *Mohr* NZA 2014, 459), weiterhin Verstöße gegen **Vorschriften, die die Einstellungschancen** (schwer-)behinderter Menschen **steigern sollen,** wie etwa die Kontaktaufnahme zur Agentur für Arbeit oder die Beteiligung der Schwerbehindertenvertretung am Auswahlverfahren, da hierdurch der Anschein erweckt werde, an der Beschäftigung (schwer-)behinderter Menschen uninteressiert zu sein und sogar möglichen Vermittlungsvorschlägen und Bewerbungen (schwer-)behinderter Menschen aus dem Weg gehen zu wollen (BAG 26.6.2014 BeckRS 2014, 73097 Rn. 45; 17.8.2010 NZA 2011, 153 Rn. 35; 23.6.2010 NZA 2010, 1361), auch wenn insoweit kein Automatismus greift, der eine Widerlegung durch den Normadressaten ausschließt (BAG 26.6.2014 BeckRS 2014, 73097 Rn. 46), schließlich etwa **handschriftliche Vermerke auf Lebensläufen** in Zusammenhang mit einem geschützten Merkmal, sofern diese nicht einer zulässigen Bevorzugung dieser Personen nach Art. 5 oder Art. 7 dienen (BAG 18.9.2014 BeckRS 2014, 73584 Rn. 31: „ein Kind 7 Jahre 31 alt!").

Eine Diskriminierung gerade wegen eines geschützten Merkmals ist nach Art. 10 I auch   **15** dann zu vermuten, wenn **der Arbeitgeber im Bewerbungsgespräch nach dem Merkmal fragt** (zur Schwangerschaft s. BAG 6.2.2003 NZA 2003, 848; so auch EuGH 3.2.2000 – C-207/98 Rn. 20 ff. – Mahlburg, NZA 2000, 255; zur Behinderung vgl. BAG 26.6.2014 BeckRS 2014, 73097 Rn. 52 ff.; 17.12.2009 NZA 2010, 383; 7.7.2011 NZA 2012, 34; *Bayreuther* NZA 2010, 679; zur Frage nach der Schwerbehinderung im bestehenden Arbeitsverhältnis s. BAG 16.2.2012 NZA 2012, 555). Ob eine Frage eine Diskriminierung vermuten lässt, bestimmt sich nach den §§ 133, 157 BGB aus der Sicht eines objektiven Erklärungsempfängers. Im Grundsatz gilt, dass Arbeitgeber nur dann direkt nach einem von Art. 1 geschützten Merkmal fragen dürfen, wenn die hierin liegende unmittelbare Anknüpfung an das Merkmal iSd Art. 2 II lit. a nach den Art. 2 V, Art. 4–7 zulässig ist, indem sie etwa eine wesentliche und entscheidende berufliche Anforderung bildet. Die Frage nach einem iSd Art. 2 II lit. b mittelbar mit einem geschützten Merkmal zusammenhängenden Kriterium wie der Häufigkeit von Vorerkrankungen (Behinderung) ist dann zulässig, wenn der Normadressat mit verhältnismäßigen Mitteln ein legitimes Differenzierungsziel gem. Art. 2 II lit. b Nr. i oder Nr. ii verfolgt. Hiernach lässt die Frage gegenüber einem dem Arbeitgeber bekannt schwerbehinderten Bewerber nach dem **Bedarf nach Hilfsmitteln** keine Diskriminierung wegen der Schwerbehinderung vermuten, sofern die Frage in erster Linie darauf abzielt, in Erfahrung zu bringen, wie der Arbeitsplatz im Falle einer positiven

Entscheidung für den Bewerber einzurichten ist; denn der Arbeitgeber will erkennbar seine Pflichten aus Art. 5, § 81 I 1 Nr. 5 SGB IX erfüllen, wonach der Arbeitsplatz eines Schwerbehinderten mit den erforderlichen technischen Arbeitshilfen auszustatten ist (BAG 21.2.2013 NZA 2013, 840 Rn. 54). Ob die Frage **mündlich formuliert** wird oder sich aus **Fragebögen** ergibt, ist materiell-rechtlich ohne Belang (BAG 12.5.2011 NZA-RR 2012, 43 Rn. 45). Die Diskriminierung liegt nach der Rechtsprechung nicht in der Frage selbst, sondern in der Versagung der Chance auf Einstellung (dazu mit Blick auf eine diskriminierende Verfahrensgestaltung BAG 17.8.2010 NZA 2011, 153 Rn. 29; *Wisskirchen/Bissels* NZA 2007, 169 [170]).

16   Von der Problematik einer indizierten Diskriminierung durch Frage nach einem geschützten Merkmal zu trennen sind die **allg. Grundsätze zum Fragerecht des Arbeitgebers.** Der Arbeitgeber darf grds. nur nach solchen Gesichtspunkten fragen, an deren Kenntnis er ein berechtigtes, billigenswertes und schutzwürdiges Interesse im Hinblick auf das Arbeitsverhältnis und seine Durchführung hat, das die Interessen des Arbeitnehmers überwiegt (BAG 20.5.1999 NJW 1999, 3653; 20.2.1986 NJW 1987, 397; 7.6.1984 NJW 1985, 645; *Boemke* RdA 2008, 129 [130]). Das **betriebliche Interesse des Arbeitgebers** muss so gewichtig sein, dass es das **Interesse des Bewerbers an der Geheimhaltung seiner privaten Lebensumstände** zum Schutz seines Persönlichkeitsrechts und der Unverletzlichkeit seiner Individualsphäre zurückdrängt (BAG 13.6.2002 NZA 2003, 265; *Kaehler* ZfA 2006, 519 [535]). So darf der Arbeitgeber beim Arbeitnehmer Informationen zu Vorstrafen einholen, wenn und soweit die Art des zu besetzenden Arbeitsplatzes dies erfordert, dh bei objektiver Betrachtung berechtigt erscheinen lässt (BAG 20.3.2014 NZA 2014, 1131 Rn. 29). Auch die Frage nach noch laufenden Straf- oder Ermittlungsverfahren kann – je nach den Umständen – zulässig sein (BAG 6.9.2012 NZA 2013, 1087 Rn. 24). Eine Einschränkung des Fragerechts kann sich insbesondere aus dem allg. Persönlichkeitsrecht des Bewerbers, speziellen datenschutzrechtlichen Bestimmungen und den dabei zu berücksichtigenden Wertentscheidungen spezialgesetzlicher Regelungen ergeben (BAG 20.3.2014 NZA 2014, 1131 Rn. 29).

17   **3. Beruflicher Aufstieg.** Art. 3 I lit. a erfasst neben dem Zugang zur Erwerbstätigkeit den beruflichen Aufstieg. Hierzu zählen alle angestrebten **Veränderungen im Tätigkeits-** oder **Verantwortungsbereich** der Arbeitnehmer, die wie die Versetzung oder Beförderung eine Verbesserung mit sich bringen (*Lingscheid* 80). Bei verschlechternden Veränderungen ist es demgegenüber schon sprachlich nicht möglich, von einem Aufstieg zu sprechen. Verschlechterungen fallen deshalb unter das Merkmal der Beschäftigungs- und Arbeitsbedingungen (*Adomeit/Mohr* AGG § 2 Rn. 89), ohne dass daraus eine materielle Änderung der Rechtslage herrühren würde.

II. Berufsberatung, berufliche (Aus-)Bildung, berufliche Weiterbildung, praktische Berufserfahrung

18   Der sachliche Anwendungsbereich erfasst nach Art. 3 I lit. b weiterhin den Zugang zu allen Formen und allen Ebenen der **Berufsberatung,** der **Berufsausbildung,** der **beruflichen Weiterbildung** und der **Umschulung,** einschließlich der **praktischen Berufserfahrung.** Die vorbenannten Lebenssachverhalte sind entscheidend für den Erhalt eines Arbeitsplatzes und den beruflichen Aufstieg. Es handelt sich bei Art. 3 I lit. b somit um eine ergänzende Regelung zu den zentralen Anwendungsbereichen der Zugangs-, Arbeits- und Entlassungsbedingungen gem. Art. 3 I lit. a und lit. c. Die Vorschrift erfasst nur solche Sachverhalte, die vom jeweiligen Normadressaten beeinflusst werden können, also nicht die staatliche Arbeitsverwaltung oder das staatliche Schulsystem (**aA** *Bauer/Krieger* AGG § 2 Rn. 32). In diesem Zusammenhang stellt Erwägungsgrund 13 klar, dass die Richtlinie weder Anwendung findet auf die Sozialversicherungs- und Sozialschutzsysteme, deren Leistungen nicht einem Arbeitsentgelt iSd Art. 157 I AEUV entsprechen (s. dazu Art. 3 III),

noch auf Vergütungen jeder Art seitens des Staates, die den Zugang zu einer Beschäftigung oder die Aufrechterhaltung eines Beschäftigungsverhältnisses zum Ziel haben. Art. 3 I lit. b erfasst nach seinem Wortlaut den **Zugang** zur Berufsberatung, Berufsausbildung, Weiterbildung, Umschulung und praktischen Berufserfahrung. Die Norm verpflichtet Arbeitgeber somit – ebenso wie Art. 3 I lit. c im Hinblick auf Arbeitsplätze – nicht dazu, (Aus-) Bildungsplätze zu schaffen. Ist dies jedoch der Fall, sind die Arbeitgeber zur Sicherung der chancengleichen Selbstbestimmung der von Art. 1 geschützten Personen verpflichtet, indem die dort benannten Merkmale nur dann eine Rolle spielen dürfen, wenn dies einem legitimen Ziel iSd Richtlinie dient. Unerheblich ist auch, auf welcher Stufe der beruflichen Entwicklung bzw. der Unternehmenshierarchie sich der Betroffene befindet (*Kummer* 36 f.).

III. Beschäftigungs-, Arbeits- und Entlassungsbedingungen

1. Beschäftigungs- und Arbeitsbedingungen. Nach Art. 3 I lit. c erfasst das Diskriminierungsverbot des Art. 2 I auch Sachverhalte mit Bezug zu den Beschäftigungs- und Arbeitsbedingungen, einschließlich der Entlassungsbedingungen und des Arbeitsentgelts. Die besondere Erwähnung der Entlassungsbedingungen und des Arbeitsentgelts dient der Identifizierung von Situationen, die aus Sicht des europäischen Normgebers ein besonders hohes Diskriminierungspotential aufweisen (KOM [99] 565 endg., 11). Der Terminus Beschäftigungs- und Arbeitsbedingungen ist weit zu verstehen. Er umfasst **alle Umstände, auf Grund derer und unter denen die Arbeitsleistung zu erbringen ist** (BAG 20.3.2012 NZA 2012, 803 Rn. 12; 13.10.2009 NZA 2010, 327 Rn. 54). Erfasst sind somit nicht nur vertragliche Vereinbarungen, sondern alle mit der selbständigen Tätigkeit (Beschäftigungsbedingungen) oder unselbständigen Tätigkeit (Arbeitsbedingungen) zusammenhängenden Umstände und Situationen (EuGH 13.7.1995 – C-116/94 – Meyers Rn. 19 ff., NZA-RR 1996, 121). Arbeitsbedingungen sind nicht nur Bedingungen, die im Arbeitsvertrag enthalten sind oder vom Arbeitgeber im Rahmen eines Beschäftigungsverhältnisses angewandt werden, sondern auch Leistungen, die notwendig mit dem Arbeitsverhältnis verbunden sind, Rahmenbedingungen, soweit sie rechtlich beeinflusst sind, sowie Leistungen, die wie die Erteilung eines Zeugnisses (EuGH 22.9.1998 – C-185/97 – Coote, NZA 1998, 1223) ein Arbeitsverhältnis voraussetzen (*Lingscheid* 88 f.). Die Beschäftigungs- und Arbeitsbedingungen können sich mit den Zugangsbedingungen überschneiden, etwa bei Höchstaltersgrenzen für die Ausübung einer Tätigkeit als Vertragszahnarzt (EuGH 12.1.2010 – C-341/08 Rn. 33 – Petersen, EuZW 2010, 137). Zur Abgrenzung der Beschäftigungs- und Arbeitsbedingungen vom Arbeitsentgelt s. noch ebenda (→ Rn. 28).

2. Entlassungsbedingungen. Entlassungsbedingungen erfassen die einseitige Beendigung des Arbeitsverhältnisses durch eine **ordentliche Kündigung** (EuGH 18.12.2014 – C-354/13 Rn. 52 – Kaltoft, NZA 2015, 33; 18.11.2010 – C-356/09 Rn. 26 f. – Kleist, NZA 2010, 1401; BAG 6.11.2008 NZA 2009, 361 Rn. 36), durch **Kündigungsfristen** (EuGH 19.1.2010 – C-555/07 Rn. 25 f. – Kücükdeveci, NJW 2010, 427; BAG 18.9.2014 NZA 2014, 1400 Rn. 9), durch eine **außerordentliche Kündigung** (BAG 7.7.2011 NJW 2011, 3803 Rn. 22), durch die **Anfechtung** des Arbeitsvertrags oder seine Nichtigerklärung (EuGH 5.5.1994 – C-421/92 Rn. 15 – Habermann-Beltermann, NJW 1994, 2077), durch die Festsetzung obligatorischer Voraussetzungen für die Beendigung des Arbeitsverhältnisses durch **Befristungen** (BAG 6.4.2011 NZA 2011, 970 Rn. 14), durch **Altersgrenzen, die das Arbeitsverhältnis automatisch beenden** (EuGH 13.9.2011 – C-447/09 Rn. 42 ff. – Prigge, NJW 2011, 3209; BAG 15.2.2012 NZA 2012, 866 Rn. 24 mit Bespr. *Mohr* SAE 2013, 36 ff.), auch wenn das Ausscheiden die Gewährung einer nicht dem Anwendungsbereich der Richtlinie unterfallenden Altersrente mit sich bringt (EuGH 26.2.1986 – C-152/84 Rn. 33 ff. – Marshall I, Slg. 1986, 723), sowie die einvernehmliche Beendigung durch **Aufhebungsvertrag** gegen Zahlung einer Entgeltleistung (EuGH 16.2.1982 – C-19/81 – Burton, Slg. 1982, 555; BAG 25.2.2010 NZA 2010, 561 Rn. 23). Bei der Abfindung handelt es sich demgegenüber nicht um eine Entlassungsbedingung, sondern um ein Arbeitsentgelt (EuGH 26.2.2015 – C-515/13 Rn. 15 – Landin, NZA 2015, 473).

21   Gem. Art. 3 I lit. c unterfallen Kündigungen somit als Entlassungsbedingungen generell dem sachlichen Anwendungsbereich der Richtlinie (EuGH 19.1.2010 – C-555/07 Rn. 26 – Kücükdeveci, NJW 2010, 427). Im deutschen Recht bestimmt demgegenüber § 2 IV AGG, dass für Kündigungen ausschließlich die Bestimmungen zum allg. und besonderen Kündigungsschutz gelten. Die Vorschrift steht einer Anwendung der Diskriminierungsverbote auf Kündigungen aber nicht entgegen, da sie in unionsrechtskonformer Auslegung lediglich den Weg beschreibt, auf dem diese in das bisherige System des deutschen Kündigungsschutzes einzupassen sind (BAG 6.11.2008 NZA 2009, 361 Rn. 28 ff. mit Bespr. *Adomeit/Mohr* NJW 2009, 2255; so auch *Mohr* SAE 2007, 353; *Mohr* ZfA 2007, 361 [363]). Im Anwendungsbereich des KSchG sind die Diskriminierungsverbote als **Konkretisierung der Sozialwidrigkeit** gem. § 1 KSchG zu verstehen (BAG 6.11.2008 NZA 2009, 361 Rn. 28; 5.11.2009 NZA 2010, 457 Rn. 24). Bei **Kündigungen außerhalb des KSchG** gilt § 2 IV AGG nach Ansicht des BAG in teleologischer Reduktion nicht, weshalb eine diskriminierende Kündigung gem. § 7 I AGG iVm § 134 BGB unwirksam ist und zusätzlich ein Entschädigungsanspruch wegen einer Persönlichkeitsrechtsverletzung gem. § 15 II AGG gegeben sein kann (BAG 19.12.2013 NZA 2014, 372 Rn. 15 ff.; aA *Adomeit/Mohr* AGG § 2 Rn. 230; *Hanau* ZIP 2006, 2189 [2192]; *Stenslik* Anm. BAG AP AGG § 2 Nr. 3). § 2 IV AGG greift ebenfalls nicht bei **tarif- oder individualvertraglichen Vereinbarungen über Kündigungsfristen oder Kündigungserschwerungen,** die deshalb ebenfalls direkt an den Diskriminierungsverboten zu messen sind (BAG 20.6.2013 NZA 2014, 208 Rn. 36).

22   **3. Arbeitsentgelt.** Die Diskriminierung eines Dienst- oder Arbeitnehmers in Bezug auf die **„Beschäftigungs- und Arbeitsbedingungen"** ist von einer solchen beim (**Arbeits-**) **Entgelt** zu unterscheiden. Der Begriff des Entgelts richtet sich auch im Anwendungsbereich der RL 2000/78/EG nach der Rechtsprechung des EuGH zu Art. 157 I, II AEUV (EuGH 10.5.2011 – C-147/08 Rn. 33 – Römer, NZA 2011, 557). Nach dieser Vorschrift sind unter Entgelt die üblichen Grund- oder Mindestlöhne und -gehälter sowie alle sonstigen Vergütungen zu verstehen, die der Arbeitgeber dem Arbeitnehmer aufgrund des Dienstverhältnisses unmittelbar oder mittelbar in bar oder Sachleistungen zahlt (→ AEUV Art. 157 Rn. 18 ff.). Der EuGH prüft das Vorliegen eines Arbeitsentgelts in drei Schritten (EuGH 6.12.2012 – C-124/11 Rn. 33 ff. – Dittrich, NVwZ 2013, 132).

23   Zum Ersten legt der EuGH den Begriff nach seinen materiellen Tatbestandvoraussetzungen weit aus. Das Entgelt umfasst danach insbesondere **alle gegenwärtigen oder künftigen in bar oder in Sachleistungen gewährten Vergütungen, vorausgesetzt, dass der Arbeitgeber sie dem Arbeitnehmer wenigstens mittelbar auf Grund des Dienstverhältnisses gewährt,** sei es auf Grund eines Arbeitsvertrags, auf Grund von Rechtsvorschriften oder freiwillig (EuGH 12.12.2013 – C-267/12 Rn. 28 – Hay, NZA 2014, 153; 4.6.1992 – C-360/90 Rn. 12 – Bötel, NZA 1992, 687). Das Merkmal der „üblichen Grund- und Mindestlöhne" bezieht sich auf die synallagmatische Gegenleistung des Arbeitgebers zur erbrachten Leistung des Arbeitnehmers (Calliess/Ruffert/*Krebber* AEUV Art. 157 Rn. 21). Art. 157 I AEUV erfasst sowohl Leistungs- als auch Zeitlöhne (zum Leistungslohn EuGH 31.5.1995 – C-400/93 Rn. 11 – Royal Copenhagen, Art. 119 EGV Nr. 36). Wird der Arbeitnehmer nach der geleisteten Arbeitszeit bezahlt, kann sein gesamtes Arbeitsentgelt in den nach Art. 157 I AEUV anzustellenden Vergleich mit einbezogen werden. Demgegenüber wird bei der Vereinbarung eines Leistungslohns nur der fixe Lohnanteil von Art. 157 I AEUV erfasst. Das individuelle Arbeitsergebnis bleibt beim Leistungslohn somit außer Ansatz, da es ausschließlich auf dem persönlichen Arbeitsergebnis des Arbeitnehmers beruht und nach dem Sinn dieser Lohnform einem Vergleich nicht zugänglich ist (*Raab* Anm. EAS Art. 119 EGV Nr. 36, 27 [41]; *Fuchs* SAE 1996, 271 [272]). Zu den **„sonstigen Vergütungen"** zählen alle anderen Leistungen des Arbeitgebers, vorausgesetzt, dass er sie wenigstens mittelbar aufgrund des Arbeitsverhältnisses gewährt (EuGH 4.6.1992 – C-360/90 Rn. 12 – Bötel, NZA 1992,

687; 13.2.1996 – C-342/93 Rn. 12 – Gillespie, EAS Art. 119 EGV Nr. 38). Dass eine Leistung erst nach Beendigung des Arbeitsverhältnisses gewährt wird, schließt ihren Entgeltcharakter ebenso wenig aus (EuGH 17.5.1990 – C-262/88 Rn. 12 – Barber, NZA 1990, 775), wie dass sie in Zeiten erbracht wird, in denen der Arbeitnehmer im Mutterschaftsurlaub seine vertraglich geschuldete Arbeitsleistung nicht erbringen kann (EuGH 13.2.1996 – C-342/93 Rn. 13 – Gillespie, EAS Art. 119 EGV Nr. 38).

Zum Zweiten ist zu prüfen, ob eine Leistung gerade **aufgrund des Arbeits- oder Dienst-** 24 **verhältnisses** gewährt wird, dies ist das einzige Kriterium, das sich aus dem Wortlaut von Art. 157 AEUV selbst ableiten lässt (EuGH 1.4.2008 – C-267/06 Rn. 46 – Maruko, NZA 2008, 459; 6.12.2012 – C-124/11 Rn. 37 – Dittrich, NVwZ 2013, 132; EuGH 13.2.1996 – C-342/93 Rn. 12 – Gillespie, EAS Art. 119 EGV Nr. 38). Notwendig ist ein kausales Element, wonach die **Leistung untrennbar mit dem Arbeits- oder Dienstverhältnis** verbunden ist (EuGH 6.12.2012 – C-124/11 Rn. 39 – Dittrich, NVwZ 2013, 132). Der EuGH hat einen spezifischen Zusammenhang zwischen der Art der Arbeitsleistung und der Höhe des Arbeitsentgelts verneint im Hinblick auf vom Arbeitgeber subventionierte Kindertagesstättenplätze (EuGH 19.3.2002 – C-476/99 Rn. 28 – Lommers, NZA 2002, 501).

Drittens geht aus Art. 157 AEUV hervor, dass eine Leistung, die der Arbeitnehmer auf 25 Grund seines Beschäftigungsverhältnisses bezieht, nur dann ein „Entgelt" im Sinne dieser Bestimmung darstellt, wenn sie **vom Arbeitgeber selbst** (oder von einem von diesem eingeschalteten Dritten) **gezahlt** wird (EuGH 6.12.2012 – C-124/11 Rn. 40 – Dittrich, NVwZ 2013, 132). Unerheblich für die Einordnung einer Leistung als Entgelt ist demgegenüber die Person des **Leistungsempfängers.** So stellt eine mit Rücksicht auf das Arbeitsverhältnis an die Hinterbliebenen des Arbeitnehmers gezahlte Rente ein Entgelt iSv Art. 157 I AEUV dar (EuGH 6.10.1993 – C-109/91 Rn. 13 – Ten Oever, EAS Art. 119 EGV Nr. 23).

Folgende Leistungen wurden vom EuGH schon als „Entgelt gem. Art. 157 I AEUV bzw. 26 den Richtlinien gegen Diskriminierungen eingestuft: Die **Lohnfortzahlung im Krankheitsfall** durch den Arbeitgeber (EuGH 13.7.1989 – C-171/88 Rn. 10 – Rinner-Kühn, EAS Art. 119 EGV Nr. 16), **Beihilfeleistungen an Beamte im Krankheitsfall** (EuGH 6.12.2012 – C-124/11 Rn. 33 ff. – Dittrich, NVwZ 2013, 132), **Weihnachtsgratifikationen,** die vom Arbeitgeber freiwillig gewährt werden und einen Anreiz für zukünftige Leistungen geben und/oder bisherige Betriebstreue belohnen sollen (EuGH 21.10.1999 – C-333/97 Rn. 17 ff. – Lewen, EzA Art. 119 EWG-Vertrag Nr. 57), **Familien- und Verheiratetenzulagen** (EuGH 28.10.1999 – C-187/98 Rn. 41 – Kommission/Griechenland, Slg. 1999, I–7713), **bezahlter Urlaub und Prämien aus Anlass der Eheschließung** (EuGH 12.12.2013 – C-267/12 Rn. 28 – Hay, NZA 2014, 153), individuelle Gehaltszulagen (EuGH 26.6.2001 – C-381/99 Rn. 34 – Brunnhofer, NZA 2001, 883), **Schichtzulagen** (EuGH 30.3.2000 – C-236/98 – Jämställdhetsombudsmannen, Slg. I-2000, 2189), **freiwillige Fahrtvergünstigungen,** die der Arbeitgeber seinen (ehemaligen) Arbeitnehmern, deren Ehepartnern oder sonstigen unterhaltsberechtigten Personen gewährt (EuGH 9.2.1982 – C-12/81 Rn. 6 ff. – Garland, EAS Art. 119 EGV Nr. 7; 17.2.1998 – C-249/96 Rn. 13 – Grant, EuZW 1998, 212), **Abfindungen bei der Auflösung des Arbeitsverhältnisses** (EuGH 26.2.2015 – C-515/13 Rn. 15 – Landin, NZA 2015, 473; 14.9.1999 – C-249/97 Rn. 22 – Gruber, EAS Art. 119 EGV Nr. 52), **Übergangsgelder beim Ausscheiden aus dem Arbeitsverhältnis** (EuGH 27.6.1990 – C-33/89 Rn. 11 – Kowalska, NZA 1990, 771; zur Abgrenzung von der betrieblichen Altersversorgung s. BAG 15.2.2011 NZA 2011, 740 Rn. 24), **Beiträge, die in die Berechnung des Bruttolohns des Arbeitnehmers einbezogen werden und die unmittelbar der Berechnung anderer, mit dem Lohn verbundener Vergünstigungen dienen** (EuGH 11.3.1981 – C-69/80 Rn. 15 – Worringham, EAS Art. 119 EGV Nr. 5), **Altersrenten aus betrieblichen Systemen der sozialen Sicherheit,** unabhängig davon, ob sie vom Arbeitgeber als Zusatzleistungen gewährt werden oder an die Stelle der gesetzlichen Sozialsysteme treten (EuGH 17.5.1990 – C-262/88 Rn. 21 ff. – Barber, NZA 1990, 775; 14.12.1993 – C-110/91 Rn. 12 ff. – Moroni, NZA 1994, 165), einen **Anspruch auf Anschluss an ein betriebliches Ver-**

sorgungssystem (EuGH 13.5.1986 – C-170/84 Rn. 12 f. – Bilka, NZA 1986, 559), vom Arbeitgeber gewährte **Hinterbliebenenrenten** (EuGH 6.10.1993 – C-109/91 Rn. 10 ff. – Ten Oever, EAS Art. 119 EGV Nr. 23; anders eine gesetzlich zwingend vorgeschriebene Beitragspflicht der männlichen Arbeitnehmer zu einem Witwenpensionsfonds, dazu EuGH 3.12.1987 – C-182/85 Rn. 9 ff. – Newstead, EAS Art. 119 EGV Nr. 14), **Überbrückungsrenten bei der Beendigung des Arbeitsverhältnisses aus gesundheitlichen Gründen** (EuGH 9.11.1993 – C-132/92 Rn. 18. – Birds Eye Walls, EAS Art. 119 EGV Nr. 25), die Vergütung, die **Betriebsratsmitglieder bei der Teilnahme an Schulungsveranstaltungen in Form einer bezahlten Arbeitsfreistellung oder der Bezahlung von Überstunden erhalten** (EuGH 4.6.1992 – C-360/90 Rn. 11 ff. – Bötel, NZA 1992, 687), schließlich solche Leistungen, die der Arbeitgeber einer Arbeitnehmerin während des **Mutterschaftsurlaubs** aufgrund gesetzlicher oder tarifvertraglicher Anordnung zahlt, im Hinblick auf den Arbeitgeberzuschuss zum Mutterschaftsgeld (EuGH 13.2.1996 – C-342/93 – Gillespie, AP EWG-Vertrag Art. 119 Nr. 74).

27 Voraussetzung eines Anspruchs auf gleichen Lohn für gleiche Arbeit ist es, dass eine Tätigkeit des Arbeitnehmers gem. Art. 157 I AEUV als „**Arbeit**" zu qualifizieren ist; denn der Arbeitgeber ist nicht verpflichtet, jedem Arbeitnehmer den gleichen Lohn unabhängig von dessen Arbeitsleistung zu zahlen (EuGH 19.6.2014 – C-501/12 Rn. 34 – Specht, NZA 2014, 1294). Hieraus folgt, dass bei Entgeltdiskriminierungen nicht nur zu prüfen ist, ob sich der Kläger in einer vergleichbaren Situation mit anderen Personen befindet (konkretisiert über die Merkmale „gleiche/gleichwertige Arbeit"), sondern auch, ob seine Tätigkeit als **Arbeitsleistung** einzustufen ist. Dogmatische Bedeutung hat dieser Prüfungsschritt bei der Frage, ob die **ehrenamtliche Tätigkeit von Betriebsratsmitgliedern** dem Anwendungsbereich des Art. 157 I AEUV unterfällt. Nach dem EuGH ist dies zu bejahen, da der Anwendungsbereich der Vorschrift schon dann eröffnet sei, wenn einem Arbeitnehmer eine Leistung gewährt werde, die in einem nicht vollkommen untergeordneten Zusammenhang mit seinem Arbeitsverhältnis stehe (EuGH 4.6.1992 – C-360/90 Rn. 14 – Bötel, NZA 1992, 687; 6.2.1996 – C-457/93 Rn. 22 – Lewark, NZA 1996, 319; 7.3.1996 – C-278/93 – Freers, NZA 1996, 430). Dieses Ergebnis ist jedenfalls dogmatisch nicht zweifelsfrei, da Betriebsratsmitglieder ein weisungsungebundenes, unentgeltliches Ehrenamt ausüben (BAG 20.10.1993 NZA 1994, 278 [280 f.]). Im Ergebnis ist die Ansicht des EuGH gleichwohl alternativlos.

28 Da Art. 3 I lit. c das **Arbeitsentgelt als Unterfall der Beschäftigungs- und Arbeitsbedingungen** einstuft, gilt Art. 2 I **nicht für die Festsetzung der Höhe der Arbeitsentgelts selbst** (etwa iSe diskriminierungsrechtlichen Mindestlohns), sondern nur für benachteiligende Ungleichbehandlungen wegen eines in Art. 1 benannten Merkmals im Hinblick auf das nach anderweitigen Vorgaben zulässigerweise vereinbarte Entgelt (EuGH 19.6.2014 – C-501/12 Rn. 34 – Specht, NZA 2014, 1294). Andererseits sind nicht sämtliche Arbeitsbedingungen als Entgelt iSd Art. 157 I AEUV und des daran anknüpfenden Art. 3 I lit. c anzusehen (BAG 14.8.2007 NZA 2008, 99 Rn. 16). Arbeitsbedingungen sind insbesondere nicht schon deswegen als Entgelt einzustufen, weil sie finanzielle Auswirkungen haben (EuGH 15.6.1978 – C-149/77 Rn. 19 ff. – Defrenne III, EAS Art. 119 EGV Nr. 3; 19.3.2002 – C-476/99 Rn. 28 – Lommers, NZA 2002, 501). Erforderlich ist vielmehr – wie gesehen – ein Zusammenhang zwischen der Art der Arbeitsleistung und der Höhe des Arbeitsentgelts (BAG 14.8.2007 NZA 2008, 99 Rn. 16). Dieser ist im Anwendungsbereich des Diskriminierungsverbots wegen des Geschlechts zu verneinen, wenn Arbeitgeber vorrangig weiblichen Arbeitnehmern subventionierte Kindertagesstättenplätze anbieten (EuGH 19.3.2002 – C-476/99 Rn. 28 – Lommers, NZA 2002, 501). Der EuGH grenzt die Arbeitsbedingungen vom Entgelt zuweilen danach ab, ob die Erstere das Entgelt tangieren oder es „quasiautomatisch" betreffen (s. zum Aufstieg in eine höhere Vergütungsgruppe EuGH 7.2.1991 – C-184/89 Rn. 8 ff. – Nimz, NVwZ 1991, 461). Die **Zulassung zu einem System der betrieblichen Altersversorgung** bedeutet danach noch keine Entgeltzahlung. Sie ist jedoch deren notwendige Voraussetzung, führt somit „quasiautomatisch" zur Zahlung einer Rentenleistung (EuGH 13.5.1986 – C-170/84 Rn. 10 u. 24 –

Bilka, NZA 1996, 559). Diese Auslegung basierte ursprünglich auf der Intention, dem unmittelbar anzuwendenden Primärrecht einen möglichst umfassenden Geltungsbereich zu verschaffen (*Schiek,* Europäisches Arbeitsrecht, 1997, 169). Im Hinblick auf den Geltungsbereich der RL 2000/78/EG begegnet sie schon deshalb Bedenken, weil Art. 3 I lit. c sowohl die Arbeitsbedingungen als auch das Entgelt umfasst, weshalb eine **Abgrenzung nach inhaltlichen Kriterien** erfolgen muss. Der Zugang zu einem System der betrieblichen Altersversorgung ist danach noch kein Entgelt. Insoweit folgerichtig grenzt der EuGH heute die Anwendungsbereiche des Entgelts und der Arbeitsbedingungen nicht mehr trennscharf ab (EuGH 12.12.2013 – C-267/12 Rn. 28 – Hay, NZA 2014, 153: Beschäftigungs- und Arbeitsbedingungen, insbesondere Arbeitsentgelt).

IV. Mitgliedschaft in Vereinigungen

Art. 3 I lit. d erstreckt den sachlichen Anwendungsbereich auf die **Mitgliedschaft und** 29 **die Mitwirkung in einer Arbeitnehmer- oder einer Arbeitgeberorganisation oder einer Organisation, deren Mitglieder einer bestimmten Berufsgruppe angehören, einschließlich der Inanspruchnahme der Leistungen einer solchen Vereinigung.** Nach Erwägungsgrund 5 darf der Schutz vor Diskriminierungen in diesem Bereich allerdings nicht dazu führen, dass die **Vereinigungsfreiheit** beeinträchtigt wird (vgl. Art. 12 I GRC), und mit ihr das Recht, zum Schutz der eigenen Interessen Gewerkschaften zu gründen und ihnen beizutreten (vgl. Art. 28 GRC). Ob dieser Vorbehalt in der Rechtsprechung des EuGH Beachtung finden wird, erscheint nicht gesichert, da der EuGH die Diskriminierungsverbote voll auf Tarifverträge zur Anwendung bringt (EuGH 3.9.2011 – C-447/09 Rn. 46 ff. – Prigge, NJW 2011, 3209; 16.10.2007 – C-441/05 Rn. 48 ff. – Palacios de la Villa, NZA 2007, 1219 = EzA RL 2000/78/EG-Vertrag 1999 Nr. 3 mit Anm. *Mohr;* 12.10.2010 – C-45/09 Rn. 49 ff. – Rosenbladt, NZA 2010, 1167; 8.9.2011 – C-297/10 Rn. 70 ff. – Hennigs und Mai, NZA 2011, 1100; 7.6.2012 – C-132/11 Rn. 22 – Tyrolean Airways, NZA 2012, 745; → Art. 16 Rn. 9). Die Mitgliedschaft in den von Art. 3 I lit. d benannten Vereinigungen steht in keinem unmittelbaren Zusammenhang mit einem Arbeitsverhältnis. Allerdings ist es dem Einzelnen bei einer Verbandszugehörigkeit möglich, seine Rechte effektiver zu schützen und durchzusetzen (*Kummer* 38). Im deutschen Recht ist die Vorschrift in Zusammenschau mit § 18 AGG zu sehen (SSV/*Schleusener* AGG § 2 Rn. 13). Vor diesem Hintergrund gilt das Diskriminierungsverbot des Art. 2 I auch bei der Ausgestaltung der Regelungen zur Mitgliedschaft und der Inanspruchnahme ihrer Leistungen (MHdBArbR/*Oetker* § 14 Rn. 48).

Organisationen iSd Art. 3 I lit. d sind grds. **Arbeitgeberverbände** und **Gewerkschaf-** 30 **ten.** Nicht erfasst sind demgegenüber **Betriebs-** und **Personalräte** sowie **Sprecherausschüsse,** da diese die Arbeitnehmerinteressen innerhalb einer bestimmten abgegrenzten Einheit und nicht berufsspezifisch vertreten (HaKo-AGG/*Däubler* § 2 Rn. 40). Da Art. 3 I lit. d nicht darauf abstellt, ob es sich um eine freie Vereinigung oder um einen Zwangsverband handelt, werden von ihm auch die **Industrie- und Handelskammern** sowie **Handwerks-, Ärzte-** und **Anwaltskammern** erfasst (*Kummer* 38). Die Rechtsform der Berufsvereinigung ist dabei nicht entscheidend (allg. EuGH 1.4.2008 – C-267/06 Rn. 57 – Maruko, NZA 2008, 459). Art. 3 I lit. d bezieht sich auf den Zugang zu und die Mitwirkung in berufsbezogenen Vereinigungen einschließlich der Inanspruchnahme der Leistungen solcher Vereinigungen.

D. Unterschiedliche Behandlung aus Gründen der Staatsangehörigkeit

Gem. Art. 3 II betrifft die Richtlinie nicht die unterschiedliche Behandlung aus Gründen 31 der **Staatsangehörigkeit** und berührt nicht die Vorschriften und Bedingungen für die **Einreise von Staatsangehörigen dritter Länder oder von staatenlosen Personen** in das Hoheitsgebiet der Mitgliedstaaten oder deren **Aufenthalt in diesem Hoheitsgebiet** sowie eine **Behandlung, die sich aus der Rechtsstellung von Staatsangehörigen dritter Länder oder von staatenlosen Personen ergibt**. Die Vorschrift stellt zum einen klar, dass die Staatsangehörigkeit kein geschütztes Merkmal iSd Art. 1 ist („betrifft nicht"). Selbst wenn eine in Art. 3 II benannte Regelung mit einem anderen von Art. 1 geschützten Merkmal zusammenhängt, wird diese von der Richtlinie zum anderen nicht „berührt". Ausgenommen vom Geltungsbereich der RL 2000/78/EG sind somit alle Regelungen des Ausländerrechts und deren Anwendung, einschließlich des Rechts auf Asyl (*Mohr* Diskriminierungen 213; *Nickel* NJW 2001, 2668 [2669 f.]). Der Verweis auf die Staatsangehörigkeit kann sich nur auf Personen aus Drittstaaten beziehen, da Art. 21 II GRC, Art. 18 AEUV und die Grundfreiheiten Diskriminierungen wegen der Staatsangehörigkeit von Unionsbürgern verbieten (→ GRC Art. 21 Rn. 99).

E. Staatliche Systeme der sozialen Sicherheit

32   Gem. Art. 3 III gilt die Richtlinie nicht für Leistungen jeder Art seitens der staatlichen Systeme oder der damit gleichgestellten Systeme einschließlich der staatlichen Systeme der sozialen Sicherheit oder des sozialen Schutzes (dazu EuGH 6.12.2012 – C-124/11 ua Rn. 30 – Dittrich, NVwZ 2013, 132). Hiernach erstreckt sich die Richtlinie nicht auf die **Sozialversicherungs- und Sozialschutzsysteme, deren Leistungen nicht einem „Arbeitsentgelt" in dem Sinn gleichgestellt werden, der diesem Begriff für die Anwendung von Art. 157 AEUV gegeben wurde** (Erwägungsgrund 13; so auch EuGH 1.4.2008 – C-267/06 Rn. 40 – Maruko, NZA 2008, 459; 10.5.2011 – C-147/08 Rn. 32 – Römer, NJW 2011, 2187; 6.12.2012 – C-124/11 ua Rn. 31 – Dittrich, NVwZ 2013, 132). Entscheidend ist letztlich die Judikatur des EuGH zu Art. 157 AEUV (→ AEUV Art. 157 Rn. 22 ff.). Aufgrund der weiten Definition des Entgeltbegriffs unterfallen diesem grds. alle geldwerten Vorteile, sofern sie nicht in einem vollkommen untergeordneten Zusammenhang zum Dienstverhältnis stehen. Zum Entgelt gehören deshalb auch die Betriebsrenten (EuGH 13.5.1986 – C-170/84 Rn. 20 ff. – Bilka, NZA 1986, 559). Keine Entgeltleistungen sind demgegenüber diejenigen geldwerten Vorteile, die wie die **Leistungen der gesetzlichen Sozialversicherung** überwiegend aus sozialpolitischen, vom Arbeitsverhältnis unabhängigen Gründen gewährt werden, da sie nicht entscheidend von der Arbeitsleistung des Arbeitnehmers abhängen (EuGH 25.5.1971 – C-80/70 Rn. 7 ff. – Defrenne I, EAS Art. 119 EGV Nr. 1). Aus diesem Grunde ist der Arbeitgeberanteil an der Finanzierung staatlicher Systeme der sozialen Sicherheit nicht als Entgelt anzusehen (EuGH 14.12.1993 – C-110/91 Rn. 13 ff. – Moroni, NZA 1994, 165).

33   Um Leistungen eines betrieblichen Altersversorgungssystems als **Entgelt** ansehen zu können, müssen grds. folgende Voraussetzungen erfüllt sein. Erstens muss das Versorgungssystem auf einer (individuellen oder kollektiven) Vereinbarung zwischen dem Arbeitgeber und dem jeweiligen Arbeitnehmer oder auf einer einseitigen Entscheidung des Arbeitgebers, nicht jedoch auf gesetzlicher Anordnung beruhen. Zweitens hat die Finanzierung entweder durch den Arbeitgeber oder durch ihn in Verbindung mit den Arbeitnehmern zu erfolgen. Die Beiträge müssen also primär von dem Dienstverhältnis und nur in geringem Maße von sozialpolitischen Erwägungen abhängen, was Abgrenzungsschwierigkeiten hervorruft. In seiner Entscheidung *Römer* hat der EuGH die Geltung des Art. 157 I AEUV und damit auch der RL 2000/78/EG nicht nur für dem BetrAVG unterfallende betriebliche Alterssicherungen, sondern auch für landesgesetzlich geregelte Zusatzversorgungssysteme für ehemalige Beschäftigte des öffentlichen Dienstes sowie für die Leistungen der Beamten- und Richterversorgung bestätigt (EuGH 10.5.2011 – C-147/08 Rn. 35 – Römer, NJW 2011, 2187).

F. Streitkräfte

Gem. Art. 3 IV können die Mitgliedstaaten vorsehen, dass die Richtlinie hinsichtlich der Merkmale „Alter" und „Behinderung" nicht für die Streitkräfte gilt. Hieraus lässt sich nicht schließen, dass die Diskriminierungsverbote unionsrechtlich auf den Zivildienst voll zur Anwendung kommen müssen (MüKoBGB/*Thüsing* AGG § 24 Rn. 7; **aA** HaKo-AGG/ *Mahlmann* § 24 Rn. 21). 34

Art. 4 Berufliche Anforderungen

(1) Ungeachtet des Artikels 2 Absätze 1 und 2 können die Mitgliedstaaten vorsehen, dass eine Ungleichbehandlung wegen eines Merkmals, das im Zusammenhang mit einem der in Artikel 1 genannten Diskriminierungsgründe steht, keine Diskriminierung darstellt, wenn das betreffende Merkmal aufgrund der Art einer bestimmten beruflichen Tätigkeit oder der Bedingungen ihrer Ausübung eine wesentliche und entscheidende berufliche Anforderung darstellt, sofern es sich um einen rechtmäßigen Zweck und eine angemessene Anforderung handelt.

(2) Die Mitgliedstaaten können in Bezug auf berufliche Tätigkeiten innerhalb von Kirchen und anderen öffentlichen oder privaten Organisationen, deren Ethos auf religiösen Grundsätzen oder Weltanschauungen beruht, Bestimmungen in ihren zum Zeitpunkt der Annahme dieser Richtlinie geltenden Rechtsvorschriften beibehalten oder in künftigen Rechtsvorschriften Bestimmungen vorsehen, die zum Zeitpunkt der Annahme dieser Richtlinie bestehende einzelstaatliche Gepflogenheiten widerspiegeln und wonach eine Ungleichbehandlung wegen der Religion oder Weltanschauung einer Person keine Diskriminierung darstellt, wenn die Religion oder die Weltanschauung dieser Person nach der Art dieser Tätigkeiten oder der Umstände ihrer Ausübung eine wesentliche, rechtmäßige und gerechtfertigte berufliche Anforderung angesichts des Ethos der Organisation darstellt. Eine solche Ungleichbehandlung muss die verfassungsrechtlichen Bestimmungen und Grundsätze der Mitgliedstaaten sowie die allgemeinen Grundsätze des Gemeinschaftsrechts beachten und rechtfertigt keine Diskriminierung aus einem anderen Grund.

Sofern die Bestimmungen dieser Richtlinie im übrigen eingehalten werden, können die Kirchen und anderen öffentlichen oder privaten Organisationen, deren Ethos auf religiösen Grundsätzen oder Weltanschauungen beruht, im Einklang mit den einzelstaatlichen verfassungsrechtlichen Bestimmungen und Rechtsvorschriften von den für sie arbeitenden Personen verlangen, dass sie sich loyal und aufrichtig im Sinne des Ethos der Organisation verhalten.

Übersicht

	Rn.
A. Überblick	1
B. Wesentliche und entscheidende berufliche Anforderungen	4
I. Rechtmäßiger Zweck	5
II. Wesentliche und entscheidende berufliche Anforderung	6
III. Verknüpfung mit einem geschützten Merkmal	9
IV. Verhältnismäßigkeit	11
V. Beispiele	13
VI. Besonderheiten beim Diskriminierungsverbot wegen einer Behinderung	14
C. Berufliche Tätigkeiten innerhalb von Kirchen und anderen Organisationen, deren Ethos auf religiösen Grundsätzen und Weltanschauungen beruht	15

Mohr

A. Überblick

1 Art. 4 I enthält die zentrale Rechtfertigungsvorschrift der Richtlinie. Hiernach können die Mitgliedstaaten ungeachtet des Art. 2 I und II vorsehen, dass eine **Ungleichbehandlung wegen eines Merkmals, das in Zusammenhang mit einem der in Art. 1 genannten Diskriminierungsgründe steht** (also nicht wegen des Grundes selbst, vgl. EuGH 12.1.2010 – C-229/08 Rn. 35 – Wolf, EuZW 2010, 142), keine Diskriminierung darstellt, wenn das betreffende Merkmal **aufgrund der Art einer bestimmten beruflichen Tätigkeit oder der Bedingungen ihrer Ausübung eine wesentliche und entscheidende berufliche Anforderung darstellt,** sofern es sich um einen **rechtmäßigen Zweck** und eine **angemessene Anforderung** handelt. Die Vorschrift gilt für alle Merkmale des Art. 1, auch für das Alter, sofern etwa eine Höchstaltersgrenze für die Einstellung zum Ziel hat, die Einsatzbereitschaft und das ordnungsgemäße Funktionieren der Berufsfeuerwehr zu gewährleisten (EuGH 12.1.2010 – C-229/08 Rn. 33 – Wolf, EuZW 2010, 142). Art. 4 I erstreckt sich nur auf die Zulässigkeit von Differenzierungen im Hinblick auf die Art einer Tätigkeit oder die Bedingungen ihrer Ausübung, also auf die **Leistungspflicht des Arbeitnehmers,** nicht jedoch auf das Entgelt als Gegenleistung des Arbeitgebers (*Mohr* Diskriminierungen 272). Der Hauptanwendungsbereich des Art. 4 I liegt bei der unmittelbaren Diskriminierung, vor allem in Zusammenhang mit personellen Einzelmaßnahmen (vgl. EuGH 12.1.2010 – C-229/08 Rn. 33 – Wolf, EuZW 2010, 142). Bei mittelbaren Benachteiligungen gehört das Nichtvorliegen eines Sachgrundes bereits zu den Tatbestandsvoraussetzungen (→ Art. 2 Rn. 39). Unabhängig von der grundsätzlichen Frage der Zulässigkeit einer Rechtfertigung mittelbarer Benachteiligungen über Art. 4 I wird diese Vorschrift hier faktisch kaum relevante Anwendungsbereiche finden (*Mohr* Diskriminierungen 307). Die in Art. 2 III definierte Belästigung kann nicht nach Art. 4 I gerechtfertigt werden (*MHH* AGG § 8 Rn. 4). Die Rechtfertigung einer Anweisung zur Diskriminierung gem. Art. 2 IV richtet sich nach den für die Haupttat geltenden Grundsätzen. Es ist deshalb im Einzelfall zu prüfen, ob die angewiesene Benachteiligung gem. den Art. 2 V, Art. 4–7 zulässig wäre (*Adomeit/Mohr* AGG § 8 Rn. 3; **aA** *Husmann* ZESAR 2005, 167 [171]).

2 Art. 4 I macht die Rechtfertigung einer benachteiligenden Ungleichbehandlung davon abhängig, ob ein Merkmal, das in Zusammenhang mit einem der in Art. 1 genannten Gründe steht (also nicht der Grund selbst), aufgrund der Art der beruflichen Tätigkeit oder der Bedingungen ihrer Ausübung eine wesentliche berufliche Anforderung darstellt. Die Vorschrift ist damit nicht nur Ausdruck des allg. Grundsatzes der **Verhältnismäßigkeit** (so BAG 15.2.2012 NZA 2012, 866 Rn. 30 mit Bespr. *Mohr* SAE 2013, 36 [41 ff.]), sondern beinhaltet einen Ausgleich zwischen dem Schutz vor Diskriminierungen gem. Art. 21 I GRC und den Grundrechten des Normadressaten, namentlich Art. 16 und Art. 17 GRC. Die **Eigentumsfreiheit** des Art. 17 GRC erfasst neben dem Bestand des Eigentums auch das Recht, über das Eigentum zu verfügen und es zur Gewinnerzielung einzusetzen (dazu *Mohr* ZHR 178, 2014, 326 [352 ff.]). Die **Unternehmerfreiheit** gem. Art. 16 GRC umfasst sowohl die Freiheit, eine Wirtschafts- oder Geschäftstätigkeit auszuüben, als auch die wirtschaftliche Vertragsfreiheit und den freien Wettbewerb (EuGH 22.1.2013 – C-283/11 Rn. 42 – Sky Österreich GmbH, EuZW 2013, 347; *Mohr* ZHR 178, 2014, 326 [358 ff.]). Der Schutzbereich erfasst damit auch die Freiheit zur Gründung eines Unternehmens nebst Aufnahme und Durchführung einer unternehmerischen Betätigung (*Frenz* GewArch 2009, 427 [429]; zum deutschen Recht s. BVerfG 1.3.1979 NJW 1979, 699 [708]). Die Arbeitgeber – bei juristischen Personen also die Anteilseigner – dürfen hiernach grds. frei über die Ziele des Unternehmens, die Art und Weise der Zielerreichung sowie über den Einsatz der Betriebs- und Investitionsmittel entscheiden. Dasselbe gilt für die Organisation des Unternehmens hinsichtlich der Rechtsform, des Inhalts des Gesellschaftsvertrags, des Verfahrens der Willensbildung sowie der Führung der Geschäfte (zum deut-

schen Recht Maunz/Dürig/*Di Fabio* GG Art. 2 Rn. 126). Da der wirtschaftliche Erfolg einer Unternehmung ganz wesentlich durch die Unternehmensplanung beeinflusst wird, können die Anteilseigner auch die grundlegende Unternehmens-, Investitions-, Personal-, Finanz-, Vertriebs- und Preispolitik nach ihren eigenen Vorstellungen festlegen (*Frenz* GewArch 2009, 427 [429]). Der Schutzbereich der Unternehmerfreiheit umfasst damit auch das Interesse, nur solche Arbeitnehmer zu beschäftigen, die den Vorstellungen des Arbeitgebers entsprechen, und deren Anzahl auf ein bestimmtes Maß zu beschränken (zum deutschen Recht BVerfG 27.1.1998 NZA 1998, 470). Es obliegt insbesondere der freien unternehmerischen Entscheidung des Arbeitgebers, das **Anforderungsprofil für eine Tätigkeit** festzulegen (BAG 10.11.1994 NZA 1995, 556; SSV/*Schleusener* AGG § 8 Rn. 7; MHdBArbR/*Oetker* § 14 Rn. 71). Der Arbeitgeber kann somit bestimmen, welche konkreten Arbeiten auf welchem Arbeitsplatz zu erbringen sind (BAG 28.5.2009 NZA 2009, 1016 Rn. 39). Im Bereich des **öffentlichen Dienstes** obliegt es dem Dienstherrn, die Dienstposten nach organisatorischen Bedürfnissen und Möglichkeiten einzurichten und näher auszugestalten (BAG 28.5.2009 NZA 2009, 1016 Rn. 39). Es liegt daher im organisatorischen Ermessen des Dienstherren, wie er einen Dienstposten zuschneiden will und welche Anforderungen der Bewerberauswahl zugrunde zu legen sind (BVerfG 8.10.2007 NVwZ 2008, 69). Vor diesem Hintergrund kann die Festlegung der beruflichen Anforderung allein daraufhin überprüft werden, ob der Arbeitgeber mit dieser einen rechtmäßigen Zweck verfolgt, dessen Festlegung nicht willkürlich ist (MHdBArbR/*Oetker* § 14 Rn. 71). Allerdings ist nach Ansicht des BAG für die objektive Eignung eines Bewerbers für eine ausgeschriebene Stelle „nicht das formelle Anforderungsprofil" maßgeblich, das „der Arbeitgeber erstellt hat, sondern die Anforderungen, die an die jeweilige Tätigkeit nach der im Arbeitsleben herrschenden Verkehrsanschauung gestellt werden" (BAG 19.8.2010 NZA 2011, 203 Rn. 37; zust. HaKo-AGG/*Däubler* § 7 Rn. 9b). Mit diesen Vorgaben soll sichergestellt werden, dass der Arbeitgeber zwar über den der Stelle zugeordneten Aufgabenbereich frei entscheiden kann, aber nicht durch das Stellen hierfür nicht erforderlicher Anforderungen an Bewerber die Vergleichbarkeit der Situation selbst gestalten und den Schutz vor Diskriminierungen de facto beseitigen kann (BAG 18.3.2010 NZA 2010, 872 Rn. 22; 28.5.2009 NZA 2009, 1016 Rn. 39). Diese Rechtsprechung ist mit der grundrechtlich geschützten Eigentums- und Unternehmerfreiheit nur dann vereinbar, wenn sie sich auf eine **Willkürkontrolle** im Hinblick auf die beabsichtigte Beseitigung des Diskriminierungsschutzes bezieht.

Nach **Art. 4 II 1** dürfen die Mitgliedstaaten in Bezug auf **berufliche Tätigkeiten innerhalb von Kirchen und anderen öffentlichen oder privaten Organisationen, deren Ethos auf religiösen Grundsätzen oder Weltanschauungen beruht,** Bestimmungen vorsehen, die zum Zeitpunkt der Annahme dieser Richtlinie bestehende einzelstaatliche Gepflogenheiten widerspiegeln, wonach **eine Ungleichbehandlung wegen der Religion oder Weltanschauung einer Person keine Diskriminierung darstellt,** wenn **die Religion oder die Weltanschauung dieser Person nach der Art dieser Tätigkeiten oder der Umstände ihrer Ausübung eine wesentliche, rechtmäßige und gerechtfertigte berufliche Anforderung angesichts des Ethos der Organisation darstellt.** Eine solche Ungleichbehandlung muss nach Art. 4 II 2 die verfassungsrechtlichen Bestimmungen und Grundsätze der Mitgliedstaaten sowie die allg. Grundsätze des Gemeinschaftsrechts beachten (zum Schutz der Religion und Weltanschauung im Unionsrecht → GRC Art. 21 Rn. 20 ff. und Rn. 68 ff.) und rechtfertigt keine Diskriminierung aus einem anderen Grund. Sofern die Bestimmungen dieser Richtlinie im übrigen eingehalten werden, können die Kirchen und anderen öffentlichen oder privaten Organisationen, deren Ethos auf religiösen Grundsätzen oder Weltanschauungen beruht, im Einklang mit den einzelstaatlichen verfassungsrechtlichen Bestimmungen und Rechtsvorschriften von den für sie arbeitenden Personen nach Art. 4 II 3 verlangen, dass sie **sich loyal und aufrichtig iSd Ethos der Organisation verhalten.** Letzteres entspricht der Rechtsprechung des BVerfG, wonach die Kirchen in den Schranken der für alle geltenden Gesetze den kirchlichen Dienst nach ihrem Selbstverständnis regeln und kirchlichen Arbeitnehmern die spezifischen Obliegenheiten verbindlich machen können (BVerfG 4.6.1985 NJW 1986, 367). Art. 4 II steht in Zusammenhang mit **Art. 17 I AEUV,** wonach die Union den Status achtet, den Kirchen und religiöse Vereinigungen oder Gemeinschaften in den Mitgliedstaaten nach deren Rechtsvorschriften genießen, und beeinträchtigt ihn nicht (→ GRC Art. 21 Rn. 21). Vermittelt das nationale (Verfassungs-)Recht den Kirchen und religiösen Vereinigungen somit bestimmte Rechte, sind diese auch von der Union zu achten (LAG Bln-Bbg 28.5.2014 BeckRS 2014, 69394 Rn. 65). Art. 17 I AEUV anerkennt nicht nur den Status der Körperschaften des öffentlichen Rechts der Kirchen, sondern bezieht das gesamte Rechtsverhältnis zwischen den Mitgliedstaaten und Kirchen mit ein, mit Blick auf Deutschland also das **Staatskirchenrecht,** wie es in Art. 140 GG und den von dieser Vorschrift inkorporierten Artikeln der WRV seinen Ausdruck gefunden hat (LAG Bln-Bbg 28.5.2014 BeckRS 2014, 69394 Rn. 65; Calliess/Ruffert/*Waldhoff* AEUV Art. 17 Rn. 12; *Mohr/von Fürstenberg* BB 2008, 2122 [2123]). Nach Art. 17 II AEUV achtet die Union in gleicher Weise den Status, den weltanschaulichen Gemeinschaften nach den einzelstaatlichen Rechtsvorschriften genießen. Art. 17 III AEUV ergänzt, dass die Union mit diesen Kirchen und Gemeinschaften in Anerkennung ihrer Identität und ihres besonderen Beitrags einen offenen, transparenten und regelmäßigen Dialog führt. Auch Erwägungsgrund 24 stellt klar, dass die Europäische Union gem. ihrer **Erklärung Nr. 11 zur Schlussakte zum Vertrag von Amsterdam** den Status, den Kirchen und religiöse Vereinigungen in den Mitgliedstaaten nach deren Rechtsvorschriften genießen, achtet und nicht beeinträchtigt, ebenso wenig wie den Status von weltanschaulichen Gemeinschaften. Die Mitgliedstaaten können deshalb spezifische Bestimmungen über die „wesentlichen, rechtmäßigen und gerechtfertigten beruflichen Anforderungen" beibehalten oder vorsehen, die Voraussetzung für die Ausübung einer beruflichen Tätigkeit sein können. Hiermit anerkennt der Unionsgesetzgeber die kirchlichen Selbstbestimmungsrechte in den Mitgliedstaaten, aus denen die **Besonderheiten des kirchlichen Arbeitsrechts** folgen, soweit entsprechende Rechte bei Erlass der RL 2000/78/EG bereits vorhanden waren (*Mohr/von Fürstenberg* BB 2008, 2122 [2125]).

B. Wesentliche und entscheidende berufliche Anforderungen

4   Art. 4 I knüpft die Rechtfertigung einer unmittelbaren Diskriminierung an vier Anforderungen, die kumulativ vorliegen müssen (EuGH 12.1.2010 – C-229/08 Rn. 35 ff. – Wolf, EuZW 2010, 142): Erstens muss die innerstaatliche Regelung einen **rechtmäßigen Zweck** verfolgen. Zweitens muss es sich um eine **wesentliche und entscheidende berufliche Anforderung** handeln. Drittens muss diese berufliche **Anforderung mit einem von Art. 1 geschützten Grund in Zusammenhang stehen,** also etwa die besonders ausgeprägte körperliche Eignung mit dem Alter. Viertens muss die innerstaatliche Regelung **verhältnismäßig** sein, indem sie zur Erreichung des Ziels geeignet ist, nicht über dasjenige hinausgeht, was hierzu erforderlich ist, und schließlich auch angemessen ist. Die Vorschrift wird vom EuGH eng ausgelegt, da sie es ermöglicht, vom Diskriminierungsverbot abzuweichen (EuGH 13.11.2014 – C-416/13 Rn. 47 – Vital Pérez, NVwZ 2015, 427). Im Einzelnen:

I. Rechtmäßiger Zweck

5   Zum Ersten muss die mitgliedstaatliche Regelung oder Maßnahme einen rechtmäßigen Zweck verfolgen. Die Vokabel **„rechtmäßig"** bezieht sich auf den vom Regelungsgeber verfolgten Zweck. Dieser darf nicht gegen eine Verbotsnorm verstoßen (BAG 28.5.2009 NZA 2009, 1016 Rn. 51). Der mitgliedstaatliche Gesetzgeber darf mit einer Regelung jedes zulässige Gemeinwohlziel verfolgen; ein sozialpolitisches Ziel wie bei Art. 6 I ist nicht

erforderlich (indirekt EuGH 13.9.2011 – C-447/09 Rn. 68 f. und 82 – Prigge, NJW 2011, 3209). Der EuGH hat als rechtmäßige Ziele etwa die Sicherung der Einsatzbereitschaft und Funktionsfähigkeit der Berufsfeuerwehr (EuGH 12.1.2010 – C-229/08 Rn. 39 – Wolf, EuZW 2010, 142) und die Sicherheit des Flugverkehrs anerkannt (EuGH 13.9.2011 – C-447/09 Rn. 68 f. – Prigge, NJW 2011, 3209, unter Verweis auf Erwägungsgrund 18). Bei der Prüfung der Rechtmäßigkeit des von einem Arbeitgeber verfolgten Ziels ist ebenso wie hinsichtlich der Zulässigkeit der daraus abgeleiteten beruflichen Anforderungen die durch Art. 16 GRC und Art. 17 GRC geschützte **unternehmerische Handlungsfreiheit** zu beachten (*Mohr* ZHR 178, 2014, 326 [348 ff.]). Diese umfasst das Recht zu entscheiden, welche unternehmerischen Ziele der Arbeitgeber verfolgt, aber auch die Ausgestaltung der betrieblichen Arbeitsorganisation (BAG 28.5.2009 NZA 2009, 1016 Rn. 51). Schließlich können auch **Sicherheitsinteressen** der **Öffentlichkeit** oder **konkreter Dritter** (Bewachung eines militärischen Flughafens durch Zivilpersonen) einen rechtmäßigen Zweck begründen. Die Zulässigkeit von Maßnahmen zur Gewährleistung der öffentlichen Sicherheit und Ordnung richtet sich nach Art. 2 V als lex specialis zu Art. 4 I und zu Art. 6 I (EuGH 12.1.2010 – C-341/08 Rn. 49 ff. – Petersen, EuZW 2010, 137; 13.9.2011 – C-447/09 Rn. 52 ff. – Prigge, NJW 2011, 3209; → Art. 2 Rn. 68).

II. Wesentliche und entscheidende berufliche Anforderung

Zweite Voraussetzung des Art. 4 I ist, dass es sich bei dem **Merkmal** – etwa der besonderen körperlichen Belastbarkeit – **um eine wesentliche und entscheidende berufliche Anforderung** handelt. Von diesem Merkmal muss also die ordnungsgemäße Durchführung der Arbeit abhängen (BAG 22.5.2014 NJW 2014, 2893 Rn. 34). Die Gestaltung des Anforderungsprofils für den zu besetzenden freien Arbeitsplatz unterfällt der unternehmerischen Handlungsfreiheit des Arbeitgebers (BAG 28.5.2009 NZA 2009, 1016 Rn. 51; 10.11.1994 NJW 1996, 335), soweit dieser nicht willkürliche Anforderungen für die Stellenbesetzung formuliert, um so den Schutz vor Diskriminierungen absichtlich zu beseitigen (auf die Verkehrsanschauung stellt ab BAG 19.8.2010 NZA 2011, 203 Rn. 37; → Rn. 2). **Private Arbeitgeber** sind in der Auswahl der Mitarbeiter frei, ebenso wie bei den dafür angewandten Kriterien und ihrer Gewichtung (LAG Nürnberg 19.2.2008 NZA 2009, 148 [150] Rn. 36). Im Bereich des **öffentlichen Dienstes** obliegt es dem Dienstherrn, die Dienstposten nach organisatorischen Bedürfnissen und Möglichkeiten einzurichten und näher auszugestalten (BAG 28.5.2009 NZA 2009, 1016 Rn. 39). Es unterliegt daher auch dem organisatorischen Ermessen des Dienstherren, wie er einen Dienstposten zuschneiden will und welche Anforderungen demgemäß der Bewerberauswahl zugrunde zu legen sind (BVerfG 8.10.2007 NVwZ 2008, 69). Soweit die Erfüllung bestimmter Voraussetzungen für die sachgerechte Erledigung der Arbeitsaufgaben erforderlich ist, kann die unternehmerische Entscheidung des Arbeitgebers nur daraufhin überprüft werden, ob sie offensichtlich unsachlich ist (BAG 7.11.1996 NJW 1997, 1252). Allerdings darf der Arbeitgeber das Vorhandensein eines mit einem geschützten Grund zusammenhängenden Merkmals dann nicht verlangen, wenn er damit willkürlich den Diskriminierungsschutz beseitigt (BAG 28.5.2009 NZA 2010, 1016 Rn. 53). Hieraus folgt eine Missbrauchskontrolle (BAG 18.3.2010 NZA 2010, 872 Rn. 36), die auch im Unionsrecht anerkannt ist (EuGH 21.2.2006 – C-255/02 Rn. 68 – Halifax, DStR 2006, 420; 13.3.2014 – C-155/13 Rn. 29 – SICES, BeckRS 2014, 80525; EuGH 17.7.2014 – C-58/13, C-59/13 Rn. 42 – Torresi, NJW 2014, 2849; speziell zum Recht gegen Diskriminierungen s. EuGH 28.1.2015 – C-417/13 Rn. 51 ff. – Starjakob, NZA 2015, 317).

Art. 4 I erfordert, dass die berufliche Anforderung für die Art der Tätigkeit oder für die Bedingungen ihrer Ausübung „wesentlich und entscheidend" ist, was erheblich höhere Anforderungen aufstellt als an einen sachlichen Grund (BAG 28.5.2009 NZA 2009, 1016 Rn. 37). Eine Differenzierung nach einem Merkmal ist dann **entscheidend,** wenn die Tätigkeit ansonsten nicht oder nicht ordnungsgemäß ausgeführt werden könnte (*Thüsing*

AGG Rn. 321). Dies kann sich auch aus dem Unternehmenskonzept ergeben (für eine Personalauswahl nach ästhetischen Kriterien etwa *Duchstein* NJW 2013, 3066). Die Vokabel **wesentlich** statuiert eine Erheblichkeitsschwelle, weshalb das Merkmal bei funktionaler Betrachtung aus objektiver Sicht nicht nur eine untergeordnete Rolle spielen darf, sondern zentraler Bestandteil für die auszuübende Tätigkeit sein muss (BAG 28.5.2009 NZA 2009, 1016 Rn. 38). Beim Diskriminierungsverbot wegen der Behinderung ist deshalb in Erfahrung zu bringen, ob der Aufgabenbereich, den ein Beschäftigter aufgrund seiner Behinderung nicht ordnungsgemäß ausüben kann, einen erheblichen Teil des dem Beschäftigten übertragenen Aufgabenfeldes ausmacht (*Thüsing/Wege* FA 2003, 296 [298]). Die Wesentlichkeit ist zu bejahen, wenn ein bestimmtes Merkmal der Tätigkeit mit Blick auf die vom Arbeitgeber statuierten Anforderungen die entscheidende Prägung gibt (MHdBArbR/*Oetker* § 14 Rn. 72). Es geht somit auch um die Frage, inwieweit der Normadressat bei der Aufstellung beruflicher Anforderungen typisieren darf (ErfK/*Schlachter* AGG § 8 Rn. 1).

8   Im Geltungsbereich der **RL 2000/78/EG** hat der EuGH eine besonders hohe, nur bei einer bestimmten Altersgruppe gegebene körperliche Belastbarkeit als wesentliche und entscheidende berufliche Anforderung von Mitarbeitern im feuerwehrtechnischen Dienst anerkannt, anders als von Mitarbeitern in der Direktion und in der Verwaltung (EuGH 12.1.2010 – C-229/08 Rn. 40 ff. – Wolf, EuZW 2010, 142) sowie bei örtlichen Polizeibeamten, da bei Letzteren auch ein von allen Altersgruppen zu erfüllender körperlicher Eignungstest ausreichend sei (EuGH 13.11.2014 – C-416/13 Rn. 55 – Vital Pérez, NVwZ 2015, 427). Ebenfalls als wesentliche und entscheidende berufliche Anforderung anerkannt wurde die besondere körperliche Eignung, die nur bei Personen bestimmter Altersgruppen gewährleistet sei, für Verkehrspiloten (EuGH 13.9.2011 – C-447/09 Rn. 67 – Prigge, NJW 2011, 3209).

III. Verknüpfung mit einem geschützten Merkmal

9   Ein Merkmal, das eine wesentliche und entscheidende berufliche Anforderung bedeutet, muss drittens **mit einem von Art. 1 geschützten Grund in Zusammenhang stehen**, etwa eine bestimmte körperliche Eignung mit einer bestimmten Altersgruppe (EuGH 13.11.2014 – C-416/13 Rn. 48 – Vital Pérez, NVwZ 2015, 427). Nicht der Grund selbst, sondern ein mit diesem im Zusammenhang stehendes Merkmal muss mit anderen Worten eine wesentliche und entscheidende berufliche Anforderung darstellen (EuGH 12.1.2010 – C-229/08 Rn. 35 – Wolf, EuZW 2010, 142; 13.9.2011 – C-447/09 Rn. 66 – Prigge, NJW 2011, 3209).

10 In der Rechtsprechung zum **Diskriminierungsverbot wegen des Geschlechts** haben sich **Fallgruppen** herausgebildet (*Thüsing* RdA 2001, 319), die zur Systematisierung auch für Art. 4 I Geltung beanspruchen. Hiernach ist das Geschlecht (genauer: ein mit dem Geschlecht zusammenhängendes Merkmal) dann **wesentlich und entscheidend** (gleichbedeutend mit „unverzichtbar", vgl. BAG 28.5.2009 NZA 2009, 1016 Rn. 37) für eine Tätigkeit oder die Art ihrer Ausübung, wenn ein Angehöriger des anderen Geschlechts die vertragsgemäße **Leistung nicht oder nicht so gut erbringen könnte und dieses Unvermögen auf Gründen beruht, die ihrerseits der gesetzlichen Wertentscheidung des Schutzes vor Diskriminierungen genügen** (BAG 28.5.2009 NZA 2009, 1016 Rn. 38; 14.8.2007 NZA 2008, 99; 12.11.1998 NZA 1999, 371; 27.4.2000 BeckRS 2010, 71644). Damit kann letzlich der **Unternehmenszweck** eine Ungleichbehandlung wegen eines mit einem von Art. 1 geschützten Grund zusammenhängenden Merkmals rechtfertigen (BAG 28.5.2009 NZA 2009, 1016 Rn. 51; *Duchstein* NJW 1013, 3066; aA *Wisskirchen* DB 2006, 1491 [1492]). Die Verfolgung unternehmerischer Zwecke kann ihrerseits nicht losgelöst von Beziehungen zu **Kunden** oder sonstigen Personen betrachtet werden, gegenüber denen bestimmte Leistungen zu erbringen sind (BAG 19.8.2010 NZA 2011, 203 Rn. 39). Vor diesem Hintergrund bedeutet die Ablehnung eines männlichen Sozialpädagogen in einem Bewerbungsverfahren um eine Stelle als Betreuer in einem Mädchenpensionat

eine durch den Schutz der Intimsphäre der Mädchen gerechtfertigte unmittelbare Benachteiligung wegen seines Geschlechts gem. Art. 4 I (BAG 28.5.2009 NZA 2009, 1016; 18.3.2010 NZA 2010, 872 Rn. 36). Will eine Gemeinde die Stelle einer kommunalen Gleichstellungsbeauftragten nur mit einer Frau besetzen, weil zur Erbringung eines Teils der Tätigkeiten das weibliche Geschlecht bzw. die damit zusammenhängende Kommunikationsfähigkeit mit Frauen mit Migrationshintergrund eine unverzichtbare Voraussetzung ist, wird ein männlicher Bewerber ebenfalls nicht unzulässig wegen seines Geschlechts benachteiligt, wenn er nicht in die Bewerberauswahl für die zu besetzende Stelle einbezogen wird (BAG 18.3.2010 NZA 2010, 872). Eine Rechtfertigung von Ungleichbehandlungen wegen eines in Art. 1 geschützten Merkmals kann auch mit einem grundrechtlich legitimierten **Tendenzschutz** begründet werden (s. dazu *Adomeit/Mohr* AGG § 8 Rn. 40 ff.).

IV. Verhältnismäßigkeit

Die wesentliche und entscheidende berufliche Anforderung muss schließlich noch **angemessen** sein. In der Rechtsprechung des EuGH ist dies das wohl entscheidende Tatbestandsmerkmal (vgl. EuGH 13.9.2011 – C-447/09 Rn. 70 ff. – Prigge, NJW 2011, 3209). Nach Ansicht des EuGH ist nur unter sehr begrenzten Bedingungen eine unterschiedliche Behandlung gerechtfertigt, selbst wenn ein Merkmal eine wesentliche und entscheidende berufliche Anforderung darstellt (EuGH 13.9.2011 – C-447/09 Rn. 71 – Prigge, NJW 2011, 3209); denn Art. 4 I sei eng auszulegen (EuGH 13.11.2014 – C-416/13 Rn. 47 – Vital Pérez, NVwZ 2015, 427; 13.9.2011 – C-447/09 Rn. 71 – Prigge, NJW 2011, 3209, unter Verweis auf EuGH 26.10.1999 – C-273/97 Rn. 23 – Sidar, NZA 2000, 25, sowie auf EuGH 12.1.2010 – C-341/08 Rn. 60 – Petersen, EuZW 2010, 137). Die spezifische Problematik eines privaten Rechts gegen Diskriminierungen liegt jedoch gerade **im sachgerechten Ausgleich gleichrangiger, aber gegenläufiger Rechtsprinzipien** (*Mohr* ZHR 178, 2014, 326 [348 ff.]; *Adomeit/Mohr* NZA 2007, 179 [182 f.]), wie die Erwägungsgründe 2 und 3 der RL 2004/113/EG beispielhaft verdeutlichen, wonach der Schutz vor Diskriminierung zwar ein allg. Menschenrecht ist, durch das Diskriminierungsverbot jedoch nicht andere Grundrechte und Freiheiten beeinträchtigt werden dürfen. Die Rechte der **Beschäftigten** ergeben sich aus Art. 21 I GRC und der diese Vorschrift ausformenden Vertragsbestimmungen und Richtlinien (EuGH 22.11.2005 – C 144/04 Rn. 74 ff. – Mangold, NJW 2005, 3695; 19.1.2010 – C-555/07 Rn. 50 – Kücükdeveci, NZA 2010, 85; 8.9.2011 – C-297/10 Rn. 47 – Hennigs und Mai, NZA 2011, 1100; 13.9.2011 – C-447/09 Rn. 38 – Prigge, NJW 2011, 3209; 26.9.2013 – C-476/11 Rn. 19 – Kristensen, EuZW 2013, 951; BAG 28.5.2009 Rn. 51, NZA 2009, 1016) sowie der Berufsfreiheit gem. Art. 15 GRC (*Mohr* ZHR 178, 2014, 326 [351]). Auf Seiten der **Arbeitgeber** greifen die Unternehmerfreiheit gem. Art. 16 GRC, die Eigentumsfreiheit gem. Art. 17 GR sowie die als Beschränkungsverbot wirkende Kapitalverkehrsfreiheit als „besondere Berufsfreiheit der Marktbürger" (EuGH 15.10.1987 – 222/86 – Heylens, AP EWG-Vertrag Art. 48 Nr. 13; *Schubert* ZIP 2013, 289; **aA** *Kort* WM 2013, 1049 [1056]). Die Diskriminierungsverbote stehen zu den widerstreitenden Freiheitsrechten der Arbeitgeber somit nicht in einem Verhältnis der Spezialität (vgl. zum deutschen Recht BVerfG 18.2.1999, NJW 2001, 1267 [1268]). Vielmehr sind die widerstreitenden Interesse im Wege „praktischer Konkordanz" (so die deutsche Formulierung) in einen möglichst schonenden Ausgleich zu bringen (s. EuGH 12.6.2003 – C-112/00 Rn. 74, 77 ff. – Schmidberger, EuZW 2003, 592; 14.10.2004 – C-36/02 Rn. 35 ff. – Omega Spielhallen- und Automatenaufstellungs GmbH, EuZW 2004, 753; 29.1.2008 – C-275/06 Rn. 64 ff. – Promusicae, EuZW 2008, 11; SA des GA *Sharpston* 15.10.2009 – C-28/08 Rn. 95 mit Fn. 37 – Bavarian Lager, BeckRS 2009, 71158; *Mohr* ZHR 178, 2014, 326 [349]). Demgemäß können die Grundrechte der Anteilseigner auch den Antidiskriminierungsrichtlinien und den zu ihrer Umsetzung erlassenen mitgliedstaatlichen Rechtsakten Grenzen setzen (Calliess/Ruffert/*Ruffert* Art. 15 GRC Rn. 23 mit Fn. 84). In die Abwägung mit einzubeziehen sind schließlich auch die **Rechte von Dritten, die unmittelbar von der unternehmerischen Tätigkeit betroffen werden** (BAG 28.5.2009 NZA 2009, 1016 Rn. 51). Anerkannt ist dies zB beim Diskriminierungsverbot wegen des Geschlechts, wenn eine Belegarztpraxis überwiegend gynäkologische Operationen an weiblichen Patienten durchführt (ArbG Hamburg 10.4.2001 BeckRS 2001, 30790753). In diesem Zusammenhang ist nicht ausschlaggebend, ob eine Versetzung der Männer in andere Tätigkeitsbereiche möglich wäre, solange es sich um einen zentralen und bedeutsamen Teil der Arbeitsaufgaben handelt (BAG 28.5.2009 NZA 2009, 1016 Rn. 45). Eine Differenzierung nach dem Geschlecht ist auch durch das allg. Persönlichkeitsrecht, im Besonderen durch das Recht zur Wahrung der Intimsphäre gerechtfertigt (BAG 28.5.2009 NZA 2009, 1016 Rn. 45).

12 Besonders kontrovers diskutiert wird die Beachtlichkeit von **benachteiligenden Kundenwünsche** („customer preferences"). Nach dem BAG sind diese iRd **Angemessenheitsprüfung** zu berücksichtigen (aA *Krause*, FS Adomeit, 2008, 377 [387]: Frage des zulässigen Zwecks). Gegen eine Rechtfertigung über Art. 4 I wird angeführt, dass ansonsten die in der Gesellschaft bestehenden Vorurteile und Rollenverständnisse zementiert würden, was dem Gesetzesziel zuwiderliefe (*Kock* MDR 2006, 1088 [1090]; *Wisskirchen* DB 2006, 1491 [1492]). Diskriminierende Vorlieben von Dritten könnten das Diskriminierungsverbot allenfalls im Ausnahmefall durchbrechen, etwa wenn ein besonderes öffentliches bzw. sozialpolitisches Interesse an der Aufgabe bestehe (*Thüsing* RdA 2001, 319 [323]). Negative Folgen für die Unternehmen seien zwecks Gewährleistung einer effektiven Umsetzung und Anwendung der Diskriminierungsverbote hinzunehmen" (*Lingscheid* 95). Demgegenüber soll es den Arbeitgebern nach anderer Ansicht möglich sein, die Erwartungen und Einstellungen Dritter als objektive, unbeeinflussbare Faktoren zu berücksichtigen (LAG Bln 14.1.1998 NJW 1998, 1429). Dies gilt jedenfalls dann, wenn sich die Kundenerwartungen im Rahmen eines rechtmäßigen, nicht diskriminierenden unternehmerischen Konzepts halten (*MHH* AGG § 8 Rn. 13; *Duchstein* NJW 2013, 3066). Nach dem BAG können diskriminierende Kundenwünsche eine Ungleichbehandlung grds. nicht rechtfertigen. Die Interessen Dritter seien nur dann relevant, wenn sie Ausdruck eines berechtigten Interesses etwa am Schutz ihrer Intimsphäre oder an der Aufrechterhaltung eines Vertrauensverhältnisses seien (BAG 18.3.2010 NZA 2010, 872 Rn. 36). Hiernach soll die Motivation ausländischer Frauen, die der Beratung und Integration bedürfen, sowie diejenige von Opfern von Frauendiskriminierung und von frauenspezifischen Organisationen, eine Frau als Ansprechpartner zu wünschen, nicht ihrerseits diskriminierend sein (BAG 18.3.2010 NZA 2010, 872 Rn. 36). Einschlägige Judikate des EuGH liegen bislang nicht vor. Allerdings sah der EuGH die Vermutung einer Diskriminierung wegen der ethnischen Herkunft iSv Art. 2 I RL 2000/43/EG als begründet an, wenn ein Unternehmen aufgrund der Wünsche seiner Kunden keine Menschen marokkanischer Herkunft einstellt (EuGH 10.7.2008 – C-54/07 – Feryn, NJW 2008, 2767). Ob hieraus auf die generelle Unzulässigkeit von differenzierenden Kundenwünschen geschlossen werden kann, ist nicht zweifelsfrei (*Bayreuther* NZA 2008, 986 [989]).

V. Beispiele

13 Eine **Höchstaltersgrenze** von 30 Jahren **für die Einstellung** in den feuerwehrtechnischen Dienst ist eine wesentliche und entscheidende berufliche Anforderung (EuGH 12.1.2010 – C-229/08, EuZW 2010, 142), nicht jedoch eine solche im örtlichen Polizeidienst (EuGH 13.11.2014 – C-416/13 – Vital Pérez, NVwZ 2015, 427). Art. 4 I steht einer tariflichen **Pensionsgrenze** für Piloten von 60 Jahren entgegen, ab der diese als nicht mehr fähig für die Ausübung ihres Berufes gelten, während nationale und internationale Regelungen die Altersgrenze auf 65 Jahre festlegen (EuGH 13.9.2011 – C-447/07 – Prigge, NJW 2011, 3209). Die **Beschränkung religiöser Bekundungen** auf der Grundlage eines Landesschulgesetzes stellt eine unmittelbare, normativ vorgegebene Benachteiligung aus Gründen der Religion dar, die die Beschäftigungs- und Arbeitsbedingungen betrifft. Diese

ist als wesentliche und entscheidende berufliche Anforderung iSd Art. 4 I jedenfalls dann gerechtfertigt, wenn das äußere Erscheinungsbild zu einer hinreichend konkreten Gefährdung oder Störung des Schulfriedens oder der staatlichen Neutralität führt oder wesentlich dazu beiträgt (BVerfG 27.1.2015 NJW 2015, 1359 Rn. 154). Sucht ein Arbeitgeber nach einem **„Muttersprachler"** („native speaker") als Dolmetscher, Übersetzer oder als Vertriebsbeauftragten, ist eine Differenzierung zulässig, sofern die Tätigkeit nicht auch von Personen ohne die jeweilige Herkunft, aber mit guten Fremdsprachenkenntnissen erbracht werden kann. Dies ist nicht der Fall, wenn ein Bewerber das vom Arbeitgeber erstellte Anforderungsprofil bei objektiver Betrachtung auch dann erfüllt, wenn er die deutsche Sprache zwar nicht iRd primären Spracherwerbs als Kind, aber später zureichend erlernt hat. In der Praxis sollte deshalb nach Mitarbeitern mit sehr guten Kenntnissen der jeweiligen Sprache „vergleichbar einem Muttersprachler" gesucht werden (*Mohr* Anm. BAG AP AGG § 3 Nr. 4).

VI. Besonderheiten beim Diskriminierungsverbot wegen einer Behinderung

Besonderheiten gelten beim **Diskriminierungsverbot wegen einer Behinderung** (grundlegend EuGH 11.7.2006 – C-13/05 Rn. 48 ff. – Chacón Navás, NZA 2006, 839; so auch BAG 15.2.2005 NZA 2005, 870 = EzA § 81 SGB IX Nr. 6 mit Anm. *Mohr*). Aus Erwägungsgrund 17 ergibt sich, dass ein Bewerber abgelehnt werden darf, wenn er „wesentliche Funktionen" des Arbeitsplatzes mangels Eignung nicht ausführen kann (HaKo-AGG/*Däubler* § 7 Rn. 61). Ein mit der Behinderung zusammenhängendes Merkmal wie die besondere körperliche Belastbarkeit ist mit Blick auf Art. 5 aber nur dann eine wesentliche und entscheidende berufliche Anforderung, wenn sein Fehlen nicht durch zumutbare Fördermaßnahmen ausgeglichen werden kann (BAG 22.5.2014 NZA 2014, 924 Rn. 42; 26.6.2014 BeckRS 2014, 73097 Rn. 53; *Mohr* BehindertenR 2008, 33 [40 ff.]). Zumutbar sind aber nur solche Maßnahmen, die keine nennenswerte finanzielle Zusatzbelastung der Arbeitgeber bedeuten (s. Art. 5 S. 3). Ein Arbeitgeber, der eine Nichteinstellung darauf stützt, dass der Bewerber wegen seiner Behinderung nicht eingesetzt werden könne, kann sich somit nur dann auf Art. 4 I berufen, wenn dies auch unter Berücksichtigung angemessener und verhältnismäßiger Vorkehrungen iSv Art. 5 iVm Art. 17 I 2 lit. i, Art. 2 UAbs. 4 des UN-Behindertenrechtsabkommens der Fall ist (BAG 22.5.2014 NZA 2014, 924 Rn. 42). Folgerichtig ist auch die Kündigung eines behinderten Arbeitnehmers wegen fehlender Einsatzmöglichkeiten nur dann wirksam, wenn der Arbeitgeber nicht im Stande ist, das in Folge der Behinderung vorliegende Beschäftigungshindernis durch angemessene Vorkehrungen zu beseitigen, die ihn nicht unverhältnismäßig belasten (EuGH 11.4.2013 – C-335/11 ua Rn. 57 – Ring, NZA 2014, 553). Art. 5 ist im deutschen Recht bei der Auslegung des Begriffs der **angemessenen Anforderung** gem. § 8 I AGG zu beachten (BAG 22.5.2014 NZA 2014, 924 Rn. 42). Darüber hinaus können die angemessenen Anforderungen iRd § 241 II BGB berücksichtigt werden (BAG 19.12.2013 NZA 2014, 372 Rn. 53). Für schwerbehinderte Menschen ergeben sich weitere Förderpflichten aus §§ 81, 82 SGB IX sowie aus dem BBG (s. BAG 26.6.2014 BeckRS 2014, 73079 Rn. 54; 21.2.2013 NZA 2013, 840 Rn. 54). Ob diese besonderen Förderpflichten unter Art. 5 zu subsumieren sind, erscheint zweifelhaft, da die Vorschrift im Regelfall eine finanzielle Kompensation fordert (Art. 5 S. 2 Hs. 2 iVm S. 3). Unverhältnismäßige Förderpflichten sind nur unter den Voraussetzungen des Art. 7 II als positive Maßnahmen zulässig. Zur Dogmatik → Art. 5 Rn. 5.

C. Berufliche Tätigkeiten innerhalb von Kirchen und anderen Organisationen, deren Ethos auf religiösen Grundsätzen und Weltanschauungen beruht

15 Der besondere Rechtfertigungstatbestand des Art. 4 II gilt nur für **berufliche Tätigkeiten innerhalb von Kirchen und anderen öffentlichen oder privaten Organisationen, deren Ethos auf religiösen Grundsätzen oder Weltanschauungen beruht.** Ob dies bei einer Organisation der Fall ist, bestimmt sich maßgeblich nach den Begriffen Religion und Weltanschauung (→ Art. 1 Rn. 15 ff.; → GRC Art. 21 Rn. 68 ff.). Art. 4 II gilt – wie im deutschen Recht Art. 9 I AGG klarstellt – auch für die den Kirchen **zugeordneten Einrichtungen,** ohne dass es auf ihre Rechtsform ankommt (*Thüsing* JZ 2004, 172 [175 f.]). Notwendig ist einzig, dass eine (karitative) Einrichtung einer Kirche so zugeordnet ist, dass sie Teil hat an der Verwirklichung des Auftrags der Kirche im Geist der Religiosität, im Einklang mit dem Bekenntnis der Kirche und in Verbindung mit den Amtsträgern (BVerfG 11.10.1977 BVerfGE 46, 73 [87]). Ausreichend ist ein **ordnender und verwaltender Einfluss der Kirche** (BAG 30.4.1997 NZA 1997, 1240). Sofern der notwendig ordnende und verwaltende Einfluss der Kirche oder weltanschaulichen Organisation auf die Einrichtung sichergestellt ist, werden nur solche Einrichtungen nicht von Art. 4 II erfasst, mit denen rein wirtschaftliche Zwecke verfolgt werden.

16 Anderes als nach Art. 4 I bestimmt sich die Rechtfertigung gem. Art. 4 II 1 nach **dem Ethos der Organisation;** eine **gerichtliche Kontrolle des Ethos,** und sei diese auch nur auf eine Willkürkontrolle beschränkt (→ Rn. 3), ist **unzulässig** (*Mohr/von Fürstenberg* BB 2008, 2122 [2125]). Außerdem können die Normadressaten an die Religion oder Weltanschauung selbst und nicht nur an ein damit zusammenhängendes Merkmal anknüpfen. Schließlich muss die Religion oder Weltanschauung für die Art der Tätigkeit oder die Bedingungen der Ausübung wesentlich, rechtmäßig und gerechtfertigt sein, also weder entscheidend noch angemessen.

17 Die Merkmale **rechtmäßig und gerechtfertigt** bedeuten, dass die berufliche Anforderung mit dem geltenden Recht vereinbar sein muss (*Lingscheid* 147; s. zum deutschen Recht auch BVerfG 4.6.1985 NJW 1986, 367 [369]; **aA** *Reichold* NZA 2001, 1054 [1059]: Notwendigkeit einer Verhältnismäßigkeitsprüfung). Entscheidendes Tatbestandsmerkmal ist deshalb, ob eine Religion oder Weltanschauung angesichts des Ethos der jeweiligen Organisation für eine berufliche Tätigkeit eine **wesentliche berufliche Anforderung** darstellt. Die Formulierung nimmt Bezug auf das grundrechtlich geschützte **kirchliche und weltanschauliche Selbstverständnis,** das dem Selbstbestimmungsrecht der jeweiligen Organisation vorgelagert ist und dieses inhaltlich ausgestaltet (vgl. *Mohr* Diskriminierungen 203; *Mohr/von Fürstenberg* BB 2008, 2122 [2125]; *Germann/de Wall,* GS Blomeyer, 2003, 549 [575]; **aA** *Schliemann* NZA 2003, 407 [411]). Das Selbstbestimmungsrecht unterliegt ebenso wie die daraus abgeleiteten beruflichen Anforderungen keiner Plausibilitätskontrolle durch die Arbeitsgerichte (offen gelassen von BAG 25.4.2013 NZA 2013, 1131 Rn. 46). Auf dieser Grundlage gilt bei Art. 4 II anders als bei Art. 4 I ein subjektiver und kein objektiver Prüfungsmaßstab (*Mohr/von Fürstenberg* BB 2008, 2122 [2125]; **aA** *Belling* NZA 2004, 885 [887]). Art. 4 II 1 behält auch bei einer solchen Lesart einen **eigenen Anwendungsbereich.** Dieser liegt bei der Begründung von Beschäftigungsverhältnissen in einer **Missbrauchskontrolle,** ob die Kirchen und ihre Einrichtungen die selbst gesetzten Maßstäbe durchhalten (*Reichold* NZA 2001, 1054 [1059]; *Kamanabrou* RdA 2006, 321). Nachvollziehbar und damit zulässig ist hiernach eine **Beschäftigung konfessionsfremder Mitarbeiter,** soweit für die konkrete Tätigkeit keine Bewerber mit der gewünschten Konfession oder Religion zur Verfügung stehen. Gleiches gilt für die Betreuung Kranker durch Personen mit einer anderen Religion, sofern hierdurch eine umfassende Betreuung sichergestellt werden soll. Nicht zulässig ist es demgegenüber, will-

kürlich konfessionsfremde oder andersgläubige Menschen zu beschäftigen (*Thüsing* Kirch-ArbR S. 248).

Gem. Art. 4 II 2 muss eine nach Art. 4 II 1 zulässige Ungleichbehandlung die verfassungs- **18** rechtlichen Bestimmungen und Grundsätze der Mitgliedstaaten sowie die allg. Grundsätze des Gemeinschaftsrechts beachten und rechtfertigt keine Diskriminierung aus einem anderen Grund. Mit Blick auf die Rechtslage in Deutschland nimmt die Regelung damit Bezug auf das **deutsche Staatskirchenrecht** (→ GRC Art. 21 Rn. 21). Art. 4 II 2 stellt klar, dass Art. 4 II 1 keine Diskriminierungen aus einem anderen Grund rechtfertigt; für diese gelten grds. die allg. Rechtfertigungsvorschriften gem. Art. 2 V, Art. 4 I und Art. 6. Das betrifft etwa den Ausschluss von Frauen vom Priesteramt oder die Kündigung von homosexuellen Menschen wegen der von ihnen ausgeübten homosexuellen Praxis (dazu BAG 30.6.1983 NJW 1984, 1917). Im Schrifttum wird insoweit eine verfassungskonforme weite Auslegung von Art. 4 I gefordert (*Joussen* RdA 2003, 32 [36]). Das kirchliche Selbstbestimmungsrecht soll auch Unterscheidungen rechtfertigen, die eigentlich auf anderen Diskriminierungsmerkmalen beruhen, jedoch mittelbar mit der Religion oder Weltanschauung zusammenhängen. Demgemäß soll der Verzicht auf eine praktizierte Homosexualität eine wesentliche und entscheidende berufliche Anforderung für den Dienst in der katholischen Kirche sein. Nach **aA** handelt es sich bei der ausgeübten Homosexualität um ein religionswidriges Verhalten, das dem Anwendungsbereich des Art. 4 II unterfallen soll (*Lingscheid* S. 151 f.). Die letztgenannte Sichtweise ist angesichts des Wortlauts von Art. 4 II 2 nicht haltbar.

Art. 4 II 3 ergänzt Art. 4 II 1 im Hinblick auf die **Verhaltensanforderungen,** die eine **19** Religions- oder Weltanschauungsgemeinschaft **an ihre Beschäftigten** stellen darf (BAG 25.4.2013 NZA 2013, 1131 Rn. 43; *Mohr/von Fürstenberg* BB 2008, 2122 [2123 ff.]). Sofern die Bestimmungen dieser Richtlinie im Übrigen eingehalten werden, können die Kirchen und anderen öffentlichen oder privaten Organisationen, deren Ethos auf religiösen Grundsätzen oder Weltanschauungen beruht, im Einklang mit den einzelstaatlichen verfassungsrechtlichen Bestimmungen und Rechtsvorschriften von den für sie arbeitenden Personen verlangen, dass sie sich **loyal und aufrichtig iSd Ethos der Organisation** verhalten. Zumeist wird es sich bei den Loyalitätsanforderungen iSd Art. 4 II 3 um berufliche Anforderungen handeln, die bereits dem Art. 4 II 1 unterfallen (s. BAG 25.4.2013 NZA 2013, 1131 Rn. 45). Welche kirchlichen Grundpflichten als Gegenstand des Arbeitsverhältnisses bedeutsam sein können, richtet sich bei den verfassten Kirchen nach den **anerkannten kirchenbezogenen Maßstäben.** Auch wenn das BVerfG fordert, dass die Arbeitsgerichte unannehmbaren Anforderungen an die Loyalität die Wirksamkeit versagen sollen (BVerfG 4.6.1985, NJW 1986, 367), führt dies nicht dazu, dass gestufte Loyalitätspflichten für den kirchennahen Bereich gelten (offen gelassen von BAG 19.8.2010 NZA 2011, 203; anders ArbG Hamburg 4.12.2007 BB 2008, 1348). Entscheidend ist vielmehr, dass gemäß dem **Selbstverständnis der verfassten Kirche** oder der schützenswerten **Weltanschauung** im konkreten Fall eine Loyalitätspflicht bzw. eine Loyalitätspflichtverletzung vorliegt und diese Verletzung die konkrete Maßnahme rechtfertigt (*Mohr/von Fürstenberg* BB 2008, 2122 [2124]).

Nach dem Wortlaut von Art. 4 II 3 können die Kirchen und sonstigen Organisationen **20** auch **Anforderungen aufstellen, die mit anderen von Art. 1 geschützten Merkmalen zusammenhängen** (offen gelassen von BAG 25.4.2013 NZA 2013, 1131 Rn. 39 ff.). Beispielhaft ist die Kündigung eines Arbeitnehmers wegen der Ausübung der Homosexualität (*Thüsing* JZ 2004, 172 [179]). Allerdings ist die Vorschrift in Zusammenschau mit Art. 4 II 2 zu sehen, wonach Diskriminierungen wegen anderer Merkmale nicht erfasst werden. Weitere zulässige Verhaltensanforderungen sind das Verbot von Äußerungen über legale Schwangerschaftsabbrüche für einen in einem katholischen Krankenhaus beschäftigten Assistenzarzt (BVerfG 4.6.1985 NJW 1986, 367), das Verbot eines Kirchenaustritts (BAG 25.4.2013 NZA 2013, 1131 Rn. 39 ff.), das Verbot einer zweiten Eheschließung (BAG 14.10.1980 NJW 1981, 1288) sowie dasjenige einer künstlichen Befruchtung durch den Chefarzt eines Krankenhauses (BAG 7.10.1993 NJW 1994, 30 [32]).

21 Im Mai 2015 hat die Deutsche Bischofskonferenz eine **Änderung des kirchlichen Arbeitsrechts** beschlossen, wonach Scheidung und erneute standesamtliche Heirat in katholischen Krankenhäusern, Kindergärten oder Schulen in Deutschland nur noch in Ausnahmefällen ein Kündigungsgrund sein soll. Auch das Eingehen einer eingetragenen Lebenspartnerschaft soll nur noch in Ausnahmefällen Kündigungsrelevanz besitzen. Im engeren kirchlichen Dienst, etwa bei Mitarbeitern, die pastoral, katechetisch oder aufgrund einer bischöflichen Beauftragung tätig sind, gebe es aber weiterhin erhöhte Loyalitätserwartungen (FD-ArbR 2015, 368799). Diese geänderte Sichtweise beeinflusst im vorstehend geschilderten Umfang auch die Anwendung des Art. 4 II, da sich dessen Reichweite nach dem verfassungsrechtlich determinierten kirchlichen Selbstverständnis richtet.

Art. 5 Angemessene Vorkehrungen für Menschen mit Behinderung

¹Um die Anwendung des Gleichbehandlungsgrundsatzes auf Menschen mit Behinderung zu gewährleisten, sind angemessene Vorkehrungen zu treffen. ²Das bedeutet, dass der Arbeitgeber die geeigneten und im konkreten Fall erforderlichen Maßnahmen ergreift, um den Menschen mit Behinderung den Zugang zur Beschäftigung, die Ausübung eines Berufes, den beruflichen Aufstieg und die Teilnahme an Aus- und Weiterbildungsmaßnahmen zu ermöglichen, es sei denn, diese Maßnahmen würden den Arbeitgeber unverhältnismäßig belasten. ³Diese Belastung ist nicht unverhältnismäßig, wenn sie durch geltende Maßnahmen im Rahmen der Behindertenpolitik des Mitgliedstaates ausreichend kompensiert wird.

A. Grundlagen

1 Gem. Art. 5 S. 1 müssen die Mitgliedstaaten die Arbeitgeber zum Treffen **angemessener Vorkehrungen** anhalten, um die **Anwendung „des Gleichbehandlungsgrundsatzes"** iSd Art. 2 I **auf Menschen mit Behinderung** zu gewährleisten, damit sich diese in einer **vergleichbaren Situation** mit nicht behinderten Menschen befinden (*Mohr* Anm. BAG EzA § 81 SGB IX Nr. 6, 13 [23]). Nach der Rechtsprechung des EuGH sind Behinderungen iSd Art. 1 besonders dazu geeignet, die **Fähigkeit von Personen zur Durchführung der arbeitsvertraglich geschuldeten Arbeitsleistung einzuschränken oder ganz auszuschließen** (EuGH 18.12.2014 – C-354/13 Rn. 54 – Kaltoft, NZA 2015, 33). Angemessene Vorkehrungen gem. Art. 5 dienen damit der Beseitigung von tatsächlichen Barrieren, die eine volle und wirksame Teilhabe der Menschen mit Behinderung am Berufsleben einschränken (EuGH 11.4.2013 – C-335/11 ua Rn. 48 ff. – Ring, NZA 2013, 553; 4.7.2013 – C-312/11 Rn. 56 ff. – Kommission/Italien, BeckRS 2013, 81408; 18.3.2014 – C-363/12 Rn. 82 – Z., NZA 2014, 525). Im Einzelnen:

2 Eine Anwendung des Diskriminierungsverbots gem. Art. 2 I, II setzt voraus, dass sich der Anspruchsteller mit dem Begünstigten in einer vergleichbaren Lage befindet. Vergleichbar ist eine Auswahlsituation aber nur für solche Arbeitnehmer, „die gleichermaßen die objektive Eignung für die zu besetzende Stelle aufweisen" (BAG 19.8.2010 NZA 2011, 203 Rn. 35). Bereits diese objektive Eignung kann aus in einer Behinderung liegenden Gründen nicht gegeben sein. An dieser Stelle greift Art. 5 mit der Verpflichtung zu angemessenen, nicht unverhältnismäßigen Fördermaßnahmen ein. Bezüglich Menschen mit Behinderungen verfolgt der Unionsgesetzgeber somit einen **kombinierten Schutz- und Fürsorgeansatz**, da er nicht nur Diskriminierungen wegen einer Behinderung verbietet, sondern auch die tatsächlichen Arbeitsbedingungen von behinderten und nicht behinderten Menschen angleichen will; denn eine durch Diskriminierungsverbote gesicherte Gleichbehandlung ist erst dann möglich, wenn beide Personengruppen von vergleichbaren tatsächlichen Voraussetzungen ausgehen (*Mohr* Diskriminierungen 244 ff. und 324; *Mohr*, BehindertenR 2008, 33 [41]). Aus dogmatischer Sicht werden die behinderten Menschen damit nicht formal gleichbehandelt, sondern es wird zugleich ihre **material-chancengleiche Selbstbestimmung** gesichert (KOM [99] 564 endg., Anhang, Folgenabschätzung, unter 3.; *Thüsing* ZfA 2001, 397 [403]). Die entsprechenden Organisationslasten greifen nicht unverhältnismäßig in die Grundrechte der Arbeitgeber gem. Art. 16 und Art. 17 GRC ein, sofern sie ausreichend finanziell kompensiert werden. Art. 5 S. 3 ist insoweit Ausdruck eines allg. Rechtsgrundsatzes, der auch bei Art. 7 zum Tragen kommt (→ Art. 7 Rn. 7).

Die grds. Pflicht zu angemessenen Vorkehrungen für die Anwendung der Diskriminierungsverbote auf behinderte Personen wird von Art. 5 S. 2 dahingehend konkretisiert, dass alle Arbeitgeber – nach Maßgabe des nationalen Rechts – die geeigneten und im konkreten Fall erforderlichen Maßnahmen ergreifen (müssen), um Menschen mit einer Behinderung den **Zugang zur Beschäftigung**, die **Ausübung eines Berufes**, den **beruflichen Aufstieg** und die **Teilnahme an Aus- und Weiterbildungsmaßnahmen** zu ermöglichen, es sei denn, diese Maßnahmen belasten den Arbeitgeber unverhältnismäßig. Erwägungsgrund 20 enthält eine nicht abschließende Aufzählung von Fördermaßnahmen, die die Arbeitsumgebung, die Arbeitsorganisation und/oder die Aus- und Fortbildung betreffen können; diese Aufzählung wird durch die Vorgaben der **UN-Behindertenrechtskonvention** weiter spezifiziert (EuGH 11.4.2013 – C-335/11 ua Rn. 49, 56 – Ring, NZA 2013, 553; → Rn. 8). Belastungen der Arbeitgeber sind nach Art. 5 S. 3 nicht unverhältnismäßig, wenn sie durch **geltende Maßnahmen iRd Behindertenpolitik des Mitgliedstaates ausreichend kompensiert werden.** Unter welchen Voraussetzungen dies der Fall sein kann, wird durch Erwägungsgrund 21 näher spezifiziert, der seinerseits im Lichte der Art. 16, Art. 17 GRC zu betrachten ist. Berücksichtigt werden „sollten insbesondere der mit ihnen verbundene finanzielle und sonstige Aufwand sowie die Größe, die finanziellen Ressourcen und der Gesamtumsatz der Organisation oder des Unternehmens und die Verfügbarkeit von öffentlichen Mitteln oder anderen Unterstützungsmöglichkeiten […]".

Die RL 2000/78/EG differenziert hiernach zwischen dem **Schutz vor persönlichkeitsverletzenden Diskriminierungen wegen einer Behinderung** gem. Art. 2 I, II, **angemessenen Vorkehrungen zur Anwendung des Diskriminierungsverbots auf Menschen mit Behinderungen** gem. Art. 5 sowie **positiven Diskriminierungen** gem. Art. 7 II zur Herstellung von Ergebnisgleichheit unabhängig von einer tatbestandlichen Diskriminierung behinderter Menschen. Maßnahmen nach Art. 5 sind auf die Anwendung des Gleichbehandlungsgrundsatzes beschränkt, also auf die Herstellung von materialer Chancengleichheit. Eine Bevorzugung von behinderten Menschen unabhängig von einer Diskriminierung kann von den Mitgliedstaaten somit nur in Form „positiver Diskriminierungen" gem. Art. 7 II vorgeschrieben werden. Insoweit gewährt Art. 7 II den Mitgliedstaaten – anders als Art. 5 (EuGH 4.7.2013 – C-312/11 Rn. 56 ff. – Kommission/Italien, BeckRS 2013, 81408) – einen weiten Beurteilungs- und Ermessensspielraum. Eine unionsrechtliche Pflicht zu positiven Fördermaßnahmen besteht nicht.

Bei der Pflicht zum Treffen angemessener Vorkehrungen und beim Diskriminierungsverbot handelt es sich somit um **dogmatisch unterschiedliche Tatbestände,** da es im ersten Fall um die Herstellung einer vergleichbaren Situation zur Anwendung des Diskriminierungsverbots und im zweiten Fall um die Feststellung einer Diskriminierung infolge einer vergleichbaren Situation geht (*Adomeit/Mohr* AGG § 3 Rn. 16; aA HaKo-AGG/*Brors* § 8 Rn. 33). Gleichwohl hängen beide Tatbestände eng miteinander zusammen, wie die **unmittelbare Diskriminierung** gem. Art. 2 II lit. a zeigt. Eine unmittelbare Diskriminierung setzt voraus, dass der jeweilige Anspruchsteller **behindert** iSd Art. 1 ist. Hierfür spielen die Pflichten des Art. 5 keine Rolle (EuGH 11.4.2013 – C-335/11 ua Rn. 45 – Ring, NZA 2013, 553; 18.12.2014 – C-354/13 Rn. 57 – Kaltoft, NZA 2015, 33). Als Zweites ist zu prüfen, ob sich der Anspruchsteller in einer **vergleichbaren Situation** befindet. Ist dies nicht der Fall, muss in Anwendung des Art. 5 ermittelt werden, ob der Arbeitgeber zu angemessenen Vorkehrungen verpflichtet gewesen wäre, die die Vergleichbarkeit hätten herstellen können. Wenn nein, ist die Fallprüfung beendet, wenn ja, ist die vergleichbare Situation für die Anwendung des Art. 2 II lit. a zu unterstellen. Als Drittes ist festzustellen, ob der

Anspruchsteller durch die in Rede stehende Regelung oder Maßnahme des Arbeitgebers **unmittelbar benachteiligt** worden ist. Das setzt eine tatsächlich oder hypothetisch weniger günstige Behandlung wegen der Behinderung voraus, wobei es nach der Rechtsprechung ausreichen soll, dass die nachteilig wirkende Regelung oder Maßnahme an die Behinderung anknüpft (BAG 17.12.2009 NZA 2010, 383 Rn. 19). Zum Vierten ist zu prüfen, ob die Benachteiligung **gerechtfertigt** werden kann. An dieser Stelle wird Art. 5 erneut relevant. Grundsätzlich bilden die konkreten Bedingungen der Ausübung verschiedener Tätigkeiten einen tauglichen „Rechtfertigungsgrund" (EuGH 31.5.1995 – C-400/93 Rn. 43 – Royal Copenhagen, EAS Art. 119 EGV Nr. 36). Allerdings dürfen bei der Prüfung der Rechtfertigung einer benachteiligenden Ungleichbehandlung solche Einschränkungen von behinderten Personen nicht berücksichtigt werden, die **ihre objektive Eignung ausschließen, jedoch durch angemessene Vorkehrungen des Arbeitgebers hätten ausgeglichen werden können.** Demgemäß ist eine Behinderung nur dann eine „wesentliche und entscheidende" berufliche Anforderung gem. Art. 4 I, wenn nicht nur der Zweck einer solchen Ungleichbehandlung rechtmäßig ist und die Anforderung in einem angemessenen Verhältnis zu den verfolgen Zielen steht, sondern auch die durch die Behinderung hervorgerufenen Beeinträchtigungen für die auszuübende Tätigkeit nicht durch „angemessene Vorkehrungen" des Arbeitgebers hätten ausgeglichen werden können (EuGH 11.7.2006 – C-13/05 Rn. 50 – Chacón Navás, NZA 2006, 839). Ein behinderter Arbeitnehmer darf deshalb erst dann entlassen werden, wenn er auch unter Berücksichtigung der Verpflichtung, angemessene Vorkehrungen für Menschen mit Behinderung zu treffen, für die Erfüllung der wesentlichen Funktionen des Arbeitsplatzes nicht kompetent, fähig oder verfügbar ist (EuGH 11.7.2006 – C-13/05 Rn. 51 – Chacón Navás, NZA 2006, 839; so auch EuGH 11.4.2013 – C-335/11 ua Rn. 66 – Ring, NZA 2013, 553). Im Ergebnis bedeutet das **Unterlassen angemessener Vorkehrungen** keine eigenständige Diskriminierung gem. Art. 2 I lit. a, beeinflusst jedoch das Vorliegen einer solchen sowohl iRd Tatbestands (hypothetische Vergleichbarkeit) als auch iRd Rechtfertigung (Zulässigkeit beruflicher Anforderungen).

6   Vor diesem Hintergrund wird auch Erwägungsgrund 17 verständlich, wonach mit der Richtlinie „**unbeschadet der Verpflichtung, für Menschen mit Behinderung angemessene Vorkehrungen zu treffen,** nicht die Einstellung, der berufliche Aufstieg, die Weiterbeschäftigung oder die Teilnahme an Aus- und Weiterbildungsmaßnahmen einer Person vorgeschrieben" wird, „**wenn diese Person für die Erfüllung der wesentlichen Funktionen des Arbeitsplatzes oder zur Absolvierung einer bestimmten Ausbildung nicht kompetent, fähig oder verfügbar ist**" (Herv. d. Verf.). Zwar erfolgen diese Ausführungen in Zusammenhang mit den Sanktionen gem. Art. 17. Letztere sind jedoch unter den dort aufgeführten Vorgaben in das Ermessen der Mitgliedstaaten gestellt. Außerdem setzen die Sanktionen eine nachgewiesene Diskriminierung wegen eines geschützten Merkmals voraus. Art. 5 bezieht sich auf die vorgelagerte Frage, inwieweit zwischen behinderten und nicht-behinderten Personen zur **Anwendung der Diskriminierungsverbote** eine **vergleichbare Situation** hergestellt werden kann, ohne die Arbeitgeber unverhältnismäßig zu belasten. Die Regelung will somit bei materieller Betrachtung keine Bevorzugung von behinderten Menschen erreichen, sondern lediglich eine **tatsächliche Chancengleichheit** ermöglichen. Ob Maßnahmen **angemessen** sind, indem sie die Arbeitgeber nicht unverhältnismäßig belasten, obliegt der Prüfung der nationalen Gerichte, wobei sich der EuGH die Möglichkeit zu sachdienlichen Hinweisen vorbehält (EuGH 11.4.2013 – C-335/11 ua Rn. 59 ff. – Ring, NZA 2013, 553).

7   Art. 5 ist im deutschen Recht bei der Auslegung des Begriffs der **angemessenen Anforderung** gem. § 8 I AGG zu beachten (BAG 22.5.2014 NZA 2014, 924 Rn. 42). Nach Ansicht des BAG sind die Arbeitgeber zur Förderung aller **behinderten Menschen** zusätzlich auf der Grundlage einer unions- und völkerrechtskonformen Interpretation des **§ 241 II BGB** verpflichtet (BAG 19.12.2013 NZA 2014, 372 Rn. 49 ff.; aA *Adomeit/Mohr* AGG § 3 Rn. 296). Die §§ 81 III, IV, 84 SGB IX enthalten spezifische Förderpflichten für **schwerbehinderte Menschen** (→ Rn. 4). Inwieweit diese Regelungen unionsrechtlich

determiniert sind oder weitergehende Schutzregelungen iSd Art. 8 I enthalten, hat das BAG bislang offen gelassen (s. für § 81 I 1, 2 SGB IX BAG 19.8.2010 NZA 2011, 200 Rn. 36). Dies ist davon abhängig, ob es sich um finanziell oder organisatorisch verhältnismäßige Anforderungen handelt. Dabei ist auch zu beachten, dass die Rechtsprechung die entsprechenden Pflichten als Indizien für eine Diskriminierung iSd Art. 10 I behandelt, weshalb die Förderpflichten mittelbar zu erheblichen finanziellen Belastungen führen können (→ Art. 10 Rn. 8).

B. Konkretisierung durch die UN-Behindertenrechtskonvention

Nicht nur die Interpretation des Diskriminierungsverbots wegen einer Behinderung gem. Art. 1 und 2, sondern auch die Reichweite der Verpflichtung der Arbeitgeber zur Förderung der beruflichen Tätigkeit behinderter Menschen gem. Art. 5 wird durch die **UN-Behindertenrechtskonvention** beeinflusst (dazu EuGH 11.4.2013 – C-335/11 ua Rn. 28 ff. – Ring, NZA 2013, 553; 4.7.2013 – C-312/11 Rn. 56 – Kommission/Italien, BeckRS 2013, 81408; 18.3.2014 – C-363/12 Rn. 76 – Z., NZA 2014, 525; 22.5.2014 – C-356/12 Rn. 45 – Glatzel, BeckRS 2014, 80909; 18.12.2014 – C-354/13 Rn. 53 – Kaltoft, NZA 2015, 33). Ebenso wie die RL 2000/78/EG beurteilt die **UN-Behindertenrechtskonvention** das Vorliegen einer Behinderung auch mit Blick auf einstellungs- und umweltbedingte Barrieren, die Menschen „an der vollen, wirksamen und gleichberechtigten Teilhabe an der Gesellschaft hindern" (Buchst. e Präambel). Demgemäß bezieht sich der Begriff der „Diskriminierung" nach Art. 2 III 1 UN-Behindertenrechtskonvention auf „jede Unterscheidung, Ausschließung oder Beschränkung aufgrund von Behinderung, die zum Ziel oder zur Folge hat, dass das auf die Gleichberechtigung mit anderen gegründete Anerkennen, Genießen oder Ausüben aller Menschenrechte und Grundfreiheiten im politischen, wirtschaftlichen, sozialen, kulturellen, bürgerlichen oder jedem anderen Bereich beeinträchtigt oder vereitelt wird." Die Konvention umfasst nach Art. 2 III 2 UN-Behindertenrechtskonvention **„alle Formen der Diskriminierung, einschließlich der Versagung angemessener Vorkehrungen"** (Herv. durch Verf.). Die letztgenannt Formulierung ist nach dem oben Gesagten nicht iSe Verbots von Diskriminierungen durch das Unterlassen angemessener Vorkehrungen zu verstehen, sondern als Gewährleistung der Anwendung der Diskriminierungsverbote auf Menschen mit Behinderungen (→ Rn. 5). Hierfür spricht auch Art. 2 IV UN-Behindertenrechtskonvention, wonach angemessene Vorkehrungen „notwendige und geeignete Änderungen und Anpassungen" sind, „die keine unverhältnismäßige oder unbillige Belastung darstellen und die, wenn sie in einem bestimmten Fall erforderlich sind, vorgenommen werden, um zu gewährleisten, dass Menschen mit Behinderungen gleichberechtigt mit anderen alle Menschenrechte und Grundfreiheiten genießen oder ausüben können". Die UN-Behindertenrechtskonvention enthält damit eine „weite Definition" des Begriffs „angemessene Fördermaßnahmen", die die Interpretation des Art. 5 leitet (EuGH 11.4.2013 – C-335/11 ua Rn. 53 – Ring, NZA 2013, 553). Auch in Zusammenhang mit der RL 2000/78/EG ist der Begriff „angemessene Förderungsmaßnahmen" dahingehend zu verstehen, dass er „die Beseitigung der verschiedenen Barrieren umfasst, die die volle und wirksame Teilhabe der Menschen mit Behinderung am Berufsleben, gleichberechtigt mit den anderen Arbeitnehmern, behindern" (EuGH 11.4.2013 – C-335/11 ua Rn. 54 – Ring, NZA 2013, 553).

C. Einzelfragen

Zu den angemessenen Maßnahmen iSd Art. 5 zählen **materielle,** aber auch **organisatorische Maßnahmen,** etwa eine Verkürzung der Arbeitszeit gegen entsprechende Kürzung des Arbeitsentgelts (EuGH 11.4.2013 – C-335/11 ua Rn. 55 – Ring, NZA 2013, 553).

Der Anspruch zielt auf eine behinderungsgerechte Einrichtung und Unterhaltung der Arbeitsstätten, der Maschinen, der Arbeitsplätze, des Arbeitsumfelds, der Arbeitsorganisation und der Arbeitszeit. Die Aufzählung in Erwägungsgrund 20 ist nicht abschließend (EuGH 11.4.2013 – C-335/11 ua Rn. 56 – Ring, NZA 2013, 553).

10 Art. 5 ist auf Maßnahmen für **konkret-individuelle Arbeitnehmer** beschränkt (OVG Sachsen-Anhalt 30.5.2012 – 1 L 53/12, Rn. 9). Es bestehen deshalb keine Förderpflichten des Arbeitgebers im Interesse **behinderter Dritter,** mit denen der Beschäftigte in einem Näheverhältnis steht. Zwar hat der EuGH den Tatbestand der unmittelbaren Diskriminierung auch auf drittbezogene Sachverhalte ausgedehnt (EuGH 17.7.2008 – C-303/06 – Coleman, EuZW 2008, 497). Gleichzeitig stellte der EuGH jedoch fest, dass die angemessenen Vorkehrungen iSd Art. 5 ebenso wie die positiven Fördermaßnahmen gem. Art. 7 II nur für die behinderten Beschäftigten selbst gelten (EuGH 17.7.2008 – C-303/06 Rn. 39 f. – Coleman, EuZW 2008, 497, 498). Es besteht deshalb keine Verpflichtung zu baulichen Maßnahmen, damit ein Arbeitnehmer von seinem gehbehinderten Partner von der Arbeit abgeholt werden kann (*Bayreuther* NZA 2008, 986 [987]).

11 Die Eignung behinderter Menschen für eine Tätigkeit bestimmt sich nach dem **Anforderungsprofil der Stelle** (SSV/*Schleusener* AGG § 8 Rn. 54). Ist ein Bewerber nach diesem Profil nicht fähig, die Tätigkeit auszuüben, weil ihm zB die notwendigen Kenntnisse fehlen, **ohne dass dieser Umstand mit seiner Behinderung zusammenhängt** (dazu BAG 15.2.2005 NZA 2005, 870 = EzA § 81 SGB IX Nr. 6 mit Anm. *Mohr*), scheidet bereits eine tatbestandliche Benachteiligung aus (LAG Köln 15.2.2008 NZA-RR 2008, 622; LAG Nürnberg 19.2.2008 – 6 Sa 675/07 Rn. 35). Denn in diesem Fall kann die fehlende objektive Eignung nicht durch angemessene Maßnahmen iSd Art. 5 ausgeglichen werden. Dies entspricht Erwägungsgrund 17, wonach unbeschadet der Verpflichtung, für Menschen mit Behinderung angemessene Vorkehrungen zu treffen, nicht die Einstellung, der berufliche Aufstieg oder die Weiterbeschäftigung einer Person vorgeschrieben wird, wenn diese für die Erfüllung der wesentlichen Funktionen des Arbeitsplatzes nicht kompetent, fähig oder verfügbar ist (EuGH 11.4.2013 – C-335/11 ua Rn. 57 – Ring, NZA 2013, 553).

12 Ist ein Arbeitnehmer für die Ausübung der Tätigkeit grds. geeignet (ob in Anwendung des Art. 5 oder ohne derartige Maßnahmen), kann der Arbeitgeber eine Benachteiligung immer noch gem. Art. 4 I **rechtfertigen,** wenn er nachweist, dass das Nichtvorliegen der Behinderung trotz zumutbarer arbeitsplatzbezogener Fördermaßnahmen eine wesentliche und entscheidende berufliche Anforderung ist (EuGH 11.7.2006 – C-13/05 Rn. 50 ff. – Chacón Navás, NZA 2006, 839; OVG Sachsen-Anhalt 30.5.2012 – 1 L 53/12, Rn. 9). Die Darlegungs- und Beweislast obliegt insoweit dem Arbeitgeber. Notwendig ist ein hinreichend substantiierter Vortrag, der sich nicht auf die Wiedergabe pauschaler Vorurteile beschränkt, sondern die Unvereinbarkeit der Behinderung mit dem Anforderungsprofil der zu besetzenden Stelle darlegt. Die Vorlage einer **Arbeitsplatzbeschreibung** reicht hierfür grds. nicht aus, kann jedoch ein Indiz sein. Die an den Beschäftigten gestellte Anforderung muss aber im konkreten Einzelfall wesentlich, entscheidend und verhältnismäßig sein. Relevant ist, welche konkreten Tätigkeiten der Beschäftigte ausüben soll (*Biester* jurisPR-AGG 35–37/2006, Anm. 5 und 6). Allein die Befürchtung, ein Bewerber werde aufgrund einer Behinderung häufiger als andere Personen erkranken, kann als spekulative Tatsache eine Benachteiligung nicht rechtfertigen (ArbG Berlin 13.7.2005 NZA-RR 2005, 608; SSV/*Schleusener* § 8 Rn. 55).

13 Art. 5 erfasst **nicht** den **Ausgleich finanzieller Nachteile,** die behinderten Menschen dadurch entstehen, dass sie auch nach angemessenen Vorkehrungen iSd Norm bestimmte Tätigkeiten nicht erbringen können und deshalb keine Zulagen erhalten (**aA** HaKo-AGG/ *Dette* § 7 Rn. 131); denn die Vorschrift bezieht sich nicht auf das Arbeitsentgelt als Gegenleistung des Arbeitgebers, sondern auf die Arbeitsbedingungen als Voraussetzungen für die Erbringung der Hauptleistung durch den behinderten Menschen. Finanzielle Leistungen unabhängig von einer Diskriminierung können unter den dort normierten Voraussetzungen allein als positive Fördermaßnahmen iSd § 7 II eingeführt werden.

Im deutschen Recht sind die Pflichten der Arbeitgeber zur **Förderung schwerbehinderter Menschen** im **bestehenden Arbeitsverhältnis** in § 81 III bis V SGB IX geregelt (*Lingscheid* 176; *Thüsing* AGG Rn. 405; *Mohr* BehindertenR 2008, 34 [50 ff.]). Nach § 81 IV SGB IX bestimmt sich die Zumutbarkeit von arbeitsplatzbezogenen Fördermaßnahmen nach der finanziellen Leistungsfähigkeit des Arbeitgebers unter Berücksichtigung von Unterstützungsleistungen der Agenturen für Arbeit und der Integrationsämter. Der Arbeitgeber muss keine Fördermaßnahmen ergreifen, die gegen Arbeitsschutzbestimmungen verstoßen oder mit einem unverhältnismäßig hohen Aufwand verbunden sind. § 81 III SGB IX normiert zusätzlich die Verpflichtung, geeignete Maßnahmen zu treffen, damit die vorgeschriebene Zahl schwerbehinderter Menschen eine möglichst dauerhafte behinderungsgerechte Beschäftigung finden kann (§§ 71, 75 SGB IX). Bedeutsame Förderpflichten sind darüber hinaus in § 84 SGB IX normiert. Während § 81 III SGB IX ausschließlich die gemäß § 71 I SGB IX beschäftigungspflichtigen Arbeitgeber betrifft, richten sich die individuellen Ansprüche schwerbehinderter Menschen nach § 81 IV SGB IX an alle Arbeitgeber, unabhängig davon, ob sie der Beschäftigungspflicht des § 71 I SGB IX unterliegen oder nicht (*Adomeit/Mohr* AGG § 3 Rn. 335). Ein inhaltlicher Unterschied zwischen den Absätzen 3 und 4 besteht auch darin, dass nur § 81 IV SGB IX schwerbehinderten Menschen einklagbare individuelle Ansprüche auf behinderungsgerechte Arbeitsbedingungen verleiht (BAG 3.12.2002 AP § 81 SGB IX Nr. 2; 14.10.2003 AP § 81 SGB IX Nr. 3). Soweit keine Integrationsvereinbarung gem. § 83 SGB IX vorliegt, sind für schwerbehinderte Menschen deshalb vor allem ihre Rechte nach § 81 IV SGB IX von praktischer Relevanz.

Art. 6 Gerechtfertigte Ungleichbehandlung wegen des Alters

(1) Ungeachtet des Artikels 2 Absatz 2 können die Mitgliedstaaten vorsehen, dass Ungleichbehandlungen wegen des Alters keine Diskriminierung darstellen, sofern sie objektiv und angemessen sind und im Rahmen des nationalen Rechts durch ein legitimes Ziel, worunter insbesondere rechtmäßige Ziele aus den Bereichen Beschäftigungspolitik, Arbeitsmarkt und berufliche Bildung zu verstehen sind, gerechtfertigt sind und die Mittel zur Erreichung dieses Ziels angemessen und erforderlich sind.

Derartige Ungleichbehandlungen können insbesondere Folgendes einschließen:

a) die Festlegung besonderer Bedingungen für den Zugang zur Beschäftigung und zur beruflichen Bildung sowie besonderer Beschäftigungs- und Arbeitsbedingungen, einschließlich der Bedingungen für Entlassung und Entlohnung, um die berufliche Eingliederung von Jugendlichen, älteren Arbeitnehmern und Personen mit Fürsorgepflichten zu fördern oder ihren Schutz sicherzustellen;
b) die Festlegung von Mindestanforderungen an das Alter, die Berufserfahrung oder das Dienstalter für den Zugang zur Beschäftigung oder für bestimmte mit der Beschäftigung verbundene Vorteile;
c) die Festsetzung eines Höchstalters für die Einstellung aufgrund der spezifischen Ausbildungsanforderungen eines bestimmten Arbeitsplatzes oder aufgrund der Notwendigkeit einer angemessenen Beschäftigungszeit vor dem Eintritt in den Ruhestand.

(2) Ungeachtet des Artikels 2 Absatz 2 können die Mitgliedstaaten vorsehen, dass bei den betrieblichen Systemen der sozialen Sicherheit die Festsetzung von Altersgrenzen als Voraussetzung für die Mitgliedschaft oder den Bezug von Altersrente oder von Leistungen bei Invalidität einschließlich der Festsetzung unterschiedlicher Altersgrenzen im Rahmen dieser Systeme für bestimmte Beschäftigte oder Gruppen bzw. Kategorien von Beschäftigten und die Verwendung im Rahmen dieser Systeme von Alterskriterien für versicherungsmathematische Berechnungen keine Diskriminierung wegen des Alters darstellt, solange dies nicht zu Diskriminierungen wegen des Geschlechts führt.

Übersicht

	Rn.
A. Überblick	1
B. Generalklausel	6
I. Regelungsgehalt	6
1. Überblick	6
2. Legitimes Ziel	7
3. Verhältnismäßigkeit	13
4. Zuständigkeit der mitgliedstaatlichen Gerichte	20
II. Rechtsprechung	21
1. Allgemeine Pensionsgrenzen	21
2. Berufsspezifische Höchstaltersgrenzen	27
3. Gesetzliche Höchstaltersgrenzen	30
4. Kündigungsfristen	33
5. Entlassungsabfindungen	35
6. Sozialplanabfindungen	36
C. Regelbeispiele	41
I. Förderung der beruflichen Eingliederung	42
1. Geltungsbereich	42
2. Befristung von Arbeitsverhältnissen mit älteren Arbeitnehmern	44
3. Betriebsbedingte Kündigungen	48
II. Mindestanforderungen an das Alter, die Berufserfahrung und das Dienstalter	55
1. Geltungsbereich	55
2. Bemessung des Arbeitsentgelts nach dem Lebensalter, der Berufserfahrung und dem Dienstalter	59
3. Arbeitsbedingungen	65
4. Verdienstsicherungsklauseln	66
III. Höchstalter für Einstellungen	67
D. Altersgrenzen und Alterskriterien in der betrieblichen Altersversorgung	70
I. Regelungsgehalt	70
II. Höchstaltersgrenzen in der betrieblichen Altersversorgung	75
III. Mindestaltersgrenzen	78
1. Unverfallbarkeit von Ansprüchen der betrieblichen Altersversorgung	78
2. Anspruch auf Invalidenrente	80
IV. Ratierliche Berechnung der unverfallbaren Ansprüche	81
V. Spätehen- und Altersabstandsklauseln	83

A. Überblick

1 Die Ermittlung einer **unzulässigen, da nicht gerechtfertigten Diskriminierung** ist beim Merkmal „Alter" mit komplexen Abwägungsentscheidungen verbunden (→ GRC Art. 21 Rn. 79; → Art. 1 Rn. 52). Diskriminierungsmerkmale wie die Ethnie betreffen Eigenschaften, die einem Menschen grds. unverfügbar und unveränderlich anhaften, und die aus diesem Grunde seine Identität festlegen, ohne eine Aussage zu seinem persönlichen Wert und seinen Fähigkeiten in verschiedenen sozialen Zusammenhängen zu treffen. Die entsprechenden Diskriminierungsverbote untersagen deshalb irrationale Typisierungen anhand dieser Eigenschaften und dienen damit der **„Herstellung gleicher Freiheitschancen"** (*Mager*, FS Säcker, 2011, 1075). Eine derart eindeutige Bewertung von Verhaltensweisen ist mit Blick auf das Alter von Menschen nicht möglich, schon weil zwar jeder Mensch ein Alter hat, dieses jedoch im Zeitablauf veränderlich ist (BAG 25.2.2010 NZA 2010, 561 Rn. 20). Eine Anknüpfung von Regelungen oder Maßnahmen an das Alter hat bereits deshalb keine ebenso stigmatisierende Wirkung wie die Anknüpfung an andere Merkmale, etwa die abwertende Zuschreibung einer „Rasse" (*Reichold/Hahn/Heinrich* NZA 2005, 1270 [1275]). Entscheidend ist jedoch, dass die sachliche Relevanz des Alters als Unterscheidungsmerkmal häufig erst durch den jeweiligen Sachzusammenhang begründet wird (*Mager*, FS Säcker, 2011, 1075). So sind beim Alter viele **ökonomisch und rechtlich rationale Typisierungen** denkbar, die eine Unterscheidung als zulässig erscheinen lassen. Bei teleologisch folgerichtiger Umsetzung dieser Erkenntnis kann in einer bloßen Ungleichbehandlung, sei diese nachgewiesen oder hypothetisch unterstellt, noch keine Diskriminierung iSd Art. 2 I liegen. Dies ist erst dann der Fall, wenn sich eine Differenzierung zwischen unterschiedlich alten Arbeitnehmern für eine bestimmte Altersgruppe negativ auswirkt und die nachteilig Betroffenen zugleich in ihrer Persönlichkeit zurücksetzt (BAG 25.2.2010 NZA 2010, 561 Rn. 25; *Waltermann* NZA 2005, 1265 [1269]; *Nettesheim* EuZW 2013, 48; *Adomeit/Mohr* NZA 2007, 179 ff.; *Adomeit/Mohr* JZ 2009, 183 ff.). Aufgrund der Offenheit des Tatbestand kann eine Ungleichbehandlung also nicht die Rechtswidrigkeit indizieren, wie dies von den absolut geschützten Rechtsgütern und Rechten des § 823 I BGB bekannt ist. Die Rechtswidrigkeit ist vielmehr – vergleichbar den Rahmenrechten wie dem Persönlichkeitsrecht – je nach in Rede stehendem Sachzusammenhang positiv festzustellen (*Mager,* FS Säcker, 2011, 1075, 1077). Demgemäß betont **Erwägungsgrund 25** den Unterschied zwischen einer zulässigen Ungleichbehandlung wegen des Alters und einer zu verbietenden Diskriminierung. Der EuGH wählt einen konstruktiv anderen Weg: Es soll für das Vorliegen einer unmittelbaren Diskriminierung ausreichen, dass der Normadressat zulasten bestimmter Personen formal an das Alter anknüpft (EuGH 12.10.2010 – C-45/09 Rn. 37 – Rosenbladt, NZA 2010, 1167). Den Mitgliedstaaten wird jedoch über Art. 2 II lit. b und Art. 6 in weiterem Umfang als bei anderen Merkmalen eine Rechtfertigung ermöglicht.

Die dogmatischen Besonderheiten des Merkmals Alter spiegeln sich in **Art. 6** wider (*Mohr* **2** ZHR 178, 2014, 326 [330]; *Mohr* NZA 2014, 459). Art. 6 gestattet es den Mitgliedstaaten, Bestimmungen in ihr nationales Recht einzuführen, die Ungleichbehandlungen aus Gründen des Alters vorsehen, auch wenn diese eine unmittelbare Benachteiligung wegen des Alters gem. Art. 2 II lit. a bezwecken oder bewirken, indem sie direkt an das Alter oder an ein Differenzierungskriterium anknüpfen, das untrennbar mit dem Alter verbunden ist (EuGH 5.3.2009 – C-388/07 Rn. 62 – Age Concern England, EuZW 2009, 340; SA der GA *Kokott* 6.5.2010 – C-499/08 Rn. 34 – Andersen, BeckRS 2010, 90561). Nach der Generalklausel des Art. 6 I UAbs. 1 können die Mitgliedstaaten vorsehen, dass Ungleichbehandlungen wegen des Alters keine Diskriminierung darstellen, sofern sie objektiv und angemessen und iRd nationalen Rechts durch ein **legitimes Ziel** gerechtfertigt sind, worunter insbesondere rechtmäßige Ziele aus den Bereichen **Beschäftigungspolitik, Arbeitsmarkt** und **berufliche Bildung** zu verstehen sind, und die **Mittel zur Erreichung dieses Ziels angemessen und erforderlich** sind. Art. 6 I UAbs. 2 enthält Regelbeispiele zulässiger Unterscheidungen nach dem Alter. Art. 6 II legitimiert schließlich Sonderregeln für die betriebliche Altersversorgung, sofern diese keine Diskriminierung wegen des Geschlechts bezwecken oder bewirken (vgl. auch die Berichtspflicht des Art. 19 II 2).

Art. 6 legitimiert auch **unmittelbare Benachteiligungen wegen des Alters,** sofern sie **3** einem sozialpolitischen Ziel dienen und verhältnismäßig ist (EuGH 5.3.2009 – C-388/09 Rn. 46 – Age Concern England, NZA 2009, 305, 18.9.2009 – C-88/08 Rn. 41 – Hütter, NZA 2009, 891; BAG 20.6.2013 NZA 2014, 208 Rn. 38). Daneben können unmittelbare Ungleichbehandlungen wegen des Alters nach Art. 2 V durch Erfordernisse des Ordre Public der Mitgliedstaaten sowie nach Art. 4 I durch spezifische berufliche Anforderungen legitimiert werden (SA der GA *Kokott* 6.5.2010 – C-499/08 Rn. 31 – Andersen, BeckRS 2010, 90561; zur Abgrenzung von Art. 4 I und Art. 6 I s. EuGH 12.1.2010 – C-229/08 Rn. 30 ff. – Wolf, EuZW 2010, 142; zur Abgrenzung von Art. 2 V und Art. 6 I s. EuGH 12.1.2010 – C-341/08 Rn. 44 ff. – Petersen, EuZW 2010, 137; zu beiden Entscheidungen *Mohr* EuZA 2010, 371). Knüpft eine benachteiligende Regelung oder Maßnahme lediglich **mittelbar** an das Alter an, kann sie nach Art. 2 II lit. b schon tatbestandlich keine – zu rechtfertigende – Benachteiligung wegen des Alters darstellen. Da der Zusammenhang zwischen der Benachteiligung und dem geschützten Merkmal hier weniger eng ist als bei einer unmittelbaren Benachteiligung, ist gem. Art. 2 II lit. b Nr. i jeder sachliche Grund ausreichend, um die indizierte Benachteiligung iSd Art. 10 I zu widerlegen (SA der GA *Kokott* 6.5.2010 – C-499/08 Rn. 31 – Andersen, BeckRS 2010, 90561). Es bedarf deshalb keines Rückgriffs auf Art. 6, wenn mittelbar benachteiligende Vorschriften, Kriterien oder Verfahren bereits unter Art. 2 II lit. b Nr. i subsumiert werden können, da dann bereits das Diskriminierungspotential und damit der Tatbestand einer mittelbaren Diskriminierung entfällt (EuGH 5.3.2009 – C-388/07 Rn. 66 – Age Concern England, EuZW 2009, 340; BAG 7.7.2011 NJW 2011, 3803 Rn. 27 = AP BGB § 626 Nr. 237 mit Anm. *Kamanabrou;* 8.9.2014 NZA 2014, 1400 Rn. 21). Dies ist insbesondere deshalb bedeutsam, weil das rechtmäßige Ziel, das den Tatbestand einer mittelbaren Diskriminierung ausschließt, nicht als sozialpolitisch iSd Art. 6 I zu bewerten sein muss (EuGH 5.3.2009 – C-388/07 Rn. 53 ff. – Age Concern England, EuZW 2009, 340; BAG 15.11.2012 NZA 2013, 629 Rn. 42). Art. 2 II lit. b Nr. i erlaubt vielmehr eine Anknüpfung an alle von der Rechtsordnung anerkannten Gründe für die Verwendung des neutralen Kriteriums (BAG 18.8.2009 NZA 2010, 222 Rn. 31). In diesem Sinne stellt Art. 6 I klar, dass die Vorschrift „ungeachtet" des Art. 2 II anzuwenden ist (EuGH 5.3.2009 – C-388/07 Rn. 62 – Age Concern England, EuZW 2009, 340). Die Anwendungsbereiche von Art. 2 II lit. b Nr. i und Art. 6 I überschneiden sich insbesondere dann, wenn eine Regelung oder Maßnahme an **Fürsorgepflichten**, die **Betriebstreue** oder die **Berufserfahrung** anknüpft. Diese Kriterien können bereits nach Art. 2 II lit. b Nr. i zulässig sein (s. zur Betriebstreue BAG 18.9.2014 NZA 2014, 1400 Rn. 21; allg. Rust/Falke/*Bertelsmann* AGG § 10 Rn. 11). Demgegenüber sieht der EuGH in Regelungen, die an das **Dienstalter** anknüpfen, eine unmittelbare Diskriminierung gem. Art. 2 II lit. a, die deshalb keiner Rechtfertigung über Art. 2 II lit. b Nr. i, aber ggf. einer solchen nach Art. 6 I zugänglich ist (EuGH 8.9.2011 – C-297/10 ua Rn. 53 ff. – Hennigs und Mai, NZA 2011, 1100; 19.6.2014 – C-501/12 Rn. 42 f. – Specht, NZA 2014, 831; a**A** BAG 7.7.2011 NJW 2011, 3803 Rn. 27).

4 Beginnend mit seiner *Mangold*-Entscheidung hat der EuGH das arbeitsrechtliche Verbot von Altersdiskriminierungen als **allg. Grundsatz des Unionsrechts** eingestuft (EuGH 22.11.2005 – C-144/04 Rn. 73 ff. – Mangold, NJW 2005, 3695). Nach Inkrafttreten des Vertrags von Lissabon am 1.12.2009 gilt dieser Grundsatz gem. Art. 6 III EUV im Rang des Primärrechts (*Krebber* RdA 2009 224 [231]; → GRC Art. 21 Rn. 42). Zusätzlich normiert Art. 21 I GRC nunmehr ein **unionsrechtliches Grundrecht gegen Diskriminierungen wegen des Alters**, in Anlehnung an Art. 14 EMRK (→ GRC Art. 21 Rn. 79 ff.). Dieses Grundrecht gilt nach Art. 6 I EUV ebenfalls im Rang des Primärrechts. Soweit es um die Rechtsanwendung durch die Mitgliedstaaten geht, interpretiert der EuGH den Art. 21 I GRC **im Lichte der RL 2000/78/EG** (EuGH 19.1.2010 – C-555/07 Rn. 50 – Kücükdeveci, NZA 2010, 85; 8.9.2011 – C-297/10 Rn. 47 – Hennigs und Mai, NZA 2011, 1100; 13.9.2011 – C-447/09 Rn. 38 – Prigge, NJW 2011, 3209; 26.9.2013 – C-476/11 Rn. 19 – Kristensen, EuZW 2013, 951; 21.1.2015 – C-529/13 Rn. 15 ff. – Felber, NVwZ 2015, 798; → GRC Art. 21 Rn. 8). In diesem Rahmen zieht er Art. 21 I GRC dazu heran, um Diskriminierungsprobleme in Rechtsverhältnissen zwischen Privaten zu behandeln, in denen die RL 2000/78/EG als solche nicht unmittelbar anzuwenden ist und somit nationales Zivil- oder Arbeitsrecht eigentlich nicht verdrängen kann (EuGH 19.1.2010 – C-555/07 Rn. 46 – Kücükdeveci, NJW 2010, 427; deutlich SA der GA *Kokott* 6.5.2010 – C-499/08 Rn. 22 – Andersen, BeckRS 2010, 90561). Allerdings gilt die Grundrechtecharta nach Art. 51 I 1 GRC ausschließlich für Organe und Einrichtungen der Union und die Mitgliedstaaten im Anwendungsbereich des Unionsrechts (→ GRC Art. 21 Rn. 49 f.), also gerade nicht für Privatpersonen (*Krois* DB 2010, 1704 [1705]). Die Vorschriften der RL 2000/78/EG können in Rechtsbeziehungen eines Bürgers gegenüber einem Mitgliedstaat somit nur unter den Voraussetzungen einer vertikalen Drittwirkung von Richtlinien unmittelbar anzuwenden sein (SA der GA *Kokott* 6.5.2010 – C-499/08 Rn. 23 – Andersen, BeckRS 2010, 90561; *Krois* EuZA 2011, 351 [354 f.]; krit. *Wank*, FS Birk, 2008, 929 [942 f.]; *Wank* SAE 2010, 123). Da diese Grundsätze auf den primärrechtlichen Prinzipien des berechtigten Vertrauens und der praktischen Wirksamkeit beruhen, wonach ein Mitgliedstaat keine Vorteile aus einer fehlenden oder nicht zureichenden Umsetzung einer Richtlinie ziehen kann, können sie – anders als bei der Unanwendbarkeit nationalen Rechts wegen Verstoßes gegen die Unionsgrundrechte – keine Belastung des Einzelnen begründen (*Krois* EuZA 2011, 351 [355]). Zur Wirkung der Unionsgrundrechte im Privatrecht → GRC Art. 21 Rn. 119.

In der Rechtsprechung des EuGH bildet sich zunehmend eine **unionsrechtliche Dog-** 5
matik zulässiger Anknüpfungen an das Alter von Menschen heraus (skeptisch noch *Preis*
NZA 2010, 1323; *Kamanabrou/Wietfeld* SAE 2010, 269 [275 f.]; *Wißmann* RdA 2011, 181
[182 ff.]). So legt der EuGH einen eher strengen Prüfungsmaßstab an, wenn der arbeitsrechtliche Schutz **zu Lasten einer bestimmten Personengruppe abgesenkt** wird
(EuGH 22.11.2005 – C-144/04 – Mangold, NJW 2005, 3695; 19.1.2010 – C-555/07
Rn. 28 ff. – Kücükdeveci, NJW 2010, 427). Demgegenüber ist er vor allem bei **allg.**
Altersgrenzen großzügiger, indem er auf den weiten Gestaltungsspielraum der Mitgliedstaaten verweist (EuGH 16.10.2007 – C-441/05 Rn. 51 – Palacios de la Villa, NZA 2007,
1219 = EzA RL 2000/78/EG-Vertrag 1999 Nr. 3 mit Anm. *Mohr;* 12.10.2010 – C-45/09
Rn. 36 ff. – Rosenbladt, NZA 2010, 1167; 5.7.2012 – C-141/11 Rn. 19 ff. – Hörnfeldt,
NZA 2012, 785). Dasselbe gilt im Ausgangspunkt für Anknüpfungen an das **Dienstalter,**
da dieses mit der Berufserfahrung eng zusammenhängt (so, eine Rechtfertigung im konkreten Fall verneinend, EuGH 8.9.2011 – C-297/10 ua Rn. 73 – Hennigs und Mai, NZA
2011, 1100).

B. Generalklausel

I. Regelungsgehalt

1. Überblick. Art. 6 I UAbs. 1 enthält den **Grundtatbestand** zur Rechtfertigung von 6
Benachteiligungen wegen des Alters (vgl. EuGH 16.10.2007 – C-411/05 Rn. 52 – Palacios
de la Villa, NZA 2007, 1219). **Art. 6 I UAbs. 2** enthält mehrere Regelbeispiele für
Ungleichbehandlungen, die die im Unterabsatz 1 genannten Merkmale aufweisen und
demzufolge nur unter den dort benannten allg. Vorgaben mit den Erfordernissen des
Unionsrechts vereinbar sind (EuGH 16.10.2007 – C-411/05 Rn. 52 – Palacios de la Villa,
NZA 2007, 1219). Insbesondere müssen die zu rechtfertigenden Regelungen oder Maßnahmen einem von Art. 6 I UAbs. 1 anerkannten **legitimen Ziel** dienen und zudem
verhältnismäßig sein (BAG 18.8.2009 NZA 2010, 222 Rn. 31). Der Katalog des Art. 6 I
UAbs. 2 ist nicht abschließend (EuGH 16.10.2007 – C-411/05 Rn. 69 – Palacios de la
Villa, NZA 2007, 1219; BAG 22.1.2009 NZA 2009, 945 Rn. 40; *Kamanabrou* RdA 2006,
321 [330]). Die Generalklausel des Art. 6 I UAbs. 1 gilt auch für **betriebliche Systeme**
der sozialen Sicherheit, sofern die in Rede stehenden Sachverhalte nicht von Art. 6 II als
lex specialis erfasst werden. Der EuGH legt Art. 6 II als Ausnahmevorschrift eng und damit
streng wortlautbezogen aus (analog Art. 2 V, vgl. EuGH 26.9.2013 – C-546/11 Rn. 43 –
Toftgaard, NVwZ 2013, 1401); dies mag damit zusammenhängen, dass die Rechtfertigungsmöglichkeiten nach Abs. 2 weiter als nach Abs. 1 reichen. Im Ergebnis werden von Art. 6 II
nur betriebliche Systeme zur Absicherung der Risiken von Alter und Invalidität erfasst
(EuGH 26.9.2013 – C-546/11 Rn. 43 – Toftgaard, NVwZ 2013, 1401), und auch nur in
den von Art. 6 II explizit benannten Fällen. Nicht von Art. 6 II erfasst wird deshalb eine
Staffelung der Arbeitgeberbeiträge nach dem Alter der Arbeitnehmer (EuGH 26.9.2013 –
C-476/11 Rn. 49 ff. – Kristensen, EuZW 2013, 951).

2. Legitimes Ziel. Voraussetzung einer Rechtfertigung ist nach Art. 6 I UAbs. 1, dass 7
die Mitgliedstaaten mit einer Regelung, die eine Ungleichbehandlung wegen des Alters
enthält, ein **legitimes Ziel** verfolgen, das „objektiv und angemessen" ist (*Schlachter* Anm.
BAG AP AGG § 15 Nr. 1). Seit der Entscheidung *Age Concern England* vertritt der EuGH
die Ansicht, dass die Mitgliedstaaten nur **sozialpolitische Ziele** verfolgen dürfen (EuGH
5.3.2009 – C-388/07 Rn. 46 – Age Concern England, EuZW 2009, 340; zur Altersgrenze
für öffentlich bestellte und vereidigte Sachverständige auch BVerfG 24.10.2011 NZA 2012,
202 [204]). Bei einem solchen Verständnis rückt Art. 6 in die Nähe der „positiven Diskriminierungen" gem. Art. 7, die ebenfalls (nur) aus übergeordneten gesellschafts- oder
sozialpolitischen Erwägungen eine Ausnahme vom Individualrecht auf Nichtdiskriminie-

rung wegen des Alters zulassen (so EuGH 22.11.2005 – C-144/04 Rn. 65 – Mangold, NJW 2005, 3695, unter Verweis auf EuGH 19.3.2002 – C-476/99 Rn. 39 – Lommers, NZA 2002, 501; → Art. 7 Rn. 8). Sozialpolitische Ziele unterscheiden sich, soweit sie im Allgemeininteresse stehen, insofern von **rein individuellen Beweggründen,** als Letztere allein auf die Situation der einzelnen Arbeitgeber abstellen, wie zB auf die Reduzierung der Kosten oder die Verbesserung der Wettbewerbsfähigkeit (EuGH 21.7.2011 – C-159/10 ua Rn. 52 – Fuchs und Köhler, NVwZ 2011, 1249). Zwar erkennt Art. 6 I UAbs. 2 lit. b explizit Unterscheidungen nach der Berufserfahrung und dem Dienstalter als zulässig an, also Gesichtspunkte, die auch im Interesse der einzelnen Arbeitgeber liegen. Hierbei handelt es sich jedoch um mittelbare Benachteiligungen wegen des Alters iSd Art. 2 II lit. b, deren Indizwirkung durch alle sachlichen Gründe widerlegt werden kann. Außerdem sagt Art. 6 I UAbs. 2 lit. b über die Zulässigkeit des Ziels selbst nichts aus (→ Rn. 55). Auch iRd öffentlichen Verwaltung wird das im Allgemeininteresse stehende Ziel der Kostensenkung nicht als sozialpolitisch iSd Art. 6 I angesehen (SA des GA *Mengozzi* 17.7.2014 – C-416/13 Rn. 46 ff. – Vital Pérez, BeckRS 2015, 80016). Allerdings können die sozialpolitischen Gründe durch Haushaltserwägungen der Mitgliedstaaten beeinflusst werden (EuGH 21.7.2011 – C-159/10 ua Rn. 74 – Fuchs und Köhler, NVwZ 2011, 1249; → Rn. 9). Art. 6 I erlaubt es aber, dass eine nationale Vorschrift **Arbeitgebern** bei der Verfolgung zulässiger sozialpolitischer Ziele **einen gewissen Grad an Flexibilität einräumt** (EuGH 5.3.2009 – C-388/07 Rn. 46 – Age Concern England, EuZW 2009, 340; 21.7.2011 – C-159/10 ua Rn. 52 – Fuchs und Köhler, NVwZ 2011, 1249). Wie weit dieser „Flexibilitätsgrad" reicht, ist noch ungeklärt.

8 Art. 6 I UAbs. 1 benennt als zulässige sozialpolitische Ziele insbesondere solche aus den Bereichen **Beschäftigungspolitik, Arbeitsmarkt** oder **berufliche Bildung.** Die beiden erstgenannten Ziele können sich auf den gesamten Arbeitsmarkt, aber auch auf einzelne Branchen beziehen (EuGH 16.10.2007 – C-411/05 Rn. 69 f. – Palacios de la Villa, NZA 2007, 1219; **aA** *Bayreuther* DB 2007, 2425). Die Aufzählung in Art. 6 I UAbs. 1 ist nicht abschließend, sondern hat nur einen Hinweischarakter (EuGH 5.3.2009 – C-388/07 Rn. 43 – Age Concern England, EuZW 2009, 340). Es dienen deshalb auch solche Maßnahmen zulässigen sozialpolitischen Zielen, zu denen „sich die betreffenden nationalen Stellen **aufgrund politischer, wirtschaftlicher, sozialer, demografischer und/oder haushaltsbezogener Erwägungen und in Anbetracht der konkreten Arbeitsmarktlage in einem bestimmten Mitgliedstaat veranlasst sehen können**" (EuGH 16.10.2007 – C-411/05 Rn. 69 – Palacios de la Villa, NZA 2007, 1219; Herv. durch Verf.; so auch EuGH 12.10.2010 – C-45/09 Rn. 44 – Rosenbladt, NZA 2010, 1167). Hierzu gehören die von Art. 6 I explizit benannten Ziele der **Beschäftigungspolitik** und der **Arbeitsmarktlage,** aber auch die Förderung eines **hohen Beschäftigungsniveaus** (EuGH 16.10.2007 – C-411/05 Rn. 64 – Palacios de la Villa, NZA 2007, 1219), der **Schutz älterer Personen aufgrund ihrer bei typisierender Betrachtung schlechteren Chancen auf dem Arbeitsmarkt** (zur Herausnahme Älterer aus einem Personalabbau BAG 25.2.2010 NZA 2010, 561 Rn. 40; zur Berücksichtigung des Alters in der Sozialauswahl BAG 15.12.2011 NZA 2012, 1044 Rn. 53), die **Sicherung einer altersmäßig ausgewogenen Personalstruktur** (zur Bildung von Altersgruppen in der Sozialauswahl gem. § 1 III 2 KSchG als Relativierung der starken Berücksichtigung des Alters gem. § 1 III 1 KSchG BAG 15.12.2011 NZA 2012, 1044 Rn. 59; 19.7.2012 NZA 2013, 86 Rn. 25; 24.10.2013 NZA 2014, 46 Rn. 47) sowie die **Schaffung einer altersmäßig ausgewogenen Personalstruktur im Interesse der Sanierung eines insolventen Unternehmens** (BAG 19.12.2013 NZA-RR 2014, 185 Rn. 27 ff.). Weitere zulässige Ziele sind die **Festlegung der Lebensarbeitszeit** iSd Ausgleichs zwischen den Interessen älterer und jüngerer Beschäftigter (EuGH 5.7.2012 – C-141/11 Rn. 28 – Hörnfeldt, NZA 2012, 7855), die **Förderung von Einstellungen,** zumal von jüngeren Menschen (EuGH 5.7.2012 – C-141/11 Rn. 29 – Hörnfeldt, NZA 2012, 7855), der **Schutz vor einer erniedrigenden Beendigung des Arbeitslebens** (EuGH 5.7.2012 – C-141/11 Rn. 34 – Hörnfeldt, NZA

2012, 7855) sowie der **Abbau von Schranken für diejenigen, die nach Erreichen des Alters von 65 Jahren weiter arbeiten wollen** (EuGH 5.7.2012 – C-141/11 Rn. 33 – Hörnfeldt, NZA 2012, 7855). Anerkannt hat der EuGH im Zuge der Überleitung eines altersdiskriminierenden Vergütungssystems in ein neues System auch die Ziele der **Besitzstandswahrung** der bislang begünstigten Arbeitnehmer und der **Schutz eines berechtigten Vertrauens** (EuGH 8.9.2011 – C-297/10 ua Rn. 90, 92 – Hennigs und Mai, NZA 2011, 1100; 11.11.2014 – C-530/14 Rn. 42 – Schmitzer, NVwZ-RR 2015, 43).

Demgegenüber können **Haushaltserwägungen** – etwa das Ziel, Haushaltsmittel einzusparen – eine Ungleichbehandlung nicht selbst rechtfertigen. Diese dürfen (und sollten) aber den sozialpolitischen Entscheidungen eines Mitgliedstaats zugrunde liegen und somit Art oder Ausmaß der von ihm zu treffenden sozialen Schutzmaßnahmen beeinflussen (EuGH 21.7.2011 – C-159/10 ua Rn. 69 ff., insb. Rn. 74 – Fuchs und Köhler, NVwZ 2011, 1249; missverständlich noch EuGH 16.10.2007 – C-411/05 Rn. 69 – Palacios des la Villa, NZA 2007, 1219; so auch *Wiedemann,* Die Gleichbehandlungsgebote im Arbeitsrecht, 2001, 60 [65]). Keine zulässigen Ziele sind grds. auch die **Erhöhung der finanziellen Lasten** und **administrative Erwägungen** (EuGH 11.11.2014 – C-530/14 Rn. 41 – Schmitzer, NVwZ-RR 2015, 43). Allerdings muss ein Vergütungssystem technisch und wirtschaftlich handhabbar bleiben (s. zur Beamtenbesoldung EuGH 19.6.2014 – C-501/12 ua Rn. 77 f. – Specht, NZA 2014, 831). Ebenfalls keine zulässigen sozialpolitischen Zwecke gem. Art. 6 I UAbs. 1 sind solche der **öffentlichen Sicherheit** und **öffentlichen Ordnung der Mitgliedstaaten,** auch wenn diese im Allgemeininteresse stehen. Der EuGH hat deshalb die besondere Altersgrenze für Piloten der Lufthansa, die der Sicherheit der Passagiere dient, nicht als „sozialpolitisch" gem. Art. 6 I UAbs. 1 angesehen, sondern auf Art. 2 V und Art. 4 I abgestellt, die strengere Voraussetzungen für eine Rechtfertigung von unmittelbaren Diskriminierungen enthalten (EuGH 13.9.2011 – C-447/09 Rn. 81 – Prigge, NJW 2011, 3209).

Die **Mitgliedstaaten** haben bei der Entscheidung, welches konkrete Ziel sie im Bereich der Arbeitsmarkt- und Beschäftigungspolitik verfolgen wollen, einen weiten **Ermessensspielraum,** sofern dieses Ziel (und die in seiner Umsetzung getroffene Maßnahme) nicht zur Aushöhlung des Diskriminierungsverbots führt (EuGH 5.3.2009 – C-388/07 Rn. 51 – Age Concern England, EuZW 2009, 340; 12.10.2012 – 499/08 Rn. 33 – Andersen, NZA 2010, 1341; 12.10.2010 – C-45/09 Rn. 41 – Rosenbladt, NZA 2010, 1167; 26.9.2013 – C-476/11 Rn. 60 – Kristensen, EuZW 2013, 951; 26.9.2013 – C-546/11 Rn. 50 – Toftgaard, NVwZ 2013, 1401; so auch BAG 15.12.2011 NZA 2012, 1044 Rn. 49). Soweit den Mitgliedstaaten hiernach ein Ermessensspielraum zusteht, kann ein hinreichend qualifizierter Verstoß gegen das Unionsrecht als Voraussetzung einer Haftung des Mitgliedstaats für Schäden, die dem Einzelnen durch dem Staat zuzurechnende Verstöße gegen das Unionsrecht entstehen, erst nach einer klarstellenden Entscheidung des EuGH zu bejahen sein (so zur Altersdiskriminierung bei der Beamtenbesoldung EuGH 19.6.2014 – C-501/12 ua Rn. 102 ff. – Specht, NZA 2014, 831; zur Bedeutung *Löwisch/Becker* EuZA 2015, 83 [88 f.]). Ob den **Sozialpartnern** iRd Art. 6 I UAbs. 1 ebenfalls ein Ermessensspielraum zuzuerkennen ist, bestimmt sich nach dem nationalen Recht (EuGH 6.12.2012 – C-152/11 Rn. 46 – Odar, NZA 2012, 1435; 12.10.2010 – C-45/09 Rn. 69 – Rosenbladt, NZA 2010, 1167; BAG 20.6.2013 NZA 2014, 208 Rn. 40), obwohl auch die Tarifautonomie unionsrechtlich von Art. 28 GRC geschützt wird (zum Verhältnis zwischen Tarifautonomie und Schutz vor Diskriminierungen s. EuGH 13.9.2011 – C-447/09 Rn. 46 ff. – Prigge, NJW 2011, 3209; *Schubert* ZfA 2013, 1 [27 ff.]; *Mohr* SAE 2013, 36 [43]). Die Sozialpartner sind in gleicher Weise wie die nationalen Gesetzgeber an die Vorgaben der RL 2000/78/EG im Allgemeinen und des Art. 6 I UAbs. 1 im Besonderen gebunden (EuGH 12.10.2010 – C-45/09 Rn. 52 – Rosenbladt, NZA 2010, 1167).

Schon weil die zuständigen Stellen auf nationaler, regionaler oder auf Branchenebene die Möglichkeit haben müssen, ihre **sozialpolitische Einschätzung eines gerechten Ausgleichs der widerstrebenden Interessen und damit auch die zugunsten der legiti-**

men Ziele von allg. Interesse eingesetzten Mittel zu ändern (EuGH 16.10.2007 – C-411/05 Rn. 70 f. – Palacios de la Villa, NZA 2007, 1219), ist die Aufzählung der zulässigen Ziele in Art. 6 I UAbs. 1 nicht abschließend. Folgerichtig müssen die Mitgliedstaaten in ihre Umsetzungsmaßnahmen – etwa in § 10 AGG – kein **Verzeichnis** der Ungleichbehandlungen aufnehmen, die durch ein rechtmäßiges Ziel gedeckt sind (EuGH 16.10.2007 – C-411/05 Rn. 56 – Palacios de la Villa, NZA 2007, 1219; EuGH 5.3.2009 – C-388/07 Rn. 43 – Age Concern England, EuZW 2009, 340). Die nationalen Gesetzgeber sind folgerichtig nicht verpflichtet, die zulässigen Ausnahmen vom Grundsatz der Altersdiskriminierung einzeln und abschließend zu benennen (EuGH 5.3.2009 – C-388/07 Rn. 43 – Age Concern England, EuZW 2009, 340; aA *Thüsing* NZA 2001, 1061 [1064]). Fehlt es an einer solchen Angabe, müssen aber andere, **aus dem allg. Kontext der betreffenden Maßnahme abgeleitete Anhaltspunkte** die Feststellung des hinter ihr stehenden Ziels ermöglichen, damit dessen Rechtmäßigkeit sowie die Angemessenheit und Erforderlichkeit der zu seiner Erreichung eingesetzten Mittel, also deren Verhältnismäßigkeit gerichtlich überprüft werden kann (EuGH 5.7.2012 – C-141/11 Rn. 23 f. – Hörnfeldt, NZA 2012, 785; 21.7.2011 – C-159/10 ua Rn. 39 – Fuchs und Köhler, NVwZ 2011, 1249; 12.10.2010 – C-45/09 Rn. 58 – Rosenbladt, NZA 2010, 1167; 16.10.2007 – C-411/05 Rn. 57 – Palacios de la Villa, NZA 2007, 1219). Hierzu kann etwa auf die Gesetzesmaterialien abgestellt werden (EuGH 5.7.2012 – C-141/11 Rn. 25 – Hörnfeldt, NZA 2012, 785). Darüber hinaus berücksichtigt der EuGH Stellungnahmen der Regierung des Mitgliedstaats und des vorlegenden Gerichts (EuGH 5.7.2012 – C-141/11 Rn. 25 f. – Hörnfeldt, NZA 2012, 785; 13.11.2014 – C-416/13 Rn. 64 – Vital Pérez, NVwZ 2015, 427). Nicht aussagekräftig im Hinblick auf die mit einer nationalen Regelung verfolgten Ziele sind demgegenüber Stellungnahmen anderer Mitgliedstaaten (zutreffend SA des GA *Mengozzi* 17.7.2014 – C-416/13 Rn. 38 – Vital Pérez, BeckRS 2015, 80016). Im Einzelnen sind die Grenzen für einen Rückgriff auf **Kontextfaktoren** noch ungeklärt, insbesondere was die Relevanz von (knappen) Erklärungen des Mitgliedstaats betrifft (SA des GA *Mengozzi* 17.7.2014 – C-416/13 Rn. 31 ff. – Vital Pérez, BeckRS 2015, 80016).

12   Die Rechtsprechung des EuGH zur Beschränkung des Anwendungsbereichs von Art. 6 auf sozialpolitische Ziele ist präzisierungsbedürftig. So kann ein „sozialpolitisches Ziel" eigentlich nur für **staatliche** und ggf. auch für **tarifliche Regelungen,** nicht jedoch für **individuelle unternehmerische Entscheidungen** zu fordern sein. In diesem Sinne betraf die grundlegende Entscheidung *Age Concern England* eine staatliche Rechtsverordnung (EuGH 5.3.2009 – C-388/07 – Age Concern England, EuZW 2009, 340). Auch die viel diskutierte *Prigge*-Entscheidung zur Zulässigkeit von Altersgrenzen für Piloten bezog sich auf einen Tarifvertrag, also auf eine Kollektivregelung (EuGH 13.9.2011 – C-447/09 – Prigge, NZA 2011, 1039), die in ihren Wirkungen einer staatlichen Regelung nahesteht (EuGH 15.12.1995 – C-415/93 – Bosman, NJW 1996, 505; dazu *Bachmann* AcP 210, 2010, 424; *Rossi* EuR 2000, 197 [217]; → GRC Art. 21 Rn. 119). Demgegenüber sind **private Unternehmen** außerhalb besonders regulierter Sektoren wie der Energiewirtschaft nur auf die Gesellschafts- und Unternehmensinteressen verpflichtet, nicht aber auf Gemeinwohlinteressen (*Mohr* ZHR 178, 2014, 326 [331]; *Säcker* AG 2008, 17 [20]; *Bauer/von Medem* NZA 2012, 945 [949]). Aus diesem Grunde wird man die Age-Concern-England-Rechtsprechung des EuGH dahingehend deuten müssen, dass unternehmensindividuelle Gesichtspunkte eine Altersdiskriminierung jedenfalls dann rechtfertigen können, wenn sie vom europäischen oder vom nationalen Gesetzgeber als rechtmäßig anerkannt werden (*Mohr* NZA 2014, 459 [460]). Auch kann der nationale Gesetzgeber neben einem legitimen sozialpolitischen Ziel noch ein weiteres Ziel – vorliegend: im Interesse der individuellen Unternehmen – verfolgen, wobei die Ziele zusammenhängen, aber auch hierarchisch geordnet sein können (BAG 15.12.2011 NZA 2012, 1044 Rn. 64; so auch EuGH 21.7.2011 – C-159/10 ua Rn. 44 – Fuchs und Köhler, NVwZ 2011, 1249). In diesem Sinne betont der EuGH, dass eine nationale Vorschrift den **Arbeitgebern** bei der Verfolgung zulässiger sozialpolitischer Ziele **einen gewissen Grad an Flexibilität** einräumen

Generalklausel   Art. 6 RL 2000/78/EG 520

kann (EuGH 5.3.2009 – C-388/07 Rn. 46 – Age Concern England, EuZW 2009, 340; 21.7.2011 – C-159/10 ua Rn. 52 – Fuchs und Köhler, NVwZ 2011, 1249). Folgerichtig hat der EuGH mittlerweile nationale Regelungen im Interesse der **personalwirtschaftlichen Flexibilität** (EuGH 19.1.2010 – C-555/07 Rn. 34 ff. – Kücükdeveci, NZA 2010, 85), **zur Optimierung der Personalplanung** und zur **Vermeidung von Rechtsstreitigkeiten über die Fähigkeit der Beschäftigten, ihre Tätigkeit über ein bestimmtes Alter hinaus auszuüben,** als zulässig anerkannt (EuGH 21.7.2011 – C-159/10 ua Rn. 50 – Fuchs und Köhler, NVwZ 2011, 1249). Eine explizit klarstellende Entscheidung des EuGH steht freilich aus.

3. Verhältnismäßigkeit. Nach dem Wortlaut des Art. 6 I UAbs. 1 Hs. 1 muss die   13
altersbedingte Verschiedenbehandlung „**objektiv** und **angemessen**" sein (*Schlachter* Anm. BAG AP AGG § 15 Nr. 1). Die Vokabel „objektiv" wird vom EuGH zur Bezeichnung der **Legitimität** der nationalen Maßnahme verwandt, wie sie sich bereits aus dem Erfordernis eines **sozialpolitischen Ziels** ergibt (EuGH 5.3.2009 – C-388/07 Rn. 46 – Age Concern England, NZA 2009, 305). Sie hat deshalb keine eigenständige Bedeutung. Keine eigenständige Bedeutung hat auch die Vokabel „angemessen", da diese in Art. 6 I UAbs. 1 Hs. 2 – im Gegensatz zu Art. 2 II lit. b Nr. i. – nochmals erwähnt wird (EuGH 5.3.2009 – C-388/07 Rn. 65 – Age Concern England, EuZW 2009, 340). Beide Begriffe dienen somit als „einleitende Formel" für die Prüfung des legitimen Ziels und der Verhältnismäßigkeit (s. unter Verweis auf die Rechtsprechung des EGMR zu Art. 14 EMRK die SA der GA *Kokott* 6.5.2010 – C-499/08 Rn. 42 mit Fn. 37 – Andersen, BeckRS 2010, 90561).

Gem. Art. 6 I UAbs. 1 Hs. 2 müssen die Mittel zur Erreichung des zulässigen sozial-   14
politischen Ziels „angemessen und erforderlich", nach deutscher Dogmatik also **verhältnismäßig** sein (EuGH 5.3.2009 – C-388/07 Rn. 50 f. – Age Concern England, EuZW 2009, 340; SA der GA *Kokott* 6.5.2010 – C-499/08 Rn. 52 ff. – Andersen, BeckRS 2010, 90561; so auch BAG 22.1.2009 NZA 2009, 945 Rn. 55; 23.3.2010 NZA 2010, 774 Rn. 20; 5.3.2013 NZA 2013, 916 Rn. 48; EuGH 22.11.2005 – C-144/04 Rn. 62 ff. – Mangold, NJW 2005, 3695; 16.10.2007 – C-411/05 Rn. 52 – Palacios de la Villa, NZA 2007, 1219; 6.12.2012 – C-152/11 Rn. 46 – Odar, NZA 2012, 1435). Da die Mitgliedstaaten nach Art. 6 I jedes sozialpolitische Ziel verfolgen dürfen, liegt in der Prüfung der Verhältnismäßigkeit regelmäßig der zentrale Prüfungspunkt des EuGH (*Preis* NZA 2010, 1323). Der Grundsatz der Verhältnismäßigkeit ist auch im Unionsrecht anerkannt (vgl. Art. 5 IV EUV).

Damit ein vom nationalen Regelungsgeber eingesetztes Mittel angemessen iSd Art. 6 I   15
UAbs. 1 Hs. 2 ist, muss es Erstens **geeignet** sein, das legitime Ziel zu erreichen (SA der GA *Kokott* 6.5.2010 – C-499/08 Rn. 53 – Andersen, BeckRS 2010, 90561). Die Mitgliedstaaten und – bei entsprechender normativer Ermächtigung auch die auf nationaler Ebene angesiedelten Sozialpartner (BAG 5.3.2013 NZA 2013, 916 Rn. 32 ff.; zum Gleichklang zwischen AGG und § 75 BetrVG s. BAG 23.3.2010 NZA 2010, 774 Rn. 14) – haben deshalb nicht nur bei der Entscheidung, welches konkrete Ziel sie im Bereich der Arbeitsmarkt- und Beschäftigungspolitik verfolgen, sondern auch bei der Festlegung der Maßnahmen zu seiner Erreichung einen weiten **Ermessensspielraum,** sofern dieser nicht zur Aushöhlung des Diskriminierungsverbots führt (EuGH 5.3.2009 – C-388/07 Rn. 51 – Age Concern England, EuZW 2009, 340; 12.10.2012 – 499/08 Rn. 33 – Andersen, NZA 2010, 1341; 12.10.2010 – C-45/09 Rn. 41 – Rosenbladt, NZA 2010, 1167; 26.9.2013 – C-476/11 Rn. 60 – Kristensen, EuZW 2013, 951; 26.9.2013 – C-546/11 Rn. 50 – Toftgaard, NVwZ 2013, 1401; BAG 15.12.2011 NZA 2012, 1044 Rn. 49). Sie dürfen aus Vereinfachungsgründen von einer Einzelfallprüfung absehen und die Arbeitnehmer stattdessen im Wege einer **typisierenden Betrachtung** bestimmten Fallgruppen zuordnen (SA der GA *Kokott* 6.5.2010 – C-499/08 Rn. 62 – Andersen, BeckRS 2010, 90561; so auch EuGH 26.9.2013 – C-546/11 Rn. 61 – Toftgaard, NVwZ 2013, 1401; ErfK/*Schlachter* AGG § 10 Rn. 3). Das gilt iRd Vorgaben des nationalen Rechts auch für die Sozialpartner

Mohr

(BAG 20.6.2013 NZA 2014, 208 Rn. 47). Die ergriffenen Maßnahmen dürfen aber **nicht offensichtlich ungeeignet** sein, das verfolgte Ziel zu erreichen (SA der GA *Kokott* 6.5.2010 – C-499/08 Rn. 54 – Andersen, BeckRS 2010, 90561), in den Worten des EuGH dürfen sie nicht „**unvernünftig**" erscheinen (EuGH 5.7.2012 – C-141/11 Rn. 32 – Hörnfeldt, NZA 2010, 785; EuGH 12.10.2010 – C-499/08 Rn. 34 f. – Andersen, NZA 2010, 1341). **Allgemeine Behauptungen,** wonach eine bestimmte Maßnahme geeignet sei, der Beschäftigungspolitik, dem Arbeitsmarkt und der beruflichen Bildung zu dienen, lassen deshalb nicht den Schluss zu, dass die gewählten Mittel zur Verwirklichung dieses Ziels geeignet sind (EuGH 5.3.2009 – C-388/07 Rn. 51 – Age Concern England, EuZW 2009, 340; 21.7.2011 – C-159/10 ua Rn. 77 – Fuchs und Köhler, NVwZ 2011, 1249). Darüber hinaus ist eine nationale Regelung nur dann geeignet, die Erreichung des geltend gemachten Ziels zu gewährleisten, „wenn sie tatsächlich dem Anliegen gerecht wird, es in kohärenter und systematischer Weise zu erreichen" (zum **Kohärenzgebot** s. EuGH 26.9.2013 – C-476/11 Rn. 67 – Kristensen, EuZW 2013, 951; 21.7.2011 – C-159/10 ua Rn. 85 – Fuchs und Köhler, NVwZ 2011, 1249; 12.1.2010 – C-341/08 Rn. 53 – Petersen, EuZW 2010, 137; 18.6.2009 – C-88/08 Rn. 46 f. – Hütter, NZA 2009, 891; so auch EuGH 13.9.2011 – C-447/09 Rn. 63 – Prigge, NJW 2011, 3209; SA der GA *Kokott* 6.5.2010 – C-499/08 Rn. 57 – Andersen, BeckRS 2010, 90561). Die Prüfung der Kohärenz war in den letzten Jahren ein wichtiger Bestandteil der Angemessenheitsprüfung (ErfK/*Schlachter* AGG § 10 Rn. 3; *Schubert* ZfA 2013, 1 [27 f.]). Trotz des Ermessensspielraums der Mitgliedstaaten und der Prüfungskompetenz der mitgliedstaatlichen Gerichte nimmt der EuGH auf der Grundlage der vorstehenden Einschränkungen zuweilen eine „besonders detaillierte" Verhältnismäßigkeitsprüfung vor (SA des GA *Mengozzi* 17.7.2014 – C-416/13 Rn. 54 ff. – Vital Pérez, BeckRS 2015, 80016).

16 Weiterhin muss die nationale Regelung zur Erreichung des legitimen Ziels **erforderlich** sein. Das ist der Fall, wenn das Ziel nicht durch ein milderes, gleich geeignetes Mittel erreicht werden kann (SA der GA *Kokott* 6.5.2010 – C-499/08 Rn. 60 – Andersen, BeckRS 2010, 90561). Ebenso wie iRd Eignungsprüfung dürfen die Mitgliedstaaten auch insoweit typisieren, anstatt eine Einzelfallprüfung vorzunehmen (SA der GA *Kokott* 6.5.2010 – C-499/08 Rn. 60 – Andersen, BeckRS 2010, 90561).

17 Selbst wenn eine Bestimmung geeignet und erforderlich ist, um ein vom nationalen Gesetzgeber verfolgtes sozialpolitisches Ziel zu verfolgen, muss sie noch **verhältnismäßig im engeren Sinne** sein (SA der GA *Kokott* 6.5.2010 – C-499/08 Rn. 67 ff. – Andersen, BeckRS 2010, 90561). In den Worten des EuGH muss ein auf nationaler Ebene verfolgtes sozialpolitisches Ziel soweit als möglich mit den Erfordernissen des „Gleichbehandlungsgrundsatzes", also des Diskriminierungsverbots gem. Art. 2 I in Einklang gebracht werden (EuGH 22.11.2005 – C-144/04 Rn. 65 – Mangold, NJW 2005, 3695). Es ist ein gerechter Ausgleich zwischen den verschiedenen widerstreitenden Interessen herzustellen (EuGH 16.10.2007 – C-411/05 Rn. 71 – Palacios de la Villa, NZA 2007, 1219). Eine Regelung oder Maßnahme ist im Regelungskontext zu betrachten, in den sie sich einfügt, und es sind sowohl die Nachteile, die die Regelung für die Betroffenen bewirken kann, als auch die Vorteile zu berücksichtigen, die sie für die Gesellschaft im Allgemeinen und die diese bildenden Individuen bedeutet (EuGH 5.7.2012 – C-141/11 Rn. 38 – Hörnfeldt, NZA 2012, 7855; EuGH 19.6.2014 – C-501/12 ua Rn. 71 – Specht, NZA 2014, 831, der insoweit missverständlich davon spricht, es sei zu prüfen, „ob ein Gesetz […] über das zur Erreichung des verfolgten Ziels Erforderliche hinausgeht […]."). Die entsprechende Prüfung ist grundrechtlich überformt (dazu *Mohr* ZHR 178, 2014, 326 [348 ff.]).

18 Die **Kontrolldichte** des EuGH variiert von einer typisierenden Willkürprüfung bis hin zu einer strengen Prüfung der Verhältnismäßigkeit im Einzelfall (SA des GA *Mengozzi* 17.7.2014 – C-416/13 Rn. 56 – Vital Pérez, BeckRS 2015, 80016; *Preis* NZA 2010, 1323 ff.). In seiner *Mangold*-Entscheidung nahm der EuGH eine **strenge Verhältnismäßigkeitsprüfung** vor, wenn er betonte, dass die Möglichkeit einer dauerhaften Befristung von Arbeitsverhältnissen mit älteren Arbeitnehmern diese während eines erheblichen

Zeitraums ihres Arbeitslebens faktisch von unbefristeten Arbeitsverhältnissen ausschließe, ohne dass dies wegen der Struktur des Arbeitsmarktes und der persönlichen Situation des Betroffenen erforderlich sei (EuGH 22.11.2005 – C-144/04 Rn. 64 – Mangold, NJW 2005, 3695). Derartige Rechtsvorschriften gingen über dasjenige hinaus, was zur Erreichung des verfolgten Ziels angemessen und erforderlich sei, da sie das Alter des betroffenen Arbeitnehmers als einziges Kriterium für die Befristung des Arbeitsvertrags festlegten, ohne dass nachgewiesen wäre, dass die Festlegung einer derartigen Altersgrenze als solche unabhängig von anderen Erwägungen im Zusammenhang mit der Struktur des jeweiligen Arbeitsmarkts und der persönlichen Situation des Betroffenen zur Erreichung des Ziels der beruflichen Eingliederung arbeitsloser älterer Arbeitnehmer objektiv erforderlich sei (EuGH 22.11.2005 – C-144/04 Rn. 65 – Mangold, NJW 2005, 3695; so auch EuGH 18.11.2010 – C-250/09 ua Rn. 59 – Georgiev, NJW 2011, 42). Eine strenge Verhältnismäßigkeitsprüfung nahm der EuGH auch in der Entscheidung *Hütter* vor (EuGH 18.6.2009 – C-88/08 Rn. 47 – Hütter, NZA 2009, 891 mit Anm. *Sagan* BB 2009, 1811), wonach das Arbeitsentgelt zwar nach der Berufserfahrung berechnet werden darf, nicht aber mit Blick auf den Zeitpunkt des Erwerbs derselben (vor oder nach dem 18. Lebensjahr), da ein solches Alterskriterium in keinem unmittelbaren Zusammenhang mit dem an sich zulässigen Ziel des Arbeitgebers stehe, die Berufserfahrung zu honorieren (so auch EuGH 21.1.2015 – C-529/13 – Felber, NVwZ 2015, 798; 28.1.2015 – C-417/13 – Starjakob, NZA 2015, 217). Im Urteil *Kücükdeveci* erklärte der EuGH die Regelung des § 622 II 2 BGB für unanwendbar, wonach Beschäftigungszeiten vor Vollendung des 25. Lebensjahres des Arbeitnehmers nicht bei der Berechnung der gesetzlichen Kündigungsfrist berücksichtigt werden (EuGH 19.1.2010 – C-555/07 Rn. 32 ff. – Kücükdeveci, NJW 2010, 427; s. auch *v. Medem* NZA 2009, 1072). Zwar verfolge die Vorschrift mit der Verkürzung der Kündigungsfristen die zulässigen Ziele, die Arbeitgeber von den Belastungen durch die längeren Kündigungsfristen teilweise freizustellen und die Einstellung jüngerer Arbeitnehmer zu fördern, indem sie die personalwirtschaftliche Flexibilität erhöhe. Die zur Erreichung dieser Ziele eingesetzten Mittel seien aber weder geeignet noch erforderlich, da sie für alle Arbeitnehmer gälten, die vor Vollendung des 25. Lebensjahres in den Betrieb eingetreten sind, unabhängig davon, wie alt sie zum Zeitpunkt ihrer Entlassung waren. Dasselbe gelte für den durch § 622 II BGB intendierten Schutz der Arbeitnehmer, da die Regelung auch für solche Arbeitnehmer gelte, die vor Vollendung des 25. Lebensjahres in den Betrieb eingetreten sind, selbst wenn der Betroffene bei seiner Entlassung eine lange Betriebszugehörigkeit aufweise. Schließlich betreffe § 622 II 2 BGB Arbeitnehmer ungleich, weil sie diejenigen stärker belaste, die ohne oder nach nur kurzer Berufsausbildung früh eine Arbeitstätigkeit aufnehmen. Als Beispiel für eine strenge Verhältnismäßigkeitsprüfung des EuGH kann weiterhin die *Andersen*-Entscheidung dienen, in der es um den Anspruch von dänischen Arbeitnehmern auf eine Entlassungsabfindung mit einer Betriebszugehörigkeit von mindestens 12 Jahren ging (EuGH 12.10.2010 – C-499/08 Rn. 25 ff. – Andersen, NZA 2010, 1341 mit Anm. *Bayreuther* NJW 2011, 19 [21]). Diese Regelung hatte das Ziel, den Übergang älterer Arbeitnehmer, die über eine lange Betriebszugehörigkeit bei demselben Arbeitgeber verfügen, in eine neue Beschäftigung zu erleichtern. Der Anspruch auf die Abfindung war aber auf diejenigen Arbeitnehmer beschränkt, die zum Zeitpunkt ihrer Entlassung keine Altersrente beanspruchen konnten, da Personen mit einem solchen Anspruch nach Einschätzung des Gesetzgebers im Allgemeinen aus dem Arbeitsmarkt auszuscheiden würden. Zwar verfolge der nationale Gesetzgeber ein rechtmäßiges sozialpolitisches Ziel, da es nicht unvernünftig sei, eine Abfindung allein für diejenigen Arbeitnehmer vorzusehen, die zum Zeitpunkt ihrer Entlassung keine Altersrente beziehen können, um die Möglichkeiten eines Missbrauchs zu begrenzen. Die Regelung sei allerdings inkohärent, da nicht nur solche Arbeitnehmer keine Abfindung erhielten, die tatsächlich eine Altersrente bezögen, sondern auch diejenigen, die zu einem Bezug einer solchen Rente berechtigt seien, aber ihre berufliche Laufbahn weiterverfolgen wollten. Der EuGH monierte somit nicht die Anknüpfung der Regelung an die Rentenerreichung oder die Höhe der Entschädigung, sondern, dass die Differenzierung über den Differenzierungsgrund hinausgehe (*Wißmann* RdA 2011, 181 [184]). Der strengen Rechtsprechungslinie zuzuordnen ist schließlich die Entscheidung **Prigge,** in der eine berufsspezifische Altersgrenze von 60 Jahren für Piloten der Lufthansa als unwirksam angesehen wurde (EuGH 13.9.2011 – C-447/09 – Prigge, NJW 2011, 3209). So sei die Flugsicherheit bereits kein zulässiges sozialpolitisches Ziel. Eine Maßnahme, die für Piloten eine Altersgrenze von 60 Jahren vorsehe, während nationale und internationale Regelungen dieses Alter auf 65 Jahre festlegten, diene auch nicht dem Schutz der öffentlichen Sicherheit und dem Schutz der Gesundheit gem. Art. 2 V. Auch eine Rechtfertigung über Art. 4 I scheide aus, da ein vollständiges Berufsverbot unverhältnismäßig sei; es komme allenfalls eine Ausübungsbeschränkung in Betracht (krit. *Krieger* NJW 2011, 3214).

19 Im Gegensatz zur strengen Verhältnismäßigkeitsprüfung in den vorstehend geschilderten Fällen nahm der EuGH in der **Palacios**-Entscheidung die Prüfdichte iRd Art. 6 I bei **allg. Pensionsgrenzen** – mithin bei Regelungen, denen eigentlich eine besonders belastende Wirkung zugeschrieben wird – auf eine **Plausibilitäts-** bzw. **Willkürkontrolle** zurück, da eine allg. Regelaltersgrenze den beschäftigungspolitischen Vorgaben der Union entspreche und die Mitgliedstaaten einen weiten Beurteilungs- bzw. Ermessensspielraum hätten, weshalb es ihre Sache sei, einen Ausgleich zwischen den verschiedenen durch die Altersgrenze betroffenen Interessen zu finden (EuGH 16.10.2007 – C-411/05 Rn 52 ff. – Palacios de la Villa, NZA 2007, 1219 = EzA EG-Vertrag 1999 Richtlinie 2000/78 Nr. 3 mit Anm. *Mohr;* so auch BAG 18.6.2008 NZA 2008, 1302 Rn. 43; *Bayreuther* DB 2007, 2425 [2426]; *Reichold* ZESAR 2008, 49 [52]; *Temming* NZA 2007, 1193 [1198]). Diese großzügigen Grundsätze wurden in der Entscheidung **Rosenbladt** zur unionsrechtlichen Zulässigkeit von § 10 S. 3 Nr. 5 AGG bestätigt (EuGH 12.10.2010 – C-45/09 Rn. 47 – Rosenbladt, NZA 2010, 1167; dazu *Preis* NZA 2010, 1323 [1324]; *Bayreuther* NJW 2011, 19 [20]; so auch EuGH 5.7.2012 – C-141/11 Rn. 21 ff. – Hörnfeldt, NZA 2012, 785). Hiernach steht es der Verhältnismäßigkeit einer gesetzlich legitimierten allg. Altersgrenze nicht entgegen, dass ein Arbeitnehmer nur eine sehr geringe Alterssicherung bezieht, weshalb er weiter arbeiten will. § 10 S. 3 Nr. 5 AGG ermächtige die Arbeitgeber nicht zur einseitigen Beendigung von Arbeitsverhältnissen, sondern setze eine Vereinbarung der Sozialpartner oder der Arbeitsvertragsparteien voraus. Auch enthalte die Vorschrift durch den Verweis auf § 41 SGB VI eine zusätzliche Einschränkung. In der **Hörnfeldt**-Entscheidung hat der EuGH bekräftigt, dass eine auf das 67. Lebensjahr lautende allg. Altersgrenze auch dann zulässig ist, wenn sie die **Höhe des Rentenanspruchs** nicht berücksichtigt (EuGH 5.7.2012 – C-141/11 – Hörnfeldt, NZA 2012, 785). Das gilt jedenfalls dann, wenn der Mitgliedstaat eine staatliche Grundsicherung gewährt, die den grundlegenden Lebensbedarf abdeckt (SA der GA *Trstenjak* 28.4.2010 – C-45/09 Rn. 159 ff. – Rosenbladt, BeckRS 2010, 90513). In der Entscheidung **Georgiev** hat der EuGH die Grundsätze der Entscheidungen *Palacios* und *Rosenbladt* – in Abgrenzung zur ebenfalls befristete Verträge betreffenden *Mangold*-Entscheidung – auf eine gesetzliche Verrentungsregelung für Hochschulprofessoren und Dozenten übertragen, die es erlaubt, **ab Vollendung des 65. Lebensjahres nur noch befristete Verträge abzuschließen** (EuGH 18.11.2010 – C-250/09 – Georgiev, NJW 2011, 42; dazu *Bayreuther* NJW 2011, 10 [20]; *Krois* EuZA 2011, 351). In der Entscheidung **Fuchs und Köhler** erklärte der EuGH allg. **Altersgrenzen für Beamte** für zulässig (EuGH 21.7.2011 – C-159/10 ua Rn. 52 – Fuchs und Köhler, NVwZ 2011, 1249).

20 **4. Zuständigkeit der mitgliedstaatlichen Gerichte.** Die Prüfung, ob eine konkrete Regelung einem vom EuGH als rechtmäßig anerkannten Ziel iSd Art. 6 entspricht, obliegt grds. den **Gerichten der Mitgliedstaaten** (EuGH 5.3.2009 – C-388/07 Rn. 47, 49, 52 – Age Concern England, EuZW 2009, 340; BAG 26.5.2009 NZA 2009, 849 Rn. 39). Dasselbe gilt für die Frage, ob der nationale Gesetz- und Verordnungsgeber angesichts des Bewertungsspielraums, über den die Mitgliedstaaten im Bereich der Sozialpolitik verfügen, davon ausgehen durfte, dass die gewählten Mittel zur Erreichung dieses Ziels angemessen

und erforderlich sind (EuGH 5.3.2009 – C-388/07 Rn. 50, 52 – Age Concern England, EuZW 2009, 340; BAG 26.5.2009 NZA 2009, 849 Rn. 39). Gibt eine Regelung das mit ihr verfolgte Ziel somit nicht explizit an, muss derjenige, der eine Ungleichbehandlung vornimmt, den nationalen Gerichten in geeigneter Weise die Möglichkeit zur Prüfung einräumen, ob mit der Ungleichbehandlung ein Ziel angestrebt wird, das die Ungleichbehandlung unter Beachtung der Ziele der RL 2000/78/EG rechtfertigt (EuGH 5.3.2009 – C-388/07 Rn. 45 ff. – Age Concern England, EuZW 2009, 340; BAG 20.3.2012 Rn. 19, NZA 2012, 803). Dasselbe gilt für die Frage, ob die Tarifvertragsparteien als Normgeber angesichts des vorhandenen Wertungsspielraums davon ausgehen durften, dass die gewählten Mittel zur Erreichung dieses Ziels angemessen und erforderlich waren (EuGH 5.3.2009 – C-388/07 Rn. 49 ff. – Age Concern England, EuZW 2009, 340; BAG 20.3.2012 NZA 2012, 803 Rn. 19). Trotz der Prüfzuständigkeit der nationalen Gerichte kontrolliert der EuGH aber iRd Vorabentscheidungsverfahren sowohl die Ziele als auch die Mittel auf ihre Unionsrechtskonformität (*v. Roetteken* ZTR 2008, 350 [351]), da dem vorlegenden Gericht alle Hinweise zur Auslegung des Unionsrechts zu geben seien, die ihm bei der Entscheidung des bei ihm anhängigen Verfahrens von Nutzen sein können, und zwar unabhängig davon, ob es bei seiner Fragestellung darauf Bezug genommen hat oder nicht (EuGH 26.9.2013 – C-476/11 Rn. 56 – Kristensen, EuZW 2013, 951). Allerdings sind die nationalen Gerichte nicht verpflichtet, dem EuGH eine Rechtsfrage nach Art. 267 III AEUV zur Vorabentscheidung vorzulegen, wenn der Gerichtshof den Mitgliedstaaten explizit die Anwendung der Grundsätze im Einzelfall übertragen hat (BAG 28.6.2012 AP InsO § 125 Nr. 9 Rn. 38).

II. Rechtsprechung

1. Allgemeine Pensionsgrenzen. Anders als im deutschen Recht (§ 10 S. 3 Nr. 5 AGG) existiert im Unionsrecht keine Sonderregelung für die **automatische Beendigung von Beschäftigungsverhältnissen bei Erreichen eines bestimmten Höchstalters.** Der EuGH überprüft die Zulässigkeit von Altersgrenzen in ihrer Eigenschaft als Entlassungsbedingungen (dazu EuGH 26.2.1986 – C-152/84 Rn. 34 – Marschall I, NJW 1986, 2178; → Art. 3 Rn. 20) vielmehr am Maßstab des Art. 6 I UAbs. 1 (s., in Abgrenzung zu UAbs. 2, EuGH 5.7.2012 – C-141/11 Rn. 19 bis 21 – Hörnfeldt, NZA 2012, 785). Dies gilt auch für eine gesetzliche Regelung wie **§ 10 S. 3 Nr. 5 AGG** (EuGH 12.10.2010 – C-45/09 Rn. 36 ff. – Rosenbladt, NZA 2010, 1167). Nach dieser Vorschrift kann eine Vereinbarung gerechtfertigt sein, die die Beendigung des Beschäftigungsverhältnisses ohne Kündigung zu einem Zeitpunkt vorsieht, zu dem der oder die Beschäftigte eine Rente wegen Alters beantragen kann; § 41 SGB XI bleibt ausdrücklich unberührt. § 10 S. 3 Nr. 5 AGG beinhaltet somit keine zwingende Regelung des Eintritts in den Ruhestand (sog. allg. **Pensionsgrenze**), sondern ermächtigt Arbeitgeber und Arbeitnehmer, einzel- oder tarifvertraglich die Art und Weise der Beendigung des Arbeitsverhältnisses zu vereinbaren, die unabhängig von einer Kündigung auf dem Alter beruht, von dem an eine Rente beantragt werden kann (EuGH 12.10.2010 – C-45/09 Rn. 39 – Rosenbladt, NZA 2010, 1167). Auch Altersgrenzen durch Betriebsvereinbarung werden von § 10 S. 3 Nr. 5 AGG erfasst (BAG 5.3.2013 NZA 2013, 916 Rn. 37 ff.; so auch EuGH 6.12.2012 – C-152/11 Rn. 49 ff. – Odar, NZA 2012, 1435). Der EuGH sieht Arbeitgeber und Betriebsrat ebenso wie die Tarifparteien als Sozialpartner an (EuGH 9.12.2004 – C-19/02 Rn. 38 – Hlozek, AP EWG-Richtlinie 75/117 Nr. 20). § 10 S. 3 Nr. 5 AGG enthält somit zwar nicht selbst eine Altersgrenze, ermöglicht aber (Befristungs-)Regelungen durch die Arbeits- und Kollektivparteien, weshalb der EuGH die Norm einer eigenen Rechtfertigungsprüfung unterzieht (EuGH 12.10.2010 – C-45/09 Rn. 37 – Rosenbladt, NZA 2010, 1167; so auch EuGH 16.10.2007 – C-411/05 Rn. 51 – Palacios de la Villa, NZA 2007, 1219). Dem steht Erwägungsgrund 14 nicht entgegen, da sich die Regelung allein auf den (sozialrechtlichen) Eintritt in den Ruhestand bezieht und keine Bereichsausnahme enthält (EuGH 16.10.2007 – C-411/05 Rn. 42 ff. – Palacios de la Villa, NZA 2007, 1219; so auch *Linsenmaier* RdA Sonderbeil. 5/2003, 22 [30]; *Schmidt/Senne* RdA 2002, 80 [84]; *Bertelsmann* ZESAR 2005, 242 [250]; **aA** SA des GA *Mazák* 15.2.2007 – C-411/05 Rn. 45 ff. – Palacios de la Villa, BeckRS 2008, 70147; *Nussberger* JZ 2002, 524 [530]; *Rolfs* NZA 2008, 8 [12]; *Mohr* Anm. EzA EG-Vertrag 1999 Richtlinie 2000/78 Nr. 3 – Palacios de la Villa).

22 § 10 S. 3 Nr. 5 AGG behandelt allein die Zulässigkeit einer Befristung von Arbeitsverhältnissen durch allg. **Pensionsgrenzen.** Die Vorschrift ist dem Umstand geschuldet, dass es in Deutschland keine allg. gesetzliche Altersgrenze für den Eintritt in den Ruhestand gibt (*Winzer* NZG 2010, 1297; *Bayreuther* NJW 2011, 19 [20]). Etwas anderes gilt im Beamtenrecht, bei Richtern sowie bei staatlich regulierten Berufen wie Notar, Prüfingenieur und Hebamme (*I. Schmidt*, FS Dieterich, 1999, 585 [587]; *Waltermann*, GS Blomeyer, 2003, 495 [499]). Neben allg. Penionsgrenzen existieren **berufsspezifische Altersbefristungen** (*Zöllner*, GS Blomeyer, 2003, 517 [518]). Diese werden nicht von § 10 S. 3 Nr. 5 AGG erfasst. Ihre Zulässigkeit bestimmt sich vielmehr auch im deutschen Recht nach der Generalklausel des § 10 S. 1 und 2 AGG, die Art. 6 I UAbs. 1 umsetzt. Während der EuGH berufsspezifische Altersgrenzen einer strengen Verhältnismäßigkeitsprüfung unterzieht (paradigmatisch EuGH 13.9.2011 – C-447/09 – Prigge, NJW 2011, 3209), überprüft er allg. Pensionsgrenzen unter Betonung des weiten Beurteilungs- und Ermessensspielraums der Mitgliedstaaten und der Sozialpartner allein auf Plausibilität und Willkürfreiheit (EuGH 16.10.2007 – C-411/05 Rn. 68 – Palacios de la Villa, NZA 2007, 1219 = EzA EG-Vertrag 1999 Richtlinie 2000/78 Nr. 3 mit Anm. *Mohr*).

23 **Eine Regelung wie § 10 S. 3 Nr. 5 AGG ist unionsrechtlich zulässig** (EuGH 12.10.2010 – C-45/09 Rn. 53 – Rosenbladt, NZA 2010, 1167; BAG 5.3.2013 NZA 2013, 916 Rn. 42; *Kamanabrou* RdA 2006, 321 [331]; *Temming* 311 ff., *Schmidt/Senne* RdA 2002, 80 [87]; *Waltermann* NZA 2005, 1265 [1269]). Allgemeine Pensionsgrenzen sind Instrumente der nationalen Arbeitsmarktpolitik, mit denen über eine **bessere Beschäftigungsverteilung zwischen den Generationen der Zugang zur Beschäftigung** gefördert werden soll (EuGH 5.7.2012 – C-141/11 Rn. 29 – Hörnfeldt, NZA 2012, 785; 12.10.2010 – C-45/09 Rn. 62 – Rosenbladt, NZA 2010, 1167; BAG 5.3.2013 NZA 2013, 916 Rn. 42 f.). Damit zusammenhängend können allg. Pensionsgrenzen der **Förderung von Einstellungen** (EuGH 16.10.2007 – C-411/05 Rn. 42 ff. – Palacios de la Villa, NZA 2007, 1219), der **Eingliederung Jugendlicher in den Arbeitsmarkt,** der **Sicherstellung von Aufstiegsmöglichkeiten für Jüngere** sowie der **Gewährleistung einer angemessenen Altersstruktur in den Unternehmen** dienen (*Waltermann* NZA 2005, 1265). Die automatische Beendigung der Arbeitsverhältnisse von Beschäftigten, die die Voraussetzungen für den Bezug einer Altersrente erfüllen, ist Teil des Arbeitsrechts etlicher Mitgliedstaaten und in den Beziehungen des Arbeitslebens weithin üblich. Dieser Mechanismus beruht auf einem Ausgleich zwischen politischen, wirtschaftlichen, sozialen, demografischen und/oder haushaltsbezogenen Erwägungen und hängt von der Entscheidung der Mitgliedstaaten ab, die Lebensarbeitszeit der Arbeitnehmer zu verlängern oder aber deren früheren Eintritt in den Ruhestand vorzusehen (EuGH 5.7.2012 – C-141/11 Rn. 28 – Hörnfeldt, NZA 2012, 785; 12.10.2010 – C-45/09 Rn. 44 – Rosenbladt, NZA 2010, 1167; EuGH 16.10.2007 – C-411/05 Rn. 69 – Palacios de la Villa, NZA 2007, 1219). Es handelt sich somit um zulässige sozialpolitische Ziele iSd *Age-Concern-England*-Rechtsprechung (EuGH 12.10.2010 – C-45/09 Rn. 45 – Rosenbladt, NZA 2010, 1167). Die beschäftigungs- und arbeitsmarktpolitischen Ziele können sich entweder auf den gesamten Arbeitsmarkt oder auf die Beschäftigungssituation in bestimmten Branchen erstrecken (EuGH 16.10.2007 – C-411/05 Rn. 70 – Palacios de la Villa, NZA 2007, 1219).

24 § 10 S. 3 Nr. 5 AGG ist auch **verhältnismäßig** (EuGH 12.10.2010 – C-45/09 Rn. 46 ff. – Rosenbladt, NZA 2010, 1167). Die Vorschrift stellt nicht nur auf ein bestimmtes Alter ab, sondern berücksichtigt auch den Umstand, dass den Betroffenen am Ende ihrer beruflichen Laufbahn ein finanzieller Ausgleich durch einen Einkommensersatz in Gestalt

einer Altersrente zugutekommt. Für die Beurteilung der Verhältnismäßigkeit ist die konkrete Höhe der Rente nicht ausschlaggebend, da die Arbeitnehmer das durch Art. 15 GRC garantierte Recht behalten, woanders oder nach Maßgabe des nationalen Rechts auf der Grundlage befristeter Arbeitsverträge weiter zu arbeiten (EuGH 5.7.2012 – C-141/11 Rn. 35 ff. – Hörnfeldt, NZA 2012, 785; BAG 18.6.2008 NZA 2008, 1302 Rn. 26). Selbst eine unter dem deutschen Sozialhilfeniveau liegende Altersrente wurde vom EuGH nicht problematisiert (*Preis* NZA 2010, 1323 [1324]), wohl auch, weil Deutschland im unionsweiten Vergleich einen sehr hohen allg. Sozialstandard hat. Hieraus wird man schließen können, dass es auf die konkrete Höhe der Rente immer dann nicht ankommt, wenn der Mitgliedstaat eine staatliche Grundsicherung gewährt, die den grundlegenden Lebensbedarf abdeckt (SA der GA *Trstenjak* 28.4.2010 – C-45/09 Rn. 159 ff. – Rosenbladt, BeckRS 2010, 90513). Außerdem ermächtigt § 10 S. 3 Nr. 5 AGG die Arbeitgeber gerade nicht zur einseitigen Beendigung des Arbeitsverhältnisses, wenn die Beschäftigten das Alter erreicht haben, in dem sie eine Rente beantragen können. Dieser von der Kündigung zu unterscheidende Mechanismus beruht vielmehr auf einer gesonderten Kollektiv- oder Individualvereinbarung. Hierdurch erhalten nicht nur die Beschäftigten und Arbeitgeber, sondern auch die Sozialpartner die Möglichkeit, von diesem Mechanismus Gebrauch zu machen, so dass nicht nur die Gesamtlage des betreffenden Arbeitsmarkts, sondern auch die speziellen Merkmale der jeweiligen Beschäftigungsverhältnisse berücksichtigt werden können (EuGH 12.10.2010 – C-45/09 Rn. 49 – Rosenbladt, NZA 2010, 1167; 16.10.2007 – C-411/05 Rn. 74 – Palacios de la Villa, NZA 2007, 1219). Eine individualvertragliche Altersgrenze ist gem. § 41 SGB VI explizit an die Zustimmung der Arbeitnehmer gebunden (EuGH 12.10.2010 – C-45/09 Rn. 50 – Rosenbladt, NZA 2010, 1167).

Sofern die Arbeitsvertragsparteien, Betriebspartner oder Tarifvertragsparteien von der Ermächtigung des § 10 S. 3 Nr. 5 AGG Gebrauch machen wollen, müssen sie ebenfalls in angemessener und erforderlicher Weise ein legitimes Ziel gem. Art. 6 I UAbs. 1 verfolgen (EuGH 12.10.2010 – C-45/09 Rn. 52 – Rosenbladt, NZA 2010, 1167; BAG 5.3.2013 NZA 2013, 916 Rn. 42; 8.12.2010 NZA 2011, 586 Rn. 45). Dies folgt für die Sozialpartner ergänzend aus Art. 16 lit. b (EuGH 12.10.2010 – C-45/09 Rn. 52 – Rosenbladt, NZA 2010, 1167). Die Prüfung, ob mit einer Altersgrenzenvereinbarung legitime Ziele iSd Art. 6 I UAbs. 1 verfolgt werden und die Mittel hierzu angemessen und erforderlich sind, obliegt den nationalen Gerichten (EuGH 18.11.2010 – C-250/09 Rn. 43 – Georgiev, NJW 2011, 42 mit Bespr. *Mohr*, Publicus 3/2012, 28). Als legitim sieht der EuGH das Ziel an, durch eine kollektive Altersgrenzenregelung die Einstellung jüngerer Arbeitnehmer zu begünstigen sowie eine Nachwuchsplanung und eine in der Altersstruktur ausgewogene Personalverwaltung in den Unternehmen zu ermöglichen (EuGH 12.10.2010 – C-45/09 Rn. 59 ff. – Rosenbladt, NZA 2010, 1167; so auch BAG 21.9.2011 NZA 2012, 271 Rn. 32). Als zulässig angesehen wurde auch die Schaffung einer ausgewogenen Personalstruktur, um die Einstellung und die Beförderung von jüngeren Berufsangehörigen zu begünstigen, die Personalplanung zu optimieren und damit Rechtsstreitigkeiten über die Fähigkeit des Beschäftigten vorzubeugen, seine Tätigkeit über ein bestimmtes Alter hinaus auszuüben (EuGH 21.7.2011 – C-159/10 ua Rn. 54 ff. – Fuchs und Köhler, NVwZ 2011, 1249). Das BAG hat eine tarifliche Altersgrenze, die die Beendigung des Arbeitsverhältnisses für den Zeitpunkt des Erreichens der sozialversicherungsrechtlichen Regelrentenalters vorsieht, gem. Art. 6 I UAbs. 1 als zulässig angesehen (BAG 18.6.2008 NZA 2008, 1302 Rn. 28 ff.; 21.9.2011 NZA 2012, 271). Die Altersgrenze führe außerhalb von Zeiten einer Vollbeschäftigung zu einer gerechten Verteilung der Arbeitsplätze sowie zu einer Entlastung des nationalen Arbeitsmarkts; denn die mit dem Erreichen des Regelrentenalters aus dem Unternehmen ausscheidenden Arbeitnehmer würden auf dem Arbeitsmarkt wegen ihrer sozialen Sicherung durch eine Altersrente regelmäßig keine Anschlussbeschäftigung suchen (**aA** *Körner* NZA 2008, 497 [503]). Angesichts des weiten Ermessensspielraums, den die Sozialpartner auf nationaler Ebene nicht nur bei der Entscheidung über die Verfolgung eines bestimmten sozial- und beschäftigungspolitischen Ziels, sondern auch bei der Festlegung der für seine Erreichung geeigneten Maßnahmen hätten, erscheine die Auffassung der Sozialpartner, dass eine tarifliche Altersgrenzenregelung zur Erreichung der vorgenannten Ziele angemessen sein kann, jedenfalls „nicht unvernünftig" (EuGH 12.10.2010 – C-45/09 Rn. 69 – Rosenbladt, NZA 2010, 1167; BAG 21.9.2011 NZA 2012, 271 Rn. 32). Es muss insbesondere **keine einzelfallbezogene Betrachtung** erfolgen, ob die Beendigung des Arbeitsverhältnisses im Zeitpunkt des Ausscheidens des Arbeitnehmers im Hinblick auf die konkreten Gegebenheiten der Branche und das Verdienst des Arbeitnehmers gerechtfertigt erscheint (BAG 18.6.2008 NZA 2008, 1302 Rn. 42; *Bayreuther* NJW 2011, 19 [20]).

26 Zulässig war somit etwa die tarifliche Altersgrenze des **§ 33 TVöD-V aF** (überzeugend BAG 8.12.2010 NZA 2011, 586). Die Altersgrenze verfolgte nach ihrem Kontext mehrere zulässige Ziele, namentlich die Sicherstellung einer zuverlässigen, langfristigen Personalplanung, der Erhalt einer ausgewogenen Altersstruktur, die Förderung des Nachwuchses, das Freimachen von Arbeitsplätzen für junge Bewerber, das Eröffnen von Aufstiegschancen und damit das Schaffen von Leistungs- und Motivationsanreizen für die bereits Beschäftigten (BAG 8.12.2010 NZA 2011, 586 Rn. 54). Diese Ziele sind zu einem nicht unerheblichen Teil solche der Beschäftigungspolitik gem. Art. 6 I UAbs. 1. Eine funktionierende, in ihrer Altersstruktur ausgewogene öffentliche Verwaltung mit motivierten Beschäftigten dient nicht lediglich einem privaten Arbeitgeberinteresse, sondern der gesamten Gesellschaft. Ohne eine allg. Pensionsgrenze bestünde die Gefahr, dass die Arbeitnehmer ihre Arbeitsverhältnisse ohne absehbares Ende fortsetzten und damit die Einstellung oder den Aufstieg jüngerer Arbeitnehmer blockierten. Nicht unrealistisch wäre für die rentenberechtigten Arbeitnehmer auch die Versuchung, sich die einvernehmliche Beendigung ihres Arbeitsverhältnisses „abkaufen" zu lassen. Auch liege es im Interesse der Personalpolitik im öffentlichen Bereich, Leistungs- und Motivationsanreize für jüngere Arbeitnehmer durch Beförderungsstellen, über deren Verfügbarkeit vorausschauend entschieden werden kann, zu setzen (BAG 8.12.2010 NZA 2011, 586 Rn. 54).

27 **2. Berufsspezifische Höchstaltersgrenzen.** Besondere berufsspezifische Altersgrenzen können ebenfalls gem. **Art. 6 I UAbs. 1** zulässig sein. Daneben ist auch **Art. 4 I** zu prüfen (*Bayreuther* DB 2007, 2425 [2427]; *Bahnsen* NJW 2008, 407 [408 f.]). Schließlich kann **Art. 2 V** einschlägig sein, etwa bei der Beendigung der Zulassung zur vertragsärztlichen Tätigkeit mit Erreichen eines bestimmten Lebensjahres (EuGH 12.1.2010 – C-341/08 Rn. 63 – Petersen, EuZW 2010, 137).

28 Die Rechtsprechung hat sich vertieft mit **besonderen Altersgrenzen im Flugverkehr** befasst. Von besonderer Bedeutung sind insoweit internationale Empfehlungen wie die JAR-FCL 1.060a, wonach Piloten nach Vollendung des 60. Lebensjahres nur noch eingeschränkt eingesetzt werden sollen, aber unter bestimmten Voraussetzungen weiterhin arbeiten dürfen (BAG 21.7.2004 NZA 2004, 1352; *Temming* 307). Ein Einsatz bis zum 65. Lebensjahr soll nur dann erfolgen, wenn die Flugzeugbesatzung aus mehreren Personen besteht und die anderen Piloten das 60. Lebensjahr noch nicht vollendet haben. Mit Blick auf diese Regelung hat der EuGH die von der Lufthansa AG praktizierte Altersgrenze von 60 Jahren für Piloten für unwirksam erklärt (EuGH 13.9.2011 – C-447/09 – Prigge, NJW 2011, 3209). Eine solche Maßnahme diene nicht dem Schutz der öffentlichen Sicherheit und dem Schutz der Gesundheit gem. **Art. 2 V** (dazu *Kamanabrou/Wietfeld* SAE 2010, 269 [273]). Der EuGH erlaubt damit keine strengeren tariflichen Vorschriften zum Schutz von Leben und Gesundheit der Flugzeugpassagiere, als dies in den einschlägigen internationalen Empfehlungen der Fall ist, auch wenn es sich dabei nur um Mindestschutzregelungen im Interesse der Passagiere handelt (dazu *Mohr* SAE 2013, 36 [41]). Im Schrifttum wird dieses Ergebnis auch damit begründet, dass die Tarifverträge bei einer Reihe von Tochterunternehmen der Lufthansa AG den Piloten das Fliegen bis 65 Jahre erlaubten, weshalb die in Rede stehende Altersgrenze von 60 Jahren inkohärent gewesen sei (*Schubert* ZfA 2013, 1 [28 f.]; **aA** zu Art. 6 I UAbs. 1 SA des GA *Cruz Villalón* 19.5.2011 – C-447/09 Rn. 83 – Prigge, BeckRS 2011, 80871, da man keine Kohärenz zwischen Tarifverträgen fordern könne, die von unterschiedlichen Sozialpartnern vereinbart worden seien). Eine Rechtfertigung nach **Art. 4 I** scheidet nach Ansicht des EuGH ebenfalls aus. Zwar würden die notwendigen körperlichen Fähigkeiten mit zunehmendem Alter abnehmen. Auch sei die Gewährleistung der Sicherheit des Flugverkehrs ein anerkennenswertes Ziel iSd Art. 4 I. Ein vollständiges Verbot der Berufsausübung mit Vollendung des 60. Lebensjahres sei jedoch unverhältnismäßig. Vielmehr komme auch eine Ausübungsbeschränkung vergleichbar der JAR-FCL in Betracht. Auch mit Blick auf die Tarifautonomie sei eine strengere Regelung nicht zulässig (EuGH 13.9.2011 – C-447/09 – Prigge Rn. 65 ff., NJW 2011, 3209; krit. *Krieger* NJW 2011, 3214). Schließlich komme keine Rechtfertigung gem. **Art. 6 I UAbs. 1** in Betracht, da die Flugsicherheit schon kein sozialpolitisches Ziel sei (EuGH 13.9.2011 – C-447/09 Rn. 77 ff. – Prigge, NJW 2011, 3209). In Übernahme der vom EuGH aufgestellten Grundsätze hat das BAG die Altersgrenzen für das Cockpitpersonal von Fluggesellschaften – in Abweichung von seiner vorherigen Rechtsprechung (BAG 16.10.2008 NZA 1998, 715) – für unwirksam erklärt (BAG 18.1.2012 NZA 2012, 575; 18.1.2012 NZA 2012, 691; 15.2.2012 NZA 2012, 866; dazu *Mohr* SAE 2013, 36). Auch eine Altersgrenze von 60 Jahren für Flugbegleiter sieht das BAG mangels rechtfertigenden Grundes nach § 14 I TzBfG als unwirksam an (BAG 23.6.2010 NZA 2010, 1248).

Die Rs. *Petersen* betraf **Höchstaltersgrenzen für die Ausübung des Berufs eines Vertragszahnarztes in der gesetzlichen Krankenversicherung** (EuGH 12.1.2010 – C-341/08 – Petersen, EuZW 2010, 137 mit Bespr. *Mohr* EuZA 2010, 373 [378 ff.]). Konkret ging es um § 95 VII 3 SGB V aF, wonach die Zulassung als Vertragszahnarzt mit Ablauf des Kalendervierteljahres endete, in dem der Zahnarzt das 68. Lebensjahr vollendet. Demgegenüber blieb es einem Zahnarzt unbenommen, Patienten auch nach Überschreiten der Altersgrenze auf der Grundlage von privatrechtlichen Verträgen zu behandeln. Für angestellte Ärzte bedeutete eine derartige berufsspezifische Regelung zwar keine Grenze für den Bestand des Arbeitsverhältnisses; sie konnte jedoch dessen Befristung oder sogar die Kündigung des Arbeitsvertrages durch den Arbeitgeber rechtfertigen (*Zöllner*, GS Blomeyer, 2003, 517 [518]). Eine Altersgrenze für die Zulassung zur ärztlichen Tätigkeit bedeutet ebenso wie eine Höchstaltersgrenze für die Einstellung bei der Berufsfeuerwehr (EuGH 12.1.2010 – C-229/08 Rn. 25 ff. – Wolf, EuZW 2010, 142) keine Entlassungsbedingung, sondern einerseits eine Bedingung für den Zugang zur selbständigen Tätigkeit gem. Art. 3 I lit. a sowie andererseits eine Beschäftigungs- und Arbeitsbedingung iSv Art. 3 I lit. c (EuGH 12.1.2010 – C-341/08 Rn. 32 f. – Petersen, EuZW 2010, 137). Dies gründet wohl auf dem Umstand, dass es einem Vertragsarzt nach dem Ende der Zulassung zur kassenärztlichen Versorgung freisteht, weiterhin Patienten privat zu behandeln (*Mohr* EuZA 2010, 373 [379]). Das mit § 95 VII 3 SGB V verfolgte Ziel, **innerhalb der Berufsgruppe der Vertragszahnärzte die Berufschancen zwischen den Generationen zu verteilen,** ist legitim iSd **Art. 6 I UAbs. 1** (EuGH 12.1.2010 – C-341/08 Rn. 68 Petersen, EuZW 2010, 137). Es erscheint auch „nicht unvernünftig", dass eine Altersgrenze die beruflichen Chancen der Jüngeren begünstigen kann. Eine Altersgrenze ist angesichts des mitgliedstaatlichen Bewertungsspielraums bereits dann „angemessen und erforderlich", wenn die latente Gefahr einer Überversorgung mit Zahnärzten besteht (EuGH 12.1.2010 – C-341/08 Rn. 73 – Petersen, EuZW 2010, 137; bejahend BSG 6.2.2008 MedR 2008, 453 Rn. 11 ff.; **aA** *Röbke* EuZW 2010, 142 [146]). Eine derartige Altersgrenze kann außerdem nach **Art. 2 V** gerechtfertigt sein (EuGH 12.1.2010 – C-341/08 Rn. 44 ff. – Petersen, EuZW 2010, 137). Unter das Ziel des **Gesundheitsschutzes** fallen auch die Aufrechterhaltung einer qualitativ hochwertigen ärztlichen Versorgung und die finanzielle Leistungsfähigkeit des Systems. Zwar kommt den Mitgliedstaaten insoweit ein Bewertungsspielraum zu. Der EuGH sieht eine Regelung wie § 95 VII 3 SGB V aF jedoch als **inkohärent** an, sofern ein Vertragsarzt nach Überschreiten der Altersgrenze Patienten weiterhin privat behandeln darf und nur etwa 90 % der Menschen in Deutschland gesetzlich krankenversichert sind (anders noch BVerfG 31.3.1998 NJW 1998, 1776; 7.8.2007 NZS 2008, 311). Dieses Ergebnis ist nicht zweifelsfrei, da in der privaten Krankenversicherung faktisch ein weitergehendes Wahlrecht der

Patienten besteht, von welchem Arzt sie sich behandeln lassen wollen. Aus diesem Grunde obliegt es außerhalb der gesetzlichen Krankenversicherung jedenfalls dem Risiko des Einzelnen, ob er sich von einem Arzt behandeln lässt, der das Rentenalter augenscheinlich bereits überschritten hat.

30 3. **Gesetzliche Höchstaltersgrenzen.** Gesetzliche Höchstaltersgrenzen für eine Tätigkeit sind ebenso wie § 10 S. 3 Nr. 5 AGG unmittelbar an der RL 2000/78/EG zu messen. In der Entscheidung *Georgiev* hat der EuGH die Grundsätze der Entscheidungen *Palacios* und *Rosenbladt* zu allg. tariflichen Altersgrenzen auf eine **gesetzliche Verrentungsregelung** übertragen (EuGH 18.11.2010 – C-250/09 – Georgiev, NJW 2011, 42; dazu *Bayreuther* NJW 2011, 19 [20]; *Krois* EuZA 2011, 351; *Mohr* Publicus 3/2012, 28). In dieser auch für die Rechtmäßigkeit deutscher Altersgrenzen für verbeamtete Professoren, Richter und Staatsanwälte relevanten Entscheidung hat der EuGH eine gesetzliche Verrentungsregelung für Universitätsprofessoren und Dozenten als zulässig angesehen, wonach das Dienstverhältnis bei Erreichen des 65. Lebensjahres vom Arbeitgeber gekündigt werden kann. Eine Besonderheit des Falles war, dass das bulgarische Arbeitsgesetz – vergleichbar mit der Situation nach deutschen Beamtengesetzen – eine befristete Weiterbeschäftigung zulässt, wovon die Parteien Gebrauch gemacht hatten. Nachdem das Dienstverhältnis mit dem Kläger nach Vollendung seines 68. Lebensjahres gekündigt worden war, erhob er Klage gegen die Befristungsabrede sowie gegen die Kündigung des Dienstverhältnisses. Nach Ansicht des EuGH verfolgt eine derartige Regelung aber ein zulässiges sozialpolitisches Ziel, da sie der **gerechten Verteilung der zur Verfügung stehenden Stellen auf die Generationen** dient und **die Qualität der Lehre und der Forschung** sichert, indem der Lehrkörper durch Einstellung jüngerer Professoren erneuert wird (EuGH 18.11.2010 – C-250/09 Rn. 42 – Georgiev, NJW 2011, 42). Die Möglichkeit einer befristeten Verlängerung der Verträge bis zum 68. Lebensjahr trägt dazu bei, den Generationenwechsel praktikabel und flexibel zu gestalten (*Krois* EuZA 2011, 351 [360]). Angesichts der nur begrenzten Anzahl von Stellen ist eine Altersgrenze zur Erreichung der vorbenannten Ziele grds. auch geeignet und erforderlich. Der EuGH betont insoweit, dass die Professoren – wenn auch auf Grundlage befristeter Verträge – länger arbeiten dürften als andere Beschäftigte und beim Eintritt in den Ruhestand durch eine Altersrente finanziell abgesichert seien (EuGH 18.11.2010 – C-250/09 Rn. 57 ff. – Georgiev, NJW 2011, 42). Allerdings muss die Regelung in widerspruchsfreier, also **in kohärenter Weise** angewendet werden. Das kann – bei Unterstellung eines gemeinsamen Arbeitsmarkts für beamtete Professoren und angestellte Dozenten – zu verneinen sein, wenn Letztere anders als die Professoren mit 65 Jahren zwangsweise in den Ruhestand versetzt werden (EuGH 18.11.2010 – C-250/09 Rn. 56 – Georgiev, NJW 2011, 42).

31 Es ist ebenfalls nicht altersdiskriminierend, wenn **Beamte auf Lebenszeit auf der Grundlage von § 50 HBG mit 65 Jahren in den Ruhestand versetzt** werden, sofern nicht ausnahmsweise eine Weiterarbeit bis zum 68. Lebensjahr vereinbart wird (EuGH 21.7.2011 – C-159/10 ua – Fuchs und Köhler, NVwZ 2011, 1249; dazu *Mohr* Publicus 3/2012, 28). Ebenso wie in der Rs. *Georgiev* prüfte der EuGH die Rechtfertigung einer unmittelbaren Diskriminierung wegen des Alters gem. Art. 6 I UAbs. 1. § 50 HBG verfolgt ein legitimes sozialpolitisches Ziel, wenn die Norm angesichts der haushaltspolitisch begrenzten Anzahl von Stellen **eine ausgewogene Altersstruktur schaffen** will, um die **Einstellung und die Beförderung von jüngeren Berufsangehörigen zu begünstigen,** die **Personalplanung zu optimieren** und damit **Rechtsstreitigkeiten über die Fähigkeit des Beschäftigten, seine Tätigkeit über ein bestimmtes Alter hinaus auszuüben, vorzubeugen,** und es die Erreichung dieser Ziele mit angemessenen und erforderlichen Mitteln ermöglicht. Demgegenüber können Haushaltserwägungen zwar den sozialpolitischen Entscheidungen eines Mitgliedstaats zu Grunde liegen und die Art oder das Ausmaß der von ihm zu treffenden sozialen Schutzmaßnahmen beeinflussen. Sie sind aber für sich allein kein legitimes Ziel (EuGH 21.7.2011 – C-159/10 Rn. 72 – Fuchs und

Köhler, NVwZ 2011, 1249). Eine allg. Altersgrenze für Beamte ist schon dann angemessen und erforderlich, wenn sie im Hinblick auf das verfolgte Ziel nicht unvernünftig erscheint und auch die Erreichung dieses Ziels mit angemessenen und erforderlichen Mitteln ermöglicht (EuGH 21.7.2011 – C-159/10 ua Rn. 60 – Fuchs und Köhler, NVwZ 2011, 1249). Der EuGH legt dabei besonderes Augenmerk auf die **Teilhabe älterer Arbeitnehmer am Berufsleben** und damit am wirtschaftlichen, kulturellen und sozialen Leben, wodurch zu ihrer persönlichen Entfaltung und zur Lebensqualität beigetragen werde (EuGH 21.7.2011 – C-159/10 ua Rn. 63 – Fuchs und Köhler, NVwZ 2011, 1249). Schließlich ist § 50 HBG auch nicht inkohärent (EuGH 21.7.2011 – C-159/10 Rn. 86 ff. – Fuchs und Köhler, NVwZ 2011, 1249). Die Möglichkeit einer befristeten Weiterbeschäftigung bis 68 Jahre beeinträchtigt nicht das verfolgte Ziel, sondern mildert ganz im Gegenteil die Auswirkungen der Altersgrenze für die Betroffenen ab. Schließlich beeinträchtigt auch der Umstand, dass eine schrittweise Anhebung der Regelpensionsgrenze von 65 auf 67 Jahre vorgesehen ist, nicht die Zulässigkeit von § 50 HBG in der dem EuGH vorgelegten Fassung (EuGH 21.7.2011 – C-159/10 ua Rn. 94 ff. – Fuchs und Köhler, NVwZ 2011, 1249).

Das BVerwG hat die **Höchstaltersgrenze für öffentlich bestellte und vereidigte Sachverständige** von 68 Jahren – mit der Möglichkeit der Verlängerung auf 71 Jahre – zunächst als zulässig angesehen, wobei es von einer Vorlage an den EuGH abgesehen hat (BVerwG 26.1.2011 NVwZ 2011, 569; 26.1.2011 NVwZ 2011, 1023). Regelungsziel der Altersgrenze sei die **Gewährleistung eines ordnungsgemäßen Rechtsverkehrs**, auch wenn es sich um kein sozialpolitisches Ziel gem. Art 6 I handle. Auf die Verfassungsbeschwerde des Klägers hat das BVerfG in der unterbliebenen Vorlage an den EuGH eine Verletzung des gesetzlichen Richters iSd Art. 101 I 2 GG gesehen (BVerfG 24.11.2011 GewArch 2012, 23). Nach Zurückverweisung hat das BVerwG eine generelle Altersgrenze für Sachverständige als unzulässig, da nicht gem. Art. 2 V, Art. 4 I und Art. 6 I gerechtfertigt angesehen (BVerwG 1.2.2012 NJW 2012, 1018). Demgegenüber soll die **Höchstaltersgrenze für Prüfsachverständige für technische Anlagen und Einrichtungen in Gebäuden** der öffentlichen Sicherheit und damit einem legitimen Ziel iSd Art. 2 V dienen (BVerwG 21.1.2015 – 10 CN 1.14 Rn. 18 ff., BeckRS 2015, 44206). Zulässig ist auch die Altersgrenze von 70 Jahren, nach der das Amt als **Notar** erlischt (BGH 24.11.2014 NJW-RR 2015, 1310; so auch BGH 22.3.2010 NJW 2010, 3783 mit Anm. *Mohr* LMK 2010, 303625; BVerfG 5.1.2011 NJW 2011, 1131). Eine gesetzliche Regelung, wonach **Polizeivollzugsbeamte** – unabhängig von ihrer konkret ausgeübten Funktion – mit Vollendung des 60. Lebensjahres in den Ruhestand treten, ist ebenfalls zulässig (VG Saarland 10.8.2010 – 2 L 547/10). Siehe insoweit im Hinblick auf Höchstaltersgrenzen für die Einstellung auch die Entscheidung des EuGH *Wolf* (EuGH 12.1.2010 – C-229/08 – Wolf, EuZW 2010, 142 mit Bespr. *Mohr* EuZA 2010, 371 [372]).

4. Kündigungsfristen. § 622 II 1 BGB enthält eine nach **der Beschäftigungsdauer abhängige Staffelung der Kündigungsfristen.** Die Vorschrift will den Schutz von länger beschäftigten und damit betriebstreuen, typischerweise älteren Arbeitnehmern verbessern, indem diese einen zeitlich begrenzten formellen Kündigungsschutz erhalten (BAG 18.9.2014 NZA 2014, 1400 Rn. 22). Gem. **§ 622 II 2 BGB** werden bei der **Berechnung der Beschäftigungsdauer Zeiten, die vor der Vollendung des 25. Lebensjahres des Arbeitnehmers liegen, nicht berücksichtigt.** Der EuGH sieht in § 622 II 2 BGB deshalb eine nicht gerechtfertigte Diskriminierung wegen des Alters, weshalb die Vorschrift nicht mehr angewendet werden darf (EuGH 19.1.2010 – C-555/07 Rn. 28 ff. – Kücükdeveci, NJW 2010, 427). Die Regelung ist insbesondere nicht nach Art. 6 I UAbs. 1 gerechtfertigt (EuGH 19.1.2010 – C-555/07 Rn. 30 ff. – Kücükdeveci, NJW 2010, 427; so auch *Löwisch*, FS Schwerdtner, 2003, 768 [771]; *Preis* NZA 2006, 401 [408]; *Schleusener* NZA 2007, 358; *Hamacher/Ulrich* NZA 2007, 657 [663]). § 622 II 2 BGB stellt die Arbeitgeber von einigen der durch die verlängerten Kündigungsfristen des § 622 II 1 BGB begründeten Belastungen frei (EuGH 19.1.2010 – C-555/07 Rn. 34 – Kücükdeveci, NJW 2010, 427).

Der Gesetzgeber begründet dies mit dem Umstand, dass es jüngeren Arbeitnehmern regelmäßig leichter falle und es ihnen auch schneller gelinge, einen neuen Arbeitsplatz zu finden. Darüber hinaus erleichterten kürzere Kündigungsfristen für jüngere Arbeitnehmer deren Einstellung, indem sie die personalwirtschaftliche Flexibilität erhöhten (EuGH 19.1.2010 – C-555/07 Rn. 35 – Kücükdeveci, NJW 2010, 427; LAG Düsseldorf 21.11.2007 BeckRS 2007, 48820). Der EuGH sieht die vorstehend angeführten Ziele durchaus als zulässig iSd Art. 6 I UAbs. 1 an (s. EuGH 19.1.2010 – C-555/07 Rn. 36 – Kücükdeveci, NJW 2010, 427). Auch in Anbetracht des weiten Ermessensspielraums der Mitgliedstaaten in sozialpolitischen Fragestellungen sei § 622 II 2 BGB jedoch **unverhältnismäßig,** weil die Vorschrift für alle Arbeitnehmer gelte, die vor Vollendung des 25. Lebensjahres in den Betrieb eingetreten seien, unabhängig davon, wie alt sie im Zeitpunkt der Kündigung sind. Auch werde der Schutz der Arbeitnehmer in Abhängigkeit von der Betriebszugehörigkeit nicht verstärkt, da die Vorschrift die Verlängerung der Kündigungsfrist auch dann hinauszögere, wenn ein Arbeitnehmer bei seiner Entlassung eine lange Betriebszugehörigkeit aufweise. Schließlich betreffe die Regelung junge Menschen in Abhängigkeit vom Zeitpunkt der Tätigkeitsaufnahme ungleich. Infolge der Entscheidung *Kücükdeveci* kommt es für die Verlängerung der Kündigungsfrist in Abhängigkeit von der Betriebszugehörigkeit allein auf § 622 II 1 BGB an. Eine gegen diese Berechnungsmethode verstoßende Kündigung ist nicht unwirksam, sondern nach §§ 133, 157 BGB zum nächstzulässigen Termin umzudeuten (*Preis/Temming* NZA 2010, 185 [188]). Das BAG gewährt Arbeitgebern seit Ablauf der Umsetzungsfrist der RL 2000/78/EG keinen Vertrauensschutz (BAG 1.9.2010 NJW 2010, 3740 Rn. 19).

34 Die an die Beschäftigungsdauer und damit an die Betriebszugehörigkeit anknüpfende **stufenweise Verlängerung der Kündigungsfristen** nach § 622 II 1 BGB indiziert eine mittelbare Diskriminierung wegen des Alters iSd Art. 2 II lit. b, da diese Voraussetzung typischerweise Arbeitnehmern zugutekommt, die ein höheres Lebensalter haben (BAG 18.9.2014 NZA 2014, 1400 Rn. 10 f.). So sind Arbeitnehmer mit längerer Beschäftigungszeit typischerweise älter als Arbeitnehmer mit kürzerer Beschäftigungszeit. Auch ältere Arbeitnehmer können zwar nur eine kurze Beschäftigungszeit aufweisen. Jüngere Arbeitnehmer können aber noch keine lange Beschäftigungszeit erreicht haben (BAG 19.12.2013 AP TVUmBw § 7 Nr. 3 Rn. 55). Das Diskriminierungspotenzial dieser Regelung ist aber durch einen zureichenden Sachgrund iSd Art. 2 II lit. b Nr. i widerlegt (BAG 18.9.2014 NZA 2014, 1400 Rn. 20 ff.). Wie gesehen, will § 622 II 1 BGB den Schutz von länger beschäftigten und damit betriebstreuen, typischerweise älteren Arbeitnehmern verbessern, indem diese einen zeitlich begrenzten formellen Kündigungsschutz erhalten. Hierin liegt – unter Ausgleich der divergierenden rechtmäßigen Interessen von Arbeitnehmern an einem formellen Bestandsschutz und Arbeitgebern an personalwirtschaftlicher Flexibilität – ein zureichendes sozialpolitisches Ziel, das deshalb erst recht für eine Rechtfertigung gem. Art. 6 I UAbs. 1 in Betracht kommt (BAG 18.9.2014 NZA 2014, 1400 Rn. 30; SA des GA *Bot* 7.7.2009 – C-555/07 Rn. 38, 43, BeckRS 2009, 70777; *Willemsen/Schweibert* NJW 2006, 2583 [2586]; *Löwisch/Caspers/Neumann* S. 53). Die in Abhängigkeit von der Beschäftigungszeit verlängerten Kündigungsfristen sind geeignet, einen zeitlich begrenzten Kündigungsschutz zu gewähren, da sie dem Arbeitnehmer länger Gelegenheit geben, einen neuen Arbeitsplatz zu finden (SA des GA *Bot* 7.7.2009 – C-555/07 Rn. 43, BeckRS 2009, 70777; *Löwisch,* FS Schwerdtner, 2003, 768 [771]; *Tavakoli/Westhauser* DB 2008, 702 [706]). Sie sind angesichts des Beurteilungs- und Ermessensspielraums des nationalen Gesetzgebers auch erforderlich (BAG 18.9.2014 NZA 2014, 1400 Rn. 33). Die Qualifikation ist angesichts der sich ständig ändernden Gegebenheiten auf dem Arbeitsmarkt kein gleich geeignetes Kriterium. Branchenbesonderheiten können gem. § 622 IV 1 BGB durch die Tarifparteien berücksichtigt werden. Die Benachteiligung der Jüngeren ist in Abhängigkeit von den stark sinkenden Arbeitsmarktchancen der Älteren schließlich auch angemessen. Insbesondere konnte der Gesetzgeber typisierend davon ausgehen, dass die gesetzliche Regelung ihre

Schutzwirkung häufig erst in höherem Alter entfaltet (BAG 18.9.2014 NZA 2014, 1400 Rn. 47).

5. Entlassungsabfindungen. Der EuGH hat sich in mehreren Entscheidungen mit der 35 Zulässigkeit von **altersabhängigen Entlassungsabfindungen** befasst. In der *Andersen*-Entscheidung hat er den Ausschluss von Personen, die **mit 60 Jahren betriebsrentenberechtigt** sind, aber weiterarbeiten wollen, von Abfindungen in Zusammenhang mit dem Ausscheiden aus dem Arbeitsverhältnis als altersdiskriminierend eingestuft (EuGH 12.10.2010 – C-499/08 – Andersen, NZA 2010, 1341). Zwar verfolge der (dänische) Gesetzgeber mit der Abfindung zulässige sozialpolitische Ziele, indem er **Personen mit einer langen Betriebszugehörigkeit den Übergang in eine neue Beschäftigung erleichtert.** Zugleich werde der Anspruch auf Personen beschränkt, die zum Zeitpunkt ihrer Entlassung keine Altersrente beziehen können, da sich diese regelmäßig dafür entschieden, aus dem Arbeitsmarkt auszuscheiden. Hierdurch werde vermieden, dass Arbeitnehmer mit langer Betriebszugehörigkeit eine doppelte Entschädigung durch den Arbeitgeber erhalten (EuGH 12.10.2010 – C-499/08 Rn. 25 ff. – Andersen, NZA 2010, 1341). Es sei „nicht unvernünftig" (dh nicht ungeeignet), die Abfindung allein für diejenigen Arbeitnehmer vorzusehen, die zum Zeitpunkt ihrer Entlassung keine Altersrente beziehen könnten, um die **Möglichkeiten eines Missbrauchs zu begrenzen.** Die Beschränkung ginge aber über dasjenige hinaus, was der Zielsetzung des Gesetzes entspreche, in dem sie nicht nur alle Arbeitnehmer von der Abfindung ausschließe, die tatsächlich eine Altersrente erhalten, **sondern auch diejenigen, die zu einem Bezug einer solchen Rente berechtigt sind, aber weiterarbeiten wollen.** So hätte die Abfindungsregelungen zum Ziel, den Übergang älterer Arbeitnehmer in eine neue Beschäftigung zu erleichtern, aber diejenigen Arbeitnehmer auszunehmen, die im Allgemeinen aus dem Arbeitsmarkt ausscheiden, da sie rentenberechtigt sind. Gemessen an dieser Zielsetzung sei es unverhältnismäßig, Arbeitnehmer, die auf dem Arbeitsmarkt bleiben wollen, diese Abfindung allein aus dem Grund vorzuenthalten, dass sie eine niedrigere Rente als diejenige in Anspruch nehmen könnten, wenn sie das allg. Renteneintrittsalter abwarteten (EuGH 12.10.2010 – C-499/08 Rn. 36 ff. – Andersen, NZA 2010, 1341). Demgegenüber hat der EuGH eine derartige Regelung für zulässig angesehen, wenn die Arbeitnehmer **mit 65 Jahren einen Anspruch auf eine sog. Volksrente** haben (EuGH 26.2.2015 – C-515/13 Rn. 37 ff. – Landin, NZA 2015, 473). Bei der Prüfung der Verhältnismäßigkeit spielt eine entscheidende Rolle, ob es sich um eine einmalige Zahlung oder um einen Anspruch auf Gehaltszahlung für mehrere Jahre handelt (dazu EuGH 26.2.2015 – C-515/13 Rn. 37 ff. – Landin, NZA 2015, 473, in Abgrenzung zu 26.9.2013 – C-546/11 – Toftgaard, NVwZ 2013, 1401).

6. Sozialplanabfindungen. Der deutsche Gesetzgeber hat mit **§ 10 S. 3 Nr. 6 AGG** 36 eine Regelung geschaffen, wonach **Differenzierungen von Leistungen in Sozialplänen** iSd BetrVG zulässig sind, wenn die Parteien eine **nach Alter oder Betriebszugehörigkeit gestaffelte Abfindungsregelung** geschaffen haben, in der die wesentlich vom Alter abhängenden Chancen auf dem Arbeitsmarkt durch eine verhältnismäßig starke Betonung des Lebensalters erkennbar berücksichtigt worden sind (Alt. 1), oder Beschäftigte von den Leistungen des Sozialplans ausgeschlossen werden, die wirtschaftlich abgesichert sind, weil sie, gegebenenfalls nach Bezug von Arbeitslosengeld, rentenberechtigt sind (Alt. 2). Die Formulierung ist im Wesentlichen einer Entscheidung des BAG zum Ausschluss von älteren Arbeitnehmern von Sozialplanabfindungen entnommen (BAG 31.7.1996, NZA 1997, 165 [167]). Sozialpläne haben eine **zukunftsbezogene Überbrückungsfunktion** (BAG 7.6.2011 NZA 2011, 1370 Rn. 31; 9.11.1994 AP BetrVG 1972 § 112 Nr. 85; *Mohr* RdA 2010, 44). Sie sollen mit einem begrenzten Finanzvolumen möglichst allen von der Entlassung betroffenen Arbeitnehmern eine verteilungsgerechte Überbrückungshilfe bis zu einem ungewissen neuen Arbeitsverhältnis oder bis zum Bezug von Altersrente gewähren (BAG 5.10.2000 AP BetrVG 1972 § 112 Nr. 141). Zahlungen dürfen deshalb weder für einen bestimmten Zeitraum der Tätigkeit geleistet werden, noch sind sie durch die Tätigkeit des Arbeitnehmers während des Arbeitsverhältnisses verdient (BAG 30.10.2001 AP BetrVG 1972 § 112 Nr. 145). Im jüngeren Schrifttum wird die Sichtweise des BAG in Zweifel gezogen, da die Berechnung von Sozialplanleistungen anhand der Betriebszugehörigkeit vergangenheitsbezogen sei und das unionsrechtliche Diskriminierungsverbot wegen des Alters eine größere Verteilungsgerechtigkeit zugunsten älterer Menschen fordere (*Temming* RdA 2008, 205 [213]; *Temming* 272 ff. und 578 ff.; ausführlich *Preis,* Gutachten B für den 67. Deutschen Juristentag, 9 ff.): Zwar seien die Betriebsparteien darin frei, vergangenheitsbezogene Entschädigungszahlungen oder zukunftsbezogene Überbrückungsleistungen zu gewähren. Eine „diskriminierungsrechtlich" bewertete Sozialplanleistung diene jedoch nicht dem Ausgleich künftiger Nachteile, sondern der Kompensation des Arbeitsplatzverlustes. Demgemäß dürften Sozialplanleistungen anders als „echte Überbrückungsleistungen" nur anhand vergangenheitsbezogener Kriterien berechnet werden. Dieser Sichtweise steht bereits der Wortlaut des § 112 I 2 BetrVG entgegen, wonach sich die Betriebsparteien über einen Ausgleich der Nachteile einigen müssen, die sich „infolge der Betriebsänderung" ergeben. Dasselbe gilt für § 112 V 2 Nr. 2 BetrVG, wonach die Aussichten der Betroffenen auf dem Arbeitsmarkt zu berücksichtigen sind (überzeugend BAG 11.11.2008 NZA 2009, 210 Rn. 19; 30.9.2008 NZA 2009, 386 [390]).

37 Die vorstehende Rechtsprechung, die in § 10 S. 3 Nr. 6 AGG kodifiziert wurde, ist unionsrechtskonform (BAG 26.5.2009 NZA 2009, 849 Rn. 43 f.; 23.3.2010 NZA 2010, 774 Rn. 17; 12.4.2011 NZA 2011, 985 Rn. 15 ff.; *Mohr* RdA 2010, 44 ff.). So entspricht es einem allg. sozialpolitischen Interesse iSd Art. 6 I UAbs. 1, dass Sozialpläne danach unterscheiden, welche **wirtschaftlichen Nachteile den Arbeitnehmern drohen, die durch eine Betriebsänderung ihren Arbeitsplatz verlieren.** Hierbei handelt es sich nicht um rein individuelle Interessen der Arbeitgeber an einer Kostenreduzierung oder an einer Erhöhung der Wettbewerbsfähigkeit. Die den Arbeitnehmern durch den Verlust ihres Arbeitsplatzes drohenden Nachteile werden maßgeblich dadurch bestimmt, welche Aussichten sie haben, einen neuen vergleichbaren Arbeitsplatz zu finden. Indem § 10 S. 3 Nr. 6 Alt. 1 AGG den Betriebsparteien die Möglichkeit eröffnet, bei Abfindungen nach dem Lebensalter und der Betriebszugehörigkeit zu differenzieren, trägt die Vorschrift der Tatsache Rechnung, dass **ältere Arbeitnehmer auf dem Arbeitsmarkt typischerweise größere Schwierigkeiten haben als jüngere** (BAG 6.11.2008 NZA 2009, 361 Rn. 44). Mit § 10 S. 3 Nr. 6 Alt. 2 AGG will der Gesetzgeber den Betriebsparteien entsprechend dem zukunftsgerichteten Entschädigungscharakter von Sozialplanleistungen ermöglichen, die Zahlungen bei **„rentennahen" Arbeitnehmern** stärker an den **tatsächlich eintretenden wirtschaftlichen Nachteilen** zu orientieren, die ihnen durch den bevorstehenden Arbeitsplatzverlust und eine darauf zurückgehende Arbeitslosigkeit drohen. Durch diese Gestaltungsmöglichkeit kann das Anwachsen der Abfindungshöhe, das mit der Verwendung der Parameter Betriebszugehörigkeit und/oder Lebensalter bei der Bemessung der Abfindung zwangsläufig verbunden ist, bei abnehmender Schutzbedürftigkeit im Interesse der Verteilungsgerechtigkeit zu Gunsten der jüngeren Arbeitnehmer begrenzt werden (BAG 26.3.2013 NZA 2013, 921 Rn. 24; 9.12.2014 NZA 2015, 365 Rn. 22).

38 Die Unionsrechtskonformität von § 10 S. 3 Nr. 6 AGG wurde nach der Entscheidung des EuGH in Sachen *Andersen* bezweifelt (EuGH 12.10.2010 – C-499/08 – Andersen, NZA 2010, 1341; s. etwa *Preis* NZA 2010, 1323 [1326]; → Rn. 35). Allerdings unterscheidet sich die dort behandelte Entlassungsentschädigung von der Sozialplanabfindung nach deutschem Recht (*Giesen* EuZA 2011, 383 [394]; *Wißmann* RdA 2011, 181 [185]; *Mohr* RdA 2010, 44 [51]). So sollte die dänische Abfindungsentschädigung den Übergang älterer Arbeitnehmer in die Anschlussbeschäftigung erleichtern (altersorientierte Eingliederungshilfe), wohingegen eine Sozialplanabfindung eine Ausgleichsfunktion im Hinblick auf die wirtschaftlichen Nachteile hat. Auch knüpfte die *Andersen*-Entscheidung an die Möglichkeit zum Bezug einer Betriebsrente und nicht an die allg. Pensionsgrenze von 65 Jahren an. Die Vereinbarkeit der Rechtsprechung des BAG – und damit mittelbar auch von § 10 S. 3 Nr. 6 AGG – mit der RL 2000/78/EG wurde vom EuGH im Jahr 2012 bestätigt (EuGH

6.12.2012 – C-152/11 – Odar, NZA 2012, 1435; so auch BAG 26.3.2013 NZA 2013, 921 Rn. 38). Hiernach kann eine Ungleichbehandlung von älteren Arbeitnehmern bei der Berechnung der Sozialplanabfindung durch ein legitimes Ziel iSd Art. 6 I UAbs. 1 gerechtfertigt sein, wenn der Sozialplan die **Gewährung eines Ausgleichs für die Zukunft** (eine „Überbrückungszahlung"), den **Schutz der jüngeren Arbeitnehmer sowie die Unterstützung bei ihrer beruflichen Wiedereingliederung** und eine **gerechte Verteilung der begrenzten finanziellen Mittel** bezweckt (EuGH 6.12.2012 – C-152/11 Rn. 38 ff. – Odar, NZA 2012, 1435, unter Verweis auch auf Art. 6 I UAbs. 2 lit. a). Zulässig sei es auch, **eine Zahlung nur solchen Personen zukommen zu lassen, die eine neue Stelle suchen, und nicht solchen, die ein Ersatzeinkommen in Form einer Altersrente beziehen wollen** (EuGH 6.12.2012 – C-152/11 Rn. 45 – Odar, NZA 2012, 1435). Diese Ziele stimmten mit § 10 S. 3 Nr. 6 AGG überein (so EuGH 6.12.2012 – C-152/11 Rn. 38 f. – Odar, NZA 2012, 1435). Im Hinblick auf das Ziel solcher Sozialpläne, auf Grund ihrer begrenzten finanziellen Mittel Arbeitnehmer, für die sich der Übergang in eine neue Beschäftigung als schwierig erweist, stärker zu schützen, sei es auch nicht unangemessen, den Abfindungsbetrag bei solchen Arbeitnehmern zu mindern, die **zum Zeitpunkt ihrer Entlassung wirtschaftlich abgesichert sind** (EuGH 6.12.2012 – C-152/11 Rn. 48 – Odar, NZA 2012, 1435). Der EuGH nahm in der *Odar*-Entscheidung noch zur konkreten Berechnung der Abfindung im Vorlagefall Stellung (EuGH 6.12.2012 – C-152/11 Rn. 50 ff. – Odar, NZA 2012, 1435). Hiernach berechnete sich die Abfindung grds. nach den Faktoren Lebensalter, Betriebszugehörigkeit und Bruttomonatsentgelt (Standardformel). Für Mitarbeiter nach Vollendung des 55. Lebensjahres sah der „Vorsorgliche Sozialplan" jedoch eine geänderte Berechnung vor, die von der Zeit bis zum frühestmöglichen Renteneintritt abhängig war (Sonderformel). Sollte die nach der Standardformel berechnete Abfindung größer sein als diejenige nach der Sonderformel, wurde die geringere Summe ausgezahlt. Diese durfte jedoch die Hälfte der Standardformelabfindung nicht unterschreiten. Der EuGH hat die Berechnung einzelfallbezogen als zulässig angesehen. Er hat allerdings nicht verlangt, dass die Abfindung von rentennahen Arbeitnehmern stets die Hälfte der für andere Arbeitnehmer geltenden Abfindungsformel betragen muss (BAG 26.3.2013 NZA 2013, 921 Rn. 40 f.). Im Einzelnen verbleibt den Betriebspartnern deshalb ein nicht unerheblicher Spielraum. Im Einzelnen:

Erhöht sich eine Sozialplanleistung mit dem Alter und der Betriebszugehörigkeit der Beschäftigten, bedeutet das in Bezug auf das Merkmal „Alter" eine unmittelbare und bezogen auf die „Betriebszugehörigkeit" eine mittelbare **Benachteiligung der jüngeren Arbeitnehmer** (*Mohr* Anm. LAG Köln 4.6.2007 BB 2007, 2574 [2575]; *Mohr* SAE 2007, 353 [359]; aA *Schiefer* ZfA 2008, 493 [512]). § 10 S. 3 Nr. 6 AGG ermöglicht den Betriebsparteien unter den dort bestimmten Voraussetzungen eine unmittelbar auf dem Alter beruhende Ungleichbehandlung in einem Sozialplan. Die Vorschrift bestimmt aber nur die legitimen Ziele gem. Art. 6 I UAbs. 1 und gibt den **Betriebsparteien ansonsten einen Gestaltungs- und Beurteilungsspielraum**. Dessen Ausgestaltung durch die Betriebsparteien unterliegt deshalb einer weiteren Verhältnismäßigkeitsprüfung in Anlehnung an Art. 6 I UAbs. 1 (s. BAG 23.3.2010 NZA 2010, 774 Rn. 20). Die von den Betriebsparteien gewählte Sozialplangestaltung muss deshalb geeignet sein, das zulässige Überbrückungsziel tatsächlich zu fördern und darf die Interessen einer benachteiligten Altersgruppe nicht unverhältnismäßig stark vernachlässigen (BAG 23.3.2010 NZA 2010, 774 Rn. 20). Die Betriebsparteien sind nicht gezwungen, die Sozialplanleistungen an den konkreten Nachteilen der Arbeitnehmer zu orientieren (so aber LAG Bln-Bbg 21.9.2009 BeckRS 2011, 67140 Rn. 52 f.). Sie haben vielmehr bei der Bestimmung der ausgleichsbedürftigen Nachteile ebenso wie der Gesetzgeber und die Tarifparteien einen Beurteilungsspielraum, der auch typisierende Fallgestaltungen mit einschließt (BAG 12.4.2011 NZA 2011, 985 Rn. 25). Darüber hinaus haben sie einen Gestaltungsspielraum, ob, in welchem Umfang und wie sie die prognostizierten wirtschaftlichen Nachteile ausgleichen oder abmildern wollen (BAG 12.4.2011 NZA 2011, 985 Rn. 25).

40 § 10 S. 3 Nr. 6 Alt. 2 AGG erlaubt aufgrund der zukunftsbezogenen Überbrückungsfunktion von Sozialplänen nicht nur eine Erhöhung von Leistungen mit dem Alter der Beschäftigten, sondern auch deren **Kürzung, wenn ältere Beschäftigte bei pauschalierter Betrachtung anderweitig abgesichert sind.** Eigentlich liegt in der Kürzung der Leistungen in Abhängigkeit von einer anderweitigen Absicherung keine eigenständige Benachteiligung, sondern bloß eine gewisse Zurücknahme der durch die Berechnung der Abfindung anhand Alter und Betriebszugehörigkeit bewirkten Benachteiligung der jüngeren Arbeitnehmer (*Mohr* Anm. LAG Köln 4.6.2007 BB 2007, 2574 [2576]; so auch BAG 2.10.2007 AP BetrVG 1972 § 75 Nr. 52 = EzA § 75 BetrVG 2001 Nr. 6 mit Anm. *Mohr*). Das BAG geht neuerdings davon aus, dass mit einer Anspruchsbegrenzung in Abhängigkeit von einem möglichen Rentenbezug eine unmittelbar an das Lebensalter anknüpfende Ungleichbehandlung verbunden sei (BAG 26.5.2009 NZA 2009, 849 Rn. 47). Die Begrenzung von Sozialplanabfindungen nach der Rentennähe kann aber nach § 10 S. 3 Nr. 6 Alt. 2 AGG **gerechtfertigt** sein (BAG 11.11.2008 NZA 2009, 210 Rn. 28; 23.3.2010 NZA 2010, 774 Rn. 15 ff.; zu den verschiedenen Gestaltungsmöglichkeiten *Krieger/Arnold* NZA 2008, 1153 [1154]). Sie verfolgt das zulässige sozialpolitische Ziel, die begrenzten Mittel eines Sozialplans so zu verteilen, dass dieser seine Überbrückungsfunktion für alle Arbeitnehmer erfüllen kann. Zulässig ist ebenfalls, dass Ausgleichsleistungen für Ältere nach den mit hoher Wahrscheinlichkeit zu erwartenden **tatsächlichen Nachteilen** bemessen werden, während für jüngere Arbeitnehmer ein pauschaler Ausgleich in Form von Abfindungszahlungen vorgesehen wird, deren Höhe sich an der Dauer der bisherigen Betriebszugehörigkeit orientiert. Zwar werden die Abfindungen für Jüngere und Ältere hiernach unterschiedlich berechnet. Darin liegt aber kein sachwidriger Systemwechsel, da sich die zu erwartenden wirtschaftlichen Nachteile bei rentennahen Jahrgängen konkreter einschätzen lassen als bei rentenfernen (BAG 20.1.2009 NZA 2009, 495 Rn. 18; 26.5.2009 NZA 2009, 849; **aA** *Temming* RdA 2008, 205 [207]). Im Rahmen der Prüfung der Verhältnismäßigkeit ist die typisierende Einschätzung zulässig, dass Arbeitnehmern, die bei Beendigung des Arbeitsverhältnisses Anspruch auf vorgezogene Altersrente haben, geringere wirtschaftliche Nachteile als anderen drohen, weshalb ihnen lediglich gewisse Ausgleichsbeträge zustehen (BAG 11.11.2008 NZA 2009, 210 Rn. 28; 26.5.2009 NZA 2009, 849). Zulässig kann hiernach nicht nur die Kürzung von Sozialplanleistungen sein, sondern sogar der **vollständige Ausschluss** von Beschäftigten, wenn diese ggf. mit Abschlägen rentenberechtigt sind, da sich jüngere Arbeitnehmer noch eher im Aufbau ihrer wirtschaftlichen Existenz befinden und deshalb bei pauschalierter Betrachtung mehr auf die Zahlungen angewiesen sind (BAG 26.5.2009 NZA 2009, 849 Rn. 48 ff.). In einem Sozialplan können auch solche Arbeitnehmer von Abfindungen ausgeschlossen werden, die **nach dem Bezug von Arbeitslosengeld I rentenberechtigt** sind und zuvor die Fortsetzung des Arbeitsverhältnisses an einem anderen Unternehmensstandort abgelehnt haben (BAG 9.12.2014 NZA 2015, 365). Ob dies auch für **schwerbehinderte Arbeitnehmer** gilt, die eine vorzeitige Altersrente in Anspruch nehmen können, ist jedoch zweifelhaft (offen gelassen von BAG 9.12.2014 NZA 2015, 365 Rn. 36). Schwerbehinderte Arbeitnehmer dürfen jedenfalls keine geringere Altersrente als die nicht schwerbehinderten Arbeitnehmer erhalten (EuGH 6.12.2012 – C-152/11 Rn. 55 ff. – Odar, NZA 2012 1435; BAG 23.4.2013 NZA 2013, 980). Die durch den Sozialplan ausgleichsfähigen Nachteile bei Arbeitnehmern, die nach dem Bezug von Arbeitslosengeld I eine Regelaltersrente in Anspruch nehmen können, beschränken sich regelmäßig auf die Differenz zwischen dem entgangenen Arbeitsentgelt abzüglich des gewährten Arbeitslosengeldes I; darüber hinausgehende Beträge stellen keine Entschädigungen für den bevorstehenden Arbeitsplatzverlust dar (BAG 9.12.2014 NZA 2015, 365 Rn. 24). § 10 S. 3 Nr. 6 AGG ist gemäß dem Überbrückungszweck des Sozialplanes auch dann anwendbar, wenn die betroffenen Arbeitnehmer zwar nicht unmittelbar nach dem Bezug von Arbeitslosengeld I rentenberechtigt sind, vom Arbeitgeber aber eine **Abfindung** erhalten, die so bemessen ist, dass sie die wirtschaftlichen Nachteile ausgleichen kann, welche die Arbeitnehmer in der Zeit nach der Erfüllung ihres Arbeitslosengeldanspruchs bis zum frühestmöglichen Bezug einer Altersrente erleiden (BAG 23.3.2010 NZA 2010, 774 Rn. 19).

C. Regelbeispiele

Art. 6 I UAbs. 2 enthält mehrere **Regelbeispiele** für zulässige Unterscheidungen, wobei 41 der Katalog nicht abschließend ist (BAG 25.2.2010 NZA 2010, 561 Rn. 35; 22.1.2009 NZA 2009, 945 Rn. 40; 18.6.2008 NZA 2008, 1302 Rn. 31; *Kamanabrou* RdA 2006, 321 [330]). Eine Ungleichbehandlung wegen des Alters kann deshalb auch nach Art. 6 I UAbs. 1 sowie ergänzend nach Art. 2 II lit. b Nr. i, Art. 2 V, Art. 4 und Art. 7 erlaubt sein. Der Aufzählung in Art. 6 I UAbs. 2 kommt vor allem der Charakter einer **Wegweisung** zu (*Löwisch* DB 2006, 1729 [1730]). In seinen Judikaten unterscheidet der EuGH zuweilen nicht trennscharf zwischen der Generalklausel des Art. 6 I UAbs. 1 und den in Art. 6 I UAbs. 2 normierten Regelbeispielen, schon weil sich die Zulässigkeit der von den nationalen Regelungsgebern verfolgten Zielsetzungen nach Art. 6 I UAbs. 1 bestimmt (vgl. EuGH 6.12.2012 – C-152/11 Rn. 43, 45 – Odar, NZA 2012, 1435). Darüber hinaus muss eine Regelung oder Maßnahme immer verhältnismäßig iSd Art. 6 I UAbs. 1 sein, auch wenn sie einem Regelbeispiel unterfällt (EuGH 5.3.2009 – C-388/07 Rn. 50 f. – Age Concern England, NZA 2009, 305). Vor diesem Hintergrund kommt der Zuordnung bestimmter Probleme zu einzelnen Regelbeispielen unionsrechtlich keine materiell-rechtliche Relevanz zu. Auch können bestimmte Regelungsfragen unter mehrere Regelbeispiele fallen. Die nachfolgende Zuordnung dient vor allem der sachgerechten Systematisierung.

I. Förderung der beruflichen Eingliederung

1. Geltungsbereich. Gem. Art. 6 I UAbs. 2 lit. a kann eine unmittelbare Diskriminie- 42 rung wegen des Alters zulässig sein, sofern es dem Regelungsgeber um „die Festlegung besonderer Bedingungen für den Zugang zur Beschäftigung und zur beruflichen Bildung sowie besonderer Beschäftigungs- und Arbeitsbedingungen" geht, „einschließlich der Bedingungen für Entlassung und Entlohnung, um die **berufliche Eingliederung von Jugendlichen, älteren Arbeitnehmern und Personen mit Fürsorgepflichten zu fördern oder ihren Schutz sicherzustellen**". Als Regelbeispiel konkretisiert Art. 6 I UAbs. 2 lit. a die gem. Art. 6 I UAbs. 1 zulässigen sozialpolitischen Ziele (BAG 20.3.2012 NZA 2012, 803 Rn. 20). Art. 6 I UAbs. 2 lit. a trägt dem Umstand Rechnung, dass eine **Bevorzugung** von Personen eines bestimmten Alters (insbesondere zu ihrem Schutz) bei formaler Betrachtung eine Benachteiligung von Personen mit anderem Alter darstellt. Der Anwendungsbereich der Vorschrift kann sich insoweit mit dem Rechtfertigungstatbestand für „positive Diskriminierungen" gem. Art. 7 I überschneiden. Zusätzlich ermöglicht Art. 6 I UAbs. 2 lit. a jedenfalls nach seinem Wortlaut die **Benachteiligung** von Personen wegen des Alters zum Zwecke ihrer **beruflichen Eingliederung,** um die Chancen am Arbeitsmarkt zu erhöhen, sofern sich diese Maßnahmen bei materieller Betrachtung gar nicht als nachteilig herausstellen (SSV/*Voigt* AGG § 10 Rn. 23). Zu den **Mitteln,** die zur Erreichung der Ziele „berufliche Eingliederung" und „Schutz" eingesetzt werden können, zählen Bedingungen für den Zugang zur Beschäftigung und zur beruflichen Bildung (Art. 3 I lit. a und lit. b) sowie besondere Beschäftigungs- und Arbeitsbedingungen einschließlich der Bedingungen für die Entlohnung und die Beendigung des Beschäftigungsverhältnisses (Art. 3 I lit. c). Vor dem Hintergrund dieser umfassenden Aufzählung bezieht das Regelbeispiel seinen wesentlichen Regelungsgehalt aus den als zulässig angesehenen sozialpolitischen Zielen. Die zur Erreichung dieser Ziele getroffenen Regelungen und ergriffenen Maßnahmen müssen allerdings gem. Art. 6 I UAbs. 1 verhältnismäßig sein.

Die Interpretation der Begriffe „**jugendlich**", „**älter**" und „**Fürsorgepflicht**" darf 43 nicht wörtlich-schematisch erfolgen, sondern muss sich an den mit der jeweiligen Regelung oder Maßnahme verfolgten arbeitsmarktpolitischen Zwecken orientieren (BAG 20.3.2012 NZA 2012, 803 Rn. 20). Die mitgliedstaatlichen Regelungsgeber, seien es die Gesetzgeber, die Sozialpartner oder im Einzelfall auch die Arbeitsvertragsparteien, haben einen weiten Beurteilungs- und Ermessensspielraum (EuGH 5.3.2009 – C-388/07 Rn. 51 – Age Concern England, EuZW 2009, 340; 12.10.2012 – 499/08 Rn. 33 – Andersen, NZA 2010, 1341; 12.10.2010 – C-45/09 Rn. 41 – Rosenbladt, NZA 2010, 1167; 26.9.2013 – C-476/11 Rn. 60 – Kristensen, EuZW 2013, 951; 26.9.2013 – C-546/11 Rn. 50 – Toftgaard, NVwZ 2013, 1401; → Rn. 10). Als **jugendlich** können somit in Abhängigkeit von der Zwecksetzung Personen unter 18 Jahren (*MHH* AGG § 10 Rn. 25), aber auch noch ältere Menschen angesehen werden. Als **älter** wird man grds. Personen über 50 Jahren bezeichnen können; jedenfalls sind Personen mit 31 Jahren wohl regelmäßig nicht „älter" im Sinne arbeitsmarktpolitischer Regelungen (s. zu einer Dienstvereinbarung mit nach Lebensalter steigender Punktevergabe BAG 13.10.2009 NZA 2010, 327 Rn. 55; zur Staffelung der Urlaubstage nach Altersstufen BAG 20.3.2012 NZA 2012, 803 Rn. 20). **Fürsorgepflichten** können insbesondere gegenüber Eltern und Kindern bestehen. Der spezifische Zusammenhang zwischen dem Alter einer Person und ihren Fürsorgepflichten ist freilich eher undeutlich (*Schmidt/Senne* RdA 2002, 80 [82]). Im Zentrum der Rechtsanwendung steht deshalb der Schutz älterer Arbeitnehmer sowie die Förderung der beruflichen Eingliederung Jugendlicher (*Adomeit/Mohr* AGG § 10 Rn. 50).

44 **2. Befristung von Arbeitsverhältnissen mit älteren Arbeitnehmern.** Die **erleichterte Befristung von Arbeitsverhältnissen mit älteren Personen zum Zwecke der Erhöhung ihrer Beschäftigungschancen** bildete einen zentralen Anwendungsbereich von Art. 6 I (BAG 28.5.2014 BeckRS 2014, 72727 Rn. 19 ff.). Von den Regelbeispielen ist insbesondere Art. 6 UAbs. 2 lit. a einschlägig (EuGH 22.11.2005 – C-144/05 Rn. 58 – Mangold, NJW 2005, 3695).

45 Gem. § 14 I 1 TzBfG ist die Befristung eines Arbeitsvertrages grds. nur dann zulässig, wenn sie durch einen sachlichen Grund gerechtfertigt ist. Ausnahmen sind in § 14 II, IIa, III TzBfG vorgesehen. Nach **§ 14 III 1 u. 2 TzBfG aF** war der Abschluss eines befristeten Arbeitsvertrages mit einem Arbeitnehmer, der bei Beginn des befristeten Arbeitsverhältnisses bereits das 58. Lebensjahr vollendet hatte, für unbegrenzte Zeit ohne einen sachlichen Grund zulässig, sofern zu einem vorherigen unbefristeten Arbeitsvertrag mit demselben Arbeitgeber kein enger sachlicher Zusammenhang bestand. Die Altersgrenze von 58 Jahren war durch **§ 14 III 4 TzBfG aF** für den Zeitraum ab dem 1.1.2003 bis zum 31.12.2006 auf 52 Jahre herabgesetzt worden (Art. 7 des Ersten Gesetzes für moderne Dienstleistungen am Arbeitsmarkt v. 23.12.2002, BGBl. I 4607). Der EuGH hat § 14 III 4 TzBfG aF in seiner ***Mangold*-Entscheidung** jedoch als altersdiskriminierend eingestuft (EuGH 22.11.2005 – C-144/05 Rn. 55 ff. – Mangold, NJW 2005, 3695). Da es im Vorlageverfahren um einen Rechtsstreit zwischen Privaten ging und darüber hinaus die bis zum 2.12.2006 verlängerte Umsetzungsfrist der RL 2000/78/EG noch nicht abgelaufen war, hätte ein Verstoß gegen das sekundärrechtliche Verbot der Altersdiskriminierung auf das Rechtsverhältnis der Parteien allerdings keine Auswirkung haben dürfen. Der EuGH begründete die **unmittelbare Drittwirkung** des Unionsrechts deshalb durch Verweis auf ein ungeschriebenes Recht auf Nichtdiskriminierung wegen des Alters als allg. Grundsatz des Primärrechts, dem die nationale Rechtsvorschrift entgegenstehe (→ GRC Art. 21 Rn. 120). Das BAG hat die *Mangold*-Entscheidung mit Urteil v. 26.4.2006 kritiklos umgesetzt (BAG 26.4.2006 NZA 2006, 1162 mit Bespr. *Mohr* SAE 2007, 16). Der EuGH sah in § 14 III 4 TzBfG aF eine unmittelbare Benachteiligung der Älteren gegenüber den Jüngeren, da sie durch die Möglichkeit einer Kettenbefristung ohne jede Befristungskontrolle eine weniger günstige Behandlung wegen ihres Alters erfahren hätten (dazu *Schlachter* RdA 2004, 352 [355]). Diese Diskriminierung konnte nicht nach Art. 6 I gerechtfertigt werden. Zwar dient die Ungleichbehandlung Älterer gegenüber jüngeren Beschäftigten dem **legitimen sozialpolitischen Ziel einer Wiedereingliederung in den Arbeitsmarkt** (EuGH 22.11.2005 – C-

144/04 Rn. 59 ff. – Mangold, NJW 2005, 3695; so auch BAG 28.5.2014 BeckRS 2014, 72727 Rn. 26; *Lingscheid* 212 f.). Der EuGH verneinte jedoch die **Verhältnismäßigkeit,** da § 14 III 4 TzBfG aF darauf hinauslaufe, dass Arbeitgeber mit allen Arbeitnehmern, die das 52. Lebensjahr vollendet haben, unterschiedslos – dh gleichgültig, ob und wie lange sie vor Abschluss des Arbeitsvertrags arbeitslos waren – bis zum Erreichen des Rentenalters nur noch befristete, unbegrenzt häufig verlängerbare Arbeitsverträge schließen könnten. Hierdurch laufe eine große, ausschließlich nach dem Lebensalter definierte Gruppe von Arbeitnehmern während eines erheblichen Teils ihres Berufslebens Gefahr, von festen Beschäftigungsverhältnissen ausgeschlossen zu sein, die, wie aus der Befristungs-Rahmenvereinbarung der RL 1999/70/EG folge, einen wichtigen Aspekt des Arbeitnehmerschutzes darstellten (krit. *Bauer/Arnold* NJW 2006, 6 [8]). Die Vorschrift ginge insofern, **als sie das Alter des betroffenen Arbeitnehmers als einziges Kriterium für die Befristung des Arbeitsvertrags festlege,** ohne dass nachgewiesen wäre, dass die Festlegung einer Altersgrenze als solche unabhängig von anderen Erwägungen im Zusammenhang mit der **Struktur des jeweiligen Arbeitsmarkts** und der **persönlichen Situation des Betroffenen** zur Erreichung des Zieles der beruflichen Eingliederung arbeitsloser älterer Arbeitnehmer objektiv erforderlich ist, über das hinaus, was zur Erreichung des verfolgten Ziels angemessen und erforderlich ist (so auch EuGH 18.11.2010 – C-250/09 ua Rn. 57 ff. – Georgiev, NJW 2011, 42; zum umfangreichen Schrifttum s. *Adomeit/Mohr* AGG § 10 Rn. 54 ff.).

Mit Beschluss vom 16.10.2008 hat das BAG dem EuGH die Frage vorgelegt, ob auch § 14 III 1 TzBfG in der bis zum 30.4.2007 geltenden Fassung hinsichtlich der dort normierten **erleichterten Befristungsmöglichkeit ab 58 Jahren** gegen das Diskriminierungsverbot wegen des Alters gem. der RL 2000/78/EG verstoßen hat (BAG 16.10.2008 NZA 2009, 378). Der EuGH hat mit Urteil v. 10.3.2011 zur Vorlagefrage des BAG nicht inhaltlich Stellung genommen (EuGH 10.3.2011 – C-109/09 – Kumpan, NJW 2011, 397; krit. *Schmitz-Scholemann/Brune* RdA 2011, 129 [136]).

Mit der am 1.5.2007 in Kraft getretenen Neufassung von § 14 III TzBfG ist der Gesetzgeber den Vorgaben des EuGH in der *Mangold*-Entscheidung gefolgt, wonach eine erleichterte Befristung nicht allein an das Alter anknüpfen darf (BT-Drs. 16/3793, 1 und 7; BAG 28.5.2014 BeckRS 2014, 72727 Rn. 20; zur Diskussion über die Neufassung s. *Bayreuther* BB 2007, 1113 [1114]; *Preis* NZA 2006, 401 [410]; *Bauer/Arnold* NJW 2006, 6 [12]). Die Vorschrift hat seitdem folgenden Wortlaut: „Die kalendermäßige Befristung eines Arbeitsvertrages ohne Vorliegen eines sachlichen Grundes ist **bis zu einer Dauer von fünf Jahren** zulässig, wenn der Arbeitnehmer bei Beginn des befristeten Arbeitsverhältnisses **das 52. Lebensjahr vollendet** hat und **unmittelbar vor Beginn des befristeten Arbeitsverhältnisses mindestens vier Monate beschäftigungslos iSd § 119 I Nr. 1 des SGB III** gewesen ist, Transferkurzarbeitergeld bezogen oder an einer öffentlich geförderten Beschäftigungsmaßnahme nach dem Zweiten oder Dritten Buch Sozialgesetzbuch teilgenommen hat. Bis zu einer Gesamtdauer von fünf Jahren ist auch die mehrfache Verlängerung des Arbeitsvertrages zulässig." Die (kalendermäßige) Befristungsmöglichkeit knüpft somit an eine vorangegangene mindestens viermonatige Beschäftigungslosigkeit oder alternativ an den Bezug von Transferkurzarbeitergeld bzw. die Teilnahme an einer öffentlich geförderten Beschäftigungsmaßnahme an. Damit sollen **strukturelle Besonderheiten dieser Altersgruppe auf dem Arbeitsmarkt** oder eine vergleichbare schwierige Situation älterer Personen erfasst werden. Der Vier-Monats-Zeitraum muss sich unmittelbar an den Beschäftigungsbeginn anschließen (ErfK/*Müller-Glöge* TzBfG § 14 Rn. 110; *Bader* NZA 2007, 713 [715]). Die Regelungen in § 14 III 1 u. 2 TzBfG sind unionsrechtskonform, jedenfalls sofern es um ihre erstmalige Anwendung geht (BAG 28.5.2014 BeckRS 2014, 72727; *Adomeit/Mohr* AGG § 10 Rn. 62; **aA** *Bayreuther* BB 2007, 1113; *Kast/Herrmann* BB 2007, 1841). § 14 III TzBfG dient auch in der Neufassung dem von Art. 6 I UAbs. 2 lit. a anerkannten Ziel, ältere Menschen wieder ins Berufsleben einzugliedern. Da die Neuregelung nicht mehr ausschließlich an das Alter anknüpft (das betont auch EuGH 18.11.2010 – C-250/09 ua Rn. 62 – Georgiev, NJW 2011, 42), sondern mit der Voraussetzung einer mindestens viermonatigen Beschäftigungslosigkeit oder gleichgestellter Tatbestände an die persönliche Arbeitsmarktsituation des Arbeitnehmers, ist sie auch verhältnismäßig (ErfK/*Müller-Glöge* TzBfG § 14 Rn. 110a; *Bader* NZA 2007, 713 [716]). Außerdem erlaubt die Vorschrift nicht mehr beliebig viele und beliebig lange Befristungen mit Personen ab dem 52. Lebensjahr, sondern nur solche bis zur Dauer von fünf Jahren gemäß den Vorgaben der Befristungs-Richtlinie 1999/70/EG (BAG 28.5.2014 BeckRS 2014, 72727 Rn. 35; ErfK/*Müller-Glöge* TzBfG § 14 Rn. 110a). Dieser Gesichtspunkt ist auch iRd Prüfung der Verhältnismäßigkeit gem. Art. 6 I UAbs. 1 relevant (EuGH 18.11.2010 – C-250/09 ua Rn. 65 – Georgiev, NJW 2011, 42; BAG 28.5.2014 BeckRS 2014, 72727 Rn. 35). Unionsrechtlich bedenklich wäre jedoch eine **wiederholte Anwendung der Vorschrift zwischen denselben Arbeitsvertragsparteien nach Ausschöpfung der 5-Jahres-Frist und nachfolgender viermonatiger Beschäftigungslosigkeit** (*Preis/Temming* NZA 2010, 185 [196]). Der Wortlaut ist deshalb unionsrechtskonform einzuschränken (BAG 28.5.2014 BeckRS 2014, 72727 Rn. 36; *Bader* NZA 2007, 713 [716]). Bei der Interpretation des Begriffs der Beschäftigungslosigkeit ist der Zweck der Vorschrift zu beachten, eine sachgrundlose Befristung unter erleichterten Voraussetzungen zuzulassen, um einer prekären Situation des Arbeitssuchenden Rechnung zu tragen (BAG 28.5.2014 BeckRS 2014, 72727 Rn. 34). Demgemäß ist zweifelhaft, ob auch solche Personen erfasst sind, die „aus persönlichen Gründen" für eine bestimmte Zeit keiner Beschäftigung nachgehen, da die Beschäftigungslosigkeit hier gerade keine schlechteren Arbeitsmarktchancen indiziert (*Bayreuther* BB 2007, 1113).

48   **3. Betriebsbedingte Kündigungen.** Gem. Art. 6 I UAbs. 2 lit. a stellt eine Ungleichbehandlung wegen des Alters keine Diskriminierung dar, wenn sie unter Beachtung der Vorgaben des Art. 6 I UAbs. 1 **besondere Bedingungen für die Entlassung festlegt, um die berufliche Eingliederung von Jugendlichen und älteren Arbeitnehmern zu fördern oder ihren Schutz sicherzustellen.** Art. 6 I UAbs. 2 lit. a erfasst auch die Sozialauswahl nach Altersgruppen; jedenfalls ist die Generalklausel des Art. 6 I UAbs. 1 einschlägig (BAG 15.12.2011 NZA 2012, 1044 Rn. 49).

49   Im Anwendungsbereich des KSchG ist eine Kündigung sozialwidrig, wenn sie gegen ein Diskriminierungsverbot verstößt (BAG 5.11.2009 NZA 2010, 457 Rn. 24). Gem. § 1 III 1 KSchG bestimmt sich die Zulässigkeit einer **betriebsbedingten Kündigung** gegenüber einem bestimmten Arbeitnehmer ua nach den Sozialfaktoren Lebensalter und Betriebszugehörigkeit. § 1 III 1 KSchG erfasst das **Lebensalter,** da es älteren Arbeitnehmern regelmäßig schwerer fällt, einen neuen Arbeitsplatz zu finden und sich mit dessen Bedingungen vertraut zu machen (BAG 5.11.2009 NZA 2010, 457 Rn. 25). Die Regelung knüpft zusätzlich an die **Betriebszugehörigkeit** an, da über einen längeren Zeitraum beschäftigte Arbeitnehmer in der Regel betriebsspezifische Investitionen getätigt und einen höheren berufsspezifischen und sozialen Besitzstand aufgebaut haben (BAG 5.11.2009 NZA 2010, 457 Rn. 25). § 1 III 1 KSchG schützt schließlich **schwerbehinderte Menschen,** da diese ebenso wie Ältere nur schwer eine neue Arbeitsstelle finden. Auch dieses Merkmal wird mit dem Alter in Verbindung gebracht, da ältere Menschen häufiger behindert seien (LAG Nds 13.7.2007 BeckRS 2008, 52106); der entsprechende Zusammenhang erscheint allerdings eher vage. Ein spezifischer Zusammenhang der **Unterhaltspflichten** mit dem Alter ist ebenfalls kaum zu erkennen (s. zur vergleichbaren Problematik der Fürsorgepflichten *Schmidt/Senne* RdA 2002, 80 [82]). In der Berücksichtigung des **hohen Lebensalters** als Sozialfaktor liegt eine unmittelbare Benachteiligung der jüngeren Arbeitnehmer, da diese gerade wegen ihres Alters eine weniger günstige Behandlung erfahren (BAG 5.11.2009 NZA 2010, 457 Rn. 25; 18.3.2010 NZA 2010, 105 Rn. 16). Die **Betriebszugehörigkeit** begründet eine mittelbare Benachteiligung der Jüngeren wegen des Alters (BAG 15.12.2011 NZA 2012, 1044 Rn. 58). Die unionsrechtliche Rechtfertigung richtet sich bezüglich des Kriteriums Alter nach Art. 6 I UAbs. 2 lit. a, bei der Betriebszugehörigkeit nach Art. 2 II lit. b Nr. i, sofern man in der Berücksichtigung Letzterer keine Verstärkung der unmittelbaren Benachteilígung wegen des Alters sehen will (dazu BAG 15.12.2011 NZA 2012, 1044 Rn. 58; s. zur verhaltensbedingten Kündigung BAG 7.7.2011 NJW 2011, 3803 Rn. 24 ff.).

Auf der Grundlage dieser Regelungen ist die **Berücksichtigung des Alters in der** 50 **Sozialauswahl** nach § 1 III 1 KSchG gem. Art. 6 I UAbs. 2 lit. a iVm Art. 6 I UAbs. 1 **gerechtfertigt** (BAG 6.11.2008 NZA 2009, 361 Rn. 42 ff. mit Bespr. *Adomeit/Mohr* NJW 2009, 2255; 15.12.2011 NZA 2012, 1044 Rn. 48 ff.; *Lingemann/Beck* NZA 2009, 577; *Preis* NZA 2006, 401 [409]; *Löwisch* DB 2006, 1729 [1730]; *Waltermann* NZA 2005, 1265 [1269]; *Kamanabrou* RdA 2006, 321 [331]). Dasselbe gilt für die **Bildung von Altersgruppen in einem nach § 125 I 1 InsO geschlossenen Interessenausgleich, der der Erhaltung der vorhandenen Altersstruktur** dient (BAG 28.6.2012 NZA 2012, 1090 Rn. 30). Der verstärkte Schutz von älteren Arbeitnehmer, die wegen ihres Alters typischerweise schlechtere Chancen auf dem Arbeitsmarkt haben, bedeutet ein legitimes sozialpolitisches Ziel iSd Art. 6 I UAbs. 1 (EuGH 22.11.2005 – C-144/04 Rn. 60 – Mangold, NJW 2005, 3695; BAG 15.12.2011 NZA 2012, 1044 Rn. 53; 5.11.2009 NZA 2010, 457 Rn. 25; 18.3.2010 NZA 2010, 105 Rn. 16; 6.11.2008 NZA 2009, 361; *Mohr* ZfA 2007, 361 [379]; *Däubler* NZA 2004, 177 [181]; **aA** *Kaiser/Dahm* NZA 2010, 473). Das Alter stellt insoweit ein **Stellvertretermerkmal für die unterschiedlichen Chancen auf dem Arbeitsmarkt** dar (*Bauer/Krieger*, FS Richardi, 2007, 177 [181]). Der Gesetzgeber hat diesen Zweck zwar nicht ausdrücklich normiert. Er kam jedoch im mittlerweile aufgehobenen § 10 S. 3 Nr. 6 AGG aF zur Zulässigkeit einer Altersgruppenbildung in der Sozialauswahl zum Ausdruck (BGBl. I 2742 [2745]; dazu BAG 15.12.2011 NZA 2012, 1044 Rn. 53). Auch die Mittel zur Erreichung des zulässigen Ziels sind verhältnismäßig gem. Art. 6 I UAbs. 1 (BAG 15.12.2011 NZA 2012, 1044 Rn. 54 ff.). Die Berücksichtigung des Lebensalters ist zum Schutz älterer Arbeitnehmer geeignet. Auch sind mildere Mittel nicht ersichtlich. Arbeitgeber müssen ihren Bewertungsspielraum aber so ausnutzen, dass das Alter und die Betriebszugehörigkeit sowie eine Schwerbehinderung der Beschäftigten weder gänzlich unbeachtet bleiben, also den Wertungen des Kündigungsschutzrechts widersprochen wird (dazu BAG 18.10.2006 NZA 2007, 540), noch ein Verstoß gegen das Verbot von Altersdiskriminierungen durch eine zu starke Betonung des Alters vorliegt (*Thüsing* BB 2007, 1506 [1508]). Jüngere müssen sich deshalb gegen die Älteren durchsetzen können, sofern die Älteren auch bei typisierender Betrachtung nicht schutzbedürftiger sind (*Löwisch/Caspers/Neumann* 50). Dies wird schon dadurch gewährleistet, dass **keinem Merkmal ein absoluter Vorrang** zukommt (BAG 2.6.2005 NZA 2006, 207). Auch die **typisierende Berücksichtigung der Chancen auf dem Arbeitsmarkt** ist zulässig (BAG 6.11.2008 NZA 2009, 361 Rn. 45 ff.; *Mohr* ZfA 2007, 361 [379]). In der Formulierung des BAG muss sich jede mögliche Aussage über Chancen an Wahrscheinlichkeiten orientieren, die ihrerseits nicht ohne Berücksichtigung von Erfahrungswerten beurteilt werden können. Keine Rolle spielt deshalb die Erwerbsquote älterer Menschen, da es bei § 1 III 1 KSchG allein darauf ankommt, wie die Aussichten sind, einen neuen Arbeitsplatz zu finden (BAG 15.12.2011 NZA 2012, 1044 Rn. 56; *Hanau* ZIP 2011, 1 [3]; **aA** *Kaiser/Dahm* NZA 2010, 473; *Körner* NZA 2008, 497). Eine andere Bewertung wäre indiziert, wenn jüngere Arbeitnehmer – wie in anderen europäischen Ländern – deutlich schlechtere Beschäftigungschancen hätten als ältere (*Hanau* ZIP 2006, 2189 [2198]). Im Rahmen des § 1 III 1 KSchG ist auch eine **lineare Punktevergabe** zulässig. Es besteht kein unionsrechtlicher Zwang zur Differenzierung nach Altersstufen. Altersgruppen werden erst von § 1 III 2 KSchG behandelt (BAG 5.11.2009 NZA 2010, 457 Rn. 27; so auch BAG 6.11.2008 NZA 2009, 361 Rn. 42 ff.; 12.3.2009 NZA 2009, 1023; noch offen gelassen von BAG 19.6.2007 NZA 2008, 103; 6.9.2007 NZA 2008, 405). Legt der Arbeitgeber seiner Auswahlentscheidung ein lineares Punkteschema zugrunde, was nicht nur bei § 1 IV und V KSchG, sondern auch iRv § 1 III 1 KSchG zulässig ist, muss er grds. alle im Gesetz genannten Abwägungselemente – also nicht nur das Alter – berücksichtigen, da kein Merkmal gegenüber dem anderen vorrangig ist (BAG 5.11.2009 NZA 2010, 457 Rn. 29; *Lingemann/Gotham* NZA 2007, 663 [665]).

51 Durch ein legitimes Ziel getragen und verhältnismäßig ist auch die Relativierung der altersbezogenen Sozialauswahl gem. § 1 III 1 KSchG durch die **Bildung von Altersgruppen** gem. **§ 1 III 2 KSchG** (BAG 15.12.2011 NZA 2012, 1044 Rn. 59 ff.; so auch BAG 12.3.2009 NZA 2009, 1023 Rn. 41; 6.11.2008 NZA 2009, 361 Rn. 47; 6.9.2007 NZA 2008, 405; *Spinner* RdA 2008 153 [160]; *Kamanabrou* RdA 2007, 199 [203]). Die Altersgruppenbildung zielt auf die Erhaltung einer ausgewogenen Altersstruktur durch **Beteiligung aller Generationen und Lebensalter an den betriebsbedingt notwendigen Entlassungen** (dazu EuGH 21.7.2011 – C-159/10 ua Rn. 60 – Fuchs und Köhler, NVwZ 2011, 1249), auf die **Verhinderung einer einseitigen Benachteiligung der jüngeren Arbeitnehmer im Interesse ihrer beruflichen Eingliederung** gem. Art. 6 I UAbs. 2 lit. a (dazu EuGH 12.1.2010 – C-341/08 Rn. 68 – Petersen, EuZW 2010, 137), auf den **Erhalt einer vorhandenen Mischstruktur und des Erfahrungsaustauschs in den Betrieben** sowie schließlich auf den **Erhalt einer Vielfalt auch auf dem Arbeitsmarkt** iSd Art. 6 I UAbs. 1. Jedenfalls alle diese Aspekte zusammen betrachtet ergeben ein sozialpolitisches Ziel iSd Art. 6 I UAbs. 1, dienen somit nicht allein den individuellen Arbeitgeberinteressen (BAG 15.12.2011 NZA 2012, 1044 Rn. 61 ff.; so auch *Röder/Krieger* DB 2005, 2578). Demgegenüber bedeutet allein das Bestreben des Arbeitgebers, das Durchschnittsalter der Beschäftigten zu reduzieren oder die Anzahl der Mitarbeiter ab einem bestimmten Alter zu minimieren, kein legitimes Ziel (BAG 22.1.2009 NZA 2009, 945 Rn. 59). Eine Entscheidung des EuGH steht aus; ein Vorlageverfahren des AG Siegburg wurde durch Vergleich beendet (ArbG Siegburg 27.1.2010 BeckRS 2010, 66327). Die Sozialauswahl nach Altersgruppen muss freilich in ihrer konkreten Ausgestaltung **verhältnismäßig** sein (BAG 6.11.2008 NZA 2009, 361 Rn. 55 ff.). In der Rechtswirklichkeit steht die Altersgruppenbildung in Zusammenhang mit der Verwendung von **Punktetabellen** (*Spinner* RdA 2008, 153 [159]).

52 Auch die durch § 1 III 2 KSchG iVm § 125 I 1 Nr. 2 Hs. 2 InsO eröffnete Möglichkeit der **Schaffung einer ausgewogenen Altersstruktur** verletzt das unionsrechtliche Verbot der Altersdiskriminierung nicht (BAG 19.12.2013 NZA-RR 2014, 185 Rn. 24 ff.; zweifelnd im Hinblick auf die Sicherung des ordnungsgemäßen Funktionierens der örtlichen Polizei durch eine Mindestaltergrenze aber die SA des GA *Mengozzi* 17.7.2014 – C-416/13 Rn. 40 – Vital Pérez, BeckRS 2015, 80016). Es liegt in Übereinstimmung mit den unionsrechtlichen Vorgaben ein im Allgemeininteresse stehendes legitimes Ziel aus dem Bereich der Sozialpolitik vor, wenn die Sozialauswahl nach Altersgruppen dazu dienen soll, einen Betrieb aus der Insolvenz heraus zu sanieren. Damit wird nicht nur die Wettbewerbsfähigkeit des Schuldners, also eines einzelnen insolventen Unternehmens, verbessert. Soweit durch eine Sanierung aus der Insolvenz heraus – und sei es auch nur vorübergehend – **Arbeitsplätze erhalten** werden, dient dies auch den Interessen der Gesamtbelegschaft und der Allgemeinheit. Die Leistungsfähigkeit von Betrieben und Unternehmen in ihrer Gesamtheit gehört zu den Grundlagen eines funktionierenden Wirtschaftssystems (überzeugend BAG 15.12.2011 NZA 2012, 1044 Rn. 62; 19.12.2013 NZA-RR 2014, 185 Rn. 27; ErfK/*Gallner* § 125 InsO Rn. 15b). Dabei macht es keinen Unterschied, ob der Erhalt einer bereits ausgewogenen Personal- und Altersstruktur zur Fortführung bzw. zum Verkauf des Unternehmens ausreicht oder ob eine solche Perspektive nur durch Sanierung gegeben ist. Gerade bei insolventen Unternehmen sind typischerweise tiefgreifende Reformen nötig. Die Altersgruppenbildung kann bei entsprechendem Reformbedarf ein angemessenes und erforderliches Mittel sein, um im Zusammenhang mit Entlassungen eine ausgewogene Altersstruktur zu schaffen, die eine zumindest teilweise Fortführung des Unternehmens oder Betriebs ermöglicht (zutreffend BAG 19.12.2013 NZA-RR 2014, 185 Rn. 27). Auch der EuGH hat anerkannt, dass die Schaffung einer ausgewogenen Altersstruktur im Interesse der Verteilung der Arbeit zwischen den Generationen zulässig sein kann (EuGH 16.10.2007 – C-411/05 Rn. 59 – Palacios de la Villa, NZA 2007, 1219). Der Arbeitgeber/Insolvenzverwalter muss im Prozess aber darlegen, welche konkrete Personalstruktur er schaffen oder erhalten will und aus welchen Gründen. Andernfalls kann nicht überprüft werden, ob die

Ungleichbehandlung durch das verfolgte Ziel gerechtfertigt ist (BAG 22.1.2009 NZA 2009, 945 Rn. 59; 19.12.2013 NZA-RR 2014, 185 Rn. 30).

Unkündbarkeitsregeln stellen, soweit sie auf das Lebensalter abstellen, eine nach Art. 6 **53** UAbs. 2 lit. a iVm Art. 6 UAbs. 1 zu rechtfertigende unmittelbare Benachteiligung wegen des Alters dar (BAG 20.6.2013 NZA 2014, 208 Rn. 41; *Kolbe* BB 2010, 501). Der Umstand, dass eine tarifliche Unkündbarkeitsregelung Arbeitsverhältnisse älterer Arbeitnehmer von der Sozialauswahl gem. § 1 III KSchG ausnimmt, ist durch das legitime Ziel eines **effektiven Schutzes der älteren Arbeitnehmern vor den Nachteilen einer Entlassung** gedeckt. Das zulässige sozialpolitische Ziel war vom deutschen Gesetzgeber durch § 10 S. 3 Nr. 7 AGG aF klargestellt worden (BGBl. I 2742 [2745]; BAG 20.6.2013 NZA 2014, 208 Rn. 50). Die Unkündbarkeitsregelung ist jedoch nur dann verhältnismäßig, wenn sie sie nicht zu einer **im Ergebnis grob fehlerhaften Sozialauswahl** führt (BAG 20.6.2013 NZA 2014, 208 Rn. 44 u. 50; noch offen gelassen von BAG 5.6.2008 NZA 2008, 1120 = BB 2009, 447 mit Anm. *Reiserer;* so auch *Wulfers/Hecht* ZTR 2007, 475 [480]; *Kamanabrou* RdA 2006, 321 [331]; *Waltermann* NZA 2005, 1265 [1269]). Dieser Maßstab orientiert sich an dem Spielraum, den der Gesetzgeber den Sozialpartnern in § 1 IV KSchG vorgibt (BAG 20.6.2013 NZA 2014, 208 Rn. 50). Soweit es mit dem Wortlaut einer tariflichen Unkündbarkeitsregelung vereinbar ist, ist diese unionsrechtskonform iSd vorstehenden Anwendungsgrenze einzuschränken (BAG 20.6.2013 NZA 2014, 208 Rn. 51 ff.; bereits erwogen von BAG 5.6.2008 NZA 2008, 1120 Rn. 31). Ein unionsrechtskonformes Ergebnis kann auch durch Öffnungsklauseln sichergestellt werden (*Kamanabrou* NZA Sonderbeil. 3/2006, 138 [145]; *Rieble/Zedler* ZfA 2006, 273 [299]).

In der Herausnahme **rentennaher Arbeitnehmer aus der Sozialauswahl** liegt eben- **54** falls keine verbotene Altersdiskriminierung (*Adomeit/Mohr* AGG § 10 Rn. 91; **aA** ArbG Osnabrück 3.7.2007 NZA 2007, 982). Anders als innerhalb der Gruppe der „Nicht-älteren-Arbeitnehmer" kann innerhalb der Gruppe der älteren Arbeitnehmer weiter nach dem Alter differenziert werden. Voraussetzung ist, dass unter den älteren Arbeitnehmern eine Gruppe abgegrenzt werden kann, deren Aussichten auf dem Arbeitsmarkt noch ungünstiger sind als diejenigen der übrigen älteren Arbeitnehmer (*Kamanabrou* RdA 2007, 199 [203]). Sofern Arbeitnehmer – ggf. im Anschluss an eine Tätigkeit in einer Beschäftigungsgesellschaft und an den Bezug von Arbeitslosengeld – Anspruch auf eine Altersrente haben, sind sie auf den Arbeitsplatz finanziell nicht mehr so angewiesen wie die Jüngeren (LAG Nds 16.5.2008 – 16 Sa 1157/07; **aA** LAG Köln. 2.2.2006 – 6 Sa 1287/05). Art. 6 I UAbs. 2 lit. a macht die Förderung älterer Arbeitnehmer wegen ihres Alters nicht von einem Mindestalter abhängig. Insbesondere dürfen nicht nur die jeweils ältesten Personengruppen, sondern auch etwas jüngere gefördert werden, etwa Arbeitnehmer zwischen 52 und 55 Jahren (LAG Nds 23.5.2005 NZA-RR 2005, 584).

II. Mindestanforderungen an das Alter, die Berufserfahrung und das Dienstalter

1. Geltungsbereich. Art. 6 I UAbs. 2 lit. b erlaubt eine Ungleichbehandlung von Per- **55** sonen wegen ihres Alters beim Zugang zur Beschäftigung oder bei bestimmten mit der Beschäftigung verbundenen Vorteilen – dies sind alle Beschäftigungsbedingungen einschließlich des Entgelts (ErfK/*Schlachter* AGG § 10 Rn. 7) – durch **Mindestanforderungen** an das **Alter,** die **Berufserfahrung** oder das **Dienstalter**. Die Regelung enthält somit selbst kein legitimes Ziel, sondern beschreibt mögliche Mittel, mit denen ein auf andere Weise zu legitimierendes Ziel erreicht werden kann (BAG 20.3.2012 NZA 2012, 803 Rn. 21). Die Zulässigkeit des Zieles selbst bestimmt sich nach der Generalklausel des Art. 6 I UAbs. 1, wonach die Regelungsgeber sozialpolitische Ziele verfolgen müssen, die im Allgemeininteresse stehen (EuGH 5.3.2009 – C-388/07 Rn. 46 – Age Concern England, EuZW 2009, 340; BAG 25.2.2010 NZA 2010, 561 Rn. 39). Art. 6 I Abs. 2 lit. b hat gleichwohl praktische Relevanz, da er auf die Zulässigkeit von Ungleichbehandlungen nach der Berufserfahrung und dem damit zusammenhängenden Dienstalter hindeutet.

56 Der Begriff **Alter** meint in Übereinstimmung mit Art. 1 das Lebensalter. Die **Berufserfahrung** adressiert die in Zusammenhang mit dem jeweiligen Beruf zusammenhängenden Tätigkeitszeiten. Nach der Rechtsprechung des EuGH dürfen Arbeitgeber davon ausgehen, dass die Berufserfahrung die Arbeitnehmer im allg. dazu befähigt, ihre Arbeit besser zu verrichten (s. zum Diskriminierungsverbot wegen des Geschlechts EuGH 3.10.2006 – C-17/05 Rn. 34 – Cadman, NZA 2006, 1205; zum Diskriminierungsverbot wegen des Alters EuGH 18.6.2009 – C-88/08 Rn. 47 – Hütter, NZA 2009, 891; 8.9.2011 – C-297/10 ua Rn. 72 – Hennigs und Mai, NZA 2011, 1100). Das **Dienstalter** (die „**Anciennität**") bezieht sich auf die bei dem konkreten Arbeitgeber zurückgelegten Tätigkeitszeiten. Das Dienstalter ist in der Regel geeignet, die Berufserfahrung zu honorieren, da es mit der Berufserfahrung einhergeht und diese wiederum den Arbeitnehmer im Allgemeinen dazu befähigt, seine Arbeit besser zu verrichten (s. zum Diskriminierungsverbot wegen des Geschlechts EuGH 17.10.1989 – 109/88 Rn. 24 f. – Danfoss, NZA 1990, 772; 3.10.2006 – C-17/05 Rn. 34 f. – Cadman, NZA 2006, 1205; zum Diskriminierungsverbot wegen des Alters EuGH 8.9.2011 – C-297/10 ua Rn. 74 – Hennigs und Mai, NZA 2011, 1100; 19.6.2014 – C-501/12 ua Rn. 50 – Specht, NZA 2014, 831). Synonym zum Begriff „Dienstalter" werden auch die Begriffe **Betriebszugehörigkeit, Beschäftigungsdauer** und **Betriebstreue** verwandt (s. BAG 18.9.2014 NZA 2014, 1400 Rn. 10).

57 Knüpft eine (Vergütungs-)Regelung direkt an das **Lebensalter** an, indem sie altersbezogene Mindestanforderungen aufstellt, liegt hierin eine unmittelbare Benachteiligung wegen des Alters gem. Art. 2 II lit. a, die – soweit kein anderes Regelbeispiel oder Art. 6 II eingreift – nach Art. 6 I UAbs. 1 sowie ergänzend nach den Art. 2 V, 4 I oder 7 I zulässig sein kann (→ Rn. 3). Die **Lebenserfahrung** rechtfertigt regelmäßig keine höhere Entlohnung (EuGH 18.6.2009 – C-88/08 Rn. 47 – Hütter, NZA 2009, 891; 8.9.2011 – C-297/10 ua Rn. 71 ff. – Hennigs und Mai, NZA 2011, 1100). Ein Ansteigen des Entgelts mit dem erhöhten Lebensalter kann auch nicht pauschal mit dem Gesundheitsschutz oder mit einem erhöhten finanziellen Bedarf älterer Menschen begründet werden (*Adomeit/Mohr* AGG § 10 Rn. 109; *Jacobs*, Begegnungen im Recht, 2011, 259 [261]; *Bertelsmann* ZESAR 2005, 242 [245]; *Rieble/Zedler* ZfA 2006, 273 [295]). Knüpft eine Regelung demgegenüber an die **Berufserfahrung** oder das eng **mit der Berufserfahrung verknüpfte Dienstalter** an, steht grds. (nur) eine mittelbare Diskriminierung wegen des Alters gem. Art. 2 II lit. b in Rede. Entlohnt der Arbeitgeber seine Arbeitnehmer in Abhängigkeit von der Berufserfahrung, ist dies nach Art. 2 II lit. b Nr. i sachlich begründet, da die Berufserfahrung – und auch das mit ihr einhergehende Dienstalter (die „Anciennität") – **die Arbeitnehmer im Allgemeinen dazu befähigt, ihre Arbeit besser zu verrichten, ohne dass der Arbeitgeber ihre Bedeutung für die Ausführung der dem Arbeitnehmer übertragenen spezifischen Aufgaben darlegen muss** (EuGH 17.10.1989 – 109/88 Rn. 24 f. – Danfoss, NZA 1990, 772; 18.6.2009 – C-88/08 Rn. 47 – Hütter, NZA 2009, 891; 8.9.2011 – C-297/10 ua Rn. 74 – Hennigs und Mai, NZA 2011, 1100). Der Arbeitgeber darf mit anderen Worten hinsichtlich des Zusammenhangs zwischen der Tätigkeit und dem Erfahrungswissen generalisieren (*Adomeit/Mohr* AGG § 10 Rn. 141; *MHH* AGG § 10 Rn. 47; aA *Rieble/Zedler* ZfA 2006, 273 ff.). Noch ungeklärt ist, ob es sich jedenfalls um eine Tätigkeit handeln muss, bei der Arbeitnehmer überhaupt mit zunehmender Dauer des Arbeitsverhältnisses eine höhere Qualifikation erlangen kann (dafür *Hahn* S. 126; *Kamanabrou* NZA Sonderbeil. 3/2006, 138 [142]). Auch kann es geboten sein, die bei anderen Arbeitgebern erlangte Berufserfahrung mit zu berücksichtigen (so für den BAT-Bewährungsaufstieg EuGH 15.1.1998 – C-15/96 – Schöning-Kougebetopoulou, NZA 1998, 205).

58 Knüpft eine nationale Regelung an die Berufserfahrung und das Dienstalter an und unterscheidet sie weiter **nach dem Zeitpunkt des Erwerbs** der Berufserfahrung, indem etwa **Zeiten vor dem 18. Lebensjahr nicht berücksichtigt werden,** liegt hierin eine

eigenständige unmittelbare Benachteiligung wegen des Alters, die nur dann gerechtfertigt ist, wenn das Ziel der Regelung eine derartige Differenzierung gebietet (verneint von EuGH 18.6.2009 – C-88/08 Rn. 38 – Hütter, NZA 2009, 891; 8.9.2011 – C-297/10 ua Rn. 58 – Hennigs und Mai, NZA 2011, 1100; 11.11.2014 – C-530/13 – Schmitzer, NVwZ-RR 2015, 43; 28.1.2015 – C-417/13 – Starjakob, NZA 2015, 217; bejaht aufgrund der Umstände des Einzelfalls von EuGH 21.1.2015 – C-529/03 – Felber, NVwZ 2015, 798). Hierzu noch im Folgenden.

2. Bemessung des Arbeitsentgelts nach dem Lebensalter, der Berufserfahrung und dem Dienstalter. Leitentscheidung des EuGH zu Art. 6 I UAbs. 2 lit. b ist die Rs. *Hütter* (EuGH 18.6.2009 – C-88/08 Rn. 38 – Hütter, NZA 2009, 891 mit Anm. *Sagan* BB 2009, 1811). In dieser ging es um eine **Entgeltregelung mit einer Altersuntergrenze,** wonach die Bemessung des Arbeitsentgelts zwar grds. von der **Berufserfahrung** abhängig war, aber vor dem 18. Lebensjahr liegende Beschäftigungszeiten unberücksichtigt blieben. Der EuGH sah die Regelung insoweit als altersdiskriminierend an, als sie Beschäftigungszeiten vor dem 18. Lebensjahr ausnahm. Zwar sei die Bestimmung des Arbeitsentgelts nach der **Berufserfahrung** gem. Art. 6 I UAbs. 1 lit. a, b zulässig, da diese Arbeitnehmer regelmäßig dazu befähige, ihre arbeitsvertraglich geschuldete Tätigkeit besser auszuführen, nicht aber die Differenzierung danach, **wann die Berufserfahrung erworben** worden sei, da ein solches Alterskriterium in keinem unmittelbaren Zusammenhang zum Ziel des Arbeitgebers stehe, die erworbene Berufserfahrung zu honorieren, genauer: die durch eine höhere Berufserfahrung bessere Arbeitsleistung adäquat zu entlohnen (EuGH 18.6.2009 – C-88/08 Rn. 42, 47 – Hütter, NZA 2009, 891). Dasselbe gelte für das zulässige Ziel, die Eingliederung Jugendlicher mit beruflicher Bildung in den Arbeitsmarkt zu fördern (Art. 6 I UAbs. 2 lit. a), da die Regelung für alle Vertragsbediensteten des öffentlichen Dienstes gelte. Das Kriterium erlaube damit keine Abgrenzung einer Gruppe von Personen, die durch ihr niedriges Alter definiert wird, um ihr besondere Einstellungsbedingungen zu verschaffen (EuGH 18.6.2009 – C-88/08 Rn. 49 – Hütter, NZA 2009, 891).

Eine Regelung, die die **Beseitigung einer Altersdiskriminierung in einem Vergütungssystem** bezweckt, indem sie nach der *Hütter*-Rechtsprechung auch die Vordienstzeiten vor dem 18. Lebensjahr berücksichtigt, darf nicht allein für die bislang diskriminierten Beschäftigten den für den Gehaltsanstieg erforderlichen Zeitraum um ein Jahr verlängern, da dies die Diskriminierung nicht beseitigt, sondern ganz im Gegenteil dauerhaft festschreibt (EuGH 11.11.2014 – C-530/13 Rn. 26 ff. – Schmitzer, NVwZ-RR 2015, 43; 28.1.2015 – C-417/13 Rn. 23 ff. – Starjakob, NZA 2015, 217).

Zulässig ist eine Regelung, die die Anrechnung von Schulzeiten, die ein Beamter vor Vollendung des 18. Lebensjahres zurückgelegt hat, für die Gewährung eines Pensionsanspruchs und die Berechnung der Höhe der Pension ausschließt, sofern die Regelung von dem Ziel getragen ist, Zeiten auszunehmen, in denen der Betreffende keine Beiträge zum Pensionssystem leistet, um es allen an das Pensionssystem angeschlossenen Personen zu ermöglichen, im selben Alter mit der Beitragsleistung zu beginnen (EuGH 22.1.2015 – C-529/13 Rn. 28 ff. – Felber, NVwZ 2015, 798).

Mit zwei Beschlüssen hat das BAG dem EuGH die Frage zur Vorabentscheidung vorgelegt, ob die auf Lebensaltersstufen bezogene Grundvergütung gem. § 27 BAT aF das Verbot der Altersdiskriminierung in seiner Konkretisierung durch die RL 2000/78/EG verletzt hat (BAG 20.5.2010 NZA 2010, 768; 20.5.2010 NZA 2010, 961; nachfolgend BAG 8.12.2011 – 6 AZR 319/09). Der EuGH hat einen Verstoß bejaht, wenn sich **die Grundvergütung eines Angestellten im öffentlichen Dienst innerhalb der jeweiligen Vergütungsgruppe primär nach dem Lebensalter bemisst** (EuGH 8.9.2011 – C-297/10 ua – Hennigs und Mai, NZA 2011, 1100). Er ging dabei von einer unmittelbaren und nicht lediglich von einer mittelbaren Diskriminierung aus, da die Vergütung von Angestellten im öffentlichen Dienst zwar mit der Berufserfahrung ansteige, aber die Grundvergütung nach dem Lebensalter bemessen werde (EuGH 8.9.2011 – C-297/10 ua Rn. 58

– Hennigs und Mai, NZA 2011, 1100). Die Regelung ist nicht nach Art. 6 I gerechtfertigt. Zwar handelt es sich bei der Honorierung der **Berufserfahrung** grds. um ein legitimes (sozialpolitisches) Ziel iSd Art. 6 I UAbs. 1 (EuGH 8.9.2011 – C-297/10 ua Rn. 72 – Hennigs und Mai, NZA 2011, 1100). Auch ist ein Rückgriff auf das **Dienstalter** regelmäßig zur Erreichung des Zieles angemessen, die Berufserfahrung zu honorieren (EuGH 8.9.2011 – C-297/10 ua Rn. 74 – Hennigs und Mai, NZA 2011, 1100). Die **Festsetzung der Stufe der Grundvergütung anhand des Lebensalters** gehe aber über dasjenige hinaus, was zur Erreichung des legitimen Ziels – der Berücksichtigung der Berufserfahrung, die der Angestellte vor seiner Einstellung erworben hat – erforderlich und angemessen sei (EuGH 8.9.2011 – C-297/10 ua Rn. 77 – Hennigs und Mai, NZA 2011, 1100). Die rechtliche Beurteilung ändert sich nicht, wenn die Regelung in einem Tarifvertrag enthalten ist, da das in Art. 28 GRC normierte Recht auf Kollektivverhandlungen im Einklang mit dem sonstigen Unionsrecht ausgeübt werden muss (EuGH 8.9.2011 – C-297/10 ua Rn. 67 f. – Hennigs und Mai, NZA 2011, 1100), auch wenn den Tarifvertragsparteien ebenso wie dem nationalen Gesetzgeber ein gewisser Gestaltungsspielraum zuzubilligen ist (*Jacobs*, Begegnungen im Recht, 2011, 259 [264]).

63   Als zulässig sah der EuGH die – unter Wahrung des teilweise diskriminierenden Besitzstandes erfolgte – **Überleitung der Angestellten vom BAT in den TVöD** an, da es sich beim TVöD – der das Entgelt grds. nach den Kriterien „Tätigkeit", „Berufserfahrung" und „Leistung" bemisst – um ein auf objektive Kriterien gestütztes Vergütungssystem handelt und die diskriminierenden Auswirkungen der alten Regelung nur für einen befristeten Zeitraum fortbestehen, um für die bereits in einem Beschäftigungsverhältnis stehenden Angestellten den Übergang zum neuen System ohne Einkommensverlust zu gewährleisten (EuGH 8.9.2011 – C-297/10 ua Rn. 79 ff. – Hennigs und Mai, NZA 2011, 1100; so auch *Jacobs*, Begegnungen im Recht, 2011, 259 [265 f.]). Die **Wahrung des Besitzstands** einer Personengruppe sei ebenso wie der **Vertrauensschutz** ein zwingender Grund des Allgemeininteresses iRd Niederlassungsfreiheit und ein legitimer Grund gem. Art. 6 I (**aA** *Jacobs*, Begegnungen im Recht, 2011, 259 [265]). Insoweit – also nur im Rahmen eines grds. als zulässig anzusehenden Regelungsziels – haben die Tarifpartner nach dem EuGH „eine nicht unerhebliche Flexibilität" (EuGH 8.9.2011 – C-297/10 ua Rn. 92 – Hennigs und Mai, NZA 2011, 1100). Durch die nur befristete Fortgeltung der alten BAT-Regelung unterscheidet sich die Problematik von der Rs. *Test-Achats* (EuGH 1.3.2011 – C-236/09 Rn. 19 – Test Achats, NJW 2011, 907; → GRC Art. 21 Rn. 26), wo eine unbefristete Ausnahme vom allg. Grundsatz der Nichtdiskriminierung in privaten Versicherungsverhältnissen in Rede stand (EuGH 8.9.2011 – C-297/10 ua Rn. 97 – Hennigs und Mai, NZA 2011, 1100). In Übernahme des EuGH-Urteils vom 8.9.2011 hat das BAG in mehreren Urteilen die Rechtsfolgen des Verstoßes von § 27 BAT aF gegen das Verbot von Altersdiskriminierungen behandelt (BAG 10.11.2011 NZA 2012, 161 = AP BAT § 27 Nr. 12 mit Anm. *Löwisch/Pieper*). Anders als der EuGH (EuGH 19.6.2014 – C-501/12 ua – Specht, NZA 2014, 831) ging das BAG von einer Angleichung nach oben aus, also von der Pflicht des Arbeitgebers, den diskriminierten jüngeren Arbeitnehmern eine Vergütung aus der höchsten Lebensaltersstufe der Vergütungsgruppe zu zahlen, wobei diese Pflicht erst mit der Ablösung durch ein diskriminierungsfreies Entgeltsystem endet (für eine Vorlagepflicht deshalb *Krebber* JZ 2012, 1078 f.).

64   In seinem das **Berliner BBesG** betreffenden Urteil *Specht* hat der EuGH seine Rechtsprechung in „Hennigs und Mai" bestätigt, wonach eine Regelung, nach der sich das Grundgehalt eines Beamten innerhalb einer – die Berufserfahrung honorierenden – Besoldungsgruppe bei seiner Einstellung nach dem Lebensalter bestimmt, eine unmittelbare Diskriminierung wegen des Alters bedeutet (EuGH 19.6.2014 – C-501/12 ua Rn. 39 ff. – Specht, NZA 2014, 831 mit Bespr. *Löwisch/Becker* EuZA 2015, 83). Die Regelung ist – wie gesehen – nicht nach Art. 6 I gerechtfertigt (EuGH 19.6.2014 – C-501/12 ua Rn. 45 ff. – Specht, NZA 2014, 831). Rechtsfolge eines Verstoßes gegen das Verbot von Diskriminierungen von Personen wegen ihres Alters beim Entgelt ist grds. eine **Pflicht zur Anpassung**

nach oben zugunsten der benachteiligten Personengruppe, in Form der Zahlung des Unterschieds zwischen ihrer Besoldung und der höchsten Besoldungsstufe. Dies setzt jedoch ein **gültiges Bezugssystem** voraus. Anders als das BAG (BAG 10.11.2011 NZA 2012, 161 Rn. 31) verneinte der EuGH im konkreten Fall deshalb einen Zahlungsanspruch, da die maßgeblichen Regelungen und die sich daraus ergebenden diskriminierenden Aspekte für jeden Beamten galten (EuGH 19.6.2014 – C-501/12 ua Rn. 87 ff., insb. Rn. 96 – Specht, NZA 2014, 831). Ebenso wie beim TVöD billigt der EuGH somit auch bei **gesetzlichen Besoldungssystemen** eine Überleitung, die die bisherige nach dem Lebensalter erfolgte Einstufung zugrunde legt, weshalb erst bei Erreichen der letzten Stufe die Altersdiskriminierung endet (EuGH 19.6.2014 – C-501/12 ua Rn. 53 ff. – Specht, NZA 2014, 831; *Löwisch/Becker* EuZA 2015, 83, 86 f.). Zwar liegt hierin eine **eigenständige unmittelbare Diskriminierung** wegen des Alters. Diese basiert jedoch auf dem legitimen, im Allgemeininteresse stehenden sozialpolitischen Ziel, den **Besitzstand und die berechtigten Erwartungen in Bezug auf die künftige Entwicklung der Besoldung zu schützen** (so auch EuGH 8.9.2011 – C-297/10 ua Rn. 90 – Hennigs und Mai, NZA 2011, 1100). Die Überleitungsregelung war hierzu im konkreten Fall geeignet, erforderlich und angemessen. Angesichts der großen Anzahl von Fällen war es im Interesse der **technischen und wirtschaftlichen Handhabbarkeit** insbesondere nicht möglich, die früheren Erfahrungszeiten in jedem Einzelfall festzustellen (EuGH 19.6.2014 – C-501/12 ua Rn. 78 – Specht, NZA 2014, 831). Der Regelungsgeber durfte mit anderen Worten typisieren.

3. Arbeitsbedingungen. In einer **gestaffelten Urlaubsdauer nach Altersstufen**, wonach Beschäftigte **nach der Vollendung ihres 40. Lebensjahres in jedem Kalenderjahr Anspruch auf 30 Arbeitstage Urlaub haben, während der Urlaubsanspruch bis zur Vollendung des 30. Lebensjahres nur 26 Arbeitstage und bis zur Vollendung des 40. Lebensjahres nur 29 Arbeitstage beträgt,** liegt eine nicht gerechtfertigte Diskriminierung wegen des Alters (BAG 20.3.2012, NZA 2012, 803; *Adomeit/Mohr* AGG § 10 Rn. 105; LAG Düsseldorf 18.1.2011 BeckRS 2011, 73310 mit Anm. *Huke,* BB 2011, 1984; offen gelassen von BAG 15.3.2011 DB 2011, 1814). Die Regelung beinhaltet eine auf dem Alter beruhende Ungleichbehandlung von Beschäftigten, die das 30. bzw. das 40. Lebensjahr noch nicht vollendet haben. Diese ist nicht nach Art. 6 I UAbs. 1 gerechtfertigt, da die tarifliche Regelung nach ihrer Ausgestaltung weder einem gesteigerten Erholungsbedürfnis Älterer noch dem Gesundheitsschutz dient. Demgegenüber kann eine Erhöhung der Urlaubstage für die Gruppe der über 50-jährigen und/oder der über 60-jährigen durch das Ziel der Sicherung eines altersbedingt gesteigerten Erholungsbedürfnisses gedeckt sein (s. BAG 20.3.2012 NZA 2012, 803 Rn. 25).

4. Verdienstsicherungsklauseln. Die Abfederung altersbedingter Leistungsminderungen durch Verdienstsicherungsklauseln stellt ein legitimes sozialpolitisches Ziel gem. Art. 6 I UAbs. 1 dar (Schaub/*Linck* § 36 Rn. 58a; *Löwisch/Caspers/Neumann* S. 37). Die konkrete Regelung muss aber kohärent und angemessen sein, was hinsichtlich einer allein auf das Erreichen des 40. Lebensjahres abstellenden Anspruchsvoraussetzung zweifelhaft ist (*Bertelsmann* ZESAR 2005, 242 [245]).

III. Höchstalter für Einstellungen

Gem. Art. 6 I UAbs. 2 lit. c kann die Festsetzung eines **Höchstalters für die Einstellung** aufgrund der spezifischen Ausbildungsanforderungen eines bestimmten Arbeitsplatzes oder aufgrund der Notwendigkeit einer angemessenen Beschäftigungszeit vor Eintritt in den Ruhestand zulässig sein. Der EuGH hat sich mehrfach mit der Zulässigkeit von **berufsspezifischen Höchstaltersgrenzen für die Einstellung** befasst (EuGH 12.1.2010 – C-229/08 – Wolf, EuZW 2010, 142 mit Bespr. *Mohr* EuZA 2010, 371 [372]; 13.11.2014 – C-416/13 – Vital Pérez, NVwZ 2015, 427).

68 In der *Wolf*-Entscheidung ging es um die Zulässigkeit einer Höchstaltersgrenze von 30 Jahren für die **Einstellung als Beamter in den feuerwehrtechnischen Dienst.** Der EuGH sah die Altersgrenze als Einstellungsbedingung gem. Art. 3 I lit. a an, obwohl Art. 2 V auf den ersten Blick eine Bereichsausnahme im Interesse des mitgliedstaatlichen Ordre Public normiert (*Mohr* EuZA 2010, 371 [373 f.]). Die Mindestaltersgrenze für die Einstellung bedeutet hiernach eine unmittelbare Benachteiligung wegen des Alters gemäß Art. 2 II lit. a. Der EuGH sah diese bereits nach Art. 4 I als zulässig an, weshalb er auf Art. 6 I nicht näher einging (EuGH 12.1.2010 – C-229/08 Rn. 35 ff. – Wolf, EuZW 2010, 142). Es sei zulässig, dass die **Leistungsfähigkeit** der Bewerber nicht konkret, sondern **auf der Grundlage einer Altersgrenze generell-abstrakt festgestellt** wurde (EuGH 12.1.2010 – C-229/08 Rn. 31 ff. – Wolf, EuZW 2010, 142; *Röbke* EuZW 2010, 145). Angesichts des strengen Prüfungsmaßstabes von Art. 4 I ist davon auszugehen, dass die Ungleichbehandlung erst recht auf der Grundlage von Art. 6 I zulässig war (dazu SA des GA *Bot* 3.9.2009 – C-229/08 Rn. 40 ff. – Wolf, BeckRS 2009, 70927). So wollte die Mindestaltersgrenze im Hinblick auf die konkrete Tätigkeit eine angemessene Altersstruktur gewährleisten (so auch BVerwG 19.2.2009 NVwZ 2009, 840 Rn. 21; krit. *Kühling/Bertelsmann* NVwZ 2010, 87 [91 f.]). Hierbei handelt es sich jedenfalls im Hinblick auf die operative Tätigkeit in der Feuerwehr um ein legitimes sozialpolitisches Ziel (*Mohr* EuZW 2010, 371 [377 f.]).

69 Demgegenüber hat der EuGH eine Höchstaltersgrenze von 30 Jahren für die Einstellung als **örtlicher Polizeibeamter in Spanien** weder durch Art. 4 I noch durch Art. 6 I UAbs. 2 lit. c iVm Art. 6 I UAbs. 1 als gerechtfertigt (EuGH 13.11.2014 – C-416/13 Rn. 59 ff. – Vital Pérez, NVwZ 2015, 427). Zwar stütze sich die Regelung mit den spezifischen Ausbildungsanforderungen und der Notwendigkeit einer angemessenen Beschäftigungszeit vor Eintritt in den Ruhestand formal auf zulässige sozialpolitische Erwägungen. Da das nationale Recht keine konkreten Ausbildungsvorgaben mache, sei die Altersgrenze zur Sicherung des erstgenannten Ziels aber schon nicht geeignet. Im Hinblick auf das zweitgenannte Ziel sei sie mit Blick auf eine Regelaltersgrenze von mindestens 65 Jahren, also einer verbleibenden Regel-Beschäftigungszeit von mindestens 35 Jahren nicht erforderlich (so auch SA des GA *Mengozzi* 17.7.2014 – C-416/13 Rn. 57 ff. – Vital Pérez, BeckRS 2015, 80016).

D. Altersgrenzen und Alterskriterien in der betrieblichen Altersversorgung

I. Regelungsgehalt

70 Nach Art. 6 II können die Mitgliedstaaten vorsehen, dass bei den betrieblichen Systemen der sozialen Sicherheit die Festsetzung von Altersgrenzen als Voraussetzung für die Mitgliedschaft oder den Bezug von **Altersrente** oder von **Leistungen bei Invalidität** einschließlich der Festsetzung unterschiedlicher Altersgrenzen im Rahmen dieser Systeme für bestimmte Beschäftigte oder Gruppen bzw. Kategorien von Beschäftigten und die Verwendung von Alterskriterien im Rahmen dieser Systeme für versicherungsmathematische Berechnungen keine Diskriminierung wegen des Alters darstellt, solange dies nicht zu Diskriminierungen wegen des Geschlechts führt. Die Vorschrift enthält somit einen **besonderen Rechtfertigungstatbestand** für **Altersgrenzen** und **Alterskriterien** in der **betrieblichen Altersversorgung,** der von der lex generalis des Art. 6 I abzugrenzen ist (EuGH 26.9.2013 – C-476/11 Rn. 55 – Kristensen, EuZW 2013, 951; SA der GA *Kokott* 7.2.2013 – C-476/11 Rn. 52 – Kristensen, BeckRS 2013, 80255; dazu bereits *Mohr* Anm. BAG AP AGG § 10 Nr. 6). Da wichtige Anwendungsbeispiele für benachteiligende Regelungen in Versorgungsordnungen aus dem Bereich des Diskriminierungsverbots wegen des Geschlechts stammen, weist Art. 6 II klarstellend darauf hin, dass Altersgrenzen nur dann zulässig sind, wenn sie nicht zu einer Diskriminierung wegen des Geschlechts führen (ErfK/ *Schlachter* AGG § 10 Rn. 10; so auch Art. 19 II 2). Aus diesem Grunde darf etwa eine

Höchstaltersgrenze oder die Festlegung einer Mindestbetriebszugehörigkeit bis zur Regelaltersgrenze in der gesetzlichen Rentenversicherung als Anspruchsvoraussetzung für Leistungen der betrieblichen Altersversorgung nicht zu einer mittelbaren Benachteiligung von Frauen führen. Dabei ist zu berücksichtigen, dass Frauen häufig nach einer familiär bedingten Unterbrechung der Berufstätigkeit zur Kinderbetreuung und -erziehung in das Erwerbsleben zurückkehren und ihnen auch in der Folgezeit grds. die Möglichkeit eröffnet werden soll, noch Ansprüche auf betriebliche Altersversorgung zu erwerben (BAG 12.2.2013 NZA 2013, 733 Rn. 32).

Art. 6 II bezieht sich nach dem Wortlaut nur auf **betriebliche Systeme der sozialen** **71** **Sicherheit**, die **Risiken von Alter und Invalidität** abdecken (EuGH 26.9.2013 – C-546/11 Rn. 43 – Toftgaard, NVwZ 2013, 1401). Eine Erweiterung des Geltungsbereichs der Vorschrift auf andere betriebliche Systeme der sozialen Sicherheit wie etwa solche, die die Risiken einer Arbeitslosigkeit im Fall der Beendigung des Arbeitsverhältnisses durch Kündigung erfassen, ist nicht zulässig (so für ein „Freistellungsgehalt" EuGH 26.9.2013 – C-546/11 Rn. 44 – Toftgaard, NVwZ 2013, 1401). Der EuGH legt Art. 6 II als „Ausnahme" vom Grundrecht auf Schutz vor Altersdiskriminierungen gem. Art. 21 I GRC und von der lex generalis des Art. 6 I eng aus (EuGH 26.9.2013 – C-546/11 Rn. 40 f. – Toftgaard, NVwZ 2013, 1401; 26.9.2013 – C-476/11 Rn. 45 f. – Kristensen, EuZW 2013, 951). Er folgt damit seiner zu Art. 2 V begründeten Rechtsprechungslinie, keine Bereichsausnahmen anzuerkennen (EuGH 12.1.2010 – C-341/08 Rn. 60 – Petersen, EuZW 2010, 137). Darüber hinaus wendet er Art. 6 II nur in den explizit festgelegten Sachverhalten an, namentlich bei **Altersgrenzen als Voraussetzungen für die Mitgliedschaft oder den Bezug von Altersrente oder Leistungen bei Invalidität** (das „Ob") einschließlich der Verwendung von **Alterskriterien für versicherungsmathematische Berechnungen** (EuGH 26.9.2013 – C-476/11 Rn. 49 – Kristensen, EuZW 2013, 951). Art. 6 II erfasst deshalb keine **Altersstaffelungen hinsichtlich der Ausgestaltung der Mitgliedschaft** (das „Wie"; vgl. EuGH 26.9.2013 – C-476/11 Rn. 51 ff. – Kristensen, EuZW 2013, 951; zur Abgrenzung s. SA der GA *Kokott* 7.2.2013 – C-476/11 Rn. 39 – Kristensen, BeckRS 2013, 80255). Wenn jedoch nach Art. 6 II sogar die Mitgliedschaft an sich von bestimmten Altersgrenzen abhängig gemacht werden kann, sollte auch ein System zulässig sein, bei dem alle Mitarbeiter unabhängig von ihrem Alter an der betrieblichen Altersvorsorge teilnehmen dürfen und lediglich die Beitragshöhe nach dem Alter differenziert wird; ansonsten käme man zu dem widersprüchlichen Ergebnis, dass eine mildere Form der Ungleichbehandlung unzulässig ist, während eine weiterreichende Ungleichbehandlung zulässig wäre (zutreffend SA der GA *Kokott* 7.2.2013 – C-476/11 Rn. 42 – Kristensen, BeckRS 2013, 80255). Der EuGH wendet in der letztgenannten Fallgestaltung den – inhaltlich wohl strengeren – Art. 6 I an (EuGH 26.9.2013 – C-476/11 Rn. 55 ff. – Kristensen, EuZW 2013, 951). Das BAG interpretiert Art. 6 II dahingehend, dass hiernach die Festsetzung von Altersgrenzen in den betrieblichen Systemen der sozialen Sicherheit „in der Regel zulässig" sei, da hiermit „Hindernisse, die der Verbreitung der betrieblichen Altersversorgung entgegenstehen können, beseitigt" würden (BAG 28.5.2013 NZA 2014, 547 Rn. 17; 17.9.2013 NZA 2014, 33 Rn. 20; 15.10.2013 NZA-RR 2014, 87 Rn. 31).

Der Wortlaut von Art. 6 II legt eigentlich den Schluss nahe, dass die Mitgliedstaaten die **72** dort benannten Sachverhalte **insgesamt aus dem Anwendungsbereich des Diskriminierungsschutzes ausnehmen** dürfen (so BAG 12.2.2013 NZA 2013, 733 Rn. 29). Hiernach wären die Mitgliedstaaten insbesondere nicht verpflichtet, Altersgrenzen für die Mitgliedschaft in einem Betriebsrentensystem einer **Verhältnismäßigkeitsprüfung** zu unterziehen (so BAG 17.9.2013 AP AGG § 10 Nr. 4 Rn. 20; 12.11.2013 NZA 2014, 848 Rn. 24; 18.3.2014 AP AGG § 10 Nr. 6); denn eine strikte Zulässigkeitsprüfung könnte ein Hindernis für die Verbreitung der betrieblichen Altersversorgung in den Mitgliedstaaten aufstellen (BAG 17.9.2013 AP AGG § 10 Nr. 4 Rn. 20). Im Schrifttum wird ergänzend darauf hingewiesen, dass nur in vier EU-Mitgliedstaaten eine arbeitgeberfinanzierte betriebliche Altersversorgung praktiziert werde, wohingegen in anderen Mitgliedstaaten die Entgeltumwandlung im Vordergrund stehe. Bei einer **Finanzierung der Altersversorgung durch die Arbeitgeber** habe jedoch die Möglichkeit einer Rechtfertigung von Differenzierungen aus wirtschaftlichen Interessen einen besonders hohen Stellenwert (*Rolfs* NJW 2013, 2544). Die Rechtsprechung des EuGH zur Interpretation des Art. 2 V als Rechtfertigungstatbestand legt freilich den Schluss nahe, dass der Gerichtshof auch iRd Art. 6 II eine Prüfung der Verhältnismäßigkeit fordern wird (zur Diskussion s. SA der GA *Kokott* 7.2.2013 – C-476/11 Rn. 44 ff. – Kristensen, BeckRS 2013, 80255). Die Zulässigkeitsanforderungen gem. Art. 6 II sind aber wohl geringer als diejenigen nach Art. 6 I. Nur so erklärt sich, dass der EuGH Art. 6 II als Ausnahme von Art. 6 I eng auslegt (EuGH 26.9.2013 – C-476/11 Rn. 38 ff. und Rn. 55 ff. – Kristensen, EuZW 2013, 951).

73   Der deutsche Gesetzgeber hat Art. 6 II durch **§ 10 S. 3 Nr. 4 AGG** umgesetzt. Die Vorschrift verfolgt das zulässige **Allgemeininteresse,** die **betriebliche Altersversorgung zu fördern** und die **Funktionsfähigkeit der betrieblichen Systeme der sozialen Sicherheit** zu erhalten (BAG 11.8.2009 NZA 2010, 408 Rn. 42). Sie ist trotz ihrer von Art. 6 II abweichenden Formulierung unionsrechtlich zulässig (überzeugend BAG 11.8.2009 NZA 2010, 408 Rn. 41; 12.2.2013 NZA 2013, 733 Rn. 29; 17.9.2013 AP AGG § 10 Nr. 4 Rn. 21 ff.). Dabei kann offen bleiben, ob Art. 6 II eine Verhältnismäßigkeitsprüfung erfordert. Im erstgenannten Fall hätte der deutsche Gesetzgeber Art. 6 II weitgehend unverändert ins nationale Recht übernommen. Dies gilt wegen § 4 AGG auch für die nicht explizit ins deutsche Recht übernommene Klarstellung, dass Diskriminierungen wegen des Geschlechts unzulässig sind (**aA** die EU-Kommission, Schreiben an den Bundesminister des Äußeren vom 31.1.2008, K[2008] 0103; dazu *Adomeit/Mohr* AGG § 10 Rn. 140). Auch aus Sinn und Zweck des AGG ergibt sich, dass Diskriminierungen wegen des Geschlechts unzulässig sind (BAG 11.8.2009 NZA 2010, 408 Rn. 41). Sofern Art. 6 II keine Verhältnismäßigkeitsprüfung erfordert, wäre der deutsche Gesetzgeber über die Anforderungen der RL 2000/78/EG hinausgegangen, indem er den Tatbestand in die allg. – und strengeren – Rechtfertigungsgründe des § 10 S. 3 AGG eingeordnet und damit § 10 S. 1 und 2 AGG für anwendbar erklärt hat (BAG 12.2.2013 NZA 2013, 733 Rn. 29). Ein solches Vorgehen ist gem. Art. 8 I zulässig (*Mohr* Anm. BAG AP AGG § 10 Nr. 6). Ebenso ist nicht zu beanstanden, dass der deutsche Gesetzgeber in § 10 S. 3 Nr. 4 AGG keine konkreten Altersgrenzen für die Teilnahme an einer betrieblichen Altersversorgung bzw. für die Aufnahme in ein Versorgungswerk bestimmt hat, sondern den Tarifvertrags- und Betriebspartnern sowie den Arbeitsvertragsparteien einen Gestaltungs- und Beurteilungsspielraum gewährt (BAG 11.8.2009 NZA 2010, 408 Rn. 41). Machen diese von der von § 10 S. 3 Nr. 4 AGG eingeräumten Möglichkeit Gebrauch, müssen die Regelungen aber angemessen gem. § 10 S. 2 AGG sein (BAG 10.12.2013 NZA 2015, 50 Rn. 26).

74   Im Rahmen der Prüfung von Sachverhalten mit Bezug zur betrieblichen Altersversorgung ist im deutschen Recht **§ 2 II 2 AGG** zu beachten. Die Vorschrift enthält die wenig aussagekräftige Formulierung, dass für die betriebliche Altersvorsorge das BetrAVG zur Anwendung kommt (*Mohr* Anm. BAG AP BetrAVG § 1 Hinterbliebenenversorgung Nr. 26; *Adomeit/Mohr* AGG § 2 Rn. 180 ff.). Das BAG interpretiert § 2 II 2 AGG zutreffend „geltungserhaltend" als gesetzliche Kollisionsregelung, wonach das AGG gegenüber dem BetrAVG in seiner zum 18.8.2006 geltenden Fassung dann keine Priorität hat, wenn und soweit das BetrAVG eigene Aussagen hinsichtlich bestimmter Unterscheidungen trifft, die einen Bezug zu den in § 1 AGG erwähnten Merkmalen aufweisen (BAG 11.12.2007 NZA 2008, 532). Dies ist etwa hinsichtlich der Unverfallbarkeit von Betriebsrenten gegeben (*Langohr-Plato/Stahl* NJW 2008, 2378), nicht jedoch im Hinblick auf die Gültigkeit von Altersgrenzen für den Bezug von Betriebsrenten (BAG 18.3.2014 NZA 2014, 606 Rn. 14).

II. Höchstaltersgrenzen in der betrieblichen Altersversorgung

75   Art. 6 II gestattet **Altersgrenzen als Voraussetzung für die Mitgliedschaft in einem Betriebsrentensystem oder für den Bezug von Altersrente.** Eine Versorgungsordnung,

die für den Bezug von Leistungen eine **mindestens 20-jährige Vorbeschäftigung** fordert, kann nach Ansicht des BAG nicht über § 10 S. 3 Nr. 4 AGG gerechtfertigt werden, da der deutsche Gesetzgeber explizit eine Verhältnismäßigkeitsprüfung verlangt und die Altersgrenze unverhältnismäßig iSd Art. 10 S. 1 AGG ist (zur Abgrenzung von Art. 6 I zu Art. 6 II → Rn. 73). Konkret ging es um eine Regelung, die nicht nur solche Personen herausnahm, die weniger als eine 10-jährige anrechnungsfähige Dienstzeit (Wartezeit) aufwiesen, sondern auch forderte, dass die Wartezeit vor Vollendung des 55 Lebensjahres vollendet sein musste. Im Ergebnis wurden hierdurch alle Arbeitnehmer ausgeschlossen, die **bei Beginn ihrer 10-jährigen Wartezeit bereits das 45. Lebensjahr vollendet** hatten (BAG 18.3.2014 NZA 2014, 606 Rn. 18 ff. = AP AGG § 10 Nr. 6 mit Anm. *Mohr;* noch als zulässig angesehen von BAG 7.7.1977 AP BetrAVG § 1 Wartezeit Nr. 2). Die Zulässigkeit von Altersdifferenzierungen wurde früher damit begründet, dass eine Unterscheidung nach dem Lebensalter der Arbeitnehmer „unentbehrlich" und „eine von jeher geübte Praxis" sei. Ohne diese sei „eine sachgerechte Regelung und eine zuverlässige Kalkulation der Kosten kaum denkbar". Vor diesem Hintergrund seien die „verschiedenen Altersstufen" als Stellvertretermerkmale für „unterschiedliche Versorgungsrisiken" anzusehen. Da ein Arbeitgeber darin „frei" sei, „ob er überhaupt Versorgungszusagen erteilen" wolle, könne ihm „auch nicht verwehrt werden, das höhere und daher kostspieligere Risiko älterer Arbeitnehmer auszuschließen" (BAG 14.1.1986 AP BetrAVG § 1 Gleichbehandlung Nr. 5). Nach § 10 S. 3 Nr. 4 AGG ist eine Abwägung zwischen einem **möglichst weitgehenden Freiraum der Unternehmen bei freiwilligen Leistungen der betrieblichen Altersversorgung** und den **berechtigten Belangen der Arbeitnehmer** vorzunehmen, **für die von ihnen geleistete Betriebstreue einen Anspruch auf betriebliche Altersversorgung zu erwerben** (BAG 18.3.2014 AP AGG § 10 Nr. 6 Rn. 26; 12.2.2013 NZA 2013, 733; 17.9.2013 NZA 2014, 33 Rn. 23; 12.11.2013 NZA 2014, 848 Rn. 29). Das vom deutschen Gesetzgeber mit dem BetrAVG verfolgte Ziel der Förderung der betrieblichen Altersversorgung ist als legitimes Ziel iSd Unionsrechts einzustufen (BAG 11.8.2009 NZA 2010, 408 Rn. 42). Weiterhin steht dem Arbeitgeber bei freiwilligen zusätzlichen Leistungen ein Ermessensspielraum zu, auch wenn dies nicht bedeutet, „dass die Leistung in das freie Belieben bzw. freie Ermessen des Arbeitgebers gestellt" ist (BAG 19.8.2008 NZA 2009, 196 Rn. 23). Der Arbeitgeber darf grds. auch einen Zeitraum festlegen, den ein Arbeitnehmer im Arbeitsverhältnis zurückgelegt haben muss, um einen Versorgungsanspruch zu erwerben, sofern er dabei die berechtigten Belange der betroffenen Arbeitnehmer nicht außer Acht lässt (BAG 12.2.2013 NZA 2013, 733 Rn. 32). Eine Höchstaltersgrenze darf aber nicht zur Folge haben, dass während eines **beträchtlichen Teils eines typischen Erwerbslebens keine Versorgungsanwartschaften** erworben werden können (*Bauer* ArbrAktuell 2014, 175). Hiernach ist eine Altersgrenze von 45 Jahren für die Aufnahme in den begünstigten Personenkreis einer Versorgungsordnung als unangemessen niedrig einzustufen (BAG 18.3.2014 NZA 2014, 606 Rn. 27). Demgegenüber wird eine **mindestens 15-jährige Betriebszugehörigkeit bis zur Regelaltersgrenze in der gesetzlichen Rentenversicherung** noch als zulässig angesehen (BAG 12.2.2013 NZA 2013, 733 Rn. 33). Zwar könnten Arbeitnehmer, deren Arbeitsverhältnis innerhalb der letzten 15 Jahre vor dem gesetzlichen Rentenalter beginnt, bei einer derartigen Ausgestaltung der Versorgungsordnung keine Anwartschaften erwerben. Im Hinblick darauf, dass ein Erwerbsleben bei typisierender Betrachtung „mindestens 40 Jahre und mehr" umfasse, sei dies jedoch „noch hinnehmbar", zumal diese Arbeitnehmer bereits in vorangegangenen Arbeitsverhältnissen die Möglichkeit gehabt hätten, Betriebsrentenanwartschaften zu erdienen. Es sei deshalb (gerade) „noch hinnehmbar", wenn Arbeitnehmer, deren Arbeitsverhältnis nach dem 50. Lebensjahr beginnt, keine Versorgungsanwartschaften erwerben können (BAG 12.11.2013 NZA 2014, 848 Rn. 29 f.).

Bei **Höchstaltersgrenzen** ist zwischen **leistungs-** und **beitragsbezogenen Systemen** **76** zu differenzieren (*Rolfs* NZA 2008, 553 [556]). Während diese bei leistungsbezogenen arbeitgeberfinanzierten Versorgungszusagen zulässig sind, da für die Finanzierung der gleichen Leistung bei Älteren höhere finanzielle Beiträge als bei Jüngeren notwendig sind, besteht bei beitragsorientierten Zusagen kein sachlicher Grund für eine Ungleichbehandlung. Die Versorgungsleistung wird hier nämlich allein anhand versicherungsmathematischer Berechnungen kalkuliert, sodass eine zusätzliche Belastung des Arbeitgebers durch ältere Arbeitnehmer nicht gegeben ist (*Rengier* NZA 2006, 1251 [1255]).

77 **Stichtagsregelungen,** die Verbesserungen der betrieblichen Altersversorgung auf Mitarbeiter beschränken, die nach dem Stichtag aus dem Arbeitsverhältnis ausscheiden, verstoßen nicht gegen das Verbot der Altersdiskriminierung nach dem AGG. Zwar liegt hierin eine Benachteiligung wegen des Alters; diese ist jedoch nach § 10 S. 1 und 2, S. 3 Nr. 4 AGG zulässig (BAG 11.8.2009 NZA 2010, 408 Rn. 42 ff.). Bei Betriebsrentensystemen muss der Arbeitgeber durch Stichtagsregelungen flexibel auf veränderte Umstände reagieren können. Grundsätzlich sind deshalb sowohl eine Verbesserung als auch eine Verschlechterung von Zusagen für früher oder später eingetretene Mitarbeiter zulässig, sofern der Stichtag sachgerecht gewählt ist. Ansonsten würden Systeme der betrieblichen Altersversorgung auf Ewigkeit „versteinert", was dem Ziel der Verbreitung der betrieblichen Altersversorgung entgegenstünde (*Diller* ArbRAktuell 2010, 92). Der **Eintritt des Versorgungsfalls** ist als Anknüpfungspunkt für eine Stichtagsregelung ebenso geeignet wie das **Erreichen eines bestimmten Alters.** Der Versorgungsfall bedeutet eine wesentliche Zäsur, da durch den Wechsel in den Ruhestand ein abgeschlossener Sachverhalt vorliegt (BAG 11.8.2009 NZA 2010, 408 Rn. 44). **Höchstaltersgrenzen** sind zulässig, sofern hierdurch die berechtigten Belange der Arbeitnehmer nicht unverhältnismäßig eingeschränkt werden (BAG 17.9.2013 NZA 2014, 33).

III. Mindestaltersgrenzen

78 **1. Unverfallbarkeit von Ansprüchen der betrieblichen Altersversorgung.** Das BetrAVG knüpft die **Unverfallbarkeit von Anwartschaften auf Leistungen der betrieblichen Altersversorgung an das Erreichen eines bestimmten Mindestlebensalters.** Durch die Festlegung eines Mindestalters des Arbeitnehmers bei der Beendigung des Arbeitsverhältnisses als Voraussetzung für die Unverfallbarkeit soll vor allem verhindert werden, dass Anwartschaften auf Leistungen der betrieblichen Altersversorgung, die nur zu einem geringen Rentenanspruch führen, vom Arbeitgeber über einen längeren Zeitraum hinweg verwaltet werden müssen. Ein solcher Verwaltungsaufwand könnte Arbeitgeber veranlassen, von der Erteilung von Versorgungszusagen insgesamt abzusehen. Die gesetzlichen Unverfallbarkeitsvoraussetzungen tragen somit dazu bei, Hindernisse bei der Verbreitung der betrieblichen Altersversorgung zu beseitigen (BAG 15.10.2013 NZA-RR 2014, 87 Rn. 35). Sie dienen damit einem legitimen Ziel im Allgemeininteresse (15.10.2013 NZA-RR 2014, 87 Rn. 31). Gem. § 1b I 1 BetrAVG wird eine Anwartschaft unverfallbar, wenn das Arbeitsverhältnis vor Eintritt des Versorgungsfalls, jedoch **nach Vollendung des 25. Lebensjahres** endet und die Versorgungszusage zu diesem Zeitpunkt **mindestens fünf Jahre bestanden** hat (dazu *Rolfs* NZA 2008, 553 [556]). Bis zum 31.12.2008 galt als Altersgrenze das 30. Lebensjahr, für Versorgungszusagen, die vor dem 1.1.2001 erteilt wurden, sogar eine solche von 35. Lebensjahren. Die Altersgrenzen von 30 Jahren gem. § 1b I 1 iVm 30f I 1 BetrAVG (dazu BAG 28.5.2013 NZA 2014, 547 Rn. 12 ff.) und von 35 Jahren gem. § 1 I 1 BetrAVG aF waren nach Art. 6 II zulässig (BAG 15.10.2013 NZA-RR 2014, 87 Rn. 26 ff.; so auch *Rengier* NZA 2006, 1251 [1254]; *Adomeit/Mohr* ZfA 2008, 449 [464]). Die Regelungen fallen zwar in den Anwendungsbereich des Unionsrechts, da die RL 2000/78/EG das Grundrecht des Art. 21 I GRC konkretisiert und zum Arbeitsentgelt auch solche Leistungen der betrieblichen Altersversorgung gehören, die erst nach Ende der aktiven Dienstzeit gewährt werden (BAG 28.5.2013 NZA 2014, 547 Rn. 15, unter Verweis auf EuGH 23.10.2003 – C-4/02 und C-5/02 Rn. 56 ff. – Schönheit und Becker, DVBl. 2004, 188). Da die Festsetzung von Altersgrenzen nach Art. 6 II grds. zulässig ist, um Hindernisse zu beseitigen, die der Verbreitung der betrieblichen Altersversorgung

entgegenstehen, muss es nach Ansicht des BAG aber auch zulässig sein, die Unverfallbarkeit von Anwartschaften an das Erreichen eines bestimmten Mindestalters zu knüpfen, da hierin ebenfalls eine Altersgrenze für die Mitgliedschaft in Systemen der betrieblichen Altersversorgung liege (BAG 28.5.2013 NZA 2014, 547 Rn. 18; 15.10.2013 NZA-RR 2014, 87 Rn. 32).

Das BAG sieht den Anwendungsbereich des Art. 6 II letztlich aufgrund eines **Erst-recht- 79 Schlusses** als eröffnet an (dazu schon *Rolfs* NZA 2008, 553 [555]), obwohl der EuGH einen solchen in der Entscheidung *Kristensen* verneint und auf Art. 6 I verwiesen hat (EuGH 26.9.2013 – C-476/11 Rn. 55 ff. – Kristensen, EuZW 2013, 951). An der unionsrechtlichen Zulässigkeit der Unverfallbarkeitsregelungen dürfte sich aber auch dann nichts ändern, da die Regelungen einem legitimen Ziel dienen und verhältnismäßig iSd Art. 6 I UAbs. 1 sind (BAG 15.10.2013 NZA-RR 2014, 87 Rn. 37). So musste sich der Gesetzgeber nicht auf die Festlegung einer **Mindestzusagedauer** oder einer **Mindestbetriebszugehörigkeit** beschränken, sondern konnte zusätzlich eine **Mindestaltersgrenze** vorsehen, um zu verhindern, dass nach dem Ausscheiden des Arbeitnehmers aus dem Arbeitsverhältnis relativ geringe Versorgungsanwartschaften über Jahrzehnte hinweg vom Arbeitgeber verwaltet werden müssen; denn je jünger der Arbeitnehmer ist, desto länger muss der Arbeitgeber die Anwartschaften fortführen. Die Arbeitnehmer haben außerdem die Möglichkeit, den durch den Verfall eintretenden Verlust von Versorgungsanwartschaften im weiteren Erwerbsleben und durch Eigenvorsorge auszugleichen (BAG 15.10.2013 NZA-RR 2014, 87 Rn. 34). Durch die Absenkung der Altersgrenze von 30 auf 25 Jahre ab dem 1.1.2009 wurde das Risiko zusätzlich minimiert, dass der EuGH die aktuelle Regelung als unverhältnismäßig einstuft (*Rengier* NZA 2006, 1251 [1254]). Aus den vorstehenden Gründen ist auch eine **mittelbare Diskriminierung wegen des Geschlechts** jedenfalls durch einen zureichenden Sachgrund widerlegt (BAG 28.5.2013 NZA 2014, 547 Rn. 19). Der Gesetzgeber hat die Unverfallbarkeit von persönlichen und sachlichen, geschlechtsneutralen Merkmalen abhängig gemacht, die das Interesse der Arbeitgeber an langer Betriebstreue, wirtschaftlicher Gestaltungsfreiheit und begrenzter finanzieller sowie bürokratischer Belastung berücksichtigen. Diese Intention rechtfertigt jedenfalls zum Zeitpunkt des Ausscheidens eines Arbeitnehmers auch eine – unterstellte – stärkere Betroffenheit von Frauen von dem Verfall von Versorgungsanwartschaften (BAG 28.5.2013 NZA 2014, 547 Rn. 24; s. schon BAG 18.10.2005 NZA 2006, 1159 Rn. 20).

2. Anspruch auf Invalidenrente. Eine **Mindestaltersgrenze von 50 Jahren** für einen 80 **Anspruch auf Invalidenrente bei Berufsunfähigkeit** ist gerechtfertigt iSd Art. 6 II (BAG 10.12.2013 NZA 2015, 50 Rn. 39). Eine Begrenzung des Kreises der anspruchsberechtigten Arbeitnehmer liegt gerade im Bereich der Invaliditätsversorgung nah, weil ein dahingehendes Leistungsversprechen zusätzliche Unwägbarkeiten und Risiken im Hinblick auf den Zeitpunkt des Leistungsbeginns und damit die Dauer der Leistungserbringung begründet. Da die Invaliditätsrente regelmäßig über einen längeren Zeitraum erbracht werden muss, ist die finanzielle Belastung des Arbeitgebers umso höher, je jünger der Versorgungsberechtigte bei Eintritt des Versorgungsfalls ist. Vor diesem Hintergrund hat der Arbeitgeber ein berechtigtes Interesse daran, die mit der Invaliditätsversorgung verbundenen zusätzlichen Risiken zu begrenzen, um sie kalkulierbar zu halten (BAG 10.12.2013 NZA 2015, 50 Rn. 29). Eine Invaliditätsversorgung knüpft an das typisierte Versorgungsinteresse des Arbeitnehmers an. Aus diesem Grunde kann der Arbeitgeber das von ihm übernommene Invaliditätsrisiko iRd Vertragsfreiheit nicht nur hinsichtlich des Tatbestands (Erwerbsminderung, Erwerbsunfähigkeit, Berufsunfähigkeit, formeller Nachweis), sondern auch durch den **Ausschluss bestimmter Risiken** näher bestimmen und die von ihm freiwillig eingeführte Invaliditätsversorgung auf einen Personenkreis beschränken, hinsichtlich dessen bei typisierender Betrachtung ein besonderes Versorgungsbedürfnis besteht (BAG 10.12.2013 NZA 2015, 50 Rn. 30). Eine Regelung, dass der Versorgungsfall der Invalidität in Folge einer Berufsunfähigkeit eingetreten sein muss, nachdem der Mitarbeiter das 50. Lebensjahr vollendet hat, trägt dem typischen Versorgungsbedürfnis der Arbeitnehmer im Falle der Invalidität in Folge Berufsunfähigkeit angemessen Rechnung. Da die Wahrscheinlichkeit zu invalidisieren ab dem Alter von 50 Jahren spürbar ansteigt, ist die Vollendung des 50. Lebensjahres ein sachgerechter Anknüpfungspunkt. Die Regelung führt nicht dazu, dass eine Personengruppe aus dem Kreis der Anspruchsberechtigten herausgenommen wird, bei der typischerweise ein erhöhtes Invaliditätsrisiko besteht, sondern bewirkt, dass nur solche Betriebsangehörige von Leistungen bei Invalidität ausgeschlossen sind, bei denen ein solches Risiko typischerweise noch nicht besteht (BAG 10.12.2013 NZA 2015, 50 Rn. 31 f.).

IV. Ratierliche Berechnung der unverfallbaren Ansprüche

81 Nach § 2 I BetrAVG hat ein **vorzeitig ausgeschiedener Arbeitnehmer** bei Eintritt des Versorgungsfalls einer leistungsorientierten Versorgungszusage wegen des Erreichens der Altersgrenze einen Anspruch mindestens in Höhe des Teils der ihm ohne das vorherige Ausscheiden zustehenden Leistung, der **dem Verhältnis der Dauer der Betriebszugehörigkeit zu dem Zeitraum von Beginn der Betriebszugehörigkeit bis zur Vollendung des Renteneintrittsalters entspricht.** Bei dienstzeitunabhängigen Versorgungssystemen liegt in einer derart ratierlichen Berechnung eine mittelbare Diskriminierung wegen des Alters, sofern die Betriebszugehörigkeit je nach Lebensalter zu unterschiedlichen Ansprüchen führt (BAG 19.7.2011 NZA 2012, 155 Rn. 28 ff.; *Rolfs* NZA 2008, 553 [555]). Sofern man hierin überhaupt eine mittelbare Benachteiligung wegen des Alters sehen will (dazu BAG 11.12.2013 NZA 2013, 564 Rn. 33: nur, wenn die Versorgungsordnung keine gleichmäßige Steigerung der Anwartschaften bis zum Erreichen der festen Altersgrenze vorsieht, etwa wenn Anwartschaften nur bis zu einer Betriebszugehörigkeit von 40 Jahren erworben werden können), ist diese jedenfalls nach Art. 2 II lit. b Nr. i widerlegt (BAG 19.7.2011 NZA 2012, 155 Rn. 35 ff.). **Versorgungsordnungen gehen regelmäßig davon aus, dass ein Arbeitnehmer erst mit Erreichen des Versorgungsfalls aus dem Arbeitsverhältnis ausscheidet.** Die vom Arbeitgeber zu erbringende betriebliche Altersversorgung wird als Gegenleistung für die gesamte Betriebszugehörigkeit zwischen dem Beginn des Arbeitsverhältnisses und dem Erreichen der festen Altersgrenze aufgefasst (BAG 19.7.2011 NZA 2012, 155 Rn. 43). Mit Blick auf dieses Ziel ist es angemessen, wenn der Gesetzgeber zur Berechnung der Höhe einer gesetzlich unverfallbaren Anwartschaft bei vorzeitigem Ausscheiden aus dem Arbeitsverhältnis zeitratierlich auf die Dauer der tatsächlichen Betriebszugehörigkeit im Verhältnis zur möglichen Betriebszugehörigkeit bis zum Erreichen der festen Altersgrenze abstellt. Diese Berechnungsweise sichert dem Arbeitnehmer seine Anwartschaften entsprechend dem von ihm erbrachten Anteil der für die Vollrente als Gegenleistung vorausgesetzten Leistung (BAG 19.7.2011 NZA 2012, 155 Rn. 47; so auch *Adomeit/Mohr* ZfA 2008, 449 [465]). Arbeitnehmer, die vor dem Eintritt des Versorgungsfalls aus dem Arbeitsverhältnis ausscheiden, behalten bei Vorliegen der gesetzlichen Voraussetzungen (unter den entsprechenden Voraussetzungen) eine unverfallbare Anwartschaft, weshalb ihre Interessen nicht in unangemessener Weise unberücksichtigt bleiben (BAG 19.7.2011 NZA 2012, 155 Rn. 47). Der Anwendungsbereich der zeitratierlichen Berechnung ist außerdem auf leistungsorientierte Versorgungszusagen beschränkt, wohingegen bei beitragsorientierten Versorgungszusagen mit § 2 Va und Vb BetrAVG eine stärker am Beitragsaufwand angelehnte Berechnungsweise greift (*Rolfs* NZA 2008, 553 [555]).

82 Eine Versorgungsregelung, wonach als Dienstzeit die **bis zum 65. Lebensjahr zurückgelegten Dienstjahre angerechnet** werden und bei der Ermittlung der anrechenbaren Dienstzeit **höchstens 40 Dienstjahre berücksichtigt** werden, ist ebenfalls unionsrechtlich zulässig (BAG 11.12.2013 NZA 2013, 564 Rn. 27 ff.; *Rolfs* NZA 2008, 553 [557]; *Adomeit/Mohr* ZfA 2008, 449 [468]; *Rengier* NZA 2006, 1251 [1255]). Das gilt erst recht für **degressive Versorgungszusagen,** bei denen die Betriebstreue ab einem bestimmten Zeitpunkt nicht mehr so stark rentensteigernd wirkt wie in den ersten Beschäftigungsjahren (*Rolfs* NZA 2008, 553 [556]).

V. Spätehen- und Altersabstandsklauseln

Spätehenklauseln limitieren den Leistungsanspruch von Hinterbliebenen, indem dieser 83 nur dann besteht, wenn eine nach einem bestimmten Alter des verstorbenen Ehegatten geschlossene Ehe für einen bestimmten Zeitraum bestanden hat. In der Praxis finden sich unterschiedliche Ausprägungen dieser Klauseln (näher BAG 20.4.2010 AP BetrAVG § 1 Hinterbliebenenversorgung Nr. 26 mit Anm. *Mohr*). Eine Spätehenklausel, wonach die Ehe mind. 10 Jahre bestanden haben muss, wenn sie nach Vollendung des 50. Lebensjahres des verstorbenen Ehegatten geschlossen worden ist, wurde vom BAG als wirksam angesehen (BAG 28.7.2005 NZA-RR 2006, 591). Da sich der Arbeitgeber bei einer von ihm finanzierten betrieblichen Altersversorgung frei entscheiden könne, für welche Versorgungsfälle er Leistungen zusagt, könne er auch den Kreis der anspruchsberechtigten Hinterbliebenen durch zusätzliche Merkmale begrenzen (krit. zu diesem Begründungsansatz *Benecke* Anm. BAG AP BetrAVG § 1 Invaliditätsrente Nr. 17). Jedenfalls hat der Arbeitgeber ein berechtigtes Interesse an der Begrenzung der Zahlungsrisiken. Eine solche Begrenzung liegt gerade im Bereich der Hinterbliebenenversorgung nahe, weil hier ein Leistungsversprechen zusätzliche Unwägbarkeiten und Risiken mit sich bringt (zur Kalkulierbarkeit s. BAG 10.12.2013 NZA 2015, 50 Rn. 43).

Das BAG legte dem EuGH die Frage zur Vorabentscheidung vor, ob eine Altersabstands- 84 klausel, nach der ein Hinterbliebener keine Versorgung erhält, wenn er **mehr als 15 Jahre jünger als der Betriebsrentenberechtigte ist,** eine unzulässige Altersdiskriminierung gemäß der RL 2000/78/EG bedeutet (BAG 27.6.2006 NZA 2006, 1276). Der EuGH hat sich in seinem Urteil *Bartsch* nicht zur Sache eingelassen, sondern betont, dass die RL 2000/78/EG auf den Sachverhalt des Vorlageverfahrens nicht zur Anwendung komme, da die Vorsorgungsordnung weder zur Umsetzung der Richtlinie erlassen noch der Versorgungsgläubiger nach Ablauf ihrer Umsetzungsfrist verstorben sei (EuGH 23.9.2008 – C-427/06 – Bartsch, NZA 2008, 1119). Das BAG hat hiernach eine Spätehenklausel als zulässig angesehen, die einen Anspruch auf Witwen-/Witwerversorgung davon abhängig macht, dass **die Ehe vor dem (vorzeitigen) Ausscheiden aus dem Arbeitsverhältnis geschlossen** wurde (BAG 20.4.2010 NZA 2011, 1092; so auch BAG 15.10.2013 NZA 2014, 308; 15.10.2013 FamRZ 2014, 656 Rn. 29 ff.). Mit einer solchen, mittelbar wegen des Alters diskriminierenden Regelung würden die Leistungspflichten des Arbeitgebers auf Risiken beschränkt, die während des Arbeitsverhältnisses angelegt waren. Die Regelung sei rechtmäßig und verhältnismäßig iSd Art. 2 II lit. b Nr. i. Da keine unmittelbare Diskriminierung gem. Art. 2 II lit. a vorliege, sei insbesondere kein sozialpolitisches Ziel gem. Art. 6 I notwendig (ausführlich BAG 15.10.2013 NZA 2014, 308 Rn. 33 ff.; 15.10.2013 FamRZ 2014, 656 Rn. 37 ff.). Eine Entscheidung des EuGH steht aus.

Altersabstandsklauseln begrenzen die Leistungen aus einer Hinterbliebenenversorgung, 85 wenn der Hinterbliebene eine bestimmte Anzahl von Jahren jünger ist als der Betriebsrentenberechtigte. Derartige Regelungen dürfen nicht dazu führen, dass Altersunterschiede, wie sie zwischen Ehegatten üblich sind, zu einem Leistungsausschluss führen (dazu *Steinmeyer* ZfA 2007, 27 [38]). Altersabstandsklauseln werden unionsrechtlich kritisch beurteilt, soweit sie zu einem vollständigen Ausschluss einer Hinterbliebenenversorgung führen, da dies unverhältnismäßig sei (s. SA des GA *Sharpston* 22.5.2008 – C-427/06 – Bartsch, BeckEuRS 2008, 470902). Eine Entscheidung des EuGH steht auch insoweit aus.

Art. 7 Positive und spezifische Maßnahmen

(1) Der Gleichbehandlungsgrundsatz hindert die Mitgliedstaaten nicht daran, zur Gewährleistung der völligen Gleichstellung im Berufsleben spezifische Maßnahmen beizubehalten oder einzuführen, mit denen Benachteiligungen wegen eines in Artikel 1 genannten Diskriminierungsgrunds verhindert oder ausgeglichen werden.

(2) Im Falle von Menschen mit Behinderung steht der Gleichbehandlungsgrundsatz weder dem Recht der Mitgliedstaaten entgegen, Bestimmungen zum Schutz der Gesundheit und der Sicherheit am Arbeitsplatz beizubehalten oder zu erlassen, noch steht er Maßnahmen entgegen, mit denen Bestimmungen oder Vorkehrungen eingeführt oder beibehalten werden sollen, die einer Eingliederung von Menschen mit Behinderung in die Arbeitswelt dienen oder diese Eingliederung fördern.

A. Überblick

1   Art. 7 behandelt Grundlagen und Grenzen **positiver Diskriminierungen** durch die Mitgliedstaaten („affirmative actions"). Die Vorschrift erlaubt den Mitgliedstaaten unter den dort normierten Voraussetzungen die Förderung **individueller Personen** zum Ausgleich typisierend unterstellter Nachteile wegen ihrer **Gruppenzugehörigkeit** (s. zur Dogmatik *Burg* 80 ff. und 178 ff.; zum Geschlecht auch *Herrmann* SAE 1995, 229 [236]). Anders als Art. 5 (dazu EuGH 4.7.2013 – C-312/11 Rn. 56 ff. – Kommission/Italien, BeckRS 2013, 81408) gewährt Art. 7 den Mitgliedstaaten iRd tatbestandlichen Vorgaben einen weiten Beurteilungs- und Ermessensspielraum, ob und wenn ja, mit welchen Maßnahmen und Vorkehrungen Personen zu begünstigen sind (BAG 18.11.2008 NZA 2009, 728 Rn. 48 = AP SGB IX § 81 Nr. 16 mit Anm. *Mohr*). Die nationalen Gesetzgeber müssen deshalb zunächst eine Grundentscheidung über die Zulässigkeit und die Ausgestaltung bestimmter Fördermaßnahmen treffen, bevor Privatrechtssubjekte derartige Förderungen gewähren oder verlangen können (BAG 18.11.2008 NZA 2009, 728 Rn. 48). Art. 7 lässt offen, durch wen die Förderung erfolgt. Als Adressaten der Förderpflicht kommen die Arbeitgeber, aber auch andere öffentliche und private Stellen in Betracht.

2   **Art. 7 I** überträgt den Mitgliedstaaten die Kompetenz zum Erlass von Regelungen zur Förderung bestimmter Personengruppen, soweit damit **Benachteiligungen wegen eines in Art. 1 benannten Merkmals präventiv verhindert** oder **reaktiv ausgeglichen** werden (*Mohr* Diskriminierungen 319 ff.). Die Vorschrift ist an Art. 157 IV AEUV und an Art. 2 IV RL 76/207/EWG (jetzt: Art. 3 RL 2006/54/EG) angelehnt (KOM [99] 564 endg.; *Bauer/Krieger* AGG § 5 Rn. 2), weshalb ergänzend auf die entsprechenden Kommentierungen verwiesen werden kann (→ insbesondere AEUV Art. 157 Rn. 62 ff.). Art. 7 I stellt klar, dass die unter den Anwendungsbereich der Norm fallenden Regelungen oder Maßnahmen nicht gegen das Diskriminierungsverbot gem. Art. 2 I verstoßen. Art. 7 I folgt damit einem **ergebnisbezogenen Gleichheitsverständnis,** wonach erlaubte Fördermaßnahmen die in der Wirklichkeit bestehenden Unterschiede zwischen den geschützten und den nicht geschützten Arbeitnehmern verringern oder beseitigen sollen, unabhängig davon, ob die begünstigte Person wirklich benachteiligt wurde oder nicht (EuGH 11.11.1997 – C-409/95 Rn. 26 – Marschall, EuZW 1997, 756). Die Regelung ist somit rechtsethisch problematisch, da sie eine Diskriminierung der anderen geschützten Arbeitnehmern ebenso wie eine solche der nicht geschützten Arbeitnehmer erlaubt. Wohl auch aus diesem Grunde hat sich in der Rechtsprechung des EuGH bislang noch kein übergreifendes Konzept herausgebildet, unter welchen Voraussetzungen positive Diskriminierungen, also gezielte Besserstellungen von geschützten Personen wegen ihrer Gruppenzugehörigkeit zum Nachteil anderer geschützter und nicht geschützter Personen zulässig ist (MüKoBGB/*Thüsing* AGG § 5 Rn. 6). Als zentrales Prüfkriterium hat sich lediglich der Grundsatz der Verhältnismäßigkeit herauskristallisiert, wonach etwa starre Quoten grds. unzulässig sind (→ Rn. 7).

3   Mit Blick auf die Dogmatik der sekundärrechtlichen Regelungen gegen Diskriminierungen, die vom EuGH zur Interpretation der entsprechenden Grundrechte herangezogen werden (EuGH 8.9.2011 – C-297, 298/10 Rn. 46 f. – Hennigs und Mai, NZA 2011, 1100), beinhaltet Art. 7 I einen **besonderen Rechtfertigungstatbestand für Diskriminierungen zugunsten der von Art. 1 geschützten Personen** (EuGH 30.9.2010 – C-

Überblick   **Art. 7 RL 2000/78/EG 520**

104/09 Rn. 26 – Roca Álvarez, NZA 2010, 1281; MHdBArbR/*Oetker* § 14 Rn. 88; so auch ErfK/*Schmidt* GG Art. 3 Rn. 91; zum Streitstand HaKo-AGG/*Hinrichs/Zimmer* § 5 Rn. 5). Eines Rückgriffs auf Art. 4 I bedarf es deshalb im Anwendungsbereich des Art. 7 I nicht (**aA** *Düwell* BB 2006, 1741 [1743]). Aus der Grundentscheidung der RL 2000/78/EG für einen umfassenden Schutz von Personen wegen der in Art. 1 benannten Gründe ist abzuleiten, dass Art. 7 I **restriktiv zu interpretieren ist** (*Kamanabrou* RdA 2006, 321 [322]). Es ist deshalb nicht überzeugend, wenn die Zulässigkeit positiver Diskriminierungen als „allgemeiner europäischer Rechtsgrundsatz" bezeichnet wird, wonach die Interessen einer Vielzahl von Personen die Interessen Einzelner überwiegen könnten (so *Bauer/Krieger* AGG § 5 Rn. 5), auch weil eine derartig utilitaristische Argumentation („Das größtmögliche Glück der größtmöglichen Zahl") in einer dem Schutz der Menschenwürde und der individuellen Persönlichkeit verpflichteten Rechtsordnung oft gegen die Grundrechte der benachteiligten Personen verstoßen wird. Positive Diskriminierungen betreffen somit einen auch rechtspolitisch hochumstrittenen Bereich, wie ein Blick auf zwei Entscheidungen des US-Supreme-Court aus dem Jahr 2003 zur **Förderung ethnischer Minderheiten beim Hochschulzugang** zeigt (Lutter v. Bollinger 123 S. Ct. 2325 (2003), 539 U. S. 241 (2003); Gratz v. Bollinger, 123 S. Ct. 2411 (2003), 539 U. S. 516 (2003); dazu *Empt* DÖV 2004, 239 ff.; *Thüsing* ZfA 2001, 397 [416]; *Thüsing* NZA 2001, 939; ausführlich *Burg* 153 ff.). Hiernach ist eine Bevorzugung von Minderheiten zum Ausgleich historischer Nachteile nur dann zulässig, wenn die Förderung der Kompensation **konkret nachweisbarer** und **spezifisch benannter Diskriminierungen** dienen soll, die in der Vergangenheit **im Einflussbereich gerade des jeweiligen Regelungsgebers** vorgenommen worden sind. Ein solcher Nachweis sei bei den Zulassungskriterien von Universitäten nicht möglich, da es hier gerade nicht um den Ausgleich von konkreten Diskriminierungsmaßnahmen durch die Universitäten gehe. Vielmehr solle allg. der Anteil von Studenten aus ethnischen Minderheiten erhöht werden. Zulässiges Interesse könne deshalb nur die Gewährleistung einer sozial vielfältigen Studentenschaft sein. Auch dann müsse jedoch eine **individuelle Auswahlentscheidung** sichergestellt sein, zB durch eine flexible Beurteilung von Person und Persönlichkeit jedes Bewerbers. Demgegenüber wird die automatische Vergabe von Extrapunkten bei der Bewertung der Bewerbungen von sog. Minderheitsbewerbern generell als unzulässig angesehen, da die US-Verfassung – ebenso wie die europäische Grundrechtecharta – primär die **Rechte von Individuen** und nur ergänzend die **Rechte von Gruppen** schütze. Aufgrund des Zwecks der Diskriminierungsverbote, jede Diskriminierung wegen der geschützten Merkmale zu untersagen, wurde vom Supreme Court für den Hochschulbereich sogar eine zeitliche Grenze für die Zulässigkeit von „affirmative action" festgelegt.

Es ist umstritten, ob Art. 7 I es den Mitgliedstaaten erlaubt, die unionsrechtlich einge- 4 räumte Regelungsbefugnis **auf die Tarif- und Betriebspartner oder sogar auf die Arbeitgeber zu delegieren.** Dagegen spricht der Wortlaut des Art. 7 I, der lediglich die Mitgliedstaaten adressiert (*Schlachter,* GS Blomeyer 2003, 355 [364 f.]; *Kamanabrou* RdA 2006, 321 [322]), dafür, dass die nationalen Gesetzgeber im Rahmen einer allg. Grundentscheidung zur Zulässigkeit von „positiven Diskriminierungen" die konkreten Maßnahmen in die Hand der sachnäheren und zudem unmittelbar betroffenen Marktakteure legen können (*Bauer/Krieger* AGG § 5 Rn. 3). Während die Mitgliedstaaten somit das „Wie" iRd Vorgaben des Unionsrechts delegieren können, müssen sie die grundlegenden Entscheidungen selbst treffen.

Art. 7 II normiert in Analogie zu Art. 2 III RL 76/207/EWG aF, dass die RL 2000/78/ 5 EG keinen Bestimmungen entgegensteht, die dem Schutz der Gesundheit und Sicherheit behinderter Menschen oder ihrer Eingliederung in die Arbeitswelt dienen. Es handelt sich somit um eine Sonderregelung, die allein im Interesse von Personen mit Behinderungen gilt und deren Rechtsstellung in Richtung einer materiellen Gleichstellung erweitern soll (EuGH 17.7.2008 – C-303/06 Rn. 40 f. – Coleman, EuZW 2008, 497).

B. Positive Förderungsmaßnahmen

6 Art. 7 I erlaubt für die von Art. 1 geschützten Personen Regelungen der Mitgliedstaaten zur **„Gewährleistung der völligen Gleichstellung im Berufsleben"**. Die Vorschrift zielt somit nach ihrem Zweck nicht auf eine anlasslose Besserstellung der von Art. 1 geschützten Personen ab, sondern auf den **Ausgleich tatsächlich bestehender Nachteile in Beschäftigung und Beruf,** wie ein Blick auf die Vorschriften zur Zulässigkeit von „affirmative action" wegen des Geschlechts gem. Art. 23 II GRC, Art. 157 IV AEUV und Art. 3 RL 2006/54/EG verdeutlicht (→ GRC Art. 23 Rn. 14 ff.; → AEUV Art. 157 Rn. 62 ff.). Diese Vorschriften wollen die von Art. 1 erfassten Personen nicht nur formell gegen Diskriminierungen schützen, sondern ihnen auch materielle Förderungen zukommen lassen, indem sie etwaige in der sozialen Wirklichkeit auftretende faktische Ungleichheiten verringern und so Benachteiligungen in der beruflichen Laufbahn der betreffenden Personen oder in sonstigen Lebenssachverhalten verhindern oder ausgleichen (EuGH 30.9.2010 – C-104/09 Rn. 34 – Roca Álvarez, NZA 2010, 1281; 11.11.1997 – C-409/95 Rn. 26 – Marschall, EuZW 1997, 756). Der Begriff der **„spezifischen Maßnahme"** ist dabei weit zu verstehen (MHdBArbR/*Oetker* § 14 Rn. 89). Er zielt sowohl auf die rechtliche als auch auf die tatsächliche Besserstellung von geschützten Personen zum Ausgleich tatsächlich nachweisbarer Nachteile.

7 Die Zulässigkeit von Fördermaßnahmen bestimmt sich maßgeblich nach der **Verhältnismäßigkeit** zwischen Förderung und Gleichbehandlung (EuGH 19.3.2002 – C-476/99 Rn. 39 – Lommers, NZA 2002, 501). Die Maßnahmen müssen deshalb nach einem objektiven Maßstab zum Ausgleich konkret nachgewiesener tatsächlicher Nachteile geeignet und angemessen sein und bedürfen im konkreten Fall der Abwägung mit den Rechtspositionen der von ihnen negativ Betroffenen (Wank, FS Wißmann, 2005, 615; MHdBArbR/*Oetker* § 14 Rn. 89). Unter dem Gesichtspunkt der Verhältnismäßigkeit ist die Förderung insbesondere auf einen **Ausgleich tatsächlich bestehender Nachteile** beschränkt (Tettinger/Stern/*Nußberger* GRC Art. 23 Rn. 100; **aA** Streinz/*Eichenhofer* AEUV Art. 157 Rn. 26). Potenzielle Nachteile reichen in keinem Fall aus (Erman/*Armbrüster* AGG § 5 Rn. 2). Geht es um die Einstellungsförderung, müssen die bevorzugten Personen deshalb im konkreten Lebensbereich, also etwa im Betrieb oder Unternehmen **signifikant unterrepräsentiert** sein, was durch aussagekräftige Nachweise zu belegen ist (*MHH* AGG § 5 Rn. 6; Tettinger/Stern/*Nußberger* GRC Art. 23 Rn. 106). Nachzuweisen ist mit anderen Worten eine „strukturelle Unterlegenheit" einer Personengruppe, die durch die konkrete Fördermaßnahme auf verhältnismäßige Weise behoben werden kann (LAG Düsseldorf 12.11.2008 ZTR 2009, 271).

8 Zur Bestimmung der Reichweite des Art. 7 I kann auf die Rechtsprechung des EuGH zur Zulässigkeit von Maßnahmen abgestellt werden, die die **rechtliche und tatsächliche Chancengleichheit von Frauen** fördern (ErfK/*Schlachter* AGG § 5 Rn. 4; → AEUV Art. 157 Rn. 70 ff.). Eine stringente Dogmatik der „affirmative action" hat sich auch insoweit bislang nur in Ansätzen herausgebildet (*Thüsing* DB 2002, 1452 [1453]). Zulässig sind Maßnahmen, die eine bessere Vereinbarkeit von Familie und Beruf fördern oder bestehende Arbeitsbedingungen mit den Anforderungen vereinbar machen, die an die typischerweise von Frauen erfüllte soziale Rolle gestellt werden, da es sich hierbei nicht um Regeln zur kompensatorischen Entscheidungsbindung, sondern allein um solche zur Herstellung einer tatsächlichen Chancengleichheit auf dem Arbeitsmarkt handelt (EuGH 19.3.2002 – C-476/99 Rn. 24 ff. – Lommers, NZA 2002, 501). Demgegenüber sieht der EuGH solche Maßnahmen als unzulässig an, die auf eine **starre Ergebnisgleichheit** hinauslaufen (EuGH 17.10.1995 – C-450/93 Rn. 23 – Kalanke, NJW 1995, 3109). Unionsrechtlich problematisch sind insbesondere die vom Staat als Arbeitgeber verwendeten – und noch mehr privatwirtschaftliche – **Frauenquoten** (*Herrmann* SAE 1995, 229). Nicht statthaft ist auch eine Beförderung von weiblichen Bewerbern, die geringer qualifiziert sind als ihre männlichen Mitbewerber, um den Anteil des bisher unterrepräsentierten Geschlechts zu erhöhen (EuGH 6.7.2000 – C-407/98 Rn. 62 – Abrahamson, NJW 2000, 2653).

Spezifische Fördermaßnahmen wegen der **Religion** können sich auf die Wahrung religiöser Bräuche erstrecken (*Thüsing* AGG Rn. 168 u. 407). Dasselbe gilt grds. auch für schützenswerte Weltanschauungen. Art. 7 I ermöglicht auch eine Förderung von Arbeitnehmern wegen ihres **fortgeschrittenen Alters.** Zwar schützt Art. 1 nicht nur ältere Menschen, sondern Personen jeden Lebensalters. In der Rechtswirklichkeit ist es aber jedenfalls in Deutschland vor allem für ältere Arbeitnehmer problematisch, eine dauerhafte und adäquate berufliche Tätigkeit zu finden (→ Art. 1 Rn. 52). Die Zulässigkeit von Fördermaßnahmen bestimmt sich auch insoweit nach dem **Verhältnismäßigkeitsgrundsatz** (*Adomeit/Mohr* AGG § 5 Rn. 25). In einer ersten Annäherung sollte – wie auch bei den anderen Gründen des Art. 1 – zwischen Maßnahmen mit und ohne Belastung für jüngere Arbeitnehmer differenziert werden, da für Letztere geringere Anforderungen an die Eignung und Erforderlichkeit gelten (*Wiedemann/Thüsing* NZA 2002, 1234 [1240]; krit. *Lingscheid* 247 f.). Im Anwendungsbereich des Art. 6 I wird Art. 7 I durch die erstgenannte Norm als lex specialis verdrängt (*Löwisch/Caspers/Neumann* S. 19; *Linsenmaier* Sonderbeil. RdA 5/2003, 22 [27]; für eine parallele Anwendung *Henssler/Tillmanns,* FS Birk, 2008, 179 [187]). Zulässig ist nach Art. 6 I etwa eine Förderung jüngerer Menschen durch Ausschreibung einer Stelle nur für Berufsanfänger, um ihnen Gelegenheit zu geben, Berufserfahrung zu sammeln, wenn im jeweiligen Bereich jüngere Arbeitnehmer nachweislich unterrepräsentiert sind (HaKo-AGG/*Hinrichs* § 5 Rn. 53). Eine Förderung älterer Arbeitnehmer ist zB durch Zuerkennung von mehr Urlaubstagen möglich (*Thüsing* AGG Rn. 406; s. zur Bevorzugung älterer Arbeitnehmer auch *Burg* 242 f.). Siehe im Einzelnen → Art. 6 I.

C. Spezifische Förderungsmaßnahmen für behinderte Menschen

Art. 7 II stellt klar, dass im Falle von **Menschen mit Behinderung** der Gleichbehandlungsgrundsatz weder dem Recht der Mitgliedstaaten entgegensteht, Bestimmungen zum **Schutz der Gesundheit und der Sicherheit am Arbeitsplatz** beizubehalten oder zu erlassen, noch solchen Maßnahmen, mit denen Bestimmungen oder Vorkehrungen eingeführt oder beibehalten werden sollen, die einer **Eingliederung von Menschen mit Behinderung in die Arbeitswelt dienen** oder **diese Eingliederung fördern** (dazu EuGH 17.7.2008 – C-303/06 Rn. 41 ff. – Coleman, EuZW 2008, 497). Art. 7 II erfasst damit zwei unterschiedliche Sachverhalte. Zum einen ermöglicht die Vorschrift den Mitgliedstaaten den Erlass von Bestimmungen zum Schutz der Gesundheit und der Sicherheit am Arbeitsplatz, vergleichbar dem früheren Art. 2 VII RL 76/207/EWG (jetzt Art. 28 RL 2006/54/EG). Letzterem wurde vom EuGH der Zweck zugesprochen, die tatsächliche Gleichheit von Männern und Frauen herbeizuführen (EuGH 30.4.1998 – C-136/95 Rn. 24 – Thibault, Slg. 1998, I-2011; dazu *Mohr* Diskriminierungen 244 ff.). Zum anderen können die Mitgliedstaaten nach Art. 7 II Bestimmungen beibehalten oder erlassen, die der Eingliederung von Menschen mit Behinderung in die Arbeitswelt dienen oder diese Eingliederung fördern. Da derartige Maßnahmen grds. schon von Art. 7 I erfasst werden, könnte davon ausgegangen werden, dass zugunsten behinderter Menschen auch starre Einstellungsquoten zulässig seien, da die Bestimmung ansonsten keinen eigenen Anwendungsbereich hätte (*Thüsing* AGG Rn. 404). Die Vorschrift kann jedoch auch als klarstellende Bekräftigung von Art. 7 I interpretiert werden, da der Grundsatz der Verhältnismäßigkeit gem. Art. 5 IV EUV im Rang des Primärrechts steht und deshalb sekundärrechtlich nicht negiert werden darf. Im Rahmen der Verhältnismäßigkeitsprüfung gilt es zu beachten, dass behinderte Menschen bereits nach Art. 5 Begünstigte von angemessenen Vorkehrungen sind.

11 Als Regelungen zum Zwecke der Eingliederung von Menschen mit Behinderung in die Arbeitswelt iSd Art. 7 II sind etwa die **§§ 81 I, 82 SGB IX** anzusehen (s. zu § 82 S. 2 SGB IX BVerwG 3.3.2011 NZA 2011, 977; ErfK/*Schlachter* AGG § 5 Rn. 1). Das BAG behandelt diese Vorschriften allerdings nicht nur als gesetzliche Verpflichtungen der Arbeitgeber zu positiven Fördermaßnahmen, sondern behandelt sie auch als Vermutungstatsachen für eine Benachteiligung wegen der Behinderung iSd Art. 10 I, weil die Vorschriften im SGB IX keinem spezifischen Sanktionsregime unterliegen. Die Behandlung als Vermutungstatsachen ist aber problematisch, da der Umstand, dass man eine Person nicht bevorzugen möchte, noch nichts darüber aussagt, dass man sie auch benachteiligen will. Im Einzelnen:

12 Nach der – insoweit nicht überzeugenden – Rechtsprechung des BAG indiziert die **Verletzung von objektiv feststellbaren gesetzlichen Vorschriften,** die bereits durch „Herstellung eines gewissen Formalismus der ungerechtfertigten Benachteiligung bestimmter Arbeitnehmergruppen vorbeugen oder entgegenwirken sollen", grds. eine Diskriminierung (BAG 24.4.2008 NZA 2008, 1351 Rn. 33). Als **Vermutungstatsachen** für einen Zusammenhang zwischen Benachteiligung und Behinderung iSd **Art. 10 I** (§ 22 AGG) sollen auch solche Pflichtverletzungen in Betracht kommen, die der Arbeitgeber begeht, indem er Vorschriften nicht befolgt, die zur Förderung der Chancen der schwerbehinderten Menschen geschaffen wurden (BAG 17.8.2010 NZA 2011, 153 Rn. 35). Ob Hilfstatsachen eine Benachteiligung gerade wegen des geschützten Merkmals als „überwiegend wahrscheinlich" erscheinen lassen, obliegt allerdings einer Würdigung des Einzelfalls, die dem Tatrichter vorbehalten ist (BAG 24.4.2008 NZA 2008, 1351 Rn. 26 ff.). Die Vermutung einer Diskriminierung wegen der Schwerbehinderung liegt jedoch nach Ansicht des BAG nahe, wenn sich ein schwerbehinderter Arbeitnehmer um eine Tätigkeit bewirbt und der Arbeitgeber seine Pflichten nach § 81 I 1, 2 SGB IX verletzt, zu **prüfen, ob frei werdende Stellen mit schwerbehinderten Menschen besetzt werden können,** oder **frei werdende Stellen frühzeitig zu melden und mit der Agentur für Arbeit wegen der Vermittlung arbeitsloser und arbeitsuchender schwerbehinderter Menschen Verbindung aufzunehmen** (BAG 23.6.2010 NZA 2010, 1361 Rn. 24 ff.; 17.6.2008 NZA 2008, 1139 Rn. 20 u. 25). Bereits der objektiv gegen § 81 I 2 SGB IX verstoßende Arbeitgeber erwecke nämlich den Anschein, nicht nur an der Beschäftigung schwerbehinderter Menschen uninteressiert zu sein, sondern auch möglichst Vermittlungsvorschlägen und Bewerbungen von arbeitsuchenden schwerbehinderten Menschen aus dem Weg gehen zu wollen (BAG 12.9.2006 NZA 2007, 507 Rn. 22). Dies ist wie gesehen nicht überzeugend: wenn man eine Person nicht bevorzugen will, bedeutet dies nicht notwendig, dass man sie gegenüber anderen benachteiligen will. Das gilt auch vor dem Hintergrund gesetzlicher Förderpflichten; ansonsten könnte man aus der Verletzung jeglicher Rechtspflichten zugunsten von Art. 1 geschützter Personen auf eine Diskriminierung schließen. Eine Diskriminierung wegen der Schwerbehinderung soll nach Ansicht des BAG auch dann indiziert sein, wenn der Arbeitgeber die **Schwerbehindertenvertretung** entgegen § 81 I 4 SGB IX nicht oder nicht „unverzüglich" über die eingegangene Bewerbung eines schwerbehinderten Menschen unterrichtet hat und/oder diese an der gem. § 81 I 6 SGB IX vorzunehmenden Prüfung, ob ein Arbeitsplatz mit schwerbehinderten Menschen besetzt werden kann, nicht beteiligt worden ist (so, mit unzutreffendem Verweis auf Art. 5, das BAG 17.8.2010 NZA 2011, 153 Rn. 36 ff.). Auch dies ist nicht überzeugend: allein der Umstand, dass der Arbeitgeber die Schwerbehindertenvertretung nicht unverzüglich über eine Bewerbung einer schwerbehinderten Person unterrichtet, bedeutet nicht zwangsläufig, dass er behinderte Menschen benachteiligen will.

13 Wird einem schwerbehinderten Bewerber von einem öffentlichen Arbeitgeber die **Möglichkeit zu einem Vorstellungsgespräch genommen,** wie von § 82 S. 2 SGB IX gefordert, soll dies ebenfalls die Vermutung einer Benachteiligung wegen der Behinderung

begründen (BAG 12.9.2006 NZA 2007, 507 Rn. 23; 21.7.2009 NZA 2009, 1087 Rn. 33). Die Vorschrift solle das in der Person eines Bewerbers infolge seiner Behinderung bestehende Chancendefizit ausgleichen, indem er sich auch dann vorstellen dürfe, wenn eigentlich klar sei, dass er bei qualifikationsbezogener Auswahl eigentlich keine Chance habe, da es mehrere bessere Bewerber gebe. Werde der schwerbehinderte Bewerber trotz **nicht offensichtlich fehlender Eignung** nicht zum Vorstellungsgespräch eingeladen, liege darin eine weniger günstige Behandlung als zur Herstellung „gleicher Bewerbungschancen" gegenüber anderen Bewerbern erforderlich (BAG 12.9.2006 NZA 2007, 507 Rn. 24).

Ist wegen des Verstoßes gegen § 81 I 1, 2 und § 82 S. 2 SGB IX eine Diskriminierungsvermutung begründet, muss der Arbeitgeber nach Art. 10 I und II den Nachweis führen, **dass die Auswahlentscheidung ausschließlich auf sachlichen Gründen basierte, die nichts mit einer Schwerbehinderung zu tun haben.** Das BAG stellt an die Widerlegung der Vermutung (zu) hohe Anforderungen. So muss der Arbeitgeber das Gericht davon überzeugen, dass die Benachteiligung überhaupt nicht auf der Schwerbehinderung beruhte. Er muss Tatsachen vortragen und ggf. beweisen, wonach es **ausschließlich andere Gründe waren als die Behinderung, die zu der weniger günstigen Behandlung führten, und in seinem Motivbündel weder die Behinderung als negatives noch die fehlende Behinderung als positives Kriterium enthalten war** (BAG 17.8.2010 NZA 2011, 153 Rn. 45; s. zur Motivbündel-Rechtsprechung Art. 10 Rn. 15). Ein solcher Negativbeweis wird in der Praxis kaum zu führen sein, was bedeutet, dass ein Arbeitgeber schon dann wegen Diskriminierung verurteilt werden kann, weil er die Schwerbehindertenvertretung nicht unverzüglich über den Eingang einer Bewerbung unterrichtet hat, selbst wenn das Stellenbesetzungsverfahren mehrere Monate andauert. Dies hat mit einem Schutz vor wirklichen Diskriminierungen nur noch wenig zu tun. Jedenfalls aus der Nichtbefolgung der Begründungspflicht des § 81 I 9 SGB IX folgt keine Präklusion von Rechtfertigungsgründen (BAG 18.11.2008 AP § 81 SGB IX Nr. 16 Rn. 46; 17.8.2010 NZA 2011, 153 Rn. 46). 14

Art. 8 Mindestanforderungen

(1) Die Mitgliedstaaten können Vorschriften einführen oder beibehalten, die im Hinblick auf die Wahrung des Gleichbehandlungsgrundsatzes günstiger als die in dieser Richtlinie vorgesehenen Vorschriften sind.

(2) Die Umsetzung dieser Richtlinie darf keinesfalls als Rechtfertigung für eine Absenkung des von den Mitgliedstaaten bereits garantierten allgemeinen Schutzniveaus in Bezug auf Diskriminierungen in den von der Richtlinie abgedeckten Bereichen benutzt werden.

A. Überblick

Nach Art. 8 I können die Mitgliedstaaten Vorschriften einführen oder beibehalten, die **im Hinblick auf die Wahrung des Gleichbehandlungsgrundsatzes günstiger als die in dieser Richtlinie vorgesehenen Vorschriften** sind. Art. 8 II stellt in diesem Zusammenhang klar, dass die Umsetzung dieser Richtlinie nicht als Rechtfertigung für eine Absenkung des von den Mitgliedstaaten bereits garantierten allg. Schutzniveaus in Bezug auf Diskriminierungen in den von der Richtlinie abgedeckten Bereichen benutzt werden darf, also in ihrem persönlichen, sachlichen und zeitlichen Anwendungsbereich. 1

B. Günstigere Vorschriften

2   Die durch Erwägungsgrund 28 bekräftigte Regelung des Art. 8 I entspricht einer üblichen Regelungspraxis im Bereich arbeitsrechtlicher Richtlinien. Auch die Bezeichnung der RL 2000/78/EG als Rahmenrichtlinie wird maßgeblich mit dem Umstand begründet, dass sie nur **Mindestvorgaben** für die Mitgliedsstaaten enthalte (KOM [99] 564 endg., 3. sowie Folgenabwägung 1). Art. 8 I gewähre ein „hohes Maß an Flexibilität", das es den Mitgliedstaaten erlaube, „sowohl an bereits allgemein eingeführten nationalen Regelungen festzuhalten als auch deren Umsetzung im Wege von Tarifverhandlungen anzuregen" (KOM [99] 564 endg., unter 3. 2. aE). Die Rechtsprechung des EuGH gerade zum Diskriminierungsverbot wegen des Alters wird dieser Intention nur bedingt gerecht (Art. 6 Rn. 18).

3   Entscheidendes Tatbestandsmerkmal des Art. 8 I ist die **Günstigkeit** einer Regelung. Mit Blick auf das Telos der RL 2000/78/EG wird man hierunter eine Verstärkung des Schutzes der von Art. 1 erfassten Personen verstehen müssen. Von Art. 8 I wäre auch die **Aufnahme weiterer geschützter Merkmale** durch die nationalen Regelungsgeber gedeckt (BAG 19.12.2013 Ls. 3 NZA 2014, 372). Ein Unterschreiten der Mindestvorgaben ist demgegenüber nicht zulässig, da dies der vom europäischen Normgeber intendierten Rechtsangleichung entgegenstünde (*Gundel* JuS 1999, 1171 [1173], zu Art. 95 EG aF; *Simitis*, FS Kissel, 1994, 1097 [1109]).

4   Günstigere Regelungen für potentielle Diskriminierungsopfer im Hinblick auf die Darlegungs- und Beweislast bestimmen sich nach **Art. 10 II als lex specialis zu Art. 8 I.** Das BAG verweist ergänzend auf Erwägungsgrund 28 (BAG 26.6.2014 BeckRS 2014, 73097 Rn. 37), der jedoch nur die Grundsätze des Art. 8 I wiederholt. Als günstigere Beweislastregelung sieht das BAG insbesondere die vom BVerfG zum Merkmal Geschlecht geprägte Rechtsprechung an, wonach die Merkmale des Art. 1 nicht das ausschließliche oder vorherrschende Motiv für ein Handeln des Benachteiligenden sein müssen, sondern eine bloße **„Mitursächlichkeit"** (besser: „Mitmotivation") im Rahmen eines **„Motivbündels"** ausreiche (BAG 26.6.2014 BeckRS 2014, 73097 Rn. 37, unter Verweis auf BVerfG 16.11.1993 NZA 1994, 745; ebenso BAG 13.10.2009 NZA 2010, 327 Rn. 50; 21.7.2009 NZA 2009, 1087 Rn. 44; 26.6.2014 BeckRS 2014, 73097 Rn. 34; → Art. 10 Rn. 15).

C. Keine Absenkung des Schutzniveaus

5   Nach Art. 8 II darf die Umsetzung dieser Richtlinie nicht **als Rechtfertigung für eine Absenkung des von den Mitgliedstaaten bereits garantierten allg. Schutzniveaus in Bezug auf Diskriminierungen in den von der Richtlinie abgedeckten Bereichen** benutzt werden. Unter das „Schutzniveau in Bezug auf Diskriminierungen" iSd Art. 8 II sind nur die Regelungen der RL 2000/78/EG zu verstehen, nicht jedoch anderweitige Vorschriften wie diejenigen zum Schutz vor Diskriminierungen wegen des Geschlechts gem. der RL 2006/54/EG (EuGH 8.7.2010 – C-246/09 Rn. 45 f. – Bulicke, NZA 2010, 869).

Kapitel II. Rechtsbehelfe und Rechtsdurchsetzung

Art. 9 Rechtsschutz

(1) Die Mitgliedstaaten stellen sicher, dass alle Personen, die sich durch die Nichtanwendung des Gleichbehandlungsgrundsatzes in ihren Rechten für verletzt halten, ihre Ansprüche aus dieser Richtlinie auf dem Gerichts- und/oder Verwaltungsweg

sowie, wenn die Mitgliedstaaten es für angezeigt halten, in Schlichtungsverfahren geltend machen können, selbst wenn das Verhältnis, während dessen die Diskriminierung vorgekommen sein soll, bereits beendet ist.

(2) Die Mitgliedstaaten stellen sicher, dass Verbände, Organisationen oder andere juristische Personen, die gemäß den in ihrem einzelstaatlichen Recht festgelegten Kriterien ein rechtmäßiges Interesse daran haben, für die Einhaltung der Bestimmungen dieser Richtlinie zu sorgen, sich entweder im Namen der beschwerten Person oder zu deren Unterstützung und mit deren Einwilligung an den in dieser Richtlinie zur Durchsetzung der Ansprüche vorgesehenen Gerichts- und/oder Verwaltungsverfahren beteiligen können.

(3) Die Absätze 1 und 2 lassen einzelstaatliche Regelungen über Fristen für die Rechtsverfolgung betreffend den Gleichbehandlungsgrundsatz unberührt.

A. Rechtsschutz

Gem. Art. 9 I stellen die Mitgliedstaaten sicher, dass **alle Personen, die sich durch die** 1 **Nichtanwendung des Gleichbehandlungsgrundsatzes** (also des Diskriminierungsverbots gem. Art. 2 I) **in ihren Rechten verletzt halten, ihre Ansprüche aus dieser Richtlinie auf dem Gerichts- und/oder Verwaltungsweg** sowie, wenn die Mitgliedstaaten es für angezeigt halten, in Schlichtungsverfahren **geltend machen können,** selbst wenn das Verhältnis, während dessen die Diskriminierung vorgekommen sein soll, bereits beendet ist. Das in Art. 9 I statuierte **Recht auf effektiven gerichtlichen Rechtsschutz** folgt primärrechtlich aus Art. 47 GRC (EuGH 14.10.2010 – C-243/09 Rn. 66 – Fuß, NZA 2010, 1344). Art. 9 I beruht auf dem mittlerweile aufgehobenen Art. 1 der Beweislast-RL 97/80/EG, wonach mit der Richtlinie eine wirksamere Durchführung der Maßnahmen gewährleistet werden sollte, die von den Mitgliedstaaten in Anwendung des geschlechtsbezogenen Gleichbehandlungsgrundsatzes getroffen werden, damit jeder, der sich wegen Nichtanwendung dieses Grundsatzes auf ihn für beschwert hält, seine Rechte nach etwaiger Befassung anderer zuständiger Stellen gerichtlich geltend machen kann (s. EuGH 21.7.2011 – C-104/10 Rn. 33 – Kelly, BeckRS 2011, 81408). Dieser Grundsatz wurde in Art. 7 I RL 2000/43/EG, in Art. 9 I sowie in Art. 17 I RL 2006/54/EG übernommen (EuGH 19.4.2012 – C-415/10 Rn. 38 – Meister, NZA 2012, 493). Nach der Rechtsprechung des EuGH ist es mangels einer einschlägigen Regelung des Unionsrechts zwar Sache der Rechtsordnung der einzelnen Mitgliedstaaten, die **zuständigen Gerichte** und die **Ausgestaltung von Verfahren** zu bestimmen, **die den Schutz der den Bürgern aus dem Unionsrecht erwachsenden Rechte gewährleisten sollen** (EuGH 8.7.2010 – C-246/09 Rn. 25 – Bulicke, NZA 2010, 869; 16.1.2014 – C-429/12 Rn. 23 – Pohl, NVwZ 2014, 433). Die Verfahrensregelungen müssen jedoch die Grundsätze der **Äquivalenz** und der **Effektivität** als Ausdruck des Gebots effektiven Rechtsschutzes gem. Art. 4 III EUV wahren (EuGH 8.7.2010 – C-246/09 Rn. 35 – Bulicke, NZA 2010, 869; näher *Schubert* 424 ff.).

Die nationalen Verfahrensregelungen dürfen hiernach nicht ungünstiger ausgestaltet sein, 2 als gleichartige, das innerstaatliche Recht betreffende Verfahren (**Grundsatz der Äquivalenz,** vgl. EuGH 1.12.1998 – C-326/96 Rn. 18 – Levez, EuZW 1999, 248). Der Äquivalenzgrundsatzes erfordert, dass eine Regelung in gleicher Weise für Klagen gilt, die auf die Verletzung des Unionsrechts gestützt sind, wie für solche, die auf die Verletzung des innerstaatlichen Rechts gestützt sind, sofern diese Klagen einen ähnlichen Gegenstand und Rechtsgrund haben. Es darf somit bei der Anwendung der für Rechtsbehelfe geltenden Vorschriften nicht danach unterschieden werden, ob ein Verstoß gegen Unionsrecht oder gegen innerstaatliches Recht gerügt wird (EuGH 16.1.2014 – C-429/12 Rn. 26 – Pohl, NVwZ 2014, 433). Ein Mitgliedstaat ist jedoch nicht verpflichtet, die günstigste innerstaatliche Regelung auf Klagen zu erstrecken, die im Bereich des Arbeitsrechts erhoben werden (EuGH 8.7.2010 – C-246/09 Rn. 26 f. – Bulicke, NZA 2010, 869). Um festzustellen, ob der Grundsatz der Äquivalenz gewahrt ist, hat das nationale Gericht sowohl den Gegenstand als auch die wesentlichen Merkmale der als vergleichbar dargestellten Klagen des innerstaatlichen Rechts zu prüfen. Außerdem ist jeder Fall, in dem sich die Frage stellt, ob eine nationale Verfahrensvorschrift weniger günstig ist als die für vergleichbare Klagen des innerstaatlichen Rechts geltende, unter Berücksichtigung der Stellung dieser Vorschrift im gesamten Verfahren, des Verfahrensablaufs und der Besonderheiten des Verfahrens vor den verschiedenen nationalen Stellen zu prüfen (EuGH 8.7.2010 – C-246/09 Rn. 28 f. – Bulicke, NZA 2010, 869).

3 Darüber hinaus darf das mitgliedstaatliche Verfahrensrecht die Ausübung der aus dem Unionsrecht erwachsenen Rechte weder praktisch unmöglich machen noch übermäßig erschweren (**Grundsatz der Effektivität;** vgl. EuGH 1.12.1998 – C-326/96 Rn. 18 – Levez, EuZW 1999, 248; 16.1.2014 – C-429/12 Rn. 23 – Pohl, NVwZ 2014, 433). Auch hinsichtlich der Anwendung des Effektivitätsgrundsatzes ist jeder Fall, in dem sich die Frage stellt, ob eine nationale Verfahrensvorschrift die Anwendung des Unionsrechts unmöglich macht oder übermäßig erschwert, unter Berücksichtigung der Stellung dieser Vorschrift im gesamten Verfahren, des Verfahrensablaufs und der Besonderheiten des Verfahrens vor den verschiedenen nationalen Stellen zu prüfen. Dabei sind die Grundsätze zu berücksichtigen, die dem nationalen Rechtsschutzsystem zugrunde liegen, wie etwa der **Schutz der Verteidigungsrechte,** der **Grundsatz der Rechtssicherheit** und **der ordnungsgemäße Ablauf des Verfahrens** (EuGH 8.7.2010 – C-246/09 Rn. 35 – Bulicke, NZA 2010, 869).

B. Verbandsklagebefugnisse

4 Gem. Art. 9 II stellen die Mitgliedstaaten sicher, dass **Verbände, Organisationen oder andere juristische Personen,** die gemäß den in ihrem einzelstaatlichen Recht festgelegten Kriterien ein rechtmäßiges Interesse daran haben, für die Einhaltung der Bestimmungen dieser Richtlinie zu sorgen, sich entweder im Namen der beschwerten Person oder zu deren Unterstützung und mit deren Einwilligung **an den in dieser Richtlinie zur Durchsetzung der Ansprüche vorgesehenen Gerichts- und/oder Verwaltungsverfahren beteiligen** können. Die Vorschrift ermöglicht es somit den Mitgliedstaaten, Verbänden das Recht einzuräumen, Gerichts- oder Verwaltungsverfahren zur Durchsetzung der Verpflichtungen aus dieser Richtlinie einzuleiten, auch wenn sie nicht im Namen einer bestimmten beschwerten Person handeln oder sich keine beschwerte Person feststellen lässt (EuGH 25.4.2013 – C-81/12 Rn. 37 – Associatia ACCEPT, NZA 2013, 891). Sieht ein Mitgliedstaat ein solches Verbandsklagerecht vor, ergibt sich aus Art. 8 I iVm Art. 9 II und 10 I, II und IV, dass die Beweislastregelung des Art. 10 I auch in den Fällen anzuwenden ist, in denen ein solcher Verband ein Verfahren einleitet, ohne im Namen einer bestimmten beschwerten Person, zu deren Unterstützung oder mit deren Einwilligung zu handeln (EuGH 25.4.2013 – C-81/12 Rn. 38 – Associatia ACCEPT, NZA 2013, 891). Aus Art. 9 II folgt jedoch keine Pflicht, Antidiskriminierungsverbänden oder ähnlichen Organisationen eine Mitwirkungsbefugnis einzuräumen, wie der Verweis auf die im einzelstaatlichen Recht festgelegten Kriterien zeigt (**aA** ErfK/*Schlachter* AGG § 23 Rn. 1).

5 In der Entscheidung *Feryn* hat der EuGH zur Reichweite der Verbandsklagebefugnis bei Sachverhalten mit Bezug zu den Diskriminierungsverboten Stellung genommen. Hiernach kann bereits die **öffentliche Äußerung** eines Arbeitgebers, er werde keine Marokkaner einstellen, die Vermutung für eine unmittelbare Diskriminierung gem. Art. 2 II lit. a RL 2000/43/EG begründen; denn eine derartige Äußerung könne bestimmte Bewerber ernsthaft davon abhalten, ihre Bewerbungen einzureichen und damit ihren Zugang zum Arbeitsmarkt behindern (EuGH 10.7.2008 – C-54/07 – Feryn, NJW 2008, 2767). Eine abstrakte Äußerung kann in einem **Verbandsklageverfahren auch ohne eine identifizierbar beschwerte Person eine Diskriminierung vermuten** lassen, weshalb dem Arbeitgeber

der Nachweis obliegt, dass seine Entscheidungspraxis den Äußerungen nicht entspricht. Ist ihm dies nicht möglich, verlangen die Art. 15 RL 2000/43/EG, Art. 17 und Art. 25 RL 2006/54/EG auch dann wirksame, verhältnismäßige und abschreckende Sanktionen, wenn es kein identifizierbares Opfer gibt (EuGH 10.7.2008 – C-54/07 Rn. 25 – Feryn, NJW 2008, 2767). Die Sanktion muss in diesem Fall jedoch keinen Anspruch auf Schadensersatz oder Entschädigung beinhalten (EuGH 25.4.2013 – C-81/12 Rn. 68 – Associatia ACCEPT, NZA 2013, 891). Trotz der missverständlichen Ausführungen des EuGH sind die Mitgliedstaaten nach Art. 9 II nicht verpflichtet, autonome Verbandsklagebefugnisse einzuführen (BAG 14.11.2013 NZA 2014, 489 Rn. 44; 19.8.2010 NZA 2011, 200 Rn. 33; aA *Bayreuther* NZA 2008, 986 [989]). Zwar ist es den Mitgliedstaaten nicht verwehrt, in ihren nationalen Rechtsordnungen Verbänden, die ein berechtigtes Interesse an der Einhaltung der Richtlinie haben, das Recht zur Einleitung von Gerichts- und Verwaltungsverfahren einzuräumen, „auch" wenn sich keine beschwerte Person feststellen lässt (EuGH 10.7.2008 – C-54/07 Rn. 27 – Feryn, NJW 2008, 2767). Der EuGH betont jedoch zugleich, dass es allein Sache des nationalen Gerichts ist, zu beurteilen, ob sein Recht eine solche Möglichkeit eröffnet (EuGH 10.7.2008 – C-54/07 Rn. 27 – Feryn, NJW 2008, 2767; so auch BAG 14.11.2013 NZA 2014, 489 Rn. 45). Etwas anderes gilt bei identifizierbaren beschwerten Personen; diese müssen regelmäßig einen Anspruch auf Schadensersatz in Geld haben (→ Art. 17 Rn. 2). Eine öffentliche Äußerung des Arbeitgebers kann auch insoweit die Vermutung für eine Diskriminierung begründen (→ Art. 10 Rn. 8).

Die Mindestanforderungen des Art. 9 II werden im deutschen Recht eingehalten (BAG 14.11.2013 NZA 2014, 489 Rn. 44; 19.8.2010 NZA 2011, 200 Rn. 33). Zwar ist für die durch Gesetz vorgeschriebenen Einrichtungen zur Unterstützung der Integration behinderter Menschen (Schwerbehindertenvertretung, Integrationsamt, Integrationsfachdienste, vgl. die Kapitel 5–7 SGB IX) ein allg. Klagerecht nicht vorgesehen. Es können jedoch Antidiskriminierungsverbände nach § 23 II AGG im gerichtlichen Verfahren als Beistände Benachteiligter auftreten. **6**

C. Fristen für die Rechtsverfolgung

Nach Art. 9 III lassen die Abs. 1 und 2 mitgliedstaatliche Regelungen über Fristen für die Rechtsverfolgung unberührt. Diese Regelung impliziert, dass die **Fristen für die Einleitung von Verfahren zur Geltendmachung von Ansprüchen aus der Richtlinie** vom Unionsrecht nicht selbst geregelt werden (EuGH 8.7.2010 – C-246/09 Rn. 24 – Bulicke, NZA 2010, 869). Es sind jedoch die Grundsätze der Äquivalenz und der Effektivität zu beachten (→ Rn. 1). Auch mit Blick auf diese Vorgaben ist eine **Ausschlussfrist** wie diejenige in § 15 IV AGG unionsrechtskonform, wonach eine diskriminierte Person einen Anspruch auf Entschädigung für Vermögens- und Nichtvermögensschäden innerhalb von zwei Monaten gegenüber demjenigen, von dem diese Diskriminierung ausgeht, geltend machen muss (EuGH 8.7.2010 – C-246/09 Rn. 25 ff. – Bulicke, NZA 2010, 869). § 15 IV AGG ist nicht weniger günstig als Vorschriften für vergleichbare innerstaatliche Rechtsbehelfe im Bereich des Arbeitsrechts (EuGH 8.7.2010 – C-246/09 Rn. 34 – Bulicke, NZA 2010, 869). Auch der Grundsatz der Effektivität ist nach Ansicht des EuGH gewahrt (EuGH 8.7.2010 – C-246/09 Rn. 36 – Bulicke, NZA 2010, 869). Angemessene Ausschlussfristen dienen der **Rechtssicherheit;** derartige Fristen sind somit nicht geeignet, die Ausübung der durch die Unionsrechtsordnung verliehenen Rechte praktisch unmöglich zu machen oder übermäßig zu erschweren. Die Fristen müssen jedoch im Hinblick auf die Bedeutung und Komplexität der jeweils in Rede stehenden Angelegenheit „angemessen" sein (so auch *Kolbe* EuZA 2011, 65 [69]). Es ist auch insoweit Sache der Mitgliedstaaten, diejenigen Ausschlussfristen festzulegen, die der Bedeutung der zu treffenden Entscheidungen für die Betroffenen, der Komplexität der Verfahren und der anzuwendenden Rechtsvorschriften, der Zahl der potenziell Betroffenen und den anderen zu berücksichtigenden öffentlichen **7** oder privaten Belangen entsprechen (EuGH 8.7.2010 – C-246/09 Rn. 36 – Bulicke, NZA 2010, 869).

8 Zu unterscheiden ist zwischen der **Länge einer Ausschlussfrist** und dem **Fristbeginn**. Eine Fristdauer von 2 Monaten auf der ersten Stufe einer zweistufigen Ausschlussfrist ist unionsrechtlich nicht zu beanstanden (*Kolbe* EuZA 2011, 65 [69]). Demgegenüber ist bezüglich des Fristbeginns eine subjektive Anknüpfung geboten. In der Rs. *Bulicke* folgerte der EuGH aus dem Vorlagebeschluss und den Erklärungen der deutschen Regierung, dass Fristbeginn auch bei § 15 IV 2 AGG nicht zwangsläufig der Zugang der Ablehnung sei, sondern die Frist erst mit dem Zeitpunkt beginne, in dem der Arbeitnehmer von der behaupteten Diskriminierung Kenntnis erlange (EuGH 8.7.2010 – C-246/09 Rn. 41 – Bulicke, NZA 2010, 869; s. dazu schon *Deinert* DB 2007, 398 [402]; *Kamanabrou* RdA 2006, 321 [338]; aA *Thüsing* ZESAR 2009, 489 [490]). § 15 IV 2 AGG ist hiernach so zu lesen, als ob die Frist bei der Begründung des Beschäftigungsverhältnisses und dem beruflichen Aufstieg „frühestens" mit Zugang der Ablehnung beginnt (*Kolbe* EuZA 2010, 65 [70]).

9 § 15 IV AGG wird im arbeitsgerichtlichen Verfahren ergänzt durch § 61b I ArbGG. Danach muss eine „Klage auf Entschädigung nach § 15" innerhalb von drei Monaten, nachdem der Anspruch schriftlich geltend gemacht worden ist, erhoben werden (BAG 17.8.2010 NZA 2011, 153 Rn. 23). Erfasst werden nach dem Gesetzeszweck nicht nur Ansprüche auf Entschädigung gem. § 15 II AGG, sondern **alle Anspruchsgrundlagen**, mit denen eine unzulässige Diskriminierung geltend gemacht wird. Dies sind auch solche auf Schadensersatz gem. § 15 I AGG (*Jacobs* RdA 2010, 193 [202]; offen gelassen von BAG 22.7.2010 NZA 2011, 93 Rn. 46). Mit Blick auf die oben geschilderte *Bulicke*-Entscheidung des EuGH (EuGH 8.7.2010 – C-246/09 – Bulicke, NZA 2010, 869) wird § 61b I ArbGG im Schrifttum als **unionsrechtswidrig** erachtet, da er die Geltendmachung von Ansprüchen gegenüber § 823 I BGB erschwere (*Fischinger* NZA 2010, 1048 [1052]).

10 Der unionsrechtliche Grundsatz der Effektivität steht einer nationalen Regelung nicht entgegen, wonach Ansprüche auf Schutz vor Diskriminierungen **verjähren** können (EuGH 16.1.2014 – C-429/12 Rn. 29 ff. – Pohl, NVwZ 2014, 433). Im konkreten Fall hat der EuGH eine Verjährungsregelung gebilligt, wonach für das Recht eines Arbeitnehmers, zum Zwecke der Behebung einer festgestellten Diskriminierung eine Aufwertung der bei der Ermittlung des Vorrückungsstichtags zu berücksichtigenden Dienstzeiten zu verlangen, eine Verjährungsfrist von 30 Jahren gilt, die mit dem Abschluss der Vereinbarung, auf Grund derer dieser Stichtag ermittelt wurde, oder mit der unrichtigen Gehaltseinstufung beginnt. Zugleich erkannte der EuGH das Ziel der Gewährung von Rechtssicherheit an (EuGH 16.1.2014 – C-429/12 Rn. 29, 34 – Pohl, NVwZ 2014, 433; *Schubert/Jerchel* EuZW 2015, 340 [341]), wobei das Verjährungsrecht in Deutschland zusätzlich dem Schutz vor einer Inanspruchnahme aus unbegründeten, unbekannten oder unerwarteten Forderungen dient (MüKoBGB/*Grothe* BGB Vor § 194 Rn. 6).

Art. 10 Beweislast

(1) Die Mitgliedstaaten ergreifen im Einklang mit ihrem nationalen Gerichtswesen die erforderlichen Maßnahmen, um zu gewährleisten, dass immer dann, wenn Personen, die sich durch die Nichtanwendung des Gleichbehandlungsgrundsatzes für verletzt halten und bei einem Gericht oder einer anderen zuständigen Stelle Tatsachen glaubhaft machen, die das Vorliegen einer unmittelbaren oder mittelbaren Diskriminierung vermuten lassen, es dem Beklagten obliegt zu beweisen, dass keine Verletzung des Gleichbehandlungsgrundsatzes vorgelegen hat.

(2) Absatz 1 lässt das Recht der Mitgliedstaaten, eine für den Kläger günstigere Beweislastregelung vorzusehen, unberührt.

(3) Absatz 1 gilt nicht für Strafverfahren.

(4) Die Absätze 1, 2 und 3 gelten auch für Verfahren gemäß Artikel 9 Absatz 2.

(5) Die Mitgliedstaaten können davon absehen, Absatz 1 auf Verfahren anzuwenden, in denen die Ermittlung des Sachverhalts dem Gericht oder der zuständigen Stelle obliegt.

A. Überblick

Die Beweislastregelung des Art. **10 I** steht in engem Zusammenhang mit der Rechts- 1
schutzgarantie des Art. 9 I (EuGH 19.4.2012 – C-415/10 Rn. 38 – Meister, NZA 2012, 493; BAG 19.8.2010 NZA 2011, 200 Rn. 34). Der EuGH legt die Regelungen über die Darlegungs- und Beweislast für **alle Richtlinien gegen Diskriminierungen** übereinstimmend aus, namentlich für Art. 8 I RL 2000/43/EG, für Art. 10 I und für Art. 19 I RL 2006/54/EG (EuGH 19.4.2012 – C-415/10 Rn. 34 ff. – Meister, NZA 2012, 493). Dies gründet auch auf dem Umstand, dass der europäische Normgeber mit diesen Vorschriften die Rechtsprechung des EuGH zum Diskriminierungsverbot wegen des Geschlechts rezipiert hat (vgl. EuGH 27.10.1993 – C-127/92 Rn. 14 – Enderby, NZA 1994, 797). Diese Rechtsprechung wurde zunächst in Art. 4 I der Beweislast-RL 97/80/EG kodifiziert (*Bergwitz* DB 1999, 94 [96]; *Mohr* Diskriminierungen 332; so auch EuGH 21.7.2011 – C-104/10 – Kelly, BeckRS 2011, 81408). Art. 10 I und Art. 8 I RL 2000/43/EG sind wiederum nahezu wortgleich Art. 4 I RL 97/80/EG nachgebildet (EuGH 19.4.2012 – C-415/10 Rn. 34 ff. – Meister, NZA 2012, 493). Dasselbe gilt für Art. 19 I RL 2006/54/EG, der Art. 4 I RL 97/80/EG abgelöst hat (vgl. Art. 34 RL 2006/54/EG; EuGH 19.4.2012 – C-415/10 Rn. 34 ff. – Meister, NZA 2012, 493).

Nach **Art. 10 II** dürfen die Mitgliedstaaten eine für den Kläger **günstigere Beweislast-** 2
regelung schaffen (so auch Art. 8 II RL 2000/43/EG und Art. 19 II RL 2006/54/EG). Dies entspricht der Ausgestaltung der RL 2000/78/EG als Rahmenregelung (so auch Erwägungsgrund 28). **Nach Art. 10 III sind Strafverfahren** von der Beweiserleichterung des Art. 10 I ausgenommen (so auch Art. 8 II der RL 2000/43/EG, Art. 19 V RL 2006/54/EG). Das ist wegen des rechtsstaatlichen Grundsatzes „in dubio pro reo" zwingend erforderlich. Gem. Art. 10 IV gelten die Regelungen gem. Art. 10 I, II und III auch für **Verbandsklageverfahren** gem. Art. 9 II (vgl. EuGH 25.4.2013 – C-81/12 Rn. 38 – Associatia ACCEPT, NZA 2013, 891). Allerdings sind die Mitgliedstaaten nur dann verpflichtet, Verbandsklagebefugnisse einzuführen, wenn dies den im einzelstaatlichen Recht festgelegten Kriterien entspricht (→ Art. 9 Rn. 5). Absehen können die Mitgliedstaaten gem. **Art. 10 V** iVm Erwägungsgrund 32 auch davon, die Beweislastregelung auf **Verfahren mit Untersuchungsgrundsatz** anzuwenden, zB auf Beschlussverfahren im Arbeitsrecht (so auch Art. 8 V RL 2000/43/EG und Art. 19 III RL 2006/54/EG).

B. Erleichterung der Darlegungs- und Beweislast

I. Grundsätze

Nach **allg. Grundsätzen** hätte ein Anspruchssteller neben dem Umstand, dass er „einer 3
bestimmten Religion angehört, eine bestimmte Weltanschauung hat, eine bestimmte Behinderung aufweist, ein bestimmtes Alter oder eine bestimmte sexuelle Ausrichtung hat" (Erwägungsgrund 31 S. 3), auch das Vorliegen einer Benachteiligung gerade wegen eines solchen Kriteriums darzulegen und zu beweisen (EuGH 27.10.1993 – C-127/92 Rn. 13 – Enderby, NZA 1994, 797; 26.6.2001 – C-381/99 Rn. 52 – Brunnhofer, NZA 2001, 883). Der Nachweis einer Benachteiligung impliziert, dass sich der Anspruchsteller in einer vergleichbaren Situation wie die (tatsächlich oder hypothetisch) begünstigte Person befindet (EuGH 26.6.2001 – C-381/99 Rn. 52 – Brunnhofer, NZA 2001, 883). Demgegenüber obläge dem Beklagten nach allg. Grundsätzen nur die Darlegungs- und Beweislast für das

Vorliegen eines Rechtfertigungsgrundes etwa nach den Art. 2 V, Art. 4 I oder Art. 6. Ansonsten könnte er sich auf das Bestreiten der anspruchsbegründenden Tatsachen beschränken (BAG 12.11.1998 NZA 1999, 371). Da in der Praxis eine Vielzahl von sachlichen Gründen für eine Differenzierung denkbar sind, wäre eine Diskriminierung wohl nur in den seltensten Fällen nachzuweisen (vgl. Erwägungsgrund 31 S. 1 und 2). Dieses Ergebnis würde noch dadurch verstärkt, dass sich die relevanten Informationen oft in Händen des Arbeitgebers befinden, bzw. es für einen Vorgang überhaupt keine Beweismittel gibt (KOM [99] 564 endg.; *Bergwitz* DB 1999, 94; *Nickel* NJW 2001, 2688 [2671]), was freilich keine Besonderheit des Arbeitsrechts ist. Insofern gewährte der EuGH klagenden Arbeitnehmern, die sich wegen ihres Geschlechts diskriminiert fühlen, schon früh Darlegungs- und Beweiserleichterungen, um ihre Beweisschwierigkeiten in vertretbarem Umfang abzumildern. Diese Rechtsprechung wurde vom europäischen Gesetzgeber in der **Beweislastrichtlinie 97/80/EG** rezipiert (*Bergwitz* DB 1999, 94 [96]). Art. 10 I lehnt sich eng an Art. 4 I RL 97/80/EG an (EuGH 19.4.2012 – C-415/10 Rn. 34 ff. – Meister, NZA 2012, 493). Die deutsche Rechtsprechung geht über die unionsrechtlichen Vorgaben zuweilen deutlich hinaus, etwa iRd Vorgaben an den Nachweis und die Widerlegung eines **Motivbündels** oder die **Präklusion von Sachvortrag des Arbeitgebers wegen vermeintlicher Verfahrensfehler** (grundlegend BVerfG 16.11.1993 NZA 1994, 745; dazu *Grobys* NZA 2006, 898 [903]; krit. *Mohr* Diskriminierungen 251; *ders.* SAE 2006, 26). Diese Rechtsprechung kann insofern nicht mehr aufrechterhalten werden, als sie sich auf Art. 3 III GG stützt, da im Anwendungsbereich des Unionsrechts iSd Art. 51 I 1 GRC allein die Grundrechte gem. Art. 21 I, Art. 23 GRC gelten, die vom EuGH nach den Vorgaben des Sekundärrechts interpretiert werden (→ GRC Art. 21 Rn. 8 u. 49), sofern Letzteres keine unverhältnismäßige Ausnahme vom Grundsatz auf Nichtdiskriminierung statuiert (EuGH 1.3.2011 – C-236/09 – Test Achats, NJW 2011, 907).

4   Der EuGH orientiert sich zur Interpretation von Art. 10 I an seiner **Rechtsprechung zu Art. 4 I RL 97/80/EG** (EuGH 19.4.2012 – C-415/10 Rn. 34 ff. – Meister, NZA 2012, 493). Hiernach obliegt es der Person, die sich durch die Verletzung des Gleichbehandlungsgrundsatzes (verstanden als Diskriminierungsverbot) für beschwert hält, Tatsachen glaubhaft zu machen, die das Vorliegen einer unmittelbaren oder mittelbaren Diskriminierung vermuten lassen. Die Vokabel **Glaubhaftmachen** ist nicht gleichbedeutend mit der Regelung in § 294 ZPO, ebenso wenig wie der Begriff **Vermutung** mit der Regelung in § 292 ZPO (BAG 5.2.2004 NZA 2004, 540; 15.2.2005 NZA 2005, 870; 24.4.2008 NZA 2008, 1351). Art. 10 I meint vielmehr, dass der Kläger eine Umkehrung der Darlegungs- und Beweislast auf den Beklagten herbeiführen kann, sofern er geeignete Vermutungstatsachen (Indizien iSd § 22 AGG; vgl. BAG 26.6.2014 Rn. 31, BeckRS 2014, 73097) darlegt und ordnungsgemäß unter Beweis stellt, die eine Benachteiligung gerade wegen des verbotenen Grundes als überwiegend wahrscheinlich erscheinen lassen.

5   Die Erleichterung der Beweislast gem. **Art. 10 I**, die sich zugleich auf die Darlegungslast auswirkt (BAG 18.9.2014 BeckRS 2014, 73584 Rn. 21), kommt sowohl bei der **unmittelbaren Diskriminierung** als auch bei der **mittelbaren Diskriminierung** zum Tragen. In beiden Fällen bezieht sie sich allein auf den Nachweis, dass der Kläger **gerade wegen eines von Art. 1 geschützten Merkmals benachteiligt** worden ist, also auf den Kausalitäts- und Motivationszusammenhang zwischen einem geschützten Merkmal und der Benachteiligung (BAG 24.4.2008 NZA 2008, 1351 Rn. 25; *Prütting*, FS 50 Jahre BAG, 2004, 1315). Der Kläger muss deshalb nach allg. Grundsätzen nachweisen, dass er in seiner Person ein geschütztes Merkmal verwirklicht (vgl. Erwägungsgrund 31 S. 3) und gegenüber einer anderen Person in einer vergleichbaren Situation ungünstiger behandelt, dh benachteiligt worden ist. Zusätzlich muss er nach Art. 10 I Vermutungstatsachen nachweisen, aus denen sich schließen lässt, dass die unterschiedliche Behandlung gerade auf einem geschützten Merkmal und nicht auf anderen Gründen beruht (*Windel* RdA 2011, 193 [197]). Dies ist nach der Rechtsprechung des BAG schon dann der Fall, wenn die vorgetragenen Tatsachen aus objektiver Sicht nach allg. Lebenserfahrung mit überwiegender Wahrscheinlichkeit

darauf schließen lassen, dass die Benachteiligung wegen des geschützten Merkmals erfolgt ist (BAG 17.8.2010 NZA 2011, 153 Rn. 32). Dabei sind alle Umstände des Rechtsstreits zu berücksichtigen (EuGH 19.4.2012 – C-415/10 Rn. 42 – Meister, NZA 2012, 493; BAG 18.9.2014 BeckRS 2014, 73584 Rn. 21). Nach Ansicht des BAG genügt hinsichtlich des Zusammenhangs zwischen der Benachteiligung und dem geschützten Merkmal der Vortrag von Hilfstatsachen, die zwar nicht zwangsläufig den Schluss auf den Zurechnungszusammenhang („Kausalität") zulassen, aber gleichwohl die Annahme rechtfertigten, dass dieser gegeben ist (BAG 18.9.2014 BeckRS 2014, 73584 Rn. 21). Es soll ausreichend sein, dass das geschützte Merkmal Bestandteil eines **Motivbündels** war; dieses müsse nicht ausschließliches Motiv, noch nicht einmal wesentliches Motiv gewesen sein (→ Rn. 15; **aA** *Adomeit/Mohr* JZ 2009, 179). Die Erleichterung der Darlegungs- und Beweislast darf aber auch hiernach nicht so weit gehen, dass ein Kläger durch Behauptungen ins Blaue eine Beweislastumkehr auf den Beklagten auslösen kann (BAG 20.5.2010 NZA 2010, 1006 Rn. 15).

Nach Begründung der „Vermutungswirkung" obliegt es dem in Anspruch Genommenen, 6 die Benachteiligung gerade wegen des geschützten Merkmals durch sachliche Gründe zu entkräften oder die Benachteiligung zu rechtfertigen (EuGH 10.7.2008 – C-54/07 Rn. 30 – Feryn, NJW 2008, 2767; 25.4.2013 – C-81/12 Rn. 42 – Associatia ACCEPT, NZA 2013, 891; BAG 17.8.2010 NZA 2011, 153 Rn. 32; 21.7.2009 NZA 2009, 1087 Rn. 35 f.; *Prütting* RdA 1999, 107 [111]; *Windel* RdA 2007, 1 [6]). Hat der Kläger iRd zweistufigen Verfahrens gem. Art. 10 I die Diskriminierungsvermutung begründen können, bewirkt die Vorschrift für den **Benachteiligungsgrund** eine echte Beweislastumkehr, eine „Gegenglaubhaftmachung" des Beklagten ist nicht zulässig (LAG Bln-Bbg 26.11.2008 NZA 2009, 43; *Schlachter* RdA 1998, 321 [326]; **aA** *Hanau* ZIP 2006, 2189 [2194]). Art. 10 I sieht für den **Benachteiligungsgrund** somit eine **zweifache Beweisführung** vor (*Westenberger* Anm. BAG AP BGB § 611a Nr. 23). Zusätzlich kann der Beklagte, soweit dies möglich und prozessual zulässig ist, die sonstigen Anspruchsvoraussetzungen bestreiten und einen Gegenbeweis anbieten sowie die Voraussetzungen eines Rechtfertigungsgrundes nachweisen. Nach der Rechtsprechung des EuGH kann der Arbeitgeber die Diskriminierung wegen eines geschützten Merkmals grds. auf der Grundlage eines **Bündels übereinstimmender Indizien** widerlegen, wozu auch eine klare Distanzierung von diskriminierenden Verlautbarungen und der Nachweis diskriminierungsfreier Bestimmungen im Bereich der Einstellungspolitik zählt (EuGH 25.4.2013 – C-81/12 Rn. 58 – Associatia ACCEPT, NZA 2013, 891). Die Zulässigkeit eines Indizienbeweises gründet auch auf den Interessen der Betroffenen, da der Arbeitgeber ansonsten zu einem Outing von homosexuellen Menschen gezwungen sein könnte, was deren Recht auf Achtung des Privatlebens verletzte (EuGH 25.4.2013 – C-81/12 Rn. 54 ff. – Associatia ACCEPT, NZA 2013, 891; *Benecke/Böglmüller* EuZW 2013, 474 [475]). Demgegenüber stellt das BAG verschärfte Anforderungen an die Widerlegung der Vermutungswirkung. Hiernach muss der Arbeitgeber Tatsachen vortragen und beweisen, aus denen sich ergibt, dass **ausschließlich andere Beweggründe als das geschützte Merkmal** zur weniger günstigen Behandlung geführt haben (BAG 19.8.2010 NZA 2010, 1412 Rn. 61; 26.6.2014 BeckRS 2014, 73097 Rn. 37; → Rn. 15). Diese Rechtsprechung ist nicht überzeugend, da sie der Beweislastregelung des Art. 10 I einen materiellen Gehalt zuspricht, der über die Erleichterung des Nachweises einer Diskriminierung hinausgeht (v. *Medem* NZA 2007, 545 [547]). Ein öffentlicher Arbeitgeber kann eine vermutete Benachteiligung deshalb jedenfalls durch den Nachweis widerlegen, dass er den am besten qualifizierten Bewerber eingestellt hat (BAG 24.1.2013 NZA 2013, 498 Rn. 64 ff.). Dies gilt auch für private Arbeitgeber, selbst wenn die entsprechenden Kriterien nicht nach außen dokumentiert worden sind (*Mohr* NZA 2014, 459 [464]; **aA** BAG 5.2.2004 NZA 2004, 540 [544]; 19.8.2010 NZA 2010, 1412 Rn. 82). Diese können insbesondere auf andere Eignungskriterien als die Qualifikation abstellen (LAG Nürnberg 19.2.2008 NZA 2009, 148 [149]: „flexibel und belastbar"). Eine **Präklusion durch „Verfahrensfehler"** scheidet insoweit aus, da private Arbeitgeber nicht verpflichtet sind, alle relevanten Kriterien für die Personalauswahl in der Stellenausschreibung aufzuführen, etwa Pünktlichkeit, Freundlichkeit, Sauberkeit oder sympathisches Erscheinen (*Windel* RdA 2007, 1 [7]). Eine entsprechende Rechtspflicht folgt auch nicht aus Art. 21 I, 23 GRC, da hierin ein unverhältnismäßiger Eingriff in die Unternehmerfreiheit des Art. 16 GRC und die Eigentumsfreiheit des Art. 17 GRC liegen würde (*Mohr* ZHR 178, 2014, 326 [348 ff.]).

7 Es liegt grds. in der Kompetenz der **einzelstaatlichen Gerichte** oder anderer zuständiger Stellen, die **Tatsachen,** die das Vorliegen einer unmittelbaren oder mittelbaren Diskriminierung vermuten lassen, im Einklang mit den innerstaatlichen Rechtsvorschriften oder Gepflogenheiten zu bewerten (EuGH 21.7.2011 – C-104/10 Rn. 31 – Kelly, BeckRS 2011, 81408), wie dies auch der 15. Erwägungsgrund der RL 2000/43/EG und der RL 2000/78/EG sowie Erwägungsgrund 30 RL 2006/54/EG vorsehen (EuGH 19.4.2012 – C-415/10 Rn. 37 – Meister, NZA 2012, 493). Es ist außerdem Sache der nationalen Gerichte, die **Beweiskraft der Beweismittel** nach den Regeln des innerstaatlichen Rechts zu beurteilen (EuGH 21.7.2011 – C-159, 160/10 Rn. 82 – Fuchs und Köhler, NVwZ 2011, 1249). Der EuGH kann den nationalen Gerichten jedoch Hinweise geben, die für die Entscheidung dienlich sind (EuGH 25.4.2013 – C-81/12 Rn. 42 – Associatia ACCEPT, NZA 2013, 891). Außerdem darf die nationale Rechtsprechung den Diskriminierungsverboten keinen materiell anderen Gehalt zusprechen, wie dies bei der Motivbündel-Rechtsprechung der Fall sein kann (→ Rn. 15).

II. Unmittelbare Diskriminierung

8 In Deutschland haben sich Fallgruppen herausgebildet, die eine unmittelbare Diskriminierung nach Art. 10 I bzw. gem. Art. 8 I RL 2000/43/EG und Art. 19 I RL 2006/54/EG vermuten lassen (BAG 21.6.2012 NZA 2012, 1345 Rn. 33). Derartige Vermutungstatsachen können zB in **Fragen** des Arbeitgebers liegen, sofern diese auf ein geschütztes Merkmal abzielen (BAG 6.2.2003 NZA 2003, 848 [849]; → Art. 3 Rn. 15). Tatsachen, die geeignet sind, eine diskriminierende Einstellungspolitik vermuten zu lassen, können auch sonstige **Äußerungen** sein, durch die ein Arbeitgeber öffentlich kundtut, dass er im Rahmen seiner Einstellungspolitik keine Arbeitnehmer mit einem bestimmten Merkmal beschäftigt (EuGH 10.7.2008 – C-54/07 Rn. 31 f. – Feryn, NJW 2008, 2767; 25.4.2013 – C-81/12 Rn. 46 ff. – Associatia ACCEPT, NZA 2013, 891). Eine unmittelbare Diskriminierung kann weiterhin zu vermuten sein, wenn der Arbeitgeber eine personelle Einzelmaßnahme mit Umständen begründet, die in Widerspruch zu seinem sonstigen Verhalten stehen, oder sich auf wechselnde Begründungen stützt (BAG 21.6.2012 NZA 2012, 1345 Rn. 47 ff.), wobei es dem Arbeitgeber aber unbenommen ist, die Auswahlkriterien im laufenden Bewerbungsverfahren zu präzisieren oder zu ändern (*Windel* RdA 2007, 1 [7]). Als weitere Vermutungstatsachen werden Verstöße des Arbeitgebers gegen **Verfahrensvorschriften** (etwa gem. §§ 81 I, 82 S. 2 SGB IX) angesehen, die der Förderung der beruflichen Eingliederung von geschützten Personen dienen (BAG 23.6.2010 NZA 2010, 1361 Rn. 24 ff.; 17.6.2008 NZA 2008, 1139 Rn. 20 u. 25; 12.9.2006 NZA 2007, 507; ausführlich *Adomeit/Mohr* AGG § 3 Rn. 318 ff.). Diese Rechtsprechung ist problematisch, sofern das BAG die Förderpflichten zugunsten behinderter Menschen zugleich dazu heranzieht, die Möglichkeiten des Arbeitgebers zur Rechtfertigung einer Benachteiligung gem. Art. 4 I einzuschränken (BAG 26.6.2014 BeckRS 2014, 73097 Rn. 45 u. 53 ff.). Die Förderpflichten wirken sich dann nämlich sowohl auf Tatbestands- als auch auf Rechtfertigungsebene zu Lasten des Arbeitgebers aus. Darüber hinaus besagt die Nicht-Begünstigung einer Person noch nicht, dass man diese diskriminieren will. Auch anderweitige Verfahrenshandlungen wie **merkmalspezifische Stellenausschreibungen** können die Vermutung einer Diskriminierung wegen eines geschützten Merkmals begründen (BAG 19.8.2010 NZA 2010, 1412 Rn. 57; so auch BVerfG 16.11.1993 NZA 1994, 745; 21.9.2006 NZA 2007, 195; BAG 5.2.2004 NZA 204, 540 = SAE 2006, 37 mit Anm. *Mohr*).

Im Einzelfall können auch **statistische Nachweise** eine Vermutung für eine unmittelbare Diskriminierung wegen eines geschützten Merkmals iSd Art. 10 I begründen (BAG 21.6.2012 NZA 2012, 1345 Rn. 33). Aus statistischen Daten kann sich aber nur dann die Vermutung für ein regelhaft gegenüber einer bestimmten Merkmalsgruppe geübtes Verhalten ergeben, wenn sich die Daten auf den betreffenden Arbeitgeber beziehen und hinreichend aussagekräftig sind, was das Verhalten gegenüber der Merkmalsgruppe betrifft (BAG 21.6.2012 NZA 2012, 1345 Rn. 36; 22.7.2010 NZA 2011, 93 Rn. 68; so auch *Grobys* NZA 2006, 898; *Windel* RdA 2011, 193 [197]; *Bauer/Evers* NZA 2006, 893). Allein dem Umstand, dass in derselben Branche in der vergleichbaren Hierarchieebene der Frauenanteil höher ist als bei dem betroffenen Arbeitgeber, kommt deshalb bei personellen Einzelmaßnahmen keine Indizwirkung für ein entsprechend regelhaftes Verhalten zu (BAG 22.7.2010 NZA 2011, 93 Rn. 75; 21.6.2012 NZA 2012, 1345 Rn. 39). Gleiches gilt für den Umstand, dass in den oberen Hierarchieebenen des Arbeitgebers ein deutlich geringerer Frauenanteil vorliegt als im Gesamtunternehmen (BAG 22.7.2010 NZA 2011, 93 Rn. 71). Zu berücksichtigen sind insoweit insbesondere die gesellschaftlichen Verhältnisse in Form der immer noch begrenzten Vereinbarkeit von Familie und Beruf, wofür die Arbeitgeber nicht verantwortlich sind (BAG 22.7.2010 NZA 2011, 93 Rn. 74; *Adomeit/Mohr,* FS Bauer, 2010, 1 [8]). Vom EuGH wurden Statistiken bislang vor allem bei der mittelbaren Diskriminierung als Beweismittel herangezogen (→ Rn. 11). Bei der unmittelbaren Geschlechtsdiskriminierung wurde ein statistischer Nachweis nur dann als maßgebliches Beweismittel anerkannt, wenn ein Entgeltsystem (EuGH 27.10.1993 – C-127/92 Rn. 17 – Enderby, NZA 1994, 797) oder ein Einstellungssystem im Einzelfall intransparent ist, und dies auf einem dem Arbeitgeber zurechenbaren Umstand beruht (EuGH 30.6.1988 – C-318/86 – Kommission/Frankreich, Slg. 1988, 3559). Dies beruht wohl insbesondere auf dem Umstand, dass Statistiken das zentrale Mittel waren und sind, um die Vermutung einer mittelbaren Diskriminierung zu begründen. Nach der Rechtsprechung des EuGH ist es Sache des nationalen Gerichts zu beurteilen, ob sich die statistischen Angaben des Klägers auf eine ausreichende Anzahl von Personen beziehen, ob sie nicht rein zufällige oder konjunkturelle Erscheinungen widerspiegeln und ob sie aussagekräftig sind (EuGH 27.10.1993 – C-127/92 Rn. 17 – Enderby, NZA 1994, 797). Aufgrund der durch eine statistische Beweisführung begründeten Unwägbarkeiten muss dem Beklagten auf der zweiten Stufe der volle Nachweis einer sachlichen Rechtfertigung offen stehen (dazu *Windel* RdA 2007, 1 [5]; *Wackerbarth* ZIP 2007, 453 [457]; *Adomeit/Mohr,* FS Bauer, 2010, 1 [7]); die Motivbündel-Rechtsprechung kann hier also auch bei der unmittelbaren Diskriminierung nicht gelten (**aA** BAG 21.6.2012 NZA 2012, 1345 Rn. 32 u. 36 ff.).

III. Mittelbare Diskriminierung

Der **Tatbestand gegen mittelbare Diskriminierungen** gem. Art. 2 II lit. b hängt eng mit der Verteilung der Darlegungs- und Beweislast gem. Art. 10 I zusammen (s. zur Behinderung EuGH 18.12.2014 – C-354/13 Rn. 63 – Kaltoft, NZA 2015, 33; zum Alter EuGH 5.3.2009 – C-388/07 Rn. 65 f. – Age Concern England, NZA 2009, 305; zum Geschlecht EuGH 27.10.1993 – C-127/92 Rn. 13 f. – Enderby, NZA 1994, 797; *Mohr* Diskriminierungen S. 333). Nach Art. 2 II lit. b muss der Anspruchsteller zur Begründung einer Benachteiligungsvermutung vortragen, dass eine neutrale Vorschrift, ein neutrales Kriterium oder ein neutrales Verfahren eine geschützte Gruppe von Personen gegenüber einer anderen, klassischer Weise nicht geschützten Personengruppe überwiegend nachteilig betrifft (BAG 22.7.2010 NZA 2011, 93 Rn. 51). Dem Kläger obliegt dabei der Vollbeweis für den Umstand, dass er einer geschützten Gruppe angehört und diese gegenüber einer anderen Gruppe von Beschäftigten benachteiligt worden ist (vgl. Erwägungsgrund 31 S. 1). Erst im Anschluss greift die Nachweiserleichterung im Hinblick auf die Verknüpfung zwischen der Benachteiligung und dem von Art. 1 geschützten

Merkmal. Der Sachvortrag des Klägers muss insoweit einen Rückschluss auf eine **„besondere Betroffenheit"** der geschützten Personengruppe, der auch der Kläger angehört, zulassen (*Grobys* NZA 2006, 898 [900]). Hierin liegt eine erhebliche Erleichterung der Darlegungs- und Beweislast, da auf den Nachweis des eigentlichen Grundes der Benachteiligung verzichtet wird (BAG 14.11.2013 NZA 2014, 489 Rn. 37), weshalb erhöhte Anforderungen an die Validität des Nachweises zu stellen sind. Nicht gesondert zu beweisen ist bei der mittelbaren Diskriminierung – anders als bei der unmittelbaren Diskriminierung – auch die Vergleichbarkeit der Tätigkeiten, da sie Voraussetzung für eine sachgerechte Vergleichsgruppenbildung ist (EuGH 26.6.2001 – C-381/99 Rn. 58 ff. – Brunnhofer, NZA 2001, 883).

11 Nach st. Rspr. des EuGH kann der Kläger den Nachweis seiner besonderen Betroffenheit von den nachteiligen Auswirkungen einer scheinbar neutralen Regelung oder Maßnahme durch **aussagekräftige Statistiken** erbringen (EuGH 27.10.1993 – C-127/92 Rn. 14 ff. – Enderby, NZA 1994, 797; 6.4.2000 – C-226/98 Rn. 30 – Jørgensen, EAS RL 76/207/EWG Art. 2 Nr. 18). Hiernach reicht es etwa zur Begründung des ersten Anscheins einer Geschlechtsdiskriminierung aus, wenn das Entgelt der einen Vergleichsgruppe, in der sich überwiegend Frauen befinden, erheblich niedriger ist als das in der anderen Gruppe, in der die Anzahl der Frauen geringer ist. Die statistischen Angaben müssen sich auf eine **ausreichende Anzahl von Personen** beziehen, generell als **aussagekräftig** erscheinen und dürfen nicht nur **zufällige** oder **konjunkturelle Gegebenheiten** widerspiegeln. Notwendig ist hiernach nicht nur ein konkreter Bezug der Statistik zum Arbeitgeber, sondern auch, dass die Zahlen in einem logisch-inneren Zusammenhang zur behaupteten Diskriminierung stehen (EuGH 27.10.1993 – C-127/92 Rn. 20 – Enderby, NZA 1994, 797; BAG 21.6.2012 NZA 2012, 1345 Rn. 36; *Grobys* NZA 2006, 898 [902]). Unter keinen Umständen ausreichend ist die unterproportionale Repräsentation einer geschützten Personengruppe im Unternehmen (BAG 21.6.2012 NZA 2012, 1345 Rn. 39).

12 Die Rechtsprechung geht zunehmend dazu über, auf den konkreten Nachweis einer nachteiligen Gruppenbetroffenheit wegen des geschützten Merkmals zugunsten einer **hypothetischen Betrachtungsweise** zu verzichten, wie sie in der Formulierung des Art. 2 II lit. b „benachteiligen können" angelegt sei. Hiernach soll es für den Vermutung einer mittelbaren Diskriminierung ausreichen, wenn das jeweils in Rede stehende Kriterium **bei wertender typisierender Betrachtung geeignet ist, geschützte Personen stärker zu betreffen als nicht geschützte** (vgl. BAG 18.8.2009 NZA 2010, 222 Rn. 29; 22.4.2010 NZA 2010, 947 Rn. 20; noch offen gelassen von BAG 11.11.2008 NZA 2009, 210 Rn. 25; aus dem Schrifttum s. *Windel* RdA 2007, 1 [5]; *Wendeling-Schröder*, FS Schwerdtner, 2003, 269 [279]; *Colneric* NZA Sonderbeil. 2/2008, 66 [68]; *Waas* ZIP 2000, 2151 [2153]; *Adomeit/Mohr*, FS Bauer, 2010, 1 [6]; *Adomeit/Mohr* RdA 2011, 102). Nach Ansicht des BAG ist ein hypothetischer Vergleich hinreichend aussagekräftig, wenn Vorschriften im Wesentlichen oder ganz überwiegend Personen, die eines der geschützten Merkmale erfüllen, betreffen, bzw. an Voraussetzungen anknüpfen, die von Personen mit einem geschützten Merkmal leichter erfüllt werden **(überproportionale Betroffenheit)**. Zum anderen soll auch dann die Vermutung einer mittelbaren Diskriminierung begründet sein, wenn sich eine Regelung oder Maßnahme besonders zum Nachteil von geschützten Personen auswirkt **(materiell gravierende Betroffenheit**; vgl. BAG 22.4.2010 NZA 2010, 947 Rn. 24; dazu näher → Art. 2 Rn. 47). Insbesondere die letztgenannte Ansicht ist problematisch, da die Diskriminierung einzelner geschützter Personen der zentrale Anwendungsbereich der unmittelbaren Diskriminierung ist. Der EuGH sieht einen statistischen Nachweis deshalb nur dann als entbehrlich an, wenn sich **aus anderweitigen Umständen eine hinreichend deutliche Vermutungswirkung ergibt, und dem Arbeitnehmer sonst kein wirksames Mittel zur Verfügung steht, die Einhaltung der Diskriminierungsverbote durchzusetzen** (EuGH 26.6.2001 – C-381/99 Rn. 53 – Brunnhofer, NZA 2001, 883). Macht ein Arbeitnehmer etwa eine Entgeltdiskriminierung geltend, hat er grds. den Nachweis zu führen, welches Merkmal eines Entgeltsystems die nachteilige Wirkung erzielt

(*Schlachter* NZA 1995, 393 [396]). Fehlt einem Entlohnungssystem jede Durchschaubarkeit, kann dies zu einer Verringerung der Anforderungen an seine Darlegungs- und Beweislast führen (EuGH 17.10.1989 – 109/88 Rn. 13 ff. – Danfoss, NZA 1990, 772): Da den Arbeitnehmern sonst kein wirksames Mittel zur Verfügung stände, den Grundsatz des gleichen Entgelts vor den nationalen Gerichten durchzusetzen, hätten sie – auf der Grundlage einer relativ großen Anzahl von Arbeitnehmern – nur nachzuweisen, dass das durchschnittliche Entgelt von Männern und Frauen verschieden sei. Im Anschluss daran obliege es dem Arbeitgeber, seine Lohnpolitik zu rechtfertigen (dazu *Winter* ZTR 2001, 7 [12]). Der EuGH will mit dieser Rechtsprechung **die Umgehung des Diskriminierungsverbots durch eine undurchsichtigen Gestaltung des betrieblichen Entgeltsystems** verhindern. Dies zeigt ein Blick auf die Rs. *Royal Copenhagen,* in der es um ein Stücklohnsystem iSd Art. 157 II 2 lit. a AEUV ging, das sich aus einem variablen, am individuellen Arbeitsergebnis ausgerichteten, und einem festen, für verschiedene Gruppen von Arbeitnehmern unterschiedlich hohen Entgeltbestandteil zusammensetzte (EuGH 31.5.1995 – C-400/93 Rn. 4 ff. – Royal Copenhagen, Art. 119 EGV Nr. 36). Der Durchschnittsstücklohn einer Gruppe mit fast ausschließlich Frauen („Blaumaler" als Untergruppe der „Maler") lag unter demjenigen einer Gruppe mit nur Männern („Rollendreher" als Untergruppe der „Dreher"). Da ein derartiges Stücklohnsystem nicht undurchschaubar war, reichte die Feststellung eines durchschnittlich unterschiedlichen Entgelts nicht zur Begründung des Anscheins einer Diskriminierung aus (EuGH 31.5.1995 – C-400/93 Rn. 22 ff. – Royal Copenhagen, EAS Art. 119 EGV Nr. 36). Dies gilt jedenfalls, wenn die verwandte Maßeinheit die gleiche oder zumindest objektiv geeignet ist, den Gruppen eine gleich hohe Gesamtvergütung zukommen zu lassen. Eine Umkehr der Beweislast kommt nur in Betracht, wenn sich nicht feststellen lässt, welche Faktoren für die Festsetzung der Stücklohnsätze oder für die Berechnung des variablen Entgeltanteils von Bedeutung sind; dies wird wohl nur in den seltensten Fällen gegeben sein. Auch dann können die Arbeitgeber nachweisen, dass die unterschiedlichen Entgelte aus der individuellen Arbeitsleistung resultieren (*Raab* Anm. EAS Art. 119 EGV Nr. 36, 27 [46]).

Wird vom Anspruchsteller der Tatbestand einer mittelbaren Diskriminierung dargelegt und bewiesen, obliegt dem in Anspruch Genommenen gem. Art. 10 I die **Widerlegung der Vermutungswirkung** oder – im Ausnahmefall – der Nachweis eines Rechtfertigungsgrundes (EuGH 10.7.2008 – C-54/07 Rn. 30 – Feryn, NJW 2008, 2767; 10.3.2005 – C-196/02 Ls. 4 – Nikoloudi, NZA 2005, 807; 13.5.1986 – C-170/84 Rn. 30 – Bilka, NZA 1996, 559; BAG 18.10.2005 NZA 2006, 1159 Rn. 15). Hieran ändert nichts, dass es sich bei der Widerlegung des Tatbestands um ein negatives Tatbestandsmerkmal handelt (**aA** *Hey/Forst/Kremer* AGG § 22 Rn. 80). In dem Maße, in dem die Indizwirkung der mittelbaren Diskriminierung nicht aufgrund eines aussagefähigen Gruppenvergleichs, sondern auf der Grundlage des Vorbringens des Anspruchstellers durch eine hypothetisch-wertende Betrachtung unterstellt wird, verringern sich freilich auch die Anforderungen an die Widerlegung derselben durch Sachgründe (*Schlachter,* GS Blomeyer, 2003, 355). Eine Präklusion von Rechtfertigungsgründen durch Verfahrensfehler scheidet bei der mittelbaren Diskriminierung deshalb immer aus (s. zu § 81 I 9 SGB IX BAG 18.11.2008 AP § 81 SGB IX Nr. 16 mit Anm. *Mohr* Rn. 46; BAG 17.8.2010 NZA 2011, 153 Rn. 46). **13**

C. Auskunftsanspruch des Anspruchstellers

Die Richtlinien gegen Diskriminierungen verlangen nicht, dass die Mitgliedstaaten Bewerbern um einen Arbeits- oder Ausbildungsplatz **einen Auskunftsanspruch** gegen den Arbeitgeber auf Benennung der Gründe für eine personelle Maßnahme zusprechen (EuGH 19.4.2012 – C-415/10 – Meister, NZA 2012, 493; 21.7.2011 – C-104/10 – Kelly, BeckRS 2011, 81408; so auch BAG 20.5.2010 NZA 2010, 1006). Das gilt sowohl für Verfahren mit Verhandlungs- als auch für solche mit Untersuchungsgrundsatz (EuGH 21.7.2011 – C-104/ **14**

10 Rn. 66 – Kelly, BeckRS 2011, 81408). Die Verweigerung einer Auskunft kann allerdings dann als eine – für sich allein nicht ausreichende – Vermutungstatsache iSd Art. 10 I herangezogen werden, wenn eine Verweigerung von Informationen den Diskriminierungsverboten jede praktische Wirksamkeit nähme (EuGH 19.4.2012 – C-415/10 Rn. 39 – Meister, NZA 2012, 493; krit. *Thüsing/Stiebert* EuZW 2012, 464), was angesichts der weitreichenden Beweislastumkehr des Art. 10 I nicht der Fall ist. Es gibt aufgrund der unionsrechtlichen Bestimmungen über den Schutz der Privatsphäre auch keinen allg. Anspruch von Bewerbern auf **Einsichtnahme in die Bewerbungsunterlagen anderer Bewerber** (EuGH 21.7.2011 – C-104/10 Rn. 48 und 56 – Kelly, BeckRS 2011, 81408). Allein die Weigerung einer Auskunftserteilung begründet also keine Vermutung einer Diskriminierung; denn wenn den Arbeitgeber keine Rechtspflicht auf Erteilung einer Auskunft trifft, kann die unterbliebene Auskunft auch kein Indiz für eine Diskriminierung bedeuten (BAG 25.4.2013 NJOZ 2013, 1699 Rn. 58).

D. Günstigere Beweislastregelungen

15 Nach Art. 10 II dürfen die Mitgliedstaaten eine für den Kläger günstigere Beweislastregelung schaffen (so auch Art. 8 II RL 2000/43/EG und Art. 19 II RL 2006/54/EG). Dies entspricht der Ausgestaltung der RL 2000/78/EG als Rahmenregelung (s. Erwägungsgrund 28). Nicht zulässig ist aber eine vollständige Beweislastumkehr, da diese dem rechtsstaatlichen Grundsatz der prozessualen Waffengleichheit widerspräche (dazu EGMR 27.10.1993 – 37/1992/382/460 – Dombo, NJW 1995, 1413; BVerfG 21.2.2001 NJW 2001, 2531). Das BAG sieht als günstigere Beweislastregelung die vom BVerfG zum Geschlecht geprägte Rechtsprechung an, wonach die Merkmale des Art. 1 nicht das ausschließliche oder vorherrschende Motiv für ein Handeln des Benachteiligenden sein müssten, sondern eine bloße **„Mitursächlichkeit"** (besser: „Mitmotivation") im Rahmen eines **„Motivbündels"** ausreiche (BAG 26.6.2014 BeckRS 2014, 73097 Rn. 37, unter Verweis auf BVerfG 16.11.1993, NZA 1994, 745; im Anschluss BAG 13.10.2009 NZA 2010, 327 Rn. 50; 21.7.2009 NZA 2009, 1087 Rn. 44). Dieses Ergebnis kann nicht aus Art. 3 II, III GG abgeleitet werden (so aber BAG 26.6.2014 BeckRS 2014, 73097 Rn. 34 ff.), da im Anwendungsbereich des Unionsrechts allein Art. 21 I GRC zur Anwendung kommt, dessen Auslegung sich nach der Rechtsprechung des EuGH zur RL 2000/78/EG richtet (→ GRC Art. 21 Rn. 8). Der EuGH lässt bei Art. 10 I jedoch ausdrücklich auch die Widerlegung einer vermuteten Diskriminierung auf der Grundlage eines Bündels übereinstimmender Indizien zu (EuGH 25.4.2013 – C-81/12 Rn. 58 – Associatia ACCEPT, NZA 2013, 891). Demgegenüber soll ein beklagter Arbeitgeber nach der Motivbündel-Rechtsprechung den Negativbeweis führen müssen, dass das geschützte Merkmal seine Entscheidung überhaupt nicht beeinflusst hat (BAG 21.7.2009 NZA 2009, 1087 Rn. 40), obwohl dies faktisch oft nicht möglich sein wird. Die Motivbündel-Rechtsprechung des BAG kann auch nicht auf die Art. 8 I und Art. 10 II gestützt werden, da diese Vorschriften nur günstigere Regelungen im Hinblick auf die Wahrung des Gleichbehandlungsgrundsatzes gem. Art. 2 I erlauben. Sie sind somit nicht einschlägig, wenn einer Person – aus Gründen einer für den Beklagten ungünstigen Verteilung der Darlegungs- und Beweislast – ein Anspruch auf Schadloshaltung zugesprochen wird, obwohl sie überhaupt nicht wirklich diskriminiert worden ist. Eben dies kann jedoch der Fall sein, wenn man die Anforderungen an die Widerlegung einer vermuteten Diskriminierung so anspruchsvoll gestaltet, dass sie bei normalem unternehmerischem Geschäftsverkehr kaum zu erbringen sind (zutreffend v. *Medem* NZA 2007, 545 [547]).

Art. 11 Viktimisierung

Die Mitgliedstaaten treffen im Rahmen ihrer nationalen Rechtsordnung die erforderlichen Maßnahmen, um die Arbeitnehmer vor Entlassung oder anderen Benachteiligungen durch den Arbeitgeber zu schützen, die als Reaktion auf eine Beschwerde innerhalb des betreffenden Unternehmens oder auf die Einleitung eines Verfahrens zur Durchsetzung des Gleichbehandlungsgrundsatzes erfolgen.

Art. 11 schützt Arbeitnehmer vor einer Viktimisierung bzw. vor einer Maßregelung. 1
Hiernach müssen die Mitgliedstaaten im Rahmen ihrer nationalen Rechtsordnung die erforderlichen Maßnahmen treffen, um **Arbeitnehmer vor Entlassungen oder anderen Benachteiligungen durch den Arbeitgeber zu schützen, die als Reaktion auf eine Beschwerde innerhalb des betreffenden Unternehmens oder auf die Einleitung eines Verfahrens zur Durchsetzung des Gleichbehandlungsgrundsatzes erfolgen** (vgl. auch Art. 9 RL 2000/43/EG, Art. 24 RL 2006/54/EG). Die Vorschrift ist Ausdruck des allg. Rechtsgrundsatzes, dass die Ausübung von Rechten zulässig ist und nicht ihrerseits zu einer Benachteiligung führen darf (*Benecke* NZA 2011, 481; *Lorenz* DB 1980, 1745). Der EuGH sieht außerdem das **Recht auf effektiven gerichtlichen Rechtsschutz** gem. Art. 47 GRC als beeinträchtigt an, wenn ein Arbeitgeber als Reaktion auf eine Beschwerde oder eine Klage, die ein Arbeitnehmer zur Gewährleistung der Einhaltung von unionsrechtlichen Vorschriften eingereicht hat, das Recht hätte, Letzteren zu benachteiligen (s. zu Art. 6 lit. b RL 2003/88/EG EuGH 14.10.2010 – C-243/09 Rn. 66 – Fuß, NZA 2010, 1344). Im deutschen Recht wurde Art. 11 durch § 16 I 1 AGG umgesetzt, wonach der Arbeitgeber Beschäftigte nicht wegen der Inanspruchnahme von Rechten nach dem zweiten Abschnitt des AGG (§§ 6–18 AGG) oder wegen der Weigerung, eine gegen diesen Abschnitt verstoßende Anweisung auszuführen, benachteiligen darf (dazu *Adomeit/Mohr* AGG § 16 Rn. 1 ff.). Über die Vorgaben des Art. 11 hinaus bezieht Art. 24 RL 2006/54/EG auch Arbeitnehmervertreter mit in den Schutzbereich ein. § 16 I 2 AGG sieht deshalb für alle vom AGG geschützten Personen vor, dass der Arbeitgeber auch solche Personen nicht benachteiligen darf, die einen Beschäftigten bei Handlungen unterstützen oder als Zeugen aussagen. Es erscheint nicht ausgeschlossen, dass der EuGH ein derartiges Benachteiligungsverbot auch in Art. 9 RL 2000/43/EG und Art. 11 lokalisieren wird.

Das allg. Benachteiligungsverbot wegen der Ausübung zulässiger Rechte gem. Art. 11 ist 2
nach seiner Schutzrichtung **nicht mit dem Diskriminierungsverbot des Art. 2 I gleichzusetzen** (*Benecke* NZA 2011, 481 [483]). So werden Arbeitnehmer nicht wegen der geschützten Merkmale, sondern wegen der in Art. 11 benannten Beschwerden bzw. Verfahrenseinleitungen benachteiligt. Die Zulässigkeit der vom Arbeitnehmer geltend gemachten Rechte als Voraussetzung eines Anspruchs nach Art. 11 bestimmt sich nach Art. 16 f. und den Regelungen des mitgliedstaatlichen Rechts. Auch die Rechtsfolgen eines Verstoßes bestimmen sich nach mitgliedstaatlichem Recht. Nach deutschem Rechtsverständnis normiert das Verbot der Viktimisierung einen Spezialfall der Sittenwidrigkeit (BAG 2.4.1987 NZA 1988, 18).

Art. 12 Unterrichtung

Die Mitgliedstaaten tragen dafür Sorge, dass die gemäß dieser Richtlinie getroffenen Maßnahmen sowie die bereits geltenden einschlägigen Vorschriften allen Betroffenen in geeigneter Form, zum Beispiel am Arbeitsplatz, in ihrem Hoheitsgebiet bekannt gemacht werden.

Gem. Art. 12 (Art. 10 RL 2000/43/EG, Art. 30 RL 2006/54/EG) treffen die Mitglied- 1
staaten die geeigneten Vorkehrungen, um sicherzustellen, dass alle Betroffenen von den in

den Anwendungsbereich der RL 2000/78/EG fallenden nationalen Vorschriften sowie den getroffenen Maßnahmen in geeigneter Form Kenntnis erlangen. Die Vorschrift basiert auf Informationen der Kommission, wonach der einzelne Bürger regelmäßig **nur unzureichend** über seine Rechte **informiert** sei (KOM [99] 564 endg., zu Art. 11). Art. 12 ist Ausdruck eines im Grundsatz privatrechtskonformen Informationsmodells, wonach die Bürger selbst für die Wahrung ihrer Interessen verantwortlich sind, sofern sie nur in zumutbarer Weise von diesen Kenntnis erlangen können. Art. 12 steht in engem Zusammenhang mit der Rechtsschutzgarantie des Art. 9 I, da das Ergreifen eines Rechtsmittels voraussetzt, dass ein Betroffener von seinen Rechten überhaupt Kenntnis hat (KOM [99] 564 endg.). Daneben soll die effektive Aufklärung der Arbeitnehmer dazu beitragen, den Bedarf an Rechtsbehelfen möglichst niedrig zu halten (KOM [99] 564 endg.).

2   Im deutschen Recht wird Art. 12 zum einen durch **§ 12 V AGG** umgesetzt, der seinerseits die präventiven Pflichten des Arbeitgebers gem. § 12 I AGG ergänzt (*Adomeit/Mohr* AGG § 12 Rn. 50). Hiernach muss der Arbeitgeber das AGG und § 61b ArbGG (insbesondere die Klagefrist von 3 Monaten) sowie Informationen über die für die Behandlung von Beschwerden nach § 13 AGG zuständigen Stellen im Betrieb oder der Dienststelle bekannt machen. § 12 V AGG verlangt in unionsrechtskonformer Ausgestaltung nicht, dass die Beschäftigten von den Informationen tatsächlich Kenntnis erlangen. Ausreichend ist die **zumutbare Möglichkeit der Kenntnisnahme** durch Einsichtnahme an den im jeweiligen Betrieb geeigneten Stellen (*Grobys* NJW 2006, 2950 [2951]). Der Umsetzung von Art. 12 dient zum anderen die Öffentlichkeitsarbeit der Antidiskriminierungsstelle des Bundes gem. **§ 27 II Nr. 1 AGG** (BT-Drs. 16/1780, 51).

Art. 13 Sozialer Dialog

(1) Die Mitgliedstaaten treffen im Einklang mit den einzelstaatlichen Gepflogenheiten und Verfahren geeignete Maßnahmen zur Förderung des sozialen Dialogs zwischen Arbeitgebern und Arbeitnehmern mit dem Ziel, die Verwirklichung des Gleichbehandlungsgrundsatzes durch Überwachung der betrieblichen Praxis, durch Tarifverträge, Verhaltenskodizes, Forschungsarbeiten oder durch einen Austausch von Erfahrungen und bewährten Verfahren, voranzubringen.

(2) ¹Soweit vereinbar mit den einzelstaatlichen Gepflogenheiten und Verfahren, fordern die Mitgliedstaaten Arbeitgeber und Arbeitnehmer ohne Eingriff in deren Autonomie auf, auf geeigneter Ebene Antidiskriminierungsvereinbarungen zu schließen, die die in Artikel 3 genannten Bereiche betreffen, soweit diese in den Verantwortungsbereich der Tarifparteien fallen. ²Die Vereinbarungen müssen den in dieser Richtlinie sowie den in den einschlägigen nationalen Durchführungsbestimmungen festgelegten Mindestanforderungen entsprechen.

A. Überblick

1   Art. 13 stellt eine spezifische Ausprägung des **Art. 152 I AEUV** dar (→ AEUV Art. 152 Rn. 1 ff.). Hiernach anerkennt und fördert die Union die Rolle der Sozialpartner auf Ebene der Union unter Berücksichtigung der Unterschiedlichkeit der nationalen Systeme. Sie fördert außerdem den sozialen Dialog und achtet dabei die Autonomie der Sozialpartner. Grundgedanke des sozialen Dialogs ist die Kooperation der am Arbeitsleben Beteiligten (*Mohr* Diskriminierungen 339; *Ricken* DB 2000, 874). Hierdurch soll einem Bedürfnis nach **flexiblen Regelungsmechanismen** Rechnung getragen werden. Im Rahmen der RL 2000/78/EG dient der soziale Dialog insbesondere der **effektiven Bekämpfung von Diskriminierungen am Arbeitsplatz** (Erwägungsgrund 33).

B. Allgemeine Maßnahmen

Nach **Art. 13 I** treffen die Mitgliedstaaten geeignete Maßnahmen zur Förderung des 2
sozialen Dialogs zwischen den Arbeitgebern und Arbeitnehmern. Wie ein Umkehrschluss
zu Art. 18 S. 1 Hs. 2 verdeutlicht, bezieht sich Art. 13 I auf den **sozialen Dialog nach
Umsetzung der RL 2000/78/EG** durch die Mitgliedstaaten bzw. die nationalen Tarifvertragsparteien. Ziel des Dialogs nach Art. 13 I ist die tatsächliche Durchsetzung des
Gleichbehandlungsgrundsatzes gem. Art. 2 I in der betrieblichen Praxis, etwa durch den
Abschluss von Tarifverträgen, das Aufstellen von Verhaltenscodices, das Initiieren von Forschungsarbeiten oder den Austausch von Erfahrungen und bewährten Verfahren (KOM [99]
564 endg.). Art. 13 I verpflichtet die Mitgliedstaaten nicht zu konkreten Maßnahmen,
sondern hat ebenso wie Art. 152 AEUV **programmatischen Charakter** (*Mohr* Diskriminierungen 341; so auch GHN/*Benecke* AEUV Art. 152 Rn. 1).

Der Umsetzung des Art. 13 I dient zum einen **§ 30 II AGG** über den Beirat der 3
Antidiskriminierungsstelle des Bundes (*Adomeit/Mohr* AGG §§ 25–30 Rn. 3). Darüber
hinaus schreibt **§ 17 AGG** die soziale Verantwortung der Beteiligten fest, also der Tarifvertragsparteien, der Arbeitgeber, der Beschäftigten sowie deren Vertretungen. § 17 I AGG
appelliert in Umsetzung des Art. 13 I an die soziale Verantwortung von Arbeitgebern,
Beschäftigten und ihren Interessenvertretungen, im Rahmen ihrer Aufgaben und Handlungsmöglichkeiten an der Verwirklichung des Ziels der Unterbindung von Diskriminierungen wegen der geschützten Merkmale mitzuwirken (BT-Drs. 16/1780, 39, wo jedoch
auf Art. 11 II RL 2000/43/EG, Art. 13 II und den heutigen Art. 21 RL 2006/54/EG
verwiesen wird). § 17 I AGG begründet keine Rechte und Pflichten der benannten
Personenkreise (*Adomeit/Mohr* AGG § 17 Rn. 5; SSV/*Schleusener* AGG § 17 Rn. 2). § 17 II
AGG normiert demgegenüber einen Unterlassungsanspruch von Betriebsräten und im
Betrieb vertretenen Gewerkschaften bei Verstößen des Arbeitgebers gegen die Vorschriften
des 2. Abschnitts des AGG. Nach dem Willen des Gesetzgebers soll hierdurch die Verantwortlichkeit der benannten Kollektivparteien besonders betont werden, für ein diskriminierungsfreies Arbeitsumfeld zu sorgen (BT-Drs. 16/1780, 39). Zentrale Voraussetzung für
den Unterlassungsanspruch ist ein grober Verstoß des Arbeitgebers gegen den 2. Abschnitt
des AGG (näher BAG 18.8.2009 NZA 2010, 222).

C. Antidiskriminierungsvereinbarungen

Gem. **Art. 13 II** fordern die Mitgliedstaaten Arbeitgeber und Arbeitnehmer, soweit 4
vereinbar mit den einzelstaatlichen Gepflogenheiten und Verfahren, ohne Eingriff in deren
Autonomie auf, auf geeigneter Ebene **Antidiskriminierungsvereinbarungen** zu schließen, die die in Art. 3 benannten Anwendungsbereiche betreffen, soweit diese in den
Verantwortungsbereich der Tarifparteien fallen. Sofern derartige Vereinbarungen geschlossen werden, müssen sie den in dieser Richtlinie sowie den in den einschlägigen nationalen
Durchführungsbestimmungen festgelegten Mindestanforderungen entsprechen. Ebenso wie
Absatz 1 bezieht sich Art. 13 II auf die Rechtslage nach Umsetzung der RL 2000/78/EG
ins nationale Recht (*Mohr* Diskriminierungen 342). Während Art. 13 I die Durchsetzung
des vorhandenen Normbestands in der betrieblichen Praxis zum Ziel hat, schafft Art. 13 II
eine an **die Mitgliedstaaten gerichtete Ermächtigungsgrundlage, in deren Ausfüllung ergänzende Antidiskriminierungsnormen** getroffen werden können. Diese müssen sich allerdings iRd Vorgaben der RL 2000/78/EG sowie der mitgliedsstaatlichen
Durchführungsgesetze halten (*Mohr* Diskriminierungen 342). Die Sozialpartner sollen durch
den Abschluss von Kollektivvereinbarungen einen Beitrag zur Verwirklichung des Gleichbehandlungsgrundsatzes leisten (KOM [99] 564 endg.). Ebenso wie nach Absatz 1 sind die
einzelstaatlichen Gepflogenheiten und Verfahren maßgeblich, in Deutschland also die Vor-

gaben für die Regelungsbefugnis der Tarifparteien. Wie der Verweis auf den „Verantwortungsbereich der Tarifparteien" verdeutlicht, ist zum Abschluss von ergänzenden „Antidiskriminierungsvereinbarungen" zudem die Tarifzuständigkeit vonnöten (*Mohr* Diskriminierungen 342).

Art. 14 Dialog mit Nichtregierungsorganisationen

Die Mitgliedstaaten fördern den Dialog mit den jeweiligen Nichtregierungsorganisationen, die gemäß den einzelstaatlichen Rechtsvorschriften und Gepflogenheiten ein rechtmäßiges Interesse daran haben, sich an der Bekämpfung von Diskriminierung wegen eines der in Artikel 1 genannten Gründe zu beteiligen, um die Einhaltung des Grundsatzes der Gleichbehandlung zu fördern.

1   Art. 14 bezieht sich auf die Förderung des **Dialogs mit Nichtregierungsorganisationen,** sog. NGO´s. Die Vorschrift enthält keinen Anspruch auf Beteiligung an Gerichts- und/oder Verwaltungsverfahren. Aus einer Gegenüberstellung mit Art. 13 I ist zu schließen, dass sich Art. 14 nicht auf den Dialog mit den Tarifparteien bezieht. Auch dient Art. 14 nicht dem Abschluss von Vereinbarungen, sondern allein der Information bzw. der Einflussnahme auf die mit der Durchführung der RL 2000/78/EG betrauten staatlichen Stellen (*Mohr* Diskriminierungen 343).

2   Im deutschen Recht sind Mitwirkungsbefugnisse von Nichtregierungsorganisationen in Zusammenhang mit der Antidiskriminierungsstelle des Bundes geregelt **(§§ 29, 30 AGG).** § 29 AGG eröffnet die Möglichkeit zur Kooperation und Vernetzung der Antidiskriminierungsstelle des Bundes mit Nichtregierungsorganisationen und anderen Einrichtungen auf europäischer, gesamtstaatlicher oder regionaler Ebene. Bezweckt wird ein Erfahrungs- und Kenntnisaustausch, um Diskriminierungen aus den untersagten Differenzierungsgründen wirksam bekämpfen zu können (*Adomeit/Mohr* AGG §§ 25–30 Rn. 14). Auf regionaler Ebene soll sich eine Kooperation mit Nichtregierungsorganisationen und deren Beratungsstellen insbesondere bei der Einzelfallberatung anbieten (BT-Drs. 16/1780, 52). Gem. § 30 I AGG wird der Antidiskriminierungsstelle zur Förderung des Dialogs mit gesellschaftlichen Gruppen und Organisationen, die sich den Schutz vor Benachteiligungen wegen der geschützten Merkmale zum Ziel gesetzt haben, ein Beirat beigeordnet. Dieser berät die Antidiskriminierungsstelle bei der Vorlage von Berichten und Empfehlungen an den Deutschen Bundestag und kann hierzu sowie zu wissenschaftlichen Untersuchungen eigene Vorschläge unterbreiten (BT-Drs. 16/1780, 52).

Kapitel III. Besondere Bestimmungen

Art. 15 Nordirland

(1) Angesichts des Problems, dass eine der wichtigsten Religionsgemeinschaften Nordirlands im dortigen Polizeidienst unterrepräsentiert ist, gilt die unterschiedliche Behandlung bei der Einstellung der Bediensteten dieses Dienstes – auch von Hilfspersonal – nicht als Diskriminierung, sofern diese unterschiedliche Behandlung gemäß den einzelstaatlichen Rechtsvorschriften ausdrücklich gestattet ist.

(2) Um eine Ausgewogenheit der Beschäftigungsmöglichkeiten für Lehrkräfte in Nordirland zu gewährleisten und zugleich einen Beitrag zur Überwindung der historischen Gegensätze zwischen den wichtigsten Religionsgemeinschaften Nordirlands zu leisten, finden die Bestimmungen dieser Richtlinie über Religion oder Weltanschauung keine Anwendung auf die Einstellung von Lehrkräften in Schulen Nordirlands, sofern dies gemäß den einzelstaatlichen Rechtsvorschriften ausdrücklich gestattet ist.

Art. 15 enthält eine auf Nordirland bezogene Sonderregelung, die den Ausgleich des 1
historischen Gegensatzes zwischen den wichtigsten Religionsgemeinschaften Nordirlands
erleichtern soll. Die Regelungen zielen nach Erwägungsgrund 34 darauf ab, den Frieden
und die Aussöhnung zwischen diesen Gemeinschaften zu fördern.

Kapitel IV. Schlussbestimmungen

Art. 16 Einhaltung

Die Mitgliedstaaten treffen die erforderlichen Maßnahmen, um sicherzustellen, dass
a) die Rechts- und Verwaltungsvorschriften, die dem Gleichbehandlungsgrundsatz zuwiderlaufen, aufgehoben werden;
b) die mit dem Gleichbehandlungsgrundsatz nicht zu vereinbarenden Bestimmungen in Arbeits- und Tarifverträgen, Betriebsordnungen und Statuten der freien Berufe und der Arbeitgeber- und Arbeitnehmerorganisationen für nichtig erklärt werden oder erklärt werden können oder geändert werden.

A. Überblick

Gem. **Art. 16 lit. a** müssen die Mitgliedstaaten sicherstellen, **dass Rechts- oder Ver-** 1
waltungsvorschriften, die dem Gleichbehandlungsgrundsatz, also dem Verbot von Diskriminierungen gem. Art. 2 I zuwiderlaufen, aufgehoben werden. Die Vorschrift adressiert staatliche Regelungen, die selbst gegen das Verbot von Diskriminierungen nach der Richtlinie verstoßen, in Abgrenzung zu Art. 17, der die Sanktionen bei einer Verletzung der zur Umsetzung der RL 2000/78/EG geschaffenen nationalen Regelungen beinhaltet (EuGH 28.1.2015 – C-417/13 Rn. 42 – Starjakob, NZA 2015, 217). Weiterhin müssen die Mitgliedstaaten nach **Art. 16 lit. b** sicherstellen, dass die mit dem Diskriminierungsverbot nicht zu vereinbarenden Regelungen in **Individual- und Kollektivverträgen,** in **Betriebsordnungen** sowie in **Statuten der freien Berufe und der Arbeitgeber- und Arbeitnehmerorganisationen** für nichtig erklärt werden oder erklärt werden können oder geändert werden (s. *Krebber* EuZA 2009, 200 [201]). Art. 16 lit. b lehnt sich teilweise an Art. 4 RL 75/117/EWG aF an, der ein kassatorisch wirkendes Verbot diskriminierender Regelungen in Tarifverträgen enthielt. Die RL 2000/78/EG beinhaltet demnach nicht nur ein materielles Verbot diskriminierender Behandlung aus den Gründen des Art. 1, sondern auch ein instrumentell wirkendes Verbot, das diskriminierende Regelungen in Tarifverträgen unabhängig von ihren tatsächlichen Auswirkungen auf das konkrete Arbeitsverhältnis unterbindet (*Wissmann,* FS Dieterich, 1999, 683, 687 ff.). Vergleichbare Regelungen wie in Art. 16 sind in Art. 14 RL 2000/43/EG und in Art. 23 lit. a und b RL 2006/54/EG normiert. Art. 23 lit. c RL 2006/54/EG erstreckt den Normbefehl deklaratorisch auf betriebliche Systeme der sozialen Sicherheit mit diskriminierenden Bestimmungen, welche hiernach nicht durch Verwaltungsmaßnahmen genehmigt oder für allgemein verbindlich erklärt werden dürfen.

Die **sonstigen Rechtsfolgen einer Diskriminierung,** etwa private Ansprüche auf 2
Schadensersatz und Entschädigung (private enforcement) oder öffentlich-rechtliche Untersagungsverfügungen und Bußgelder (public enforcement), werden von Art. 16 nicht behandelt. Während sich Art. 9 I auf die formal-rechtliche Sicherstellung eines ausreichenden Rechtsschutzes bezieht, zielt Art. 17 auf die materielle Gewährleistung von geeigneten Sanktionen ergänzend zur zentralen Rechtsfolge der Unwirksamkeit diskriminierender Regelungen gem. Art. 16 ab (*Mohr* Diskriminierungen 345).

B. Rechts- und Verwaltungsvorschriften

3 Gem. **Art. 16 lit. a** sind die Mitgliedstaaten verpflichtet, **Rechts- und Verwaltungsvorschriften,** die dem Diskriminierungsverbot zuwiderlaufen, aufzuheben. Dies folgt grds. bereits aus dem **Vorrang des Unionsrechts** (dazu BVerfG 30.6.2009 NJW 2010, 2267). Verstößt eine nationale Rechtsnorm gegen Vorschriften des Unionsrechts, darf das nationale Gericht diese nicht anwenden (EuGH 22.5.2005 – C-144/04 Rn. 74 ff. – Mangold, NJW 2005, 3695; 19.1.2010 – C-555/07 Rn. 53 – Kücükdeveci, NJW 2010, 427). Die Unanwendbarkeit gilt auch für **Richtlinien** iSd Art. 288 III AEUV. Während diese das zu erreichende Ziel in einer für die Mitgliedstaaten verbindlichen Form vorgeben, bleibt es den Mitgliedstaaten überlassen, in welcher Form und mit welchen Mitteln sie das Ziel verwirklichen (vgl. Art. 21). Im Gegensatz zum primärrechtlich verankerten Verbot von Diskriminierungen wegen des Geschlechts gem. Art. 157 I, II AEUV (EuGH 8.4.1976 – 43/53 – Defrenne II, NJW 1976, 2068) und zu Rechtsverordnungen iSd Art. 288 II AEUV entfalten Richtlinien im Verhältnis der Bürger nach ihrer normativen Grundstruktur somit erst nach ihrer Umsetzung durch die Mitgliedstaaten Rechtswirkungen. Auch nach Ablauf der Umsetzungsfrist ist nur unter bestimmten Voraussetzungen eine **vertikale unmittelbare Anwendung** im Verhältnis der Union zu den Mitgliedstaaten möglich, da sich diese, sei es in der Funktion als Hoheitsträger oder als Arbeitgeber (*Linsenmaier* RdA Sonderbeil. 5/2003, 22 [23]), unter Sanktions- und Rechtsschutzaspekten an die Vorgaben einer Richtlinie halten müssen, sofern und soweit die Richtlinie konkrete und justiziable Rechtspositionen vermittelt (EuGH 4.12.1974 – C-41/74 – van Duyn, Slg. 1974, 1337 [1347]; *Thüsing* NJW 2003, 3441). Eine **horizontale unmittelbare Anwendung** von Richtlinien unter Privatrechtssubjekten ist demgegenüber unzulässig, da Richtlinien nur für die Mitgliedstaaten verbindlich sind (EuGH 5.10.2004 – C-397/01 Rn. 102 – Pfeiffer, NZA 2004, 1145; BAG 18.2.2003 NZA 2003, 742 [749]). Da eine Kollision zwischen Unionsrecht und nationalem Recht nur bei einer unmittelbaren Geltung des Ersteren denkbar ist, nehmen Richtlinien anders als das Primärrecht also ausschließlich gegenüber dem Staat am Anwendungsvorrang des Unionsrechts teil (BAG 26.4.2006 NZA 2006, 1162 mit Bespr. *Mohr* SAE 2007, 16; *Kerwer* NZA 2002, 1316 [1318.]). Etwas anderes gilt aber dann, wenn sich die Regelungen wie die Diskriminierungsverbote der RL 2000/43/EG, RL 2000/78/EG und RL 2006/54/EG auf eine primärrechtliche Vorschrift zurückführen lassen, vorliegend auf **Art. 21 I und Art. 23 GRC** (EuGH 22.5.2005 – C-144/04 Rn. 74 ff. – Mangold, NJW 2005, 3695; 19.1.2010 – C-555/07 Rn. 53 – Kücükdeveci, NJW 2010, 427; → GRC Art. 21 Rn. 119).

4 Im Verhältnis Privater ist regelmäßig eine **richtlinienkonforme Auslegung** des nationalen Rechts vorzunehmen (EuGH 5.10.2004 – C-397/01 Rn. 110 – Pfeiffer, NZA 2004, 1145; s. dazu *Riesenhuber/Domröse* RIW 2005, 47; *Riesenhuber/Domröse* NZA 2005, 585; *Höpfner/Rüthers* AcP 209, 2009, 1 [25]; zur richtlinienkonformen Rechtsfortbildung s. *Mohr* Diskriminierungen 139; *Höpfner* ZfA 2010, 449). Hiernach müssen die mitgliedstaatlichen Gerichte nationale Regelungen unter Heranziehung aller nationalen Methoden soweit wie möglich dahingehend auslegen, dass sie mit dem Richtlinienrecht vereinbar sind (EuGH 19.6.2014 – C-501/12 ua Rn. 88 – Specht, NZA 2014, 831; 5.9.2012 – C-42/11 Rn. 56 – Lopes Da Silva Jorge, NJW 2013, 141). Eine richtlinienkonforme Auslegung gegen den erkennbaren und eindeutigen Willen des nationalen Gesetzgebers scheidet aus (BAG 8.2.2003 NZA 2003, 742 [747]; *Schlachter* RdA 2005, 115 [118]; *Reich* EuZW 2006, 20 [22]; so auch EuGH 19.1.2010 – C-555/07 Rn. 49 – Kücükdeveci, NJW 2010, 427), auch um nicht im Ergebnis zu einer unmittelbaren horizontalen Drittwirkung von Richtlinien zu kommen (*Stenslik* RdA 2010, 247 [248]). Der dogmatische Unterschied der richtlinienkonformen Auslegung zur unzulässigen horizontalen Drittwirkung besteht darin, dass bei Ersterer Rechte und Pflichten Privater durch Auslegung des nationalen Rechts und nicht

unmittelbar aufgrund des Unionsrechts entstehen. Die Grenzen zwischen Auslegung und unmittelbarer Geltung von Richtlinien verwischen freilich in der Rechtsprechung des EuGH (*Thüsing* NJW 2003, 3441 [3442]; *Meinel* BB 2004, 2359). Das geschieht zum einen durch die Verpflichtung der nationalen Gerichte auf die Erzielung eines unionsrechtskonformen Auslegungsergebnisses durch Heranziehung der **Methoden des Unionsrechts,** das nicht zwischen Auslegung und Rechtsfortbildung trennt (*Schlachter* RdA 2004, 352 [357]; *Schlachter* RdA 2005, 115 [119]; *Mohr* Diskriminierungen 135 ff.). Zum anderen nähert der EuGH die Richtlinien durch die Lehre von der sog. **negativen unmittelbaren Anwendung** den unmittelbar geltenden Verordnungen an, wonach richtlinienwidrig erlassene Rechtsnormen in einem Rechtsstreit unter Privaten unangewendet bleiben müssen (EuGH 26.9.2000 – C-443/98 Rn. 49 ff. – Unilever, EuZW 2001, 153; so auch BVerfG 6.7.2010 Rn. 77 – Honeywell, NJW 2010, 3422; *Mohr* SAE 2007, 16 [26]). Dies entspricht im Ergebnis der Rechtsfolge des Art. 16 lit. a. In horizontalen Konstellationen (s. die Überschrift vor Art. 17 ff. RL 2006/54/EG) ist somit zwischen der gebotenen Anwendung einer Richtlinienvorschrift zur Herleitung verpflichtender Rechtsfolgen und der nur dem Anwendungsvorrang der Richtlinie geschuldeten und damit zulässigen Nichtanwendung einer nationalen Rechtsnorm bei einem klaren und unbedingten Verbot zu unterscheiden (*Wank* RdA 2004, 246 [250]; *Streinz* JuS 2006, 357 [360]; *Herrmann* EuZW 2006, 69).

Art. 16 lit. a schreibt den Mitgliedstaaten im Fall einer Verletzung des Diskriminierungsverbots durch Rechtsnormen **keine bestimmten Maßnahmen** vor, sondern belässt ihnen nach Maßgabe der unterschiedlichen denkbaren Sachverhalte die Freiheit der Wahl unter den verschiedenen Lösungen, die zur Verwirklichung des mit ihr verfolgten Ziels geeignet sind (EuGH 28.1.2015 – C-417/13 Rn. 44 – Starjakob, NZA 2015, 217). Eine nationale Regelung, mit der eine Altersdiskriminierung beseitigt werden soll, muss es deshalb einem Bediensteten, dessen vor der Vollendung des 18. Lebensjahres zurückgelegte Vordienstzeiten bei der Berechnung seiner Vorrückung nicht berücksichtigt worden sind, nicht zwingend ermöglichen, einen **finanziellen Ausgleich** zu erhalten, der der Differenz zwischen dem Entgelt entspricht, das er ohne die Diskriminierung erhalten hätte und dem Entgelt, das er tatsächlich erhalten hat (EuGH 28.1.2015 – C-417/13 Rn. 45 – Starjakob, NZA 2015, 217). Auch hindert Art. 16 lit. a den nationalen Gesetzgeber nicht daran, für die Berücksichtigung der vor der Vollendung des 18. Lebensjahres zurückgelegten Vordienstzeiten eine **Mitwirkungsobliegenheit** zu begründen, weshalb der Bedienstete diese Zeiten gegenüber seinem Arbeitgeber nachzuweisen hat (EuGH 28.1.2015 – C-417/13 Rn. 58 – Starjakob, NZA 2015, 217). Der EuGH betont jedoch, dass die Wahrung des Grundsatzes der Gleichbehandlung, wenn eine unionsrechtswidrige Diskriminierung festgestellt worden ist und solange keine Maßnahmen zur Wiederherstellung der Gleichbehandlung erlassen worden sind, nur dadurch gewährleistet wird, dass den Angehörigen der benachteiligten Gruppe dieselben Vorteile gewährt werden wie die, die den Angehörigen der privilegierten Gruppe zugutekommen, wobei diese Regelung, solange das Unionsrecht nicht richtig durchgeführt ist, das einzig gültige Bezugssystem bleibt (EuGH 28.1.2015 – C-417/13 Rn. 46 – Starjakob, NZA 2015, 217). Er bezieht sich damit auf seine Rechtsprechung zur „**Angleichung nach oben**" insbesondere bei Entgeltdiskriminierungen (→ Art. 17 Rn. 6).

C. Bestimmungen in Arbeits- und Kollektivverträgen, Betriebsordnungen und Statuten der freien Berufe und der Arbeitgeber- und Arbeitnehmerorganisationen

Gem. Art. 16 lit. b müssen die Mitgliedstaaten sicherstellen, dass die mit dem Gleichbehandlungsgrundsatz, also dem Diskriminierungsverbot gem. Art. 2 I nicht zu vereinbarenden Bestimmungen in **Arbeits- und Tarifverträgen, Betriebsordnungen** und **Statuten der freien Berufe** und der **Arbeitgeber- und Arbeitnehmerorganisationen** für nichtig erklärt werden oder **erklärt werden können** oder **geändert werden** (vgl. EuGH 12.10.2010 – C-45/09 Rn. 52 u. 79 – Rosenbladt, NZA 2010, 1167; 13.9.2011 – C-447/49 Rn. 46 ff. – Prigge, NJW 2011, 3209; 7.6.2012 – C-132/11 Rn. 22 – Tyrolean Airways, NZA 2012, 742). Art. 18 I regelt ergänzend, dass die Mitgliedstaaten den Tarifpartnern auf deren gemeinsamen Antrag die Durchführung der Bestimmungen dieser Richtlinie übertragen dürfen (EuGH 8.9.2011 – C-297/10 Rn. 64 – Hennigs und Mai, NZA 2011, 1100).

7 **Individualrechtliche Vereinbarungen** iSd Art. 16 lit. b sind neben dem Arbeitsvertrag alle Abreden, die der inhaltlichen Ausgestaltung, Beendigung und nachvertraglichen Abwicklung dienen, also auch Aufhebungsverträge (BAG 25.2.2010 NZA 2010, 561). **Kollektivregelungen** iSd Art. 16 lit. b sind insbesondere Tarifverträge und Betriebs- und Dienstvereinbarungen, aber auch Regelungsabreden zwischen Arbeitgeber und Betriebsrat sowie iRd sog. Dritten Weges geschlossene kirchliche Arbeitsrechtsregelungen, soweit diese von den Diskriminierungsverboten erfasst werden (Art. 4 II). Der EuGH sieht somit auch Arbeitgeber und Betriebsrat als Sozialpartner an (EuGH 9.12.2004 – C-19/02 Rn. 38 – Hlozek, AP EWG-Richtlinie Nr. 75/117 Nr. 20). Art. 16 lit. b hat große praktische Bedeutung für Tarifverträge, die im Einklang mit dem Recht der Union und insbesondere der RL 2000/78/EG ausgeübt werden müssen, selbst wenn sich die Regelungen auf eine nationale Rechtsnorm wie § 14 I TzBfG zurückführen lassen (*Schubert* ZfA 2013, 1 ff.). Wenn die Sozialpartner Maßnahmen treffen, die in den Geltungsbereich der RL 2000/78/EG fallen, die für Beschäftigung und Beruf das Verbot der Diskriminierung wegen des Alters konkretisiert, müssen sie daher gem. Art. 16 lit. b unter Beachtung dieser Richtlinie vorgehen (zum Vorstehenden EuGH 13.9.2011 – C-447/49 Rn. 48 – Prigge, NJW 2011, 3209).

8 Der deutsche Gesetzgeber hat Art. 16 lit. b durch **§ 7 II AGG** umgesetzt. Hiernach sind Bestimmungen in Individual- und Kollektivvereinbarungen **unwirksam**, die gegen das Benachteiligungsverbot des § 7 I AGG verstoßen (Schiek/*Schmidt* AGG § 7 Rn. 2). Bei dem Benachteiligungsverbot handelt es sich um ein gesetzliches Verbot iSd § 134 BGB (*Oetker* RdA 2004, 8 [12]). § 7 II AGG verweist hinsichtlich der Nichtigkeitsfolge nicht auf § 134 BGB, sondern normiert diese – deklaratorisch – selbst. Die weiteren vertrags- und deliktsrechtlichen Folgen eines Verstoßes gegen das Diskriminierungsverbot richten sich im Unionsrecht nach Art. 17, im deutschen Recht nach den §§ 13–16 AGG.

9 Art. 16 lit. b bewegt sich im Spannungsfeld zwischen dem grundrechtlich durch **Art. 21, 23 I GRC** gewährten Diskriminierungsschutz und der durch **Art. 28 GRC** geschützten Tarifautonomie (dazu *Schubert* ZfA 2013, 1 [insb. 26 ff.]; *Mohr* SAE 2013, 36 [43 f.]). Eine dogmatisch vergleichbare Problematik stellt sich im Verhältnis zwischen dem europäischen Wettbewerbsrecht und der Tarifautonomie (EuGH 4.12.2014 – C-413/13 – FNV Kunsten Informatie en Media, NZA 2015, 55; MüKoEUWettbR/*Säcker/Mohr* Einl. Rn. 502 ff.; *Mohr/Wolf* JZ 2011, 1091 ff.; *Schubert* ZfA 2013, 1 [30 ff.]). Nach Ansicht des EuGH müssen **alle Arbeitnehmer über Art. 16 lit. b in vollem Umfang in den Genuss des Schutzes kommen, den ihnen die RL 2000/78/EG gewährt** (EuGH 12.10.2010 – C-45/09 Rn. 79 – Rosenbladt, NZA 2010, 1167). Der EuGH gewährt der Tarifautonomie neben den Diskriminierungsverboten somit keinen eigenständigen Anwendungsbereich, wie seine Rechtsprechung zu tariflichen Altersgrenzen zeigt (EuGH 3.9.2011 – C-447/09 Rn. 46 ff. – Prigge, NJW 2011, 3209; 16.10.2007 – C-441/05 Rn. 48 ff. – Palacios de la Villa, NZA 2007, 1219 = EzA RL 2000/78/EG-Vertrag 1999 Nr. 3 mit Anm. *Mohr;* 12.10.2010 – C-45/09 Rn. 49 ff. – Rosenbladt, NZA 2010, 1167; 8.9.2011 – C-297/10 Rn. 70 ff. – Hennigs und Mai, NZA 2011, 1100; 7.6.2012 – C-132/11 Rn. 22 – Tyrolean Airways, NZA 2012, 745). Allerdings berücksichtigt der EuGH den Umstand, dass eine Regelung oder Maßnahme auf einem Tarifvertrag beruht, iRd Rechtfertigung, etwa nach Art. 6 I (EuGH 8.9.2011 – C-297/10 Rn. 60 – Hennigs und Mai, NZA 2011, 1100). In diesem Zusammenhang erkennt der EuGH an, dass sich das Wesen durch Tarifvertrag erlassener Maßnahmen vom Wesen einseitig im Gesetz- oder Verordnungsweg von den Mitgliedstaaten erlassener Maßnahmen dadurch unterscheidet, dass die Sozialpartner bei der Wahr-

nehmung ihres in Art. 28 GRC anerkannten Grundrechts auf Kollektivverhandlungen darauf geachtet haben, einen Ausgleich zwischen den jeweiligen Interessen festzulegen (EuGH 8.9.2011 – C-297/10 Rn. 66 – Hennigs und Mai, NZA 2011, 1100). Soweit das in Art. 28 I GRC proklamierte Recht auf Kollektivverhandlungen Bestandteil des Unionsrechts ist, muss es aber iRd Anwendung des Unionsrechts im Einklang mit diesem ausgeübt werden (EuGH 11.12.2007 – C-438/05 Rn. 44 – Viking Line, Slg. 2007, I-10779; 18.12.2007 – C-341/05 Rn. 91 – Laval, Slg. 2007, I-11767).

Vor diesem Hintergrund müssen die Sozialpartner beim Erlass von Maßnahmen, die in den Anwendungsbereich der das Grundrecht gem. Art. 21 I GRC konkretisierenden RL 2000/78/EG fallen (→ GRC Art. 21 Rn. 8), das Diskriminierungsverbot gem. Art. 2 I beachten (EuGH 3.9.2011 – C-447/09 Rn. 49 – Prigge, NJW 2011, 3209; 8.9.2011 – C-297/10 Rn. 68 – Hennigs und Mai, NZA 2011, 1100; 12.10.2010 – C-45/09 Rn. 53 – Rosenbladt, NZA 2010, 1167; s. zum Geschlecht auch EuGH 27.10.1993 – C-127/92 Rn. 22 – Enderby, NZA 1994, 797). Den Sozialpartnern kommt iRd Rechtfertigung jedoch ein **Beurteilungs- und Ermessensspielraum** zu (zu Art. 6 I s. EuGH 8.9.2011 – C-297/10 Rn. 65 und 73 – Hennigs und Mai, NZA 2011, 1100; *Jacobs,* in: Begegnungen im Recht, 2011, 259 [264]; *Schubert* ZfA 2013, 1 [28]). Der EuGH hat sich bislang vornehmlich zum Verbot von Altersdiskriminierungen geäußert (EuGH 5.3.2009 – C-388/07 Rn. 51 – Age Concern England, EuZW 2009, 340; 12.10.2010 – C-499/08 Rn. 33 – Andersen, NZA 2010, 1341; 12.10.2010 – C-45/09 Rn. 41 – Rosenbladt, NZA 2010, 1167; 26.9.2013 – C-476/11 Rn. 60 – Kristensen, EuZW 2013, 951; 26.9.2013 – C-546/11 Rn. 50 – Toftgaard, NVwZ 2013, 1401; so auch BAG 15.12.2011 NZA 2012, 1044 Rn. 49). Hiernach kommt den Tarifparteien ein vergleichbarer Regelungsspielraum wie den Mitgliedstaaten zu. Zweifelhaft ist demgegenüber, ob den Tarifparteien ein noch weitergehenderer Rechtfertigungsspielraum zukommt, der auf der Tarifautonomie gründet. Im Schrifttum wird dies unter Verweis auf die Formulierung des EuGH bejaht, die Tarifautonomie müsse im Einklang mit dem Unionsrecht ausgeübt werden (*Schubert* ZfA 2013, 1 [28], unter Verweis auf EuGH 3.9.2011 – C-447/09 Rn. 47 – Prigge, NJW 2011, 3209). Die Rechtsprechung des EuGH lässt sich demgegenüber eher dahingehend deuten, dass die Tarifautonomie keinen erweiterten Rechtfertigungsspielraum der Tarifpartner begründet. So führt der EuGH in Zusammenhang mit Art. 6 I UAbs. 1 aus, dass es wegen des „weiten Ermessensspielraums, der den Mitgliedstaaten und gegebenenfalls den Sozialpartnern auf nationaler Ebene nicht nur bei der Entscheidung über die Verfolgung eines bestimmten sozial- und beschäftigungspolitischen Ziels, sondern auch bei der Festlegung der für seine Erreichung geeigneten Maßnahmen zusteht, [...] nicht unvernünftig" erscheine, „wenn sie der Auffassung sind, dass eine Maßnahme wie die 67-Jahre-Regel zur Erreichung der vorgenannten Ziele angemessen sein kann" (EuGH 5.7.2012 – C-141/11 Rn. 32 – Hörnfeldt, NZA 2012, 785). Der Ermessensspielraum der Tarifparteien wird somit nicht in der Tarifautonomie, sondern in der spezifischen Rechtfertigungsvorschrift für Altersdiskriminierungen gem. Art. 6 I lokalisiert.

Eine derartige Sichtweise begegnet Bedenken, da sie den Zielkonflikt zwischen normhierarchisch auf gleicher Ebene stehenden Verbürgungen trotz Betonung eines Spielraums der Tarifpartner weitgehend zugunsten der Diskriminierungsverbote und nicht im Wege eines gegenseitigen Ausgleichs, nach deutscher Dogmatik also im Wege **praktischer Konkordanz** auflöst (überzeugend BAG 20.5.2010 NZA 2010, 768; 20.5.2010 NZA 2010, 961). Zwar sind auch die Koalitionen an den allg. Gleichheitssatz sowie an die speziellen Diskriminierungsverbote gebunden. Ihnen wird also keine Regelungskompetenz zugebilligt, sach- oder gleichheitswidrige Gruppenbildungen vorzunehmen. Art. 9 III GG und Art. 28 GRC gehen allerdings davon aus, dass die Koalitionen die jeweiligen Interessen von Beschäftigten und Arbeitgebern bezogen auf die materiellen Arbeitsbedingungen angemessener zum Ausgleich bringen als der Staat. Ihnen wird deshalb wegen ihrer **besonderen Sachnähe** ein Beurteilungs- und Gestaltungsspielraum in Bezug auf die ihren Regelungen zu Grunde liegenden Tatsachen und Interessen sowie die Folgen ihrer Normsetzung zugestanden. Für die in der *Prigge*-Entscheidung in Rede stehenden tariflichen Altersgrenzen für Piloten war deshalb zu diskutieren, ob es noch iRd Beurteilungsspielraums der Tarifvertragsparteien lag, wenn diese davon ausgingen, dass durch die Beschäftigung über ein bestimmtes Lebensalter hinaus das Risiko von unerwarteten altersbedingten Ausfallerscheinungen zunimmt und dadurch die Gefahr für Leben und Gesundheit der Besatzungsmitglieder und der Passagiere sowie von Personen am Boden in unzumutbarer Weise ansteigt; dies erschient jedenfalls nicht abwegig (BAG 16.10.2008 NZA 2009, 378 Rn. 17; 27.11.2002 AP BGB § 620 Altersgrenze Nr. 22; 20.2.2002 NZA 2002, 789).

12   Problematisch ist nicht nur das Verhältnis zwischen Diskriminierungsschutz und Tarifautonomie (→ Rn. 6 ff.), sondern es sind dies auch die **Rechtsfolgen einer festgestellten Diskriminierung durch die Tarifparteien**. Im Grundsatz gilt, dass die Diskriminierungsverbote nicht nur eine materielle, sondern auch eine instrumentelle Wirkung haben, da sie diskriminierende Regelungen in Tarifverträgen unabhängig von ihren tatsächlichen Auswirkungen auf das konkrete Arbeitsverhältnis unterbinden sollen (*Wißmann*, FS Dieterich, 1999, 683 [687 ff.]). Diese Sichtweise lässt sich damit erklären, dass Tarifverträge nicht in allen Mitgliedstaaten normative Wirkung entfalten, sondern auch nur unverbindliche Orientierungsmarken liefen können (*Wißmann*, FS Dieterich, 1999, 683 [690]). Das BAG hat dem EuGH die Frage zur Vorabentscheidung vorgelegt, ob die auf Lebensaltersstufen bezogene Grundvergütung des § 27 BAT aF das Verbot der Altersdiskriminierung in seiner Konkretisierung durch die RL 2000/78/EG verletze (BAG 20.5.2010 NZA 2010, 768; 20.5.2010 NZA 2010, 961). Mit Urteil v. 8.9.2011 hat der EuGH entschieden, dass Art. 2 I und Art. 6 I einer tariflichen Regelung entgegenstehen, wonach sich innerhalb der jeweiligen Vergütungsgruppe die Grundvergütung eines Angestellten im öffentlichen Dienst bei dessen Einstellung nach seinem Lebensalter bemisst (EuGH 8.9.2011 – C-297/10 ua Ls. 1 – Hennigs und Mai, NZA 2011, 1100; → Rn. 9). Als zulässig sah der EuGH demgegenüber die Überleitung der Angestellten vom BAT in den TVöD an, da es sich beim TVöD um ein auf objektive Kriterien gestütztes Vergütungssystem handle und die diskriminierenden Auswirkungen der alten Regelung nur für einen befristeten Zeitraum fortbestünden, um den Übergang zum neuen System für die bereits in einem Beschäftigungsverhältnis stehenden Angestellten ohne Einkommensverlust zu gewährleisten (EuGH 8.9.2011 – C-297/10 Rn. 79 ff. – Hennigs und Mai, NZA 2011, 1100; so auch *Jacobs* in Begegnungen im Recht, 2011, 259 [265 f.]). De facto sind die Tarifvertragsparteien somit vollumfänglich an die unionsrechtlichen Diskriminierungsverbote gebunden. Bei der Entscheidung über den **Weg zur Herstellung einer diskriminierungsfreien Rechtslage** und den zu ergreifenden Maßnahmen steht den Kollektivparteien jedoch ein **Ermessensspielraum** zu (*Lehmann* BB 2012, 117 [119]). Da der EuGH die Überleitungsregelungen für rechtswirksam erachtete, musste er nicht dazu Stellung nehmen, ob die durch § 27 BAT aF bewirkte Diskriminierung von den Tarifvertragsparteien **rückwirkend beseitigt** werden musste **(Vertrauensschutz)** und welcher zeitliche Spielraum den Tarifvertragsparteien für eine solche rückwirkende Regelung einzuräumen wäre (s. BAG 20.5.2010 NZA 2010, 768). In Fortführung des EuGH-Urteils vom 8.9.2011 hat das BAG in mehreren Entscheidungen bestätigt, dass § 27 BAT aF eine unzulässige Altersdiskriminierung beinhaltete. Aus diesem Grunde gehe es nur noch darum, auf welche Art und Weise der Verstoß gegen das Diskriminierungsverbot zu beseitigen sei (BAG 10.11.2011 NZA 2012, 161 Rn. 13). Nach Ansicht des BAG sollte die Pflicht des Arbeitgebers, jüngeren Arbeitnehmern eine Vergütung aus der höchsten Lebensaltersstufe der Vergütungsgruppe zu zahlen, erst mit der Ablösung durch ein diskriminierungsfreies Entgeltsystem enden (BAG 8.12.2011 NZA 2012, 275). Im Zeitraum zwischen Inkrafttreten des AGG am 18.6.2006 und der Schaffung einer diskriminierungsfreien Neuregelung durch die Tarifparteien müsse der Arbeitgeber somit eine „Anpassung nach oben" vornehmen (*Jacobs* in Begegnungen im Recht, 2011, 259 [271]). Außerhalb der Überleitung des BAT in den TV-L nach dem TVÜ-Länder führte die Unwirksamkeit von § 27 BAT aF nach Ansicht des BAG somit dazu, dass grds. allen Angestellten eines Bundeslands bis zu einer rechtskonformen Regelung das Grund-

gehalt der höchsten Lebensaltersstufe ihrer Vergütungsgruppe zustand, sofern sie ihre weitergehenden Vergütungsansprüche innerhalb der tariflichen Ausschlussfrist formgerecht geltend gemacht hatten (BAG 10.11.2011 NZA 2012, 161 Rn. 19). Eine zeitliche Grenze ergab sich hier noch allein aus den allg. Verjährungsfristen (*Jacobs* in Begegnungen im Recht, 2011, 259 [271]). Der EuGH hat demgegenüber in seiner *Specht*-Entscheidung – überraschend – **eine Pflicht zur Anpassung nach oben mangels gültigen Bezugssystems verneint** (EuGH 19.6.2014 – C-501/12 Rn. 95 f. – Specht, NZA 2014, 831). Hiernach schreibt das Unionsrecht, insbesondere Art. 17, unter Umständen wie denen der Ausgangsverfahren nicht vor, den diskriminierten Beamten rückwirkend einen Betrag in Höhe des Unterschieds zwischen ihrer tatsächlichen Besoldung und der Besoldung nach der höchsten Stufe ihrer Besoldungsgruppe zu zahlen (EuGH 19.6.2014 – C-501/12 Rn. 108 – Specht, NZA 2014, 831). Unter welchen Voraussetzungen diese Rechtsprechung auf andere Fallgestaltungen übertragen werden kann, ist noch ungeklärt.

Im Interesse der Tarifautonomie ist ein **Rechtsstreit befristet auszusetzen,** um den Tarifpartnern Gelegenheit für eine Neuregelung zu geben (BAG 10.11.2011 NZA 2012, 161 Rn. 27; *Belling* NZA 1996, 906; *Wiedemann* NZA 2007, 950). Unterbleibt im entsprechenden Zeitraum eine Neuregelung, eventuell auch aus taktischen Gesichtspunkten (*Henssler/Tillmanns*, FS Birk, 2008, 179 [193]; krit. *Rieble/Zedler* ZfA 2006, 273 [291]), kann das Gericht für die Zukunft eine diskriminierungsfreie Neuregelung treffen (BAG 10.11.2011 NZA 2012, 161 Rn. 27). Zwar können die Tarifvertragsparteien nicht zum Abschluss eines Tarifvertrags gezwungen werden. Erfolgt aber keine kollektivrechtliche Neuregelung, findet – bei Existenz eines gültigen Bezugssystems (EuGH 19.6.2014 – C-501/12 Rn. 95 f. – Specht, NZA 2014, 831) – regelmäßig eine Angleichung nach oben statt (BAG 10.11.2011 NZA 2012, 161 Rn. 27). 13

Art. 17 Sanktionen

¹Die Mitgliedstaaten legen die Sanktionen fest, die bei einem Verstoß gegen die einzelstaatlichen Vorschriften zur Anwendung dieser Richtlinie zu verhängen sind, und treffen alle erforderlichen Maßnahmen, um deren Durchführung zu gewährleisten. ²Die Sanktionen, die auch Schadenersatzleistungen an die Opfer umfassen können, müssen wirksam, verhältnismäßig und abschreckend sein. ³Die Mitgliedstaaten teilen diese Bestimmungen der Kommission spätestens am 2. Dezember 2003 mit und melden alle sie betreffenden späteren Änderungen unverzüglich.

A. Überblick

Art. 17 überträgt den Mitgliedstaaten die Aufgabe, die öffentlichen und/oder privaten **Sanktionen** festzulegen, die bei einem Verstoß gegen die einzelstaatlichen Vorschriften zur Anwendung dieser Richtlinie zu verhängen sind, und alle erforderlichen Maßnahmen zu treffen, um deren Durchführung zu gewährleisten. Die Vorschrift ist in Zusammenschau mit der allg. Rechtsschutzgarantie des Art. 9 I zu sehen (EuGH 10.4.1984 – 14/83 – von Colson und Kamann, EAS RL 76/207/EWG Art. 6 Nr. 1; 10.4.1984 – 79/83 – Harz, EAS RL 76/207/EWG Art. 6 Nr. 2; *Mohr* Diskriminierungen 109). So muss eine zur Umsetzung des Art. 17 geschaffene Sanktionsregelung neben den zur Umsetzung von Art. 9 geschaffenen Maßnahmen insbesondere einen **tatsächlichen und wirksamen rechtlichen Schutz der aus der Richtlinie hergeleiteten Rechte** gewährleisten (EuGH 25.4.2013 – C-81/12 Rn. 63 – Associatia ACCEPT, NZA 2013, 891, unter Verweis auf EuGH 22.4.1997 – C-180/95 Rn. 24, 39 u. 40 – Draempaehl, NJW 1997, 1839; ausführlich *Schubert* 451 ff.). Die **Härte der Sanktionen** muss der Schwere der mit ihnen geahndeten Verstöße entsprechen, indem sie insbesondere eine wirklich **abschreckende Wirkung** gewährleisten (EuGH 25.4.2013 – C-81/12 Rn. 63 – Associatia ACCEPT, NZA 2013, 1

891, unter Verweis auf EuGH 22.4.1997 – C-180/95 Rn. 40 – Draempaehl, NJW 1997, 1839 und EuGH 8.6.1994 – C-383/92 Rn. 42 – Kommission/Vereinigtes Königreich, BeckRS 2004, 76908), zugleich aber den **allg. Grundsatz der Verhältnismäßigkeit** wahren (EuGH 25.4.2013 – C-81/12 Rn. 63 – Associatia ACCEPT, NZA 2013, 891, unter Verweis auf EuGH 6.11.2003 – C-101/01 Rn. 81 f. – Lindqvist, EuZW 2004, 245 und EuGH 5.7.2007 – C-430/05 Rn. 53 – Ntionik und Pikoulas, EuZW 2007, 570). Vor diesem Hintergrund hat der EuGH klargestellt, dass eine rein symbolische Sanktion keiner ordnungsgemäßen und wirksamen Umsetzung der RL 2000/78/EG entspricht (EuGH 25.4.2013 – C-81/12 Rn. 64 – Associatia ACCEPT, NZA 2013, 891; ebenso bereits EuGH 10.4.1984 – 14/83 – von Colson und Kamann, EAS RL 76/207/EWG Art. 6 Nr. 1; 10.4.1984 – 79/83 – Harz, EAS RL 76/207/EWG Art. 6 Nr. 2; *Mohr* Diskriminierungen 109; *Franzen* Privatrechtsangleichung 441).

B. Schadensersatz

2 Art. 17 schreibt den Mitgliedstaaten keine bestimmte Sanktion vor. Die Regelung stellt jedoch klar, dass die Sanktionen wirksam, verhältnismäßig und abschreckend sein müssen (EuGH 25.4.2013 – C-81/12 Rn. 61 – Associatia ACCEPT, NZA 2013, 891). Die Formulierung geht zurück auf die Rechtsprechung des EuGH zum Diskriminierungsverbot wegen des Geschlechts, wonach die von den Mitgliedstaaten vorgesehenen Sanktionen einen „tatsächlichen und wirksamen Rechtsschutz gewährleisten" und eine „wirklich abschreckende Wirkung gegenüber dem Arbeitgeber haben" müssten; entscheide sich ein Mitgliedstaat für eine Schadensersatzpflicht, müsse der Ersatzbetrag „in einem angemessenen Verhältnis zum erlittenen Schaden stehen" (EuGH 10.4.1984 – C-14/83 – von Colson u. Kamann, EAS RL 76/207/EWG Art. 6 Nr. 1; 10.4.1984 – C-79/83 – Harz, EAS RL 76/207/EWG, Art. 6 Nr. 2;. 22.4.1997 – C-180/95 – Draempaehl, NJW 1997, 1839). Die Mitgliedstaaten sind aber nach Art. 17, anders als nach Art. 18 RL 2006/54/EG, nicht verpflichtet, **private Schadensersatzansprüche** vorzusehen (EuGH 10.7.2008 – C-54/07 Rn. 37 – Feryn, EuZW 2008, 500; *Stoffels* RdA 2009, 204 [205 f.]). In Betracht käme theoretisch auch eine Sanktionierung durch Bußgeldtatbestände (*Benecke/Kern* EuZW 2005, 360 [363]; zum EU-Wettbewerbsrecht s. *Mohr* ZWeR 2011, 383 [384]) oder sogar durch Kriminaldelikte (*Wagner* AcP 206, 2006, 352 [393]). Im Regelfall sieht es der EuGH jedoch als geboten an, dass die Mitgliedstaaten Ansprüche auf Schadensersatz und Entschädigung schaffen (EuGH 25.4.2013 – C-81/12 Rn. 68 – Associatia ACCEPT, NZA 2013, 891).

3 Ansprüche auf Schadensersatz und Entschädigung müssen nach Art. 17 S. 2 den Arbeitgeber künftig zu einem ordnungsgemäßen Verhalten bewegen **(Spezialprävention)** und Dritte vor ähnlichen Verstößen abhalten **(Generalprävention;** vgl. BAG 21.6.2012 NZA 2012, 1345 Rn. 57). Dies gründet letztlich auf dem unionsrechtlichen Grundsatz der Effektivität (*Schubert* 467; → Art. 9 Rn. 1). Art. 17 S. 2 geht davon aus, dass eine „abschreckende" Verhaltenssteuerung im Regelfall durch einen vollständigen Ausgleich des materiellen und immateriellen Schadens erfolgt, iSe **„Prävention durch Schadensausgleich"** (BAG 21.6.2012 NZA 2012, 1345 Rn. 57; so auch *Schubert* 457 ff. und 467 ff.; *Wagner* AcP 206, 2006, 352 [394]; *Wagner/Potsch* JZ 2006, 1085 [1088]; *Jacobs* RdA 2009, 193 [194]; *Stoffels* RdA 2009, 204 [206]; *Adomeit/Mohr* AGG § 15 Rn. 73). Dabei darf das nationale Gericht, was die spezialpräventive Wirkung der Sanktion betrifft, auch ein etwaiges Wiederholungsverhalten des betreffenden Beklagten berücksichtigen (EuGH 25.4.2013 – C-81/12 Rn. 67 – Associatia ACCEPT, NZA 2013, 891). Es obliegt dem vorlegenden Gericht zu prüfen, ob die Betroffenen, die ein Rechtsschutzinteresse haben, so große Bedenken haben könnten, ihre Rechte aus den die RL 2000/78/EG umsetzenden nationalen Rechtsvorschriften geltend zu machen, dass das zur Umsetzung dieser Richtlinie geschaffene Sanktionssystem keinen wirklich abschreckenden Charakter hat (EuGH 25.4.2013 – C-81/12

Rn. 67 – Associatia ACCEPT, NZA 2013, 891, unter Verweis auf EuGH 22.4.1997 – C-180/95 Rn. 40 – Draempaehl, NJW 1997, 1839). Darüber hinaus müssen die Mitgliedstaaten prüfen, ob die Sanktion in einem angemessenen Verhältnis zur Beeinträchtigung steht (EuGH 25.4.2013 – C-81/12 Rn. 69 – Associatia ACCEPT, NZA 2013, 891). Da in Deutschland „die Sanktion der Unwirksamkeit einer Kündigung [...] die schärfste kündigungsrechtliche Reaktion darstellt" (so BAG 6.11.2008 NZA 2009, 361 Rn. 41), liegt darin auch unionsrechtlich ein ausreichender materieller Schadensersatz (BAG 6.11.2008 NZA 2009, 361 Rn. 41; *Hanau* ZIP 2006, 2189 [2192]; **aA** *Lehmann* S. 80). Demgegenüber erachtet das BAG einen Anspruch auf immaterielle Entschädigung zusätzlich zur Unwirksamkeit der Kündigung als geboten (BAG 19.12.2013 NZA 2014, 372 Rn. 31 ff.; **aA** *Adomeit/Mohr* AGG § 15 Rn. 54).

Auch in einem Verfahren, in dem ein **Verband,** der dazu auf der Grundlage von Art. 9 II 4 kraft Gesetzes ermächtigt ist, die Feststellung und Ahndung einer Diskriminierung gem. Art. 2 beantragt, müssen die Sanktionen, die nach Art. 17 im nationalen Recht vorzusehen sind, wirksam, verhältnismäßig und abschreckend sein, selbst wenn es **kein identifizierbares Opfer** gibt (EuGH 25.4.2013 – C-81/12 Rn. 62 – Associatia ACCEPT, NZA 2013, 891). Dabei bedeutet es insbesondere in Verbandsklageverfahren gem. Art. 9 II keine rein symbolische Sanktion, wenn diese ihrer Natur nach nicht auf Geld gerichtet ist, insbesondere, wenn sie mit einem angemessenen Grad an Öffentlichkeit verbunden ist und wenn sie im Rahmen etwaiger zivilrechtlicher Haftungsklagen gem. Art. 10 I den Beweis einer Diskriminierung iSd Richtlinie erleichtert (EuGH 25.4.2013 – C-81/12 Rn. 68 – Associatia ACCEPT, NZA 2013, 891).

Es ist streitig, inwieweit die Mitgliedstaaten Ansprüche auf Schadensersatz und Entschädi- 5 gung von einem **Verschulden des Arbeitgebers** abhängig machen dürfen (dagegen *Thüsing* AGG Rn. 540; *Stoffels* RdA 2009, 204 [210]; ausführlich *Lehmann* 35 ff.). In seiner Entscheidung *Draempaehl* hat der EuGH gefordert, dass die Sanktionsregelung in § 611a BGB aF für **immaterielle Beeinträchtigungen** von keinem Verschuldensnachweis abhängen dürfe (EuGH 22.4.1997 – C-180/95 – Draempaehl, NJW 1997, 1839). Mit Schreiben v. 30.1.2008 hatte die **EU-Kommission** deshalb gegenüber der Bundesregierung die Unionsrechtswidrigkeit des in § 15 I AGG enthaltenen Verschuldenserfordernisses gerügt (EU-Kommission, Schreiben v. 30.1.2008 an den Bundesminister des Auswärtigen, K[2008] 0103). Dem Erfordernis einer verschuldensunabhängigen Sanktion wird jedoch bereits über § 15 II AGG hinreichend Rechnung getragen (*Bauer/Evers* NZA 2006, 893; *Richardi* NZA 2006, 881 [885]). Folgerichtig wurde das Vertragsverletzungsverfahren zwischenzeitlich eingestellt.

C. Erfüllungsanspruch

Bei Diskriminierungen in Bezug auf die **Arbeitsbedingungen,** insbesondere in Bezug 6 auf das Arbeitsentgelt, geht der EuGH in st. Rspr. von der Notwendigkeit einer sog. **Anpassung nach oben** aus (EuGH 28.1.2015 – C-417/13 Rn. 45 – Starjakob, NZA 2015, 217), sofern es ein gültiges Bezugssystem gibt (EuGH 19.6.2014 – C-501/12 ua Rn. 96 – Specht, NZA 2014, 831, mit Blick auf die Beamtenbesoldung). Der EuGH hat den Grundsatz der Anpassung nach oben in seiner Rechtsprechung zum Diskriminierungsverbot wegen des Geschlechts entwickelt (EuGH 8.4.1976 – C-43/75 Rn. 14/15 – Defrenne II, NJW 1976, 2068; 28.9.1994 – C-28/93 Rn. 15 ff. – Van den Akker, EAS Art. 119 EGV Nr. 31; dazu *Mohr* Diskriminierungen 307 ff.). Die von Art. 157 I AEUV (Art. 119 I EWG, Art. 141 I EG) geforderte Gleichbehandlung könne bis zur Schaffung einer diskriminierungsfreien Neuregelung nur durch ein Abstellen **auf die für die begünstigten Arbeitnehmer geltenden Bestimmungen als dem einzig gültigen Bezugssystem hergestellt werden** (EuGH 7.2.1991 – C-184/89 Rn. 18 – Nimz, NVwZ 1991, 461; 28.9.1994 – C-200/91 Rn. 31 – Coloroll, NZA 1994, 1073). Diskriminierte Arbeitnehmer können somit das Entgelt verlangen, das die jeweiligen Vergleichspersonen erhalten. Die anspruchsbegründende Wirkung gilt hierbei auch für die Vergangenheit (EuGH 7.2.1991 – C-184/89 Rn. 18 – Nimz, NVwZ 1991, 461). Zur Herleitung dieses Ergebnisses bezog sich der EuGH zunächst auf Art. 151 AEUV (Art. 136 EG), wonach die Union eine „Verbesserung der Lebens- und Arbeitsbedingungen" intendiert, um dadurch „auf dem Wege des Fortschritts ihre Angleichung zu ermöglichen" (EuGH 8.4.1976 – 43/75 – Defrenne II, NJW 1976, 2068; dazu *Schlachter* NZA 1995, 393 [398]; *Wissmann*, FS Dieterich, 1999, 683 [694]). Gegen eine Begründung mit dieser Zielbestimmung spricht jedoch, dass sie nur programmsatzartigen Charakter besitzt, zur Herleitung einer konkreten Rechtsfolge also nicht geeignet ist (*Buchner* ZfA 1993, 279 [317]). In jüngerer Zeit begründet der EuGH die anspruchserzeugende Wirkung eines Verstoßes gegen den Entgeltgleichheitssatz deshalb vor allem mit dem Grundsatz der Effektivität (EuGH 7.2.1991 – C-184/89 Rn. 18 – Nimz, NVwZ 1991, 461; dazu *Ebsen* RdA 1993, 11; *Nicolai* ZfA 1996, 481 [484]). Darüber hinaus stellt er auf Art. 17 ab (so EuGH 19.6.2014 – C-501/12 ua Rn. 108 – Specht, NZA 2014, 831).

7 Der Grundsatz der Anpassung nach oben ist nicht auf Ungleichbehandlungen beim Entgelt beschränkt, sondern bezieht sich auf **alle Vorteile, die den von Art. 1 geschützten Personen vorenthalten werden.** Abhängig von den Vorgaben des nationalen Rechts (§ 15 VI AGG) wird im Einzelfall sogar ein Anspruch auf Fortführung eines befristeten Arbeitsverhältnisses bejaht, dh ein **Kontrahierungszwang** (BAG 25.6.2014 NZA 2014, 1209; dazu *Pallasch* RdA 2015, 108), auch wenn diese Rechtsfolge eigentlich durch § 15 IV AGG gesperrt ist.

8 Wie gesehen, kann die geforderte Gleichbehandlung bis zur Schaffung einer diskriminierungsfreien Neuregelung nur durch ein Abstellen auf die für die begünstigten Arbeitnehmer geltenden Bestimmungen als dem einzig gültigen Bezugssystem hergestellt werden (EuGH 7.2.1991 – C-184/89 Rn. 18 – Nimz, NVwZ 1991, 461; 28.9.1994 – C-200/91 Rn. 31 – Coloroll, NZA 1994, 1073). Hiernach setzt ein **Erfüllungsanspruch** voraus, dass es ein derartig gültiges Bezugssystem gibt (verneint in EuGH 19.6.2014 – C-501/12 Rn. 95 f. – Specht, NZA 2014, 831). Bejaht man diese Voraussetzung, können diskriminierte Arbeitnehmer für die Vergangenheit dasjenige Entgelt verlangen, das die von ihnen benannten Vergleichspersonen erhalten. Für den Zeitraum im Anschluss an die Diskriminierung ist entscheidend, ob der Arbeitgeber in zulässiger Weise Maßnahmen zur Beseitigung der Diskriminierung ergriffen hat, was bei Tarifverträgen problematisch sein kann (*Rieble/Zedler* ZfA 2006, 273 [291]). Solange derartige Angleichungsmaßnahmen nicht vorliegen, verbleibt es grds. bei der Verpflichtung, benachteiligten Arbeitnehmern das höhere Entgelt zu zahlen. Allerdings darf der Verursacher der Diskriminierung das höhere Entgelt **für die Zukunft an ein anderes Niveau angleichen** (EuGH 7.2.1991 – C-184/89 Rn. 19 – Nimz, NVwZ 1991, 461; *Krebber* EuZA 2009, 200 [203]). Die Zulässigkeit einer solchen „Anpassung nach unten" richtet sich allein nach dem mitgliedstaatlichen Recht. Das Unionsrecht enthält hierfür keine Rechtsgrundlage (*Krebber* EuZA 2009, 200 [203 f.]).

9 Auch nach deutschem Recht können diskriminierte Arbeitnehmer im Wege eines **Erfüllungsanspruchs** das Entgelt verlangen, das die von ihnen benannten Vergleichspersonen erhalten. Das BAG hat früher § 612 III BGB aF europarechtskonform als **Anspruchsgrundlage** für eine Anpassung des Entgelts der benachteiligten Arbeitnehmer nach oben interpretiert (BAG 20.8.2002 NZA 2003, 510; 10.12.1997 NZA 1998, 599 [601]). Unter Geltung des AGG leitet es die Angleichung nach oben **aus der Wertung in § 2 I Nr. 2 AGG und § 8 II 2 AGG** ab (BAG 30.11.2010 NZA-RR 2011, 593 Rn. 23; 11.12.2007 NZA 2008, 532). Diese Begründung ist nicht zweifelsfrei, da beide Vorschriften den Tatbestand und nicht die Rechtsfolgen einer Diskriminierung beim Arbeitsentgelt behandeln. Überzeugender wäre es deshalb, die Regelungslücke durch Anwendung des ansonsten als subsidiär zurücktretenden allg. arbeitsrechtlichen Gleichbehandlungsgrundsatzes zu schließen, der nach seiner Struktur nicht nur Rechtsausübungsschranke, sondern auch Anspruchsgrundlage sein kann (BAG 14.8.2007, NZA 2008, 99). Sofern nicht das Arbeits-

entgelt, sondern die Beschäftigungsbedingungen betroffen sind, begründet der allg. arbeitsrechtliche Gleichbehandlungsgrundsatz in Verbindung mit den Diskriminierungsverboten auch nach Ansicht des BAG einen Erfüllungsanspruch (BAG 14.8.2007 NZA 2008, 99).

Der EuGH hat die **zeitliche Wirkung der Diskriminierungsverbote** bisher nur in 10 wenigen Urteilen durch Gewährung von **Vertrauensschutz** begrenzt (EuGH 8.4.1976 – C-43/75 – Defrenne II, NJW 1976, 2068 [2069]; 17.5.1990 – C-262/88 Rn. 40 ff. – Barber, NZA 1990, 775; dazu *Colneric* EuZW 1991, 75 [76]; s. zu Unisextarifen in der privaten Krankenversicherung auch EuGH 1.3.2011 – C-236/09 Rn. 33 f. – Test Achats, NJW 2011, 907). Zwar sieht er Gesichtspunkte des Vertrauensschutzes und der Besitzstandswahrung als legitime sozialpolitische Ziele iSd Art. 6 I an, die eine benachteiligende Ungleichbehandlung rechtfertigen können (EuGH 28.1.2015 – C-417/13 Rn. 35 ff. – Starjakob, NZA 2015, 217). Steht eine Diskriminierung fest, entfaltet diese demgegenüber auch anspruchserzeugende Wirkung für die Vergangenheit, sofern ein gültiges Bezugssystem vorliegt (EuGH 19.6.2014 – C-501/12 ua Rn. 96 – Specht, NZA 2014, 831). Nach der *Barber*-Entscheidung kommt eine Begrenzung der Rückwirkung von Urteilen nur dann in Betracht, wenn die Betroffenen **auf eine unionsrechtliche Rechtslage vertrauten,** die sich im Nachhinein als unzutreffend erwiesen hat (EuGH 17.5.1990 – C-262/88 Rn. 42 – Barber, NZA 1990, 775). Mit Blick auf die Unisextarife war dies etwa der gegen Art. 21 I, 23 I GRC verstoßende Art. 5 II RL 2004/113/EG (EuGH 1.3.2011 – C-236/09 Rn. 15 ff. – Test Achats, NJW 2011, 907). Wirtschaftliche Gesichtspunkte wie die erhebliche finanzielle Mehrbelastung der Arbeitgeber als Folge von Diskriminierungen in Betriebsrentensystemen sind nicht relevant (krit. *Nicolai* ZfA 1996, 481). Zwar bezieht der EuGH auch die praktischen Auswirkungen seiner Entscheidung mit in seine Überlegungen ein. Das dürfe jedoch nicht so weit gehen, dass „die Objektivität des Rechts gebeugt und seine zukünftige Anwendung unterbunden" werde, „nur weil eine Gerichtsentscheidung für die Vergangenheit gewisse Auswirkungen haben" könne (EuGH 8.4.1976 – C-43/75 – Defrenne II, NJW 1976, 2068 [2069 f.]). Wenn deshalb die Mittel eines Betriebsrentensystems für die rückwirkende Leistungsgewährung nicht ausreichen, stelle dies ein Problem des nationalen Rechts dar, das auf die Auslegung des Unionsrechts keine Auswirkungen habe (EuGH 28.9.1994 – C-200/91 Rn. 42 – Coloroll, NZA 1994, 1073). Der Arbeitgeber hat so lange die nach oben angeglichenen Entgelte zu zahlen, bis die erforderlichen Anpassungsmaßnahmen getroffen worden sind. Durch diese Anpassungsmaßnahmen darf das Entgelt – soweit arbeitsrechtlich zulässig – für die Zukunft auch nach unten angeglichen werden (EuGH 28.9.1994 – C-200/91 Rn. 30 ff. – Coloroll, NZA 1994, 1073). Eine schrittweise Anpassung, verbunden mit Übergangsmaßnahmen, ist dagegen unzulässig (EuGH 28.9.1994 – C-408/92 Rn. 25 ff. – Smith, NZA 1994, 1126). Im Betriebsrentenrecht wurde die unmittelbare Wirkung von Art. 157 I AEUV durch das sog. „Barber-Protokoll" beschränkt (dazu BVerfG 5.8.1998 NZA 1998, 1245). Das BAG erkennt betroffenen Arbeitgebern grds. keinen weitergehenden **Vertrauensschutz** zu (BAG 14.10.1986, AP EWG-Vertrag Art. 119 Nr. 11; 29.8.1989, AP BeschFG 1985 § 2 Nr. 6; 28.7.1992, AP BetrAVG § 1 Gleichbehandlung Nr. 18; bestätigt von BVerfG 19.5.1999, NZA 1999, 815; dazu *Langohr-Plato* AuA 2000, 87). Der unionsrechtliche Grundsatz der Anpassung nach oben geht nur insoweit dem nationalen Recht vor, als dieses nicht für den Betroffenen günstigere Regelungen enthält (EuGH 10.2.2000 – C-50/96 – Schröder, NZA 2000, 313; dazu *Huep* RdA 2001, 325). Im Rahmen der RL 2000/78/EG leitet sich diese Rechtsfolge aus Art. 8 I ab.

D. Mitteilungspflichten

Nach Art. 17 S. 3 teilen die Mitgliedstaaten der Kommission die Sanktionsbestimmungen 11 spätestens am 2.12.2003 mit und melden alle sie betreffenden späteren Änderungen unverzüglich. Als eine derartige Änderung ist es nicht anzusehen, wenn die Rechtsprechung ihre Interpretation der Sanktionsvorschriften modifiziert.

Art. 18 Umsetzung der Richtlinie

¹Die Mitgliedstaaten erlassen die erforderlichen Rechts- und Verwaltungsvorschriften, um dieser Richtlinie spätestens zum 2. Dezember 2003 nachzukommen, oder können den Sozialpartnern auf deren gemeinsamen Antrag die Durchführung der Bestimmungen dieser Richtlinie übertragen, die in den Anwendungsbereich von Tarifverträgen fallen. ²In diesem Fall gewährleisten die Mitgliedstaaten, dass die Sozialpartner spätestens zum 2. Dezember 2003 im Weg einer Vereinbarung die erforderlichen Maßnahmen getroffen haben; dabei haben die Mitgliedstaaten alle erforderlichen Maßnahmen zu treffen, um jederzeit gewährleisten zu können, dass die durch diese Richtlinie vorgeschriebenen Ergebnisse erzielt werden. ³Sie setzen die Kommission unverzüglich davon in Kenntnis.

¹Um besonderen Bedingungen Rechnung zu tragen, können die Mitgliedstaaten erforderlichenfalls eine Zusatzfrist von drei Jahren ab dem 2. Dezember 2003, d. h. insgesamt sechs Jahre, in Anspruch nehmen, um die Bestimmungen dieser Richtlinie über die Diskriminierung wegen des Alters und einer Behinderung umzusetzen. ²In diesem Fall setzen sie die Kommission unverzüglich davon in Kenntnis. ³Ein Mitgliedstaat, der die Inanspruchnahme dieser Zusatzfrist beschließt, erstattet der Kommission jährlich Bericht über die von ihm ergriffenen Maßnahmen zur Bekämpfung der Diskriminierung wegen des Alters und einer Behinderung und über die Fortschritte, die bei der Umsetzung der Richtlinie erzielt werden konnten. ⁴Die Kommission erstattet dem Rat jährlich Bericht.

¹Wenn die Mitgliedstaaten derartige Vorschriften erlassen, nehmen sie in den Vorschriften selbst oder durch einen Hinweis bei der amtlichen Veröffentlichung auf diese Richtlinie Bezug. ²Die Mitgliedstaaten regeln die Einzelheiten der Bezugnahme.

A. Umsetzungsfrist

1   Gem. Art. 18 I 1 **erlassen die Mitgliedstaaten die Rechts- und Verwaltungsvorschriften,** um dieser Richtlinie spätestens zum 2.12.2003 nachzukommen. Gem. Art. 18 II können sie, um besonderen Bedingungen Rechnung zu tragen, erforderlichenfalls eine Zusatzfrist von drei Jahren ab dem 2.12.2003, dh insgesamt sechs Jahre in Anspruch nehmen, um die Bestimmungen dieser Richtlinie über die Diskriminierung wegen des **Alters** und einer **Behinderung** umzusetzen. In diesem Fall setzen sie die Kommission unverzüglich davon in Kenntnis. Ein Mitgliedstaat, der die Inanspruchnahme dieser Zusatzfrist beschließt, erstattet der Kommission jährlich Bericht über die von ihm ergriffenen Maßnahmen zur Bekämpfung der Diskriminierung wegen des Alters und einer Behinderung und über die Fortschritte, die bei der Umsetzung der Richtlinie erzielt werden konnten. Die Bundesrepublik Deutschland hat von der Möglichkeit des Art. 18 II für das Merkmal **Alter** Gebrauch gemacht (EuGH 23.2.2006 – C-43/05 Rn. 8 – Kommission/Deutschland, EuZW 2006, 216; 2.11.2005 – C-144/04 Rn. 13 – Mangold, NJW 2005, 3695; *Klumpp* NZA 2005, 848). Im Umkehrschluss ist die Frist für die Umsetzung der Bestimmungen über die Diskriminierung wegen der Religion und Weltanschauung, der Behinderung sowie der sexuellen Ausrichtung bereits am 2.12.2003 abgelaufen (EuGH 10.5.2011 – C-147/08 Rn. 58 – Römer, NZA 2011, 557). Die Bundesrepublik Deutschland hat gegen die letztgenannte Frist aufgrund der verspäteten Schaffung des AGG verstoßen (EuGH 23.2.2006 – C-43/05 Rn. 13 – Kommission/Deutschland, EuZW 2006, 216).

B. Durchführung durch die Sozialpartner

Art. 18 I regelt ergänzend, dass die Mitgliedstaaten **den Tarifpartnern auf deren gemeinsamen Antrag die Durchführung der Bestimmungen dieser Richtlinie übertragen** dürfen (EuGH 8.9.2011 – C-297/10 Rn. 64 – Hennigs und Mai, NZA 2011, 1100). Die Vorschrift steht in engem Zusammenhang mit Art. 16 lit. b, wonach auch die Kollektivparteien an die Diskriminierungsverbote gebunden sind (→ Art. 16 Rn. 6). Der deutsche Gesetzgeber hat die Richtlinienvorschriften mit dem AGG und weiteren Regelungen (s. § 2 II 2 AGG und § 2 IV AGG) selbst umgesetzt. 2

C. Unionsgrundrecht gegen Diskriminierungen

Die auf Art. 13 EG gestützte RL 2000/78/EG legt nicht selbst den Grundsatz der Gleichbehandlung in Beschäftigung und Beruf fest, da dieser seinen Ursprung in verschiedenen völkerrechtlichen Verträgen und den gemeinsamen Verfassungstraditionen der Mitgliedstaaten hat. Nach Inkrafttreten der Grundrechtecharta gelten die Art. 21 und Art. 23 GRC über Art. 6 I EUV im Rang des Primärrechts. Die RL 2000/78/EG schafft einen allg. Rahmen zur Bekämpfung verschiedener Formen der Diskriminierung in den grundrechtlich überformten Bereichen (EuGH 22.11.2005 – C-144/04 Rn. 74 – Mangold, NJW 2005, 3695; 19.1.2010 – C-555/07 Rn. 20 – Kücükdeveci, NJW 2010, 427). Dies betrifft nicht nur das Merkmal Alter, sondern alle von Art. 1 erfassten Merkmale (zur sexuellen Ausrichtung s. EuGH 10.5.2011 – C-147/08 Rn. 59 – Römer, NZA 2011, 557). Das allg. **primärrechtliche Verbot von Diskriminierungen** greift jedoch nur dann ein, wenn es vermittelt über einen sekundärrechtlichen Rechtsakt in den Anwendungsbereich des Unionsrechts fällt (EuGH 19.1.2010 – C-555/07 Rn. 23 – Kücükdeveci, NJW 2010, 427; 10.5.2011 – C-147/08 – Römer Rn. 60 NZA 2011, 557). Weder Art. 13 EG noch die RL 2000/78/EG ermöglichen es demgegenüber, eine Situation für die Zeit vor Ablauf der Umsetzungsfrist der RL 2000/78/EG an den Geltungsbereich des Unionsrechts anzuknüpfen (EuGH 10.5.2011 – C-147/08 Rn. 61 – Römer, NZA 2011, 557; 23.9.2008 – C-427/06 Rn. 16 ff. – Bartsch, NJW 2008, 3417). Zum Verhältnis von grundrechtlichem Diskriminierungsschutz und Richtlinien → GRC Art. 21 Rn. 119. 3

Art. 19 Bericht

(1) Bis zum 2. Dezember 2005 und in der Folge alle fünf Jahre übermitteln die Mitgliedstaaten der Kommission sämtliche Informationen, die diese für die Erstellung eines dem Europäischen Parlament und dem Rat vorzulegenden Berichts über die Anwendung dieser Richtlinie benötigt.

(2) [1] Die Kommission berücksichtigt in ihrem Bericht in angemessener Weise die Standpunkte der Sozialpartner und der einschlägigen Nichtregierungsorganisationen. [2] Im Einklang mit dem Grundsatz der systematischen Berücksichtigung geschlechterspezifischer Fragen wird ferner in dem Bericht die Auswirkung der Maßnahmen auf Frauen und Männer bewertet. [3] Unter Berücksichtigung der übermittelten Informationen enthält der Bericht erforderlichenfalls auch Vorschläge für eine Änderung und Aktualisierung dieser Richtlinie.

A. Berichtspflicht

Art. 19 I statuiert eine allg. **Berichtspflicht der Mitgliedsstaaten** hinsichtlich derjenigen Informationen, die die Kommission für die Erstellung eines dem Europäischen Parlament und dem Rat vorzulegenden Berichts über die Anwendung dieser Richtlinie 1 benötigt (vgl. EuGH 23.2.2006 – C-43/05 – Kommission/Deutschland, EuZW 2006, 216). Die Vorschrift wird durch weitere Berichtspflichten ergänzt, etwa durch die sanktionsbezogene Regelung des Art. 17 S. 3. Nach Art. 19 II 1 berücksichtigt die Kommission in ihrem Bericht in angemessener Weise die Standpunkte der Sozialpartner und einschlägiger Nichtregierungsorganisationen. Die Berichtspflicht des Art. 19 I ist auch in Zusammenhang mit künftigen Änderungen der RL 2000/78/EG zu sehen, wie Art. 19 II 3 verdeutlicht (*Mohr* Diskriminierungen 347).

B. Gender Mainstreaming

2   Im Einklang mit dem **Grundsatz der systematischen Berücksichtigung geschlechterspezifischer Fragen** („gender mainstreaming") bewertet die Kommission in ihrem Bericht gem. Art. 19 II 2 die Auswirkungen der Maßnahmen auf Frauen und Männer (zu diesem Ansatz → GRC Art. 23 Rn. 5). So kann etwa eine Altersgrenze – eigentlich eine unmittelbare Diskriminierung wegen des Alters – zugleich eine Diskriminierung wegen des Geschlechts bewirken (EuGH 18.11.2010 – C-356/09 – Kleist, NZA 2010, 1401). Der Schutz vor Diskriminierungen wegen des Geschlechts ist in Art. 157 AEUV (Arbeitsentgelt) und in den RL 2006/53/EG und RL 2010/41/EU normiert.

Art. 20 Inkrafttreten

Diese Richtlinie tritt am Tag ihrer Veröffentlichung im *Amtsblatt der Europäischen Gemeinschaften* in Kraft.

1   Die RL 2000/78/EG trat am Tag ihrer Veröffentlichung im Amtsblatt der EG, mithin am 2.12.2000 in Kraft. Das Inkrafttreten ist von der Umsetzungsfrist zu unterscheiden, die sich nach Art. 18 bestimmt (*Mohr* Diskriminierungen 347).

Art. 21 Adressaten

Diese Richtlinie ist an die Mitgliedstaaten gerichtet.

1   Art. 21 GRC stellt klar, dass die RL 2000/78/EG an die Mitgliedstaaten gerichtet ist. Die Regelungen begründen hiernach **keine unmittelbare Drittwirkung in Rechtsverhältnissen unter Privaten** (→ Art. 16 Rn. 3). Allerdings erkennt der EuGH in st. Rspr. eine negative unmittelbare Wirkung von Richtlinien an (→ Art. 16 Rn. 4).

530. Richtlinie 2001/23/EG des Rates vom 12. März 2001 zur Angleichung der Rechtsvorschriften der Mitgliedstaaten über die Wahrung von Ansprüchen beim Übergang von Unternehmen, Betrieben oder Unternehmens- und Betriebsteilen

(ABl. Nr. L 82 S. 16)

Celex-Nr. 3 2001 L 0023

DER RAT DER EUROPÄISCHEN UNION – gestützt auf den Vertrag zur Gründung der Europäischen Gemeinschaft, insbesondere auf Artikel 94,

auf Vorschlag der Kommission,

nach Stellungnahme des Europäischen Parlaments[1],

nach Anhörung des Wirtschafts- und Sozialausschusses[2],

in Erwägung nachstehender Gründe:

(1) Die RL 77/187/EWG des Rates vom 14. Februar 1977 zur Angleichung der Rechtsvorschriften der Mitgliedstaaten über die Wahrung von Ansprüchen der Arbeitnehmer beim Übergang von Unternehmen, Betrieben oder Unternehmens- oder Betriebsteilen[3] wurde erheblich geändert[4]. Aus Gründen der Klarheit und Wirtschaftlichkeit empfiehlt es sich daher, die genannte Richtlinie zu kodifizieren.

(2) Die wirtschaftliche Entwicklung führt auf einzelstaatlicher und gemeinschaftlicher Ebene zu Änderungen in den Unternehmensstrukturen, die sich unter anderem aus dem Übergang von Unternehmen, Betrieben oder Unternehmens- oder Betriebsteilen auf einen anderen Inhaber durch vertragliche Übertragung oder durch Verschmelzung ergeben.

(3) Es sind Bestimmungen notwendig, die die Arbeitnehmer bei einem Inhaberwechsel schützen und insbesondere die Wahrung ihrer Ansprüche gewährleisten.

(4) Zwischen den Mitgliedstaaten bestehen in Bezug auf den Umfang des Arbeitnehmerschutzes auf diesem Gebiet weiterhin Unterschiede, die verringert werden sollten.

(5) In der am 9. Dezember 1989 verabschiedeten Gemeinschaftscharta der sozialen Grundrechte der Arbeitnehmer (Sozialcharta) wird unter Nummer 7, Nummer 17 und Nummer 18 insbesondere folgendes festgestellt: „Die Verwirklichung des Binnenmarktes muss zu einer Verbesserung der Lebens- und Arbeitsbedingungen der Arbeitnehmer in der Europäischen Gemeinschaft führen. Diese Verbesserung muss, soweit nötig, dazu führen, dass bestimmte Bereiche des Arbeitsrechts, wie die Verfahren bei Massenentlassungen oder bei Konkursen, ausgestaltet werden. Unterrichtung, Anhörung und Mitwirkung der Arbeitnehmer müssen in geeigneter Weise, unter Berücksichtigung der in den verschiedenen Mitgliedstaaten herrschenden Gepflogenheiten, weiterentwickelt werden. Unterrichtung, Anhörung und Mitwirkung sind rechtzeitig vorzusehen, vor allem bei der Umstrukturierung oder Verschmelzung von Unternehmen, wenn dadurch die Beschäftigung der Arbeitnehmer berührt wird."

(6) Im Jahre 1977 hat der Rat die Richtlinie 77/187/EWG erlassen, um auf eine Harmonisierung der einschlägigen nationalen Rechtsvorschriften hinsichtlich der Wahrung der Ansprüche und Rechte der Arbeitnehmer hinzuwirken; Veräußerer und Erwerber werden aufgefordert, die Vertreter der Arbeitnehmer rechtzeitig zu unterrichten und anzuhören.

(7) Die Richtlinie 77/187/EWG wurde nachfolgend geändert unter Berücksichtigung der Auswirkungen des Binnenmarktes, der Tendenzen in der Gesetzgebung der Mitgliedstaaten hinsichtlich der Sanierung von Unternehmen in wirtschaftlichen Schwierigkeiten,

---

[1] **Amtl. Anm.:** Stellungnahme vom 25. Oktober 2000 (noch nicht im Amtsblatt veröffentlicht).
[2] **Amtl. Anm.:** ABl. C 367 vom 20.12.2000, S. 21.
[3] **Amtl. Anm.:** ABl. L 61 vom 5.3.1977, S. 26.
[4] **Amtl. Anm.:** Siehe Anhang I Teil A.

der Rechtsprechung des Gerichtshofs der Europäischen Gemeinschaften, der Richtlinie 75/129/EWG des Rates vom 17. Februar 1975 zur Angleichung der Rechtsvorschriften der Mitgliedstaaten über Massenentlassungen[5] sowie der bereits in den meisten Mitgliedstaaten geltenden gesetzlichen Normen.

(8) Aus Gründen der Rechtssicherheit und Transparenz war es erforderlich, den juristischen Begriff des Übergangs unter Berücksichtigung der Rechtsprechung des Gerichtshofs zu klären. Durch diese Klärung wurde der Anwendungsbereich der Richtlinie 77/187/EWG gemäß der Auslegung durch den Gerichtshof nicht geändert.

(9) In der Sozialcharta wird die Bedeutung des Kampfes gegen alle Formen der Diskriminierung, insbesondere aufgrund von Geschlecht, Hautfarbe, Rasse, Meinung oder Glauben, gewürdigt.

(10) Diese Richtlinie sollte die Pflichten der Mitgliedstaaten hinsichtlich der Umsetzungsfristen der in Anhang I Teil B angegebenen Richtlinien unberührt lassen –

HAT FOLGENDE RICHTLINIE ERLASSEN:

A. Grundlagen

1   Die **RL 2001/23/EG hat** die **RL 77/187/EWG** des Rates v. 14.2.1977 zur Angleichung der Rechtsvorschriften der Mitgliedstaaten über die Wahrung von Ansprüchen der Arbeitnehmer beim Übergang von Unternehmen, Betrieben oder Unternehmens- oder Betriebsteilen (ABl. 1977 L 61, 26) in der durch die **RL 98/50/EG** des Rates v. 29.6.1998 (ABl. 1998 L 201, 88) geänderten Fassung **aufgehoben und ersetzt** (Art. 12). Soweit die Richtlinien-Bestimmungen unverändert bzw. inhaltsgleich sind, ist die zu den früheren Fassungen ergangene **Rechtsprechung des EuGH weiterhin maßgebend** (ua EuGH 18.7.2013 – C-426/11 Rn. 21 – Alemo-Herron ua, NZA 2013, 835).

I. Ziel und Zweck – Sowohl Arbeitnehmerschutz als auch Schutz des Wettbewerbs vor Verzerrung

2   Nach anfänglicher sozialpolitischer Enthaltsamkeit (Schwarze/*Rebhahn*/*Reiner* AEUV Art. 151 Rn. 3; Calliess/Ruffert/*Krebber* AEUV Art. 151 Rn. 3) bei der Gründung der EWG wurde die „Sozialpolitik" (wozu das Arbeitsrecht gehört) später kontinuierlich aufgewertet (GHN/*Langenfeld*/*Benecke* AEUV Art. 151 Rn. 2). Der Betriebsübergang als Regelungsgegenstand der Sozialpolitik gehört zu einer Welle vermehrter **Rechtssetzungstätigkeit Mitte bis Ende der 1970er Jahre** (Übersicht bei Schwarze/*Rebhahn*/*Reiner* AEUV Art. 151 Rn. 3). Für das Verständnis ist die Entstehungsgeschichte nach wie vor von Bedeutung.

3   Bei den EWG-Vertragsverhandlungen war die Frage einer eigenständigen sozialrechtlichen Kompetenz umstritten. Befürwortet wurde sie von französischer Seite, weil **Wettbewerbsverzerrungen** wegen unterschiedlich hoher Sozialkosten befürchtet wurden. Besonders die deutsche Seite sprach sich dagegen aus und sah damals Sozialkosten als „natürlichen" Standortvor-/-nachteil an (*Pipkorn* NZA Beil. 1986, 2 [3]; *Jansen* EuR 1990, Beiheft 2, 5 [6]; von der Groeben/Schwarze/*Langer* Vorb. zu Art. 136 und 137 EG Rn. 16 f.; *Blanpain*/*Schmidt*/*Schweibert* 96). Teilweise bestand die Vorstellung, eine Vereinheitlichung des Arbeitsrechts der Mitgliedstaaten werde durch die Verwirklichung des Gemeinsamen Marktes fast wie von selbst erfolgen (vgl. Schwarze/*Rebhahn*/*Reiner* AEUV Art. 151 Rn. 3; *Pipkorn* NZA Beil. 1986, 2 f.).

4   Seit Beginn der 1970er Jahre **wuchs** die **Aufmerksamkeit für den Arbeitnehmerschutz,** besonders angesichts zunehmender Fusionen, Zusammenschlüsse, Übernahmen

---

[5] **Amtl. Anm.:** ABl. L 48 vom 22.2.1975, S. 29. Richtlinie ersetzt durch die Richtlinie 98/59/EG (ABl. L 225 vom 12.8.1998, S. 16).

und rationalisierender Veränderungen der Unternehmensstrukturen iRd Gemeinsamen Marktes, teilweise verbunden mit Massenentlassungen und Insolvenzen (näher *v. Alvensleben,* 32 ff., 87 ff.; *Löw,* 1 f.; *Blanpain/Schmidt/Schweibert,* 315; EAS/*Joussen* B 7200 Rn. 1; *Schmidt* Europäisches Arbeitsrecht, 2007, III Rn. 233; *Schiek,* Integration, 42; *Hinrichs* 23; *Brors,* Richtlinien 36 ff.). Nach einigen **grenzüberschreitenden Kündigungsentscheidungen** vor dem Hintergrund unterschiedlicher Kündigungsschutzstandards in internationalen Konzernen zu Beginn der 1970er Jahre, die in der Öffentlichkeit viel Aufmerksamkeit gefunden hatten (*Hinrichs,* 23; *v. Alvensleben,* 87 ff.; → RL 98/59/EG Rn. 2), wuchs die Befürchtung, bei unterschiedlichem Schutzniveau werde im Fall von Rationalisierungsbedarf in internationalen Unternehmen zuerst dort angesetzt, wo der Arbeitnehmerschutz am wenigsten ausgeprägt ist (*Alsbæk,* 22). So **war teilweise im nationalen Recht** der Mitgliedstaaten **Arbeitnehmerschutzrecht** zum **Betriebs-/Unternehmensübergang vorhanden** (bei den Gründungsmitgliedern Frankreich – seit 1928 – und Deutschland – seit 1972 –, teilweise auch in Italien), in anderen Mitgliedstaaten (bsw. Vereinigtes Königreich Großbritannien und Nordirland sowie Dänemark, beide 1973 beigetreten) war die Folge eines Übergangs jedoch die Beendigung des Arbeitsverhältnisses (*Alsbæk,* 22, 48 f.; 89 f., 123 f. f.; *v. Alvensleben,* 91; *Barnard,* EU employment law, Rn. 7.3; *Fuchs/Merkes,* ZESAR 2010, 257 f.; *Hartmann* EuZA 2012, 35 [40 ff.]; zu Deutschland vgl. *Ascheid,* FS Dieterich, 1999, 9 [15 ff.]). Besondere Probleme und Fragen ergaben sich damals (*Pipkorn* NZA Beil. 1986, 2 [7]) wie auch noch heute bei grenzüberschreitenden, transnationalen Übergängen (→ Rn. 20, 23; → Art. 1 Rn. 106 ff.).

Die **vermehrte Rechtssetzung** Mitte bis Ende der **1970er Jahre** zur **Hebung sozialer Standards,** darunter drei Richtlinien im Bereich der Umstrukturierung von Betrieben und Unternehmen (Massenentlassungs-Richtlinie (1975, heute RL 98/59/EG), Betriebsübergangs-Richtlinie und Insolvenzschutz-Richtlinie (1980, heute RL 2008/94/EG), erklärt sich allerdings nicht nur aus dem Arbeitnehmerschutzzweck. Es besteht auch ein enger Zusammenhang mit dem Wettbewerb und seiner Beeinflussung/Verzerrung durch unterschiedliche soziale Schutzstandards (von der Groeben/Schwarze/*Langer* Vorb. zu Art. 136 und 137 EG Rn. 16; *Alsbæk,* 22; *Hartmann* EuZA 2012, 35 ff.). Mit einer Harmonisierung der Rechtsvorschriften über die Wahrung von Ansprüchen der Arbeitnehmer beim Übergang von Unternehmen sollte sowohl ein vergleichbarer Schutz der Rechte der Arbeitnehmer in den verschiedenen Mitgliedstaaten gewährleistet als auch eine Angleichung der mit diesen Schutzvorschriften verbundenen Belastungen für die Unternehmen des Gemeinsamen Marktes erreicht werden (EuGH 8.7.1994 – C-382/92 Rn. 15 – Kommission/Vereinigtes Königreich, Slg. 1994 I-2435). **Ziele der Richtlinien** sind deshalb der **„Schutz der Arbeitnehmer bei einem Unternehmens- oder Betriebsinhaberwechsel"** und die **„Verwirklichung des Binnenmarktes"** (EuGH 15.12.2005 – C-232/04 und C-233/04 Rn. 40 – Güney-Görres und Demir, NZA 2006, 29). Es soll verhindert werden, dass Strukturveränderungen innerhalb des Gemeinsamen Marktes sich zum Nachteil der Arbeitnehmer der betroffenen Unternehmen auswirken (EuGH 7.2.1985 – 135/83 Rn. 18 – Abels, ZIP 1985, 824). Der **Arbeitnehmerschutzzweck der Richtlinie** geht dahin, die **Wahrung** ihrer **Ansprüche** zu gewährleisten (Erwägungsgrund 3). Die **Kontinuität** der im Rahmen einer wirtschaftlichen Einheit **bestehenden Arbeitsverhältnisse** soll unabhängig von einem Inhaberwechsel sichergestellt werden (st. Rspr., ua EuGH 29.7.2010 – C-151/09 Rn. 22 – UGT-FSP, NZA 2010, 1014; 18.3.1986 – 24/85 Rn. 11 – Spijkers, Slg 1986, 1119; → Art. 3 Rn. 4 ff.). Im Jahre 2003 hat der EuGH ausgeführt, der „Hauptzweck" der Richtlinie bestehe darin, auch gegen den Willen des Erwerbers die Arbeitsverträge der Arbeitnehmer des Veräußerers aufrechtzuerhalten (EuGH 20.11.2003 – C-340/01 Rn. 37 – Abler, NZA 2003, 1385). Sozialer Arbeitsschutz als „Fairness" zugunsten der Arbeitnehmer geht nach allem Hand in Hand mit dem Wunsch der Mitgliedstaaten, „unfaire" Marktbedingungen untereinander zu unterbinden („marktfunktionales Arbeitsrecht", *Rödl,* Europäische Arbeitsverfassung, ZERP 2009, 43).

6 Der Umstand, bei einem Übergang iSd Richtlinie an frühere Verhältnisse, insbesondere an die bisherigen Arbeitnehmer und deren Vertragsbedingungen gebunden zu sein, **verletzt weder die Grundsätze des freien Wettbewerbs noch den Grundsatz der Rechtssicherheit.** Jede Wettbewerbsinitiative ist mit gewissen Unwägbarkeiten bei verschiedenen Parametern verbunden. Für **realistische Analysen** sind die **Wirtschaftsteilnehmer selbst verantwortlich** (EuGH 25.1.2001 – C-172/99 Rn. 24 – Liikenne, NZA 2001, 249).

7 Fraglich ist, ob die RL 2001/23/EG noch dem Anspruch gerecht werden kann, unter dem sie und ihre Vorgängerfassungen angetreten sind, wenn **Umstrukturierungen** unter Verschlechterung von Arbeitsbedingungen in ersichtlicher **Vermeidung** von für einen Übergang sprechenden Umständen ablaufen (→ Art. 3 Rn. 66 f.).

II. Zielausweitung? – „Gewährleistung eines gerechten Interessenausgleichs"?

8 Im **Urteil** *Alemo-Herron* ua des EuGH heißt es: „Jedoch **dient** die Richtlinie 77/187 nicht nur dem Schutz der Arbeitnehmerinteressen bei einem Unternehmensübergang, sondern sie soll auch einen **gerechten Ausgleich zwischen den Interessen** der Arbeitnehmer einerseits und denen des Erwerbers andererseits gewährleisten" (EuGH 18.7.2013 – C-426/11 Rn. 25 – Alemo-Herron, NZA 2013, 835). Dies hat in der Literatur zur **Diskussion** geführt (Nachweise → Rn. 10), ob der EuGH damit eine **„neue" Schutzdimension** der Richtlinie eröffnen wolle („Gewährleistung eines gerechten Interessenausgleichs"), die sie jedoch weder nach dem Wortlaut noch nach ihrem Sinn und Zweck enthalte. Die **Kritik** ist nicht von der Hand zu weisen. Allerdings spricht viel dafür, dass es sich **nicht** um eine **bewusste Rechtsprechungsausweitung** handelt.

9 Im Urteil *Alemo-Herron* ua nimmt der EuGH für die zitierte Passage **Bezug auf das Urteil** *Werhof,* worin es heißt: „Außerdem können, auch wenn gem. dem Ziel der Richtlinie die Interessen der von dem Übergang betroffenen Arbeitnehmer zu schützen sind, die Interessen des Erwerbers nicht unberücksichtigt bleiben, der in der Lage sein muss, die für die Fortsetzung seiner Tätigkeit erforderlichen Anpassungen vorzunehmen" (EuGH 9.3.2006 – C-499/04 Rn. 31 – NZA 2006, 376). Im **Urteil** *Österreichischer Gewerkschaftsbund* ist die Gewährleistung eines gerechten Interessenausgleichs Arbeitnehmer/Erwerber **weitergehend als „Ziel der Richtlinie 2001/23"** (EuGH 11.9.2014 – C-328/13 Rn. 29 – NZA 2014, 1092) bezeichnet worden.

10 Weder den Erwägungsgründen noch den Bestimmungen der Richtlinie kann die **Gewährleistung eines gerechten Interessenausgleichs Arbeitnehmer/Erwerber** als ihr „Ziel" entnommen werden (so auch *Klauk/Klein,* jurisPR-ArbR 40/2013 Anm. 1; *Heuschmid,* ArbuR 2013, 500; *Klein,* EuZA 2014, 325; *Esch,* jurisPR-ArbR 21/2014 Anm. 2). Wie bereits ausgeführt (→ Rn. 5), sind **Ziel** bzw. Zweck der Richtlinie einerseits der **Arbeitnehmerschutz „an sich"** (auch als „Hauptzweck" bezeichnet) und andererseits der Arbeitnehmerschutz wegen **Wettbewerbsinteressen der Mitgliedstaaten,** nämlich die „Verwirklichung des Binnenmarktes" durch eine Angleichung der mit den Betriebsübergangsschutzvorschriften verbundenen Belastungen für die Unternehmen des Gemeinsamen Marktes. Für ein **weiteres Richtlinien-Ziel** gibt es **keinen Anhaltspunkt** in der Richtlinie. **Im Gegenteil** wäre es im Hinblick auf einen „gerechten Ausgleich zwischen den Interessen der Arbeitnehmer einerseits und denen des Erwerbers andererseits" sogar fraglich, wie **Art. 8 der Richtlinie,** der „ein Mehr" an Arbeitnehmerschutz durch Zulassung günstigerer Regelungen grds. in mitgliedstaatliches Belieben stellt (→ Art. 8 Rn. 1 ff., zur Begrenzung → Art. 8 Rn. 5 f.), mit einem angeblichen Richtlinien-Ziel der – wohl notwendig einheitlichen – Gewährleistung eines gerechten Interessenausgleichs Arbeitnehmer/Erwerber zusammenpassen sollte.

11 Allerdings ist **fraglich, ob** die Bezeichnung als **„Ziel"** im Urteil *Österreichischer Gewerkschaftsbund* womöglich eher auf einer **sprachlichen Ungenauigkeit** der französischsprachi-

gen Urteilsfassung (Arbeitssprache/Beratungssprache des EuGH) beruht. Das Wort „dient" im Urteil *Alemo-Herron* ua (EuGH 18.7.2013 – C-426/11 Rn. 25 – NZA 2013, 835) ging bereits in diese Richtung (so auch *Esch,* jurisPRArbR 21/2014 Anm. 2). Zutreffender dürfte die Wortwahl in dem vom EuGH im Urteil *Alemo Herron* ua als grundlegende Referenz in Bezug genommenen **Urteil *Werhof*** sein: Die Interessen des Erwerbers **können nicht „unberücksichtigt" bleiben** (EuGH 9.3.2006 – C-499/04 Rn. 31 – NZA 2006, 376). Wenn sie grundrechtlicher Natur sind wie die Vereinigungsfreiheit – die nach dem Verständnis des EuGH (oben genanntes Urteil *Werhof,* Rn. 32 f.) „auch das Recht umfasst, einer Gewerkschaft nicht beizutreten" –, folgt das Erfordernis ihrer Berücksichtigung bereits aus dem generellen Gebot der Beachtung und ggf. Abwägung von Grundrechten im Unionsrecht (MüKoEUWettbR/*Skouris/Kraus* 1. Aufl. 2007 Einl. Rn. 273 ff.; GHN/*Mayer* EUV nach Art. 6 Rn. 1 ff.) und dem Grundsatzes der Einheit der Gemeinschaftsrechtsordnung (oben genanntes Urteil *Werhof,* Rn. 32 f.). Die Bestimmungen von Richtlinien, auch die der RL 2001/23/EG, sind nach st. Rspr. im Einklang mit den Grundrechten auszulegen, wie sie in der Grundrechte-Charta anerkannt wurden (oben genanntes Urteil *Alemo-Herron* ua, Rn. 30), darunter **Art. 16 GRC** zur unternehmerischen Freiheit. Zu dieser ist allerdings in Erinnerung zu behalten, dass nach der Rechtsprechung die **Beeinträchtigung dieser Freiheit** „gerade **zur Zweckbestimmung** der Richtlinie **gehört,** die darauf abzielt, im Interesse der Arbeitnehmer die sich aus den Arbeitsverträgen oder -verhältnissen ergebenden Verpflichtungen auf den Erwerber zu übertragen" (EuGH 25.7.1991 – C-362/89 Rn. 15 – D'Urso ua, NZA 1993, 137). Zudem enthält auch die Richtlinie selbst Vorgaben, mit denen Erwerberinteressen berücksichtigt werden. So kann insbesondere Art. 3 der Richtlinie als „Ausdruck eines Gleichgewichts zwischen dem Schutz des Arbeitnehmers und den Interessen des Erwerbers" (SA des GA *Cruz Villalón* 19.2.2013 – C-426/11, Rn. 22 – Alemo-Herron ua) verstanden werden. Beispiele zur Berücksichtigung der Erwerberinteressen sind die Möglichkeit der gesamtschuldnerischen Haftung von Veräußerer und Erwerber (Art. 3 I Uabs. 2), die Unterrichtungspflichten des Veräußerers gegenüber dem Erwerber (Art. 3 II), die Begrenzungsmöglichkeiten für den Zeitraum der Aufrechterhaltung der Arbeitsbedingungen (Art. 3 III) und die Klarstellung, dass Kündigungen aus wirtschaftlichen, technischen oder organisatorischen Gründen, die Änderungen im Bereich der Beschäftigung mit sich bringen, nicht unter das Kündigungsverbot der Richtlinie fallen (Art. 4 I UAbs. 1 S. 2). Die Richtlinie trägt mit solchen Bestimmungen ua dem Umstand Rechnung, dass der Erwerber „in der Lage sein muss, die für die Fortsetzung seiner Tätigkeit erforderlichen Anpassungen vorzunehmen" (oben genannte Urteile *Werhof* Rn. 31; *Alemo-Herron* ua Rn. 25; EuGH 11.9.2014 – C-328/13 Rn. 29 – Österreichischer Gewerkschaftsbund, NZA 2014, 1092). Folglich sind die Erwerberinteressen iRd Richtlinie **zu berücksichtigen,** jedoch gehört der Ausgleich mit ihnen **nicht** in den Bereich der **Zielsetzung der Richtlinie.** Das „von dieser Richtlinie verfolgte Ziel" ist nach wie vor der Arbeitnehmerschutz (EuGH 6.3.2014 – C-458/12 Rn. 51 – Amatori ua, NZA 2014, 423; dazu auch *Esch,* jurisPR-ArbR 21/2014 Anm. 2), wenn auch unterlegt mit Wettbewerbsinteressen der Mitgliedstaaten (→ Rn. 5). Die **Grundsätze des freien Wettbewerbs** werden **nicht** durch den Umstand **verletzt,** dass bei einem Übergang iSd Richtlinie an frühere Verhältnisse, insbesondere an die bisherigen Arbeitnehmer und deren Vertragsbedingungen angeknüpft wird. Es liegt in der Eigenverantwortung der Wirtschaftsteilnehmer, Unwägbarkeiten verschiedener Parameter, die eine solche Wettbewerbsinitiative mit sich bringen kann, realistischer Analyse zu unterziehen (→ Rn. 6; EuGH 25.1.2001 – C-172/99 Rn. 24 – Liikenne, NZA 2001, 249). Aufschluss zum Verständnis von und Verhältnis zwischen Art. 3 der RL 2001/23/EG und Art. 16 GRC ist von dem Vorabentscheidungsverfahren zu erwarten, das der Vierte Senat des BAG am 17.6.2015 – 4 AZR 61/14 (A) – zur Dynamik einer Verweisungsklausel nach Betriebsübergang initiiert hat.

III. Richtlinienentwicklung

1. RL 77/187/EWG

12 Im Rahmen der vermehrten Rechtssetzungstätigkeit Mitte bis Ende der 1970er Jahre (→ Rn. 5) legte die Kommission dem Rat am 31.5.1974 den „Vorschlag einer Richtlinie des Rates zur Harmonisierung der Rechtsvorschriften der Mitgliedstaaten über die Wahrung von Ansprüchen und Vergünstigungen der Arbeitnehmer bei Gesellschaftsfusionen, Betriebsübertragungen sowie Unternehmenszusammenschlüssen" (ABl. 1974 C 104, 1) vor. Die nach erheblichen Abstimmungs- und auch Änderungsprozessen (näher *v. Alvensleben* 105 ff.; *Löw* 3; *Alsbæk*, 24 f.) am 14.2.1977 formell durch den Rat angenommene Richtlinie wurde im Vergleich zum ersten Vorschlag als abgeschwächt bezeichnet (*Barnard*, EU employment law, Rn. 7.4).

13 Die RL 77/187/EWG war **auf Art. 100 EWGV gestützt,** wonach Richtlinien für die Angleichung derjenigen Rechts- und Verwaltungsvorschriften der Mitgliedstaaten erlassen werden konnten, die sich unmittelbar auf die Errichtung oder das Funktionieren des Gemeinsamen Marktes auswirken (RL 2001/23/EG: auf Art. 94 EGV; heute: Art. 115 AEUV). Die RL 77/187/EWG enthielt fünf Erwägungsgründe. Genannt waren sowohl der **Arbeitnehmerschutz** als solcher (Erwägungsgrund 2) als auch die für das **Funktionieren des Gemeinsamen Marktes** erforderliche Angleichung bisher unterschiedlicher Rechtsvorschriften (Erwägungsgründe 3–5). In dieser ersten Richtlinien-Fassung waren viele der Bestimmungen der späteren RL 2001/23/EG bereits mehr oder weniger inhaltsgleich enthalten, darunter die Begriffsbestimmungen „Veräußerer" und „Erwerber", die Kernbestimmungen zur Automatik des Übergangs (insbesondere Art. 3 I), zur Aufrechterhaltung der in einem Kollektivvertrag vereinbarten Arbeitsbedingungen (Art. 3 III) sowie das Verbot der Kündigung (dazu auch *Gaul*, Betriebs- und Unternehmensspaltung, § 5 Rn. 15 ff.; *Pipkorn* NZA Beil. 1986, 2 ff.; *Blanpain/Schmidt/Schweibert* 321 ff.). Enthalten waren auch einige der Regelungen zum Schutz der Arbeitnehmervertretung und der Arbeitnehmervertreter (damals Art. 5; dazu ua *Löw* 161 ff.; *v. Alvensleben*, 116 ff.) sowie bereits relativ umfangreiche Informations- und Konsultationspflichten gegenüber Arbeitnehmervertretern (damals Art. 6; dazu ua *Löw*, 175 ff.; *v. Alvensleben*, 119 ff.; *Colneric*, FS Steindorff, 1990, 1129 ff.; *Oetker* NZA 1998, 1193).

2. Über die RL 98/50/EG zur RL 2001/23/EG

14 Die **RL 98/50/EG** hat die RL 77/187/EWG geändert. In den dreizehn Erwägungsgründen der RL 98/50/EG wurden die dafür maßgebenden Motive angegeben und die wesentlichen Änderungen benannt. An erster Stelle der Erwägungsgründe stand die Bezugnahme auf die am 9.12.1989 verabschiedete **Gemeinschaftscharta der sozialen Grundrechte der Arbeitnehmer** (Sozialcharta oder ESC→ ESC) im Hinblick auf die Verbesserung der Lebens- und Arbeitsbedingungen der Arbeitnehmer durch Verwirklichung des Binnenmarktes. Eine weitere Verknüpfung mit der ESC erfolgte im Erwägungsgrund 13, nämlich in Bezug auf die Bekämpfung jeglicher Form der Diskriminierung, insbesondere aufgrund von Geschlecht, Hautfarbe, Rasse, Meinung oder Glauben (→ ESC Art. 1 Rn. 10).

15 Das **Ziel der Änderung der Richtlinie** war nach Erwägungsgrund 3 die Überarbeitung der RL 77/187/EWG unter Berücksichtigung der Auswirkungen des Binnenmarktes, der Tendenzen in der Gesetzgebung der Mitgliedstaaten hinsichtlich der Sanierung von Unternehmen in wirtschaftlichen Schwierigkeiten, der Rechtsprechung des EuGH, der RL 75/129/EWG (Massenentlassungs-Richtlinie, heute RL 98/59/EG) sowie der bereits in den meisten Mitgliedstaaten geltenden gesetzlichen Normen (zum Änderungsprozess *Gaul* BB 1999, 526).

16 Dazu bezogen sich die Erwägungsgründe 4, 5 und 6 auf im Wortlaut der Richtlinie vorgenommene **Begriffsklärungen** (Begriff des Übergangs, Umfang der Anwendung der

Richtlinie auch auf öffentliche Unternehmen, Begriff „Arbeitnehmer", „Arbeitsvertrag" und „Arbeitsverhältnis"), die EuGH-Rechtsprechung entsprachen (im Einzelnen KOM [94] 300 endg. v. 8.9.1994, ABl. C 274, 10; KOM [97] 85 endg. v. 4.3.1997; vgl. auch EAS/ *Joussen* B 7200 Rn. 2 mwN; *Willemsen/Annuß* NJW 1999, 2073 ff.; *Franzen* RdA 1999, 361 ff.; *Gaul* BB 1999, 526 [527 ff.]; *Waas/Johanns* EuZW 1999, 458 ff.; *Kocher/Zachert* EuroAS 1999, 213; *Alsbæk,* 27 ff.). Die Aufnahme im Richtlinien-Wortlaut sollte der Rechtssicherheit und Transparenz dienen und den **Anwendungsbereich** der Richtlinie **ausdrücklich nicht ändern.** Unter anderem wurde der juristische Begriff des Übergangs unter Berücksichtigung der Rechtsprechung des EuGH (Erwägungsgrund 4) in Art. 1 I lit. b geklärt als Übergang „einer ihre Identität bewahrenden wirtschaftlichen Einheit im Sinne einer organisierten Zusammenfassung von Ressourcen zur Verfolgung einer wirtschaftlichen Haupt- oder Nebentätigkeit". Dadurch erhielt Art. 1 I der RL 77/187 in der Fassung der RL 98/50 (im Folgenden: nF 1998) den Wortlaut, der heute Art. 1 I ausmacht. Art. 1 I lit. c beschreibt den Anwendungsbereich der Richtlinie in öffentlichen Unternehmen (dazu auch Erwägungsgrund 5). Erstmals wurde für den Anwendungsbereich der Richtlinie ausdrücklich auch auf Teile von Unternehmen, nicht nur auf Teile von Betrieben abgestellt (in Art. 1 I lit. a). In Art. 2 der RL 77/187 nF 1998 wurden die auch heute gültigen, mit gewissen Einschränkungen auf das nationale Recht verweisenden Begriffe „Arbeitnehmer", „Arbeitsvertrag" und „Arbeitsverhältnis" aufgenommen.

Neu aufgenommen wurde ua Art. 3 II zu einer mitgliedstaatlichen Regelungsmöglichkeit von **Informationsobliegenheiten des Veräußerers gegenüber dem Erwerber,** die jedoch ohne Auswirkungen auf den Übergang als solchen und sich daraus ergebende Rechte der Arbeitnehmer bleibt (Erwägungsgrund 11). **Änderung** brachte die in den Erwägungsgründen 7 und 8 angesprochene Sicherstellung des Überlebens **zahlungsunfähiger Unternehmen** durch Einfügung von Art. 4a (der mit der RL 2001/23/EG zu Art. 5 geworden ist). Am Anfang dieser Weiterentwicklung stand Rechtsprechung des EuGH (→ Art. 5 Rn. 1 ff.). **Wesentliche Neuregelungen** erfolgten in Klärung der Funktion und Rechtsstellung der Vertreter/innen der Arbeitnehmer/innen, insbesondere bezogen auf eine **Übergangsvertretung** (Erwägungsgrund 9, Art. 5 I UAbs. 3 und Art. 5 I UAbs. 4; dazu ua *Krause* NZA 1998, 1201 ff.; *Waas/Johanns* EuZW 1999, 458 ff.; *Willemsen/Annuß* NJW 1999, 2073 [2076 ff.]; *Franzen* RdA 1999, 361 [369]; *Kocher/Zachert* EuroAS 1999, 213;). Die Regelungen zur **Information und Konsultation** der Vertreter/innen der Arbeitnehmer/innen wurden in einigen Punkten klargestellt (Erwägungsgrund 10, Art. 6 IV) und bezogen auf eine direkte Unterrichtung der Arbeitnehmer/innen beim Fehlen von Vertretungsorganen von fakultativ auf obligatorisch umgestellt und ausdifferenziert (Erwägungsgrund 12, Art. 6 VI; *Oetker* NZA 1998, 1194 ff.; *Franzen* RdA 1999, 361 [371]; *Willemsen/ Annuß* NJW 1999, 2073 [2079 f.]).

Durch die **RL 2001/23/EG** wurde die RL 77/187/EWG (in ihrer durch die RL 98/50/ EG geänderten Fassung) aufgehoben und ersetzt. Seitdem ist auch in der Richtlinien-Überschrift und den Erwägungsgründen (1 und 2) klargestellt, dass auch der Übergang von Unternehmensteilen erfasst ist (Übergang von „Unternehmen, Betrieben oder Unternehmens- oder Betriebsteilen" statt „Unternehmen, Betrieben oder Betriebsteilen"). Inhaltliche Änderungen im Verhältnis zu den Vorgänger-Richtlinien sind nicht erfolgt, sondern es ging um **Kodifizierung aus Gründen der Klarheit und der Wirtschaftlichkeit** (Erwägungsgrund 1; vgl. auch *Gaul* § 5 Rn. 47 f.; *Thüsing,* Europäisches Arbeitsrecht, § 5 Rn. 4; *Pottschmidt* 316; *Hauck,* FS Wißmann, 2005, 546; *v. Roetteken* NZA 2001, 414 [419]).

3. Erfolgte Ausdehnung auf den EWR

Die RL 2001/23/EG ist, wie auch zuvor die RL 77/187/EWG, in das EWR-Abkommen, das die Mitgliedstaaten der **EFTA** (Norwegen, Island, Liechtenstein, nicht jedoch: die Schweiz) und die Mitgliedstaaten der EU geschlossen haben, aufgenommen worden (Art. 68 EWR-Abkommen iVm Beschluss des Gemeinsamen EWR-Ausschusses Nr. 159/

2001 v. 11.12.2001 zur Änderung des Anhangs XVIII [Sicherheit und Gesundheitsschutz am Arbeitsplatz, Arbeitsrecht sowie Gleichbehandlung von Männern und Frauen] des EWR-Abkommens, 22001D0159). Zur Rechtsprechung des EFTA-Gerichtshofs zur Auslegung der Richtlinie mit Wirkung für die EFTA/EWR-Staaten, die möglichst einheitlich (vgl. näher Art. 105 ff. EWR-Abkommen) mit der des EuGH zur Richtlinie erfolgen soll, vgl. http://www.eftacourt.int/cases/ (insbesondere 10.12.2004 – E-2/04 – Rasmussen ua; 22.3.2002 – E-3/01 – Viggósdóttir; 14.3.1997 – E-3/96 – Ask ua; 19.12.1996 – E-2/96 – Ulstein ua; 25.9.1996 – E-2/95 – Eidesund).

20 Im Fall von **grenzüberschreitenden, transnationalen Übergängen** (bezogen auf die Entstehungsgeschichte der Richtlinie → Rn. 4) mit Standortverlagerung ergeben sich **vielfältige Rechtsprobleme** (näher → Art. 1 Rn. 106 ff.). Fraglich kann auch die gerichtliche **Zuständigkeit** sein, bsw., wenn mit einer Klage der Gerichtsstand des letzten gewöhnlichen Arbeitsortes gewählt wird (Hinweise auf Einzelfälle ua bei *Bauer/Schansker*, ArbeitsR Aktuell 2011, 289; *Junker* NZA Beil. 2012, 8 [14]). Bezogen auf das Verhältnis EU-Staaten/ EFTA-Staaten kommt es dabei regelmäßig auf das Übereinkommen über die gerichtliche Zuständigkeit und die Anerkennung und Vollstreckung von Entscheidungen in Zivil- und Handelssachen v. 30.10.2007 (LugÜ II, ABl. EU L 339, 3) an. Die erforderliche einheitliche Auslegung, auch im Verhältnis zur VO 44/2001/EG → bzw ab 10.1.2015 zur VO 1215/ 2012/EU (→ VO 1215/2012/EU), wird durch die Bestimmungen von Art. 1 Protokoll 2 gesichert, worin ua ausdrücklich auf die Regeln der Zusammenarbeit zwischen den mitgliedstaatlichen Gerichten und dem EuGH Bezug genommen wird (näher *Wagner/Janzen* IPRax 2010, 298 [309]). Ungeklärte Fragen bestehen insbesondere zu den Rechtsfolgen eines grenzüberschreitenden Übergangs mit Standortverlagerung, nicht nur im Verhältnis von EU-Mitgliedstaaten (→ Rn. 106 ff., 109 ff.), sondern ebenso im Verhältnis zu EFTA-Staaten des EWR. Auch wenn die Richtlinie grundsätzliche Vorgaben enthält, sind die Einzelheiten noch nicht geklärt. Dazu gehören die Auswirkungen mitgliedstaatlicher Besonderheiten – wie bsw. im Kündigungsschutz –, die Auswirkungen des Verweises der Richtlinie auf das anwendbare nationale Recht und die Unterschiede, die sich durch Wahlmöglichkeiten der Mitgliedstaaten bei der Richtlinien-Umsetzung ergeben.

IV. Entwicklungsperspektiven

21 Mit dem im November 2013 vorgelegten **Vorschlag für eine Richtlinie des Europäischen Parlaments und des Rates zur Änderung** der RL 2008/94/EG, RL 2009/38/ EG, RL 2002/14/EG, RL 98/59/EG und RL **2001/23/EG in Bezug auf Seeleute** v. 18.11.2013, KOM [2013] 798 final, soll die bisher bestehende Herausnahme von Seeleuten aus dem Anwendungsbereich der Richtlinie beendet werden (näher zur bestehenden Situation und dem Änderungsvorschlag → Art. 1 Rn. 120 f.).

22 Folgerichtig und bemerkenswert ist, dass nach Inkrafttreten der GRC stärker auf den Aspekt der Fairness zugunsten der Arbeitnehmer/innen abgestellt wird. In der Begründung heißt es zum Hintergrund des Richtlinien-Vorschlags: „Je nach der nationalen Situation könnten Ausschlussregelungen sich negativ auf einige der in der **Charta der Grundrechte der Europäischen Union verankerten Rechte** auswirken, insbesondere auf das Recht auf Unterrichtung und Anhörung im Unternehmen (Artikel 27) und das Recht auf gerechte und angemessene Arbeitsbedingungen (Artikel 31). … **Ziel dieses Vorschlags** ist daher, im EU-Arbeitsrecht den **Schutz der in der EU-Grundrechtecharta verankerten Rechte zu verbessern** und **EU-weit gleiche Ausgangsbedingungen** zu schaffen. Zudem trägt der Vorschlag zu den allg. politischen Zielen nach Artikel 151 AEUV bei, dh. Förderung der Beschäftigung, Verbesserung der Lebens- und Arbeitsbedingungen, ein angemessener Sozialschutz und sozialer Dialog zwischen Arbeitgebern und Arbeitnehmern." (KOM [2013] 798 final, 3)

Ob zum Themenbereich **„grenzüberschreitender Übergang"** zukünftiger Rege- 23
lungsbedarf besteht, wird sich vermutlich erweisen, wenn der EuGH Gelegenheit hatte, im
Rahmen eines Vorabentscheidungsersuchen (Art. 267 AEUV) auszuloten, ob und inwieweit die Richtlinie in ihrer aktuellen Fassung bereits insofern hinreichende Regelungen
enthält (→ Art. 1 Rn. 106 ff.; zu Einzelfragen *Niksova,* Grenzüberschreitender Betriebsübergang, 68 ff., 272 f.; *Reichold,* FS Birk, 2008, 687 [689]). Reformbemühungen der Kommission des Jahres 2007 zur Regelung grenzüberschreitender Sachverhalte (eingehend dazu
Reichold, FS Birk, 2008, 687 ff.) waren eingestellt worden, nachdem die Sozialpartner keinen
Handlungsbedarf sahen (*Niksova,* Grenzüberschreitender Betriebsübergang, 2; Preis/Sagan/
Grau/Hartmann Rn. 5; *Kania,* Grenzüberschreitende Betriebsübergänge, 23).

B. Richtlinienumsetzung

Bereits vor der RL 77/187/EWG gab es in einigen Mitgliedstaaten Regelungen zum 24
Übergang, bsw. in **Frankreich** seit 1928 (→ Rn. 4). **In Deutschland** war 1972 anlässlich
der Novellierung des BetrVG (durch § 122 BetrVG) **§ 613a** in das **BGB** eingefügt worden
(BGBl. I 13; zur Entwicklung ErfK/*Preis* BGB § 613a Rn. 1; MüKoBGB/*Müller-Glöge*
BGB § 613a Rn. 1, 9; HaKo/*Düwell* BetrVG Einl. Rn. 29; *Alsbæk,* 166 ff.; *v. Alvensleben,*
87 ff.; *Löw,* 1 f.; *Ascheid,* FS Dieterich, 1999, 9 [15 ff.]; *Gaul* § 5 Rn. 11ff).

Nach ihrem Art. 8 I war die **RL 77/187/EWG** binnen zwei Jahren nach ihrer Bekannt- 25
gabe umzusetzen. Als Datum der Zustellung gilt der 16.2.1977 (EUR-Lex), Fristablauf war
also am 16.2.1979. Erst 1980 wurde in **Deutschland** § 613a BGB in Umsetzung der
Richtlinie ergänzt durch Art. 1 Nr. 5 des arbeitsrechtlichen EG-Anpassungsgesetzes v.
13.8.1980 (BGBl. I 1308): § 613a I 2 bis 4 und § 613a IV wurden neu eingefügt (*Alsbæk,*
169 ff.; *v. Alvensleben,* 270 ff.; *Gaul* § 5 Rn. 20ff). Zur Anpassung im Beitrittsgebiet Mü-
KoBGB/*Müller-Glöge* BGB § 613a Rn. 2 ff.; *Felsner* 289 ff. Die **RL 98/50/EG** war nach
Art. 2 I vor dem 17.7.2001 umzusetzen. Diese Frist blieb durch die **RL 2001/23/EG**
unberührt (Art. 12 und Erwägungsgrund 10 der RL 2001/23/EG). Eine zwar nicht pünkt-
liche, aber noch zeitnahe Umsetzungsbestimmung war § 21a BetrVG (Übergangsmandat
des Betriebsrats), der gem. Art. 14 BetrVerf-Reformgesetz (v. 23.7.2001, verkündet am
27.7.2001 [BGBl. I 1852]) am 28.7.2001 in Kraft trat (dazu ua *Düwell* AiB 2001, 113; *Blanke*
ZfPR 2001, 242; *Löwisch/Schmidt-Kessel* BB 2001, 2162; *Rieble* NZA 2002, 233 ff.; *Thüsing*
DB 2002, 738 ff.; *Gaul/Bonanni* ArbRB 2002, 46; *Gaul* § 5 Rn. 49 ff.). Durch die
RL 2001/23/EG wurde keine neue Umsetzungsfrist gesetzt (Art. 12 und Erwägungsgrund 10). Teilweise geht das nationale Recht zum Übergang in Deutschland über die
Richtlinien-Vorgaben hinaus (bsw. zur Einbeziehung von Seeschiffen → Art. 1 Rn. 118;
zum Widerspruchsrecht gegen den Übergang des Arbeitsverhältnisses → Art. 3 Rn. 74; zur
Unterrichtung der Arbeitnehmer → Art. 7 Rn. 21; vgl. auch *Sieg/Maschmann* Unternehmensumstrukturierung Rn. 141), teilweise bleibt es hinter den Richtlinien-Vorgaben zurück (bsw. Art. 6 Rn. 28; Art. 7 Rn. 17, 21; Art. 1 Rn. 40 ff., § 323 II UmwG).

Zur **Umsetzung in anderen EU-Mitgliedstaaten:** Berichte der Kommission (→ Art. 10 26
Rn. 3); *Krieger/Schmidt-Klie* EuZA 2014, 161 (Großbritannien); *Sachs-Durand* NZA-Beil.
2012, 5 ff. (Frankreich); *Felten* ZAS 2012, 80 (Österreich/Entgeltschutz); *Fröhlich* EuZA 2011,
53 (Spanien); *Olteanu* Untersuchung des Arbeitnehmerschutzes bei Betriebsübergang, Massenentlassung und Insolvenz 2011 (Rumänien) *Henssler/Braun,* Arbeitsrecht in Europa, (verschiedene Mitgliedstaaten); *Kokott,* Der Betriebsübergang in Deutschland und Polen, 2010;
Hainz/Tinhofer, Arbeits- und Sozialrecht in Mittel- und Osteuropa, 2010 (ua Bulgarien,
Kroatien, Polen, Rumänien, Slowakei, Slowenien, Tschechien, Ungarn); Report (Executive
Summaries) on the implementation of Directive 2001/23/EC in Bulgaria and in Romania,
2009 (über Homepage Europäische Kommission); *Allenberg/Rauch* EuZA 2009, 257 (Frankreich, Großbritannien); *Junker* (Hrsg.) Betriebsübergang in Europa, 2009 (*Allenberg:* Frankreich, *Fröhlich:* Spanien, *Koch:* Dänemark, *Rauch:* Großbritannien); *Graf* ZAS 2008, 281

(Österreich/Konkurs); *Risak* NZA Beil. 2008, 145 (Österreich); *v. Peijpe* NZA Beil. 2008, 151 (Niederlande); *Sargeant,* Implementation Report – Directive 2001/23/EC on the approximation of laws of the Member States relating to the safeguarding of employees' rights in the event of transfers of undertakings, businesses or parts of businesses, 2007 (über Homepage Europäische Kommission); CMS/Kommission (Gaul/Jeffreys/Tinhofer/van Wassenhove), Study on the application of Directive 2001/23/EC to cross-border transfers of undertakings, 2006 (über Homepage Europäische Kommission); *Martin* Unternehmensübergangsrichtlinie 2006 (Spanien); *Edward/Segan* RdA 2006, Sonderbeil. zu Heft 6, 15 (Großbritannien); *Novak* RdA 2006, Sonderbeil. zu Heft 6, 25 (Slowenien); *Rebhan* RdA 2006, Sonderbeil. zu Heft 6, 4; *Jöst,* Der Betriebsübergang, 2004 (Österreich); *Eisele,* Die Richtlinie zum Betriebsübergang und ihre Umsetzung im englischen Recht, 2003; *Alsbæk* (Großbritannien, Frankreich, Dänemark); *Theis* ZIAS 1998, 228 (Großbritannien); *Weber* EuZW 1998, 583; *Felsner,* Arbeitsrechtliche Rahmenbedingungen von Unternehmensübernahmen in Europa, 1997 (Italien, Frankreich, Großbritannien, Niederlande); *Schrammel* ZAS 1996, 6 (Österreich); *Binder* RdA 1996, 1 (Österreich); *Bittner* BetrAV 1994, 210 (Großbritannien/betriebliche Altersversorgung); *Franzen,* Betriebsinhaberwechsel, 1994 (Frankreich, Großbritannien, Österreich, Schweiz); *Tomandl* ZAS 1993, 193 (Österreich); *Löw,* ua 13 ff., 34 ff. (Großbritannien); *Annerl,* Der Betriebsübergang im englischen Recht, 1991; *Debong,* Die EG-Richtlinie über die Wahrung der Arbeitnehmeransprüche beim Betriebsübergang 1988 (Frankreich); *Koch* RIW 1984, 592 (Großbritannien).

Kapitel I. Anwendungsbereich und Definitionen

Art. 1 [Sachlicher Anwendungsbereich]

1. a) Diese Richtlinie ist auf den Übergang von Unternehmen, Betrieben oder Unternehmens- bzw. Betriebsteilen auf einen anderen Inhaber durch vertragliche Übertragung oder durch Verschmelzung anwendbar.
   b) Vorbehaltlich Buchstabe a) und der nachstehenden Bestimmungen dieses Artikels gilt als Übergang im Sinne dieser Richtlinie der Übergang einer ihre Identität bewahrenden wirtschaftlichen Einheit im Sinne einer organisierten Zusammenfassung von Ressourcen zur Verfolgung einer wirtschaftlichen Haupt- oder Nebentätigkeit.
   c) Diese Richtlinie gilt für öffentliche und private Unternehmen, die eine wirtschaftliche Tätigkeit ausüben, unabhängig davon, ob sie Erwerbszwecke verfolgen oder nicht. Bei der Übertragung von Aufgaben im Zuge einer Umstrukturierung von Verwaltungsbehörden oder bei der Übertragung von Verwaltungsaufgaben von einer Behörde auf eine andere handelt es sich nicht um einen Übergang im Sinne dieser Richtlinie.
2. Diese Richtlinie ist anwendbar, wenn und soweit sich das Unternehmen, der Betrieb oder der Unternehmens- bzw. Betriebsteil, das bzw. der übergeht, innerhalb des räumlichen Geltungsbereichs des Vertrages befindet.
3. Diese Richtlinie gilt nicht für Seeschiffe.

Übersicht

	Rn.
A. Der sachliche Anwendungsbereich (Art. 1 I)	1
I. Überblick	1
II. Schlüsselbegriff „Wirtschaftliche Einheit"	6
1. „Wirtschaftliche Einheit": Unternehmen, Betrieb oder Unternehmens- bzw. Betriebsteil	6
2. „Wirtschaftliche Einheit" – Begriffsentwicklung und -verständnis	10

		Rn.
III. „Wirtschaftliche Tätigkeit" – Weit zu verstehen		19
1. „Wirtschaftliche Tätigkeit" – Nicht nur in der Privatwirtschaft, sondern auch im staatlichen Bereich und in Tendenzbetrieben		20
2. Mit eigenem Zweck bzw. mit eigener Zielsetzung		26
3. Nicht erfasst: Ausübung hoheitlicher Befugnisse		29
IV. Inhaberwechsel – Übertragung auf einen anderen Inhaber		35
1. Durch vertragliche Übertragung oder durch Verschmelzung – und auch durch Gesetz		36
2. Maßgebend ist der Übergang der Verantwortung für den Betrieb der Einheit, eine Übertragung von Eigentum ist nicht erforderlich		48
V. Auf Dauer angelegt		51
VI. „Identität": Haben und (be)wahren		53
1. Zeitpunkt der Beurteilung – Zeitpunkt des Übergangs		56
2. Tatsächliche Fortführung der Tätigkeit – (Ohne) Unterbrechung		57
3. Betriebsteil/Unternehmensteil: „ausreichende funktionelle Autonomie" erforderlich, die jedoch innerhalb der Struktur des Erwerbers nicht bewahrt werden muss		59
4. Die Zuordnung von Arbeitnehmer/innen beim Übergang eines Betriebs-/Unternehmensteils		62
VII. Berücksichtigung sämtlicher den betreffenden Vorgang kennzeichnenden Tatsachen		66
1. Erforderlich: Eine Gesamtbewertung der Umstände		68
2. Aspekte der Gesamtbewertung – Zu berücksichtigende Umstände		77
a) Art des Unternehmens oder Betriebs		78
b) Materielle Aktiva/Betriebsmittel		82
c) Immaterielle Aktiva		88
d) Belegschaft, Personal und Führungskräfte		90
e) Übergang der Kundschaft		96
f) Grad der Ähnlichkeit der Tätigkeit		98
g) Arbeitsorganisation, Betriebsmethoden		99
h) Dauer einer eventuellen Unterbrechung der Tätigkeiten		102
i) Weitere Merkmale – zB Finanzierung, Leitung, anwendbare Rechtsvorschriften		103
VIII. Tatsächliche Beurteilung: Zuständig sind die nationalen Gerichte		104
B. Der räumliche Anwendungsbereich (Art. 1 I)		105
I. Innerhalb des räumlichen Geltungsbereichs des Vertrages		105
II. Grenzüberschreitend?		106
C. Seeschiffe (derzeit noch) ausgenommen (Art. 1 III)		116

A. Der sachliche Anwendungsbereich (Art. 1 I)

I. Überblick

Nach **st. Rspr. des EuGH** liegt ein Unternehmens- oder Betriebs(teil)übergang iSd Richtlinie 2001/23/EG vor, wenn ein **neuer Rechtsträger** (→ Rn. 35) eine **bestehende wirtschaftliche Einheit** (→ Rn. 6 ff.) unter **Wahrung ihrer Identität** (→ Rn. 53 ff.) fortführt (→ Rn. 57 ff.). Dabei muss es um eine **auf Dauer angelegte** (→ Rn. 51 f.) Einheit gehen, deren Tätigkeit nicht auf die Ausführung eines bestimmten Vorhabens beschränkt ist. Um eine solche Einheit handelt es sich bei jeder hinreichend strukturierten und selbständigen **Gesamtheit von Personen und Sachen** zur Ausübung einer wirtschaftlichen Tätigkeit mit eigenem Zweck (→ Rn. 7). Den für das Vorliegen eines Übergangs **maßgebenden Kriterien** kommt je nach der ausgeübten Tätigkeit und je nach den Produktions- oder Betriebsmethoden unterschiedliches Gewicht zu (→ Rn. 66, 74, 79, 87). Bei der Prüfung, ob eine solche Einheit ihre Identität bewahrt, müssen **sämtliche** den betreffenden Vorgang **kennzeichnenden Tatsachen berücksichtigt** werden (→ Rn. 11, 66 ff.). Dazu gehören **namentlich** die Art des Unternehmens oder Betriebs (→ Rn. 78 ff.), der etwaige Übergang der materiellen Betriebsmittel wie Gebäude und bewegliche Güter (→ Rn. 82 ff.), der Wert der immateriellen Aktiva (→ Rn. 88 f.) im Zeitpunkt des Übergangs (→ Rn. 56), die etwaige Übernahme der Hauptbelegschaft durch den neuen Inhaber (→ Rn. 90 ff.), der etwaige Übergang der Kundschaft (→ Rn. 96 f.) sowie der Grad der Ähnlichkeit zwischen den vor und nach dem Übergang verrichteten Tätigkeiten

1

(→ Rn. 98) und die Dauer einer eventuellen Unterbrechung dieser Tätigkeiten (→ Rn. 57 ff., 102). Diese Umstände sind jedoch nur Teilaspekte der vorzunehmenden **Gesamtbewertung** und dürfen deshalb **nicht isoliert betrachtet** werden (→ Rn. 68 ff.). Kommt es im Wesentlichen auf die menschliche Arbeitskraft an, kann eine strukturierte Gesamtheit von Arbeitnehmern trotz des Fehlens nennenswerter materieller oder immaterieller Vermögenswerte eine wirtschaftliche Einheit darstellen (→ Rn. 73, 80, 92 f.). Wenn eine Einheit ohne nennenswerte Vermögenswerte funktioniert, kann die Wahrung ihrer Identität nach ihrer Übernahme nicht von der Übernahme derartiger Vermögenswerte abhängen. Die Wahrung der Identität der wirtschaftlichen Einheit ist in diesem Fall anzunehmen, wenn der neue Betriebsinhaber nicht nur die betreffende Tätigkeit weiterführt, sondern auch einen nach Zahl und Sachkunde wesentlichen Teil des Personals übernimmt (→ Rn. 73, 84, 91 f.). Hingegen stellt die bloße Fortführung der Tätigkeit durch einen anderen (**Funktionsnachfolge**) ebenso wenig einen Betriebsübergang dar wie die **reine Auftragsnachfolge** (→ Rn. 72 f., 93, 97; vgl. DFL/*Bayreuther* BGB § 613a Rn. 28 zu einer „eigenwilligen" Übergangsregelung für den ÖPNV in der VO 1370/2007/EG). **Wichtig sind hier die Worte „bloße" und „reine":** Sobald genug hinzukommt, was unter den für eine Übernahme entscheidenden Kriterienkatalog fällt, stellt sich die Frage des Übergangs iSd Richtlinie (→ Rn. 72).

2 **Im öffentlichen Dienst** kommt der RL 2001/23/EG bei einer Übertragung wirtschaftlicher Tätigkeiten – jedoch grds. nicht bei einer Übertragung von Tätigkeiten in Ausübung hoheitlicher Befugnisse – zur Anwendung (→ Rn. 20 ff., 29 ff.). Der Umstand, dass ein Übergang auf einseitigen Entscheidungen staatlicher Stellen und nicht auf einer Willensübereinstimmung beruht, steht der Annahme eines Betriebsübergangs nicht entgegen (→ Rn. 39).

3 Dem Übergang eines gesamten Unternehmens/Betriebs steht, soweit die Vorraussetzungen der RL 2001/23/EG erfüllt sind, der **Übergang eines Unternehmens-/Betriebsteils** gleich (→ Rn. 59 ff.). Dies ist unabhängig davon, ob die übergegangene wirtschaftliche Einheit ihre Selbständigkeit innerhalb der Struktur des Erwerbers bewahrt oder nicht; es genügt, wenn die **funktionelle Verknüpfung** zwischen den übertragenen Produktionsfaktoren **beibehalten** und es dem Erwerber derart **ermöglicht** wird, diese **Faktoren zu nutzen,** um derselben oder einer gleichartigen wirtschaftlichen Tätigkeit nachzugehen (→ Rn. 61).

4 **Dieser st. Rspr. des EuGH entspricht die Rechtsprechung des BAG** (vgl. ua BAG 22.1.2015 – 8 AZR 139/14; 22.5.2014 NZA 2014, 1335 Rn. 19–26; 20.3.2014 NZA 2014, 1095 Rn. 17 f.).

5 Die **Bewertung der maßgeblichen Tatsachen** ist nach Unionsrecht Sache der nationalen Gerichte (→ Rn. 75, 104). Im deutschen Arbeitsrecht fällt diese Aufgabe den Tatsacheninstanzen zu, die dabei einen Beurteilungsspielraum haben (ua BAG 18.9.2014 NZA 2015, 97 Rn. 19).

II. Schlüsselbegriff „Wirtschaftliche Einheit"

6 **1. „Wirtschaftliche Einheit": Unternehmen, Betrieb oder Unternehmens- bzw. Betriebsteil.** Wesentlicher **Schlüsselbegriff** zum Verständnis des Anwendungsbereichs der Richtlinie ist die **„wirtschaftliche Einheit"** (entité économique, economic entity). Dieser hat sich im Zusammenwirken von Vorlagefragen nationaler Gerichte, dazu ergangener EuGH-Rechtsprechung und Richtlinienneufassungen entwickelt. Die Begriffsentwicklung kann deshalb zum Begriffsverständnis beitragen.

7 Nach der Rechtsprechung des EuGH bezieht sich der Begriff der wirtschaftlichen Einheit auf eine **organisierte Gesamtheit** von Personen und Sachen zur Ausübung einer wirtschaftlichen Tätigkeit mit eigenem Zweck, die hinreichend strukturiert und selbständig ist (ua EuGH 6.3.2014 – C-458/12 Rn. 31 – Amatori ua, NZA 2014, 423; 13.9.2007 – C-458/05 Rn. 31 – Jouini ua, NZA 2007, 1151; Verwendungsbeginn in 11.3.1997 – C-13/

Der sachliche Anwendungsbereich (Art. 1 I)   **Art. 1 RL 2001/23/EG 530**

95 Rn. 13 – Süzen, NZA 1997, 433; zu Parallelen im Wettbewerbsrecht → Rn. 12). Der Wortlaut der Formel in Art. 1 I lit. b der Richtlinie „im Sinne einer **organisierten Zusammenfassung von Ressourcen** zur Verfolgung einer wirtschaftlichen Haupt- oder Nebentätigkeit" wird in einschlägigen EuGH-Urteilen oft nur im Abschnitt „rechtlicher Rahmen" zitiert, jedoch selten in der Begründung näher erläutert (eine der Ausnahmen: EuGH 12.2.2009 – C-466/07 Rn. 39 f., 45 – Klarenberg, NZA 2009, 251). Stattdessen wird – offenbar gleichgerichtet (so auch SA der GA *Trstenjak* – C-463/09 – CLECE Rn. 40, Slg. 2011, I-95) – die genannte Formel „organisierte Gesamtheit von Personen und Sachen zur Ausübung einer wirtschaftlichen Tätigkeit mit eigenem Zweck" weiter verwendet. Sie ist älter als der oben genannte Richtlinien-Wortlaut (insbesondere EuGH 11.3.1997 – C-13/95 Rn. 13 – Süzen, NZA 1997, 433), der auf sie zurückgeht (→ Rn. 17).

„Wirtschaftliche Einheit" ist für die Richtlinien-Begriffe Unternehmen, Betrieb oder **8** Unternehmens- bzw. Betriebsteil als **„gemeinsamer Nenner"**/Oberbegriff **iSd Betriebsübergangs-Richtlinie** zu verstehen (vgl. auch *Alsbæk* 28; *v. Alvensleben* 172; EAS/ *Joussen* B 7200 Rn. 4; ErfK/*Preis* BGB § 613a Rn. 6 „teleologisch gebildeter Kernbegriff"; abl. HSW/*Wank* § 18 Rn. 77; *Fuchs*/*Merkes* ZESAR 2010, 257 ff.). Damit ist es nicht erforderlich, bsw. die Frage zu stellen oder zu beantworten, wie „Unternehmen" und „Betrieb" an sich zu bestimmen sind (ebenso SA des GA *Ruiz-Jarabo Colomer* – C-234/98, Rn. 23 – Allen ua, Slg. 1999 I-8643). Auf deren Unterschiede, Gemeinsamkeiten und Abgrenzungskriterien kommt es nicht an. Das, was sie und ihre Teile unter der Richtlinie eint, ist ihre Eigenschaft der wirtschaftlichen Einheit. In der Folge können eventuell unterschiedliche nationalrechtliche Kriterien – bsw. zur Bestimmung von Betrieben – nicht der erforderlichen einheitlichen Richtlinienanwendung entgegenstehen und es kommt auch nicht auf eine diesbezüglich autonome unionsrechtliche Definition von „Unternehmen" und „Betrieb" an.

Eine Einordnung als „wirtschaftliche Einheit" ist **unabhängig von der Rechtsform** **9** einer „Einheit" und der Art ihrer Finanzierung (EuGH 6.9.2011 – C-108/10 Rn. 42 – Scattolon, NZA 2011, 1077; 26.9.2000 – C-175/99 Rn. 32 – Mayeur, NZA 2000, 1327; zu Parallelen im Wettbewerbsrecht → Rn. 12). Erfasst sind deshalb sowohl alle juristischen Personen des Privatrechts, darunter auch Vereine ohne Erwerbszweck, als auch juristische Personen des öffentlichen Rechts, letztere grds. auch, wenn sie iRd spezifischen Normen des Verwaltungsrechts (näher, auch zu den Grenzen im Hinblick auf eine Ausübung hoheitlicher Befugnisse → Rn. 29 ff.) handeln (EuGH 26.9.2000 – C-175/99 – Mayeur Rn. 57 und Tenor NZA 2000, 1327).

    2. **„Wirtschaftliche Einheit" – Begriffsentwicklung und -verständnis.** Im Wortlaut **10** der RL 77/187/EWG war der Begriff **„wirtschaftliche Einheit"**, der heute in Art. 1 I lit. b der aktuellen Richtlinie ausdrücklich genannt ist, noch nicht enthalten. Zum sachlichen Anwendungsbereich hieß es damals in Art. 1 I nur: „Diese Richtlinie ist auf den Übergang von Unternehmen, Betrieben oder Betriebsteilen auf einen anderen Inhaber durch vertragliche Übertragung oder durch Verschmelzung anwendbar." Der **Richtliniengeber** der RL 77/187/EWG – der Rat der Europäischen Gemeinschaften – hatte zwar den „Übergang", bezogen auf Unternehmen, Betriebe oder Betriebsteile, geregelt, **zu den Voraussetzungen** jedoch im Wesentlichen **geschwiegen**. Die einzigen genannten Voraussetzungen des Übergangs – "durch vertragliche Übertragung oder durch Verschmelzung" – waren nicht geeignet, die Tragweite von Art. 1 I umfassend näher zu bestimmen. Die **Klärung war der Rechtsprechung überlassen worden**.

    Im Jahre **1986** hatte der EuGH im Fall *Spijkers* erstmals die Tatbestandsvoraussetzungen **11** **„Übergang von Unternehmen, Betrieben oder Betriebsteilen auf einen anderen Inhaber"** näher zu bestimmen. Die Beklagten des niederländischen Ausgangsverfahrens hatten einen bereits stillgelegten Schlachthofbetrieb mit Grundstücken, Gebäuden und einer Reihe beweglicher Güter gekauft. Mit den (ehemaligen) Beschäftigten – außer zwei, darunter der Kläger – und den übertragenen Produktionsmitteln setzten sie die bisherige, zwischenzeitlich eingestellte Geschäftstätigkeit fort. Die bisherige Kundschaft wurde nicht übernommen. Im Urteil bezog sich der EuGH zustimmend auf Auslegungsvorschläge von einigen der Verfahrensbeteiligten (von zwei Regierungen sowie der Kommission). Diese waren der Auffassung, der Begriff des Übergangs meine angesichts der sozialen Zielsetzung der Richtlinie die tatsächliche Fortsetzung der Tätigkeit des Veräußerers durch den Erwerber im Rahmen desselben Unternehmens. Der EuGH schloss aus dem Aufbau der RL 77/187/EWG und dem Wortlaut ihres Art. 1 I, dass die Kontinuität der im Rahmen einer **wirtschaftlichen Einheit** bestehenden Arbeitsverhältnisse unabhängig von einem Inhaberwechsel zu gewährleisten **Zweck der Richtlinie** sei. Das entscheidende Kriterium für den Übergang iSd Richtlinie sei, ob die fragliche Einheit ihre **Identität bewahrt.** Sämtliche den betreffenden Vorgang kennzeichnenden Tatsachen müssten berücksichtigt werden. Unter den vom EuGH bereits damals mit „namentlich" angeführten Kriterien war nicht nur der Übergang oder Nichtübergang der **materiellen Aktiva,** sondern auch die Übernahme oder Nichtübernahme der **Hauptbelegschaft** durch den neuen Inhaber (EuGH 18.3.1986 – 24/85 Rn. 11–15 – Spijkers, Slg 1986, 1119). Damit waren bereits im Urteil *Spijkers* 1986 **wesentliche Grundsteine** zum Verständnis der Tatbestandsvoraussetzungen des Betriebsübergangs **gelegt** (vgl. auch *Alsbæk* 27; *Fuchs/Merkes* ZESAR 2010, 257 [258 f.]).

12 **Nicht zu übersehen ist,** dass dem EuGH, der eine sehr breite thematische Zuständigkeit abzudecken hat, bei dem Verständnis von Art. 1 I der RL 77/187/EWG seine **Rechtsprechung aus anderen Rechtsbereichen von Nutzen** war. So dient(e) der Begriff „bestehende wirtschaftliche Einheit" schon zuvor zum Verständnis des Begriffs des Unternehmens iRd Wettbewerbsrechts (ua EuGH 12.7.1984 – 170/83 Rn. 11 – Hydrotherm, Slg. 1984, 2999; 11.7.2013 – C-440/11 P Rn. 36 – Kommission/ Stichting Administratiekantoor Portielje). Nach st. Rspr. umfasst der Begriff des Unternehmens im **Wettbewerbsrecht** der Union jede eine wirtschaftliche Tätigkeit ausübende Einheit unabhängig von ihrer Rechtsform und der Art ihrer Finanzierung (ua EuGH 10.4.2014 – C-247/11 P und C-253/11 P, C-247/11 P, C-253/11 P Rn. 125 – Areva ua/Kommission; 11.7.2013 – C-440/11 P Rn. 36 – Kommission / Stichting Administratiekantoor Portielje, NZKart 2013, 367). Eine Parallele zum Begriff des „Unternehmens" iSd Wettbewerbsrechts und zu anderen Gebieten wurde auch früh in Schlussanträgen gezogen (vgl. bereits SA des GA *van Gerven* 24.3.1992 – C-29/91, Rn. 9 – Redmond Stichting, Slg. 1992 I-3189; *derselbe* 2.3.1994 – C-382/92, Rn. 26 – Kommission/Vereinigtes Königreich, Slg. 1994, I–2435) und ist in Urteilen des EuGH mehrfach ersichtlich (ua durch die Urteilszitate in EuGH 6.9.2011 – C-108/10 Rn. 43 – Scattolon, NZA 2011, 1077). Allerdings hat der Unternehmensbegriff im Wettbewerbsrecht eine eigene, nicht auf die Betriebsübergangs-Richtlinie übertragbare Dimension, wenn es um die Beziehungen zwischen einer Muttergesellschaft und ihren Tochtergesellschaften geht, die zusammen eine wirtschaftliche Einheit bilden, in deren Rahmen die Tochtergesellschaften ihr Vorgehen auf dem Markt nicht wirklich autonom bestimmen können (EuGH 2.12.1999 – C-234/98 Rn. 18 f. – Allen ua, NZA 2000, 587).

13 **Nach dem** genannten Urteil *Spijkers* hat der EuGH in weiteren Urteilen den Begriff der wirtschaftlichen Einheit näher erläutert, soweit die Fragestellungen der vorlegenden Gerichte Anlass dazu gaben. So **1995** im **Urteil** *Rygaard* mit der Präzisierung **„auf Dauer angelegt".** Im Ausgangsfall ging es um die mit Zustimmung eines Bauherrn zwecks Fertigstellung der von einem anderen Unternehmen begonnenen Arbeiten erfolgte Übernahme von zwei hierfür eingesetzten Auszubildenden und einem Angestellten sowie des hierfür verwendeten Materials. Unter diesen Umständen verneinte der EuGH einen Übergang und führte aus: Die Anwendbarkeit der RL 77/187 setzt voraus, dass es um den Übergang einer auf Dauer angelegten wirtschaftlichen Einheit geht, deren Tätigkeit nicht auf die Ausführung eines bestimmten Vorhabens beschränkt ist (EuGH 19.9.1995 – C-48/94 Rn. 20 – Rygaard, NZA 1995, 1031).

14 Das **Urteil** *Schmidt* (EuGH 14.4.1994 – C-392/92 NZA 1994, 545) hat insbesondere in Deutschland viel kritische Beachtung gefunden (für eine Übersicht ua *Alsbæk* 220 ff.; EAS/

Der sachliche Anwendungsbereich (Art. 1 I) **Art. 1 RL 2001/23/EG 530**

Joussen B 7200 Rn. 12 Fn. 43; ErfK/*Preis* BGB § 613a Rn. 38; HSW/*Wank* § 18 Rn. 76). In anderen Mitgliedstaaten war die Resonanz geringer (*Alsbæk* 232 ff.;), teilweise hieß es „kein Grund zur Aufregung" (*LeFriant* ArbuR 1995, 451: „*Christel Schmidt* – Kein Grund zur Aufregung in Frankreich"; für Österreich ähnlich *Kirschbaum* DRdA 1994, 348). In diesem Urteil hatte der EuGH entschieden, dass ein Fall wie der im damaligen Vorlagebeschluss beschriebene, in dem ein Unternehmer durch Vertrag einem anderen Unternehmer die Verantwortung für die Erledigung der früher von ihm selbst wahrgenommenen Reinigungsaufgaben überträgt, auch dann dem Anwendungsbereich der Richtlinie unterliegt, wenn diese Aufgaben vor der Übertragung von einer einzigen Arbeitnehmerin erledigt wurden (oben genanntes Urteil *Schmidt,* Rn. 20 und Tenor). In **Anmerkungen** der juristischen **Kommentierung** in Deutschland war die Rede ua von einem „richtlinienendurchbrechenden Charakter" der Entscheidung, Systembruch, Kompetenzanmaßung des EuGH, dessen Rechtsprechung im Arbeitsrecht als „schwarze Serie" bezeichnet wurde; kritisch erörtert wurde insbesondere die Frage „Funktionsnachfolge als Betriebsübergang?" (ua *Baeck/Lingemann* NJW 1997, 2492; *Bauer* BB 1994, 1433; *Buchner* DB 1994, 1417; *Blomeyer* EzA § 613a BGB Nr. 114; *Loritz* AP BGB § 613a Nr. 106; *Hanau* ZIP 1994, 1038; *Henssler* NZA 1994, 913; *Junker* NJW 1994, 2527 [2528]; *Röder/Baeck* NZA 1994, 542; *Voss* NZA 1995, 205; *Waas* EuZW 1994, 528; *Ziemons* ZIP 1995, 987; HSW/*Wank* § 18 Rn. 76 ff.). Hintergrund nicht weniger dieser Anmerkungen war ein Verständnis des Übergangs, das **geprägt** war durch die damalige, auf den Übergang von **„sachlichen und immateriellen" Betriebsmitteln** abstellende Auffassung der nationalen Rechtsprechung. Danach war „für den Begriff des Betriebs iSd § 613a I 1 BGB vom allg. Betriebsbegriff auszugehen" (ua BAG 4.3.1993 NZA 1994, 260), der nach nationalem deutschen Recht verstanden wurde (vgl. auch *Schwanda,* Der Betriebsübergang in § 613a BGB, 1992; *Windt,* Die Neukonstruktion des Tatbestands des Betriebsübergangs, 2005). Danach gehörten die Arbeitnehmer selbst ausdrücklich nicht zum Betrieb iSd § 613a BGB (zur Entwicklung dieser Rechtsprechung *Wendeling-Schröder* ArbRGgwart 32, 1995, 55 [63]). Im Einzelfall sollten (zwar) die Fachkenntnisse eingearbeiteter Mitarbeiter (jedoch nicht diese selbst) als immaterielle Wirtschaftsgüter (iSv know-how, Goodwill) berücksichtigungsfähig sein (BAG 9.2.1994 BAGE 75, 367). **Friktionen** zwischen dieser nationalen Rechtsprechung und der des EuGH bestanden tatsächlich lange **vor** dem oben genannte **Urteil** *Schmidt* (dazu in unterschiedlichen Nuancierungen ua BAG 27.6.1995 NZA 1996, 164; *Franzen* DZWir 1996, 397; *Heilmann* AuR 1996, 168; *Joost* EWiR 1994, 757; *Klinke* ZGR 1995, 373; *Kothe* BB 1996, 1506; *Lörcher* EuroAS 1995, 52; *Wendeling-Schröder* ArbRGgwart 32, 1995, 55 [63 f.]; *dieselbe* ArbuR 1995, 126; *Willemsen* DB 1995, 924; *Zuleeg* VersR 1995, 861; *derselbe* ArbRGgwart 32, 1995, 41; *Zwanziger* DB 1994, 2621). Zumindest **seit dem Urteil** *Spijkers* (EuGH 18.3.1986 – 24/85 Rn. 11–15 – Spijkers, Slg 1986, 1119) hatte der EuGH auf diverse Faktoren, darunter die Übernahme oder Nichtübernahme der Hauptbelegschaft abgestellt.

Die Aufregung in Deutschland um und über das Urteil *Schmidt* („Sturm im Wasserglas", **15** *Alsbæk* 229 f.) mag zudem einen weiteren Grund gehabt haben. Offenbar wurde teilweise die **besondere Bedeutung** eines Tatbestandsaspekts **unterbewertet:** „Die Firma Spiegelblank schlug der Klägerin des Ausgangsverfahrens vor, sie ... zu übernehmen" (EuGH 14.4.1994 – C-392/92 Rn. 4 – Schmidt, NZA 1994, 545). Dieses Angebot – nämlich **Übernahme der Hauptbelegschaft,** sogar der gesamten Belegschaft des Betriebsteils – stellte aus Sicht des EuGH ein Indiz iSe Fortführung des bestehenden Organisationszusammenhangs dar (oben genanntes Urteil *Schmidt,* Rn. 14 f.; *Zuleeg* VersR 1995, 861; vgl. auch *Alsbæk* 229).

In dem genannten **Tatbestandsaspekt** liegt ein **wesentlicher Unterschied** zum **Urteil 16 Süzen 1997.** Wieder ging es um Reinigungsarbeiten, in diesem Fall vergeben von einer Schule an eine Reinigungsfirma und nach Auftragskündigung an eine andere Reinigungsfirma, hier jedoch **ohne ein Angebot der Belegschaftsübernahme** (EuGH 11.3.1997 – C-13/95 Rn. 4 – Süzen, NZA 1997, 433). Der EuGH führte in diesem Urteil nicht nur

Winter

aus, dass der Begriff „Einheit" sich auf eine organisierte Gesamtheit von Personen und Sachen zur Ausübung einer wirtschaftlichen Tätigkeit mit eigener Zielsetzung bezieht (oben genanntes Urteil *Süzen* Rn. 13), sondern ua auch: Allein „der Umstand, dass die von dem alten und dem neuen Auftragnehmer erbrachten Dienstleistungen ähnlich sind, (erlaubt) nicht den Schluss ..., dass der Übergang einer wirtschaftlichen Einheit vorliegt. **Eine Einheit darf nämlich nicht als bloße Tätigkeit verstanden werden.** Ihre Identität ergibt sich **auch** aus anderen Merkmalen wie ihrem Personal, ihren Führungskräften, ihrer Arbeitsorganisation, ihren Betriebsmethoden und gegebenenfalls den ihr zur Verfügung stehenden Betriebsmitteln" (oben genanntes Urteil *Süzen*, Rn. 15). Diese Ausführungen wurden in Deutschland teils als Neuorientierung oder jedenfalls Korrektur des Urteils *Schmidt* aufgefasst (in unterschiedlichen Nuancierungen ua *Blomeyer* EWiR 1997, 315; *Brößke* BB 1997, 1412; *Buchner* NZA 1997, 408; *Heinze* DB 1997, 677; *Wißmann/Schneider* BB 2009, 1126 [1128]). Die Urteile *Schmidt* und *Süzen* können jedoch als Bausteine einer kontinuierlichen Rechtsprechung angesehen werden, sie betreffen nur unterschiedliche Facetten derselben (ebenso für ein „fortführendes" Verständnis ua *Buschmann* ArbuR 1997, 215; *Trittin* DB 1997, 1333; ErfK/*Preis* BGB § 613a Rn. 38; *Annuß* NZA 1998, 70 ff.; vgl. auch *Thüsing* SAE 1997, 276).

17   Im Jahre **1998** hat der Richtliniengeber (sowohl für die RL 98/50/EG als auch für die RL 2001/23/EG: der Rat der Europäischen Union) mit der **Änderung der RL 77/187/ EWG durch die RL 98/50/EG** die in der Rechtsprechung entwickelten Voraussetzungen des Übergangs („Übergang einer ihre Identität bewahrenden **wirtschaftlichen Einheit**") aus Gründen der Rechtssicherheit und Transparenz und ohne Änderung des Anwendungsbereichs der Richtlinie **ausdrücklich in den Wortlaut aufgenommen** (Erwägungsgrund 4, Art. 1 I lit. b). Im Wortlaut von Art. 1 I lit. b heißt es seitdem zum Begriff des Übergangs, dass es sich um eine ihre Identität bewahrende wirtschaftliche Einheit „im Sinne einer **organisierten Zusammenfassung von Ressourcen** zur Verfolgung einer **wirtschaftlichen Haupt- oder Nebentätigkeit**" handelt (→ Rn. 7). **Klargestellt** wurde **zudem,** das neben „Unternehmen, Betrieb oder Betriebsteil" (RL 77/187/EWG) natürlich **auch** ein **Unternehmensteil** eine wirtschaftliche Einheit iSd Richtlinie sein kann (Art. 1 I lit. a der RL 77/187 in der Fassung der RL 98/50; Überschrift der RL 2001/23/ EG, sowie deren Erwägungsgrund 1, Art. 1 I lit. a).

18   Das **BAG** gab 1997 seine frühere Auffassung auf, in der der Übergang des Arbeitsverhältnisses als Rechtsfolge statt als Tatbestandsvoraussetzung verstanden worden war (BAG 22.5.1997 NJW 1997, 3188; dazu ua ErfK/*Preis* BGB § 613a Rn. 5; BGB/*Müller-Glöge* BGB § 613a Rn. 14, jeweils mwN). Der st. Rspr. des EuGH (zB aktuell EuGH 6.3.2014 – C-458/12 Rn. 30 mwN – Amatori ua, NZA 2014, 423) zum Begriff der wirtschaftlichen Einheit entspricht die des BAG (ua BAG 22.1.2015 – 8 AZR 139/14; 18.9.2014 NZA 2015, 97; 22.5.2014 NZA 2014, 1335 Rn. 26; 20.3.2014 NJW 2014, 2604 Rn. 17).

III. „Wirtschaftliche Tätigkeit" – Weit zu verstehen

19   Eines der Merkmale einer wirtschaftlichen Einheit (→ Rn. 6) iSd RL 2001/23/EG ist eine „wirtschaftliche Tätigkeit mit eigenem Zweck" bzw. „mit eigener Zielsetzung".

20   **1. „Wirtschaftliche Tätigkeit" – Nicht nur in der Privatwirtschaft, sondern auch im staatlichen Bereich und in Tendenzbetrieben.** Der **Begriff der „wirtschaftlichen Tätigkeit"** ist in Art. 1 I lit. b (wirtschaftliche Haupt- oder Nebentätigkeit) und in lit. c (öffentliche und private Unternehmen, die eine wirtschaftliche Tätigkeit ausüben) enthalten. Er umfasst jede Tätigkeit, die darin besteht, **Waren oder Dienstleistungen** auf einem bestimmten **Markt** anzubieten (EuGH 6.9.2011 – C-108/10 Rn. 43 – Scattolon, NZA 2011, 1077; gleichlautend für das Wettbewerbsrecht ua EuGH 12.12.2013 – C-327/12 Rn. 27 mwN – SOA Nazionale Costruttori, EuZW 2014, 356; vgl. auch *Augenreich*

Der sachliche Anwendungsbereich (Art. 1 I) **Art. 1 RL 2001/23/EG 530**

Privatisierung 54). Eine **Gewinnerzielungsabsicht** ist **nicht erforderlich** (EuGH 8.7.1994 – C-382/92 Rn. 42 ff. mwN – Kommission/Vereinigtes Königreich, Slg. 1994 I-2435). Dass Pflichten der **Daseinsvorsorge** erbracht werden, hindert nicht, eine Tätigkeit als wirtschaftliche Tätigkeiten anzusehen (oben genanntes Urteil *Scattolon*, Rn. 43 iVm EuGH 25.10.2001 – C-475/99 Rn. 21 – Ambulanz Glöckner, Slg. 2001, I-8089). Eine **Neuordnung der öffentlichen Verwaltung,** die keine Neuordnung hoheitlicher Tätigkeiten (→ 29 ff.) darstellt, kann von der Richtlinie erfasst sein (oben genanntes Urteil *Scattolon*, Rn. 56 f.). Nur eine **strukturelle Neuordnung der öffentlichen Verwaltung** oder die **Übertragung von Verwaltungsaufgaben** von einer öffentlichen Verwaltung auf eine andere ist, da hoheitliche Tätigkeiten betroffen sind, nicht von der Richtlinie erfasst (EuGH 11.11.2004 – C-425/02 Rn. 30 – Delahaye, NZA 2004, 1379; 26.9.2000 – C-175/99 Rn. 28 f. – Mayeur, NZA 2000, 1327). Bei **Aufgaben staatlicher Stellen** kann zu fragen sein, ob eine Tätigkeit (nicht) immer von öffentlichen Einrichtungen betrieben worden ist und ob sie überhaupt notwendig von solchen Einrichtungen betrieben werden muss (EuGH 23.4.1991 – C-41/90 Rn. 22 – Höfner und Elser, Slg. 1991, I-1979). So sind auch **Dienste** als „wirtschaftliche Tätigkeit" einzustufen, die **im allg. Interesse** und ohne Erwerbszweck (vgl. jedoch: Ausübung hoheitlicher Befugnisse → Rn. 29 ff.) im Wettbewerb mit den Diensten von Wirtschaftsteilnehmern erbracht werden, die einen Erwerbszweck verfolgen (oben genanntes Urteil *Scattolon*, Rn. 44 unter Verweis auf Urteile aus dem Bereich des Wettbewerbsrechts wie EuGH 23.4.1991 – C-41/90 Rn. 22 – Höfner und Elser, Slg. 1991, I-1979).

Nicht übertragbar ist die zum Bereich des Wettbewerbsrechts ergangene Rechtsprechung, 21 es komme nicht darauf an, ob der Staat unmittelbar durch eine Stelle tätig werde, die zur staatlichen Verwaltung gehört, oder durch eine Einrichtung, die er mit besonderen oder ausschließlichen Rechten ausgestattet hat (EuGH 18.3.1997 – C-343/95 Rn. 17 – SEPG, EuZW 1997, 312); Art. 1 I lit. c S. 2 stellt auf den öffentlichen Dienst als solchen ab. Andererseits steht vor dem Hintergrund dieser Entscheidung zu vermuten, dass Tätigkeiten ihren eigentlich hoheitlichen Charakter nicht dadurch insgesamt verlieren, dass der Staat sie teilweise auch von privatwirtschaftlichen Firmen erbringen lässt (zB „Outsourcing" von Teilen des Strafvollzugs/teilprivatisierte Haftanstalt). Ggf. besteht Klärungsbedarf iR eines Vorabentscheidungsersuchens (Art. 267 AUEV).

Beispiele zur **Reichweite der Richtlinie** neben der Privatwirtschaft, **innerhalb des** 22 **öffentlichen Dienstes bei „Privatisierung", „Out-"/"Insourcing", „Re-/Kommunalisierung":** Erfasst sind bezogen auf den öffentlichen Dienst sowohl Situationen, in denen **innerhalb** des **öffentlichen Dienstes** übertragen wird (zB EuGH 6.9.2011 – C-108/10 – Scattolon, NZA 2011, 1077), **Privatisierung/Outsourcing** (zB EuGH 26.5.2005 – C-478/03 – Celtec, NZA 2005, 681; 14.9.2000 – C-343/98 – Collino und Chiappero, NZA 2000, 1279) und auch **Re-/Kommunalisierung bzw. Insourcing** (zB EuGH 29.7.2010 – C-151/09 Rn. 23 – UGT-FSP, NZA 2010, 1014; 26.9.2000 – C-175/99 Rn. 33 – Mayeur, NZA 2000, 1327; 10.12.1998 – C-127/96, C-229/96 und C-74/97 Rn. 35 – Hernández Vidal ua, NZA 1999, 253). Unter die Richtlinie fallen ua der Betrieb **öffentlicher Telekommunikationsdienste,** auch bei Eingliederung in die öffentliche Verwaltung oder in eine andere öffentliche Körperschaft (oben genanntes Urteil *Collino* und *Chiappero*, Rn. 26 ff. mwN); **Sanitätsorganisationen,** die ohne Gewinnerzielungsabsicht Rettungsdienste bzw. Krankentransportleistungen durchführen (oben genanntes Urteil *Scattolon*, Rn. 43 iVm EuGH 25.10.2001 – C-475/99 Rn. 19 – Ambulanz Glöckner, Slg. 2001, I-8089); **Arbeitsvermittlung,** zB durch eine **öffentlich-rechtliche Anstalt für Arbeit,** die Arbeitsvermittlung betreibt (oben genanntes Urteil *Scattolon*, Rn. 43 iVm EuGH 23.4.1991 – C-41/90 Rn. 22 f. – Höfner und Elser, Slg. 1991, I-1979; vgl. BAG 22.5.2014 NZA 2014, 1335 Rn. 27, 36); Personal für **Dienstleistungen/Gemeinwohldienstleistungen** und **Hilfsdienste (Hausmeisterdienste,** Instandhaltung, **Reinigung** öffentlicher Gebäude, Straßenreinigung, **Unterhaltsarbeiten** in Parkanlagen und Gärten, allg. **Verwaltung**) an öffentlichen **Schulen** und in **Gemeinden** (oben genanntes Urteil *Scattolon*, oben genannte Urteil

UGT-FSP); die **Zurverfügungstellung von Flughafenanlagen** an Fluggesellschaften und verschiedene Dienstleister gegen Zahlung einer Abgabe (oben genanntes Urteil *Scattolon*, Rn. 43 iVm EuGH 24.10.2002 – C-82/01 P Rn. 78 ff. – Aéroports de Paris/Kommission, Slg. 2002, I-9297); grds. auch eine **berufsständische Vertretung** (EuGH 28.2.2013 – C-1/12 Rn. 39 ff. – Ordem dos Técnicos Oficiais de Contas, EuZW 2013, 386), so auch eine **Rechtsanwaltskammer,** wenn sie eine öffentlich-rechtliche Einrichtung ist (EuGH 19.2.2002 – C-309/99 – Wouters ua, EuZW 2002, 172, zu einer **Ausnahme** vgl. Rn. 68); die Übertragung einer Tätigkeit, die in der **Hilfe für Süchtige** besteht und von einer **Stiftung,** einer juristischen Person ohne Erwerbszweck, ausgeübt wird (EuGH 19.5.1992 – C-29/91 – Redmond Stichting, NZA 1994, 207); Übertragung einer Tätigkeit, die in der **häuslichen Hilfe für hilfsbedürftige Personen** besteht, von einer öffentlich-rechtlichen Einrichtung auf eine juristische Person des Privatrechts (EuGH 10.12.1998 – C-173/96 und C-247/96 – Hidalgo ua, NZA 1999, 189); Übertragung der Tätigkeit eines Vereins ohne Erwerbszweck auf eine Gemeinde (oben genanntes Urteil *Mayeur*); Rück-/Übernahme von **Konzessionen von Gemeinwohldienstleistungen** (Reinigung öffentlicher Schulen, Straßenreinigung, Unterhalt öffentlicher Parkanlagen und Gärten), deren Erbringung bisher verschiedenen privaten Konzessionsnehmern übertragen gewesen war, durch eine Gemeinde mittels eines Gemeindedekrets (oben genanntes Urteil *UGT-FSP*). Vgl. zur Abgrenzung die Beispiele unter → Rn. 31.

23 **Besonderheiten** können sich bei den **Rechtsfolgen** ergeben, wenn eine Übertragung einer wirtschaftlichen Tätigkeit **auf eine juristische Person des öffentlichen Rechts** erfolgt (→ Art. 3 Rn. 9, 35; zB Beendigung privatrechtlicher Arbeitsverträge, wenn nationales Recht dies vorsieht → Art. 4 Rn. 9).

24 Zumeist ist die wirtschaftliche Tätigkeit eine Tätigkeit, die unmittelbar auf dem Markt erbracht wird. Jedoch ist es nicht ausgeschlossen, dass sie auf einen unmittelbar auf dem Markt operierenden Wirtschaftsteilnehmer und mittelbar auf eine andere Einheit zurückzuführen ist, die diesen Wirtschaftsteilnehmer im Rahmen einer von ihnen gebildeten wirtschaftlichen Einheit kontrolliert. Übt eine Einheit, die Kontrollbeteiligungen an einer Gesellschaft hält, diese Kontrolle tatsächlich durch **unmittelbare oder mittelbare Einflussnahme auf die Verwaltung der Gesellschaft** aus, ist sie als an der wirtschaftlichen Tätigkeit des kontrollierten Unternehmens beteiligt anzusehen (EuGH 6.9.2011 – C-108/10 Rn. 43 – Scattolon, NZA 2011, 1077 iVm EuGH 10.1.2006 – C-222/04 Rn. 109 ff. – Cassa di Risparmio di Firenze ua, EuZW 2006, 306).

25 Die Richtlinie enthält **keine Ausnahme** für **Tendenzbetriebe.**

26 **2. Mit eigenem Zweck bzw. mit eigener Zielsetzung.** Die „wirtschaftliche Tätigkeit" (→ Rn. 20 ff.) iSd Richtlinie verfolgt einen „eigenen Zweck" (ua EuGH 6.3.2014 – C-458/12 Rn. 31 – Amatori ua, NZA 2014, 423; 6.9.2011 – C-108/10 Rn. 42 – Scattolon, NZA 2011, 1077) bzw. eine „eigene Zielsetzung" (ua EuGH 26.9.2000 – C-175/99 Rn. 32 – Mayeur, NZA 2000, 1327; 11.3.1997 – C-13/95 Rn. 13 – Süzen, NZA 1997, 433). Dabei sind die Begriffe „Zweck" und „Zielsetzung" einheitlich aufzufassen. Beide stehen als Übersetzung für „un objectif propre" der französischen Sprachfassung (=Arbeits-/Beratungssprache am EuGH) der einschlägigen Urteile.

27 Den jeweiligen **Zweck** der wirtschaftlichen Tätigkeit und damit der wirtschaftlichen Einheit zu **bestimmen,** ist von **besonderer Bedeutung zur Abgrenzung,** ob ein Übergang iSd Richtlinie vorliegt. Dies zeigt sich besonders deutlich in dem zwei Leiharbeitsunternehmen betreffenden Urteil *Jouini* ua des EuGH. Für den **Zweck „Dienstleistungen zu erbringen",** die darin bestehen, den entleihenden Unternehmen Arbeitnehmer gegen Entgelt vorübergehend zur Verfügung zu stellen, kann allein eine Gesamtheit aus Verwaltungsangestellten, Leiharbeitnehmern und Fachkenntnissen eine wirtschaftliche Einheit iSd Richtlinie darstellen, die ohne Inanspruchnahme anderer wichtiger Betriebsmittel und ohne Inanspruchnahme anderer Teile des Veräußerers einsatzbereit ist (EuGH 13.9.2007 – C-458/05 Rn. 37 – Jouini ua, NZA 2007, 1151; → Rn. 95, 101; → Art. 2 Rn. 9).

Der Anwendung der Richtlinie steht es nicht entgegen, wenn der in Frage stehende 28
Tätigkeitsbereich innerhalb der Tätigkeit des veräußernden oder erwerbenden Unternehmens **nur von untergeordneter Bedeutung** ist und nicht in einem notwendigen Zusammenhang mit dem Unternehmenszweck steht (EuGH 10.12.1998 – C-127/96, C-229/96 und C-74/97 Rn. 33 – Hernández Vidal ua, NZA 1999, 253; EuGH 12.11.1992 – C-209/91 Rn. 17 – Watson Rask und Christensen, Slg. 1992, I-5755; 14.4.1994 – C-392/92 Rn. 14 – Schmidt, NZA 1994, 545).

3. Nicht erfasst: Ausübung hoheitlicher Befugnisse. Die Tatsache allein, dass ein 29
Erwerber eine juristische Person des öffentlichen Rechts ist, schließt es nicht aus, dass ein in den Anwendungsbereich der Richtlinie fallender Übergang vorliegt (ua EuGH 29.7.2010 – C-151/09 Rn. 23 mwN – UGT-FSP, NZA 2010, 1014). Im öffentlichen Dienst kommt die Richtlinie bei einer Übertragung wirtschaftlicher Tätigkeiten, **nicht jedoch** bei einer **Übertragung von Tätigkeiten in Ausübung hoheitlicher Befugnisse** zur Anwendung (ua EuGH 6.9.2011 – C-108/10 Rn. 44, 54 mwN – Scattolon, NZA 2011, 1077; 10.12.1998 – C-173/96 und C-247/96 Rn. 24 – Hidalgo ua, NZA 1999, 189; vgl. auch BAG 22.5.2014 NZA 2014, 1335 Rn. 24). Bei der Übertragung von Aufgaben im Zuge einer Umstrukturierung von Verwaltungsbehörden oder bei der Übertragung von Verwaltungsaufgaben von einer Behörde auf eine andere handelt es sich nicht um einen Übergang iSd Richtlinie (Art. 1 I lit. c). Dabei ist der Begriff „Behörde" in Art. 1 I lit. c nicht auf staatliche Stellen im engen Sinne – in Deutschland insbesondere Bund, Länder und Gebietskörperschaften – begrenzt, sondern umfasst auch andere juristische Personen des öffentlichen Rechts (vgl. EuGH 26.9.2000 – C-175/99 Rn. 23 bis 40, 57 – Mayeur, NZA 2000, 1327; auch BAG 22.5.2014 NZA 2014, 1335 Rn. 33).

Im Zusammenhang des Vergaberechts, aber ohne Zweifel auf „Tätigkeiten in Ausübung 30
hoheitlicher Befugnisse" übertragbar, hat der EuGH die Ausübung „öffentlicher Gewalt" als eine **hinreichend qualifizierte Ausübung von Sonderrechten, Hoheitsprivilegien oder Zwangsbefugnissen** (EuGH 29.4.2010 – C-160/08 Rn. 79 – Kommission/Deutschland, EuZW 2010, 543) beschrieben.

In der Rechtsprechung des EuGH gab es ab und an, teilweise im Bereich des Wett- 31
bewerbsrechts (zur Übertragbarkeit → Rn. 12, 21, 30 sowie unten), Gelegenheit zur Beurteilung von Tätigkeiten unter der Fragestellung, ob es sich um eine „wirtschaftliche" (Beispiele oben → Rn. 22) oder eine in Ausübung hoheitlicher Befugnisse handelt. Letzteres wurde nur sehr begrenzt angenommen. **Beispielsweise** befand der EuGH im Hinblick auf die **Neuordnung der Verwaltungsstrukturen** und die Übertragung von **Verwaltungsaufgaben der Gemeinde Schierke** auf eine eigens hierzu gebildete öffentlich-rechtliche Einheit, die Verwaltungsgemeinschaft Brocken, dass nach dem Sachverhalt des Ausgangsverfahrens offensichtlich nur hoheitliche Tätigkeiten von der Übertragung, die zwischen der Gemeinde und der Verwaltungsgemeinschaft stattfand, betroffen gewesen seien (EuGH 15.10.1996 – C-298/94 Rn. 16 f. – Henke, NZA 1996, 1279). Anlass dieser nicht näher mit Kriterien unterlegten, eher subsumierenden Einschätzung – als Subsumtion eigentlich den nationalen Gerichten vorbehalten – dürfte die Annahme gewesen sein, dass die nicht übernommene Klägerin als Sekretärin des Bürgermeisters der Gemeinde Schierke mit ihm im **Bereich der Gemeindeaufgaben** tätig gewesen ist. Ein übertragbares Beispiel für eine Ausübung hoheitlicher Befugnisse aus dem Bereich des Wettbewerbsrechts ist die **Europäische Organisation für Flugsicherung** (Eurocontrol) mit Tätigkeiten, die die Kontrolle und die Überwachung des Luftraums betreffen, die typischerweise in Wahrnehmung hoheitlicher Vorrechte erfolgen (EuGH 19.1.1994 – C-364/92 Rn. 30 – SAT Fluggesellschaft, Slg. 1994, I-43). Wenig verwunderlich ist, dass Tätigkeiten der **Landesverteidigung** grds. nicht als wirtschaftliche, sondern als Tätigkeiten in Ausübung hoheitlicher Befugnisse einzustufen sind (EuGH 18.10.2012 – C-583/10 Rn. 41 – Nolan, ZESAR 2013, 235). **Arbeitsvermittlung** hat der EuGH im Zusammenhang des Wettbewerbsrechts, aber ohne Zweifel übertragbar (zur Heranziehung von Auslegungsergebnissen aus Urteilen zum Wett-

bewerbsrecht zur Auslegung von Begriffen der Richtlinie ua EuGH 14.9.2000 – C-343/98 Rn. 33 – Collino und Chiappero, NZA 2000, 12791; generell zu Parallelen im Wettbewerbsrecht → Rn. 12, 32), als wirtschaftliche Tätigkeit eingeordnet. Dass sie teilweise staatlichen Stellen obliegt, ändert daran nichts (EuGH 11.12.1997 – C-55/96 Rn. 22 – Job Centre, EuZW 1998, 274; 23.4.1991 – C-41/90 Rn. 21 – Höfner und Elser, Slg. 1991, I-1979). Dementsprechend sind Aufgaben der **Arbeitsvermittlung nach dem SGB II** idR als wirtschaftliche Tätigkeit anzusehen (BAG 22.5.2014 NZA 2014, 1335 Rn. 58). Anderes gilt für Tätigkeiten im Bereich der **Leistungen zur Sicherung des Lebensunterhalts nach dem SGB II,** jedenfalls dann, wenn es sich um beitragsunabhängige Geldleistungen handelt, die unter den Begriff der Sozialhilfe fallen, da der Zweck die Sicherung eines menschenwürdigen Existenzminimums ist. Sie betreffen die öffentlichen Finanzen (EuGH 11.11.2014 – C-333/13 Rn. 63 – Dano, EuGRZ 2014, 675), deshalb erfolgt eine darauf bezogene staatliche Tätigkeit in Ausübung hoheitlicher Befugnisse (vgl. BAG 16.4.2015 – 6 AZR 142/14 – zu § 6c SGB II). Eine Überwachungstätigkeit zur Bekämpfung der Umweltverschmutzung kann ihrer Art, ihrem Gegenstand und den für sie geltenden Regeln nach mit der Ausübung von Befugnissen zusammenhängen, die den Schutz der Umwelt betreffen und die typischerweise hoheitliche Befugnisse sind (EuGH 18.3.1997 – C-343/95 Rn. 22 f. – SEPG, EuZW 1997, 312; *Augenreich* Privatisierung 55).

32 Vermutlich geht jedoch nicht jede unter dem Wettbewerbsrecht erfolgte Einordnung einer Tätigkeit als „nicht wirtschaftlich" oder damit verbundene Kriterienbildung einher mit einer Qualifizierung als hoheitlich" iSd Betriebsübergangs-Richtlinie. So können aus wettbewerbsrechtlicher Sicht bereits Aufgaben „mit ausschließlich sozialem Charakter" nicht als wirtschaftliche Tätigkeit zu verstehen sein (EuGH 17.2.1993 – C-159/91, C-160/91 Rn. 18 f. – Poucet und Pistre, NJW 1993, 2597). Ggf. besteht Klärungsbedarf im Wege des Vorabentscheidungsersuchens (Art. 267 AEUV).

33 Bei der Einordnung im Einzelfall kommt es darauf an, ob die **verschiedenen Tätigkeiten** der fraglichen Einrichtung ihrer Art, ihrem Gegenstand und den für sie geltenden Regeln nach mit der Ausübung von Befugnissen zusammenhängen, die typischerweise hoheitliche Befugnisse sind, und ob sich diese von den übrigen Tätigkeiten der Einrichtung, für die dies nicht zutrifft, **trennen lassen** (EuGH 6.9.2011 – C-108/10 Rn. 43 – Scattolon, NZA 2011, 1077 iVm EuGH 24.10.2002 – C-82/01 P Rn. 79, 81 – Aéroports de Paris/Kommission, Slg. 2002, I-9297 iVm EuGH 19.1.1994 – C-364/92 Rn. 19 bis 30 – SAT Fluggesellschaft, Slg. 1994, I-43). Eine **nur untergeordnete Bedeutung wirtschaftlicher Aspekte** einer Tätigkeit reicht nicht aus (EuGH 15.10.1996 – C-298/94 Rn. 17 – Henke, NZA 1996, 1279).

34 Wo genau die Grenze verläuft, staatliches oder staatlich beauftragtes Handeln als Tätigkeit in Ausübung hoheitlicher Befugnisse anzusehen, wird im Einzelfall zu bestimmen sein und ggf. eines Vorabentscheidungsersuchens (Art. 267 AEUV) zum EuGH bedürfen.

IV. Inhaberwechsel – Übertragung auf einen anderen Inhaber

35 Ein **Inhaberwechsel** (Erwägungsgrund 3 der Richtlinie) iSd Richtlinie setzt insbesondere einen Wechsel der juristischen oder persönlichen Person voraus, die für die wirtschaftliche Tätigkeit der übertragenen Einheit **verantwortlich** ist. An dieser Stelle beziehen sich allerdings nicht alle Sprachfassungen der Richtlinie auf den „Inhaberwechsel" (so wie die deutsche zB auch die französische in der Beratungssprache am EuGH: changement de chef d'entreprise), sondern bsw. die englische auf den „Arbeitgeberwechsel" (change of employer). Die englische bleibt dann in Art. 1 I lit. a beim Arbeitgeberwechsel (another employer), so wie die deutsche beim Inhaberwechsel (anderer Inhaber) bleibt, während allerdings die französische trotz Bezug auf den Inhaber in Erwägungsgrund 3 mit Art. 1 I lit. a zum „anderen Arbeitgeber" (autre employeur) wechselt (vgl. auch *Jöst* 2004, 19; Preis/Sagan/ *Grau/Hartmann* Rn. 59). Auswirkungen auf die Rechtsprechung und Urteilsübersetzungen sind nicht ausgeschlossen (→ Art. 2 Rn. 2 zu ähnlichen Sprachunterschieden an anderer

Stelle). Nicht unter die Richtlinie fallen Veränderungen der Gesellschafter/Anteilseigner von Kapitalgesellschaften, da sich damit die juristische Person des Inhabers nicht ändert.

1. Durch vertragliche Übertragung oder durch Verschmelzung – und auch 36
durch Gesetz. Nach ihrem Art. 1 I lit. a ist die RL 2001/23/EG auf den Übergang von Unternehmen, Betrieben oder Unternehmens- bzw. Betriebsteilen auf einen anderen Inhaber durch vertragliche Übertragung oder durch Verschmelzung anwendbar. Nach der st. Rspr. des EuGH lässt sich die **Tragweite dieser Bestimmung** nicht allein aufgrund einer wörtlichen Auslegung bestimmen. Wegen Unterschieden zwischen den sprachlichen Fassungen der Richtlinie (im Einzelnen EuGH 7.2.1985 – 135/83 Rn. 11 – Abels, ZIP 1985, 824) und einem unterschiedlichen inhaltlichen Verständnis des Begriffs der vertraglichen Übertragung im Recht der Mitgliedstaaten (näher am Beispiel des Insolvenz-/Konkursrechts: oben genanntes Urteil *Abels*, Rn. 12) sei dieser so **weit auszulegen,** dass er **dem Zweck der Richtlinie** – dem Schutz der Arbeitnehmer bei einem Inhaberwechsel – **gerecht wird** (EuGH 20.1.2011 – C-463/09 Rn. 28 f. mwN – CLECE, NZA 2011, 148; 7.3.1996 – C-171/94 und C-172/94 Rn. 28 – Merckx und Neuhuys, NZA 1996, 413). Denn die Richtlinie soll, wie sich aus der Gesamtheit ihrer Begründungserwägungen und Bestimmungen ergibt, die Aufrechterhaltung der Rechte der Arbeitnehmer **bei einem Wechsel des Unternehmensinhabers so weit wie möglich** gewährleisten (EuGH 17.12.1987 – 287/86 Rn. 12 – Ny Mølle Kro, Slg. 1987, 5465). In Erwägungsgrund 2 der RL 2001/23/EG (= Erwägungsgrund 1 der RL 77/187/EWG) heißt es, dass **Änderungen** in den **Unternehmensstrukturen** sich **unter anderem** aus dem Übergang von Unternehmen, Betrieben oder Unternehmens- oder Betriebsteilen auf einen anderen Inhaber durch vertragliche Übertragung oder durch Verschmelzung auf einen anderen Inhaber ergeben. Durch „unter anderem" wird deutlich, dass ein enges Verständnis der Begriffe „vertragliche Übertragung" und „Verschmelzung" nicht angezeigt ist. Die Richtlinie soll nach ihrem Erwägungsgrund 3 bei Inhaberwechsel die Arbeitnehmer schützen. Dies ist nach dem Wortlaut nicht begrenzt auf nur einige der Formen von Änderungen in den Unternehmensstrukturen.

Ein Inhaberwechsel findet **insbesondere** statt, **wenn** die für den Betrieb des Unter- 37 nehmens verantwortliche natürliche oder juristische Person im Rahmen vertraglicher Beziehungen wechselt (EuGH 6.3.2014 – C-458/12 Rn. 29 mwN – Amatori ua, NZA 2014, 423; 17.12.1987 – 287/86 Rn. 12 – Ny Mølle Kro, Slg. 1987, 5465). Die genannte **weite Auslegung** durch den EuGH, nach der es auf eine Übertragung des Eigentums an dem Betrieb/Unternehmen oder den für den Betrieb erforderlichen Aktiva nicht ankommt (→ Rn. 36, 48 ff.), **betrifft insbesondere die Form des „Vertrags",** mit dem die Übertragung durchgeführt wird. Der Begriff der vertraglichen Übertragung kann sich je nach Einzelfall auf eine **schriftliche oder mündliche Vereinbarung** zwischen dem Veräußerer und dem Erwerber über einen Wechsel der für den Betrieb der betreffenden wirtschaftlichen Einheit verantwortlichen Person beziehen oder auch auf eine **stillschweigende Übereinkunft** zwischen ihnen, die sich aus **Elementen einer praktischen Zusammenarbeit** ergeben würde, in denen ein gemeinsamer Wille für einen solchen Wechsel zum Ausdruck kommt (EuGH 13.9.2007 – C-458/05 Rn. 25 – Jouini ua, NZA 2007, 1151). Auch kommt es bsw. bei einer **Vertragsauflösung** nicht darauf an, ob diese im gegenseitigen **Einvernehmen** der Vertragspartner, durch **einseitige Erklärung** eines Vertragspartners oder aber durch **gerichtliche Entscheidung** vorgenommen wurde (EuGH 5.5.1988 – 144/87 und 145/87 Rn. 19 – Berg und Busschers bzw. Berg/Besselsen, NZA 1990, 885), wie der EuGH zur Veräußerung eines Bar- und Diskothekenbetriebs im Wege des Mietkaufs und zur Rückgabe des Betriebs aufgrund einer gerichtlichen Entscheidung ausgeführt hat. Ähnlich lag der Ausgangsfall zur Pacht eines Unternehmens, gefolgt von der Auflösung des Pachtvertrags und der anschließenden Wiederübernahme des Betriebs durch den Eigentümer (EuGH 17.12.1987 – 287/86 – Ny Mølle Kro, Slg. 1987, 5465). Desgleichen kann ein Fall von **Auftragsvergabe an ein Subunternehmen** innerhalb eines

Konzerns unter den Begriff der „vertraglichen Übertragung" fallen, sofern dieser Vorgang mit dem Übergang einer wirtschaftlichen Einheit zwischen den beiden Konzerngesellschaften einhergeht (EuGH 2.12.1999 – C-234/98 – Allen ua, NZA 2000, 587). Auch die **Vergabe öffentlicher Dienstleistungsaufträge** kann erfasst sein (EuGH 25.1.2001 – C-172/99 – Liikenne, NZA 2001, 249). Vergibt ein Auftragnehmer die Ausführung seines Auftrags seinerseits an ein **Subunternehmen,** können die Arbeitnehmer des Subunternehmens sich auch gegenüber einem neuen Auftragnehmer grds. auf die Richtlinie berufen (EuGH 24.1.2002 – C-51/00 Rn. 20 bis 33 – Temco, NZA 2002, 265). Das Vorliegen einer hinreichend strukturierten und selbständigen Einheit im Rahmen eines beauftragten Unternehmens wird grds. nicht dadurch berührt, dass der **vom Auftraggeber ausgeübte Einfluss** sehr weit geht und festgelegte, genaue Verpflichtungen einzuhalten sind. Bleibt eine gewisse, wenn auch eingeschränkte Freiheit in der Organisation und Durchführung der Dienstleistung, liegt keine bloße Bereitstellung von Personal vor (10.12.1998 – C-173/96 und C-247/96 Rn. 27 – Hidalgo ua, NZA 1999, 189).

38 Der Begriff „vertragliche Übertragung" **setzt nicht notwendig das Bestehen einer Vertragsbeziehung zwischen Veräußerer und Erwerber voraus** (EuGH 7.3.1996 – C-171/94 und C-172/94 Rn. 30 – Merckx und Neuhuys, NZA 1996, 413) und kann auch auf eine Situation Anwendung finden, in der eine Behörde beschließt, die Gewährung von **zweckgebundenen Subventionen** an eine juristische Person (im Ausgangsfall eine Stiftung, die im Bereich der Suchthilfe tätig war) einzustellen, wodurch die vollständige und endgültige Beendigung der Tätigkeiten dieser juristischen Person bewirkt wird, um die Subventionen auf eine andere juristische Person zu übertragen, die einen ähnlichen Zweck verfolgt (EuGH 19.5.1992 – C-29/91 – Redmond Stichting, NZA 1994, 207). Auch die Kündigung eines **Restaurant-Pachtvertrags** und der anschließende Abschluss eines neuen Pachtvertrags mit einem anderen Betreiber wurde als vertragliche Übertragung iSd Richtlinie eingestuft (EuGH 10.2.1988 – 324/86 – Foreningen af Arbejdsledere i Danmark, „Daddy's Dance Hall", Slg. 1988, 739), wie auch die **Kündigung eines Mietverhältnisses** über Geschäftsräume und der anschließende Verkauf durch den Eigentümer (EuGH 15.6.1988 – C-101/87 – Bork International, Slg. 1988, 3057) sowie die Aufhebung einer **gebietsbezogenen Vertriebsberechtigung** für Kraftfahrzeuge für ein Unternehmen mit anschließender Neuvergabe einer entsprechenden Vertriebsberechtigung an ein anderes Unternehmen mit gleichem Tätigkeitsbereich (EuGH 7.3.1996 – C-171/94 und C-172/94 – Merckx und Neuhuys, NZA 1996, 413); **Übernahme von Konzessionen von Gemeinwohldienstleistungen,** deren Erbringung bisher verschiedenen privaten Konzessionsnehmern übertragen gewesen war, durch eine Gemeinde mittels eines Gemeindedekrets (EuGH 29.7.2010 – C-151/09 – UGT-FSP, NZA 2010, 1014). **Anhängig** ist ein Vorabentscheidungsersuchen aus Portugal, mit dem geklärt werden soll, ob ein Übergang iSd Richtlinie auch vorliegen kann, wenn ein **auf dem Charterflugmarkt tätiges Unternehmen** aufgrund einer Entscheidung des Mehrheitsaktionärs, der ebenfalls ein im Luftverkehrssektor tätiges Unternehmen ist, aufgelöst wird, und das Mutterunternehmen im Kontext der Liquidation die Stellung der aufgelösten Gesellschaft in den Flugzeugmietverträgen und den mit Reiseveranstaltern abgeschlossenen Charterflugverträgen einnimmt, nun die zuvor von der aufgelösten Gesellschaft ausgeübte Tätigkeiten wahrnimmt, kleine Ausstattungsgegenstände übernimmt und einige der Arbeitnehmer wieder einstellt und für identische Aufgaben einsetzt (Rechtssache C-160/14, Ferreira da Silva e Brito ua; näher SA des GA *Bot* 7.5.2015 – C-160/14; die zweite Vorlagefrage deutet – durch ihre Formulierung und durch Nennung von EuGH 30.9.2003 – C-224/01, EU:C:2003:513 – Köbler, NJW 2003, 3539 – darauf hin, dass der Rechtsstreit die Haftung des Staates wegen Verletzung der Vorlagepflicht durch ein Gericht betrifft).

39 Der Umstand, dass der Übergang auf **einseitigen Entscheidungen staatlicher Stellen** (ua **Erteilung** einer **Verwaltungskonzession, Erlass** eines **Dekrets bzw. Gesetzes**) und nicht auf einer Willensübereinstimmung beruht, schließt die Anwendung der Richtlinie nicht aus (ua EuGH 29.7.2010 – C-151/09 Rn. 24 f. mwN – UGT-FSP, NZA 2010, 1014;

14.9.2000 – C-343/98 Rn. 34 – Collino und Chiappero, NZA 2000, 1279; 19.5.1992 – C-29/91 Rn. 15 bis 17 – Redmond Stichting, NZA 1994, 207). Auch das Urteil *Scattolon* zeigt, dass mit „Übergang" „durch vertragliche Übertragung oder durch Verschmelzung" iSd Richtlinie auch ein Übergang durch Gesetz umfasst ist (vgl. EuGH 6.9.2011 – C-108/10 Rn. 14 ff., 29, 45, 63 f. – Scattolon, NZA 2011, 1077).

Für die **rechtliche Situation in Deutschland** ergibt sich in der Folge eine **Friktion.** 40 Wenn angenommen wird, das Tatbestandsmerkmal „durch Rechtsgeschäft" des § 613a **BGB** scheide aus, wenn ein Übergang von Arbeitsverhältnissen ohne Zwischenschaltung eines Rechtsgeschäfts auf einem **Hoheitsakt** (insbesondere **gesetzlich angeordneter Übergang**) beruht (für diese Auffassung ua BAG 18.8.2011 NZA 2012, 267 Rn. 27; 28.9.2006, AP BGB § 419 Funktionsnachfolge Nr. 26 Rn. 27; dazu TLL/*Laux* BGB § 613a Rn. 8; ErfK/*Preis* BGB § 613a Rn. 58; MüKoBGB/*Müller-Glöge* BGB § 613a Rn. 62; HWK/*Willemsen* BGB § 613a Rn. 186, 192; *Thüsing,* Europäisches Arbeitsrecht § 5 Rn. 31 f.; *Steffan* NZA 2012, 473 [474]; DFL/*Bayreuther* BGB § 613a Rn. 35 ff.; *Lorenzen,* Inhaltskontrolle beim Betriebsübergang, 2009, 32; gesehen wurde das Problem offenbar bereits in BAG 20.4.2011 – 5 AZR 184/10 – AP SGB IV § 28g Nr. 5, ausweislich des EuGH-Rspr.-Zitats Rn. 21), dann könnte in der Folge § 613a BGB bsw. einen Wechsel des Arbeitgebers unmittelbar kraft Gesetzes innerhalb des öffentlichen Dienstes oder von einem öffentlichen Arbeitgeber zu einem privaten Arbeitgeber nicht erfassen. Vertreten wird, dass ggf. eine **entsprechende Anwendung von § 613a BGB** (MüKoBGB/*Müller-Glöge* BGB § 613a Rn. 62, 68; APS/*Steffan* BGB § 613a Rn. 76; *Krieg,* Privatisierung und Personalvertretung, 2006, 85 ff.; *Hartmann,* Gestaltungsmöglichkeiten, 83) in Betracht kommt, um den **Vorgaben des Unionsrechts gerecht** zu werden.

Ein solcher „**Umweg**" dürfte idR **nicht erforderlich** sein. Nicht nur § 613a BGB, 41 sondern auch **jedes** auf einen einzelnen Übergang bezogene **Überleitungsgesetz ist Umsetzungsgesetz iSd Richtlinie** und muss deren Vorgaben gerecht werden. Das gilt sowohl für Gesetze auf der Ebene des Bundes- als auch des Landesrechts (vgl. für einschlägige Gesetzesbeispiele MüKoBGB/*Müller-Glöge* BGB § 613a Rn. 68; HaKo/*Düwell* BetrVG Einl. Rn. 32). **Jedes Gesetz,** das einen Übergang von Arbeitsverhältnissen regelt, ist **richtlinienkonform** (AEUV Art. 288) **auszulegen und anzuwenden,** soweit der Sachverhalt als Übergang iSd Richtlinie zu bewerten ist. Im Fall von Defiziten der Gesetzgebung bei der Richtlinien-Umsetzung haben staatliche Stellen, insbesondere die Gerichte, aber auch jeder staatliche Arbeitgeber, den **Grundsatz der unionsrechtskonformen Auslegung** nationalen Rechts zu beachten. Dieser verlangt, dass unter Berücksichtigung des gesamten innerstaatlichen Rechts und unter Anwendung der dort anerkannten Auslegungsmethoden alles getan wird, was in der jeweiligen Zuständigkeit liegt, um die volle Wirksamkeit der fraglichen Richtlinie zu gewährleisten und bei der Anwendung des nationalen Rechts zu einem Ergebnis zu gelangen, das mit dem von der Richtlinie verfolgten Ziel im Einklang steht. Die Grenze einer solchen Auslegung liegt erst in einer Auslegung des nationalen Rechts contra legem und in den allg. Rechtsgrundsätzen (ua EuGH 24.1.2012 – C-282/10 Rn. 24 ff. mwN – Dominguez, NZA 2012, 139).

Fehlt für eine Situation des Übergangs im öffentlichen Dienst, die unter die Richtlinie 42 fällt, **ein nationales Übergangsgesetz** und kann diese Situation nicht durch Auslegung bestehender Gesetze (insbesondere § 613a BGB) richtlinienkonform gelöst werden, oder sind die Bestimmungen eines speziellen Überleitungsgesetzes auch mit den oben genannten Maßgaben der Auslegung **nicht mit der Richtlinie vereinbar** bzw. Regelungsbereiche der Richtlinie in ihm **nicht umgesetzt,** kommt **gegenüber dem Staat** bei Erfüllung der sonstigen Voraussetzungen eine **direkte Anwendung der Richtlinie** in Betracht (ebenso *Friedrich,* Europäisches Arbeitsrecht und Privatisierungen, 2002, 118 ff.). Nach st. Rspr. kann sich der Einzelne in allen Fällen, in denen die Bestimmungen einer Richtlinie **inhaltlich unbedingt und hinreichend genau** sind, vor nationalen Gerichten gegenüber dem Staat auf diese Bestimmungen unabhängig davon berufen, in welcher Eigenschaft dieser handelt (ua EuGH 9.10.2014 – C-492/13 Rn. 45 mwN – Traum, MwStR 2014, 795). Weitere

Voraussetzung ist der Ablauf der Umsetzungsfrist (hier 17.7.2001, Art. 12 und Anhang I Teil B). Eine direkte Anwendung kommt nicht nur gegenüber dem **Staat als Arbeitgeber** im öffentlichen Dienst (alle öffentlichen Verwaltungen sowie die „Eigenbetriebe", *Fitting* § 130 Rn. 4) in Betracht. **Gleiches gilt** für Betriebe privater Rechtsform, die dem Staat gehören, **gegenüber Organisationen oder Einrichtungen,** die einem Träger öffentlicher Gewalt oder dem Staat oder seiner Aufsicht unterstehen, unabhängig von ihrer Rechtsform (plakativ, wenn auch etwas verkürzt: **„Staat im weiteren Sinne"**), bsw. wenn sie kraft staatlichen Rechtsaktes unter staatlicher Aufsicht eine Dienstleistung im öffentlichen Interesse erbringen (ua EuGH 12.12.2013 – C-425/12 Rn. 22ff, 24 – Portgás, EuZW 2014, 189; 14.6.2007 – C-6/05 Rn. 43 – Medipac – Kazantzidis, EuZW 2007, 441 und dort genannte Beispiele). Darunter fällt auch eine Gesellschaft mit beschränkter Haftung des Privatrechts, deren einziger Gesellschafter ein öffentlich-rechtlicher Sozialhilfeverband (Gemeindeverband) ist (EuGH 26.5.2005 – C-297/03 Rn. 30 – Sozialhilfeverband Rohrbach, Slg. 2005, I-4305). Für Art. 3 I und Art. 1 I lit. c S. 1 der Richtlinie ist geklärt, dass eine unbedingte und hinreichend genaue Bestimmung vorliegt, die direkter Anwendung fähig ist (oben genanntes Urteil *Sozialhilfeverband Rohrbach,* Rn. 28). Jedoch kann sich seinerseits der Staat **nicht gegenüber seinen Arbeitnehmer** auf eine direkte Anwendung der Richtlinie berufen (oben genanntes Urteil *Sozialhilfeverband Rohrbach,* Rn. 35; dazu *Resch* ZESAR 2005, 480; *Mayr,* European Law Reporter, 2005, 308). Falls auf bestimmte Fälle von Privatisierung ehemals im öffentlichen Dienst verrichteter Tätigkeiten die Richtlinie nicht direkt angewandt werden kann („gegenüber Dritten"), besteht ggf. ein Anwendungsfall der **Haftung des Staates** für Schäden, die dem Einzelnen durch die dem Staat zurechenbaren Verstöße gegen das Unionsrecht entstehen (→ Art. 1 Rn. 48; → Art. 9 Rn. 4; → AUEV Art. 267 Rn. 55; → AUEV Art. 288 Rn. 88 ff.).

43 Eine **Übertragung** iSd Richtlinie **kann** im Einzelfall auch **in zwei Schritten erfolgen:** Beispielsweise, wenn ein Betrieb oder Unternehmen angemietet oder gepachtet wurde und der Pächter als zeitweiliger Inhaber des Unternehmens bei Beendigung des Pacht-/Mietvertrags diese Eigenschaft verliert, zunächst eine Rückübertragung auf den Eigentümer erfolgt und dann ein Dritter die Inhabereigenschaft aufgrund eines mit dem Eigentümer abgeschlossenen neuen Pachtvertrags oder durch Unternehmenskauf erwirbt (ua EuGH 10.2.1988 – 324/86 Rn. 10 – Foreningen af Arbejdsledere i Danmark, „Daddy's Dance Hall", Slg. 1988, 739; 15.6.1988 – C-101/87 Rn. 14 – Bork International, Slg. 1988, 3057).

44 Der weite Anwendungsbereich der Richtlinie, die die Aufrechterhaltung der Rechte der Arbeitnehmer „bei einem Wechsel des Unternehmensinhabers" (→ Rn. 35 ff.) bezweckt, dürfte im Fall der gesetzlichen **Erbfolge** so zu verstehen sein, dass die Gesamtrechtsnachfolge bezogen auf den Übergang der Arbeitsverhältnisse nicht die Bedeutung der Richtlinie schmälern kann (vgl. zur Diskussion ErfK/*Preis* BGB § 613a Rn. 58; *Gaul* § 7 Rn. 52, 55, 58; *Hanau* ZGR 1990, 548 [555]). Soweit teilweise vertreten wird, Übergänge im Wege gesetzlicher Erbfolge oder zB durch ein **Enteignungsgesetz** seien nicht von der Richtlinie erfasst, weil nicht durch Marktkräfte hervorgerufen (*Martin* Unternehmensübergangsrichtlinie 135; *v. Alvensleben,* 220 ff. [222]), auf die allein die Richtlinie bezogen sei, überzeugt dies nicht. Die auf den Schutz der Arbeitnehmer bei einem Inhaberwechsel bezogene Rechtsprechung des EuGH gibt dafür keinen Anhaltspunkt. Ggf. besteht Klärungsbedarf im Wege des Vorabentscheidungsersuchens (Art. 267 AEUV).

45 Das Tatbestandsmerkmal „oder **durch Verschmelzung**" in Art. 1 I lit. b ist in der Richtlinie weder näher definiert noch eingeordnet. Vorlagefragen und Rechtsprechung des EuGH sind dazu bisher nicht ersichtlich. Aus dem Gesamtzusammenhang des Unionsrechts und der Rechtsprechung des EuGH wird deutlich, dass „Verschmelzung" nicht eng verstanden werden darf, sondern auch andere **Umwandlungsformen** erfasst sind, die zu einem Inhaberwechsel führen (vgl. auch *Mengel* Umwandlung 87 ff. mwN). Dies kann bereits ohne Weiteres aus der auf den Schutzzweck der Richtlinie bezogenen Rechtsprechung des EuGH geschlossen werden. Zudem zeigt es sich durch Bezugnahmen in anderen

Der sachliche Anwendungsbereich (Art. 1 I)　　　　　　　　**Art. 1 RL 2001/23/EG 530**

Rechtsakten: Sowohl in den Regelungen zur **Verschmelzung** (RL 2011/35/EU v. 5.4.2011 über die Verschmelzung von Aktiengesellschaften, ABl. L 110 v. 29.4.2011, 1; zuvor RL 2005/56/EG v. 26.10.2005, ABl. L 310 v. 25.11.2005, 1) als auch denen zur **Spaltung** (Sechste RL 82/891/EWG v. 17.12.1982 gem. Art. 54 III lit. g des Vertrags betreffend die Spaltung von Aktiengesellschaften, ABl. L 378 v. 31.12.1982, 47) wird **auf die Betriebsübergangs-Richtlinie Bezug** genommen (Erwägungsgrund 7 und Art. 11 der Sechsten RL 82/891/EWG; Erwägungsgrund 6 und Art. 12 der RL 2011/35/EU; vgl. auch *v. Alvensleben,* 208; EAS/*Joussen* B 7200 Rn. 20; Preis/Sagan/*Grau/Hartmann* Rn. 30 ff.). Sie ist bei mit Inhaberwechsel verbundenen Umwandlungen wie Verschmelzung und Spaltung einschlägig, soweit die tatbestandlichen Voraussetzungen eines Übergangs iSd Richtlinie erfüllt sind.

Motiv der Aufnahme des Begriffs der „Verschmelzung" in der ersten Fassung der Richt- **46** linie (RL 77/187/EWG) und Beibehaltung in den folgenden Fassungen (→ Vor Art. 1 Rn. 14 ff.) soll das Erfordernis einer Klarstellung vor allem für das deutsche Recht gewesen sein (*v. Alvensleben* 208 ff. mwN; EAS/*Joussen* B 7200 Rn. 20). Hintergrund war, dass nach deutschem Rechtsverständnis nicht der in jedem Fall erforderliche Verschmelzungsvertrag (der ohne Weiteres ein „Rechtsgeschäft" ist) als maßgebend für den Übergang der Arbeitsverhältnisse angesehen wurde (näher zur Kontroverse ErfK/*Oetker* UmwG § 324 Rn. 1 mwN; zur Kritik *K. Schmidt* AcP 1991, 495 [515 ff.]; *Däubler* RdA 1995, 136 [139], Fn. 44; *Mengel* Umwandlung 77 ff.), sondern die gesetzlich geregelte Gesamtrechtsnachfolge, die nicht als von § 613a BGB erfasst galt (näher *Gaul* § 7 Rn. 52 ff., zur Kritik *Gaul* § 7 Rn. 58 mwN; *Reuther* Verschmelzungen, 21 ff.). Die Gesamtrechtsnachfolge entspricht nicht der Regelungsbreite von § 613a BGB und der Richtlinie (ua *Menze* Widerspruchsrecht, 39), insbesondere hinterlässt sie Schutzlücken bezüglich anzuwendender Tarifverträge und Betriebsvereinbarungen (ErfK/*Oetker* UmwG § 324 Rn. 1; vgl. auch *Willemsen* RdA 1993, 133; *Wlotzke* DB 1995, 40).

Der deutsche Gesetzgeber hat später im **UmwG (klarstellend)** auf § 613a BGB Bezug **47** genommen (§ 324 UmwG; vgl. auch § 613a III BGB; dazu auch BAG 25.5.2000 BAGE 95, 1; ErfK/*Preis* BGB § 613a Rn. 58 mwN; ErfK/*Oetker* UmwG § 324 Rn. 1; *Däubler* RdA 1995, 136 [139]; TLL/*Laux* BGB § 613a Rn. 7; *Gaul* § 7 Rn. 70 ff.; *Reuther* Verschmelzungen 24; *Spirolke* Der Betriebsübergang nach § 613a BFB im neuen Umwandlungsgesetz, 1998, 35 ff.; *Joost* ZHR 161, 715 [716] mwN; *Boecken,* Unternehmensumwandlungen und Arbeitsrecht, 1996, 48 f.). **§ 323 II UmwG ist nur eingeschränkt mit der Richtlinie vereinbar.** Nach dieser Bestimmung kann, wenn bei einer Verschmelzung, Spaltung oder Vermögensübertragung ein Interessenausgleich zustande kommt, in dem diejenigen Arbeitnehmer namentlich bezeichnet werden, die nach der Umwandlung einem bestimmten Betrieb oder Betriebsteil zugeordnet werden, die Zuordnung der Arbeitnehmer durch das Arbeitsgericht nur auf grobe Fehlerhaftigkeit überprüft werden. Der Wortlaut der Bestimmung liest sich wie eine uneingeschränkte „Ermächtigung zur unmittelbar-konstitutiven Zuordnung" (*Menze* Widerspruchsrecht, 35). Eine solche Ermächtigung ist, soweit nach den Tatbestandsvoraussetzungen ein Übergang iSd Richtlinie vorliegt, jedoch nicht gegeben. Die Zuordnung der Arbeitnehmer (→ Rn. 62 ff.) bestimmt sich in solch einem Fall ausschließlich nach den Vorgaben der Richtlinie. Insoweit ist die Bestimmung nicht richtlinienkonform (idS, insbesondere bezogen auf § 613a BGB, ua Schaub/*Koch* § 116 Rn. 27). Der Bestimmung bleibt lediglich ein **Anwendungsbereich** für **Fälle, in denen kein Übergang einschließlich Zuordnung iSd Richtlinie gegeben ist,** bsw. bei einer betriebs(teil)übergreifenden Tätigkeit (Schaub/*Koch* § 116 Rn. 27 mwN; ErfK/ *Oetker* UmwG § 323 Rn. 7 ff.; *Spirolke* Der Betriebsübergang nach § 613a BFB im neuen Umwandlungsgesetz, 1998, 46; vgl. auch *Wlotzke* DB 1995, 40 [45]). Dem entspricht der Wortlaut nicht, der irreführend eine uneingeschränkte Ermächtigung ausspricht. Wird die Bestimmung als solche verstanden, kann sich ein Anwendungsfall der **Haftung des Staates** für Schäden ergeben, die dem Einzelnen durch dem Staat zurechenbare Unionsrechtsverstöße entstehen (→ Art. 1 Rn. 48; → Art. 9 Rn. 4).

Winter

48 **2. Maßgebend ist der Übergang der Verantwortung für den Betrieb der Einheit, eine Übertragung von Eigentum ist nicht erforderlich.** Entscheidend kommt es für die Anwendung der Richtlinie darauf an, ob (→ Rn. 56 zum „Zeitpunkt des Übergangs") die **Verantwortung** für den Betrieb der betreffenden Einheit vom Veräußerer auf den Erwerber **übergeht** (EuGH 26.5.2005 – C–478/03 Rn. 36 – Celtec, NZA 2005, 681; vgl. auch BAG 15.12.2005 NZA 2006, 597 Rn. 42; 27.9.2012 NZA 2013, 961 Rn. 21; Schaub/*Koch* § 117 Rn. 29). In der Rechtsprechung des EuGH zum Unternehmens-/Betriebs(teil)übergang kommt der – teilweise zu § 613a BG verwendete – Begriff „**Leitungsmacht**" (oder Übergang der „Organisations- und Leitungsmacht", vgl. BAG 21.8.2014 – 8 AZR 648/13, Rn. 29) nicht vor. Allerdings ist damit nichts anderes als der Übergang der „Verantwortung" gemeint. Auch wenn ein Übergang sukzessive erfolgt, wie im Ausgangsfall des Urteils Celtec, kommt es nach der oben genannten Rechtsprechung des EuGH allein auf den Zeitpunkt des Übergangs der Verantwortung an. Der Stand der Übernahme von Betriebsmitteln (ältere Rechtsprechung des BAG zusammenfassend Schaub/*Koch* § 117 Rn. 29) ist kein dem entsprechendes Kriterium. Einer gesonderten oder **ausdrücklichen „Übertragung"** der Verantwortung **bedarf es nicht** (zutreffend auch BAG 18.8.2011 NZA 2012, 267 Rn. 23).

49 „**Verantwortlich sein**" bedeutet, für die wirtschaftliche Tätigkeit der übertragenen wirtschaftlichen Einheit – für die Durchführung der übertragenen Tätigkeiten – verantwortlich zu sein und in dieser Eigenschaft als Arbeitgeber der Arbeitnehmer dieser Einheit Arbeitsverhältnisse (→ Art. 2 Rn. 9), ggf. auch ohne vertragliche Beziehung, begründet zu haben (EuGH 21.10.2010 – C–242/09 Rn. 28 ff. – Albron Catering, NZA 2010, 1225). Deshalb kann ein Arbeitnehmer in einem Konzern, in dem die Arbeitnehmer vertraglich bei einer „Anstellungsgesellschaft" angestellt sind und ständig zu einer „Betriebsgesellschaft" abgestellt werden, zwei Arbeitgeber iSd Richtlinie haben (→ Art. 2 Rn. 12).

50 Für die Anwendung der Richtlinie kommt es nicht darauf an, ob das **Eigentum an dem** fraglichen **Betrieb/Unternehmen** auf den neuen Inhaber übertragen worden ist (st. Rspr., ua EuGH 15.12.2005 – C–232/04 und C–233/04 Rn. 37 – Güney-Görres und Demir, NZA 2006, 29 mwN; 17.12.1987 – 287/86 Rn. 12 – Ny Mølle Kro, Slg. 1987, 5465). Auch auf das **Eigentum an** den erforderlichen **Aktiva**, insbesondere **Vermögensgegenständen** (zB eingesetzte Maschinen) kommt es nicht an (EuGH 2.12.1999 – C–234/98 Rn. 16 mwN, 30 mwN – Allen ua, NZA 2000, 587): Der Umstand, dass das Eigentum an den für den Betrieb des Unternehmens erforderlichen Aktiva nicht auf den neuen Betriebsinhaber übertragen worden ist, stellt kein Hindernis für das Vorliegen einer Übertragung dar (EuGH 20.11.2003 – C–340/01 Rn. 41 – Abler, NZA 2003, 1385; vgl. zudem die Urteile 12.11.1992 – C–209/91 – Watson Rask und Christensen, Slg. 1992, I-5755; 10.2.1988 – 324/86 – Foreningen af Arbejdsledere i Danmark, „Daddy's Dance Hall", Slg. 1988, 739; oben genanntes Urteil *Ny Mølle Kro*).

V. Auf Dauer angelegt

51 Die **Anwendbarkeit der Richtlinie setzt** nach st. Rspr. **voraus,** dass eine **auf Dauer angelegte** wirtschaftliche Einheit übergegangen ist, deren Tätigkeit nicht auf die Ausführung eines bestimmten Vorhabens beschränkt ist (ua EuGH 6.3.2014 – C–458/12 Rn. 31 – Amatori ua, NZA 2014, 423; 13.9.2007 – C–458/05 Rn. 31 – Jouini ua, NZA 2007, 1151).

52 Wird bsw. ein einzelner Bauauftrag fertiggestellt, der von einem anderen Bauunternehmen begonnen worden war, und werden (nur) dafür die bisher eingesetzten Arbeitnehmer sowie das Material übernommen, liegt kein Übergang iSd Richtlinie vor (EuGH 19.9.1995 – C–48/94 – Rygaard, NZA 1995, 1031; → Rn. 13).

Der sachliche Anwendungsbereich (Art. 1 I) Art. 1 RL 2001/23/EG 530

VI. „Identität": Haben und (be)wahren

Für den Übergang iSd Richtlinie ist es **entscheidend, ob** die fragliche (wirtschaftliche) 53
Einheit ihre vor der Übernahme vorhandene **Identität** nach der Übernahme **bewahrt** (st.
Rspr., ua EuGH 6.3.2014 – C-458/12 Rn. 30 mwN – Amatori ua, NZA 2014, 423;
18.3.1986 – 24/85 Rn. 11 – Spijkers, Slg 1986, 1119). Dies hat der EuGH schon früh aus
dem Aufbau der Richtlinie und dem Wortlaut ihres Art. 1 I lit. a geschlossen (oben genanntes
Urteil *Spijkers*, Rn. 11 zu Art. 1 1 der RL 77/187/EWG). Später wurde erläutert, dass die
Verwendung des Wortes **„behält"** in Art. 6 I UAbs. 1 und 4 impliziert, dass die Autonomie
der übertragenen Einheit in jedem Fall **vor dem Übergang bestanden** haben muss (EuGH
6.3.2014 – C-458/12 Rn. 34 mwN – Amatori ua, NZA 2014, 423). Nur wenn eine
wirtschaftliche Einheit iSd Richtlinie vor dem Übergang vorhanden ist, kann sich die Frage
der Wahrung ihrer Identität und damit die Frage eines Unternehmens-, Betriebs- oder
Unternehmens- bzw. Betriebsteilübergangs stellen. Es geht um die Gewährleistung der
Kontinuität (→ vgl. Art. 1 Rn. 46 vor Art. 1 Rn. 5, → Art. 1 Rn. 11, → Art. 3 Rn. 4) der
im Rahmen einer wirtschaftlichen Einheit bestehenden **Arbeitsverhältnisse** unabhängig
von einem Inhaberwechsel.

Gleichwohl verbietet die Richtlinie den EU-Mitgliedstaaten (grundsätzlich) **nicht,** 54
durch nationales Recht eine Wahrung der Rechte der Arbeitnehmer auch für eine
Situation vorzusehen, in der vor dem Übergang keine Autonomie einer übertragenen
Einheit bestand (EuGH 6.3.2014 – C-458/12 Rn. 36 mwN – Amatori ua, NZA 2014,
423; → Art. 8 Rn. 1, 5).

Entscheidend für die Wahrung der Identität einer Einheit ist „namentlich"/insbesonde- 55
re, dass der Betrieb dieser Einheit von dem neuen Inhaber **tatsächlich weitergeführt oder**
wieder aufgenommen wird (st. Rspr., ua EuGH 29.7.2010 – C-151/09 Rn. 22 mwN –
UGT-FSP, NZA 2010, 1014; 18.3.1986 – 24/85 Rn. 11 f. – Spijkers, Slg 1986, 1119;
→ Rn. 12), und zwar mit derselben oder einer gleichartigen Geschäftstätigkeit (EuGH
26.5.2005 – C-478/03 Rn. 34 – Celtec, NZA 2005, 681; 15.6.1988 – C-101/87 Rn. 14 –
Bork International, Slg. 1988, 3057). **Im Einzelnen** hängt die Beantwortung der Frage, **ob**
eine bestehende **Identität bewahrt** ist, von der vorzunehmenden **Gesamtbewertung**
(→ Rn. 68 ff.) der dafür maßgebenden **Teilaspekt** (→ Rn. 77 ff.) ab.

1. Zeitpunkt der Beurteilung – Zeitpunkt des Übergangs. Der **maßgebende** 56
Beurteilungszeitpunkt für die Frage, ob eine bestehende Identität bewahrt ist, ist der
Zeitpunkt der vertraglichen Übertragung oder Verschmelzung der betreffenden wirtschaftlichen Einheit. Dies ergibt sich aus Art. 1 I lit. b der Richtlinie (EuGH 29.7.2010 – C-151/
09 Rn. 34 – UGT-FSP, NZA 2010, 1014; vgl. auch BAG 22.5.2014 NZA 2014, 1335
Rn. 58). Dies ist der Zeitpunkt, zu dem die **Inhaberschaft,** mit der die **Verantwortung**
für den Betrieb der übertragenen Einheit (→ Rn. 48) verbunden ist, vom Veräußerer auf
den Erwerber übergeht (nicht nur die Möglichkeit einer Fortführung → Rn. 58). Damit
muss nicht der Zeitpunkt der Nutzung der wesentlichen Betriebsmittel (vgl. auch BAG
15.12.2005 NZA 2006, 597 Rn. 51) übereinstimmen, insbesondere nicht bei Übergängen,
für die in der vorzunehmenden Gesamtbewertung (→ Rn. 68 ff.) andere Umstände von
Bedeutung sind. Der Zeitpunkt des Übergangs ist **ein genau bestimmter Zeitpunkt, der**
nicht nach Gutdünken des Veräußerers oder Erwerbers auf einen anderen Zeitpunkt **ver-**
legt werden kann (EuGH 26.5.2005 – C-478/03 Rn. 29 ff., insbesondere 36, 39 und 44 –
Celtec, NZA 2005, 681. Es ist **kein** Übergangs**zeitraum** (og. Urteil *Celtec;* zum Hintergrund SA des GA *Maduro* 27.1.2005 – C-478/03, Rn. 58 ff. – Celtec). Der Übergang der
Arbeitsverträge und Arbeitsverhältnisse erfolgt notwendigerweise zu demselben Zeitpunkt,
zu dem das Unternehmen übergeht (→ Art. 3 Rn. 3). Davon **zu unterscheiden** ist der
Beurteilungszeitpunkt für die Frage nach der Wahrung der Selbständigkeit iSv. Art. 6 I
UAbs. 1 der Richtlinie (→ Art. 6 Rn. 4).

Winter 1321

57 **2. Tatsächliche Fortführung der Tätigkeit – (Ohne) Unterbrechung.** Bei der Prüfung, ob eine wirtschaftliche Einheit ihre Identität bewahrt, ist es von Bedeutung, ob die Tätigkeit ohne Unterbrechung **fortgesetzt bzw. fortgeführt** („fortgeführt" ua in EuGH 6.3.2014 – C-458/12 Rn. 30 mwN – Amatori ua, NZA 2014, 423) wird. Im Fall einer Unterbrechung ist deren Dauer zu berücksichtigen (→ Rn. 67, 102). Dies sind Teilaspekte der vorzunehmenden Gesamtbewertung (→ Rn. 68 ff.). Der Umstand, dass die **Arbeiten ohne Unterbrechung** oder Änderung in der Art und Weise ihrer Durchführung **ständig fortgesetzt** worden sind, stellt **eines der gängigsten Merkmale** von Betriebs-/Unternehmensübergängen dar (EuGH 2.12.1999 – C-234/98 Rn. 33 – Allen ua, NZA 2000, 587).

58 Bereits die ständige Formulierung **„tatsächlich weitergeführt oder wiederaufgenommen"** (ua EuGH 13.9.2007 – C-458/05 Rn. 23 – Jouini ua, NZA 2007, 1151; 18.3.1986 – 24/85 Rn. 15 – Spijkers, Slg 1986, 1119) zeigt, dass eine eventuelle Unterbrechung der wirtschaftlichen Tätigkeit bzw. eine kurzzeitige Einstellung der Geschäftstätigkeit (EuGH 18.3.1986 – 24/85 Rn. 15 – Spijkers, Slg 1986, 1119) und der damit ggf. verbundene Umstand, dass zum **Zeitpunkt des Übergangs** (→ Rn. 56) **keine Arbeitnehmer tätig** sind, nicht zwingend gegen einen Übergang iSd Richtlinie spricht. Ein Erwerber kann zB beabsichtigen, einige Zeit auf die Reorganisation oder Renovierung der Produktionsanlagen oder der Ausstattung aufzuwenden (SA des GA *Slynn* 22.1.1986 – 24/85 – Spijkers, Slg. 1986, 1121). Dass eine zeitweilige Unterbrechung der wirtschaftlichen Tätigkeit nicht gegen einen Übergang iSd Richtlinie sprechen muss, gilt erst recht für **Saisonbetriebe,** insbesondere, wenn der Übergang während der saisonbedingten Unterbrechung erfolgt. Eine solche Schließung führt idR nicht dazu, dass der Betrieb/das Unternehmen als wirtschaftliche Einheit zu bestehen aufhört (EuGH 17.12.1987 – 287/86 Rn. 19 f. – Ny Mølle Kro, Slg. 1987, 5465). Dasselbe gilt für eine **Einstellung der Geschäftstätigkeit von kurzer Dauer,** insbesondere über eine Feiertagsperiode wie um das Jahresende (EuGH 15.6.1988 – C-101/87 Rn. 16 – Bork International, Slg. 1988, 3057). Ohne Bedeutung ist es, wenn Arbeitnehmer vom Veräußerer entlassen und erst nach einer kurzen Unterbrechung vom Erwerber wieder eingestellt werden (EuGH 2.12.1999 – C-234/98 Rn. 6 f., 32 – Allen ua, NZA 2000, 587). In Abhängigkeit von den Umständen und Besonderheiten des Einzelfalls kann es auch ohne Bedeutung sein, wenn Arbeitnehmer rund um den Zeitpunkt des Übergangs je nach Bedarf für den Veräußerer oder den Erwerber arbeiteten (obengenanntes Urteil *Allen* ua, Rn. 35). Stets ist eine **eventuelle Unterbrechung nach Dauer, Anlass und Begleitumständen** iRd vorzunehmenden Gesamtbewertung (→ Art. 1 Rn. 68 ff.) **zu berücksichtigen.** Die Formulierung **„tatsächlich weitergeführt"** zeigt auch, dass allein die **Möglichkeit einer Fortführung nicht ausreicht** (zur Diskussion vgl. ErfK/*Preis* BGB § 613a Rn. 50). Deutlich entschied dies der EuGH bereits im Urteil *Spijkers* (18.3.1986 – 24/85 Rn. 10 und 11 – Slg 1986, 1119).

59 **3. Betriebsteil/Unternehmensteil: „ausreichende funktionelle Autonomie" erforderlich, die jedoch innerhalb der Struktur des Erwerbers nicht bewahrt werden muss.** Da eine wirtschaftliche Einheit iSd Richtlinie eine **hinreichend strukturierte und selbständige** Gesamtheit von Personen und Sachen zur Ausübung einer wirtschaftlichen Tätigkeit mit eigenem Zweck ist, muss **vor dem Übergang** insbesondere eine **ausreichende funktionelle Autonomie** vorhanden gewesen sein (unbeschadet nationaler Regelungen zu Gunsten der Arbeitnehmer, → Art. 8 Rn. 1 ff.). Dabei bezieht sich der Begriff Autonomie auf die Befugnisse, die der Leitung der betreffenden Gruppe von Arbeitnehmern eingeräumt sind, um die Arbeit dieser Gruppe relativ frei und unabhängig zu organisieren und insbesondere Weisungen zu erteilen und Aufgaben auf die zu dieser Gruppe gehörenden untergeordneten Arbeitnehmer zu verteilen, ohne dass andere Organisationsstrukturen des Arbeitgebers dabei dazwischengeschaltet sind (EuGH 6.3.2014 – C-458/12 Rn. 31 f. mwN – Amatori ua, NZA 2014, 423). Dies wird auch durch Art. 6 I UAbs. 1 und 4 der Richtlinie, der sich auf die Vertretung der Arbeitnehmer bezieht, bestätigt, wonach diese Richtlinie auf jeden Übergang anwendbar sein soll, der den Voraussetzungen ihres Art. 1 I entspricht, unabhängig davon, ob die übertragene wirtschaftliche Einheit ihre Selbständigkeit innerhalb der Struktur des Erwerbers behält oder nicht (EuGH 29.7.2010 – C-151/09 Rn. 35 – UGT-FSP, NZA 2010, 1014; 12.2.2009 – C-466/07 Rn. 50 – Klarenberg, NZA 2009, 251; vgl. auch → Art. 6 Rn. 4 ff.).

Auch wenn das Vorliegen einer hinreichend autonomen Einheit **nicht dadurch ausgeschlossen** wird, **dass der Arbeitgeber** der genannten Gruppe von Arbeitnehmern konkrete Verpflichtungen auferlegt und so **auf** deren **Tätigkeiten weitgehend Einfluss nimmt,** muss die genannte Gruppe für die Organisation und Durchführung ihrer Aufgaben doch **eine gewisse Freiheit** haben (EuGH 6.9.2011 – C-108/10 Rn. 51 – Scattolon, NZA 2011, 1077; vgl. auch 10.12.1998 – C-173/96 und C-247/96 Rn. 27 – Hidalgo ua, NZA 1999, 189). **60**

Ein Übergang iSd Richtlinie setzt nicht voraus, dass ein bisheriger Betriebsteil beim Erwerber als organisatorisch selbständiger Betriebsteil erhalten bleibt. Die Eingliederung einer wirtschaftlichen Einheit in eine andere **„Organisationsstruktur"** (zu unterscheiden von Art. 6 „Organisationsbefugnisse" → Art. 4 Rn. 42) schließt nicht unbedingt aus, dass ihre bestehende Identität erhalten bleibt (gegenteilig noch ua BAG 24.4.2008 NZA 2008, 1314; zu einer Auseinandersetzung mit dem Begriff „Organisationsstruktur" *Willemsen/Sagan* ZIP 2010, 1205 [1211 ff.]; ErfK/*Preis* BGB § 613a Rn. 6a). **Innerhalb der Struktur des Erwerbers muss nicht notwendig die Selbständigkeit bewahrt** werden, maßgebend und **ausreichend ist** die Beibehaltung der **funktionellen Verknüpfung** zwischen den übertragenen Produktionsfaktoren, die es dem Erwerber **ermöglicht,** diese **Faktoren zu nutzen,** um derselben oder einer gleichartigen wirtschaftlichen Tätigkeit nachzugehen (EuGH 12.2.2009 – C-466/07 Rn. 53 – Klarenberg, NZA 2009, 251; Anmerkungen dazu, teils erläuternd, teils abl. ua *Salamon/Hoppe* NZA 2010, 989; TLL/*Laux* BGB § 613a Rn. 23; *Fuchs/Merkes,* ZESAR 2010, 257 [263 ff.]; *Wißmann/Schneider* BB 2009, 1126; *Schlachter* RdA 2009, Sonderbeil. zu Heft 5, 31; DFL/*Bayreuther* BGB § 613a Rn. 19 f.; *Bayreuther* EzA RL 2001/23 EG-Vertrag 1999 Nr. 2; *Junker* SAE 2010, 113; *Willemsen* NZA 2009, 289; *Willemsen/Sagan* ZIP 2010, 1205; *Schmitt-Rolfes* AuA 2009, 503; *Grobys* NJW 2009, 2032; *von Steinau-Steinrück* NJW-Spezial 2012, 434; *Grau/Sittard* BB 2012, 262). **61**

4. Die Zuordnung von Arbeitnehmer/innen beim Übergang eines Betriebs-/Unternehmensteils. Geht nicht ein gesamter Betrieb (Unternehmen), sondern nur ein Betriebs-/Unternehmensteil über, stellt sich nicht selten die Frage der Zuordnung von Arbeitnehmer/innen. Diese hat besondere Brisanz, wenn Arbeitnehmer/innen zwar nicht zu dem/den übertragenen Teil/en des Betriebs/Unternehmens gehören, aber als Beschäftigte anderer Abteilungen für diese/n tätig sind (allg. Verwaltung, Personalabteilung, Finanz- und Rechnungswesen, fachliche Querschnittsabteilungen, allg. Instandhaltung, Versand, Springer) oder in anderer Art in ihrer Tätigkeit damit verbunden sind (zu Beispielen vgl. KR/*Treber* BGB § 613a Rn. 105; HaKo/*Mestwerdt/Wemheuer* BGB § 613a Rn. 51 ff.; ErfK/*Preis* § 613a BGB Rn. 71 ff. mwN; KDZ/*Zwanziger* KSchR § 613a BGB Rn. 50 ff.; *Seitz/Werner* BB 2005, 1961, 1962 zur Zuordnung der Arbeitnehmer zur Netzgesellschaft bei einer Netzübertragung iSd Strom-Richtlinie 2003/54/EG v. 26.6.2003, ABlEG Nr. 176, 37 und der Gas-Richtlinie 2003/55/EG v. 26.6.2003, ABlEG Nr. 176, 57). **62**

Nach der Rechtsprechung ist diesbezüglich allein entscheidend, ob die Arbeitnehmer dem übertragenen Betriebs-/Unternehmensteil angehören. Bezogen auf den Übergang wird das Arbeitsverhältnis inhaltlich durch die Verbindung zwischen dem Arbeitnehmer und dem Unternehmens- oder Betriebsteil gekennzeichnet, dem er zur Erfüllung seiner Aufgabe angehört. Für die Beurteilung, ob die Rechte und Pflichten aus einem Arbeitsverhältnis gem. der Richtlinie übergegangen sind, ist deshalb festzustellen, welchem Unternehmens- oder Betriebsteil Arbeitnehmer/innen angehörten. Art. 3 I umfasst nach dieser Rechtsprechung nicht die Rechte und Pflichten, die der Veräußerer gegenüber Arbeitnehmern hat, die nicht zum übertragenen Betriebs-/Unternehmensteil gehörten, sondern nur für diesen **63** tätig waren – zB als Beschäftigte einer nicht übertragenen Abteilung Tätigkeiten für den übertragenen Teil verrichteten – oder die mit Betriebsmitteln des übertragenen Teils tätig waren (EuGH 12.11.1992 – C-209/91 Rn. 16 – Watson Rask und Christensen, Slg. 1992, I-5755; 7.2.1985 – 186/83 Rn. 14 ff. – Botzen ua, Slg. 1985, 519; vgl. BAG 18.10.2012 – 6 AZR 41/11, Rn. 43; 17.6.2003 – 2 AZR 134/02, Rn. 23; 13.11.1997 BAGE 87, 120 zu § 613a BGB).

64 **Nicht klar** erkennbar ist, ob nach der Richtlinie zur näheren Bestimmung auf die **zeitlich weit überwiegende Beschäftigung** und den **Tätigkeitsschwerpunkt** abzustellen ist (ua BAG 17.10.2013 NZA-RR 2014, 175 Rn. 31; vgl. auch APS/*Steffan* BGB § 613a Rn. 88; HaKo/*Mestwerdt/Wemheuer* BGB § 613a Rn. 63) oder ob § 613a BGB insofern über die Richtlinie hinausgeht, was zugunsten der Arbeitnehmer möglich wäre. Wenig ausgelotet sind Zulässigkeit und Grenzen von Zuordnungen per Direktionsrecht, Versetzungen, Aufhebungsverträgen und Änderungs- sowie betriebsbedingter Kündigungen durch **Umstrukturierungsmaßnahmen im Vorfeld eines Übergangs** (*Elking* NZA 2014, 295). Eine besondere Situation der Zuordnung besteht, wenn innerhalb eines Konzerns eine Konzerngesellschaft zentrale Arbeitgeberin (**„Anstellungsgesellschaft"/vertragliche Arbeitgeberin**) ist, die Arbeitnehmer aber ständig zu „Betriebsgesellschaften" abgestellt werden. Im Fall des Übergangs der Tätigkeiten einer dieser Betriebsgesellschaften auf eine Gesellschaft, die nicht diesem Konzern angehört, können die **ständig abgestellten** Arbeitnehmer uU den Schutz der Richtlinie für sich in Anspruch nehmen, obwohl ihr Arbeitsvertrag nicht mit der Betriebsgesellschaft besteht (→ Art. 2 Rn. 12).

65 Zur Problematik einer Zuordnung nach § 323 II UmwG → Rn. 47.

VII. Berücksichtigung sämtlicher den betreffenden Vorgang kennzeichnenden Tatsachen

66 Den für das Vorliegen eines Übergangs **maßgebenden Kriterien** kommt je nach der ausgeübten Tätigkeit und je nach den Produktions- oder Betriebsmethoden **unterschiedliches Gewicht** zu (st. Rspr. ua EuGH 15.12.2005 – C-232/04 und C-233/04 Rn. 35 mwN – Güney-Görres und Demir, NZA 2006, 29; 11.3.1997 – C-13/95 Rn. 18 – Süzen, NZA 1997, 433; → Rn. 74, 79, 87). Die Bedeutung, die die verschiedenen zum Nachweis eines Übergangs geeigneten Kriterien (Teilaspekte) jeweils haben, hängt von einer **großen Zahl von Parametern** ab. Nur nach Maßgabe der Besonderheiten einer jeden Übertragung lässt sich ermitteln, ob der betreffende Vorgang einen Übergang iSd Richtlinie darstellt oder nicht (EuGH 9.12.2004 – C-460/02 Rn. 40 f., – Kommission/Italien, Slg. 2004, I-11547). Dies ist für die Einzelfallbeurteilung, „ob" ein Betriebsübergang stattgefunden hat, von ausschlaggebender Bedeutung. Die jeweiligen Umstände müssen dabei nicht sämtlich kumulativ erfüllt sein (zutreffend SA der GA *Trstenjak* 26.10.2010 – C-463/09, Rn. 45 – CLECE, Slg. 2011, I-95; vgl. auch EAS/*Joussen* B 7200 Rn. 9; *Schlachter* NZA 2006, 80 ff., 81; *Annuß* NZA 1998, 70, 72). Vielmehr ist **stets den Eigenheiten** des konkreten Betriebs, der Produktions- oder Betriebsmethoden, des betroffenen Wirtschaftszweigs sowie der ausgeübten Tätigkeit **Rechnung** zu **tragen**.

67 Bei der Prüfung, ob eine wirtschaftliche Einheit ihre Identität bewahrt, müssen **sämtliche den betreffenden Vorgang kennzeichnenden Tatsachen** (→ Rn. 66 ff.) berücksichtigt werden. Dazu gehören, deutlich bereits seit dem Urteil *Spijkers* des Jahres 1986, nach st. Rspr. **namentlich** (→ Rn. 77 ff.) die Art des betreffenden Unternehmens oder Betriebs, der etwaige Übergang der materiellen Betriebsmittel wie Gebäude und bewegliche Güter, der Wert der immateriellen Aktiva im Zeitpunkt des Übergangs (→ Rn. 56), die etwaige Übernahme der Hauptbelegschaft durch den neuen Inhaber, der etwaige Übergang der Kundschaft sowie der Grad der Ähnlichkeit zwischen den vor und nach dem Übergang verrichteten Tätigkeiten und die Dauer einer eventuellen Unterbrechung dieser Tätigkeiten (st. Rspr. ua EuGH 20.1.2011 – C–463/09 Rn. 33 f. mwN – CLECE, NZA 2011, 148; 18.3.1986 – 24/85 Rn. 13 – Slg. 1986, 1119). In anderem Zusammenhang führt der EuGH

aus, dass die Identität einer wirtschaftlichen Einheit sich auch aus Merkmalen wie ihrem Personal, ihren Führungskräften, ihrer Arbeitsorganisation, ihren Betriebsmethoden und gegebenenfalls den ihr zur Verfügung stehenden Betriebsmitteln ergibt (EuGH 11.3.1997 – C-13/95 Rn. 15 – Süzen, NZA 1997, 433).

1. Erforderlich: Eine Gesamtbewertung der Umstände. Die genannten (→ Rn. 67) 68 Umstände sind jedoch nur Teilaspekte der vorzunehmenden **Gesamtbewertung** bzw. „globalen Bewertung" sämtlicher im Einzelfall maßgebender **Umstände** und dürfen deshalb **nicht isoliert betrachtet** werden (st. Rspr., ua EuGH 20.1.2011 – C–463/09 Rn. 34 mwN – CLECE, NZA 2011, 148; 18.3.1986 – 24/85 Rn. 13 – Spijkers, Slg. 1986, 1119; ebenso die Rechtsprechung des EFTA-Gerichtshofs zur Auslegung der Richtlinie mit Wirkung für die EFTA/EWR-Staaten [→ vor Art. 1 Rn. 19], ua 10.12.2004 – E-2/04, Rn. 26 mwN – Rasmussen ua; gleichgelagert: „Gesamtbetrachtung aller Umstände", ua BAG 23.5.2013 AP BGB § 613a Nr. 441 Rn. 29; vgl. zur Gesamtbewertung ua ErfK/*Preis* BGB § 613a Rn. 10; MüKoBGB/*Müller-Glöge* BGB § 613a Rn. 20; HaKo/*Mestwerdt/ Wemheuer* BGB § 613a Rn. 8; KR/*Treber* BGB § 613a Rn. 28; APS/*Steffen* BGB § 613a Rn. 44 f.; *Schlachter* NZA 2006, 80 ff., 81; *Moll* RdA 1999, 233 [236]; *Annuß* NZA 1998, 70, 72; skeptisch *Sieg/Maschmann* Unternehmensumstrukturierung Rn. 39). Die wertende **Gesamtbewertung** ist wesentlich bei der Frage nach dem Vorliegen eines Übergangs iSd Richtlinie, was auch die Rechtsprechung des BAG widerspiegelt (ua BAG 22.1.2015 – 8 AZR 139/14, Rn. 15; 22.5.2014 NZA 2014, 1335 Rn. 21; 27.9.2007 BAGE 124, 159 Rn. 19). Vorgeschlagen wurde eine solche Bewertung der „gesamten Umstände" im Übrigen bereits von GA *Sir Gordon Slynn* in den Schlussanträgen zum Vorabentscheidungsverfahren *Spijkers* unter Bezugnahme auf Ausführungen der Regierungen der Niederlande und des Vereinigten Königreichs sowie der Kommission. Er führte aus: „Technische Regelungen müssen vermieden werden, und der Inhalt ist wichtiger als die Form. Die wesentliche Frage ist die, ob der Erwerber ein Geschäft oder ein Unternehmen (oder einen Teil davon) erworben hat, das er fortführen kann" (SA des GA *Slynn* 22.1.1986 – 24/85 – Spijkers, Slg. 1986, 1121 mit einer nachfolgenden, aufschlussreichen Analyse des Einflusses verschiedener Faktoren unter verschiedenen Umständen).

Dem Erfordernis der „Gesamtbewertung" wird es nicht gerecht, wenn diese 69 nicht als Mittelpunkt der Subsumtion, sondern eher als „Schlusslicht" aufgefasst wird. So sollten an sich hilfreiche Prüfungsschemata (bsw. *Willemsen/Sagan* ZIP 2011, 1205 [1213]) nicht dahingehend missverstanden werden, die in der Gesamtbewertung erforderliche Gesamtsubsumtion bereits „isoliert" in die Erörterung von Teilaspekten zu verlegen. In diese Richtung gehende Tendenzen sind jedoch teilweise in nationaler Literatur und früherer Rechtsprechung ersichtlich, bsw., wenn Umstand für Umstand – isoliert – betrachtet und danach abgeklopft wird, ob ihm (allein) „entscheidende Bedeutung" zukommt oder ob er (allein) „entscheidend identitätsprägend" ist (ua BAG 25.9.2008 AP BGB § 613a Nr. 355; krit. zum verwendeten Kriterium „identitätsprägend" → Rn. 87). Ähnlich weit entfernt von dem Erfordernis der Gesamtbewertung ist frühere Rechtsprechung, in der es hieß, es käme nur auf solche Ressourcen an, die für den jeweiligen Betriebs- oder Geschäftszweck spezifisch seien (Nachweis bei HWK/*Willemsen* BGB § 613a Rn. 97). Ebenso problematisch kann es sein, wenn einer Gesamtbewertung Weichenstellungen vorgeschaltet werden iSe Entscheidungsbaums (ja/nein), bsw. anhand eher **irreführender,** in der Rechtsprechung des EuGH so nicht vorhandener **Stichworte** wie „betriebsmittelgeprägt"/"betriebsmittelarm" (→ Rn. 71) und „Feststellung des Wertschöpfungszusammenhangs" (→ Rn. 87). Mit solch einer Vorgehensweise können einzelne Umstände zu früh aus dem Blick geraten, die zwar **bei isolierter Betrachtung** keine besondere Bedeutung haben, **jedoch** zu den **untrennbar zusammenhängenden** Merkmalen gehören, aus denen sich je nach Einzelfall die Identität einer wirtschaftlichen Einheit ergeben kann. Denn die Identität einer wirtschaftlichen Einheit ergibt sich aus „mehreren **untrennbar zusammenhängenden** Merkmalen" (st. Rspr. ua EuGH 20.1.2011 – C–463/09 Rn. 41 mwN –

CLECE, NZA 2011, 148; 11.3.1997 – C-13/95 Rn. 15 – Süzen, NZA 1997, 433). Dabei müssen **„sämtliche"** den betreffenden Vorgang kennzeichnenden Tatsachen berücksichtigt werden (→ Rn. 66 ff.). **Teilaspekte der** vorzunehmenden **Gesamtbewertung** dürfen deshalb **nicht isoliert betrachtet werden** (ua → Rn. 68).

70 Auch die Gesamtbewertung selbst darf **nicht mit** einem **Entscheidungsbaum** (ja/nein, → Rn. 69) **verwechselt** werden. **Vielmehr** ist sie als **umfassende Beurteilung**/Bewertung/Abwägung in Ansehung sämtlicher für den Einzelfall relevanten Teilaspekte zu verstehen, wie auch der Ausdruck „l'évaluation d'ensemble" der jeweiligen französischen Sprachfassung (=Arbeits-/Beratungssprache am EuGH) der einschlägigen Urteile des EuGH zeigt.

71 Dem entspricht eine ja/nein-**Weichenstellung** bei der Prüfung der Voraussetzungen eines Übergangs im Hinblick auf die Frage **„betriebsmittelarm"** oder **„betriebsmittelreich"** nicht. Auch die teilweise mit solchen Weichenstellungen verknüpfte Vorstellung, dass die Übernahme der Hauptbelegschaft nur in einem „betriebsmittelarmen Betrieb" von Bedeutung sein könne (so BAG 22.7.2004 zu B II 2b bb 6 der Gründe, BAGE 111, 283; 22.10.1998 – 8 AZR 752/96 – unter II 2b der Gründe), lässt sich nicht anhand der einschlägigen Rechtsprechung des EuGH belegen. Zwar kann nach dieser in „bestimmten Branchen, in denen es im Wesentlichen auf die menschliche Arbeitskraft ankommt", die Übernahme einer Gesamtheit von Arbeitnehmern einen Betriebsübergang indizieren (→ Rn. 92). Damit ist jedoch **keine vor einer Gesamtbewertung zu prüfende „Voraussetzung"** angesprochen. Aufgezeigt ist damit lediglich ein mögliches **Resultat** der erforderlichen **Gesamtbewertung,** in der die Übernahme einer Gesamtheit von Arbeitnehmern als Teilaspekt in jedem Fall zu würdigen ist. Als Ergebnis einer Gesamtbewertung ist es nicht ausgeschlossen, dass einerseits ein Betrieb, der „reich" an Betriebsmitteln (zB viel IT-Hardware) ist, nicht von diesen (mit-)geprägt ist, sondern eher von dem Know-how spezialisierter Beschäftigter; oder dass ein Betrieb zugleich durch materielle Betriebsmittel als auch durch sein Personal geprägt ist (**aA** war BAG 22.7.2004 zu B II 2b bb 6 der Gründe, BAGE 111, 283).

72 Besonders deutlich zeigt sich die Erforderlichkeit einer Gesamtbewertung aller Umstände bei einer **Funktionsnachfolge/Auftragsnachfolge.** Der „bloße" Umstand, dass die von dem alten und dem neuen Auftragnehmer **erbrachten Dienstleistungen identisch oder ähnlich sind** (→ Rn. 98, Grad der Ähnlichkeit), lässt nicht auf die Wahrung der Identität einer wirtschaftlichen Einheit und damit ihren Übergang schließen (→ Rn. 93, 97). Eine **Einheit darf** nämlich **nicht als bloße Tätigkeit verstanden werden.** Ihre Identität ergibt sich aus mehreren untrennbar zusammenhängenden Merkmalen wie ihrem Personal, ihren Führungskräften, ihrer Arbeitsorganisation, ihren Betriebsmethoden und gegebenenfalls den ihr zur Verfügung stehenden Betriebsmitteln (EuGH 20.1.2011 – C-463/09 Rn. 41 – CLECE, NZA 2011, 148; 11.3.1997 – C-13/95 Rn. 15 – Süzen, NZA 1997, 433). Daher stellt **der bloße Verlust eines Auftrags an einen Mitbewerber** für sich genommen keinen Übergang iSd Richtlinie dar. Denn das zuvor beauftragte Dienstleistungsunternehmen verliert zwar einen Kunden, besteht aber in vollem Umfang weiter, ohne dass einer seiner Betriebe oder Betriebsteile auf den neuen Auftragnehmer übertragen worden wäre (oben genanntes Urteil *Süzen*, Rn. 16).

73 **Entscheidend ist** also, ob und ggf. welche **weiteren Umstände iRd Gesamtbewertung hinzukommen,** die zusammen auf einen Übergang iSd Richtlinie schließen lassen (vgl. auch DFL/*Bayreuther* BGB § 613a Rn. 24). Dafür kann in bestimmten Branchen, in denen es im Wesentlichen auf die menschliche Arbeitskraft ankommt, eine Gesamtheit von Arbeitnehmern, die durch eine gemeinsame Tätigkeit dauerhaft verbunden sind, ausreichen. In solch einem Fall kann eine wirtschaftliche Einheit ihre Identität über ihren Übergang hinaus bewahren kann, wenn der neue Unternehmensinhaber nicht nur die betreffende Tätigkeit weiterführt, sondern auch einen nach Zahl und Sachkunde wesentlichen Teil der Belegschaft übernimmt, die sein Vorgänger gezielt für diese Tätigkeit eingesetzt hatte. Denn dann erwirbt der neue Unternehmensinhaber eine organisierte Gesamtheit von Faktoren,

die ihm die Fortsetzung der Tätigkeiten oder bestimmter Tätigkeiten des übertragenden Unternehmens auf Dauer erlaubt (st. Rspr. ua EuGH 20.1.2011 – C-463/09 Rn. 36 mwN – CLECE, NZA 2011, 148; 11.3.1997 – C-13/95 Rn. 21 – Süzen, NZA 1997, 433). So war in dem teilweise missverstandenen EuGH-Urteil *Schmidt* (EuGH 14.4.1994 – C-392/92 – Schmidt, NZA 1994, 545) das **Angebot der Übernahme** an die Klägerin des Ausgangsverfahrens, die offenbar die einzige Reinigungskraft einer Filiale einer Spar- und Leihkasse war, Indiz iSe Fortführung des bestehenden Organisationszusammenhangs durch Übernahme der Hauptbelegschaft des Betriebsteils (näher → Rn. 14, 15). Aus der bisherigen Rechtsprechung des EuGH lässt sich nicht ablesen, dass sich diese Einschätzung geändert haben sollte. Dagegen bestand im Ausgangsfall des Urteils Süzen (oben genanntes Urteil, Rn. 4) weder ein Angebot zur Übernahme von Arbeitskräften noch ein sonstiger für einen Übergang iSd Richtlinie sprechender Umstand (näher → Rn. 16).

Wird ein **Prüfungsschema** gesucht, mit dem sich in jedem Einzelfall eine gegebene wirtschaftliche Einheit sicher erkennen lässt, sind die in der Rechtsprechung des EuGH herausgearbeiteten Auslegungsgesichtspunkte zu berücksichtigen (EuGH 15.6.1988 – C-101/87 Rn. 19 – Bork International, Slg. 1988, 3057). Die maßgebenden, überschaubaren Kriterien („Aspekte der Gesamtbewertung", → Rn. 77 bis 103) sind weitgehend durch Rechtsprechung geklärt (→ Rn. 75). Es bleibt die vom Einzelfall abhängige Prüfung (zu ggf. teilweise verbleibender Rechtsunsicherheit der Praxis → Rn. 75). **Dreh- und Angelpunkt ist „der eigene Zweck"** einer hinreichend strukturierten und selbständigen Gesamtheit von Personen und Sachen zur Ausübung einer wirtschaftlichen Tätigkeit (st. Rspr. ua 6.3.2014 – C-458/12 Rn. 31 f. mwN – Amatori ua, NZA 2014, 423). Ein solcher ist bsw. bei einem Krankenhaus idR die Behandlung der Patienten, bei einer Betriebskantine die Verpflegung der Belegschaft, bei einer Baufirma die Erstellung von Bauwerken. Denn den für das Vorliegen eines Übergangs **maßgebenden Kriterien** kommt **je nach** der ausgeübten **Tätigkeit** und **je nach den Produktions- oder Betriebsmethoden unterschiedliches Gewicht** zu (näher EuGH 15.12.2005 – C-232/04 und C-233/04 Rn. 35 mwN – Güney-Görres und Demir, NZA 2006, 29; vgl. auch BAG 18.9.2014 NZA 2015, 97 Rn. 18; → Rn. 66, 79, 87). Um an das Beispiel des Krankenhauses anzuknüpfen, wird also bei einer auf Operationen spezialisierten Einrichtung der apparatebezogenen Ausstattung neben dem Können der ärztlichen Behandlung und der Pflege besondere Bedeutung zukommen. Bei einer Einrichtung mit einem Schwerpunkt bei mit der Ernährung zusammenhängenden Behandlungen mag der apparatebezogenen Ausstattung kein besonderes Gewicht zukommen, hingegen können neben dem Können der ärztlichen Behandlung, der Therapie und der Pflege ua auch Umstände der Ernährungszubereitung von besonderer Bedeutung sein. An solchen Beispielen zeigt sich, dass eine allzu schematische Herangehensweise fehlerträchtig sein kann.

Die **Bewertung** der maßgeblichen Tatsachen ist nach Unionsrecht **Sache der nationalen Gerichte** (ua EuGH 15.12.2005 – C-232/04 und C-233/04 Rn. 35 – Güney-Görres und Demir, NZA 2006, 29; vgl. i Übrigen BVerfG 15.1.2015 – 1 BvR 2796/13 Rn. 15) und im deutschen Arbeitsrecht **Sache der Tatsacheninstanzen,** die dabei einen **Beurteilungsspielraum** haben (ua BAG 18.9.2014 NZA 2015, 97 Rn. 19; 18.8.2011 BAGE 139, 52 Rn. 21).

Bezogen auf **Art. 1** der Richtlinie sind **kaum noch Grundsatzfragen offen.** An Klärung mangelt es ist insofern zwar wohl noch zum räumlichen Anwendungsbereich (→ Rn. 106 ff. zum grenzüberschreitenden Übergang), aber jedenfalls nicht mehr im Hinblick auf die Grundsätze zur Bestimmung einer übergangsfähigen wirtschaftlichen Einheit. Diese sind durch eine Vielzahl von Entscheidungen des EuGH („Aspekte der Gesamtbewertung", → Rn. 77–103) konkretisiert worden (vgl. zusammenfassend BVerfG 15.1.2015 – 1 BvR 2796/13 Rn. 15). Auch im Bereich der Rechtsfolgen ist vieles, wenn auch nicht alles, durch Rechtsprechung des EuGH geklärt; deshalb konnte die Entscheidung Gimnasio Deportivo San Andrés als „Beschluss" statt als „Urteil" ergehen (EuGH 28.1.2015 – C-688/13 Rn. 27 f.). Dass mit der vom Einzelfall abhängigen Tatsachenbewertung trotz der in der Rechtsprechung entwickelten, überschaubaren Kriterien teilweise

Rechtsunsicherheit der Praxis verbunden ist (näher Schaub/*Koch* § 117 Rn. 16; *Sieg/ Maschmann* Unternehmensumstrukturierung Rn. 39), liegt im Wesentlichen in der **Natur der Sache**. Diese wartet in der Praxis mit komplexen und wechselnden Einzelfallumständen auf, die sich einer „Standardisierung" weitgehend entziehen (dazu auch BVerfG 15.1.2015 – 1 BvR 2796/13 Rn. 15: „Zwar mag die Anwendung dieser Grundsätze im Einzelfall schwierig sein"). Trotzdem ist der **rechtsförmige Umgang** mit diesem Rechtsgebiet **ebenso „machbar" wie** mit anderen Bereichen des Rechts, die eine teils komplexe Einzelfallprüfung erfordern (zB Einzelfallprüfung und Interessenabwägung iRv § 626 I BGB, „dringende betriebliche Erfordernisse" nach § 1 II KSchG). Nicht erleichtert, sondern potentiell **erschwert** wird ein **rechtssicherer Umgang mit der Richtlinie** (und der nationalen Umsetzung, hier insbesondere § 613a BGB) wenn zeitweise eine **„nationale Auslegung"** von letztlich durch die Richtlinie bestimmten Begriffen vorgenommen wird (Art. 267 AEUV zum Vorabentscheidungsverfahren) und deshalb später ggf. **Kurskorrekturen** der nationalen Rechtsprechung erforderlich werden (näher zu einzelnen nationalen Korrekturen und deren Anlässen *Ascheid*, FS Dieterich, 1999, 9 ff.; *Wank*, FS 50 Jahre BAG, 2004, 245 ff.; MüKoBGB/*Müller-Glöge* BGB § 613a Rn. 14 f.; ErfK/*Preis* BGB § 613a Rn. 5 ff., 49 f.; HaKo/*Mestwerdt/Wemheuer* BGB § 613a Rn. 6, 10, 18 ff.; KR/*Treber* BGB § 613a Rn. 18 ff.; HWK/*Willemsen* BGB § 613a Rn. 52, 53a; BDH/*Dreher* BGB § 613a, Rn. 33–39; *Sieg/Maschmann* Unternehmensumstrukturierung Rn. 82; EAS/*Joussen* B 7200 Rn. 14; Preis/Sagan/*Grau/Hartmann* Rn. 17, 54; *Windt*, Die Neukonstruktion des Tatbestands des Betriebsübergangs, 2005; *Geisler*, Insourcing aus arbeitsrechtlicher Sicht, 2011, 40 ff., 58 ff.; APS/*Steffan* BGB § 613a Rn. 27, 29, 56 f.; *Steffan* NZA 2000, 687; *Moll* RdA 1999, 233; *Kocher/Zachert* EuroAS 1999, 213 [215 f.]; *Annuß* NZA 1998, 70 ff.; zu Rechtsprechungsunterschieden bei gesetzlich angeordneten Übergängen *Steffan* NZA 2012, 473 [474]; ErfK/*Preis* BGB § 613a Rn. 58; vgl. auch → Rn. 40; zum Zeitpunkt des Übergangs → Rn. 56; → Rn. 14 f.).

77 **2. Aspekte der Gesamtbewertung – Zu berücksichtigende Umstände.** Bei der vorzunehmenden **Gesamtbewertung** (→ Rn. 68 ff.) sind **„namentlich"** die folgenden, in der Rechtsprechung des EuGH ausdrücklich benannten **Teilaspekte** zu berücksichtigen. Dabei wird durch das Wort „namentlich" deutlich, dass diese Aufzählung nicht als „abschließender Katalog" aufzufassen ist. Tatsächlich sind diese Aspekte **in jedem Fall zu** bedenken, wenn sie auch nicht in jedem Fall tatsächlich alle von Bedeutung sein müssen (vgl. auch DFL/*Bayreuther* BGB § 613a Rn. 5). Im Einzelfall (oder ggf. aufgrund von Veränderungen im Wandel der Zeit) ist es jedoch nicht ausgeschlossen, dass je nach den tatsächlichen Umständen **weitere Aspekte** einbezogen werden müssen (vgl. auch EuGH 26.9.2000 – C-175/99 Rn. 53 – Mayeur, NZA 2000, 1327; zB → Rn. 103 bzgl. der Finanzierung einer wirtschaftlichen Einheit und/oder im Hinblick auf die anwendbaren Rechtsvorschriften; zudem → Rn. 99). Die gängige **Bezeichnung als „7-Punkte-Katalog" birgt die Gefahr,** die Möglichkeit weiterer Aspekte auszublenden und damit den Vorgaben nicht gerecht zu werden. Kennzeichnen weitere Merkmale/Aspekte eine wirtschaftliche Einheit in solcher Weise, dass deren Änderung bei einem Übergang dieser Einheit zu einem Wechsel ihrer Identität führt (Urteil *Mayeur* Rn. 53), sind sie zu berücksichtigen.

78 **a) Art des Unternehmens oder Betriebs.** Bereits seit dem Urteil *Spijkers* ist „die **Art des betreffenden Unternehmens oder Betriebs**" (st. Rspr. ua EuGH 20.1.2011 – C-463/09 Rn. 34 mwN – CLECE, NZA 2011, 148; 18.3.1986 – 24/85 Rn. 13 – Spijkers, Slg. 1986, 1119) ausdrücklicher **Teilaspekt** in der vorzunehmenden **Gesamtbewertung** (→ Rn. 68 ff.).

79 Die **Art** des Betriebs/Unternehmens bzw. Betriebs-/Unternehmensteils steht im Zusammenhang mit dem **Zweck** der wirtschaftlichen Tätigkeit (→ Rn. 27, 74). Welche tatsächlichen Umstände in die **Gesamtbewertung** einzubeziehen und wie sie zueinander zu gewichten sind, wird maßgeblich von ihr beeinflusst (vgl. auch Schlachter NZA 2006, 80

Der sachliche Anwendungsbereich (Art. 1 I) **Art. 1 RL 2001/23/EG 530**

[81]; HaKo/*Mestwerdt/Wemheuer* BGB § 613a Rn. 13; KR/*Treber* BGB § 613a Rn. 30; ErfK/*Preis* BGB § 613a Rn. 12; DFL/*Bayreuther* BGB § 613a Rn. 6; HWK/*Willemsen* BGB § 613a Rn. 100). Deshalb steht die Auseinandersetzung damit **zu Beginn der Tatsachenerhebung und -bewertung**. Den für das Vorliegen eines Übergangs iSd Richtlinie maßgeblichen Kriterien kommt nämlich notwendigerweise je nach der ausgeübten Tätigkeit und selbst nach den Produktions- oder Betriebsmethoden, die in dem betreffenden Unternehmen, Unternehmensteil, Betrieb oder Betriebsteil angewendet werden, unterschiedliches Gewicht (auch → Rn. 66, 74, 87) zu (Beispiele: → Rn. 74). Zu beachten sind auch Besonderheiten der jeweiligen Branche (ua EuGH 15.12.2005 – C-232/04 und C-233/04 Rn. 35 mwN – Güney-Görres und Demir, NZA 2006, 29; 10.12.1998 – C-173/96 und C-247/96 Rn. 31 f. mwN – Hidalgo ua, NZA 1999, 189; 11.3.1997 – C-13/95 Rn. 18 – Süzen, NZA 1997, 433). Nur eine sorgfältige Beachtung der Art des Betriebs/Unternehmens bzw. Betriebs-/Unternehmensteils erlaubt eine zutreffende Beurteilung, ob der neue Unternehmensinhaber eine organisierte Gesamtheit von Faktoren erworben hat, die ihm die Fortsetzung der Tätigkeiten oder bestimmter Tätigkeiten des übertragenden Unternehmens auf Dauer erlaubt (zu letzterem ua EuGH 20.1.2011 – C-463/09 Rn. 36 – CLECE, NZA 2011, 148; 29.7.2010 – C-151/09 Rn. 29 – UGT-FSP, NZA 2010, 1014; oben genanntes Urteil *Hidalgo* ua Rn. 32; oben genanntes Urteil *Süzen,* Rn. 21).

Teilweise lassen sich in der Rechtsprechung des EuGH **Verallgemeinerungen zur Art** 80 bestimmter Betriebe/Unternehmen erkennen (vgl. auch KR/*Treber* BGB § 613a Rn. 30 f.), die allerdings nicht den Blick für den **Einzelfall und dessen Besonderheiten** verstellen dürfen (vgl. *Gaul* § 6 Rn. 90 f. mit Beispielen). So hat der EuGH in verschiedenen Urteilen ausgeführt, bei einer **Reinigungstätigkeit** sei idR anzunehmen, dass es im Wesentlichen auf die menschliche Arbeitskraft ankäme (ua EuGH 20.1.2011 – C-463/09 Rn. 39, 41 – CLECE, NZA 2011, 148; 13.9.2007 – C-458/05 Rn. 32 – Jouini ua, NZA 2007, 1151; 10.12.1998 – C-173/96 und C-247/96 Rn. 26 – Hidalgo ua, NZA 1999, 189; 10.12.1998 – C-127/96, C-229/96 und C-74/97 Rn. 27 – Hernández Vidal ua, NZA 1999, 253) und folglich eine Gesamtheit von Arbeiternehmer/inne/n, der auf Dauer eine gemeinsame Reinigungstätigkeit zugewiesen ist, eine wirtschaftliche Einheit darstellen kann, ohne dass weitere Betriebsmittel vorhanden sind. Beim **Alleinvertrieb von Kraftfahrzeugen** einer bestimmten Marke in einem bestimmten regionalen Bereich soll es auf eine Übertragung materieller oder immaterieller Aktiva nicht ankommen (EuGH 7.3.1996 – C-171/94 und C-172/94 Rn. 20 f. – Merckx und Neuhuys, NZA 1996, 413). Hingegen können Arbeiten, die einen **erheblichen Material- und Geräteeinsatz** erfordern – wie bsw. der **Vortrieb von Bergwerksstollen** – nicht als eine Tätigkeit angesehen werden, bei denen es im Wesentlichen auf die menschliche Arbeitskraft ankommt (EuGH 2.12.1999 – C-234/98 Rn. 30 – Allen ua, NZA 2000, 587). Auch für den **Betrieb von Buslinien** sieht der EuGH ein Schwergewicht der Wertung beim Material- und Geräteeinsatz (EuGH 25.1.2001 – C-172/99 Rn. 39, 42 – Liikenne, NZA 2001, 249). Im Urteil *Abler* (20.11.2003 – C-340/01 Rn. 36 f. – Abler, NZA 2003, 1385) hat der EuGH ausgeführt, dass es im **Bereich der Verpflegung** im Wesentlichen auf das Inventar ankäme und deshalb eine Tätigkeit in diesem Bereich nicht als eine angesehen werden könne, bei der es im Wesentlichen auf die menschliche Arbeitskraft ankommt. Zu beachten ist allerdings, dass es im Ausgangsfall um allg. Krankenhausverpflegung durch ein Großküchenunternehmen ging (Versorgung der Patienten und des Personals eines Orthopädischen Spitals). Ob die genannte Verallgemeinerung generell für **Kantinen** zutrifft – etwa auch für solche mit einer Ausrichtung auf bestimmte, gesundheitlich bedingte Ernährungsbedürfnisse –, ist eine Frage des Einzelfalls. Ebenfalls ist es eine Frage des Einzelfalls, ob in anderen Bereichen der Gastronomie, etwa spezialisierten Restaurants, andere Gewichtungen zutreffend sind (vgl. zu Beispielen BAG 25.5.2000 B II 1c der Gründe).

Auch in anderen Wirtschaftsbereichen kann eine **schematische Betrachtungsweise** 81 **nur bedingt** der **jeweiligen Art** des Betriebs/Unternehmens bzw. Betriebs-/Unternehmensteils gerecht werden. So wird bsw. bei **Produktionsbetrieben** häufig sächlichen

530 RL 2001/23/EG Art. 1   Sachlicher Anwendungsbereich

Betriebsmitteln eine gewichtige Bedeutung zukommen, ebenso können aber immaterielle Betriebsmittel wie namentlich gewerbliche Schutzrechte (ua Patente und andere technische Schutzrechte, ästhetische Schutzrechte, nach dem Markengesetz geschützte Kennzeichenrechte) und auch Lieferverträge (bsw. Zulieferung in Abhängigkeit von einem bestimmten Kunden) zusätzlich von Bedeutung sein. Bei **Dienstleistungsbetrieben** und im **Handel** werden häufig immaterielle Betriebsmittel als besonders gewichtig angesehen (Lieferverträge, Aufträge, Kundenadressen, Goodwill [ua Gewinnaussichten, Branchenbedeutung des Unternehmens], Können/Know-how, vgl. *Schwanda,* Der Betriebsübergang in § 613a BGB, 1992, 99 ff.; *Gaul* § 6 Rn. 90; DFL/*Bayreuther* BGB § 613a Rn. 10 → Rn. 89). Nicht zu unterschätzen ist jedoch, dass diese Faktoren oft auch für Produktionsbetriebe von besonderer Bedeutung sind. Ebenso können für Dienstleistungsbetriebe sächliche Betriebsmittel besonders bedeutsam sein, zB spezielle Technik und Software im Call-Center (ua ein automatisches Spracherkennungssystem, vgl. *Gaul* § 6 Rn. 90) oder Einsatz von Sicherheitstechnik bei Bewachungsaufträgen.

82   **b) Materielle Aktiva/Betriebsmittel.** Bereits seit dem Urteil *Spijkers* ist „der **Übergang oder Nichtübergang** der **materiellen Aktiva** wie Gebäude und bewegliche Güter" (EuGH 18.3.1986 – 24/85 Rn. 13 – Spijkers, Slg. 1986, 1119) bzw. „der etwaige Übergang der **materiellen Betriebsmittel** wie Gebäude und bewegliche Güter" (st. Rspr., ua EuGH 20.1.2011 – C-463/09 – CLECE, NZA 2011, 148) ausdrücklicher **Teilaspekt** in der vorzunehmenden **Gesamtbewertung** (→ Rn. 68 ff.). Dem wird eine verkürzte und fehleranfällige **Einteilung in „betriebsmittelarme"** und **„betriebsmittelreiche"** wirtschaftliche Einheiten **nicht gerecht** (→ Rn. 71).

83   Eine wirtschaftliche Einheit iSd Richtlinie **kann** bedeutsame **materielle Betriebsmittel** wie Gebäude und bewegliche Güter (zB Fahrzeuge, Maschinen, Kleidung, Geschirr) umfassen, **muss dies aber nicht** notwendigerweise (ua EuGH 13.9.2007 – C-458/05 Rn. 32 – Jouini ua, NZA 2007, 1151; 10.12.1998 – C-127/96, C-229/96 und C-74/97 Rn. 27 – Hernández Vidal ua, NZA 1999, 253). Es kann iRd vorzunehmenden Gesamtbewertung (→ Rn. 68) wegen der Art des Betriebs/Unternehmens (→ Rn. 78) im Wesentlichen auf andere Umstände ankommen, bsw. auf die Übernahme der (Haupt-)Belegschaft durch den neuen Inhaber (→ Rn. 92 f.). Da eine wirtschaftliche Einheit in bestimmten Branchen ohne relevante materielle oder immaterielle Betriebsmittel tätig sein kann, kann die Wahrung der Identität einer solchen Einheit über ihren Übergang hinaus **nicht von der Übertragung von Betriebsmitteln abhängen** (EuGH 24.1.2002 – C-51/00 Rn. 25 – Temco, NZA 2002, 265; 11.3.1997 – C-13/95 Rn. 18 – Süzen, NZA 1997, 433).

84   In einem Bereich wie dem der **Verpflegung,** bei der es im Wesentlichen auf das Inventar ankommt (jedoch: Besonderheiten des Einzelfalls berücksichtigen → Rn. 68 ff., 74, 80), kann der Umstand, dass ein Unternehmer keinen nach Zahl und Sachkunde wesentlichen Teil des Personals übernommen hat, welches sein Vorgänger für die Durchführung derselben Tätigkeit eingesetzt hatte, nicht ausreichen, um den Übergang einer ihre Identität bewahrenden Einheit iSd Richtlinie auszuschließen. Eine gegenteilige Beurteilung würde dem Hauptzweck der Richtlinie widersprechen, der darin besteht, auch gegen den Willen des Erwerbers die Arbeitsverträge der Arbeitnehmer des Veräußerers aufrechtzuerhalten (EuGH 20.11.2003 – C-340/01 Rn. 37 – Abler, NZA 2003, 1385). Bei der Zubereitung von Speisen in der Küche eines Krankenhauses können die Räumlichkeiten und das Groß- und Kleininventar (insbesondere das zur Zubereitung der Speisen erforderliche unbewegliche Inventar und die Spülmaschinen) unverzichtbare Betriebsmittel sein. Selbst Wasser und Energie wurden diesbezüglich vom EuGH aufgeführt (oben genanntes Urteil *Abler,* Rn. 36).

85   Bei **Hausmeister- und Reinigungsdienstleistungen** sind nicht die zu betreuenden oder zu reinigenden Gebäude und bei Unterhaltsdienstleistungen an Straßen, Parkanlagen und öffentlichen Gärten nicht diese die zu betrachtenden materiellen Vermögenswerte. Die materiellen Vermögenswerte, die gegebenenfalls in Betracht gezogen werden müssen, sind

die Einrichtungen, Maschinen und/oder Ausrüstungsgegenstände, die tatsächlich zur Erbringung der Hausmeister-, Reinigungs- und Unterhaltsdienstleistungen verwendet werden (EuGH 29.7.2010 – C-151/09 Rn. 31 – UGT-FSP, NZA 2010, 1014). Im Unterschied zum Urteil *Abler* (→ Rn. 84) zeigt sich insoweit, dass Gebäude und Räumlichkeiten je nach den Umständen – insbesondere je nach Art der Tätigkeit/des Unternehmens (→ Rn. 78) – Betriebsmittel sein können oder auch nicht. Ein zu reinigendes Schulgebäude ist nicht selbst das Betriebsmittel, sondern gehört zum Zweck der Tätigkeit. Für zu reinigende Kantinenräume würde nichts anderes gelten. Dagegen sind dieselben Kantinenräume im Hinblick auf die Zubereitung und die Verteilung der Speisen an die Patienten und das Krankenhauspersonal Betriebsmittel.

Es **kommt nicht darauf** an, ob übernommene Betriebsmittel **dem Veräußerer gehörten** oder von einem Auftraggeber zur Verfügung gestellt wurden (EuGH 20.11.2003 – C-340/01 Rn. 42 – Abler, NZA 2003, 1385; **anhängig dazu:** C–509/14 – Aira Pascual ua im Zusammenhang mit Auftragsvergabe im Bereich Eisenbahninfrastruktur/Bahnhöfe) oder ob diese zur „**eigenwirtschaftlichen Nutzung**" überlassen worden sind (EuGH 15.12.2005 – C-232/04 und C-233/04 Rn. 39 ff. – Güney-Görres und Demir, NZA 2006, 29). So sind im Bereich der Verpflegung erhebliche Betriebsmittel erforderlich (insbesondere Räumlichkeiten und Groß- und Kleininventar, darunter Maschinen → Rn. 85), wobei die Merkmale des Übergangs der **wirtschaftlichen Einheit bei einer Kantine** (Betriebskantine, Krankenhauskantine etc.) dadurch erfüllt sein können, dass wechselnden Kantinenbetreibern vom Auftraggeber die Räumlichkeiten und das für die Zubereitung und die Verteilung der Speisen jeweils erforderliche Inventar zur Verfügung gestellt werden, das bei einem Betreiberwechsel dann jeweils vom Vorgänger übernommen wird, selbst/oder gerade wenn (im oben genannte Urteil *Abler* ua, Rn. 36 wohl eher „gerade wenn", weil die Situation als „außerdem" dadurch „geprägt" beschrieben wird) die ausdrückliche und unabdingbare Verpflichtung dazu besteht (oben genanntes Urteil *Abler* ua, Rn. 36 zur Krankenhausverpflegung durch ein Großküchenunternehmen). Im Hinblick auf die **Fluggast- und Gepäckkontrolle im Flugverkehr** ist es nicht entscheidungserheblich, dass den jeweiligen privaten Sicherheitsdienstleistungsunternehmen das erforderliche Luftsicherheitsgerät (zB Torsonden, Gepäckprüfanlage und Durchleuchtungsgerät, Handsonden und Sprengstoffspürgeräte) nicht zur „eigenwirtschaftlichen Nutzung" überlassen, sondern lediglich zur Erfüllung des Auftrags zur Verfügung gestellt wird. Insoweit kommt es bei der Prüfung eines möglichen Betriebsmittelübergangs nicht entscheidend darauf an, ob ein Auftragnehmer eine eigenwirtschaftliche Nutzung der von ihm übernommenen Betriebsmittel fortführt. Ein derartiges Kriterium ergibt sich weder aus dem Wortlaut der Richtlinie noch aus ihren Zielen, nämlich dem Schutz der Arbeitnehmer bei einem Unternehmens- oder Betriebswechsel und der Verwirklichung des Binnenmarktes. Der Umstand, dass der neue Auftragnehmer die materiellen Betriebsmittel übernommen hat, ohne dass sie ihm dann gehören oder zur eigenwirtschaftlichen Nutzung überlassen worden wären, kann weder zum Ausschluss eines Übergangs der Betriebsmittel noch zum Ausschluss eines Unternehmens- oder Betriebsübergangs iSd Richtlinie führen (oben genanntes Urteil *Güney-Görres* und *Demir*, Rn. 39–41). Es ist ohne Bedeutung, in welcher Form eine Nutzung von Betriebsmitteln vereinbart (ua Pacht, Nießbrauch) worden ist (BAG 31.1.2008 AP BGB § 613a Nr. 339 Rn. 32).

Soweit bei sächlichen Betriebsmittel im deutschen Zusammenhang teilweise danach gefragt und unterschieden worden ist, ob sie insoweit „**identitätsprägend**" sind (vgl. auch → Rn. 69), dass „bei wertender Betrachtungsweise ihr Einsatz den eigentlichen **Kern des zur Wertschöpfung** erforderlichen Funktionszusammenhangs (vgl. auch → Rn. 69) ausmacht und … sie somit unverzichtbar zur auftragsgemäßen Verrichtung der Tätigkeiten sind" (so und ähnlich ua BAG 10.5.2012 NZA 2012, 1161 Rn. 36 ff.; 15.2.2007 BAGE 121, 289; 6.4.2006 BAGE 117, 349; *Willemsen/Annuß* DB 2004, 134 [135 mwN]; HWK/ *Willemsen* BGB § 613a Rn. 53 ff.; ErfK/*Preis* BGB § 613a Rn. 21) ist **Vorsicht geboten** (nuanciert krit. Preis/Sagan/*Grau/Hartmann* Rn. 52). Der **Rechtsprechung des EuGH** ist ein **solcher Obersatz nicht zu entnehmen.** Irreleiten kann bereits ein enges Verständnis des Begriffs der Prägung. Allein im Urteil *Abler* ist „geprägt" (EuGH 20.11.2003 – C-340/01 Rn. 36 – Abler, NZA 2003, 1385) im Hinblick auf die Grundsätze zur Bestimmung einer übergangsfähigen wirtschaftlichen Einheit zu lesen, allerdings nicht bezogen auf Betriebsmittel als solche, sondern nur bezogen auf die durch eine Übernahmeverpflichtung geprägte „Situation im Ausgangsverfahren". Das Bild des Übergangs in der Rechtsprechung des EuGH ist nicht das der durch einen isolierten Teilaspekt „geprägten" Identität. Vielmehr ergibt sich die Identität einer wirtschaftlichen Einheit durch mehrere Merkmale (EuGH 11.3.1997 – C-13/95 Rn. 15 – Süzen, NZA 1997, 433), nämlich „sämtliche" Umstände (die zwar unterschiedliches Gewicht haben können, → Rn. 66, 74, 79) als Ergebnis einer Gesamtbewertung des Einzelfalls (→ Rn. 68 ff.). **Überdacht** werden sollte auch die **nicht** in der **Rechtsprechung des EuGH** sich widerspiegelnde Annahme, es komme auf einen eigentlichen „Kern des zur Wertschöpfung erforderlichen Funktionszusammenhangs" und damit zusammenhängend auf eine (Nicht-)Verfügbarkeit eines Betriebsmittels am freien Markt an (für letzteres zB BAG 23.5.2013 DB 2013, 2336 Rn. 31).

88   c) **Immaterielle Aktiva.** Bereits seit dem Urteil *Spijkers* ist „der Wert der **immateriellen Aktiva**" zum/im „Zeitpunkt des Übergangs" (st. Rspr., ua EuGH 20.1.2011 – C–463/09 Rn. 34 mwN – CLECE, NZA 2011, 148; 18.3.1986 – 24/85 Rn. 13 – Spijkers, Slg. 1986, 1119; zum Zeitpunkt des Übergangs → Rn. 56) ausdrücklicher **Teilaspekt** in der vorzunehmenden **Gesamtbewertung** (→ Rn. 68 ff.).

89   Eine wirtschaftliche Einheit iSd Richtlinie kann bedeutsame **immaterielle Betriebsmittel** umfassen (ua EuGH 20.1.2011 – C–463/09 Rn. 34 – CLECE, NZA 2011, 148), muss es aber nicht. Zu diesen gehören nicht gegenständliche Betriebsmittel wie Rechte, Informationen, Wissen, Goodwill (weitere Beispiele → Rn. 81).

90   d) **Belegschaft, Personal und Führungskräfte.** Bereits seit dem Urteil *Spijkers* ist „die **Übernahme oder Nichtübernahme**" bzw. eine „etwaige Übernahme" der (Haupt-) **Belegschaft** durch den neuen Inhaber" (st. Rspr. ua EuGH 20.1.2011 – C–463/09 Rn. 33 f. mwN – CLECE, NZA 2011, 148; 18.3.1986 – 24/85 Rn. 13 – Spijkers, Slg. 1986, 1119) ausdrücklicher **Teilaspekt** in der vorzunehmenden **Gesamtbewertung** (→ Rn. 68 ff.).

91   Bei der Frage nach der Identität einer wirtschaftlichen Einheit und deren eventuellen Wahrung sind unter dem Stichwort „**Belegschaft**" das **Personal als solches,** die **Führungskräfte** und ggf. auch die sie verbindende **Arbeitsorganisation** zu bedenken (idS EuGH 20.1.2011 – C–463/09 Rn. 41 – CLECE, NZA 2011, 148; 11.3.1997 – C-13/95 Rn. 15 – Süzen, NZA 1997, 433). Auch einem **Leitungswechsel** bzw. der **Beibehaltung der Leitung** kann uU wesentliches Gewicht (→ Rn. 66, 74, 79, 87) in der Gesamtbeurteilung zukommen (EuGH 26.9.2000 – C-175/99 Rn. 53 – Mayeur, NZA 2000, 1327; vgl. zu einem solchen Fall BAG 22.5.2014 NZA 2014, 1335 Rn. 5, 52 ff.). Im Hinblick auf das Personal als solches ist es nicht ausgeschlossen, dass die Identität einer ggf. bestehenden wirtschaftlichen Einheit in manchen Fällen eher von einer Stammbelegschaft abhängt als von eventuell auch beschäftigten Aushilfskräften (vgl. BAG 22.1.2015 – 8 AZR 139/14). Wird ein nach **Zahl und Sachkunde wesentlicher Teil des Personals** übernommen, das der Vorgänger gezielt für eine bestimmte Tätigkeit eingesetzt hatte, kann dem – je nach den Umständen – wesentliche Bedeutung zukommen (st. Rspr., ua EuGH 6.9.2011 – C–108/10 Rn. 62 – Scattolon, NZA 2011, 1077; 11.3.1997 – C-13/95 Rn. 21 – Süzen, NZA 1997, 433). Werden im Zeitpunkt der Übertragung **vorübergehend keine Arbeitnehmer** beschäftigt, ist trotzdem das Vorliegen eines Übergangs iSd Richtlinie nicht ausgeschlossen (→ Rn. 57 ff.). Aus der Rechtsprechung des EuGH ergibt sich **kein** Anhaltspunkt für eine **rein quantitative Betrachtung** (ebenso die Rechtsprechung des BAG, vgl. nur BAG 22.1.2015 – 8 AZR 139/14; vgl. auch TLL/*Laux* BGB § 613a Rn. 11).

92   In bestimmten **Branchen, in denen es im Wesentlichen auf die menschliche Arbeitskraft ankommt,** kann – auch wenn nennenswerte materielle oder immaterielle Vermögenswerte fehlen – eine strukturierte Gesamtheit von Arbeitnehmern, die durch eine

gemeinsame Tätigkeit dauerhaft verbunden sind, im Hinblick auf die Identität einer wirtschaftlichen Einheit besonderes Gewicht haben. Wenn eine Einheit ohne nennenswerte Vermögenswerte funktioniert, kann die Wahrung ihrer Identität nach ihrer Übernahme nicht von der Übernahme derartiger Vermögenswerte abhängen. Die Wahrung der Identität der wirtschaftlichen Einheit ist in diesem Fall anzunehmen, wenn der neue Betriebs-/Unternehmensinhaber nicht nur die betreffende Tätigkeit weiterführt, sondern auch einen **nach Zahl und Sachkunde wesentlichen Teil der Belegschaft** übernimmt, die sein Vorgänger gezielt für diese Tätigkeit eingesetzt hatte. Denn dann erwirbt der neue Unternehmensinhaber eine **organisierte Gesamtheit von Faktoren,** die ihm die Fortsetzung der Tätigkeiten oder bestimmter Tätigkeiten des übertragenden Unternehmens auf Dauer erlaubt (st. Rspr. ua EuGH 6.9.2011 – C-108/10 Rn. 49 mwN – Scattolon, NZA 2011, 1077; 20.1.2011 – C-463/09 Rn. 36, 39 mwN – CLECE, NZA 2011, 148; 11.3.1997 – C-13/95 Rn. 21 – Süzen, NZA 1997, 433; → Rn. 73, 84, 91 f.; BAG 22.5.2014 NZA 2014, 1335 Rn. 22).

Bei einer **Reinigungstätigkeit** nimmt der EuGH generalisierend (jedoch → Rn. 68 ff., **93** 74, 80, 84 zur Beachtung der Umstände des Einzelfalls) an, dass es im Wesentlichen auf die menschliche Arbeitskraft ankommt. Folglich kann eine Gesamtheit von Arbeiternehmern, der auf Dauer eine gemeinsame Reinigungstätigkeit zugewiesen ist, eine wirtschaftliche Einheit darstellen, ohne dass weitere Betriebsmittel vorhanden sind (vgl. ua EuGH 20.1.2011 – C-463/09 Rn. 39 mwN – CLECE, NZA 2011, 148; 13.9.2007 – C-458/05 Rn. 39 – Jouini ua, NZA 2007, 1151; 10.12.1998 – C-173/96 und C-247/96 Rn. 26 – Hidalgo ua, NZA 1999, 189). Dabei hat es keine Bedeutung, wenn eine Übernahme auf tarifvertraglicher Verpflichtung beruhte (EuGH 24.1.2002 – C-51/00 Rn. 11, 33 – Temco, NZA 2002, 265 zur Reinigung von Produktionsstätten). Eine **Übernahme der Hauptbelegschaft** eines Betriebsteils kann auch dann vorliegen, wenn nur eine Arbeitnehmerin beschäftigt war und der Betriebserwerber dieser anbietet, sie zu übernehmen (EuGH 14.4.1994 – C-392/92 Rn. 14 f. – Schmidt, NZA 1994, 545; → Rn. 14 f.; Auch das **Angebot der Übernahme kann** unter Umständen **ausreichen,** auch wenn es nicht angenommen worden ist (EuGH 14.4.1994 – C-392/92 Rn. 4, 14 f. – Schmidt, NZA 1994, 545; **anders** BAG 15.12.2011 AP BGB § 613a Nr. 423 Rn. 56 f.; → Rn. 14, → Rn. 94). Auf der anderen Seite kann das Fehlen einer Übernahme der (Haupt-)Belegschaft bzw. das Fehlen eines solchen Angebots des „Auftragsnachfolgers" im Bereich von Reinigungstätigkeiten ein gewichtiger, gegen einen Betriebsübergang sprechender Teilaspekt sein (vgl. EuGH 20.1.2011 – C-463/09 Rn. 39 f. – CLECE, NZA 2011, 148; dies ergibt sich auch in EuGH 11.3.1997 – C-13/95 – Süzen, NZA 1997, 433 „zwischen den Zeilen" aus den Rn. 7, 19 ff.). Übernimmt im Bereich von Reinigungstätigkeiten der Auftragsnachfolger kein Personal des Vorgängers und bietet er diesem die Übernahme auch nicht an, kann, wenn kein(e) anderer/n Gesichtspunkte der vorzunehmenden **Gesamtbewertung** (→ Rn. 68 ff.) für einen Übergang sprechen, eine **„bloße" Fortführung** der Tätigkeit durch einen anderen **(Funktionsnachfolge)** oder eine **„reine" Auftragsnachfolge** vorliegen (→ Rn. 72 f., 97). Entscheidet sich der Auftragsnachfolger gegen eine Übernahme des bisherigen Personals – so wie im Ausgangsfall des Urteils CLECE das „Ayuntamiento de Cobisa" (Gemeinde Cobisa) –, stellt für die übertragenen Reinigungsdienste neues Personal ein und übernimmt im Übrigen auch keine materiellen oder immateriellen Betriebsmittel des Vorgängerunternehmens, ist das Einzige, was eine Verbindung zwischen den ausgeübten Tätigkeiten herstellt, der Gegenstand dieser Tätigkeiten, nämlich die Reinigung von Räumlichkeiten. Der bloße Umstand, dass die durchgeführten Tätigkeiten einander ähnlich oder sogar identisch sind, lässt jedoch nicht auf die Wahrung der Identität einer wirtschaftlichen Einheit schließen. Eine Einheit darf nämlich nicht als bloße Tätigkeit verstanden werden (EuGH 20.1.2011 – C-463/09 Rn. 40 f. – CLECE, NZA 2011, 148).

Bei einer Personal-/Leitungsübernahme spielt es **keine Rolle, ob** sie aufgrund **vertrag- 94 licher Übertragung** erfolgt (zB iRd Vereinbarungen zwischen Veräußerer und Erwerber), ob sie auf einer **Verpflichtung aus einem Tarifvertrag** beruht (EuGH 24.1.2002 – C-

530 RL 2001/23/EG Art. 1 Sachlicher Anwendungsbereich

51/00 Rn. 27 – Temco, NZA 2002, 265) **oder ob** sie auf einer **einseitigen Entscheidung** des früheren Inhabers, die Arbeitsverträge des übergegangenen Personals zu kündigen, gefolgt von einer einseitigen Entscheidung des neuen Inhabers, im Wesentlichen dasselbe Personal zur Erfüllung derselben Aufgaben einzustellen, beruht (EuGH 20.1.2011 – C-463/09 Rn. 31, 37 – CLECE, NZA 2011, 148). Dies ergibt sich aus dem Schutzziel der Richtlinie, das nicht umgangen werden soll (ua oben genanntes Urteil *CLECE*, Rn. 38). Auch das **Angebot der Übernahme kann** unter Umständen **ausreichen,** auch wenn es nicht angenommen worden ist (→ Rn. 93 mwN).

95 Im Bereich der **Arbeitnehmerüberlassung** kann eine Übernahme von Fachkenntnissen auf Ebene der Geschäftsführung und eine Übernahme von Teilen der Belegschaft für einen Übergang iSd RL 2001/23/EG sprechen. Für den Zweck „Dienstleistungen zu erbringen", der darin besteht, den entleihenden Unternehmen Arbeitnehmer gegen Entgelt vorübergehend zur Verfügung zu stellen, kann nämlich allein eine Gesamtheit aus Verwaltungsangestellten, Leiharbeitnehmern und Fachkenntnissen eine wirtschaftliche Einheit darstellen, die ohne Inanspruchnahme anderer wichtiger Betriebsmittel und ohne Inanspruchnahme anderer Teile des Veräußerers einsatzbereit ist (EuGH 13.9.2007 – C-458/05 Rn. 37 – Jouini ua, NZA 2007, 1151; → Rn. 27, 101; → Art. 2 Rn. 9). Im damaligen Ausgangsfall waren eine Büroangestellte, ein Filialleiter, Kundenbetreuer und ein Drittel der Leiharbeitnehmer von einem zu einem anderen Leiharbeitsunternehmen gewechselt, gleichzeitig bestanden Überschneidungen der Geschäftsführung und damit im Zusammenhang stehender Fachkenntnisse.

96 e) **Übergang der Kundschaft.** Der etwaige Übergang der Kundschaft ist ebenfalls seit dem Urteil *Spijkers* (EuGH 18.3.1986 – 24/85 Rn. 13 – Slg 1986, 1119) ausdrücklicher **Teilaspekt** der vorzunehmenden **Gesamtbewertung** (→ Rn. 68 ff.). Darunter fällt nicht nur eine vertragliche Übernahme von Kundenbeziehungen. In manchen Fällen werden Kunden durch einen neuen Auftragnehmer zwangsläufig im Wesentlichen übernommen, da sie „**gebunden sind**" (vgl. zur Verpflegung in einem Krankenhaus durch ein Großküchenunternehmen EuGH 20.11.2003 – C-340/01 Rn. 36 – Abler, NZA 2003, 1385). Eine solche Übernahme von Kunden kann für einen Übergang iSd Richtlinie sprechen. Vergleichbar „gebunden" können zu beratende und zu betreuende „Arbeitnehmerkunden" an eine Arbeitsvermittlung sein (BAG 22.5.2014 NZA 2014, 1335 Rn. 26). Auch Kundenbeziehungen in Gestalt einer exklusiven Vertriebsberechtigung für ein bestimmtes Gebiet können von Bedeutung sein (EuGH 7.3.1996 – C-171/94 und C-172/94 – Merckx und Neuhuys, NZA 1996, 413; eine eventuelle Übereinstimmung von Tankkunden ist damit idR nicht vergleichbar BAG 18.9.2014 NZA 2015, 97 Rn. 31). Ähnlich kann in bestimmten Branchen der Kauf einer Kundenliste und die eingeräumte Befugnis, in bestehende Verträge (für IT-Serviceleistungen) einzutreten, zu bewerten sein (BAG 24.1.2013 DB 2013, 1556 Rn. 41).

97 Bei einer **Auftragsnachfolge** sagt allein die Kundenbeziehung zum Auftraggeber nichts aus. Denn eine „bloße" Auftragsnachfolge (→ Rn. 72 f., 93, 97), bei der bereits der Natur der Sache nach die „Übernahme" der Kundenbeziehung zum Auftraggeber erfolgt, ist kein Übergang iSd Richtlinie. Es müssen gewichtige andere Teilaspekte iRd vorzunehmenden Gesamtbewertung (→ Rn. 68 ff.) für einen Übergang sprechen.

98 f) **Grad der Ähnlichkeit der Tätigkeit.** Auch der Grad der Ähnlichkeit zwischen der vor und nach dem Übergang verrichteten Tätigkeit ist bereits seit dem Urteil Spijkers (18.3.1986 – 24/85 Rn. 13 – Slg 1986, 1119) ausdrücklicher **Teilaspekt** der vorzunehmenden **Gesamtbewertung** (→ Rn. 68 ff.). Jedoch ist **allein die Weiterführung** einer wirtschaftlichen Tätigkeit **nicht ausreichend** (→ Rn. 72 f., 93). Es müssen andere Umstände hinzukommen, die iRd Gesamtbewertung für einen Übergang iSd Richtlinie sprechen.

99 g) **Arbeitsorganisation, Betriebsmethoden.** Soweit nicht bereits durch andere Teilaspekte (zB „immaterielle Aktiva") erfasst und abgedeckt, ist zu berücksichtigen, dass sich

die Identität einer wirtschaftlichen Einheit auch aus Merkmalen wie ihrer **Arbeitsorganisation** und ihren **Betriebsmethoden** (ua EuGH 20.1.2011 – C–463/09 Rn. 41 – CLECE, NZA 2011, 148; 11.3.1997 – C-13/95 Rn. 15 – Süzen, NZA 1997, 433), ihrer **Organisation** und **Arbeitsweisen** (EuGH 26.9.2000 – C-175/99 Rn. 53 – Mayeur, NZA 2000, 1327) ergeben kann. Dies zeigt, dass die Liste der „**namentlich**" vom EuGH benannten **Teilaspekte** der vorzunehmenden **Gesamtbewertung** (→ Rn. 68 ff.) nicht als abschließend aufzufassen ist (weitere Beispiele → Rn. 77, 103), soweit weitere prägende Aspekte im Einzelfall vorhanden sind.

Jedoch steht eine **Änderung der Organisationsstruktur** der übertragenen Einheit der **100** Anwendung der Richtlinie nicht notwendig entgegen (EuGH 12.2.2009 – C-466/07 Rn. 44 mwN – Klarenberg, NZA 2009, 251; 7.3.1996 – C-171/94 und C-172/94 Rn. 20 f. – Merckx und Neuhuys, NZA 1996, 413; → Rn. 61).

In besonderen Fällen kann das Fehlen einer eigenen Betriebsorganisation, nach der **101** verschiedene entsprechend der Organisation des Veräußerers abtrennbare wirtschaftliche Einheiten bestimmt werden könnten, einen Übergang iSd Richtlinie nicht ausschließen. Es ist immer die Art des Unternehmens/Betriebs zu berücksichtigen und den **Besonderheiten des Einzelfalls** Rechnung zu tragen (→ Rn. 68 ff., 74, 78 ff.). So kann sich bei **Leiharbeitsunternehmen** – unter Berücksichtigung von Art. 2 II UAbs. 2 lit. c der Richtlinie – das Vorliegen einer wirtschaftlichen Einheit iSv Art. 1 I der Richtlinie auch **ohne abgrenzbare Organisationsstruktur** zeigen. Dies kann der Fall sein, wenn die vom Veräußerer übertragenen Betriebsmittel bei ihm eine **einsatzbereite Gesamtheit** darstellten, die als solche dazu ausreichte, die für die wirtschaftliche Tätigkeit des Unternehmens charakteristischen Dienstleistungen ohne Inanspruchnahme anderer wichtiger Betriebsmittel oder anderer Unternehmensteile erbringen zu können (EuGH 13.9.2007 – C-458/05 Rn. 33 f. – Jouini ua, NZA 2007, 1151; vgl. auch BAG 15.5.2013 NZA 2013, 1214 Rn. 17; → Rn. 27, 95; → Art. 2 Rn. 9).

h) **Dauer einer eventuellen Unterbrechung der Tätigkeiten.** Bei der Prüfung, ob **102** eine wirtschaftliche Einheit ihre Identität bewahrt, muss auch die Dauer einer eventuellen Unterbrechung der Tätigkeit als Teilaspekt (→ Rn. 67) der vorzunehmenden Gesamtbewertung (→ Rn. 68 ff.) berücksichtigt werden. Näher zu diesem Kriterium → Rn. 57 ff. Allerdings wird bsw. bei einer Auftragsnachfolge (→ Rn. 72 f., 93, 97) schwerlich eine fehlende Unterbrechung als mehr oder weniger allein schwerwiegender Aspekt für einen Übergang zu werten sein. Hingegen kann eine Unterbrechung von Dauer ein Ausschlusskriterium für einen Übergang sein. Der Umstand, dass die **Arbeiten ohne Unterbrechung** oder Änderung in der Art und Weise ihrer Durchführung **ständig fortgesetzt** worden sind, stellt **eines der gängigsten Merkmale** von Betriebs-/Unternehmensübergängen dar (EuGH 2.12.1999 – C-234/98 Rn. 33 – Allen ua, NZA 2000, 587).

i) **Weitere Merkmale – zB Finanzierung, Leitung, anwendbare Rechtsvorschriften. 103 ten.** Es ist nicht auszuschließen, dass unter bestimmten Umständen auch andere Merkmale als die bisher genannten (wegen „namentlich", weitere Beispiele → Rn. 77, 103), bsw. die **Finanzierung** einer wirtschaftlichen Einheit, ihre **Leitung** (→ Rn. 59, 91) und/oder die **anwendbaren Rechtsvorschriften** eine wirtschaftliche Einheit in solcher Weise kennzeichnen, dass eine Änderung dieser Merkmale aufgrund des Übergangs dieser Einheit zu einem Wechsel ihrer Identität führt (EuGH 26.9.2000 – C-175/99 Rn. 53 – Mayeur, NZA 2000, 1327). Den Aspekten „Finanzierung" und „anwendbare Rechtsvorschriften" kann bsw. bei nach dem SGB II übertragenen Aufgaben Bedeutung zukommen (zB bezogen auf einen Tatbestand wie in BAG 22.5.2014 NZA 2014, 1335 Rn. 26) oder auch bei einer Eingliederung bisher gewerblich betriebener Tätigkeiten in die Staatsverwaltung, wenn damit eine Identitätsveränderung einhergeht (vgl. EuGH „bereits als öffentliche Einrichtung betrieben"; zu Beispielen auch *Schrammel/Winkler*, 159).

VIII. Tatsächliche Beurteilung: Zuständig sind die nationalen Gerichte

104 Für die tatsächliche Beurteilung, die für die Feststellung erforderlich ist, ob ein Übergang iSd Richtlinie vorliegt, sind die nationalen Gerichte zuständig, die dabei die Auslegungskriterien der Rechtsprechung des EuGH zu beachten haben (ua EuGH 11.3.1997 – C-13/95 Rn. 22 – Süzen, NZA 1997, 433; 17.12.1987 – 287/86 Rn. 21 – Ny Mølle Kro, Slg. 1987, 5465; → Rn. 75).

B. Der räumliche Anwendungsbereich (Art. 1 II)

I. Innerhalb des räumlichen Geltungsbereichs des Vertrages

105 Nach Art. 1 II ist die Richtlinie anwendbar, wenn und soweit sich das Unternehmen, der Betrieb oder der Unternehmens- bzw. Betriebsteil, das/der übergeht, **innerhalb des räumlichen Geltungsbereichs des Vertrages** befindet. Das so beschriebene **Gebiet der Union** (Schwarze/*Stumpf* AEUV Art. 81 Rn. 5) ist grds. durch Art. 52 EUV, Art. 355 AEUV bestimmt (durch letzteren iVm Art. 349 AEUV sind, zusätzlich zu den **Mitgliedstaaten der EU,** ggf. bestimmte außereuropäische Territorien der Mitgliedstaaten eingeschlossen). **Zudem** ist die Richtlinie anwendbar, wenn und soweit sich das Unternehmen, der Betrieb oder der Unternehmens- bzw. Betriebsteil, das/der übergeht, in einem **EWR-Mitgliedstaat** (Norwegen, Island, Liechtenstein) befindet (→ vgl. Art. 1 Rn. 46 vor Art. 1 Rn. 19 f.). Bezogen auf **grenzüberschreitende Übergänge** liegt bisher keine Rechtsprechung des EuGH zur Auslegung der Richtlinie vor (→ Rn. 106 ff.; zur ggf. bestehenden Vorlagepflicht AEUV Art. 267).

II. Grenzüberschreitend?

106 Im Zuge **wachsender internationaler Verflechtung** der Volkswirtschaften sind **Auslandverlagerungen** keine Seltenheit (für Beispiele: *Kania,* Grenzüberschreitende Betriebsübergänge, 30 ff.; *Kania* ZESAR 2010, 112 [113]; CMS/Kommission – Gaul/Jeffreys/Tinhofer/van Wassenhove, Study on the application of Directive 2001/23/EC to cross-border transfers of undertakings, 2006, 16 ff.; *Däubler,* FS Kissel, 1994, 119 [120 f.]). Wesentliche **Motive** liegen insbesondere im Bereich der **Kostensenkung** und der **Erschließung neuer Märkte,** wofür als Zielländer nach der sog „Osterweiterung" der EU 2004 zunehmend auch Tschechien, Polen und Ungarn gefragt waren (*Kania,* Grenzüberschreitende Betriebsübergänge, 30 [32]). Zu vermuten steht, dass die Beitrittsländer der EU-Erweiterungen 2007 und 2013 ebenfalls als Zielländer in Frage kommen. Empirische Relevanz haben auch Rückverlagerungen nach Deutschland, da einige Standortverlagerungen in Folge nicht erfüllter Erwartungen innerhalb weniger Jahre rückgängig gemacht werden (*Kania,* Grenzüberschreitende Betriebsübergänge, 33). Daneben kommen aber auch Sachverhalte in Frage, bei denen bsw. eine **grenzüberschreitende Veräußerung** von speziellen oder umfassenden **materiellen Betriebsmitteln** (zB Fahrzeuge, Anlagen, Maschinen, Werkzeuge, Lagerbestände) stattgefunden hat, denen, ggf. zusammen mit weiteren Teilaspekten (zB Übergang von Kundenbeziehungen) bei einer vorzunehmenden Gesamtbewertung (→ Rn. 68 ff.) im Einzelfall beträchtliches Gewicht zukommen kann (Beispielfälle im Bereich grenzüberschreitender Veräußerung von Maschinen usw.: BAG 26.5.2011 NZA 2011, 1143; 20.4.1989 BAGE 61, 369).

107 Von der hier interessierenden Situation **grenzüberschreitender** (transnationaler) **Standortverlagerung mit Inhaberwechsel** (→ Rn. 108 ff.) sind andere, auf den ersten Blick eventuell verwandt erscheinende Situationen **zu unterscheiden:** Ein „grenzüberschreitender Wegzug", also eine grenzüberschreitende **Standortverlagerung ohne Inhaberwechsel** (*Pauls,* Betriebsverlagerung ins Ausland und Wegzugsfreiheit des Unternehmers, 2006, 27 ff.; *Däubler,* FS Kissel, 1994, 119 [129 ff.]; zu einem Beispiel BAG 29.8.2013 BAGE 146,

37) wird mangels Betriebsinhaberwechsel nicht von der Richtlinie erfasst. Die zweite zu unterscheidende Situation, eine **Veräußerung an** einen **ausländischen Erwerber ohne Standortverlagerung,** fällt zwar unter die Richtlinie. Mangels grenzüberschreitender Standortverlagerung findet auf diesen Fall aber schlicht wie für andere auf nationalem Gebiet stattfindende Inhaberwechsel das nationale Richtlinien-Umsetzungsrecht – also für Deutschland insbesondere § 613a BGB – in gewohnt richtlinienkonformer Auslegung Anwendung (vgl. auch *Niksova*, Grenzüberschreitender Betriebsübergang, 9; *Reichold*, FS Birk, 2008, 687 [690 ff.]; *Däubler*, FS Kissel, 1994, 119 [126]; *Franzen* Betriebsinhaberwechsel 138 ff.). Weitergehend sind unterschiedliche **Kombinationen dieser beiden Fälle** denkbar, die zu teils unterschiedlichen rechtlichen Lösungen führen. Liegt der Zeitpunkt des Übergangs der Verantwortung (→ Rn. 48) für den Betrieb der betreffenden wirtschaftlichen Einheit vom Veräußerer auf den (zB ausländischen) Erwerber vor einer Standortverlagerung, dann kommen für diesen Übergang die allg. Regeln des innerstaatlichen Richtlinien-Umsetzungsrechts zur Anwendung. Die spätere Standortverlagerung ist nicht von der Richtlinie erfasst, da sie nicht mit einem Inhaberwechsel verknüpft ist. Voraussetzung wäre allerdings wohl, dass vor der Standortverlagerung eine tatsächliche Verantwortung für den „Betrieb" der betreffenden wirtschaftlichen Einheit wahrgenommen worden ist, nicht nur die Verantwortung für den Abbau und Umzug. Eine umgekehrte Reihenfolge der Ereignisse, nämlich eine Standortverlagerung (vorerst) ohne Inhaberwechsel (durch einen – späteren – Veräußerer), die nicht nur Abbau und Umzug betrifft, sondern auch Verantwortung für den „Betrieb" nach Umzug, gefolgt von einem späteren, im Zielland erfolgenden Wechsel der Inhaberschaft, führt zu einem Eingreifen anderer Regeln: Der Standortwechsel ist grds. als solcher, weil ohne Inhaberwechsel, nicht von der Richtlinie erfasst. Der spätere Inhaberwechsel ist bei einem Zielland, das iRd EU oder des EWR (→ Rn. 105, → vgl. Art. 1 Rn. 46 vor Art. 1 Rn. 19 f.) an die Richtlinie gebunden ist, von dieser erfasst, allerdings in Gestalt des Umsetzungsrechts des Ziellandes (vgl. zu verschiedenen der genannten Aspekte auch *Deinert,* Internationales Arbeitsrecht, 2013, 11 ff.; *Kania,* Grenzüberschreitende Betriebsübergänge, 59 ff., allerdings bezogen auf § 613a BGB; *Däubler,* FS Kissel 1994, 119 [123 ff.] [129 ff.] [135 ff.]).

Zu den hier interessierenden **grenzüberschreitenden Standortverlagerungen mit Inhaberwechsel** stellen sich **vielfältige** rechtliche **Fragen** im Hinblick auf die **Richtlinie.** Viele davon unterliegen kontroverser Diskussion. **Rechtssichere Antworten** zu Übergängen mit grenzüberschreitender Standortverlagerung sowohl im Kontext der EU als auch im Kontext des EWR (→ Rn. 105, → vor Art. 1 Rn. 19 f.) **stehen noch weitgehend aus** (vgl. auch Preis/Sagan/*Grau/Hartmann* Rn. 67; *Reichold,* FS Birk, 2008, 687 ff.), Rechtsprechung des **EuGH** und des **EFTA-Gerichtshofs** (→ vor Art. 1 Rn. 19 f.) liegt dazu bisher nicht vor. So ist nicht rechtssicher geklärt, ob, wann, inwieweit und unter welchen Voraussetzungen die Richtlinie in welchen grenzüberschreitenden Fällen Anwendung findet. Im Fall ihrer Anwendung stellen sich komplexe Fragen, ua dazu, welches nationale Richtlinien-Umsetzungsrecht zum Zuge kommt und wie mit Schnittstellen unterschiedlicher nationaler Definitionsspielräume (zB zum jeweiligen nationalen Arbeitnehmerbegriff → Rn. 111, → Art. 2 Rn. 9 f.; zu unterschiedlichen Rechtsstellungen und Funktionen von Arbeitnehmervertretungen → Rn. 113, → Art. 6 Rn. 12) umzugehen ist. Vorgelagert ist im Konfliktfall häufig die Frage, auf welcher Grenzseite die gerichtliche Zuständigkeit liegt (→ Rn. 115, → vor Art. 1 Rn. 20). 108

Für **grenzüberschreitende Standortverlagerungen innerhalb der EU** kann angenommen werden, dass sie selbstverständlich von der Richtlinie erfasst sind. Dafür spricht nicht nur der Wortlaut von Art. 1 II der Richtlinie, der auf den „räumlichen Geltungsbereich des Vertrages" (→ Rn. 105) Bezug nimmt. Dafür sprechen auch ihre Entstehungsgeschichte (→ vor Art. 1 Rn. 1 ff.) und Sinn und Zweck der Richtlinie, erkennbar insbesondere am Wortlaut des Erwägungsgrunds der RL 77/187/EWG („auf einzelstaatlicher und gemeinschaftlicher Ebene", vgl. ua *Niksova* ecolex 2013, 53 [54]; *Kania,* Grenzüberschreitende Betriebsübergänge, 72, 134; *Däubler,* FS Kissel, 1994, 119 [126] [137]; vgl. auch *v. Alvensleben* 109

156; EAS/*Joussen* B 7200 Rn. 33; *Feudner* NZA 1999, 1184 zu § 613a BGB; KDZ/*Zwanziger* KSchR § 613a BGB Rn. 23; vgl. zu grenzüberschreitenden Sachverhalten auch *Däubler* RdA 1995, 136). **Rechtsprechung des EuGH** liegt dazu bisher nicht vor (ua *Niksova*, Grenzüberschreitender Betriebsübergang, 10). Für Standortverlagerungen aus Staaten, die iRd Europäischen Union an die Richtlinie gebunden sind, in Saaten, die iRd **EWR** (→ Rn. 105; → vor Art. 1 Rn. 19 f.) an sie gebunden sind (oder in entgegengesetzte Richtung) dürfte aus vergleichbaren Gründen nichts anderes gelten. Nicht anzunehmen ist, dass auch Standortverlagerungen in **Staaten, die nicht mittels EU/EWR** an die Richtlinie gebunden sind (also „**Drittstaaten**" im Verhältnis zur Richtlinie) nach dem Überschreiten der EU/EWR-Grenze und Verlassen dieses Gebiets von ihr erfasst sind (jedoch wird diese Frage in der Literatur teils positiv beantwortet, ua *Deinert*, AP BGB § 613a Nr. 409 [1654] mwN; *Kania*, Grenzüberschreitende Betriebsübergänge, 74 ff.). Im Wortlaut der Richtlinie ist dafür nichts ersichtlich. Allein der Arbeitnehmer-Schutzgedanken dürfte als Anknüpfung nicht ausreichen. Die Richtlinie regelt, soweit ersichtlich, weder Übergänge „aus ihrem" noch „in ihren" Bereich (für letzteres auch Preis/Sagan/*Grau*/Hartmann Rn. 70; EAS/*Joussen* B 7200 Rn. 33 mwN). Nicht zuletzt sind völkerrechtliche Aspekte wie Kompetenzgrenzen der EU zu beachten. Dabei mögen auch Parallelen zum Begriff „grenzüberschreitender Bezug" in Art. 81 I AEUV gezogen werden können, womit der **Binnenbezug innerhalb der Union,** jedoch nicht ein Drittstaatsbezug gemeint ist (Schwarze/*Stumpf* AEUV Art. 81 Rn. 12). Eine von diesen Überlegungen **zu trennende Frage** ist, ob eine **Standortverlagerung** in einen **Drittstaat,** der – wie womöglich die Schweiz (*Niksova* ecolex 2013, 53 [56]) – im **nationalen Recht** über eine **inhaltlich vergleichbare Unternehmens-/Betriebsübergangsregelung** (ohne Gebundenheit an die Richtlinie) verfügt, mittels der **Rom I-Verordnung** (VO 593/2008/EG) im Ergebnis doch einen grenzüberschreitenden Übergang darstellen kann (*Niksova* ecolex 2013, 53 [54 ff.]), wenn auch nicht iSd Richtlinie. Rechtssichere Antworten (Art. 267 AEUV) stehen noch aus.

110 Zu klären ist auch, **aus welcher Rechtsordnung** sich **die Rechtsfolgen** bei einem Übergang, der mit grenzüberschreitender Standortverlagerung innerhalb der EU einhergeht, **ergeben.** Am fiktiven **Beispiel** eines Übergangs von Deutschland nach Frankreich, bei dem „nach" dem Zeitpunkt des Übergangs (→ Rn. 56) eine Kündigung ausgesprochen worden ist: Zwar ist Grundlage Art. 4 der Richtlinie, fraglich ist jedoch, ob sich die Details der Rechtsfolgen aus § 613a BGB und den deutschen Regeln des Kündigungsschutzes ergeben oder aus den entsprechenden, anders ausgestalteten französischen Regeln. Zur Frage des „**Ob**" eines sog **Statutenwechsels,** also eines Wechsels des anzuwendenden Rechts, herrscht eine teils kontroverse Diskussion (ua *Gaul*/*Mückl* DB 2011, 2318; *Franzen* Betriebsinhaberwechsel 70 ff.; *Junker* NZA Beil. 2012, 8 [14]; *Thüsing*, Europäisches Arbeitsrecht, § 11 Rn. 23; Preis/Sagan/*Grau*/Hartmann Rn. 8; *Deinert*, AP BGB § 613a Nr. 409 [1650 f.]; *Forst* SAE 2012, 18; *Kania*, Grenzüberschreitende Betriebsübergänge, 101 ff.; *Däubler*, RiW 1987, 249 [254]; *Däubler*, FS Kissel, 1994, 119 [136 f.]; MHdBAbR/*Oetker* § 11 Rn. 99; *Wisskirchen*/*Goebel* DB 2004, 1937 [1938 f.]; *Reichold*, FS Birk, 2008, 687; *Niksova* ecolex 2013, 53 [55]; *Niksova*, Grenzüberschreitender Betriebsübergang, 68 ff.; *Kania*, Grenzüberschreitende Betriebsübergänge, 78 ff.; KR/*Weigand* Int. ArbvertragsR Rn. 106 f.; Preis/Sagan/*Grau*/Hartmann Rn. 68). Welche Rechtsordnung nach einem Übergang zum Zuge kommt, ist anhand von **Kollisionsnormen** des Unionsrechts/IPR zu klären. Die **Richtlinie** selbst **enthält keine** entsprechende(n) Kollisionsnorm(en). Individualvertragliche Fragen werden sich, soweit es Arbeitsverträge betrifft, die seit dem 17.12.2009 geschlossen worden sind (näher ErfK/*Schlachter* Rom-I-VO Rn. 1), grds. mit der **Rom I-Verordnung** lösen lassen. Zutreffen mag, dass in solch einem Fall, **wenn** eine zu beachtende vertragliche **Rechtswahl nicht vorliegt,** für betroffene Arbeitsverhältnisse/Arbeitsverträge **grds. ein Statutenwechsel** erfolgt und das Recht des Staates zur Anwendung kommt, „in den"/„auf dessen Gebiet" der Übergang erfolgt ist (davon geht BAG 26.5.2011 NZA 2011, 1143 Rn. 45 aus; ebenso ErfK/*Schlachter* Rom-I-VO Rn. 13). Die Folge für das oben genannte Beispiel wäre der Wechsel zum französischen Recht (vgl.

Däubler, FS Kissel 1994, 119 [137] zu dem rechtspolitischen Vorschlag, den Statutenwechsel für ein Jahr aufzuschieben). Allerdings hängt der Statutenwechsel nach Art. 8 II Rom I-VO (→ VO 593/2008/EG Art. 8 Rn. 44 f.) mit dem „gewöhnlichen" Erfüllungsort des Vertrages zusammen, weshalb in der Situation des grenzüberschreitenden Übergangs der Zeitpunkt des Übergangs (Übernahme der Verantwortung durch den Erwerber → Rn. 48 ff.) und der des Statutenwechsels der einzelnen Arbeitnehmer auseinanderfallen können, da womöglich erst die Arbeitsaufnahme am Erwerberstandort für Letzteres den Ausschlag gibt (näher *Kania,* Grenzüberschreitende Betriebsübergänge, 101 ff.). Zu beachten ist in jedem Fall, dass es sich um einen mehrstufigen Prozess handelt, der eine kollisionsrechtliche Differenzierung erforderlich machen kann (*Reichold,* FS Birk, 2008, 687 [695]). Dabei betreffen bsw. Pflichten zur Information und Konsultation noch den Veräußerer.

Ausgehend davon, dass in dieser Situation grds. ein **Statutenwechsel** erfolgen wird 111 (→ Rn. 110), ergeben sich vielfältige Detailprobleme. Die Grundlinien sind zwar durch die Bestimmungen der Richtlinie, insbesondere Art. 3, Art. 4 gelegt. Jedoch stellen sich im Einzelfall verschiedene Auslegungs- und Anwendungsfragen, für die die Richtlinie keine ausdrückliche Bestimmung enthält oder dem nationalen Recht Spielraum lässt. So wird im jeweiligen Einzelfall zu klären sein, ob eine bestandskräftige und ggf. welche Rechtswahl vertraglich getroffen worden ist, wie mit der Unterschiedlichkeit **nationaler Umsetzungsvorschriften** umzugehen ist, welche Auswirkungen auf Kollektivvereinbarungen bestehen (*Niksova,* Grenzüberschreitender Betriebsübergang, 177 ff., 247 ff.; *Kania,* Grenzüberschreitende Betriebsübergänge, 111 ff., 136 ff. zu dem Vorschlag, insoweit nationale Umsetzungsgesetze als Eingriffsnormen zu qualifizieren) und welche Auswirkungen es bei grenzüberschreitenden Übergängen im Einzelfall haben kann, dass mit der Richtlinie teilweise auf das anwendbare nationale Recht verwiesen wird (zB für die Definition des Arbeitnehmerbegriffs, Art. 2 I lit. d und des Arbeitsvertrags, Art. 2 II; → Art. 2 Rn. 9 f.). Auch in diesen Fragen sind einige Aspekte der Auslegung des einschlägigen Unionsrechts enthalten, zu denen rechtssichere Antworten (Art. 267 AEUV) noch ausstehen.

Soweit es sich allerdings um eine **vor** einem **Übergang ausgesprochene,** deshalb nach 112 „bisherigem" Recht zu beurteilende **Kündigung** handelt (ein Statutenwechsel wäre gar nicht erst eingetreten, jedenfalls wirkt er nicht zurück), ist (wenn „bisheriges" Recht das deutsche Recht war) § 613a BGB maßgebend (ua BAG 25.4.2013 NZI 2013, 758 Rn. 166; 26.5.2011 NZA 2011, 1143), dessen Verständnis und Anwendung der Richtlinie gerecht werden muss. Die Rechtsprechung des BAG hat diesbezüglich keinen Unterschied dahingehend angenommen, ob im „Zielstaat" des Übergangs die Richtlinie gilt (Europäische Union einschließlich EWR ohne Schweiz → Vor Art. 1 Rn. 19; → Rn. 105) oder nicht (ua BAG 26.5.2011 NZA 2011, 1143 Rn. 42, 45). Falls diese Auslegung des § 613a BGB über das hinausginge, was nach der Richtlinie gilt, wäre ein „Mehr" an Arbeitnehmerschutz des § 613a BGB durch Art. 8 der Richtlinie gedeckt.

Für den **Bereich der Interessenvertretung** (→ Art. 6; → Art. 7) **fehlen** im Fall des 113 grenzüberschreitenden Übergangs mit Standortverlagerung **Kollisionsnormen** im Hinblick auf den Bestand der Arbeitnehmervertretung und der Informations- und Konsultationspflichten (vgl. KOM [2007] 334 endg., 5; eingehend zu den Problemfeldern *Niksova,* Grenzüberschreitender Betriebsübergang, 262 ff.; *Kania,* Grenzüberschreitende Betriebsübergänge, 108 [136 ff.] zu dem Vorschlag, insoweit nationale Umsetzungsgesetze als Eingriffsnormen zu qualifizieren). Die Rom I-VO regelt das kollektive Arbeitsrecht nicht (ErfK/*Schlachter* Rom-I-VO Rn. 28; *Deinert,* AP BGB § 613a Nr. 409; → VO 593/2008/EG Rn. 34). Zwar hatte die Kommission bereits 1994 Kollisionsnormen vorgeschlagen, eine Regelung in der Richtlinie ist nicht erfolgt. Die sich stellenden Grundsatzfragen wird Rechtsprechung des EuGH beantworten müssen.

Falls der Ausschluss von **Seeschiffen** (→ Art. 1 Rn. 116 ff.) beendet werden sollte 114 (→ Art. 1 Rn. 120), kann ein Bedarf an Kollisionsnormen gegeben sei, wenn ein Betriebs-/Unternehmens(teil)übergang mit einem Flaggenwechsel von einem Mitgliedstaat zu einem anderen bzw. in den EWR (→ Rn. 105, 109; Vor Art. 1 Rn. 19 f.) verbunden ist.

115 Neben den angesprochenen Themen zur Beurteilung grenzüberschreitender Übergänge einschließlich dem der nach erfolgtem Übergang zutreffenden Rechtsordnung stellen sich im Fall eines Rechtsstreits Fragen des zutreffenden Verfahrensrechts, insbesondere der **gerichtlichen Zuständigkeit**. Diese wird innerhalb der EU durch die sog „Brüssel I-VO" – VO 44/2001/EG bzw. VO 1215/2012/EU – bestimmt (VO 1215/2012/EU), wobei zu beachten ist, dass an Maßnahmen der justiziellen Zusammenarbeit in Zivilsachen nicht alle Mitgliedstaaten gleichmäßig teilnehmen (zu Besonderheiten für das Vereinigte Königreich und Irland sowie Dänemark vgl. Schwarze/*Stumpf* AEUV Art. 81 Rn. 5; *Thüsing*, Europäisches Arbeitsrecht § 11 Rn. 33). Soweit es um einen Übergang in einen EWR-Mitgliedstaat geht, in dem die Richtlinie gilt (→ Rn. 112 mwN; Vor Art. 1 Rn. 19), ist die Frage der gerichtlichen Zuständigkeit idR mit dem (inhaltlich im Wesentlichen übereinstimmenden) LugÜ II (Übereinkommen über die gerichtliche Zuständigkeit und die Anerkennung und Vollstreckung von Entscheidungen in Zivil- und Handelssachen v. 30.10.2007, ABl. EU L 339, 3, → Vor Art. 1 Rn. 20) zu lösen (vgl. zu Fragen gerichtlicher Zuständigkeit auch *Müller*, Die internationale Zuständigkeit deutscher Arbeitsgerichte und das auf den Arbeitsvertrag anwendbare Recht, 2004; sowie verschiedene Beiträge in *Kodek/Rebhahn* (Hrsg.), Zuständigkeit bei grenzüberschreitenden Arbeitsrechtsfragen, 2007).

C. Seeschiffe (derzeit noch) ausgenommen (Art. 1 III)

116 Der **Eigentums- oder Bereederungswechsel von Seeschiffen** ist nach Art. 1 III nicht von der Richtlinie erfasst. Auch einige andere Richtlinien sehen ähnliche Ausschlussregelungen von sich aus vor oder erlauben jedenfalls Mitgliedstaaten, Seeleute und/oder Fischer von ihrem Anwendungsbereich auszunehmen (→ RL 2008/94/EG, Art. 2 Rn. 4; → RL 2009/38/EG; → RL 2002/14/EG, Art. 3 Rn. 23 ff.; → RL 98/59/EG, Art. 1 Rn. 8). Dabei spricht nichts dafür, dass vom Begriff „Seeschiffe" auch „Binnenschiffe" erfasst sein könnten (ebenso *v. Alvensleben* 111).

117 **Anlässlich der Änderung der RL 77/187/EWG durch die RL 98/50/EG** hatte die **Kommission** erklärt, die Bestimmungen zur Wahrung der Rechte seien keinesfalls mit der besonderen Art der Arbeitsverträge oder Arbeitsbeziehungen von Mannschaften auf Seeschiffen inkompatibel. Im Gegenteil sei deren **Ausschluss** von dem durch die Richtlinie gegebenen Schutz **nicht zu rechtfertigen.** Die Kommission schlug vor, einen Ausschluss nur bezüglich des Informations- und Konsultationsverfahrens vorzunehmen. Dies und die Tatsache, dass die Richtlinie der Wahrung und nicht der Vergrößerung der Rechte der Arbeitnehmer dienen solle, reiche für die von den Unternehmen im Bereich Seefahrt geforderte Flexibilität aus (KOM [94] 300 endg., 15 Rn. 31). Auf Druck Dänemarks und Griechenlands, die Nachteile für ihre Handelsflotte befürchteten (*Franzen* RdA 1999, 361 [365 mwN]), **wurde** die Ausschlussregelung für Seeschiffe **jedoch 1998 beibehalten.** Auch mit der RL 2001/23/EG änderte sich daran vorerst (zu einem Änderungsvorschlag → Rn. 120 f.) nichts.

118 Die Ausschlussregelung der Richtlinie **hindert die Mitgliedstaaten nicht,** für die Arbeitnehmer **günstigere Vorschriften** zu erlassen (→ Art. 8). In vielen Mitgliedstaaten erstrecken sich die zur Umsetzung der Richtlinie erlassenen Vorschriften auch auf Seeschiffe (KOM [2007] 334 endg., 3 und Anhang I, Frage 1.5). Dazu gehört die **Bundesrepublik Deutschland. § 613a BGB** enthält **keine Regelung zum Ausschluss von Seeschiffen** (dazu auch MüKoBGB/*Müller-Glöge* BGB § 613a Rn. 1). Das BAG hat 1997 ausdrücklich die Veräußerung eines im Dienst befindlichen Seeschiffs als Betriebsteilübergang iSv § 613a Abs. 1 BGB angesehen (BAG 18.3.1997 BAGE 85, 291) und ebenso 2006 den Wechsel der Bereederung von Forschungsschiffen (BAG 2.3.2006 NZA 2006, 1105; vgl. auch ErfK/*Preis* BGB § 613a Rn. 22; *Steffan* NZA 2000, 687 [689]).

119 **Zehn Mitgliedstaaten** (Zypern, Dänemark, Ungarn, Griechenland, Irland, Lettland, Luxemburg, Malta, Niederlande und Rumänien) der EU27 (also bis einschließlich Juni

2013) haben die Ausschlussregelung in ihr nationales Recht umgesetzt. Betroffen sind 155.925 Seeleute auf Handelsschiffen (= 45,1 %) und 43.501 auf Schiffen der Fischereiindustrie (=27,6 %) (vgl. Arbeitsunterlage der Kommissionsdienststellen, Zusammenfassung der Folgenabschätzung, Begleitunterlage zum Vorschlag für eine Richtlinie des Europäischen Parlaments und des Rates zur Änderung der RL 2008/94/EG, RL 2009/38/EG, RL 2002/14/EG, RL 98/59/EG und RL 2001/23/EG in Bezug auf Seeleute/SWD [2013] 46,1 final, 5).

Nach Vorarbeiten in Grün- und Blaubüchern der Kommission 2006 und 2007, einer **120** Entschließung des Europäischen Parlaments 2007 und unter Bezugnahme auf ua den Willen, mehr und bessere Arbeitsplätze (Art. 151 AEUV) im maritimen Sektor zu schaffen, den Schutz der in der GRC verankerten Rechte zu verbessern und EU-weit gleiche Wettbewerbsbedingungen zu schaffen (vgl. Stellungnahme des Europäischen Wirtschafts- und Sozialausschusses zu dem Vorschlag für eine Richtlinie des Europäischen Parlaments und des Rates zur Änderung der RL 2008/94/EG, RL 2009/38/EG, RL 2002/14/EG, RL 98/59/EG und RL 2001/23/EG in Bezug auf Seeleute, ABl. 2014 C 226, 35, 37) wurde im **November 2013** der **Vorschlag** für eine **Richtlinie** des Europäischen Parlaments und des Rates **zur Änderung der RL** 2008/94/EG, RL 2009/38/EG, RL 2002/14/EG, RL 98/59/EG und RL **2001/23/EG in Bezug auf Seeleute** v. 18.11.2013, KOM [2013] 798 final, vorgelegt. Zustimmende Stellungnahmen des Europäischen Wirtschafts- und Sozialausschusses (EWSA, 25.3.2014, ABl. 2014 C 226, 35) und des Ausschusses der Regionen (AdR, 3.4.2014, ABl. 2014 C 174, 50) liegen vor. Laut Art. 5 des Vorschlags soll Art. 1 III der RL 2001/23/EG aufgehoben werden. Dazu heißt es: „Damit findet die Richtlinie volle Anwendung auf Seeschiffe, die in einem Mitgliedstaat registriert sind und/oder unter seiner Flagge fahren, unabhängig von ihrem Standort. Aufgrund der Besonderheit des maritimen Sektors können die Mitgliedstaaten jedoch nach Konsultation der Sozialpartner bei Übergängen, die ausschließlich ein oder mehrere Seeschiffe betreffen, oder bei Übergängen von Unternehmen, die nur ein einziges Seeschiff betreiben, von den Bestimmungen in Kapitel II der Richtlinie abweichen. Aus diesem Grund gelten bei Übergängen, die ausschließlich Schiffe betreffen, oder im Fall von Unternehmen, die nur ein einziges Schiff betreiben, mindestens die Bestimmungen der Richtlinie zur Unterrichtung und Anhörung der Arbeitnehmer. Schiffe fallen dann in den Anwendungsbereich der Richtlinie, wenn sie Teil der übertragenen Vermögenswerte sind."

Der Änderungsvorschlag ist auch im Licht der Schaffung **weltweiter Mindeststandards** **121** der Arbeits- und Lebensbedingungen **für Seeleute** und Schaffung gleicher Ausgangsbedingungen im maritimen Sektor zu sehen. Dafür steht das **Seearbeitsübereinkommen der ILO** (2006), das im August 2013 in Kraft getreten ist. Gleichzeitig trat die darauf bezogene, auf einer Einigung der Sozialpartner basierende **RL 2009/13/EG** in Kraft (RL 2009/13/EG des Rates v. 16.2.2009 zur Durchführung der Vereinbarung zwischen dem Verband der Reeder in der Europäischen Gemeinschaft [ECSA] und der Europäischen Transportarbeiter-Föderation [ETF] über das Seearbeitsübereinkommen 2006 und zur Änderung der RL 1999/63/EG, ABl. 2009 L 124, 30).

Art. 2 [Begriffsbestimmungen]

1. Im Sinne dieser Richtlinie gelten folgende Begriffsbestimmungen:

a) „Veräußerer" ist jede natürliche oder juristische Person, die aufgrund eines Übergangs im Sinne von Artikel 1 Absatz 1 als Inhaber aus dem Unternehmen, dem Betrieb oder dem Unternehmens- bzw. Betriebsteil ausscheidet.

b) „Erwerber" ist jede natürliche oder juristische Person, die aufgrund eines Übergangs im Sinne von Artikel 1 Absatz 1 als Inhaber in das Unternehmen, den Betrieb oder den Unternehmens- bzw. Betriebsteil eintritt.

530 RL 2001/23/EG Art. 2

c) „Vertreter der Arbeitnehmer" oder ein entsprechender Ausdruck bezeichnet die Vertreter der Arbeitnehmer nach den Rechtsvorschriften oder der Praxis der Mitgliedstaaten.

d) „Arbeitnehmer" ist jede Person, die in dem betreffenden Mitgliedstaat aufgrund des einzelstaatlichen Arbeitsrechts geschützt ist.

2. Diese Richtlinie lässt das einzelstaatliche Recht in Bezug auf die Begriffsbestimmung des Arbeitsvertrags oder des Arbeitsverhältnisses unberührt.

Die Mitgliedstaaten können jedoch vom Anwendungsbereich der Richtlinie Arbeitsverträge und Arbeitsverhältnisse nicht allein deshalb ausschließen, weil

a) nur eine bestimmte Anzahl von Arbeitsstunden geleistet wird oder zu leisten ist,

b) es sich um Arbeitsverhältnisse aufgrund eines befristeten Arbeitsvertrags im Sinne von Artikel 1 Nummer 1 der Richtlinie 91/383/EWG des Rates vom 25. Juni 1991 zur Ergänzung der Maßnahmen zur Verbesserung der Sicherheit und des Gesundheitsschutzes von Arbeitnehmern mit befristetem Arbeitsverhältnis oder Leiharbeitsverhältnis[1] handelt,

c) es sich um Leiharbeitsverhältnisse im Sinne von Artikel 1 Nummer 2 der Richtlinie 91/383/EWG und bei dem übertragenen Unternehmen oder dem übertragenen Betrieb oder Unternehmens- bzw. Betriebsteil als Verleihunternehmen oder Teil eines Verleihunternehmens um den Arbeitgeber handelt.

A. „Veräußerer" und „Erwerber" – Unionsrechtliche Begriffsbestimmungen

1 Die **Begriffe** „Veräußerer" und „Erwerber" sind durch die Richtlinie selbst und damit unionsrechtlich bestimmt. Ihre **Bedeutung im** jeweiligen **Einzelfall** ist untrennbar mit dem „**Inhaberwechsel**" (→ Art. 1 Rn. 35), der Frage nach dem **Bestehen einer wirtschaftlichen Einheit** (→ Art. 1 Rn. 6 ff.) und der nach deren Fortführung unter **Wahrung ihrer Identität** (→ Art. 1 Rn. 53 ff.) **verbunden**. Besonders deutlich wird dies am Urteil *Albron Catering* (EuGH 21.10.2010 – C-242/09 – Albron Catering, NZA 2010, 1225, dazu → Rn. 12). Auch öffentlich-rechtliche Veräußerer und öffentlich-rechtliche Erwerber sind grds. von der Richtlinie erfasst (ua EuGH 6.9.2011 – C-108/10 – Scattolon, NZA 2011, 1077; näher → Art. 1 Rn. 20 ff., 29 ff.).

2 „**Veräußerer**" ist jede natürliche oder juristische Person, die aufgrund eines Übergangs iSd Richtlinie **als Inhaber** aus dem Unternehmen/Betrieb oder dem Unternehmens-/Betriebsteil **ausscheidet**. Die Rechtsprechung des EuGH stellt dabei auf den Verlust der Arbeitgebereigenschaft ab (EuGH 21.10.2010 – C-242/09 Rn. 21 – Albron Catering, NZA 2010, 1225). Dies geht offenbar auf den französischsprachigen Text von Art. 2 I lit. a zurück (Französisch als Arbeitssprache am EuGH), in dem es nicht wie im deutschsprachigen Text „als Inhaber ... ausscheidet" heißt, sondern ausdrücklich der **Verlust der Arbeitgebereigenschaft bezogen auf die fragliche wirtschaftliche Einheit** („perd la qualité d'employeur à l'égard de l'entreprise ...") genannt ist (→ Rn. 3 sowie Art. 1 Rn. 35 zu ähnlichen Sprachunterschieden an anderer Stelle). Als „Veräußerer" iSd Richtlinie kann auch der Arbeitgeber betrachtet werden, der für die wirtschaftliche Tätigkeit der übertragenen Einheit verantwortlich ist und der in dieser Eigenschaft Arbeitsverhältnisse mit den Arbeitnehmern dieser Einheit begründet, und zwar auch bei Fehlen vertraglicher Beziehungen (→ Art. 2 Rn. 12) zu diesen Arbeitnehmern (oben genanntes Urteil *Albron Catering* Rn. 30).

3 „**Erwerber**" ist nach der deutschsprachigen Richtlinien-Fassung jede natürliche oder juristische Person, die aufgrund eines Übergangs iSd Richtlinie **als Inhaber** in das Unternehmen, den Betrieb oder den Unternehmens- bzw. Betriebsteil **eintritt**. Wie auch beim

---

[1] **Amtl. Anm.:** ABl. L 206 vom 29.7.1991, S. 19.

Begriff „Veräußerer" stellt hingegen der französischsprachige Text auf den **Erwerb der Arbeitgebereigenschaft** bezogen auf die fragliche wirtschaftliche Einheit ab.

B. „Vertreter der Arbeitnehmer", „Arbeitnehmer", „Arbeitsvertrag" und „Arbeitsverhältnis" – Mit Einschränkungen auf das nationale Recht verweisende Begriffsbestimmungen

I. Vertreter der Arbeitnehmer

Der **Begriff** „Vertreter der Arbeitnehmer" oder ein entsprechender Ausdruck bezeichnet 4 die Vertreter der Arbeitnehmer nach den Rechtsvorschriften oder der Praxis der Mitgliedstaaten. In der ersten Richtlinien-Fassung (RL 77/187/EWG, → vor Art. 1 Rn. 12 f.) gab es davon eine ausdrückliche Ausnahme, nämlich die „Mitglieder der Verwaltungs-, Leitungs- oder Aufsichtsorgane von Gesellschaften, die diesen Organen in bestimmten Mitgliedstaaten als Arbeitnehmervertreter angehören". Diese Ausnahme ist mit der Änderung durch die RL 98/50/EG beseitigt worden. Dies wird teilweise dahingehend verstanden, dass fortan auch Arbeitnehmervertreter erfasst sind, die iRd Unternehmensmitbestimmung tätig sind (*Gaul* BB 1999, 526 [527]; *Thüsing*, Europäisches Arbeitsrecht, § 5 Rn. 67; **aA** EAS/ *Oetker/Schubert* B 8300 Rn. 447; Preis/Sagan/*Grau/Hartmann* Rn. 169 unter Bezugnahme auf die Begründung der Kommission zu ihrem Richtlinien-Änderungsvorschlag).

Rechtsprechung des EuGH zur **Auslegung von Art. 2 I lit. c** ist noch kaum erfolgt, 5 insbesondere nicht im Wege von Vorabentscheidungsersuchen (Art. 267 AEUV). Allerdings gibt ein Urteil in einem Vertragsverletzungsverfahren etwas Aufschluss. Danach verweist diese Bestimmung **nicht einfach** auf die **Rechtsvorschriften** der **Mitgliedstaaten** für die Bestellung von Arbeitnehmervertretern, sondern **überlässt** den Mitgliedstaaten **lediglich** die Entscheidung, **wie** die Arbeitnehmervertreter **zu bestellen** sind (EuGH 8.6.1994 – C-382/92 Rn. 18 – Kommission/Vereinigtes Königreich, Slg. 1994, I-2435). Die weite Bezugnahme auf sowohl „Rechtsvorschriften" als auch („oder") die „Praxis" der Mitgliedstaaten als Grundlage der Bestellung zeigt, dass ein sehr weites Feld gemeint ist, mit dem tatsächlich **jede mitgliedstaatliche Besonderheit** eingefangen werden soll. Kollektivvertragliche Bestellungsgrundlagen sind damit ohne ausdrückliche Nennung mit erfasst, ohne dass es darauf ankommt, ob diese in einzelnen Mitgliedstaaten als Rechtsvorschriften anzusehen sind (im Ergebnis ebenso EAS/*Oetker/Schubert* B 8300 Rn. 448; Preis/Sagan/ *Grau/Hartmann* Rn. 170 f.; **aA** *Löw* 161 f.). Falls in einem Mitgliedstaat als solche vorgesehen (für Spanien: *Martin*, Unternehmensübergangsrichtlinie, 350 ff., 366; *Paßmann* in Kamanabrou, Erga-Omnes-Wirkung, 261 f.; für Italien: *Horst/Dörrie* in Kamanabrou, Erga-Omnes-Wirkung, 220 [221 f.]), dürften auch **gewerkschaftliche Vertreter** der Arbeitnehmer erfasst sein (zu Hinweisen darauf vgl. EuGH 29.7.2010 – C-151/09 Rn. 53 f. – UGT-FSP, NZA 2010, 1014; 25.7.1991 – C-362/89 Rn. 17 – D'Urso ua, NZA 1993, 137; 8.6.1994 – C-382/92 Rn. 48 – Kommission/Vereinigtes Königreich, Slg. 1994, I-2435; 7.12.1995 – C-472/93 Rn. 32 – Spano ua, NZA 1996, 305).

Soweit nach den Rechtsvorschriften oder der Praxis der Mitgliedstaaten Arbeitnehmer- 6 vertreter bestellt sind, ergibt sich weder aus dem Wortlaut von Art. 2 I lit. c noch aus dem von Art. 6 I (Rechtsstellung und Funktion der Vertreter/Vertretung nach Übergang) oder Art. 7 (Information und Konsultation) ein Hinweis zur Differenzierung zwischen ihnen. Zu vermuten steht, dass jeweils **alle** in einem Mitgliedstaat **für eine bestimmte wirtschaftliche Einheit bestellten Vertreter/innen** gemeint sind, **je nach** der in der jeweiligen Richtlinien-Bestimmung angesprochenen **Funktion** (für Art. 6 anders als für Art. 7) und ihrer damit zusammenhängenden, im nationalen Recht allg. (also nicht nur bezogen auf Übergänge) bestimmten Kompetenz. Genereller **Maßstab** ist nach der **Rechtsprechung des EuGH** die Zweckmäßigkeit im Hinblick auf die jeweilige aus der Richtlinie erwachsende Verpflichtung (→ Rn. 7). Das kann für Mitgliedstaaten, in denen bsw. neben einem auf den Betrieb insgesamt bezogenen Vertretungsorgan (zB für Deutschland Betriebsrat, Personalrat) weitere Vertretungen gegeben sind, die Mandate bezogen auf größere Zusammenhänge (Unternehmen, Konzern) bzw. kleinere Zusammenhänge oder bezogen auf bestimmte Gruppen (Auszubildende, bezogen auf Geschlecht, Menschen mit Behinderung usw.) haben, zu anderen **Umsetzungsanforderungen** führen als für Mitgliedstaaten, die eine kaum differenzierte Vertretungsstruktur aufweisen. Worauf das nationale Recht die jeweilige Kompetenz der Vertreter/Vertretung stützt (ob auf Wahlen, Zuweisungen oä.) dürfte aus Sicht der Richtlinie ohne Bedeutung sein. Nähere Rechtsprechung des EuGH liegt bisher nicht vor.

7   **Im Hinblick auf die Bestimmungen zur Information und Konsultation** (Art. 7) ist den Mitgliedstaaten nicht erlaubt, in ihren Rechtsordnungen die Möglichkeit zuzulassen, dass keine Arbeitnehmervertreter bestellt werden. Die Richtlinie will dabei die nationalen Systeme der Arbeitnehmervertretung nicht vollständig, jedoch **begrenzt harmonisieren**. **Maßstab** der Verpflichtung der Mitgliedstaaten ist die **Zweckmäßigkeit** im Hinblick auf die aus der Richtlinie erwachsende Verpflichtung (EuGH 8.6.1994 – C-382/92 Rn. 24, 28 – Kommission/Vereinigtes Königreich, Slg. 1994, I-2435). **Bezogen auf Art. 6 I** (Rechtsstellung und Funktion der Vertreter/Vertretung nach Übergang) liegt keine Rechtsprechung vor. Der Wortlaut der Bestimmung lässt nicht darauf schließen, dass eine entsprechende Verpflichtung wie bezüglich Art. 7 besteht: In Art. 6 I UAbs. 1 und 4 (→ Art. 6 Rn. 13 ff., Rn. 21 ff.) sind die Begriffe auf den Erhalt des Bestehenden („bleiben die Rechtsstellung und die Funktion ... erhalten", Art. 6 I UAbs. 1) bzw. auf eine angemessene Übergangslösung („die vor dem Übergang vertreten wurden", Art. 6 I UAbs. 4) gerichtet. Hingegen knüpft der Wortlaut von Art. 6 I UAbs. 3 (→ Art. 6 Rn. 30 ff.) nicht an etwas vor dem Übergang Bestehendes an, allerdings besteht kein Zwang zu mitgliedstaatlichen Maßnahmen („können").

8   **Auf nationaler Ebene in Deutschland** sind jedenfalls die – bezogen auf den jeweiligen Übergang – relevanten selbständigen Organe der Betriebs- und Personalverfassung (iSv BetrVG, BPersVG und den Personalvertretungsgesetzen der Länder) als Vertreter der Arbeitnehmer iSd Richtlinie anzusehen. Ob bsw. der Betriebsrat oder der Gesamtbetriebsrat Adressat der Informations- und Konsultationspflichten nach Art. 7 ist, dürfte je nach Sachverhalt auf der Grundlage des BetrVG zu bestimmen sein. Auch Arbeitnehmervertreter iRd Unternehmensmitbestimmung sind ggf. (→ Rn. 4) erfasst. Hinzu kommen je nach Vertretungskompetenz und beim Übergang erforderlicher Funktion (→ Rn. 6) die vorgesehenen Arbeitnehmervertretungen mit speziellem Mandat (wie Jugend- und Auszubildendenvertretung, Sprecherausschuss als Interessenvertretung der leitenden Angestellten; Schwerbehindertenvertretung; vgl. auch *Thüsing*, Europäisches Arbeitsrecht § 5 Rn. 67; *v. Alvensleben* 117; zum Übergangsmandat teilweise abl. *Schlenker-Rehage* 157 ff., 167 ff., 171 ff.). Auch Ausschüsse und Arbeitsgruppen können ggf. vom Übergangsmandat eines Betriebsrat mit erfasst sein (dafür *Gaul/Bonanni* ArbRB 2002, 46 [49]; dagegen *Schlenker-Rehage* 157). Je nachdem, ob es um die Informations- und Konsultationspflichten nach Art. 7 oder um die Frage des Erhalts der Rechtsstellung und Funktion der Vertreter oder der Vertretung der vom Übergang betroffenen Arbeitnehmer (Art. 6) geht, können unterschiedliche Adressaten in Frage kommen (→ Rn. 6). Bezogen auf die Unterrichtungspflichten kann auch der Wirtschaftsausschuss nach § 106 II BetrVG einzubeziehen sein (mit unterschiedlichen Akzenten ErfK/*Preis* BGB § 613a Rn. 132; EAS/*Oetker/Schubert* B 8300 Rn. 516, 346 f.; *Fitting* § 1 Rn. 137; BDH/*Hauck* BetrVG Rn. 139 ff.; *Löw* 179 ff.; *Franzen* RdA 1999, 361 [372]).

II. Arbeitnehmer

9   Im Wesentlichen gilt für diese Richtlinie (zu Unterschieden je nach Regelungsbereich des Unionsrechts *Ziegler*, 124 ff.; *Rebhahn*, EuZA 2012, 3; *Wank* EuZA 2008, 172 ff.) der **Arbeitnehmerbegriff des nationalen Rechts** (vergleichend zu den nationalen Begriffs-

und Schutzunterschieden *Rebhahn* RdA 2009; 154 ff.). Die Richtlinie will die zwischen den Mitgliedstaaten bestehenden Unterschiede im Umfang des Arbeitnehmerschutzes zwar durch eine Angleichung der nationalen Rechtsvorschriften verringern, sieht jedoch keine vollständige Harmonisierung auf diesem Gebiet vor (vgl. Erwägungsgründe 4 und 6 der Richtlinie; EuGH 28.1.2015 – C-688/13 Rn. 35 – Gimnasio Deportivo San Andrés; 6.3.2014 – C-458/12 Rn. 41 – Amatori ua, NZA 2014, 423). Ob ein **Arbeitsvertrag** oder ein **Arbeitsverhältnis** (→ Rn. 11 ff.) besteht, ist nach Art. 2 II UAbs. 1 nach einzelstaatlichem Recht zu beurteilen (ua EuGH 6.9.2011 – C-108/10 Rn. 39 mwN – Scattolon, NZA 2011, 1077; 21.10.2010 – C-242/09 Rn. 23 – Albron Catering, NZA 2010, 1225; zur Entwicklung der Rechtsprechung zum Begriff „Arbeitnehmer", der in der RL 77/187/EWG noch nicht ausdrücklich bestimmt war, vgl. *Alsbæk* 32 ff.; *v. Alvensleben* 160 ff.; *Kokott* 88; zur Kritik und für eine einheitliche Definition des Arbeitnehmerbegriffs *v. Alvensleben* 164 ff.; *Kokott* 90 f.; *Willemsen/Annuß* NJW 1999, 2073 [2075]). Nach Art. 2 I lit. d ist „Arbeitnehmer" jede Person, die in dem betreffenden Mitgliedstaat aufgrund des einzelstaatlichen Arbeitsrechts geschützt ist („auf die eine oder andere Weise", EuGH 11.7.1985 – 105/84 Rn. 37 – Danmols Inventar, Slg. 1985, 2639; zu einer Übersicht für Deutschland vgl. Ha*Ko/Mestwerdt/Wemheuer* BGB § 613a Rn. 57). Die Richtlinie lässt das einzelstaatliche Recht in Bezug auf die Begriffsbestimmungen des Arbeitsvertrags oder des Arbeitsverhältnisses unberührt (Art. 2 II UAbs. 1). **Jedoch ist es den Mitgliedstaaten verwehrt,** Arbeitsverträge und Arbeitsverhältnisse vom Anwendungsbereich der Richtlinie „allein deshalb" auszuschließen (Art. 2 II UAbs. 2), weil nur eine **bestimmte Anzahl von Arbeitsstunden** geleistet wird oder zu leisten ist. Auch Arbeitsverhältnisse, die unter die RL 91/383/EWG fallen, dürfen nicht „allein deshalb" ausgeschlossen werden: Arbeitsverhältnisse aufgrund eines **befristeten Arbeitsvertrags** und **Leiharbeitsverhältnisse,** Art. 1 Nr. 1 und 2 der RL 91/383/EWG. Für Leiharbeitsverhältnisse gilt dies nach Art. 2 II UAbs. 2 lit. c nur dann, wenn es sich bei dem übertragenen Unternehmen, dem übertragenen Betrieb oder Unternehmens- bzw. Betriebsteil als Verleihunternehmen oder Teil eines Verleihunternehmens um den Arbeitgeber handelt. Damit ist, wie bereits im ersten Kommissionsvorschlag vorgesehen, jedenfalls partiell einem im Ergebnis womöglich unterschiedlichen Anwendungsbereich der Richtlinie in den Mitgliedstaaten vorgebeugt worden (*Franzen* RdA 1999, 361 [365]), und zwar bezogen auf Bereiche, in denen weitere unionsrechtliche Vorgaben bestehen (so RL 91/383/EWG, RL 97/81/EG, RL 1999/70/EG, und später RL 2008/104/EG). Im Falle eines Übergangs betreffend den Verleiher sind Leiharbeitsverhältnisse bei Vorliegen der sonstigen Voraussetzungen grds. erfasst (zum Urteil *Jouini* → Art. 1 Rn. 27, 95, 101), im Falle eines Übergangs betreffend den Entleiher idR nicht (zu einer Ausnahme: Urteil *Albron Catering* → Rn. 12), da bereits nur „vorübergehend" (Art. 1 I RL 2008/104/EG) beschäftigt und deshalb nicht der jeweiligen Einheit zugehörig (→ Art. 1 Rn. 62 ff.).

Öffentlich-rechtliche Bedienstete (**Beamte** und andere aufgrund öffentlichen Rechts **10** beschäftigte Personen) sind **nicht** von der Richtlinie **erfasst** (EuGH 14.9.2000 – C-343/98 Rn. 29 iVm Rn. 38 und 40 f. – Collino und Chiappero, NZA 2000, 1279 unter Bezugnahme auf EuGH 11.7.1985 – 105/84 Rn. 26 – Danmols Inventar, Slg. 1985, 2639; vgl. auch EuGH 4.6.2002 – C-164/00 Rn. 27 – Beckmann, NZA 2002, 729). Anderes gilt für sie **auch dann nicht, wenn** sie in einen Tätigkeitsbereich eingegliedert sind, der eine wirtschaftliche Einheit (→ Art. 1 Rn. 6 ff.) darstellt und von einem Übergang iSd Richtlinie betroffen ist, selbst wenn sie selbst eine wirtschaftliche Tätigkeit (→ Art. 1 Rn. 20 ff.) erbringen (so im Ergebnis EuGH 14.9.2000 – C-343/98 Rn. 26 bis 41 – Collino und Chiappero, NZA 2000, 1279; eine modifizierte Auffassung „pro Einschluss" vertraten die Kommission und die finnische Regierung in diesem Verfahren, vgl. Rn. 29 des Urteils, „pro Einschluss" auch mit ausführlicher Begründung SA des GA *Alber* 18.1.2000 – C-343/98, Rn. 61 bis 82 – Collino und Chiappero; zur Kritik am Ausschluss *Schrammel/Winkler,* 161; *Jöst,* 12 ff.; vgl. andererseits *Hartmann* Gestaltungsmöglichkeiten 39). Im Einzelfall kann es so im Fall von Privatisierung zu einer **unterschiedlichen Behandlung** öffentlich-rechtlicher Bediensteter und Beschäftigter im privatrechtlichen Arbeitsverhältnis im öffentlichen Dienst bezogen auf denselben Übergang kommen. Im Urteil *Celtec,* in dessen Ausgangsfall ausschließlich Beamte von einem Übergang betroffen waren (EuGH 26.5.2005 – C-478/03 Rn. 2, 11, 15 ff. – NZA 2005, 681), ist dieser Umstand nicht problematisiert und das Urteil *Collino* und *Chiappero* nicht erwähnt worden. Nichts spricht dafür, darin eine (stille) Rechtsprechungsänderung zu sehen.

11 Sowohl aus einem **Arbeitsvertrag** als auch aus einem **Arbeitsverhältnis** können sich die Rechte und Pflichten iSv Art. 3 I ergeben (zur Genese des Begriffspaars SA des GA *Alber* 18.1.2000 – C-343/98, Rn. 59 – Collino und Chiappero). Nach **deutschem Verständnis** fallen Arbeitsvertrag und Arbeitsverhältnis idR nicht auseinander: Das Arbeitsverhältnis basiert auf einem Arbeitsvertrag (zB BAG 27.9.2012 NJW 2013, 1692 Rn. 15), sei er schriftlich oder mündlich geschlossen (zum sog faktischen Arbeitsverhältnis ErfK/*Preis* BGB § 611 Rn. 145; ErfK/*Preis* BGB § 613a Rn. 68; KR/*Treber* BGB § 613a Rn. 12). In Ausnahmefällen kann ein Arbeitsverhältnis trotz formaler Selbständigkeit bestehen (ua *Thüsing,* Scheinselbständigkeit, 6). Es kann jedoch nicht vorausgesetzt werden, dass auch die **Rechtsordnungen anderer Mitgliedstaaten** von einem vergleichbaren Verständnis ausgehen (bsw. zu einem Arbeitsverhältnis in anderen Mitgliedstaaten nicht nur durch Arbeitsvertrag, sondern auch durch Berufung, Wahl oder Ernennung *Kokott* S. 205 ff.; durch „Privatvertrag": *Thüsing* Scheinselbständigkeit 29 f.). Die ausdrückliche Nennung von Arbeitsvertrag und Arbeitsverhältnis kann vor dem Hintergrund des die Richtlinie prägenden Arbeitnehmerschutzes (→ vor Art. 1 Rn. 4 f.) so verstanden werden, dass grds. alle „Beschäftigungsverhältnisse" (iwS) erfasst werden (zu Ausnahmen, zB bezgl. Beamte und andere Öffentlich-rechtliche Bedienstete → Rn. 10), unabhängig von ihrer Ausprägung nach nationalem Begriffsverständnis. Mit dem Arbeitsvertrag oder -verhältnis iS dieser Richtlinie ist ein Rechtsverhältnis zwischen Arbeitgebern und Arbeitnehmern gemeint, da Gegenstand des Arbeitsvertrags oder -verhältnisses die Regelung der Arbeitsbedingungen ist (EuGH 28.1.2015 – C-688/13 Rn. 53 – Gimnasio Deportivo San Andrés; 16.10.2008 – C-313/07 Rn. 41 – Kirtruna und Vigano – NZA 2008, 1231).

12 Das EuGH-Urteil *Albron Catering* (EuGH 21.10.2010 – C-242/09 – Albron Catering, NZA 2010, 1225) zeigt, dass **Vorsicht geboten** ist, **das Wort „Arbeitsverhältnis" nur mit einem Verständnis des nationalen Rechts zu lesen.** Zwar ist die Frage des Bestehens eines Arbeitsverhältnisses nach Art. 2 II der Richtlinie nach einzelstaatlichem Recht zu beurteilen, wie auch in Rn. 23 des Urteils hervorgehoben wird. Jedoch ergibt sich im Zusammenhang der Rn. 24 bis 26 des Urteils: Art. 3 I nennt die beiden Begriffe Arbeitsvertrag und Arbeitsverhältnis „alternativ und somit gleichwertig". Ein Subsidiaritätsverhältnis besteht nicht. Jedenfalls innerhalb eines Konzerns kann der **„vertragliche Arbeitgeber"** (Arbeitsvertrag) **neben dem „nichtvertraglichen Arbeitgeber"** (Arbeitsverhältnis) stehen, mit der Folge, dass ein Arbeitnehmer (für ein und dieselbe Tätigkeit) zwei Arbeitgeber nebeneinander haben kann. Im Ausgangsfall *Albron Catering* ging es um einen Konzern, innerhalb dessen eine der Konzerngesellschaften **zentrale Arbeitgeberin** ist (vertragliche Arbeitgeberin/"Anstellungsgesellschaft"). Bei ihr ist das gesamte Personal des Konzerns unter Vertrag, sie entsendet landesweit und dauerhaft zu den „Betriebsgesellschaften" des Konzerns. Das nicht-vertragliche Verhältnis zwischen den Arbeitnehmern und dem jeweiligen konzerninternen Entleiher hat der EuGH als **„Arbeitsverhältnis" iSd Richtlinie** angesehen. Dies ergibt sich ua aus Rn. 28 des Urteils, wonach die juristische oder natürliche Person, die für die wirtschaftliche Tätigkeit der übertragenen Einheit verantwortlich ist, als Arbeitgeber mit den Arbeitnehmern dieser Einheit „Arbeitsverhältnisse" iSd Richtlinie begründet, gegebenenfalls ohne „vertragliche Beziehungen". Um die Person des Veräußerers iSd Richtlinie zu bestimmen, gibt es nach dieser Rechtsprechung keinen automatischen („systematischen") Vorrang des „vertraglichen Arbeitgebers" vor dem „nichtvertraglichen Arbeitgeber". Ist der „vertragliche Arbeitgeber" nicht für die wirtschaftliche Tätigkeit der übertragenen wirtschaftlichen Einheit „verantwortlich" (→ Art. 1 Rn. 35, 37, 48 ff.), weil diese vom konzerninternen Entleiher betrieben wird,

kann sein Verhältnis zum Arbeitnehmer hinter das des nichtvertraglichen Arbeitgebers zurücktreten (Rn. 29 des Urteils). Dafür steht auch Erwägungsgrund 3 der Richtlinie, wonach die Arbeitnehmer bei einem **„Inhaberwechsel"** geschützt sein sollen. **Inhaber** (→ Art. 1 Rn. 35) ist derjenige, der für die Durchführung der übertragenen Tätigkeit verantwortlich ist. In einer Situation wie der im Ausgangsverfahren *Albron Catering* kann das der nichtvertragliche Arbeitgeber sein (Rn. 30 des Urteils), der somit als **„Veräußerer"** iSd Richtlinie (→ Art. 2 Rn. 1) in Betracht kommt. Anlass des Rechtsstreits war der Übergang der Tätigkeiten einer Betriebsgesellschaft dieses Konzerns auf eine Gesellschaft, die nicht diesem Konzern angehört (vgl. auch die Stichworte in der Urteilskopfzeile sowie die SA des GA *Bot* 3.6.2010 Rn. 13). Diese Rechtsprechung (zur Auseinandersetzung ua *Raab* EuZA 2011, 537; *Simon* ELR 2011, 97; *Gaul/Ludwig* DB 2011, 298; DFL/*Bayreuther* BGB § 613a Rn. 40; ErfK/*Preis* § 613a BGB Rn. 67 mwN; *Bauer/von Medem* NZA 2011, 20; *Sagan* ZESAR 2011, 412; *Powietzka/Christ* ZESAR 2013, 313; APS/*Steffan* BGB § 613a Rn. 83; *Forst* RdA 2011, 228; *Abele* FA 2011, 7; *Willemsen* NJW 2011, 1546; *Willemsen* RdA 2012, 291; HWK/*Willemsen/Müller-Bonanni* BGB § 613a Rn. 225; *von Steinau-Steinrück* NJW-Spezial 2012, 434; *Junker* NZA 2011, 950; *Neufeld/Luickhardt* AuA 2012, 72; *Elking,* Der „Nichtvertragliche Arbeitgeber" – Leiharbeit im Betriebsübergang auf Entleiherseite, 2014) mit dem Ergebnis der **Doppelung des Arbeitgebers** dürfte in erster Linie der **besonderen Situation** des Ausgangsfalls geschuldet sein (allerdings: zum „doppelten Arbeitsverhältnis" bei der Überlassung von Leiharbeitnehmern auch EuGH 11.4.2013 – C-290/12 Rn. 40 – Della Rocca, NZA 2013, 495; vgl. auch Preis/Sagan/*Grau/Hartmann* Rn. 62). Die Situation im Ausgangsfall *Albron Catering* war durch eine besondere Form der dauerhaften konzerninternen Personaldienstleistung (Sonderkonstellation einer dauerhaften Aufspaltung der Arbeitgeber-Stellung, HWK/*Willemsen/Müller-Bonanni* BGB § 613a Rn. 225) gekennzeichnet, mit Aspekten der Umgehung des Rechts (DFL/*Bayreuther* BGB § 613a Rn. 40). Ein Element einer **Übertragbarkeit** auf andere, womöglich auch konzernunabhängige Situationen könnte darin liegen, dass der Betrieb der „Betriebsgesellschaften" mehr oder weniger vollständig und ständig mit „gestellten" Arbeitskräften betrieben wurde (dazu auch SA des GA *Bot* 3.6.2010 – C-242/09 Rn. 49 ff. – Albron Catering; *Thüsing* ZESAR 2009, 487 [488]). Eine generelle **Übertragbarkeit** auf (vorübergehende) Leiharbeit ist nicht anzunehmen. Die maßgebenden Parameter und Grenzen sind noch nicht abschließend ersichtlich (vgl. auch BAG 9.2.2011 NZA 2011, 791 Rn. 43; 15.5.2013 NZA 2013, 1214 Rn. 37; dazu *Greiner* NZA 2014, 284; *Grimm/Linden* EWiR 2013, 789).

Es spricht viel dafür, dass die Definition des Arbeitnehmerbegriffs als „jede Person, die in dem betreffenden Mitgliedstaat aufgrund des einzelstaatlichen Arbeitsrechts geschützt ist", nicht nur diejenigen mit **„vollständigem"** Schutz des jeweiligen **einzelstaatlichen Arbeitsrechts** meint, sondern auch Personen erfasst, die einen **„partiellen"** Schutz des einzelstaatlichen Arbeitsrechts genießen (zum Status quo und rechtspolitischen Maßnahmen umfassend *Pottschmidt,* Arbeitnehmerähnliche Personen in Europa, 2006). Im Kontext von Art. 4 der Richtlinie, jedoch allg. formuliert, hat der EuGH mehrfach ausgeführt, dass der **Schutz der Richtlinie für alle Arbeitnehmer gilt,** die nach nationalem Recht **irgendeinen, wenn auch nur eingeschränkten Schutz** genießen. Dieser kann nicht allein aufgrund des Übergangs entzogen oder geschmälert werden (EuGH 19.5.1992 – C-29/91 Rn. 18 – Redmond Stichting, NZA 1994, 207; 15.4.1986 – 237/84 Rn. 13 – Kommission/Belgien, Slg. 1986, 1247; 11.7.1985 – 105/84 Rn. 27 – Danmols Inventar, Slg. 1985, 2639; → Art. 4 Rn. 8). 13

Wenn partieller Schutz ausreicht, können sich daraus Konsequenzen für die Qualifizierung bestimmter Gruppen als „Arbeitnehmer" ergeben, bsw. für in Heimbarbeit Beschäftigte (ebenso DFL/*Bayreuther* BGB § 613a Rn. 39 mwN). Das **deutsche Recht** sieht manche Personengruppen als **teilweise arbeitsrechtlich schutzbedürftig** an. **Beispiele** sind Personen, die wegen ihrer wirtschaftlichen Unselbständigkeit als **arbeitnehmerähnliche Personen** anzusehen sind (ErfK/*Preis* BGB § 611 Rn. 110 ff.; Schaub/*Vogelsang* § 10, zur besonderen Schutzbedürftigkeit insbesondere Rn. 8; *Pottschmidt,* 401 ff.; vergli- 14 chen im deutschen und britischen Recht *Ziegler,* 121 f.; „vergleichbare Schutzbedürftigkeit", zur Rechtsstellung der arbeitnehmerähnlichen Person ua. *Schubert,* Der Schutz der arbeitnehmerähnlichen Person, 2004; *Müller,* Die arbeitnehmerähnliche Person im Arbeitsschutzrecht, 247; *Neuviaus,* Die arbeitnehmerähnliche Person, 2002; *Frey,* Arbeitnehmerähnliche Personen in der Betriebsverfassung, 2014) darunter **in Heimarbeit Beschäftigte** (zu letzteren ua Schaub/*Vogelsang* § 163; KDZ/*Zwanziger* KSchR § 613a BGB Rn. 14; KZD/Bachner § 95 Rn. 47). Sie fallen unter den Begriff des Arbeitnehmers iSd ArbGG (§ 5 I 2 ArbGG), woraus die Zuständigkeit der Arbeitsgerichte folgt und haben grds. Urlaubs- und Urlaubsentgeltansprüche (§§ 2, 12 BurlG; Schaub/*Linck* § 104 Rn. 174 ff.). **Für Heimarbeiter/innen** (§ 2 I HAG) geht das HAG implizit pauschalierend von einer **gewissen Schutzbedürftigkeit** – gemessen am Ausmaß der wirtschaftlichen Abhängigkeit – aus (§ 1 I lit. a iVm § 1 II HAG). Es besteht ua geregelter Kündigungsschutz (§ 29, gestaffelt nach Bestandsdauer des Beschäftigungsverhältnisses; entsprechend § 622 I und II BGB, vgl. BAG 8.5.2007 AP BGB § 611 Arbeitnehmerähnlichkeit Nr. 15) und ein Anspruch auf Feiertagsbezahlung (§ 11 EFZG). Als Arbeitnehmer iSd BetrVG gelten auch die in Heimarbeit Beschäftigten, die in der Hauptsache für den Betrieb arbeiten (§ 5 I 2 BetrVG) und als solche auch ggf. in einen Sozialplan einzubeziehen sind (*Fitting* § 112/ § 112a, Rn. 119; DKKW/*Däubler* § 112/§ 112a, Rn. 88). Ältere Rechtsprechung hat eine Anwendung von § 613a BGB auf Heimarbeitsverhältnisse verneint (BAG 24.3.1998 NZA 1998, 1001; 3.7.1980 BAGE 34, 34; verneinend auch *Gaul* BB 1999, 526 [527]). Zu denken ist ggf. auch an das arbeitnehmerähnliche Rechtsverhältnis von behinderten Beschäftigten, § 138 I SGB IX (*Reinhardt,* Das Phänomen der Arbeitnehmerähnlichkeit, 2013, 593 ff.).

15 Geht nicht ein gesamter Betrieb (Unternehmen), sondern nur ein Betriebs-/Unternehmensteil über, stellt sich nicht selten die Frage der **Zuordnung** von Arbeitnehmer/innen (→ Art. 1 Rn. 62 ff.).

16 **Maßgebender Zeitpunkt:** Grundsätzlich können – wenn nicht ausdrücklich etwas anderes bestimmt ist – sich nur die Arbeitnehmer auf die Richtlinie berufen, deren Arbeitsvertrag oder Arbeitsverhältnis (→ Rn. 11 ff.) zum Zeitpunkt des Übergangs (→ Art. 1 Rn. 56 ff.) bestand. Dabei ist die Frage, ob zu diesem Zeitpunkt ein Vertrag oder ein Arbeitsverhältnis besteht oder nicht, nach dem innerstaatlichen Recht zu beurteilen, jedoch unter dem Vorbehalt, dass die zwingenden Vorschriften der Richtlinie über den Schutz der Arbeitnehmer gegen eine wegen des Übergangs erfolgte Kündigung beachtet werden (EuGH 15.9.2010 – C-386/09 Rn. 28 – Briot, Slg 2010, I-8471; 15.6.1988 – C-101/87 Rn. 17 – Bork International, Slg. 1988, 3057; 17.12.1987 – 287/86 Rn. 25 – Ny Mølle Kro, Slg. 1987, 5465; → Art. 3 Rn. 8, 15, → Art. 4 Rn. 4). Allerdings kann eine **Kündigung nahe dem Zeitpunkt eines Übergangs** nicht den Schutz der Richtlinie entziehen (→ Art. 4 Rn. 2).

Kapitel II. Wahrung der Ansprüche und Rechte der Arbeitnehmer

Art. 3 [Rechte und Pflichten bei Betriebsübergang]

1. Die Rechte und Pflichten des Veräußerers aus einem zum Zeitpunkt des Übergangs bestehenden Arbeitsvertrag oder Arbeitsverhältnis gehen aufgrund des Übergangs auf den Erwerber über.

Die Mitgliedstaaten können vorsehen, dass der Veräußerer und der Erwerber nach dem Zeitpunkt des Übergangs gesamtschuldnerisch für die Verpflichtungen haften, die vor dem Zeitpunkt des Übergangs durch einen Arbeitsvertrag oder ein Arbeitsverhältnis entstanden sind, der bzw. das zum Zeitpunkt des Übergangs bestand.

2. ¹Die Mitgliedstaaten können geeignete Maßnahmen ergreifen, um zu gewährleisten, dass der Veräußerer den Erwerber über alle Rechte und Pflichten unterrichtet, die nach diesem Artikel auf den Erwerber übergehen, soweit diese dem Veräußerer zum Zeitpunkt des Übergangs bekannt waren oder bekannt sein mussten. ²Unterlässt der Veräußerer diese Unterrichtung des Erwerbers, so berührt diese Unterlassung weder den Übergang solcher Rechte und Pflichten noch die Ansprüche von Arbeitnehmern gegenüber dem Erwerber und/oder Veräußerer in Bezug auf diese Rechte und Pflichten.

3. Nach dem Übergang erhält der Erwerber die in einem Kollektivvertrag vereinbarten Arbeitsbedingungen bis zur Kündigung oder zum Ablauf des Kollektivvertrags bzw. bis zum Inkrafttreten oder bis zur Anwendung eines anderen Kollektivvertrags in dem gleichen Maße aufrecht, wie sie in dem Kollektivvertrag für den Veräußerer vorgesehen waren.

Die Mitgliedstaaten können den Zeitraum der Aufrechterhaltung der Arbeitsbedingungen begrenzen, allerdings darf dieser nicht weniger als ein Jahr betragen.

4. a) Sofern die Mitgliedstaaten nicht anderes vorsehen, gelten die Absätze 1 und 3 nicht für die Rechte der Arbeitnehmer auf Leistungen bei Alter, Invalidität oder für Hinterbliebene aus betrieblichen oder überbetrieblichen Zusatzversorgungseinrichtungen außerhalb der gesetzlichen Systeme der sozialen Sicherheit der Mitgliedstaaten.

b) Die Mitgliedstaaten treffen auch dann, wenn sie gemäß Buchstabe a) nicht vorsehen, dass die Absätze 1 und 3 für die unter Buchstabe a) genannten Rechte gelten, die notwendigen Maßnahmen zum Schutz der Interessen der Arbeitnehmer sowie der Personen, die zum Zeitpunkt des Übergangs bereits aus dem Betrieb des Veräußerers ausgeschieden sind, hinsichtlich ihrer Rechte oder Anwartschaftsrechte auf Leistungen bei Alter, einschließlich Leistungen für Hinterbliebene, aus den unter Buchstabe a) genannten Zusatzversorgungseinrichtungen.

Übersicht

	Rn.
A. Vorbemerkungen zu Kapitel II	1
B. Übergang der Rechte und Pflichten	11
I. Die Grundregel zum Übergang der Rechte und Pflichten (Art. 3 I)	13
1. Einzelne Rechte und Pflichten nach Art. 3 I	16
2. Art. 3 I und kollektivvertraglich vereinbarte Arbeitsbedingungen	22
a) Arbeitsvertragliche Verweisung auf – bzw. Inbezugnahme von – Kollektivvertrag wird von Art. 3 I erfasst	24
b) „Dynamisch" formulierte Bezugnahmeklausel im Arbeitsvertrag – „statischer" oder „dynamischer" Fortbestand kollektiver Arbeitsbedingungen?	30
II. Möglichkeit der Mitgliedstaaten: Gesamtschuldnerische Haftung für die vor dem Übergang entstandenen Verpflichtungen vorsehen (Art. 3 I Uabs. 2)	38
III. Möglichkeit der Mitgliedstaaten: Information des Erwerbers durch den Veräußerer vorsehen (Art. 3 II)	40
IV. Aufrechterhaltung der in einem Kollektivvertrag vereinbarten Arbeitsbedingungen (Art. 3 III)	42
1. Kollektivvertrag	45
2. Arbeitsbedingungen	47
3. Aufrechterhaltung „in dem gleichen Maße"	54
4. Bis zur Kündigung oder zum Ablauf des Kollektivvertrags	58
5. Bis zum Inkrafttreten oder bis zur Anwendung eines anderen Kollektivvertrags (Ablösung)	59
6. Möglichkeit der Begrenzung auf ein Jahr	68
V. Leistungen bei Alter, Invalidität oder für Hinterbliebene aus Zusatzversorgungseinrichtungen (Art. 3 IV)	71
C. Widerspruchsrecht	74

A. Vorbemerkungen zu Kapitel II

1   Kapitel II der Richtlinie mit der Überschrift „Wahrung der Ansprüche und Rechte der Arbeitnehmer" nennt all das, was **durch einen Übergang unverändert** zu bleiben hat. Art. 3 I Uabs. 1 enthält den Grundsatz, dass die Rechte und Pflichten des Veräußerers aus einem zum Zeitpunkt des Übergangs (→ Art. 1 Rn. 56) bestehenden Arbeitsvertrag oder Arbeitsverhältnis (→ Art. 2 Rn. 11 ff.) auf den Erwerber übergehen. **Dies betrifft alle Ansprüche,** soweit sie nicht unter eine in der Richtlinie ausdrücklich genannte Ausnahme fallen (EuGH 28.1.2015 – C-688/13 Rn. 52 – Gimnasio Deportivo San Andrés; in den Rn. 43–51 ist eine Auflistung der Ausnahmen enthalten, auch → Rn. 13, 49). Unter dem gleichen Blickwinkel der **Wahrung der Ansprüche und Rechte der Arbeitnehmer** sieht die Richtlinie zum einen in Art. 3 III vor, dass der Erwerber nach dem Übergang die in einem Kollektivvertrag vereinbarten Arbeitsbedingungen bis zur Kündigung oder zum Ablauf dieses Vertrags bzw. bis zur Anwendung eines neuen Kollektivvertrags in dem gleichen Maß aufrechterhalten muss, wie sie in dem Kollektivvertrag für den Veräußerer vorgesehen waren. Zum anderen bestimmt die Richtlinie in Art. 4 I, dass der Übergang eines Unternehmens als solcher für den Veräußerer oder den Erwerber keinen Grund zur Kündigung darstellt (zusammenfassend oben genannte Entscheidung – Beschluss – *Gimnasio Deportivo San Andrés,* Rn. 37–39). Schließlich wird die Erhaltung der Rechtsstellung und Funktion von Arbeitnehmervertretern und Arbeitnehmervertretungen geregelt (Art. 6). Deren Einordnung in das Kapitel II unter der Überschrift „Wahrung der Ansprüche und Rechte der Arbeitnehmer" statt in einen eigenen Abschnitt zeigt, dass es um die Erhaltung bezogen auf den Schutz der Arbeitnehmer geht, die ihre Vertreter – soweit möglich – nicht wegen eines Übergangs verlieren sollen.

2   Diese **Schutzregeln** – die genannten Bestimmungen im Kapitel II der Richtlinie – sind **zwingend** (ua EuGH 28.1.2015 – C-688/13 Rn. 39 – Gimnasio Deportivo San Andrés; 24.1.2002 – C-51/00 Rn. 35 – Temco, NZA 2002, 265). Von ihnen darf **nicht zum Nachteil der Arbeitnehmer** abgewichen werden (ua EuGH 11.6.2009 – C-561/07 Rn. 46 – Kommission/Italien, EuZW 2009, 648; 6.11.2003 – C-4/01 Rn. 39 – Martin, NZA 2003, 1325; 10.2.1988 – 324/86 Rn. 14 – Foreningen af Arbejdsledere i Danmark, „Daddy's Dance Hall", Slg. 1988, 739), es sei denn, in der Richtlinie selbst sind ausdrückliche Ausnahmen (→ Rn. 1, 13, 49) vorgesehen. Die betroffenen **Arbeitnehmer können** – vorbehaltlich des Rechts zum Widerspruch gegen den Übergang ihres Arbeitsverhältnisses (→ Rn. 73 ff.) – **nicht auf die Rechte verzichten,** die ihnen aufgrund der Richtlinie zustehen. Eine Verkürzung dieser Rechte ist selbst mit ihrer Zustimmung unzulässig (EuGH 6.11.2003 – C-4/01 Rn. 40 ff. – Martin, NZA 2003, 1325). Die Richtlinie steht **jedoch** einer mit dem neuen Inhaber vereinbarten Änderung des Arbeitsverhältnisses nicht entgegen, wenn das anwendbare innerstaatliche Recht eine solche **Änderung unabhängig von einem Übergang** zulässt, wobei der Übergang als solcher keinesfalls einen Grund für eine solche Änderung darstellt (→ Rn. 1, 5, → Art. 4 Rn. 6 f.).

3   Art. 3 I der Richtlinie betrifft Rechte und Pflichten, die sich ausdrücklich sowohl aus einem Arbeitsvertrag oder aus einem Arbeitsverhältnis ergeben können. **Arbeitsvertrag und Arbeitsverhältnis** stehen alternativ und gleichwertig nebeneinander. Es sind auch Situationen erfasst, in denen nur eines von beiden vorliegt oder beide auseinanderfallen (EuGH 21.10.2010 – C-242/09 Rn. 24 – Albron Catering, NZA 2010, 1225; → Art. 2 Rn. 11 f.). Alle zum Zeitpunkt des Übergangs (→ Art. 1 Rn. 56) eines Unternehmens zwischen dem Veräußerer und den Beschäftigten des übertragenen Unternehmens bestehenden Arbeitsverträge und –verhältnisse gehen bereits **aufgrund der bloßen Tatsache** des Übergangs von Gesetzes wegen **automatisch** – ipso jure – auf den Erwerber über (ua EuGH 14.11.1996 – C-305/94 Rn. 21 – Rotsart de Hertaing, Slg. 1996, I-5927). Sie können – vorbehaltlich des Widerspruchsrechts der Arbeitnehmer (→ Art. 3 Rn. 73 ff.) –

nicht mit dem Veräußerer fortgeführt werden (EuGH 25.7.1991 – C-362/89 Rn. 12 – D'Urso ua, NZA 1993, 137). Dies ist unabhängig vom Willen des Veräußerers, des Erwerbers und der Arbeitnehmervertreter und – vorbehaltlich des Widerspruchsrechts – auch unabhängig vom Willen der Arbeitnehmer. Der automatische Übergang **hängt von keiner** diesbezüglichen **Zustimmung ab** (EuGH 24.1.2002 – C-51/00 Rn. 35 – Temco, NZA 2002, 265). Der Übergang der Arbeitsverträge und Arbeitsverhältnisse erfolgt notwendigerweise zu demselben **Zeitpunkt,** zu dem das Unternehmen übergeht (EuGH 26.5.2005 – C-478/03 Rn. 39 – Celtec, NZA 2005, 681; → Art. 1 Rn. 56 zum Zeitpunkt des Übergangs). Der Umstand des automatischen Übergangs kann im Einzelfall dazu führen, dass Arbeitnehmer erst spät einen in der Vergangenheit stattgefundenen Übergang realisieren (Beispiele: EuGH 26.5.2005 – C-478/03 – Celtec, NZA 2005, 681; BAG 20.3.2014 NZA 2014, 1095). Schon aus diesem Grund sind Informationspflichten des Veräußerers und Erwerbers (→ Art. 7) von besonderer Bedeutung. Dabei betrifft – wie sich unmittelbar aus dem Wortlaut von Art. 3 I Uabs. 1 ergibt – der Schutz, den die Richtlinie bieten soll, nur die Arbeitnehmer, bei denen zum Zeitpunkt des Übergangs (→ Art. 1 Rn. 56) ein Arbeitsvertrag oder ein Arbeitsverhältnis besteht (EuGH 15.9.2010 – C-386/09 Rn. 27 – Briot, Slg 2010, I-8471).

Gewährleistet werden soll die **Kontinuität** der im Rahmen einer wirtschaftlichen Einheit **4** bestehenden **Arbeitsverhältnisse** unabhängig von einem Inhaberwechsel (st. Rspr., ua EuGH 29.7.2010 – C-151/09 Rn. 22 – UGT-FSP, NZA 2010, 1014; → vor Art. 1 Rn. 5, → Art. 1 Rn. 11). Nicht von ungefähr ist die Richtlinie im englischsprachigen Zusammenhang nicht nur als Transfer of Undertakings Directive (TUPE), sondern auch als Acquired Rights Directive – Richtlinie über erworbene Rechte/Ansprüche – bekannt. **„Wahrung"** bedeutet letztlich **Neutralität des Übergangs** (bezogen auf den Kündigungsschutz *Martin* Unternehmensübergangsrichtlinie 230). Die Anwendung der Richtlinie soll lediglich verhindern, dass die übernommenen Arbeitnehmer allein wegen des Übergangs schlechter gestellt sind als vor der Übernahme (EuGH 6.9.2011 – C-108/10 Rn. 59 – Scattolon, NZA 2011, 1077). Hauptsächlich geht es um Ausdehnung des Schutzes, der den Arbeitnehmern durch die Rechtsvorschriften der einzelnen Mitgliedstaaten selbst bereits gewährt wird, auch auf den Fall des Übergangs (ua EuGH 27.11.2008 – C-396/07 Rn. 23 – Juuri, NZA 2008, 1405). Eine Besserstellung bezweckt die Richtlinie nicht (→ Rn. 7). Alles, was der Veräußerer nach nationalem Recht an Veränderung (→ Rn. 1, 2, 5, → Art. 4 Rn. 6 f.) hätte vornehmen können, ist dem Erwerber unbenommen.

Die Richtlinie steht einer **Verschlechterung** von Arbeitsbedingungen **aus anderen 5 Gründen** als dem des Übergangs **nicht entgegen** (vgl. auch → Art. 4 Rn. 6). Sie nimmt den Mitgliedstaaten auch nicht die Möglichkeit, den Arbeitgebern eine solche Änderung der Beschäftigungsverhältnisse – aus anderen Gründen – im Sinne einer Verschlechterung zu gestatten. Soweit nach nationalem Recht unabhängig vom Fall des Übergangs das Arbeitsverhältnis, bsw. hinsichtlich des **Kündigungsschutzes** oder bezogen auf das **Arbeitsentgelt, zum Nachteil des Arbeitnehmers** abgeändert werden kann, wird diese Möglichkeit nicht allein dadurch ausgeschlossen, dass in der Zwischenzeit ein Übergang stattgefunden hat. Da der Erwerber nach Art. 3 I in die Rechte und Pflichten des Veräußerers aus dem Arbeitsverhältnis eintritt, kann dieses nach dem Übergang im selben Umfang geändert werden, wie es gegenüber dem Veräußerer möglich war. Der **Übergang** als solcher stellt jedoch **keinesfalls** einen **Grund für** eine solche **Änderung** dar (ua EuGH 6.9.2011 – C-108/10 Rn. 59 – Scattolon, NZA 2011, 1077; 14.9.2000 – C-343/98 Rn. 52 – Collino und Chiappero, NZA 2000, 1279; 12.11.1992 – C-209/91 Rn. 28 – Watson Rask und Christensen, Slg. 1992, I-5755; 10.2.1988 – 324/86 Rn. 19 – Foreningen af Arbejdsledere i Danmark, „Daddy's Dance Hall", Slg. 1988, 739). Eine Situation, in der aus Sicht des EuGH „der Übergang als solcher" hinter einer Änderung des Arbeitsverhältnisses stand, wird im Urteil *Martin* ua deutlich. Die neue Inhaberin, ein College, wollte die „Vorruhestandsbedingungen schlicht und einfach denjenigen anpassen ..., die bisher für ihre anderen Beschäftigten galten". Das zeigte sich ua an einem entsprechenden Arbeitsvertragsangebot unmittelbar nach dem Übergang (EuGH 6.11.2003 – C-4/01 Rn. 44 – Martin, NZA 2003, 1325).

6   Nach stRsp nimmt die Richtlinie nämlich **nur eine teilweise Harmonisierung** vor, indem sie hauptsächlich den den Arbeitnehmern durch die Rechtsvorschriften der einzelnen Mitgliedstaaten selbst bereits gewährten **Schutz** auch auf den Fall des Übergangs **ausdehnt**. Sie verfolgt das Ziel, soweit wie möglich den Fortbestand des Arbeitsvertrags oder des Arbeitsverhältnisses mit dem Erwerber in **unveränderter Form** sicherzustellen, um zu **verhindern**, dass die von dem Unternehmensübergang betroffenen Arbeitnehmer **allein aufgrund dieses Übergangs schlechter** gestellt werden. Die betroffenen Arbeitnehmer sollen in ihren Rechtsbeziehungen zum Erwerber **in gleicher Weise** geschützt sein, wie sie es nach den Rechtsvorschriften des betreffenden Mitgliedstaates in ihren Beziehungen zum Veräußerer waren. Die Richtlinie will **nicht** ein für die gesamte Union aufgrund gemeinsamer Kriterien **einheitliches Schutzniveau schaffen** (ua EuGH 11.9.2014 – C-328/13 Rn. 22 mwN – Österreichischer Gewerkschaftsbund, NZA 2014, 1092; 6.3.2014 – C-458/12 Rn. 41 – Amatori ua, NZA 2014, 423; 27.11.2008 – C-396/07 Rn. 23 – Juuri, NZA 2008, 1405; 12.11.1992 – C-209/91 Rn. 27 – Watson Rask und Christensen, Slg. 1992, I-5755; 11.7.1985 – 105/84 Rn. 26 – Danmols Inventar, Slg. 1985, 2639).

7   Die Richtlinie kann **nicht** mit Erfolg geltend gemacht werden, um beim Übergang eine **Verbesserung** des Arbeitsentgelts oder anderer Arbeitsbedingungen zu erwirken. Zudem steht sie nicht dem entgegen, dass nach einem Übergang gewisse **Unterschiede** zwischen **der Vergütung** der übergegangenen Arbeitnehmer und der der zum Zeitpunkt des Übergangs **bereits beim Erwerber Beschäftigten** bestehen. Zwar können für die Prüfung der Rechtmäßigkeit derartiger Unterschiede andere Rechtsvorschriften und -grundsätze in Betracht kommen, doch die Richtlinie ist als solche lediglich darauf gerichtet, zu verhindern, dass Arbeitnehmer allein wegen der Übernahme durch einen anderen Arbeitgeber schlechter als vorher gestellt sind (EuGH 6.9.2011 – C-108/10 Rn. 77 – Scattolon, NZA 2011, 1077).

8   Wenn nicht ausdrücklich etwas anderes bestimmt ist, können allerdings nur die Arbeitnehmer Ansprüche aus der Richtlinie herleiten, deren **Arbeitsvertrag oder Arbeitsverhältnis** (→ Art. 2 Rn. 11 ff.) **zum Zeitpunkt des Übergangs** (→ Art. 1 Rn. 56) **bestand**. Die Frage, ob zu diesem Zeitpunkt ein Vertrag oder ein Arbeitsverhältnis besteht oder nicht, ist nach dem **innerstaatlichen Recht zu beurteilen**, jedoch unter dem **Vorbehalt**, dass die **zwingenden Vorschriften der Richtlinie** über den Schutz der Arbeitnehmer gegen eine wegen des Übergangs erfolgte Kündigung **beachtet werden** (EuGH 15.9.2010 – C-386/09 Rn. 28 – Briot, Slg 2010, I-8471; 15.6.1988 – C-101/87 Rn. 17 – Bork International, Slg. 1988, 3057; vgl. auch 17.12.1987 – 287/86 – Ny Mølle Kro, Slg. 1987, 5465; → Art. 2 Rn. 16, → Art. 3 Rn. 15, → Art. 4 Rn. 4). Generell ist die Beurteilung des nach nationalem Recht (da nur teilweise Harmonisierung, → Rn. 6, 45, → Art. 4 Rn. 9) zu bestimmenden Umfangs der Pflichten des Erwerbers Sache der nationalen Gerichte (ua EuGH 12.11.1992 – C-209/91 Rn. 30 – Watson Rask und Christensen, Slg. 1992, I-5755; 4.6.2002 – C-164/00 Rn. 39 – Beckmann, NZA 2002, 729).

9   Es gibt Anhaltspunkte dafür, dass die Anwendung der Richtlinie **bei Sachverhalten des öffentlichen Dienstes** im **Einzelfall Besonderheiten** im Bereich der **Rechtsfolgen** aufweisen kann (dazu auch → Rn. 18; → Art. 4 Rn. 9). Die Richtlinie ist – mit Ausnahme von Tätigkeiten in Ausübung hoheitlicher Befugnisse – auch im öffentlichen Dienst anwendbar (→ Art. 1 Rn. 20 ff., 29 ff., 39). Jedoch deuten zwei Urteile darauf hin, dass teilweise auf bestehende Vorschriften des öffentlichen Dienstes **Rücksicht** genommen worden ist (vgl. zum Ganzen auch SA der GA *Sharpston* 6.5.2010 zu C–151/09, UGT-FSP, dort Rn. 72 ff.). Ein Beispiel dafür kann die Beendigung des Arbeitsvertrags beim Übergang einer Tätigkeit eines Angestellten auf eine juristische Person des öffentlichen Rechts sein, wenn nach geltendem nationalen Recht (in diesem Fall Rechtsprechung) privatrechtliche Arbeitsverträge im öffentlichen Dienst nicht aufrechterhalten werden dürfen (bezogen auf einen Ausgangsfall aus Frankreich: EuGH 26.9.2000 – C-175/99 Rn. 16, 56 – Mayeur,

NZA 2000, 1327). Ein weiteres Beispiel betraf die Anwendung von nationalen Vorschriften, die die Situation der staatlichen Angestellten regeln und eine Kürzung der Vergütung der vom Übergang betroffenen Arbeitnehmer mit sich brachte (bezogen auf einen Ausgangsfall aus Luxemburg: EuGH 11.11.2004 – C-425/02 Rn. 32 f. – Delahaye, NZA 2004, 1379).

Zur **Darlegungs- und Beweislast** enthält die Richtlinie keine Vorgaben. Zum Verbot 10 der arbeitgeberseitigen übergangsbedingten **Kündigung** (→ Art. 4 Rn. 1 ff.) wird vertreten, sie richte sich nach den Vorschriften des nationalen Rechts (Preis/Sagan/Grau/Hartmann Rn. 142). Vertreten wird auch, für die Kündigung aus wirtschaftlichen, technischen oder organisatorischen Gründen trage in jedem Fall der kündigende Veräußerer bzw. Erwerber die Beweislast (*Fuchs/Marhold* 255; *v. Alvensleben* 251). Zu beachten ist jedenfalls der **Äquivalenzgrundsatz,** wonach unionsrechtlich bestimmte Sachverhalte nicht ungünstiger behandelt werden dürfen als gleichartige, allein dem innerstaatlichen Recht unterliegende Sachverhalte. Hinzu kommt, dass die durch das Unionsrecht verliehenen Rechte nicht praktisch unmöglich gemacht oder übermäßig erschwert werden dürfen **(Effektivitätsgrundsatz)** (st. Rspr. zu beiden Grundsätzen, vgl. nur EuGH 17.7.2014 – C-169/14 Rn. 31 – Sánchez Morcillo und Abril García, DVBl 2014, 1457; 19.6.2014 – C-501/12 bis C-506/12, C-540/12 und C-541/12 Rn. 112 – Specht ua, NZA 2014, 831).

B. Übergang der Rechte und Pflichten

Entsprechend dieser Grundsätze enthält Art. 3 zwingende (→ Rn. 2, 8), automatisch 11 (→ Rn. 3) eintretende Schutzregeln, von denen nicht – außer in den ausdrücklich in der Richtlinie benannten Fällen – zum Nachteil der Arbeitnehmer abgewichen werden darf (→ Rn. 2). Ziel ist es, dass der Übergang sich – soweit Art. 3 betroffen ist – „neutral" (→ Rn. 4) für den Inhalt von Arbeitsvertrag und Arbeitsverhältnis (→ Art. 2 Rn. 11 f.) auswirkt.

Für **Art. 3 I und Art. 3 I lit. c S. 1** der Richtlinie ist geklärt, dass die **Voraussetzungen** 12 der Entfaltung **unmittelbarer Wirkung erfüllt** sind (EuGH 26.5.2005 – C-297/03 Rn. 28 – Sozialhilfeverband Rohrbach, Slg. 2005, I-4305; → Art. 1 Rn. 42; → Art. 6 Rn. 28); Ablauf der Umsetzungsfristen → Art. 12 und Anhang I Teil B) und somit eine **direkte Anwendung** gegenüber dem Staat (→ Art. 1 Rn. 42; → Art. 6 Rn. 28) in Betracht kommt.

I. Die Grundregel zum Übergang der Rechte und Pflichten (Art. 3 I)

Art. 3 I umfasst nach seinem Wortlaut **die** – also **alle** (EuGH 28.1.2015 – C-688/13 13 Rn. 52, Gimnasio Deportivo San Andrés; 6.11.2003 – C-4/01 Rn. 29 – Martin, NZA 2003, 1325) – **Rechte und Pflichten** des Veräußerers und damit **sämtliche Ansprüche der Arbeitnehmer** bezogen auf den bestehenden Arbeitsvertrag bzw. das bestehende Arbeitsverhältnis. Dazu gehören nicht nur den Arbeitnehmern geschuldete Gehälter und sonstige Bezüge, sondern auch die Beiträge zur gesetzlichen Sozialversicherung (oben genanntes Urteil *Gimnasio Deportivo San Andrés,* Rn. 53) und eventuelle Schadensersatzforderungen des Arbeitgebers (BAG 21.8.2014 NZA 2015, 94 Rn. 29 f.). Verpflichtungen fallen unabhängig davon unter Art. 3, ob sie auf staatliche Akte zurückgehen oder durch staatliche Akte ausgestaltet worden sind, und unabhängig von den praktischen Modalitäten dieser Ausgestaltung (EuGH 4.6.2002 – C-164/00 Rn. 35 – Beckmann, NZA 2002, 729; 6.11.2003 – C-4/01 Rn. 35 – Martin, NZA 2003, 1325). Ausgenommen von der „**Grundregel**" (zum Begriff oben genanntes Urteil *Gimnasio Deportivo San Andrés,* Rn. 54; EuGH 7.2.1985 – 135/83 Rn. 37 – Abels, ZIP 1985, 824, damals war Art. 3 IV noch Art. 3 III) des Art. 3 I sind nur diejenigen Ansprüche, die unter die Ausnahmevorschrift des Art. 3 IV (bestimmte Leistungen bei Alter, Invalidität oder für Hinterbliebene, → Art. 3 Rn. 71 ff.) fallen (oben genanntes Urteil *Gimnasio Deportivo San Andrés,* Rn. 43; Beckmann,

Rn. 37; Martin, Rn. 29, die letzteren beiden bezogen auf Art. 3 I und III – damals Art. 3 I und II). Das Verhältnis zu Art. 3 III (Fortbestand der in einem Kollektivvertrag vereinbarten Arbeitsbedingungen) scheint nicht vollständig geklärt zu sein (→ Rn. 23, 28).

14 Art. 3 I erfasst **auch die Verpflichtungen des Veräußerers,** die **vor** dem Zeitpunkt des Übergangs entstanden sind (EuGH 7.2.1985 – 135/83 Rn. 37 – Abels, ZIP 1985, 824, damals war Art. 3 IV noch Art. 3 III; vgl. auch EuGH 4.6.2002 – C-164/00 Rn. 37 – Beckmann, NZA 2002, 729 bezogen auf Art. 3 I und III – damals Art. 3 I und II), allerdings mit der weitergehenden Option des Art. 3 I Uabs. 2, wonach die Mitgliedstaaten vorsehen können, dass Veräußerer und Erwerber gesamtschuldnerisch haften (→ Rn. 38 ff.).

15 Erfasst sind die Rechte und Pflichten **sowohl aus** dem **Arbeitsvertrag als auch aus** dem **Arbeitsverhältnis.** Gemeint sind also nicht nur alle vertraglichen Ansprüche, sondern ebenso die anderweitig für das Arbeitsverhältnis verbindlichen Ansprüche. Eingeschlossen sind für das deutsche Recht bsw. solche aus **betrieblicher Übung** oder **Gesamtzusage** (näher ErfK/*Preis* BGB § 613a Rn. 74; MüKoBGB/*Müller-Glöge* § 613a Rn. 95; *Gaul,* § 13 Rn. 2f; HaKo/*Mestwerdt*/*Wemheuer* BGB § 613a Rn. 65; Schaub/*Koch* § 118 Rn. 10). Wenn nicht ausdrücklich etwas anderes bestimmt ist, können allerdings nur die Arbeitnehmer Ansprüche aus der Richtlinie herleiten, deren **Arbeitsvertrag oder Arbeitsverhältnis zum Zeitpunkt des Übergangs bestand** (→ Art. 2 Rn. 11 ff.).

16 **1. Einzelne Rechte und Pflichten nach Art. 3 I.** Die Rechtsprechung des EuGH bietet nur ein **fragmentarisches Bild** zu **inhaltlichen Details** des Übergangs **einzelner Rechte und Pflichten.** Dazu liegen kaum Vorabentscheidungsfragen (Art. 267 AEUV) vor, denn es geht insoweit idR nicht um Fragen der Auslegung der Richtlinie, sondern um jeweils konkrete Inhalte des Arbeitsvertrags bzw. des Arbeitsverhältnisses und um das jeweilige allgemeine, vom Übergang unabhängige Schutzniveau (→ Rn. 6) durch Rechtsvorschriften der einzelnen Mitgliedstaaten. Die Beurteilung des nach nationalem Recht zu bestimmenden Umfangs der Pflichten des Erwerbers ist Sache der nationalen Gerichte (ua EuGH 12.11.1992 – C-209/91 Rn. 30 – Watson Rask und Christensen, Slg. 1992, I-5755). Für Einzelheiten zum deutschen Recht wird auf die Literatur zu § 613a BGB hingewiesen (ua ErfK/*Preis* BGB § 613a Rn. 73 ff.; MüKoBGB/*Müller-Glöge* BGB § 613a Rn. 89 ff.; HWK/*Willemsen*/*Müller-Bonanni* BGB § 613a Rn. 231 ff.; Staudinger/*Annuß* BGB § 613a Rn. 161 ff.; Schaub/*Koch* § 118 Rn. 7 ff.; *Gaul,* § 13 Rn. 11f; DFL/*Bayreuther* BGB § 613a Rn. 46 ff.; APS/*Steffan* § 613a BGB Rn. 89 ff.).

17 **Gleichwohl** können der Rechtsprechung des EuGH zur Richtlinie **einige Konturen** entnommen werden. Das **Arbeitsentgelt** war Gegenstand einiger Urteile (insbesondere EuGH 6.9.2011 – C-108/10 – Scattolon, NZA 2011, 1077; 6.11.2003 – C-4/01 – Martin, NZA 2003, 1325; 4.6.2002 – C-164/00 – Beckmann, NZA 2002, 729; 14.9.2000 – C-343/98 – Collino und Chiappero, NZA 2000, 1279; 12.11.1992 – C-209/91 – Watson Rask und Christensen, Slg. 1992, I-5755). Die sich aus dem Arbeitsvertrag oder Arbeitsverhältnis ergebenden **Entgeltbedingungen,** etwa hinsichtlich des Zeitpunkts der Auszahlung und der Zusammensetzung des Arbeitsentgelts, können anlässlich des Übergangs nicht geändert werden. Dies gilt auch dann, wenn die Höhe des Arbeitsentgelts insgesamt unverändert bleibt (EuGH 12.11.1992 – C-209/91 Rn. 31 – Watson Rask und Christensen, Slg. 1992, I-5755). Etwa entstehende **Nachteile** für die Arbeitnehmer **können nicht durch Vorteile** an anderer Stelle **ausgeglichen werden** (EuGH 10.2.1988 – 324/86 Rn. 15 – Foreningen af Arbejdsledere i Danmark, „Daddy's Dance Hall", Slg. 1988, 739). Wie generell unter der Richtlinie ist mit der **Wahrung** der Ansprüche und Rechte der Arbeitnehmer letztlich die **Neutralität** (→ Rn. 4) des Übergangs gemeint. So steht die Richtlinie auch bezogen auf das Arbeitsentgelt einer **Änderung durch den neuen Inhaber** nicht entgegen, wenn diese nach nationalem Recht unabhängig vom Fall des Übergangs möglich ist und aus einem vom Übergang unabhängigen Grund erfolgt (EuGH 12.11.1992 – C-209/91 Rn. 27 f., 31 – Watson Rask und Christensen, Slg. 1992, I-5755;→ Rn. 5).

18 Das beim Veräußerer erreichte **Dienstalter** (ebenso: Betriebszugehörigkeit, Anciennität) stellt als solches kein Recht dar, das die übernommenen Arbeitnehmer gegenüber dem Erwerber geltend machen könnten. Das Dienstalter dient vielmehr dazu, bestimmte finanzielle Rechte der Arbeitnehmer zu bestimmen. Diese Rechte müssen gegebenenfalls vom Erwerber in gleicher Weise, wie sie beim Veräußerer bestanden, aufrechterhalten werden. Bei der Berechnung finanzieller Rechte wie einer Abfindung bei Vertragsende oder von Entgelterhöhungen hat der Erwerber demzufolge alle von den übernommenen Arbeitnehmern geleisteten Dienstjahre zu berücksichtigen, soweit sich diese Verpflichtung aus dem Arbeitsverhältnis mit dem Veräußerer ergab, und gem. den im Rahmen dieses Verhältnisses vereinbarten Modalitäten (EuGH 6.9.2011 – C-108/10 Rn. 69f. – Scattolon, NZA 2011, 1077; 14.9.2000 – C-343/98 Rn. 50f. – Collino und Chiappero, NZA 2000, 1279). Kommt nach einem Übergang von der Privatwirtschaft zum Öffentlichen Dienst (→ Rn. 9) statt des bisherigen tariflichen nun ein staatliches Entgeltsystem zur Anwendung, verstieße es gegen den Geist der Richtlinie, wenn dem Dienstalter des übernommenen Arbeitnehmers nicht Rechnung getragen würde, soweit im neuen System das Dienstalter bei der Berechnung der Vergütung berücksichtigt wird (EuGH 11.11.2004 – C-425/02 Rn. 34 – Delahaye, NZA 2004, 1379; zur Kritik an diesem Urteil *Riesenhuber* § 24 Rn. 105ff.). Bezogen auf das Arbeitsentgelt ist bei einer Ablösung des bisherigen tariflichen Entgeltsystems durch ein anderes (→ Rn. 59ff.) eine Berücksichtigung des Dienstalters in dem Maße ausreichend, wie es erforderlich ist, um die Höhe des bisher bezogenen Arbeitsentgelts in etwa beizubehalten (EuGH 6.9.2011 – C-108/10 Rn. 77ff. – Scattolon, NZA 2011, 1077; → 65ff.). Eine vom Übergang unabhängige Änderung des Arbeitsverhältnisses ist auch diesbezüglich nicht ausgeschlossen (→ Rn. 5).

19 Auch Rechte auf Leistungen, die **bei Entlassung** oder bei einem mit dem Arbeitgeber vereinbarten **Eintritt in den Vorruhestand** entstehen, fallen unter Art. 3 I. Leistungen einer **vorgezogenen Altersrente** und **Leistungen** zur Verbesserung der Bedingungen des **Vorruhestand**s stellen keine Leistung bei Alter, bei Invalidität oder für Hinterbliebene aus betrieblichen oder überbetrieblichen Zusatzversorgungseinrichtungen iSv Art. 3 IV dar (EuGH 6.11.2003 – C-4/01 Rn. 35 – Martin, NZA 2003, 1325, bezogen auf damals Art. 3 III der RL 77/187/EWG; → Rn. 71ff.).

20 Der Übergang der Rechte und Pflichten ist unabhängig davon, ob sie sich erst mit dem **Eintritt eines bestimmten Ereignisses** materialisieren, das gegebenenfalls vom Willen des Arbeitgebers abhängt. Wenn der Erwerber nach dem Übergang wie zuvor der Veräußerer die Befugnis besitzt, hinsichtlich des Arbeitnehmers bestimmte Entscheidungen zu treffen, zB der Entlassung oder der Gewährung der Möglichkeit, in den Vorruhestand zu treten, ist er, wenn er eine solche Entscheidung trifft, wie zuvor der Veräußerer an die Rechte und Pflichten gebunden, die sich aus dem mit dem Veräußerer eingegangenen Arbeitsvertrag oder Arbeitsverhältnis als Folgen einer solchen Entscheidung ergeben, solange deren einschlägige Bedingungen nicht gesetzlich geändert wurden (EuGH 6.11.2003 – C-4/01 Rn. 29 – Martin, NZA 2003, 1325).

21 Ist eine Aufrechterhaltung von übergegangenen Rechten aus rechtlichen Gründen nicht mehr möglich, kommt eine **Ausgleichszahlung** in Betracht. So obliegt es dem Erwerber, der entgegen Art. 3 den übergegangenen Arbeitnehmern eine **weniger günstige Vorruhestandregelung** angeboten hat als sie bisher hatten, die Folgen seines rechtswidrigen Verhaltens zu beseitigen. Er hat seinen mittlerweile in den Vorruhestand getretenen früheren Beschäftigten die erforderlichen Ausgleichszahlungen zu leistet, um **die Vorruhestandsbedingungen herzustellen,** auf die sie Anspruch hatten. Diesem Ergebnis steht nicht entgegen, dass der Arbeitgeber den betreffenden Arbeitnehmer den Vorruhestand gar nicht erst hätte gewähren müssen. Es **obliegt** nämlich **den Arbeitgebern,** im Zeitpunkt der Entscheidung über die Gewährung des Vorruhestands sowohl ihr wirtschaftliches Interesse als auch den Umfang ihrer gesetzlichen oder vertraglichen Verpflichtungen zu beurteilen. Sobald die Entscheidung, den Vorruhestand zu gewähren, getroffen ist, ist diese entspre-

530 RL 2001/23/EG Art. 3

chend den rechtlich vorgeschriebenen Bedingungen umzusetzen (EuGH 6.11.2003 – C-4/01 Rn. 50 ff. – Martin, NZA 2003, 1325).

22   **2. Art. 3 I und kollektivvertraglich vereinbarte Arbeitsbedingungen.** Wie im Folgenden näher gezeigt wird, ist geklärt, dass kollektivvertraglich vereinbarte Arbeitsbedingungen (→ Rn. 45 f.), die mit dem Arbeitsverhältnis durch eine Bezugnahmeklausel im Arbeitsvertrag verknüpft worden sind, zu den „Rechten und Pflichten" des Art. 3 I gehören (→ Rn. 24 ff.). Dabei ist der Begriff „Kollektivvertrag" nicht auf Tarifverträge beschränkt (→ Rn. 45 f.).

23   Abgesehen davon ist das **Verhältnis zwischen Art. 3 I und Art. 3 III** nicht vollständig geklärt (→ Rn. 28). Hat die „Grundregel" (→ Rn. 13) des Art. 3 I diese Funktion auch im Verhältnis zu Art. 3 III, der davon ausgehend spezielle Rechtsfolgebestimmungen für in Kollektivverträgen vereinbarte Arbeitsbedingungen enthält? Oder stehen Art. 3 I und Art. 3 III nicht in einem Verhältnis „Grundregel"/"Modifikation", sondern stehen sie als getrennte Rechtsfolgemechanismen nebeneinander? Damit zusammen hängt das Verständnis von Gemeinsamkeiten und Unterschieden der Begriffe „Rechte und Pflichten" (Art. 3 I) und „Arbeitsbedingungen" (Art. 3 III). Bisher bestand diesbezüglich in keiner dem EuGH gestellten Fragekonstellation eingehender Klärungsbedarf. Dieser könnte sich jedoch bezogen auf Fälle ergeben, in denen für ein übergehendes Arbeitsverhältnis zwei unterschiedliche Kollektivverträge nebeneinander Bedeutung haben (→ Rn. 27 für ein Beispiel zur deutschen Situation). Aufschluss könnte eine Antwort des EuGH auf das Vorabentscheidungsersuchen des Vierten Senats des BAG vom 17.6.2015 – 4 AZR 61/14 (A) – bringen.

24   **a) Arbeitsvertragliche Verweisung auf – bzw. Inbezugnahme von – Kollektivvertrag wird von Art. 3 I erfasst.** Zur Auslegung von Art. 3 I in Bezug auf kollektivvertragsbezogene Bezugnahme-/Verweisungsklauseln in Arbeitsverträgen liegen bisher insbesondere die **Urteile** *Werhof* (EuGH 9.3.2006 – C-499/04 – NZA 2006, 376) **und** *Alemo Herron* **ua** (EuGH 18.7.2013 – C-426/11 – NZA 2013, 835) vor. Ohne nähere Problematisierung war auch der Ausgangsfall des Urteils Martin davon betroffen (EuGH 6.11.2003 – C-4/01 Rn. 18 – NZA 2003, 1325) und vermutlich der gleichgelagerte Ausgangsfall des Urteils *Beckmann* (EuGH 4.6.2002 – C-164/00 Rn. 14 – Beckmann, NZA 2002, 729). Das Urteil *Werhof* betrifft einen Ausgangsfall aus Deutschland, die Urteile *Alemo Herron* ua und *Martin* britische Ausgangsfälle. Die **Art bzw. „Technik"** (zu dieser Bezeichnung → Rn. 24, 44; EuGH 11.9.2014 – C-328/13 Rn. 25 – Österreichischer Gewerkschaftsbund, NZA 2014, 1092) der **Verknüpfung** von **Kollektivvertrag** und **Arbeitsvertrag/Arbeitsverhältnis** war in diesen Fällen eine Bezugnahmeklausel im Arbeitsvertrag. Allerdings können solche Klauseln je nach nationaler Rechtsordnung eine unterschiedliche Funktion haben (für eine unterschiedliche Funktion in Deutschland und Großbritannien vgl. ua *Sutschet* RdA 2013, 28; *Forst* DB 2013, 1847, 1849; *Felsner* 234 ff.; *Willemsen/Grau* NJW 2014, 12, 15 → Rn. 55; näher für Großbritannien und ähnlich Irland *Kamanabrou* in Kamanabrou, Erga-Omnes-Wirkung, 22; zu Großbritannien *Mecke*, Zur rechtlichen Verbindlichkeit kollektiver Vereinbarungen in England, 1997, 249 f.; *Harth/Taggart* in Henssler/Braun, 532 f.). Auf Deutschland bezogen ist zu berücksichtigen, dass ein Nebeneinander mehrerer Arten/Techniken (mitgliedschaftlich vermittelte Geltung nach §§ 3 I, 4 I TVG, Anwendung kraft arbeitsvertraglicher Bezugnahmeklausel, Allgemeinverbindlichkeit ua) besteht und zudem das Günstigkeitsprinzip des § 4 III TVG Einfluss hat. Deshalb ist nicht auszuschließen, dass sich vor diesem Hintergrund spezielle Fragen der Auslegung von Art. 3 I und Art. 3 III stellen (dazu das Vorabentscheidungsersuchen BAG 17.6.2015 – 4 AZR 61/14 (A).

25   **Weitere Urteile** des EuGH zum Themenbereich Rechtsfolgen/Kollektivverträge **betrafen**, soweit ersichtlich, **andere Arten/Techniken** der Verknüpfung von Kollektivvertrag und Arbeitsverhältnis und **nicht Art. 3 I** (→ Rn. 30 ff.).

26   **Kollektivvertragliche** (→ Rn. 45 f.) **Arbeitsbedingungen,** deren Anwendung mit einer **Bezugnahmeklausel** zwischen den Parteien des Arbeitsvertrags vereinbart worden ist, **fallen unter die „Grundregel" des Art. 3 I** (→ Rn. 13). Diesbezüglich geht aus dem

Urteil **Werhof** hervor: Verweist der Arbeitsvertrag hinsichtlich der Vergütung auf einen Tarifvertrag, wird diese Klausel des Arbeitsvertrags von Art. 3 I erfasst. Damit gehen nach der Richtlinie die Rechte und Pflichten aus dem Kollektivvertrag, auf den der Arbeitsvertrag verweist, von Rechts wegen auf den Erwerber über, auch wenn dieser keinem Kollektivvertrag angehört. Die Rechte und Pflichten aus dem in Bezug genommenen Kollektivvertrag binden den Erwerber nach dem Betriebsübergang weiterhin (EuGH 9.3.2006 – C-499/04 Rn. 27 – Werhof, NZA 2006, 376). Bestätigt wurde diese Zuordnung der arbeitsvertraglichen Klausel zur Inbezugnahme von Tarifverträgen zu Art. 3 I im Urteil *Alemo-Herron* ua (EuGH 18.7.2013 – C-426/11 Rn. 22 – NZA 2013, 835). Auch im Urteil *Martin* erfolgt eine Zuordnung zu Art. 3 I (EuGH 6.11.2003 – C-4/01 Rn. 30 – NZA 2003, 1325).

Für Deutschland entspricht dieser Zuordnung der arbeitsvertraglichen Verweisungsklausel 27 zu Art. 3 I die Rechtsprechung des BAG, wonach die weitere Anwendung arbeitsvertraglich in Bezug genommener Tarifverträge unter § 613a I 1 BGB fällt (ua BAG 22.4.2009 BAGE 130, 237 Rn. 28).

Auf solche Bezugnahmeklauseln bezogen ist jedoch das **Verhältnis zwischen Art. 3 I** 28 **und Art. 3 III** unklar. Verträge sind als privatrechtliche Vereinbarungen auch aus unionsrechtlicher Sicht „durch das **Prinzip der Privatautonomie** gekennzeichnet" (EuGH 9.3.2006 – C-499/04 Rn. 23 – Werhof, NZA 2006, 376; vgl. auch BAG 21.5.2014 NZA 2015, 115 Rn. 25). Der EuGH hat dies im Urteil *Werhof* für die Arbeitsvertragspartei Arbeitgeber (in Gestalt des Erwerbers) ausgeführt; natürlich gilt dies für beide Seiten des Arbeitsvertrags (vgl. auch das Vorabentscheidungsersuchen BAG 17.6.2015 – 4 AZR 61/14 [A]). Können vor diesem Hintergrund **Rechte und Pflichten aus Art. 3 I,** die zwar auf Kollektivvertrag beruhen, der jedoch privatautonom arbeitsvertraglich vereinbart worden ist, **durch Art. 3 III begrenzt** werden? Darauf könnte hindeuten, wenn der EuGH im Urteil *Werhof* im Jahre 2006 ausführte, dass Art. 3 III iRd Auslegung von Art. 3 I „Rechnung zu tragen" sei, „der Beschränkungen des Grundsatzes der Anwendbarkeit des Kollektivvertrags enthält, auf den der Arbeitsvertrag verweist" (oben genanntes Urteil *Werhof*, Rn. 28, 29 ff.). Fraglich ist, ob damit zum Ausdruck kommen sollte, die Richtlinie könne mittels Art. 3 III eine privatautonome Vereinbarung abändern (in diese Richtung eventuell EuGH 6.11.2003 – C-4/01 Rn. 36 ff. – Martin, NZA 2003, 1325 zu einem britischen Ausgangsfall)? Widerspräche solches nicht sowohl dem auch unionsrechtlich anerkannten Prinzip der Privatautonomie als auch dem System des Art. 3, wie es bisher in der Rechtsprechung erkennbar ist (→ Rn. 1 ff.)? Oder konnte der EuGH für das Urteil zum deutschen Ausgangsfall Werhof der im Vorlagebeschluss dargestellten Rechtslage nicht entnehmen, dass eine Klausel zur Inbezugnahme eines Tarifvertrags – jedenfalls mittlerweile – im deutschen Recht vollständig dem Prinzip der Privatautonomie zugeordnet wird? Im späteren Urteil *Alemo-Herron* ua des Jahres 2013 (EuGH 18.7.2013 – C-426/11 – Alemo-Herron ua, NZA 2013, 835, vgl. dazu ua *Willemsen/Grau* NJW 2014, 12, 15; *Lobinger* NZA 2013, 945; *Jacobs/Frieling* EuZW 2013, 737) zu verwandten Fragen (bezogen auf „dynamisch" formulierte arbeitsvertragliche Klauseln, → Rn. 31 ff.) wurde **Art. 3 III nicht mehr genannt,** das Urteil betraf Art. 3 I. Im September 2014 hieß es dann jedoch, kollektivvertraglich vereinbarte Arbeitsbedingungen würden **grds. unter Art. 3 III fallen, unabhängig** davon, **mit welcher Technik ihre Geltung** für die Beteiligten **erreicht** werde (EuGH 11.9.2014 – C-328/13 Rn. 25 – **Österreichischer Gewerkschaftsbund,** NZA 2014, 1092), jedoch zu einem Ausgangsfall, der nicht „kollektivvertragliche Arbeitsbedingungen kraft Arbeitsvertrag", sondern „kollektivvertragliche Arbeitsbedingungen kraft Nachwirkung" betraf (→ Rn. 55). Bisher ist das System noch nicht vollständig deutlich, Klarheit kann diesbezüglich nur der EuGH auf Nachfrage schaffen.

Für die Situation im deutschen Arbeitsrecht haben diese Zuordnungsfragen praktische 29 Relevanz, nicht nur bezogen auf dynamisch formulierte (→ Rn. 30 ff.) Bezugnahmeklauseln im Arbeitsvertrag. Denn es stehen grds. **mehrere Möglichkeiten nebeneinander zur Verfügung, kollektivvertragliche** (darunter tarifvertragliche) **Arbeitsbedingungen** mit dem einzelnen Arbeitsverhältnis zu „verknüpfen". So können in ein und demselben Arbeitsverhältnis tarifvertragliche Arbeitsbedingungen einerseits über Mitgliedschaft in den Tarifvertragsparteien gesetzlich Geltung beanspruchen (§ 3 I, § 4 I TVG) und zusätzlich oder alternativ durch arbeitsvertragliche Bezugnahme Anwendung finden. Treffen dadurch unterschiedliche Tarifverträge in ein und demselben Arbeitsverhältnis zusammen, gibt das Günstigkeitsprinzip (§ 4 III TVG) den Ausschlag. Im Fall des Übergangs stellt sich die Frage der Zuordnung zu Art. 3 I/Art. 3 III. Nach bisherigem Verständnis werden in Deutschland die arbeitsvertraglich in Bezug genommenen Arbeitsbedingungen unter 613a I 1 BGB (= Art. 3 I der Richtlinie) und die gesetzlich geltenden unter 613a I 2 BGB (= Art. 3 III der Richtlinie) subsumiert (ua BAG 17.11.2010 BAGE 136, 184 Rn. 19, 23; 22.4.2009 BAGE 130, 237 Rn. 28 ff., 61 ff.). Das Verhältnis zwischen diesem Verständnis und den oben genannten Urteilen des EuGH ist noch klärungsbedürftig.

30   b) „Dynamisch" formulierte Bezugnahmeklausel im Arbeitsvertrag – „statischer" oder „dynamischer" Fortbestand kollektiver Arbeitsbedingungen? Zu „dynamisch" formulierten Bezugnahme-/Verweisungsklauseln in Arbeitsverträgen (zB „jeweils geltender" Tarifvertrag) liegen bisher die **Urteile Werhof** (EuGH 9.3.2006 – C-499/04 – Werhof, NZA 2006, 376) **und Alemo Herron ua** (EuGH 18.7.2013 – C-426/11 – Alemo-Herron ua, NZA 2013, 835) vor.

31   Zur **Auslegung von Art. 3** wird **in Bezug auf Kollektivverträge** im Urteil *Werhof* ausgeführt, dass diese selbst nicht einen „dynamischen" Fortbestand kollektiver Arbeitsbedingungen regelt, vielmehr von einem statischen ausgeht: Aus der Richtlinie ergibt sich nicht, dass der Gemeinschaftsgesetzgeber mit ihr den Erwerber durch andere Kollektivverträge als die zum Zeitpunkt des Übergangs geltenden binden und verpflichten wollte, die Arbeitsbedingungen später durch die Anwendung eines neuen, nach dem Übergang geschlossenen Kollektivvertrags zu ändern. Denn zum einen werden die in einem Kollektivvertrag vereinbarten Arbeitsbedingungen nur bis zu seiner Kündigung oder seinem Ablauf bzw. bis zum Inkrafttreten oder bis zu der Anwendung eines anderen Kollektivvertrags aufrechterhalten. Dies entspricht auch dem Ziel der Richtlinie, die nur bezweckt, die am Tag des Übergangs bestehenden Rechte und Pflichten der Arbeitnehmer zu wahren. Dagegen wollte die Richtlinie nicht bloße Erwartungen und somit hypothetische Vergünstigungen schützen, die sich aus zukünftigen Entwicklungen der Kollektivverträge ergeben könnten (EuGH 9.3.2006 – C-499/04 Rn. 29 – Werhof, NZA 2006, 376).

32   Allerdings heißt es weiter speziell zur **Auslegung von Art. 3 I** in den Urteilen *Werhof* und *Alemo Herron* ua, dass Art. 3 I „**nicht dem entgegensteht,** dass der Erwerber, der nicht Partei eines den Veräußerer bindenden Kollektivvertrags ist, auf den der Arbeitsvertrag verweist, durch Kollektivverträge, die dem zum Zeitpunkt des Unternehmensübergangs geltenden nachfolgen, nicht gebunden ist" (EuGH 18.7.2013 – C-426/11 Rn. 22 – Alemo-Herron ua, NZA 2013, 835; 9.3.2006 – C-499/04 Rn. 37 – Werhof, NZA 2006, 376). Demnach steht Art. 3 I bei „dynamisch" formulierter Bezugnahmeklausel von sich aus einem „statischen" Verbleiben bei dem Stand des Kollektivvertrags, der zum Zeitpunkt des Übergangs in Kraft war, nicht entgegen. Durch die Verwendung des **Begriffs „steht nicht entgegen"** kommt gleichzeitig zum Ausdruck, dass **Art. 3 I weder „Statik" noch „Dynamik"** (Fortschreibung durch jeweils aktuelle Kollektivverträge) **verlangt.** Die Bestimmung steht dem einen wie dem anderen grds. nicht entgegen, **Art. 3 I gibt keine Auslegungsregel für arbeitsvertragliche Bezugnahmeklauseln vor.**

33   Dem widerspricht nicht, dass es im Urteil *Werhof* an anderer Stelle heißt: „Was die Auslegung des Artikels 3 Absatz 1 der Richtlinie betrifft, so kann eine Klausel, die auf einen Kollektivvertrag verweist, keine weiter gehende Bedeutung haben als dieser Kollektivvertrag" (EuGH 9.3.2006 – C-499/04 Rn. 28 – NZA 2006, 376). Dies ist nicht als Auslegung der im Ausgangsverfahren streitgegenständlichen Klausel zu lesen, die wie folgt lautet: „Nach dem Arbeitsvertrag galten für das Arbeitsverhältnis die Bestimmungen des Manteltarifvertrags und des jeweils gültigen Lohnabkommens für Arbeiter der Eisen-, Metall- und

Elektroindustrie Nordrhein-Westfalens" (oben genanntes Urteil *Werhof* Rn. 6). Die **Auslegung einer arbeitsvertraglichen Klausel des jeweiligen Ausgangsrechtsstreits** gehört nach der Aufgabentrennung im Vorabentscheidungsverfahren nicht zu den Aufgaben des EuGH. Nach st. Rspr. beruht das Verfahren nach Art. 267 AEUV auf einer **klaren Aufgabentrennung zwischen den nationalen Gerichten und dem Gerichtshof,** bei der allein das nationale Gericht für die Feststellung und Beurteilung des Sachverhalts des Ausgangsrechtsstreits sowie die Auslegung und Anwendung des nationalen Rechts zuständig ist (ua EuGH 4.6.2013 – C-300/11 Rn. 36 – ZZ, EuGRZ 2013, 281). Die Beurteilung des nach nationalem Recht zu bestimmenden Umfangs der Pflichten des Erwerbers ist Sache der nationalen Gerichte (ua EuGH 12.11.1992 – C-209/91 Rn. 30 – Watson Rask und Christensen, Slg. 1992, I-5755; → Art. 3 Rn. 16). Die Richtlinie nimmt nur eine teilweise Harmonisierung vor (→ Rn. 6, 45, → Art. 4 Rn. 9). Dem entspricht Rn. 28 des oben genannten Urteils *Werhof,* wie der erste Satzteil zeigt. Es geht **nur um das Verständnis von Art. 3 I** bezogen auf solche Klauseln, ohne das Verständnis der Klausel selbst zu determinieren. Damit einhergehend **steht grds.** der Anwendung des jeweiligen Vertragsverständnisses einer nationalen Rechtsordnung **nichts entgegen,** die unabhängig von der Situation des Übergangs eine „dynamisch" formulierte Klausel dem Wortlaut folgend „dynamisch" versteht (für Deutschland in Bezug auf Tarifverträge – fraglich für Betriebsvereinbarungen – nach Aufgabe des Verständnisses der „Gleichstellungsabrede" zusammenfassend ua BAG 6.7.2011 BAGE 138, 269 Rn. 18 mwN, Die Ausgangssituation im Fall *Alemo-Herron* ua ist eine gänzlich andere: Ausgangspunkt ist weniger die privatautonome Vertragsgestaltung, sondern die anders gelagerte britische Situation, in der mangels einer normativen Tarifgeltung (DFL/*Bayreuther* BGB § 613a Rn. 76; → Rn. 24, 55) dem Arbeitsvertrag insoweit wohl eine andere Funktion zukommt; vgl. auch *Bepler* RdA 2009, 65 ff.; TLL/ *Laux* BGB § 613a Rn. 34; APS/*Steffan* BGB § 613a Rn. 141 ff.; *Jacobs,* FS Birk, 2008, 243 [251 ff.]).

Art. 8 der Richtlinie (→ Art. 8), wonach für Arbeitnehmer günstigere nationale Bestimmungen möglich sind, findet auch auf Klauseln **Anwendung,** die auf Kollektivverträge verweisen, die nach dem Zeitpunkt des betreffenden Übergangs ausgehandelt und geschlossen werden, und dynamische vertragliche Ansprüche gewähren (EuGH 18.7.2013 – C-426/ 11 Rn. 23, 24 – Alemo-Herron ua, NZA 2013, 835). Wenn es sich um eine Bestimmung handelt, die sich für betroffene Arbeitnehmer als günstiger erweist, steht die Richtlinie ihrer Anwendung grds. (→ Art. 8 Rn. 5 f.) **nicht entgegen.** Dies ergibt sich aus der Rn. 24 des Urteils *Alemo Herron* ua, da sonst die dort vorgenommene Prüfung der Günstigkeit nicht vorgenommen worden wäre. Die **Anwendung günstigerer Bestimmungen** ist jedoch **insofern begrenzt,** als die Richtlinie im Einklang mit den Grundrechten auszulegen sind, wie sie in der Charta (GRC) anerkannt wurden (oben genanntes Urteil *Alemo Herron* ua, Rn. 30; → Art. 8 Rn. 6). Deshalb ist Art. 3 im Einklang mit Art. 16 der GRC zur unternehmerischen Freiheit auszulegen (oben genanntes Urteil *Alemo Herron* ua, Rn. 31), die insbesondere die Vertragsfreiheit umfasst (oben genanntes Urteil *Alemo Herron* ua, Rn. 32). Eine Einschränkung der **Vertragsfreiheit** darf den **Wesensgehalt** des Rechts des Erwerbers auf **unternehmerische Freiheit** nicht beeinträchtigen (oben genanntes Urteil *Alemo Herron* ua, Rn. 35). Näheren Aufschluss dürfte das Vorabentscheidungsersuchen des Vierten Senats des BAG vom 17.6.2015 (– 4 AZR 61/14 [A]) bringen, vgl. auch → GRC Art. 28 Rn. 101 f.

In den **besonderen Umständen** des **Ausgangsverfahrens** *Alemo-Herron* ua sah der EuGH eine Situation, in der eine Beeinträchtigung des **Wesensgehalts** des Rechts des Erwerbers auf **unternehmerische Freiheit** vorliegen kann (EuGH 18.7.2013 – C-426/11 Rn. 36 – Alemo-Herron ua, NZA 2013, 835). **Art. 8 der Richtlinie** eröffnet den Mitgliedstaaten in einer Situation wie der des Ausgangsverfahrens keine für die Arbeitnehmer günstigere Möglichkeit. Diese Begrenzung der „Günstigkeitsregelung" des Art. 8 (→ Art. 8 Rn. 6) steht allerdings in engem Zusammenhang mit der Situation des Ausgangsverfahrens, wie der EuGH mehrfach im Urteil *Alemo Herron* ua ausgeführt hat (oben genanntes Urteil

Alemo-Herron ua, Rn. 26 ff.). Grund war eine den besonderen Umständen des Ausgangsverfahrens geschuldete **Reduzierung** der **Vertragsfreiheit** des Erwerbers, die **so erheblich** war, dass aus Sicht des EuGH der Wesensgehalt dieses Rechts des Erwerbers beeinträchtigt sein konnte (Rn. 35). Die Situation war insbesondere dadurch gekennzeichnet, dass es sich um einen Übergang von einer **juristischen Person des öffentlichen Rechts** auf eine **juristische Person des Privatrechts** handelte (Rn. 26), die also einen „**Systemwechsel**" (auch → Rn. 9; Art. 6 Rn. 19) mit sich brachte. Der EuGH stellte in Rechnung, dass in Anbetracht der unvermeidlichen Unterschiede, die zwischen diesen beiden Sektoren bei den Arbeitsbedingungen bestehen, beträchtliche Anpassungen erforderlich seien (Rn. 27). Kollektivverträge, welche die Entwicklung der Arbeitsbedingungen im öffentlichen Sektor betreffen, könnten den Handlungsspielraum, den ein privater Erwerber benötigt, um diese Anpassungsmaßnahmen vom öffentlichen auf den privatwirtschaftlichen Sektor zu ergreifen, erheblich einschränken (Rn. 28). In einer solchen Situation sei der gerechte Ausgleich zwischen den Interessen des Erwerbers in seiner Eigenschaft als Arbeitgeber einerseits und denen der Arbeitnehmer andererseits beeinträchtigt (Rn. 29). Bedingt durch den „Systemwechsel" kam hinzu, dass der Erwerber des Ausgangsverfahrens strukturell keine Möglichkeit hatte, in dem Tarifverhandlungsorgan des öffentlichen Sektors mitzuwirken. Ihm fehlte also die Chance, dort seine Interessen wirksam geltend zu machen und mit Blick auf seine künftige wirtschaftliche Tätigkeit zukünftige Kollektivverträge mit auszuhandeln. Daraus folgte im Urteil *Alemo Herron* ua, dass Art. 3 dahin auszulegen ist, dass er es einem Mitgliedstaat verwehrt, vorzusehen, dass im Fall eines Unternehmensübergangs die Klauseln, die dynamisch auf nach dem Zeitpunkt des Übergangs ausgehandelte und abgeschlossene Kollektivverträge verweisen, gegenüber dem Erwerber durchsetzbar sind, wenn dieser nicht die Möglichkeit hat, an den Verhandlungen über diese nach dem Übergang geschlossenen Kollektivverträge teilzunehmen (Rn. 37). Zu dieser Problematik sind über den „Systemwechsel" öffentlicher Dienst/Privatwirtschaft hinaus weitere Situationen denkbar, in denen der Erwerber nicht am Tarifverhandlungsorgan des Veräußerers teilnehmen kann (bsw. bei der arbeitsvertraglichen Inbezugnahme eines Haustarifvertrags oder beim Branchenwechsel). Ungeklärt ist, ob die Möglichkeit von einvernehmlicher Vertragsänderung oder Änderungskündigung Einfluss auf die Beurteilung haben kann.

36 Im Urteil *Werhof* (EuGH 9.3.2006 – C-499/04 Rn. 34 f. – NZA 2006, 376) hatte der EuGH im Hinblick auf eine „dynamische" Tarifanwendung kraft arbeitsvertraglicher Klausel nach Übergang ausgeführt, das **Grundrecht der negativen Vereinigungsfreiheit** des Erwerbers könne dadurch beeinträchtigt werden, „Statik" hingegen gewährleiste dieses Recht umfassend. Das Urteil *Alemo Herron* ua enthält dazu nichts; das vorlegende Gericht hatte ausdrücklich erklärt, dass das Recht auf negative Vereinigungsfreiheit nicht Gegenstand des Ausgangsverfahrens sei (EuGH 18.7.2013 – C-426/11 Rn. 31 – NZA 2013, 835).

37 Die **Urteile *Werhof*** (EuGH 9.3.2006 – C-499/04 – NZA 2006, 376) **und *Alemo Herron*** ua (EuGH 18.7.2013 – C-426/11 – NZA 2013, 835) haben zu oft besorgten, teils stürmischen Reaktionen geführt (ua ErfK/*Preis* BGB § 613a Rn. 127a; ErfK/*Wißmann* AEUV Vorb. 5; Preis/Sagan/Grau/Hartmann Rn. 130 ff.; *Andelewski/Steinbring-May* ZMV 2014, 70; *Melot de Beauregard* NJW 2006, 2522; *Buchmann* ArbuR 2006, 204; *Commandeur/Kleinebrink* BB 2014, 181; *Elking/Aszmons* BB 2014, 2041; *Forst* DB 2013, 1847; *Haußmann* ArbR 2013, 469; *Heuschmid* ArbuR 2013, 500; *Jacobs*, FS Birk, 2008, 243 [255 ff.]; *Jacobs/Frieling* EuZW 2013, 737; *Junker* EuZW 2006, 524; *Kainer* EuZA 2014, 230; *Klauk/Klein* jurisPR-ArbR 40/2013 Anm. 1; *Klein* EuZA 2014, 325; *Krebber* GPR 2014, 149; *Latzel* RdA 2014, 110; *Lobinger* NZA 2013, 945; *Meyer* AP Richtlinie 2001/23/EG Nr. 10; *Naber/Krois* ZESAR 2014, 121; *Naderhirn* ZESAR 2007, 123; *Rebhahn* DRdA 2014, 407; *Reichold/Ludwig* AP TVG § 1 Bezugnahme auf Tarifvertrag Nr. 71; *Reichold* JZ 2006, 725; *Schaub*, FS Buchner, 2009, 787; *Schiefer/Hartmann* BB 2013, 2613; *Seel* öAT 2013, 224; *Spielberger* AuA 2014, 90; *Sutschet* RdA 2013, 28; *Thüsing* NZA 2006, 473; *Thüsing* EWiR 2013, 543; *Willemsen/Grau* NJW 2014, 12). Zur besonderen Situation der Arten/Techniken der Verknüpfung von Arbeitsvertrag/Arbeitsverhältnis und Tarifvertrag (als eine Form von

Kollektivvertrag, → Rn. 24 ff., 44) in Deutschland im Hinblick auf eine Einordnung iSv Art. 3 I/Art. 3 III insbesondere auch vor dem Hintergrund der Rechtsprechung des BAG zur Aufgabe des Verständnisses der „Gleichstellungsabrede" (→ Rn. 33) hat der Vierte Senat am 17.6.2015 ein Vorabentscheidungsersuchen beschlossen (→ Rn. 34).

II. Möglichkeit der Mitgliedstaaten: Gesamtschuldnerische Haftung für die vor dem Übergang entstandenen Verpflichtungen vorsehen (Art. 3 I Uabs. 2)

Teilweise kann ein Schuldnerwechsel durch Übergang des Arbeitsverhältnisses auf den **38** Erwerber den Arbeitnehmerinteressen insofern zuwiderlaufen als der Erwerber im Gegensatz zum Veräußerer weniger solvent ist/erscheint (*Rebhan* RdA 2006, Sonderbeil. zu Heft 6, 4 [12]). Gerade auch der Gesichtspunkt der Bonität kann ein Motiv der ursprünglichen Wahl des Arbeitgebers durch den Arbeitnehmer gewesen sein (*Riesenhuber* § 24 Rn. 65). Im Hinblick auf diese und vergleichbare Gründe (zu weitergehenden Überlegungen im Hinblick auf die Erwirtschaftung des Verkaufserlöses *Thüsing*, Europäisches Arbeitsrecht, § 5 Rn. 85), ggf. auch zur Vorbeugung von Missbrauch (*Riesenhuber* § 24 Rn. 65) können die Mitgliedstaaten nach Art. 3 I Uabs. 2 **vorsehen,** dass der Veräußerer und der Erwerber nach dem Zeitpunkt des Übergangs (→ Art. 1 Rn. 56) **gesamtschuldnerisch** für die Verpflichtungen **haften,** die vor dem Zeitpunkt des Übergangs entstanden sind. Damit ist den Mitgliedstaaten gestattet (Überblick zur Nutzung bei EAS/*Joussen* B 7200 Rn. 42 Fn. 132), die Regel, wonach der Übergang ipso jure (→ Rn. 3) erfolgt, mit Grundsätzen ihrer innerstaatlichen Rechtsordnungen in Einklang zu bringen (EuGH 5.5.1988 – 144/87 und 145/87 Rn. 13 – Berg und Busschers bzw. Berg/Besselsen, NZA 1990, 885; vgl. auch EuGH 14.11.1996 – C-305/94 Rn. 19 – Rotsart de Hertaing, Slg. 1996, I-5927).

Für das deutsche Recht ist mit § 613a II BGB davon als abgestufte Haftungsregelung **39** Gebrauch gemacht worden, die durch § 613a III BGB weiter begrenzt wird (näher ErfK/ *Preis* BGB § 613a Rn. 133 ff., 140; MüKoBGB/*Müller-Glöge* BGB § 613a Rn. 164; HWK/ *Willemsen/Müller-Bonanni* BGB § 613a Rn. 296.

III. Möglichkeit der Mitgliedstaaten: Information des Erwerbers durch den Veräußerer vorsehen (Art. 3 II)

Seit der Änderung der RL 77/187/EWG durch die RL 98/50/EG betont Art. 3 II **40** ausdrücklich, dass es den Mitgliedstaaten freigestellte ist, durch Maßnahmen zu gewährleisten, dass der Veräußerer den Erwerber über alle Rechte und Pflichten unterrichtet, die nach Art. 3 auf den Erwerber übergehen, soweit diese dem Veräußerer zum Zeitpunkt des Übergangs (→ Art. 1 Rn. 56) bekannt waren oder bekannt sein mussten. Eine solche Information hat vermutlich **weniger Bedeutung** für Erwerber, die vor Kauf iRv **„Due Dilligence"** im Einzelnen bestehende Rechte und Pflichten prüfen können, **als für Bieter im Rahmen einer Auftragsvergabe,** soweit ein Übergang iSd Richtlinie in Betracht kommt.

Ob die Bestimmung dem Arbeitnehmerschutz dienen sollte, ist nicht letztlich klar (dafür **41** *Riesenhuber* § 24 Rn. 77). Ein **Unterlassen** einer eventuell mitgliedstaatlich vorgesehenen Unterrichtung **berührt** ausdrücklich **weder** den **Übergang** der Rechte und Pflichten **noch** die **Ansprüche** von Arbeitnehmern gegenüber dem Erwerber und/oder Veräußerer in Bezug auf diese Rechte und Pflichten. Das lässt den Schluss zu, dass das Wissen des Erwerbers von der Richtlinie nicht vorausgesetzt wird (Preis/Sagan/*Grau/Hartmann* Rn. 106).

IV. Aufrechterhaltung der in einem Kollektivvertrag vereinbarten Arbeitsbedingungen (Art. 3 III)

42 Nach der **Gewährleistung** (EuGH 11.6.2009 – C-561/07, Rn. 46 – Kommission/ Italien, EuZW 2009, 648; 27.11.2008 – C-396/07 Rn. 33 – Juuri, NZA 2008, 1405) des **Art. 3 III** muss der Erwerber nach dem Übergang die in einem Kollektivvertrag (→ Rn. 45 f.) vereinbarten Arbeitsbedingungen bis zur Kündigung oder zum Ablauf des Kollektivvertrags bzw. bis zum Inkrafttreten oder bis zur Anwendung eines anderen Kollektivvertrags **in dem gleichen Maße aufrechterhalten,** wie sie in dem Kollektivvertrag für den Veräußerer vorgesehen waren. Trotz des Übergangs sollen alle Arbeitsbedingungen so aufrechterhalten werden, wie sie von den Parteien des Kollektivvertrags gewollt waren (oben genanntes Urteil *Juuri,* Rn. 33). Die Bestimmung in Art. 3 III ist so zu verstehen, dass die Aufrechterhaltung der in einem Kollektivvertrag vereinbarten Arbeitsbedingungen durch den Erwerber **nur für die Arbeitnehmer** sichergestellt werden soll, **die bereits zum Zeitpunkt des Übergangs** (→ Art. 1 Rn. 56) bei dem Betrieb/Unternehmen **beschäftigt waren,** nicht aber für die nach diesem Zeitpunkt eingestellten Arbeitnehmer (EuGH 17.12.1987 – 287/86 Rn. 26 – Ny Mølle Kro, Slg. 1987, 5465 zum damaligen Art. 3 II). Dies steht jedoch unter dem Vorbehalt, dass die zwingenden Vorschriften der Richtlinie über den Schutz der Arbeitnehmer gegen eine wegen des Übergangs erfolgte Kündigung beachtet worden sind (Urteil *Ny Mølle Kro* Rn. 25). Für die Aufrechterhaltung gilt nach Art. 3 III UAbs. 2 ein **Mindestzeitraum** von einem Jahr (→ Rn. 68 ff.). Allerdings enthält Art. 3 III auch **Beschränkungen** des Grundsatzes der Anwendbarkeit von Kollektivverträgen (EuGH 9.3.2006 – C-499/04 Rn. 28 – Werhof, NZA 2006, 376; → Rn. 58, 68 f.).

43 Von Sachverhalten der **Aufrechterhaltung** der in einem Kollektivvertrag vereinbarten Arbeitsbedingungen nach Art. 3 III, um die es hier geht, sind Sachverhalte **zu unterscheiden,** bei denen die Anwendung eines **Kollektivvertrags arbeitsvertraglich vereinbart** worden ist (Bezugnahmeklausel im Arbeitsvertrag). Letztere Konstellation ist in erster Linie von Art. 3 I (→ Rn. 22 ff.; vgl. auch Preis/Sagan/*Grau/Hartmann* Rn. 109) und wohl nicht zusätzlich von Art. 3 III erfasst (letzteres ist jedoch nicht ausdrücklich geklärt, → Rn. 23, 28). **Beispiele** für Rechtsprechung zu Sachverhalten der arbeitsvertraglichen Bezugnahme auf Kollektivvertrag sind die Urteile ***Werhof* und *Alemo-Herron* ua** (EuGH 9.3.2006 – C-499/04 – NZA 2006, 376; 18.7.2013 – C-426/11 – NZA 2013, 835). Hingegen beruhen die von Art. 3 III erfassten Situationen zum Themenbereich Rechtsfolgen/Kollektivverträge auf **anderen Arten der Verknüpfung** von Kollektivvertrag und Arbeitsverhältnis (jedoch → Rn. 23 ff.).

44 **In den Mitgliedstaaten der EU** sind **verschiedene Arten/Techniken** der Verknüpfung von Kollektivvertrag und Arbeitsverhältnis zu verzeichnen. Die **nationalen Muster kollektiver Arbeitsbeziehungen** sind sehr unterschiedlich (im Einzelnen *Rebhahn* NZA Beil. 2011, Nr. 2, 64 ff.; *derselbe* EuZA 2008, 39 [49 ff.]; PHKW/*Barnard* GRC Art. 28 Rn. 28.34 f.; *Henssler/Braun* in Henssler/Braun, S. VII; *Kamanabrou* ua in Kamanabrou, Erga-Omnes-Wirkung; → Art. 2 Rn. 5 f.), unterschiedlich ist auch die Reichweite von Tarifnormen (*Kamanabrou* in Kamanabrou, Erga-Omnes-Wirkung, 21 ff.). **Art. 3 III soll grds. alle** (EuGH 11.9.2014 – C-328/13 Rn. 25 – Österreichischer Gewerkschaftsbund, NZA 2014, 1092) **erfassen,** wohl mit einer **Ausnahme** im Hinblick auf die arbeitsvertragliche Bezugname, die grds. Art. 3 I unterfällt (→ Rn. 22 f.; dazu auch das Vorabentscheidungsersuchen BAG 17.6.2015 – 4 AZR 61/14 [A] –). In Urteilen des EuGH sind einige dieser Arten/Techniken ersichtlich. So wird nach österreichischem Recht der Kollektivvertrag „grds. nicht Bestandteil des Arbeitsvertrags", sondern wirkt auf diesen über die beiderseitige Mitgliedschaft in den tarifschließenden Parteien wie ein Gesetz – für das deutsche Recht ist insoweit eine graduelle Ähnlichkeit mit §§ 3 I, 4 I TVG sichtbar – ein (oben genanntes Urteil **Österreichischer Gewerkschaftsbund** Rn. 4, 7); dementsprechend

ging es im genannten Urteil zum Themenbereich Rechtsfolgen/Kollektivvertrag nicht um eine Auslegung von Art. 3 I, sondern um die von Art. 3 III. Für den Sachverhalt des Urteils **Scattolon** (EuGH 6.9.2011 – C-108/10 – NZA 2011, 1077) betreffend ein italienisches Ausgangsverfahren ist die „Technik" der Anknüpfung nicht bekannt, lediglich das Ergebnis, nämlich die Vergütung nach einem Kollektivvertrag (oben genanntes Urteil *Scattolon* Rn. 13); eine Bezugnahme im Arbeitsvertrag ist im Urteil nicht ersichtlich. Der Sachverhalt des Urteils *Juuri* (EuGH 27.11.2008 – C-396/07 – NZA 2008, 1405) bezogen auf ein finnisches Ausgangsverfahren betrifft „den für den Veräußerer verbindlichen Kollektivvertrag" (oben genanntes Urteil *Juuri* Rn. 19, Vorlagefrage 1). Eine arbeitsvertragliche Bezugnahmeklausel ist nicht ersichtlich. Für das Arbeitsverhältnis von Frau Juuri „galt der Kollektivvertrag der Metallindustrie" (Rn. 10), der Erwerber teilte ihr mit, „dass ihr Arbeitsverhältnis ab dem 1.2.2003 unter den für Amica verbindlichen Kollektivvertrag des Beherbergungs- und Gaststättengewerbes falle" (Rn. 11). Ähnliches geht aus dem Urteil ***Ny Mølle Kro*** betreffend ein dänisches Ausgangsverfahren hervor (EuGH 17.12.1987 – 287/86 Rn. 3, 23 ff. – Slg. 1987, 5465). Die Tarifgebundenheit bestand auf Seiten der Arbeitgeberin (Urteil *Ny Mølle Kro*, Rn. 3). Zur Frage der Gebundenheit der Arbeitnehmerin enthält das Urteil nichts. Dementsprechend beruhen die Gründe der Urteile *Scattolon, Juuri* und *Ny Mølle Kro* zum Themenbereich Rechtsfolgen/Kollektivvertrag auf einer Auslegung von Art. 3 III.

1. Kollektivvertrag. Die Richtlinie erläutert nicht, wie der **Begriff „Kollektivvertrag"** zu verstehen ist. Dem EuGH ist bisher eine dahingehende Frage nicht gestellt worden. Vermutlich kam es darauf bisher in keinem Ausgangsrechtsstreit an. Nicht ausdrücklich geklärt ist in der Folge, ob es sich dabei um einen eigenständigen Begriff des Unionsrechts oder um einen Begriff handelt, dessen Definition den Mitgliedstaaten überlassen ist. Viel spricht dafür, dass die Richtlinie keinen autonomen Begriff des „Kollektivvertrags" enthält und dass jedenfalls die Frage, **ob** ein Kollektivvertrag besteht, anhand der jeweiligen Vorschriften des nationalen Rechts zu beantworten ist (zu dieser Auffassung näher SA des GA *Cruz Villalón* 3.6.2014 – C-328/13, Rn. 34 ff., 43 – Österreichischer Gewerkschaftsbund). Dafür spricht der Umstand, dass die **kollektiven Arbeitsbeziehungen** in den Mitgliedstaaten sehr **unterschiedlich** strukturiert sind (→ Rn. 44, 61). Die Richtlinie nimmt nur eine teilweise Harmonisierung auf dem geregelten Gebiet vor, indem sie hauptsächlich den Schutz, der den Arbeitnehmern durch die Rechtsvorschriften der einzelnen Mitgliedstaaten selbst bereits gewährt wird, auch auf den Fall des Übergangs ausdehnt. Sie will kein für die gesamte Union aufgrund gemeinsamer Kriterien einheitliches Schutzniveau schaffen (EuGH 11.9.2014 – C-328/13 Rn. 22 – Österreichischer Gewerkschaftsbund, NZA 2014, 1092). Vor diesem Hintergrund ist davon auszugehen, dass zunächst im Einklang mit Art. 28 GRC alle Arten von kollektiven Vereinbarungen, die vom nationalen Recht zugelassen werden (vgl. Meyer/*Rudolf* Art. 28 GRC Rn. 22; vgl. Art. 28 GRC), also **sämtliche Formen der kollektiven Rechtsgestaltung** (*Fuchs/Marhold* 261) unter Art. 3 III fallen. Gemeint sind alle kollektiv ausgehandelten Vereinbarungen zwischen der „Arbeitnehmerschaft" (betrieblich und überbetrieblich) und einzelnen Arbeitgebern bzw. einer wie auch immer organisierten „Arbeitgeberschaft" (vgl. auch *v. Alvensleben* 241 f.; EAS/*Joussen* B 7200 Rn. 55; Preis/Sagan/*Grau/Hartmann* Rn. 108). Auf Arbeitnehmerseite kommen dafür – je nach mitgliedstaatlicher Rechtssituation – alle Arbeitnehmervertretungen in Frage, also neben Gewerkschaften auch (andere) betriebliche und überbetriebliche Vertretungen. Insoweit ist Art. 3 III vermutlich weitergehender als Art. 28 GRC (→ Art. 28 GRC Rn. 23, 28, 33), in dem – in der deutschsprachigen Fassung – ausdrücklich der „Tarifvertrag" genannt ist und der mit „Kollektivmaßnahmen" einen anderen Bezug aufweist.

Bezogen auf die **deutsche Situation** sind **grds.** nicht nur **Tarifverträge** – jeglicher Ebene, also sowohl Haustarifverträge als auch Verbandstarifverträge – und **Betriebsvereinbarungen** – grds. ebenfalls jeglicher Ebene (also auch GBV und KBV) – erfasst (näher

ErfK/*Preis* BGB § 613a Rn. 114 ff.; MüKoBGB/*Müller-Glöge* BGB § 613a Rn. 149 ff.; APS/*Steffan* BGB § 613a Rn. 114 ff.). § 613a I 2–4 BGB, der nur auf „Rechtsnormen eines Tarifvertrags" und „eine Betriebsvereinbarung" Bezug nimmt, ist insofern zu eng formuliert. Im Wege der Auslegung iSd Richtlinie fallen **auch andere kollektive Vereinbarungen** darunter, also auch **Sprechervereinbarungen** (MüKoBGB/*Müller-Glöge* BGB § 613a Rn. 152; HWK/*Willemsen/Müller-Bonanni* BGB § 613a Rn. 263) und **Dienstvereinbarungen** des öffentlichen Dienstes (ebenso ua MüKoBGB/*Müller-Glöge* BGB § 613a Rn. 152; APS/*Steffan* BGB § 613a Rn. 119; EAS/*Joussen* B 7200 Rn. 55; Preis/Sagan/ *Grau/Hartmann* Rn. 108), da Letzterer bis auf Ausnahmen für Tätigkeiten in Ausübung hoheitlicher Befugnisse von der Richtlinie erfasst ist (→ Art. 1 Rn. 20 ff., 29 ff.). Prinzipiell sind wohl auch **Regelungsabreden** erfasst (Preis/Sagan/*Grau/Hartmann* Rn. 109 mwN; **aA** EAS/*Joussen* B 7200 Rn. 55 mwN). Dabei kann sich durch den Übergang weder verbessern noch verschlechtern (→ Rn. 1 ff., 7), dass sich einzelne Arbeitnehmer zwar nicht direkt auf sie berufen können, jedoch uU auf ihre erfolgte Durchführung (ErfK/*Preis* BGB § 613a Rn. 118; APS/*Steffan* BGB § 613a Rn. 125; MüKoBGB/*Müller-Glöge* BGB § 613a Rn. 153; Staudinger/*Annuß* BGB § 613a Rn. 209); insofern fällt der Sachverhalt im Ergebnis eher unter „Rechte und Pflichten" nach Art. 3 I.

47   **2. Arbeitsbedingungen.** Die Richtlinie erläutert auch nicht, wie der **Begriff „Arbeitsbedingungen" in Art. 3 III** zu verstehen ist. Auch dazu ist dem EuGH bisher keine Frage vorgelegt worden. Viel spricht dafür, dass der Begriff der „**Arbeitsbedingungen**" nach Art. 3 III **und** der der „**Rechte und Pflichten**" nach Art. 3 I **nicht deckungsgleich** aufzufassen sind (→ Rn. 48 ff.).

48   Zum **Wortlaut** fällt auf, dass Art. 3 I „**Rechte und Pflichten**" zum Gegenstand hat, hingegen Art. 3 III „**Arbeitsbedingungen**". Dieser Unterschied im Wortlaut besteht nicht nur in der deutschsprachigen Fassung der Richtlinie (zB englisch: „rights and obligations"/"terms and conditions"; französisch: „droits et … obligations"/"conditions de travail"; spanisch: „derechos y obligaciones"/"condiciones de trabajo"; italienisch: „diritti e … obblighi"/"condizioni di lavoro"). Viel spricht dafür, dass hier ein unterschiedlicher Wortlaut, der sich gleichmäßig durch die untersuchten Sprachfassungen zieht (vgl. zur Wortlautauslegung *Borchardt* in Schulze/Zuleeg/Kadelbach, Europarecht, 3. Aufl. 2015, § 15 Rn. 34 ff.), eine **unterschiedliche Bedeutung** zum Ausdruck bringen soll (vgl. auch *v. Alvensleben*, 244; **aA** WHSS/*Hohenstatt* Rn. E124; Staudinger/*Annuß* BGB § 613a Rn. 211 unter Hinweis auf Vorarbeiten zur Richtlinie). Fraglich ist deshalb, ob nur die auf das einzelne Arbeitsverhältnis bezogenen Rechte und Pflichten Bestand haben sollen, oder auch weitergehende, auf die übergehende wirtschaftliche Einheit insgesamt bezogene Arbeitsbedingungen.

49   Im **Gesamtzusammenhang der Bestimmung** des Art. 3 ist bemerkenswert, dass nur „Rechte und Pflichten" nach Art. 3 I ausdrücklich auf den einzelnen Arbeitsvertrag, das einzelne Arbeitsverhältnis bezogen sind. Sie ergeben sich „aus" dem Arbeitsvertrag bzw. dem Arbeitsverhältnis (→ Art. 2 Rn. 11 ff.), gehen auch in dieser Form vom Veräußerer zum Erwerber über. Für den Begriff der „**Arbeitsbedingungen**" enthält Art. 3 III keinen weiteren formulierten Bezug als dass sie „in einem Kollektivvertrag vereinbart sind" (→ Rn. 55 Charakter der Aufrechterhaltung). Zwar ist nicht auszuschließen, dass gleichwohl durch eine enge Verbindung zwischen Art. 3 I und Art. 3 III (als eventuelle „komplementäre Funktion", Preis/Sagan/*Grau/Hartmann* Rn. 110; *Debong* 43) letztlich ein enger Bezug zu „Rechten und Pflichten" vorhanden ist. Schließlich ist „Gegenstand des Arbeitsvertrags oder -verhältnisses die Regelung der Arbeitsbedingungen" (EuGH 28.1.2015 – C-688/13 Rn. 53 – Gimnasio Deportivo San Andrés). Indes steht einem engen Begriffsverständnis entgegen, dass der Begriff der „Arbeitsbedingungen" in Art. 3 III mit dem bestimmten und umfassenden Artikel „**die**" versehen ist und damit einhergehend nach dem Wortlaut kein Anhaltspunkt dafür besteht, dass aus der **Gesamtheit der Arbeitsbedingungen eines Kollektivvertrags** nur einige aufrechterhalten werden sollen. Der Wortlaut enthält im

Gegenteil **keine Begrenzung der Aufrechterhaltung** kollektivvertraglich geregelter Arbeitsbedingungen (vgl. auch *v. Alvensleben* 242 ff.; *Fuchs/Marhold* 262; *Thüsing,* Europäisches Arbeitsrecht, § 5 Rn. 62 mwN), was auch im Satzteil „in gleichem Maße" des Art 3 III zum Ausdruck kommt (*v. Alvensleben* 244). Aus dem Wortlaut von Art 3 III geht nicht hervor, dass nur die „Rechte und Pflichten" der Arbeitnehmer bzw. nur Normen, die den Inhalt der Arbeitsverhältnisse betreffen, gemeint sind (→ Rn. 53 zur Verschiedenheit des deutschen Rechts). Das **Fehlen einer formulierten Einschränkung** ist idR ein starkes Indiz dafür, dass eine solche nicht gewollt ist. Die Richtlinie sieht neben den Ausnahmen des Art. 3 IV, die die darin genannten Leistungen bei Alter, bei Invalidität oder für Hinterbliebene betreffen, keine weiteren Ausnahmen von diesen Regeln vor. Aus dem Bestehen einer solchen spezifischen Bestimmung ist zu schließen, dass sich Art. 3 I und Art. 3 III auf alle darin genannten nicht unter diese Ausnahmen fallenden Ansprüche der Arbeitnehmer erstreckt (EuGH 4.6.2002 – C-164/00 Rn. 37 – Beckmann, NZA 2002, 729 zu den damals anders nummerierten, aber gleichen Bestimmungen). Damit einhergehend stellt die **Rechtsprechung des EuGH** deutlich auf die **Gesamtheit der Arbeitsbedingungen** eines Kollektivvertrags ab: Nach dem Urteil *Juuri* soll Art. 3 III gewährleisten, dass trotz des Übergangs **alle** Arbeitsbedingungen so aufrechterhalten werden, **wie** sie von den **Parteien des Kollektivvertrags gewollt** waren (EuGH 27.11.2008 – C-396/07 Rn. 33 – NZA 2008, 1405). Ob und ggf. welche Bedeutung es hat, dass im früheren Urteil *Werhof* das Ziel der Richtlinie demgegenüber eingeschränkter formuliert zu sein scheint (sie bezwecke nur, die am Tag des Übergangs bestehenden Rechte und Pflichten der Arbeitnehmer zu wahren, EuGH 9.3.2006 – C-499/04 Rn. 29 – Werhof, NZA 2006, 376), ist ungeklärt.

Weiter kann der **Gesamtzusammenhang der Richtlinie** dafür sprechen, dass auf 50 kollektivvertraglicher Ebene nicht nur die auf das einzelne Arbeitsverhältnis bezogenen Rechte und Pflichten, sondern weitergehende, auf die gesamte übergehende wirtschaftliche Einheit bezogene Regelungen Bestand haben sollen. Für ein weites Verständnis des Begriffs der Arbeitsbedingungen spricht einerseits der Sinn und Zeck der Richtlinie, die insgesamt auf eine „Neutralität des Übergangs" (→ Rn. 4) für das gesamte Arbeitsverhältnis gerichtet ist (vgl. *v. Alvensleben* 245). Zudem sind in der Richtlinie über das Einzelarbeitsverhältnis hinaus auch Regelungen zum Erhalt von Arbeitnehmervertretungsstrukturen (Art. 6) und auf die Gesamtheit der Arbeitnehmer bezogene Unterrichtungspflichten (Art. 7) enthalten. Für die praktische Wirksamkeit (→ Rn. 66, → Art 7 Rn. 4) des Erhalts von Arbeitnehmervertretungsstrukturen (Art. 6) spricht nach dem Sinn und Zweck, dass damit verbundene kollektivvertragliche Regelungen aufrechterhalten bleiben, und zwar unabhängig davon, ob darin „Rechte und Pflichten" des Einzelarbeitsverhältnisses zum Ausdruck kommen.

Demnach dürfte der **Begriff der „Arbeitsbedingungen"** nach **Art. 3 III** anders und 51 wohl auch **weiter aufzufassen** sein **als „Rechte und Pflichten" nach Art. 3 I**. Sind also „Arbeitsbedingungen" nicht nur als „Rechte und Pflichten" der einzelnen Arbeitnehmer aufzufassen, dann dürfte der Erwerber **grds. auch** kollektivvertragliche Regelungen bsw. zur Verhütung von Arbeitsunfällen und Gesundheitsschädigungen, Regelungen zum betrieblichen Umweltschutz und Regelungen zur Errichtung von Sozialeinrichtungen aufrechtzuerhalten haben (vgl. für das deutsche Recht die Ermächtigungsgrundlagen für Betriebsvereinbarungen in §§ 88, 112 BetrVG). Im Grundsatz gilt wohl nichts anderes für **Tarifverträge über betriebliche und betriebsverfassungsrechtliche Fragen** mit ua Besetzungsregeln, Standortsicherungs-/Sanierungsregelungen und betriebsverfassungsrechtlichen Zuordnungsregelungen (ebenso *v. Alvensleben* 242 ff.; zu den tarifvertraglichen Regelungsbeispielen ua ErfK/*Franzen* TVG § 1 Rn. 56 ff.; Däubler/Hensche/Heuschmid TVG § 1 Rn. 803 ff., 890 ff.).

Rechtssichere Antworten (Art. 267 AEUV) stehen aus, ob und ggf. inwieweit der Begriff 52 „Arbeitsbedingungen" tatsächlich anders zu verstehen ist als „Rechte und Pflichten". Nicht geklärt ist, ob kollektivvertragliche Regelungen soweit erfasst werden wie „sich ihr Regelungsgehalt auf das **Verhältnis** des Arbeitgebers zu dem einzelnen **Arbeitnehmer** oder der **Belegschaft als Kollektiv** bezieht" (*Löw* 71), **oder nur** soweit wie sie „das **Austausch-**

530 RL 2001/23/EG Art. 3 Rechte und Pflichten bei Betriebsübergang

verhältnis zwischen Arbeitgeber und Arbeitnehmer betreffen und auch Gegenstand des Arbeitsvertrags sein könnten" (Preis/Sagan/*Grau/Hartmann* Rn. 110 unter Einschluss sog. Doppelnormen). Nicht geklärt ist auch, ob möglicherweise im **Kontext** einer nicht erhaltenen Rechtsstellung und Funktion von Vertretern/Vertretungen nach **Art. 6** Einschränkungen für bestimmte Regelungsbereiche bestehen können (zB: Aufrechterhaltung einer gesamten Betriebsvereinbarung bei Betriebsteilübergang?). Letztlich handelt es sich bei den hier behandelten Fragen im Wesentlichen um solche der **Auslegung des Unionsrechts,** die abschließend nur der **EuGH** beantworten kann (vgl. auch EAS/*Joussen* B 7200 Rn. 57).

53 Im **deutschen Recht** deutet demgegenüber der Wortlaut von § 613a I 2 BGB auf ein **Konzept** hin, das sich **von Art. 3 III** der Richtlinie **unterscheidet.** Ein Begriff wie „Arbeitsbedingungen" kommt darin nicht vor; vielmehr wird im Wortlaut eine enge und ausdrückliche Bezugnahme auf „diese Rechte und Pflichten" iSv § 613a I 1 BGB hergestellt, die „durch Rechtsnormen" eines Tarifvertrags oder durch eine Betriebsvereinbarung geregelt sind. Dies und auch der Umstand, dass „diese Rechte und Pflichten" nach dem Wortlaut der Bestimmung „Inhalt des Arbeitsverhältnisses zwischen dem neuen Inhaber und dem Arbeitnehmer" werden (dazu → Rn. 57) bedingt in Rechtsprechung und Literatur weitgehend ein Verständnis, wonach § 613a I 2 BGB in erster Linie Inhaltsnormen erfasst, andere Normen nur bei Relevanz im bestehenden Arbeitsverhältnis und bsw. betriebsverfassungsrechtliche Normen nur im Ausnahmefall erfasst sind (vgl. zusammenfassend mit unterschiedlichen Nuancierungen sowie mwN: ErfK/*Preis* BGB § 613a Rn. 118; HWK/*Willemsen/Müller-Bonanni* BGB § 613a Rn. 264; MüKoBGB/*Müller-Glöge* BGB § 613a Rn. 135; Schaub/*Koch* § 119 Rn. 6; APS/*Steffan* BGB § 613a Rn. 126; Staudinger/*Annuß* BGB § 613a Rn. 210 f.; DFL/*Bayreuther* BGB § 613a Rn. 62; WHSS/*Hohenstatt* Rn. E 124; teilweise auch *Gaul* § 24 Rn. 21 f.; weiter diff. KDZ/*Zwanziger* BGB § 613a Rn. 92; zur oft kollektivrechtlichen Weitergeltung von Betriebsvereinbarungen: ua WHSS/*Hohenstatt* Rn. E 2 ff.; KDZ/*Zwanziger* BGB § 613a Rn. 109 ff.; Sieg/Maschmann Unternehmensumstrukturierung Rn. 264 ff.; zu normativer Fortwirkung nach Übergang bei beiderseitiger Tarifgebundenheit oder Erstreckung mittels Allgemeinverbindlicherklärung nach § 5 TVG oder RechtsVO nach § 8 AEntG ua ErfK/*Preis* BGB § 613a Rn. 113a, 118; MüKoBGB/*Müller-Glöge* BGB § 613a Rn. 139). In der Folge kann im Fall einer „weiten Auslegung" von Art. 3 III (→ Rn. 47 ff.) im deutschen Recht ein **Umsetzungsdefizit** bestehen (im Ergebnis wohl ähnlich *Fuchs/Marhold* 262, allerdings nur auf die hM bezogen). Eine ähnlich enge, nur auf Rechte und Pflichten des einzelnen Arbeitsverhältnisses bezogene Richtlinienumsetzung haben offenbar **andere Mitgliedstaaten** nicht vorgenommen (zu einem Überblick bis 1991 vgl. *v. Alvensleben* 245 f.).

54 **3. Aufrechterhaltung „in dem gleichen Maße".** Die **Rechtsprechung zur Richtlinie** enthält bisher nur einige Hinweise zur Wirkungsart der Aufrechterhaltung der in einem Kollektivvertrag vereinbarten Arbeitsbedingungen. Danach soll Art. 3 III gewährleisten, dass trotz des Übergangs alle Arbeitsbedingungen **so aufrechterhalten** werden, **wie sie** von den Parteien des Kollektivvertrags **gewollt waren** (EuGH 27.11.2008 – C-396/07 Rn. 33 – Juuri, NZA 2008, 1405). Zudem bezweckt Art. 3 III **nicht** die **Weitergeltung** (bzw. **Weiteranwendung**) eines Kollektivvertrags **als solchem, sondern die** (Weiteranwendung/-geltung) **der** in einem solchen Vertrag vereinbarten **„Arbeitsbedingungen"** (EuGH 11.9.2014 – C-328/13 Rn. 23 – Österreichischer Gewerkschaftsbund, NZA 2014, 1092). Dabei ist **Vorsicht beim Verständnis** des in der deutschen Urteilsfassung verwendeten **Wortes „Weitergeltung"** geboten. Es sollte nicht mit einem differenzierenden Verständnis zwischen „Geltung" und „Anwendung" (wie bsw. im deutschen Arbeitsrecht: normative „Geltung" nach § 3 I, § 4 I TVG, jedoch „Anwendung" kraft vertraglicher Bezugnahmeregelung, dazu ua BAG 12.6.2013 BAGE 145, 237 Rn. 13 12.12.2012 AP TVG § 1 Bezugnahme auf Tarifvertrag Nr. 122 Rn. 41) gelesen werden. Zum einen kann eine solche Differenzierung für das Unionsrecht nicht ohne Weiteres vorausgesetzt werden. Zum anderen heißt es im genannten Urteil *Österreichischer Gewerkschaftsbund* in der französi-

schen Sprachfassung (= Arbeits-/Beratungssprache am EuGH) „maintenir en application" (Rn. 23), was ebenso oder sogar eher als „Weiteranwendung" zu verstehen ist. Dafür spricht auch, dass im zweiten Teil des Wortlauts von Art. 3 III gleichlautend von „Anwendung"/ "l'application" die Rede ist („oder bis zur Anwendung eines anderen Kollektivvertrags"/ "ou de l'application d'une autre convention collective").

Der **Charakter der Aufrechterhaltung** (zB: „individualrechtliche" oder „kollektivrechtliche"?) der in einem Kollektivvertrag vereinbarten Arbeitsbedingungen ist im Wortlaut der Richtlinie **nicht näher definiert** oder beschrieben worden (für eine Auseinandersetzung mit der Entstehungsgeschichte der Bestimmung in Art. 3 III vgl. Preis/Sagan/*Grau/Hartmann* Rn. 112; *Löw* 67 ff.). Eine genauere Vorgabe zum Charakter der Aufrechterhaltung stieße angesichts **sehr unterschiedlicher nationaler** Arten/"Techniken" (→ Rn. 24 ff., 44) der **Ein-/Anbindung von Kollektivvertrag** und Arbeitsvertrag/Arbeitsverhältnis auch auf Grenzen (so ist in Großbritannien allein über den Arbeitsvertrag rechtliche Verbindlichkeit eines Kollektivvertrags erreichbar, vgl. ua *Rebhahn* EuZA 2008, 39 [49]; → Rn. 24; laut dem Obersten Gerichtshof/Österreich wird der Kollektivvertrag nach österreichischem Recht grds. nicht Bestandteil des Arbeitsvertrags, sondern wirkt auf diesen wie ein Gesetz ein, vgl. EuGH 11.9.2014 – C-328/13 Rn. 7 – Österreichischer Gewerkschaftsbund, NZA 2014, 1092). Art. 3 III gebietet die Aufrechterhaltung der kollektivvertraglich vereinbarten Arbeitsbedingungen, **ohne dass es auf den spezifischen Ursprung ihrer Geltung ankäme**. Im Urteil *Österreichischer Gewerkschaftsbund* heißt es, kollektivvertraglich vereinbarte Arbeitsbedingungen fallen grds. unter Art. 3 III, unabhängig davon, mit welcher Technik ihre Geltung für die Beteiligten erreicht wird (diese Ausführungen werfen allerdings die Frage auf, ob sie tatsächlich für alle „Techniken" zutreffen sollen, also auch für arbeitsvertragliche Bezugnahme, trotz deren Einbindung in das Prinzip der Privatautonomie → Rn. 28). Insoweit genüge es, dass Arbeitsbedingungen in einem Kollektivvertrag vereinbart wurden und den Erwerber und die übergegangenen Arbeitnehmer tatsächlich binden. So sind kollektivvertraglich festgelegte Arbeitsbedingungen nicht bereits deshalb von Art. 3 III ausgenommen, weil sie für die Beteiligten aufgrund einer Vorschrift über die **Nachwirkung** von Kollektivverträgen gelten (EuGH 11.9.2014 – C-328/13 Rn. 23 bis 26 – Österreichischer Gewerkschaftsbund, NZA 2014, 1092).

55

Vorgegeben ist jedoch die Aufrechterhaltung „in dem gleichen Maße ... wie sie in dem Kollektivvertrag für den Veräußerer vorgesehen waren". Der Zeitpunkt, auf den sich das Maß bezieht, ist der Zeitpunkt des Übergangs (→ Art. 1 Rn. 56). Aus der Richtlinie ergibt sich nicht, dass der Gemeinschaftsgesetzgeber den Erwerber durch andere Kollektivverträge als die zum **Zeitpunkt des Übergangs geltenden** binden und demnach verpflichten wollte, die Arbeitsbedingungen später durch die Anwendung eines neuen, nach dem Übergang geschlossenen Kollektivvertrags zu ändern. Das entspricht auch dem Ziel der Richtlinie, die nur bezweckt, **die am Tag des Übergangs bestehenden Rechte und Pflichten** der Arbeitnehmer zu wahren. Dagegen wollte die Richtlinie nicht bloße Erwartungen und somit hypothetische Vergünstigungen schützen, die sich aus zukünftigen Entwicklungen der Kollektivverträge ergeben könnten (EuGH 9.3.2006 – C-499/04 Rn. 29 – Werhof, NZA 2006, 376). **Anderes** kann jedoch gelten, wenn kollektivvertragliche Arbeitsbedingungen kraft einer **Bezugnahmeregelung** im Arbeitsvertrag Bestandteil der individualrechtlichen Vereinbarung geworden sind (→ Rn. 22 ff.).

56

Es spricht viel dafür, dass der zur Frage der Aufrechterhaltung eher offene, keine „Technik" angebende Wortlaut von Art. 3 III („erhält ... aufrecht") als **Freiraum der nationalen Richtlinienumsetzung** verstanden werden kann (auch Preis/Sagan/*Grau/Hartmann* Rn. 112). Dazu ist dem EuGH bisher keine Frage vorgelegt worden. Trifft die Annahme des Freiraums zu, könnte die auf das Einzelarbeitsverhältnis bezogene Umsetzung in § 613a I 2 BGB (die durch Rechtsnormen eines Tarifvertrags oder durch eine Betriebsvereinbarung geregelten Rechte und Pflichten werden **Inhalt des Arbeitsverhältnisses** zwischen dem neuen Inhaber und dem Arbeitnehmer) prinzipiell richtlinienkonform sein (vgl. auch *Thüsing*, Europäisches Arbeitsrecht, § 5 Rn. 61). **Voraussetzung** wäre allerdings, dass dies

57

dem **Begriff der „Arbeitsbedingungen"** nach Art. 3 III, der wohl weiter zu verstehen ist als „Rechte und Pflichten" (→ Rn. 47 ff.), **gerecht wird.** Das ist für das deutsche Recht nicht in einem umfassenden Sinne erkennbar, insbesondere nicht für tarifliche Arbeitsbedingungen, die einen Gesamtbelegschaftsbezug haben und nicht als „Rechte und Pflichten" (→ Rn. 16 ff.) des Einzelarbeitsverhältnisses angesehen werden (→ Rn. 53). Unter Erfüllung der genannten Voraussetzung könnte es dem nationalen Recht und seinen Besonderheiten überlassen sein, ob bsw. eine **„individualrechtliche"** Aufrechterhaltung (frühere Rechtsprechung BAG, vgl. 29.8.2001 BAGE 99, 10, 21 f.), eine Transformation unter **Beibehaltung des kollektiv-rechtlichen Charakters** (BAG 22.4.2009 BAGE 130, 237 Rn. 61, 83; BDH/*Hauck* BetrVG Rn. 65; Schaub/*Koch* § 119 Rn. 5; MüKoBGB/*Müller-Glöge* BGB § 613a Rn. 131, 149; TLL/*Laux* BGB § 613a Rn. 36; DFL/*Bayreuther* BGB § 613a Rn. 60 f.; HWK/*Willemsen*/*Müller-Bonanni* BGB § 613a Rn. 250, 263; APS/*Steffan* BGB § 613a Rn. 110 ff.) oder weitergehend eine **„kollektivrechtliche"** Aufrechterhaltung (vgl. zum „Sukzessionsmodell" ua ErfK/*Preis* BGB § 613a Rn. 112 mwN, 113a) erfolgt.

58 **4. Bis zur Kündigung oder zum Ablauf des Kollektivvertrags.** Art. 3 III enthält auch **Beschränkungen** des Grundsatzes der Anwendbarkeit von Kollektivverträgen (EuGH 9.3.2006 – C-499/04 Rn. 28 – Werhof, NZA 2006, 376). Eine davon ist, dass der Erwerber die in einem Kollektivvertrag vereinbarten **Arbeitsbedingungen** (nur) bis zur Kündigung oder zum Ablauf des Kollektivvertrags **aufrechtzuerhalten** hat. Art. 3 III der Richtlinie verpflichtet ihn nicht, diese Arbeitsbedingungen über das **Ablaufdatum** des betreffenden **Kollektivvertrags** hinaus zu garantieren, auch wenn dieses Datum mit dem Übergang zusammenfällt. Art. 3 III der Richtlinie kann **keine Grundlage für eine Abweichung von dem Willen der Parteien des Kollektivvertrags** sein, wie er im Kollektivvertrag seinen Ausdruck gefunden hat. Sind die Vertragsparteien übereingekommen, gewisse Arbeitsbedingungen nicht über einen bestimmten Zeitpunkt hinaus zu gewährleisten, kann Art. 3 III den Erwerber deshalb nicht verpflichten, sie nach dem vereinbarten Ablaufdatum des Kollektivvertrags einzuhalten. Denn dieser ist nach diesem Zeitpunkt nicht mehr in Kraft (EuGH 27.11.2008 – C-396/07 Rn. 33 f. – Juuri, NZA 2008, 1405; vgl. auch EuGH 12.11.1992 – C-209/91 Rn. 29 – Watson Rask und Christensen, Slg. 1992, I-5755). **Wenn ein Kollektivvertrag** nach nationalem Recht seine **Rechtswirkungen** gegenüber den Arbeitnehmern kraft Gesetzes **verloren hat,** wird der **Verlust** der darin vorgesehenen Ansprüche **nicht durch die Richtlinie aufgehalten** (EuGH 6.11.2003 – C-4/01 Rn. 47 – Martin, NZA 2003, 1325). Ungeklärt ist, ob die vom EuGH allg. formulierten Grundsätze auch zur Anwendung kommen sollen, wenn die Anwendung eines Kollektivvertrags privatautonom im Arbeitsvertrag vereinbart worden ist, also unter die „Rechte und Pflichten" nach Art. 3 I fällt (→ Rn. 28, 55).

59 **5. Bis zum Inkrafttreten oder bis zur Anwendung eines anderen Kollektivvertrags (Ablösung).** Nach der Bestimmung in Art. 3 III UAbs. 1 erhält der Erwerber die in einem Kollektivvertrag vereinbarten Arbeitsbedingungen bis zum **Inkrafttreten** oder bis zur **Anwendung eines anderen Kollektivvertrags** in dem gleichen Maße aufrecht, wie sie in dem Kollektivvertrag für den Veräußerer vorgesehen waren. Eine solche „Ablösung" der Arbeitsbedingungen des bisherigen Kollektivvertrags durch die eines anderen, für den Erwerber geltenden Kollektivvertrags unterliegt nach der Richtlinie nur der Vorgabe des „Inkrafttretens" eines ablösenden Vertrags bzw. der „Anwendung" eines (ggf. bereits länger in Kraft befindlichen) ablösenden Vertrags. Für beides muss keinerlei Frist eingehalten werden, insbesondere nicht die des Art. 3 III UAbs. 2. Die Ablösung ist **„ab dem Zeitpunkt des Übergangs"** (→ Art. 1 Rn. 56) möglich (EuGH 6.9.2011 – C-108/10 Rn. 74 – Scattolon, NZA 2011, 1077; → Art. 4 Rn. 16 zu einer besonderen Situation der Ablösung). Näheres ist zur Ablösung in der Richtlinie nicht geregelt. Angesichts dessen, dass die kollektiven Arbeitsbeziehungen in den Mitgliedstaaten sehr unterschiedlich strukturiert sind (→ Rn. 44 f., 60), nimmt sie auch an dieser Stelle nur eine teilweise Harmonisierung

(→ Rn. 6, 45, → Art. 4 Rn. 9) vor. Es sprich viel dafür, dass die **Detailfragen einer** solchen **Ablösung** (→ Rn. 64) in dem durch die Richtlinie vorgegebenen Rahmen und unter umfassender Berücksichtigung von Ziel und Zweck der Richtlinie nach nationalem Recht zu beantworten sind, so wie sich der Umfang der Pflichten des Erwerbers generell nach nationalem Recht bestimmt (EuGH 12.11.1992 – C-209/91 Rn. 30 – Watson Rask und Christensen, Slg. 1992, I-5755; → Rn. 63).

Im Urteil *Scattolon* heißt es, Art. 3 III UAbs. 1 sei „dahin auszulegen, dass der Erwerber **60** die nach dem **bei ihm geltenden Kollektivvertrag** vorgesehenen Arbeitsbedingungen – einschließlich derjenigen über das Arbeitsentgelt – ab dem Zeitpunkt des Übergangs **anwenden darf**" (EuGH 6.9.2011 – C-108/10 Rn. 74 – NZA 2011, 1077). Diese Urteilspassage ist **missverständlich formuliert.** Nach ihrem Wortlaut könnte angenommen werden, aus der Richtlinie folge, dass der Erwerber die Arbeitsbedingungen eines „**bei ihm geltenden**" Kollektivvertrags **ohne Weiteres „anwenden darf".** Soll damit ein eigenständiger, die unterschiedlichen nationalen Modelle der **kollektiven Arbeitsbeziehungen** in den **Mitgliedstaaten** (→ Rn. 44 f., 59) **überspielender Ablösungsmechanismus** der Richtlinie zum Ausdruck gebracht werden? Das ist nicht anzunehmen. Weder geht solches nach Wortlaut sowie Sinn und Zweck aus der Richtlinie hervor, noch verträge es sich gut mit dem die Richtlinie prägenden Gesichtspunkt der nur teilweisen Harmonisierung (→ Rn. 6, 45, 60 → Art. 4 Rn. 9). Näher liegt, dass die entscheidende Formation sich bei diesem Satz keine Rechenschaft darüber abgelegt hat, dass die Strukturen der kollektiven Arbeitsbeziehungen und damit einhergehend auch die **Voraussetzungen einer Ablösung** der Arbeitsbedingungen einer kollektiven Vereinbarung durch die einer anderen kollektive Vereinbarung **in den Mitgliedstaaten sehr unterschiedlich** sind. Ein mit dem genannten Satz des Urteils Scattolon impliziertes Modell eines „**bei**" einem Arbeitgeber ohne weitere Voraussetzungen für alle Arbeitsverhältnisse geltenden Kollektivvertrags, dessen Arbeitsbedingungen „**bei**" **einem anderen** Arbeitgeber durch die in „**dessen**" Kollektivvertrag vorgesehenen Arbeitsbedingungen ohne Weiteres abgelöst wird, kennen nicht alle Mitgliedstaaten (→ Rn. 61).

Allerdings ist eine dahingehende „Erga-Omnes-Wirkung", durch die kollektivvertragliche **61** Normen im Betrieb eines an den Kollektivvertrag gebundenen Arbeitgebers aus sich heraus (normativ) unabhängig von der Tarifgebundenheit der Arbeitnehmer auf alle Arbeitsverhältnisse einwirken und dabei zwingende Wirkung entfalten (*Kamanabrou* in Kamanabrou, Erga-Omnes-Wirkung, 8), in den Mitgliedstaaten der EU ein verbreitetes Modell (*Kamanabrou,* ebenda, 24 ff., 36: Vorhandene Erga-Omnes-Wirkung von Tarifverträgen in acht, ggf. neun von sechzehn untersuchten Mitgliedstaaten). Zudem wird daneben in weiteren Mitgliedstaaten eine ähnliche Situation mit Gleichbehandlungspflichten erzielt (*Kamanabrou,* ebenda, 33 f., 36: In vier der sechzehn untersuchten Mitgliedstaaten ist der Arbeitgeber zur Gleichbehandlung der Außenseiter verpflichtet), wobei fraglich ist, ob und inwieweit eine solche Gleichbehandlung überhaupt zu Ungunsten der Arbeitnehmer erfolgen darf. Daneben gibt es jedoch Mitgliedstaaten wie Deutschland, Großbritannien, Irland und Italien (*Kamanabrou,* ebenda, 34 f., 36), in den solche oder ähnliche Wirkmechanismen, nach denen ein **für den Arbeitgeber** geltender Kollektivvertrag „**automatisch**" auch für das Individualarbeitsverhältnis gilt bzw. Anwendung findet, nicht oder nur sehr eingeschränkt vorgesehen ist. In diesen Mitgliedstaaten hängt die Geltung/Anwendung eines Kollektivvertrags vom Erfüllen weiterer Voraussetzungen ab, wie für Tarifverträge im deutschen Recht insbesondere vom Vorliegen einer **kongruenten Tarifgebundenheit** (ua ErfK/*Preis* BGB § 613a Rn. 123 f.; MüKoBGB/*Müller-Glöge* BGB § 613a Rn. 139; *Thüsing,* Europäisches Arbeitsrecht, § 5 Rn. 63) oder – abgesehen von einer arbeitsvertraglichen Inbezugnahme (→ Rn. 24 ff.) – einer der unterschiedlichen Formen von Erstreckung (zB Allgemeinverbindlicherklärung, → Rn. 24, 53). Diese **nationalen Unterschiede** sind, **ohne** dass sie **bisher in ihrer rechtlichen Bedeutung** im Zusammenhang des Art. 3 von einem vorlegenden Gericht oder dem EuGH **thematisiert worden sind,** an den Tatbeständen verschiedener Urteile des EuGH ersichtlich. So stammen die Ausgangsfälle der Urteile *Werhof* (EuGH 9.3.2006 – C-499/04 –

NZA 2006, 376) und Alemo-Herron ua (EuGH 18.7.2013 – C-426/11 – NZA 2013, 835) zu Bezugnahmeklauseln im Arbeitsvertrag aus Deutschland und Großbritannien (→ Rn. 24, 55 zu unterschiedlicher Funktion solcher Bezugnahmeklauseln in diesen Mitgliedstaaten). Im Urteil *Österreichischer Gewerkschaftsbund* heißt es hingegen, dass der Kollektivvertrag nach österreichischem Recht grds. nicht Bestandteil des Arbeitsvertrags wird, sondern auf diesen über die beiderseitige Mitgliedschaft in den tarifschließenden Parteien wie ein Gesetz einwirkt (EuGH 11.9.2014 – C-328/13 Rn. 4, 7, NZA 2014, 1092; zu einem Rechtsprechungs-Beispiel aus Österreich zum Entgeltschutz beim Übergang *Felten* ZAS 2012, 80). Der Ausgangsfall des Urteils *Juuri,* nach dessen Tatbestand der Erwerber Frau Juuri mitteilte, „dass ihr Arbeitsverhältnis ab dem 1.2.2003 unter den für (ihn) verbindlichen Kollektivvertrag des Beherbergungs- und Gaststättengewerbes falle" statt unter den zuvor für ihr Arbeitsverhältnis beim Veräußerer geltenden Kollektivvertrag der Metallindustrie (EuGH 27.11.2008 – C-396/07 Rn. 10f, 19 – Juuri, NZA 2008, 1405), stammt aus Finnland, einem Mitgliedstaaten mit Gleichbehandlungspflichten (Verpflichtung des Arbeitgebers zur Gleichbehandlung der Außenseiter) und Möglichkeiten der Allgemeinverbindlicherklärung (*Kamanabrou* in Kamanabrou, Erga-Omnes-Wirkung, 33 f., 36; *Georges,* ebenda 316 f.). Für den aus Italien stammenden Ausgangsfall *Scattolon* enthält das Urteil keine Hinweise zur „Technik" der Einbindung von Kollektivverträgen im Arbeitsverhältnis, außer dass laut Tatbestand „nach" einem Kollektivvertrag bezahlt/vergütet wurde (nach *Kamanabrou* in Kamanabrou, Erga-Omnes-Wirkung, 34 gibt es dort weder Erga-Omnes-Wirkung noch eine Pflicht zur Gleichbehandlung von Außenseitern).

62   Das Erfordernis einer **kongruenten Tarifgebundenheit** führt für die **deutsche Situation** dazu, dass eine **Ablösung** des bisher geltenden Kollektivvertrags durch den des Erwerbers **nur sehr eingeschränkt stattfindet.** IdR wird dies voraussetzen, dass betroffene Arbeitnehmer die Gewerkschaft wechseln, wozu sie nicht gezwungen werden können (ErfK/*Preis* BGB § 613a Rn. 124). Praktische Bedeutung kommt der Ablösungsregelung insbesondere dann zu, wenn dieselbe Gewerkschaft Tarifverträge sowohl mit dem Veräußerer als auch mit dem Erwerber abschließt (für ein Beispiel im Bereich der Umstrukturierung der Telekommunikationsdienste BAG 6.7.2011 BAGE 138, 269).

63   Viele der **Detailfragen der Ablösung** nach Art. 3 III UAbs. 1 sind, soweit ersichtlich, nach nationalem Recht unter Berücksichtigung von Ziel und Zweck der Richtlinie (→ Rn. 59) zu beantworten. So enthält die Richtlinie selbst keine Vorgaben dazu, ob eine sog **„Über-Kreuz-Ablösung",** also die gegenseitige Ablösung von Kollektivverträgen (→ Rn. 45) unterschiedlichen Ursprungs – wie bsw. in Deutschland von Tarifvertrag und Betriebsvereinbarung –, möglich ist oder nicht. Für das deutsche Recht wird dies anhand der Umsetzungsnorm des § 613a I 2 BGB teils unterschiedlich beantwortet (vgl. mwN: BAG 21.4.2010 BAGE 134, 130 Rn. 43 ff.; ErfK/*Preis* BGB § 613a Rn. 126; Schaub/*Koch* § 119 Rn. 11; MüKoBGB/*Müller-Glöge* BGB § 613a Rn. 143; TLL/*Laux* BGB § 613a Rn. 37; Staudinger/*Annuß* BGB § 613a Rn. 221; *Fitting* § 1 Rn. 135; *Pohr,* 7 f.). Aus Sicht der Richtlinie trifft es zwar zu, dass Art. 3 III nicht zwischen verschiedenen Arten von Kollektivverträgen unterscheidet und insofern keine Bedenken gegen eine Ablösung von beim Veräußerer tariflich geregelten Arbeitsbedingungen durch eine Betriebsvereinbarung beim Erwerber bestehen (Preis/Sagan/*Grau/Hartmann* Rn. 121; *Pohr,* 7 f.). Daraus folgt jedoch nicht notwendig, dass Art. 3 III eine „Über-Kreuz-Ablösung" begünstigt. Unter dem Gesichtspunkt der nur teilweise Harmonisierung (→ Rn. 6, 45, → Art. 4 Rn. 9) ist eher anzunehmen, dass Art. 3 III einer nach mitgliedstaatlichem Recht unabhängig von der Situation eines Übergangs möglichen Über-Kreuz-Ablösung neutral gegenübersteht, sie aber nicht generell voraussetzt und schon gar nicht von den Mitgliedstaaten fordert, in denen eine solche grds. – also unabhängig von einem Übergang – oder in bestimmten Situationen (zB als Verschlechterung) nicht möglich ist. In diesem Zusammenhang hat auch der Aspekt Bedeutung, dass nach der Richtlinie dem Erwerber weder „mehr" noch „weniger" als dem Veräußerer möglich sein soll. Die Richtlinie setzt die Neutralität des Übergangs für das Arbeitsverhältnis voraus (→ Rn. 4).

Demgegenüber dürfte eher die Frage unionsrechtliche Bedeutung haben, ob und ggf. 64
welche **Anforderungen inhaltlicher Art** nach Art. 3 **an einen ablösenden Kollektivvertrag** zu stellen sind. Müssen **dieselben,** gleiche oder nur ähnliche **Regelungsgegenstände** erfasst sein? Muss ein Kollektivvertrag also alle oder nur wesentliche Sachmaterien des bisherigen Kollektivvertrags umfassen, um ablösen zu können? Nach übergeordneten Kriterien zur Beurteilung dieser Fragen ist noch nicht in einem Vorabentscheidungsersuchen (Art. 267 AEUV) gefragt worden (zum Erkenntnisstand im deutschen Diskurs vgl. Staudinger/*Annuß* BGB § 613a Rn. 222).

Kommt es zur Ablösung der bisherigen tarifvertraglichen Arbeitsbedingungen – ein- 65
schließlich derjenigen über das Arbeitsentgelt – durch die beim Erwerber geltenden, lässt die Richtlinie einen gewissen **Spielraum,** um die **Integration der übergegangenen Arbeitnehmer in die Entgeltstruktur** so zu gestalten, dass dabei die Umstände des fraglichen Übergangs angemessen berücksichtigt werden (EuGH 6.9.2011 – C-108/10 Rn. 75 – Scattolon, NZA 2011, 1077). Allerdings müssen die dafür **gewählten Modalitäten mit dem Ziel der Richtlinie vereinbar** sein, das darin besteht zu **verhindern,** dass sich die Lage der übergegangenen Arbeitnehmer **allein aufgrund** dieses Übergangs **verschlechtert** (oben genanntes Urteil *Scattolon,* Rn. 75). Bezogen auf das Arbeitsentgelt kann sich bei einer **Ablösung** des bisherigen **tariflichen Entgeltsystems** durch das des Erbwerbers durch unterschiedlich gewichtete Kriterien der Entgeltdifferenzierung die Höhe des Arbeitsentgelts nach oben, aber auch nach unten verändern, also für einzelne Arbeitnehmer nachteilig, für andere vorteilhaft. Ein Beispiel dafür ist der Ausgangsfall des Urteils Scattolon, in dem das erreichte Dienstalter im Entgeltsystem des Erwerbers weit stärker gewichtet war als in dem des Veräußerers. Eine vollständige Berücksichtigung des erreichten Dienstalters von Frau Scattolon bei der Integration bzw. Eingruppierung in die nach dem Übergang maßgebende kollektivvertragliche Entgeltstruktur des Erwerbers hätte zu einer **Entgeltsteigerung** geführt (zu diesem Aspekt im Einzelnen *Winter* RdA 2013, 36 [37] Fn. 9). Dies war ersichtlich nicht im Interesse des übernehmenden italienischen Staates, der mit verschiedenen Maßnahmen zu bewirken suchte, dass die Integration in das neue Entgeltsystem nicht unter voller Berücksichtigung des Dienstalters, sondern nur insoweit erfolgen sollte, dass die Gesamtbezüge zum Zeitpunkt des Übergangs (→ Art. 1 Rn. 56) wieder erreicht werden. Der EuGH beanstandete dies grds. nicht. Unter Einbeziehung von Aspekten der Neutralität des Übergangs (Art. 3 I; → Rn. 4) kam er zu dem Ergebnis, dass eine Berücksichtigung des erreichten Dienstalters in dem Maße ausreicht, wie es erforderlich ist, um die **Höhe** des bisher bezogenen Arbeitsentgelts **in etwa beizubehalten** (oben genanntes Urteil *Scattolon* Rn. 77 ff., 81). Unabhängig davon ist, dass Unterschieden zwischen dem Entgelt der übergegangenen Arbeitnehmer und dem der zum Zeitpunkt des Übergangs bereits beim Erwerber Beschäftigten andere Rechtsvorschriften und –grundsätze entgegenstehen können (Urteil *Scattolon* Rn. 77). Diese ohne weitere Erläuterung erfolgte „Randbemerkung" des EuGH mag darauf hindeuten, dass in den Umständen des Ausgangsfalls Aspekte naheliegend, aber vom nationalen Gericht nicht thematisiert worden waren, die andere unionsrechtliche Vorgaben betreffen.

Nachdem im Urteil *Scattolon* ausgeführt worden war, dass ein Spielraum zur Integration 66
der übergegangenen Arbeitnehmer in die neue Entgeltstruktur gegeben ist, die dafür gewählten Modalitäten aber mit dem Ziel der Richtlinie – verhindern, dass sich die Lage der übergegangenen Arbeitnehmer allein aufgrund dieses Übergangs verschlechtert – vereinbar sein müssen (EuGH 6.9.2011 – C-108/10 Rn. 75 – Scattolon, NZA 2011, 1077; → Rn. 65), heißt es darin weiter: Die Inanspruchnahme dieser Möglichkeit der Ersetzung der bisherigen tarifvertraglichen Arbeitsbedingungen mit sofortiger Wirkung durch die im Erwerber-Tarifvertrag vorgesehenen Arbeitsbedingungen „**darf also nicht zum Ziel oder zur Folge haben",** dass diesen Arbeitnehmern „insgesamt schlechtere Arbeitsbedingungen" als die vor dem Übergang geltenden auferlegt werden (oben genanntes Urteil *Scattolon,* Rn. 76). Andernfalls kann die Verwirklichung des mit der Richtlinie verfolgten Ziels in jedem durch Kollektivverträge geregelten Bereich leicht in Frage gestellt werden, was die

praktische Wirksamkeit der Richtlinie beeinträchtigen würde (ebenda). Diese Passage des Urteils *Scattolon* hat insbesondere in Deutschland die Frage ausgelöst, ob dadurch zum Ausdruck kommen solle, eine Ablösung kollektivvertraglicher Arbeitsbedingungen iRv Art. 3 III UAbs. 1 stehe unter der Voraussetzung eines allg. „Verschlechterungsverbots". Weitergehend wurde erörtert, nach welchen Maßstäben die **Frage einer Verschlechterung** (Günstigkeitsvergleich als „Gesamtvergleich" oder als „Sachgruppenvergleich"?) im Einzelfall zu beurteilen wäre (für die Annahme eines generellen Verschlechterungsverbots *Pohr,* 7 f.; *Klein,* EuZA 2014, 325 [333]; *Krebber* GPR 2012, 131, 135; *Sagan* EuZA 2012, 247 [251 ff.]; *Steffan* NZA 2012, 473 [475]; auch → GRC Art. 28 Rn. 102; demgegenüber weiter abwägend oder entgegen der Annahme eines generellen Verschlechterungsverbots *Schiefer/Hartmann* BB 2012, 1985 [1991]; *Kietaibl* wbl 2013, 191; *Kotthaus* ArbRB 2011, 292; *Bergmann* ZfPR 2012, 76; *Felten* ZESAR 2012, 139; *Forst* AP Richtlinie 2001/23/EG Nr. 9; *Junker* RIW 2012, 177; *Laber* öAT 2011, 231; *Leder/Rodenbusch* EWiR 2011, 737; *Schima/Niksova* ELR 2012, 234; *Sittard/Flockenhaus* NZA 2013, 652 [654 f.]; *von Steinau-Steinrück* NJW-Spezial 2012, 434 [435]; *Willemsen* RdA 2012, 291 [302]; *Winter* RdA 2013, 36 [38]; *Mückl* ZIP 2012, 2373; *Nießen/Geis,* Der Konzern 2013, 465; *Schubert/Jerchel* EuZW 2012, 926 [929]; ErfK/*Preis* BGB § 613a Rn. 125; Preis/Sagan/*Grau/Hartmann* Rn. 123; HMB/*Grau,* Der Tarifvertrag, Teil 15 Rn. 104b).

67 Zunächst spricht viel dafür, die kontrovers diskutierte und oft kritisierte Rn. 76 des Urteils *Scattolon* nicht isoliert, sondern im Zusammenhang des Ausgangsfalls und der gesamten Urteilsbegründung aufzufassen. So wird in Rn. 59 desselben Urteils ausdrücklich auf die Möglichkeit der Änderung der Beschäftigungsverhältnisse und insbesondere der Verschlechterung der Vergütung hingewiesen. Verboten sind jedoch Änderungen „anlässlich und wegen eines Übergangs" (EuGH 6.9.2011 − C-108/10 Rn. 59 − Scattolon, NZA 2011, 1077). Worte wie „wegen eines Übergangs" und „zum Ziel ... haben" deuten darauf hin, dass es problematisch sein kann, einen Übergang als **„Mittel" zur Verschlechterung** von kollektivvertraglichen Arbeitsbedingungen einzusetzen („Ausgliederungen mit dem Ziel einer Tarifablösung", vgl. HMB/*Grau,* Der Tarifvertrag, Teil 15 Rn. 104b; „interessante Gestaltungsoption" WHSS/*Schweibert* Rn. I74). Dies kann in den Mitgliedstaaten mit einer „Erga-Omnes-Wirkung" (→ Rn. 44, 61) von Kollektivverträgen leichter vorkommen als in Mitgliedstaaten, in denen für eine Ablösung kollektivvertraglicher Arbeitsbedingungen weitere Voraussetzungen − wie eine kongruente Tarifgebundenheit (→ Rn. 61 f.) − erfüllt sein müssen. Insgesamt ist das Bild der Rechtsprechung des EuGH zur Richtlinie davon geprägt, dass ein Übergang als solcher neutral für die Arbeitnehmer bleiben soll (→ Rn. 4). Dass ein Übergang stattfindet, beruht in diesem Bild implizit auf anderen Gründen, die offenbar unabhängig von den Arbeitsverhältnissen sind. Eine Situation, in der ein Übergang als Gestaltungsmittel zur Verschlechterung der (kollektivvertraglichen) Arbeitsbedingungen eingesetzt werden würde, könnte womöglich als mit der Richtlinie nicht übereinstimmen aufgefasst werden. Diesbezüglich könnte es fraglich sein, ob und ggf. inwieweit „die Gestaltung von wirtschaftlichen Prozessen derart, dass die tatsächlichen Voraussetzungen eines Betriebsübergangs vermieden werden" (BAG 27.9.2007 BAGE 124, 159 Rn. 41) oder eine „objektiv bezweckte (...) Beseitigung der Kontinuität des Arbeitsverhältnisses bei gleichzeitigem Erhalt des Arbeitsplatzes" (BAG 18.8.2005 BAGE 115, 340 Rn. 34) mit der Richtlinie übereinstimmt. Die Rn. 76 des Urteils *Scattolon* mag **allenfalls** einen dahingehenden **Kontrollvorbehalt** enthalten. Dass diese Urteilspassage − entgegen der Ablösungsmöglichkeit in Art. 3 III UAbs. 1 − ein **generelles Verschlechterungsverbot** enthält, ist **nicht anzunehmen**. Ob und ggf. welche Schlüsse dem Urteil *Scattolon* für das Verständnis von Inhalt und Grenzen von Art. 3 III tatsächlich entnommen werden können bzw. ob das Urteil **womöglich nur** auf eine **spezielle Konstellation** und nur bezogen auf die Berücksichtigung des Dienstalters beim Übergang zu verstehen ist, bedarf vermutlich weiterer unionsrechtlicher Klärung.

6. Möglichkeit der Begrenzung auf ein Jahr. Für den Fortbestand kollektiver Arbeits- 68
bedingungen gilt nach Art. 3 III UAbs. 2 ein **Mindestzeitraum von einem Jahr** (EuGH
11.6.2009 – C-561/07, Rn. 29, 46 – Kommission/Italien, EuZW 2009, 648). Für eine
solche Begrenzung **bedarf** es nach dem Wortlaut der Bestimmung einer **mitgliedstaatlichen Umsetzungsregelung.**

Die **Regelung** nach Art. 3 III UAbs. 2 **darf** jedoch dem **UAbs. 1** dieser Vorschrift **nicht** 69
seine Bedeutung nehmen. Art. 3 III UAbs. 2 **schließt also nicht aus,** dass die **kollektivvertraglich** festgelegten **Arbeitsbedingungen,** die für das betreffende Personal vor
dem Übergang galten, vor Ablauf eines Jahres nach dem Übergang, wenn nicht sogar
unmittelbar ab dem Zeitpunkt des Übergangs, **nicht mehr gelten,** sofern einer der im
UAbs. 1 dieser Vorschrift genannten Fälle eintritt, also Kündigung oder Ablauf des Kollektivvertrags oder Inkrafttreten oder Anwendung eines anderen Kollektivvertrags (EuGH
6.9.2011 – C-108/10 Rn. 73 mwN – Scattolon, NZA 2011, 1077; 27.11.2008 – C-396/
07 Rn. 34 – Juuri, NZA 2008, 1405; 9.3.2006 – C-499/04 Rn. 30 – Werhof, NZA 2006,
376). Die Beschränkungsmöglichkeit auf ein Jahr ist **in gewisser Weise subsidiär,** weil sie
Anwendung findet, wenn keiner der in Art. 3 III UAbs. 1 erwähnten Fälle – Kündigung
oder Ablauf des bestehenden Kollektivvertrags, Inkrafttreten oder auch Anwendung eines
neuen Kollektivvertrags – binnen eines Jahres nach dem Übergang eintritt (EuGH 9.3.2006
– C-499/04 Rn. 30 – Werhof, NZA 2006, 376).

Im deutschen Recht ist § 613a I 2 BGB auf die Umsetzung der in Art. 3 II UAbs. 2 70
vorgesehenen Möglichkeit der Begrenzung des Zeitraums der Aufrechterhaltung der Arbeitsbedingungen gerichtet. Nach § 613a I 2 BGB ist eine Änderung der „Rechte und
Pflichten" (statt der „Arbeitsbedingungen", → Rn. 47 ff.) „nicht vor Ablauf eines Jahres
nach dem Zeitpunkt des Übergangs zum Nachteil des Arbeitnehmers" gestattet.

V. Leistungen bei Alter, Invalidität oder für Hinterbliebene aus Zusatzversorgungseinrichtungen (Art. 3 IV)

Art. 3 IV sieht eine **Ausnahme** von der Anwendung **von Art. 3 I und III** vor. Diese 71
Ausnahme betrifft die Rechte der Arbeitnehmer auf **Leistungen** bei **Alter, Invalidität**
oder **für Hinterbliebene** aus **betrieblichen oder überbetrieblichen Zusatzversorgungseinrichtungen** außerhalb der gesetzlichen Systeme der sozialen Sicherheit der Mitgliedstaaten (EuGH 11.6.2009 – C-561/07, Rn. 29 f. – Kommission/Italien, EuZW 2009,
648). Zum Hintergrund dieser Ausnahme heißt es im Urteil *Beckmann* (EuGH 4.6.2002 –
C-164/00 Rn. 23 – Beckmann, NZA 2002, 729), Erwerber zur Übernahme von Pflichten
aus Versorgungseinrichtungen heranzuziehen sei problematisch, da diese Einrichtungen
jeweils ihr eigenes Gleichgewicht aufwiesen und Erwerber oftmals nicht an ihnen beteiligt
seien. Nach der Rechtsprechung ist diese Ausnahme unter Berücksichtigung der von der
Richtlinie verfolgten allg. Zielsetzung des Schutzes der Rechte der Arbeitnehmer beim
Übergang **eng auszulegen** (EuGH 28.1.2015 – C-688/13 Rn. 42 – Gimnasio Deportivo
San Andrés; oben genannte Urteile *Kommission/Italien,* Rn. 30; *Beckmann* Rn. 29; EuGH
6.11.2003 – C-4/01 – Martin, NZA 2003, 1325).

Zu **Leistungen iSv Art. 3 IV** gehören **nur Leistungen,** die in dieser Bestimmung 72
abschließend aufgezählt sind; diese Leistungen sind außerdem **in einem engen Sinne**
(→ Rn. 71) **zu verstehen.** In diesem Zusammenhang sind **nur solche Leistungen** als
Leistungen bei Alter anzusehen, die **von dem Zeitpunkt an gezahlt** werden, zu dem der
Arbeitnehmer das **normale Ende** seiner **beruflichen Laufbahn erreicht,** wie es nach der
allg. Systematik des betreffenden Altersrentensystems vorgesehen ist, nicht aber Leistungen,
die unter anderen Voraussetzungen gezahlt werden, auch wenn diese Leistungen unter
Heranziehung der Berechnungsmodalitäten für normale Altersrentenleistungen berechnet
werden (EuGH 4.6.2002 – C-164/00 Rn. 3 f. – Beckmann, NZA 2002, 729; dazu *Müller*
ArbRB 2002, 201; *Tyler* VersRAl 2002, 63; *Martin* Unternehmensübergangsrichtlinie
225 ff.; *Fuchs/Marhold* 263 f.; Preis/Sagan/*Grau/Hartmann* Rn. 137; → Rn. 13, 19). Dies ist

auch unabhängig davon, ob die sich aus einem Arbeitsvertrag, einem Arbeitsverhältnis oder einem für den Veräußerer im Verhältnis zu den betreffenden Arbeitnehmern verbindlichen Kollektivvertrag ergebenden Verpflichtungen letztlich auf staatliche Akte zurückgehen oder durch staatliche Akte ausgestaltet worden sind (EuGH 6.11.2003 – C–4/01 Tenor 2 – Martin, NZA 2003, 1325; oben genannte Urteil *Beckmann,* Rn. 40). So handelt es sich bezogen auf Rentenansprüche nur um solche im engeren Sinne (oben genanntes Urteil *Martin,* Rn. 44, dazu *Müller* ArbRB 2004, 47). Leistungen einer **vorgezogenen Altersrente** und Leistungen zur Verbesserung der Bedingungen des Vorruhestands, die bei einem zwischen dem Arbeitgeber und dem Arbeitnehmer **vereinbarten Eintritt in den Vorruhestand** an Arbeitnehmer gezahlt werden, die ein bestimmtes Alter erreicht haben, stellen keine Leistungen iSv Art. 3 IV dar (EuGH 6.11.2003 – C–4/01 – Martin, NZA 2003, 1325). Dasselbe gilt für entsprechende Leistungen, die **an aus betrieblichen Gründen entlassene Arbeitnehmer,** die ein bestimmter Alter erreicht haben, gezahlt werden (EuGH 4.6.2002 – C-164/00 – Beckmann, NZA 2002, 729).

73   Art. 3 I und III gelten nicht für die in Art. 3 IV abschließend aufgezählten Leistungen, es sei denn, die Mitgliedstaaten sehen etwas anderes vor. Damit steht es in der **Entscheidung der Mitgliedstaaten,** ob sie den Schutz der Richtlinie insoweit ausweiten wollen (Art. 3 IV lit. a). Mitgliedstaaten, die sich gegen eine solche Ausweitung entscheiden und in den nationalen Umsetzungsbestimmungen dem von der Richtlinie vorgesehenen Ausschluss folgen, **müssen** gleichwohl **Schutzmaßnahmen ergreifen** (näher *Martin* Unternehmensübergangsrichtlinie, 228; zu Beispielen vgl. *Rebhahn* RdA 2006, Sonderbeil. zu Heft 6, 4; zur deutschen Situation *Schipp* ArbRB 2014, 151 ff.; ErfK/*Preis* BGB § 613a Rn. 148; WHSS/*Schnitker* Rn. J341 ff.; *Klumpp* in Beisel/Klumpp, Der Unternehmenskauf, 2009, Kap. 10 Rn. 84 ff.; EAS/*Joussen* B 7200 Rn. 73 ff.; Preis/Sagan/*Grau/Hartmann* Rn. 138), jedoch nach dem Wortlaut von Art. 3 IV lit. b nicht für den Fall der Invalidität. Sie müssen die notwendigen **Maßnahmen zum Schutz der Interessen** der Arbeitnehmer sowie der Personen treffen, die zum Zeitpunkt des Übergangs (→ Art. 1 Rn. 56) bereits aus dem Betrieb des Veräußerers **ausgeschieden** sind, und zwar hinsichtlich ihrer Rechte oder **Anwartschaftsrechte** auf Leistungen bei Alter, einschließlich Leistungen für Hinterbliebene, aus den in Art. 3 IV lit. a genannten Zusatzversorgungseinrichtungen (EuGH 28.1.2015 – C-688/13 Rn. 44 – Gimnasio Deportivo San Andrés; 11.6.2009 – C-561/07, Rn. 31 – Kommission/Italien, EuZW 2009, 648).

C. Widerspruchsrecht

74   In der Richtlinie ist ein **Widerspruchsrecht** bezüglich des Übergangs des Arbeitsverhältnisses **nicht ausdrücklich geregelt. Es ist jedoch in der Rechtsprechung** des EuGH **anerkannt** (ausdrücklich EuGH 16.12.1992 – C–132/91, C–138/91 und C–139/91 Rn. 30 ff. mwN – NZA 1993, 169 mit Hinweis auf das zuvor ergangene Urteil 11.7.1985 – 105/84 Rn. 16 – Danmols Inventar [bzw. Mikkelsen], Slg. 1985, 2639).

75   In Deutschland hatte ein Urteil des EuGH vom Mai 1988 (EuGH 5.5.1988 – 144/87 und 145/87 – Berg und Busschers bzw. Berg/Besselsen, NZA 1990, 885) zu starken Irritationen zu der Frage geführt, ob nach der Richtlinie ein Recht des Arbeitnehmers zum Widerspruch gegen den Übergang des Arbeitsverhältnisses bestehe und welche Auswirkungen diese EuGH-Entscheidung auf das in der Rechtsprechung des BAG anerkannte Widerspruchsrecht habe (ua *Menze* Widerspruchsrecht, 13 f.; Staudinger/*Annuß* BGB § 613a Rn. 292 mwN; *Berger-Delhey* EzA BGB § 613a Nr. 89; *Bauer* NZA 1990, 881; derselbe NZA 1991, 139; *Däubler* NZA 1991, 134; *Gaul* EzA BGB § 613a Nr. 89; *Felsner* 259 ff.; *Heither* NZA 1991, 136; *Joost* ZIP 1991, 220 ff.; *Löw* DB 1991, 546; *Meilicke* DB 1991, 1326; *Oetker* NZA 1991, 137; BAG 18.10.1990 NZA 1991, 305). In der genannten EuGH-Entscheidung hieß es, dass der Veräußerer nach dem Zeitpunkt des Übergangs von seinen Pflichten aus dem Arbeitsvertrag oder dem Arbeitsverhältnis allein aufgrund des Übergangs

befreit ist, selbst wenn die in dem Unternehmen beschäftigten Arbeitnehmer dem nicht zustimmen oder Einwände dagegen erheben (jedoch vorbehaltlich das Rechts der Mitgliedstaaten, die gesamtschuldnerische Haftung des Veräußerers und des Erwerbers ab dem Zeitpunkt des Übergangs vorzusehen). 1991 legten das Arbeitsgericht Bamberg (Kammer Coburg) und das Arbeitsgericht Hamburg dem EuGH jeweils Vorabentscheidungsersuchen zum Widerspruchsrecht vor, woraufhin das oben genannte Urteil *Katsikas* ua erging.

Nach der Rechtsprechung des EuGH ist der Schutz, den die Richtlinie bieten soll, gegenstandslos, wenn der Betroffene selbst, aufgrund seiner **eigenen, freien Entscheidung** darauf verzichtet und das Arbeitsverhältnis nach dem Übergang nicht mit dem neuen Inhaber fortsetzt. In einem solchen Fall findet Art. 3 I keine Anwendung (EuGH 16.12.1992 – C-132/91, C-138/91 und C-139/91 Rn. 30 ff. mwN – Katsikas ua, NZA 1993, 169; 11.7.1985 – 105/84 Rn. 16 – Danmols Inventar, Slg. 1985, 2639). Dem steht nicht entgegen, dass der Übergang des Arbeitsvertrags sowohl für den Arbeitgeber als auch für den Arbeitnehmer zwingend ist. Die Richtlinie verpflichtet den Arbeitnehmer nicht zu einer Fortsetzung des Arbeitsverhältnisses mit dem Erwerber (EuGH 24.1.2002 – C-51/00 Rn. 36 – Temco, NZA 2002, 265; 7.3.1996 – C-171/94 und C-172/94 Rn. 34 – Merckx und Neuhuys, NZA 1996, 413). Eine solche Verpflichtung verstieße gegen **Grundrechte** des Arbeitnehmers, der in der Wahl seines Arbeitgebers frei sein muss und nicht verpflichtet werden kann, für einen Arbeitgeber zu arbeiten, den er nicht frei gewählt hat (oben genannte Urteile *Katsikas* ua, Rn. 32; *Merckx* und *Neuhuys,* Rn. 34). Nach dem Inkrafttreten der GRC ist diesbezüglich insbesondere an Art. 1 und Art. 15 (→ GRC Art. 15 Rn. 16) zu denken. 76

Die **Voraussetzungen** und die **Rechtsfolgen** eines Widerspruchs für das Arbeitsverhältnis **richten sich nach nationalem Recht.** Das Widerspruchsrecht ist unionsrechtlich nicht ausgestaltet. Es ist Sache des jeweiligen mitgliedstaatlichen Rechts zu bestimmen, was mit dem Arbeitsvertrag oder dem Arbeitsverhältnis (→ Art. 2 Rn. 11 ff.) nach einem Widerspruch geschieht. Die Richtlinie verpflichtet die Mitgliedstaaten in solch einem Fall nicht, die Aufrechterhaltung des Arbeitsvertrags oder Arbeitsverhältnisses mit dem Veräußerer vorzusehen. Sie können diesbezüglich sowohl vorsehen, dass der Arbeitsvertrag oder das Arbeitsverhältnis als entweder vom Arbeitnehmer oder vom Arbeitgeber gekündigt gilt. Sie können auch vorsehen, dass der Arbeitsvertrag oder das Arbeitsverhältnis mit dem Veräußerer bestehen bleibt (EuGH 16.12.1992 – C-132/91, C-138/91 und C-139/91 Rn. 35, 36 – Katsikas ua, NZA 1993, 169; 7.3.1996 – C-171/94 und C-172/94 Rn. 35 – Merckx und Neuhuys, NZA 1996, 413). 77

Dieser Rechtsprechung des EuGH entspricht die **Rechtsprechung des BAG** (ua BAG 13.11.2014 Rn. 15, 19). Mit der Würde des Menschen, dem Recht auf freie Entfaltung der Persönlichkeit und dem Recht auf freie Arbeitsplatzwahl (Art. 1, 2 und 12 GG) wäre es unvereinbar, wenn ein Arbeitnehmer verpflichtet würde, für einen Arbeitgeber zu arbeiten, den er nicht frei gewählt hat (BAG 22.4.1993 NZA 1994, 360; zum Eingriff Art. 12 I GG BVerfG 25.1.2011 – 1 BvR 1741/09 Rn. 67 ff.; zu den Rechtsfolgen im deutschen Recht ua ErfK/*Preis* BGB § 613a Rn. 105 ff.; KR/*Treber* BGB § 613a Rn. 116 ff.; HaKo/*Mestwerdt/Wemheuer* BGB § 613a Rn. 188 ff.; TLL/*Laux* BGB § 613a Rn. 62 ff.; Staudinger/ *Annuß* BGB § 613a Rn. 307 ff.; *Menze* Widerspruchsrecht 97 ff.). Auch die betriebsverfassungsrechtlichen Folgen des Widerspruchs (ua BAG 8.5.2014 BB 2015, 60 Rn. 37 mwN; *Hidalgo/Kobler* NZA 2014, 290; *Elking* BB 2015, 64 ergeben sich nicht aus der Richtlinie. 78

Art. 4 [Verbot der Kündigung]

1. ¹Der Übergang eines Unternehmens, Betriebs oder Unternehmens- bzw. Betriebsteils stellt als solcher für den Veräußerer oder den Erwerber keinen Grund zur Kündigung dar. ²Diese Bestimmung steht etwaigen Kündigungen aus wirtschaftlichen, technischen oder organisatorischen Gründen, die Änderungen im Bereich der Beschäftigung mit sich bringen, nicht entgegen.

Die Mitgliedstaaten können vorsehen, dass Unterabsatz 1 auf einige abgegrenzte Gruppen von Arbeitnehmern, auf die sich die Rechtsvorschriften oder die Praxis der Mitgliedstaaten auf dem Gebiet des Kündigungsschutzes nicht erstrecken, keine Anwendung findet.

2. Kommt es zu einer Beendigung des Arbeitsvertrags oder Arbeitsverhältnisses, weil der Übergang eine wesentliche Änderung der Arbeitsbedingungen zum Nachteil des Arbeitnehmers zur Folge hat, so ist davon auszugehen, dass die Beendigung des Arbeitsvertrags oder Arbeitsverhältnisses durch den Arbeitgeber erfolgt ist.

A. Keine Kündigung wegen des Übergang (Art. 4 I)

I. Ein Übergang ist kein Kündigungsgrund als solcher für Veräußerer und Erwerber

1   Art. 4 I gewährleistet den **Schutz** der Rechte der Arbeitnehmer **gegen eine Kündigung,** die **allein** mit dem **Übergang** eines Unternehmens, Betriebs oder Unternehmensbzw. Betriebsteils begründet wird, sowohl gegenüber dem Veräußerer als auch gegenüber dem Erwerber (EuGH 12.3.1998 – C-319/94 Rn. 34 – Dethier Équipement („Dassy"), NZA 1998, 529). Der Übergang **als solcher** stellt keinen Grund zur Kündigung dar (ua EuGH 15.9.2010 – C-386/09 Rn. 29 – Briot, Slg 2010, I-8471; 16.10.2008 – C-313/07 Rn. 45 – Kirtruna und Vigano, NZA 2008, 1231; → Art. 3 Rn. 4 ff.). Dieser Schutz ist zwingendes Recht (→ Art. 3 Rn. 2 f., 8) und daher der Verfügung der Parteien des Arbeitsvertrags/-verhältnisses entzogen. Auch die betroffenen Arbeitnehmer können – vorbehaltlich ihres Widerspruchsrechts (→ Art. 3 Rn. 74 ff.) – nicht auf die Rechte verzichten, die ihnen aufgrund der Richtlinie zustehen. Eine Verkürzung dieser Rechte ist selbst mit ihrer Zustimmung unzulässig (EuGH 6.11.2003 – C-4/01 Rn. 39 f. – Martin, NZA 2003, 1325; 16.12.1992 – C-132/91, C–138/91 und C-139/91 Rn. 28 mwN – Katsikas ua , NZA 1993, 169; 10.2.1988 – 324/86 Rn. 14 f. – Foreningen af Arbejdsledere i Danmark, „Daddy's Dance Hall", Slg. 1988, 739; → Art. 3 Rn. 2).

2   Arbeitnehmer, deren Arbeitsvertrag oder Arbeitsverhältnis vor dem Übergang **unter Verstoß gegen** Art. 4 I **beendet** worden ist, sind zum Zeitpunkt des Übergangs als immer noch bei dem Unternehmen beschäftigt anzusehen (EuGH 24.1.2002 – C-51/00 Rn. 28 – Temco, NZA 2002, 265). Die ihnen gegenüber bestehenden Arbeitgeberpflichten gehen ohne Weiteres vom Veräußerer auf den Erwerber über (EuGH 12.3.1998 – C-319/94 Rn. 35 – Dethier Équipement, NZA 1998, 529; 15.6.1988 – C-101/87 Rn. 18 – Bork International, Slg. 1988, 3057). Da die Bestimmungen der Richtlinie zwingend sind (→ Art. 3 Rn. 2 f., 8) und von ihnen nicht zum Nachteil der Arbeitnehmer abgewichen werden darf, **besteht der Arbeitsvertrag** des kurz vor dem Übergang **rechtswidrig gekündigten Arbeitnehmers** noch gegenüber dem Erwerber, auch wenn der gekündigte Arbeitnehmer nicht vom Erwerber übernommen wurde. Nicht übernommene Arbeitnehmer können sich gegenüber dem Erwerber auf die Rechtswidrigkeit der Kündigung berufen (oben genanntes Urteil *Dethier Équipement,* Rn. 40 ff.). Arbeitnehmer, die zuerst vom Veräußerer gekündigt, dann (zB mit neuem Vertrag) vom Erwerber übernommen worden sind, sind iSd Richtlinie übernommen worden (EuGH 20.1.2011 – C-463/09 Rn. 37 – CLECE, NZA 2011, 148). Die Kündigung war in solch einem Fall nach Art. 4 I rechtswidrig.

3   Um zu bestimmen, ob die Kündigung entgegen Art. 4 I allein durch den Übergang begründet war, sind die **objektiven Umstände** zu **berücksichtigen, unter denen die Kündigung erfolgt ist.** Beispielsweise ist zu einzubeziehen, wenn die Kündigung zu einem Zeitpunkt nahe dem des Übergangs wirksam geworden ist und die betroffenen Arbeitnehmer vom Erwerber wiedereingestellt worden sind (EuGH 24.1.2002 – C-51/00 Rn. 28 – Temco, NZA 2002, 265; 15.6.1988 – C-101/87 Rn. 18 – Bork International,

Slg. 1988, 3057). Allein aus dem Umstand, dass das Personal des Veräußerers nur wenige Tage vor dem Zeitpunkt der Übernahme des Personals durch den Erwerber gekündigt wurde, kann sich ergeben, dass der Kündigungsgrund der Übergang der Tätigkeit war (oben genanntes Urteil *Temco,* Rn. 28). Die Frage, ob zum Zeitpunkt des Übergangs ein Vertrag oder ein Arbeitsverhältnis besteht oder nicht, ist nach dem innerstaatlichen Recht zu beurteilen, jedoch unter dem Vorbehalt, dass die zwingenden Vorschriften der Richtlinie über den Schutz der Arbeitnehmer gegen eine wegen des Übergangs erfolgte Kündigung beachtet werden (EuGH 15.6.1988 – C-101/87 Rn. 17 – Bork International, Slg. 1988, 3057).

Wenn nicht ausdrücklich etwas anderes bestimmt ist, können allerdings nur die Arbeitnehmer Ansprüche aus der Richtlinie herleiten (→ Art. 2 Rn. 16, → Art. 3 Rn. 8, 15), deren **Arbeitsvertrag oder Arbeitsverhältnis** (→ Art. 2 Rn. 11 ff.) **zum Zeitpunkt des Übergangs** (→ Art. 1 Rn. 56) **bestand** (→ Art. 3 Rn. 8). Daraus folgt für befristete Arbeitsverträge/Arbeitsverhältnisse idR etwas anderes als für rechtswidrig gekündigte Arbeitnehmer (→ Rn. 2). **Grundsätzlich** besteht **kein Anspruch** auf eine **Verlängerung eines befristeten Arbeitsvertrags** (EuGH 15.9.2010 – C-386/09 Rn. 33 – Briot, Slg 2010, I-8471). Aus dem Umstand, dass der Zeitpunkt der Beendigung eines solchen Vertrags vor dem Zeitpunkt des Übergangs der betreffenden, dem/der Arbeitnehmern zugewiesenen Tätigkeit liegt, kann kein solcher Anspruch erwachsen. So verstößt die Nichterneuerung eines befristeten Arbeitsvertrags, der wegen des Endes seiner Laufzeit vor dem Übergang der Tätigkeit, der ein Leiharbeitnehmer zugewiesen war, beendet wurde, nicht gegen das in Art. 4 I enthaltene Kündigungsverbot. Für eine **Verlängerung eines befristeten Vertrags** muss daher grds. zwischen dem Arbeitgeber und dem Arbeitnehmer **eine neue Willenseinigung** zustande kommen. Im Fall einer Kündigung wird der Arbeitsvertrag oder das Arbeitsverhältnis dagegen durch eine einseitige Entscheidung des Arbeitgebers beendet (oben genanntes Urteil *Briot,* Rn. 33 ff.). Die Nichterneuerung eines befristeten Vertrags kann wegen des Fehlens einer neuen Willenseinigung zwischen dem Arbeitgeber und dem Arbeitnehmer nicht einer Kündigung iSv Art. 4 I gleichgestellt werden (Urteil *Briot,* Rn. 34; vgl. auch EuGH 4.10.2001 – C-438/99 Rn. 45 – Jiménez Melgar, NZA 2001, 1243). Allerdings darf eine Befristung nicht darauf gerichtet sein, den Schutz der **zwingenden** (→ Art. 3 Rn. 2 f., 8) Vorschriften der Richtlinie über den **Schutz der Arbeitnehmer** (→ Art. 2 Rn. 16; → Art. 3 Rn. 18) zu **umgehen** (für ein Beispiel mit „neuer Willenseinigung" BAG 22.1.2015 – 8 AZR 139/14). In die Beurteilung des Einzelfalls ist zudem der Schutz einzubeziehen, der ggf. aus anderen Bestimmungen des Unionsrechts, insbesondere der **RL 1999/70/EG** herrührt (oben genanntes Urteil *Briot,* Rn. 36).

Zur **Darlegungs- und Beweislast** (→ Art. 3 Rn. 10).

II. Kein generelles Kündigungsverbot bei Übergang

Aus dem Wortlaut von Art. 4 I 1 – wonach der Übergang „als solcher" keinen Grund zur Kündigung darstellt – folgt, dass **Kündigungen aus anderen Gründen** – bsw. aus verhaltensbedingten Gründen oder aus betrieblichen Gründen, die unabhängig vom Übergang sind – **nicht unter dieses Verbot fallen.** Indem Art. 4 I es ausschließt, dass die Kündigung allein wegen des Übergangs erfolgt, wird gerade nicht die Befugnis des Veräußerers wie die des Erwerbers einschränkt, Kündigungen aus den Gründen, die diese Bestimmung zulässt, vorzunehmen (EuGH 12.3.1998 – C-319/94 Rn. 36 – Dethier Équipement („Dassy"), NZA 1998, 529). Es geht um die **Wahrung der Ansprüche** und Rechte der Arbeitnehmer. Diese sollen sich wegen des Übergangs nicht verschlechtern. Die Anwendung der Richtlinie soll lediglich verhindern, dass die übernommenen Arbeitnehmer allein wegen des Übergangs schlechter gestellt sind als vor der Übernahme (EuGH 6.9.2011 – C-108/10 Rn. 59 – Scattolon, NZA 2011, 1077). Eine **Verbesserung** im Verhältnis zu „vor dem Übergang" **bezweckt die Richtlinie nicht,** lediglich soll der Übergang möglichst „neutral" für die Situation der betroffenen Arbeitnehmer sein (→ Art. 3 Rn. 4).

7   Art. 4 I 2 bezieht sich ausdrücklich auf **wirtschaftliche, technische oder organisatorische Gründe,** die Änderungen im Bereich der Beschäftigung mit sich bringen. Die Befugnis zu einer solchen Kündigung steht sowohl dem Veräußerer als auch dem Erwerber zu (EuGH 12.3.1998 – C-319/94 Rn. 37 – Dethier Équipement, NZA 1998, 529). Die Anwendung der Vorschriften der Richtlinie lässt grds. die **Befugnis zur Rationalisierung unberührt,** auch bezogen auf die öffentliche Verwaltung (EuGH 6.9.2011 – C-108/10 Rn. 59 – Scattolon, NZA 2011, 1077; vgl. auch *Riesenhuber* § 24 Rn. 79). Wenn eine innerstaatliche Regelung zugunsten des Veräußerers Bestimmungen enthält, die es ihm gestatten, die mit der Beschäftigung überzähliger Arbeitnehmer verbundenen Lasten zu **mindern** oder auszuschalten, **um Entlassungen möglichst zu vermeiden,** schließt die Richtlinie nicht aus, dass diese Bestimmungen auch dem Übergang zugunsten des Erwerbers Anwendung finden (EuGH 7.12.1995 – C-472/93 Rn. 35 – Spano ua, NZA 1996, 305; 25.7.1991 – C-362/89 Rn. 19 – D'Urso ua, NZA 1993, 137). Allein die **Feststellung einer Unternehmenskrise** stellt **nicht zwangsläufig** und systematisch einen wirtschaftlichen, technischen oder organisatorischen Grund dar, der Änderungen im Bereich der Beschäftigung iSv Art. 4 I mit sich bringt (EuGH 11.6.2009 – C-561/07, Rn. 36 – Kommission/Italien, EuZW 2009, 648). Es kommt vielmehr auf die **Umstände des Einzelfalls** an. Nicht dem Übergang allein ist bsw. eine Beendigung von Arbeitsverträgen geschuldet, wenn ein **Geschäftslokal** nicht angemietet werden und das Personal nicht auf andere Geschäfte verlegt werden kann; darin können wirtschaftliche, technische oder organisatorische Gründe iSv Art. 4 I liegen (EuGH 16.10.2008 – C-313/07 Rn. 46 – Kirtruna und Vigano, NZA 2008, 1231). Unter diese Gründe fällt offenkundig auch, wenn im Fall des Verlustes der organisatorischen Selbstständigkeit der übertragenen wirtschaftlichen Einheit in der von der Erwerberin geschaffenen **neuen Arbeitsorganisation** für einen **bisherigen Abteilungsleiter** kein entsprechender Arbeitsplatz mehr vorhanden ist (EuGH 12.2.2009 – C-466/07 Rn. 51 – Klarenberg, NZA 2009, 251; zur Rechtsfolge → Rn. 11 ff.). Eine Frage zu einer Veräußererkündigung auf Erwerberkonzept, die das BAG grds. für möglich hält (näher *Döpner* 47 ff., 52), wurde dem EuGH noch nicht vorgelegt (*Döpner* 56).

8   Die Mitgliedstaaten können nach Art. 4 I UAbs. 2 vorsehen, dass Art. 4 I UAbs. 1 auf einige abgegrenzte Gruppen von Arbeitnehmern, auf die sich die Rechtsvorschriften oder die Praxis der Mitgliedstaaten auf dem Gebiet des Kündigungsschutzes nicht erstrecken, keine Anwendung findet (EuGH 28.1.2015 – C-688/13 Rn. 45 – Gimnasio Deportivo San Andrés). Der **Schutz der Richtlinie gilt** damit **für alle Arbeitnehmer,** die nach nationalem Recht **irgendeinen, wenn auch nur eingeschränkten Schutz** genießen. Das kann auch ein Schutz in Form von (Mindest-)Kündigungsfristen sein (zB in der Probezeit). Die Richtlinie erstreckt den nach nationalem Recht gewährleisteten Schutz gegen Kündigungen durch den Arbeitgeber – unabhängig davon, wie er ausgestaltet ist – auch auf den Fall, dass der Arbeitgeber im Rahmen eines Übergangs wechselt. Er kann nicht allein aufgrund des Übergangs entzogen oder geschmälert werden (EuGH 19.5.1992 – C-29/91 Rn. 18 – Redmond Stichting, NZA 1994, 207; 15.4.1986 – 237/84 Rn. 13 – Kommission/Belgien, Slg. 1986, 1247; EAS/*Joussen* B 7200 Rn. 78; → Art. 2 Rn. 9 ff.; → Art. 4 Rn. 10 zur Situation in Deutschland).

9   Im Einzelfall kann sich hinsichtlich des Kündigungsverbots eine **Besonderheit im öffentlichen Dienst** (Zu Besonderheiten im öffentlichen Dienst auch→ Art. 3 Rn. 9, 18) ergeben. Ein Beispiel dafür ist das Urteil *Mayeur* bezogen auf den französischen öffentlichen Dienst, in dem ein Großteil der Beschäftigten verbeamtet ist. Danach stand die Richtlinie nicht der Beendigung des Arbeitsvertrags beim Übergang einer Tätigkeit eines Angestellten **von einer Vereinigung** ohne Gewinnerzielungsabsicht **auf eine juristische Person des öffentlichen Rechts** entgegen, da nach geltendem nationalen Recht (offenbar in Form von Rechtsprechung) **privatrechtliche Arbeitsverträge** im öffentlichen Dienst **nicht aufrechterhalten werden dürfen** (EuGH 26.9.2000 – C-175/99 Rn. 16, 56 – Mayeur, NZA 2000, 1327; → Art. 4 Rn. 12). Denn die Richtlinie nimmt nur eine teilweise Harmo-

nisierung auf dem geregelten Gebiet vor (ua EuGH 11.9.2014 – C–328/13 Rn. 22 mwN – Österreichischer Gewerkschaftsbund, NZA 2014, 1092; 11.11.2004 – C–425/02 Rn. 32 mwN – Delahaye, NZA 2004, 1379; → Art. 3 Rn. 6, 45, 60). Diese Besonderheit im Hinblick auf den öffentlichen Dienst korrespondiert zudem mit der Nichterfassung von Beamten und anderen aufgrund öffentlichen Rechts beschäftigten Personen (→ Art. 2 Rn. 10) durch die Richtlinie. Eine solche Beendigung ist als eine wesentliche Änderung der Arbeitsbedingungen zum Nachteil des Arbeitnehmers (Art. 4 II der Richtlinie, → Rn. 11 ff.) anzusehen, die sich unmittelbar aus dem Übergang ergibt und durch den Arbeitgeber erfolgt ist (oben genannte Urteile *Delahaye*, Rn. 32; *Mayeur*, Rn. 56).

In Deutschland ist kein Ausschluss nach Art. 4 I UAbs. 2 (→ Rn. 8) vorgenommen 10 worden, dafür bestand auch keine Möglichkeit. Wenn nicht das KSchG zur Anwendung kommt (während der ersten sechs Monate, § 1 I KSchG, oder bei Unterschreiten des Schwellenwertes, § 23 KSchG) besteht zumindest der Schutz durch Kündigungsfristen nach § 622 BGB. In beiden Fällen ist nach § 613a IV BGB die Kündigung des Arbeitsverhältnisses eines Arbeitnehmers durch den bisherigen Arbeitgeber oder durch den neuen Inhaber wegen des Übergangs eines Betriebs oder eines Betriebsteils unwirksam (näher *Döpner*, 91 ff.; ErfK/*Preis* BGB § 613a Rn. 153; MüKoBGB/*Müller-Glöge* BGB § 613a Rn. 187 ff.; KR/*Treber* BGB § 613a Rn. 176 f.; HaKo/*Mestwerdt/Wemheuer* BGB § 613a Rn. 120 f.; TLL/*Laux* BGB § 613a Rn. 69 ff.; HWK/ *Willemsen/Müller-Bonanni* BGB § 613a Rn. 305 ff.; Preis/Sagan/*Grau/Hartmann* Rn. 145). Einzubeziehen dürften insofern auch die Beschäftigten in Heimarbeit (→ Art. 2 Rn. 14) sein. Sie fallen unter den Begriff des Arbeitnehmers iSd ArbGG (§ 5 I 2 ArbGG), woraus die Zuständigkeit der Arbeitsgerichte folgt; auch sie genießen Kündigungsschutz (§ 29 HAG, gestaffelt nach Bestandsdauer des Beschäftigungsverhältnisses; entsprechend § 622 I und II BGB).

B. Dem Arbeitgeber zuzurechnende Beendigung (Art. 4 II)

Nach seinem Wortlaut sieht Art. 4 II eine Regelung vor, nach der dem Arbeitgeber die 11 Beendigung des Arbeitsvertrags oder Arbeitsverhältnisses unabhängig davon zugerechnet wird, welche Partei die Beendigung formell herbeigeführt hat. Durch diese Regelung, die Vorbilder im britischen und französischen Recht hat (*v. Alvensleben* 255), können zB Ansprüche und Vergünstigungen erhalten bleiben, die unter der Voraussetzung der Kündigung des Arbeitgebers stehen (EAS/*Joussen* B 7200 Rn. 81, *Felsner* 275; Preis/Sagan/*Grau/Hartmann* Rn. 146). Zu denken ist ua an eine Entschädigung oder Abfindung, aber auch an Rückzahlungspflichten (zB Aus- und Fortbildung) oder betriebstreueabhängige Leistungen (*v. Alvensleben* 254). Von dieser **Zurechnungsregel** sind Fälle erfasst, in denen davon auszugehen ist, dass die Beendigung des Arbeitsvertrags durch den Arbeitnehmer aus einem Grund veranlasst ist, den er nicht zu vertreten hat. Dies ist **unabhängig von** einem **Verstoß** des Erwerbers **gegen** seine Verpflichtungen aus der **Richtlinie** (EuGH 27.11.2008 – C–396/07 Rn. 22, 24 f., 30 – Juuri, NZA 2008, 1405). Einem Vergleich mit § 628 II BGB (dafür *v. Alvensleben* 284) steht bereits entgegen, dass Letzterer vertragswidriges Verhalten voraussetzt. Eventuell kann ein fehlender Verstoß gegen die Richtlinie bei der Bestimmung der Rechtsfolgen von Bedeutung sein (→ Rn. 16).

Voraussetzung ist nach dem Wortlaut von Art. 4 II eine **wesentliche Änderung** der 12 Arbeitsbedingungen. Eine Änderung der **Höhe des Entgelts** ist eine wesentliche Änderung der Arbeitsbedingungen iSd Vorschrift (EuGH 7.3.1996 – C–171/94 und C–172/94 Rn. 38 – Merckx und Neuhuys, NZA 1996, 413). Dies gilt **auch dann,** wenn die Vergütung vor allem **umsatzabhängig** ist und der Erwerber den Fortbestand der Höhe nicht garantiert (oben genanntes Urteil *Merckx* und *Neuhuys*, Rn. 36 ff.). Wenn im Fall einer **Übertragung einer Tätigkeit** auf eine **juristische Person des öffentlichen Rechts** nationale Rechtsvorschriften die Beendigung der privatrechtlichen Arbeitsverträge vorsehen, steht die Richtlinie dem zwar nicht entgegen (→ Rn. 9), jedoch ist eine solche Beendigung als eine

wesentliche Änderung der Arbeitsbedingungen zum Nachteil des Arbeitnehmers anzusehen, die sich unmittelbar aus dem Übergang ergibt und durch den Arbeitgeber erfolgt ist (EuGH 11.11.2004 – C–425/02 Rn. 32 – Delahaye, NZA 2004, 1379; 26.9.2000 – C-175/99 Rn. 56 – Mayeur, NZA 2000, 1327). Eine gegebenenfalls bestehende **Unmöglichkeit, einem Arbeitnehmer** im Fall des Übergangs in der vom Erwerber geschaffenen Organisationsstruktur **einen Arbeitsplatz zuzuweisen,** der dem entspricht, den dieser Arbeitnehmer beim Veräußerer innehatte, kann als eine Beendigung des Arbeitsvertrags durch den Arbeitgeber iSv Art. 4 II angesehen werden, wenn sie zu einer wesentlichen Änderung der Arbeitsbedingungen zum Nachteil des Betreffenden führt (EuGH 12.2.2009 – C-466/07 Rn. 52 – Klarenberg, NZA 2009, 251).

13   Die sich aus der Zurechnung ergebenden **Rechtsfolgen sind in Art. 4 II nicht geregelt** (EuGH 27.11.2008 – C-396/07 Rn. 22 – Juuri, NZA 2008, 1405). Die Bestimmung begründet keine Verpflichtung der Mitgliedstaaten, Arbeitnehmern eine bestimmte Entschädigungsregelung zu garantieren. Sie gegründet auch nicht die Verpflichtung, sicherzustellen, dass die Modalitäten dieser Regelung den Modalitäten derjenigen Regelung entsprechen, die für Arbeitnehmer gilt, wenn der Arbeitgeber den Arbeitsvertrag rechtswidrig beendet, oder die für sie während der vom Arbeitgeber zu beachtenden Kündigungsfrist gilt. **Die Rechtsfolgen** wie Abfindungen oder Schadensersatz sind – wie im Übrigen auch bereits in der Begründung des Vorschlags der Richtlinie 77/187 (KOM [74] 351) vorgesehen – **nach den Rechts- und Verwaltungsvorschriften der Mitgliedstaaten** zu beurteilen. Dies steht im Einklang mit dem Zweck einer nur teilweise Harmonisierung (→ Rn. 6, 45, → Art. 4 Rn. 9), mit der kein einheitliches Schutzniveau für Arbeitnehmer geschaffen werden soll (EuGH 27.11.2008 – C-396/07 Rn. 22 ff. – Juuri, NZA 2008, 1405).

14   Die Mitgliedstaaten haben bei der Bestimmung der **Rechtsfolgen** nach ihren Rechts- und Verwaltungsvorschriften die allg. **unionsrechtlichen Verpflichtungen** zu beachten. Die Freiheit bei der Wahl der Mittel und Wege zur Durchführung einer Richtlinie lässt die Verpflichtung des Mitgliedstaaten unberührt, iRd nationalen Rechtsordnung **alle erforderlichen Maßnahmen** zu ergreifen, um die vollständige Wirksamkeit der Richtlinie entsprechend ihrer Zielsetzung zu gewährleisten. Es besteht die Pflicht, alle zur Erfüllung dieser Verpflichtung geeigneten Maßnahmen **allgemeiner oder besonderer Art** zu treffen (auch → Art. 9 Rn. 1). Diese obliegt **allen Trägern öffentlicher Gewalt** in den Mitgliedstaaten, im Rahmen ihrer Zuständigkeiten auch den Gerichten (ua EuGH 27.11.2008 – C-396/07 Rn. 26 f. mwN – Juuri, NZA 2008, 1405).

15   Sind die Voraussetzungen für die Anwendung von Art. 4 II erfüllt, besteht jedoch **keine Verpflichtung,** dem Arbeitnehmer gegen den Erwerber einen **Anspruch auf eine finanzielle Entschädigung** zu garantieren, die der einer eventuellen Entschädigung bei rechtswidriger Beendigung des Arbeitsverhältnisses durch den Arbeitgeber (bedeutsam insbesondere für Mitgliedstaaten, in denen eine Klage gegen eine rechtswidrige Kündigung nicht zum Erhalt des Arbeitsverhältnisses führt, sondern zu einem finanziellen Ausgleich, vgl. ua *Rebhahn* ZfA 2003, 163; *derselbe* RdA 2002, 272) entspricht. Ein angerufenes nationales **Gericht hat** jedoch **im Rahmen seiner Zuständigkeiten sicherzustellen,** dass der **Erwerber** in einem solchen Fall zumindest **die Folgen trägt,** die das anwendbare nationale Recht an die Beendigung des Arbeitsvertrags oder Arbeitsverhältnisses durch den Arbeitgeber knüpft wie die Zahlung des Arbeitsentgelts und die Gewährung anderer Vergünstigungen während der vom Arbeitgeber einzuhaltenden Kündigungsfrist (EuGH 27.11.2008 – C-396/07 Rn. 35 – Juuri, NZA 2008, 1405).

16   Am oben genannten **Urteil** *Juuri* zeigen sich „zwischen den Zeilen" **weitere Aspekte:** Zwar ist das Eingreifen von Art. 4 II **unabhängig von einem Verstoß des Erwerbers** gegen seine Verpflichtungen aus der Richtlinie. Jedoch scheint die Frage eines Verstoßes bei den Rechtsfolgen berücksichtigungsfähig zu sein. Darauf deuten Überlegungen des EuGH zum **„Verhalten des Erwerbers"** hin. Im Fall *Juuri* ging der Betrieb einer Kantineneinheit, für die zuvor ein Kollektivvertrag der Metallindustrie bindend war, auf einen

Erwerber über, der an einen Kollektivvertrag des Beherbergungs- und Gaststättengewerbes gebunden war. Gleichzeitig mit dem Übergang, aber offenbar unabhängig davon, endete der Kollektivvertrag der Metallindustrie. Die Klägerin verlangte, dass für sie weiterhin der Kollektivvertrag der Metallindustrie gelte. Der Erwerber lehnte ab, woraufhin die Klägerin fristlos kündigte. Sie machte geltend, ihr Einkommen habe sich wegen der Anwendung des Kollektivvertrags des Beherbergungs- und Gaststättengewerbes um 300 EUR im Monat verringert, zudem müsse sie beim Erwerber zu anderen seiner Arbeitsstellen wechseln. Zwar fragte das vorlegende Gericht nicht, ob solche Änderungen der Arbeitsbedingungen „wesentlich" iSv Art. 4 II sind. Auch wenn der EuGH in der Konsequenz dazu schwieg, dürften die genannten Änderungen ohne Weiteres als „wesentlich" anzusehen sein. Vor diesem Hintergrund machte der EuGH Ausführungen zum „Verhalten des Erbwerbers", mit denen er auf Art. 3 III und das Ablaufdatum des Kollektivvertrags, das mit dem Datum des Betriebsübergangs zusammenfiel, hinwies. Dies war offenbar – zwischen den Zeilen – nicht ohne Bedeutung für die Frage der Rechtsfolgen. Allerdings ging er auf die „Ablösung" durch den für den Erwerber maßgeblichen Kollektivvertrag nicht ein. Ein weiterer, allerdings über das Verhältnis Arbeitgeber/Arbeitnehmer hinausgehender Aspekt: Hat die Wertung iRd Art. 4 II Auswirkungen auf eventuell sich stellende sozialrechtliche Fragen (zB Sperrzeiten für den Leistungsbezug)?

Art. 5 [Insolventer Veräußerer]

1. Sofern die Mitgliedstaaten nichts anderes vorsehen, gelten die Artikel 3 und 4 nicht für Übergänge von Unternehmen, Betrieben oder Unternehmens- bzw. Betriebsteilen, bei denen gegen den Veräußerer unter der Aufsicht einer zuständigen öffentlichen Stelle (worunter auch ein von einer zuständigen Behörde ermächtigter Insolvenzverwalter verstanden werden kann) ein Konkursverfahren oder ein entsprechendes Verfahren mit dem Ziel der Auflösung des Vermögens des Veräußerers eröffnet wurde.

2. Wenn die Artikel 3 und 4 für einen Übergang während eines Insolvenzverfahrens gegen den Veräußerer (unabhängig davon, ob dieses Verfahren zur Auflösung seines Vermögens eingeleitet wurde) gelten und dieses Verfahren unter der Aufsicht einer zuständigen öffentlichen Stelle (worunter auch ein nach dem innerstaatlichen Recht bestimmter Insolvenzverwalter verstanden werden kann) steht, kann ein Mitgliedstaat vorsehen, dass

a) ungeachtet des Artikels 3 Absatz 1 die vor dem Übergang bzw. vor der Eröffnung des Insolvenzverfahrens fälligen Verbindlichkeiten des Veräußerers aufgrund von Arbeitsverträgen oder Arbeitsverhältnissen nicht auf den Erwerber übergehen, sofern dieses Verfahren nach dem Recht des betreffenden Mitgliedstaats einen Schutz gewährt, der dem von der Richtlinie 80/987/EWG des Rates vom 20. Oktober 1980 zur Angleichung der Rechtsvorschriften der Mitgliedstaaten über den Schutz der Arbeitnehmer bei Zahlungsunfähigkeit des Arbeitgebers[1] vorgesehenen Schutz zumindest gleichwertig ist, und/oder

b) der Erwerber, der Veräußerer oder die seine Befugnisse ausübenden Personen auf der einen Seite und die Vertreter der Arbeitnehmer auf der anderen Seite Änderungen der Arbeitsbedingungen der Arbeitnehmer, insoweit das geltende Recht oder die geltende Praxis dies zulassen, vereinbaren können, die den Fortbestand des Unternehmens, Betriebs oder Unternehmens- bzw. Betriebsteils sichern und dadurch der Erhaltung von Arbeitsplätzen dienen.

3. Die Mitgliedstaaten können Absatz 2 Buchstabe b) auf Übergänge anwenden, bei denen sich der Veräußerer nach dem einzelstaatlichen Recht in einer schwierigen wirtschaftlichen Lage befindet, sofern das Bestehen einer solchen Notlage von einer zu-

---

[1] **Amtl. Anm.:** ABl. L 283 vom 20.10.1980, S. 23. Richtlinie zuletzt geändert durch die Beitrittsakte von 1994.

ständigen öffentlichen Stelle bescheinigt wird und die Möglichkeit einer gerichtlichen Aufsicht gegeben ist, falls das innerstaatliche Recht solche Bestimmungen am 17. Juli 1998 bereits enthielt.

Die Kommission legt vor dem 17. Juli 2003 einen Bericht über die Auswirkungen dieser Bestimmung vor und unterbreitet dem Rat erforderlichenfalls entsprechende Vorschläge.

4. Die Mitgliedstaaten treffen die erforderlichen Maßnahmen, damit Insolvenzverfahren nicht in missbräuchlicher Weise in Anspruch genommen werden, um den Arbeitnehmern die in dieser Richtlinie vorgesehenen Rechte vorzuenthalten.

1 In der **RL 77/187/EWG** war keine entsprechende Regelung zu Insolvenzverfahren enthalten. Eine solche fand erst mit der RL 98/50/EG Eingang in den Wortlaut. Am **Anfang dieser Entwicklung** stand **Rechtsprechung des EuGH** (ua 7.2.1985 – 135/83 – Abels, Slg. 1985, 469; 12.3.1998 – C-319/94 Rn. 21 – Dethier Équipement, Slg. 1998, I-1061). Darin war ungeachtet einer im Wortlaut der damaligen Richtlinien-Fassung nicht enthaltenen Regelung ausgeführt worden, die RL 77/187/EWG finde keine Anwendung, wenn über das Vermögen des Veräußerers der Konkurs eröffnet worden ist – ein Verfahren zum Zahlungsaufschub reichte nicht aus – und das betreffende Unternehmen oder der betreffende Betrieb zur Konkursmasse gehört. Zur Begründung wurde ua ausgeführt, das Konkurs-/Insolvenzrecht unterliege sowohl in den Rechtsordnungen der Mitgliedstaaten als auch im (damaligen) Gemeinschaftsrecht besonderen, auch unterschiedlichen Vorschriften, woraus der Schluss gezogen werden könne, dass mangels einer ausdrücklichen Vorschrift in der Richtlinie zu ihrer Anwendbarkeit in der Situation von Konkurs uä Verfahren sich insoweit ihre Unanwendbarkeit ergebe. Konstatiert wurde zudem eine weitgehende Unsicherheit darüber, welche Auswirkung auf den Arbeitsmarkt der Übergang von Unternehmen bei Zahlungsunfähigkeit des Arbeitgebers habe und welche Maßnahmen am besten geeignet seien, die Interessen der Arbeitnehmer zu schützen. Den Mitgliedstaaten stehe es jedoch frei, unabhängig vom Gemeinschaftsrecht allein auf der Grundlage ihres nationalen Rechts die Grundsätze der Richtlinie ganz oder teilweise anzuwenden (oben genanntes Urteil *Abels*, Rn. 17, 22, 24; vgl. auch *Alsbæk* 44; *Schiek*, EuropArbR Teil 2 C Rn. 40 ff.; *Franzen* RdA 1999, 361 [365 f.]). Anwendbar sei die Richtlinie jedoch, wenn in einem Verfahren die gerichtliche Kontrolle weniger weit reiche als im Konkursfall und das Verfahren in erster Linie nicht auf eine Liquidation, sondern auf die Sicherung der Vermögensmasse und gegebenenfalls die Weiterführung des Unternehmens abziele (oben genanntes Urteil *Abels*, Rn. 28; EuGH 25.7.1991 – C-362/89 Rn. 24 – D'Urso ua, NZA 1993, 137; 7.12.1995 – C-472/93 Rn. 28 – Spano ua, NZA 1996, 305). Kommissionsvorschläge zur Änderung der Richtlinie nahmen weitergehende Überlegungen auf, darunter den Grundsatz der Gleichbehandlung aller Konkursgläubiger und die Befürchtung, dass eine uneingeschränkte Anwendung der Richtlinie bei Zahlungsunfähigkeitsverfahren zu einer Zerschlagung an sich lebensfähiger Unternehmen führe. Die schließlich verabschiedete Ergänzung der Richtlinie war ein Kompromiss unterschiedlicher Standpunkte der Mitgliedstaaten darüber, wie weitgehend und auf welche Zahlungsunfähigkeitsverfahren bezogen eine Ausnahme von der Richtlinie möglich sein sollte (*Franzen* RdA 1999, 361 [366 f.]).

2 **Seit der RL 98/50/EG** stehen den Mitgliedstaaten **differenzierte Möglichkeiten** der eigenen Regelung zur Verfügung, im Einklang mit dem jeweiligen nationalen Recht und auch im Einklang mit der jeweils eigenen Sichtweise dazu, welche Maßnahmen in Situationen der Zahlungsunfähigkeit von Unternehmen und Betrieben für den Arbeitnehmerschutz zielführend sind. Damit im Zusammenhang steht, dass den Arbeitnehmern die Befriedung ihrer Ansprüche aus ihrem Arbeitsvertrag oder –verhältnis im Fall der Insolvenz durch die RL 80/987/EWG garantiert wird (EuGH 28.1.2015 – C-688/13 Rn. 54 – Gimnasio Deportivo San Andrés). Im Gegensatz zur bisherigen Rechtsprechung des EuGH ist die **in der Richtlinie enthaltene Bereichsausnahme** seit der RL 98/50/EG enger gefasst. Sie

betrifft nicht die Richtlinie insgesamt, sondern ist **begrenzt auf** ihre **Art. 3 und 4.** Davon betroffen sind also die auf die Wahrung der individuellen Ansprüche und Rechte der Arbeitnehmer gerichteten Bestimmungen in Kap. II der Richtlinie. Sofern die Mitgliedstaaten nichts anderes vorsehen, gelten diese beiden Artikel nicht für Übergänge wirtschaftlicher Einheiten (Unternehmen, Betriebe oder Unternehmens- bzw. Betriebsteile), bei denen gegen den Veräußerer unter der Aufsicht einer zuständigen öffentlichen Stelle (worunter auch ein von einer zuständigen Behörde ermächtigter Insolvenzverwalter verstanden werden kann) ein Konkursverfahren oder ein entsprechendes Verfahren mit dem Ziel der Auflösung des Vermögens des Veräußerers eröffnet wurde (Art 5 I; oben genanntes Urteil *Gimnasio Deportivo San Andrés,* Rn. 46). Zum näheren Verständnis dieser Vorgaben kann im Wesentlichen (begrenzt auf ihre Art. 3 und 4) auf die bisher zum Übergang im Zusammenhang mit Konkurs-/Insolvenzverfahren ergangene Rechtsprechung des EuGH (→ Rn. 1) zurückgegriffen werden.

Sofern die Mitgliedstaaten anderes vorsehen wollen als diese ohne weitere Regelungen ihrerseits in der Richtlinie bereits enthaltene Bereichsausnahme, stehen abgestufte Möglichkeiten zur Verfügung (dazu auch EuGH 28.1.2015 – C-688/13 Rn. 54 ff. – Gimnasio Deportivo San Andrés). Mitgliedstaaten, die die Bereichsausnahme nicht in ihr nationales Recht übertragen, in denen also auch für Übergänge wirtschaftlicher Einheiten, die den oben genannten Verfahren unterliegen, Art. 3 und 4 gelten, können die zwingende Wirkung (→ Art. 3 Rn. 2 f., 8) von Art. 3 I einschränken für vor dem Übergang bzw. vor der Eröffnung des Insolvenzverfahrens fällige Verbindlichkeiten des Veräußerers aufgrund von Arbeitsverträgen oder Arbeitsverhältnissen (Art 5 II lit. a). Dies steht ihnen nicht nur für die Konkurs-/Insolvenzverfahren „im engen Sinne" (Verfahren mit dem Ziel der Liquidation) offen, sondern auch für andere im nationalen Recht ggf. vorgesehene Zahlungsunfähigkeitsverfahren, ausdrücklich unabhängig davon, ob das betreffende Verfahren zur Auflösung des Vermögens eingeleitet wurde (zu Hintergründen *Franzen* RdA 1999, 361 [366 f.]; *Willemsen/Annuß* NJW 1999, 2073 [2076]; EAS/*Joussen* B 7200 Rn. 96). Die Bestimmung kann demnach auch bei auf Sanierung gerichteten Verfahren genutzt werden (vgl. *Weber* EuZW 1998, 583; Preis/Sagan/*Grau*/Hartmann Rn. 161; *Martin,* Unternehmensübergangsrichtlinie, 245 ff.; vgl. im Übrigen *Mückl* ZIP 2012, 2373; *Döpner,* Kap. 5 A und B). Allerdings müssen diese Verfahren nach dem Recht des betreffenden Mitgliedstaats einen Schutz gewährt, der dem von der RL 80/987/EWG vorgesehenen Schutz zumindest gleichwertig ist. Verfahren, die nicht auf die Liquidation gerichtet waren, hatten zuvor in der oben genannten Rechtsprechung des EuGH (→ Rn. 1) in jedem der Urteile letztlich zur Verneinung der Ausnahme von der Richtlinie geführt (vgl. auch *Franzen* RdA 1999, 361 [366]). Sind die nun in Art 5 II lit. a genannten Voraussetzungen erfüllt, können die oben genannten Verbindlichkeiten des Veräußerers von dem Übergang auf den Erwerber ausgenommen werden (EuGH 28.1.2015 – C-688/13 Rn. 49). Grundvoraussetzung dieser Bestimmung ist die Anwendung der Art. 3 und 4 der Richtlinie (EuGH 11.6.2009 – C-561/07, Rn. 41 – Kommission/Italien, EuZW 2009, 648). Vorausgesetzt, dass die Lage eines Unternehmens, für das das Bestehen einer Krise festgestellt wurde, als eine schwierige wirtschaftliche Lage angesehen werden kann, ermächtigt Art. 5 III die Mitgliedstaaten, die Möglichkeit der Änderung der Arbeitsbedingungen vorzusehen. Ziel ist der Fortbestand des Unternehmens und damit der Erhalt von Arbeitsplätzen, ohne deswegen den Arbeitnehmern die Rechte zu entziehen, die ihnen durch Art. 3 und 4 der Richtlinie gewährleistet werden (oben genanntes Urteil *Kommission/Italien,* Rn. 44).

Anstatt dessen oder auch zusätzlich („und/oder") können der Erwerber, der Veräußerer oder die seine Befugnisse ausübenden Personen mit den Vertretern der Arbeitnehmer **Änderungen der Arbeitsbedingungen** der Arbeitnehmer durch **Kollektivverträge** vereinbaren – soweit das geltende Recht oder die geltende Praxis dies zulassen –, die den Fortbestand der wirtschaftlichen Einheit (Unternehmen, Betrieb oder Unternehmens- bzw. Betriebsteil) sichern und dadurch der **Erhaltung von Arbeitsplätzen** dienen (Art 5 II lit. b; dazu *Willemsen/Annuß* NJW 1999, 2073 (2076)).

5 Weiterhin steht den Mitgliedstaaten als **Bestandsschutz** bisherigen nationalen Rechts (falls im innerstaatlichen Recht bereits am 17.7.1998 enthalten) offen, die Option des Art 5 II lit. b – Abschluss von **auf Sanierung und Erhalt der Arbeitsplätze gerichteten Kollektivverträgen** mit Änderungen der Arbeitsbedingungen – auch für Übergänge zuzulassen, bei denen sich der Veräußerer nach dem einzelstaatlichen Recht in einer schwierigen wirtschaftlichen Lage befindet, sofern das Bestehen einer solchen Notlage von einer zuständigen öffentlichen Stelle bescheinigt wird und die Möglichkeit einer gerichtlichen Aufsicht gegeben ist. Nach Art. 5 IV sind die Mitgliedstaaten verpflichtet, dafür zu sorgen, dass die in der Richtlinie vorgesehenen Rechte nicht durch einen **Missbrauch von Insolvenzverfahren** vorenthalten werden (vgl. auch EuGH 28.1.2015 – C-688/13 Rn. 50).

6 Der deutsche Gesetzgeber hat von den Ausnahmemöglichkeiten keinen Gebrauch gemacht. § 613a BGB ist nicht insolvenz-/sanierungsbezogen eingeschränkt worden; zudem nimmt für den Bestandsschutz § 128 II InsO ausdrücklich Bezug darauf (näher TLL/*Laux* BGB § 613a Rn. 41 ff.; *Franzen* RdA 1999, 361 [369]). Allerdings besteht nach der Rechtsprechung des BAG eine der Ausnahme des Art. 5 II lit. a folgende Einschränkung der Haftung des Betriebserwerbers für bereits entstandene Ansprüche (näher *Alsbæk* 200 f.; ErfK/*Preis* BGB § 613a Rn. 146; MüKoBGB/*Müller-Glöge* BGB § 613a Rn. 177; *Hauck*, FS Düwell, 2011, 64; *Thüsing*, Europäisches Arbeitsrecht § 5 Rn. 87; *Deneke*, Die betriebsbedingte Kündigung im Rahmen der übertragenden Sanierung, 2009; *Koblitz*, Betriebsübergang in der Insolvenz, 2008; *Unfried*, Betriebsübergang und Sanierung in der Insolvenz, 2007; *Zwanziger* BB 2008, 946; *Warmbein* DZWIR 2003, 11). Eventuelle Implikationen des Urteils Scattolon (EuGH 6.9.2011 – C-108/10 – NZA 2011, 1077) werden erörtert (*Mückl* ZIP 2012, 2373).

Art. 6 [Einfluss auf die Arbeitnehmervertretung]

1. Sofern das Unternehmen, der Betrieb oder der Unternehmens- bzw. Betriebsteil seine Selbständigkeit behält, bleiben die Rechtsstellung und die Funktion der Vertreter oder der Vertretung der vom Übergang betroffenen Arbeitnehmer unter den gleichen Bedingungen erhalten, wie sie vor dem Zeitpunkt des Übergangs aufgrund von Rechts- und Verwaltungsvorschriften oder aufgrund einer Vereinbarung bestanden haben, sofern die Bedingungen für die Bildung der Arbeitnehmervertretung erfüllt sind.

Unterabsatz 1 findet keine Anwendung, wenn gemäß den Rechts- und Verwaltungsvorschriften oder der Praxis der Mitgliedstaaten oder durch Vereinbarung mit den Vertretern der betroffenen Arbeitnehmer die Bedingungen für die Neubestellung der Vertreter der Arbeitnehmer oder die Neubildung der Vertretung der Arbeitnehmer erfüllt sind.

Wurde gegen den Veräußerer unter der Aufsicht einer zuständigen öffentlichen Stelle (worunter auch ein von einer zuständigen Behörde ermächtigter Insolvenzverwalter verstanden werden kann) ein Konkursverfahren oder ein entsprechendes Insolvenzverfahren mit dem Ziel der Auflösung des Vermögens des Veräußerers eröffnet, können die Mitgliedstaaten die erforderlichen Maßnahmen ergreifen, um sicherzustellen, dass die vom Übergang betroffenen Arbeitnehmer bis zur Neuwahl oder Benennung von Arbeitnehmervertretern angemessen vertreten sind.

Behält das Unternehmen, der Betrieb oder der Unternehmens- bzw. Betriebsteil seine Selbständigkeit nicht, so treffen die Mitgliedstaaten die erforderlichen Maßnahmen, damit die vom Übergang betroffenen Arbeitnehmer, die vor dem Übergang vertreten wurden, während des Zeitraums, der für die Neubildung oder Neubenennung der Arbeitnehmervertretung erforderlich ist, im Einklang mit dem Recht oder der Praxis der Mitgliedstaaten weiterhin angemessen vertreten werden.

2. Erlischt das Mandat der Vertreter der vom Übergang betroffenen Arbeitnehmer aufgrund des Übergangs, so gelten für diese Vertreter weiterhin die nach den Rechts- und Verwaltungsvorschriften oder der Praxis der Mitgliedstaaten vorgesehenen Schutzmaßnahmen.

Übersicht

	Rn.
I. Überblick und Grundlagen	1
II. Begriff der Selbständigkeit	6
III. Vertretung bei Erhalt der Selbständigkeit (Art. 6 I UAbs. 1 und 2)	13
IV. Vertretung bei Verlust zuvor vorhandener Selbständigkeit (Art. 6 I UAbs. 4)	21
V. Umsetzung von Art. 6 I UAbs. 1, 2, 4 in der Bundesrepublik Deutschland	26
VI. Vertretung im Fall von Insolvenz (Art. 6 I UAbs. 3)	30
VII. Schutz nach übergangsbedingtem Mandatsende (Art. 6 II)	31

I. Überblick und Grundlagen

Die Einordnung von Art. 6 in das Kapitel II mit der Überschrift „Wahrung der Ansprüche und Rechte der Arbeitnehmer" (→ Art. 3 Rn. 1) zeigt, dass die Erhaltung der Rechtsstellung/Funktion von Arbeitnehmervertretern/-vertretungen (→ Art. 2 Rn. 4 ff. zu Begriff und Beispielen) auf den **Schutz der Arbeitnehmer** bezogen ist, die nicht wegen eines Übergangs und jedenfalls auch nicht in der Übergangszeit ohne Vertretung sein sollen. Zu diesem Zweck soll die Kontinuität der kollektiven Interessenvertretung gewahrt werden. Die Richtlinie soll die Wahrung der Ansprüche der Arbeitnehmer bei einem Wechsel des Inhabers des Unternehmens dadurch gewährleisten, dass sie ihnen die Möglichkeit gibt, ihr Beschäftigungsverhältnis mit dem neuen Arbeitgeber zu eben den Bedingungen fortzusetzen, die mit dem Veräußerer vereinbart waren. Der **Anspruch der Arbeitnehmer auf Vertretung** bildet hiervon keine Ausnahme. Daraus folgt, dass diese **Vertretung durch den Übergang** im **Allgemeinen nicht beeinträchtigt** werden darf (EuGH 29.7.2010 – C-151/09 Rn. 40 – UGT-FSP, NZA 2010, 1014).

Art. 6 enthält diesbezüglich **mehrere** voneinander zu unterscheidende **Ebenen**. Art. 6 I UAbs. 1 betrifft den Fall, dass die vom Übergang betroffene wirtschaftliche Einheit (→ Art. 1 Rn. 6 ff.) ihre **Selbständigkeit behält**. Dafür ist ein **Erhalt** der Rechtsstellung und Funktion der Vertreter oder der Vertretung der vom Übergang betroffenen Arbeitnehmer unter den **gleichen Bedingungen** wie zuvor vorgesehen. Art. 6 I UAbs. 3 und 4 sehen **demgegenüber** nur noch eine (bezogen auf Art. 6 I UAbs. 4 „weiterhin") **„angemessene" Vertretung** vor (in Art. 6 I UAbs. 3 allerdings nur als Option), und zwar einerseits im Fall des Verlustes der Selbständigkeit der vom Übergang betroffenen wirtschaftlichen Einheit (Art. 6 I UAbs. 4) und andererseits im Fall des Konkurs-/Insolvenzverfahrens (Art. 6 I UAbs. 3). Art. 6 II enthält sodann Vorgaben zum **Schutz der Arbeitnehmervertreter** bei übergangsbedingtem **Erlöschen des Mandats.** Der Inhalt der Regelungen des Art. 6 war überwiegend bereits in der RL 77/187/EWG enthalten (damals als Art. 5). Ergänzt wurde mit der RL 98/50/EG die von der Kommission vorgeschlagene (näher *Krause* NZA 1998, 1201 [1202]; *Schlenker-Rehage* 23 ff.) Bestimmung zur angemessenen Vertretung bei Verlust der Selbständigkeit der vom Übergang betroffenen wirtschaftlichen Einheit (Art. 6 I UAbs. 4).

Arbeitnehmer, die von Übergängen betroffen sind, bei denen die übergegangene Einheit vor dem Übergang keine „Selbständigkeit" iSv Art. 6 I UAbs. 1 hatte, die also bereits deshalb weder nach Art. 6 I UAbs. 1 „behalten" noch nach Art. 6 I UAbs. 4 „nicht behalten" werden kann, sind im Hinblick auf Art. 6 I **offenbar nicht geschützt** (für weitere Fälle → Rn. 18). Das dürfte in der Praxis nicht wenige Fälle von Betriebsteilübergängen betreffen. Allerdings greift auch hier zumindest der Schutz für die bisherigen Vertreter nach Erlöschen des Mandats (Art. 6 II).

4   Art. 6 der RL 2001/23/EG setzt voraus, dass ein „Übergang" iSd Richtlinie (Art. 1 I) erfolgt ist. Der **Begriff der Selbständigkeit** iSv. Art. 6 I UAbs. 1 der RL 2001/23/EG ist zu unterscheiden von den Voraussetzungen nach Art. 1 I der Richtlinie. Für das Erfüllen der Voraussetzungen nach Art. 1 I der Richtlinie ist es nicht erforderlich, dass die übertragene wirtschaftliche Einheit ihre Selbständigkeit innerhalb der Struktur des Erwerbers behält (ua EuGH 29.7.2010 – C-151/09 Rn. 35 – UGT-FSP, NZA 2010, 1014; 12.2.2009 – C-466/07 Rn. 50 – Klarenberg, NZA 2009, 251). Die Frage nach der **Wahrung der „Selbständigkeit"** iSv. Art. 6 I UAbs. 1 stellt sich erst, wenn bereits festgestellt worden ist, dass ein Übergang iSd Richtlinie vorliegt (oben genanntes Urteil *UGT-FSP* Rn. 34 f.). Dementsprechend ist auch der **Beurteilungszeitpunkt** ein anderer als für die Frage, ob eine bestehende Identität gewahrt ist (→ Art. 1 Rn. 53 ff.). Die Frage nach der Wahrung der Selbständigkeit iSv. Art. 6 I UAbs. 1 kann erst ab dem Zeitpunkt beantwortet werden, zu dem bereits festgestellt worden ist, dass ein Übergang iSd Richtlinie vorliegt (oben genanntes Urteil *UGT-FSP,* Rn. 35). Somit stellt sich in der Folge des Übergangs heraus, ob die Selbständigkeit der wirtschaftlichen Einheit „behalten" wurde oder nicht. Daraus ergibt sich jeweils, ob die Vertretung nach Art. 6 I UAbs. 1 unter den **gleichen Bedingungen** wie zuvor oder nach Art. 6 I UAbs. 4 nur **„weiterhin angemessen"** sein muss.

5   Art. 6 enthält ebenso wie Art. 2 I lit. d (→ Art. 2 Rn. 6, → Art. 6 Rn. 20, 24) keinen Anhaltspunkt dafür, dass womöglich nur eine allgemeine, auf den gesamten Betrieb/das gesamte Unternehmen bezogene Arbeitnehmervertretung von seinem Schutz erfasst ist. Dafür mag auch das Urteil *UGT-FSP* (EuGH 29.7.2010 – C-151/09 – UGT-FSP, NZA 2010, 1014) sprechen, in dessen Ausgangsrechtsstreit offenbar eine nur auf einen Betriebsteil bezogene Arbeitnehmervertretung betroffen war (→ Rn. 12). Es steht zu vermuten, dass nicht nur allg., auf den gesamten Betrieb/das gesamte Unternehmen bezogene Vertretungen, sondern, soweit jeweils vorhanden, auch spezielle, ggf. gruppenbezogene Gremien erfasst sind (zB bezogen auf Jugend, Frauen, Menschen mit Behinderung usw.; zu Art. 6 I UAbs. 4 in Auseinandersetzung mit dem kontroversen Meinungsstand *Schlenker-Rehage* 33 f.; 96 ff.). Klarstellende Rechtsprechung (Art. 267 AUEV) liegt dazu nicht vor.

II. Begriff der Selbständigkeit

6   Der **Begriff „Selbständigkeit"** iSv Art. 6 I war **erstmals** mit dem **Urteil *UGT-FSP*** (EuGH 29.7.2010 – C-151/09 – UGT-FSP, NZA 2010, 1014) Gegenstand der Rechtsprechung des EuGH. Im **Ausgangsfall** hatte eine spanische Gemeinde beschlossen, **bisher fremdvergebene Gemeinwohldienstleistungen künftig wieder der eigenen Verwaltung zu übertragen.** Es ging dabei um Hausmeisterdienste, die Reinigung öffentlicher Schulen, die Straßenreinigung sowie den Unterhalt von Parkanlagen und Gärten. Diese Dienstleistungen waren zuletzt vier privaten Unternehmen übertragen gewesen. Nachdem die Gemeinde die betreffenden Konzessionen per Dekret abgelöst hatte, übernahm sie die Arbeitnehmer, die bisher zur Belegschaft der vier Unternehmen gehörten. Sie wurden ausnahmslos auf denselben Arbeitsplätzen weiterbeschäftigt und versahen die gleichen Aufgaben wie vor der Ablösung, und zwar an denselben Beschäftigungsstätten unter Weisung derselben unmittelbaren Vorgesetzten, ohne wesentliche Änderungen ihrer Arbeitsbedingungen. **Der einzige Unterschied zur Situation zuvor** bestand darin, dass ihre obersten Dienstvorgesetzten – oberhalb der vorgenannten unmittelbaren Vorgesetzten – jetzt die Gemeinderäte oder der Bürgermeister waren. Die gesetzlichen Vertreter der Arbeitnehmer jedes dieser Konzessionsunternehmen beantragten infolge der Ablösung der Konzessionen bei der Gemeinde die Bewilligung von Arbeitnehmervertretungsstunden. Diese Anträge wurden mit der Begründung abgelehnt, die betreffenden Arbeitnehmer nähmen in Anbetracht ihrer Eingliederung in das Gemeindepersonal nicht mehr ihre Aufgaben als gesetzliche Vertreter wahr. Die Klägerin des Ausgangsverfahrens, die *UGT-FSP* (die Gewerkschaft, die die betroffenen Arbeitnehmer vertritt, vgl. SA der GA *Sharpston* 6.5.2010 zu dieser Sache, Rn. 13; vgl. näher *Fröhlich* EuZA 2011, 53 [55, Fn. 2]) erhielt Kenntnis von dieser

Entscheidung und verlangte von der Gemeinde Klarstellungen. Sie erhob Klage gegen die Gemeinde ua mit – soweit hier von Bedeutung – dem **Antrag**, festzustellen, dass die betroffenen Arbeitnehmervertreter zur **Fortführung ihrer Mandate bis zu deren Beendigung durch Zeitablauf** berechtigt seien (Schlussanträge Rn. 13). 20 Personen, die im Ausgangsverfahren Mitbeklagte sind, waren vor der Rückübertragung dieser Dienstleistungen auf die Gemeinde die gesetzlichen Arbeitnehmervertreter der von dem Übergang betroffenen Arbeitnehmer (oben genannte SA der GA *Sharpston*, Rn. 11).

Nach der Entscheidung des EuGH (Urteil *UGT-FSP*, Rn. 33 ff., → Rn. 6) unterliegt der **7 Begriff der „Selbständigkeit"** in Art. 6, den die Richtlinie nicht selbst definiert und für den sie auch nicht auf nationales Recht verweist, entsprechend dem Gebot der einheitlichen Anwendung des Unionsrechts und dem Gleichheitssatz der **autonomen und einheitlichen Auslegung** innerhalb der gesamten Union (Rn. 37 f.). Für die Auslegung kommt es auf seinen Sinn nach dem gewöhnlichen Sprachgebrauch an, unter Berücksichtigung des Zusammenhangs, in dem er verwendet wird, und unter Berücksichtigung der mit der Regelung, zu der er gehört, verfolgten Ziele. Bei Berücksichtigung des Zusammenhangs ist der Begriff der „Selbständigkeit" in Art. 6 **zu unterscheiden von dem der „Identität"** (Art. 1 I lit. b). Die Frage nach der Wahrung der Identität (→ Art. 1 Rn. 53 ff.) ist zum Zeitpunkt der vertraglichen Übertragung oder Verschmelzung der betreffenden wirtschaftlichen Einheit zu beurteilen. Nur wenn die Identität dieser Einheit gewahrt bleibt, kann ein derartiger Vorgang als „Übergang" iSd Richtlinie eingestuft werden. Hingegen beurteilt sich die Frage nach der Wahrung der Selbständigkeit erst ab dem Zeitpunkt, zu dem bereits festgestellt worden ist, dass ein Übergang iSd Richtlinie tatsächlich stattgefunden hat. Erst dann kommt es darauf an, dass, sofern die wirtschaftliche Einheit (→ Art. 1 Rn. 6 ff.) ihre Selbständigkeit behält, die Rechtsstellung und die Funktion der Vertreter oder der Vertretung der vom Übergang betroffenen Arbeitnehmer unter den gleichen Bedingungen erhalten bleiben, wie sie vor dem Zeitpunkt des Übergangs bestanden haben.

Nach dem **gewöhnlichen Sprachgebrauch** bezeichnet der Begriff „Selbständigkeit" das **8 Recht, sich von seinen eigenen Regeln leiten zu lassen** (Urteil *UGT-FSP*, Rn. 42 ff., → Rn. 6). Angewandt auf eine wirtschaftliche Einheit sind damit die **„Organisationsbefugnisse"** gemeint: Die den für diese Einheit Verantwortlichen gewährten Befugnisse, die Arbeit innerhalb der genannten Einheit bei der Verfolgung der wirtschaftlichen Tätigkeit, die ihr eigen ist, relativ frei und unabhängig zu organisieren; insbesondere die Befugnisse, Weisungen und Instruktionen zu erteilen, Aufgaben auf die untergeordneten Arbeitnehmer, die zu der fraglichen Einheit gehören, zu verteilen und über die Verwendung der materiellen Ressourcen, die ihr zur Verfügung stehen, zu entscheiden, und zwar ohne unmittelbares Eingreifen anderer Organisationsstrukturen des Inhabers (oben genanntes Urteil *UGT-FSP*, Rn. 43). Daher wird grds. die Selbständigkeit iSv Art. 6 gewahrt, wenn die Organisationsbefugnisse der für die übertragene Einheit Verantwortlichen nach dem Übergang innerhalb der **Organisationsstrukturen des Erwerbers** im Vergleich zu der Lage vor dem Übergang **im Wesentlichen unverändert** bleiben (Urteil *UGT-FSP*, Rn. 44 und Tenor). **Eine etwaige Umverteilung** bestimmter Organisationsbefugnisse **innerhalb der übertragenen Einheit** kann **deren Selbständigkeit** grds. **nicht beeinträchtigen.** Wichtig ist, dass sämtliche für die übertragene Einheit Verantwortlichen die Organisationsbefugnisse, über die sie bereits vor dem Übergang verfügten, gegenüber anderen Organisationsstrukturen des neuen Inhabers ausüben können (Urteil *UGT-FSP*, Rn. 47). Der bloße Austausch der obersten Dienstvorgesetzten wie im Ausgangsverfahren (Rn. 48) oder die bloße Kontrollbefugnis der obersten Dienstvorgesetzten (Rn. 50) können als solche der Selbständigkeit der übertragenen Einheit keinen Abbruch tun. Nur wenn die obersten Dienstvorgesetzten die Befugnis hätten, unmittelbar die Tätigkeit der Arbeitnehmer dieser Einheit zu organisieren und innerhalb dieser Einheit an deren Stelle Entscheidungen zu treffen, könnte die Selbständigkeit der genannten Einheit beeinträchtigt sein. Dabei kann allerdings eine derartige Ersetzung bei der Entscheidungsfindung innerhalb der übertragenen Einheit nicht als ihrer Selbständigkeit abträglich angesehen werden, wenn sie ausnahmsweise unter dringlichen Umständen wie einem schweren, dem Funktionieren dieser Einheit abträglichen Zwischenfall zeitweilig und aufgrund der hierfür festgelegten Regeln erfolgt (oben genanntes Urteil *UGT-FSP*, Rn. 49).

9 **Anders wäre die Lage,** wenn die Arbeitnehmer nach dem Übergang unter Verantwortlichen arbeiten, deren Organisationsbefugnisse beschnitten worden sind und nicht mehr als selbständig eingestuft werden können. Dann sind die Interessen der Arbeitnehmer nicht mehr dieselben und die Bedingungen ihrer Vertretung müssen sich folglich den eingetretenen Änderungen anpassen. **In solch einem Fall** muss, wie aus **Art. 6 I UAbs. 4** hervorgeht, das Mandat der vom Übergang betroffenen Vertreter der Arbeitnehmer auf den Zeitraum beschränkt werden, der erforderlich ist, um eine neue Vertretung der Arbeitnehmer zu bilden oder zu benennen (oben genanntes Urteil *UGT-FSP*, Rn. 46, → Rn. 6).

10 Die Auslegung des Begriffs der „Selbständigkeit" iSv Art. 6 durch den EuGH im oben genannten Urteil *UGT-FSP* kann **für einen Fall wie den des dortigen Ausgangsverfahrens** den **Fortbestand** der bestehenden Vertretung der Arbeitnehmer nach Art. 6 I und das Recht der Arbeitnehmer auf **Vertretung unter den gleichen Bedingungen wie vor dem Übergang** bedeuten (Urteil *UGT-FSP*, Rn. 45, 52, → Rn. 6). Die vorgenommene Auslegung des Selbständigkeitsbegriffs ermögliche es, die **praktische Wirksamkeit von Art. 6** zu wahren, da der Übergang eines Unternehmens, eines Betriebs oder eines Unternehmens- oder Betriebsteils in der Praxis fast immer mit dem Austausch der obersten Dienstvorgesetzten einhergehe (oben genanntes Urteil *UGT-FSP*, Rn. 51). Aus Sicht des EuGH ändert daran nichts, wenn womöglich eine Art „Doppelvertretung" innerhalb der Belegschaft des neuen Inhabers entsteht, auch wenn diese zu Mehrkosten führt (im Ausgangsfall Vergütung von „Arbeitnehmervertretungsstunden"), da dieser Umstand nur Teil der Rechtsfolgen der Entscheidung des Gesetzgebers der Union bei der Einführung von Art. 6 I sei (Urteil *UGT-FSP*, Rn. 52). Nichts anderes gelte für das Vorbringen der spanischen Regierung, das sich – vor dem Hintergrund der speziellen Vertretungsstrukturen des Ausgangsfalls – auf die Entstehung eines Ungleichgewichts innerhalb der Organisation des neuen Inhabers zwischen den dort bereits vertretenen Gewerkschaftsvertretern und den in der Anzahl unverändert bleibenden Personalvertretern beziehe und diesbezüglich Diskriminierung und einem Verstoß gegen den Grundsatz der Gleichbehandlung geltend mache (Urteil *UGT-FSP*, Rn. 53 f. unter Bezugnahme auf Rn. 88 der SA der GA *Sharpston*). Der EuGH lässt diesbezüglich offen, ob die Lage der übergegangenen und die der bei dem neuen Inhaber beschäftigten Arbeitnehmer überhaupt vergleichbar ist (Urteil *UGT-FSP*, Rn. 54). Jedenfalls wäre eine solche unterschiedliche Behandlung im Licht des Ziels der Richtlinie gerechtfertigt, das darin besteht, iRd Möglichen in der Praxis zu gewährleisten, dass die neuen Arbeitnehmer durch den Übergang gegenüber der Situation vor dem Übergang nicht benachteiligt werden (Urteil *UGT-FSP*, Rn. 54). Soweit die spanische Regierung eine Beeinträchtigung der Koalitionsfreiheit des bestehenden Personals angesprochen habe, sei nicht dargetan, inwiefern unter den im Ausgangsverfahren obwaltenden Umständen die Ausübung dieser Freiheit durch die Beibehaltung der Vertreter der Arbeitnehmer der übertragenen Einheit beeinträchtigt werde (Urteil *UGT-FSP*, Rn. 55).

11 In der Literatur wird mit dem Urteil *UGT-FSP* Klarstellung und Rechtssicherheit verbunden (*Mückl* GWR 2010, 461; *derselbe* BB 2010, 2830; *Fröhlich* EuZA 2011, 53 [63]; *Buschmann* AiB 2014, 21 [22]; aA *Pauken* AuA 2011, 549). Eine der Besonderheiten dieses Ausgangsfalls ist, dass die vier bisher getrennten Dienstleistungseinheiten belassen wurden wie sie waren und auch keine Integration in den Geschäftsablauf der Gemeinde stattgefunden hat. Neu ist mit dem Urteil *UGT-FSP* in der Rechtsprechung zur Richtlinie der Begriff **„Organisationsbefugnisse"** (vgl. auch *Mückl* BB 2010, 2830). Er dient zur näheren Bestimmung der Voraussetzungen von Art. 6. Er ist offenbar von dem Begriff der **„Organisationsstrukturen"** (→ Art. 1 Rn. 59, 61, 100 f.) zu unterscheiden. „Organisationsstrukturen" sind „nur" der Rahmen, in dem „Organisationsbefugnisse" stattfinden. „Organisationsstrukturen" sind Gegenstand der anders gelagerten Frage, ob eine Übernahme überhaupt unter die Richtlinie fällt (Frage der Abgrenzbarkeit der Organisations-

struktur bei Leiharbeitsunternehmen, EuGH 13.9.2007 – C-458/05 Rn. 34 – Jouini ua, NZA 2007, 1151; Merkmal der Organisation der übertragenen Einheit, Änderung der Organisationsstruktur der übertragenen Einheit, EuGH 12.2.2009 – C-466/07 Rn. 44 ff. – Klarenberg, NZA 2009, 251). **„Organisationsbefugnisse"** beziehen sich demgegenüber auf die Befugnisse, Weisungen und Instruktionen zu erteilen, Aufgaben auf die untergeordneten Arbeitnehmer zu verteilen und über die Verwendung der materiellen Ressourcen zu entscheiden (EuGH 29.7.2010 – C-151/09 – UGT-FSP, NZA 2010, 1014; → Rn. 8). Allerdings zeigt das Urteil, dass der Austausch der obersten Dienstvorgesetzten idR nicht den Abbruch bestehender Selbständigkeit bedeutet. Allein auf das „Haben" von Befugnissen (Organisations- und Kontrollbefugnissen) kommt es nicht an, wie die Rn. 48 ff. des Urteils *UGT-FSP* zeigen. Eher kommt es offenbar darauf an, wer die genannten Befugnisse hat und auch regelmäßig ausübt – hier die unmittelbaren Dienstvorgesetzten (vgl. oben genanntes Urteil *UGT-FSP,* Vorlagefrage, Tenor) – sowie darauf, ob die Organisationsbefugnisse im Vergleich zu vorher beschnitten worden sind.

Ungeklärt bleibt mit dem Urteil *UGT-FSP,* ob für die Bestimmung der „Selbständigkeit" 12 iSv Art. 6 Erfordernisse zum **„Anknüpfungspunkt"** und zur **„Legitimationsbasis"** (zu diesen Begriffen unabhängig vom Urteil *UGT-FSP: Schlenker-Rehage,* 31) der Arbeitnehmervertretung bestehen. **Muss die fragliche Arbeitnehmervertretung** bereits vor dem Übergang **gesondert auf** die dann **vom Übergang betroffenen Arbeitnehmer** bezogen gewesen, gesondert von ihnen gewählt/für sie bestellt worden sein? Ist es von Bedeutung, wem gegenüber eine Vertretungsbefugnis vor dem Übergang bestand? Erhält Art. 6 I UAbs. 1 den Bestand einer Arbeitnehmervertretung, die nicht gesondert auf die Vertretung der Arbeitnehmer in der übergegangenen, selbständigen Einheit bezogen war/ist? Kann ein eher „zufälliger" Umstand das Eintreten von Art. 6 I UAbs. 1 auslösen, wenn bsw. im Ausgangsfall *UGT-FSP* zu einer übergegangenen selbständigen Einheit ein auf die Vertretung aller Arbeitnehmer im Konzessionsunternehmen (→ Art. 6 Rn. 6; → Art. 1 Rn. 22, 38) befasster Arbeitnehmervertreter gehört? Dies ist nicht anzunehmen. Das Urteil *UGT-FSP* geht darauf nicht ausdrückliche ein, enthält höchstens einen Anhaltspunkt. Bezogen auf den Verlust der Selbständigkeit und das Eintreten von Art. 6 I UAbs. 4 ist nämlich erwähnt, dass dann „die Interessen der Arbeitnehmer nicht mehr dieselben (sind) und die Bedingungen ihrer Vertretung ... sich folglich den eingetretenen Änderungen anpassen" müssen (Urteil *UGT-FSP* Rn. 46). Die SA der GA *Sharpston* v. 6.5.2010 zu dieser Sache streifen das genannte Thema, allerdings nur bezogen auf den Aspekt der „Beibehaltung" (SA der GA *Sharpston* Rn. 60 f., Rn. 92, 4. Spiegelstrich). Zum „Ausgangspunkt" ist nichts enthalten. Das vorlegende Gericht hat dieses Thema – soweit ersichtlich – nicht in sein Vorabentscheidungsersuchen eingebracht. Daher entspricht das Nichtthematisieren im Urteil des EuGH dem Nichtthematisieren im Vorabentscheidungsersuchen. Es steht zudem zu vermuten, dass einige Aspekte dieses Urteils Besonderheiten des dualen Systems der Arbeitnehmervertretung im spanischen Recht zuzurechnen sind und der dafür bestehenden Regelungen betreffend die Selbständigkeit als Wahleinheit (*Martin,* Unternehmensübergangsrichtlinie, 350 ff., 364).

III. Vertretung bei Erhalt der Selbständigkeit (Art. 6 I UAbs. 1 und 2)

Behält die übergegangene wirtschaftliche **Einheit** ihre **Selbständigkeit,** ist Art. 6 I 13 UAbs. 1 der Maßstab des Erhalts der Rechtsstellung und der Funktion der Vertreter oder der Vertretung der vom Übergang betroffenen Arbeitnehmer. Dies kann nicht nur für „komplette", nach Übergang unveränderte **Unternehmen** und/oder **Betriebe** der Fall sein, sondern nach dem Wortlaut (anders als in der Vorfassung Art. 5 I RL 77/187/EWG, dazu EAS/*Oetker*/*Schubert* B 8300 Rn. 449; Preis/Sagan/*Grau*/*Hartmann* Rn. 173) ausdrücklich **auch** für **Unternehmens- bzw. Betriebsteile.** Das **Urteil** *UGT-FSP* (EuGH 29.7.2010 – C-151/09 – NZA 2010, 1014) ist ein **Beispiel** für den Anwendungsfall „Betriebsteil". In diesem Urteil hat der EuGH geklärt, wie der **Begriff der Selbständigkeit** im Hinblick auf Art. 6 I zu verstehen ist, dass dafür nämlich auf die **„Organisationsbefugnisse"** abzustellen ist (näher → Ar. 6 Rn. 11). Ob und ggf. inwieweit der nach der Rechtsprechung des EuGH maßgebende Begriff „Organisationsbefugnisse" und der teilweise in Deutschland vorgeschlagene Terminus „verselbständigte Organisation und Leitung" (EAS/*Oetker/Schubert* B 8300 Rn. 449; Preis/Sagan/*Grau/Hartmann* Rn. 173; in diesem Zusammenhang zu ähnlichen Kriterien bezogen auf deutsches Betriebsverfassungsrecht *Krause* NZA 1998, 1201 [1202 mwN]) deckungsgleich sind, bedarf hier keiner weiteren Erörterung. Im Ergebnis dürfte allerdings in vielen Fällen zutreffend sein, dass jedenfalls ein Aufgehen in einer größeren Einheit (Eingliederung, Verschmelzung) zum Verlust der Selbständigkeit iSv Art. 6 I UAbs. 1 führt (EAS/*Oetker/Schubert* B 8300 Rn. 450; Preis/Sagan/*Grau/Hartmann* Rn. 174; *Krause* NZA 1998, 1201 [1202 mwN]; *v. Alvensleben* 118; *Löw* 161; *Debong* 88).

14 Von Bedeutung ist das Wort „behalten" (Art. 6 I UAbs. 1), das im Gesamtsystem der Regelung des Art. 6 I sein Gegenstück in Art. 6 I UAbs. 4 („Behält … nicht") findet. Die Selbständigkeit nach Art. 6 I UAbs. 1 muss also „vor" wie auch „nach Übergang" vorliegen. Dabei ist die Ausgangslage, also die **Selbständigkeit vor** einem **Übergang** für gesamte Unternehmen und Betriebe leichter zu beurteilen als für Unternehmens- und insbesondere Betriebsteile. Nicht immer ist die Situation nach Übernahme so ohne jegliche Integration des neuen Personals in den alten Personalbestand und damit einer Beurteilung leicht zugänglich wie im **Urteil UGT-FSP** (EuGH 29.7.2010 – C-151/09 – NZA 2010, 1014; → Art. 6 Rn. 6).

15 Der Verlust einer zuvor vorhandenen Selbständigkeit führt zur Unanwendbarkeit der Vorgaben des Art. 6 I UAbs. 1 mit der Folge, dass sodann nach dem Wortlaut („Behält … nicht") idR die Vorgaben des Art. 6 I UAbs. 4 eingreifen.

16 Art. 6 I UAbs. 1 ist auf den **vollständigen Erhalt des Bestehenden** gerichtet, nicht wie Art. 6 I UAbs. 4 nur auf eine angemessene Übergangslösung (auch → Art. 6 Rn. 2; → Art. 6 Rn. 21 ff.). Nach Art. 6 I UAbs. 1 bleiben die Rechtsstellung und die Funktion der Vertreter oder der Vertretung der vom Übergang betroffenen Arbeitnehmer **unter den gleichen Bedingungen erhalten,** wie sie vor dem Zeitpunkt des Übergangs aufgrund von Rechts- und Verwaltungsvorschriften oder aufgrund einer (kollektiven) Vereinbarung bestanden haben. Der **Umfang** des Erhalts der Rechtsstellung und Funktion der Vertreter/Vertretung richtet sich damit nach dem **jeweiligen nationalen Recht.** Die vom Übergang betroffenen Arbeitnehmer werden nach dem Übergang nicht anders vertreten als zuvor. Der Bestand der Vertretung soll von dem Übergang unberührt bleiben (EAS/*Oetker/Schubert* B 8300 Rn. 451). Darin spiegelt sich einmal mehr das Ziel der Richtlinie im Hinblick auf die **Neutralität des Übergangs** (→ Art. 3 Rn. 4). Art. 6 I UAbs. 1 betrifft nach seinem Wortlaut ausschließlich die Vertretungssituation der „vom Übergang betroffenen" Arbeitnehmer, nicht die nach einem Übergang möglicherweise ebenfalls betroffene Vertretungssituation ggf. zurückbleibender Arbeitnehmer oder die der Arbeitnehmer des Erwerbers (→ Art. 7 Rn. 8, 10, 19 zur Berücksichtigung letzterer im Zusammenhang der Information und Konsultation).

17 Nicht erforderlich ist bezüglich der Verpflichtung aus Art. 6 I UAbs. 1 eine zusätzlich **gestaltende „Maßnahme"** der Mitgliedstaaten. Dies hat allerdings keinen Einfluss auf die gleichwohl vorzunehmende Umsetzung. Dass eine „Maßnahme" nicht erforderlich ist, ergibt sich aus dem Wortlaut der Bestimmung und aus dem Gesamtsystem des Art. 6. Der Wortlaut gibt die Voraussetzungen („Sofern … behält") und die Rechtsfolge („bleiben … unter den gleichen Bedingungen erhalten") vor. Anders als bsw. für Art. 6 I UAbs. 4 wird nicht auf eine von den Mitgliedstaaten zu treffende Maßnahme Bezug genommen. Damit dürfte Art. 6 I UAbs. 1 ohne Weiteres die Voraussetzung „unbedingte und hinreichend genaue Bestimmung" zur Entfaltung unmittelbarer Wirkung/direkter Anwendung erfüllen. Die Umsetzungsfristen (→ vor Art. 1 Rn. 25, Art. 12, Anhang I Teil B) sind längst abgelaufen (zuletzt 17.7.2001).

18 **„Sofern die Bedingungen für die Bildung der Arbeitnehmervertretung erfüllt sind":** Im **Urteil UGT-FSP** (EuGH 29.7.2010 – C-151/09 – NZA 2010, 1014) geht der EuGH auf diese im letzten Satzteil von Art. 6 I UAbs. 1 genannte Bedingung nicht ein. Danach ist er **nicht gefragt worden;** von sich aus sah er offenbar keine besondere

Erforderlichkeit. Ob daraus ein Schluss gezogen werden kann, ist fraglich; die Nichtbefassung könnte schlicht der Konzeption des Vorabentscheidungsverfahrens entsprechen, das nicht auf eine Falllösung, sondern nur auf Beantwortung gestellter Fragen gerichtet ist. Oder kann angenommen werden, dass diese Bedingung im letzten Satzteil von Art. 6 I UAbs. 1 ohne Weiteres erfüllt ist, soweit mit einem Übergang wie im Ausgangsfall abgesehen vom Inhaberwechsel keine Veränderung verbunden ist? Ist diese Voraussetzung **in der Praxis** bsw. dann **von Belang, wenn** zwar die Selbständigkeit erhalten bleibt, mehr oder minder gleichzeitig mit dem Übergang aber (richtlinienkonforme) Veränderungen vorgenommen werden, insbesondere Kündigungen aus wirtschaftlichen, technischen oder organisatorischen Gründen (Art. 4 I 2, → Art. 4 Rn. 7) und damit ggf. nationale **Eingangsschwellenwerte** für die Bestellung von Arbeitnehmervertretern **unterschritten** werden? Ein solches Verständnis würde dem System des Art. 6 nicht entsprechen, in dem nicht für jeden Übergang von zuvor vertretenen Arbeitnehmern eine Vertretungsregelung für die Zeit nach dem Übergang vorgesehen ist. So enthält Art. 6 für Arbeitnehmer, deren wirtschaftliche Einheit (→ Art. 1 Rn. 6) vor dem Übergang nicht selbständig (→ Art. 1 Rn. 7) war (was in der Praxis für nicht wenige ausgelagerte Betriebsteile zutreffen dürfte), sondern in einem größeren Rahmen vertreten wurde, keine Weitervertretungsmaßgabe. Ist im aufnehmenden Betrieb keine Arbeitnehmervertretung vorhanden, endet die vorherige Vertretung mit der Auslagerung. Nichts anderes könnte im System des Art. 6 mit „Sofern die Bedingungen für die Bildung der Arbeitnehmervertretung erfüllt sind" für Fälle angelegt sein, in denen Umstrukturierungen bei Übergang zu einer Unterschreitung eventueller nationaler Schwellenwerte führen. **Weiterhin** kann die Erfüllung der oben genannten Voraussetzung in Fällen eines **„Systemwechsels"** von Belang sein, je nach mitgliedstaatlichen Vorgaben. Diese Auffassung vertritt jedenfalls GA *Sharpston* in den Schlussanträgen v. 6.5.2010 zu C-151/09, *UGT-FSP* (dort Rn. 70, 74) für den Fall, dass nationale Rechtsordnungen unterschiedliche Vorschriften für Arbeitnehmervertretungen im **öffentlichen** und **im privaten Bereich** vorsehen. Für den Ausgangsfall *UGT-FSP* scheint es nach nationalem Recht ein einheitliches Arbeitnehmerstatut zu geben (EuGH 29.7.2010 – C-151/09 Rn. 8–11 – UGT-FSP, NZA 2010, 1014). Für das deutsche Recht ist bei Privatisierungen ein Systemwechsel zu bedenken (Wechsel aus dem Bereich eines PersVG in den des BetrVG, näher → Rn. 28, → Art. 8 Rn. 6). Bei einer **kollektivvertraglich geregelten Arbeitnehmervertretung** mag ein Wechsel aus dem Bereich eines Vertrages in den eines anderen – anderer Parteien mit ggf. anderen Vorgaben – zu bedenken sein. Auch bei **grenzüberschreitenden Übergängen** (→ Art. 1 Rn. 106 ff.) wäre die Frage eines Systemwechsels von Bedeutung.

Voraussetzungen der Neubestellung erfüllt: Nach **Art. 6 I UAbs. 2** findet Art. 6 I 19 UAbs. 1 keine Anwendung, wenn gem. den Rechts- und Verwaltungsvorschriften oder der Praxis der Mitgliedstaaten oder durch Vereinbarung mit den Vertretern der betroffenen Arbeitnehmer die Bedingungen für die Neubestellung der Vertreter der Arbeitnehmer oder die Neubildung der Vertretung der Arbeitnehmer erfüllt sind. Nicht ausdrücklich geregelt ist allerdings die Übergangszeit, denn idR wird die Neubestellung/Neubildung Zeit zur Vorbereitung in Anspruch nehmen, ggf. müssen (je nach mitgliedstaatlichen Vorgaben) Wahlregularien eingehalten, Wahlgremien bestellt werden. Allerdings ist anzunehmen (vorbehaltlich der Vorgaben in Art. 267 AUEV), dass das System des Art. 6 I insoweit keine Schutzlücke entstehen lassen will und nach Sinn und Zweck der Regelung die Vertretung nach Art. 6 I UAbs. 1 für die Übergangszeit bis zur erfolgten Neubestellung/Neubildung im Amt bleibt, ausgestattet mit allen in den mitgliedstaatlichen Kompetenzvorschriften vorgesehenen Rechten und Pflichten und der Aufgabe, unverzüglich die erforderlichen Schritte zur Neubestellung/Neubildung zu unternehmen.

Art. 6 I UAbs. 1 enthält ebenso wie Art. 6 I UAbs. 4 und Art. 2 I lit. d keinen Anhalts- 20 punkt dafür, dass womöglich nur eine allgemeine, auf den gesamten Betrieb/das gesamte Unternehmen bezogene Arbeitnehmervertretung von seinem Schutz erfasst ist (→ Rn. 5, 24, → Art. 2 Rn. 6).

IV. Vertretung bei Verlust zuvor vorhandener Selbständigkeit (Art. 6 I UAbs. 4)

21 Der **Verlust einer zuvor vorhandenen Selbständigkeit** führt zur Unanwendbarkeit der Vorgaben des Art. 6 I UAbs. 1 mit der Folge, dass idR die Vorgaben des Art. 6 I UAbs. 4 eingreifen. Behält das Unternehmen, der Betrieb oder der Unternehmens- bzw. Betriebsteil seine Selbständigkeit nicht, so treffen die Mitgliedstaaten die erforderlichen Maßnahmen, damit die vom Übergang betroffenen Arbeitnehmer, die vor dem Übergang vertreten wurden, während des Zeitraums, der für die Neubildung oder Neubenennung der Arbeitnehmervertretung erforderlich ist, im Einklang mit dem Recht oder der Praxis der Mitgliedstaaten weiterhin angemessen vertreten werden. In Art. 6 I UAbs. 4 sind die Begriffe nicht auf den Erhalt des Bestehenden gerichtet wie in Art. 6 I UAbs. 1 (→ Rn. 2 ff., Rn. 13 ff.), sondern auf eine **angemessene Übergangslösung**.

22 Nach dem Wortlaut knüpft Art. 6 I UAbs. 4 an eine Neubildung/Neubenennung der Arbeitnehmervertretung an. Aus Art. 6 I UAbs. 4 geht hervor, dass das **Mandat** der vom Übergang betroffenen Vertreter der Arbeitnehmer auf den Zeitraum **beschränkt** wird, der erforderlich ist, um eine neue Vertretung der Arbeitnehmer zu bilden oder zu benennen (EuGH 29.7.2010 – C-151/09 Rn. 46 – UGT-FSP, NZA 2010, 1014). Der erforderliche Zeitraum ist in der Richtlinie nicht näher bestimmt. Er hängt von den unterschiedlichen nationalen Vorgaben zur Neubildung/Neubenennung von Arbeitnehmervertretungen ab (vgl. auch *Krause* NZA 1998, 1201 [1203]; zum Überblick *Rebhan*, NZA 2001, 763). Die Dauer muss Sinn und Zweck von Art. 6 I UAbs. 4 (*Schlenker-Rehage* 33), auch in seiner Bedeutung innerhalb des Systems des Art. 6 in jedem Einzelfall gerecht werden.

23 Zudem geht aus Art. 6 I UAbs. 4 hervor, dass eine Vertretung „**weiterhin angemessen**" zu sein hat. Dies definiert die Richtlinie nicht näher. Sie verweist zur Begriffsfüllung auch nicht auf das jeweilige nationale Recht. Damit dürfte das grundsätzliche Verständnis einer Vertretung, die „weiterhin angemessen" ist, entsprechend dem Gebot der einheitlichen Anwendung des Unionsrechts und dem Gleichheitssatz der **autonomen und einheitlichen Auslegung** innerhalb der gesamten Union einheitlich (wie auch EuGH 29.7.2010 – C-151/09 Rn. 37 f. – UGT-FSP, NZA 2010, 1014) zu füllen sein. Aus dem Wortlaut in Verbindung mit dem Zusammenhang der Gesamtregelung des Art. 6 ergibt sich, dass „weiterhin angemessen" **kein inhaltlich abgesenktes Vertretungsniveau** im Verhältnis zu einer beibehaltenen Vertretung nach Art. 6 I UAbs. 1 meint. Der Bezug auf „im Einklang mit dem Recht oder der Praxis der Mitgliedstaaten" spricht dafür, dass nur ein – wenn auch zeitlich begrenztes – Fortbestehen des bisherigen Vertretungsniveaus (nach ua Vertreteranzahl, Kompetenzen) angemessen sein kann (ebenso *Krause* NZA 1998, 1201 [1203]; *Willemsen/Annuß* NJW 1999, 2073 [2078], „in den meisten Fällen"); *Franzen* RdA 1999, 361 [369]). Ob es für eine „weiterhin angemessene" Vertretung ausreicht, wenn die Arbeitnehmer von der beim Übernehmer bestehenden Arbeitnehmervertretung repräsentiert werden können (*Willemsen/Annuß* NJW 1999, 2073 [2078]; *Franzen* RdA 1999, 361 [369]), ist fraglich. Jedenfalls soll ein vertretungsloses Zwischenstadium verhindert werden (EAS/*Oetker/Schubert* B 8300 Rn. 454).

24 Art. 6 I UAbs. 4 enthält ebenso wie Art. 6 I UAbs. 1 und Art. 2 I lit. d keinen Anhaltspunkt dafür, dass lediglich eine allgemeine, auf den gesamten Betrieb/das gesamte Unternehmen bezogene Arbeitnehmervertretung von seinem Schutz erfasst ist (→ Art. 2 Rn. 6, → Art. 6 Rn. 5, 20; für das Übergangsmandat offenbar diff. *Schlenker-Rehage* 34).

25 Anders als für Art. 6 I UAbs. 1 mit der Funktion des Erhalts des Bestehenden, wofür keine weiteren ausfüllenden „Maßnahmen" erforderlich sind, **treffen die Mitgliedstaaten die erforderlichen Maßnahmen** in Hinblick auf eine weiterhin angemessene Vertretung nach Art. 6 I UAbs. 4. Fehlt ein Handeln des Gesetzgebers oder ist dessen Regelung nicht richtlinienkonform, müssen im Fall des Rechtsstreits die befassten Gerichte der Verpflichtung in Art. 6 I UAbs. 4 nachkommen und im Rahmen ihrer Zuständigkeit und Möglich-

keiten alles tun, um die volle Wirksamkeit der Bestimmung zu gewährleisten (näher → Art. 9 Rn. 1).

V. Umsetzung von Art. 6 I UAbs. 1, 2, 4 in der Bundesrepublik Deutschland

Zu Art. 6 I UAbs. 1 (ohne öffentlicher Dienst): Für das deutsche Recht ist **iRd Betriebs- 26 verfassung** – jedenfalls bezogen auf den Übergang eines ganzen Betriebs – die Rechtslage bei Erhalt der zuvor bestehenden Selbständigkeit insoweit richtlinienkonform, wie bei fortbestehender Betriebsidentität ein Übergang keine Auswirkungen auf die Rechtsstellung des Betriebsrats (und anderer Mandate) hat (*Fitting* § 1 Rn. 140ff mwN; BDH/*Hauck* BetrVG Rn. 10; ErfK/*Koch* BetrVG § 1 Rn. 12; HaKo/*Düwell* BetrVG § 21a Rn. 12; § 21a Rn. 1; DKKW/*Buschmann* § 21a Rn. 19; *Mengel,* Umwandlung, 280; *Franzen* RdA 1999, 361 [369]). Die Richtlinienkonformität ist allerdings nur dann gegeben, wenn das Verständnis fortbestehender „Betriebsidentität" in jedem Anwendungsfall deckungsgleich mit den Anforderungen im Hinblick auf den Erhalt der Selbständigkeit ist (bejaht von EAS/*Oetker/ Schubert* B 8300 Rn. 457; *Schlenker-Rehage* 31; *Willemsen/Annuß* NJW 1999, 2073 [2078]), insbesondere auch nach den Maßstäben des Urteils *UGT-FSP* (EuGH 29.7.2010 – C-151/09 – UGT-FSP, NZA 2010, 1014; zur Auseinandersetzung damit bezogen auf § 21a BetrVG *Mückl* BB 2010, 2830; *Fröhlich* EuZA 2011, 53 [63 f.]). Für den Sprecherausschuss gilt entsprechendes. Geht der Betrieb als Ganzes über, bleibt der Ausschuss im Amt (EAS/*Oetker/ Schubert* B 8300 Rn. 458; *Schlenker-Rehage* 167). Wie die Situation für einen Betriebsteilübergang zu bewerten ist, bei dem zuvor wie hernach „Selbständigkeit" iSv Art. 6 I UAbs. 1 vorliegt, kann nach dem Urteil *UGT-FSP* (EuGH 29.7.2010 – C-151/09 – UGT-FSP, NZA 2010, 1014; → Rn. 12) fraglich sein. Auch für die unternehmensbezogenen Vertretungen GBR und GJAV, für spezielle Vertretungen wie die Schwerbehindertenvertretung (§ 94 SGB IX) und für bsw. kirchliche Mitarbeitervertretungen (→ Art. 1 Rn. 25: Die Richtlinie enthält keine Ausnahme für Tendenzbetriebe; → Rn. 29) gelten die Anforderungen von Art. 6 I UAbs. 1 (→ Rn. 5, 20, 24, → Art. 2 Rn. 6).

Zu Art. 6 I UAbs. 4 (ohne öffentlicher Dienst): Bezogen auf eine Situation des Verlustes **27** bisher bestehender Selbständigkeit besteht unter dem Stichwort „Übergangsmandat" eine jahrzehntelange Debatte mit nach und nach erfolgter Gesetzgebung (ua *Bischoff,* Das Übergangsmandat des Betriebsrats, 2003; *Schlenker-Rehage* 41 ff.; HaKo/*Düwell* BetrVG Einl. Rn. 40; *Fitting* § 21a Rn. 2; *Däubler* RdA 1995, 136 [141] [144 f.]; *derselbe* ArbuR 2001, 285; *Franzen* RdA 1999, 361 [370]; *Gaul/Bonanni* ArbRB 2002, 46; *Richardi/Annuß* DB 2001, 41 [43]; *Konzen* RdA 2001, 76 [85]) im Bereich der Betriebsverfassung (§ 321 UmwG idF v. 28.10.1994, § 21a BetrVG; vgl. auch das „Restmandat", § 21b BetrVG, des abgebenden, von der Richtlinie insoweit nicht erfassten Betriebes). Ob die bestehenden Regelungen Schutzlücken aufweisen und ob/wie diese ggf. geschlossen werden können (ua *Fitting* § 1 Rn. 113, § 21a Rn. 11a, 23; ErfK/*Koch* BetrVG § 21a Rn. 1; BDH/*Hauck* BetrVG Rn. 44, 46; HaKo/*Düwell* BetrVG § 21a Rn. 16; *Sieg/Maschmann* Unternehmensumstrukturierung Rn. 381), ist auch eine Frage der Richtlinienkonformität. Dies ist auch zu bedenken, soweit für spezielle Vertretungen (→ Rn. 5, 20, 24, → Art. 2 Rn. 6) ein Übergangsmandat nicht generell vorgesehen ist (ua für die JAV, die BordV, bezogen auf „Unternehmen" für den GBR, *Fitting* § 21a Rn. 5; EAS/*Oetker/Schubert* B 8300 Rn. 459; zu einzelnen Regelungen in Spezialgesetzen *Schlenker-Rehage* 164). Fraglich ist, ob bei Fehlen eines Übergangsmandats in solchen Fällen gleichwohl eine „angemessene" Vertretung vorhanden ist, soweit die Vertretung durch den BR gegeben ist (dafür: *Schlenker-Rehage* 165). Anders ist die Situation bei leitenden Angestellten. Für deren Sprecherausschüsse sieht das SprAuG kein Übergangsmandat vor, eine Vertretung durch den Betriebsrat erfolgt nicht. Solange keine diesbezügliche Regelung erfolgt und eine analoge Anwendung von § 21a BetrVG ausscheidet, liegt ein Verstoß gegen Art. 6 vor (vgl. im Einzelnen HaKo/*Düwell* BetrVG § 21a Rn. 22, 36, 41; *Schlenker-Rehage* 167 ff.; auch *Löwisch/ Schmidt-Kessel* BB 2001, 2162).

28 **Im öffentlichen Dienst** (alle öffentlichen Verwaltungen sowie die „Eigenbetriebe", *Fitting* § 130 Rn. 4) ist die Situation nur teilweise richtlinienkonform geregelt, es überwiegen **Umsetzungslücken** (dazu unten). Ob und inwieweit diese durch richtlinienkonforme Auslegung und Anwendung des bestehenden Rechts – sowohl durch den Arbeitgeber selbst, insbesondere den staatlichen, als auch im Streitfall durch die Gerichte – geschlossen werden können, ist noch nicht letztlich durch Rechtsprechung geklärt (insoweit noch aktuell *Besgen/Langner* NZA 2003, 1239). Zu bedenken sind einerseits Situationen der **Neuordnung** und **Umstrukturierung** innerhalb des öffentlichen Dienstes, soweit Tätigkeiten in Ausübung hoheitlicher Befugnisse nicht betroffen ist (→ Art. 1 Rn. 20, 42 zum Eingreifen der Richtlinie). Zu bedenken sind andererseits Fragen bei **Privatisierung** (→ Art. 1 Rn. 22, 42 zum Eingreifen der Richtlinie; zu Begriff und Verfahren der Privatisierung Schaub/*Koch* § 116 Rn. 40 ff.; *Hartmann*, Gestaltungsmöglichkeiten, Rn. 23 ff.; *Krieg,* Privatisierung und Personalvertretung, 2006). Bei den dabei entstehenden (oder übernehmenden) Betrieben privater Rechtsform ist im Hinblick auf eine **eventuelle direkte Anwendung** der Richtlinie (*v. Roetteken* NZA 2001, 414 [421 ff.]); → Art. 1 Rn. 42; → Art. 6 Rn. 28) zu fragen, ob es sich um den „Staat im weiteren Sinne" (→ Art. 1 Rn. 42) oder um einen tatsächlichen „Dritten" handelt. Bezogen auf den Fortbestand der Arbeitnehmervertretung ist in den genannten, von der Richtlinie im Grundsatz erfassten Fällen der Neuordnung, Umstrukturierung und Privatisierung der Bereich der Personalvertretungen angesprochen. Dafür fehlt es jedoch, von punktuellen Einzelregelungen (ua einzelne PersVG der Länder; dazu ua *Friedrich,* Europäisches Arbeitsrecht und Privatisierung, 2002, 205 ff.; *Welkoborsky* PersR 2011, 413; HaKo/*Düwell* BetrVG § 21a Rn. 31 ff.) abgesehen, weitgehend an Regelungen in Umsetzung der Richtlinie (vgl. ua *Fitting* § 130 Rn. 15 ff.; EAS/*Oetker/Schubert* B 8300 Rn. 461; *Augenreich* Privatisierung, 122 ff.; *Hartmann* Gestaltungsmöglichkeiten 291 f.; *Schipp/Schipp,* Arbeitsrecht und Privatisierung 1996, 402 f.; *Schlenker-Rehage,* 177 ff.; *Düwell* ArbuR 1994, 357 [358]; *Gronimus* PersV 2013, 124; *Pawlak/Leydecker* ZTR 2008, 74; *Schwarzburg* öAT 2010, 79; *Löwisch/Schmidt-Kessel* BB 2001, 2162; *Blanke* ZfPR 2001, 242). Die Rechtsprechung konnte die Frage nach einem „allg. Übergangsmandat des Personalrats bei Privatisierung" (BAG 25.5.2000 zu II 3a der Gründe NZA 2000, 1115) bisher offen lassen. Soweit bei Privatisierung Hindernisse im **Systemwechsel** vom Personalvertretungsrecht zum BetrVG gesehen werden, ist Vorsicht geboten, einem eng verstandenen Wortlaut der Richtlinie (zB *Pawlak/Leydecker* ZTR 2008, 74 [77]) Vorrang vor ihrer Zielsetzung und dem „effet utile" zu geben. Zudem lässt sich bei „behaltener" Selbständigkeit iSd Richtlinie vertreten, dass ein gebildeter Personalrat unverändert im Amt bleibt und die Neuwahl (Art. 6 I UAbs. 2) bei Vorliegen der Voraussetzungen des § 13 BetrVG erfolgt, wobei der Personalrat bis zur Neuwahl die Amtsgeschäfte nach § 22 BetrVG weiterführt (Schaub/*Koch* § 265 Rn. 43; **aA** *Fitting* § 130 Rn. 10, eine Regelungslücke konstatierend, die lediglich im Zuge einzelner Privatisierungen geschlossen ist, Rn. 11 ff.; zum Übergang jedoch *Fitting* § 130 Rn. 17; vgl. auch HaKo/*Düwell* BetrVG § 21a Rn. 16). Die Nichtumsetzung von Art. 6 I UAbs. 4 wirft eine andere Situation auf, da für diese Bestimmung nach dem Wortlaut mitgliedstaatliche „Maßnahmen" zu erfolgen haben (vgl. auch EAS/*Oetker/Schubert* B 8300 Rn. 461: nicht hinreichend konkret). Bedenkenswert ist allerdings eine direkte Anwendung von Art. 6 I UAbs. 4 unter Heranziehung der Maßstäbe bereits geregelter Übergangsmandate, insbesondere des öffentlichen Dienstes (bzw. im Wege der Gesamtanalogie/analogen Anwendung unter Gleichheitsgesichtspunkten, vgl. DKKW/*Buschmann* § 21a Rn. 13; DKKW/Trümner § 130 Rn. 11; Schaub/*Koch* § 265 Rn. 43; *Fitting* § 130 Rn. 15; vgl. auch BAG 31.5.2000 NZA 2000, 1350) zum Füllen von „weiterhin angemessen vertreten". Umsetzungsdefizite betreffen auch Situationen von Kommunalisierung und Verstaatlichung (HaKo/*Düwell* BetrVG § 21a Rn. 34).

29 Auch bezogen auf den Wechsel aus dem und in den **kirchlichen Dienst** (→ Art. 1 Rn. 25: Die Richtlinie enthält keine Ausnahme für Tendenzbetriebe) liegen keine ausdrücklichen umsetzenden Regelungen vor; Rechtsprechung zum Umgang mit daraus resultierenden Umsetzungsdefiziten (HaKo/*Düwell* BetrVG § 21a Rn. 35) liegt nicht vor.

VI. Vertretung im Fall von Insolvenz (Art. 6 I UAbs. 3)

Anders als die Regelungen in Art. 6 I UAbs. 1 und 4 knüpft die in Art. 6 I UAbs. 3 30 weder für „vor" noch für „nach" dem Übergang an den Begriff der Selbständigkeit an. Zudem besteht kein Zwang zu mitgliedstaatlichen Maßnahmen („können"). Dies passt zum weitgehenden Ausschluss von Insolvenzsituationen in Art. 5 (→ Art. 5 Rn. 2 ff.). Wurde gegen den Veräußerer unter der Aufsicht einer zuständigen öffentlichen Stelle (→ Art. 5 Rn. 2 – worunter auch ein von einer zuständigen Behörde ermächtigter Insolvenzverwalter verstanden werden kann –) ein Konkursverfahren oder ein entsprechendes Insolvenzverfahren mit dem Ziel der Auflösung des Vermögens des Veräußerers eröffnet, können die Mitgliedstaaten die erforderlichen Maßnahmen ergreifen, um sicherzustellen, dass die vom Übergang betroffenen Arbeitnehmer bis zur Neuwahl oder Benennung von Arbeitnehmervertretern angemessen vertreten sind.

VII. Schutz nach übergangsbedingtem Mandatsende (Art. 6 II)

Erlischt das Mandat der Vertreter der vom Übergang betroffenen Arbeitnehmer aufgrund 31 des Übergangs, so gelten für diese weiterhin die nach den Rechts- und Verwaltungsvorschriften oder der Praxis der Mitgliedstaaten vorgesehenen Schutzmaßnahmen. Art. 6 II setzt damit keinen eigenständigen unionsrechtlichen Schutzstandard, sondern verpflichtet die Mitgliedstaaten, die weitere, nachwirkende Geltung der bisher bestehenden nationalen Schutzmaßnahmen, bsw. Kündigungsschutzbestimmungen, zu gewährleisten (*Riesenhuber* § 24 Rn. 99; Preis/Sagan/*Grau/Hartmann* Rn. 183; EAS/*Oetker/Schubert* B 8300 Rn. 455; *v. Alvensleben* 119; *Löw* 162 f.).

Kapitel III. Information und Konsultation

Art. 7 [Unterrichtungs- und Beratungsrechte der Arbeitnehmervertreter]

1. Der Veräußerer und der Erwerber sind verpflichtet, die Vertreter ihrer jeweiligen von einem Übergang betroffenen Arbeitnehmer über Folgendes zu informieren:
- den Zeitpunkt bzw. den geplanten Zeitpunkt des Übergangs,
- den Grund für den Übergang,
- die rechtlichen, wirtschaftlichen und sozialen Folgen des Übergangs für die Arbeitnehmer,
- die hinsichtlich der Arbeitnehmer in Aussicht genommenen Maßnahmen.

Der Veräußerer ist verpflichtet, den Vertretern seiner Arbeitnehmer diese Informationen rechtzeitig vor dem Vollzug des Übergangs zu übermitteln.

Der Erwerber ist verpflichtet, den Vertretern seiner Arbeitnehmer diese Informationen rechtzeitig zu übermitteln, auf jeden Fall aber bevor diese Arbeitnehmer von dem Übergang hinsichtlich ihrer Beschäftigungs- und Arbeitsbedingungen unmittelbar betroffen werden.

2. Zieht der Veräußerer bzw. der Erwerber Maßnahmen hinsichtlich seiner Arbeitnehmer in Betracht, so ist er verpflichtet, die Vertreter seiner Arbeitnehmer rechtzeitig zu diesen Maßnahmen zu konsultieren, um eine Übereinkunft anzustreben.

3. Die Mitgliedstaaten, deren Rechts- und Verwaltungsvorschriften vorsehen, dass die Vertreter der Arbeitnehmer eine Schiedsstelle anrufen können, um eine Entscheidung über hinsichtlich der Arbeitnehmer zu treffende Maßnahmen zu erhalten, können die Verpflichtungen gemäß den Absätzen 1 und 2 auf den Fall beschränken, in dem der vollzogene Übergang eine Betriebsänderung hervorruft, die wesentliche Nachteile für einen erheblichen Teil der Arbeitnehmer zur Folge haben kann.

Die Information und die Konsultation müssen sich zumindest auf die hinsichtlich der Arbeitnehmer in Aussicht genommenen Maßnahmen erstrecken.

Die Information und die Konsultation müssen rechtzeitig vor dem Vollzug der in Unterabsatz 1 genannten Betriebsänderung erfolgen.

4. Die in diesem Artikel vorgesehenen Verpflichtungen gelten unabhängig davon, ob die zum Übergang führende Entscheidung vom Arbeitgeber oder von einem den Arbeitgeber beherrschenden Unternehmen getroffen wird.

Hinsichtlich angeblicher Verstöße gegen die in dieser Richtlinie vorgesehenen Informations- und Konsultationspflichten findet der Einwand, der Verstoß gehe darauf zurück, dass die Information von einem den Arbeitgeber beherrschenden Unternehmen nicht übermittelt worden sei, keine Berücksichtigung.

5. Die Mitgliedstaaten können die in den Absätzen 1, 2 und 3 vorgesehenen Verpflichtungen auf Unternehmen oder Betriebe beschränken, die hinsichtlich der Zahl der beschäftigten Arbeitnehmer die Voraussetzungen für die Wahl oder Bestellung eines Kollegiums als Arbeitnehmervertretung erfüllen.

6. Die Mitgliedstaaten sehen vor, dass die betreffenden Arbeitnehmer für den Fall, dass es unabhängig von ihrem Willen in einem Unternehmen oder in einem Betrieb keine Vertreter der Arbeitnehmer gibt, vorher zu informieren sind über

– den Zeitpunkt bzw. den geplanten Zeitpunkt des Übergangs,
– den Grund für den Übergang,
– die rechtlichen, wirtschaftlichen und sozialen Folgen des Übergangs für die Arbeitnehmer,
– die hinsichtlich der Arbeitnehmer in Aussicht genommenen Maßnahmen.

Übersicht

	Rn.
A. Informations- und Konsultationsrechte der Arbeitnehmervertreter (Art. 7 I bis V)	1
I. Das „Regel"-Verfahren	6
II. Das Verfahren nach Art. 7 III	12
B. Information der Arbeitnehmer (Art. 7 VI)	18

A. Informations- und Konsultationsrechte der Arbeitnehmervertreter (Art. 7 I bis V)

1 Die Verfahren zur Information und Anhörung der Arbeitnehmer, die ua in der zentralen sozialpolitischen Kompetenzgrundlage Art. 153 AEUV (→ AEUV Art. 153 Rn. 1, 23) genannt sind (→ AEUV Art. 153 Rn. 30 ff.), gelten als **„wesentlicher Bestandteil des europäischen Sozialmodells"** (Stellungnahme des Europäischen Wirtschafts- und Sozialausschusses, ABl. 2006 C 318, 137 [142]). Seit ihren Anfängen in den 70er Jahren haben sie sich weiterentwickelt und sind mittlerweile in verschiedenen Richtlinie verankert (zur Entwicklung, an deren Beginn ua die RL 77/187/EWG stand: *Brors* Richtlinien 29 ff.; EAS/*Oetker/Schubert* B 8300 Rn. 286 ff., 396 ff.; *Colneric*, FS Steindorff, 1990, 1129 ff.). Art. 4 II lit. c der RL 2002/14/EG zur Festlegung eines allg. Rahmens für die Unterrichtung und Anhörung der Arbeitnehmer in der Europäischen Gemeinschaft (→ RL 2002/14/EG) stellt eine Verbindung mit der vorliegenden Richtlinie und der Unterrichtung und Anhörung der in ihr geregelten Bereiche her. Dabei liegt der Schwerpunkt der RL 2001/23/EG im Bereich des Art. 153 I lit. b (Arbeitsbedingungen, → AEUV Art. 153 Rn. 32).

2 Die Verfahren zur Unterrichtung und Anhörung wie in der RL 2001/23/EG sind von den Verfahren zur Beteiligung im engeren Sinne (RL 2001/86/EG; RL 2003/72/EG zur Ergänzung des Statuts der Europäischen Genossenschaft hinsichtlich der Beteiligung der Arbeitnehmer) zu unterscheiden. Mittlerweile ist der Bestand der Beteiligungsrechte auf der Ebene der Europäischen Union beachtlich ausgebaut worden (*Heuschmid* 21; *Brors* Richt-

Art. 7 RL 2001/23/EG

linien 219). Grundlage dafür in den Verträgen ist heute Art. 153 I lit. e AEUV (Art. 153 AEUV) zu Unionskompetenzen der Sozialpolitik, ua auf dem Gebiet der Unterrichtung und Anhörung der Arbeitnehmer, bezogen auf die Verwirklichung der in Art. 151 AEUV (Art. 151 AEUV) niedergelegten Ziele der Union und der Mitgliedstaaten im Bereich der Sozialpolitik. In der Sozialcharta, ausdrücklich in Bezug genommen durch Erwägungsgrund 5 der Richtlinie, heißt es: „Unterrichtung, Anhörung und Mitwirkung sind rechtzeitig vorzusehen, vor allem bei der Umstrukturierung oder Verschmelzung von Unternehmen, wenn dadurch die Beschäftigung der Arbeitnehmer berührt wird". Durch Art. 27 GRC, überschrieben als „Recht auf Unterrichtung und Anhörung der Arbeitnehmerinnen und Arbeitnehmer im Unternehmen" (näher → GRC Art. 27 Rn. 10 ff.) ist dieses Recht in die Dimension des Grundrechtsschutzes eingeordnet worden. Allerdings verleiht Art. 27 GRC weder für sich genommen noch iVm den Bestimmungen der Richtlinie dem Einzelnen ein subjektives Recht, das als solches in einem Rechtsstreit zwischen Privaten (anders jedoch ggf. gegenüber dem Staat bei Erfüllen der Voraussetzungen, Art. 9) geltend gemacht werden könnte (EuGH 15.1.2014 – C-176/12 – Association de médiation sociale, NZA 2014, 193 bezogen auf Art. 27 GRC und die RL 2002/14/EG). In der RL 2001/23/EG macht das bereits in der Fassung der RL 77/187/EWG enthaltene, mit der RL 98/50/EG teilweise geänderte Recht ein eigenes Kapitel aus, dem die erst später mit der RL 98/50/EG eingefügten Bestimmungen zum Erhalt der Rechtsstellung und Funktion der Vertreter oder der Vertretung der vom Übergang betroffenen Arbeitnehmer (→ Art. 6) nicht zugeordnet worden sind. Diese Sonderstellung innerhalb der Richtlinie hebt das Recht auf „Information und Konsultation" – oder mit den Worten der Charta auf „Unterrichtung und Anhörung" – besonders hervor. Es dient zur Ergänzung des individuellen Schutzes der Arbeitnehmer (*Löw* 175; *Schiek,* Integration, 42), auch wenn der ursprüngliche Vorschlag der Kommission zu den Verfahren der „Information und Konsultation" in einigen Punkten weitergehender war (im Einzelnen *Colneric,* FS Steindorff, 1990, 1129 ff.; *v. Alvensleben* 103 f.; *Oetker* NZA 1998, 1193).

Im Überblick: Die Bestimmungen in Art. 7 der Richtlinie (Art. 6 vor der Änderung durch die RL 98/50/EG) enthalten eine **aufeinander bezogene,** gewachsene **Konzeption.** Sie folgen einem **Regel-Ausnahme-Schema** (*Colneric,* FS Steindorff, 1990, 1129 [1132]; EAS/*Oetker*/*Schubert* B 8300 Rn. 466) mit **Verfahrenswahlmöglichkeit für die Mitgliedstaaten.** Aus Art. 7 I und II (zuvor Art. 6 I und II) folgt die zwingende Verpflichtung, die Arbeitnehmervertreter vor einem Übergang zu informieren (Art. 7 I) und ggf. zu konsultieren (Art. 7 II). In Art. 7 III und V (zuvor Art. 6 III und IV) werden die Fälle aufgezählt, in denen die Mitgliedstaaten unter bestimmten Voraussetzungen diese Verpflichtungen beschränken können. Art. 7 III gestattet den Mitgliedstaaten eine erhebliche Abweichung von der Regel in Art. 7 I und II, wenn eine Schiedsstelle angerufen werden kann. Insbesondere können die Mitgliedstaaten nach Art. 7 V (zuvor Art. 6 IV) die Unternehmen oder Betriebe, die hinsichtlich der Zahl der beschäftigten Arbeitnehmer die Voraussetzungen für die Wahl oder Bestellung eines Kollegiums als Arbeitnehmervertretung nicht erfüllen, von den Verpflichtungen nach Art. 7 I, II und III ausnehmen. Damit die Arbeitnehmer in einem solchen Fall nicht schutzlos sind, haben die Mitgliedstaaten (in der RL 77/187/EWG noch: „können vorsehen") Regelungen nach Art. 7 VI vorzusehen (vgl. zu Art. 6 der RL 77/187/EWG: EuGH 8.7.1994 – C-382/92 Rn. 23 – Kommission/Vereinigtes Königreich, Slg. 1994 I-2435). Art. 7 IV stellt die Zurechnung von Entscheidungen und Informationen im Unternehmensverbund klar. Das **Unionsrecht erlaubt den Mitgliedstaaten nicht, abweichend von Art. 7 festzulegen,** in welchen Fällen Arbeitnehmervertreter informiert und konsultiert werden können und ihm dadurch seine volle Wirkung zu nehmen (EuGH 8.6.1994 – C-382/92 Rn. 19 f. – Kommission/Vereinigtes Königreich, Slg. 1994, I-2435).

Besondere Bedeutung kommt in Art. 7 I bis V dem mehrfach verwendeten Wort **„rechtzeitig"** zu. Bezogen auf verschiedene Bezugspunkte sollen Veräußerer und Erwerber Informationen übermitteln, und zwar rechtzeitig. Auch **Art. 27 GRC** verlangt „eine rechtzeitige Unterrichtung und Anhörung". In der Richtlinie ist „rechtzeitig" immer auf die jeweilige Verpflichtung bezogen. Für das zutreffende Verständnis ist in jedem Einzelfall **auf die praktische Wirksamkeit** der Richtlinie und konkret die von Art. 7 I bis V **abzustellen**, die regelmäßig nicht beeinträchtigt werden darf. Dies lässt sich aus anderen Bereichen der Rechtsprechung des EuGH übertragen, bsw. bezüglich der Unterrichtung und Anhörung der Arbeitnehmer in gemeinschaftsweit operierenden Unternehmen und Unternehmensgruppen (ua EuGH 13.1.2004 – C-440/00 Rn. 46 – Kühne & Nagel, NZA 2004, 160; 29.3.2001 – C-62/99 Rn. 32 und 33 – Bofrost★, NZA 2001, 506) und zum Verfahren zur Konsultation der Arbeitnehmervertreter bei einer Massenentlassung (EuGH 27.1.2005 – C-188/03 Rn. 44 – Junk, NZA 2005, 213). So wird das Konsultationsverfahren nach Art. 7 II geführt „um eine Übereinkunft anzustreben".

5   **Ausgangspunkt** für die Regelungen in Art. 7 der Richtlinie ist der **Begriff der Arbeitnehmervertretung** nach Art. 2 I lit. c der Richtlinie (→ Art. 2 Rn. 1 ff.). Nach der Begründung des Kommissionsvorschlags kommt es darauf an, dass dem Repräsentationsorgan nach der Konzeption der nationalen Vorschriften die Aufgabe zugewiesen ist, die Arbeitnehmerinteressen gegenüber dem Arbeitgeber wahrzunehmen (EAS/Oetker/Schubert B 8300 Rn. 446). Nach der wenigen bisher zu Art. 2 I lit. c ergangenen Rechtsprechung hört sich die Bedeutung der nationalen Vorschriften etwas eingeschränkter an: Danach wird den Mitgliedstaaten lediglich die Entscheidung überlassen, **wie** die Arbeitnehmervertreter **zu bestellen** sind (EuGH 8.6.1994 – C-382/92 Rn. 18 – Kommission/Vereinigtes Königreich, Slg. 1994, I-2435; → Art. 2 Rn. 5). Nicht nur an dieser Stelle besteht zu Art. 2 I lit. c als auch zu Art. 7 der Richtlinie Bedarf an klarstellender Rechtsprechung.

I. Das „Regel"-Verfahren

6   Das **„Regel"-Verfahren** nach **Art. 7 I und II ist zwingend,** vorbehaltlich der in Art. 7 selbst – namentlich in Art. 7 V – vorgesehenen Ausnahmen (EuGH 8.6.1994 – C-382/92 Rn. 16, 18 – Kommission/Vereinigtes Königreich, Slg. 1994, I-2435 – die namentlich genannte Ausnahme ist der heutige Art. 7 V, damals noch Art. 6 IV; → Rn. 1, 13, 49 zu Ausnahmen). Nach **Art. 7 V** können die Mitgliedstaaten die Verpflichtungen aus Art. 7 I und II (sowie auch aus Art. 7 III, → Rn. 2) auf Unternehmen oder Betriebe beschränken, die nach jeweiligem nationalem Recht hinsichtlich der Zahl der beschäftigten Arbeitnehmer die **Voraussetzungen** für die **Wahl oder Bestellung eines Kollegiums** als Arbeitnehmervertretung erfüllen (zB für Deutschland im Hinblick auf das BetrVG: Ein „Kollegium" – also mehr als eine Person – ist mit drei Mitgliedern ab 21 wahlberechtigten Arbeitnehmer vorgesehen, § 9 BetrVG).

7   **Information nach Art. 7 I:** Der **Inhalt der Informationen** bezieht sich auf den Zeitpunkt bzw. den geplanten Zeitpunkt des Übergangs, den Grund für den Übergang, die rechtlichen, wirtschaftlichen und sozialen Folgen des Übergangs für die Arbeitnehmer (zur Kritik an diesem Unterrichtungsinhalt *Kliemt/Teusch*, FS Bauer 2010, 537 ff.) sowie hinsichtlich der Arbeitnehmer in Aussicht genommenen Maßnahmen. **Inhalt und Grenzen des Begriffs „Maßnahme"** im Hinblick auf Art. 7 I waren noch nicht Gegenstand der Rechtsprechung des EuGH. Das Wort dürfte als Oberbegriff für ganz unterschiedliche arbeitgeberseitige Vorhaben und Handlungen unter Einbeziehung des Zwecks der Richtlinie weit zu verstehen sein (vgl. auch *v. Alvensleben* 121; *Oetker* NZA 1998, 1193 [1194]; *Brors* 72; Preis/Sagan/*Grau/Hartmann* Rn. 196), darunter eine Verringerung der Belegschaft und Versetzungen. Im Hinblick auf die zuvor in Art. 7 I genannten rechtlichen, wirtschaftlichen und sozialen Folgen des Übergangs für die Arbeitnehmer dürften jedenfalls darauf bezogene Maßnahmen erfasst sein. Ob und ggf. inwieweit Maßnahmen „nachteilig", „wesentlich", „erheblich" oder jedenfalls „nicht unerheblich" sein müssen, um die Informationspflicht auszulösen (*v. Alvensleben* 121, unter unzulässiger Heranziehung von Kriterien aus Art. 7 III [damals Art. 6 III]; teilweise auch *Brors* 72; Preis/Sagan/*Grau/Hartmann* Rn. 196; *Oetker* NZA 1998, 1193 [1194]), ist noch nicht geklärt. Eine Begrenzung auf

"wesentliche" oder "erhebliche" Nachteile oder Maßnahmen scheidet aus, weil diese Begriffe zum Charakter der ganz anders konzipierten (→ Rn. 12ff) Regelung des Art. 7 III gehören. Für „nicht unerheblich" mögen vielleicht Praxisüberlegungen sprechen, allerdings lässt sich dem maßgebenden Wortlaut und dem Gesamtzusammenhang von Art. 7 nichts dafür entnehmen. Eine Klärung durch EuGH-Rechtsprechung bleibt abzuwarten.

Akteure und Betroffene: Diese **grundsätzliche Pflicht** aus **Art. 7 I** ist nach dem Wortlaut **sowohl** auf die **Vertrete**r der Arbeitnehmer **beim Veräußerer als auch** auf die **beim Erwerber** bezogen (vgl. auch EuGH 8.6.1994 – C-382/92 Rn. 16 – Kommission/Vereinigtes Königreich, Slg. 1994, I-2435; weitere Bezüge bei EAS/*Oetker/Schubert* B 8300 Rn. 468, 470). Denn nicht nur auf die Arbeitnehmer des Veräußerers, auch auf die des Erwerbers kann ein Übergang Auswirkungen haben. 8

Art. 7 IV enthält **Regeln zur Zurechnung von Informationen.** Er bestimmt, dass die Pflichten aus Art. 7 unabhängig davon gelten, auf welcher Ebene im Unternehmensverbund die zum Übergang führenden Entscheidungen getroffen worden sind, ob vom Arbeitgeber selbst oder von einem ihn beherrschenden Unternehmen. Verstößt der Arbeitgeber gegen Informations- und/oder Konsultationspflichten, kann dies nicht damit gerechtfertigt werden, er habe von einem ihn beherrschenden Unternehmen nicht die erforderlichen Informationen erhalten. Art. 7 IV kam erst mit der Änderung durch die RL 98/50/EG hinzu und hat jedenfalls klarstellende Bedeutung (EAS/*Oetker/Schubert* B 8300 Rn. 469 mit Hinweisen auf den Kommissionsvorschlag; *Gaul* NZA 1997, 1022 [1026]). Ohne die Klarstellung in Art. 7 IV würde vermutlich das Gebot der praktischen Wirksamkeit der Richtlinien-Bestimmungen zur Information und Konsultation zu einem vergleichbaren Ergebnis führen (zu dieser Richtlinie in anderem Zusammenhang EuGH 8.6.1994 – C-382/92 Rn. 28 – Kommission/Vereinigtes Königreich, Slg. 1994, I-2435; vgl. für ähnliche Erwägungen ua EuGH 13.1.2004 – C-440/00 Rn. 39 ff. – Kühne & Nagel, NZA 2004, 160). 9

Zeitpunkt der Informationen: Dieser ist in **Art. 7 I** für Veräußerer und Erwerber in Bezug auf ihre jeweiligen Arbeitnehmervertretungen unterschiedlich bestimmt, wobei immer der Schlüsselbegriff „rechtzeitig" (→ Rn. 4) bedeutsam ist. Der **Veräußerer** ist verpflichtet, den Vertretern seiner Arbeitnehmer diese Informationen **rechtzeitig vor dem Vollzug** des Übergangs zu übermitteln. Der **Erwerber** ist verpflichtet, den Vertretern seiner Arbeitnehmer diese Informationen **rechtzeitig** zu übermitteln, **auf jeden Fall** aber **bevor** diese Arbeitnehmer von dem Übergang hinsichtlich ihrer **Beschäftigungs- und Arbeitsbedingungen unmittelbar betroffen** werden. In beiden Fällen ist für das Verständnis der Zeitbestimmung „rechtzeitig" **zu unterscheiden zwischen** den Informationen, die „Maßnahmen hinsichtlich der Arbeitnehmer" (→ Rn. 7) iSv Art. 7 II betreffen und denen, die sich nicht auf Maßnahmen beziehen. Letztere mögen uU erst relativ kurze Zeit vor dem Vollzug des Übergangs bzw. vor einer unmittelbaren Betroffenheit der Beschäftigungs- und Arbeitsbedingungen gerade noch „rechtzeitig" sein. **Sobald** allerdings **„Maßnahmen** hinsichtlich der Arbeitnehmer" in Betracht gezogen werden, **ist mit „rechtzeitig" ein ausreichend früher Zeitpunkt gemeint,** um der Konsultationspflicht (→ Rn. 2, 4, 9), mit der eine Übereinkunft anzustreben ist (→ Rn. 4, 11), genügen zu können. Daraus ergibt sich, dass je nach Zusammenhang unterschiedliche Zeitpunkte für Information und Konsultation die Folge sein können. Allerdings werden eventuelle Unterschiede in der Praxis regelmäßig nivelliert werden; die für eine wirkliche Konsultation nach Art. 7 II erforderlichen Mitteilungen werden idR die Angaben umfassen, die nach Art. 7 I erforderlich sind (im Ergebnis wohl auch Preis/Sagan/*Grau/Hartmann* Rn. 199 mit dem Stichwort „Zweckzusammenhang"; wohl anders EAS/*Oetker/Schubert* B 8300 Rn. 477). Fälle von Informationen relativ kurze – noch rechtzeitige – Zeit vor dem Vollzug des Übergangs werden sich praktisch auf Fälle beschränken, die keine Konsultation erfordern. Abgesehen von noch ausstehender Rechtsprechung des EuGH zum Begriff der Rechtzeitigkeit stehen den Mitgliedstaaten auf der Grundlage von → Art. 8 in der Umsetzung weitergehende Möglichkeiten zugunsten der Arbeitnehmer offen. 10

11 Konsultation nach Art. 7 II: Die Verpflichtung zur **rechtzeitigen** Konsultation besteht – anders als die zur Information – nicht in jedem Fall. Sie greift ein, **wenn und sobald** der **Veräußerer** bzw. der **Erwerber Maßnahmen** (→ Rn. 7) hinsichtlich der jeweiligen Arbeitnehmer in Betracht zieht. Was das **Tatbestandsmerkmal „in Betracht zieht"** konkret bedeutet, ist noch nicht geklärt (Art. 267 AEUV). Einen Anhaltspunkt kann die Rechtsprechung zu Massenentlassungen geben, wonach „beabsichtigt" eine Situation meint, in der „noch keine Entscheidung getroffen worden ist" (EuGH 27.1.2005 – C-188/03 Rn. 44 – Junk, NZA 2005, 213) bzw. „wenn der Arbeitgeber erwägt" oder einen entsprechenden Plan aufstellt (EuGH 10.9.2009 – C-44/08 Rn. 41 – Akavan Erityisalojen Keskusliitto, NZA 2009, 1083). „In Betracht ziehen" ist eine frühe Vorstufe einer späteren Beabsichtigung. Deshalb darf eine Entscheidung nicht nur noch nicht getroffen worden sein, sondern sie muss vermutlich noch entfernt liegen. Die Entfernung von einer Entscheidung muss im Zeitpunkt der Konsultation, die „rechtzeitig" (→ Rn. 4) erfolgen muss, groß genug sein, um das Anstreben einer Übereinkunft zu ermöglichen. Unerlässlich ist, dass im Hinblick auf Art. 7 II nach der nationalen Umsetzungsbestimmung die Verpflichtung vorgesehen ist, die Vertreter der jeweiligen Arbeitnehmer rechtzeitig zu diesen Maßnahmen zu konsultieren, **um eine Übereinkunft anzustreben** (dazu EuGH 8.6.1994 – C-382/92 Rn. 48–51 – Kommission/Vereinigtes Königreich, Slg. 1994, I-2435). Auch wenn also genug (Verhandlungs-)Zeit im Hinblick auf eine Übereinkunft vorhanden sein muss, folgt aus dem Wort „anstreben", dass eventuelle Verhandlungen auch ohne Ergebnis enden können (weitergehend jedoch im ursprünglichen Kommissionsvorschlag: „um zu einer Einigung ... zu gelangen", vgl. *Colneric*, FS Steindorff, 1990, 1129 [1131]). Übertragbar ist zudem aus der Rechtsprechung zur RL 98/59/EG, dass „Konsultation" an sich nicht ein Ergebnis verlangt, sondern die „freie Entscheidung des Arbeitgebers" für oder gegen den Übergang besteht (EuGH 12.2.1985 – 284/83 Rn. 10 – Dansk Metalarbejderforbund/Nielsen & Søn, Slg. 1985, 553). Regelungen für den Fall der Nichteinigung enthält Art. 7 II nicht (ursprünglicher Kommissionsvorschlag: nach zwei Monaten ohne Einigung die Möglichkeit der Anrufung einer Schiedsstelle, *Colneric*, FS Steindorff, 1990, 1129 [1131]; *v. Alvensleben* 121 f.; *Löw* 176; EAS/*Oetker/Schubert* B 8300 Rn. 479).

II. Das Verfahren nach Art. 7 III

12 Das Verfahren nach Art. 7 III ist eine weitere **Möglichkeit** (neben Art. 7 V) der Mitgliedstaaten, die **Verpflichtungen aus Art. 7 I und II zu beschränken.** Damit dieses vom „Regel"-Verfahren abweichende Verfahren zur Anwendung kommen kann, müssen bestimmte **Voraussetzungen** erfüllt sein (EuGH 8.6.1994 – C-382/92 Rn. 23 – Kommission/Vereinigtes Königreich, Slg. 1994, I-2435).

13 Voraussetzung für eine Beschränkung der aus Art. 7 I und II erwachsenden Verpflichtungen iSv **Art. 7 III** ist, dass die Rechts- und Verwaltungsvorschriften des Mitgliedstaats für die Vertreter der Arbeitnehmer die Möglichkeit vorsehen, eine **Schiedsstelle anrufen zu können,** um eine **Entscheidung** über die hinsichtlich der Arbeitnehmer zu treffenden Maßnahmen zu **erhalten.** Dabei ist die Bedeutung von nationalen Rechts- oder Verwaltungsvorschriften nach st. Rspr. des EuGH unter Berücksichtigung der Auslegung zu beurteilen, die die nationalen Gerichte diesen Vorschriften geben. Das trifft auch für Art. 7 der Richtlinien zu (EuGH 16.12.1992 – C-132/91, C-138/91 und C-139/91 Rn. 39 f. – Katsikas ua, NZA 1993, 169), also auch für Art. 7 III. Ggf. kommt es auf die zeitlich letzte Entscheidung an (EuGH 8.7.1994 – C-382/92 Rn. 37 – Kommission/Vereinigtes Königreich, Slg. 1994 I-2435). Ungeklärt ist, ob die Anrufungs- und Entscheidungsmöglichkeit der Schiedsstelle „Maßnahmen" betreffen soll bzw. muss, die eher das „Ob, Wann und Wie" einer Betriebsänderung betreffen (im deutschen Recht: Interessenausgleich; zu dieser Frage auch *Löw* 182), ob es eher um den Ausgleich wirtschaftlicher Nachteile für die betroffenen Arbeitnehmer geht (im deutschen Recht: Sozialplan) oder um beides. Allein an der Unbestimmtheit des Wortlauts von Art. 7 III kann nicht abgelesen werden, dass ein Nachteilsausgleich reicht (dafür jedoch *Löw* 182; EAS/*Oetker/Schubert* B 8300 Rn. 492). Im Gegenteil spricht die Unbestimmtheit bereits eher für die Weite des Begriffs (→ Rn. 7 zu „Maßnahme" in Art. 7 I; ähnlich wohl Preis/Sagan/*Grau/Hartmann* Rn. 207) und damit nicht für eine reduzierte Anforderung. Zu berücksichtigen sind alle Auslegungskriterien, insbesondere das Ziel und die Zweckbestimmung der Richtlinien (ua EuGH 27.1.2005 – C-188/03 Rn. 38 – Junk, NZA 2005, 213). Ihr geht es um die Wahrung der Ansprüche der Arbeitnehmer und um die Kontinuität der bestehenden Arbeitsverhältnisse (→ vor Art. 1 Rn. 5, → Art. 1 Rn. 11). Dieser Zweckbestimmung wie auch dem Gesamtzusammenhang der Regelungen der Richtlinien kann nicht entnommen werden, dass Inhalt einer Entscheidung einer Schiedsstelle nach Art. 7 III die in den Bereich der unternehmerischen Entscheidung hineinragende Frage des „Ob, Wann und Wie" einer Betriebsänderung sein soll. Die Richtlinien setzt vielmehr die Entscheidung für oder gegen einen Übergang voraus (ähnlich die Rechtsprechung zur RL 98/59/EG, EuGH 12.2.1985 – 284/83 Rn. 10 – Nielsen & Søn, Slg. 1985, 553) und betrifft im Wesentlichen dessen Folgen. Eine Entscheidung der aufgezeigten Frage des Unionsrechts steht aus (Art. 267 AEUV).

Diejenigen **Mitgliedstaaten,** die die genannte **Voraussetzung erfüllen** – in denen also 14 die Arbeitnehmervertreter im Fall des Unternehmens-/Betriebs(teil)übergangs eine Schiedsstelle anrufen können, um bezogen auf hinsichtlich der Arbeitnehmer zu treffende Maßnahmen eine Entscheidung zu erhalten –, können die **Verpflichtungen** aus Art. 7 I und II **in mehrfacher Hinsicht beschränken.** So kann vorgesehen werden, dass Informations- und Konsultationspflichten nicht generell (wie in Art. 7 I und II) bestehen, sondern **nur dann, wenn** der vollzogene Übergang eine **Betriebsänderung** hervorruft, die **wesentliche Nachteile** für einen **erheblichen Teil** der **Arbeitnehmer** zur Folge haben kann. Zu vermuten steht, dass die Begriffe „wesentliche" Nachteile für einen „erheblichen Teil der Arbeitnehmer", die den Gehalt von Art. 7 III prägen, unionsrechtlich zu verstehen sind und nicht nationaler (womöglich unterschiedlicher) Definition überlassen sind. Rechtsprechung des EuGH liegt noch nicht vor. Für das Verständnis von „erheblichen Teil der Arbeitnehmer" könnte an Schwellenwerte der Massenentlassungs-Richtlinie, heute RL 98/59/EG, angeknüpft werden (*Colneric*, FS Steindorff, 1990, 1129 [1137 f.]). Ferner kann der Inhalt der Informationspflicht eingeschränkt werden. Dies folgt im Umkehrschluss aus Art. 7 III UAbs. 2 („Die Information und die Konsultation müssen sich zumindest auf die hinsichtlich der Arbeitnehmer in Aussicht genommenen Maßnahmen erstrecken"). Danach können die Mitgliedstaaten vorsehen, dass im Verfahren nach Art. 7 III Informationen zum Zeitpunkt/geplanten Zeitpunkt des Übergangs, zum Grund für den Übergang und zu den rechtlichen, wirtschaftlichen und sozialen Folgen des Übergangs für die Arbeitnehmer unterbleiben können (vgl. *Colneric,* FS Steindorff, 1990, 1129 [1134]). Nach Art. 7 III UAbs. 3 müssen die Information und die Konsultation rechtzeitig vor dem Vollzug der in Art. 7 III UAbs. 1 genannten Betriebsänderung erfolgen. Die Systematik von Art. 7 III zeigt, dass die Erzwingbarkeit eines Schiedsverfahrens durch die Arbeitnehmervertreter als Ausgleich für die erhöhte Schwelle des Eingreifens des Verfahrens und die im Verhältnis zu Art. 7 I geringeren Informationspflichten gesehen wird (*Colneric*, FS Steindorff, 1990, 1129 [1135]) und damit als gleichwertiges Schutzinstrument (*Löw* 183).

Auch die Verpflichtungen aus Art. 7 III können – ebenso wie die aus Art. 7 I und II – auf 15 Unternehmen oder Betriebe beschränkt werden, die hinsichtlich der Zahl der beschäftigten Arbeitnehmer nach jeweiligem nationalem Recht die Voraussetzungen für die Wahl oder Bestellung eines Kollegiums als Arbeitnehmervertretung erfüllen (→ Rn. 6).

Das Verfahren nach **Art. 7 III** geht auf **Bestrebungen der deutschen Bundesregie-** 16 **rung** zurück. Damals sollte vermieden werden, wegen der Informations- und Konsultationsverpflichtungen nationale Rechtsvorschriften zu ändern, womit das BetrVG 1972 gemeint war (*Colneric,* FS Steindorff, 1990, 1129 [1133]; *v. Alvensleben* 122 f.; *Löw* 177; *Franzen* RdA 1999, 361 [371 ff.]). **Umsetzungsvorschriften** zu Art. 7 wurden in Deutschland nicht erlassen (*Engels* RdA 1978, 52 [55]; *Colneric,* FS Steindorff, 1990, 1129 [1130] [1134]; *Franzen* RdA 1999, 361 [371]), was bis heute zutrifft. Das ist unionsrechtlich

530 RL 2001/23/EG Art. 7 Unterrichtungs- und Beratungsrechte

unproblematisch, wenn die bestehenden nationalen Vorschriften die umzusetzenden Richtlinienvorgaben bereits erfüllen. In der Wortwahl weist § 111 BetrVG große Übereinstimmung mit Art. 7 III auf (Betriebsänderung, die wesentliche Nachteile für ... erhebliche Teile der Belegschaft der Arbeitnehmer zur Folge haben kann). Daraus kann jedoch nicht geschlossen werden, dass die **Auslegung dieser „äußerlich" gleichen Begriffe** durch einerseits die nationalen Gerichte (§ 111 BetrVG) und andererseits den EuGH (Art. 7 III der Richtlinie, jedenfalls was den Inhalt der begrenzten Verpflichtung angeht) im Ergebnis gleichlaufend ist/sein wird. Der auf deutsche Bemühungen zurückgehende Ursprung der Regelung des Art. 7 III hat keine Auswirkungen auf deren Auslegung (aA wohl *Löw* 184 f.).

17 Die Beurteilung, ob die **Rechtslage in Deutschland** den Verpflichtungen aus Art. 7 genügt, gleicht der Zusammensetzung eines unübersichtlichen Puzzles, das letztlich stellenweise fragmentarisch bleibt (allein schon für das BetrVG anschaulich sichtbar an der Untersuchung EAS/*Oetker*/*Schubert* B 8300 Rn. 488–518). Es kann bezweifelt werden, dass diese Situation den unionsrechtlichen Grundsätzen der Transparenz und Rechtsklarheit gerecht wird (*Colneric,* FS Steindorff, 1990, 1129 [1132]). Die Bestimmungen, die die Umsetzung einer Richtlinie gewährleisten sollen, müssen eine hinreichend bestimmte, klare und transparente Rechtslage schaffen, um es den Einzelnen zu ermöglichen, von allen ihren Pflichten und Rechten Kenntnis zu erlangen und diese Rechte gegebenenfalls vor den nationalen Gerichten geltend zu machen (ua EuGH 14.3.2006 – C-177/04 Rn. 48 – Kommission/ Frankreich, EuZW 2006, 506). Teils mehr, teils weniger ausgeprägte **Bedenken** bestehen sowohl für das **BetrVG** (vgl. unten) als auch für das **SprAuG** und die **Personalvertretungsgesetze** von Bund und Ländern (ua *Trümner,* Der Personalrat, 1997, 197; *v. Roetteken* NZA 2001, 414 [419]; *Gaul* § 32; *Vogelgesang* PersV 2005, 4; *Wollenschläger/Harbou* NZA 2005, 1081; *Bultmann,* ZfPR 2002, 22). Für das BetrVG ist die Einigungsstelle, die durch Spruch gem. § 112 IV S. 1 BetrVG über die Aufstellung eines Sozialplans entscheiden kann, als Schiedsstelle iSv Art. 7 III anzusehen (*Colneric,* FS Steindorff, 1990, 1129 [1134]; *Debong,* 96; *Oetker* NZA 1998, 1193 [1197]; *Franzen* RdA 2002, 258 [260]). Damit liegt die Grundvoraussetzung für das Verfahren nach Art. 7 III vor. Für viele Fallkonstellationen entsprechen §§ 111 ff. zur Betriebsänderung den Anforderungen von Art. 7 III (ua *Colneric,* FS Steindorff, 1990, 1129 ff.; *v. Alvensleben* 330 ff.; *Löw* 177 ff.; Preis/Sagan/*Grau*/*Hartmann* Rn. 204 ff.; vgl. auch *Gaul* BB 1999, 582; *Riesenhuber* RdA 2004, 340; *Franzen* RdA 2002, 258;), insbesondere wenn § 111 S. 1 BetrVG als Auffangregelung verstanden wird (EAS/ *Oetker*/*Schubert* B 8300 Rn. 489 ff., 493). Auch ein Überdenken der Rechtsprechung, nach der ein Betriebsübergang „an sich" regelmäßig keine Betriebsänderung iSv § 111 BetrVG ist (zu Rechtsprechung und Schrifttum ua *Fitting* § 111 Rn. 50; HaKo/*Steffan* BetrVG § 111 Rn. 32) mag nicht nur im Hinblick auf die Anforderungen der RL 2002/14/EG angezeigt sein (ua *Fitting* § 1 Rn. 137, § 111 Rn. 50a mwN), sondern auch im Hinblick auf die von Art. 7 weiterführen (DKKW/*Däubler* § 111, Rn. 126). Mit § 112a I und II bestehen im BetrVG Ausschlüsse von Situationen, die grds. unter Art. 7 III fallen (*Colneric,* FS Steindorff, 1990, 1129 [1134 ff.]; *Löw* 182 ff.; EAS/*Oetker*/*Schubert* B 8300 Rn. 499 ff., 509; *Riesenhuber* RdA 2004, 340 [343 ff.]; *Thüsing,* Europäisches Arbeitsrecht § 5 Rn. 84; Preis/Sagan/*Grau*/*Hartmann* Rn. 204 ff.; DKKW/*Däubler* § 112/§ 112a, Rn. 75). **Also:** sollten dann im Einzelfall die Anwendungsvoraussetzungen des Verfahrens nach Art. 7 III nicht erfüllt sein und eine richtlinienkonforme Auslegung ausscheiden (für eine richtlinienkonforme Auslegungsmöglichkeit *Riesenhuber* RdA 2004, 340 ff.), wären die Verpflichtungen des „Regel"-Verfahrens nach Art. 7 I und II einzuhalten (*Colneric,* FS Steindorff, 1990, 1129 [1135]; EAS/*Oetker*/*Schubert* B 8300 Rn. 510). Dies ist im BetrVG, auch unter Einbeziehung von § 106 BetrVG (dazu auch *Löw* 181 f., 186), nicht für jeden unter Art. 7 fallenden Sachverhalt gegeben (ausführlich EAS/*Oetker*/*Schubert* B 8300 Rn. 511 f.). Bezogen auf **leitende Angestellte,** die vom Betriebsrat nicht vertreten werden, kann nach dem einschlägigen SprAuG eine Schiedsstelle nicht anrufen werden (*Fitting* § 111 Rn. 8, § 112/ § 112a, Rn. 119; DKKW/*Däubler* § 112/§ 112a, Rn. 92), um eine Entscheidung über hinsichtlich dieser Arbeitnehmer zu treffende Maßnahmen zu erhalten. Dementsprechend kommt insoweit nicht Art. 7 III zum Zuge, sondern es sind die Verpflichtungen des „Regel"-Verfahrens nach Art. 7 I und II einzuhalten. Für die **Personalvertretungen** auf der Ebene von Bund und Ländern ist die rechtliche Situation eine besondere. Hier kommt, falls die Personalvertretungsgesetze keine bzw. keine unionsrechtskonforme Regelung enthalten, gegenüber dem Staat im engeren und im weiteren Sinne (→ Art. 1 Rn. 42) eine direkte Anwendung (→ Art. 1 Rn. 42; → Art. 6 Rn. 28) von Art. 7 I und II der Richtlinie durch Dienststellen und letztlich ggf. durch nationale Gerichte in Betracht. Die Voraussetzungen der direkten Anwendung liegen vor: Die Umsetzungsfristen (Art. 12, Anhang I Teil B) sind abgelaufen (zuletzt 17.7.2001) und die Bestimmungen in Art. 7, insbesondere Art. 7 I und II, sind unbedingt und hinreichend genau, ihre Befolgung hängt nicht von umsetzenden Maßnahmen der Mitgliedstaaten ab.

B. Information der Arbeitnehmer (Art. 7 VI)

Gibt es in einem Unternehmen oder in einem Betrieb unabhängig vom Willen der 18 Arbeitnehmer keine Arbeitnehmervertreter, greift Art. 7 VI ein. Die **„betreffenden Arbeitnehmer"** sind dann **unmittelbar** und **individuell** (EAS/*Oetker/Schubert* B 8300 Rn. 519; *Meier,* Informationspflichten des Arbeitgebers gegenüber den einzelnen Arbeitnehmern bei einem Betriebsübergang unter europarechtlichen Gesichtspunkten, 2003) **zu informieren.** Dafür haben die Mitgliedstaaten zu sorgen. Mit der Schaffung dieser Regelung sollte den Mitgliedstaaten jedoch nicht erlaubt werden, abweichend von der Gesamtkonzeption des Art. 7 in ihren einzelnen Rechtsordnungen die Möglichkeit zuzulassen, dass keine Arbeitnehmervertreter bestellt werden (EuGH 8.7.1994 – C-382/92 Rn. 24 – Kommission/Vereinigtes Königreich, Slg. 1994 I-2435). Nur wenn nach den Vorgaben von Art. 7 V eine Bestellung von Arbeitnehmervertretern nicht erforderlich ist, weil in dem jeweiligen Mitgliedstaaten ein Schwellenwert für die Wahl oder Bestellung eines Kollegiums gilt (→ Rn. 6), kommt Art. 7 VI zum Zuge. Diese enge Verbindung zwischen Art. 7 V und Art. 7 VI zeigt sich an dem Bezug „die betreffenden Arbeitnehmer" in Art. 7 VI. Ziel ist es, dass die **Arbeitnehmer** in einem solchen Fall **nicht ohne jeden Schutz sind** (abgeleitet aus EuGH 8.7.1994 – C-382/92 Rn. 23 – Kommission/Vereinigtes Königreich, Slg. 1994 I-2435 zu der entsprechenden, damals noch fakultativ ausgestalteten Regelung in Art. 6 der RL 77/187/EWG). Damit hat die Bestimmung eine Auffangfunktion (Preis/Sagan/*Grau/ Hartmann* Rn. 21). Die **Unterrichtsinhalte** entsprechen denen des Verfahrens nach Art. 7 I: Zu informieren ist über den Zeitpunkt bzw. den geplanten Zeitpunkt des Übergangs, den Grund für den Übergang, die rechtlichen, wirtschaftlichen und sozialen Folgen des Übergangs für die Arbeitnehmer sowie die hinsichtlich der Arbeitnehmer in Aussicht genommenen Maßnahmen (→ Rn. 7 zum Begriff Maßnahme). Damit können im Ergebnis Situationen entstehen, in denen Arbeitnehmer, die statt eines Schutzes durch Information ihrer Vertreter Anspruch auf unmittelbare, individuelle Information nach Art. 7 VI haben, umfassendere Informationen erhalten als Arbeitnehmervertreter im Verfahren nach Art. 7 III (*Willemsen/Annuß* NJW 1999, 2073 [2080]).

Im Wortlaut von Art. 7 VI steht nicht ausdrücklich, **welcher Akteur wem gegenüber** 19 zur Information verpflichtet ist. Allerdings ergibt sich dies aus dem Zusammenhang mit den anderen Regelungen in Art. 7, denen gegenüber Art. 7 VI subsidiär eingreift. Durch „die betreffenden Arbeitnehmer" in Art. 7 VI ist dieser mit Art. 7 V verbunden (→ Rn. 18), in dem der Bezug den Verpflichtungen „in den Absätzen 1, 2 und 3" enthalten ist. Daraus ergibt sich, dass die in den jeweiligen Absätzen genannten Akteure mit den dort jeweils genannten Verpflichtungen gemeint sind: Die Verpflichtungen des Veräußerers und die des Erwerbers beziehen sich nicht auf dieselben Arbeitnehmer, sondern jeweils auf „seine", je nachdem ob der eine oder andere oder auch beide unterhalb des Schwellenwerts von Art. 7 V angesiedelt sind. Art. 7 VI ist ein **individualisierter Ersatz** für die die Arbeitnehmervertreter betreffenden Verfahren nach Art. 7 und **verläuft insoweit parallel.**

20 Zum **Zeitpunkt der Informationen** beschränkt sich der Wortlaut auf ein schlichtes „vorher". Gemeint ist offensichtlich „vor dem Übergang". Zu der fakultativen, ansonsten gleichen Vorgängerregelung in Art. 6 VI RL 77/187/EWG heißt es in der Rechtsprechung, „dass die Arbeitnehmer ... über den **unmittelbar bevorstehenden Übergang** unterrichtet werden müssen" (EuGH 8.7.1994 – C-382/92 Rn. 23 – Kommission/Vereinigtes Königreich, Slg. 1994 I-2435).

21 Die **Rechtslage in Deutschland** (vgl. ua ErfK/*Preis* BGB § 613a Rn. 132; TLL/*Laux* BGB § 613a Rn. 44 ff.; MüKoBGB/*Müller-Glöge* BGB § 613a Rn. 104 ff.; *Riesenhuber* RdA 2004, 340; DFL/*Bayreuther* BGB § 613a Rn. 124 ff.; *Meier,* Informationspflichten des Arbeitgebers gegenüber den einzelnen Arbeitnehmern bei einem Betriebsübergang unter europarechtlichen Gesichtspunkten, 2003) geht (im Einklang mit Art. 8 der Richtlinie) teilweise über Art. 7 VI hinaus, teilweise bleibt sie (unionsrechtswidrig) dahinter zurück. In § 613a V BGB ist bestimmt, dass der bisherige Arbeitgeber oder der neue Inhaber die von einem Übergang betroffenen Arbeitnehmer vor dem Übergang in Textform zu unterrichten hat. Der Inhalt der Pflicht betrifft die gleichen vier Punkte, die sich aus der Richtlinie ergeben. Diese Unterrichtungspflicht ist **weitergehender** (*Franzen* RdA 2002, 258 [260]; NK-BetrVG/*Düwell* Einl. Rn. 20; KR/*Treber* BGB § 613a Rn. 108) als Art. 7 VI der Richtlinie, weil keine Begrenzung auf wirtschaftliche Einheiten unterhalb des nach Art. 7 V möglichen und in Deutschland gegebenen (§ 9 BetrVG) Schwellenwertes für die Wahl oder Bestellung eines Kollegiums als Arbeitnehmervertretung erfolgt ist. Eine solche Begrenzung wäre für § 613a BGB systemwidrig, denn sie würde den teleologischen Bezug (EAS/ *Oetker/Schubert* B 8300 Rn. 519) zwischen der Unterrichtungspflicht und dem Widerspruchsrecht (§ 613a VI BGB) unterlaufen. Weitergehender ist § 613a V BGB auch, weil gegenüber den übergehenden Arbeitnehmern nicht nur der Veräußerer, sondern auch der Erwerber zur Information verpflichtet ist. Allerdings **fehlt eine Bestimmung** zur individuellen und unmittelbaren Information der Arbeitnehmer des Erwerbers iSv Art. 7 VI (→ Rn. 19). Ein **Defizit** besteht **auch insoweit** als für privatisierende Übergänge durch Gesetz die Vorgaben von Art. 7, einschließlich der von Art. 7 VI, nicht durchgehend umgesetzt worden sind. Bezogen auf den öffentlichen Dienst und Privatisierungen in Richtung „Staat im weiteren Sinne" (→ Art. 1 Rn. 42) kommt unter Erfüllung der Voraussetzungen bei versäumter Umsetzung auch eine direkte Anwendung der Richtlinien-Bestimmungen in Betracht (→ Art. 1 Rn. 42, → Art. 9 Rn. 3, → Art. 6 Rn. 28).

Kapitel IV. Schlussbestimmungen

Art. 8 [Zulassung günstigerer Regelungen]

Diese Richtlinie schränkt die Möglichkeit der Mitgliedstaaten nicht ein, für die Arbeitnehmer günstigere Rechts- oder Verwaltungsvorschriften anzuwenden oder zu erlassen oder für die Arbeitnehmer günstigere Kollektivverträge und andere zwischen den Sozialpartnern abgeschlossene Vereinbarungen, die für die Arbeitnehmer günstiger sind, zu fördern oder zuzulassen.

1 Mit der Richtlinie wird nur eine teilweise Harmonisierung vorgenommen (→ Art. 3 Rn. 6, 45, → Art. 4 Rn. 9). Sie will kein für die gesamte Union aufgrund gemeinsamer Kriterien einheitliches Schutzniveau schaffen, sondern die Erhaltung des jeweils bestehenden Schutzes sicherstellen. **Deshalb** (EuGH 6.3.2014 – C-458/12 Rn. 41 – Amatori ua, NZA 2014, 423: „nämlich" bezogen auf die Aussage in der Rn. zuvor) ist es den Mitgliedstaaten unbenommen, **für die Arbeitnehmer günstigere Schutzregelungen** in Rechts- oder Verwaltungsvorschriften **anzuwenden,** also auch Regelungen **beizubehalten,** die vor der Richtlinie auf nationaler Ebene bestanden. Sie können solche Reglungen auch **neu**

erlassen. Seit der Neufassung der Richtlinie im Jahre 1998 (→ vor Art. 1 Rn. 14 ff.) bezieht sich dies ausdrücklich auch auf Kollektivverträge und andere zwischen den Sozialpartnern abgeschlossene Vereinbarungen (für Deutschland: Tarifverträge, Betriebsvereinbarungen). Diese dürfen **zugelassen** und auch weitergehend **gefördert** werden. Art. 8 korrespondiert mit subsidiären Regelungszuständigkeiten der Union (Preis/Sagan/*Grau/Hartmann* Rn. 13; grundsätzlich → AEUV Art. 151 Rn. 28).

Art. 8 ist im Verhältnis zum Ziel der Richtlinie, die Wahrung der Ansprüche der Arbeitnehmer zu garantieren, zu sehen. Daraus ergibt sich, dass es den Mitgliedstaaten frei steht, „**jede andere Regelung**" für den Übergang **vorzusehen oder anzuwenden,** wenn sie für die Arbeitnehmer günstiger ist als die Regelung der Richtlinie (EuGH 28.1.2015 – C-688/13 Rn. 56 iVm Rn. 34 – Gimnasio Deportivo San Andrés). 2

Weitreichende eigene Regelungsmöglichkeiten der Mitgliedstaaten nennt die Richtlinie insbesondere im Bereich von Art. 5 bezüglich Übergänge im Fall der Insolvenz (dazu auch EuGH 28.1.2015 – C-688/13 Rn. 54 ff. – Gimnasio Deportivo San Andrés). 3

Den Beschäftigten beim Übergang Garantien zu entziehen, die ihnen die Richtlinie bietet, ist auch dann nicht günstiger iSv Art. 8, wenn damit eine Aussicht auf Erhaltung von Arbeitsplätze verbunden zu sein scheint (EuGH 11.6.2009 – C-561/07, Rn. 48 – Kommission/Italien, EuZW 2009, 648; 7.12.1995 – C-472/93 Rn. 33 – Spano ua, NZA 1996, 305). 4

Eine **Begrenzung eines „Mehr an Schutz"** kann sich allerdings aus **anderen unionsrechtlichen Vorgaben** ergeben, so ua aus der auf eine Marktöffnung zielenden Richtlinie 96/67/EG (des Rates v. 15.10.1996 über den Zugang zum Markt der Bodenabfertigungsdienste auf den Flughäfen der Gemeinschaft, ABl. L 272, S. 36). Auf die von letzterer erfassten Übertragungsvorgänge im Sektor der Bodenabfertigungsdienste ist die RL 2001/23/EG anwendbar. Die sich aus ihr ergebenden Rechte und Pflichten greifen immer dann voll ein, wenn ein Vorgang, der unter die RL 96/67/EG fällt, gleichzeitig ein Übergang iSd RL 2001/23/EG ist. Handelt es sich jedoch um einen Sachverhalt, der keinen Übergang iSd RL 2001/23/EG darstellt, ist eine mitgliedstaatliche Regelung (zB in der BADV – Verordnung über Bodenabfertigungsdienste auf Flugplätzen), wonach der Flugplatzunternehmer gleichwohl von einem Dienstleister oder Selbstabfertiger die Übernahme von Arbeitnehmern entsprechend den auf diesen Dienstleister oder Selbstabfertiger übergehenden Bodenabfertigungsdiensten fordern kann, nicht mit der RL 96/67/EG vereinbar (EuGH 14.7.2005 – C-386/03 Rn. 23–31 – Kommission/Deutschland, EuZW 2005, 530; vgl. ua auch EuGH 9.12.2004 – C-460/02 Rn. 41 f., – Kommission/Italien, Slg. 2004, I-11547; *Neumann*, ZLW 2005, 542). 5

Zudem sind nach st. Rspr. Richtlinien-Bestimmungen, auch die der RL 2001/23/EG, im **Einklang mit den Grundrechten** auszulegen, wie sie in der Charta anerkannt wurden, darunter Art. 16 GRC zur unternehmerischen Freiheit. Art. 16 GRC umfasst insbesondere die Vertragsfreiheit. Eine Einschränkung der **Vertragsfreiheit** darf den **Wesensgehalt** des Rechts des Erwerbers auf **unternehmerische Freiheit** nicht beeinträchtigen. Deshalb kann unter Umständen es den Mitgliedstaaten verwehrt sein vorzusehen, dass arbeitsvertragliche Klauseln, die dynamisch auf nach dem Zeitpunkt des Übergangs ausgehandelte und abgeschlossene Kollektivverträge verweisen, an deren Aushandlung der Erwerber nicht teilnehmen kann, gegenüber dem Erwerber durchsetzbar sind. Art. 3 der Richtlinie kann in solchen Fällen nicht iVm Art. 8 dahin ausgelegt werden, dass er die Mitgliedstaaten zum Erlass solcher Maßnahmen ermächtigt, die zwar für die Arbeitnehmer günstiger sind, aber den Wesensgehalt des Rechts des Erwerbers auf unternehmerische Freiheit beeinträchtigen können (näher zu EuGH 18.7.2013 – C-426/11 Rn. 30, 32, 35, 37 – Alemo-Herron ua, NZA 2013, 835 → Art. 3 Rn. 30 ff., 34 ff.; vgl. auch → vor Art. 1 Rn. 8 ff.; zur Kritik ErfK/*Wißmann* AEUV Vorb. 5). 6

Art. 9 [Rechtsweg]

Die Mitgliedstaaten nehmen in ihre innerstaatlichen Rechtssysteme die erforderlichen Bestimmungen auf, um allen Arbeitnehmern und Vertretern der Arbeitnehmer, die ihrer Ansicht nach durch die Nichtbeachtung der sich aus dieser Richtlinie ergebenden Verpflichtungen benachteiligt sind, die Möglichkeit zu geben, ihre Forderungen durch Gerichtsverfahren einzuklagen, nachdem sie gegebenenfalls andere zuständige Stellen damit befasst haben.

1   Die Mitgliedstaaten haben den Handlungsbedarf, der sich aus dem Inkrafttreten der Richtlinie ergibt, zu erkennen und umzusetzen. Dies ergibt sich auch aus Art. 4 Abs. 3 UAbs. 2 EUV. Zu gewährleisten ist die volle Wirksamkeit des Unionsrechts (ua EuGH 8.9.2010 – C-409/06 Rn. 55 ff. mwN – Winner Wetten, RIW 2010, 720; → Art. 4 Rn. 14). Insbesondere bestehen Handlungspflichten, darunter zum Ergreifen geeigneter Maßnahmen zur Erfüllung der Pflichten und ggf. Sanktionspflichten (Schwarze/*Hatje* EUV Art. 4 Rn. 34 ff.).

2   Zwar enthält die Richtlinie keine besondere Regelung zu Sanktionen für den Fall eines Verstoßes gegen ihre Vorschriften. In diesem Fall sind die Mitgliedstaaten jedoch jedenfalls nach den allg. Regeln verpflichtet (ebenso EAS/*Oetker*/*Schubert* B 8300 Rn. 487; Preis/Sagan/*Grau*/*Hartmann* Rn. 220). Nach Art. 4 III UAbs. 2 EUV (entspricht im Wesentlichen ex-Art. 5 EWGV und ex-Art. 10 EG) sind die Mitgliedstaaten verpflichtet, alle geeigneten Maßnahmen zu treffen, um die Geltung und die Wirksamkeit des Unionsrechts zu gewährleisten. Das beinhaltet eine Pflicht zu abschreckenden Sanktionen (vgl. auch Schwarze/*Hatje* EUV Art. 4 Rn. 52) für den Fall des Verstoßes gegen Richtlinien-Bestimmungen, wobei den Mitgliedstaaten die Wahl der Sanktionen verbleibt. Verstöße gegen das Gemeinschafts-/Unionsrecht müssen nach sachlichen und verfahrensrechtlichen Regeln geahndet werden, die denjenigen entsprechen, die für nach Art und Schwere gleichartige Verstöße gegen nationales Recht gelten, wobei die Sanktion jedenfalls wirksam, verhältnismäßig und abschreckend sein muss (bezogen auf die RL 77/187/EWG und Art. 5 EWG-Vertrag: EuGH 8.7.1994 – C-382/92 Rn. 55 – Kommission/Vereinigtes Königreich, Slg. 1994 I-2435; generell: EuGH 15.1.2004 – C-230/01 Rn. 36 mwN, Penycoed, Slg. 2004, I-937).

3   Zur ersten Fassung der Richtlinie (RL 77/187/EWG) hat die Kommission gegen das Vereinigte Königreich Großbritannien und Nordirland ein Vertragsverletzungsverfahren angestrengt, das im Wesentlichen die Unterrichtungs- und Beratungsrechte der Arbeitnehmervertreter (damals Art. 6; nunmehr Art. 7 seit der RL 2001/23/EG) betraf. In diesem Zusammenhang ging es auch um die Frage wirksamer, verhältnismäßiger und abschreckender Sanktionen gegenüber dem Veräußerer oder dem Erwerber, der seiner Verpflichtung zur Konsultation und Information der Arbeitnehmervertreter nicht nachkommt. Nach dem damaligen nationalen Recht (Transfer of Undertakings [Protection Employment] Regulations 1981) konnte der Arbeitgeber, der die Arbeitnehmervertreter beim Übergang des Unternehmens nicht konsultiert, zur Zahlung eines angemessenen Schadensersatzes an die vom Übergang betroffenen Arbeitnehmer verurteilt werden. Wurden außerdem Arbeitnehmer aus wirtschaftlichen Gründen mit der Folge von Abfindungszahlungen (nach einem anderen Gesetz) entlassen und wurden zu dieser Maßnahme die Arbeitnehmervertreter nicht konsultiert, waren Anrechnungen von Schadensersatz und Abfindung wechselseitig möglich. Weil dadurch die Sanktion abgeschwächt, wenn nicht sogar aufgehoben wurde, erfolgte zu dieser Rüge der Kommission eine Verurteilung (EuGH 8.7.1994 – C-382/92 Rn. 6, 52 ff. – Kommission / Vereinigtes Königreich, Slg. 1994 I-2435).

4   Die Möglichkeit von Gerichtsverfahren iSv Art. 9 zur Durchsetzung von Forderungen, die sich aus Verpflichtungen iSd Richtlinie ergeben, müssen in jeder Hinsicht durch den Mitgliedstaat gewährleistet sein, sowohl für von einem Übergang betroffene Arbeitnehmer

als auch für Arbeitnehmervertreter. Neben dem „direkten" Rechtsweg muss, bezogen auf eine Nicht- oder Schlechtumsetzung der Richtlinie, auch derjenige für eine Haftung des Staates im Fall von Schäden gegeben sein, die dem Einzelnen durch dem Staat zurechenbaren Verstöße gegen das Unionsrecht (ua EuGH 10.7.2014 – C-244/13 Rn. 49 ff. – Ogieriakhi (Rn. 50 zu den Voraussetzungen); 5.3.1996 – C-46/93 und C-48/93, – Brasserie du pêcheur und Factortame, NJW 1996, 1267; 19.11.1991 – C-6/90 und C-9/90, – Francovich ua, NJW 1992, 165; vgl. auch Schwarze/*Hatje* EUV Art. 4 Rn. 53; vgl. auch → Art. 1 Rn. 42; → AEUV Art. 267 Rn. 55; → AEUV Art. 288 Rn. 88 ff.) entstehen.

Art. 10 [Kommissionsbericht]

¹Die Kommission unterbreitet dem Rat vor dem 17. Juli 2006 einen Bericht, in dem die Auswirkungen der Bestimmungen dieser Richtlinie untersucht werden. ²Sie legt gegebenenfalls die erforderlichen Änderungsvorschläge vor.

Diese Bestimmung wurde durch Art. 7b der RL 98/50/EG eingeführt. Später wurde daraus Art. 10 der Richtlinie 2001/23/EG. Berichtszweck ist die Analyse der Richtlinien-Bestimmungen im Lichte der bisherigen Erfahrungen und der Rechtsprechung des EuGH, auch als Grundlage für etwaige Änderungsvorschläge (→ vor Art. 1 Rn. 21 ff.). Zur Erstellung des Berichts der Kommission v. 18.6.2007, KOM [2007] 334 endg. (→ Rn. 3) wurde von der Kommission ein Fragebogen entwickelt, der im Anhang des Berichts mit den Antworten der Mitgliedstaaten und der Sozialpartner enthalten ist (Anhang I des Berichts). 1

Im Internet sind die Kommissionsberichte zur Richtlinie über Eur-Lex und über die Homepage der Europäischen Kommission (Beschäftigung, Soziales und Integration – Politikfelder und Tätigkeiten – Rechte am Arbeitsplatz – Arbeitsrecht – Arbeitsbedingungen – Veräußerung von Unternehmen http://ec.europa.eu/social/main.jsp?catId=706&langId=de&intPageId=208) verfügbar (letzter Abruf: 23.6.2015). Neben den Umsetzungsberichten sind dort auch alle Fassungen der Richtlinie, vorbereitende Dokumente und Studien zugänglich. 2

Berichte: 3

– Bericht der Kommission – Richtlinie über die Wahrung der Rechte von Arbeitnehmern beim Übergang von Unternehmen, 18.6.2007, KOM [2007] 334 endg.
– Memorandum zu den Ansprüchen der Arbeitnehmer beim Übergang von Unternehmen (2004)
– Memorandum der Kommission zu den erworbenen Ansprüchen der Arbeitnehmer beim Übergang von Unternehmen, 4.3.1997, KOM [97] 85
– Bericht der Kommission – Stand der Umsetzung der RL 77/187/EWG, 2.6.1992, SEK [92] 857 endg.
– Bericht zum Stand der Umsetzung der RL 77/187/EWG in Österreich, Finnland und Schweden über die Wahrnehmung der Ansprüche der Arbeitnehmer im Falle eines Übergangs von Unternehmen, Betrieben oder Betriebsteilen, Juni 1999

Art. 11 [Mitteilungen]

Die Mitgliedstaaten teilen der Kommission den Wortlaut der Rechts- und Verwaltungsvorschriften mit, die sie auf dem unter diese Richtlinie fallenden Gebiet erlassen.

Art. 12 [Aufhebung anderer Vorschriften]

Die Richtlinie 77/187/EWG, geändert durch die in Anhang I Teil A aufgeführte Richtlinie, wird unbeschadet der Pflichten der Mitgliedstaaten hinsichtlich der in Anhang I Teil B genannten Fristen für ihre Umsetzung aufgehoben.

Verweisungen auf die aufgehobene Richtlinie gelten als Verweisungen auf die vorliegende Richtlinie und sind nach der Übereinstimmungstabelle in Anhang II zu lesen.

1   Siehe Anhang I Teil B, → Art. 1 Rn. 42, → Vor Art. 1, Rn. 25

Art. 13 [Inkrafttreten]

Diese Richtlinie tritt am zwanzigsten Tag nach ihrer Veröffentlichung im *Amtsblatt der Europäischen Gemeinschaften* in Kraft.

1   → Vor Art. 1, Rn. 25

Art. 14 [Adressaten]

Diese Richtlinie ist an alle Mitgliedstaaten gerichtet.

1   Alle Mitgliedstaaten der EU sind zur Umsetzung dieser Richtlinie verpflichtet (näher zur Richtlinienumsetzung → AEUV Art. 288 Rn. 16 ff., 20). Daneben betrifft diese Richtlinie auch den EWR (→ Vor Art. 1 Rn. 19).

Anhang I. [Aufhebungen und Umsetzungsfristen]

Teil A. Aufgehobene Richtlinie und ihre Änderung (gemäß Artikel 12)

Richtlinie 77/187/EWG des Rates (ABl. L 61 vom 5.3.1977, S. 26)
Richtlinie 98/50/EG des Rates (ABl. L 201 vom 17.7.1998, S. 88)

Teil B. Umsetzungsfristen (gemäß Artikel 12)

Richtlinie	Endgültiger Termin für ihre Umsetzung
Richtlinie 77/187/EWG	16. Februar 1979
Richtlinie 98/50/EG	17. Juli 2001

Anhang II. Übereinstimmungstabelle

Richtlinie 77/187/EG	Vorliegende Richtlinie
Artikel 1	Artikel 1
Artikel 2	Artikel 2
Artikel 3	Artikel 3
Artikel 4	Artikel 4
Artikel 4a	Artikel 5
Artikel 5	Artikel 6
Artikel 6	Artikel 7
Artikel 7	Artikel 8
Artikel 7a	Artikel 9
Artikel 7b	Artikel 10
Artikel 8	Artikel 11
–	Artikel 12
–	Artikel 13
–	Artikel 14
–	Anhang I
–	Anhang II

540. Richtlinie 2001/86/EG des Rates vom 8. Oktober 2001 zur Ergänzung des Statuts der Europäischen Gesellschaft hinsichtlich der Beteiligung der Arbeitnehmer

(ABl. Nr. L 294 S. 22)

Celex-Nr. 3 2001 L 0086

DER RAT DER EUROPÄISCHEN UNION –

gestützt auf den Vertrag zur Gründung der Europäischen Gemeinschaft, insbesondere auf Artikel 308,

auf der Grundlage des geänderten Vorschlags der Kommission[1],

nach Stellungnahme des Europäischen Parlaments[2],

nach Stellungnahme des Wirtschafts- und Sozialausschusses[3],

in Erwägung nachstehender Gründe:

(1) Zur Erreichung der Ziele des Vertrags wird mit der Verordnung (EG) Nr. 2157/2001 des Rates[4] das Statut der Europäischen Gesellschaft (SE) festgelegt.

(2) Mit jener Verordnung soll ein einheitlicher rechtlicher Rahmen geschaffen werden, innerhalb dessen Gesellschaften aus verschiedenen Mitgliedstaaten in der Lage sein sollten, die Neuorganisation ihres Geschäftsbetriebs gemeinschaftsweit zu planen und durchzuführen.

(3) Um die Ziele der Gemeinschaft im sozialen Bereich zu fördern, müssen besondere Bestimmungen – insbesondere auf dem Gebiet der Beteiligung der Arbeitnehmer – festgelegt werden, mit denen gewährleistet werden soll, dass die Gründung einer SE nicht zur Beseitigung oder zur Einschränkung der Gepflogenheiten der Arbeitnehmerbeteiligung führt, die in den an der Gründung einer SE beteiligten Gesellschaften herrschen. Dieses Ziel sollte durch die Einführung von Regeln in diesen Bereich verfolgt werden, mit denen die Bestimmungen der Verordnung ergänzt werden.

(4) Da die Ziele der vorgeschlagenen Maßnahme – wie oben ausgeführt – nicht hinreichend von den Mitgliedstaaten erreicht werden können, weil es darum geht, eine Reihe von für die SE geltenden Regeln für die Beteiligung der Arbeitnehmer zu erlassen, und da die Ziele daher wegen des Umfangs und der Wirkungen der vorgeschlagenen Maßnahme besser auf Gemeinschaftsebene erreicht werden können, kann die Gemeinschaft im Einklang mit dem Subsidiaritätsprinzip nach Artikel 5 des Vertrags Maßnahmen ergreifen. Im Einklang mit dem Verhältnismäßigkeitsprinzip nach jenem Artikel geht diese Richtlinie nicht über das für die Erreichung dieser Ziele erforderliche Maß hinaus.

(5) Angesichts der in den Mitgliedstaaten bestehenden Vielfalt an Regelungen und Gepflogenheiten für die Beteiligung der Arbeitnehmervertreter an der Beschlussfassung in Gesellschaften ist es nicht ratsam, ein auf die SE anwendbares einheitliches europäisches Modell der Arbeitnehmerbeteiligung vorzusehen.

(6) In allen Fällen der Gründung einer SE sollten jedoch Unterrichtungs- und Anhörungsverfahren auf grenzüberschreitender Ebene gewährleistet sein.

(7) Sofern und soweit es in einer oder in mehreren der an der Gründung einer SE beteiligten Gesellschaften Mitbestimmungsrechte gibt, sollten sie durch Übertragung an die SE nach deren Gründung erhalten bleiben, es sei denn, dass die Parteien etwas anderes beschließen.

---

[1] **Amtl. Anm.:** ABl. C 138 vom 29.5.1991, S. 8.
[2] **Amtl. Anm.:** ABl. C 342 vom 20.12.1993, S. 15.
[3] **Amtl. Anm.:** ABl. C 124 vom 21.5.1990, S. 34.
[4] **Amtl. Anm.:** Siehe Seite 1 dieses Amtsblatts. [Red. Anm.: ABl. 2001 Nr. L 294.]

(8) Die konkreten Verfahren der grenzüberschreitenden Unterrichtung und Anhörung der Arbeitnehmer sowie gegebenenfalls der Mitbestimmung, die für die einzelnen SE gelten, sollten vorrangig durch eine Vereinbarung zwischen den betroffenen Parteien oder – in Ermangelung einer derartigen Vereinbarung – durch die Anwendung einer Reihe von subsidiären Regeln festgelegt werden.

(9) Angesicht der unterschiedlichen Gegebenheiten bei den nationalen Systemen der Mitbestimmung sollte den Mitgliedstaaten die Anwendung der Auffangregelungen für die Mitbestimmung im Falle einer Fusion freigestellt werden. In diesem Fall ist die Beibehaltung der bestehenden Mitbestimmungssysteme und -praktiken, die gegebenenfalls auf der Ebene der teilnehmenden Gesellschaften bestehen, durch eine Anpassung der Vorschriften für die Registrierung zu gewährleisten.

(10) Die Abstimmungsregeln in dem besonderen Gremium, das die Arbeitnehmer zu Verhandlungszwecken vertritt, sollten – insbesondere wenn Vereinbarungen getroffen werden, die ein geringeres Maß an Mitbestimmung vorsehen, als es in einer oder mehreren der sich beteiligenden Gesellschaften gegeben ist – in einem angemessenen Verhältnis zur Gefahr der Beseitigung oder der Einschränkung der bestehenden Mitbestimmungssysteme und -praktiken stehen. Wenn eine SE im Wege der Umwandlung oder Verschmelzung gegründet wird, ist diese Gefahr größer, als wenn die Gründung im Wege der Errichtung einer Holdinggesellschaft oder einer gemeinsamen Tochtergesellschaft erfolgt.

(11) Führen die Verhandlungen zwischen den Vertretern der Arbeitnehmer und dem jeweils zuständigen Organ der beteiligten Gesellschaften nicht zu einer Vereinbarung, so sollten für die SE von ihrer Gründung an bestimmte Standardanforderungen gelten. Diese Standardanforderungen sollten eine effiziente Praxis der grenzüberschreitenden Unterrichtung und Anhörung der Arbeitnehmer sowie deren Mitbestimmung in dem einschlägigen Organ der SE gewährleisten, sofern und soweit es eine derartige Mitbestimmung vor der Errichtung der SE in einer der beteiligten Gesellschaften gegeben hat.

(12) Es sollte vorgesehen werden, dass die Vertreter der Arbeitnehmer, die im Rahmen der Richtlinie handeln, bei der Wahrnehmung ihrer Aufgaben einen ähnlichen Schutz und ähnliche Garantien genießen, wie sie die Vertreter der Arbeitnehmer nach den Rechtsvorschriften und/oder den Gepflogenheiten des Landes ihrer Beschäftigung haben. Sie sollten keiner Diskriminierung infolge der rechtmäßigen Ausübung ihrer Tätigkeit unterliegen und einen angemessenen Schutz vor Kündigung und anderen Sanktionen genießen.

(13) Die Vertraulichkeit sensibler Informationen sollte auch nach Ablauf der Amtszeit der Arbeitnehmervertreter gewährleistet sein; dem zuständigen Organ der SE sollte es gestattet werden, Informationen zurückzuhalten, die im Falle einer Bekanntgabe an die Öffentlichkeit den Betrieb der SE ernsthaft stören würden.

(14) Unterliegen eine SE sowie ihre Tochtergesellschaften und Niederlassungen der Richtlinie 94/45/EG des Rates vom 22. September 1994 über die Einsetzung eines Europäischen Betriebsrats oder die Schaffung eines Verfahrens zur Unterrichtung und Anhörung der Arbeitnehmer in gemeinschaftsweit operierenden Unternehmen und Unternehmensgruppen[5], so sollten die Bestimmungen jener Richtlinie und die Bestimmungen zu ihrer Umsetzung in einzelstaatliches Recht weder auf die SE noch auf ihre Tochtergesellschaften und Niederlassungen anwendbar sein, es sei denn, das besondere Verhandlungsgremium beschließt, keine Verhandlungen aufzunehmen oder bereits eröffnete Verhandlungen zu beenden.

(15) Die Regeln dieser Richtlinie sollten andere bestehende Beteiligungsrechte nicht berühren und haben nicht notwendigerweise Auswirkungen auf andere bestehende Vertretungsstrukturen aufgrund gemeinschaftlicher oder einzelstaatlicher Rechtsvorschriften oder Gepflogenheiten.

---

[5] **Amtl. Anm.:** ABl. L 254 vom 30.9.1994, S. 64. Zuletzt geändert durch die Richtlinie 97/74/EG (ABl. L 10 vom 16.1.1998, S. 22).

(16) Die Mitgliedstaaten sollten geeignete Maßnahmen für den Fall vorsehen, dass die in dieser Richtlinie festgelegten Pflichten nicht eingehalten werden.

(17) Der Vertrag enthält Befugnisse für die Annahme dieser Richtlinie nur in Artikel 308.

(18) Die Sicherung erworbener Rechte der Arbeitnehmer über ihre Beteiligung an Unternehmensentscheidungen ist fundamentaler Grundsatz und erklärtes Ziel dieser Richtlinie. Die vor der Gründung von SE bestehenden Rechte der Arbeitnehmer sollten deshalb Ausgangspunkt auch für die Gestaltung ihrer Beteiligungsrechte in der SE (Vorher-Nachher-Prinzip) sein. Dieser Ansatz sollte folgerichtig nicht nur für die Neugründung einer SE, sondern auch für strukturelle Veränderungen einer bereits gegründeten SE und für die von den strukturellen Änderungsprozessen betroffenen Gesellschaften gelten.

(19) Die Mitgliedstaaten sollten vorsehen können, dass Vertreter von Gewerkschaften Mitglied eines besonderen Verhandlungsgremiums sein können, unabhängig davon, ob sie Arbeitnehmer einer an der Gründung einer SE beteiligten Gesellschaft sind oder nicht. In diesem Zusammenhang sollten die Mitgliedstaaten dieses Recht insbesondere in den Fällen vorsehen können, in denen Gewerkschaftsvertreter nach ihrem einzelstaatlichen Recht stimmberechtigte Mitglieder des Aufsichts- oder des Leitungsorgans sein dürfen.

(20) In mehreren Mitgliedstaaten werden die Beteiligung der Arbeitnehmer sowie andere Bereiche der Arbeitgeber/Arbeitnehmer-Beziehungen sowohl durch einzelstaatliche Rechtsvorschriften als auch durch Gepflogenheiten geregelt, wobei die Gepflogenheiten im vorliegenden Zusammenhang in der Weise zu verstehen sind, dass sie auch Tarifverträge auf verschiedenen Ebenen – national, sektoral oder unternehmensbezogen – umfassen –

HAT FOLGENDE RICHTLINIE ERLASSEN:

Teil I. Allgemeine Bestimmungen

Art. 1 Gegenstand

(1) Diese Richtlinie regelt die Beteiligung der Arbeitnehmer in der Europäischen Aktiengesellschaft (Societas Europaea, nachfolgend „SE" genannt), die Gegenstand der Verordnung (EG) Nr. 2157/2001 ist.

(2) Zu diesem Zweck wird in jeder SE gemäß dem Verhandlungsverfahren nach den Artikeln 3 bis 6 oder unter den in Artikel 7 genannten Umständen gemäß dem Anhang eine Vereinbarung über die Beteiligung der Arbeitnehmer getroffen.

A. Allgemeines

Die RL 2001/86/EG geht zurück auf bis in die 1960er-Jahre zurückreichende Überlegungen für eine eigenständige europäische Rechtsform (s. *Grundmann,* Europäisches Gesellschaftsrecht, 2. Aufl. 2011, Rn. 1032 ff.; *Lutter/Bayer/Schmidt,* Europäisches Unternehmens- und Kapitalmarktrecht, 5. Aufl. 2012, 715 ff.) und die in 1970er-Jahren in **zwei Kommissionsentwürfe** aus dem Jahr **1970** und dem Jahr **1975** einmündeten, die sich jedoch nicht durchsetzen konnten (s. zur Mitbestimmung zB *Kraft,* Die Europäisierung der deutschen Mitbestimmung durch das SE-Beteiligungsgesetz, 2005, 98 ff., 102 ff.). Die nachfolgenden Entwürfe der Kommission aus dem Jahre **1989** (ABl. EG Nr. C 263, 41 ff., 69 ff.) sowie dem Jahr **1991** (ABl. EG Nr. C 138, 1 ff., 8 ff.) waren hingegen bereits von dem später umgesetzten Konzept geprägt, die maßgeblichen Rechtsvorschriften auf zwei unterschiedliche Grundlagen zu stützen: einerseits den gesellschaftsrechtliche Teil iRe Verordnung, andererseits eine Richtlinie für die mitbestimmungsrechtlichen Fragen. Bereits damals waren die Vorschläge durch das Bestreben geprägt, den verschiedenen mitbestimmungsrechtlichen

1

Traditionen in den Mitgliedstaaten durch verschiedene Optionen bzw. Modelle Rechnung zu tragen (s. im Überblick LHT/*Oetker* SEBG Vorbemerkung Rn. 5 ff. mwN).

2   Bewegung kam in die insbesondere wegen der Mitbestimmungsfrage festgefahrene Diskussion erst nach Verabschiedung der RL 94/45/EG, die mit dem dort verankerten Primat einer Verhandlungslösung die Vorlage für den **Davignon-Bericht** lieferte, der den Weg der RL 94/45/EG auch für die Mitbestimmung in der Europäischen Aktiengesellschaft (SE) favorisierte (→ RL 2009/38/EG Art. 1 Rn. 2; so auch *Hanau* RdA 1998, 231 ff.). Auf dieser Grundlage kam es zur Erstellung mehrerer Vorschläge, die erst auf dem **Gipfel von Nizza** am 7./8.12.2000 zu einer Einigung und am 8.10.2001 zur Verabschiedung der SE-VO sowie der RL 2001/86/EG durch den Rat führten (im Überblick LHT/*Oetker* SEBG Vorb. Rn. 11 f. mwN). Seitdem blieb die RL 2001/86/EG unverändert (auch → Art. 15 Rn. 1). Als Vorlage diente die RL 2001/86/EG für die nachfolgenden Arbeiten an den Rechtsgrundlagen für eine **Europäische Genossenschaft** (SCE); die RL 2003/72/EG übernimmt die Regelungen der RL 2001/86/EG und passt diese lediglich an die Besonderheiten der SCE an. Entsprechendes gilt für die **Mitbestimmung bei grenzüberschreitenden Verschmelzungen**. Auch diesbezüglich orientiert sich **Art. 16 RL 2005/56/EG** stark an der RL 2001/86/EG, enthält zugleich aber auch einige gewichtige Modifikationen. Hierzu zählt insbesondere das Recht der Leitungen, durch Erklärung die gesetzliche Auffangregelung ohne vorheriges Verhandlungsverfahren zur Anwendung zu bringen (Art. 16 IV lit. a RL 2005/56/EG; → RL 2005/56/EG Art. 16 Rn. 48 ff.), sowie ferner das erhöhte Arbeitnehmerquorum von zwei Drittel für die Anwendung der gesetzlichen Auffangregelung (Art. 16 III lit. e RL 2005/56/EG). Beide Elemente wurden auch in der Diskussion zur Reform der RL 2001/86/EG aufgegriffen (s. Arbeitskreis „Aktien- und Kapitalmarktrecht [AAK]" ZIP 2010, 2221 ff.), haben sich in dieser jedoch bislang nicht zu konkreten Änderungsinitiativen seitens der Kommission verdichtet (→ Art. 15 Rn. 1).

B. Vor der Richtlinie erfasste Gesellschaften

I. Grundformen einer primären SE-Gründung

3   Die RL 2001/86/EG erfasst nach Art. 1 I jede SE, die Gegenstand der SE-Verordnung ist. Diese differenziert für die Errichtung einer SE im Wege einer **primären Gründung** zwischen vier Varianten. Den Ausgangspunkt einer primären SE-Gründung bildet die **Verschmelzung** von Aktiengesellschaften iSd Anhangs I zur SE-VO, wobei zwei von ihnen dem Recht verschiedener Mitgliedstaaten unterliegen müssen (Art. 2 I SE-VO). Von zentraler Bedeutung ist die enge Verzahnung zwischen Gründung der SE und Arbeitnehmerbeteiligung durch **Art. 12 II SE-VO.** Erst nach ordnungsgemäßer Abwicklung des ggf. zeitaufwändigen Verfahrens zur Beteiligung der Arbeitnehmer darf die SE in das Register eingetragen werden. Möglich ist dies entweder nach Abschluss einer Beteiligungsvereinbarung (Art. 4), dem vereinbarungslosen Ablauf der Verhandlungsfrist (Art. 5) oder einem Beschluss des besonderen Verhandlungsgremiums, die Verhandlungen nicht aufzunehmen oder bereits begonnene Verhandlungen abzubrechen (Art. 3 VI).

4   Neben der Gründung einer SE durch Verschmelzung eröffnet Art. 2 II SE-VO die Möglichkeit zur Errichtung einer **Holding SE,** an der sich nicht nur Aktiengesellschaften nach Maßgabe des Anhangs I zur SE-VO, sondern auch Gesellschaften mit beschränkter Haftung iSd Anhangs II zur SE-VO beteiligen können. Voraussetzung ist jedoch – wie bei der Verschmelzung –, dass mind. zwei Gründungsgesellschaften dem Recht verschiedener Mitgliedstaaten unterliegen. Noch offener ist die in Art. 2 III SE-VO eröffnete Variante der Gründung einer **Tochtergesellschaft** in der Rechtsform einer SE (sog. Tochter-SE). Diese steht über die von Art. 2 I und II SE-VO erfassten Gesellschaften hinaus allen Gesellschaften iSv Art. 54 II AEUV (= ex Art. 48 II EG) sowie juristischen Personen des öffentlichen oder privaten Rechts offen, die nach dem Recht eines Mitgliedstaats gegründet worden sind,

sofern mind. zwei von ihnen dem Recht verschiedener Mitgliedstaaten unterliegen. Als vierte Variante zur Gründung einer SE eröffnet Art. 2 IV SE-VO schließlich die **Umwandlung** einer nach dem Recht eines Mitgliedstaats errichteten Aktiengesellschaft, sofern diese seit mehr als zwei Jahren dem Recht eines anderen Mitgliedstaats unterliegende Tochtergesellschaft hat. Gerade wegen der Gefahren für den mitbestimmungsrechtlichen Status quo war die Zulassung dieser Gründungsvariante iRd Entstehung der RL 2001/86/EG sehr umstritten und fand erst spät Eingang in die unionsrechtlichen Rechtsgrundlagen, nachdem für die Gründung einer SE durch Umwandlung zusätzliche Absicherungen für die Mitbestimmung in die RL 2001/86/EG aufgenommen worden waren. Hierzu zählt insbesondere der Ausschluss einer Minderung der Mitbestimmung (→ Art. 3 Rn. 30), die Unterbindung eines Beschlusses des besonderen Verhandlungsgremiums, Verhandlungen nicht aufzunehmen oder diese abzubrechen (Art. 3 VI UAbs. 3; → Art. 3 Rn. 37), die Aufrechterhaltung aller Komponenten der Arbeitnehmerbeteiligung iRe Beteiligungsvereinbarung (Art. 4 IV; → Art. 4 Rn. 19 ff.) sowie schließlich die weitere Anwendung der mitbestimmungsrechtlichen Bestimmungen iRd gesetzlichen Auffangregelung (Teil 3 lit. a des Anhangs zur RL 2001/86/EG).

II. Sekundäre SE-Gründung

Während sich die in → Rn. 3 und 4 skizzierten Formen einer primären SE-Gründung 5 durch die Mehrstaatlichkeit der Gründungsgesellschaften auszeichnen, eröffnet Art. 3 II SE-VO auch den Weg zu einer sekundären Gründung, indem eine SE selbst eine Tochtergesellschaft in der Rechtsform der SE gründen kann (SE-Tochter). Die Einbeziehung dieser Gründungsform in die RL 2001/86/EG ist im Schrifttum indes umstritten. Verbreitet wird entgegen gehalten, dass sowohl die RL 2001/86/EG als auch das zur Umsetzung in Deutschland geschaffene SEBG auf die in Art. 2 SE-VO aufgelisteten Formen einer primären Gründung zugeschnitten seien, so dass der Vorgang einer sekundären Gründung weder von der RL 2001/86/EG noch von dem SEBG erfasst werde und eine SE-Tochter deshalb **beteiligungsfrei** errichtet werden könne (hierfür KK-AktG/*Feuerborn* SEBG vor § 1 Rn. 5; GLF/*Fleischmann* § 2 Rn. 127; *Forst* S. 185 ff.; UHH/*Habersack* SEBG § 34 Rn. 21 aE; Habersack/Drinhausen/Hohenstatt/*Müller-Bonanni* SEBG § 3 Rn. 9; *Hoops* 54 f.; MüKoAktG/*Jacobs* SEBG vor § 1 Rn. 11a f., § 3 Rn. 2; *Schreiner,* Zulässigkeit und wirtschaftliche Neugründung einer Vorrats-SE, 2009, 127 ff.; *Seibt* ZIP 2005, 2248 [2249]; in dieser Richtung wohl auch *Kiem* ZHR 173, 2009, 156 [163 f.]). Soweit dem der offen formulierte Art. 12 II SE-VO entgegenzustehen scheint, plädieren die Vertreter dieser Ansicht für eine teleologische Reduktion der Norm, da deren Anwendung denknotwendig voraussetze, dass ein Beteiligungsverfahren nach den dort genannten Rechtsgrundlagen durchzuführen sei (so MüKoAktG/*Jacobs* SEBG Vor § 1 Rn. 11b sowie im Anschluss Habersack/Drinhausen/ *Hohenstatt*/*Müller-Bonanni* SEBG § 3 Rn. 8 aE; *Hoops* 55).

Die **Gegenauffassung** betont demgegenüber, dass es sich auch bei einer sekundären 6 Gründung um eine auf der Grundlage der SE-VO gegründete SE handelt und § 1 SEBG jede Form einer SE-Gründung erfasse, ohne zwischen primärer und sekundärer Gründung zu unterscheiden. Deshalb sei auch bei einer sekundären Gründung ein Beteiligungsverfahren durch Bildung eines besonderen Verhandlungsgremiums einzuleiten (so *Cannistra* 90 ff.; UHH/*Henssler* SEBG Einl. Rn. 106; KK-AktG/*Maul* SE-VO Art. 3 Rn. 24, *Oetker*, FS Kreutz, 2010, 797 [806 ff.]; *Scheibe* 165 ff.; *Schmid* 109 ff.; MüHdbGesR VI/*Teichmann* § 49 Rn. 53). Bezüglich des weiteren Verfahrens soll die Gründung einer SE-Tochter nicht anders als die Gründung einer Tochter-SE behandelt werden. In beiden Konstellationen handele es sich um Tochtergesellschaften, so dass sich die Beschlussfassung im besonderen Verhandlungsgremium nach § 3 IV UAbs. 3 richte (→ Art. 3 Rn. 33) und bei einem vereinbarungslosen Abschluss des Verhandlungsverfahrens die für Tochtergesellschaften vorgesehene gesetzliche Auffangregelung maßgebend sei (→ Art. 7 Rn. 15; ebenso *Cannistra* 91; KK-AktG/*Maul* SE-VO Art. 3 Rn. 24; *Oetker*, FS Kreutz, 2010, 797 [812]; *Scheibe*

166 f.). Für deren Anwendung sei die gründende SE beteiligte Gesellschaft iSv Art. 2 lit. b (ebenso UHH/*Henssler* SEBG Einl. Rn. 106).

III. Arbeitnehmerlose SE

7   Vereinzelt wird versucht, eine **beteiligungsfreie Gründung** der SE mit dem Hinweis auf deren zukünftige Arbeitnehmerlosigkeit zu begründen (so *Müller-Bonanni/Melot de Beauregard* GmbHR 2005, 195 [200]). Durchgesetzt haben sich diese Bestrebungen nicht. Der erwogene Rückgriff auf eine teleologische Reduktion von Art. 12 II SE-VO kommt ausschließlich in Betracht, wenn die Durchführung eines Verhandlungsverfahrens aus tatsächlichen Gründen nicht möglich ist, weil es für die **Bildung eines besonderen Verhandlungsgremiums** an der notwendigen Zahl von Arbeitnehmern fehlt. Hierfür reicht es jedoch nicht aus, dass in der SE nach ihrer Gründung keine Arbeitnehmer beschäftigt werden sollen. Für die Bildung eines besonderen Verhandlungsgremiums kommt es ausschließlich darauf an, ob bei den beteiligten Gesellschaften iSv Art. 2 lit. b (→ Art. 2 Rn. 5 ff.) oder bei betroffenen Tochtergesellschaften oder betroffenen Betrieben iSv Art. 2 lit. d Arbeitnehmer beschäftigt sind. Ist dies jedoch der Fall und kann von ihnen deshalb ein besonderes Verhandlungsgremium gebildet werden, dann fehlt für eine teleologische Reduktion von Art. 12 II SE-VO die notwendige methodische Grundlage (ebenso LG Hamburg 30.9.2005 ZIP 2005, 2018 [2019]; zust. MüHdbGesR IV/*Austmann* § 85 Rn. 29; Cannistra 75; GLF/*Fleischmann* § 2 Rn. 124; UHH/*Henssler* SEBG Einl. Rn. 79; LHT/ *Oetker* SEBG § 1 Rn. 14; *Schubert* ZESAR 2006, 340 [341]; *Seibt* ZIP 2005, 2248; MüHdbGesR VI/*Teichmann* § 49 Rn. 13).

8   Eine **teleologische Reduktion** des Art. 12 II SE-VO kommt erst in Betracht, wenn mangels ausreichender Zahl von Arbeitnehmern bei den beteiligten Gesellschaften oder den betroffenen Tochtergesellschaft oder betroffenen Betrieben **kein besonderes Verhandlungsgremium** gebildet werden kann. Auf Grund einer teleologischen Reduktion des Art. 12 II SE-VO kann die SE in diesem Sonderfall ohne Durchführung eines Verhandlungsverfahrens in das Register eingetragen werden. Auch in diesem Fall soll die SE jedoch nicht dauerhaft beteiligungsfrei bleiben, wobei die dogmatische Grundlage hierfür derzeit noch nicht gesichert ist. Während teilweise für eine analoge Anwendung von § 18 III SEBG (so zB *Teichmann*, FS Hellwig, 2010, 347 [368]) oder der gesetzlichen Auffangregelung plädiert wird (so *Schubert* ZESAR 2006, 340 [344]), schlagen andere Stimmen im Schrifttum vor, das **Beteiligungsverfahren** nach Maßgabe der §§ 4 ff. SEBG **nachzuholen,** wenn der Grund für die teleologische Reduktion nach der Eintragung der SE entfällt, weil bei der SE bzw. ihren Tochtergesellschaften eine ausreichende Anzahl von Arbeitnehmern beschäftigt ist, um ein besonderes Verhandlungsgremium zu bilden (so LHT/*Oetker* SEBG § 1 Rn. 16; dagegen jedoch *Forst* 124 f.).

IV. Mehrstaatliche Arbeitnehmerschaft

9   Problematisch ist die Bildung eines besonderen Verhandlungsgremiums darüber hinaus, wenn bei den beteiligten Gesellschaften zwar die Mehrstaatlichkeit nach Maßgabe ihres Gründungsrechts erfüllt ist, dies jedoch auf Seiten der Arbeitnehmer nicht der Fall ist, weil zB die Arbeitnehmer ausschließlich bei einer der beteiligten Gesellschaften beschäftigt sind und diese nur Betriebe in einem Mitgliedstaat hat. Auch in diesem Fall soll nach einer im Schrifttum vertretenen Auffassung die Bildung eines besonderen Verhandlungsgremiums nicht möglich sein, weil die maßgeblichen Bestimmungen in den §§ 4 ff. SEBG auf der Prämisse einer mehrstaatlichen Arbeitnehmerschaft beruhen. Fehle diese, so sei eine teleologische Reduktion von Art. 12 II SE-VO zu befürworten, so dass die SE **ohne Durchführung eines Verhandlungsverfahrens** in das Register eingetragen werden könne (so vor allem MüKoAktG/*Jacobs* SEBG § 3 Rn. 2d sowie im Anschluss WHSS/*Seibt* Kap. F Rn. 181). Dem steht entgegen, dass die §§ 4 ff. zwar einen Konfliktmechanismus für den

Fall einer mehrstaatlichen Arbeitnehmerschaft zur Absicherung der Repräsentativität des Gremiums installieren, die Vorschriften aber auch ohne Weiteres auf den Fall angewendet werden können, dass alle Arbeitnehmer auf einen Mitgliedstaat entfallen, so dass für eine teleologische Reduktion von Art. 12 II SE-VO die methodische Grundlage fehlt (ebenso *Schubert* RdA 2012, 146 [147 ff.]; HaKo-BetrVG/*Sick* SE und Arbeitnehmerbeteiligung bei grenzüberschreitender Verschmelzung Rn. 8; im Grundsatz auch Habersack/Drinhausen/ *Hohenstatt*/*Müller-Bonanni* SEBG § 3 Rn. 14; ferner LHT/*Oetker* SEBG § 1 Rn. 22 ff.).

V. Vorrats-SE

Auch eine Vorrats-SE (s. dazu LHT/*Bayer* SE-VO Art. 2 Rn. 31 ff.; *Casper/Schäfer* ZIP 10 2007, 653 ff.) ist eine SE iSd der SE-VO sowie der RL 2001/86/EG. Gleichwohl wird verbreitet dafür plädiert, dass zur Gründung einer Vorrats-SE von der Durchführung eines Verhandlungsverfahrens abgesehen werden könne, so dass die Vorrats-SE mittels einer teleologischen Reduktion von Art. 12 II SE-VO auch **ohne Arbeitnehmerbeteiligung** in das Register einzutragen ist (so AG Düsseldorf 16.1.2006 ZIP 2006, 287; im Ergebnis auch *Wollburg/Banerjea* ZIP 2005, 277 [280 f.]; **aA** *Blanke* ZIP 2006, 789 ff.). Dem ist jedoch nur zuzustimmen, wenn bei der Gründung einer Vorrats-SE bei den hieran beteiligten Gesellschaften nicht die für die **Bildung eines besonderen Verhandlungsgremiums** notwendige Zahl von Arbeitnehmern beschäftigt ist (→ Rn. 8; ebenso OLG Düsseldorf 30.3.2009 ZIP 2009, 818 [819 f.]; LHT/*Bayer* SE-VO Art. 2 Rn. 32; *Casper/Schäfer* ZIP 2007, 653 [654]; UHH/*Henssler* SEBG Einl. Rn. 78 f.; MüKoAktG/*Jacobs* SEBG § 3 Rn. 2b; KK-AktG/*Kiem* SE-VO Art. 12 Rn. 42; *Schubert* ZESAR 2006, 340 [343, 345]; KK-AktG/*Veil* SE-VO Art. 2 Rn. 54; MHdBArbR/*Wißmann* § 287 Rn. 11). Eine beteiligungsfreie Gründung einer Vorrats-SE führt jedoch nicht dazu, dass diese dauerhaft ohne Arbeitnehmerbeteiligung bleibt. Spätestens mit **Aktivierung der Vorrats-SE** ist das Beteiligungsverfahren nach inzwischen vorherrschender Ansicht nachzuholen, wobei allerdings Unsicherheit über die hierfür maßgebliche Rechtsgrundlage herrscht.

Verbreitet wird zur Begründung eine **analoge Anwendung von § 18 III SEBG** befür- 11 wortet (so im Ergebnis ua OLG Düsseldorf 30.3.2009 ZIP 2009, 918 [920 f.]; LHT/*Bayer* SE-VO Art. 2 Rn. 32; *Casper* AG 2007, 97 [100]; KK-AktG/*Feuerborn* SEBG § 1 Rn. 9, § 18 Rn. 53; *Forst* NZG 2009, 687 [690 f.]; UHH/*Henssler* SEBG § 18 Rn. 31 f.; MüKo-AktG/*Jacobs* SEBG § 18 Rn. 2b; *Luke* NZA 2013, 941 [943]; MüKoAktG/*Schäfer* SE-VO Art. 16 SE-VO Rn. 13; Habersack/Drinhausen/*Schürnbrand* SE-VO Art. 12 Rn. 26; Mü-ArbR/*Wißmann* § 287 Rn. 18; **aA** *Diekmann,* FS Gruson, 2009, 75 [89]; KK-AktG/*Maul* SE-VO Art. 3 Rn. 29; *Schubert* ZESAR 2006, 340 [346 f.]; *Siegle,* FS Hommelhoff, 2012, 1123 [1126 f.]), wobei die Details kontrovers diskutiert werden. Teilweise wird die Vorschrift insgesamt für entsprechend anwendbar erklärt (UHH/*Henssler* SEBG § 18 Rn. 32; idS auch *Cannistra* 81 f.; *Kiem* ZHR 171, 2009, 156 [165 f.]; *Seibt* ZIP 2005, 2248 [2250]), so dass es für eine Nachholung des Beteiligungsverfahrens nicht ausreicht, die Aktivierung der Vorrats-SE als deren strukturelle Änderung zu bewerten, sondern hinzutreten muss, dass die Aktivierung geeignet ist, die Beteiligungsrechte der Arbeitnehmer zu mindern (so ausdrücklich UHH/*Henssler* SEBG § 18 Rn. 32 sowie nachfolgend Habersack/Drinhausen/*Hohenstatt*/*Müller-Bonanni* SEBG § 18 Rn. 11; *Reichert* ZIP 2014, 1957 [1965]). Andere Stimmen beschränken die entsprechende Anwendung von § 18 III SEBG hingegen auf die dort normierte Rechtsfolge, ohne dass die tatbestandlichen Voraussetzungen der Norm vorliegen müssen (idS AKRR/*Rudolph* SEBG § 18 Rn. 31; *Casper/Schäfer* ZIP 2007, 653 [659]; *Forst* RdA 2000, 55 [58]). Beide Ansätze sehen sich indes methodischen Bedenken ausgesetzt, da die Voraussetzungen eines Analogieschlusses nicht detailliert herausgearbeitet werden.

Da es sich bei der Aktivierung der Vorrats-SE um eine wirtschaftliche Neugründung der 12 SE handelt und auf diese auch im Übrigen das **Gründungsrecht** der SE zur Anwendung gelangt, sprechen die besseren Gründe dafür, die nachgeholte Arbeitnehmerbeteiligung auf eine **entsprechende Anwendung der §§ 4 ff. SEBG** zu stützen (hierfür ebenfalls *Diek-*

mann, FS Gruson, 2009, 75 [89]; KK-AktG/*Maul* SE-VO Art. 3 Rn. 29; LHT/*Oetker* SEBG § 1 Rn. 19; *Schubert* ZESAR 2006, 340 [346 f.]; **aA** *Cannistra* 80 f.; *Casper/Schäfer* ZIP 2007, 653 [658]; *Forst* NZG 2009, 687 [690]; *ders*. RdA 2010, 55 [58]; *Schreiner*, Zulässigkeit und wirtschaftliche Neugründung der Vorrats-SE, 2009, 135 f.). Scheitert im Zeitpunkt der Aktivierung indes abermals mangels einer ausreichenden Zahl von Arbeitnehmern bei der SE oder deren Tochtergesellschaften die Bildung eines besonderen Verhandlungsgremiums, dann kann die mit der Aktivierung einhergehende Registereintragung ohne Durchführung eines Beteiligungsverfahrens vorgenommen werden (treffend insoweit *Caspar/Schäfer* ZIP 2007, 652 [660]; *Reinhard*, Die Sicherung der Unternehmensmitbestimmung durch Vereinbarungen, 2011, 205 f.; **aA** *Forst* NZG 2009, 687 [691 f.]; *ders*. RdA 2010, 55 [58 f.]: keine Eintragung der notwendigen Satzungsänderung). Da die beteiligungsfreie Aktivierung der Vorrats-SE auf einer teleologischen Reduktion der §§ 4 ff. SEBG beruht, sprechen gute Gründe für die Durchführung eines nachgeholten Beteiligungsverfahrens, wenn die Bildung eines besonderen Verhandlungsgremiums zu einem späteren Zeitpunkt möglich ist (LHT/*Oetker* SEBG § 1 Rn. 19 aE).

13 Ist bei der Gründung der Vorrats-SE die **Bildung eines besonderen Verhandlungsgremiums möglich,** entfällt für eine teleologische Reduktion von Art. 12 II SE-VO die notwendige tatsächliche Grundlage (→ Rn. 10). Nach Abschluss des Beteiligungsverfahrens kommt dessen erneute Einleitung wegen der nachfolgenden **Aktivierung der Vorrats-SE** nur in Betracht, wenn diese die tatbestandlichen Voraussetzungen von **§ 18 III SEBG** erfüllt, insbesondere die Aktivierung der Vorrats-SE geeignet ist, die Beteiligung der Arbeitnehmer zu mindern (treffend UHH/*Henssler* SEBG Einl. Rn. 79; ebenso *Cannistra* 81 f.). Eine entsprechende Anwendung der Norm (hierfür MüKoAktG/*Jacobs* SEBG § 3 Rn. 2b) ist in dieser Konstellation verfehlt, da bereits die hierfür notwendige Regelungslücke fehlt.

Art. 2 Begriffsbestimmungen

Für die Zwecke dieser Richtlinie bezeichnet der Ausdruck

a) „SE" eine nach der Verordnung (EG) Nr. 2157/2001 gegründete Gesellschaft,
b) „beteiligte Gesellschaften" die Gesellschaften, die unmittelbar an der Gründung einer SE beteiligt sind,
c) „Tochtergesellschaft" einer Gesellschaft ein Unternehmen, auf das die betreffende Gesellschaft einen beherrschenden Einfluss im Sinne des Artikels 3 Absätze 2 bis 7 der Richtlinie 94/45/EG ausübt,
d) „betroffene Tochtergesellschaft oder betroffener Betrieb" eine Tochtergesellschaft oder einen Betrieb einer beteiligten Gesellschaft, die/der bei der Gründung der SE zu einer Tochtergesellschaft oder einem Betrieb der SE werden soll,
e) „Arbeitnehmervertreter" die nach den Rechtsvorschriften und/oder den Gepflogenheiten der einzelnen Mitgliedstaaten vorgesehenen Vertreter der Arbeitnehmer,
f) „Vertretungsorgan" das Organ zur Vertretung der Arbeitnehmer, das durch die Vereinbarung nach Artikel 4 oder entsprechend dem Anhang eingesetzt wird, um die Unterrichtung und Anhörung der Arbeitnehmer der SE und ihrer Tochtergesellschaften und Betriebe in der Gemeinschaft vorzunehmen und gegebenenfalls Mitbestimmungsrechte in Bezug auf die SE wahrzunehmen,
g) „besonderes Verhandlungsgremium" das gemäß Artikel 3 eingesetzte Gremium, das die Aufgabe hat, mit dem jeweils zuständigen Organ der beteiligten Gesellschaften die Vereinbarung über die Beteiligung der Arbeitnehmer in der SE auszuhandeln,
h) „Beteiligung der Arbeitnehmer" jedes Verfahren – einschließlich der Unterrichtung, der Anhörung und der Mitbestimmung –, durch das die Vertreter der Arbeitnehmer auf die Beschlussfassung innerhalb der Gesellschaft Einfluss nehmen können,

i) „Unterrichtung" die Unterrichtung des Organs zur Vertretung der Arbeitnehmer und/oder der Arbeitnehmervertreter durch das zuständige Organ der SE über Angelegenheiten, die die SE selbst oder eine ihrer Tochtergesellschaften oder einen ihrer Betriebe in einem anderen Mitgliedstaat betreffen oder die über die Befugnisse der Entscheidungsorgane auf der Ebene des einzelnen Mitgliedstaats hinausgehen, wobei Zeitpunkt, Form und Inhalt der Unterrichtung den Arbeitnehmervertretern eine eingehende Prüfung der möglichen Auswirkungen und gegebenenfalls die Vorbereitung von Anhörungen mit dem zuständigen Organ der SE ermöglichen müssen,

j) „Anhörung" die Einrichtung eines Dialogs und eines Meinungsaustauschs zwischen dem Organ zur Vertretung der Arbeitnehmer und/oder den Arbeitnehmervertretern und dem zuständigen Organ der SE, wobei Zeitpunkt, Form und Inhalt der Anhörung den Arbeitnehmervertretern auf der Grundlage der erfolgten Unterrichtung eine Stellungnahme zu den geplanten Maßnahmen des zuständigen Organs ermöglichen müssen, die im Rahmen des Entscheidungsprozesses innerhalb der SE berücksichtigt werden kann,

k) „Mitbestimmung" die Einflussnahme des Organs zur Vertretung der Arbeitnehmer und/oder der Arbeitnehmervertreter auf die Angelegenheiten einer Gesellschaft durch
- die Wahrnehmung des Rechts, einen Teil der Mitglieder des Aufsichts- oder des Verwaltungsorgans der Gesellschaft zu wählen oder zu bestellen, oder
- die Wahrnehmung des Rechts, die Bestellung eines Teils der oder aller Mitglieder des Aufsichts- oder des Verwaltungsorgans der Gesellschaft zu empfehlen und/oder abzulehnen.

Übersicht

	Rn.
A. Allgemeines	1
B. Die Legaldefinitionen im Einzelnen	4
I. SE, Art. 2 lit. a	4
II. Beteiligte Gesellschaften, Art. 2 lit. b	5
III. Tochtergesellschaften, Art. 2 lit. c	8
IV. Betroffene Tochtergesellschaft oder betroffener Betrieb, Art. 2 lit. d	10
V. Arbeitnehmervertreter, Art. 2 lit. e	13
VI. Vertretungsorgan, Art. 2 lit. f	15
VII. Besonderes Verhandlungsgremium, Art. 2 lit. g	17
VIII. Beteiligung der Arbeitnehmer, Art. 2 lit. h	18
IX. Unterrichtung, Art. 2 lit. i	19
X. Anhörung, Art. 2 lit. j	21
XI. Mitbestimmung, Art. 2 lit. k	23
C. Arbeitnehmerbegriff	24

A. Allgemeines

Entsprechend der für die Rechtsetzung der Europäischen Union charakteristischen Regelungstechnik enthält Art. 2 die für die Anwendung der Richtlinie maßgeblichen Begriffsbestimmungen, die in § 2 SEBG nachvollzogen werden und für die **Anwendung des SEBG** verbindlich sind (AKRR/*Annuß* SEBG § 2 Rn. 1; KK-AktG/*Feuerborn* SEBG § 2 Rn. 2; UHH/*Henssler* SEBG § 2 Rn. 1; MüKoAktG/*Jacobs* SEBG § 2 Rn. 1). Wegen des Gebots einer unionsrechtskonformen Auslegung sind die in § 2 SEBG zusammengefassten Definitionen ihrerseits im Zweifel so auszulegen, dass sie im Einklang mit den Definitionen in Art. 2 stehen. **1**

Keine unmittelbare Bedeutung haben die Legaldefinitionen in Art. 2 für die nach Art. 4 abzuschließende Vereinbarung, da die Richtlinie und damit auch die dortigen Begriffsbestimmungen ausschließlich an die Mitgliedstaaten adressiert sind (Art. 17). Dies schließt eine indirekte Ausstrahlung auf die abgeschlossene **Beteiligungsvereinbarung** indes nicht **2** aus. Den Parteien der Vereinbarung bleibt es zwar im Grundsatz unbenommen, ihren Abreden ein ggf. auch vom SEBG abweichendes Begriffsverständnis zugrunde zu legen (AKRR/*Annuß* SEBG § 2 Rn. 1; Habersack/Drinhausen/*Hohenstatt*/*Müller-Bonanni* SEBG § 2 Rn. 3; LHT/*Oetker* SEBG § 2 Rn. 1). Hiervon ist aber regelmäßig nicht auszugehen, da sie mit ihrer Vereinbarung den durch das SEBG eröffneten Gestaltungsspielraum ausfüllen. Deshalb sind die Legaldefinitionen auch für die Auslegung und Anwendung einer Beteiligungsvereinbarung maßgebend, sofern diese nicht ausdrücklich von § 2 SEBG abweichende Definitionen vorsieht oder ihr im Wege der Auslegung hinreichend sichere Anhaltspunkte für ein abweichendes Begriffsverständnis zu entnehmen sind (so auch → RL 2009/38/EG Art. 2 Rn. 1).

3 Das zur Umsetzung der Richtlinie in Deutschland geschaffene SEBG hat den Aufbau der Richtlinie übernommen und stellt in § 2 SEBG ebenfalls zentrale Definitionen an den Anfang, weicht allerdings teilweise von dem Definitionskatalog der Richtlinie ab. So finden die Legaldefinitionen in Art. 2 lit. a und g in § 2 SEBG keine Entsprechung. Umgekehrt sieht Art. 2 der Richtlinie von einer **Definition des Arbeitnehmerbegriffs** ab (§ 2 I SEBG; → Rn. 24) und kennt auch keine Definition der Leitung (§ 2 V SEBG). Stattdessen verwendet die Richtlinie den Begriff „jeweils zuständige Organ" (Art. 4 I) bzw. „Leitungs- oder Vertretungsorgan" (Art. 3 I). Weder Art. 2 noch § 2 SEBG enthalten eine **Definition des Betriebs**, obwohl die Richtlinie in mehreren Vorschriften diesen Begriff verwendet (zB Art. 2 lit. d, Art. 3 I, Art. 4 II lit. b; → Rn. 12).

B. Die Legaldefinitionen im Einzelnen

I. SE, Art. 2 lit. a

4 An der Spitze der Legaldefinitionen steht diejenige für die „SE" (Art. 2 lit. a), die ihrerseits im Zusammenhang mit Art. 1 I zu lesen ist, der die Abkürzung „SE" erläutert (= Europäische Aktiengesellschaft [Societas Europaea]; → Art. 1 Rn. 3 ff.). Art. 2 lit. a stellt zudem klar, dass es sich bei einer SE iSd Richtlinie nur um eine solche handelt, die auf der Grundlage der SE-VO gegründet worden ist, was sich an sich bereits aus Art. 1 I ergibt. Dementsprechend hat das SEBG von einer Übernahme der Legaldefinition in Art. 2 lit. a abgesehen und sich – vergleichbar mit Art. 1 I – darauf beschränkt, den Geltungsbereich des Gesetzes auf Europäische Gesellschaften (SE) einzugrenzen, die Gegenstand der SE-VO sind. Hierdurch ist der Verzicht in § 2 SEBG auf eine mit Art. 2 lit. a vergleichbare Vorschrift unschädlich.

II. Beteiligte Gesellschaften, Art. 2 lit. b

5 Die Richtlinie verwendet in verschiedenen Bestimmungen die Bezeichnung „beteiligte Gesellschaften" (zB Art. 3 I, Art. 3 II, Art. 4 I, Art. 8 II). Da sich die Legaldefinition auf die Gründung der SE bezieht, können nur solche Gesellschaften iSd Richtlinie „beteiligt" sein, denen nach Maßgabe der SE-VO die **Mitwirkung an der Gründung einer SE** gestattet ist, was sich wiederum nach der Gründungsvariante richtet (Verschmelzung, Holding- oder Tochter-SE, formwechselnde Umwandlung). Während eine Gründung durch **Verschmelzung** sowie **formwechselnde Umwandlung** nach Art. 2 I und IV SE-VO ausschließlich Aktiengesellschaften iSd Anhangs I zur SE-VO gestattet ist (→ Art. 1 Rn. 3), öffnet Art. 2 II den Zugang zur SE für die Gründung einer **Holding-SE** auch Gesellschaften mit beschränkter Haftung iSd Anhangs II zur SE-VO (→ Art. 1 Rn. 4). Noch weiter geht Art. 2 III SE-VO für die Gründung einer **Tochter-SE**. Diese Variante steht allen Gesellschaften iSd Art. 54 II AEUV (ex Art. 48 II EG) sowie sonstigen juristischen Personen des öffentlichen oder privaten Rechts offen, die nach dem Recht eines Mitgliedstaats gegründet worden sind. Schließlich wird auch **die SE selbst** zur „beteiligten Gesellschaft", wenn diese

Die Legaldefinitionen im Einzelnen **Art. 2 RL 2001/86/EG 540**

iRe **sekundären Gründung** eine Tochtergesellschaft in der Rechtsform einer SE errichtet (Art. 3 II SE-VO; → Art. 1 Rn. 5 f.).

Zu den „beteiligten Gesellschaften" iSd der Richtlinie zählt Art. 2 lit. b nur diejenigen 6 Gesellschaften, die an der Gründung **unmittelbar beteiligt** sind. Insbesondere deren **Tochtergesellschaften** sind wegen dieser ausdrücklichen Präzisierung der Legaldefinition keine beteiligten Gesellschaften iSd Richtlinie (ebenso zu § 2 II SEBG AKRR/*Annuß* SEBG § 2 Rn. 6; KK-AktG/*Feuerborn* SEBG § 2 Rn. 13; MüKoAktG/*Jacobs* SEBG § 2 Rn. 8; MMS/*Kleinmann*/*Kujath* SEBG § 2 Rn. 3; NFK/*Nagel* SEBG § 2 Rn. 5; LHT/ *Oetker* SEBG § 2 Rn. 13). Eine Bestätigung hierfür liefert Art. 2 lit. d, der ausdrücklich die Tochtergesellschaften der beteiligten Gesellschaften anspricht, diese jedoch nur dann in den Rang einer „betroffenen Tochtergesellschaft" erhebt, wenn sie zu einer Tochtergesellschaft der SE werden sollen.

Unmittelbar beteiligt sind bei der **Verschmelzung** lediglich die sich verschmelzenden 7 Gesellschaften (Verschmelzung zur Neugründung) bzw. – bei der Verschmelzung durch Aufnahme – die aufnehmende Gesellschaft (übernehmende Gesellschaft) sowie die übertragende Gesellschaft, die auf Grund der Verschmelzung ihre Identität verliert. Bei der Gründung einer **Holding-SE** sind unmittelbar diejenigen Gesellschaften beteiligt, die die Gründung der SE anstreben. Bei der Gründung einer **Tochter-SE** sind es diejenigen Gesellschaften, die Aktien der Tochter-SE zeichnen. Bei der **formwechselnden Umwandlung** ist ausschließlich diejenige Gesellschaft unmittelbar beteiligt, die in das Rechtskleid der SE wechseln soll. Die **SE selbst** ist nur dann beteiligte Gesellschaft iSv Art. 2 lit. b, wenn sie gestützt auf Art. 3 II SE-VO im Wege einer **sekundären Gründung** eine **SE-Tochter** errichtet.

III. Tochtergesellschaften, Art. 2 lit. c

Für Tochtergesellschaften iSd Richtlinie sieht Art. 2 lit. c von einer eigenständigen De- 8 finition ab und greift auf die Umschreibung eines beherrschenden Einflusses in Art. 3 II-VII RL 94/45/EG zurück, wobei der beherrschende Einfluss von einer beteiligten Gesellschaft oder nach der Gründung von der SE ausgeübt werden muss. In vergleichbarer Weise definiert Art. 2 lit. c RL 2003/72/EG die Tochtergesellschaften iSd Richtlinie. Nach Aufhebung der RL 94/45/EG ist wegen Art. 17 II RL 2009/38/EG nunmehr für die Anwendung von Art. 2 lit. c die Umschreibung in **Art. 3 II–VII RL 2009/38/EG** maßgebend (LHT/*Oetker* SEBG § 2 Rn. 4, 16; → RL 2009/38/EG Art. 17 Rn. 1), die jedoch Art. 3 II-VII RL 94/45/EG inhaltlich unverändert übernommen hat. Zu den Einzelheiten → RL 2009/38/EG Art. 3 Rn. 5 ff.

Bezüglich der **Rechtsform der Tochtergesellschaft** enthält sich Art. 2 lit. c durch den 9 offenen Begriff „Unternehmen" einer Vorgabe. Hierdurch können zB auch Personengesellschaften Tochtergesellschaften iSv Art. 2 lit. c sein (KK-AktG/*Feuerborn* SEBG § 2 Rn. 16; LHT/*Oetker* SEBG § 2 Rn. 19; → RL 2009/38/EG Art. 2 Rn. 14). Entsprechendes gilt für den **Sitz der Tochtergesellschaft,** gleichwohl sind Tochtergesellschaften in Drittstaaten nicht einbezogen, da sich der Geltungsbereich der Richtlinie auf die Mitgliedstaaten beschränkt (ebenso zu § 2 III SEBG Habersack/Drinhausen/*Hohenstatt/Müller-Bonanni* SEBG § 2 Rn. 12; MüKoAktG/*Jacobs* SEBG § 2 Rn. 13a; **aA** *Kiem* ZHR 173, 2009, 156, 171). Die zur Umsetzung von Art. 2 lit. c in **§ 2 III SEBG** geschaffene Legaldefinition hat die Bezugnahme in Art. 2 lit. c auf die RL 94/45/EG übernommen (auch → RL 2009/38/EG Art. 2 Rn. 14), fordert für die abhängige Gesellschaft – im Unterschied zum Text der RL 2001/86/EG jedoch ausdrücklich ein „rechtlich selbständiges Unternehmen", was jedoch keinen sachlichen Unterschied bedeutet (→ RL 2009/38/ EG Art. 2 Rn. 14).

IV. Betroffene Tochtergesellschaft oder betroffener Betrieb, Art. 2 lit. d

10 Soweit die Richtlinie auf „**betroffene Tochtergesellschaften**" abstellt, (s. zB Art. 3 I, Art. 3 II) ist die Legaldefinition in Art. 2 lit. d maßgebend, die auf der Legaldefinition der „Tochtergesellschaft" in Art. 2 lit. c aufbaut. Eine mit Art. 2 lit. d übereinstimmende Legaldefinition enthält Art. 2 lit. d RL 2003/72/EG.

11 Die eigentliche Aufgabe der Legaldefinition in Art. 2 lit. d besteht darin, den Kreis der „betroffenen" Tochtergesellschaften zu konkretisieren. Hierzu zählen nur diejenigen Tochtergesellschaften der an der SE-Gründung beteiligten Gesellschaften, die anschließend zu Tochtergesellschaften der SE werden sollen. Diese Relativierung ist bei der Gründung einer Tochter-SE sowie einer Holding-SE von Bedeutung. So werden die Tochtergesellschaften der an der **Gründung einer Tochter-SE** beteiligten Gesellschaften von der Tochter-SE weder unmittelbar noch mittelbar beherrscht; es handelt sich vielmehr um Schwestergesellschaften, die nicht zu den betroffenen Tochtergesellschaften iSv Art. 2 lit. d zählen (ebenso zu § 2 IV SEBG AKRR/*Annuß* SEBG § 2 Rn. 8; KK-AktG/*Feuerborn* SEBG § 2 Rn. 23; Habersack/Drinhausen/*Hohenstatt/Müller-Bonanni* SEBG § 2 Rn. 24; LHT/*Oetker* SEBG § 2 Rn. 21). Bei der **Gründung einer Holding-SE** ist hingegen zu unterscheiden: Zur „betroffenen" Tochtergesellschaft wird eine Gesellschaft nur dann, wenn die SE auf diese vermittelt durch die Gründungsgesellschaften (mittelbar) einen beherrschenden Einfluss ausüben kann, da dies für eine Tochtergesellschaft iSv Art. 2 lit. c ausreicht (→ RL 2009/38/EG Art. 3 Rn. 3; ebenso zu § 2 IV SEBG AKRR/*Annuß* SEBG § 2 Rn. 8; KK-AktG/*Feuerborn* SEBG § 2 Rn. 22; UHH/*Henssler* SEBG § 2 Rn. 5; LHT/*Oetker* SEBG § 2 Rn. 21; weitergehend Begr. RegE, BT-Drs. 15/3405, 14; Habersack/Drinhausen/*Hohenstatt/Müller-Bonanni* SEBG § 2 Rn. 25; NFK/*Nagel* SEBG § 2 Rn. 14: jede betroffene Tochtergesellschaft wird zur Enkelgesellschaft der SE).

12 Die Richtlinie verwendet den Begriff der betroffenen Tochtergesellschaft stets gemeinsam mit dem Begriff des „**betroffenen Betriebs**" (s. zB Art. 3 I, Art. 3 II). Deshalb bezieht Art. 2 lit. d diese gleichfalls in die Legaldefinition ein (ebenso Art. 2 lit. d RL 2003/72/EG). Allerdings sieht die Richtlinie – ebenso wie der zur Umsetzung in Deutschland geschaffene § 2 IV SEBG (s. LHT/*Oetker* SEBG § 2 Rn. 22) – von einer eigenständigen **Definition des Betriebsbegriffs** ab, verweist diesbezüglich – im Gegensatz zu der Legaldefinition in Art. 2 lit. b RL 2002/14/EG – aber auch nicht auf das Recht der Mitgliedstaaten. Gleichwohl ist zu § 2 IV SEBG die Auffassung verbreitet, dass der Betriebsbegriff des BetrVG maßgebend sei (so KK-AktG/*Feuerborn* SEBG § 2 Rn. 24; UHH/*Henssler* SEBG § 2 Rn. 6; Habersack/Drinhausen/*Hohenstatt/Müller-Bonanni* SEBG § 2 Rn. 23; MüKoAktG/*Jacobs* SEBG § 2 Rn. 26; LHT/*Oetker* SEBG § 2 Rn. 22). Bei isolierter Betrachtung des SEBG ist dies trotz des Verzichts auf eine mit § 3 II MitbestG oder § 3 II DrittelbG vergleichbare Verweisungsnorm überzeugend (zweifelnd jedoch AKRR/*Annuß* SEBG § 2 Rn. 9). Für den Betriebsbegriff der Richtlinie ist dies jedoch nicht maßgebend, sondern für diese ist der Betriebsbegriff **autonom** zu bestimmen (*Kumpf* 25 f.). Das Ergebnis einer derartigen autonomen Auslegung kann wiederum über das Gebot einer unionsrechtskonformen Auslegung den für das SEBG maßgebenden Betriebsbegriff prägen. Wegen der vergleichbaren Zwecksetzungen der Richtlinien liegt es nahe, die Definition des Betriebsbegriffs in **Art. 2 lit. b RL 2002/14/EG** (→ RL 2002/14/EG Art. 2 Rn. 10 ff.) auch für die Konkretisierung des Betriebsbegriffs in der RL 2001/86/EG heranzuziehen, so dass über das Erfordernis einer „Unternehmenseinheit" eine **organisatorische Verfestigung** erforderlich ist (**aA** wohl AKRR/*Annuß* SEBG § 2 Rn. 9).

V. Arbeitnehmervertreter, Art. 2 lit. e

13 Bezüglich der Arbeitnehmervertreter sieht Art. 2 lit. e weitgehend von einer eigenen Definition ab, sondern verweist auf die **Rechtsvorschriften und/oder Gepflogenheiten der Mitgliedstaaten**. Nach diesen richtet es sich, wer „Vertreter der Arbeitnehmer" ist.

Die Legaldefinition stellt jedoch nicht auf das von den Arbeitnehmervertretern gebildete Organ, sondern auf die jeweilige Person ab. Eine wörtlich übereinstimmende Legaldefinition enthält Art. 2 lit. e RL 2003/72/EG.

Die parallele Definition in § 2 VI SEBG umschreibt demgegenüber nicht die Person des **14** Arbeitnehmervertreters, sondern knüpft – entsprechend der in Deutschland maßgebenden Rechtsvorschriften an das Organ („Arbeitnehmervertretung") an, begrenzt dieses jedoch auf die nach dem BetrVG gebildeten Vertretungsstrukturen (krit. AKRR/*Annuß* SEBG § 2 Rn. 11), die zusätzlich durch den Klammerzusatz auf die Betriebsräte, Gesamtbetriebsräte, Konzernbetriebsräte sowie die nach § 3 I-III BetrVG gebildeten Vertretungen konkretisiert werden (KK-AktG/*Feuerborn* SEBG § 2 Rn. 28 f.; NFK/*Nagel* SEBG § 2 Rn. 16; LHT/*Oetker* SEBG § 2 Rn. 25, 27). Keine Arbeitnehmervertreter iSd SEBG sind danach die Mitglieder der von den leitenden Angestellten gebildeten Sprecherausschüsse (AKRR/ *Annuß* SEBG § 2 Rn. 11; KK-AktG/*Feuerborn* SEBG § 2 Rn. 30; MüKoAktG/*Jacobs* SEBG § 2 Rn. 15; LHT/*Oetker* SEBG § 2 Rn. 26; GLF/*Roock* § 2 Rn. 105), die Mitglieder der Jugend- und Auszubildendenvertretung sowie die Mitglieder der Schwerbehindertenvertretung (AKRR/*Annuß* SEBG § 2 Rn. 11). Wegen der Verweisung in Art. 2 lit. e auf die Rechtsvorschriften und/oder Gepflogenheiten der Mitgliedstaaten ist die enger gefasste Definition der Arbeitnehmervertretung in § 2 VI SEBG mit Art. 2 lit. e vereinbar. Arbeitnehmervertreter sind iRd SEBG an sich nur die Mitglieder der in § 2 VI SEBG umschriebenen Arbeitnehmervertretungen (s. aber auch LHT/*Oetker* SEBG § 2 Rn. 28).

VI. Vertretungsorgan, Art. 2 lit. f

Mit dem „Vertretungsorgan" definiert Art. 2 lit. f, der mit der Parallelbestimmung in **15** Art. 2 lit. f RL 2003/72/EG übereinstimmt, nicht die Arbeitnehmervertretungen in den Mitgliedstaaten, sondern eine Vertretung, die nach Maßgabe der zur Umsetzung der RL 2001/86/EG geschaffenen Umsetzungsgesetze gebildet worden ist. Das betrifft in erster Linie das Vertretungsorgan, das in Art. 4 II angesprochen und auf der Grundlage einer **Beteiligungsvereinbarung** errichtet wird. Entsprechendes gilt für das nach Teil 1 und Teil 2 der **Auffangregelung** gebildete Vertretungsorgan. Der im SEBG geläufige Begriff „**SE-Betriebsrat**" ist in der Richtlinie nicht enthalten, wird aber in § 2 VII SEBG legal definiert und stimmt mit der dortigen Umschreibung mit der Legaldefinition des „Vertretungsorgans" in Art. 2 lit. f überein (s. näher zu § 2 VII SEBG KK-AktG/*Feuerborn* SEBG § 2 Rn. 31; UHH/*Henssler* SEBG § 2 Rn. 9; MüKoAktG/*Jacobs* SEBG § 2 Rn. 16; LHT/*Oetker* SEBG § 2 Rn. 29 f.).

Missverständlich ist die funktionale Ausrichtung in Art. 2 lit. f soweit dort auf die „**Mit- 16 bestimmungsrechte in Bezug auf die SE**" abgestellt wird, die von dem Arbeitnehmervertretungsorgan wahrgenommen werden. Dieser Passus steht in einem unmittelbaren Zusammenhang mit der Legaldefinition zur „Mitbestimmung" in Art. 2 lit. k und betrifft lediglich die Wahl- oder Bestellungsrechte im Hinblick auf einen Teil der Mitglieder des Aufsichts- oder Verwaltungsorgans der SE. Deshalb bildet Art. 2 lit. f keine tragfähige Grundlage, um einem auf Grund einer Vereinbarung errichteten „Vertretungsorgan" über die Unterrichtung und Anhörung hinausgehende Rechtspositionen mittels einer nach Art. 4 II abzuschließenden Vereinbarung einzuräumen (ferner → Art. 4 Rn. 13).

VII. Besonderes Verhandlungsgremium, Art. 2 lit. g

Die Definition des „besonderen Verhandlungsgremiums" in Art. 2 lit. g, die im SEBG **17** keine Entsprechung hat, verweist auf das **nach Art. 3 zu bildende Gremium der Arbeitnehmer.** Zugleich umschreibt die Legaldefinition die **Aufgabe** des nach Art. 3 errichteten Gremiums. Nur in dem hierdurch gezogenen Rahmen handelt es sich bei dem Gremium um ein „besonderes Verhandlungsgremium" iSd RL 2001/86/EG. Mit diesem Inhalt entspricht die Legaldefinition in Art. 2 lit. g den Paralleldefinitionen in Art. 2 I lit. i

RL 2009/38/EG (→ RL 2009/38/EG Art. 2 Rn. 27) und Art. 2 lit. g RL 2003/72/EG. Entsprechend seiner Funktion, mit dem jeweils zuständigen Organ der an der Gründung der SE beteiligten Gesellschaften in Verhandlungen über den Abschluss einer Vereinbarung zur Beteiligung der Arbeitnehmer innerhalb der SE einzutreten (Art. 4 I), hält Art. 2 lit. g ausdrücklich fest, dass die Aufgabe des besonderen Verhandlungsgremiums ausschließlich darin besteht, eine Vereinbarung über die Beteiligung der Arbeitnehmer in der SE auszuhandeln (→ Art. 3 Rn. 21). Das besondere Verhandlungsgremium tritt deshalb auch nach der Konzeption der RL 2001/86/EG nicht an die Stelle der Arbeitnehmervertretungen in den Gesellschaften, die an der Gründung der SE beteiligt sind. Das **SEBG** verzichtet zwar auf eine Legaldefinition des „besonderen Verhandlungsgremiums, hat aus Art. 2 lit. g aber die Aufgabenumschreibung für dieses in § 4 I 2 SEBG übernommen (→ Art. 3 Rn. 21).

VIII. Beteiligung der Arbeitnehmer, Art. 2 lit. h

18 Die „Beteiligung der Arbeitnehmer" ist der zentrale Zweck der Richtlinie, der sowohl in ihrer Überschrift als auch in Art. 1 I zum Ausdruck kommt. Hierauf zielt nicht nur die nach Art. 4 abzuschließende Vereinbarung ab (s. Art. 1 II, Art. 4 I), sondern hierauf nimmt auch der Einleitungssatz in Teil 1 der Auffangregelung Bezug („zur Verwirklichung des Ziels nach Artikel 1"). Im Vordergrund der Beteiligung steht die Zielsetzung, „auf die Beschlussfassung innerhalb der Gesellschaft Einfluss nehmen zu können". Die in Art. 2 lit. h genannten Modalitäten (Unterrichtung, Anhörung und Mitbestimmung) haben hierfür lediglich exemplarische Bedeutung, da die Legaldefinition ausdrücklich „jedes Verfahren" erfasst. Eine Beteiligung der Arbeitnehmer in der SE kann sich deshalb auch im Rahmen anderer Verfahren entfalten, die sich nicht der in Art. 2 lit. i–k definierten Trias von Unterrichtung, Anhörung und Mitbestimmung zuordnen lassen (idS auch AKRR/*Annuß* SEBG § 2 Rn. 13). Insoweit ist die Richtlinie bewusst offen formuliert („jedes Verfahren"), ohne die Unterrichtung, Anhörung und Mitbestimmung auszuschließen („einschließlich"). Eine mit Art. 2 lit. h wörtlich übereinstimmende Legaldefinition enthält Art. 2 lit. h RL 2003/72/EG. Mit der Legaldefinition in § 2 VIII SEBG hat der deutsche Gesetzgeber die Definition in Art. 2 lit. h mit identischem Wortlaut übernommen.

IX. Unterrichtung, Art. 2 lit. i

19 Die in Art. 2 lit. i definierte „Unterrichtung" ist für die Anwendung der Richtlinie von zentraler Bedeutung. Sie zählt zum Inhalt der nach Art. 4 abzuschließenden Vereinbarung (Art. 4 II lit. c) und konkretisiert auch die Rechtsstellung des nach Maßgabe der Auffangregelung zu bildenden „Vertretungsorgans" (s. Teil 2 der Auffangregelung; → Anhang Rn. 7 f.). Mit der Umschreibung in Art. 2 lit. i ist zugleich der **Gegenstand** der „Unterrichtung" konkretisiert. Er betrifft insbesondere die Angelegenheiten, die die SE selbst oder eine ihrer Tochtergesellschaften oder Betriebe in einem anderen Mitgliedstaat betreffen. Wenn die Angelegenheit die SE selbst betrifft, kommt es nicht darauf an, ob durch die jeweilige Angelegenheit Arbeitnehmer der SE oder ihrer Tochtergesellschaften in mehreren Mitgliedstaaten betroffen sind. Der Gegenstand der Unterrichtung beschränkt sich somit nicht auf grenzübergreifende Sachverhalte.

20 Zugleich konkretisiert die Definition in Art. 2 lit. i die **funktionale Ausrichtung** der Unterrichtung. Diese ist kein Selbstzweck, sondern steht in einem untrennbaren Zusammenhang mit der Anhörung. Damit diese zweckgerecht durchgeführt werden kann, müssen Zeitpunkt, Form und Inhalt der Unterrichtung so gewählt werden, dass nicht nur eine Prüfung der Angelegenheit, sondern auch eine Vorbereitung der Anhörung möglich ist. Aufgegriffen wurde diese Umschreibung der „Unterrichtung" nachfolgend in Art. 2 lit. i RL 2003/72/EG sowie in Art. 2 I lit. f RL 2009/38/EG (→ RL 2009/38/EG Art. 2 Rn. 24) und entspricht inhaltlich der Umschreibung in Art. 4 III RL 2002/14/EG (→ RL 2002/14/EG Art. 4 Rn. 15 ff.). Die Umsetzungsvorschrift in § 2 SEBG hat Art. 2 lit. i

nahezu identisch übernommen, den Text allerdings in zwei Sätze aufgespalten (s. § 2 X SEBG; näher LHT/*Oetker* SEBG § 2 Rn. 36 mwN).

X. Anhörung, Art. 2 lit. j

Die in der Richtlinie vorgesehene „Anhörung" beschränkt sich nicht auf die Gelegenheit 21 zur Abgabe einer Stellungnahme, sondern ist auf die **Installierung eines Dialogs** ausgerichtet und entspricht in seiner Zielsetzung eher einer Beratung zwischen dem Vertretungsorgan der Arbeitnehmer und dem zuständigen Organ der SE (s. näher *Oetker* DB 1996, Beil Nr. 10, 7 ff., 9; ferner KK-AktG/*Feuerborn* SEBG § 2 Rn. 39; NFK/*Nagel* SEBG § 2 Rn. 24). Ebenso wie die Unterrichtung (→ Rn. 20) ist die Anhörung kein Selbstzweck, sondern auf die Verwirklichung einer der Vorgabe in Art. 2 lit. h (→ Rn. 18) entsprechenden Beteiligung der Arbeitnehmer ausgerichtet. Deshalb steht bei der Durchführung der Anhörung im Vordergrund, dass die Position des Vertretungsorgans der Arbeitnehmer iRd Entscheidungsprozesses innerhalb der SE berücksichtigt werden kann. Dies setzt voraus, dass die Anhörung bzw. der Dialog vor Abschluss des Entscheidungsprozesses durchgeführt wird. Vorentscheidungen iRd Planungsphase stehen einer zweckgerechten Durchführung der Anhörung jedoch nicht entgegen, solange diese nicht zu einer Formalie denaturiert. Eine mit Art. 2 lit. j übereinstimmende Legaldefinition enthält Art. 2 lit. j RL 2003/72/EG und ähnelt in ihrer Konkretisierung den Vorgaben in Art. 4 IV lit. a–d RL 2002/14/EG (→ RL 2002/14/EG Art. 4 Rn. 19 ff.). Aufgegriffen wird die Legaldefinition in Art. 2 lit. j zudem in der Umschreibung der Anhörung in Art. 2 I lit. g RL 2009/38/EG (→ RL 2009/38/EG Art. 2 Rn. 25).

Die Parallelnorm im **SEBG** hat die Umschreibung in Art. 2 lit. j weitgehend übernom- 22 men (s. § 2 XI SEBG), konkretisiert jedoch den Gegenspieler des Dialogs auf Seiten der SE. Während Art. 2 lit. j eher offen auf das „zuständige Organ der SE" abstellt, benennt § 2 XI SEBG ausdrücklich die „Leitung der SE" oder eine „andere zuständige mit eigenen Entscheidungsbefugnissen ausgestattete Leitungsebene" (ähnlich § 1 V EBRG: „einer anderen geeigneten Leitungsebene"), ohne dass die Definition in § 2 XI SEBG hierdurch einen von Art. 2 lit. j abweichenden Inhalt aufweist.

XI. Mitbestimmung, Art. 2 lit. k

Die Umschreibung der „Mitbestimmung" in Art. 2 lit. k, die in Art. 2 lit. k RL 2003/72/ 23 EG mit identischem Wortlaut übernommen wurde, steht in einem untrennbaren Zusammenhang mit dem Inhalt einer nach Art. 4 abzuschließenden Vereinbarung (s. Art. 4 II lit. g) sowie Teil 3 der Auffangregelung. Mitbestimmung iSd Richtlinie umfasst nicht die Einflussnahme auf die Beschlussfassungen in der Gesellschaft in allg. Form, sondern zielt auf die Einflussnahme innerhalb des Aufsichts- oder Verwaltungsorgans der SE ab (s. LHT/*Oetker* SEBG § 2 Rn. 39). Dabei zeigt die Legaldefinition der Mitbestimmung, dass sich dieser Einfluss ausschließlich auf die Mitglieder des Aufsichts- oder Verwaltungsorgans und deren personelle Auswahl erstreckt. Dies geschieht entweder durch die Wahl oder Bestellung eines Teils der Mitglieder oder das Recht, durch entsprechende Empfehlungen hierauf Einfluss zu nehmen. Dadurch stellt Art. 2 lit. k zugleich klar, dass die Rechte des Aufsichts- oder Vertretungsorgans sowie dessen Kompetenzen einschließlich der Binnenverfassung des Organs nicht zur Mitbestimmung iSd Richtlinie zählen. Von Bedeutung ist dies für den Inhalt der nach Art. 4 abzuschließenden Vereinbarung, da Art. 4 II lit. g die Gegenstände einer Mitbestimmung iSd Richtlinie konkretisiert (→ Art. 4 Rn. 14 f.). Die Parallelnorm im SEBG (§ 2 XII) stimmt mit der Umschreibung in Art. 2 lit. k überein.

C. Arbeitnehmerbegriff

24   In Übereinstimmung mit der RL 2009/38/EG sowie der RL 2003/72/EG und der RL 2005/56/EG sieht auch die RL 2001/86/EG von einer eigenständigen Definition des Arbeitnehmerbegriffs ab (treffend KK-AktG/*Feuerborn* SEBG § 2 Rn. 3). Hieraus folgt indes nicht, dass dieser iRd RL 2001/86/EG autonom zu bestimmen ist. Vielmehr ist diesbezüglich das jeweilige **Recht der Mitgliedstaaten** maßgebend. Dies hält § 2 I 1 SEBG ausdrücklich fest und trifft in Abs. 1 S. 2 und 3 für die bei inländischen Unternehmen und Betrieben beschäftigten Arbeitnehmer eine eigenständige, gleichwohl aber an § 5 I BetrVG orientierte Umschreibung, die ausdrücklich auch die **leitenden Angestellten** iSv § 5 III BetrVG in den für das SEBG maßgebenden Arbeitnehmerbegriff einbezieht (s. näher LHT/*Oetker* SEBG § 2 Rn. 7 ff. mwN).

Teil II. Verhandlungsverfahren

Art. 3 Einsetzung eines besonderen Verhandlungsgremiums

(1) Wenn die Leitungs- oder die Verwaltungsorgane der beteiligten Gesellschaften die Gründung einer SE planen, leiten sie nach der Offenlegung des Verschmelzungsplans oder des Gründungsplans für eine Holdinggesellschaft oder nach der Vereinbarung eines Plans zur Gründung einer Tochtergesellschaft oder zur Umwandlung in eine SE so rasch wie möglich die erforderlichen Schritte – zu denen auch die Unterrichtung über die Identität der beteiligten Gesellschaften und der betroffenen Tochtergesellschaften oder betroffenen Betriebe sowie die Zahl ihrer Beschäftigten gehört – für die Aufnahme von Verhandlungen mit den Arbeitnehmervertretern der Gesellschaften über die Vereinbarung über die Beteiligung der Arbeitnehmer in der SE ein.

(2) Zu diesem Zweck wird ein besonderes Verhandlungsgremium als Vertretung der Arbeitnehmer der beteiligten Gesellschaften sowie der betroffenen Tochtergesellschaften oder betroffenen Betriebe gemäß folgenden Vorschriften eingesetzt:

a) Bei der Wahl oder der Bestellung der Mitglieder des besonderen Verhandlungsgremiums ist Folgendes sicherzustellen:
   i) die Vertretung durch gewählte oder bestellte Mitglieder entsprechend der Zahl der in jedem Mitgliedstaat beschäftigten Arbeitnehmer der beteiligten Gesellschaften und der betroffenen Tochtergesellschaften oder betroffenen Betriebe in der Form, dass pro Mitgliedstaat für jeden Anteil der in diesem Mitgliedstaat beschäftigten Arbeitnehmer, der 10 % der Gesamtzahl der in allen Mitgliedstaaten beschäftigten Arbeitnehmer der beteiligten Gesellschaften und der betroffenen Tochtergesellschaften oder betroffenen Betriebe entspricht, oder für einen Bruchteil dieser Tranche Anspruch auf einen Sitz besteht;
   ii) im Falle einer durch Verschmelzung gegründeten SE die Vertretung jedes Mitgliedstaats durch so viele weitere Mitglieder, wie erforderlich sind, um zu gewährleisten, dass jede beteiligte Gesellschaft, die eingetragen ist und Arbeitnehmer in dem betreffenden Mitgliedstaat beschäftigt und die als Folge der geplanten Eintragung der SE als eigene Rechtspersönlichkeit erlöschen wird, in dem besonderen Verhandlungsgremium durch mindestens ein Mitglied vertreten ist, sofern
   – die Zahl dieser zusätzlichen Mitglieder 20 % der sich aus der Anwendung von Ziffer i ergebenden Mitgliederzahl nicht überschreitet und
   – die Zusammensetzung des besonderen Verhandlungsgremiums nicht zu einer Doppelvertretung der betroffenen Arbeitnehmer führt.

Übersteigt die Zahl dieser Gesellschaften die Zahl der gemäß Unterabsatz 1 verfügbaren zusätzlichen Mitglieder, so werden diese zusätzlichen Mitglieder Gesellschaften in verschiedenen Mitgliedstaaten in absteigender Reihenfolge der Zahl der bei ihnen beschäftigten Arbeitnehmer zugeteilt.

b) Die Mitgliedstaaten legen das Verfahren für die Wahl oder die Bestellung der Mitglieder des besonderen Verhandlungsgremiums fest, die in ihrem Hoheitsgebiet zu wählen oder zu bestellen sind. Sie ergreifen die erforderlichen Maßnahmen, um sicherzustellen, dass nach Möglichkeit jede beteiligte Gesellschaft, die in dem jeweiligen Mitgliedstaat Arbeitnehmer beschäftigt, durch mindestens ein Mitglied in dem Gremium vertreten ist. Die Gesamtzahl der Mitglieder darf durch diese Maßnahmen nicht erhöht werden.

Die Mitgliedstaaten können vorsehen, dass diesem Gremium Gewerkschaftsvertreter auch dann angehören können, wenn sie nicht Arbeitnehmer einer beteiligten Gesellschaft oder einer betroffenen Tochtergesellschaft oder eines betroffenen Betriebs sind.

Unbeschadet der einzelstaatlichen Rechtsvorschriften und/oder Gepflogenheiten betreffend Schwellen für die Einrichtung eines Vertretungsorgans sehen die Mitgliedstaaten vor, dass die Arbeitnehmer der Unternehmen oder Betriebe, in denen unabhängig vom Willen der Arbeitnehmer keine Arbeitnehmervertreter vorhanden sind, selbst Mitglieder für das besondere Verhandlungsgremium wählen oder bestellen dürfen.

(3) Das besondere Verhandlungsgremium und das jeweils zuständige Organ der beteiligten Gesellschaften legen in einer schriftlichen Vereinbarung die Beteiligung der Arbeitnehmer in der SE fest.

Zu diesem Zweck unterrichtet das jeweils zuständige Organ der beteiligten Gesellschaften das besondere Verhandlungsgremium über das Vorhaben der Gründung einer SE und den Verlauf des Verfahrens bis zu deren Eintragung.

(4) [1]Das besondere Verhandlungsgremium beschließt vorbehaltlich des Absatzes 6 mit der absoluten Mehrheit seiner Mitglieder, sofern diese Mehrheit auch die absolute Mehrheit der Arbeitnehmer vertritt. [2]Jedes Mitglied hat eine Stimme. [3]Hätten jedoch die Verhandlungen eine Minderung der Mitbestimmungsrechte zur Folge, so ist für einen Beschluss zur Billigung einer solchen Vereinbarung eine Mehrheit von zwei Dritteln der Stimmen der Mitglieder des besonderen Verhandlungsgremiums, die mindestens zwei Drittel der Arbeitnehmer vertreten, erforderlich, mit der Maßgabe, dass diese Mitglieder Arbeitnehmer in mindestens zwei Mitgliedstaaten vertreten müssen, und zwar

– im Falle einer SE, die durch Verschmelzung gegründet werden soll, sofern sich die Mitbestimmung auf mindestens 25 % der Gesamtzahl der Arbeitnehmer der beteiligten Gesellschaften erstreckt, oder
– im Falle einer SE, die als Holdinggesellschaft oder als Tochtergesellschaft gegründet werden soll, sofern sich die Mitbestimmung auf mindestens 50 % der Gesamtzahl der Arbeitnehmer der beteiligten Gesellschaften erstreckt.

Minderung der Mitbestimmungsrechte bedeutet, dass der Anteil der Mitglieder der Organe der SE im Sinne des Artikels 2 Buchstabe k geringer ist als der höchste in den beteiligten Gesellschaften geltende Anteil.

(5) [1]Das besondere Verhandlungsgremium kann bei den Verhandlungen Sachverständige seiner Wahl, zu denen auch Vertreter der einschlägigen Gewerkschaftsorganisationen auf Gemeinschaftsebene zählen können, hinzuziehen, um sich von ihnen bei seiner Arbeit unterstützen zu lassen. [2]Diese Sachverständigen können, wenn das besondere Verhandlungsgremium dies wünscht, den Verhandlungen in beratender Funktion beiwohnen, um gegebenenfalls die Kohärenz und Stimmigkeit auf Gemeinschaftsebene zu fördern. [3]Das besondere Verhandlungsgremium kann beschließen, die Vertreter geeigneter außenstehender Organisationen, zu denen auch Gewerkschaftsvertreter zählen können, vom Beginn der Verhandlungen zu unterrichten.

(6) ¹Das besondere Verhandlungsgremium kann mit der nachstehend festgelegten Mehrheit beschließen, keine Verhandlungen aufzunehmen oder bereits aufgenommene Verhandlungen abzubrechen und die Vorschriften für die Unterrichtung und Anhörung der Arbeitnehmer zur Anwendung gelangen zu lassen, die in den Mitgliedstaaten gelten, in denen die SE Arbeitnehmer beschäftigt. ²Ein solcher Beschluss beendet das Verfahren zum Abschluss der Vereinbarung gemäß Artikel 4. ³Ist ein solcher Beschluss gefasst worden, findet keine der Bestimmungen des Anhang Anwendung.

Für den Beschluss, die Verhandlungen nicht aufzunehmen oder sie abzubrechen, ist eine Mehrheit von zwei Dritteln der Stimmen der Mitglieder, die mindestens zwei Drittel der Arbeitnehmer vertreten, erforderlich, mit der Maßgabe, dass diese Mitglieder Arbeitnehmer in mindestens zwei Mitgliedstaaten vertreten müssen.

Im Fall einer durch Umwandlung gegründeten SE findet dieser Absatz keine Anwendung, wenn in der umzuwandelnden Gesellschaft Mitbestimmung besteht.

¹Das besondere Verhandlungsgremium wird auf schriftlichen Antrag von mindestens 10 % der Arbeitnehmer der SE, ihrer Tochtergesellschaften und ihrer Betriebe oder von deren Vertretern frühestens zwei Jahre nach dem vorgenannten Beschluss wieder einberufen, sofern die Parteien nicht eine frühere Wiederaufnahme der Verhandlungen vereinbaren. ²Wenn das besondere Verhandlungsgremium die Wiederaufnahme der Verhandlungen mit der Geschäftsleitung beschließt, in diesen Verhandlungen jedoch keine Einigung erzielt wird, findet keine der Bestimmungen des Anhang Anwendung.

(7) Die Kosten, die im Zusammenhang mit der Tätigkeit des besonderen Verhandlungsgremiums und generell mit den Verhandlungen entstehen, werden von den beteiligten Gesellschaften getragen, damit das besondere Verhandlungsgremium seine Aufgaben in angemessener Weise erfüllen kann.

¹Im Einklang mit diesem Grundsatz können die Mitgliedstaaten Regeln für die Finanzierung der Arbeit des besonderen Verhandlungsgremiums festlegen. ²Sie können insbesondere die Übernahme der Kosten auf die Kosten für einen Sachverständigen begrenzen.

Übersicht

	Rn.
A. Allgemeines	1
B. Einleitung des Verhandlungsverfahrens	2
C. Zusammensetzung und Errichtung des besonderen Verhandlungsgremiums	6
I. Zusammensetzung des besonderen Verhandlungsgremiums	6
II. Bestellung der Mitglieder des besonderen Verhandlungsgremiums	12
1. Allgemeines	12
2. Berücksichtigung der „beteiligten Gesellschaften"	13
3. Persönliche Voraussetzungen	15
4. Urwahl durch die Arbeitnehmer	20
D. Aufgabe des besonderen Verhandlungsgremiums	21
E. Arbeitsweise des besonderen Verhandlungsgremiums	22
I. Unterrichtungsanspruch des besonderen Verhandlungsgremiums	22
II. Hinzuziehung von Sachverständigen	23
III. Kostentragung	25
IV. Beschlussfassung	26
1. Grundsatz, Art. 3 IV UAbs. 1 S. 1 und 2	26
2. Minderung der Mitbestimmungsrechte, Art. 3 IV UAbs. 1 S. 3 und UAbs. 2	30
F. Abschluss des Verhandlungsverfahrens	36
I. Nichtaufnahme und Abbruch des Verhandlungsverfahrens	36
II. Abschluss einer Beteiligungsvereinbarung	43
III. Anwendung der gesetzlichen Auffangregelung	44
G. Wiederaufnahme der Verhandlungen	45
I. Wiederaufnahme nach Art. 3 VI UAbs. 4	46
II. Neuverhandlungen kraft Vereinbarung, Art. 4 II lit. h	51
III. Strukturelle Änderungen	52
IV. Wechsel aus der gesetzlichen Auffangregelung, Anhang Teil 1 lit. g	53

A. Allgemeines

Art. 3 der Richtlinie legt für die Mitgliedstaaten die wesentlichen Vorgaben für die **Bildung und Zusammensetzung** des besonderen Verhandlungsgremiums fest und trifft zudem zentrale Eckdaten für dessen **Arbeitsweise** und **Beschlussfassung.** Die Regelungen, die nachfolgend von Art. 3 RL 2003/72/EG für die SCE adaptiert wurden, übernehmen die bereits in Art. 5 RL 94/45/EG niedergelegte und in Art. 5 RL 2009/38/EG fortgeführte Grundkonzeption, passen diese jedoch an das normative Umfeld der SE sowie die Besonderheiten der Mitbestimmung an. Die Umsetzung der Vorgaben in Art. 3 erfolgt in Deutschland durch die §§ 4–7 SEBG (Bildung und Zusammensetzung des besonderen Verhandlungsgremiums), §§ 8–10 SEBG (Wahlgremium) sowie die §§ 11–20 SEBG (Verhandlungsverfahren). 1

B. Einleitung des Verhandlungsverfahrens

Da Art. 12 II SE-VO die Eintragung der SE und damit deren Gründung untrennbar mit der Durchführung eines Verhandlungsverfahrens über die Beteiligung der Arbeitnehmer in der SE verknüpft, obliegt die **Initiative** zur Einleitung des Verhandlungsverfahrens ausschließlich den Leitungs- oder Verwaltungsorganen der Gesellschaften, die an der Gründung der SE beteiligt sind. Den **Arbeitnehmern** oder den bei den beteiligten Gesellschaften bestehenden **Arbeitnehmervertretungen** steht demgegenüber – abweichend von Art. 5 I RL 2009/38/EG – **kein Initiativrecht** zur Einleitung des Verhandlungsverfahrens zu. Abweichendes kommt lediglich bei einer Neuverhandlungsklausel in einer Beteiligungsvereinbarung in Betracht (→ Art. 4 Rn. 10). Die bei einer grenzüberschreitenden Verschmelzung bestehende Möglichkeit, statt eines Verhandlungsverfahrens unmittelbar die **Anwendung der gesetzlichen Auffangregelung** zur Anwendung zu bringen (Art. 16 IV lit. a RL 2005/56/EG; → RL 2005/56/EG Art. 16 Rn. 48 ff.), steht den Leitungen der an der Gründung der SE beteiligten Gesellschaften nicht zur Verfügung. Ein Übergang zur gesetzlichen Auffangregelung sieht Art. 7 I UAbs. 2 nur in den dort aufgezählten Varianten vor (→ Art. 7 Rn. 5 f.). 2

Art. 3 I gibt den Leitungen auf, die erforderlichen Schritte für die Einleitung des Verhandlungsverfahrens vorzunehmen. Vorgaben hierfür trifft die Richtlinie lediglich hinsichtlich des **Zeitpunktes** sowie der **Information,** so dass die weiteren Einzelheiten zur Einleitung des Verhandlungsverfahrens von den Mitgliedstaaten festzulegen sind. In zeitlicher Hinsicht verknüpft Art. 3 I die Einleitung des Verhandlungsverfahrens mit der **Offenlegung** des Verschmelzungsplans bzw. Gründungsplans (Holding-SE, Tochter-SE, Umwandlung). Einer früheren Einleitung des Verhandlungsverfahrens steht Art. 3 I indes nicht entgegen (ebenso zu § 4 I SEBG *Bachmann* ZGR 2008, 779 [798 f.]; MüKoAktG/*Jacobs* SEBG § 4 Rn. 5; LHT/*Oetker* SEBG § 4 Rn. 14). Der zur **Umsetzung** in Deutschland geschaffene § 4 II SEBG übernimmt diese Vorgabe und konkretisiert diese dahingehend, dass die Aufforderung zur Bildung eines besonderen Verhandlungsgremiums (§ 4 I 1 SEBG) sowie die Information der Arbeitnehmervertretungen „unverzüglich" nach der Offenlegung zu erfolgen hat (§ 4 II 3 SEBG; näher LHT/*Oetker* SEBG § 4 Rn. 14). 3

Um die Errichtung eines besonderen Verhandlungsgremiums zu ermöglichen, obliegt den Leitungen der an der Gründung der SE beteiligten Gesellschaften insbesondere die **Information** über die Identität der beteiligten Gesellschaften und der betroffenen Tochtergesellschaften und betroffenen Betriebe sowie die Zahl der dort jeweils beschäftigten Arbeitnehmer (Art. 3 I). Nur auf dieser Grundlage sind die Vorgaben in Art. 3 II lit. a zur Zusammensetzung des besonderen Verhandlungsgremiums umsetzbar. Die in Art. 3 I aufgezählten Gegenstände der Information haben **keinen abschließenden Charakter,** sondern stellen lediglich einen Mindestinhalt dar. Bei einem zweckgerechten Verständnis von 4

Art. 3 I umfasst die den Leitungen obliegende Information deshalb alle Informationen, die für die Bildung des besonderen Verhandlungsgremiums erforderlich sind (so auch KK-AktG/*Feuerborn* SEBG § 4 Rn. 22; MüKoAktG/*Jacobs* SEBG § 4 Rn. 14, 15; LHT/*Oetker* SEBG § 4 Rn. 28).

5   Die zur **Umsetzung** von Art. 3 I geschaffene Regelung in § 4 SEBG greift die Informationspflicht der Leitungen insbesondere in Abs. 3 auf und konkretisiert dort die **Gegenstände der Information.** Über Art. 3 I hinausgehend ist danach auch über die in den Gesellschaften und Betrieben bestehenden Arbeitnehmervertretungen zu informieren (§ 4 III Nr. 2 SEBG). Soweit § 4 III Nr. 4 SEBG darüber hinaus eine Information über die Zahl der Arbeitnehmer vorgibt, denen in den Organen der Gesellschaften Mitbestimmungsrechte zustehen (s. LHT/*Oetker* SEBG § 4 Rn. 33), überschreitet das SEBG allerdings systemwidrig das durch Art. 3 I vorgegebene Informationsminimum, da dieser Aspekt in keinem Zusammenhang mit der Errichtung des besonderen Verhandlungsgremiums steht (treffend AKRR/*Rudolph* SEBG § 4 Rn. 33), sondern ausschließlich für dessen Beschlussfassung von Bedeutung ist, wenn die Verhandlungen eine Minderung der Mitbestimmungsrechte zur Folge haben (s. Art. 3 IV UAbs. 1 S. 3; → Rn. 33 ff.). Deshalb ist die nach § 4 III Nr. 4 SEBG geschuldete Information zwar systemwidrig, verstößt aber nicht gegen die Richtlinie, da diese den Mitgliedstaaten lediglich Mindestvorgaben auferlegt, ohne weitergehende Informationspflichten auszuschließen.

C. Zusammensetzung und Errichtung des besonderen Verhandlungsgremiums

I. Zusammensetzung des besonderen Verhandlungsgremiums

6   Für die Zusammensetzung des besonderen Verhandlungsgremiums gibt Art. 3 II lit. a zunächst vor, dass in diesem die in den verschiedenen Mitgliedstaaten beschäftigten Arbeitnehmer vertreten sind. Deshalb hat das besondere Verhandlungsgremium **keine feste Größe,** sondern die Zahl der Vertreter ist untrennbar mit der Struktur der beteiligten Gesellschaften und der betroffenen Tochtergesellschaften und betroffenen Betriebe verbunden. Lediglich indirekt ergibt sich aus dem Berechnungsmodus in Art. 3 II lit. a, dass dem besonderen Verhandlungsgremium mind. zehn Arbeitnehmer angehören müssen, wobei es sich bei einer mehrstaatlichen Zusammensetzung des besonderen Verhandlungsgremiums um einen eher theoretischen Fall handelt.

7   Für die **Repräsentativität** des besonderen Verhandlungsgremiums kommt es nicht nur auf die bei den beteiligten Gesellschaften beschäftigten Arbeitnehmer an, sondern zusätzlich sind die Arbeitnehmer bei den betroffenen Tochtergesellschaften und betroffenen Betrieben iSv Art. 2 lit. d (→ Art. 2 Rn. 10 ff.) zu berücksichtigen. Art. 3 II lit. a gibt für den hierdurch umschriebenen Kreis der relevanten Arbeitnehmer vor, dass **jeder Mitgliedstaat,** in dem Arbeitnehmer beschäftigt sind, in dem besonderen Verhandlungsgremium durch **einen Vertreter** repräsentiert ist. Von einem **Schwellenwert** sieht Art. 3 II lit. a im Interesse der mitgliedstaatlichen Repräsentativität des besonderen Verhandlungsgremiums ausdrücklich ab (→ RL 2009/38/EG Art. 5 Rn. 10; ferner KK-AktG/*Feuerborn* SEBG § 5 Rn. 8; MüKoAktG/*Jacobs* SEBG § 5 Rn. 2; AKRR/*Rudolph* SEBG § 5 Rn. 5). Angesichts dessen wäre auch den Mitgliedstaaten die Einführung eines Schwellenwerts verwehrt, da dieser entgegen der Richtlinie nicht gewährleisten würde, dass die Arbeitnehmer aus jedem Mitgliedstaat in dem besonderen Verhandlungsgremium mind. einen Sitz erhalten.

8   Um die durch die mitgliedstaatliche Repräsentativität drohenden Verzerrungen zu kompensieren, gibt Art. 3 II lit. a eine **proportionale Erhöhung** der auf einen Mitgliedstaat entfallenden Sitze vor, wenn der auf einen Mitgliedstaat entfallende Anteil der Arbeitnehmer 10 Prozentpunkte übersteigt. Für diesen Fall haben die Mitgliedstaaten zu gewährleisten, dass auf diesen Mitgliedstaat für jeden Anteil, der 10 % der Arbeitnehmer oder einen

Bruchteil davon umfasst, ein weiterer Sitz entfällt. Sind in einem Mitgliedstaat zB 35 % der Arbeitnehmer beschäftigt, so entfallen auf diesen in dem besonderen Verhandlungsgremium vier Sitze.

Eine Sonderregelung trifft Art. 3 II lit. a für die Gründung einer SE durch **Verschmelzung.** Für diesen Fall gibt Art. 3 II lit. a vor, dass jede Gesellschaft, die infolge der Verschmelzung ihre Rechtspersönlichkeit verliert, in dem besonderen Verhandlungsgremium vertreten ist („ist ... sicherzustellen ..., ... vertreten ist"). Diese Voraussetzung ist unproblematisch, solange die Zahl der erlöschenden Gesellschaften in einem Mitgliedstaat nicht die Zahl der nach dem Grundmodell auf den Mitgliedstaat entfallenden Sitze übersteigt. Ist die Zahl der erlöschenden Gesellschaften in einem Mitgliedstaat jedoch größer als die Zahl der auf diesen Mitgliedstaat entfallenden Vertreter, gibt Art. 3 II lit. a eine Erhöhung der Zahl der Vertreter vor, die auf diesen Mitgliedstaat entfallen. Eine hierdurch eintretende Erhöhung der Zahl der Vertreter steht jedoch nach Art. 3 II lit. a unter dem Vorbehalt, dass die nach dem Grundmodell ermittelte Größe des besonderen Verhandlungsgremiums nicht um mehr als 20 % überschritten wird und es zudem nicht zu einer Doppelvertretung der Arbeitnehmer kommt. Reichen die danach auf einen Mitgliedstaat entfallenden Sitze nicht für alle in diesem Mitgliedstaat erlöschenden Gesellschaften aus, sind die Sitze, die auf diesen Mitgliedstaat wegen der Verschmelzung zusätzlich entfallen, nach Maßgabe der Zahl der bei ihnen beschäftigten Arbeitnehmer auf die Gesellschaften zu verteilen. 9

Die **Umsetzung** der Vorgaben in Art. 3 II lit. a erfolgt in Deutschland durch § 5 I–III SEBG, der die Richtlinienbestimmung nahezu wörtlich wiederholt. Lediglich § 5 III 3 SEBG, nach dem auf einen Mitgliedstaat erst dann mehrere zusätzliche Sitze entfallen, wenn eine Vertretung der anderen Mitgliedstaaten, in denen wegen der Verschmelzung erlöschende Gesellschaften ansässig sind, einen Sitz erhalten haben, gewährleistet ist, kann sich nicht auf eine Vorgabe durch Art. 3 II lit. a stützen, steht jedoch auch nicht im Widerspruch zu dieser. Friktionen mit Art. 3 II lit. a treten jedoch im Hinblick auf die **Vorschlagsrechte in § 6 III und IV SEBG** auf, wenn deren Berücksichtigung dazu führt, dass die Zusammensetzung der auf das Inland entfallenden Vertreter nicht mehr ausreicht, um den Anforderungen in § 5 II SEBG ausreichend Rechnung zu tragen (s. *Krause* BB 2005, 1221 [1225]). Gleichwohl geht die hM gestützt auf den Zweck von § 6 III und IV SEBG von einem Vorrang der dortigen Vorschlagsrechte aus (so Begr. RegE, BT-Drs. 15/3405, 46; NFK/*Kleinsorge* SEBG § 5 Rn. 13; **aA** *Scheibe* 43 ff.). Dem ist jedoch nur zuzustimmen, solange den durch Art 3 II lit. a vorgegebenen Anforderungen ausreichend Rechnung getragen werden kann. Andernfalls muss das Vorschlagsrecht nach § 6 III und IV SEBG wegen des Gebots einer unionsrechtskonformen Auslegung hinter § 5 II SEBG zurücktreten (s. näher LHT/*Oetker* SEBG § 5 Rn. 13; im Ergebnis wohl auch AKRR/*Rudolph* SEBG § 5 Rn. 13). 10

Keine Regelung trifft Art. 3 II für **während des Verhandlungsverfahrens eintretende Veränderungen** bei der Zahl der zu berücksichtigenden Arbeitnehmer oder der infolge einer Verschmelzung erlöschenden Gesellschaften. Deshalb steht es den Mitgliedstaaten frei, im Rahmen ihrer Umsetzungsgesetze auf derartige Veränderungen zu reagieren. Zu diesem Zweck sieht § 5 IV SEBG eine neue Zusammensetzung des besonderen Verhandlungsgremiums vor, stellt diese jedoch unter den Vorbehalt, dass sich bei Zugrundelegung der geänderten Verhältnisse die konkrete Zusammensetzung des besonderen Verhandlungsgremiums ändern würde. Dies betrifft insbesondere die Verteilung der Sitze auf die verschiedenen Mitgliedstaaten, ggf. aber auch eine Vertretung der Arbeitnehmer aus Gesellschaften, deren Rechtspersönlichkeit infolge einer Gründung der SE durch Verschmelzung erlischt (s. näher LHT/*Oetker* SEBG § 4 Rn. 17 ff. mwN). 11

II. Bestellung der Mitglieder des besonderen Verhandlungsgremiums

1. Allgemeines. Die detaillierte Ausgestaltung der Wahl oder Bestellung der Mitglieder des Verhandlungsgremiums überantwortet Art. 3 II lit. b weitgehend den **Mitgliedstaaten,** beschränkt sie hierfür jedoch auf die in ihrem Mitgliedstaat zu bestellenden 12 oder zu wählenden Mitglieder (s. KK-AktG/*Feuerborn* SEBG § 7 Rn. 1). Für die in **anderen Mitgliedstaaten** zu bestellenden oder zu wählenden Mitglieder fehlt den Mitgliedstaaten wegen des Territorialitätsprinzips nicht nur die Gesetzeskompetenz, sondern zudem würde eine derartige mitgliedstaatliche Regelung Art. 3 II lit. b UAbs. 1 widersprechen. Im Hinblick auf die **Umsetzung** in den Mitgliedstaaten enthält Art. 3 II lit. b **drei Rahmendaten,** bei deren Beachtung die Mitgliedstaaten den verbleibenden Spielraum eigenverantwortlich ausfüllen können. Diese betreffen die Berücksichtigung der beteiligten Gesellschaften (→ Rn. 13 f.), die persönlichen Voraussetzungen für die Mitglieder des besonderen Verhandlungsgremiums (→ Rn. 15 ff.) sowie die Beteiligung der Arbeitnehmer in Unternehmen und Betrieben, in denen keine Arbeitnehmervertretungen bestehen (→ Rn. 20).

13   **2. Berücksichtigung der „beteiligten Gesellschaften".** Entfallen **auf einen Mitgliedstaat** in dem besonderen Verhandlungsgremium **mehrere Sitze,** dann haben die Mitgliedstaaten zu gewährleisten, dass die Arbeitnehmer jeder beteiligten Gesellschaft, die in dem jeweiligen Mitgliedstaat Arbeitnehmer beschäftigt und in diesem ihren Sitz hat, in dem besonderen Verhandlungsgremium durch ein Mitglied vertreten ist, ohne dass hierdurch aber eine Erhöhung der Gesamtzahl der Mitglieder eintreten darf (Art. 3 II lit. b UAbs. 1). Diese Vorgabe stellt jedoch lediglich einen Grundsatz dar, den die Richtlinie ausdrücklich unter den Vorbehalt „nach Möglichkeit" stellt. Dementsprechend beschränkt sich der zur Umsetzung geschaffene § 7 II SEBG diesbezüglich auf eine Sollvorgabe.

14   Eine Berücksichtigung **betroffener Tochtergesellschaften und betroffener Betriebe** iSv Art. 2 lit. d gibt die Richtlinie nicht vor (MüKoAktG/*Jacobs* SEBG § 7 Rn. 2), steht entsprechenden Regelungen iRd mitgliedstaatlichen Umsetzungsgesetze aber auch nicht entgegen, sofern eine Vertretung der in dem Mitgliedstaat beschäftigten Arbeitnehmer der beteiligten Gesellschaften iSv Art. 2 lit. b gewährleistet bleibt. Die Umsetzung in Deutschland durch § 7 I-IV SEBG trägt den Vorgaben durch Art. 3 II lit. b UAbs. 1 ausreichend Rechnung. Das gilt auch für § 7 IV SEBG, der eine Sonderregelung für den Fall trifft, dass die Zahl der auf den Mitgliedstaat entfallenden Vertreter größer als die Zahl der zu berücksichtigenden „beteiligten Gesellschaften" ist. Soweit § 7 IV SEBG die Verteilung der Sitze ausschließlich auf die „beteiligten Gesellschaften" beschränkt und damit betroffene Tochtergesellschaften und betroffene Betriebe iSv Art. 2 lit. d unberücksichtigt bleiben, steht dies nicht im Widerspruch zu Art. 3 II lit. b UAbs. 1, da dieser keine Vertretung der Arbeitnehmer vorgibt, die in den letztgenannten Gesellschaften und Betrieben beschäftigt sind (gleichwohl für eine Vertretung dieser Arbeitnehmer im besonderen Verhandlungsgremium plädierend MüKoAktG/*Jacobs* SEBG § 7 Rn. 3; NFK/*Kleinsorge* SEBG § 7 Rn. 6; AKRR/ *Rudolph* SEBG § 7 Rn. 7; **aA** KK-AktG/*Feuerborn* SEBG § 7 Rn. 3, 10; UHH/*Henssler* SEBG § 7 Rn. 4; LHT/*Oetker* SEBG § 7 Rn. 4).

15   **3. Persönliche Voraussetzungen.** Keine verbindlichen Vorgaben begründet Art. 3 II lit. b für die persönlichen Voraussetzungen, die von den Mitgliedern des besonderen Verhandlungsgremiums zu erfüllen sind (s. Habersack/Drinhausen/*Hohenstatt/Müller-Bonanni* SEBG § 6 Rn. 2; LHT/*Oetker* SEBG § 6 Rn. 1, 6; AKRR/*Rudolph* SEBG § 6 Rn. 1). Deshalb obliegt es den Mitgliedstaaten, diese im Rahmen ihrer Umsetzungsgesetze festzulegen. Es ist deshalb von ihnen zu entscheiden, ob die in ihrem Mitgliedstaat zu bestellenden oder zu wählenden Mitglieder des besonderen Verhandlungsgremiums Arbeitnehmer der beteiligten Gesellschaften oder der betroffenen Tochtergesellschaften sein müssen. Angesichts dessen hat die Regelung in Art. 3 II lit. b UAbs. 2 zu **Gewerkschaftsvertretern,** die keine Arbeitnehmer der beteiligten Gesellschaften oder betroffenen Tochtergesellschaften sind, lediglich klarstellenden Charakter. Sie richtet sich vornehmlich an Mitgliedstaaten, die die Arbeitnehmereigenschaft zur persönlichen Voraussetzung für die Mitgliedschaft im besonderen Verhandlungsgremium erheben. Das den Mitgliedstaaten in diesem Fall auch nach Art. 3 II lit. b UAbs. 2 verbleibende Ermessen („können vorsehen") wird durch Erwägungsgrund 19 S. 2 zur RL 2001/86/EG konkretisiert, wonach Gewerkschaftsvertreter unabhängig von ihrer Arbeitnehmereigenschaft insbesondere dann bestellt oder gewählt werden können sollen, wenn sie nach dem Recht des jeweiligen Mitgliedstaats stimmberechtigte Mitglieder des Aufsichts- oder Leitungsorgans sein können.

Die persönlichen Voraussetzungen für die in Deutschland zu wählenden Mitglieder des besonderen Verhandlungsgremiums legt **§ 6 II–IV SEBG** fest, während § 6 I SEBG die Vorgabe in Art. 3 II lit. b UAbs. 1 umsetzt, dass sich die persönlichen Voraussetzungen der Mitglieder des besonderen Verhandlungsgremiums nach den Bestimmungen des Mitgliedstaats richten, in dem diese gewählt oder bestellt werden (→ Rn. 15). Soweit § 6 II 1 SEBG festhält, dass **Gewerkschaftsvertreter** zu Mitgliedern des besonderen Verhandlungsgremiums wählbar sind, wird die Option in Art. 3 II lit. b UAbs. 2 aufgegriffen, wobei sich aus der Systematik der Vorschrift ergibt, dass es sich um solche Gewerkschaftsvertreter handelt, die keine Arbeitnehmer der beteiligten Gesellschaften oder betroffenen Tochtergesellschaften sind. Von dem durch die Richtlinie belassenen Gestaltungsspielraum der Mitgliedstaaten (→ Rn. 15) sind ferner die Vorgaben zur **Geschlechterproportionalität** (§ 6 II 2 SEBG) sowie zur **Bestellung von Ersatzmitgliedern** (§ 6 II 3 SEBG) gedeckt. 16

Bestritten wird die **Richtlinienkonformität** für die in § 6 III SEBG festgeschriebene **Mindestrepräsentanz für Gewerkschaftsvertreter,** wenn dem besonderen Verhandlungsgremium mehr als zwei Vertreter aus Deutschland angehören (so UHH/*Henssler* SEBG § 6 Rn. 4; *Kumpf* 98 f.; AKRR/*Rudolph* SEBG § 6 Rn. 5; *Velten,* Gewerkschaftsvertreter im Aufsichtsrat, 2010, 39 f.; **aA** KK-AktG/*Feuerborn* SEBG § 6 Rn. 8; MüKoAktG/*Jacobs* SEBG § 6 Rn. 6; *Kepper* 192 f.; *Scheibe* 45 ff.). Zutreffend ist insoweit, dass Art. 3 II lit. b UAbs. 2 eine derartige Mindestrepräsentanz den Mitgliedstaaten nicht vorgibt. Wegen des ihnen belassenen Gestaltungsspielraums (→ Rn. 15) ist jedoch entscheidend, ob Art. 3 II lit. b UAbs. 2 einer derartigen Regelung in den Mitgliedstaaten entgegensteht. Dies ist wegen des Normzwecks nicht zu bejahen, da Art. 3 II lit. b UAbs. 2 lediglich die Frage betrifft, ob dem besonderen Verhandlungsgremium Gewerkschaftsvertreter unabhängig von ihrem Arbeitnehmerstatus bei den beteiligten Gesellschaften angehören können. Dieser Aspekt wird von einer Mindestrepräsentanz für Gewerkschaftsvertreter nicht berührt. Im Übrigen verbleibt es deshalb bei dem Gestaltungsspielraum der Mitgliedstaaten, die in diesem Rahmen auch eine Mindestrepräsentanz der Gewerkschaftsvertreter unter den in dem Mitgliedstaat gewählten Vertreter vorsehen können. Selbst vom Standpunkt der gegenteiligen Position würde ein zu unterstellender Widerspruch zur RL 2001/86/EG nicht die Mindestrepräsentation nach § 6 III SEBG in Frage stellen, da ein dem Gebot unionsrechtskonformer Auslegung Rechnung tragender Interpretationsspielraum nicht besteht sowie contra legem wäre und deshalb zu unterbleiben hat (wie hier auch AKRR/*Rudolph* SEBG § 6 Rn. 5 aE). 17

Eine Diskrepanz zu Art. 3 II lit. b kann durch eine derartige Regelung allenfalls auftreten, wenn die von einem Mitgliedstaat festgelegte Mindestrepräsentanz der Gewerkschaftsvertreter dazu führt, dass die Vorgabe in Art. 3 II lit. b UAbs. 1 nicht mehr erfüllt wird. Dies betrifft jedoch ausschließlich das **Verhältnis zwischen § 6 III SEBG und § 7 II SEBG,** wenn die Mindestrepräsentanz für Gewerkschaftsvertreter zur Folge hat, dass nicht mehr die Arbeitnehmer jeder beteiligten Gesellschaft mit Sitz im Inland in dem besonderen Verhandlungsgremium vertreten sind (für einen Vorrang von § 6 III SEBG Begr. RegE, BT-Drs. 15/3405, 47; KK-AktG/*Feuerborn* SEBG § 7 Rn. 4; MüKoAktG/*Jacobs* SEBG § 7 Rn. 2; NFK/*Kleinsorge* SEBG § 7 Rn. 2; LHT/*Oetker* SEBG § 7 Rn. 5 f.; *Scheibe* 40 ff.). In dieser Konstellation hängt ein Widerspruch zu Art. 3 II lit. b UAbs. 1 (in dieser Richtung *Krause* BB 2005, 1221 [1225]) jedoch davon ab, wie der Vorbehalt „nach Möglichkeit" ausgelegt wird. Gute Gründe sprechen dafür, dass es den Mitgliedstaaten jedenfalls verwehrt ist, durch ihre eigene Umsetzungsgesetzgebung eine Vertretung jeder beteiligten Gesellschaft in dem besonderen Verhandlungsgremium zu vereiteln. Selbst bei einer in dieser Konstellation unterstellten Richtlinienwidrigkeit, hat der nach § 6 III SEBG zu bestellende Gewerkschaftsvertreter den Vorrang, da § 7 II SEBG lediglich als Sollbestimmung formuliert ist. 18

Die Erwägungen in → Rn. 17 f. gelten entsprechend für die Richtlinienkonformität von § 6 IV SEBG (dies bezweifelnd AKRR/*Rudolph* SEBG § 6 Rn. 8), der eine **Mindest-** 19 repräsentanz für leitende Angestellte festlegt, wenn aus Deutschland mehr als sechs Vertreter für das besondere Verhandlungsgremium zu wählen sind. Art. 3 II lit. b steht dieser Vorgabe nicht entgegen, solange auch bei Beachtung von § 6 IV SEBG noch gewährleistet ist, dass die Vorgabe in Art. 3 II lit. b UAbs. 1 erfüllt werden kann.

20 **4. Urwahl durch die Arbeitnehmer.** Eine dritte Vorgabe für die Umsetzung in den Mitgliedstaaten trifft Art. 3 II lit. b UAbs. 3, wenn in einem Unternehmen oder Betrieb unabhängig von dem Willen der Arbeitnehmer kein Arbeitnehmervertreter vorhanden ist. Das den Arbeitnehmern hiernach unmittelbar einzuräumende Wahlrecht stellt sicher, dass die Mitgliedstaaten eine Beteiligung dieser Arbeitnehmer nicht dadurch ausschließen, indem sie das Recht zur Bestellung oder Wahl der Mitglieder des besonderen Verhandlungsgremiums ausschließlich bestehenden Arbeitnehmervertretungen übertragen. Diese Vorgabe ist in Deutschland wegen den Regelungen in § 8 II–IV SEBG zur Zusammensetzung des Wahlgremiums von besonderer Bedeutung, da dieses aus den Mitgliedern der nach dem BetrVG gebildeten Arbeitnehmervertretungen besteht. Zwar sieht § 8 VII SEBG in Übereinstimmung mit Art. 3 II lit. b UAbs. 3 eine Urwahl durch die Arbeitnehmer vor, wenn „keine Arbeitnehmervertretung" besteht, andererseits aber legen § 8 II 2 SEBG und § 8 III 2 SEBG eine Mitvertretung betriebsratsloser Betriebe fest. Hierin liegt indes keine richtlinienwidrige Verkürzung des Urwahlvorbehalts in Art. 3 II lit. b UAbs. 3, da dieser eine Urwahl nur für den Fall vorsieht, dass in dem Unternehmen oder Betrieb „unabhängig vom Willen der Arbeitnehmer" keine Arbeitnehmervertretung vorhanden ist. Dies betrifft ausschließlich den Fall, dass in einem Betrieb wegen § 1 BetrVG kein Betriebsrat errichtet werden kann. Sind die Voraussetzungen des § 1 BetrVG hingegen erfüllt, dann beruht die unterbliebene Errichtung einer Arbeitnehmervertretung auf dem Willen der Arbeitnehmer, so dass der Urwahlvorbehalt in Art. 3 II lit. b UAbs. 3 nicht eingreift.

D. Aufgabe des besonderen Verhandlungsgremiums

21 Die Aufgabe des nach Art. 3 II errichteten besonderen Verhandlungsgremiums besteht in dem **Abschluss einer Beteiligungsvereinbarung** zwischen ihm und dem jeweils zuständigen Organ der beteiligten Gesellschaften. Dies hält im Kern Art. 3 III UAbs. 1 in Fortschreibung der Legaldefinition in Art. 2 lit. g (→ Art. 2 Rn. 17) sowie in sachlicher Übereinstimmung mit Art. 5 III RL 2009/38/EG fest (→ RL 2009/38/EG Art. 5 Rn. 14). Ebenso wie dort handelt es sich auch bei dem nach Art. 3 errichteten besonderen Verhandlungsgremium nicht um ein allg. Organ zur Vertretung der Arbeitnehmerinteressen während der Gründung der SE (MMS/*Evers* SEBG § 4 Rn. 2; UHH/*Henssler* SEBG § 4 Rn. 2), sondern um ein **ad-hoc-Gremium** (KK-AktG/*Feuerborn* SEBG § 4 Rn. 5; UHH/*Henssler* SEBG § 4 Rn. 2; MüKoAktG/*Jacobs* SEBG § 4 Rn. 2; LHT/*Oetker* SEBG § 4 Rn. 7 mwN) mit **beschränktem Aufgabenbereich,** dessen Amtszeit mit der Beendigung des Verhandlungsverfahrens endet (näher → RL 2009/38/EG Art. 5 Rn. 14). Die Vorgaben für den **Inhalt der Beteiligungsvereinbarung** trifft Art. 4 (→ Art. 4 Rn. 7 ff.).

E. Arbeitsweise des besonderen Verhandlungsgremiums

I. Unterrichtungsanspruch des besonderen Verhandlungsgremiums

22 Zwecks Durchführung des Verhandlungsverfahrens gibt Art. 3 III UAbs. 2 vor, dass das jeweils zuständige Organ der Gesellschaften, die an der Gründung der SE beteiligt sind, das besondere Verhandlungsgremium über das Gründungsvorhaben sowie den Verlauf des Verfahrens zu unterrichten hat. Zur Umsetzung dieser Vorgabe legt § 13 II 2 SEBG nicht nur eine mit den vorstehenden Gegenständen übereinstimmende Unterrichtungspflicht fest, sondern begründet in § 13 II 1 SEBG eine allg. und an die Leitungen adressierte Pflicht,

dem besonderen Verhandlungsgremium rechtzeitig alle erforderlichen Auskünfte zu erteilen und die ggf. erforderlichen Unterlagen zur Verfügung zu stellen (näher dazu zB LHT/*Oetker* SEBG § 13 Rn. 9 ff.).

II. Hinzuziehung von Sachverständigen

Die Vorgabe in Art. 3 V zur Hinzuziehung von Sachverständigen durch das besondere Verhandlungsgremium entspricht grds. der vergleichbaren Bestimmung in Art. 5 IV UAbs. 3 RL 2009/38/EG, so dass weitgehend auf die dortigen Erläuterungen verwiesen werden kann (→ RL 2009/38/EG Art. 5 Rn. 23 ff.). Während Art. 5 IV UAbs. 3 S. 1 RL 2009/38/EG klarstellend hervorhebt, dass auch die „Vertreter der kompetenten anerkannten Gewerkschaftsorganisationen auf Gemeinschaftsebene" zum Kreis der Sachverständigen gehören können, beschränkt sich Art. 3 V 1 auf die „Vertreter der einschlägigen Gewerkschaftsorganisationen auf Gemeinschaftsebene". Auch das Recht der Sachverständigen, den Verhandlungen auf Wunsch des besonderen Verhandlungsgremiums in beratender Funktion beizuwohnen (Art. 3 V 2), stimmt mit Art. 5 IV UAbs. 3 S. 2 RL 2009/38/EG überein (→ RL 2009/38/EG Art. 5 Rn. 25). Zwar bezieht die letztgenannte Bestimmung „Gewerkschaftsvertreter" ausdrücklich ein, hieraus folgt aber kein sachlicher Unterschied, da die Gewerkschaftsvertreter zu den Sachverständigen iSv Art. 3 V 1 gehören. Umgesetzt werden die vorstehenden Vorgaben der Richtlinie in § 14 I SEBG, dessen Inhalt wiederum mit § 13 IV EBRG übereinstimmt (→ RL 2009/38/EG Art. 5 Rn. 23). 23

Über Art. 5 IV UAbs. 3 RL 2009/38/EG hinausgehend haben die Mitgliedstaaten das besondere Verhandlungsgremium zu berechtigen, die **Vertreter außenstehender Organisationen** vom Beginn der Verhandlungen zu unterrichten (Art. 3 V 3). Für die Unterrichtung fordert die Richtlinie ausdrücklich einen Beschluss des besonderen Verhandlungsgremiums und schließt damit eine eigenmächtige Unterrichtung durch den Vorsitzenden des besonderen Verhandlungsgremiums aus. Den Kreis der Adressaten begrenzt Art. 3 V 3 durch das Merkmal der **„Eignung",** ohne diese jedoch zu konkretisieren. Allenfalls aus der Funktion des besonderen Verhandlungsgremiums lässt sich ableiten, dass die betreffenden Organisationen eine Beziehung zu dem Verhandlungsverfahren aufweisen müssen, da andernfalls kein legitimes Interesse erkennbar ist, diese von dem Beginn der Verhandlungen zu unterrichten. Dass zu den geeigneten Personen auch Vertreter von Gewerkschaften zählen können, hebt Art. 3 V 3 klarstellend hervor. Die **Umsetzung** der Vorgabe in Art. 3 V 3 durch § 14 II SEBG entspricht der Richtlinie, die fehlende Benennung der Gewerkschaftsvertreter in § 14 II SEBG steht dem nicht entgegen, da Gewerkschaften zum Kreis der „geeigneten außenstehenden Organisationen" gehören (NFK/*Freis* SEBG § 14 Rn. 12; UHH/*Henssler* SEBG § 14 Rn. 4; LHT/*Oetker* SEBG § 14 Rn. 16). 24

III. Kostentragung

Die Regelung in Art. 3 VII zu den Kosten, die durch die Tätigkeit des besonderen Verhandlungsgremiums sowie das Verhandlungsverfahren entstehen, stimmt mit **Art. 5 VI RL 2009/38/EG** überein, so dass auf die dortigen Erläuterungen (→ RL 2009/38/EG Art. 5 Rn. 21) zu verweisen ist. Im Grundsatz gilt dies auch für die zur **Umsetzung** in Deutschland geschaffene Bestimmung in § 19 SEBG, die in § 16 I 1 und 3 EBRG eine Entsprechung findet (→ RL 2009/38/EG Art. 5 Rn. 21). Im Unterschied zu § 16 I 2 EBRG sieht § 19 SEBG jedoch davon ab, die in Art. 3 VII UAbs. 2 S. 2 zugunsten der Mitgliedstaaten eröffnete Option in Anspruch zu nehmen, die Pflicht zur Übernahme der durch die Hinzuziehung eines Sachverständigen entstehenden Kosten auf die Kosten für einen Sachverständigen zu begrenzen. Dies entbindet jedoch nicht von der Prüfung, ob die Hinzuziehung mehrerer Sachverständiger durch das besondere Verhandlungsgremium erforderlich ist (→ RL 2009/38/EG Art. 5 Rn. 24; zu § 19 SEBG LHT/*Oetker* SEBG § 19 Rn. 7 f. mwN). 25

IV. Beschlussfassung

1. Grundsatz, Art. 3 IV UAbs. 1 S. 1 und 2. Im Unterschied zu Art. 5 RL 2009/38/ 26
EG (→ Art. 5 Rn. 19) trifft Art. 3 IV UAbs. 1 S. 1 eine allg. Bestimmung für die Beschlussfassung im besonderen Verhandlungsgremium, die für alle Beschlüsse gilt, sofern andere Vorgaben der Richtlinie keine abweichenden Regelungen vorsehen. Im Interesse der **Repräsentativität** fordert Art. 3 IV UAbs. 1 S. 1 für eine rechtswirksame Beschlussfassung des besonderen Verhandlungsgremiums eine **doppelte Mehrheit.** Die Mehrheit für einen Antrag muss nicht nur unter den Mitgliedern des besonderen Verhandlungsgremiums, sondern auch im Hinblick auf die von ihnen vertretenen Arbeitnehmer bestehen. Aus Art. 3 IV UAbs. 1 S. 2 folgt zudem, dass die Zahl der von einem Mitglied vertretenen Arbeitnehmer nicht zu einer Vergrößerung der Stimmenzahl führt, sondern jedem Mitglied unabhängig von der Zahl der von ihm vertretenen Arbeitnehmer stets nur eine Stimme zusteht. Hierdurch kann allerdings die Situation eintreten, dass die für eine Beschlussfassung notwendige Mehrheit nach Maßgabe der abgegebenen Stimmen verfehlt wird, obwohl die notwendige Mehrheit der vertretenen Arbeitnehmer von den mit „Ja" stimmenden Vertretern erreicht wird. Eine dies vermeidende Umsetzung in den Mitgliedstaaten, die die Zahl der einem Vertreter zustehenden Stimmen ausschließlich nach der Zahl der von ihm vertretenen Arbeitnehmer bestimmt (s. §§ 47 VII, 55 III BetrVG), wäre mit der Vorgabe in Art. 3 IV UAbs. 1 S. 1 unvereinbar.

Für die **Mehrheit unter den Mitgliedern des besonderen Verhandlungsgremiums,** 27
sind die tatsächlich bestellten oder gewählten Mitglieder maßgebend und nicht die Zahl der Mitglieder, aus denen das besondere Verhandlungsgremium zu bestehen hat (AKRR/ *Rudolph* SEBG § 15 Rn. 5 mwN). Sofern in dem besonderen Verhandlungsgremium der Sitz aus einem Mitgliedstaat (noch) nicht besetzt ist, bleibt dieser bei der Berechnung der notwendigen Mehrheit unberücksichtigt (so auch § 15 I 2 SEBG; dazu zB LHT/*Oetker* SEBG § 15 Rn. 7). Da Art. 3 IV UAbs. 1 S. 1 auf die Mehrheit der Mitglieder abstellt, kommt es auf die Anwesenheit bzw. Teilnahme an der Abstimmung nicht an. Abwesende Mitglieder wirken sich deshalb wie Neinstimmen aus (ebenso zu § 15 II SEBG MMS/*Evers* SEBG § 15 Rn. 4; KK-AktG/*Feuerborn* SEBG § 15 Rn. 8; NFK/*Freis* SEBG § 15 Rn. 5; MüKoAktG/*Jacobs* SEBG § 15 Rn. 3 LHT/*Oetker* SEBG § 15 Rn. 13; AKRR/*Rudolph* SEBG § 15 Rn. 5 aE). Entsprechendes gilt für Enthaltungen sowie ungültige Stimmen (zu § 15 II SEBG KK-AktG/*Feuerborn* SEBG § 15 Rn. 8; MüKoAktG/*Jacobs* SEBG § 15 Rn. 3 LHT/*Oetker* SEBG § 15 Rn. 13 mwN).

Wegen des in Art. 3 IV UAbs. 1 S. 1 niedergelegten Erfordernisses einer doppelten 28
Mehrheit setzt ein vom besonderen Verhandlungsgremium zu fassender Beschluss zusätzlich voraus, dass die mit „Ja" stimmenden Mitglieder des besonderen Verhandlungsgremiums die **absolute Mehrheit der Arbeitnehmer** vertreten. Aus dem Sinnzusammenhang von Art. 3 IV UAbs. 1 S. 1 ergibt sich, dass die Vertreter des besonderen Verhandlungsgremiums aus einem Mitgliedstaat alle Arbeitnehmer aus diesem Mitgliedstaat vertreten. Für die Berechnung der absoluten Mehrheit unter den Arbeitnehmern kommt es nicht nur auf die Zahl der Arbeitnehmer bei den beteiligten Gesellschaften an. Da sich die Vertretung durch die Mitglieder des besonderen Verhandlungsgremiums auch auf die Arbeitnehmer in **betroffenen Tochtergesellschaften** und **betroffenen Betrieben** erstreckt, sind auch die dort beschäftigten Arbeitnehmer bei der Berechnung der Mehrheitsverhältnisse zu berücksichtigen.

Offen lässt die Richtlinie, ob **mehrere Vertreter aus einem Mitgliedstaat** nur ein- 29
heitlich für alle Arbeitnehmer dieses Mitgliedstaates abstimmen können, oder ob die vertretenen Arbeitnehmer gleichmäßig auf die Vertreter dieses Mitgliedstats aufzuteilen sind und dementsprechend die Stimmen auch unterschiedlich abgegeben werden können. Wegen des hierdurch verbleibenden Gestaltungsspielraums obliegt es den Mitgliedstaaten, diese Frage im Rahmen ihrer Umsetzungsgesetze zu beantworten (s. NFK/*Freis* SEBG § 15 Rn. 7; Habersack/Drinhausen/*Hohenstatt/Müller-Bonanni* SEBG § 15 Rn. 3; LHT/*Oetker*

SEBG § 15 Rn. 16; AKRR/*Rudolph* SEBG § 15 Rn. 4 mwN). In Deutschland ist dies in § 15 II 2 SEBG in der Weise geschehen, dass jedes auf das Inland entfallende Mitglied eine gleich große Zahl von Arbeitnehmern vertritt, woraus wiederum folgt, dass die Mitglieder aus dem Inland nicht zu einer einheitlichen Stimmabgabe verpflichtet sind (LHT/*Oetker* SEBG § 15 Rn. 16). Für die **Zahl der auf einen Mitgliedstaat entfallenden Arbeitnehmer** sind die Angaben bei Einleitung des Verhandlungsverfahrens (Art. 3 I) maßgebend. **Spätere Änderungen** sind nicht zu berücksichtigen. Andernfalls müsste die Zahl der Arbeitnehmer, die ein Mitglied des besonderen Verhandlungsgremiums vertritt, vor jedem Beschluss neu ermittelt werden.

2. Minderung der Mitbestimmungsrechte, Art. 3 IV UAbs. 1 S. 3 und UAbs. 2. 30
Ein besonderes Mehrheitsquorum legt Art 3 IV UAbs. 1 S. 3 fest, wenn die Verhandlungen zu einer Minderung der Mitbestimmungsrechte führen. Keine Bedeutung hat Art. 3 IV UAbs. 1 S. 3 für das Verhandlungsverfahren bei der **Gründung einer SE durch Umwandlung** (Art. 2 IV SE-VO), da in diesem Fall eine Minderung der Mitbestimmungsrechte nicht vereinbart werden darf; in der durch Umwandlung gegründeten SE ist „in Bezug auf alle Komponenten der Arbeitnehmerbeteiligung zumindest das gleiche Ausmaß" zu gewährleisten (Art. 4 IV; → Art. 4 Rn. 19 ff.).

Für die anderen Varianten einer SE-Gründung wird das Mehrheitserfordernis jeweils **auf** 31 **zwei Drittel erhöht** und zudem müssen die mit „Ja" stimmenden Mitglieder die Arbeitnehmer in **mind. zwei Mitgliedstaaten** vertreten. Wie bei der Grundregel in Art. 3 IV UAbs. 1 S. 1 kommt es für die Ermittlung der qualifizierten Mehrheit nicht auf die anwesenden Mitglieder, sondern auf die Mitglieder an, aus denen das besondere Verhandlungsgremium tatsächlich besteht (→ Rn. 27). Arbeitnehmer aus Mitgliedstaaten, die mangels Bestellung oder Wahl eines Vertreters nicht im besonderen Verhandlungsgremium vertreten sind, bleiben bei der Ermittlung, ob die mit „Ja" stimmenden Mitglieder „mind. zwei Drittel der Arbeitnehmer vertreten", unberücksichtigt (→ Rn. 27). Dies ergibt sich aus einem zweckgerechten Verständnis des qualifizierten Mehrheitserfordernisses und harmoniert mit der Voraussetzung, dass bei der qualifizierten Mehrheit unter den Mitgliedern im besonderen Verhandlungsgremium ebenfalls nur die tatsächlich bestellten oder gewählten Vertreter aus den Mitgliedstaaten zu berücksichtigen sind (→ Rn. 27).

Das qualifizierte Mehrheitserfordernis knüpft an eine infolge der Beteiligungsvereinbarung eintretende **Minderung der Mitbestimmungsrechte** an. Hierfür kommt es 32 wegen der Legaldefinition in Art. 2 lit. k ausschließlich auf den Einfluss der Arbeitnehmer im Hinblick auf die Mitglieder im Aufsichts- oder Verwaltungsorgan an. Eine Minderung im Bereich der **Unterrichtung und Anhörung** oder bei sonstigen Beteiligungsrechten löst das Erfordernis einer qualifizierten Mehrheit nicht aus (KK-AktG/*Feuerborn* SEBG § 15 Rn. 18; LHT/*Oetker* SEBG § 15 Rn. 18; AKRR/*Rudolph* SEBG § 15 Rn. 9). Auch im Hinblick auf die Mitbestimmung ist für die Minderung keine Gesamtbetrachtung anzustellen, vielmehr ist nach Art. 3 IV UAbs. 2 ausschließlich der „Anteil der Mitglieder der Organe" maßgebend, wobei der **Anteil** in dem Organ der SE mit den bei den beteiligten Gesellschaften anzutreffenden Anteilen zu vergleichen ist. Die Anteile bei betroffenen Tochtergesellschaften bleiben hingegen unberücksichtigt. Da Art. 3 IV UAbs. 2 ausdrücklich auf den „Anteil" abstellt, führt eine **geringere Anzahl** von Mitgliedern im Organ, bezüglich derer ein Mitbestimmungsrecht iSv Art. 2 lit. k besteht, nicht zu einer Minderung der Mitbestimmungsrechte iSv Art. 3 IV UAbs. 1 S. 3 (ebenso zu § 15 IV SEBG Begr. RegE, BT-Drs. 15/3405, 50; KK-AktG/*Feuerborn* SEBG § 15 Rn. 25; NFK/*Freis* SEBG § 15 Rn. 21; UHH/*Henssler* SEBG § 15 Rn. 14; MüKoAktG/*Jacobs* SEBG § 15 Rn. 12; *Joost* EAS B 8200, Rn. 93; LHT/*Oetker* SEBG § 15 Rn. 20; AKRR/*Rudolph* SEBG § 15 Rn. 15). Entsprechendes gilt im Hinblick auf die **Zusammensetzung der Organmitglieder** sowie deren **Rechtsstellung**.

Zusätzlich fordert Art. 3 IV UAbs. 1 S. 3 für das Erfordernis einer qualifizierten doppelten 33
Mehrheit, dass die **Mitbestimmung** bei den beteiligten Gesellschaften ein bestimmtes Maß

an **Repräsentativität** erlangt hat. Maßgeblich ist hierfür nicht die Zahl der Arbeitnehmer, die in dem besonderen Verhandlungsgremium vertreten sind, sondern die „Gesamtzahl" der Arbeitnehmer, so dass auch diejenigen Arbeitnehmer aus Mitgliedstaaten zu berücksichtigen sind, die nicht im besonderen Verhandlungsgremium vertreten sind. Für das nach Art. 3 IV UAbs. 1 S. 3 maßgebliche Quorum (25 % oder 50 %) sind alle Arbeitnehmer zu berücksichtigen, auf die sich die Mitbestimmung erstreckt und nicht nur diejenigen, die von dem höchsten Anteil bei den beteiligten Gesellschaften profitieren. Ebenso ist der Anteil der Arbeitnehmer, die von einer Minderung betroffen sind, unerheblich für die Bemessung des Arbeitnehmerquorums (so auch zu § 15 III SEBG Begr. RegE, BT-Drs. 15/3405, 49; KK-AktG/*Feuerborn* SEBG § 15 Rn. 14; UHH/*Henssler* SEBG § 15 Rn. 7; MüKoAktG/*Jacobs* SEBG § 15 Rn. 7; *Joost* EAS B 8200, Rn. 96; LHT/*Oetker* SEBG § 15 Rn. 29; AKRR/ *Rudolph* SEBG § 15 Rn. 11). Die **Höhe des maßgeblichen Arbeitnehmerquorums** richtet sich nach der Gründungsvariante für die SE. Während für die **Verschmelzung** eine Erstreckung auf mind. 25 % der Arbeitnehmer ausreicht, beträgt das Quorum bei der Gründung einer SE als **Holdinggesellschaft** oder **Tochtergesellschaft** mind. 50 % der Arbeitnehmer. Durch den offenen Wortlaut der Richtlinie („Tochtergesellschaft") wird nicht nur die primäre Gründung einer Tochter-SE (Art. 2 III SE-VO), sondern auch die **sekundäre Gründung** einer SE als Tochtergesellschaft der SE (Art. 3 II SE-VO) erfasst, sofern diese ebenfalls in den Anwendungsbereich der RL 2001/86/EG einbezogen wird (→ Art. 1 Rn. 5 f.).

34   Die Vorgaben in Art. 3 IV UAbs. 1 S. 3 und UAbs. 2 sind in **§ 15 III und IV SEBG** umgesetzt und entsprechen diesen nahezu wörtlich; bei § 15 IV SEBG wird die Legaldefinition für eine „Minderung der Mitbestimmungsrechte" um die Legaldefinition zur Mitbestimmung in § 2 XII SEBG ergänzt. Abweichend von Art. 3 IV UAbs. 1 S. 3 legt jedoch § 15 III 2 SEBG den Kreis der bei der „Gesamtzahl" zu berücksichtigenden Arbeitnehmer fest, da hierfür nicht nur die Arbeitnehmer der beteiligten Gesellschaften iSv § 2 II SEBG, sondern auch diejenigen der **betroffenen Tochtergesellschaften** iSv § 2 IV SEBG zu berücksichtigen sind. In dieser Ausdehnung der für das Arbeitnehmerquorum relevanten Gesamtzahl auf die betroffenen Tochtergesellschaften, wird verbreitet ein Verstoß gegen Art. 3 IV UAbs. 1 S. 3 gesehen (so *Cannistra* 186; KK-AktG/*Feuerborn* SEBG § 15 Rn. 17 ff.; *Grobys* NZA 2004, 779 [781]; UHH/*Henssler* SEBG § 15 Rn. 9 f.; *Rehberg* ZGR 2005, 859 [889]; AKRR/*Rudolph* SEBG § 15 Rn. 13; *Scheibe* 114 ff.; **aA** NFK/*Freis* SEBG § 15 Rn. 14 ff.; Habersack/Drinhausen/*Hohenstatt/Müller-Bonanni* SEBG § 15 Rn. 7; MüKoAktG/*Jacobs* SEBG § 15 Rn. 10; *Joost* EAS B 8200, Rn. 97), mit der Folge, dass die bei Tochtergesellschaften beschäftigten Arbeitnehmer für das notwendige Arbeitnehmerquorum nicht zu berücksichtigen sein sollen. Dem Gebot einer unionsrechtskonformen Auslegung steht indes der ausdrücklich bekundete Wille des Gesetzgebers entgegen (*Kumpf* 49).

35   Der offenkundige Widerspruch zu Art. 3 IV UAbs. 1 S. 3 besteht allerdings nur, wenn infolge der Berücksichtigung der bei Tochtergesellschaften beschäftigten Arbeitnehmer das nach Art. 3 IV UAbs. 1 S. 3 notwendige Quorum nicht erreicht wird, dies jedoch der Fall wäre, wenn ausschließlich auf die Arbeitnehmer abgestellt wird, die bei beteiligten Gesellschaften beschäftigt sind (treffend auch KK-AktG/*Feuerborn* SEBG § 15 Rn. 22). In dieser Konstellation könnte das besondere Verhandlungsgremium eine Minderung der Mitbestimmungsrechte nach § 15 II SEBG mit der doppelten absoluten Mehrheit beschließen, obwohl Art. 3 IV UAbs. 1 S. 3 ausdrücklich eine doppelte Mehrheit von zwei Dritteln vorgibt. Die Vorgabe der Richtlinie ließe sich in diesem Fall am ehesten durch eine unionsrechtlich gebotene einschränkende Auslegung von § 15 III SEBG durchsetzen, dass die bei betroffenen Tochtergesellschaften beschäftigten Arbeitnehmer nur dann bei der Gesamtzahl der Arbeitnehmer zu berücksichtigen sind, wenn das notwendige Quorum nicht bereits bei alleiniger Berücksichtigung der Arbeitnehmer erfüllt wird, die bei beteiligten Gesellschaften beschäftigt sind. Bei dieser Sichtweise könnte allenfalls beanstandet werden, dass § 15 III SEBG für eine Minderung der Mitbestimmungsrechte geringere Anforderungen aufstellt als Art. 3 IV UAbs. 1 S. 3. Dem auch für diese Fallgestaltung erhobenen Vorwurf der Richt-

linienwidrigkeit (so KK-AktG/*Feuerborn* SEBG § 15 Rn. 21; *Kallmeyer* ZIP 2004, 1442 [1443]; AKRR/*Rudolph* SEBG § 15 Rn. 13) kann entgegen gehalten werden, dass der Zweck des qualifizierten Mehrheitserfordernisses ausschließlich darin besteht, jedenfalls in den von Art. 3 IV UAbs. 1 S. 3 genannten Sachverhalten eine breite Repräsentativität der Beschlussmehrheit zu gewährleisten, so dass es dem Zweck der Richtlinienbestimmung nicht widerspricht, wenn die Mitgliedstaaten das Erfordernis einer qualifizierten doppelten Mehrheit auf weitere Sachverhalte ausdehnen (ebenso MüKoAktG/*Jacobs* SEBG § 15 Rn. 10; **aA** *Kallmeyer* ZIP 2004, 1442 [1443]; AKRR/*Rudolph* SEBG § 15 Rn. 13).

F. Abschluss des Verhandlungsverfahrens

I. Nichtaufnahme und Abbruch des Verhandlungsverfahrens

Für das besondere Verhandlungsgremium begründet die Richtlinie trotz des von ihr postulierten Vorrangs zugunsten einer Verhandlungslösung (Art. 1 II) **keine Rechtspflicht** zum Abschluss einer Beteiligungsvereinbarung. Entsprechend Art. 5 V RL 2009/38/EG (→ RL 2009/38/EG Art. 5 Rn. 27 ff.), der inhaltsgleich bereits in Art. 5 RL 94/45/EG enthalten war, steht es im Ermessen des besonderen Verhandlungsgremiums, die Nichtaufnahme oder den Abbruch des Verhandlungsverfahrens zu beschließen (Art. 3 VI UAbs. 1). Hierfür bedarf es jedoch – wie bei einer Minderung der Mitbestimmungsrechte – eines mit doppelt qualifizierter Mehrheit von zwei Drittel gefassten Beschlusses, wobei Art. 3 VI UAbs. 2 ebenfalls fordert, dass die für den Verhandlungsabbruch stimmenden Mitglieder des besonderen Verhandlungsgremiums Arbeitnehmer in mind. zwei Mitgliedstaaten vertreten. Für die Ermittlung der Arbeitnehmerzahl sind – wie iRv Art. 3 IV UAbs. 1 S. 1 – nicht nur die Arbeitnehmer der beteiligten Gesellschaften iSv Art. 2 lit. b, sondern auch die bei betroffenen Tochtergesellschaften und betroffenen Betrieben iSv Art. 2 lit. d beschäftigten Arbeitnehmer zu berücksichtigen (→ Rn. 28). **36**

Da Art. 4 IV für eine SE-Gründung durch **Umwandlung** ausschließen will, dass infolge einer Beteiligungsvereinbarung eine Minderung der Mitbestimmungsrechte eintritt, verhindert Art. 3 VI UAbs. 3 auch eine Disposition des besonderen Verhandlungsgremiums über das Verhandlungsverfahren, wenn in einer umzuwandelnden Gesellschaft Mitbestimmungsrechte bestehen. In Betracht kommt bei dieser Gründungsvariante ein Beschluss nach Art. 3 VI UAbs. 1 deshalb nur in mitbestimmungsfreien Aktiengesellschaften (zu § 16 SEBG ebenso MMS/*Evers* SEBG § 16 Rn. 8; Habersack/Drinhausen/*Hohenstatt/Müller-Bonanni* SEBG § 16 Rn. 1; LHT/*Oetker* SEBG § 16 Rn. 7), also zB solchen, die wegen zu geringer Arbeitnehmerzahl nicht der Mitbestimmung nach dem DrittelbG unterliegen oder bei denen eine Mitbestimmung aus Gründen des Tendenzschutzes (§ 1 II 1 Nr. 2 DrittelbG, § 1 IV MitbestG) ausgeschlossen ist (s. näher LHT/*Oetker* SEBG § 15 Rn. 7). **37**

Fasst das besondere Verhandlungsgremium mit doppelt qualifizierter Mehrheit den Beschluss, die Verhandlungen nicht aufzunehmen oder ein bereits eingeleitetes Verhandlungsverfahren abzubrechen, ist das auf den Abschluss einer Beteiligungsvereinbarung gerichtete Verhandlungsverfahren abgeschlossen (Art. 3 VI UAbs. 1 S. 2). Mit dem Beschluss endet zugleich die **Amtszeit** des besonderen Verhandlungsgremiums, ohne dass hierdurch die **Gründung der SE** beeinträchtigt wird (ebenso zu § 16 SEBG statt aller KK-AktG/*Feuerborn* SEBG § 16 Rn. 12; UHH/*Henssler* SEBG § 16 Rn. 4; MüKoAktG/*Jacobs* SEBG § 16 Rn. 4; LHT/*Oetker* SEBG § 16 Rn. 15 mwN). Vielmehr legt Art. 12 II SE-VO ausdrücklich fest, dass eine SE auch dann in das **Register** einzutragen ist, wenn ein Beschluss nach Art. 3 VI gefasst worden ist. **38**

Ebenso wie Art. 5 V UAbs. 3 RL 2009/38/EG legt Art. 3 VI UAbs. 1 S. 3 fest, dass für den Fall eines entsprechenden Beschlusses die **gesetzliche Auffangregelung** insgesamt nicht zur Anwendung gelangt (→ RL 2009/38/EG Art. 5 Rn. 29). Das gilt nicht nur für die Mitbestimmung, sondern auch für die Unterrichtung und Anhörung, so dass die **39**

Errichtung eines SE-Betriebsrats kraft Gesetzes nicht möglich ist. Demgegenüber bleiben – wie Art. 3 VI UAbs. 1 S. 1 ausdrücklich festhält – die in den Mitgliedstaaten geltenden Bestimmungen zur Unterrichtung und Anhörung der Arbeitnehmer uneingeschränkt anwendbar. Das gilt auch für die Bestimmungen in den Mitgliedstaaten zur Errichtung eines Europäischen Betriebsrats, da wegen Art. 13 I UAbs. 2 die Bestimmungen der RL 2009/38/EG sowie die zu ihrer Umsetzung geschaffenen Gesetze in den Mitgliedstaaten durch einen nach Art. 3 VI UAbs. 1 gefassten Beschluss des besonderen Verhandlungsgremiums bei der SE nicht berührt werden (→ Art. 13 Rn. 3).

40 Durch den Beschluss iSv Art. 3 VI UAbs. 1 muss die Installierung einer Beteiligung der Arbeitnehmer nach Maßgabe der RL 2001/86/EG nicht dauerhaft ausgeschlossen sein. Vielmehr ist in dieser Konstellation Art. 3 VI UAbs. 4 anwendbar, der die Möglichkeit eröffnet, eine **Wiederaufnahme der Verhandlungen** einzuleiten (näher → Rn. 46 ff.).

41 Die zur **Umsetzung** von Art. 3 VI UAbs. 1–3 geschaffene Bestimmung in § 16 SEBG übernimmt die Vorgaben der Richtlinie mit fast identischem Wortlaut; § 16 II SEBG stellt mit den dort genannten Vorschriften lediglich eine auf die deutsche Rechtslage zugeschnittene Anpassung dar. Ergänzend verpflichtet § 17 S. 1 SEBG zur Aufnahme des Beschlusses in eine vom Vorsitzenden und einem weiteren Mitglied des besonderen Verhandlungsgremiums unterzeichnete Niederschrift, von der den Leitungen der an der Gründung der SE beteiligten Gesellschaften eine Abschrift zu übermitteln ist (§ 17 S. 2 SEBG). Diese sind hierauf angewiesen, um gegenüber dem Registergericht das Vorliegen eines nach § 16 I SEBG gefassten Beschlusses nachzuweisen, damit die SE in das Register eingetragen werden kann (s. Art. 12 II SE-VO; → Rn. 38).

42 Die Anwendung der in Deutschland geltenden Gesetze zur Unterrichtung und Anhörung auf die SE stellt § 47 I SEBG sicher, der zudem in Nr. 2 ausdrücklich festhält, dass das EBRG auf die SE Anwendung findet, wenn das besondere Verhandlungsgremium einen Beschluss über die Nichtaufnahme oder den Abbruch des Verhandlungsverfahrens gefasst hat (MMS/*Evers* SBRG § 16 Rn. 19; KK-AktG/*Feuerborn* SEBG § 16 Rn. 10; UHH/*Henssler* SEBG § 16 Rn. 5; MüKoAktG/*Jacobs* SEBG § 16 Rn. 4; LHT/*Oetker* SEBG § 16 Rn. 19). Schließlich ermöglicht § 18 Abs. 1 SEBG in diesem Fall die Wiedereinleitung eines Verhandlungsverfahrens, wenn das besondere Verhandlungsgremium einen Beschluss iSv § 16 I SEBG gefasst hat (→ Rn. 50).

II. Abschluss einer Beteiligungsvereinbarung

43 Das Verhandlungsverfahren endet ferner mit dem Abschluss einer Beteiligungsvereinbarung. Da auch diese dazu führt, dass die SE in das Register eingetragen wird (s. Art. 12 II SE-VO), sieht § 17 S. 1 Nr. 1 SEBG vor, dass der Beschluss über den Abschluss einer Beteiligungsvereinbarung in der vom Vorsitzenden und einem weiteren Mitglied des besonderen Verhandlungsgremiums zu unterzeichnenden Niederschrift aufzunehmen ist. Damit die Leitungen gegenüber dem Registergericht den Nachweis über das Vorliegen einer Beteiligungsvereinbarung erbringen können, ist ihnen eine Abschrift der Niederschrift zuzuleiten (§ 17 S. 2 SEBG).

III. Anwendung der gesetzlichen Auffangregelung

44 Abgeschlossen ist das Verhandlungsverfahren auch, wenn die Voraussetzungen für das Eingreifen der gesetzlichen Auffangregelung vorliegen, insbesondere die Verhandlungsfrist (Art. 5) abgelaufen ist (Art. 7 I UAbs. 2; Art. 7 → Rn. 7). Auch in diesem Fall kann die SE in das Register eingetragen werden (Art. 12 II SE-VO), sofern das zuständige Organ jeder der an der SE-Gründung beteiligten Gesellschaften der Fortsetzung des Verfahrens zur Eintragung der SE zugestimmt haben (Art. 7 I UAbs. 2 lit. b erster Gedankenstrich; → Art. 7 Rn. 7).

G. Wiederaufnahme der Verhandlungen

Die Wiederaufnahme eines abgeschlossenen Verhandlungsverfahrens sieht die Richtlinie 45
in vier Fallgestaltungen vor.

I. Wiederaufnahme nach Art. 3 VI UAbs. 4

Eine Wiederaufnahme des Verhandlungsverfahrens sieht Art. 3 VI UAbs. 4 vor, wenn das 46
besondere Verhandlungsgremium einen Beschluss iSv Art. 3 VI UAbs. 1 S. 1 gefasst hat, die
Verhandlungen nicht aufzunehmen oder ein bereits begonnenes Verhandlungsverfahren
abzubrechen. Hierfür bedarf es indes eines **schriftlichen Antrags,** zu dessen Stellung
sowohl die **Arbeitnehmer** als auch deren **Vertreter** berechtigt sind (Art. 3 VI UAbs. 4
S. 1). Voraussetzung hierfür ist in **beiden Varianten,** dass ein auf die Arbeitnehmer
bezogenes **Quorum von 10 %** erfüllt wird. Das gilt nicht nur für einen unmittelbar von
den Arbeitnehmern gestellten Antrag, sondern auch, wenn dieser von Arbeitnehmervertretern gestellt wird. In dem letztgenannten Fall bezieht sich Quorum von 10 % auf die Zahl
der von den Arbeitnehmervertretern repräsentierten Arbeitnehmer (ebenso zu § 18 I SEBG
MMS/*Evers* SEBG § 18 Rn. 4; UHH/*Henssler* SEBG Rn. 4; Habersack/Drinhausen/*Hohenstatt*/*Müller-Bonanni* SEBG § 18 Rn. 2; LHT/*Oetker* SEBG § 18 Rn. 11; AKRR/*Rudolph* SEBG § 18 Rn. 3; **aA** KK-AktG/*Feuerborn* SEBG § 18 Rn. 7; MüKoAktG/*Jacobs*
SEBG § 18 Rn. 3). Bemessungsmaßstab für das Quorum sind nicht nur die bei der SE
beschäftigten Arbeitnehmer. Diese bilden vielmehr gemeinsam mit den Arbeitnehmern, die
bei Tochtergesellschaften der SE und ihren Betrieben beschäftigt sind, eine Gesamtbelegschaft. Abweichend von Art. 5 V UAbs. 3 iVm Art. 5 I RL 2009/38/EG kommt es iRv
Art. 3 VI UAbs. 4 S. 1 nicht darauf an, ob die (vertretenen) Arbeitnehmer in mind. zwei
Mitgliedstaaten beschäftigt sind.

Wie Art. 5 V UAbs. 3 RL 2009/38/EG fordert Art. 3 VI UAbs. 4 S. 1 für die Wieder- 47
aufnahme des Verhandlungsverfahrens den Ablauf einer **Karenzfrist** von zwei Jahren,
sofern die Parteien nicht eine frühere Wiederaufnahme der Verhandlungen vereinbart
haben. Hinsichtlich der weiteren Einzelheiten ist wegen des übereinstimmenden Richtlinieninhalts auf die Erläuterungen zu Art. 5 V UAbs. 3 RL 2009/38/EG zu verweisen
(→ RL 2009/38/EG Art. 5 Rn. 30 f.).

Unpräzise ist Art. 3 VI UAbs. 4 S. 1 hinsichtlich des **besonderen Verhandlungsgremi-** 48
ums für das wieder aufzunehmende Verhandlungsverfahren. Der Wortlaut der Richtlinie
(„wieder einberufen") deutet darauf hin, dass ein zuvor bestehendes besonderes Verhandlungsgremium reaktiviert wird, das den Beschluss zur Nichtaufnahme oder zum Abbruch
des Verhandlungsverfahrens gefasst hat. Dem steht jedoch entgegen, dass die Arbeitnehmer,
die von dem ursprünglich gebildeten besonderen Verhandlungsgremium vertreten wurden,
nicht mehr mit denjenigen identisch sind, die nach Art. 3 VI UAbs. 4 S. 1 antragsberechtigt
sind, und für die iRd erneut aufgenommenen Verhandlungen eine Beteiligungsvereinbarung abgeschlossen werden soll. Besonders deutlich ist dies bei der Gründung einer
Holding-SE und einer Tochter-SE. Der Zweck des wieder aufgenommenen Verhandlungsverfahrens spricht deshalb dafür, dass nach Maßgabe des vor Art. 3 I vorgegebenen Prozederes ein neues besonderes Verhandlungsgremium zu bilden ist (auch → Rn. 50). Im
Übrigen sind die für das ursprüngliche Verhandlungsverfahren geltenden Bestimmungen
auch für das erneute Verhandlungsverfahren maßgebend. Das gilt auch für die in Art. 5
festgelegte **Verhandlungsdauer,** wenngleich der bei deren Bemessung maßgebende und
auf das Gründungsverfahren bezogene Beschleunigungsgedanke (→ Art. 5 Rn. 1) für die
wieder aufgenommenen Verhandlungen keine Bedeutung hat.

Das nach Art. 3 VI UAbs. 4 eingeleitete **Verhandlungsverfahren endet** durch Abschluss 49
einer Beteiligungsvereinbarung oder Ablauf der Verhandlungsfrist in Art. 5. Im Gegensatz
zu der Vorgabe in Art. 7 I UAbs. 2 lit. b, aber in Übereinstimmung mit der Rechtsfolge in

Art. 5 V UAbs. 3 RL 2009/38/EG (→ RL 2009/38/EG Art. 5 Rn. 29), greift die gesetzliche Auffangregelung beim Ablauf der Verhandlungsfrist ohne Abschluss einer Beteiligungsvereinbarung nicht ein; Art. 3 VI UAbs. 4 S. 2 hält dies ausdrücklich fest. Das nach Art. 3 VI UAbs. 4 UAbs. 1 S. 1 eingeleitete Verhandlungsverfahren kann ferner enden, wenn das neu gebildete besondere Verhandlungsgremium wiederum einen Beschluss fasst, die Verhandlungen nicht aufzunehmen oder diese abzubrechen. Auch in diesem Fall findet die gesetzliche Auffangregelung keine Anwendung (Art. 3 VI UAbs. 1 S. 3).

50 Die zur **Umsetzung** geschaffenen Bestimmungen in § 18 I und II SEBG haben die Vorgaben in Art. 3 VI in der Regel wörtlich übernommen bzw. diese an die übrigen Bestimmungen des SEBG angepasst. Deutlicher als bei der Richtlinie ergibt sich bereits aus dem Wortlaut von § 18 I 1 SEBG, dass für das erneut eingeleitete Verhandlungsverfahren ein neues besonderes Verhandlungsgremium zu bilden ist („ein" statt „das"; ebenso KK-AktG/*Feuerborn* SEBG § 16 Rn. 10; *Krause* BB 2005, 1221 [1225]; LHT/*Oetker* SEBG § 16 Rn. 19; AKRR/*Rudolph* SEBG § 16 Rn. 9). Für das erneut eingeleitete Verhandlungsverfahren ist anerkannt, dass dieses nicht nur durch Abschluss einer Beteiligungsvereinbarung oder den Ablauf der nach § 20 SEBG zu bemessenden Verhandlungsfrist, sondern auch durch einen vom besonderen Verhandlungsgremium nach § 16 SEBG gefassten Beschluss enden kann.

II. Neuverhandlungen kraft Vereinbarung, Art. 4 II lit. h

51 Auch nach Abschluss einer Beteiligungsvereinbarung kann es zu einem erneuten Verhandlungsverfahren kommen, wenn die Parteien dies in der Beteiligungsvereinbarung festgelegt haben. Art. 4 II lit. h sieht dies als zulässigen Inhalt der Vereinbarung an („wird … festgelegt") (→ Art. 4 Rn. 10). Für diesen Fall sind nicht nur die maßgeblichen Sachverhalte konkret zu benennen, die Neuverhandlungen auslösen, sondern auch die Vorschriften festzulegen, die in diesem Fall zur Anwendung gelangen. Das betrifft insbesondere die Regelungen zur Bildung des Verhandlungsgremiums auf Arbeitnehmerseite.

III. Strukturelle Änderungen

52 Wenn die Parteien von der in Art. 4 II lit. h vorgesehenen Möglichkeit einer Neuverhandlungsklausel keinen Gebrauch gemacht haben, sieht die Richtlinie – im Unterschied zu Art. 13 RL 2009/38/EG keine ausdrückliche Regelung vor, wenn nach Eintragung der SE bei dieser strukturelle Änderungen eintreten. Gestützt auf Erwägungsgrund 18 zur RL 2001/86/EG hat jedoch der deutsche Umsetzungsgesetzgeber dieser Konstellation mit **§ 18 III SEBG** Rechnung getragen, im Unterschied zu Art. 13 RL 2009/38/EG und § 37 EBRG jedoch davon absehen, ein erneutes Verhandlungsverfahren bereits bei Eintritt einer strukturellen Änderung vorzusehen, sondern § 18 III 1 SEBG fordert zusätzlich die Möglichkeit, dass die strukturelle Änderung zu einer Minderung der Beteiligungsrechte führt (dazu zB LHT/*Oetker* SEBG § 18 Rn. 30 ff. mwN). Im Unterschied zu § 37 II EBRG verzichtet § 18 III 1 SEBG zudem auf eine Konkretisierung der **„strukturellen Änderungen"**, was zu einer tiefgreifenden Kontroverse im Schrifttum über die hiervon erfassten Sachverhalte geführt hat (dazu näher LHT/*Oetker* SEBG § 18 Rn. 20 ff. mwN).

IV. Wechsel aus der gesetzlichen Auffangregelung, Anhang Teil 1 lit. g

53 Die Durchführung eines erneuten Verhandlungsverfahrens ist in den Mitgliedstaaten ferner in der gesetzlichen Auffangregelung vorzusehen. Insoweit gibt Teil 1 lit. g des Anhangs zur RL 2001/86/EG – ebenso wie Abs. 1 lit. f des Anhangs I zur RL 2009/38/EG – vor, dass das kraft Gesetzes errichtete Vertretungsorgan (SE-Betriebsrat) vier Jahre nach dessen Einsetzung beschließen kann, ein erneutes Verhandlungsfahren zum Abschluss einer Beteiligungsvereinbarung einzuleiten. Wegen des mit Abs. 1 lit. f des Anhangs I zur RL

2009/38/EG übereinstimmenden Wortlauts ist hinsichtlich der weiteren Einzelheiten auf die dortigen Erläuterungen zu verweisen (→ RL 2009/38/EG Anhang I Rn. 15 ff.).

Art. 4 Inhalt der Vereinbarung

(1) Das jeweils zuständige Organ der beteiligten Gesellschaften und das besondere Verhandlungsgremium verhandeln mit dem Willen zur Verständigung, um zu einer Vereinbarung über die Beteiligung der Arbeitnehmer innerhalb der SE zu gelangen.

(2) Unbeschadet der Autonomie der Parteien und vorbehaltlich des Absatzes 4 wird in der schriftlichen Vereinbarung nach Absatz 1 zwischen dem jeweils zuständigen Organ der beteiligten Gesellschaften und dem besonderen Verhandlungsgremium Folgendes festgelegt:

a) der Geltungsbereich der Vereinbarung,
b) die Zusammensetzung des Vertretungsorgans als Verhandlungspartner des zuständigen Organs der SE im Rahmen der Vereinbarung über die Unterrichtung und Anhörung der Arbeitnehmer der SE und ihrer Tochtergesellschaften und Betriebe sowie die Anzahl seiner Mitglieder und die Sitzverteilung,
c) die Befugnisse und das Verfahren zur Unterrichtung und Anhörung des Vertretungsorgans,
d) die Häufigkeit der Sitzungen des Vertretungsorgans,
e) die für das Vertretungsorgan bereitzustellenden finanziellen und materiellen Mittel,
f) die Durchführungsmodalitäten des Verfahrens oder der Verfahren zur Unterrichtung und Anhörung für den Fall, dass die Parteien im Laufe der Verhandlungen beschließen, eines oder mehrere solcher Verfahren zu schaffen, anstatt ein Vertretungsorgan einzusetzen,
g) der Inhalt einer Vereinbarung über die Mitbestimmung für den Fall, dass die Parteien im Laufe der Verhandlungen beschließen, eine solche Vereinbarung einzuführen, einschließlich (gegebenenfalls) der Zahl der Mitglieder des Verwaltungs- oder des Aufsichtsorgans der SE, welche die Arbeitnehmer wählen oder bestellen können oder deren Bestellung sie empfehlen oder ablehnen können, der Verfahren, nach denen die Arbeitnehmer diese Mitglieder wählen oder bestellen oder deren Bestellung empfehlen oder ablehnen können, und der Rechte dieser Mitglieder,
h) der Zeitpunkt des Inkrafttretens der Vereinbarung und ihre Laufzeit, die Fälle, in denen die Vereinbarung neu ausgehandelt werden sollte, und das bei ihrer Neuaushandlung anzuwendende Verfahren.

(3) Sofern in der Vereinbarung nichts anderes bestimmt ist, gilt die Auffangregelung des Anhangs nicht für diese Vereinbarung.

(4) Unbeschadet des Artikels 13 Absatz 3 Buchstabe a muss in der Vereinbarung im Falle einer durch Umwandlung gegründeten SE in Bezug auf alle Komponenten der Arbeitnehmerbeteiligung zumindest das gleiche Ausmaß gewährleistet werden, das in der Gesellschaft besteht, die in eine SE umgewandelt werden soll.

Übersicht

	Rn.
A. Allgemeines	1
B. Verhandlungsmaxime	3
C. Abschluss der Vereinbarung	4
D. Rechtsnatur der Vereinbarung	6
E. Inhalt der Vereinbarung	7
I. Allgemeines	7
II. Allgemeine Vereinbarungsinhalte	9
III. Unterrichtung und Anhörung	11
IV. Mitbestimmung	14
V. Vereinbarungsschranken bei SE-Gründung durch Umwandlung	20

A. Allgemeines

1 Die Vorschrift enthält die Zentralnorm für die von der Richtlinie als primärer Konfliktlösungsmechanismus vorgesehene Beteiligungsvereinbarung, die zwischen den jeweils zuständigen Organen der beteiligten Gesellschaften und dem besonderen Verhandlungsgremium abzuschließen ist. Insoweit findet sie in **Art. 6 RL 2009/38/EG** sowie in **Art. 4 RL 2003/72/EG** eine Parallele (→ RL 2009/38/EG Art. 6 Rn. 1 ff.); ferner verweist **Art. 16 III lit. b RL 2005/56/EG** für die Mitbestimmung bei grenzüberschreitenden Verschmelzungen auf Art. 4 soweit dieser allg. Vorgaben für Regelungen zur Mitbestimmung trifft (→ RL 2005/56/EG Art. 16 Rn. 32 ff.).

2 Die Vorgaben in Art. 4 sind in Deutschland insbesondere in **§ 21 SEBG** umgesetzt worden; bezüglich der Verhandlungsmaxime greift § 13 I 2 SEBG die Vorgabe aus Art. 4 I auf und verpflichtet die Leitungen sowie das besondere Verhandlungsgremium im Hinblick auf den Abschluss einer Beteiligungsvereinbarung zu einer vertrauensvollen Zusammenarbeit (→ Rn. 3 ff.).

B. Verhandlungsmaxime

3 Als Maxime für die Verhandlungen zwischen den zuständigen Organen der beteiligten Gesellschaften sowie dem besonderen Verhandlungsgremium gibt Art. 4 I vor, dass diese mit dem „Willen zur Verständigung" zu führen sind (ebenso Art. 4 I RL 2003/72/EG). Sachlich entspricht dies dem Postulat in Art. 6 I RL 2009/38/EG, die Verhandlungen im „Geiste der Zusammenarbeit" zu führen, so dass die Auslegungsergebnisse zu Art. 6 I RL 2009/38/EG (→ RL 2009/38/EG Art. 6 Rn. 2 ff.) auch für Art. 4 I Gültigkeit beanspruchen. Deshalb sind **Arbeitskampfmaßnahmen** weder mit Art. 4 I noch mit dem zur Umsetzung geschaffenen § 13 I 2 SEBG vereinbar (KK-AktG/*Feuerborn* SEBG § 13 Rn. 7; NFK/*Freis* SEBG § 13 Rn. 5; UHH/*Henssler* SEBG § 13 Rn. 2; MüKoAktG/*Jacobs* § 13 Rn. 3; LHT/*Oetker* SEBG § 13 Rn. 7 mwN). Ferner lässt sich aus Art. 4 I weder zugunsten der Leitungen noch für das besondere Verhandlungsgremium ein **Anspruch auf Verhandlungen** ableiten (KK-AktG/*Feuerborn* SEBG § 13 Rn. 8; UHH/*Henssler* SEBG § 13 Rn. 2; MüKoAktG/*Jacobs* SEBG § 13 Rn. 3; LHT/*Oetker* SEBG § 13 Rn. 7; *Rieble* BB 2006, 2018 [2020]). Vielmehr bildet die zeitliche Begrenzung der Verhandlungen in Art. 5 sowie die beim Scheitern der Verhandlungen eingreifende gesetzliche Auffangregelung einen abschließenden Mechanismus bei einer passiven Verhandlungsführung.

C. Abschluss der Vereinbarung

4 Der rechtswirksame Abschluss einer Beteiligungsvereinbarung verlangt übereinstimmende Erklärungen beider Verhandlungsparteien. Für das besondere Verhandlungsgremium gibt dessen **Vorsitzender** die Erklärung ab (Habersack/Drinhausen/*Hohenstatt/Müller-Bonanni* SEBG § 21 Rn. 3; LHT/*Oetker* SEBG § 21 Rn. 19 mwN; aA KK-AktG/*Feuerborn* SEBG § 21 Rn. 9: Unterzeichnung durch alle Mitglieder des besonderen Verhandlungsgremiums), die auf einem rechtswirksam gefassten **Beschluss des Gremiums** mit der nach Art. 3 IV zu bestimmenden Mehrheit beruhen muss (→ Art. 3 Rn. 26 ff.). IRd **SEBG** gilt dies entsprechend, wobei sich das für den Abschluss der Beteiligungsvereinbarung notwendige Mehrheitsquorum aus § 15 II und III SEBG ergibt. Ergänzend ist der Beschluss sowie die Mehrheit, mit der dieser gefasst wurde, in eine vom Vorsitzenden und einem weiteren Mitglied des besonderen Verhandlungsgremiums zu unterzeichnende **Niederschrift** aufzunehmen (§ 17 S. 1 SEBG), ohne dass es sich hierbei jedoch um eine Wirksamkeitsvoraussetzung für den Beschluss handelt (KK-AktG/*Feuerborn* SEBG § 17 Rn. 6; GLF/*Fleischmann*

§ 2 Rn. 240; NFK/*Freis* SEBG § 17 Rn. 3 UHH/*Henssler* SEBG § 17 Rn. 2; LHT/*Oetker* SEBG § 17 Rn. 9; **aA** MMS/*Evers* SEBG § 17 Rn. 1; MüKoAktG/*Jacobs* SEBG § 17 Rn. 1). Da Art. 12 II SE-VO die Eintragung der SE im Register mit dem Abschluss einer Beteiligungsvereinbarung verknüpft, hat der Vorsitzende des besonderen Verhandlungsgremiums den Leitungen eine **Abschrift** der Niederschrift zu übermitteln (s. § 17 S. 2 SEBG), damit diese gegenüber dem Registergericht den Abschluss des Verhandlungsverfahrens dokumentieren können.

Aus dem Eingangssatz von Art. 6 II folgt, dass die Vereinbarung „**schriftlich**" abzuschließen ist, ohne indes das Schriftformerfordernis näher zu konkretisieren. Wegen Art. 6 ist deshalb im Anwendungsbereich des SEBG auf das deutsche Recht abzustellen, das sowohl in § 13 I 1 SEBG als auch in § 21 I Eingangssatz SEBG eine „schriftliche Vereinbarung" fordert. Hieraus folgt eine verbreitete Auffassung, dass zur Konkretisierung des Schriftformerfordernisses auf **§ 126 I BGB** zurückzugreifen ist (s. KK-AktG/*Feuerborn* SEBG § 21 SEBG Rn. 9; Habersack/Drinhausen/*Hohenstatt/Müller-Bonanni* SEBG § 21 Rn. 2; MüKoAktG/*Jacobs* SEBG § 21 Rn. 4; *Oetker*, FS Konzen, 2006, 635 [640]; **aA** *Forst* 170 ff.; s. auch LHT/*Oetker* SEBG § 21 Rn. 19, 20). 5

D. Rechtsnatur der Vereinbarung

Die Rechtsnatur der Beteiligungsvereinbarung richtet sich wegen Art. 6 nach dem **Recht der Mitgliedstaaten** (KK-AktG/*Feuerborn* SEBG § 21 Rn. 12; *Habersack* ZHR 171, 2007, 613 [627]; MüKoAktG/*Jacobs* SEBG § 21 Rn. 6; LHT/*Oetker* SEBG § 21 Rn. 23 mwN). Ebenso wie für die nach Art. 6 RL 2009/38/EG abzuschließende Vereinbarung (→ RL 2009/38/EG Art. 6 Rn. 7) ist einmütig anerkannt, dass die Beteiligungsvereinbarung weder ein Tarifvertrag noch eine Betriebsvereinbarung ist (statt aller LHT/*Oetker* SEBG § 21 Rn. 24 mwN). Die Bewertung der Beteiligungsvereinbarung als schuldrechtlich wirkende Vereinbarung wird nur selten bejaht (in dieser Richtung jedoch MüKoAktG/*Jacobs* SEBG § 21 Rn. 6 f.). Die überwiegende Auffassung befürwortet demgegenüber eine Qualifizierung als **Kollektivvertrag sui generis,** der wegen seines Organisationscharakters zudem mit **normativer Wirkung** ausgestattet ist (s. näher UHH/*Henssler* SEBG § 21 Rn. 13 ff.; GLF/*Hoops/Kuhnke* § 2 Rn. 246; *Kiehn* 101 ff.; *Linden* 33 ff.; LHT/*Oetker* SEBG § 21 Rn. 25 f. mwN; **aA** HWK/*Hohenstatt/Dzida* SEBG Rn. 39; *Hoops* 45 ff., 48 ff.). 6

E. Inhalt der Vereinbarung

I. Allgemeines

Bezüglich des Inhalts der Beteiligungsvereinbarung hebt der Eingangssatz von Art. 4 II – ebenso wie der Eingangssatz von Art. 6 II RL 2009/38/EG – die Autonomie der Vereinbarungsparteien hervor, die jedoch durch die in Art. 4 I umschriebene Funktion der Beteiligungsvereinbarung beschränkt ist (→ RL 2009/38/EG Art. 6 Rn. 9). Die Autonomie der Parteien ist deshalb inhaltlich auf die „Beteiligung der Arbeitnehmer innerhalb der SE" beschränkt. In dem hierdurch für die Vereinbarungsautonomie abgesteckten Rahmen haben die in Art. 4 II aufgelisteten Vereinbarungsinhalte jedoch keinen abschließenden Charakter. Hierfür spricht neben der in Art. 4 II pronociert betonten Autonomie der Parteien die in Art. 4 I festgelegte funktionale Ausrichtung auf die „Beteiligung der Arbeitnehmer", die nach Maßgabe der Legaldefinition in Art. 2 lit. h nicht auf die Komponenten „Unterrichtung, Anhörung und Mitbestimmung" beschränkt ist (→ Art. 2 Rn. 18). 7

Ob die in **Art. 4 II aufgelisteten Materien zwingend** in jede Beteiligungsvereinbarung aufzunehmen sind (s. Begr. RegE, BT-Drs. 15/3405, 51), entzieht sich einer generellen Beantwortung. Bezüglich des Verfahrens zur Unterrichtung und Anhörung (Art. 4 II lit. f) sowie der Mitbestimmung (Art. 4 II lit. g) ergibt sich bereits aus dem Wortlaut, dass die 8

Parteien frei darin sind, eine entsprechende Regelung in der Beteiligungsvereinbarung zu treffen. Ebenso folgt aus der in Art. 4 II lit. f ausdrücklich betonten Alternativität, dass die Beteiligungsvereinbarung von einer Abrede über ein Vertretungsorgan absehen kann. Wegen des Zwecks der Beteiligungsvereinbarung kann diese jedoch nicht von einer Regelung zur **Unterrichtung und Anhörung** der Arbeitnehmer absehen (ebenso zu § 21 SEBG *Cannistra* 144; KK–AktG/*Feuerborn* SEBG § 21 Rn. 39; *Forst* 216; MüKoAktG/*Jacobs* SEBG § 21 Rn. 12; LHT/*Oetker* SEBG § 21 Rn. 46; AKRR/*Rudolph* SEBG § 21 Rn. 13; *Thüsing* ZIP 2006, 1469 [1471]; **aA** *Schmid* 156 ff.). Diese Auslegung wird bekräftigt durch die Formulierung des Eingangssatzes in Art. 4 II („wird ... festgelegt"). Zu den konstitutiven Elementen zählt schließlich der **Geltungsbereich** einer Beteiligungsvereinbarung (Art. 4 II lit. a) sowie der **Zeitpunkt des Inkrafttretens** der Vereinbarung und deren **Laufzeit** (Art. 4 II lit. h). Selbst wenn bezüglich der letztgenannten Aspekte von einem zwingenden Vereinbarungsinhalt ausgegangen wird, besagt die von Art. 4 II geforderte Festlegung nicht, dass hierdurch eine ausdrückliche Abrede gefordert wird. Ausreichend ist stets, dass der entsprechende Regelungsinhalt mittels einer Auslegung aus der Vereinbarung entnommen werden kann (dazu näher LHT/*Oetker* SEBG § 21 Rn. 27 mwN).

II. Allgemeine Vereinbarungsinhalte

9   Zu den allgemeinen Vereinbarungsinhalten zählt **Art. 4 II lit. a** den „Geltungsbereich der Vereinbarung". Dieser erstreckt sich entsprechend der Funktion der Beteiligungsvereinbarung stets auf die SE einschließlich der betroffenen Tochtergesellschaften und betroffenen Betriebe iSv Art. 2 lit. d in den **Mitgliedstaaten.** Keine Aussage trifft Art. 4 II lit. a zu der Frage, ob in den Geltungsbereich einer Beteiligungsvereinbarung auch **Unternehmen und Betriebe in Drittstaaten** einbezogen werden können. Im Hinblick auf die „Autonomie der Parteien" ist dies zu bejahen. In diesem Sinne sieht die zur Umsetzung in Deutschland geschaffene Regelung in § 21 I Nr. 1 SEBG ausdrücklich eine entsprechende Erweiterung des Geltungsbereichs vor. Allerdings bedarf es für eine Einbeziehung der Arbeitnehmer in Drittstaaten einer Regelung in der Beteiligungsvereinbarung. Fehlt eine ausdrückliche Regelung und kann die Einbeziehung von Arbeitnehmern in Drittstaaten der Beteiligungsvereinbarung auch nicht im Wege der Auslegung entnommen werden, dann bleibt es bei dem auf die Mitgliedstaaten begrenzten Geltungsbereich der Beteiligungsvereinbarung.

10 Den Bestand der Beteiligungsvereinbarung betreffen die in **Art. 4 II lit. h** aufgezählten Vereinbarungsinhalte. Bezüglich des Zeitpunktes des Inkrafttretens, der Laufzeit sowie der Aufnahme einer Neuverhandlungsklausel entspricht Art. 4 II lit. h der Vorgabe für die nach Art. 6 RL 2009/38/EG abzuschließende Vereinbarung (Art. 6 II lit. g RL 2009/38/EG; → RL 2009/38/EG Art. 6 Rn. 13). Die **Modalitäten für die Änderung und Kündigung der Vereinbarung** werden in Art. 4 II lit. h – im Gegensatz zu Art. 6 II lit. g RL 2009/38/EG – zwar nicht ausdrücklich benannt, es handelt sich aber gleichwohl um Inhalte, die in einer Beteiligungsvereinbarung ausgestaltet werden können (ebenso zu § 21 SEBG LHT/*Oetker* SEBG § 21 Rn. 34 f. mwN). Entsprechendes gilt für die in Art. 6 II lit. g RL 2009/38/EG exemplarisch für Neuverhandlungen genannte **„Änderung der Struktur".** Die in § 21 I Nr. 6 SEBG getroffene Regelung beschränkt sich auf eine wörtliche Übernahme von Art. 4 II lit. h, ergänzend hält **§ 21 IV SEBG** jedoch fest, dass die Beteiligungsvereinbarung auch eine Neuverhandlungsklausel für den Fall einer „strukturellen Änderung" vorsehen kann, ohne dies indes zum zwingenden Vereinbarungsinhalt zu erheben („soll festgelegt werden"). Dies umfasst neben dem in § 21 IV 2 SEBG ausdrücklich angesprochenen Verfahren insbesondere auch eine Konkretisierung der zur Neuverhandlung führenden strukturellen Änderungen, die nicht auf die von § 18 III 1 SEBG erfassten Sachverhalte beschränkt bleiben müssen und zB auf die Eignung zur Minderung der Beteiligungsrechte verzichten können. Die durch **§ 18 III SEBG** eröffnete Möglichkeit zu einer erneuten Einleitung des Verhandlungsverfahrens einschließlich des dort festgelegten

Procederes steht jedoch nicht zur Disposition der Parteien und wird von einer Beteiligungsvereinbarung nicht berührt (*Ege/Grzimek/Schwarzfischer* DB 2011, 1205 [1208]; *Forst* 199 f.; LHT/*Oetker* SEBG § 21 Rn. 43; AKRR/*Rudolph* SEBG § 21 Rn. 36).

III. Unterrichtung und Anhörung

Bezüglich der Vorgaben für die Unterrichtung und Anhörung der Arbeitnehmer stimmt **11** Art. 4 II mit der Konzeption in Art. 6 II und III RL 2009/38/EG überein. Die Parteien können frei darüber befinden, ob sie für die Unterrichtung und Anhörung der Arbeitnehmer ein Vertretungsorgan iSv Art. 2 lit. f (= SE-Betriebsrat) oder stattdessen ein **Verfahren zur Unterrichtung und Anhörung** der Arbeitnehmer unter Einbeziehung der bestehenden Arbeitnehmervertretungen in den Mitgliedstaaten vereinbaren (Art. 4 II lit. f: „anstatt"). Für den letztgenannten Modus verzichtet Art. 4 II lit. f jedoch im Gegensatz zu Art. 6 III RL 2009/38/EG auf inhaltliche Vorgaben (→ RL 2009/38/EG Art. 6 Rn. 17 ff.).

Für die **Einsetzung eines Vertretungsorgans (SE-Betriebsrat)** greift Art. 4 II lit. b-e **12** weitgehend auf die frühere Regelung in Art. 6 II b-e RL 94/45/EG zurück, wobei sowohl aus dieser als auch aus den nachfolgenden Vorgaben in Art. 6 II lit. b-f RL 2009/38/EG weitere Anhaltspunkte über zulässige Regelungsgegenstände entnommen werden können. Das betrifft ua die Mandatsdauer, die Zusammensetzung des Vertretungsorgans im Hinblick auf die Arbeitnehmerkategorien und der Geschlechter, die Abstimmung der Unterrichtung und Anhörung mit vergleichbaren Rechtspositionen der Arbeitnehmervertretungen in den Mitgliedstaaten sowie Ort und Dauer der Sitzungen des Vertretungsorgans.

Ebenso wie für die nach Art. 6 RL 2009/38/EG abzuschließende Vereinbarung folgt aus **13** der Begrenzung der Beteiligungsvereinbarung auf eine „Unterrichtung und Anhörung" sowohl ein **Beteiligungsminimum** (→ RL 2009/38/EG Art. 6 Rn. 15) als auch ein **Beteiligungsmaximum.** Hierdurch ist es den Parteien trotz ihrer Autonomie verwehrt, in der Beteiligungsvereinbarung Vetorechte oder Zustimmungsvorbehalte zugunsten eines Vertretungsorgans zu etablieren (→ RL 2009/38/EG Art. 6 Rn. 16; wie hier MüKoAktG/ *Jacobs* SEBG § 21 Rn. 17; AKRR/*Rudolph* SEBG § 21 Rn. 15; **aA** zB KK-AktG/*Feuerborn* SEBG § 21 Rn. 31; *Forst* 228 ff.; *Kiehn* 106 ff.; *Thüsing* ZIP 2006, 1469 [1472, 1475]).

IV. Mitbestimmung

Die Vorgabe zur Mitbestimmung in Art. 4 II lit. g, die inhaltlich von Art. 4 II lit. g RL **14** 2003/72/EG übernommen wurde und auf die Art. 16 III lit. b RL 2005/56/EG verweist, betrifft den Einfluss der Arbeitnehmer auf das Verwaltungs- oder Aufsichtsorgan der SE. Wegen der Beschränkung auf die „Mitbestimmung" ist die Vereinbarungsbefugnis jedoch durch die Legaldefinition in Art. 2 lit. k eingegrenzt und umfasst deshalb ausschließlich Regelungen zur Wahl oder Bestellung von Arbeitnehmervertretern (ebenso zu § 21 SEBG KK-AktG/*Feuerborn* SEBG § 21 Rn. 45; *Habersack* ZHR 171, 2007, 613 [630 f.]; GLF/ *Hoops/Kuhnke* § 2 Rn. 258; *Jacobs*, FS K. Schmidt, 2009, 795 [799]; *Linden* 76 ff.; *Oetker,* FS Konzen, 2006, 635 [649 f.]; **aA** *Heinze/Seifert/Teichmann* BB 2005, 2524 [2525]; *Teichmann* AG 2008, 797 [804]; *ders.* BB 2010, 1114 [1115]). Ob die Vereinbarung eine derartige Bestimmung enthält entscheiden die Parteien nach eigenem Ermessen („für den Fall"), das jedoch durch die andernfalls eingreifende gesetzliche Auffangregelung geprägt wird (s. zu § 21 SEBG Begr. RegE, BT-Drs. 15/3405, 51; LHT/*Oetker* SEBG § 21 Rn. 51 mwN).

Wegen der Begrenzung der Vereinbarungsautonomie auf eine Mitbestimmung iSv Art. 2 **15** lit. k überschreiten Abreden zur **inneren Arbeitsweise des Verwaltungs- oder Aufsichtsorgans** (KK-AktG/*Feuerborn* SEBG § 21 Rn. 65; *Forst* 295 ff.; *Habersack* ZHR 171, 2007, 613 [631]; UHH/*Henssler* SEBG § 21 Rn. 49 f.; LHT/*Oetker* SEBG § 21 Rn. 82; **aA** *Heinze/Seifert/Teichmann* BB 2005, 2524 [2526]) sowie zu den **geschäftsführenden Direktoren des Verwaltungsorgans bzw. den Mitgliedern des Leitungsorgans** (KK-AktG/*Feuerborn* SEBG § 21 Rn. 65; *Forst* 301 ff.; LHT/*Oetker* SEBG § 21 Rn. 83) die

Regelungsmacht der Parteien. Relevant ist dies insbesondere, wenn sich das Mitbestimmungsstatut einer beteiligten Gesellschaft nach dem MitbestG richtete und dessen Bestimmungen zur inneren Ordnung (§§ 27–29 MitbestG) oder zum gesetzlichen Vertretungsorgan (§§ 31, 33 MitbestG) in der Beteiligungsvereinbarung fortgeschrieben werden sollen.

16 Für den Fall, dass die Parteien eine Vereinbarung zur Mitbestimmung beschließen, können sie insbesondere die **Zahl der Arbeitnehmervertreter** festlegen. Dies schließt die Befugnis ein, auch den Anteil der Arbeitnehmervertreter zu fixieren (zu § 21 SEBG LHT/ *Oetker* SEBG § 21 Rn. 62), was jedoch nur dann zu einer „Zahl" der Arbeitnehmervertreter führt, wenn die Größe des Verwaltungs- oder Aufsichtsorgans bei Abschluss der Beteiligungsvereinbarung feststeht. Eine breite Kontroverse hat in diesem Zusammenhang die Frage ausgelöst, ob auch die **Größe des Verwaltungs- oder Aufsichtsorgans** zulässiger Regelungsinhalt einer Beteiligungsvereinbarung sein kann, da die SE-VO die Zahl der Mitglieder des Aufsichtsorgans bzw. Verwaltungsorgans einer Bestimmung durch die Satzung überantwortet (Art. 40 III 1 SE-VO, Art. 43 II 1 SE-VO). Dementsprechend klammert eine verbreitete Auffassung im Schrifttum die Größe des Aufsichts- oder Verwaltungsorgans aus dem Kreis der zulässigen Regelungsgegenstände einer Beteiligungsvereinbarung aus bzw. beschränkt diese auf die Ausgestaltung des der Satzungsautonomie verbliebenen Gestaltungsspielraums (so *Diekmann*, FS Gruson, 2009, 75 [81 f.]; KK-AktG/ *Feuerborn* SEBG § 21 Rn. 52; *Forst* 262 ff.; *Habersack* AG 2006, 345 [351, 353 f.]; *ders.* ZHR 171, 2007, 613 [632 ff.]; *Henssler/Sittart* KSzW 2011, 359 [361 ff.]; MüKoAktG/*Jacobs* SEBG § 21 Rn. 19; *Kiem*, Der Konzern, 2010, 275 [278 ff.]; *Scheibe* 123 ff.; *Windbichler*, FS Canaris, Bd. II, 2007, 1423 [1428 ff.]). Könne hiernach eine bestimmte Satzungsbestimmung nicht getroffen werden (s. zB § 17 I 3 SEAG), dann gelte dies in gleicher Weise für eine Beteiligungsvereinbarung (so insbes. *Habersack* AG 2006, 345 [352 f.]).

17 Bezogen auf die Vorgaben in Art. 4 II lit. g ist an dieser Auffassung überzeugend, dass die Größe des Aufsichts- oder Verwaltungsorgans bei einer isolierten Betrachtung nicht mehr von der Legaldefinition der Mitbestimmung in Art. 2 lit. k umfasst ist. Deshalb ist die Größe des Aufsichts- oder Verwaltungsorgans aus Sicht von Art. 4 II lit. g nur dann zulässiger Inhalt einer Beteiligungsvereinbarung, wenn die entsprechende Festlegung unmittelbar mit der Zahl oder dem Anteil der Arbeitnehmervertreter in dem Organ verknüpft wird. Nur diese Sichtweise stellt sicher, dass bei einer Beschränkung der Vereinbarung auf die Zahl der Arbeitnehmervertreter auch deren Anteil während der Laufzeit der Beteiligungsvereinbarung unverändert und nicht durch eine nachträgliche Änderung der Satzung verschoben wird. In diesem Sinne hat sich nicht nur ein Teil des Schrifttums (MMS/*Evers/Hartmann* SEBG § 21 Rn. 38; NFK/*Freis* SEBG § 21 Rn. 22; LHT/*Oetker* SEBG § 21 Rn. 63 ff.; Habersack/Drinhausen/*Seibt* SE-VO Art. 40 Rn. 66; HaKo-BetrVG/*Sick* SE und grenzüberschreitende Verschmelzung Rn. 19; *Teichmann*, Der Konzern, 2007, 89 [94 f.]), sondern auch das LG Nürnberg-Fürth geäußert (8.2.2010 ZIP 2010, 372; zust. *Austmann*, FS Hellwig, 2010, 105 [110 ff.]; *Cannistra* 168 ff.; *Kiefner/Friebel* NZG 2010, 537 ff.; *Seibt* ZIP 2010, 1057 [1060 ff.]; *Teichmann* BB 2010, 1114 [1115]; *Vossius* NotBZ 2010, 146; abl. *Forst* AG 2010, 350 [355 ff.]; GLF/*Hoops/Kuhnke* § 2 Rn. 266; *Kiem* Der Konzern 2010, 275 [278 ff.]; GLF/*Kienast* § 2 Rn. 246).

18 Zulässiger Regelungsinhalt einer Beteiligungsvereinbarung zur Mitbestimmung ist darüber hinaus das **Verfahren für die Bestellung oder Wahl** der Arbeitnehmervertreter. Insoweit legen Art. 40 II 1 SE-VO für das Aufsichtsorgan und Art. 43 III 1 SE-VO für das Verwaltungsorgan fest, dass die Mitglieder von der **Hauptversammlung** bestellt werden. Hiervon kann für die Arbeitnehmervertreter nach hM nicht in der Beteiligungsvereinbarung abgewichen werden (so *Cannistra* 160 f.; UHH/*Henssler* SEBG § 21 Rn. 45; MüKoAktG/ *Jacobs* SEBG § 21 Rn. 19a; *Linden* 154 ff.; *Oetker*, FS Konzen, 2006, 635 [652 f.]; *Scheibe* 160 f.; **aA** *Forst* 273 f.; MüKoAktG/*Reichert/Brandes* SE-VO Art. 40 Rn. 26; Habersack/ Drinhausen/*Seibt* SE-VO Art. 40 Rn. 38; *Thüsing/Forst*, FS Reuter, 2010, 851 [859]; Habersack/Drinhausen/*Verse* SE-VO Art. 43 Rn. 29; so auch LHT/*Oetker* SEBG § 21 Rn. 70), obwohl die Hauptversammlung an einen entsprechenden und nach Maßgabe der Betei-

ligungsvereinbarung aufgestellten Wahlvorschlag gebunden ist. In der Beteiligungsvereinbarung ist deshalb insbesondere das Procedere für den der Hauptversammlung zu unterbreitenden **Wahlvorschlag** festzulegen. Hierzu gehören vor allem die Bestimmung des **Wahlgremiums** (Urwahl oder Wahl durch Delegierte bzw. bestehende Arbeitnehmervertretungen) sowie das von diesem anzuwendende **Wahlverfahren** einschließlich einer etwaigen **Stimmengewichtung** bei der Wahl durch ein Wahlgremium. In der Beteiligungsvereinbarung regelbar sind auch die **Rechtsfolgen von Wahlfehlern,** insbesondere die Rahmenbedingungen für eine Anfechtung der Wahl (Anfechtungsfrist, Anfechtungsberechtigung; ebenso *Forst* 290 ff.; MüKoAktG/*Jacobs* SEBG § 21 Rn. 19a; LHT/*Oetker* SEBG § 21 Rn. 75; **aA** *Linden* 159). Zur Aufnahme einer Schiedsabrede → Art. 12 Rn. 2.

Zu den zulässigen Inhalten einer Vereinbarung zur Mitbestimmung zählt Art. 4 II lit. g auch 19
„die Rechte dieser Mitglieder", was sich jedoch – wie sich aus der Regelungssystematik ergibt – auf die **Arbeitnehmervertreter** beschränkt (LHT/*Oetker* SEBG § 21 Rn. 77). In Betracht kommen diesbezüglich insbesondere Bestimmungen zur **individuellen Rechtsstellung** (zB Schulungsansprüche; ferner zB KK-AktG/*Feuerborn* SEBG § 21 Rn. 58; UHH/*Henssler* SEBG § 21 Rn. 46; MüKoAktG/*Jacobs* SEBG § 21 Rn. 19b mwN), aber auch Regelungen zu gesonderten Zusammenkünften der Arbeitnehmervertreter vor einer Sitzung des Aufsichts- oder Verwaltungsorgans (LHT/*Oetker* SEBG § 21 Rn. 80). Die **Pflichten** der Arbeitnehmervertreter werden in Art. 4 II lit. g nicht angesprochen (**anders** Teil 3 Abs. 4 des Anhangs zur RL 2001/86/EG; → Anhang Rn. 25), sind aber gleichwohl in den Schranken der gesetzlichen Vorgaben zulässiger Inhalt einer Beteiligungsvereinbarung (s. zB KK-AktG/*Feuerborn* SEBG § 21 Rn. 61; UHH/*Henssler* SEBG § 21 Rn. 47; MüKoAktG/*Jacobs* SEBG § 21 Rn. 19b; *Linden* 164 f.; **aA** *Forst* 284 f.). Das gilt auch für die **Verschwiegenheitspflicht,** wobei die Beteiligungsvereinbarung diese wegen Art. 49 SE-VO nicht begründen oder aufheben, sondern lediglich ausgestalten kann (auch → Art. 8 Rn. 4).

V. Vereinbarungsschranken bei SE-Gründung durch Umwandlung

Bereits für die Entscheidung des besonderen Verhandlungsgremiums, die Verhandlungen 20
nicht aufzunehmen oder diese abzubrechen, schränkt die RL 2001/86/EG den Spielraum ein, indem es eine derartige Abstimmung bei der Gründung einer SE durch Umwandlung auf diejenige Fälle beschränkt, dass in der umzuwandelnden Gesellschaft keine Mitbestimmungsrechte bestehen. Andernfalls erklärt Art. 3 VI UAbs. 3 die Bestimmung in Art. 3 VI für unanwendbar, so dass § 16 III SEBG ausdrücklich festhält, dass ein Beschluss nach § 16 I SEBG nicht gefasst werden kann (→ Art. 3 Rn. 37). Diesen Schutz der Beteiligungsrechte der Arbeitnehmer in der umzuwandelnden Gesellschaft greift Art. 4 IV auf, indem er den diesbezüglichen Status quo („Ausmaß") in der umzuwandelnden Gesellschaft für „alle Komponenten der Arbeitnehmerbeteiligung" für die Beteiligungsvereinbarung verbindlich vorgibt („muss ... gewährleistet werden"). Die zur Umsetzung in Deutschland geschaffene Bestimmung in § 21 VI SEBG hat die Vorgabe in Art. 4 IV wörtlich übernommen (§ 21 VI 1 SEBG) und hält klarstellend fest, dass dies auch bei dem Wechsel in eine monistische Organisationsstruktur und umgekehrt gilt (§ 21 VI 2 SEBG).

Vor allem die Auslegung der sowohl in Art. 4 IV als auch in § 21 VI 1 SEBG in Bezug 21
genommenen **„Komponenten der Arbeitnehmerbeteiligung"** haben kontroverse Diskussion ausgelöst. Während eine im Schrifttum lediglich vereinzelt befürwortete extensive Auslegung auch die konkrete Ausgestaltung der Arbeitnehmerbeteiligung in der umzuwandelnden Gesellschaft als geschützt ansieht (idS *Nagel* AuR 2011, 329 [332]; *Teichmann* ZIP 2014, 1049 [1052 f.]), neigt die vorherrschende Auffassung zu einer restriktiven Auslegung, die zu den „Komponente" lediglich die aus „Unterrichtung, Anhörung und Mitbestimmung" bestehende Trias der Legaldefinition in Art. 2 lit. h in den Gewährleistungsvorbehalt in Art. 4 IV einbezieht (so MMS/*Evers/Hartmann* SEBG § 21 Rn. 43; KK-AktG/*Feuerborn* SEBG § 21 Rn. 73; *Forst* 201 f.; *Linden* 92 ff.; *Oetker*, FS Birk, 2008, 557 [568]; LHT/*ders.* SEBG § 21 Rn. 58 mwN). Soweit dieser die Mitbestimmung erfasst, beschränkt er sich auf

die Arbeitnehmervertreter iSd Art. 2 lit. k, so dass die gesetzlich vorgegebenen Regelungen zur Mitbestimmung in der umzuwandelnden Gesellschaft nicht unverändert in der Beteiligungsvereinbarung fortgeschrieben werden müssen. Insbesondere muss die Bestellung eines Arbeitsdirektors (§ 33 MitbestG) in der Beteiligungsvereinbarung nicht vorgesehen werden (ebenso *Hoops* 180; *Linden* 102 ff.; *Oetker,* FS Birk, 2008, 557 [571 f.]; KK-AktG/ *Paefgen* SE-VO Art. 39 Rn. 78; **aA** *Henssler* ZHR 173, 2009, 222 [241 f.]; *Nagel* AuR 2011, 329 [334]; *Scheibe* 149 f.).

22   Dem von Art. 4 IV geforderten „gleichen Ausmaß" wird bereits dann ausreichend Rechnung getragen, wenn der bisherige **Anteil der Arbeitnehmervertreter** im Aufsichts- oder Verwaltungsorgan der umzuwandelnden Gesellschaft in dem Aufsichts- oder Verwaltungsorgan der SE unverändert bleibt (für die allg. Meinung KK-AktG/*Feuerborn* SEBRG § 21 Rn. 76; UHH/*Henssler* SEBG § 21 Rn. 57; GLF/*Hoops/Kuhnke* § 2 Rn. 286; MüKoAktG/*Jacobs* SEBG § 21 Rn 21; LHT/*Oetker* SEBG § 21 Rn. 59 mwN). Demgegenüber berührt die **Zahl der Arbeitnehmervertreter** nicht das „Ausmaß der Mitbestimmung", solange der bisherige Anteil der Arbeitnehmervertreter unverändert bleibt (so zB *Diekmann,* FS Gruson, 2009, 75 [81]; KK-AktG/*Feuerborn* SEBG § 21 Rn. 76; *Forst* 202 f.; *Henssler/Sittart* KSzW 2011, 359 [365]; GLF/*Hoops/Kuhnke* § 2 Rn. 286; MüKoAktG/ *Jacobs* SEBG § 21 Rn. 21; *Linden* 96 ff.; *Oetker,* FS Birk, 2008, 557 [569 f.]; *Scheibe* 148 f.; **aA** *Nagel* AuR 2011, 329 [332]; *Teichmann* ZIP 2014, 1049 [1052 f.]). Auch die **Zusammensetzung der Arbeitnehmervertreter** sowie etwaige **Vorschlagsrechte** (zB zugunsten von Gewerkschaften) werden durch Art. 4 IV nicht konserviert und können abweichend vom Status quo bei der umzuwandelnden Gesellschaft in der Beteiligungsvereinbarung festgelegt werden (*Forst* 203 f.; UHH/*Henssler* SEBG § 21 Rn. 58; MüKoAktG/ *Jacobs* SEBG § 21 Rn. 21; *Linden* 98 ff.; *Oetker,* FS Birk, 2008, 557 [570]; LHT/*ders.* SEBG § 21 Rn. 60 mwN; **aA** KK-AktG/*Feuerborn* SEBG § 21 Rn. 76; NFK/*Freis* SEBG § 21 Rn. 43 f.; *Teichmann* ZIP 2014, 1049 [1055 f.]).

Art. 5 Dauer der Verhandlungen

(1) **Die Verhandlungen beginnen mit der Einsetzung des besonderen Verhandlungsgremiums und können bis zu sechs Monate andauern.**

(2) **Die Parteien können einvernehmlich beschließen, die Verhandlungen über den in Absatz 1 genannten Zeitraum hinaus bis zu insgesamt einem Jahr ab der Einsetzung des besonderen Verhandlungsgremiums fortzusetzen.**

A. Allgemeines

1   Da das Verhandlungsverfahren integraler Bestandteil des Gründungsverfahrens ist und über Art. 12 II SE-VO untrennbar mit der Eintragung der SE im Register verknüpft ist, hat die Richtlinie bewusst die Dauer der Verhandlungen auf sechs Monate limitiert (Art. 5 I; zum Beschleunigungsgedanken s. zB UHH/*Henssler* SEBG § 20 Rn. 1; MüKoAktG/*Jacobs* § 20 Rn. 1), ohne indes eine einvernehmliche Verlängerung auszuschließend (Art. 5 II). Eine mit Art. 5 übereinstimmende Vorgabe trifft Art. 5 RL 2003/72/EG; zudem nimmt Art. 16 III lit. c RL 2005/56/EG auf Art. 5 Bezug. Dessen Umsetzung ist in Deutschland durch § 20 SEBG erfolgt.

B. Grundfrist, Art. 5 Abs. 1

2   Für den **Beginn des Verhandlungsverfahrens** stellt Art. 5 I auf die Einsetzung des besonderen Verhandlungsgremiums ab, ohne dass sich der Richtlinie jedoch konkrete Anhaltspunkte dafür entnehmen lassen, ab wann die Einsetzung des besonderen Verhand-

lungsgremiums vorliegt. Maßgebend hierfür kann nur der Zweck des Verhandlungsverfahrens sein, der erst dann erreicht werden kann, wenn das besondere Verhandlungsgremium seine Aufgabe erfüllen und hierfür in Verhandlungen mit dem „jeweils zuständigen Organ der beteiligten Gesellschaften" treten kann. Dies ist nicht bereits mit der Wahl oder der Bestellung der Mitglieder des besonderen Verhandlungsgremiums der Fall, sondern erst gewährleistet, wenn das besondere Verhandlungsgremium handlungsfähig ist. Hierfür bedarf es insbesondere der Bestellung eines Vorsitzenden.

Die nach Art. 5 I verbleibende Vagheit hat den deutschen Gesetzgeber veranlasst, den für 3 die Einsetzung maßgeblichen Zeitpunkt in § 20 I 2 SEBG zu konkretisieren, ohne hierbei den in Art. 5 I gezogenen Rahmen zu überschreiten. Durch den Rückgriff auf die **konstituierende Sitzung** stellt das SEBG auf das zutreffende Ereignis ab, verknüpft den Fristbeginn jedoch nicht mit der tatsächlichen Durchführung der konstituierenden Sitzung, sondern mit der von den Leitungen auszusprechenden Einladung zu der konstitutiven Sitzung und dem in der Einladung angegebenen Termin für die konstituierende Sitzung (Begr. RegE, BT-Drs. 15/3405, 51). Diese ist unverzüglich nach Benennung der Mitglieder des besonderen Verhandlungsgremiums durchzuführen (§ 12 I 1 SEBG).

Die Dauer der Verhandlungen bestimmt Art. 5 I auf **sechs Monate,** ohne indes Vorgaben 4 für die Berechnung der Frist aufzustellen. Dies bleibt den Mitgliedstaaten überlassen, in denen beim Verzicht auf spezielle Vorschriften auf die allgemeinen Bestimmungen zur Berechnung von Fristen zurückgegriffen werden kann (zB §§ 187, 188 und 193 BGB; zu § 20 I SEBG KK-AktG/*Feuerborn* SEBG § 20 Rn. 3; UHH/*Henssler* SEBG § 20 Rn. 2; LHT/*Oetker* SEBG § 20 Rn. 5 mwN). Einen **vorzeitigen Fristablauf** sieht Art. 5 I nicht vor, er erschließt sich jedoch aus anderen Vorschriften der Richtlinie. Erstens kann das Verhandlungsverfahren vorzeitig enden, wenn das besondere Verhandlungsgremium mit qualifizierter Mehrheit den Abbruch der Verhandlungen beschließt (→ Art. 3 Rn. 38). Für diesen Fall hält Art. 3 VI UAbs. 1 S. 2 ausdrücklich fest, dass hierdurch das Verfahren zum Abschluss einer Vereinbarung nach Art. 4 beendet ist. Zweitens ist das Verhandlungsverfahren mit dem Abschluss einer Vereinbarung beendet, da es in diesem Fall seinen Zweck erreicht hat (→ Art. 3 Rn. 43). Die in Art. 16 IV lit. a RL 2005/56/EG den Leitungen eröffnete Option, das Verhandlungsverfahren einseitig mit der Rechtsfolge abzubrechen, dass die Auffangregelung eingreift, kennt die RL 2001/86/EG nicht. Kommt es bis zum Ablauf der Sechs-Monats-Frist nicht zum Abschluss einer Beteiligungsvereinbarung und scheitert auch eine einvernehmliche Verlängerung der Frist (Art. 5 II; → Rn. 5 ff.), findet mit der Eintragung der SE die in den Mitgliedstaaten festgelegte Auffangregelung Anwendung (Art. 7 UAbs. 2 lit. b).

C. Verlängerung der Verhandlungsfrist

Insbesondere für den Fall, dass der Abschluss einer Vereinbarung nach Art. 4 unmittelbar 5 vor Ablauf der Sechs-Monats-Frist nicht mehr realisiert werden kann, eröffnet Art. 5 II den Verhandlungsparteien die Möglichkeit, die Verhandlungen über den in Art. 5 I festgelegten Zeitraum fortzusetzen. Einen **Anspruch der Parteien auf Fortsetzung der Verhandlungen** begründet Art. 5 II nicht. Aus der Maxime, die Verhandlungen mit dem Willen zur Verständigung zu führen (Art. 4 I) kann sich jedoch im Einzelfall die Obliegenheit einer Verhandlungspartei ergeben, sich einem Verlängerungsersuchen der anderen Verhandlungspartei nicht grundlos zu verschließen (MMS/*Evers/Hartmann* SEBG § 20 Rn. 4; UHH/ *Henssler* SEBG § 20 Rn. 3; LHT/*Oetker* SEBG § 20 Rn. 8; **aA** Habersack/Drinhausen/ *Hohenstatt/Müller-Bonanni* SEBG § 20 Rn. 2; AKRR/*Rudolph* SEBG § 20 Rn. 3). Eine **Formbedürftigkeit** für das „Einvernehmen" legt Art. 5 II nicht fest (ebenso zu § 20 II SEBG MüKoAktG/*Jacobs* SEBG § 20 Rn. 3; AKRR/*Rudolph* SEBG § 20 Rn. 3), erforderlich ist jedoch ein übereinstimmender Beschluss beider Seiten. Dies setzt eine **Beschlussfassung im besonderen Verhandlungsgremium** voraus, für das die allg. Erfordernis einer doppelten absoluten Mehrheit (Art. 3 IV UAbs. 1 S. 1) gilt (so auch zu § 20 II SEBG UHH/*Henssler* SEBG § 20 Rn. 3; MüKoAktG/*Jacobs* SEBG § 20 Rn. 3; LHT/*Oetker* SEBG § 20 Rn. 9).

6 Für die Fortsetzung der Verhandlungen eröffnet Art. 5 II maximal einen Zeitraum von insgesamt **einem Jahr,** wobei Art. 5 II für den Fristbeginn abermals auf die Einsetzung des besonderen Verhandlungsgremiums abstellt (→ Rn. 2). Eine über ein Jahr hinausgehende Verhandlungsdauer darf den Verhandlungsparteien nicht eröffnet werden. Mit Ablauf der maximalen Verhandlungsdauer ist das Verhandlungsverfahren vielmehr nach Art. 7 I UAbs. 2 lit. b abgeschlossen und die von den Mitgliedstaaten festgelegte Auffangregelung kommt zur Anwendung. Diese Rechtsfolge soll nicht zur Disposition stehen, so dass die Parteien nach Ablauf der Ein-Jahres-Frist keine rechtswirksame Beteiligungsvereinbarung mehr abschließen können.

7 Die Frist von einem Jahr sollen die Parteien ausschöpfen können, ohne indes auszuschließen, sich iRd Beschlusses zur einvernehmlichen Fortsetzung der Verhandlungen auch auf eine **kürzere Frist** zu verständigen. Kommt es hierzu, treten die für den Fristablauf vorgesehenen Rechtsfolgen mit Ablauf der vereinbarten kürzeren Frist ein. Den Parteien steht es nach Art. 5 Abs. 2 jedoch frei, die Frist rechtzeitig vor deren Ablauf nochmals zu verlängern (ebenso zu § 20 II SEBG LHT/*Oetker* SEBG § 20 Rn. 10; AKRR/*Rudolph* SEBG § 20 Rn. 3). Der Zeitraum von insgesamt einem Jahr seit Einsetzung des besonderen Verhandlungsgremiums darf hierdurch jedoch nicht überschritten werden.

Art. 6 Für das Verhandlungsverfahren maßgebliches Recht

Sofern in dieser Richtlinie nichts anderes vorgesehen ist, ist für das Verhandlungsverfahren gemäß den Artikeln 3 bis 5 das Recht des Mitgliedstaates maßgeblich, in dem die SE ihren Sitz haben wird.

1 Für die Durchführung des Verhandlungsverfahrens verweist Art. 6 auf das Recht des Mitgliedstaats in dem die SE ihren Sitz haben wird. Maßgebend ist hierfür nicht der Verwaltungssitz, sondern der **Satzungssitz.** Soll die SE ihren Sitz zB in Frankreich haben, richtet sich das Verhandlungsverfahren nach den in Frankreich zur Umsetzung der Richtlinie geschaffenen Vorschriften. Der **Ort des Verhandlungsverfahrens** ist demgegenüber unerheblich. Soll die SE ihren Satzungssitz zB in Spanien haben, dann führt die Durchführung der Verhandlungen in München nicht dazu, dass das Verhandlungsverfahren aus diesem Grunde dem deutschen Recht unterliegt. Auch der **Sitz** der an der **Gründung der SE beteiligten Gesellschaften** ist für das anzuwendende Recht ohne Bedeutung.

2 Der Stellenwert des Vorbehalts in Art. 6 zugunsten einer abweichenden Regelung in der Richtlinie erschließt sich nicht ohne weiteres, da diese für das Verhandlungsverfahren keine unmittelbare Anwendung findet. Das gilt auch soweit die Richtlinie selbst in Art. 3 Regelungen zum Verhandlungsverfahren trifft, wie dies insbesondere für die Beschlussfassung im besonderen Verhandlungsgremium (Art. 3 IV), die Hinzuziehung von Sachverständigen (Art. 3 V), den Abbruch der Verhandlungen (Art. 3 VI) sowie die Kosten des besonderen Verhandlungsgremiums (Art. 3 VII) geschehen ist. Es handelt sich stets um Vorgaben an die Umsetzungsgesetzgebung der Mitgliedstaaten.

3 Wegen der Maßgeblichkeit des Rechts der Mitgliedstaaten für das Verhandlungsverfahren obliegt es ihnen, unter Beachtung der Vorgaben in Art. 3 das Verhandlungsverfahren durch eine Detailregelung zu strukturieren oder das Procedere in die Hand der Verhandlungsparteien zu legen. Den letztgenannten Weg hat der Gesetzgeber in Deutschland beschritten, der sich in den §§ 12–19 SEBG auf Rahmenvorgaben beschränkt, die zwar – wie zB § 17 SEBG – nicht stets eine Entsprechung in der Richtlinie finden, sich weitgebend aber auf die Umsetzung der Vorgaben in Art. 3 IV-VII beschränken. Im Übrigen überantwortet das SEBG die Arbeitsweise des besonderen Verhandlungsgremiums dem Organ selbst, dass sich

hierfür eine Geschäftsordnung geben kann (§ 12 I 3 SEBG). Darüber hinaus belässt es das SEBG der Autonomie der beteiligten Akteure, auf der Grundlage einer „vertrauensvollen Zusammenarbeit" (§ 13 I 2 SEBG) die für sie passenden Spielregeln selbst zu definieren.

Bereits Art. 1 II verdeutlicht, dass der RL 2001/86/EG ein weiter Begriff des Verhandlungsverfahrens zugrunde liegt und sich dieses nicht auf die Bildung eines besonderen Verhandlungsgremiums sowie die Sitzungen der Leitungen mit dem besonderen Verhandlungsgremium beschränkt. Sowohl Art. 1 II als auch Art. 6 nehmen ausdrücklich nicht nur auf die Bestimmung zur Dauer des Verhandlungsverfahrens (Art. 5), sondern auch auf Art. 4 Bezug, so dass die Beteiligungsvereinbarung als Ergebnis des Verhandlungsverfahrens ebenfalls dem Recht des Mitgliedstaats unterliegt, in dem die SE ihren Sitz haben wird. 4

Art. 7 Auffangregelung

(1) Zur Verwirklichung des in Artikel 1 festgelegten Ziels führen die Mitgliedstaaten unbeschadet des nachstehenden Absatzes 3 eine Auffangregelung zur Beteiligung der Arbeitnehmer ein, die den im Anhang niedergelegten Bestimmungen genügen muss.

Die Auffangregelung, die in den Rechtsvorschriften des Mitgliedstaats festgelegt ist, in dem die SE ihren Sitz haben soll, findet ab dem Zeitpunkt der Eintragung der SE Anwendung, wenn

a) die Parteien dies vereinbaren oder
b) bis zum Ende des in Artikel 5 genannten Zeitraums keine Vereinbarung zustande gekommen ist und
   – das zuständige Organ jeder der beteiligten Gesellschaften der Anwendung der Auffangregelung auf die SE und damit der Fortsetzung des Verfahrens zur Eintragung der SE zugestimmt hat und
   – das besondere Verhandlungsgremium keinen Beschluss gemäß Artikel 3 Absatz 6 gefasst hat.

(2) Ferner findet die Auffangregelung, die in den Rechtsvorschriften des Mitgliedstaats festgelegt ist, in dem die SE eingetragen wird, gemäß Teil 3 des Anhang nur Anwendung, wenn

a) im Falle einer durch Umwandlung gegründeten SE die Bestimmungen eines Mitgliedstaats über die Mitbestimmung der Arbeitnehmer im Verwaltungs- oder Aufsichtsorgan für eine in eine SE umgewandelte Aktiengesellschaft galten;
b) im Falle einer durch Verschmelzung gegründeten SE
   – vor der Eintragung der SE in einer oder mehreren der beteiligten Gesellschaften eine oder mehrere Formen der Mitbestimmung bestanden und sich auf mindestens 25 % der Gesamtzahl der Arbeitnehmer aller beteiligten Gesellschaften erstreckten oder
   – vor der Eintragung der SE in einer oder mehreren der beteiligten Gesellschaften eine oder mehrere Formen der Mitbestimmung bestanden und sich auf weniger als 25 % der Gesamtzahl der Arbeitnehmer aller beteiligten Gesellschaften erstreckten und das besondere Verhandlungsgremium einen entsprechenden Beschluss fasst;
c) im Falle einer durch Errichtung einer Holdinggesellschaft oder einer Tochtergesellschaft gegründeten SE
   – vor der Eintragung der SE in einer oder mehreren der beteiligten Gesellschaften eine oder mehrere Formen der Mitbestimmung bestanden und sich auf mindestens 50 % der Gesamtzahl der Arbeitnehmer aller beteiligten Gesellschaften erstreckten oder
   – vor der Eintragung der SE in einer oder mehreren der beteiligten Gesellschaften eine oder mehrere Formen der Mitbestimmung bestanden und sich auf weniger als 50 % der Gesamtzahl der Arbeitnehmer aller beteiligten Gesellschaften er-

streckten und das besondere Verhandlungsgremium einen entsprechenden Beschluss fasst.

Bestanden mehr als eine Mitbestimmungsform in den verschiedenen beteiligten Gesellschaften, so entscheidet das besondere Verhandlungsgremium, welche von ihnen in der SE eingeführt wird. Die Mitgliedstaaten können Regeln festlegen, die anzuwenden sind, wenn kein einschlägiger Beschluss für eine in ihrem Hoheitsgebiet eingetragene SE gefasst worden ist. Das besondere Verhandlungsgremium unterrichtet das jeweils zuständige Organ der beteiligten Gesellschaften über die Beschlüsse, die es gemäß diesem Absatz gefasst hat.

(3) Die Mitgliedstaaten können vorsehen, dass die Auffangregelung in Teil 3 des Anhangs in dem in Absatz 2 Buchstabe b vorgesehenen Fall nicht Anwendung findet.

A. Allgemeines

1 Die Vorschrift schafft die notwendige Grundlage für die Anwendung der gesetzlichen und im Anhang zur RL 2001/86/EG vorgeformten Auffangregelung, wenn die Verhandlungen zwischen den Leitungen der an der Gründung der SE beteiligten Gesellschaften und dem besonderen Verhandlungsgremium nicht zum Abschluss einer Beteiligungsvereinbarung führen. Sie wurde weitgehend in Art. 7 RL 2003/72/EG für die Beteiligung der Arbeitnehmer in der Europäischen Genossenschaft (SCE) übernommen und kehrt mit modifiziertem Inhalt für die Mitbestimmung der Arbeitnehmer bei einer grenzüberschreitenden Verschmelzung in Art. 16 III lit. e RL 2005/56/EG wieder.

2 Das regelungstechnische Vorbild für Art. 7 liefert Art. 7 RL 94/45/EG, der in der RL 2009/38/EG unverändert fortgeführt wurde. Dementsprechend gilt auch für Art. 7, dass die gesetzliche Auffangregelung zur Arbeitnehmerbeteiligung in der SE nicht durch die RL 2001/86/EG selbst festgelegt wird, sondern diese von den Mitgliedstaaten zu erlassen ist. Hierfür legt der Anhang zur RL 2001/86/EG Vorgaben fest, die von den Mitgliedstaaten nicht identisch übernommen werden müssen. Vielmehr reicht es aus, wenn die mitgliedstaatlichen Bestimmungen den Vorgaben des Anhangs „genügen", sie müssen ihnen deshalb nicht „entsprechen". Durch diese Wortwahl in Art. 7 I UAbs. 1 bringt die RL 2001/86/EG hinreichend deutlich, dass es sich bei den **Vorgaben im Anhang** um **Mindestbestimmungen** handelt, die jedoch wegen Art. 7 I UAbs. 1 nicht über das in Art. 1 festgelegte Ziel, die Beteiligung der Arbeitnehmer in der SE zu regeln, hinausgehen dürfen.

3 Abweichend von Art. 7 RL 2009/38/EG legt Art. 7 die Voraussetzungen für das Eingreifen der gesetzlichen Auffangregelung nicht einheitlich fest. Vielmehr ist zwischen den **allgemeinen Voraussetzungen,** die Art. 7 I UAbs. 2 festlegt, und den besonderen Voraussetzungen für die auf die **Mitbestimmung** bezogene Auffangregelung in Teil 3 des Anhangs zu unterscheiden, die in Art. 7 II niedergelegt sind. Liegen die Voraussetzungen für die Anwendung der gesetzlichen Auffangregelung zur Mitbestimmung nicht vor, so bleibt die in Teil 1 und 2 des Anhangs vorgeformte gesetzliche Auffangregelung zur Unterrichtung und Anhörung der Arbeitnehmer hiervon unberührt, sofern die in Art. 7 I UAbs. 2 niedergelegten Voraussetzungen erfüllt sind.

4 Die in Art. 7 vorgezeichnete Trennung für das Eingreifen der gesetzlichen Auffangregelung kommt in dem zur Umsetzung in Deutschland geschaffenen **SEBG** noch deutlicher zum Ausdruck, indem diese getrennt für den SE-Betriebsrat kraft Gesetzes und die Mitbestimmung kraft Gesetzes systematisch getrennt werden. Die für die Unterrichtung und Anhörung durch einen kraft Gesetzes zu errichtenden SE-Betriebsrat maßgebenden Voraussetzungen legt in Umsetzung von Art. 7 I UAbs. 2 **§ 22 SEBG** fest. Eine eigenständige Regelung trifft **§ 34 SEBG** für die Mitbestimmung kraft Gesetzes. Nach Maßgabe des Eingangssatzes in § 34 I SEBG baut die gesetzliche Auffangregelung in den §§ 35–38 SEBG jedoch auf den Voraussetzungen in § 22 SEBG auf.

B. Allgemeine Voraussetzungen für die Anwendung der gesetzlichen Auffangregelung, Art. 7 I UAbs. 2

Zur Anwendung der gesetzlichen Auffangregelung kommt es nur, wenn eine der beiden in Art. 7 I UAbs. 2 aufgeführten Varianten eingreift, also entweder eine **Vereinbarung zur Anwendung der gesetzlichen Auffangregelung** getroffen wurde (Art. 7 I UAbs. 2 lit. a) oder der nach Art. 5 zu bemessende **Verhandlungszeitraum** ohne Abschluss einer Vereinbarung **abgelaufen** ist (Art. 7 I UAbs. 2 lit. b). Im Kern entsprechen diese Varianten für das Eingreifen der gesetzlichen Auffangregelung den parallelen Sachverhalten in Art. 7 I erster und dritter Gedankenstrich RL 2009/38/EG (→ RL 2009/38/EG Art. 7 Rn. 4 f., 9). In dem zur Umsetzung in Deutschland geschaffenen SEBG regelt § 22 I SEBG die allgemeinen Voraussetzungen für die Anwendung der gesetzlichen Auffangregelung.

Die Parallelität zu Art. 7 I RL 2009/38/EG wird besonders bei der einvernehmlich herbeigeführten Anwendung der gesetzlichen Auffangregelung deutlich. Art. 7 I UAbs. 2 lit. a fordert hierfür zwar nicht – wie Art. 7 I erster Gedankenstrich RL 2009/38/EG – einen von den Leitungen und dem besonderen Verhandlungsgremium zu fassenden „gemeinsamen Beschluss". Mit der von Art. 7 I UAbs. 1 lit. a geforderten **Vereinbarung** der Parteien ist jedoch sachlich dasselbe gemeint. Einer bestimmten **Form** muss die Vereinbarung jedenfalls nicht nach den Vorgaben der RL 2001/86/EG genügen, so dass streng genommen auch eine zwischen den Parteien getroffene mündliche Abrede ausreicht. Bei isolierter Betrachtung gilt dies an sich auch für die Umsetzung in § 22 I Nr. 1 SEBG, da dieser für die Vereinbarung keine Form vorschreibt. Das Erfordernis der Schriftform für die Vereinbarung iSv § 22 I Nr. 1 SEBG folgt jedoch aus § 21 I SEBG, da § 21 V SEBG die Vereinbarung über die Anwendung der gesetzlichen Auffangregelung als eine Vereinbarung iSv § 21 SEBG qualifiziert (s. LHT/*Oetker* SEBG § 34 Rn. 9; AKRR/*Kühn* SEBG § 22 Rn. 6). Unabhängig von der Form der Vereinbarung setzt deren Rechtswirksamkeit voraus, dass das **besondere Verhandlungsgremium** bezüglich der Vereinbarung zur Anwendung der gesetzlichen Auffangregelung einen rechtswirksamen **Beschluss** gefasst hat. Grds. erfordert dieser eine doppelte absolute Mehrheit (Art. 3 IV UAbs. 1 S. 1; → Art. 3 Rn. 26 ff.). Lediglich wenn die Anwendung der gesetzlichen Auffangregelung eine Minderung der Mitbestimmung iSv Art. 3 IV UAbs. 1 S. 3, UAbs. 2 zur Folge hat, bedarf der Beschluss einer doppelten qualifizieren Mehrheit von zwei Drittel (→ Art. 3 Rn. 30 ff.), da auch die nach Art. 7 I UAbs. 2 lit. a abgeschlossene Vereinbarung eine Vereinbarung iSv Art. 3 IV UAbs. 1 S. 3 ist, die zur Beendigung des Verhandlungsverfahrens führt.

Die 2. Variante für das Eingreifen der gesetzlichen Auffangregelung, die an den Ablauf der nach Art. 5 zu bemessenden **Verhandlungsdauer** anknüpft, entspricht im Ansatz Art. 7 I dritter Gedankenstrich RL 2009/38/EG, so dass die dortigen Erläuterungen (→ RL 2009/38/EG Art. 7 Rn. 9) im Ausgangspunkt auch für Art. 7 I UAbs. 2 lit. b Gültigkeit beanspruchen. Keine Anwendung findet die gesetzliche Auffangregelung insbesondere, wenn das besondere Verhandlungsgremium vor Ablauf der Verhandlungsfrist beschließt, die Verhandlungen abzubrechen (→ Art. 3 Rn. 36 ff.). Das ergibt sich sowohl aus Art. 7 I UAbs. 2 lit. b zweiter Gedankenstrich als auch aus Art. 3 VI UAbs. 1 S. 3 (→ Art. 3 Rn. 39). Während die vorgenannten Voraussetzungen für die Anwendung der gesetzlichen Auffangregelung in § 22 I Nr. 2 SEBG übernommen wurden, tritt bezüglich der in Art. 7 I UAbs. 2 lit. b erster Gedankenstrich geforderten **Zustimmung der zuständigen Organe** jeder der beteiligten Gesellschaften zur Anwendung der Auffangregelung auf die SE eine Diskrepanz auf, da diese nicht vom SEBG gefordert wird. Da jedoch die Eintragung der SE von den beteiligten Gesellschaften betrieben wird und diese für die Eintragung der SE nach Art. 12 II SE-VO gegenüber dem Registergericht den vereinbarungslosen Ablauf der Verhandlungsfrist dokumentieren müssen, kann in der entsprechenden Mitteilung gegenüber dem Registergericht konkludent die Zustimmung der beteiligten Gesellschaften zur Anwendung der gesetzlichen Auffangregelung gesehen werden (LHT/*Oetker* SEBG § 34 Rn. 12; idS auch UHH/*Habersack* SEBG § 34 Rn. 10; NFK/*Nagel* SEBG § 34 Rn. 3; ähnlich AKRR/*Kühn* SEBG § 22 Rn. 9). Bei dieser Sichtweise ist die Verkürzung in § 22 I Nr. 2 SEBG mit den Vorgaben in Art. 7 I UAbs. 2 lit. b vereinbar.

C. Besondere Voraussetzungen für die Anwendung der Auffangregelung zur Mitbestimmung, Art. 7 II und III

I. Überblick

8   Für die Anwendung der gesetzlichen Auffangregelung zur Mitbestimmung ist nach Art. 7 II und III zwischen den verschiedenen Formen zur Gründung einer SE zu unterscheiden. Während Art. 7 II UAbs. 1 lit. a für die Gründung einer SE durch Umwandlung gilt, trifft Art. 7 II UAbs. 1 lit. b eine spezielle Regelung für die Verschmelzung, die zudem durch die Option in Art. 7 III zugunsten der Mitgliedstaaten ergänzt wird, für die Verschmelzung von der Anwendung der gesetzlichen Auffangregelung abzusehen. Gemeinsam für die Gründung einer Holdinggesellschaft oder einer Tochtergesellschaft in der Rechtsform der SE gilt Art. 7 II UAbs. 1 lit. c, dessen Regelungsinhalt vor allem darin besteht, das für die Verschmelzung vorgegebene Arbeitnehmerquorum von 25 % auf 50 % zu erhöhen. Gemeinsam für Art. 7 II UAbs. 1 lit. b und c trifft Art. 7 II UAbs. 2 eine Kollisionsregel, wenn in den verschiedenen Gesellschaften, die an der Gründung der SE beteiligt sind, mehr als eine Mitbestimmungsform besteht.

II. SE-Gründung durch Umwandlung

9   Den Befürchtungen, dass die Gründung einer SE durch Umwandlung in Anspruch genommen wird, um sich hierdurch von den durch die Mitbestimmung bewirkten Bindung zu befreien, trägt das SEBG nicht nur durch verschiedene Bestimmungen Rechnung, die eine Minderung der Mitbestimmungsrechte durch eine Beteiligungsvereinbarung ausschließen (Art. 4 IV; → Art. 4 Rn. 20 ff.) und einen Abbruch der Verhandlungen durch das besondere Verhandlungsgremium ausschließen (Art. 3 VI UAbs. 3; → Art. 3 Rn. 37), zudem setzt Art. 7 II UAbs. 1 lit. a die Schwelle für die Anwendung der gesetzlichen Auffangregelung äußerst niedrig an, um zu verhindern, dass durch deren Anwendung in der SE eine geringere Mitbestimmung als in der umzuwandelnden Gesellschaft zur Anwendung kommt. Für die Anwendung der gesetzlichen Auffangregelung genügt es, wenn für die umzuwandelnde Gesellschaft Bestimmungen des Mitgliedstaats zur Mitbestimmung der Arbeitnehmer in dem Aufsichts- oder Verwaltungsorgan galten. Die zur Umsetzung in Deutschland maßgebliche Bestimmung in § 34 I Nr. 1 SEBG hat die Vorgabe in Art. 7 II UAbs. 1 lit. a inhaltlich unverändert übernommen.

10 Die Auffangregelung greift jedenfalls dann ein, wenn nach Maßgabe der mitgliedstaatlichen Regelung dem Aufsichts- oder Verwaltungsorgan **Arbeitnehmervertreter angehörten** und diese damit praktiziert wurde. Zweifelhaft ist allerdings der Fall, dass die umzuwandelnde Gesellschaft zwar vom Anwendungsbereich einer entsprechenden gesetzlichen Regelung erfasst wurde, gleichwohl aber eine **Besetzung** des Aufsichts- oder Verwaltungsorgans **mit Arbeitnehmervertretern unterblieben** ist. In Betracht kommt dies insbesondere bei einer Aktiengesellschaft, in der der an die Zahl der Arbeitnehmer anknüpfende Schwellenwert in § 1 I Nr. 1 DrittelbG überschritten wird, trotzdem aber die Bildung eines mitbestimmten Aufsichtsrats unterblieben ist. Da Art. 7 II UAbs. 1 lit. a lediglich die **Geltung der Bestimmungen** für die umzuwandelnde Gesellschaft fordert und damit nicht auf die Besetzung des Aufsichts- oder Verwaltungsorgans mit Arbeitnehmervertretern abstellt, sprechen gute Gründe dafür, auf die tatsächliche Besetzung des Aufsichts- oder Verwaltungsorgans mit Arbeitnehmervertretern zu verzichten (so *Cannistra* 199 f.; *Ege/Grzimek/Schwarzfischer* BB 2011, 1205 [1206]; *Grambow* BB 2012, 902; *Ziegler/Gey* BB 2009, 1750 [1756]). Dagegen

spricht jedenfalls in Deutschland, dass die gesetzlichen Regelungen zum Mitbestimmungsstatut auf eine Gesellschaft nicht kraft Gesetzes Anwendung finden, sondern die vorherige Durchführung eines Statusverfahrens nach den §§ 97 ff. AktG erfordern. Solange dieses nicht rechtskräftig abgeschlossen und der Aufsichtsrat nach Maßgabe der anzuwendenden Vorschriften zusammengesetzt ist, amtiert der bisherige und an sich gesetzeswidrig zusammengesetzte Aufsichtsrat rechtmäßig (§ 96 II AktG). Deshalb hängt die Geltung der gesetzlichen Vorschriften zur Mitbestimmung nicht nur von den dort festgelegten Voraussetzungen, sondern auch von dem rechtskräftigen Abschluss des Statusverfahrens ab. Liegt diese Voraussetzung jedoch vor, dann kommt es für Geltung der gesetzlichen Vorschriften zur Mitbestimmung der Arbeitnehmer im Aufsichtsrat nicht darauf an, ob diesem tatsächlich Arbeitnehmervertreter angehören bzw. die gesetzlichen Bestimmungen praktiziert wurden (AKRR/*Rudolph* SEBG § 34 Rn. 6; **aA** Habersack/Drinhausen/Hohenstatt/Müller-Bonanni SEBG § 34 Rn. 6; MüKoAktG/*Jacobs* SEBG § 35 Rn. 25b). Entsprechendes gilt, wenn der Aufsichtsrat nach dem MitbestG zusammengesetzt ist, obwohl die Anwendungsvoraussetzungen des MitbestG nicht mehr erfüllt sind und die Einleitung eines Statusverfahrens unterblieb. Umgekehrt folgt hieraus jedoch auch, dass eine mitbestimmungsrechtliche Regelung in der Gesellschaft erst dann in dieser gilt, wenn dies iRe Statusverfahrens nach den §§ 97 ff. festgestellt worden ist, so dass § 34 I Nr. 1 SEBG nicht zur Anwendung der mitbestimmungsrechtlichen Auffangregelung führt, wenn die Gesellschaft zwar dem DrittelbG oder dem MitbestG unterliegt, der Aufsichtsrat aber unverändert ohne Arbeitnehmervertreter zusammengesetzt ist.

III. SE-Gründung durch Verschmelzung

Für die Gründung einer SE durch Verschmelzung lässt es Art. 7 II UAbs. 1 lit. b nicht 11 ausreichen, dass in einer der an der Verschmelzung beteiligten Gesellschaften eine Form der Mitbestimmung bestand, sondern verlangt für das Eingreifen der gesetzlichen Auffangregelung zusätzlich, dass diese in den beteiligten Gesellschaften eine **gewisse Verbreitung** gefunden hat und bemisst diese nach der **Zahl der erfassten Arbeitnehmer**. Anders als bei der grenzüberschreitenden Verschmelzung, für die Art. 16 III lit. e RL 2005/56/EG den maßgeblichen Schwellenwert auf 33 1/3 % festlegt (→ RL 2005/56/EG Art. 16 Rn. 36 f.), beträgt dieser nach Art. 7 II UAbs. 1 lit. b „mind. 25 %" (ebenso Art. 7 II UAbs. 1 lit. b RL 2003/72/EG). Wird der Schwellenwert unterschritten, ist die Anwendung der gesetzlichen Auffangregelung zur Mitbestimmung nicht generell ausgeschlossen, sondern hängt davon ab, dass das besondere Verhandlungsgremium einen Beschluss zur Anwendung der gesetzlichen Auffangregelung fasst (Art. 7 II UAbs. 1 lit. b zweiter Gedankenstrich). Da Art. 7 II UAbs. 1 lit. b zweiter Gedankenstrich kein besonderes Mehrheitsquorum für den Beschluss vorgibt, ist dieser mit der in Art. 3 IV UAbs. 1 S. 1 ausgeformten doppelten absoluten Mehrheit zu fassen (→ Art. 3 Rn. 26 ff.; ebenso zu § 34 I Nr. 2 SEBG KK-AktG/*Feuerborn* SEBG § 34 Rn. 29; UHH/*Habersack* SEBG § 34 Rn. 19; MüKoAktG/*Jacobs* SEBG § 34 Rn. 13; LHT/*Oetker* SEBG § 34 Rn. 23; AKRR/*Rudolph* SEBG § 34 Rn. 19 mwN).

Im Unterschied zu Art. 7 II UAbs. 1 lit. a stellt Art. 7 II UAbs. 1 lit. b nicht auf die 12 Geltung von Bestimmungen über die Mitbestimmung der Arbeitnehmer ab, sondern erklärt den **Bestand einer oder mehrerer Formen der Mitbestimmung** für maßgeblich. Für die **Formen der Mitbestimmung** ist auf die Legaldefinition in Art. 2 lit. k abzustellen. Da die Richtlinie für die Gründung der SE durch Verschmelzung ausdrücklich auf das Bestehen der Mitbestimmung abstellt, reicht es nicht aus, wenn die Gesellschaft den einschlägigen gesetzlichen Bestimmungen unterliegt, sondern die **Mitbestimmung** muss in der Gesellschaft im Zeitpunkt der Gründung der SE auch **tatsächlich praktiziert** werden (*Grambow* BB 2012, 902 [903 f.]; Habersack/Drinhausen/Hohenstatt/Müller-Bonanni SEBG § 34 Rn. 6; **aA** MüKoAktG/*Jacobs* SEBG § 35 Rn. 25b; AKRR/*Rudolph* § 34 Rn. 11). Hierfür sind ausschließlich die **beteiligten Gesellschaften** iSv Art. 2 lit. b relevant. Das gilt ebenfalls iRv § 34 I Nr. 2 SEBG, da dieser die betroffenen Tochtergesellschaften ausschließlich im Hinblick auf die „Gesamtzahl der Arbeitnehmer" berücksichtigt (KK-AktG/*Feuerborn* SEBG § 34 Rn. 22; Habersack/Drinhausen/*Hohenstatt*/*Müller-Bonanni* SEBG § 34 Rn. 4; LHT/*Oetker* SEBG § 34 Rn. 17; AKRR/*Rudolph* SEBG § 34 Rn. 10). Aus der sowohl in Art. 7 II UAbs. 1 lit. b als auch in § 34 I Nr. 2 SEBG enthaltenen Forderung nach einer bestehenden Form der Mitbestimmung in einer der beteiligten Gesellschaften folgt im Umkehrschluss, dass die **gesetzliche Auffangregelung nicht anwendbar** ist, wenn in keiner der beteiligten Gesellschaften eine Form der Mitbestimmung bestand (KK-AktG/ *Feuerborn* SEBG § 34 Rn. 22; UHH/*Habersack* SEBG § 34 Rn. 15; MüKoAktG/*Jacobs* SEBG § 34 Rn. 8; LHT/*Oetker* SEBG § 34 Rn. 16). Hierüber kann sich auch das besondere Verhandlungsgremium nicht durch einen Beschluss hinwegsetzen (UHH/*Habersack* SEBG § 34 Rn. 19; *Joost* EAS B 8200, Rn. 215; LHT/*Oetker* SEBG § 34 Rn. 23), da eine entsprechende Beschlussfassung auf die Sachverhalte beschränkt ist, in denen das notwendige Quorum von mind. 25 % nicht erreicht wird.

13 Bezüglich des Schwellenwerts stellt Art. 7 II UAbs. 1 lit. b auf die **„Gesamtzahl der Arbeitnehmer"** ab und bezieht diese auf „alle beteiligten Gesellschaften". Hiervon sind unterstreitig alle Arbeitnehmer erfasst, die bei **beteiligten Gesellschaften** iSv Art. 2 lit. b (→ Art. 2 Rn. 5 ff.) beschäftigt sind. Keine Berücksichtigung finden jedoch Arbeitnehmer, deren Beschäftigungsort in einem Drittstaat liegt. Die Umsetzungsbestimmung in **§ 34 I Nr. 2 SEBG** geht demgegenüber über die Vorgabe in der RL 2001/86/EG hinaus und bezieht nicht nur „alle beteiligten Gesellschaften", sondern auch **„alle betroffenen Tochtergesellschaften"** in die Berechnung des Schwellenwerts ein. Diese Ausdehnung, die mit der Notwendigkeit legitimiert wird, der konzerndimensionalen Ausdehnung der Mitbestimmung in Deutschland Rechnung zu tragen (Begr. RegE, BT-Drs. 15/3405, 54; MüKoAktG/*Jacobs* SEBG § 34 Rn. 10; NFK/*Nagel* SEBG § 34 Rn. 8), wird verbreitet als richtlinienwidrig angesehen (so KK-AktG/*Feuerborn* SEBG § 34 Rn. 25; GLF/*Forst* § 2 Rn. 468; UHH/*Habersack* SEBG § 34 Rn. 4; *Joost* EAS B 8200, Rn. 216; *Kallmeyer* ZIP 2004, 1442 [1443]; AKRR/*Rudolph* SEBG § 34 Rn. 18; aA Habersack/Drinhausen /*Hohenstatt*/*Müller-Bonanni* SEBG § 34 Rn. 9; MüKoAktG/*Jacobs* SEBG § 34 Rn. 10; NFK/ *Nagel* SEBG § 34 Rn. 8). Dieser Vorwurf trifft uneingeschränkt zu, wenn Art. 7 dahin ausgelegt wird, dass dieser nicht nur einen Mindeststandard für das Eingreifen der gesetzlichen Auffangregelung festlegt, sondern es sich bei den Schwellenwerten auch um Höchstgrenzen handelt. Wird Art. 7 II UAbs. 1 lit. b hingegen iS eines Mindeststandards ausgelegt, dann führt die Ergänzung in § 34 I Nr. 2 SEBG um die „betroffenen Tochtergesellschaft" nur dann zu einem Konflikt mit Art. 7 II UAbs. 1 lit. b, wenn die Einbeziehung der betroffenen Tochtergesellschaften dazu führt, dass der Schwellenwert von „mind. 25 %" nicht erreicht wird, obwohl dies bei alleiniger Berücksichtigung der „beteiligten Gesellschaften" der Fall wäre (treffend KK-AktG/*Feuerborn* SEBG § 34 Rn. 24 aE; so auch AKRR/*Rudolph* SEBG § 34 Rn. 16 f.). Ebenso wie iRv Art. 3 IV UAbs. 1 S. 3 (→ Art. 3 Rn. 34 f.) könnte eine unionsrechtlich gebotene einschränkende Auslegung von § 34 I Nr. 2 SEBG dieser Diskrepanz zu den Vorgaben der Richtlinie Rechnung tragen (ebenso *Cannistra* 192 f.; Habersack/Drinhausen/*Hohenstatt*/*Müller-Bonanni* SEBG § 34 Rn. 9; LHT/*Oetker* SEBG § 34 Rn. 21). Wird hingegen der Widerspruch zu der Vorgabe in Art. 7 II UAbs. 1 lit. b umfassender verstanden, dann steht einer unionsrechtlich gebotenen Anpassung von § 34 I Nr. 2 SEBG der aus dem Wortlaut der Norm sowie den Gesetzesmaterialien erkennbare Wille des Gesetzgebers entgegen, so dass § 34 I Nr. 2 SEBG ungeachtet des Richtlinienverstoßes uneingeschränkt anwendbar ist.

IV. Gründung einer Holdinggesellschaft oder einer Tochtergesellschaft

14 Für die Gründung einer Holdinggesellschaft oder einer Tochtergesellschaft in der Rechtsform der SE übernimmt Art. 7 II UAbs. 1 lit. c für das Eingreifen der gesetzlichen Auffangregelung die Vorgabe in Art. 7 II UAbs. 1 lit. b, erhöht jedoch das auf die „Gesamtzahl der Arbeitnehmer" bezogene notwendige Quorum, auf das sich eine oder mehrere Formen der

Mitbestimmung erstrecken muss, auf „mind. 50 %", so dass hinsichtlich der weiteren Einzelheiten auf die Erläuterungen in → Rn. 12 f. verwiesen werden kann. Das gilt auch im Hinblick auf die Berücksichtigung der bei den „betroffenen Tochtergesellschaften" beschäftigten Arbeitnehmer in § 34 I Nr. 3 SEBG.

Auslegungsbedürftig ist allerdings – ebenso wie bei Art. 3 IV UAbs. 1 S. 3 – der Begriff 15 der **Tochtergesellschaft** bei den von Art. 7 II UAbs. 1 lit. c erfassten Gründungsvarianten (→ Art. 3 Rn. 33). Unstreitig sind solche Tochtergesellschaften, die im Wege einer **primären Gründung** als „Tochter-SE" nach Art. 2 III, Art. 35 f. SE-VO errichtet werden, einbezogen. Angesichts des offenen Begriffs „Tochtergesellschaft" lassen sich indes auch die Sachverhalte einer **sekundären Gründung** als „SE-Tochter" nach Art. 3 II SE-VO unter den Anwendungsbereich von Art. 7 II UAbs. 1 lit. c subsumieren (s. LHT/*Oetker* SEBG § 34 Rn. 25), da es sich bei der auf diesem Wege errichteten SE ebenfalls um eine „Tochtergesellschaft" handelt. Grundvoraussetzung für die hier befürwortete Auslegung ist allerdings, dass auch diese Variante einer SE-Gründung dem Anwendungsbereich der RL 2001/86/EG unterliegt (→ Art. 1 Rn. 5 f.).

V. Kollisionsregel bei mehreren Formen der Mitbestimmung

Da die RL 2001/86/EG nach Maßgabe der Legaldefinition in Art. 2 lit. k zwei Formen 16 der Mitbestimmung kennt, musste die Richtlinie auch eine Kollisionsregel für den Fall vorsehen, dass bei den beteiligten Gesellschaften mehrere Formen der Mitbestimmung praktiziert werden. Von einer eigenständigen Vorgabe sieht Art. 7 II UAbs. 2 jedoch ab, sondern überantwortet die Entscheidung zwischen den verschiedenen Formen der Mitbestimmung einer **Beschlussfassung des besonderen Verhandlungsgremiums;** subsidiär öffnet sich die Richtlinie einer Bestimmung durch die Mitgliedstaaten. Da das in den Niederlanden bei Inkrafttreten der RL 2001/86/EG praktizierte Kooptationsmodell (Art. 2 lit. k zweiter Gedankenstrich) nicht mehr besteht, hat die Kollisionsregel der Richtlinie keine praktische Relevanz mehr, da alle anderen Mitgliedstaaten mit einer Bestimmung zur Mitbestimmung die in Art. 2 lit. k erster Gedankenstrich umschriebene Form praktizieren.

Teil III. Sonstige Bestimmungen

Art. 8 Verschwiegenheit und Geheimhaltung

(1) **Die Mitgliedstaaten sehen vor, dass den Mitgliedern des besonderen Verhandlungsgremiums und des Vertretungsorgans sowie den sie unterstützenden Sachverständigen nicht gestattet wird, ihnen als vertraulich mitgeteilte Informationen an Dritte weiterzugeben.**

Das Gleiche gilt für die Arbeitnehmervertreter im Rahmen eines Verfahrens zur Unterrichtung und Anhörung.

Diese Verpflichtung besteht unabhängig von dem Aufenthaltsort der betreffenden Personen und auch nach Ablauf ihres Mandats weiter.

(2) **Jeder Mitgliedstaat sieht vor, dass das Aufsichts- oder das Verwaltungsorgan einer SE oder einer beteiligten Gesellschaft mit Sitz in seinem Hoheitsgebiet in besonderen Fällen und unter den Bedingungen und Beschränkungen des einzelstaatlichen Rechts Informationen nicht weiterleiten muss, wenn deren Bekanntwerden bei Zugrundelegung objektiver Kriterien den Geschäftsbetrieb der SE (oder gegebenenfalls der beteiligten Gesellschaft) oder ihrer Tochtergesellschaften und Betriebe erheblich beeinträchtigen oder ihnen schaden würde.**

Jeder Mitgliedstaat kann eine solche Freistellung von einer vorherigen behördlichen oder gerichtlichen Genehmigung abhängig machen.

(3) Jeder Mitgliedstaat kann für eine SE mit Sitz in seinem Hoheitsgebiet, die in Bezug auf Berichterstattung und Meinungsäußerung unmittelbar und überwiegend eine bestimmte weltanschauliche Tendenz verfolgt, besondere Bestimmungen vorsehen, falls das innerstaatliche Recht solche Bestimmungen zum Zeitpunkt der Annahme dieser Richtlinie bereits enthält.

(4) Bei der Anwendung der Absätze 1, 2 und 3 sehen die Mitgliedstaaten Verfahren vor, nach denen die Arbeitnehmervertreter auf dem Verwaltungsweg oder vor Gericht Rechtsbehelfe einlegen können, wenn das Aufsichts- oder das Verwaltungsorgan der SE oder der beteiligten Gesellschaft Vertraulichkeit verlangt oder die Informationen verweigert.

Diese Verfahren können Regelungen zur Wahrung der Vertraulichkeit der betreffenden Informationen einschließen.

A. Allgemeines

1   Art. 8 richtet sich unmittelbar an die Mitgliedstaaten und erlegt ihnen Pflichten für die Gesetzgebung zur Umsetzung der Richtlinie auf. Neben den dort aufzunehmenden besonderen Regelungen zur **Verschwiegenheit** (Abs. 1; → Rn. 2 ff.) und zur Geheimhaltung (Abs. 2; → Rn. 8 ff.) eröffnet Art. 8 III den Mitgliedstaaten die Option, besondere Bestimmungen für eine SE vorzusehen, „die in Bezug auf Berichterstattung und Meinungsäußerung unmittelbar und überwiegend eine bestimmte weltanschauliche Tendenz verfolgt", verbindet diese jedoch mit der Maßgabe, dass das Recht der Mitgliedstaaten vergleichbare besondere Bestimmungen bereits kennt (→ Rn. 11 ff.). Zusätzlich verpflichtet Art. 8 IV die Mitgliedstaaten zur **Schaffung von Rechtsbehelfen** zugunsten der Arbeitnehmervertreter, wenn das Aufsichts- oder Verwaltungsorgan Vertraulichkeit verlangt oder eine Information verweigert (→ Rn. 16). Eine inhaltsgleiche Übernahme von Art. 8 enthält **Art. 10 RL 2003/72/EG**; ferner verweist **Art. 16 III lit. f RL 2005/56/EG** für die Mitbestimmung bei grenzüberschreitenden Verschmelzungen auf Art. 8. Abgesehen von Art. 8 IV stimmen Art. 8 I-III mit **Art. 8 I-III RL 2009/38/EG** überein, so dass zur Auslegung von Art. 8 I-III grds. auf die dortigen Ausführungen zu verweisen ist (→ RL 2009/38/EG Art. 8 Rn. 3 ff.); für Art. 8 IV kann demgegenüber auf die Auslegung der übereinstimmenden Vorgabe in **Art. 11 III RL 2009/38/EG** zurückgegriffen werden (→ RL 2009/38/EG Art. 11 Rn. 5 ff.).

B. Verschwiegenheitspflicht, Abs. 1

2   **Adressat** der von den Mitgliedstaaten vorzusehenden Verschwiegenheitspflicht sind die Mitglieder des besonderen Verhandlungsgremiums, des Vertretungsorgans sowie – wegen Abs. 1 UAbs. 2 – die Arbeitnehmervertreter iRe Verfahrens zur Unterrichtung und Anhörung. Zu den Mitgliedern des „Vertretungsorgans" zählen wegen der Legaldefinition in Art. 2 lit. f (→ Art. 2 Rn. 15) die Mitglieder einer auf Grund Vereinbarung nach Art. 4 gebildeten Arbeitnehmervertretung zur Unterrichtung und Anhörung bzw. des nach Maßgabe von Teil 1 und 2 der Auffangregelung errichteten Vertretungsorgans der Arbeitnehmer. IRd Umsetzung in Deutschland handelt es sich um die Mitglieder des kraft Vereinbarung oder Gesetzes errichteten **SE-Betriebsrats**. Bei den von Art. 8 Abs. 1 UAbs. 2 erfassten **Arbeitnehmervertreter** handelt es sich um solche, die iRe Vereinbarung statt eines Vertretungsorgans installiert werden, um ein Verfahren zur Unterrichtung und Anhörung durchzuführen (Art. 4 II lit. f).

3   Die Pflicht zur Verschwiegenheit ist ferner auf **Sachverständige** zu erstrecken, die die in Rn. 2 genannten Personen im Rahmen ihrer Tätigkeit unterstützen. Das betrifft nicht nur die vom besonderen Verhandlungsgremium hinzugezogenen Sachverständigen (s. Art. 3 V;

→ Art. 3 Rn. 23 f.), sondern wegen der Systematik der Vorschrift auch solche Sachverständigen, die von einem nach der Vereinbarung oder der Auffangregelung errichteten Vertretungsorgan zur Unterstützung ihrer Aufgaben hinzugezogen werden. Für die gesetzliche Auffangregelung sieht Teil 2 lit. f des Anhangs zur RL 2001/86/EG die Unterstützung durch Sachverständige ausdrücklich vor; für das kraft Vereinbarung errichtete Vertretungsorgan verzichtet der Katalog der Vereinbarungsinhalte in Art. 4 II zwar auf die Hinzuziehung von Sachverständigen, eine der Auffangregelung entsprechende Abrede ist aber von der Autonomie der Verhandlungsparteien gedeckt.

Die **Arbeitnehmervertreter im Aufsichts- oder Verwaltungsorgan** der SE bezieht 4 Art. 8 I nicht in die Verschwiegenheitspflicht ein, für sie gilt die in **Art. 49 SE-VO** sowie **§ 93 I 3 AktG** (über § 116 AktG, § 39 SEAG) geregelte Verschwiegenheitspflicht (UHH/ *Habersack* SEBG § 41 Rn. 1; MüKoAktG/*Jacobs* SEBG § 41 Rn. 1; NFK/*Nagel* SEBG § 41 Rn. 7; LHT/*Oetker* SEBG § 41 Rn. 11; im Ansatz auch KK-AktG/*Feuerborn* SEBG § 41 Rn. 4), die jedoch in mehreren Punkten von Art. 8 I abweicht. Erstens beschränkt sich Art. 49 SE-VO nicht auf „vertraulich mitgeteilte Informationen", sondern erstreckt sich auf alle Informationen, deren Verbreitung den Interessen der Gesellschaft schaden könnte. Zweitens wird die hierdurch vermittelte Weite der Verschwiegenheitspflicht durch den Vorbehalt wieder zurückgenommen, dass die Informationsweitergabe in den aktienrechtlichen Vorschriften der Mitgliedstaaten vorgeschrieben bzw. zulässig ist oder im öffentlichen Interesse liegt. Eine vergleichbare Einschränkung der Verschwiegenheitspflicht kennt die enger gefasste Pflicht zur Verschwiegenheit in Art. 8 I nicht.

Vergleichbar mit Art. 49 SE-VO endet die Pflicht zur Verschwiegenheit nicht mit dem 5 **Mandat,** sondern besteht auch nach dessen Ablauf fort (Art. 8 I UAbs. 3). Im Unterschied zu Art. 49 SE-VO hält Art. 8 I UAbs. 3 ausdrücklich fest, dass die Verschwiegenheitspflicht unabhängig vom **Aufenthaltsort des Verpflichteten** besteht.

Gegenständlich verknüpft Art. 8 I UAbs. 1 die Pflicht zur Verschwiegenheit nicht mit 6 dem Vorliegen eines Betriebs- und Geschäftsgeheimnisses, sondern erfasst alle Informationen, die „als vertraulich" mitgeteilt wurden. Die Richtlinie verlangt seitens des informierenden Organs eine **Vertraulichkeitserklärung,** wobei der Wortlaut der Richtlinie nicht auf eine ausdrückliche Erklärung abstellt und damit scheinbar auch eine konkludente Erklärung ausreichen lässt. Ein besonderes **Interesse der Gesellschaft an der Nichtweitergabe** fordert Art. 8 I nicht. Hinsichtlich des weiteren Inhalts von Art. 8 I ist wegen des übereinstimmenden Wortlauts auf die Erläuterungen zu Art. 8 I RL 2009/38/EG zu verweisen (→ RL 2009/38/EG Art. 8 Rn. 3 ff.).

Der zur **Umsetzung** von Art. 8 I in Deutschland geltende § 41 II–V SEBG trägt im 7 Hinblick auf den Kreis der zur Verschwiegenheit verpflichteten Personen (s. § 41 II und IV SEBG) ausreichend den Vorgaben der Richtlinie Rechnung. Soweit § 41 III und V SEBG Ausnahmen von der Pflicht zur Verschwiegenheit vorsehen, handelt es sich bei einem teleologischen Verständnis der Richtlinienbestimmung nicht um eine Weitergabe an „Dritte" iSv Art. 8 I UAbs. 1 (→ RL 2009/38/EG Art. 8 Rn. 7; zum internen Kommunikationsfluss so auch Begr. RegE, BT-Drs. 15/3405, 56; MüKoAktG/*Jacobs* SEBG § 41 Rn. 7; MMS/*Kleinmann*/*Kujath* SEBG § 41 Rn. 6). Gegenüber der Vorgabe in Art. 8 I enthält § 41 II SEBG eine gravierende Einschränkung der Verschwiegenheitspflicht, da diese nur im Hinblick auf Betriebs- und Geschäftsgeheimnisse besteht. Dies entspricht zwar einer tradierten Regelungstechnik in Deutschland (s. § 79 I BetrVG), bleibt aber deutlich hinter Art. 8 I zurück, der eine vergleichbare Eingrenzung nicht kennt, obwohl § 93 I 3 AktG mit der Einbeziehung von „vertraulichen Angaben" zeigt, dass die Pflicht zur Verschwiegenheit auch über den Kreis der Betriebs- und Geschäftsgeheimnisse hinausgehen kann (→ RL 2009/38/EG Art. 8 Rn. 4).

C. Geheimhaltungsvorbehalt, Abs. 2

8 Der Geheimhaltungsvorbehalt in Art. 8 II bezieht sich auf besonders sensible Informationen, bei denen der nach Art. 8 I zu schaffende Schutz nicht ausreicht, und gewährt zum Schutz der Gesellschaft ein **Informationsverweigerungsrecht** („Freistellung") zugunsten des Aufsichts- oder Verwaltungsorgans. Ebenso wie Art. 8 I beschränkt Abs. 2 diese Vorgabe an die Mitgliedstaaten nicht auf Betriebs- und Geschäftsgeheimnisse, sondern generell auf **„Informationen"** (→ RL 2009/38/EG Art. 8 Rn. 9), verlangt für diese aber, dass sie so bedeutsam sein müssen, dass ihr Bekanntwerden den Geschäftsbetrieb der Gesellschaft erheblich beeinträchtigt oder der Gesellschaft schaden würde. Subjektive Befürchtungen reichen hierfür nicht aus, vielmehr verlangt Art. 8 II, dass das Recht auf Informationsverweigerung auf **„objektive Kriterien"** gestützt werden kann. Die scheinbare Weite des nach Art. 8 II zu schaffenden Informationsverweigerungsrechts steht allerdings unter dem Vorbehalt, dass die Mitgliedstaaten dieses Recht auf „besondere Fälle" beschränken und zudem bestimmte „Bedingungen und Beschränkungen" vorsehen können.

9 Das zur **Umsetzung** von Art. 8 II in Deutschland geschaffene Informationsverweigerungsrecht in § 41 I SEBG knüpft nur teilweise an die Vorgaben der Richtlinie an. Zwar verlangt § 41 I SEBG ebenso wie Art. 8 II für das Informationsverweigerungsrecht „objektive Kriterien", so dass rein subjektive Befürchtungen oder Vermutungen nicht ausreichen (Begr. RegE, BT-Drs. 15/3405, 56; KK-AktG/*Feuerborn* SEBG § 41 Rn. 7; Habersack/Drinhausen/*Hohenstatt/Müller-Bonanni* SEBG § 41 Rn. 2; LHT/*Oetker* SEBG § 41 Rn. 7), beschränkt diese aber auf Betriebs- und Geschäftsgeheimnisse und bezieht die „objektiven Kriterien" zusätzlich auf eine Gefährdung der Geheimnisse. Diese Fassung des Geheimhaltungsschutzes steht mit den Vorgaben der Richtlinie im Einklang, da diese den Mitgliedstaaten gestattet, das Informationsverweigerungsrecht auf „besondere Fälle" zu beschränken (→ RL 2009/38/EG Art. 8 Rn. 9). Zudem ist davon auszugehen, dass der Verlust des Geheimnischarakters den Geschäftsbetrieb der geschützten Gesellschaften „erheblich beeinträchtigen oder ihnen schaden würde".

10 Von dem in Art. 8 II UAbs. 2 den Mitgliedstaaten eröffneten Vorbehalt, das Informationsverweigerungsrecht des Aufsichts- oder Verwaltungsorgans von einer **vorherigen behördlichen oder gerichtlichen Genehmigung** abhängig zu machen, hat das SEBG keinen Gebrauch gemacht und entspricht damit der deutschen Rechtstradition, die ua in § 106 II BetrVG zum Ausdruck gelangt.

D. Tendenzschutz, Abs. 3

11 Im Hinblick auf die in einzelnen Mitgliedstaaten (neben Deutschland ua auch in Österreich) bestehenden besonderen Bestimmungen zum Schutz sog. Tendenzunternehmen eröffnet Art. 8 III diesen Mitgliedstaaten die Möglichkeit, den Tendenzschutz auf eine SE mit Sitz in ihrem Hoheitsgebiet auszudehnen. Die Vorschrift stimmt wörtlich mit den Parallelbestimmungen in Art. 8 III RL 2009/38/EG und Art. 10 III RL 2003/72/EG überein, so dass hinsichtlich der inhaltlichen Reichweite von Art. 8 III auf die Erläuterungen zu Art. 8 III RL 2009/38/EG verwiesen werden kann (→ RL 2009/38/EG Art. 8 Rn. 11 f.). Wegen der Bezugnahme auf Art. 8 in Art. 16 III lit. f RL 2005/56/EG gilt der Tendenzschutzvorbehalt auch für die Mitbestimmung bei einer grenzüberschreitenden Verschmelzung (→ RL 2005/56/EG Art. 16 Rn. 40). Der überkommene Hinweis auf die Traditionen in den Mitgliedstaaten (näher *Plum* 58 ff.) wird aus heutiger Sicht durch das grundrechtliche Fundament des Tendenzschutzes überlagert, der über die Charta der Grundrechte auch das sekundäre Unionsrecht prägt (s. näher LHT/*Oetker* SEBG § 39 Rn. 3; *Plum* 284 ff.).

Der durch Art. 8 III ermöglichte Tendenzschutz betrifft aus deutscher Sicht nicht nur die 12
Mitbestimmung der Arbeitnehmer im Aufsichts- oder Verwaltungsorgan der SE (s. § 1 IV
MitbestG, § 1 II 2 DrittelbG), sondern wegen § 118 I BetrVG auch die Unterrichtung und
Anhörung. Während aus dem 2. Hs. von Art. 8 III deutlich wird, dass die Mitgliedstaaten
berechtigt sein sollen, die bei ihnen geltenden „besonderen Bestimmungen" auf die SE zu
übertragen, ist die **tatbestandliche Anknüpfung** für die den Mitgliedstaaten mit einem
besonderen Tendenzschutz eröffnete Option verunglückt, da sie den in den Mitgliedstaaten
bestehenden Status quo nicht zutreffend wiederspiegelt.

Das gilt insbesondere in Deutschland, da der Tendenzschutz erstens über Unternehmen, 13
die unmittelbar und überwiegend der Berichterstattung und Meinungsäußerung dienen,
hinausgeht (s. § 1 IV 1 Nr. 1 MitbestG, § 1 II 1 Nr. 2 lit. a DrittelbG, § 118 I 1 Nr. 1
BetrVG) und zweitens unabhängig davon besteht, ob das Unternehmen – wie von Art. 8 III
gefordert – „unmittelbar und überwiegend eine bestimmte weltanschauliche Tendenz verfolgt". Der zur Ausfüllung der Option in Art. 8 III geschaffene § 39 SEBG bewegt sich im
Hinblick auf seine inhaltliche Reichweite zwar in den Bahnen der zuvor in Deutschland
geltenden „besonderen Bestimmungen", weicht im Hinblick auf die tatbestandlichen Voraussetzungen für das Eingreifen des Tendenzschutzes aber von den enger gefassten Vorgaben in Art. 8 III ab.

Angesichts der in → Rn. 13 aufgezeigten Diskrepanzen der tatbestandlichen Vorausset- 14
zungen zwischen Art. 8 III und § 39 SEBG überrascht es nicht, dass die Richtlinienkonformität von § 39 SEBG verbreitet bestritten und der Vorwurf einer richtlinienwidrigen
Umsetzung erhoben wird (so KK-AktG/*Feuerborn* SEBG § 39 Rn. 12, 14; *Güntzel*, Die
Richtlinie über die Arbeitnehmerbeteiligung in der Europäischen Aktiengesellschaft (SE)
und ihre Umsetzung in das deutsche Recht, 2006, 482 ff.; *Kiehn* 131 f.; *Plum* 166 f.; *Wirtz*,
Der SE-Betriebsrat, 2013, 224 f.) sowie für eine richtlinienkonforme Reduktion des Anwendungsbereichs der Norm plädiert wird (hierfür NFK/*Nagel* SEBG § 39 Rn. 8, 12 f.;
Plum 425; beschränkt auf § 39 Abs. 1 Nr. 2 SEBG auch KK-AktG/*Feuerborn* SEBG § 39
Rn. 14; *Wirtz*, Der SE-Betriebsrat, 2013, 224 f.). Dem ist nicht zu folgen.

Erstens fehlen wegen der bewussten Abweichung des Gesetzes von der tatbestandlichen 15
Voraussetzung in Art. 8 III die methodischen Voraussetzungen für eine unionsrechtskonforme Auslegung (ebenso UHH/*Habersack* SEBG § 39 Rn. 2 sowie im Hinblick auf § 39 I
Nr. 1 SEBG auch KK-AktG/*Feuerborn* SEBG § 39 Rn. 13). Vielmehr wollte der Gesetzgeber mit § 39 SEBG gezielt auch in tatbestandlicher Hinsicht eine Harmonisierung mit
den zuvor bereits geltenden „besonderen Bestimmungen" ermöglichen. Zweitens besteht
die durch den Wortlaut von Art. 8 III nahegelegte Diskrepanz nur scheinbar (zutreffend
UHH/*Habersack* SEBG § 39 Rn. 2; HWK/*Hohenstatt/Dzida* SEBG Rn. 53; Habersack/
Drinhausen/*Hohenstatt/Müller-Bonanni* SEBG § 39 Rn. 6; MüKoAktG/*Jacobs* SEBG § 39
Rn. 2; im Ergebnis auch AKRR/*Rudolph* SEBG § 39 Rn. 7, der zusätzlich auf die grundrechtliche Fundierung des Tendenzschutzes verweist). Diese wird durch den Zweck des
Art. 8 III überlagert, den Mitgliedstaaten eine Fortschreibung ihrer „besonderen Vorschriften" zum Tendenzschutz für die SE zu eröffnen. In diesem Sinne hatten sich auch die
Rechtssetzungsinstanzen der Europäischen Union bereits zur RL 94/45/EG klarstellend
geäußert (→ RL 2009/38/EG Art. 8 Rn. 14) und auch die nachfolgend im EBRG normierte Reichweite des Tendenzschutzes nicht beanstandet. Für eine Abkehr von diesem
Verständnis lassen sich weder aus der RL 2001/38/EG noch aus der RL 2009/38/EG
tragfähige Anhaltspunkte entnehmen (→ RL 2009/38/EG Art. 8 Rn. 15). Deshalb ist bei
einem zweckgerechten Verständnis des Tendenzvorbehalts in Art. 8 III davon auszugehen,
dass die dort ausdrücklich genannten Unternehmen lediglich exemplarische Bedeutung für
die Reichweite des Tendenzschutzes haben.

E. Rechtsschutz, Abs. 4

16 Der Vorbehalt in Art. 8 IV zugunsten der Arbeitnehmervertreter, wenn Vertraulichkeit verlangt wird oder Informationen verweigert werden, findet im SEBG keine Entsprechung und gleicht der Rechtslage nach dem EBRG. Hierdurch tritt jedoch keine Diskrepanz zu der RL 2001/86/EG ein, da die Arbeitsgerichte nach § 2a Nr. 3 lit. b ArbGG auch bei Angelegenheiten aus dem SEBG im Beschlussverfahren entscheiden (→ Art. 12 Rn. 2) und den Arbeitnehmervertretern hierdurch ein ausreichender Rechtsbehelf zur Verfügung steht. Im Übrigen ist auf die Ausführungen zu Art. 11 III RL 2009/38/EG zu verweisen (→ RL 2009/38/EG Art. 11 Rn. 5). Das gilt ebenfalls im Hinblick auf die vereinzelt erhobene Forderung, § 109 BetrVG iRv § 41 I SEBG analog anzuwenden (hierfür *Köstler* in Theisen/Wenz, Europäische Aktiengesellschaft, 2. Aufl. 2005, 331 [364 f.]; **aA** KK-AktG/*Feuerborn* SEBG § 41 Rn. 19; LHT/*Oetker* SEBG § 41 Rn. 9 mwN; → RL 2009/38/EG Art. 11 Rn. 5).

Art. 9 Arbeitsweise des Vertretungsorgans und Funktionsweise des Verfahrens zur Unterrichtung und Anhörung der Arbeitnehmer

Das zuständige Organ der SE und das Vertretungsorgan arbeiten mit dem Willen zur Verständigung unter Beachtung ihrer jeweiligen Rechte und Pflichten zusammen.

Das Gleiche gilt für die Zusammenarbeit zwischen dem Aufsichts- oder dem Verwaltungsorgan der SE und den Arbeitnehmervertretern im Rahmen eines Verfahrens zur Unterrichtung und Anhörung der Arbeitnehmer.

1 Art 9 betrifft die Durchführung der Unterrichtung und Anhörung mit dem entweder kraft Vereinbarung nach Art. 4 oder auf Grund der Auffangregelung errichteten Vertretungsorgan der Arbeitnehmer (UAbs. 1). Es handelt sich wegen der Legaldefinition in Art. 2 lit. f aus deutscher Sicht um den kraft Vereinbarung (§ 21 I SEBG) oder Gesetzes (§§ 23 ff. SEBG) gebildeten **SE-Betriebsrat**. Nach UAbs. 2 soll Entsprechendes gelten, wenn die nach Art. 4 abzuschließende Vereinbarung von der Einrichtung eines „Vertretungsorgans" absieht und als Alternative ein besonderes Verfahren zur Unterrichtung und Anhörung schafft (s. § 21 II SEBG). Die Vorschrift stimmt wörtlich mit Art. 11 RL 2003/72/EG sowie Art. 9 RL 2009/38/EG überein, so dass die Ausführungen zu der letztgenannten Bestimmung auch für die Konkretisierung von Art. 9 maßgebend sind (ausführlich deshalb → RL 2009/38/EG Art. 9 Rn. 2 ff.). Entsprechendes gilt für die zur Umsetzung von Art. 9 in Deutschland geschaffene Regelung in § 40 SEBG, die mit § 34 EBRG übereinstimmt (→ RL 2009/38/EG Art. 9 Rn. 2).

Art. 10 Schutz der Arbeitnehmervertreter

Die Mitglieder des besonderen Verhandlungsgremiums, die Mitglieder des Vertretungsorgans, Arbeitnehmervertreter, die bei einem Verfahren zur Unterrichtung und Anhörung mitwirken, und Arbeitnehmervertreter im Aufsichts- oder im Verwaltungsorgan der SE, die Beschäftigte der SE, ihrer Tochtergesellschaften oder Betriebe oder einer der beteiligten Gesellschaften sind, genießen bei der Wahrnehmung ihrer Aufgaben den gleichen Schutz und gleichartige Sicherheiten wie die Arbeitnehmervertreter nach den innerstaatlichen Rechtsvorschriften und/oder Gepflogenheiten des Landes, in dem sie beschäftigt sind.

Dies gilt insbesondere für die Teilnahme an den Sitzungen des besonderen Verhandlungsgremiums oder des Vertretungsorgans an allen sonstigen Sitzungen, die im Rahmen der Vereinbarung nach Artikel 4 Absatz 2 Buchstabe f stattfinden, und an den

Sitzungen des Verwaltungs- oder des Aufsichtsorgans sowie für die Lohn- und Gehaltsfortzahlung an die Mitglieder, die Beschäftigte einer der beteiligten Gesellschaften oder der SE oder ihrer Tochtergesellschaften oder Betriebe sind, für die Dauer ihrer zur Wahrnehmung ihrer Aufgaben erforderlichen Abwesenheit.

Art. 10 UAbs. 1 verpflichtet die Mitgliedstaaten, den in der Richtlinie genannten Personen den **gleichen Schutz** einzuräumen, den Arbeitnehmervertreter in den jeweiligen Mitgliedstaaten bei der Wahrnehmung ihrer Aufgaben genießen. Exemplarisch („insbesondere") hebt dies Art. 10 UAbs. 2 für die Teilnahme an Sitzungen sowie die Lohn- und Gehaltsfortzahlung bei aufgabenbedingter Nichterbringung der vertraglich geschuldeten Arbeitsleistung hervor. Obwohl Art. 10 UAbs. 1 für den Vergleich mit den innerstaatlichen Rechtsvorschriften pauschal auf die **„Arbeitnehmervertreter"** abstellt, steht die Richtlinie einem **unterschiedlichen Schutzniveau** nicht entgegen, wenn dieses auch bei den Arbeitnehmervertretern anzutreffen ist, die mit den durch Art. 10 UAbs. 1 geschützten Personen vergleichbar sind (s. LHT/*Oetker* SEBG § 42 Rn. 6; krit. *Kumpf* 67 ff.). Im Übrigen stimmt Art. 10 mit **Art. 10 III RL 2009/38/EG** überein, so dass wegen der weiteren Einzelheiten auf die dortigen Ausführungen zu verweisen ist (→ RL 2009/38/EG Art. 10 Rn. 11 f.). Darüber hinaus enthält **Art. 12 RL 2003/72/EG** eine mit Art. 10 übereinstimmende Vorschrift, die auch **Art. 16 III lit. b RL 2005/56/EG** für die Mitbestimmung bei grenzüberschreitenden Verschmelzungen übernommen hat (→ RL 2005/56/EG Art. 16 Rn. 41). 1

Der zur **Umsetzung** von Art. 10 in Deutschland geschaffene **§ 42 SEBG** stimmt im Hinblick auf den **geschützten Personenkreis** mit dem der Richtlinie überein. Allerdings hat das SEBG davon abgesehen, die **Reichweite des Schutzes** zu konkretisieren. Lediglich die Vorgabe in Art. 10 UAbs. 2 wurde mit § 42 S. 2 Nr. 2 und 3 SEBG aufgegriffen und zusätzlich in § 42 S. 2 Nr. 1 SEBG auf den Kündigungsschutz ausgedehnt. Im Übrigen beschränkt sich § 42 S. 1 SEBG auf eine mit Art. 10 UAbs. 1 vergleichbare Gleichstellung. Für diese liegt insbesondere ein **Rückgriff auf § 40 EBRG** nahe (→ RL 2009/38/EG Art. 10 Rn. 12), da dieser im Hinblick auf den geschützten Personenkreis mit den in § 42 S. 1 Nr. 1–3 SEBG genannten Personen auch bezüglich der von ihnen wahrgenommenen Funktionen und Aufgaben identisch ist (ebenso KK-AktG/*Feuerborn* SEBG § 42 Rn. 11; UHH/*Henssler* SEBG § 42 Rn. 6; LHT/*Oetker* SEBG § 42 Rn. 7; *Thüsing/Forst*, FS Reuter, 2010, 851 [862]). Deshalb sind über § 42 S. 1 SEBG auf die dort in Nr. 1 bis 3 genannten Personen § 37 I–V, § 78 und § 103 BetrVG sowie § 15 KSchG anzuwenden. Andernfalls würden die in § 42 S. 1 Nr. 1–3 SEBG genannten Personen nicht den gleichen Schutz genießen wie vergleichbare Arbeitnehmervertreter in Deutschland (näher LHT/*Oetker* SEBG § 42 Rn. 9 ff. mwN). 2

Besonderheiten sind für die in Art. 10 S. 1 sowie § 42 S. 1 Nr. 4 SEBG genannten **„Arbeitnehmervertreter im Aufsichts- oder Verwaltungsorgan der SE"** zu beachten. Für deren „Gleichstellung" im Hinblick auf den Schutz bei der Wahrnehmung ihrer Aufgaben kann wegen des engeren persönlichen Schutzbereichs nicht auf § 40 EBRG zurückgegriffen werden (KK-AktG/*Feuerborn* SEBG § 42 Rn. 12; UHH/*Henssler* SEBG § 42 Rn. 6). Darüber hinaus würde eine Einbeziehung der „Arbeitnehmervertreter im Aufsichts- oder Verwaltungsorgan der SE" in die in § 40 I 1 EBRG genannten Schutzbestimmungen, nicht mehr das gleiche Schutzniveau aufweisen, das die Rechtsvorschriften in Deutschland für Arbeitnehmervertreter im Aufsichtsrat etablieren. Diese beschränken ihren Schutz ausdrücklich auf ein **allg. Behinderungs- und Benachteiligungsverbot** (s. § 26 MitbestG, § 11 DrittelbG). Nur in diesem Umfang genießen auch die Arbeitnehmervertreter im Aufsichts- oder Verwaltungsorgan der SE im Hinblick auf die Teilnahme an Sitzungen sowie die Fortzahlung der Vergütung bei aufgabenbedingter Arbeitsversäumnis einen Schutz, ohne dass es hierfür wegen § 44 Nr. 3 SEBG eines Analogieschlusses bedarf (UHH/*Henssler* SEBG § 42 Rn. 7; NFK/*Nagel* SEBG § 42 Rn. 5; für eine Analogie jedoch scheinbar KK-AktG/*Feuerborn* SEBG § 42 Rn. 12). Insbesondere genießen Arbeitnehmervertreter im Aufsichts- 3 oder Verwaltungsorgan der SE keinen mit § 15 KSchG vergleichbaren **Sonderkündigungsschutz**. Gegenüber einer Kündigung wegen der Wahrnehmung ihrer Aufgaben im Aufsichts- oder Verwaltungsorgan der SE gilt jedoch wegen des in § 44 Nr. 3 SEBG normierten Benachteiligungsverbots ein „relativer" Kündigungsschutz (UHH/*Henssler* SEBG § 43 Rn. 7; NFK/*Nagel* SEBG § 42 Rn. 5; LHT/*Oetker* SEBG § 41 Rn. 14).

4 Vervollständigt wird die von Art. 10 UAbs. 1 geforderte Gleichstellung durch die Einbeziehung der in § 42 S. 1 SEBG genannten Personen in das **allg. Benachteiligungsverbot in § 44 Nr. 3 SEBG.** Dies war schon deshalb geboten, weil auch für die von § 40 EBRG geschützten vergleichbaren „Arbeitnehmervertreter" ein allg. Benachteiligungsverbot gilt (s. § 42 Nr. 3 EBRG). Für die Arbeitnehmervertreter im Aufsichts- oder Verwaltungsorgan der SE gilt dies wegen § 26 MitbestG und § 11 DrittelbG ohnehin. Zudem ist bezüglich der in § 42 S. 1 Nr. 1–3 SEBG genannten Personen der Verstoß gegen das Behinderungs- und Benachteiligungsverbot nach § 45 Abs. 2 Nr. 3 SEBG **strafbewehrt**. Entsprechendes gilt für die von § 40 EBRG geschützten Personen (s. § 44 Abs. 1 Nr. 2 EBRG). Für die **Arbeitnehmervertreter im Aufsichts- oder Verwaltungsorgan** der SE fehlt eine entsprechende Strafbewehrung. Hierin liegt indes kein Verstoß gegen den von Art. 10 UAbs. 1 geforderten gleichen Schutz, da auch der Verstoß gegen § 26 MitbestG und § 11 DrittelbG nicht strafbewehrt ist, so dass sich das nach deutschem Recht für die Arbeitnehmervertreter zu konstatierende Schutzdefizit bei den Arbeitnehmervertretern im Aufsichts- oder Verwaltungsorgan der SE fortsetzt.

Art. 11 Verfahrensmissbrauch

Die Mitgliedstaaten treffen im Einklang mit den gemeinschaftlichen Rechtsvorschriften geeignete Maßnahmen, um zu verhindern, dass eine SE dazu missbraucht wird, Arbeitnehmern Beteiligungsrechte zu entziehen oder vorzuenthalten.

1 Die Vorschrift wendet sich an die Mitgliedstaaten und gibt Ihnen auf, im Rahmen ihrer Gesetzgebung zur Umsetzung der RL 2001/86/EG die notwendigen Maßnahmen zu treffen, um einen Missbrauch der SE zu dem Zweck zu verhindern, den Arbeitnehmern Beteiligungsrechte zu entziehen oder vorzuenthalten. Von einer Konkretisierung des Missbrauchs sieht die Richtlinie ab und überlässt dies den Mitgliedstaaten. Eine mit Art. 11 übereinstimmende Vorgabe enthält **Art. 13 RL 2003/72/EG,** nicht jedoch die **RL 2005/56/EG** für die Mitbestimmung bei grenzüberschreitender Verschmelzung, da Art 16 III der Richtlinie von einer Einbeziehung des Art. 11 in die Verweisungsnorm ausdrücklich abgesehen hat (→ RL 2005/56/EG Art. 16 Rn. 39).

2 Das zur **Umsetzung** der RL 2001/86/EG in Deutschland geschaffene SEBG trägt der Vorgabe in Art. 11 in unterschiedlicher Weise Rechnung. Das gilt nicht nur für die Umsetzung der Vorkehrungen, die die Richtlinie selbst bereits vorsieht, um eine Minderung der Beteiligungsrechte insbesondere bei einer Gründung der SE durch Umwandlung zu verhindern. Darüber hinaus sieht § 18 III SEBG ein erneutes Verhandlungsverfahren vor, wenn nach Gründung erfolgende strukturelle Änderungen geeignet sind, Beteiligungsrechte der Arbeitnehmer zu mindern (→ Art. 3 Rn. 52). Vor allem aber nahm der deutsche Gesetzgeber die Vorgabe in Art. 11 zum Anlass, mit **§ 43 S. 1 SEBG** eine Generalklausel zu schaffen, nach der eine SE nicht dazu missbraucht werden darf, den Arbeitnehmern Beteiligungsrechte zu entziehen oder vorzuenthalten. Bezüglich der Konkretisierung der Missbrauchssachverhalte herrscht jedoch bislang noch verbreitete Unsicherheit (s. dazu näher *Drinhausen/Keinath* BB 2011, 2699 ff.; *Rehberg* ZGR 2005, 859 ff.; *Sagan* in Bieder/Hartmann [Hrsg.], Individuelle Freiheit und kollektive Interessenwahrnehmung im deutschen und europäischen Arbeitsrecht, 2012, 171 ff.), die wegen der zugleich in § 45 I Nr. 1 SEBG erfolgten Strafbewehrung besonders problematisch ist (s. zB *Grobys* NZA 2004, 779 [781]; *Schlösser* NZG 2008, 126 [128 f.]). Das gilt auch für die Konkretisierung des Missbrauchstatbestands in **§ 43 S. 2 SEBG** für den Fall, dass innerhalb eines Jahres nach Gründung der SE strukturelle Änderungen der SE zu einer Vorenthaltung oder Entziehung von Beteiligungsrechten führen und ein nach § 18 III SEBG einzuleitendes Beteiligungsverfahren unterbleibt. Die in diesem Fall eingreifende Vermutung eines Missbrauchs ist mit der im Strafrecht geltenden Unschuldsvermutung unvereinbar, so dass sie iRv § 45 I Nr. 1 SEBG keine Anwendung findet (statt aller UHH/*Habersack* SEBG § 45 Rn. 3; MüKo-AktG/*Jacobs* SEBG § 45 Rn. 5; LHT/*Oetker* SEBG § 45 Rn. 10 mwN). Dementsprechend hat sich § 45 I Nr. 2 SEBG darauf beschränkt, ausschließlich § 43 S. 1 SEBG in Bezug zu nehmen.

Art. 12 Einhaltung der Richtlinie

(1) **Jeder Mitgliedstaat trägt dafür Sorge, dass die Leitung der Betriebe einer SE und die Aufsichts- oder die Verwaltungsorgane der Tochtergesellschaften und der beteiligten Gesellschaften, die sich in seinem Hoheitsgebiet befinden, und ihre Arbeitnehmervertreter oder gegebenenfalls ihre Arbeitnehmer den Verpflichtungen dieser Richtlinie nachkommen, unabhängig davon, ob die SE ihren Sitz in seinem Hoheitsgebiet hat oder nicht.**

(2) **Die Mitgliedstaaten sehen geeignete Maßnahmen für den Fall der Nichteinhaltung dieser Richtlinie vor; sie sorgen insbesondere dafür, dass Verwaltungs- oder Gerichtsverfahren bestehen, mit denen die Erfüllung der sich aus dieser Richtlinie ergebenden Verpflichtungen durchgesetzt werden kann.**

Die Vorschrift verpflichtet die Mitgliedstaaten, durch geeignete Maßnahmen sicherzustellen, dass die in der Richtlinie vorgesehenen Verpflichtungen von den jeweils Berechtigten durchgesetzt werden können. Mit diesem Inhalt entspricht Art. 13 den Parallelbestimmungen in Art. 14 RL 2003/72/EG sowie Art. 11 I und II RL 2009/38/EG; ferner nimmt Art. 16 III lit. f RL 2005/56/EG für die Mitbestimmung bei grenzüberschreitenden Verschmelzungen auf Art. 12 Bezug. Soweit Art. 11 III RL 2009/38/EG Rechtsbehelfe zugunsten der Arbeitnehmervertreter fordert, wenn ihnen unter Berufung auf Art. 8 RL 2009/38/EG Informationen vorenthalten werden (→ RL 2009/38/EG Art. 11 Rn. 5), findet sich die vergleichbare Parallelbestimmung in Art. 8 IV (→ Art. 8 Rn. 16). 1

Zur Umsetzung der Vorgaben in Art. 12 I und II bestimmt Art. 2a I Nr. 3 lit. e ArbGG, dass die **Arbeitsgerichte** für Angelegenheiten aus dem SEBG ausschließlich zuständig sind und in diesen Fällen iRe **Beschlussverfahrens** entscheiden. Hiervon gilt für die Verfolgung der nach § 45 SEBG strafbaren Handlungen sowie für die Verfolgung der Ordnungswidrigkeiten (§ 46 SEBG) eine Ausnahme. Ferner sieht § 2a I Nr. 3 lit. e ArbGG eine Ausnahme bezüglich der §§ 34–39 SEBG vor. Danach sind die Arbeitsgerichte mit Ausnahme einer gerichtlichen Abberufung nach § 103 III AktG nur für die **Wahl oder Abberufung der Arbeitnehmervertreter im Aufsichts- oder Verwaltungsorgan** zuständig; im Übrigen entscheiden über Streitigkeiten bei der Anwendung der §§ 34–39 SEBG die ordentlichen Gerichte. Soweit § 2a I Nr. 3 lit. e ArbGG die Zuständigkeit der Arbeitsgerichte begründet, gilt diese nicht nur für Streitigkeiten aus der Anwendung des SEBG. Ebenso entscheiden die Arbeitsgerichte über Streitigkeiten aus der Anwendung einer nach § 21 SEBG abgeschlossenen **Beteiligungsvereinbarung** (→ RL 2009/38/EG Art. 11 Rn. 2). Zur Zulässigkeit von **Schiedsabreden** in einer Beteiligungsvereinbarung → RL 2009/38/EG Art. 11 Rn. 3. Soweit das SEBG Rechtspositionen zugunsten des besonderen Verhandlungsgremiums oder eines SE-Betriebsrats kraft Gesetzes begründet, eröffnet § 85 II ArbGG auch die Möglichkeit, die Rechte mittels einer **einstweiligen Verfügung** durchzusetzen. Entsprechendes gilt für Rechtspositionen in einer Beteiligungsvereinbarung. 2

Neben dem arbeitsgerichtlichen Beschlussverfahren stellt das SEBG die Einhaltung der Verpflichtungen aus der Richtlinie zusätzlich dadurch sicher, dass es den Verstoß gegen den 3

Errichtungs- und Tätigkeitsschutz in § 44 SEBG zugunsten des besonderen Verhandlungsgremiums und des SE-Betriebsrats und seiner Mitglieder sowie der Arbeitnehmervertreter im Aufsichts- oder Verwaltungsorgan der SE mit einer **Strafandrohung** versieht (§ 45 II Nr. 2 und 3 SEBG). Ferner stuft § 46 SEBG die Verletzung der in § 4 II SEBG und § 5 IV 2 SEBG normierten Informationspflichten als **Ordnungswidrigkeit** ein; Entsprechendes gilt für die zugunsten des kraft Gesetzes errichteten SE-Betriebsrats in § 28 I 1 SEBG und § 29 I 1 SEBG aufgezählten Unterrichtungsrechte (§ 46 I Nr. 2 SEBG).

Art. 13 Verhältnis dieser Richtlinie zu anderen Bestimmungen

(1) SE und Tochtergesellschaften einer SE, die gemeinschaftsweit operierende Unternehmen oder herrschende Unternehmen in einer gemeinschaftsweit operierenden Unternehmensgruppe im Sinne der Richtlinie 94/45/EG oder im Sinne der Richtlinie 97/74/EG[1] zur Ausdehnung der genannten Richtlinie auf das Vereinigte Königreich sind, unterliegen nicht den genannten Richtlinien und den Bestimmungen zu deren Umsetzung in einzelstaatliches Recht.

Beschließt das besondere Verhandlungsgremium jedoch gemäß Artikel 3 Absatz 6, keine Verhandlungen aufzunehmen oder bereits aufgenommene Verhandlungen abzubrechen, so gelangen die Richtlinie 94/45/EG oder die Richtlinie 97/74/EG und die Bestimmungen zu ihrer Umsetzung in einzelstaatliches Recht zur Anwendung.

(2) Einzelstaatliche Rechtsvorschriften und/oder Gepflogenheiten in Bezug auf die Mitbestimmung der Arbeitnehmer in den Gesellschaftsorganen, die nicht zur Umsetzung dieser Richtlinie dienen, finden keine Anwendung auf gemäß der Verordnung (EG) Nr. 2157/2001 gegründete und von dieser Richtlinie erfasste Gesellschaften.

(3) Diese Richtlinie berührt nicht

a) die den Arbeitnehmern nach einzelstaatlichen Rechtsvorschriften und/oder Gepflogenheiten zustehenden Beteiligungsrechte, die für die Arbeitnehmer der SE und ihrer Tochtergesellschaften und Betriebe gelten, mit Ausnahme der Mitbestimmung in den Organen der SE,

b) die nach einzelstaatlichen Rechtsvorschriften und/oder Gepflogenheiten geltenden Bestimmungen über die Mitbestimmung in den Gesellschaftsorganen, die auf die Tochtergesellschaften der SE Anwendung finden.

(4) Zur Wahrung der in Absatz 3 genannten Rechte können die Mitgliedstaaten durch geeignete Maßnahmen sicherstellen, dass die Strukturen der Arbeitnehmervertretung in den beteiligten Gesellschaften, die als eigenständige juristische Personen erlöschen, nach der Eintragung der SE fortbestehen.

1 Die Bestimmung regelt das Verhältnis der Arbeitnehmerbeteiligung nach der RL 2001/86/EG zu der in anderen Rechtsakten der Europäischen Union vorgeschriebenen Beteiligung der Arbeitnehmer, insbesondere im Hinblick auf die Einbeziehung der SE in die RL 2009/38/EG. Im Übrigen stellt Art. 13 die Einbeziehung der SE in die bestehenden Gesetze zur Arbeitnehmerbeteiligung in den Mitgliedstaaten klar. Zusätzlich eröffnet Abs. 4 für die Mitgliedstaaten die Möglichkeit, einen Fortbestand der bisherigen Arbeitnehmervertretungsstrukturen vorzusehen, wenn es infolge der SE-Gründung zum Erlöschen einzelner juristischer Personen kommt. Soweit Art. 13 auf die RL 94/45/EG Bezug nimmt, tritt wegen Art. 17 II RL 2009/38/EG die RL 2009/38/EG an deren Stelle (→ RL 2009/38/EG Art. 17 Rn. 1). Eine Entsprechung findet Art. 13 in Art. 15 RL 2003/72/EG, der mit diesem inhaltlich übereinstimmt.

2 Mit Art. 13 I UAbs. 1 stellt die Richtlinie ihren Vorrang gegenüber der RL 2009/38/EG sicher, wenn die SE oder eine ihrer Tochtergesellschaften wegen ihrer gemeinschaftsweiten Tätigkeit die Voraussetzungen für die Anwendung der RL 2009/38/EG erfüllt. Selbst wenn

---

[1] **Amtl. Anm.:** ABl. L 10 vom 16.1.1998, S. 22.

dies der Fall ist, fällt grds. weder die SE noch eine ihrer Tochtergesellschaften in den Anwendungsbereich der RL 2009/38/EG. Vielmehr soll sich die Beteiligung der Arbeitnehmer in diesen Gesellschaften ausschließlich nach der RL 2001/86/EG bzw. dem jeweiligen Umsetzungsgesetz der Mitgliedstaaten richten. Dementsprechend sieht § 47 I Nr. 2 SEBG ausdrücklich vor, dass das EBRG keine Anwendung findet, beschränkt sich aber auf die SE als solche, ohne auch deren Tochtergesellschaften zu benennen. Dieser Diskrepanz ist durch eine unionsrechtskonforme Auslegung von § 47 I Nr. 2 SEBG Rechnung zu tragen, so dass das EBRG auch bei Tochtergesellschaften der SE nicht anzuwenden ist (ebenso Habersack/Drinhausen/*Hohenstatt/Müller-Bonanni* SEBG § 47 Rn. 4; LHT/*Oetker* SEBG § 47 Rn. 10).

Von dem Grundsatz in → Rn. 2 erkennt Art. 13 I UAbs. 2 eine Ausnahme an, wenn das **3** besondere Verhandlungsgremium den in Art. 3 VI eröffneten Beschluss fasst, keine Verhandlungen aufzunehmen oder bereits begonnene Verhandlungen abzubrechen (→ Art. 3 Rn. 36 ff.). In diesem Fall sollen die SE und/oder ihre Tochtergesellschaften nicht ohne Beteiligung der Arbeitnehmer in länderübergreifenden Angelegenheiten bleiben. Vielmehr fallen die Gesellschaften bei einer gemeinschaftsweiten Tätigkeit in den Anwendungsbereich der RL 2009/38/EG, so dass es bei den Gesellschaften grds. zur Bildung eines Europäischen Betriebsrats oder zur Einrichtung eines Unterrichtungs- und Anhörungsverfahrens kommen kann. Das SEBG hat dies durch den in § 47 I Nr. 2 aufgenommenen Vorbehalt zugunsten eines vom besonderen Verhandlungsgremium nach § 16 SEBG gefassten Beschlusses umgesetzt. Ergänzend legt § 16 II SEBG für den Fall eines derartigen Beschlusses fest, dass die gesetzliche Auffangregelung zum SE-Betriebsrat (§§ 22–33 SEBG) sowie zur Mitbestimmung im Aufsichts- oder Verwaltungsorgan der SE (§§ 34–38 SEBG) keine Anwendung findet.

Während sich Art. 13 I auf die Unterrichtung und Anhörung bezieht, legt Art. 13 II den **4** Vorrang für die **Mitbestimmung der Arbeitnehmer** in dem Aufsichts- oder Verwaltungsorgan der SE fest. Diese richtet sich bei der SE ausschließlich nach den zur Umsetzung der RL 2001/86/EG geschaffenen Gesetzen, in Deutschland also nach dem SEBG. Dementsprechend hält § 47 I Nr. 1 SEBG ausdrücklich fest, dass die inländischen Vorschriften zur Mitbestimmung in Bezug auf die Organe der SE nicht zur Anwendung kommen (UHH/*Habersack* SEBG § 47 Rn. 2; MüKoAktG/*Jacobs* SEBG § 47 Rn. 6; NFK/*Kleinsorge* SEBG § 47 Rn. 2). Das gilt auch, wenn das besondere Verhandlungsgremium nach § 16 SEBG beschließt, keine Verhandlungen aufzunehmen oder diese abzubrechen. In diesem Fall ist eine in Deutschland ansässige SE nicht einer Aktiengesellschaft iSv § 1 I MitbestG oder § 1 I 1 Nr. 1 DrittelbG gleichzustellen (Habersack/Drinhausen/*Hohenstatt/Müller-Bonanni* SEBG § 47 Rn. 3; LHT/*Oetker* SEBG § 47 Rn. 6).

Trotz des in Art. 13 I und II vorgesehenen Vorrangs bleiben die in den Mitgliedstaaten im **5** Übrigen bestehenden Rechtsvorschriften zur Beteiligung der Arbeitnehmer von der SE-RL unberührt. Dementsprechend bleibt insbesondere die Beteiligung der Arbeitnehmer durch **betriebliche Interessenvertretungen** bestehen, sofern hiervon nicht die Errichtung eines Europäischen Betriebsrats bzw. die Einrichtung eines vergleichbaren Verfahrens zur Unterrichtung und Anhörung der Arbeitnehmer betroffen ist. In den Betrieben der SE können deshalb in Deutschland insbesondere **Betriebsräte** nach Maßgabe des **BetrVG** errichtet werden, die ihre im BetrVG geregelten Kompetenzen unabhängig von dem SE-Betriebsrat oder einem Verfahren zur grenzüberschreitenden Unterrichtung und Anhörung ausüben (Begr. RegE, BT-Drs. 15/3405, 57; KK-AktG/*Feuerborn* SEBG § 47 Rn. 3; Fitting BetrVG § 1 Rn. 182a; UHH/*Habersack* SEBG § 47 Rn. 4; LHT/*Oetker* SEBG § 47 Rn. 7 mwN). Durch den Vorbehalt in § 47 I SEBG, dass das SEBG nicht die nach inländischen Rechtsvorschriften und Regelungen zustehenden Beteiligungsrechte berührt, trägt das Gesetz der Vorgabe in Art. 13 III Rechnung.

Von der **Option in Art. 13 IV** hat der deutsche Gesetzgeber in § 47 II SEBG Gebrauch **6** gemacht und sich hierfür weitgehend an dem Wortlaut der Richtlinie orientiert. Wegen der durch das Territorialitätsprinzip beschränkten Gesetzgebungsmacht beschränkt sich § 47 II 1 SEBG auf die erlöschenden inländischen Gesellschaften (KK-AktG/*Feuerborn* SEBG § 47 Rn. 11; Habersack/Drinhausen/*Hohenstatt/Müller-Bonanni* SEBG § 47 Rn. 10; LHT/*Oetker*

SEBG § 47 Rn. 14 mwN). Allerdings ist der deutsche Gesetzgeber in zweierlei Weise über den durch die Richtlinie gezogenen Rahmen hinausgegangen. Erstens wird der Status quo nicht nur im Hinblick auf die Strukturen, sondern auch bezüglich der „Regelungen" über die Arbeitnehmervertretungen aufrechterhalten. Zweitens verpflichtet § 47 II 2 SEBG die Leitung der SE dazu, sicherzustellen, dass die aufrechterhaltenen Arbeitnehmervertretungen ihre Aufgaben auch weiterhin wahrnehmen können. Betroffen ist die Leitung der SE jedoch nur dann, wenn die SE ihren Sitz im Inland hat, da eine SE mit Sitz in einem anderen Mitgliedstaat der Gesetzgebungskompetenz des deutschen Gesetzgebers wegen des Territorialitätsprinzips entzogen ist (näher hierzu LHT/*Oetker* SEBG § 47 Rn. 11 ff. mwN).

Art. 14 Schlussbestimmungen

(1) ¹Die Mitgliedstaaten erlassen die erforderlichen Rechts- und Verwaltungsvorschriften, um dieser Richtlinie spätestens am 8. Oktober 2004 nachzukommen, oder stellen spätestens zu diesem Zeitpunkt sicher, dass die Sozialpartner die erforderlichen Bestimmungen durch Vereinbarungen einführen; die Mitgliedstaaten treffen alle erforderlichen Vorkehrungen, um jederzeit gewährleisten zu können, dass die durch diese Richtlinie vorgeschriebenen Ergebnisse erzielt werden. ²Sie setzen die Kommission unverzüglich davon in Kenntnis.

(2) ¹Wenn die Mitgliedstaaten diese Vorschriften erlassen, nehmen sie in den Vorschriften selbst oder durch einen Hinweis bei der amtlichen Veröffentlichung auf diese Richtlinie Bezug. ²Die Mitgliedstaaten regeln die Einzelheiten der Bezugnahme.

1 Die Umsetzung wurde in Deutschland durch einen von dem Bundesministerium der Justiz und dem Bundesministerium für Wirtschaft und Arbeit am 5.4.2004 vorgelegten **Referentenentwurf** eingeleitet, der als Art. 2 auch den Entwurf für ein „Gesetz zur Beteiligung der Arbeitnehmer in einer Europäischen Gesellschaft (SE-Beteiligungsgesetz – SEBG)" enthielt (abgedruckt in *Neye*, Die Europäische Aktiengesellschaft, 2005, 301 ff.; dazu im Überblick *Waclawik* DB 2004, 1191 ff.). Bereits am 26.5.2004 wurde der Gesetzesentwurf im **Bundeskabinett** beschlossen (s. BT-Drs. 15/3405 v. 21.6.2004; dazu im Überblick *Ihring/Wagner* BB 2004, 1749 ff.; *Nagel* NZG 2004, 833 ff.; *ders.* AuR 2004, 281 ff.; *Wisskirchen/Prinz* DB 2004, 2638 ff.) und am 28.5.2004 dem Bundesrat zugeleitet (BR-Drs. 438/04 v. 28.5.2004). In seiner am 9.7.2004 abgegebenen Stellungnahme forderte der **Bundesrat** insbesondere von der Optionslösung in Art. 7 III RL 2001/86/EG Gebrauch zu machen. Hiervon versprach sich der Bundesrat eine verbesserte Attraktivität der SE im Hinblick auf die Fusion deutscher Unternehmen mit europäischen Partnern (BR-Drs. 438/04 [B] v. 9.7.2004, 2). Zudem kritisierte der Bundesrat die 1:1-Übertragung der Mitbestimmung im dualistischen System auf das im monistischen System zu bildende Verwaltungsorgan (s. BR-Drs. 438/04 [B] v. 9.7.2004, 3).

2 Bereits zuvor hatten die Regierungsfraktionen wegen besonderer Eilbedürftigkeit den Regierungsentwurf gem. Art. 76 II 4 GG in den Bundestag eingebracht, der diesen in der 1. Lesung am 1.7.2004 an die zuständigen Ausschüsse des Bundestags überwies (St. Bericht, 118. Sitzung v. 1.7.2004, Plenarprotokoll 15/118, 10754 [D]). Der **Rechtsausschuss** führte am 18.10.2004 eine öffentliche Anhörung durch und gab am 27.10.2004 seine **Beschlussempfehlung** sowie den Bericht zu dem Gesetzesentwurf der Bundesregierung ab (BT-Drs. 15/4053 v. 27.10.2004). Einen Änderungsantrag der CDU/CSU-Fraktion, der ua eine Beschränkung der Parität im Verwaltungsorgan einer monistisch verfassten SE auf die nicht geschäftsführenden Mitglieder des Verwaltungsrats vorsah, lehnte der Rechtsausschuss mehrheitlich ab. Stattdessen beschloss er die Einfügung von § 35 Abs. 3 SEAG, der dem Vorsitzenden des Verwaltungsrats eine zusätzliche Stimme einräumt, wenn ein geschäftsführendes Vorstandsmitglied aus rechtlichen Gründen gehindert ist, an der Beschlussfassung im Verwaltungsrat teilzunehmen (s. BT-Drs. 15/4053 v. 27.10.2004, 116 ff.; dazu näher *Scheibe* 244 ff.).

In der vom Rechtsausschuss empfohlenen Fassung verabschiedete der **Bundestag** am 3
2.10.2004 in 2. und 3. Lesung das Gesetz (Stenografischer Bericht, 136. Sitzung v.
29.10.2004, Plenarprotokoll 15/136, S. 12497 [D]-12508 [A]). Der **Bundesrat** beschloss
zwar auf seiner Sitzung am 26.11.2004 die Anrufung des **Vermittlungsausschusses** (BR-
Drs. 850/04), der die Verhandlungen am 15.12.2004 aber ohne Ergebnis abschloss (BR-Drs.
989/04 [B]). Den daraufhin vom Bundesrat am 17.12.2004 eingelegten **Einspruch** (BR-
Drs. 989/04 [B]) wies der **Bundestag** mit der Mehrheit seiner Mitglieder noch am selben
Tag zurück (ergänzende BR-Drs. zu BR-Drs. 989/04 [B]). Nach Verkündung des SEBG
am 28.12.2004 im Bundesgesetzblatt (BGBl. 2004 I 3675 ff.) trat das Gesetz mit dem
nachfolgenden Tag in Kraft.

Seit seiner Verkündung im Bundesgesetzblatt ist das SEBG unverändert geblieben, ins- 4
besondere ließ die nachfolgende Gesetzgebung der Europäischen Union die Richtlinie auch
iRd Revision der RL 94/45/EG (→ RL 2009/38/EG Art. 1 Rn. 3 f.) unberührt (s. auch
Art. 15). Zur **Reformdiskussion** im Anschluss an den von der Kommission nach Art. 15
vorgelegten Bericht → Art. 15 Rn. 1.

Im Zuge der Bestrebungen des deutschen Gesetzgebers, in den Aufsichtsräten sowie in 5
den geschäftsführenden Organen eine **Erhöhung des Anteils der weiblichen Mitglieder**
zu erreichen, war nach Maßgabe des **Referentenentwurfs** vom 9.9.2014 zu einem Gesetz
für die gleichberechtigte Teilhabe von Frauen und Männern an Führungspositionen in der
Privatwirtschaft und im öffentlichen Dienst vom 9.9.2014 auch eine Änderung des SEBG
angestrebt (näher LHT/*Oetker* SEBG Vorb. Rn. 30 ff.). Von der Vorgabe einer fixen Quote
wie für paritätisch mitbestimmte börsennotierte Aktiengesellschaften (s. § 96 Abs. 2 AktG
nF) sollte für die SE zunächst abgesehen und das SEAG um eine Sollvorschrift ergänzt
werden, die neben den Anteilseignervertretern im Aufsichtsrat auch die dortigen Arbeitnehmervertreter einbezog (s. § 17 II SEAG nF). Für den Verwaltungsrat im monistischen
System sah der Referentenentwurf Entsprechendes vor (s. § 24 III SEAG nF). Zur Umsetzung strebte der Entwurf zudem eine Ergänzung von § 21 SEBG und § 36 SEBG an.
Allerdings unterschieden sich die Regelungen erheblich, da die angestrebte Änderung des
§ 21 SEBG die Sollvorgabe einer Quote von 30 % auf alle dem Aufsichts- oder Verwaltungsorgan angehörenden Arbeitnehmervertreter erstreckte (s. § 21 V SEBG nF). Demgegenüber sollte die damit vergleichbare Sollvorgabe iRd gesetzlichen Auffangregelung
ausschließlich für die auf das Inland entfallenden Arbeitnehmervertreter maßgebend sein (s.
§ 36 III 3 SEBG nF).

In dem nachfolgenden Gesetzgebungsverfahren konnten sich die Vorstellungen des Refe- 6
rentenentwurfs nicht durchsetzen. Bereits der in das Gesetzgebungsverfahren eingebrachte
Entwurf der Bundesregierung (BT-Drs. 3784) wich von dem Konzept des Referentenentwurfs ab und bezog die paritätisch mitbestimmte börsennotierte SE ebenso wie die
entsprechende Aktiengesellschaft in das Modell einer auf den Gesamtaufsichtsrat bezogenen
fixen Quote von jeweils 30 % ein, zu dessen Umsetzung die Bestimmungen des SEAG
geändert werden sollten (s. § 17 II SEAG nF, § 24 III SEAG nF). Wegen der abschließend
gefassten Formulierungen in den neu gefassten §§ 17 II, 24 III SEAG ist zugleich klargestellt, dass das auf das Geschlecht bezogene Mindestanteilsgebot nicht im Wege einer
Getrennterfüllung (s. § 96 II 3 AktG), sondern ausschließlich durch eine Gesamterfüllung
gewahrt werden kann (BT-Ausschuss, BT-Drs. 18/4227, 22; ebenso LHT/*Drygala* SE-VO
Art. 40 Rn. 14; *Grobe* AG 2015, 289 [298]; *Stüber* CCZ 2015, 38 [39]; **aA** *Teichmann/Rüb*
BB 2015, 898 [904 f.]). Dementsprechend blieben auch die Bestimmungen des SEBG
unverändert. Das gilt ebenfalls für die Vorschrift des § 21 SEBG zur Beteiligungsvereinbarung. Wegen der auf die Mitbestimmung beschränkten Vereinbarungsautonomie und der
hieraus folgenden Beschränkung auf die Arbeitnehmervertreter im Aufsichts- oder Verwaltungsorgan kann das Mindestanteilsgebot von 30 % nicht abweichend von den §§ 17 II,
24 III SEAG mittels einer Beteiligungsvereinbarung auf einen niedrigeren Prozentsatz festgelegt oder gänzlich von diesem abgesehen werden (**aA** LHT/*Drygala* SE-VO Art. 40
Rn. 16; *Teichmann/Rüb* BB 2015, 898 [905]). Auch eine Ersetzung der durch die §§ 17 II,

24 III SEAG vorgegebenen Gesamterfüllung des Mindestanteilsgebots durch das Prinzip der Getrennterfüllung ist aus diesem Grunde ausgeschlossen (**aA** LHT/*Drygala* SE-VO Art. 40 Rn. 15).

Art. 15 Überprüfung durch die Kommission

Die Kommission überprüft spätestens zum 8. Oktober 2007 im Benehmen mit den Mitgliedstaaten und den Sozialpartnern auf Gemeinschaftsebene die Anwendung dieser Richtlinie, um dem Rat gegebenenfalls erforderliche Änderungen vorzuschlagen.

1   Im Unterschied zur SE-VO, für deren Überprüfung eine bis zum 8.10.2009 laufende Frist bestand (Art. 69 SE-VO), war der Bericht zur RL 2001/86/EG bereits zum 7.10.2007 vorzulegen. Mit der Mitteilung der Kommission (KOM [2008] 591 endg.; dazu Habersack/Drinhausen/*Hohenstatt*/*Müller-Bonanni* SEBG vor § 1 Rn. 69) v. 30.9.2008 ist dies geschehen, jedoch hat die **Kommission** in diesem auf detaillierte Änderungsvorschläge verzichtet. Als Grund hierfür wurden damals noch fehlende praktische Erfahrungen angegeben. In Übereinstimmung mit dem Votum der Mitgliedstaaten beschränkte sich die Kommission auf die Benennung einiger Problemschwerpunkte, die teilweise in dem nachfolgenden und am 17.10.2009 von der Kommission vorgelegten Bericht zur SE-VO (KOM [2010] 276 endg.; dazu *Kiem,* Corporate Finance Law 2011, 134 ff.; NFK/*Kleinsorge* Einf. SE Rn. 88 ff.) berücksichtigt wurden. In konkrete Vorschläge mündete dieser nicht ein. Aufgegriffen wurde die Überprüfung seitens der Kommission durch den aus Persönlichkeiten der Praxis und der Wissenschaft bestehenden **Arbeitskreis „Aktien- und Kapitalmarktrecht" (AAK),** dessen Vorschläge nicht nur die SE-VO, sondern auch die im SEBG ausgeformte Mitbestimmung betrafen (s. ZIP 2010, 2221 ff., 2011, 1841 ff.; dazu im Überblick LHT/*Oetker* SEBG Vorb. Rn. 25 ff. sowie näher *Cannistra* 267 ff.; *Henssler* ZHR 173, 2009, 222 ff.; *Kiem* ZHR 173, 2009, 156 ff.).

Art. 16 Inkrafttreten

Diese Richtlinie tritt am Tag ihrer Veröffentlichung im *Amtsblatt der Europäischen Gemeinschaften* in Kraft.

1   Die Richtlinie wurde gemeinsam mit der SE-VO am 10.11.2001 im Amtsblatt veröffentlicht und ist mit diesem Tage in Kraft getreten.

Art. 17 Adressaten

Diese Richtlinie ist an die Mitgliedstaaten gerichtet.

1   Die Pflicht zur Umsetzung der Richtlinie trifft die Mitgliedstaaten der EU. Darüber hinaus sind die **Vertragsstaaten des EWR-Abkommens** an die Richtlinie gebunden. Zu diesen zählen Lichtenstein, Island und Norwegen. Die **Umsetzung** ist in Deutschland durch das Gesetz über die Beteiligung der Arbeitnehmer in einer Europäischen Gesellschaft (SE-Beteiligungsgesetz – SEBG) v. 22.12.2004 erfolgt, das gem. Art. 9 SEEG am 29.12.2004 in Kraft trat (→ Art. 14 Rn. 3). Zur Einbeziehung der Vertragsstaaten des EWR-Abkommens definiert § 3 II SEBG die Mitgliedstaaten iSd Gesetzes und zählt zu diesen neben den Mitgliedstaaten der Europäischen Union auch die Vertragsstaaten des EWR-Abkommens.

Anhang. Auffangregelung (nach Artikel 7)

Teil 1. Zusammensetzung des Organs zur Vertretung der Arbeitnehmer

Zur Verwirklichung des Ziels nach Artikel 1 wird in den in Artikel 7 genannten Fällen ein Vertretungsorgan gemäß folgenden Regeln eingesetzt:

a) Das Vertretungsorgan setzt sich aus Arbeitnehmern der SE und ihrer Tochtergesellschaften und Betriebe zusammen, die von den Arbeitnehmervertretern aus ihrer Mitte oder, in Ermangelung solcher Vertreter, von der Gesamtheit der Arbeitnehmer gewählt oder bestellt werden.

b) Die Mitglieder des Vertretungsorgans werden gemäß den einzelstaatlichen Rechtsvorschriften und/oder Gepflogenheiten gewählt oder bestellt.

Die Mitgliedstaaten sorgen durch entsprechende Vorschriften dafür, dass Änderungen innerhalb der SE und ihrer Tochtergesellschaften und Betriebe durch Anpassung der Zahl der Mitglieder des Vertretungsorgans und der Zuteilung der Sitze in diesem Organ Rechnung getragen wird.

c) Sofern die Zahl der Mitglieder des Vertretungsorgans es rechtfertigt, wählt das Vertretungsorgan aus seiner Mitte einen engeren Ausschuss mit höchstens drei Mitgliedern.

d) Das Vertretungsorgan gibt sich eine Geschäftsordnung.

e) Die Mitglieder des Vertretungsorgans werden entsprechend der Zahl der in jedem Mitgliedstaat beschäftigten Arbeitnehmer der beteiligten Gesellschaften und der betroffenen Tochtergesellschaften oder betroffenen Betriebe gewählt oder bestellt, so dass pro Mitgliedstaat für jeden Anteil der in diesem Mitgliedstaat beschäftigten Arbeitnehmer, der 10 % der Gesamtzahl der in allen Mitgliedstaaten beschäftigten Arbeitnehmer der beteiligten Gesellschaften und der betroffenen Tochtergesellschaften oder betroffenen Betriebe entspricht, oder für einen Bruchteil dieser Tranche Anspruch auf einen Sitz besteht.

f) Die Zusammensetzung des Vertretungsorgans wird dem zuständigen Organ der SE mitgeteilt.

g) Vier Jahre nach seiner Einsetzung prüft das Vertretungsorgan, ob die Vereinbarung nach den Artikeln 4 und 7 ausgehandelt werden oder die in Übereinstimmung mit diesem Anhang angenommene Auffangregelung weiterhin gelten soll.

Wird der Beschluss gefasst, eine Vereinbarung gemäß Artikel 4 auszuhandeln, so gelten Artikel 3 Absätze 4 bis 7 und Artikel 4 bis 6 sinngemäß, wobei der Ausdruck „besonderes Verhandlungsgremium" durch das Wort „Vertretungsorgan" ersetzt wird. Wenn am Ende des für die Verhandlungen vorgesehenen Zeitraums keine Vereinbarung zustande gekommen ist, findet die Regelung, die ursprünglich gemäß der Auffangregelung angenommen worden war, weiterhin Anwendung.

Teil 2. Auffangregelung für die Unterrichtung und Anhörung

Für die Zuständigkeiten und Befugnisse des Vertretungsorgans in einer SE gelten folgende Regeln:

a) Die Zuständigkeiten des Vertretungsorgans beschränken sich auf die Angelegenheiten, die die SE selbst oder eine ihrer Tochtergesellschaften oder einen ihrer Betriebe in einem anderen Mitgliedstaat betreffen oder über die Befugnisse der Entscheidungsorgane auf der Ebene des einzelnen Mitgliedstaats hinausgehen.

b) Unbeschadet etwaiger Zusammenkünfte gemäß Buchstabe c hat das Vertretungsorgan das Recht, auf der Grundlage regelmäßig von dem zuständigen Organ erstellter Berichte über die Entwicklung der Geschäftslage und die Perspektiven der SE unterrichtet und dazu gehört zu werden und zu diesem Zweck mindestens einmal jährlich mit dem zuständigen Organ der SE zusammenzutreten. Die örtlichen Geschäftsleitungen werden hiervon in Kenntnis gesetzt.

Das zuständige Organ der SE übermittelt dem Vertretungsorgan die Tagesordnung aller Sitzungen des Verwaltungsorgans oder gegebenenfalls des Leitungs- und des Aufsichtsorgans sowie Kopien aller Unterlagen, die der Hauptversammlung der Aktionäre unterbreitet werden.

Diese Unterrichtung und Anhörung bezieht sich insbesondere auf die Struktur der SE, ihre wirtschaftliche und finanzielle Situation, die voraussichtliche Entwicklung der Geschäfts-, Produktions- und Absatzlage, auf die Beschäftigungslage und deren voraussichtliche Entwicklung, auf die Investitionen, auf grundlegende Änderungen der Organisation, auf die Einführung neuer Arbeits- oder Fertigungsverfahren, auf Verlagerungen der Produktion, auf Fusionen, Verkleinerungen oder Schließungen von Unternehmen, Betrieben oder wichtigen Teilen derselben und auf Massenentlassungen.

c) Treten außergewöhnliche Umstände ein, die erhebliche Auswirkungen auf die Interessen der Arbeitnehmer haben, insbesondere bei Verlegungen, Verlagerungen, Betriebs- oder Unternehmensschließungen oder Massenentlassungen, so hat das Vertretungsorgan das Recht, darüber unterrichtet zu werden. Das Vertretungsorgan oder – wenn das Vertretungsorgan dies, insbesondere bei Dringlichkeit, beschließt – der engere Ausschuss hat das Recht, auf Antrag mit dem zuständigen Organ der SE oder den Vertretern einer geeigneteren mit eigenen Entscheidungsbefugnissen ausgestatteten Leitungsebene innerhalb der SE zusammenzutreffen, um über Maßnahmen, die erhebliche Auswirkungen auf die Interessen der Arbeitnehmer haben, unterrichtet und dazu gehört werden.

Wenn das zuständige Organ beschließt, nicht im Einklang mit der von dem Vertretungsorgan abgegebenen Stellungnahme zu handeln, hat das Vertretungsorgan das Recht, ein weiteres Mal mit dem zuständigen Organ der SE zusammenzutreffen, um eine Einigung herbeizuführen.

Findet eine Sitzung mit dem engeren Ausschuss statt, so haben auch die Mitglieder des Vertretungsorgans, die von diesen Maßnahmen unmittelbar betroffene Arbeitnehmer vertreten, das Recht, daran teilzunehmen.

Die Sitzungen nach Absatz 1 lassen die Vorrechte des zuständigen Organs unberührt.

d) Die Mitgliedstaaten können Regeln für den Vorsitz in den Sitzungen zur Unterrichtung und Anhörung festlegen.

Vor Sitzungen mit dem zuständigen Organ der SE ist das Vertretungsorgan oder der engere Ausschuss – gegebenenfalls in der gemäß Buchstabe c Absatz 3 erweiterten Zusammensetzung – berechtigt, in Abwesenheit der Vertreter des zuständigen Organs zu tagen.

e) Unbeschadet des Artikels 8 unterrichten die Mitglieder des Vertretungsorgans die Arbeitnehmervertreter der SE und ihrer Tochtergesellschaften und Betriebe über den Inhalt und die Ergebnisse der Unterrichtungs- und Anhörungsverfahren.

f) Das Vertretungsorgan oder der engere Ausschuss können sich durch Sachverständige ihrer Wahl unterstützen lassen.

g) Sofern dies zur Erfüllung ihrer Aufgaben erforderlich ist, haben die Mitglieder des Vertretungsorgans Anspruch auf bezahlte Freistellung für Fortbildungsmaßnahmen.

h) Die Ausgaben des Vertretungsorgans gehen zulasten der SE, die die Mitglieder dieses Organs mit den erforderlichen finanziellen und materiellen Mitteln ausstattet, damit diese ihre Aufgaben in angemessener Weise wahrnehmen können.

Insbesondere trägt die SE die Kosten der Veranstaltung der Sitzungen einschließlich der Dolmetschkosten sowie die Aufenthalts- und Reisekosten für die Mitglieder des Vertretungsorgans und des engeren Ausschusses, soweit nichts anderes vereinbart wurde.

Die Mitgliedstaaten können im Einklang mit diesen Grundsätzen Regeln für die Finanzierung der Arbeit des Vertretungsorgans festlegen. Sie können insbesondere die Übernahme der Kosten auf die Kosten für einen Sachverständigen begrenzen.

Teil 3. Auffangregelung für die Mitbestimmung

Für die Mitbestimmung der Arbeitnehmer in der SE gelten folgende Bestimmungen:

a) Fanden im Falle einer durch Umwandlung gegründeten SE Vorschriften eines Mitgliedstaats über die Mitbestimmung der Arbeitnehmer im Verwaltungs- oder im Aufsichtsorgan vor der Eintragung Anwendung, so finden alle Komponenten der Mitbestimmung der Arbeitnehmer weiterhin Anwendung. Buchstabe b gilt diesbezüglich sinngemäß.

b) In den Fällen der Gründung einer SE haben die Arbeitnehmer der SE, ihrer Tochtergesellschaften und Betriebe und/oder ihr Vertretungsorgan das Recht, einen Teil der Mitglieder des Verwaltungs- oder des Aufsichtsorgans der SE zu wählen oder zu bestellen oder deren Bestellung zu empfehlen oder abzulehnen, wobei die Zahl dieser Mitglieder sich nach dem höchsten maßgeblichen Anteil in den beteiligten Gesellschaften vor der Eintragung der SE bemisst.

Bestanden in keiner der beteiligten Gesellschaften vor der Eintragung der SE Vorschriften über die Mitbestimmung, so ist die SE nicht verpflichtet, eine Vereinbarung über die Mitbestimmung der Arbeitnehmer einzuführen.

Das Vertretungsorgan entscheidet über die Verteilung der Sitze im Verwaltungs- oder im Aufsichtsorgan auf die Mitglieder, die Arbeitnehmer aus verschiedenen Mitgliedstaaten vertreten, oder über die Art und Weise, in der die Arbeitnehmer der SE Mitglieder dieser Organe empfehlen oder ablehnen können, entsprechend den jeweiligen Anteilen der in den einzelnen Mitgliedstaaten beschäftigten Arbeitnehmer der SE. Bleiben Arbeitnehmer aus einem oder mehreren Mitgliedstaaten bei der anteilmäßigen Verteilung unberücksichtigt, so bestellt das Vertretungsorgan eines der Mitglieder aus einem dieser Mitgliedstaaten, und zwar vorzugsweise – sofern angemessen – aus dem Mitgliedstaat, in dem die SE ihren Sitz haben wird. Jeder Mitgliedstaat hat das Recht, die Verteilung der ihm im Verwaltungs- oder im Aufsichtsorgan zugewiesenen Sitze festzulegen.

Alle von dem Vertretungsorgan oder gegebenenfalls den Arbeitnehmern gewählten, bestellten oder empfohlenen Mitglieder des Verwaltungsorgans oder gegebenenfalls des Aufsichtsorgans der SE sind vollberechtigte Mitglieder des jeweiligen Organs mit denselben Rechten (einschließlich des Stimmrechts) und denselben Pflichten wie die Mitglieder, die die Anteilseigner vertreten.

Übersicht

	Rn.
A. Allgemeines	1
B. Auffangregelung zur Unterrichtung und Anhörung	3
C. Auffangregelung zur Mitbestimmung	12
I. Allgemeines	12

540 RL 2001/86/EG Anh. Auffangregelung

	Rn.
II. Umfang der Mitbestimmung	14
1. Gründung der SE durch Umwandlung	14
2. Gründung der SE durch Verschmelzung, Holding- und Tochtergesellschaften	18
III. Verteilung der Sitze im Aufsichts- oder Verwaltungsorgan	20
IV. Grundsatz der gleichen Berechtigung und Verpflichtung	24
V. Überschießende Richtlinienumsetzung	27
1. Größe des Leitungs-oder Verwaltungsorgans	27
2. Zuständigkeit für Arbeit und Soziales	28
3. Wahl eines weiteren Mitglieds	30

A. Allgemeines

1 Die im Anhang zur RL 2001/86/EG zusammengefasste Auffangregelung beinhaltet kein unmittelbar anwendbares Recht, sondern ist an die Mitgliedstaaten gerichtet, die die Vorgaben des Anhangs für die gesetzliche Auffangregelung im Rahmen ihrer Gesetzgebung zu beachten haben. Ebenso wie Art. 7 RL 2009/38/EG belässt Art. 7 II den Mitgliedstaaten Spielräume für die Umsetzung (→ RL 2009/38/EG Anhang I Rn. 1). Dies folgt aus der auch in Art. 7 II verwendeten Formulierung „müssen ... genügen", die auf die Etablierung eines **Mindeststandards** schließen lässt und Raum für ergänzende Bestimmungen lässt, sofern diese nicht die Verwirklichung der im Anhang niedergelegten Vorgaben beeinträchtigen (→ Art. 7 Rn. 2). Während bezüglich der im Teil 3 des Anhangs zusammengefassten **Auffangregelung zur Mitbestimmung** die RL 2001/86/EG Neuland betrat, das nachfolgend von Teil 3 des Anhangs zur RL 2003/72/EG übernommen und in Art. 16 III lit. h RL 2005/56/EG begrenzt auf Teil 3 lit. b für die Mitbestimmung bei grenzüberschreitenden Verschmelzungen adaptiert wurde, beruht die **Auffangregelung zur Unterrichtung und Anhörung** in Teil 1 und 2 des Anhangs auf dem Anhang zur RL 94/45/EG, der jedoch fortentwickelt wurde und nunmehr weitgehend mit den Bestimmungen des Anhangs I zur RL 2009/38/EG übereinstimmt (s. aber → Rn. 4 ff.).

2 IRd zur **Umsetzung** in Deutschland geschaffenen SEBG sind die Vorgaben zur Unterrichtung und Anhörung der Arbeitnehmer in die Bestimmungen über den SE-Betriebsrat kraft Gesetzes (§§ 23–33 SEBG) eingeflossen, während diejenigen zur Mitbestimmung in den §§ 35–38 SEBG umgesetzt worden sind.

B. Auffangregelung zur Unterrichtung und Anhörung

3 Da die Vorgaben in Teil 1 und 2 des Anhangs trotz zum Teil abweichender Reihenfolge weitgehend mit den Regelungen des Anhangs I zur RL 2009/38/EG übereinstimmen, kann in den Fällen der wörtlichen oder zumindest inhaltlichen Entsprechung auf die Erläuterungen zum Anhang I RL 2009/38/EG verwiesen werden (→ RL 2009/38/EG Anhang I Rn. 3 ff.), so dass sich die hiesigen Ausführungen auf die **Abweichungen** von dem vorgenannten Anhang beschränken.

4 Keine Entsprechung in dem Anhang I zur RL 2009/38/EG findet die Vorgabe in Teil 1 lit. b S. 2, dass Änderungen innerhalb der SE und ihrer Tochtergesellschaften und Betrieben durch **Anpassungen bezüglich Zahl und Zusammensetzung** der Mitglieder des Vertretungsorgans Rechnung zu tragen ist. Eine Parallele hat die Auffangregelung allenfalls in Art. 13 RL 2009/38/EG, der jedoch lediglich wesentliche Änderungen in der Struktur des Unternehmens oder der Unternehmensgruppe umfasst, und dessen Anwendung auf den kraft Gesetzes errichteten Europäischen Betriebsrat ohnehin zweifelhaft ist (→ RL 2009/38/EG Art. 13 Rn. 2).

5 Bezüglich der Bildung eines **engeren Ausschusses** begrenzt Teil 1 lit. c die Zahl der Mitglieder auf drei Mitglieder (**anders** Anhang I Abs. 1 lit. d zur RL 2009/38/EG: maximal fünf Mitglieder) und überantwortet zudem die Errichtung des engeren Ausschusses dem

Ermessen des Vertretungsorgans, da die Auffangregelung eine Rechtfertigung der Ausschussbildung durch die Zahl der Mitglieder des Vertretungsorgans fordert. Demgegenüber ist die zur Umsetzung in Deutschland geschaffene Regelung in § 23 IV SEBG strikter formuliert („bildet ... einen Ausschuss"), was einem Ermessensspielraum des SE-Betriebsrats entgegensteht (so Begr. RegE, BT-Drs. 15/3405, 52; KK-AktG/*Feuerborn* SEBG § 23 Rn. 9; AKRR/*Kühn* SEBG § 23 Rn. 49; NFK/*Nagel* SEBG § 23 Rn. 7).

Die Auffangregelung in Teil 1 lit. g zum **Wechsel in eine Vereinbarungslösung** entspricht weitgehend Abs. 1 lit. f des Anhangs I zur RL 2009/38/EG (→ RL 2009/38/EG Anhang I Rn. 15 ff.), ergänzend gibt Teil 1 lit. g UAbs. 2 S. 1 jedoch vor, dass die bisherige Auffangregelung bei einem vereinbarungslosen Ablauf der Verhandlungsfrist weiterhin Anwendung findet. Umgesetzt wird dies durch § 26 II 2 SEBG. **6**

Der **Grundtatbestand** zur **Unterrichtung und Anhörung** in Teil 2 lit. b entspricht weitgehend den Vorgaben im Anhang I zur RL 2009/38/EG: während lit. b UAbs. 1 mit Abs. 2 des Anhangs I zur RL 2009/38/EG übereinstimmt, findet lit. b UAbs. 3 in Abs. 1 lit. a UAbs. 2 des Anhangs I zur RL 2009/38/EG eine Entsprechung. Keine Wiederspiegelung in dem Anhang I zur RL 2009/38/EG haben indes die an das zuständige Organ der SE adressierten Unterrichtungspflichten in lit. b UAbs. 2, die in § 28 I 2 SEBG umgesetzt worden sind. Eine geringe Abweichung liegt auch bezüglich der Sitzungshäufigkeit vor. Während sich Abs. 2 des Anhangs I zur RL 2009/38/EG auf die Vorgabe einer Sitzung pro Jahr beschränkt, übernimmt dies Teil 2 lit. b UAbs. 1 S. 1 als Mindestvorgabe (ebenso § 28 I 1 SEBG im Unterschied zu § 29 I 1 EBRG), was weitere Sitzungen von SE-Betriebsrat und der Leitung der SE nicht ausschließt. Auf freiwilliger Basis ist dies jedoch auch iRv § 29 I 1 EBRG möglich (s. GK-BetrVG/*Oetker* EBRG § 29 Rn. 4 aE), so dass die sprachliche Abweichung in § 28 I 1 SEBG allenfalls dann eine weitergehende Rechtswirkung entfaltet, wenn hieraus ein zugunsten des SE-Betriebsrats bestehender Anspruch auf Durchführung weiterer Sitzungen abgeleitet wird (in dieser Richtung KK-AktG/*Feuerborn* SEBG § 28 Rn. 3; **aA** AKRR/*Kühn* SEBG § 28 Rn. 12). Wegen der auf außergewöhnliche Umstände reagierenden Regelung in § 29 SEBG kann der SE-Betriebsrat auch unter Berücksichtigung des Grundsatzes einer vertrauensvollen Zusammenarbeit eine weitere Sitzung jedoch allenfalls dann beanspruchen, wenn das in § 28 I 2 SEBG umschriebene Themenspektrum in einer Sitzung nicht ausreichend erörtert werden kann. **7**

Die Auffangregelung zur Unterrichtung und Anhörung bei **außergewöhnlichen Umständen** (Teil 2 lit. c) ist ebenfalls weitgehend deckungsgleich mit Abs. 3 des Anhang I zur RL 2009/38/EG, ergänzend ist dem Vertretungsorgan jedoch das Recht zu einem nochmaligen Zusammentreffen mit dem zuständigen Organ der SE einzuräumen, wenn dieses beschließt, nicht entsprechend der vom Vertretungsorgan abgegebenen Stellungnahme zu handeln. Zur Umsetzung s. § 29 IV SEBG. **8**

Die Vorgabe in Teil 2 lit. e zur **Unterrichtung der örtlichen Arbeitnehmervertreter,** die in § 30 SEBG umgesetzt worden ist und ursprünglich in Nr. 5 des Anhangs zur RL 94/45/EG enthalten war, findet zwar keine Entsprechung mehr in dem Anhang I zur RL 2009/38/EG, kehrt aber inhaltlich und mit identischem Wortlaut in Art. 10 II RL 2009/38/EG wieder (→ RL 2009/38/EG Art. 10 Rn. 8 ff.). **9**

Auch der Anhang zur RL 2001/86/EG eröffnet dem Vertretungsorgan und dem engeren Ausschuss das Recht, sich durch **Sachverständige** ihrer Wahl unterstützen zu lassen, im Unterschied zu Abs. 5 des Anhangs I zur RL 2009/38/EG fehlt jedoch die Relativierung „sofern dies zur Erfüllung ihrer Aufgaben erforderlich ist" (so auch KK-AktG/*Feuerborn* SEBG § 32 Rn. 3 f.). Aus dieser Diskrepanz wird teilweise gefolgert, dass die Bindung an den Erforderlichkeitsgrundsatz in § 32 S. 1 SEBG, der mit der Relativierung in Abs. 5 des Anhangs I zur RL 2009/38/EG wörtlich übereinstimmt, richtlinienwidrig sei und deshalb eine gesonderte Prüfung der Erforderlichkeit iRv § 32 S. 1 SEBG zu unterbleiben habe. Dieser Auslegung von Teil 2 lit. f des Anhangs zur RL 2001/86/EG ist nicht zu folgen, da die dort vorgesehene Rechtseinräumung („können") das Vertretungsorgan an eine pflichtgemäße Ausübung des Ermessens bindet und das auch an den SE-Betriebsrat kraft Gesetzes **10** adressierte Gebot nur dann gewahrt ist, wenn das Vertretungsorgan bei seiner Ermessensausübung den Verhältnismäßigkeitsgrundsatz beachtet. Aus dieser Perspektive ist die Relativierung in Abs. 5 des Anhangs I zur RL 2009/38/EG keine Einschränkung der Rechtsposition, sondern lediglich eine klarstellende Konkretisierung.

11 Die Auffangregelung zu den **Kosten des Vertretungsorgans** (Teil 2 lit. h) stimmt mit Abs. 6 des Anhangs I zur RL 2009/38/EG überein, jedoch wurde die Option zugunsten der Mitgliedstaaten, die Übernahme der Kosten für Sachverständige auf die Kosten für einen Sachverständigen zu beschränken, im SEBG nicht aufgegriffen (s. § 33 SEBG; → Art. 3 Rn. 25; **anders** demgegenüber im Grundsatz § 39 II 3 EBRG, s. → RL 2009/38/EG Anhang I Rn. 11).

C. Auffangregelung zur Mitbestimmung

I. Allgemeines

12 Die Vorgaben in Teil 3 des Anhangs für die gesetzliche Auffangregelung zur Mitbestimmung unterscheiden zwischen den verschiedenen **Formen der SE-Gründung**. Während die Vorgaben in **Teil 3 lit. a** ausschließlich für die Gründung einer SE durch Umwandlung gelten, betreffen diejenigen in **Teil 3 lit. b** die **anderen Varianten** einer SE-Gründung, da diese nach Teil 3 lit. a S. 2 für eine Gründung der SE durch Umwandlung „sinngemäß" gelten. Inhaltlich regeln die Vorgaben in Teil 3 des Anhangs insbesondere den **Umfang der Mitbestimmung** in dem Aufsichts- oder Verwaltungsorgan der SE (→ Rn. 14 ff.) sowie die **Verteilung der auf die Arbeitnehmervertreter entfallenden Sitze** (→ Rn. 20 ff.). Ergänzend gibt Teil 3 lit. b UAbs. 4 den **Grundsatz der gleichen Berechtigung und Verpflichtung** für die Arbeitnehmervertreter im Aufsichts- oder Verwaltungsorgan der SE vor (→ Rn. 24 ff.).

13 Die **Umsetzung** der Vorgaben in Teil 3 erfolgt in Deutschland vor allem in den §§ 35–37 SEBG, während Teil 3 lit. b UAbs. 4 in § 38 I SEBG eine Entsprechung findet. Die zusätzlichen Bestimmungen in § 38 II und III SEBG lassen sich demgegenüber nicht auf eine Vorgabe in dem Anhang zur RL 2001/86/EG zurückführen, was verbreitet zu dem Vorwurf einer richtlinienwidrigen Umsetzung geführt hat (→ Rn. 28 f., 30 f.).

II. Umfang der Mitbestimmung

14 **1. Gründung der SE durch Umwandlung.** Für die Gründung einer SE durch Umwandlung gibt Teil 3 lit. a vor, dass bei der SE „alle Komponenten der Mitbestimmung der Arbeitnehmer" Anwendung finden müssen, die bei der umzuwandelnden Gesellschaft zuvor angewendet wurden. Die Formulierung „Komponenten der Mitbestimmung" ist zwar wenig präzise, in Verbindung mit der Legaldefinition der Mitbestimmung in Art. 2 lit. k folgt aus dieser aber, dass es sich um den Anteil der Arbeitnehmervertreter im Aufsichts- oder Verwaltungsorgan der SE handelt. Dies spricht dafür, dass die Gewährleistung nicht die Größe des Aufsichtsrats, sondern nur den **Anteil der Arbeitnehmervertreter** betrifft. In diesem Sinne ist auch zu der Umsetzungsbestimmung in § 35 I SEBG überwiegend anerkannt, dass die dort geforderte Aufrechterhaltung der „Regelung zur Mitbestimmung" ausschließlich den Anteil der Arbeitnehmervertreter nach Maßgabe der von der Satzung vorgegebenen Größe des Aufsichts- oder Verwaltungsorgans betrifft, **nicht hingegen die Zahl der Arbeitnehmervertreter** (so KK-AktG/*Feuerborn* SEBG § 35 Rn. 12; GLF/*Forst* § 2 Rn. 483; UHH/*Habersack* SEBG § 35 Rn. 6; Henssler/Sittart KSzW 2011, 359 [365 ff.]; Habersack/Drinhausen/Hohenstatt/Müller-Bonanni SEBG § 35 Rn. 3; MüKoAktG/*Jacobs* SEBG § 35 Rn. 9; LHT/*Oetker* SEBG § 35 Rn. 7 f.; KK-AktG/*Paefgen* SE-VO Art. 40 Rn. 100; *Rehwinkel* ZESAR 2008, 74 [75 f.]; MüKoAktG/*Reichert/Brandes* SE-VO Art. 40 Rn. 69; AKRR/*Rudolph* SEBG § 35 Rn. 4; *Scheibe* 174 ff.; *Seibt* ZIP 2010, 1057 [1062]; **aA** *Meißner* AuR 2012, 61 [62 f.]; NFK/*Nagel* SEBG § 35 Rn. 2; ders. AuR

2007, 329 [335]; MHdBArbR/*Wißmann* § 287 Rn. 13 aE). Einer **Verkleinerung des Aufsichtsrats** iRd Umwandlung steht deshalb weder Teil 3 lit. a des Anhangs zur RL 2001/86/EG noch § 35 I SEBG entgegen.

Wird die Legaldefinition zur Mitbestimmung in Art. 2 lit. k als Maßstab für die Reichweite von Teil 3 lit. a herangezogen, dann folgt hieraus zudem, dass alle weiteren Regelungen, die in Deutschland in den Mitbestimmungsgesetzen enthalten sind und nicht den Anteil der Arbeitnehmervertreter betreffen, bei der SE nicht anzuwenden sind. Das gilt insbesondere für die Bestimmungen zur **inneren Ordnung des Aufsichtsrats** in den §§ 27–29 MitbestG (KK-AktG/*Feuerborn* SEBG § 35 Rn. 15; MüKoAktG/*Jacobs* SEBG § 35 Rn. 9; LHT/*Oetker* SEBG § 35 Rn. 10; KK-AktG/*Paefgen* SE-VO Art. 40 Rn. 125; im Ergebnis auch UHH/*Habersack* SEBG § 35 Rn. 5; *Koch*, Die Beteiligung von Arbeitnehmervertretern an Aufsichtsrats- und Verwaltungsratsausschüssen einer Europäischen Aktiengesellschaft, 2011, 245 ff.), in vergleichbarer Weise aber auch für solche Vorschriften, die die **Bestellung eines Arbeitsdirektors** (§ 33 MitbestG, § 13 Montan-MitbestG) betreffen. Ferner ist die **Zusammensetzung der Arbeitnehmervertreter** im Aufsichts- oder Verwaltungsorgan, insbesondere die **Repräsentanz von Gewerkschaftsvertretern** keine Komponente der Mitbestimmung iSv Art. 2 lit. k, so dass deren Beibehaltung weder von Teil 3 lit. a des Anhangs zur RL 2001/86/EG noch von § 35 I SEBG gefordert wird (KK-AktG/*Feuerborn* SEBG § 35 Rn. 14; GLF/*Forst* § 2 Rn. 486; UHH/*Habersack* SEBG § 35 Rn. 5; MüKoAktG/*Jacobs* SEBG § 35 Rn. 9; LHT/*Oetker* SEBG § 35 Rn. 9; AKRR/ *Rudolph* SEBG § 35 Rn. 5; Habersack/Drinhausen/*Seibt* SE-VO Art. 40 Rn. 112; **aA** *Nagel* AuR 2007, 329 [335 f.] sowie *Kepper* 219).

Kontroverse Diskussionen hat die Frage ausgelöst, ob die Konservierung des Status quo auch dann gilt, wenn bei **paritätischer Zusammensetzung des Aufsichtsrats** der umzuwandelnden Gesellschaft (insbesondere durch das MitbestG) die Gründung der SE zugleich mit einem **Wechsel in das monistische System** verbunden wird. Würde sich in diesem Fall der Verwaltungsrat ebenfalls zur Hälfte aus Arbeitnehmervertretern zusammensetzen, so verstoße dies nicht nur gegen die **RL 2001/86/EG** (so GLF/*Forst* § 2 Rn. 480; MüKoAktG/*Jacobs* SEBG § 35 Rn. 24; *Kämmerer/Veil* ZIP 2005, 369 [376]; *Reichert/Brandes* ZGR 2003, 767 [790 ff.]; *Scheibe* 188 ff.; **aA** *Bachmann* ZGR 2008, 779 [800 f.]; *Cannistra* 202 f.; KK-AktG/*Feuerborn* SEBG § 35 Rn. 22; *Kepper* 232 ff.; NFK/*Nagel* SEBG § 35 Rn. 7; *ders.* AuR 2007, 329 [335]; LHT/*Oetker* SEBG § 35 Rn. 12), sondern auch gegen die Eigentumsgarantie in **Art. 14 I GG** (hierfür *Kämmerer/Veil* ZIP 2005, 369 ff.; *Roth* ZfA 2004, 431 [452 ff.]; ferner MüKoAktG/*Jacobs* SEBG § 35 Rn. 16 ff.; **aA** *Bachmann* ZGR 2008, 779 [801 f.]; *Cannistra* 204 f.; KK-AktG/*Feuerborn* SEBG § 35 Rn. 24 ff.; *Kepper* 232 ff.; LHT/*Oetker* SEBG § 35 Rn. 13). Deshalb sei § 35 I SEBG, der den Anteil der Arbeitnehmervertreter konserviert, einschränkend auszulegen und auf die nicht geschäftsführenden Direktoren des Verwaltungsrats zu beschränken.

Soweit hierfür das Gebot einer unionsrechtskonformen Auslegung herangezogen wird, lassen sich Teil 3 lit. a des Anhangs zur RL 2001/86/EG keine ausreichenden Anhaltspunkte entnehmen, da die dort festgelegte Rechtsfolge unabhängig davon gilt, ob für die SE das monistische oder das dualistische System gewählt wird. Stets sollen alle bei der umzuwandelnden Gesellschaft angewandten „Komponenten der Mitbestimmung" unverändert bei der SE zu Anwendung gelangen. Würde im Zuge der Umwandlung der Anteil der Arbeitnehmervertreter unter den Mitgliedern des Verwaltungsorgans verringert, so würde dieser Vorgabe der Auffangregelung nicht mehr Rechnung getragen. Für eine restriktive Auslegung der Auffangregelung, die auf eine Funktionsäquivalenz der Organmitglieder abstellt und hierüber zu einer Beschränkung des beizubehaltenden „Anteils" auf die nicht geschäftsführenden Mitglieder des Verwaltungsorgans gelangt, lassen sich der Auffangregelung ebenfalls keine Anhaltspunkte entnehmen. Anders könnte dies allenfalls zu beurteilen sein, wenn die von Teil 3 lit. a S. 1 geforderte weitere Anwendung unter dem Vorbehalt einer „sinngemäßen" Anwendung stünde, da hierdurch die Auffangregelung um ein wertendes Element ergänzt und normzweckspezifische Modifikationen der entsprechend anzuwendenden Regel gestattet würden. Hiergegen spricht jedoch, dass Teil 3 lit. a eine „sinngemäße" Geltung ausdrücklich auf die Vorgabe in Teil 3 Buchs. b beschränkt hat. Zudem begegnet eine unionsrechtskonforme Auslegung auch methodischen Bedenken, da eine Begrenzung der Parität der Arbeitnehmervertreter auf die nicht geschäftsführenden Direktoren im Gesetzgebungsverfahren beantragt, jedoch ausdrücklich verworfen wurde (→ Art. 14 Rn. 2). Eine gegenläufige Auslegung würde daher mit den erkennbaren Vorstellungen des Gesetzgebers unvereinbar sein und die Grenzen einer unionsrechtskonformen Auslegung überschreiten. Zu dem auf Art. 14 I GG gestützten Einwand s. näher LHT/*Oetker* SEBG § 35 Rn. 13 f.

18 **2. Gründung der SE durch Verschmelzung, Holding- und Tochtergesellschaften.** Für die anderen Varianten einer SE-Gründung gibt Teil 3 lit. b UAbs. 1 vor, dass der auf die Mitbestimmung iSv Art. 2 lit. k bezogene höchste Anteil in den beteiligten Gesellschaften für das Aufsichts- oder Verwaltungsorgan der SE maßgebend ist. Da die Auffangregelung ausdrücklich auf den Anteil bei den „beteiligten Gesellschaften" abstellt, bleibt der Anteil bei betroffenen Tochtergesellschaften iSv Art. 2 lit. d unberücksichtigt. Ferner überträgt Teil 3 lit. b UAbs. 1 ausdrücklich nur den **Anteil der Arbeitnehmervertreter** auf die SE, so dass die Zahl der Arbeitnehmervertreter unerheblich ist, solange der Anteil der Arbeitnehmervertreter unter den Mitgliedern des Aufsichts- oder Verwaltungsorgans der SE unverändert bleibt (ebenso zu § 35 II SEBG Begr. RegE, BT-Drs. 15/3405, 55; KK-AktG/ *Feuerborn* SEBG § 35 Rn. 18; GLF/*Forst* § 2 Rn. 490; UHH/*Habersack* SEBG § 35 Rn. 11; MüKoAktG/*Jacobs* SEBG Rn. 12; LHT/*Oetker* SEBG § 35 Rn. 18; AKRR/*Rudolph* SEBG § 35 Rn. 8 mwN). Damit steht die Auffangregelung insbesondere einer **Verkleinerung des Aufsichtsrats** nicht entgegen. Ebenso sind andere Regelungen aus gesetzlichen Vorschriften zur Mitbestimmung, die bei den beteiligten Gesellschaften galten, nicht für die SE aufrechtzuerhalten.

19 Im Unterschied zu § 35 I SEBG hat § 35 II SEBG die Vorgaben in Teil 3 lit. b UAbs. 1 unverändert übernommen, wobei sich aus der Vorschrift deutlich ergibt, dass sich die gesetzliche Auffangregelung ausschließlich auf die Mitbestimmung iSd Legaldefinition in § 2 Abs. 12 SEBG beschränkt (§ 35 II 1 SEBG). Ebenso erklärt § 35 II 2 SEBG nur den Anteil der Arbeitnehmervertreter für maßgeblich, der auch für das Aufsichts- oder Verwaltungsorgan der SE gelten soll. Da sich weder aus der Auffangregelung zur Mitbestimmung noch aus § 35 II SEBG Einschränkungen entnehmen lassen, gilt der für maßgeblich angesehene „höchste Anteil" unabhängig davon, ob die SE eine monistische oder dualistische Struktur aufweist (UHH/*Habersack* SEBG § 35 Rn. 9; Habersack/Drinhausen/*Hohenstatt/Müller-Bonanni* SEBG § 35 Rn. 9; MüKoAktG/*Jacobs* SEBG Rn. 11; *Kepper* 232 ff.; LHT/*Oetker* SEBG § 35 Rn. 16). Ebenso wie bei der Umwandlung werden auch zu § 35 II SEBG auf die Richtlinie gestützte Bedenken angemeldet, wenn der Aufsichtsrat einer der beteiligten Gesellschaften wegen der Anwendung des MitbestG paritätisch zusammengesetzt war und die SE nicht dualistisch, sondern monistisch verfasst werden soll. Die Argumente in → Rn. 17, die gegen eine Beschränkung des „höchsten Anteils" auf die nicht geschäftsführenden Direktoren eines Verwaltungsorgans sprechen, sind auch für die Diskussion zu § 35 II SEBG maßgebend.

III. Verteilung der Sitze im Aufsichts- oder Verwaltungsorgan

20 Die Vorgabe in Teil 3 UAbs. 3 betrifft die Verteilung der auf die Arbeitnehmerseite entfallenden Sitze in dem Aufsichts- oder Verwaltungsorgan auf die Mitgliedstaaten und überantwortet diese Aufgabe dem kraft der gesetzlichen Auffangregelung errichteten Vertretungsorgan. Maßstab für die Verteilung sind die in den einzelnen Mitgliedstaaten **beschäftigten Arbeitnehmer der SE**. Die bei Tochtergesellschaften der SE beschäftigten Arbeitnehmer bleiben hiervon unberücksichtigt. Die zur Umsetzung in Deutschland geschaffene Bestimmung in § 36 I 1 SEBG überträgt die Verteilungskompetenz zwar ent-

sprechend der Vorgabe in Teil 3 UAbs. 3 auf den SE-Betriebsrat, erweitert den Maßstab für die anteilige Verteilung der Sitze auf die Mitgliedstaaten indes in § 36 I 2 SEBG um die bei Tochtergesellschaften beschäftigten Arbeitnehmer. Im Hinblick auf den Normzweck sieht dies eine verbreitete Auffassung gleichwohl als richtlinienkonform an (so KK-AktG/*Feuerborn* SEBG § 36 Rn. 3, 4; UHH/*Henssler* SEBG § 36 Rn. 7; MüKoAktG/*Jacobs* SEBG § 36 Rn. 2; NFK/*Nagel* SEBG § 36 Rn. 3).

Eine Sonderbestimmung trifft Teil 3 UAbs. 3 S. 2 für den Fall, dass ein oder mehrere **Mitgliedstaaten** bei einer anteilmäßigen Verteilung **unberücksichtigt bleiben.** Für diesen Fall ist ein Vertreter aus der Verteilung nach Maßgabe der Anteile herauszunehmen und dieser aus einem ansonsten vertretungslosen Mitgliedstaat zu bestellen. Dabei deutet der Wortlaut der Auffangregelung darauf hin, dass die Bestellung dieses Vertreters unmittelbar durch das Vertretungsorgan zu erfolgen hat. Demgegenüber beschränkt § 36 I 2 SEBG sich auf die Vorgabe, dass der SE-Betriebsrat den entsprechenden Sitz einem bislang unberücksichtigten Mitgliedstaat zuweist, indem sodann nach den dort maßgebenden Vorschriften über den Arbeitnehmervertreter aus diesem Mitgliedstaat befunden wird. Eine eigene Auswahlkompetenz des SE-Betriebsrats sieht § 36 II SEBG ausschließlich für den Fall vor, dass die Mitgliedstaaten keine Regelung über die Verteilung der ihnen zugewiesenen Sitze getroffen haben. 21

Für die weiteren Regelungen zur Auswahl der Arbeitnehmervertreter sieht Teil 3 UAbs. 3 weitgehend von Vorgaben für die Mitgliedstaaten ab. Entsprechendes gilt für die **Abberufung** sowie die Geltendmachung von **Wahlmängeln.** Vielmehr obliegt es den Mitgliedstaaten, insoweit die notwendigen Regularien zu schaffen, müssen sich hierbei jedoch stets auf die auf den jeweiligen Mitgliedstaat entfallenden Vertreter beschränken (s. § 37 SEBG). Deshalb betrifft § 36 III SEBG ausschließlich die auf das **Inland** entfallenden Arbeitnehmervertreter und überantwortet deren Ermittlung einem **Wahlgremium** und verweist im Übrigen auf die Bestimmungen, die für die Ermittlung der auf das Inland entfallenden Vertreter im besonderen Verhandlungsgremium gelten (§ 36 III 2 SEBG). 22

Eine unmittelbare **Mitgliedschaft im Aufsichts- oder Verwaltungsorgan** wird durch die Entscheidung des Wahlgremiums nicht begründet. Vielmehr werden die Arbeitnehmervertreter der **Hauptversammlung der SE** zur Bestellung vorgeschlagen (§ 36 IV 1 SEBG), das hierbei jedoch an die Vorschläge gebunden ist (§ 36 IV 2 SEBG). Allerdings bezieht sich diese Regelung ausschließlich auf die nach § 36 II und III SEBG ermittelten Arbeitnehmervertreter. Bezüglich der auf andere Mitgliedstaaten entfallenden Arbeitnehmervertreter findet § 36 IV SEBG – vorbehaltlich der Sonderregelung in § 36 II SEBG – keine Anwendung. Hierdurch tritt jedoch keine sachliche Änderung ein, da Art. 40 II SE-VO und Art. 43 III SE-VO die Bestellungskompetenz zwingend der Hauptversammlung zuweisen. 23

IV. Grundsatz der gleichen Berechtigung und Verpflichtung

Durch Teil 3 UAbs. 4 sichert die RL 2001/86/EG ab, dass die nach Maßgabe der gesetzlichen Auffangregelung dem Aufsichts- oder Verwaltungsorgan der SE angehörenden **Arbeitnehmervertreter keine Vertreter minderen Rechts** sind, insbesondere in gleicher Weise wie die Vertreter der Anteilseigner stimmberechtigt sind. Dementsprechend sind unterschiedliche Stimmrechte auch in dem Verwaltungsorgan der monistisch strukturierten SE mit den Vorgaben der RL 2001/86/EG ebenso unvereinbar wie abgestufte Informations- und Mitwirkungsrechte, die ausschließlich an den Status als Arbeitnehmervertreter anknüpfen. Der in der Auffangregelung zum Ausdruck gelangte allg. aktienrechtliche Grundsatz der individuell gleichen Berechtigung und Verpflichtung (s. dazu zB BGH 25.2.1982 BGHZ 83, 106 [112 f.]; 15.12.1986 BGHZ 99, 211 [216]; 15.11.1993 BGHZ 124, 111 [127]) strahlt auch auf die **Zusammensetzung von Ausschüssen** des Aufsichts- oder Verwaltungsorgans aus und untersagt idR, bei der Bildung von Ausschüssen Arbeitnehmervertreter gänzlich unberücksichtigt zu lassen (KK-AktG/*Feuerborn* SEBG § 38 Rn. 6; 24

GLF/*Forst* § 2 Rn. 538; UHH/*Habersack* SEBG § 38 Rn. 38; NFK/*Nagel* SEBG § 38 Rn. 8; LHT/*Oetker* SEBG § 38 Rn. 6).

25 Ebenso wie § 4 III 1 Montan-MitbestG erstreckt sich Teil 3 UAbs. 4 auch auf die **Pflichten der Arbeitnehmervertreter**. Auch sie unterliegen der **Verschwiegenheitspflicht** nach Art. 49 SE-VO und der **Haftung für Pflichtverstöße** (Art. 51 SE-VO). Seine Hauptbedeutung erlangt die Vorgabe in Teil 3 UAbs. 4 vor allem bei den Maßstäben der Sorgfaltsanforderungen sowie der Konkretisierung der Pflicht zur Verschwiegenheit. Diesbezüglich dürfen Unterschiede nicht allein an den Status als Arbeitnehmervertreter anknüpfen und für diese weder schwächere noch strengere Maßstäbe begründen.

26 Die zur Umsetzung in Deutschland geschaffene Regelung in § 38 I SEBG setzt die Vorgabe in Teil 3 UAbs. 4 inhaltlich um und bleibt nur nach dem Wortlaut hinter der Vorgabe der Richtlinie zurück, da es sich bei der Betonung der vollberechtigten Mitgliedschaft sowie des Stimmrechts um selbstverständliche Ausprägungen des Grundsatzes der individuell gleichen Berechtigung und Verpflichtung handelt.

V. Überschießende Richtlinienumsetzung

27 **1. Größe des Leitungs- oder Verwaltungsorgans.** Keine Entsprechung in Teil 3 des Anhangs zur RL 2001/86/EG findet § 38 II 1 SEBG zur Zahl der Mitglieder des Leitungsorgans bzw. der geschäftsführenden Direktoren, die sich mind. auf **zwei Mitglieder** zu belaufen hat. Gleichwohl steht diese Vorgabe nicht im Widerspruch zum Unionsrecht, da sowohl Art. 39 IV 1 SE-VO als auch Art. 43 I 2 SE-VO die Mitgliedstaaten ermächtigt, für die Zahl der Mitglieder des Leitungsorgans Mindestzahlen festzusetzen bzw. die Zahl der Geschäftsführer für das Verwaltungsorgan festzulegen.

28 **2. Zuständigkeit für Arbeit und Soziales.** Die Festlegung in § 38 II 2 SEBG, dass ein Mitglied des Leitungsorgans bzw. einer der geschäftsführenden Direktoren „für den Bereich **Arbeit und Soziales** zuständig" ist, lässt sich nicht auf eine Vorgabe in der gesetzlichen Auffangregelung zur Mitbestimmung zurückführen. Allerdings folgt aus dieser auf der Hand liegenden Feststellung nicht, dass § 38 II 2 SEBG unionsrechtswidrig ist (so aber KK-AktG/*Feuerborn* SEBG § 38 Rn. 12; *Forst* 206; GLF/*Forst* § 2 Rn. 549; *Grobys* NZA 2005, 84 [90]; *Henssler* RdA 2005, 330 [336 f.]; KK-AktG/*Paefgen* SE-VO Art. 39 Rn. 77; AKRR/*Rudolph* SEBG § 38 Rn. 5; diff. MüKoAktG/*Jacobs* SEBG § 38 Rn. 4; **aA** *Krause* BB 2005, 1221 [1228]; NFK/*Nagel* SEBG § 38 Rn. 5; LHT/*Oetker* SEBG § 38 Rn. 10; *Scheibe* 236 f.). Die unionsrechtlichen Rechtsakte zur SE, zu denen nicht nur die RL 2001/86/EG, sondern auch die SE-VO zählt, belassen den Mitgliedstaaten das Recht, spezielle Rechtsvorschriften zu erlassen, sofern der Bereich ganz oder teilweise nicht durch die SE-VO strukturiert ist (Art. 9 I lit. c SE-VO). Da die SE-VO für die Kompetenzaufteilung unter den Mitgliedern des Leitungsorgans bzw. den geschäftsführenden Direktoren keine Regelungen trifft, sind die Mitgliedstaaten nicht am Erlass ergänzender Bestimmungen gehindert. Machen sie hiervon Gebrauch ist es auch nicht zu beanstanden, wenn sie die entsprechenden Regelungen auf solche Gesellschaften beschränken, die der gesetzlichen Auffangregelung zur Mitbestimmung unterliegen, und es in den übrigen Fällen bei den aktienrechtlichen Vorgaben belassen.

29 Die These einer Unionsrechtswidrigkeit lässt sich deshalb nur auf die Annahme stützen, Teil 3 des Anhangs zur RL 2001/38/EG umschreibe die Inhalte der von den Mitgliedstaaten zu schaffenden gesetzlichen Auffangregelung abschließend, so dass die Mitgliedstaaten mit einer überschießenden Umsetzung gegen die Vorgaben der RL 2001/38/EG verstoßen. Dieser Argumentation steht jedoch entgegen, dass sich die Vorgaben des Anhangs für die gesetzliche Auffangregelung auf Mindeststandards beschränken, denen die Rechtsvorschriften der Mitgliedstaaten genügen müssen (→ Rn. 1; → Art. 7 Rn. 2; wie hier im Ergebnis MüKoAktG/*Jacobs* SEBG § 38 Rn. 4; *Krause* BB 2005, 1221 [1228]; NFK/*Nagel* SEBG § 38 Rn. 5 Fn. 4). Deshalb fehlt auch eine tragfähige methodische Grundlage für ein

restriktives Verständnis der Norm, nach dem diese nur anzuwenden ist, wenn in einer der beteiligten Gesellschaften ein Arbeitsdirektor iSv § 33 MitbestG bestellt war (hierfür UHH/ *Habersack* SEBG § 38 Rn. 42; Habersack/Drinhausen/*Hohenstatt*/*Müller-Bonanni* SEBG § 38 Rn. 5; MüKoAktG/*Jacobs* SEBG § 38 Rn. 4; *Joost* EAS B 8200, Rn. 237; **aA** *Kepper* 224; LHT/*Oetker* SEBG § 38 Rn. 10; *Scheibe* 237 f.).

3. Wahl eines weiteren Mitglieds. Der Vorwurf der richtlinienwidrigen Umsetzung wird auch gegenüber § 38 III SEBG erhoben (so KK-AktG/*Feuerborn* SEBG § 38 Rn. 16; UHH/*Habersack* SEBG § 38 Rn. 2; *Henssler* RdA 2005, 330 [336]; MüKoAktG/*Jacobs* SEBG Rn. 5; *Krause* BB 2005, 1221 [1228]; KK-AktG/*Paefgen* SE-VO Art. 40 Rn. 113; AKRR/*Rudolph* SEBG § 38 Rn. 7; **aA** NFK/*Nagel* SEBG § 38 Rn. 7 Fn. 5; *Scheibe* 242 f.), der auf die Sondersituation der **Montan-Mitbestimmung** zugeschnitten ist, da hiernach bei paritätischer Zusammensetzung des Aufsichtsrats ein weiteres Mitglied von den Mitgliedern des Aufsichtsrats zu wählen ist (§ 4 I 2 lit. c, § 8 I Montan-MitbestG). Besteht in einer der an der Gründung der SE beteiligten Gesellschaft der Aufsichtsrat aus einem derartigen weiteren Mitglied, dann gilt dies nach § 38 III SEBG auch für das Aufsichts- oder Verwaltungsorgan der SE. Wegen des Fehlens einer entsprechenden Vorgabe in Teil 3 des Anhangs zur RL 2001/86/EG sei dieser Zwang zur Ergänzung des Aufsichts- oder Verwaltungsorgans um ein weiteres Mitglied richtlinienwidrig. 30

Dieser Argumentation steht ebenfalls der Einwand entgegen, dass § 38 III SEBG nicht im Widerspruch zu den Bestimmungen in Teil 3 des Anhangs zur RL 2001/86/EG steht. Eine andere Beurteilung kommt jedoch im Hinblick auf Art. 42 und 45 SE-VO in Betracht, da beide Vorschriften auf der Grundannahme beruhen, dass dem Aufsichts- bzw. Verwaltungsorgan eine gleich große Zahl von Anteilseigner- und Arbeitnehmervertreter angehört und bei Stimmengleichheit die Stimme des von den Anteilseignern bestellten Vorsitzenden den Ausschlag gibt (Art. 50 II 1 SE-VO). Dieser Mechanismus ist bei der Anwendung von § 38 III SEBG nicht mehr gewahrt, so dass die Norm im Widerspruch zur SE-VO steht und deshalb wegen des Vorrangs des Unionsrecht (→ AEUV Art. 288 Rn. 10 ff.) nicht anwendbar ist. 31

550. Richtlinie 2002/14/EG des Europäischen Parlaments und des Rates vom 11. März 2002 zur Festlegung eines allgemeinen Rahmens für die Unterrichtung und Anhörung der Arbeitnehmer in der Europäischen Gemeinschaft

(ABl. Nr. L 80 S. 29)

Celex-Nr. 3 2002 L 0014

DAS EUROPÄISCHE PARLAMENT UND DER RAT DER EUROPÄISCHEN UNION –

gestützt auf den Vertrag zur Gründung der Europäischen Gemeinschaft, insbesondere auf Artikel 137 Absatz 2,

auf Vorschlag der Kommission[1],

nach Stellungnahme des Wirtschafts- und Sozialausschusses[2],

nach Stellungnahme des Ausschusses der Regionen[3],

gemäß dem Verfahren des Artikels 251 des Vertrags[4], aufgrund des vom Vermittlungsausschuss am 23. Januar 2002 gebilligten gemeinsamen Entwurfs,

in Erwägung nachstehender Gründe:

(1) Gemäß Artikel 136 des Vertrags ist es ein besonderes Ziel der Gemeinschaft und der Mitgliedstaaten, den sozialen Dialog zwischen den Sozialpartnern zu fördern.

(2) Nach Nummer 17 der Gemeinschaftscharta der sozialen Grundrechte der Arbeitnehmer müssen unter anderem „Unterrichtung, Anhörung und Mitwirkung der Arbeitnehmer ... in geeigneter Weise, unter Berücksichtigung der in den verschiedenen Mitgliedstaaten herrschenden Gepflogenheiten, weiterentwickelt werden".

(3) Die Kommission hat die Sozialpartner auf Gemeinschaftsebene zu der Frage gehört, wie eine Gemeinschaftsaktion in den Bereichen Unterrichtung und Anhörung der Arbeitnehmer in den Unternehmen der Gemeinschaft gegebenenfalls ausgerichtet werden sollte.

(4) Die Kommission hielt nach dieser Anhörung eine Gemeinschaftsmaßnahme für zweckmäßig und hat die Sozialpartner erneut gehört, diesmal zum Inhalt des in Aussicht genommenen Vorschlags. Die Sozialpartner haben der Kommission ihre Stellungnahmen übermittelt.

(5) Nach Abschluss der zweiten Anhörungsphase haben die Sozialpartner der Kommission nicht mitgeteilt, dass sie den Prozess in Gang setzen wollen, der zum Abschluss einer Vereinbarung führen kann.

(6) Der auf Gemeinschaftsebene wie auch auf nationaler Ebene bestehende rechtliche Rahmen, durch den eine Einbeziehung der Arbeitnehmer in die Unternehmensabläufe und in Entscheidungen, die die Beschäftigten betreffen, sichergestellt werden soll, konnte nicht immer verhindern, dass Arbeitnehmer betreffende schwerwiegende Entscheidungen getroffen und bekannt gemacht wurden, ohne dass zuvor angemessene Informations- und Anhörungsverfahren durchgeführt worden wären.

(7) Die Stärkung des Dialogs und die Schaffung eines Klimas des Vertrauens im Unternehmen sind notwendig, um Risiken frühzeitig zu erkennen, bei gleichzeitiger Absicherung

---

[1] **Amtl. Anm.:** ABl. C 2 vom 5.1.1999, S. 3.
[2] **Amtl. Anm.:** ABl. C 258 vom 10.9.1999, S. 24.
[3] **Amtl. Anm.:** ABl. C 144 vom 16.5.2001, S. 58.
[4] **Amtl. Anm.:** Stellungnahme des Europäischen Parlaments vom 14. April 1999 (ABl. C 219 vom 30.7.1999, S. 223), bestätigt am 16. September 1999 (ABl. C 54 vom 25.2.2000, S. 55); Gemeinsamer Standpunkt des Rates vom 27. Juli 2001 (ABl. C 307 vom 31.10.2001, S. 16) und Beschluss des Europäischen Parlaments vom 23. Oktober 2001 (noch nicht im Amtsblatt veröffentlicht). Beschluss des Europäischen Parlaments vom 5. Februar 2002 und Beschluss des Rates vom 18. Februar 2002.

der Arbeitnehmer die Arbeitsorganisation flexibler zu gestalten und den Zugang der Arbeitnehmer zur Fortbildung im Unternehmen zu fördern, die Arbeitnehmer für die Notwendigkeit von Anpassungen zu sensibilisieren, die Bereitschaft der Arbeitnehmer zur Teilnahme an Maßnahmen und Aktionen zur Verbesserung ihrer Beschäftigungsfähigkeit zu erhöhen, die Arbeitnehmer stärker in die Unternehmensabläufe und in die Gestaltung der Zukunft des Unternehmens einzubeziehen und dessen Wettbewerbsfähigkeit zu steigern.

(8) Es ist insbesondere notwendig, die Unterrichtung und Anhörung zu Beschäftigungssituation und wahrscheinlicher Beschäftigungsentwicklung im Unternehmen und – für den Fall, dass die vom Arbeitgeber vorgenommene Bewertung auf eine potentielle Bedrohung der Beschäftigung im Unternehmen schließen lässt – zu etwaigen geplanten antizipativen Maßnahmen, insbesondere in den Bereichen Ausbildung und Qualifizierung der Arbeitnehmer, zu fördern und zu intensivieren, um so mögliche negative Auswirkungen zu vermeiden oder ihre Konsequenzen abzumildern und die Beschäftigungsfähigkeit und Anpassungsfähigkeit der möglicherweise betroffenen Arbeitnehmer zu verbessern.

(9) Eine rechtzeitige Unterrichtung und Anhörung der Arbeitnehmer ist eine Vorbedingung für die erfolgreiche Bewältigung der Umstrukturierungsprozesse und für eine erfolgreiche Anpassung der Unternehmen an die im Zuge der Globalisierung der Wirtschaft – insbesondere durch die Entstehung neuer Formen der Arbeitsorganisation – geschaffenen neuen Bedingungen.

(10) Die Gemeinschaft hat eine Beschäftigungsstrategie entwickelt, die sie nun umsetzt und in deren Mittelpunkt die Begriffe „Antizipation", „Prävention" und „Beschäftigungsfähigkeit" stehen, wobei diese zentralen Konzepte in sämtliche staatlichen Maßnahmen integriert werden sollen, mit denen positive Beschäftigungseffekte erzielt werden können, einschließlich der Maßnahmen einzelner Unternehmen; dies soll durch einen Ausbau des sozialen Dialogs geschehen, damit bei der Förderung des Wandels das übergeordnete Ziel der Beschäftigungssicherung im Auge behalten wird.

(11) Die weitere Entwicklung des Binnenmarktes muss sich harmonisch vollziehen, unter Wahrung der grundlegenden Werte, auf denen unsere Gesellschaften basieren, und in einer Art und Weise, die sicherstellt, dass die wirtschaftliche Entwicklung allen Bürgern gleichermaßen zugute kommt.

(12) Der Eintritt in die dritte Phase der Wirtschafts- und Währungsunion hat europaweit eine Verstärkung und Beschleunigung des Wettbewerbsdrucks bewirkt. Dies macht weitergehende begleitende Maßnahmen auf einzelstaatlicher Ebene erforderlich.

(13) Der auf Gemeinschaftsebene und auf nationaler Ebene bestehende Rechtsrahmen für Unterrichtung und Anhörung der Arbeitnehmer ist häufig allzu sehr darauf ausgerichtet, Wandlungsprozesse im Nachhinein zu verarbeiten, vernachlässigt dabei die wirtschaftlichen Implikationen von Entscheidungen und stellt nicht wirklich auf eine „Antizipation" der Beschäftigungsentwicklung im Unternehmen oder auf eine „Prävention" von Risiken ab.

(14) Die Gesamtheit der politischen, wirtschaftlichen, sozialen und rechtlichen Entwicklungen macht eine Anpassung des bestehenden Rechtsrahmens erforderlich, der das rechtliche und praktische Instrumentarium zur Wahrnehmung des Rechtes auf Unterrichtung und Anhörung vorsieht.

(15) Von dieser Richtlinie unberührt bleiben nationale Regelungen, wonach die konkrete Wahrnehmung dieses Rechts eine kollektive Willensbekundung vonseiten der Rechtsinhaber erfordert.

(16) Von dieser Richtlinie unberührt bleiben Regelungen, die Bestimmungen über die direkte Mitwirkung der Arbeitnehmer enthalten, solange diese sich in jedem Fall dafür entscheiden können, das Recht auf Unterrichtung und Anhörung über ihre Vertreter wahrzunehmen.

(17) Da die oben dargelegten Ziele der in Betracht gezogenen Maßnahmen auf der Ebene der Mitgliedstaaten nicht ausreichend erreicht werden können, weil es das Ziel ist, einen Rahmen für die Unterrichtung und Anhörung der Arbeitnehmer zu schaffen, der dem oben beschriebenen neuen europäischen Kontext gerecht wird, und da die Ziele daher

wegen des Umfangs und der Wirkungen der geplanten Maßnahmen besser auf Gemeinschaftsebene verwirklicht werden können, kann die Gemeinschaft im Einklang mit dem in Artikel 5 des Vertrags niedergelegten Subsidiaritätsprinzip Maßnahmen ergreifen. Im Einklang mit dem in demselben Artikel genannten Verhältnismäßigkeitsprinzip geht diese Richtlinie nicht über das für die Erreichung dieser Ziele erforderliche Maß hinaus.

(18) Dieser allgemeine Rahmen zielt auf die Festlegung von Mindestvorschriften ab, die überall in der Gemeinschaft Anwendung finden, und er darf die Mitgliedstaaten nicht daran hindern, für die Arbeitnehmer günstigere Vorschriften vorzusehen.

(19) Dieser allgemeine Rahmen muss ferner auf administrative, finanzielle und rechtliche Auflagen verzichten, die die Gründung und Entwicklung kleiner und mittlerer Unternehmen behindern könnten. Daher erscheint es sinnvoll, den Anwendungsbereich dieser Richtlinie je nach Wahl der Mitgliedstaaten auf Unternehmen mit mindestens 50 Beschäftigten oder auf Betriebe mit mindestens 20 Beschäftigten zu beschränken.

(20) Dies gilt unter Berücksichtigung und unbeschadet anderer nationaler Maßnahmen und Praktiken zur Förderung des sozialen Dialogs in Unternehmen, die nicht unter diese Richtlinie fallen, und in öffentlichen Verwaltungen.

(21) Übergangsweise sollten jedoch Mitgliedstaaten, in denen keine gesetzliche Regelung über die Unterrichtung und Anhörung von Arbeitnehmern oder Arbeitnehmervertretungen besteht, die Möglichkeit haben, den Anwendungsbereich dieser Richtlinie im Hinblick auf die Anzahl der Arbeitnehmer weitergehend zu beschränken.

(22) Der gemeinschaftliche Rahmen für die Unterrichtung und Anhörung der Arbeitnehmer sollte die Belastung der Unternehmen oder Betriebe auf ein Mindestmaß begrenzen, zugleich aber auch die wirksame Ausübung der eingeräumten Rechte gewährleisten.

(23) Das mit der Richtlinie verfolgte Ziel soll durch Festlegung eines allgemeinen Rahmens erreicht werden, der die Grundsätze, Begriffe und Modalitäten der Unterrichtung und Anhörung definiert. Es obliegt den Mitgliedstaaten, diesen Rahmen auszufüllen, an die jeweiligen einzelstaatlichen Gegebenheiten anzupassen und dabei gegebenenfalls den Sozialpartnern eine maßgebliche Rolle zuzuweisen, die es diesen ermöglicht, ohne jeden Zwang auf dem Wege einer Vereinbarung Modalitäten für die Unterrichtung und Anhörung festzulegen, die ihren Bedürfnissen und ihren Wünschen am besten gerecht werden.

(24) Es empfiehlt sich, gewisse Besonderheiten, die in den Rechtsvorschriften einiger Mitgliedstaaten im Bereich der Unterrichtung und Anhörung der Arbeitnehmer bestehen, unberührt zu lassen; gedacht ist hier an spezielle Regelungen für Unternehmen oder Betriebe, die politischen, koalitionspolitischen, konfessionellen, karitativen, erzieherischen, wissenschaftlichen oder künstlerischen Bestimmungen oder Zwecken der Berichterstattung oder Meinungsäußerung dienen.

(25) Die Unternehmen oder Betriebe sollten vor der Verbreitung bestimmter besonders sensibler Informationen geschützt werden.

(26) Unternehmer sollten das Recht haben, auf eine Unterrichtung und Anhörung zu verzichten, wenn dies dem Unternehmen oder Betrieb schwerwiegenden Schaden zufügen würde oder wenn sie unverzüglich einer Anordnung nachkommen müssen, die von einer Kontroll- oder Aufsichtsbehörde an sie gerichtet wurde.

(27) Unterrichtung und Anhörung bringen Rechte und Pflichten für die Sozialpartner auf Unternehmens- oder Betriebsebene mit sich.

(28) Im Falle eines Verstoßes gegen die aus dieser Richtlinie folgenden Verpflichtungen müssen administrative oder rechtliche Verfahren sowie Sanktionen, die im Verhältnis zur Schwere des Vergehens wirksam, angemessen und abschreckend sind, angewandt werden.

(29) Von dieser Richtlinie unberührt bleiben sollten die spezifischeren Bestimmungen der Richtlinie 98/59/EG des Rates vom 20. Juli 1998 zur Angleichung der Rechtsvorschriften der Mitgliedstaaten über Massenentlassungen[5] und der Richtlinie 2001/23/EG des Rates vom 12. März 2001 zur Angleichung der Rechtsvorschriften der Mitgliedstaaten über die

---

[5] **Amtl. Anm.:** ABl. L 225 vom 12.8.1998, S. 16.

Wahrung von Ansprüchen der Arbeitnehmer beim Übergang von Unternehmen, Betrieben oder Unternehmens- oder Betriebsteilen[6].

(30) Sonstige Unterrichtungs- und Anhörungsrechte einschließlich derjenigen, die sich aus der Richtlinie 94/45/EG des Rates vom 22. September 1994 über die Einsetzung eines Europäischen Betriebsrats oder die Schaffung eines Verfahrens zur Unterrichtung und Anhörung der Arbeitnehmer in gemeinschaftsweit operierenden Unternehmen und Unternehmensgruppen[7] ergeben, sollten von der vorliegenden Richtlinie unberührt bleiben.

(31) Die Durchführung dieser Richtlinie sollte nicht als Rechtfertigung für eine Beeinträchtigung des allgemeinen Niveaus des Arbeitnehmerschutzes in dem von ihr abgedeckten Bereich benutzt werden –

HABEN FOLGENDE RICHTLINIE ERLASSEN:

Art. 1 Gegenstand und Grundsätze

(1) Ziel dieser Richtlinie ist die Festlegung eines allgemeinen Rahmens mit Mindestvorschriften für das Recht auf Unterrichtung und Anhörung der Arbeitnehmer von in der Gemeinschaft ansässigen Unternehmen oder Betrieben.

(2) Die Modalitäten der Unterrichtung und Anhörung werden gemäß den einzelstaatlichen Rechtsvorschriften und den in den einzelnen Mitgliedstaaten geltenden Praktiken im Bereich der Arbeitsbeziehungen so gestaltet und angewandt, dass ihre Wirksamkeit gewährleistet ist.

(3) Die Modalitäten der Unterrichtung und Anhörung werden vom Arbeitgeber und von den Arbeitnehmervertretern im Geiste der Zusammenarbeit und unter gebührender Beachtung ihrer jeweiligen Rechte und gegenseitigen Verpflichtungen festgelegt bzw. durchgeführt, wobei sowohl den Interessen des Unternehmens oder Betriebs als auch den Interessen der Arbeitnehmer Rechnung zu tragen ist.

A. Allgemeines

I. Rechtspolitischer Hintergrund

1   Den unmittelbaren Anstoß für die Initiative der Kommission zur Verabschiedung einer Richtlinie zur Unterrichtung und Anhörung der Arbeitnehmer hatte im Jahr 1997 die von der französischen Konzernleitung veranlasste Schließung eines belgischen Werks des Automobilherstellers Renault geliefert (*Kolvenbach/Kolvenbach* NZA 1997, 695 ff.; *Schäfer* 186 ff.). Weder die örtlichen Arbeitnehmervertreter noch der Europäische Betriebsrat waren zuvor unterrichtet oder angehört worden. Die Werksschließung, in deren Folge über 3000 Arbeitsplätze verloren gingen, vor allem aber das aus Sicht der Arbeitnehmervertreter überraschende Vorgehen von Renault hatten eine solche Öffentlichkeitswirkung, dass die Kommission sich veranlasst sah, als Ergänzung zu den damals schon bestehenden Regelungen zur Arbeitnehmerbeteiligung iRd Massenentlassungsrichtlinie und der Richtlinie über Europäische Betriebsräte hinaus den Vorschlag einer „Richtlinie zur Festlegung eines allg. Rahmens für die Information und Anhörung der Arbeitnehmer in der Europäischen Gemeinschaft" auf den Weg zu bringen (KOM [1998] 612 endg., ABl. C 2 vom 5.1.1999, 3). Die RL 2002/14/EG wird daher auch als **„Renault-Richtlinie"** bezeichnet (*Weiler* AiB 2002, 265; *Reichold* NZA 2003, 289 [290]).

2   Die Überlegungen zur **Arbeitnehmerbeteiligung in Europa** reichen allerdings schon weiter zurück (vgl. dazu *T. Brors* 29 ff.; EAS/*Oetker/Schubert* B 8300 Rn. 4 ff.). Sie nahmen

---

[6] **Amtl. Anm.:** ABl. L 82 vom 22.3.2001, S. 16.
[7] **Amtl. Anm.:** ABl. L 254 vom 30.9.1994, S. 64. Richtlinie geändert durch die Richtlinie 97/74/EG (ABl. L 10 vom 16.1.1998, S. 22).

Allgemeines   Art. 1 RL 2002/14/EG 550

ihren Anfang mit dem ersten Vorschlag der Kommission über das Statut einer Europäischen Aktiengesellschaft (ABl. EG Nr. C 124 vom 10.10.1970, 23). Mittel- und langfristig entfalteten dann das sozialpolitische Aktionsprogramm vom 21.1.1974 (ABl. EG Nr. C 13 vom 12.2.1974, 1) sowie später die Gemeinschaftscharta der sozialen Grundrechte der Arbeitnehmer vom 9.12.1989 (KOM [1989] 248 endg.) beträchtliche Wirkung auf die Tätigkeit des Europäischen Gesetzgebers auch im kollektiven Arbeitsrecht. Bezogen auf die Rahmenrichtlinie zur Unterrichtung und Anhörung der Arbeitnehmer begannen konkretere Vorarbeiten mit dem Grünbuch der Kommission über die Europäische Sozialpolitik aus dem Jahr 1993 (KOM [1993] 551 endg.; ausf. *Schäfer* 95 ff.). Der Europäische Gesetzgeber hatte erkannt, dass die in den ersten Jahren des europäischen Einigungsprozesses vorherrschende Akzentuierung der wirtschaftlichen Integration um eine soziale Dimension ergänzt werden musste und dass hierzu auch die Einbeziehung der Arbeitnehmer in die sie betreffenden unternehmerischen Entscheidungen gehört (vgl. auch die Erwägungsgründe 6 ff.).

II. Rechtssystematischer Zusammenhang

Die Rahmenrichtlinie zur Unterrichtung und Anhörung der Arbeitnehmer steht im **3** **Kontext weiterer Regelungen zur Arbeitnehmerbeteiligung** im europäischen Primär- und Sekundärrecht (vgl. dazu *T. Brors* passim; *Riesenhuber* § 26 Rn. 12 ff.; *Weber*, FS 600 Jahre Würzburger Juristenfakultät, 2002, 189 [194 ff.]): **Art. 27 GRC** enthält die Gewährleistung eines Rechts auf Unterrichtung und Anhörung von Arbeitnehmerinnen und Arbeitnehmern oder ihrer Vertreter, allerdings nur unter den Voraussetzungen, „die nach dem Unionsrecht und den einzelstaatlichen Rechtsvorschriften und Gepflogenheiten vorgesehen sind". Die RL 2002/14/EG lässt sich durchaus als Konkretisierung dieses Grundrechts auf der Ebene des Unionsrechts beschreiben (Preis/Sagan/*Müller-Bonanni/ Jenner* § 12 Rn. 205). Allerdings hat der EuGH entschieden, dass in einem Rechtsstreit zwischen Privaten aus Art. 27 GRC nicht die Unanwendbarkeit einer nationalen Regelung abgeleitet werden kann, die mit der Richtlinie nicht im Einklang steht (EuGH 15.1.2014 – C-176/12 – Association de médiation sociale [AMS]; → GRC Art. 27 Rn. 12). Neben punktuellen Regelungen im Bereich des **Arbeitsschutzes** und **weiteren Einzelbestimmungen** mit teilweise bloßer Appellfunktion (dazu *Weber*, FS 600 Jahre Würzburger Juristenfakultät, 2002, 189 [194 ff.]; *ders.*, FS Konzen, 2005, 921 [924]; ferner *Riesenhuber* § 26 Rn 16 ff.) enthalten vor allem die RL 2001/23/EG (**Betriebsübergangsrichtlinie**) sowie die RL 98/59/EG (**Massenentlassungsrichtlinie**) Regelungen zur Arbeitnehmerbeteiligung (→ Art. 9 Rn. 3 ff.). Hinzu kommt die RL 2009/38/EG (**Richtlinie über Europäische Betriebsräte**). Diese Richtlinie hatte mit dem Paradigmenwechsel von der bis dahin vorstehenden Harmonisierungskonzeption zu derjenigen des Vorrangs von Verhandlungslösungen die Diskussion um das europäische Mitbestimmungsrecht aus einer jahrzehntelangen Blockade gelöst und den Weg frei gemacht sowohl für eine Regelung der Arbeitnehmerbeteiligung im Bereich der europäischen supranationalen Gesellschaftsformen (RL 2001/86/EG [Richtlinie zur Beteiligung der Arbeitnehmer in der **Europäische Gesellschaft**]; RL 2003/72/EG [Richtlinie zur Beteiligung der Arbeitnehmer in der **Europäischen Genossenschaft**]) als auch für die RL 2002/14/EG (→ Rn. 7; *Weber*, FS 600 Jahre Würzburger Juristenfakultät, 2002, 189 [212 ff.]; *ders.*, FS Konzen, 2005, 921 [926 ff.]).

III. Gesetzgebungsverfahren und neuere Entwicklungen

Die RL 2002/14/EG ist das Ergebnis eines langen politischen und rechtlichen Ringens **4** (Überblick: *Riesenhuber* § 27 Rn. 5; eing. *Schäfer* 108 ff.). Nachdem es zunächst iRd **Konsultationsverfahrens** nach Art. 3 II und III des Protokolls über die Sozialpolitik zum Maastrichter Abkommen/ASP (jetzt: Art. 154 II und III AEUV) zu keiner Einigung der

Sozialpartner und demzufolge nicht zu einer Einleitung eines Verfahrens nach Art. 3 IV iVm Art. 4 ASP (jetzt: Art. 154 IV iVm Art. 155 AEUV) gekommen war (*Hall* Industrial Law Journal 2005, 103 [107]), legte die **Kommission am 17.11.1998 einen Vorschlag** für die Richtlinie vor (KOM [1998] 612 endg., ABl. EG Nr. C 2 vom 5.1.1999, 3). Da vor allem Großbritannien und Deutschland erhebliche Einwände geltend machten (*Hall,* Industrial Law Journal, 2005, 103 [108]: „Anglo-German 'deal'"), brachte die Kommission am 23.5.2001 einen geänderten Vorschlag ein (KOM [2001] 296 endg., ABl. EG Nr. C 240 E vom 28.8.2001, 133). Das Richtlinienvorhaben mündete schließlich in einen im Vermittlungsausschuss erarbeiteten **gemeinsamen Entwurf von Rat und Parlament** (Pressemitteilung vom 17.12.2001, IP 2001/1840, abrufbar unter European Commission, Press Release Database), auf dessen Grundlage dann schließlich die Richtlinie verabschiedet wurde. Als Kompetenzgrundlage wurde auf **Art. 137 II EGV** abgestellt (jetzt: Art. 153 I lit. e, II lit. b AEUV).

5   Die Kommission hat die Richtlinie im Rahmen ihres Arbeitsprogramms für 2010 gemeinsam mit zwei weiteren Richtlinien einem sog. **Eignungstest** unterzogen. Die Ergebnisse dieses Tests wurden 2013 vorgestellt ('Fitness check' on EU law in the area of Information and Consultation of Workers, 26.7.2013, SWD [2013] 293 endg.). Einen konkreten Änderungsvorschlag gab nur im Hinblick auf **die Sonderregel für die Hochseeschifffahrt** nach Art. 3 III (Vorschlag für eine Richtlinie des Europäischen Parlaments und des Rates zur Änderung der RL 2008/94/EG, RL 2009/38/EG, RL 2002/14/EG, RL 98/59/EG und RL 2001/23/EG in Bezug auf Seeleute, KOM [2013] 798 endg.; → Art. 3 Rn. 24). Die Kommission hat darüber hinaus nunmehr eine erste Phase zur Anhörung der Sozialpartner gem. Art. 154 AEUV zu der Frage eingeleitet, ob die Regelungen zur Unterrichtung und Anhörung in den RL 98/95/EG, RL 2001/23/EG und RL 2002/14/EG in einen einzigen Rechtsakt („Synthese-Rechtsakt") zusammengefasst und stärker aneinander angeglichen werden sollen (Anhörungsdokument vom 10.4.2015, C [2015] 2303 final).

IV. Umsetzung in Deutschland

6   In Deutschland hat die Richtlinie zu **keinen gesetzgeberischen Umsetzungsmaßnahmen** geführt. Die Regelungen des BetrVG, des SprAuG sowie des Personalvertretungsrechts des Bundes und der Länder waren schon vorher in Kraft. Die beiden großen christlichen Kirchen haben in Wahrnehmung ihres Selbstbestimmungsrechts nach Art. 140 GG iVm Art. 137 III WRV ein eigenes Regime geschaffen (MAVO für den Bereich der katholischen Kirche; MVG. EKD für den Bereich der evangelischen Kirche; → Art. 3 Rn. 21 f.). Im Rahmen eines Verfahrens der Kommission zur Überprüfung der Umsetzung der Richtlinie in den Mitgliedstaaten hat Deutschland mitgeteilt, dass das deutsche Recht den Anforderungen der Richtlinie genüge (Mitteilung der Kommission vom 17.3.2008, KOM [2008] 146 endg., 4). Allerdings besteht in Teilbereichen durchaus Anpassungsbedarf (→ Art. 4 Rn. 23 ff.).

B. Gegenstand und Ziel der Richtlinie (Art. 1 I)

7   Art. 1 I umschreibt Gegenstand und Ziel der Richtlinie: die Festlegung eines **allgemeinen Rahmens für das Recht auf Unterrichtung und Anhörung der Arbeitnehmer.** Die Schaffung eines **„allgemeinen Rahmens"** beinhaltete gegenüber den früheren punktuellen Einzelregelungen in verstreuten Richtlinien insofern einen konzeptionellen Wechsel, als erstmals eine **übergreifende Querschnittsregelung** zur Unterrichtung und Anhörung der Arbeitnehmer bezogen auf die wirtschaftliche Lage des Unternehmens bzw. Betriebs, die Beschäftigungssituation und -entwicklung sowie Änderungen im Arbeitsverhältnis geschaffen wurde (Mitteilung der Kommission zur Information und Konsultation der Arbeitnehmer vom 14.11.1995, KOM [95] 547 endg., 6 ff.; ferner etwa *T. Brors* 58 ff.;

EAS/Oetker/Schubert B 8300 Rn. 286; *Reichold* NZA 2003, 289 [290], *Weber,* FS 600 Jahre Würzburger Juristenfakultät, 2002, 189 [207 f.]). Insoweit liegt die RL 2002/14/EG durchaus auf der Linie der überkommenen **Harmonisierungskonzeption,** indem sie in einem Teilbereich der Arbeitnehmermitwirkung verbindliche Mindeststandards formuliert (Erwägungsgründe 6, 11, 12, 13, 18). Zugleich zeugt der Charakter als Rahmenrichtlinie aber auch von der **Zurückhaltung des Europäischen Gesetzgebers** gegenüber Eingriffen in das mitgliedstaatliche kollektive Arbeitsrecht: Zunächst ist, wie Art. 1 II zeigt, die Konkretisierung des „allgemeinen Rahmens" den Mitgliedstaaten überlassen (HaKo-BetrVG/*Kohte* RL 2002/14/EG Rn. 1; EAS/*Oetker/Schubert* B 8300 Rn. 290; *Reichold* NZA 2003, 289 [292]; *Thüsing* § 10 Rn. 73). Das von der Richtlinie vorgegebene Mitbestimmungsniveau bleibt sodann auf bloße Mitwirkungstatbestände beschränkt, also auf Unterrichtung und Anhörung (vgl. dazu *Franzen* RdA 2002, 258 [262]; *Thüsing* § 10 Rn. 82). Schließlich eröffnet Art. 5 den Mitgliedstaaten die Möglichkeit, den Sozialpartnern Gestaltungsoptionen auf der Grundlage von Vereinbarungen zu überlassen **(Konzept verhandelter Mitbestimmung).** Im Gegensatz zur RL 2009/38/EG, bei der es einen klaren Vorrang für Verhandlungslösungen gibt (→ RL 2009/38/EG Rn. 10), dominiert bei der RL 2002/14/EG das Harmonisierungskonzept. Auch Art. 5 enthält lediglich eine Öffnungsklausel (→ Art. 5 Rn. 1).

Insbesondere die Erwägungsgründe 7–10 lassen eine mit dieser Konzeption verfolgte **dreifache Zielsetzung** des Europäischen Gesetzgebers erkennen: Er betrachtet die frühzeitige Einbeziehung der Arbeitnehmer in gegenwärtige und künftige Unternehmensabläufe erstens unter dem Aspekt des **Arbeitnehmerschutzes.** Zweitens sollen Dialog und Schaffung eines Klimas des Vertrauens auch dazu beitragen, die Arbeitnehmer in Anpassungsprozesse einzubinden und die **Wettbewerbsfähigkeit des Unternehmens** zu steigern. Dieses umfassende, auf Arbeitnehmerschutz und Unternehmerinteressen zugleich gerichtete Verständnis von Mitbestimmung (*Schäfer* 139; vgl. auch Art. 1 III) wird drittens ergänzt durch die Zuweisung einer **beschäftigungssichernden Funktion** (*T. Brors* 59 f.; HaKo-BetrVG/*Kohte* RL 2002/14/EG Rn. 6 f.; *Reichold* NZA 2003, 289 [291]). Hier, aber auch bei den anderen Zielen der Richtlinie wird immer wieder die **antizipative und präventive** Natur der Arbeitnehmerbeteiligung deutlich hervorgehoben (*Kohte,* FS 50 Jahre BAG, 2004, 1219 [1228 f.]; *Spreer* 185 f.; *Thüsing* § 10 Rn. 72). 8

C. Grundsätze

I. Modalitäten der Unterrichtung und Anhörung (Art. 1 II)

Art. 1 II verweist für die Festlegung und Anwendung der Modalitäten von Unterrichtung und Anhörung auf die einzelstaatlichen Rechtsvorschriften und Praktiken, allerdings nur insoweit, als „ihre Wirksamkeit gewährleistet ist". Die Bestimmung, die im ursprünglichen Kommissionsvorschlag noch nicht enthalten war (KOM [1998] 612 endg., ABl. EG Nr. C 2 vom 5.1.1999, 3 [5]), bringt noch einmal das **Grundkonzept der Richtlinie** zum Ausdruck: Der Europäische Gesetzgeber **greift nur begrenzt in das nationale Mitbestimmungsrecht** ein und überantwortet den Mitgliedstaaten im Wesentlichen die Aufgabe der Konkretisierung des unionsrechtlich gesetzten Rahmens und die Einpassung in das System ihres national kollektiven Arbeitsrechts (vgl. auch Erwägungsgrund 23). Angesichts dieser Zurückhaltung lässt sich der Richtlinie kaum entnehmen, ob der Europäische Gesetzgeber mit der Zuweisung von Beteiligungsrechten eine individualrechtliche/arbeitnehmerbezogene (vgl. *Lobinger* ZfA 2006, 173 [215 ff.]) oder kollektivrechtliche/vertretungsorgan- bzw. belegschaftsbezogene (*Giesen* RdA 2000, 298 [300]; *Riesenhuber* § 27 Rn. 2 Fn. 5) Schutzkonzeption verfolgt. Zur Massenentlassungsrichtlinie vertritt der EuGH allerdings dezidiert die zweite Deutung (EuGH 16.7.2009 – C-12/08 Rn. 38 ff. – Mono Car Styling; dazu → Art. 8 Rn. 5). 9

10 Der materielle Gehalt der im Richtlinientext enthaltenen **Wirksamkeitsgewährleistung** erschließt sich erst im **Zusammenspiel mit den Vorgaben für die Arbeitnehmerbeteiligung in den Art. 4 ff.** Auch dort wird zwar noch einmal der Rahmencharakter der Richtlinie hervorgehoben und auf den Gestaltungsvorrang der Mitgliedstaaten verwiesen (Art. 4 I). Aber Art. 4 II umschreibt verbindlich die Gegenstände der Beteiligungsrechte der Arbeitnehmervertretung und Art. 4 III, IV formulieren verfahrensrechtliche Konkretisierungen für die Modalitäten der Unterrichtung und Anhörung. Vor allem hierauf ist die Wirksamkeitsgewährleistung in Art. 1 I bezogen. Daneben enthalten auch die flankierenden Regelungen zum Vertraulichkeitsgrundsatz (Art. 6), zum Schutz der Arbeitnehmervertreter (Art. 7) sowie zur Durchsetzung der Rechte (Art. 8) Vorgaben, die von den Mitgliedstaaten bei der Ausfüllung des unionsrechtlichen Rahmens zu beachten sind.

II. Kooperationsgebot (Art. 1 III)

11 Das in Art. 1 III niedergelegte Kooperationsgebot (Fuchs/Marhold/*Fuchs* 370) verlangt von Arbeitgeber und Arbeitnehmervertretern die „gebührende[r] Beachtung ihrer jeweiligen Rechte und gegenseitigen Verpflichtungen". Unterrichtungs- und Anhörungsverfahren sollen **„im Geiste der Zusammenarbeit"** durchgeführt werden. Mit der Platzierung am Anfang der Richtlinie macht der Europäische Gesetzgeber die **zentrale Bedeutung des Kooperationsgebots** für das von ihm verfolgte Konzept der Arbeitnehmerbeteiligung deutlich (*Riesenhuber* § 27 Rn. 26; vgl. auch *T. Brors* 180 f.). Namentlich in Mitgliedstaaten, in denen ein eher konfrontatives Verständnis des Verhältnisses zwischen Arbeitgeber und Arbeitnehmervertretern Tradition ist, bedeutet dies eine wichtige Weichenstellung (vgl. *Junker* RIW 2003, 698 [700]; *Weiss* NZA 2003, 177 [184]). Vergleichbare Regelungen enthalten Art. 9 RL 2001/86/EG sowie Art. 6 I und 9 RL 2009/38/EG.

12 Art. 1 III hat Bedeutung als **Auslegungshilfe** für die in der Richtlinie enthaltenen verfahrensrechtlichen Vorgaben zur Arbeitnehmerbeteiligung – und damit auch für entsprechende Umsetzungsmaßnahmen der Mitgliedstaaten (vgl. *Riesenhuber* § 27 Rn. 27). Eine Anhörung nach Art. 4 IV findet etwa nur dann „im Geiste der Zusammenarbeit" statt, wenn die Parteien die dort genannten verfahrensrechtlichen Vorgaben respektieren, vor allem aber im Falle des Art. 4 IV lit. e auch tatsächlich mit dem Willen zu einer Verständigung über „Entscheidungen, die wesentliche Veränderungen der Arbeitsorganisation oder der Arbeitsverträge mit sich bringen können" verhandeln (Art. 4 II lit. c). Hierzu wiederum muss sich jede Seite ernsthaft mit den inhaltlichen Positionen der anderen Seite auseinandersetzen (vgl. auch → RL 2009/38/EG Art. 6 Rn. 2). In dieser Weise muss dann eine nationale Umsetzungsregel zur Ausgestaltung des Anhörungsverfahrens ausgelegt werden. Die zentrale Rolle des Kooperationsgebots für die Konzeption der Richtlinie verlangt von den Mitgliedstaaten aber auch, dass diese in ihr nationales Recht ein entsprechendes **Leitprinzip** (iSe Generalklausel) ausdrücklich aufnehmen.

13 In der Literatur ist zur Diskussion gestellt, ob das Kooperationsgebot die **Zulässigkeit von Arbeitskampfmaßnahmen** als Mittel der Konfliktlösung ausschließen könnte (*Weiss* NZA 2003, 177 [183]), ferner *T. Brors* 181). Aus der Warte des deutschen Rechts ist die Antwort im Hinblick auf § 74 II 1 BetrVG klar. Aber auch aus der Sicht der Richtlinie folgt ein solches Arbeitskampfverbot im Bereich der Regelungen zur Unterrichtung und Anhörung der Arbeitnehmer unmittelbar aus Art. 1 III. Das Konzept der RL 2002/14/EG beruht gerade auf dem **Leitgedanken der konsensualen Konfliktlösung** (ebenso → RL 2009/38/EG Art. 9 Rn. 4 mwN). Dem steht nicht entgegen, dass Art. 137 V AEUV dem Europäischen Gesetzgeber keine Regelungskompetenz im Bereich des Arbeitskampfrechts zuweist (dazu *T. Brors* 181). Art. 1 III kann selbstredend keinesfalls als *allg.* Arbeitskampfverbot für das nationale Recht gelesen werden. Aber die mit der RL 2002/14/EG vorgegebene Zuweisung von Unterrichtungs- und Anhörungsrechten verlangt von den Mitgliedstaaten, dass diese hinsichtlich der konkreten Ausgestaltung des Verfahrens kooperative und nicht konfrontative Konfliktlösungsmodelle bereitstellen.

Die **Umsetzung** des Kooperationsgebots ist **im deutschen Mitbestimmungsrecht** 14
richtlinienkonform erfolgt. Entsprechende Regelungen enthalten § 2 I und § 74 BetrVG,
§ 2 I BPersVG, § 2 I SprAuG sowie für den Bereich des kirchlichen Arbeitsrechts § 26 I
MAVO bzw. § 33 I MVG.EKD.

Art. 2 Begriffsbestimmungen

Im Sinne dieser Richtlinie bezeichnet der Ausdruck
a) „Unternehmen" ein öffentliches oder privates Unternehmen, das eine wirtschaftliche Tätigkeit ausübt, unabhängig davon, ob es einen Erwerbszweck verfolgt oder nicht, und das im Hoheitsgebiet der Mitgliedstaaten ansässig ist;
b) „Betrieb" eine gemäß den einzelstaatlichen Rechtsvorschriften und Gepflogenheiten definierte Unternehmenseinheit, die im Hoheitsgebiet eines Mitgliedstaats ansässig ist und in der kontinuierlich unter Einsatz personeller und materieller Ressourcen eine wirtschaftliche Tätigkeit ausgeübt wird;
c) „Arbeitgeber" die natürliche oder juristische Person, die entsprechend den einzelstaatlichen Rechtsvorschriften und Gepflogenheiten Partei der Arbeitsverträge oder Arbeitsverhältnisse mit den Arbeitnehmern ist;
d) „Arbeitnehmer" eine Person, die in dem betreffenden Mitgliedstaat als Arbeitnehmer aufgrund des einzelstaatlichen Arbeitsrechts und entsprechend den einzelstaatlichen Gepflogenheiten geschützt ist;
e) „Arbeitnehmervertreter" die nach den einzelstaatlichen Rechtsvorschriften und/oder Gepflogenheiten vorgesehenen Vertreter der Arbeitnehmer;
f) „Unterrichtung" die Übermittlung von Informationen durch den Arbeitgeber an die Arbeitnehmervertreter, um ihnen Gelegenheit zur Kenntnisnahme und Prüfung der behandelten Frage zu geben;
g) „Anhörung" die Durchführung eines Meinungsaustauschs und eines Dialogs zwischen Arbeitnehmervertretern und Arbeitgeber.

Übersicht

	Rn.
A. Allgemeines	1
B. Definitionen	3
I. Unternehmen, Buchst. a	3
II. Betrieb, Buchst. b	10
III. Arbeitgeber, Buchst. c	13
IV. Arbeitnehmer, Buchst. d	14
V. Arbeitnehmervertreter, Buchst. e	18
VI. Unterrichtung, Buchst. f	21
VII. Anhörung, Buchst. g	23

A. Allgemeines

Art. 2 leitet die materiellen Regelungen in Anwendung der typischen Gesetzgebungs- 1
technik bei der Formulierung von Richtlinien mit der Definition zentraler Begriffe ein.
Daraus ergeben sich sowohl **Vorgaben für den Anwendungsbereich** der RL 2002/14/
EG (Buchst. a, b, d) als auch für die **Modalitäten der Arbeitnehmermitbestimmung**
(Buchst. c, e, f, g).

Von zentraler Bedeutung ist dabei jeweils, ob die Begriffsbestimmung **unionseinheitlich** 2
vorgegeben ist oder den **Mitgliedstaaten** überlassen wird. Daran, dass bei den Begriffen
„Betrieb", „Arbeitgeber", „Arbeitnehmer" und „Arbeitnehmervertreter" ausdrücklich auf
die „einzelstaatlichen Rechtsvorschriften und Gepflogenheiten" verwiesen wird, zeigt sich
noch einmal der gegenüber Eingriffen in das mitgliedstaatliche kollektive Arbeitsrecht
zurückhaltende Ansatz des Europäischen Gesetzgebers bei der Rahmenrichtlinie zur

Unterrichtung und Anhörung der Arbeitnehmer (→ Art. 1 Rn. 7). Bei den Begriffen „Unterrichtung" und „Anhörung" fehlt demgegenüber der Verweis auf das nationale Recht. Hier will der Europäische Gesetzgeber eine **Mindestharmonisierung** sicherstellen. Das gilt auch für den Begriff „Unternehmen" (→ Rn. 3 ff.). Insofern überrascht es auf den ersten Blick, dass dieser Begriff, der alternativ zu demjenigen des Betriebs in Art. 3 I UAbs. 1 maßgeblicher Bezugspunkt für die Berechnung der Schwellenwerte der RL 2002/14/EG und damit für den Anwendungsbereich der Regeln zur Unterrichtung und Anhörung ist, unionsrechtlich auszulegen ist, während für den Betriebsbegriff (jedenfalls auch → Rn. 10) auf das nationale Recht verwiesen wird. Zu erklären ist dies wohl damit, dass der ursprüngliche Richtlinienvorschlag der Kommission allein auf das Unternehmen abstellte (KOM [1998] 612 endg., ABl. EG Nr. C 2 vom 5.1.1999, 3; dazu etwa *Giesen* RdA 2000, 298 [299]) und erst auf Betreiben von Mitgliedstaaten wie Deutschland die Variante „Betriebe mit mindestens 20 Arbeitnehmern" aufgenommen wurde. Es ging also bei der Einbeziehung des Bezugspunkts „Betrieb" um die Berücksichtigung von Besonderheiten der Mitgliedstaaten, so dass der Gesetzgeber auch für den Begriff selbst einen Verweis in das mitgliedstaatliche Recht für erforderlich hielt.

B. Definitionen

I. Unternehmen, Buchst. a

3   Nach **Art. 3 I UAbs. 1** haben die Mitgliedstaaten ein Wahlrecht, ob sie für die Anwendbarkeit der Regeln zur Unterrichtung und Anhörung auf „Unternehmen mit mindestens 50 Arbeitnehmern" oder „Betriebe mit mindestens 20 Arbeitnehmern" abstellen (hierzu → Art. 3 Rn. 5). Wählen sie die **erste Variante,** dann ist insoweit für das Unternehmen Art. 2 lit. a maßgeblich. Die Begriffsbestimmung erfolgt dabei nach **unionsrechtlichen Maßstäben** (vgl. nur *Gerdom* 24; EAS/*Oetker/Schubert* B 8300 Rn. 295).

4   Allerdings kann Art. 2 lit. a nicht als gelungene Legaldefinition bezeichnet werden, denn die Begriffsbestimmung enthält ihrerseits wiederum den zu definierenden Begriff „Unternehmen". Die Bedeutung der Regelung liegt vor allem in der Klarstellung, dass eine **wirtschaftliche Tätigkeit** erforderlich ist, die allerdings nicht die Verfolgung eines Erwerbszwecks verlangt (→ Rn. 6), sowie darin, dass **private und öffentliche** Unternehmen erfasst sind (→ Rn. 7; zutr. *Gerdom* 24). Art. 2 lit. a ist weitgehend an die **Regelung in der Betriebsübergangsrichtlinie** angelehnt (Art. 1 I lit. c S. 1 RL 2001/23/EG). Auch dort ist allerdings der Begriff des Unternehmens selbst nicht näher umschrieben. Die im Text enthaltenen (und in Art. 2 lit. a übernommenen) weiteren Begriffsmerkmale greifen aber die **Rechtsprechung des EuGH** zur früheren Fassung der Betriebsübergangsrichtlinie, RL 77/187/EWG (vgl. *Thüsing* § 10 Rn. 75 unter Hinweis auf Erwägungsgrund 8 der RL 2001/23/EG) sowie zum europäischen Wettbewerbsrecht auf (vgl. etwa EuGH 23.4.1992 – C-41/90 Rn. 21 ff. – Höfner und Elser). Deshalb sind bei der Auslegung Anleihen jedenfalls insoweit zulässig, als die jeweilige Rechtsprechung nicht nur auf den spezifischen Normzweckzusammenhang zugeschnitten ist (ausf. dazu *Gerdom* 25 ff.).

5   In Abgrenzung zum Betrieb muss die wirtschaftliche Einheit Unternehmen eine **rechtliche** und nicht nur eine organisatorische **Einheit** sein, wobei allerdings die Rechtsform unerheblich ist (*Gerdom* 31; → RL 2009/38/EG Art. 2 Rn. 4). Anders als etwa die RL 2009/38/EG enthält die RL 2002/14/EG **keine Aussage zu Unternehmensgruppen.** Für den Schwellenwert des Art. 3 I UAbs. 1 lit. a kommt es deshalb auf die Zahl der Arbeitnehmer in der rechtlichen Einheit Unternehmen an; für eine Zusammenrechnung von Arbeitnehmern innerhalb einer Unternehmensgruppe gibt es keine Anhaltspunkte (vgl. auch *Gerdom* 32 f. mit Hinweisen zur Entstehungsgeschichte; aA *Schäfer* 141 ff.). Ebenso wenig sind die Mitgliedstaaten nach der Rahmenrichtlinie gehalten, Konzernstrukturen bei der Ausgestaltung der Regelungen zur Unterrichtung und Anhörung zu berücksichtigen,

wie das etwa im deutschen Recht mit den Bestimmungen zum Konzernbetriebsrat nach §§ 54 ff. BetrVG der Fall ist.

Das Kriterium der **Ausübung einer wirtschaftlichen Tätigkeit** ist weit zu verstehen (*Thüsing* § 10 Rn. 75; ausf. *Gerdom* 27 ff.). Erfasst ist jedes Angebot von Gütern oder Dienstleistungen auf einem Markt (EuGH 18.6.1998 – C-35/96 Rn. 36 – KOM/Italien), insbesondere auch die Daseinsvorsorge (*Thüsing* § 10 Rn. 75; Beispiele bei *Gerdom* 28). Ausdrücklich **nicht erforderlich ist ein Erwerbszweck** (Gewinnerzielungsabsicht), so dass auch gemeinnützige Vereine und im Grundsatz auch entsprechende Einrichtungen der Kirchen Unternehmen iSd RL 2002/14/EG sind (EAS/*Oetker/Schubert* B 8300 Rn. 296; *Reichold* NZA 2003, 289 [293]; zum Tendenzschutz → Art. 3 Rn. 12 ff.).

Art. 2 lit. a bezieht auch **öffentliche Unternehmen** ein, etwa Sparkassen, Theater, Krankenhäuser, berufsständische Versorgungswerke, Industrie- und Handelskammern, Energieversorger, Abfallentsorger oder Friedhöfe (*v. Roetteken* PersR 2003, 181 [183]; *Schneider* PersV 2003, 50 [51 f.]; *Vogelgesang* PersV 2006, 364 [365]). Da eine **wirtschaftliche Tätigkeit** erforderlich ist, findet die Richtlinie aber **keine Anwendung auf öffentliche Verwaltungen** (*Gerdom* 27; *Spreer* 35; *Thüsing* § 10 Rn. 75; vgl. auch Erwägungsgrund 20). Zweifel werden bezüglich der Einordnung der Sozialversicherungsträger im Bereich der Kranken-, Unfall- oder Rentenversicherung geäußert (*Gerdom* 30; *v. Roetteken* PersR 2003, 181 [184]; OVG Münster 21.9.2011 NZA-RR 2012, 95 [97 f.]), namentlich im Hinblick auf entsprechende Judikatur des EuGH (EuGH 17.2.1993 – C-159/91 – Pucet und Pistre; 22.1.2002 – C-218/00 – Cisal; 16.3.2004 – C-264/01 – AOK Bundesverband ua). Allerdings dürften die genannten Entscheidungen vor allem wettbewerbsrechtlich begründet sein, so dass ihre Übertragbarkeit auf das europäische Mitbestimmungsrecht nicht gesichert erscheint. Da grds. der Begriff der wirtschaftlichen Tätigkeit weit auszulegen ist und die Tätigkeit der Sozialversicherungsträger funktional als Daseinsvorsorge betrachtet werden kann, spricht einiges für eine Einbeziehung in den Anwendungsbereich der Richtlinie (Schlachter/Heinig/*Greiner* § 21 Rn. 9). In Deutschland unterliegen die Sozialversicherungsträger dem Personalvertretungsrecht (RDW/*Richardi* BPersVG § 1 Rn. 18).

Die Richtlinie verlangt, dass es sich um ein Unternehmen handelt, das im Hoheitsgebiet eines Mitgliedstaats ansässig ist (vgl. auch Art. 1 I). Eine **grenzüberschreitende** wirtschaftliche Tätigkeit ist **nicht erforderlich.** Insoweit greifen die Regelungen über den Europäischen Betriebsrat in der RL 2009/38/EG.

In **Deutschland** ist die Beteiligung des Betriebsrats nach dem **Betriebsverfassungsgesetz** grds. auf den Betrieb zugeschnitten (§ 1 BetrVG), so dass bezogen auf die RL 2002/14/EG ohnehin deren Art. 3 I UAbs. 1 lit. b und damit auch Art. 2 lit. b zum Tragen kommen. Soweit einzelne Regelungen allerdings auf das Unternehmen abstellen (vgl. §§ 99, 106, 111 BetrVG), kann der Unternehmensbegriff der Richtlinie aber eine Rolle spielen. Im Bereich des **Personalvertretungsrechts** geht der deutsche Gesetzgeber über die Erfordernisse der Richtlinie hinaus, da er Regelungen zur Mitbestimmung der Arbeitnehmer nicht nur bei Unternehmen, sondern generell für Verwaltungen und Betriebe des Bundes, der Länder, der Gemeinden und sonstiger Körperschaften, Anstalten und Stiftungen des öffentlichen Rechts vorsieht, vgl. § 130 BetrVG, §§ 1, 12 BPersVG sowie die entsprechenden Regelungen des Landespersonalvertretungsrechts.

II. Betrieb, Buchst. b

Für den Begriff des „Betriebs" enthält Art. 2 lit. b **einerseits eine Verweisung auf das nationale Recht** („gemäß den einzelstaatlichen Rechtsvorschriften und Gepflogenheiten"), **andererseits eigene Definitionselemente** („Unternehmenseinheit [...], in der kontinuierlich unter Einsatz personeller und materieller Ressourcen eine wirtschaftliche Tätigkeit ausgeübt wird"). Dies lässt sich damit erklären, dass der Gesetzgeber zwar mit der Eröffnung der Wahlmöglichkeit zur Berechnung der Schwellenwerte nach Art. 3 I UAbs. 1 lit. a und im Einklang mit dem Grundkonzept der Richtlinie Zurückhaltung gegenüber

Eingriffen in bestehende Mitbestimmungsstrukturen der Mitgliedstaaten übt (→ Rn. 2), zugleich aber nicht völlig mit dem Prinzip brechen wollte, den Anwendungsbereich einer Richtlinie über unionsrechtlich vorgegebene Begriffsdefinitionen festzulegen. Art. 2 lit. b steckt deshalb einen **Rahmen** ab, innerhalb dessen den Mitgliedstaaten ein Spielraum zugestanden wird, ohne den Betriebsbegriff völlig freizugeben (vgl. auch *Gerdom* 35 ff.; *Schlachter/Heinig/Greiner* § 21 Rn. 8; *Plum* 102). Letztlich verhindert der in Art. 2 lit. b vorgegebene Rahmen, dass Mitgliedstaaten, die bei den Schwellenwerten des Art. 3 I die Option „Betrieb" wählen, dabei die Anforderungen so gering ansetzen, dass die praktische Wirksamkeit der Richtlinie gefährdet wäre (*Gerdom* 37).

11 Der Richtlinientext spricht vom **Betrieb als Unternehmenseinheit.** Das setzt Art. 2 lit. b in Bezug zu Art. 2 lit. a und drückt in der deutschen Sprachfassung den typischen Zusammenhang zwischen Betrieb und Unternehmen aus: Die organisatorische Einheit „Betrieb" wird als Untereinheit der rechtlichen Einheit „Unternehmen" verstanden. Weder verbietet die Richtlinie aber, dass ein Mitgliedstaat wie etwa Deutschland in § 1 I 1, II BetrVG den gemeinsamen Betrieb mehrerer Unternehmen einbezieht (zutr. *Gerdom* 38 unter Hinweis auf andere Sprachfassungen des Richtlinientextes) noch verlangt sie umgekehrt, dass ein Unternehmen mindestens zwei Betriebe hat (so aber *Schäfer* 145 f., der beim „Ein-Betrieb-Unternehmen" verlangt, dass dann auf das Unternehmen und damit auf die Zahlenschwelle von 50 Arbeitnehmern abgestellt wird). Art. 2 lit. b verlangt weiterhin die **kontinuierliche Ausübung einer wirtschaftlichen Tätigkeit** unter Einsatz personeller und materieller Ressourcen. Damit wird verdeutlicht, dass eine gewisse eigenständige organisatorische Struktur von gewisser Dauer und Stabilität vorhanden sein muss (vgl. zur Massenentlassungsrichtlinie auch EuGH 15.2.2007 – C-270/05 Rn. 27 – Athinaïki Chartopoiía). Mit dem Merkmal der „wirtschaftlichen Tätigkeit" wird wiederum die Begriffsbestimmung des Unternehmens in Art. 2 lit. a in Bezug genommen, die organisatorische Einheit muss funktional auf eine wirtschaftliche Tätigkeit gerichtet sein. Ebenso wie bei Art. 2 lit. a sind auch **öffentliche „Betriebe"** erfasst, sofern wiederum der Bezug zu einer wirtschaftlichen Tätigkeit gegeben ist (*Gerdom* 38; *Reichold* NZA 2003, 289 [293]).

12 Bei der Konkretisierung des in Art. 2 lit. b vorgezeichneten Rahmens kann **in Deutschland** im Bereich des **Betriebsverfassungsrechts** auf die von Rechtsprechung und Literatur zum Betriebsbegriff nach § 1 BetrVG entwickelten Grundsätze zurückgegriffen werden (*Reichold* NZA 2003, 289 [292]; *Thüsing* § 10 Rn. 76). Auch die Regelungen zum Gemeinschaftsbetrieb in § 1 I 2 BetrVG, zu betriebsratsfähigen Einheiten nach § 3 I Nr. 1–3 BetrVG sowie zu Betriebsteilen und Kleinstbetrieben nach § 4 I BetrVG können als Konkretisierung iSd Art. 2 I lit. b betrachtet werden (*Gerdom* 164 ff.). Im Bereich des **Personalvertretungsrechts** entspricht grds. die **Dienststelle** nach § 6 BPersVG und entsprechenden Bestimmungen der LPersVGe der Organisationseinheit Betrieb (*Reichold* NZA 2003, 289 [292]; *RDW/Richardi* BPersVG § 1 Rn. 5). Aus Sicht der Richtlinie ist aber eine wirtschaftliche Tätigkeit erforderlich, während die reine Verwaltungstätigkeit nicht erfasst ist. Das könnte zu Friktionen führen, wenn etwa eine Gemeinde (die als solche wegen ihrer Verwaltungsaufgabe nicht unter die Richtlinie fällt), einen wirtschaftlichen Eigenbetrieb und damit ein Unternehmen iSd RL 2002/14/EG führt (vgl. dazu *v. Roetteken* PersR 2003, 181 [184]; *Schneider* PersV 2003, 50 [52]; *Spreer* 35 f.; *Vogelgesang* PersV 2006, 364 [366 f.]). Da das deutsche Personalvertretungsrecht allerdings nicht auf Funktionen abstellt, sondern öffentlich-rechtliche Rechtsträger *insgesamt* der Beteiligung der primär auf Ebene der Dienststelle angesiedelten Personalvertretung unterstellt und dabei die Zahlenschwelle bei fünf Arbeitnehmern ansetzt, ist die von der Richtlinie geforderte Arbeitnehmerbeteiligung jedenfalls dem Grunde nach gewahrt.

III. Arbeitgeber, Buchst. c

13 Der Begriff des Arbeitgebers bestimmt sich nach **nationalem Recht** („entsprechend den einzelstaatlichen Rechtsvorschriften und Gepflogenheiten"). Der Richtlinientext ergänzt

Definitionen   Art. 2 RL 2002/14/EG 550

diesen Verweis zwar, indem der Arbeitgeber auch als „Partei der Arbeitsverträge oder Arbeitsverhältnisse mit den Arbeitnehmern" bezeichnet wird. Die Kommission hatte aber insoweit keinen eigenen Gestaltungswillen, sondern ging davon aus, lediglich eine in sämtlichen Mitgliedstaaten gängige Formel aufzugreifen (vgl. die Begründung zu Art. 2 des Kommissionsvorschlags vom 17.12.1998 in BR-Drs. 1002/98, 6; *Gerdom* 72). Aus Art. 2 lit. a ergibt sich mittelbar, dass auch öffentliche Arbeitgeber erfasst sind (*Gerdom* 72; *Vogelgesang* PersV 2006, 364 [366]). Der **deutsche** Arbeitgeberbegriff ist insoweit identisch.

IV. Arbeitnehmer, Buchst. d

Der **Begriff des Arbeitnehmers** bestimmt sich nach **nationalem Recht.** Anders als bei **14** Art. 2 lit. a, b, c enthält Art. 2 lit. d auch keine eigenen Definitionselemente. Das ist bemerkenswert, da der Arbeitnehmerbegriff über die Schwellenwerte des Art. 3 I eine **zentrale Funktion für den Anwendungsbereich der Richtlinie** hat. Es entspricht aber der gegenüber dem mitgliedstaatlichen Recht zurückhaltenden Grundkonzeption der RL 2002/14/EG (vgl. → Art. 1 Rn. 7).

Der Spielraum der Mitgliedstaaten ist allerdings insoweit begrenzt, als sie den persönlichen **15** Anwendungsbereich der Richtlinie nicht durch eine spezifisch „mitwirkungsrechtliche" Definition des Arbeitnehmerbegriffs beeinflussen können. Maßgeblich ist vielmehr die **allg. arbeitsrechtliche Definition** (*Deinert* NZA 1999, 800 [804 f.]; *Gerdom* 43 ff.; Schlachter/ Heinig/*Greiner* § 21 Rn. 10; *Schlachter* EuZA 2015, 149 [152]; *Thüsing* § 10 Rn. 78; **aA** HaKo-BetrVG/*Kohte* RL 2002/14/EG Rn. 27; *v. Roetteken* PersR 2003, 181 [185]; *Schäfer* 149; *Spreer* 38 f.; zweifelnd noch *Weber* EuZA 2008, 355 [360, 365 f.]; vgl. allerdings auch → RL 2009/38 Art. 2 Rn. 11). Beschäftigte, die im nationalen Recht insgesamt als Arbeitnehmer einzustufen sind, müssen dies auch im Bereich von Regelungen sein, welche die RL 2002/14/EG umsetzen. Sie müssen also vor allem bei den entsprechenden Schwellenwerten mitgerechnet werden. Neben dem **Wortlaut** des Art. 2 lit. d („Arbeitnehmer aufgrund des einzelstaatlichen Arbeitsrechts") spricht dafür vor allem, dass es die Mitgliedstaaten andernfalls in der Hand hätten, durch einen engen mitwirkungsrechtlichen Arbeitnehmerbegriff der Richtlinie ihre **praktische Wirksamkeit** zu nehmen. Auf diesen Aspekt stellt auch der EuGH in der CGT-Entscheidung ab, nach der Art. 3 I einer Regelung entgegensteht, die eine bestimmte Gruppe von Arbeitnehmern bei der Berechnung der Beschäftigtenzahl im Sinne dieser Vorschrift unberücksichtigt lässt, die ansonsten nach dem nationalen Arbeitsrecht geschützt sind (EuGH 18.1.2007 – C-385/05 Rn. 32 ff. – Confédération générale du travail ua [CGT]; dazu noch → Art. 3 Rn. 6 f.). In der AMS-Entscheidung knüpft der EuGH hieran an (EuGH 15.1.2014 – C-176/12 Rn. 24 ff. – Association de médiation sociale [AMS]), stellt aber zugleich fest, dass in einem Rechtsstreit unter Privaten eine unmittelbare Berufung auf die RL 2002/14/EG nicht möglich ist (Rn. 36) und sich auch nicht aus Art. 27 GRC die Unanwendbarkeit der richtlinienwidrigen Bestimmung des nationalen Rechts ergibt (Rn. 42 ff.; dazu Fuchs/Marhold/*Fuchs* 367 ff.).

Das **deutsche Betriebsverfassungsrecht** hat in § 5 BetrVG einen eigenständigen be- **16** triebsverfassungsrechtlichen Arbeitnehmerbegriff geschaffen. Während die Einbeziehung von zu ihrer Berufsausbildung Beschäftigten und Heimarbeitern nach Art. 5 I 1, 2 BetrVG nach der Günstigkeitsregel richtlinienkonform ist (*Gerdom* 168), schränken **§ 5 II, III BetrVG** den Anwendungsbereich des BetrVG ein, obwohl die in § 5 II BetrVG genannten Personengruppen jedenfalls teilweise und die leitenden Angestellten nach § 5 III BetrVG auf jeden Fall nach allg. Maßstäben des deutschen Arbeitsrechts Arbeitnehmer sind. Das steht nach den → Rn. 15 dargelegten Maßstäben **mit der Richtlinie nicht im Einklang** (*Gerdom* 168 ff., *Thüsing* § 10 Rn. 79; diff. Schlachter/Heinig/*Greiner* § 21 Rn. 12 ff.: nur Zweifelsregel nach § 5 IV BetrVG; zur Massenentlassungsrichtlinie EuGH 13.2.2014 – C-596/12 Rn. 18 ff. – KOM/Italien; ferner Preis/Sagan/*Naber*/*Sittard* § 10 Rn. 21; Schlachter/Heinig/*Weber* § 9 Rn. 37; → RL 98/59/EG Art. 1 Rn. 46 f.). Die richtlinienwidrige Nichteinbeziehung des betreffenden Personenkreises dürfte sich allerdings in Deutschland für das Erreichen der Schwellenwerte nach Art. 3 I kaum jemals praktisch auswirken, da die nationalen Werte deutlich niedriger sind: § 1 BetrVG etwa verlangt zur Errichtung eines Betriebsrats mindestens 5 ständige wahlberechtigte Arbeitnehmer. Damit ein Betrieb wegen der Nichteinbeziehung von leitenden Angestellten richtlinienwidrig aus dem Anwendungsbereich des BetrVG herausfällt, müssten auf 4 „einfache" Arbeitnehmer 16 leitende Angestellte kommen (so das zutr. Beispiel bei Schlachter/Heinig/*Greiner* § 21 Rn. 13). Zu § 117 II 1 BetrVG → Art. 5 Rn. 5 ff.

17 Für das **Personalvertretungsrecht** ergibt sich aus Art. 2 lit. d, dass die Einbeziehung von **Beamten** nicht erforderlich wäre (*v. Roetteken* PersR 2003, 181 [185]; *Schneider* PersV 2003, 50 [51 f.]). Mit § 4 I BPersVG und entsprechenden landesrechtlichen Regelungen macht Deutschland von der Möglichkeit Gebrauch, gegenüber der Richtlinie günstigere Regelungen zu treffen (*Gerdom* 257). Für § 4 V BPersVG gilt das zu § 5 III BetrVG Gesagte (*Gerdom* 259 f.).

V. Arbeitnehmervertreter, Buchst. e

18 Auch für den **Begriff der Arbeitnehmervertretung** verweist Art. 2 lit. e auf „die **einzelstaatlichen** Rechtsvorschriften und/oder Gepflogenheiten". Gerade hier spielt das gegenüber Eingriffen in das nationale Recht zurückhaltende Konzept der Richtlinie eine wichtige Rolle, da in den einzelnen Mitgliedstaaten die unterschiedlichsten Ausgestaltungen von Arbeitnehmervertretungen bestehen – und bestehen bleiben können (*Gerdom* 52 f.; *Stoffels,* Geimer/Schütze/Heinze, 2005, 885 [893]; *Thüsing* § 10 Rn. 80). Im Einklang mit den von Art. 3 I UAbs. 1 vorgegebenen Varianten kann deshalb die Arbeitnehmervertretung auf Betriebs- oder auf Unternehmensebene angesiedelt sein. Auch Gewerkschaften sind als Arbeitnehmervertretung denkbar, wenn das nationale Recht das vorsieht (*Gerdom* 68; *Vogelgesang* PersV 2006, 364 [366]). Der Begriff der Arbeitnehmervertretung iSd Richtlinie ist allerdings **institutionell** zu verstehen, nicht funktional. Eine **direkte Mitwirkung** der Arbeitnehmer ist **keine** „Arbeitnehmervertretung" (Preis/Sagan/*Müller-Bonanni/Jenner* § 12 Rn. 216; HaKo-BetrVG/*Kohte* RL 2002/14/EG Rn. 32; *Stoffels,* Geimer/Schütze/Heinze, 2005, 885 [897]; *Thüsing* § 10 Rn. 80; **aA** DKKW/*Däubler* BetrVG Einl. Rn. 256; Schlachter/Heinig/*Greiner* § 21 Rn. 24). Deutlich wird das auch an Erwägungsgrund 16, der zwar klarstellt, dass Formen direkter Mitwirkung der Arbeitnehmer unberührt bleiben sollen, zugleich aber verlangt, dass die Arbeitnehmer die Möglichkeit haben müssen, ihre Rechte über Vertreter wahrzunehmen.

19 Ein **Zwang zur Bildung einer Arbeitnehmervertretung** besteht für die in den Anwendungsbereich der RL 2002/14/EG fallenden Betriebe bzw. Unternehmen **nicht.** Der nationale Gesetzgeber muss nur sicherstellen, dass die Arbeitnehmer die **Möglichkeit zur Bildung einer Arbeitnehmervertretung** haben (*Gerdom* 53 ff., 177, 264 f.; HaKo-BetrVG/*Kohte* RL 2002/14/EG Rn. 33 f.; Preis/Sagan/*Müller-Bonanni/Jenner* § 12 Rn. 204, 217; EAS/*Oetker/Schubert* B 8300 Rn. 315 ff.; *Riesenhuber* § 27 Rn. 10; *Spreer* 44 ff.; vgl. dazu die „Gemeinsame Erklärung des Europäischen Parlaments, des Rates und der Kommission zur Vertretung der Arbeitnehmer", ABl. EG Nr. L 80 vom 23.3.2002, 34 mit Verweis auf EuGH 8.6.1994 – C-382/92 Rn. 18 ff. – KOM/Vereinigtes Königreich; 8.6.1994 – C-383/92 Rn. 19 ff. – KOM/Vereinigtes Königreich), und zwar **unabhängig von einer eventuellen Zustimmung des Arbeitgebers** (EuGH 8.6.1994 – C-382/92 Rn. 7 – KOM/Vereinigtes Königreich; 8.6.1994 – C-383/92 Rn. 8 – KOM/Vereinigtes Königreich; ausf. *Gerdom* 66 ff.). Nehmen die Arbeitnehmer die im nationalen Recht vorgesehene Möglichkeit zur Wahl einer institutionalisierten Vertretung iSd Richtlinie dann nicht wahr, entfällt die Arbeitnehmerbeteiligung gänzlich (*Franzen,* FS Birk, 2008, 97 [101]; *Gerdom* 59 ff.; Schlachter/Heinig/*Greiner* § 21 Rn. 22; EAS/*Oetker/Schubert* EAS B 8300 Rn. 319; *Spreer* 47; *Stoffels,* GS Heinze 2005, 885 [897 f.]; *Thüsing* § 10 Rn. 80 f.; vgl. zur Massenentlassungsrichtlinie auch Schlachter/Heinig/*Weber* § 9 Rn. 58). Die Richtlinie verlangt auch nicht, dass die Arbeitnehmer bei konkreten Anlässen in einer Art Eilverfahren eine „ad hoc-Vertretung"

wählen können (so aber *Kohte,* FS 50 Jahre BAG, 2004, 1219 [1244 ff.]; HaKo-BetrVG/*Kohte* RL 2002/14/EG Rn. 35; vgl. auch *Lobinger* ZfA 2006, 173 [217 f.], *Reichold* NZA 2003, 289 [295 f.]) oder dass zumindest eine Direktbeteiligung der Arbeitnehmer sichergestellt ist (so aber DKKW/*Däubler* BetrVG Einl. Rn. 256). Derlei Verfahren können allerdings im nationalen Recht für solche Fälle als gegenüber der RL 2002/14/EG günstigere Auffangregel vorgesehen werden (vgl. auch HaKo–BetrVG/*Kohte* RL 2002/14/EG Rn. 37).

Der **Betriebsrat** des **deutschen Betriebsverfassungsrechts** ist Arbeitnehmervertretung 20 iSd RL 2002/14/EG, ebenso der Gesamt- bzw. Konzernbetriebsrat sowie die Jugend- und Auszubildendenvertretung. Gleiches gilt für den **Sprecherausschuss** nach dem SprAuG (zur Frage der Einbeziehung der leitenden Angestellten in die Schwellenwerte der RL 2002/14/EG vgl. allerdings → Rn. 16; Art. 3 Rn. 7; zur Reichweite der Arbeitnehmerbeteiligung nach dem SprAuG → Art. 4 Rn. 39). Der **Wirtschaftsausschuss** nach § 106 BetrVG ist zwar bloßes Hilfsorgan des Betriebsrats (BAG 18.7.1978 AP BetrVG 1972 § 108 Nr. 1 [zu B. II. 2. der Gründe]; ErfK/*Kania* BetrVG § 106 Rn. 1; Richardi/*Annuß* BetrVG § 106 Rn. 4). Dennoch kann auch in diesem Gremium Arbeitnehmermitwirkung nach der RL 2002/14/EG stattfinden. Insoweit kommt die Grundkonzeption der Richtlinie zum Tragen, wonach mitgliedstaatliche Rechtsvorschriften und Gepflogenheiten maßgeblich sind (ausf. *Gerdom* 68, 175 f., 180 ff.; *Ritter* 220 ff.; ferner *Franzen,* FS Birk, 2008, 97 [104 f.]; Schlachter/Heinig/*Greiner* § 21 Rn. 25; EAS/*Oetker*/*Schubert* B 8300 Rn. 346 f.; *Reichold* NZA 2003, 289 [299]; *Spreer* 149 f.; vgl. aber DKKW/*Däubler* BetrVG Einl. Rn. 255; *Riesenhuber* § 27 Rn. 36). Zum Schwellenwert des § 106 I BetrVG → Art. 3 Rn. 10). Keine Arbeitnehmervertretung ist die **Betriebsversammlung** (*Thüsing* § 10 Rn. 84; *Weber,* FS Konzen, 2005, 921 [930 f.]; vgl. aber auch *Gerdom* 190 f.; Schlachter/Heinig/*Greiner* § 21 Rn. 24). Im Bereich des **Personalvertretungsrechts** sind Arbeitnehmervertretung iSd RL 2002/14/EG der Personalrat, die Stufenvertretungen (Bezirks- und Hauptpersonalräte), der Gesamtpersonalrat sowie die Jugend- und Auszubildendenvertretung (*Gerdom* 264 f.; *Vogelgesang* PersV 2006, 364 [366]).

VI. Unterrichtung, Buchst. f

Der Begriff der „Unterrichtung" ist **unionseinheitlich** vorgegeben. In anderen Richt- 21 linien wird **synonym** der Begriff der **„Information"** verwendet (vgl. etwa die Überschrift zu Teil II RL 98/59/EG oder Art. 7 I 3 RL 2001/23/EG). Art. 2 lit. f enthält abgesehen von der offenen Formulierung „Übermittlung von Informationen" keine nähere inhaltliche Umschreibung der Unterrichtung, sondern richtet die Begriffsbestimmung an ihrer **Funktion** aus: Die Unterrichtung der Arbeitnehmervertreter (nicht der Arbeitnehmer, vgl. → Rn. 18 sowie *Riesenhuber* § 27 Rn. 18) soll diesen die „Gelegenheit zur Kenntnisnahme und Prüfung der behandelten Frage" geben. Damit ist Art. 4 II in Bezug genommen, der zum Teil (Buchst. a) ein bloßes Unterrichtungsrecht gewährt, zum Teil (Buchst. b, c), darüber hinaus auch ein Anhörungsrecht. Im ersten Fall dient die Unterrichtung lediglich der **Transparenz,** im zweiten Fall dient sie dazu, eine sinnvolle Beteiligung der Arbeitnehmervertretung im **Anhörungsverfahren zu ermöglichen** (*Gerdom* 87; *Ritter* 31). Konkretere Vorgaben zum Unterrichtungsverfahren macht **Art. 4 III** (→ Art. 4 Rn. 15 ff.).

Das **deutsche Betriebs- und Personalvertretungsrecht** enthält keine Definition des 22 Begriffs der Unterrichtung. Regelungen zur Information des Betriebs- oder Personalrats (ua §§ 80 II, 90 I, 92 I, 106 II, 111 Satz 1 BetrVG; §§ 68 II, 69 II 1 BPersVG) sind im Lichte der Richtlinie auszulegen.

VII. Anhörung, Buchst. g

Auch der Begriff der „Anhörung" ist **unionseinheitlich** auszulegen. Der Richtlinientext 23 wählt die Formulierung des „Meinungsaustauschs" und „Dialogs". Auch ohne die **Konkretisierung in Art. 4 IV** lässt sich schon allein an Art. 2 lit. g ablesen, dass es um mehr geht als die bloße Möglichkeit einer Stellungnahme der Arbeitnehmervertretung. Vielmehr ist „Anhörung" iSv **„Konsultation"** zu verstehen, also iSe **Austauschs und einer Abwägung der Argumente** beider Seiten (*Gerdom* 91; Preis/Sagan/*Müller-Bonanni*/*Jenner* § 12 Rn. 216; EAS/*Oetker*/*Schubert* B 8300 Rn. 337), wobei die ausdrückliche Nebeneinanderstellung von Meinungsaustausch und Dialog ihren Sinn dadurch gewinnt, dass der Dialog persönlich und nicht nur schriftlich erfolgen soll (*Schäfer* 154 f.). Anders als in der deutschen Übersetzung verwenden andere Textfassungen auch ausdrücklich den Begriff der „consultation" (vgl. dazu EAS/*Oetker*/*Schubert* B 8300 Rn. 337). Näher zum Ganzen → Art. 4 Rn. 19 ff.

24   Da die Richtlinie für die Anhörung (Konsultation) einen echten Dialog zwischen Arbeitnehmervertretung und Arbeitgeber verlangt, genügt die „Anhörung" iSd **deutschen Mitbestimmungsrechts** (etwa nach § 102 BetrVG; §§ 78 III, 79 III BPersVG) den Richtlinienvorgaben nicht. Das begriffliche Pendant ist vielmehr im Betriebsverfassungsrecht die **Beratung**, wie sie etwa in §§ 90 I, 92 I 2, 92a II 1, 97 I BetrVG vorgesehen ist (*Franzen*, FS Birk, 2008, 97 [99 f.]; HaKo-BetrVG/*Kohte* RL 2002/14/EG Rn. 9; EAS/*Oetker*/*Schubert* B 8300 Rn. 337; *Ritter* 33 f.) bzw. im Personalvertretungsrecht die **Erörterung** nach § 72 I BPersVG.

Art. 3 Anwendungsbereich

(1) Diese Richtlinie gilt je nach Entscheidung der Mitgliedstaaten:

a) für Unternehmen mit mindestens 50 Arbeitnehmern in einem Mitgliedstaat oder
b) für Betriebe mit mindestens 20 Arbeitnehmern in einem Mitgliedstaat.

Die Mitgliedstaaten bestimmen, nach welcher Methode die Schwellenwerte für die Beschäftigtenzahl errechnet werden.

(2) Die Mitgliedstaaten können – unter Einhaltung der in dieser Richtlinie festgelegten Grundsätze und Ziele – spezifische Bestimmungen für Unternehmen oder Betriebe vorsehen, die unmittelbar und überwiegend politischen, koalitionspolitischen, konfessionellen, karitativen, erzieherischen, wissenschaftlichen oder künstlerischen Bestimmungen oder Zwecken der Berichterstattung oder Meinungsäußerung dienen, falls das innerstaatliche Recht Bestimmungen dieser Art zum Zeitpunkt des Inkrafttretens dieser Richtlinie bereits enthält.

(3) Die Mitgliedstaaten können durch Erlass besonderer Bestimmungen für die Besatzung von Hochseeschiffen von dieser Richtlinie abweichen.

Übersicht

	Rn.
A. Allgemeines	1
B. Schwellenwerte, Art. 3 I	3
I. Zahlenstaffeln, Art. 3 I UAbs.1	3
II. Berechnungsmethode, Art. 3 I UAbs. 2	6
III. Umsetzung in Deutschland	9
C. Tendenzschutz, Art. 3 II	12
I. Grundlagen	12
II. Tendenzbereiche	15
III. Aufrechterhaltung spezifischer mitgliedstaatlicher Bestimmungen	17
IV. Einhaltung der in der Richtlinie festgelegten Grundsätze und Ziele	18
V. Umsetzung in Deutschland	20
D. Hochseeschifffahrt, Art. 3 III	23

A. Allgemeines

Art. 3 hat im Zusammenspiel mit den Begriffsbestimmungen des Art. 2 für den **Anwen-** 1
dungsbereich der RL 2002/14/EG zentrale Bedeutung. **Art. 3 I** enthält Schwellenwerte, ab denen die Mindestregeln zur Information und Konsultation der Arbeitnehmervertreter zur Anwendung kommen. Dabei lässt die Richtlinie – im Einklang mit dem gegenüber Eingriffen in die mitgliedstaatlichen Traditionen zurückhaltenden Konzept (→ Art. 1 Rn. 7) – den Mitgliedstaaten sowohl ein Wahlrecht hinsichtlich des Bezugspunkts des Schwellenwertes (Unternehmen oder Betrieb; → Rn. 3 ff.) als auch einen Gestaltungsspielraum hinsichtlich der Berechnungsmethode (→ Rn. 6 ff.).

Art. 3 II setzt dieses Konzept fort, indem den Mitgliedstaaten erlaubt wird, bereits 2
bestehende Regelungen zum Tendenzschutz fortzuschreiben (→ Rn. 17). **Art. 3 III** enthält eine Öffnungsklausel für Sonderregelungen im Bereich der Hochseeschifffahrt (→ Rn. 23 f. auch zu rechtspolitischen Bestrebungen der Kommission in diesem Zusammenhang → Art. 1 Rn. 5).

B. Schwellenwerte, Art. 3 I

I. Zahlenstaffeln, Art. 3 I UAbs. 1

Nach Art. 3 I UAbs. 1 gilt die Richtlinie entweder für **Unternehmen mit mindestens** 3
50 oder für **Betriebe mit mindestens 20 Arbeitnehmern** in einem Mitgliedstaat. Mit der Festlegung von Schwellenwerten, bei deren Erreichen die Mitgliedstaaten Regelungen zur Information und Konsultation einführen müssen, verwirklicht der Europäische Gesetzgeber das auf der Ebene des Primärrechts vorgegebene Konzept, die **Gründung und Entwicklung kleinerer und mittlerer Unternehmen nicht** durch administrative, finanzielle und rechtliche Auflagen **zu behindern** (Art. 153 II UAbs. 1 lit. b AEUV; vgl. auch Erwägungsgrund 19; Preis/Sagan/*Müller-Bonanni/Jenner* § 12 Rn. 208; zur praktischen Bedeutung dieser Zugangsschwelle vgl. *T. Brors* 69; *Schäfer* 132). Weitergehende nationale Vorschriften werden hiervon jedoch nicht berührt.

Nach Art. 3 I UAbs. 1 obliegt es der **Entscheidung der Mitgliedstaaten,** ob sie für die 4
Einführung von Strukturen der Arbeitnehmermitwirkung im Bereich der Information und Konsultation einen auf das Unternehmen (→ Art. 2 Rn. 3 ff.) oder den Betrieb (→ Art. 2 Rn. 10 ff.) bezogenen Schwellenwert festlegen. Dieses Wahlrecht, das im ursprünglichen Kommissionsentwurf noch nicht enthalten war (→ Art. 2 Rn. 2), wurde mit Rücksicht auf unterschiedliche mitgliedstaatliche Konzeptionen in die RL 2002/14/EG aufgenommen (vgl. *Gerdom* 23; *Schäfer* 140; *Thüsing* § 10 Rn. 7; Überblick über die unterschiedlichen Systeme bei *Rebhahn* NZA 2001, 763 [771 f.]).

Das **Wahlrecht des Art. 3 I UAbs. 1** zwingt die Mitgliedstaaten nicht dazu, sich 5
einheitlich für das Unternehmen oder den Betrieb als Bezugspunkt des Schwellenwerts zu entscheiden (so aber *Reichold* NZA 2003, 289 [292]; *Riesenhuber* § 27 Rn. 36; *Spreer* 151), sondern **erlaubt auch Mischmodelle** (*Bonin* AuR 2004, 321; *Gerdom* 24, 161; EAS/ *Oetker/Schubert* B 8300 Rn. 294; *Ritter* 229). Für unterschiedliche Beteiligungsgegenstände können deshalb unterschiedliche Bezugspunkte gewählt werden, etwa wie im deutschen Betriebsverfassungsrecht, das grds. auf den Betrieb, aber zB in §§ 106, 111 BetrVG auf das Unternehmen abstellt. Der **Wortlaut** des Art. 3 I UAbs. 1 („je nach Entscheidung der Mitgliedstaaten") verlangt einen einheitlichen Bezugspunkt nicht, sondern eröffnet nur allg. das Wahlrecht. Vor allem spricht für eine weite Interpretation der Vorschrift, dass die Richtlinie den Mitgliedstaaten einen großen **Spielraum bei der Ausgestaltung der Arbeitnehmermitwirkung** einräumen und ihnen eine Einbindung der Richtlinienvorgaben in das nationale System ermöglichen will. Beeinträchtigungen für die Wirksamkeit

der Richtlinie, die allein eine einschränkende Interpretation des Art. 3 UAbs. 1 nahelegen könnten, sind nicht ersichtlich, solange nur die Arbeitnehmerbeteiligung in den in Art. 4 II genannten Bereichen sichergestellt ist.

II. Berechnungsmethode, Art. 3 I UAbs. 2

6   Art. 3 I UAbs. 2 überantwortet die Methode zur Berechnung der Schwellenwerte den Mitgliedstaaten. Ohne eine solche Berechnungsmethode wären die Schwellenwerte nicht **handhabbar.** Der Europäische Gesetzgeber hat insofern keinen Anlass gesehen, selbst tätig zu werden, sondern überlässt die Regelung den Mitgliedstaaten (Generalanwalt *Mengozzi,* Schlussanträge 12.9.2006 – C-385/05 Rn. 54 – Confédération générale du travail ua [CGT]). Der dabei eingeräumte Spielraum bezieht sich aber **nur auf die Festlegung von Berechnungsmodalitäten** und eröffnet ihnen keine Kompetenz, über den Anwendungsbereich der Richtlinie zu bestimmen. Deren Ziel und praktische Wirksamkeit stehen nicht zur Disposition der Mitgliedstaaten. Nur insoweit, als jede Berechnungsmethode sich mittelbar **zwangsläufig** auch auf den Anwendungsbereich der Richtlinie erstreckt, ist sie von Art. 3 I UAbs. 2 gedeckt: Werden etwa Teilzeitkräfte wie Vollzeitkräfte gerechnet, sind Schwellenwerte schneller erreicht, als wenn sie nur anteilig entsprechend ihrem Arbeitsvolumen einbezogen werden (*Weber* EuZA 2008, 355 [360 f.]; vgl. auch *Waltermann* ZESAR 2007, 330 [331]). Außerdem muss die Berechnungsmodalität im Zusammenhang mit dem durch die Festlegung von Zahlenschwellen intendierten **Schutz kleinerer und mittlerer Unternehmen** stehen (Generalanwalt *Mengozzi,* Schlussanträge 12.9.2006 – C-385/05 Rn. 57 ff. – Confédération générale du travail ua [CGT]; *Weber* EuZA 2008, 355 [361]).

7   Art. 3 I UAbs. 2 erlaubt deshalb keine Regelung, bei der ein Mitgliedstaat bestimmte an sich in den Anwendungsbereich der Richtlinie fallende Arbeitnehmer bei der Berechnung ausschließt, etwa die Gruppe der unter 26-Jährigen (EuGH 18.1.2007 – C-385/05 Rn. 30 ff. – Confédération générale du travail ua [CGT]; zust. *Fuchs/Marhold* 366 f.; *Gerdom* 50 f.; *Riesenhuber* § 27 Rn. 8; *Thüsing* § 10 Rn. 77; *Waltermann* ZESAR 2007, 330 f.; *Weber* EuZA 2008, 355), Beschäftigte im Rahmen eines staatlich bezuschussten Arbeitsvertrags (EuGH 15.1.2014 – C-176/12 Rn. 24 ff. – Association des médiation sociale [AMS]; dazu *Fuchs/Marhold* 367 ff.) oder auch leitende Angestellte (vgl. zur Massenentlassungsrichtlinie EuGH 13.2.2014 – C-596/12 Rn. 18 ff. – KOM/Italien). Die Richtlinie schreibt den Mitgliedstaaten zwar nicht vor, wie sie die in ihren Anwendungsbereich fallenden Arbeitnehmer bei der Berechnung der Schwellenwerte berücksichtigen müssen, wohl aber, dass sie sie *überhaupt* berücksichtigen müssen (EuGH 18.1.2007 – C-385/05 Rn. 34 – Confédération générale du travail ua [CGT]). Entsprechende Regelungen können auch nicht mit beschäftigungspolitischen Zielen begründet werden (EuGH 18.1.2007 – C-385/05 Rn. 39 f. – Confédération générale du travail ua [CGT]). Insoweit liegt bereits eine verbindliche Festlegung durch den Europäischen Gesetzgeber vor, der den Mitgliedstaaten nur solche Berechnungsmodalitäten erlaubt, die mit dem Schutz kleinerer und mittlerer Unternehmen zusammenhängen. Andere arbeitsmarktpolitische Zielsetzungen, wie etwa die Integration jüngerer Arbeitnehmer in den Arbeitsmarkt, sind davon nicht erfasst (*Weber* EuZA 2008, 355 [362]).

8   Eine **zulässige Methode der Schwellenwertberechnung** ist die Festlegung eines für die Berechnung maßgeblichen **Referenzzeitraums,** etwa der letzten zwölf Monate oder aber auch eines bestimmten Stichtags, oder das Abstellen auf **in der Regel beschäftigte** Arbeitnehmer (*Gerdom* 49 f.; s. auch *Bonin* AuR 2004, 321 [322]; *v. Roetteken* PersR 2003, 181 [185]; *Weber* EuZA 2008, 355 [364]). Der nationale Gesetzgeber kann aber auch nur **wahlberechtigte** Arbeitnehmer einbeziehen, um auf diese Weise den Schwellenwert auf die Zugehörigkeit zu einer Stammbelegschaft auszurichten (EAS/*Oetker/Schubert* B 8300 Rn. 298 f.; *Weber* EuZA 2008, 355 [364]; im Ergebnis auch *Schlachter/Heinig/ Greiner* § 21 Rn. 11; **aA** *Bonin* AuR 2004, 321 [322]; *Deinert* NZA 1999, 800 [804]; *Gerdom* 172 f.; *Schlachter* EuZA 2015, 149 [153]; *Thüsing* § 10 Rn. 79). Ferner sind unterschiedliche

Formen der Berücksichtigung von **Teilzeitarbeitnehmern** möglich (*Bonin* AuR 2004, 321 [322]; *Gerdom* 49 f.; *Riesenhuber* § 27 Rn. 8; *Waltermann* ZESAR 2007, 330 f.; *Weber* EuZA 2008, 355 [358]; → Rn. 6). Für **Leiharbeitnehmer** regelt Art. 7 RL 2008/104/EG, dass diese grds. bei der Berechnung im Verleihunternehmen zu berücksichtigen sind, aber von den Mitgliedstaaten auch dem entleihenden Unternehmen zugerechnet werden können (dazu *Gerdom* 51 f.; vgl. aber auch Schlachter/Heinig/*Greiner* Rn. 11; HaKo-BetrVG/ *Kohte* RL 2002/14/EG Rn. 27; *v. Roetteken* PersR 2003, 181 [184 f.]; *Schlachter* EuZA 2015, 149 [152]).

III. Umsetzung in Deutschland

Das deutsche **Betriebsverfassungsrecht** knüpft in § 1 BetrVG grds. am Betrieb (→ Art. 2 Rn. 12) an und setzt mit mindestens fünf Arbeitnehmern einen Schwellenwert deutlich unterhalb desjenigen der Richtlinie fest. Dass dabei auf die „in der Regel" beschäftigten „ständigen wahlberechtigten" Arbeitnehmer abgestellt wird, steht im Einklang mit den Vorgaben der Richtlinie (→ Rn. 8). Soweit für einzelne Beteiligungsrechte das Unternehmen in Bezug genommen wird (vor allem §§ 106, 111 BetrVG), ist auch ein solches Mischmodell von der Richtlinie gedeckt (→ Rn. 5). **9**

Bei der Beteiligung des **Wirtschaftsausschusses** liegt allerdings der **Schwellenwert** bezogen auf das Unternehmen mit mehr als einhundert ständig beschäftigten Arbeitnehmern **zu hoch**. Das führt deshalb zu Problemen, da **Art. 4 II lit. a** eine Unterrichtung über die allg. wirtschaftliche Entwicklung des Unternehmens bzw. Betriebs verlangt und dem Betriebsrat selbst ein entsprechendes Informationsrecht nicht eingeräumt wird. Zwar ist der Wirtschaftsausschuss – im Gegensatz zur Betriebsversammlung – als Arbeitnehmervertretung iSd Art. 2 lit. e anzusehen (→ Art. 2 Rn. 20). Da aber der Schwellenwert nicht im Einklang mit der Richtlinie steht und auch sonst das BetrVG keine der Richtlinie entsprechende allg. Regelung zur Information der Arbeitnehmer über die wirtschaftliche Entwicklung vorsieht, besteht insoweit für Unternehmen mit mehr als 50, aber weniger als 100 Arbeitnehmern **Korrekturbedarf** (vgl. näher → Art. 4 Rn. 25). **10**

Im **Personalvertretungsrecht** ist die Beteiligung der Personalvertretung grds. auf die Ebene der Dienststelle bezogen; der Schwellenwert liegt ebenfalls bei fünf Arbeitnehmern (vgl. auch → Art. 2 Rn. 12). **11**

C. Tendenzschutz, Art. 3 II

I. Grundlagen

Art. 3 II erlaubt den Mitgliedstaaten, spezielle Bestimmungen für Tendenzunternehmen und -betriebe vorzusehen, sofern das innerstaatliche Recht Bestimmungen dieser Art zum Zeitpunkt des Inkrafttretens der Richtlinie bereits enthält. Einschränkend verlangt die Regelung die „Einhaltung der in dieser Richtlinie festgelegten Grundsätze und Ziele". Diese **Tendenzschutzklausel,** die ua auf Betreiben von Deutschland gegen den Widerstand des Europäischen Parlaments (Stellungnahme in erster Lesung vom 14.4.1999, ABl. EG Nr. C 219 vom 30.7.1999, 223 ff.) in die Richtlinie aufgenommen wurde (zur Entstehungsgeschichte ausf. *Plum* 172 ff.), wirft aufgrund ihrer unklaren Formulierungen erhebliche interpretatorische Probleme auf. Zusätzliche Schwierigkeiten bereitet die Tatsache, dass zwar Tendenzschutzklauseln auch in anderen arbeitsrechtlichen Richtlinien zu finden sind (Art. 4 II RL 2000/78/EG und Art. 8 III RL 2009/38/EG), der Tendenzschutzgedanke an sich aber im Europäischen Arbeitsrecht nicht wirklich verankert ist (vgl. nur RL 98/59/EG und die RL 2001/23/EG). **12**

Art. 3 II ist lediglich als **Tendenzschutz*sicherungs*klausel** (*Plum* 244) konzipiert: Sie erlaubt den Mitgliedstaaten die **Beibehaltung** eines zum Zeitpunkt des Inkrafttretens der Richtlinie bereits bestehenden Tendenzschutzes (→ Rn. 17). Die Frage, ob der Unions- **13** gesetzgeber umgekehrt aus der **Perspektive des europäischen Grundrechtsschutzes** sogar **verpflichtet** sein könnte, *unionseigene* Tendenzschutzregeln zu **schaffen** und diese dann verbindlich für alle Mitgliedstaaten vorzusehen, ist bislang nur vereinzelt gestellt worden. Im deutschen Betriebsverfassungsrecht jedenfalls hat der Tendenzschutz einen klaren grundrechtlichen Bezugspunkt (Richardi/*Thüsing* BetrVG § 118 Rn. 17 ff.; ErfK/ *Kania* BetrVG § 118 Rn. 2; GK-BetrVG/*Weber* BetrVG § 118 Rn. 13 ff. mwN). Mit der fortschreitenden Ausformung der Dogmatik des europäischen Grundrechtsschutzes könnten sich mit Blick auf Art. 10 I, 11 II GRC bzw. Art. 9, 10 EMRK ähnliche Entwicklungen ergeben (vgl. dazu *Jatho* 125 ff.; *Plum* 372 ff.).

14 Für Religionsgemeinschaften existiert eine über Art. 3 II hinausgehende primärrechtliche Verpflichtung des Europäischen Gesetzgebers, *mitgliedstaatliche* Regelungen zu respektieren, die auf das Selbstbestimmungsrecht von Kirchen und religiösen Gemeinschaften rekurrieren. Art. 17 I AEUV bestimmt, dass die Union den Status achtet und achten muss, den Kirchen und religiöse Vereinigungen oder Gemeinschaften in den Mitgliedstaaten nach deren Rechtsvorschriften genießen (dazu *Jatho* 154 ff.). Wenn wie in Deutschland Religionsgemeinschaften in ihrem Selbstbestimmungsrecht besonders geschützt werden (Art. 140 GG iVm Art. 137 III WRV), dann muss auch der Europäische Gesetzgeber dies respektieren (**aA** *Plum* 280 ff.). Er muss also in einem solchen Fall für Religionsgemeinschaften mindestens Schutzregeln wie Art. 3 II vorsehen. Dort ist allerdings der Schutz von Religionsgemeinschaften in den allg. Tendenzschutz integriert und unter den Vorbehalt der „Einhaltung der in dieser Richtlinie festgelegten Grundsätze und Ziele" gestellt. Vollständige Bereichsausnahmen wie § 118 II BetrVG scheinen davon nicht gedeckt zu sein (→ Rn. 21 f.). Bei einer Auslegung von Art. 3 II im Lichte des Art. 17 I AEUV wird man aber berücksichtigen müssen, wenn in einem Mitgliedstaat den Religionsgemeinschaften nicht nur allg. Tendenzschutz gewährt wird, sondern das kollektive Arbeitsrecht unter dem Vorzeichen des Selbstbestimmungsrechts der Religionsgemeinschaften ausgestaltet ist. Nach Ansicht des BVerfG liegt im Selbstbestimmungsrecht der Kirchen gerade die Rechtfertigung für die völlige Herausnahme des kirchlichen Mitarbeitervertretungsrechts aus dem Anwendungsbereich des BetrVG (BVerfG 11.10.1977 AP GG Art. 140 Nr. 1). Zwar verpflichtet Art. 17 I AEUV den Unionsgesetzgeber nur zu einem schonenden Ausgleich zwischen Unionsinteressen und Statusinteressen der Religionsgemeinschaften (*Jatho* 154 ff.; Callies/Ruffert/ *Waldhoff* AEUV Art. 17 Rn. 13). Folgt man aber dem BVerfG und der Ableitung der Bereichsausnahme des § 118 II BetrVG aus dem Selbstbestimmungsrecht, dann muss bei der Herstellung praktischer Konkordanz das Selbstbestimmungsrecht auch berücksichtigt werden, wenn eine Regelung des Sekundärrechts wie Art. 3 II ausgelegt wird. Eine „spezifische Bestimmung" des mitgliedstaatlichen Rechts kann dann auch eine völlige Bereichsausnahme sein (*Richardi* § 16 Rn. 37; *Schneider* PersV 2003, 50 [53]; GK-BetrVG/*Weber* BetrVG § 118 Rn. 34 f.; *ders.*, FS Konzen 2006, 921 [943 f.]; **aA** GHN/*Classen* AEUV Art. 17 Rn. 56 f.; *Jatho* 154 ff.; *Plum* 280 ff.).

II. Tendenzbereiche

15 Die Formulierung von Art. 3 II ist bezüglich der geschützten Tendenzbereiche ersichtlich an **§ 118 I 1 BetrVG** angelehnt. Für die Auslegung der Tendenzbestimmungen kann deshalb auf das einschlägige Schrifttum verwiesen werden (ErfK/*Kania* BetrVG § 118 Rn. 8 ff.; Richardi/*Thüsing* BetrVG § 118 Rn. 47 ff.). Gleiches gilt, soweit Art. 3 II verlangt, dass die Tendenzbestimmung in dem betreffenden Unternehmen oder Betrieb „unmittelbar und überwiegend" verfolgt wird (ErfK/*Kania* BetrVG § 118 Rn. 6 ff.; Richardi/ *Thüsing* BetrVG § 118 Rn. 29 ff.).

16 **Kirchliche Einrichtungen** sind nicht ausdrücklich erwähnt, werden aber über das Merkmal der „konfessionellen" Bestimmungen einbezogen, wenn auch – anders als im deutschen Recht – lediglich den anderen Tendenzbestimmungen gleichgestellt (dazu noch Rn. 21 f.). Daraus folgert man zum Teil, dass Krankenhäuser, Kindergärten und Schulen

kirchlicher Träger nicht unter Art. 3 II fielen, da dort der Tendenzzweck der religiösen Gemeinschaft nicht „unmittelbar und überwiegend" verfolgt werde (*v. Roetteken* PersR 2003, 181 [185 f.]; vgl. auch *Thüsing* § 10 Rn. 91). Dem steht aber entgegen, dass Art. 3 II im Lichte des Art. 17 I AEUV ausgelegt werden muss und das **Selbstverständnis einer Religionsgemeinschaft** gerade die Wahrnehmung erzieherischer und karitativer Aufgaben erfassen kann.

III. Aufrechterhaltung spezifischer mitgliedstaatlicher Bestimmungen

Nach Art. 3 II können die Mitgliedstaaten nur dann Tendenzschutzbestimmungen vorsehen, wenn das „innerstaatliche Recht Bestimmungen dieser Art zum Zeitpunkt des Inkrafttretens der Richtlinie bereits enthält". Es handelt sich also, wie auch Erwägungsgrund 24 zeigt, um eine **Bestandsschutzregel** zugunsten derjenigen Staaten, die seinerzeit bereits Tendenzschutzregeln kannten (Deutschland, Österreich, Schweden) und nicht um eine generelle Öffnungsklausel zugunsten mitgliedstaatlicher Regelungen (*Junker* RIW 2003, 698 [701]; EAS/*Oetker*/*Schubert* B 8300 Rn. 300; *Riesenhuber* § 27 Rn. 9; *Weber*, FS Konzen, 2006, 921 [942]). Das bedeutet allerdings nicht, dass nach Inkrafttreten der Richtlinie die bestehenden nationalen Tendenzschutzbestimmungen überhaupt nicht mehr **modifiziert** werden könnten. Wortlaut und Schutzzweck der Regelung erlaubt es den Mitgliedstaaten vielmehr, ihr bestehendes System des Tendenzschutzes autonom auszugestalten, solange dabei nur die von der Richtlinie gezogenen Grenzen (Katalog der Tendenzbestimmungen, Erfordernis der unmittelbaren und überwiegenden Tendenzbestimmung sowie Einhaltung der Grundsätze und Ziele der Richtlinie) beachtet werden (*Gerdom* 134 f., *Jatho* 177; *Plum* 183 ff., 193). 17

IV. Einhaltung der in der Richtlinie festgelegten Grundsätze und Ziele

Art. 3 II erlaubt nationale Tendenzschutzbestimmungen nur unter dem **Vorbehalt der Einhaltung der in dieser Richtlinie festgelegten Grundsätze und Ziele** (dazu *Gerdom* 135 ff.; *Jatho* 185 f.; *Plum* 189 ff.). Die genaue Bedeutung dieser politischen Kompromissformel (*Thüsing* § 10 Rn. 92), bleibt letztlich **unklar**. Nicht überzeugend ist es jedenfalls, wenn daraus abgeleitet wird, dass es auch in Tendenzunternehmen, die den Schwellenwert des Art. 3 I UAbs. 1 lit. a oder b erreichen, einen materiellen, etwa auf besonders wichtige Beteiligungsgegenstände bezogenen Kernbereich von Unterrichtungs- und Anhörungsrechten und einen darauf ausgerichteten effektiven Rechtsschutz geben müsse (in diese Richtung *Plum* 191 f.; *Seifert*, FS Weiss, 2005, 177 [184 f.]). Das würde den von Art. 3 II intendierten Tendenzschutz über die Vorbehaltsklausel praktisch leerlaufen lassen (vgl. auch *Thüsing* § 10 Rn. 92). Auf der anderen Seite wäre wiederum die Vorbehaltsklausel funktionslos, wenn die Mitgliedstaaten Tendenzunternehmen generell (zu Religionsgemeinschaften aber → Rn. 14) von jeglicher Arbeitnehmermitwirkung befreien dürften und diese nur zu einem Gebot vertrauensvoller Zusammenarbeit iSd Art. 1 III verpflichten müssten (so *Bonin* AuR 2004, 321 [322]). Als Zwischenlösung wird deshalb vertreten, dass zumindest eine „rudimentäre Beteiligung" der Arbeitnehmervertretung erforderlich sei (*Gerdom* 136 ff.; *Reichold* NZA 2003, 289 [293]; *Ritter* 246) bzw. ein „mitbestimmungsrechtliches Minimum" (*Spreer* 159) oder „zumindest eine elementare Form der Anhörung und Unterrichtung" (Schlachter/Heinig/*Greiner* § 21 Rn. 15). Zum Teil wird dabei ausdrücklich auf die Regelung des Art. 1 verwiesen (*Gerdom* 136; Schlachter/Heinig/*Greiner* § 21 Rn. 15). Aber auch hier besteht das Problem, dass sich aus der Formulierung „Einhaltung der in dieser Richtlinie festgelegten Grundsätze und Ziele" materielle Vorgaben für ein bestimmtes mindestens einzuhaltendes Mitwirkungsniveau nicht ableiten lassen. 18

Entscheidend für die Interpretation der Vorbehaltsklausel ist, dass Art. 3 II einschließlich des Vorbehalts gerade mit Rücksicht **auf einen bereits bestehenden Tendenzschutz** in verschiedenen Mitgliedstaaten in die Richtlinie aufgenommen wurde. Dieser Bestand ist 19 ersichtlich vom Europäischen Gesetzgeber **als mit den „Grundsätze(n) und Ziele(n)" der Richtlinie vereinbar** angesehen worden. Das deutsche Betriebsverfassungsrecht etwa begrenzt in § 118 I BetrVG die Arbeitnehmermitwirkung in Tendenzunternehmen lediglich, ohne sie ganz auszuschließen und folgt dabei dem Leitgedanken, dass aus Gründen des Grundrechtsschutzes des Arbeitgebers bestimmte Entscheidungen nicht vom Betriebsrat blockiert und andere nicht einmal verzögert werden dürfen; Informationsrechte bleiben weitgehend bestehen. Vor diesem Hintergrund liegt die Bedeutung der Vorbehaltsklausel darin, **systemimmanente Modifikationen** bestehender nationaler Tendenzschutzbestimmungen **zu begrenzen** (zu deren grundsätzlicher Zulässigkeit → Rn. 17), indem sie unter einen **Rechtfertigungszwang** gestellt werden (vgl. auch *Schäfer* 148). Grds. geht die Richtlinie davon aus, dass Unterrichtung und Anhörung der Arbeitnehmer bei Unternehmen bzw. Betrieben ab einer bestimmten Arbeitnehmerzahl geboten sind. Einschränkungen sind nur zulässig, soweit die konkrete Maßnahme aus Gründen des Tendenzschutzes eine Mitwirkung der Arbeitnehmervertretung nicht einmal auf diesem Niveau verträgt und soweit die Einschränkungen bereits im System des nationalen Mitbestimmungsrechts angelegt sind. Weitergehende materielle Vorgaben macht die Vorbehaltsklausel nicht.

V. Umsetzung in Deutschland

20   Art. 3 II ist, wie schon der Wortlaut zeigt, ersichtlich auf die Tendenzschutzbestimmung des **§ 118 I BetrVG** zugeschnitten (*Gerdom* 133; *Thüsing* § 10 Rn. 91). Die darin vorgesehene Einschränkung von Beteiligungsrechten des Betriebsrats ist deshalb von der Richtlinie gedeckt. Das gilt auch für den Ausschluss der Anwendbarkeit der §§ 106–110 BetrVG. Aus der Richtlinie lässt sich nicht ableiten, dass es in wirtschaftlichen Angelegenheiten auch in Tendenzunternehmen stets eine umfassende Information einer Arbeitnehmervertretung geben müsste (LAG MV 17.1.2006 – 5 TaBV 3/05 Rn. 48; *Gerdom* 243 ff.; Schlachter/Heinig/*Greiner* § 21 Rn. 16; EAS/*Oetker/Schubert* B 8300 Rn. 303; *Ritter* 247 f.; *Spreer* 158 ff.; GK-BetrVG/*Weber* BetrVG § 118 Rn. 139; *ders.*, FS Konzen, 2006, 921 [942]; **aA** HaKo-BetrVG/*Kohte* RL 2002/14/EG Rn. 31; *Plum* 191 f.; *Seifert*, FS Weiss, 2005, 177 [184 f.]; DKKW/*Wedde* BetrVG § 118 Rn. 65).

21   Die **Bereichsausnahme des § 118 II BetrVG** (vgl. ferner § 112 BPersVG) und die damit einhergehende vollständige Herauslösung der Kirchen aus dem staatlichen Betriebsverfassungsrecht wird hingegen nicht selten als Verletzung der Grundsätze und Ziele der Richtlinie angesehen (*Blens* ZMV 2003, 2 ff.; *T. Brors* 165; *Schliemann* NZA 2003, 407 [413 f.]; *Ritter* 165; *Spreer* 166 f.; *Thüsing* § 10 Rn. 91; *Weiss* NZA 2003, 177 [183]). Zum Teil wird dann darauf verwiesen, dass das kirchliche Mitarbeitervertretungsrecht (MAVO; MVG.EKD.) immerhin einen Mindeststandard setze (vgl. Preis/Sagan/*Müller-Bonanni/Jenner* § 12 Rn. 212; *Bonin* AuR 2004, 321 [322]; Schlachter/Heinig/*Greiner* § 21 Rn. 17; *Ritter* 250; *Jatho* S. 246 ff.; EAS/*Oetker/Schubert* B 8300 Rn. 304; *Reichold* NZA 2003, 289 [293 f.]; Richardi/*Thüsing* BetrVG § 118 Rn. 188a ff.; *Spreer* 170 ff.; vgl. dazu auch HaKo-BetrVG/*Kohte* RL 2002/14/EG Rn. 26, 30).

22   Interpretiert man die Richtlinie und vor allem den Vorbehalt der Einhaltung der in der Richtlinie festgelegten Grundsätze und Ziele in der Weise, dass auch im Bereich der Religionsgemeinschaften ein Mindestbestand an Beteiligungsrechten einer Arbeitnehmervertretung gewährleistet sein muss, dann müsste dies durch den Gesetzgeber sichergestellt werden. Die Religionsgemeinschaften – nicht nur die christlichen Kirchen (*Gerdom* 249; *Jatho* 246) – müssten verpflichtet werden, Mitarbeitervertretungsordnungen beizubehalten oder zu schaffen und das staatliche Betriebsverfassungsrecht als Auffangregelung vorzusehen (*Jatho* 213 ff., 252 ff.; *Gerdom* 247 ff., 309 ff.; *Reichold* NZA 2003, 289 [294]; *Ritter* 248 ff.; *Seifert*, FS Weiss, 2005, 177 [181 f.]; *Spreer* 167 f.). Mit Blick auf das durch **Art. 17 I AEUV** geschützte Selbstbestimmungsrecht der Religionsgemeinschaften erscheint demgegenüber aber eine **Beibehaltung der bisherigen Bereichsausnahme des § 118 II BetrVG** auch ohne flankierende Sicherungsmaßnahmen europarechtlich zulässig (→ Rn. 14).

D. Hochseeschifffahrt, Art. 3 III

Art. 3 III ermöglicht den Mitgliedstaaten, für die **Besatzung von Hochseeschiffen** 23 von der Richtlinie abzuweichen und **besondere Bestimmungen** zu erlassen. Hintergrund sind die besonderen Gegebenheiten der Seeschifffahrt, bei denen die Arbeitnehmermitbestimmung den Entscheidungsabläufen eines Schiffes auf hoher See angepasst werden muss (EAS/*Oetker/Schubert* B 8300 Rn. 305; für das deutsche Recht vgl. GK-BetrVG/*Franzen* BetrVG Einf. § 114 Rn. 3). Anders als Art. 3 II ist Art. 3 III **keine bloße Bestandsschutzklausel;** nationale Sonderregelungen können auch nach Inkrafttreten der Richtlinie erstmals eingeführt werden (*Reichold* NZA 2003, 289 [293 Fn. 42]). Mit Blick auf Wortlaut und Normzweck der Regelung erscheint aber – anders als im Fall des Art. 1 III RL 2001/23/EG – eine vollständige Herausnahme von Seeschiffen aus der Arbeitnehmerbeteiligung nicht möglich, sondern **nur eine an die Bedürfnisse der Seeschifffahrt angepasste Regelung** (*Reichold* NZA 2003, 289 [293]; aA *Gerdom* 144, 251).

Art. 3 des Richtlinienvorschlags der Kommission zur **Reform des Seearbeitsrechts** aus 24 dem Jahr 2013 (Vorschlag für eine Richtlinie des Europäischen Parlaments und des Rates zur Änderung der RL 2008/94/EG, RL 2009/38/EG, RL 2002/14/EG, RL 98/59/EG und RL 2001/23/EG in Bezug auf Seeleute, KOM [2013] 798 endg., 10) enthält hier insoweit eine Klarstellung und Präzisierung (vgl. auch die Begleitunterlagen zum Richtlinienvorschlag SWD [2013] 461 endg., 10, 13 f.): Eine Abweichung von der Richtlinie soll ausdrücklich nur möglich sein, wenn die mitgliedstaatlichen Bestimmungen ein „gleichwertiges Schutzniveau" bieten und das Recht auf „tatsächliche Ausübung" der Unterrichtung und Anhörung gewährleistet ist (dazu *Forst* EuZW 2014, 97 [99]).

Im deutschen Betriebsverfassungsrecht enthalten **§§ 114 ff. BetrVG** (sowie § 33 25 **SprAuG**) entsprechende Regelungen, die eine richtlinienkonforme Modifikation der Arbeitnehmerbeteiligung für den Seebetrieb enthalten, während für den Landbetrieb von Schifffahrtsunternehmen das BetrVG uneingeschränkt gilt (*Bonin* AuR 2004, 321 [322]; *Gerdom* 251 f.). Der Richtlinienvorschlag der Kommission zur Reform des Seearbeitsrechts (KOM [2013] 798 endg.) ruft hier keinen Anpassungsbedarf hervor (*Forst* EuZW 2014, 97 [100]).

Zum Flugpersonal und zu § **117 II 1 BetrVG** vgl. → Art. 5 Rn. 5 ff. 26

Art. 4 Modalitäten der Unterrichtung und Anhörung

(1) Im Einklang mit den in Artikel 1 dargelegten Grundsätzen und unbeschadet etwaiger geltender einzelstaatlicher Bestimmungen und/oder Gepflogenheiten, die für die Arbeitnehmer günstiger sind, bestimmen die Mitgliedstaaten entsprechend diesem Artikel im Einzelnen, wie das Recht auf Unterrichtung und Anhörung auf der geeigneten Ebene wahrgenommen wird.

(2) Unterrichtung und Anhörung umfassen

a) die Unterrichtung über die jüngste Entwicklung und die wahrscheinliche Weiterentwicklung der Tätigkeit und der wirtschaftlichen Situation des Unternehmens oder des Betriebs;

b) die Unterrichtung und Anhörung zu Beschäftigungssituation, Beschäftigungsstruktur und wahrscheinlicher Beschäftigungsentwicklung im Unternehmen oder Betrieb sowie zu gegebenenfalls geplanten antizipativen Maßnahmen, insbesondere bei einer Bedrohung für die Beschäftigung;

c) die Unterrichtung und Anhörung zu Entscheidungen, die wesentliche Veränderungen der Arbeitsorganisation oder der Arbeitsverträge mit sich bringen können, einschließlich solcher, die Gegenstand der in Artikel 9 Absatz 1 genannten Gemeinschaftsbestimmungen sind.

(3) Die Unterrichtung erfolgt zu einem Zeitpunkt, in einer Weise und in einer inhaltlichen Ausgestaltung, die dem Zweck angemessen sind und es insbesondere den Arbeitnehmervertretern ermöglichen, die Informationen angemessen zu prüfen und gegebenenfalls die Anhörung vorzubereiten.

(4) Die Anhörung erfolgt

a) zu einem Zeitpunkt, in einer Weise und in einer inhaltlichen Ausgestaltung, die dem Zweck angemessen sind;
b) auf der je nach behandeltem Thema relevanten Leitungs- und Vertretungsebene;
c) auf der Grundlage der vom Arbeitgeber gemäß Artikel 2 Buchstabe f) zu liefernden Informationen und der Stellungnahme, zu der die Arbeitnehmervertreter berechtigt sind;
d) in einer Weise, die es den Arbeitnehmervertretern gestattet, mit dem Arbeitgeber zusammenzukommen und eine mit Gründen versehene Antwort auf ihre etwaige Stellungnahme zu erhalten;
e) mit dem Ziel, eine Vereinbarung über die in Absatz 2 Buchstabe c) genannten Entscheidungen, die unter die Leitungsbefugnis des Arbeitgebers fallen, zu erreichen.

Übersicht

	Rn.
A. Allgemeines	1
B. Modalitäten der Unterrichtung und Anhörung	4
I. Gegenstände der Beteiligung der Arbeitnehmervertretung	4
1. Art. 4 II lit. a	4
2. Art. 4 II lit. b	7
3. Art. 4 II lit. c	11
II. Durchführung der Beteiligung der Arbeitnehmervertretung	15
1. Unterrichtung, Art. 4 III	15
2. Anhörung, Art. 4 IV	19
C. Umsetzung in Deutschland	23
I. BetrVG	23
1. Art. 4 II lit. a	24
2. Art. 4 II lit. b	26
3. Art. 4 II lit. c	28
II. Personalvertretungsrecht des Bundes	35
III. Sprecherausschussgesetz	39

A. Allgemeines

1   Art. 4 ist die **zentrale Vorschrift** der RL 2002/14/EG für die Ausgestaltung der Arbeitnehmerbeteiligung. **Art. 4 I** verweist zunächst noch einmal auf **Art. 1,** also auf Ziel und Grundkonzeption der Richtlinie (→ Art. 1 Rn. 7 ff.) sowie auf den Leitgedanken der vertrauensvollen Zusammenarbeit (→ Art. 1 Rn. 11 ff.). Deutlich hervorgehoben wird weiterhin der **Vorrang der Mitgliedstaaten** bei der Konkretisierung der Modalitäten der Unterrichtung und Anhörung („bestimmen die Mitgliedstaaten ... im Einzelnen, wie das Recht auf Unterrichtung und Anhörung auf der geeigneten Ebene wahrgenommen wird"). Ausdrücklich erwähnt wird das **Günstigkeitsprinzip** („unbeschadet etwaiger geltender einzelstaatlicher Bestimmungen und/oder Gepflogenheiten, die für die Arbeitnehmer günstiger sind").

2   Für die Ausgestaltungsbefugnis der Mitgliedstaaten wird in Art. 4 II-IV ein Rahmen vorgegeben (vgl. Art. 4 I: „entsprechend diesem Artikel"). Insofern setzt der Europäische Gesetzgeber Mindeststandards für die Information und Konsultation von Arbeitnehmervertretern und erreicht damit in diesem Bereich eine **Teilharmonisierung** des kollektiven Arbeitsrechts. **Art. 4 II** legt dabei die **Gegenstände** von Unterrichtung und Anhörung fest und weist den verschiedenen Gegenständen zugleich unterschiedliche **Formen der Arbeitnehmerbeteiligung** zu (→ Rn. 4 ff.). Während über die wirtschaftliche Situation und

Entwicklung nur unterrichtet werden muss (Art. 4 II lit. a), ist für die Beschäftigungssituation und −entwicklung (Art. 4 II lit. b) sowie für Entscheidungen, die wesentliche Veränderungen der Arbeitsorganisation oder der Arbeitsverträge mit sich bringen können (Art. 4 II lit. c), auch ein Anhörungsrecht vorgesehen. Für die Fälle des Art. 4 II lit. c sieht die Richtlinie vor, dass die Anhörung mit dem Ziel erfolgen soll, eine Vereinbarung über die dort genannten Entscheidungen zu treffen. Ein erzwingbares Mitbestimmungsrecht enthält die Richtlinie aber nicht. Das beruht auf der Zurückhaltung des Europäischen Gesetzgebers gegenüber Eingriffen in die unternehmerische Entscheidungsfreiheit (*Weber*, FS 600 Jahre Würzburger Juristenfakultät, 2002, 189 [212]; ähnlich *Stoffels*, GS Heinze, 2005, 885 [894]) und folgt im Übrigen auch aus der begrenzten Reichweite der gewählten Kompetenzgrundlage: Die Richtlinie ist gem. dem Verfahren nach Art. 251 EGV zustande gekommen, das gerade nicht für die Mitbestimmung der Arbeitnehmer gilt (vgl. Art. 137 II UAbs. 2 iVm Art. 137 I lit. e bzw. f EGV; jetzt Art. 153 II UAbs. 2, 3 iVm Art. 153 I lit. e bzw. f AEUV).

Dabei geht es jeweils ausdrücklich auch um die zukünftige Entwicklung des Unternehmens („wahrscheinliche Weiterentwicklung", „wahrscheinliche Beschäftigungsentwicklung", „geplante[n] antizipative[n] Maßnahmen", Entscheidungen, die wesentliche Veränderungen [...] mit sich bringen können"). Das in Erwägungsgrund 10 besonders hervorgehobene Leitmotiv der **„Antizipation"** und **„Prävention"** kommt hier sichtbar zum Tragen. Konkretisierungen der Modalitäten der Unterrichtung erfolgen sodann in **Art. 4 III** (→ Rn. 15 ff.), solche der Modalitäten der Anhörung in **Art. 4 IV** (→ Rn. 19 ff.). Auch hier kommt noch einmal der antizipative Charakter der RL 2002/14/EG zum Tragen. Bei der Unterrichtung ist praktisch der gesamte Text des Art. 4 III darauf ausgerichtet, bei der Anhörung vor allem Art. 4 IV lit. a. Darüber hinaus werden Information und Anhörung in einen klaren funktionalen Zusammenhang gebracht (Art. 4 IV lit. c). 3

B. Modalitäten der Unterrichtung und Anhörung

I. Gegenstände der Beteiligung der Arbeitnehmervertretung

1. Art. 4 II lit. a. Nach Art. 4 II lit. a muss der Arbeitgeber über die **Tätigkeit und die wirtschaftliche Situation** des Unternehmens oder Betriebs unterrichten. Die Unterrichtungspflicht bezieht sich dabei ausdrücklich nicht nur auf die **aktuelle Situation** („jüngste Entwicklung"), sondern auch auf die **„wahrscheinliche Weiterentwicklung"**. Damit wird die präventive Funktion der Arbeitnehmerbeteiligung nach der Anhörungsrichtlinie verdeutlicht. Die Arbeitnehmervertreter sollen frühzeitig in die Lage versetzt werden, Grundlageninformationen für die Wahrnehmung ihrer weitergehenden Mitwirkungsrechte nach Buchst. b und c zu erhalten (*Gerdom* 74; vgl. auch Erwägungsgrund 7). Der Arbeitgeber kann und muss aber nur über Entwicklungen informieren, die er selbst für wahrscheinlich hält. Für die Prognose gilt also ein subjektiver Maßstab (HaKo-BetrVG/*Kohte* RL 2002/14/EG Rn. 15; EAS/*Oetker/Schubert* B 8300 Rn. 325; *Gerdom* 76). 4

Die Unterrichtungspflicht betrifft die **allg. wirtschaftliche Situation und Entwicklung.** Es soll ein Überblick insbesondere über Absatz, Umsatz, Gewinn, Geschäftsgegenstände, Produktion, Unternehmensstrategie sowie die Position am Markt gegeben werden (EAS/*Oetker/Schubert* B 8300 Rn. 322 f.; *Schäfer* 157; *Gerdom* 75). Über die finanzielle Situation des Unternehmens muss nicht berichtet werden (EAS/*Oetker/Schubert* B 8300 Rn. 324; *Reichold* NZA 2003, 289 [296]; *Schäfer* 157 f.). Der ursprüngliche Kommissionsvorschlag hatte das noch vorgesehen (KOM [1998] 612 endg., ABl. EG Nr. C 2 vom 5.1.1999, 3 [6]). Auch wenn eine präzise Abgrenzung insoweit schwer fallen kann (*Ritter* 172), muss der Arbeitgeber jedenfalls keine Bilanz vorlegen oder Auskunft über die Liquidität geben (EAS/*Oetker/Schubert* B 8300 Rn. 324). 5

6 Konkrete Angaben darüber, wann und wie oft die Unterrichtung erfolgen muss, fehlen (vgl. zur Durchführung der Unterrichtung → Rn. 16). Insofern liegt die Ausgestaltung der Unterrichtungspflicht bei den Mitgliedstaaten. Da es um allg. Informationen geht, setzt die Unterrichtungspflicht auch **keinen konkreten Anlass** voraus (*Brors* 87 f.; vgl. auch *Spreer* 145; **aA** *Franzen,* FS Birk, 2008, 97 [99]). Dem Sinn und Zweck der Unterrichtungspflicht entspricht es am ehesten, wenn diese in einem regelmäßigen Turnus erfolgt (*Reichold* NZA 2003, 289 [296]), der so ausgestaltet sein muss, dass die Arbeitnehmervertretung die wirtschaftliche Gesamtsituation und daraus möglicherweise folgende Risiken für die Beschäftigten einschätzen kann.

7 **2. Art. 4 II lit. b.** Art. 4 II lit. b enthält eine im Vergleich zu Buchst. a konkretere Unterrichtungspflicht über **Beschäftigungssituation, -struktur und -entwicklung** sowie zu **geplanten antizipativen Maßnahmen** (Personalplanung), die zugleich mit einem **Anhörungsrecht** (→ Rn. 19 ff.) verbunden ist. Auch hier kommt der präventive Ansatz der Kommission zum Vorschein (vgl. auch Erwägungsgründe 10, 13). Für die Unterrichtungspflicht des Arbeitgebers bezüglich der wahrscheinlichen Beschäftigungsentwicklung gilt wiederum ein subjektiver Maßstab (*Gerdom* 77). Information und Konsultation dienen nicht nur dazu, die Arbeitnehmer in bestimmte sie unmittelbar betreffende Prozesse einzubinden, sondern sollen ihnen auch die Möglichkeit geben, die frühzeitige Einleitung von Maßnahmen anzustoßen, die negative Veränderungen der Beschäftigungssituation im Unternehmen vermeiden oder abmildern können, insbesondere Ausbildungs- und Qualifikationsmaßnahmen (*Gerdom* 76; EAS/*Oetker/Schubert* B 8300 Rn. 327; *Schäfer* 158).

8 Wie die Unterrichtungspflicht nach Buchst. a ist auch die Unterrichtungs- und Anhörungspflicht nach Buchst. b **nicht an bestimmte Anlässe** oder konkrete Entscheidungen gebunden (*T. Brors* 85; *Gerdom* 76; *Wendeling-Schröder/Welkoborsky* NZA 2002, 1370 [1372]). Allerdings müssen die Mitgliedstaaten sicherstellen, dass hier – anders als bei Buchst. a (→ Rn. 6) – nicht nur turnusgemäße, sondern auch ggf. auch außergewöhnliche anlassbezogene Informationen und Konsultationen stattfinden („insbesondere bei einer Bedrohung für die Beschäftigung").

9 „Beschäftigungssituation" meint die Zahl der Arbeitnehmer, „**Beschäftigungsstruktur**" die Zusammensetzung der Belegschaft, etwa nach Alter, Geschlecht, Qualifikation, Teil/Vollzeit, befristeten Arbeitsverträgen, Anteil der Leiharbeitnehmer. Für beide Aspekte muss der Arbeitgeber die von ihm für wahrscheinlich gehaltene (also seinen eigenen Planungen zugrundeliegende) zukünftige **Beschäftigungsentwicklung** in die Information einbeziehen (*Gerdom* 77).

10 Art. 4 II lit. b erfasst zudem die Unterrichtung auch über geplante **antizipative Maßnahmen,** die dem Erhalt der Arbeitsplätze dienen können. Dabei geht es nicht nur um vom Arbeitgeber geplante Maßnahmen. Auch Arbeitnehmervertreter können iRd Anhörungsrechts eigene Vorschläge einbringen und zum Gegenstand des Dialogs machen (*Gerdom* 78 f.; *Schäfer* 159).

11 **3. Art. 4 II lit. c.** Art. 4 II lit. c regelt ein Unterrichtungs- und Anhörungsrecht zu Entscheidungen, die „**wesentliche Änderungen der Arbeitsorganisation oder der Arbeitsverträge mit sich bringen können**" und bezieht weiterhin über den Verweis auf Art. 9 I Fälle der **Massenentlassungen** und **Betriebsübergänge** ausdrücklich mit ein. Zur Konkretisierung der Fälle wesentlicher Änderungen der Arbeitsorganisation oder der Arbeitsverträge kann auf einen Änderungsantrag des Europäischen Parlaments zurückgeOgriffen werden (ABl. EG Nr. C 219 v. 30.7.1999, 223 [227]), der eine beispielhafte Aufzählung enthielt, die nur deshalb nicht in die Richtlinie Eingang gefunden hatte, da sie als zu detailliert erachtet wurde und man eine Generalklausel für sinnvoller hielt (dazu *Gerdom* 80). Erfasst sind danach ua die Einführung neuer Produktionsprozesse, Produktions- und Standortverlagerungen, Unternehmenszusammenschlüsse sowie der Abbau der Kapazität bzw. die Schließung des Unternehmens oder bedeutender Teile davon (EAS/*Oetker/Schubert* B 8300 Rn. 328). Im Bereich des Art. 4 II lit. c ist die Arbeitnehmerbeteiligung am stärksten ausgestaltet, da Art. 4 IV lit. e vorsieht, dass die Anhörung mit dem **Ziel einer Vereinbarung** über die in Abs. 2 lit. c genannten Entscheidungen geführt werden müssen. Die Unterrichtungs- und Anhörungspflicht ist hier im Gegensatz zu Art. 4 II lit. a und b immer **anlassbezogen,** setzt also entsprechende Entscheidungen voraus. Dabei ist allerdings nicht erforderlich, dass die ins Auge gefassten Entscheidungen unmittelbar zu wesentlichen Veränderungen der Arbeitsorganisation oder der Arbeitsverträge führen. Ausreichend ist, dass sie diese Veränderungen „mit sich bringen können" (*Gerdom* S. 82). Zur Frage, ob Entscheidungen des Gesetzgebers bei öffentlichen Unternehmen Umstrukturierungsmaßnahmen iSd Art. 4 lit. c sein können, vgl. OVG Magdeburg 8.11.2005 – 5 L 15/05 PersV 2006, 376; *Vogelgesang* PersV 2006, 364 [365] einerseits, *Gerdom* 106 ff. andererseits.

Eine **Änderung der Arbeitsorganisation** ist gegeben, wenn sich die räumlich-organisatorischen Umstände, unter denen die Arbeitsleistung zu erbringen ist, wandeln (*Bonin* AuR 2004, 321 [325]; EAS/*Oetker*/*Schubert* B 8300 Rn. 328; *Reichold* NZA 2003, 289 [297]). Insgesamt geht es dabei, wie die im Änderungsantrag des Europäischen Parlaments genannten Beispiele zeigen (→ Rn. 11), um schwerwiegende Umstrukturierungsentscheidungen, die Veränderung der Arbeitsorganisation muss also **„wesentlich"** sein (*Gerdom* 80 f.). 12

Eine **Änderung der Arbeitsverträge** ist gegeben, wenn sich die materiellen Arbeitsbedingungen ändern (*Bonin* AuR 2004, 321 [325]; EAS/*Oetker*/*Schubert* B 8300 Rn. 329). Insoweit ist allerdings erforderlich, dass ein **kollektiver Sachverhalt** vorliegt, also eine Mehrzahl an Arbeitsverhältnissen betroffen ist (*Bonin* AuR 2004, 321 [325]; *Gerdom* 81; EAS/*Oetker*/*Schubert* B 8300 Rn. 329; *Reichold* NZA 2003, 289 [297]; *Ritter* 188; *Lobinger* ZfA 2004, 101 [178]). Das in Art. 4 II lit. c vorgesehene Beteiligungsrecht zielt nicht auf den Schutz einzelner Arbeitnehmer, sondern auf denjenigen der Belegschaft oder jedenfalls eines wesentlichen Teils davon. Hinsichtlich der konkreten Wesentlichkeitsschwelle macht die Richtlinie den Mitgliedstaaten allerdings keine Vorgaben. 13

Der Verweis auf „Entscheidungen, die Gegenstand der in Art. 9 I genannten Gemeinschaftsbestimmungen sind", bezieht sich auf **Betriebsübergänge** iSd der RL 2001/23/EG und **Massenentlassungen** iSd RL 98/59/EG. Da Art. 9 I die nach den genannten Richtlinien vorgesehenen Beteiligungsrechte unberührt lässt, kommt es durch Art. 4 II lit. c zu einem Nebeneinander beider Regelungen (*Gerdom* 145 ff.; EAS/*Oetker*/*Schubert,* B 8300 Rn 330; Schlachter/Heinig/*Weber* § 9 Rn. 10; **aA** Preis/Sagan/*Naber*/*Sittard* § 10 Rn 65: RL 98/59/EG als speziellere Regelung; vgl. auch → Rn. 33 sowie → Art. 9 Rn. 3 f.). Bedeutung für Massenentlassungsfälle hat Art. 4 II lit. c aber nur insofern, als in Art. 4 IV das Anhörungsverfahren im Vergleich zu dem nach Art. 2 I, II RL 98/59/EG konkreter umschrieben ist (Schlachter/Heinig/*Weber* § 9 Rn. 10; *ders.,* AuR 2008, 365 [366]). Bei Betriebsübergängen liegt die Wirkung des Art. 4 II lit. c darin, dass anders als nach Art. 7 II RL 2001/23/EG eine Konsultation nicht nur für „Maßnahmen" des Veräußerers bzw. Erwerbers im Zusammenhang mit dem Betriebsübergang vorgesehen ist, sondern für den Betriebsübergang an sich (*Bonin* AuR 2004, 321 [325]; *Karthaus* AuR 2007, 114 [116 f.]; EAS/*Oetker*/*Schubert* B 8300 Rn. 375; vgl. dazu → Rn. 32 f. sowie → Art. 9 Rn. 3 ff.). Außerdem kann man wiederum die Maßstäbe des Anhörungsverfahrens nach Art. 4 IV bei der Auslegung von Art. 7 II RL 2001/39/EG heranziehen. 14

II. Durchführung der Beteiligung der Arbeitnehmervertretung

1. Unterrichtung, Art. 4 III. Art. 4 III konkretisiert die **Anforderungen an eine dem Zweck der Arbeitnehmerbeteiligung entsprechende Umsetzung der Unterrichtungspflicht** durch die Mitgliedstaaten (allg. zum Begriff der Unterrichtung nach Art. 2 lit. f → Art. 2 Rn. 21). Zeitpunkt, Art und Weise und Inhalt der Information müssen so ausgestaltet sein, dass die Arbeitnehmervertretung sie angemessen prüfen und ggf. (Buchst. b und c) eine nachfolgende Anhörung einschließlich einer etwaigen Stellungnahme vorbereiten kann (HaKo-BetrVG/*Kohte* RL 2002/14/EG Rn. 11; EAS/*Oetker*/*Schubert* B 15

8300 Rn. 333; *Reichold* NZA 2003, 289 [295 f.]; *Riesenhuber* § 27 Rn. 19). Soweit es bei der Auslegung des Art. 4 III noch Interpretationsbedarf gibt, ist diese am Zweck der Richtlinie auszurichten, wie er sich vor allem aus den **Erwägungsgründen 6–10 und 13** ergibt. Weiterhin ist das Kooperationsgebot des Art. 1 III zu berücksichtigen. Eine Grenze setzt Art. 6, der Regelungen für den Schutz vertraulicher Informationen vorsieht. Zu Besonderheiten bei **Konzernsachverhalten** *Gerdom* 101 ff.

16   Die Unterrichtung muss zu einem **zweckangemessenen Zeitpunkt** erfolgen. Soweit es um die allg. Unterrichtung über die wirtschaftliche Lage des Unternehmens oder Betriebs nach Art. 4 II lit. a geht, reichen **turnusgemäße Informationen** (vgl. schon → Rn. 6). In Anlehnung an Art. 7 Anh. I Zi. (2) RL 2009/38/EG wird man einen jährlichen Rhythmus für ausreichend halten können (*Gerdom* 87; EAS/*Oetker*/*Schubert* B 8300 Rn. 343; *Reichold* NZA 2003, 289 [296]). Eine darüber hinausgehende Pflicht zur Information über die *allg.* wirtschaftliche Situation außerhalb eines solchen regelmäßigen Turnus, etwa bei unvorhergesehenen Änderungen der wirtschaftlichen Lage, lässt sich Buchst. a nicht entnehmen (**aA** *Gerdom* 87; HaKo-BetrVG/*Kohte* RL 2002/14/EG Rn. 15). Insoweit enthalten Buchst. b und c *speziele,* auf die Situation der Beschäftigten zugeschnittene Informationspflichten, die zugleich mit einem Anhörungsrecht kombiniert sind. Auch bei der Information über die Beschäftigungssituation und -entwicklung nach Art. 4 II lit. b reichen allerdings zunächst ebenfalls turnusgemäße Informationen, solange hier keine unmittelbaren konkreten Entscheidungen im Raum stehen. Sofern der Arbeitgeber jedoch konkrete antizipative Maßnahmen zur Beschäftigungssicherung plant (etwa Schulungen), muss er der Arbeitnehmervertretung rechtzeitig entsprechende **anlassbezogene Informationen** geben, damit diese ihr diesbezügliches Anhörungsrecht ausüben kann (*Gerdom* 87 f.; HaKo-BetrVG/*Kohte* RL 2002/14/EG Rn. 15; *Kohte,* FS 50 Jahre BAG, 1219 [1241 ff.]). Da auch die Arbeitnehmervertretung entsprechende Vorschläge machen kann, „insbesondere bei einer Bedrohung für die Beschäftigung", muss der Arbeitgeber iRd Art. 4 II lit. b auch über unternehmerische Entscheidungen informieren, die zu solchen Bedrohungen führen könnten. In der Regel wird es hier aber ohnehin um Fälle des Art. 4 II lit. c gehen. Über strukturelle Unternehmensentscheidungen, Massenentlassungen und Betriebsübergänge nach Art. 4 II lit. c ist rechtzeitig, also **vor der Entscheidung** über die jeweilige Maßnahme (HaKo-BetrVG/ *Kohte* RL 2002/14/EG Rn. 11; vgl. zur Massenentlassungsrichtlinie EuGH 25.1.2005 – C-188/03 Rn. 36 ff. – Junk) zu unterrichten und zwar so **frühzeitig,** dass die Arbeitnehmervertretung die Information prüfen und das Anhörungsverfahren vorbereiten kann.

17   Die Unterrichtung muss in zweckangemessener Weise und zweckangemessener inhaltlicher Ausgestaltung erfolgen. Hier verbinden sich Elemente der äußeren Gestaltung der Information und solche inhaltlicher Art: Die Information muss verständlich und übersichtlich sein (EAS/*Oetker*/*Schubert* B 8300 Rn. 334; *Reichold* NZA 2003, 289 [295]). Formvorgaben enthält die Richtlinie nicht, so dass die Information schriftlich, per Fax oder E-Mail und auch mündlich erfolgen kann (*Gerdom* 89; EAS/*Oetker*/*Schubert* B 8300 Rn. 336; *Schäfer* 153). Die Wahl der äußeren Form der Information muss aber zweckangemessen sein und zugleich dem Kooperationsgebot des Art. 1 III entsprechen, so dass bei komplexen Sachverhalten schriftliche Unterlagen erforderlich sein können (*Gerdom* 89; HaKo-BetrVG/ *Kohte* RL 2002/14/EG Rn. 11; EAS/*Oetker*/*Schubert* B 8300 Rn. 336; vgl. auch EuGH 29.3.2001 – C-62/99 Rn. 40 – bofrost). Die Information muss weiterhin vollständig und richtig sein. Sie muss ein zutreffendes und möglichst umfassendes Bild über den Unterrichtungsgegenstand ermöglichen, so dass die Arbeitnehmervertretung zur Wahrnehmung ihrer Rechte im Rahmen einer nachfolgenden Anhörung in der Lage ist (EAS/*Oetker*/ *Schubert* B 8300 Rn. 335; *Schäfer* 152). Soweit es um Massenentlassungen geht, muss auch die Information nach Art. 4 III die in Art. 2 III RL 98/59/EG genannten Angaben enthalten sowie schriftlich erfolgen (Art. 2 III UAbs. 1 lit. b RL 98/95/EG). Soweit es um einen Betriebsübergang geht, richtet sich der notwendige Inhalt der Information nach Art. 7 I UAbs. 1 RL 2001/23/EG. Beide Bestimmungen konkretisieren insoweit auch für die Unterrichtungs- und Anhörungsrichtlinie den Maßstab einer zweckangemessenen Un-

terrichtung. Nationale Umsetzungsvorschriften sind im Lichte dieser Regelungen auszulegen.

Aus Art. 4 III lässt sich nicht ableiten, dass die Arbeitnehmervertretung ein Recht auf die **18** Hinzunahme eines **Sachverständigen** geltend machen kann, um zweckangemessen informiert zu sein (*Bonin* AuR 2004, 321 [324]; Preis/Sagan/*Müller-Bonanni*/Jenner § 12 Rn. 224; *T. Brors* 133; *Gerdom* 90 f.; EAS/*Oetker*/Schubert B 8300 Rn. 334; *Reichold* NZA 2003, 289 [295 f.]; vgl. auch HaKo-BetrVG/*Kohte* RL 2002/14/EG Rn. 11 [mit dem Hinweis, dass die Mitgliedstaaten eine Heranziehung von Sachverständigen nicht ausschließen dürften]; **aA** *Bercusson* ILJ Vol. 31 [2002], 209 [229]; *Wendeling-Schröder*/*Welkoborsky* NZA 2002, 1370 [1372 Fn. 20]). Zwar ist iRd Art. 6 I die Unterstützung durch Sachverständige erwähnt, dies kann aber nicht als eigenständige Rechtszuweisung verstanden werden oder auch nur in dem Sinne, dass der Gesetzgeber stillschweigend davon ausgegangen sei, die Arbeitnehmervertretung könne die Hinzuziehung von Sachverständigen fordern. Insoweit überlässt die Richtlinie – anders als im Falle des Art. 5 IV UAbs. 3 RL 2009/38/EG und Art. 3 V RL 2001/86/EG – die Entscheidung den Mitgliedstaaten. Diese müssen nur für den Fall, dass sie keine Regelung für Sachverständige treffen, sicherstellen, dass die Arbeitnehmervertretung bei komplexen Sachverhalten notfalls durch sachkundige Auskunftspersonen innerhalb des Betriebs hinreichend informiert wird.

2. Anhörung, Art. 4 IV. Art. 4 IV konkretisiert – so wie zuvor Art. 4 III für die **19** Unterrichtung – die **Anforderungen an eine dem Zweck der Arbeitnehmerbeteiligung entsprechende Umsetzung der Anhörungspflicht durch die Mitgliedstaaten** (allg. zum Begriff der Anhörung nach Art. 2 lit. g → Art. 2 Rn. 23 f.). Das geschieht mittels Vorgaben für Zeitpunkt, Art und Weise und inhaltliche Ausgestaltung der Anhörung (Buchst. a, c, d) sowie zur maßgeblichen Hierarchieebene, auf welcher die Anhörung stattfinden muss (Buchst. b). Buchst. d sieht für die Fälle der Unternehmensumstrukturierung, der Massenentlassung und des Betriebsübergangs nach Art. 4 II lit. c vor, dass die Anhörung mit dem Ziel erfolgen soll, eine Vereinbarung über diese Entscheidungen zu treffen. Zum Gang der Verhandlungen im Einzelnen macht die Richtlinie den Mitgliedstaaten keine verfahrensrechtlichen Vorgaben. Wie bei Art. 4 III sind auch für die Auslegung des Art. 4 IV die **Erwägungsgründe 6–10 und 13** sowie das Kooperationsgebot des Art. 1 III heranzuziehen. Zu Besonderheiten bei **Konzernsachverhalten** *Gerdom* 101 ff.

Nach **Art. 4 IV lit. a erfolgt** die Anhörung zu einem zweckangemessenen **Zeitpunkt**, **20** in zweckangemessener **Weise** und in zweckangemessener inhaltlicher **Ausgestaltung.** Der Text greift insofern die Maßstäbe zur Unterrichtung nach Art. 4 III auf. In **zeitlicher Hinsicht** folgt aus dem präventiven Zweck der Anhörung, dass auch diese (also nicht nur die Unterrichtung) **vor der Entscheidung** über eine zu treffende Maßnahme zu erfolgen hat, außerdem so frühzeitig, dass noch eine ergebnisoffene und konstruktive Beratung stattfinden kann. Nur dann ist eine Einflussnahme der Arbeitnehmervertretung noch möglich (EAS/*Oetker*/Schubert B 8300 Rn. 340 ff.; *Riesenhuber* § 27 Rn. 20; *Schäfer* 138, 153; *Kohte*, FS 50 Jahre BAG, 1219 [1242]; HaKo-BetrVG/*Kohte* RL 2002/14/EG Rn. 12). Auch insoweit kann auf die Rechtsprechung des EuGH zur Massenentlassungsrichtlinie zurückgegriffen werden (EuGH 25.1.2005 – C-188/03 Rn. 36 ff. – *Junk*; 10.9.2009 – C-44/08 Rn. 39 ff. – *AEK/Fujitsu Siemens Computers*). Weitere Folgerungen lassen sich für die zeitliche Abstimmung der Anhörung der Arbeitnehmervertretung mit ggf. einzubeziehenden gesellschaftlichen Gremien nicht zwingend ableiten. Allerdings muss die Anhörung der Arbeitnehmervertretung abgeschlossen sein, bevor auf gesellschaftsrechtlicher Ebene eine Entscheidung gefallen ist (vgl. dazu HaKo-BetrVG/*Kohte* RL 2002/14/EG Rn. 16 sowie zu § 111 BetrVG DKKW/*Däubler* BetrVG § 111 Rn. 162; GK-BetrVG/*Oetker* BetrVG § 111 Rn. 199 einerseits; *Fitting* BetrVG § 111 Rn. 109; Richardi/*Annuß* BetrVG § 111 Rn. 147 andererseits). Hinsichtlich der **Art und Weise** und der inhaltlichen **Ausgestaltung der Anhörung** lassen sich – außer dem allg. Hinweis auf den Zweckbezug – allein aus Buchst. a kaum konkretisierende Maßstäbe ableiten. Die Regelung hat insoweit eher die Funktion einer interpretatorischen Leitlinie und verlangt jedenfalls **ernsthaftes und vertrauensvolles Verhandeln** und nicht nur eine „pro-forma-Anhörung" (*Gerdom* 91; *Kohte,* FS 50 Jahre BAG, 2004, 1219 [1228 f.]; GK-BetrVG/*Oetker* BetrVG § 111 Rn. 240; *Reichold* NZA 2003, 289 [296]; *v. Roettecken* PersR 2003, 181 [188]; *Thüsing* § 10 Rn. 83). Konkretisiert werden die Art und Weise der Anhörung und ihre inhaltliche Ausgestaltung aber in Buchst. b–d (→ Rn. 21 f.).

21 Da die Ernsthaftigkeit einer Verhandlungsbereitschaft nicht leicht feststellbar ist, legt die Richtlinie zumindest einige **äußere verfahrensbezogene Kriterien** fest. Dazu gehört zunächst, dass die Anhörung auf einer Hierarchieebene stattfinden muss, auf der nach der unternehmensinternen Struktur für die jeweiligen Verhandlungsgegenstände auch Entscheidungskompetenzen angesiedelt sind (**lit. b: „relevante Leitungs- und Vertretungsebene"**). Der Arbeitgeber muss zwar nicht höchstpersönlich auftreten, aber seine Vertreter müssen zur Leitungsebene gehören, Vereinbarungen mit den Arbeitnehmern für den Arbeitgeber treffen und Entscheidungen auch umsetzen können (*v. Roettecken* PersR 2003, 181 [188]; *Spreer* 53). Weiterhin muss die Anhörung auf einer soliden Informationsbasis erfolgen (**Buchst. c: „auf der Grundlage der vom Arbeitgeber gem. Artikel 2 Buchstabe f zu liefernden Informationen"**) und eine etwa von der Arbeitnehmervertretung abgegebene **Stellungnahme** einbeziehen. Die Arbeitnehmerbeteiligung muss also **zweistufig** ausgestaltet sein: Der Meinungsaustausch hat stattzufinden, nachdem Informationen und Stellungnahme der Arbeitnehmervertretung vorliegen (*Gerdom* 93; EAS/*Oetker/Schubert* B 8300 Rn. 338). Die Richtlinie geht weiter davon aus, dass eine ernsthafte Verhandlung nicht allein in einem schriftlichen Meinungsaustausch bestehen kann, sondern verlangt ein persönliches Gespräch mit dem Arbeitgeber (*Gerdom* 93; **lit. d: „mit dem Arbeitgeber zusammenkommen"**). Schließlich gehört nach lit. d zur Ernsthaftigkeit einer Verhandlung auch, dass der Arbeitgeber der Arbeitnehmervertretung eine **begründete schriftliche Antwort** auf ihre Stellungnahme erteilt.

22 In den Fällen der Umstrukturierungsentscheidungen, des Betriebsübergangs und der Massenentlassung (**Art. 4 II lit. c**) sind die Verhandlungen zwischen Arbeitgeber und Arbeitnehmervertretung schließlich auf den Abschluss einer **Vereinbarung über die betreffenden Entscheidungen** zu richten (**Art. 4 IV lit. e**). Bei diesen für die Arbeitnehmer besonders wichtigen unternehmerischen Maßnahmen hat der Europäische Gesetzgeber die Arbeitnehmermitwirkung am stärksten ausgestaltet. Vor allem hier soll das Ziel der Richtlinie verwirklicht werden, „Wandlungsprozesse [nicht erst] im Nachhinein zu verarbeiten", sondern „Antizipation" und „Prävention" in den Vordergrund zu rücken: (Erwägungsgrund 13). Deshalb geht es bei den Verhandlungen und einer möglichen Vereinbarung nicht nur um Folgenabmilderungen, sondern um die Entscheidung selbst („Entscheidungen, die unter die Leitungsbefugnis des Arbeitgebers fallen"; vgl. auch Schlachter/ Heinig/*Greiner* § 21 Rn. 28). Allerdings beschränkt sich die Richtlinie darauf, den Verhandlungen das Ziel einer Vereinbarung vorzugeben, diese muss versucht, kann aber nicht erzwungen werden (*Gerdom* 95; Preis/Sagan/*Müller-Bonanni/Jenner* § 12 Rn. 223; EAS/ *Oetker/Schubert* B 8300 Rn. 339; *Reichold* NZA 2003, 289 [297]; *Riesenhuber* § 27 Rn. 21; *Schäfer* 155). Auch eine Zwangsschlichtung ist nicht vorgesehen (EAS/*Oetker/Schubert* B 8300 Rn. 339), nicht einmal ein einfaches Schlichtungsverfahren oder sonst ein Mechanismus zur Förderung einer Einigung zwischen Arbeitgeber und Arbeitnehmervertretung (*v. Roettecken* PersR 2003, 181 [188 f.]; **aA** ArbG München 2.4.2009 – 30 BV 81/09: Einschaltung der Bundesagentur für Arbeit; dagegen zutreffend *Bauer/Krieger* BB 2010, 53 [55]). Ebenso wenig schreibt die Richtlinie vor, welche Rechtsnatur eine Vereinbarung haben müsste, insbesondere lässt sich ihr nicht entnehmen, dass der Regelung normative Wirkung zukommen müsste (*Bonin* AuR 2004, 321 [326]; *Gerdom* 97 ff.; Schlachter/ Heinig/*Greiner* § 21 Rn. 28; *Oetker/Schubert* EAS B 8300 Rn. 339; *Ritter* 206; *Thüsing* § 10 Rn. 83; vgl. aber *v. Roettecken* PersR 2003, 181 [188]).

C. Umsetzung in Deutschland

I. BetrVG

Das **deutsche Betriebsverfassungsrecht** geht in vielem über die Anforderungen der 23
Richtlinie hinaus und sieht umfassende Unterrichtungs- und Beratungsrechte des Betriebsrats vor. Zwar hat Deutschland der Kommission im Rahmen eines Verfahrens zur Überprüfung der Umsetzung der Richtlinie in den Mitgliedstaaten mitgeteilt, dass das deutsche Recht bereits den Anforderungen der Richtlinie genüge (Mitteilung der Kommission vom 17.3.2008, KOM [2008] 146 endg., 4). Tatsächlich besteht aber durchaus **Handlungsbedarf**, gerade auch für den Gesetzgeber (ausf. *Gerdom* 178 ff.; *EAS/Oetker/Schubert* B 8300 Rn. 344 ff.; *Spreer* 89 ff.). Das betrifft vor allem die von der Richtlinie in Art. 4 II vorgegebenen Gegenstände der Unterrichtung und Anhörung.

1. Art. 4 II lit. a. Das in Art. 4 II lit. a geforderte umfassende Unterrichtungsrecht der 24
Arbeitnehmervertretung über die **allg. wirtschaftliche Lage des Unternehmens** ist im BetrVG **nicht hinreichend umgesetzt.** Das BetrVG enthält zwar eine Reihe von weitgefassten Unterrichtungsrechten, unmittelbar genügt aber keines dieser Rechte den Anforderungen der Richtlinie: **§ 90 BetrVG** enthält nur ein gegenständlich auf die Gestaltung von Arbeitsplatz, -ablauf und -umgebung beschränktes Unterrichtungs- und Beratungsrecht (*EAS/Oetker/Schubert* B 8300 Rn. 351; *Bonin* AuR 2004, 321 [324]; *Deinert* NZA 1999, 800 [801]). **§§ 43 II 3, 110 II BetrVG** erfassen zwar dem Gegenstand nach die allg. wirtschaftliche Lage. In beiden Fällen geht es aber um eine Information der Belegschaft und nicht der Arbeitnehmervertretung (*Franzen*, FS Birk, 2008, 97 [102]; HaKo-BetrVG/*Kohte* RL 2002/14/EG Rn. 32; *Weber*, FS Konzen, 2005, 921 [930 f.]; vgl. auch → Art. 2 Rn. 18). Auch dann, wenn man bei § 43 II 3 BetrVG wegen der Anwesenheit des Betriebsratsvorsitzenden auf der Betriebsversammlung (§ 42 I 1 BetrVG) und bei § 110 II BetrVG wegen der dort vorgeschriebenen vorherigen Abstimmung mit dem Betriebsrat im Ergebnis eine Kenntnisnahme der Arbeitnehmervertretung vom Bericht des Arbeitgebers über die allg. wirtschaftliche Lage wird annehmen können, dürfte eine solche eher beiläufige Information nur schwer mit den Anforderungen an eine Unterrichtung nach Art. 4 III zu vereinbaren sein (*Franzen*, FS Birk, 2008, 97 [102]; *Gerdom* 190 f.; *Weber*, FS Konzen, 2005, 921 [931]). Immerhin wird man insofern noch an eine richtlinienkonforme Auslegung denken können (Schlachter/Heinig/*Greiner* § 21 Rn. 24 f.; *Schlachter* EuZA 2015, 149 [155]). Das Problem des Schutzes vor einer Gefährdung von Geschäfts- und Betriebsgeheimnissen (→ Art. 6) ließe sich über eine Anwendung von § 43 II 3 bzw. 106 II 1 BetrVG (analog bei § 110 BetrVG: DKKW/*Däubler* BetrVG § 110 Rn. 7; GK-BetrVG/ *Oetker* BetrVG § 110 Rn. 13) lösen. Der Unterrichtungsanspruch nach **§ 80 II BetrVG** ist immerhin auf den Betriebsrat bezogen und sieht damit wie von der Richtlinie gefordert ein Unterrichtungsrecht der Arbeitnehmervertretung selbst vor. Allerdings passt auch § 80 II BetrVG nicht, da das Informationsrecht des Betriebsrats hier aufgabenbezogen ausgestaltet ist, während Art. 4 II lit. a eine umfassende und kontinuierliche Information verlangt (*Franzen*, FS Birk, 2008, 97 [102 f.]; *Spreer* 96 f.; *Thüsing* § 10 Rn. 84; *Weber*, FS Konzen, 2005, 921 [931]). Ob hier eine extensive richtlinienkonforme Auslegung möglich wäre (so DKKW/*Däubler* BetrVG Einl. Rn. 255; *Gerdom* 185 ff., HaKo-BetrVG/*Kohte* RL 2002/ 14/EG Rn. 29; *EAS/Oetker/Schubert* B 8300 Rn. 358), erscheint methodisch zweifelhaft, da § 80 II nach Wortlaut, Normzweck und Systematik eben gerade kein umfassendes Unterrichtungsrecht vorsieht (wie hier Schlachter/Heinig/*Greiner* § 21 Rn. 25). Unmittelbar passt deshalb nur die Regelung des **§ 106 BetrVG** (ausf. dazu *Ritter* 168 ff.). Der Wirtschaftsausschuss kann als Arbeitnehmervertretung nach der Richtlinie angesehen werden (→ Art. 2 Rn. 20). Die in § 106 III BetrVG genannten Gegenstände beziehen sich auch auf die allg. wirtschaftliche Lage des Unternehmens und können so gelesen werden, dass die

zukünftige Entwicklung der wirtschaftlichen Lage ebenfalls einbezogen ist (HaKo-BetrVG/ *Kohte* RL 2002/14/EG Rn. 15; EAS/*Oetker*/*Schubert* B 8300 Rn. 349). Auch hier besteht aber wegen des zu hohen Schwellenwerts ein Umsetzungsdefizit für Unternehmen im Bereich zwischen 50 und 100 Arbeitnehmern (vgl. bereits → Art. 3 Rn. 10).

25 Jedenfalls verlangt das Gebot der **rechtssicheren und transparenten Umsetzung gesetzgeberische Maßnahmen** (*Franzen*, FS Birk, 2008, 97 [105]; Schlachter/Heinig/ *Greiner* § 21 Rn. 25; *Thüsing* § 10 Rn. 84). In Betracht kommt am ehesten die Technik, die der Gesetzgeber im Jahre 2008 bezüglich der Informationspflichten bei Unternehmensübernahmen gewählt hat: Diese sind grds. auf den Wirtschaftsausschuss bezogen (§ 106 III Nr. 9a BetrVG), in Unternehmen ohne Wirtschaftsausschuss ist nach § 109a BetrVG hilfsweise der Betriebsrat zuständig (zu Korrekturvorschlägen de lege ferenda ausf. *Ritter* 235 ff.; ferner *Bonin* AuR 2004, 321 [324]; *Deinert* NZA 1999, 800 [802]; *Franzen*, FS Birk, 2008, 97 [105]; *Gerdom* 192 f.; Schlachter/Heinig/ *Greiner* § 21 Rn. 25; *Weber*, FS Konzen, 2005, 921 [931]).

26 **2. Art. 4 II lit. b.** Die Umsetzung des Unterrichtungs- und Anhörungsrechts nach Art. 4 II lit. b bezüglich der **Beschäftigungssituation, -struktur und -entwicklung** sowie zu **geplanten antizipativen Maßnahmen** ist im deutschen Betriebsverfassungsrecht in den **§§ 92 ff., 96 ff. BetrVG** erfolgt (ausf. *Gerdom* 193 ff.; EAS/*Oetker*/*Schubert* B 8300 Rn. 350 ff.; *Spreer* 99 ff.). Ergänzend können auch §§ 99, 106 I u. II, 111 BetrVG sowie § 17 II KSchG herangezogen werden, die sich immerhin in Teilbereichen mit dem Regelungsbereich des Art. 4 II lit. b überschneiden (EAS/*Oetker*/*Schubert* B 8300 Rn. 361; *Weber*, FS Konzen, 2006, 921 [932]).

27 Soweit es um die in Art. 4 II lit. b vorgegebene **Unterrichtungspflicht** geht, ist diese durch den weitgefassten und auch in die Zukunft gerichteten § 92 I 1 BetrVG abgedeckt (*Bonin* AuR 2004, 321 [324]; *Deinert* NZA 1999, 800 [802 f.]; *Gerdom* 193 f.; *Weber*, FS Konzen, 2006, 921 [931]). **Beratungs- und Vorschlagsrechte** zur Personalplanung, zur Beschäftigungssicherung und zur Berufsbildung enthalten § 92 I 2 u. II, 92a, 93 ff., 96 f. BetrVG, die zugleich auch das Erfordernis der Einbeziehung antizipativer Maßnahmen nach Art. 4 II lit. b erfüllen (*Gerdom* 195; EAS/*Oetker*/*Schubert* B 8300 Rn. 362). Zwar ist § 92 I 2 BetrVG nach Rechtsprechung und Teilen der Literatur nicht bei der reinen Personalbedarfsplanung, sondern erst bei konkreten vom Arbeitgeber in Angriff genommenen Maßnahmen einschlägig (BAG 6.11.1990 NZA 1991, 358 [362]; GK-BetrVG/*Raab* BetrVG § 92 Rn. 31 f.; Richardi/*Thüsing* BetrVG § 92 Rn. 34 einerseits; *Fitting* BetrVG § 92 Rn. 35; DKKW/*Homburg* BetrVG § 92 Rn. 46; *Spreer* 100 andererseits). Aber hier lässt sich auf § 92 II BetrVG zurückgreifen, der dem Betriebsrat ein Vorschlagsrecht hinsichtlich der Personalplanung im weiteren Sinne zubilligt. Mit Blick auf §§ 2 I, 74 I 2 BetrVG muss der Arbeitgeber sich mit einem solchen Vorschlag des Betriebsrats ernsthaft befassen (BAG 6.11.1990 NZA 1991, 358 [362]). Legt man dies weiter iSd in Art. 4 IV formulierten Anforderungen aus, genügt das BetrVG in diesem Punkt auch ohne richtlinienkonforme Auslegung (so aber Schlachter/Heinig/ *Greiner* § 21 Rn. 26; HaKo-BetrVG/*Kohte* RL 2002/14/EG Rn. 17; *Zwanziger* AuR 2010, 459 [460]) und ohne gesetzliche Maßnahmen (so aber *Bonin* AuR 2004, 321 [325]; *Gerdom* 199 f.) den Anforderungen des Art. 4 (GK-BetrVG/*Raab* BetrVG § 92 Rn. 31 f.; *Weber*, FS Konzen, 2006, 921 [932]; im Ergebnis mit anderer Begründung auch EAS/*Oetker*/*Schubert* B 8300 Rn. 363).

28 **3. Art. 4 II lit. c.** Für die von Art. 4 lit. c geforderte Unterrichtungs- und Beratungspflicht bei Entscheidungen, die **wesentliche Änderungen der Arbeitsorganisation oder der Arbeitsverträge** mit sich bringen können sowie bei **Betriebsübergängen und Massenentlassungen** werden eine Fülle von Einzelvorschriften in Betracht gezogen, die im Gesamtbild zwar wesentliche Gegenstände des Art. 4 lit. c erfassen, aber doch nicht alle und jedenfalls nicht durchgehend Unterrichtungs- und Anhörungsrechte enthalten (ausf. *Gerdom* 200 ff.). Genannt werden vor allem §§ 90, 106, 109a, 111, 87 I Nr. 7 BetrVG, § 17 II KSchG.

Für den Bereich der wesentlichen **Veränderungen der Arbeitsorganisation** enthalten 29
§ 111 S. 3 Nr. 1–5 sowie § 90 BetrVG eine umfassende Umsetzung der Richtlinie,
sowohl im Hinblick auf den Gegenstand als auch auf die Ausgestaltung der Arbeitnehmerbeteiligung. Unterrichtungs- und Anhörungsrechte sind jeweils sichergestellt (*Bonin* AuR
2004, 321 [325]; *Deinert* NZA 1999, 800 [803]; *Reichold* NZA 2003, 289 [298]; EAS/
Oetker/Schubert B 8300 Rn. 364 ff.; *Weber,* FS Konzen, 2006, 921 [933]). Soweit § 111 S. 1
BetrVG als einschränkendes Merkmal „wesentliche Nachteile" für die Arbeitnehmer verlangt, stellt dies kein Problem dar, da solche Nachteile bei Vorliegen eines Tatbestands aus
dem Katalog des § 111 S. 3 BetrVG unwiderleglich vermutet werden (*Weber,* FS Konzen,
2006, 921 [933]). Die von Art. 4 IV lit. e geforderte Ausrichtung der Beratung auf den
Versuch einer Einigung ist bei der Betriebsänderung in § 112 I 1 BetrVG mit der Regelung
über den Interessenausgleich sichergestellt, bei der Beratung nach § 90 II ergibt sich die
Verpflichtung zum Versuch einer Einigung aus dem Gebot der vertrauensvollen Zusammenarbeit gem. §§ 2 I, 74 I 2 BetrVG (EAS/*Oetker/Schubert* B 8300 Rn. 367; *Reichold* NZA
2003, 289 [298]). Ein zusätzlicher Rückgriff auf § 106 BetrVG erscheint vor diesem
Hintergrund nicht erforderlich, abgesehen davon, dass dort die Ausrichtung einer Beratung
auf Abschluss einer Vereinbarung nicht gesichert erscheint und zudem der Schwellenwert
Lücken offen ließe (dazu *Bonin* AuR 2004, 321 [326]).

Für den Bereich der wesentlichen **Veränderungen der Arbeitsverträge** kann zwar 30
zunächst ebenfalls auf § 111 S. 3 BetrVG zurückgegriffen werden: Zum Teil werden sich
die Fälle mit denen der Veränderung der Arbeitsorganisation überschneiden, etwa bei § 111
S. 3 Nr. 2 BetrVG (EAS/*Oetker/Schubert* B 8300 Rn. 368; *Bonin* AuR 2004, 321 [326]).
Soweit es um einen **reinen Personalabbau** (zugleich der Fall der in Art. 4 II lit. c ebenfalls
einbezogenen **Massenentlassung**) geht, ist dieser von § 111 S. 3 Nr. 1 BetrVG ebenfalls
erfasst, wie sich jedenfalls aus der klarstellenden Regelung in § 112a BetrVG ergibt (stv. Richardi/*Annuß* BetrVG § 111 Rn. 70). Für Massenentlassungen gilt außerdem § 17 II
KSchG. Insoweit genügt das BetrVG den Anforderungen des Art. 4 II lit. c (*Gerdom* 201;
EAS/*Oetker/Schubert* B 8300 Rn. 368, 373).

Dennoch besteht bezogen auf die Konstellation der Veränderungen der Arbeitsverträge 31
insgesamt gesehen ein **Umsetzungsdefizit.** § 111 BetrVG ist hierauf nicht zugeschnitten
(*Gerdom* 201 ff.; HaKo-BetrVG/*Kohte* RL 2002/14/EG Rn. 19; *Konzen* ZfA 2005, 189
[206 f.]; *Ritter* 216). In der Literatur werden etwa auch **massenhafte Änderungen von
Arbeitsverträgen** als Fall des § 4 II lit. c gewertet, beispielsweise die Kürzung von Sonderzuwendungen (*Bonin* AuR 2004, 321 [326]; EAS/*Oetker/Schubert* B 8300 Rn. 369 ff.).
Diese lassen sich nicht unter § 111 BetrVG subsumieren. Soweit § 106 BetrVG hier keine
ausreichende Umsetzung darstellt (vgl. → Rn. 29), wird zusätzlich auf § 87 I Nr. 10 BetrVG
verwiesen, der aber auch nicht alle derartigen Fälle erfasst (EAS/*Oetker/Schubert* B 8300
Rn. 371; *Ritter* 216). Nach der Entstehungsgeschichte der Richtlinie sind vor allem auch
Umstrukturierungen auf der Ebene des Unternehmens wie zB Unternehmenszusammenschlüsse als Anwendungsfälle des Art. 4 II lit. c anzusehen (*Bonin* AuR 2004, 321 [325];
Gerdom 204 f.; aA Schlachter/Heinig/*Greiner* § 21 Rn. 29; vgl. Änderungsantrag des Europäischen Parlaments ABl. EG Nr. C 219 v. 30.7.1999, 223 [227]; dazu → Rn. 11). Reine
Umstrukturierungsvorgänge ohne organisatorische Auswirkungen auf den Betrieb werden
aber von § 111 BetrVG nicht erfasst (vgl. stellvertretend Richardi/*Annuß* BetrVG § 111
Rn. 98). Die Beteiligungsrechte nach §§ 106 III Nr. 9a, 109a BetrVG decken nur einen
Teilbereich denkbarer Umstrukturierungsvorgänge ab (Unternehmensübernahme), die Regelungen des Umwandlungsrechts (§§ 5 III, 126 III, 194 II UmwG, §§ 10 V 2, 3, 14 IV 2,
27 III 2 WpÜG) enthalten nur Unterrichtungspflichten und genügen deshalb den Anforderungen der Richtlinie nicht (*Gerdom* 210 ff.). Die Generalklausel des § 106 III Nr. 10
BetrVG schließlich führt wiederum allenfalls zu einer Beteiligung des Wirtschaftsausschusses und kann deshalb schon angesichts der Schwellenwertproblematik nicht als hinreichende
Umsetzung angesehen werden (→ Art. 3 Rn. 10). Zur Behebung des Umsetzungsdefizits
wird erwogen, auf § 111 S. 1 BetrVG als Auffangtatbestand zurückzugreifen und seinen

Anwendungsbereich in richtlinienkonformer Auslegung auf alle Fälle des Art. 4 II lit. c zu erweitern oder auch die in § 74 I 2 BetrVG niedergelegte Einlassungs- und Erörterungspflicht als Grundlage einer allg. Beratungspflicht des Arbeitgebers bei Gegenständen nach Art. 4 II lit. c auszubauen (vgl. zu beidem *Gerdom* 203 ff., 212 ff. mwN). Die methodischen Grundlagen richtlinienkonformer Auslegung dürften aber auch hier Grenzen setzen (vgl. auch *Gerdom* 203 ff., 212 ff. mwN). Jedenfalls erscheint ein solcher Weg mit Blick auf das **Transparenzgebot** kaum ausreichend (Vorschläge de lege ferenda deshalb auch bei *Gerdom* 218 f.; vgl. auch → Rn. 34).

32 Der **Betriebsinhaberwechsel** fällt über den Verweis auf Art. 9 in den Anwendungsbereich des Art. 4 II lit. c (→ Rn. 14). *Als solcher* wird der Betriebsübergang in Deutschland aber nicht unter § 111 BetrVG subsumiert, erfasst wird er nur mittelbar, wenn er – wie häufig – mit einem Fall des § 111 S. 3 BetrVG einhergeht (vgl. stv. Richardi/*Annuß* BetrVG § 111 Rn. 124; ErfK/*Kania* § 111 BetrVG Rn. 12). Daraus wird verbreitet ein Umsetzungsdefizit gefolgert, das entweder über eine richtlinienkonforme Auslegung des § 111 BetrVG oder mit Blick auf das Transparenzgebot über eine gesetzgeberische Neuregelung behoben werden soll (*Bonin* AuR 2004, 321 [325]; *Deinert* NZA 1999, 800 [803]; *Franzen,* FS Birk, 2008, 97 [103]; *Gerdom* 82 ff. 201 ff.; Schlachter/Heinig/*Greiner* § 21 Rn. 29; *Karthaus* AuR 2007, 114 [116 ff.]; HaKo-BetrVG/*Kohte* RL 2002/14/EG Rn. 19). Demgegenüber ist aber auf den Sonderstatus zu verweisen, den Deutschland sich insoweit bei den Verhandlungen über die Betriebsübergangsrichtlinie ausdrücklich ausbedungen hatte und der dort zur Ausnahmeregelung des **Art. 7 III RL 2001/23/EG** geführt hat (wie hier EAS/*Oetker/Schubert* B 8300 Rn. 374 f., 483; *Ritter* 214; *Weber,* FS Konzen, 2006, 921 [934 ff.]). Danach können Informations- und Konsultationspflichten auf Fälle der Betriebsänderung beschränkt werden, wenn der betreffende Mitgliedstaat die Möglichkeit der Anrufung einer Einigungsstelle mit verbindlicher Entscheidungsbefugnis vorsieht. Der Wortlaut der Richtlinienregelung ist ersichtlich auf §§ 111, 112 BetrVG zugeschnitten.

33 **Dieses Modell hat nach Art. 9 I weiter Bestand.** Nach dieser Regelung lässt die RL 2002/14/EG die in Art. 7 RL 2001/23/EG vorgesehenen spezifischen Informations- und Konsultationsverfahren **insgesamt** unberührt, also einschließlich der darin enthaltene auf die deutsche Regelung zugeschnittene Sonderregel des Abs. 3 (EAS/*Oetker/Schubert* B 8300 Rn. 374 f., 383; *Ritter* 214). Durch diese Interpretation wird weder Art. 4 II lit. c gegenstandslos noch Art. 7 RL 2001/23/EG **insgesamt** zu einer vorrangigen Spezialregel erklärt, die Art. 4 II lit. c verdränge (so aber *Gerdom* 145 f.; *Karthaus* AuR 2007, 114 [117]). Vielmehr ist durchaus von einem **grds. Nebeneinander beider Regelungen** auszugehen: Art. 4 II lit. c behält seine Bedeutung in allen Fällen, in denen ein Mitgliedstaat nicht von der Sonderregel des Art. 7 III RL 2001/23/EG Gebrauch macht. Dann erweitert die Vorschrift den Anwendungsbereich der Informations- und Konsultationspflichten über Art. 7 II RL 2001/23/EG hinaus auf den Betriebsübergang an sich, so dass nicht nur Maßnahmen anlässlich des Betriebsübergangs betroffen sind. Außerdem kommt für das Anhörungsverfahren die konkretisierende Regelung des Art. 4 IV zur Anwendung (vgl. schon → Rn. 14). Soweit aber ein Mitgliedstaat nach der Option des Art. 7 III RL 2001/23/EG vorgeht, setzt sich diese Regelung wegen Art. 9 I durch. *Für Deutschland* und hier auch nur **für den Betriebsübergang** entfaltet Art. 4 II lit. c deshalb in der Tat keine Wirkung. Grds. behält die Regelung aber ihre eigenständige Funktion. Dieses Ergebnis folgt nicht nur aus den dargelegten **systematischen Erwägungen,** sondern fügt sich auch in die **Grundkonzeption der Richtlinie** ein, die insgesamt gegenüber Eingriffen in Mitbestimmungsmodelle der Mitgliedstaaten zurückhaltend ist (→ Art. 1 Rn. 7).

34 **De lege ferenda** ist aber zu berücksichtigen, dass die Umsetzung des Gesamtkonzepts des Art. 7 RL 2001/23/EG in Deutschland in sich nicht sonderlich gelungen erscheint, dass weiterhin – bezogen auf Art. 7 III RL 2001/23/EG – in Fällen von Neugründungen nach § 112a II BetrVG Umsetzungsdefizite bleiben (vgl. zu beidem *Weber,* FS Konzen, 2006, 921 [935 ff.]) und dass das deutsche Betriebsverfassungsrecht – bezogen auf Art. 4 II lit. c – außerhalb des Betriebsübergangs ebenfalls Lücken aufweist (→ Rn. 32). Deshalb erscheint in

der Gesamtbetrachtung eine **Überarbeitung der Regelungen zur Mitbestimmung in wirtschaftlichen Angelegenheiten** geboten (im Ergebnis ebenfalls für legislative Maßnahmen: *Gerdom* 218 f.; HaKo-BetrVG/*Kohte* RL 2002/14/EG Rn. 19; EAS/*Oetker*/*Schubert* B 8300 Rn. 372). Diese Regelung müsste Informations- und Beratungsrechte für sämtliche von Art. 4 II lit. c erfassten Gegenstände vorsehen, sollte dabei auch den Betriebsübergang an sich einbeziehen und zugleich eine mit den Schwellenwerten des Art. 3 I vereinbare Regelung zum Unterrichtungsrecht nach Art. 4 II lit. a bereitstellen (zu diesem Aspekt schon → Rn. 25).

II. Personalvertretungsrecht des Bundes

Im Personalvertretungsrecht besteht erheblicher Umsetzungsbedarf. Das betrifft sowohl die **Gegenstände der Beteiligung der Personalvertretung** als auch die Ausgestaltung der **Modalitäten der Beteiligung** (ausf. *Gerdom* 266 ff. [mit Ausführungen auch zu den Landespersonalvertretungsgesetzen]). Auch insofern sind **gesetzgeberische Korrekturen** gefordert. 35

Das in Art. 4 II lit. a geforderte umfassende Unterrichtungsrecht der Arbeitnehmervertretung über die **allg. wirtschaftliche Lage** fehlt im BPersVG. Wie im Betriebsverfassungsrecht (§ 80 II BetrVG) gibt es zwar einen allg. Unterrichtungsanspruch der Personalvertretung (§ 68 II BPersVG), dieser ist aber ebenfalls aufgabenbezogen ausgestaltet (*Schneider* PersV 2003, 50 [55]; *Spreer* 134; *Vogelgesang* PersV 2006, 364 [369]). Auch hier erscheint eine Umgestaltung zu einem umfassenden Unterrichtungsanspruch (*Gerdom* 267 ff.) methodisch problematisch (→ Rn. 24) und würde jedenfalls kaum dem Transparenzgebot entsprechen (insofern wie hier *Gerdom* 270). 36

Für die Umsetzung des Unterrichtungs- und Anhörungsrechts nach Art. 4 II lit. b bezüglich der **Beschäftigungssituation, -struktur und -entwicklung** sowie zu **geplanten antizipativen Maßnahmen** kann auf § 78 III 3 BPersVG zurückgegriffen werden, so dass der Bereich der Personalplanung dem Gegenstand nach abgedeckt ist (*Gerdom* 273 ff.). Weitere Teilaspekte werden vor allem von § 75 III Nr. 8, 9, 13, 14 BPersVG und von § 76 II Nr. 6, 8, 10 BPersVG erfasst (*Gerdom* 275; *Schneider* PersV 2003, 50 [55]; *Spreer* 134 f.). Insofern besteht auch das Unterrichtungsrecht nach § 68 II 1 BPersVG. Zwar greift im Fall des § 78 III 3 BPersVG hinsichtlich des Anhörungsrechts § 72 BPersVG nicht, da es nicht um einen Mitwirkungsfall iSd Vorschrift geht (vgl. RDW/*Weber* BPersVG § 72 Rn. 6). Aber auch die in § 78 III 3 BPersVG vorgesehene Anhörung kann ähnlich wie im Betriebsverfassungsrecht (→ Rn. 27) unter Berücksichtigung des § 66 I 3 BPersVG so ausgelegt werden, dass den Anforderungen des Art. 4 III Genüge getan ist (vgl. auch RDW/*Benecke* BPersVG § 79 Rn. 129; insoweit aA *Gerdom* 266 f., 275; ähnlich *Schneider* PersV 2003, 50 [56]). 37

Für die Fälle der in Art. 4 lit. c angesprochenen Unterrichtungs- und Beratungspflicht bei Entscheidungen, die **wesentliche Änderungen der Arbeitsorganisation oder der Arbeitsverträge** betreffen, enthält das BPersVG schon dem Gegenstand nach nur unzureichende Umsetzungsvorschriften. §§ 75 III Nr. 16, 76 II Nrn. 5 u. 7, 78 I 2, 78 V BPersVG erfassen zwar einen großen Teil, aber nicht alle unter Art. 4 II lit. c fallenden Gegenstände (*Gerdom* 285 ff.). Soweit hier einschlägige Beteiligungsrechte bestehen, lässt sich immerhin die von Art. 4 IV lit. e geforderte Ausrichtung auf eine Einigung durchaus aus § 66 I 3 BPersVG herleiten. Dass für Dienstvereinbarungen nach § 73 BPersVG nur ein beschränkter Anwendungsbereich besteht, ist unschädlich, da die Richtlinie keine normativ wirkende Vereinbarung fordert (*Gerdom* 289; vgl. aber *v. Roettecken* PersR 2003, 181 [188]; *Schneider* PersV 2003, 50 [56]; *Vogelgesang* PersV 2006, 364 [371]). 38

III. Sprecherausschussgesetz

39 Erheblicher Umsetzungsbedarf besteht auch im Hinblick auf das SprAuG (*Gerdom* 220 f.). Die Mitwirkungsrechte nach §§ 30 SprAuG erfüllen die Anforderungen der Richtlinie nicht. § 32 SprAuG enthält zwar ein Unterrichtungsrecht iSd Art. 4 II lit. a. Unterrichtungs- und Anhörungsrechte bezüglich der von Art. 4 II lit. b und c geforderten Gegenstände fehlen aber. Zur Problematik des persönlichen Anwendungsbereichs der RL 2002/14/EG vgl. → Art. 2 Rn. 16.

Art. 5 Unterrichtung und Anhörung auf der Grundlage einer Vereinbarung

¹Die Mitgliedstaaten können es den Sozialpartnern auf geeigneter Ebene, einschließlich Unternehmens- oder Betriebsebene, überlassen, nach freiem Ermessen und zu jedem beliebigen Zeitpunkt im Wege einer ausgehandelten Vereinbarung die Modalitäten für die Unterrichtung und Anhörung der Arbeitnehmer festzulegen. ²Diese Vereinbarungen und zu dem in Artikel 11 festgelegten Zeitpunkt bestehende Vereinbarungen sowie nachfolgende Verlängerungen derartiger Vereinbarungen können unter Wahrung der in Artikel 1 genannten Grundsätze und unter von den Mitgliedstaaten festzulegenden Bedingungen und Beschränkungen Bestimmungen vorsehen, die von den in Artikel 4 vorgesehenen Bestimmungen abweichen.

A. Allgemeines

1 Art. 5 ist Ausfluss des **Konzepts verhandelter Mitbestimmung,** das die neueren Richtlinien mit Regelungen zur Arbeitnehmerbeteiligung prägt und das erst eine Teilharmonisierung in diesem rechtspolitisch besonders umstrittenen Bereich des kollektiven Arbeitsrechts möglich gemacht hat (→ Art. 1 Rn. 3, 7; *Weber,* FS 600 Jahre Würzburger Juristenfakultät, 2002, 189 [212 ff.]; *ders.,* FS Konzen, 2005, 921 [926 ff.]). Die Regelung eröffnet den Mitgliedstaaten die Möglichkeit, den Sozialpartnern **Gestaltungsoptionen auf der Grundlage von Vereinbarungen** zu gewähren. Art. 5 enthält aber nur eine Öffnungsklausel. Grds. sieht die Richtlinie eine Arbeitnehmerbeteiligung nach dem Maßstab des Art. 4 vor, Art. 5 erlaubt nur, „von den in Artikel 4 vorgesehenen Bestimmungen" abzuweichen. Das Regel/Ausnahmeverhältnis ist also gerade umgekehrt wie bei der RL 2009/38/EG, die Verhandlungslösungen den Vorrang gibt (→ RL 2009/38/EG Art. 1 Rn. 10). Bei der RL 2002/14/EG dominiert dagegen das Harmonisierungskonzept (*T. Brors* 106 f.; 112; *Weber,* FS 600 Jahre Würzburger Juristenfakultät, 2002, 189 [209]). Daraus folgt zugleich, dass es sich bei Art. 5 auch nicht um einen Fall der Richtlinienumsetzung durch die Sozialpartner handelt (so aber *Spreer* 55 f.; *Schäfer* 166 ff.) und es auch keinen Zwang zur Einführung von Verhandlungslösungen gibt (*Gerdom* 113). Vielmehr kann von „optionaler Tarifdispositivität" gesprochen werden (*Riesenhuber* § 27 Rn. 22 Fn. 34; vgl. auch *Fischer* TranspR 2005, 103 [107]).

B. Reichweite der Dispositionsbefugnis der Sozialpartner

2 Als **Sozialpartner iSd Art. 5** können auf Seiten der Arbeitnehmer nicht nur Gewerkschaften agieren, sondern es kommen alle Arten von Arbeitnehmervertretungen in Betracht, die von Art. 2 lit. e erfasst sind. Auf Arbeitgeberseite kann die Vereinbarung von einem Verband oder einem einzelnen Arbeitgeber geschlossen werden (*Gerdom* 113; Schlachter/Heinig/*Greiner* § 21 Rn. 33). Da der Sozialpartnerbegriff weit zu verstehen ist, muss die Vereinbarung kein Tarifvertrag sein. Jedoch soll die Vereinbarung eine Grundlage für die im jeweiligen Betrieb oder Unternehmen geltenden Regeln der Arbeitnehmermitwirkung bilden, und die Wirksamkeit der mit der Richtlinie verfolgten Ziele darf nicht gefährdet sein. Deshalb muss es sich um eine **rechtlich verbindliche Regelung** handeln (*Gerdom* 115 f.), die für alle Arbeitnehmer des Betriebs bzw. Unternehmens gilt (vgl. auch Schlachter/Heinig/*Greiner* § 21 Rn. 32).

Die **Reichweite der Dispositionsbefugnis** der Sozialpartner ist **beschränkt**. Die 3 Funktion des Art. 5 besteht darin, dass in jedem Mitgliedstaat jedenfalls ein System der Unterrichtung und Anhörung bereitsteht, die genaue Ausgestaltung dieses Systems (**„Modalitäten der Unterrichtung und Anhörung"**) aber auch durch die Sozialpartner erfolgen kann. Zwar gibt es **keine zeitlichen Grenzen** – die Sozialpartnervereinbarung kann im Zeitpunkt des Ablaufs der Umsetzungsfrist nach Art. 11 I bereits bestanden haben oder später abgeschlossen oder verändert werden – wohl aber **inhaltliche Grenzen:** Die Sozialpartner können nur über das **„Wie"** der **Unterrichtung und Anhörung** bestimmen, nicht aber über das „Ob". Art. 5 verweist ausdrücklich auf die in „Artikel 4 vorgesehenen Bestimmungen" (Schlachter/Heinig/*Greiner* § 21 Rn. 19; 31; *Weber,* FS 600 Jahre Würzburger Juristenfakultät, 2002, 189 [209]; *Weber/Gräf* ZESAR 2011, 355 [357]; insoweit auch *Forst* ZESAR 2012, 164 [167]). *Insoweit* sind Abweichungen möglich, nicht aber hinsichtlich der Frage, ob es überhaupt ein System der Unterrichtung und Anhörung gibt. Das zeigt sich auch daran, dass Art. 5 die **Wahrung der „in Artikel 1 genannten Grundsätze"** einfordert. Für die hier vertretene Lösung spricht schließlich mittelbar auch Art. 11: Danach müssen für den Fall, dass die Richtlinienumsetzung *insgesamt* den Sozialpartnern überlassen wird, die Mitgliedstaaten sicherstellen, dass diese bis zum Ablauf der Umsetzungsfrist nach Art. 11 I auch tatsächlich entsprechende Vereinbarungen treffen (vgl. dazu auch EuGH 11.2.2010 – C-405/08 Rn. 34 ff. – Holst). Art. 5 legt die Umsetzung der Richtlinie nicht einmal ganz in die Hände der Sozialpartner, sondern erlaubt nur auf Art. 4 bezogene Abweichungen. Auch hier kann deshalb das „Ob" eines Systems der Unterrichtung und Anhörung nicht zur Disposition der Sozialpartner stehen. Zwar verlangt die Richtlinie nicht, dass tatsächlich Arbeitnehmervertretungen gewählt werden, sie verlangt aber auch im Fall des Art. 5, dass entsprechende Regelungen bestehen, welche die Wahl einer Arbeitnehmervertretung *ermöglichen* (*Weber/Gräf* ZESAR 2011, 355 [358]).

Im Einzelnen bedeutet dies, dass eine Sozialpartnervereinbarung nach Art. 5 die Unter- 4 richtung und Anhörung der Arbeitnehmer auf andere – auch weniger – **Gegenstände** beziehen könnte als in **Art. 4 II** vorgesehen (*Riesenhuber* § 27 Rn. 23); weiterhin, dass das **Unterrichtungs- und Anhörungsverfahren nach Art. 4 III, IV modifiziert** werden könnte, auch zum Nachteil der Arbeitnehmer (*Gerdom* 114; *Riesenhuber* § 27 Rn. 24). An die **übrigen Bestimmungen der Richtlinie,** etwa an Regelungen zum Geheimnisschutz nach Art. 6 oder zum Schutz der Arbeitnehmervertreter nach Art. 7 sind die Sozialpartner ebenso wie der Gesetzgeber **gebunden** (*Gerdom* 114; *Schäfer* 167 f.). Auch die Durchsetzung der Rechte aus der Richtlinie nach Art. 8 darf im Fall einer Sozialpartnervereinbarung nicht gefährdet sein.

C. Umsetzung in Deutschland

Im deutschen Betriebsverfassungs- und Personalvertretungsrecht gibt es zurzeit **keine** 5 **generellen Sozialpartnervereinbarungen** iSd Art. 5. Entsprechende Regelungen sind auch nicht zu erwarten. Bedeutung hat Art. 5 aber iRd Diskussion um die **Sonderregelung des § 117 II 1 BetrVG:** Während nach § 117 I BetrVG für Landbetriebe von Luftfahrtunternehmen die allg. gesetzlichen Regeln gelten, „kann" nach § 117 II 1 BetrVG für im Flugbetrieb beschäftigte Arbeitnehmer durch Tarifvertrag eine Vertretung errichtet werden. Von dieser Regelung haben die Tarifpartner in Deutschland in weitem Umfang Gebrauch gemacht (vgl. dazu etwa GK-BetrVG/*Franzen* BetrVG § 117 Rn. 19 ff.).

Die **Vereinbarkeit dieser Regelung mit der Richtlinie** ist umstritten. Da Art. 3 III 6 ausdrücklich nur Sonderregelungen für die Hochseeschifffahrt erlaubt und es sich bei § 117 II 1 BetrVG weder um eine Regelung zum persönlichen Anwendungsbereich der Richtlinie handelt noch um eine besondere nationale Arbeitnehmervertretung nach Art. 2 lit. e (zu beidem *Weber/Gräf* ZESAR 2011, 355 [356 f.]), wäre die Regelung nur dann von der Richtlinie gedeckt, wenn es sich um eine zulässige Bestimmung über eine **Sozialpartnervereinbarung nach Art. 5** handelte. Das wird in der Tat häufig so gesehen (HessLAG 19.9.2006 – 4–9 TaBV 56/06; LAG Bln-Bbg 30.10.2009 LAGE § 117 BetrVG 2001 Nr. 1 mit zust. Anm. *Kiehn; Bauckhage-Hoffer/Umnuß* EWS 2010, 269 [272]; DKKW/*Däubler* BetrVG § 117 Rn. 11; GK-BetrVG/*Franzen* BetrVG § 117 Rn. 10; *Forst* ZESAR 2012, 164 [166 ff.]; Richardi/*Thüsing* BetrVG § 117 Rn. 2; für unionsrechtskonforme Auslegung *Fitting* BetrVG § 117 Rn. 6b ff.; darauf bezugnehmend auch BAG 24.6.2008 NZA 2008, 1309 Rn. 38). Das überzeugt aber nicht, **§ 117 II 1 BetrVG ist richtlinienwidrig** (*Bayreuther* NZA 2010, 262 [263]; *Bonin* AuR 2004, 321 [322]; *Darányi*, Die Bordbetriebsverfassung nach § 117 II 1 BetrVG unter Berücksichtigung europa- und verfassungsrechtlicher Vorgaben, 2013, 100 ff.; *Fischer* TranspR 2005, 103 [107]; *Gerdom* 251 f.; Schlachter/Heinig/*Greiner* § 21 Rn. 19 f.; ErfK/*Kania* § 117 BetrVG Rn. 1; HaKo-BetrVG/*Kohte* RL 2002/14/EG Rn. 34; EAS/Oetker/*Schubert* B 8300 Rn. 307 f.; *Weber/Gräf* ZESAR 2011, 355 [357 ff.]). § 117 II 1 BetrVG stellt nicht sicher, dass es für im Flugbetrieb beschäftigte Arbeitnehmer tatsächlich einen betriebsverfassungsrechtlichen Tarifvertrag gibt, sondern ist als „Kann"-Vorschrift ausgestaltet. Es kann also Flugbetriebe ohne ein System der Arbeitnehmervertretung geben. Art. 5 erlaubt es den Mitgliedstaaten aber **nicht, das „Ob" einer Regelung über die Unterrichtung und Anhörung zur Disposition der Sozialpartner** zu stellen (→ Rn. 3). Dem kann auch nicht entgegengehalten werden, dass der EuGH nicht fordere, dass es tatsächlich Arbeitnehmervertretungen gebe und den Arbeitnehmern nur die Möglichkeit gegeben werden müsse, eine solche notfalls gegen den Willen des Arbeitgebers zu wählen (vgl. zur Massenentlassungsrichtlinie 98/59/EG EuGH 8.6.1994 – C-383/92 – KOM/Vereinigtes Königreich Rn. 9 ff.; dazu Art. 2 Rn. 19), und es deshalb ausreiche, wenn man der Gewerkschaft einen Anspruch auf Verhandlungen über einen betriebsverfassungsrechtlichen Tarifvertrag zuspreche (dazu LAG Bln-Bbg 30.10.2009 LAGE § 117 BetrVG 2001 Nr. 1 [unter 2.4.2.1.2.3. der Gründe]), und solche Tarifverträge auch erstreikbar seien (DKKW/*Däubler* BetrVG § 117 Rn. 10; *Forst* ZESAR 2012, 164 [168]; GK-BetrVG/*Franzen* BetrVG § 117 Rn. 10). § 117 II 1 BetrVG stellt nicht lediglich die Wahl einer Arbeitnehmervertretung zur Disposition, sondern das Bestehen eines **Systems der Unterrichtung und Anhörung an sich.** Das ist von Art. 5 nicht gedeckt und würde die Wirksamkeit der Richtlinie grds. in Frage stellen (*Weber/Gräf* ZESAR 2011, 355 [357 ff.]).

7   Der Richtlinienverstoß kann nur **durch den Gesetzgeber** beseitigt werden (*Bayreuther* NZA 2010, 262 [263f]; Schlachter/Heinig/*Greiner* § 21 Rn. 20; *Weber/Gräf* ZESAR 2011, 355 [358 ff.]). Weder kommt Art. 27 GRC insoweit unmittelbare Wirkung zu (EuGH 15.1.2014 – C-176/12 – AMS) noch kann die Richtlinie selbst Direktwirkung entfalten, auf keinen Fall im Verhältnis zwischen Privatpersonen. Auch eine richtlinienkonforme Auslegung bzw. Rechtsfortbildung – etwa in dem Sinne, dass in Ermangelung eines Tarifvertrags hilfsweise das BetrVG zur Anwendung kommt (so aber ArbG Cottbus 24.9.2009 – 1 BVGa 7/09; *Fitting* BetrVG § 117 Rn. 6b ff.; HaKo-BetrVG/*Kloppenburg* BetrVG § 117 Rn. 3) – ist nicht möglich, vor allem weil dies die Struktur der Regelung völlig verändern würde und es dem Gesetzgeber überlassen bleibt, welche Regelung er für den Fall vorsieht, dass die Tarifpartner von der Option des § 117 II 1 BetrVG keinen Gebrauch machen (*Bayreuther* NZA 2010, 262 [264]; *Weber/Gräf* ZESAR 2011, 355 [359 ff.]).

Art. 6 Vertrauliche Informationen

(1) ¹Die Mitgliedstaaten sehen vor, dass es gemäß den in den einzelstaatlichen Rechtsvorschriften festgelegten Bedingungen und Beschränkungen den Arbeitnehmervertretern und den etwaigen sie unterstützenden Sachverständigen nicht gestattet ist, ihnen im berechtigten Interesse der Unternehmen oder Betriebe ausdrücklich als ver-

traulich mitgeteilte Informationen an Arbeitnehmer oder Dritte weiterzugeben. ²Diese Verpflichtung besteht unabhängig von ihrem Aufenthaltsort und auch noch nach Ablauf ihres Mandats. ³Ein Mitgliedstaat kann es Arbeitnehmervertretern oder sie unterstützenden Personen jedoch gestatten, vertrauliche Informationen an Arbeitnehmer und Dritte weiterzugeben, die zur Vertraulichkeit verpflichtet sind.

(2) Die Mitgliedstaaten sehen vor, dass der Arbeitgeber in besonderen Fällen und unter Beachtung der in den einzelstaatlichen Rechtsvorschriften festgelegten Bedingungen und Beschränkungen nicht verpflichtet ist, eine Unterrichtung vorzunehmen oder eine Anhörung durchzuführen, wenn diese Unterrichtung oder Anhörung nach objektiven Kriterien die Tätigkeit des Unternehmens oder Betriebs erheblich beeinträchtigen oder dem Unternehmen oder Betrieb schaden könnte.

(3) ¹Unbeschadet bestehender einzelstaatlicher Verfahren sehen die Mitgliedstaaten Rechtsbehelfsverfahren auf dem Verwaltungsweg oder vor Gericht vor, falls gemäß den Absätzen 1 und 2 der Arbeitgeber Vertraulichkeit verlangt oder die Informationen verweigert. ²Sie können ferner Verfahren vorsehen, die dazu bestimmt sind, die Vertraulichkeit der betreffenden Informationen zu wahren.

A. Allgemeines

Die Regelung des Art. 6 beruht auf der Erkenntnis, dass es im Interesse der – in den 1 Erwägungsgründen 7 und 9 ausdrücklich in die Konzeption der Richtlinie einbezogenen – **Wettbewerbsfähigkeit des Unternehmens** geboten sein kann, der Preisgabe sensibler Informationen Grenzen zu setzen (Erwägungsgrund 25). Zu Recht wird die Regelung auch als Ausdruck des **Kooperationsgebots** nach Art. 1 III angesehen (*Riesenhuber* § 27 Rn. 29).

Art. 6 verpflichtet die Mitgliedstaaten **zur Schaffung von Regelungen zum Schutz** 2 **vertraulicher Informationen** (Fuchs/Marhold 371; EAS/*Oetker*/*Schubert* B 8300 Rn. 376; aA *Gerdom* 118 ff.; *v. Roettecken* PersR 2003, 181 [187]; bezogen auf Art. 6 II auch *Bonin* AuR 2004, 321 [327]). Das folgt schon aus dem Wortlaut der Regelung („die Mitgliedstaaten sehen vor"), entspricht aber vor allem auch der grundsätzlichen Zielrichtung der Richtlinie, die Unternehmens- und Belegschaftsinteressen gleichermaßen in den Blick nimmt (vgl. auch → Rn. 1 sowie → Art. 1 Rn. 8). Darüber hinaus wäre die im Vergleich zu anderen Bestimmungen der Richtlinie überaus detaillierte Regelung des Art. 6 kaum erforderlich gewesen, wenn der Europäische Gesetzgeber hierin nur eine Option gesehen hätte. Namentlich die Begrenzung des Informationsschutzes auf berechtigte Interessen in Art. 6 I und die Ausgestaltung des Art. 6 II als Ausnahmevorschrift („besondere Fälle", „erheblich beeinträchtigen") zeigen, dass es um die Formulierung verbindlicher Mindestanforderungen geht, die das Resultat einer **Interessenabwägung** darstellt. Deshalb überzeugt es nicht, wenn zur Begründung einer bloßen Gestaltungsoption auf die Befugnis der Mitgliedstaaten verwiesen wird, für die Arbeitnehmer günstigere Regelungen zu schaffen (*Gerdom* 119 f.). Denn die Richtlinie entfaltet über Art. 6 gerade **Schutzwirkung zugunsten des Arbeitgebers,** so dass man beim Günstigkeitsvergleich nicht einseitig auf die mögliche Ausweitung der Arbeitnehmermitwirkung abstellen kann. Spielraum wird den Mitgliedstaaten gleichwohl zugestanden, indem sowohl in Art. 6 I als auch in Art. 6 II eine Bezugnahme auf die „gemäß den in den einzelstaatlichen Rechtsvorschriften festgelegten Bedingungen und Beschränkungen" enthalten ist (*T. Brors* 160 f.). Der Schutz vertraulicher Informationen und namentlich die in Art. 6 II vorgesehene Beschränkung der Unterrichtung und Anhörung steht deshalb einer **konkretisierenden Ausgestaltung durch den nationalen Gesetzgeber offen** (vgl. auch Schlachter/Heinig/*Greiner* § 21 Rn. 35).

B. Schutz vertraulicher Informationen

I. Geheimhaltungspflicht, Art. 6 I

3   Nach Art. 6 I dürfen **als vertraulich mitgeteilte** Informationen **durch die Arbeitnehmervertreter** oder etwaige sie unterstützende Sachverständige **nicht** an Arbeitnehmer oder Dritte **weitergegeben** werden. Anders als die insoweit im Wortlaut nicht eindeutigen Parallelbestimmungen in Art. 8 RL 2001/86/EG und Art. 8 RL 2009/38/EG (zur Auslegung aber → RL 2009/38/EG Rn. 4 f.) lässt es Art. 6 I ausdrücklich nicht ausreichen, dass bestimmte Informationen durch den Arbeitgeber **als vertraulich mitgeteilt** werden (**formale Qualifikation**), sondern verlangt ein (objektives) **berechtigtes Interesse** des Unternehmens bzw. des Betriebs (**materielle Qualifikation**; *Riesenhuber* § 27 Rn. 30; vgl. auch *Gerdom* 116; *Schlachter/Heinig/Greiner* § 21 Rn. 34; HaKo-BetrVG/*Kohte* RL 2002/14/EG Rn. 21; EAS/*Oetker/Schubert* B 8300 Rn. 376). Auf diese Weise soll sichergestellt werden, dass sich der Arbeitgeber nicht missbräuchlich auf den Geheimnisschutz beruft (*Reichold* NZA 2003, 289 [297]).

II. Einschränkung der Arbeitnehmerbeteiligung, Art. 6 II

4   Art. 6 II verlangt weitergehend, dass die Mitgliedstaaten es dem Arbeitgeber ermöglichen, „in besonderen Fällen" Informationen zurückzuhalten und auch keine Anhörung durchzuführen. Voraussetzung ist allerdings, dass es nach „objektiven Kriterien" zu einer erheblichen Beeinträchtigung des Unternehmens bzw. Betriebs oder zu einer Schädigung kommen könnte. Anders als bei Art. 6 I, der nur die Arbeitnehmervertreter zum Geheimnisschutz verpflichtet, kann auf der Basis von Art. 6 II die **Arbeitnehmerbeteiligung selbst beschränkt** werden. Dies und die in der Regelung formulierten strengen Kriterien zeigen, dass es sich um eine eng auszulegende **Ausnahmevorschrift** handelt (*Gerdom* 117; *Riesenhuber* § 27 Rn. 31; **aA** *Schneider* PersV 2003, 50 [57]). Das Vorliegen eines klassischen Geschäftsgeheimnisses reicht nicht, sondern zusätzlich müssen „schwerwiegende Schäden" drohen (Erwägungsgrund 26; dazu *Gerdom* 117; *Spreer* 59). Andererseits ist Art. 6 II auch nicht auf den Schutz vertraulicher Informationen beschränkt, sondern bezieht nach der Vorstellung des Richtliniengebers bestimmte Eilfälle mit ein, in denen der Arbeitgeber „unverzüglich" der Anordnung einer Kontroll- oder Aufsichtsbehörde nachkommen muss (Erwägungsgrund 26; *Gerdom* 117). Art. 6 II verlangt aber nicht, dass die Befreiung von der Informations- und Konsultationspflicht generell, dh für jede Information vorgesehen werden muss. Die Mitgliedstaaten müssen dies nur für „**besondere Fälle** und unter Beachtung der in den **einzelstaatlichen** Rechtsvorschriften festgelegten Bedingungen und Beschränkungen" tun. Es obliegt dem nationalen Gesetzgeber, festzulegen, wann ausnahmsweise eine Einschränkung der Arbeitnehmermitwirkung aus Gründen des Geheimnisschutzes vorzusehen ist (→ Rn. 2; vgl. auch → RL 2009/38/EG Art. 8 Rn. 9).

III. Verfahrensregelungen, Art. 6 III

5   Nach **Art. 6 III 1** muss sowohl im Fall des Art. 6 I (Verbot der Weitergabe von Informationen durch Arbeitnehmervertreter) als auch in dem des Art. 6 II (Verweigerung der Information durch den Arbeitgeber) die Möglichkeit einer **gerichtlichen Überprüfbarkeit** gewährleistet sein. Als Option sieht **Art. 6 III 2** vor, dass die Mitgliedstaaten **Verfahren zur Wahrung der Vertraulichkeit** der betreffenden Informationen vorsehen können.

C. Umsetzung in Deutschland

In Deutschland ist **Art. 6 I** durch **§ 79 BetrVG** sowie **§ 10 BPersVG** umgesetzt. Zwar enthält der Wortlaut des § 79 BetrVG ausdrücklich nur das formale Qualifikationsmerkmal, dass die Informationen „als geheimhaltungsbedürftig" bezeichnet wurden (eine unzureichende Umsetzung anmahnend deshalb Preis/Sagan/*Müller-Bonanni*/*Jenner* § 12 Rn. 229; *Reichold* NZA 2003, 289 [297]). § 10 BPersVG enthält nicht einmal dieses Erfordernis (krit. deshalb *Gerdom* 296 f.). Die Beschränkung auf „Betriebs- und Geschäftsgeheimnisse" in § 79 BetrVG zeigt aber, dass die Regelung sich nur auf Informationen bezieht, an deren Geheimhaltung der Arbeitgeber ein berechtigtes Interesse iSd Richtlinie hat, so dass auch das von der Richtlinie geforderte materielle Qualifikationsmerkmal vorliegt (*Bonin* AuR 2004, 321 [327]; *Gerdom* 222; Schlachter/Heinig/*Greiner* § 21 Rn. 34; HaKo-BetrVG/*Kohte* RL 2002/14/EG Rn. 21; EAS/*Oetker*/*Schubert* B 8300 Rn. 377). Auch § 10 BPersVG lässt sich jedenfalls richtlinienkonform auslegen (im Ergebnis auch *v. Roettecken* PersR 2003, 181 [187]; *Spreer* 137).

Eine Umsetzung von **Art. 6 II** erfolgt für das **Betriebsverfassungsrecht** in **§ 106 II BetrVG,** der die Unterrichtungspflicht gegenüber dem Wirtschaftsausschuss insoweit beschränkt, als „dadurch nicht die Betriebs- und Geschäftsgeheimnisse des Unternehmens gefährdet werden". Das ist zwar eine gegenüber der Richtlinie großzügigere Formulierung, sie kann aber iSd strengeren Kriterien des Art. 6 II ausgelegt werden (*Gerdom* 222; HaKo-BetrVG/*Kohte* RL 2002/14/EG Rn. 22; *Spreer* 59 f.). Dass der deutsche Gesetzgeber weitergehende Regelungen zur Beschränkung von Beteiligungsrechten des Betriebsrats nicht geschaffen hat, steht nicht im Widerspruch zur Richtlinie. Diese erlaubt es den Mitgliedstaaten, die Ausnahmefälle zu konkretisieren, in denen dem Geheimnisschutz der Vorrang vor der Unterrichtung und Anhörung der Arbeitnehmer gegeben wird (→ Rn. 2; Schlachter/Heinig/*Greiner* § 21 Rn. 35; im Ergebnis ebenso, aber auf das Günstigkeitsprinzip abstellend *Bonin* AuR 2004, 321 [327]; *Gerdom* 223; HaKo-BetrVG/*Kohte* RL 2002/14/EG Rn. 22; EAS/*Oetker*/*Schubert* B 8300 Rn. 380). Im **Personalvertretungsrecht** fehlt eine entsprechende Regelung völlig. Hier ist aber immerhin daran zu denken, im Einzelfall auf entsprechenden Vortrag des öffentlichen Arbeitgebers hin über eine Güterabwägung zwischen Informationsanspruch der Personalvertretung und berechtigten Staatsinteressen das Informationsrecht zurücktreten zu lassen (*Vogelgesang* PersV 2006, 364 [372]). Eine gesetzgeberische Klarstellung wäre aber im Hinblick auf das Transparenzgebot wünschenswert (*Schneider* PersV 2003, 50 [57]).

Die in **Art. 6 III** geforderten Rechtsschutzmöglichkeiten stellt das **Betriebsverfassungsrecht** im Verbund mit den Regeln des arbeitsgerichtlichen Beschlussverfahrens zur Verfügung. Der Arbeitgeber kann bei drohender Informationsweitergabe einen Unterlassungsanspruch geltend machen und diesen notfalls auch im Wege der einstweiligen Verfügung durchsetzen. Umgekehrt kann der Betriebsrat Informationsrechte aus §§ 80 II, 90, 92 Abs. 1, 111 BetrVG ebenfalls im arbeitsgerichtlichen Beschlussverfahren und durch einstweilige Verfügung geltend machen (EAS/*Oetker*/*Schubert* B 8300 Rn. 379). Bezüglich der Auskunftsverweigerung im Falle des § 106 II BetrVG steht das Verfahren nach § 109 BetrVG zur Verfügung, bei dem die Entscheidung der Einigungsstelle wiederum von den Arbeitsgerichten im Beschlussverfahren überprüft werden kann (*Gerdom* 222; EAS/*Oetker*/*Schubert* B 8300 Rn. 379). Im **Personalvertretungsrecht** ermöglicht § 83 I Nr. 3 BPersVG bei Streitigkeiten über die Anwendung des § 10 BPersVG die gerichtliche Klärung im Beschlussverfahren (*Gerdom* 297; dazu RDW/*Treber* BPersVG § 10 Rn. 46 f.).

Art. 7 Schutz der Arbeitnehmervertreter

Die Mitgliedstaaten tragen dafür Sorge, dass die Arbeitnehmervertreter bei der Ausübung ihrer Funktion einen ausreichenden Schutz und ausreichende Sicherheiten genießen, die es ihnen ermöglichen, die ihnen übertragenen Aufgaben in angemessener Weise wahrzunehmen.

A. Allgemeines

1 Der Sinn der Regelung des Art. 7 erschließt sich aus dem **Zusammenhang mit dem Gebot der praktischen Wirksamkeit** in Art. 1 II (*Gerdom* 121). Damit die Arbeitnehmervertretung die in der Richtlinie vorgesehenen Beteiligungsrechte wirksam ausüben kann, muss die Unabhängigkeit ihrer Mitglieder bei der Ausübung ihrer Tätigkeit sichergestellt werden. Die Richtlinie verpflichtet deshalb die Mitgliedstaaten zur Bereitstellung eines „ausreichenden Schutzes" sowie „ausreichender Sicherheiten". Daraus folgt einerseits ein **Benachteiligungsverbot** für die Mitglieder der Arbeitnehmervertretung, andererseits aber auch ein **Ausstattungsgebot** für die Arbeitnehmervertretung durch den Arbeitgeber (→ Rn. 4).

2 **Ähnliche Regelungen** finden sich auch in **Art. 10 RL 2001/86/EG** sowie in **Art. 10 RL 2009/38/EG**. Die Regelungstechnik ist dort allerdings aufgrund des transnationalen Bezugs beider Richtlinien zum Teil etwas anders: Für den Schutz der Arbeitnehmervertreter verlangen beide Richtlinien jeweils eine Gleichstellung mit den jeweiligen Regelungen ihres Herkunftslandes (Art. 10 UAbs. 1 RL 2001/86/EG, Art. 10 III UAbs. 1 RL 2009/38/EG). Darüber hinaus sind die Bestimmungen hinsichtlich der materiellen Absicherung der Arbeitnehmervertreter konkreter (Art. 10 UAbs. 2 RL 2001/86/EG, Art. 10 III UAbs. 2 RL 2009/38/EG), die RL 2009/38/EG enthält ferner ausdrückliche Regelungen zur materiellen Ausstattung sowie zur Schulungsteilnahme (Art. 10 I, IV RL 2009/38/EG).

B. Schutz und Sicherheiten der Arbeitnehmervertreter

3 Die Richtlinie räumt den Mitgliedstaaten ein **weites Ermessen** bezüglich der Maßnahmen ein, die sie zur Sicherung der Funktionsfähigkeit der Arbeitnehmervertretung treffen. Das ergibt sich sowohl aus dem Wortlaut des Art. 7 als auch aus der Grundkonzeption der Richtlinie, die nur einen allg. Rahmen mit Mindestvorschriften vorsieht und Zurückhaltung gegenüber Eingriffen in das mitgliedstaatliche kollektive Arbeitsrecht übt (EuGH 11.2.2010 – C-405/08 Rn. 52 – Holst; vgl. auch → Art. 1 Rn. 7). Die Mitgliedstaaten müssen einen „ausreichenden" Schutz und „ausreichende" Sicherheiten für die Arbeitnehmervertreter schaffen, und zwar so, dass diese „die ihnen übertragenen **Aufgaben in angemessener Weise**" wahrnehmen können. Dieses **funktional vorbestimmte „Mindestmaß"** müssen die Mitgliedstaaten in jedem Fall gewährleisten, auch dann, wenn die Umsetzung im nationalen Recht über Tarifverträge erfolgt (EuGH 11.2.2010 – C-405/08 Rn. 53 ff. – Holst).

4 Im Einzelnen folgt aus Art. 7 zunächst ein **Benachteiligungsverbot** („ausreichender Schutz"), das konkret vor allem einen **Schutz vor Kündigungen** bedeutet, die mit der Ausübung der Funktionen eines Arbeitnehmervertreters zusammenhängen (*Gerdom* 121; *Jacobs* EuZA 2010, 533 [537]). Aber auch sonstige funktionsbezogene Benachteiligungen eines Arbeitnehmervertreters, etwa bei der Vergütung oder im beruflichen Fortkommen müssen durch das nationale Recht ausgeschlossen werden. Dabei muss nicht wie im deutschen Recht (§ 15 KSchG, § 103 BetrVG) ein verstärkter Kündigungsschutz gewährt werden, sichergestellt werden muss nur, dass ein Arbeitnehmervertreter seinen Arbeitsplatz

nicht wegen der Ausübung seiner Funktion verliert (EuGH 11.2.2010 – C-405/08 Rn. 50, 58 – Holst; Schlachter/Heinig/*Greiner* § 21 Rn. 38). Darüber hinaus müssen die Arbeitnehmervertreter aber auch „ausreichende Sicherheiten" genießen, damit sie ihre Aufgaben wahrnehmen können. Das ist als **Ausstattungsgebot** in einem doppelten Sinn zu verstehen: Zunächst folgt daraus, dass für **Mitglieder der Arbeitnehmervertretung** zur Wahrnehmung ihrer Funktionen eine Freistellung unter Fortzahlung der Vergütung sichergestellt ist (*Gerdom* 121; *Jacobs* EuZA 2010, 533 [537]) oder aber die Tätigkeit als Arbeitnehmervertreter als solche vergütet wird. Zum anderen ist aus Art. 7 auch abzuleiten, dass die **Arbeitnehmervertretung als solche** so mit den für ihre Aufgabenerfüllung erforderlichen Mitteln ausgestattet wird, dass sie ihre Aufgaben angemessen wahrnehmen kann (*Gerdom* 121; *Reichold* NZA 2003, 289 [298]; *Jacobs* EuZA 2010, 533 [537]).

C. Umsetzung im deutschen Recht

Art. 7 ist im **BetrVG und BPersVG richtlinienkonform** umgesetzt (*Bonin* AuR 2004, 321 [327]; *Deinert* NZA 1999, 800 [801]; *Gerdom* 223 f.; Schlachter/Heinig/*Greiner* § 21 Rn. 38; EAS/*Oetker*/*Schubert* B 8300 Rn. 381; *Reichold* NZA 2003, 289 [298]; *Spreer* 61). Namentlich beim Kündigungsschutz geht das deutsche Recht sogar über die Anforderungen der Richtlinie hinaus (*Jacobs* EuZA 2010, 533 [539]; *Giesen* RdA 2000, 298 [302]).

Für den Aspekt des **Benachteiligungsschutzes** kommen im **Betriebsverfassungsrecht** die Regelungen des § 15 KSchG sowie der §§ 20, 37, 38, 78, 78a, 103, 119, 121 **BetrVG** zum Tragen. Da die zentrale Vorschrift zum Benachteiligungsschutz (§ 78 BetrVG) auch für Mitglieder des Wirtschaftsausschusses gilt, erscheint die teilweise geforderte analoge Anwendung von Regeln zum besonderen Kündigungsschutz (HaKo-BetrVG/*Kohte* RL 2002/14/EG Rn. 40) aus Sicht der Richtlinie jedenfalls nicht geboten (*Gerdom* 223; *Ritter* 286 ff.; zur Diskussion im nationalen Recht vgl. ErfK/*Kania*, BetrVG § 107 Rn. 12 ff.; Richardi/*Annuß* BetrVG § 107 Rn. 27 ff.). Das **Ausstattungsgebot** ist über §§ 37, 38, 40 **BetrVG** umgesetzt. Im **Personalvertretungsrecht** finden sich einschlägige Regeln wiederum in § 15 KSchG sowie in den §§ 8, 9, 44, 46, 47, 99, 107, 108 BPersVG (*Gerdom* 298; *Schneider* PersV 2003, 50 [57]; *Vogelgesang* PersV 2006, 364 [372]).

Art. 7 verlangt auch keine materiellrechtlichen Sonderregelungen für **befristet beschäftigte Betriebsratsmitglieder** im Wege richtlinienkonformer Auslegung oder Rechtsfortbildung. Im Fall der sachgrundlosen Befristung besteht zwar für Betriebsratsmitglieder das Problem, dass der Arbeitgeber möglicherweise eine Verlängerung der Befristung oder gar eine Übernahme in ein unbefristetes Arbeitsverhältnis nur deshalb nicht vornimmt, weil der Arbeitnehmer zuvor als Betriebsratsmitglied tätig war. Da die entsprechende Entscheidung des Arbeitgebers eine „innere Tatsache" ist, wird dem Arbeitnehmer hier der dafür erforderliche Beweis schwer fallen. Die teilweise deshalb unter Berufung auf Art. 7 RL 2002/14/EG oder Art. 27, 28, 30 GRC geforderte Nichtanwendung von § 14 II TzBfG (ArbG München 8.10.2010 – 24 Ca 861/10; *Helm*/*Bell*/*Windirsch* AuR 2012, 293 ff.; *Huber*/*Schubert*/*Ögüt* AuR 2012, 429 ff.) oder auch eine analoge Anwendung des § 78a BetrVG (HaKo-BetrVG/*Kohte* RL 2002/14/EG Rn. 41 f.) erscheinen aber nicht geboten. Der von der Richtlinie geforderte Mindestschutz für Arbeitnehmervertreter kann mit der Rechtsprechung des BAG sichergestellt werden, indem einem sachgrundlos befristeten Betriebsratsmitglied bei einem Verstoß gegen das Benachteiligungsverbot ein **Schadensersatzanspruch** im Wege der Naturalrestitution **auf Abschluss eines Folgevertrags** zugesprochen wird (§§ 78 S. 2 BetrVG iVm §§ 280 I 1, 2 BGB bzw. § 823 II BGB iVm § 78 S. 2 BetrVG [BAG 5.12.2012 NZA 2013, 515 Rn. 36 ff.; BAG 25.6.2014 NZA 2014, 1209 Rn. 16 ff.; zust. *Buchholz*, ZBVR online 2013, Nr. 6, 9 ff.]; Schlachter/Heinig/*Greiner* § 21 Rn. 39). Den in der Literatur geäußerten Zweifeln im Hinblick auf die Effektivität eines solchen Rechtsbehelfs begegnet das BAG überzeugend mit einer Anwendung der Grundsätze einer **abgestuften Darle-**

gungs-, Einlassungs- und Beweislast (BAG 25.6.2014 NZA 2014, 1209 Rn. 35 ff.). Diese Lösung stellt eine dem Wirksamkeitsgebot der Richtlinie genügende Umsetzung des Art. 7 dar.

Art. 8 Durchsetzung der Rechte

(1) ¹Für den Fall der Nichteinhaltung dieser Richtlinie durch den Arbeitgeber oder durch die Arbeitnehmervertreter sehen die Mitgliedstaaten geeignete Maßnahmen vor. ²Sie sorgen insbesondere dafür, dass es geeignete Verwaltungs- und Gerichtsverfahren gibt, mit deren Hilfe die Erfüllung der sich aus dieser Richtlinie ergebenden Verpflichtungen durchgesetzt werden kann.

(2) Die Mitgliedstaaten sehen angemessene Sanktionen vor, die im Falle eines Verstoßes gegen diese Richtlinie durch den Arbeitgeber oder durch die Arbeitnehmervertreter Anwendung finden; die Sanktionen müssen wirksam, angemessen und abschreckend sein.

A. Allgemeines

1 Unter der Überschrift „Durchsetzung der Rechte" macht Art. 8 den Mitgliedstaaten zwei Vorgaben: Nach Art. 8 I müssen sie für den Fall der Nichteinhaltung der Richtlinie durch Arbeitgeber oder Arbeitnehmervertreter geeignete **Maßnahmen, insbesondere Verwaltungs- bzw. Gerichtsverfahren** zur Durchsetzung von Erfüllungsansprüchen vorsehen. Außerdem müssen sie nach Art. 8 II für **Sanktionen** sorgen, die wirksam, angemessen und abschreckend zu sein haben (vgl. Erwägungsgrund 28). Der Gesetzgeber will auf diese Weise sicherstellen, dass die Mitgliedstaaten den Mindeststandards der Richtlinie auch durch flankierende Maßnahmen praktische Wirksamkeit verleihen *(effet utile).*

2 Jedenfalls im Vergleich zu den anderen mitbestimmungsrechtlichen Richtlinien ist Art. 8 allerdings durch die Besonderheit gekennzeichnet, dass die beiden Absätze ausdrücklich **zwei Aspekte unterscheiden: Abs. 1** betont die Verpflichtung der Mitgliedstaaten zur Bereitstellung von Verfahren zur Durchsetzung der **„Erfüllung der sich aus dieser Richtlinie ergebenden Verpflichtungen". Abs. 2** verlangt **Sanktionen „im Fall eines Verstoßes gegen diese Richtlinie".** Art. 6 RL 98/59/EG, Art. 9 RL 2001/23/EG, Art. 12 RL 2001/186/EG sowie Art. 11 RL 2009/38/EG enthalten demgegenüber jeweils nur eine Formulierung zur Durchsetzung der Verpflichtungen aus der jeweiligen Richtlinie. Diese besondere Vorgehensweise dürfte auf die **Entstehungsgeschichte der RL 2002/14/EG** zurückzuführen sein (vgl. auch EAS/*Oetker/Schubert* B 8300 Rn. 382; *Riesenhuber* § 27 Rn. 1, 33): Die für die Arbeitnehmervertreter überraschende Schließung eines belgischen Werks des französischen Automobilherstellers Renault und der damit verbundene Verlust von 3000 Arbeitsplätzen im Jahr 1997 hatte eine Diskussion über die Effektivität bestehender Schutzvorkehrungen in den schon damals bestehenden Richtlinien über Massenentlassungen und Europäische Betriebsräte in Gang gebracht und dann letztlich zur Verabschiedung der vorliegenden Richtlinie geführt (→ Art. 1 Rn. 1). Allerdings betrat die Kommission mit ihrem Vorschlag in der Sache keineswegs völliges Neuland, da etwa auch schon im **Antidiskriminierungsrecht** die Unterscheidung zwischen Rechtsdurchsetzung und Sanktionen klar geregelt war (vgl. etwa Art. 9, 17 RL 2000/78/EG; dazu auch *Gerdom* S. 122). Vor allem aber setzt die Regelung mit der Einbeziehung einer eigenständigen Sanktionsregelung in Art. 8 letztlich lediglich eine **Entscheidungstradition des EuGH** um. Dieser leitete schon damals aus dem Primärrecht (heute Art. 4 III UAbs. 2 EUV, früher Art. 5 EWGV bzw. Art. 10 EG) die Verpflichtung der Mitgliedstaaten ab, nach dem Grundsatz des *effet utile* für eine Umsetzung der Richtlinienziele auch durch Sanktionen zu sorgen. Dabei verlangte er einerseits, dass die Mitgliedstaaten Verstöße gegen gemeinschaftsrechtlich vorgegebene Verpflichtungen nach ähnlichen sachlichen und verfahrensrechtlichen Rege-

lungen ahnden wie nach Art und Schwere gleichartige Verstöße gegen nationales Recht. Zu diesem **Äquivalenzgebot trat das Effektivitätsgebot,** wonach eine Sanktion wirksam, verhältnismäßig und abschreckend sein muss (*EuGH* 21.9.1989 – 68/88 Rn. 23 f. – Kommission/Griechenland; EuGH 2.10.1991 – C-7/90 Rn. 11 – Vandenvenne; 8.6.1994 – C-383/92 Rn. 40 – Kommission/Vereinigtes Königreich). Diese Rechtsprechung ist von der Kommission in Art. 8 ausdrücklich aufgegriffen worden (*Schäfer* 170 f.; *Weber* AuR 2008, 365 [374]). Insbesondere für die Massenentlassungsrichtlinie folgt daraus, dass die unterschiedliche Ausgestaltung der Regelungen zur Rechtsdurchsetzung nicht etwa zu einem Umkehrschluss im Hinblick auf Sanktionen führen darf, sondern dass im Gegenteil eine einheitliche Konzeption zu entwickeln ist (dazu *Weber* AuR 2008, 365 [374]). Dies gilt umso mehr, als der EuGH die oben erwähnten Leitlinien auch explizit zur Massenentlassungsrichtlinie formuliert hat (EuGH 8.6.1994 – C-383/92 – Kommission/Vereinigtes Königreich).

Der **Kommissionsentwurf** (KOM [1998] 612 endg., ABl. EG Nr. C 2 vom 5.1.1999, 3 [7]) war sogar noch weiter gegangen. Art. 7 III des Entwurfs lautete: „Die Mitgliedstaaten sehen vor, dass im Falle eines schwerwiegenden Verstoßes des Arbeitgebers gegen die Informations- und Anhörungspflicht bei Entscheidungen, die unter Artikel 4 Absatz 1 Buchstabe c) fallen, die betreffenden Entscheidungen, wenn sie unmittelbare Konsequenzen im Sinne einer wesentlichen Änderung oder einer Beendigung von Arbeitsverträgen oder Arbeitsverhältnissen hätten, keinerlei Rechtswirkung hinsichtlich Arbeitsvertrag und Arbeitsverhältnis der betroffenen Arbeitnehmer haben. Dies gilt, solange der Arbeitgeber seinen Verpflichtungen nicht nachgekommen ist oder, falls dies nicht mehr möglich ist, solange keine angemessene Entschädigung gemäß den von den Mitgliedstaaten zu bestimmenden Modalitäten festgelegt wurde". In den Fällen des heutigen Art. 4 II lit. c sollte ein Verstoß des Arbeitgebers Auswirkungen auf die individualrechtliche Wirksamkeit der Maßnahme haben. Bemerkenswert für die heutige Diskussion um die Interpretation des Art. 8 ist zunächst, dass die Unwirksamkeitsfolge erstens auf Fälle eines „schwerwiegenden" Verstoßes beschränkt war (für den der Entwurf dann Beispiele nannte) und zweitens die Kommission auch keine endgültige Unwirksamkeit (iSe Sanktion) im Auge hatte, sondern eine Art aufschiebende Wirkung: Die Unwirksamkeit gelte, „solange der Arbeitgeber seinen Verpflichtungen nicht nachgekommen" sei (vgl. auch *Schäfer* 118 unter Hinweis auf die Erwägungen der Kommission zu Art. 7). In die gleiche Richtung zielte auch die **Stellungnahme des Europäischen Parlaments** (ABl. EG Nr. C 219 vom 30.7.1999, 223 [228]; dazu *Gerdom* 127). Mit diesem Regelungsprogramm einer aufschiebenden Wirkung konnte sich der ursprüngliche Vorschlag aber **nicht durchsetzen.** Der **Rat** verwies dabei in seinem **Gemeinsamen Standpunkt vom 23.7.2001** ausdrücklich darauf, dass entsprechende Konzepte in den meisten Mitgliedstaaten nicht existierten und dass im Interesse der Unternehmen langwierige gerichtliche Verfahren wegen der damit verbundenen Rechtsunsicherheit und finanziellen Auswirkungen vermieden werden müssten (ABl. EG Nr. C 307 v. 31.10.2001, 16 [25]). Für die Auslegung des Art. 8 und namentlich für die Diskussion um einen aus der Richtlinie ableitbaren Unterlassungsanspruch spielt der hier klar zutage getretene Wille des Europäischen Gesetzgebers eine wichtige Rolle (vgl. dazu → Rn. 8, 16; *Riesenhuber* § 27 Rn. 34; *Weber* AuR 2008, 365 [380]).

B. Durchsetzung der Rechte aus der Richtlinie

I. Maßnahmen zur Rechtsdurchsetzung (Art. 8 I)

Art. 8 I verlangt von den Mitgliedstaaten die Sicherstellung einer unmittelbaren Durchsetzung der Pflichten aus der Richtlinie, wenn entweder der **Arbeitgeber** oder die **Arbeitnehmervertreter** ihnen obliegende **Pflichten aus der Richtlinie nicht einhalten.** Die Einbeziehung von Pflichtverletzungen auch der Arbeitnehmervertreter entspricht dem

Grundkonzept der Richtlinie, die nicht allein arbeitnehmerschützenden Charakter hat, sondern das Unternehmen insgesamt in den Blick nimmt (→ Art. 1 Rn. 8; → Art. 6 Rn. 2). Als Pflichtverletzung der Arbeitnehmervertreter kommt vor allem die Verschwiegenheitspflicht in Betracht, für die allerdings schon Art. 6 III eine spezielle Regelung enthält. Aber auch das Kooperationsgebot nach Art. 1 III bezieht sich sowohl auf den Arbeitgeber wie die Arbeitnehmervertreter, so dass jedenfalls insoweit die Regelung des Art. 8 I nachvollziehbar ist (*Schäfer* 170; **aA** *Gerdom* 129 f., da der Gesetzgeber wegen des Günstigkeitsgrundsatzes die Mitgliedstaaten nicht zu arbeitnehmerbelastenden Maßnahmen verpflichten dürfe; dagegen schon → Art. 6 Rn. 2).

5   Im Fall einer Pflichtverletzung durch Arbeitnehmervertreter muss eine Durchsetzung der Rechte aus der Richtlinie durch den **Arbeitgeber** sichergestellt sein. Bei Nichteinhaltung der Verpflichtungen aus der Richtlinie bzw. dem entsprechenden Umsetzungsgesetz durch den Arbeitgeber muss **jedenfalls den Arbeitnehmervertretern** die Möglichkeit eröffnet werden, die ihnen aus der Richtlinie zukommenden Rechte durchzusetzen. Anders als Art. 6 RL 98/59/EG („den Arbeitnehmervertretern und/oder den Arbeitnehmern") lässt sich Art. 8 I ein Wahlrecht der Mitgliedstaaten, ob sie Rechtsdurchsetzung kollektiv- oder individualrechtlich ausgestalten, nicht entnehmen. Da die RL 2002/14/EG insgesamt auf eine **Beteiligung durch eine Arbeitnehmervertretung** ausgerichtet ist und etwa eine Information der Arbeitnehmer selbst nicht ausreicht (→ Art. 2 Rn. 18), müssen auch den Arbeitnehmervertretern entsprechende Mittel zur Rechtsdurchsetzung („Erfüllung der sich aus dieser Richtlinie ergebenden Verpflichtungen") in die Hand gegeben werden (*Gerdom* 128 f.; *Kohte*, FS Richardi, 2007, 601 [612]). Selbst bei der Massenentlassungsrichtlinie akzentuiert der EuGH im Übrigen trotz des erwähnten Wahlrechts in Art. 6 I RL 98/59/EG den kollektiven Charakter des materiellen Beteiligungsrechts und verbindet damit unter dem Leitmotiv des *effet utile* die Rechtsschutzfrage (EuGH 16.7.2009 – C-12/08 Rn. 37 ff. – Mono Car Styling; dazu *Weber* EuZA 2010, 235 [238 ff.]). Dass die Mitgliedstaaten zusätzlich auch einzelnen Arbeitnehmern prozessuale Rechte zusprechen können, folgt aus dem Günstigkeitsprinzip (vgl. *Gerdom* 128), dürfte aber im Bereich des Art. 8 I, bei dem es um die unmittelbare Erfüllung der Beteiligungsrechte der Arbeitnehmervertretung geht, seltener relevant werden. Bedeutung können entsprechende verfahrensrechtliche Regelungen aber haben, wenn es um den aus Art. 7 folgenden individualrechtlichen Schutz eines Arbeitnehmervertreters geht (vgl. weiterhin zu Art. 8 II → Rn. 9 f.).

6   Art. 8 I 2 spricht „insbesondere" von **verfahrensrechtlichen Durchsetzungsmöglichkeiten.** Entgegen dem insoweit in der deutschen Fassung der Richtlinie irreführenden Wortlaut muss es nicht etwa **Verwaltungs-** „und" **Gerichtsverfahren** geben, die Mitgliedstaaten haben insofern vielmehr ein **Wahlrecht.** Das lässt sich sowohl an den anderen Sprachfassungen ablesen als auch an der Formulierung in Erwägungsgrund 28, in der das Wort „oder" verwendet wird. Der EuGH überlässt es im Übrigen den Mitgliedstaaten, wie sie die Rechtsdurchsetzung in ihr jeweiliges nationales Recht integrieren (*Forst* ZESAR 2011, 107 [113]; *Gerdom* 122). Aus Art. 8 I folgt allerdings nicht nur eine Pflicht zur Schaffung verfahrensrechtlicher Regelungen. Es geht generell um die „Erfüllung der sich aus dieser Richtlinie ergebenden Verpflichtungen". Hierfür müssen „geeignete Maßnahmen" im Fall der Nichteinhaltung der Richtlinie vorgesehen sein. Es muss deshalb **materiell-rechtliche Erfüllungsansprüche** geben, auf die sich dann die verfahrensrechtlichen Durchsetzungsmöglichkeiten beziehen (**aA** *T. Brors* 176). Es würde jedenfalls nicht ausreichen, wenn ein Mitgliedstaat alleine den Weg über Art. 8 II wählte und *nur* Sanktionen vorsähe (*Riesenhuber* § 27 Rn. 34; zur Frage eines möglichen Zusammenspiels beider Absätze des Art. 8 bei der Frage nach der Effektivität nationaler Regelungen vgl. noch → Rn. 14). Da die Richtlinie von dem Leitgedanken der Antizipation und Prävention bestimmt ist, ergibt sich aus dem Grundsatz des *effet utile* schließlich auch, dass verfahrensrechtlich irgendeine Form des **einstweiligen Rechtsschutzes** sichergestellt sein muss (DKKW/*Däubler* BetrVG Einl. Rn. 257; *Forst* ZESAR 2011, 107 [113]; *Gerdom* 122;

HSW/*Hanau* § 19 Rn. 134; *Kohte,* FS Richardi, 2007, 601 [611 f.]; EAS/*Oetker/Schubert* B 8300 Rn. 383; *Reichold* NZA 2003, 289 [299]; einschränkend für die Mitbestimmung in wirtschaftlichen Angelegenheiten Schlachter/Heinig/*Greiner* § 21 Rn. 28).

Die Frage, ob aus Art. 8 I ableitbar ist, dass der Arbeitnehmervertretung im Falle der **7** Missachtung ihres Beteiligungsrechts durch den Arbeitgeber ein **Unterlassungsanspruch** zustehen muss, wird in Deutschland überaus kontrovers diskutiert, zunächst nur auf der Ebene des nationalen Rechts, seit einiger Zeit aber vor allem auch aus der Perspektive des europäischen Rechts (Nachweise zum Meinungsstand → Rn. 15 f.). Für die hier allein interessierende europäische Perspektive sind unterschiedliche Varianten des Problems zu unterscheiden. Erstens könnte man **abstrakt** fragen, ob Art. 8 I generell einen Unterlassungsanspruch von **allen Mitgliedstaaten** verlangt, mit dessen Hilfe die Arbeitnehmervertreter gegenüber dem Arbeitgeber die Erfüllung seiner Verpflichtungen aus der Richtlinie präventiv durchsetzen könnten (→ Rn. 8). Zweitens stellt sich die **konkrete** Frage, ob Art. 8 I **in einem bestimmten Mitgliedstaat** die Einführung eines Unterlassungsanspruchs verlangt, weil ohne ihn eine dem Grundsatz des *effet utile* genügende Durchsetzung von Unterrichtungs- und Anhörungsrechten nicht gesichert sein könnte (dazu mit Blick auf das deutsche BetrVG → Rn. 15 f.).

Eine **generelle Verpflichtung** zur Einführung eines Unterlassungsanspruchs aus Art. 8 I **8** für alle Mitgliedstaaten besteht **nicht**. Zwar könnte man einen solchen Anspruch iSe den eigentlichen Erfüllungsanspruch flankierenden Maßnahme mit Blick auf den Präventionsgedanken der Richtlinie und den Grundsatz des *effet utile* durchaus Art. 8 I zuordnen (s. hierzu stellvertretend *Forst* ZESAR 2011, 107 ff.; *Gerdom* 123 ff.; *Kohte,* 50 Jahre BAG, 1219 [1248 ff.]; *Thüsing* § 10 Rn. 88; mwN bei → Rn. 15). Eine Richtlinienregelung, die (lediglich) einen unternehmerische Maßnahmen verzögernden (und nicht verhindernden) Unterlassungsanspruch enthält, wäre auch nicht als unverhältnismäßiger Eingriff in die unternehmerische Freiheit (Art. 16 GRC) schon primärrechtlich unzulässig (*Kohte,* FS Richardi, 2007, 601 [612 f.]; vgl. aber Schlachter/Heinig/*Greiner* § 21 Rn. 45; *Völksen* RdA 2010, 354 [363 f.]). Aber nach der insoweit eindeutigen **Entstehungsgeschichte der Richtlinie** war der mit einem Unterlassungsanspruch verbundene Verzögerungseffekt im Rat gerade nicht konsensfähig (→ Rn. 3). Auch wenn der Kommissionsvorschlag nicht ausdrücklich einen Unterlassungsanspruch vorgesehen hatte, so doch eine vorläufige Unwirksamkeit von Maßnahmen, die ohne Unterrichtung und Anhörung der Arbeitnehmer durchgeführt wurden, letztlich also eine dem Unterlassungsanspruch vergleichbare Wirkung. Zum Teil wird in Bezug auf Kündigungen auch von einem „Weiterbeschäftigungsanspruch" gesprochen (*Schäfer* 173). Hinzu kommt, dass ohne eine entsprechende ausdrückliche Regelung in der Richtlinie ein genereller Unterlassungsanspruch kaum damit in Einklang zu bringen wäre, dass der EuGH den Mitgliedstaaten bei der Konkretisierung von Umsetzungsmaßnahmen zur Sicherung des *effet utile* einen **Spielraum zur Integration in die nationalen Regelungssysteme** überlässt (EuGH 8.6.1994 – C-383/92 Rn. 40 – Kommission/Vereinigtes Königreich). Ein Unterlassungsanspruch der Arbeitnehmervertretung ließe sich aus Art. 8 I deshalb *allenfalls* konkret für einen Mitgliedstaat ableiten, dessen nationales Regelungssystem zur Rechtsdurchsetzung als Ganzes gesehen dem *effet utile* nicht genügt (*Riesenhuber* § 27 Rn. 34; dazu aus der Sicht des deutschen Rechts → Rn. 15 f.).

II. Sanktionen (Art. 8 II)

Die in **Art. 8 II** ausdrücklich geregelte Verpflichtung der Mitgliedstaaten, angemessene **9** Sanktionen für den Fall eines Verstoßes gegen die Richtlinie vorzusehen, ist eine **Besonderheit der RL 2002/14/EG** im Verhältnis zu anderen mitbestimmungsrechtlichen Richtlinien (→ Rn. 2). Sie ist eng an die **Rechtsprechung des EuGH** angelehnt (→ Rn. 2) und bezieht sich – wie Art. 8 I – ausdrücklich auf Pflichtverletzungen sowohl des **Arbeitgebers** als auch der **Arbeitnehmervertreter** (→ Rn. 4). Aus der Rechtsprechung des EuGH ergibt sich, wie teilweise ausdrücklich am Wortlaut des Art. 8 I ablesbar ist, dass es sich um wirksame, angemessene und abschreckende Sanktionen handeln muss, die dem Äquivalenz- und dem Effektivitätsgebot entsprechen (*Franzen*, FS Birk, 2008, 97 [101] [105 f.]). Es muss sich um „angemessene" Sanktionen handeln, also um ein dem Verhältnismäßigkeitsgrundsatz entsprechendes „abgestuftes System" (EAS/*Oetker/Schubert* B 8300 Rn. 384).

10 Konkret kommen insbesondere **Straf-** und **Bußgeldvorschriften** in Betracht (EAS/*Oetker/Schubert* B 8300 Rn. 384). Aber auch **Schadensersatz-** bzw. **Entschädigungsansprüche** werden vom EuGH als Sanktionsregeln angesehen, mit deren Hilfe ein Mitgliedstaat die Rechtsdurchsetzung nach dem Grundsatz des *effet utile* sicherstellen kann (EAS/*Oetker/Schubert* B 8300 Rn. 386). Insoweit hat der EuGH allerdings festgestellt, dass ein Entschädigungsanspruch eines Arbeitnehmers **nicht** mit anderen Leistungen **verrechenbar** sein darf, weil ihm sonst sein Sanktionscharakter genommen würde (EuGH 8.6.1994 – C-383/92 Rn. 38 ff. – Kommission/Vereinigtes Königreich; dazu ua *Schäfer* 175; zur Bedeutung für § 113 III BetrVG vgl. Rn. 16). Da es bei Sanktionen nicht um die unmittelbare Erfüllung von Verpflichtungen aus der Richtlinie geht, sondern um die präventive Wirkung einer Sanktions*androhung*, lassen sich – anders als bei Art. 8 I – aus Art. 8 II keine Folgerungen für eine Aktivlegitimation für die Geltendmachung von Schadensersatz- oder Entschädigungsansprüchen ziehen. Insbesondere müssen diese **nicht unmittelbar der Arbeitnehmervertretung** selbst zustehen (vgl. auch Schlachter/Heinig/Greiner § 21 Rn. 44). Es muss nicht einmal überhaupt solche Ansprüche geben. Voraussetzung ist nur, dass das nationale Konzept insgesamt dem Grundsatz des *effet utile* gerecht wird.

11 Aus Art. 8 II folgt **nicht,** dass eine individualrechtliche Maßnahme ohne Durchführung der von der Richtlinie geforderten Arbeitnehmerbeteiligung **generell unwirksam** sein muss (EAS/*Oetker/Schubert* B 8300 Rn. 385; *Reichold* NZA 2003, 289 [298]; Überlegungen in diese Richtung aber bei *Franzen*, FS Birk, 2008, 97 [101] [113 f.] unter Verweis auf Entscheidungen des EuG zur Beteiligung der Personalvertretung bei europäischen Institutionen, EuG 6.3.2001 – T 192/99 – Dunnett ua; EuG 20.1.2003 – T 63/02 – Cerafogli ua; zur einschlägigen Rechtsprechung des BAG in Massenentlassungsfällen siehe noch → Rn. 17). Das ergibt sich zum einen wiederum aus der **Entstehungsgeschichte.** Nicht einmal der Entwurf der Kommission sah eine endgültige Unwirksamkeit vor, sondern nur eine Art aufschiebender Wirkung – und selbst diese wurde letztlich gestrichen (→ Rn. 3; vgl. auch *Gerdom* 131 f.; HaKo-BetrVG/*Kohte* RL 2002/14/EG Rn. 47; *Schäfer* 173). Darüber hinaus gilt auch insoweit, dass der Grundsatz des *effet utile* den Mitgliedstaaten keine konkrete Sanktion vorschreibt, sondern es den **Mitgliedstaaten überlassen bleibt, welche Maßnahmen sie** in ihrem nationalen System **vorsehen.** Erneut kann es also allenfalls darum gehen, ob in einem *bestimmten* Mitgliedstaat die Unwirksamkeitsfolge aus dem Äquivalenz- und Effektivitätsgebot abzuleiten ist (→ dazu Rn. 17).

C. Umsetzung im deutschen Recht

I. BetrVG

12 In Bezug auf die Verpflichtung zur Bereitstellung von **Regelungen zur Durchsetzung von Rechten** aus der Richtlinie iSd **Art. 8 I** (ausf. dazu etwa *Gerdom* 224 ff.; *Spreer* 108 ff.) ist im deutschen Recht anerkannt, dass Unterrichtungs- und Anhörungsrechte durch den Betriebsrat über Leistungsanträge vor den Arbeitsgerichten durchgesetzt werden können, auch im Wege des einstweiligen Rechtsschutzes. Kein Einwand ergibt sich daraus, dass man zum Teil bei § 111 BetrVG bezüglich der Beratung über einen Interessenausgleich die Anrufung der Einigungsstelle nur als Obliegenheit betrachtet (vgl. dazu GK-BetrVG/*Oetker* § 23 Rn. 196 f. mwN). Denn Art. 2 lit. g sowie Art. 4 IV enthalten ohnehin nicht das Erfordernis der Einbeziehung einer Schlichtungsstelle (→ Art. 4 Rn. 22). Für den Wirt-

Umsetzung im deutschen Recht Art. 8 RL 2002/14/EG 550

schaftsausschuss enthält § 109 BetrVG ein spezielles Verfahren zur Klärung von Streitigkeiten über den Umfang der Unterrichtungspflicht. Prozessual sind betriebsverfassungsrechtliche Streitigkeiten im ArbGG dem Beschlussverfahren zugewiesen (§ 2a I Nr. 1 ArbGG), soweit es um individualrechtliche Ansprüche von Arbeitnehmervertretern geht, gilt das Urteilsverfahren (§ 2 I Nr. 3a ArbGG). Einen Unterlassungsanspruch bei groben Pflichtverstößen des Arbeitgebers enthält § 23 III BetrVG, bei dem allerdings streitig ist, ob er im Wege des einstweiligen Rechtsschutzes durchgesetzt werden kann (vgl. dazu ErfK/ *Koch* BetrVG § 23 Rn. 23; Richardi/*Thüsing* BetrVG § 23 Rn. 103; GK-BetrVG/*Oetker* BetrVG § 23 Rn. 254 f., jeweils mwN). **Sanktionsregelungen** iSd **Art. 8 II** (dazu etwa *Gerdom* 237 ff.; *Spreer* 117 ff.) sind für die Betriebsänderung in § 113 I, III BetrVG (Nachteilsausgleich; dazu EAS/*Oetker*/*Schubert* B 8300 Rn. 388; *Konzen*, ZfA 2005, 189 [207 f.]) sowie in den Straf- und Bußgeldvorschriften der §§ 119, 121 BetrVG normiert. Für grobe Pflichtverletzungen der Arbeitnehmervertreter enthält § 23 I BetrVG ein Verfahren zum Ausschluss eines Betriebsratsmitglieds. Verstöße gegen Geheimhaltungspflichten sind in § 120 BetrVG ausdrücklich sanktioniert.

Ob dieses System als **richtlinienkonforme Umsetzung des Art.** 8 angesehen werden 13 kann, wird **kontrovers diskutiert.** Von manchen wird moniert, dass die in § 121 II BetrVG auf 10.000 € begrenzte Bußgeldandrohung zu niedrig sei (*Gerdom* 242; HaKo-BetrVG/*Kohte* RL 2002/14/EG Rn. 48; *Thüsing* § 10 Rn. 90). Für § 23 III BetrVG werden außerdem gesetzgeberische Maßnahmen zum einstweiligen Rechtsschutz verlangt (HSW/*Hanau* § 19 Rn. 134; *Reichold* NZA 2003, 289 [299]; für richtlinienkonforme Auslegung HaKo-BetrVG/*Kohte* RL 2002/14/EG Rn. 44; *Spreer* 115 f.). Vor allem aber kreist die Diskussion um die Problematik des **allg. Unterlassungsanspruchs,** namentlich in Fällen der Betriebsänderung (→ Rn. 15 f.) Auch die Frage nach möglichen **individualrechtlichen Folgen bei Verletzung von Unterrichtungs- und Anhörungsrechten** stellt sich durch die Rechtsprechung des BAG im Massenentlassungsrecht neu (→ Rn. 17).

Für die Beantwortung der Frage nach einer hinreichenden Umsetzung des Art. 8 ist die 14 Vorschrift insgesamt in den Blick zu nehmen. Zwar unterscheidet die Richtlinie deutlich zwischen Regelungen zur Durchsetzung (Erfüllung) der aus der Richtlinie folgenden Verpflichtungen (Art. 8 I) und Sanktionen (Art. 8 II). Aber hier ist daran zu erinnern, dass die in Art. 8 II nunmehr ausdrücklich genannten Sanktionsregelungen durch den EuGH zunächst in Bezug auf Bestimmungen entwickelt wurden, welche nur allg. von den Mitgliedstaaten Maßnahmen zur Durchsetzung der Verpflichtungen aus den betreffenden Richtlinien vorsahen. Maßgeblich war der Aspekt des *effet utile* (vgl. → Rn. 1 f.). Es ist also stets zu fragen, ob das **Zusammenspiel aus mitgliedstaatlichen Maßnahmen nach Art. 8 I und II als Ganzes** ein dem Grundsatz des *effet utile* genügendes System der Rechtsdurchsetzung ermöglicht (dazu, dass allerdings bei der RL 2002/14/EG wegen ihrer präventiven Zielrichtung eine *reine* Sanktionsregelung nicht ausreichen würde vgl. → Rn. 6). Dabei ist nicht danach zu fragen, wie der Rechtsschutz möglichst effektiv (iSe wünschenswerten Maximalschutzes) ausgestaltet werden könnte, sondern nur danach, ob er **mindestens so effektiv** ausgestaltet ist, dass die Verwirklichung der Pflichten aus der Richtlinie **nicht gefährdet** ist (zu beiden Aspekten *Weber* AuR 2008, 365 [379]).

Die Forderung nach einem richterlichen oder gesetzlich normierten **allg. betriebsver-** 15 **fassungsrechtlichen Unterlassungsanspruch** wird in Judikatur und Literatur heute vielfach aus Art. 8 abgeleitet (LAG Hamm 30.7.2007 – 13 TaBVGa 16/07; LAG Hamm 30.7.2007 AuR 2008, 171; LAG Hamm 30.4.2008 – 13 TaBVGa 8/08; HessLAG 27.6.2007 AuR 2008, 267; LAG München 22.12.2008 AuR 2009, 142; LAG SchlH 20.7.2007 NZA-RR 2008, 244; LAG SH 15.12.2010 LAGE § 111 BetrVG 2001 Nr. 11; Richardi/*Annuß* BetrVG § 111 Rn. 168; *Bonin* AuR 2004, 321 [327 f.]; EAS/*Boemke* B 7100 Rn 108 f.; *Fauser*/*Nacken* NZA 2006, 1136 [1142 f.]; *Fischer* NZA-Sonderbeilage 16/2003, 57 [61]; *Forst* ZESAR 2011, 107 [114 ff.]; *Gerdom* 232 ff.; *Gruber* NZA 2011, 1011 [1014 f.]; *Hinrichs* 199 f.; *Karthaus* AuR 2007, 114 [118 ff.]; Schaub/*Koch* § 244 Rn. 29a; *Kohte*, FS 50 Jahre

BAG, 2004, 1219 [1248 ff.]; ders., FS Richardi, 2007, 601 [611 ff.]; HaKo-BetrVG/*Kohte* RL 2002/14/EG Rn. 45 f.; *Mauthner* 198 ff.; *Zabel* AuR 2008, 173 [174]). Im Zentrum der Argumentation steht dabei der präventive Charakter der Richtlinie. Ohne einen über § 23 III BetrVG hinausgehenden allg. Unterlassungsanspruch, der auch mit einstweiliger Unterlassungsverfügung durchgesetzt werden könne, sei nicht sichergestellt, dass der Arbeitgeber beteiligungspflichtige Maßnahmen nicht ohne Beteiligung der Arbeitnehmervertretung oder jedenfalls schon während der Verhandlungen mit der Arbeitnehmervertretung durchführe. § 113 III BetrVG stelle keine ausreichende Sanktion dar, da er nicht präventiv wirke, sondern nur repressiv und außerdem nicht dem Betriebsrat als Inhaber der Beteiligungsrechte zustehe, sondern den einzelnen Arbeitnehmern. Zudem wird auf die Rechtsprechung des BAG verwiesen, die Ansprüche aus Sozialplänen mit denen des Nachteilsausgleichs verrechne (vgl. BAG 13.6.1989 NZA 1989, 894; 20.11.2001 NZA 2002, 992; 16.5.2007 NZA 2007, 1296). Auch die Bußgeldregelungen genügten den Anforderungen des EuGH an wirksame abschreckende Sanktionen nicht.

16 Bei Berücksichtigung der → Rn. 14 darlegten allg. Grundsätze und der Entstehungsgeschichte der Richtlinie (→ Rn. 3) sprechen aber die besseren Gründe **gegen einen aus Art. 8 ableitbaren allg. Unterlassungsanspruch** (LAG BW 21.10.2009 – 20 TaBVGa 1/09; LAG Bln-Bbg 19.6.2014 – 7 TaBVGa 1219/14; LAG Köln 27.5.2009 – 2 TaBVGa 7/09; LAG Nürnberg 9.3.2009 ZTR 2009, 554 f.; LAG SchlH 25.4.2013 – 4 TaBV 14/13; *Bauer/Krieger* BB 2010, 53 [54 f.]; Schlachter/Heinig/*Greiner* § 21 Rn. 42 ff.; *Lipinski/ Reinhardt* NZA 2009, 1184 [1187 ff.]; Preis/Sagan/Müller-Bonanni/*Jenner* § 12 Rn. 235; GK-BetrVG/*Oetker* BetrVG § 111 Rn. 279 f.; EAS/*Oetker*/*Schubert* B 8300 Rn. 390 ff.; *Riesenhuber* § 27 Rn. 34; *Ritter* 276 ff.; *Spreer* 113 f.; *Völksen* RdA 2010, 354 [363 f.]; *Weber* AuR 2008, 365 [379 f.]; vgl. auch → RL 2009/38/EG Art. 11 Rn. 8). Der Europäische Rat lehnte die (allgemeine) Einführung eines dem Unterlassungsanspruch ähnlichen Mechanismus gerade mit Rücksicht auf die insoweit unterschiedlichen mitgliedschaftlichen Konzepte sowie die Gefahr langwieriger gerichtlicher Verfahren und daraus resultierende Risiken für die betroffenen Unternehmen ab, und zwar selbst für den Fall eines groben Verstoßes. Wenn im Einzelfall dann doch aus Art. 8 ein Unterlassungsanspruch abgeleitet werden soll, liegt die Messlatte dafür hoch. Ein vom Europäischen Gesetzgeber im Allgemeinen als zu weitgehend eingestuftes Durchsetzungsmittel kann nur dann erforderlich sein, wenn im konkreten Einzelfall des Mitgliedstaats dessen Konzeption tatsächlich die Unterrichtungs- und Anhörungsrechte aus der Richtlinie leerlaufen ließe. Keinesfalls ließe sich ein Unterlassungsanspruch deshalb damit begründen, dass die Arbeitnehmerbeteiligung mit ihm effektiver abgesichert wäre als ohne ihn. Art. 8 verlangt nicht größtmögliche denkbare Effektivität bei der Durchsetzung von Beteiligungsrechten, sondern diejenige, die notwendig ist, damit diese Beteiligungsrechte nicht wirkungslos bleiben. Betrachtet man vor diesem Hintergrund aber das gegenwärtig geltende **Zusammenspiel von Leistungsansprüchen, einstweiligem Rechtsschutz, Unterlassungsanspruch nach § 23 III BetrVG, Nachteilsausgleich nach § 113 III BetrVG und Bußgeldregelungen,** so erscheint die These von einem Leerlaufen der Beteiligungsrechte des Betriebsrats im Allgemeinen und in wirtschaftlichen Angelegenheiten im Besonderen zweifelhaft. Allerdings ist für den Nachteilsausgleich in diesem Zusammenhang eine **Änderung der Rechtsprechung des BAG zur Anrechenbarkeit von Ansprüchen aus Sozialplan und § 113 III BetrVG** einzufordern. Nur dann kommt ihm die von Art. 8 II verlangte präventive Wirkung einer Sanktionsandrohung zu (EAS/*Oetker*/*Schubert* B 8300 Rn. 389; *Oetker* NZA 1998, 1193 [1198]; HaKo-BetrVG/ *Kohte* RL 2002/14/EG Rn. 48; *Konzen* ZfA 2005, 189 [208]; *Moll*, Anm. zu BAG 12.3.2013 EzA Nr. 30 zu § 17 KSchG, 21 ff.; *Weber* AuR 2008, 365 [378]; **aA** Schlachter/Heinig/*Greiner* § 21 Rn. 44; *Lipinski/Reinhardt* NZA 2009, 1184 [1188]; *Völksen* RdA 2010, 354 [364]). Weiterhin gewinnt mit Blick auf Art. 8 die Position derjenigen an Gewicht, die auch bei **§ 23 III BetrVG einstweiligen Rechtsschutz** für geboten halten (vgl. → Rn. 12).

Die neuere Rechtsprechung des BAG nimmt bei einer Verletzung des Anhörungsrechts 17
nach § 17 II KSchG eine Unwirksamkeit der im Rahmen einer Massenentlassung ausgesprochenen Kündigung an (BAG 21.3.2013 NZA 2013, 966 Rn. 19 ff.; vgl. schon BAG 13.12.2012 AP KSchG 1969 § 17 Nr. 43 Rn 61; dazu ErfK/*Kiel* KSchG § 17 Rn 36; Schlachter/Heinig/*Weber* § 21 Rn. 102 f., jeweils mwN). Das BAG verweist dabei auf die Rechtsprechung des EuGH zur RL 98/59/EG (EuGH 25.1.2005 – C-188/03 – Junk). Zum Teil wird daran anschließend auch mit Bezug auf Art. 8 eine **individualrechtliche Unwirksamkeit betriebsverfassungswidrig zustande gekommener Entscheidungen** befürwortet, namentlich von Kündigungen im Zuge einer Betriebsänderung (HaKo-BetrVG/*Kohte* RL 2002/14/EG Rn. 47; in diese Richtung auch *Franzen*, FS Birk, 2008, 97 [110]; anders für § 111 BetrVG die bislang hM, vgl. GK-BetrVG/*Oetker* BetrVG § 111 Rn. 264 mwN). Allerdings überzeugt schon für die Fälle der Massenentlassung die Rechtsprechung des BAG nicht (ausf. *Weber*, AuR 2008, 365, 375 f. sowie Schlachter/Heinig/*Weber* § 21 Rn. 103). Unabhängig davon ist für den Bereich der RL 2002/14/EG ebenso wie bei der Diskussion um den Unterlassungsanspruch (→ Rn. 16) auf die Entstehungsgeschichte hinzuweisen (vgl. bereits → Rn. 3, 11). Die Unwirksamkeitsfolge müsste entgegen der diesbezüglich sichtbaren Zurückhaltung des Rats – und sogar der Kommission, die nur eine aufschiebende Unwirksamkeit vorgeschlagen hatte – wiederum für den Einzelfall des deutschen Rechts aus Art. 8 abgeleitet werden, obwohl mit § 113 III BetrVG eine spezifische individualrechtliche Sanktion zur Verfügung steht. Nach dem Äquivalenzprinzip ist insoweit auch nicht der Vergleich zu § 102 BetrVG maßgeblich, der einen ganz anderen Schutzzweck hat als das kollektive Beteiligungsrecht nach § 111 BetrVG (*Weber* AuR 2008, 365 [376]; **aA** HaKo-BetrVG/*Kohte* RL 2002/14/EG Rn. 47).

II. Personalvertretungsrecht

Das **Personalvertretungsrecht** kennt im Vergleich zum Betriebsverfassungsrecht nur 18
wenige Regelungen, die als Umsetzungsnormen iSd Art. 8 begriffen werden können (ausf. *Gerdom* 298 ff.; *Spreer* 137 ff.; Überblick zu den Rechtsfolgen nicht ordnungsgemäßer Beteiligung des Personalrats bei RDW/*Weber* BPersVG § 69 Rn. 115 ff.). Zentrale Bedeutung hat insofern **§ 83 BPersVG,** durch den der Personalvertretung ein Klagerecht zugebilligt wird. Auf diesem Weg ist eine grundsätzliche Möglichkeit zur Durchsetzung von Unterrichtungs- und Anhörungsrechten eröffnet, auch im Wege des einstweiligen Rechtsschutzes (*Gerdom* 298 f.; *Schneider* PersV 2003, 50 [57 f.]; *Spreer* 137 ff.; *Vogelgesang* PersV 2006, 364 [372 f.]). Einen Unterlassungsanspruch wie § 23 III BetrVG kennt das BPersVG aber ebenso wenig wie den Nachteilsausgleich nach § 113 III BetrVG. Auch ein allg. Unterlassungsanspruch wird bislang von der Rechtsprechung abgelehnt (vgl. dazu RDW/*Treber* BPersVG § 83 Rn. 53 ff. mwN zum Streitstand). Bußgeld- und Strafvorschriften gibt es nicht, lediglich die Mittel der Dienstaufsicht und des Disziplinarrechts. Für Pflichtverletzungen eines Personalratsmitglieds gilt **§ 28 BPersVG.**

Mit Blick auf Art. 8 ließe sich deshalb hier eher als im Betriebsverfassungsrecht an eine 19 richterliche oder gesetzliche Ausweitung der Möglichkeiten der Durchsetzung von Beteiligungsrechten denken (für einen Unterlassungsanspruch etwa *Bergmann* ZfPR 2012, 63 [65 ff.]; *Gerdom* 299 ff.; *Kohte* PersR 2009, 224 [226 f.]; *v. Roettecken* PersR 2003, 181 [189]; dagegen *Spreer* 139 f., 177; *Vogelgesang* PersV 2006, 364 [372 f.]). Die Diskussion steht hier aber erst am Anfang. Soweit man sich gegen einen Änderungsbedarf ausspricht, verweist man vor allem auf **Besonderheiten der öffentlichen Verwaltung,** etwa auf die unteilbare Organisationsgewalt des Hoheitsträgers oder die Bindung der Verwaltung an Recht und Gesetz nach Art. 20 III GG (vgl. etwa *Spreer* 176 f.). Allerdings besteht die besondere Schwierigkeit bei der Umsetzung des Art. 8 I darin, dass das deutsche Personalvertretungsrecht die Anforderungen der Richtlinie weit übersteigt und Beteiligungsrechte für den Personalrat nicht nur, wie von Art. 1 I, 2 lit. a gefordert, in **öffentlichen Unternehmen,** sondern insgesamt in der öffentlichen Verwaltung mit ihren spezifischen Entscheidungsstrukturen vorsieht. Veränderungsbedarf für das deutsche Personalvertretungsrecht kann aber, wenn überhaupt, nur in dem Bereich aus Art. 8 abgeleitet werden, der vom Regelungsauftrag der Richtlinie erfasst ist. Die daraus entstehenden Friktionen bedürfen noch einer Aufarbeitung.

Art. 9 Zusammenhang zwischen dieser Richtlinie und anderen gemeinschaftlichen und einzelstaatlichen Bestimmungen

(1) Diese Richtlinie lässt die in Artikel 2 der Richtlinie 98/59/EG und in Artikel 7 der Richtlinie 2001/23/EG vorgesehenen spezifischen Informations- und Konsultationsverfahren unberührt.

(2) Diese Richtlinie lässt die gemäß den Richtlinien 94/45/EG und 97/74/EG erlassenen Vorschriften unberührt.

(3) Diese Richtlinie lässt andere im einzelstaatlichen Recht vorgesehene Unterrichtungs-, Anhörungs- und Mitbestimmungsrechte unberührt.

(4) Die Durchführung dieser Richtlinie darf nicht als Rechtfertigung für Rückschritte hinter den bereits in den einzelnen Mitgliedstaaten erreichten Stand des allgemeinen Niveaus des Arbeitnehmerschutzes in den von ihr abgedeckten Bereichen benutzt werden.

A. Allgemeines

1   Art. 9 regelt das **Verhältnis** der RL 2002/14/EG zu anderen **unionsrechtlichen Bestimmungen** sowie zum **mitgliedstaatlichen Recht**. Dabei ist das Verhältnis zur Massenentlassungsrichtlinie und zur Betriebsübergangsrichtlinie (Art. 9 I) nicht eindeutig. Das liegt daran, dass Art. 4 II lit. c Massenentlassungen und Betriebsübergänge in den Anwendungsbereich der RL 2002/14/EG einbezieht, während umgekehrt Art. 9 I von „spezifischen Informations- und Konsultationsverfahren" nach den genannten Richtlinien spricht, die ausdrücklich unberührt bleiben (dazu → Rn. 3).

2   Die Regelung des Art. 9 hat im Laufe des **Gesetzgebungsverfahrens** eine **Modifikation** erfahren (vgl. *Gerdom* 144): Art. 9 I 2 des – insoweit im Text gegenüber der ersten Fassung unveränderten – Kommissionsentwurfs sah vor, dass die RL 2002/14/EG „auch Anwendung iRd in Artikel 2 der Richtlinie 98/59/EG und in Artikel 7 der Richtlinie 2001/23/EG des Rates vorgesehenen Informations- und Konsultationsverfahren" findet (KOM [2001] 296 endg., ABl. EG Nr. C 240 E vom 28.8.2001, 133). Die Kommission ging ersichtlich von einem Nebeneinander der Regelungsbereiche aus, sprach aber in der Begründung zugleich davon, dass die „zwingenderen und/oder spezifischeren Regelungen" der Massenentlassungs- und Betriebsübergangsrichtlinie weiterhin Anwendung finden sollten (BR-Drs. 1002/98, 9). Die jetzige Textfassung des Art. 9 I greift nur den zweiten Aspekt auf, indem sie bestimmt, dass die „spezifischen Informations- und Konsultationsverfahren" der beiden Einzelrichtlinien unberührt bleiben. Im Gemeinsamen Standpunkt des Rats wurde dies allerdings nicht eigens begründet (ABl. EG Nr. C 307 vom 31.10.2001, 16 [22 ff.]).

B. Massenentlassung und Betriebsübergang, Art. 9 I

3   Nach **Art. 9 I** bleiben die **spezifischen Informations- und Konsultationsverfahren der RL 98/59/EG sowie der RL 2001/23/EG** unberührt. Daraus kann aber jedenfalls nicht generell eine Subsidiarität der Regelungen der RL 2002/14/EG gegenüber denen der genannten Einzelrichtlinien gefolgert werden (vgl. aber Preis/Sagan/*Naber/Sittard* § 10 Rn. 65; *Reichold* NZA 2003, 289 [292]; *Schäfer* 182; *Spreer* 63). Dem steht der eindeutige

Wortlaut des **Art. 4 II lit. c** entgegen. Danach umfassen Unterrichtung und Anhörung nach dieser Richtlinie unternehmerische Strukturentscheidungen „einschließlich solcher, die Gegenstand der in Artikel 9 Absatz 1 genannten Gemeinschaftsbestimmungen sind". Diese Regelung liefe leer, wenn aus Art. 9 I eine allg. Spezialität der Einzelrichtlinien gegenüber der Rahmenrichtlinie abzuleiten wäre. Jedenfalls hier hat sich die Vorstellung der Kommission (→ Rn. 2) erhalten. **Grds.** ist deshalb von einem **Nebeneinander von Rahmen- und Einzelrichtlinien** auszugehen (*Bonin* AuR 2004, 321 [325]; *Gerdom* 144 ff.; *Karthaus* AuR 2007, 114 [116]; EAS/*Oetker/Schubert* B 8300 Rn. 330; Schlachter/Heinig/ *Weber* § 9 Rn. 10; vgl. dazu auch → Art. 4 Rn. 33).

Die **Bedeutung des Art. 4 II lit. c** liegt zunächst (vgl. noch → Rn. 5) darin, dass die **4** präziseren Maßstäbe des Anhörungsverfahrens in Art. 4 IV auch in Massenentlassungs- und Betriebsübergangsfällen herangezogen werden können. Bei Betriebsübergängen kommt hinzu, dass nach Art. 4 II lit. c anders als nach Art. 7 II RL 2001/23/EG eine Konsultation nicht nur für „Maßnahmen" des Veräußerers bzw. Erwerbers im Zusammenhang mit dem Betriebsübergang vorgesehen ist, sondern für den Betriebsübergang an sich (→ Art. 2 Rn. 14).

Die **Bedeutung des Art. 9 I** ergibt sich aus der Akzentuierung der „spezifischen **5** Bestimmungen": Die Regelungen der Massenentlassungs- und Betriebsübergangsrichtlinie enthalten zunächst im Verhältnis zur Rahmenrichtlinie insofern „spezifischere Bestimmungen", als dort eine Art. 5 vergleichbare Regelung über Sozialpartnervereinbarungen fehlt. Das **verbindliche Beteiligungskonzept der Massenentlassungs- und Betriebsübergangsrichtlinie** wird also gegenüber Modifikationen über Verhandlungsmodelle abgesichert (Schlachter/Heinig/*Weber* § 9 Rn. 9). In den Fällen des **Betriebsübergangs** folgt aus Art. 9 I weiterhin, dass Art. 7 RL 2001/23/EG *insgesamt* in Bezug genommen wird, also einschließlich der Ausnahmeregelung des Art. 7 III RL 2001/23/EG. Der Sonderstatus, den sich Deutschland iRd Verhandlungen über die Betriebsübergangsrichtlinie ausbedungen hatte, hat also weiterhin Bestand. Insoweit wird Art. 4 II lit. c verdrängt. Die Regelung behält aber eigenständige Bedeutung für diejenigen Mitgliedstaaten, die nicht unter Art. 7 III RL 2001/23/EG fallen (näher zum Ganzen → Art. 4 Rn. 32 ff.).

C. Europäischer Betriebsrat, Art. 9 II

Nach Art. 9 II bleiben die „gemäß den Richtlinien 94/95/EG und 97/94/EG erlassenen **6** Vorschriften unberührt". Bei den genannten Richtlinien handelt es sich um die beiden Vorgängerrichtlinien zur RL 2009/38/EG über die Einsetzung eines **Europäischen Betriebsrats**, nämlich um die erste Fassung der Richtlinie aus dem Jahr 1995 und die Richtlinie über die Einbeziehung des Vereinigten Königreichs in ihren Anwendungsbereich aus dem Jahr 1997. Beide wurden gem. Art. 17 RL 2009/38/EG aufgehoben. „Vorschriften", die gem. diesen Richtlinien erlassen wurden, sind die mitgliedstaatlichen Umsetzungsvorschriften. Das Ziel von Art. 9 II besteht also darin, die für grenzüberschreitende Sachverhalte iSd Art. 1 III 2, IV RL 2009/38/EG (→ RL 2009/38/EG Art. 1 Rn. 18 ff.) maßgeblichen mitgliedstaatlichen Bestimmungen über Europäische Betriebsräte unberührt zu lassen. Die RL 2002/14/EG ist jedoch auf nationale Sachverhalte gerichtet. Es kann auf diese Weise in transnational tätigen Unternehmen zu einem **Nebeneinander von Unterrichtungs- und Anhörungsrechten** nach dem Maßstab verschiedener Richtlinien kommen – allerdings für jeweils unterschiedliche Gegenstände (*Gerdom* 147; *Schäfer* 184 f.). Eine entsprechende Regelung enthält umgekehrt auch Art. 12 IV RL 2009/38/EG (→ RL 2009/38/EG Art. 12 Rn. 9).

D. Sonstige mitgliedstaatliche Beteiligungsrechte, Art. 9 III, IV

7   Nach **Art. 9 III** bleiben sonstige mitgliedstaatliche Vorschriften über Beteiligungsrechte unberührt. Das entspricht der Grundkonzeption der Richtlinie, die Zurückhaltung gegenüber Eingriffen in das nationale kollektive Arbeitsrecht übt (→ Art. 1 Rn. 7) sowie dem Prinzip, dass die Richtlinie nur Mindestvorschriften für die Unterrichtung und Anhörung der Arbeitnehmer vorschreibt (vgl. auch Erwägungsgrund 18 sowie Art. 1 I, II, 4 I). Primärrechtlich entspricht diese Vorgehensweise dem **Mindestschutzprinzip** des Art. 153 IV AEUV sowie dem **Subsidiaritätsgrundsatz** des Art. 5 III EUV.

8   Nach **Art. 9 IV** ist es den Mitgliedstaaten verboten, die Umsetzung der Richtlinie als Rechtfertigung zu benutzen, um das Niveau des Arbeitnehmerschutzes in den von der Richtlinie erfassten Sachverhalten abzusenken. Das ist aber **nicht als generelles Rückschrittsverbot** zu verstehen, das es Ländern wie etwa Deutschland untersagen würde, sein Mitbestimmungsniveau insgesamt gegenüber dem gegenwärtigen Stand jemals zu senken (*Gerdom* 148 f.; → RL 2009/38/EG Art. 12 Rn. 11; **aA** *Bonin* AuR 2004, 321 [327]; *Ritter* 61; *Schäfer* 186; *Stoffels*, GS Heinze, 2005, 885 [894]). Die Richtlinie schreibt nicht einen bestimmten mitbestimmungsrechtlichen *status quo* fest, sondern verlangt nur die Verwirklichung des von ihr vorgegebenen Standards in allen Mitgliedstaaten der Union. Regelungen zur eigentlichen Mitbestimmung (und zu möglichen Modifikationen in den Mitgliedstaaten) kann die Richtlinie schon wegen der begrenzten Reichweite der gewählten Kompetenzgrundlage nicht treffen (Art. 137 II EGV, jetzt: Art. 153 I lit. e AEUV; *Gerdom* 148; vgl. auch → Art. 4 Rn. 2). Art. 9 IV ist deshalb iSe **„Transparenzgebots"** (*Gerdom* 149) zu verstehen: Die Regelung verbietet den Mitgliedstaaten lediglich, die Durchführung der Richtlinie „als Rechtfertigung" für die Absenkung des bisherigen Schutzniveaus heranzuziehen (vgl. auch Erwägungsgrund 31). Eine Herabsetzung, die mit der Umsetzung der Richtlinie nicht im Zusammenhang steht, ist ihnen nicht verwehrt (vgl. auch EuGH 22.11.2005 – C-144/04 Rn. 52 – Mangold zu § 8 Nr. 3 der Rahmenvereinbarung über befristete Arbeitsverhältnisse – Anh. RL 1999/70/EG).

Art. 10 Übergangsbestimmungen

Ungeachtet des Artikels 3 kann ein Mitgliedstaat, in dem zum Zeitpunkt des Inkrafttretens dieser Richtlinie weder eine allgemeine und unbefristete gesetzliche Regelung über die Unterrichtung und Anhörung von Arbeitnehmern noch eine allgemeine und unbefristete gesetzliche Regelung über die Arbeitnehmervertretung am Arbeitsplatz besteht, die es den Arbeitnehmern gestattet, sich für diesen Zweck vertreten zu lassen, die Anwendung der einzelstaatlichen Bestimmungen zur Umsetzung dieser Richtlinie

a) bis zum 23. März 2007 auf Unternehmen mit mindestens 150 Arbeitnehmern oder Betriebe mit mindestens 100 Arbeitnehmern beschränken und

b) während des Jahres nach dem in Buchstabe a) genannten Zeitpunkt auf Unternehmen mit mindestens 100 Arbeitnehmern oder Betriebe mit mindestens 50 Arbeitnehmern beschränken.

1   Art. 10 erlaubte für die in der Regelung genannten Übergangsfristen die **schrittweise Einführung von Regelungen** zur Unterrichtung und Anhörung in Mitgliedstaaten ohne jegliche Form der Arbeitnehmerbeteiligung. Dabei ging es, wie auch die Erwägungsgründe 21 und 22 zeigen, um den **Schutz kleinerer und mittlerer Unternehmen und Betriebe** vor Überforderung (*Reichold* NZA 2003, 289 [292]). Relevanz hatte die Regelung etwa für Großbritannien und Irland (*Reichold* NZA 2003, 289 [292]; *Spreer* 90).

Art. 11 Umsetzung

(1) ¹Die Mitgliedstaaten erlassen die erforderlichen Rechts- und Verwaltungsvorschriften, um dieser Richtlinie spätestens zum 23. März 2005 nachzukommen, oder stellen sicher, dass die Sozialpartner bis zu diesem Zeitpunkt mittels Vereinbarungen die erforderlichen Bestimmungen einführen; dabei haben die Mitgliedstaaten alle notwendigen Maßnahmen zu treffen, um jederzeit gewährleisten zu können, dass die in dieser Richtlinie vorgeschriebenen Ergebnisse erreicht werden. ²Sie setzen die Kommission unverzüglich davon in Kenntnis.

(2) ¹Wenn die Mitgliedstaaten derartige Vorschriften erlassen, nehmen sie in den Vorschriften selbst oder durch einen Hinweis bei der amtlichen Veröffentlichung auf diese Richtlinie Bezug. ²Die Mitgliedstaaten regeln die Einzelheiten der Bezugnahme.

Art. 11 I 1 legt die **Umsetzungsfrist** fest (zu Übergangsregelungen → Art. 10) und enthält **formale Anforderungen** an den innerstaatlichen Umsetzungsakt (Art. 11 II 2 und II). Ausdrücklich geregelt ist die Möglichkeit einer **Umsetzung durch die Sozialpartner.** Für diesen Fall hat der EuGH die Verpflichtung der Mitgliedstaaten betont, die ordnungsgemäße Erfüllung der von der Richtlinie geforderten Mindeststandards durch geeignete Rechts- bzw. Verwaltungsvorschriften sicherzustellen (EuGH 11.2.2010 – C-405/08 Rn. 34 ff. – Holst m. Anm. *Jacobs* EuZA 2010, 533; vgl. zu dieser Entscheidung auch → Art. 7 Rn. 3 f.). 1

Die Sonderregelung des § 117 II BetrVG, nach der für die im Flugbetrieb beschäftigte Arbeitnehmer von Luftfahrtbetrieben eine Arbeitnehmervertretung durch Tarifvertrag errichtet werden kann, stellt keine Umsetzungsmaßnahme nach Art. 11 I 1 dar, sondern einen Fall des **Art. 5** (zur Richtlinienwidrigkeit dieser Regelung vgl. → Art. 5 Rn. 5 ff.). 2

Die Kommission leitete nach Ablauf der Umsetzungsfrist eine Reihe von **Vertragsverletzungsverfahren** ein (EuGH 1.3.2007 – C-327/06 – KOM/Italien; 29.3.2007 – C-320/06 – KOM/Belgien; 14.6.2007 – C-321/06 – KOM/Luxemburg; vgl. zur Umsetzung auch den Prüfbericht der Kommission über die Anwendung der Richtlinie durch die Mitgliedstaaten vom 17.3.2008 (KOM [2008] 146 endg.; hierzu Fuchs/Marhold 373 f.). In Deutschland sah man wie in einigen anderen Staaten keinen Anlass zu gesonderten Umsetzungsakten. IRd Prüfverfahrens hat Deutschland mitgeteilt, dass das deutsche Recht den Anforderungen der Richtlinie genüge (zur Diskussion um gleichwohl bestehenden Umsetzungsbedarf vgl. insb. → Art. 4 Rn. 23 ff.; → Art. 5 Rn. 5 ff.; → Art. 6 Rn. 6 ff.; → Art. 8 Rn. 4 ff.). 3

Art. 12 Überprüfung durch die Kommission

Spätestens am 23. März 2007 überprüft die Kommission im Benehmen mit den Mitgliedstaaten und den Sozialpartnern auf Gemeinschaftsebene die Anwendung dieser Richtlinie, um erforderlichenfalls entsprechende Änderungen vorzuschlagen.

Der **Prüfbericht** der Kommission über die Anwendung der Richtlinie durch die Mitgliedstaaten wurde am 17.3.2008 vorgelegt (KOM [2008] 146 endg.). Inzwischen hat die Kommission die Richtlinie im Rahmen ihres Arbeitsprogramms für 2010 gemeinsam mit zwei weiteren Richtlinien einem sog. **Eignungstest** unterzogen. Die Ergebnisse dieses Tests wurden 2013 vorgestellt ('Fitness check' on EU law in the area of Information and Consultation of Workers, 26.7.2013, SWD, 2013, 293 endg.). 1

Art. 13 Inkrafttreten

Diese Richtlinie tritt am Tag ihrer Veröffentlichung im *Amtsblatt der Europäischen Gemeinschaften* in Kraft.

1   Die Richtlinie wurde am 23.3.2002 mit Amtsblatt veröffentlicht (ABl. L 80 vom 23.3.2002, 29).

Art. 14 Adressaten

Diese Richtlinie ist an alle Mitgliedstaaten gerichtet.

1   Die Richtlinie richtet sich an **Deutschland** als Mitgliedstaat der Union. Allerdings ist für die konkrete Umsetzungsverpflichtung die **innerstaatliche Kompetenzverteilung** zu berücksichtigen (*v. Roetteken* PersR 2003, 181 [190]; *Vogelgesang* PersV 2006, 364 [367]). Für die Umsetzung im Betriebsverfassungsrecht ist der Bund im Wege der konkurrierenden Gesetzgebung zuständig (Art. 74 I Nr. 12 GG). Eine ausschließliche Gesetzgebungskompetenz des Bundes besteht ferner nach Art. 73 I Nr. 8 GG für das Personalvertretungsrecht der im Dienste des Bundes und der bundesunmittelbaren Körperschaften des öffentlichen Rechtes stehenden Personen. Für die Landespersonalvertretungsgesetze sind nach Art. 70 GG die Länder zuständig. Unabhängig von dieser innerstaatlichen Kompetenzverteilung hat aber nach der Rechtsprechung des EuGH der Bund die **Kontrolle über eine effektive Umsetzung** auszuüben (vgl. etwa EuGH 14.1.1988 – C-227/85 Rn. 9 f. – KOM/Belgien; 12.6.1990 – C-8/88 Rn. 12 f. – Deutschland/KOM; ferner Callies/Ruffert/*Ruffert* AEUV Art. 288 Rn. 41 mwN; speziell zur Rahmenrichtlinie *Spreer* 181).

560. Richtlinie 2003/41/EG des Europäischen Parlaments und des Rates vom 3. Juni 2003 über die Tätigkeiten und die Beaufsichtigung von Einrichtungen der betrieblichen Altersversorgung

(ABl. Nr. L 235 S. 10, ber. ABl. 2004 Nr. L 291 S. 18)

Celex-Nr. 3 2003 L 0041

zuletzt geänd. durch Art. 1 ÄndRL 2013/14/EU v. 21.5.2013 (ABl. Nr. L 145 S. 1)

DAS EUROPÄISCHE PARLAMENT UND DER RAT DER EUROPÄISCHEN UNION –
gestützt auf den Vertrag zur Gründung der Europäischen Gemeinschaft, insbesondere auf Artikel 47 Absatz 2, Artikel 55 und Artikel 95 Absatz 1,
auf Vorschlag der Kommission[1],
nach Stellungnahme des Europäischen Wirtschafts- und Sozialausschusses[2],
gemäß dem Verfahren des Artikels 251 des Vertrags[3],
in Erwägung nachstehender Gründe:

(1) Ein echter Binnenmarkt für Finanzdienstleistungen ist für das Wirtschaftswachstum und die Schaffung von Arbeitsplätzen in der Gemeinschaft von grundlegender Bedeutung.

(2) Bei der Schaffung dieses Binnenmarktes wurden bereits große Fortschritte erzielt, so dass die Finanzinstitute ihre Tätigkeit in anderen Mitgliedstaaten ausüben können und ein hohes Maß an Schutz für die Nutzer von Finanzdienstleistungen gewährleistet wird.

(3) In der Mitteilung der Kommission „Umsetzung des Finanzmarktrahmens: Aktionsplan" wird eine Reihe von Maßnahmen genannt, die zur Vollendung des Binnenmarktes für Finanzdienstleistungen getroffen werden müssen, und der Europäische Rat forderte auf seiner Tagung in Lissabon am 23. und 24. März 2000, dass der Aktionsplan bis 2005 durchgeführt wird.

(4) Der Aktionsplan für Finanzdienstleistungen führt die Ausarbeitung einer Richtlinie über die Beaufsichtigung von Einrichtungen der betrieblichen Altersversorgung als vorrangige Priorität auf, da es sich bei diesen Einrichtungen um große Finanzinstitute handelt, die bei der Integration, Effizienz und Liquidität der Finanzmärkte eine Schlüsselrolle zu spielen haben, für die es aber keinen kohärenten gemeinschaftlichen Rechtsrahmen gibt, auf dessen Grundlage sie die Vorteile des Binnenmarktes umfassend nutzen können.

(5) Da Systeme der sozialen Sicherung stärker unter Druck geraten, wird in Zukunft die betriebliche Altersversorgung zunehmend als Ergänzung der öffentlichen Rentensysteme herangezogen werden. Deswegen sollte die betriebliche Altersversorgung entwickelt werden, ohne jedoch die Bedeutung der Rentensysteme der Sozialversicherungen im Hinblick auf die Sicherheit, die Beständigkeit und die Wirksamkeit des Sozialschutzes, der einen angemessenen Lebensstandard im Alter gewährleisten und daher im Mittelpunkt des Ziels der Stärkung des europäischen Sozialmodells stehen sollte, in Frage zu stellen.

(6) Die vorliegende Richtlinie stellt damit einen ersten Schritt auf dem Weg zu einem europaweit organisierten Binnenmarkt für die betriebliche Altersversorgung dar. Durch die Festlegung des „Grundsatzes der Vorsicht" als grundlegendes Prinzip für Kapitalanlagen

---

[1] **Amtl. Anm.:** ABl. C 96 E vom 27.3.2001, S. 136.
[2] **Amtl. Anm.:** ABl. C 155 vom 29.5.2001, S. 26.
[3] **Amtl. Anm.:** Stellungnahme des Europäischen Parlaments vom 4. Juli 2001 (ABl. C 65 E vom 14.3.2002, S. 135), Gemeinsamer Standpunkt des Rates vom 5. November 2002 (noch nicht im Amtsblatt veröffentlicht), Beschluss des Europäischen Parlaments vom 12. März 2003 (noch nicht im Amtsblatt veröffentlicht) und Beschluss des Rates vom 13. Mai 2003.

sowie die Ermöglichung der grenzüberschreitenden Tätigkeit von Einrichtungen sollte die Bildung von Sparkapital im Bereich der betrieblichen Altersversorgung gefördert und so ein Beitrag zum wirtschaftlichen und sozialen Fortschritt geleistet werden.

(7) Die in dieser Richtlinie festgelegten Aufsichtsvorschriften sollen gleichermaßen ein hohes Maß an Sicherheit für die zukünftigen Rentner durch strenge Aufsichtsstandards gewährleisten und eine effiziente Verwaltung der betrieblichen Altersversorgungssysteme ermöglichen.

(8) Einrichtungen, die von einem Trägerunternehmen vollständig getrennt sind und ihre Tätigkeit nach dem Kapitaldeckungsverfahren mit dem einzigen Zweck ausüben, Altersversorgungsleistungen zu erbringen, sollte, ungeachtet dessen, ob sie als juristische Personen angesehen werden, die freie Erbringung von Dienstleistungen und die Anlagefreiheit – vorbehaltlich lediglich koordinierter Aufsichtsvorschriften – ermöglicht werden.

(9) Gemäß dem Subsidiaritätsprinzip sollten die Mitgliedstaaten uneingeschränkt für die Organisation ihrer Altersversorgungssysteme und die Entscheidung über die Rolle zuständig sein, die die einzelnen drei „Säulen" der Altersversorgung in den jeweiligen Mitgliedstaaten zu spielen haben. Im Rahmen der zweiten Säule sollten sie ferner uneingeschränkt für die Rolle und Aufgaben der verschiedenen Einrichtungen, die betriebliche Altersversorgungsleistungen erbringen, wie branchenweite Pensionsfonds, Betriebspensionsfonds und Lebensversicherungsgesellschaften, zuständig sein. Dieses Recht sollte durch diese Richtlinie nicht in Frage gestellt werden.

(10) Die einzelstaatlichen Rechtsvorschriften über die Teilnahme von Selbstständigen an Einrichtungen der betrieblichen Altersversorgung sind unterschiedlich. In einigen Mitgliedstaaten können Einrichtungen der betrieblichen Altersversorgung auf der Grundlage von Vereinbarungen mit einer Branche oder Branchenverbänden, deren Mitglieder in der Eigenschaft als selbstständige Berufstätige handeln, oder unmittelbar mit Selbstständigen und abhängig Beschäftigten tätig werden. In einigen Mitgliedstaaten kann ein Selbstständiger auch Mitglied einer Einrichtung werden, wenn er als Arbeitgeber handelt oder in einem Unternehmen freiberufliche Dienstleistungen erbringt. In einigen Mitgliedstaaten können Selbstständige Einrichtungen der betrieblichen Altersversorgung nur dann beitreten, wenn bestimmte Anforderungen einschließlich der durch das Arbeits- und Sozialrecht vorgeschriebenen Anforderungen erfüllt sind.

(11) Vom Anwendungsbereich dieser Richtlinie sollten Systeme der sozialen Sicherheit verwaltende Einrichtungen ausgenommen werden, die auf Gemeinschaftsebene bereits koordiniert sind. Die Besonderheit von Einrichtungen, die in einem Mitgliedstaat sowohl Systeme der sozialen Sicherheit als auch betriebliche Altersversorgungssysteme verwalten, sollte jedoch berücksichtigt werden.

(12) Finanzinstitute, für die es bereits einen Rechtsrahmen der Gemeinschaft gibt, sollten im Allgemeinen vom Anwendungsbereich dieser Richtlinie ausgenommen werden. Da jedoch diese Einrichtungen in einigen Fällen möglicherweise betriebliche Altersversorgungsleistungen erbringen, ist sicherzustellen, dass diese Richtlinie nicht zu Wettbewerbsverzerrungen führt. Solche Verzerrungen können dadurch vermieden werden, dass bestimmte Aufsichtsvorschriften dieser Richtlinie auf das betriebliche Altersversorgungsgeschäft von Lebensversicherungsunternehmen angewandt werden. Die Kommission sollte darüber hinaus die Lage auf dem Markt für betriebliche Altersversorgungen sorgfältig überwachen und prüfen, ob es möglich ist, die fakultative Anwendung dieser Richtlinie auf andere beaufsichtigte Finanzinstitute zu erweitern.

(13) Wenn er die finanzielle Absicherung im Ruhestand zum Ziel hat, sollte der Leistungsumfang der Einrichtungen der betrieblichen Altersversorgung in der Regel die Zahlung einer lebenslangen Rente vorsehen. Es sollte auch eine zeitlich begrenzte Zahlung oder die Zahlung eines pauschalen Kapitalbetrags möglich sein.

(14) Es ist wichtig sicherzustellen, dass ältere und behinderte Menschen nicht dem Risiko der Armut ausgesetzt werden und einen angemessenen Lebensstandard haben. Eine angemessene Abdeckung biometrischer Risiken in betrieblichen Altersversorgungssystemen ist

ein wichtiger Aspekt im Kampf gegen die Armut und unzureichende Absicherung von älteren Menschen. Bei der Schaffung eines betrieblichen Altersversorgungssystems sollten Arbeitgeber und Arbeitnehmer oder ihre jeweiligen Vertreter die Möglichkeit der Abdeckung des Risikos der Langlebigkeit und der Berufsunfähigkeit sowie der Hinterbliebenenversorgung durch das Altersversorgungssystem in Betracht ziehen.

(15) Dadurch dass den Mitgliedstaaten die Möglichkeit eingeräumt wird, Einrichtungen, die Systeme mit zusammen weniger als insgesamt 100 Versorgungsanwärtern verwalten, vom Anwendungsbereich nationaler Bestimmungen zur Umsetzung dieser Richtlinie auszuschließen, kann die Aufsicht in einigen Mitgliedstaaten erleichtert werden, ohne das ordnungsgemäße Funktionieren des Binnenmarktes in diesem Bereich zu beeinträchtigen. Dies sollte jedoch nicht das Recht dieser Einrichtungen beeinträchtigen, für die Verwaltung ihres Anlagenportfolios und zur Verwahrung ihrer Vermögensanlagen Vermögensverwalter und Treuhänder zu bestellen, die in einem anderen Mitgliedstaat niedergelassen und zur Ausübung dieser Tätigkeit ordnungsgemäß zugelassen sind.

(16) Einrichtungen wie die Unterstützungskassen in Deutschland, bei denen den Versorgungsanwärtern gesetzlich keine Ansprüche auf Leistungen in einer bestimmten Höhe eingeräumt werden und deren Belange durch eine zwingend vorgeschriebene gesetzliche Insolvenzsicherung geschützt werden, sollten vom Anwendungsbereich der Richtlinie ausgeschlossen werden.

(17) Zum Schutz der Versorgungsanwärter und der Leistungsempfänger sollten die Einrichtungen der betrieblichen Altersversorgung ihre Tätigkeit auf die in dieser Richtlinie genannten und damit im Zusammenhang stehenden Tätigkeiten beschränken.

(18) Im Fall des Konkurses eines Trägerunternehmens ist der Versorgungsanwärter dem Risiko ausgesetzt, sowohl seinen Arbeitsplatz als auch seine erworbenen Rentenanwartschaften zu verlieren. Deshalb muss eine eindeutige Trennung zwischen diesem Unternehmen und der Einrichtung gewährleistet sein, und es müssen Mindestvorkehrungen zum Schutz der Versorgungsanwärter getroffen werden.

(19) Beim Betrieb und der Aufsicht von Einrichtungen der betrieblichen Altersversorgung sind in den Mitgliedstaaten erhebliche Unterschiede zu verzeichnen. In einigen Mitgliedstaaten wird nicht nur die Einrichtung selbst, sondern es werden auch die Stellen oder Gesellschaften beaufsichtigt, die zur Verwaltung dieser Einrichtungen zugelassen sind. Die Mitgliedstaaten sollten eine solche Besonderheit berücksichtigen können, solange alle in dieser Richtlinie genannten Voraussetzungen tatsächlich erfüllt sind. Die Mitgliedstaaten sollten auch Versicherungsunternehmen und anderen Finanzunternehmen erlauben können, Einrichtungen der betrieblichen Altersversorgung zu verwalten.

(20) Einrichtungen der betrieblichen Altersversorgung sind Anbieter von Finanzdienstleistungen; sie übernehmen eine große Verantwortung im Hinblick auf die Auszahlung von Leistungen der betrieblichen Altersversorgung und sollten deshalb bestimmte Mindestaufsichtsstandards bezüglich ihrer Tätigkeit und ihrer Betriebsbedingungen erfüllen.

(21) Die sehr große Anzahl von Einrichtungen in bestimmten Mitgliedstaaten erfordert eine pragmatische Lösung hinsichtlich der Anforderung der vorherigen Genehmigung der Einrichtung. Wenn eine Einrichtung jedoch ein Alterssicherungssystem in einem anderen Mitgliedstaat betreiben will, sollte dafür die vorherige Genehmigung durch die zuständige Behörde des Herkunftsmitgliedstaats vorgeschrieben werden.

(22) Jeder Mitgliedstaat sollte verlangen, dass jede Einrichtung mit Standort in seinem Hoheitsgebiet einen Jahresabschluss und einen jährlichen Lagebericht, die alle von dieser Einrichtung betriebenen Altersversorgungssysteme berücksichtigen, sowie gegebenenfalls Jahresabschlüsse und Lageberichte für jedes einzelne Altersversorgungssystem erstellt. Der von einer zugelassenen Person ordnungsgemäß geprüfte Jahresabschluss und Lagebericht, die ein den tatsächlichen Verhältnissen entsprechendes Bild der Vermögenslage, Verbindlichkeiten und der Finanzlage der Einrichtung unter Berücksichtigung jedes von ihr betriebenen Altersversorgungssystems widerspiegeln, sind eine wesentliche Informationsquelle für die Versorgungsanwärter und die Leistungsempfänger des Systems sowie für die zuständigen

Behörden. Sie ermöglichen es insbesondere den zuständigen Behörden, die finanzielle Solidität einer Einrichtung zu kontrollieren und zu bewerten, ob die Einrichtung all ihre vertraglichen Verpflichtungen erfüllen kann.

(23) Die ordnungsgemäße Unterrichtung der Versorgungsanwärter und der Leistungsempfänger eines Rentensystems ist von entscheidender Bedeutung. Dies ist besonders relevant für Auskunftsersuchen bezüglich der finanziellen Solidität der Einrichtung, der Vertragsbedingungen, der Leistungen und der tatsächlichen Finanzierung der erworbenen Rentenanwartschaften, der Anlagepolitik und der Verwaltung der Risiken und Kosten.

(24) Die Anlagepolitik einer Einrichtung ist sowohl für die Sicherheit als auch für die Finanzierbarkeit der Betriebsrenten ein entscheidender Faktor. Die Einrichtungen sollten deshalb eine Erklärung zu den Anlagegrundsätzen abgeben und diese mindestens alle drei Jahre überprüfen. Diese Erklärung sollte der zuständigen Behörde und auf Antrag auch den Versorgungsanwärtern und den Leistungsempfängern jedes Altersversorgungssystems zugänglich gemacht werden.

(25) Um ihre gesetzlich vorgeschriebenen Aufgaben zu erfüllen, sollten die zuständigen Behörden mit ausreichenden Informationsrechten und Eingriffsbefugnissen gegenüber den Einrichtungen und den sie tatsächlich verwaltenden Personen ausgestattet sein. Wenn die Einrichtung der betrieblichen Altersversorgung anderen Unternehmen Aufgaben von materieller Bedeutung, wie Vermögensverwaltung, IT-Dienste oder Rechnungslegung, übertragen hat (Funktionsausgliederung), sollten die Informationsrechte und Eingriffsbefugnisse auf diese ausgelagerten Tätigkeiten ausgedehnt werden können, um zu prüfen, ob diese Tätigkeiten gemäß den Aufsichtsvorschriften ausgeübt werden.

(26) Eine nach dem Grundsatz der Vorsicht vorgenommene Berechnung der technischen Rückstellungen ist eine wesentliche Voraussetzung dafür, zu gewährleisten, dass die Verpflichtungen zur Auszahlung der Versorgungsleistungen erfüllt werden können. Die technischen Rückstellungen sollten daher auf der Grundlage anerkannter versicherungsmathematischer Methoden berechnet und von qualifizierten Personen testiert werden. Die Höchstzinssätze sollten vorsichtig gemäß allen einschlägigen einzelstaatlichen Vorschriften gewählt werden. Der Mindestbetrag der versicherungstechnischen Rückstellungen muss einerseits ausreichend sein, damit die Zahlung der bereits laufenden Leistungen an die Leistungsempfänger fortgesetzt werden kann und muss andererseits die Verpflichtungen widerspiegeln, die sich aufgrund der erworbenen Rentenanwartschaften der Versorgungsanwärter ergeben.

(27) Die von den Einrichtungen gedeckten Risiken unterscheiden sich von einem Mitgliedstaat zum anderen ganz erheblich. Die Herkunftsmitgliedstaaten sollten deshalb die Möglichkeit haben, für die Berechnung der versicherungstechnischen Rückstellungen über die Vorschriften in dieser Richtlinie hinaus zusätzliche und ausführlichere Bestimmungen vorzusehen.

(28) Ausreichende und geeignete Vermögenswerte zur Bedeckung der versicherungstechnischen Rückstellungen schützen die Interessen der Versorgungsanwärter und der Leistungsempfänger des Systems, wenn das Trägerunternehmen insolvent wird. Insbesondere im Fall einer grenzüberschreitenden Tätigkeit erfordert die gegenseitige Anerkennung der in den Mitgliedstaaten angewandten Aufsichtsgrundsätze, dass die versicherungstechnischen Rückstellungen jederzeit vollständig bedeckt sind.

(29) Wenn die Einrichtung nicht grenzüberschreitend arbeitet, sollten die Mitgliedstaaten eine Unterkapitalisierung unter der Voraussetzung zulassen können, dass ein ordnungsgemäßer Plan zur Wiederherstellung der vollständigen Kapitaldeckung erstellt wird; dies gilt unbeschadet der Anforderungen der Richtlinie 80/987/EWG des Rates vom 20. Oktober 1980 zur Angleichung der Rechtsvorschriften der Mitgliedstaaten über den Schutz der Arbeitnehmer bei Zahlungsunfähigkeit des Arbeitgebers[4].

(30) In zahlreichen Fällen könnte das Trägerunternehmen und nicht die Einrichtung selbst die biometrischen Risiken decken oder bestimmte Leistungen oder Anlageergebnisse

---

[4] **Amtl. Anm.:** ABl. L 283 vom 28.10.1980, S. 23. Zuletzt geändert durch die Beitrittsakte von 1994.

gewährleisten. In einigen Fällen gewährleistet die Einrichtung die genannte Deckung oder Sicherstellung jedoch selbst, und die Verpflichtungen des Trägerunternehmens erschöpfen sich generell mit der Zahlung der erforderlichen Beiträge. Unter diesen Umständen ähneln die angebotenen Produkte denen von Lebensversicherungsunternehmen, und die betreffenden Einrichtungen sollten mindestens über die gleichen zusätzlichen Eigenmittel verfügen wie Lebensversicherungsunternehmen.

(31) Die Einrichtungen sind sehr langfristige Anleger. Die Rückzahlung der im Besitz der Einrichtungen befindlichen Vermögenswerte kann grundsätzlich nicht zu einem anderen Zweck als der Auszahlung der Versorgungsleistungen erfolgen. Um die Rechte der Versorgungsanwärter und der Leistungsempfänger angemessen zu schützen, sollten die Einrichtungen außerdem eine Mischung der Vermögenswerte wählen können, die der genauen Art und Dauer ihrer Verbindlichkeiten entspricht. Diese Faktoren erfordern eine wirksame Aufsicht und einen Ansatz bei den Anlagebestimmungen, die den Einrichtungen eine ausreichende Flexibilität einräumen, um sich für die sicherste und rentabelste Anlagepolitik zu entscheiden, und sie verpflichten, nach dem Grundsatz der Vorsicht zu handeln. Die Einhaltung des Grundsatzes der Vorsicht erfordert demnach eine auf die Mitgliederstruktur der einzelnen Einrichtung der betrieblichen Altersversorgung abgestimmte Anlagepolitik.

(32) Die Aufsichtsmethoden und -praktiken unterscheiden sich von einem Mitgliedstaat zum anderen. Den Mitgliedstaaten sollte deshalb ein gewisser Ermessensspielraum bei den Vorschriften über die Vermögensanlage eingeräumt werden, die sie den Einrichtungen mit Standort in ihrem Hoheitsgebiet vorschreiben möchten. Die genannten Bestimmungen dürfen jedoch den freien Kapitalverkehr nicht einschränken, es sei denn, sie sind aus Gründen der Vorsicht gerechtfertigt.

(33) Als sehr langfristige Investoren mit geringen Liquiditätsrisiken sind die Einrichtungen der betrieblichen Altersversorgung in der Lage, in nicht liquide Vermögenswerte, wie Aktien, sowie innerhalb bestimmter durch das Vorsichtsprinzip gesetzter Grenzen in die Risikokapitalmärkte zu investieren. Sie können auch Vorteile aus der internationalen Diversifizierung ziehen. Anlagen in Aktien, Risikokapitalmärkten und anderen Währungen als die ihrer Verbindlichkeiten sollten deshalb nicht eingeschränkt werden, es sei denn aus aufsichtsrechtlichen Gründen.

(34) Ist die Einrichtung jedoch auf grenzüberschreitender Grundlage tätig, so kann sie von der zuständigen Behörde des Tätigkeitsmitgliedstaats aufgefordert werden, für Anlagen in Aktien und ähnlichen Vermögenswerten, die nicht zum Handel auf einem geregelten Markt zugelassen sind, sowie in Wertpapieren und anderen Handelspapieren, die von demselben Unternehmen ausgegeben werden, oder in auf nicht kongruente Währungen lautenden Vermögenswerten Obergrenzen anzuwenden, sofern diese Vorschriften auch für Einrichtungen mit Standort im Tätigkeitsmitgliedstaat gelten.

(35) Einschränkungen bezüglich der freien Wahl zugelassener Vermögensverwalter und Treuhänder durch Einrichtungen schränken den Wettbewerb im Binnenmarkt ein und sollten deshalb aufgehoben werden.

(36) Unbeschadet der einzelstaatlichen sozial- und arbeitsrechtlichen Vorschriften über die Gestaltung der Altersversorgungssysteme, einschließlich der Bestimmungen über die Pflichtmitgliedschaft und die Ergebnisse von Tarifvereinbarungen, sollten die Einrichtungen ihre Leistungen in anderen Mitgliedstaaten erbringen können. Es sollte ihnen erlaubt sein, die Trägerschaft durch Unternehmen mit Standort im Hoheitsgebiet anderer Mitgliedstaaten zu akzeptieren und Altersversorgungssysteme mit Leistungsanwärtern in mehr als einem Mitgliedstaat zu betreiben. Dies kann gegebenenfalls zu erheblichen Größenvorteilen für die Einrichtungen führen, die Wettbewerbsfähigkeit der Wirtschaft der Gemeinschaft verbessern und die berufliche Mobilität erleichtern. Dies erfordert die gegenseitige Anerkennung der aufsichtsrechtlichen Standards. Die ordnungsgemäße Anwendung dieser aufsichtsrechtlichen Standards sollte durch die zuständige Behörde des Herkunftsmitgliedstaats überwacht werden, sofern nichts anderes vorgesehen ist.

(37) Das Recht einer Einrichtung mit Sitz in einem Mitgliedstaat, in einem anderen Mitgliedstaat abgeschlossene betriebliche Altersversorgungssysteme zu betreiben, darf nur unter vollständiger Einhaltung der sozial- und arbeitsrechtlichen Vorschriften des Tätigkeitsmitgliedstaats ausgeübt werden, soweit diese für die betriebliche Altersversorgung von Belang sind, beispielsweise die Festlegung und Zahlung von Altersversorgungsleistungen und die Bedingungen für die Übertragbarkeit der Anwartschaften.

(38) Werden Systeme in einem separaten Abrechnungsverband verwaltet, so werden die Bestimmungen dieser Richtlinie einzeln auf die Abrechnungsverbände angewandt.

(39) Es ist wichtig, die Zusammenarbeit zwischen den zuständigen Behörden der Mitgliedstaaten zum Zwecke der Beaufsichtigung sowie die Zusammenarbeit zwischen diesen Behörden und der Kommission zu anderen Zwecken vorzusehen. Um ihre Aufgaben zu erfüllen und zur konsequenten und rechtzeitigen Durchführung dieser Richtlinie beizutragen, sollten die zuständigen Behörden einander die Informationen zur Verfügung stellen, die sie zur Durchführung der Bestimmungen dieser Richtlinie benötigen. Die Kommission hat erklärt, dass sie beabsichtigt, einen Ausschuss der Aufsichtsbehörden einzurichten, um die Zusammenarbeit, die Koordinierung und den Meinungsaustausch zwischen den zuständigen nationalen Behörden sowie die konsequente Durchführung dieser Richtlinie zu fördern.

(40) Da das Ziel der vorgeschlagenen Maßnahme, nämlich die Schaffung eines gemeinschaftlichen Rechtsrahmens für Einrichtungen der betrieblichen Altersversorgung, auf Ebene der Mitgliedstaaten nicht ausreichend erreicht werden kann und daher wegen des Umfangs und der Wirkungen der Maßnahme besser auf Gemeinschaftsebene zu erreichen ist, kann die Gemeinschaft im Einklang mit dem in Artikel 5 des Vertrags niedergelegten Subsidiaritätsprinzip tätig werden. Entsprechend dem in demselben Artikel genannten Verhältnismäßigkeitsprinzip geht diese Richtlinie nicht über das für die Erreichung dieses Ziels erforderliche Maß hinaus –

HABEN FOLGENDE RICHTLINIE ERLASSEN:

Art. 1 Gegenstand

Mit dieser Richtlinie werden Regeln für die Aufnahme und Ausübung der Tätigkeit von Einrichtungen der betrieblichen Altersversorgung festgelegt.

A. Entstehungsgeschichte

I. Aktuelle Fassung

1   Der Aktionsplan für Finanzdienstleistungen (KOM [1999] 232) führte die Ausarbeitung einer Richtlinie über die Beaufsichtigung von Einrichtungen der betrieblichen Altersversorgung als vorrangige Priorität auf, da es sich bei diesen Einrichtungen aus Sicht der Europäischen Kommission um große Finanzinstitute handelt, die bei der Integration, Effizienz und Liquidität der Finanzmärkte eine Schlüsselrolle zu spielen haben (krit. zur Einordnung als Finanzdienstleister (*Gohdes/Schmid* BB 2014, 1899). Für diese Einrichtungen gab es aber bis dahin keinen kohärenten gemeinschaftlichen Rechtsrahmen, auf dessen Grundlage sie die Vorteile des Binnenmarktes umfassend nutzen können (vgl. Erwägungsgrund 4).

2   Die aktuelle Fassung der Richtlinie beruht auf einem Vorschlag der Europäischen Kommission v. 11.10.2000 (KOM [2000] 507 endg., ABl. C 96 E v. 27.3.2001, 136). Das Europäische Parlament und der Europäische Rat haben die Richtlinie gestützt auf den Vertrag zur Gründung der Europäischen Gemeinschaft, insbesondere auf Art. 47 II, 55 und 95 I, nach Stellungnahme des Europäischen Wirtschafts- und Sozialausschusses (ABl. C 155

v. 29.5.2001, 26), gem. dem Verfahren des Art. 251 des Vertrags (Stellungnahme des Europäischen Parlaments v. 4.7.2001 ABl. C 65 E v. 14.3.2002, 135; Gemeinsamer Standpunkt des Rates v. 5.11.2002, ABl. C 299 E v. 3.12.2002, 16; Beschluss des Europäischen Parlaments v. 12.3.2003, ABl. C 61 E v. 10.3.2004, 268; und Beschluss des Rates v. 13.5.2003) erlassen.

Vorangegangen war ein erster Richtlinienvorschlag der Europäischen Kommission v. **3** 21.10.1991 (KOM [91] 301). Mit der gescheiterten Initiative sollte die Dienstleistungsfreiheit im Bereich der betrieblichen Altersversorgung gesichert werden (Schlachter/Becker/Igl/*Eichenhofer,* Funktion und rechtliche Ausgestaltung zusätzlicher Alterssicherung, 201 [206]). Die Europäische Kommission griff das Thema 1997 im Grünbuch „Zusätzliche Altersversorgung im Binnenmarkt" erneut auf (dazu *Stürmer* BetrAV 1998, 210). Darin vertrat sie die Auffassung, im Binnenmarkt müssten Niederlassungsfreiheit und Freiheit des Kapitalverkehrs Hand in Hand gehen (Schlachter/Becker/Igl/*Eichenhofer,* Funktion und rechtliche Ausgestaltung zusätzlicher Alterssicherung, 201 [206]).

II. Reformüberlegungen

Die Europäische Kommission legte am 7.7.2010 ein **Grünbuch** zu dem Thema „An- **4** gemessene, nachhaltige und sichere europäische Pensions- und Rentensysteme" vor (KOM [2010] 365 endg.; vgl. dazu *Gunkel/Urban* BetrAV 2011, 1; *Hügelschäffer* BetrAV 2011, 249). Die Ergebnisse der sich anschließenden Konsultationsverfahren wurden zusammengefasst im **Weißbuch** „Eine Agenda für angemessene, sichere und nachhaltige Pensionen und Renten" (KOM [2012] 55 endg.). Hierin wurde auch ein Legislativvorschlag zur Überprüfung der Richtlinie angekündigt (KOM [2012] 55 endg. Anhang 1 Nr. 11, 20). Mit dieser Überprüfung sollten „einheitliche Rahmenbedingungen mit Solvabilität II hergestellt und die grenzüberschreitende Tätigkeit in diesem Bereich gefördert sowie das insgesamte Angebot an Renten und Pensionen in der Europäischen Union verbessert werden".

Die Europäische Kommission hatte zunächst die Europäische Aufsichtsbehörde für das **5** Versicherungswesen und die betriebliche Altersversorgung (EIOPA) in einem sogenannten „Call for advice" um Rat zur Überarbeitung der Richtlinie gebeten. Der Call for advice orientierte sich grds. an **Solvabilität II** für Versicherungsunternehmen (RL 2009/138/EG v. 25.9.2009) und umfasste die Bereiche „quantitative Vorschriften zur Solvabilität" (Säule 1), „Governance" (Säule 2) und „Informationspflichten" (Säule 3). Die am 15.2.2012 veröffentlichte Antwort von EIOPA wurde hinsichtlich der Solvabilitätsregeln unter den Vorbehalt der Ergebnisse einer noch durchzuführenden quantitativen Auswirkungsstudie (Quantitative Impact Study – QIS) gestellt. Den endgültigen Bericht an die Europäische Kommission zur QIS hat EIOPA am 4.7.2013 veröffentlicht (zum zusätzlichen Kapitalbedarf der deutschen Pensionskassen bei Einführung der strengen Eigenkapitalvorschriften iSd. 1. Säule von Solvabilität II vgl. *Koberski* SR 2014, 108 [114]). Dem Bericht ist zu entnehmen, dass EIOPA das Konzept der ganzheitlichen Bilanz und die damit verbundene marktkonsistente Bewertung und risikoorientierte Berechnung der Solvenzkapitalanforderung grds. befürwortet. In dem endgültigen Bericht führt die Behörde jedoch aus, dass zahlreiche inhaltliche Fragen geklärt werden müssten, bevor das Konzept der ganzheitlichen Bilanz ggf. als Grundlage für zukünftige europarechtliche Solvabilitätsregeln verwendet werden könnte. EIOPA arbeitet seit Ende 2013 mit fünf Unterarbeitsgruppen an der Weiterentwicklung des sog. Holistic-Balance-Sheet-(HBS-)Ansatzes (*Gohdes/Schmid* BB 2014, 1899, 1900). Ziel ist es, der Europäischen Kommission 2015 einen umsetzbaren Vorschlag für Einrichtungen der betrieblichen Altersversorgung vorzulegen. Beim HBS-Ansatz handelt es sich im Wesentlichen um eine Übertragung der Anforderungen an die Mittelausstattung für Versicherer auf Einrichtungen der betrieblichen Altersversorgung mit dem Versuch einer zusätzlichen Einbeziehung bestimmter Besonderheiten der betrieblichen Altersversorgung. Die unterschiedslose Übertragung der Solvabilität II auf die Einrichtungen der betrieblichen Altersversorgung wird teilweise sehr kritisch gesehen, die soziale Dimension der Betriebsrente werde dabei verkannt (vgl. *Koberski* SR 2014, 108 [113 f.]).

6 Am 27.3.2014 hat die Europäische Kommission einen Vorschlag zur Überarbeitung der Richtlinie vorgelegt (KOM [2014] 167 endg.). Dieser 81 Art. zählende Entwurf enthält hauptsächlich Regelungen, die der Verbesserung der Governance (Geschäftsorganisation) und Transparenz (Informationspflichten gegenüber den Versorgungsberechtigten und Rentenbeziehern) der Einrichtungen der betrieblichen Altersversorgung dienen sollen (vgl. *Gohdes/Schmid* BB 2014, 1899; *Koberski* SR 2014, 108 [114 ff.]; *Röhle* BetrAV 2014, 629 [631 f.]). Der Entwurf behandelt nicht die Frage der Solvabilität der Einrichtungen. Die Umsetzung in nationales Recht ist bis zum 31.12.2016 vorgesehen. Zu verschiedenen Themenbereichen soll die Europäische Kommission laut dem Entwurf delegierte Rechtsakte erlassen können, in denen bestimmte Regelungen der Richtlinie konkretisiert werden. Nachdem die italienische Ratspräsidentschaft am 17.9.2014 einen ersten Kompromisstext veröffentlicht hatte, hat sich der Europäische Rat am 10.12.2014 auf einen Kompromissvorschlag geeinigt, der nun Gegenstand der Beratung im Europäischen Parlament ist.

B. Regelungsgegenstand

I. Arbeitsrecht

7 Die Richtlinie regelt nach Art. 1 die Tätigkeit der Einrichtungen der betrieblichen Altersversorgung. Nicht geregelt wird die das Arbeitsverhältnis ausgestaltende Zusage einer betrieblichen Altersversorgung vom Arbeitgeber an seine Arbeitnehmer. Die arbeits- und sozialrechtlichen Dimensionen der betrieblichen Altersversorgung werden von der Richtlinie ausgeklammert (Schlachter/Becker/Igl/*Eichenhofer*, Funktion und rechtliche Ausgestaltung zusätzlicher Alterssicherung, 201 [207]; BRO/*Rolfs* Einleitung Rn. 140). Ihnen wird in anderen Rechtsakten Rechnung getragen. So war die Sicherung der Gleichbehandlung von Männern und Frauen bei den betrieblichen Systemen der sozialen Sicherheit zunächst Gegenstand der RL 86/378/EWG v. 27.7.1986 und ist heute in Art. 5 ff. der RL 2006/54/EG v. 5.7.2006 zur Verwirklichung des Grundsatzes der Chancengleichheit und Gleichbehandlung von Männern und Frauen in Arbeits- und Beschäftigungsfragen geregelt. Die Wahrung ergänzender Rentenansprüche von Arbeitnehmern (und Selbständigen), die innerhalb der Europäischen Gemeinschaft (jetzt: Europäische Union) zu- und abwandern, sind Regelungsgegenstand der RL 98/49/EG des Rates v. 29.6.1998. Besondere arbeitsrechtliche Bedeutung kommt nunmehr der RL 2014/50/EU des Europäischen Parlaments und des Rates v. 16.4.2014 über Mindestvorschriften zur Erhöhung der Mobilität von Arbeitnehmern zwischen den Mitgliedstaaten durch Verbesserung des Erwerbs und der Wahrung von Zusatzrentenansprüchen zu.

8 Indem den Einrichtungen der betrieblichen Altersversorgung erlaubt wird, die Trägerschaft durch Unternehmen mit Standort im Hoheitsgebiet anderer Mitgliedstaaten zu akzeptieren und Altersversorgungssysteme mit Leistungsanwärtern in mehr als einem Mitgliedstaat zu betreiben, können nicht nur erhebliche Größenvorteile entstehen und die Wettbewerbsfähigkeit der Wirtschaft der Gemeinschaft verbessert werden. Auch die berufliche Mobilität kann dadurch mittelbar erleichtert werden (vgl. Erwägungsgrund 36; *Baumeister* DB 2005, 2076 [2081]). Unmittelbar befasst sich die Richtlinie mit der Frage der Freizügigkeit jedoch nicht (vgl. Fuchs/*Steinmeyer* Teil 11 Rn. 1).

II. Voraussetzungen für den Betrieb

9 Voraussetzungen für den Betrieb von Einrichtungen der betrieblichen Altersversorgung sind in Art. 9 formuliert. Die Einrichtung ist in ein **nationales Register** einzutragen oder zuzulassen. Bei einer grenzüberschreitenden Tätigkeit iSv Art. 20 werden in dem Register auch die Mitgliedstaaten, in denen die Einrichtung tätig ist, angegeben. Die Einrichtung muss **von zuverlässigen Personen geführt** werden, die selbst über die erforderliche fachliche Qualifikation und Berufserfahrung verfügen müssen. Art. 9 I lit. b weicht diese Anforderung allerdings auf, indem es auch genügen soll, wenn das Führungspersonal auf Berater mit der erforderlichen fachlichen Qualifikation und Berufserfahrung zurückgreifen kann. Die Funktionsweise jedes betriebenen Altersversorgungssystems soll durch Vorschriften ordnungsgemäß geregelt sein. Art. 12 verlangt, die Einrichtungen der betrieblichen Altersversorgung zu verpflichten, eine schriftliche **Erklärung** über die Grundsätze ihrer **Anlagepolitik** (Verfahren zur Bewertung des Anlagerisikos, das Risikomanagement sowie die Strategie in Bezug auf die Mischung der Vermögenswerte) auszuarbeiten und zumindest alle drei Jahre zu überprüfen. Jeder Mitgliedstaat hat zudem in Bezug auf jede in seinem Hoheitsgebiet niedergelassene Einrichtung sicherzustellen, dass alle versicherungstechnischen **Rückstellungen** von einem Versicherungsmathematiker oder, wenn dies nicht der Fall ist, **von einem** sonstigen **Fachmann** auf diesem Gebiet, so zum Beispiel von einem Wirtschaftsprüfer, nach den einzelstaatlichen Rechtsvorschriften auf der Grundlage von durch die zuständigen Behörden des Herkunftsmitgliedstaates anerkannten versicherungsmathematischen Methoden **berechnet und testiert** werden. Darüber hinaus verlangt Art. 10, dass jede Einrichtung einen **Jahresabschluss** und einen **jährlichen Lagebericht** unter Berücksichtigung aller von der Einrichtung betriebenen Versorgungssysteme und ggf. des Jahresabschlusses und des Lageberichts jedes Versorgungssystems erstellt. Der Jahresabschluss und die in den Berichten enthaltenen Informationen müssen nach Maßgabe des innerstaatlichen Rechts in sich schlüssig, umfassend und sachgerecht aufgemacht sein und von Personen ordnungsgemäß genehmigt werden, die hierzu bevollmächtigt sind.

Die **Versorgungsanwärter** sind über die Funktionsweise des betriebenen Altersversorgungssystems nach Art. 9 I lit. f in angemessener Form **zu informieren.** Dazu gehören nach Buchst. f die Rechte und Pflichten der Beteiligten sowie die mit dem Altersversorgungssystem verbundenen finanziellen, versicherungstechnischen und sonstigen Risiken einschließlich ihrer Aufteilung. Weitere Informationspflichten folgen aus Art. 11. Versorgungsanwärtern und Leistungsempfängern sind innerhalb angemessener Frist Angaben zu etwaigen Änderungen der Bestimmungen des Altersversorgungssystems zu machen. Auf **Anfrage** erhalten Versorgungsanwärter und Leistungsempfänger:

– Den Jahresabschluss und den jährlichen Lagebericht nach Art. 10 und, wenn eine Einrichtung für mehr als ein Versorgungssystem verantwortlich ist, einen Bericht und den Jahresabschluss in Bezug auf ihr spezifisches System.
– Die Erklärung über die Grundsätze der Anlagepolitik nach Art. 12.

Jeder Versorgungsanwärter kann auf **Anfrage** ferner ausführliche und sachdienliche Informationen erhalten über

– ggf. die voraussichtliche Höhe der ihm zustehenden Versorgungsleistungen;
– die Höhe der Leistungen im Falle der Beendigung der Erwerbstätigkeit;
– ggf. die Auswahl von möglichen Anlageformen und das Anlagenportfolio sowie Informationen über das Risikopotenzial und die mit den Anlagen verbundenen Kosten, sofern der Versorgungsanwärter das Anlagerisiko trägt;
– die Modalitäten der Übertragung von Anwartschaften auf eine andere Einrichtung der betrieblichen Altersversorgung im Falle der Beendigung des Arbeitsverhältnisses.

Beim Eintritt in den Ruhestand bzw. wenn sonstige Leistungen fällig werden, erhält jeder Leistungsempfänger angemessene Informationen über die fälligen Leistungen und die entsprechenden Zahlungsmodalitäten. Informationsverpflichteter ist stets die Einrichtung, nicht der Arbeitgeber. Die Richtlinie begründet also **keine arbeitsrechtliche Auskunftsverpflichtung** (vgl. Fuchs/*Steinmeyer* Teil 11 Rn. 13). Eine solche ist vorgesehen in Art. 6 RL 2014/50/EU. Dabei stellt Art. 6 V RL 2014/50/EU klar, dass die Auskunftspflichten der Einrichtung und des Arbeitgebers nebeneinander bestehen (zum Problem der Verdoppelung der Information → RL 2014/50/EU Art. 6 Rn. 3).

13   Art. 9 III stellt klar, dass jeder Mitgliedstaat im Hinblick auf den angemessenen Schutz der Interessen der Versorgungsanwärter und Leistungsempfänger die Voraussetzungen für den Betrieb einer Einrichtung mit Standort in seinem Hoheitsgebiet von weiteren Kriterien abhängig machen kann. Nach Abs. 4 kann jeder Mitgliedstaat gestatten oder verlangen, dass Einrichtungen mit Standort in seinem Hoheitsgebiet die Verwaltung dieser Einrichtungen ganz oder teilweise anderen Stellen übertragen, die im Namen dieser Einrichtungen tätig werden.

III. Behördliche Aufsicht

14   Die Mitgliedstaaten haben dafür Sorge zu tragen, dass die zuständigen Behörden in Bezug auf jede Einrichtung mit Standort in ihrem Hoheitsgebiet über die notwendigen Befugnisse und Mittel verfügen, um die in Art. 13 näher bezeichneten Auskünfte und Unterlagen von den Einrichtungen der betrieblichen Altersversorgung zu erhalten. Art. 14 sieht Eingriffsrechte und -pflichten der Behörden vor. So sind die zuständigen Behörden befugt, entweder in Bezug auf jede Einrichtung mit Standort in ihrem Hoheitsgebiet oder in Bezug auf die die Einrichtungen betreibenden Personen alle Maßnahmen – ggf. auch administrativer oder finanzieller Art – zu ergreifen, die geeignet und notwendig sind, um Unregelmäßigkeiten zu verhindern oder zu unterbinden, die den Interessen der Versorgungsanwärter und Leistungsempfänger schaden. Sie können darüber hinaus unter bestimmten Voraussetzungen die freie Verfügung über die Vermögenswerte einer Einrichtung einschränken oder untersagen. Dabei haben die Mitgliedstaaten sicherzustellen, dass gegen die auf der Grundlage der nach dieser Richtlinie erlassenen Rechts- und Verwaltungsvorschriften getroffenen Entscheidungen vor Gericht Rechtsmittel eingelegt werden können.

IV. Rückstellungen, Solvabilitätsspanne und Anlagevorschriften

15   Nähere Bestimmungen zu den versicherungstechnischen Rückstellungen sind in Art. 15 f. geregelt. Einrichtungen, deren Altersversorgungssysteme dadurch gekennzeichnet sind, dass die Einrichtung selbst und nicht das Trägerunternehmen die Haftung für biometrische Risiken übernimmt und ein bestimmtes Anlageergebnis bzw. die Höhe der Leistungen garantiert, müssen nach Art. 17 jederzeit über zusätzliche, über die versicherungstechnischen Rückstellungen hinausgehende Vermögenswerte verfügen, die als Sicherheitsmarge dienen. Diese Vermögenswerte müssen unbelastet sein und dienen als Sicherheitskapital, um die Abweichungen zwischen den erwarteten und tatsächlichen Kosten und Gewinnen auszugleichen. Zur Berechnung der Mindesthöhe der zusätzlichen Vermögenswerte sind die Vorschriften der Art. 17a–17d anzuwenden. Die Einrichtungen müssen bei der Anlage der Vermögenswerte nach dem allg. Vorsichtsprinzip verfahren („Prudent Person Plus" vgl. *Baumeister* DB 2005, 2076 [2078]). Näheres regelt Art. 18. Die Vermögensverwaltung und -verwahrung durch Dritte ist in Art. 19 geregelt.

C. Umsetzung in Deutschland

16   Die Anpassung des deutschen Rechts an die Richtlinie begann bereits mit dem Altersvermögensgesetz v. 26.6.2001 (BGBl. I 1310), als mit dem Pensionsfonds ein neuer Durchführungsweg in die betriebliche Altersversorgung eingeführt wurde (*Baumeister* DB 2005, 2076). Eine Änderung der Auskunftspflichten gegenüber Versorgungsberechtigten und der Solvabilitätsvorschriften erfolgte mit der VAG-Novelle 2003 (Gesetz v. 10.12.2003, BGBl. I 2478). Durch die VAG-Novelle 2005 wurden der Pensionsfonds und die Pensionskasse materiell dem Aufsichtsrecht der Lebensversicherungsunternehmen unterworfen (§§ 112 ff. VAG; vgl. *Baumeister* DB 2005, 2076 [2077]; *Wiesner* BetrAV 2014, 216 [217]). Die Informations- und Auskunftspflichten für Lebensversicherungsunternehmen wurden in §§ 10, 10a II VAG iVm Anlage Teil D ausgeweitet (*Schwind* BetrAV 2005, 638 [640 f.]).

Anwendungsbereich

Soweit einzelne Einrichtungen der betrieblichen Altersversorgung unter der Aufsicht der Länder stehen (zB kommunale Zusatzversorgungskassen), bedurfte es zudem der Richtlinien-Umsetzung in den entsprechenden Landesgesetzen (*Baumeister* DB 2005, 2076).

Art. 2 Anwendungsbereich

(1) [1]Diese Richtlinie gilt für Einrichtungen der betrieblichen Altersversorgung. [2]Besitzen Einrichtungen der betrieblichen Altersversorgung gemäß den einschlägigen einzelstaatlichen Rechtsvorschriften keine Rechtspersönlichkeit, so wendet der betreffende Mitgliedstaat diese Richtlinie entweder auf die Einrichtungen selbst oder – vorbehaltlich des Absatzes 2 – auf die zugelassenen Stellen an, die für die Verwaltung der betreffenden Einrichtungen verantwortlich und in ihrem Namen tätig sind.

(2) Diese Richtlinie gilt nicht für

a) Einrichtungen, die unter die Verordnung (EWG) Nr. 1408/71[1] und unter die Verordnung (EWG) Nr. 574/72[2] fallende Systeme der sozialen Sicherheit verwalten;
b) Einrichtungen, die unter die Richtlinien 73/239/EWG[3], 85/611/EWG[4], 93/22/EWG[5], 2000/12/EG[6], 2002/83/EG[7] und 2011/61/EU[8] fallen;
c) Einrichtungen, die nach dem Umlageverfahren arbeiten;
d) Einrichtungen, bei denen die Beschäftigten der Trägerunternehmen keine gesetzlichen Leistungsansprüche haben und das Trägerunternehmen die Vermögenswerte jederzeit ablösen kann und seiner Verpflichtung zur Zahlung von Altersversorgungsleistungen nicht zwangsläufig nachkommen muss;
e) Unternehmen, die im Hinblick auf die Auszahlung der Versorgungsleistungen an ihre Beschäftigten Pensionsrückstellungen bilden.

A. Anwendungsbereich

Wann eine **Einrichtung der betrieblichen Altersversorgung** anzunehmen ist, de- 1
finiert Art. 6 lit. a. Erfasst werden danach – unabhängig von der Rechtsform – nur solche Einrichtungen, die nach dem Kapitaldeckungsverfahren arbeiten. Nach der Definition des Art. 6 ist es außerdem bereits Anwendungsvoraussetzung der Richtlinie, dass die Einrichtung rechtlich unabhängig vom Trägerunternehmen oder einer Träger-Berufsvereinigung

---

[1] **Amtl. Anm.:** Verordnung (EWG) Nr. 1408/71 vom 14. Juni 1971 zur Anwendung der Systeme der sozialen Sicherheit auf Arbeitnehmer und Selbstständige sowie deren Familienangehörige, die innerhalb der Gemeinschaft zu- und abwandern (ABl. L 149 vom 5.7.1971, S. 2). Zuletzt geändert durch die Verordnung (EG) Nr. 1386/2001 des Europäischen Parlaments und des Rates (ABl. L 187 vom 10.7.2001, S. 1).
[2] **Amtl. Anm.:** Verordnung (EWG) Nr. 574/72 des Rates vom 21. März 1972 über die Durchführung der Verordnung (EWG) Nr. 1408/71 über die Anwendung der Systeme der sozialen Sicherheit auf Arbeitnehmer und Selbstständige sowie deren Familienangehörige, die innerhalb der Gemeinschaft zu- und abwandern (ABl. L 74 vom 27.3.1972, S. 1). Zuletzt geändert durch die Verordnung (EG) Nr. 410/2002 der Kommission (ABl. L 62 vom 5.3.2002, S. 17).
[3] **Amtl. Anm.:** Erste Richtlinie 73/239/EWG des Rates vom 24. Juli 1973 zur Koordinierung der Rechts- und Verwaltungsvorschriften betreffend die Aufnahme und Ausübung der Tätigkeit der Direktversicherung (mit Ausnahme der Lebensversicherung) (ABl. L 228 vom 16.8.1973, S. 3).
[4] **Amtl. Anm.:** Richtlinie 85/611/EWG des Rates vom 20. Dezember 1985 zur Koordinierung der Rechts- und Verwaltungsvorschriften betreffend bestimmte Organismen für gemeinsame Anlagen in Wertpapieren (OGAW) (ABl. L 375 vom 31.12.1985, S. 3).
[5] **Amtl. Anm.:** Richtlinie 93/22/EWG des Rates vom 10. Mai 1993 über Wertpapierdienstleistungen (ABl. L 141 vom 11.6.1993, S. 27).
[6] **Amtl. Anm.:** Richtlinie 2000/12/EG des Europäischen Parlaments und des Rates vom 20. März 2000 über die Aufnahme und Ausübung der Tätigkeit der Kreditinstitute (ABl. L 126 vom 26.5.2000, S. 1).
[7] **Amtl. Anm.:** Richtlinie 2002/83/EG des Europäischen Parlaments und des Rates vom 5. November 2002 über Lebensversicherungen (ABl. L 345 vom 19.12.2002, S. 1).
[8] **Amtl. Anm.:** Richtlinie 2011/61/EU des Europäischen Parlaments und des Rates vom 8. Juni 2011 über die Verwalter alternativer Investmentfonds (ABl. L 174 vom 1.7.2011, S. 1).

ist. Diese Trennung dient der Sicherung des angesammelten Vermögens im Falle der Insolvenz des Trägerunternehmens (vgl. Art. 8; vgl. zum Schutz der Versorgungsanwärter gegen Zahlungsunfähigkeit des Arbeitgebers auch Art. 8 RL 2008/94/EG). Die Richtlinie definiert **Trägerunternehmen** als ein Unternehmen oder eine Körperschaft, das/die Beiträge in eine Einrichtung der betrieblichen Altersversorgung einzahlt, gleichgültig ob dieses Unternehmen oder diese Körperschaft eine oder mehrere juristische oder natürliche Personen, die als Arbeitgeber oder als Selbstständige auftreten, umfasst oder aus einer beliebigen Kombination dieser Möglichkeiten besteht (Art. 6 lit. c). Die Altersversorgungsleistungen müssen vor allem an die Ausübung einer beruflichen Tätigkeit geknüpft sein und demgemäß auf einer (ggf. kollektiven) Vereinbarung zwischen Arbeitnehmern und Arbeitgebern beruhen, wobei in Einklang mit den Rechtsvorschriften des Herkunfts- und des Tätigkeitsstaats auch Leistungen an Selbstständige erbracht werden können. Art. 6 enthält in Buchst. d auch eine Begriffsbestimmung dafür, was unter **Altersversorgungsleistungen** zu verstehen ist. Dies sind Leistungen, die unter Berücksichtigung des Eintretens oder in Erwartung des Eintretens in den Ruhestand gezahlt werden, oder zusätzliche Leistungen als Ergänzung zu den vorgenannten Leistungen in Form von Zahlungen im Todes- oder Invaliditätsfall oder bei Beendigung der Erwerbstätigkeit oder in Form von Unterstützungszahlungen oder -leistungen im Falle von Krankheit, Bedürftigkeit oder Tod. Sie können als lebenslange oder auch als zeitlich begrenzte Zahlungen erfolgen oder als pauschaler Kapitalbetrag gezahlt werden. Die Richtlinie bringt jedoch zum Ausdruck, dass insbesondere die lebenslange Leistung geeignet ist, die finanzielle Absicherung im Ruhestand zu fördern (vgl. Erwägungsgrund 13).

2   Durch den Abs. 2 des Art. 6 werden bestimmte Einrichtungen ausdrücklich vom Anwendungsbereich der Richtlinie ausgenommen. Dabei ist zu beachten, dass die in Buchst. a genannte VO ersetzt wurde durch die VO (EG) Nr. 883/2004. Diese definiert ihren sachlichen Geltungsbereich in Art. 3. Sie gilt danach für „Zweige der sozialen Sicherheit", die ua. Leistungen bei Invalidität, Alter und an Hinterbliebene betreffen. Eine Definition des Begriffs „soziale Sicherheit" fehlt allerdings. Dies macht die Abgrenzung zu den Altersversorgungssystemen schwierig. Nicht unter die VO (EG) Nr. 883/2004, sondern unter die RL 2003/41/EG fallen letztlich solche Zusatzversorgungssysteme, die zu dem Zweck eingerichtet wurden, an die Ausübung einer beruflichen Tätigkeit geknüpfte Versorgungsleistungen zu erbringen (vgl. Fuchs/*Steinmeyer* Teil 11 Rn. 4). Für Einrichtungen der betrieblichen Altersversorgung, die gleichzeitig auch gesetzliche Rentenversicherungssysteme betreiben, die als Systeme der sozialen Sicherheit iSd Verordnungen (EWG) Nr. 1408/71 und (EWG) Nr. 574/72 (nunmehr VO (EG) Nr. 883/2004) anzusehen sind, gilt nach Art. 3 die Richtlinie nur bezüglich ihres fakultativen betrieblichen Altersversorgungsgeschäfts. In diesem Fall ist für die Verbindlichkeiten und die ihnen entsprechenden Vermögenswerte ein separater Abrechnungsverband einzurichten ohne die Möglichkeit, sie auf die als Sozialversicherungssysteme erachteten gesetzlichen Rentenversicherungssysteme zu übertragen oder umgekehrt.

3   Die RL 2003/41 findet nach Art. 2 II lit. b ferner keine Anwendung auf Einrichtungen, die erfasst werden durch die Bestimmungen der folgenden Richtlinien:

- 73/239/EWG des Rates v. 24.7.1973 zur Koordinierung der Rechts- und Verwaltungsvorschriften betreffend die Aufnahme und Ausübung der Tätigkeit der Direktversicherung (mit Ausnahme der Lebensversicherung) (ABl. L 228 v. 16.8.1973, 3).
- 85/611/EWG des Rates v. 20.12.1985 zur Koordinierung der Rechts- und Verwaltungsvorschriften betreffend bestimmte Organismen für gemeinsame Anlagen in Wertpapieren (OGAW) (ABl. L 375 v. 31.12.1985, 3).
- 93/22/EWG des Rates v. 10.5.1993 über Wertpapierdienstleistungen (ABl. L 141 v. 11.6.1993, 27).
- 2000/12/EG des Europäischen Parlaments und des Rates v. 20.3.2000 über die Aufnahme und Ausübung der Tätigkeit der Kreditinstitute (ABl. L 126 v. 26.5.2000, 1).

– 2002/83/EG des Europäischen Parlaments und des Rates v. 5.11.2002 über Lebensversicherungen (ABl. L 345 v. 19.12.2002, 1). Beachte: Nach Art. 4 kann ein Herkunftsmitgliedstaat die Bestimmungen der Art. 9–16 und der Art. 18–20 der RL 2003/41/EG auf das betriebliche Altersversorgungsgeschäft von unter die RL 2002/83/EG fallenden **Versicherungsunternehmen** mit den in Art. 4 S. 2 ff. näher beschriebenen Folgen anwenden. Insbesondere ist für die dem betrieblichen Altersversorgungsgeschäft entsprechenden Verbindlichkeiten und Vermögenswerte ein separater Abrechnungsverband einzurichten. Verwaltet ein Versicherungsunternehmen im Einklang mit Art. 4 sein betriebliches Altersversorgungsgeschäft mittels eines separaten Abrechnungsverbands, so sind gem. Art. 7 UAbs. 2 Richtlinie die betreffenden Vermögenswerte und Verbindlichkeiten auf Geschäfte im Rahmen von Altersversorgungsleistungen und damit unmittelbar im Zusammenhang stehende Aktivitäten einzugrenzen.
– 2011/61/EU des Europäischen Parlaments und des Rates v. 8.6.2011 über die Verwalter alternativer Investmentfonds (ABl. L 174 v. 1.7.2011, 1)

Die in Art. 2 II lit. c vorgesehene Ausnahme für Einrichtungen, die nach dem **Umlageverfahren** arbeiten, korrespondiert mit der Definition in Art. 6 lit. a, nach der Einrichtungen der betrieblichen Altersversorgung nur solche sind, die nach dem **Kapitaldeckungsverfahren** arbeiten. Art. 2 II lit. b nimmt zudem Einrichtungen aus dem Anwendungsbereich der Richtlinie heraus, bei denen die Beschäftigten der Trägerunternehmen keine gesetzlichen Leistungsansprüche haben und bei denen das Trägerunternehmen seiner Verpflichtung zur Zahlung von Altersversorgungsleistungen nicht zwangsläufig nachkommen muss. Auch **Pensionsrückstellungen,** die von Unternehmen im Hinblick auf die Auszahlung von Versorgungsleistungen an ihre Beschäftigten gebildet werden, werden vom Anwendungsbereich der Richtlinie nicht erfasst. 4

Für Einrichtungen, die Altersversorgungssysteme betreiben, denen insgesamt weniger als 100 Versorgungsanwärter, also Personen, die aufgrund ihrer beruflichen Tätigkeiten nach den Bestimmungen des Altersversorgungssystems Anspruch auf Altersversorgungsleistungen haben oder haben werden (vgl. Art. 6 lit. e), angeschlossen sind, ist nur die Anwendung von Art. 19 über die Vermögensverwaltung und -verwahrung zwingend. Im Übrigen kann ein Mitgliedstaat nach Art. 5 die Richtlinie ganz oder teilweise auf sog. **kleine Einrichtungen** mit Standort in seinem Hoheitsgebiet nicht anwenden. Art. 20 (Grenzüberschreitende Tätigkeit) darf nur angewendet werden, wenn alle anderen Bestimmungen der Richtlinie Anwendung finden. Nach Art. 5 UAbs. 2 kann ein Mitgliedstaat die Art. 9–17 auf Einrichtungen nicht anwenden, bei denen die **betriebliche Altersversorgung gesetzlich vorgeschrieben** ist und von einer staatlichen Stelle garantiert wird. Auch in diesem Fall darf Art. 20 nur angewendet werden, wenn alle anderen Bestimmungen der Richtlinie ebenfalls Anwendung finden. 5

B. Bedeutung für das deutsche Recht

Aufgrund von **Direktzusagen** beim Trägerunternehmen gebildete Pensionsrückstellungen fallen nach Art. 6 II lit. e nicht unter den Anwendungsbereich der Richtlinie (Fuchs/ *Steinmeyer* Teil 11 Rn. 3). Auch – etwa im Wege des Contractual Trust Arrangements **(CTA)** – aus dem Unternehmen ausgelagerte Pensionsrückstellungen werden von der Richtlinie nicht erfasst (*Baumeister* DB 2005, 2076 [2077]). Bei den mittelbaren Versorgungszusagen nach deutschem Recht unterfällt die **Direktversicherung** den Ausnahmeregelungen des Art. 2 II lit. b, denn gem. § 1b II BetrAVG liegt eine Direktversicherung vor, wenn für die betriebliche Altersversorgung eine Lebensversicherung auf das Leben des Arbeitnehmers durch den Arbeitgeber abgeschlossen wird und der Arbeitnehmer oder seine Hinterbliebenen hinsichtlich der Leistungen des Versicherers ganz oder teilweise bezugsberechtigt sind. Der deutsche Gesetzgeber hat bewusst keinen Gebrauch gemacht von der Option, die Richtlinie dennoch teilweise auf die Direktversicherungen anzuwenden, weil 6 nach seiner Einschätzung der damit verbundene Verwaltungsaufwand den Wettbewerb der in Deutschland weit verbreiteten Direktversicherung stark einschränken würde (BT-Drs. 15/5221, 13). Die **Unterstützungskassen** nach deutschem Recht fallen unter den Ausnahmetatbestand des Art. 2 II lit. d der Richtlinie. Nach § 1b IV BetrAVG liegt eine Unterstützungskasse vor, wenn die betriebliche Altersversorgung von einer rechtsfähigen Versorgungseinrichtung durchgeführt wird, die auf ihre Leistungen keinen Rechtsanspruch gewährt. Nach der Rechtsprechung des BAG ist der Ausschluss des Rechtsanspruchs in Satzungen und Versorgungsplänen von Unterstützungskassen freilich als Widerrufsrecht auszulegen, das an sachliche Gründe gebunden ist (BAG 15.2.2011 NZA-RR 2011, 541; ErfK/*Steinmeyer* BetrAVG § 1b Rn. 58). Trotzdem verbleibt es bei der Bereichsausnahme für Unterstützungskassen (Fuchs/*Steinmeyer* Teil 11 Rn. 7). Art. 2 II lit. b dient der Umsetzung des Erwägungsgrunds 16, nach dem Einrichtungen „wie die Unterstützungskassen in Deutschland" vom Anwendungsbereich der Richtlinie ausgeschlossen werden sollten.

7   Unter den Anwendungsbereich fällt dagegen die **Pensionskasse** (*Baumeister* DB 2005, 2076 [2077]). Als Anwendungsbereich verbleibt in Deutschland zudem die Durchführung der betrieblichen Altersversorgung über **Pensionsfonds** (BRO/*Rolfs* Einl. Rn. 141/165), weshalb in Deutschland auch häufig (aber zu eng) von der Pensionsfonds-Richtlinie gesprochen wird. Nach § 1b III BetrVG handelt es sich bei Pensionskasse und Pensionsfonds um rechtsfähige Versorgungseinrichtungen, die dem Arbeitnehmer oder seinen Hinterbliebenen auf ihre Leistungen einen Rechtsanspruch gewähren (Einzelheiten bei ErfK/*Steinmeyer* § 1b BetrAVG Rn. 50 f.; BRO/*Rolfs* § 1 Rn. 220 ff./232 ff.). Der **Pensions-Sicherungs-Verein** Versicherungsverein auf Gegenseitigkeit (PSVaG) ist eine Pensionssicherungseinrichtung und keine Einrichtung der betrieblichen Altersversorgung. Zwar wurde das Finanzierungsverfahren auf volle Kapitaldeckung umgestellt (ErfK/*Steinmeyer* BetrAVG § 10 Rn. 1). Der PSVaG erbringt seine Leistungen jedoch aufgrund Gesetzes und nicht aufgrund einer Vereinbarung zwischen Arbeitnehmern und Arbeitgebern.

Art. 20 Grenzüberschreitende Tätigkeit

(1) ¹Unbeschadet ihrer nationalen sozial- und arbeitsrechtlichen Vorschriften über die Gestaltung der Altersversorgungssysteme, einschließlich der Bestimmungen über die Pflichtmitgliedschaft, und unbeschadet der Ergebnisse von Tarifvereinbarungen gestatten die Mitgliedstaaten es Unternehmen mit Standort in ihren Hoheitsgebieten, Träger von in anderen Mitgliedstaaten zugelassenen Einrichtungen der betrieblichen Altersversorgung zu sein. ²Sie gestatten es ferner, dass in ihren Hoheitsgebieten zugelassene Einrichtungen von Unternehmen mit Standort in anderen Mitgliedstaaten betrieben werden.

(2) ¹Eine Einrichtung, die die Trägerschaft durch einen Träger mit Standort im Hoheitsgebiet eines anderen Mitgliedstaats akzeptieren will, hat gemäß Artikel 9 Absatz 5 die vorherige Genehmigung der zuständigen Behörden ihres Herkunftsmitgliedstaats einzuholen. ²Sie teilt ihre Absicht, die Trägerschaft eines Trägerunternehmens mit Standort im Hoheitsgebiet eines anderen Mitgliedstaats zu akzeptieren, den zuständigen Behörden des Herkunftsmitgliedstaats mit, in dem sie zugelassen ist.

(3) Der Mitgliedstaat schreibt Einrichtungen mit Standort in seinem Hoheitsgebiet, die planen, sich von einem Unternehmen mit Standort in einem anderen Mitgliedstaat tragen zu lassen, vor, dass die Mitteilung nach Absatz 2 folgende Angaben enthält:

a) den (die) Tätigkeitsmitgliedstaat(en);
b) den Namen des Trägerunternehmens;
c) die Hauptmerkmale des für das Trägerunternehmen zu betreibenden Altersversorgungssystems.

(4) Werden die zuständigen Behörden des Herkunftsmitgliedstaats nach Absatz 2 unterrichtet und besteht für sie kein Zweifel an der Angemessenheit der Verwaltungs-

struktur und der Finanzlage der Einrichtung sowie der Zuverlässigkeit und fachlichen Qualifikation bzw. Berufserfahrung der Führungskräfte im Verhältnis zu dem in dem Tätigkeitsmitgliedstaat geplanten Vorhaben, übermitteln sie die gemäß Absatz 3 vorgelegten Angaben binnen drei Monaten nach ihrem Erhalt den zuständigen Behörden im Tätigkeitsmitgliedstaat und setzen die Einrichtung hiervon in Kenntnis.

(5) [1] Bevor die Einrichtung den Betrieb eines Altersversorgungssystems für ein Trägerunternehmen in einem anderen Mitgliedstaat aufnimmt, steht den zuständigen Behörden des Tätigkeitsmitgliedstaats ein Zeitraum von zwei Monaten ab Erhalt der in Absatz 3 genannten Angaben zur Verfügung, um die zuständigen Behörden des Herkunftsmitgliedstaats, soweit angezeigt, über die einschlägigen sozial- und arbeitsrechtlichen Bestimmungen im Bereich der betrieblichen Altersversorgung zu informieren, die beim Betrieb eines von einem Unternehmen im Tätigkeitsmitgliedstaat getragenen Altersversorgungssystems einzuhalten sind, sowie über alle Vorschriften, die gemäß Artikel 18 Absatz 7 und gemäß Absatz 7 des vorliegenden Artikels anzuwenden sind. [2] Die zuständigen Behörden des Herkunftsmitgliedstaats teilen der Einrichtung diese Angaben mit.

(6) Nach Erhalt der Mitteilung gemäß Absatz 5 oder bei Nichtäußerung der zuständigen Behörden des Herkunftsmitgliedstaats nach Ablauf der in Absatz 5 genannten Frist kann die Einrichtung den Betrieb des von einem Unternehmen im Tätigkeitsmitgliedstaat getragenen Altersversorgungssystems im Einklang mit den sozial- und arbeitsrechtlichen Vorschriften des Tätigkeitsmitgliedstaats im Bereich der betrieblichen Altersversorgung und allen gemäß Artikel 18 Absatz 7 und gemäß Absatz 7 des vorliegenden Artikels anzuwendenden Vorschriften aufnehmen.

(7) Insbesondere unterliegt eine Einrichtung, deren Träger ein Unternehmen mit Standort in einem anderen Mitgliedstaat ist, gegenüber den betreffenden Versorgungsanwärtern auch jeglicher Auskunftspflicht, die die zuständigen Behörden des Tätigkeitsmitgliedstaats im Einklang mit Artikel 11 für Einrichtungen mit Standort in diesem Mitgliedstaat vorschreiben.

(8) Die zuständigen Behörden des Tätigkeitsmitgliedstaats benachrichtigen die zuständigen Behörden des Herkunftsmitgliedstaats über wesentliche Änderungen der arbeits- und sozialrechtlichen Bestimmungen des Tätigkeitsmitgliedstaats in Bezug auf die betriebliche Altersversorgung, die sich auf die Merkmale des Altersversorgungssystems auswirken können, soweit dies den Betrieb des von einem Unternehmen im Tätigkeitsmitgliedstaat getragenen Altersversorgungssystems betrifft, sowie über wesentliche Änderungen von Bestimmungen, die gemäß Artikel 18 Absatz 7 und gemäß Absatz 7 des vorliegenden Artikels anzuwenden sind.

(9) [1] Die zuständigen Behörden des Tätigkeitsmitgliedstaats überwachen außerdem ständig, ob die Tätigkeiten der Einrichtung mit den arbeits- und sozialrechtlichen Vorschriften des Tätigkeitsmitgliedstaats in Bezug auf betriebliche Altersversorgungssysteme im Sinne von Absatz 5 und den Auskunftspflichten nach Absatz 7 in Einklang stehen. [2] Werden dabei Unregelmäßigkeiten festgestellt, so unterrichten die zuständigen Behörden des Tätigkeitsmitgliedstaats unverzüglich die zuständigen Behörden des Herkunftsmitgliedstaats. [3] Die zuständigen Behörden des Herkunftsmitgliedstaats treffen in Abstimmung mit den zuständigen Behörden des Tätigkeitsmitgliedstaats die erforderlichen Maßnahmen, um sicherzustellen, dass die Einrichtung die festgestellten Verstöße gegen sozial- und arbeitsrechtliche Vorschriften unterbindet.

(10) Verletzt die Einrichtung trotz der Maßnahmen der zuständigen Behörden des Herkunftsmitgliedstaats – oder weil diese keine geeigneten Maßnahmen getroffen haben – weiterhin die geltenden arbeits- und sozialrechtlichen Vorschriften des Tätigkeitsmitgliedstaats in Bezug auf betriebliche Altersversorgungssysteme, so können die zuständigen Behörden des Tätigkeitsmitgliedstaats nach Unterrichtung der zuständigen Behörden des Herkunftsmitgliedstaats die geeigneten Maßnahmen treffen, um weitere Unregelmäßigkeiten zu verhindern oder zu ahnden; soweit dies unbedingt erforderlich ist, kann der Einrichtung untersagt werden, im Tätigkeitsmitgliedstaat weiter für das Trägerunternehmen tätig zu sein.

(11) Die Mitgliedstaaten unterrichten die EIOPA über ihre nationalen Aufsichtsvorschriften, die für den Bereich der betrieblichen Altersversorgungssysteme relevant sind, aber nicht unter die in Absatz 1 genannten nationalen sozial- und arbeitsrechtlichen Vorschriften fallen.

Die Mitgliedstaaten aktualisieren diese Informationen regelmäßig, mindestens aber alle zwei Jahre, und EIOPA macht diese Informationen auf ihrer Website zugänglich.

¹Um einheitliche Bedingungen für die Anwendung dieses Absatzes sicherzustellen, entwickelt die EIOPA Entwürfe technischer Durchführungsstandards, mit denen die Verfahren sowie die Formulare und Mustertexte festgelegt werden, die von den zuständigen Behörden bei der Übermittlung der relevanten Informationen an die EIOPA und bei der Aktualisierung dieser Informationen zu verwenden sind. ²Die EIOPA legt diese Entwürfe technischer Durchführungsstandards der Kommission vor dem 1. Januar 2014 vor.

Der Kommission wird die Befugnis übertragen, die in Unterabsatz 3 genannten technischen Durchführungsstandards nach Artikel 15 der Verordnung (EU) Nr. 1094/2010 zu erlassen.

A. Regelungszweck

1   Die Regelungen des Art. 20 sind europarechtlich von erheblicher Bedeutung (Fuchs/ *Steinmeyer* Teil 11 Rn. 21). Die Einrichtungen der betrieblichen Altersversorgung sollen ihre Leistungen in anderen Mitgliedstaaten erbringen können (vgl. Erwägungsgrund 36). Dabei unterliegen die Einrichtungen prinzipiell aufsichtsrechtlich der zuständigen Behörde in ihrem **Herkunftsmitgliedstaat.** Dieser wird in Art. 6 lit. i definiert als der Mitgliedstaat, in dem die Einrichtung ihren Sitz und ihre Hauptverwaltung oder, falls sie keinen Sitz hat, ihre Hauptverwaltung hat. **Tätigkeitsmitgliedstaat** bezeichnet den Mitgliedstaat, dessen sozial- und arbeitsrechtliche Vorschriften für die Beziehung zwischen dem Trägerunternehmen und seinen Versorgungsanwärtern für die betriebliche Altersversorgung maßgebend sind. Wann genau eine grenzüberschreitende Tätigkeit anzunehmen ist, wird von den Mitgliedstaaten unterschiedlich interpretiert (*Gohdes/Schmid* BB 2014, 1899 [1900]).

2   Art. 20 I, V, IX und X sind Ausdruck des in Erwägungsgrund 37 zum Ausdruck gebrachten Ziels, dass das Recht einer Einrichtung mit Sitz in einem Mitgliedstaat, in einem anderen Mitgliedstaat abgeschlossene betriebliche Altersversorgungssysteme zu betreiben, nur unter vollständiger **Einhaltung der sozial- und arbeitsrechtlichen Vorschriften** des Tätigkeitsmitgliedstaats ausgeübt werden darf, soweit diese für die betriebliche Altersversorgung von Belang sind (zB Festlegung und Zahlung von Altersversorgungsleistungen; Bedingungen für die Übertragbarkeit der Anwartschaften). Über ihre aufsichtsrechtlichen Vorschriften unterrichten die Mitgliedstaaten die Europäische Aufsichtsbehörde für das Versicherungswesen und die betriebliche Altersversorgung (EIOPA), die diese Informationen nach Abs. 11 auf ihrer Website zugänglich macht. Darüber hinausgehend veröffentlicht EIOPA allerdings auch Informationen über das einschlägige Arbeits- und Sozialrecht der Mitgliedstaaten (https://eiopa.europa.eu/regulation-supervision/pensions/occupational-pensions/social-and-labour-law).

B. Umsetzung in Deutschland

3   Die grenzüberschreitende Tätigkeit von deutschen Pensionsfonds ist in § 117 VAG geregelt (*Laars* VAG § 117 Rn. 1; vgl. zum Ablauf des Verfahrens *Baumeister* DB 2005, 2076 [2078 f.]). Nach § 118c VAG gelten diese Regelungen überwiegend auch für die grenzüberschreitende Tätigkeit von Pensionskassen. Sie bleiben bei dieser Tätigkeit unter der Aufsicht der Bundesanstalt für Finanzdienstleistungen. Zugelassene Einrichtungen der be-

trieblichen Altersversorgung mit Sitz in einem anderen Mitgliedstaat dürfen nach Maßgabe der Abs. 2–8 des § 118e VAG in Deutschland Geschäfte betreiben. Dabei stellt die BaFin ua fest, welchem Durchführungsweg im Sinne des § 1b Abs. 2–4 BetrAVG die Einrichtung zuzuordnen ist, und übermittelt die Feststellung an die Einrichtung und den PSVaG (§ 118e III VAG).

Art. 22 Umsetzung

(1) ¹Die Mitgliedstaaten setzen die Rechts- und Verwaltungsvorschriften in Kraft, die erforderlich sind, um dieser Richtlinie spätestens ab dem 23. September 2005 nachzukommen. ²Sie setzen die Kommission unverzüglich davon in Kenntnis.

¹Wenn die Mitgliedstaaten diese Vorschriften erlassen, nehmen sie in den Vorschriften selbst oder durch einen Hinweis bei der amtlichen Veröffentlichung auf diese Richtlinie Bezug. ²Die Mitgliedstaaten regeln die Einzelheiten der Bezugnahme.

(2) Die Mitgliedstaaten teilen der Kommission den Wortlaut der wichtigsten innerstaatlichen Rechtsvorschriften mit, die sie auf dem unter diese Richtlinie fallenden Gebiet erlassen.

(3) ¹Die Mitgliedstaaten können die Anwendung von Artikel 17 Absätze 1 und 2 auf Einrichtungen mit Standort in ihrem Hoheitsgebiet, die zu dem in Absatz 1 dieses Artikels genannten Zeitpunkt nicht über das nach Artikel 17 Absätze 1 und 2 vorgeschriebene Mindestmaß an aufsichtsrechtlichen Eigenmitteln verfügen, bis zum 23. September 2010 zurückstellen. ²Allerdings können Einrichtungen, die Altersversorgungssysteme im Sinne von Artikel 20 grenzüberschreitend betreiben wollen, dies nur tun, wenn sie die Anforderungen dieser Richtlinie unmittelbar erfüllen.

(4) ¹Die Mitgliedstaaten können die Anwendung von Artikel 18 Absatz 1 Buchstabe f) auf Einrichtungen mit Standort in ihrem Hoheitsgebiet bis zum 23. September 2010 zurückstellen. ²Allerdings können Einrichtungen, die Altersversorgungssysteme im Sinne von Artikel 20 grenzüberschreitend betreiben wollen, dies nur tun, wenn sie die Anforderungen dieser Richtlinie erfüllen.

A. Umfang des Umsetzungsgebots

Der Umstand, dass es eine bestimmte Tätigkeit, auf die sich eine Richtlinie bezieht, in einem Mitgliedstaat nicht gibt, kann diesen Mitgliedstaat nicht von seiner Verpflichtung entbinden, Rechts- oder Verwaltungsvorschriften zu erlassen, um eine angemessene Umsetzung sämtlicher Bestimmungen dieser Richtlinie zu gewährleisten. Vor diesem Hintergrund hat der EuGH in der Rs. C-343/08 (Kommission/Tschechische Republik, Slg 2010, I-275) am 14.1.2010 entschieden, die Tschechische Republik habe dadurch gegen ihre Verpflichtungen aus Art. 22 I der Richtlinie verstoßen, dass sie nicht innerhalb der vorgeschriebenen Frist die Rechts- und Verwaltungsvorschriften erlassen hat, die erforderlich sind, um den Art. 8, 9, 13, 15–18 und 20 II bis IV dieser Richtlinie nachzukommen. Sowohl der Grundsatz der Rechtssicherheit als auch die Notwendigkeit, die volle Anwendung der Richtlinien in rechtlicher und nicht nur in tatsächlicher Hinsicht zu gewährleisten, verlangen, dass alle Mitgliedstaaten die Bestimmungen der betreffenden Richtlinie in einen eindeutigen, genauen und transparenten gesetzlichen Rahmen aufnehmen, der in dem von dieser Richtlinie betroffenen Bereich zwingende Bestimmungen vorsieht (EuGH 14.1.2010 – C-343/08 Rn. 39 ff. – Kommission/Tschechische Republik). Die Umsetzung einer Richtlinie ist nur dann nicht erforderlich, wenn sie aus geografischen Gründen gegenstandslos ist. 1

Selbst wenn sich nach der geltenden nationalen Regelung keine Einrichtung der betrieblichen Altersversorgung im Hoheitsgebiet des Mitgliedstaats niederlassen darf, da es an einer zweiten Säule im nationalen Altersversorgungssystem fehlt, ist dieser Mitgliedstaat nach der 2

Rechtsprechung des EuGH verpflichtet, die Bestimmungen der Richtlinie vollständig umzusetzen, indem er in seinem nationalen Recht die hierfür erforderlichen Rechts- und Verwaltungsvorschriften erlässt und in Kraft setzt. Eine solche Umsetzungspflicht kann nicht die Befugnis dieses Mitgliedstaats in Bezug auf die Gestaltung seines nationalen Altersversorgungssystems und die Aufrechterhaltung von dessen finanziellem Gleichgewicht beeinträchtigen, indem er unter Missachtung der ihm durch Art. 137 IV erster Gedankenstrich EG zuerkannten Befugnisse gezwungen wird, im Rahmen dieser Umsetzung eine solche zweite Säule einzuführen. Keine Bestimmung der Richtlinie verpflichtet die Mitgliedstaaten zur Einführung einer solchen Regelung. Diese Richtlinie stellt nämlich nur einen ersten Schritt zur Einführung eines Binnenmarkts für Systeme der betrieblichen Altersversorgung durch Einführung von Mindestaufsichtsstandards auf europäischer Ebene dar. Sie zielt nicht darauf ab, die nationalen Altersversorgungssysteme auch nur teilweise dadurch zu harmonisieren, dass die Mitgliedstaaten verpflichtet würden, die Bestimmungen ihres nationalen Rechts, die die Organisation dieser Systeme selbst regeln, zu ändern oder aufzuheben (EuGH 14.1.2010 – C-343/08 Rn. 59 – Kommission/Tschechische Republik). Insbesondere verpflichtet die Richtlinie als solche einen Mitgliedstaat, der die Niederlassung von Einrichtungen der betrieblichen Altersversorgung in seinem Hoheitsgebiet wegen des Fehlens einer zweiten Säule in seinem nationalen Altersversorgungssystem verbietet, nicht dazu, dieses Verbot aufzuheben, um Einrichtungen der betrieblichen Altersversorgung die Niederlassung in diesem Hoheitsgebiet zum Zweck der Erbringung von Dienstleistungen zu erlauben, die zur zweiten Säule der nationalen Altersversorgungssysteme gehören.

B. Umsetzung in Deutschland

3   Die Anpassung des deutschen Rechts an die Richtlinie erfolgte in mehreren Schritten (vgl. *Baumeister* DB 2005, 2076; *Hölscher*, FS Kemper, 2005, 177 [185 ff.]. Auf die entsprechenden Normen des VAG wurde bei den jeweiligen Regelungsgegenständen hingewiesen.

Art. 23 Inkrafttreten

Diese Richtlinie tritt am Tag ihrer Veröffentlichung im *Amtsblatt der Europäischen Union* in Kraft.

1   Die Richtlinie wurde im ABl. L 235 v. 23.9.2003 veröffentlicht.

570. Richtlinie 2003/72/EG des Rates vom 22. Juli 2003 zur Ergänzung des Statuts der Europäischen Genossenschaft hinsichtlich der Beteiligung der Arbeitnehmer

(ABl. Nr. L 207 S. 25, ber. 2012 S. 12)

Celex-Nr. 3 2003 L 0072

DER RAT DER EUROPÄISCHEN UNION –
gestützt auf den Vertrag zur Gründung der Europäischen Gemeinschaft, insbesondere auf Artikel 308,
auf Vorschlag der Kommission[1],
nach Stellungnahme des Europäischen Parlaments[2],
nach Stellungnahme des Europäischen Wirtschafts- und Sozialausschusses[3],
in Erwägung nachstehender Gründe:

(1) Zur Erreichung der Ziele des Vertrags wird mit der Verordnung (EG) Nr. 1435/2003 des Rates[4] das Statut der Europäischen Genossenschaft (SCE) festgelegt.

(2) Mit jener Verordnung soll ein einheitlicher rechtlicher Rahmen geschaffen werden, innerhalb dessen Genossenschaften und andere Rechtspersönlichkeiten und natürliche Personen aus verschiedenen Mitgliedstaaten in der Lage sein sollten, die Neuorganisation ihres Geschäftsbetriebs als Genossenschaft gemeinschaftsweit zu planen und durchzuführen.

(3) Um die Ziele der Gemeinschaft im sozialen Bereich zu fördern, müssen besondere Bestimmungen – insbesondere auf dem Gebiet der Beteiligung der Arbeitnehmer – festgelegt werden, mit denen gewährleistet werden soll, dass die Gründung einer SCE nicht zur Beseitigung oder zur Einschränkung der Gepflogenheiten der Arbeitnehmerbeteiligung führt, die in den an der Gründung einer SCE beteiligten Rechtspersönlichkeiten herrschen. Dieses Ziel sollte durch die Einführung von Regeln in diesen Bereich verfolgt werden, mit denen die Bestimmungen der Verordnung Nr. 1435/2003 ergänzt werden.

(4) Da die vorstehend genannten Ziele der vorgeschlagenen Maßnahme von den Mitgliedstaaten nicht ausreichend erreicht werden können, da es sich darum handelt, eine Reihe von für die SCE geltenden Regeln für die Beteiligung der Arbeitnehmer zu erlassen, und diese Ziele wegen des Umfangs und der Wirkungen der vorgeschlagenen Maßnahme besser auf Gemeinschaftsebene zu erreichen sind, kann die Gemeinschaft im Einklang mit dem Subsidiaritätsprinzip nach Artikel 5 des Vertrags tätig werden. Entsprechend dem in demselben Artikel genannten Verhältnismäßigkeitsprinzip geht diese Richtlinie nicht über das für die Erreichung dieser Ziele erforderliche Maß hinaus.

(5) Angesichts der in den Mitgliedstaaten bestehenden Vielfalt an Regelungen und Gepflogenheiten für die Beteiligung der Arbeitnehmervertreter an der Beschlussfassung in Genossenschaften ist es nicht ratsam, ein auf die SCE anwendbares einheitliches europäisches Modell der Arbeitnehmerbeteiligung vorzusehen.

(6) In allen Fällen der Gründung einer SCE sollten Unterrichtungs- und Anhörungsverfahren auf grenzüberschreitender Ebene gewährleistet sein; bei völlig neugegründeten SCE, bei denen dies wegen ihrer Größe – gemessen an der Zahl der Beschäftigten – gerechtfertigt ist, wären die erforderlichen Anpassungen vorzunehmen.

(7) Sofern es in einer oder in mehreren der an der Gründung einer SCE beteiligten Rechtspersönlichkeiten Mitbestimmungsrechte gibt, sollten sie grundsätzlich durch Über-

---

[1] **Amtl. Anm.:** ABl. C 236 vom 31.8.1993, S. 36.
[2] **Amtl. Anm.:** ABl. C 42 vom 15.2.1993, S. 75.
[3] **Amtl. Anm.:** ABl. C 223 vom 31.8.1992, S. 42.
[4] **Amtl. Anm.:** Siehe Seite 1 dieses Amtsblatts. [Anm. Red.: ABl. 2003 Nr. L 207].

tragung an die SCE nach deren Gründung erhalten bleiben, es sei denn, dass die Parteien etwas anderes beschließen.

(8) Die konkreten Verfahren der grenzüberschreitenden Unterrichtung und Anhörung der Arbeitnehmer sowie gegebenenfalls der Mitbestimmung, die für eine SCE gelten, sollten vorrangig durch eine Vereinbarung zwischen den betroffenen Parteien oder – in Ermangelung einer derartigen Vereinbarung – durch die Anwendung einer Reihe von subsidiären Regeln festgelegt werden.

(9) Angesichts der Unterschiede in den nationalen Systemen der Mitbestimmung sollte den Mitgliedstaaten die Anwendung der Auffangregelungen für die Mitbestimmung im Fall einer Fusion freigestellt werden. In diesem Fall ist die Beibehaltung der bestehenden Mitbestimmungssysteme und -praktiken, die gegebenenfalls auf der Ebene der beteiligten Rechtspersönlichkeiten bestehen, durch eine Anpassung der Vorschriften für die Registrierung zu gewährleisten.

(10) Die Abstimmungsregeln in dem besonderen Gremium, das die Arbeitnehmer zu Verhandlungszwecken vertritt, sollten – insbesondere wenn Vereinbarungen getroffen werden, die ein geringeres Maß an Mitbestimmung vorsehen, als es in einer oder mehreren der sich beteiligenden Rechtspersönlichkeiten gegeben ist – in einem angemessenen Verhältnis zur Gefahr der Beseitigung oder der Einschränkung der bestehenden Mitbestimmungssysteme und Praktiken stehen. Wenn eine SCE im Wege der Umwandlung oder Verschmelzung gegründet wird, ist diese Gefahr größer, als wenn es sich um eine völlige Neugründung handelt.

(11) Führen die Verhandlungen zwischen den Vertretern der Arbeitnehmer und dem jeweils zuständigen Organ der beteiligten Rechtspersönlichkeiten nicht zu einer Vereinbarung, so sollten für die SCE von ihrer Gründung an eine bestimmte Auffangregelung gelten. Diese Auffangregelung sollte eine effiziente Praxis der grenzüberschreitenden Unterrichtung und Anhörung der Arbeitnehmer sowie deren Mitbestimmung in dem einschlägigen Organ der SCE gewährleisten, sofern es eine derartige Mitbestimmung vor der Errichtung der SCE in einer der beteiligten Rechtspersönlichkeiten gegeben hat.

(12) Ist es wegen der – gemessen an der Zahl der Beschäftigten – geringen Größe der an der Neugründung einer SCE beteiligten Rechtspersönlichkeiten nicht gerechtfertigt, die vorgenannten Verfahren anzuwenden, sollte die SCE den nationalen Vorschriften für die Arbeitnehmerbeteiligung des Mitgliedstaats, in dem sie ihren Sitz nimmt, oder der Mitgliedstaaten, in denen sie Tochtergesellschaften oder Niederlassungen besitzt, unterliegen. Des ungeachtet sollten bereits bestehende SCE verpflichtet sein, diese Verfahren durchzuführen, wenn eine erhebliche Anzahl von Arbeitnehmern dies verlangt.

(13) Für die stimmberechtigte Teilnahme der Arbeitnehmer an der Generalversammlung sollten besondere Bestimmungen gelten, soweit dies nach einzelstaatlichem Recht zulässig ist. Die Anwendung dieser Bestimmungen schließt die Anwendung anderer, in dieser Richtlinie vorgesehener Beteiligungsformen nicht aus.

(14) Die Mitgliedstaaten sollten durch entsprechende Bestimmungen sicherstellen, dass die Vereinbarungen über die Beteiligung der Arbeitnehmer im Fall struktureller Veränderungen nach der Gründung einer SCE gegebenenfalls neu ausgehandelt werden können.

(15) Es sollte vorgesehen werden, dass die Vertreter der Arbeitnehmer, die im Rahmen dieser Richtlinie handeln, bei der Wahrnehmung ihrer Aufgaben denselben Schutz und ähnliche Garantien genießen, wie sie die Vertreter der Arbeitnehmer nach den Rechtsvorschriften und/oder den Gepflogenheiten des Landes ihrer Beschäftigung haben. Sie sollten weder Diskriminierung noch Belästigung infolge der rechtmäßigen Ausübung ihrer Tätigkeit erfahren und einen angemessenen Schutz vor Kündigung und anderen Sanktionen genießen.

(16) Die Vertraulichkeit sensibler Informationen sollte auch nach Ablauf der Amtszeit der Arbeitnehmervertreter gewährleistet sein; dem zuständigen Organ der SCE sollte es gestattet werden, Informationen zurückzuhalten, die im Fall einer Bekanntgabe an die Öffentlichkeit den Betrieb der SCE ernsthaft stören würden.

(17) Unterliegen eine SCE sowie ihre Tochtergesellschaften und Niederlassungen der Richtlinie 94/45/EG des Rates vom 22. September 1994 über die Einsetzung eines Europäischen Betriebsrats oder die Schaffung eines Verfahrens zur Unterrichtung und Anhörung der Arbeitnehmer in gemeinschaftsweit operierenden Unternehmen und Unternehmensgruppen[5], so sollten die Bestimmungen jener Richtlinie und die Bestimmungen zu ihrer Umsetzung in einzelstaatliches Recht weder auf die SCE noch auf seine Tochtergesellschaften und Niederlassungen anwendbar sein, es sei denn, das besondere Verhandlungsgremium beschließt, keine Verhandlungen aufzunehmen oder bereits eröffnete Verhandlungen zu beenden.

(18) Die Regeln dieser Richtlinie sollten andere bestehende Beteiligungsrechte nicht berühren und haben nicht notwendigerweise Auswirkungen auf andere bestehende Vertretungsstrukturen aufgrund gemeinschaftlicher oder einzelstaatlicher Rechtsvorschriften oder Gepflogenheiten.

(19) Die Mitgliedstaaten sollten geeignete Maßnahmen für den Fall vorsehen, dass die in dieser Richtlinie festgelegten Pflichten nicht eingehalten werden.

(20) Der Vertrag enthält Befugnisse für die Annahme dieser Richtlinie nur in Artikel 308.

(21) Die Sicherung erworbener Rechte der Arbeitnehmer bei der Beteiligung an Unternehmensentscheidungen ist fundamentaler Grundsatz und erklärtes Ziel dieser Richtlinie. Die vor der Gründung einer SCE bestehenden Rechte der Arbeitnehmer sollten deshalb Ausgangspunkt auch für die Gestaltung ihrer Beteiligungsrechte in der SCE (Vorher-Nachher-Prinzip) sein. Dieser Ansatz sollte folgerichtig nicht nur für die Neugründung einer SCE, sondern auch für strukturelle Veränderungen in einer bereits gegründeten SCE und für die von den strukturellen Änderungsprozessen betroffenen Rechtspersönlichkeiten gelten. Bei der Verlegung des Sitzes einer SCE von einem Mitgliedstaat in einen anderen sollte daher weiterhin mindestens das gleiche Maß an Rechten der Arbeitnehmer auf Beteiligung gelten. Wird der Schwellenwert hinsichtlich der Beteiligung der Arbeitnehmer nach der Eintragung einer SCE erreicht oder überschritten, so sollten diese Rechte in der gleichen Weise gelten, wie sie gegolten hätten, wenn dieser Schwellenwert schon vor der Eintragung erreicht oder überschritten worden wäre.

(22) Die Mitgliedstaaten sollten vorsehen können, dass Vertreter von Gewerkschaften Mitglied eines besonderen Verhandlungsgremiums sein können, unabhängig davon, ob sie Arbeitnehmer einer an der Gründung einer SCE beteiligten Körperschaft sind oder nicht. In diesem Zusammenhang sollten die Mitgliedstaaten dieses Recht insbesondere in den Fällen vorsehen können, in denen Gewerkschaftsvertreter nach ihrem einzelstaatlichen Recht stimmberechtigte Mitglieder des Aufsichts- oder des Leitungsorgans sein dürfen.

(23) In mehreren Mitgliedstaaten werden die Beteiligung der Arbeitnehmer sowie andere Bereiche der Arbeitgeber/Arbeitnehmer-Beziehungen sowohl durch einzelstaatliche Rechtsvorschriften als auch durch Gepflogenheiten geregelt, wobei die Gepflogenheiten im vorliegenden Zusammenhang in der Weise zu verstehen sind, dass sie auch Tarifverträge auf verschiedenen Ebenen – national, sektoral oder unternehmensbezogen – umfassen –

HAT FOLGENDE RICHTLINIE ERLASSEN:

---

[5] **Amtl. Anm.:** ABl. L 254 vom 30.9.1994, S. 64. Zuletzt geändert durch die Richtlinie 97/74/EG (ABl. L 10 vom 16.1.1998, S. 22).

Teil I. Allgemeine Bestimmungen

Art. 1 Gegenstand

(1) Diese Richtlinie regelt die Beteiligung der Arbeitnehmer in der Europäischen Genossenschaft (nachstehend „SCE" genannt), die Gegenstand der Verordnung (EG) Nr. 1435/2003 ist.

(2) Zu diesem Zweck wird in jeder SCE gemäß dem Verhandlungsverfahren nach den Artikeln 3 bis 6 oder unter den in den Artikeln 7 und 8 genannten Umständen gemäß dem Anhang eine Vereinbarung über die Beteiligung der Arbeitnehmer getroffen.

1 Nach Verabschiedung der Rechtsakte für Europäischen Gesellschaft (SE) war das Verfahren für den rechtlichen Rahmen einer Europäischen Genossenschaft (SCE) nicht von vergleichbar langwierigen und kontroversen Diskussionen geprägt (s. zur Entwicklung zB *Blomeyer* BB 2000, 1741 ff.; *Braun,* Die Sicherung der Unternehmensmitbestimmung im Lichte des europäischen Rechts, 2005, 112 ff.). Insbesondere war das zentrale Problemfeld der Mitbestimmung der Arbeitnehmer in dem Aufsichts- oder Verwaltungsorgan der SCE durch die Erörterungen zur Europäischen Gesellschaft aufgearbeitet und löste wegen der weitgehend identischen Übernahme der RL 2001/86/EG in die geplante Richtlinie zur Beteiligung der Arbeitnehmer in der SCE auf der Ebene der Union keine neuen Kontroversen aus. Dementsprechend beschloss der Rat der Europäischen Union am 22.7.2003 mit der VO (1435/2003) über das **Statut der Europäischen Genossenschaft** (ABl. EU Nr. L 207 v. 18.8.2003, 1 ff.) die gesellschaftsrechtlichen Grundlagen (s. dazu im Überblick GLF/ *Kienast* § 3 Rn. 4 ff.; NFK/*Kleinsorge* Einf. SCE Rn. 5 ff.; *Mahi* DB 2004, 967 ff.; *Mock* GPR 2004, 213 ff.; *Schultze* NZG 2004, 792 ff.; *Vieweg,* GS Blomeyer, 2004, 525 ff.), während die **Beteiligung der Arbeitnehmer** der ergänzenden **RL 2003/72/EG** vorbehalten blieb, die am selben Tage beschlossen wurde (ABl. EU Nr. L 207 v. 18.8.2003, 25 ff.). Zur **Umsetzung** der Richtlinie in Deutschland → Art. 16 Rn. 1. Kontroverse Diskussionen löste allerdings die **Rechtsgrundlage der SCE-VO** aus, da das Europäische Parlament seine Rechtsauffassung, nach der die SCE-VO auf Art. 95 EG und das entsprechende Verfahren hätte gestützt werden müssen, durch den EuGH überprüfen ließ. Mit Urteil v. 2.5.2006 wies der EuGH diese Bedenken zurück (EuGH 2.5.2006 – C-436/03, EuZW 2006, 380).

2 Im Unterschied zur Europäischen Gesellschaft ist der **Kreis der Gründer** für die Europäische Genossenschaft weiter gezogen, insbesondere steht diese nicht nur nach dem Recht der Mitgliedstaaten errichteten Genossenschaften offen. Lediglich die Gründung durch Verschmelzung oder Umwandlung (dazu *Krebs* EWS 2012, 407 ff.) ist ausschließlich Genossenschaften vorbehalten (s. Art. 2 I vierter und fünfter Gedankenstrich SCE-VO). Im Übrigen kann eine SCE von jeder nach dem Recht eines Mitgliedstaats errichteten Gesellschaft iSv Art. 54 II AEUV (ex Art. 48 II EG) errichtet werden (Art. 2 I dritter Gedankenstrich SCE-VO). Ferner eröffnen Art. 2 I erster und zwei Gedankenstrich SCE-VO auch natürlichen Personen den Zugang zur SCE, es müssen sich jedoch stets „mindestens fünf natürliche Personen" an der Gründung beteiligen. Ebenso wie für die SE ist auch für die SCE die **Mehrstaatlichkeit** der Gründung charakteristisch. Die Möglichkeit einer **sekundären Gründung** der SCE durch eine bereits errichtete SCE eröffnet die SCE-VO nicht (s. demgegenüber Art. 3 II SE-VO; → RL 2001/86/EG Art. 1 Rn. 5). Die hinsichtlich der SE in Art. 12 II SE-VO vorgenommene Integration der Arbeitnehmerbeteiligung in das **Gründungsverfahren,** findet für die Europäische Genossenschaft eine Entsprechung (s. Art. 11 SCE-VO), so dass auch die Überlegungen zu einer teleologischen Reduktion

Teil I. Allgemeine Bestimmungen Art. 2 RL 2003/72/EG 570

von Art. 12 II SE-VO (→ RL 2001/86/EG Art. 1 Rn. 7 ff.) bei Art. 11 II SCE-VO entsprechend gelten.

Der **Regelungsgehalt von Art. 1** stimmt mit dem von Art. 1 RL 2001/86/EG überein. 3

Art. 2 Begriffsbestimmungen

Für die Zwecke dieser Richtlinie bezeichnet der Ausdruck
a) „SCE" eine nach der Verordnung (EG) Nr. 1435/2003 gegründete Genossenschaft,
b) „beteiligte juristische Personen" Gesellschaften im Sinne von Artikel 48 Absatz 2 des Vertrags einschließlich Genossenschaften sowie nach dem Recht eines Mitgliedstaats errichtete und diesem Recht unterliegende juristische Personen, die unmittelbar an der Gründung einer SCE beteiligt sind,
c) „Tochtergesellschaft" einer beteiligten juristischen Person oder einer SCE ein Unternehmen, auf das die betreffende juristische Person oder die betreffende SCE einen beherrschenden Einfluss im Sinne des Artikels 3 Absätze 2 bis 7 der Richtlinie 94/45/EG ausübt,
d) „betroffene Tochtergesellschaft oder betroffener Betrieb" eine Tochtergesellschaft oder einen Betrieb einer beteiligten juristischen Person, die/der bei der Gründung der SCE zu einer Tochtergesellschaft oder einem Betrieb der SCE werden soll,
e) „Arbeitnehmervertreter" die nach den Rechtsvorschriften und/oder den Gepflogenheiten der einzelnen Mitgliedstaaten vorgesehenen Vertreter der Arbeitnehmer,
f) „Vertretungsorgan" das Organ zur Vertretung der Arbeitnehmer, das durch die Vereinbarung nach Artikel 4 oder entsprechend dem Anhang eingesetzt wird, um die Unterrichtung und Anhörung der Arbeitnehmer der SCE und ihrer Tochtergesellschaften und Betriebe in der Gemeinschaft vorzunehmen und gegebenenfalls Mitbestimmungsrechte in Bezug auf die SCE wahrzunehmen,
g) „besonderes Verhandlungsgremium" das gemäß Artikel 3 eingesetzte Gremium, das die Aufgabe hat, mit dem jeweils zuständigen Organ der beteiligten juristischen Personen die Vereinbarung über die Beteiligung der Arbeitnehmer in der SCE auszuhandeln,
h) „Beteiligung der Arbeitnehmer" jedes Verfahren – einschließlich der Unterrichtung, der Anhörung und der Mitbestimmung –, durch das die Vertreter der Arbeitnehmer auf die Beschlussfassung innerhalb eines Unternehmens Einfluss nehmen können,
i) „Unterrichtung" die Unterrichtung des Organs zur Vertretung der Arbeitnehmer und/oder der Arbeitnehmervertreter durch das zuständige Organ der SCE über Angelegenheiten, die die SCE selbst oder eine ihrer Tochtergesellschaften oder Betriebe in einem anderen Mitgliedstaat betreffen oder die über die Befugnisse der Entscheidungsorgane auf der Ebene des einzelnen Mitgliedstaats hinausgehen, wobei Zeitpunkt, Form und Inhalt der Unterrichtung den Arbeitnehmervertretern eine eingehende Prüfung der möglichen Auswirkungen und gegebenenfalls die Vorbereitung von Anhörungen mit dem zuständigen Organ der SCE ermöglichen müssen,
j) „Anhörung" die Einrichtung eines Dialogs und eines Meinungsaustauschs zwischen dem Organ zur Vertretung der Arbeitnehmer und/oder den Arbeitnehmervertretern und dem zuständigen Organ der SCE, wobei Zeitpunkt, Form und Inhalt der Anhörung den Arbeitnehmervertretern auf der Grundlage der Unterrichtung eine Stellungnahme zu den geplanten Maßnahmen des zuständigen Organs ermöglichen müssen, die im Rahmen des Entscheidungsprozesses innerhalb der SCE berücksichtigt werden kann,
k) „Mitbestimmung" die Einflussnahme des Organs zur Vertretung der Arbeitnehmer und/oder der Arbeitnehmervertreter auf die Angelegenheiten einer juristischen Person durch
  – die Wahrnehmung des Rechts, einen Teil der Mitglieder des Aufsichts- oder des Verwaltungsorgans der juristischen Person zu wählen oder zu bestellen oder

– die Wahrnehmung des Rechts, die Bestellung eines Teils der Mitglieder oder aller Mitglieder des Aufsichts- oder des Verwaltungsorgans der juristischen Person zu empfehlen und/oder abzulehnen.

1 Ebenso wie die RL 2001/86/EG stellt auch die RL 2003/72/EG die für die Anwendung der Richtlinie maßgebenden Definitionen an den Anfang. Abgesehen von Art. 2 lit. a sind die Definitionen in Art. 2 lit. c-k mit denen in Art. 2 lit. c-k RL 2001/86/EG identisch, so dass hinsichtlich der Einzelheiten auf die dortigen Erläuterungen verwiesen werden kann (→ RL 2001/86/EG Art. 2 Rn. 8–23). Lediglich die „beteiligte juristische Person" erfährt in Art. 2 lit. b eine eigenständige Definition, die ihre Ursache in den Besonderheiten des für die SCE geltenden Gründungsrecht haben. Wie nach Art. 2 lit. b RL 2001/86/EG zählen zwar nur die unmittelbar an der Gründung beteiligten juristischen Personen zu den beteiligten juristischen Personen iSv Art. 2 lit. b (→ RL 2001/86/EG Art. 2 Rn. 6), mit der auf alle Gesellschaften iSv Art. 54 II AEUV (ex Art. 48 II EGV) einschließlich Genossenschaften sowie juristische Personen, die nach dem Recht eines Mitgliedstaats errichtet und diesem Recht unterliegen, bezogenen Erweiterung trägt Art. 2 lit. b aber den in Art. 2 I SCE-VO aufgelisteten Varianten für die Gründung einer SCE Rechnung (→ Art. 1 Rn. 2).

2 Auch das zur **Umsetzung** der Richtlinie in Deutschland geschaffene SCEBG stellt entsprechend der Regelungstechnik des SEBG in § 2 eine Definitionsnorm an den Anfang, die mit Ausnahme von § 2 II SCEBG mit den Definitionen in § 2 I, III-XII SEBG übereinstimmt, so dass hinsichtlich der Einzelheiten auf die entsprechenden Erläuterungen zu verweisen ist (s. auch GLF/*Kienast* § 3 Rn. 12 ff.). Mit der Definition der „beteiligten juristischen Person" in § 2 II SCEBG wird die Definition in Art. 2 lit. b mit identischem Wortlaut übernommen.

Teil II. Verhandlungsverfahren im Fall einer SCE, die von mindestens zwei juristischen Personen sowie im Wege der Umwandlung gegründet wird

Art. 3 Einsetzung eines besonderen Verhandlungsgremiums

(1) Wenn die Leitungs- oder die Verwaltungsorgane der beteiligten juristischen Personen die Gründung einer SCE planen, so leiten sie so rasch wie möglich die erforderlichen Schritte – zu denen auch die Unterrichtung über die Identität der beteiligten juristischen Personen und der Tochtergesellschaften oder Betriebe sowie die Zahl ihrer Beschäftigten gehört – für die Aufnahme von Verhandlungen mit den Arbeitnehmervertretern der juristischen Personen über die Vereinbarung über die Beteiligung der Arbeitnehmer in der SCE ein.

(2) Zu diesem Zweck wird ein besonderes Verhandlungsgremium als Vertretung der Arbeitnehmer der beteiligten juristischen Personen sowie der betroffenen Tochtergesellschaften oder betroffenen Betriebe gemäß folgenden Vorschriften eingesetzt:

a) Bei der Wahl oder der Bestellung der Mitglieder des besonderen Verhandlungsgremiums ist Folgendes sicherzustellen:
  i) die Vertretung durch gewählte oder bestellte Mitglieder entsprechend der Zahl der in jedem Mitgliedstaat beschäftigten Arbeitnehmer der beteiligten juristischen Personen und der betroffenen Tochtergesellschaften oder betroffenen Betriebe in der Form, dass pro Mitgliedstaat für jeden Anteil der in diesem Mitgliedstaat beschäftigten Arbeitnehmer, der 10 % der Gesamtzahl der in allen Mitgliedstaaten beschäftigten Arbeitnehmer entspricht, oder für einen Bruchteil dieser Tranche Anspruch auf einen Sitz besteht;

ii) im Fall einer durch Verschmelzung gegründeten SCE die Vertretung jedes Mitgliedstaats durch so viele weitere Mitglieder, wie erforderlich sind, um zu gewährleisten, dass jede beteiligte Genossenschaft, die eingetragen ist und Arbeitnehmer in dem betreffenden Mitgliedstaat beschäftigt und der als Folge der geplanten Eintragung der SCE als eigene Rechtspersönlichkeit erlöschen wird, in dem besonderen Verhandlungsgremium durch mindestens ein Mitglied vertreten ist, sofern

– die Zahl dieser zusätzlichen Mitglieder 20 % der sich aus der Anwendung von Ziffer i) ergebenden Mitgliederzahl nicht überschreitet und

– die Zusammensetzung des besonderen Verhandlungsgremiums nicht zu einer Doppelvertretung der betroffenen Arbeitnehmer führt.

Übersteigt die Zahl dieser Genossenschaften die Zahl der gemäß Unterabsatz 1 verfügbaren zusätzlichen Sitze, so werden diese zusätzlichen Sitze Genossenschaften in verschiedenen Mitgliedstaaten in absteigender Reihenfolge der Zahl der bei ihnen beschäftigten Arbeitnehmer zugeteilt.

b) Die Mitgliedstaaten legen das Verfahren für die Wahl oder die Bestellung der Mitglieder des besonderen Verhandlungsgremiums fest, die in ihrem Hoheitsgebiet zu wählen oder zu bestellen sind. Sie ergreifen die erforderlichen Maßnahmen, um sicherzustellen, dass nach Möglichkeit jede beteiligte juristische Person, die in dem jeweiligen Mitgliedstaat Arbeitnehmer beschäftigt, durch mindestens ein Mitglied in dem Gremium vertreten ist. Die Gesamtzahl der Mitglieder darf durch diese Maßnahmen nicht erhöht werden. Die Verfahren zur Benennung, Bestellung oder Wahl der Arbeitnehmervertreter sollten möglichst eine ausgewogene Vertretung von Frauen und Männern fördern.

Die Mitgliedstaaten können vorsehen, dass diesem Gremium Gewerkschaftsvertreter auch dann angehören können, wenn sie nicht Arbeitnehmer einer beteiligten juristischen Person oder einer betroffenen Tochtergesellschaft oder eines betroffenen Betriebs sind.

Unbeschadet der einzelstaatlichen Rechtsvorschriften und/oder Gepflogenheiten betreffend Schwellen für die Einrichtung eines Vertretungsorgans sehen die Mitgliedstaaten vor, dass die Arbeitnehmer der Unternehmen oder Betriebe, in denen unabhängig vom Willen der Arbeitnehmer keine Arbeitnehmervertreter vorhanden sind, selbst Mitglieder für das besondere Verhandlungsgremium wählen oder bestellen dürfen.

(3) Das besondere Verhandlungsgremium und das jeweils zuständige Organ der beteiligten juristischen Personen legen in einer schriftlichen Vereinbarung die Beteiligung der Arbeitnehmer in der SCE fest.

Zu diesem Zweck unterrichtet das jeweils zuständige Organ der beteiligten juristischen Personen das besondere Verhandlungsgremium über das Vorhaben der Gründung einer SCE und den Verlauf des Verfahrens bis zu dessen Eintragung.

(4) [1]Das besondere Verhandlungsgremium beschließt vorbehaltlich des Absatzes 6 mit der absoluten Mehrheit seiner Mitglieder, sofern diese Mehrheit auch die absolute Mehrheit der Arbeitnehmer vertritt. [2]Jedes Mitglied hat eine Stimme. [3]Hätten jedoch die Verhandlungen eine Minderung der Mitbestimmungsrechte zur Folge, so ist für einen Beschluss zur Billigung einer solchen Vereinbarung eine Mehrheit von zwei Dritteln der Stimmen der Mitglieder des besonderen Verhandlungsgremiums, die mindestens zwei Drittel der Arbeitnehmer vertreten, erforderlich, mit der Maßgabe, dass diese Mitglieder Arbeitnehmer in mindestens zwei Mitgliedstaaten vertreten müssen, und zwar

– im Fall einer SCE, die durch Verschmelzung gegründet werden soll, sofern sich die Mitbestimmung auf mindestens 25 % der Gesamtzahl der Arbeitnehmer der beteiligten Verbände erstreckt, oder

570 RL 2003/72/EG Art. 3 Einsetzung eines besonderen Verhandlungsgremiums

– im Fall einer SCE, die auf andere Weise gegründet werden soll, sofern sich die Mitbestimmung auf mindestens 50 % der Gesamtzahl der Arbeitnehmer der beteiligten juristischen Personen erstreckt.

⁴Minderung der Mitbestimmungsrechte bedeutet, dass der Anteil der Mitglieder der Organe der SCE im Sinne des Artikels 2 Buchstabe k) geringer ist als der höchste in den beteiligten juristischen Personen geltende Anteil.

(5) ¹Das besondere Verhandlungsgremium kann bei den Verhandlungen Sachverständige seiner Wahl, zu denen auch Vertreter der einschlägigen Gewerkschaftsorganisationen auf Gemeinschaftsebene zählen können, hinzuziehen, um sich von ihnen bei seiner Arbeit unterstützen zu lassen. ²Diese Sachverständigen können, wenn das besondere Verhandlungsgremium dies wünscht, den Verhandlungen in beratender Funktion beiwohnen, um gegebenenfalls die Kohärenz und Stimmigkeit auf Gemeinschaftsebene zu fördern. ³Das besondere Verhandlungsgremium kann beschließen, die Vertreter geeigneter außenstehender Organisationen, zu denen auch Gewerkschaftsvertreter zählen können, vom Beginn der Verhandlungen zu unterrichten.

(6) ¹Das besondere Verhandlungsgremium kann mit der in Unterabsatz 2 festgelegten Mehrheit beschließen, keine Verhandlungen aufzunehmen oder bereits aufgenommene Verhandlungen abzubrechen und die Vorschriften für die Unterrichtung und Anhörung der Arbeitnehmer zur Anwendung gelangen zu lassen, die in den Mitgliedstaaten gelten, in denen die SCE Arbeitnehmer beschäftigt. ²Ein solcher Beschluss beendet das Verfahren zum Abschluss der Vereinbarung gemäß Artikel 4. ³Ist ein solcher Beschluss gefasst worden, findet keine der Bestimmungen des Anhangs Anwendung.

Für den Beschluss, die Verhandlungen nicht aufzunehmen oder sie abzubrechen, ist eine Mehrheit von zwei Dritteln der Stimmen der Mitglieder, die mindestens zwei Drittel der Arbeitnehmer vertreten, erforderlich, mit der Maßgabe, dass diese Mitglieder Arbeitnehmer in mindestens zwei Mitgliedstaaten vertreten müssen.

Im Fall einer durch Umwandlung gegründeten SCE findet dieser Absatz keine Anwendung, wenn in der umzuwandelnden Genossenschaft Mitbestimmung besteht.

¹Das besondere Verhandlungsgremium wird auf schriftlichen Antrag von mindestens 10 % der Arbeitnehmer der SCE, ihrer Tochtergesellschaften und Betriebe oder von deren Vertretern frühestens zwei Jahre nach dem vorgenannten Beschluss wieder einberufen, sofern die Parteien nicht eine frühere Wiederaufnahme der Verhandlungen vereinbaren. ²Wenn das besondere Verhandlungsgremium die Wiederaufnahme der Verhandlungen mit der Geschäftsleitung beschließt, in diesen Verhandlungen jedoch keine Einigung erzielt wird, findet keine der Bestimmungen des Anhangs Anwendung.

(7) Die Kosten, die im Zusammenhang mit der Tätigkeit des besonderen Verhandlungsgremiums und generell mit den Verhandlungen entstehen, werden von den beteiligten juristischen Personen getragen, damit das besondere Verhandlungsgremium seine Aufgaben in angemessener Weise erfüllen kann.

¹Im Einklang mit diesem Grundsatz können die Mitgliedstaaten Regeln für die Finanzierung der Arbeit des besonderen Verhandlungsgremiums festlegen. ²Sie können insbesondere die Übernahme der Kosten auf die Kosten für einen Sachverständigen begrenzen.

1   Die Vorgaben in Art. 3 zur Einsetzung des besonderen Verhandlungsgremiums sind nahezu identisch mit den entsprechenden Vorgaben, die **Art. 3 RL 2001/86/EG** für das besondere Verhandlungsgremium bei Gründung der SE aufstellt, so dass hinsichtlich des Inhalts von Art. 3 auf die Ausführungen zu Art. 3 RL 2001/86/EG verwiesen werden kann. Soweit Art. 3 IV UAbs. 1 S. 3 hinsichtlich der Notwendigkeit einer **doppelt qualifizierten Mehrheit** nach den **Gründungsvarianten** differenziert, übernimmt die RL 2003/72/EG den Schwellenwert von 50 % aus der für die Gründung einer SE als Holdinggesellschaft oder Tochtergesellschaft vorgesehenen Regelung in Art. 3 IV UAbs. 1 S. 3

Teil II. Verhandlungsverfahren im Fall einer SCE   Art. 4 RL 2003/72/EG 570

zweiter Gedankenstrich RL 2001/86/EG für die **Gründung einer SCE „auf andere Weise"** und gleicht damit den Voraussetzungen für die Anwendung der Auffangregelung zur Mitbestimmung (s. Art. 7 II lit. c). Ebenso wie dort stellt Art. 3 IV UAbs. 1 S. 3 für die jeweils maßgebliche **Gesamtzahl der Arbeitnehmer** ausschließlich auf die „Arbeitnehmer der beteiligten juristischen Personen" ab. Eine Besonderheit im Vergleich zu Art. 3 RL 2001/86/EG betrifft die Vorgabe in Art. 3 II lit. b UAbs. 1 S. 3, dass die Verfahren zur Benennung, Bestellung oder Wahl der Arbeitnehmervertreter möglichst eine **ausgewogene Vertretung von Frauen und Männern** fördern sollten, die in der RL 2001/86/EG keine Entsprechung findet.

Die zur **Umsetzung in Deutschland** im SCEBG geschaffenen Regelungen übernehmen weitgehend die parallelen Bestimmung des SEBG, so dass von einem übereinstimmenden Verständnis der Normen auszugehen ist und vorbehaltlich abweichender Anhaltspunkte vom Gesetzgeber auch gewollt ist (s. auch GLF/*Fleischmann* § 3 Rn. 34 ff.). Auf einige Abweichungen ist gleichwohl hinzuweisen. Rein technischer Natur ist jedoch die Verschiebung von § 4 I SEBG nach § 5 (dort als Abs. 1). Im Übrigen stimmen § 4 I–III SCEBG mit § 4 II–IV SEBG und § 5 II–V SCEBG mit § 5 I–IV SEBG überein. 2

Geringe Abweichungen sind bezüglich **§ 6 SCEBG** zu konstatieren. Diese betreffen erstens die **Wählbarkeit** der auf das Inland entfallenden Vertreter im besonderen Verhandlungsgremium. Während § 6 II 1 SEBG die offene Formulierung „Arbeitnehmer der Gesellschaften und Betriebe" verwendet, erstreckt § 6 II 1 SCEBG die Wählbarkeit für inländische Vertreter ausdrücklich auch auf die „betroffenen Tochtergesellschaften und betroffenen Betriebe". Zweitens verlangt § 6 III SEBG für die **Mindestrepräsentanz von Gewerkschaftsvertretern** in dem besonderen Verhandlungsgremium abweichend von der üblichen Terminologie, dass die Gewerkschaft in den an der Gründung „beteiligten Unternehmen" vertreten ist, während § 6 III SCEBG ausdrücklich eine Vertretung in den „betroffenen Tochtergesellschaft und betroffenen Betrieben" ausreichen lässt. Die betroffenen Tochtergesellschaften oder betroffenen Betriebe finden ferner in **§ 7 IV SCEBG** stärker Berücksichtigung, wenn die Anzahl der auf das Inland entfallenden Mitglieder im besonderen Verhandlungsgremium höher ist als die Zahl der an der Gründung der SCE beteiligten juristischen Personen mit Sitz im Inland. Während § 7 IV SEBG für die Verteilung der verbleibenden Sitze ausschließlich die beteiligten Gesellschaften iSv Art. 2 I lit. b berücksichtigt, bezieht § 7 IV SCEBG in die Verteilung auch die betroffenen Tochtergesellschaften und betroffenen Betriebe ein (→ RL 2001/86/EG Art. 3 Rn. 14). Im Übrigen sind die Bestimmungen zum **Wahlgremium** für die auf das Inland entfallenden Vertreter im besonderen Verhandlungsgremium in den §§ 8–10 SCEBG mit den §§ 8–10 SEBG identisch. 3

Die **Vorschriften zum Verhandlungsverfahren** (§§ 11–19 SCEBG) stimmen mit den Parallelbestimmungen in den §§ 11–19 SCEBG überein. Das gilt auch für die Einbeziehung der bei „betroffenen Tochtergesellschaften" beschäftigten Arbeitnehmer in § 15 III 2 SEBG für die jeweils maßgebliche „Gesamtzahl der Arbeitnehmer". Ebenso wie § 15 III 2 SEBG ordnet auch § 15 III 2 SCEBG eine Ausdehnung auf die bei „betroffenen Tochtergesellschaften" beschäftigten Arbeitnehmer an (ebenso § 34 I Nr. 2 und 3 SCEBG). Bezüglich der hiermit verbundenen Abweichung von den Vorgaben in Art. 3 IV UAbs. 1 S. 3 gelten die Ausführungen zu § 15 III 2 SEBG für § 15 III 2 SCEBG sinngemäß (→ RL 2001/86/EG Art. 3 Rn. 34 f.). 4

Art. 4 Inhalt der Vereinbarung

(1) Das jeweils zuständige Organ der beteiligten juristischen Personen und das besondere Verhandlungsgremium verhandeln mit dem Willen zur Verständigung, um zu einer Vereinbarung über die Beteiligung der Arbeitnehmer in der SCE zu gelangen.

(2) Unbeschadet der Autonomie der Parteien und vorbehaltlich des Absatzes 4 wird in der Vereinbarung nach Absatz 1 zwischen dem jeweils zuständigen Organ der betei-

ligten juristischen Personen und dem besonderen Verhandlungsgremium Folgendes festgelegt:
a) der Geltungsbereich der Vereinbarung,
b) die Zusammensetzung des Vertretungsorgans als Verhandlungspartner des zuständigen Organs der SCE im Rahmen der Vereinbarung über die Unterrichtung und Anhörung der Arbeitnehmer der SCE und ihrer Tochtergesellschaften und Betriebe sowie die Anzahl seiner Mitglieder und die Sitzverteilung,
c) die Befugnisse und das Verfahren zur Unterrichtung und Anhörung des Vertretungsorgans,
d) die Häufigkeit der Sitzungen des Vertretungsorgans,
e) die für das Vertretungsorgan bereitzustellenden finanziellen und materiellen Mittel,
f) die Durchführungsmodalitäten des Verfahrens oder der Verfahren zur Unterrichtung und Anhörung für den Fall, dass die Parteien im Laufe der Verhandlungen beschließen, eines oder mehrere solcher Verfahren zu schaffen, anstatt ein Vertretungsorgan einzusetzen,
g) der Inhalt einer Vereinbarung über die Mitbestimmung für den Fall, dass die Parteien im Laufe der Verhandlungen beschließen, eine solche Vereinbarung einzuführen, einschließlich (gegebenenfalls) der Zahl der Mitglieder des Verwaltungs- oder des Aufsichtsorgans der SCE, welche die Arbeitnehmer wählen oder bestellen können oder deren Bestellung sie empfehlen oder ablehnen können, der Verfahren, nach denen die Arbeitnehmer diese Mitglieder wählen oder bestellen oder deren Bestellung empfehlen oder ablehnen können, und der Rechte dieser Mitglieder,
h) der Zeitpunkt des Inkrafttretens der Vereinbarung und ihre Laufzeit, die Fälle, in denen die Vereinbarung neu ausgehandelt werden sollte, und das bei ihrer Neuaushandlung anzuwendende Verfahren, gegebenenfalls auch für den Fall struktureller Veränderungen in der SCE, ihren Tochtergesellschaften oder Betrieben, die nach Gründung der SCE eintreten.

(3) Sofern in der Vereinbarung nichts anderes bestimmt ist, gilt die Auffangregelung des Anhangs nicht für diese Vereinbarung.

(4) Unbeschadet des Artikels 15 Absatz 3 Buchstabe a) muss in der Vereinbarung im Fall einer durch Umwandlung gegründeten SCE in Bezug auf alle Komponenten der Arbeitnehmerbeteiligung zumindest das gleiche Ausmaß gewährleistet werden, das in der Genossenschaft besteht, die in eine SCE umgewandelt werden soll.

(5) In der Vereinbarung kann geregelt werden, wie die Arbeitnehmer ihr Recht auf stimmberechtigte Teilnahme an der Generalversammlung oder den Sektor- oder Sektionsversammlungen im Einklang mit Artikel 9 dieser Richtlinie und Artikel 59 Absatz 4 der Verordnung (EG) Nr. 1435/2003 wahrnehmen können.

1 Die Vorgabe für den Inhalt der Beteiligungsvereinbarung übernimmt weitgehend die **Parallelnorm** in **Art. 4 RL 2001/86/EG.** Das gilt ebenfalls für die besondere Schutzbestimmung für eine **Gründung der SCE durch Umwandlung,** die „in Bezug auf alle Komponenten der Arbeitnehmerbeteiligung" auf die Wahrung des Status quo in der umzuwandelnden Genossenschaft abzielt. Auf die Ausführungen zu Art. 4 I–IV RL 2001/86/EG ist im Übrigen zu verweisen (→ RL 2001/86/EG Art. 4 Rn. 3 ff.). Die Vorgabe in **Art. 4 V** betrifft das Recht der Arbeitnehmer auf **stimmberechtigte Teilnahme** insbesondere an der **Generalversammlung.** Wegen der Bezugnahme auf Art. 59 IV SCE-VO sowie Art. 9 in Art. 4 V betrifft der insoweit erweiterte Inhalt einer Beteiligungsvereinbarung ausschließlich eine SCE, deren Sitz sich in einem Mitgliedstaat befindet, dessen Genossenschaftsrecht eine entsprechende Rechtsposition kennt. In Deutschland ist dies nach Maßgabe des GenG nicht der Fall.

2 Die **Umsetzung** von Art. 4 erfolgt in Deutschland durch **Art. 21 SCEBG,** der inhaltlich der Parallelnorm in § 21 SEBG entspricht (s. GLF/*Kienast/Kuhnke/Hoops* § 3 Rn. 41 ff.). Die **Abweichungen** betreffen lediglich Abreden in der Beteiligungsvereinbarung zu **struk-**

turellen Änderungen. Während § 21 IV SEBG den entsprechenden Inhalt der Beteiligungsvereinbarung insgesamt auf die „Beteiligung der Arbeitnehmer" und damit auch auf die Unterrichtung und Anhörung bezieht, integriert § 21 III SCEBG die Vorgabe zu strukturellen Änderungen in die Regelung der Beteiligungsvereinbarung zur Mitbestimmung (§ 21 III 2 Nr. 4 SCEBG). Sofern die Parteien von einer Vereinbarung zur Mitbestimmung absehen, besteht deshalb keine mit § 21 IV SEBG vergleichbare Sollbestimmung. Entsprechende Abreden in einer Beteiligungsvereinbarung können jedoch gleichwohl getroffen werden. Auffällig ist darüber hinaus, dass sich § 21 IV SEBG auf „strukturelle Änderungen der SE" beschränkt, während § 21 III 2 Nr. 4 SCEBG offener formuliert ist und auch strukturelle Änderungen bei Tochtergesellschaften oder Betrieben erfasst. Soweit § 21 III 2 Nr. 4 SCEBG ausdrücklich und im Unterschied zu § 21 IV SEBG hervorhebt, dass die strukturelle Änderung nach Gründung der SCE eingetreten sein muss, liegt hier keine inhaltliche Diskrepanz, da ein entsprechender Inhalt bei einem zweckgerechten Verständnis auch in § 21 IV SEBG enthalten ist.

Art. 5 Dauer der Verhandlungen

(1) Die Verhandlungen beginnen mit der Einsetzung des besonderen Verhandlungsgremiums und können bis zu sechs Monate andauern.

(2) Die Parteien können einvernehmlich beschließen, die Verhandlungen über den in Absatz 1 genannten Zeitraum hinaus bis zu insgesamt einem Jahr ab der Einsetzung des besonderen Verhandlungsgremiums fortzusetzen.

Die Vorgabe in Art. 5 zur Verhandlungsdauer wurde unverändert aus Art. 5 RL 2001/86/EG übernommen, so dass bezüglich ihres Inhalts die dortigen Erläuterungen entsprechend gelten. Das gilt auch für die zur Umsetzung geschaffene Bestimmung in § 20 SCEBG, die mit § 20 SEBG übereinstimmt.

Art. 6 Für das Verhandlungsverfahren maßgebliches Recht

Sofern in dieser Richtlinie nichts anderes vorgesehen ist, ist für das Verhandlungsverfahren gemäß den Artikeln 3, 4 und 5 das Recht des Mitgliedstaats maßgeblich, in dem die SCE ihren Sitz haben wird.

Die Regelung stimmt mit Art. 6 RL 2001/86/EG überein, so dass auf die dortigen Erläuterungen verwiesen werden kann.

Art. 7 Auffangregelung

(1) Zur Verwirklichung des in Artikel 1 festgelegten Ziels führen die Mitgliedstaaten eine Auffangregelung zur Beteiligung der Arbeitnehmer ein, die den im Anhang niedergelegten Bestimmungen genügen muss.

Die Auffangregelung, die in den Rechtsvorschriften des Mitgliedstaats festgelegt ist, in dem die SCE ihren Sitz haben soll, findet ab dem Zeitpunkt der Eintragung der SCE Anwendung, wenn

a) die Parteien dies vereinbaren oder
b) bis zum Ende des in Artikel 5 genannten Zeitraums keine Vereinbarung zustande gekommen ist und
  – das zuständige Organ jeder der beteiligten juristischen Personen der Anwendung der Auffangregelung auf die SCE und damit der Fortsetzung des Verfahrens zur Eintragung der SCE zugestimmt hat und

- das besondere Verhandlungsgremium keinen Beschluss gemäß Artikel 3 Absatz 6 gefasst hat.

(2) Ferner findet die Auffangregelung, die in den Rechtsvorschriften des Mitgliedstaats festgelegt ist, in dem die SCE eingetragen wird, gemäß Teil 3 des Anhangs nur Anwendung, wenn

a) im Fall einer durch Umwandlung gegründeten SCE die Bestimmungen eines Mitgliedstaats über die Mitbestimmung der Arbeitnehmer im Verwaltungs- oder Aufsichtsorgan für eine in eine SCE umgewandelte Genossenschaft galten;
b) im Fall einer durch Verschmelzung gegründeten SCE:
   - vor der Eintragung der SCE in einer oder mehreren der beteiligten Genossenschaften eine oder mehrere Formen der Mitbestimmung bestanden und sich auf mindestens 25 % der Gesamtzahl der bei ihnen beschäftigten Arbeitnehmer erstreckten oder
   - vor der Eintragung der SCE in einer oder mehreren der beteiligten Genossenschaften eine oder mehrere Formen der Mitbestimmung bestanden und sich auf weniger als 25 % der Gesamtzahl der bei ihnen beschäftigten Arbeitnehmer erstreckten und das besondere Verhandlungsgremium einen entsprechenden Beschluss fasst;
c) im Fall einer auf andere Weise gegründeten SCE:
   - vor der Eintragung der SCE in einer oder mehreren der beteiligten juristischen Personen eine oder mehrere Formen der Mitbestimmung bestanden und sich auf mindestens 50 % der Gesamtzahl der bei ihnen beschäftigten Arbeitnehmer erstreckten oder
   - vor der Eintragung der SCE in einer oder mehreren der beteiligten juristischen Personen eine oder mehrere Formen der Mitbestimmung bestanden und sich auf weniger als 50 % der Gesamtzahl der bei ihnen beschäftigten Arbeitnehmer erstreckten und das besondere Verhandlungsgremium einen entsprechenden Beschluss fasst.

Bestand mehr als eine Mitbestimmungsform in den verschiedenen beteiligten juristischen Personen, so entscheidet das besondere Verhandlungsgremium, welche von ihnen in der SCE eingeführt wird. Die Mitgliedstaaten können Regeln festlegen, die anzuwenden sind, wenn kein einschlägiger Beschluss für eine in ihrem Hoheitsgebiet eingetragene SCE gefasst worden ist. Das besondere Verhandlungsgremium unterrichtet das jeweils zuständige Organ der beteiligten juristischen Personen über die Beschlüsse, die es gemäß diesem Absatz gefasst hat.

(3) Die Mitgliedstaaten können vorsehen, dass die Auffangregelung in Teil 3 des Anhangs in dem in Absatz 2 Buchstabe b) vorgesehenen Fall keine Anwendung findet.

1   Die Vorgabe in Art. 7 für das Eingreifen der Auffangregelung entspricht weitgehend der parallelen Regelung in Art. 7 RL 2001/86/EG. Lediglich hinsichtlich der **Auffangregelung zur Mitbestimmung** enthält Art. 7 II **Abweichungen.** Diese betreffen zunächst die Berechnung der nach Art. 7 II lit. b und c maßgeblichen **Gesamtzahl der Arbeitnehmer.** Während hierfür Art. 7 II lit. b und c RL 2001/86/EG auf die „Arbeitnehmer aller beteiligten Gesellschaften" abstellt (→ RL 2001/86/EG Art. 7 Rn. 13), verwendet Art. 7 II lit. b und c die Formulierung „der bei ihnen beschäftigten Arbeitnehmer". Hierdurch wird auch in grammatikalischer Hinsicht deutlich, dass ausschließlich diejenigen Arbeitnehmer zu berücksichtigen sind, die bei den an der Gründung der SCE beteiligten juristischen Personen beschäftigt sind. Die Arbeitnehmer bei **betroffenen Tochtergesellschaften und betroffenen Betrieben** iSv Art. 2 lit. d bleiben deshalb bei der Gesamtzahl der Arbeitnehmer unberücksichtigt.

2   Darüber hinaus ist Art. 7 II an die verschiedenen durch die SCE-VO zur Verfügung gestellten **Varianten zur Gründung** einer SCE (→ Art. 1 Rn. 2) angepasst. Dies betrifft zwar nicht die Umwandlung einer Genossenschaft (Art. 7 II lit. a; Art. 2 I fünfter Gedan-

kenstrich SCE-VO) und die Verschmelzung von Genossenschaften (Art. 7 II lit. b; Art. 2 I vierter Gedankenstrich SCE-VO), wohl aber die von Art. 7 II lit. c erfassten **Gründungen einer SCE „auf andere Weise".** Hierbei handelt es sich um die Gründung einer SCE ausschließlich durch (mindestens fünf) natürliche Personen (Art. 2 I erster Gedankenstrich SCE-VO). die Gründung einer SCE durch mindestens fünf natürlich Personen gemeinsam mit Gesellschaften iSv Art. 54 II AEUV (ex Art. 48 II EG) (Art. 2 I zweiter Gedankenstrich) sowie die Gründung einer SCE ausschließlich durch Gesellschaften iSv Art. 54 II AEUV (Art. 2 I dritter Gedankenstrich). Inhaltlich stimmt die Regelung für diese Gründungsvarianten in Art. 7 II lit. c mit den Vorgaben in Art. 7 II lit. c RL 2001/86/EG überein (→ RL 2001/86/EG Art. 7 Rn. 14).

Für die **Umsetzung** hat das SCEBG die Konzeption des SEBG (→ RL 2001/86/EG Art. 7 Rn. 3 f.) aufgegriffen und legt die allg. Voraussetzungen für die gesetzliche Auffangregelung in § 22 SCEBG nieder, die ihrerseits mit § 22 SEBG übereinstimmt (→ RL 2001/86/EG Art. 7 Rn. 5 ff.). Die besonderen Voraussetzungen für die Auffangregelung zur Mitbestimmung finden sich demgegenüber in § 34 SCEBG, die – abgesehen von den SCE-spezifischen Gründungen „in anderer Weise" (s. dazu GLF/*Forst* § 3 Rn. 76 ff.) – mit § 34 SEBG übereinstimmen (→ RL 2001/86/EG Art. 7 Rn. 8 ff.). Das gilt auch für die Berechnung der maßgeblichen Gesamtzahl der Arbeitnehmer, in die – ebenso wie nach § 34 I Nr. 2 und 3 SEBG – auch die „bei den betroffenen Tochtergesellschaften beschäftigten Arbeitnehmer" einzubeziehen sind (§ 34 I Nr. 2 und 3 SCEBG). Bezüglich der Vereinbarkeit dieser Ausdehnung mit den Vorgaben in Art. 7 II gelten die Ausführungen zu der Parallelproblematik in § 34 I Nr. 2 und 2 SEBG entsprechend (→ RL 2001/86/EG Art. 7 Rn. 13). Die in Art. 7 III den Mitgliedstaaten eröffnete **Option,** für die Gründung einer SCE durch **Verschmelzung** von einer gesetzlichen Auffangregelung abzusehen, hat das SCEBG – ebenso wie das SEBG – nicht aufgegriffen.

3

Teil III. Regelung im Fall einer SCE, die ausschließlich von natürlichen Personen oder von nur einer einzigen juristischen Person zusammen mit natürlichen Personen gegründet wird

Art. 8 [Gründung durch natürliche Personen]

(1) Im Fall einer SCE, die ausschließlich von natürlichen Personen oder von nur einer einzigen juristischen Person sowie natürlichen Personen gegründet wird, die in mindestens zwei Mitgliedstaaten insgesamt mindestens 50 Arbeitnehmer beschäftigen, finden die Artikel 3 bis 7 Anwendung.

(2) ¹Im Fall einer SCE, die ausschließlich von natürlichen Personen oder von nur einer einzigen juristischen Person sowie natürlichen Personen gegründet wird, die insgesamt weniger als 50 Arbeitnehmer oder in nur einem Mitgliedstaat 50 oder mehr Arbeitnehmer beschäftigen, ist die Beteiligung der Arbeitnehmer wie folgt geregelt:

– In der SCE selbst finden die für andere Rechtspersönlichkeiten desselben Typs geltenden Bestimmungen des Mitgliedstaats, in dem sich der Sitz der SCE befindet, Anwendung;
– in ihren Tochtergesellschaften und Betrieben finden die für andere Rechtspersönlichkeiten desselben Typs geltenden Bestimmungen des Mitgliedstaats, in dem sich diese befinden, Anwendung.

²Wird der Sitz einer SCE, in der Vorschriften über die Mitbestimmung bestehen, von einem Mitgliedstaat in einen anderen verlegt, so ist den Arbeitnehmern weiterhin zumindest dasselbe Niveau an Mitbestimmungsrechten zu gewährleisten.

(3) ¹Stellen nach der Eintragung einer SCE nach Absatz 2 mindestens ein Drittel der Gesamtzahl der Arbeitnehmer der SCE und ihrer Tochtergesellschaften und Betriebe in mindestens zwei verschiedenen Mitgliedstaaten einen entsprechenden Antrag oder wird die Gesamtzahl von 50 Arbeitnehmern in mindestens zwei Mitgliedstaaten erreicht oder überschritten, so finden die Bestimmungen der Artikel 3 bis 7 entsprechend Anwendung. ²In diesem Fall werden die Worte „beteiligte juristische Personen" und „betroffene Tochtergesellschaft oder betroffener Betrieb" durch die Worte „SCE" bzw. „Tochtergesellschaften und Betriebe der SCE" ersetzt.

1 Art. 8 reagiert auf die Besonderheit der SCE, dass diese nicht nur von juristischen Personen, sondern auch von natürlichen Personen gegründet werden kann (→ Art. 1 Rn. 2). Eine derartige Gründung eröffnet Art. 2 I erster Gedankenstrich SCE-VO für eine Gründung, die durch mindestens fünf natürliche Personen erfolgt. Ferner können mindestens fünf natürliche Personen gemeinsam mit Gesellschaften in Art. 54 II AEUV (ex Art. 48 EG) eine SCE errichten (Art. 2 I zweiter Gedankenstrich SCE-VO). Nach Art. 8 I finden die Art. 3–7 RL 2003/72/EG Anwendung, wenn der **Schwellenwert von 50 Arbeitnehmern** vor der Gründung überschritten wird. Ist dies nicht der Fall, dann gilt dies nach Art. 8 II grundsätzlich nicht, sofern nicht nach der Gründung der SCE die in Art. 8 III genannten Voraussetzungen erfüllt werden, insbesondere der maßgebliche Schwellenwert von 50 Arbeitnehmern nach der Gründung überschritten wird. Wegen der Vorgabe einer entsprechenden Anwendung der Art. 3–7 ist in dieser Konstellation das Verhandlungsverfahren nachzuholen (Art. 8 III 1). Die **Umsetzung** der Vorgabe in Art. 8 erfolgt in Deutschland durch § 41 SCEBG (s. dazu näher GLF/*Siemers* § 3 Rn. 61, 67 ff.; GLF/*Forst* § 3 Rn. 82 ff.).

Teil IV. Stimmberechtigte Teilnahme an der Generalversammlung oder an der Sektor- oder Sektionsversammlung

Art. 9 [Teilnahmevoraussetzungen]

Vorbehaltlich der Beschränkungen nach Artikel 59 Absatz 4 der Verordnung (EG) Nr. 1435/2003 haben die Arbeitnehmer der SCE und/oder ihre Vertreter das Recht, an der Generalversammlung bzw., sofern diese existieren, an der Sektor- oder Sektionsversammlung, unter folgenden Voraussetzungen stimmberechtigt teilzunehmen:
1. wenn die Parteien dies in der Vereinbarung gemäß Artikel 4 festlegen oder
2. wenn eine Genossenschaft, in der diese Regelung galt, sich in eine SCE umwandelt oder
3. wenn im Fall einer auf andere Weise als durch Umwandlung gegründeten SCE in einer der beteiligten Genossenschaften diese Regelung galt und:
    i) die Parteien innerhalb der durch Artikel 5 gesetzten Frist keine Vereinbarung gemäß Artikel 4 schließen,
    ii) Artikel 7 Absatz 1 Buchstabe b) und Teil 3 des Anhangs Anwendung finden und
    iii) die beteiligte Genossenschaft, in der diese Regelung gilt, in Bezug auf die Mitbestimmung im Sinne von Artikel 2 Buchstabe k), die in den betroffenen beteiligten Genossenschaften vor der Eintragung der SCE in Kraft war, den höchsten Grad an Mitbestimmung aufweist.

1 Die Vorschrift in Art. 9 hat keine Entsprechung in der RL 2001/86/EG und reagiert auf die in Art. 59 SCE-VO der Satzung eröffneten Möglichkeit, eine stimmberechtigte Teilnahme der Arbeitnehmervertreter an der Generalversammlung bzw. der Sektor- oder Sektionsversammlung. Auf diese Option kann sich die Satzung für die SCE allerdings nur

Teil V. Sonstige Bestimmungen   Art. 10 RL 2003/72/EG 570

stützen, wenn das Genossenschaftsrecht des für die SCE gewählten Sitzstaates eine entsprechende Teilnahme von Arbeitnehmervertretern vorsieht. In Deutschland kennt das Genossenschaftsrecht eine derartige Rechtsposition nicht, dementsprechend fehlt in dem zur Umsetzung der RL 2003/72/EG geschaffenen SCEBG eine die Vorgabe in Art. 9 aufgreifende Regelung (s. auch GLF/*Forst* § 3 Rn. 75).

Teil V. Sonstige Bestimmungen

Art. 10 Verschwiegenheit und Geheimhaltung

(1) Die Mitgliedstaaten sehen vor, dass den Mitgliedern des besonderen Verhandlungsgremiums und des Vertretungsorgans sowie den sie unterstützenden Sachverständigen nicht gestattet wird, ihnen als vertraulich mitgeteilte Informationen an Dritte weiterzugeben.

Das Gleiche gilt für die Arbeitnehmervertreter im Rahmen eines Verfahrens zur Unterrichtung und Anhörung.

Diese Verpflichtung besteht unabhängig von dem Aufenthaltsort der betreffenden Personen und gilt auch nach Ablauf ihres Mandats weiter.

(2) Jeder Mitgliedstaat sieht vor, dass das Aufsichts- oder das Verwaltungsorgan einer SCE oder einer beteiligten juristischen Person mit Sitz in seinem Hoheitsgebiet in besonderen Fällen und unter den Bedingungen und Beschränkungen des einzelstaatlichen Rechts Informationen nicht weiterleiten muss, wenn deren Bekanntwerden bei Zugrundelegung objektiver Kriterien den Geschäftsbetrieb der SCE (oder gegebenenfalls einer beteiligten juristischen Person) oder ihrer Tochtergesellschaften und Betriebe erheblich beeinträchtigen oder ihnen schaden würde.

Jeder Mitgliedstaat kann eine solche Freistellung von einer vorherigen behördlichen oder gerichtlichen Genehmigung abhängig machen.

(3) Jeder Mitgliedstaat kann für eine SCE mit Sitz in seinem Hoheitsgebiet, die in Bezug auf Berichterstattung und Meinungsäußerung unmittelbar und überwiegend eine bestimmte weltanschauliche Tendenz verfolgt, besondere Bestimmungen vorsehen, falls das innerstaatliche Recht solche Bestimmungen zum Zeitpunkt der Annahme dieser Richtlinie bereits enthält.

(4) Bei der Anwendung der Absätze 1, 2 und 3 sehen die Mitgliedstaaten Verfahren vor, nach denen die Arbeitnehmervertreter auf dem Verwaltungsweg oder vor Gericht Rechtsbehelfe einlegen können, wenn das Aufsichts- oder das Verwaltungsorgan der SCE oder der beteiligten juristischen Person Vertraulichkeit verlangt oder die Informationen verweigert.

Diese Verfahren können Regelungen zur Wahrung der Vertraulichkeit der betreffenden Informationen einschließen.

Art. 10 stimmt mit Art. 8 RL 2001/86/EG überein, so dass hinsichtlich der Einzelheiten 1
auf die dortigen Erläuterungen zu verweisen ist. Auch die Umsetzung der Richtlinie in Deutschland erfolgt unter Übernahme der Parallelbestimmungen im SEBG. Dementsprechend stimmt die Regelung zur **Verschwiegenheitspflicht** in § 43 II-V SCEBG mit § 41 SEBG überein. Für die Umsetzung des **Geheimhaltungsvorbehalts** in § 43 I SCEBG gilt dies ebenfalls (s. § 40 SEBG). Die Umsetzung des **Tendenzschutzvorbehalts** (Art. 10 III) durch § 39 SCEBG übernimmt die Parallelbestimmung in § 39 SEBG. Die hierzu diskutierte Diskrepanz des Tendenzschutzes auf der Tatbestandsebene zu der Vorgabe in Art. 8 III RL 2001/86/EG besteht im Verhältnis von § 39 SCEBG zu Art. 11 III RL 2003/72/ EG in gleicher Weise, so dass die Erwägungen zur Richtlinienkonformität von § 39 SEBG (→ RL 2001/86/EG Art. 8 Rn. 14 f.) auf § 39 SCEBG übertragbar sind. Hinsichtlich der

Oetker   1573

Vorgabe in Art. 10 IV RL 2003/72/EG wird auf die Ausführungen zu Art. 8 IV RL 2001/86/EG verwiesen (→ RL 2001/86/EG Art. 8 Rn. 16).

Art. 11 Arbeitsweise des Vertretungsorgans und Funktionsweise des Verfahrens zur Unterrichtung und Anhörung der Arbeitnehmer

Das zuständige Organ der SCE und das Vertretungsorgan arbeiten mit dem Willen zur Verständigung unter Beachtung ihrer jeweiligen Rechte und Pflichten zusammen.

Das Gleiche gilt für die Zusammenarbeit zwischen dem Aufsichts- oder dem Verwaltungsorgan der SCE und den Arbeitnehmervertretern im Rahmen eines Verfahrens zur Unterrichtung und Anhörung der Arbeitnehmer.

1   Art. 11 wurde inhaltlich unverändert aus Art. 9 RL 2001/38/EG übernommen, so dass auf die dortigen Erläuterungen zu verweisen ist (→ RL 2009/38/EG Art. 9 Rn. 1). Entsprechendes gilt für die zur Umsetzung von Art. 11 geschaffene Vorschrift in § 42 SCEBG, die mit § 40 SEBG übereinstimmt (→ RL 2001/38/EG Art. 9 Rn. 1).

Art. 12 Schutz der Arbeitnehmervertreter

Die Mitglieder des besonderen Verhandlungsgremiums, die Mitglieder des Vertretungsorgans, Arbeitnehmervertreter, die bei einem Verfahren zur Unterrichtung und Anhörung mitwirken, und Arbeitnehmervertreter im Aufsichts- oder im Verwaltungsorgan der SCE, die Beschäftigte der SCE, ihrer Tochtergesellschaften oder Betriebe oder einer der beteiligten juristischen Personen sind, genießen bei der Wahrnehmung ihrer Aufgaben den gleichen Schutz und gleichartige Sicherheiten wie die Arbeitnehmervertreter nach den innerstaatlichen Rechtsvorschriften und/oder Gepflogenheiten des Landes, in dem sie beschäftigt sind.

Dies gilt insbesondere für die Teilnahme an den Sitzungen des besonderen Verhandlungsgremiums oder des Vertretungsorgans, an allen sonstigen Sitzungen, die im Rahmen der Vereinbarung nach Artikel 4 Absatz 2 Buchstabe f) stattfinden, und an den Sitzungen des Verwaltungs- oder des Aufsichtsorgans sowie für die Lohn- und Gehaltsfortzahlung an die Mitglieder, die Beschäftigte einer der beteiligten juristischen Personen oder der SCE oder ihrer Tochtergesellschaften oder Betriebe sind, für die Dauer ihrer zur Wahrnehmung ihrer Aufgaben erforderlichen Abwesenheit.

1   Mit Art. 12 übernimmt die RL 2003/72/EG die Vorgabe in Art. 10 RL 2001/86/EG. Eine identische Übernahme erfolgte auch für die Umsetzung der Richtlinie: Die Regelung in § 44 SCEBG stimmt mit § 42 SEBG überein, so dass die Ausführungen zu Art. 10 RL 2001/86/EG entsprechend gelten (→ RL 2001/86/EG Art. 10 Rn. 2 ff.). Das Benachteiligungsverbot in § 44 Nr. 3 SEBG wurde in § 46 Nr. 3 SCEBG inhaltsgleich übernommen; entsprechendes gilt für die Strafbewehrung (s. § 47 II Nr. 3 SCEBG).

Art. 13 Verfahrensmissbrauch

Die Mitgliedstaaten treffen im Einklang mit den gemeinschaftlichen Rechtsvorschriften geeignete Maßnahmen, um zu verhindern, dass eine SCE dazu missbraucht wird, Arbeitnehmern Beteiligungsrechte zu entziehen oder vorzuenthalten.

1   Art. 13 übernimmt das Missbrauchsverbot unverändert aus Art. 11 RL 2001/86/EG und passt dieses lediglich an die Rechtsform der SCE an. Entsprechendes gilt für die Umsetzung im SCEBG, das in § 45 eine mit § 43 SEBG übereinstimmende Regelung trifft. Die strafrechtliche Sanktionierung eines Verstoßes gegen das Missbrauchsverbot erfolgt in § 47 I

Teil V. Sonstige Bestimmungen   Art. 15 RL 2003/72/EG

Nr. 2 SCEBG. Hinsichtlich der weiteren Einzelheiten ist auf die Erläuterungen zu Art. 11 RL 2001/86/EG zu verweisen.

Art. 14 Einhaltung dieser Richtlinie

(1) Jeder Mitgliedstaat trägt dafür Sorge, dass die Leitung der Betriebe einer SCE und die Aufsichts- oder die Verwaltungsorgane der Tochtergesellschaften und der beteiligten juristischen Personen, die sich in seinem Hoheitsgebiet befinden, und ihre Arbeitnehmervertreter oder gegebenenfalls ihre Arbeitnehmer den Verpflichtungen dieser Richtlinie nachkommen, unabhängig davon, ob die SCE ihren Sitz in seinem Hoheitsgebiet hat.

(2) Die Mitgliedstaaten sehen geeignete Maßnahmen für den Fall der Nichteinhaltung dieser Richtlinie vor; sie sorgen insbesondere dafür, dass Verwaltungs- oder Gerichtsverfahren bestehen, mit denen die Erfüllung der sich aus dieser Richtlinie ergebenden Verpflichtungen durchgesetzt werden kann.

Art. 14 stimmt mit Art. 12 RL 2003/72/EG überein, so dass hinsichtlich der Einzelheiten 1 auf die dortigen Erläuterungen zu verweisen ist. Durch § 2a I Nr. 3 lit. f ArbGG wird die Zuständigkeit der Arbeitsgerichte, über Angelegenheiten aus dem SCEBG im Beschlussverfahren zu entscheiden, begründet. Die Ausnahmen hiervon stimmen mit denen in § 2a I Nr. 3 lit. e ArbGG überein (→ RL 2001/86/EG Art. 12 Rn. 2).

Art. 15 Verhältnis dieser Richtlinie zu anderen Bestimmungen

(1) SCE und Tochtergesellschaften einer SCE, die gemeinschaftsweit operierende Unternehmen oder herrschende Unternehmen in einer gemeinschaftsweit operierenden Unternehmensgruppe im Sinne der Richtlinie 94/45/EG oder im Sinne der Richtlinie 97/74/EG des Rates vom 15. Dezember 1997 zur Ausdehnung der genannten Richtlinie auf das Vereinigte Königreich[1] sind, unterliegen nicht den genannten Richtlinien und den Bestimmungen zu deren Umsetzung in einzelstaatliches Recht.

Beschließt das besondere Verhandlungsgremium jedoch gemäß Artikel 3 Absatz 6, keine Verhandlungen aufzunehmen oder bereits aufgenommene Verhandlungen abzubrechen, so gelangen die Richtlinie 94/45/EG oder die Richtlinie 97/74/EG und die Bestimmungen zu ihrer Umsetzung in einzelstaatliches Recht zur Anwendung.

(2) Einzelstaatliche Rechtsvorschriften und/oder Gepflogenheiten in Bezug auf die Mitbestimmung der Arbeitnehmer in den Gesellschaftsorganen, die nicht zur Umsetzung dieser Richtlinie dienen, finden keine Anwendung auf SCE, die unter die Artikel 3 bis 7 fallen.

(3) Diese Richtlinie berührt nicht

a) die den Arbeitnehmern nach einzelstaatlichen Rechtsvorschriften und/oder Gepflogenheiten zustehenden Beteiligungsrechte, die für die Arbeitnehmer der SCE und ihrer Tochtergesellschaften und Betriebe gelten, mit Ausnahme der Mitbestimmung in den Gremien der SCE;

b) die nach einzelstaatlichen Rechtsvorschriften und/oder Gepflogenheiten geltenden Bestimmungen über die Mitbestimmung in den Gesellschaftsorganen, die auf die Tochtergesellschaften der SCE oder auf SCE Anwendung finden, die nicht unter die Artikel 3 bis 7 fallen.

(4) Zur Wahrung der in Absatz 3 genannten Rechte können die Mitgliedstaaten durch geeignete Maßnahmen sicherstellen, dass die Strukturen der Arbeitnehmerver-

---

[1] Amtl. Anm.: ABl. L 10 vom 16.1.1998, S. 22.

tretung in den beteiligten juristischen Personen, die als eigenständige juristische Personen erlöschen, nach der Eintragung der SCE fortbestehen.

1   Art. 15 stimmt – abgesehen von rechtsformbedingten Anpassungen – mit **Art. 13 RL 2001/86/EG** überein, so dass hinsichtlich der Einzelheiten auf die dortigen Erläuterungen zu verweisen ist. Die Umsetzung ist in Deutschland durch § 49 SCEBG erfolgt, der in § 47 SEBG eine inhaltlich identische Entsprechung hat.

Art. 16 Schlussbestimmungen

(1) ¹**Die Mitgliedstaaten erlassen die erforderlichen Rechts- und Verwaltungsvorschriften, um dieser Richtlinie spätestens am 18. August 2006 nachzukommen, oder stellen spätestens zu diesem Zeitpunkt sicher, dass die Sozialpartner die erforderlichen Bestimmungen durch Vereinbarungen einführen; die Mitgliedstaaten treffen alle erforderlichen Vorkehrungen, um jederzeit gewährleisten zu können, dass die durch diese Richtlinie vorgeschriebenen Ergebnisse erzielt werden.** ²**Sie setzen die Kommission unverzüglich davon in Kenntnis.**

(2) ¹**Wenn die Mitgliedstaaten diese Vorschriften erlassen, nehmen sie in den Vorschriften selbst oder durch einen Hinweis bei der amtlichen Veröffentlichung auf diese Richtlinie Bezug.** ²**Die Mitgliedstaaten regeln die Einzelheiten der Bezugnahme.**

1   Nach Art. 16 I waren die Vorgaben der RL 2003/72/EG bis zum 18.8.2006 in den Mitgliedstaaten umzusetzen. Im Unterschied zur RL 2001/86/EG war die Umsetzung der RL 2003/72/EG in Deutschland nicht von größeren Kontroversen begleitet. Der Gesetzesentwurf der Bundesregierung, der als Art. 2 des Gesetzes zur Einführung der Europäischen Genossenschaft (SEEG) das SCEBG enthielt, wurde dem Bundesrat (BR-Drs. 71/06 v. 27.1.2006) und dem Bundestag (BT-Drs. 16/1025) zugeleitet. Im Hinblick auf das zur Umsetzung der RL 2003/72/EG vorgelegte SCEBG erhob der Bundesrat keine Einwände gegen den Gesetzesentwurf. Im Rahmen der Beratungen im Rechtsausschuss des Bundestags blieb dieser unverändert (BT-Drs. 16/1524). Ein Entschließungsantrag der FDP-Fraktion (BT-Drs. 16/1538; s. zuvor auch BT-Drs. 16/1524, 7), der sich gegen die Ausgestaltung der Mitbestimmung in einer SCE mit monistischer Struktur richtete und Bedenken aufgriff, die bereits bei der Umsetzung der RL 2001/86/EG vorgebracht wurden (→ RL 2001/86/EG Art. 14 Rn. 2), fand im Bundestag keine Mehrheit (Stenografischer Bericht, 36. Sitzung v. 19.5.2006, Plenarprotokoll 16/36, S. 3169 [A]). Dieser beschloss das Gesetz am 19.5.2006 in der 2./3. Lesung; Einwände gegen das beschlossene Gesetz wurden vom Bundesrat nicht erhoben (BR-Drs. 337/06), so dass das SCEBG als Art. 2 des Gesetzes zur Einführung der Europäischen Genossenschaft (SEEG) am 17.8.2006 im Bundesgesetzblatt verkündet wurde (BGBl. 2006 I 1911 ff.) und entsprechend der Vorgabe in Art. 16 I am 18.8.2006 in Kraft trat.

Art. 17 Überprüfung durch die Kommission

Die Kommission überprüft spätestens zum 18. August 2009 im Benehmen mit den Mitgliedstaaten und den Sozialpartnern auf Gemeinschaftsebene die Anwendung dieser Richtlinie, um dem Rat gegebenenfalls erforderliche Änderungen vorzuschlagen.

1   Den in Art. 17 auferlegten Bericht zur Anwendung der RL 2003/72/EG legte die Kommission am 16.9.2010 vor (KOM [2010] 481) vor (s. auch *Krimphove* EuZW 2010, 892 ff.; ZfG 2011, 45 ff.).

Auffangregelung **Anh. RL 2003/72/EG 570**

Art. 18 Inkrafttreten

Diese Richtlinie tritt am Tag ihrer Veröffentlichung im *Amtsblatt der Europäischen Union* in Kraft.

Die RL 2003/72/EG wurde im ABl. EG Nr. L 207 v. 18.8.2003 (S. 25 ff.) veröffentlicht **1** und trat deshalb an dem vorgenannten Datum in Kraft.

Art. 19 Adressaten

Diese Richtlinie ist an die Mitgliedstaaten gerichtet.

Die RL 2003/72/EG gilt für die Mitgliedstaaten der EU sowie wegen des Abkommens **1** über den Europäischen Wirtschaftsraum auch für die Vertragsstaaten Island, Liechtenstein und Norwegen. Mit diesem Inhalt definiert § 3 II SCEBG den im SCEBG enthaltenen Begriff der Mitgliedstaaten. Eine identische Bestimmung trifft § 3 II SEBG.

Anhang. Auffangregelung (nach den Art. 7 und 8)

Teil 1. Zusammensetzung des Organs zur Vertretung der Arbeitnehmer

Zur Verwirklichung des Ziels nach Artikel 1 wird in den in Artikel 7 genannten Fällen ein Vertretungsorgan gemäß folgenden Regeln eingesetzt:

a) Das Vertretungsorgan setzt sich aus Arbeitnehmern der SCE und ihrer Tochtergesellschaften und Betriebe zusammen, die von den Arbeitnehmervertretern aus ihrer Mitte oder, in Ermangelung solcher Vertreter, von der Gesamtheit der Arbeitnehmer gewählt oder bestellt werden.

b) Die Mitglieder des Vertretungsorgans werden gemäß den einzelstaatlichen Rechtsvorschriften und/oder Gepflogenheiten gewählt oder bestellt.
Die Mitgliedstaaten sorgen durch entsprechende Vorschriften dafür, dass Änderungen innerhalb der SCE und ihrer Tochtergesellschaften und Betriebe durch Anpassung der Zahl der Mitglieder des Vertretungsorgans und der Zuteilung der Sitze in diesem Organ Rechnung getragen wird. Die Verfahren zur Benennung, Bestellung oder Wahl der Arbeitnehmervertreter sollten möglichst eine ausgewogene Vertretung von Frauen und Männern fördern.

c) Sofern die Zahl der Mitglieder des Vertretungsorgans es rechtfertigt, wählt das Vertretungsorgan aus seiner Mitte einen engeren Ausschuss mit höchstens drei Mitgliedern.

d) Das Vertretungsorgan gibt sich eine Geschäftsordnung.

e) Die Mitglieder des Vertretungsorgans werden entsprechend der Zahl der in jedem Mitgliedstaat beschäftigten Arbeitnehmer der SCE und ihrer Tochtergesellschaften oder Betriebe gewählt oder bestellt, so dass pro Mitgliedstaat für jeden Anteil der in diesem Mitgliedstaat beschäftigten Arbeitnehmer, der 10 % der Gesamtzahl der in allen Mitgliedstaaten bei ihnen beschäftigten Arbeitnehmer entspricht, oder für einen Bruchteil dieser Tranche Anspruch auf einen Sitz besteht.

f) Die Zusammensetzung des Vertretungsorgans wird dem zuständigen Organ der SCE mitgeteilt.

g) Spätestens vier Jahre nach seiner Einsetzung prüft das Vertretungsorgan, ob die Vereinbarung nach den Artikeln 4 und 7 ausgehandelt werden oder die in Übereinstimmung mit diesem Anhang angenommene Auffangregelung weiterhin gelten soll.

Wird der Beschluss gefasst, eine Vereinbarung gemäß Artikel 4 auszuhandeln, so gelten Artikel 3 Absätze 4 bis 7 und die Artikel 4, 5 und 6 sinngemäß, wobei der Ausdruck „besonderes Verhandlungsgremium" durch das Wort „Vertretungsorgan" ersetzt wird. Wenn am Ende des für die Verhandlungen vorgesehenen Zeitraums keine Vereinbarung zustande gekommen ist, findet die Regelung, die ursprünglich gemäß der Auffangregelung angenommen worden war, weiterhin Anwendung.

Teil 2. Auffangregelung für die Unterrichtung und Anhörung

Für die Zuständigkeiten und Befugnisse des Vertretungsorgans in einer SCE gelten folgende Regeln:

a) Die Zuständigkeiten des Vertretungsorgans beschränken sich auf die Angelegenheiten, die die SCE selbst oder eine ihrer Tochtergesellschaften oder einen ihrer Betriebe in einem anderen Mitgliedstaat betreffen oder über die Befugnisse der Entscheidungsorgane auf der Ebene des einzelnen Mitgliedstaats hinausgehen.

b) Unbeschadet etwaiger Zusammenkünfte gemäß Buchstabe c) hat das Vertretungsorgan das Recht, auf der Grundlage regelmäßig von dem zuständigen Organ erstellter Berichte über die Entwicklung der Geschäftslage und die Perspektiven der SCE unterrichtet und dazu gehört zu werden und zu diesem Zweck mindestens einmal jährlich mit dem zuständigen Organ der SCE zusammenzutreten. Die örtlichen Geschäftsleitungen werden hiervon in Kenntnis gesetzt.

Das zuständige Organ der SCE übermittelt dem Vertretungsorgan die Tagesordnung aller Sitzungen des Verwaltungsorgans oder gegebenenfalls des Leitungs- und des Aufsichtsorgans sowie Kopien aller Unterlagen, die der Versammlung der Mitglieder unterbreitet werden.

Die Sitzung bezieht sich insbesondere auf die Struktur der SCE, ihre wirtschaftliche und finanzielle Situation, die voraussichtliche Entwicklung der Geschäfts-, Produktions- und Absatzlage, auf Initiativen im Hinblick auf die soziale Verantwortung der Unternehmen, auf die Beschäftigungslage und deren voraussichtliche Entwicklung, auf die Investitionen, auf grundlegende Änderungen der Organisation, auf die Einführung neuer Arbeits- oder Fertigungsverfahren, auf Verlagerungen der Produktion, auf Fusionen, Verkleinerungen oder Schließungen von Unternehmen, Betrieben oder wichtigen Teilen derselben und auf Massenentlassungen.

c) Treten außergewöhnliche Umstände ein, die erhebliche Auswirkungen auf die Interessen der Arbeitnehmer haben, insbesondere bei Verlegungen, Verlagerungen, Betriebs- oder Unternehmensschließungen oder Massenentlassungen, so hat das Vertretungsorgan das Recht, darüber unterrichtet zu werden. Das Vertretungsorgan oder – wenn das Vertretungsorgan dies, insbesondere bei Dringlichkeit, beschließt – der engere Ausschuss hat das Recht, auf Antrag mit dem zuständigen Organ der SCE oder den Vertretern einer geeigneteren mit eigenen Entscheidungsbefugnissen ausgestatteten Leitungsebene innerhalb der SCE zusammenzutreffen, um über Maßnahmen, die erhebliche Auswirkungen auf die Interessen der Arbeitnehmer haben, unterrichtet und dazu gehört zu werden.

Wenn das zuständige Organ beschließt, nicht im Einklang mit der von dem Vertretungsorgan abgegebenen Stellungnahme zu handeln, hat das Vertretungsorgan das Recht, ein weiteres Mal mit dem zuständigen Organ der SCE zusammenzutreffen, um eine Einigung herbeizuführen.

Findet eine Sitzung mit dem engeren Ausschuss statt, so haben auch die Mitglieder des Vertretungsorgans, die von diesen Maßnahmen unmittelbar betroffene Arbeitnehmer vertreten, das Recht, daran teilzunehmen.

Die vorstehend genannten Sitzungen lassen die Vorrechte des zuständigen Organs unberührt.

d) Die Mitgliedstaaten können Regeln für den Vorsitz in den Sitzungen zur Unterrichtung und Anhörung festlegen.

Vor Sitzungen mit dem zuständigen Organ der SCE ist das Vertretungsorgan oder der engere Ausschuss – gegebenenfalls in der gemäß Buchstabe c) Absatz 3 erweiterten Zusammensetzung – berechtigt, in Abwesenheit der Vertreter des zuständigen Organs zu tagen.

e) Unbeschadet des Artikels 10 unterrichten die Mitglieder des Vertretungsorgans die Arbeitnehmervertreter der SCE und ihrer Tochtergesellschaften und Betriebe über den Inhalt und die Ergebnisse der Unterrichtungs- und Anhörungsverfahren.

f) Das Vertretungsorgan oder der engere Ausschuss können sich durch Sachverständige ihrer Wahl unterstützen lassen.

g) Sofern dies zur Erfüllung ihrer Aufgaben erforderlich ist, haben die Mitglieder des Vertretungsorgans Anspruch auf bezahlte Freistellung für Fortbildungsmaßnahmen.

h) Die Ausgaben des Vertretungsorgans gehen zulasten der SCE, die die Mitglieder dieses Organs mit den erforderlichen finanziellen und materiellen Mitteln ausstattet, damit diese ihre Aufgaben in angemessener Weise wahrnehmen können.

Insbesondere trägt die SCE die Kosten der Veranstaltung der Sitzungen einschließlich der Dolmetschkosten sowie die Aufenthalts- und Reisekosten für die Mitglieder des Vertretungsorgans und des engeren Ausschusses, soweit nichts anderes vereinbart wurde.

Die Mitgliedstaaten können im Einklang mit diesen Grundsätzen Regeln für die Finanzierung der Arbeit des Vertretungsorgans festlegen. Sie können insbesondere die Übernahme der Kosten auf die Kosten für einen Sachverständigen begrenzen.

Teil 3. Auffangregelung für die Mitbestimmung

Für die Mitbestimmung der Arbeitnehmer in der SCE gelten folgende Bestimmungen:

a) Fanden im Fall einer durch Umwandlung gegründeten SCE Vorschriften eines Mitgliedstaats über die Mitbestimmung der Arbeitnehmer im Verwaltungs- oder im Aufsichtsorgan vor der Eintragung Anwendung, so finden alle Komponenten der Mitbestimmung der Arbeitnehmer weiterhin auf die SCE Anwendung. Buchstabe b) gilt diesbezüglich sinngemäß.

b) In den Fällen der Gründung einer SCE haben die Arbeitnehmer der SCE, ihrer Tochtergesellschaften und Betriebe und/oder ihr Vertretungsorgan das Recht, einen Teil der Mitglieder des Verwaltungs- oder des Aufsichtsorgans der SCE zu wählen oder zu bestellen oder deren Bestellung zu empfehlen oder abzulehnen, wobei die Zahl dieser Mitglieder sich nach dem höchsten maßgeblichen Anteil in den beteiligten Gesellschaften vor der Eintragung der SCE bemisst.

c) Bestanden in keiner der beteiligten juristischen Personen vor der Eintragung der SCE Vorschriften über die Mitbestimmung, so ist die SCE nicht verpflichtet, eine Vereinbarung über die Mitbestimmung der Arbeitnehmer einzuführen.

d) Das Vertretungsorgan entscheidet über die Verteilung der Sitze im Verwaltungs- oder im Aufsichtsorgan auf die Mitglieder, die Arbeitnehmer aus verschiedenen Mitgliedstaaten vertreten oder über die Art und Weise, in der die Arbeitnehmer der SCE Mitglieder dieser Organe empfehlen oder ablehnen können, entsprechend den jeweiligen Anteilen der in den einzelnen Mitgliedstaaten beschäftigten Arbeitnehmer der SCE. Bleiben Arbeitnehmer aus einem oder mehreren Mitgliedstaaten bei der anteilmäßigen Verteilung unberücksichtigt, so bestellt das Vertretungsorgan eines der Mitglieder aus einem dieser Mitgliedstaaten, und zwar vorzugsweise – sofern angemessen – aus dem Mitgliedstaat, in dem die SCE ihren Sitz haben wird. Jeder Mitgliedstaat hat das Recht, die Verteilung der ihm im Verwaltungs- oder im Aufsichtsorgan zugewiesenen Sitze festzulegen.

e) Alle von dem Vertretungsorgan oder gegebenenfalls den Arbeitnehmern gewählten, bestellten oder empfohlenen Mitglieder des Verwaltungsorgans oder gegebenenfalls des Aufsichtsorgans der SCE sind vollberechtigte Mitglieder des jeweiligen Organs mit denselben Rechten (einschließlich des Stimmrechts) und denselben Pflichten wie die Mitglieder, die die Mitglieder der Genossenschaft vertreten.

1   Die in dem Anhang zur RL 2003/72/EG niedergelegten Vorgaben zu der von dem Mitgliedstaaten zu erlassenden gesetzlichen Auffangregel (s. Art. 7 I) übernimmt nahezu identisch die in dem **Anhang zur RL 2001/86/EG** getroffenen Regelungen, so dass auf die dortigen Erläuterungen verwiesen werden kann (→ RL 2001/86/EG Anhang Rn. 3 ff., 12 ff.). In Ergänzung zu Teil 1 lit. b des Anhangs zur RL 2001/86/EG bestimmt Teil 1 lit. b UAbs. 2 S. 2 des Anhangs zur RL 2003/72/EG, dass die Verfahren zur Benennung, Bestellung oder Wahl der Arbeitnehmervertreter möglichst eine ausgewogene **Vertretung von Frauen und Männern** fördern sollen. Die Auffangregelung in Teil 3 des Anhangs zur Mitbestimmung übernimmt mit identischem Wortlaut Teil 3 des Anhangs zur RL 2001/86/EG; die dort in lit. b in vier Unterabsätzen aufgeteilte Bestimmung wird in Teil 3 des Anhangs zu RL 2003/72/EG auf vier Buchstaben verteilt, ohne dass hiermit inhaltliche Änderungen verbunden sind.

2   Das zur **Umsetzung** der RL 2003/72/EG in Deutschland geschaffene SCEBG folgt auch im Hinblick auf den Anhang der im SEBG niedergelegten Konzeption und regelt in seinem Kapitel 5 die „Beteiligung der Arbeitnehmer kraft Gesetzes", wobei die Bestimmungen zur **Unterrichtung und Anhörung** des Vertretungsorgans in den §§ 22–33 SCEBG zusammengefasst sind. Abgesehen von sprachlichen Modifikationen, die der anderen Rechtsform geschuldet sind (zB SCE-Betriebsrat) stimmen die Vorschriften mit den Parallelnormen im SEBG überein (→ RL 2001/86/EG Anhang Rn. 3 ff.). Keine hervorgehobene Berücksichtigung hat in den §§ 22–23 SCEBG das in Teil 1 lit. b UAbs. 2 S. 2 des Anhangs niedergelegte Gebot gefunden, eine ausgewogene Vertretung von Frauen und Männern unter den Mitgliedern des SCE-Betriebsrats zu fördern. Allerdings findet über die Verweisungsnorm in § 23 I 3 SCEBG auch § 6 II 2 SCEBG Anwendung, der damit auch für die Zusammensetzung des SCE-Betriebsrats vorgibt, dass Frauen und Männer entsprechend ihrem zahlenmäßigen Verhältnis gewählt werden soll. Die Regelungsidentität mit dem SEBG gilt ebenfalls für die Vorschriften zur **„Mitbestimmung kraft Gesetzes",** die in den §§ 35–38 SCEBG zusammengefasst sind und inhaltlich weitgehend (s. § 38 II SCEBG einerseits und § 38 II SEBG andererseits; dazu GLF/*Forst* § 3 Rn. 80) mit den §§ 35–38 SEBG übereinstimmen (→ RL 2001/86/EG Anhang Rn. 12 ff.; s. ferner GLF/*Forst* § 3 Rn. 71 ff.).

580. Richtlinie 2003/88/EG des Europäischen Parlaments und des Rates vom 4. November 2003 über bestimmte Aspekte der Arbeitszeitgestaltung

(ABl. Nr. L 299 S. 9)

Celex-Nr. 3 2003 L 0088

DAS EUROPÄISCHE PARLAMENT UND DER RAT DER EUROPÄISCHEN UNION –

gestützt auf den Vertrag zur Gründung der Europäischen Gemeinschaft, insbesondere auf Artikel 137 Absatz 2,

auf Vorschlag der Kommission,

nach Stellungnahme des Europäischen Wirtschafts- und Sozialausschusses[1],

nach Anhörung des Ausschusses der Regionen,

gemäß dem Verfahren des Artikels 251 des Vertrags[2],

in Erwägung nachstehender Gründe:

(1) Die Richtlinie 93/104/EG des Rates vom 23. November 1993 über bestimmte Aspekte der Arbeitszeitgestaltung[3], die Mindestvorschriften für Sicherheit und Gesundheitsschutz bei der Arbeitszeitgestaltung im Hinblick auf tägliche Ruhezeiten, Ruhepausen, wöchentliche Ruhezeiten, wöchentliche Höchstarbeitszeit, Jahresurlaub sowie Aspekte der Nacht- und der Schichtarbeit und des Arbeitsrhythmus enthält, ist in wesentlichen Punkten geändert worden. Aus Gründen der Übersichtlichkeit und Klarheit empfiehlt es sich deshalb, die genannten Bestimmungen zu kodifizieren.

(2) Nach Artikel 137 des Vertrags unterstützt und ergänzt die Gemeinschaft die Tätigkeit der Mitgliedstaaten, um die Arbeitsumwelt zum Schutz der Sicherheit und der Gesundheit der Arbeitnehmer zu verbessern. Richtlinien, die auf der Grundlage dieses Artikels angenommen werden, sollten keine verwaltungsmäßigen, finanziellen oder rechtlichen Auflagen vorschreiben, die der Gründung und Entwicklung von kleinen und mittleren Unternehmen entgegenstehen.

(3) Die Bestimmungen der Richtlinie 89/391/EWG des Rates vom 12. Juni 1989 über die Durchführung von Maßnahmen zur Verbesserung der Sicherheit und des Gesundheitsschutzes der Arbeitnehmer bei der Arbeit[4] bleiben auf die durch die vorliegende Richtlinie geregelte Materie – unbeschadet der darin enthaltenen strengeren und/oder spezifischen Vorschriften – in vollem Umfang anwendbar.

(4) Die Verbesserung von Sicherheit, Arbeitshygiene und Gesundheitsschutz der Arbeitnehmer bei der Arbeit stellen Zielsetzungen dar, die keinen rein wirtschaftlichen Überlegungen untergeordnet werden dürfen.

(5) Alle Arbeitnehmer sollten angemessene Ruhezeiten erhalten. Der Begriff „Ruhezeit" muss in Zeiteinheiten ausgedrückt werden, d. h. in Tagen, Stunden und/oder Teilen davon. Arbeitnehmern in der Gemeinschaft müssen Mindestruhezeiten – je Tag, Woche und Jahr – sowie angemessene Ruhepausen zugestanden werden. In diesem Zusammenhang muss auch eine wöchentliche Höchstarbeitszeit festgelegt werden.

(6) Hinsichtlich der Arbeitszeitgestaltung ist den Grundsätzen der Internationalen Arbeitsorganisation Rechnung zu tragen; dies betrifft auch die für Nachtarbeit geltenden Grundsätze.

---

[1] **Amtl. Anm.:** ABl. C 61 vom 14.3.2003, S. 123.
[2] **Amtl. Anm.:** Stellungnahme des Europäischen Parlaments vom 17. Dezember 2002 (noch nicht im Amtsblatt veröffentlicht) und Beschluss des Rates vom 22. September 2003.
[3] **Amtl. Anm.:** ABl. L 307 vom 13.12.1993, S. 18. Geändert durch die Richtlinie 2000/34/EG des Europäischen Parlaments und des Rates (ABl. L 195 vom 1.8.2000, S. 41).
[4] **Amtl. Anm.:** ABl. L 183 vom 29.6.1989, S. 1.

(7) Untersuchungen zeigen, dass der menschliche Organismus während der Nacht besonders empfindlich auf Umweltstörungen und auf bestimmte belastende Formen der Arbeitsorganisation reagiert und dass lange Nachtarbeitszeiträume für die Gesundheit der Arbeitnehmer nachteilig sind und ihre Sicherheit bei der Arbeit beeinträchtigen können.

(8) Infolgedessen ist die Dauer der Nachtarbeit, auch in Bezug auf die Mehrarbeit, einzuschränken und vorzusehen, dass der Arbeitgeber im Fall regelmäßiger Inanspruchnahme von Nachtarbeitern die zuständigen Behörden auf Ersuchen davon in Kenntnis setzt.

(9) Nachtarbeiter haben vor Aufnahme der Arbeit – und danach regelmäßig – Anspruch auf eine unentgeltliche Untersuchung ihres Gesundheitszustands und müssen, wenn sie gesundheitliche Schwierigkeiten haben, soweit jeweils möglich auf eine für sie geeignete Arbeitsstelle mit Tagarbeit versetzt werden.

(10) In Anbetracht der besonderen Lage von Nacht- und Schichtarbeitern müssen deren Sicherheit und Gesundheit in einem Maß geschützt werden, das der Art ihrer Arbeit entspricht, und die Schutz- und Vorsorgeleistungen oder -mittel müssen effizient organisiert und eingesetzt werden.

(11) Die Arbeitsbedingungen können die Sicherheit und Gesundheit der Arbeitnehmer beeinträchtigen. Die Gestaltung der Arbeit nach einem bestimmten Rhythmus muss dem allgemeinen Grundsatz Rechnung tragen, dass die Arbeitsgestaltung dem Menschen angepasst sein muss.

(12) Eine europäische Vereinbarung über die Regelung der Arbeitszeit von Seeleuten ist gemäß Artikel 139 Absatz 2 des Vertrags durch die Richtlinie 1999/63/EG des Rates vom 21. Juni 1999 zu der vom Verband der Reeder in der Europäischen Gemeinschaft (European Community Shipowners' Association ECSA) und dem Verband der Verkehrsgewerkschaften in der Europäischen Union (Federation of Transport Workers' Unions in the European Union FST) getroffenen Vereinbarung über die Regelung der Arbeitszeit von Seeleuten[5] durchgeführt worden. Daher sollten die Bestimmungen dieser Richtlinie nicht für Seeleute gelten.

(13) Im Fall jener „am Ertrag beteiligten Fischer", die in einem Arbeitsverhältnis stehen, ist es Aufgabe der Mitgliedstaaten, gemäß dieser Richtlinie die Bedingungen für das Recht auf und die Gewährung von Jahresurlaub einschließlich der Regelungen für die Bezahlung festzulegen.

(14) Die spezifischen Vorschriften anderer gemeinschaftlicher Rechtsakte über zum Beispiel Ruhezeiten, Arbeitszeit, Jahresurlaub und Nachtarbeit bestimmter Gruppen von Arbeitnehmern sollten Vorrang vor den Bestimmungen dieser Richtlinie haben.

(15) In Anbetracht der Fragen, die sich aufgrund der Arbeitszeitgestaltung im Unternehmen stellen können, ist eine gewisse Flexibilität bei der Anwendung einzelner Bestimmungen dieser Richtlinie vorzusehen, wobei jedoch die Grundsätze des Schutzes der Sicherheit und der Gesundheit der Arbeitnehmer zu beachten sind.

(16) Je nach Lage des Falles sollten die Mitgliedstaaten oder die Sozialpartner die Möglichkeit haben, von einzelnen Bestimmungen dieser Richtlinie abzuweichen. Im Fall einer Abweichung müssen jedoch den betroffenen Arbeitnehmern in der Regel gleichwertige Ausgleichsruhezeiten gewährt werden.

(17) Diese Richtlinie sollte die Pflichten der Mitgliedstaaten hinsichtlich der in Anhang I Teil B aufgeführten Richtlinien und deren Umsetzungsfristen unberührt lassen –

HABEN FOLGENDE RICHTLINIE ERLASSEN:

---

[5] **Amtl. Anm.:** ABl. L 167 vom 2.7.1999, S. 33.

Kapitel 1. Anwendungsbereich und Begriffsbestimmungen

Art. 1 Gegenstand und Anwendungsbereich

(1) Diese Richtlinie enthält Mindestvorschriften für Sicherheit und Gesundheitsschutz bei der Arbeitszeitgestaltung.

(2) Gegenstand dieser Richtlinie sind

a) die täglichen und wöchentlichen Mindestruhezeiten, der Mindestjahresurlaub, die Ruhepausen und die wöchentliche Höchstarbeitszeit sowie

b) bestimmte Aspekte der Nacht- und der Schichtarbeit sowie des Arbeitsrhythmus.

(3) Diese Richtlinie gilt unbeschadet ihrer Artikel 14, 17, 18 und 19 für alle privaten oder öffentlichen Tätigkeitsbereiche im Sinne des Artikels 2 der Richtlinie 89/391/EWG.

Diese Richtlinie gilt unbeschadet des Artikels 2 Nummer 8 nicht für Seeleute gemäß der Definition in der Richtlinie 1999/63/EG.

(4) Die Bestimmungen der Richtlinie 89/391/EWG finden unbeschadet strengerer und/oder spezifischer Vorschriften in der vorliegenden Richtlinie auf die in Absatz 2 genannten Bereiche voll Anwendung.

Übersicht

	Rn.
A. Richtlinienzweck und Regelungsgegenstand	1
I. Arbeitszeitrecht im weiteren Sinn	1
II. Lockerung des Harmonisierungsziels	2
III. Keine unmittelbare Regelung der Vergütungshöhe	3
B. Richtliniengeschichte und sekundärrechtlicher Zusammenhang	4
I. Richtliniengeschichte	4
1. Beschäftigungspolitische Ziele	5
2. Gesundheitsschutz	6
a) RL 93/104/EG	6
b) RL 2000/34/EG	7
c) RL 2003/88/EG	8
d) Auslegung der verschiedenen Richtlinienfassungen	10
3. Reformbemühungen im allgemeinen Arbeitszeitrecht	11
II. Spezielles Arbeitszeitrecht der Europäischen Union	16
1. Straßenverkehr	17
2. Mutterschutzrichtlinie und Jugendarbeitsschutzrichtlinie	18
III. Verhältnis der Arbeitszeitrichtlinie und der Arbeitsschutzrahmenrichtlinie	19
C. Primärrechtliche und völkerrechtliche Rechtsquellen des sekundären Arbeitszeitrechts der Europäischen Union	20
I. Primärrecht der Europäischen Union	21
1. AEUV	21
a) Kompetenzgrundlage: Art. 153 II 1 lit. b iVm I lit. a und b AEUV	22
b) Sozialpolitik: Art. 151 I AEUV	24
2. Art. 31 II und Art. 51 GRC	25
a) Primärrecht	25
b) Charakter des Rechts aus Art. 31 II GRC	26
II. Völkerrecht	29
1. Übereinkommen der Internationalen Arbeitsorganisation	29
2. Präambel der Satzung der Weltgesundheitsorganisation	30
3. Allgemeine Erklärung der Menschenrechte	31
D. Anwendungsbereich der Arbeitszeitrichtlinie	32
I. Sachlicher Anwendungsbereich, Art. 1 III	32
1. Grundsatz	32
2. Ausnahmen für den öffentlichen Dienst und für Katastrophenschutzdienste, Art. 1 III UAbs. 1	33
a) Enge Auslegung der Ausnahmen	33

		Rn.
	b) Bestimmte spezifische Tätigkeiten	34
	c) Nicht mögliche Arbeitszeitplanung	35
	d) Vorrang der Extremsituation vor der Arbeitszeitplanung	36
II.	Persönlicher Anwendungsbereich der Arbeitszeitrichtlinie	37
	1. Autonomer Arbeitnehmerbegriff	37
	2. Arbeitnehmerbegriff des Art. 45 AEUV	38
	3. Einzelne Arbeitnehmergruppen	39
	4. Ausnahmen vom persönlichen Anwendungsbereich der Arbeitszeitrichtlinie	40
	a) Übersicht der Ausnahmen von der Arbeitszeitrichtlinie	40
	b) Seearbeitsrecht	41
	c) Seeleute auf Seeschiffen	42
	d) Besondere Personengruppen	43
	e) Umsetzung in der Bundesrepublik Deutschland	45

A. Richtlinienzweck und Regelungsgegenstand

I. Arbeitszeitrecht im weiteren Sinn

1   Die Arbeitszeitrichtlinie 2003/88/EG soll die Arbeitszeitgestaltung in der Europäischen Union durch Mindeststandards harmonisieren. Zum Schutz der Sicherheit und der Gesundheit der Arbeitnehmer verbindet sie aus deutscher Sicht zwei verschiedene Regelungsgegenstände. Sie macht Vorgaben für das **Arbeitszeitrecht** im engeren Sinn, für die täglichen und wöchentlichen Mindestruhezeiten, die Ruhepausen und die wöchentliche Höchstarbeitszeit (Art. 1 II lit. a, Art. 3–6) und für bestimmte Aspekte der Nacht- und Schichtarbeit sowie des Arbeitsrhythmus (Art. 1 II lit. b, Art. 8–13). Darüber hinaus enthält die Richtlinie **Urlaubsrecht**. Sie gibt einen mindestens vierwöchigen bezahlten Jahresurlaub vor (Art. 1 II lit. a, Art. 7). Beides ist unionsrechtlich betrachtet Arbeitszeitrecht im weiteren Sinn zum Zweck des Gesundheitsschutzes. Der Jahresurlaub ist nach diesem Verständnis die jährliche Mindestruhezeit.

II. Lockerung des Harmonisierungsziels

2   Das Harmonisierungsziel der Richtlinie wird durch die Möglichkeit von Bezugszeiträumen in Art. 16 und mehrere Ausnahmen in Art. 17 und 22 gelockert. Die Verbesserung von Sicherheit, Arbeitshygiene und Gesundheitsschutz der Arbeitnehmer bei der Arbeit sind jedoch Zielsetzungen, die keinen rein wirtschaftlichen Überlegungen untergeordnet werden dürfen (Erwägungsgrund 4). Diese Aussage steht in einem gewissen Spannungsverhältnis zu Erwägungsgrund 15 der Arbeitszeitrichtlinie. Dort ist vorgegeben, dass in Anbetracht der Fragen, die sich aufgrund der Arbeitszeitgestaltung im Unternehmen stellen können, eine gewisse **Flexibilität** bei der Anwendung einzelner Bestimmungen der Richtlinie vorzusehen ist. Erwägungsgrund 15 zieht aber selbst die Grenze der möglichen Flexibilisierung: Die Grundsätze des Schutzes der Sicherheit und der Gesundheit der Arbeitnehmer sind zu beachten.

III. Keine unmittelbare Regelung der Vergütungshöhe

3   Die Arbeitszeitrichtlinie regelt **unmittelbar keine Fragen der Vergütungshöhe**. Das ist aufgrund der Kompetenzbegrenzung in Art. 153 V AEUV (= Art. 118a EGV-Maastricht = Art. 137 VI EGV-Amsterdam) geboten. Art. 153 II 1 lit. a iVm I lit. a und b AEUV verleiht Rat und Parlament nur eine Kompetenz für Regelungen zur Verbesserung insbesondere der Arbeitsumwelt zum Schutz der Gesundheit und der Sicherheit der Arbeitnehmer und für die Gestaltung der Arbeitsbedingungen (EuGH 4.3.2011 – C-258/10 zu 4 der Entscheidungsformel – Grigore, AuR 2011, 311; 1.12.2005 – C-14/04 Rn. 38 – Dellas, NZA 2006, 89; zu der Frage des bezahlten Mindestjahresurlaubs → Art. 2 Rn. 2; Art. 7 Rn. 1 ff.).

B. Richtliniengeschichte und sekundärrechtlicher Zusammenhang

I. Richtliniengeschichte

Die aktuell geltende allg. Arbeitszeitrichtlinie (**RL 2003/88/EG** des Europäischen Parlaments und des Rates v. 4.11.2003 über bestimmte Aspekte der Arbeitszeitgestaltung, ABl. 2003 L 299, 9) hat eine längere Vorgeschichte und unterliegt nach wie vor – derzeit gescheiterten – Reformanstrengungen.

1. Beschäftigungspolitische Ziele. Erste Harmonisierungsbestrebungen, denen **arbeitsmarktpolitische Ziele** zugrunde lagen, gingen im **allg. Arbeitszeitrecht** aus der **Empfehlung des Rates 75/457/EWG** v. 22.7.1975 über den Grundsatz der 40-Stunden-Woche und den Grundsatz des vierwöchigen bezahlten Jahresurlaubs in der Folge des Sozialpolitischen Aktionsprogramms 1974 hervor (ABl. 1975 L 199, 32). Mit ihr wollte der Rat darauf hinwirken, die wöchentliche Arbeitszeit in den Mitgliedstaaten bei vollem Entgeltausgleich auf 40 Stunden zu beschränken und den Jahresurlaub auf vier Wochen auszudehnen. Die **Entschließung des Rates v. 18.12.1979 über die Anpassung der Arbeitszeit** bettete Arbeitszeitfragen in einen größeren Zusammenhang ein (ABl. 1980 C 2, 1). Sie behandelte neben Teilen des Arbeitszeitrechts – Überstunden (Nr. 2), Schichtarbeit (Nr. 6) und dem jährlichen Arbeitsvolumen (Nr. 7) – ua auch flexible Altersgrenzen (Nr. 3), Teilzeitarbeit (Nr. 4) und sog. Zeitarbeit (Nr. 5), die später Gegenstände gesonderter Richtlinien wurden (zu der politischen Ausgangslage dieser Entschließung und der Folgeentwicklung Preis/Sagan/*Ulber* § 6 Rn. 8 ff.). Ersten Richtliniencharakter sollte das allg. Arbeitszeitrecht aufgrund des **Entwurfs der Kommission für eine Empfehlung zur Verkürzung und Neugestaltung der Arbeitszeit** im Jahr 1983 gewinnen (ABl. 1983 C 290, 4). Der Anlauf scheiterte am Veto des Vereinigten Königreichs.

2. Gesundheitsschutz. a) RL 93/104/EG. Erst 1993 konnte die erste allg. Arbeitszeitrichtlinie, die **RL 93/104/EG des Rates v. 23.11.1993 über bestimmte Aspekte der Arbeitszeitgestaltung** (ABl. 1993 L 307, 18) erlassen werden. Die Kodifikation wurde nur möglich durch einen Wechsel in der Zielsetzung, eine Abkehr von der Beschäftigungspolitik zugunsten einer Hinwendung zu **Arbeitssicherheit** und **Gesundheitsschutz**. Der durch die Einheitliche Europäische Akte eingefügte **Art. 118a EWGV** erlaubte nun **qualifizierte Mehrheitsentscheidungen** im Politikfeld des Gesundheitsschutzes. Auf dieser Grundlage konnte die Enthaltung des Vereinigten Königreichs überwunden werden, das im Arbeitszeitrecht keine gesetzliche, sondern eine kollektivrechtliche Rechtstradition kennt. Großbritannien scheiterte weitgehend mit dem Versuch, die **Kompetenzgrundlage** der ersten Arbeitszeitrichtlinie durch eine Nichtigkeitsklage wegen Kompetenzüberschreitung zu Fall zu bringen (EuGH 12.11.1996 – C-84/94 Rn. 10 ff. – Vereinigtes Königreich/Rat, NZA 1997, 23). Der Gerichtshof legte Art. 118a EGV-Maastricht weit aus (= später Art. 137 EGV-Amsterdam = heute Art. 153 AEUV; auch → Rn. 22). Er hielt lediglich das **Verbot der Sonntagsarbeit** für nicht von der Kompetenzgrundlage des Art. 118a EGV-Maastricht gedeckt. Der Sonntag steht als wöchentlicher Ruhetag aus Sicht des EuGH nicht in engerem Zusammenhang mit der Gesundheit und Sicherheit der Arbeitnehmer als ein anderer Wochentag (EuGH 12.11.1996 – C-84/94 Rn. 37 – Vereinigtes Königreich/Rat, NZA 1997, 23). Die erste Arbeitszeitrichtlinie 93/104/EG enthielt ua ein Opt-out für die Mitgliedstaaten selbst – also für den parlamentarischen Gesetzgeber, nicht auch für die Tarifvertragsparteien – und Bereichsausnahmen für den Verkehrs- und Fischereisektor sowie für Ärzte in der Ausbildung.

b) RL 2000/34/EG. Die ursprüngliche Arbeitszeitrichtlinie 93/104/EG wurde durch die **RL 2000/34/EG des Europäischen Parlaments und des Rates v. 22.6.2000 zur Änderung der RL 93/104/EG** geändert (ABl. 2000 L 195, 41). Die Ausnahmen in

Art. 1 III für den Straßen-, Luft-, See- und Schienenverkehr, die Binnenschifffahrt, die Seeschifferei, andere Tätigkeiten auf See und Ärzte in der Ausbildung wurden nach Art. 1 III UAbs. 1 der Änderungsrichtlinie gestrichen. **Seeleute** iSd Definition in § 1 Nr. 1 des Anhangs der RL 1999/63/EG blieben jedoch nach Art. 1 III UAbs. 2 der RL 2000/34/EG vom Geltungsbereich der Arbeitszeitrichtlinie ausgenommen. Für sie gilt die RL 1999/63/EG (Richtlinie des Rates v. 21.6.1999 zu der vom Verband der Reeder in der Europäischen Gemeinschaft (European Community Shipowners' Association ECSA) und dem Verband der Verkehrsgewerkschaften in der Europäischen Union (Federation of Transport Workers' Unions in the European Union FST) getroffenen Vereinbarung über die Regelung der Arbeitszeit von Seeleuten, ABl. 1999 L 167, 33). In Art. 2 wurden nachträglich Definitionen der Begriffe des „mobilen Arbeitnehmers", der „Tätigkeiten auf Offshore-Anlagen" und der „ausreichenden Ruhezeiten" aufgenommen.

8   c) **RL 2003/88/EG.** Mit der geltenden RL 2003/88/EG wurde die RL 93/104/EG idF der Änderungsrichtlinie 2000/34/EG aufgehoben (Art. 27 I, Anhang I Teil A). Die RL 2003/88/EG sollte vor allem den **Richtlinientext konsolidieren, ihn übersichtlicher und klarer fassen** (Erwägungsgrund 1; *Ulber* ZTR 2005, 70 [82]; *Wahlers* ZTR 2005, 515). Das war erforderlich, weil es sich bei der RL 2000/34/EG um eine reine Änderungsrichtlinie handelte, die parallel zur Ausgangsrichtlinie 93/104/EG gelesen werden musste. Anhang II der jetzigen Arbeitszeitrichtlinie enthält eine **Entsprechungstabelle**, die es erleichtert, mit den verschiedenen Richtlinienfassungen umzugehen und sie in der Rechtsprechung des EuGH nachzuvollziehen. Bezugnahmen auf die aufgehobene RL 93/104/EG idF der Änderungsrichtlinie 2000/34/EG gelten nach Art. 27 II als Bezugnahmen auf diese Richtlinie und sind nach der Entsprechungstabelle in Anhang II zu lesen.

9   Der **Bereitschaftsdienst** vor allem von Ärzten, den der EuGH auch in seinen inaktiven Teilen als Arbeitszeit eingeordnet hatte (EuGH 9.9.2003 – C-151/02 Rn. 44 ff. – *Jaeger*, NZA 2003, 1019; 3.10.2000 – C-303/98 Rn. 46 ff. – *Simap*, NZA 2000, 1227), blieb in der aktuellen RL 2003/88/EG aufgrund der Uneinigkeit der Mitgliedstaaten ungeregelt (*Riesenhuber* § 14 Rn. 7; → Rn. 11 ff.).

10 d) **Auslegung der verschiedenen Richtlinienfassungen.** Mit Blick auf die bisherigen drei unterschiedlichen Fassungen der Arbeitszeitrichtlinie stellt sich die Frage, welche Fassung anzuwenden ist, wenn über einen Sachverhalt zu entscheiden ist, der in die **Geltungszeiträume mehrerer Richtlinienfassungen** fällt. Sie ist nach der Rechtsprechung des EuGH dahin zu beantworten, dass auf die im Einzelfall geltende jüngste Richtlinienfassung abzustellen ist, wenn die im maßgeblichen Zeitraum anzuwendenden Bestimmungen der jeweiligen Arbeitszeitrichtlinien in ihrem Wortlaut im Wesentlichen übereinstimmen (EuGH 25.11.2010 – C-429/09 Rn. 32 – Fuß II, NZA 2011, 53).

11 **3. Reformbemühungen im allgemeinen Arbeitszeitrecht.** Die vielfältigen seit 2003 unternommenen Anstrengungen zur Reform der allg. Arbeitszeitrichtlinie sind derzeit an **unüberbrückbaren Interessengegensätzen** von Kommission, Parlament und Rat gescheitert.

12 Unmittelbar nach Verabschiedung der aktuell geltenden RL 2003/88/EG kam 2003 ein neues Reformvorhaben in Gang. Die Kommission unterbreitete nach Konsultationen seit dem Jahr 2003 den Vorschlag für eine Richtlinie des Europäischen Parlaments und des Rates zur Änderung der RL 2003/88/EG über bestimmte Aspekte der Arbeitszeitgestaltung v. 22.9.2004 (KOM [2004] 607 endg.; dazu *Lörcher* EuroAS 2005, 16; *Riesenhuber* § 14 Rn. 8; Preis/Sagan/*Ulber* § 6 Rn. 340 f.; *Ulber* ZTR 2005, 70 [82]; *Wahlers* ZTR 2005, 515 [521]). Auslöser waren die Entscheidungen des EuGH in den Sachen *Jaeger* und *Simap*, in denen der Gerichtshof die inaktiven Zeiten des Bereitschaftsdienstes von Ärzten als Arbeitszeit und nicht als Ruhezeit iSd Arbeitszeitrichtlinie eingeordnet hatte (EuGH 9.9.2003 – C-151/02 Rn. 44 ff. – *Jaeger*, NZA 2003, 1019; 3.10.2000 – C-303/98 Rn. 46 ff. – *Simap*, NZA 2000, 1227; → Rn. 9). Die Bundesrepublik Deutschland nahm

aufgrund dessen Mehrkosten von 1,75 Mrd. EUR im Krankenhaussektor an. Neben dem **Arbeitszeitbegriff** stand das **Opt-out des Art. 22** zur Diskussion. Hinzu kamen eine angestrebte Verlängerung des **Bezugszeitraums für die Höchstarbeitszeit** und das Anliegen, **Familie und Beruf** besser vereinbaren zu können (*Buschmann*, FS Düwell, 2011, 24 [50 ff.]).

Der erste Vorschlag der Kommission mündete nach Stellungnahme des Europäischen 13 Parlaments in eine **Änderungsinitiative der Kommission** v. 31.5.2005 (Geänderter Vorschlag für eine Richtlinie des Europäischen Parlaments und des Rates zur Änderung der RL 2003/88/EG über bestimmte Aspekte der Arbeitszeitgestaltung, KOM [2005] 246 endg.; dazu *Anzinger*, FS Wißmann, 2005, 14; *Schliemann* NZA 2006, 1009 [1012]; *Thüsing* EuZA 2008, 159 [163 f.]). Das Parlament hatte sich für eine weniger einschneidende Änderung des Arbeitszeitbegriffs und eine stärkere Einschränkung des Opt-outs als die Kommission ausgesprochen. Beratungen im Rat über den geänderten Kommissionsvorschlag scheiterten. Über die Fragen des Bereitschaftsdienstes konnte Einvernehmen erzielt werden, während die Verhandlungen über das Opt-out wegen des Widerstands der Bundesrepublik Deutschland und des Vereinigten Königreichs ergebnislos blieben (*Schliemann* NZA 2006, 1009 [1013]). Währenddessen nutzten nach Angaben der Kommission immer mehr Mitgliedstaaten das Opt-out.

In einem **Gemeinsamen Standpunkt Nr. 23/2008**, festgelegt am 15.9.2008 14 (ABl. 2008 C 254 E, 26 f.), änderte der Rat den zweiten Kommissionsentwurf und machte die von der Kommission angenommenen Änderungen des Parlaments rückgängig. Das Parlament lehnte den geänderten Vorschlag – insbesondere die **unbeschränkte Fortdauer des Opt-outs** nach Art. 22 der Arbeitszeitrichtlinie über drei Jahre hinaus – ab (ABl. 2010 C 45 E, 141). Ein vermittelnder Vorschlag der Kommission blieb erfolglos (Stellungnahme der Kommission v. 4.2.2009 gem. Art. 251 II UAbs. 3 lit. c EGV, KOM [2009] 57 endg.). Die Kommission akzeptierte damit ua, dass die **inaktiven Zeiten des Bereitschaftsdienstes** bei der Berechnung der Ruhezeiten nicht berücksichtigt und als Arbeitszeit angesehen, bei der Berechnung der Arbeitszeit aber besonders gewichtet werden sollten. Die Kommission hielt es wegen des Widerstands einzelner Mitgliedstaaten für aussichtslos, das Opt-out mit einem verbindlichen Endzeitpunkt zu streichen. Parlament und Rat konnten sich in der Folge vor allem in der Frage eines Endes des Opt-outs nicht einigen.

Die Kommission unternahm am 24.3.2010 mit der ersten Phase einer **Anhörung der** 15 **Sozialpartner** auf europäischer Ebene nach Art. 154 AEUV einen neuen Novellierungsanlauf (KOM [2010] 106 endg.). Dem schloss sich die **zweite Anhörungsphase** durch Mitteilung der Kommission v. 21.12.2010 an (KOM [2010] 801 endg.). Daneben legte die Kommission am 21.12.2010 einen Bericht über die Durchführung der Arbeitszeitrichtlinie in den Mitgliedstaaten mit einer detaillierten Analyse der jeweiligen Umsetzung vor (KOM [2010] 802 endg.). Sie identifizierte verschiedene **Problemfelder:** die Bestimmung des Begriffs der **Arbeitszeit** einschließlich der „**Bereitschaftsdienstzeit**" und der **gleichwertigen Ausgleichsruhezeiten**, die Regelungen für **Arbeitnehmer mit mehreren Arbeitsverhältnissen** und für **bestimmte Arbeitnehmergruppen**, die **Überwachung des Opt-outs** in den Mitgliedstaaten, die davon Gebrauch machten. Auch die weitere Überarbeitungsinitiative scheiterte nach längeren Verhandlungen der Sozialpartner am 14.12.2012 (*Schubert/Jerchel* EuZW 2012, 926; s. auch AuR 2013, 45). Ein weiterer Versuch ist im Augenblick wegen der aufgetretenen politischen Interessengegensätze nicht zu erwarten.

II. Spezielles Arbeitszeitrecht der Europäischen Union

Neben der allg. Arbeitszeitrichtlinie gibt es **verschiedene Spezialregelungen**, die dem 16 allg. Arbeitszeitrichtlinienrecht nach **Art. 14** (teilweise) vorgehen (zum System auch → Art. 14 Rn. 1). Während einzelne Regelungen der allg. Arbeitszeitrichtlinie durch speziellere Bestimmungen verdrängt sein können, bleibt die RL 2003/88/EG im Übrigen

580 RL 2003/88/EG Art. 1 Gegenstand und Anwendungsbereich

subsidiär anwendbar. Erwägungsgrund 14 der Arbeitszeitrichtlinie unterstreicht die mögliche Spezialität anderer Regelungen. Danach sollen die spezifischen Vorschriften anderer gemeinschaftsrechtlicher (heute: unionsrechtlicher) Rechtsakte über zB Ruhezeiten, Arbeitszeit, Jahresurlaub und Nachtarbeit bestimmter Gruppen von Arbeitnehmern Vorrang vor den Bestimmungen der RL 2003/88/EG haben. Art. 1 III UAbs. 2, Art. 20 I UAbs. 1 und Art. 21 I UAbs. 1 wählen andere Wege. Nach Art. 1 III UAbs. 2 sind **Seeleute** vollständig von ihrem Anwendungsbereich ausgenommen (→ Art. 1 Rn. 40–42). **Mobile Arbeitnehmer** iSv Art. 2 Nr. 7 und **Arbeitnehmer an Bord von seegehenden Fischereifahrzeugen, die unter der Flagge eines Mitgliedstaats fahren**, sind nach Art. 20 I UAbs. 1 und Art. 21 I UAbs. 1 von zentralen Bestimmungen der Arbeitszeitrichtlinie ausgenommen (→ Rn. 17, 43 f.; Art. 2 Rn. 19).

17 **1. Straßenverkehr.** Besonders wichtige Sondervorschriften sind die Regelungen für den **Straßenverkehr**, vor allem die Lenkzeitregelungen für Lkw-Fahrer und andere Fahrtätigkeiten im Bereich des Straßentransports. Diese Arbeitnehmer sind nach Art. 20 I UAbs. 1 von Art. 3, 4, 5 und 8 ausgenommen (→ Art. 20 Rn. 2 ff.).

18 **2. Mutterschutzrichtlinie und Jugendarbeitsschutzrichtlinie.** Besondere Arbeitszeitbestimmungen iSv Art. 14 der Arbeitszeitrichtlinie finden sich in Art. 7 der **Mutterschutzrichtlinie** (RL 92/85/EWG des Rates v. 19.10.1992 über die Durchführung von Maßnahmen zur Verbesserung der Sicherheit und des Gesundheitsschutzes von schwangeren Arbeitnehmerinnen, Wöchnerinnen und stillenden Arbeitnehmerinnen am Arbeitsplatz, ABl. 1992 L 348, 1, idF von Art. 3 Nr. 11 ÄndRL 2007/30/EG v. 27.6.2007, ABl. 2007 L 165, 21; → vgl. Art. 14 Rn. 2 und die Kommentierung zu Art. 7 RL 92/85/EWG) und Art. 8–13 der **Jugendarbeitsschutzrichtlinie** (RL 94/33/EG des Rates v. 22.6.1994 über den Jugendarbeitsschutz, ABl. 1994 L 216, 12, idF von Art. 3 Nr. 15 der ÄndRL 2007/30/EG v. 20.6.2007, ABl. 2007 L 165, 21; → s. Art. 14 Rn. 3 und die Kommentierung zu Art. 8–13 RL 94/33/EG).

III. Verhältnis der Arbeitszeitrichtlinie und der Arbeitsschutzrahmenrichtlinie

19 Die Arbeitszeitrichtlinie 2003/88/EG ist nicht Einzelrichtlinie iSv Art. 16 iVm dem Anhang der **Arbeitsschutzrahmenrichtlinie 89/391/EWG,** weil die Arbeitszeit im Anhang der Arbeitsschutzrahmenrichtlinie nicht genannt ist. Die **Schutzzwecke** beider Richtlinien sind aber verwandt. Ziel der Arbeitsschutzrahmenrichtlinie ist nach ihrem Art. 1 I die Durchführung von Maßnahmen zur Verbesserung der Sicherheit und des Gesundheitsschutzes der Arbeitnehmer am Arbeitsplatz. Die Arbeitszeitrichtlinie enthält Mindestvorschriften für Sicherheit und Gesundheitsschutz bei der Arbeitszeitgestaltung, wie in ihrem Art. 1 I bestimmt ist. Die Schutzzwecke beider Richtlinien ergänzen sich, wie **Erwägungsgrund 3** der Arbeitszeitrichtlinie zeigt.

C. Primärrechtliche und völkerrechtliche Rechtsquellen des sekundären Arbeitszeitrechts der Europäischen Union

20 Das Sekundärrecht der allg. Arbeitszeitrichtlinie und der speziellen Arbeitszeitregelungen in Richtlinien für besondere Arbeitnehmergruppen stützt sich in seinen Grundlagen auf das **Primärrecht der Europäischen Union.** Das Arbeitszeitrecht der Union hat sich zT aus **völkerrechtlichen Konventionsnormen** entwickelt. Sowohl die primärrechtlichen Grundlagen des supranationalen Unionsrechts als auch das internationale Völkerrecht sind bei der Auslegung des unionalen Sekundärrechts heranzuziehen, wie die Rechtsprechung des EuGH und die Schlussanträge der Generalanwälte belegen (vgl. nur EuGH 22.11.2011 – C-214/10 Rn. 31, 37 und 41 – KHS, NZA 2011, 1333, wo Art. 31 II GRC und Art. 9 I

IAO-Übk. Nr. 132 v. 24.6.1970 herangezogen werden; s. auch die Schlussanträge von Generalanwalt *Saggio* v. 16.12.1999 zu EuGH 3.10.2000 – C-303/98 – Simap, NZA 2000, 1227, die in Rn. 27 und 34 Art. 118a EGV-Maastricht und Art. 2 des IAO-Übk. v. 28.8.1930 über die Arbeitszeit (Handel und Büros) behandeln, Slg. 2000, I-7963; in der Analyse ebenso *Buschmann*, FS Etzel, 2011, 103 [105]; Preis/Sagan/*Ulber* § 6 Rn. 31).

I. Primärrecht der Europäischen Union

1. AEUV. Für das Arbeitszeitrecht sind vor allem Art. 153 II 1 lit. b iVm I lit. a und b sowie Art. 151 AEUV von Bedeutung. 21

a) Kompetenzgrundlage: Art. 153 II 1 lit. b iVm I lit. a und b AEUV. Kompetenzgrundlage der Arbeitszeitrichtlinie ist mittlerweile Art. 153 II 1 lit. b iVm I lit. a und b AEUV. Bei Erlass der ursprünglichen Arbeitszeitrichtlinie 93/104/EG galt noch Art. 118a EGV-Maastricht, bei Erlass der RL 2003/88/EG Art. 137 EGV-Amsterdam (→ Rn. 6). Art. 153 II 1 lit. b iVm I lit. a und b AEUV ermächtigt den Rat und das Parlament, durch Richtlinien unter Berücksichtigung der in den einzelnen Mitgliedstaaten bestehenden Bedingungen und technischen Regelungen Mindestvorschriften zu erlassen, die schrittweise anzuwenden sind, um die Verbesserung insbesondere der Arbeitsumwelt durch die Harmonisierung der in diesem Bereich bestehenden Bedingungen bei gleichzeitigem Fortschritt mit dem Ziel zu fördern, die Sicherheit und die Gesundheit der Arbeitnehmer zu schützen sowie die Arbeitsbedingungen zu gestalten (vgl. noch zu Art. 118a II iVm I EGV-Maastricht EuGH 12.11.1996 – C-84/94 Rn. 14 – Vereinigtes Königreich/Rat, NZA 1997, 23; → Rn. 6). 22

Im Wortlaut des Art. 153 AEUV finden sich keine Anhaltspunkte dafür, die Begriffe der Arbeitsumwelt, der Sicherheit und der Gesundheit iSv Art. 153 I lit. a AEUV müssten eng ausgelegt werden. Sie sind vielmehr so zu verstehen, dass sie alle körperlichen und sonstigen Faktoren, die die Gesundheit und die Sicherheit der Arbeitnehmer in ihrem Arbeitsumfeld unmittelbar oder mittelbar berühren, vor allem bestimmte Aspekte der Arbeitszeitgestaltung, erfassen. Der Satzteil „insbesondere der Arbeitsumwelt" spricht für eine **weite Auslegung** der Rat und Parlament in Art. 153 AEUV zum Schutz der Sicherheit und der Gesundheit der Arbeitnehmer übertragenen Zuständigkeit. Die weite Auslegung der Begriffe der Sicherheit und Gesundheit stützt sich zudem auf die Präambel der Satzung der **Weltgesundheitsorganisation,** der sämtliche Mitgliedstaaten angehören. Dort ist die Gesundheit als Zustand des vollständigen körperlichen, geistigen und sozialen Wohlbefindens und nicht nur als das Freisein von Krankheiten und Gebrechen definiert (EuGH 19.9.2013 – C-579/12 RX-II Rn. 44 – Strack, EAS Teil C RL 2003/88/EG Art. 7 Nr. 9; noch zu Art. 118a II iVm I EGV-Maastricht EuGH 12.11.1996 – C-84/94 Rn. 15 – Vereinigtes Königreich/Rat, NZA 1997, 23; s. auch EuGH 9.9.2003 – C-151/02 Rn. 93 – Jaeger, NZA 2003, 1019). Die Arbeitszeitrichtlinie verletzt auch nicht den **Verhältnismäßigkeitsgrundsatz.** Ob eine Maßnahme dem Gesundheitsschutz dient, ist von dem oder den Richtliniengeber(n) zu beurteilen und braucht nicht wissenschaftlich abgesichert zu werden (EuGH 12.11.1996 – C-84/94 Rn. 39, 50 ff. – Vereinigtes Königreich/Rat, NZA 1997, 23). Das Ziel des Gesundheitsschutzes wird nicht beeinträchtigt, wenn die Arbeitszeitrichtlinie auch **beschäftigungspolitische Auswirkungen** hat (EuGH 12.11.1996 – C-84/94 Rn. 30 – Vereinigtes Königreich/Rat, NZA 1997, 23). 23

b) Sozialpolitik: Art. 151 I AEUV. Nach Art. 151 I AEUV (= Art. 136 I EGV-Amsterdam) verfolgen die Europäische Union und die Mitgliedstaaten ua das Ziel, die Lebens- und Arbeitsbedingungen zu verbessern. Dafür bezieht sich die Bestimmung auf die sozialen Grundrechte, wie sie in der am 18.10.1961 in Turin unterzeichneten **Europäischen Sozialcharta (des Europarats)** und der **Gemeinschaftscharta der sozialen Grundrechte der Arbeitnehmer** festgelegt sind. Die Gemeinschaftscharta wurde am 9.12.1989 in Straßburg von elf der damaligen zwölf Mitgliedstaaten – ohne das Vereinigte Königreich 24

– verabschiedet. Die Zielbestimmung in Art. 151 I AEUV ist mit ihren Bezugnahmen auf die ESC und die Gemeinschaftscharta der sozialen Grundrechte der Arbeitnehmer bei der Auslegung der Arbeitszeitrichtlinie heranzuziehen (EuGH 9.9.2003 – C-151/02 Rn. 47 – Jaeger, NZA 2003, 1019; Hahn/Pfeiffer/Schubert/*Schubert* Arbeitszeitrecht, Einl. Rn. 39 f.; noch zu Art. 136 EGV-Amsterdam außerhalb des Anwendungsbereichs der Arbeitszeitrichtlinie EuGH 20.9.2007 – C-116/06 Rn. 48 – Kiiski, NZA 2007, 1274; s. zu § 118a EGV-Amsterdam auch EuGH 1.12.2005 – C-14/04 Rn. 40 f. – Dellas, NZA 2006, 89; *Krebber* RdA 2009, 224 [226 f.] mwN). Die Erwägungsgründe der ursprünglichen Arbeitszeitrichtlinie 93/104/EG zitierten Teile der Gemeinschaftscharta ausdrücklich.

25   **2. Art. 31 II und Art. 51 GRC.** **a) Primärrecht.** Nach Art. 31 II GRC hat jede Arbeitnehmerin und jeder Arbeitnehmer das Recht auf eine Begrenzung der Höchstarbeitszeit, auf tägliche und wöchentliche Ruhezeiten sowie auf bezahlten Jahresurlaub. Zu Art. 31 II Grundrechtecharta hat sich der EuGH bisher vor allem iRv Art. 7 der Arbeitszeitrichtlinie geäußert. Er hebt in st. Rspr. hervor, dass jeder Arbeitnehmer aus Art. 31 II GRC das Recht auf bezahlten Urlaub hat (EuGH 12.2.2015 – C-396/13 Rn. 64 – Sähköalojen ammattiliitto, NZA 2015, 345) oder dieses Recht zumindest in Art. 31 II GRC ausdrücklich verankert ist, dem in Art. 6 I UAbs. 1 EUV derselbe Rang wie in den Verträgen – also die unmittelbare Wirkung des Primärrechts – zuerkannt wird (zB EuGH 22.5.2014 – C-539/12 Rn. 14 – Lock, NZA 2014, 593; 21.2.2013 – C-194/12 Rn. 17 mwN – Maestre García, NZA 2013, 369).

26   **b) Charakter des Rechts aus Art. 31 II GRC.** In der Rechtsprechung des EuGH und in der Literatur ist bisher nicht abschließend geklärt, ob das Recht aus Art. 31 II GRC den Gewährleistungsgehalt der in der Arbeitszeitrichtlinie verbürgten Rechte **übersteigt.** Das Recht aus Art. 31 II GRC wurde unter Geltung der Arbeitszeitrichtlinie ausgeformt. Das heißt jedoch nicht, dass es nicht seinerseits die erst später kodifizierte primärrechtliche „Wurzel" (oder auch der „Anker") der in der Arbeitszeitrichtlinie gewährleisteten sekundärrechtlichen Ansprüche als „Blüten" ist. Die Bezeichnung als Recht in Art. 31 II GRC und die Betonung des primärrechtlichen Charakters durch den EuGH deuten jedenfalls darauf hin, dass der Bestimmung **grundrechtlicher Gehalt** zukommt und sie kein bloßer Grundsatz des Unionsrechts iSv Art. 52 V GRC ist (im Ergebnis ebenso *Buschmann*, FS Düwell, 2011, 24 [38]; Preis/Sagan/*Ulber* § 6 Rn. 38). Dafür spricht zB die klare Unterscheidung in Art. 51 I 2 GRC. Danach achten die Mitgliedstaaten die Rechte und halten sich an die Grundsätze der Charta. Die GRC ist bei der Auslegung und Anwendung des Arbeitszeitrechts der Union jedenfalls zu beachten. Dagegen sprechen weder Art. 51 II noch Art. 51 I GRC.

27   **aa) Art. 51 II GRC.** Art. 51 II GRC bestimmt, dass die Charta den Geltungsbereich des Unionsrechts nicht über die Zuständigkeiten der Union hinaus ausdehnt. Sie begründet weder neue Zuständigkeiten noch neue Aufgaben für die Union, noch ändert sie die in den Verträgen festgelegten Zuständigkeiten und Aufgaben. Die Kompetenzen der Union sind jedoch nicht überschritten. Die von der Arbeitszeitrichtlinie verbürgten Rechte sind vielmehr von der **Kompetenz der Union** aus Art. 153 II 1 lit. b iVm I lit. a und b AEUV gedeckt (→ Rn. 6; noch zu Art. 118a EGV-Maastricht EuGH 12.11.1996 – C-84/94 Rn. 10 ff. – Vereinigtes Königreich/Rat, NZA 1997, 23).

28   **bb) Art. 51 I 1 und 2 GRC.** Nach Art. 51 I 1 GRC gilt die Charta für die Organe, Einrichtungen und sonstigen Stellen der Union unter Wahrung des Subsidiaritätsprinzips und für die Mitgliedstaaten ausschließlich bei der Durchführung des Rechts der Union. Aus der Beschränkung der Geltung der Charta für die Mitgliedstaaten auf die **Rechtsdurchführung** lässt sich nicht ableiten, Art. 31 II GRC komme kein primärrechtlicher Charakter zu. Der EuGH hat vielmehr wiederholt die **primärrechtliche Verankerung** des Urlaubsrechts betont (näher → Rn. 21 ff.; s. auch EuGH 22.11.2011 – C-214/10 Rn. 37 – KHS, NZA 2011, 1333; 15.9.2011 – C-155/10 Rn. 18 – Williams, NZA 2011, 1167). Der bei der Durchführung des Unionsrechts nach Art. 51 I 1 GRC erforderliche unionsrechtliche

Bezug ergibt sich aus den in der Arbeitszeitrichtlinie unionsrechtlich geregelten Fallgestaltungen des Arbeitszeitrechts im weiteren Sinn, den täglichen und wöchentlichen Ruhezeiten der Art. 3 und 5, der wöchentlichen Höchstarbeitszeit in Art. 6 sowie dem Recht auf bezahlten Jahresurlaub in Art. 7 I, die durch Art. 31 II GRC über Art. 6 I UAbs. 1 EUV primärrechtlich verankert sind (allg. zum unionsrechtlichen Bezug EuGH 26.2.2013 – C-617/10 Rn. 19 – Åkerberg Fransson, NJW 2013, 1415; einschränkend dazu BVerfG 24.4.2013 Rn. 88 ff. – Antiterrordatei; zur primärrechtlichen Verankerung des Urlaubsanspruchs → GRC Art. 31 Rn. 15; Art. 7 Rn. 1 f.). Art. 51 I 2 GRC stellt seinerseits klar, dass die Mitgliedstaaten an die GRC gebunden sind, wenn sie Richtlinienrecht umsetzen, das in die Kompetenz der Union fällt (zu dieser Pflicht etwa EuGH 29.1.2008 – C-275/06 Rn. 68 – Promusicae, NJW 2008, 743).

II. Völkerrecht

1. Übereinkommen der Internationalen Arbeitsorganisation. Erwägungsgrund 6 **29** hält ausdrücklich fest, dass hinsichtlich der Arbeitszeitgestaltung den (sehr viel älteren) Grundsätzen der Internationalen Arbeitsorganisation Rechnung zu tragen ist; dies betrifft auch die für Nachtarbeit geltenden Grundsätze. Die IAO-Grundsätze sind daher bei der Auslegung der Arbeitszeitrichtlinie zu berücksichtigen (bspw. EuGH 22.11.2011 – C-214/10 Rn. 41 – KHS, NZA 2011, 1333; 20.1.2009 – C-350/06 und C-520/06 Rn. 37 f. – Schultz-Hoff, NZA 2009, 135), obwohl sie zu einem großen Teil nicht von allen Mitgliedstaaten ratifiziert worden sind und teilweise ein **höheres Schutzniveau** als die Arbeitszeitrichtlinie aufweisen (*Buschmann*, FS Etzel, 2011, 103 [107 f.]; *Buschmann*, FS Düwell, 2011, 24 [40]). Die Arbeitszeitgestaltung ist Gegenstand zahlreicher Übereinkommen der Internationalen Arbeitsorganisation. Zu nennen sind vor allem das IAO-Übk. Nr. 1 über die Arbeitszeit (Gewerbe) von 1919, das die Arbeitszeit in gewerblichen Betrieben auf acht Stunden täglich und 48 Stunden wöchentlich begrenzt, das IAO-Übk. Nr. 14 über den wöchentlichen Ruhetag (Gewerbe) von 1921 (in Kraft getreten am 19.6.1923), das IAO-Übk. Nr. 30 über die Arbeitszeit (Handel und Büros) von 1930 (in Kraft getreten am 29.8.1933, Begriffsbestimmung der Arbeitszeit in Art. 2), das IAO-Übk. Nr. 47 über die Vierzigstundenwoche von 1935 (in Kraft getreten am 23.6.1957) und das IAO-Übk. Nr. 171 über Nachtarbeit von 1990 (in Kraft getreten am 4.1.1995; vgl. die Übersicht von Preis/Sagan/*Ulber* § 6 Rn. 33 ff. mwN; zu der Be- und Entgrenzung der Arbeitszeit im Völkerrecht und im österreichischen Recht *Risak* DRdA 2015, 9).

2. Präambel der Satzung der Weltgesundheitsorganisation. Der Begriff der Ge- **30** sundheit der Arbeitszeitrichtlinie ist anhand der Präambel der Satzung der **Weltgesundheitsorganisation** weit auszulegen (EuGH 19.9.2013 – C-579/12 RX-II Rn. 44 – Strack, EAS Teil C RL 2003/88/EG Art. 7 Nr. 9; → im Einzelnen Rn. 23).

3. Allgemeine Erklärung der Menschenrechte. Art. 24 der Allgemeinen Erklärung **31** der Menschenrechte sieht vor, dass jeder Mensch das **Recht auf Erholung und Freizeit und eine vernünftige Begrenzung der Arbeitszeit** hat. Die Allgemeine Erklärung der Menschenrechte (A/RES/217, UN-Doc. 217/A-[III]) wurde am 10.12.1948 von der Generalversammlung der Vereinten Nationen in Paris verkündet. In der Arbeitszeitrechtsprechung des EuGH spielt sie bislang keine Rolle. Das könnte daran liegen, dass die Allgemeine Erklärung der Menschenrechte **keine verbindliche Rechtsquelle des Völkerrechts** ist. Die Erklärung ist **kein Vertrag.** Auch ihr Status als Resolution durch ihre Einführung mit der Resolution 217 A-(III) der UN-Vollversammlung verleiht ihr keine verbindliche Wirkung. Nach der Charta der Vereinten Nationen kommt nur **Resolutionen des Sicherheitsrats** bindende Wirkung zu. Eine entsprechende Regelung für Resolutionen der Vollversammlung fehlt. Allerdings entfalten Teile der Erklärung dennoch mittelbar völkerrechtlich verbindliche Wirkung. Viele Bestimmungen der Allgemeinen Erklärung der Menschenrechte haben sich in den beiden internationalen Pakten über bürgerliche und politische Rechte („Zivilpakt") sowie über wirtschaftliche, soziale und kulturelle Rechte („Sozialpakt") der Generalversammlung der Vereinten Nationen niedergeschlagen. Beide Abkommen wurden ua von der Bundesrepublik Deutschland ratifiziert. Sie wurden 1966 geschlossen und traten 1976 – drei Monate nach Hinterlegung der 35. Ratifikations- oder Beitrittsurkunde – in Kraft. Die Pakte sind völkerrechtlich bindende multilaterale Verträge. **Rechte auf Arbeitspausen und regelmäßigen bezahlten Urlaub** finden sich in **Art. 7d des Sozialpakts**. Zudem können sich Bestimmungen der Allgemeinen Erklärung der Menschenrechte zu bindendem Völkergewohnheitsrecht entwickeln.

D. Anwendungsbereich der Arbeitszeitrichtlinie

I. Sachlicher Anwendungsbereich, Art. 1 III

32 **1. Grundsatz.** Die Arbeitszeitrichtlinie gilt nach ihrem Art. 1 III UAbs. 1 grds. für alle privaten oder öffentlichen Tätigkeitsbereiche iSd **Art. 2 I der Arbeitsschutzrahmenrichtlinie**, der RL 89/391/EWG. In Art. 2 I der Arbeitsschutzrahmenrichtlinie sind nicht abschließend aufgezählt gewerbliche, landwirtschaftliche, kaufmännische, verwaltungsmäßige sowie dienstleistungs- oder ausbildungsbezogene, kulturelle Tätigkeiten und Freizeittätigkeiten usw. Bevor geprüft wird, ob eine Tätigkeit in den Anwendungsbereich der Arbeitszeitrichtlinie fällt, ist zu untersuchen, ob sie dem Anwendungsbereich der Arbeitsschutzrahmenrichtlinie als **Grundrichtlinie** unterliegt (EuGH 14.7.2005 – C-52/04 Rn. 38 – Personalrat Feuerwehr Hamburg, NZA 2005, 921; 5.10.2004 – C-397/01 bis C-403/01 Rn. 48 – Pfeiffer, NZA 2004, 1145; 3.10.2000 – C-303/98 Rn. 30 f. – Simap, NZA 2000, 1227). Der Anwendungsbereich der Arbeitsschutzrahmenrichtlinie ist wegen ihres Ziels, die Sicherheit und den Gesundheitsschutz der Arbeitnehmer am Arbeitsplatz zu verbessern, und des Wortlauts ihres Art. 2 I **weit** zu verstehen (EuGH 7.4.2011 – C-519/09 Rn. 19 – May, Slg. 2011, I-2761; 14.10.2010 – C-428/09 Rn. 22 – Union syndicale Solidaires Isère, Slg. 2010, I-9961; 14.7.2005 – C-52/04 Rn. 42 – Personalrat Feuerwehr Hamburg, NZA 2005, 921; 5.10.2004 – C-397/01 bis C-403/01 Rn. 52 – Pfeiffer, NZA 2004, 1145). Auf diesen weiten Geltungsbereich der Arbeitsschutzrahmenrichtlinie verweist Art. 1 III UAbs. 1 der Arbeitszeitrichtlinie. Auch Art. 1 III selbst macht ihren weiten Anwendungsbereich in Wortlaut und Zusammenhang deutlich, weil sie für alle privaten und öffentlichen Tätigkeitsbereiche iSd Art. 2 der Arbeitsschutzrahmenrichtlinie mit Ausnahme einiger **ausdrücklich aufgezählter besonderer Bereiche** gilt (EuGH 14.10.2010 – C-428/09 Rn. 21 – Union syndicale Solidaires Isère, Slg. 2010, I-9961; 26.6.2001 – C-173/99 Rn. 45 – BECTU, NZA 2001, 827). Die Arbeitszeitrichtlinie legt fest, dass sie grds. auf alle privaten und öffentlichen Tätigkeitsbereiche anwendbar ist. Zugleich sieht sie in Art. 1 III UAbs. 1 vor, dass unter bestimmten Voraussetzungen von einzelnen Richtlinienbestimmungen abgewichen werden kann (EuGH 5.10.2004 – C-397/01 bis C-403/01 Rn. 62 – Pfeiffer, NZA 2004, 1145; 26.6.2001 – C-173/99 Rn. 45 – BECTU, NZA 2001, 827).

33 **2. Ausnahmen für den öffentlichen Dienst und für Katastrophenschutzdienste, Art. 1 III UAbs. 1. a) Enge Auslegung der Ausnahmen.** Ausgenommen von der sachlichen Geltung der Arbeitszeitrichtlinie sind nach ihrem Art. 1 III UAbs. 1 iVm Art. 2 II UAbs. 1 der Arbeitsschutzrahmenrichtlinie bestimmte spezifische Tätigkeiten im **öffentlichen Dienst,** zB bei den Streitkräften oder der Polizei, oder bestimmte spezifische Tätigkeiten bei den **Katastrophenschutzdiensten**, soweit der Anwendung der Arbeitszeitrichtlinie (und der Arbeitsschutzrahmenrichtlinie) die Besonderheiten dieser Tätigkeiten **zwingend** entgegenstehen. Die **Ausnahmen** für den öffentlichen Dienst und die Katastrophenschutzdienste in Art. 1 III UAbs. 1 iVm Art. 2 II UAbs. 1 RL 89/391/EWG sind wegen des weiten Anwendungsbereichs der Arbeitsschutzrahmenrichtlinie **eng auszulegen** (st. Rspr., EuGH 7.4.2011 – C-519/09 Rn. 19 – May, Slg. 2011, I-2761; 14.10.2010 – C-428/09 Rn. 24 – Union syndicale Solidaires Isère, Slg. 2010, I-9961; 14.7.2005 – C-52/04

Rn. 42 – Personalrat Feuerwehr Hamburg, NZA 2005, 921; 5.10.2004 – C-397/01 bis C-403/01 Rn. 52 – Pfeiffer, NZA 2004, 1145; 3.7.2001 – C-241/99 Rn. 29 – CIG, Slg. 2001, I-5139; 3.10.2000 – C-303/98 Rn. 34 f. – Simap, NZA 2000, 1227). Das gilt für alle Ausnahmen vom Anwendungsbereich der Arbeitszeitrichtlinie, auch für die in Art.14, 17–21 geregelten. Der Anwendungsbereich der Ausnahmen muss wegen des Schutzzwecks der Arbeitszeitrichtlinie auf das unbedingt Erforderliche beschränkt werden (EuGH 21.10.2010 – C-227/09 Rn. 58 – Accardo, NZA 2011, 215; 14.10.2010 – C-428/09 Rn. 40 – Union syndicale Solidaires Isère, Slg. 2010, I-9961; 9.9.2003 – C-151/02 Rn. 89 – Jaeger, NZA 2003, 1019; → Art. 17 Rn. 1).

b) Bestimmte spezifische Tätigkeiten. Hinzu kommt, dass Art. 2 II UAbs. 1 der **34** Arbeitsschutzrahmenrichtlinie nicht den öffentlichen Dienst oder die Katastrophenschutzdienste als solche vom Anwendungsbereich der Richtlinie ausnimmt, sondern nur „bestimmte spezifische Tätigkeiten" bei diesen Diensten, deren Besonderheiten der Anwendung der Normen der Richtlinie **zwingend entgegenstehen.** Ambulanz-, Feuerwehr- oder Katastrophenschutzdienste usw. fallen im Übrigen in den sachlichen Anwendungsbereich der Arbeitszeitrichtlinie. Das kann umgekehrt aus ihrem Art. 17 III lit. c iii geschlossen werden. Danach können ua Ambulanz-, Feuerwehr- oder Katastrophenschutzdienste von der Anwendung der Arbeitszeitrichtlinie ausgenommen werden. Die ausnahmsweise **vollständige** Ausnahme dieser Dienste vom sachlichen Anwendungsbereich der Arbeitszeitrichtlinie in ihrem Art. 17 III lit. c iii wäre sinnlos, wenn die Dienste der Arbeitszeitrichtlinie schon im Ausgangspunkt nicht unterfielen (EuGH 14.7.2005 – C-52/04 Rn. 60 – Personalrat Feuerwehr Hamburg, NZA 2005, 921; 5.10.2004 – C-397/01 bis C-403/01 Rn. 62 – Pfeiffer, NZA 2004, 1145). Die **spezifischen,** auf einzelne Tätigkeiten bezogenen Ausnahmen vom weit definierten Anwendungsbereich der Arbeitsschutzrahmenrichtlinie 89/391/EWG in ihrem Art. 2 II UAbs. 1 sind daher so auszulegen, dass sich ihre Tragweite auf das beschränkt, was zur Wahrung der Interessen, die sie den Mitgliedstaaten zu schützen erlaubt, **unbedingt erforderlich** ist (EuGH 5.10.2004 – C-397/01 bis C-403/01 Rn. 53 f. – Pfeiffer, NZA 2004, 1145). Die Tätigkeiten müssen für ein geordnetes Gemeinwesen unentbehrlich sein (EuGH 7.4.2011 – C-519/09 Rn. 19 – May, Slg. 2011, I-2761; 14.10.2010 – C-243/09 Rn. 44 – Fuß I, NZA 2010, 1344; 14.10.2010 – C-428/09 Rn. 24 – Union syndicale Solidaires Isère, Slg. 2010, I-9961).

c) Nicht mögliche Arbeitszeitplanung. Die Ausnahmen des Art. 2 II UAbs. 1 der **35** Arbeitsschutzrahmenrichtlinie dienen allein dem **Zweck** zu gewährleisten, dass die Dienste ordnungsgemäß funktionieren, die in Situationen von besonderer Schwere und besonderem Ausmaß, zB bei einer Katastrophe, für den Schutz der öffentlichen Sicherheit, Gesundheit und Ordnung **unerlässlich** sind. Ihre Tätigkeiten sind dadurch gekennzeichnet, dass eine **Arbeitszeitplanung** – im Katastrophenschutz: für die Einsatz- und Rettungsteams – **nicht möglich** ist (EuGH 14.7.2005 – C-52/04 Rn. 45 – Personalrat Feuerwehr Hamburg, NZA 2005, 921; 5.10.2004 – C-397/01 bis C-403/01 Rn. 55 f. – Pfeiffer, NZA 2004, 1145). Diese Dienste sind für den Schutz der öffentlichen Sicherheit, Gesundheit und Ordnung unerlässlich. Gemeint ist **Katastrophenschutzdienst im engen Sinn,** nicht die außerhalb von Katastrophen erforderliche Rettung Verletzter oder Kranker (EuGH 5.10.2004 – C-397/01 bis C-403/01 Rn. 55 f. – Pfeiffer, NZA 2004, 1145). Es muss sich um außergewöhnliche Umstände von **ganz erheblicher Schwere und erheblichem Ausmaß,** um schwerwiegende kollektive Gefahrensituationen handeln. Zu denken ist an Natur- oder Technologiekatastrophen, Attentate, schwere Unglücksfälle oder Ereignisse gleicher Art (EuGH 14.7.2005 – C-52/04 Rn. 53 f. – Personalrat Feuerwehr Hamburg, NZA 2005, 921). Auch wenn ein Dienst – etwa ein Rettungsdienst – Tätigkeiten in solchen Extremsituationen versehen und sich demnach auf sie vorbereiten muss, sind die damit unter gewöhnlichen Umständen verbundenen vor- oder nachbereitenden Tätigkeiten einschließlich der Arbeitszeiten der Arbeitnehmer planbar (EuGH 5.10.2004 – C-397/01 bis C-403/01 Rn. 57 – Pfeiffer, NZA 2004, 1145). Sie sind vom sachlichen Anwendungsbereich der Arbeitszeitrichtlinie erfasst.

36   **d) Vorrang der Extremsituation vor der Arbeitszeitplanung.** Daran wird deutlich, dass der EuGH einen angemessenen Ausgleich sucht, eine **praktische Konkordanz** herstellt: Dem Ziel, das ordnungsgemäße Funktionieren der zum Schutz der öffentlichen Interessen, der öffentlichen Sicherheit, Gesundheit und Ordnung, unerlässlichen Dienste zu gewährleisten, muss zeitweilig Vorrang vor dem Ziel zukommen, die Sicherheit und den Gesundheitsschutz der in den Einsatz- und Rettungsteams tätigen Arbeitnehmer zu gewährleisten (EuGH 14.10.2010 – C-243/09 Rn. 44 – Fuß I, NZA 2010, 1344; 14.7.2005 – C-52/04 Rn. 61 – Personalrat Feuerwehr Hamburg, NZA 2005, 921). In diesen Extremsituationen wäre es unangemessen, Arbeitgebern eine Verhütung beruflicher Risiken und eine Arbeitszeitplanung für das Rettungspersonal vorzuschreiben (EuGH 14.7.2005 – C-52/04 Rn. 55 – Personalrat Feuerwehr Hamburg, NZA 2005, 921). Dennoch verlangt Art. 2 II UAbs. 2 der Arbeitsschutzrahmenrichtlinie 89/391/EWG von den zuständigen Behörden der Mitgliedstaaten, größtmögliche Sicherheit und größtmöglichen Gesundheitsschutz der Arbeitnehmer zu gewährleisten (EuGH 14.7.2005 – C-52/04 Rn. 56 – Personalrat Feuerwehr Hamburg, NZA 2005, 921).

II. Persönlicher Anwendungsbereich der Arbeitszeitrichtlinie

37   **1. Autonomer Arbeitnehmerbegriff.** Die Arbeitszeitrichtlinie definiert den Begriff des Arbeitnehmers nicht selbst. Der EuGH bezieht sich vielmehr auf den Arbeitnehmerbegriff des **Art. 45 AEUV** (EuGH 7.4.2011 – C-519/09 Rn. 21 – May, Slg. 2011, I-2761). Der Begriff des Arbeitnehmers iSv Art. 45 AEUV ist ein **autonomer Begriff,** der **nicht eng** auszulegen ist → AEUV Art. 45 Rn. 10 ff. Die RL 2003/88/EG verweist insbesondere nicht auf Art. 3 lit. a der RL 89/391/EWG. Sie nimmt auch nicht Bezug auf den Arbeitnehmerbegriff, wie er sich aus einzelstaatlichen Rechtsvorschriften und/oder Gepflogenheiten ergibt. Daraus folgt, dass der Arbeitnehmerbegriff für die Zwecke der Anwendung der Arbeitszeitrichtlinie nicht nach Maßgabe der nationalen Rechtsordnungen unterschiedlich ausgelegt werden kann, sondern eine eigenständige unionsrechtliche Bedeutung hat. Er ist anhand objektiver Kriterien zu definieren, die das Arbeitsverhältnis unter Berücksichtigung der Rechte und Pflichten der betroffenen Personen kennzeichnen (EuGH 14.10.2010 – C-428/09 Rn. 27 f. – Union syndicale Solidaires Isère, Slg. 2010, I-9961; zum autonomen Arbeitnehmerbegriff des Art. 45 AEUV auch *Bauer/Arnold* ZIP 2012, 597 [599]; *Hohenstatt/Naber* ZIP 2012, 1989 [1990]; *Preis/Sagan* ZGR 2013, 26 [33 ff., 36 ff.]; *C. Schubert* ZESAR 2013, 5 [9 ff.]).

38   **2. Arbeitnehmerbegriff des Art. 45 AEUV.** Als Arbeitnehmer ist für die Zwecke der Anwendung der Arbeitszeitrichtlinie jeder anzusehen, der eine tatsächliche und echte Tätigkeit ausübt. Tätigkeiten, die einen so geringen Umfang haben, dass sie sich als völlig untergeordnet und unwesentlich darstellen, bleiben außer Betracht. Das wesentliche Merkmal des Arbeitsverhältnisses besteht darin, dass jemand während einer bestimmten Zeit für einen anderen nach dessen **Weisung** Leistungen erbringt, für die er als Gegenleistung eine **Vergütung** erhält (EuGH 7.4.2011 – C-519/09 Rn. 21 – May, Slg. 2011, I-2761; 14.10.2010 – C-428/09 Rn. 28 – Union syndicale Solidaires Isère, Slg. 2010, I-9961, jeweils mwN).

39   **3. Einzelne Arbeitnehmergruppen.** Unter den Arbeitnehmerbegriff der Arbeitszeitrichtlinie können etwa **beamtete Feuerwehrleute** fallen (EuGH 3.5.2012 – C-337/10 Rn. 22 und 26 – Neidel, AP Richtlinie 2003/88/EG Nr. 8). Gleiches gilt für **Dienstordnungsangestellte,** deren Arbeitsvertrag auf das Beamtenrecht verweist (EuGH 7.4.2011 – C-519/09 Rn. 27 – May, Slg. 2011, I-2761). Der Arbeitnehmerbegriff der Arbeitszeitrichtlinie umfasst im Ansatz auch bestimmte **Saisonarbeitnehmer.** Sie können aber der Abweichung in Art. 17 III lit. b und/oder c unterfallen (EuGH 14.10.2010 – C-428/09 Rn. 33 und 61 – Union syndicale Solidaires Isère, Slg. 2010, I-9961). Die Arbeitszeitrichtlinie erfasst unterschiedslos **befristet und unbefristet beschäftigte Arbeitnehmer** (EuGH 14.10.2010 – C-428/09 Rn. 31 – Union syndicale Solidaires Isère, Slg. 2010, I-9961; 26.6.2001 – C-173/99 Rn. 46 – BECTU, NZA 2001, 827). Sie unterscheidet nicht zwischen **Teilzeit- und Voll-**

zeitbeschäftigten (EuGH 12.10.2004 – C-313/02 Rn. 48 – Wippel, NZA 2004, 1325). Für Teilzeitarbeitnehmer ist aber bei den Bezugszeiträumen größere Flexibilität für den Arbeitszeitausgleich möglich (Art. 16 lit. b). **Fremdgeschäftsführer und Minderheitsgesellschafter-Geschäftsführer** in der nicht quasiparitätisch mitbestimmten GmbH sind idR Arbeitnehmer iSd Arbeitszeitrichtlinie (*Forst* GmbHR 2012, 821 [824] mit Bezug auf EuGH 11.11.2010 – C-232/09 Rn. 38 ff. – Danosa, NZA 2011, 143; ähnlich *Kruse/Stenslik* NZA 2013, 596 [597]; s. auch BGH 23.4.2012 NZA 2012, 797 Rn. 17; dazu *Dzida/Naber* ArbRB 2012, 373 [374 f.]; *Lunk* RdA 2013, 110 [112]; *Schiefer/Worzalla* ZfA 2013, 41 [70 f.]; allg. zu der Problematik *Lunk/Rodenbusch* GmbHR 2012, 188; zum Arbeitnehmerbegriff des Art. 31 GRC und des Art. 7 der Arbeitszeitrichtlinie EuGH 26.3.2015 – C-316/13 Rn. 18 ff. – Fenoll). Der EuGH hat seine Sichtweise dieser Geschäftsführer für die Massenentlassungsrichtlinie bekräftigt. Arbeitnehmer iSv Art. 1 I lit. a dieser Richtlinie sind auch Mitglieder der Unternehmensleitung, die Tätigkeiten nach Weisung und Aufsicht eines anderen Organs der Gesellschaft ausüben, als Gegenleistung Vergütung erhalten und selbst keine Anteile an der Gesellschaft innehaben (EuGH 9.7.2015 – C-229/14 Rn. 31 ff. – Balkaya, NZA 2015, 861; dazu *Lunk* NZA 2015, 917). Das dürfte auf den aus Art. 45 AEUV herzuleitenden Arbeitnehmerbegriff der Arbeitszeitrichtlinie zu überrtragen sein. An diesen Beispielen zeigt sich, dass sich die Arbeitszeitrichtlinie meistens auf **alle Arbeitnehmer** bezieht, wie es zB in ihrem Art. 7 I für den bezahlten Jahresurlaub vorgesehen ist (EuGH 26.6.2001 – C-173/99 Rn. 46 – BECTU, NZA 2001, 827).

4. Ausnahmen vom persönlichen Anwendungsbereich der Arbeitszeitrichtlinie. 40
a) Übersicht der Ausnahmen von der Arbeitszeitrichtlinie. Die erste Arbeitszeitrichtlinie 93/104/EG sah Bereichsausnahmen für den **Verkehrs- und Fischereisektor** sowie für **Ärzte in der Ausbildung** vor. Die RL 2003/88/EG gilt im Unterschied dazu nach ihrem Art. 1 III UAbs. 2 ausdrücklich nur **nicht für Seeleute** gem. der Definition in der RL 1999/63/EG v. 21.6.1999 (ABl. 1999 L 167, 33) idF der RL 2009/13/EG (ABl. 2009 L 124, 30, RL 2009/13/EG des Rates v. 16.2.2009 zur Durchführung der Vereinbarung zwischen dem Verband der Reeder in der Europäischen Gemeinschaft (ECSA) und der Europäischen Transportarbeiter-Föderation (ETF) über das Seearbeitsübereinkommen 2006 und zur Änderung der RL 1999/63/EG; dazu *Schäffer/Kapljic* ZESAR 2009, 170). Es gibt jedoch inhaltliche Abweichungsmöglichkeiten durch **speziellere Regelungen** (Art. 14 der Arbeitszeitrichtlinie) und die **Ausnahmeoptionen** der Art. 17, 18 und 22.

b) Seearbeitsrecht. Die Änderung der RL 1999/63/EG geht auf das **Seearbeitsüber-** 41
einkommen 2006 der Internationalen Arbeitsorganisation v. 23.2.2006 zurück, das von der Bundesrepublik Deutschland ratifiziert wurde. Die RL 2009/13/EG trat zeitgleich mit dem Seearbeitsübereinkommen 2006 am 20.8.2013 mit einer Umsetzungsfrist von zwölf Monaten in Kraft (Art. 5 I, Art. 7 der RL 2009/13/EG). Die Richtlinie wurde in der Bundesrepublik Deutschland durch das am 1.8.2013 in Kraft getretene Seearbeitsgesetz v. 20.4.2013 umgesetzt (SeeArbG, BGBl. I 868; im Einzelnen *Maul-Sartori* NZA 2013, 821; *Schäffer/Kapljic* ZESAR 2009, 170).

c) Seeleute auf Seeschiffen. Um die Begriffe der **Seeschiffe** und der **Seeleute** zu 42
bestimmen, ist die insoweit nicht geänderte Europäische Vereinbarung der Sozialpartner im Anhang der RL 1999/63/EG heranzuziehen. Nach § 1 Nr. 1 dieser Vereinbarung gilt sie für Seeleute auf allen Seeschiffen, gleich ob in öffentlichem oder privatem Eigentum, die im Hoheitsgebiet eines Mitgliedstaats eingetragen sind und die gewöhnlich in der gewerblichen Seeschifffahrt verwendet werden. Ein Schiff, das im Register von zwei Staaten eingetragen ist, gilt als im Hoheitsgebiet des Staats eingetragen, dessen Flagge es führt. Der Begriff der Seeleute ist **weit** zu verstehen. § 2 lit. c der Vereinbarung der europäischen Sozialpartner idF der RL 2009/13/EG sieht vor, dass der Ausdruck „Seeleute" alle Personen umfasst, die in irgendeiner Eigenschaft **an Bord eines Schiffs,** für das diese Vereinbarung gilt, beschäftigt oder angeheuert sind oder arbeiten. Für Tätigkeiten, die nur zeitweise an Bord oder

außerhalb des gewöhnlichen Betriebs eines Schiffs versehen werden, ist § 1 Nr. 3 der Vereinbarung der europäischen Sozialpartner idF des Anhangs der RL 2009/13/EG anzuwenden. Danach entscheidet im Zweifelsfall die zuständige Stelle jedes Mitgliedstaats nach Anhörung der mit dieser Frage befassten Verbände der Reeder und der Seeleute, ob bestimmte Personengruppen als Seeleute im Sinn dieser Vereinbarung anzusehen sind. In diesem Zusammenhang ist die Entschließung der 94. (Seeschifffahrts-)Tagung der Allgemeinen Konferenz der Internationalen Arbeitsorganisation über Hinweise zu Berufsgruppen gebührend zu berücksichtigen.

43 **d) Besondere Personengruppen. aa) Arbeitnehmer auf Offshore-Anlagen.** Arbeitnehmer auf Offshore-Anlagen iSv Art. 2 Nr. 8 unterfallen grds. der **Arbeitszeitrichtlinie** (→ Art. 20 Rn. 7). Dagegen sind **mobile Arbeitnehmer** iSv Art. 2 Nr. 7 von den zentralen Vorgaben der RL 2003/88/EG in Art. 3, 4, 5 und 8 ausgenommen (→ Rn. 16; Art. 20 Rn. 1). Für Arbeitnehmer auf Offshore-Anlagen gelten nach Art. 20 II und III aber Sonderregelungen. Zwischen Tätigkeiten „auf" Offshore-Anlagen und „an" Offshore-Anlagen ist nach deutschem Recht zu unterscheiden. Keine Besatzungsmitglieder iSv § 3 I SeeArbG sind nach § 3 III 1 Nr. 7 SeeArbG Personen, die sich auf einem Schiff befinden, um von dort aus besondere Tätigkeiten zur Errichtung, zur Änderung oder zum Betrieb von Bauwerken, künstlichen Inseln oder sonstigen Anlagen auf See durchzuführen (zu den Einzelheiten *Maul-Sartori* NZA 2013, 821 [823]).

44 **bb) Arbeitnehmer an Bord von seegehenden Fischereifahrzeugen.** Arbeitnehmer an Bord von seegehenden Fischereifahrzeugen, die unter der Flagge eines Mitgliedstaats fahren, sind **von Art. 3–6 und 8 ausgenommen** (Art. 21 I UAbs. 1, zu den schützenden Vorgaben für diese Personengruppe Art. 21 I UAbs. 2 bis VII).

45 **e) Umsetzung in der Bundesrepublik Deutschland.** Die Begriffsbestimmungen der Seearbeitsrichtlinie 1999/63/EG idF der RL 2009/13/EG wurden durch § 3 SeeArbG in deutsches Recht umgesetzt (*Maul-Sartori* NZA 2013, 821 [822]). Nach § 3 I SeeArbG sind Seeleute iSd Seearbeitsgesetzes alle Personen, die an Bord des Schiffs tätig sind, unabhängig davon, ob sie vom Reeder oder einer anderen Person beschäftigt werden oder als Selbständige tätig sind, einschließlich der zu ihrer Berufsbildung Beschäftigten **(Besatzungsmitglieder)**. Sie sind nach § 18 III ArbZG von der Geltung des Arbeitszeitgesetzes ausgenommen. Welche Personengruppen **keine Besatzungsmitglieder** iSv § 3 I SeeArbG sind, ist in § 3 III 1 SeeArbG geregelt. Das nationale Arbeitszeitrecht der Seeleute findet sich in §§ 42 ff. SeeArbG.

Art. 2 Begriffsbestimmungen

Im Sinne dieser Richtlinie sind:
1. Arbeitszeit: jede Zeitspanne, während der ein Arbeitnehmer gemäß den einzelstaatlichen Rechtsvorschriften und/oder Gepflogenheiten arbeitet, dem Arbeitgeber zur Verfügung steht und seine Tätigkeit ausübt oder Aufgaben wahrnimmt;
2. Ruhezeit: jede Zeitspanne außerhalb der Arbeitszeit;
3. Nachtzeit: jede, in den einzelstaatlichen Rechtsvorschriften festgelegte Zeitspanne von mindestens sieben Stunden, welche auf jeden Fall die Zeitspanne zwischen 24 Uhr und 5 Uhr umfasst;
4. Nachtarbeiter:
    a) einerseits: jeder Arbeitnehmer, der während der Nachtzeit normalerweise mindestens drei Stunden seiner täglichen Arbeitszeit verrichtet;
    b) andererseits: jeder Arbeitnehmer, der während der Nachtzeit gegebenenfalls einen bestimmten Teil seiner jährlichen Arbeitszeit verrichtet, der nach Wahl des jeweiligen Mitgliedstaats festgelegt wird:

i) nach Anhörung der Sozialpartner in den einzelstaatlichen Rechtsvorschriften oder
ii) in Tarifverträgen oder Vereinbarungen zwischen den Sozialpartnern auf nationaler oder regionaler Ebene;
5. Schichtarbeit: jede Form der Arbeitsgestaltung kontinuierlicher oder nicht kontinuierlicher Art mit Belegschaften, bei der Arbeitnehmer nach einem bestimmten Zeitplan, auch im Rotationsturnus, sukzessive an den gleichen Arbeitsstellen eingesetzt werden, so dass sie ihre Arbeit innerhalb eines Tages oder Wochen umfassenden Zeitraums zu unterschiedlichen Zeiten verrichten müssen;
6. Schichtarbeiter: jeder in einem Schichtarbeitsplan eingesetzte Arbeitnehmer;
7. mobiler Arbeitnehmer: jeder Arbeitnehmer, der als Mitglied des fahrenden oder fliegenden Personals im Dienst eines Unternehmens beschäftigt ist, das Personen oder Güter im Straßen- oder Luftverkehr oder in der Binnenschifffahrt befördert;
8. Tätigkeiten auf Offshore-Anlagen: Tätigkeiten, die größtenteils auf oder von einer Offshore-Plattform (einschließlich Bohrplattformen) aus direkt oder indirekt im Zusammenhang mit der Exploration, Erschließung oder wirtschaftlichen Nutzung mineralischer Ressourcen einschließlich Kohlenwasserstoffe durchgeführt werden, sowie Tauchen im Zusammenhang mit derartigen Tätigkeiten, entweder von einer Offshore-Anlage oder von einem Schiff aus;
9. ausreichende Ruhezeiten: die Arbeitnehmer müssen über regelmäßige und ausreichend lange und kontinuierliche Ruhezeiten verfügen, deren Dauer in Zeiteinheiten angegeben wird, damit sichergestellt ist, dass sie nicht wegen Übermüdung oder wegen eines unregelmäßigen Arbeitsrhythmus sich selbst, ihre Kollegen oder sonstige Personen verletzen und weder kurzfristig noch langfristig ihre Gesundheit schädigen.

Übersicht

	Rn.
A. Autonome Begriffe des Unionsrechts	1
B. Grenzen des arbeitsschutzrechtlichen Arbeitszeitbegriffs der Arbeitszeitrichtlinie	2
C. Begriffsbestimmungen	3
I. Arbeitszeit und Ruhezeit, Art. 2 Nr. 1 und 2	3
1. Keine Abweichung vom Arbeitszeitbegriff	3
2. Entwicklung des Arbeitszeitbegriffs in der Rechtsprechung des EuGH	4
a) Arbeitszeit und Ruhezeit	4
b) Arbeitszeit	5
c) Ruhezeit	11
d) Einzelne Abgrenzungsfragen zwischen Arbeitszeit und Ruhezeit	12
II. Nachtzeit und Nachtarbeiter, Art. 2 Nr. 3 und 4	14
1. Nachtzeit, Art. 2 Nr. 3	14
2. Nachtarbeiter, Art. 2 Nr. 4	15
3. Umsetzung in das deutsche Recht	16
III. Schichtarbeit und Schichtarbeiter, Art. 2 Nr. 5 und 6	17
IV. Mobiler Arbeitnehmer, Tätigkeiten auf Offshore-Anlagen und ausreichende Ruhezeiten, Art. 2 Nr. 7, 8 und 9	18
1. Mobile Arbeitnehmer, Art. 2 Nr. 7	19
2. Tätigkeiten auf Offshore-Anlagen, Art. 2 Nr. 8	20
3. Ausreichende Ruhezeiten, Art. 2 Nr. 9	21

A. Autonome Begriffe des Unionsrechts

Art. 2 der Arbeitszeitrichtlinie enthält die zentralen Begriffsbestimmungen des Regelwerks, 1 vor allem die der **Arbeitszeit** und der **Ruhezeit** in Art. 2 Nr. 1 und 2 der Richtlinie. Arbeitszeit und Ruhezeit sind autonome Begriffe des Unionsrechts, die dem Harmonisierungszweck der Richtlinie dienen. Der Vereinheitlichungszweck ist darauf gerichtet, ein **einheitlichen Mindestschutzniveau** sicherzustellen, wie Art. 1 I der Arbeitszeitrichtlinie zeigt (*Riesenhuber* § 14 Rn. 15; *Stärker*, Kommentar zur EU-Arbeitszeitrichtlinie, 2006, Art. 2 Rn. 2; *Preis/Sagan/Ulber* § 6 Rn. 98). Die Begriffe der Arbeitszeit und der Ruhezeit dürfen deshalb nicht nach Maßgabe der Regelungen in den verschiedenen Mitgliedstaaten ausgelegt werden. Sie sind unionsrechtliche Begriffe, die anhand objektiver Merkmale unter Berücksichtigung des Regelungszusammenhangs und des Zwecks der Richtlinie zu bestimmen sind. Dieser Zweck besteht darin, **Mindestvorschriften** für die Sicherheit und den Gesundheitsschutz bei der Arbeitszeitgestaltung der Arbeitnehmer aufzustellen. Nur eine solche autonome Auslegung stellt die volle praktische Wirksamkeit der Arbeitszeitrichtlinie und eine einheitliche Anwendung der Begriffe in allen Mitgliedstaaten sicher. Um eine unzulässige einseitige Auslegung handelt es sich, wenn die Mitgliedstaaten den durch die Arbeitszeitrichtlinie zugebilligten Anspruch der Arbeitnehmer auf ordnungsgemäße Berücksichtigung der Arbeitszeiten und dementsprechend der Ruhezeiten Bedingungen oder Beschränkungen unterwerfen (EuGH 11.1.2007 – C-437/05 Rn. 26 – Vorel, Slg. 2007, I-331; 1.12.2005 – C-14/04 Rn. 44 f. – Dellas, NZA 2006, 89; 9.9.2003 – C-151/02 Rn. 58, 81 f. – Jaeger, NZA 2003, 1019). Der Umstand, dass die Definition der Arbeitszeit auf die „einzelstaatlichen Rechtsvorschriften und/oder Gepflogenheiten" verweist, bedeutet nicht, dass die Mitgliedstaaten den Begriff der Arbeitszeit einseitig festlegen dürfen. Der Anspruch ergibt sich aus Sicht des EuGH unmittelbar aus der Arbeitszeitrichtlinie (EuGH 9.9.2003 – C-151/02 Rn. 59 – Jaeger, NZA 2003, 1019). Art. 17 ff. lassen keine Abweichung von Art. 2 zu (→ Rn. 3).

B. Grenzen des arbeitsschutzrechtlichen Arbeitszeitbegriffs der Arbeitszeitrichtlinie

2   Der Arbeitszeitbegriff der RL 2003/88/EG umfasst nur den **Anwendungsbereich der Richtlinie nach ihrem Art. 1.** Er ist deshalb für das deutsche ArbZG von Bedeutung. Dagegen ist er nicht deckungsgleich mit dem Arbeitszeitbegriff der kollektiven **Mitbestimmungsrechte** in § 87 I Nr. 2 und 3 BetrVG (BAG 14.11.2006 NZA 2007, 458 Rn. 26). Entsprechendes gilt für nationale **Entgeltbestimmungen** (→ Art. 1 Rn. 3). Die Arbeitszeitrichtlinie regelt mit Ausnahme des Rechts auf bezahlten Jahresurlaub in Art. 7 I lediglich bestimmte Aspekte der Arbeitszeitgestaltung. Das Vergütungsniveau ergibt sich im Übrigen nicht aus der Richtlinie (EuGH 11.1.2007 – C-437/05 Rn. 32 f. – Vorel, Slg. 2007, I-331; 1.12.2005 – C-14/04 Rn. 38 mwN – Dellas, NZA 2006, 89). Die Vergütung von Bereitschaftsdiensten lässt sich deshalb nicht auf eine Verletzung der Vorgaben in Art. 22 I 1 lit. a und b stützen (EuGH 11.1.2007 – C-437/05 Rn. 32 f. – Vorel, Slg. 2007, I-331; 1.12.2005 – C-14/04 Rn. 39 – Dellas, NZA 2006, 89 noch zu Art. 137 VI EGV-Amsterdam; BAG 16.5.2013 AP TVUmBw § 7 Nr. 1 Rn. 36–38 mwN; ablehnend zu dieser Entscheidung Preis/Sagan/*Ulber* § 6 Rn. 337). Die Vergütungspflicht des Arbeitgebers, die sich nach deutschem Verständnis aus § 611 I BGB ergibt, besteht allein für die „Leistung der versprochenen Dienste". Sie ist damit unabhängig von der arbeitszeitrechtlichen Einordnung der Zeitspanne, während derer der Arbeitnehmer die geschuldete Arbeitsleistung erbringt. Bereitschaftsdienst muss deshalb nicht als zulagenbegründende Arbeitszeit iSd TV-L eingeordnet werden (BAG 11.12.2013 ZTR 2014, 271 Rn. 27). Im innerstaatlichen Rechtsverständnis hat sich die Unterscheidung von **Arbeitszeit im arbeitsschutzrechtlichen Sinn,** dem **zeitlichen Umfang der zu vergütenden Arbeit** und **Arbeitszeit im Sinn der Mitbestimmungsrechte des Betriebsverfassungsgesetzes** eingebürgert (BAG 19.11.2014 MDR 2015, 403 Rn. 14 mit Bezug auf *Wank* RdA 2014, 285).

C. Begriffsbestimmungen

I. Arbeitszeit und Ruhezeit, Art. 2 Nr. 1 und 2

3   **1. Keine Abweichung vom Arbeitszeitbegriff.** Arbeitszeit ist nach Art. 2 Nr. 1 jede Zeitspanne, während der ein Arbeitnehmer gem. den einzelstaatlichen Rechtsvorschriften und/oder Gepflogenheiten arbeitet, **dem Arbeitgeber zur Verfügung steht** und **seine**

Tätigkeit ausübt oder **Aufgaben wahrnimmt**. Von dem Begriff darf – wie von allen Begriffen des Art. 2 – nach Art. 17 ff. nicht abgewichen werden (EuGH 9.9.2003 – C-151/02 Rn. 81 f. – Jaeger, NZA 2003, 1019; → Rn. 1). Der Anspruch auf Einhaltung der Arbeitszeit leitet sich nach Auffassung des EuGH unmittelbar aus der Arbeitszeitrichtlinie selbst ab (EuGH 9.9.2003 – C-151/02 Rn. 59 – Jaeger, NZA 2003, 1019; → Rn. 1; *Schunder* EuZW 2003, 662 [663]). Um Missverständnissen vorzubeugen: Das heißt nicht, dass der EuGH den Regelungen des sekundären Unionsrechts der Arbeitszeitrichtlinie **unmittelbare Wirkung im Verhältnis zwischen Privaten** zuerkennt. Entsprechende Ausführungen des Gerichtshofs fehlen in dieser Schärfe bisher (zu den sehr engen Voraussetzungen dieses Ausnahmetatbestands mit der möglichen Folge der Unanwendbarkeit innerstaatlichen Rechts sowie im vorgelagerten Schritt zum Vorrang der unionsrechtskonformen Auslegung zB EuGH 15.1.2014 – C-176/12 Rn. 30 ff. – Association de médiation sociale = AMS, NZA 2014, 193; 24.1.2012 – C-282/10 Rn. 22 ff. und 32 ff. – Dominguez, NZA 2012, 139 zu Art. 7 der Arbeitszeitrichtlinie und ihrer französischen Umsetzung; 19.1.2010 – C-555/07 Rn. 44 ff. – Kücükdeveci, NZA 2010, 85; 5.10.2004 – C-397/01 bis C-403/01 Rn. 102 ff. – Pfeiffer, NZA 2004, 1145 zu Art. 6 Nr. 2 der Arbeitszeitrichtlinie 93/104/EG; s. auch BVerfG 10.12.2014 NZA 2015, 375 Rn. 29 ff. mwN; ErfK/*Wißmann* AEUV Rn. 20 ff. und 24 ff.; ErfK/*Gallner* BUrlG § 1 Rn. 6c).

2. Entwicklung des Arbeitszeitbegriffs in der Rechtsprechung des EuGH. a) Arbeitszeit und Ruhezeit. Der Begriff der **Arbeitszeit** steht im Gegensatz zur **Ruhezeit**. Die beiden Begriffe schließen sich aus. Es gibt keine Zwischenkategorie (EuGH 11.1.2007 – C-437/05 Rn. 24 f. – Vorel, Slg. 2007, I-331; 1.12.2005 – C-14/04 Rn. 42 f. – Dellas, NZA 2006, 89; 3.10.2000 – C-303/98 Rn. 47 – Simap, NZA 2000, 1227). **Ruhezeit** ist nach Art. 2 Nr. 2 jede Zeitspanne außerhalb der Arbeitszeit. Das **Ausschließlichkeitsverhältnis** von Arbeitszeit und Ruhezeit lässt demnach keine qualitativen Schattierungen zu (krit. *Anzinger*, FS Wißmann, 2005, 3 [9]; *Riesenhuber* § 14 Rn. 18; *Wank* EAS Richtlinie 93/104/EWG Art. 2 Nr. 1, 41 [45 ff.]). 4

b) Arbeitszeit. aa) Arbeitszeit in der Bereitschaftsdienstrechtsprechung. Der EuGH hat den Begriff der Arbeitszeit vor allem mit seiner Rechtsprechung zum **Bereitschaftsdienst** geschärft. Zu den wesentlichen Merkmalen des Begriffs der Arbeitszeit iSd Arbeitszeitrichtlinie gehören insbesondere **nicht die Intensität der geleisteten Arbeit oder die Leistung** des Arbeitnehmers (EuGH 11.1.2007 – C-437/05 Rn. 25 – Vorel, Slg. 2007, I-331; 1.12.2005 – C-14/04 Rn. 43 – Dellas, NZA 2006, 89). Bereitschaftsdienste, die ein Arbeitnehmer in persönlicher Anwesenheit an dem vom Arbeitgeber bestimmten Ort leistet, sind deswegen in vollem Umfang Arbeitszeit iSv Art. 2 Nr. 1. Es ist unschädlich, wenn der Betroffene während der Dienste tatsächlich keine ununterbrochene berufliche Tätigkeit ausübt, sondern **untätig** ist (EuGH 5.10.2004 – C-397/01 bis C-403/01 Rn. 93 – Pfeiffer, NZA 2004, 1145; 9.9.2003 – C-151/02 Rn. 71, 75 und 103 – Jaeger, NZA 2003, 1019). Um es zuzuspitzen: Für Bereitschaftsdienst genügt es, wenn sich der Arbeitnehmer während des Dienstes in einem Ruheraum **ausruhen oder in ihm schlafen** kann (EuGH 9.9.2003 – C-151/02 Rn. 55, 60 und 64 – Jaeger, NZA 2003, 1019). Die Verpflichtung etwa von Ärzten, sich am Arbeitsplatz aufzuhalten und verfügbar zu sein, um ihre beruflichen Leistungen zu erbringen, ist als Bestandteil der Wahrnehmung ihrer Aufgaben anzusehen, auch wenn die tatsächlich geleistete Arbeit von den Umständen abhängt (EuGH 3.10.2000 – C-303/98 Rn. 48, 50 – Simap, NZA 2000, 1227; BAG 19.11.2014 MDR 2015, 403 Rn. 18; ErfK/*Wank* ArbZG § 2 Rn. 29). Entscheidend ist für den EuGH, dass sich Arbeitnehmer **an einem vom Arbeitgeber bestimmten Ort aufhalten** und **ihm zur Verfügung stehen müssen,** um ggf. sofort ihre Leistungen erbringen zu können (EuGH 9.7.2015 – C-87/14 Rn. 20 f. – Kommission/Irland, EWS 2015, 178). Der Gerichtshof misst dem Umstand besondere Bedeutung zu, dass die Arbeitnehmer ihren Aufenthaltsort während der Wartezeiten nicht frei bestimmen können (EuGH 4.3.2011 – C-258/10 zu 2 der Entscheidungsformel und Rn. 53 – Grigore, AuR 2011, 311; 11.1.2007 5

– C-437/05 Rn. 27 bis 31 – Vorel, Slg. 2007, I-331; 9.9.2003 – C-151/02 Rn. 63 – Jaeger, NZA 2003, 1019, s. dort auch Rn. 47 mit Bezug auf Punkte 8 und 19 der im vierten Erwägungsgrund der RL 93/104/EG zitierten Gemeinschaftscharta der sozialen Grundrechte der Arbeitnehmer; vgl. auch EuGH 25.11.2010 – C-429/09 Rn. 55 – Fuß II, NZA 2011, 53; in der Analyse ähnlich *Buschmann*, FS Düwell, 2011, 24 [46]; *Schliemann* NZA 2004, 513 [515]; *Schunder* EuZW 2003, 662; Preis/Sagan/*Ulber* § 6 Rn. 106 ff. mit detaillierten historischen und teleologischen Argumenten; *Wank* EAS Richtlinie 93/104/ EWG Art. 2 Nr. 1, 41 [44]). Die Auslegung des EuGH entspricht **Art. 2 IAO-Übk. Nr. 30 über die Arbeitszeit (Handel und Büros).** Danach gilt als Arbeitszeit die Zeit, während der die Arbeitnehmer zur Verfügung des Arbeitgebers stehen; sie umfasst nicht die Ruhepausen, während der die Arbeitnehmer nicht zur Verfügung des Arbeitgebers stehen. Den Übereinkommen der Internationalen Arbeitsorganisation ist nach der sechsten Begründungserwägung der Arbeitszeitrichtlinie hinsichtlich der Arbeitszeitgestaltung Rechnung zu tragen (*Buschmann*, FS Düwell, 2011, 24 [46]; Preis/Sagan/*Ulber* § 6 Rn. 108). Vorrangiger Zweck der Arbeitszeitrichtlinie und des Begriffs der Arbeitszeit ist eine **unionsweite Harmonisierung der Arbeitszeitgestaltung.** Die Lebens- und Arbeitsbedingungen der Arbeitnehmer und damit der Schutz ihrer Sicherheit und Gesundheit sollen durch eine Angleichung der innerstaatlichen Arbeitszeitvorschriften verbessert werden (EuGH 9.9.2003 – C-151/02 Rn. 45 f. – Jaeger, NZA 2003, 1019 noch zu Erwägungsgründen 1, 4, 7 und 8 der RL 93/104/EG; vgl. heute Begründungserwägungen 4, 5 und 11 der RL 2003/88/ EG). Stützend zieht der EuGH das Argument heran, dass die Zielsetzungen der Verbesserung von Sicherheit, Arbeitshygiene und Gesundheitsschutz der Arbeitnehmer bei der Arbeit nach der fünften Begründungserwägung der RL 2003/88/EG **keinen rein wirtschaftlichen Überlegungen untergeordnet** werden dürfen (EuGH 9.9.2003 – C-151/ 02 Rn. 45 f. – Jaeger, NZA 2003, 1019 noch zu Erwägungsgrund 5 der RL 93/104/EG; zu den bislang gescheiterten legislatorischen Reformbestrebungen ua im Bereich des Bereitschaftsdienstes → Art. 1 Rn. 11 ff.).

6 **bb) Abgrenzung von Bereitschaftsdienst und Rufbereitschaft.** Nicht um Bereitschaftsdienst, sondern um **Rufbereitschaft** handelt es sich, wenn Arbeitnehmer dazu verpflichtet sind, ständig erreichbar zu sein, sie sich dazu aber **nicht an einem vom Arbeitgeber bestimmten Ort aufhalten müssen.** Das kann zB bei Ärzten der Fall sein, die sich nicht in der Gesundheitseinrichtung oder an einem anderen vom Arbeitgeber bestimmten Stellen bereitzuhalten haben. Obwohl sie ständig erreichbar sein müssen, können Arbeitnehmer aus Sicht des EuGH in dieser Situation freier über ihre Zeit verfügen und eigenen Interessen nachgehen als bei Bereitschaftsdiensten, weil sie nicht an einen vom Arbeitgeber bestimmten Ort gebunden sind. Arbeitnehmer in Rufbereitschaft brauchen sich nicht außerhalb ihres familiären und sozialen Umfelds aufzuhalten (EuGH 9.9.2003 – C-151/02 Rn. 65 – Jaeger, NZA 2003, 1019). Bei Rufbereitschaft ist daher nur die Zeit, in der **aktiv** Tätigkeiten zu versehen sind, Arbeitszeit iSv Art. 2 Nr. 1 der Arbeitszeitrichtlinie (EuGH 9.9.2003 – C-151/02 Rn. 51 f. – Jaeger, NZA 2003, 1019; 3.10.2000 – C-303/98 Rn. 49 f. – Simap, NZA 2000, 1227; BAG 20.8.2014 ZTR 2015, 20 Rn. 18). Die **jüngere arbeitszeitrechtliche Wirklichkeit,** in der Arbeitnehmer über Handys und Tablets ständig auch außerhalb des vom Arbeitgeber bestimmten Orts erreichbar sind, hat sich in der Rechtsprechung des EuGH noch nicht niedergeschlagen. Es spricht einiges dafür, dass die ständige Erreichbarkeit die Ruhezeit in diesen Fällen unterbricht und Arbeitszeit eintreten lässt (*Falder* NZA 2010, 1150 [1152 f.]; HWK/*Gäntgen* ArbZG § 5 Rn. 2; *v. Steinau-Steinrück* NJW-Spezial 2012, 178 [179]; Preis/Sagan/*Ulber* § 6 Rn. 128). An die Stelle des vom Arbeitgeber bestimmten Orts könnte die **ständige Anbindung an seine Interessen durch jederzeitige Verfügbarkeit** mithilfe der vom Arbeitgeber zur Verfügung gestellten **technischen Hilfsmittel** treten.

7 **cc) Deutsches Verständnis von Bereitschaftsdienst und Rufbereitschaft.** Arbeitszeitrechtlich und damit arbeitsschutzrechtlich stimmen die Begriffsbestimmungen des BAG

und die des EuGH überein, was Bereitschaftsdienst und Rufbereitschaft angeht. Beim **Bereitschaftsdienst** nach **deutschem Verständnis** hat sich der Arbeitnehmer an einem vom Arbeitgeber bestimmten Ort aufzuhalten, um die Arbeit auf Anforderung des Arbeitgebers aufzunehmen (BAG 19.11.2014 MDR 2015, 403 Rn. 16; 12.12.2012 – 5 AZR 918/11 – Rn. 19). Das entspricht der Definition des **EuGH**. Danach muss sich der Arbeitnehmer an einem vom Arbeitgeber bestimmten Ort aufhalten und ihm zur Verfügung stehen, um ggf. sofort seine Leistungen erbringen zu können (EuGH 4.3.2011 – C-258/10 zu 2 der Entscheidungsformel – Grigore, AuR 2011, 311; 11.1.2007 – C-437/05 Rn. 27 bis 31 – Vorel, Slg. 2007, I-331; 9.9.2003 – C-151/02 Rn. 63 – Jaeger, NZA 2003, 1019; → Rn. 5). **Rufbereitschaft** setzt – in Abgrenzung zum Bereitschaftsdienst – nach **deutscher Vorstellung** voraus, dass der Arbeitnehmer nicht gezwungen ist, sich am Arbeitsplatz oder einer anderen vom Arbeitgeber bestimmten Stelle aufzuhalten, sondern – unter freier Wahl des Aufenthaltsorts – lediglich jederzeit erreichbar sein muss, um auf Abruf des Arbeitgebers die Arbeit alsbald aufnehmen zu können (BAG 19.11.2014 MDR 2015, 403 Rn. 18 mit Bezug auf EuGH 3.10.2000 – C-303/98 Rn. 50 – Simap, NZA 2000, 1227; BAG 20.8.2014 ZTR 2015, 20 Rn. 18; 11.7.2006 NZA 2007, 155 Rn. 41). Das entspricht dem **unionsrechtlichen Verständnis.** Arbeitnehmer in Rufbereitschaft müssen ständig erreichbar sein. Sie haben sich dazu aber nicht an einem vom Arbeitgeber bestimmten Ort aufzuhalten (EuGH 9.9.2003 – C-151/02 Rn. 51 f. – Jaeger, NZA 2003, 1019; 3.10.2000 – C-303/98 Rn. 49 f. – Simap, NZA 2000, 1227; → Rn. 6).

dd) Änderung des deutschen Rechtsverständnisses durch die Rechtsprechung des EuGH zum Bereitschaftsdienst. Die Übereinstimmung des unionsrechtlichen und des nationalen Bereitschaftsdienstbegriffs ist nicht selbstverständlich und Ergebnis der durch das Richtlinienrecht bewirkten Rechtsangleichung in den Mitgliedstaaten. Nach der Entscheidung *Simap* des EuGH, die inaktive Zeiten ärztlichen Bereitschaftsdienstes in Spanien behandelte (EuGH 3.10.2000 – C-303/98 Rn. 48 ff. – Simap, NZA 2000, 1227), lag es bereits sehr nahe, dass die deutschen Bestimmungen der § 5 III, § 7 I Nr. 1 lit. a ArbZG aF richtlinienwidrig waren. Dort war geregelt, dass Bereitschaftsdienst bis auf Zeiten aktiven Tätigwerdens Ruhezeit war. Auch das BAG kam in seinem sog. **DRK-Beschluss** zu dem Ergebnis eines Richtlinienverstoßes (BAG 18.2.2003 NZA 2003, 742 zu B IV 3 b dd der Gründe). Es hielt eine richtlinienkonforme Auslegung des nationalen Rechts wegen der eindeutigen (unionsrechtswidrigen) innerstaatlichen Rechtslage der betreffenden Normen des Arbeitszeitgesetzes aber für nicht möglich (BAG 18.2.2003 NZA 2003, 742 zu B IV 3 b dd der Gründe). Der deutsche Gesetzgeber wurde erst mit einer Gesetzesinitiative vom Folgetag der Entscheidung *Jaeger* des EuGH tätig. Mit dieser Entscheidung hatte der EuGH geklärt, dass es gegen die Arbeitszeitrichtlinie verstieß, inaktive Zeiten ärztlichen Bereitschaftsdienstes in der Bundesrepublik Deutschland als Ruhezeit einzuordnen (EuGH 9.9.2003 – C-151/02 Rn. 44 ff. – Jaeger, NZA 2003, 1019). Mit dem am 1.1.2004 in Kraft getretenen **Gesetz zu Reformen am Arbeitsmarkt** v. 24.12.2003 wurden § 5 III, § 7 I Nr. 1 lit. a, II Nr. 1 ArbZG aF mit dem Ergebnis geändert, dass auch die inaktiven Zeiten des Bereitschaftsdienstes Arbeitszeit wurden (BGBl. I 3002 [3005 f.]; dazu *Buschmann* AuR 2004, 1 [4]; *Schliemann* NZA 2004, 514 [515]; *Schunder* EuZW 2003, 662 [663]). Zugleich wurden jedoch die Abweichungsmöglichkeiten für die Höchstarbeitszeit, die Mindestruhezeiten und die Dauer der Nachtarbeit erweitert, sodass im Bereitschaftsdienst nun länger gearbeitet werden konnte. Für abweichende Tarifverträge sollte die vorherige Rechtslage nach § 25 S. 1 ArbZG nF noch bis 31.12.2005 gelten (BGBl. I 3002 [3006]). Das **BAG** entschied in der Folge aber, dass es der Arbeitszeitrichtlinie zuwiderlaufe, § 25 S. 1 ArbZG dahin zu verstehen, dass die Vorschrift auch eine Überschreitung der 48-Stunden-Grenze zulasse. Tarifverträge, die am 1.1.2004 – dem Inkrafttreten des Gesetzes zu Reformen am Arbeitsmarkt – schon bestanden, hatten deshalb die Grenze der höchstzulässigen Wochenarbeitszeit im Jahresdurchschnitt von 48 Stunden – einschließlich der

Zeiten von Arbeitsbereitschaft und Bereitschaftsdienst – zu beachten (BAG 24.1.2006 NZA 2006, 862 Rn. 28 ff.).

9 **ee) Zusätzliche deutsche Kategorie der Arbeitsbereitschaft.** In der deutschen Rechtsprechung hat sich eine eigene arbeitszeitrechtliche Kategorie – die Arbeitsbereitschaft – herausgebildet, die das Unionsrecht nicht kennt. Hinzu kommt, dass bei **Arbeitsbereitschaft** und **Bereitschaftsdienst Arbeitszeitrecht und Vergütungsrecht verschränkt werden.** Arbeitsbereitschaft und Bereitschaftsdienst sind nicht nur arbeitsschutzrechtlich Arbeitszeit nach § 2 I 1, § 7 I Nr. 1a ArbZG (BAG 19.11.2014 MDR 2015, 403 Rn. 16; 11.7.2006 NZA 2007, 155 Rn. 42). Sie sind auch vergütungspflichtige Arbeit iSv § 611 I BGB. Zu Arbeitsbereitschaft und Bereitschaftsdienst gehört nicht nur jede Tätigkeit, die als solche der Befriedigung eines fremden Bedürfnisses dient, sondern auch eine vom Arbeitgeber veranlasste Untätigkeit, während derer der Arbeitnehmer am Arbeitsplatz oder einer vom Arbeitgeber bestimmten Stelle anwesend sein muss und nicht frei über die Nutzung des Zeitraums bestimmen kann, er also weder eine Pause (§ 4 ArbZG) noch Freizeit hat (BAG 19.11.2014 MDR 2015, 403 Rn. 16; 20.4.2011 NZA 2011, 917 Rn. 21). Diese Voraussetzung ist bei der **Arbeitsbereitschaft** ohne Weiteres erfüllt. Sie wird üblicherweise als **Zeit wacher Aufmerksamkeit im Zustand der Entspannung** umschrieben (BAG 19.11.2014 MDR 2015, 403 Rn. 16; ErfK/*Wank* ArbZG § 2 Rn. 21 hält das für eine Leerformel). Das gilt auch für den Bereitschaftsdienst (→ Rn. 5). In beiden Fällen muss sich der Arbeitnehmer an einem vom Arbeitgeber bestimmten Ort (innerhalb oder außerhalb des Betriebs) bereithalten, um bei Bedarf die Arbeit aufzunehmen. Bei der Arbeitsbereitschaft hat der Arbeitnehmer von sich aus tätig zu werden, beim Bereitschaftsdienst „auf Anforderung" (BAG 19.11.2014 MDR 2015, 403 Rn. 16; 12.12.2012 Rn. 19; s. auch *Baeck/Deutsch* ArbZG § 2 Rn. 33 ff.; *Schliemann* ArbZG § 2 Rn. 16 ff.). Für diese Sonderformen der Arbeit kann eine gesonderte Vergütungsregelung getroffen und ein geringeres Entgelt als für sog. Vollarbeit vorgesehen werden (BAG 19.11.2014 MDR 2015, 403 Rn. 16; 20.4.2011 NZA 2011, 917 Rn. 32).

10 **ff) Überstunden.** Es kommt nicht darauf an, ob es sich bei Zeiten des Bereitschaftsdienstes oder anderen Zeiten, die richtlinienrechtlich als Arbeitszeit einzuordnen sind, um Überstunden handelt. Die Arbeitszeitrichtlinie kennt den Begriff der Überstunde. Er wird in der Richtlinie jedoch nicht definiert, sondern lediglich in ihrem Art. 6 lit. b im Zusammenhang mit der wöchentlichen Höchstarbeitszeit erwähnt. Überstunden fallen unter den Begriff der **Arbeitszeit** iSv Art. 2 Nr. 1. Die Richtlinie unterscheidet nicht danach, ob die zu berücksichtigenden Zeiträume in der normalen Arbeitszeit liegen oder nicht (EuGH 3.7.2001 – C-241/99 Rn. 33 f. – CIG, Slg. 2001, I-5139; 3.10.2000 – C-303/98 Rn. 51 – Simap, NZA 2000, 1227; s. auch 11.1.2007 – C-437/05 Rn. 31 – Vorel, Slg. 2007, I-331; 9.9.2003 – C-151/02 Rn. 52 – Jaeger, NZA 2003, 1019).

11 **c) Ruhezeit.** Ruhezeit ist nach Art. 2 Nr. 2 jede Zeitspanne außerhalb der Arbeitszeit (→ Rn. 4). Ruhezeiten sind essentiell für das **Arbeitsschutzkonzept** der Arbeitszeitrichtlinie. Ihre besondere Bedeutung ist in der **fünften Begründungserwägung** hervorgehoben. Der Begriff „Ruhezeit" muss nach S. 2 dieser Begründungserwägung in **Zeiteinheiten** ausgedrückt werden, dh in Tagen, Stunden und/oder Teilen davon. Ruhezeiten sind dadurch gekennzeichnet, dass der Arbeitnehmer während dieser Zeiten gegenüber seinem Arbeitgeber keiner Verpflichtung unterliegt, die ihn daran hindern kann, frei und ohne Unterbrechung seinen eigenen Interessen nachzugehen. Damit sollen die Auswirkungen der Arbeit auf die Sicherheit und Gesundheit des Arbeitnehmers neutralisiert werden. Kumulierten Arbeitsperioden soll entgegengewirkt werden. Der Arbeitnehmer muss sich aus seiner Arbeitsumgebung zurückziehen können, um sich zu entspannen und sich von der mit seinen Aufgaben verbundenen Ermüdung zu erholen. Dieses Erfordernis ist umso dringlicher, wenn die regelmäßige tägliche Arbeitszeit abweichend von der allg. Regel durch einen Bereitschaftsdienst verlängert wird (zu den Ausgleichsruhezeiten des Art. 17 II

Begriffsbestimmungen   Art. 2 RL 2003/88/EG 580

EuGH 14.10.2010 – C-428/09 Rn. 50 – Union syndicale Solidaires Isère, Slg. 2010, I-9961; 9.9.2003 – C-151/02 Rn. 94 f. – Jaeger, NZA 2003, 1019). Die verschiedenen Bestimmungen der RL 2003/88/EG über die Mindestruhezeit sind nach Wortlaut, Zielsetzung und Systematik der Richtlinie **besonders wichtige Regeln des Sozialrechts der Union.** Sie müssen jedem Arbeitnehmer zum Schutz seiner Sicherheit und seiner Gesundheit als Mindestrechte zugutekommen (zB EuGH 14.10.2010 – C-428/09 Rn. 36 – Union syndicale Solidaires Isère, Slg. 2010, I-9961; 7.9.2006 – C-484/04 Rn. 38 – Kommission/ Vereinigtes Königreich, Slg. 2006, I-7471). Ruhezeiten müssen nicht nur **Erholung** bewirken. Sie müssen auch **vorbeugend** wirken, um die Gefahr einer Beeinträchtigung der Sicherheit und Gesundheit der Arbeitnehmer, die in der Aneinanderreihung von Arbeitsphasen liegen kann, so weit wie möglich zu verringern (EuGH 14.10.2010 – C-428/09 Rn. 37 – Union syndicale Solidaires Isère, Slg. 2010, I-9961; 7.9.2006 – C-484/04 Rn. 41 – Kommission/Vereinigtes Königreich, Slg. 2006, I-7471). Die Ruhezeiten sind in Art. 3 und 5 durch tägliche und wöchentliche Ruhezeiten ausgeformt. Diese beiden kombinierten Richtlinienvorgaben gewährleisten die Pflicht der Mitgliedstaaten, dafür zu sorgen, dass jedem Arbeitnehmer pro 24-Stunden-Zeitraum eine Mindestruhezeit von elf zusammenhängenden Stunden (Art. 3) und pro Siebentageszeitraum eine kontinuierliche Mindestruhezeit von 24 Stunden (Art. 5) zuzüglich der täglichen Ruhezeit von elf Stunden nach Art. 3 zukommt. Diese Bestimmungen erlegen den Mitgliedstaaten klare und eindeutige Erfolgspflichten dafür auf, dass die von der Richtlinie verbürgten Rechte auf Mindestruhezeiten eingehalten werden (EuGH 7.9.2006 – C-484/04 Rn. 37 – Kommission/Vereinigtes Königreich, Slg. 2006, I-7471). Ruhezeiten sind von **Ruhepausen** iSv Art. 4 zu unterscheiden. Ruhepausen unterbrechen die Arbeitszeit lediglich (→ Art. 4 Rn. 2).

d) Einzelne Abgrenzungsfragen zwischen Arbeitszeit und Ruhezeit. aa) Diskre- 12
panz zwischen vertraglicher und faktischer Lage. Ist ein Arbeitnehmer zwar vertraglich nicht verpflichtet, sich an einem bestimmten Ort aufzuhalten, muss er dies aber aus **Haftungsgründen** faktisch tun, um ggf. tätig zu werden, handelt es sich um Bereitschaftsdienst und damit um Arbeitszeit. Maßgeblich ist nicht die vertragliche Lage, sondern die **tatsächliche Handhabung** (EuGH 4.3.2011 – C-258/10 zu 1 der Entscheidungsformel – Grigore, AuR 2011, 311; *Thüsing* ZESAR 2010, 373 [374]).

bb) Aufenthalt in einer Dienstwohnung. Der Aufenthalt in einer Dienstwohnung 13 genügt nicht, um Bereitschaftsdienst annehmen zu können. Der Arbeitnehmer muss sich dort vielmehr konkret **zur Verfügung des Arbeitgebers halten,** um nötigenfalls sofort aktiv Arbeit zu leisten (EuGH 4.3.2011 – C-258/10 zu 2 der Entscheidungsformel – Grigore, AuR 2011, 311).

II. Nachtzeit und Nachtarbeiter, Art. 2 Nr. 3 und 4

1. Nachtzeit, Art. 2 Nr. 3. Nachtzeit ist nach Art. 2 Nr. 3 jede in den einzelstaatlichen 14 Rechtsvorschriften festgelegte Zeitspanne von mindestens sieben Stunden, welche auf jeden Fall die Zeitspanne zwischen 24:00 Uhr und 5:00 Uhr umfasst. Das stimmt mit **Art. 1 lit. a des IAO-Übk. 171 über Nachtarbeit** von 1990 überein, der bei der Auslegung der Arbeitszeitrichtlinie nach ihrer Begründungserwägung 6 Hs. 2 heranzuziehen ist. Art. 1 lit. a dieses Übereinkommens bestimmt, dass der Ausdruck „Nachtarbeit" iSd Übereinkommens jede Arbeit bedeutet, die während eines Zeitraums von mindestens sieben aufeinanderfolgenden Stunden verrichtet wird, der die Zeit zwischen Mitternacht und fünf Uhr morgens einschließt und der von der zuständigen Stelle nach Anhörung der maßgebenden Verbände der Arbeitgeber und der Arbeitnehmer oder durch Gesamtarbeitsverträge festzulegen ist.

2. Nachtarbeiter, Art. 2 Nr. 4. Die Arbeitszeitrichtlinie kennt **zwei Gruppen** von 15 Nachtarbeitern. Nachtarbeiter ist nach **Art. 2 Nr. 4 lit. a** jeder Arbeitnehmer, der während der Nachtzeit **normalerweise mindestens drei Stunden** seiner täglichen Arbeitszeit verrichtet. Nachtarbeiter ist also auch, wessen tägliche Arbeitszeit regelmäßig während dreier Stunden in die Nachtzeit fällt, auch wenn das ausnahmsweise nicht der Fall ist. Nachtarbeiter nach **Art. 2 Nr. 4 lit. b** ist jeder Arbeitnehmer, der während der Nachtzeit ggf. einen **bestimmten Teil seiner jährlichen Arbeitszeit** verrichtet, der nach Wahl des jeweiligen Mitgliedstaats festgelegt wird: nach Anhörung der Sozialpartner in den einzelstaatlichen Rechtsvorschriften oder in Tarifverträgen oder Vereinbarungen zwischen den Sozialpartnern auf nationaler oder regionaler Ebene. Der erste Fall der gesetzlichen Regelung durch den Mitgliedstaat setzt die vorherige Anhörung der Sozialpartner voraus.

16 **3. Umsetzung in das deutsche Recht.** In der Bundesrepublik Deutschland sind die Begriffsbestimmungen in Art. 2 Nr. 3 und 4 der Arbeitszeitrichtlinie durch **§ 2 III–V ArbZG** umgesetzt. **Nachtzeit** iSv § 2 III ArbZG ist die Zeit von 23:00 bis 6:00 Uhr, in Bäckereien und Konditoreien die Zeit von 22:00 bis 5:00 Uhr. **Nachtarbeit** iSv § 2 IV ArbZG ist jede Arbeit, die mehr als zwei Stunden der Nachtzeit umfasst. **Nachtarbeitnehmer** iSv § 2 V ArbZG sind Arbeitnehmer, die aufgrund ihrer Arbeitszeitgestaltung normalerweise Nachtarbeit in Wechselschicht zu leisten haben oder Nachtarbeit an mindestens 48 Tagen im Kalenderjahr leisten. Die RL 2003/88/EG lässt es nicht zu, den Nachtarbeitsbegriff auf bestimmte Arbeitszeitmodelle zu beschränken. Richtlinienkonform kann **§ 2 V Nr. 1 ArbZG** daher nur ausgelegt werden, wenn dem Begriff **„in Wechselschicht"** keine eigenständige Bedeutung gegenüber dem Begriff „normalerweise Nachtarbeit" beigemessen wird (Preis/Sagan/*Ulber* § 6 Rn. 188). Soweit **§ 2 V Nr. 2 ArbZG** vorsieht, dass Nachtarbeit an mindestens 48 Tagen im Kalenderjahr geleistet wird, ist diese Frist zwar nicht als solche unionsrechtlich zweifelhaft. Nachtarbeiter ist nach Art. 2 Nr. 4 lit. b gerade jeder Arbeitnehmer, der während der Nachtzeit ggf. einen bestimmten Teil seiner jährlichen Arbeitszeit verrichtet. Allerdings spricht sich der überwiegende Teil des Schrifttums zu Recht dafür aus, dass für den Nachtarbeitsschutz eine **prognostische Einschätzung**, dass der Arbeitnehmer mindestens 48 Tage im Kalenderjahr in der Nachtzeit arbeiten wird, ausreicht (*Buschmann/ Ulber* ArbZG § 2 Rn. 25; *Neumann/Biebl* ArbZG § 2 Rn. 25 und 30; ErfK/*Wank* ArbZG § 2 Rn. 19; Preis/Sagan/*Ulber* § 6 Rn. 188; aA *Schliemann* ArbZG § 2 Rn. 137).

III. Schichtarbeit und Schichtarbeiter, Art. 2 Nr. 5 und 6

17 Die von der Richtlinie verwandten Definitionen sind selbsterklärend. **Schichtarbeit** ist nach Art. 2 Nr. 5 jede Form der Arbeitsgestaltung kontinuierlicher oder nicht kontinuierlicher Art mit Belegschaften, bei der Arbeitnehmer nach einem bestimmten Zeitplan, auch im Rotationsturnus, sukzessive an den gleichen Arbeitsstellen eingesetzt werden, sodass sie ihre Arbeit innerhalb eines Tages oder Wochen umfassenden Zeitraums zu unterschiedlichen Zeiten verrichten müssen. **Schichtarbeiter** ist nach Art. 2 Nr. 6 jeder in einem Schichtarbeitsplan eingesetzte Arbeitnehmer. Die Begriffsbestimmungen sind in das ArbZG nicht aufgenommen worden. In **§ 6 I ArbZG** findet sich nur die unvollkommene Regelung, dass die Arbeitszeit der Nacht- und Schichtarbeitnehmer nach den gesicherten arbeitswissenschaftlichen Erkenntnissen über die menschengerechte Gestaltung der Arbeit festzulegen ist.

IV. Mobiler Arbeitnehmer, Tätigkeiten auf Offshore-Anlagen und ausreichende Ruhezeiten, Art. 2 Nr. 7, 8 und 9

18 Durch die Änderungsrichtlinie 2000/34/EG wurden in Art. 2 der Arbeitszeitrichtlinie nachträglich Definitionen der Begriffe des „mobilen Arbeitnehmers", der „Tätigkeiten auf Offshore-Anlagen" und der „ausreichenden Ruhezeiten" aufgenommen.

19 **1. Mobile Arbeitnehmer, Art. 2 Nr. 7. Mobiler Arbeitnehmer** ist jeder Arbeitnehmer, der als Mitglied des fahrenden oder des fliegenden Personals im Dienst eines Unternehmens beschäftigt ist, das Personen oder Güter im Straßen- oder Luftverkehr oder in der

Binnenschifffahrt befördert. Zu den mobilen Arbeitnehmern iSv Art. 2 Nr. 7 gehören Arbeitnehmer im Straßen- und Flugverkehr sowie in der Binnenschifffahrt. Mobile Arbeitnehmer iSv Art. 2 Nr. 7 sind von einigen der zentralen Vorgaben der Arbeitszeitrichtlinie in Art. 3, 4, 5 und 8 ausgenommen (→ Art. 1 Rn. 16, 43; Art. 20 Rn. 1). Im Übrigen unterfallen sie dem Anwendungsbereich der Richtlinie.

2. Tätigkeiten auf Offshore-Anlagen, Art. 2 Nr. 8. Arbeitnehmer auf Offshore-Anlagen iSv Art. 2 Nr. 8 fallen grds. in den Anwendungsbereich der **Arbeitszeitrichtlinie**. Für sie gelten nach Art. 20 II und III aber Sonderregelungen (→ Art. 1 Rn. 43; Art. 20 Rn. 7). Tätigkeiten auf Offshore-Anlagen iSv Art. 2 Nr. 8 sind Tätigkeiten, die größtenteils auf oder von einer Offshore-Plattform (einschließlich Bohrplattformen) aus direkt oder indirekt im Zusammenhang mit der Exploration, Erschließung oder wirtschaftlichen Nutzung mineralischer Ressourcen einschließlich Kohlenwasserstoffe durchgeführt werden, sowie Tauchen im Zusammenhang mit derartigen Tätigkeiten, entweder von einer Offshore-Anlage oder von einem Schiff aus. 20

3. Ausreichende Ruhezeiten, Art. 2 Nr. 9. Die RL 2003/88/EG verlangt **ausreichende Ruhezeiten** im Sinn regelmäßiger und ausreichend langer und kontinuierlicher Ruhezeiten, deren Dauer in **Zeiteinheiten** angegeben werden muss. Die ausreichenden Ruhezeiten sollen nach der Zielbestimmung in Art. 2 Nr. 9 ausschließen, dass Arbeitnehmer wegen Übermüdung oder wegen eines unregelmäßigen Arbeitsrhythmus sich selbst, ihre Kollegen oder sonstige Personen verletzen und weder kurzfristig noch langfristig ihre Gesundheit schädigen. Der **selbst- und drittschützende Charakter** ausreichender Ruhezeiten ist in den Regelungen über die **tägliche** und die **wöchentliche Ruhezeit** sowie die **wöchentliche Höchstarbeitszeit** in Art. 3, 4 und 6 ausgeformt (vgl. die Erläuterungen zu diesen Artikeln; s. auch → Art. 2 Rn. 11–13). Die **Dauer der Nachtarbeit** ist in Art. 8 noch stärker reguliert. 21

Kapitel 2. Mindestruhezeiten – Sonstige Aspekte der Arbeitszeitgestaltung

Art. 3 Tägliche Ruhezeit

Die Mitgliedstaaten treffen die erforderlichen Maßnahmen, damit jedem Arbeitnehmer pro 24-Stunden-Zeitraum eine Mindestruhezeit von elf zusammenhängenden Stunden gewährt wird.

A. Tägliche Mindestruhezeit

Die tägliche Mindestruhezeit von elf Stunden pro 24-Stunden-Zeitraum begrenzt die tägliche Arbeitszeit, die die Arbeitszeitrichtlinie nicht ausdrücklich im Sinn einer täglichen Höchstarbeitszeit regelt. Anderes gilt für die Dauer der **täglichen Nachtarbeitszeit**. Sie ist in Art. 8 S. 1 lit. a auf im Durchschnitt acht Stunden normale Arbeitszeit pro 24-Stunden-Zeitraum begrenzt. Auch die **wöchentliche Höchstarbeitszeit** von durchschnittlich 48 Stunden pro Sieben-Tages-Zeitraum nach Art. 6 lit. b hat mittelbare Auswirkungen auf die tägliche Höchstarbeitszeit. 1

B. Berechnung der täglichen Ruhezeit

2   Die tägliche Mindestruhezeit nach Art. 3 lässt außerhalb der Nachtarbeit **höchstens 13 Stunden Arbeitszeit einschließlich der nötigen Ruhepausen** iSv Art. 4 zu (*Stärker*, Kommentar zur EU-Arbeitszeitrichtlinie, 2006, Art. 3 Rn. 2). Überschreitungen der Höchstarbeitszeit im 24-Stunden-Zeitraum sind durch gleichwertige Ausgleichsruhezeiten nach Art. 17 oder 18 auszugleichen. Unterschrittene Mindestruhezeiten können grds. nicht durch eine Begrenzung der jährlichen Arbeitstage ausgeglichen werden (EuGH 14.10.2010 – C-428/09 Rn. 38 – Union syndicale Solidaires Isère, Slg. 2010, I-9961).

C. Verschiedene Arbeitgeber

3   Arbeitszeit bei verschiedenen Arbeitgebern wird **zusammengerechnet** (EAS/*Balze* B 3100 Rn. 44; *Riesenhuber* § 14 Rn. 20; Preis/Sagan/*Ulber* § 6 Rn. 149). Art. 3, 5 und 6 knüpfen nach Wortlaut, Zusammenhang und Schutzzweck nicht an den Arbeitgeber, sondern an die Arbeitszeit des Arbeitnehmers an. Seine Gesundheit und Sicherheit sowie die Dritter sollen geschützt werden. Dem wird § 2 I 1 Hs. 2 ArbZG gerecht (zu § 2 I 1 Hs. 2 ArbZG ohne Bezug auf die Arbeitszeitrichtlinie BAG 24.2.2005 NZA 2005, 759 zu B II 2 b der Gründe).

D. Beginn des 24-Stunden-Zeitraums, unmittelbare Folge mehrerer Arbeitsschichten

4   Der 24-Stunden-Zeitraum der täglichen Ruhezeit nach Art. 3 beginnt nicht mit dem Kalendertag, sondern mit dem **Zeitpunkt, in dem die Arbeit aufgenommen wird**. Ebenso wie gleichwertige Ausgleichsruhezeiten iSv Art. 17 I, II und III muss sich die elfstündige Ruhezeit des Art. 3 **unmittelbar** und **zusammenhängend** an die Arbeitszeit anschließen. Ruhezeiten und Ausgleichsruhezeiten sollen eine Ermüdung oder Überlastung des Arbeitnehmers durch die Kumulierung aufeinanderfolgender Arbeitsperioden verhindern (zu Ausgleichsruhezeiten iSv Art. 17 der Arbeitszeitrichtlinie EuGH 14.10.2010 – C-428/09 Rn. 50 – Union syndicale Solidaires Isère, Slg. 2010, I-9961; 9.9.2003 – C-151/02 Rn. 94 ff. – Jaeger, NZA 2003, 1019). Das spricht dafür, dass nicht zwei 13-Stunden-Arbeitsschichten (einschließlich der Ruhepausen) am Ende des ersten 24-Stunden-Zeitraums und zu Beginn des zweiten 24-Stunden-Zeitraums ohne Ruhezeit aufeinanderfolgen können. Sonst käme es zu der gesundheits- und sicherheitsgefährdenden Kumulation von Arbeitsperioden, die die von der Arbeitszeitrichtlinie vorgegebenen (Ausgleichs-)Ruhezeiten verhindern sollen (Preis/Sagan/*Ulber* § 6 Rn. 151; **aA** *Schliemann* NZA 2004, 513 [516]). Wird die Ruhezeit durch Arbeitszeit iSv Art. 2 Nr. 1 der Arbeitszeitrichtlinie „unterbrochen", beginnt mit dem Ende der Arbeit ein neuer Elf-Stunden-Zeitraum.

E. Kein Bezugszeitraum

5   Art. 16 enthält keinen Bezugszeitraum für die tägliche (Mindest-)Ruhezeit. Die elfstündige Ruhezeit kann deshalb nicht in einem 24-Stunden-Zeitraum verkürzt und im nächsten 24-Stunden-Zeitraum verlängert werden. Abweichungen setzen **gleichwertige Ausgleichsruhezeiten** nach Art. 17 oder 18 voraus (EuGH 14.10.2010 – C-428/09 Rn. 50 – Union syndicale Solidaires Isère, Slg. 2010, I-9961; 9.9.2003 – C-151/02 Rn. 94 – Jaeger, NZA 2003, 1019).

F. Sonderfall Rufbereitschaft

Eine Rufbereitschaft darf nur so gelegt werden, dass sich an ihr Ende eine elfstündige **6** Mindestruhezeit anschließen kann, obwohl ihre inaktive Zeit von den Mitgliedstaaten nicht als Arbeitszeit eingeordnet werden muss. Die **Lage des Rufbereitschaftszeitraums** muss aber vorsorglich eine elfstündige Mindestruhezeit im 24-Stunden-Zeitraum erlauben, weil jedes Tätigwerden während der Rufbereitschaft Arbeitszeit ist und die Ruhezeit während der inaktiven Phase der Rufbereitschaft „unterbricht" oder genauer beendet (EAS/*Balze* B 3100 Rn. 111; Preis/Sagan/*Ulber* § 6 Rn. 153).

G. Umsetzung in § 5 I ArbZG

Nach § 5 I ArbZG müssen Arbeitnehmer nach Beendigung der täglichen Arbeitszeit eine **7** ununterbrochene Ruhezeit von mindestens elf Stunden haben. In diese Vorschrift ist unionsrechtskonform das Merkmal des 24-Stunden-Zeitraums des Art. 3 „hineinzulesen" (Preis/Sagan/*Ulber* § 6 Rn. 158, der aber einen Transparenzverstoß der innerstaatlichen Norm annimmt).

Art. 4 Ruhepause

Die Mitgliedstaaten treffen die erforderlichen Maßnahmen, damit jedem Arbeitnehmer bei einer täglichen Arbeitszeit von mehr als sechs Stunden eine Ruhepause gewährt wird; die Einzelheiten, insbesondere Dauer und Voraussetzung für die Gewährung dieser Ruhepause, werden in Tarifverträgen oder Vereinbarungen zwischen den Sozialpartnern oder in Ermangelung solcher Übereinkünfte in den innerstaatlichen Rechtsvorschriften festgelegt.

A. Recht auf Ruhepausen

Art. 4 Hs. 1 sieht eine Ruhepause vor, wenn die tägliche Arbeitszeit sechs Stunden über- **1** schreitet. Das „Ob" der Ruhepause nach sechs Stunden zusammenhängender Arbeit ist zwingend (s. auch die Begründungserwägung 5 S. 2). Die Einzelheiten, insbesondere die Dauer der Ruhepause und die Voraussetzungen ihrer Gewährung, werden nach der Richtlinienvorgabe in Art. 4 Hs. 2 in Tarifverträgen oder Vereinbarungen zwischen den Sozialpartnern oder hilfsweise im nationalen Recht festgelegt. Von Art. 4 kann nach Art. 17 I, II oder III und Art. 18 abgewichen werden (EuGH 12.11.1996 – C-84/94 Rn. 61 – Vereinigtes Königreich/Rat, NZA 1997, 23 noch zu Art. 4 und 17 der ursprünglichen Arbeitszeitrichtlinie 93/104/EG).

B. Rechtsnatur der Ruhepausen

Ruhepausen sind keine Arbeitszeit. Sie können dennoch nicht auf die elfstündige tägliche **2** Ruhezeit des Art. 3 angerechnet werden. Der Pausenbegriff setzt voraus, dass die Arbeitszeit (nur) **unterbrochen**, also nicht beendet wird. Art. 3 verlangt eine Mindestruhezeit von elf **zusammenhängenden** Stunden pro 24-Stunden-Zeitraum.

C. Umsetzung in das deutsche Recht

Art. 4 ist durch **§ 4 ArbZG** richtlinienkonform umgesetzt. Danach ist die Arbeit durch **3** im Voraus feststehende Ruhepausen von mindestens 30 Minuten bei einer Arbeitszeit von mehr als sechs bis zu neun Stunden und 45 Minuten bei einer Arbeitszeit von mehr als neun Stunden insgesamt zu unterbrechen. Die Ruhepausen nach S. 1 können in Zeitabschnitte von jeweils mindestens 15 Minuten aufgeteilt werden. Länger als sechs Stunden hintereinander dürfen Arbeitnehmer nicht ohne Ruhepause beschäftigt werden. Nach § 7 I Nr. 2 ArbZG kann in einem Tarifvertrag oder aufgrund eines Tarifvertrags in einer Betriebs- oder Dienstvereinbarung zugelassen werden, die Gesamtdauer der Ruhepausen in Schichtbetrieben und Verkehrsbetrieben abweichend von § 4 S. 2 ArbZG auf Kurzpausen von angemessener Dauer – unter 15 Minuten – aufzuteilen. Diese Regelung dürfte der Vorgabe in Art. 4 Hs. 2 entsprechen, weil sie den Erholungswert der Pause durch die erforderliche „angemessene Dauer" nicht völlig zunichtemacht. Die Abweichungsmöglichkeiten in § 7 II Nr. 3 und 4 ArbZG sind nur unter den Vorgaben von Art. 17 und 18 zu rechtfertigen (Preis/Sagan/*Ulber* § 6 Rn. 181; vgl. zu den Abweichungsmöglichkeiten nach Art. 17 und 18 die dortigen Erläuterungen).

D. Ruhepause als Mindestvorgabe

4   Die nach **sechs Stunden** zusammenhängender Arbeit zu ermöglichende Ruhepause ist bisher nur am Rand Gegenstand der Rechtsprechung des EuGH geworden. In der Entscheidung *Vorel* wird sie lediglich bei der Auflistung des anzuwendenden Richtlinienrechts ohne weitere Erläuterung erwähnt (EuGH 11.1.2007 – C-437/05 Rn. 6 – Vorel, Slg. 2007, I-331). Entsprechendes gilt für das Urteil *Dellas* (EuGH 1.12.2005 – C-14/04 Rn. 8 – Dellas, NZA 2006, 89). In der Entscheidung **Kommission/Vereinigtes Königreich v. 7.9.2006** wird ausgeführt, die praktische Wirksamkeit der Rechte, die den Arbeitnehmern durch die Arbeitszeitrichtlinie verliehen würden, müsse in vollem Umfang gewährleistet werden. Das bringe für die Mitgliedstaaten zwangsläufig die Verpflichtung mit sich, die Einhaltung jeder der in dieser Richtlinie aufgestellten Mindestvorschriften, zu denen auch das Recht auf tatsächliche Ruhepausen gehöre, zu gewährleisten (EuGH 7.9.2006 – C-484/04 Rn. 40 – Kommission/Vereinigtes Königreich, Slg. 2006, I-7471). Die Entscheidung ist **nicht zu der Ruhepausenvorgabe in Art. 4** der auf den Fall noch anzuwendenden RL 93/104/EG ergangen, sondern zu den täglichen und wöchentlichen Ruhezeiten der Art. 3 und 5 der ursprünglichen Richtlinienfassung. Die Aussagen können jedoch **verallgemeinert** werden. Das Zitat bezieht sich auf alle Mindestvorgaben der Arbeitszeitrichtlinie, auch auf Ruhepausen nach Art. 4. Ein Mitgliedstaat darf deshalb in der nationalen Maßnahme zur Umsetzung der Arbeitszeitrichtlinie nicht auf diese Arbeitnehmerrechte hinweisen, zugleich aber ausführen, der Arbeitgeber müsse nicht gewährleisten, dass die Arbeitnehmer diese Rechte tatsächlich in Anspruch nähmen (EuGH 7.9.2006 – C-484/04 Rn. 42 – Kommission/Vereinigtes Königreich, Slg. 2006, I-7471). Die Mitgliedstaaten haben demnach sicherzustellen, dass Arbeitnehmer das Recht auf Ruhepausen tatsächlich ausüben können und sich Arbeitgeber der Ausübung des Rechts nicht verweigern.

Art. 5 Wöchentliche Ruhezeit

Die Mitgliedstaaten treffen die erforderlichen Maßnahmen, damit jedem Arbeitnehmer pro Siebentageszeitraum eine kontinuierliche Mindestruhezeit von 24 Stunden zuzüglich der täglichen Ruhezeit von elf Stunden gemäß Artikel 3 gewährt wird.

Wenn objektive, technische oder arbeitsorganisatorische Umstände dies rechtfertigen, kann eine Mindestruhezeit von 24 Stunden gewählt werden.

A. Inhalt des regelmäßig gewährleisteten Rechts, Art. 5 UAbs. 1 iVm Art. 3

1   Nach Art. 3 und 5 müssen die Mitgliedstaaten die erforderlichen Maßnahmen treffen, damit jedem Arbeitnehmer **pro 24-Stunden-Zeitraum** eine Mindestruhezeit von **elf zusammenhängenden Stunden** und pro **Siebentageszeitraum** eine kontinuierliche

Mindestruhezeit **von 24 Stunden** zuzüglich der täglichen Ruhezeit von elf Stunden nach Art. 3 gewährt wird. Diese Bestimmungen erlegen den Mitgliedstaaten klare und eindeutige Erfolgspflichten auf, das Recht auf Ruhezeiten zu gewähren (EuGH 7.9.2006 – C-484/04 Rn. 37 – Kommission/Vereinigtes Königreich, Slg. 2006, I-7471). Die Mindestruhezeiten müssen Arbeitnehmern tatsächlich zur Verfügung stehen. Das ergibt sich aus dem Wortlaut von Art. 3 und 5, der fünften Begründungserwägung, dem Ziel des Schutzes von Gesundheit und Sicherheit sowie dem System der täglichen und wöchentlichen Ruhezeiten in Art. 3 und 5 sowie der wöchentlichen Höchstarbeitszeit in Art. 6 (vgl. noch zu der ursprünglichen Arbeitszeitrichtlinie 93/104/EG EuGH 7.9.2006 – C-484/04 Rn. 39 – Kommission/Vereinigtes Königreich, Slg. 2006, I-7471). Aufgrund der Kombination der Ruhezeiten der Art. 3 und Art. 5 UAbs. 1 kommt es idR zu einer **Mindestruhephase von 35 Stunden**.

B. Abweichungen nach Art. 5 UAbs. 2

Nach Art. 5 UAbs. 2 kann eine Mindestruhezeit von 24 Stunden gewählt werden, wenn 2 objektive, technische und arbeitsorganisatorische Gründe dies rechtfertigen. Sind diese Voraussetzungen erfüllt, braucht die tägliche Mindestruhezeit von elf zusammenhängenden Stunden nach Art. 3 abweichend von Art. 5 UAbs. 1 nicht zu der wöchentlichen Mindestruhezeit von 24 Stunden hinzukommen. Die Mindestruhephase vermindert sich dadurch **von 35 auf 24 Stunden**. Technische und arbeitsorganisatorische Gründe allein genügen für die Anwendung der eng auszulegenden Ausnahmeregelung des Art. 5 UAbs. 2 nicht. Es muss sich nach dem Wortlaut von Art. 5 UAbs. 2 um **objektive Gründe** handeln, die einen geordneten Betrieb auch bei zumutbaren technischen und arbeitsorganisatorischen Maßnahmen – etwa im Schichtbetrieb – nicht zulassen, wenn Arbeitnehmern eine Mindestruhephase von 35 Stunden zukommt (weiter gehend Preis/Sagan/*Ulber* § 6 Rn. 167, der **besonders erhebliche Gründe** verlangt; vgl. zu dem Bezugszeitraum des Art. 16 lit. a sowie den Abweichungsmöglichkeiten nach Art. 17 und 18 die dortigen Kommentierungen). Durch den Ausnahmetatbestand des Art. 5 UAbs. 2 wird nur die **Verbindung** der täglichen und der wöchentlichen Ruhezeit nach Art. 5 UAbs. 1 gelöst. Das Recht auf die tägliche elfstündige Ruhezeit (Art. 3) bleibt isoliert von dem Recht auf die 24-stündige wöchentliche Ruhezeit (Art. 5) bestehen (*Riesenhuber* § 14 Rn. 24).

C. Umsetzung in das innerstaatliche Recht

Art. 5 ist durch §§ 9, 10 und 11 ArbZG umgesetzt. Die 24-stündige wöchentliche Ruhezeit wird regelmäßig durch die **Sonn- und Feiertagsruhe** des § 9 I ArbZG ermöglicht. Werden Arbeitnehmer an einem Sonntag oder einem auf einen Werktag fallenden Feiertag beschäftigt, steht ihnen nach § 11 III ArbZG ein **Ersatzruhetag** zu. Die Sonn- oder Feiertagsruhe des § 9 ArbZG oder der Ersatzruhetag des § 11 III ArbZG ist den Arbeitnehmern nach § 11 IV ArbZG unmittelbar iVm einer (täglichen) Ruhezeit nach § 5 ArbZG zu gewähren, soweit dem technische oder arbeitsorganisatorische Gründe nicht entgegenstehen. In § 11 IV ArbZG ist richtlinienkonform der objektive Charakter der entgegenstehenden technischen oder arbeitsorganisatorischen Gründe „hineinzulesen" (→ Rn. 2).

D. Keine richtlinienkonforme Nutzung der Abweichungsmöglichkeiten durch den Mitgliedstaat

Die nationalen Gerichte haben zu prüfen, ob der Mitgliedstaat die Abweichungsmöglich- 4 keiten von Art. 5 UAbs. 1 bei der Richtlinienumsetzung **ordnungsgemäß genutzt hat**. Ist das nicht der Fall, können die Behörden des Mitgliedstaats Arbeitnehmern die aus Art. 3

und Art. 5 UAbs. 1 zusammengesetzte 35-stündige Ruhezeit **nicht verwehren**, auch wenn eine Abweichung grds. den Anforderungen von Art. 5 entsprechen könnte (EuGH 21.10.2010 – C-227/09 Rn. 46 – Accardo, NZA 2011, 215).

Art. 6 Wöchentliche Höchstarbeitszeit

Die Mitgliedstaaten treffen die erforderlichen Maßnahmen, damit nach Maßgabe der Erfordernisse der Sicherheit und des Gesundheitsschutzes der Arbeitnehmer:

a) die wöchentliche Arbeitszeit durch innerstaatliche Rechts- und Verwaltungsvorschriften oder in Tarifverträgen oder Vereinbarungen zwischen den Sozialpartnern festgelegt wird;

b) die durchschnittliche Arbeitszeit pro Siebentageszeitraum 48 Stunden einschließlich der Überstunden nicht überschreitet.

A. Bedeutung und Ausgestaltung der wöchentlichen Höchstarbeitszeit, Art. 6 lit. b

1   Die Regelung des Art. 6 lit. b, wonach die durchschnittliche Höchstarbeitszeit pro Siebentageszeitraum 48 Stunden einschließlich der Überstunden nicht überschreiten darf, ist eine der zentralen Vorgaben nicht nur der Arbeitszeitrichtlinie. Sie ist eine **besonders wichtige Regel des Sozialrechts der Union**. Der Mindestanspruch muss jedem Arbeitnehmer zum Schutz seiner Gesundheit und Sicherheit zugutekommen (EuGH 25.11.2010 – C-429/09 Rn. 33 – Fuß II, NZA 2011, 53; 14.10.2010 – C-243/09 Rn. 33 – Fuß I, NZA 2010, 1344; 1.12.2005 – C-14/04 Rn. 49 – Dellas, NZA 2006, 89). Um den Durchschnitt zu ermitteln, können die Mitgliedstaaten nach **Art. 16 lit. b UAbs. 1** einen Bezugszeitraum von bis zu vier Monaten vorsehen (zu dem längeren sechsmonatigen Ausgleichszeitraum des § 3 S. 2 ArbZG → Rn. 3; Art. 16 Rn. 5; Art. 17 Rn. 16 f.; Art. 22 Rn. 10). Urlaubs- und Krankheitszeiten müssen nach **Art. 16 lit. b UAbs. 2** bei der Berechnung des Durchschnitts entweder unberücksichtigt bleiben, oder sie sind neutral. Arbeitszeiten bei **verschiedenen Arbeitgebern** sind wegen des bezweckten Gesundheitsschutzes zusammenzurechnen (*Riesenhuber* § 14 Rn. 27). Gesetzliche oder kollektivvertragliche Abweichungen erlaubt **Art. 17 I** nur für Tätigkeiten, bei denen die Arbeitszeit wegen der besonderen Merkmale der Tätigkeit nicht gemessen und/oder nicht im Voraus festgelegt wird oder von den Arbeitnehmern selbst festgelegt werden kann. Hierfür sind nicht abschließend bestimmte Personengruppen (zB leitende Angestellte) genannt. Die für **Ärzte in der Ausbildung** von **Art. 17 V** vorgesehene Abweichungsmöglichkeit besteht nicht mehr. Die Übergangszeit von fünf Jahren ab dem 1.8.2004 mit einer höchstens zweijährigen Verlängerungsmöglichkeit ist mit dem 31.7.2009 verstrichen. Die Möglichkeit des sog. **Opt-outs** kann nur unter den eng auszulegenden Voraussetzungen des **Art. 22 I** genutzt werden (EuGH 9.9.2003 – C-151/02 Rn. 84 f. – Jaeger, NZA 2003, 1019 noch zu der RL 93/104/EG; → Art. 22 Rn. 1 ff.).

B. Unmittelbare Wirkung von Art. 6 lit. b in Betrieben öffentlicher Arbeitgeber

2   Die Arbeitszeitrichtlinie lässt den Mitgliedstaaten einen gewissen Gestaltungsspielraum bei der Umsetzung der wöchentlichen Höchstarbeitszeit, was den Bezugszeitraum des Art. 16 lit. b angeht. Außerdem kann durch das Opt-out des Art. 22 I UAbs. 1 – wenn auch nicht durch Tarifvertrag (→ Art. 22 Rn. 2 f.) – von Art. 6 lit. b abgewichen werden. Die Richtlinienvorgabe ist dennoch **genau und bestimmt genug**, um in Betrieben **öffentlicher**

Arbeitgeber wegen des Anwendungsvorrangs des Unionsrechts **unmittelbar angewandt** zu werden. Der Bezugszeitraum des Art. 16 lit. b darf vier Monate nicht überschreiten. Die Opt-out-Befugnis der Mitgliedstaaten, Art. 6 nicht anzuwenden, hängt davon ab, dass alle Bedingungen des Art. 22 I UAbs. 1 eingehalten sind. Der **Mindestschutz**, der auf jeden Fall zu verwirklichen ist, kann deshalb bestimmt werden (EuGH 14.10.2010 – C-243/09 Rn. 58 f. – Fuß I, NZA 2010, 1344; noch zu der RL 93/104/EG 5.10.2004 – C-397/01 bis C-403/01 Rn. 105 f. – Pfeiffer, NZA 2004, 1145). Arbeitnehmer aller öffentlichen Arbeitgeber haben Anspruch darauf, dass entgegenstehendes nationales Recht unangewandt bleibt, sie also nicht länger als durchschnittlich 48 Stunden im Siebentageszeitraum beschäftigt werden (EuGH 25.11.2010 – C-429/09 Rn. 38 bis 40 – Fuß II, NZA 2011, 53; 14.10.2010 – C-243/09 Rn. 60 f. – Fuß I, NZA 2010, 1344). Auf Abweichungsmöglichkeiten nach Art. 22 I, die der Mitgliedstaat bei der Umsetzung nicht genutzt hat, können sich öffentliche Arbeitgeber nicht berufen, um den Richtlinienverstoß zu rechtfertigen (EuGH 25.11.2010 – C-429/09 Rn. 37 – Fuß II, NZA 2011, 53; 14.10.2010 – C-243/09 Rn. 60 – Fuß I, NZA 2010, 1344).

C. Umsetzung von Art. 6 lit. b in das deutsche Recht

Art. 6 lit. b ist durch **§§ 3 und 9 ArbZG** in das deutsche Recht umgesetzt. Die regelmäßige werktägliche Arbeitszeit von höchstens acht Stunden (§ 3 S. 1 ArbZG) und die Sonntagsruhe (§ 9 I ArbZG) bzw. der Ersatzruhetag des § 11 III 1 ArbZG stellen eine durchschnittlich höchstens 48-stündige Wochenarbeitszeit sicher (zu der richtlinienwidrigen Länge des sechsmonatigen Ausgleichszeitraums in § 3 S. 2 ArbZG entgegen dem Viermonatszeitraum des Art. 16 lit. b UAbs. 1 → Art. 16 Rn. 5; zu der Verlängerungsmöglichkeit des Art. 19 UAbs. 2 → Art. 17 Rn. 17 f.; zum Opt-out des Art. 22 → Art. 22 Rn. 10).

D. Sanktionen bei Verstößen gegen Art. 6 lit. b

I. Unionsrechtliche Vorgaben für einen Schadensersatzanspruch

Neben einem **Staatshaftungsanspruch** der Europäischen Union gegen den Mitgliedstaat, der die Richtlinienvorgabe nicht oder nicht ordnungsgemäß umgesetzt hat, kommt jedenfalls in Arbeitsverhältnissen mit öffentlichen Arbeitgebern unter **drei Voraussetzungen** ein individueller **Schadensersatzanspruch des einzelnen Arbeitnehmers** gegen den Mitgliedstaat oder eine öffentlich-rechtliche Körperschaft als Untergliederung des Mitgliedstaats in Betracht (EuGH 25.11.2010 – C-429/09 Rn. 47, 61 – Fuß II, NZA 2011, 53). Die unionsrechtliche Norm, gegen die verstoßen wurde, muss den **Zweck** haben, Rechte zugunsten des Einzelnen zu begründen. Das ist bei Art. 6 lit. b der Fall (EuGH 25.11.2010 – C-429/09 Rn. 47, 50 – Fuß II, NZA 2011, 53). Der Verstoß gegen die Richtlinienbestimmung muss **hinreichend qualifiziert** sein. Das ist anzunehmen, wenn der Mitgliedstaat die Grenzen, die seinem Ermessen (oder auch Gestaltungsspielraum) gesetzt sind, offenkundig und erheblich überschritten hat. Ein Verstoß ist jedenfalls dann hinreichend qualifiziert, wenn die einschlägige Rechtsprechung des EuGH offenkundig verkannt wurde (EuGH 25.11.2010 – C-429/09 Rn. 47, 51 f., 58 – Fuß II, NZA 2011, 53). Schließlich muss zwischen dem Richtlinienverstoß und dem entstandenen Schaden ein **unmittelbarer Kausalzusammenhang** bestehen (EuGH 25.11.2010 – C-429/09 Rn. 47 – Fuß II, NZA 2011, 53). Der Schaden besteht im Verlust von Ruhezeiten (Preis/Sagan/*Ulber* § 6 Rn. 331 f.). Das innerstaatliche Recht ist richtlinienkonform entsprechend auszulegen (BVerwG 26.7.2012 BVerwGE 143, 381 Rn. 30 f.). Es kann zugunsten des Arbeitnehmers **weniger strenge Haftungsvoraussetzungen** vorsehen. Das nationale Recht darf jedoch keine strengeren Haftungsvoraussetzungen begründen, insbesondere **kein Verschuldenserfordernis,** das über einen hinreichend qualifizierten Verstoß gegen Art. 6 lit. b hinausgeht (EuGH 25.11.2010 – C-429/09 Rn. 66 f. – Fuß II, NZA 2011, 53). Der Schadensersatzanspruch darf auch nicht davon abhängig gemacht werden, dass der Arbeitnehmer zuvor einen **Antrag auf Einhaltung der wöchentlichen Höchstarbeitszeit** gestellt hat. Das verstieße gegen den **Effektivitätsgrundsatz** (EuGH 25.11.2010 – C-429/09 Rn. 71 ff. – Fuß II, NZA 2011, 53). Der EuGH hat bisher nicht geklärt, ob die von Art. 6 lit. b vorgegebene wöchentliche Höchstarbeitszeit auch gegenüber privaten Arbeitgebern unmittelbar wirkt, weil sie durch **Art. 31 II GRC, Art. 6 I UAbs. 1 EUV** primärrechtlich verankert ist.

II. Antragserfordernis?

5   Die Entscheidung des **BVerwG** v. 29.9.2011 (öAT 2011, 237 Rn. 20) widerspricht einem effektiven Schadensausgleich (→ Rn. 4). Das BVerwG verlangt für Beamte die Geltendmachung des Ausgleichsanspruchs durch einen Antrag gegenüber dem Dienstherrn, bevor die Arbeitszeit verlängert wird. Das BVerwG setzt sich dabei mit der Entscheidung des EuGH in der Rs. *Fuß II* (EuGH 25.11.2010 – C-429/09 – NZA 2011, 53) auseinander, verneint aber wie im Fall von **Ausschluss- oder Verjährungsfristen** eine übermäßig erschwerte Durchsetzung von Unionsrecht (BVerwG 29.9.2011 öAT 2011, 237 Rn. 20). Dem ist nicht zuzustimmen. Zwischen dem Verlust bzw. der Undurchsetzbarkeit eines Anspruchs aufgrund von Verfall- oder Verjährungsfristen und der **Begründung einer weiteren Anspruchsvoraussetzung** durch einen Antrag besteht ein qualitativer Unterschied. Der Ausgleichsanspruch entsteht nach Ansicht des BVerwG schon nicht, wenn der Arbeitnehmer vor der Arbeitszeitverlängerung keinen Ausgleichsantrag stellt. Dem steht unter anderem die Wertung des Art. 22 I UAbs. 1 lit. a entgegen, die verlangt, dass der Arbeitnehmer der Verlängerung der Wochenarbeitszeit **individuell, ausdrücklich und frei** zustimmt, bevor die Arbeitszeit verlängert wird (→ Art. 22 Rn. 7). Der Schutzzweck dieser Vorgabe wird in sein Gegenteil verkehrt, wenn der Ausgleichsanspruch, der die Verlängerung der Arbeitszeit und den Richtlinienverstoß kompensieren soll, an einen vorherigen Antrag des Arbeitnehmers gebunden wird. Nur unter sehr engen Voraussetzungen kann es dem Geschädigten im Rahmen des **Schadensumfangs** angelastet werden, wenn er sich gegenüber dem öffentlichen Arbeitgeber nicht um die Beendigung des Richtlinienverstoßes bemüht hat (EuGH 25.11.2010 – C-429/09 Rn. 75 ff. – Fuß II, NZA 2011, 53).

III. Rechtsfolge

6   Der Schadensersatzanspruch verlangt einen effektiven und äquivalenten Schutz der Rechte des Einzelnen (EuGH 25.11.2010 – C-429/09 Rn. 92 f. – Fuß II, NZA 2011, 53). Unter diesen Voraussetzungen ist es dem Mitgliedstaat überlassen, ob der Anspruch auf **Freizeitausgleich** oder **Geldersatz** gerichtet ist (EuGH 25.11.2010 – C-429/09 Rn. 94 – Fuß II, NZA 2011, 53; BVerwG 26.7.2012 BVerwGE 143, 381 Rn. 14). Nach deutschem Recht ist die **Naturalrestitution** des § 249 I BGB und damit der Freizeitausgleich regelmäßig vorrangig (LAG HM 2.2.2012 – 17 Sa 1001/11 – zu A III 2 e der Gründe). Dafür spricht auch der unionsrechtlich gebotene Gesundheitsschutz. **Geldersatz** ist nach § 251 I BGB zu leisten, wenn die Herstellung iSd § 249 I BGB nicht möglich oder zur Entschädigung des Gläubigers nicht genügend ist. Geldersatz kommt deshalb vor allem bei **Beendigung des Arbeitsverhältnisses** in Betracht. Bestehen besondere Entgeltregelungen für die Mehrarbeit, ist die höhere Vergütung geschuldet (BVerwG 26.7.2012 BVerwGE 143, 381 Rn. 35, 39 f.). **Bereitschaftsdienstanteile** oder nationale Pflichten, die darauf gerichtet sind, ohne Entgeltausgleich Mehrarbeit zu leisten, mindern den Anspruch auf Geldersatz wegen des unionsrechtlichen Effektivitätsgrundsatzes nicht (BVerwG 26.7.2012 BVerwGE 143, 381 Rn. 31).

IV. Ausschluss- und Verjährungsfristen

Der Schadensersatzanspruch unterliegt Verfall- und Verjährungsfristen (BVerwG 31.1.2013 ZTR 2013, 349 Rn. 28 ff.; 26.7.2012 BVerwGE 143, 381 Rn. 41 ff.; LAG Hamm 2.2.2012 – 17 Sa 1001/11 – zu A I 2 c der Gründe). **7**

E. Art. 6 lit. a

Art. 6 lit. a der Arbeitszeitrichtlinie ist eine wenig beachtete Vorgabe. Danach ist die wöchentliche Arbeitszeit durch innerstaatliche Rechts- oder Verwaltungsvorschriften oder in Tarifverträgen oder Vereinbarungen der Sozialpartner **festzulegen**. Arbeitnehmer sollen wissen, welche Wochenarbeitszeit für sie gilt (Preis/Sagan/*Ulber* § 6 Rn. 162). **8**

Art. 7 Jahresurlaub

(1) Die Mitgliedstaaten treffen die erforderlichen Maßnahmen, damit jeder Arbeitnehmer einen bezahlten Mindestjahresurlaub von vier Wochen nach Maßgabe der Bedingungen für die Inanspruchnahme und die Gewährung erhält, die in den einzelstaatlichen Rechtsvorschriften und/oder nach den einzelstaatlichen Gepflogenheiten vorgesehen sind.

(2) Der bezahlte Mindestjahresurlaub darf außer bei Beendigung des Arbeitsverhältnisses nicht durch eine finanzielle Vergütung ersetzt werden.

Übersicht

	Rn.
A. Unionsrechtliche Durchdringung des Urlaubsanspruchs	1
I. Arbeitsschutzrecht	1
II. Rechtliche Wirkung des von Art. 7 verbürgten Urlaubsanspruchs	2
III. Rechtsnatur des unionsrechtlich gewährleisteten Urlaubsanspruchs	3
1. Unionsrechtliches Verständnis	3
2. Deutsches Verständnis	4
IV. Verschränkung von Unionsrecht, nationalem Verfassungsrecht und innerstaatlichem einfachen Recht	5
B. Weitere Auslegungsgrundlagen des unionsrechtlich gewährleisteten Urlaubsanspruchs	6
I. IAO-Übk. Nr. 132 über den bezahlten Jahresurlaub	7
1. Regelungsinhalt des IAO-Übk. Nr. 132	8
2. Bedeutung des IAO-Übk. Nr. 132 für die Auslegung von Art. 7 der Arbeitszeitrichtlinie	9
II. Seearbeitsübereinkommen 2006	10
C. Art. 7 und andere Urlaubsregelungen	11
D. Voraussetzungen des Urlaubsanspruchs	12
I. Arbeitnehmer	12
II. Wartezeit	13
1. Richtlinienrecht	13
2. Umsetzung in das deutsche Recht	14
III. Arbeitsleistung	15
1. Krankheitsbedingte Arbeitsunfähigkeit	15
2. „Kurzarbeit Null"	16
3. Umsetzung in das nationale Recht	17
a) §§ 1, 3, 13 I 1 BUrlG	17
b) § 13 II BUrlG	18
c) Eltern- und Mutterschaftsurlaub	19
IV. Urlaubsdauer	20
V. Veränderte Arbeitszeit	21
1. Übergang von Vollzeit auf Teilzeit nach dem Ende des Bezugszeitraums	21
2. Übergang von Vollzeit auf Teilzeit innerhalb des Bezugszeitraums	22

	Rn.
VI. Gleichbehandlung bei der Gewährung von Mehrurlaub	23
1. Unionsrecht	23
2. Deutsches Recht	24
E. Festlegung des Urlaubszeitraums	25
I. Keine Richtlinienvorgabe	25
II. Mutterschaftsurlaub	26
III. Krankheitsurlaub	27
F. Urlaubsentgelt	28
I. Höhe des Urlaubsentgelts	28
1. Bezahlter Mindestjahresurlaub	28
2. Besondere Entgeltbestandteile	29
II. Fälligkeit des Urlaubsentgelts	30
G. Befristung und Übertragung des Urlaubsanspruchs	31
I. Zuständigkeit der Mitgliedstaaten	31
II. Grenzen der Regelungsbefugnis der Mitgliedstaaten	32
III. Kein unbegrenztes Ansammeln von Urlaubsansprüchen	33
IV. Andere Fälle als die der krankheitsbedingten Arbeitsunfähigkeit	34
V. Mehrurlaubsansprüche	35
H. Urlaubsabgeltung	36
I. Abgeltungsverbot im bestehenden Arbeitsverhältnis	36
II. Sonderfall: Tod des Arbeitnehmers	37
III. Regeln der Abgeltung	38

A. Unionsrechtliche Durchdringung des Urlaubsanspruchs

I. Arbeitsschutzrecht

1   Spätestens mit der Entscheidung **Schultz-Hoff** des EuGH v. 20.1.2009 (– C-350/06 und C-520/06 – NZA 2009, 135) wurde deutlich, dass das Urlaubsrecht ein Brennpunkt der Anwendung des Unionsrechts und der Rezeption der Rechtsprechung des EuGH ist. Das nationale Urlaubsrecht wird in erheblichem Umfang von unionsrechtlichen Vorgaben überlagert. Der sedes materiae ist für deutsche Urlaubsrechtler auf den ersten Blick überraschend. Die zentrale Norm des Sekundärrechts ist Art. 7 der Arbeitszeitrichtlinie 2003/88/EG. Der Blickwinkel des Unionsrechts ist damit ein anderer als die traditionelle deutsche Sichtweise, die zivilrechtlich geprägt ist (→ Rn. 4). Der richtlinienrechtlich verbürgte Urlaubsanspruch gehört zum **nichttechnischen Arbeitsschutz** mit öffentlich-rechtlicher Zielrichtung der Gefahrenabwehr, der auch Sicherheitsaspekte erfasst. Nach Art. 1 soll die unionsweite Harmonisierung der Arbeitszeitvorschriften einen besseren Schutz der Sicherheit und der Gesundheit der Arbeitnehmer durch Mindestruhezeiten und Ruhepausen gewährleisten (EuGH 26.6.2001 – C-173/99 Rn. 38 – BECTU, NZA 2001, 827). Für den nichttechnischen Arbeitsschutz besteht eine „harte" Kompetenz der Europäischen Union (Art. 153 II 1 lit. a iVm I lit. a und b AEUV; → Art. 1 Rn. 3). Urlaub iSd Arbeitszeitrichtlinie ist eine **Ruhezeit in der Jahresarbeitszeit**. Wegen des Arbeitsschutzcharakters des Urlaubs und der damit verbundenen klaren Kompetenz der EU ist die unionale Auslegung des Urlaubsanspruchs durch gefestigte Rechtsprechungslinien des EuGH ausgeformt. Ausgangspunkt ist die Entscheidung in der Sache **BECTU** v. 26.6.2001 (– C-173/99 – NZA 2001, 827). An sie schloss sich in der ersten Phase der Urlaubsrechtsprechung des EuGH das Urteil in der Sache **Robinson-Steele** v. 6.3.2006 an (– C-131/04 und C-257/04 – NZA 2006, 481). Mit dem Richtlinienrecht ist es nicht mehr getan: Durch Art. 6 I 1 Hs. 2 EUV ist die GRC Primärrecht. Die Charta gewährleistet in Art. 31 II das Recht auf bezahlten Jahresurlaub (zu der Wirkungsweise der Charta zB *Wißmann*, JbArbR 48, 2011, 73 [75 ff.]) das „Ob" des Urlaubsanspruchs (→ GRC Art. 31 Rn. 15).

II. Rechtliche Wirkung des von Art. 7 verbürgten Urlaubsanspruchs

2   Nach Art. 7 I treffen die Mitgliedstaaten die erforderlichen Maßnahmen, damit jeder Arbeitnehmer einen bezahlten Mindestjahresurlaub von vier Wochen nach Maßgabe der

Bedingungen für die Inanspruchnahme und die Gewährung erhält, die in den einzelstaatlichen Rechtsvorschriften und/oder nach den einzelstaatlichen Gepflogenheiten vorgesehen sind. Der bezahlte Mindestjahresurlaub darf nach Art. 7 II außer bei Beendigung des Arbeitsverhältnisses nicht durch eine finanzielle Vergütung ersetzt werden. Das Unionsrecht verlangt jedenfalls, dass der Anspruch auf bezahlten Jahresurlaub **unabhängig von Arbeitsleistung und Erholungsbedürfnis** entsteht, zB wenn der Arbeitnehmer während des gesamten Kalenderjahres arbeitsunfähig erkrankt ist und keinerlei Arbeitsleistung erbringt (EuGH 21.6.2012 – C-78/11 Rn. 21 ff. – ANGED, NZA 2012, 851; 24.1.2012 – C-282/10 Rn. 15 ff. – Dominguez, NZA 2012, 139; → Rn. 15). Der EuGH nimmt inzwischen ersichtlich mehr als nur einen durch Richtlinienvorgabe an die Mitgliedstaaten (Art. 288 III AEUV) verbürgten Anspruch an. Er geht seit Inkrafttreten des Vertrags von Lissabon am 1.12.2009 davon aus, dass der Anspruch auf bezahlten Jahresurlaub im primären Unionsrecht des **Art. 31 II GRC verankert** ist (zB EuGH 3.5.2012 – C-337/10 Rn. 40 – Neidel, AP Richtlinie 2003/88/EG Nr. 8; *Buschmann* AuR 2012, 262; *Forst* Anm. EzA EG-Vertrag 1999 Richtlinie 2003/88 Nr. 9; *Heilmann* AuR 2012, 234). Der EuGH hat den Anspruch (genauer: seine Gewährleistung durch Richtlinienvorgabe) bisher in der Rechtsanwendung jedoch nur aus dem Sekundärrecht des Art. 7 der Arbeitszeitrichtlinie hergeleitet. Er hält den Urlaubsanspruch in seiner konkreten Ausprägung durch Richtlinienvorgabe für einen **besonders bedeutsamen Grundsatz des Sozialrechts der Union**, also nicht für ein Unionsgrundrecht, obwohl der Anspruch im Primärrecht verankert ist (vgl. nach Inkrafttreten des Vertrags von Lissabon am 1.12.2009 etwa EuGH 12.6.2014 – C-118/13 Rn. 15 – Bollacke, NZA 2014, 651; 24.1.2012 – C-282/10 Rn. 16 – Dominguez, NZA 2012, 139; aA Preis/Sagan/*Mehrens/Witschen* § 7 Rn. 3: Grundrecht; → GRC Art. 31 Rn. 15: grundrechtliche Garantie nur des „Obs" des Urlaubsanspruchs, sekundärrechtliche Verbürgung der konkretisierten Urlaubsdauer durch Art. 7 der Arbeitszeitrichtlinie). Der EuGH legt dem Urlaubsanspruch demnach weiterhin **keine primärrechtliche unmittelbare Wirkung** bei. Das zeigt sich daran, dass er in der Entscheidung *Dominguez* die unmittelbare Wirkung von Art. 7 I prüft (EuGH 24.1.2012 – C-282/10 Rn. 32 ff. – NZA 2012, 139; dazu *Forst* Anm. AP Richtlinie 2003/88/EG Nr. 7; *Wietfeld* EuZA 2012, 540) und darauf in der Sache *Neidel* verweist (EuGH 3.5.2012 – C-337/10 Rn. 40 – AP Richtlinie 2003/88/EG Nr. 8). Das wäre überflüssig, wenn der Anspruch als Primärrecht unmittelbar wirkte (in der Analyse ebenso Preis/Sagan/*Mehrens/Witschen* § 7 Rn. 3). Manche Autoren schließen aus dieser Vorsicht des EuGH, dass das Recht auf bezahlten Jahresurlaub in Art. 31 II GRC möglicherweise selbst dann nicht bestimmt genug ist, wenn es durch Art. 7 der Arbeitszeitrichtlinie konkretisiert wird (Preis/Sagan/*Mehrens/Witschen* § 7 Rn. 3; *C. Schubert* RdA 2014, 9 [10]). Dagegen spricht, dass Art. 7 I inhaltlich unbedingt und hinreichend bestimmt ist, um **unmittelbare Wirkung gegenüber öffentlichen Arbeitgebern** zu entfalten (EuGH 24.1.2012 – C-282/10 Rn. 33 ff. – Dominguez, NZA 2012, 139). Art. 7 I gibt den Mitgliedstaaten unmissverständlich die Verpflichtung auf, dafür zu sorgen, dass jedem Arbeitnehmer ein bezahlter Mindestjahresurlaub von vier Wochen gewährt wird. Der gewisse Gestaltungsspielraum der Mitgliedstaaten bei den Bedingungen für die Inanspruchnahme und Gewährung des Anspruchs auf bezahlten Jahresurlaub ändert aus Sicht des EuGH nichts daran, dass die Verpflichtung der Mitgliedstaaten genau und unbedingt ist. Art. 17 lässt Abweichungen von Art. 7 nicht zu (EuGH 24.1.2012 – C-282/10 Rn. 34 f. – Dominguez, NZA 2012, 139). Das gilt auch für Art. 18 und 22. Vor diesem Hintergrund ist nicht auszuschließen, dass der EuGH den Urlaubsanspruch, der von Art. 7 I AZRL verbürgt wird, künftig mit Blick auf Art. 31 II GRC durch eine primärrechtliche unmittelbare Wirkung aufwerten wird (*Höpfner* RdA 2013, 16 [20 f.]; s. auch *Suckow/Klose*, JbArbR 49, 2012, 59 [71 f.]; *Wietfeld* EuZA 2012, 540 [546]). Es dürfte aufgrund der Arbeitsschutzkompetenz der Union nicht schwerfallen, den nach Art. 51 GRC nötigen unionsrechtlichen Bezug herzuleiten (EuGH 15.1.2014 – C-176/12 Rn. 42 – Association de médiation sociale, NZA 2014, 193; 26.2.2013 – C-617/10 Rn. 17 ff. – Åkerberg Fransson, NZA 2013, 1415). Diese Frage fällt in die Auslegungskompetenz des EuGH und verlangt ggf. ein Vorabentscheidungsersuchen (*Höpfner* RdA 2013, 16 [21 f.]). Von Art. 7 wird nur der **vierwöchige**

Mindesturlaub, nicht auch der tarifliche oder einzelvertragliche Mehrurlaub gewährleistet (BAG 5.8.2014 NZA 2015, 625 Rn. 30). Das ist durch die Rechtsprechung des EuGH geklärt (BVerfG 15.5.2014 NZA 2014, 838 Rn. 15).

III. Rechtsnatur des unionsrechtlich gewährleisteten Urlaubsanspruchs

3 **1. Unionsrechtliches Verständnis.** Nach der Rechtsprechung des EuGH behandelt die Arbeitszeitrichtlinie den Anspruch auf Jahresurlaub und den Anspruch auf Urlaubsentgelt als zwei Teile oder auch Aspekte eines **einzigen Anspruchs** (EuGH 12.6.2014 – C-118/13 Rn. 16, 20 f. – Bollacke, NZA 2014, 651). Durch das Erfordernis des zu leistenden Urlaubsentgelts soll der Arbeitnehmer während des Jahresurlaubs in eine Lage versetzt werden, die in Bezug auf das Entgelt mit den Zeiten geleisteter Arbeit vergleichbar ist (EuGH 20.1.2009 – C-350/06 und C-520/06 Rn. 60 – Schultz-Hoff, NZA 2009, 135; 6.3.2006 – C-131/04 und C-257/04 Rn. 58 – Robinson-Steele, NZA 2006, 481). Der in Art. 31 II GRC verankerte und in Art. 7 der Arbeitszeitrichtlinie verbürgte Anspruch verfolgt einen **zweifachen Zweck.** Er besteht darin, es dem Arbeitnehmer zu ermöglichen, sich von der Ausübung der ihm nach dem Arbeitsvertrag obliegenden Aufgaben zu erholen und über einen Zeitraum für Entspannung und Freizeit zu verfügen (EuGH 21.6.2012 – C-78/11 Rn. 19 – ANGED, NZA 2012, 851; 22.11.2011 – C-214/10 Rn. 31 – KHS, NZA 2011, 1333). Zweck des Anspruchs ist der Schutz der Sicherheit und der Gesundheit des Arbeitnehmers. Die positive Wirkung des bezahlten Jahresurlaubs entfaltet sich vollständig, wenn der Urlaub im laufenden Urlaubsjahr genommen wird. Die Ruhezeit verliert aber auch dann nicht ihre Bedeutung, wenn sie zu einer späteren Zeit genommen wird (EuGH 22.11.2011 – C-214/10 Rn. 32 – KHS, NZA 2011, 1333; 20.1.2009 – C-350/06 und C-520/06 Rn. 30 – Schultz-Hoff, NZA 2009, 135; 6.4.2006 – C-124/05 Rn. 30 – Federatie Nederlandse Vakbeweging, NZA 2006, 719; *Plüm* NZA 2013, 11 [13]).

4 **2. Deutsches Verständnis.** Das BAG hielt den Anspruch auf Urlaub und Urlaubsentgelt zunächst ebenso wie der EuGH für zwei Teile eines einheitlichen Anspruchs (BAG 3.6.1960 AP BGB § 611 Urlaubsrecht Nr. 73 zu I 3 der Gründe). Von diesem Einheitsanspruch ist die langjährige Rechtsprechung des BAG später abgerückt und hat **zwei voneinander verschiedene Ansprüche** angenommen. Danach ist der Urlaubsanspruch ein Anspruch, von den vertraglichen Arbeitspflichten befreit zu werden, ohne dass die Pflicht zur Zahlung des Entgelts berührt wird. Die Entgeltfortzahlung während des Erholungsurlaubs ist weder Inhalt der Pflicht zur Urlaubserteilung noch Wirksamkeitsvoraussetzung für die Erfüllung des urlaubsrechtlichen Freistellungsanspruchs. Eine Weigerung des Arbeitgebers, Vergütung während der Freistellung des Arbeitnehmers zahlen, bewirkt lediglich, dass bereits mit der Fälligkeit des Anspruchs auf Urlaubsvergütung ohne Mahnung Schuldnerverzug eintritt (BAG 21.6.2005 AP InsO § 55 Nr. 12 zu I 2 b der Gründe mwN). Mit fortschreitender Rezeption des Unionsrechts finden sich in den jüngeren Entscheidungen des BAG nicht länger solche scharf differenzierenden Formulierungen. Das mag daran liegen, dass das BAG mehrfach gezwungen war, seine Rechtsprechung dem Unionsrecht anzupassen. Welche massiven Auswirkungen das Unionsrecht auf das deutsche Urlaubsrecht hat, macht zB die Fortdauer des Urlaubs(-abgeltungs)anspruchs bei langanhaltender **krankheitsbedingter Arbeitsunfähigkeit** deutlich (grundlegend BAG 24.3.2009 NZA 2009, 538 Rn. 57 ff.). Entsprechendes gilt für die **Aufgabe der Surrogatstheorie** (BAG 19.6.2012 NZA 2012, 1087 Rn. 13 ff.; st. Rspr., s. zB auch BAG 19.5.2015 – 9 AZR 725/13 – Rn. 16 ff.). Das BAG hat den unionsrechtlichen Einheitsanspruch bislang aber auch nicht ausdrücklich aufgegriffen (s. auch ErfK/*Gallner* BUrlG § 11 Rn. 1).

IV. Verschränkung von Unionsrecht, nationalem Verfassungsrecht und innerstaatlichem einfachen Recht

Fast jede Entscheidung der deutschen Arbeitsgerichte zu § 7 III und IV BUrlG bewegt 5 sich seit der fortschreitenden Rezeption des Unionsrechts im **Dreieck zwischen Luxemburg, Karlsruhe und Erfurt.** Auch § 13 BUrlG ist stark unionsrechtlich determiniert. Verknüpfendes Element zwischen den Zuständigkeiten des EuGH, des BVerfG und des BAG ist die Frage der Verletzung der Vorlagepflicht nach **Art. 101 I 2 GG** (BVerfG 29.5.2012 NZA 2013, 164 Rn. 20 ff.; 24.10.2011 NZA 2012, 202 Rn. 15; dazu *Thüsing/ Pötters/Traut* NZA 2010, 930; etwas anders: BVerfG 6.7.2010 NZA 2010, 995 [„Honeywell"] Rn. 87 ff.: bloße Willkürkontrolle, das BVerfG ist kein „oberstes Vorlagenkontrollgericht"). Das BVerfG hütet mit Art. 101 I 2 GG die Vorlagepflicht der obersten Gerichtshöfe des Bundes an den Gerichtshof der Europäischen Union aus Art. 267 UAbs. 3 AEUV (näher *Frenz* RdA 2010, 229; *Gehlhaar* NZA 2010, 1053; *Grimm* ArbRB 2010, 274; *Seifert*, JbArbR 48, 2011, 119 ff.). Art. 7 der Arbeitszeitrichtlinie und Art. 31 II GRC sind bei der Auslegung des innerstaatlichen Rechts deshalb immer mitzudenken. Stellen sich Vertrauensschutzfragen, treten Abgrenzungsschwierigkeiten zwischen **unionsrechtlichem und nationalem Vertrauensschutz** auf (zu urlaubsrechtlichen Fragen des Vertrauensschutzes BAG 19.5.2015 – 9 AZR 725/13 – Rn. 25; 23.3.2010 NZA 2010, 810 Rn. 72 ff.; *Arnold* ArbRB 2010, 169; *Besgen* SAE 2010, 201; *Lunk* ArbRB 2010, 104; *Powietzka/Falkenstein* NZA 2010, 673; *Pulz* jurisPR-ArbR 29/2010 Anm. 1; *Wagner* FA 2010, 238). Das BVerfG hat auch hier mit Art. 12 I und Art. 20 III GG die nationale Verfassung zu schützen (6.7.2010 NZA 2010, 995 [„Honeywell"] Rn. 80 ff.).

B. Weitere Auslegungsgrundlagen des unionsrechtlich gewährleisteten Urlaubsanspruchs

Der unionsrechtlich verbürgte Urlaubsanspruch ist **völkerrechtlich** „unterlegt". Der 6 sechste Erwägungsgrund der Arbeitszeitrichtlinie bestimmt, dass hinsichtlich der Arbeitszeitgestaltung den Grundsätzen der Internationalen Arbeitsorganisation Rechnung zu tragen ist. Arbeitszeitgestaltung meint auch Urlaubsgestaltung (→ Rn. 1).

I. IAO-Übk. Nr. 132 über den bezahlten Jahresurlaub

Besonders wichtig für den von Art. 7 gewährleisteten Urlaubsanspruch ist das IAO-Übk. 7 Nr. 132 über den bezahlten Jahresurlaub v. 24.6.1970. Das IAO-Übk. Nr. 132 wurde von der Bundesrepublik Deutschland durch Gesetz v. 30.4.1975 ratifiziert (BGBl. II 746).

1. Regelungsinhalt des IAO-Übk. Nr. 132. Das IAO-Übk. Nr. 132 gilt nach seinem 8 Art. 1 I für **alle Arbeitnehmer mit Ausnahme der Seeleute.** In Art. 3 I und III IAO-Übk. Nr. 132 ist bestimmt, dass jede Person, für die das Übereinkommen gilt, Anspruch auf **mindestens drei Wochen bezahlten Jahresurlaub** hat. Art. 12 IAO-Übk. Nr. 132 sieht vor, dass jede Vereinbarung über die Abdingung des Anspruchs auf mindestens dreiwöchigen bezahlten Jahresurlaub aus Art. 3 III IAO-Übk. Nr. 132 oder über den Verzicht auf diesen Urlaub gegen Entschädigung oder auf irgendeine andere Art je nach den Verhältnissen des betreffenden Landes als nichtig zu gelten hat oder zu verbieten ist. Nach Art. 5 I IAO-Übk. Nr. 132 kann eine **Mindestdienstzeit von höchstens sechs Monaten** verlangt werden. Art. 5 IV IAO-Übk. Nr. 132 bestimmt, dass Arbeitsversäumnisse aus **Gründen, die unabhängig vom Willen des Arbeitnehmers bestehen,** wie zB **Krankheit,** Unfall oder Mutterschaft, als Dienstzeit anzurechnen sind. Unter Bedingungen, die von der zuständigen Stelle oder durch geeignete Verfahren in jedem Land zu bestimmen sind, dürfen Zeiten der **Arbeitsunfähigkeit** infolge von Krankheit oder Unfall in den in Art. 3 III IAO-Übk. Nr. 132 vorgeschriebenen bezahlten Mindestjahresurlaub (von drei Wochen) nicht eingerechnet werden (Art. 6 II IAO-Übk. Nr. 132). Nach Art. 7 I Hs. 1 IAO-Übk. Nr. 132 hat jede Person, die den in diesem Übereinkommen vorgesehenen Urlaub nimmt, für die ganze Urlaubsdauer mindestens ihr normales oder durchschnittliches **Entgelt** zu erhalten. Art. 8 I IAO-Übk. Nr. 132 lässt die **Teilung** des bezahlten Jahresurlaubs zu. Vorbehaltlich von abweichenden Vereinbarungen hat einer der Teile nach Art. 8 II IAO-Übk. Nr. 132 **zwei ununterbrochene Arbeitswochen** zu umfassen. Der in Art. 8 II IAO-Übk. Nr. 132 erwähnte ununterbrochene Teil des bezahlten Jahresurlaubs ist spätestens **ein Jahr** und der übrige Teil des bezahlten Jahresurlaubs spätestens **18 Monate** nach Ablauf des Jahres, für das der Urlaubsanspruch erworben wurde, zu gewähren und zu nehmen (Art. 9 I IAO-Übk. Nr. 132). Nach Art. 9 II IAO-Übk. Nr. 132 kann jeder Teil des Jahresurlaubs, der eine vorgeschriebene Mindestdauer übersteigt, mit Zustimmung des Arbeitnehmers über die in Art. 9 I IAO-Übk. Nr. 132 angegebene Frist hinaus und bis zu einem späteren Termin aufgeschoben werden. Art. 11 IAO-Übk. Nr. 132 schreibt vor, dass ein Arbeitnehmer, der eine Mindestdienstzeit iSv Art. 5 I IAO-Übk. Nr. 132 zurückgelegt hat, bei der Beendigung seines Arbeitsverhältnisses Anspruch auf bezahlten, nicht gewährten Urlaub oder **Urlaubsgeltung** oder ein gleichwertiges Urlaubsguthaben hat.

9   2. **Bedeutung des IAO-Übk. Nr. 132 für die Auslegung von Art. 7 der Arbeitszeitrichtlinie.** Der EuGH hat **Art. 5 IV IAO-Übk. Nr. 132** in der Sache *Schultz-Hoff* herangezogen, um zu begründen, weshalb der Urlaubs(-abgeltungs)anspruch auch bei längerer krankheitsbedingter Arbeitsunfähigkeit nicht verfallen darf (20.1.2009 – C-350/06 und C-520/06 Rn. 37 f. – NZA 2009, 135). In der Sache **KHS** hat sich der Gerichtshof für die Begrenzung der zeitlichen Dauer des Urlaubs(-abgeltungs)anspruchs auf Art. 9 I IAO-Übk. Nr. 132 gestützt. Die Vorschrift könne dahin aufgefasst werden, dass sie auf der Erwägung beruhe, der Zweck des Urlaubsanspruchs könne mit Ablauf der Frist von **einem Jahr oder 18 Monaten** nicht mehr vollständig erreicht werden (EuGH 22.11.2011 – C-214/10 Rn. 41 – KHS, NZA 2011, 1333). Aus diesen Obersätzen ist zu schließen, dass der EuGH den sechsten Erwägungsgrund der RL 2003/88/EG beachtet und den völkerrechtlichen Grundsätzen der IAO bei der Arbeitszeit- und damit auch der Urlaubsgestaltung Rechnung trägt (→ Rn. 1 und 6).

II. Seearbeitsübereinkommen 2006

10 Das IAO-Übk. Nr. 132 über den bezahlten Jahresurlaub gilt nach seinem Art. 2 I nicht für Seeleute. Für sie gilt das Seearbeitsübereinkommen der IAO 2006. Der Urlaubsanspruch ist in **Titel 2 Regel 2.4 des Seearbeitsübereinkommens** geregelt. Das Seearbeitsübereinkommen wurde von der Bundesrepublik Deutschland durch Gesetz v. 21.7.2006 ratifiziert (BGBl. II 675). Durch Art. 3 III des Gesetzes zur Umsetzung des Seearbeitsübereinkommens 2006 der IAO v. 20.4.2013 (BGBl. I 868) wurde das BUrlG geändert (s. zum Seearbeitszeitrecht auch → Art. 1 Rn. 7, 16, 40 ff.; → Art. 14 Rn. 1; → Art. 17 Rn. 1; → Art. 20 Rn. 7; → Art. 25 Rn. 1).

C. Art. 7 und andere Urlaubsregelungen

11 Der von Art. 7 I verbürgte bezahlte Jahresurlaub ist vom **Mutterschaftsurlaub** (EuGH 18.3.2004 – C-342/01 Rn. 28 ff. – Merino Gómez, NZA 2004, 535; → Rn. 19, 26) und vom **Elternurlaub** (EuGH 22.4.2010 – C-486/08 Rn. 48 ff. – Zentralbetriebsrat der Landeskrankenhäuser Tirols, NZA 2010, 557) zu unterscheiden. Der Mutterschaftsurlaub ist in der RL 92/85/EG geregelt, der Elternurlaub in der RL 2010/18/EU. Ein durch das Unionsrecht gewährleisteter Urlaub darf den Anspruch auf einen anderen unionsrechtlich verbürgten Urlaub nicht beeinträchtigen. Die verschiedenen Urlaubsarten dienen verschiedenen Zwecken (EuGH 20.1.2009 – C-350/06 und C-520/06 Rn. 26 – Schultz-Hoff, NZA 2009, 135; 20.9.2007 – C-116/06 Rn. 56 – Kiiski, NZA 2007, 1274; 14.4.2005 –

C-519/03 Rn. 33 – Kommission/Luxemburg, NZA 2005, 587; 18.3.2004 – C-342/01 Rn. 32 f. – Merino Gómez, NZA 2004, 535). Der EuGH kennt zudem den Begriff des **Krankheitsurlaubs** für Zeiten der krankheitsbedingten Arbeitsunfähigkeit („sick leave", „congé de maladie"), den er aus manchen nationalen Rechtsordnungen herleitet. Krankheitsurlaub wird dem Arbeitnehmer gewährt, damit er von einer Krankheit, die eine Arbeitsunfähigkeit verursacht, genesen kann (EuGH 21.2.2013 – C-194/12 Rn. 18 – Maestre García, NZA 2013, 369; 21.6.2012 – C-78/11 Rn. 19 – ANGED, NZA 2012, 851; → Rn. 27).

D. Voraussetzungen des Urlaubsanspruchs

I. Arbeitnehmer

Die Arbeitszeitrichtlinie bestimmt den Begriff des Arbeitnehmers nicht selbst. Der EuGH verweist auf den Arbeitnehmerbegriff des **Art. 45 AEUV** (EuGH 7.4.2011 – C-519/09 Rn. 21 – May, Slg. 2011, I-2761). Entscheidende Kriterien des Arbeitsverhältnisses sind, dass jemand während einer bestimmten Zeit für einen anderen nach dessen **Weisung** Leistungen erbringt, für die er als Gegenleistung eine **Vergütung** erhält (EuGH 7.4.2011 – C-519/09 Rn. 21 – May, Slg. 2011, I-2761; 14.10.2010 – C-428/09 Rn. 28 – Union syndicale Solidaires Isère, Slg. 2010, I-9961). Dem Arbeitnehmerbegriff der Arbeitszeitrichtlinie unterfallen unter diesen Voraussetzungen auch **Beamte** (EuGH 3.5.2012 – C-337/10 Rn. 22 und 26 – Neidel, AP Richtlinie 2003/88/EG Nr. 8), **Dienstordnungsangestellte** (EuGH 7.4.2011 – C-519/09 Rn. 27 – May, Slg. 2011, I-2761) und **Fremdgeschäftsführer einer GmbH** (näher → Art. 1 Rn. 37–39). 12

II. Wartezeit

1. Richtlinienrecht. Art. 7 I erlaubt es einem Mitgliedstaat nicht, eine nationale Regelung zu erlassen, nach der ein Arbeitnehmer den Anspruch auf bezahlten Mindesturlaub erst erwirbt, wenn er eine ununterbrochene **Mindestbeschäftigungszeit** bei demselben Arbeitgeber zurückgelegt hat (EuGH 26.6.2001 – C-173/99 Rn. 36 ff., 64 – BECTU, NZA 2001, 827 zu einer Wartezeit von 13 Wochen, also drei Monaten). Der EuGH will Missbräuchen entgegentreten. Er will verhindern, dass Arbeitgeber die Verpflichtung, Jahresurlaub zu gewähren, dadurch umgehen, dass sie häufiger auf kurze Arbeitsverhältnisse zurückgreifen (EuGH 26.6.2001 – C-173/99 Rn. 51 – BECTU, NZA 2001, 827). Art. 7 I geht damit über den Schutzstandard des IAO-Übk. Nr. 132 hinaus. Nach Art. 5 I IAO-Übk. Nr. 132 kann eine Mindestdienstzeit von höchstens sechs Monaten für den nach diesem Übereinkommen mindestens dreiwöchigen Urlaubsanspruch verlangt werden (→ Rn. 8). 13

2. Umsetzung in das deutsche Recht. Das deutsche Recht kennt eine Wartezeit. Nach **§ 4 BUrlG** wird der volle Urlaubsanspruch erstmalig nach sechsmonatigem Bestehen des Arbeitsverhältnisses erworben. § 5 I BUrlG enthält jedoch verschiedene Teilurlaubstatbestände. Anspruch auf ein Zwölftel des Jahresurlaubs für jeden vollen Monat des Bestehens des Arbeitsverhältnisses hat der Arbeitnehmer für Zeiten eines Kalenderjahres, für die er wegen Nichterfüllung der Wartezeit in diesem Kalenderjahr keinen vollen Urlaubsanspruch erwirbt (§ 5 I lit. a BUrlG). Entsprechendes gilt, wenn er vor erfüllter Wartezeit aus dem Arbeitsverhältnis ausscheidet (§ 5 I lit. b BUrlG). Der Fall des § 5 I lit. c BUrlG ist abweichend gelagert. Danach besteht der Anspruch auf ein Zwölftel des Jahresurlaubs für jeden vollen Monat des Bestehens des Arbeitsverhältnisses, wenn der Arbeitnehmer **nach erfüllter Wartezeit** in der ersten Hälfte eines Kalenderjahres aus dem Arbeitsverhältnis ausscheidet. Eine Kollision mit Art. 7 I ist hier nicht möglich. Der Teilurlaubsanspruch aus § 5 I lit. a BUrlG ist nach § 7 III 4 BUrlG auf Verlangen des Arbeitnehmers auf das nächste 14

Kalenderjahr zu übertragen. Kann der Urlaub wegen Beendigung des Arbeitsverhältnisses nicht mehr gewährt werden, ist er nach § 7 IV BUrlG abzugelten. Die Regelungen des Teilurlaubs in § 5 I lit. a und b BUrlG, der Übertragung des Teilurlaubs und seiner Abgeltung schützen den Arbeitnehmer in ausreichendem Maß. Anders als nach dem innerstaatlichen Regelungsgefüge, das der Sache *BECTU* zugrunde lag, wird durch das Zusammenspiel der Normen des BUrlG in § 5 I lit. a und b, § 7 III 4 und § 7 IV BUrlG nicht verhindert, dass der Urlaubsanspruch entsteht (vgl. im Unterschied dazu EuGH 26.6.2001 – C-173/99 Rn. 48, 52 und 55 – BECTU, NZA 2001, 827). Der Anspruch bleibt für die Zeit nach dem Ende der Wartezeit **erhalten** oder ist **abzugelten.** Unter diesen Voraussetzungen handelt es sich im deutschen Recht um eine Bedingung für die Inanspruchnahme und die Gewährung des Urlaubs iSv Art. 7 I, die in den einzelstaatlichen Rechtsvorschriften und/oder nach den einzelstaatlichen Gepflogenheiten vorgesehen werden kann (Schlussanträge der Generalanwältin Trstenjak v. 24.1.2008 zu EuGH 20.1.2009 – C-350/06 und C-520/06 – Schultz-Hoff, NZA 2009, 135, die in Rn. 44 zu diesem Ergebnis kommen). Das genügt dem Schutzniveau von Art. 7 I. Kurzzeitige Arbeitsverhältnisse sind für den Arbeitgeber mit Blick auf § 5 I lit. b BUrlG uninteressant. Auch der Rechtsmissbrauchsaspekt verlangt daher kein anderes Ergebnis (ebenso Preis/Sagan/*Mehrens*/*Witschen* § 7 Rn. 17; s. auch ErfK/*Gallner* BUrlG § 4 Rn. 1, § 7 Rn. 63; Schaub/*Linck* § 104 Rn. 24, 67; HWK/*Schinz* BUrlG § 4 Rn. 3).

III. Arbeitsleistung

15 **1. Krankheitsbedingte Arbeitsunfähigkeit.** Art. 7 I gibt vor, dass der Anspruch auf bezahlten Jahresurlaub **unabhängig von Arbeitsleistung und Erholungsbedürfnis** entsteht. Die Frage stellt sich vor allem, wenn der Arbeitnehmer während des gesamten Kalenderjahres – und damit in der Regelfall während des ganzen Urlaubsjahres – arbeitsunfähig erkrankt ist und keinerlei Arbeitsleistung erbringt (EuGH 21.6.2012 – C-78/11 Rn. 21 ff. – ANGED, NZA 2012, 851; 24.1.2012 – C-282/10 Rn. 15 ff. – Dominguez, NZA 2012, 139; grundlegend 20.1.2009 – C-350/06 und C-520/06 Rn. 39 bis 49 – Schultz-Hoff, NZA 2009, 135; → Rn. 2). Der Grund der Arbeitsunfähigkeit ist unerheblich (EuGH 24.1.2012 – C-282/10 Rn. 30 – Dominguez, NZA 2012, 139). Für dieses Ergebnis hat sich der EuGH in der Sache *Schultz-Hoff* auf Art. 5 IV IAO-Übk. Nr. 132 gestützt (20.1.2009 – C-350/06 und C-520/06 Rn. 38 – NZA 2009, 135). Die völkerrechtliche Übereinkunft sieht vor, dass Arbeitsversäumnisse aus **Gründen, die unabhängig vom Willen des Arbeitnehmers bestehen,** wie zB **Krankheit,** Unfall oder Mutterschaft, als Dienstzeit anzurechnen sind (→ Rn. 8).

16 **2. „Kurzarbeit Null".** Krankheitsbedingte Arbeitsunfähigkeit ist nach Auffassung des EuGH nicht mit „Kurzarbeit Null" zu vergleichen. Der entscheidende Unterschied bei „Kurzarbeit Null" ist, dass sich der Arbeitnehmer anders als bei Krankheit **ausruhen oder Freizeitaktivitäten nachgehen kann.** Hinzu kommt, dass die **Hauptleistungspflichten** bei „Kurzarbeit Null" **suspendiert** sind (EuGH 8.11.2012 – C-229/11 und C-230/11 Rn. 13, 28 und 32 – Heimann und Toltschin, NZA 2012, 1273; überwiegend zust. *Fieberg* ZESAR 2013, 258; *Leuchten*/*Klapper* ZESAR 2013, 114 [115 ff.]; *Rehwald* AiB 2013, 202 f.; *Rudkowski* EuZA 2013, 260 [262 ff.]; teilweise zust. *Forst* EWiR 2013, 7 [8]; erläuternd *Bayreuther* DB 2012, 2748; *Powietzka*/*Christ* NZA 2013, 18). Der Gerichtshof sieht das Problem, dass sich der Arbeitgeber sonst nicht auf einen Sozialplan mit entsprechenden Kostenlasten einlassen könnte (8.11.2012 – C-229/11 und C-230/11 Rn. 30 – Heimann und Toltschin, NZA 2012, 1273). Kurzarbeiter sind demnach **vorübergehend teilzeitbeschäftigte Arbeitnehmer.** Die gegenseitigen Leistungspflichten sind suspendiert. Der Urlaubsanspruch verringert sich auf „Null" (EuGH 8.11.2012 – C-229/11 und C-230/11 Rn. 33 ff. – Heimann und Toltschin, NZA 2012, 1273). Der Entscheidung des EuGH lag der Sachverhalt zugrunde, dass die Arbeitsverhältnisse der beiden klagenden

Arbeitnehmer nach bereits ausgesprochenen Kündigungen durch Sozialplan um ein Jahr „verlängert" worden waren. Während dieser Zeit brauchten sie aufgrund von „Kurzarbeit Null" nicht zu arbeiten. Der Arbeitgeber war nicht verpflichtet, Entgelt zu leisten. Er gewährte auch keinen Urlaub. Die Arbeitnehmer bezogen Kurzarbeitergeld. Folge der nicht erbrachten Arbeitsleistung bei „Kurzarbeit Null" ist, dass sich der **Urlaubs- und der Urlaubsentgeltanspruch „auf Null" verringern.** Powietzka/Christ halten die Frage der Entstehung eines Urlaubsanspruchs im ruhenden Arbeitsverhältnis mit Blick auf die Vorabentscheidung Heimann und Toltschin unionsrechtlich wieder für ungeklärt (NZA 2013, 18 [21 ff.]; s. auch Leuchten/Klapper ZESAR 2013, 114 [115 f.]). Die Tatbestände des Ruhens des Arbeitsverhältnisses wegen Erwerbsminderung und der „Kurzarbeit Null" dürften jedoch zu unterscheiden sein, wie sich ua aus den Entscheidungen des EuGH in den Sachen KHS (22.11.2011 – C-214/10 Rn. 31 ff. – NZA 2011, 1333) sowie Heimann und Toltschin (8.11.2012 – C-229/11 und C-230/11 Rn. 32 – NZA 2012, 1273) ergibt.

3. Umsetzung in das nationale Recht. a) §§ 1, 3, 13 I 1 BUrlG. Die Anwendung 17 des deutschen Rechts ist im Zusammenhang mit §§ 1, 3 BUrlG richtlinienkonform. Das BAG geht davon aus, dass auch in Fällen nicht krankheitsbedingten Ruhens der Hauptleistungspflichten des Arbeitsverhältnisses Urlaubsansprüche entstehen (9.5.2014 NZA 2014, 959 Rn. 11). Der Urlaubsanspruch entsteht nach §§ 1, 3 BUrlG, wenn ein Arbeitsverhältnis besteht. Der Arbeitnehmer braucht **keine Arbeitsleistung** zu erbringen (zB BAG 9.5.2014 NZA 2014, 959 Rn. 11; 7.8.2012 NZA 2012, 1216 Rn. 8 mwN; ErfK/Gallner BUrlG § 1 Rn. 6). Ist der Arbeitnehmer krankheitsbedingt außerstande, die Arbeitsleistung zu erbringen, ist allein das Urlaubsverlangen des Arbeitnehmers nicht rechtsmissbräuchlich (BAG 18.3.2003 NZA 2003, 1111 zu II 1 b bb der Gründe; ErfK/Gallner BUrlG § 1 Rn. 6e, 20 mwN). Nichts anderes gilt, wenn das Arbeitsverhältnis ruht, zB wegen des **Bezugs einer befristeten oder unbefristeten Erwerbsminderungsrente** (BAG 7.8.2012 NZA 2012, 1216 Rn. 9 ff.). Der Urlaubsanspruch darf nicht gekürzt werden. § 13 I 1 BUrlG ist richtlinienkonform auszulegen (BAG 7.8.2012 NZA 2012, 1216 Rn. 10 ff.).

b) § 13 II BUrlG. Auch die Anwendung von § 13 II BUrlG durch das BAG dürfte 18 richtlinienkonform sein. § 13 II BUrlG stand durch zwei Vorlagen auf dem Prüfstand des Unionsrechts. Das BAG nimmt an, dass die Öffnungsklauseln in § 13 I 1, II 1 und die entsprechenden Tarifbestimmungen im Baugewerbe im Privatrechtsverkehr selbst dann nicht richtlinienkonform ausgelegt oder fortgebildet werden können, wenn unterstellt wird, dass sie Art. 7 I unzureichend oder fehlerhaft umsetzen (zu §§ 5 und 6 der Urlaubsregelung für die gewerblichen Arbeitnehmer im Baugewerbe in Bayern idF v. 19.5.2006 BAG 17.11.2009 NZA 2010, 1020 Rn. 24 ff.; Höpfner Anm. AP BUrlG § 11 Nr. 65; Rudkowski SAE 2011, 1; Rudkowski NZA 2012, 74). Das ArbG Passau und das LAG B haben den EuGH zu § 13 II mit **Heimann und Toltschin** sowie **Reimann** um Vorabentscheidung ersucht (ArbG Passau 13.4.2011 BB 2012, 1162; dazu Stiebert ZESAR 2011, 480; LAG B 16.6.2011 LAGE BUrlG § 13 Nr. 2 [beim EuGH anhängig gewesen unter – C-317/11]). Reimann wurde durch Rücknahme der Vorlage aufgrund Erledigung des Ausgangsrechtsstreits erledigt, Heimann und Toltschin durch Urteil des EuGH (8.11.2012 – C-229/11 und C-230/11 – NZA 2012, 1273; → Rn. 16). Anders als § 4 I 1 ArbPlSchG oder § 17 I 1 BEEG kennt das deutsche Urlaubsrecht keine Kürzung des Anspruchs auf Erholungsurlaub bei „Kurzarbeit Null". Dem historischen Gesetzgeber war das Problem nicht bewusst. Die bisherige Rechtsprechung des BAG spricht gegen eine Kürzung und die Annahme einer unbewussten Regelungslücke (BAG 9.5.2014 NZA 2014, 959 Rn. 12 ff.; 7.8.2012 NZA 2012, 1216 Rn. 9). Ein Teil des Schrifttums befürwortet vor dem Hintergrund der Entscheidung des EuGH in der Sache Heimann und Toltschin (8.11.2012 – C-229/11 und C-230/11 – NZA 2012, 1273) eine anteilige Kürzung des Erholungsurlaubs bei „Kurzarbeit Null" und eine entsprechende unionsrechtskonforme Auslegung oder Fortbildung des BUrlG (Bayreuther DB 2012, 2748 [2749 f.]; Schaub/Linck § 47 Rn. 10a, § 104 Rn. 48e;

Rudkowski NZA 2012, 74; *Rudkowski* EuZA 2013, 260; **aA** HWK/*Schinz* BUrlG § 3 Rn. 41a).

19   c) **Eltern- und Mutterschaftsurlaub.** Das BAG nimmt an, dass Urlaubsansprüche auch entstehen, während die Hauptleistungspflichten – zB wegen Sonderurlaubs – nicht krankheitsbedingt ruhen (BAG 9.5.2014 NZA 2014, 959 Rn. 12 ff.; 7.8.2012 NZA 2012, 1216 Rn. 9). Während der Elternzeit kann der Arbeitgeber den Urlaubsanspruch jedoch nach § 17 I 1 **BEEG** für jeden vollen Monat der Elternzeit um ein Zwölftel kürzen. Anderes gilt für den Urlaubsabgeltungsanspruch aus § 7 IV BUrlG als Geldanspruch. Er kann nicht gekürzt werden. § 17 I 1 BEEG setzt voraus, dass das Arbeitsverhältnis noch besteht (BAG 19.5.2015 – 9 AZR 725/13 – Rn. 13 ff.). Gegen Art. 7 I dürfte § 17 I 1 BEEG nicht verstoßen, weil die Arbeitnehmerin oder der Arbeitnehmer keine Arbeitsleistung erbringt (→ Rn. 17). Noch nicht geklärt ist, ob § 17 I 1 BEEG § 2 der Rahmenvereinbarung im Anhang der RL 2010/18/EU verletzt. Dagegen spricht, dass während der Elternzeit oder des Elternurlaubs im unionsrechtlichen Sinn keine Arbeitsleistung zu erbringen ist (EuGH 8.11.2012 – C-229/11 und C-230/11 Rn. 32 – Heimann und Toltschin, NZA 2012, 1273). In Zeiten ohne Arbeitsleistung dürfen Sonderzahlungen wie zB Weihnachtsgratifikationen entfallen oder gekürzt werden (EuGH 21.10.1999 – C-333/97 Rn. 23 f. – Lewen, NZA 1999, 1325; idS Preis/Sagan/*Mehrens/Witschen* § 7 Rn. 22; *C. Schubert* NZA 2013, 1105 [1111]; s. auch EuGH 16.9.2010 – C-149/10 Rn. 31 ff. – Chatzi, EuZW 2011, 62; **aA** ArbG Karlsruhe 16.12.2011 – 3 Ca 281/11 –; dazu *Busch* jurisPR-ArbR 23/2012 Anm. 2). Das BAG hat bisher offengelassen, ob § 17 I 1 BEEG gegen Unionsrecht verstößt (BAG 19.5.2015 – 9 AZR 725/13 – Rn. 26; 17.5.2011 AP BEEG § 17 Nr. 1 Rn. 37; zu der Frage *Kamanabrou* RdA 2014 321, 324 ff.; *Ricken/Zibolka* EuZA 2014, 504, 511 ff.; *C. Schubert* NZA 2013, 1105, 1111). Während des **Mutterschutzes** besteht der Urlaubsanspruch nach deutschem Verständnis fort (zu den Beschäftigungsverboten § 3 II, § 6 I MuSchG). Ein Konflikt mit dem Unionsrecht kann daher nicht auftreten (Preis/Sagan/*Mehrens/Witschen* § 7 Rn. 22; → Rn. 11, 26).

IV. Urlaubsdauer

20   Seit 1.1.1995 beträgt der gesetzliche Urlaub nach § 3 I BUrlG 24 Werktage (= vier Wochen), wie es die Arbeitszeitrichtlinie verlangt. Damit bleibt der gesetzlich geregelte Mindesturlaub weit hinter vielen tariflichen und einzelvertraglichen Regelungen über die Höhe des Urlaubs zurück. Sie gehen regelmäßig von 30 Tagen – bezogen auf eine Fünftagewoche – aus. Das ergibt einen Jahresurlaub von sechs Wochen (zu den Berechnungsfragen insbesondere bei Teilzeit oder unregelmäßiger Verteilung der Arbeitszeit ErfK/*Gallner* § 3 Rn. 1 ff.). Unionsrechtlich durchdrungen ist vor allem der Erholungsurlaub bei **Teilzeitbeschäftigung.** Der in § 4 Nr. 2 der Rahmenvereinbarung im Anhang der RL 97/81/EG enthaltene Pro-rata-temporis-Grundsatz ist auf die Gewährung des Urlaubs bei Teilzeitbeschäftigung anzuwenden. Für die Zeit der Teilzeitbeschäftigung ist die Minderung des Anspruchs auf Jahresurlaub sachlich gerechtfertigt. Wurde der Urlaubsanspruch schon während einer Vollzeitbeschäftigung erworben, kann dagegen nicht gekürzt werden (EuGH 13.6.2013 – C-415/12 Rn. 33 – Brandes, NZA 2013, 775; 22.4.2010 – C-486/08 Rn. 33 und 35 – Zentralbetriebsrat der Landeskrankenhäuser Tirols, NZA 2010, 557; → Rn. 21).

V. Veränderte Arbeitszeit

21   **1. Übergang von Vollzeit auf Teilzeit nach dem Ende des Bezugszeitraums.** Anspruch auf Urlaub entsteht gleichermaßen in Vollzeit- und **Teilzeitarbeitsverhältnissen** (näher ErfK/*Gallner* BUrlG § 1 Rn. 6h und § 3 Rn. 13). Auf das Maß der Arbeitsleistung kommt es nicht an. Bei einer Verminderung der Arbeitszeit durch Verringerung der wöchentlichen Arbeitstage nach dem Ende des Urlaubsjahres oder Bezugszeitraums verstößt eine nationale Bestimmung, die eine proportionale Kürzung des noch nicht in Anspruch genom-

menen Urlaubs zulässt, gegen Art. 7 I. § 4 Nr. 2 der Rahmenvereinbarung im Anhang der Teilzeitarbeitsrichtlinie 97/81/EG ist nicht anzuwenden (EuGH 13.6.2013 – C-415/12 Rn. 33 – Brandes, NZA 2013, 775; 22.4.2010 – C-486/08 Rn. 33 und 35 – Zentralbetriebsrat der Landeskrankenhäuser Tirols, NZA 2010, 557; → Rn. 20; LAG Bln-Bbg 12.6.2014 NZA-RR 2014, 631 zu II 3 a der Gründe; LAG Nds 11.6.2014 NZA-RR 2014, 527 zu B I 1 und 2 der Gründe; weiterführend *Buschmann* AiB 2014, 21; *Dassau/Wulfers* ZTR 2013, 476; *Giesen* FA 2013, 257; *Kock/Heyde* BB 2013, 2938; *Latzel* EuZA 2014, 80; *C. Schubert* NZA 2013, 1105; *J. Schubert* RdA 2013, 370; *Stiebert/Imani* ZESAR 2013, 164; ablehnend *Eckstein* BB 2012, 3083; **aA** die bisherige deutsche Rechtsprechung: BAG 28.4.1998 NZA 1999, 156 zu I der Gründe). Der EuGH unterscheidet zwischen **Urlaubserwerb und Urlaubsgewährung.** Arbeitnehmer erwerben in Vollzeit Anspruch auf Vollzeiturlaub mit Vollzeiturlaubsentgelt, in Teilzeit auf Teilzeiturlaub mit Teilzeiturlaubsentgelt. Hat ein Arbeitnehmer Ansprüche in bestimmter Höhe (zB in Vollzeit) bereits erworben, dürfen sie nach dem Übergang in Teilzeit bei der Gewährung zumindest dann nicht vermindert werden, wenn sie zuvor nicht gewährt werden konnten (*Fieberg* NZA 2010, 925 [929 f.]; *Latzel* EuZA 2014, 80 [87 f.]; *J. Schubert* RdA 2013, 370 [377]). Der Urlaubsanspruch berechnet sich in diesen Fällen nach dem Arbeitszeitvolumen in der Zeit, in der er entsteht (*J. Schubert* RdA 2013, 370 [377]; *Stiebert/Imani* NZA 2013, 1338 [1341]; **aA** *C. Schubert* NZA 2013, 1105 [1107], die eine Umrechnung beim Übergang von Vollzeit auf Teilzeit an weniger als sechs bzw. fünf Tagen auch nach EuGH Brandes für zulässig hält). Die vom EuGH abgelehnte Kürzung ist Ausdruck des von ihm angenommenen Einheitsanspruchs, der auf Freistellung und Urlaubsentgelt gerichtet ist (→ Rn. 3). Eine proportionale Verringerung des Freistellungsanspruchs hätte zugleich die **Verringerung des Urlaubsentgelts** zur Folge, obwohl der übertragene Anspruch in einem **früheren Bezugszeitraum** erworben wurde. Übertragene Urlaubsansprüche stehen in keinem Zusammenhang mit der quantitativ verringerten Arbeitsleistung, die in einem späteren Bezugszeitraum erbracht wird (EuGH 13.6.2013 – C-415/12 Rn. 30 – Brandes, NZA 2013, 775; 22.4.2010 – C-486/08 Rn. 32 – Zentralbetriebsrat der Landeskrankenhäuser Tirols, NZA 2010, 557).

2. Übergang von Vollzeit auf Teilzeit innerhalb des Bezugszeitraums. Der EuGH hat bisher nicht entschieden, wie zu verfahren ist, wenn sich die Arbeitszeit **während des Bezugszeitraums verändert,** also verringert oder erhöht. Deshalb steht nicht fest, ob er in diesen Fällen eine **abschnittsweise Berechnung** billigt (dafür *Latzel* EuZA 2014, 80 [90]; *Preis/Sagan/Mehrens/Witschen* § 7 Rn. 27–29; *C. Schubert* NZA 2013, 1105 [1107]; dagegen HWK/*Schinz* BUrlG § 3 Rn. 37; *Stiebert/Imani* NZA 2013, 1338 [1339 f.]). Gegen eine abschnittsweise Berechnung spricht, dass der Urlaubsanspruch mit Beginn des Urlaubsjahres sofort oder – nach deutschem Recht – nach dem Ende der Wartezeit (→ Rn. 13 f.) in vollem Umfang entsteht. Dennoch dürfte sich der noch nicht erfüllte Anspruch bei einer Veränderung der Arbeitszeit während des Bezugszeitraums an das jeweilige Arbeitszeitvolumen **anpassen.** Insoweit kann an die bisherige nationale Rechtsprechung angeknüpft werden (BAG 5.9.2002 NZA 2003, 726 zu B II der Gründe; 28.4.1998 NZA 1999, 156 zu I der Gründe). Würde auf die Arbeitszeit im Entstehungszeitpunkt abgestellt, könnte ein Arbeitnehmer, der von Teilzeit in Vollzeit wechselt, auch in dem Vollzeitabschnitt nur Urlaub in Höhe der Teilzeitarbeit beanspruchen. Der Urlaubsanspruch besteht mit Blick auf beide Teile – Freistellung und Urlaubsentgelt – nur in der veränderten Höhe fort. Das entspricht dem Vorgehen des EuGH in der Sache *Heimann und Töltschin*, in der er eine unterjährige Verringerung des Urlaubsanspruchs bei „Kurzarbeit Null" gebilligt hat (8.11.2012 – C-229/11 und C-230/11 Rn. 32 – NZA 2012, 1273; → Rn. 16). Die Anpassung ist wegen des Erholungszwecks des Urlaubs geboten, solange das Urlaubsjahr andauert (*Preis/Sagan/Mehrens/Witschen* § 7 Rn. 27, 43 f.). Anderes gilt, wenn der unterjährig von Vollzeit in Teilzeit wechselnde Arbeitnehmer den Urlaub während des Vollzeitabschnitts zB wegen einer Erkrankung **nicht nehmen konnte** (vgl. EuGH 20.1.2009 – C-350/06 und C-520/06 Rn. 43 – Schultz-Hoff, NZA 2009, 135; → Rn. 15). Der Arbeitnehmer hat in diesem Fall auch während des Teilzeitabschnitts Anspruch auf Urlaub in Höhe der Vollzeitarbeit. Die Frage der unterjährigen Anpassung verlangt ein **Vorabentscheidungsersuchen.**

VI. Gleichbehandlung bei der Gewährung von Mehrurlaub

23 1. **Unionsrecht.** Von Art. 7 wird nur der vierwöchige Mindesturlaub verbürgt (→ Rn. 2; zu der Frage der „Abkopplung des Mehrurlaubs vom Mindesturlaub ErfK/*Gallner* BUrlG § 7 Rn. 52). Bei der Gewährung von Mehrurlaub dürfen Arbeitnehmer aber nicht diskriminiert werden. Deshalb verstößt es gegen **Art. 2 I, II lit. a iVm Art. 1 der Gleichbehandlungs-Rahmenrichtlinie 2000/78/EG,** wenn gleichgeschlechtlichen Lebenspartnern anders als verheirateten Arbeitnehmern kein tariflicher Sonderurlaub gewährt wird (EuGH 12.12.2013 – C-267/12 Rn. 47 – Hay, NZA 2014, 153).

24 2. **Deutsches Recht.** Über eine weitere Gleichbehandlungsfrage mit unionsrechtlichem Bezug hat nicht der EuGH, sondern das BAG entschieden. Die Regelung in **§ 26 I 2 TVöD-AT aF** enthielt eine unmittelbare, nicht gerechtfertigte Diskriminierung wegen des Alters, die gegen §§ 1, 3 und 7 AGG verstieß und nicht nach § 10 AGG gerechtfertigt war. Diese Normen setzen die Gleichbehandlungs-Rahmenrichtlinie 2000/78/EG um. Nach der Tarifbestimmung hatten Beschäftigte nach der Vollendung ihres 40. Lebensjahres Anspruch auf 30 Arbeitstage Urlaub, während sich der Urlaubsanspruch bis zur Vollendung des 30. Lebensjahres auf 26 Arbeitstage und bis zur Vollendung des 40. Lebensjahres auf 29 Arbeitstage belief. Der Verstoß gegen das Verbot der Altersdiskriminierung konnte für die Vergangenheit nur durch Anpassung „nach oben" beseitigt werden (BAG 20.3.2012 NZA 2012, 803 Rn. 12 ff., 27 ff.; *Ebel/Lezius* BB 2012, 1995; *Gaenslen/Heilemann* öAT 2012, 152). Die Tarifvertragsparteien des öffentlichen Dienstes haben im betroffenen Bereich des Bundes und der Kommunen in der Tarifrunde 2012 durch Tarifeinigung v. 31.3.2012 unmittelbar auf die Entscheidung des BAG v. 20.3.2012 (NZA 2012, 803) reagiert. In § 15 I TVÜ-Bund/VKA ist die Übergangsregelung getroffen: „Ab 1.3.2012 neu eingestellte Arbeitnehmer haben 29 Arbeitstage Urlaub bis zur Vollendung des 55. Lebensjahres, mit dem vollendeten 55. Lebensjahr 30 Arbeitstage. Die am 1.3.2012 bereits beschäftigten Arbeitnehmer und Auszubildenden haben für 2012 noch einen Urlaubsanspruch von 30 Arbeitstagen. Ab 2013 gilt die abgesenkte Neuregelung grds. auch für diese Arbeitnehmer. Wer jedoch am 31.12.2011 bereits im Arbeitsverhältnis stand und spätestens am 31.12.2012 das 40. Lebensjahr vollendete, hat auch künftig Anspruch auf 30 Arbeitstage."

E. Festlegung des Urlaubszeitraums

I. Keine Richtlinienvorgabe

25 Art. 7 I regelt nicht, wie der Urlaubszeitraum festzulegen ist. Dafür ist das **nationale Recht** heranzuziehen Den widerstreitenden Interessen, insbesondere zwingenden Unternehmensinteressen, ist Rechnung zu tragen (EuGH 21.2.2013 – C-194/12 Rn. 22 – Maestre García, NZA 2013, 369; 10.9.2009 – C-277/08 Rn. 22 – Vicente Pereda, NZA 2009, 1133). Sofern der Arbeitnehmer keine abweichenden Urlaubswünsche äußert, hat der **Arbeitgeber** nach deutschem Recht den Urlaubszeitraum festzulegen (BAG 17.5.2011 NZA 2011, 1032 Rn. 20). Diese Rechtslage hat der EuGH in der Sache *Bollacke* nicht beanstandet (EuGH 12.6.2014 – C-118/13 Rn. 14 ff. – NZA 2014, 651). Der Arbeitnehmer muss jedoch tatsächlich die Möglichkeit haben, den Urlaub zu nehmen (EuGH 20.1.2009 – C-350/06 und C-520/06 Rn. 43 – Schultz-Hoff, NZA 2009, 135; → Rn. 43).

II. Mutterschaftsurlaub

Der Mutterschaftsurlaub dient anders als der von Art. 7 I verbürgte Urlaubsanspruch 26 nicht der Erholung, sondern dem Schutz der körperlichen Verfassung während und nach der Schwangerschaft sowie dem Schutz der besonderen Beziehung von Mutter und Kind während der Zeit, die sich an die Schwangerschaft und Entbindung anschließt (EuGH 18.3.2004 – C-342/01 Rn. 32 – Merino Gómez, NZA 2004, 535; → Rn. 11, 19). Die Arbeitnehmerin muss ihren Jahresurlaub zu einer **anderen Zeit** als der ihres Mutterschaftsurlaubs nehmen können (EuGH 18.3.2004 – C-342/01 Rn. 38 – Merino Gómez, NZA 2004, 535). Die verschiedenen Urlaubsarten dürfen wegen ihrer unterschiedlichen Zwecke nicht miteinander verrechnet werden. Das BAG hat nicht iRv § 17 S. 2 MuSchG, sondern im Zusammenhang mit § 17 II BErzGG bisher angenommen, dass die Arbeitnehmerin keinen Anspruch auf neue Festlegung des Urlaubszeitraums hat, wenn sie nach der bereits erfolgten Festlegung schwanger wird (BAG 9.8.1994 NZA 1995, 174 zu 2c der Gründe). Diese Auslegung dürfte wegen der unterschiedlichen Zwecke von Eltern-, Mutterschafts- und Erholungsurlaub nicht mit dem Unionsrecht zu vereinbaren sein.

III. Krankheitsurlaub

Auch der sog. Krankheitsurlaub dient einem anderen Zweck als der Erholungsurlaub. Er 27 soll die Genesung des Arbeitnehmers fördern (→ Rn. 11). Nach unionsrechtlichem Verständnis kann trotz einer Krankheit Urlaub genommen werden (EuGH 21.2.2013 – C-194/12 Rn. 22 – Maestre García, NZA 2013, 369; 20.1.2009 – C-350/06 und C-520/06 Rn. 31 – Schultz-Hoff, NZA 2009, 135). Der Arbeitnehmer braucht sich die Krankheitszeit aber **nicht auf den Urlaubsanspruch anrechnen zu lassen** (EuGH 21.2.2013 – C-194/12 Rn. 21 – Maestre García, NZA 2013, 369; 21.6.2012 – C-78/11 Rn. 21 – ANGED, NZA 2012, 851; 10.9.2009 – C-277/08 Rn. 22 – Vicente Pereda, NZA 2009, 1133). Wegen einer Erkrankung nicht genommener Erholungsurlaub darf im bestehenden Arbeitsverhältnis nicht abgegolten werden (EuGH 21.2.2013 – C-194/12 Rn. 26 ff. – Maestre García, NZA 2013, 369). Nach **deutschem Rechtsverständnis** schließen sich Urlaub und Krankheit aus. § 9 BUrlG sieht vor, dass durch ärztliches Zeugnis nachgewiesene Krankheitstage nicht auf den Jahresurlaub angerechnet werden. Der Urlaubsanspruch ist während der krankheitsbedingten Arbeitsunfähigkeit nicht erfüllbar (BAG 23.3.2010 NZA 2010, 810 Rn. 43).

F. Urlaubsentgelt

I. Höhe des Urlaubsentgelts

1. Bezahlter Mindestjahresurlaub. Der Anspruch auf Urlaubsentgelt ist nach unions- 28 rechtlichem Verständnis Teil des Urlaubsanspruchs (→ Rn. 3 f.). Der Arbeitnehmer hat nach Art. 7 I Anspruch auf bezahlten Mindestjahresurlaub. Er muss für die Ruhezeit das **gewöhnliche Arbeitsentgelt** erhalten. Durch die Zahlung soll der Arbeitnehmer in eine Lage versetzt werden, die hinsichtlich des Entgelts mit Zeiten geleisteter Arbeit vergleichbar ist (EuGH 15.9.2011 – C-155/10 Rn. 19 f. – Williams, NZA 2011, 1167, NZA 2011, 1167; 16.3.2006 – C-131/04 und C-257/04 Rn. 49 f. – Robinson-Steele, NZA 2006, 481). Sonst bestünde die Gefahr, dass der Arbeitnehmer sein Recht auf Urlaub nicht ausübt (EuGH 22.5.2014 – C-539/12 Rn. 20 ff. – Lock, NZA 2014, 593). Das deutsche Recht unterscheidet zwischen dem Anspruch auf Freistellung von der Arbeitsleistung und dem Anspruch auf Urlaubsentgelt. Nach § 1 BUrlG haben Arbeitnehmer Anspruch auf bezahlten Erholungsurlaub, dh auf Vergütung der infolge der Freistellung ausfallenden Arbeitszeiten (sog. Zeitfaktor). Wie diese Zeit zu vergüten ist, bestimmt sich nach dem in § 11 I BUrlG auf der Grundlage des Referenzprinzips geregelten Geldfaktor. § 11 I 1 BUrlG stellt dazu als Berechnungsgrundlage auf den Verdienst ab, den der Arbeitnehmer in den letzten 13 Wochen vor Urlaubsbeginn erhalten hat. Dazu gehört jede Form der Vergütung, die als Gegenleistung für erbrachte Tätigkeiten im Referenzzeitraum gezahlt wird. Ausgenommen sind für Überstunden geleistete Vergütungen (§ 11 I 1 letzter Hs. BUrlG) und Einmalzahlungen. Umfasst sind alle Entgeltbestandteile, die der Arbeitnehmer gesetzlich oder vertraglich zu erhalten hätte (BAG 21.9.2010 NZA 2011, 805 Rn. 16; 15.12.2009 AP BUrlG § 11 Nr. 66 Rn. 14; näher ErfK/*Gallner* BUrlG § 11 Rn. 1 ff.). Die deutsche Rechtslage dürfte unionsrechtskonform sein (Preis/Sagan/*Mehrens/Witschen* § 7 Rn. 41; ErfK/*Gallner* BUrlG § 11 Rn. 2; zweifelnd *Franzen* NZA 2014, 647; *Sutschet* EuZA 2012, 399 [406 ff.]).

29 **2. Besondere Entgeltbestandteile.** Bei besonderen Entgeltbestandteilen wie zB Provisionen oder Zulagen ist **spezifisch zu prüfen,** ob sie untrennbar mit der Erfüllung der Arbeitspflicht verbunden sind. Ist das der Fall, sind sie in das Urlaubsentgelt einzubeziehen. Das gilt auch für Entgeltbestandteile, die an die persönliche und berufliche Stellung des Arbeitnehmers anknüpfen, zB Zulagen für eine leitende Funktion, die Dauer der Betriebszugehörigkeit oder die berufliche Qualifikation. Dagegen müssen Vergütungsbestandteile, die ausschließlich Kosten oder Nebenkosten der Arbeitsleistung decken sollen, für das Urlaubsentgelt nicht berücksichtigt werden. Das nationale Gericht muss diese Beurteilung auf der Grundlage eines Durchschnittswerts über einen hinreichend repräsentativen Referenzzeitraum vornehmen (EuGH 22.5.2014 – C-539/12 Rn. 27 ff. – Lock, NZA 2014, 593; 15.9.2011 – C-155/10 Rn. 24 ff. – Williams, NZA 2011, 1167, NZA 2011, 1167; krit. *Sutschet* EuZA 2012, 399). Diese Vorgaben haben für den Mindesturlaub auch Tarifvertragsparteien zu beachten.

II. Fälligkeit des Urlaubsentgelts

30 Zu den Bedingungen für die Inanspruchnahme und Gewährung des Jahresurlaubs, deren Regelung den **Mitgliedstaaten** obliegt, gehört der Zeitpunkt der Fälligkeit des Urlaubsentgelts. Der Arbeitnehmer soll durch das Urlaubsentgelt jedoch in eine Lage versetzt werden, die hinsichtlich des Entgelts **mit Zeiten geleisteter Arbeit vergleichbar** ist (→ Rn. 28). Daher ist der Fälligkeitszeitpunkt entsprechend festzulegen. Außerdem ist zu berücksichtigen, dass der bezahlte Mindestjahresurlaub nach Art. 7 II mit Ausnahme der Beendigung des Arbeitsverhältnisses nicht durch eine finanzielle Vergütung ersetzt werden darf. Dieses Verbot soll gewährleisten, dass der Arbeitnehmer regelmäßig tatsächlich eine Ruhezeit hat, um seine Sicherheit und Gesundheit wirksam zu schützen (EuGH 16.3.2006 – C-131/04 und C-257/04 Rn. 56 ff. – Robinson-Steele, NZA 2006, 481). Diesen Erfordernissen genügt der in der Praxis häufig missachtete § 11 II BUrlG (ErfK/*Gallner* BUrlG § 11 Rn. 27). Danach ist das Urlaubsentgelt vor Antritt des Urlaubs auszuzahlen.

G. Befristung und Übertragung des Urlaubsanspruchs

I. Zuständigkeit der Mitgliedstaaten

31 Die Befristung des Urlaubsanspruchs gehört zu den Durchführungsmodalitäten, die grds. in die Zuständigkeit der Mitgliedstaaten fallen. Auch die Festlegung eines **Übertragungszeitraums,** wie § 7 III 2 und 3 BUrlG ihn kennt, gehört zu den Voraussetzungen für die Ausübung und Umsetzung des Anspruchs auf bezahlten Jahresurlaub (EuGH 22.11.2011 – C-214/10 Rn. 25 – KHS, NZA 2011, 1333; 20.1.2009 – C-350/06 und C-520/06 Rn. 42 – Schultz-Hoff, NZA 2009, 135).

II. Grenzen der Regelungsbefugnis der Mitgliedstaaten

32 Art. 7 I steht einer nationalen Regelung grds. nicht entgegen, die für die Ausübung des von der Arbeitszeitrichtlinie verbürgten Anspruchs auf bezahlten Jahresurlaub Modalitäten vor-

sieht, die sogar den Verlust dieses Anspruchs am Ende eines Bezugszeitraums oder eines Übertragungszeitraums umfassen. Das setzt jedoch voraus, dass der Arbeitnehmer, dessen Anspruch auf bezahlten Jahresurlaub erloschen ist, tatsächlich die Möglichkeit hatte, den **Urlaubsanspruch auszuüben**. Das ist nicht der Fall, wenn der Arbeitnehmer während des Bezugs- und Übertragungszeitraums **arbeitsunfähig erkrankt** war (EuGH 22.11.2011 – C-214/10 Rn. 26 – KHS, NZA 2011, 1333; 20.1.2009 – C-350/06 und C-520/06 Rn. 43 – Schultz-Hoff, NZA 2009, 135; dazu zB *Benecke* RdA 2011, 241 ff.; *Düwell* NZA-Beil. 3/2011, 133 ff.; *Höpfner* RdA 2013, 16 ff., 65 ff.; *Suckow/Klose*, JbArbR 49, 2012, 59 ff.; *Thüsing/Pötters/Stiebert* RdA 2012, 281, [285 ff.]; zu den Anfängen der Rezeption näher *Gallner*, FS Etzel, 2011, 155 ff.). Die positive Wirkung des bezahlten Jahresurlaubs für die Sicherheit und die Gesundheit des Arbeitnehmers entfaltet sich zwar vollständig, wenn der Urlaub in dem hierfür vorgesehenen, also dem laufenden Jahr genommen wird. Die Ruhezeit verliert ihre Bedeutung jedoch nicht, wenn sie zu einer späteren Zeit genommen wird (EuGH 22.4.2010 – C-486/08 Rn. 30 – Zentralbetriebsrat der Landeskrankenhäuser Tirols, NZA 2010, 557; 20.1.2009 – C-350/06 und C-520/06 Rn. 42 – Schultz-Hoff, NZA 2009, 135). Der Neunte Senat des BAG hat aufgrund der Entscheidung *Schultz-Hoff* des EuGH seine langjährige Rechtsprechung zum Verfall von Urlaubs(-abgeltungs)ansprüchen bei langdauernder Erkrankung geändert (BAG 23.3.2010 NZA 2010, 810 Rn. 72 ff.; grundlegend 24.3.2009 NZA 2009, 538 Rn. 46 f.; dazu *Gaul/Bonanni/Ludwig* DB 2009, 1013; *Krieger/Arnold* NZA 2009, 530; *Pötters/Christensen* JZ 2011, 387 ff.; *Rummel* AuR 2009, 160; *Schlachter* RdA 2009, Sonderbeil. Heft 5, 31; in jüngerer Vergangenheit zB BAG 18.3.2014 ZTR 2014, 549 Rn. 19).

III. Kein unbegrenztes Ansammeln von Urlaubsansprüchen

Der EuGH hat die Gefahr einer endlosen Ansammlung von Urlaubs(-abgeltungs)ansprüchen mit der Entscheidung *KHS* erkannt und bei krankheitsbedingter Arbeitsunfähigkeit einen tariflichen Übertragungszeitraum von **15 Monaten** nach dem Ende des Urlaubsjahres gebilligt (EuGH 22.11.2011 – C-214/10 Rn. 35 ff. – KHS, NZA 2011, 1333; ErfK/*Gallner* BUrlG § 1 Rn. 6b). Das BAG hat diesen 15-Monats-Zeitraum unionsrechtskonform in § 7 III 3 „hineingelesen" (BAG 12.11.2013 – 9 AZR 727/12 – Rn. 12; 12.11.2013 NZA 2014, 383 Rn. 11 f.; 12.11.2013 NZA-RR 2014, 658 Rn. 11 f.; 11.6.2013 – 9 AZR 855/11 – Rn. 19; 18.9.2012 – 9 AZR 623/10 – Rn. 14; grundlegend 7.8.2012 NZA 2012, 1216 Rn. 32; zu den Einzelheiten der Begrenzung der unionsrechtskonformen Fortbildung von § 7 III 3 *Bayreuther* DB 2011, 2824; zu der Methodik der unionsrechtskonformen Fortbildung krit. *Forst* Anm. EzA EG-Vertrag 1999 Richtlinie 2003/88 Nr. 7; s. auch *Düwell* DB 2012, 1750). Ein neunmonatiger Übertragungszeitraum genügt demgegenüber nicht, weil er den Bezugszeitraum von einem Jahr unterschreitet (EuGH 3.5.2012 – C-337/10 Rn. 38 ff. – Neidel, AP Richtlinie 2003/88/EG Nr. 8). 33

IV. Andere Fälle als die der krankheitsbedingten Arbeitsunfähigkeit

Die Hauptleistungspflichten **ruhen** nicht nur durch krankheitsbedingte AU, sondern auch aufgrund anderer Tatbestände, zB durch Beschäftigungsverbote nach dem MuSchG oder dem BEEG und aufgrund sozialversicherungsrechtlicher Tatbestände. Auch bei unbezahltem Sonderurlaub entsteht der ges. Urlaubsanspruch (BAG 6.5.2014 NZA 2014, 959). Hier ist insbesondere die nicht dauerhafte, zeitlich auf mehrere Jahre befristete **Rente wegen Erwerbsminderung** zu nennen, in deren Folge das Arbeitsverhältnis fortbesteht. In allen Fällen entsteht ein Urlaubsanspruch. Der EuGH hat seine Aussagen zur Auslegung von Art. 7 nicht vor dem Hintergrund eines derartigen Falls getroffen. Dennoch geben seine Ausführungen Hinweise für die Lösung der damit verbundenen Rechtsfragen. Der Anspruch geht nicht unter, wenn der Arbeitnehmer keine Möglichkeit hatte, den Urlaub innerhalb des maßgebenden Zeitraums zu nehmen. Das zeigt, dass auch der Urlaubsanspruch des Zeitrentners, der befristete Rente wegen Erwerbsminderung bezieht, aus vergangenen Zeiträumen nach dem Ende der 34

Zeitrente uU nicht verfällt (Preis/Sagan/*Mehrens/Witschen* § 7 Rn. 50). Die Annahme, dass Urlaubsansprüche im ruhenden Arbeitsverhältnis auch dann nicht entstehen, wenn das Arbeitsverhältnis ruht, weil der Arbeitnehmer arbeitsunfähig ist, ist mit § 13 I 1 BUrlG nicht zu vereinbaren. Danach ist der Mindesturlaubsanspruch unabdingbar (BAG 7.8.2012 NZA 2012, 1216 Rn. 15 ff.; *Boecken/Jacobsen* ZTR 2011, 267 [268 ff.]; *Fieberg* ZESAR 2013, 258 ff.). Die Mitgliedstaaten einschließlich der Tarifvertragsparteien können den Übertragungszeitraum für Urlaubs(-abgeltungs)ansprüche jedoch auch bei krankheitsbedingter Arbeitsunfähigkeit auf 15 Monate nach dem Ende des Urlaubsjahres beschränken (EuGH 22.11.2011 – C-214/10 Rn. 35 ff. – KHS, NZA 2011, 1333). Das gilt auch für Zeitrenten.

V. Mehrurlaubsansprüche

35 Tarifliche und einzelvertragliche Mehrurlaubsansprüche unterfallen Art. 7 I nicht. Sie können abweichend vom Mindesturlaub geregelt werden. Ihr Verfall kann dann anderen Regeln folgen als der Verfall des Mindesturlaubs. Für eine solche Unterscheidung müssen **deutliche Anhaltspunkte** bestehen. Sie sind anzunehmen, wenn sich die Tarif- oder Arbeitsvertragsparteien in weiten Teilen vom gesetzlichen Urlaubsregime lösen und stattdessen eigene Regeln aufstellen (BAG 22.5.2012 NZA 2012, 987 Rn. 12).

H. Urlaubsabgeltung

I. Abgeltungsverbot im bestehenden Arbeitsverhältnis

36 Art. 7 II bestimmt, dass der bezahlte Mindestjahresurlaub außer bei Beendigung des Arbeitsverhältnisses nicht durch eine finanzielle Vergütung ersetzt werden darf. Der Arbeitnehmer muss normalerweise über eine **tatsächliche Erholungszeit** verfügen, damit ein wirksamer Schutz seiner Sicherheit und Gesundheit sichergestellt ist (EuGH 21.2.2013 – C-194/12 Rn. 28 – Maestre García, NZA 2013, 369; 26.6.2001 – C-173/99 Rn. 44 – BECTU, NZA 2001, 827). Endet das Arbeitsverhältnis, ist es dagegen nicht mehr möglich, bezahlten Jahresurlaub zu nehmen (EuGH 3.5.2012 – C-337/10 Rn. 29 – Neidel, AP Richtlinie 2003/88/EG Nr. 8). Ein Anreiz dafür, auf den Erholungsurlaub zu verzichten, soll vermieden werden (EuGH 6.4.2006 – C-124/05 Rn. 32 – Federatie Nederlandse Vakbeweging, NZA 2006, 719). Die Abgeltung tritt mit Beendigung des Arbeitsverhältnisses an die Stelle des Urlaubsanspruchs (EuGH 20.1.2009 – C-350/06 und C-520/06 Rn. 57 – Schultz-Hoff, NZA 2009, 135). Der Abgeltungsanspruch entspricht in seiner Höhe dem Anspruch auf Urlaubsentgelt (EuGH 20.1.2009 – C-350/06 und C-520/06 Rn. 58 – Schultz-Hoff, NZA 2009, 135; → Rn. 28 f.). Die Abgeltung darf nicht an einen vorherigen Antrag gebunden werden (EuGH 12.6.2014 – C-118/13 Rn. 27 – Bollacke, NZA 2014, 651). Auch nach deutschem Recht darf der Urlaub im bestehenden Arbeitsverhältnis nach § 7 IV BUrlG nicht abgegolten werden. Das BAG hat die **Surrogatstheorie** mittlerweile vollständig aufgegeben (19.6.2012 NZA 2012, 1087 Rn. 15), nachdem es sie zunächst nur für Fälle dauernder Arbeitsunfähigkeit eingeschränkt hatte (BAG 24.3.2009 NZA 2009, 538 Rn. 37 ff.). Der Abgeltungsanspruch ist nun ein **reiner Geldanspruch,** der nicht dem Fristenregime des Bundesurlaubsgesetzes unterliegt. Der Abgeltungsanspruch ist zB erfüllbar, wenn der Arbeitnehmer krankheitsbedingt arbeitsunfähig ist (BAG 19.6.2012 NZA 2012, 1087 Rn. 15). Der Abgeltungsanspruch umfasst auch übertragene, noch nicht erloschene (→ Rn. 32 ff.) Urlaubsansprüche (EuGH 6.4.2006 – C-124/05 Rn. 33 – Federatie Nederlandse Vakbeweging, NZA 2006, 719).

II. Sonderfall: Tod des Arbeitnehmers

37 Der Urlaubsanspruch, dh der Anspruch auf Befreiung von der (höchstpersönlichen) Arbeitspflicht, ist **nicht vererblich.** Die Arbeitspflicht endet mit dem Tod des Arbeitneh-

mers (BAG 20.9.2011 NZA 2012, 326 Rn. 15; zust. *Fischinger* AP BUrlG § 7 Abgeltung Nr. 92; **aA** *Bieder* AuR 2012, 239; *Jesgarzewski* BB 2012, 1347; fortgeführt von BAG 12.3.2013 NZA 2013, 678 Rn. 12; zust. *Glatzel* NZA-RR 2013, 514). Das folgt mittelbar aus § 613 S. 2 BGB. Der Arbeitnehmer hat die von ihm geschuldete Arbeitsleistung idR in Person zu erbringen. Mit Ausnahme der seltenen Fälle einer übertragbaren Arbeitspflicht kann sie deshalb nicht nach § 1922 I BGB auf die Erben übergehen. Endet das Arbeitsverhältnis mit dem Tod des Arbeitnehmers, erlischt mit der Beendigung zugleich der Urlaubsanspruch (ebenso wie alle anderen Ansprüche auf Befreiung von der Arbeitspflicht). Aus bisheriger nationaler Sicht konnte deshalb kein Urlaubsabgeltungsanspruch aus § 7 IV BUrlG mehr entstehen. Das BAG hat sich hierfür vorrangig auf den Wortlaut des § 7 IV BUrlG gestützt („Kann der Urlaub wegen Beendigung des Arbeitsverhältnisses ... nicht mehr gewährt werden"; 12.3.2013 NZA 2013, 678 Rn. 13; 20.9.2011 NZA 2012, 326 Rn. 16; zust. *Höpfner* RdA 2013, 65 [70]; *C. Schubert* RdA 2014, 9 [15 f.]). Bei Beendigung des Arbeitsverhältnisses müsse deshalb noch ein offener Urlaubsanspruch bestehen, damit ein Abgeltungsanspruch entstehen könne (ebenso in anderem Zusammenhang BAG 15.9.2011 NZA 2012, 377; zust. *Höpfner* RdA 2013, 65 [67]; **aA** zB *Schipper/Polzer* NZA 2011, 80 [81]). Das gelte unabhängig davon, ob der Urlaubsanspruch im Zeitpunkt des Todes rechtshängig gewesen sei (BAG 12.3.2013 NZA 2013, 678 Rn. 15). Hauptargument war also, dass der Urlaubsanspruch eine logische Sekunde vor seiner möglichen Umwandlung in den Abgeltungsanspruch erloschen war. Diese Sichtweise teilt der EuGH für Art. 7 II nicht. Er geht in der Entscheidung **Bollacke** davon aus, beim Tod des Arbeitnehmers entstehe ein Urlaubsabgeltungsanspruch der Erben (12.6.2014 – C-118/13 – NZA 2014, 651 Rn. 19 ff.; weiterführend zB *Hohmeister* AP Richtlinie 2003/88/EG Nr. 14; *Forst* FA 2014, 226; *Ricken* NZA 2014, 1361; *Bayreuther* ZESAR 2014, 442). Der EuGH argumentiert in dieser Entscheidung damit, der restriktiv auszulegende Art. 7 II habe – ohne Antrag des Arbeitnehmers – nur die beiden Voraussetzungen, dass das Arbeitsverhältnis nicht beendet sein dürfe und der Arbeitnehmer nicht den gesamten Urlaub in Anspruch genommen habe. Der Begriff des bezahlten Jahresurlaubs verlangt nach diesem Ansatz aus Gründen der praktischen Wirksamkeit der Richtlinie, dass das Entgelt für den unionsrechtlich verbürgten Mindesturlaub beizubehalten ist und die Umwandlung in einen Anspruch auf finanzielle Vergütung (im deutschen Recht: Abgeltung) beim Tod des Arbeitnehmers nicht verhindert werden darf (Rn. 19, 21, 24 der Entscheidung *Bollacke*). Diese Argumentation ist aus zwei Gründen nicht zwingend. Das Abgeltungsverbot des Art. 7 II könnte darauf hindeuten, dass auch der Urlaubsabgeltungsanspruch nach dem Willen der Richtliniengeber nur in der Person des ausgeschiedenen Arbeitnehmers entstehen kann. Aus Art. 7 I geht hervor, dass die Richtlinienbestimmung dem Schutz des Arbeitnehmers dient. Dieser Arbeitsschutzzweck kann nicht erreicht werden, wenn der Arbeitnehmer nicht mehr lebt. Die Rechtspraxis hat sich wegen der Kompetenz des EuGH zur Auslegung des Unionsrechts jedoch auf dessen Sicht einzurichten. Die entscheidende Frage ist, ob die nationale Abgeltungsregelung in § 7 IV BUrlG richtlinienkonform iSd Interpretation von EuGH *Bollacke* ausgelegt werden kann. Das dürfte zu bejahen sein. Auch § 7 IV BUrlG verlangt nur, dass der Urlaub wegen Beendigung des Arbeitsverhältnisses nicht mehr gewährt werden kann. Die differenzierende Erwägung des Untergangs des Urlaubsanspruchs eine logische Sekunde vor seiner möglichen Umwandlung in den Abgeltungsanspruch müsste dann aufgegeben werden.

III. Regeln der Abgeltung

Der **Abgeltungsanspruch** verjährt als reiner Geldanspruch nach § 195 BGB innerhalb von drei Jahren. Für ihn gelten tarifliche oder einzelvertragliche **Ausschlussfristen** (BAG 8.4.2014 NZA 2014, 852 Rn. 12). Der Anspruch ist **verzichtbar** (BAG 14.5.2013 NZA 2013, 1098 Rn. 14). 38

Kapitel 3. Nachtarbeit – Schichtarbeit – Arbeitsrhythmus

Art. 8 Dauer der Nachtarbeit

¹ Die Mitgliedstaaten treffen die erforderlichen Maßnahmen, damit:

a) die normale Arbeitszeit für Nachtarbeiter im Durchschnitt acht Stunden pro 24-Stunden-Zeitraum nicht überschreitet;

b) Nachtarbeiter, deren Arbeit mit besonderen Gefahren oder einer erheblichen körperlichen oder geistigen Anspannung verbunden ist, in einem 24-Stunden-Zeitraum, während dessen sie Nachtarbeit verrichten, nicht mehr als acht Stunden arbeiten.

² Zum Zweck von Buchstabe b) wird im Rahmen von einzelstaatlichen Rechtsvorschriften und/oder Gepflogenheiten oder von Tarifverträgen oder Vereinbarungen zwischen den Sozialpartnern festgelegt, welche Arbeit unter Berücksichtigung der Auswirkungen der Nachtarbeit und der ihr eigenen Risiken mit besonderen Gefahren oder einer erheblichen körperlichen und geistigen Anspannung verbunden ist.

A. Richtliniensystem für besondere Arbeitszeiten und Arbeitsformen

1   Die Arbeitszeitrichtlinie enthält Sonderschutzbestimmungen für besondere Arbeitszeiten und Arbeitsformen, die besondere Gefahren und Belastungen für die Gesundheit und Sicherheit von Arbeitnehmern mit sich bringen. Im Einzelnen geregelt ist die Nachtarbeit (Art. 8–12). Die Begriffe der Nachtzeit und des Nachtarbeiters sind in Art. 2 Nr. 3 und 4 bestimmt (→ Art. 2 Rn. 14–16). Die Richtlinie enthält Vorgaben für die Dauer der Nachtarbeit, den Anspruch auf Gesundheitsuntersuchung, den Schutz besonderer Nachtarbeitnehmergruppen, die Unterrichtung von Behörden und Maßnahmen zum Sicherheits- und Gesundheitsschutz. Schichtarbeit und Arbeitsrhythmus sind nur in Ansätzen reguliert. Die Begriffe der Schichtarbeit und der Schichtarbeiter sind in Art. 2 Nr. 5 und 6 definiert (→ Art. 2 Rn. 17 f.). In Art. 12 sind Maßnahmen für den Sicherheits- und Gesundheitsschutz auch von Schichtarbeitern vorgegeben. Der Arbeitsrhythmus soll dem Menschen angepasst sein (Art. 13).

B. Dauer der Nachtarbeit

2   Die **normale** Arbeitszeit darf für Nachtarbeiter iSv Art. 2 Nr. 3 und 4 (→ Art. 2 Rn. 14–16) **im Durchschnitt acht Stunden** pro 24-Stunden-Zeitraum nicht überschreiten (**Art. 8 UAbs. 1 lit. a**). Für Nachtarbeiter besteht demnach ausnahmsweise eine **tägliche Höchstarbeitszeit**. Die Richtlinienbestimmung ermöglicht es wegen des zu bildenden Durchschnittswerts, auf außergewöhnliche Situationen zu reagieren. Die Mitgliedstaaten können den **Bezugszeitraum** für den Durchschnittswert der Dauer der normalen Arbeitszeit für Nachtarbeiter aufgrund von Art. 16 lit. c UAbs. 1 nach Anhörung der Sozialpartner selbst **frei bestimmen** oder in Flächenkollektivvereinbarungen festlegen lassen (→ Art. 16 Rn. 6). Geringere Flexibilität als nach Art. 8 UAbs. 1 lit. a kommt den Mitgliedstaaten in Fällen ihres **Art. 8 UAbs. 1 lit. b** zu. Die Bestimmung gibt eine **feste tägliche Höchstarbeitszeit** vor, wenn die Arbeit der Nachtarbeitnehmer mit besonderen Gefahren oder einer erheblichen körperlichen oder geistigen Anspannung verbunden ist. In diesen Fällen dürfen sie während eines 24-Stunden-Zeitraums, während dessen sie Nachtarbeit verrichten, nicht mehr als acht Stunden arbeiten. Einen Ausgleichszeitraum sieht diese Richtlinienbestimmung nicht vor. Die Mitgliedstaaten legen nach Art. 8 UAbs. 2 fest, welche Arbeit

unter Berücksichtigung der Auswirkungen der Nachtarbeit besonders gefährlich oder mit einer erheblichen körperlichen und geistigen Anspannung verbunden ist. Sie können diese Festlegung auch durch Tarifvertrag oder Kollektivvereinbarung der Sozialpartner treffen lassen.

C. Auslegungskriterien für die Nachtarbeit

Nachtarbeit läuft dem Biorhythmus der meisten Menschen zuwider und ist mit **besonderen Gesundheitsgefahren** verbunden. Sie ist grds. für jeden Menschen schädlich und hat negative gesundheitliche Auswirkungen (BVerfG 28.1.1992 NZA 1992, 270 zu C I 2 der Gründe). Die Belastung und Beanspruchung der Beschäftigten steigt nach bisherigem Kenntnisstand in der Arbeitsmedizin durch die Zahl der Nächte pro Monat und die Zahl der Nächte, in denen hintereinander Nachtarbeit geleistet wird. Das ergibt sich ua aus einer Expertise der Bundesanstalt für Arbeitsschutz und Arbeitsmedizin v. 24.2.2012. Nachtarbeit ist desto schädlicher, in je größerem Umfang sie geleistet wird. Entsprechende Gestaltungsempfehlungen für Arbeitszeitmodelle setzen hier an. Das gilt unabhängig davon, dass die Anpassung an Nachtarbeit von Mensch zu Mensch unterschiedlich gut erfolgt (BAG 11.12.2013 NZA 2014, 669 Rn. 19 mwN). Die Arbeitszeitrichtlinie widmet der Nachtarbeit daher besonderes Augenmerk. Ihre **Erwägungsgründe 7–10** machen das deutlich und sind bei der Auslegung der Nachtarbeitsvorgaben zu berücksichtigen. Die Begründungserwägungen enthalten zum Teil eigene Richtlinienvorgaben. **Erwägungsgrund 7** hält im Ausgangspunkt fest, Untersuchungen zeigten, dass der menschliche Organismus während der Nacht besonders empfindlich auf Umweltstörungen und bestimmte belastende Formen der Arbeitsorganisation reagiere. Lange Nachtarbeitszeiträume könnten für die Gesundheit der Arbeitnehmer nachteilig sein und ihre Sicherheit bei der Arbeit beeinträchtigen. **Erwägungsgrund 8** schließt daraus, dass die Dauer der Nachtarbeit, auch in Bezug auf die Mehrarbeit, einzuschränken sei. Diese Beurteilung schlägt sich in den zeitlichen Begrenzungen des Art. 8 UAbs. 1 lit. a und b für die Dauer der Nachtarbeit nieder. Zugleich gibt Begründungserwägung 8 vor, dass der Arbeitgeber die zuständigen Behörden auf Ersuchen davon in Kenntnis zu setzen hat, wenn er Nachtarbeiter regelmäßig in Anspruch nimmt. Nach **Begründungserwägung 9** haben Nachtarbeiter vor Aufnahme der Arbeit – und danach regelmäßig – Anspruch auf unentgeltliche Untersuchung ihres Gesundheitszustands. Sie müssen, soweit jeweils möglich, auf eine für sie geeignete Arbeitsstelle mit Tagarbeit versetzt werden, wenn sie gesundheitliche Schwierigkeiten haben. In **Erwägungsgrund 10** ist das Ziel formuliert, die Sicherheit und Gesundheit von Nachtarbeitern (und Schichtarbeitern) in Anbetracht ihrer besonderen Lage in einem Maß zu schützen, das der Art ihrer Arbeit entspricht. Die Schutz- und Vorsorgeleistungen oder -mittel müssen effizient organisiert und eingesetzt werden. Nach **Begründungserwägung 6 Hs. 2** ist das IAO-Übk. 171 über Nachtarbeit bei der Auslegung der Arbeitszeitrichtlinie heranzuziehen (→ Art. 2 Rn. 14).

D. Kein geschlechtsspezifisches Nachtarbeitsverbot

Außerhalb des Anwendungsbereichs der Arbeitszeitrichtlinie hat der EuGH im Antidiskriminierungsrecht entschieden, dass ein **Nachtarbeitsverbot ausschließlich für Frauen** gegen Art. 5 der RL 76/207/EWG verstieß. Frauen werden dadurch **auf dem Arbeitsmarkt ungerechtfertigt benachteiligt**. Dem liegt die Überlegung zugrunde, dass Nachtarbeit keine unterschiedlichen Auswirkungen auf beide Geschlechter hat (EuGH 25.7.1991 – C-345/89 Rn. 9 ff., 15 ff. – Stöckel, AP EWG-Vertrag Art. 119 Nr. 28). Das **BVerfG** hat für das nationale Recht ein entsprechendes Ergebnis gefunden. Das Nachtarbeitsverbot des § 19 der Arbeitszeitordnung benachteiligte Arbeiterinnen gegenüber Arbeitern (und weiblichen Angestellten). Es verstieß deshalb gegen Art. 3 I und III GG (BVerfG 28.1.1992 NZA 1992, 270 zu C der Gründe).

E. Umsetzung in das innerstaatliche Recht

I. Richtlinienkonforme Umsetzung von Art. 8 UAbs. 1 lit. a

5   Art. 8 UAbs. 1 lit. a ist durch **§ 6 II 1 ArbZG** richtlinienkonform umgesetzt. § 6 II 1 ArbZG bestimmt, dass die werktägliche Arbeitszeit von Nachtarbeitnehmern acht Stunden nicht überschreiten darf.

II. Richtlinienwidrige Umsetzung von Art. 8 UAbs. 1 lit. b?

6   Art. 8 UAbs. 1 lit. b ist dagegen – bei wortgetreuer Auslegung des Arbeitszeitgesetzes – teilweise nicht unionsrechtskonform in das deutsche Recht überführt worden. **§ 6 II 2 ArbZG** sieht vor, dass die werktägliche Arbeitszeit von Nachtarbeitnehmern auf bis zu zehn Stunden verlängert werden kann, wenn abweichend von § 3 ArbZG innerhalb von einem Kalendermonat oder innerhalb von vier Wochen im Durchschnitt acht Stunden werktäglich nicht überschritten werden. Damit dürfte das Schutzniveau von Art. 8 UAbs. 1 lit. b unterschritten sein, weil § 6 II 2 ArbZG unbeschränkt gilt. Die Norm erfasst nach ihrem Wortlaut alle Nachtarbeitnehmer. Sie schließt **Nachtarbeitnehmer, deren Arbeit mit besonderen Gefahren oder einer erheblichen körperlichen oder geistigen Anspannung verbunden ist,** abweichend von Art. 8 UAbs. 1 lit. b nicht von ihrer Anwendung aus (ErfK/*Wank* ArbZG § 6 Rn. 5).

7   1. **Richtlinienkonformität des § 6 II 2 ArbZG durch § 8 S. 1 ArbZG?** § 8 S. 1 ArbZG rechtfertigt die uneingeschränkte Geltung von § 6 II 2 ArbZG nicht. Danach kann die Bundesregierung durch **Rechtsverordnung** mit Zustimmung des Bundesrats die Regelungen in § 6 ArbZG zum Schutz der Nacht- und Schichtarbeitnehmer erweitern und die Abweichungsmöglichkeiten nach § 7 ArbZG beschränken, soweit dies zum Schutz der Gesundheit der Arbeitnehmer erforderlich ist. Von dieser Befugnis, eine Rechtsverordnung zu erlassen, hat die Bundesregierung bisher keinen Gebrauch gemacht. Die Vorgabe in Art. 8 UAbs. 1 lit. b ist nach dem Wortlaut des deutschen Rechts deshalb bislang nicht umgesetzt.

8   2. **Richtlinienkonformität des § 6 II 2 ArbZG durch Art. 17 I–III oder Art. 18 UAbs. 3 der Arbeitszeitrichtlinie?** Art. 17 I–III rechtfertigt die Abweichung des § 6 II 2 ArbZG von Art. 8 UAbs. I lit. b in der Allgemeinheit der nationalen Vorschrift des § 6 II 2 ArbZG nicht. Die Abweichungsoptionen des Art. 17 I–III setzen **bestimmte Personen- oder Tätigkeitsgruppen** voraus, erfassen also anders als § 6 II 2 ArbZG nicht alle Nachtarbeitnehmergruppen und -tätigkeiten. Das hebt auch Erwägungsgrund 10 hervor. Ungeachtet dessen, dass es sich bei § 6 II 2 ArbZG um eine gesetzliche und nicht um eine tarifliche oder kollektivvertragliche Regelung iSv **Art. 18 UAbs. I** handelt, unterliegt eine Abweichung von Art. 8 nach **Art. 18 UAbs. 3** den alternativen Voraussetzungen, dass die betroffenen Arbeitnehmer gleichwertige Ausgleichsruhezeiten oder in Ausnahmefällen, in denen die Gewährung solcher Ausgleichsruhezeiten aus objektiven Gründen nicht möglich ist, angemessenen Schutz erhalten. Beide Vorkehrungen sind im deutschen Recht nicht hinreichend getroffen. **§ 6 II 3 ArbZG** erlaubt zwar für Arbeitnehmer, die unter **§ 2 V Nr. 2 ArbZG** fallen, also Nachtarbeit an mindestens 48 Tagen im Kalenderjahr leisten, für Zeiten, in denen sie keine Nachtarbeit leisten, den Ausgleich nach **§ 3 S. 2 ArbZG**. Das bedeutet, dass die Arbeitszeit auf zehn Stunden verlängert werden kann, wenn innerhalb von sechs Kalendermonaten oder 24 Wochen im Durchschnitt acht Stunden werktäglich nicht überschritten werden. § 6 II 3, § 3 S. 2, § 2 V Nr. 2 ArbZG nehmen Nachtschwerarbeitnehmer aber ebenfalls nicht von ihrer Geltung aus. Um die Richtlinienwidrigkeit von

§ 6 II 2 ArbZG abzuwenden, bietet sich seine **einschränkende unionsrechtskonforme Auslegung** an, die Nachtarbeitnehmer, deren Arbeit mit besonderen Gefahren oder einer erheblichen körperlichen oder geistigen Anspannung verbunden ist, von der Anwendung des § 6 II 2 ArbZG ausnimmt (zu dieser Methodik etwa BAG 24.3.2009 NZA 2009, 538 Rn. 57 ff., 60 ff.). Zumindest eine **einschränkende Rechtsfortbildung durch teleologische Reduktion** dürfte möglich sein (zu einem solchen Vorgehen zB BAG 24.3.2009 NZA 2009, 538 Rn. 57 ff., 66 f.). Dagegen sollte § 6 II 3 ArbZG nicht restriktiv ausgelegt oder fortgebildet und auf einen viermonatigen Ausgleichszeitraum verengt werden (aA Preis/Sagan/*Ulber* § 6 Rn. 199). Der Ausgleichszeitraum von sechs Kalendermonaten oder 24 Wochen in § 6 II 3 iVm § 3 S. 2 ArbZG ist für andere Nachtarbeitnehmergruppen als Nachtschwerarbeitnehmer nicht zu lang, um mit den Vorgaben der Arbeitszeitrichtlinie übereinzustimmen. **Art. 16 lit. b UAbs. 1** sieht zwar einen kürzeren **viermonatigen** Bezugszeitraum für die allg. wöchentliche Höchstarbeitszeit des Art. 6 vor. Art. 16 lit. c UAbs. 1 lässt den Mitgliedstaaten nach Anhörung der Sozialpartner oder den Vertragsparteien von Flächenkollektivvereinbarungen nach dem eindeutigen Wortlaut der Vorgabe im System des Art. 16 aber freie Hand bei der Festlegung des Ausgleichszeitraums (aA Preis/Sagan/*Ulber* § 6 Rn. 38; → Rn. 2). Deshalb ist auch die mögliche Abweichung in Tarifverträgen nach **§ 7 I Nr. 4 lit. b ArbZG** unionsrechtlich unbedenklich, obwohl der Ausgleichszeitraum keine Obergrenze kennt. Problematisch ist demgegenüber **§ 7 IIa ArbZG**, der abweichend von Art. 16 lit. c UAbs. 1 keinerlei zwingenden Ausgleichszeitraum vorsieht. Wegen des Gestaltungsspielraums, den Art. 16 lit. c UAbs. 1 den Mitgliedstaaten nach Anhörung der Sozialpartner oder den Flächenkollektivvertragsparteien für die Länge des Bezugszeitraums einräumt, kommt hier keine einschränkende richtlinienkonforme Auslegung oder Rechtsfortbildung in Betracht. Anderes gilt für den Umstand, dass sowohl § 7 I Nr. 4 lit. b als auch §7 IIa ArbZG entgegen Art. 18 UAbs. 1 Abweichungen durch Firmen-/Haustarifverträge erlauben. Eine unionsrechtskonform auf Flächenkollektivvereinbarungen verengte Auslegung oder Rechtsfortbildung ist möglich.

Art. 9 Untersuchung des Gesundheitszustands von Nachtarbeitern und Versetzung auf Arbeitsstellen mit Tagarbeit

(1) Die Mitgliedstaaten treffen die erforderlichen Maßnahmen, damit:
a) der Gesundheitszustand der Nachtarbeiter vor Aufnahme der Arbeit und danach regelmäßig unentgeltlich untersucht wird;
b) Nachtarbeiter mit gesundheitlichen Schwierigkeiten, die nachweislich damit verbunden sind, dass sie Nachtarbeit leisten, soweit jeweils möglich auf eine Arbeitsstelle mit Tagarbeit versetzt werden, für die sie geeignet sind.

(2) Die unentgeltliche Untersuchung des Gesundheitszustands gemäß Absatz 1 Buchstabe a) unterliegt der ärztlichen Schweigepflicht.

(3) Die unentgeltliche Untersuchung des Gesundheitszustands gemäß Absatz 1 Buchstabe a) kann im Rahmen des öffentlichen Gesundheitswesens durchgeführt werden.

A. Richtliniensystem

Art. 9 versucht, den Gesundheitszustand von Nachtarbeitern aufrechtzuerhalten und ggf. **1** zu verbessern. Art. 9 I verlangt, dass der Gesundheitszustand von Nachtarbeitern vor Aufnahme der Arbeit und danach regelmäßig unentgeltlich **untersucht** wird (Art. 9 I lit. a). Der untersuchende Arzt unterliegt der **Schweigepflicht** (Art. 9 II). Die Richtlinie legt großes Gewicht auf die **Unentgeltlichkeit** der Untersuchung des Gesundheitszustands von Nachtarbeitern (Art. 9 I lit. a), ggf. in der Verantwortung des öffentlichen Gesundheitswesens (Art. 9 III). Besonders wichtig ist das in Art. 9 I lit. b verbürgte **Recht, auf geeignete Tagarbeitsstellen versetzt zu werden,** wenn Nachtarbeiter mit gesundheitlichen Schwierigkeiten zu kämpfen haben, die nachweislich damit verbunden sind, dass sie Nachtarbeit leisten. Diese Richtlinienvorgabe ist an **zwei Voraussetzungen** geknüpft. Die gesundheitlichen Schwierigkeiten müssen „nachweislich" mit der geleisteten Nachtarbeit verbunden sein. Es handelt sich um den **Beweis der Kausalität,** zumindest der Mitursächlichkeit der Nachtarbeit für die gesundheitlichen Schwierigkeiten (*Balze* EuZW 1994, 205 [206]). Gesundheitliche Schwierigkeiten sind mehr als beeinträchtigtes körperliches, geistiges oder soziales Wohlbefinden iSd Präambel der Satzung der Weltgesundheitsorganisation (→ Art. 1 Rn. 23). Die zweite Einschränkung der Vorgabe eines Um- oder Versetzungsanspruchs besteht darin, dass die Um- oder Versetzung auf einen Tagarbeitsplatz „möglich", dh dem Arbeitgeber **zumutbar** sein muss. Der Arbeitnehmer muss für den Tagarbeitsplatz **geeignet** sein. Das bestimmt sich nach dem vom Arbeitgeber festgelegten Anforderungsprofil des Arbeitsplatzes (ErfK/*Wank* ArbZG § 6 Rn. 10 mwN). Der Arbeitgeber muss gegen seine unternehmerische Entscheidung keinen neuen Arbeitsplatz zu schaffen (*Riesenhuber* § 14 Rn. 42). Ein besetzter Arbeitsplatz muss nur frei gemacht werden, wenn der Arbeitgeber den bisher dort beschäftigten Arbeitnehmer kraft seines **Weisungsrechts** auf einen anderen Arbeitsplatz um- oder versetzen kann (*Baeck/Deutsch* ArbZG § 6 Rn. 58; **aA** ErfK/*Wank* ArbZG § 6 Rn. 10).

B. Umsetzung in das deutsche Recht

I. Recht, auf geeignete Tagarbeitsstellen versetzt zu werden

2   Mit § 6 IV ArbZG ist das von **Art. 9 I lit. b** gewährleistete Recht, auf geeignete Tagarbeitsstellen um- oder versetzt zu werden, richtlinienkonform umgesetzt (ebenso wohl Preis/Sagan/*Ulber* § 6 Rn. 206; zum deutschen Anspruch auf Ausübung des Weisungsrechts nach billigem Ermessen aus **§ 106 S. 1 GewO, § 315 III 2 BGB** außerhalb des § 6 IV ArbZG BAG 8.4.2014 NZA 2014, 719 Rn. 25 ff.).

II. Arbeitsmedizinische Untersuchung

3   **§ 6 III 1 ArbZG** sieht vor, dass Nachtarbeitnehmer berechtigt sind, sich vor Beginn der Beschäftigung und danach in regelmäßigen Zeitabständen von nicht weniger als drei Jahren arbeitsmedizinisch untersuchen zu lassen. Nach Vollendung des 50. Lebensjahres steht Nachtarbeitnehmern dieses Recht in Zeitabständen von einem Jahr zu (§ 6 III 2 ArbZG). Die Kosten der Untersuchungen hat der Arbeitgeber zu tragen, sofern er die Untersuchungen den Nachtarbeitnehmern nicht kostenlos durch einen Betriebsarzt oder einen überbetrieblichen Dienst von Betriebsärzten anbietet (§ 6 III 3 ArbZG). Damit ist das in Art. 9 I lit. b gewährleistete Recht hinreichend umgesetzt. Dass es sich um einen verzichtbaren oder nicht durchgesetzten **Anspruch** und nicht um eine Pflichtuntersuchung handelt, steht einer effektiven Umsetzung der Richtlinienvorgabe nicht entgegen (**aA** Preis/Sagan/*Ulber* § 6 Rn. 203; wohl auch *Riesenhuber* § 14 Rn. 40 mwN). Die Formulierung entspricht derjenigen der deutschen Sprachfassung in Erwägungsgrund 9. Allerdings legt die französische Sprachfassung des Art. 9 I lit. b („bénéficient") mehr als einen Anspruch nahe (*Klein* DRdA 1994, 293 [294]). Selbst wenn angenommen wird, dass durch Art. 9 lit. a ein Beschäftigungsverbot bei unterbliebener Untersuchung vorgegeben wird (*Neumann/Biebl* ArbZG § 6 Rn. 14; *Schliemann* ArbZG § 6 Rn. 46; Preis/Sagan/*Ulber* § 6 Rn. 203; **aA** ErfK/*Wank* ArbZG § 6 Rn. 7), lässt sich daraus ebenso wenig eine Zwangsuntersuchung ableiten wie aus dem Umstand, dass durch eine unterbliebene Untersuchung die Sicherheit Dritter gefährdet werden kann (**aA** *Riesenhuber* § 14 Rn. 40). Der Arbeitnehmer muss seinen Anspruch ggf. durchsetzen.

III. Kostentragungspflicht

Nach § 6 III 3 ArbZG hat der Arbeitgeber grds. die Kosten der Untersuchungen von Nachtarbeitern zu tragen. Anderes gilt nach der Bestimmung, wenn er die Untersuchungen kostenlos durch eine Betriebsarzt oder einen überbetrieblichen Dienst von Betriebsärzten anbietet. Die Betriebsarztpassage beeinträchtigt eine richtlinienkonforme Umsetzung von Art. 9 I lit. a und Art. 9 II nicht (*Schliemann* ArbZG § 6 Rn. 56; **aA** Preis/Sagan/*Ulber* § 6 Rn. 204). Die Richtlinie gibt keine freie Arztwahl vor, zumal jeder untersuchende Arzt nach ihrem Art. 9 II der Schweigepflicht unterliegen muss. 4

Art. 10 Garantien für Arbeit während der Nachtzeit

Die Mitgliedstaaten können die Arbeit bestimmter Gruppen von Nachtarbeitern, die im Zusammenhang mit der Arbeit während der Nachtzeit einem Sicherheits- oder Gesundheitsrisiko ausgesetzt sind, nach Maßgabe der einzelstaatlichen Rechtsvorschriften und/oder Gepflogenheiten von bestimmten Garantien abhängig machen.

Die Bundesrepublik Deutschland hat ihr Recht, die Arbeit bestimmter Gruppen von Nachtarbeitern von bestimmten Garantien abhängig zu machen, **nicht genutzt.** Die Richtlinienvorgabe meint zB, dass dem Arbeitgeber aufgegeben werden kann, eine sichere Ankunft am Arbeitsplatz und sein sicheres Verlassen zu gewährleisten (EAS/*Balze* B 3100 Rn. 171). 1

Art. 11 Unterrichtung bei regelmäßiger Inanspruchnahme von Nachtarbeitern

Die Mitgliedstaaten treffen die erforderlichen Maßnahmen, damit der Arbeitgeber bei regelmäßiger Inanspruchnahme von Nachtarbeitern die zuständigen Behörden auf Ersuchen davon in Kenntnis setzt.

Die von Art. 11 vorgegebene Informationspflicht des Arbeitgebers, die auf Ersuchen der zuständigen Behörden bestehen muss, beruht auf den gesundheitlichen Gefährdungen, die mit Nachtarbeit verbunden sind (Erwägungsgrund 7 und 8). Die Vorgabe ist durch **§ 17 IV ArbZG** umgesetzt. 1

Art. 12 Sicherheits- und Gesundheitsschutz

Die Mitgliedstaaten treffen die erforderlichen Maßnahmen, damit:
a) **Nacht- und Schichtarbeitern hinsichtlich Sicherheit und Gesundheit in einem Maß Schutz zuteil wird, das der Art ihrer Arbeit Rechnung trägt;**
b) **die zur Sicherheit und zum Schutz der Gesundheit von Nacht- und Schichtarbeitern gebotenen Schutz- und Vorsorgeleistungen oder -mittel denen für die übrigen Arbeitnehmer entsprechen und jederzeit vorhanden sind.**

A. Richtliniensystem

Art. 12 lit. a begründet eine **Adaptionspflicht** zugunsten von Nacht- und Schichtarbeitern (zu den Begriffen → Art. 2 Rn. 14–18; → Art. 8 Rn. 1). Die mit Nacht- und Schichtarbeit verbundenen besonderen Probleme und Gefahren sind bei den zu ergreifenden effektiven Maßnahmen zu berücksichtigen. **Art. 12 lit. b** gibt ein **Diskriminierungs-** 1 verbot vor. Nacht- und Schichtarbeiter dürfen hinsichtlich der für Tagarbeitnehmer getroffenen Schutz- und Präventionsleistungen – zB der Erste-Hilfe-Leistungen – nicht schlechter stehen. Wie in der Arbeitsschutzrahmenrichtlinie gilt der Grundsatz des bestmöglichen Schutzes. Die Leistungen sind uneingeschränkt („jederzeit") und proportional gleichwertig auch für Nacht- und Schichtarbeiter vorzuhalten (*Riesenhuber* § 14 Rn. 43). Art. 12 muss im Zusammenhang mit den Vorgaben des Art. 13 für den Arbeitsrhythmus gelesen werden.

B. Umsetzung in das nationale Recht

2   **Schichtarbeitnehmer** werden nur in § 6 I ArbZG erwähnt. Danach ist die Arbeitszeit der Nacht- und Schichtarbeitnehmer nach den gesicherten arbeitswissenschaftlichen Erkenntnissen über die menschengerechte Gestaltung der Arbeit festzulegen. Im Übrigen fehlen Regelungen. § 6 V ArbZG trägt für **Nachtarbeitnehmer** Teilaspekten der Vorgabe in Art. 12 lit. a Rechnung (Preis/Sagan/*Ulber* § 6 Rn. 218, der auf die Gefahr der Kommerzialisierung des Gesundheitsschutzes hinweist, wenn ausschließlich Nachtarbeitszuschlag und nicht auch Freizeitausgleich geleistet wird). Die Norm sieht vor, dass der Arbeitgeber dem Nachtarbeitnehmer für die während der Nachtzeit geleisteten Arbeitsstunden eine angemessene Zahl bezahlter freier Tage oder einen angemessenen Zuschlag auf das ihm hierfür zustehende Bruttoarbeitsentgelt zu gewähren hat. Das **BVerwG** hat für einen Schichtarbeitnehmer ohne Vorlage an den EuGH angenommen, dass **Art. 12 lit. a** nicht hinreichend bestimmt, konkret und klar ist, um unmittelbar iS eines Anspruchs auf Freizeitausgleich anwendbar zu sein (BVerwG 15.12.2011 ZTR 2012, 310 Rn. 21 f.). Nach § 6 VI ArbZG ist sicherzustellen, dass **Nachtarbeitnehmer** den gleichen Zugang zur betrieblichen Weiterbildung und zu aufstiegsfördernden Maßnahmen haben. Damit ist ein bloßer kleiner Teil des Diskriminierungsverbots, das **Art. 12 lit. b** vorgibt, umgesetzt. Eine weitere ausdrückliche Umsetzung der Vorgaben in Art. 12 lit. a und b der Richtlinie fehlt. Eine richtlinienkonforme Auslegung wird regelmäßig möglich sein, wenn das ArbZG sowohl für Nacht- als auch für Schichtarbeitnehmer **erweiternd** unionsrechtskonform – ggf. mithilfe des **arbeitsrechtlichen Gleichbehandlungsgrundsatzes** – ausgelegt wird (Preis/Sagan/*Ulber* § 6 Rn. 212, der für **Schichtarbeitnehmer** jedoch einen Transparenzverstoß und Unionsrechtswidrigkeit annimmt).

Art. 13 Arbeitsrhythmus

Die Mitgliedstaaten treffen die erforderlichen Maßnahmen, damit ein Arbeitgeber, der beabsichtigt, die Arbeit nach einem bestimmten Rhythmus zu gestalten, dem allgemeinen Grundsatz Rechnung trägt, dass die Arbeitsgestaltung dem Menschen angepasst sein muss, insbesondere im Hinblick auf die Verringerung der eintönigen Arbeit und des maschinenbestimmten Arbeitsrhythmus, nach Maßgabe der Art der Tätigkeit und der Erfordernisse der Sicherheit und des Gesundheitsschutzes, insbesondere was die Pausen während der Arbeitszeit betrifft.

A. Richtlinieninhalt

1   Art. 13 ist im Zusammenhang mit Art. 12 zu lesen. Der konkreteste Teil der im Übrigen wenig konkreten Bestimmung ist die **Pausenregelung** (*Riesenhuber* § 14 Rn. 44). Aus dem Wort „**beabsichtigt**" ist zu schließen, dass die erforderlichen Maßnahmen vom Arbeitgeber vor der Einführung eines bestimmten Arbeitsrhythmus zu treffen sind, damit der Arbeitsrhythmus dem Menschen angepasst ist.

B. Umsetzung in das innerstaatliche Recht

So wenig konkret die Richtlinienvorgabe ist, so wenig konkret ist die bruchstückhafte 2
Umsetzung in das deutsche Recht in § 6 I ArbZG (*Schubert* GesR 2012, 326 [329]).
Danach ist die Arbeitszeit der Nacht- und Schichtarbeitnehmer nach den **gesicherten
arbeitswissenschaftlichen Erkenntnissen** über die menschengerechte Gestaltung der
Arbeit festzulegen. Ob der Begriff der gesicherten arbeitswissenschaftlichen Erkenntnisse
über die menschengerechte Gestaltung der Arbeitszeit bestimmbar ist, wird – ggf. je nach
Arbeitsrhythmus – unterschiedlich beurteilt (für Nacht- und Schichtarbeit bejahend BAG
11.12.2013 NZA 2014, 669 Rn. 18; allgemeiner wohl noch BAG 1.7.2003 NZA 2004,
620 zu B III 1 der Gründe; s. auch MHdBArbR/*Anzinger* § 300 Rn. 21; ErfK/*Wank*
ArbZG § 6 Rn. 4; für Schichtarbeit verneinend BAG 11.2.1998 NZA 1998, 647 zu II 1 a
der Gründe; Preis/Sagan/*Ulber* § 6 Rn. 216).

Kapitel 4. Sonstige Bestimmungen

Art. 14 Spezifischere Gemeinschaftsvorschriften

Die Bestimmungen dieser Richtlinie gelten nicht, soweit andere Gemeinschaftsinstrumente spezifischere Vorschriften über die Arbeitszeitgestaltung für bestimmte Beschäftigungen oder berufliche Tätigkeiten enthalten.

A. Richtliniensystem

Die (allg.) Arbeitszeitrichtlinie ist nach ihrem Art. 14 **subsidiär** gegenüber spezielleren 1
unionsrechtlichen Arbeitszeitregelungen. Die RL 2003/88/EG wählt in ihren Art. 1 III
UAbs. 2, Art. 20 I UAbs. 1, Art. 21 I UAbs. 1 und Art. 14 **verschiedene Ansätze** (zum
System auch → Art. 1 Rn. 16). **Seeleute** sind nach **Art. 1 III UAbs. 2** vollständig vom
persönlichen Anwendungsbereich der Arbeitszeitrichtlinie ausgenommen (näher zum Begriff
der Seeleute → Art. 1 Rn. 40–42). **Art. 20 I UAbs. 1** und **Art. 21 I UAbs. 1**
nehmen **mobile Arbeitnehmer** iSv Art. 2 Nr. 7 und **Arbeitnehmer von seegehenden
Fischereifahrzeugen, die unter der Flagge eines Mitgliedstaats fahren,** von zentralen
Vorschriften der RL 2003/88/EG aus (→ Art. 1 Rn. 17, 43 f.; Art. 2 Rn. 19). Im Unterschied
dazu werden die Vorgaben der Arbeitszeitrichtlinie in den Fällen ihres **Art. 14** nur
durch speziellere Regelungen **verdrängt** (→ Art. 1 Rn. 16). Gibt es speziellere Vorschriften
über die Arbeitszeitgestaltung für bestimmte **Berufsgruppen** oder bestimmte **berufliche
Tätigkeiten** in einer Berufsgruppe, gehen diese Bestimmungen der Arbeitszeitrichtlinie
vor. Ob und in welchem Umfang die RL 2003/88/EG verdrängt wird, ist für jede einzelne
Spezialregelung gesondert zu prüfen. Das kann zB bedeuten, dass eine andere wöchentliche
Ruhezeit als die des Art. 5, aber kein von Art. 16 lit. a abweichender Bezugszeitraum
vorgegeben ist.

B. Spezielle Richtlinienbestimmungen im Sinne von Art. 14

I. Mutterschutzrichtlinie

Spezielle Arbeitszeitregelungen iSv Art. 14 der Arbeitszeitrichtlinie sind in Art. 7 der 2
Mutterschutzrichtlinie enthalten (RL 92/85/EWG des Rates v. 19.10.1992 über die
Durchführung von Maßnahmen zur Verbesserung der Sicherheit und des Gesundheits-

schutzes von schwangeren Arbeitnehmerinnen, Wöchnerinnen und stillenden Arbeitnehmerinnen am Arbeitsplatz, ABl. 1992 L 348, 1, idF von Art. 3 Nr. 11 ÄndRL 2007/30/EG v. 27.6.2007, ABl. 2007 L 165, 21; vgl. auch → Art. 1 Rn. 18 und die Kommentierung zu → Art. 7 RL 92/85/EWG. Es handelt sich um Vorgaben für die **Nachtarbeit**. Arbeitnehmerinnen dürfen während der Schwangerschaft (Art. 2 lit. a der RL 92/85/EWG) und während eines Zeitraums nach der Entbindung, den die für die Sicherheit und den Gesundheitsschutz zuständige einzelstaatliche Behörde festzulegen hat, nicht zur Nachtarbeit verpflichtet werden, wenn sie ein ärztliches Attest über die Schwangerschaft vorgelegt haben (Art. 7 I RL 92/85/EWG). Nach Art. 7 II RL 92/85/EWG müssen die Mitgliedstaaten entsprechend den einzelstaatlichen Rechtsvorschriften und/oder Gepflogenheiten Folgendes ermöglichen: die **Umsetzung an einen Arbeitsplatz mit Tagarbeit** (Art. 7 II lit. a RL 92/85/EWG) oder die **Beurlaubung** oder die **Verlängerung des Mutterschaftsurlaubs**, sofern eine solche Umsetzung technisch oder sachlich nicht möglich oder aus gebührend nachgewiesenen Gründen nicht zumutbar ist (Art. 7 II lit. a RL 92/85/EWG). Der Arbeitgeber ist nach Art. 7 II lit. a RL 92/85/EWG grds. verpflichtet, den Nachtarbeitsplatz in einen (reinen) Tagarbeitsplatz **umzugestalten**. Nur wenn das technisch oder sachlich nicht möglich oder aus gebührend nachgewiesenen Gründen nicht zumutbar ist, hat er die Arbeitnehmerin auf einen Tagarbeitsplatz umzusetzen oder zu versetzen. Eine Beurlaubung oder die Verlängerung des Mutterschaftsurlaubs nach Art. 7 II lit. b RL 92/85/EWG kommen erst als **letzte Mittel** in Betracht, wenn ein solcher Wechsel ebenfalls nicht möglich ist. Diese Stufenfolge dürfte für Art. 7 ebenso wie für Art. 5 der Mutterschutzrichtlinie zutreffen (zu Art. 5 RL 92/85/EWG EuGH 1.7.2010 – C-194/08 Rn. 35 f. – Gassmayr, NZA 2010, 1113; 1.7.2010 – C-471/08 Rn. 31 f. – Parviainen, NZA 2010, 1284; Preis/Sagan/*Ulber* § 6 Rn. 85). Nach den Vorgaben der RL 92/85/EWG entsprechen die gestuften Rechte der Arbeitnehmerin den gestuften Pflichten des Arbeitgebers. Das Direktionsrecht des Arbeitgebers ist nach deutschem Recht mit Blick auf **§ 11 I MuSchG** erweitert (BAG 15.11.2000 NZA 2001, 386 zu II 1 der Gründe; im Einzelnen ErfK/*Schlachter* MuSchG § 3 Rn. 3).

II. Jugendarbeitsschutzrichtlinie

3   Die Arbeitszeit von Kindern und Jugendlichen ist in **Art. 8–13 der Jugendarbeitsschutzrichtlinie** besonders geregelt (RL 94/33/EG des Rates v. 22.6.1994 über den Jugendarbeitsschutz, ABl. 1994 L 216, 12, idF von Art. 3 Nr. 15 der ÄndRL 2007/30/EG v. 20.6.2007, ABl. 2007 L 165, 21; → Art. 1 Rn. 18; s. auch § 18 II ArbZG). In Art. 3 RL 94/33/EG sind die Begriffe des **jungen Menschen**, des **Kindes**, des **Jugendlichen**, der **leichten Arbeit**, der **Arbeitszeit** und der **Ruhezeit** definiert. Junger Mensch ist jede Person unter 18 Jahren iSd Art. 2 der Richtlinie (Art. 3 lit. a RL 94/33/EG). Kind ist jeder junge Mensch, der noch nicht 15 Jahre alt ist oder gem. den einzelstaatlichen Rechtsvorschriften nicht mehr der Vollzeitschulpflicht unterliegt (Art. 3 lit. b der Jugendarbeitsschutzrichtlinie). Jugendlicher ist jeder junge Mensch, der mindestens 15, aber noch nicht 18 Jahre alt ist und gem. den einzelstaatlichen Rechtsvorschriften nicht mehr der Vollzeitschulpflicht unterliegt (Art. 3 lit. c RL 94/33/EG). Kinderarbeit ist grds. verboten (Art. 1 I und Art. 4 I RL 94/33/EG; s. aber Art. 4 II der Richtlinie). Die **tägliche und wöchentliche Höchstarbeitszeit** von Kindern und Jugendlichen ist in Art. 8 RL 94/33/EG detailliert geregelt. Art. 9 der Richtlinie enthält **Nachtarbeitsverbote**. Art. 10 RL 94/33/EG gibt **Ruhezeiten** im 24-Stunden-Zeitraum und im Siebentageszeitraum vor. Art. 11 RL 94/33/EG regelt die **Jahresruhezeit** und Art. 12 der Richtlinie die **Pausen**. Art. 13 RL 94/33/EG enthält Vorgaben für **Jugendarbeit in Fällen höherer Gewalt** mit entsprechenden Ausgleichsruhezeiten binnen drei Wochen. Die Richtlinienvorgaben sind durch **§§ 8–19 JArbSchG** in das deutsche Recht umgesetzt.

Art. 15 Günstigere Vorschriften

Das Recht der Mitgliedstaaten, für die Sicherheit und den Gesundheitsschutz der Arbeitnehmer günstigere Rechts- und Verwaltungsvorschriften anzuwenden oder zu erlassen oder die Anwendung von für die Sicherheit und den Gesundheitsschutz der Arbeitnehmer günstigeren Tarifverträgen oder Vereinbarungen zwischen den Sozialpartnern zu fördern oder zu gestatten, bleibt unberührt.

Art. 15 bringt zum Ausdruck, dass es sich bei allen Vorgaben der Richtlinie um **Mindest-** 1
standards handelt. Das Mindestniveau der Arbeitszeitrichtlinie kann von den Mitgliedstaaten durch Rechts- oder Verwaltungsvorschriften oder – abgeleitet – durch Tarifverträge oder Kollektivvereinbarungen der Sozialpartner überschritten werden. Soweit Tarifverträge oder Kollektivvereinbarungen gewählt werden, muss es sich bei den kollektiven Verbesserungen des Schutzniveaus im Unterschied zu den verschlechternden Abweichungen von den Mindestvorgaben der Richtlinie nach Art. 18 UAbs. 1 **nicht um Flächenvereinbarungen** handeln. Es genügen zB auch Haus-/Firmentarifverträge. Art. 15 ist im Zusammenhang mit **Art. 23** zu lesen. Art. 23 stellt klar, dass die Durchführung der Richtlinie keine wirksame Rechtfertigung für eine „Zurücknahme" des allg. Arbeitnehmerschutzes ist.

Art. 16 Bezugszeiträume

Die Mitgliedstaaten können für die Anwendung der folgenden Artikel einen Bezugszeitraum vorsehen, und zwar

a) für Artikel 5 (wöchentliche Ruhezeit) einen Bezugszeitraum bis zu 14 Tagen;
b) für Artikel 6 (wöchentliche Höchstarbeitszeit) einen Bezugszeitraum bis zu vier Monaten.
Die nach Artikel 7 gewährten Zeiten des bezahlten Jahresurlaubs sowie die Krankheitszeiten bleiben bei der Berechnung des Durchschnitts unberücksichtigt oder sind neutral;
c) für Artikel 8 (Dauer der Nachtarbeit) einen Bezugszeitraum, der nach Anhörung der Sozialpartner oder in Tarifverträgen oder Vereinbarungen zwischen den Sozialpartnern auf nationaler oder regionaler Ebene festgelegt wird.
Fällt die aufgrund von Artikel 5 verlangte wöchentliche Mindestruhezeit von 24 Stunden in den Bezugszeitraum, so bleibt sie bei der Berechnung des Durchschnitts unberücksichtigt.

A. Richtliniensystem

Art. 16 enthält Bezugszeiträume für die **wöchentliche Ruhezeit** nach Art. 5 (Art. 16 1
lit. a), die **wöchentliche Höchstarbeitszeit** nach Art. 6 (Art. 16 lit. b) und die **Dauer der Nachtarbeit** nach Art. 8 (Art. 16 lit. c; s. zu den Bezugszeiträumen auch schon → Art. 1 Rn. 2 und 19, Rn. 39; → Art. 3 Rn. 5; → Art. 5 Rn. 2; → Art. 6 Rn. 1–3; → Art. 8 Rn. 2 und 8). Von den Bezugszeiträumen des Art. 16 kann nach Art. 17 I und III abgewichen werden. Für die **tägliche Mindestruhezeit** von elf Stunden im 24-Stunden-Zeitraum nach Art. 3 sieht die Richtlinie keinen Bezugszeitraum vor. Das betont die besondere Bedeutung dieser Ruhezeit für die Gesundheit und Sicherheit von Arbeitnehmern und Dritten. Von der täglichen Mindestruhezeit kann nur iRv Art. 17 oder 18 abgewichen werden (näher → Art. 3 Rn. 5).

Gallner

B. Bezugszeiträume

I. Bezugszeitraum für die wöchentliche Höchstarbeitszeit, Art. 16 lit. a

2 1. Inhalt des Bezugszeitraums. Art. 16 lit. a bestimmt, dass eine Unterschreitung der wöchentlichen Ruhezeit des Art. 5 von 24 Stunden in einem Bezugszeitraum von bis zu **14 Tagen** ausgeglichen werden kann. Die Ruhezeit muss entweder in jedem Siebentageszeitraum eingehalten sein, oder ihre Unterschreitung muss im 14-Tages-Zeitraum ausgeglichen werden. Der Ausgleich muss in allen denkbaren 14-Tages-Zeiträumen möglich sein. Die Richtlinienvorgabe führt zu **Berechnungsproblemen.** Sie ergeben sich vor allem daraus, dass nach Art. 5 UAbs. 1 vor jedem 24-Stunden-Zeitraum mindestens elf Stunden tägliche Ruhezeit iSv Art. 3 liegen müssen. Das ergibt zumindest **35 Stunden** (elf Stunden tägliche Ruhezeit nach Art. 3 und 24 Stunden wöchentliche Ruhezeit nach Art. 5). Bei einem Ausgleich im 14-Tages-Zeitraum stellt sich bei unmittelbar **aufeinanderfolgenden 24-Stunden-Zeiträumen** die Frage, ob an die wöchentliche Ruhezeit von 24 Stunden zu ihrem Beginn und an ihrem Ende jeweils elf Stunden tägliche Ruhezeit „angehängt" werden müssen und eine Gesamtruhezeit von 70 Stunden gewährt werden muss (zweimal 24 Stunden zuzüglich zweimal elf Stunden = 70 Stunden) oder ob eine Gesamtruhezeit von 59 Stunden genügt (zweimal 24 Stunden zuzüglich einmal elf Stunden = 59 Stunden; für die zweite Alternative EAS/*Balze* B 3100 Rn. 137). Das Problem der Gesamtruhezeit regelt die RL 2003/88/EG nicht ausdrücklich. Die zweite Alternative von lediglich 59 Stunden Gesamtruhezeit ist abzulehnen. Eine Gesamtruhezeit von 59 Stunden dürfte zwar in aller Regel subjektiv ausreichen, um sich von der ununterbrochenen Arbeit zu erholen. Der Arbeitnehmer verliert dadurch aber eine elfstündige Ruhezeit im 14-Tages-Zeitraum. Das ist vom übergeordneten Ziel der Arbeitszeitrichtlinie, Gesundheit und Sicherheit der Arbeitnehmer objektiv zu schützen, auch unter Berücksichtigung der ua in den Bezugszeiträumen ausgedrückten Flexibilisierungsinteressen der Arbeitgeber nicht gedeckt (→ Art. 1 Rn. 1 und 22 f.; im Ergebnis ebenso ErfK/*Wank* ArbZG § 12 Rn. 5).

3 2. Umsetzung in das deutsche Recht. § 11 III 1 ArbZG setzt Art. 16 lit. a nicht unvollkommen, sondern unionsrechtskonform um. Die Norm sieht für Sonntagsarbeit einen Ersatzruhetag innerhalb eines den Beschäftigungstag einschließenden Zeitraums von zwei Wochen vor. Die Vorgabe der Arbeitszeitrichtlinie wird schon im Ansatz erkannt, indem der Ersatzruhetag **innerhalb** des Zweiwochenzeitraums zu gewähren ist. Dh, dass keine Ereignisfrist iSv § 187 I, § 188 II Alt. 1 BGB gewählt wird, sondern der Zweiwochenzeitraum nach § 187 II 1, § 188 II Alt. 2 BGB zu berechnen ist. Daran wird deutlich, dass es zu keinem 14-Tages-Zeitraum ohne Ersatzruhetag kommen kann (**aA** etwa EAS/*Balze* B 3100 Rn. 139; *Schubert* GesR 2012, 326 [329]; Preis/Sagan/*Ulber* § 6 Rn. 177; ohne unionsrechtliche Zweifel zB ErfK/*Wank* ArbZG § 12 Rn. 3 f.).

II. Bezugszeitraum für die wöchentliche Ruhezeit, Art. 16 lit. b

4 1. Inhalt des Bezugszeitraums. Nach Art. 16 lit. b UAbs. 1 gilt für die wöchentliche Höchstarbeitszeit von 48 Stunden nach Art. 6 lit. b ein Bezugszeitraum von **bis zu vier Monaten.** Art. 16 lit. b UAbs. 2 bestimmt, dass Zeiten des richtlinienrechtlich verbürgten Jahresurlaubs nach Art. 7 und Krankheitszeiten bei der Berechnung des Durchschnitts unberücksichtigt bleiben oder neutral sind (→ Art. 6 Rn. 1). Das soll verhindern, dass Tage ohne jegliche Arbeitszeit den Durchschnitt senken (Preis/Sagan/*Ulber* § 6 Rn. 171). Arbeitszeiten bei verschiedenen Arbeitgebern sind aus Gründen des Gesundheitsschutzes zusammenzurechnen (im Einzelnen → Art. 6 Rn. 1–3).

2. Umsetzung in das nationale Recht. §§ 3 und 9 ArbZG setzen Art. 6 lit. b in das 5 nationale Recht um. Die regelmäßige werktägliche Arbeitszeit von höchstens acht Stunden (§ 3 S. 1 ArbZG) und die Sonntagsruhe (§ 9 I ArbZG) bzw. der Ersatzruhetag des § 11 III 1 ArbZG stellen eine durchschnittlich höchstens 48-stündige Wochenarbeitszeit sicher. Der Ausgleichszeitraum von sechs Kalendermonaten oder 24 Wochen in § 3 S. 2 ArbZG widerspricht der Richtlinienvorgabe des Art. 16 lit. b UAbs. 1 (→ Art. 6 Rn. 1–3; *Kohte*, FS Wißmann, 2005, 331 [335 f.]; *Schliemann* ArbZG § 3 Rn. 30; *Schubert* GesR 2012, 326 [329]; Preis/Sagan/*Ulber* § 6 Rn. 173; ErfK/*Wank* ArbZG § 3 Rn. 7 mwN). Die Kommission hat das bereits bemerkt (KOM [2010] 802 endg., 4). Sie weist darauf hin, dass der Bezugszeitraum für **bestimmte Tätigkeiten** durch Gesetz auf höchstens sechs Monate und durch Tarifvertrag auf höchstens zwölf Monate verlängert werden darf. § 3 S. 2 ArbZG verengt den verlängerten Bezugszeitraum demgegenüber nicht auf bestimmte Tätigkeiten iSv Art. 17 I–III oder IV. Auch die Voraussetzungen der Verlängerungsmöglichkeiten des Art. 19 UAbs. 1 und 2 sind nicht gewahrt (→ Art. 17 Rn. 17 f.). Arbeitnehmer öffentlicher Arbeitgeber können sich unmittelbar aus Art. 6 lit. b und Art. 16 lit. b UAbs. 1 auf einen **viermonatigen Bezugszeitraum** berufen (→ Art. 6 Rn. 2 f.).

III. Bezugszeitraum für die Dauer der Nachtarbeit, Art. 16 lit. c

Die Mitgliedstaaten können den **Bezugszeitraum** für den Durchschnittswert der Dauer 6 der normalen Arbeitszeit für Nachtarbeiter auf der Grundlage von Art. 16 lit. c UAbs. 1 nach Anhörung der Sozialpartner selbst **frei festlegen** oder in Flächenkollektivvereinbarungen bestimmen lassen (→ Art. 8 Rn. 2 und 8). Die Regelung des Art. 16 lit. c UAbs. 1 lässt den Mitgliedstaaten wegen des klaren und uneingeschränkten Wortlauts der Richtlinienbestimmung größeren Freiraum für den Ausgleich als Art. 16 lit. b UAbs. 1, der für die **wöchentliche Höchstarbeitszeit** des Art. 6 einen verhältnismäßig kurzen Bezugszeitraum von vier Monaten vorgibt (aA Preis/Sagan/*Ulber* § 6 Rn. 38, der aus der Systematik der Arbeitszeitrichtlinie und dem besonders hohen Schutzniveau für Nachtarbeiter den höchstens viermonatigen Ausgleichszeitraum des Art. 16 lit. b UAbs. 1 für die wöchentliche Höchstarbeitszeit des Art. 6 folgert). Die **wöchentliche Mindestruhezeit** von 24 Stunden nach Art. 5 bleibt bei der Berechnung des Durchschnitts außer Acht, wenn sie in den Bezugszeitraum fällt (Art. 16 lit. c UAbs. 2). Damit soll die Dauer der Nachtarbeit beschränkt werden.

Kapitel 5. Abweichungen und Ausnahmen

Art. 17 Abweichungen

(1) Unter Beachtung der allgemeinen Grundsätze des Schutzes der Sicherheit und der Gesundheit der Arbeitnehmer können die Mitgliedstaaten von den Artikeln 3 bis 6, 8 und 16 abweichen, wenn die Arbeitszeit wegen der besonderen Merkmale der ausgeübten Tätigkeit nicht gemessen und/oder nicht im Voraus festgelegt wird oder von den Arbeitnehmern selbst festgelegt werden kann, und zwar insbesondere in Bezug auf nachstehende Arbeitnehmer:

a) leitende Angestellte oder sonstige Personen mit selbstständiger Entscheidungsbefugnis;
b) Arbeitskräfte, die Familienangehörige sind;
c) Arbeitnehmer, die im liturgischen Bereich von Kirchen oder Religionsgemeinschaften beschäftigt sind.

(2) Sofern die betroffenen Arbeitnehmer gleichwertige Ausgleichsruhezeiten oder in Ausnahmefällen, in denen die Gewährung solcher gleichwertigen Ausgleichsruhezeiten aus objektiven Gründen nicht möglich ist, einen angemessenen Schutz erhalten, kann

im Wege von Rechts- und Verwaltungsvorschriften oder im Wege von Tarifverträgen oder Vereinbarungen zwischen den Sozialpartnern gemäß den Absätzen 3, 4 und 5 abgewichen werden.

(3) Gemäß Absatz 2 dieses Artikels sind Abweichungen von den Artikeln 3, 4, 5, 8 und 16 zulässig:

a) bei Tätigkeiten, die durch eine Entfernung zwischen dem Arbeitsplatz und dem Wohnsitz des Arbeitnehmers – einschließlich Tätigkeiten auf Offshore-Anlagen – oder durch eine Entfernung zwischen verschiedenen Arbeitsplätzen des Arbeitnehmers gekennzeichnet sind;

b) für den Wach- und Schließdienst sowie die Dienstbereitschaft, die durch die Notwendigkeit gekennzeichnet sind, den Schutz von Sachen und Personen zu gewährleisten, und zwar insbesondere in Bezug auf Wachpersonal oder Hausmeister oder Wach- und Schließunternehmen;

c) bei Tätigkeiten, die dadurch gekennzeichnet sind, dass die Kontinuität des Dienstes oder der Produktion gewährleistet sein muss, und zwar insbesondere bei
- i) Aufnahme-, Behandlungs- und/oder Pflegediensten von Krankenhäusern oder ähnlichen Einrichtungen, einschließlich der Tätigkeiten von Ärzten in der Ausbildung, Heimen sowie Gefängnissen,
- ii) Hafen- und Flughafenpersonal,
- iii) Presse-, Rundfunk-, Fernsehdiensten oder kinematografischer Produktion, Post oder Telekommunikation, Ambulanz-, Feuerwehr- oder Katastrophenschutzdiensten,
- iv) Gas-, Wasser- oder Stromversorgungsbetrieben, Hausmüllabfuhr oder Verbrennungsanlagen,
- v) Industriezweigen, in denen der Arbeitsprozess aus technischen Gründen nicht unterbrochen werden kann,
- vi) Forschungs- und Entwicklungstätigkeiten,
- vii) landwirtschaftlichen Tätigkeiten,
- viii) Arbeitnehmern, die im regelmäßigen innerstädtischen Personenverkehr beschäftigt sind;

d) im Fall eines vorhersehbaren übermäßigen Arbeitsanfalls, insbesondere
- i) in der Landwirtschaft,
- ii) im Fremdenverkehr,
- iii) im Postdienst;

e) im Fall von Eisenbahnpersonal
- i) bei nichtständigen Tätigkeiten,
- ii) bei Beschäftigten, die ihre Arbeitszeit in Zügen verbringen, oder
- iii) bei Tätigkeiten, die an Fahrpläne gebunden sind und die die Kontinuität und Zuverlässigkeit des Verkehrsablaufs sicherstellen;

f) unter den in Artikel 5 Absatz 4 der Richtlinie 89/391/EWG aufgeführten Bedingungen;

g) im Fall eines Unfalls oder der Gefahr eines unmittelbar bevorstehenden Unfalls.

(4) Gemäß Absatz 2 dieses Artikels sind Abweichungen von den Artikeln 3 und 5 zulässig:

a) wenn bei Schichtarbeit der Arbeitnehmer die Gruppe wechselt und zwischen dem Ende der Arbeit in einer Schichtgruppe und dem Beginn der Arbeit in der nächsten nicht in den Genuss der täglichen und/oder wöchentlichen Ruhezeit kommen kann;

b) bei Tätigkeiten, bei denen die Arbeitszeiten über den Tag verteilt sind, insbesondere im Fall von Reinigungspersonal.

(5) Gemäß Absatz 2 dieses Artikels sind Abweichungen von Artikel 6 und von Artikel 16 Buchstabe b) bei Ärzten in der Ausbildung nach Maßgabe der Unterabsätze 2 bis 7 dieses Absatzes zulässig.

In Unterabsatz 1 genannte Abweichungen von Artikel 6 sind für eine Übergangszeit von fünf Jahren ab dem 1. August 2004 zulässig.

¹Die Mitgliedstaaten verfügen erforderlichenfalls über einen zusätzlichen Zeitraum von höchstens zwei Jahren, um den Schwierigkeiten bei der Einhaltung der Arbeitszeitvorschriften im Zusammenhang mit ihren Zuständigkeiten für die Organisation und Bereitstellung von Gesundheitsdiensten und medizinischer Versorgung Rechnung zu tragen. ²Spätestens sechs Monate vor dem Ende der Übergangszeit unterrichtet der betreffende Mitgliedstaat die Kommission hierüber unter Angabe der Gründe, so dass die Kommission nach entsprechenden Konsultationen innerhalb von drei Monaten nach dieser Unterrichtung eine Stellungnahme abgeben kann. ³Falls der Mitgliedstaat der Stellungnahme der Kommission nicht folgt, rechtfertigt er seine Entscheidung. ⁴Die Unterrichtung und die Rechtfertigung des Mitgliedstaats sowie die Stellungnahme der Kommission werden im *Amtsblatt der Europäischen Union* veröffentlicht und dem Europäischen Parlament übermittelt.

¹Die Mitgliedstaaten verfügen erforderlichenfalls über einen zusätzlichen Zeitraum von höchstens einem Jahr, um den besonderen Schwierigkeiten bei der Wahrnehmung der in Unterabsatz 3 genannten Zuständigkeiten Rechnung zu tragen. ²Sie haben das Verfahren des Unterabsatzes 3 einzuhalten.

Die Mitgliedstaaten stellen sicher, dass die Zahl der Wochenarbeitsstunden keinesfalls einen Durchschnitt von 58 während der ersten drei Jahre der Übergangszeit, von 56 während der folgenden zwei Jahre und von 52 während des gegebenenfalls verbleibenden Zeitraums übersteigt.

¹Der Arbeitgeber konsultiert rechtzeitig die Arbeitnehmervertreter, um – soweit möglich – eine Vereinbarung über die Regelungen zu erreichen, die während der Übergangszeit anzuwenden sind. ²Innerhalb der in Unterabsatz 5 festgelegten Grenzen kann eine derartige Vereinbarung sich auf Folgendes erstrecken:

a) die durchschnittliche Zahl der Wochenarbeitsstunden während der Übergangszeit und

b) Maßnahmen, die zur Verringerung der Wochenarbeitszeit auf einen Durchschnitt von 48 Stunden bis zum Ende der Übergangszeit zu treffen sind.

³In Unterabsatz 1 genannte Abweichungen von Artikel 16 Buchstabe b) sind zulässig, vorausgesetzt, dass der Bezugszeitraum während des in Unterabsatz 5 festgelegten ersten Teils der Übergangszeit zwölf Monate und danach sechs Monate nicht übersteigt.

A. Richtliniensystem

Art. 17–22 enthalten **Abweichungen und Ausnahmen** von anderen Regelungen, wie die Überschrift des fünften Kapitels der Richtlinie zeigt. Art. 17 lässt Abweichungen für **bestimmte Berufsgruppen und Tätigkeiten** zu. Art. 18 ermöglicht **tarifliche und kollektivvertragliche Abweichungen**. Die Abweichungsmöglichkeiten der Art. 20 und 21 betreffen sehr spezifische Berufsgruppen und Tätigkeiten: **mobile Arbeitnehmer** und **Tätigkeiten auf Offshore-Anlagen** oder **an Bord seegehender Fischereifahrzeuge**. Der EuGH betont den Ausnahmecharakter der Art. 17 ff. Der Anwendungsbereich der Ausnahmen ist auf das **unbedingt Erforderliche beschränkt**, um die Interessen zu wahren, deren Schutz sie ermöglichen (EuGH 21.10.2010 – C-227/09 Rn. 58 – Accardo, NZA 2011, 215; 9.9.2003 – C-151/02 Rn. 89 – Jaeger, NZA 2003, 1019; *Kohte*, FS Bepler, 2012, 287 [288 f.]; näher → Art. 1 Rn. 33). Den Mitgliedstaaten wird zwar eine gewisse Flexibilität bei der Anwendung einzelner Bestimmungen der Richtlinie zugestanden, wie sich aus Erwägungsgrund 15 ergibt. Dennoch müssen sie die Grundsätze des Schutzes der Sicherheit und der Gesundheit der Arbeitnehmer beachten (EuGH 14.10.2010 – C-428/09 Rn. 58 – Union syndicale Solidaires Isère, Slg. 2010, I-9961). Die Verbesserung der Sicherheit, der Arbeitshygiene und des Gesundheitsschutzes der Arbeitnehmer sind Zielsetzungen, die keinen rein wirtschaftlichen Überlegungen untergeordnet werden dürfen (EuGH 9.9.2003 – C-151/02 Rn. 67 – Jaeger, NZA 2003, 1019 mit Bezug auf die fünfte Begründungserwägung der ursprünglichen Arbeitszeitrichtlinie 93/104/EG; diese Begründungserwägung findet sich heute im vierten Erwägungsgrund der RL 2003/88/EG wieder).

B. Abweichungsmöglichkeiten des Art. 17

2 Art. 17 lässt unter bestimmten Voraussetzungen Abweichungen von Art. 3–6, 8 und 16 zu.

I. Art. 17 I

3 **1. Richtlinienvorgaben, von denen abgewichen werden kann.** Art. 17 I gibt den Mitgliedstaaten – nicht Tarifvertragsparteien oder Vertragspartnern von Kollektivvereinbarungen – das Recht, von **zentralen Vorgaben der Arbeitszeitrichtlinie** abzuweichen. Abgewichen werden kann von Art. 3–6 (den täglichen Ruhezeiten, den Ruhepausen, den wöchentlichen Ruhezeiten und der wöchentlichen Höchstarbeitszeit), Art. 8 (der Dauer der Nachtarbeit) und Art. 16 (den Bezugszeiträumen für die wöchentlichen Ruhezeiten, die wöchentliche Höchstarbeitszeit und die Dauer der Nachtarbeit).

4 **2. Abweichungsvoraussetzungen.** Art. 17 I setzt voraus, dass die Arbeitszeit wegen der besonderen Merkmale der ausgeübten Tätigkeit **nicht gemessen und/oder im Voraus festgelegt wird oder von den Arbeitnehmern selbst festgelegt werden kann.** Aus dem Wortlaut der Bestimmung geht hervor, dass sie nur für Arbeitnehmer gilt, deren **gesamte Arbeitszeit** aufgrund der Natur der ausgeübten Tätigkeit nicht gemessen oder nicht im Voraus festgelegt wird oder von den Arbeitnehmern selbst festgelegt werden kann (EuGH 7.9.2006 – C-484/04 Rn. 20 – Kommission/Vereinigtes Königreich, Slg. 2006, I-7471). Die in Art. 17 I genannten Personengruppen der leitenden Angestellten, Familienangehörigen und Beschäftigten im liturgischen Bereich der Kirchen sind **nicht abschließend.** Die innerstaatlichen Gerichte müssen prüfen, ob der Mitgliedstaat die Abweichungsmöglichkeiten des Art. 17 I **ordnungsgemäß genutzt hat.** Ist das zu verneinen, scheidet eine richtlinienkonforme Abweichung auch dann aus, wenn sie grds. den Anforderungen der RL 2003/88/EG gerecht werden könnte (EuGH 21.10.2010 – C-227/09 Rn. 46 – Accardo, NZA 2011, 215; → Art. 5 Rn. 5).

5 **3. Umsetzung in das innerstaatliche Recht.** § 18 I ArbZG nimmt bestimmte Beschäftigtengruppen **vollständig** von der Geltung des Arbeitszeitgesetzes aus: leitende Angestellte iSv § 5 III BetrVG, Chefärzte, Leiter von öffentlichen Dienststellen und deren Vertreter sowie Arbeitnehmer im öffentlichen Dienst, die zu selbständigen Entscheidungen in Personalangelegenheiten befugt sind, Arbeitnehmer, die in häuslicher Gemeinschaft mit den ihnen anvertrauten Personen zusammenleben und sie eigenverantwortlich erziehen, pflegen oder betreuen, und den liturgischen Bereich der Kirchen und der Religionsgemeinschaften. Dieses Vorgehen widerspricht Art. 17 I. Für die genannten Berufsgruppen wird nicht nur von Art. 3–6, Art. 8 und Art. 16 abgewichen. Vielmehr werden alle Vorschriften des Arbeitszeitgesetzes und damit **alle Vorgaben der Arbeitszeitrichtlinie „abbedungen".** Arbeitnehmer öffentlicher Arbeitgeber können deshalb verlangen, dass § 18 I ArbZG unangewendet bleibt (Preis/Sagan/*Ulber* § 6 Rn. 230). Die genannten Richtlinienvorgaben sind hinreichend konkret, um eine unmittelbare Anwendung zu erlauben (s. auch → Art. 6 Rn. 2).

II. Art. 17 II und III

6 **1. Richtlinienvorgaben, von denen für bestimmte Tätigkeiten abgewichen werden kann.** Art. 17 II erlaubt Abweichungen von Art. 3–5 (den täglichen Ruhezeiten, den Ruhepausen und den wöchentlichen Ruhezeiten). Nach Art. 17 III kann neben Art. 3–5

von Art. 8 (der Dauer der Nachtarbeit) und Art. 16 (den Bezugszeiträumen) abgewichen werden. Anders als nach Art. 17 I kann nach Art. 17 II **nicht von der wöchentlichen Höchstarbeitszeit** des Art. 6 abgewichen werden (EuGH 9.9.2003 – C-151/02 Rn. 100 – Jaeger, NZA 2003, 1019). Die Abweichungen dürfen die von Art. 3–5, 8 und 26 gewährleisteten Rechte nicht vollständig beseitigen. Art. 17 II und III sind auf **bestimmte berufliche Tätigkeiten**, nicht auf bestimmte Berufsgruppen bezogen.

2. Abweichungen durch Tarifverträge oder Kollektivvereinbarungen. Die Mitgliedstaaten können die Befugnis, von den in Art. 17 II und III genannten Vorgaben abzuweichen (→ Rn. 6), **nicht ohne Ausübung ihres Ermessens unmittelbar** an die Tarif- oder Kollektivvertragsparteien delegieren. Die Abweichungen in Art. 17 II und III sind **fakultativ**. Sie verpflichten die Mitgliedstaaten nicht dazu, sie in das nationale Recht umzusetzen. Die Mitgliedstaaten müssen deshalb die Entscheidung treffen, sich auf die Abweichungsmöglichkeiten der Arbeitszeitrichtlinie zu berufen (EuGH 21.10.2010 – C-227/09 Rn. 51 mwN – Accardo, NZA 2011, 215). Ist das nicht oder nicht ordnungsgemäß geschehen, können sich die Mitgliedstaaten oder ihre Untergliederungen gegenüber Arbeitnehmern nicht auf die Bestimmungen berufen, die von den Richtlinienvorgaben abweichen (EuGH 21.10.2010 – C-227/09 Rn. 47 – Accardo, NZA 2011, 215). Welche Rechtsetzungstechnik die Mitgliedstaaten dazu wählen, ist grds. ihre Sache und nach innerstaatlichem Recht zu beurteilen (EuGH 21.10.2010 – C-227/09 Rn. 54 – Accardo, NZA 2011, 215). Mitgliedstaaten, die ihre Befugnis nach Art. 17 nutzen, um von bestimmten Richtlinienvorgaben abzuweichen, müssen ihr **Ermessen** jedoch unter Beachtung der allg. Grundsätze des Unionsrechts ausüben. Zu ihnen gehört der Grundsatz der **Rechtssicherheit**. Regelungen, die fakultative Abweichungen von den Vorgaben einer Richtlinie erlauben, müssen **bestimmt und klar umgesetzt** werden, um den Erfordernissen des Grundsatzes der Rechtssicherheit zu genügen (EuGH 21.10.2010 – C-227/09 Rn. 55 – Accardo, NZA 2011, 215). Von den in Art. 17 genannten Richtlinienbestimmungen abweichende Tarifverträge sind demnach an **zwei rechtlichen Systemen** zu messen: am allg. unionsrechtlichen Grundsatz der Rechtssicherheit und an den innerstaatlichen Erfordernissen für eine rechtmäßige Umsetzung der von der Richtlinie erlaubten Abweichungen (EuGH 21.10.2010 – C-227/09 Rn. 56 – Accardo, NZA 2011, 215; s. auch *Kohte*, FS Bepler, 2012, 287 [290]; Preis/Sagan/*Ulber* § 6 Rn. 233).

3. Voraussetzungen eines Ausgleichs nach Art. 17 II und III. Von Art. 3, 4, 5, 8 und 16 kann nur dann für die Tätigkeiten des Art. 17 III abgewichen werden, wenn die Gesundheits- und Sicherheitsgefährdung nach Art. 17 II und III (zum Teil) ausgeglichen wird. Die betroffenen Arbeitnehmer müssen entweder **gleichwertige Ausgleichsruhezeiten** oder in Ausnahmefällen einen **angemessenen Schutz** erhalten, wenn gleichwertige Ausgleichsruhezeiten aus objektiven Gründen nicht gewährt werden können.

a) Gleichwertige Ausgleichsruhezeiten. Angemessene Ruhezeiten dienen dem Hauptziel der RL 2003/88/EG, die Sicherheit und Gesundheit der Arbeitnehmer wirksam zu schützen. Sie müssen nicht nur effektiv sein, sondern auch vorbeugend wirken, indem sie die mit aneinandergereihten Arbeitsphasen ohne Ruhepausen verbundenen Sicherheits- und Gesundheitsgefährdungen so weit wie möglich verringern (EuGH 14.10.2010 – C-428/09 Rn. 37 – Union syndicale Solidaires Isère, Slg. 2010, I-9961; 9.9.2003 – C-151/02 Rn. 92 – Jaeger, NZA 2003, 1019). Gleichwertige Ausgleichsruhezeiten iSv Art. 17 II sind dadurch gekennzeichnet, dass der Arbeitnehmer gegenüber dem Arbeitgeber während dieser Zeiten **keinen Verpflichtungen unterliegt,** die ihn daran hindern können, frei und ohne Unterbrechung seinen eigenen Interessen nachzugehen. Die Ausgleichsruhezeiten sollen die Auswirkungen der Arbeit auf die Sicherheit und Gesundheit des Arbeitnehmers neutralisieren. Solche Ruhezeiten müssen sich unmittelbar an die Arbeitszeit anschließen, deren Ausgleich sie dienen, um eine Ermüdung oder Überlastung des Arbeitnehmers durch kumulierte aufeinanderfolgende Arbeitsperioden zu verhindern (EuGH 14.10.2010 – C-

428/09 Rn. 50 – Union syndicale Solidaires Isère, Slg. 2010, I-9961; 9.9.2003 – C-151/02 Rn. 94 – Jaeger, NZA 2003, 1019). Eine bloße Begrenzung der jährlichen Arbeitstage schafft keine gleichwertigen Ausgleichsruhezeiten (EuGH 14.10.2010 – C-428/09 Rn. 52 und 58 – Union syndicale Solidaires Isère, Slg. 2010, I-9961). Die Verbesserung von Sicherheit, Arbeitshygiene und Gesundheitsschutz darf nach dem vierten Erwägungsgrund keinen rein wirtschaftlichen Überlegungen untergeordnet werden (EuGH 9.9.2003 – C-151/02 Rn. 67 – Jaeger, NZA 2003, 1019).

10 **b) Anderer angemessener Schutz als gleichwertige Ausgleichsruhezeiten.** Der Wortlaut von Art. 17 II erlaubt nur unter **ganz außergewöhnlichen Umständen,** dass ein Arbeitnehmer einen anderen angemessenen Schutz erhält, weil es aus objektiven Gründen nicht möglich ist, gleichwertige Ausgleichsruhezeiten zu gewähren (EuGH 14.10.2010 – C-428/09 Rn. 55 – Union syndicale Solidaires Isère, Slg. 2010, I-9961; 9.9.2003 – C-151/02 Rn. 98 – Jaeger, NZA 2003, 1019). Um in Ausnahmefällen einen solchen Schutz zu schaffen, kommt den Mitgliedstaaten oder ggf. den Sozialpartnern ein gewisser Ermessensspielraum zu. Dieser Ermessensspielraum wird durch eine nationale Regelung überschritten, die es Arbeitnehmern während der gesamten Dauer ihres Arbeitsverhältnisses – zB bei saisonaler Beschäftigung in einem Ferienlager von Jugendlichen – nicht erlaubt, eine tägliche Ruhezeit in Anspruch zu nehmen. Das gilt auch dann, wenn nur an 80 Tagen im Jahr gearbeitet wird. Eine solche Regelung nimmt den Arbeitnehmern ihr Recht auf eine tägliche Ruhezeit vollständig. Sie steht im Widerspruch zum Ziel der Arbeitszeitrichtlinie (EuGH 14.10.2010 – C-428/09 Rn. 55 und 59 f. – Union syndicale Solidaires Isère, Slg. 2010, I-9961; s. auch → Rn. 9).

11 **c) Dauer und Lage der Ausgleichsruhezeiten. aa) Arbeitszeitrichtlinie.** Um die Verlängerung der täglichen Arbeitszeit durch eine verkürzte Ruhezeit auszugleichen, muss dem Arbeitnehmer grds. eine Ausgleichsruhezeit zukommen (→ Rn. 9). Ausgleichsruhezeiten müssen aus der Zahl zusammenhängender Stunden entsprechend der vorgenommenen Kürzung bestehen und dem Arbeitnehmer gewährt werden, **bevor die folgende Arbeitsperiode beginnt** (EuGH 9.9.2003 – C-151/02 Rn. 97 – Jaeger, NZA 2003, 1019). Wird die tägliche Ruhezeit von elf Stunden nach Art. 3 um zwei Stunden auf neun Stunden verkürzt, muss sie zusätzlich zu der nächsten Ruhezeit vor die nächste Arbeitsperiode gelegt werden. Die um die Ausgleichsruhezeit verlängerte Ruhezeit von 13 Stunden wirkt dann ggf. in den nächsten 24-Stunden-Zeitraum hinein.

12 **bb) Umsetzung in das deutsche Recht. § 7 IX ArbZG** wird den Vorgaben des Art. 17 II und III im Zusammenhang mit **§ 5 I–III ArbZG** nicht vollständig gerecht. Wird die werktägliche Arbeitszeit nach § 7 IX ArbZG über zwölf Stunden hinaus verlängert, muss im unmittelbaren Anschluss an die Beendigung der Arbeitszeit eine Ruhezeit von mindestens elf Stunden gewährt werden. § 5 I ArbZG bestimmt, dass Arbeitnehmer nach Beendigung der täglichen Arbeitszeit eine ununterbrochene Ruhezeit von mindestens elf Stunden haben müssen. § 5 II ArbZG verlangt bei einer Verkürzung der Ruhezeit um eine Stunde zwar die Verlängerung einer anderen Ruhezeit auf mindestens zwölf Stunden, lässt diesen Ausgleich aber innerhalb eines Kalendermonats oder innerhalb von vier Wochen zu. Auch § 5 III ArbZG verlangt lediglich einen Ausgleich zu anderen Zeiten. Damit ist nicht sichergestellt, dass die für die Verkürzung der Ruhezeit notwendige Ausgleichsruhezeit unmittelbar an die elfstündige Ruhezeit nach der Arbeitsperiode „angehängt" wird. Art. 17 II und III erlauben grds. nur dann eine Verkürzung der Ruhezeit innerhalb des 24-Stunden-Zeitraums des Art. 3, wenn die Verkürzung im unmittelbaren Anschluss an die Arbeitsperiode durch eine Ausgleichsruhezeit ausgeglichen wird und die Gesamtruhezeit einschließlich der regulären elfstündigen Ruhezeit ggf. in den nächsten 24-Stunden-Zeitraum hineinreicht (*Schliemann* NZA 2004, 513 [516]; Preis/Sagan/*Ulber* § 6 Rn. 242 f.; → Rn. 11).

d) **Beispielhafte Fallgruppen von Tätigkeiten, die zum Ruhezeitausgleich geeig-** 13
net sind. aa) Art. 17 III lit. b und c. Unter Art. 17 III lit. b können ua die Tätigkeiten
von Erziehern in Ferien- und Freizeiteinrichtungen fallen (EuGH 14.10.2010 – C-428/09
Rn. 45 f. – Union syndicale Solidaires Isère, Slg. 2010, I-9961). In Anbetracht ihrer
Merkmale und der Funktionsweise von Ferien- und Freizeitzentren können diese Tätigkeiten auch dadurch gekennzeichnet sein, dass die Kontinuität des Dienstes oder der Produktion gewährleistet sein muss. Deshalb können sie auch Tätigkeiten iSv Art. 17 III lit. c
darstellen. Die Aufzählung in Art. 17 III lit. c ist nicht abschließend („insbesondere"). Die
nicht genannte Tätigkeit muss **objektiv vergleichbar** sein.

bb) Art. 17 III lit. f und g. Nach Art. 17 III lit. f können Tätigkeiten, die dadurch 14
gekennzeichnet sind, dass die Kontinuität des Dienstes oder der Produktion gewährleistet
sein muss, unter den in Art. 5 IV RL 89/391/EWG aufgeführten Bedingungen einen
Ruhezeitausgleich erlauben. Dabei handelt es sich um Umstände, die **nicht vom Arbeitgeber zu vertreten, anormal und unvorhersehbar** oder auf **außergewöhnliche Ereignisse** zurückzuführen sind, deren Folgen trotz aller Sorgfalt nicht hätten vermieden werden
können. Die Fallgruppe des Art. 17 III lit. f ist von Art. 17 III lit. g zu unterscheiden.
Art. 17 III lit. g erfasst Tätigkeiten im Fall eines Unfalls oder der Gefahr eines unmittelbar
bevorstehenden Unfalls.

cc) Umsetzung in das nationale Recht. § 7 I Nr. 1, 3 und 4, II Nr. 1 und 4, IIa 15
ArbZG sind nicht von Art. 17 III gedeckt, weil die dort genannten Fallgruppen nicht auf
die ausdrücklich in Art. 17 III bezeichneten Fallgruppen oder mit ihnen objektiv vergleichbare Fallgruppen verengt sind. Die Abweichungen können allenfalls auf Art. 18 gestützt
werden (Preis/Sagan/*Ulber* § 6 Rn. 252; s. aber → Art. 8 Rn. 8).

e) Abweichungen von den Bezugszeiträumen des Art. 16. aa) Richtliniensys- 16
tem. Art. 17 III erlaubt Abweichungen von **allen drei Bezugszeiträumen des Art. 16**
(lit. a, b und c), die für die wöchentliche Ruhezeit des Art. 5, die wöchentliche Höchstarbeitszeit des Art. 6 und die Dauer der Nachtarbeit des Art. 8 vorgegeben sind. Art. 8 UAbs. 1 lit. b
schließt für Nachtarbeiter, deren Arbeit mit besonderen Gefahren oder einer erheblichen
körperlichen oder geistigen Anspannung verbunden ist, jedoch jeden Ausgleichszeitraum aus
(→ Art. 8 Rn. 6–8). Ein solcher Ausgleich ist deshalb auch nicht von Art. 17 III gedeckt.

bb) Abweichungen von dem Bezugszeitraum des Art. 16 lit. b. Art. 17 III lässt es 17
grds. zu, von dem viermonatigen Bezugszeitraum für die wöchentliche Höchstarbeitszeit
des Art. 6 in Art. 16 lit. b UAbs. 1 abzuweichen (→ Rn. 15). Art. 19 schränkt diese
Möglichkeit ein. Die **Mitgliedstaaten** dürfen nach Art. 19 UAbs. 1 weder nach Art. 17 III
noch nach Art. 18 einen Bezugszeitraum festlegen, der länger ist als **sechs Monate**. Sie
dürfen es nach Art. 19 UAbs. 2 jedoch erlauben, dass in **Tarifverträgen oder Kollektivvereinbarungen der Sozialpartner** aus objektiven, technischen oder organisatorischen
Gründen längere Bezugszeiträume von bis zu **zwölf Monaten** festgelegt werden (EuGH
9.7.2015 – C-87/14 Rn. 32 f. – Kommission/Irland EWS 2015, 178). Die Mitgliedstaaten
haben bei dieser Öffnung für die Kollektivvertragsparteien die Grundsätze der Sicherheit
und des Gesundheitsschutzes der Arbeitnehmer zu wahren.

cc) Umsetzung in das nationale Recht. § 7 VIII 1 ArbZG erlaubt es, in Tarifver- 18
trägen oder aufgrund von Tarifverträgen in Betriebs- oder Dienstvereinbarungen Ausgleichszeiträume für die 48-stündige wöchentliche Höchstarbeitszeit von **zwölf Kalendermonaten** für § 7 I Nr. 1 und 4, II Nr. 2–4 ArbZG und aufgrund von § 7 III und IV
ArbZG festzulegen. Diese Normen verengen die Abweichungsmöglichkeiten für die Kollektivvertragsparteien nicht auf **objektive, technische oder organisatorische Gründe**,
wie es Art. 19 UAbs. 2 verlangt. Die Vorschrift des § 7 VIII 1 ArbZG kann nur dann
richtlinienkonform ausgelegt werden, wenn in die Öffnung für die Tarifvertragsparteien die
Beschränkung hineingelesen wird, dass es objektive, technische oder organisatorische Grün-

III. Art. 17 II und IV

19 Art. 17 II iVm IV lässt Abweichungen von Art. 3 und 5 (den täglichen Ruhezeiten und den wöchentlichen Ruhezeiten) ua beim **Schichtgruppenwechsel** zu (zu den Begriffen der Schichtarbeit und des Schichtarbeiters → Art. 2 Rn. 17; zu den Voraussetzungen des Art. 17 II → Rn. 8–12). Erforderlich ist nach Art. 17 IV lit. a, dass der Arbeitnehmer bei Schichtarbeit die Gruppe wechselt und zwischen dem Ende der Arbeit in einer Schichtgruppe und dem Beginn der Arbeit in der nächsten Schichtgruppe nicht in den Genuss der täglichen und/oder wöchentlichen Ruhezeit kommen kann. Art. 17 IV lit. b setzt Tätigkeiten voraus, bei denen die Arbeitszeiten über den Tag verteilt sind. Das kann insbesondere bei Reinigungspersonal der Fall sein.

IV. Art. 17 II und V

20 Die Abweichungsmöglichkeit des Art. 17 II iVm V von der wöchentlichen Höchstarbeitszeit des Art. 6 und dem Bezugszeitraum des Art. 16 lit. b für **Ärzte in der Ausbildung** besteht nicht mehr. Sie war nach Art. 17 V UAbs. 2 bis 31.7.2009 befristet (→ Art. 1 Rn. 6 f.; → Art. 6 Rn. 1).

Art. 18 Abweichungen im Wege von Tarifverträgen

Von den Artikeln 3, 4, 5, 8 und 16 kann abgewichen werden im Wege von Tarifverträgen oder Vereinbarungen zwischen den Sozialpartnern auf nationaler oder regionaler Ebene oder, bei zwischen den Sozialpartnern getroffenen Abmachungen, im Wege von Tarifverträgen oder Vereinbarungen zwischen Sozialpartnern auf niedrigerer Ebene.

Mitgliedstaaten, in denen es keine rechtliche Regelung gibt, wonach über die in dieser Richtlinie geregelten Fragen zwischen den Sozialpartnern auf nationaler oder regionaler Ebene Tarifverträge oder Vereinbarungen geschlossen werden können, oder Mitgliedstaaten, in denen es einen entsprechenden rechtlichen Rahmen gibt und innerhalb dessen Grenzen, können im Einklang mit den einzelstaatlichen Rechtsvorschriften und/oder Gepflogenheiten Abweichungen von den Artikeln 3, 4, 5, 8 und 16 durch Tarifverträge oder Vereinbarungen zwischen den Sozialpartnern auf geeigneter kollektiver Ebene zulassen.

Die Abweichungen gemäß den Unterabsätzen 1 und 2 sind nur unter der Voraussetzung zulässig, dass die betroffenen Arbeitnehmer gleichwertige Ausgleichsruhezeiten oder in Ausnahmefällen, in denen die Gewährung solcher Ausgleichsruhezeiten aus objektiven Gründen nicht möglich ist, einen angemessenen Schutz erhalten.

Die Mitgliedstaaten können Vorschriften vorsehen
a) für die Anwendung dieses Artikels durch die Sozialpartner und
b) für die Erstreckung der Bestimmungen von gemäß diesem Artikel geschlossenen Tarifverträgen oder Vereinbarungen auf andere Arbeitnehmer gemäß den einzelstaatlichen Rechtsvorschriften und/oder Gepflogenheiten.

A. Richtliniensystem

1 Art. 18 unterscheidet in UAbs. 1 und 2 für Abweichungen von der Arbeitszeitrichtlinie in Tarifverträgen **zwei verschiedene rechtliche Systeme** der Mitgliedstaaten. Für beide Rechtssysteme erlaubt Art. 18 Abweichungen von mehreren wesentlichen Richtlinienvor-

gaben, von der täglichen Ruhezeit des Art. 3, der Ruhepause des Art. 4, der wöchentlichen Ruhezeit des Art. 5, der Dauer der Nachtarbeit des Art. 8 und allen drei Bezugszeiträumen des Art. 16. Von der wöchentlichen Höchstarbeitszeit des Art. 6 kann nach Art. 18 nicht abgewichen werden. **Art. 18 UAbs. 1** meint Mitgliedstaaten, in denen es eine rechtliche Regelung gibt, nach der die Sozialpartner auf nationaler oder regionaler Ebene **unmittelbar** Tarifverträge oder Kollektivvereinbarungen schließen können, die die RL 2003/88/EG umsetzen. Das ergibt sich aus **Art. 18 UAbs. 2,** der die davon abweichenden Fälle regelt, in denen es keine solche Regelung oder aber einen entsprechenden rechtlichen Rahmen gibt. In der Bundesrepublik Deutschland scheidet eine direkte Umsetzung von Richtlinien durch die Tarifvertragsparteien nach Art. 18 UAbs. 1 aus, weil die Wirkung von Tarifverträgen im Ausgangspunkt an die originäre Tarifbindung anknüpft. Sie wird auf Arbeitnehmerseite durch die Mitgliedschaft in einer Gewerkschaft und auf Arbeitgeberseite durch Verbandsmitgliedschaft oder die Arbeitgeberstellung als solche herbeigeführt wird (§ 1 I, § 2 I, § 3 I und § 4 I TVG). Tarifverträge wirken idR nicht für oder gegen jeden (zu der möglichen Erstreckung auf nicht originär Tarifgebundene → Rn. 3). Tarifverträge können das Mindestschutzniveau der Arbeitszeitrichtlinie also nicht gegenüber jedem durchsetzen. Maßgeblich ist deshalb Art. 18 UAbs. 2. Danach kann der jeweilige Mitgliedstaat Abweichungen von Art. 3, 4, 5, 8 und 16 durch Tarifvertrag oder Vereinbarung zwischen den Sozialpartnern auf geeigneter kollektiver Ebene **zulassen.**

B. Abweichung durch Tarifvertrag nach Art. 18 UAbs. 2

I. Zulassung durch den Mitgliedstaat

Der jeweilige Mitgliedstaat muss die Abweichung nach Art. 18 UAbs. 2 zulassen. Er muss 2 diese Abweichungsbefugnis **ausdrücklich, klar und inhaltlich konkret nutzen.** Die Abweichung ist fakultativ. Art. 18 UAbs. 2 verpflichtet die Mitgliedstaaten nicht dazu, sie in das nationale Recht umzusetzen. Um die Abweichungsbefugnis nutzen zu können, muss der Mitgliedstaat daher die Entscheidung treffen, sich auf sie zu berufen. Macht der einzelne Mitgliedstaat keinen oder keinen ordnungsgemäßen Gebrauch von seiner Abweichungsbefugnis, kann er sich nicht auf seine eigene Unterlassung berufen (EuGH 21.10.2010 – C-227/09 Rn. 46 und 51 – Accardo, NZA 2011, 215).

II. Erstreckungsbefugnis nach Art. 18 UAbs. 4 lit. b

Art. 18 UAbs. 4 lit. b erlaubt es den Mitgliedstaaten, Regelungen zu treffen, um Bestim- 3 mungen von Tarifverträgen oder Vereinbarungen iSv Art. 18 nach den einzelstaatlichen Rechtsvorschriften und/oder Gepflogenheiten auf andere Arbeitnehmer zu **erstrecken.** Damit ist die Voraussetzung geschaffen, um im deutschen Recht die regelmäßig nötige originäre Tarifbindung von Arbeitnehmern aufgrund ihrer Gewerkschaftszugehörigkeit nach § 3 I TVG und die *inter-partes*-Wirkung des § 4 I TVG für die Umsetzung der Arbeitszeitrichtlinie zu überwinden (→ Rn. 1). Die Bundesrepublik Deutschland hat diese Befugnis mit § 7 III ArbZG genutzt.

III. Abweichung durch Firmen-/Haustarifvertrag?

Art. 18 UAbs. 2 setzt voraus, dass die Abweichung von Art. 3, 4, 5, 8 oder 16 durch 4 Tarif- oder Kollektivvertrag zwischen den Sozialpartnern **auf geeigneter kollektiver Ebene** zugelassen wird. Damit stellt sich die vom EuGH bislang nicht beantwortete Frage, ob auch in Firmen-/Haustarifverträgen von den Richtlinienvorgaben abgewichen werden kann. § 7 I, II, IIa ArbZG beschränken die Zulassung zumindest nicht ausdrücklich auf Flächentarifverträge. Für eine gesetzliche Norm, die auch Abweichungen durch Firmen-/Haustarifvertrag zulässt, spricht, dass Art. 18 UAbs. 2 Tarif- oder Kollektivvereinbarungen auf geeigneter kollektiver Ebene genügen lässt. Art. 18 UAbs. 1 verlangt demgegenüber regelmäßig Tarifverträge oder Kollektivvereinbarungen auf nationaler oder regionaler Ebene und lässt nur ausnahmsweise Tarifverträge oder Kollektivvereinbarungen auf niedrigerer Ebene ausreichen. Art. 18 UAbs. 4 lit. a, wonach die Mitgliedstaaten Vorschriften für die Anwendung des Art. 18 durch die Sozialpartner vorsehen können, löst das Problem nicht. Die Regelung meint Mitgliedstaaten, deren Rechtssystem eine unmittelbare Umsetzung der Arbeitszeitrichtlinie durch die Sozialpartner nach Art. 18 UAbs. 1 zulässt. Ggf. ist eine Vorlage an den EuGH nach Art. 267 AEUV angezeigt (Preis/Sagan/*Ulber* § 6 Rn. 276 f.).

IV. Betriebsvereinbarung

5   Sozialpartner iSd Arbeitszeitrichtlinie sind die **Tarifvertragsparteien**, nicht die Betriebsparteien. Betriebsparteien können die Richtlinienvorgaben nur dann umsetzen, wenn das nationale Recht eine solche Öffnung von Tarifverträgen für Betriebsvereinbarungen erlaubt (wie zB § 4 III Alt. 1 TVG). Die im Tarifvertrag geregelte Abweichungsbefugnis muss bestimmt und klar sein. Die Betriebsparteien müssen sich iRd tariflichen Öffnungsklausel halten und dürfen ihn nicht überschreiten. § 7 I 1, II, IIa und III 2 ArbZG sind unionsrechtlich nicht zu beanstanden, soweit sie Regelungen in Betriebs- oder Dienstvereinbarungen **aufgrund eines Tarifvertrags** erlauben. Die wirksame Umsetzung der RL 2003/88/EG in einer Betriebs- oder Dienstvereinbarung setzt bei richtlinienkonformer Auslegung jedoch eine klar umgrenzte Delegation durch die Tarifvertragsparteien voraus. Sie können ihre Abweichungsbefugnis nicht auf die Betriebsparteien übertragen (Preis/Sagan/*Ulber* § 6 Rn. 273 f., 277).

C. Verhältnis von Art. 17 II, III und Art. 18

I. Richtlinienrecht

6   Art. 18 ist **autonom** von Art. 17 II, III auszulegen. Eine berufliche Tätigkeit kann deshalb auch dann unter die Abweichungsbefugnis des Art. 18 fallen, wenn sie in den typisierenden Fallgruppen des Art. 17 III nicht genannt ist (EuGH 21.10.2010 – C-227/09 Rn. 35 f. – Accardo, NZA 2011, 215 noch zu der ursprünglichen Arbeitszeitrichtlinie 93/104/EG). Der EuGH betont, dass die in Art. 18 vorgesehenen Abweichungen als Ausnahmen zu der Unionsregelung über die Arbeitszeitgestaltung restriktiv auszulegen sind. Ihr Anwendungsbereich muss auf das unbedingt Erforderliche beschränkt werden, um die Sicherheit und die Gesundheit der Arbeitnehmer zu schützen (EuGH 9.9.2003 – C-151/02 Rn. 89 – Jaeger, NZA 2003, 1019 noch zu der Erstfassung der Arbeitszeitrichtlinie durch die RL 93/104/EG).

II. Umsetzung in das deutsche Recht

7   Die Umsetzung von Art. 18 UAbs. 2 in das deutsche Recht ist in Teilen fragwürdig. Sie knüpft in § 7 I Nr. 1 lit. a, Nr. 4 lit. a, II Nr. 1, IIa ArbZG an bestimmte **Arbeitszeitgestaltungen** an, die Arbeitsbereitschaft, den Bereitschaftsdienst und die Rufbereitschaft (→ Art. 1 Rn. 9, 12; → Art. 2 Rn. 2, 5 ff.), also nicht an bestimmte berufliche Tätigkeiten. Die Regelungen des Arbeitszeitgesetzes gehen ohne Weiteres und damit entgegen der restriktiven Linie des EuGH davon aus, diese Arbeitszeitformen seien erforderlich. Eine richtlinienkonforme einschränkende Auslegung oder teleologische Reduktion (→ Art. 6 Rn. 8) ist kaum möglich, weil die extensive und damit unionsrechtswidrige Öffnung im nationalen Recht die abgeleiteten Tarifnormen erfasst (Preis/Sagan/*Ulber* § 6 Rn. 272).

D. Ausgleichsruhezeiten und angemessener Schutz nach Art. 18 UAbs. 3

Nach Art. 18 UAbs. 3 sind die Abweichungen von Art. 18 UAbs. 1 und 2 nur unter der 8
Voraussetzung zulässig, dass die betroffenen Arbeitnehmer **gleichwertige Ausgleichsruhezeiten** oder in Ausnahmefällen, in denen die Gewährung solcher Ausgleichsruhezeiten aus objektiven Gründen nicht möglich ist, einen **angemessenen Schutz** erhalten. Die parallele Formulierung macht deutlich, dass Art. 18 UAbs. 3 entsprechend zu lesen ist wie Art. 17 II (→ Art. 17 Rn. 8–10). In diesem Zusammenhang besteht kein Grund für eine autonome Auslegung von Art. 18 gegenüber Art. 17 (zu der Abgrenzung von Art. 17 II, III und Art. 18 → Rn. 5).

Art. 19 Grenzen der Abweichungen von Bezugszeiträumen

Die in Artikel 17 Absatz 3 und in Artikel 18 vorgesehene Möglichkeit der Abweichung von Artikel 16 Buchstabe b) darf nicht die Festlegung eines Bezugszeitraums zur Folge haben, der länger ist als sechs Monate.

Den Mitgliedstaaten ist es jedoch mit der Maßgabe, dass sie dabei die allgemeinen Grundsätze der Sicherheit und des Gesundheitsschutzes der Arbeitnehmer wahren, freigestellt zuzulassen, dass in den Tarifverträgen oder Vereinbarungen zwischen Sozialpartnern aus objektiven, technischen oder arbeitsorganisatorischen Gründen längere Bezugszeiträume festgelegt werden, die auf keinen Fall zwölf Monate überschreiten dürfen.

Der Rat überprüft vor dem 23. November 2003 anhand eines Vorschlags der Kommission, dem ein Evaluierungsbericht beigefügt ist, die Bestimmungen dieses Absatzes und befindet über das weitere Vorgehen.

Vgl. zu Art. 19 UAbs. 1 und 2 → Art. 17 Rn. 17 f. 1

Art. 20 Mobile Arbeitnehmer und Tätigkeiten auf Offshore-Anlagen

(1) Die Artikel 3, 4, 5 und 8 gelten nicht für mobile Arbeitnehmer.

Die Mitgliedstaaten treffen jedoch die erforderlichen Maßnahmen, um zu gewährleisten, dass die mobilen Arbeitnehmer – außer unter den in Artikel 17 Absatz 3 Buchstaben f) und g) vorgesehenen Bedingungen – Anspruch auf ausreichende Ruhezeiten haben.

(2) Vorbehaltlich der Einhaltung der allgemeinen Grundsätze der Sicherheit und des Gesundheitsschutzes der Arbeitnehmer und sofern die betreffenden Sozialpartner konsultiert wurden und Anstrengungen zur Förderung aller einschlägigen Formen des sozialen Dialogs – einschließlich der Konzertierung, falls die Parteien dies wünschen – unternommen wurden, können die Mitgliedstaaten aus objektiven, technischen oder arbeitsorganisatorischen Gründen den in Artikel 16 Buchstabe b) genannten Bezugszeitraum für Arbeitnehmer, die hauptsächlich Tätigkeiten auf Offshore-Anlagen ausüben, auf zwölf Monate ausdehnen.

(3) Die Kommission überprüft bis zum 1. August 2005 nach Konsultation der Mitgliedstaaten sowie der Arbeitgeber und Arbeitnehmer auf europäischer Ebene die Durchführung der Bestimmungen für Arbeitnehmer auf Offshore-Anlagen unter dem Gesichtspunkt der Gesundheit und Sicherheit, um, falls erforderlich, geeignete Änderungen vorzuschlagen.

A. Mobile Arbeitnehmer

1 Mobile Arbeitnehmer iSv **Art. 2 Nr. 7** sind nach Art. 20 I UAbs. 1 nicht vollständig vom Anwendungsbereich der RL 2003/88/EG ausgenommen, aber von einigen ihrer zentralen Bestimmungen (zum Begriff des mobilen Arbeitnehmers → Art. 2 Rn. 19). Die Ausnahme umfasst die tägliche Ruhezeit des Art. 3, die Ruhepause des Art. 4, die wöchentliche Ruhezeit des Art. 5 und die Dauer der Nachtarbeit des Art. 8 (→ Art. 1 Rn. 16, 43). Unter anderem die für die Nachtarbeit getroffenen Regelungen der Art. 9 ff. sind demgegenüber anzuwenden. Art. 20 I UAbs. 2 verpflichtet die Mitgliedstaaten, für ausreichende Ruhezeiten der mobilen Arbeitnehmer zu sorgen, wenn es sich nicht um Fälle des Art. 17 III lit. f und g handelt (→ Art. 17 Rn. 14). Zu den mobilen Arbeitnehmern iSv Art. 2 Nr. 7 der Arbeitszeitrichtlinie gehören Arbeitnehmer im **Straßen-** und **Flugverkehr** sowie in der **Binnenschifffahrt**. Die Tätigkeit von Rettungssanitätern des Deutschen Roten Kreuzes gehört nicht zum Transportsektor (EuGH 5.10.2004 – C-397/01 bis C-403/01 Rn. 69 – Pfeiffer, NZA 2004, 1145).

I. Straßenverkehr

2 **1. Schutzkonzept.** Im Straßenverkehr verfolgen mehrere Rechtsakte ein komplementäres Schutzkonzept (s. auch → Art. 1 Rn. 17). Die sekundären Rechtsakte sind im Primärrecht des Art. 91 I lit. c, II AEUV verankert (*Buschmann*, FS Düwell, 2011, 24 [42]). Die RL 2003/88/EG tritt nach ihrem **Art. 14** gegenüber den spezielleren Rechtsakten zurück, bleibt aber anwendbar, soweit keine Spezialregelung besteht. Im Einzelnen handelt es sich bei den besonderen Rechtsakten im Bereich des Straßenverkehrs um die **VO (EG) Nr. 561/2006** (Verordnung des Rates zur Harmonisierung bestimmter Sozialvorschriften im Straßenverkehr und zur Änderung der Verordnungen [EWG] Nr. 3821/85 und [EG] Nr. 2135/98 des Rates sowie zur Aufhebung der Verordnung [EWG] Nr. 3820/85 des Rates v. 15.3.2006, ABl. 2006 L 102, 1, idF der Verordnung [EU] Nr. 165/2014 v. 4.2.2014, ABl. 2014 L 60, 1), die **VO (EWG) Nr. 3821/85** (Verordnung des Rates v. 20.12.1985 über das Kontrollgerät im Straßenverkehr, ABl. 1985 L 370, 8), die **RL 2006/22/EG** (Richtlinie des Europäischen Parlaments und des Rates v. 15.3.2006 über Mindestbedingungen für die Durchführung der Verordnungen [EWG] Nr. 3820/85 und [EWG] Nr. 3821/85 des Rates über Sozialvorschriften für Tätigkeiten im Kraftverkehr sowie zur Aufhebung der RL 88/599/EWG des Rates, ABl. 2006 L 102, 35) und die **RL 2002/15/EG** (Richtlinie des Europäischen Parlaments und des Rates v. 11.3.2002 zur Regelung der Arbeitszeit von Personen, die Fahrtätigkeiten im Bereich des Straßentransports ausüben, ABl. 2002 L 80, 35). Die **VO (EWG) Nr. 3821/85** und die **RL 2006/22/EG** regeln die Kontrolleinrichtungen, mit denen die Lenk- und Pausenzeiten überprüft werden. Die **VO (EG) Nr. 561/2006** reguliert die Lenkzeiten, Fahrtunterbrechungen und Ruhezeiten der Fahrer. Die **RL 2002/15/EG,** die nach ihrem Art. 2 I UAbs. 2 f. seit 23.3.2009 grds. auch selbständige Fahrer erfasst, gibt die Arbeitszeit der fahrenden Arbeitnehmer im Bereich des Straßentransports vor. Nach Art. 2 IV RL 2002/15/EG ergänzt sie die VO (EWG) Nr. 3820/85, die inzwischen von der VO (EG) Nr. 561/2006 abgelöst worden ist. Die VO (EG) Nr. 561/2006 gilt unabhängig vom Land der Zulassung des Fahrzeugs für Beförderungen im Straßenverkehr ausschließlich innerhalb der EU und zwischen der Union, der Schweiz und den Vertragsstaaten des Europäischen Wirtschaftsraums (Art. 2 II der Verordnung [EG] Nr. 561/2006). Für grenzüberschreitende Beförderungen im Straßenverkehr, die teilweise außerhalb der in Art. 2 II der VO (EG) Nr. 561/2006 genannten Gebiete liegen, gilt unter den Voraussetzungen des Art. 3 III 1 der VO (EG) Nr. 561/2006 das Europäische Übereinkommen über die Arbeit des im internationalen Straßenverkehr beschäftigten Fahrpersonals (**AETR**, vgl. den achten Erwägungsgrund der VO (EG) Nr. 561/2006). Das AETR ist Teil des Unionsrechts. Der EuGH ist für seine Auslegung zuständig (EuGH 16.1.2003 – C-439/01 Rn. 24 – Cipa und

Kvasnicka, Slg. 2003, I-745). Liegt nur ein Teil der Strecke im Unionsgebiet, gilt für diesen Teil die VO (EG) Nr. 561/2006 (EuGH 2.6.1994 – C-313/92 Rn. 21 – Van Swieten, Slg. 1994, I-2177 noch zu der vorangegangenen VO (EWG) Nr. 3820/85).

2. Wöchentliche Höchstarbeitszeit. Nach Art. 6 II der VO (EG) Nr. 561/2006 darf 3 die **wöchentliche Lenkzeit 56 Stunden** nicht überschreiten. Das darf nach dieser Bestimmung aber nicht dazu führen, dass die in Art. 4 RL 2002/15/EG festgelegte wöchentliche **Höchstarbeitszeit** überschritten wird. Art. 4 lit. a S. 1 RL 2002/15/EG bestimmt, dass die durchschnittliche wöchentliche Arbeitszeit (grds.) 48 Stunden nicht überschreiten darf. Sie kann nach Art. 4 lit. a S. 2 RL 2002/15/EG jedoch bis zu 60 Stunden betragen, sofern der Wochendurchschnitt in einem Zeitraum von vier Monaten 48 Stunden nicht übersteigt.

3. Deutsches Recht. § 21a ArbZG regelt die Beschäftigung im Straßentransport für 4 das deutsche Recht. § 21a I 2 ArbZG lässt das ohnehin unmittelbar wirkende Recht der VO (EG) Nr. 561/2006 und die Vorschriften des AETR ausdrücklich unberührt (näher ErfK/*Wank* ArbZG § 21a ArbZG Rn. 1 ff.).

II. Flugverkehr

Die Arbeitszeit der **Arbeitnehmer der zivilen Luftfahrt** regelt die RL 2000/79/EG 5 (Richtlinie des Rates v. 27.11.2000 über die Durchführung der von der Vereinigung Europäischer Fluggesellschaften (AEA), der Europäischen Transportarbeiter-Föderation (ETF), der European Cockpit Association (ECA), der European Regions Airline Association (ERA) und der International Air Carrier Association (IACA) geschlossenen Europäischen Vereinbarung über die Arbeitszeitorganisation für das fliegende Personal der Zivilluftfahrt, ABl. 2000 L 302, 57). Sie führt die in ihrem Anhang wiedergegebene Europäische Vereinbarung über die Arbeitszeitorganisation für das fliegende Personal der Zivilluftfahrt der genannten Organisationen durch. Die Richtlinie ist in der Bundesrepublik Deutschland durch **§ 20 ArbZG** umgesetzt (näher ErfK/*Wank* ArbZG § 20 Rn. 1).

B. Tätigkeiten auf Offshore-Anlagen

Arbeitnehmer auf Offshore-Anlagen iSv Art. 2 Nr. 8 fallen in den Anwendungsbereich 6 der Arbeitszeitrichtlinie (→ Art. 1 Rn. 43; zum Begriff der Tätigkeit auf Offshore-Anlagen → Art. 2 Rn. 20). Für Arbeitnehmer auf Offshore-Anlagen gelten nach Art. 20 II und III **Sonderregelungen**. Die Mitgliedstaaten können den viermonatigen Bezugszeitraum des **Art. 16 lit. b** für die wöchentliche Höchstarbeitszeit von 48 Stunden nach Art. 6 lit. b (→ Art. 16 Rn. 4 f.) für Arbeitnehmer, die hauptsächlich Tätigkeiten auf Offshore-Anlagen ausüben, aus objektiven, technischen oder arbeitsorganisatorischen Gründen unter den in Art. 20 II genannten Maßgaben auf zwölf Monate ausdehnen. Sie haben dabei vor allem die allg. Grundsätze der Sicherheit und des Gesundheitsschutzes der Arbeitnehmer einzuhalten.

Art. 21 Arbeitnehmer an Bord von seegehenden Fischereifahrzeugen

(1) **Die Artikel 3 bis 6 und 8 gelten nicht für Arbeitnehmer an Bord von seegehenden Fischereifahrzeugen, die unter der Flagge eines Mitgliedstaats fahren.**

Die Mitgliedstaaten treffen jedoch die erforderlichen Maßnahmen, um zu gewährleisten, dass jeder Arbeitnehmer an Bord von seegehenden Fischereifahrzeugen, die unter der Flagge eines Mitgliedstaats fahren, Anspruch auf eine ausreichende Ruhezeit hat, und um die Wochenarbeitszeit auf 48 Stunden im Durchschnitt während eines Bezugszeitraums von höchstens zwölf Monaten zu begrenzen.

(2) Innerhalb der in Absatz 1 Unterabsatz 2 sowie den Absätzen 3 und 4 angegebenen Grenzen treffen die Mitgliedstaaten die erforderlichen Maßnahmen, um zu gewährleisten, dass unter Berücksichtigung der Notwendigkeit der Sicherheit und des Gesundheitsschutzes der betroffenen Arbeitnehmer

a) die Arbeitsstunden auf eine Höchstarbeitszeit beschränkt werden, die in einem gegebenen Zeitraum nicht überschritten werden darf, oder
b) eine Mindestruhezeit in einem gegebenen Zeitraum gewährleistet ist.

Die Höchstarbeits- oder Mindestruhezeit wird durch Rechts- und Verwaltungsvorschriften, durch Tarifverträge oder durch Vereinbarungen zwischen den Sozialpartnern festgelegt.

(3) Für die Arbeits- oder Ruhezeiten gelten folgende Beschränkungen:

a) die Höchstarbeitszeit darf nicht überschreiten:
   i) 14 Stunden in jedem Zeitraum von 24 Stunden und
   ii) 72 Stunden in jedem Zeitraum von sieben Tagen,
   oder
b) die Mindestruhezeit darf nicht unterschreiten:
   i) zehn Stunden in jedem Zeitraum von 24 Stunden und
   ii) 77 Stunden in jedem Zeitraum von sieben Tagen.

(4) Die Ruhezeit kann in höchstens zwei Zeiträume aufgeteilt werden, von denen einer eine Mindestdauer von sechs Stunden haben muss; der Zeitraum zwischen zwei aufeinander folgenden Ruhezeiten darf 14 Stunden nicht überschreiten.

(5) ¹In Übereinstimmung mit den allgemeinen Grundsätzen für die Sicherheit und den Gesundheitsschutz der Arbeitnehmer und aus objektiven, technischen oder arbeitsorganisatorischen Gründen können die Mitgliedstaaten, auch bei der Festlegung von Bezugszeiträumen, Ausnahmen von den in Absatz 1 Unterabsatz 2 sowie den Absätzen 3 und 4 festgelegten Beschränkungen gestatten. ²Diese Ausnahmen haben so weit wie möglich den festgelegten Normen zu folgen, können aber häufigeren oder längeren Urlaubszeiten oder der Gewährung von Ausgleichsurlaub für die Arbeitnehmer Rechnung tragen. ³Diese Ausnahmen können festgelegt werden

a) durch Rechts- oder Verwaltungsvorschriften, vorausgesetzt, dass – soweit dies möglich ist – die Vertreter der betroffenen Arbeitgeber und Arbeitnehmer konsultiert und Anstrengungen zur Förderung aller einschlägigen Formen des sozialen Dialogs unternommen werden, oder
b) durch Tarifverträge oder Vereinbarungen zwischen den Sozialpartnern.

(6) Der Kapitän eines seegehenden Fischereifahrzeugs hat das Recht, von Arbeitnehmern an Bord die Ableistung jeglicher Anzahl von Arbeitsstunden zu verlangen, wenn diese Arbeit für die unmittelbare Sicherheit des Schiffes, von Personen an Bord oder der Ladung oder zum Zweck der Hilfeleistung für andere Schiffe oder Personen in Seenot erforderlich ist.

(7) Die Mitgliedstaaten können vorsehen, dass Arbeitnehmer an Bord von seegehenden Fischereifahrzeugen, bei denen einzelstaatliches Recht oder einzelstaatliche Praxis während eines bestimmten, einen Monat überschreitenden Zeitraums des Kalenderjahres den Betrieb nicht erlauben, ihren Jahresurlaub gemäß Artikel 7 während dieses Zeitraums nehmen.

1   Arbeitnehmer an Bord von seegehenden Fischereifahrzeugen, die unter der Flagge eines Mitgliedstaats fahren, sind nach § 21 I UAbs. 1 von zentralen Vorschriften der Arbeitszeitrichtlinie ausgenommen. **Art. 3–6 und 8** gelten für sie nicht (tägliche Ruhezeit, Ruhepause, wöchentliche Ruhezeit, wöchentliche Höchstarbeitszeit und Dauer der Nachtarbeit). An die Stelle dieser Richtlinienvorgaben tritt ein differenziertes eigenes System in Art. 21 (vgl. zum Gesamtsystem des Seearbeitsrechts → Art. 1 Rn. 7, 16, 40 ff.; → Art. 7 Rn. 10; → Art. 14 Rn. 1; → Art. 17 Rn. 1; → Art. 20 Rn. 7; → Art. 25 Rn. 1; konkret zu Arbeitneh-

mern an Bord von seegehenden Fischereifahrzeugen → Art. 1 Rn. 7, 44; → Art. 14 Rn. 1; → Art. 17 Rn. 1; → Art. 25 Rn. 1).

Art. 22 Sonstige Bestimmungen

(1) ¹Es ist einem Mitgliedstaat freigestellt, Artikel 6 nicht anzuwenden, wenn er die allgemeinen Grundsätze der Sicherheit und des Gesundheitsschutzes der Arbeitnehmer einhält und mit den erforderlichen Maßnahmen dafür sorgt, dass

a) kein Arbeitgeber von einem Arbeitnehmer verlangt, im Durchschnitt des in Artikel 16 Buchstabe b) genannten Bezugszeitraums mehr als 48 Stunden innerhalb eines Siebentagezeitraums zu arbeiten, es sei denn der Arbeitnehmer hat sich hierzu bereit erklärt;

b) keinem Arbeitnehmer Nachteile daraus entstehen, dass er nicht bereit ist, eine solche Arbeit zu leisten;

c) der Arbeitgeber aktuelle Listen über alle Arbeitnehmer führt, die eine solche Arbeit leisten;

d) die Listen den zuständigen Behörden zur Verfügung gestellt werden, die aus Gründen der Sicherheit und/oder des Schutzes der Gesundheit der Arbeitnehmer die Möglichkeit zur Überschreitung der wöchentlichen Höchstarbeitszeit unterbinden oder einschränken können;

e) der Arbeitgeber die zuständigen Behörden auf Ersuchen darüber unterrichtet, welche Arbeitnehmer sich dazu bereit erklärt haben, im Durchschnitt des in Artikel 16 Buchstabe b) genannten Bezugszeitraums mehr als 48 Stunden innerhalb eines Siebentagezeitraums zu arbeiten.

² Vor dem 23. November 2003 überprüft der Rat anhand eines Vorschlags der Kommission, dem ein Evaluierungsbericht beigefügt ist, die Bestimmungen dieses Absatzes und befindet über das weitere Vorgehen.

(2) Für die Anwendung des Artikels 7 ist es den Mitgliedstaaten freigestellt, eine Übergangszeit von höchstens drei Jahren ab dem 23. November 1996 in Anspruch zu nehmen, unter der Bedingung, dass während dieser Übergangszeit

a) jeder Arbeitnehmer einen bezahlten Mindestjahresurlaub von drei Wochen nach Maßgabe der in den einzelstaatlichen Rechtsvorschriften und/oder nach den einzelstaatlichen Gepflogenheiten vorgesehenen Bedingungen für dessen Inanspruchnahme und Gewährung erhält und

b) der bezahlte Jahresurlaub von drei Wochen außer im Fall der Beendigung des Arbeitsverhältnisses nicht durch eine finanzielle Vergütung ersetzt wird.

(3) Sofern die Mitgliedstaaten von den in diesem Artikel genannten Möglichkeiten Gebrauch machen, setzen sie die Kommission unverzüglich davon in Kenntnis.

A. Regelungszweck und -geschichte, Nutzung in den Mitgliedstaaten

Art. 22 enthält das sog. **Opt-out,** dh die Möglichkeit, von der wöchentlichen Höchstarbeitszeit des Art. 6 lit. b von 48 Stunden abzuweichen (→ Art. 6 Rn. 1 f.). Die Richtlinienvorgabe ist eine der umstrittensten Regelungen der Arbeitszeitrichtlinie. Die Frage der unbeschränkten Fortdauer des Opt-outs ist der Hauptgrund für die gescheiterte Überarbeitung der Richtlinie (→ Art. 1 Rn. 6, 12–15). Die Regelung war ursprünglich vor allem für das Vereinigte Königreich konzipiert. Im Jahr 2000 machte auch nur das Vereinigte Königreich vom Opt-out Gebrauch. 2010 bedienten sich schon 16 von damals 27 Mitgliedstaaten dieses Mittels, unter anderem die Bundesrepublik Deutschland mit **§ 7 IIa ArbZG,** der mit dem Gesetz zu Reformen am Arbeitsmarkt mit Wirkung v. 1.1.2004 geschaffen wurde (BGBl. I 3002 [3005]). Dänemark, Finnland, Griechenland, Irland, Italien, Litauen, Luxemburg, Österreich, Portugal, Rumänien und Schweden nutzten die Abweichungsmöglichkeit nicht (KOM [2010] 802 endg., 8). Die Mitgliedstaaten haben das Opt-out unterschiedlich 1 umgesetzt. 2010 nutzten fünf Mitgliedstaaten das Opt-out unabhängig von der **Branche** oder einem bestimmten **Bereitschaftsdienstanteil** (KOM [2010] 802 endg., 8: Bulgarien, Estland, Malta, das Vereinigte Königreich und Zypern). Elf Mitgliedstaaten knüpften die Verlängerung der Arbeitszeit an bestimmte Branchen oder eine bestimmte Art der Arbeitszeit (KOM [2010] 802 endg., 8: Belgien, Deutschland, Frankreich, Lettland, die Niederlande, Polen, die Slowakische Republik, Slowenien, Spanien, die Tschechische Republik und Ungarn). § 7 IIa ArbZG lässt die Arbeitszeitverlängerung durch Tarifvertrag oder aufgrund eines Tarifvertrags durch Betriebs- oder Dienstvereinbarung zu. Die Norm verlangt, dass in die Arbeitszeit in erheblichem Umfang Arbeitsbereitschaft oder Bereitschaftsdienst fällt. Die **Schutzbestimmungen** unterscheiden sich in den Mitgliedstaaten. Einige Mitgliedstaaten beschränken die durchschnittliche Höchstarbeitszeit im Siebentageszeitraum. Die Spanne reicht von 51 Stunden in Spanien bis zu 72 Stunden in Ungarn (KOM [2010] 802 endg., 8). In Deutschland und den Niederlanden kann das Opt-out nur genutzt werden, wenn der Arbeitnehmer **zustimmt** (KOM [2010] 802 endg., 8).

B. Abweichung durch den Mitgliedstaat

I. Richtlinienvorgabe des Art. 22 I UAbs. 1

2   Nach Art. 22 I UAbs. 1 ist es einem **Mitgliedstaat** freigestellt, Art. 6 unter bestimmten Voraussetzungen nicht anzuwenden (zu den Sanktionen bei Verstößen gegen Art. 6 lit. b → Art. 6 Rn. 4 ff.). Der Wortlaut der Richtlinienvorgabe unterscheidet sich von den Abweichungsmöglichkeiten der Art. 17 und 18. Art. 17 II lässt Abweichungen im Wege von Tarifverträgen oder Vereinbarungen zwischen den Sozialpartnern zu. Auch Art. 18 UAbs. 1 bestimmt, dass von Art. 3–5, 8 und 16 im Wege von Tarifverträgen oder Vereinbarungen zwischen den Sozialpartnern abgewichen werden kann. Bereits der **Wortlaut** des Art. 22 I UAbs. 1 und sein **Zusammenhang** mit Art. 17 und 18 deuten deshalb darauf hin, dass nur die **Mitgliedstaaten selbst,** nicht auch Tarifvertrags- oder Betriebsparteien, von der Höchstarbeitszeit des Art. 6 lit. b abweichen dürfen. Der EuGH hat in der Sache *Simap* zu der früheren Opt-out-Regelung in Art. 18 I lit. b Ziff. i RL 93/104/EG – wenn auch im Zusammenhang mit dem Zustimmungserfordernis – darauf hingewiesen, dass die Höchstarbeitszeit des Art. 6 nicht in die Liste des Art. 17 III RL 93/104/EG aufgenommen wurde, nach der im Wege von Tarifverträgen oder Vereinbarungen zwischen den Sozialpartnern von bestimmten Richtlinienvorgaben abgewichen werden konnte (EuGH 3.10.2000 – C-303/98 Rn. 73 – Simap, NZA 2000, 1227). Daran wird auch für die aktuelle Arbeitszeitrichtlinie 2003/88/EG ein **gesteigerter Schutzzweck** deutlich. Die für die Gesundheit und die Sicherheit von Arbeitnehmern und Dritten besonders wichtige Höchstarbeitszeit des Art. 6 lit. b soll nur der Mitgliedstaat selbst verlängern können (ebenso zB *Buschmann* AuR 2004, 1; *Schubert* GesR 2012, 326 [330]; *Ulber* ZTR 2005, 70 [74]; ErfK/*Wank* ArbZG § 7 Rn. 18; **aA** *Baeck/Deutsch* ArbZG § 7 Rn. 112; vgl. zu dem Problem, ob der Mitgliedstaat mit einer Tariföffnung dennoch die Umsetzung einer Richtlinienvorgabe gewährleisten kann, die Schlussanträge der Generalanwältin *Trstenjak* in der Sache *Rosenbladt* – C-45/09 – Rn. 56, 98 ff., die daran Bedenken haben). Die Kommission hat die Tariföffnung des § 7 IIa ArbZG allerdings – anders als das in einigen Mitgliedstaaten außer Acht gelassene Erfordernis der freiwilligen Zustimmung des Arbeitnehmers – nicht ausdrücklich gerügt (KOM [2010] 802 endg., 8 f.).

II. Folgen für das nationale Recht

3   **§ 7 IIa ArbZG** dürfte gegen Art. 22 I UAbs. 1 verstoßen, weil er die Verlängerung der wöchentlichen Höchstarbeitszeit für Tarifverträge sowie Betriebs- und Dienstvereinbarungen aufgrund von Tarifverträgen öffnet. Die Befugnis der Mitgliedstaaten, Art. 6 lit. b nicht anzuwenden, hängt davon ab, dass alle Bedingungen des Art. 22 I UAbs. 1 eingehalten sind

(EuGH 14.10.2010 – C-243/09 Rn. 58 – Fuß I, NZA 2010, 1344). Das BAG hat die Frage, ob § 7 IIa ArbZG trotz seiner Tariföffnung richtlinienkonform ist, bisher offengelassen. Es hat eine Vorlagepflicht für die Frage der Auslegung von Art. 22 I UAbs. 1 dennoch verneint, weil § 7 IIa ArbZG im Fall fehlender Tariföffnung der Richtlinienvorgabe bewusst gegen Art. 22 I UAbs. 1 verstoße und deshalb nicht richtlinienkonform ausgelegt werden könne (BAG 23.6.2010 NZA 2010, 1081 Rn. 32–36; krit. zB *Kohte*, FS Bepler, 2012, 287 [294]). Diese Konstruktion dürfte nach der Rechtsprechung des EuGH jedenfalls in Betrieben **öffentlicher Arbeitgeber** nicht tragen, weil die unmittelbare Wirkung von Art. 6 lit. b das richtlinienwidrige Opt-out des § 7 IIa ArbZG und damit den „Ausstieg" aus der wöchentlichen Höchstarbeitszeit der Richtlinie überwindet. Art. 6 lit. b ist hinreichend genau und bestimmt. Er wirkt in Betrieben öffentlicher Arbeitgeber wegen des Anwendungsvorrangs des Unionsrechts unmittelbar (näher → Art. 6 Rn. 2). Arbeitnehmer öffentlicher Arbeitgeber können verlangen, dass das entgegenstehende nationale Recht unangewandt bleibt und sie nicht länger als durchschnittlich 48 Stunden im Siebentageszeitraum beschäftigt werden (EuGH 25.11.2010 – C-429/09 Rn. 38 bis 40 – Fuß II, NZA 2011, 53; 14.10.2010 – C-243/09 Rn. 60 f. – Fuß I, NZA 2010, 1344). Öffentliche Arbeitgeber können sich nicht auf Abweichungsmöglichkeiten nach Art. 22 I UAbs. 1 stützen, um den Richtlinienverstoß zu rechtfertigen, wenn der Mitgliedstaat Art. 22 I UAbs. 1 nicht oder fehlerhaft umgesetzt hat (EuGH 25.11.2010 – C-429/09 Rn. 37 – Fuß II, NZA 2011, 53; 14.10.2010 – C-243/09 Rn. 60 – Fuß I, NZA 2010, 1344). Bisher ist nicht geklärt, ob die von Art. 6 lit. b vorgegebene wöchentliche Höchstarbeitszeit auch gegenüber privaten Arbeitgebern unmittelbar wirkt, weil sie durch Art. 31 II GRC, Art. 6 I UAbs. 1 EUV primärrechtlich verankert ist.

C. Inhaltliche Voraussetzungen des Opt-outs

I. Einhaltung der allgemeinen Grundsätze der Sicherheit und des Gesundheitsschutzes der Arbeitnehmer

Art. 22 I UAbs. 1 bestimmt, dass der Mitgliedstaat die allg. Grundsätze der Sicherheit und 4 des Gesundheitsschutzes einhalten muss, wenn er das Opt-out nutzen und Art. 6 lit. b nicht anwenden will. Auch insoweit dürfte § 7 IIa ArbZG **richtlinienwidrig** sein, weil er nur geringe Vorgaben für Tarifverträge, Betriebs- oder Dienstvereinbarungen macht, an die er das nationale Opt-out delegiert. Diese Übertragung verstößt gegen Art. 22 I UAbs. 1 (→ Rn. 2 f.). § 7 IIa ArbZG müsste selbst eine Regelung treffen, um die allg. Grundsätze der Sicherheit und des Gesundheitsschutzes der Arbeitnehmer einzuhalten (*Kohte*, FS Bepler, 2012, 287 [291, 293]; *Wank* AuR 2011, 175 f.; **aA** LAG Hamm 2.2.2012 – 17 Sa 1001/11 – zu A II 2 der Gründe). Das Erfordernis der „besonderen Regelungen" für die abgeleiteten Bestimmungen in Tarifverträgen, Betriebs- oder Dienstvereinbarungen genügt der Richtlinienvorgabe nicht.

1. Anforderungen des Richtlinienrechts. Die Begriffe der „**Sicherheit und Ge-** 5 **sundheit**" betreffen unmittelbar oder mittelbar alle körperlichen und sonstigen Faktoren der Arbeitnehmer in ihrem Arbeitsumfeld. Nach dem von der Arbeitszeitrichtlinie verfolgten Zweck müssen jedem Arbeitnehmer **angemessene Ruhezeiten** zur Verfügung stehen. Die Ruhezeiten haben nicht nur effektiv zu sein, indem sie erlauben, sich von der durch die Arbeit hervorgerufenen Ermüdung zu erholen. Sie müssen auch vorbeugenden Charakter haben, indem sie die Gefahr, die in zusammengefassten Arbeitsphasen liegt, so weit wie möglich verringern (EuGH 9.9.2003 – C-151/02 Rn. 92 f. – Jaeger, NZA 2003, 1019). Während der Ausgleichsruhezeiten iSv Art. 17 II darf der Arbeitnehmer gegenüber seinem Arbeitgeber keiner Verpflichtung unterliegen, die ihn daran hindert, frei und ohne Unterbrechung seinen eigenen Interessen nachzugehen, um die Auswirkungen der Arbeit auf seine Sicherheit und Gesundheit zu neutralisieren. Die Ruhezeiten müssen sich unmittelbar an die Arbeitszeit anschließen und eine bestimmte Zahl von zusammenhängenden Stunden betragen, um eine Ermüdung oder Überlastung des Arbeitnehmers durch die Kumulierung aufeinanderfolgender Arbeitsperioden zu verhindern. Erforderlich ist die Möglichkeit, sich zur Erholung aus seiner Arbeitsumgebung zurückziehen zu können (EuGH 9.9.2003 – C–151/02 Rn. 94 f. – Jaeger, NZA 2003, 1019).

6   **2. Umsetzung in das deutsche Recht.** § 7 IIa ArbZG macht selbst keine Vorgaben dazu, wie eine Gefährdung der Sicherheit und der Gesundheit der Arbeitnehmer ausgeschlossen werden soll. Der Gesetzgeber hat vielmehr die in Betracht kommenden Regelungsmöglichkeiten offengelassen, weil die Erfordernisse für die Arbeitszeitverlängerung und die Belastungssituation für die Arbeitnehmer bei den verschiedenen Fallgestaltungen aus seiner Sicht deutlich voneinander abweichen können. In der Gesetzesbegründung wird beispielhaft die **Beschränkung der Arbeitszeitverlängerung** auf einen bestimmten **Personenkreis**, bestimmte **Zeiträume** und **Höchstgrenzen** sowie auf **verlängerte Ruhezeiten** und eine **besondere arbeitsmedizinische Betreuung** der Arbeitnehmer genannt (BT-Drs. 15/1587, 30 f.; BAG 23.6.2010 NZA 2010, 1081 Rn. 26). § 7 IIa ArbZG verlangt „besondere Regelungen", damit sichergestellt ist, dass die Gesundheit der Arbeitnehmer nicht gefährdet wird. Allgemeine Vorgaben des Arbeitsschutzrechts wie eine Gefährdungsanalyse nach § 5 ArbSchG reichen dafür nicht aus. Erforderlich sind zusätzliche, über das Gesetz hinausgehende Regelungen. Der Tarifvertrag muss beispielsweise zusätzliche Pausenvorschriften, besondere Ruhezeitregelungen oder spezielle arbeitsmedizinische Maßnahmen enthalten (BAG 23.6.2010 NZA 2010, 1081 Rn. 27; *Kohte*, Das reformierte Arbeitsrecht, 2005, Kap. 12 Abschn. 2 Rn. 39; *Reim* DB 2004, 186 [188]). Das Vorgehen des nationalen Gesetzgebers, das es den Tarifvertrags- oder Betriebsparteien überlässt, die allg. Grundsätze der Sicherheit und des Gesundheitsschutzes der Arbeitnehmer auszuformen und sicherzustellen, widerspricht der dem Mitgliedstaat übertragenen **Eigenverantwortung** für die Einhaltung dieser Grundsätze (→ Rn. 5). Die Begrenzung des nationalen Opt-outs in § 7 IIa ArbZG auf Konstellationen, in denen regelmäßig und in erheblichem Umfang **Arbeitsbereitschaft oder Bereitschaftsdienst** in die Arbeitszeit fällt, genügt dieser Eigenverantwortung nicht. Arbeitsbereitschaft und Bereitschaftsdienst sind unionsrechtlich in vollem Umfang Arbeitszeit. Sie schmälern die Belastungen des Arbeitnehmers durch die Arbeit nicht (→ Art. 2 Rn. 5 ff., 9). Wegen des Richtlinienziels des Gesundheitsschutzes spricht viel dafür, dass der Mitgliedstaat **Obergrenzen** für die Verlängerung der Wochenarbeitszeit festlegen muss (Preis/Sagan/Ulber § 6 Rn. 295), obwohl die Kommission ein solches Erfordernis bisher nicht formuliert hat (KOM [2010] 802 endg., 8 f.).

II. Einwilligung des Arbeitnehmers, Art. 22 I UAbs. 1 lit. a

7   **1. Individuelle, ausdrückliche und freie Einwilligung.** Nach Art. 22 I UAbs. 1 lit. a hat der Mitgliedstaat mit den erforderlichen Maßnahmen dafür zu sorgen, dass kein Arbeitgeber von einem Arbeitnehmer verlangt, im Durchschnitt des in Art. 16 lit. b UAbs. 1 genannten (viermonatigen) Bezugszeitraums mehr als 48 Stunden innerhalb eines Siebentageszeitraums zu arbeiten, es sei denn, der Arbeitnehmer hat sich hierzu bereit erklärt. Bereits der **Wortlaut** der Regelung erfordert die **individuelle** Zustimmung des Arbeitnehmers. Die in einem Tarifvertrag oder einer Betriebsvereinbarung von der Gewerkschaft oder dem Betriebsrat erklärte, kollektiv wirkende Zustimmung genügt nicht (EuGH 5.10.2004 – C–397/01 bis C–403/01 Rn. 80 f., 85 – Pfeiffer, NZA 2004, 1145; 3.10.2000 – C–303/98 Rn. 73 f. – Simap, NZA 2000, 1227). Im Wortlaut des Art. 2 I UAbs. 1 lit. a drückt sich zugleich der **Zweck** der gesamten Arbeitszeitrichtlinie aus. Mit ihr soll ein wirksamer Schutz der Sicherheit und Gesundheit der Arbeitnehmer gewährleistet werden, indem ihre Wochenarbeitszeit begrenzt wird und sie Mindestruhezeiten haben. Bei jeder Abweichung von diesen Mindestvorschriften muss sichergestellt sein, dass der Arbeitnehmer nur dann auf ein Recht verzichtet, das durch die Richtlinie unmittelbar verbürgt ist, wenn er das frei und in voller Sachkenntnis tut. Dieser Schutz berücksichtigt, dass der Arbeitnehmer typisierend

betrachtet die schwächere Partei des Arbeitsvertrags ist (EuGH 5.10.2004 – C-397/01 bis C-403/01 Rn. 82 – Pfeiffer, NZA 2004, 1145). Von der Höchstarbeitszeit des Art. 6 lit. b kann wegen dieses Schutzzwecks nur wirksam abgewichen werden, wenn der Arbeitnehmer der Verlängerung der wöchentlichen Arbeitszeit nicht nur **individuell,** sondern auch **ausdrücklich** und **frei** zugestimmt hat (EuGH 5.10.2004 – C-397/01 bis C-403/01 Rn. 82 – Pfeiffer, NZA 2004, 1145). Art. 22 I UAbs. 1 lit. a ist genau und bestimmt genug, um jedenfalls gegenüber öffentlichen Arbeitgebern **unmittelbar** zu wirken. **§ 7 VII 1 ArbZG** nimmt diese Erfordernisse nicht ausdrücklich auf, geht über Art. 22 I UAbs. 1 lit. a aber insofern hinaus, als er eine **schriftliche** Einwilligung verlangt.

2. Einwilligung vor Aufnahme der über 48 Stunden hinaus verlängerten Wochenarbeitszeit. Der Arbeitnehmer muss der Ausweitung der wöchentlichen Arbeitszeit zustimmen, **bevor** er länger arbeitet (KOM [2003] 842 endg., 11). Das ergibt sich aus dem Zweck des Einwilligungserfordernisses. Der Arbeitnehmer soll **selbstbestimmt** über die Verlängerung entscheiden können. Dem wird eine nachträgliche Genehmigung nicht gerecht. Sie legitimiert lediglich die bereits geschaffenen Fakten. In der Arbeitszeitpraxis dürfte das Erfordernis der vorherigen Zustimmung nicht selten missachtet werden (*Körner* NJW 2003, 3606 [3608]; *Schunder* EuZW 2003, 662 [663]). Jedenfalls dann, wenn sich die Länge der Arbeitszeit oder die Art der zu erbringenden Arbeit oder der Arbeitszeit ändert, ist aus Gründen des Sicherheits- und Gesundheitsschutzes eine **neue Einwilligung** des Arbeitnehmers erforderlich. 8

3. Einwilligung in die Arbeitszeitverlängerung vor Abschluss des Arbeitsvertrags. Es widerspricht dem Zweck der Arbeitszeitrichtlinie, die Sicherheit und Gesundheit des Arbeitnehmers zu schützen, wenn dem Arbeitnehmer die Einwilligung in die Verlängerung der Arbeitszeit im Siebentageszeitraum vor Abschluss des Arbeitsvertrags abverlangt wird (*Neumann/Biebl* ArbZG § 7 Rn. 57; *Preis/Ulber* ZESAR 2011, 147 [154]). Der Arbeitnehmer soll der Verlängerung der Wochenarbeitszeit **frei** zustimmen können (→ Rn. 7). Das kann er nicht, wenn er noch den Vertrag, der dem Arbeitsverhältnis zugrunde liegen soll, erreichen will. Dafür spricht auch das Benachteiligungsverbot in **Art. 22 I UAbs. 1 lit. b.** Es ist ein Nachteil für den Arbeitnehmer, wenn der Vertragsschluss von seiner Einwilligung in eine über 48 Stunden hinaus verlängerte wöchentliche Arbeitszeit abhängt. Kommt es nicht zum Abschluss eines Arbeitsvertrags, weil der Arbeitnehmer der Arbeitszeitverlängerung nicht zugestimmt hat, kommt ein Schadensersatzanspruch – ggf. in Form eines Einstellungsanspruchs – in Betracht (HWK/*Gäntgen* ArbZG § 7 Rn. 19; *Neumann/Biebl* ArbZG § 7 Rn. 57). 9

4. Widerruf der Einwilligung. Die Arbeitszeitrichtlinie regelt nicht ausdrücklich, wie lange die Einwilligung des Arbeitnehmers wirkt (so wohl LAG Hamm 2.2.2012 – 17 Sa 1001/11 – zu A II 1 der Gründe). **§ 7 VII 2 ArbZG** sieht demgegenüber vor, dass die Einwilligung mit einer Frist von sechs Monaten schriftlich widerrufen werden kann. Diese verhältnismäßig lange Frist dient der Planungssicherheit des Arbeitgebers (ErfK/*Wank* ArbZG § 7 Rn. 26). Die Sechsmonatsfrist des § 7 VII 2 ArbZG ist wegen des Sicherheits- und Gesundheitsschutzzwecks der Arbeitszeitrichtlinie fragwürdig. Dem Arbeitnehmer wird – uU gegen seinen aktuellen Willen – abverlangt, während eines halben Jahres eine längere Wochenarbeitszeit zu leisten, obwohl er sich damit überfordert. Der zu findende Ausgleich zwischen den Interessen des Gesundheitsschutzes für den Arbeitnehmer und der Planungssicherheit für den Arbeitgeber dürfte zwar eine Widerrufsfrist erlauben, zumal die RL 2003/88/EG den Widerruf nicht ausdrücklich regelt. Die sechsmonatige Widerrufsfrist des § 7 VII 2 ArbZG dürfte jedoch mit Blick auf den nur bis zu viermonatigen Bezugszeitraum des § 16 lit. b UAbs. 1 zu lang sein (EAS/*Balze* B 3100 Rn. 118; **aA** Preis/Sagan/*Ulber* § 6 Rn. 303, der eine jederzeitige Widerrufsmöglichkeit verlangt). Der Bezugszeitraum des Art. 16 lit. b UAbs. 1 ist die für Art. 22 I UAbs. 1 maßgebliche Größe, wie sich an Art. 22 I UAbs. 1 lit. a und e zeigt. 10

III. Besonderes Benachteiligungsverbot, § 22 I UAbs. 1 lit. b

11 Das Benachteiligungsverbot des Art. 22 I UAbs. 1 lit. b sichert die **freie Willensbestimmung** des Arbeitnehmers bei der Einwilligungserklärung nach Art. 22 I UAbs. 1 lit. a (→ Rn. 7–9). Das innerstaatliche Recht muss sicherstellen, dass die Rechte des Arbeitnehmers aus Art. 6 lit. b, Art. 22 I UAbs. 1 lit. a und b **praktisch wirksam** werden (EuGH 14.10.2010 – C-243/09 Rn. 64 f. – Fuß I, NZA 2010, 1344). Das Grundrecht auf effektiven gerichtlichen Rechtsschutz, das in Art. 47 GRC, Art. 6 I UAbs. 1 EUV primärrechtlich garantiert wird, wird wesentlich beeinträchtigt, wenn ein Arbeitgeber sich gegen eine Dienstplangestaltung nicht wehren kann, die seinem Willen widerspricht. Dem Arbeitnehmer dürfen keine Nachteile entstehen, wenn er nicht in die Verlängerung der Wochenarbeitszeit einwilligt. Der Richtlinienverstoß als solcher reicht für einen Nachteil aus. Ein darüber hinausgehender **spezifischer Nachteil** ist nicht erforderlich (EuGH 14.10.2010 – C-243/09 Rn. 67 – Fuß I, NZA 2010, 1344). Der Arbeitnehmer darf aufgrund seiner unterbliebenen Einwilligung in die verlängerte wöchentliche Arbeitszeit **nicht gegen seinen Willen umgesetzt oder versetzt** werden (EuGH 14.10.2010 – C-243/09 Rn. 66 f. – Fuß I, NZA 2010, 1344). Dafür muss der Arbeitgeber **auch ihm nachteilige Veränderungen der Dienstplangestaltung** in Kauf nehmen. Der Arbeitnehmer kann aufgrund des **allg. Beschäftigungsanspruchs** aus den §§ 611, 613, 242 BGB verlangen, vertragsgerecht eingesetzt zu werden (BAG 9.4.2014 NZA 2014, 719 Rn. 13 ff.). Der Arbeitgeber darf wegen der nicht erklärten Einwilligung erst recht **nicht kündigen**. Anderes gilt nur, wenn der Arbeitnehmer überhaupt nicht beschäftigt werden kann. Das setzt voraus, dass er auch bei richtlinienkonformer Umorganisation, die nicht gegen Schutzvorschriften zugunsten des Arbeitnehmers verstößt (§ 612a BGB), nicht eingesetzt werden kann (BAG 24.2.2005 NZA 2005, 759 zu B II 2 der Gründe). Das Benachteiligungsverbot des § 22 I UAbs. 1 ist in **§ 7 VII 3 ArbZG** umgesetzt.

IV. Allgemeines Benachteiligungsverbot aus der Arbeitszeitrichtlinie?

12 *Preis/Ulber* folgern aus der Entscheidung des EuGH in der Sache *Fuß I* (14.10.2010 – C-243/09 Rn. 64 ff. – NZA 2010, 1344) über das besondere Benachteiligungsverbot des Art. 22 I UAbs. 1 lit. b hinaus ein **allg. Benachteiligungsverbot** (ZESAR 2011, 147 [151 f.]). Wegen des Umstands, dass der EuGH mit der Angst des Arbeitnehmers vor **Retorsionsmaßnahmen** argumentiere, ziehen sie die Konsequenz, dass das allg. Benachteiligungsverbot – anders als die Arbeitszeitrichtlinie im Übrigen (→ Art. 1 Rn. 3) – auch für das Entgelt gelte. Sie leiten daraus den Grundsatz auf vergütungsrechtliche Gleichbehandlung ab (s. auch die ablehnende Stellungnahme von Preis/Sagan/*Ulber* in § 6 Rn. 337 zu BAG 16.5.2013 AP TV UmBW § 7 Nr. 1 Rn. 36 ff.). Die **weitere dogmatische Kategorie** eines allg. Benachteiligungsverbots ist nicht zwingend. Retorsion meint eine Reaktion mit grds. zulässigen Mitteln gegen „feindliche" Handlungen. Diese Art der Benachteiligung wird vom **besonderen Benachteiligungsverbot** des Art. 22 I UAbs. 1 lit. b erfasst. *Preis/Ulber* (ZESAR 2011, 147 [151 f.]) ist auch nicht darin zuzustimmen, dass ein Arbeitnehmer, der sich der Arbeitszeitverlängerung verweigert, aus **Gleichbehandlungsgründen** Anspruch auf die höhere Vergütung hat, die Arbeitnehmern zusteht, die in die Arbeitszeitverlängerung einwilligen. Art. 22 I UAbs. 1 lit. b verbietet die Benachteiligung des Arbeitnehmers. Die Regelung verlangt jedoch nicht, ihn an Begünstigungen teilhaben zu lassen, die ihm durch seine mangelnde Einwilligung in die Arbeitszeitverlängerung nicht zustehen. Der Arbeitnehmer arbeitet nicht länger als 48 Stunden in der Woche und hat deshalb keinen Anspruch auf höheres Entgelt. Das unterscheidet ihn von der Gruppe der anderen Arbeitnehmer, die in die Arbeitszeitverlängerung eingewilligt haben. Dem Begriff der Retorsionsmaßnahmen unterfallen zB Umsetzungen, Versetzungen oder Kündigungen, die der Arbeitgeber durch Dienstplanänderungen vermeiden kann (→ Rn. 11). Ein Anspruch auf höhere Vergütung setzt dagegen **Arbeitsleistung** während der verlängerten Arbeitszeit voraus. Der Arbeitnehmer

kann nicht berechtigt Furcht vor der unterbleibenden Begünstigung des höheren Entgelts ohne geleistete Arbeit haben. Die ohne Arbeitsleistung nicht erbrachte Vergütungsleistung ist keine „feindliche" Handlung des Arbeitgebers.

V. Verwaltungsvorschriften, § 22 I UAbs. 1 lit. c–e

Art. 22 I UAbs. 1 lit. c bestimmt, dass der Arbeitgeber aktuelle Listen über alle Arbeitnehmer führt, die durchschnittlich über 48 Stunden hinaus im Siebentageszeitraum arbeiten. Die Vorgabe ist durch **§ 16 II 1 ArbZG** umgesetzt. Die **Dokumentationspflicht** wird durch ein **Einsichtsrecht** der Behörden ergänzt, das durch **§ 17 IV ArbZG** aufgenommen wird. Nach Art. 22 I UAbs. 1 lit. d müssen die zu führenden Listen den zuständigen Behörden zur Verfügung gestellt werden. Nach dieser Regelung müssen die zuständigen Behörden es ferner aus Gründen der Sicherheit und/oder des Schutzes der Gesundheit der Arbeitnehmer **unterbinden oder einschränken** können, dass die wöchentliche Höchstarbeitszeit des Art. 6 lit. b überschritten wird. Art. 22 I UAbs. 1 lit. e verlangt, dass der Arbeitgeber die zuständigen Behörden auf Ersuchen darüber unterrichtet, welche Arbeitnehmer sich dazu bereit erklärt haben, im Durchschnitt des Bezugszeitraums des Art. 16 lit. b UAbs. 1 über 48 Stunden im Siebentageszeitraum zu arbeiten. Die Dokumentationspflichten und Einsichtsrechte widersprechen **Art. 6 I lit. b und c** sowie **Art. 7 lit. c und e RL 95/46/EG** zum Schutz natürlicher Personen bei der Verarbeitung personenbezogener Daten und zum freien Datenverkehr nicht, wenn sie sich auf das nach den Vorgaben der Arbeitszeitrichtlinie unbedingt Erforderliche beschränken (EuGH 30.5.2013 – C-342/12 Rn. 43 ff. – Equipamentos para o Lar, NZA 2013, 723). 13

D. Häufung von Abweichungen nach Art. 17, 18 und 22

Die Abweichungsbefugnisse aus Art. 17, 18 und 22 stehen nach dem Wortlaut der Richtlinienbestimmungen uneingeschränkt nebeneinander. Sie enthalten jedoch ihrerseits jeweils **einschränkende Voraussetzungen,** um eine Überlastung des Arbeitnehmers zu verhindern und seine Sicherheit und Gesundheit zu schützen. Die nationalen Bestimmungen, die diese Einschränkungen umsetzen, müssen – unionsrechtskonform ausgelegt – sicherstellen, dass eine Überlastung des einzelnen Arbeitnehmers durch kumulierte Abweichungen vermieden wird. Der Anwendungsbereich der Ausnahmen muss wegen des Schutzzwecks der Arbeitszeitrichtlinie auf das **unbedingt Erforderliche** beschränkt werden (EuGH 21.10.2010 – C-227/09 Rn. 58 – Accardo, NZA 2011, 215; 14.10.2010 – C-428/09 Rn. 40 – Union syndicale Solidaires Isère, Slg. 2010, I-9961; 9.9.2003 – C-151/02 Rn. 89 – Jaeger, NZA 2003, 1019; → Art. 1 Rn. 33; → Art. 17 Rn. 1). Der EuGH hat für die Dauer der täglichen Ruhezeit des Art. 3 etwa betont, Abweichungen nach Art. 17 II, III setzten aus Gründen der Sicherheit und des Gesundheitsschutzes voraus, dass eine Arbeitsperiode regelmäßig von einer Ruheperiode abgelöst werde. Dieses Erfordernis ist nach Auffassung des EuGH umso dringlicher, wenn die regelmäßige tägliche Arbeitszeit abweichend von der allg. Regel durch einen Bereitschaftsdienst verlängert wird (EuGH 14.10.2010 – C-428/09 Rn. 51 – Union syndicale Solidaires Isère, Slg. 2010, I-9961; 9.9.2003 – C-151/02 Rn. 95 – Jaeger, NZA 2003, 1019; Preis/Sagan/*Ulber* § 6 Rn. 322). 14

E. Verletzung von Art. 31 II GRC durch das Opt-out des Art. 22 I UAbs. 1?

Nach Art. 31 II GRC hat jede Arbeitnehmerin und jeder Arbeitnehmer das **Recht auf eine Begrenzung der Höchstarbeitszeit.** Art. 22 I UAbs. 1 lit. a könnte gegen diese primärrechtliche Vorschrift (Art. 6 I UAbs. 1 EUV) verstoßen, weil das Opt-out nicht an eine Höchstgrenze der durchschnittlichen Arbeitszeit im Siebentageszeitraum gebunden ist. 15

Rechtsprechung des EuGH zu dieser Frage fehlt. Eine Unanwendbarkeit des Opt-outs, auf das sich nach deutschem Recht eine Vielzahl tariflicher und betrieblicher Regelungen gründet, kann jedenfalls dann vermieden werden, wenn angenommen wird, dass der Mitgliedstaat **Höchstgrenzen** für die Verlängerung der Wochenarbeitszeit festlegen muss (→ Rn. 6). Das ist nach deutschem Recht bisher nicht geschehen. Sie könnten allenfalls in § 7 IIa ArbZG „hineingelesen" werden.

Kapitel 6. Schlussbestimmungen

Art. 23 Niveau des Arbeitnehmerschutzes

Unbeschadet des Rechts der Mitgliedstaaten, je nach der Entwicklung der Lage im Bereich der Arbeitszeit unterschiedliche Rechts- und Verwaltungsvorschriften sowie Vertragsvorschriften zu entwickeln, sofern die Mindestvorschriften dieser Richtlinie eingehalten werden, stellt die Durchführung dieser Richtlinie keine wirksame Rechtfertigung für eine Zurücknahme des allgemeinen Arbeitnehmerschutzes dar.

1   Art. 23 ist im Zusammenhang mit **Art. 15** zu lesen. Art. 15 lässt Überschreitungen der Mindestvorschriften der Arbeitszeitrichtlinie im Bereich der Arbeitszeit (einschließlich des Urlaubs) zu. Art. 23 wirkt dem möglichen Phänomen entgegen, dass zwar die Mindeststandards der Richtlinie im **Bereich der Arbeitszeit** überschritten werden, der **allg. Arbeitnehmerschutz** aber gesenkt wird (nur am Rand zu einem urlaubsrechtlichen Problem OGH Wien 22.7.2014 – 9 ObA 20/14b Rn. 35, ZESAR 2015, 135).

Art. 24 Berichtswesen

(1) Die Mitgliedstaaten teilen der Kommission den Wortlaut der innerstaatlichen Rechtsvorschriften mit, die sie auf dem unter diese Richtlinie fallenden Gebiet erlassen oder bereits erlassen haben.

(2) Die Mitgliedstaaten erstatten der Kommission alle fünf Jahre Bericht über die Anwendung der Bestimmungen dieser Richtlinie in der Praxis und geben dabei die Standpunkte der Sozialpartner an.

Die Kommission unterrichtet darüber das Europäische Parlament, den Rat, den Europäischen Wirtschafts- und Sozialausschuss sowie den Beratenden Ausschuss für Sicherheit, Arbeitshygiene und Gesundheitsschutz am Arbeitsplatz.

(3) Die Kommission legt dem Europäischen Parlament, dem Rat und dem Europäischen Wirtschafts- und Sozialausschuss nach dem 23. November 1996 alle fünf Jahre einen Bericht über die Anwendung dieser Richtlinie unter Berücksichtigung der Artikel 22 und 23 und der Absätze 1 und 2 dieses Artikels vor.

1   Art. 24 begründet verschiedene Berichtspflichten der Mitgliedstaaten und der Kommission. Die Mitgliedstaaten haben der Kommission nach **Art. 24 I** die Rechtsvorschriften mitzuteilen, die sie im Bereich des Arbeitszeitrechts (einschließlich des Urlaubsrechts) erlassen oder erlassen haben. Ihnen ist im Fünfjahresrhythmus aufgegeben, über die praktische Umsetzung der Richtlinie zu berichten und die Standpunkte der Sozialpartner wiederzugeben **(Art. 24 II UAbs. 1)**. Darüber unterrichtet die Kommission ihrerseits das EP, den Rat, den Europäischen Wirtschafts- und Sozialausschuss sowie den Beratenden Ausschuss für Sicherheit, Arbeitshygiene und Gesundheitsschutz am Arbeitsplatz **(Art. 24 II UAbs. 2)**. Seit dem 23.11.1996 hat die Kommission dem EP, dem Rat und dem Europäischen Wirtschafts- und Sozialausschuss im Fünfjahresturnus einen Bericht vorzulegen, der inzwischen

nur noch das Opt-out des Art. 22 I, die Frage der Rückführung des allg. Arbeitnehmerschutzes iSv Art. 23, die nationalen Rechtsvorschriften im Bereich des Arbeitszeitrechts iSv Art. 24 I und die Ergebnisse der Berichte nach Art. 24 I und II behandelt.

Art. 25 Überprüfung der Durchführung der Bestimmungen für Arbeitnehmer an Bord von seegehenden Fischereifahrzeugen

Die Kommission überprüft bis zum 1. August 2009 nach Konsultation der Mitgliedstaaten und der Sozialpartner auf europäischer Ebene die Durchführung der Bestimmungen für Arbeitnehmer an Bord von seegehenden Fischereifahrzeugen und untersucht insbesondere, ob diese Bestimmungen vor allem in Bezug auf Gesundheit und Sicherheit nach wie vor angemessen sind, um, falls erforderlich, geeignete Änderungen vorzuschlagen.

Die bis zum 1.8.2009 nach Konsultation der Mitgliedstaaten und der europäischen Sozialpartner durchzuführende Überprüfung der Umsetzung in den Mitgliedstaaten durch die Kommission hat nicht zu Vorschlägen geführt, die Bestimmungen für **Arbeitnehmer an Bord von seegehenden Fischereifahrzeugen,** die unter der Flagge eines Mitgliedstaats fahren, zu ändern (→ Art. 1 Rn. 7, 44; Art. 14 Rn. 1; Art. 17 Rn. 1; Art. 21 Rn. 1). Die Kommission geht demnach davon aus, dass diese Bestimmungen vor allem in Bezug auf die Gesundheit und Sicherheit nach wie vor angemessen sind. 1

Art. 26 Überprüfung des Durchführungsstands der Bestimmungen für Arbeitnehmer, die im regelmäßigen innerstädtischen Personenverkehr beschäftigt sind

Die Kommission überprüft bis zum 1. August 2005 nach Konsultation der Mitgliedstaaten sowie der Arbeitgeber und Arbeitnehmer auf europäischer Ebene den Stand der Durchführung der Bestimmungen für Arbeitnehmer, die im regelmäßigen innerstädtischen Personenverkehr beschäftigt sind, um, falls erforderlich, im Hinblick auf die Gewährleistung eines kohärenten und angemessenen Ansatzes für diesen Sektor geeignete Änderungen vorzuschlagen.

Die bis zum 1.8.2005 nach Konsultation der Mitgliedstaaten und der europäischen Sozialpartner durchzuführende Überprüfung der Durchführung der Richtlinienvorgaben durch die Kommission hatte keine Änderungsvorschläge für **Arbeitnehmer im regelmäßigen innerstädtischen Personenverkehr** zur Folge. 1

Art. 27 Aufhebung

(1) Die Richtlinie 93/104/EG in der Fassung der in Anhang I Teil A genannten Richtlinie wird unbeschadet der Pflichten der Mitgliedstaaten hinsichtlich der in Anhang I Teil B genannten Umsetzungsfristen aufgehoben.

(2) Bezugnahmen auf die aufgehobene Richtlinie gelten als Bezugnahmen auf die vorliegende Richtlinie und sind nach Maßgabe der Entsprechungstabelle in Anhang II zu lesen.

Die RL 93/104/EG idF der Änderungsrichtlinie 2000/34/EG wurde durch **Art. 27 I** aufgehoben (näher → Art. 1 Rn. 8). Bezugnahmen auf die aufgehobene – geänderte – Richtlinie gelten nach **Art. 27 II der aktuellen Arbeitszeitrichtlinie** als Bezugnahmen 1 auf die RL 2003/88/EG fort. Sie sind nach der Entsprechungstabelle in Anhang II zu lesen (→ Art. 1 Rn. 8).

Art. 28 Inkrafttreten
Diese Richtlinie tritt am 2. August 2004 in Kraft.

1   Die RL 2003/88/EG trat am **2.8.2004** in Kraft. Anders als die ursprüngliche Arbeitszeitrichtlinie 93/104/EG sieht die aktuelle Richtlinie – folgerichtig – keine Umsetzungsfrist vor. Das allg. sekundäre Arbeitszeitrecht der Union musste im Ausgangspunkt schon mit Ablauf der Umsetzungsfrist der ersten Arbeitszeitrichtlinie 93/104/EG spätestens mit dem **23.11.1996** umgesetzt sein (BAG 23.3.2010 NZA 2010, 810 Rn. 112, 114).

Art. 29 Adressaten
Diese Richtlinie ist an alle Mitgliedstaaten gerichtet.

1   Die RL 2003/88/EG richtet sich ausnahmslos an alle Mitgliedstaaten der EU, derzeit an alle 28 Mitgliedstaaten.

Anhang I. [Nachfolgeregelungen/Umsetzungsfristen]

Teil A. Aufgehobene Richtlinie und ihre nachfolgenden Änderungen (Artikel 27)

Richtlinie 93/104/EG des Rates (ABl. L 307 vom 13.12.1993, S. 18)
Richtlinie 2000/34/EG des Europäischen Parlaments und des Rates (ABl. L 195 vom 1.8.2000, S. 41)

Teil B. Fristen für die Umsetzung und Anwendung (Artikel 27)

Richtlinie	Frist für die Umsetzung
93/104/EG	23. November 1996
2000/34/EG	1. August 2003[1]

Anhang II. Entsprechungstabelle

Richtlinie 93/104/EG	Diese Richtlinie
Artikel 1–5	Artikel 1–5
Artikel 6 einleitender Teil	Artikel 6 einleitender Teil
Artikel 6 Nummer 1	Artikel 6 Buchstabe a)
Artikel 6 Nummer 2	Artikel 6 Buchstabe b)
Artikel 7	Artikel 7
Artikel 8 einleitender Teil	Artikel 8 einleitender Teil
Artikel 8 Nummer 1	Artikel 8 Buchstabe a)
Artikel 8 Nummer 2	Artikel 8 Buchstabe b)
Artikel 9, 10 und 11	Artikel 9, 10 und 11
Artikel 12 einleitender Teil	Artikel 12 einleitender Teil
Artikel 12 Nummer 1	Artikel 12 Buchstabe a)
Artikel 12 Nummer 2	Artikel 12 Buchstabe b)
Artikel 13, 14 und 15	Artikel 13, 14 und 15
Artikel 16 einleitender Teil	Artikel 16 einleitender Teil
Artikel 16 Nummer 1	Artikel 16 Buchstabe a)
Artikel 16 Nummer 2	Artikel 16 Buchstabe b)
Artikel 16 Nummer 3	Artikel 16 Buchstabe c)
Artikel 17 Absatz 1	Artikel 17 Absatz 1
Artikel 17 Absatz 2 einleitender Teil	Artikel 17 Absatz 2
Artikel 17 Absatz 2 Nummer 2.1	Artikel 17 Absatz 3 Buchstaben a) bis e)

---

[1] **Amtl. Anm.:** 1. August 2004 für Ärzte in der Ausbildung. Siehe Artikel 2 der Richtlinie 2000/34/EG.

580 RL 2003/88/EG Anh. Nachfolgeregelungen/Umsetzungsfristen

Richtlinie 93/104/EG	Diese Richtlinie
Artikel 17 Absatz 2 Nummer 2.2	Artikel 17 Absatz 3 Buchstaben f) bis g)
Artikel 17 Absatz 2 Nummer 2.3	Artikel 17 Absatz 4
Artikel 17 Absatz Nummer 2.42	Artikel 17 Absatz 5
Artikel 17 Absatz 3	Artikel 18
Artikel 17 Absatz 4	Artikel 19
Artikel 17a Absatz 1	Artikel 20 Absatz Unterabsatz 11
Artikel 17a Absatz 2	Artikel 20 Absatz Unterabsatz 21
Artikel 17a Absatz 3	Artikel 20 Absatz 2
Artikel 17a Absatz 4	Artikel 20 Absatz 3
Artikel 17b Absatz 1	Artikel 21 Absatz 1 Unterabsatz 1
Artikel 17b Absatz 2	Artikel 21 Absatz 1 Unterabsatz 2
Artikel 17b Absatz 3	Artikel 21 Absatz 2
Artikel 17b Absatz 4	Artikel 21 Absatz 3
Artikel 17b Absatz 5	Artikel 21 Absatz 4
Artikel 17b Absatz 6	Artikel 21 Absatz 5
Artikel 17b Absatz 7	Artikel 21 Absatz 6
Artikel 17b Absatz 8	Artikel 21 Absatz 7
Artikel 18 Absatz Buchstabe a)1	–
Artikel 18 Absatz 1 Buchstabe b), Ziffer i)	Artikel 22 Absatz 1
Artikel 18 Absatz 1 Buchstabe b), Ziffer ii)	Artikel 22 Absatz 2
Artikel 18 Absatz 1 Buchstabe c)	Artikel 22 Absatz 3
Artikel 18 Absatz 2	–
Artikel 18 Absatz 3	Artikel 23
Artikel 18 Absatz 4	Artikel 24 Absatz 1
Artikel 18 Absatz 5	Artikel 24 Absatz 2
Artikel 18 Absatz 6	Artikel 24 Absatz 3
–	Artikel 25[2]
–	Artikel 26[3]
–	Artikel 27
–	Artikel 28
Artikel 19	Artikel 29
–	Anhang I
–	Anhang II

[2] **Amtl. Anm.:** Richtlinie 2000/34/EG, Artikel 3.
[3] **Amtl. Anm.:** Richtlinie 2000/34/EG, Artikel 4.

590. Richtlinie 2005/56/EG des Europäischen Parlaments und des Rates vom 26. Oktober 2005 über die Verschmelzung von Kapitalgesellschaften aus verschiedenen Mitgliedstaaten

(Text von Bedeutung für den EWR)

(ABl. Nr. L 310 S. 1, ber. ABl. 2008 Nr. L 28 S. 40)

EU-Dok.-Nr. 3 2005 L 0056

zuletzt geänd. durch Art. 120 ÄndRL 2014/59/EU v. 12.6.2014 (ABl. Nr. L 173 S. 190)

– Auszug –

DAS EUROPÄISCHE PARLAMENT UND DER RAT DER EUROPÄISCHEN UNION –

gestützt auf den Vertrag zur Gründung der Europäischen Gemeinschaft, insbesondere auf Artikel 44,

auf Vorschlag der Kommission,

nach Stellungnahme des Europäischen Wirtschafts- und Sozialausschusses[1], gemäß dem Verfahren des Artikels 251 des Vertrags[2],

in Erwägung nachstehender Gründe:

(1) Bei den europäischen Kapitalgesellschaften besteht ein Bedarf an Kooperation und Reorganisation. Im Hinblick auf Verschmelzungen von Kapitalgesellschaften aus verschiedenen Mitgliedstaaten stoßen sie jedoch innerhalb der Gemeinschaft auf zahlreiche rechtliche und administrative Schwierigkeiten. Daher ist eine gemeinschaftsrechtliche Regelung erforderlich, die eine Verschmelzung von Kapitalgesellschaften unterschiedlicher Rechtsform, die dem Recht verschiedener Mitgliedstaaten unterliegen, erleichtert, um auf diese Weise zur Vollendung und zum reibungslosen Funktionieren des Binnenmarkts beizutragen.

(2) Mit dieser Richtlinie wird die grenzüberschreitende Verschmelzung von Kapitalgesellschaften im Sinne dieser Richtlinie erleichtert. Die Rechtsvorschriften der Mitgliedstaaten müssen die grenzüberschreitende Verschmelzung einer Kapitalgesellschaft aus einem Mitgliedstaat mit einer Kapitalgesellschaft aus einem anderen Mitgliedstaat gestatten, wenn das innerstaatliche Recht der betreffenden Mitgliedstaaten Verschmelzungen zwischen Unternehmen solcher Rechtsformen erlaubt.

...

(12) Die Rechte der Arbeitnehmer mit Ausnahme der Mitbestimmungsrechte sollten weiterhin den Vorschriften der Mitgliedstaaten unterliegen, die in der Richtlinie 98/59/EG des Rates vom 20. Juli 1998 über Massenentlassungen[3], der Richtlinie 2001/23/EG des Rates vom 12. März 2001 über die Wahrung von Ansprüchen der Arbeitnehmer beim Übergang von Unternehmen, Betrieben oder Unternehmens- oder Unternehmensteilen[4], der Richtlinie 2002/14/EG des Europäischen Parlaments und des Rates vom 11. März 2002 zur Festlegung eines allgemeinen Rahmens für die Unterrichtung und Anhörung der Arbeitnehmer in der Europäischen Gemeinschaft[5] sowie der Richtlinie 94/45/EG des Rates vom 22. September 1994 über die Einsetzung eines Europäischen Betriebsrats oder die Schaffung eines Verfahrens zur Unterrichtung und Anhörung der Arbeitnehmer in gemeinschaftsweit operierenden Unternehmen und Unternehmensgruppen[6] genannt sind.

---

[1] **Amtl. Anm.:** ABl. C 117 vom 30.4.2004, S. 43.
[2] **Amtl. Anm.:** Stellungnahme des Europäischen Parlaments vom 10. Mai 2005 (noch nicht im Amtsblatt veröffentlicht) und Beschluss des Rates vom 19. September 2005.
[3] **Amtl. Anm.:** ABl. L 225 vom 12.8.1998, S. 16.
[4] **Amtl. Anm.:** ABl. L 82 vom 22.3.2001, S. 16.
[5] **Amtl. Anm.:** ABl. L 80 vom 23.3.2002, S. 29.

(13) Haben die Arbeitnehmer Mitbestimmungsrechte in einer an der Verschmelzung beteiligten Gesellschaft nach Maßgabe dieser Richtlinie und sieht das innerstaatliche Recht des Mitgliedstaats, in dem die aus der grenzüberschreitenden Verschmelzung hervorgehende Gesellschaft ihren Sitz hat, nicht den gleichen Umfang an Mitbestimmung vor wie in den jeweiligen an der Verschmelzung beteiligten Gesellschaften – einschließlich in mit Beschlussfassungsbefugnissen ausgestatteten Ausschüssen des Aufsichtsorgans – oder sieht dieses Recht nicht den gleichen Anspruch auf Ausübung von Mitbestimmungsrechten durch die Arbeitnehmer der aus der grenzüberschreitenden Verschmelzung hervorgehenden Betriebe vor, so muss die Mitbestimmung der Arbeitnehmer in der aus der grenzüberschreitenden Verschmelzung hervorgehenden Gesellschaft neu geregelt werden. Hierbei sind die Grundsätze und Verfahren der Verordnung (EG) Nr. 2157/2001 des Rates vom 8. Oktober 2001 über das Statut der Europäischen Gesellschaft (SE)[7] und der Richtlinie 2001/86/EG des Rates vom 8. Oktober 2001 zur Ergänzung des Statuts der Europäischen Gesellschaft hinsichtlich der Beteiligung der Arbeitnehmer[8] anzuwenden, jedoch mit den Änderungen, die für notwendig erachtet werden, weil die aus der Verschmelzung hervorgehende Gesellschaft dem einzelstaatlichen Recht des Sitzmitgliedstaats unterliegen wird. Die Mitgliedstaaten können gemäß Artikel 3 Absatz 2 Buchstabe b der Richtlinie 2001/86/EG für eine rasche Aufnahme der in Artikel 16 der vorliegenden Richtlinie vorgesehenen Verhandlungen sorgen, damit Verschmelzungen nicht unnötig verzögert werden.

(14) Bei der Ermittlung des Umfangs der Mitbestimmung der Arbeitnehmer in den an der Verschmelzung beteiligten Gesellschaften sollte auch der Anteil der die Arbeitnehmer vertretenden Mitglieder des Leitungsgremiums berücksichtigt werden, das für die Ergebniseinheiten der Gesellschaften zuständig ist, wenn eine Mitbestimmung der Arbeitnehmer besteht.

(15) Da das Ziel der beabsichtigten Maßnahme, nämlich die Einführung einer Regelung mit auf innergemeinschaftlicher Ebene anwendbaren einheitlichen Bestimmungen, auf Ebene der Mitgliedstaaten nicht ausreichend verwirklicht werden kann und daher wegen des Umfangs und der Auswirkungen der Maßnahme besser auf Gemeinschaftsebene zu erreichen ist, kann die Gemeinschaft im Einklang mit dem in Artikel 5 des Vertrags niedergelegten Subsidiaritätsprinzip tätig werden. Entsprechend dem in demselben Artikel genannten Verhältnismäßigkeitsgrundsatz geht diese Richtlinie nicht über das zur Erreichung dieser Ziele notwendige Maß hinaus.

(16) Entsprechend Nummer 34 der Interinstitutionellen Vereinbarung über bessere Rechtsetzung[9] sollte darauf hingewirkt werden, dass die Mitgliedstaaten für ihre eigenen Zwecke und im Interesse der Gemeinschaft eigene Tabellen erstellen, aus denen im Rahmen des Möglichen die Entsprechungen dieser Richtlinie und der Umsetzungsmaßnahmen zu entnehmen sind, und diese veröffentlichen –

HABEN FOLGENDE RICHTLINIE ERLASSEN:

Art. 1 Anwendungsbereich

Diese Richtlinie gilt für Verschmelzungen von Kapitalgesellschaften, die nach dem Recht eines Mitgliedstaats gegründet worden sind und ihren satzungsmäßigen Sitz, ihre Hauptverwaltung oder ihre Hauptniederlassung in der Gemeinschaft haben, sofern

---

[6] **Amtl. Anm.:** ABl. L 254 vom 30.9.1994, S. 64. Geändert durch die Richtlinie 97/74/EG (ABl. L 10 vom 16.1.1998, S. 22).

[7] **Amtl. Anm.:** ABl. L 294 vom 10.11.2001, S. 1. Geändert durch die Verordnung (EG) Nr. 885/2004 (ABl. L 168 vom 1.5.2004, S. 1).

[8] **Amtl. Anm.:** ABl. L 294 vom 10.11.2001, S. 22.

[9] **Amtl. Anm.:** ABl. C 321 vom 31.12.2003, S. 1.

mindestens zwei der Gesellschaften dem Recht verschiedener Mitgliedstaaten unterliegen (nachstehend „grenzüberschreitende Verschmelzungen" genannt).

A. Allgemeines

Die Verabschiedung der RL 2005/56/EG schloss eine mehrere Jahrzehnte andauernde 1
Diskussion ab (zu dieser im Überblick *Roßmann* 108 ff. sowie insbesondere den Vorschlag der Kommission v. 8.1.1985 ABl. EG Nr. C 23 v. 25.1.1985, 11; dazu zB *Behrens* ZGR 1994, 1 ff.; *Ganske* DB 1985, 581 ff.; *Lutter* ZGR 1994, 87 ff.), die zum Schluss maßgeblich von dem für die SE mit dem Verhandlungsmodell erreichten Durchbruch geprägt wurde (→ RL 2001/86/EG Art. 1 Rn. 2). Auf dieser Basis unterbreitete die Kommission am 18.11.2003 den Vorschlag für eine Richtlinie über grenzüberschreitende Verschmelzungen (KOM [2003] 703 endg.; dazu zB *Heuschmid* AuR 2006, 184 [185 f.]; *Maul/Teichmann/Wenz* BB 2003, 2633 ff.; *Müller* ZIP 2004, 1790 ff.), der nach einem im Rat im November 2004 erzielten politischen Kompromiss sowie der Stellungnahme durch das Europäische Parlament vom 10.5.2005 (s. *Neye* ZIP 2005, 1894 ff.) durch den Rat der Europäischen Union am 19.9.2005 als „Richtlinie über die Verschmelzung von Kapitalgesellschaften aus verschiedenen Mitgliedstaaten" verabschiedet und am 25.11.2005 im Amtsblatt (ABl. EU Nr. L 310 v. 25.11.2005, 1; dazu zB *Nagel* NZG 2006, 97 ff. sowie *Grundmann*, Europäisches Gesellschaftsrecht, 2. Aufl. 2011, § 26) veröffentlicht wurde. Zur Umsetzung der Richtlinie in Deutschland → Art. 16 Rn. 1.

Die nachfolgenden Änderungen der Richtlinie durch die RL 2009/109/EG (ABl. EU 2
Nr. L 259 v. 2.10.2009, 14; dazu zB *Neye/Jäckel* AG 2010, 237 ff.) sowie die RL 2012/17/EU (ABl. EU Nr. L 156 v. 16.6.2012, 1) betrafen einerseits Erleichterungen im Bereich der in den §§ 122a ff. UmwG geregelten Berichts- und Dokumentationspflichten, andererseits die Zusammenarbeit der Unternehmensregister in den Mitgliedstaaten. Aus arbeitsrechtlicher bzw. mitbestimmungsrechtlicher Sicht sind die hierdurch bewirkten Änderungen der RL 2005/56/EG ohne Bedeutung. Entsprechendes gilt für die Ergänzung von Art. 3 durch Art. 120 RL 2014/59/EU (ABl. EU Nr. L 173 v. 12.6.2014, 190).

B. Anwendungsbereich der Richtlinie

Der Anwendungsbereich der RL 2005/56/EG ist auf die Verschmelzung von **Kapitalge-** 3
sellschaften beschränkt, wobei mind. **zwei** der Gesellschaften ihren **Satzungssitz** in **verschiedenen Mitgliedstaaten** einschließlich der Vertragsstaaten des EWR-Abkommens haben müssen. Hierdurch erlangt die Verschmelzung ihren besonderen Charakter einer „grenzüberschreitenden" Verschmelzung. Während Art. 1 davon ausgeht, dass für die Beurteilung des grenzüberschreitenden Charakters der Verschmelzung die aus ihr hervorgehende Gesellschaft unberücksichtigt bleibt (s. Lutter/*Bayer* UmwG § 122a Rn. 25 mwN sowie UHH/*Habersack* MgVG Einl. Rn. 11), ist der zur Umsetzung in Deutschland geschaffene § 122a I UmwG durch den Terminus „beteiligte Gesellschaft" offener formuliert und gestattet auch die Einbeziehung der aus der Verschmelzung hervorgehenden Gesellschaft, um den Anwendungsbereich der §§ 122a ff. UmwG für eine grenzüberschreitende Verschmelzung zu eröffnen (für die hM s. Lutter/*Bayer* UmwG § 122a Rn. 26; Semler/Stengel/*Drinhausen* UmwG § 122a Rn. 10; Habersack/Drinhausen/*Kiem* UmwG § 122a Rn. 6; *Roßmann* 114 f.; **aA** *Winter* Der Konzern 2007, 24 [27]).

Die in → Rn. 3 skizzierte Differenzierung wirkt sich auch auf den **Anwendungsbereich** 4
des MgVG aus. Wird dessen Charakter als mitgliedstaatliches Umsetzungsgesetz in den Vordergrund gerückt, liegt eine Beschränkung des Anwendungsbereichs auf die von Art. 1 erfassten Sachverhalte nahe. Dem steht entgegen, dass das MgVG mit den §§ 122a ff. UmwG eine legislatorische Einheit bildet, so dass eine Ausdehnung des Anwendungs-

bereichs des MgVG auf alle von § 122a UmwG erfassten grenzüberschreitenden Verschmelzungen vorzugswürdig ist. Personengesellschaften sind hierdurch sowohl aus dem Anwendungsbereich der Richtlinie als auch aus dem des MgVG ausgeklammert (*Roßmann* 137 f.).

5 Art. 1 eröffnet den Anwendungsbereich der Richtlinie für Kapitalgesellschaften, die nach dem Recht eines Mitgliedstaats gegründet worden sind. Hieraus folgt, dass sich Kapitalgesellschaften, die nach dem **Recht eines Drittstaats** gegründet wurden, nicht an einer der RL 2005/56/EG unterfallenden grenzüberschreitenden Verschmelzung beteiligen können. Entsprechendes gilt für die Anwendbarkeit der §§ 122a ff. UmwG; nach dem Recht eines Drittstaats gegründete Kapitalgesellschaften sind keine verschmelzungsfähigen Gesellschaften iSv § 122b UmwG (Begr. RegE, BT-Drs. 16/2919, 14; Lutter/*Bayer* UmwG § 122b Rn. 11; Semler/Stengel/*Drinhausen* UmwG § 122b Rn. 7; Kallmeyer/*Marsch-Barner* UmwG § 122b Rn. 8; *Müller* ZIP 2007, 1081 [1082]; *Winter* Der Konzern, 2007, 24 [28]).

6 Die von der RL 2005/56/EG erfassten **Kapitalgesellschaften** sind in **Art. 2 I** definiert. Wegen der dortigen Bezugnahme in Nr. 1 lit. a auf **Art. 1 RL 2009/101/EG**, der an die Stelle der ursprünglichen Bezugnahme auf Art. 1 RL 68/151/EWG getreten ist (s. Art. 16 UAbs. 2 RL 2009/101/EG), zählen aus deutscher Sicht die **AG**, die **KGaA** sowie die **GmbH** zum Kreis der verschmelzungsfähigen Rechtsträger. Entsprechend dieser Vorgabe erstreckt auch der zur Umsetzung in Deutschland geschaffene § 122b I UmwG die grenzüberschreitende Verschmelzung auf Kapitalgesellschaften iSd § 3 I Nr. 2 UmwG, so dass Genossenschaften ausgeklammert sind (s. § 122b II Nr. 1 UmwG).

7 Wegen Art. 9 I lit. c, Art. 10 SE-VO zählt zu den Kapitalgesellschaften iSd der RL 2005/56/EG auch die **Europäische Gesellschaft (SE)** (ebenso Begr. RegE, BT-Drs. 16/2919, 14; Lutter/*Bayer* UmwG § 122b Rn. 7; GLF/*Forst* § 5 Rn. 18; *Grambow/Stadler* BB 2010, 977 [978]; UHH/*Habersack* MgVG Einl. Rn. 10; HBD/*Heither/von Morgen* MgVG § 3 Rn. 6; UHH/*Henssler* SEBG Einl. Rn. 146; Habersack/Drinhausen/*Kiem* UmwG § 122b Rn. 7 mwN; *Roßmann* 117 f.; ausführlich *Weng* 171 ff.). Sie kann bei den anderen Kapitalgesellschaften sowohl als **übertragende** als auch als **übernehmende Gesellschaft** fungieren (statt aller Lutter/*Bayer* UmwG § 122b Rn. 7 mwN). Lediglich bei einer grenzüberschreitenden Verschmelzung, die zur **Neugründung einer SE** führen soll, sind die SE-VO sowie die ergänzende RL 2001/86/EG einschließlich der innerstaatlichen Umsetzungsgesetze *leges speciales* und verdrängen die §§ 122a ff. UmwG sowie das MgVG (s. Lutter/*Bayer* UmwG § 122b Rn. 7 mwN sowie AKRR/*Annuß* MgVG § 4 Rn. 2; GLF/*Forst* § 5 Rn. 18, 48; UHH/*Habersack* MgVG Einl. Rn. 10; HBD/*Heither/von Morgen* MgVG § 3 Rn. 6; UHH/*Henssler* SEBG Einl. Rn. 146; *Roßmann* 118; Habersack/Drinhausen/*Thüsing/Forst* MgVG § 4 Rn. 5).

8 Umstritten ist die Rechtslage, wenn eine **SE** an einer grenzüberschreitenden Verschmelzung als **übernehmender Rechtsträger** bzw. aufnehmende Gesellschaft beteiligt ist. Da die SE als übernehmender Rechtsträger ihre Rechtsform infolge der Verschmelzung nicht verändert, befürwortet ein Teil des Schrifttums die ausschließliche Anwendung der SE-VO und damit auch des **SEBG** (so AKRR/*Annuß* MgVG § 4 Rn. 2; *Bayer/Schmidt* NJW 2006, 401 [401 Fn. 8]; *Louven* ZIP 2006, 2021 [2024]; *Oechsler* NZG 2006, 161 [162]). Ob die grenzüberschreitende Verschmelzung auf eine bestehende SE hinsichtlich der Beteiligung der Arbeitnehmer ein Verhandlungsverfahren auslöst, beurteilt sich bei diesem Ansatz ausschließlich nach § 18 III SEBG. Überwiegend wird jedoch die gegenteilige Auffassung vertreten und die aufnehmende SE sowohl dem Anwendungsbereich der RL 2005/56/EG als auch dem **MgVG** unterworfen, was ebenfalls dazu führt, dass das SEBG verdrängt wird (hierfür GLF/*Forst* § 5 Rn. 48; *Grambow/Stadler* BB 2010, 977 [978 f.]; Widmann/Mayer/*Heckschen* UmwG § 122b Rn. 66; UHH/*Henssler* SEBG Einl. Rn. 146; KK-UmwG/*Simon/Rubner* UmwG § 122b Rn. 11 f.; Habersack/Drinhausen/*Thüsing/Forst* MgVG § 4 Rn. 5 f.).

9 Für die **Anwendung des MgVG** spricht, dass die Verschmelzung zur Aufnahme von der SE-VO nicht erfasst wird und damit auch nicht dem Anwendungsbereich der RL 2001/86/EG unterliegt, weil die SE als aufnehmende Gesellschaft bereits existiert. Da hierdurch der Vorgang der grenzüberschreitenden Verschmelzung in den Anwendungsbereich der RL

2005/56/EG fällt, richtet sich auch die Beteiligung der Arbeitnehmer nach den zur Umsetzung geschaffenen Normen des MgVG. Dem **SEBG** unterliegt die SE im Anschluss an eine grenzüberschreitende Verschmelzung nur noch nach Maßgabe des Art. 16 I RL 2005/56/EG, sofern nicht wegen Art. 16 II RL 2005/56/EG bzw. § 5 MgVG ein Mitbestimmungsverfahren einzuleiten und an dessen Ende in der SE eine von Art. 16 I abweichende mitbestimmungsrechtliche Regelung anzuwenden ist (treffend Habersack/Drinhausen/*Thüsing*/*Forst* MgVG § 4 Rn. 5). Einen anderen konzeptionellen Weg hat indes der österreichische Gesetzgeber beschritten: § 258 III ArbVG erklärt ausdrücklich die Bestimmungen zur Beteiligung der Arbeitnehmer in der SE (§§ 208 ff. ArbVG) für anwendbar, wenn die SE aufnehmende Gesellschaft einer grenzüberschreitenden Verschmelzung ist. Für den Meinungsstreit in → Rn. 8 entfaltet die Entscheidung des österreichischen Gesetzgebers jedoch keine Bindungswirkung.

Ist die **SE** als **übertragender Rechtsträger** an einer grenzüberschreitenden Verschmelzung beteiligt, so unterliegt diese bis zur Eintragung der Verschmelzung der SE-VO bzw. dem SEBG; im Anschluss erlischt diese (Art. 14 I Nr. 3; § 122a II iVm § 20 I Nr. 2 UmwG). Ein **Verhandlungsverfahren** ist bei der SE als übertragendem Rechtsträger nicht einzuleiten. Zwar kann eine Verschmelzung als **strukturelle Änderung** iSv § 18 III SEBG bewertet werden, die Norm setzt aber denknotwendig den Fortbestand der SE im Anschluss an die strukturelle Änderung voraus. Etwaige Rechte eines SE-Betriebsrats auf **Unterrichtung und Anhörung** zu der geplanten grenzüberschreitenden Verschmelzung (s. § 28 II Nr. 8, § 29 I SEBG) bleiben hiervon unberührt. 10

...

Art. 5 Gemeinsamer Plan für grenzüberschreitende Verschmelzungen

¹ Die Leitungs- oder Verwaltungsorgane der sich verschmelzenden Gesellschaften stellen einen gemeinsamen Plan für die grenzüberschreitende Verschmelzung (nachstehend „gemeinsamer Verschmelzungsplan" genannt) auf. ² Dieser Plan muss mindestens folgende Angaben enthalten:

a) Rechtsform, Firma und Sitz der sich verschmelzenden Gesellschaften sowie Rechtsform, Firma und Sitz, die für die aus der grenzüberschreitenden Verschmelzung hervorgehende Gesellschaft vorgesehen sind,

...

j) gegebenenfalls Angaben zu dem Verfahren, nach dem gemäß Artikel 16 die Einzelheiten über die Beteiligung von Arbeitnehmern an der Festlegung ihrer Mitbestimmungsrechte in der aus der grenzüberschreitenden Verschmelzung hervorgehenden Gesellschaft geregelt werden,

...

Art. 7 Bericht des Leitungs- oder Verwaltungsorgans

Das Leitungs- oder Verwaltungsorgan jeder der sich verschmelzenden Gesellschaften erstellt einen für die Gesellschafter bestimmten Bericht, in dem die rechtlichen und wirtschaftlichen Aspekte der grenzüberschreitenden Verschmelzung erläutert und begründet und die Auswirkungen der grenzüberschreitenden Verschmelzung auf die Gesellschafter, die Gläubiger und die Arbeitnehmer erläutert werden.

Der Bericht ist den Gesellschaftern und den Vertretern der Arbeitnehmer oder – wenn es solche Vertreter nicht gibt – den Arbeitnehmern direkt spätestens einen Monat vor der in Artikel 9 genannten Gesellschafterversammlung zugänglich zu machen.

Erhält das Leitungs- oder Verwaltungsorgan einer der sich verschmelzenden Gesellschaften nach Maßgabe der nationalen Rechtsvorschriften rechtzeitig eine Stellungnahme der Vertreter ihrer Arbeitnehmer, so ist diese Stellungnahme dem Bericht anzufügen.

...

Art. 14 Wirkungen der grenzüberschreitenden Verschmelzung

...

(4) Die zum Zeitpunkt des Wirksamwerdens der grenzüberschreitenden Verschmelzung bestehenden Rechte und Pflichten der sich verschmelzenden Gesellschaften aus Arbeitsverträgen oder Beschäftigungsverhältnissen gehen infolge des Wirksamwerdens dieser grenzüberschreitenden Verschmelzung auf die aus der grenzüberschreitenden Verschmelzung hervorgehende Gesellschaft zu dem Zeitpunkt über, zu dem die grenzüberschreitende Verschmelzung wirksam wird.

...

Art. 16 Mitbestimmung der Arbeitnehmer

(1) Unbeschadet des Absatzes 2 findet auf die aus der grenzüberschreitenden Verschmelzung hervorgehende Gesellschaft die Regelung für die Arbeitnehmermitbestimmung Anwendung, die gegebenenfalls in dem Mitgliedstaat gilt, in dem diese Gesellschaft ihren Sitz hat.

(2) Die Regelung für die Arbeitnehmermitbestimmung, die gegebenenfalls in dem Mitgliedstaat gilt, in dem die aus der grenzüberschreitenden Verschmelzung hervorgehende Gesellschaft ihren Sitz hat, findet jedoch keine Anwendung, wenn in den sechs Monaten vor der Veröffentlichung des in Artikel 6 genannten Verschmelzungsplans mindestens eine der an der Verschmelzung beteiligten Gesellschaften durchschnittlich mehr als 500 Arbeitnehmer beschäftigt und in dieser Gesellschaft ein System der Arbeitnehmermitbestimmung im Sinne des Artikels 2 Buchstabe k der Richtlinie 2001/86/EG besteht, oder wenn das für die aus der grenzüberschreitenden Verschmelzung hervorgehende Gesellschaft maßgebende innerstaatliche Recht

a) nicht mindestens den gleichen Umfang an Mitbestimmung der Arbeitnehmer vorsieht, wie er in den jeweiligen an der Verschmelzung beteiligten Gesellschaften bestand, wobei dieser Umfang als der Anteil der die Arbeitnehmer vertretenden Mitglieder des Verwaltungs- oder des Aufsichtsorgans oder ihrer Ausschüsse oder des Leitungsgremiums ausgedrückt wird, das für die Ergebniseinheiten der Gesellschaft zuständig ist, wenn eine Arbeitnehmermitbestimmung besteht, oder

b) für Arbeitnehmer in Betrieben der aus der grenzüberschreitenden Verschmelzung hervorgehenden Gesellschaft, die sich in anderen Mitgliedstaaten befinden, nicht den gleichen Anspruch auf Ausübung von Mitbestimmungsrechten vorsieht, wie sie den Arbeitnehmern in demjenigen Mitgliedstaat gewährt werden, in dem die aus der grenzüberschreitenden Verschmelzung hervorgehende Gesellschaft ihren Sitz hat.

(3) In den in Absatz 2 genannten Fällen regeln die Mitgliedstaaten die Mitbestimmung der Arbeitnehmer in der aus der grenzüberschreitenden Verschmelzung hervorgehenden Gesellschaft sowie ihre Mitwirkung an der Festlegung dieser Rechte vorbehaltlich der Absätze 4 bis 7 entsprechend den Grundsätzen und Modalitäten des Artikels 12 Absätze 2, 3 und 4 der Verordnung (EG) Nr. 2157/2001 und den nachstehenden Bestimmungen der Richtlinie 2001/86/EG:

a) Artikel 3 Absätze 1, 2 und 3, Absatz 4 Unterabsatz 1 erster Gedankenstrich und Unterabsatz 2 sowie Absätze 5 und 7;
b) Artikel 4 Absatz 1, Absatz 2 Buchstaben a, g und h sowie Absatz 3;
c) Artikel 5;
d) Artikel 6;

e) Artikel 7 Absatz 1, Absatz 2 Unterabsatz 1 Buchstabe b und Unterabsatz 2 sowie Absatz 3. Für die Zwecke dieser Richtlinie wird jedoch der prozentuale Anteil, der nach Artikel 7 Absatz 2 Unterabsatz 1 Buchstabe b der Richtlinie 2001/86/EG für die Anwendung der Auffangregelung des Anhangs Teil 3 jener Richtlinie erforderlich ist, von 25 % auf 33 1/3 % angehoben;
f) die Artikel 8, 10 und 12;
g) Artikel 13 Absatz 4;
h) Anhang, Teil 3 Buchstabe b.

(4) Bei der Festlegung der in Absatz 3 genannten Grundsätze und Modalitäten verfahren die Mitgliedstaaten wie folgt:

a) Sie gestatten den betreffenden Organen der an der Verschmelzung beteiligten Gesellschaften sich dafür zu entscheiden, die Auffangregelung nach Absatz 3 Buchstabe h, die durch das Recht des Mitgliedstaats, in dem die aus der grenzüberschreitenden Verschmelzung hervorgehende Gesellschaft ihren Sitz haben soll, festgelegt ist, ohne jede vorhergehende Verhandlung unmittelbar anzuwenden und diese Regelung ab dem Zeitpunkt der Eintragung einzuhalten.

b) Sie gestatten dem besonderen Verhandlungsgremium, mit der Mehrheit von zwei Dritteln seiner mindestens zwei Drittel der Arbeitnehmer vertretenden Mitglieder, mit der Maßgabe, dass diese Mitglieder Arbeitnehmer in mindestens zwei verschiedenen Mitgliedstaaten vertreten müssen, zu beschließen, dass keine Verhandlungen eröffnet oder bereits eröffnete Verhandlungen beendet werden und die Mitbestimmungsregelung angewandt wird, die in dem Mitgliedstaat gilt, in dem die aus der grenzüberschreitenden Verschmelzung hervorgehende Gesellschaft ihren Sitz haben wird.

c) Sie können in dem Fall, dass nach vorherigen Verhandlungen die Auffangregelung gilt, und ungeachtet dieser Regelung beschließen, den Anteil der Arbeitnehmervertreter im Verwaltungsorgan der aus der grenzüberschreitenden Verschmelzung hervorgehenden Gesellschaft zu begrenzen. Bestand jedoch das Verwaltungs- oder Aufsichtsorgan einer der an der Verschmelzung beteiligten Gesellschaften zu mindestens einem Drittel aus Arbeitnehmervertretern, so darf die Begrenzung in keinem Fall dazu führen, dass die Arbeitnehmervertretung im Verwaltungsorgan weniger als ein Drittel beträgt.

(5) Die Ausweitung von Mitbestimmungsrechten auf in anderen Mitgliedstaaten beschäftigte Arbeitnehmer der aus der grenzüberschreitenden Verschmelzung hervorgehenden Gesellschaft gemäß Absatz 2 Buchstabe b verpflichtet die Mitgliedstaaten, die eine solche Ausweitung beschließen, nicht dazu, diese Arbeitnehmer bei der Berechnung der Schwellenwerte für die Beschäftigtenzahl zu berücksichtigen, bei deren Überschreitung Mitbestimmungsrechte nach innerstaatlichem Recht entstehen.

(6) Besteht in mindestens einer der an der grenzüberschreitenden Verschmelzung beteiligten Gesellschaften ein System der Arbeitnehmermitbestimmung und soll diese Regelung des Absatzes 2 auf die aus der Verschmelzung hervorgehende Gesellschaft angewandt werden, so ist diese Gesellschaft verpflichtet, eine Rechtsform anzunehmen, die die Ausübung von Mitbestimmungsrechten ermöglicht.

(7) Gilt für die aus der grenzüberschreitenden Verschmelzung hervorgehende Gesellschaft ein System der Arbeitnehmermitbestimmung, so ist diese Gesellschaft verpflichtet, Maßnahmen zu ergreifen, um sicherzustellen, dass die Mitbestimmungsrechte der Arbeitnehmer im Falle nachfolgender innerstaatlicher Verschmelzungen während drei Jahren nach Wirksamwerden der grenzüberschreitenden Verschmelzung durch entsprechende Anwendung der Vorschriften dieses Artikels geschützt werden.

Übersicht

	Rn.
A. Allgemeines	1
B. Maßgeblichkeit des Rechts am Sitz der Gesellschaft	5
C. Voraussetzungen eines Mitbestimmungsverfahrens	7

590 RL 2005/56/EG Art. 16

	Rn.
I. Überblick und Systematik	7
II. Mitbestimmungssystem in beteiligter Gesellschaft mit mehr als 500 Arbeitnehmern, Art. 16 II 1. Hs.	10
III. Minderung der Mitbestimmung, Art. 16 II 2. Hs. lit. a	15
IV. Geringerer Anspruch auf Ausübung von Mitbestimmungsrechten, Art. 16 II 2. Hs. lit. b	18
D. Bezugnahmen auf SE-VO	20
E. Bezugnahmen auf die RL 2001/86/EG	25
I. Allgemeines	25
II. Bildung und Arbeitsweise des besonderen Verhandlungsgremiums	27
III. Mitbestimmungsvereinbarung	32
IV. Eingreifen der gesetzlichen Auffangregelung	35
V. Allgemeine Vorschriften	38
VI. Auffangregelung zur Mitbestimmung	43
VII. Besonderheiten bei grenzüberschreitender Verschmelzung	48
1. Unmittelbare Anwendung der Auffangregelung	48
2. Nichtaufnahme oder Abbruch der Verhandlungen	57
3. Monistische Gesellschaftsstruktur	61
E. Sonstiges	65
I. Ausweitung von Mitbestimmungsrechten	65
II. Rechtsformzwang	66
III. Nachfolgende innerstaatliche Verschmelzungen	67

A. Allgemeines

1 Bezüglich der Beteiligung der Arbeitnehmer in der aus einer grenzüberschreitenden Verschmelzung hervorgehenden Gesellschaft beschränkt sich die RL 2005/56/EG auf diejenigen Aspekte, die sich auf eine **Mitbestimmung** iSv Art. 2 lit. k RL 2001/86/EG beziehen. Zur **Unterrichtung und Anhörung** der Arbeitnehmer trifft die Richtlinie – im Unterschied zu der RL 2001/86/EG und der RL 2003/72/EG – keine Vorgaben, da die Anwendung der entsprechenden Bestimmungen in den Mitgliedstaaten von dem Vorgang einer grenzüberschreitenden Verschmelzung nicht berührt werden. Maßgebend sind auch nach einer grenzüberschreitenden Verschmelzung stets die Vorschriften am Sitz der Gesellschaft bzw. bei Betriebsstätten in anderen Mitgliedstaaten die dort jeweils geltenden Vorschriften zur Unterrichtung und Anhörung der Arbeitnehmer. Eine aus der grenzüberschreitenden Verschmelzung hervorgegangene Gesellschaft mit Sitz in Deutschland unterliegt deshalb uneingeschränkt den Bestimmungen des BetrVG sowie ggf. des SprAuG; bezüglich der Betriebsstätten in anderen Mitgliedstaaten sind wegen des Territorialitätsprinzips die dort jeweils geltenden Vorschriften anzuwenden.

2 Ob bei der aus einer grenzüberschreitenden Verschmelzung hervorgehenden Gesellschaft wegen ihrer Multinationalität ein System der **länderübergreifenden Unterrichtung und Anhörung** nach Maßgabe der RL 2009/38/EG bzw. des am Sitz der Gesellschaft geltenden mitgliedstaatlichen Umsetzungsgesetzes zu installieren ist, richtet sich eigenständig nach den Verhältnissen der jeweiligen Gesellschaft. Dementsprechend hält Erwägungsgrund 12 zur RL 2005/56/EG ausdrücklich fest, dass die in der RL 94/45/EG bzw. nunmehr RL 2009/38/EG geregelte Beteiligung der Arbeitnehmer von der RL 2005/56/EG unberührt bleibt (s. MHdBGesR VI/*Brandes* § 57 Rn. 23; GLF/*Forst* § 5 Rn. 24; UHH/*Habersack* MgVG Einl. Rn. 1; WWKK/*Kleinsorge* EU-Recht Rn. 87; *Lunk/Hinrichs* NZA 2007, 773 [775]; *Teichmann* Der Konzern 2007, 89 [91]; Habersack/Drinhausen/*Thüsing/Forst* MgVG Einl. Rn. 5). Unter der Voraussetzung einer gemeinschaftsweiten Tätigkeit (→ RL 2009/38/EG Art. 2 Rn. 5 ff.) kann es deshalb bei der Gesellschaft auch zur Errichtung eines Europäischen Betriebsrats kommen (allgM, statt aller HWK/*Hohenstatt/Dzida* MgVG Rn. 2, 6; HaKo-BetrVG/*Sick* SE und grenzüberschreitende Verschmelzung Rn. 49; *Teichmann* Der Konzern 2007, 89 [91]). Das hierfür notwendige Verhandlungsverfahren und die **Bildung eines besonderen Verhandlungsgremiums** ist eigenständig nach Eintragung der Gesellschaft und getrennt von einem wegen Art. 16 II eingeleiteten Mitbestimmungsverfahren

durchzuführen (**aA** Hako-BetrVG/*Sick* SE und grenzüberschreitende Verschmelzung Rn. 50: parallel arbeitende besondere Verhandlungsgremien). Keinesfalls ist das nach der RL 2005/56/EG bzw. dem MgVG im Zuge der grenzüberschreitenden Verschmelzung gebildete besondere Verhandlungsgremium berechtigt, zugleich eine Vereinbarung zur Unterrichtung und Anhörung nach Maßgabe der RL 2009/38/EG bzw. §§ 17 ff. EBRG abzuschließen.

Für die **Mitbestimmung** der Arbeitnehmer greift die Richtlinie in Art. 16 II 1. Hs. die 3 Legaldefinition in Art. 2 lit. k RL 2001/86/EG auf, die damit auch für das Verständnis der Mitbestimmung iRd RL 2005/56/EG maßgebend ist. Bestätigt wird dies durch die für das MgVG maßgebliche Legaldefinition der Mitbestimmung in § 2 VII MgVG, die mit § 2 XII SEBG übereinstimmt. Da eine grenzüberschreitende Verschmelzung die bestehenden Mitbestimmungsrechte in den an der Verschmelzung beteiligten Kapitalgesellschaften beeinträchtigen kann (→ Rn. 6), basiert die Richtlinie auf einem **Grundsatz-Ausnahme-Prinzip**. Nach dem in Art. 16 I festgelegten Grundsatz ist das Mitbestimmungsstatut für die aus der Verschmelzung hervorgegangene Gesellschaft nach dem Recht ihres Sitzstaates zu bestimmen (→ Rn. 5 f.). Etwas anderes gilt jedoch insbesondere, wenn eine der Gesellschaften, die an der Verschmelzung beteiligt ist, durchschnittlich mehr als **500 Arbeitnehmer** beschäftigt und in dieser Gesellschaft ein **System der Mitbestimmung** besteht, dieses zwar auch in der aus der Verschmelzung hervorgehenden Gesellschaft besteht, aber nicht den gleichen Umfang wie in den an der Verschmelzung beteiligten Gesellschaften hat (Art. 16 II; → Rn. 7 ff.). In diesem Fall ist ein der RL 2001/86/EG nachgebildetes **Verhandlungsverfahren** einzuleiten, an dessen Ende in der Regel entweder eine Mitbestimmungsvereinbarung oder die in den Mitgliedstaaten vorzusehende gesetzliche Auffangregelung steht (Ausnahme: Beschluss des besonderen Verhandlungsgremiums iSv Art. 16 IV lit. b; → Rn. 58 f.). Hierfür verweist Art. 16 III weitgehend auf die einschlägigen Bestimmungen der RL 2001/86/EG (→ Rn. 25 ff.), trifft jedoch in Art. 16 IV von dieser einige Abweichungen (→ Rn. 48 ff.).

Das Eingreifen des Mitbestimmungsverfahrens kann indes zu **ambivalenten Auswir-** 4 **kungen** führen, wenn die aus der Verschmelzung hervorgehende Gesellschaft nach Maßgabe von Art. 16 I bzw. § 4 MgVG dem MitbestG unterliegen würde. Relevant wird dies insbesondere bei einer **Hineinverschmelzung** auf eine Gesellschaft, in der bislang eine Mitbestimmung nach Maßgabe des MitbestG bestand. Die dortigen Vorgaben für Größe und Zusammensetzung des Aufsichtsrats bzw. der Arbeitnehmervertreter (§ 7 MitbestG), zur inneren Ordnung des Aufsichtsrats (§§ 26–29 MitbestG) sowie zur Bestellung des Vertretungsorgans (§ 31 MitbestG) können infolge des Mitbestimmungsverfahrens entfallen, da die gesetzliche Auffangregelung (s. §§ 24–27 MgVG) diese Elemente bei ergebnislosen Verhandlungen nicht erfasst (→ Rn. 43 ff.) und sowohl eine AG als auch eine GmbH bezüglich der vorgenannten Aspekte deshalb dem gesellschaftsrechtlichen Normalstatut unterliegt. Entsprechendes gilt für das Einfrieren eines durch Anwendung des DrittelbG geprägten Status quo, um ein Hineinwachsen in den Anwendungsbereich des MitbestG zu vermeiden (s. exemplarisch WHSS/*Seibt* Kap. F Rn. 167 sowie MHdBGesR VI/*Brandes* § 57 Rn. 66; GLF/*Kienast* § 5 Rn. 175 ff.). Diese Konsequenzen provoziert Bestrebungen, die Voraussetzungen für das Eingreifen des Mitbestimmungsverfahrens in § 5 MgVG restriktiv zu interpretieren (s. zB *Schubert* RdA 2007, 9 [10 ff.]). Umgekehrt ist ein extensives Verständnis zu den Voraussetzungen für das Mitbestimmungsverfahren in Art. 16 II bzw. § 5 MgVG zuweilen von dem Anliegen geleitet, bei einer dem MitbestG unterliegenden Gesellschaft mittels einer grenzüberschreitenden Hineinverschmelzung die Bindungen des MitbestG abzustreifen, um bei der Gesellschaft die Unternehmensmitbestimmung bei gleichzeitiger Verkleinerung des Aufsichtsrats auf den Anteil der Arbeitnehmervertreter im Aufsichtsrat zu beschränken (s. zB *Brandes* ZIP 2008, 2194 ff.; *Habersack* ZHR 171, 2007, 613 [620 ff.]; ferner UHH/*Habersack* MgVG § 5 Rn. 1 aE). Angesichts dessen tritt zwangsläufig der hiermit korrespondierende Versuch in den Vordergrund, über die konkrete **Ausgestaltung der Mitbestimmungsvereinbarung** einen bei einer beteiligten Gesellschaft zuvor durch das MitbestG etablierten Status quo bei der aus der Verschmelzung hervorgehenden Gesellschaft fortzuschreiben. Dieses Verhandlungsziel kollidiert jedoch zwangsläufig mit den inhaltlichen Schranken einer Mitbestimmungsvereinbarung, da in diese insbesondere Regelungen zur Binnenorganisation des Aufsichtsrats implementiert werden müssten (→ Rn. 34).

B. Maßgeblichkeit des Rechts am Sitz der Gesellschaft

5   Im Ausgangspunkt unterwirft die RL 2005/56/EG in Art. 16 I die aus der Verschmelzung hervorgehende Gesellschaft im Hinblick auf die Mitbestimmung denjenigen Vorschriften, die am Sitz der Gesellschaft gelten. Wegen der gesellschaftsrechtlichen Fundierung der Richtlinie kommt es nicht auf den tatsächlichen Verwaltungssitz, sondern auf den Sitz der Gesellschaft an, den sie nach Maßgabe ihrer **Satzung** haben soll (*Habersack* ZHR 171, 2007, 613 [619]; Habersack/Drinhausen/*Thüsing*/Forst MgVG Einl. Rn. 13; *Weng* 327 sowie zu § 4 MgVG Begr. RegE, BT-Drs. 16/2922, 20; *Cannistra* 94; *Forst* AG 2013, 588 [588 f.]; GLF/*Gaul*/*Ludwig* § 5 Rn. 72; UHH/*Habersack* MgVG § 4 Rn. 1; GLF/*Kienast* § 5 Rn. 69; *Schubert* RdA 2007, 9 [9 f.]; WHSS/*Seibt* Kap. F Rn. 165; Habersack/Drinhausen/*Thüsing*/Forst MgVG § 4 Rn. 2). Befindet sich dieser in Deutschland, führt dies nur dann zu einer Mitbestimmung der Arbeitnehmer, wenn die Gesellschaft sowohl nach der Rechtsform als auch nach der Zahl der beschäftigten Arbeitnehmer vorbehaltlich eines etwaigen Tendenzschutzes dem DrittelbG oder dem MitbestG unterliegt. Entsprechendes gilt, wenn die aus der Verschmelzung hervorgehende Gesellschaft ihren Satzungssitz in einem anderen Mitgliedstaat der Europäischen Union oder einem Vertragsstaat des EWR-Abkommens hat (→ Art. 21 Rn. 1). In dieser Konstellation richtet sich die Mitbestimmung der Arbeitnehmer in der Gesellschaft im Ausgangspunkt stets nach denjenigen Vorschriften, die in dem Sitzstaat auf die Gesellschaft Anwendung finden. Das gilt selbst dann, wenn der Verwaltungssitz abweichend von dem Satzungssitz in Deutschland verbleibt (WHSS/*Seibt* Kap. F Rn. 165).

6   Die Maßgeblichkeit des Rechts des Sitzstaats für die Installierung eines Systems der Mitbestimmung in der aus der Verschmelzung hervorgehenden Gesellschaft, die in § 4 MgVG wiederholt wird, ist aus Sicht der Mitbestimmung problematisch, wenn die aus der Verschmelzung hervorgehende Gesellschaft ihren Sitz in einem Mitgliedstaat hat, der entweder keine Regelungen für die Arbeitnehmermitbestimmung kennt oder die Gesellschaft zwar einer mitbestimmungsrechtlichen Regelung unterliegt, diese aber einen geringeren Umfang als die in den an der Verschmelzung beteiligten Gesellschaft bestehende Mitbestimmung begründet. In diesem Fall ist der Vorgang einer grenzüberschreitenden Mitbestimmung mit der Gefahr verbunden, dass die für Arbeitnehmer der beteiligten Gesellschaft bestehende Mitbestimmung infolge der Verschmelzung entweder vollständig entfällt oder in ihrem Umfang abgesenkt wird. Dieser Gefahr eines Mitbestimmungsverlusts bzw. -minderung trägt die iRd Entstehung der Richtlinie kontrovers diskutierte Regelung in Art. 16 II Rechnung, da sie die Voraussetzungen festlegt, unter denen im Zuge einer grenzüberschreitenden Verschmelzung ein Mitbestimmungsverfahren eingeleitet wird, an dessen Ende in der Regel entweder der Abschluss einer Mitbestimmungsvereinbarung oder eine in den Mitgliedstaaten geltende und durch den Anhang zur RL 2001/86/EG (s. Art. 16 III lit. h; → Rn. 43 ff.) vorstrukturierte gesetzliche Auffangregelung steht, die auf die Wahrung des höchsten mitbestimmungsrechtlichen Status quo abzielt.

C. Voraussetzungen eines Mitbestimmungsverfahrens

I. Überblick und Systematik

7   Die Voraussetzungen in Art. 16 II für die Einleitung des Mitbestimmungsverfahrens sind nicht zuletzt wegen ihres Kompromisscharakters systematisch missverständlich (s. auch *Heu-

schmid AuR 2006, 184 [187]; *Roßmann* 156; Habersack/Drinhausen/*Thüsing*/Forst MgVG Einl. Rn. 14 f.), da die grammatikalische Struktur der Vorschrift Verständnisschwierigkeiten provoziert, die auch auf die Auslegung der Umsetzungsnorm in § 5 MgVG ausstrahlen (→ Rn. 9). Ausgelöst werden diese durch die Aufspaltung von Art. 16 II in zwei Halbsätze, die mit dem Wort „oder" verbunden sind. Während für Art. 16 II 2. Hs. lit. a und b wegen der Verknüpfung durch das Wort „oder" das Alternativitätsverhältnis soweit ersichtlich unstreitig ist und die Mitgliedstaaten zur Aufnahme beider Varianten in ihre Umsetzungsgesetze verpflichtet (so ausdrücklich EuGH 20.6.2013 – C 635/11 Rn. 31 ff., EuZW 2013, 662), löst das Wort „oder" als Verbindungsglied zwischen den beiden Halbsätzen kontroverse Diskussionen aus. Bei ausschließlicher Betrachtung des Wortlauts liegt es nahe, **drei Varianten** zu unterscheiden, die **alternativ** zur Einleitung eines Mitbestimmungsverfahrens führen: 1. Die Existenz eines Mitbestimmungssystems in einer beteiligten Gesellschaft mit durchschnittlich mehr als 500 Arbeitnehmer (→ Rn. 10 ff.), 2. eine auf den Anteil der Arbeitnehmervertreter im Aufsichts- oder Verwaltungsorgan bezogene Minderung der Mitbestimmung (Art. 16 II lit. a; → Rn. 15 ff.) sowie 3. eine geringerer Anspruch auf Ausübung von Mitbestimmungsrechten (Art. 16 II lit. b; → Rn. 18 f.). In dieser Richtung werden auch die Aussagen des EuGH in dem Urteil vom 20.6.2013 gedeutet (s. *Forst* AG 2013, 588 [589, 590]; GLF/*Forst* § 5 Rn. 33; GLF/*Gaul/Ludwig* § 5 Rn. 82; GLF/*Kienast* § 5 Rn. 120; HaKo-BetrVG/*Sick* SE und grenzüberschreitende Verschmelzung Rn. 48; *Verse/Wiersch* EuZW 2014, 375 [377]), der – allerdings ohne vertiefte Würdigung – in Art. 16 II drei Ausnahmefälle zu sehen scheint, in denen abweichend von Art. 16 I ein Mitbestimmungsverfahren einzuleiten ist (s. EuGH 20.6.2013 – C 635/11 Rn. 31, EuZW 2013, 662).

Das durch den Wortlaut („oder") nahegelegte Verständnis ist allerdings nicht unumstritten. Unter Rückgriff auf die vor Verabschiedung der RL 2005/56/EG artikulierte Vorstellung, klein- und mittelständische Unternehmen (KMU) aus dem Mitbestimmungsverfahren auszuklammern (s. auch *Roßmann* 162 ff.; → Art. 1 Rn. 1), wird teilweise sowohl für Art. 16 II als auch zu dem zur Umsetzung in Deutschland geschaffenen § 5 MgVG eine **Kumulationstheorie** verfochten, nach der die Voraussetzungen in lit. a oder b alternativ zu der Existenz eines Mitbestimmungssystems in einer beteiligten Gesellschaft mit durchschnittlich mehr als 500 Arbeitnehmer hinzutreten müssen (so *Forst* AG 2013, 588 [589 f.]; Habersack/Drinhausen/*Thüsing*/Forst MgVG Einl. Rn. 16; **aA** *Heuschmid* AuR 2006, 184 [187]; WWKK/*Kleinsorge* EU-Recht Rn. 89). Für diesen Ansatz spricht das aus den Erwägungsgründen zur RL 2005/56/EG ersichtliche Verständnis. Nach dem für das Mitbestimmungsverfahren relevanten Erwägungsgrund 13 soll die Mitbestimmung in der aus der Verschmelzung hervorgehenden Gesellschaft neu geregelt werden, wobei bezüglich der die Neuregelung auslösenden Tatbestände die in Art. 16 II 2. Hs. lit. a und b umschriebenen Sachverhalte wiedergegeben werden. Dies spricht dafür, das Vorhandensein eines Mitbestimmungssystems in einer der beteiligten Gesellschaft, die im Durchschnitt mehr als 500 Arbeitnehmer beschäftigt, als eine allg. Voraussetzung zu bewerten, ohne deren Vorliegen, die in Art. 16 II 2. Hs. lit. a und b genannten Varianten nicht zur Anwendung kommen (**aA** *Heuschmid* AuR 2006, 184 [187]). Unterstützt wird diese Auslegung durch die Systematik der Bestimmung, weil ein auf drei selbständige Varianten hinzielendes Verständnis einen anderen Modus der Aufzählung (a, b und c) aufgedrängt hätte. Andererseits ist die Kumulationstheorie mit dem Nachteil verbunden, dass sie keinen Schutz für die Mitbestimmungssysteme in anderen Mitgliedstaaten begründet, die eine abgeschwächte Form der Mitbestimmung bereits deutlich unterhalb des Schwellenwerts von 500 Arbeitnehmern vorsehen (s. *Roßmann* 169), was jedoch den Intentionen der RL 2005/56/EG widerspricht.

Die Kontroverse in → Rn. 7 f. strahlt auch auf die Umsetzungsvorschrift in § 5 MgVG aus, dessen Regelungsstruktur auf den ersten Blick wegen der Bildung von drei Nummern klarer als in Art. 16 II gefasst ist. Gestützt hierauf wird zu § 5 MgVG überwiegend ein **Alternativitätsverhältnis** verfochten, nach dem es für das Eingreifen des Mitbestimmungsverfahrens ausreicht, wenn einer der in § 5 MgVG aufgezählten Tatbestände eingreift (so zB

Brandes ZIP 2008, 2193 [2195]; *Cannistra* 105 ff.; *Heuschmid* AuR 2006, 184 [186]; HWK/ *Hohenstatt/Dzida* MgVG Rn. 8; MüKoAktG/*Jacobs* SEBG Vor § 1 Rn. 43; *Kolb/Rothenfußer* GmbHR 2014, 130 [131]; *Krause/Janko* BB 2007, 2194 [2196]; *Müller-Bonanni/Müntefering* NJW 2009, 2347 [2349]; NFK/*Nagel* MgVG § 5 Rn. 2; *ders.* NZG 2007, 57 [58]; *Nikoleyczik/Führ* DStR 2010, 1743 [1744]; *Roßmann* 139, 156; HaKo-BetrVG/*Sick* SE und grenzüberschreitende Verschmelzung Rn. 48; *Teichmann* Der Konzern 2007, 87 [91]; *Weng* 327 f.; idS auch Begr. RegE, BT-Drs. 16/2922, 20). Allerdings darf die regelungstechnische Aufspaltung der Voraussetzungen auf drei Nummern nicht darüber hinwegtäuschen, dass diese nicht unverbunden nebeneinander stehen. Vielmehr sind Nr. 2 und Nr. 3 ausdrücklich durch das Wort „oder" verbunden, während dieses Wort zwischen Nr. 1 und Nr. 2 fehlt (anders demgegenüber § 258 I ArbVG). Dieser Verzicht legt die Annahme nahe, dass Nr. 1 und Nr. 2 nicht alternativ zur Anwendung des Mitbestimmungsverfahrens führen (**aA** jedoch HWK/*Hohenstatt/Dzida* MgVG Rn. 8), sondern zwischen Nr. 2 und Nr. 3 im Verhältnis zu Nr. 1 ein **Kumulationsverhältnis** besteht (mit diesem Verständnis auch *Drinhausen/Keinath* AG 2010, 398 [403]; *Forst* AG 2013, 588 [590]; *Lunk/Hinrichs* NZA 2007, 773 [774]; Habersack/Drinhausen/*Thüsing/Forst* MgVG § 5 Rn. 3 ff.). Diese Auslegung ist auch aus teleologischen Gründen geboten, da dass zur Sicherung der Mitbestimmung etablierte System des Art. 16 II bzw. § 5 MgVG eine teleologisch nicht gerechtfertigte überschießende Wirkung entfalten würde, wenn bereits die in § 5 Nr. 1 MgVG niedergelegten Voraussetzungen für sich allein stets zu einem Verhandlungsverfahren führen würden, da dies auch zur Verdrängung einer nach Art. 16 I eingreifenden Mitbestimmung in der aus der Verschmelzung hervorgehenden Gesellschaft führen würde, obwohl diese für die Mitbestimmung ein höheres Niveau festlegt als vor der Verschmelzung in einer der beteiligten Gesellschaften anzutreffen ist. Entsprechendes gilt, wenn bereits für sich allein der in § 5 Nr. 3 MgVG umschriebene Tatbestand stets zur Einleitung eines Mitbestimmungsverfahrens und damit zur Ablösung eines aus Art. 16 I bzw. § 4 MgVG folgenden Mitbestimmungssystems führen würde. Eine isolierte Auslegung von § 5 MgVG steht allerdings stets unter dem Vorbehalt einer Korrektur durch das Gebot einer unionsrechtskonformen Auslegung. Wird der apodiktischen Aussage des EuGH in dem Urteil vom 20.6.2013 (→ Rn. 7 aE) autoritative Bedeutung beigemessen, dann ist das von der hM verfochtene und auf alle drei Tatbestände in § 5 MgVG bezogene Alternativitätsverhältnis für den Rechtsanwender zwingend vorgegeben.

II. Mitbestimmungssystem in beteiligter Gesellschaft mit mehr als 500 Arbeitnehmern, Art. 16 II 1. Hs.

10 Art. 16 II 1. Hs. erfasst beteiligte Gesellschaften nur, wenn in einer der beteiligten Gesellschaften durchschnittlich mehr als **500 Arbeitnehmer** beschäftigt sind. Wird dieser Schwellenwert in keiner der beteiligten Gesellschaften erreicht, greift Art. 16 II 1. Hs. nicht ein. Nur vom Standpunkt der Alternativitätstheorie (→ Rn. 7, 9) kann es in dieser Konstellation noch zur Einleitung eines Mitbestimmungsverfahrens kommen, wenn die Voraussetzungen in Art. 16 II 2. Hs. lit. a oder b erfüllt sind. Für den Schwellenwert erfolgt **keine Gesamtschau** auf die beteiligten Gesellschaften, sondern jede Gesellschaft ist für sich zu betrachten (Habersack/Drinhausen/*Thüsing/Forst* MgVG § 5 Rn. 9; GLF/*Gaul/ Ludwig* § 5 Rn. 85). Da Art. 16 II 1. Hs. ausdrücklich auf die „beteiligte Gesellschaften" abstellt, bleiben bei **Tochtergesellschaften** beschäftigte Arbeitnehmer außer Betracht, insbesondere werden sie nicht einer beteiligten Gesellschaft zugerechnet (AKRR/*Annuß* MgVG § 5 Rn. 5; *Brandes* ZIP 2008, 2193 [2195]; *Cannistra* 96 f.; GLF/*Gaul/Ludwig* § 5 Rn. 87; UHH/*Habersack* MgVG § 5 Rn. 2; *Roßmann* 158 f.; *Schubert* RdA 2007, 9 [12 f.]; Habersack/Drinhausen/*Thüsing/Forst* MgVG § 5 Rn. 11; **aA** MüKoAktG/*Jacobs* SEBG Vor § 1 Rn. 44; *Müller-Bonanni/Müntefering* NJW 2009, 2347 [2350]). Das gilt selbst dann, wenn das bei der beteiligten Gesellschaft zur Anwendung gelangende Mitbestimmungssystem eine derartige Zurechnung – wie zB in § 2 II DrittelbG und § 5 I MitbestG – vorsieht.

Hinsichtlich der **Bemessung** stellt Art. 16 II 1. Hs. ausdrücklich auf die **durchschnitt-** 11 **liche** und nicht auf die regelmäßige **Arbeitnehmerzahl** ab (treffend Habersack/Drinhausen/*Thüsing/Forst* MgVG § 5 Rn. 9), so dass die auch iRv Art. 2 II RL 2009/38/EG erforderliche Berechnung notwendig ist (→ RL 2009/38/EG Art. 2 Rn. 29, 31 f.; ebenso zu § 5 Nr. 1 MgVG AKRR/*Annuß* MgVG § 5 Rn. 5). Im Vergleich zu der vorgenannten Bestimmung ist der für die Berechnung maßgebliche **Zeitraum** jedoch deutlich kürzer (sechs Monate) und erfordert eine Rückrechnung, für die die Veröffentlichung des Verschmelzungsplans (Art. 6; § 122d S. 1 UmwG) den zeitlichen Anknüpfungspunkt liefert.

Zusätzlich fordert Art. 16 II 1. Hs. sowie der hiermit korrespondierende § 5 Nr. 1 12 MgVG, dass in der Gesellschaft, die den Schwellenwert von durchschnittlich mind. 500 Arbeitnehmern überschreitet, ein **System der Mitbestimmung** besteht, wobei für die „Mitbestimmung" die Legaldefinition in Art. 2 lit. k RL 2001/86/EG heranzuziehen ist. Dementsprechend stimmt die für das MgVG maßgebliche Legaldefinition in § 2 VII mit derjenigen in § 2 XII SEBG überein. Ob in **Tochtergesellschaften** ein System der Mitbestimmung besteht, ist für das Eingreifen von Art. 16 II 1. Hs. unerheblich, insbesondere kann ein dort bestehendes System der Mitbestimmung nicht die Anwendung von Art. 16 II 1. Hs. begründen, wenn bei keiner der beteiligten Gesellschaften ein System der Mitbestimmung besteht.

Die **Rechtsgrundlage** des Mitbestimmungssystems ist bedeutungslos, was schon vor dem 13 Hintergrund der verschiedenen Mitbestimmungskonzeptionen in den Mitgliedstaaten vorgegeben ist (zu § 5 Nr. 1 MgVG ebenso AKRR/*Annuß* MgVG § 5 Rn. 6; UHH/*Habersack* MgVG § 5 Rn. 2; Habersack/Drinhausen/*Thüsing/Forst* MgVG § 5 Rn. 12). Für die Existenz eines Mitbestimmungssystems in der beteiligten Gesellschaft knüpft Art. 16 II 1. Hs. ausdrücklich nicht an die Geltung der maßgeblichen Vorschriften, sondern an das **Bestehen des Mitbestimmungssystems** an. Hieraus folgt, dass es nicht ausreicht, wenn die Gesellschaft den maßgeblichen Vorschriften unterliegt, vielmehr müssen diese in der Gesellschaft auch **praktiziert** werden. Nur unter dieser Voraussetzung „besteht" in der Gesellschaft ein Mitbestimmungssystem (ebenso zu § 5 Nr. 1 MgVG AKRR/*Annuß* MgVG § 5 Rn. 6; **aA** *Cannistra* 95; *Roßmann* 170). Da sowohl die Richtlinie als auch § 5 Nr. 1 MgVG allein auf das Bestehen eines Mitbestimmungssystems abstellen, ist es für die Anwendung von Art. 16 II 1. Hs. sowie des hiermit korrespondierenden § 5 Nr. 1 MgVG unerheblich, ob die Installierung auf **gesetzlicher Verpflichtung** oder **freiwilliger Vereinbarung** beruht (AKRR/*Annuß* MgVG § 5 Rn. 5; *Brandes* ZIP 2008, 2193 [2195]; *Cannistra* 96; GLF/*Gaul/Ludwig* § 5 Rn. 88; UHH/*Habersack* MgVG § 5 Rn. 2; HBD/*Heither/von Morgen* MgVG § 5 Rn. 2; MüKoAktG/*Jacobs* SEBG Vor § 1 Rn. 44; *Krause/Janko* BB 2007, 2194 [2196]; *Roßmann* 168 ff.; *Schubert* RdA 2007, 9 [12]; Habersack/Drinhausen/*Thüsing/Forst* MgVG § 5 Rn. 12).

Für **Vergleichsbetrachtungen** zu den mitbestimmungsrechtlichen Verhältnissen in der 14 aus der Verschmelzung hervorgehenden Gesellschaft gibt Art. 16 II 1. Hs. keine Veranlassung, da ausschließlich die in Art. 16 II 2. Hs. lit. a und b umschriebenen Varianten einen Vorher-Nachher-Vergleich fordern. Deshalb kommt es weder nach der Richtlinie noch nach der Umsetzungsnorm in § 5 Nr. 1 MgVG darauf an, ob es infolge der grenzüberschreitenden Verschmelzung zu einer Minderung oder dem Verlust der Mitbestimmung kommt (treffend zu § 5 Nr. 1 MgVG AKRR/*Annuß* MgVG § 5 Rn. 4; *Cannistra* 97 f.; UHH/*Habersack* MgVG § 5 Rn. 2; *ders.* ZHR 171, 2007, 613 [620 ff.]; *Müller-Bonanni/Müntefering* NJW 2009, 2347 [2348]; **aA** *Schubert* RdA 2007, 9 [10]). Besteht in einer der beteiligten Gesellschaften ein System der Mitbestimmung, greift § 5 Nr. 1 MgVG somit auch ein, wenn in der aus der Verschmelzung hervorgehenden Gesellschaft nach Maßgabe des Sitzrechts ebenfalls ein System der Mitbestimmung zu installieren ist, selbst dann, wenn nach diesem der Umfang der Mitbestimmung gemessen am Anteil der

Arbeitnehmervertreter im Aufsichts- oder Verwaltungsorgan größer ist. Dieses Verständnis erzwingt indes noch nicht die Einleitung eines Mitbestimmungsverfahrens. Dieses hängt vielmehr von der kontrovers diskutierten Frage ab, ob kumulativ einer der in Art. 16 II 2. Hs. Buchst a und b bzw. § 5 Nr. 2 und 3 MgVG umschriebenen Sachverhalte hinzutreten muss (→ Rn. 9).

III. Minderung der Mitbestimmung, Art. 16 II 2. Hs. lit. a

15 Art. 16 II 2. Hs. lit. a stellt ausschließlich auf einen Vergleich der Mitbestimmung ab, in den die beteiligten Gesellschaften sowie die nach dem Sitzlandprinzip (Art. 16 I) auf die aus der Verschmelzung hervorgehende Gesellschaft anwendbaren Vorschriften einzubeziehen sind. Ebenso wie bei Art 16 II 1. Hs. bzw. § 5 Nr. 1 MgVG (→ Rn. 13) kommt es auch hier auf das „Bestehen" einer Mitbestimmung bei den beteiligten Gesellschaften an, so dass die hierfür maßgeblichen Bestimmungen auf die beteiligte Gesellschaft nicht nur anwendbar, sondern in dieser auch tatsächlich praktiziert worden sein mussten (ebenso zu § 5 Nr. 2 MgVG AKRR/*Annuß* MgVG § 5 Rn. 8). Wie bei Art 16 II 1. Hs. (→ Rn. 10) sind auch im Rahmen Art. 16 II 2. Hs. lit. a die Verhältnisse bei Tochtergesellschaften ohne Bedeutung.

16 Für die Vergleichsbetrachtung stellt Art. 16 II 2. Hs. lit. a ausdrücklich auf den **Anteil der Arbeitnehmervertreter** im Aufsichts- oder Verwaltungsorgan ab. Hieraus folgt, dass weder eine geringere Zahl der Arbeitnehmervertreter noch der Systemwechsel in der Leitungsstruktur oder andere Rechtspositionen (zB Repräsentanz von Gewerkschaftsvertretern) in den Vergleich einzubeziehen sind und zum Eingreifen von Art. 16 II 2. Hs. lit. a führen (ebenso zu § 5 Nr. 2 MgVG AKRR/*Annuß* MgVG § 5 Rn. 9; *Brandes* ZIP 2008, 2193 [2195]; *Cannistra* 98 f.; UHH/*Habersack* MgVG § 5 Rn. 4; *Schubert* RdA 2007, 9 [10]). Auch der Wegfall eines Arbeitsdirektors iSv § 33 MitbestG oder eines weiteren Mitglieds im Aufsichtsrat iSv § 4 II lit. c Montan-MitbestG erfüllt nicht die Voraussetzungen in Art. 16 II 2. Hs. lit. a bzw. § 5 Nr. 2 MgVG, da es sich bei den Vorgenannten nicht um „Arbeitnehmervertreter" handelt (GLF/*Gaul*/*Ludwig* § 5 Rn. 91; HBD/*Heither*/*von Morgen* MgVG § 5 Rn. 3; *Krause*/*Janko* BB 2007, 2194 [2196 mit Fn. 32]; *Roßmann* 173 f.; *Schubert* RdA 2007, 9 [11]; im Ergebnis ebenso MüKoAktG/*Jacobs* SEBG vor § 1 Rn. 44). Für den geringeren Umfang an Mitbestimmung ist ausschließlich ein quantitativer Vergleich vorzunehmen, so dass die qualitativen Unterschiede einer Mitbestimmung im Aufsichtsorgan auf der einen und im Verwaltungsorgan auf der anderen Seite für die Vergleichsbetrachtung ohne Bedeutung sind (*Brandes* ZIP 2008, 2193 [2195]; *Cannistra* 99; GLF/*Gaul*/*Ludwig* § 5 Rn. 90; *Heuschmid* AuR 2006, 184 [186]; HBD/*Heither*/*von Morgen* MgVG § 5 Rn. 3; *Müller-Bonanni*/*Müntefering* NJW 2009, 2347 [2348]; *Roßmann* 171 f.; *Schubert* RdA 2007, 9 [10]).

17 Für die im Schrifttum vereinzelt erhobene Forderung, dass von der Minderung der Mitbestimmung **mehr als 500 Arbeitnehmer betroffen** sein müssen (so *Schubert* RdA 2007, 9 [11 f.]; im Anschluss auch *Drinhausen*/*Keinath* AG 2010, 398 [402 f.]; Habersack/Drinhausen/*Thüsing*/*Forst* MgVG Einl. Rn. 16), lassen sich weder aus Art. 16 II 2. Hs. lit. a noch aus § 5 Nr. 2 MgVG tragfähige Anhaltspunkte entnehmen (ebenso AKRR/*Annuß* MgVG § 5 Rn. 9; *Brandes* ZIP 2008, 2193 [2195]; UHH/*Habersack* MgVG § 5 Rn. 4; *Müller-Bonanni*/*Müntefering* NJW 2009, 2347 [2349]; *Roßmann* 165 f.). Gleichwohl ist dieser Auffassung im Ansatz zuzustimmen. Eine andere Sichtweise kommt nur in Betracht, wenn zwischen § 5 Nr. 1 MgVG und § 5 Nr. 2 MgVG ein **Verhältnis der Alternativität** bestünde, das nach der hier befürworteten Auslegung (→ Rn. 9) jedoch abzulehnen ist. Vielmehr führt das Vorliegen der Voraussetzung in § 5 Nr. 2 MgVG nur dann zur Einleitung des Mitbestimmungsverfahrens, wenn iSd **Kumulationstheorie** zusätzlich die Voraussetzungen in § 5 Nr. 1 MgVG erfüllt sind. Liegen die Voraussetzungen in Art. 16 II 2. Hs. lit. a bzw. § 5 Nr. 2 MgVG vor, dann besteht in einer der beteiligten Gesellschaften zugleich iSv Art. 16 II 1. Hs. bzw. § 5 Nr. 1 MgVG ein System der Mit-

bestimmung, so dass zur vollständigen Erfüllung der dortigen Voraussetzungen die Erfüllung des arbeitnehmerbezogenen Schwellenwerts in der mitbestimmten beteiligten Gesellschaft hinzukommen muss, jedoch unabhängig davon, ob die dort beschäftigten Arbeitnehmer von einer Minderung der Mitbestimmung betroffen sind.

IV. Geringerer Anspruch auf Ausübung von Mitbestimmungsrechten, Art. 16 II 2. Hs. lit. b

Art. 16 II 2. Hs. lit. b, der in § 5 Nr. 3 MgVG umgesetzt wird, stellt im Ausgangspunkt 18 ausschließlich auf die aus der Verschmelzung hervorgehende Gesellschaft ab und fordert einen Vergleich im Hinblick auf die Ausübung von Mitbestimmungsrechten, der insbesondere den Fall erfasst, dass die Arbeitnehmer im Sitzland der aus der Verschmelzung hervorgehenden Gesellschaft bei der Anwendung der nach Art. 16 I geltenden Mitbestimmungsregelung aktiv und/oder passiv wahlberechtigt sind, dies hingegen nicht der Fall ist bei Arbeitnehmern, die in Betrieben in anderen Mitgliedstaaten als dem Sitzland beschäftigt sind. Insbesondere die **Ausübung des Wahlrechts** im Rahmen eines Mitbestimmungssystems ist deshalb als eine „Ausübung von Mitbestimmungsrechten" zu bewerten (*Brandes* ZIP 2008, 2193 [2196]; MHdBGesR VI/*Brandes* § 57 Rn. 27; *Heuschmid* AuR 2006, 184 [187]; *Kisker* RdA 2006, 206 [211]; *Nikoleyczik/Führ* DStR 2010, 1743 [1744]; *Roßmann* 174 f.). Der **Umfang der Mitbestimmung** ist bei Art. 16 II 2. Hs. lit. b bzw. § 5 Nr. 3 MgVG **ohne Bedeutung.** Deshalb greifen diese vor allem ein, wenn die Arbeitnehmer einer an der Verschmelzung beteiligten Gesellschaft wegen des Territorialitätsprinzips ihr Wahlrecht in einem anderen Mitgliedstaat nicht ausüben können. Praktisch relevant ist dies insbesondere, wenn die aus der Verschmelzung hervorgehende Gesellschaft dem DrittelbG oder dem MitbestG unterliegt, da bei deren Anwendung den Arbeitnehmern in Betriebsstätten, die in anderen Mitgliedstaaten gelegen sind, kein Wahlrecht zusteht.

Offen ist für die Anwendung von Art. 16 II 2. Hs. lit. b bzw. § 5 Nr. 3 MgVG, ob diese 19 iSe **konkreten Betrachtung** voraussetzen, dass die Arbeitnehmer außerhalb des Sitzlands vor der Verschmelzung bei der an der Verschmelzung beteiligten Gesellschaft Mitbestimmungsrechte ausüben konnten. Verbreitet wird dies im Schrifttum als erforderlich angesehen, so dass weder Art. 16 II 2. Hs. lit. b noch § 5 Nr. 3 MgVG die Verschmelzung mitbestimmungsfreier Gesellschaften erfasst (so *Cannistra* 102 ff.; *Drinhausen/Keinath* AG 2010, 398 [400 ff.]; GLF/*Forst* § 5 Rn. 38; GLF/*Gaul/Ludwig* § 5 Rn. 98; UHH/*Habersack* MgVG § 5 Rn. 6; HWK/*Hohenstatt/Dzida* MgVG Rn. 8; MüKoAktG/*Jacobs* SEBG Vor § 1 Rn. 44; *Kolb/Rothenfußer* GmbHR 2014, 130 [135]; *Lunk/Hinrichs* NZA 2007, 773 [774]; *Morgenroth/Salzmann* NZA-RR 2013, 449 [452 f.]; *Müller-Bonanni/Müntefering* NJW 2009, 2347 [2349]; *Nikoleyczik/Führ* DStR 2010, 1743 [1745]; *Roßmann* 175 ff.; Habersack/Drinhausen/*Thüsing/Forst* MgVG § 5 Rn. 19; *Weng* 337 f.). Hiergegen spricht nicht nur der Wortlaut, sondern auch ein Vergleich mit Art. 16 II 2. Hs. lit. a und § 5 Nr. 2 MgVG, die für den Vorher-Nachher-Vergleich ausdrücklich auf eine vor der Verschmelzung „bestehende" Situation abstellen (→ Rn. 15). Im Übrigen ist zweifelhaft, ob das teleologische Fundament von Art. 16 II lit. b bzw. § 5 Nr. 3 MgVG ausschließlich auf die Abwendung einer geminderten Mitbestimmung zu reduzieren ist (so aber zB *Drinhausen/Keinath* AG 2010, 398 [402]). Näher liegt es, die unterschiedliche Rechtsstellung der Arbeitnehmer in der aus der Verschmelzung hervorgehenden Gesellschaft aufzugreifen, die durch das Mitbestimmungsverfahren angeglichen werden soll, um **Diskriminierungen** in einer **länderübergreifenden Arbeitnehmerschaft** zu verhindern. Bei dieser teleologischen Fundierung und Fokussierung auf die aus der Verschmelzung hervorgehende Gesellschaft kann es iSe **abstrakten Betrachtung** nicht darauf ankommen, ob die Arbeitnehmer in Betrieben, die außerhalb des Sitzlands gelegen sind, vor der Verschmelzung Mitbestimmungsrechte in tatsächlicher Hinsicht ausüben konnten (treffend AKRR/*Annuß* MgVG § 5 Rn. 12; *Brandes* ZIP 2008, 2193 [2196]; MHdBGesR VI/*Brandes* § 57 Rn. 28; HBD/*Heither/von Morgen*

MgVG § 5 Rn. 4; GLF/*Kienast* § 5 Rn. 124; WWKK/*Kleinsorge* EU-Recht Rn. 90; wohl auch *Habersack* ZHR 171, 2007, 613 [622]).

D. Bezugnahmen auf SE-VO

20 Sofern die Voraussetzungen in Art. 16 II für die Einleitung des Mitbestimmungsverfahrens erfüllt sind, haben die Mitgliedstaaten im Rahmen ihrer Umsetzungsgesetze nicht nur die in Art. 16 III aufgelisteten Vorgaben aus der RL 2001/86/EG zu beachten (→ Rn. 25 ff.), sondern müssen in diesen auch den „Grundsätzen und Modalitäten" in Art. 12 II-IV SE-VO Rechnung tragen. Die Bezugnahme auf die vorgenannten Bestimmungen der SE-VO führt nicht dazu, dass diese in den Mitgliedstaaten iSv Art. 288 II AEUV unmittelbar anwendbares Recht sind (Habersack/Drinhausen/*Thüsing*/*Forst* MgVG Einl. Rn. 10). Wegen der Inkorporierung der Verweisungsnorm in einer Richtlinie haben die Verweisungsobjekte keine weitergehenden Rechtswirkungen als die Verweisungsnorm selbst. Gebunden sind deshalb auch im Hinblick auf Art. 12 II-IV SE-VO wegen § 288 III AEUV ausschließlich die Mitgliedstaaten (Habersack/Drinhausen/*Thüsing*/*Forst* MgVG Einl. Rn. 10). Dementsprechend beschränkt sich Art. 16 III im Hinblick auf die dort genannten Vorschriften der SE-VO ausdrücklich auf einen an die Mitgliedstaaten gerichteten Regelungsauftrag.

21 Aus der Bezugnahme in Art. 16 III auf Art. 12 SE-VO folgt vor allem, dass die **Eintragung** der aus der Verschmelzung hervorgehenden Gesellschaft wegen Art. 12 II SE-VO erst erfolgen darf, wenn das Verhandlungsverfahren abgeschlossen ist, weil entweder eine Mitbestimmungsvereinbarung abgeschlossen wurde, das Verhandlungsverfahren abgeschlossen ist oder dieses nicht einzuleiten war. Zur **Umsetzung** dieser Vorgabe in Deutschland hat der Gesetzgeber jedoch weder im MgVG noch in den §§ 122a ff. UmwG eine mit Art. 12 II SE-VO vergleichbare Vorschrift aufgenommen. Allerdings legt **§ 122l I UmwG** ausdrücklich fest, dass der Anmeldung zur Eintragung im Register ggf. die Vereinbarung über die Beteiligung der Arbeitnehmer beizufügen ist, so dass sich die Prüfung durch das Registergericht auch auf das Vorliegen einer entsprechenden Vereinbarung zu erstrecken hat (§ 122l II UmwG). Zumindest wegen des Gebots einer unionsrechtskonformen Auslegung von § 122l II UmwG beschränkt sich die registerrechtliche Kontrolle nicht auf eine bestehende Beteiligungsvereinbarung, sondern umfasst – wie von Art. 12 II SE-VO durch Art. 16 III vorgegeben – die ordnungsgemäße Durchführung des gesamten Verfahrens zur Beteiligung der Arbeitnehmer (s. Lutter/*Bayer* UmwG § 122l Rn. 15; *Cannistra* 230 f.; Habersack/Drinhausen/*Kiem* UmwG § 122l Rn. 11 mwN). Ebenso hat das Registergericht zu prüfen, ob die Voraussetzungen in Art. 16 II bzw. § 5 MgVG vorliegen und damit ein Verhandlungsverfahren überhaupt durchzuführen ist (Lutter/*Bayer* UmwG § 122l Rn. 15; *Cannistra* 230 f.; Habersack/Drinhausen/*Habersack* MgVG Einl. Rn. 17 aE; *Schubert* RdA 2007, 9 [15]; KK-UmwG/*Simon*/*Rubner* UmwG § 122l Rn. 16). Solange das Verhandlungsverfahren nicht abgeschlossen ist, darf die Eintragung der Verschmelzung in das Register nicht erfolgen.

22 Soweit Art. 16 III auf Art. 12 III SE-VO Bezug nimmt, betrifft dies die durch Art. 16 III lit. e iVm Art. 7 III RL 2001/86/EG den Mitgliedstaaten eröffnete **Option,** von einer gesetzlichen Auffangregelung abzusehen, wenn sich der Sitz der aus der Verschmelzung hervorgehenden Gesellschaft in dem Mitgliedstaat befindet, der die Option in Anspruch genommen hat. Dies ist in Deutschland indes nicht geschehen.

23 Die Bezugnahme auf **Art. 12 IV SE-VO** betrifft das Verhältnis der Satzung der aus der Verschmelzung hervorgehenden Gesellschaft zu der Arbeitnehmerbeteiligung und ordnet für den Fall einer Diskrepanz der Satzung mit einer Beteiligungsvereinbarung einen **Vorrang der Beteiligungsvereinbarung** an, so dass die Satzung der Beteiligungsvereinbarung entsprechen muss. Dies ist bereits vor Eintragung der Verschmelzung zu gewährleisten. Für den Fall einer nach Eintragung neu abgeschlossenen Mitbestimmungsvereinbarung begründet Art. 12 IV SE-VO jedoch weder einen Anwendungsvorrang zugunsten der Betei-

ligungsvereinbarung noch ist die Satzungsbestimmung nichtig (Habersack/Drinhausen/*Thüsing/Forst* MgVG § 22 Rn. 46). Vielmehr beschränkt sich die Vorschrift auf eine an das jeweilige Satzungsorgan adressierte Pflicht zur Satzungsänderung, um die Harmonie mit der Mitbestimmungsvereinbarung herzustellen. Einer Diskrepanz zwischen Satzung und der nach § 22 I MgVG abgeschlossenen Mitbestimmungsvereinbarung trägt **§ 22 IV MgVG** Rechnung und begründet eine Art. 12 IV 2 SE-VO entsprechende **Pflicht zur Anpassung** der Satzung, die zum Teil als Durchsetzungssperre eingestuft wird (so zu § 22 IV MgVG AKRR/*Rudolph* MgVG § 22 Rn. 16; Habersack/Drinhausen/*Thüsing/Forst* MgVG § 22 Rn. 46). Solange die Anpassung der Satzung nicht erfolgt ist, begründet der Widerspruch zur Mitbestimmungsvereinbarung ein **Eintragungshindernis** (Habersack/Drinhausen/*Kiem* UmwG § 122l Rn. 14; AKRR/*Rudolph* MgVG § 22 Rn. 16; Habersack/Drinhausen/*Thüsing/Forst* MgVG § 22 Rn. 47; im Ergebnis auch *Cannistra* 231).

Im Gegensatz zu Art. 12 IV SE-VO bzw. Art. 11 IV SCE-VO, die sich ausschließlich auf die Diskrepanz von Satzung und Beteiligungsvereinbarung beschränken, trifft das MgVG ausdrücklich eine Regelung zum Verhältnis von **Satzung und gesetzlicher Auffangregelung,** die weder im SEBG noch im SCEBG eine Parallele hat und auch nicht durch die RL 2005/56/EG vorgegeben ist. Da es sich bei der gesetzlichen Auffangregelung um zwingendes Gesetzesrecht handelt und dieses gegenüber dem Satzungsrecht höherrangig ist, müsste ein etwaiger Widerspruch an sich dazu führen, dass die dem zwingenden Gesetzesrecht widersprechende Satzungsbestimmung nichtig ist (s. Habersack/Drinhausen/*Thüsing/Forst* MgVG § 24 Rn. 4). Eine derartige Rechtsfolge würde jedoch dem Zweck der gesetzlichen Auffangregelung widersprechen. Um diesen Konflikt aufzulösen, begründet § 24 III MgVG eine mit § 22 IV MgVG vergleichbare **Pflicht zur Satzungsanpassung,** aus der im Umkehrschluss folgt, dass ein Widerspruch der Satzung zur gesetzlichen Auffangregelung nicht zur Nichtigkeit der hierzu im Gegensatz stehenden Satzungsbestimmungen führt. Solange die Satzung nicht angepasst wurde, bleiben die entsprechenden Bestimmungen uneingeschränkt anzuwenden. Eine mit § 97 II 2 AktG vergleichbare Bestimmung, die ein automatisches Außerkrafttreten der im Widerspruch stehenden Satzungsbestimmung vorsieht, kennt weder Art. 12 IV SE-VO noch Art. 11 IV SCE-VO und ist auch nicht im MgVG enthalten.

E. Bezugnahmen auf die RL 2001/86/EG

I. Allgemeines

Für das Mitbestimmungsverfahren bei grenzüberschreitenden Verschmelzungen verweist Art. 16 III neben den Bestimmungen in der SE-VO vor allem auf die Vorgaben in der RL 2001/86/EG. Keine Berücksichtigung haben in der Verweisungsnorm die **Definitionen in Art. 2 RL 2001/86/EG** gefunden. Gleichwohl sind diese auch für die in Bezug genommenen Bestimmungen der RL 2001/86/EG verbindlich, da die RL 2005/56/EG die ausdrücklich genannten Vorgaben der RL 2001/86/EG mit dem Inhalt in Bezug genommen hat, der durch die Definitionen in Art. 2 RL 2001/86/EG geprägt wird (idS auch AKRR/*Annuß* MgVG Anm. zu § 2; ähnlich Habersack/Drinhausen/*Thüsing/Forst* MgVG Einl. Rn. 12 = GLF/*Forst* § 5 Rn. 31, die jedoch methodisch verfehlt einen Analogieschluss befürworten [zutreffend dagegen AKRR/*Annuß* MgVG Anm. zu § 2]).

Für die zur Umsetzung in Deutschland im MgVG geschaffenen Bestimmungen kann die Argumentation schon deshalb nicht in vergleichbarer Weise gelten, weil das Gesetz nicht die Verweisungstechnik gewählt hat, sondern im Interesse der Anwenderfreundlichkeit (s. Begr. RegE, BT-Drs. 16/2922, 1) einen eigenständigen und vollständigen Normenkomplex darstellt. Gleichwohl sind die Definitionen in § 2 SEBG und ggf. auch § 2 SCEBG für die Anwendung des MgVG nicht bedeutungslos. Soweit die Regelungen des MgVG die Parallelnormen im SEBG bzw. SCEBG wörtlich übernommen haben, ist von dem gesetzgeberischen Willen auszugehen, dass für die Auslegung des MgVG kein von den zeitlich früheren Regelungen abweichendes Verständnis maßgebend sein soll. Soweit aus der entsprechenden Norm des MgVG kein abweichendes Verständnis folgt, kann deshalb auf die Erläuterungen zu der jeweiligen Parallelbestimmung im SEBG bzw. im SCEBG verwiesen werden.

II. Bildung und Arbeitsweise des besonderen Verhandlungsgremiums

27   Zur Einleitung des Verhandlungsverfahrens ist wie iRd RL 2001/86/EG ein besonderes Verhandlungsgremium zu bilden. Angesichts dessen verweist **Art. 16 III lit. a** für das Mitbestimmungsverfahren bei grenzüberschreitenden Verschmelzungen sowohl für die Bildung als auch hinsichtlich der Arbeitsweise des besonderen Verhandlungsgremiums weitgehend auf die entsprechenden Bestimmungen in Art. 3 RL 2001/86/EG, so dass hinsichtlich der Einzelheiten auf die dortigen Erläuterungen verwiesen werden kann. Soweit für einzelne Regelungen in Art. 3 RL 2001/86/EG von der Verweisung abgesehen wird, beruht dies entweder auf der Beschränkung der RL 2005/56/EG auf Verschmelzungen oder auf der Sonderregelung zur Nichtaufnahme oder zum Abbruch der Verhandlungen in Art. 16 IV lit. b, wegen der Art. 3 VI RL 2001/86/EG aus der Verweisung in Art. 16 III lit. a herausgenommen wurde. Hinsichtlich der Einzelheiten zu Art. 16 IV lit. b → Rn. 57 ff.

28   Das zur **Umsetzung** in Deutschland geschaffene MgVG hat die einschlägigen Vorschriften in den **§§ 6–20** zusammengefasst und weitgehend die parallelen Bestimmungen des SEBG (§§ 4–19) übernommen, zum Teil aber auch die im SCEBG in den §§ 4–19 anzutreffenden Modifikationen aufgegriffen, ohne dass hierbei eine einheitliche Linie erkennbar ist. So stellt zB § 6 II 1 MgVG für die Wählbarkeit der inländischen Vertreter im besonderen Verhandlungsgremium wie § 6 II 1 SEBG auf die „Arbeitnehmer der Gesellschaften und Betriebe" ab (anders § 6 II 1 SCEBG, wegen der ausdrücklichen Benennung der betroffenen Tochtergesellschaften und betroffenen Betriebe), während § 6 III MgVG für die Mindestrepräsentation von Gewerkschaftsvertretern die Parallelbestimmung in § 6 III SCEBG übernimmt, die hinsichtlich des Vertretenseins auch die „betroffenen Tochtergesellschaften und betroffenen Betriebe" benennt (offener demgegenüber § 6 III SEBG: beteiligte Unternehmen). Soweit § 18 MgVG von der Parallelbestimmung in § 16 SEBG bzw. § 16 SCEBG abweicht, beruht dies auf der durch Art. 16 IV lit. b vorgegebenen Sonderregelung (→ Rn. 57 ff.).

29   Gravierender ist die für die Beschlussfassung im besonderen Verhandlungsgremium bedeutsame Abweichung in § 17 IV MgVG zu den Anforderungen an eine **„Minderung der Mitbestimmung"**, die auf den Vorgaben in Art. 16 II 2. Hs. beruht, so dass auf die dortigen Ausführungen zu verweisen ist (→ Rn. 15 ff.). Soweit § 17 III MgVG für das bei einer Minderung der Mitbestimmung notwendige Beschlussquorum einer doppelt qualifizierten Mehrheit bei der maßgeblichen Gesamtzahl der Arbeitnehmer (mind. 25%) auch die bei betroffenen Tochtergesellschaften beschäftigten Arbeitnehmer berücksichtigt (ebenso § 15 III SEBG, § 15 III SCEBG), tritt wegen der Verweisung in Art. 16 III lit. a auf Art. 3 IV UAbs. 1 S. 3 RL 2001/86/EG die auch bei § 15 III SEBG bestehende Diskrepanz zu den Vorgaben der RL 2001/86/EG auf (deshalb einen Richtlinienverstoß bejahend AKRR/*Rudolph* MgVG §§ 6–21 Rn. 10; Habersack/Drinhausen/*Thüsing*/*Forst* MgVG §§ 6–21 Rn. 6; aA *Lunk*/*Hinrichs* NZA 2007, 773 [775]; NFK/*Nagel* MgVG Anm. zu § 17; *Roßmann* 187 ff.; *Schubert* RdA 2007, 9 [13 f.]). Auch in dieser Hinsicht ist auf die dortigen Ausführungen zu verweisen (→ RL 2001/86/EG Art. 3 Rn. 34 f.).

30   Da es iRd Mitbestimmungsverfahrens nicht zur Bildung eines Vertretungsorgans der Arbeitnehmer kommt (→ Rn. 2), konnte das MgVG nicht die Konzeption des SEBG bzw. SCEBG übernehmen, die **Amtszeit des besonderen Verhandlungsgremiums** mit Abschluss des Verhandlungsverfahrens zu beenden (→ RL 2001/86/EG Art. 3 Rn. 21). Vielmehr besteht das besondere Verhandlungsgremium über diesen Zeitpunkt hinaus und ist in

die Anwendung der gesetzlichen Auffangregelung als Akteur eingebunden (s. zB § 23 II 1 und 2, § 25 I 1 und 2 MgVG; *Brandes* ZIP 2008, 2193 [2198]; → Rn. 43).

Bezüglich der **Verhandlungsdauer** nimmt Art. 16 III lit. c auf Art. 5 RL 2001/86/EG 31 Bezug, so dass auf die dortigen Erläuterungen zu verweisen ist (→ RL 2001/86/EG Art. 5 Rn. 2 ff.). Entsprechendes gilt für die zur Umsetzung in Deutschland geschaffene Bestimmung in § 21 MgVG, die sowohl mit § 20 SEBG als auch mit § 20 SCEBG übereinstimmt.

III. Mitbestimmungsvereinbarung

Die Verweisungen in Art. 16 III lit. b betreffen die **Leitmaximen für die Verhand-** 32 **lungen** zum Abschluss einer Mitbestimmungsvereinbarung sowie deren Inhalt. Auch die Verhandlungen zum Abschluss einer Mitbestimmungsvereinbarung sind deshalb mit dem „Willen zur Verständigung" zu führen (Art. 4 I RL 2001/86/EG; → RL 2001/86/EG Art. 4 Rn. 3). Für den **Inhalt der Mitbestimmungsvereinbarung** beschränkt sich die Verweisungsnorm auf die allg. Bestimmungen in Art. 4 II RL 2001/86/EG zum **Geltungsbereich** und zur **Laufzeit** (→ RL 2001/86/EG Art. 4 Rn. 9 f.) sowie die Regelung zur **Mitbestimmung.** Auch bezüglich des letztgenannten Inhalts ist auf die entsprechenden Ausführungen zu Art. 4 RL 2001/86/EG zu verweisen (→ RL 2001/86/EG Art. 4 Rn. 14 ff.). Wegen der Verweisung auf Art. 4 RL 2001/86/EG ist ferner vorgegeben, dass die Mitbestimmungsvereinbarung der **Schriftform** genügen muss (s. zu § 22 MgVG HWK/*Hohenstatt*/*Dzida* MgVG Rn. 18; AKRR/*Rudolph* MgVG § 22 Rn. 3; Habersack/ Drinhausen/*Thüsing*/*Forst* MgVG § 22 Rn. 12). Die Sonderbestimmung zur Umwandlung (Art. 4 IV RL 2001/86/EG) ist wegen des auf Verschmelzungen beschränkten Anwendungsbereichs der RL 2005/56/EG aus der Verweisungsnorm ausgenommen.

Der zur **Umsetzung** in Deutschland geschaffene **§ 22 MgVG** stimmt in § 22 I Nr. 1 33 MgVG mit § 21 I Nr. 1 SEBG überein; entsprechendes gilt für § 22 I Nr. 2 MgVG (s. § 21 I Nr. 6 SEBG). Regelungsbedürftig ist bei einer Mitbestimmungsvereinbarung insbesondere das Verfahren für Neuverhandlungen, wobei das Verhandlungsgremium auf Arbeitnehmerseite festzulegen ist. Auf ein infolge der Vereinbarung errichtetes Vertretungsorgan kann nicht zurückgegriffen werden, so dass die Verhandlungskompetenz vornehmlich den Arbeitnehmervertretern im Aufsichts- oder Verwaltungsorgan übertragen werden kann. Denkbar ist jedoch auch die Einbeziehung von bestehenden Arbeitnehmervertretungen zur Bildung eines speziellen Verhandlungsgremiums.

Die auf die **Mitbestimmung** bezogenen § 22 I Nr. 3–5 MgVG sind aus § 21 III 34 Nr. 1–3 SEBG übernommen worden. Wie dort ist auch iRv § 22 I MgVG umstritten, ob die **Größe des Aufsichtsrats** in der Mitbestimmungsvereinbarung regelbar ist (bejahend *Cannistra* 167; HWK/*Hohenstatt*/*Dzida* MgVG Rn. 17; *Nagel* NZG 2007 57 [58]; *Roßmann* 191 f.; *Teichmann* Der Konzern 2007, 89 [95 f.]; **aA** MHdBGesR VI/*Brandes* § 57 Rn. 45 ff.; MüKoAktG/*Jacobs* SEBG Vor § 1 Rn. 46; GLF/*Kienast* § 5 Rn. 157; *Lunk*/ *Hinrichs* NZA 2007, 773 [778 f.]; näher hierzu RL 2001/86/EG Art. 4 Rn. 16 f.). Regelungsbedürftig ist vor allem das **Wahlgremium,** das die Arbeitnehmervertreter für das Aufsichts- oder Verwaltungsorgan bestellt oder wählt. Zweifelhaft ist, ob die Vereinbarungsparteien hierfür an vorhandene Arbeitnehmervertretungen (zB Europäischer Betriebsrat) anknüpfen und ihnen die Wahlentscheidung übertragen können (abl. *Schubert* ZIP 2009, 791 [796 ff.] sowie WWKK/*Kleinsorge* EU-Recht Rn. 107). Auf die Aufnahme eines mit § 21 III SEBG vergleichbaren **Freiwilligkeitsvorbehalts** konnte für § 22 MgVG wegen des Inhalts der Vereinbarung abgesehen werden, da bereits zu deren Abschluss keine rechtliche Verpflichtung besteht und ihr Inhalt ausschließlich eine Regelung zur Mitbestimmung umfassen kann. Die Sollregelung zu **strukturellen Änderungen** in § 22 II MgVG, die nicht durch die RL 2005/56/EG vorgegeben ist, stimmt mit § 21 IV SEBG wörtlich überein (→ RL 2001/86/EG Art. 4 Rn. 10; sachlich auch § 21 III Nr. 4 SCEBG). Entsprechendes gilt inhaltlich für § 22 III MgVG (s. § 21 V SEBG; ferner § 21 IV SCEBG). Der Vergleich mit § 22 II MgVG zeigt, dass der **Gegenstandskatalog** in

§ 22 I MgVG für die Mitbestimmungsvereinbarung **zwingend** gemeint ist (Begr. RegE, BT-Drs. 16/2922; *Lunk/Hinrichs* NZA 2007, 773 [778]; *Nagel* NZG 2007, 57 [58]; AKRR/*Rudolph* MgVG § 22 Rn. 5; **aA** GLF/*Kienast* § 5 Rn. 148; Habersack/Drinhausen/*Thüsing*/Forst MgVG § 22 Rn. 13). Der **Vorrang der Mitbestimmungsvereinbarung** in § 22 IV MgVG gegenüber der Satzung der aus der Verschmelzung hervorgegangenen Gesellschaft stimmt mit **Art. 12 IV SE-VO** überein und beruht auf der hierauf bezogenen Verweisung in Art. 16 III (→ Rn. 23).

IV. Eingreifen der gesetzlichen Auffangregelung

35 Die Voraussetzungen für das Eingreifen der gesetzlichen Auffangregelung (→ Rn. 43 ff.) legt Art. 16 III lit. e mittels einer weitgehenden Verweisung auf Art. 7 RL 2001/86/EG fest. Uneingeschränkt gilt dies bezüglich der in Art. 7 I UAbs. 2 RL 2001/86/EG vorgegebenen **allg. Voraussetzungen,** so dass insoweit auf die dortigen Erläuterungen verwiesen werden kann (→ RL 2001/86/EG Art. 7 Rn. 5 ff.). Im Übrigen beschränkt sich die Verweisung in Art. 16 III lit. e auf die Regelungen in Art. 7 RL 2001/86/EG zur Verschmelzung (Art. 7 II lit. b) einschließlich der Option zugunsten der Mitgliedstaaten, von einer gesetzlichen Auffangregelung abzusehen, wenn die aus der Verschmelzung hervorgehende Gesellschaft ihren Sitz in diesem Mitgliedstaat hat (s. Art. 7 III RL 2001/86/EG).

36 Soweit Art. 16 III lit. e auf Art. 7 II lit. b RL 2001/86/EG Bezug nimmt, kann im Ausgangspunkt auf die diesbezüglichen Erläuterungen verwiesen werden (→ RL 2001/86/EG Art. 7 Rn. 11 ff.), allerdings bestimmt Art. 16 III lit. e das maßgebliche **Quorum für die von einer Mitbestimmung erfassten Arbeitnehmer** abweichend von Art. 7 II lit. b und legt dieses auf 33 1/3 % fest. Wird dieses nicht erreicht, kann die gesetzliche Auffangregelung gleichwohl zur Anwendung kommen, wenn das besondere Verhandlungsgremium einen entsprechenden Beschluss fasst, für den es wegen der Verweisung in Art. 16 III lit. a auf Art. 3 IV UAbs. 1 S. 1 RL 2001/86/EG (→ RL 2001/86/EG Art. 3 Rn. 26 ff.) einer doppelten absoluten Mehrheit bedarf (ebenso zu § 23 MgVG AKRR/*Rudolph* MgVG § 23 Rn. 8; Habersack/Drinhausen/*Thüsing*/Forst MgVG § 23 Rn. 9). Zur ergänzenden und in Art. 7 RL 2001/86/EG nicht vorgesehenen Möglichkeit zugunsten der an der Verschmelzung beteiligten Gesellschaften, **einseitig** die gesetzliche Auffangregelung zur Anwendung zu bringen → Rn. 48 ff.).

37 Von der durch die Richtlinie eröffneten Option, von einer gesetzlichen Auffangregelung für die Verschmelzung abzusehen, hat das **MgVG** keinen Gebrauch gemacht, sondern in § 23 I MgVG die Voraussetzungen für das Eingreifen der gesetzlichen Auffangregelung nach Maßgabe der Vorgaben in der RL 2005/56/EG ausgestaltet (s. näher → RL 2001/86/EG Art. 7 Rn. 11 ff.). Das gilt auch für das Recht der an der Verschmelzung beteiligten Gesellschaften, durch **einseitige Entscheidung** die gesetzliche Auffangregelung zur Anwendung zu bringen (§ 23 I 1 Nr. 3 MgVG; → Rn. 48 ff.). Ebenfalls wurde in § 23 I 2 MgVG aus Art. 16 III lit. e das auf „ein Drittel der Gesamtzahl der Arbeitnehmer" erhöhte **Quorum** übernommen, jedoch wie in § 34 I Nr. 2 SEBG und § 34 I Nr. 2 SCEBG nicht dem Wortlaut der Richtlinie entsprechend auf die Arbeitnehmer der an der Verschmelzung beteiligten Gesellschaften beschränkt, sondern zusätzlich auf die Arbeitnehmer der betroffenen Tochtergesellschaften ausgedehnt. Die Kontroverse zu § 34 I Nr. 2 SEBG über die Richtlinienkonformität der Einbeziehung der „betroffenen Tochtergesellschaften" hat deshalb in gleicher Weise für § 23 I 2 MgVG Bedeutung (einen Richtlinienverstoß bejahend *Cannistra* 212; *Habersack* ZHR 171, 2007, 613 [640]; AKRR/*Rudolph* MgVG § 23 Rn. 7; Habersack/Drinhausen/*Thüsing*/Forst MgVG § 23 Rn. 8 = GLF/*Forst* § 5 Rn. 193; **aA** *Lunk/Hinrichs* NZA 2007, 773 [779]; *Roßmann* 193 f.; *Schubert* RdA 2007, 9 [14]); angesichts des identischen rechtlichen Problemhaushalts ist eine übereinstimmende Lösung geboten (s. näher → RL 2001/86/EG Art. 7 Rn. 13). Zu den Einzelheiten der gesetzlichen Auffangregelung → Rn. 43 ff.

V. Allgemeine Vorschriften

Bezüglich der allg. Vorschriften, die Teil III der RL 2001/86/EG unter der Überschrift 38
„Sonstige Bestimmungen" zusammenfasst, beschränkt sich die Verweisungsnorm in Art. 16
III lit. f auf die dort genannten Artikel, so dass die Erläuterungen zu den Art. 8, 10 und 12
RL 2001/86/EG auch iRd RL 2005/56/EG maßgebend sind. Wegen der Beschränkung
der RL 2005/56/EG auf die Mitbestimmung war der auf das Vertretungsorgan bezogene
Art. 9 RL 2001/86/EG aus der Verweisungsnorm auszuklammern.

Auffällig ist, dass die Verweisungsnorm in Art. 16 III lit. f davon absieht, die Bestimmung 39
zum **Verfahrensmissbrauch** (Art. 11 RL 2001/86/EG) in Bezug zu nehmen (krit. *Kisker*
RdA 2006, 206 [210]). Die hieraus zum Teil gezogene Folgerung, auch das allg. unionsrechtliche Missbrauchsverbot finde keine Anwendung (so *Habersack* ZHR 171, 2007, 613
[636]; *Müller-Bonanni/Müntefering* BB 2009, 1699 [1703]; Habersack/Drinhausen/*Thüsing/
Forst* MgVG Einl. Rn. 24 = GLF/*Forst* § 5 Rn. 42), vermag nicht zu überzeugen (MüKo-
AktG/*Jacobs* SEBG Vor § 1 Rn. 47; WWKK/*Kleinsorge* EU-Recht Rn. 100; MHdBArbR/
Wißmann § 287 Rn. 22; s. auch GLF/*Kienast* § 5 Rn. 185 f.), da der Verzicht auf ein
spezielles Missbrauchsverbot keine Disposition über allg. Grundsätze des Unionsrechts
impliziert. Auch iRd **MgVG** hat der Gesetzgeber davon abgesehen, das aus § 43 SEBG bzw.
§ 45 SCEBG bekannte Missbrauchsverbot fortzuführen, ohne dass er hieran wegen der RL
2005/56/EG gehindert gewesen wäre (treffend Habersack/Drinhausen/*Thüsing/Forst*
MgVG Einl. Rn. 25). Angesichts der ansonsten praktizierten engen Anlehnung des MgVG
an die durch das SEBG und das SCEBG gebildeten regelungstechnischen Vorlagen scheidet
mangels einer planwidrigen Regelungslücke jedoch deren Füllung durch eine entsprechende Gesetzesanwendung aus (ebenso Habersack/Drinhausen/*Thüsing/Forst* MgVG Einl.
Rn. 25; idS auch *Teichmann* Der Konzern 2007, 89 [97]).

Zur **Umsetzung** der auf **Art. 8 RL 2001/86/EG** bezogenen Verweisung hat das MgVG 40
mit § 31 eine Regelung geschaffen, die – abgesehen von den Besonderheiten zur Unterrichtung und Anhörung der Arbeitnehmer durch ein Vertretungsorgan – § 31 SEBG entspricht. Der durch Art. 8 III RL 2001/86/EG den Mitgliedstaaten eröffnete **Tendenzschutz** findet eine Umsetzung in § 28 MgVG und stimmt abgesehen von den dortigen
Verweisungen mit § 39 I SEBG überein, so dass hinsichtlich der Einzelheiten auch im
Hinblick auf die Richtlinienkonformität auf die Ausführungen zu Art. 8 III RL 2001/86/
EG zu verweisen ist (→ RL 2001/86/EG Art. 8 Rn. 12 ff.; die Richtlinienkonformität
ebenfalls bejahend HWK/*Hohenstatt/Dzida* MgVG Rn. 29; Habersack/Drinhausen/*Thüsing/Forst* MgVG § 28 Rn. 1).

Die Umsetzung der Verweisung auf **Art. 10 RL 2001/86/EG** ist durch § 32 MgVG 41
erfolgt, der mit Ausnahme der für die Mitbestimmung irrelevanten Personengruppen (SE-
Betriebsrat und Arbeitnehmervertreter im Rahmen eines Verfahrens zur Unterrichtung und
Anhörung) wörtlich mit § 42 SEBG übereinstimmt, so dass insbesondere im Hinblick auf
die **Arbeitnehmervertreter im Aufsichts- oder Verwaltungsorgan** auf → RL 2001/
86/EG Art. 10 Rn. 3 zu verweisen ist. Abgesehen von dem modifizierten personellen
Anwendungsbereich gilt der Gleichlauf ebenfalls für den Tätigkeitsschutz durch § 33 Nr. 3
MgVG, der mit § 44 Nr. 3 SEBG übereinstimmt.

Auch bezüglich der Umsetzung der über Art. 16 III lit. f maßgebenden Vorgaben in 42
Art. 12 RL 2001/86/EG gelten die dortigen Ausführungen entsprechend (→ RL 2001/
86/EG Art. 12 Rn. 2 f.). Die Berechtigung der **Arbeitsgerichte,** über Angelegenheiten
aus dem MgVG iRd **Beschlussverfahrens** zu entscheiden, begründet § 2a I Nr. 3 lit. g
ArbGG, der auch die Ausnahmen bezüglich der Straf- und Bußgeldverfahren sowie zur
Mitbestimmung kraft Gesetzes aus der Parallelbestimmung in § 2a I Nr. 3 lit. e ArbGG
(→ RL 2001/86/EG Art. 12 Rn. 2) übernommen hat.

VI. Auffangregelung zur Mitbestimmung

43   Wegen der Verweisung in Art. 16 III lit. h zur Auffangregelung auf den Anhang zur RL 2001/86/EG ist auf die dortigen Ausführungen zur Mitbestimmung kraft Gesetzes zu verweisen (→ RL 2001/86/EG Anhang Rn. 12 ff.). Die zur Umsetzung in Deutschland geschaffenen §§ 24–27 MgVG entsprechen weitgehend den Parallelnormen in den §§ 35–38 SEBG, so dass auch im Hinblick auf die Richtlinienkonformität auf die diesbezüglichen Erläuterungen zu verweisen ist (→ RL 2001/86/EG Anhang Rn. 14 ff.). Insbesondere beschränkt sich auch § 24 I MgVG auf den **Anteil der Arbeitnehmervertreter** im Aufsichts- oder Verwaltungsorgan; weder die Größe des Aufsichtsrats noch die Zusammensetzung der Arbeitnehmervertreter werden iRd gesetzlichen Auffangregelung konserviert (s. *Weng* 335 f.). An die Stelle des **SE-Betriebsrats** tritt jedoch für die Umsetzung der gesetzlichen Auffangregelung das **besondere Verhandlungsgremium** (zB § 25 I 1 MgVG; → Rn. 30; s. auch *Heuschmid* AuR 2006, 184 [189]). Dessen Implementierung in die gesetzliche Auffangregelung war unerlässlich, da Art. 16 III lit. h für die gesetzliche Auffangregelung auf Teil 3 lit. b des Anhangs zur RL 2001/86/EG verweist und dessen UAbs. 3 die dort benannten Entscheidungen einem „Vertretungsorgan" überantwortet. Da die RL 2005/56/EG die Schaffung eines dem SE-Betriebsrat vergleichbaren Vertretungsorgans nicht vorsieht (→ Rn. 2), verblieb dem Gesetzgeber nur der Kunstgriff, die Amtszeit des besonderen Vertretungsorgans (→ Rn. 30) zu verlängern, um die gesetzliche Auffangregelung praktikabel auszugestalten. Hinzuweisen ist darüber hinaus auf folgende **weitere Abweichungen:**

44   Einen von § 35 SEBG abweichenden Inhalt hat **§ 24 MgVG,** der auf die Situation reagiert, dass es sich bei der aus einer Verschmelzung hervorgehenden Gesellschaft um eine **GmbH** handelt, und trägt der Vorgabe in Art. 16 VI Rechnung (→ Rn. 66). Wegen des durch die gesetzliche Auffangregelung bei Anwendbarkeit des MgVG bestehenden Zwangs zur Bildung eines Aufsichtsrats (§ 24 II 1 MgVG; s. UHH/*Habersack* MgVG § 24 Rn. 2; GLF/*Forst* § 24 Rn. 209) nimmt die Verweisung in § 24 II 2 MgVG auf die einschlägigen Bestimmungen des AktG Bezug und stimmt im Hinblick auf die Verweisungsobjekte mit der Verweisungsnorm in § 25 I 1 Nr. 2 MitbestG überein (anders im Ansatz UHH/*Habersack* MgVG § 24 Rn. 2: § 1 I Nr. 3 DrittelbG). Die Vorschrift in § 24 III MgVG wiederholt den Regelungsgehalt von § 22 IV MgVG und trägt der Besonderheit der gesetzlichen Auffangregelung Rechnung, indem sie zu Lasten des Satzungsorgans der aus der Verschmelzung hervorgegangenen Gesellschaft eine Pflicht zur Satzungsanpassung begründet (→ Rn. 24; s. auch GLF/*Forst* § 5 Rn. 210 f.).

45   Eine weitere Besonderheit betrifft **§ 27 II 3 MgVG,** der von der Pflicht zur Bestellung eines für **Arbeit und Soziales** zuständigen Mitglieds der Leitung als Ausnahme eine aus der Verschmelzung hervorgehende Gesellschaft in der Rechtsform einer **KGaA** vorsieht (s. AKRR/*Rudolph* MgVG § 27 Rn. 3; Habersack/Drinhausen/*Thüsing*/Forst MgVG § 27 Rn. 2). Angesichts des Bestrebens des Gesetzgebers, den mitbestimmungsrechtlichen Status quo in Deutschland zu wahren, ist diese Bestimmung konsequent, da eine vergleichbare Ausnahme ebenfalls besteht, wenn eine KGaA dem MitbestG unterliegt (s. § 33 I 2 MitbestG). Sie ist zudem aus gesellschaftsrechtlicher Sicht geboten, weil die Geschäftsführung und Vertretung in der KGaA den persönlich haftenden Gesellschaftern obliegt (§ 278 III AktG iVm §§ 161 II, 115, 125 HGB; s. UHH/*Habersack* MgVG § 27 Rn. 3).

46   Im Unterschied zu § 36 IV SEBG, der die (gebundene) **Bestellungskompetenz** wegen Art. 40 II SE-VO und Art. 43 III SE-VO der Hauptversammlung vorbehält (→ RL 2001/86/EG Anhang Rn. 23), fehlt im MgVG eine vergleichbare Bestimmung; § 25 MgVG beschränkt sich ausweislich der amtlichen Überschrift ausdrücklich auf die Sitzverteilung. Das hierdurch verbleibende Vakuum ist durch eine zweckgerechte **Auslegung von § 25 III 1 MgVG** zu füllen. Zwar beschränkt die Vorschrift das Wahlgremium auf die Ermittlung der auf das Inland entfallenden Arbeitnehmervertreter, aus dem Fehlen einer § 36 IV SEBG

entsprechenden Vorschrift ist umgekehrt aber nicht zu folgen, dass die Bestellung der Arbeitnehmervertreter nach Maßgabe der rechtsformspezifischen gesellschaftsrechtlichen Bestimmungen der Hauptversammlung bzw. der Gesellschafterversammlung obliegt. Jedenfalls bei den auf das Inland entfallenden Arbeitnehmervertretern begründet deshalb die **Wahlentscheidung des Wahlgremiums** unmittelbar auch die Mitgliedschaft im Aufsichts- oder Verwaltungsorgan (ebenso im Ergebnis MHdBGesR VI/*Brandes* § 58 Rn. 55; *Cannistra* 217; NFK/*Nagel* MgVG Anm. zu § 25; Habersack/Drinhausen/*Thüsing*/*Forst* MgVG § 25 Rn. 7 = GLF/*Forst* § 5 Rn. 217). Nicht ohne weiteres erschließt sich aus § 25 III MgVG, ob das Wahlgremium nur einmalig oder auch bei **späteren Wahlen der Arbeitnehmervertreter** erneut zu bilden ist. Die besseren Gründe sprechen für die letztgenannte Sichtweise (s. näher *Schubert* ZIP 2009, 791 [792 f.]; ebenso GLF/*Forst* § 5 Rn. 215). Wegen des Fehlens einschlägiger unionsrechtlicher Vorgaben richtet sich die Bestellung oder Wahl der **auf andere Mitgliedstaaten entfallenden Arbeitnehmervertreter** nach den dort maßgeblichen Rechtsvorschriften. Fehlen diese, dann trifft das besondere Verhandlungsgremium die Entscheidung (§ 25 II MgVG).

Keine Regelung trifft die gesetzliche Auffangregelung für die Sondersituation, dass in der aus der Verschmelzung hervorgehenden Gesellschaft wegen § 24 I 1 und 2 MgVG ein **paritätisch zusammengesetzter Aufsichtsrat** zu bilden ist, weil eine der beteiligten Gesellschaften vor der Verschmelzung dem MitbestG unterlag. Im Unterschied zu der gesetzlichen Auffangregelung für die SE und die SCE, bei der wegen der unmittelbar anzuwendenden Vorschriften der SE-VO (Art. 50 II 2) bzw. der SCE-VO (Art. 50 II 2) dem von der Anteilseignerseite (s. Art. 42 S. 2 SE-VO) bestellten Vorsitzenden des Aufsichtsrats ein **Recht zum Stichentscheid** zusteht, fehlt für die aus der grenzüberschreitenden Verschmelzung hervorgehende Gesellschaft eine vergleichbare Rechtsposition. Dies würde jedoch zu einer mit Art. 14 I GG unvereinbaren Pattsituation führen, so dass die im nur vereinzelt vorliegenden Schrifttum befürwortete analoge Anwendung der §§ 29 II, 31 IV MitbestG (hierfür UHH/*Habersack* MgVG § 27 Rn. 2; *ders*. ZHR 171, 2007, 613 [623]; im Ergebnis auch *Louven/Weng* BB 2008, 797 [798 f.]; **aA** HBD/*Heither/von Morgen* MgVG § 28 Rn. 10) eine grundrechtliche Fundierung hat. **47**

VII. Besonderheiten bei grenzüberschreitender Verschmelzung

1. Unmittelbare Anwendung der Auffangregelung. Abweichend von dem durch die RL 2001/86/EG und die RL 2003/72/EG vorgezeichneten System kann die Anwendung der gesetzlichen Auffangregelung nach Art. 16 IV lit. a auch einseitig von den Organen der Gesellschaften herbeigeführt werden, die an der Verschmelzung beteiligt sind. Hierdurch ist es den Gesellschaften möglich, die mit der Einleitung des Mitbestimmungsverfahrens verbundene zeitliche Verzögerung abzuwenden. Eine derartige Rechtsposition begründen die RL 2001/86/EG und die RL 2003/72/EG weder vor der Bildung eines besonderen Verhandlungsgremiums noch während des laufenden Verhandlungsverfahrens. Vielmehr bleiben die an der Errichtung einer SE oder SCE beteiligten Gesellschaften für die Anwendung der gesetzlichen Auffangregelung entweder auf ein Einvernehmen mit dem besonderen Verhandlungsgremium angewiesen oder sie müssen den Ablauf der Verhandlungsfrist abwarten (s. Art. 7 I UAbs. 2 RL 2001/86/EG; → RL 2001/86/EG Art. 7 Rn. 5 ff.). Art. 16 IV lit. a stellt auf eine **Entscheidung der Organe** ab, ohne die weiteren Einzelheiten vorzugeben. Aus den mit der Entscheidung verbundenen Rechtsfolgen, die Art. 16 IV lit. a ausdrücklich vorgibt (→ Rn. 52), sowie der aus der Verweisung in Art. 16 III auf Art. 12 II SE-VO folgenden Notwendigkeit, die Anwendung der gesetzlichen Auffangregelung und den Verzicht auf ein Verhandlungsverfahren im Eintragungsverfahren zu dokumentieren (→ Rn. 21), folgt jedoch bei einem zweckgerechten Verständnis, dass die Entscheidung **nach außen erkennbar zu verlautbaren** und niederzulegen ist. Ferner muss die Entscheidung rechtswirksam von allen beteiligten Gesellschaften getroffen werden, **48**

sei es durch parallele Beschlüsse der Organe aller beteiligten Gesellschaften, sei es aufgrund entsprechender Vollmachten.

49 Die an die Mitgliedstaaten gerichtete Pflicht, eine unmittelbare Anwendung der gesetzlichen Auffangregelung durch einseitige Entscheidung der Organe der an der Verschmelzung beteiligten Gesellschaften zu gestatten, versieht Art. 16 IV lit. a mit der einschränkenden Rahmenbedingung, dass die gesetzliche Auffangregelung **„ohne jede vorherige Verhandlung"** unmittelbar anzuwenden ist. Bei einem engen zeitlichen Verständnis könnte hieraus zu schließen sein, dass die zur unmittelbaren Anwendung der gesetzlichen Auffangregelung führende Entscheidung ausschließlich vor Beginn der Verhandlungen zu gestatten ist, wobei zweifelhaft bleibt, ob diese auch noch nach Bildung des besonderen Verhandlungsgremiums, aber vor der Aufnahme unmittelbarer Verhandlungen mit dem besonderen Verhandlungsgremium getroffen werden kann. Offen bleibt aber vor allem, ob sich die von Art. 16 IV lit. a geforderte Gestattung auch auf ein **laufendes Verhandlungsverfahren** erstreckt, so dass die begünstigten Organe der beteiligten Gesellschaft nicht nur die Option hätten, die Aufnahme der Verhandlungen abzuwenden, sondern auch deren Abbruch herbeiführen könnten. Da Art. 16 IV lit. a ausdrücklich „jede vorherige Verhandlung" ausschließen will und Art. 16 IV lit. b zwischen der Nichtaufnahme und dem Abbruch von Verhandlungen unterscheidet, sprechen gute Gründe dafür, dass die Gestattung zumindest das Stadium bis zum Beginn der Verhandlungen umfassen muss. Einer weitergehenden zeitlichen Ausdehnung der Gestattung steht Art. 16 IV lit. a nicht entgegen, wird den Mitgliedstaaten durch die Richtlinie indes auch nicht vorgegeben.

50 Keine Antwort gibt die Richtlinie für das Verhältnis zwischen Art. 16 IV lit. a und dem **Beschluss des besonderen Verhandlungsgremiums,** das Verhandlungsverfahren nicht zu eröffnen (Art. 16 IV lit. b, da der letztgenannte Beschluss nicht zur Anwendung der gesetzlichen Auffangregelung führt (→ Rn. 58 ff.). Gute Gründe sprechen dafür, der zeitlich ersten Entscheidung den Vorrang einzuräumen, da die jeweils vorgesehene Rechtsfolge unmittelbar aufgrund der Entscheidung eintritt (ebenso *Cannistra* 133; GLF/*Fleischmann*/*Otto* § 5 Rn. 109; UHH/*Habersack* MgVG § 23 Rn. 4; MüKoAktG/*Jacobs* SEBG Vor § 1 Rn. 45; *Müller-Bonanni*/*Müntefering* NJW 2009, 2347 [2351 f.]; *Roßmann* 195 f.; AKRR/*Rudolph* MgVG § 23 Rn. 10; idS auch Habersack/Drinhausen/*Thüsing*/*Forst* MgVG § 23 Rn. 15; im Ergebnis ebenso *Brandes* ZIP 2008, 2193 [2197]). Eine zur Anwendung der gesetzlichen Auffangregelung führende Entscheidung iSv Art. 16 IV lit. a ist deshalb ausgeschlossen, wenn das besondere Verhandlungsgremium zuvor den Beschluss gefasst hat, nicht in Verhandlungen über die Mitbestimmung einzutreten (*Cannistra* 133; UHH/*Habersack* MgVG § 23 Rn. 4; *Müller-Bonanni*/*Müntefering* NJW 2009, 2347 [2351]; *Roßmann* 195 f.). Die hierdurch eintretende Rechtsfolge (→ Rn. 58 f.) können die zuständigen Organe der an der Verschmelzung beteiligten Gesellschaften nicht mehr durch eine Entscheidung zugunsten der gesetzlichen Auffangregelung revidieren. Das hier im Einklang mit der allg. Ansicht befürwortete **Prioritätsprinzip** ist allerdings mit dem Manko eines Wettlaufs der Entscheidungsträger behaftet, insbesondere das besondere Verhandlungsgremium wird regelmäßig zu spät kommen, um das Eingreifen der gesetzlichen Auffangregelung abzuwenden, wenn das nach Art. 16 I maßgebende Mitbestimmungsstatut aus Sicht der Arbeitnehmer günstiger ist, weil zB die aus der Verschmelzung hervorgehende Gesellschaft dem MitbestG unterliegt (s. *Müller-Bonanni*/*Müntefering* NJW 2009, 2347 [2351]).

51 Der Vorgabe in Art. 16 IV lit. a trägt **§ 22 I 1 Nr. 3 MgVG** Rechnung, der die Anwendung der gesetzlichen Auffangregelung auch aufgrund einer einseitigen Entscheidung durch die Leitungen der an der Verschmelzung beteiligten Gesellschaften ermöglicht. **Formvorschriften** für die Entscheidung gibt § 22 I Nr. 3 MgVG ebenso wenig wie Art. 16 IV lit. a vor (s. Habersack/Drinhausen/*Thüsing*/*Forst* MgVG § 23 Rn. 11; → Rn. 48). Wie iRv Art. 16 IV lit. a erschließt sich auch bei § 22 I 1 Nr. 3 MgVG die **zeitliche Dimension** nicht eindeutig aus dem Gesetz, da die Entscheidung mit der Voraussetzung „ohne vorhergehende Verhandlungen" verknüpft wird. Während der Wortlaut auf eine zeitliche Begrenzung der Entscheidung bis zum Beginn der Verhandlungen hindeutet, legt der Normzweck ein extensives Verständnis nahe, da die Regelung darauf abzielt, die Eintragung der aus der Verschmelzung hervorgehenden Gesellschaft zu beschleunigen (hierfür *Roßmann* 151). Dieser Zweck kommt nicht nur vor, sondern auch während der Verhandlungen bis zum Ablauf der Verhandlungsfrist zum Tragen. Selbst wenn diesem Zweck mit Rücksicht auf den Gesetzeswortlaut nicht mittels einer Auslegung der Norm Rechnung getragen werden kann, sprechen jedenfalls gute Gründe dafür, § 22 I 1 Nr. 3 MgVG während laufender Verhandlungen entsprechend anzuwenden. Das unionsrechtliche Gebot einer unionsrechtskonformen Auslegung steht einer derartigen Analogie nicht entgegen (→ Rn. 49 aE).

Die in Art. 16 IV lit. a bzw. § 23 I 1 MgVG vorgesehene Rechtsfolge, die Anwendung **52** der gesetzlichen Auffangregelung, lässt offen, ob diese auch dann eingreift, wenn die hierfür in Art. 7 III lit. e iVm Art. 7 II UAbs. 1 lit. b RL 2001/86/EG bzw. § 23 I 2 MgVG festgelegten **Voraussetzungen nicht vorliegen,** insbesondere das von § 23 I 2 MgVG geforderte Quorum von einem Drittel im Hinblick auf die Gesamtzahl der Arbeitnehmer nicht erfüllt wird (abl. AKRR/*Rudolph* MgVG § 23 Rn. 11; *Schubert* RdA 2007, 9 [14]). Wird dies für die Anwendung der gesetzlichen Auffangregelung für notwendig erachtet, dann stünde die Entscheidung zur Anwendung der gesetzlichen Auffangregelung unter der immanenten Voraussetzung, dass das in § 23 I 2 MgVG festgelegte Quorum von mind. einem Drittel erfüllt ist (so in der Konsequenz *Bauckhage-Hoffer/Rupietta* EWS 2012, 417 [419]). Andernfalls verbleibt offen, ob das besondere Verhandlungsgremium in der Lage ist, bei einer Unterschreitung des Quorums die gesetzliche Auffangregelung durch einen entsprechenden Beschluss (→ Rn. 36) zur Anwendung zu bringen (abl. MüKoAktG/*Jacobs* SEBG vor § 1 Rn. 45; *Morgenroth/Salzmann* NZA-RR 2013, 449 [451]; *Müller-Bonanni/Müntefering* NJW 2009, 2347 [2352]; *Nikoleyczik/Führ* DStR 2010, 1743 [1749]; *Weng* 331 f.; **aA** wohl HBD/*Heither/von Morgen* MgVG § 28 Rn. 4). Bereits diese Konsequenz zeigt, dass sich die Rechtsfolge in Art. 16 IV lit. a bzw. § 23 I MgVG auf die Anwendung der Auffangregelung bezieht, ohne die Prüfung zu eröffnen, ob deren Anwendungsvoraussetzungen erfüllt sind (so auch *Brandes* ZIP 2008, 2193 [2197]; MHdBGesR VI/*Brandes* § 58 Rn. 36; *Cannistra* 111 f.; UHH/*Habersack* MgVG § 23 Rn. 5; GLF/*Kienast* § 5 Rn. 144 ff.; *Krause/Janko* BB 2007, 2194 [2197]; *Müller-Bonanni/Müntefering* NJW 2009, 2347 [2352]; *Roßmann* 196 ff.; Habersack/Drinhausen/*Thüsing/Forst* MgVG § 23 Rn. 13; **aA** *Lunk/Hinrichs* NZA 2007, 773 [779]; wohl auch HWK/*Hohenstatt/Dzida* MgVG Rn. 19). Insbesondere scheidet beim Unterschreiten des notwendigen Arbeitnehmerquorums ein Rückgriff auf die nach Art. 16 I bzw. § 4 MgVG maßgeblichen Bestimmungen aus, da es sich bei diesen nicht um die von Art. 16 IV lit. a als Rechtsfolge vorgegebene gesetzliche Auffangregelung handelt. Einen Wechsel in die Bestimmungen des Sitzlands eröffnet die RL 2005/56/EG ausschließlich dem besonderen Verhandlungsgremium (s. Art. 16 IV lit. b; → Rn. 57 ff.). Nur diese Auslegung entspricht dem Zweck des Entscheidungsvorbehalts in Art. 16 IV lit. a, den Weg zur gesetzlichen Auffangregelung abzukürzen. Eine Interpretation, die die Entscheidung auch eröffnen würde, um in einen mitbestimmungsfreien Zustand überzuwechseln, überschritte nicht nur den Normzweck, sondern würde auch systemwidrig sein, da der Arbeitnehmerseite vorenthalten würde, die Anwendung der gesetzlichen Auffangregelung auch bei einem Unterschreiten des notwendigen Quorums zu eröffnen.

Die in → Rn. 52 befürwortete Auslegung von Art. 16 IV lit. a steht allerdings in einem **53** offenen Widerspruch zu § 23 I 2 MgVG, der in seinem Eingangssatz ausdrücklich auch § 23 I 1 Nr. 3 MgVG in Bezug nimmt, was die vorstehend skizzierte Kontroverse zwangsläufig provoziert hat. Der augenscheinlichen Diskrepanz kann deshalb nur mittels einer unionsrechtlich geforderten Reduktion des Eingangssatzes auf den in § 23 I 1 Nr. 2 MgVG umschriebenen Sachverhalt Rechnung getragen werden. Wird dieser Weg wegen des contra-legem-Vorbehalts für das Gebot einer unionsrechtskonformen Rechtsanwendung (→ AEUV Art. 288 Rn. 47) indes als versperrt angesehen, dann verbleibt nur der angesichts des Gesetzeswortlauts zweifelhafte Schritt, sich über die Bezugnahme von § 23 I 2 MgVG auf § 23 I 1 Nr. 3 MgVG mittels einer teleologischen Reduktion hinwegzusetzen (hierfür *Roßmann* 196; ebenso nachfolgend GLF/*Kienast* § 5 Rn. 146).

54 Ferner ergibt sind indirekt aus der Anwendung der gesetzlichen Auffangregelung, dass die Entscheidung der Leitungen zwar in der Lage ist, ein Verhandlungsverfahren abzuwenden, von der Notwendigkeit, ein **besonderes Verhandlungsgremium** zu bilden, entbindet die Entscheidung aber nicht, da andernfalls die gesetzliche Auffangregel nicht vollziehbar ist (so auch *Cannistra* 109 f.; UHH/*Habersack* MgVG § 6 Rn. 1, § 23 Rn. 3; HBD/*Heither*/*von Morgen* MgVG § 28 Rn. 4; WWKK/*Kleinsorge* EU-Recht Rn. 110; NFK/*Nagel* MgVG § 6 Rn. 1, § 23 Rn. 5; *Roßmann* 198 ff.; AKRR/*Rudolph* MgVG § 23 Rn. 11; *Schubert* RdA 2007, 9 [14]; *dies.* ZIP 2009, 791 [791 f.]; HaKo-BetrVG/*Sick* SE und grenzüberschreitende Verschmelzung Rn. 51; **aA** *Bauckhage-Hoffer*/*Rupietta* EWS 2012, 417 [420 f.]; *Brandes* ZIP 2008, 2193 [2197]; MHdBGesR VI/*Brandes* § 58 Rn. 37 ff.; *Krause*/*Janko* BB 2007, 2194 [2197]; *Morgenroth*/*Salzmann* NZA-RR 2013, 449 [451]; *Teichmann* Der Konzern 2007, 89 [92]; idS wohl auch *Müller-Bonanni*/*Müntefering* NJW 2009, 2347 [2352 f.] sowie für den Regelfall MüKoAktG/*Jacobs* SEBG Vor § 1 Rn. 45). Das betrifft neben der Entscheidung über die Form der Mitbestimmung (§ 23 II MgVG) und die Verteilung der Sitze im Aufsichts- oder Verwaltungsorgan auf die Mitgliedstaaten (§ 25 I MgVG) ggf. auch die Entscheidung über die auf andere Mitgliedstaaten entfallenden Arbeitnehmervertreter (§ 25 II MgVG).

55 Die RL 2005/56/EG steht dieser Rechtsfolge nicht entgegen, da Art. 16 III lit. h ausdrücklich auf Teil 3 lit. b des Anhangs zur RL 2001/86/EG Bezug nimmt und dieser die vorgenannten Entscheidungen ausdrücklich einem von den Arbeitnehmern gebildeten „Vertretungsorgan" vorbehält. Angesichts dessen besteht auch kein Widerspruch zu dem mit Art. 16 IV lit. a verfolgten Zweck, da nicht davon ausgegangen werden kann, der Richtliniengeber habe die in Teil 3 lit. b UAbs. 3 des Anhangs zur RL 2001/86/EG benannten Entscheidungen abweichend von dem Konzept der Richtlinie offengelassen oder den zuständigen Organen der beteiligten Gesellschaften überantworten wollen (s. auch die Rechtslage in Österreich: Bildung eines besonderen Entsendungsgremiums [§ 261 ArbVG]).

56 Die Entscheidung, die gesetzliche Auffangregelung zur Anwendung zu bringen, entfaltet ihre Rechtswirkungen **ohne zeitliche Schranken.** Insbesondere fehlt abweichend von dem Modell der gesetzlichen Auffangregelung bei der SE die Möglichkeit, nach Ablauf einer Karenzfrist ein erneutes Verhandlungsverfahren einzuleiten (s. RL 2001/86/EG Anhang Teil 1 lit. g; → RL 2001/86/EG Art. 3 Rn. 53).

57 **2. Nichtaufnahme oder Abbruch der Verhandlungen.** Die Sonderbestimmung in Art. 16 IV lit. b greift die auch in Art. 3 VI RL 2001/86/EG und Art. 3 VI RL 2003/72/EG eröffnete Möglichkeit auf, dass das besondere Verhandlungsgremium mit doppelt qualifizierter Mehrheit von zwei Drittel beschließen kann, keine Verhandlungen um den Abschluss einer Mitbestimmungsvereinbarung zu eröffnen oder aber diese vor Ablauf der Verhandlungsfrist abzubrechen. Bezüglich der Einzelheiten zur Beschlussfassung → RL 2001/86/EG Art. 3 Rn. 36. In zeitlicher Hinsicht kann der Beschluss nicht mehr gefasst werden, wenn bereits eine **Entscheidung der beteiligten Gesellschaften** zur Anwendung der gesetzlichen Auffangregelung vorliegt (*Bauckhage-Hoffer*/*Rupietta* EWS 2012, 417 [419]; *Brandes* ZIP 2008, 2193 [2197]; MHdBGesR VI/*Brandes* § 58 Rn. 44; *Cannistra* 133; UHH/*Habersack* MgVG § 23 Rn. 4; *Müller-Bonanni*/*Müntefering* NJW 2009, 2347 [2351]; *Roßmann* 195 f.; → Rn. 50).

58 Abweichend von der RL 2001/86/EG und der RL 2003/72/EG ist die **Rechtsfolge einer Beschlussfassung** auszugestalten. Während Art. 3 VI UAbs. 1 S. 3 RL 2001/86/EG und Art. 3 VI UAbs. 1 S. 3 RL 2003/72/EG ausdrücklich festlegen, dass die gesetzliche Auffangregelung keine Anwendung findet (→ RL 2001/86/EG Art. 3 Rn. 39), gibt Art. 16 IV lit. b eine abweichende Rechtsfolge vor. Im Unterschied zu Art. 16 IV lit. a handelt es sich bei der nach Fassung des Beschlusses anzuwendenden Regelung nicht um die gesetzliche Auffangregelung des Sitzstaates, sondern die in dem Sitzstaat geltende „Mitbestim-

mungsregelung". Hiermit ist die in dem Mitgliedstaat geltende „Regelung für die Arbeitnehmermitbestimmung" gemeint, die nach Art. 16 I zur Anwendung gelangt. Die Anwendung der gesetzlichen Auffangregelung soll das besondere Verhandlungsgremium nach der RL 2005/56/EG somit nur im Einvernehmen (§ 23 I 1 Nr. 1 MgVG) oder durch ergebnislosen Ablauf der Verhandlungsfrist (§ 23 I 1 Nr. 2 MgVG) herbeiführen können.

Die **Umsetzung** der Vorgabe in Art. 16 IV lit. b erfolgt in Deutschland durch § 18 **MgVG.** Während für die **Beschlussfassung** § 18 S. 1 MgVG die Regelungen in § 16 I 1 und 2 SEBG sowie § 16 I 1 SCEBG übernimmt, trägt auf der **Rechtsfolgenebene** § 18 S. 2 MgVG den Vorgaben der RL 2005/56/EG Rechnung. Mit den nach § 18 S. 2 MgVG für den Fall der Beschlussfassung eingreifenden „Vorschriften über die Mitbestimmung der Arbeitnehmer" nimmt das Gesetz auf die nach § 4 MgVG anzuwendenden „Regelungen über die Mitbestimmung der Arbeitnehmer in den Unternehmensorganen" Bezug, die sich nach dem Recht des Mitgliedstaats richten, in dem die aus der Verschmelzung hervorgehende Gesellschaft ihren Sitz hat (im Ergebnis ebenso AKRR/*Rudolph* MgVG §§ 6–21 Rn. 11; Habersack/Drinhausen/*Thüsing*/Forst MgVG §§ 6–21 Rn. 9). Dies stimmt mit den nach Art. 16 I maßgebenden Vorschriften für die Mitbestimmung überein (→ Rn. 58). Deshalb ist auch bei der Anwendung von § 18 MgVG nicht der Verwaltungssitz, sondern der **Satzungssitz** der Gesellschaft maßgebend (Habersack/Drinhausen/*Thüsing*/Forst MgVG §§ 6–21 Rn. 9). Ein Beschluss des besonderen Verhandlungsgremiums, die Verhandlungen nicht zu eröffnen, kommt aus deutscher Sicht zumindest dann in Betracht, wenn die aus der Verschmelzung hervorgehende Gesellschaft nach Art. 16 I bzw. § 4 MgVG dem MitbestG unterliegen würde, da die andernfalls eingreifende gesetzliche Auffangregelung den Verlust des MitbestG nur unvollständig kompensiert (treffend *Roßmann* 195; → Rn. 4, 43). Entscheidend ist, dass das besondere Verhandlungsgremium seinen Beschluss rechtzeitig fasst und nicht wegen einer vorherigen Entscheidung der beteiligten Gesellschaften iSv Art. 16 IV lit. a ausgeschlossen ist (s. auch UHH/*Habersack* MgVG § 18 Rn. 2 aE; *Roßmann* 195 f.; → Rn. 57).

Ein weiterer gravierender Unterschied ist auf der Rechtsfolgenebene im Hinblick auf die **zeitliche Dimension** der Beschlussfassung zu verzeichnen, da § 18 MgVG, nicht zuletzt wegen einer fehlenden Vorgabe in Art. 16 IV lit. b, im Gegensatz zu § 18 I SEBG und § 18 SCEBG davon absieht, nach Ablauf von zwei Jahren den erneuten Einstieg in ein Verhandlungsverfahren zu eröffnen (s. *Schubert*, FG Kreutz, 2009, 103 [106 f.]; Habersack/Drinhausen/*Thüsing*/Forst MgVG Einl. Rn. 22, §§ 6–21 Rn. 10). Der iRv § 18 MgVG gefasste Beschluss des besonderen Verhandlungsgremiums entfaltet deshalb **dauerhafte Rechtswirkungen**.

3. Monistische Gesellschaftsstruktur. Die den Mitgliedstaaten in Art. 16 IV lit. c eröffnete Option betrifft monistisch strukturierte Gesellschaften und soll im Hinblick auf eine Beteiligung der Arbeitnehmer in dem Verwaltungsorgan der Gesellschaft eine Begrenzung des Anteils der Arbeitnehmervertreter ermöglichen. Hierdurch trägt die Richtlinie den Bedenken Rechnung, dass die Beteiligung der Arbeitnehmer im Verwaltungsorgan einer Gesellschaft mit monistischer Struktur nicht mit den geschäftsführenden Aufgaben des Verwaltungsorgans harmoniert, was vor allem dann relevant ist, wenn die nach Art. 16 maßgebende Regelung für die Arbeitnehmermitbestimmung zu einem paritätisch zusammengesetzten Verwaltungsrat führt. Insbesondere für diesem Fall sollen die Mitgliedstaaten berechtigt sein, den Anteil der Arbeitnehmervertreter zu begrenzen. Der Gestaltungsspielraum der Mitgliedstaaten wird durch Art. 16 IV lit. c S. 2 jedoch begrenzt, wenn das Aufsichts- oder Verwaltungsorgan bei einer der beteiligten Gesellschaft zu einem Drittel aus Arbeitnehmervertretern bestand. In diesem Fall darf der Anteil der Arbeitnehmervertreter in dem Verwaltungsorgan der aus der Verschmelzung hervorgehenden Gesellschaft nicht weniger als ein Drittel betragen.

Da die Öffnungsklausel in Art. 16 IV lit. c auf die spezifischen Besonderheiten einer monistischen Leitungsstruktur zugeschnitten ist (*Habersack* ZHR 171, 2007, 613 [626];

Kisker RdA 2006, 206 [210]; *Nagel* NZG 2006, 97 [98]; *ders.* NZG 2007, 57 [59]; *Teichmann* Der Konzern 2007, 89 [92 f.]; *Weng* 334), kann sie für eine dualistische Organisationsstruktur nicht in Anspruch genommen werden (hierfür aber *Neye* ZIP 2005, 1894 [1897 f.]), so dass die Mitgliedstaaten nicht berechtigt sind, den Anteil der Arbeitnehmervertreter auch in dem **Aufsichtsorgan** der aus der Verschmelzung hervorgehenden Gesellschaft auf ein Drittel zu begrenzen. Ob die Mitgliedstaaten von der Option für monistisch strukturierte Gesellschaften Gebrauch machen, steht in ihrem Ermessen („können").

63 Die in Art. 16 IV lit. c eröffneten Option zugunsten der Mitgliedstaaten hat das **MgVG** nicht in Anspruch genommen, weil es sich bei den aus der Verschmelzung hervorgehenden Kapitalgesellschaften mit Sitz in Deutschland scheinbar stets um **dualistisch strukturierte Gesellschaften** handelt (s. *Cannistra* 214 f.; UHH/*Habersack* MgVG Einl. Rn. 25, § 24 Rn. 1; AKRR/*Rudolph* MgVG § 24 Rn. 4). Dies folgt aus der Legaldefinition der Kapitalgesellschaft in Art. 2 Nr. 1, der insbesondere auf die Gesellschaften iSd Art. 1 RL 68/151/EWG bzw. Art. 1 RL 2009/101/EG Bezug nimmt. Hierzu gehört neben der AG und der KGaA die GmbH (→ Art. 1 Rn. 6), die in Deutschland jedenfalls bei einer Mitbestimmung der Arbeitnehmer stets über eine dualistische Leitungsstruktur verfügen.

64 Der Verzicht auf eine Art. 16 IV lit. c aufgreifende Regelung wirkt sich jedoch dann aus, wenn es sich bei der aus der Verschmelzung hervorgehenden Gesellschaft um eine **SE mit monistischer Leitungsstruktur** handelt (treffend *Roßmann* 202; → Art. 1 Rn. 8 f.). Da das MgVG die Option in Art. 16 IV lit. c nicht aufgegriffen hat, bleibt ein bei einer übernehmenden SE errichteter paritätisch zusammengesetzter Verwaltungsrat auch bei einer grenzüberschreitenden Verschmelzung bestehen. Der Fall ist jedoch nur von theoretischer Bedeutung, da die Errichtung einer SE mit Sitz in Deutschland und einem paritätisch mit Arbeitnehmervertretern besetzten Verwaltungsrat bislang nicht vorgekommen ist.

E. Sonstiges

I. Ausweitung von Mitbestimmungsrechten

65 Art. 16 V dient der Klarstellung, dass die infolge der RL 2005/56/EG bzw. des mitgliedstaatlichen Umsetzungsgesetzes eröffnete Mitbestimmung, die dazu führt, dass auch die Arbeitnehmer in anderen Mitgliedstaaten einbezogen sind, keine Auswirkungen auf die in den Mitgliedstaaten bestehenden Systeme der Mitbestimmung hat. Insbesondere trifft sie nach Art. 16 V keine Pflicht, die in anderen Mitgliedstaaten beschäftigten Arbeitnehmer bei den Schwellenwerten für die Beschäftigtenzahl zu berücksichtigen.

II. Rechtsformzwang

66 Art. 16 VI begründet zu Lasten der aus der Verschmelzung hervorgehenden Gesellschaft einen Rechtsformzwang zur Umsetzung der sich aus der Anwendung von Art. 16 II ergebenen Mitbestimmung der Arbeitnehmer. Deren Verwirklichung wäre gefährdet, wenn die von den beteiligten Gesellschaften für die neue Gesellschaft gewählte Rechtsform dem entgegensteht. Um dies zu verhindern ist die Gesellschaft zur Annahme einer die Mitbestimmung ermöglichenden Rechtsform zu verpflichten. In Deutschland ist diese Vorgabe wegen der dualistischen Leitungsstruktur der AG und der KGaA bedeutungslos. Anders ist dies für die GmbH (s. AKRR/*Rudolph* MgVG § 24 Rn. 3), da § 52 GmbHG die Errichtung eines Aufsichtsrats bei dieser lediglich fakultativ vorsieht. Verbleibt es bei einer ausschließlich aus der Geschäftsführung bestehenden monistischen Leitungsstruktur und erfolgt die Überwachung und Kontrolle der Geschäftsführung durch die Gesellschafterversammlung, dann kann eine durch Vereinbarung begründete Mitbestimmung unschwer dadurch erreicht werden, dass die Satzung der GmbH durch Errichtung eines Aufsichtsrats an die Beteiligungsvereinbarung angepasst wird. Anders ist dies für die Mitbestimmung kraft

Gesetzes, so dass die in § 24 II 1 MgVG angeordnete obligatorische Bildung eines Aufsichtsrats durch Art. 16 VI zwingend vorgegeben ist.

III. Nachfolgende innerstaatliche Verschmelzungen

Nach Wirksamwerden der Verschmelzung unterliegt die aus der Verschmelzung hervorgegangene Gesellschaft den allg. Bestimmungen des Umwandlungsrechts des Mitgliedstaats, in dem die Gesellschaft ihren Satzungssitz hat. Aus Sicht der Mitbestimmung besteht deshalb die Gefahr, dass die aus der Verschmelzung hervorgegangene Gesellschaft das bei ihr ggf. aufgrund des MgVG etablierte „System der Arbeitnehmermitbestimmung" nach Maßgabe des innerstaatlichen Umwandlungsrechts abstreift. Neben einem Wechsel der Rechtsform kann dies auch durch eine nachfolgende innerstaatliche Verschmelzung geschehen. Da diese Gefahr ohnehin auch unabhängig von einer grenzüberschreitenden Verschmelzung besteht, lässt sich der durch Art. 16 VII vorgegebene Schutzmechanismus nur dadurch rechtfertigen, dass er eine Barriere errichtet, um einen **Missbrauch** der grenzüberschreitenden Verschmelzung zum Zweck der Mitbestimmungsminderung entgegenzuwirken. Aus dieser Perspektive kompensiert Art. 16 VII den Verzicht auf einen mit Art. 11 RL 2001/86/EG vergleichbaren allg. Missbrauchsschutz (→ Rn. 39) und konkretisiert diesen zugleich. 67

Gegen den nachfolgenden Verlust der bestehenden Arbeitnehmermitbestimmung errichtet die RL 2005/56/EG nur einen partiellen Schutz, da sich **Art. 16 VII** ausschließlich auf **innerstaatliche Verschmelzungen** beschränkt und zudem nur eine an die Gesellschaft adressierte Verpflichtung vorgibt, die notwendigen Maßnahmen zu ergreifen, um die Mitbestimmungsrechte der Arbeitnehmer zu schützen. Ein Schutz der bestehenden Mitbestimmung vor anderen Umwandlungsvorgängen, insbesondere einem Wechsel der Rechtsform, gebietet Art. 16 VII nicht. Ferner ist der nach Art. 16 VII vorzusehende Schutz der Mitbestimmungsrechte der Arbeitnehmer zeitlich befristet. Er endet nach drei Jahren, wobei die Frist mit der Eintragung der grenzüberschreitenden Verschmelzung zu laufen beginnt (s. § 122a II iVm § 20 I UmwG). 68

Zur **Umsetzung** der Vorgabe in Art. 16 VII trifft das MgVG in **§ 30** eine Regelung, die auf der Rechtsfolgenebene eine auf drei Jahre befristete Fortgeltung der vor der nachfolgenden Verschmelzung maßgeblichen Bestimmungen anordnet. Hiervon werden sowohl Bestimmungen in einer Mitbestimmungsvereinbarung als auch die gesetzliche Auffangregelung (§§ 24–27 MgVG) erfasst (Begr. RegE, BT-Drs. 16/2922, 29; UHH/*Habersack* MgVG § 30 Rn. 8 aE; NFK/*Kleinsorge* MgVG § 30 Rn. 7; Habersack/Drinhausen/*Thüsing*/Forst MgVG § 30 Rn. 5). Tatbestandlich ist § 30 MgVG auf **innerstaatliche Verschmelzungen** beschränkt; bei einer **nachfolgenden** nochmaligen **grenzüberschreitenden Verschmelzung** greift uneingeschränkt der Mechanismus in Art. 16 bzw. des MgVG ein (*Roßmann* 210). Auf andere Umwandlungsvorgänge, insbesondere einen **Wechsel der Rechtsform**, findet § 30 MgVG keine Anwendung. Für den im Schrifttum bei einem Formwechsel vereinzelt befürworteten **Analogieschluss** (so *Behrens*, Die grenzüberschreitende Verschmelzung nach der Richtlinie 2005/56/EG, 2007, 241) fehlen die methodischen Voraussetzungen, da sich § 30 MgVG auf die Umsetzung der Vorgabe in Art. 16 VII beschränkt und deshalb das verbleibende Schutzdefizit nicht dem Regelungsplan des Gesetzgebers widerspricht, sondern von diesem bewusst in Kauf genommen worden ist (abl. auch *Cannistra* 250 sowie *Roßmann* 209 f.). 69

Die **Kompatibilität von § 30 MgVG mit Art. 16 VII** wird mit beachtlichen Gründen angezweifelt. Der erste Einwand wird bereits dagegen erhoben, dass § 30 S. 2 MgVG eine **befristete Fortgeltung** der „maßgeblichen Regelungen über die Mitbestimmung" anordnet, während Art. 16 VII die Einleitung eines Verhandlungsverfahrens fordere (so *Cannistra* 251; *Habersack* ZHR 171, 2007, 613 [637]; MüKoAktG/*Jacobs* SEBG Vor § 1 Rn. 47; *Roßmann* 206 ff.; AKRR/*Rudolph* MgVG § 30 Rn. 10; *Schubert* RdA 2007, 9 [16 f.]; Habersack/Drinhausen/*Thüsing*/Forst MgVG § 30 Rn. 6; **aA** NFK/*Kleinsorge* MgVG § 30 Rn. 10). Die Diskrepanz zwischen Art. 16 VI und § 30 S. 2 MgVG liegt bei einem 70 grammatikalischen Vergleich zwar auf der Hand, führt aber nur dann zur Richtlinienwidrigkeit, wenn Art. 16 VII entnommen werden kann, dass den Mitgliedstaaten untersagt ist, einen strengeren Schutz des bestehenden Mitbestimmungssystems zu etablieren (idS *Roßmann* 207). Selbst wenn dies bejaht wird, berührt der Richtlinienverstoß nicht die Geltung von § 30 MgVG.

71 Beanstandet wird darüber hinaus, dass die ausschließliche **Anknüpfung** der Rechtsfolge in § 30 S. 2 MgVG an den **Minderungstatbestand in § 5 Nr. 2 MgVG** hinter dem durch Art. 16 VII gebotenen Schutz zurückbleibe, da dieser auch den Minderungstatbestand in § 5 Nr. 3 MgVG erfasse (*Habersack* ZHR 171, 2007, 613 [637]; *Schubert* RdA 2007, 9 [16]; Habersack/Drinhausen/*Thüsing/Forst* MgVG § 30 Rn. 8; **aA** NFK/*Kleinsorge* MgVG § 30 Rn. 11). Dieser Vorwurf ist ebenfalls nicht frei von Zweifeln, da sich der von Art. 16 VII geforderte Schutz auf die „Mitbestimmungsrechte der Arbeitnehmer" bezieht. Demgegenüber erstreckt sich der von Art. 16 II 2. Hs. lit. b bzw. § 5 Nr. 3 MgVG erfasste Sachverhalt auf die „Ausübung von Mitbestimmungsrechten". Dieser Vergleich legt es nahe, dass Art. 16 VII lediglich für den in Art. 16 II 2. Hs. lit. a bzw. § 5 Nr. 2 MgVG umschriebenen Sachverhalt einen Schutzmechanismus etablieren will.

72 Als aus **grundrechtlicher Sicht** problematisch wird § 30 S. 2 MgVG darüber hinaus angesehen, wenn es sich bei der aus einer innerstaatlichen Verschmelzung hervorgehenden Gesellschaft um eine **Personengesellschaft** handele. Die befristete Fortgeltung der bisherigen mitbestimmungsrechtlichen Vorschriften sei in dieser Konstellation mit **Art. 14 I GG** unvereinbar (so *Habersack* ZHR 171, 2007, 613 [638] sowie im Anschluss *Roßmann* 208; Habersack/Drinhausen/*Thüsing/Forst* MgVG § 30 Rn. 11; **aA** inzident NFK/*Kleinsorge* MgVG § 30 Rn. 12 Fn. 14). Dieser Einwand setzt indes voraus, dass § 30 S. 2 MgVG in dem genannten Sachverhalt überhaupt eingreift. Dagegen spricht die Verknüpfung von § 30 S. 2 MgVG mit § 30 S. 1 MgVG, der auf der Prämisse beruht, dass es im Zuge der innerstaatlichen Verschmelzung zu einer Mitbestimmung der Arbeitnehmer nach Maßgabe der nationalen Regelung kommt. Nur auf dieser Basis ist der von § 5 Nr. 2 MgVG geforderte Vergleich zum Umfang der Mitbestimmung möglich. Den verfassungsrechtlichen Bedenken lässt sich deshalb mittels einer ggf. verfassungskonformen Auslegung der Norm begegnen.

...

Art. 18 Überprüfung

Fünf Jahre nach dem in Artikel 19 Absatz 1 genannten Zeitpunkt überprüft die Kommission diese Richtlinie auf der Grundlage der Erfahrungen bei ihrer Anwendung und schlägt gegebenenfalls eine Änderung vor.

Art. 19 Umsetzung

Die Mitgliedstaaten setzen die Rechts- und Verwaltungsvorschriften in Kraft, die erforderlich sind, um dieser Richtlinie spätestens bis zum 15. Dezember 2007 nachzukommen.

¹Wenn die Mitgliedstaaten diese Vorschriften erlassen, nehmen sie in den Vorschriften selbst oder durch einen Hinweis bei der amtlichen Veröffentlichung auf diese Richtlinie Bezug. ²Die Mitgliedstaaten regeln die Einzelheiten dieser Bezugnahme.

1 Zur Umsetzung der Vorgaben in der Richtlinie hat der Gesetzgeber in Deutschland in der Tradition der Regelungen für die SE und die SCE zwei Wege eingeschlagen, die zu einer Trennung der gesellschaftsrechtlichen Bestimmungen von dem mitbestimmungsrechtlichen Regelungskomplex führten. Während die **gesellschaftsrechtlichen Vorschriften**

in das Zweite Gesetz zur Änderung des Umwandlungsgesetzes vom 19.4.2007 (BGBl. I 542) eingingen und zur Einfügung der §§ 122a-122l in das UmwG führten (dazu zB *Grunewald* Der Konzern 2007, 106 ff.; *Krause/Kupka* ZHR 171, 2007, 38 ff.; *Müller* ZIP 2007, 1081 ff.; *Neye/Birt* GmbHR 2007, 561 ff.; *Veil* Der Konzern 2007, 98 ff.), wurde für die **Mitbestimmung der Arbeitnehmer** das „Gesetz über die Mitbestimmung der Arbeitnehmer bei einer grenzüberschreitenden Verschmelzung (MgVG)" geschaffen.

Das **Gesetzgebungsverfahren** für das **MgVG** wurde am 9.8.2006 durch Zuleitung des Entwurfs der Bundesregierung an den Bundesrat eingeleitet (BR-Drs. 540/06), der sich in seiner Stellungnahme vom 22.9.2006 insbesondere zur Sitzgarantie zugunsten der Gewerkschaften im besonderen Verhandlungsgremium sowie im Aufsichts- oder Verwaltungsrat ablehnend äußerte (BR-Drs. 540/06 [Beschluss]; s. auch *Lunk/Hinrichs* NZA 2007, 773 [777]). In ihrer Gegenäußerung, die sie dem Bundestag am 11.10.2006 zuleitete (BT-Drs. 16/2922), wies die Bundesregierung die Einwände unter Hinweis auf die Parallelitäten zu den bereits bestehenden Regelungen für die SE und die SCE zurück. Die mit dem Gesetzesentwurf befassten Ausschüsse des Bundestags empfahlen dessen unveränderte Annahme (BT-Drs. 16/3320), die am 9.11.2006 in 2./3. Lesung durch den Bundestag erfolgte (Stenografischer Bericht, 63. Sitzung v. 9.11.2006, BT-Plenarprotokoll 16/63, 6175 [A]-6183 [A]). Die abschließende Sitzung des Bundesrats fand am 15.12.2006 statt. Da die Einleitung eines Vermittlungsverfahrens unterblieb, trat das MgVG am Tag nach der Verkündung im Bundesgesetzblatt (BGBl. I 3332) am 29.12.2006 in Kraft. 2

Art. 20 Inkrafttreten

Diese Richtlinie tritt am zwanzigsten Tag nach ihrer Veröffentlichung im *Amtsblatt der Europäischen Union* in Kraft.

Die Richtlinie wurde am 25.11.2005 im Amtsblatt veröffentlicht und trat nach Art. 20 am 15.12.2005 in Kraft. 1

Art. 21 Adressaten

Diese Richtlinie ist an die Mitgliedstaaten gerichtet.

An die Richtlinie sind neben den Mitgliedstaaten der Europäischen Union die Vertragsstaaten des Abkommens über einen Europäischen Wirtschaftsraum (Island, Liechtenstein, Norwegen) gebunden. In diesem Sinne trifft § 3 II MgVG eine entsprechende Definition für den im MgVG verwendeten Begriff „Mitgliedstaaten" (ebenso § 3 II SEBG, § 3 II SCEBG). 1

600. Richtlinie 2006/54/EG des Europäischen Parlaments und des Rates zur Verwirklichung des Grundsatzes der Chancengleichheit und Gleichbehandlung von Männern und Frauen in Arbeits- und Beschäftigungsfragen

vom 5. Juli 2006

(ABl. Nr. L 204 S. 23)

Celex-Nr. 3 2006 L 0054

DAS EUROPÄISCHE PARLAMENT UND DER RAT DER EUROPÄISCHEN UNION –

gestützt auf den Vertrag zur Gründung der Europäischen Gemeinschaft, insbesondere auf Artikel 141 Absatz 3,

auf Vorschlag der Kommission,

nach Stellungnahme des Europäischen Wirtschafts- und Sozialausschusses[1],

gemäß dem Verfahren des Artikels 251 des Vertrags[2],

in Erwägung nachstehender Gründe:

(1) Die Richtlinie 76/207/EWG des Rates vom 9. Februar 1976 zur Verwirklichung des Grundsatzes der Gleichbehandlung von Männern und Frauen hinsichtlich des Zugangs zur Beschäftigung, zur Berufsbildung und zum beruflichen Aufstieg sowie in Bezug auf die Arbeitsbedingungen[3] und die Richtlinie 86/378/EWG des Rates vom 24. Juli 1986 zur Verwirklichung des Grundsatzes der Gleichbehandlung von Männern und Frauen bei den betrieblichen Systemen der sozialen Sicherheit[4] wurden erheblich geändert[5]. Die Richtlinie 75/117/EWG des Rates vom 10. Februar 1975 zur Angleichung der Rechtsvorschriften der Mitgliedstaaten über die Anwendung des Grundsatzes des gleichen Entgelts für Männer und Frauen[6] und die Richtlinie 97/80/EG des Rates vom 15. Dezember 1997 über die Beweislast bei Diskriminierung aufgrund des Geschlechts[7] enthalten ebenfalls Bestimmungen, deren Ziel die Verwirklichung des Grundsatzes der Gleichbehandlung von Männern und Frauen ist. Anlässlich neuerlicher Änderungen der genannten Richtlinien empfiehlt sich aus Gründen der Klarheit eine Neufassung sowie die Zusammenfassung der wichtigsten Bestimmungen auf diesem Gebiet mit verschiedenen Entwicklungen aufgrund der Rechtsprechung des Gerichtshofs der Europäischen Gemeinschaften (im Folgenden „Gerichtshof") in einem einzigen Text.

(2) Die Gleichstellung von Männern und Frauen stellt nach Artikel 2 und Artikel 3 Absatz 2 des Vertrags sowie nach der Rechtsprechung des Gerichtshofs ein grundlegendes Prinzip dar. In diesen Vertragsbestimmungen wird die Gleichstellung von Männern und Frauen als Aufgabe und Ziel der Gemeinschaft bezeichnet, und es wird eine positive Verpflichtung begründet, sie bei allen Tätigkeiten der Gemeinschaft zu fördern.

---

[1] **Amtl. Anm.:** ABl. C 157 vom 28.6.2005, S. 83.

[2] **Amtl. Anm.:** Stellungnahme des Europäischen Parlaments vom 6. Juli 2005 (noch nicht im Amtsblatt veröffentlicht), Gemeinsamer Standpunkt des Rates vom 10. März 2006 (ABl. C 126 E vom 30.5.2006, S. 33) und Standpunkt des Europäischen Parlaments vom 1. Juni 2006 (noch nicht im Amtsblatt veröffentlicht).

[3] **Amtl. Anm.:** ABl. L 39 vom 14.2.1976, S. 40. Geändert durch die Richtlinie 2002/73/EG des Europäischen Parlaments und des Rates (ABl. L 269 vom 5.10.2002, S. 15).

[4] **Amtl. Anm.:** ABl. L 225 vom 12.8.1986, S. 40. Geändert durch die Richtlinie 96/97/EG (ABl. L 46 vom 17.2.1997, S. 20).

[5] **Amtl. Anm.:** Siehe Anhang I Teil A.

[6] **Amtl. Anm.:** ABl. L 45 vom 19.2.1975, S. 19.

[7] **Amtl. Anm.:** ABl. L 14 vom 20.1.1998, S. 6. Geändert durch die Richtlinie 98/52/EG (ABl. L 205 vom 22.7.1998, S. 66).

(3) Der Gerichtshof hat festgestellt, dass die Tragweite des Grundsatzes der Gleichbehandlung von Männern und Frauen nicht auf das Verbot der Diskriminierung aufgrund des natürlichen Geschlechts einer Person beschränkt werden kann. Angesichts seiner Zielsetzung und der Art der Rechte, die damit geschützt werden sollen, gilt er auch für Diskriminierungen aufgrund einer Geschlechtsumwandlung.

(4) Artikel 141 Absatz 3 des Vertrags bietet nunmehr eine spezifische Rechtsgrundlage für den Erlass von Gemeinschaftsmaßnahmen zur Sicherstellung des Grundsatzes der Chancengleichheit und der Gleichbehandlung in Arbeits- und Beschäftigungsfragen, einschließlich des gleichen Entgelts für gleiche oder gleichwertige Arbeit.

(5) Die Artikel 21 und 23 der Charta der Grundrechte der Europäischen Union verbieten ebenfalls jegliche Diskriminierung aufgrund des Geschlechts und verankern das Recht auf Gleichbehandlung von Männern und Frauen in allen Bereichen, einschließlich Beschäftigung, Arbeit und Entgelt.

(6) Die Belästigung einer Person und die sexuelle Belästigung stellen einen Verstoß gegen den Grundsatz der Gleichbehandlung von Männern und Frauen dar und sind somit als Diskriminierung aufgrund des Geschlechts im Sinne dieser Richtlinie anzusehen. Diese Formen der Diskriminierung kommen nicht nur am Arbeitsplatz vor, sondern auch im Zusammenhang mit dem Zugang zur Beschäftigung, zur Berufsbildung und zum beruflichen Aufstieg. Diese Formen der Diskriminierung sollten daher verboten werden, und es sollten wirksame, verhältnismäßige und abschreckende Sanktionen vorgesehen werden.

(7) In diesem Zusammenhang sollten die Arbeitgeber und die für Berufsbildung zuständigen Personen ersucht werden, Maßnahmen zu ergreifen, um im Einklang mit den innerstaatlichen Rechtsvorschriften und Gepflogenheiten gegen alle Formen der Diskriminierung aufgrund des Geschlechts vorzugehen und insbesondere präventive Maßnahmen zur Bekämpfung der Belästigung und der sexuellen Belästigung am Arbeitsplatz ebenso wie beim Zugang zur Beschäftigung, zur Berufsbildung und zum beruflichen Aufstieg zu treffen.

(8) Der Grundsatz des gleichen Entgelts für gleiche oder gleichwertige Arbeit, gemäß Artikel 141 des Vertrags, der vom Gerichtshof in ständige Rechtsprechung bestätigt wurde, ist ein wichtiger Aspekt des Grundsatzes der Gleichbehandlung von Männern und Frauen und ein wesentlicher und unverzichtbarer Bestandteil sowohl des gemeinschaftlichen Besitzstands als auch der Rechtsprechung des Gerichtshofs im Bereich der Diskriminierung aufgrund des Geschlechts. Daher sollten weitere Bestimmungen zu seiner Verwirklichung festgelegt werden.

(9) Um festzustellen, ob Arbeitnehmer eine gleiche oder gleichwertige Arbeit verrichten, sollte gemäß der ständigen Rechtsprechung des Gerichtshofs geprüft werden, ob sich diese Arbeitnehmer in Bezug auf verschiedene Faktoren, zu denen unter anderem die Art der Arbeit und der Ausbildung und die Arbeitsbedingungen gehören, in einer vergleichbaren Lage befinden.

(10) Der Gerichtshof hat festgestellt, dass der Grundsatz des gleichen Entgelts unter bestimmten Umständen nicht nur für Situationen gilt, in denen Männer und Frauen für denselben Arbeitgeber arbeiten.

(11) Die Mitgliedstaaten sollten weiterhin gemeinsam mit den Sozialpartnern dem Problem des anhaltenden geschlechtsspezifischen Lohngefälles und der nach wie vor ausgeprägten Geschlechtertrennung auf dem Arbeitsmarkt beispielsweise durch flexible Arbeitszeitregelungen entgegenwirken, die es sowohl Männern als auch Frauen ermöglichen, Familie und Beruf besser miteinander in Einklang zu bringen. Dies könnte auch angemessene Regelungen für den Elternurlaub, die von beiden Elternteilen in Anspruch genommen werden könnten, sowie die Bereitstellung zugänglicher und erschwinglicher Einrichtungen für die Kinderbetreuung und die Betreuung pflegebedürftiger Personen einschließen.

(12) Es sollten spezifische Maßnahmen erlassen werden, um die Verwirklichung des Grundsatzes der Gleichbehandlung in den betrieblichen Systemen der sozialen Sicherheit zu gewährleisten und seinen Geltungsbereich klarer zu definieren.

(13) Mit seinem Urteil vom 17. Mai 1990 in der Rechtssache C-262/88[8] befand der Gerichtshof, dass alle Formen von Betriebsrenten Bestandteil des Entgelts im Sinne von Artikel 141 des Vertrags sind.

(14) Auch wenn sich der Begriff des Entgelts im Sinne des Artikels 141 des Vertrags nicht auf Sozialversicherungsleistungen erstreckt, steht nunmehr fest, dass ein Rentensystem für Beschäftigte im öffentlichen Dienst unter den Grundsatz des gleichen Entgelts fällt, wenn die aus einem solchen System zu zahlenden Leistungen dem Arbeitnehmer aufgrund seines Beschäftigungsverhältnisses mit dem öffentlichen Arbeitgeber gezahlt werden, ungeachtet der Tatsache, dass ein solches System Teil eines allgemeinen, durch Gesetz geregelten Systems ist. Nach den Urteilen des Gerichtshofs vom 28. August 1984 in der Rechtssache C-7/93[9] und vom 12. August in der Rechtssache C-351/00[10] ist diese Bedingung erfüllt, wenn das Rentensystem eine bestimmte Gruppe von Arbeitnehmern betrifft und die Leistungen unmittelbar von der abgeleisteten Dienstzeit abhängig sind und ihre Höhe aufgrund der letzten Bezüge des Beamten berechnet wird. Um der Klarheit willen ist es daher angebracht, entsprechende spezifische Bestimmungen zu erlassen.

(15) Der Gerichtshof hat bestätigt, dass, auch wenn die Beiträge männlicher und weiblicher Arbeitnehmer zu einem Rentensystem mit Leistungszusage unter Artikel 141 des Vertrags fallen, Ungleichheiten bei den im Rahmen von durch Kapitalansammlung finanzierten Systemen mit Leistungszusage gezahlten Arbeitgeberbeiträgen, die sich aus der Verwendung je nach Geschlecht unterschiedlicher versicherungsmathematischer Faktoren ergeben, nicht im Lichte dieser Bestimmung beurteilt werden können.

(16) Beispielsweise ist bei durch Kapitalansammlung finanzierten Systemen mit Leistungszusage hinsichtlich einiger Punkte, wie der Umwandlung eines Teils der regelmäßigen Rentenzahlungen in Kapital, der Übertragung der Rentenansprüche, der Hinterbliebenenrente, die an einen Anspruchsberechtigten auszuzahlen ist, der im Gegenzug auf einen Teil der jährlichen Rentenbezüge verzichtet oder einer gekürzten Rente, wenn der Arbeitnehmer sich für den vorgezogenen Ruhestand entscheidet, eine Ungleichbehandlung gestattet, wenn die Ungleichheit der Beträge darauf zurückzuführen ist, dass bei der Durchführung der Finanzierung des Systems je nach Geschlecht unterschiedliche versicherungstechnische Berechnungsfaktoren angewendet worden sind.

(17) Es steht fest, dass Leistungen, die aufgrund eines betrieblichen Systems der sozialen Sicherheit zu zahlen sind, nicht als Entgelt gelten, insofern sie auf Beschäftigungszeiten vor dem 17. Mai 1990 zurückgeführt werden können, außer im Fall von Arbeitnehmern oder ihren anspruchsberechtigten Angehörigen, die vor diesem Zeitpunkt eine Klage bei Gericht oder ein gleichwertiges Verfahren nach geltendem einzelstaatlichen Recht angestrengt haben. Es ist daher notwendig, die Anwendung des Grundsatzes der Gleichbehandlung entsprechend einzuschränken.

(18) Nach der ständigen Rechtsprechung des Gerichtshofs hat das Barber-Protokoll[11] keine Auswirkung auf den Anspruch auf Anschluss an ein Betriebsrentensystem, und die zeitliche Beschränkung der Wirkungen des Urteils in der Rechtssache C-262/88 gilt nicht für den Anspruch auf Anschluss an ein Betriebsrentensystem. Der Gerichtshof hat auch für Recht erkannt, dass Arbeitnehmern, die ihren Anspruch auf Anschluss an ein Betriebsrentensystem geltend machen, die einzelstaatlichen Vorschriften über die Fristen für die Rechtsverfolgung entgegengehalten werden können, sofern sie für derartige Klagen nicht ungünstiger sind als für gleichartige Klagen, die das innerstaatliche Recht betreffen, und sofern sie die Ausübung der durch das Gemeinschaftsrecht gewährten

---

[8] **Amtl. Anm.:** Rechtssache C-262/88: Barber gegen Guardian Royal Exchange Assurance Group, Slg. 1990, I-1889.

[9] **Amtl. Anm.:** Rechtssache C-7/93: Bestuur van het Algemeen Burgerlijk Pensioensfonds gegen G. A. Beune, Slg. 1994, I-4471.

[10] **Amtl. Anm.:** Rechtssache C-351/00: Pirkko Niemi, Slg. 2002, I-7007.

[11] **Amtl. Anm.:** Protokoll Nr. 17 zu Artikel 141 des Vertrags zur Gründung der Europäischen Gemeinschaft (1992) [**Red. Anm.:** Nunmehr Art. 157 AEUV].

Rechte nicht praktisch unmöglich machen. Der Gerichtshof hat zudem dargelegt, dass ein Arbeitnehmer, der Anspruch auf den rückwirkenden Anschluss an ein Betriebsrentensystem hat, sich der Zahlung der Beiträge für den betreffenden Anschlusszeitraum nicht entziehen kann.

(19) Die Sicherstellung des gleichen Zugangs zur Beschäftigung und zur entsprechenden Berufsbildung ist grundlegend für die Anwendung des Grundsatzes der Gleichbehandlung von Männern und Frauen in Arbeits- und Beschäftigungsfragen. Jede Einschränkung dieses Grundsatzes sollte daher auf diejenigen beruflichen Tätigkeiten beschränkt bleiben, die aufgrund ihrer Art oder der Bedingungen ihrer Ausübung die Beschäftigung einer Person eines bestimmten Geschlechts erfordern, sofern damit ein legitimes Ziel verfolgt und dem Grundsatz der Verhältnismäßigkeit entsprochen wird.

(20) Diese Richtlinie berührt nicht die Vereinigungsfreiheit, einschließlich des Rechts jeder Person, zum Schutz ihrer Interessen Gewerkschaften zu gründen und Gewerkschaften beizutreten. Maßnahmen im Sinne von Artikel 141 Absatz 4 des Vertrags können die Mitgliedschaft in oder die Fortsetzung der Tätigkeit von Organisationen oder Gewerkschaften einschließen, deren Hauptziel es ist, dem Grundsatz der Gleichbehandlung von Männern und Frauen in der Praxis Geltung zu verschaffen.

(21) Das Diskriminierungsverbot sollte nicht der Beibehaltung oder dem Erlass von Maßnahmen entgegenstehen, mit denen bezweckt wird, Benachteiligungen von Personen eines Geschlechts zu verhindern oder auszugleichen. Diese Maßnahmen lassen die Einrichtung und Beibehaltung von Organisationen von Personen desselben Geschlechts zu, wenn deren Hauptzweck darin besteht, die besonderen Bedürfnisse dieser Personen zu berücksichtigen und die Gleichstellung von Männern und Frauen zu fördern.

(22) In Übereinstimmung mit Artikel 141 Absatz 4 des Vertrags hindert der Grundsatz der Gleichbehandlung die Mitgliedstaaten im Hinblick auf die effektive Gewährleistung der vollen Gleichstellung von Männern und Frauen im Arbeitsleben nicht daran, zur Erleichterung der Berufstätigkeit des unterrepräsentierten Geschlechts oder zur Verhinderung bzw. zum Ausgleich von Benachteiligungen in der beruflichen Laufbahn spezifische Vergünstigungen beizubehalten oder zu beschließen. Angesichts der derzeitigen Lage und in Kenntnis der Erklärung Nr. 28 zum Vertrag von Amsterdam sollten die Mitgliedstaaten in erster Linie darauf hinwirken, die Lage der Frauen im Arbeitsleben zu verbessern.

(23) Aus der Rechtsprechung des Gerichtshofs ergibt sich klar, dass die Schlechterstellung einer Frau im Zusammenhang mit Schwangerschaft oder Mutterschaft eine unmittelbare Diskriminierung aufgrund des Geschlechts darstellt. Eine solche Behandlung sollte daher von der vorliegenden Richtlinie ausdrücklich erfasst werden.

(24) Der Gerichtshof hat in ständige Rechtsprechung anerkannt, dass der Schutz der körperlichen Verfassung der Frau während und nach einer Schwangerschaft sowie Maßnahmen zum Mutterschutz legitime Mittel zur Erreichung einer nennenswerten Gleichstellung sind. Diese Richtlinie sollte somit die Richtlinie 92/85/EWG des Rates vom 19. Oktober 1992 über die Durchführung von Maßnahmen zur Verbesserung der Sicherheit und des Gesundheitsschutzes von schwangeren Arbeitnehmerinnen, Wöchnerinnen und stillenden Arbeitnehmerinnen am Arbeitsplatz[12] unberührt lassen. Sie sollte ferner die Richtlinie 96/34/EG des Rates vom 3. Juni 1996 zu der von UNICE, CEEP und EGB geschlossenen Rahmenvereinbarung über Elternurlaub[13] unberührt lassen.

(25) Aus Gründen der Klarheit ist es außerdem angebracht, ausdrücklich Bestimmungen zum Schutz der Rechte der Frauen im Bereich der Beschäftigung im Falle des Mutterschaftsurlaubs aufzunehmen, insbesondere den Anspruch auf Rückkehr an ihren früheren Arbeitsplatz oder einen gleichwertigen Arbeitsplatz ohne Verschlechterung der Arbeitsbedingungen aufgrund dieses Mutterschaftsurlaubs sowie darauf, dass ihnen auch alle Ver-

---

[12] **Amtl. Anm.:** ABl. L 348 vom 28.11.1992, S. 1.
[13] **Amtl. Anm.:** ABl. L 145 vom 19.6.1996, S. 4. Geändert durch die Richtlinie 97/75/EG (ABl. L 10 vom 16.1.1998, S. 24).

besserungen der Arbeitsbedingungen zugute kommen, auf die sie während ihrer Abwesenheit Anspruch gehabt hätten.

(26) In der Entschließung des Rates und der im Rat vereinigten Minister für Beschäftigung und Sozialpolitik vom 29. Juni 2000 über eine ausgewogene Teilhabe von Frauen und Männern am Berufs- und Familienleben[14] wurden die Mitgliedstaaten ermutigt, die Möglichkeit zu prüfen, in ihren jeweiligen Rechtsordnungen männlichen Arbeitnehmern unter Wahrung ihrer bestehenden arbeitsbezogenen Rechte ein individuelles, nicht übertragbares Recht auf Vaterschaftsurlaub zuzuerkennen.

(27) Ähnliche Bedingungen gelten für die Zuerkennung – durch die Mitgliedstaaten – eines individuellen, nicht übertragbaren Rechts auf Urlaub nach Adoption eines Kindes an Männer und Frauen. Es ist Sache der Mitgliedstaaten zu entscheiden, ob sie ein solches Recht auf Vaterschaftsurlaub und/oder Adoptionsurlaub zuerkennen oder nicht, sowie alle außerhalb des Geltungsbereichs dieser Richtlinie liegenden Bedingungen, mit Ausnahme derjenigen, die die Entlassung und die Rückkehr an den Arbeitsplatz betreffen, festzulegen.

(28) Die wirksame Anwendung des Grundsatzes der Gleichbehandlung erfordert die Schaffung angemessener Verfahren durch die Mitgliedstaaten.

(29) Die Schaffung angemessener rechtlicher und administrativer Verfahren zur Durchsetzung der Verpflichtungen aufgrund der vorliegenden Richtlinie ist wesentlich für die tatsächliche Verwirklichung des Grundsatzes der Gleichbehandlung.

(30) Der Erlass von Bestimmungen zur Beweislast ist wesentlich, um sicherzustellen, dass der Grundsatz der Gleichbehandlung wirksam durchgesetzt werden kann. Wie der Gerichtshof entschieden hat, sollten daher Bestimmungen vorgesehen werden, die sicherstellen, dass die Beweislast – außer im Zusammenhang mit Verfahren, in denen die Ermittlung des Sachverhalts dem Gericht oder der zuständigen nationalen Stelle obliegt – auf die beklagte Partei verlagert wird, wenn der Anschein einer Diskriminierung besteht. Es ist jedoch klarzustellen, dass die Bewertung der Tatsachen, die das Vorliegen einer unmittelbaren oder mittelbaren Diskriminierung vermuten lassen, weiterhin der einschlägigen einzelstaatlichen Stelle im Einklang mit den innerstaatlichen Rechtsvorschriften oder Gepflogenheiten obliegt. Außerdem bleibt es den Mitgliedstaaten überlassen, auf jeder Stufe des Verfahrens eine für die klagende Partei günstigere Beweislastregelung vorzusehen.

(31) Um den durch diese Richtlinie gewährleisteten Schutz weiter zu verbessern, sollte auch die Möglichkeit bestehen, dass sich Verbände, Organisationen und andere juristische Personen unbeschadet der nationalen Verfahrensregeln bezüglich der Vertretung und Verteidigung bei einem entsprechenden Beschluss der Mitgliedstaaten im Namen der beschwerten Person oder zu deren Unterstützung an einem Verfahren beteiligen.

(32) In Anbetracht des grundlegenden Charakters des Anspruchs auf einen effektiven Rechtsschutz ist es angebracht, dass Arbeitnehmer diesen Schutz selbst noch nach Beendigung des Verhältnisses genießen, aus dem sich der behauptete Verstoß gegen den Grundsatz der Gleichbehandlung ergibt. Ein Arbeitnehmer, der eine Person, die nach dieser Richtlinie Schutz genießt, verteidigt oder für sie als Zeuge aussagt, sollte den gleichen Schutz genießen.

(33) Der Gerichtshof hat eindeutig festgestellt, dass der Gleichbehandlungsgrundsatz nur dann als tatsächlich verwirklicht angesehen werden kann, wenn bei allen Verstößen eine dem erlittenen Schaden angemessene Entschädigung zuerkannt wird. Es ist daher angebracht, die Vorabfestlegung irgendeiner Höchstgrenze für eine solche Entschädigung auszuschließen, außer in den Fällen, in denen der Arbeitgeber nachweisen kann, dass der einem Bewerber infolge einer Diskriminierung im Sinne dieser Richtlinie entstandene Schaden allein darin besteht, dass die Berücksichtigung seiner Bewerbung verweigert wurde.

(34) Um die wirksame Umsetzung des Grundsatzes der Gleichbehandlung zu verstärken, sollten die Mitgliedstaaten den Dialog zwischen den Sozialpartnern und – im Rahmen der einzelstaatlichen Praxis – mit den Nichtregierungsorganisationen fördern.

---

[14] **Amtl. Anm.:** ABl. C 218 vom 31.7.2000, S. 5.

(35) Die Mitgliedstaaten sollten wirksame, verhältnismäßige und abschreckende Sanktionen festlegen, die bei einer Verletzung der aus dieser Richtlinie erwachsenden Verpflichtungen zu verhängen sind.

(36) Da die Ziele dieser Richtlinie auf Ebene der Mitgliedstaaten nicht ausreichend verwirklicht werden können und daher besser auf Gemeinschaftsebene zu erreichen sind, kann die Gemeinschaft im Einklang mit dem in Artikel 5 des Vertrags niedergelegten Subsidiaritätsprinzip tätig werden. Entsprechend dem in demselben Artikel genannten Grundsatz der Verhältnismäßigkeit geht diese Richtlinie nicht über das zur Erreichung dieser Ziele erforderliche Maß hinaus.

(37) Zum besseren Verständnis der Ursachen der unterschiedlichen Behandlung von Männern und Frauen in Arbeits- und Beschäftigungsfragen sollten vergleichbare, nach Geschlechtern aufgeschlüsselte Statistiken weiterhin erstellt, ausgewertet und auf den geeigneten Ebenen zur Verfügung gestellt werden.

(38) Die Gleichbehandlung von Männern und Frauen in Arbeits- und Beschäftigungsfragen kann sich nicht auf gesetzgeberische Maßnahmen beschränken. Die Europäische Union und die Mitgliedstaaten sind vielmehr aufgefordert, den Prozess der Bewusstseinsbildung für das Problem der Lohndiskriminierung und ein Umdenken verstärkt zu fördern und dabei alle betroffenen Kräfte auf öffentlicher wie privater Ebene so weit wie möglich einzubinden. Dabei kann der Dialog zwischen den Sozialpartnern einen wichtigen Beitrag leisten.

(39) Die Verpflichtung zur Umsetzung dieser Richtlinie in nationales Recht sollte auf diejenigen Bestimmungen beschränkt werden, die eine inhaltliche Veränderung gegenüber den früheren Richtlinien darstellen. Die Verpflichtung zur Umsetzung derjenigen Bestimmungen, die inhaltlich unverändert bleiben, ergibt sich aus den früheren Richtlinien.

(40) Diese Richtlinie sollte unbeschadet der Verpflichtungen der Mitgliedstaaten in Bezug auf die Fristen zur Umsetzung der in Anhang I Teil B aufgeführten Richtlinien in einzelstaatliches Recht und zu ihrer Anwendung gelten.

(41) Entsprechend Nummer 34 der Interinstitutionellen Vereinbarung über bessere Rechtsetzung[15] sollten die Mitgliedstaaten für ihre eigenen Zwecke und im Interesse der Gemeinschaft eigene Tabellen aufstellen, denen im Rahmen des Möglichen die Entsprechungen zwischen dieser Richtlinie und den Umsetzungsmaßnahmen zu entnehmen sind, und diese veröffentlichen –

HABEN FOLGENDE RICHTLINIE ERLASSEN:

Titel I. Allgemeine Bestimmungen

Art. 1 Gegenstand

Ziel der vorliegenden Richtlinie ist es, die Verwirklichung des Grundsatzes der Chancengleichheit und Gleichbehandlung von Männern und Frauen in Arbeits- und Beschäftigungsfragen sicherzustellen.

Zu diesem Zweck enthält sie Bestimmungen zur Verwirklichung des Grundsatzes der Gleichbehandlung in Bezug auf

a) den Zugang zur Beschäftigung einschließlich des beruflichen Aufstiegs und zur Berufsbildung,
b) Arbeitsbedingungen einschließlich des Entgelts,
c) betriebliche Systeme der sozialen Sicherheit.

Weiter enthält sie Bestimmungen, mit denen sichergestellt werden soll, dass die Verwirklichung durch die Schaffung angemessener Verfahren wirksamer gestaltet wird.

---

[15] Amtl. Anm.: ABl. C 321 vom 31.12.2003, S. 1.

A. Überblick

Titel 1 der Richtlinie enthält allg., für alle Verbotstatbestände des Titels 2 geltende 1
Vorschriften. Während Art. 2 zentrale Definitionen des abwehrrechtlichen „negativen" Diskriminierungsschutzes vorgibt und Art. 3 die Zulässigkeit und die Grenzen „positiver Diskriminierungen" behandelt, enthält **Art. 1** die übergreifende Zielbestimmung der Richtlinie. Darüber hinaus gibt Art. 1 einen Überblick über ihre wesentlichen Anwendungsbereiche und Inhalte.

Art. 1 S. 1 legt **das Ziel der Richtlinie** fest. Dieses besteht darin, die Verwirklichung 2
des Grundsatzes der Chancengleichheit und Gleichbehandlung von Männern und Frauen in Arbeits- und Beschäftigungsfragen sicherzustellen (KOM [2004] 279 endg. = BR-Drs. 366/04, 6). Hierzu fasst die RL 2006/54/EG verschiedene europäische Rechtsakte zusammen und aktualisiert deren Vorgaben im Hinblick auf die Rechtsprechung des EuGH und den Stand der Gesetzgebung (vgl. Erwägungsgrund 1). Bei den durch die RL 2006/54/EG konsolidierten Rechtsakten handelt es sich gem. **Art. 34** um die **RL 75/117/EWG** vom 10.2.1975 zur Angleichung der Rechtsvorschriften der Mitgliedstaaten über die Anwendung des Grundsatzes des gleichen Entgelts für Männer und Frauen (ABl. Nr. L 45 v. 19.2.1975, 19), um die **RL 76/207/EWG** vom 9.2.1976 zur Verwirklichung des Grundsatzes der Gleichbehandlung von Männern und Frauen hinsichtlich des Zugangs zur Beschäftigung, zur Berufsbildung und zum beruflichen Aufstieg sowie in Bezug auf die Arbeitsbedingungen (ABl. Nr. L 39/40 v. 14.2.1976, zwischenzeitlich geändert durch die **RL 2002/73/EG,** ABl. Nr. L 269 v. 5.10.2002, 15), um die **RL 86/378/EWG** vom 24.7.1986 zur Verwirklichung des Grundsatzes der Gleichbehandlung von Männern und Frauen bei den betrieblichen Systemen der sozialen Sicherheit (ABl. Nr. L 225 v. 12.8.1986, 40, geändert durch die **RL 96/97/EG,** ABl. Nr. L 46 vom 17.2.1997, 20) sowie schlussendlich um die **RL 97/80/EG** vom 15.12.1997 über die Beweislast bei Diskriminierung aufgrund des Geschlechts (ABl. Nr. L 14 v. 20.1.1998, 6, geändert durch die **RL 98/52/EG** bezüglich des Vereinigten Königreichs Großbritannien und bezüglich Nordirland, ABl. Nr. L 205 v. 22.7.1998, 66). Eine Übersicht über die aufgehobenen Richtlinien und Änderungsrichtlinien findet sich in **Anhang 1 Teil A.** Nach Erwägungsgrund 40 gilt die RL 2006/54/EG unbeschadet der Umsetzungsfristen der aufgehobenen Richtlinien und Änderungsrichtlinien. Die Umsetzungsfristen dieser Rechtsakte sind in **Anhang 1 Teil B** aufgeführt. **Anhang 2 zur RL 2006/54/EG** enthält schließlich eine Entsprechungstabelle, der die Herkunft der einzelnen Regelungen entnommen werden kann.

Art. 1 S. 2 verweist – anders als Art. 1 RL 2000/43/EG und Art. 1 RL 2000/78/EG – 3
auf die **zur Erreichung des Richtlinienziels vorgesehenen Regelungen.** Dies ist augenscheinlich dem Umstand geschuldet, dass die RL 2006/54/EG verschiedene Rechtsakte zusammenführt und allg. Vorgaben für die dort behandelten Sachverhalte aufstellt. Im Einzelnen handelt es sich um Fragen, die zuvor in der RL 76/207/EWG in der durch die RL 2002/73/EG geänderten Fassung (Zugang zur Beschäftigung, zur Berufsbildung und zum beruflichen Aufstieg, Arbeitsbedingungen) sowie in der RL 75/117/EWG (gleiches Entgelt) und der RL 86/378/EWG in der durch die RL 96/97/EG geänderten Fassung (betriebliche Systeme der sozialen Sicherheit) geregelt waren (KOM [2004] 279 endg. = BR-Drs. 366/04, 24). Der europäische Gesetzgeber machte es sich zur Aufgabe, für diese Regelungsbereiche klare und konsistente Definitionen zu schaffen, den Text durch die Integration der Rechtsprechung zu aktualisieren und einen möglichst klar strukturierten Rechtstext zu bieten (KOM [2004] 279 endg. = BR-Drs. 366/04, 24 f.).

Gem. **Art. 1 S. 3** soll mit der Richtlinie sichergestellt werden, dass die Verwirklichung 4
des Grundsatzes der Gleichbehandlung durch die Schaffung angemessener Verfahren wirksamer gestaltet wird (s. die Art. 17 ff.). Zu diesem Zwecke sollen die mit der RL 2002/73/EG eingeführten **institutionellen Vorkehrungen** zur Durchsetzung des Diskriminierungs-

verbots sowie die Regelungen der RL 97/80/EG zur Darlegungs- und Beweislast auf alle von der RL 2006/54/EG abgedeckten Anwendungsbereiche ausgedehnt werden (KOM [2004] 279 endg. = BR-Drs. 366/04, 25; s. auch Art. 6 III, Art. 8a ff. RL 2002/73/EG; dazu GHN/*Langenfeld* AEUV Art. 157 Rn. 94 f.).

B. Ermächtigungsgrundlage und Kontext

5   Die RL 2006/54/EG ist ausweislich der Eingangsformulierung auf **Art. 141 III EG aF** (= Art. 157 III AEUV) gestützt, als lex specialis zu Art. 19 I AEUV (→ AEUV Art. 157 Rn. 80 u. 82; s. auch KOM [2004] 279 endg. = BR-Drs. 366/04, 23 f.; *Riesenhuber* 121 ff.; Schwarze/*Rebhahn* Art. 157 AEUV Rn. 39). Nach Art. 157 III AEUV beschließen das Europäische Parlament und der Rat gemäß dem ordentlichen Gesetzgebungsverfahren und nach Anhörung des Wirtschafts- und Sozialausschusses Maßnahmen zur Gewährleistung der Anwendung des Grundsatzes der Chancengleichheit und der Gleichbehandlung von Männern und Frauen in Arbeits- und Beschäftigungsfragen, einschließlich des Grundsatzes des gleichen Entgelts bei gleicher oder gleichwertiger Arbeit. Sofern der Rat von den Ermächtigungen in Art. 19 I AEUV und Art. 157 III AEUV Gebrauch machen will, muss er ua **Art. 3 III UAbs. 2 EUV** beachten, wonach die Union soziale Ausgrenzung und Diskriminierungen bekämpft und soziale Gerechtigkeit und sozialen Schutz, die Gleichstellung von Frauen und Männern, die Solidarität zwischen den Generationen und den Schutz der Rechte des Kindes fördert. Relevant ist auch **Art. 8 AEUV,** wonach die Union bei allen ihren Tätigkeiten darauf hinwirkt, Ungleichheiten zu beseitigen und die Gleichstellung von Männern und Frauen zu fördern. Bei der schrittweisen Verwirklichung dieser Ziele darf der Unionsgesetzgeber unter Berücksichtigung der Aufgabe, die der Union mit Art. 3 III UAbs. 2 EUV und Art. 8 AEUV übertragen worden ist, zwar den Zeitpunkt seines Tätigwerdens bestimmen, wobei er der Entwicklung der wirtschaftlichen und sozialen Verhältnisse in der Union Rechnung tragen soll. Wird er jedoch tätig, muss er in **kohärenter Weise** auf die Erreichung des verfolgten Ziels hinwirken, was nicht die Möglichkeit ausschließt, Übergangszeiten oder Ausnahmen begrenzten Umfangs vorzusehen (s. EuGH 1.3.2011 – C-236/09 Rn. 19 ff. – Test Achats, NJW 2011, 907). Primärrechtlich folgt der Kohärenzgrundsatz auch aus **Art. 7 AEUV,** wonach die Union auf die Kohärenz zwischen ihrer Politik und ihren Maßnahmen in den verschiedenen Bereichen achtet und dabei unter Einhaltung des Grundsatzes der begrenzten Einzelermächtigung ihren Zielen in ihrer Gesamtheit Rechnung trägt (s. zur Verknüpfung des Kohärenzgebots mit dem grundrechtlichen Gleichheitssatz GHN/*Schorkopf* AEUV Art. 7 Rn. 11). Das Kohärenzgebot zielt also auf die **konzeptionelle Stimmigkeit von Einzelmaßnahmen zur Verhinderung von Widersprüchen** ab (*Lippert* EuR 2012, 90). Das Kohärenzgebot spielt in der Rechtsprechung des EuGH auch bezüglich der Umsetzungsmaßnahmen der Mitgliedstaaten eine zentrale Rolle (s. zum Merkmal Alter EuGH 26.9.2013 – C-476/11 Rn. 67 – Kristensen, EuZW 2013, 951; 21.7.2011 – C-159/10 ua Rn. 85 – Fuchs und Köhler, NVwZ 2011, 1249; 12.1.2010 – C-341/08 Rn. 53 – Petersen, EuZW 2010, 137; 18.6.2009 – C-88/08 Rn. 46 f. – Hütter, NZA 2009, 891; SA der GA *Kokott* v. 6.5.2010 – C-499/08 Rn. 57 – Andersen, BeckRS 2010, 90561; *Schubert* ZfA 2013, 1 [27 f.]).

6   Die RL 2006/54/EG ist im Kontext **weiterer unionsrechtlicher Regelungen** zum Schutz vor Diskriminierungen wegen des Geschlechts und zur Verwirklichung tatsächlicher Chancengleichheit von Männern und Frauen in Beschäftigung und Beruf zu sehen (Erwägungsgründe 2 ff.). Das Verbot von Diskriminierungen wegen des Geschlechts im Hinblick auf das Arbeitsentgelt ist primärrechtlich in **Art. 157 I, II AEUV** verankert. Diese Vorschrift wurde mehrfach geändert und umbenannt (Art. 119 EWG aF, Art. 141 I, II EG aF). Nachfolgend wird im Interesse einer verständlichen Darstellung grds. die aktuelle Version zitiert, auch wenn sich die Rechtsprechung auf frühere Versionen der Norm bezieht. Art. 157 AEUV überschneidet sich teilweise mit den Art. 4, Art. 5 ff., die ergänzende

Bestimmungen zur Verwirklichung des primärrechtlichen „Entgeltgleichheitssatzes" enthalten (Erwägungsgrund 8). Vor diesem Hintergrund ist davon auszugehen, dass die Vorgaben der RL 2006/54/EG wegen der unmittelbaren Wirkung des primärrechtlichen Diskriminierungsverbots gem. Art. 157 I AEUV nur wenig praktische Bedeutung erlangen (s. zu Art. 119 EWG-Vertrag EuGH 8.4.1976 – Rs. 43/75 Rn. 40 – Defrenne II, Slg. 1976, 455; → AEUV Art. 157 Rn. 4). **Art. 157 IV AEUV** enthält eine spezifische Kompetenzgrundlage für die Mitgliedstaaten, um positive Förderungsmaßnahmen zugunsten des im jeweiligen Lebensbereich unterrepräsentierten Geschlechts vorzunehmen. Die Vorschrift findet ihre Entsprechung in Art. 3, der seinerseits auf Art. 141 IV EG (= Art. 157 IV AEUV) verweist (→ AEUV Art. 157 Rn. 62).

Seit Inkrafttreten des Vertrags von Lissabon enthält **Art. 21 I GRC iVm Art. 6 I EUV** 7 ein primärrechtliches Grundrecht auf Schutz vor Diskriminierungen wegen des Geschlechts (→ GRC Art. 21 Rn. 55). Art. 21 I GRC untersagt der Union und den Mitgliedstaaten bei der Durchführung von Unionsrecht Diskriminierungen wegen des Geschlechts. Die Vorschrift wird bezüglich des sachlichen Anwendungsbereichs „Arbeits- und Beschäftigungsfragen" durch die **RL 2006/54/EG** und die **RL 2010/41/EU** konkretisiert (vgl. Erwägungsgrund 5). Vor diesem Hintergrund orientiert sich die Rechtsprechung zur Interpretation des Art. 21 I GRC an den Regelungen des Sekundärrechts (BAG 12.11.2013, NZA 2014, 848 Rn. 32; s. zum Diskriminierungsverbot wegen des Alters auch EuGH 22.11.2005 – C 144/04 Rn. 74 ff. – Mangold, NJW 2005, 3695; 19.1.2010 – C-555/07 Rn. 50 – Kücükdeveci, NZA 2010, 85; 8.9.2011 – C-297/10 Rn. 47 – Hennigs und Mai, NZA 2011, 1100; 13.9.2011 – C-447/09 Rn. 38 – Prigge, NJW 2011, 3209; 26.9.2013 – C-476/11 Rn. 19 – Kristensen, EuZW 2013, 951; 21.1.2015 – C-529/13 Rn. 15 ff. – Felber, NVwZ 2015, 798). Im Gegenzug überprüft der EuGH die Regelungen des Sekundärrechts zunehmend auf ihre Vereinbarkeit mit dem Primärrecht (s. zu Art. 5 II RL 2004/113/EG EuGH 1.3.2011 – C-236/09 – Test Achats, EuZW 2011, 301; dazu *Armbrüster* LMK 2011, 315339; *Stenslik* RdA 2010, 247 [249]; *Adomeit/Mohr* AGG § 19 Rn. 36, § 20 Rn. 34 ff.). Im Anwendungsbereich der RL 2006/54/EG stellt sich eine derartige Problematik etwa mit Blick auf Art. 9 I lit. h (→ Art. 9 Rn. 9). Gemäß Art. 23 I GRC ist die **Gleichheit von Frauen und Männern in allen Bereichen sicherzustellen.** Die Vorschrift enthält ein Diskriminierungsverbot vergleichbar mit Art. 21 I GRC, das wohl vornehmlich klarstellenden Zwecken dient. Die eigentliche Bedeutung der Vorschrift liegt in Art. 23 II GRC, der verdeutlicht, dass das Ziel der tatsächlichen Chancengleichheit von Männern und Frauen keinen **Vergünstigungen für das unterrepräsentierte Geschlecht** entgegensteht (→ GRC Art. 23 Rn. 1).

Der Unionsgesetzgeber hat den Schutz vor Diskriminierungen wegen des Geschlechts 8 durch die **RL 2010/41/EU** – weitgehend klarstellend – auf selbständige Personen ausgedehnt (s. Erwägungsgrund 7 RL 2010/41/EU). Im Schrifttum werden die Rechtswirkungen der RL 2010/41/EU vornehmlich unter dem Aspekt von Fördermaßnahmen für Frauen bei Schwangerschaft und Mutterschaft diskutiert (*Knigge* ZESAR 2013, 24; *Graue* ZESAR 2014, 190), wie sie für Arbeitnehmerinnen durch Art. 8 RL 92/85/EWG gefordert werden (→ Art. 2 Rn. 42).

C. Zielbestimmung

Die RL 2006/54/EG will nach ihrem Art. 1 S. 1 die Verwirklichung des Grundsatzes der 9 **Chancengleichheit und Gleichbehandlung** von Männern und Frauen in Arbeits- und Beschäftigungsfragen sicherstellen. Der hierdurch adressierte Gleichbehandlungsgrundsatz wird durch die **Diskriminierungsverbote** gem. Art. 4, Art. 5 und Art. 14 RL 2000/78/EG näher ausgeformt. Die Herstellung von Chancengleichheit entspricht grds. einem systemkonformen Verständnis von Privatautonomie und Vertragsfreiheit (s. *Mohr* Vertragsfreiheit 190 ff.). Soweit sich Vorschriften gegen Diskriminierungen – auch in ihrer Interpretation durch den EuGH – deshalb darauf beschränken, eine tatsächlich-chancengleiche Entscheidungsfreiheit der Menschen ohne Unterschied nach (grds.) unabänderlichen Merkmalen wie ihrem Geschlecht sicherzustellen, also unerwünschte Verhaltensweisen abwehrend („negativ") zu verhindern, sind sie mit der geltenden Privatrechtsordnung vereinbar (näher *Mohr,* FS Adomeit, 2008, 477 [483]). Demgegenüber sind „positive Förderungsmaßnahmen", wie sie den Unternehmen von den Mitgliedstaaten auf der Grundlage von Art. 157 IV AEUV und Art. 3 abgefordert werden können, in einer marktwirtschaftlichen und sozialen Wirtschaftsordnung iSd Art. 3 III UAbs. 1 S. 2 EUV ein Fremdkörper, da sie einzelne Personengruppen aus überindividuell-objektiven Gemeinwohlerwägungen bevorzugen und damit ihrerseits zu einer unmittelbaren Diskriminierung der nicht bevorzugten Personen führen. Der EuGH betont deshalb zu Recht, dass derart „positive" Maßnahmen lediglich der Herstellung einer tatsächlichen Chancengleichheit dienen dürfen, sofern eine rechtliche Gleichbehandlung nicht ausreicht, um die Persönlichkeitsrechte der Betroffenen dauerhaft zu sichern (→ RL 2000/78/EG Art. 7 Rn. 8).

D. Regelungsbereiche

10   Zum Zwecke des Schutzes vor Diskriminierungen enthält die Richtlinie gem. **Art. 1 S. 2** Bestimmungen zur Verwirklichung des Grundsatzes der Gleichbehandlung bezüglich des **Zugangs zur Beschäftigung einschließlich des beruflichen Aufstiegs und zur Berufsbildung,** der **Arbeitsbedingungen einschließlich des Entgelts** und der **betrieblichen Systeme der sozialen Sicherheit.** Die speziellen Diskriminierungsverbote der RL 2006/54/EG entsprechen inhaltlich der Aufzählung in Art. 1 S. 2: **Art. 14 I** normiert ein allg., auf die RL 76/207/EWG idF der RL 2002/73/EG zurückgehendes Verbot von Diskriminierungen im öffentlichen und privaten Sektor (KOM [2004] 279 endg. = BR-Drs. 366/04, S. 19). Der persönliche und sachliche Anwendungsbereich erstreckt sich auf die Bedingungen – einschließlich Auswahlkriterien und Einstellungsbedingungen – für den Zugang zur Beschäftigung oder zu abhängiger oder selbständiger Erwerbstätigkeit, unabhängig von Tätigkeitsfeld und beruflicher Position einschließlich des beruflichen Aufstiegs (Buchst. a), auf den Zugang zu allen Formen und allen Ebenen der Berufsberatung, der Berufsausbildung, der beruflichen Weiterbildung und der Umschulung einschließlich der praktischen Berufserfahrung (Buchst. b), auf die Beschäftigungs- und Arbeitsbedingungen einschließlich der Entlassungsbedingungen sowie das Arbeitsentgelt nach Maßgabe von Art. 141 EG (= Art. 157 I, II AEUV; Buchst. c.), schließlich auf die Mitgliedschaft und Mitwirkung in einer Arbeitnehmer- oder Arbeitgeberorganisation oder einer Organisation, deren Mitglieder einer bestimmten Berufsgruppe angehören, einschließlich der Inanspruchnahme der Leistungen solcher Organisationen (Buchst. d). Für das in Art. 14 I lit. c normierte Arbeitsentgelt enthält **Art. 4** in Anlehnung an Art. 157 I, II AEUV und die RL 75/117/EWG ein **spezielles Diskriminierungsverbot,** in Teil II Kapitel 1 überschrieben als „gleiches Entgelt" (KOM [2004] 279 endg. = BR-Drs. 366/04, 7). Art. 4 geht in seinem Anwendungsbereich somit Art. 14 I lit. c als lex specialis vor, ohne dass sich daraus abweichende Rechtsfolgen ergäben. Art. 14 I lit. c behält gleichwohl einen eigenen Anwendungsbereich, da sich die Vorschrift ausweislich ihres Eingangssatzes auch auf die selbständige Tätigkeit bezieht („öffentlicher und privater Sektor"). Da der EuGH sowohl den Zugang zur betrieblichen Altersversorgung als auch die daraus resultierenden Zahlungen als Arbeitsentgelt ansieht (EuGH 13.5.1986 – C-170/84 Rn. 20 ff. – Bilka, NZA 1986, 559; 17.5.1990 – C-262/88 Rn. 21 ff. – Barber, NZA 1990, 775), ist das Diskriminierungsverbot gem. **Art. 5** seinerseits als lex specialis zu Art. 4 und Art. 14 anzusehen. Die im Kapitel über die „Gleichbehandlung in betrieblichen Systemen der sozialen Sicherheit" normierten Vorschriften gehen auf die wichtigsten Bestimmungen der RL 86/378/EWG idF der RL 96/97/EG zurück und tragen außerdem der Rechtsprechung des EuGH Rechnung (KOM [2004] 279 endg. = BR-Drs. 366/04, S. 12).

Gem. **Art. 1 S. 3** enthält die Richtlinie Bestimmungen, mit denen sichergestellt werden soll, dass die **Verwirklichung der Diskriminierungsverbote durch die Schaffung angemessener Verfahren wirksamer gestaltet wird,** einschließlich der Regeln über die Beweislastumkehr in Art. 19 (KOM [2004] 279 endg. = BR-Drs. 366/04, 25). Diese Regelung nimmt insbesondere auf die in Titel III normierten „horizontalen Bestimmungen" Bezug, die die Rechtsmittel und die Rechtsdurchsetzung (Art. 17–19), die Förderung der Gleichbehandlung durch Dialog (Art. 20–22) sowie allg. horizontale Bestimmungen (Art. 23–30) behandeln. Die Vokabel „horizontal" meint das Verhältnis der Bürger untereinander im Gegensatz zum „vertikalen" Verhältnis zwischen europäischem Richtliniengeber und den nach Art. 267 III AEUV zur Umsetzung der RL 2006/54/EG verpflichteten Mitgliedstaaten. 11

E. Männer und Frauen (Geschlecht)

Der Regelungsgehalt des Art. 1 S. 1 erschöpft sich nicht in einer allg. Zielvorgabe im Interesse einer teleologisch-stimmigen Auslegung. Die Vorschrift enthält mit den Begriffen Männer und Frauen vielmehr zentrale Tatbestandsmerkmale der Diskriminierungsverbote der Richtlinie, die eine unterschiedlich-benachteiligende Behandlung von Männern und Frauen gerade wegen ihres Geschlechts untersagen. Diese Begriffe gelten übereinstimmend für die speziellen Diskriminierungsverbote in Art. 4, Art. 5 und Art. 14. 12

Art. 1 verwendet nicht den Begriff des Geschlechts, sondern bezieht den Schutz auf **Männer** und **Frauen.** Dies kann man als Hinweis darauf verstehen, dass der Unionsgesetzgeber den Begriff Geschlecht jedenfalls im Ausgangspunkt auf das **biologische (natürliche) Geschlecht** bezieht, iSd Unterscheidung zwischen Männern und Frauen (MHdBArbR/*Oetker* § 14 Rn. 10; *Preis* ZESAR 2007, 308 [311]). Bereits nach einer derart biologischen Betrachtung können sich nicht nur Frauen, sondern auch Männer auf den Schutz vor Diskriminierungen berufen, auch wenn in der Rechtswirklichkeit der Schutz von Frauen im Vordergrund steht (eine Diskriminierung von Männern behandelt EuGH 17.7.2014 – C-173/13 – Leone, BeckRS 2014, 81243; dazu *Junker* RIW 2015, 1 [5]). So sollen etwa gem. Erklärung 28 in der Schlussakte des Vertrages von Amsterdam die Fördermaßnahmen der Mitgliedstaaten nach Art. 141 IV EG (Art. 157 IV AEUV) in erster Linie der Verbesserung der Lage der Frauen im Arbeitsleben dienen (→ Art. 31 Rn. 2). 13

Der Schutz vor Diskriminierungen wegen des Geschlechts erfasst auch die benachteiligende Ungleichbehandlung einer Frau wegen ihrer **Schwangerschaft** oder der **Inanspruchnahme von Mutterschaftsurlaub** (vgl. EuGH 12.7.1984 – 184/83 Rn. 24 ff. – Hofmann, NJW 1984, 2754; 8.1.1990 – C-177/88 Rn. 10 – Dekker, NJW 1991, 628; 5.5.1994 – C-421/92 Rn. 14 – Habermann-Beltermann, NJW 1994, 2077). In Übernahme dieser Rechtsprechung gilt nach **Art. 2 II lit. c** jegliche ungünstigere Behandlung einer Frau in Zusammenhang mit Schwangerschaft oder Mutterschaftsurlaub iSd RL 92/85/EWG als Diskriminierung iSd Art. 2 I lit. a. Dogmatisch handelt es sich um eine **Benachteiligung von Teilgruppen** (→ RL 2000/78/EG Art. 2 Rn. 33). 14

Nach Ansicht des EuGH ist der Begriff Geschlecht nicht auf biologische Sachverhalte beschränkt, sondern erfasst jedenfalls auch die **Transsexualität** und die **Zwischengeschlechtlichkeit** (EuGH 30.4.1996 – C-13/94 Rn. 20 – P./S., NZA 1996, 695; 7.1.2004 – C-117/01 Rn. 28 ff. – K. B., NJW 2004, 1440; 27.4.2006 – C-423/04 Rn. 20 ff. – Richards, EuZW 2006, 342; s. auch Erwägungsgrund 3), obwohl gerade die Transsexualität bei Menschen beiderlei Geschlechts auftritt. Transsexualität und Zwischengeschlechtlichkeit werden hiernach als Aspekte der Geschlechtsidentität angesehen, die ihrerseits Bestandteil des allg. Persönlichkeitsrechts und der Menschenwürde sei (Meyer/*Hölscheidt* GRC Art. 21 Rn. 40; s. zum Personenstandsrecht auch OLG Celle 21.1.2015 – 17 W 28/14, BeckRS 2015, 07058). Dies ist nur insoweit überzeugend, als es um transsexuelle Personen nach erfolgter Geschlechtsumwandlung geht. Vor der Geschlechts- 15 umwandlung ist demgegenüber das Merkmal der **sexuellen Identität** einschlägig: eine Person ist biologisch ein Mann, fühlt sich aber als Frau, und umgekehrt (MHdBArbR/ *Oetker* § 14 Rn. 10). Der deutsche Gesetzgeber hat die Rechtsprechung des EuGH zur **Intersexualität** insoweit nachvollzogen, als er im Personenstandsrecht gem. § 22 III PStG auch die Angabe eines **dritten (Zwischen-)Geschlechts** bzw. das Offenlassen desselben erlaubt (Hey/Forst/*Forst* AGG Einleitung Rn. 84). Hierin liegt keine generelle Aufgabe der wohl unbestreitbaren Erkenntnis, dass es verschiedene biologische Geschlechter gibt, sondern nur eine Klarstellung, dass die Rechtsordnung daneben auch die Zwischengeschlechtlichkeit und die Transsexualität akzeptiert (**aA** OLG Celle 21.1.2015, BeckRS 2015, 07058 Rn. 16).

16 Das Konzept des **sozialen Geschlechts** (der Geschlechterrolle) erweitert (nicht: ersetzt) den Schutzbereich des Diskriminierungsverbots über das natürliche Geschlecht hinaus auf die negative Zuschreibung von Aufgaben, Verhaltensweisen und Fähigkeiten zu den beiden Geschlechtern Mann und Frau (Schiek/*Schiek* AGG § 1 Rn. 25 und Rn. 28; *Baer*, Würde oder Gleichheit?, 234; *Grünberger*, Personale Gleichheit, 572 f.). Auch das BAG subsumiert unter das Diskriminierungsverbot wegen des Geschlechts **Unterscheidungen nach tradierten Rollenmustern** (BAG 18.9.2014 BeckRS 2014, 73584 Rn. 28 ff.). Zwar sei es nicht die Aufgabe der unternehmerischen Personalpolitik, die gesellschaftliche Rollenverteilung zu ändern (so zum Argument, der berufliche Aufstieg von Arbeitnehmerinnen scheitere an sog. gläsernen Decken, das BAG 27.1.2011 NZA 2011, 689 Rn. 32). Folglich stelle **die Abbildung gesellschaftlicher Verhältnisse im Unternehmen keine rechtlich relevante Diskriminierung** dar. Ein Arbeitgeber sei gar nicht in der Lage geschweige denn verpflichtet, gesellschaftliche Gegebenheiten, die der Erwerbstätigkeit und/oder dem beruflichen Aufstieg von Frauen entgegenstehen, durch seine Personalpolitik auszugleichen. Es entspreche vielmehr allg. Lebenserfahrung, dass ein beruflicher Aufstieg häufig eine nicht unerhebliche Flexibilität voraussetze, etwa durch die Bereitschaft zur Leistung von Überstunden, Teilnahme an Fortbildungsmaßnahmen und Tagungen, Durchführung von Dienstreisen und Versetzungsbereitschaft an andere Standorte, die sich mit der häufig von Frauen wahrgenommenen Kindererziehung nicht oder nur schlecht vereinbaren lasse. Auch wirkten sich längere Unterbrechungen der Erwerbstätigkeit wegen Arbeitsfreistellungen in Folge von Schwangerschaft, Mutterschutz und (bislang noch überwiegend von Frauen in Anspruch genommener) Elternzeit negativ auf die Chancen zum beruflichen Aufstieg aus, obwohl der Arbeitsplatz als solcher während dieser Zeiten der Arbeitnehmerin grds. garantiert ist (BAG 27.1.2011 NZA 2011, 689 Rn. 32; s. auch Art. 15). Diese Ausführungen basieren auf der zutreffenden Erkenntnis, dass gesellschaftliche Rollenmuster in einer dem Grundsatz der Selbstbestimmung verpflichteten Ordnung nicht per se gut oder schlecht sind, sondern auch Ausdruck der freien Entscheidung von Bürgern sein können, die auf den unterschiedlichsten Beweggründen basieren können. Der Arbeitgeber darf jedoch nicht an die vorhandene gesellschaftliche Rollenverteilung zulasten von Menschen anknüpfen und diese in die Motivation einer Entscheidung mit einbeziehen (BAG 18.9.2014 BeckRS 2014, 73584 Rn. 28 ff.). Hierin liegt keine allg. Übernahme einer weit verstandenen Lehre vom **gender mainstreaming** (dazu Art. 29), wonach Frauen pauschal bestimmte (gute) und Männern pauschal bestimmte (schlechte) Eigenschaften zugesprochen werden, entgegen der Intention der Diskriminierungsverbote, derartige Pauschalierungen im Interesse des Persönlichkeitsschutzes zu bekämpfen (*Mager*, FS Säcker, 2011, 1075), auch wenn sich Unterscheidungen nach dem sozialen Geschlecht wohl überwiegend zum Nachteil von Frau auswirken (Schiek/*Schiek* AGG § 1 Rn. 24 aE). Arbeitgeber dürfen bei personellen Einzelmaßnahmen aber nicht an allg. soziale Rollenmuster anknüpfen, da Personen diesen Mustern nicht notwendig entsprechen müssen (BAG 18.9.2014 BeckRS 2014, 73584 Rn. 28 ff.).

17 Ob der **EuGH** dem Konzept des **sozialen Geschlechts** folgt, ist nicht zweifelsfrei. So sieht er eine Unterscheidung nach der Körperkraft nicht generell als solche nach sog. Genderstereotypen an (dazu Schiek/*Schiek* AGG § 1 Rn. 28), sondern überprüft sie jedenfalls in einem System der beruflichen Einstufung auf der Grundlage des Verbots mittelbarer

Diskriminierungen (jetzt nach Art. 14 I iVm Art. 2 I lit. b; vgl. EuGH 1.7.1986 – C-237/85 Rn. 15 – Rummler, NJW 1987, 1138). Hiernach ist ein derartiges System nicht allein deshalb diskriminierend, weil bei einem seiner Kriterien auf Eigenschaften abgestellt wird, die Männer eher besitzen. Ein System der beruflichen Einstufung müsse jedoch, um insgesamt nicht diskriminierend zu sein, so ausgestaltet sein, dass es, wenn die Art der in Frage stehenden Tätigkeiten es zulässt, als gleichwertig anerkannte Arbeitsplätze umfasst, bei denen andere Kriterien berücksichtigt werden, hinsichtlich derer die weiblichen Arbeitnehmerinnen besonders geeignet sein können (EuGH 1.7.1986 – C-237/85 Rn. 15 – Rummler, NJW 1987, 1138). Eine Differenzierung nach dem (natürlichen) Geschlecht kann außerdem zulässig sein, wenn die besondere körperliche Leistungsfähigkeit eine **wesentliche und entscheidende berufliche Anforderung** iSd Art. 14 II bedeutet (vgl. EuGH 26.10.1999 – C-273/97 Rn. 23 – Sidar, NZA 2000, 159). Generelle Aussagen, wonach Frauen für Arbeitsplätze ungeeignet seien, auf denen schwere körperliche Arbeit zu leisten ist, begründen aber allein keine Ausnahme vom individuellen Schutz vor Diskriminierungen (zutreffend LAG Köln 8.11.2000, NZA-RR 2001, 232). Hierzu auch → Art. 4 Rn. 11.

F. Arbeits- und Beschäftigungsfragen

Die Formulierung Arbeits- und Beschäftigungsfragen nimmt auf den Anwendungsbereich der RL 2006/54/EG Bezug. Der **sachliche Anwendungsbereich** bezieht sich gem. Art. 4 auf Arbeitsverhältnisse, gem. Art. 7 und Art. 8 auf bestimmte Systeme der betrieblichen Altersversorgung und gem. Art. 14 I auf den Zugang zur Beschäftigung, zur Berufsbildung und zum beruflichen Aufstieg sowie auf Arbeitsbedingungen. 18

Vom persönlichen Anwendungsbereich der RL 2006/54/EG werden **Arbeitnehmer** iSd Unionsrechts erfasst (s. EuGH 6.11.2003 – C-413/01 Rn. 23 f. – Ninni-Orasche, NZA 2004, 87; 11.11.2010 – C-232/09 Rn. 39 – Danosa, NZA 2011, 143; 20.9.2007 – C-116/06 Rn. 25 – Kiiski, NZA 2007, 1274; dazu *Wank* RdA 2011, 178 [180]; *Schubert* ZESAR 2013, 5; *Mohr* ZHR 178, 2014, 326 [338 ff.]; → RL 2000/78/EG Art. 3 Rn. 4 ff.). Noch nicht geklärt ist, inwieweit die RL 2006/54/EG auch **selbständig Tätige** erfasst. So stellt Art. 6 allein für den Bereich der betrieblichen Altersversorgung iSd **Art. 5** klar, dass die Vorschriften gem. Titel II, Kapitel 2 der RL 2006/54/EG auf „die Erwerbsbevölkerung einschließlich der Selbständigen" anzuwenden sind, um insoweit eine Lücke zur RL 79/7/EWG zu schließen (so Fuchs/*Bieback* RL 2006/54/EG Vorb. Rn. 2). Die Vorschrift sollte nach dem ursprünglichen Kommissionsentwurf in den allg. Bestimmungen des Titels I stehen (KOM [2004] 279 endg. = BR-Drs. 366/04, 25), wurde jedoch im weiteren Verlauf des Normgebungsverfahrens in das Kapitel über die betrieblichen Systeme der sozialen Sicherheit verlagert, in dem sie sich ursprünglich befand (RL 96/97/EG). Zwar begründete die Kommission diesen Schritt damit, dass die Aufnahme einer Regelung über den persönlichen Geltungsbereich in den allg. Bestimmungen „keinen Zusatznutzen" biete (KOM [2005] 380 endg., 8). Allerdings bezieht sich das allg. Verbot von Diskriminierungen beim Entgelt gem. **Art. 4** nur auf Arbeitnehmer, vergleichbar der Rechtslage zu Art. 157 I, II AEUV (→ AEUV Art. 157 Rn. 12). Soweit keine betriebliche Altersversorgung in Rede steht, werden selbständige Vertragspartner vor Ungleichbehandlungen in Ansehung ihrer Vergütung daher nur durch die RL 2010/41/EU geschützt (→ AEUV Art. 157 Rn. 14 aE). 19

Inwieweit sich das Diskriminierungsverbot des **Art. 14 I** nicht nur auf Arbeitnehmer, sondern auch auf Selbständige erstreckt, ist nach dem Wortlaut nicht eindeutig. Die selbständige Tätigkeit wird explizit in Art. 14 I lit. a erwähnt. Ggf. kann sie auch durch die Vokabel „Beruf" in Art. 14 I lit. b und lit. d erfasst sein. Demgegenüber bezieht sich Art. 14 I lit. c nach dem Wortlaut allein auf „Beschäftigungs- und Arbeitsbedingungen einschließlich der Entlassungsbedingungen" sowie auf „das Arbeitsentgelt nach Maßgabe von Artikel 141 des Vertrags". Der primärrechtliche Entgeltgleichheitssatz ohne Unterschied des Geschlechts schützt jedoch ebenso wie Art. 4 – wie zuvor gesehen – gerade nicht Selb- 20 ständige, sondern allein Arbeitnehmer. Der EuGH hat sich mit dieser Abgrenzung in seiner *Danosa*-Entscheidung befasst (EuGH 11.11.2010 – C-232/09 Rn. 57 ff. – Danosa, NZA 2011, 143; dazu *Mohr* ZHR 178, 2014, 326 [345]; → RL 2000/78/EG Art. 3 Rn. 8 ff.). In dieser stand die Geltung des Kündigungsverbots gem. Art. 10 RL 92/85/EWG und des Diskriminierungsverbots wegen des Geschlechts gem. Art. 2 RL 76/207/EWG aF für die Geschäftsführerin einer lettischen juristischen Person in Rede. Nach Ansicht des EuGH musste das vorlegende Gericht prüfen, ob sich die Anspruchstellerin, selbst wenn sie keine „schwangere Arbeitnehmerin" gem. der RL 92/85/EG sei, möglicherweise auf den von der RL 76/207/EWG (= Art. 14) gewährten Schutz vor geschlechtsbedingten Diskriminierungen berufen könne; denn dort sei auch ein Schutz vor diskriminierenden Entlassungen normiert (EuGH 11.11.2010 – C-232/09 Rn. 64 f. – Danosa, NZA 2011, 143). Die vorstehenden Ausführungen des EuGH lesen sich auf den ersten Blick so, als ob die „arbeitsrechtlichen" Richtlinien gegen Geschlechtsdiskriminierungen generell auch selbständige Personen erfassten (so etwa *Schubert* ZIP 2013, 289 [290]). Allerdings beziehen sich die Ausführungen des EuGH gar nicht auf den persönlichen Anwendungsbereich, sondern auf den Begriff der „Schwangerschaft", der im Anwendungsbereich der RL 92/85/EWG und der RL 76/207/EWG (jetzt: der RL 2006/54/EG) unterschiedlich ausgelegt wird (EuGH 26.2.2008 – C-506/06 Rn. 40 ff. und Rn. 51 ff. – Mayr, NZA 2008, 345; → Art. 2 Rn. 36). Gegen eine generelle Erstreckung des Anwendungsbereichs der RL 2006/54/EG auf Selbständige sprechen insbesondere die weiteren Ausführungen des EuGH in *Danosa* (*Mohr* ZHR 178, 2014, 326 [346]). So konnte es nach Ansicht des EuGH dahingestellt bleiben, ob die Klägerin „von der Richtlinie 92/85/EWG, der Richtlinie 76/207/EWG [= Art. 14] oder, **soweit das vorlegende Gericht sie als „selbstständige Erwerbstätige" einstufen sollte, der Richtlinie 86/613/EWG** [heute: der RL 2010/41/EG] **erfasst wird, die für die letztgenannten Erwerbstätigen gilt und, wie aus ihrem Art. 1 hervorgeht, die Richtlinie 76/207/EWG in Bezug auf die Anwendung des Grundsatzes der Gleichbehandlung auf solche Erwerbstätigen ergänzt,** indem sie wie die Richtlinie 76/207/EWG jede Diskriminierung auf Grund des Geschlechts, ob unmittelbar oder mittelbar, verbietet. Unabhängig davon, welche Richtlinie Anwendung findet, kommt es darauf an, der Betroffenen den Schutz zu gewährleisten, den das Unionsrecht Schwangeren für den Fall gewährt, dass das Rechtsverhältnis, das sie mit einer anderen Person verbindet, wegen ihrer Schwangerschaft beendet wurde" (EuGH 11.11.2010 – C-232/09 Rn. 70 – Danosa, NZA 2011, 143; Hervorhebung und Einschub durch Verf.). Der EuGH sieht den Schutz von selbständigen Personen – soweit sie nicht unter den weiten Arbeitnehmerbegriff des Unionsrechts fallen – somit iRd RL 2010/41/EU lokalisiert, obwohl Art. 14 I lit. a auch auf selbständige Personen Bezug nimmt. Die gebotene Rechtsklarheit können nur weitere Judikate des EuGH bringen.

Art. 2 Begriffsbestimmungen

(1) Im Sinne dieser Richtlinie bezeichnet der Ausdruck

a) „unmittelbare Diskriminierung" eine Situation, in der eine Person aufgrund ihres Geschlechts eine weniger günstige Behandlung erfährt, als eine andere Person in einer vergleichbaren Situation erfährt, erfahren hat oder erfahren würde;

b) „mittelbare Diskriminierung" eine Situation, in der dem Anschein nach neutrale Vorschriften, Kriterien oder Verfahren Personen des einen Geschlechts in besonderer Weise gegenüber Personen des anderen Geschlechts benachteiligen können, es sei denn, die betreffenden Vorschriften, Kriterien oder Verfahren sind durch ein rechtmäßiges Ziel sachlich gerechtfertigt und die Mittel sind zur Erreichung dieses Ziels angemessen und erforderlich;

c) „Belästigung" unerwünschte auf das Geschlecht einer Person bezogene Verhaltensweisen, die bezwecken oder bewirken, dass die Würde der betreffenden Person

verletzt und ein von Einschüchterungen, Anfeindungen, Erniedrigungen, Entwürdigungen oder Beleidigungen gekennzeichnetes Umfeld geschaffen wird;
d) „sexuelle Belästigung" jede Form von unerwünschtem Verhalten sexueller Natur, das sich in unerwünschter verbaler, nicht-verbaler oder physischer Form äußert und das bezweckt oder bewirkt, dass die Würde der betreffenden Person verletzt wird, insbesondere wenn ein von Einschüchterungen, Anfeindungen, Erniedrigungen, Entwürdigungen und Beleidigungen gekennzeichnetes Umfeld geschaffen wird;
e) „Entgelt" die üblichen Grund- oder Mindestlöhne sowie alle sonstigen Vergütungen, die der Arbeitgeber aufgrund des Dienstverhältnisses dem Arbeitnehmer mittelbar oder unmittelbar als Geld- oder Sachleistung zahlt;
f) „betriebliche Systeme der sozialen Sicherheit" Systeme, die nicht durch die Richtlinie 79/7/EWG des Rates vom 19. Dezember 1978 zur schrittweisen Verwirklichung des Grundsatzes der Gleichbehandlung von Männern und Frauen im Bereich der sozialen Sicherheit[1] geregelt werden und deren Zweck darin besteht, den abhängig Beschäftigten und den Selbständigen in einem Unternehmen oder einer Unternehmensgruppe, in einem Wirtschaftszweig oder den Angehörigen eines Berufes oder einer Berufsgruppe Leistungen zu gewähren, die als Zusatzleistungen oder Ersatzleistungen die gesetzlichen Systeme der sozialen Sicherheit ergänzen oder an ihre Stelle treten, unabhängig davon, ob der Beitritt zu diesen Systemen Pflicht ist oder nicht.

(2) Im Sinne dieser Richtlinie gelten als Diskriminierung
a) Belästigung und sexuelle Belästigung sowie jede nachteilige Behandlung aufgrund der Zurückweisung oder Duldung solcher Verhaltensweisen durch die betreffende Person;
b) die Anweisung zur Diskriminierung einer Person aufgrund des Geschlechts;
c) jegliche ungünstigere Behandlung einer Frau im Zusammenhang mit Schwangerschaft oder Mutterschaftsurlaub im Sinne der Richtlinie 92/85/EWG.

Übersicht

	Rn.
A. Überblick	1
B. Unmittelbare Diskriminierung	3
C. Mittelbare Diskriminierung	7
D. Belästigung	15
E. Sexuelle Belästigung	19
F. Entgelt	24
G. Betriebliche Systeme der sozialen Sicherheit	29
H. Gesetzliche Fiktionen	34
I. Belästigung und sexuelle Belästigung	34
II. Anweisung zur Diskriminierung	35
III. Benachteiligung wegen Schwangerschaft oder Mutterschaftsurlaub	36
1. Verknüpfung von Diskriminierungsschutz und Schutz bei Schwangerschaft und Mutterschaftsurlaub	36
2. Schwangerschaft	39
3. Mutterschaftsurlaub	41
4. Judikate des EuGH	44

A. Überblick

Ausweislich der Normüberschrift enthält Art. 2 I **Begriffsbestimmungen** (Legaldefinitionen) der zentralen Tatbestandsmerkmale der RL 2006/54/EG, die auf alle Sachgebiete der Richtlinie anzuwenden sind (KOM [2004] 279 endg. = BR-Drs. 366/04, 5). Während Art. 1 mit den Vokabeln „Männer und Frauen" sowie „Arbeits- und Beschäftigungsfragen" den geschützten Personenkreis und den Anwendungsbereich umreißt, definiert Art. 2 I die

---

[1] **Amtl. Anm.:** ABl. L 6 vom 10.1.1979, S. 24.

unmittelbare und die mittelbare Diskriminierung, die **Belästigung** und die **sexuelle Belästigung,** das **Entgelt** und die **betrieblichen Systeme der sozialen Sicherheit.** Bereits aus Art. 2 I lit. a und lit. b lässt sich schlussfolgern, dass der europäische Normgeber die Vokabeln Chancengleichheit und Gleichbehandlung iSd Art. 1 **abwehrrechtlich** als Verbot von Diskriminierungen versteht. Er folgt damit einem Regelungskonzept, dem auch die anderen Richtlinien gegen Diskriminierungen verpflichtet sind (→ RL 2000/78/EG Art. 1 Rn. 8). Anders als in Art. 2 RL 2000/43/EG und Art. 2 RL 2000/78/EG handelt es sich bei Art. 2 um eine reine Definitionsnorm. Die Diskriminierungsverbote sind in Art. 4, Art. 5 und Art. 14 normiert, vergleichbar mit § 7 I AGG. Die Unterscheidung zwischen Definitionsnorm und Tatbestand findet sich in Ansätzen auch in der Rechtsprechung des EuGH wieder (s. etwa EuGH 18.3.2014 – C-363/12 Rn. 48 ff. – Z., NZA 2014, 525). Nicht eindeutig ist demgegenüber, ob der EuGH etwa Art. 14 als ein Diskriminierungsverbot oder nur als Regelung des Anwendungsbereichs ansieht (s. EuGH 6.3.2014 – C-595/12 Rn. 25 – Napoli, NZA 2014, 715, wonach eine ungünstigere Behandlung einer Frau im Zusammenhang mit Schwangerschaft oder Mutterschaftsurlaub gem. Art. 2 II lit. c eine Diskriminierung wegen des Geschlechts darstelle und Art. 14 I dieser Richtlinie regle, in welchen Bereichen keine Diskriminierung vorgenommen werden dürfe).

2   Die Definitionen der unmittelbaren und der mittelbaren Diskriminierung sowie der allg. und der sexuellen Belästigung sind Art. 2 II RL 2002/73/EG aF entnommen, diejenige des Entgelts dem Art. 141 II EG (= Art. 157 II AEUV) sowie diejenige der betrieblichen Systeme der sozialen Sicherheit dem Art. 2 RL 86/873/EWG idF des Art. 1 Nr. 1 I RL 96/97/EG (vgl. KOM [2004] 279 endg. = BR-Drs. 366/04, 25). Ergänzend zu den Definitionen in Art. 2 I enthält Art. 2 II eine **gesetzliche Fiktion,** wonach die **Belästigung,** die **sexuelle Belästigung,** die **Anweisung zur Diskriminierung** sowie die **Benachteiligung einer Frau in Zusammenhang mit Schwangerschaft und der Inanspruchnahme von Mutterschaftsurlaub** gem. der RL 92/85/EG als (unmittelbare) Diskriminierungen gelten. Entsprechende Regelungen waren bereits in Art. 2 III RL 2002/73/EG (Belästigungen), in Art. 2 IV RL 2002/73/EG (Anweisung zur Diskriminierung) sowie in Art. 2 VII 3 RL 2002/73/EG (ungünstigere Behandlung einer Frau in Zusammenhang mit Schwangerschaft und Mutterschaft) enthalten. Mittels der gesetzlichen Fiktion können die zum Tatbestand der unmittelbaren Diskriminierung geltenden Grundsätze übertragen werden, allen voran diejenigen zur **Darlegungs- und Beweislast** (EuGH 17.7.2008 – C-303/06 Rn. 58 ff. – Coleman, EuZW 2008, 497). Macht etwa ein Betroffener gem. Art. 19 I Tatsachen glaubhaft, die das Vorliegen einer Belästigung oder einer sexuellen Belästigung vermuten lassen, muss der In-Anspruch-Genommene beweisen, dass unter den Umständen des konkreten Falls keine Belästigung stattgefunden hat (vgl. EuGH 17.7.2008 – C-303/06 Rn. 62 – Coleman, EuZW 2008, 497).

B. Unmittelbare Diskriminierung

3   Eine **unmittelbare Diskriminierung aufgrund des Geschlechts** beschreibt nach Art. 2 I lit. a eine Situation, in der eine Person aufgrund ihres Geschlechts eine weniger günstige Behandlung erfährt, als eine andere Person in einer vergleichbaren Situation erfährt, erfahren hat oder erfahren würde. Dies ist nach der Rechtsprechung des EuGH dann gegeben, wenn ein benachteiligendes Verhalten **unmittelbar an das Geschlecht einer Person anknüpft** oder **der wesentliche Grund für ein benachteiligendes Verhalten ausschließlich für Arbeitnehmer eines der beiden Geschlechter gilt** (EuGH 18.3.2014 – C-363/12 Rn. 51 – Z., NZA 2014, 525; 18.3.2014 – C-167/12 Rn. 46 – D., BeckRS 2014, 80565; 20.9.2007 – C-116/06 Rn. 55 – Kiiski, NZA 2007, 1274; zu Einzelheiten der Dogmatik → RL 2000/78/EG Art. 2 Rn. 11 ff.). Die Definition der unmittelbaren Diskriminierung gilt sowohl für das allg. **Diskriminierungsverbot gem. Art. 14 I** (EuGH 18.3.2014 – C-363/12 Rn. 50 – Z., NZA 2014, 525; zum Bewerbungs-

verfahren s. auch EuGH 8.11.1990 – C-177/88 Rn. 10 – Dekker, NJW 1991, 628; zur Beendigung des Arbeitsverhältnisses s. EuGH 5.5.1994 – C-421/92 Rn. 14 – Habermann-Beltermann, NJW 1994, 2077), als auch für das **Diskriminierungsverbot wegen des Entgelts gem. Art. 4** (EuGH 18.3.2014 – C-363/12 Rn. 50 – Z., NZA 2014, 525), als auch für das **Verbot von Diskriminierungen in der betrieblichen Altersversorgung gem. Art. 5** (s. zu Art. 2 I lit. b BAG 19.1.2011 NZA 2011, 860 Rn. 31). Sie findet insoweit sowohl auf staatliche Regelungen, als auch auf Tarifverträge und andere Kollektivvereinbarungen (EuGH 18.11.2004 – C-284/02 Rn. 25 – Sass, NZA 2005, 399; *Schubert* ZfA 2003, 1), als auch auf Arbeitsverträge Anwendung.

Der EuGH subsumiert unter das natürliche Geschlecht die Situation von schwangeren Frauen und solchen im Mutterschaftsurlaub gem. der RL 92/85/EWG (EuGH 12.7.1984 – 184/83 Rn. 24 ff. – Hofmann, NJW 1984, 2754; 8.1.1990 – C-177/88 Rn. 10 – Dekker, NJW 1991, 628; 5.5.1994 – C-421/92 Rn. 14 – Habermann-Beltermann, NJW 1994, 2077; → Art. 1 Rn. 14). Art. 2 II lit. c stellt insoweit klar, dass jegliche ungünstigere Behandlung einer Frau im Zusammenhang mit Schwangerschaft oder Mutterschaftsurlaub iSd RL 92/85/EWG als unmittelbare Diskriminierung behandelt wird (→ Rn. 36). Dogmatisch handelt es sich um eine Benachteiligung von **Teilgruppen,** bei der die Gruppenbildung hinsichtlich des geschützten Merkmals nur zu einer Gruppenhomogenität auf Seite der benachteiligten Personen führt (*Rupp* RdA 2009, 307 [309]). Hiernach bedeutet etwa die **Kündigung einer Frau wegen der Schwangerschaft oder des Mutterschaftsurlaubs** iSd Art. 10 RL 92/85/EWG zugleich eine unmittelbare Diskriminierung wegen des Geschlechts, weil diese Maßnahme ausschließlich Frauen treffen kann (EuGH 26.2.2008 – C-506/06 Rn. 33 – Mayr, NZA 2008, 345). Die Versagung von **Mutterschaftsurlaub** stellt demgegenüber nur dann eine unmittelbare Diskriminierung wegen des Geschlechts dar, wenn der wesentliche Grund für diese Versagung ausschließlich für Arbeitnehmer eines der beiden Geschlechter gilt (EuGH 18.3.2014 – C-363/12 Rn. 51 ff. – Z., NZA 2014, 525, verneinend für eine Bestellmutter, da das nationale Recht Bestellväter in derselben Weise behandle). Abgrenzungsschwierigkeiten bestehen auch in Fallgruppen, in denen ein benachteiligendes Verhalten **an das Geschlecht und an ein weiteres neutrales Merkmal** anknüpft, auch bezeichnet als **„sex-plus-discrimination"** (*Schlachter* Gleichberechtigung 149). Nach einer vorzugswürdigen Ansicht sind auch Sachverhalte der „sex-plus-discrimination" als unmittelbare Diskriminierung zu bewerten, da auf Seiten der benachteiligten Personen ebenso wie bei der Benachteiligung von Teilgruppen eine homogene Gruppenbildung möglich ist (*Rupp* RdA 2009, 307 [309]). Nach **aA** ist für das Vorliegen einer unmittelbaren Diskriminierung entscheidend, ob das zusätzliche Merkmal seinerseits repräsentativ für die geschützte Gruppe ist oder nicht (Hey/Forst/*Hey* AGG § 3 Rn. 75). Wird nicht nach einem verbotenen Merkmal in Zusammenhang mit einem Zusatzmerkmal differenziert, sondern allein nach einem neutralen Merkmal, das jedoch bei einer Gruppe verstärkt auftritt (Differenzierung nach Kinderbetreuung bei unverheirateten/getrennten Personen – derzeit wohl noch mehr Frauen als Männer), kommt allein eine mittelbare Benachteiligung in Betracht, da auf der Seite der Benachteiligten keine homogene Gruppenbildung möglich ist (*Rupp* RdA 2009, 307 [309]).

Der EuGH hat zum Diskriminierungsverbot wegen der Behinderung entschieden, dass eine unmittelbare Diskriminierung auch dann gegeben ist, wenn ein Arbeitnehmer **wegen eines geschützten Merkmals seines Kindes benachteiligt** wird (EuGH 17.7.2008 – C-303/06 – Coleman, EuZW 2008, 497). Ausweislich der Entscheidungsgründe gilt diese Aussage für alle von RL 2000/43/EG und RL 2000/78/EG geschützten Merkmale (dazu *Bayreuther* NZA 2008, 986 [987]; *Lingscheid* BB 2008, 1963 [1964]; *Lindner* NJW 2008, 2750 [2752]). Etwas anderes wird jedoch für die Definition der unmittelbaren Diskriminierung wegen des Geschlechts gem. Art. 2 I lit. a erwogen, da die Vorschrift das geschützte Merkmal nach dem Wortlaut explizit an die betroffene Person anknüpft, indem sie die weniger günstige Behandlungen einer Person **aufgrund ihres Geschlechtes** untersagt (BAG 22.4.2010 NZA 2010, 947 Rn. 17; *Schlachter* RdA 2010, 104 [106]). Im Sinne einer teleologisch-kohärenten Anwendung der Richtlinien gegen Diskriminierungen – wie sie zuweilen auch die Rechtsprechung des EuGH prägt (s. zur Beweislast EuGH 19.4.2012 – C-415/10 Rn. 40 – Meister, NZA 2012, 493) – erscheint diese am Wortlaut verhaftete Interpretation nicht überzeugend. Vielmehr sollten auch im Anwendungsbereich der RL 2006/54/EG drittbezogene Sachverhalte erfasst werden, sofern man diese bei den anderen geschützten Merkmalen untersagt. Die Gegenansicht hat freilich einen überzeugenden Kern, da die Vorschriften gegen Diskriminierungen nicht extensiv erweitert werden können, sollen sie nicht ihre innere Überzeugungskraft, ihre Vorhersehbarkeit und ihre Justiziabilität verlieren. So stellen sich bei der Rechtsprechung des EuGH zu drittbezogenen Diskriminierungen kaum lösbare Folgefragen im Hinblick auf die Abgrenzung der mittelbar in den Schutzbereich einbezogenen Dritten (*Bayreuther* NZA 2008, 986 [987]).

6 Unmittelbare Diskriminierungen können nach der Rechtsprechung des EuGH nicht sachlich „gerechtfertigt" werden, anders als mittelbare Diskriminierungen gem. Art. 2 I lit. b (EuGH 12.9.2013 – C-614/11 Rn. 51 – Kuso, NZA 2013, 1071; 12.12.2013 – C-267/12 Rn. 45 – Hay, NZA 2014, 153). Die Richtlinie sieht jedoch Ausnahmebestimmungen vor, die de facto einer Rechtfertigung gleichkommen, weshalb – dem deutschen Sprachgebrauch folgend – auch insoweit von Rechtfertigung gesprochen werden soll (vgl. auch Art. 6 I UAbs. 1 RL 2000/78/EG). Hierfür trägt der In-Anspruch-Genommene nach Art. 19 I die Darlegungs- und Beweislast. Für Diskriminierungen wegen des Geschlechts im Hinblick auf den Zugang zur Beschäftigung und die Berufsbildung gem. Art. 14 I enthält **Art. 14 II** eine Sonderregelung. Ob hieraus zu schließen ist, dass Diskriminierungen im bestehenden Arbeitsverhältnis und bei seiner Beendigung immer unzulässig sind (so → AEUV Art. 157 Rn. 42), erscheint mit Blick auf die Rechtslage bei den anderen Richtlinien gegen Diskriminierungen zweifelhaft (s. zur körperlichen Eignung bei Verkehrspiloten etwa EuGH 13.9.2011 – C-447/09 Rn. 67 – Prigge, NJW 2011, 3209). Einen Ausnahmetatbestand für Vorschriften zum Schutz der Frau insbesondere bei Schwangerschaft und Mutterschaft enthält **Art. 28 I** (EuGH 12.7.1984 – 184/83 Rn. 24 ff. – Hofmann, NJW 1984, 2754; 30.9.2010 – C-104/09 Rn. 26 – Roca Álvarez, NZA 2010, 1281; *Mohr* Diskriminierungen 254). Als Ausnahmeregelung fungiert schließlich **Art. 3,** der den Mitgliedstaaten positive Diskriminierungen erlaubt (EuGH 30.9.2010 – C-104/09 Rn. 26 – Roca Álvarez, NZA 2010, 1281). Eine unmittelbare Diskriminierung wegen des Geschlechts im Hinblick auf das Arbeitsentgelt kann grds. nicht „gerechtfertigt" werden, wie Art. 4 verdeutlicht. Das notwendige Korrektiv bilden hier die Tatbestandsmerkmale der gleichen bzw. gleichwertigen Arbeit und der Benachteiligung gerade wegen des geschützten Merkmals (→ AEUV Art. 157 Rn. 42), die deshalb nicht begrifflich-formal, sondern materiell-wertend zu bestimmen sind (anders die Motivbündel-Rechtsprechung des BVerfG; → Art. 19 Rn. 3). Dasselbe gilt für Diskriminierungen bei der betrieblichen Altersversorgung gem. Art. 5, da derartige Leistungen vom EuGH als „sonstige Vergütung" angesehen werden (EuGH 17.5.1990 – C-262/88 Rn. 21 ff. – Barber, NZA 1990, 775; 14.12.1993 – C-110/91 Rn. 12 ff. – Moroni, NZA 1994, 165).

C. Mittelbare Diskriminierung

7 Nach **Art. 2 I lit. b** liegt eine mittelbare Diskriminierung vor, wenn dem Anschein nach neutrale Vorschriften, Kriterien oder Verfahren Personen des einen Geschlechts gegenüber Personen des anderen Geschlechts in besonderer Weise benachteiligen können, es sei denn, die betreffenden Vorschriften, Kriterien oder Verfahren sind durch ein rechtmäßiges Ziel sachlich gerechtfertigt und die Mittel zur Erreichung dieses Ziels angemessen und erforderlich (EuGH 18.3.2014 – C-167/12 Rn. 49 – D., BeckRS 2014, 80565; BAG 19.1.2011 NZA 2011, 860 Rn. 31). Die Vorschrift geht zurück auf Art. 2 II Spiegelstrich 2 RL 2002/73/EG sowie die Rechtsprechung des EuGH zum Verbot mittelbarer Geschlechtsdiskriminierungen (KOM [2004] 279 endg. = BR-Drs. 366/04, 25; *Hadeler* NZA 2003, 77; *Mohr*

Diskriminierungen, 240 ff.). Nach seiner Grundidee hat das Verbot mittelbarer Diskriminierungen keinen eigenständigen Regelungsgehalt, sondern dient als **Hilfsinstrument zur Feststellung von unmittelbaren Benachteiligungen** (grundlegend EuGH 27.10.1993 – C-127/92 Rn. 13 f. – Enderby, NZA 1994, 797; *Thüsing* NZA Sonderbeil. 2/2004, 3 [6]; neuerdings BAG 14.11.2013 NZA 2014, 489 Rn. 37). Es stellt damit eine **spezialgesetzliche Ausprägung der Beweislastregel des Art. 19 I** dar. Die Rechtsprechung verfolgt freilich kein einheitliches Konzept der mittelbaren Diskriminierung. So werden dem Tatbestand zuweilen auch materiale Zwecke zugesprochen, die in die Nähe positiver Förderungsmaßnahmen gem. Art. 3 rücken (*Adomeit/Mohr* RdA 2011, 102; *Rebhahn/Kietaibl* Rechtswissenschaft 2010, 373; befürwortend *Grünberger*, Personale Gleichheit, 662, wonach es sich um eine Zusammenführung von formellen und materiellen Konzepten der Gleichbehandlung handle). Zu Einzelfragen der mittelbaren Diskriminierung → RL 2000/78/EG Art. 2 Rn. 36 ff.

Die mittelbare Diskriminierung folgt einem zweigliedrigen Aufbau mit positiven und negativen Tatbestandsmerkmalen. Positive Voraussetzung ist, dass eine Regelung oder Maßnahme zwar **neutral formuliert** ist, **in ihrer Anwendung aber wesentlich mehr Arbeitnehmer des einen Geschlechts als Arbeitnehmer des anderen Geschlechts benachteiligt** (EuGH 18.3.2014 – C-363/12 Rn. 53 – Z., NZA 2014, 525; 18.3.2014 – C-167/12 Rn. 48 – D., BeckRS 2014, 80565; 20.10.2011 – C-123/10 Rn. 56 – Brachner, BeckRS 2011, 81513; 2.10.1997 – C-1/95 Rn. 30 – Gerstner, NZA 1997, 1277). Der entsprechende Nachweis kann vom Anspruchsteller durch aussagekräftige Statistiken, aber auch auf andere Weise erbracht werden (vgl. KOM [2004] 279 endg. = BR-Drs. 366/04, 20). In einem derartigen Fall wird vermutet, dass gerade die Zugehörigkeit zur Gruppe der Merkmalsträger die maßgebliche Ursache der Benachteiligung war, diese also „wegen" der Gruppenzugehörigkeit erfolgt ist (EuGH 27.10.1993 – C-127/92 Rn. 13 f. – Enderby, NZA 1994, 797; *Kort* RdA 1997, 277 [280]). Im Gegensatz zur unmittelbaren Diskriminierung kann eine mittelbare Diskriminierung somit nicht in einer konkreten Einzelmaßnahme, sondern nur in der Anwendung einer allg. Regel oder eines verallgemeinerungsfähigen Kriteriums liegen (*Rupp* RdA 2009, 307 [308]). Der In-Anspruch-Genommene kann die Vermutungswirkung durch den Negativ-Nachweis widerlegen, dass die mittelbare Diskriminierung auf objektiven Faktoren beruht, die nichts mit einer Diskriminierung auf Grund des Geschlechts zu tun haben (EuGH 28.2.2013 – C-427/11 Rn. 36 – Kenny, NZA 2013, 315; 20.3.2003 – C-187/00 Rn. 50 – Kutz-Bauer, NZA 2003, 506; 6.9.2000 – C-322/98 Rn. 23 – Kachelmann, NZA 2000, 1155; 6.4.2000 – C-226/98 Rn. 29 – Jørgensen, AP EWG-Richtlinie Nr. 76/207 Nr. 21; 2.10.1997 – C-1/95 Rn. 30 – Gerstner, NZA 1997, 1277). Da die mittelbare Diskriminierung an ein neutrales Kriterium anknüpft, kann etwa ein unterschiedliches Entgelt einen anderen Grund als das Geschlecht haben, und seine „Rechtfertigung" kann daher ebenfalls anders ausfallen und auf einer nationalen Bestimmung, einem Tarifvertrag oder sogar einer Praxis oder einseitigen Handlung eines Arbeitgebers gegenüber seinen Beschäftigten beruhen (so EuGH 28.2.2013 – C-427/11 Rn. 40 – Kenny, NZA 2013, 315). Im Falle der Widerlegung der Vermutungswirkung durch einen zureichenden Sachgrund entfällt bereits der Tatbestand des Diskriminierungsverbots, ohne dass es einer Anwendung spezifischer Rechtfertigungsvorschriften bedarf. Hierin liegt der zentrale Unterschied zur unmittelbaren Diskriminierung (s. EuGH 12.12.2013 – C-267/12 Rn. 45 – Hay, NZA 2014, 153). In Anwendung des **Art. 19 I** muss der Anspruchsteller die positiven Tatbestandsmerkmale des Art. 2 I lit. b darlegen und beweisen, wohingegen der In-Anspruch-Genommene nachzuweisen hat, dass eine vermutete Diskriminierung auf sachlichen Gründe beruht und verhältnismäßig ist (EuGH 19.4.2012 – C-415/10 Rn. 34 – Meister, NZA 2012, 493; 26.6.2001 – C-381/99 Rn. 60 – Brunnhofer, NZA 2001, 883).

Der EuGH spricht den **Mitgliedstaaten** und den **Tarifparteien** einen „sachgerechten Gestaltungsspielraum" für „soziale Schutzmaßnahmen" und die „konkreten Einzelheiten ihrer Durchführung" zu (EuGH 6.4.2000 – C-226/98 Rn. 41 – Jørgensen, AP EWG-Richtlinie Nr. 76/207 Nr. 21; zur Tarifautonomie *Schubert* ZfA 2013, 1 [27 ff.]). Die vorgebrachte Rechtfertigung muss aber auf einem legitimen Ziel beruhen und die zu seiner Erreichung gewählten Mittel müssen geeignet und erforderlich sein (EuGH 28.2.2013 – C-427/11 Rn. 37 – Kenny, NZA 2013, 315). Auf dieser Grundlage ist eine Regelung zulässig, wenn sie einem notwendigen Ziel der Sozialpolitik wie der Förderung von Einstellungen dient, ohne dass hierdurch der Grundsatz der Gleichbehandlung von Männern und Frauen ausgehöhlt wird (EuGH 20.3.2003 – C-187/00 Rn. 55 ff. – Kutz-Bauer, NZA 2003, 506; 13.7.1989 – 171/98 Rn. 12 ff. – Rinner-Kühn, NZA 1990, 437).

10 Demgegenüber legt der EuGH an die Rechtfertigung **von unternehmerischen Regelungen und Maßnahmen** jedenfalls de facto strengere Maßstäbe an, was sich auch an der unterschiedlichen Wortwahl zeigt (*Herrmann* SAE 1993, 271 [281]). Der Differenzierungsgrund muss hier einem wirklichen Bedürfnis des Unternehmens entsprechen und für die Erreichung dieses Ziels geeignet und erforderlich sein (EuGH 28.2.2013 – C-427/11 Rn. 46 – Kenny, NZA 2013, 315; 26.6.2001 – C-381-99 Rn. 67 – Brunnhofer, NZA 2001, 883; 13.5.1986 – 170/84 Rn. 36 – Bilka, NZA 1986, 559). Das Interesse an guten Arbeitsbeziehungen genügt hierfür allein nicht, kann jedoch etwa iRv Tarifverträgen eine Rolle spielen (EuGH 28.2.2013 – C-427/11 Rn. 48 ff. – Kenny, NZA 2013, 315). Bei einer **entgeltbezogenen Diskriminierung** geht es nicht darum, die Höhe des den jeweiligen Vergleichsgruppen gezahlten Entgelts oder die Verwendung der Arbeitnehmer in der einen oder der anderen Gruppe zu begründen, sondern um die „Rechtfertigung" des unterschiedlichen Entgelts an sich; denn es ist das **unterschiedliche Entgelt,** das durch objektive Faktoren gerechtfertigt sein muss, die nichts mit einer Diskriminierung auf Grund des Geschlechts zu tun haben (EuGH 28.2.2013 – C-427/11 Rn. 38 f. – Kenny, NZA 2013, 315). Wie oben geschildert, obliegt es gem. Art. 19 I dem Arbeitgeber, im Rahmen einer mittelbaren Entgeltdiskriminierung eine sachliche Rechtfertigung des festgestellten Entgeltunterschieds zwischen den Arbeitnehmern, die sich diskriminiert glauben, und den Vergleichspersonen zu beweisen und damit die Vermutungswirkung zu widerlegen (EuGH 28.2.2013 – C-427/11 Rn. 41 – Kenny, NZA 2013, 315).

11 Einen wichtigen Anwendungsbereich des Verbots mittelbarer Diskriminierungen wegen des Geschlechts bildete die Gewährung unterschiedlicher Arbeitsbedingungen an **Voll-** und an **Teilzeitbeschäftigte.** Derartige Differenzierungen sind nach deutschem Recht gem. § 4 I TzBfG unzulässig. Nach dieser Vorschrift darf ein teilzeitbeschäftigter Arbeitnehmer wegen der Teilzeitarbeit nicht schlechter behandelt werden als ein vergleichbarer vollzeitbeschäftigter Arbeitnehmer, es sei denn, dass sachliche Gründe eine unterschiedliche Behandlung rechtfertigen. Einem teilzeitbeschäftigten Arbeitnehmer ist Arbeitsentgelt oder eine andere teilbare geldwerte Leistung mind. in dem Umfang zu gewähren, der dem Anteil seiner Arbeitszeit an der Arbeitszeit eines vergleichbaren vollzeitbeschäftigten Arbeitnehmers entspricht (dazu *Zwanziger* NZA-Beilage 2012, 108 [109]; *Thüsing* AGG Rn. 262). Da überwiegend Frauen in Teilzeitarbeit tätig sind, kann eine benachteiligende Ungleichbehandlung auch eine mittelbare Diskriminierung gem. Art. 2 II lit. b bedeuten, mit der Folge eines Anspruchs auf „Anpassung nach oben" und ggf. auf Schadensersatz und Entschädigung iSd Art. 18. Dies hat etwa Auswirkungen auf die Anwendung der innerstaatlichen Vorschriften zur Vergütung von Überstunden (BVerwG 23.9.2010 NVwZ 2011, 296). Zum einen darf eine Verpflichtung, ausgleichsfreie Überstunden zu leisten, Teilzeitbeschäftigte nicht relativ stärker belasten als Vollzeitbeschäftigte (EuGH 27.5.2004 – C-285/02 Rn. 17 – Elsner-Lakeberg, NZA 2004, 783). Zum anderen dürfen Überstunden von Teilzeitbeschäftigten nicht geringer vergütet werden als die reguläre Arbeitszeit, da teilzeitbeschäftigte Arbeitnehmer für die Arbeit, die sie über ihre individuelle Arbeitszeit hinaus bis zu der Stundenzahl leisten, die ein vollzeitbeschäftigter Arbeitnehmer im Rahmen seiner Arbeitszeit erbringen muss, schlechter vergütet werden als vollzeitbeschäftigte Arbeitnehmer (EuGH 6.12.2007 – C-300/06 – Voß, NZA 2008, 31; *Rolfs/Wessel* NJW 2009, 3329 [3332]). Erhalten teilzeitbeschäftigte Arbeitnehmer ihr Arbeitsentgelt – etwa eine tarifliche Wechselschichtzulage – aber in dem Umfang, der dem Anteil ihrer Arbeitszeit an der Arbeitszeit vergleichbarer vollzeitbeschäftigter Arbeitnehmer entspricht, so werden sie nicht

mittelbar wegen des Geschlechts benachteiligt (BAG 24.9.2008 AP TVöD § 24 Nr. 2 Rn. 23 ff.). Eine Regelung, nach der Teilzeitbeschäftigte von der errechneten **Beihilfe** nur den Teil erhalten, der dem Verhältnis entspricht, in dem die arbeitsvertraglich vereinbarte durchschnittliche regelmäßige wöchentliche Arbeitszeit zu der regelmäßigen wöchentlichen Arbeitszeit eines entsprechenden vollzeitbeschäftigten Angestellten steht, ist ebenfalls objektiv gerechtfertigt, wenn der Arbeitgeber sich an den von der gesetzlichen Krankenversicherung nicht gedeckten Kosten nur insoweit beteiligen will, wie ihm die Arbeitnehmer ihre Arbeitskraft zur Verfügung stellen (BAG 19.2.1998 NZA 1998, 1131). Führt ein Tarifvertrag in ansonsten zulässiger Weise **Niedriglohngruppen** ein, um die Auslagerung der entsprechenden Beschäftigungsgruppen zu vermeiden, bedeutet das ebenfalls keine mittelbare Benachteiligung wegen des Geschlechts (BAG 26.1.2005 NZA 2005, 1059). Sofern der Arbeitgeber mit der Gewährung von **Zusatzurlaub** die Gesundheit seiner Arbeitnehmer schützen will, kann er den Urlaub erst ab dem Überschreiten der Hälfte der regelmäßigen Arbeitszeit gewähren (BAG 19.3.2002, NJOZ 2003, 1530). In Ermangelung eines sachlichen Grundes dürfen teilzeitbeschäftigte Arbeitnehmer nicht von einer **betrieblichen Versorgungsordnung** ausgenommen werden (EuGH 13.5.1986 – C-170/84 Rn. 12 und 24 – Bilka, NZA 1996, 599; s. auch BAG 14.10.1986 AP Art. 119 EWG-Vertrag Nr. 11). Die **Sozialauswahl** gem. § 1 III 1 KSchG bezieht sich nur auf vergleichbare Arbeitnehmer im Betrieb, weshalb zu klären ist, ob die häufiger in Teilzeit arbeitenden Frauen mit Vollzeitarbeitnehmern vergleichbar sind. Nach Ansicht des BAG ist hierfür die Organisationsentscheidung des Arbeitgebers maßgeblich (BAG 3.12.1998 NZA 1999, 431; 12.8.1999 NJW 2000, 533; 7.12.2006 NZA-RR 2007, 460). Will der Arbeitgeber bestimmte Arbeiten ausschließlich mit Vollzeitkräften verrichten, so kann dies nur daraufhin überprüft werden, ob die Entscheidung offenbar unsachlich, unvernünftig oder willkürlich war. Arbeitnehmer, die aufgrund solcher Organisationsentscheidungen unterschiedliche Arbeitszeiten aufweisen, die nur durch Änderungskündigungen angepasst werden können, sind nicht miteinander vergleichbar. Will der Arbeitgeber dagegen in einem bestimmten Bereich lediglich die Zahl der insgesamt geleisteten Arbeitsstunden abbauen, sollen sämtliche dort beschäftigten Arbeitnehmer ohne Rücksicht auf ihr Arbeitszeitvolumen in die Sozialauswahl einzubeziehen sein. Nach Ansicht des EuGH kann die in der fehlenden Vergleichbarkeit mit Vollzeitbeschäftigten liegende Ungleichbehandlung von Teilzeitbeschäftigten jedoch sachlich zulässig sein, da Letzteren bei Streichung ihres Arbeitsplatzes ansonsten die Umsetzung auf einen Vollzeitarbeitsplatz anzubieten wäre, obgleich sie nach ihrem Arbeitsvertrag auf eine solche Umsetzung keinen Anspruch haben (EuGH 26.9.2000 – C-322/98 Rn. 33 – Kachelmann, NZA 2000, 1155). Die Frage, ob teilzeitbeschäftigte Arbeitnehmer derart bevorzugt werden sollen, ist vom nationalen Gesetzgeber zu entscheiden, dem es allein obliegt, im Arbeitsrecht zwischen den verschiedenen beteiligten Interessen einen billigen Ausgleich zu finden; diese Entscheidung beruht jedenfalls auf Erwägungen, die nichts mit dem Geschlecht zu tun haben (EuGH 26.9.2000 – C-322/98 Rn. 34 – Kachelmann, NZA 2000, 1155). Im Rahmen einer Befreiung von einer Steuerberaterprüfung in Abhängigkeit von der Dauer der vorherigen beruflichen Tätigkeit darf die **Beschäftigungsdauer** von Teilzeitbeschäftigten grds. nicht in geringerem Umfang berücksichtigt werden als diejenige von Vollzeitbeschäftigten, sofern nicht nachgewiesen wird, welche Beziehungen zwischen der Art der ausgeübten Tätigkeit und der Berufserfahrung bestehen, die die Ausübung dieser Tätigkeit nach einer bestimmten Anzahl geleisteter Arbeitsstunden verschafft (EuGH 2.10.1997 – C-100/95 Rn. 23 – Kording, NZA 1997, 1221).

Es bedeutet keine mittelbare Diskriminierung wegen des Geschlechts, wenn eine **Unterbrechung des Beschäftigungsverhältnisses durch Geburt und Kindererziehung** zu Nachteilen bei der betrieblichen Altersversorgung führt, sofern es sich um Leistungen für erbrachte Dienste handelt (BAG 19.1.2011 NZA 2011, 860 Rn. 37 ff.). In einer Versorgungsordnung kann deshalb vorgesehen werden, dass während der **Elternzeit** keine leistungssteigernden Anwartschaften erworben werden (BAG 20.4.2010 NZA 2010, 1188; 12.1.2000 NZA 2000, 944; 15.2.1994 NZA 1994, 794). Der Charakter der betrieblichen

12

Altersversorgung als Vergütung für die erbrachte Betriebszugehörigkeit rechtfertigt eine abweichende Behandlung gegenüber Sozialplanabfindungen, die dem Ausgleich und der Milderung künftiger Nachteile auf dem Arbeitsmarkt und nicht der nachträglichen Vergütung bereits geleisteter Dienste dienen. Wenn deshalb das Arbeitsverhältnis im Ganzen ruht, darf der Arbeitgeber seine Aufwendungen für die betriebliche Altersversorgung ebenfalls ruhen lassen (BAG 20.4.2010 NZA 2010, 1188 Rn. 32 ff.). Es bedeutet weiterhin keine mittelbare Diskriminierung wegen des Geschlechts, wenn der Arbeitgeber bei der Berechnung einer Weihnachtsgratifikation Zeiten des **Erziehungsurlaubs** unberücksichtigt lässt, sofern die Gratifikation an die tatsächliche Anwesenheit am Arbeitsplatz anknüpft (EuGH 21.10.1999 – C-333/97 Rn. 33 ff. – Lewen, NZA 1999, 1325). Nicht anspruchsmindernd dürfen jedoch solche Zeiten berücksichtigt werden, in denen eine Arbeitnehmerin wegen **schwangerschaftsbedingter Beschäftigungsverbote** nicht arbeiten durfte (EuGH 21.10.1999 – C-333/97 Rn. 45 ff. – Lewen, NZA 1999, 1325). Dasselbe gilt für Zeiten des **Mutterschaftsurlaubs** gem. der RL 92/85/EWG (EuGH 18.11.2004 – C 284/02 Rn. 51 – Sass, NZA 2005, 399). Der Arbeitgeber muss in der **Elternzeit** kein Arbeitsentgelt entrichten; aus diesem Grunde hat er während dieser Zeit weder Beiträge zu externen Versorgungsträgern zu entrichten, noch muss er diese Zeiten in sonstiger Weise berücksichtigen (EuGH 13.1.2005 – C-356/03 – Mayer, NZA 2005, 347). Auf der Grundlage dieser Rechtsprechung ist auch der **Stufenaufstieg im Entgeltsystem des TVöD** zulässig, da er die gewonnene Berufserfahrung honorieren soll. In der Zeit, in der das Arbeitsverhältnis wegen der Inanspruchnahme von Elternzeit unter Suspendierung der beiderseitigen Hauptpflichten ruht, wird keine Berufserfahrung gewonnen (s. dazu, in Abgrenzung zu Art. 157 I AEUV, das BAG 27.1.2011 NZA 2011, 1361 Rn. 25 ff.). Der Arbeitgeber kann schließlich Personen mit erfüllter **Wehr- oder Ersatzdienstpflicht** bevorzugen, sofern damit Nachteile infolge der Verzögerung der Ausbildungszeit ausgeglichen werden (so unter Verweis auf eine Förderung gem. Art. 2 IV RL 76/207/EWG aF EuGH 7.12.2000 – C-79/99 Rn. 30 ff. und Rn. 35 ff. – Schnorbus, NZA 2001, 141).

13 Erhalten mehr Frauen als Männer eine **geringe Pension**, die nicht von einer jährlichen Anpassung erfasst sein soll, liegt hierin eine mittelbare Diskriminierung aufgrund des Geschlechts, die weder durch das frühere Pensionsanfallalter erwerbstätiger Frauen noch mit der bei ihnen längeren Bezugsdauer der Pension widerlegt werden kann (EuGH 20.10.2011 – C-123/10 Rn. 69 ff. – Brachner, BeckRS 2011, 81513). **Betriebliche Vorruhestandsregelungen,** die Frauen von der Gewährung der betrieblichen Vorruhestandsbezüge ausschließen, wenn sie bereits mit 60 Jahren eine vorzeitige Altersrente beanspruchen können, beinhalten eine mittelbare Diskriminierung wegen des Geschlechts (BAG 15.2.2011 NZA 2011, 740 Rn. 31 mit Bespr. *Rolfs* SAE 2011, 141). Nach Auffassung des BAG ist es unerheblich, ob sich der Arbeitgeber an eine sozialversicherungsrechtliche Regelung anlehnt, da er – anders als der Gesetzgeber – seine Handlungen uneingeschränkt am Diskriminierungsverbot messen lassen muss. Entscheidend ist deshalb allein, ob männliche und weibliche Arbeitnehmer in gleicher Weise wirtschaftlich abgesichert sind. Dasselbe soll für **tarifliche Übergangsgelder** gelten (BAG 15.2.2011 NZA-RR 2011, 467).

14 Ergibt sich, dass die Anwendung von Kriterien wie Flexibilität, Berufsausbildung oder Ancienität die weiblichen Arbeitnehmer systematisch benachteiligt iSd Art. 2 I lit. b, so kann der Arbeitgeber die Anwendung des Kriteriums der **Flexibilität** rechtfertigen, wenn es so verstanden wird, dass es sich auf die Anpassungsfähigkeit an unterschiedliche Arbeitszeiten und Arbeitsorte bezieht, indem er darlegt, dass diese Anpassungsfähigkeit für die Ausführung der dem Arbeitnehmer übertragenen spezifischen Aufgaben von Bedeutung ist, nicht aber, wenn dieses Kriterium so verstanden wird, dass es die Qualität der vom Arbeitnehmer verrichteten Arbeit umfasst (EuGH 17.10.1989 – C-109/88 – Danfoss, EAS RL 75/117/EWG Art. 1 Nr. 12). Weiterhin kann der Arbeitgeber die Anwendung des Kriteriums der **Berufsausbildung** rechtfertigen, indem er darlegt, dass diese Ausbildung für die Ausführung der dem Arbeitnehmer übertragenen spezifischen Aufgaben von Bedeutung ist (EuGH 17.10.1989 – C-109/88 – Danfoss, EAS RL 75/117/EWG Art. 1 Nr. 12).

Belästigung   **Art. 2 RL 2006/54/EG 600**

Schließlich braucht der Arbeitgeber die Anwendung des Kriteriums der **Anciennität,** also der Betriebszugehörigkeit nicht besonders zu rechtfertigen (EuGH 17.10.1989 – C-109/88 – Danfoss, EAS RL 75/117/EWG Art. 1 Nr. 12). Die Bestimmung des Arbeitsentgelts nach dem **Dienstalter** ist hiernach ebenfalls zulässig, sofern hiermit die Berufserfahrung honoriert werden soll, die Arbeitnehmer grds. befähigt, ihre Arbeitsleistung besser zu erbringen (EuGH 3.10.2006 – C-17/05 Rn. 35 f. – Cadman, NZA 2006, 1205 mit Anm. *Zedler* NJW 2007, 49). Wird iRv Entgeltstufen auf die **körperliche Beanspruchung** abgestellt, ist das in Abhängigkeit von der konkreten Tätigkeit ebenfalls zulässig (EuGH 1.7.1986 – C-237/85 Rn. 24 – Rummler, NJW 1987, 1138). Auch die **Lage auf dem Arbeitsmarkt,** die einen Arbeitgeber veranlassen kann, das Entgelt für eine bestimmte Tätigkeit zu erhöhen, um Bewerbern einen Anreiz zu bieten, kann einen zulässigen wirtschaftlichen Grund darstellen (EuGH 27.10.1993 – C-127/92 Rn. 26 f. – Enderby, NZA 1994, 797).

D. Belästigung

Art. 2 I lit. c definiert Belästigungen als **unerwünschte, auf das Geschlecht einer** 15 **Person bezogene Verhaltensweisen, die bezwecken oder bewirken, dass die Würde der betreffenden Person verletzt und ein von Einschüchterungen, Anfeindungen, Erniedrigungen, Entwürdigungen oder Beleidigungen gekennzeichnetes Umfeld geschaffen wird.** Für die Verwirklichung des Tatbestands muss ein unerwünschtes, auf das Geschlecht bezogenes Verhalten kumulativ sowohl eine Würdeverletzung als auch ein „feindliches Umfeld" – als Synonym für „ein von Einschüchterungen, Anfeindungen, Erniedrigungen, Entwürdigungen oder Beleidigungen gekennzeichnetes Umfeld" – bezwecken oder bewirken (BAG 17.10.2013 NZA 2014, 303 Rn. 41). Diese Definition entspricht derjenigen in Art. 2 III 1 RL 2000/78/EG, weshalb die dort dargestellten Grundsätze übertragen werden können (→ RL 2000/78/EG Rn. 59 ff.).

Nicht enthalten ist in Art. 2 I lit. c ein Hinweis wie in Art. 2 III 2 RL 2000/43/EG und 16 Art. 2 III 2 RL 2000/78/EG auf die Ausgestaltung der Definition entsprechend den **mitgliedstaatlichen Rechtsvorschriften und Gepflogenheiten.** Allerdings weist Erwägungsgrund 7 darauf hin, dass die Arbeitgeber und die für die Berufsbildung zuständigen Personen ersucht werden sollten, Maßnahmen zu ergreifen, um im Einklang mit den innerstaatlichen Rechtsvorschriften und Gepflogenheiten gegen alle Formen der Diskriminierung aufgrund des Geschlechts vorzugehen und insbesondere präventive Maßnahmen zur Bekämpfung der Belästigung und der sexuellen Belästigung am Arbeitsplatz ebenso wie beim Zugang zur Beschäftigung, zur Berufsbildung und zum beruflichen Aufstieg zu treffen. Auch wenn sich diese Regelung mit präventiven Maßnahmen befasst, kann ihr doch ein Hinweis darauf entnommen werden, dass bei der Ausgestaltung des Schutzes gegen Belästigungen gem. Art. 2 I lit. c und lit. d die mitgliedstaatlichen Rechtsvorschriften und Gepflogenheiten relevant sind. Unter teleologischen Gesichtspunkten ist dies zwingend, da kein sachlicher Unterschied zwischen Belästigungen wegen des Geschlechts und solchen im Anwendungsbereich der RL 2000/43/EG und der RL 2000/78/EG ersichtlich ist.

Nach Art. 2 II lit. a **gelten Belästigungen als Diskriminierungen,** weshalb die für 17 unmittelbare Diskriminierungen entwickelten Grundsätze und Verfahren auch auf das Verbot von Belästigungen anzuwenden sind (vgl. EuGH 17.7.2008 – C-303/06 Rn. 58 ff. – Coleman, EuZW 2008, 497). Erwägungsgrund 6 präzisiert dies dahingehend, dass die Belästigung einer Person und die sexuelle Belästigung ebenfalls einen Verstoß gegen den Grundsatz der Gleichbehandlung von Männern und Frauen darstellen, weshalb sie als Diskriminierung aufgrund des Geschlechts im Sinne dieser Richtlinie anzusehen sind. Diese Formen der Diskriminierung kommen nicht nur am Arbeitsplatz vor, sondern auch im Zusammenhang mit dem Zugang zur Beschäftigung, zur Berufsbildung und zum beruflichen Aufstieg. Sie sollten daher verboten werden, und es sollten wirksame, verhältnismäßige und abschreckende Sanktionen vorgesehen werden. Der vorstehende Hinweis auf den

Grundsatz der Gleichbehandlung kann nicht überzeugen. Belästigungen haben mit Diskriminierungen gem. Art. 2 I lit. a und b gemeinsam, dass beide Verhaltensweisen in das Persönlichkeitsrecht und die Würde des Opfers eingreifen (*Thüsing* ZfA 2001, 397 [411 ff.]). Eine verbotene Belästigung liegt aber schon dann vor, wenn sie sich gegen das Persönlichkeitsrecht der betreffenden Person richtet, ohne dass es auf einen Vergleich mit weiteren Personen ankommt (*Nickel* NJW 2001, 2668 [2670]). Eine Belästigung ist deshalb nicht etwa dann zulässig, wenn der Handelnde auch noch andere Personen belästigt, die Opfer also im Unrecht gleichbehandelt (*Thüsing* NZA 2001, 939 [941]; *Feuerborn* JR 2008, 485 [487]). Der Schutz vor Belästigungen kann somit nicht gleichheitsrechtlich, sondern allein freiheitsrechtlich erklärt werden (**aA** *Grünberger* Personale Gleichheit, 666 ff.; zur sexuellen Belästigung als „gruppenbezogener Benachteiligung" auch *Baer*, Würde oder Gleichheit?, 231 ff.). Es macht wertungsmäßig keinen Unterschied, ob Menschen wegen eines diskriminierungsrechtlich geschützten Merkmals oder wegen eines anderen Gesichtspunkts belästigt werden, etwa weil sie Anhänger eines bestimmten Fußballvereins sind. Auch der Unionsgesetzgeber sieht Belästigungen in Art. 2 II lit. a nicht als Diskriminierungen an, sondern behandelt diese lediglich als solche.

18 Das **Festhalten an einer in Unkenntnis der Schwangerschaft ausgesprochenen Kündigung** bewirkt noch kein feindliches Umfeld im Sinne eines frauen- und mutterschaftsfeindlichen Verhaltens (so BAG 17.10.2013 NZA 2014, 303 Rn. 43). Belästigungen aufgrund des Geschlechts haben aber nicht selten einen sexuellen Bezug und unterfallen dann Art. 2 I lit. d als lex specialis, wonach auch einmalige Verletzungshandlungen untersagt sind, wenn diese bei objektiver Betrachtung als besonders gravierend erscheinen (Schiek/ *Schiek* AGG § 3 Rn. 69; zur Abgrenzung → Rn. 20). Nach Ansicht des BAG hat der Gesetzgeber mit dem Begriff „Belästigung" zugleich den Begriff des „Mobbing" umschrieben, soweit dieses seine Ursache in einem geschützten Merkmal, vorliegend also im Geschlecht einer Person hat (BAG 25.10.2007 NZA 2008, 223 Rn. 58). Zentrales Merkmal des Belästigungsbegriffs ist auch hiernach **die systematische, sich aus vielen einzelnen Verhaltensweisen zusammensetzende Persönlichkeitsrechtsverletzung,** wobei den einzelnen Verhaltensweisen für sich allein betrachtet keine rechtliche Bedeutung zukommen muss (BAG 25.10.2007 NZA 2008, 223 Rn. 59).

E. Sexuelle Belästigung

19 Art. 2 I lit. d definiert die sexuelle Belästigung als jede Form von **unerwünschtem Verhalten sexueller Natur,** das sich in unerwünschter verbaler, nicht-verbaler oder physischer Form äußert und das **bezweckt oder bewirkt,** dass die **Würde der betreffenden Person** verletzt wird, **insbesondere wenn ein von Einschüchterungen, Anfeindungen, Erniedrigungen, Entwürdigungen und Beleidigungen gekennzeichnetes Umfeld** geschaffen wird. Gem. Art. 2 II lit. a gilt die sexuelle Belästigung als (unmittelbare) Diskriminierung wegen des Geschlechts, weshalb die dazu entwickelten Grundsätze etwa zur Beweislast anzuwenden sind (vgl. EuGH 17.7.2008 – C-303/06 Rn. 58 ff. – Coleman, EuZW 2008, 497). Die sexuelle Belästigung kommt nach Erwägungsgrund 6 nicht nur am Arbeitsplatz vor, sondern auch im Zusammenhang mit dem Zugang zur Beschäftigung, zur Berufsbildung und zum beruflichen Aufstieg. Sie soll deshalb verboten werden, und es sollten wirksame, verhältnismäßige und abschreckende Sanktionen vorgesehen werden (dazu Art. 18 und Art. 25).

20 Sexuelle Belästigungen können gegenüber Personen jeden Geschlechts verübt werden (MüArbR/*Oetker* § 14 Rn. 62). Erfasst wird somit auch die sexuelle Belästigung homosexueller Menschen. Abzugrenzen sind die von Art. 2 I lit. d erfassten sexuell bestimmten Verhaltensweisen von **Belästigungen wegen des Geschlechts** gem. Art. 2 I lit. c. Unter die letztgenannte Vorschrift fällt etwa die Schaffung einer erniedrigenden Arbeitsatmosphäre durch ständige herabsetzende Bemerkungen ohne sexuellen Bezug. Von Art. 2 I lit. d nicht

erfasst werden auch Belästigungen wegen der sexuellen Orientierung (MüKoBGB/*Thüsing* AGG § 3 Rn. 66). Einschlägig ist hier das Verbot gem. Art. 2 III RL 2000/78/EG.

Die Definition der sexuellen Belästigung ist in Teilen an diejenige der Belästigung iSd Art. 2 I lit. c angelehnt. Gleichwohl ergeben sich wichtige Abweichungen. Ebenso wie iRd Art. 2 I lit. c setzt der Tatbestand ein unerwünschtes Verhalten voraus. Als **Verhalten** gilt jedes aktive Tun, gleich ob verbaler, nicht-verbaler oder physischer Form. Wie sich aus der Aufzählung ergibt, ist ein Unterlassen nicht tatbestandsmäßig. Das Verhalten muss **unerwünscht** sein (BAG 22.7.2008 NZA 2008, 1248 [1256]). Das bestimmt sich zwar nach der inneren Einstellung des Gegenübers (BAG 22.7.2008 NZA 2008, 1248 [1256]). Die Unerwünschtheit muss freilich objektiv – auch für den präsumtiven Täter – erkennbar gewesen sein (BAG 9.6.2011 NZA 2011, 1342 Rn. 19 u. 22). Sie bestimmt sich somit weder allein nach dem subjektiven Empfinden des Opfers, noch muss das Opfer seine ablehnende Haltung aktiv verdeutlicht haben (BAG 9.6.2011 NZA 2011, 1342 Rn. 19). Eine Verhaltensweise, die vom Betroffenen gewünscht ist, unterfällt demgegenüber nicht Art. 2 I lit. d, da die Vorschrift dem Schutz der Persönlichkeit des Betroffenen und damit zugleich seiner Menschenwürde dient. Ob der „Wunsch" ernstlich und unbeeinflusst geäußert wurde, muss im Einzelfall aber sorgfältig geprüft werden. Eine Verhaltensweise ist nicht erst dann unerwünscht, wenn dies vorher explizit gegenüber dem Belästigenden zum Ausdruck gebracht worden ist. Ausreichend ist vielmehr, dass der Handelnde aus der Sicht eines objektiven Beobachters davon ausgehen musste, dass sein Verhalten unter den gegebenen Umständen vom Betroffenen nicht gewollt ist oder nicht akzeptiert wird (BAG 25.3.2004 NJW 2004, 3508 [3509]; 24.9.2009 NZA 2010, 387 Rn. 27). Sofern ein Opfer die Ablehnung nicht verbal oder durch eindeutige, klare Gesten zum Ausdruck bringt, kann aus Indizien auf die Unerwünschtheit geschlossen werden (BAG 25.3.2004 NJW 2004, 3508 [3509]). Gegenüber einem drängenden, durchsetzungsfähigen Belästiger reicht uU bereits ein passives Verhalten in der Form eines zögernden, zurückhaltenden Geschehenlassens zur Erkennbarkeit einer ablehnenden Haltung aus (BAG 25.3.2004 NJW 2004, 3508 [3509]). Gleichwohl bedarf es zur Feststellung der Unerwünschtheit klarer, auch für den neutralen Beobachter hinreichend konkreter Anhaltspunkte (BAG 25.3.2004, NJW 2004, 3508 [3509]). Keine sexuelle Belästigung liegt vor, wenn sich das vermeintliche Opfer überhaupt nicht belästigt fühlt, da es sich dann nicht um eine „unerwünschte" Verhaltensweise handelt (*Annuß* BB 2006, 1629 [1632]). Sofern sich eine Person aktiv an sexuellen Kontakten beteiligt, spricht dies ebenfalls gegen die Unerwünschtheit (BAG 25.3.2004 NJW 2004, 3508 [3509]). Die unerwünschte Verhaltensweise muss außerdem einen Bezug zu den **von Art. 14 I erfassten Anwendungsbereichen** aufweisen, etwa in den Geschäftsräumen erfolgen (Schiek/*Schiek* AGG § 3 Rn. 69). Beim Entgelt und bei der betrieblichen Altersversorgung erscheint eine Belästigung wenig praktisch.

Art. 2 I lit. d bezieht sich auf ein **Verhalten sexueller Natur,** also auf Handlungen mit sexuellem Bezug. Welche Verhaltensweisen im Einzelnen „sexuell bestimmt" sind, hängt von den Umständen des Einzelfalls ab. Art. 2 I lit. d stellt klar, dass sich das sexuell bestimmte Verhalten in unerwünschter verbaler, nicht-verbaler oder physischer Form äußern kann. **Unzulässige Bemerkungen sexuellen Inhalts** sind nicht nur vulgäre oder obszöne Bemerkungen (BVerwG 4.4.2001 – 1 D 15.00 BeckRS 2001, 31349432), sondern es sind dies auch Äußerungen über das sexuelle Verhalten, die Partnerwahl, sexuelle Neigungen oder die Ausstrahlung und das Erscheinungsbild An- und Abwesender (BAG 9.6.2011 NZA 2011, 1342 Rn. 21). Unzulässig ist etwa ein **sexuell bestimmter Klaps auf den Po** (BAG 9.6.2011 NZA 2011, 1342 Rn. 33), nicht aber ein aufmunternder Klaps des Fußballtrainers bei der Einwechslung eines Fußballspielers. Erfasst werden von Art. 2 I lit. d auch unerwünschte **pornographische Darstellungen** (Schiek/*Schiek* AGG § 3 Rn. 69), nicht aber bereits die weit verbreiteten Kalender mit sog. Pin-up-Girls oder leicht bekleidete Frauen in Zeitungen der Boulevardpresse (SSV/*Schleusener* AGG § 3 Rn. 155). Als unerwünschtes sexuell bestimmtes Verhalten kommt uU auch ein sexuell bestimmtes **Stalking** in Betracht. Unter Stalking versteht man allg. die Verfolgung einer Person durch Telefonanrufe, bedrohende Nachrichten auf dem Anrufbeantworter, durch eine ständige Präsenz des Verfolgers vor der Wohnung des Opfers, durch Geschenke, durch nicht erwünschte Liebesbriefe etc. (*Göpfert/Siegrist* NZA 2007, 473). Kein tatbestandliches Verhalten liegt im Aufstellen von **Kleidervorschriften,** zB bei der Bitte um eine der Tätigkeit angemessene Bekleidung (*Bauer/Krieger* AGG § 3 Rn. 56). Hinsichtlich des Verhaltens sexueller Natur kommt dem Betroffenen über Art. 2 II lit. a die Beweiserleichterung des Art. 19 I zu Hilfe (allg. EuGH 17.7.2008 – C-303/06 Rn. 58 ff. – Coleman, EuZW 2008, 497).

23   Wesentlich für eine sexuelle Belästigung ist die **Verletzung der Würde der Person** durch die unerwünschte, sexuell bestimmte Verhaltensweise. Es handelt sich hierbei um ein eigenständiges, grds. vom Betroffenen darzulegendes Tatbestandsmerkmal (SSV/*Schleusener* AGG § 3 Rn. 159). Das Tatbestandsmerkmal beinhaltet eine objektiv zu beurteilende Erheblichkeitsschwelle; das subjektive Empfinden des Betroffenen ist somit nicht relevant da sonst die eigene Wahrnehmung über das Vorliegen einer sexuellen Belästigung entscheiden würde. Der Täter muss die Verletzung der Würde der Person **bezwecken** oder **bewirken**. Für das Bewirken genügt der Eintritt der Belästigung; gegenteilige Absichten oder Vorstellungen des Täters sind nicht erheblich (BAG 9.6.2011 NZA 2011, 1342 Rn. 19 u. 24). Letztere können jedoch die Sanktionen mindern. Demgegenüber ist ein vorsätzliches Verhalten für das Merkmal „Bezwecken" prägend; dafür kommt es in dieser Variante nicht auf den Eintritt eines tatsächlichen Erfolgs an (BAG 9.6.2011 NZA 2011, 1342 Rn. 19; **anders** die Rechtsprechung zu Art. 101 I AEUV, wonach Bezwecken objektiv zu verstehen ist, um eine Ex-ante-Kontrolle zu ermöglichen; vgl. EuGH 13.12.2012 – C-226/11 Rn. 36 – Expedia, EuZW 2013, 113; *Mohr* ZWeR 2015, 1 [12]). Regelbeispiel einer Verletzung der Würde durch ein unerwünschtes sexuell bestimmtes Verhalten ist die **Schaffung eines von Einschüchterungen, Anfeindungen, Erniedrigungen, Entwürdigungen und Beleidigungen gekennzeichneten („feindlichen") Umfelds.** Die Bedeutung dieses Tatbestandsmerkmals liegt in der Klarstellung, dass eine sexuelle Belästigung auch durch mehrere Verhaltensweisen begangen werden kann, die für sich genommen noch nicht tatbestandsmäßig wären (BAG 25.10.2007 NZA 2008, 223 Rn. 59). Art. 2 I lit. d fordert bei sexuellen Belästigungen anders als Art. 2 I lit. c somit nicht zwingend ein feindliches Umfeld. Es kann vielmehr in Abhängigkeit von der Schwere der Beeinträchtigung **eine einzelne sexuell bestimmte Handlung** ausreichen, um den Tatbestand zu erfüllen (BAG 9.6.2011 NZA 2011, 1342 Rn. 18).

F. Entgelt

24   Die Verbotstatbestände in Art. 14 I lit. c, Art. 4 und Art. 5 untersagen übereinstimmend Diskriminierungen beim **Arbeitsentgelt** bzw. bei spezifischen Ausprägungen desselben. Was die RL 2006/54/EG als Arbeitsentgelt versteht, definiert Art. 2 I lit. e. Als Entgelt anzusehen sind hiernach die **üblichen Grund- oder Mindestlöhne und -gehälter sowie alle sonstigen Vergütungen, die der Arbeitgeber aufgrund des Dienstverhältnisses dem Arbeitnehmer mittelbar oder unmittelbar als Geld- oder Sachleistung zahlt.** Der Entgeltbegriff der RL 2006/54/EG ist – wie Art. 14 I lit. c verdeutlicht – deckungsgleich mit derjenigen gem. Art. 157 II AEUV (KOM [2004] 279 endg. = BR-Drs. 366/04, 6; s. auch EuGH 22.11.2012 – C-385/11 Rn. 19 f. – Moreno, NZA 2012, 1425; BAG 19.1.2011 NZA 2011, 860 Rn. 31). Es kann deshalb auf die Kommentierung zu Art. 157 AEUV (→ AEUV Art. 157 Rn. 17 ff.) sowie ergänzend auf diejenige zu Art. 3 I lit. c RL 2000/78/EG (→ RL 2000/78/EG Art. 3 Rn. 22 ff.) verwiesen werden. Ebenso wie Art. 157 I, II AEUV erstreckt sich Art. 2 I lit. e nur auf das Arbeitsentgelt, also nicht auf das Entgelt selbständig tätiger Menschen, auch wenn diese in den persönlichen Anwendungsbereich jedenfalls der Art. 5 ff. einbezogen sind (→ Art. 6 Rn. 1). Vor diesem Hintergrund wird verständlich, weshalb Art. 2 I lit. f ergänzend zur Definition des Arbeitsentgelts eine solche der betrieblichen Altersversorgung enthält, obwohl sich das Vorliegen einer solchen

nach st. Rspr. des EuGH für Arbeitnehmer (iSd weiten Definition des Unionsrechts; vgl. *Mohr* ZHR 178, 2014, 326 [338 ff.]) maßgeblich danach bestimmt, ob eine Leistung auf der Grundlage eines Dienst- oder Arbeitsverhältnisses gezahlt wird (→ Rn. 26).

Ob eine Leistung als Arbeitsentgelt einzustufen ist, prüft der EuGH in drei Schritten (so EuGH 6.12.2012 – C-124/11 Rn. 33 ff. – Dittrich, NVwZ 2013, 132; → RL 2000/78/EG Art. 3 Rn. 24 ff.). Unter den Entgeltbegriff fallen grds. die **üblichen Grund- oder Mindestlöhne und Mindestgehälter sowie alle sonstigen Vergütungen,** unabhängig davon, ob es sich um Geldzahlungen oder um Sachleistungen handelt. Das Merkmal der **üblichen Grund- und Mindestlöhne** bezieht sich auf die synallagmatische Gegenleistung des Arbeitgebers zur erbrachten Dienst- oder Arbeitsleistung (Calliess/Ruffert/*Krebber* AEUV Art. 157 Rn. 21), unabhängig davon, ob sich die Berechnung des Entgelts nach der Arbeitszeit oder auch nach der Arbeitsleistung richtet (zu Letzterem EuGH 31.5.1995 – C-400/93 Rn. 11 ff. – Royal Copenhagen, EAS Art. 119 EGV Nr. 36). Wird ein Arbeitnehmer nach der Arbeitszeit bezahlt, kann sein gesamtes Arbeitsentgelt in den Vergleich mit einbezogen werden. Demgegenüber wird bei einer leistungsabhängigen Vergütung nur der fixe Entgeltanteil verglichen (vgl. Art. 157 II 2 AEUV). Das individuelle Arbeitsergebnis bleibt hier außer Betracht, da es ausschließlich auf dem persönlichen Arbeitsergebnis des Arbeitnehmers beruht und einem Vergleich nicht zugänglich ist (*Raab* Anm. EuGH EAS Art. 119 EGV Nr. 36, 27 [41]). Zu den **sonstigen Vergütungen** zählen – unter den nachfolgend zu schildernden Voraussetzungen – alle gegenwärtigen oder künftigen Vergütungen (EuGH 4.6.1992 – C-360/90 Rn. 12 – Bötel, NZA 1992, 687; 31.2.1996 – C-342/93 Rn. 12 – Gillespie, EAS Art. 119 EGV Nr. 38). Hierzu zählen **alle unmittelbaren Zahlungen, die ein Grundentgelt ergänzen,** wie Schichtzulagen, Überstundenausgleichsleistungen und alle Formen leistungsbezogener Zulagen (KOM [2004] 279 endg. = BR-Drs. 366/04, 11). Der EuGH hat eine sonstige Vergütung verneint im Hinblick auf vom Arbeitgeber subventionierte **Kindertagesstättenplätze;** diese hätten als Arbeitsbedingungen zwar finanzielle Auswirkungen, seien jedoch vor allem praktischer Natur (EuGH 19.3.2002 – C-476/99 Rn. 28 f. – Lommers, NZA 2002, 501; aA Calliess/Ruffert/*Krebber* AEUV Art. 157 Rn. 26). Zur Abgrenzung von Entgelt und Arbeitsbedingungen → RL 2000/78/EG Art. 3 Rn. 28).

Weiterhin müssen die Leistungen unmittelbar oder mittelbar **aufgrund des Arbeitsverhältnisses** gewährt werden (EuGH 31.2.1996 – C-342/93 Rn. 12 – Gillespie, EAS Art. 119 EGV Nr. 38; *Mohr* Diskriminierungen 215). Dies setzt ein kausales Element voraus, wonach **die Leistung untrennbar mit dem Arbeits- oder Dienstverhältnis verbunden** ist (EuGH 6.12.2012 – C-124/11 Rn. 39 – Dittrich, NVwZ 2013, 132). Der Entgeltbegriff erfasst hiernach unabhängig von der Rechtsgrundlage – sei es ein Gesetz, ein Tarifvertrag, eine Betriebsvereinbarung oder etwa ein Arbeitsvertrag – alle Vergütungen, die in hinreichendem Zusammenhang zum Arbeitsverhältnis stehen und nicht überwiegend aus von diesem losgelösten Zwecken gewährt werden. Das Entgelt muss somit nicht im Arbeitsvertrag begründet sein, sondern muss in diesem lediglich seinen Ursprung finden (Calliess/Ruffert/*Krebber* AEUV Art. 157 Rn. 26). Dass eine Leistung erst nach Beendigung des Arbeitsverhältnisses gewährt wird, schließt ihren Entgeltcharakter also ebenso wenig aus (EuGH 17.5.1990 – C-262/88 Rn. 12 – Barber, NZA 1990, 775) wie dass sie in Zeiten erbracht wird, in denen der Arbeitnehmer seine vertraglich geschuldete Arbeitsleistung nicht erbringen kann, weil er sich im Mutterschaftsurlaub befindet (EuGH 31.2.1996 – C-342/93 Rn. 13 – Gillespie, EAS Art. 119 EGV Nr. 38). Für die Einordnung einer Leistung als Entgelt ist auch die Person des **Leistungsempfängers** unerheblich. So stellt eine mit Rücksicht auf das Arbeitsverhältnis an die Hinterbliebenen des Arbeitnehmers gezahlte Rente ein Entgelt dar (EuGH 6.10.1993 – C-109/91 Rn. 13 – Ten Oever, EAS Art. 119 EGV Nr. 23). Da Art. 2 I lit. e eine mittelbare Leistung ausreichen lässt, ist weiterhin nicht erheblich, ob der Arbeitgeber die Zahlungen selbst erbringt oder sich eines Dritten bedient (EuGH 17.5.1990 – C-262/88 Rn. 29 – Barber, NZA 1990, 775). Vor diesem Hintergrund stehen Verwalter eines Betriebsrentensystems dem Arbeitgeber gleich (EuGH 28.9.1994 –

C-128/93 Rn. 29 – Fisscher, NZA 1994, 1123 ff.; 24.10.1996 – C-435/93 Rn. 30 ff. – Dietz, NZA 1997, 83). Das Merkmal „Gewährung aufgrund des Arbeits- oder Dienstverhältnisses" wird vom EuGH **formal interpretiert.** Dies zeigt sich insbesondere mit Blick auf die Kriterien zur Abgrenzung von gesetzlichen und betrieblichen Systemen der sozialen Sicherheit, wonach funktional vergleichbare Leistungen in Abhängigkeit von ihrer rechtlichen Einkleidung unterschiedlich bewertet werden (EuGH 28.9.1994 – C-7/93 Rn. 23 ff. – Beune, EuZW 1995, 152; krit. Calliess/Ruffert/*Krebber* AEUV Art. 157 Rn. 27 f.; → Rn. 28, 29 ff.). Nicht berücksichtigt werden funktionale und historische Überlegungen, wie etwa, dass die Entgeltfortzahlung im Krankheitsfall materiell eine Versicherungsleistung bedeutet, die die in Deutschland vormals geltende sozialrechtliche Lösung ersetzt hat (EuGH 13.7.1989 – C-171/88 Rn. 7 – Rinner-Kühn, NZA 1990, 437), oder welche Funktion ein betriebliches System der sozialen Sicherheit hat, insbesondere, ob es ein gesetzliches System lediglich ergänzt oder ersetzt (EuGH 17.5.1990 – C-262/88 Rn. 27 – Barber, NZA 1990, 775; krit. deshalb *Griebeling* NZA 1996, 437; Calliess/Ruffert/*Krebber* AEUV Art. 157 Rn. 28).

27   Schließlich muss die Leistung **vom Arbeitgeber selbst** (oder von einem von ihm eingeschalteten Dritten) **gezahlt** werden (EuGH 6.12.2012 – C-124/11 Rn. 40 – Dittrich, NVwZ 2013, 132), nicht jedoch vom Arbeitnehmer (s. für die betriebliche Altersversorgung auch Art. 8 I lit. e; Fuchs/*Bieback* RL 2006/54/EG Art. 2 Rn. 4). Das Entgelt muss somit nicht im Arbeitsvertrag geregelt sein. Auch sonstige Vergünstigungen, die der Arbeitgeber freiwillig zahlt, sind eingeschlossen (EuGH 9.2.1982 – 12/81 – Garland, NJW 1982, 1204, bezüglich besonderer Vergünstigungen im Reiseverkehr; s. auch KOM [2004] 279 endg. = BR-Drs. 366/04, 13). Daher ist eine Weihnachtsgratifikation auch dann ein Entgelt, wenn sie **freiwillig** gezahlt und überwiegend oder ausschließlich zum Anreiz für eine zukünftige Dienstleistung und/oder die Betriebstreue gewährt wird (EuGH 21.10.1999 – C-333/97 Rn. 21 – Lewen, NZA 1999, 1325). Im Ergebnis ist jedes Entgelt erfasst, das durch Vertrag, Gesetz oder Tarifvereinbarungen bestimmt oder freiwillig geleistet wird (KOM [2004] 279 endg. = BR-Drs. 366/04, 12).

28   Sonstige Vergütungen iSd Art. 2 I lit. e sind auch **Leistungen der betrieblichen Altersversorgung,** nicht jedoch solche der durch Gesetz geregelten Sozialversicherungssysteme (KOM [2004] 279 endg. = BR-Drs. 366/04, 11). Als Entgelt anzusehen sind hiernach etwa **Altersrenten** aus nicht durch Gesetz geregelten betrieblichen Systemen der sozialen Sicherheit, unabhängig davon, ob sie vom Arbeitgeber als Zusatzleistungen gewährt werden oder an die Stelle der gesetzlichen Sozialsysteme treten (EuGH 17.5.1990 – C-262/88 Rn. 21 ff. – Barber, NZA 1990, 775; 14.12.1993 – C-110/91 Rn. 12 ff. – Moroni, NZA 1994, 165), Ansprüche auf **Anschluss** an ein vom Arbeitgeber finanziertes betriebliches Versorgungssystem (EuGH 13.5.1986 – C-170/84 Rn. 12 f. – Bilka, NZA 1986, 559) sowie **Arbeitnehmerbeiträge zu solchen Systemen** (EuGH 28.9.1994 – C-200/91 Rn. 80 – Coloroll, NZA 1994, 1073). Letztere sind ein Bestandteil des Entgelts des Arbeitnehmers, da sie den Arbeitslohn, bei dem es sich definitionsgemäß um Entgelt handelt, unmittelbar beeinflussen (vgl. EuGH 11.3.1981 – 69/80 – Worringham, NJW 1981, 2637), weshalb sie für männliche und weibliche Arbeitnehmer gleich hoch sein müssen (EuGH 28.9.1994 – C-200/91 Rn. 80 – Coloroll, NZA 1994, 1073). Bezüglich der **Arbeitgeberbeiträge** zu betrieblichen Systemen der sozialen Sicherheit ist nach derzeit geltender Rechtslage zwischen Systemen mit Leistungs- und mit Beitragsprimat zu differenzieren. Das Diskriminierungsverbot ist allein auf das jeweils vereinbarte Primat anzuwenden (Dauses/*Borchardt* D. II. Sozialrecht, Rn. 191; s. auch *Mohr* Diskriminierungen 224). Nicht als Entgelt anzusehen sind hiernach Arbeitgeberbeiträge, die auf je nach Geschlecht unterschiedlichen versicherungsmathematischen Faktoren beruhen (EuGH 28.9.1994 – C-200/91 Rn. 75 ff. – Coloroll, NZA 1994, 1073; 22.12.1993 – C-152/91 Rn. 29 und 32 – Neath, EAS EGV Art. 119 Nr. 27). Ob dieser Grundsätze nach der **Test-Achats-Rechtsprechung** des EuGH fortbestehen, wonach Art. 5 II RL 2004/113/EG gegen Art. 21 I und Art. 23 GRC verstoßen hat, weil er es den Mitgliedstaaten gestattete, eine Ausnahme von der Regel geschlechts-

neutraler Prämien und Leistungen unbefristet aufrechtzuerhalten (EuGH 1.3.2011 – C-236/09 Rn. 32 – Test Achats, NJW 2011, 907), ist noch ungeklärt (→ AEUV Art. 157 Rn. 22; zur Neufassung des § 20 II AGG s. *Purnhagen* NJW 2013, 113). Dies gilt auch vor dem Hintergrund, dass Art. 9 I lit. h ebenso wie Art. 5 II RL 2004/113/EG dauerhaft unterschiedliche Leistungsniveaus aufgrund versicherungsmathematischer Faktoren erlaubt (dazu EuGH 3.9.2014 – C-318/13 Rn. 37 ff. – X., BeckRS 2014, 81731). Als Entgelt anzusehen sind weiterhin vom Arbeitgeber gewährte **Hinterbliebenenrenten** (EuGH 6.10.1993 – C-109/91 Rn. 10 ff. – Ten Oever, EAS Art. 119 EGV Nr. 23; EuGH 1.4.2008 – C-267/06 Rn. 45 – Maruko, NZA 2008, 849; anders eine gesetzlich zwingend vorgeschriebene Beitragspflicht der männlichen Arbeitnehmer zu einem Witwenpensionsfonds, dazu EuGH 3.12.1987 – C-182/85 Rn. 9 ff. – Newstead, EAS Art. 119 EGV Nr. 14) sowie **Überbrückungsrenten bei der Beendigung des Arbeitsverhältnisses aus gesundheitlichen Gründen** (EuGH 9.11.1993 – C-132/92 Rn. 18 – Birds Eye Walls, EAS Art. 119 EGV Nr. 25). Eine spezifische Regelung auch des Entgeltbegriffs im Hinblick auf Versorgungssysteme des öffentlichen Dienstes enthält Art. 7 II (KOM [2004] 279 endg. = BR-Drs. 366/04, 7). Dem Entgeltbegriff unterfallen schließlich auch Leistungen eines berufsständischen Versorgungssystems (EuGH 1.4.2008 – C-267/06 Rn. 40 ff. – Maruko, NZA 2008, 849; dazu *Adomeit/Mohr* ZfA 2008 449 [458]).

G. Betriebliche Systeme der sozialen Sicherheit

Gem. Art. 5 darf es in **betrieblichen Systemen der sozialen Sicherheit** – unbeschadet 29 des allg. Diskriminierungsverbots beim Arbeitsentgelt gem. Art. 4 – **keine unmittelbare oder mittelbare Diskriminierung aufgrund des Geschlechts** geben. Als betriebliche Systeme der sozialen Sicherheit definiert Art. 2 I lit. f in Anlehnung an Art. 2 I RL 86/378/EWG idF der RL 96/97/EG solche Systeme, die nicht durch die **RL 79/7/EWG** des Rates vom 19.12.1978 zur schrittweisen Verwirklichung des Grundsatzes der Gleichbehandlung von Männern und Frauen im Bereich der sozialen Sicherheit (ABl. Nr. L 6 v. 10.1.1979, 24; dazu EuGH 25.5.2000 – C-50/99 Rn. 31 – Podesta, AP EG Art. 141 Nr. 2; GHN/*Langenfeld* AEUV Art. 157 Rn. 136 ff.) geregelt werden und deren Zweck darin besteht, den abhängig Beschäftigten und den Selbständigen in einem Unternehmen oder einer Unternehmensgruppe, in einem Wirtschaftszweig oder den Angehörigen eines Berufes oder einer Berufsgruppe (vgl. Art. 6) **Leistungen zu gewähren, die als Zusatzleistungen oder Ersatzleistungen die gesetzlichen Systeme der sozialen Sicherheit ergänzen oder an ihre Stelle treten („contracted-out"), unabhängig davon, ob der Beitritt zu diesen Systemen Pflicht ist oder nicht** (KOM [2004] 279 endg. = BR-Drs. 366/04, 6). Diese Definition ist für Arbeitsverhältnisse in Zusammenschau mit der Rechtsprechung des EuGH zu Art. 157 I, II AEUV zu sehen (s. Erwägungsgrund 14; aA Fuchs/Bieback RL 79/7/EWG Art. 3 Rn. 2). Hiernach können an Arbeitnehmer gewährte Leistungen aus betrieblichen Systemen der Altersversorgung eine sonstige Vergütung iSd Art. 157 I, II AEUV darstellen (→ Rn. 26 und 28), mit der Folge, dass eine Diskriminierung bereits nach dem unmittelbar anwendbaren Art. 157 I, II AEUV unzulässig ist. Bedeutsam ist die Unterscheidung zwischen gesetzlichen und betrieblichen Systemen insbesondere deshalb, weil Erstere im Gegensatz zu Letzteren eine Differenzierung nach dem ungleichen Rentenzugangsalter von Frauen und Männern erlauben (Fuchs/*Bieback* RL 79/7/EWG Art. 3 Rn. 3).

Aufgrund der weiten Definition des Art. 157 II AEUV unterfallen dem Entgeltbegriff alle 30 geldwerten Vorteile, sofern sie nicht in einem vollkommen untergeordneten Zusammenhang zum Dienstverhältnis stehen, also auch Leistungen von **betrieblichen Systemen der sozialen Sicherheit** (EuGH 13.5.1986 – C-170/84 Rn. 20 ff. – Bilka, NZA 1986, 599). Hierzu muss das Versorgungssystem grds. auf einer individuellen oder kollektiven **Vereinbarung** zwischen dem Arbeitgeber und dem Arbeitnehmer bzw. einem zuständigen Sozialpartner oder auf einer einseitigen Entscheidung des Arbeitgebers, nicht jedoch auf einer gesetzlichen Anordnung beruhen. Leistungen der **gesetzlichen Sozialversicherung,** die überwiegend aus sozialpolitischen, vom Arbeitsverhältnis unabhängigen Gründen gewährt werden, unterfallen nicht dem Entgeltbegriff (EuGH 25.5.1971 – 80/70 Rn. 7 ff. – Defrenne I, EAS Art. 119 EGV Nr. 1). Zweitens muss die **Finanzierung** entweder durch den **Arbeitgeber** oder durch ihn in Verbindung mit den Arbeitnehmern erfolgen. Die Beiträge müssen also primär vom Dienstverhältnis und nur in geringem Maße von sozialpolitischen Erwägungen abhängen (*Adomeit/Mohr* ZfA 2008, 449 [457]). Dies ist auch dann der Fall, wenn der Arbeitgeber rechtlich selbständige Dritte mit der Durchführung des betrieblichen Versorgungssystems betraut (EuGH 17.5.1990 – C-262/88 Rn. 29 – Barber, NZA 1990, 775; 28.9.1994 – C-200/91 Rn. 22 – Coloroll, AP EWG-Vertrag Art. 119 Nr. 57; 28.9.1994 – C-128/93 Rn. 29 ff. – Fisscher, AP EWG-Vertrag Art. 119 Nr. 56; 9.10.2001 – C-379/99 Rn. 28 ff. – Menauer, NZA 2001, 1301; s. auch BAG 7.9.2004, NZA 2005, 1239). **Unmittelbar durch Gesetz geregelte, keinerlei vertragliche Vereinbarungen innerhalb des Unternehmens oder in dem betroffenen Gewerbezweig zulassende Sozialversicherungssysteme oder -leistungen** wie etwa Altersrenten, die zwingend für allg. umschriebene Gruppen von Arbeitnehmern gelten, unterfallen grds. nicht dem Entgeltbegriff; denn diese Regelungen sichern den Arbeitnehmern Ansprüche aus gesetzlichen Systemen, an deren Finanzierung Arbeitnehmer, Arbeitgeber und gegebenenfalls die öffentliche Hand in einem Maße beteiligt sind, das weniger vom Dienstverhältnis zwischen Arbeitgeber und Arbeitnehmer als von sozialpolitischen Erwägungen abhängt (EuGH 25.5.1971 – C-80/70 Rn. 7 ff. – Defrenne I, EAS Art. 119 EGV Nr. 1; 13.5.1986 – 170/84 Rn. 16 ff. – Bilka, NZA 1986, 599; gegen eine Fortgeltung dieser Rechtsprechung Fuchs/*Bieback* RL 79/7/EWG Art. 3 Rn. 2 f.). Aus diesem Grunde ist der Arbeitgeberanteil an der Finanzierung staatlicher Systeme der sozialen Sicherheit nicht als Entgelt anzusehen (EuGH 14.12.1993 – C-110/91 Rn. 13 ff. – Moroni, NZA 1994, 165).

31 Der EuGH hat die vorstehende Abgrenzung nach den Kriterien „gesetzlich – betrieblich" insoweit modifiziert, als Zahlungen von **Versorgungssystemen des öffentlichen Dienstes** und **berufsständischen Versorgungssystemen** auch dann dem Entgeltbegriff des Art. 157 I, II AEUV unterfallen können, wenn sie eine gesetzliche Grundlage haben, sofern sie **nur für eine besondere Gruppe von Bediensteten gelten, unmittelbar von der geleisteten Dienstzeit abhängen und ihre Höhe nach den letzten Bezügen des Bediensteten berechnet wird** (EuGH 12.9.2002 – C-351/00 Rn. 47 – Niemi, NZA 2002, 1141; 1.4.2008 – C-267/06 Rn. 40 ff. – Maruko, NZA 2008, 849; → Art. 7 Rn. 3). Das zentrale Merkmal zur Abgrenzung von gesetzlichen und betrieblichen Systemen der sozialen Sicherheit sei die Zahlung aufgrund des Dienst- oder Arbeitsverhältnisses (EuGH 28.9.1994 – C-7/93 Rn. 43 – Beune, EuZW 1995, 152; krit. GNH/*Langenfeld* AEUV Art. 157 Rn. 53). Zwar könne auf dieses Kriterium nicht ausschließlich abgestellt werden, da auch die von den gesetzlichen Systemen der sozialen Sicherheit gewährten Renten ganz oder teilweise dem Beschäftigungsentgelt Rechnung tragen könnten. Jedoch könnten Erwägungen der Sozialpolitik, der Staatsorganisation und der Ethik oder gar den Haushalt betreffende Überlegungen, die bei der Festlegung eines Systems durch den nationalen Gesetzgeber tatsächlich oder möglicherweise eine Rolle gespielt haben, nicht entscheidend sein, wenn die Rente nur für eine besondere Gruppe von Arbeitnehmern gilt, wenn sie unmittelbar von der abgeleisteten Dienstzeit abhängt und wenn ihre Höhe nach den letzten Bezügen berechnet wird (EuGH 28.9.1994 – C-7/93 Rn. 45 – Beune, EuZW 1995, 152; EuGH 1.4.2008 – C-267/06 Rn. 46 f. – Maruko, NZA 2008, 849). Im Schrifttum wird diese Rechtsprechung – in Kombination mit der Definition in Art. 2 I lit. f – zum Anlass genommen, gesetzliche von betrieblichen Systemen der sozialen Sicherheit allg. danach abzugrenzen, ob die entsprechenden Leistungen einem Arbeits- oder Dienstverhältnis zuzurechnen sind oder allg. für die gesamte Erwerbsbevölkerung bzw. eine nicht nach betrieblichen Kriterien abgrenzbare Gruppe gewährt werden (Fuchs/*Bieback* RL 79/7/EWG Art. 3 Rn. 2 f.).

Nach dem sog. *(Barber-)*Protokoll Nr. 33 zu Art. 157 AEUV gelten Leistungen auf- 32 grund eines betrieblichen Systems der sozialen Sicherheit **nicht als Entgelt** gem. Art. 157 AEUV, sofern und soweit sie auf Beschäftigungszeiten vor dem 17.5.1990 zurückgeführt werden können, außer im Fall von Arbeitnehmern oder deren anspruchsberechtigten Angehörigen, die vor diesem Zeitpunkt eine Klage bei Gericht oder ein gleichwertiges Verfahren nach geltendem einzelstaatlichem Recht anhängig gemacht haben. Eine vergleichbare Regelung ist in Art. 12 I 1 enthalten. Diese Vorschrift behandelt auch die zeitliche Rückwirkung in Zusammenhang mit der Entscheidung *Defrenne II,* in der erstmals die unmittelbare Wirkung des primärrechtlichen Entgeltgleichheitssatzes anerkannt worden ist (→ Art. 12 Rn. 7).

Von der Einordnung betrieblicher Altersversorgungsleistungen unter den Entgeltbegriff 33 zu unterscheiden ist die Prüfung, ob sich eine Person mit der Vergleichsperson in einer **vergleichbaren Situation** befindet, als Oberbegriff zum Merkmal „gleiche/gleichwertige Arbeit". Das BAG hat dies zu Recht verneint für eine Person, die bereits Ruhestandsgeld erhält, im Vergleich zu Arbeitnehmern, die noch im aktiven Arbeitsverhältnis stehen (BAG 21.1.2011 NZA-RR 2011, 439 Rn. 32).

H. Gesetzliche Fiktionen

I. Belästigung und sexuelle Belästigung

Nach Art. 2 II lit. a gelten als Diskriminierungen iSd Richtlinie eine **Belästigung** 34 (→ Rn. 15) und eine **sexuelle Belästigung** (Rn. 19) sowie jede nachteilige Behandlung aufgrund der Zurückweisung oder Duldung solcher Verhaltensweisen durch die betreffende Person (s. zum Verbot der Viktimisierung → Art. 24 Rn. 1). Art. 2 II lit. a enthält eine **gesetzliche Fiktion,** die bewirkt, dass die zum Tatbestand der unmittelbaren Diskriminierung gem. Art. 2 I lit. a entwickelten Grundsätze auf die Belästigung und die sexuelle Belästigung übertragen werden können, gerade im Hinblick auf die Beweislast (zu Art. 2 III 1 RL 2000/43/EG s. EuGH 17.7.2008 – C-303/06 Rn. 58 ff. – Coleman, EuZW 2008, 497). Die Definitionen der Belästigung und der sexuellen Belästigung finden sich in Art. 2 I lit. c und lit. d.

II. Anweisung zur Diskriminierung

Art. 2 II lit. b stellt die **Anweisung** zur Diskriminierung wegen des Geschlechts einer 35 Diskriminierung wegen des Geschlechts gleich. Die Vorschrift bezweckt einen **Vorfeldschutz,** weshalb ein potentielles Diskriminierungsopfer nicht erst die Diskriminierung abwarten muss, sondern unter den Voraussetzungen des Art. 2 II lit. b bereits gegen eine Anweisung zu dieser vorgehen kann (*Battis/Nebel,* FS Adomeit, 2008, 1 [9]; *Kummer* 30). Im Schrifttum wird der Tatbestand deshalb auch als „versuchte Anstiftung" bezeichnet (*Bauer/Krieger* AGG § 3 Rn. 68). Eine unzulässige Anweisung gilt als Diskriminierung, weshalb die für den Tatbestand der unmittelbaren Diskriminierung gem. Art. 2 I lit. a geltenden Grundsätze übertragen werden können. Die Zurechnung bestimmt sich ansonsten nach nationalem Recht (vgl. die §§ 31, 278, 831 BGB; dazu *Adomeit/Mohr,* FS Kreutz, 2010, 3 ff.; BAG 5.2.2004 NZA 2004, 540 = SAE 2006, 37 mit Anm. *Mohr*), wobei unionsrechtlich die Grundsätze der Äquivalenz und Effektivität zu beachten sind (→ Art. 17 Rn. 4). Auch wenn nach nationalem Recht eine Zurechnung eines diskriminierenden Verhaltens zum Arbeitgeber ausscheidet, können Äußerungen von Personen, die die Einstellungspolitik eines Unternehmens zwar nicht rechtlich, aber faktisch beeinflussen, unter den Voraussetzungen des Art. 19 I als Indiz für eine Diskriminierung durch den Arbeitgeber gewertet werden (EuGH 25.4.2013 – C-81/12 Rn. 47 – Asociatia ACCEPT, NZA 2013, 891). Hinsichtlich der Tatbestandsmerkmale der Anweisung kann auf die Kommentierung zur RL 2000/78/EG verwiesen werden (→ RL 2000/78/EG Art. 2 Rn. 65).

III. Benachteiligung wegen Schwangerschaft oder Mutterschaftsurlaub

36 **1. Verknüpfung von Diskriminierungsschutz und Schutz bei Schwangerschaft und Mutterschaftsurlaub.** Art. 2 II lit. c bestimmt, dass jegliche ungünstigere Behandlung einer Frau in Zusammenhang mit **Schwangerschaft** oder **Mutterschaftsurlaub** gem. der RL 92/85/EWG als Diskriminierung iSd RL 2006/54/EG gilt (s. EuGH 18.3.2014 – C-363/12 Rn. 56 – Z., NZA 2014, 525; 18.3.2014 – C-167/12 Rn. 51 – D., BeckRS 2014, 80565). Die Vorschrift ist an Art. 2 VII 3 RL 76/207/EWG idF der RL 2002/73/EG angelehnt. Sie soll dazu beitragen, die bestehenden Verbindungen zwischen dem Schutz vor Geschlechtsdiskriminierungen und dem Schutz von Schwangeren, Stillenden und Wöchnerinnen gem. der RL 92/85/EWG zu verdeutlichen (KOM [2004] 279 endg. = BR-Drs. 366/04, 24 f.). Obwohl beide Richtlinien vergleichbare Sachverhalte betreffen, haben sie unterschiedliche Schutzanliegen, was sich in einer sektorspezifisch-abweichenden Betrachtung niederschlagen kann. Dies zeigt **Art. 28 II,** wonach die Richtlinie nicht die in der RL 92/85/EG enthaltenen Regelungen berührt. So umfasst etwa der Begriff **Schwangerschaft** iSd RL 2006/54/EG – anders als derjenige der RL 92/85/EWG – auch eine kurz bevorstehende In-vitro-Fertilisation (EuGH 26.2.2008 – C-506/06 Rn. 50 – Mayr, NZA 2008, 345; *Thüsing* AGG Rn. 244). Art. 10 RL 92/85/EWG schützt weiterhin nur vor Entlassungen, nicht jedoch vor der Nichtverlängerung eines befristeten Vertrages zum Zeitpunkt der regulären Beendigung. Eine solche Nichtverlängerung kann aber selbst eine Diskriminierung wegen des Geschlechts bedeuten (EuGH 4.10.2001 – C-438/99 Rn. 47 – Jiménez Melgar, NZA 2001, 1243). Der Schutz bei Mutterschaft nach Art. 2 II lit. c bezieht sich nur auf den **obligatorischen Mutterschaftsurlaub** gem. der RL 92/85/EWG (EuGH 26.2.2008 – C-506/06 Rn. 33 – Mayr, NZA 2008, 345). Zeiten eines nachfolgenden Elternurlaubs werden grds. nicht erfasst (EuGH 18.3.2014 – C-167/12 Rn. 36 – D., BeckRS 2014, 80565: „an Schwangerschaft und Entbindung" anschließende Zeit). Etwas anderes gilt aber, wenn die Mitgliedstaaten günstigere Regelungen schaffen, etwa einen verlängerten Urlaubszeitraum ermöglichen (EuGH 18.3.2014 – C-167/12 Rn. 41 f. – D., BeckRS 2014, 80565). In einem solchen Fall erstreckt sich jedenfalls der Diskriminierungsschutz auch auf diese Zeiten (EuGH 18.11.2004 – C-284/02 Rn. 42 ff., 51 – Sass, NZA 2005, 399; s. auch EuGH 19.9.2013 – C-5/12 Rn. 51 ff. – Betriu Montull, BeckRS 2013, 81826).

37 Schon vor Inkrafttreten der RL 92/85/EWG hatte der EuGH entschieden, dass die RL 76/207/EWG nicht nur vor Kündigungen während des **Mutterschaftsurlaubs,** sondern auch vor solchen während der **Schwangerschaft** schützt, da eine Entlassung während der entsprechenden Zeiten nur Frauen treffen könne und daher als unmittelbare Diskriminierung wegen des Geschlechts anzusehen sei (EuGH 8.11.1990 – C-177/88 Rn. 10 ff. – Dekker, NJW 1991, 628; s. auch EuGH 30.6.1998 – C 394/96 Rn. 24 ff. – Brown, NZA 1998, 871; 18.11.2004 – C-284/02 Rn. 36 – Sass, NZA 2005, 399; 11.10.2007 – C-460/06 Rn. 29 – Paquay, NZA 2007, 1271). In Anbetracht der Gefahr, die eine mögliche Entlassung für die physische und psychische Verfassung von schwangeren Arbeitnehmerinnen, Wöchnerinnen oder stillenden Arbeitnehmerinnen darstelle, einschließlich des besonders schwerwiegenden Risikos, dass eine schwangere Arbeitnehmerin zum „freiwilligen" Abbruch ihrer Schwangerschaft veranlasst werde, hat der Unionsgesetzgeber später in **Art. 10 Nr. 1 RL 92/85/EWG** einen besonderen Schutz für Frauen vorgesehen, wonach – unter den dort normierten Voraussetzungen – Kündigungen während der Zeit vom Beginn der Schwangerschaft bis zum Ende des Mutterschaftsurlaubs untersagt sind (EuGH 11.10.2007 – C-460/06 Rn. 29 – Paquay, NZA 2007, 1271; 11.11.2010 – C-232/09 Rn. 60 – Danosa, NZA 2011, 143). Etwas anderes gilt in – nicht mit der Schwangerschaft in Zusammenhang stehenden – Ausnahmefällen und unter der Voraussetzung, dass der Arbeitgeber die Gründe für die Kündigung schriftlich angibt (EuGH 11.11.2010 – C-232/09 Rn. 61 und 63 – Danosa, NZA 2011, 143 mwN). Es ist somit nicht jede nachteilig wirkende Maßnahme gegenüber schwangeren Frauen und Müttern unzulässig, sondern nur eine solche gerade wegen der Schwangerschaft oder des nachfolgenden Mutterschaftsurlaubs.

Bei der Diskriminierung wegen der Schwangerschaft und des obligatorischen Mutterschaftsurlaubs handelt es sich um eine solche von **Teilgruppen,** da die benachteiligende Ungleichbehandlung an ein Merkmal anknüpft, das nur verbunden mit einem verbotenen Unterscheidungsmerkmal vorkommt, aber nicht zwangsläufig (*Rupp* RdA 2009, 307 [309]). So bilden sich bei einer Differenzierung nach der Schwangerschaft zum einen die Gruppe der Nichtschwangeren, die aus Frauen und Männern bestehen kann, und zum anderen die Gruppe der Schwangeren, die ausschließlich aus Frauen besteht (EuGH 8.1.1990 – C-177/88 Rn. 10 f. – Dekker, NJW 1991, 628; 8.11.1990 – C-177/88 Rn. 13 f. – Hertz, NJW 1991, 629; bestätigt von BAG 18.9.2014 BeckRS 2014, 73584 Rn. 26). Schon vor Inkrafttreten der RL 2006/54/EG entsprach es insoweit der ständigen Rechtsprechung des EuGH, dass eine Benachteiligung wegen der Schwangerschaft keine mittelbare (so aber *Hanau/Preis* ZfA 1998, 177 [200]), sondern eine unmittelbare Diskriminierung wegen des Geschlechts bedeutet (EuGH 8.11.1990 – C-177/88 Rn. 12 – Dekker, NJW 1991, 628). Diese Rechtsprechung gilt auch nach Erlass der RL 2006/54/EG fort, wobei der Unionsgesetzgeber mit der Formulierung des Art. 2 II lit. c nahelegt, dass es sich um eine **gesetzliche Fiktion** handelt (Erwägungsgrund 23; *Thüsing* AGG Rn. 240). 38

2. Schwangerschaft. Nach Art. 2 II lit. c ist jegliche ungünstigere Behandlung einer Frau im Zusammenhang mit Schwangerschaft oder Mutterschaftsurlaub iSd RL 92/85/EWG zugleich als Diskriminierung iSd RL 2006/54/EG anzusehen. Geschützt werden nur Frauen, die selbst schwanger waren oder sind, nicht jedoch Bestellmütter, die im Rahmen einer Ersatzmuttervereinbarung ein Kind erhalten (EuGH 18.3.2014 – C-363/12 Rn. 56 f. – Z., NZA 2014, 525). Der Begriff der **Schwangerschaft** gem. Art. 2 II lit. c ist nicht gleichzusetzen mit demjenigen der Krankheit, weshalb eine schwangere Arbeitnehmerin selbstverständlich nicht mit einer „regulär" erkrankten Arbeitnehmerin verglichen werden kann (EuGH 29.5.1997 – C-400/95 Rn. 17 ff. – Larsson, EAS RL 76/207/EWG Art. 5 Nr. 12). Ein solcher Vergleich ist erst nach dem Ablauf des Mutterschaftsurlaubs möglich. Das Spezifische einer Schwangerschaft ist gerade, dass sie zu Problemen und Komplikationen führen kann. Eine **Entlassung wegen dieser Komplikationen** stellt deshalb eine Benachteiligung dar, die ihren wesentlichen Grund in der Schwangerschaft hat (EuGH 30.6.1998 – C-394/96 Rn. 22 f. – Brown, NZA 1998, 871). Erkrankt eine schwangere Arbeitnehmerin vor Beginn ihres Mutterschaftsurlaubs und steht die Krankheit in Zusammenhang mit der Schwangerschaft, so können diese Fehlzeiten jedoch auf die Gesamtzahl der bezahlten Krankheitsurlaubstage angerechnet werden, sofern die Arbeitnehmerin zum einen genauso wie ein krankheitsbedingt fehlender männlicher Arbeitnehmer behandelt wird und zum anderen die Leistungen nicht so niedrig sind, dass dadurch das Ziel des Schutzes schwangerer Arbeitnehmerinnen gefährdet würde (EuGH 8.9.2005 – C-191/03 Rn. 54 – McKenna, NZA 2005, 1105). Neben dem Schutz vor dem Verlust des Arbeitsplatzes gewährt das Unionsrecht der schwangeren Arbeitnehmerin somit auch einen **Mindestschutz im Hinblick auf das Arbeitsentgelt** (s. die Kriterien bei EuGH 13.2.1996 – C-342/93 Rn. 20 – Gillespie, AP EWG-Vertrag Art. 119 Nr. 74). **Mit einer Schwangerschaft verbundene pathologische Zustände,** die erst nach Ablauf des Mutterschaftsurlaubs auftreten, können unter die allg. Regelungen für Krankheitsfälle fallen. Daher können diese unter denselben Voraussetzungen wie jede Krankheit zu einer Kürzung der Vergütung führen (EuGH 30.6.1998 – C-394/96 Rn. 22 f. – Brown, NZA 1998, 871). Dasselbe gilt wie gesehen auch für eine durch eine Schwangerschaft bedingte Krankheit, an der die Arbeitnehmerin bereits vor dem Mutterschaftsurlaub erkrankt ist (EuGH 8.9.2005 – C-191/03 – McKenna, NZA 2005, 1105). Ob diese Rechtsprechung aktuell noch Geltung beansprucht, wird im Schrifttum bezweifelt (*Thüsing* AGG Rn. 245). 39

40 Im Falle einer **In-vitro-Fertilisation** beginnt die **Schwangerschaft** auch diskriminierungsrechtlich erst mit dem kurz bevorstehenden Einsetzen der befruchteten Eizelle, selbst wenn die in vitro befruchteten Eizellen bereits existieren (EuGH 26.2.2008 – C-506/06 – Mayr, EuZW 2008, 216; dazu *Thüsing* AGG Rn. 244). In einer wegen der unmittelbar bevorstehenden Einsetzung der befruchteten Eizelle (genauer: zwischen der Follikelpunktion und der sofortigen Einsetzung der in vitro befruchteten Eizelle in die Gebärmutter) ausgesprochenen Kündigung liegt eine unzulässige Diskriminierung wegen der Schwangerschaft, sofern nachgewiesen werden kann, dass die Tatsache, dass sich die Betreffende einer solchen Behandlung unterzogen hat, der Grund für die Kündigung war. Der EuGH versteht den Begriff der **Schwangerschaft** im Recht gegen Diskriminierungen somit weiter als denjenigen gem. der RL 92/85/EWG (EuGH 26.2.2008 – C-506/06 Rn. 40 ff. u. Rn. 51 ff. – Mayr, NZA 2008, 345): Zwar sei gem. Art. 10 RL 92/85/EWG vom frühestmöglichen Zeitpunkt des Vorliegens einer Schwangerschaft auszugehen, um die Sicherheit und den Schutz der schwangeren Arbeitnehmerinnen zu gewährleisten. Selbst wenn man annähme, dass der genannte Zeitpunkt bei einer In-vitro-Fertilisation der Zeitpunkt der Einsetzung der befruchteten Eizellen in die Gebärmutter der Frau sei, könne jedoch aus Gründen der **Rechtssicherheit** nicht davon ausgegangen werden, dass eine Arbeitnehmerin auch dann den durch Art. 10 RL 92/85/EWG geschaffenen Schutz genieße, wenn die in vitro befruchteten Eizellen zum Zeitpunkt des Ausspruchs der Kündigung noch gar nicht in ihre Gebärmutter eingesetzt worden seien. Demgegenüber stelle die Kündigung einer Frau wegen der In-vitro-Fertilisation eine unmittelbare Diskriminierung aufgrund des Geschlechts dar. Zwar könnten Arbeitnehmer beider Geschlechter auf Grund von medizinischen Behandlungen, denen sie sich unterziehen müssen, zeitweilig daran gehindert sein, ihre Arbeit auszuüben. Jedoch beträfen Maßnahmen wie eine Follikelpunktion und die Einsetzung der daraus hervorgegangenen Eizellen sofort nach ihrer Befruchtung in die Gebärmutter der Frau unmittelbar nur Frauen. Zur Begründung dieses Ergebnisses verweist der EuGH ergänzend auf Art. 2 III RL 76/207/EWG aF (= Art. 28 II), wonach **die Richtlinie nicht dem Schutz der Frau insbesondere bei Schwangerschaft und Mutterschaft entgegensteht** (EuGH 26.2.2008 – C-506/06 Rn. 40 ff. u. Rn. 51 ff. – Mayr, NZA 2008, 345; grundlegend EuGH 12.7.1984 – 184/83 Rn. 24 ff. – Hofmann, NJW 1984, 2754; dazu *Mohr* Diskriminierungen 254).

41 **3. Mutterschaftsurlaub.** Art. 2 II lit. c schützt nicht die Mutterschaft an sich, sondern lediglich den **Mutterschaftsurlaub** nach der RL 92/85/EWG und nach günstigeren nationalen Regelungen (EuGH 18.11.2004 – C-284/02 Rn. 42 ff., 51 – Sass, NZA 2005, 399). Nach Erwägungsgrund 14 RL 92/85/EWG besteht bei einer schwangeren Arbeitnehmerin, einer Wöchnerin oder einer stillenden Arbeitnehmerin eine besondere Situation der Verletzlichkeit, die einen Anspruch auf Mutterschaftsurlaub erforderlich macht, aber, speziell während dieses Urlaubs, nicht der Lage eines Mannes oder einer Frau im Krankheitsurlaub gleichgesetzt werden kann (EuGH 19.9.2013 – C-5/12 Rn. 49 – Betriu Montull, BeckRS 2013, 81826). Der Begriff Mutterschaft erfasst einerseits den **Schutz der körperlichen Unversehrtheit der Frau während und nach der Schwangerschaft** und andererseits den **Schutz der besonderen Beziehung zwischen Mutter und Kind während der sich an die Schwangerschaft und Entbindung anschließenden Zeit,** damit diese Beziehung nicht durch die Doppelbelastung infolge der gleichzeitigen Ausübung eines Berufs gestört wird (EuGH 18.3.2014 – C-167/12 Rn. 34 – D., BeckRS 2014, 80565; s. bereits EuGH 12.7.1984 – 184/83 Rn. 25 – Hofmann, NJW 1984, 2754). Der Schutz bei Mutterschaft ist hiernach **auf die Zeit nach Schwangerschaft und Entbindung beschränkt** (BAG 18.9.2014 BeckRS 2014, 73584 Rn. 26). Weiterhin setzt er voraus, dass die den Schutz begehrende Frau selbst schwanger war und entbunden hat, weshalb eine genetische Mutter, deren Kind durch eine Ersatzmutter geboren wird, nicht vom Schutzbereich erfasst wird (EuGH 18.3.2014 – C-167/12 Rn. 36 f. – D., BeckRS 2014, 80565).

Der **Anspruch auf Mutterschaftsurlaub** von **Arbeitnehmerinnen** ist unionsrechtlich 42
in **Art. 8 I RL 92/85/EWG** normiert. Hiernach treffen die Mitgliedstaaten die erforderlichen Maßnahmen, um sicherzustellen, dass Arbeitnehmerinnen iSd Art. 2 RL 92/85/EWG (das sind Schwangere, Wöchnerinnen und Stillende) ein Mutterschaftsurlaub von mind. 14 Wochen ohne Unterbrechung gewährt wird, der sich entsprechend den einzelstaatlichen Rechtsvorschriften und/oder Gepflogenheiten auf die Zeit vor und/oder nach der Entbindung aufteilt. Dieser Mutterschaftsurlaub muss nach Art. 8 II RL 92/85/EWG einen obligatorischen Mutterschaftsurlaub von mind. zwei Wochen umfassen (dazu EuGH 19.9.2013 – C-5/12 Rn. 54 ff. – Betriu Montull, BeckRS 2013, 81826). Gem. **Art. 8 I RL 2010/41/EU** ergreifen die Mitgliedstaaten außerdem die erforderlichen Maßnahmen, um sicherzustellen, dass auch **selbständig erwerbstätige Frauen** sowie Ehepartnerinnen und Lebenspartnerinnen (Art. 2 RL 2010/41/EU) im Einklang mit dem innerstaatlichen Recht ausreichende Mutterschaftsleistungen erhalten können, die eine Unterbrechung ihrer Erwerbstätigkeit wegen Schwangerschaft oder Mutterschaft während mind. 14 Wochen ermöglichen. Nach Art. 8 II RL 2010/41/EU steht es den Mitgliedstaaten frei zu entscheiden, ob die Leistungen auf obligatorischer oder auf freiwilliger Basis erbracht werden.

Gem. **Art. 15** haben Frauen nach Ablauf des Mutterschaftsurlaubs Anspruch darauf, an 43
ihren früheren Arbeitsplatz oder einen gleichwertigen Arbeitsplatz unter Bedingungen, die für sie nicht weniger günstig sind, zurückzukehren, und darauf, dass ihnen auch alle Verbesserungen der Arbeitsbedingungen, auf die sie während ihrer Abwesenheit Anspruch gehabt hätten, zugutekommen. **Art. 16** ermöglicht es den Mitgliedstaaten, Regelungen zum Vaterschafts- und zum Adoptionsurlaub zu schaffen.

4. Judikate des EuGH. Der EuGH hat eine Vielzahl von Entscheidungen zum Schutz 44
vor Diskriminierungen wegen Schwangerschaft und Mutterschaft getroffen, wobei die Rechtsprechung gewissen Schwankungen unterlag, die eine Bewertung erschweren (ausf. *Thüsing* AGG Rn. 239 ff.; s. zur Rechtsprechung des BAG auch Hey/Forst/*Hey* AGG § 7 Rn. 19 ff.).

Die Einstellung einer Frau auf eine unbefristete Stelle darf weder aufgrund ihrer **Schwan-** 45
gerschaft (EuGH 8.11.1990 – C-177/88 Rn. 12 – Dekker, NJW 1991, 628) noch wegen eines mit der Schwangerschaft zusammenhängenden **Beschäftigungsverbots** verweigert werden (EuGH 3.2.2000 – C-207/98 Rn. 20 ff. – Mahlburg, NZA 2000, 255), obwohl die Arbeitnehmerin im letztgenannten Fall ihre Tätigkeit für die Dauer des Beschäftigungsverbots nicht ausüben kann (*Gamillscheg*, FS Stoll, 2001, 21 ff.). Wird eine unbefristet eingestellte Arbeitnehmerin, die eine im Mutterschaftsurlaub befindliche andere Arbeitnehmerin vertreten soll, ihrerseits schwanger, darf sie deswegen grds. nicht entlassen werden (sog. **Ersatzkraftproblematik,** dazu EuGH 14.7.1994 – C-32/93 Rn. 19 – Webb, DB 1994, 1522 [1523]). Dies gilt insbesondere dann, wenn der Arbeitgeber – wie im Webb-Fall des EuGH – den Vertretungsbedarf zum Anlass nimmt, eine Dauerstelle zu schaffen (*Coester* Anm. BAG AP BGB § 611a Nr. 8). Wird ein unbefristeter Arbeitsvertrag in Unkenntnis der Schwangerschaft einer Arbeitnehmerin geschlossen und verstößt die Tätigkeit der Arbeitnehmerin gegen ein Beschäftigungsverbot (etwa im Hinblick auf ein gesetzliches Nachtarbeitsverbot für Schwangere), führt dies nach der vorstehend geschilderten Rechtsprechung weder zur Nichtigkeit des Arbeitsvertrags noch zu dessen Anfechtbarkeit, da das Tätigkeitsverbot für Schwangere nur für eine gegenüber der Gesamtdauer des Vertrages beschränkte Zeit wirkt (EuGH 5.5.1994 – C-421/92 Rn. 23 – Habermann-Beltermann, NJW 1994, 2077). Nach der umstrittenen Rechtsprechung des EuGH soll sogar dann eine Diskriminierung wegen des Geschlechts zu bejahen sein, wenn eine Arbeitnehmerin entlassen wird, weil das Arbeitsverhältnis befristet ist und sie während eines **erheblichen Teils der Vertragslaufzeit schwangerschaftsbedingten Beschäftigungsverboten** unterliegt (EuGH 4.10.2001 – C-109/00 Rn. 34 – Tele Danmark, NJW 2002, 123, gegen BAG 15.10.1992 NZA 1993, 257 [258]). Da die Entlassung einer Arbeitnehmerin wegen ihrer Schwangerschaft eine unmittelbare Diskriminierung auf Grund des Geschlechts darstelle,

und zwar unabhängig von der Art und dem Umfang des wirtschaftlichen Schadens, der dem Arbeitgeber durch die schwangerschaftsbedingte Fehlzeit entstehe (dazu EuGH 8.11.1990 – C-177/88 Rn. 12 – Dekker, NJW 1991, 628), **sei es unerheblich, ob der Arbeitsvertrag auf bestimmte oder unbestimmte Zeit geschlossen wurde**. In beiden Fällen beruhe die Unfähigkeit der Arbeitnehmerin, den Arbeitsvertrag zu erfüllen, auf der Schwangerschaft. Außerdem sei die Dauer eines Arbeitsverhältnisses höchst ungewiss. Selbst die Dauer eines befristeten Arbeitsverhältnisses stehe nicht von vornherein fest, da es erneuert oder verlängert werden könne. Schließlich sei den RL 76/207/EWG (jetzt: RL 2006/54/EG) und RL 92/85/EWG keine Unterscheidung nach der Dauer des Arbeitsverhältnisses zu entnehmen. Hätte der Unionsgesetzgeber befristete Verträge, die einen bedeutenden Teil der Arbeitsverhältnisse ausmachen, vom Geltungsbereich dieser Richtlinien ausschließen wollen, so hätte er dies klar zum Ausdruck gebracht (zum Vorstehenden EuGH 4.10.2001 – C-109/00 Rn. 31 bis 33 – Tele Danmark, NJW 2002, 123). Da auch die RL 2006/54/EG keine derartige Ausnahme statuiert, ist davon auszugehen, dass die vorstehende Rechtsprechung des EuGH fort gilt.

46 Schwangere Frauen sind nicht verpflichtet, dem Arbeitgeber ihre **erneute Schwangerschaft** mitzuteilen, wenn sie aus der **Elternzeit zurückkommen,** um einen **höheren Anspruch auf Mutterschaftsgeld** zu haben; aus diesem Grunde scheidet auch eine Anfechtung des Arbeitsvertrages aus (EuGH 27.2.2003 – C-320/01 – Busch, NJW 2003, 1107; s. auch EuGH 20.9.2007 – C-116/06 – Kisski, NZA 2007, 1274). Eine auf der Schwangerschaft und/oder der Geburt eines Kindes beruhende **Kündigungsentscheidung** verstößt gegen das Verbot von Diskriminierungen wegen des Geschlechts, wann immer diese Kündigungsentscheidung mitgeteilt wird, dh selbst dann, wenn sie **nach Ablauf der in Art. 10 RL 92/85/EWG vorgesehenen Schutzzeit** erfolgt (EuGH 11.10.2007 – C-460/06 – Paquay, NZA 2007, 1271). Das Diskriminierungsverbot wegen des Geschlechts steht außerdem **Rechtsvorschriften** eines Mitgliedstaats entgegen, die zwar speziell im Hinblick auf den in Art. 10 RL 92/85/EWG vorgesehenen Schutz von schwangeren Arbeitnehmerinnen, Wöchnerinnen und stillenden Arbeitnehmerinnen bei Kündigungen erlassen worden sind, schwangeren Arbeitnehmerinnen, denen während ihrer Schwangerschaft gekündigt wird, aber die Möglichkeit vorenthalten, eine Schadensersatzklage bei Gericht zu erheben, obwohl diese Möglichkeit anderen gekündigten Arbeitnehmern offensteht, sofern eine solche Einschränkung eine ungünstigere Behandlung einer Frau im Zusammenhang mit der Schwangerschaft darstellt (EuGH 29.10.2009 – C-63/08 Rn. 70 ff. – Potin, EuZW 2010, 190). Auch der **Verstoß gegen das Gebot des effektiven Rechtsschutzes** gem. Art. 12 RL 92/85/EWG, also gegen eine Verfahrensvorschrift, kann somit einen solchen gegen das Verbot von Diskriminierungen wegen des Geschlechts darstellen (EuGH 29.10.2009 – C-63/08 Rn. 74 – Potin, EuZW 2010, 190). Nach der *Danosa*-Entscheidung des EuGH kann es schließlich eine Diskriminierung wegen der Schwangerschaft bedeuten, wenn eine Frau, die **Mitglied der Geschäftsleitung einer Kapitalgesellschaft** ist und in dieser Gesellschaft Aufgaben der Geschäftsführung wahrnimmt, für die sie eine Vergütung erhält, **aufgrund ihrer Schwangerschaft gekündigt** wird, sofern sie als Arbeitnehmerin iSd RL 92/85/EWG angesehen werden kann (EuGH 11.11.2010 – C-232/09 Rn. 57 ff. – Danosa, NZA 2011, 143; dazu *Mohr,* ZHR 178, 2014, 326 [339 ff.]).

47 Auf der Grundlage der vorstehenden Ausführungen ist eine **Frage nach der Schwangerschaft** im Einstellungsverfahren allenfalls in Extremfällen zulässig, wenn während der gesamten Dauer der in Aussicht genommenen Tätigkeit ein Beschäftigungsverbot iSd Art. 14 II besteht (BAG 6.2.2003, NZA 2003, 848; HaKo-AGG/*Däubler* § 7 Rn. 28; *Thüsing* AGG Rn. 245). Eine Pflicht zur Offenbarung besteht nicht einmal dann, wenn der Arbeitgeber und die Arbeitnehmerin eine Vereinbarung über die Abkürzung des Erziehungsurlaubs treffen und die Arbeitnehmerin ihre Tätigkeit aufgrund eines vom ersten Tag eingreifenden Beschäftigungsverbots überhaupt nicht wahrnehmen kann (EuGH 27.2.2003 – C-320/01 – Busch, NZA 2003, 373). Die **Nichterneuerung eines befristeten Ar-

Überblick

beitsvertrags stellt nach Ansicht des EuGH ebenfalls eine unmittelbare Diskriminierung auf Grund des Geschlechts dar, soweit nachgewiesen wird, dass sie aus Gründen erfolgt ist, die mit der Schwangerschaft zusammenhängen. Die Nichterneuerung eines solchen Vertrages komme nämlich der Weigerung gleich, eine schwangere Frau einzustellen (EuGH 4.10.2001 – C-438/99 Rn. 41 – Jiménez Melgar, NZA 2001, 1243). Sofern sich eine schwangere Arbeitnehmerin auf eine Stelle bewirbt, obwohl sie weiß, dass sie die Tätigkeit wegen eines Beschäftigungsverbots nicht wird ausführen können, wird im Schrifttum ein Rechtsmissbrauch oder ein „venire contra factum proprium" erwogen (*Thüsing* AGG Rn. 242). Ob eine derartige auch iSd Rechtsfriedens sinnvolle Harmonisierung des Diskriminierungsschutzes mit den berechtigten Interessen der Arbeitgeber am Erhalt einer Arbeitsleistung unionsrechtlich Bestand haben wird, erscheint wenig gesichert.

Art. 3 Positive Maßnahmen

Die Mitgliedstaaten können im Hinblick auf die Gewährleistung der vollen Gleichstellung von Männern und Frauen im Arbeitsleben Maßnahmen im Sinne von Artikel 141 Absatz 4 des Vertrags beibehalten oder beschließen.

Art. 3 enthält **eine Ausnahme vom Verbot unmittelbarer Diskriminierungen wegen des Geschlechts.** Während Art. 2 IV RL 76/207/EWG aF noch eine eigenständige Regelung hinsichtlich positiver Maßnahmen enthielt, verwies Art. 2 VIII RL 2002/73/EG aF erstmals auf Art. 141 IV EG (jetzt: Art. 157 IV AEUV). Diese Regelungstechnik behält Art. 3 bei (GHN/*Langenfeld* AEUV Art. 157 Rn. 105). Es kann deshalb auf die Kommentierung zu Art. 157 IV AEUV (→ AEUV Art. 157 Rn. 62) sowie ergänzend auf diejenige zu Art. 7 I RL 2000/78/EG verwiesen werden (→ RL 2000/78/EG Art. 7 Rn. 1). Art. 31 II enthält eine spezifische Berichtspflicht über positive Fördermaßnahmen insbesondere zugunsten von Frauen (→ Art. 31 Rn. 2).

1

Titel II. Besondere Bestimmungen

Kapitel 1. Gleiches Entgelt

Art. 4 Diskriminierungsverbot

Bei gleicher Arbeit oder bei einer Arbeit, die als gleichwertig anerkannt wird, wird mittelbare und unmittelbare Diskriminierung aufgrund des Geschlechts in Bezug auf sämtliche Entgeltbestandteile und -bedingungen beseitigt.

Insbesondere wenn zur Festlegung des Entgelts ein System beruflicher Einstufung verwendet wird, muss dieses System auf für männliche und weibliche Arbeitnehmer gemeinsamen Kriterien beruhen und so beschaffen sein, dass Diskriminierungen aufgrund des Geschlechts ausgeschlossen werden.

A. Überblick

Art. 4 enthält, in Verbindung mit den „horizontalen Bestimmungen" der Richtlinie, die wesentlichen Regelungen der früheren RL 75/117/EWG (vgl. KOM [2004] 279 endg. = BR-Drs. 366/04, S. 7). Vor diesem Hintergrund statuiert Art. 4 I ein **spezielles Diskriminierungsverbot** wegen des Geschlechts im Hinblick auf das **Arbeitsentgelt**. Die Vorschrift überschneidet sich insoweit mit dem „Entgeltgleichheitssatz" des **Art. 157 I**

1

AEUV (*Zwanziger* NZA-Beilage 2012, 108 [109 ff.]), wobei dessen Aussagegehalt und Wirkungen aufgrund der primärrechtlichen Verankerung nicht beeinträchtigt werden (s. zur RL 86/378/EWG aF EuGH 14.12.1993 – C-110/91 Rn. 22 f. – Moroni, NZA 1994, 165). Vielmehr ist Art. 157 I AEUV unmittelbar auf jede Art von Diskriminierung anwendbar, die sich schon anhand der dort verwendeten Kriterien wie „vergleichbare Arbeit" und „gleichwertiges Entgelt" feststellen lässt, ohne dass unionale oder nationale Maßnahmen zur Bestimmung dieser Kriterien für deren Anwendung erforderlich wären (EuGH 17.5.1990 – C-262/88 Rn. 37 – Barber, NZA 1990, 775). Die ergänzende Regelung in Art. 4 I dient somit der Angleichung des Sekundärrechts an die Rechtsprechung des EuGH zu Art. 157 AEUV (KOM [2004] 279 endg. = BR-Drs. 366/04, 7; s. auch Erwägungsgrund 8 S. 2). Relevant ist dies etwa mit Blick auf die Beweislastregelung des Art. 19 (Dauses/*Borchardt* D. II. Sozialrecht Rn. 199 f.). Die Kommission misst dem Verbot von Geschlechtsdiskriminierungen eine große praktische Bedeutung zu, da in der Rechtswirklichkeit immer noch ein **„gender pay gap"** zu beobachten sei (s. dazu Kommission, Empfehlung zur Stärkung des Grundsatzes des gleichen Entgelts für Frauen und Männer durch Transparenz v. 7.3.2014, C [2014] 1405 final; ausf. → AEUV Art. 157 Rn. 9).

2   **Art. 4 II** stellt klar, dass es auch dann eine Diskriminierung wegen des Entgelts bedeutet, wenn zur Festlegung des Entgelts ein System beruflicher Einstufung verwendet wird, sofern dieses System nicht auf für männliche und weibliche Arbeitnehmer gemeinsamen Kriterien beruht und so beschaffen ist, dass Diskriminierungen aufgrund des Geschlechts ausgeschlossen werden.

3   Es obliegt nach **Art. 19 I** grds. dem Arbeitnehmer, der sich auf Grund seines Geschlechts hinsichtlich des Arbeitsentgelts für diskriminiert hält, vor dem nationalen Gericht nachzuweisen, dass die Voraussetzungen erfüllt sind, unter denen das Vorliegen einer nach Art. 157 AEUV und der RL 2006/54/EG verbotenen, das Entgelt betreffenden Ungleichbehandlung vermutet werden kann (EuGH 26.6.2001 – C-381/99 Rn. 52, 53, und 57 – Brunnhofer, NZA 2001, 883; 28.2.2013 – C-427/11 Rn. 18 – Kenny, NZA 2013, 315). Es ist folglich Sache dieses Arbeitnehmers, mit allen rechtlich vorgesehenen Mitteln zu beweisen, dass sein Arbeitgeber ihm ein niedrigeres Entgelt zahlt als seinen zum Vergleich herangezogenen Kollegen und dass er tatsächlich die gleiche oder eine gleichwertige, mit deren Arbeit vergleichbare Arbeit verrichtet, so dass er dem ersten Anschein nach Opfer einer nur mit dem unterschiedlichen Geschlecht erklärbaren Diskriminierung ist (EuGH 26.6.2001 – C-381/99 Rn. 58 – Brunnhofer, NZA 2001, 883; 28.2.2013 – C-427/11 Rn. 19 – Kenny, NZA 2013, 315). Falls der Arbeitnehmer den Beweis erbringt, dass die Kriterien für das Vorliegen einer unterschiedlichen Entlohnung eines Mannes und einer Frau sowie einer vergleichbaren Arbeit im konkreten Fall erfüllt sind, so spricht ein erster Anschein für eine Diskriminierung. Es obliegt im Anschluss dem Arbeitgeber, zu beweisen, dass nicht gegen den Grundsatz des gleichen Entgelts für Männer und Frauen verstoßen wurde, indem er mit allen rechtlich vorgesehenen Mitteln insbesondere nachweist, dass die von den beiden betroffenen Arbeitnehmern tatsächlich ausgeübten Tätigkeiten in Wirklichkeit nicht vergleichbar sind oder dass die festgestellte unterschiedliche Entlohnung durch objektive Faktoren, die nichts mit einer Diskriminierung auf Grund des Geschlechts zu tun haben, gerechtfertigt ist (EuGH 26.6.2001 – C-381/99 Rn. 59 und 62 – Brunnhofer, NZA 2001, 883; 28.2.2013 – C-427/11 Rn. 20 – Kenny, NZA 2013, 315). Diese Vorgaben gelten in gleicher Weise für das spezielle Diskriminierungsverbot des Art. 5 bezüglich der betrieblichen Altersversorgung.

B. Diskriminierungsverbot

4   Art. 4 I sieht vor, dass bei gleicher Arbeit oder bei einer Arbeit, die als gleichwertig anerkannt wird, mittelbare und unmittelbare Diskriminierung auf Grund des Geschlechts in Bezug auf sämtliche Entgeltbestandteile und -bedingungen beseitigt wird. Die Vorschrift

überschneidet sich insoweit mit Art. 14 I lit. c, wonach es ua in Bezug auf die Beschäftigungs- und Arbeitsbedingungen einschließlich der Entlassungsbedingungen sowie das Arbeitsentgelt keinerlei unmittelbare oder mittelbare Diskriminierung auf Grund des Geschlechts geben darf. Der EuGH prüft diese Bestimmungen im Hinblick auf das Entgelt gemeinsam (EuGH 18.3.2014 – C-363/12 Rn. 48 ff. – Z., NZA 2014, 525). Ebenso wie Art. 157 I, II AEUV gilt Art. 4 I nur für **Arbeitsverhältnisse** (→ AEUV Art. 157 Rn. 12; → Art. 1 Rn. 18), wobei der unionsrechtlich-weite Arbeitnehmerbegriff zur Anwendung kommt (*Mohr* ZHR 178, 2014, 326 [338 ff.]; → RL 2000/78/EG Art. 3 Rn. 4). Selbständig Tätige werden somit – anders als in der betrieblichen Altersversorgung gem. Art. 5 und 6 – nicht geschützt. Die Definition der **untersagten Verhaltensweisen** ist Art. 2 zu entnehmen (s. EuGH 18.3.2014 – C-363/12 Rn. 48 ff. – Z., NZA 2014, 525), das geschützte Merkmal **Geschlecht** ist in Art. 1 als Männer und Frauen definiert. Der Begriff des **Arbeitsentgelts** folgt aus Art. 157 AEUV, wie Art. 14 I lit. c verallgemeinerungsfähig klarstellt (→ Art. 2 Rn. 24). Nach Ansicht des EuGH sind **Entgeltbestandteile** separat auf ihre Vereinbarkeit mit dem Diskriminierungsverbot zu überprüfen (EuGH 17.5.1990 – C-262/88 Rn. 34 f. – Barber, NZA 1990, 775; 26.6.2001 – C-381/99 Rn. 35 f. – Brunnhofer, NZA 2001, 883). Der EuGH begründet dies mit der Notwendigkeit „echter Transparenz", um eine wirksame Kontrolle zu ermöglichen. Gegen eine derartige Einzelkontrolle spricht, dass sie nicht aus Gründen des materiellen Rechts, sondern nur um einer verbesserten Überprüfbarkeit willen durchgeführt wird (*Lieb* ZfA 1996, 319 [328]; *Adomeit/Mohr* AGG § 3 Rn. 35). Eine Ungleichbehandlung sollte deshalb wirtschaftlich bestimmt werden, mit Hilfe eines Gesamtvergleichs (*Gamillscheg* Arbeitsrecht I 80 f.).

Nach st. Rspr. des EuGH liegt eine Diskriminierung beim Arbeitsentgelt vor, „wenn 5 unterschiedliche Vorschriften auf gleiche Sachverhalte angewandt werden" oder wenn dieselbe „Vorschrift auf ungleiche Sachverhalte angewandt wird" (EuGH 13.2.1996 – C-342/93 Rn. 16 – Gillespie, EAS Art. 119 EGV Nr. 38). Die Vorschrift beinhaltet – wie Art. 4 II verdeutlicht – ein Diskriminierungsverbot. Der „Grundsatz des gleichen Entgelts" setzt nach st. Rspr. voraus, dass sich die betroffenen Arbeitnehmer und Arbeitnehmerinnen in einer **identischen oder vergleichbaren Lage** befinden (EuGH 9.12.2004 – C-19/02 Rn. 44 – Hlozek, BB 2005, 273; dazu *Franzen* EuZA 2008, 1 [5]; *Adomeit/Mohr* AGG § 3 Rn. 44 ff.). Der auch in Erwägungsgrund 9 enthaltene Ausdruck „vergleichbare Situation" bildet den Oberbegriff zu demjenigen der „gleichen oder gleichwertigen Arbeit". Eine vergleichbare Situation ist etwa dann relevant, wenn Arbeitnehmer gar keine Arbeitsleistung erbringen, weil sie sich im Mutterschaftsurlaub befinden. In diesem Fall kann nur die persönliche Situation der Betroffenen verglichen werden (EuGH 13.2.1996 – C-342/93 Rn. 15 ff. – Gillespie, EAS Art. 119 EGV Nr. 38; 13.7.1989 – C-171/88 Rn. 7 ff. – Rinner-Kühn, NZA 1990, 437; 19.11.1998 – C-66/96 Rn. 28 ff. – Pedersen, NZA 1999, 757; 16.9.1999 – C-218/98 Rn. 17 ff. – Abdoulaye, EAS Art. 119 EGV Nr. 53; 21.10.1999 – C-333/97 Rn. 25 ff. – Lewen, NZA 1999, 1325). Entscheidend für eine vergleichbare Lage ist der **maßgebliche Anknüpfungspunkt;** dieser folgt aus Sinn und Zweck der die Differenzierung enthaltenden Regelung (*Rupp* RdA 2009, 307).

Die Vergleichbarkeit von Tätigkeiten ist unter Zugrundelegung einer Gesamtheit **objek-** 6 **tiver Faktoren** zu bestimmen, wie etwa der **Art der Arbeit,** der **Ausbildungsanforderungen** und der **Arbeitsbedingungen** (EuGH 28.2.2013 – C-427/11 Rn. 27 – Kenny, NZA 2013, 315). Wenn verschiedene Arbeitnehmergruppen, die nicht dieselbe Berufsberechtigung oder -qualifikation für die Ausübung ihres Berufs besitzen, eine anscheinend identische Tätigkeit ausüben, ist also zu prüfen, ob sie nach ihrer konkreten Tätigkeit – unter Berücksichtigung der Art der Aufgaben, die den einzelnen Arbeitnehmergruppen jeweils übertragen werden können, der an die Ausübung dieser Tätigkeiten geknüpften Ausbildungserfordernisse und der Arbeitsbedingungen, unter denen die Tätigkeiten ausgeübt werden – eine gleiche Arbeit ausüben (EuGH 11.5.1999 – C-309/97 Rn. 18 – Angestelltenbetriebsrat der Wiener Gebietskrankenkasse, NZA 1999, 699; 28.2.2013 – C-427/11 Rn. 27 – Kenny, NZA 2013, 315). Die Berufsausbildung stellt somit nicht nur einen Faktor dar, der eine unterschiedliche Vergütung für Arbeitnehmer, die die gleiche Arbeit verrichten, objektiv rechtfertigen kann. Sie gehört vielmehr auch zu den Kriterien, anhand derer sich feststellen lässt, ob die Arbeitnehmer überhaupt eine gleiche oder vergleichbare Arbeit verrichten (EuGH 11.5.1999 – C-309/97 Rn. 19 – Angestelltenbetriebsrat der Wiener Gebietskrankenkasse, NZA 1999, 699).

7 Hiernach bedeutet das Anknüpfen an die Rentenberechtigung für den Ausschluss von **Sozialplanabfindungen** mangels einer vergleichbaren Situation der Betroffenen keine Benachteiligung wegen des Geschlechts, sondern wird dadurch quasi zu einem neutralen Kriterium, da Männer und Frauen ein unterschiedliches Risiko der Arbeitslosigkeit trifft (EuGH 9.11.1993 – C-132/92 Rn. 23 – Birds Eye Walls, Slg. 1993 I-5579; 9.12.2004 – C-19/02 Rn. 46 ff. – Hlozek, BB 2005, 273). Zwar knüpfen derartige Regelungen an das unterschiedliche Renteneintrittsalter von Männern und Frauen an und schließen Leistungen aus, wenn die jeweilige Person zum Bezug von (vorgezogener) Altersrente berechtigt ist. Auch liegt das Renteneintrittsalter für Frauen unter demjenigen der Männer, so dass sich unterschiedlich hohe Leistungen ergeben. Eine Diskriminierung wegen des Geschlechts scheitert jedoch an einer vergleichbaren Lage, weil Personen, die einen Anspruch auf den Bezug von Altersrente haben oder kurz davor stehen, sich in einer grundlegend anderen Situation befinden als Menschen, die einen solchen Anspruch nicht haben. Männer und Frauen befinden sich also hinsichtlich des Verlustes des Arbeitsplatzes jeweils in derselben Situation, hinsichtlich der wirtschaftlichen Absicherung sind sie jedoch verschieden (*Adomeit/Mohr* AGG § 3 Rn. 45; *Rupp* RdA 2009, 307). Ebenfalls nicht in einer vergleichbaren Situation befinden sich Arbeitnehmer mit Arbeitnehmerinnen, die **Mutterschaftsurlaub** antreten und insoweit eine pauschale **Beihilfe** erhalten (EuGH 16.9.1999 – C-218/98 Rn. 17 ff. – Abdoulaye, NZA 1999, 1280; 29.11.2001 – C-366/99 Rn. 41 – Griesmar, NZA 2002, 143; KOM [2004] 279 endg. = BR-Drs. 366/04, 7 f.).

8 Im Urteil *Royal Copenhagen* stellten sich Fragen der Vergleichbarkeit von Tätigkeiten mit **unterschiedlicher Ausbildungszeit,** von solchen mit verschiedenen **Anforderungen an Geschicklichkeit und Körperkraft,** von **maschineller Arbeit mit Handarbeit** sowie von Tätigkeiten unter **sehr verschiedenen Arbeitsbedingungen** wie zB Lärm und Hitze, **einseitig wiederholender oder auch monotoner Arbeit** oder **unterschiedlichen Pausenregelungen** (EuGH 31.5.1995 – C-400/93 Rn. 3 ff. – Royal Copenhagen, EAS Art. 119 EGV Nr. 36; dazu *Raab* Anm. EAS Art. 119 EGV Nr. 36, 27 [36 f.]). Der EuGH wies darauf hin, dass diese Umstände der **Gleichwertigkeit** von Tätigkeiten entgegenstehen, uU aber auch erst iRd objektiven **Rechtfertigung** einer (mittelbaren) Diskriminierung zum Tragen kommen können (EuGH 31.5.1995 – C-400/93 Rn. 42 – Royal Copenhagen, EAS Art. 119 EGV Nr. 36; s. auch EuGH 11.5.1999 – C-309/97 Rn. 19 – Angestelltenbetriebsrat der Wiener Gebietskrankenkasse, NZA 1999, 699; 28.2.2013 – C-427/11 Rn. 29 – Kenny, NZA 2013, 315). Da sich die in Rede stehenden Kriterien auf die Art der auszuübenden Tätigkeit beziehen (dazu EuGH 1.7.1986 – C-237/85 Rn. 13 – Rummler, NJW 1987, 1138), ist davon auszugehen, dass es sich um eine **Abstufung** handelt: Stehen die Anforderungen nicht schon der Gleichwertigkeit der Tätigkeiten und damit dem sachlichen Anwendungsbereich des Diskriminierungsverbots entgegen, können sie zumindest als objektive Rechtfertigung einer mittelbaren Diskriminierung dienen (*Mohr* Diskriminierungen 236 f.).

9 Der EuGH weist die Prüfung, ob Situationen/Tätigkeiten als vergleichbar zu erachten sind, den **mitgliedstaatlichen Gerichten** zu (krit. unter dem Aspekt der Rechtsvereinheitlichung *Raab* Anm. EAS Art. 119 EGV Nr. 36, 27 [37]). Diese seien zur Würdigung des Sachverhalts zuständig und müssten deshalb feststellen, ob unter Berücksichtigung tatsächlicher Umstände betreffend die Art der verrichteten Arbeiten und die Voraussetzungen, unter denen sie verrichtet werden, diese Arbeiten als gleichwertig anzusehen sind (EuGH 31.5.1995 – C-400/93 Rn. 42 – Royal Copenhagen, EAS Art. 119 EGV Nr. 36). In Abhängigkeit von den Vorlagefragen kann der EuGH den nationalen Gerichten aber die Prüfung besonderer Gegebenheiten eines Falles aufgeben (EuGH 26.6.2001 – C-381/99

Rn. 50 – Brunnhofer, NZA 2001, 883). Die zumindest verbale Zurückhaltung des EuGH wird ua damit erklärt, dass das Unionsrecht keine Vorgaben für die Feststellung der Gleichwertigkeit von Tätigkeiten enthält. Der EuGH überprüft bestehende Systeme deshalb nur darauf, ob sie den Wert der Arbeitsleistung möglichst weitgehend unabhängig vom geschützten Merkmal gestalten (*Schlachter* NZA 1995, 393 [395]).

Gem. Erwägungsgrund 10 gilt der Grundsatz des gleichen Entgelts unter bestimmten Voraussetzungen nicht nur für Situationen, in denen Männer und Frauen für **denselben Arbeitgeber** tätig sind. Dies geht zurück auf die Rechtsprechung des EuGH (KOM [2004] 279 endg. = BR-Drs. 366/04, 37, unter Verweis auf EuGH 17.9.2002 – C-320/00 – Lawrence, NZA 2002, 1144; 13.1.2004 – C-256/01 – Allonby, NZA 2004, 201). Lassen sich jedoch die bei den Entgeltbedingungen für Arbeitnehmer, die gleiche oder gleichwertige Arbeit verrichten, festgestellten Unterschiede nicht auf **ein und denselben Ursprung** („dieselbe Quelle"; vgl. KOM [2004] 279 endg. = BR-Drs. 366/04, 9) zurückführen, so fehlt eine Stelle, die für die Ungleichbehandlung verantwortlich ist und die die Gleichbehandlung wiederherstellen könnte. Eine solche Situation fällt deshalb nicht unter Art. 157 I AEUV, da hier Arbeit und Entgelt dieser Arbeitnehmer nicht auf der Grundlage dieser Bestimmung miteinander vergleichbar sind (EuGH 17 9.2002 – C-320/00 Rn. 17 – Lawrence, NZA 2002, 1144). Hiernach ist eine Frau, deren Arbeitsvertrag mit einem Unternehmen nicht verlängert worden ist und die über ein anderes Unternehmen sogleich ihrem früheren Arbeitgeber zur Verfügung gestellt wird, um die gleichen Leistungen zu erbringen, nicht berechtigt, sich gegenüber dem zwischengeschalteten Unternehmen auf den Grundsatz des gleichen Entgelts zu berufen und dabei zum Vergleich das Entgelt heranzuziehen, das ein bei dem früheren Arbeitgeber beschäftigter Mann für die vergleichbare Arbeit erhält (13.1.2004 – C-256/01 Rn. 50 – Allonby, NZA 2004, 201).

C. System der beruflichen Einstufung

Sofern der Regelungsgeber zur Festlegung des Entgelts – nicht der sonstigen Arbeitsbedingungen – **ein System beruflicher Einstufung** verwendet, muss dieses System gem. Art. 4 II auf für männliche und weibliche Arbeitnehmer gemeinsamen Kriterien beruhen und so beschaffen sein, dass Diskriminierungen aufgrund des Geschlechts ausgeschlossen sind (vgl. auch Art. 1 II RL 75/117/EWG; KOM [2004] 279 endg. = BR-Drs. 366/04, 9). Diese Regelung steht in Zusammenhang mit der Frage, ob Arbeitnehmer gleiche oder gleichwertige Arbeit verrichten, für die sie entsprechend zu entlohnen sind (*Mohr* Diskriminierungen 235 ff.). Die in Art. 4 II benannten Tatbestandsmerkmale sind kumulativ zu prüfen. Hiernach muss ein System beruflicher Einstufung „formal, analytisch, tatsachenbasiert und nichtdiskriminierend" sein (KOM [2004] 279 endg. = BR-Drs. 366/04, 10). In seiner Entscheidung *Rummler* hat der EuGH hierzu folgende Vorgaben entwickelt (EuGH 1.7.1986 – C-237/85 Rn. 25 – Rummler, NJW 1987, 1138): Erstens müssen die Kriterien, nach denen die Einstufung in die einzelnen Lohnstufen erfolgt, die gleiche Entlohnung für eine objektiv gegebene gleiche Arbeit unabhängig davon sicherstellen, ob diese von einem männlichen oder einem weiblichen Arbeitnehmer verrichtet wird. Zweitens stellt es eine Diskriminierung aufgrund des Geschlechts dar, wenn bei der Feststellung, inwieweit eine Arbeit beanspruchend oder belastend oder schwer ist, von Werten ausgegangen wird, die der durchschnittlichen Leistungsfähigkeit der Arbeitnehmer nur des einen Geschlechts entsprechen. Drittens sind, soweit die Art der in dem Unternehmen zu verrichtenden Tätigkeiten es zulässt, Kriterien zu berücksichtigen, hinsichtlich derer die Arbeitnehmer beider Geschlechter besonders geeignet sein können (s. KOM [2004] 279 endg. = BR-Drs. 366/04, 9 f.).

Ein **Tarifvertrag,** der ein Kriterium wie das der **„schweren körperlichen Tätigkeit"** beinhaltet und dadurch männliche Arbeitnehmer tatsächlich bevorzugt, ist nicht zu beanstanden, sofern das Kriterium für die Tätigkeit objektiv erforderlich und das Einstufungssystem insgesamt so ausgestaltet ist, dass es iRd in Frage stehenden Tätigkeit auch weitere Kriterien berücksichtigt, für die weibliche Arbeitnehmer besonders geeignet sind (EuGH 1.7.1986 – C-237/85 Rn. 11 ff. – Rummler, NJW 1987, 1138; *Winter* ZTR 2001, 7 [10]). Aus der **Einstufung von zwei Arbeitnehmern in eine allg. gehaltene Tätigkeitsgruppe eines Tarifvertrags** folgt noch nicht automatisch, dass die Arbeitnehmer gleichwertige Arbeit verrichten: Die Einstufung sei nur ein Indiz für die Gleichwertigkeit der Tätigkeiten, die noch durch eindeutige und konkrete Faktoren bestätigt werden müsse. Von Bedeutung könne sein, dass der einen Arbeitnehmergruppe die Betreuung von Großkunden unter Einschluss einer Handlungsvollmacht obliege, während die andere Gruppe weniger Kundenkontakt habe und auch keine Vollmacht für verbindliche Zusagen gegenüber Dritten besitze (EuGH 26.6.2001 – C-381/99 Rn. 44 – Brunnhofer, NZA 2001, 883; KOM [2004] 279 endg. = BR-Drs. 366/04, 10).

Kapitel 2. Gleichbehandlung in betrieblichen Systemen der sozialen Sicherheit

Art. 5 Diskriminierungsverbot

Unbeschadet des Artikels 4 darf es in betrieblichen Systemen der sozialen Sicherheit keine unmittelbare oder mittelbare Diskriminierung aufgrund des Geschlechts geben, insbesondere hinsichtlich

a) des Anwendungsbereichs solcher Systeme und die Bedingungen für den Zugang zu ihnen,
b) der Beitragspflicht und der Berechnung der Beiträge,
c) der Berechnung der Leistungen, einschließlich der Zuschläge für den Ehegatten und für unterhaltsberechtigte Personen, sowie der Bedingungen betreffend die Geltungsdauer und die Aufrechterhaltung des Leistungsanspruchs.

A. Überblick

1 Art. 5 statuiert in der betrieblichen Altersversorgung ein Diskriminierungsverbot wegen des Geschlechts (*Rolfs* NZA 2008, 553). Die Vorschrift entspricht dem ersten Absatz des Art. 5 RL 86/378/EWG, der durch die RL 96/97/EG nicht verändert wurde. Er sieht die Anwendung des Grundsatzes der Gleichbehandlung bei den betrieblichen Systemen der sozialen Sicherheit innerhalb der in Art. 7 dargelegten Grenzen vor (KOM [2004] 279 endg. = BR-Drs. 366/04, 26). Unbeschadet des Verbots von Geschlechtsdiskriminierungen beim Arbeitsentgelt gem. Art. 4 darf es hiernach in betrieblichen Systemen der sozialen Sicherheit gem. Art. 2 I lit. f keine unmittelbare oder mittelbare Diskriminierung aufgrund des Geschlechts geben, insbesondere hinsichtlich des **Anwendungsbereichs** solcher Systeme und der Bedingungen für den Zugang zu ihnen (Buchst. a), der Beitragspflicht und der Berechnung der **Beiträge** (Buchst. b), und der Berechnung der **Leistungen**, einschließlich der Zuschläge für den Ehegatten und für unterhaltsberechtigte Personen, sowie der Bedingungen betreffend die Geltungsdauer und die Aufrechterhaltung des Leistungsanspruchs (Buchst. c). Wann hinsichtlich der beiden letztgenannten Umstände eine relevante Diskriminierung vorliegt, hängt nach der in Art. 9 I bekräftigten Rechtsprechung des EuGH insbesondere davon ab, ob es sich um ein betriebliches System der sozialen Sicherheit mit Leistungs- oder um ein solches mit Beitragsprimat handelt (→ Rn. 7; s. auch KOM [2004] 279 endg. = BR-Drs. 366/04, 14 f.).

2 Kapitel 2 enthält die wichtigsten Bestimmungen der früheren **RL 86/378/EWG** in der durch die **RL 96/97/EG** geänderten Fassung und erläutert die Verwirklichung des Grundsatzes der Gleichbehandlung in betrieblichen Systemen der sozialen Sicherheit, ohne die bis

dato bestehende Rechtslage ändern zu wollen (KOM [2004] 279 endg. = BR-Drs. 366/04, 12). Die Art. 5 ff. zielen deshalb vor allem auf eine Konsolidierung der Rechtsakte zum Schutz vor Diskriminierungen in der betrieblichen Altersversorgung ab, indem sie der Entwicklung des Rechts gegen Diskriminierungen durch die RL 2000/43/EG, RL 2000/78/EG und RL 2002/73/EG sowie der Rechtsprechung des EuGH zu Art. 157 I, II AEUV Rechnung tragen (KOM [2004] 279 endg. = BR-Drs. 366/04, 12). Vor diesem Hintergrund ist davon auszugehen, dass die Regelungen des Kapitels 2 – wie bereits zuvor diejenigen der RL 86/378/EWG – neben dem unmittelbar anwendbaren Art. 157 I AEUV nur insoweit praktische Relevanz erlangen, als sie sich auf selbständig Tätige beziehen, die nicht vom primärrechtlichen Entgeltgleichheitssatz erfasst werden (Fuchs/*Bieback* Vorb. Rn. 6).

Da die Art. 5 ff. im Titel II über die „Besonderen Bestimmungen" normiert sind, kommen ergänzend die **Regelungen in Titel I, II bis IV** zur Anwendung, also die allg. Zielbestimmung des Art. 1, die Definitionen der unmittelbaren und mittelbaren Diskriminierung, des Entgelts und der betrieblichen Altersversorgung in Art. 2 I lit. a und b sowie lit. e und f sowie die Vorschriften über „Rechtsmittel und Rechtsdurchsetzung" in Art. 17 ff. 3

B. Rechtsprechung des EuGH

Nach st. Rspr. des EuGH unterfällt die betriebliche Altersversorgung von **Arbeitnehmern** dem **unmittelbar anwendbaren Entgeltgleichheitssatz gem. Art. 157 I, II AEUV** (Art. 119 EWG, Art. 141 I, II EG), ohne dass es einer Umsetzung durch sekundärrechtliche Rechtsakte bedarf. Dies gilt sowohl im Hinblick auf den Zugang zu solchen Systemen, als auch im Hinblick auf die Beiträge und Zuwendungen des Arbeitgebers zugunsten des Arbeitnehmers, als auch im Hinblick auf die dadurch begründeten Anwartschaften und die aus dem System später geleisteten Zahlungen (EuGH 25.5.1971 – C-80/70 – Defrenne I, EAS Art. 119 EGV Nr. 1; 13.5.1986 – 170/84 – Bilka, NZA 1986, 599; 7.5.1990 – C-262/88 – Barber, NZA 1990, 775; zu den Auswirkungen ErfK/*Steinmeyer* BetrAVG Vorb. Rn. 34 ff.). Betriebliche Versorgungsleistungen werden zwar nicht im Austausch gegen zeitlich bestimmte Arbeitsleistungen erworben, sondern müssen im Laufe eines Arbeitslebens erdient werden und sind erst nach Eintritt des Versorgungsfalles fällig. Sie gehören aber zur Vergütung iwS wie alle anderen betrieblichen Sozialleistungen und sind somit eine „sonstige Vergütung" gem. dem heutigen Art. 157 I, II AEUV (BAG 14.10.1986 NZA 1987, 445 [446]). Die rechtliche Behandlung betrieblicher Systeme der sozialen Sicherheit richtet sich somit für Arbeitnehmer nach Art. 157 I, II AEUV und nicht nach der RL 2006/54/EG, insbesondere sofern deren Regelungen von den Vorgaben des Primärrechts abweichen (Fuchs/*Bieback* RL 2006/54/EG Vorb. Rn. 6). Vor diesem Hintergrund werden nachfolgend zentrale Aussagen der Rechtsprechung des EuGH zu Art. 157 I, II AEVU bzw. zu dessen Vorgängerversionen zusammengefasst (s. → AEUV Art. 157 Rn. 22 ff.; *Adomeit/Mohr* AGG § 2 Rn. 184 ff.; ausf. KOM [2004] 279 endg. = BR-Drs. 366/04, 10 ff.). Bedeutung hat die RL 2006/54/EG vor allem für betriebliche Systeme **selbständig tätiger Personen,** soweit derartige Regelungen in der Rechtswirklichkeit existieren (Fuchs/*Bieback* RL 2006/54/EG Vorb. Rn. 6). 4

Die Rechtsprechung des EuGH zur Einbeziehung von Leistungen betrieblicher Systeme der sozialen Sicherheit in den Entgeltbegriff fand in Deutschland beginnend mit der **Bilka-Entscheidung** aus dem Jahre 1986 besondere Beachtung (EuGH 13.5.1986 – C-170/84 Rn. 12 ff. – Bilka, NZA 1986, 599; s. auch die Grundsatzentscheidung BAG 14.10.1986 NZA 1987, 445). Hiernach kann der **Ausschluss von teilzeitbeschäftigten Arbeitnehmern** aus betrieblichen Versorgungswerken eine mittelbare Diskriminierung von Frauen darstellen. Eine Diskriminierung ist also nicht erst beim Bezug einer Leistung, sondern schon bei der Abgrenzung der Bezugsberechtigten möglich. Die unmittelbare Wirkung des 5 heutigen Art. 157 I AEUV im Hinblick auf einen Anschluss an das Betriebsrentensystem (EuGH 28.9.1994 – C-57/93 Rn. 11 – Vroege, EAS Art. 119 EGV Nr. 32) wurde vom EuGH, anders als diejenige bezüglich der Leistungen aus dem System, zeitlich nicht beschränkt. Insofern kann sich ein Arbeitnehmer auf Art. 157 I AEUV rückwirkend ab dem 8.4.1976, dem Tag des Erlasses des Urteils *Defrenne II* stützen, in dem die unmittelbare Wirkung des primärrechtlichen Diskriminierungsverbots aufgrund des Geschlechts im Hinblick auf das Arbeitsentgelt anerkannt wurde (EuGH 8.4.1976 – C-43/75 Defrenne II, NJW 1976, 2068 [2070]; s. auch EuGH 11.12.1997 – C-246/96 Rn. 20 – Magorrian, NZA 1998, 361; 28.9.1994 – C-128/93 Rn. 8 – Fisscher, NZA 1994, 1123; 24.10.1996 – C-435/93 Rn. 11 – Dietz, NZA 1997, 83; 10.2.2000 – C-50/96 Rn. 30 – Schröder, NZA 2000, 313; s. auch KOM [2004] 279 endg. = BR-Drs. 366/04, 17). Allerdings ist der Arbeitnehmer bei einem rückwirkenden Anschluss an ein Betriebsrentensystem nicht davon befreit, die Beiträge für den betreffenden Anschlusszeitraum zu entrichten (EuGH 28.9.1994 – C-128/93 Rn. 33 – Fisscher, NZA 1994, 1123). Die zeitliche Beschränkung des Unionsrechts gilt nicht für das nationale Recht, wenn dieses für den Beschäftigten günstiger ist. Arbeitnehmer können sich deshalb für vor dem 8.4.1976 liegende Zeiträume auf nationale Anspruchsgrundlagen berufen (EuGH 10.2.2000 – C-50/96 Rn. 42 – Schröder, NZA 2000, 313).

6 Am 17.5.1990 erließ der EuGH das Grundsatzurteil *Barber* bezüglich **Leistungen aus einem Betriebsrentensystem,** dessen Auswirkungen ihn in der Folgezeit verstärkt beschäftigen sollten (EuGH 17.5.1990 – C-262/88 Rn. 40 ff. – Barber, NZA 1990, 775). Hiernach verstoßen nach dem Geschlecht **differenzierende Bezugszeitpunkte** für die Gewährung von Betriebsrenten im Rahmen betrieblicher Systeme, die die gesetzliche Sozialversicherung ersetzen, auch dann gegen Art. 157 I AEUV, wenn sie sich an die **unterschiedlichen Rentenalter** in den nationalen Sozialsystemen anlehnen (Art. 9 I lit. f), sofern mit Blick auf den Zweck der Leistung nicht die Vergleichbarkeit der Arbeitnehmer zu verneinen ist (so für Überbrückungsrenten EuGH 9.11.1993 – C-132/92 Rn. 17 ff. – Birds Eye Walls, EAS Art. 119 EGV Nr. 25; s. auch Art. 8 II). Da das gesetzliche Rentenalter für Männer in Deutschland (noch) höher ist als für Frauen, obwohl Frauen statistisch länger leben, wirkt sich Art. 157 I AEUV insoweit zugunsten der Männer aus (*MHH* AGG § 10 Rn. 72). In Bezug auf die betriebliche Altersversorgung in Deutschland entschied der EuGH in der Rs. *Moroni,* dass verschiedene Altersgrenzen für die beiden Geschlechter auch iRv betrieblichen Systemen, die die gesetzliche Rentenversicherung ergänzen, gegen Art. 157 I AEUV verstoßen (EuGH 14.12.1993 – C-110/91 Rn. 9 – Moroni, NZA 1994, 165; dazu KOM [2004] 279 endg. = BR-Drs. 366/04, 13). Die enge Verzahnung des gesetzlichen und betrieblichen Rentensystems schränkt also weder den Anwendungsbereich des Art 157 I AEUV ein, noch beseitigt sie die unzulässige Diskriminierung (vgl. BAG 19.8.2008 NZA 2009, 785; krit. mit Blick auf § 6 BetrAVG Calliess/Ruffert/*Krebber* AEUV Art. 157 Rn. 69).

7 Aufgrund der statistisch erwiesenen unterschiedlichen Lebenserwartung von Männern und Frauen musste der EuGH das Diskriminierungsverbot entweder auf die gezahlten Beiträge oder auf die zu leistenden Renten beziehen. Bei einer **Leistungszusage** verspricht der Arbeitgeber dem Arbeitnehmer eine bestimmte Altersversorgungsleistung, die abhängig ist von bereits zum Zusagezeitpunkt definierten Faktoren, etwa von der Dauer der Betriebszugehörigkeit und dem zuletzt bezogenen ruhegeldfähigen Entgelt. Im Vordergrund steht also die Leistung, nicht der für die Finanzierung dieser Leistung erforderliche Aufwand (*Raulf/Gunia* NZA 2003, 534 [536]). Derartige Leistungszusagen werden diskriminierungsrechtlich als zulässig angesehen (*Rolfs* NZA 2008, 553 [554]). Bei der **Beitragszusage** ist die Erwartung des Arbeitnehmers demgegenüber darauf gerichtet, dass der Arbeitgeber periodisch bestimmte Beiträge an einen Pensionsfonds, eine Pensionskasse oder eine Direktversicherung zum Aufbau eines Versorgungskapitals zahlt. Die spätere Versorgungsleistung ergibt sich erst aus der zum Versorgungszeitpunkt vorzunehmenden Verrentung dieses Versorgungskapitals, das dem Arbeitnehmer bei Eintritt des Versorgungsfalls zusteht. Die Höhe

des Versorgungskapitals ist von den Erträgen abhängig, die der Versorgungsträger bis zum Eintritt des Versorgungsfalls erwirtschaftet hat. Die Versorgungsleistung ist also vor Eintritt des Versorgungsfalls nicht bestimmbar (*Raulf/Gunia* NZA 2003, 534 [537]). Sofern der Arbeitgeber hier gleich hohe Beiträge für Männer und Frauen entrichtet, können hieraus unterschiedliche Monatsrenten resultieren (*Rolfs* NZA 2008, 553 [554]). Der EuGH entschied zunächst, dass vom Arbeitgeber gezahlte Beiträge generell als Entgelt anzusehen seien, da sie sich auf den Bruttolohn des Arbeitnehmers auswirkten (so EuGH 11.3.1981 – C-69/80 Rn. 15 – Worringham, EAS Art. 119 EGV Nr. 5). In späteren Entscheidungen differenzierte er danach, ob sich die Zusage des Arbeitgebers auf ein System mit Leistungs- oder mit Beitragsprimat bezieht (EuGH 22.12.1993 – C-152/91 – Neath, EAS Art. 119 EGV Nr. 19; → Art. 9 Rn. 9). Hiernach müssen iRd Beitragsprimats gleiche Beiträge für Männer und Frauen gezahlt werden, während die Leistungshöhe unterschiedlich sein kann; iRd Leistungsprimats ist für Männer und Frauen ein gleich hoher Betrag zu zahlen, für den aber durchaus unterschiedliche Beiträge aufgewendet werden können (Dauses/*Blomeyer* D. II. Sozialrecht, Rn. 191; s. auch **Art. 9 I lit. h**). Es wird freilich bestritten, dass diese Grundsätze nach der Test-Achats-Rechtsprechung des EuGH fortgelten (EuGH 1.3.2011 – C-236/09 – Test-Achats, NJW 2011, 907 mit Anm. *Armbrüster* LMK 2011, 315339; *Kahler* NJW 2011, 894). Im Schrifttum wird vielmehr die Ansicht vertreten, dass künftig auch in der betrieblichen Altersversorgung **Unisex-Tarife** gelten müssten (so *Temming* JurisPR-ArbR 14/2011 Anm. 5; Fuchs/*Bieback* RL 2006/54/EG Art. 9 Rn. 14 ff.). Dasselbe müsse für die staatlich geförderte sog. **Riesterrente** oder vergleichbare Leistungen gelten (*Temming* JurisPR-ArbR 14/2011 Anm. 5).

Auch **Hinterbliebenenrenten** unterfallen dem Anwendungsbereich des Art. 157 I AEUV (EuGH 6.10.1993 – C-109/91 Rn. 12 und 13 – Ten Oever, EAS Art. 119 EGV Nr. 23; 28.9.1994 – C-200/91 Rn. 18 – Collorol, NZA 1994, 1073; 9.10.2001 – C-379/99 Rn. 18 – Menauer, NZA 2001, 1301). Problematisch ist insoweit die Zulässigkeit von sog. **Haupternährerklauseln** (*Rolfs* NZA 2008, 553 [555]). Hierunter versteht man Bestimmungen, nach denen eine Hinterbliebenenversorgung davon abhängig gemacht wird, dass der **Verstorbene** den **Unterhalt der Familie überwiegend bestritten** hat. Das BAG stufte in einem Vorlagebeschluss eine Bestimmung in der Satzung einer Pensionskasse, nach der der Anspruch auf Hinterbliebenenversorgung einer Arbeitnehmerin unter die für männliche Arbeitnehmer nicht geltende Einschränkung gestellt wurde, dass die Arbeitnehmerin den Unterhalt ihrer Familie überwiegend bestritten haben musste, als **unmittelbare Geschlechtsdiskriminierung** ein (BAG 23.3.1999 ZIP 1999, 2030). Im Anschluss an die Entscheidung des EuGH (EuGH 9.10.2001 – C-379/99 – Menauer, NZA 2001, 1301) bestätigte das BAG diese Sichtweise (BAG 19.11.2002 NZA 2003, 380). Gleichzeitig entschied das BAG in Übereinstimmung mit dem EuGH, dass eine Hinterbliebenenrente auch dann als Entgelt iSd Art. 157 I AEUV einzustufen ist, wenn sie nicht vom Arbeitgeber selbst, sondern durch eine eingeschaltete selbständige Versorgungseinrichtung erbracht wird. Der Anspruch des Arbeitnehmers auf Wiederherstellung eines diskriminierungsfreien Zustands besteht deshalb sowohl gegenüber dem Arbeitgeber als auch gegenüber der Pensionskasse.

Ein Ausschluss **geringfügig Beschäftigter** aus einem tarifvertraglichen Zusatzversorgungssystem kann eine sachlich nicht gerechtfertigte mittelbare Diskriminierung wegen des Geschlechts bedeuten (s. zum Ausschluss von einer Jahressonderzahlung EuGH 9.9.1999 – C-281/97 – Krüger, NZA 1999, 1151). Entscheidend ist im Ausgangspunkt, ob die betriebliche Altersversorgung an die nationalen Vorschriften zur Sozialversicherungsfreiheit von geringfügig Beschäftigten anknüpfen kann. Dies wird bejaht, wenn das Versorgungsversprechen des Arbeitgebers im Rahmen einer **Gesamtversorgungszusage** an die gesetzlichen Sozialversicherungsansprüche des Arbeitnehmers geknüpft ist, indem es eine etwaige Versorgungslücke schließen will (BAG 22.2.2000 NZA 2000, 659 [660]; *Rolfs* NZA 2008, 553 [554]; **aA** Fuchs/*Bieback* RL 2006/54/EG Art. 5 Rn. 2). Für ab dem 1.1.2013 eingegangene Arbeitsverträge gilt in Deutschland die Rentenversicherungspflicht (§ 5 II 1 Nr. 1 iVm § 230 VIII SGB VI), weshalb die sachliche Rechtfertigung für eine unterschiedliche

Behandlung der geringfügigen Beschäftigung entfallen ist (ErfK/*Steinmeyer* BetrAVG Vorb. Rn. 36).

10 Unter bestimmten Voraussetzungen ist das Verbot von Entgeltdiskriminierungen in der betrieblichen Altersversorgung auch auf **Systeme des öffentlichen Dienstes** anzuwenden (EuGH 12.9.2002 – C-351/00 Rn. 41 – Niemi, NZA 2002, 1141; KOM [2004] 279 endg. = BR-Drs. 366/04, 18; → Art. 7 Rn. 3). Für die Feststellung, ob ein Rentensystem im öffentlichen Dienst in den Anwendungsbereich des Art. 157 I AEUV fällt, kann hiernach nicht ausschließlich auf das Kriterium abgestellt werden, ob die Rentenleistung in Zusammenhang mit dem Arbeitsverhältnis steht und daher vom Staat als Arbeitgeber gewährt wird, da auch die von den gesetzlichen Systemen der sozialen Sicherheit gewährten Renten ganz oder teilweise dem Beschäftigungsentgelt Rechnung tragen können (EuGH 28.9.1994 – C-7/93 Rn. 44 – Beune, EuZW 1995, 152). Erwägungen der Sozialpolitik, der Staatsorganisation und der Ethik oder selbst den Haushalt betreffende Überlegungen, die bei der Festlegung eines Systems durch den Gesetzgeber eine Rolle gespielt haben oder gespielt haben mögen, können somit nicht entscheidend sein, **wenn die Rente nur für eine besondere Gruppe von Arbeitnehmern gilt, unmittelbar von der zurückgelegten Beschäftigungszeit abhängt und ihre Höhe nach dem letzten Entgelt berechnet wurde.** Die vom öffentlichen Arbeitgeber gezahlte Versorgung steht in diesem Fall völlig einer Rente gleich, die ein privater Arbeitgeber seinen ehemaligen Arbeitnehmern zahlt (so EuGH 28.9.1994 – C-7/93 Rn. 45 – Beune, EuZW 1995, 152; 29.11.2001 – C-366/99 Rn. 30 – Griesmar, NZA 2002, 143; 12.9.2002 – C-351/00 Rn. 47 – Niemi, NZA 2002, 1141).

11 Für beträchtliche Auslegungsschwierigkeiten sorgte die im *Barber*-Urteil ausgesprochene **zeitliche Begrenzung** für Leistungen aus einem Betriebsrentensystem (EuGH 17.5.1990 – C-262/88 Rn. 42 – Barber, NZA 1990, 775; ausf. → Art. 12 Rn. 1 ff.). Hiernach schließen es „zwingende Gründe der Rechtssicherheit aus, dass Rechtsverhältnisse, deren Wirkung sich in der Vergangenheit erschöpft haben, in Frage gestellt werden, wenn dies **rückwirkend** das finanzielle Gleichgewicht zahlreicher Betriebsrentensysteme stören könnte". Aus diesem Grund darf sich niemand auf die unmittelbare Wirkung von Art. 119 EWG (Art. 141 I, II EG, Art. 157 I AEUV) berufen, um mit Wirkung von einem vor Erlass der *Barber*-Entscheidung (17.5.1990) liegenden Zeitpunkt einen Rentenanspruch geltend zu machen. In der Rs. *Ten Oever* präzisierte der EuGH die Entscheidung *Barber*. Die unmittelbare Wirkung von Art. 157 I AEUV kann hiernach nur für solche Leistungen geltend gemacht werden, die für **Beschäftigungszeiten nach dem 17.5.1990** geschuldet werden (EuGH 6.10.1993 – C-109/91 Rn. 19 – Ten Oever, EAS Art. 119 EGV Nr. 23). Der europäische Gesetzgeber nahm die Aussagen des *Barber*-Urteils in seinem entsprechenden Protokoll zu Art. 141 EG auf, das lediglich die zeitliche Wirkung des Urteils begrenzen, nicht aber Betriebsrenten aus dem Anwendungsbereich des Art. 119 EWG (Art. 141 I, II EG, Art. 157 I, II AEUV) ausnehmen wollte (so BAG 29.4.2008 NZA 2008, 1417 Rn. 35; → Art. 12 Rn. 6). In der Rs. *Avdel* nahm der EuGH zu den Maßnahmen Stellung, die Arbeitgeber zur **Behebung einer Diskriminierung** bei Leistungen aus einem Betriebsrentensystem treffen können (EuGH 28.9.1994 – C-408/92 Rn. 19 – Avdel, NZA 1994, 1126). Während sie für die vor dem 17.5.1990 liegenden Beschäftigungszeiten keine Angleichung vorzunehmen hätten, sei es ihnen verwehrt, für den Zeitraum zwischen dem Erlass der Entscheidung *Barber* und den Behebungsmaßnahmen rückwirkend die Vergünstigungen für die bisher bevorzugte Personengruppe zu ändern (Angleichung nur „nach oben"). Es sei allerdings zulässig, diese Vergünstigungen für die Zukunft wieder abzuschaffen, indem etwa das Rentenalter für Frauen an dasjenige für Männer angehoben werde (s. auch KOM [2004] 279 endg. = BR-Drs. 366/04, 16). Übergangsregelungen im Sinne einer schrittweisen Angleichung der Rentenalter seien aber nicht möglich. Eine Angleichung „nach unten" könne auch nicht mit einem Verweis auf ein den Frauen eingeräumtes Recht zur Wahl des Rentenalters begründet werden (EuGH 28.9.1994 – C-28/93 Rn. 11 – Van den Akker, EAS Art. 119 EGV Nr. 31).

Art. 6 Persönlicher Anwendungsbereich

Dieses Kapitel findet entsprechend den einzelstaatlichen Rechtsvorschriften und/oder Gepflogenheiten Anwendung auf die Erwerbsbevölkerung einschließlich der Selbständigen, der Arbeitnehmer, deren Erwerbstätigkeit durch Krankheit, Mutterschaft, Unfall oder unverschuldete Arbeitslosigkeit unterbrochen ist, und der Arbeitssuchenden sowie auf die sich im Ruhestand befindlichen oder arbeitsunfähigen Arbeitnehmer und auf ihre anspruchsberechtigten Angehörigen.

A. Überblick

1 Art. 6 behandelt den **persönlichen Anwendungsbereich** allein der Art. 5 ff. Die Vorschrift ist Art. 3 RL 86/378/EWG idF der RL 96/97/EG nachgebildet. Nach Art. 6 gilt Titel II, Kapitel 2 – entsprechend den einzelstaatlichen Rechtsvorschriften und/oder Gepflogenheiten – für die **gesamte Erwerbsbevölkerung einschließlich der Selbständigen, für Arbeitnehmer, deren Erwerbstätigkeit durch Krankheit, Mutterschaft, Unfall oder unverschuldete Arbeitslosigkeit unterbrochen ist, für Arbeitssuchende sowie für die sich im Ruhestand befindlichen oder arbeitsunfähigen Arbeitnehmer und für ihre anspruchsberechtigten Angehörigen.** Da der persönliche Anwendungsbereich mit dem Begriff der Erwerbsbevölkerung denkbar weit formuliert ist (dies betont Fuchs/*Bieback* RL 2006/54/EG Art. 6 Rn. 1), bestimmt sich die Anwendung der Art. 5 ff. vor allem danach, ob Personen in einer vergleichbaren Situation ein Entgelt aus einem betrieblichen System der sozialen Sicherheit gem. Art. 2 I lit. e und lit. f erhalten; denn Leistungen an Personen der Erwerbsbevölkerung werden auch durch gesetzliche Systeme der sozialen Sicherheit gewährt.

2 Nach dem ersten Kommissionsentwurf sollte der persönliche Anwendungsbereich der RL 2006/54/EG noch in den allg. Bestimmungen des Titels 1 normiert werden (KOM [2004] 279 endg. = BR-Drs. 366/04, 25). Hiervon ist der europäische Normgeber später abgerückt, da die Art. 4 und Art. 14 ff. nicht für Rechtsverhältnisse Selbständiger, sondern nur für Arbeitsverhältnisse gelten (→ Art. 1 Rn. 18 ff.). Auch Art. 157 I, II AEUV gilt mit Blick auf betriebliche Systeme der sozialen Sicherheit nur für Arbeitsverhältnisse. Zwar wird ein betriebliches System der sozialen Sicherheit durch die Ausdehnung auf selbständige Personengruppen nicht dem Anwendungsbereich des Art. 157 I AEUV entzogen (EuGH 25.5.2000 – C-50/99 Rn. 35 – Podesta, BeckRS 2004, 77506). Hiervon zu unterscheiden ist jedoch die Frage, ob auch Leistungen etwa an arbeitslose oder arbeitssuchende Menschen als Arbeitsentgelt iSd Art. 157 I, II AEUV bzw. des Art. 2 I lit. e anzusehen sind. Dies ist zu verneinen, da die Leistungen nicht aufgrund eines Dienst- oder Arbeitsverhältnisses gewährt werden (→ Art. 2 Rn. 26).

B. Berechtigte

3 Art. 6 bezieht den Anwendungsbereich der Art. 5 ff. umfassend auf die gesamte **Erwerbsbevölkerung.** Hiernach gilt das Diskriminierungsverbot in der betrieblichen Altersversorgung nicht nur für **Arbeitnehmer,** sondern auch für **Selbständige** (→ Art. 1 Rn. 18). Anspruchsberechtigt können also auch Geschäftsführer und Vorstände einer juristischen Person sein (Calliess/Ruffert/*Krebber* AEUV Art. 157 Rn. 28), selbst wenn sie nicht als Arbeitnehmer iSd Unionsrechts einzustufen sind (zum weiten Arbeitnehmerbegriff *Mohr* ZHR 178, 2014, 326 [338 ff.]; → RL 2000/78/EG Art. 3 Rn. 6). Gem. Art. 7 II gilt die Richtlinie auch für Arbeitnehmer im öffentlichen Dienst inklusive **verbeamteter Personen,** soweit sie vom EuGH den Arbeitnehmern gleichgestellt werden. Diese Personen können bereits dem Arbeitnehmerbegriff des Art. 157 AEUV unterfallen (→ Art. 7 Rn. 3). Die Geltung des Diskriminierungsverbots wegen des Geschlechts auf **Personen im Ruhe-**

stand folgt der ständigen Rechtsprechung des EuGH, wonach das Ausscheiden aus dem Dienst- oder Arbeitsverhältnis die Anspruchsberechtigung nicht ausschließt (EuGH 17.5.1990 – C-262/88 – Barber, NZA 1990, 775). Auch an **Hinterbliebene der Arbeitnehmer** gezahlte Renten stellen mit Rücksicht auf das Arbeitsverhältnis ein Entgelt dar (EuGH 6.10.1993 – C-109/91 Rn. 8 ff. – Ten Oever, EAS Art. 119 EGV Nr. 23).

4   Art. 6 erstreckt den persönlichen Anwendungsbereich auch auf Personen, deren Erwerbstätigkeit durch **Krankheit** und **Unfall** unterbrochen ist. Dies korrespondiert mit dem sachlichen Geltungsbereich des Art. 7, der sich auch auf die Risiken der Krankheit und der Arbeitsunfälle bezieht. Ebenfalls erfasst werden **arbeitslose** und **arbeitssuchende Menschen**; diese sind aber keine Arbeitnehmer gem. Art. 157 I, II AEUV.

5   Auch **Schwangere** und **Mütter** sind in den Geltungsbereich des Diskriminierungsverbots gem. Art. 5 einbezogen. Nach Art. 9 I lit. g bedeutet es ein Beispiel für eine unzulässige Diskriminierung, wenn der Erwerb oder die Aufrechterhaltung von Ansprüchen während eines gesetzlich oder tarifvertraglich festgelegten Mutterschaftsurlaubs oder Urlaubs aus familiären Gründen unterbrochen wird, sofern diese Leistungen vom Arbeitgeber bezahlt werden (vgl. *Rolfs* NZA 2008, 553 [554 f.]). Folgerichtig stellt es keine mittelbare Diskriminierung wegen des Geschlechts dar, wenn eine **Unterbrechung des Beschäftigungsverhältnisses durch Geburt und Kindererziehung** zu Nachteilen bei der betrieblichen Altersversorgung führt, sofern es sich um Leistungen für erbrachte Dienste handelt (BAG 19.1.2011 NZA 2011, 860 Rn. 37 ff.). In einer Versorgungordnung kann deshalb vorgesehen werden, dass während der **Elternzeit** keine leistungssteigernden Anwartschaften erworben werden (BAG 20.4.2010 NZA 2010, 1188; 12.1.2000 NZA 2000, 944; 15.2.1994 NZA 1994, 794).

C. Verpflichtete

6   **Verpflichtet** werden von Art. 5 nicht nur den Arbeitgeber, sondern auch rechtlich selbständige, nicht am Arbeitsverhältnis beteiligte Dritte, insbesondere vom Arbeitgeber eingesetzte **Treuhänder** (EuGH 17.5.1990 – C-262/88 Rn. 29 – Barber, NZA 1990, 775; 28.9.1994 – C-200/91 Rn. 22 – Coloroll, AP EWG-Vertrag Art. 119 Nr. 57) und **Pensionsfonds** (EuGH 28.9.1994 – C-128/93 Rn. 29 ff. – Fisscher, AP EWG-Vertrag Art. 119 Nr. 56). Diese können einem Direktanspruch des ausgeschiedenen Arbeitnehmers ausgesetzt sein (EuGH 9.10.2001 – C-379/99 Rn. 28 ff. – Menauer, NZA 2001, 1301), in Ergänzung zum Erfüllungsanspruch gegen den Arbeitgeber (BAG 7.9.2004 NZA 2005, 1239). Die unionsrechtliche Durchgriffswirkung bezieht sich auch auf sonstige in die Abwicklung des Zahlungsverkehrs eingeschaltete Dritte, etwa auf rechtlich selbständige **Direktversicherungen** (näher *Blomeyer* NZA 1995, 49 [51]; *Oetker* SAE 2003, 253 [256]; ErfK/*Steinmeyer* BetrAVG Vorb. Rn. 41).

Art. 7 Sachlicher Anwendungsbereich

(1) Dieses Kapitel findet Anwendung
a) auf betriebliche Systeme der sozialen Sicherheit, die Schutz gegen folgende Risiken bieten:
   i) Krankheit,
   ii) Invalidität,
   iii) Alter, einschließlich vorzeitige Versetzung in den Ruhestand,
   iv) Arbeitsunfall und Berufskrankheit,
   v) Arbeitslosigkeit;
b) auf betriebliche Systeme der sozialen Sicherheit, die sonstige Sozialleistungen in Form von Geld- oder Sachleistungen vorsehen, insbesondere Leistungen an Hinterbliebene und Familienleistungen, wenn diese Leistungen als vom Arbeitgeber auf-

grund des Beschäftigungsverhältnisses an den Arbeitnehmer gezahlte Vergütungen gelten.

(2) ¹Dieses Kapitel findet auch Anwendung auf Rentensysteme für eine besondere Gruppe von Arbeitnehmern wie beispielsweise Beamte, wenn die aus dem System zu zahlenden Leistungen aufgrund des Beschäftigungsverhältnisses mit dem öffentlichen Arbeitgeber gezahlt werden. ²Die Tatsache, dass ein solches System Teil eines allgemeinen durch Gesetz geregelten Systems ist, steht dem nicht entgegen.

A. Sachlicher Anwendungsbereich

Art. 7 I regelt den **sachlichen Anwendungsbereich** von Teil II, Kapitel 2 der RL 1 2006/54/EG (Art. 5 ff.). Die Vorschrift ist Art. 4 RL 86/378/EWG nachgebildet (KOM [2004] 279 endg. = BR-Drs. 366/04, 55). Gem. **Art. 7 I lit. a** findet dieses Kapitel Anwendung auf betriebliche Systeme der sozialen Sicherheit iSd Art. 2 I lit. f, die Schutz gegen folgende **Risiken** bieten (Dauses/*Borchardt* D. II. Sozialrecht Rn. 182): **Krankheit, Invalidität, Alter,** einschließlich **vorzeitige Versetzung in den Ruhestand, Arbeitsunfall** und **Berufskrankheit,** schließlich **Arbeitslosigkeit.** Leistungen der betrieblichen Altersversorgung iSd BetrAVG sind nach dessen § 1 allein solche bei Alter, Invalidität oder zur Versorgung von Hinterbliebenen, sofern sie wegen eines Arbeitsverhältnisses zugesagt werden (BAG 26.4.1988 AP BetrAVG § 7 Nr. 45). Als betriebliche Versorgung können jedoch auch weitere Leistungen verstanden werden (s. zum Kindesunterhalt BAG 16.8.1988 NZA 1989, 314; zur Lückenhaftigkeit der gesetzlichen Regelung vgl. ErfK/*Steinmeyer* BetrAVG Vorb. Rn. 1 ff.). Andere in Art. 7 aufgeführte Risiken wie die Arbeitslosigkeit werden ebenfalls von gesetzlichen Systemen der sozialen Sicherheit iSd Art. 3 RL 79/7/EWG behandelt (dazu Fuchs/*Bieback* RL 79/7/EWG Art. 3 Rn. 4 ff.), soweit keine berufsständischen Versorgungswerke eingreifen. Welche Risiken ein betriebliches System der sozialen Sicherheit abdeckt, bestimmt sich somit letztlich nach der entsprechenden Zusage.

Während sich Art. 7 I lit. a sowohl auf Arbeitsverhältnisse als auch auf selbständige Dienst- 2 verhältnisse bezieht, findet **Art. 7 I lit. b** nur auf **Arbeitsverhältnisse** Anwendung. Hiernach gelten die Art. 5 ff. auch für betriebliche Systeme der sozialen Sicherheit, die **sonstige Sozialleistungen** in Form von Geld- oder Sachleistungen vorsehen, insbesondere Leistungen an Hinterbliebene und Familienleistungen, wenn diese Leistungen als vom Arbeitgeber aufgrund des Beschäftigungsverhältnisses an den Arbeitnehmer gezahlte Vergütungen gelten. Entscheidend ist hiernach immer, ob die Leistungen als Entgelt gem. Art. 2 I lit. e und nicht als solche gesetzlicher Systeme der sozialen Sicherheit anzusehen sind.

B. Öffentlicher Dienst

Gem. Art. 7 II 1 finden die Art. 5 ff. auch Anwendung auf besondere Gruppen von 3 „Arbeitnehmern" wie etwa **Beamte,** wenn die aus dem System zu zahlenden Leistungen aufgrund des Beschäftigungsverhältnisses mit dem öffentlichen „Arbeitgeber" gezahlt werden. Die Vorschrift geht zurück auf die Rechtsprechung des EuGH (EuGH 28.9.1994 – C-7/93 Rn. 41 ff. – Beune, EuZW 1995, 152; 12.9.2002 – C-351/00 – Niemi, NZA 2002, 1141; 13.11.2008 – C-46/07 – Kommission/Italien, BeckRS 2009, 71410; 26.9.2013 – C-546/11 Rn. 25 ff. – Toftgaard, NVwZ 2013, 1401). Entscheidend ist, dass die Rentenleistungen nicht für die ganze Bevölkerung oder für eine größere, nicht nach betrieblichen Kriterien abgrenzbare Personengruppe gelten, sondern nur für eine **besondere Gruppe von Arbeitnehmern,** sowie dass sie **unmittelbar von der abgeleisteten Dienstzeit abhängig** sind und **ihre Höhe auf Grund der letzten Bezüge des Beamten berechnet** wird. In diesem Fall steht eine vom öffentlichen Arbeitgeber gezahlte Versorgung völlig einer Rente gleich, die ein privater Arbeitgeber seinen ehemaligen Arbeitnehmern zahlen würde (EuGH 28.9.1994 – C-7/93 Rn. 45 – Beune, EuZW 1995, 152; 17.4.1997 – C-147/95 Rn. 21 – Evrenopoulos, BeckRS 2004, 74430; 12.9.2002 – C-351/00 Rn. 47 – Niemi, NZA 2002, 1141; GNH/*Langenfeld* AEUV Art. 157 Rn. 53; Fuchs/*Bieback* RL 79/7/EWG Art. 3 Rn. 2). Ob auch die deutsche Beamtenversorgung die vorbenannten Voraussetzungen erfüllt, wird wegen der sog. Alimentationstheorie unterschiedlich gesehen (Calliess/Ruffert/*Krebber* AEUV Art. 157 Rn. 23 mwN in Fn. 71). In seiner Entscheidung *Schönheit* hat der EuGH ein auf der Grundlage des deutschen Gesetzes über die **Versorgung der Beamten und Richter in Bund und Ländern** gewährtes Ruhegehalt als Entgelt iSd Art. 157 I AEUV eingestuft (EuGH 23.10.2003 – C-4/02 Rn. 55 ff. – Schönheit, BeckRS 2004, 77029; dazu GNH/*Langenfeld* AEUV Art. 157 Rn. 54; → AEUV Art. 157 Rn. 26). Darüber hinaus bringt der EuGH Art. 157 I AEUV auch für landesgesetzlich geregelte Zusatzversorgungssysteme für ehemalige Beschäftigte des öffentlichen Dienstes zur Anwendung (EuGH 10.5.2011 – C-147/08 Rn. 30 ff. – Römer, NJW 2011, 2187). Sollte die gesetzliche Beamtenversorgung nicht unter den Entgeltbegriff des Art. 157 I AEUV zu subsumieren sein, kann sich aus Art. 21 I und Art. 23 GRC ein staatsgerichtetes Diskriminierungsverbot ergeben. Hierfür ist entscheidend, ob die Regelung der Alimentation der Beamten in den Anwendungsbereich des Unionsrechts iSd Art. 51 I 1 GRC fällt (verneinend BVerwG 9.4.2013 BeckRS 2013, 50517 Rn. 16).

4   Die Tatsache, dass ein System iSd Art. 7 II 1 Teil eines allg. Systems ist, das durch Gesetz geregelt wird, steht dem Entgeltcharakter nach Art. 7 II 2 nicht entgegen. Dies basiert auf der Rechtsprechung des EuGH, wonach zwar unmittelbar durch Gesetz geregelte Systeme oder Leistungen der sozialen Sicherheit, insbesondere Altersrenten, nicht unter den Begriff des Entgelts gem. Art. 157 AEUV fallen, jedoch etwas anderes gelten könne, wenn die Leistungen des Versorgungssystems im Wesentlichen von der ehemaligen Beschäftigung des Betroffenen abhingen (EuGH 17.5.1990 – C-262/88 Rn. 22 und 28 – Barber, NZA 1990, 775). Wenn die Altersversorgung von Staatsbediensteten durch Gesetz geregelt sei, bedeute dies lediglich einen Anhaltspunkt, wonach die nach diesem System gewährten Leistungen solche der sozialen Sicherheit seien, doch genüge dies allein nicht, um eine derartige Regelung vom Anwendungsbereich des Art. 157 I AEUV auszuschließen (EuGH 12.9.2002 – C-351/00 Rn. 41 – Niemi, NZA 2002, 1141). Entscheidendes Kriterium, ob eine Rente unter Art. 157 I AEUV falle, sei vielmehr ein **Zusammenhang zwischen dem Dienst- oder Arbeitsverhältnis und der Rentenleistung,** ohne dass die strukturellen Merkmale eines Rentensystems eine entscheidende Rolle spielten. Allein der Umstand, dass die Rentenregelung nach dem zugrunde liegenden Gesetz zu einem harmonisierten System gehört, weshalb die Gesamtrente, die ein Versicherter erhalten kann, die Arbeit widerspiegelt, die er während seiner gesamten beruflichen Laufbahn verrichtet hat, kann nicht die Anwendung des Art. 157 I AEUV ausschließen, wenn die Rentenleistung im Zusammenhang mit dem Arbeitsverhältnis steht und sie daher vom Staat als Dienstherr oder Arbeitgeber gewährt wird (EuGH 12.9.2002 – C-351/00 Rn. 45 – Niemi, NZA 2002, 1141).

Art. 8 Ausnahmen vom sachlichen Anwendungsbereich

(1) Dieses Kapitel gilt nicht
a) für Einzelverträge Selbständiger,
b) für Systeme Selbständiger mit nur einem Mitglied,
c) im Fall von abhängig Beschäftigten für Versicherungsverträge, bei denen der Arbeitgeber nicht Vertragspartei ist,
d) für fakultative Bestimmungen betrieblicher Systeme der sozialen Sicherheit, die einzelnen Mitgliedern eingeräumt werden, um ihnen
   i) entweder zusätzliche Leistungen

ii) oder die Wahl des Zeitpunkts, zu dem die regulären Leistungen für Selbständige einsetzen, oder die Wahl zwischen mehreren Leistungen zu garantieren,

e) für betriebliche Systeme der sozialen Sicherheit, sofern die Leistungen durch freiwillige Beiträge der Arbeitnehmer finanziert werden.

(2) Diesem Kapitel steht nicht entgegen, dass ein Arbeitgeber Personen, welche die Altersgrenze für die Gewährung einer Rente aus einem betrieblichen System der sozialen Sicherheit, jedoch noch nicht die Altersgrenze für die Gewährung einer gesetzlichen Rente erreicht haben, eine Zusatzrente gewährt, damit der Betrag der gesamten Leistungen dem Betrag entspricht oder nahe kommt, der Personen des anderen Geschlechts in derselben Lage, die bereits das gesetzliche Rentenalter erreicht haben, gewährt wird, bis die Bezieher der Zusatzrente das gesetzliche Rentenalter erreicht haben.

A. Überblick

Art. 8 regelt nach der Überschrift **Ausnahmen vom sachlichen Anwendungsbereich** 1 der Art. 5 ff. Die Vorschrift ist deshalb in Zusammenschau mit der allg. Regelung des sachlichen Anwendungsbereichs in Art. 7 zu sehen. Die Regelungen in **Art. 8 I** unterscheiden zwischen Arbeitnehmern und selbständig Tätigen. **Art. 8 II** erlaubt unter den dort vorgesehenen Vorgaben die Gewährung von Zusatzrenten im Rahmen eines an die gesetzliche Rentenversicherung angelehnten Gesamtversorgungssystems.

B. Ausnahmen

Nach **Art. 8 I lit. a** sind betriebliche Versorgungssysteme für selbständig Erwerbstätige 2 nur insoweit erfasst, als die entsprechenden betrieblichen Systeme der sozialen Sicherheit auf **kollektiver Basis** organisiert sind (etwa sektorale Systeme in Frankreich). Einzelverträge selbständig Erwerbstätiger sind deshalb ausgenommen. Dasselbe gilt nach **Art. 8 I lit. b** für Systeme für selbständig Erwerbstätige mit nur einem Mitglied (KOM [2004]) 279 endg. = BR-Drs. 366/04, 18 f.). Die Beschränkung des Geltungsbereichs von Art. 8 I lit. a und b auf selbständig Tätige lässt sich darauf zurückführen, dass Einzelverträge von Arbeitnehmern ggf. dem Anwendungsbereich des Art. 157 I, II AEUV unterliegen können, der vorrangig gegenüber den sekundärrechtlichen Regelungen anzuwenden ist (Fuchs/*Bieback* RL 2006/54/EG Art. 8 Rn. 4).

Art. 8 I lit. c bezieht sich nach dem Wortlaut allein auf Arbeitsverhältnisse. Die 3 Vorschrift nimmt solche Versicherungsverträge vom sachlichen Anwendungsbereich aus, bei denen ein Arbeitgeber nicht Vertragspartner ist. Die Regelung steht in Widerspruch zu Art. 157 I, II AEUV, der auch dann anzuwenden ist, wenn rechtlich selbständige Dritte Vertragspartner sind. Aufgrund des Vorrangs des primärrechtlichen Entgeltgleichheitssatzes ist sie insoweit teleologisch zu reduzieren (Fuchs/*Bieback* RL 2006/54/EG Art. 8 Rn. 5; → Art. 6 Rn. 6).

Art. 8 I lit. d gilt nach seinem Wortlaut sowohl für Arbeitnehmer als auch für Selb- 4 ständige und nimmt fakultative Systeme pauschal aus dem Anwendungsbereich der Art. 5 ff. aus. Da auch freiwillige Arbeitgeberleistungen dem Entgeltbegriff des Art. 157 I, II AEUV unterfallen (→ Art. 2 Rn. 27), ist die Vorschrift insoweit teleologisch einzuschränken. Da Art. 157 I, II AEUV nur für Arbeitsverhältnisse gilt, behält Art. 8 I d für Selbständige einen eigenen Anwendungsbereich (**aA** Fuchs/*Bieback* RL 2006/54/EG Art. 8 Rn. 7: insgesamt unwirksam).

Art. 8 I lit. e enthält schließlich eine Ausnahme für Leistungen aus betrieblichen Syste- 5 men der sozialen Sicherheit, die durch freiwillige Beiträge der Arbeitnehmer finanziert werden, da es sich insoweit nicht um Vergütungen handelt, die ihre Grundlage im Arbeits- oder Dienstverhältnis haben (ebenso Fuchs/*Bieback* RL 2006/54/EG Art. 2 Rn. 4; → Art. 2 Rn. 27).

C. Überbrückungsrenten

6   Art. 8 II übernimmt die Rechtsprechung des EuGH aus *Birds Eye Walls,* wonach Überbrückungsrenten mangels vergleichbarer Situation nicht dem Anwendbarkeit des Art. 119 EWG (Art. 157 I, II AEUV) unterfallen können (EuGH 9.11.1993 – C-132/92 Rn. 17 ff. – Birds Eye Walls, EAS Art. 119 EGV Nr. 25; s. auch KOM [2004] 279 endg. = BR-Drs. 366/04, 27). Hiernach verstößt es nicht gegen den Entgeltgleichheitssatz, wenn ein Arbeitgeber bei der Berechnung einer **Überbrückungsrente,** die er an männliche und weibliche Arbeitnehmer zahlt, die aus gesundheitlichen Gründen vorzeitig in den Ruhestand treten, und die vor allem den **Einkommensverlust ausgleichen soll, der sich dadurch ergibt, dass das gesetzliche Rentenalter noch nicht erreicht ist,** die Höhe der später bezogenen gesetzlichen Rente berücksichtigt und die Überbrückungsrente mit Erreichen des Rentenalters entsprechend kürzt, auch wenn dies für die Altersgruppe der 60 bis 65-Jährigen dazu führt, dass eine ehemalige Arbeitnehmerin eine geringere Überbrückungsrente erhält als eine männliche Vergleichsperson, wobei dieser Unterschied der Höhe der gesetzlichen Rente entspricht, auf die die Frau mit Vollendung des 60. Lebensjahres aufgrund der bei diesem Arbeitgeber zurückgelegten Beschäftigungszeiten Anspruch hat (EuGH 9.11.1993 – C-132/92 Rn. 24 – Birds Eye Walls, EAS Art. 119 EGV Nr. 25). Sofern nach dem Zweck der Leistung bereits die Vergleichbarkeit von Arbeitnehmern zu verneinen ist, können sich unterschiedliche Altersgrenzen in den gesetzlichen Systemen der sozialen Sicherheit somit auch auf die betriebliche Altersversorgung auswirken (**aA** Fuchs/*Bieback* RL 2006/54/EG Art. 8 Rn. 8).

Art. 9 Beispiele für Diskriminierung

(1) Dem Grundsatz der Gleichbehandlung entgegenstehende Bestimmungen sind solche, die sich unmittelbar oder mittelbar auf das Geschlecht stützen und Folgendes bewirken:

a) Festlegung der Personen, die zur Mitgliedschaft in einem betrieblichen System der sozialen Sicherheit zugelassen sind;

b) Regelung der Zwangsmitgliedschaft oder der freiwilligen Mitgliedschaft in einem betrieblichen System der sozialen Sicherheit;

c) unterschiedliche Regeln für das Beitrittsalter zum System oder für die Mindestdauer der Beschäftigung oder Zugehörigkeit zum System, die einen Leistungsanspruch begründen;

d) Festlegung – außer in den unter den Buchstaben h und j genannten Fällen – unterschiedlicher Regeln für die Erstattung der Beiträge, wenn der Arbeitnehmer aus dem System ausscheidet, ohne die Bedingungen erfüllt zu haben, die ihm einen aufgeschobenen Anspruch auf die langfristigen Leistungen garantieren;

e) Festlegung unterschiedlicher Bedingungen für die Gewährung der Leistungen oder die Beschränkung dieser Leistungen auf eines der beiden Geschlechter;

f) Festsetzung unterschiedlicher Altersgrenzen für den Eintritt in den Ruhestand;

g) Unterbrechung der Aufrechterhaltung oder des Erwerbs von Ansprüchen während eines gesetzlich oder tarifvertraglich festgelegten Mutterschaftsurlaubs oder Urlaubs aus familiären Gründen, der vom Arbeitgeber bezahlt wird;

h) Gewährung unterschiedlicher Leistungsniveaus, es sei denn, dass dies notwendig ist, um versicherungstechnischen Berechnungsfaktoren Rechnung zu tragen, die im Fall von Festbeitragssystemen je nach Geschlecht unterschiedlich sind; bei durch Kapitalansammlung finanzierten Festleistungssystemen ist hinsichtlich einiger Punkte eine Ungleichbehandlung gestattet, wenn die Ungleichheit der Beträge darauf zurückzuführen ist, dass bei der Durchführung der Finanzierung des Systems je nach Geschlecht unterschiedliche versicherungstechnische Berechnungsfaktoren angewendet worden sind;

i) Festlegung unterschiedlicher Höhen für die Beiträge der Arbeitnehmer;
j) Festlegung unterschiedlicher Höhen für die Beiträge der Arbeitgeber, außer
   i) im Fall von Festbeitragssystemen, sofern beabsichtigt wird, die Höhe der auf diesen Beiträgen beruhenden Rentenleistungen für Männer und Frauen auszugleichen oder anzunähern;
   ii) im Fall von durch Kapitalansammlung finanzierten Festleistungssystemen, sofern die Arbeitgeberbeiträge dazu bestimmt sind, die zur Deckung der Aufwendungen für die zugesagten Leistungen unerlässliche Finanzierungsgrundlage zu ergänzen;
k) Festlegung unterschiedlicher oder nur für Arbeitnehmer eines der Geschlechter geltender Regelungen – außer in den unter den Buchstaben h und j vorgesehenen Fällen – hinsichtlich der Garantie oder der Aufrechterhaltung des Anspruchs auf spätere Leistungen, wenn der Arbeitnehmer aus dem System ausscheidet.

(2) Steht die Gewährung von unter dieses Kapitel fallenden Leistungen im Ermessen der für das System zuständigen Verwaltungsstellen, so beachten diese den Grundsatz der Gleichbehandlung.

A. Überblick

Nicht nur die Abgrenzung der gesetzlichen von den betrieblichen Systemen der sozialen Sicherheit bereitet Schwierigkeiten, sondern auch die Entscheidung, ob eine bestimmte Regelung eine Diskriminierung wegen des Geschlechts gem. Art. 2 I lit. a beinhaltet. Aus diesem Grunde enthält Art. 9 I eine – nicht abschließende – Aufzählung von **Beispielen unzulässiger Verhaltensweisen** (s. bereits Art. 6 RL 86/378/EWG; KOM [2004] 279 endg. = BR-Drs. 366/04, 27). Die Einschlägigkeit eines Regelbeispiels macht die Prüfung der Tatbestandsvoraussetzungen des Diskriminierungsverbots gem. Art. 5 aber nicht entbehrlich. Bereits nach dem Wortlaut gelten einige Regelbeispiele explizit nur für **Arbeitsverhältnisse** (s. etwa Art. 9 I lit. g, i und j). Ob die anderen Regelbeispiele auch auf Selbständige anzuwenden sind, ist nicht eindeutig. So enthalten Art. 9 I lit. f und Art. 11 lit. a Regelungen über die Festsetzung des Rentenalters, wobei die Kommission die letztgenannte Vorschrift als Ausnahmeregelung versteht (KOM [2004] 279 endg. = BR-Drs. 366/04, 28). Vor diesem Hintergrund liegt es jedenfalls nahe, Art. 9 auf Arbeitsverhältnisse zu beschränken. Einschlägige Rechtsprechung des EuGH steht aus. 1

Art. 9 II stellt klar, dass nicht nur die Zusagenden, sondern auch die mit der **Verwaltung der Leistungen der betrieblichen Altersversorgung betrauten Stellen** das Diskriminierungsverbot beachten müssen. Die Regelung gilt nach ihrem Wortlaut sowohl für Arbeitnehmer als auch für Selbständige. 2

B. Beispiele für unzulässige Verhaltensweisen

Nach Art. 9 I lit. a dürfen Systeme der betrieblichen Altersversorgung bei der **Zulassung von Personen** nicht nach dem Geschlecht differenzieren. Ebenfalls nicht nach dem Geschlecht differenzieren dürfen nach Art. 9 I lit. b Regelungen der **freiwilligen oder der obligatorischen Mitgliedschaft**. Dies gilt sowohl für unmittelbare als auch für mittelbare, etwa an die Teilzeitbeschäftigung von Arbeitnehmern anknüpfende Differenzierungen (EuGH 13.5.1986 – C-170/84 Rn. 12 und 24 – Bilka, NZA 1996, 599; Fuchs/*Bieback* RL 3

2006/54/EG Art. 9 Rn. 3; → Art. 2 Rn. 11). Zu denkbaren Einschränkungen bei Gesamtversorgungszusagen → Art. 5 Rn. 9.

4 Unzulässig sind nach Art. 9 I lit. c weiterhin nach dem Geschlecht differenzierende Regeln für das **Beitrittsalter zum System** oder für die **Mindestdauer der Beschäftigung oder Zugehörigkeit zum System,** die einen Leistungsanspruch begründen.

5 Verboten ist nach Art. 9 I lit. d außerdem die Festlegung – außer in den unter den Buchst. h und j genannten Fällen – **unterschiedlicher Regeln für die Erstattung der Beiträge, wenn der Arbeitnehmer aus dem System ausscheidet, ohne die Bedingungen erfüllt zu haben,** die ihm einen aufgeschobenen Anspruch auf die langfristigen Leistungen garantieren.

6 Art. 9 I lit. e untersagt die Festlegung **unterschiedlicher Bedingungen für die Gewährung der Leistungen oder die Beschränkung dieser Leistungen auf eines der beiden Geschlechter.**

7 Art. 9 I lit. f verbietet die **Festsetzung unterschiedlicher Altersgrenzen für den Eintritt in den Ruhestand** (EuGH 17.5.1990 – C-262/88 – Barber, NZA 1990, 775; s. zur Anhebung der festen Altersgrenze für Frauen vom 60. auf das 65. Lebensjahr in der betrieblichen Altersversorgung BAG 30.9.2014 BeckRS 2015, 65715). Siehe zur zeitlichen Geltung dieser Rechtsprechung → Art. 12 Rn. 1 ff.

8 Untersagt ist nach Art. 9 I lit. g **die Unterbrechung der Aufrechterhaltung oder des Erwerbs von Ansprüchen während eines gesetzlich oder tarifvertraglich festgelegten Mutterschaftsurlaubs oder Urlaubs aus familiären Gründen,** wenn dieser **vom Arbeitgeber bezahlt** wird (s. dazu EuGH 13.1.2005 – C-356/03 Rn. 27 – Mayer, NZA 2005, 347). Zulässig ist es hiernach, dass Zeiten der Elternzeit nicht anwartschaftssteigernd berücksichtigt werden, da der Arbeitgeber während dieser Zeiten kein Arbeitsentgelt entrichten muss (*Rolfs* NZA 2008, 553 [554 f.]). Sofern der Arbeitnehmer die Versicherung oder Versorgung in dieser Zeit mit eigenen Beiträgen fortsetzt, fällt dies nach Art. 8 I lit. e nicht in den Geltungsbereich der Richtlinie.

9 Art. 9 I lit. h untersagt die **Gewährung unterschiedlicher Leistungsniveaus,** es sei denn, dass dies notwendig ist, um zulässigen **versicherungstechnischen Berechnungsfaktoren** Rechnung zu tragen, die im Fall von **Festbeitragssystemen** je nach Geschlecht unterschiedlich sind; bei durch **Kapitalansammlung finanzierten Festleistungssystemen** ist „hinsichtlich einiger Punkte" eine Ungleichbehandlung gestattet, wenn die Ungleichheit der Beträge darauf zurückzuführen ist, dass bei der Durchführung der Finanzierung des Systems je nach Geschlecht unterschiedliche versicherungstechnische Berechnungsfaktoren angewendet worden sind. Diese Vorschrift geht zurück auf die Rechtsprechung des EuGH, wonach zwischen Systemen mit Leistungs- und mit Beitragsprimat zu differenzieren ist. Das Diskriminierungsverbot ist unionsrechtlich allein auf das jeweils vereinbarte Primat anzuwenden (Dauses/*Borchardt* D. II. Sozialrecht, Rn. 191; s. auch *Mohr* Diskriminierungen 224; zu Auswirkungen auch auf das deutsche Recht ErfK/*Steinmeyer* BetrAVG Vorb. Rn. 40). Nicht in den Anwendungsbereich des Art. 157 I, II AEUV fällt bei **leistungsbezogenen Systemen** für die Berechnung der Arbeitgeberbeiträge somit die Nutzung versicherungsmathematischer Faktoren, die nach Geschlechtern unterscheiden (so – mit weiteren Nachweisen – KOM [2004] 279 endg. = BR-Drs. 366/04, 15). Hiernach sind bei leistungsbezogenen Systemen zwar die Arbeitnehmerbeiträge als Entgelt anzusehen (EuGH 28.9.1994 – C-200/91 Rn. 80 – Coloroll, NZA 1994, 1073), nicht jedoch die Arbeitgeberbeiträge, sofern diese auf je nach Geschlecht unterschiedlichen versicherungsmathematischen Faktoren beruhen (EuGH 28.9.1994 – C-200/91 Rn. 75 ff. – Coloroll, NZA 1994, 1073; 22.12.1993 – C-152/91 Rn. 29, 32 – Neath, EAS EGV Art. 119 Nr. 27). Ob diese Grundsätze nach der **Test-Achats-Rechtsprechung** fortbestehen, wonach die Parallelvorschrift des Art. 5 II RL 2004/113/EG gegen Art. 21 I und Art. 23 GRC verstoßen hat, weil die Regelung es den Mitgliedstaaten gestattete, mit Blick auf unterschiedliche versicherungsmathematische Faktoren eine Ausnahme von der Regel geschlechtsneutraler Prämien und Leistungen unbefristet aufrechtzuerhalten (EuGH 1.3.2011 – C-236/09 Rn. 32 – Test Achats, NJW 2011, 907), ist

noch ungeklärt (dagegen Fuchs/*Bieback* RL 2006/54/EG Art. 9 Rn. 13; → AEUV Art. 157 Rn. 22). In einer jüngeren Entscheidung hat der EuGH explizit auf Art. 9 I lit. h Bezug genommen, zugleich jedoch auf seine Test-Achats-Rechtsprechung verwiesen (EuGH 3.9.2014 – C-318/13 Rn. 37 ff. – X., BeckRS 2014, 81731). Die kann ggf. als Hinweis darauf verstanden werden, dass auch Art. 9 I lit. h keine volle Gültigkeit mehr beansprucht.

Art. 9 I lit. i verbietet die Festlegung **unterschiedlicher Höhen für die Beiträge der** **10** **Arbeitnehmer.** Damit zusammenhängend verbietet Art. 9 I lit. j die Festlegung **unterschiedlicher Höhen für die Beiträge der Arbeitgeber,** außer im Fall von **Festbeitragssystemen,** sofern beabsichtigt wird, die Höhe der auf diesen Beiträgen beruhenden Rentenleistungen für Männer und Frauen auszugleichen oder anzunähern (Nr. i) oder im Fall von durch Kapitalansammlung finanzierten Festleistungssystemen, sofern die Arbeitgeberbeiträge dazu bestimmt sind, die zur Deckung der Aufwendungen für die zugesagten Leistungen unerlässliche Finanzierungsgrundlage zu ergänzen (Nr. ii).

Art. 9 I lit. k bezieht sich auf die **Hinterbliebenenversorgung.** Die Vorschrift untersagt **11** die Festlegung unterschiedlicher oder nur für Arbeitnehmer eines der Geschlechter geltender Regelungen – außer in den unter den Buchstaben h und j vorgesehenen Fällen – hinsichtlich der Garantie oder der Aufrechterhaltung des Anspruchs auf spätere Leistungen, wenn der Arbeitnehmer aus dem System ausscheidet (s. zur Erstreckung des Art. 157 AEUV auf die Hinterbliebenenversorgung EuGH 6.10.1993 – C-109/91 Rn. 13 – Ten Oever, EAS Art. 119 EGV Nr. 23; → Art. 2 Rn. 26). Unzulässig sind hiernach Versorgungsordnungen, die Hinterbliebenenrenten nur für Witwen, nicht jedoch für Witwer vorsehen (*Rolfs* NZA 2008, 553 [555]). Problematisch sind außerdem sog. **Haupternährerklauseln** (→ Art. 5 Rn. 8).

Art. 10 Durchführung in Bezug auf Selbständige

(1) Die Mitgliedstaaten treffen die notwendigen Maßnahmen, um sicherzustellen, dass Bestimmungen betrieblicher Systeme der sozialen Sicherheit selbständig Erwerbstätiger, die dem Grundsatz der Gleichbehandlung entgegenstehen, spätestens mit Wirkung vom 1. Januar 1993 oder – für Mitgliedstaaten, die nach diesem Datum beigetreten sind – ab dem Datum, zu dem die Richtlinie 86/378/EG in ihrem Hoheitsgebiet anwendbar wurde, geändert werden.

(2) Dieses Kapitel steht dem nicht entgegen, dass für die Rechte und Pflichten, die sich aus einer vor dem Zeitpunkt der Änderung eines betrieblichen Systems der sozialen Sicherheit Selbständiger liegenden Zeit der Mitgliedschaft in dem betreffenden System ergeben, weiterhin die Bestimmungen des Systems gelten, die während dieses Versicherungszeitraums galten.

Nach Art. 10 I treffen die Mitgliedstaaten die notwendigen Maßnahmen, um sicher- **1** zustellen, dass Bestimmungen betrieblicher Systeme der sozialen Sicherheit **selbständig Erwerbstätiger,** die dem Grundsatz der Gleichbehandlung (also dem Diskriminierungsverbot gem. Art. 5) entgegenstehen, spätestens mit Wirkung vom 1.1.1993 oder – für Mitgliedstaaten, die nach diesem Datum beigetreten sind – ab dem Datum, zu dem die RL 86/378/EWG in ihrem Hoheitsgebiet anwendbar wurde, geändert werden. Nach Art. 10 II ist es zulässig, dass für die Rechte und Pflichten, die sich aus einer vor dem Zeitpunkt der Änderung eines betrieblichen Systems der sozialen Sicherheit Selbständiger liegenden Zeit der Mitgliedschaft in dem betreffenden System ergeben, weiterhin die Bestimmungen des Systems gelten, die während dieses Versicherungszeitraums galten.

Art. 10 geht in Teilen zurück auf die RL 96/97/EG (so KOM [2004] 279 endg. = BR- **2** Drs. 366/04, 59). Die Rechtsprechung des EuGH zu betrieblichen Systemen der sozialen Sicherheit in Bezug auf Arbeitnehmer berührt hiernach nicht die Situation selbständig Erwerbstätiger, die im Anwendungsbereich der RL 86/378/EWG berücksichtigt sind.

Daher bringt die RL 2006/54/EG, ebenso wie zuvor die RL 96/97/EG, **keine Veränderung der Situation der selbständig Erwerbstätigen** mit sich (KOM [2004] 279 endg. = BR-Drs. 366/04, 18). Dies folgt schon aus dem Umstand, dass Art. 157 I, II AEUV nur für Arbeitsverhältnisse gilt. In Übernahme der Rechtsprechung des EuGH zu Art. 157 I, II AEUV bzw. den Vorgängernormen behandelt Art. 12 die zeitliche Geltung des Diskriminierungsverbots allein für **Arbeitnehmer**.

Art. 11 Möglichkeit des Aufschubs in Bezug auf Selbständige

Was die betrieblichen Systeme der sozialen Sicherheit Selbständiger betrifft, können die Mitgliedstaaten die obligatorische Anwendung des Grundsatzes der Gleichbehandlung aufschieben

a) für die Festsetzung des Rentenalters für die Gewährung von Altersrenten oder Ruhestandsrenten sowie die Folgen, die sich daraus für andere Leistungen ergeben können, und zwar
   i) entweder bis zu dem Zeitpunkt, zu dem diese Gleichbehandlung in den gesetzlichen Systemen verwirklicht ist,
   ii) oder längstens bis zu dem Zeitpunkt, zu dem eine Richtlinie diese Gleichbehandlung vorschreibt;
b) für Hinterbliebenenrenten bis zu dem Zeitpunkt, zu dem für diese der Grundsatz der Gleichbehandlung in den gesetzlichen Systemen der sozialen Sicherheit durch das Gemeinschaftsrecht vorgeschrieben ist;
c) für die Anwendung des Artikels 9 Absatz 1 Buchstabe i in Bezug auf die Anwendung von versicherungstechnischen Berechnungsfaktoren bis zum 1. Januar 1999 oder – für Mitgliedstaaten, die nach diesem Datum beigetreten sind – bis zu dem Datum, zu dem die Richtlinie 86/378/EG in ihrem Hoheitsgebiet anwendbar wurde.

1 Art. 11 entspricht weitgehend Art. 9 RL 86/378/EWG idF des Art. 1 V RL 96/97/EG (KOM [2004] 279 endg. = BR-Drs. 366/04, 28). Die Vorschrift enthält **Ausnahmen** in Bezug auf die Anwendung der Richtlinie auf **betriebliche Systeme selbständig Erwerbstätiger**, die – wie sich schon aus Art. 10 ergibt – von der *Barber*-Rechtsprechung des EuGH und den nachfolgenden Urteilen (→ Art. 12 Rn. 1 ff.) nicht berührt werden. Diese Ausnahmen betreffen die **Festsetzung des Rentenalters**, das **Recht auf Hinterbliebenenrenten** und die **Angleichung der Beiträge zu einem betrieblichen System der sozialen Sicherheit für selbständig Erwerbstätige**. Art. 11 lit. c enthält außerdem eine Übergangsfrist (dazu KOM [2004] 279 endg. = BR-Drs. 366/04, 28).

Art. 12 Rückwirkung

(1) ¹Jede Maßnahme zur Umsetzung dieses Kapitels in Bezug auf die Arbeitnehmer deckt alle Leistungen der betrieblichen Systeme der sozialen Sicherheit ab, die für Beschäftigungszeiten nach dem 17. Mai 1990 gewährt werden, und gilt rückwirkend bis zu diesem Datum, außer im Fall von Arbeitnehmern oder ihren anspruchsberechtigten Angehörigen, die vor diesem Zeitpunkt Klage bei Gericht oder ein gleichwertiges Verfahren nach dem geltenden einzelstaatlichen Recht angestrengt haben. ²In diesem Fall werden die Umsetzungsmaßnahmen rückwirkend bis zum 8. April 1976 angewandt und decken alle Leistungen ab, die für Beschäftigungszeiten nach diesem Zeitpunkt gewährt werden. ³Für Mitgliedstaaten, die der Gemeinschaft nach dem 8. April 1976 und vor dem 17. Mai 1990 beigetreten sind, gilt anstelle dieses Datums das Datum, an dem Artikel 141 des Vertrags auf ihrem Hoheitsgebiet anwendbar wurde.

(2) Absatz 1 Satz 2 steht dem nicht entgegen, dass den Arbeitnehmern oder ihren Anspruchsberechtigten, die vor dem 17. Mai 1990 Klage erhoben haben, einzelstaatliche Vorschriften über die Fristen für die Rechtsverfolgung nach innerstaatlichem Recht entgegengehalten werden können, sofern sie für derartige Klagen nicht ungünstiger sind als für gleichartige Klagen, die das innerstaatliche Recht betreffen, und sofern sie die Ausübung der durch das Gemeinschaftsrecht gewährten Rechte nicht praktisch unmöglich machen.

(3) Für Mitgliedstaaten, die nach dem 17. Mai 1990 der Gemeinschaft beigetreten sind und zum 1. Januar 1994 Vertragsparteien des Abkommens über den Europäischen Wirtschaftsraum waren, wird das Datum „17. Mai 1990" in Absatz 1 Satz 1 durch „1. Januar 1994" ersetzt.

(4) Für andere Mitgliedstaaten, die nach dem 17. Mai 1990 beigetreten sind, wird das Datum „17. Mai 1990" in den Absätzen 1 und 2 durch das Datum ersetzt, zu dem Artikel 141 des Vertrags in ihrem Hoheitsgebiet anwendbar wurde.

A. Überblick

Art. 12 stellt aus Gründen der **Rechtssicherheit** und der **Rechtsklarheit** – ebenso wie bereits Art. 2 RL 96/97/EG – für **Arbeitnehmer** die Reichweite der zeitlichen Rückwirkung des Diskriminierungsverbots in der betrieblichen Altersversorgung klar (KOM [2004] 279 endg. = BR-Drs. 366/04, 14). Für **selbständig Tätige** gelten die Beschränkungen der *Barber*-Rechtsprechung nicht, wie Art. 10 verdeutlicht. Art. 12 I, II geht auf die Rechtsprechung des EuGH zur rückwirkenden Geltung des Art. 157 I AEUV (Art. 141 I, II Art. 119 EWG) auf betriebliche Systeme der sozialen Sicherheit zurück, die im **Protokoll Nr. 33 zu Art. 157 AEUV** bekräftigt wird (KOM [2004] 279 endg. = BR-Drs. 366/04, 14). In der Rechtswirklichkeit führt die Beschränkung der zeitlichen Geltung – kombiniert mit den unterschiedlichen Rechtsfolgen, je nachdem, ob der Arbeitgeber Angleichungsmaßnahmen getroffen hat oder nicht – zu komplizierten Rechenmodellen (Calliess/Ruffert/*Krebber* AEUV Art. 157 Rn. 71). Im Ergebnis sind mind. **zwei Rentenstämme** zu bilden, für Zeiten bis zum 17.5.1990 und für Zeiten danach (BAG 17.9.2008 AP BetrAVG § 2 Nr. 59 Rn. 17). Der deutsche Gesetzgeber trägt der Begrenzung der Rückwirkung des Entgeltgleichheitssatzes für Männer und Frauen und der Rechtsprechung des EuGH zu unterschiedlichen Altersgrenzen auch durch § 30a BetrAVG Rechnung (dazu ErfK/*Steinmeyer* BetrAVG § 30a Rn. 1 ff.). 1

Art. 12 III behandelt die Anwendung der Richtlinie in Mitgliedstaaten, die zuvor **Vertragsparteien des Abkommens über den Europäischen Wirtschaftsraum** waren. Neu aufgenommen wurde Art. 12 IV, wonach für andere **Mitgliedstaaten, deren Beitritt nach dem 17.5.1990 liegt,** das Datum 17.5.1990 in Art. 12 I, II ersetzt wird durch das Datum, zu dem Art. 157 I, II AEUV (Art. 141 I, II EG, Art. 119 EWG) in ihrem Hoheitsgebiet unmittelbar anwendbar wurde, um die Situation der Beitrittsländer zu berücksichtigen (KOM [2004] 279 endg. = BR-Drs. 366/04, 28). 2

B. *Barber*-Rechtsprechung und *Barber*-Protokoll

Nach st. Rspr. des EuGH wirkt die **anspruchserzeugende Wirkung eines Verstoßes gegen Art. 157 I, II AEUV** bzw. gegen seine Vorgängerregelungen regelmäßig auch für die **Vergangenheit** (EuGH 7.2.1991 – C-184/89 Rn. 18 – Nimz, NVwZ 1991, 461; 28.9.1994 – C-200/91 Rn. 31 – Coloroll, NZA 1994, 1073). Dies kann gerade bei der betrieblichen Altersversorgung zu erheblichen Mehrkosten führen, gerade wenn die Arbeitnehmer auf die Gültigkeit einer Regelung des sekundären Unionsrechts vertraut haben (*Gamillscheg* Arbeitsrecht I, 67). Vor diesem Hintergrund hat der EuGH die zeitliche 3

Wirkung des Art. 157 I, II AEUV in mehreren Urteilen begrenzt (grundlegend EuGH 8.4.1976 – C-43/75 – Defrenne II, NJW 1976, 2068 [2069]; hiernach 17.5.1990 – C-262/88 Rn. 40 ff. – Barber, NZA 1990, 775; dazu *Colneric* EuZW 1991, 75 [76]).

4 Im Urteil ***Defrenne II,*** das am **8.4.1976** erlassen wurde, hat der EuGH die **unmittelbare Wirkung** des primärrechtlichen Diskriminierungsverbots aufgrund des Geschlechts im Hinblick auf das Arbeitsentgelt anerkannt (EuGH 8.4.1976 – C-43/75 – Defrenne II, NJW 1976, 2068 [2070]; dazu auch EuGH 11.12.1997 – C-246/96 Rn. 20 – Magorrian und Cunningham, NZA 1998, 361; 28.9.1994 – C-128/93 Rn. 8 – Fisscher, NZA 1994, 1123; 24.10.1996 – C-435/93 Rn. 11 – Dietz, NZA 1997, 83; 10.2.2000 – C-50/96 Rn. 30 – Schröder, NZA 2000, 313). Vor diesem Hintergrund beschränkt Art. 12 I 2 die Rückwirkung auch der Art. 5 ff. auf diesen Zeitpunkt, sofern das nationale Recht keine günstigeren zeitlichen Regelungen enthält (dazu EuGH 10.2.2000 – C-50/96 Rn. 42 – Schröder, NZA 2000, 313).

5 Nach der am **17.5.1990** erlassenen Entscheidung ***Barber*** kommt eine Begrenzung der Rückwirkung der zeitlichen Geltung des 119 EWG (Art. 141 I, II EG, Art. 157 I, II AEUV) nur dann in Betracht, wenn die Betroffenen auf eine **unionsrechtliche Rechtslage vertrauen durften, die sich im Nachhinein als unzutreffend erwiesen hat** (EuGH 17.5.1990 – C-262/88 Rn. 42 ff. – Barber, NZA 1990, 775). Dies sei mit Blick auf die sekundärrechtliche Regelung des **Art. 7 I lit. a RL 79/7/EWG aF** zu bejahen gewesen, da diese Norm die Mitgliedstaaten ermächtigt hatte, die obligatorische Anwendung des Grundsatzes der Gleichbehandlung für die Festsetzung des Rentenalters für die Gewährung der Alters- und Ruhestandsrente sowie etwaiger Auswirkungen hiervon auf andere Leistungen aufzuschieben (s. zur selbständigen Tätigkeit weiterhin Art. 11 lit. a). Diese Ausnahme wurde nämlich auch von **Art. 9 lit. a RL 86/378/EWG aF** (später geändert durch die RL 96/97/EG) übernommen, der für Regelungen der betrieblichen Altersversorgung gegolten hatte. Angesichts dieser Bestimmung durften die Mitgliedstaaten und die Betroffenen vernünftigerweise annehmen, dass Art. 119 EWG aF nicht für Renten gegolten habe, die aufgrund eines Systems der betrieblichen Altersversorgung gezahlt wurden. Unter diesen Umständen schlössen es zwingende Gründe der Rechtssicherheit aus, **dass Rechtsverhältnisse, deren Wirkungen sich in der Vergangenheit erschöpft haben, in Frage gestellt würden, wenn dies rückwirkend das finanzielle Gleichgewicht zahlreicher an die Stelle des gesetzlichen Systems getretener betrieblicher Versorgungssysteme stören könnte** (EuGH 17.5.1990 – C-262/88 Rn. 45 – Barber, NZA 1990, 775).

6 In der Folgezeit erließ der EuGH mehrere Entscheidungen, die sich mit der zeitlichen Wirkung der *Barber*-Entscheidung befassten (KOM [2004] 279 endg. = BR-Drs. 366/04, 12 f. mwN). Im Urteil *Ten Oever* erstreckte der EuGH die zeitliche Beschränkung des *Barber*-Urteils auf **Hinterbliebenenrenten** (EuGH 6.10.1993 – C-109/91 Rn. 16 ff. – Ten Oever, EAS Art. 119 EGV Nr. 23). Die *Barber*-Entscheidung habe der Besonderheit von Leistungen aus der betrieblichen Altersversorgung Rechnung getragen, die in einer zeitlichen Trennung zwischen der Entstehung jedes Rentenanspruchs im Verlauf des Arbeitslebens und der tatsächlichen Gewährung der Leistung bestehe, die bis zur Erreichung eines bestimmten Alters hinausgeschoben sei. Aus diesem Grunde könne die Gleichbehandlung auf dem Gebiet der beruflichen Renten nur für solche Leistungen geltend gemacht werden, die für **Beschäftigungszeiten nach dem 17.5.1990** geschuldet werden, sofern Arbeitnehmer oder deren anspruchsberechtigte Angehörige nicht vor diesem Zeitpunkt nach dem anwendbaren innerstaatlichen Recht Klage erhoben oder einen entsprechenden Rechtsbehelf eingelegt haben. Nach der Rs. *Moroni* ist Art. 119 EWG aF (Art. 141 I, II EG, Art. 157 I, II AEUV) auf alle Arten betrieblicher Systeme anwendbar, seien es solche, die an die Stelle gesetzlicher Systeme treten (so der Sachverhalt in *Barber*), oder solche, die die gesetzlichen Systeme wie in Deutschland ergänzen, weshalb das Rentenalter in solchen Systemen für Personen jeden Geschlechts ab dem 17.5.1990 dasselbe sein muss (EuGH 14.12.1993 – C-110/91 Rn. 27 ff. – Moroni, NZA 1994, 165).

Die Vertragsstaaten haben die zeitliche Begrenzung der Rückwirkung des Art. 119 EWG **7** (Art. 141 I, II EG, Art. 157 I, II AEUV) im sog. *Barber*-**Protokoll** aufgegriffen (Protokoll Nr. 2 zu Art. 119 EWG-Vertrag; wortgleich übernommen im Protokoll Nr. 17 zu Art. 141 des Vertrags zur Gründung der Europäischen Gemeinschaft, 1992; dazu BVerfG 5.8.1998 NZA 1998, 1245). Dieses wurde dem früheren EG-Vertrag in der Schlussakte des Maastrichter Vertrags zur Gründung der EU beigefügt und ist damit nach Art. 311 EG aF Bestandteil des EG-Vertrags geworden (BAG 29.4.2008 NZA 2008, 1417 Rn. 36). Im Rahmen des Lissabon-Vertrages wurde es in das **Protokoll Nr. 33 zu Art. 157 AEUV** überführt. Trotz seines nicht eindeutigen Wortlauts (dies betont Fuchs/*Bieback* RL 2006/54/EG Art. 12 Rn. 5) ist aus dem systematischen Zusammenhang zur Entscheidung *Barber* zu schließen, dass die Vertragsstaaten mit dem *Barber*-Protokoll lediglich eine zeitliche Begrenzung der Rechtswirkungen und nicht einen generellen Ausschluss der Betriebsrenten aus dem Anwendungsbereich des Entgeltgleichheitssatzes intendiert haben (BAG 29.4.2008 NZA 2008, 1417 Rn. 36). Nach der Interpretation des Protokolls durch den EuGH enthält das *Barber*-Protokoll im Wesentlichen dieselbe Auslegung des Urteils *Barber* wie das oben geschilderte Urteil *Ten Oever,* erstreckt diese auf sämtliche Leistungen auf Grund eines betrieblichen Systems der sozialen Sicherheit und macht sie zum Bestandteil des Vertrages (EuGH 23.10.2003 – C-4/02 Rn. 101 – Schönheit, BeckRS 2004, 77029). Die Beschränkung der zeitlichen Rückwirkung betrifft hiernach nur diejenigen Formen von Diskriminierung, die die Arbeitgeber und die Rentensysteme aufgrund der vorübergehenden Ausnahmeregelungen, die das auf Betriebsrenten anwendbare Gemeinschaftsrecht vorsah, vernünftigerweise als zulässig ansehen konnten (EuGH 10.2.2000 – C-50/96 Rn. 35 – Schröder, NZA 2000, 313; 28.9.1994 – C-128/93 Rn. 17 ff. – Fisscher, NZA 1994, 1123). Dies war hinsichtlich des **Anschlusses an Betriebsrentensysteme** nicht der Fall gewesen (EuGH 11.12.1997 – C-246/96 Rn. 30 – Magorrian und Cunningham, NZA 1998, 361); denn seit Erlass des *Bilka*-Urteils im Jahr 1986 stand fest, dass eine Diskriminierung aufgrund des Geschlechts bei der Zuerkennung dieses Anspruchs gegen Art. 119 EGV aF verstößt (EuGH 13.5.1986 – C-170/84 – Bilka, NZA 1986, 599; 28.9.1994 – C-57/93 Rn. 29 – Vroege, EAS EGV Art. 119 Nr. 32; 28.9.1994 – C-128/93 Rn. 26 – Fisscher, NZA 1994, 1123; 24.10.1996 – C-435/93 Rn. 20 – Dietz, NZA 1997, 83). Die zeitliche Geltung des Anspruchs auf Anschluss an ein solches System bestimmt sich deshalb allein nach dem Datum der Entscheidung *Defrenne II* (EuGH 8.4.1976 – 43/75 – Defrenne II, NJW 1976, 2068), in der der EuGH erstmals die unmittelbare Anwendung anerkannt hat (EuGH 10.2.2000 – C-270/97 ua Rn. 40 ff. – Sievers, EAS EGV Art. 119 Nr. 58). Die vorstehend geschilderte Rechtslage wird von **Art. 12 I** iVm den Erwägungsgründen 17 f. klargestellt. Nach Erwägungsgrund 18 hat das *Barber*-Protokoll keine Auswirkung auf den Anspruch auf Anschluss an ein Betriebsrentensystem, und die zeitliche Beschränkung der Wirkungen des *Barber*-Urteils gilt nicht für den Anspruch auf Anschluss an ein Betriebsrentensystem.

Die zeitliche Geltung des primärrechtlichen Diskriminierungsverbots wegen des Geschlechts im Hinblick auf das Arbeitsentgelt ist allein dem Unionsrecht in seiner Auslegung durch den EuGH zu entnehmen (EuGH 14.12.1993 – C-110/91 Rn. 32 – Moroni, NZA 1994, 165). Es ist den mitgliedstaatlichen Gerichten also verwehrt, weitergehendere Einschränkungen vorzusehen. Demgegenüber können sie die zeitliche Geltung des nationalen Rechts über diejenige des Unionsrechts ausdehnen (so im Hinblick auf § 612 III BGB aF das BAG 14.10.1986 NZA 1987, 445; gebilligt von BVerfG 19.5.1999 NZA 1999, 815; krit. *Huep* RdA 201, 325 [326]; *Mohr* Diskriminierungen 313). Rein wirtschaftliche Erwägungen können nach Ansicht des EuGH keinen Vertrauensschutz begründen (krit. *Nicolai* ZfA 1996, 481). Reichten etwa die Mittel eines Betriebsrentensystems für die rückwirkende Leistungsgewährung nicht aus, stelle dies ein Problem des nationalen Rechts dar, das auf die Auslegung des Unionsrechts keine Auswirkungen habe (EuGH 28.9.1994 – C-200/91 Rn. 42 – Coloroll, NZA 1994, 1073). Auch die finanziellen Konsequenzen, die sich aus einer Vorabentscheidung für einen Mitgliedstaat ergeben können, rechtfertigen für sich **8** allein nicht die zeitliche Begrenzung der Wirkungen dieses Urteils (EuGH 29.11.2001 – C-366/99 Rn. 75 – Griesmar, NZA 2002, 143). Eine solche Begrenzung komme nur dann in Betracht, wenn die Gefahr schwerwiegender wirtschaftlicher Auswirkungen besteht, die insbesondere mit der großen Zahl von Rechtsverhältnissen zusammenhängen, die gutgläubig auf der Grundlage der als gültig betrachteten Regelung eingegangen wurden, und wenn sich herausstellt, dass die Einzelnen und die nationalen Behörden zu einem mit der Unionsregelung unvereinbaren Verhalten veranlasst worden sind, weil eine objektive und bedeutende Unsicherheit hinsichtlich der Tragweite der Unionsbestimmungen bestand, zu der gegebenenfalls auch das Verhalten anderer Mitgliedstaaten oder der Gemeinschaftsorgane beigetragen hatte (EuGH 29.11.2001 – C-366/99 Rn. 76 – Griesmar, NZA 2002, 143). Arbeitgeber müssen deshalb solange die nach oben angeglichenen Entgelte zahlen, bis wirksame Anpassungsmaßnahmen getroffen worden sind. Durch diese kann das Entgelt – soweit arbeitsrechtlich zulässig – für die Zukunft „nach unten" angeglichen werden (EuGH 28.9.1994 – C-200/91 Rn. 30 ff. – Coloroll, NZA 1994, 1073). Eine schrittweise Anpassung, verbunden mit Übergangsmaßnahmen, ist demgegenüber nicht zulässig (EuGH 28.9.1994 – C-408/92 Rn. 25 ff. – Smith, NZA 1994, 1126).

C. Einzelstaatliche Fristen über die Rechtsverfolgung

9 Nach Art. 12 I 1 gilt die Beschränkung der zeitlichen Rückwirkung des Art. 5 nicht für Arbeitnehmer oder ihre anspruchsberechtigten Angehörigen, die vor dem Erlass des *Barber*-Urteils Klage bei Gericht oder ein gleichwertiges Verfahren nach dem geltenden einzelstaatlichen Recht angestrengt haben. In diesem Fall gilt die anspruchserzeugende Wirkung des Entgeltgleichheitssatzes rückwirkend bis zum 8.4.1976, dem Zeitpunkt des *Defrenne-II*-Urteils. Gem. **Art. 12 II 1** müssen die Kläger jedoch **einzelstaatliche Ausschluss- oder Verjährungsfristen** einhalten, sofern sie für derartige Klagen nicht ungünstiger sind als für gleichartige Klagen, die das innerstaatliche Recht betreffen, und sofern sie die Ausübung der durch das Gemeinschaftsrecht (Unionsrecht) gewährten Rechte nicht praktisch unmöglich machen. Dies nimmt Bezug auf die Grundsätze der **Äquivalenz** und der **Effektivität** (s. EuGH 8.7.2010 – C-246/09 Rn. 35 – Bulicke, NZA 2010, 869; *Schubert* 424 ff.). Art. 12 II 1 ist eine spezifische Ausprägung der allg. Regelung in **Art. 17 III.** Zu Einzelheiten → Art. 17 Rn. 4.

Art. 13 Flexibles Rentenalter

Haben Frauen und Männer zu gleichen Bedingungen Anspruch auf ein flexibles Rentenalter, so ist dies nicht als mit diesem Kapitel unvereinbar anzusehen.

1 Art. 13 entspricht Art. 9a RL 86/378/EWG über ein flexibles Rentenalter, eingefügt durch Art. 1 RL 96/97/EG. Dementsprechend ist ein flexibles Rentenalter zu gleichen Bedingungen für Männer und Frauen nicht als mit der RL 2006/54/EG unvereinbar anzusehen (KOM [2004] 279 endg. = BR-Drs. 366/04, 28).

Kapitel 3. Gleichbehandlung hinsichtlich des Zugangs zur Beschäftigung zur Berufsbildung und zum beruflichen Aufstieg sowie in Bezug auf die Arbeitsbedingungen

Art. 14 Diskriminierungsverbot

(1) Im öffentlichen und privaten Sektor einschließlich öffentlicher Stellen darf es in Bezug auf folgende Punkte keinerlei unmittelbare oder mittelbare Diskriminierung aufgrund des Geschlechts geben:

a) die Bedingungen – einschließlich Auswahlkriterien und Einstellungsbedingungen – für den Zugang zur Beschäftigung oder zu abhängiger oder selbständiger Erwerbstätigkeit, unabhängig von Tätigkeitsfeld und beruflicher Position einschließlich des beruflichen Aufstiegs;

b) den Zugang zu allen Formen und allen Ebenen der Berufsberatung, der Berufsausbildung, der beruflichen Weiterbildung und der Umschulung einschließlich der praktischen Berufserfahrung;

c) die Beschäftigungs- und Arbeitsbedingungen einschließlich der Entlassungsbedingungen sowie das Arbeitsentgelt nach Maßgabe von Artikel 141 des Vertrags;

d) die Mitgliedschaft und Mitwirkung in einer Arbeitnehmer- oder Arbeitgeberorganisation oder einer Organisation, deren Mitglieder einer bestimmten Berufsgruppe angehören, einschließlich der Inanspruchnahme der Leistungen solcher Organisationen.

(2) Die Mitgliedstaaten können im Hinblick auf den Zugang zur Beschäftigung einschließlich der zu diesem Zweck erfolgenden Berufsbildung vorsehen, dass eine Ungleichbehandlung wegen eines geschlechtsbezogenen Merkmals keine Diskriminierung darstellt, wenn das betreffende Merkmal aufgrund der Art einer bestimmten beruflichen Tätigkeit oder der Bedingungen ihrer Ausübung eine wesentliche und entscheidende berufliche Anforderung darstellt, sofern es sich um einen rechtmäßigen Zweck und eine angemessene Anforderung handelt.

A. Überblick

Nach **Art. 14 I** darf es im öffentlichen und privaten Sektor einschließlich öffentlicher 1 Stellen in Bezug auf die dort benannten sachlichen Anwendungsbereiche, also in Bezug auf die **Bedingungen für den Zugang zur Erwerbstätigkeit und zur Berufsausbildung**, die **Beschäftigungs- und Arbeitsbedingungen** einschließlich der Entlassungsbedingungen, das **Arbeitsentgelt** sowie die **Mitgliedschaft in Interessenverbänden** keinerlei unmittelbare oder mittelbare Diskriminierung aufgrund des Geschlechts geben (EuGH 18.3.2014 – C-167/12 Rn. 45 – D., BeckRS 2014, 80565). Art. 14 I entspricht Art. 3 I RL 76/207/EWG idF des Art. 1 III RL 2002/73/EG sowie ähnlichen Formulierungen in RL 2000/43/EG und RL 2000/78/EG (KOM [2004] 279 endg. = BR-Drs. 366/04, 29). Art. 14 I hat – mit Ausnahme des in Art. 14 I lit. c benannten Verbots von Diskriminierungen beim Arbeitsentgelt, das sich insoweit mit Art. 4 überschneidet (s. näher → Art. 4 Rn. 1 ff.) – nicht an der **unmittelbaren Wirkung des Art. 157 I, II AEUV** teil, da sich diese Vorschrift nur auf das Arbeitsentgelt und nicht auf die sonstigen Beschäftigungsbedingungen bezieht (EuGH 15.6.1978 – 149/77 Rn. 19 ff. – Defrenne III, EAS EGV Art. 119 Nr. 3; *Mohr* Diskriminierungen 218). Nach Ansicht des EuGH hat jedoch auch **Art. 14 I unmittelbare Wirkung,** weshalb ein innerstaatliches Gericht für seine volle Wirksamkeit Sorge tragen muss, indem es jede – auch spätere – entgegenstehende Bestimmung des nationalen Rechts aus eigener Entscheidungsbefugnis unangewandt lässt, ohne dass es die vorherige Beseitigung dieser Bestimmung auf gesetzgeberischem Wege oder durch irgendein anderes verfassungsrechtliches Verfahren beantragen oder abwarten müsste (EuGH 6.3.2014 – C-595/12 Rn. 50 – Napoli, NZA 2014, 715; s. zu Art. 3 RL 76/207/EWG auch EuGH 12.9.2013 – C-614/11 Rn. 32 – Kuso, NZA 2013, 1071). Aus diesem Grunde kann Art. 14 I von dem Einzelnen gegenüber dem betreffenden Mitgliedstaat geltend gemacht und von einem nationalen Gericht angewandt werden, um die Anwendung jeder mit ihm nicht im Einklang stehenden nationalen Bestimmung auszuschließen (EuGH 6.3.2014 – C-595/12 Rn. 50 – Napoli, NZA 2014, 715; 22.4.2010 – C-486/08 Rn. 22 – Zentralbetriebsrat der Landeskrankenhäuser Tirols, NZA 2010, 557).

2 **Art. 14 II** entspricht Art. 2 VI RL 76/207/EWG idF des Art. 1 II RL 2002/73/EG. Die Vorschrift behandelt das Ausmaß, in dem Ausnahmeregelungen vom Grundsatz der Gleichbehandlung im Falle einer Tätigkeit zulässig sind, die durch ihre besonderen Merkmale eine Person eines bestimmten Geschlechts erfordert, und soll der Rechtsprechung des EuGH in dieser Frage entsprechen (KOM [2004] 279 endg. = BR-Drs. 366/04, 29 mit Fn. 59, unter Bezugnahme auf EuGH 15.5.1986 – C-222/84 – Johnston, Slg. 1986, 1651; 26.10.1999 – C-273/97 – Sidar, NZA 2000, 159; 11.1.2000 – C-285/98 – Kreil, NZA 2000, 137).

B. Diskriminierungsverbot

3 Art. 14 I enthält im Hinblick auf die dort normierten Anwendungsbereiche ein umfassendes **Diskriminierungsverbot.** Die Definition der unmittelbaren und der mittelbaren Diskriminierung folgt aus Art. 2 I lit. a und b (EuGH 18.3.2014 – C-167/12 Rn. 46 – D., BeckRS 2014, 80565). Gleichgestellt sind nach Art. 2 II die Belästigung, die sexuelle Belästigung, die Anweisung zur Diskriminierung sowie die Diskriminierung aufgrund von Schwangerschaft und Mutterschaftsurlaub gem. der RL 92/85/EWG (→ Art. 2 Rn. 34 ff.). In der Rechtsprechung des EuGH ist Art. 14 I auch zur Bestimmung des **sachlichen Anwendungsbereichs** bedeutsam (EuGH 6.3.2014 – C-595/12 Rn. 25 – Napoli, NZA 2014, 715; 16.2.2006 – C-294/04 Rn. 36 – Herrero, EuZW 2006, 542). Dieser ist weit zu verstehen (vgl. zur Entlassung EuGH 18.11.2010 – C-356/09 Rn. 26 – Kleist, NZA 2010, 1401). Erfasst werden alle individual- und kollektivrechtlichen Vereinbarungen und Maßnahmen bei der Begründung, Durchführung und Beendigung eines Beschäftigungsverhältnisses (MüKoBGB/*Thüsing* AGG § 2 Rn. 9 f.). Hierzu gehören alle Bedingungen – einschließlich der Auswahlkriterien und Einstellungsbedingungen – für den **Zugang zur Beschäftigung,** für den Zugang zu allen Formen und allen Ebenen der Berufsberatung, der Berufsbildung, der beruflichen Weiterbildung und der Umschulung einschließlich der praktischen Berufserfahrung, alle Beschäftigungs- und Arbeitsbedingungen und die Mitgliedschaft in einer Arbeitnehmerorganisation (EuGH 6.3.2014 – C-595/12 Rn. 25 – Napoli, NZA 2014, 715). **Arbeitsbedingungen** sind auch Kurse, die einen Aufstieg in einen höheren Dienstgrad ermöglichen (EuGH 6.3.2014 – C-595/12 Rn. 28 – Napoli, NZA 2014, 715; zur Abgrenzung vom Arbeitsentgelt → RL 2000/78/EG Art. 3 Rn. 28). Unter den weiten Begriff der **Entlassungsbedingungen** fällt nicht nur die Kündigung oder Anfechtung eines Arbeitsvertrages, sondern auch die freiwillige Beendigung durch Aufhebungsvertrag oder eine allg. Entlassungspolitik, wonach eine Frau nur deshalb entlassen wird, weil sie das Alter erreicht oder überschritten hat, in dem sie Anspruch auf eine staatliche Pension erwirbt und das nach den nationalen Rechtsvorschriften für Männer und Frauen unterschiedlich ist (EuGH 12.9.2013 – C-614/11 Rn. 37 – Kuso, NZA 2013, 1071 mwN). Der Schutz vor Diskriminierungen greift auch nach dem Ende des Beschäftigungsverhältnisses, sofern die Benachteiligung auf dieses zurückgeht (EuGH 22.9.1998 – C-185/97 Rn. 19 ff. – Coote, NZA 1998, 1223). Demgegenüber steht die **Nichterneuerung eines befristeten Arbeitsvertrages** zum Zeitpunkt seiner regulären Beendigung keiner Kündigung gleich (EuGH 4.10.2001 – C-438/99 Rn. 45 – Jiménez Melgar, NZA 2001, 1243). Allerdings kann die Nichterneuerung eines befristeten Vertrages unter bestimmten Umständen als Einstellungsverweigerung angesehen werden, iSe fortgesetzten Zugangs (EuGH 4.10.2001 – C-438/99 Rn. 46 – Jiménez Melgar,

NZA 2001, 1243; BGH 23.4.2012 NJW 2012, 2346 Rn. 21; **aA** für Gesellschaftsorgane *Mohr* ZHR 178, 2014, 326 [346]).

Der **persönliche Anwendungsbereich** des Art. 14 I erstreckt sich unstreitig auf Arbeits- 4 verhältnisse, wobei der weite Arbeitnehmerbegriff des Unionsrechts zur Anwendung kommt (dazu *Mohr* ZHR 178, 2014, 326 [338 ff.]). Ob sich der persönliche Anwendungsbereich auch auf die selbständige Tätigkeit erstreckt, ist in Abgrenzung zur RL 2010/41/EU noch nicht geklärt (EuGH 11.11.2010 – C-232/09 Rn. 70 – Danosa, NZA 2011, 143; → Art. 1 Rn. 19 und 20).

C. Rechtfertigung wegen beruflicher Anforderungen

Art. **14 II** statuiert eine **Ausnahme** von dem in der RL 2006/54/EG verankerten individu- 5 ellen Recht auf Schutz vor Diskriminierungen, indem er die Mitgliedstaaten ermächtigt, vorzusehen, dass eine unterschiedliche Behandlung auf Grund eines mit dem Geschlecht verknüpften Merkmals unter bestimmten Voraussetzungen keine Diskriminierung im Sinne dieser Richtlinie ist. Hiernach kann eine unmittelbare Diskriminierung gem. Art. 14–16 iVm Art. 2 I lit. a zulässig sein, wenn ein mit dem Geschlecht verknüpftes Merkmal (nicht das Geschlecht selbst) ein echtes und wesentliches Berufserfordernis ist, um die betreffende Tätigkeit ausüben zu können (EuGH 6.3.2014 – C-595/12 Rn. 42 – Napoli, NZA 2014, 715).

Gem. **Art. 31 III** prüfen die Mitgliedstaaten in regelmäßigen Abständen die in Art. 14 II 6 genannten beruflichen Tätigkeiten, um unter Berücksichtigung der sozialen Entwicklung festzustellen, ob es gerechtfertigt ist, die betreffenden Ausnahmen weiterhin aufrechtzuerhalten (vgl. bereits Art. 9 II RL 76/207/EWG; s. dazu EuGH 26.10.1999 – C-273/97 Rn. 25 – Sidar, NZA 2000, 159; 11.1.2000 – C-285/98 Rn. 22 – Kreil, NZA 2000, 137). Art. 31 III bezieht sich nach seinem Wortlaut nur auf Ausnahmen vom Diskriminierungsverbot, die von den Mitgliedstaaten selbst festgelegt werden. Demgegenüber ist diese Vorschrift auf durch Arbeitgeber aufgestellte Anforderungen nicht anzuwenden.

Zur Interpretation des Art. 14 II kann auf die **Rechtsprechung zu Art. 4 I RL 2000/43/** 7 **EG** und zu **Art. 4 I RL 2000/78/EG** zurückgegriffen werden, wobei diese Vorschriften ihrerseits auf der Rechtsprechung des EuGH zum Diskriminierungsverbot wegen des Geschlechts gem. Art. 2 II RL 76/207/EWG beruhen (*Mohr* Diskriminierungen 273). Der EuGH legt Art. 14 II eng aus (EuGH 6.3.2014 – C-595/12 Rn. 41 – Napoli, NZA 2014, 715; 26.10.1999 – C-273/97 Rn. 23 – Sidar, NZA 2000, 25). Hiernach haben die Mitgliedstaaten zwar die Befugnis, solche beruflichen Tätigkeiten, für die das Geschlecht aufgrund ihrer Art oder der Bedingungen ihrer Ausübung eine wesentliche und entscheidende (früher: „unabdingbare"; dazu BAG 28.5.2009 NZA 2009, 1016 Rn. 34) Voraussetzung darstellt, vom Anwendungsbereich der Richtlinie auszuschließen (EuGH 11.1.2000 – C-285/98 Rn. 20 – Kreil, NZA 2000, 137). Ausnahmen dürfen jedoch nicht über das hinausgehen, was zur Erreichung des verfolgten Zieles angemessen und erforderlich ist; ferner ist der Grundsatz der Gleichbehandlung so weit wie möglich mit dem legitimen Differenzierungsziel in Einklang zu bringen (EuGH 11.1.2000 – C-285/98 Rn. 23 – Kreil, NZA 2000, 137). Auf der Grundlage des nationalen Umsetzungsrechts können auch die Arbeitgeber und die Kollektivparteien Differenzierungen nach dem Geschlecht „rechtfertigen" (BAG 28.5.2009 NZA 2009, 1016 Rn. 32 ff.; *Mohr* Diskriminierungen 273), wobei den Mitgliedstaaten und den Kollektivparteien ein Ermessensspielraum zukommt (s. EuGH 26.10.1999 – C-273/97 Rn. 24 – Sidar, NZA 2000, 25; zur Tarifautonomie *Schubert* ZfA 2013, 1 ff.). Der Wortlaut des Art. 14 II bezieht sich nicht auf sämtliche sachlichen Anwendungsbereiche gem. Art. 14 I, sondern nur auf den **Zugang zur Beschäftigung** einschließlich der zu diesem Zweck erfolgenden **Berufsbildung**. Aus teleologischen Gründen ist es freilich unabdingbar, dass die Normadressaten unmittelbare Diskriminierungen auch bei der Beendigung von Arbeitsverhältnissen rechtfertigen können (dazu *Hanau* ZIP 2006, 2189 [2198]; → Art. 2 Rn. 6). Hinsichtlich der Einzelheiten → RL 2000/78/EG Art. 4 Rn. 4 ff.

8 Beispiele für ein tatsächliches Unvermögen von Männern, bestimmte Tätigkeiten auszuführen, sind diejenigen einer **Amme** (*Adomeit* DB 1980, 2388) oder eines **weiblichen Models** (*Thüsing* RdA 2001, 319 [322]). Ein tatsächliches Unvermögen liegt für das jeweils andere Geschlecht auch bei **weiblichen oder männlichen Schauspielrollen** in Theater, Film und Fernsehen vor (*Schmidt/Senne* RdA 2002, 80 [83]; *Wiedemann/Thüsing* NZA 2002, 1234 [1237]). Das männliche Geschlecht ist aber nicht unverzichtbar für den Abschluss eines beamtenähnlichen Arbeitsvertrages an einer **Schule,** selbst wenn dort überwiegend Jungen unterrichtet werden (BAG 14.8.2007 NZA 2008, 99 Rn. 35 ff.). Zulässig zum Schutz der Intimsphäre der Mädchen kann demgegenüber die Ablehnung eines männlichen Bewerbers für eine Tätigkeit in einem **Mädcheninternat** sein, sofern die Tätigkeit mit Nachtdiensten einhergeht (BAG 28.5.2009 NZA 2009, 1016 Rn. 32 ff.). Das Geschlecht kann auch aufgrund **öffentlicher Interessen** eine wesentliche und entscheidende berufliche Anforderung sein, etwa bei einer Tätigkeit als Polizist im Rahmen schwerer Unruhen (EuGH 15.5.1986 – C-222/84 – Johnston, Slg. 1986, 1651, 1684). Als unzulässig angesehen hat der EuGH demgegenüber die generelle Ausnahme von Frauen vom **Dienst an der Waffe,** nicht jedoch eine solche für Sondereinsatzkräfte (EuGH 26.10.1999 – C-273/97 – Sidar, NZA 2000, 25; 11.1.2000 – C-285/98 – Kreil, NZA 2000, 137; dazu *Mohr* Diskriminierungen 167). Als nicht gerechtfertigt hat das BAG die Einstellung einer Frau als **Gleichstellungsbeauftragte** gem. § 5 GemO Nordrhein-Westfalen eingestuft (BAG 12.11.1998 NJW 1999, 1419). Etwas anderes gilt, wenn das weibliche Geschlecht zur Erbringung eines Teils der Tätigkeiten notwendig erscheint, zB zur Integrationsarbeit mit zugewanderten muslimischen Frauen (BAG 18.3.2010 NZA 2010, 872).

Art. 15 Rückkehr aus dem Mutterschaftsurlaub

Frauen im Mutterschaftsurlaub haben nach Ablauf des Mutterschaftsurlaubs Anspruch darauf, an ihren früheren Arbeitsplatz oder einen gleichwertigen Arbeitsplatz unter Bedingungen, die für sie nicht weniger günstig sind, zurückzukehren, und darauf, dass ihnen auch alle Verbesserungen der Arbeitsbedingungen, auf die sie während ihrer Abwesenheit Anspruch gehabt hätten, zugute kommen.

1 Art. 15 enthält für die dort geregelten Sachverhalte ein gegenüber Art. 14 **spezielles Diskriminierungsverbot** (EuGH 6.3.2014 – C-595/12 Rn. 29 – Napoli, NZA 2014, 715). Die Vorschrift entspricht Art. 2 VII UAbs. 2 RL 76/207/EG, der durch Art. 1 II RL 2002/73/EG eingefügt wurde (KOM [2004] 279 endg. = BR-Drs. 366/04, 29). Ebenso wie Art. 14 I kann Art. 15 vom Einzelnen gegenüber dem betreffenden Mitgliedstaat **unmittelbar geltend gemacht** und von einem nationalen Gericht angewandt werden, um die Anwendung jeder mit diesem Artikel nicht vereinbaren nationalen Bestimmung auszuschließen (EuGH 6.3.2014 – C-595/12 Rn. 50 – Napoli, NZA 2014, 715).

2 Art. 15 sieht vor, dass Frauen im Mutterschaftsurlaub oder nach Ablauf desselben einen Anspruch darauf haben, an ihren früheren Arbeitsplatz oder einen gleichwertigen Arbeitsplatz unter Bedingungen, die für sie nicht weniger günstig sind, zurückzukehren, und darauf, dass ihnen auch alle Verbesserungen der Arbeitsbedingungen, auf die sie während ihrer Abwesenheit Anspruch gehabt hätten, zugutekommen (EuGH 6.3.2014 – C-595/12 Rn. 26 – Napoli, NZA 2014, 715). Die Vorschrift setzt voraus, dass Frauen im Mutterschaftsurlaub waren und hiernach in ihre Tätigkeit zurückkehren. In diesem Fall haben sie Anspruch auf ihren früheren oder auf einen gleichwertigen Arbeitsplatz. Darüber hinaus dürfen die Arbeitsbedingungen iSd Art. 14 I lit. c nicht weniger günstig sein als vor dem Mutterschaftsurlaub. Schließlich müssen den Frauen auch alle Verbesserungen der Arbeitsbedingungen zugutekommen, auf die sie während der Anwesenheit Anspruch gehabt hätten. Zu den Arbeitsbedingungen zählen das Arbeitsentgelt, aber auch Schulungen im Interesse des beruflichen Aufstiegs (EuGH 6.3.2014 – C-595/12 Rn. 28 – Napoli, NZA

2014, 715). Der Tatbestand des Art. 15 ist insoweit erfüllt, wenn der Ausschluss vom Berufsausbildungskurs wegen der Inanspruchnahme des Mutterschaftsurlaubs einen nachteiligen Einfluss auf die Arbeitsbedingungen hat, indem die Betroffene die Chance verliert, in gleicher Weise wie ihre Kollegen in den Genuss einer Verbesserung der Arbeitsbedingungen zu kommen (EuGH 6.3.2014 – C-595/12 Rn. 33 – Napoli, NZA 2014, 715).

Art. 16 Vaterschaftsurlaub und Adoptionsurlaub

¹Diese Richtlinie lässt das Recht der Mitgliedstaaten unberührt, eigene Rechte auf Vaterschaftsurlaub und/oder Adoptionsurlaub anzuerkennen. ²Die Mitgliedstaaten, die derartige Rechte anerkennen, treffen die erforderlichen Maßnahmen, um männliche und weibliche Arbeitnehmer vor Entlassung infolge der Inanspruchnahme dieser Rechte zu schützen, und gewährleisten, dass sie nach Ablauf des Urlaubs Anspruch darauf haben, an ihren früheren Arbeitsplatz oder einen gleichwertigen Arbeitsplatz unter Bedingungen, die für sie nicht weniger günstig sind, zurückzukehren, und darauf, dass ihnen auch alle Verbesserungen der Arbeitsbedingungen, auf die sie während ihrer Abwesenheit Anspruch gehabt hätten, zugute kommen.

Art. 16 enthält für die Sachverhalte **Vaterschafts- und Adoptionsurlaub** eine vergleichbare Vorschrift wie Art. 15. Die Regelung ist somit ebenfalls lex specialis zu Art. 14 (s. zu Art. 15 EuGH 6.3.2014 – C-595/12 Rn. 29 – Napoli, NZA 2014, 715). Die Vorschrift übernimmt unverändert Art. 2 VII UAbs. 4 RL 76/207/EWG, eingefügt durch Art. 1 II RL 2002/73/EG (KOM [2004] 279 endg. = BR-Drs. 366/04, 30). 1

Nach Art. 16 lässt die Richtlinie das Recht der Mitgliedstaaten unberührt, eigene Rechte auf Vaterschaftsurlaub und/oder auf Adoptionsurlaub anzuerkennen. Die Vorschrift sieht lediglich vor, dass Mitgliedstaaten, die derartige Rechte anerkennen, die erforderlichen Maßnahmen treffen, um männliche und weibliche Arbeitnehmer vor Entlassung in Folge der Inanspruchnahme dieser Rechte zu schützen. Die Mitgliedstaaten müssen gewährleisten, dass die Arbeitnehmer nach Ablauf des Urlaubs Anspruch darauf haben, an ihren früheren Arbeitsplatz oder einen gleichwertigen Arbeitsplatz unter Bedingungen, die für sie nicht weniger günstig sind, zurückzukehren, sowie darauf, dass ihnen auch alle Verbesserungen der Arbeitsbedingungen, auf die sie während ihrer Abwesenheit Anspruch gehabt hätten, zugutekommen (EuGH 18.3.2014 – C-363/12 Rn. 51 ff. – Z., NZA 2014, 525). Demgegenüber **steht es den Mitgliedstaaten nach Art. 16 iVm Erwägungsgrund 27 frei, ob sie Adoptionsurlaub gewähren oder nicht** (EuGH 18.3.2014 – C-363/12 Rn. 57 – Z., NZA 2014, 525). 2

Titel III. Horizontale Bestimmungen

Kapitel 1. Rechtsmittel und Rechtsdurchsetzung

Abschnitt 1. Rechtsmittel

Art. 17 Rechtsschutz

(1) Die Mitgliedstaaten stellen sicher, dass alle Personen, die sich durch die Nichtanwendung des Gleichbehandlungsgrundsatzes in ihren Rechten für verletzt halten, ihre Ansprüche aus dieser Richtlinie gegebenenfalls nach Inanspruchnahme anderer zuständiger Behörden oder, wenn die Mitgliedstaaten es für angezeigt halten, nach einem Schlichtungsverfahren auf dem Gerichtsweg geltend machen können, selbst

wenn das Verhältnis, während dessen die Diskriminierung vorgekommen sein soll, bereits beendet ist.

(2) Die Mitgliedstaaten stellen sicher, dass Verbände, Organisationen oder andere juristische Personen, die gemäß den in ihrem einzelstaatlichen Recht festgelegten Kriterien ein rechtmäßiges Interesse daran haben, für die Einhaltung der Bestimmungen dieser Richtlinie zu sorgen, sich entweder im Namen der beschwerten Person oder zu deren Unterstützung mit deren Einwilligung an den in dieser Richtlinie zur Durchsetzung der Ansprüche vorgesehenen Gerichts- und/oder Verwaltungsverfahren beteiligen können.

(3) Die Absätze 1 und 2 lassen einzelstaatliche Regelungen über Fristen für die Rechtsverfolgung betreffend den Grundsatz der Gleichbehandlung unberührt.

A. Überblick

1   Titel III enthält in den Art. 17 bis Art. 30 Regelungen über **horizontale Bestimmungen,** also über Vorschriften, die – nach ihrer Umsetzung durch die Mitgliedstaaten – im Verhältnis der Bürger zueinander gelten sollen (EuGH 22.9.1998 – C-185/97 Rn. 18 – Coote, NZA 1998, 1223). Kapitel 1 (Art. 17 und Art. 18) beinhaltet Vorschriften über **Rechtsbehelfe** und ihre **Durchsetzung,** die mit der RL 2002/73/EG eingeführt worden sind. Diese bezwecken eine Stärkung des Schutzes der Opfer von Diskriminierung gegen jede Art der benachteiligenden Behandlung sowie (in Art. 18) die Integration der Rechtsprechung des EuGH zu Höchstgrenzen bei Entschädigung und Schadensersatz, die nur in Ausnahmefällen zulässig sind (EuGH 22.4.1997 – C-180/95 – Draempaehl, NJW 1997, 1839). Die entsprechenden Regelungen decken **alle sachlichen Anwendungsbereiche** der RL 2006/54/EG ab, also nicht nur Fragen in Zusammenhang mit dem Zugang zur Beschäftigung, zur Berufsbildung und zum beruflichen Aufstieg sowie mit den Arbeitsbedingungen, sondern auch solche in Zusammenhang mit dem Entgelt, einschließlich betrieblicher Systeme der sozialen Sicherheit (zum Vorstehenden KOM [2004] 279 endg. = BR-Drs. 366/04, 20).

B. Effektiver gerichtlicher Rechtsschutz

2   Art. 17 I entspricht Art. 7 RL 2000/43/EG und Art. 9 RL 2000/78/EG. Das **Recht auf effektiven gerichtlichen Rechtsschutz** folgt primärrechtlich aus Art. 47 GRC (EuGH 14.10.2010 – C-243/09 Rn. 66 – Fuß, NZA 2010, 1344). Art. 17 I beruht auf dem mittlerweile aufgehobenen Art. 1 der Beweislast-RL 97/80/EG, wonach mit der Richtlinie eine wirksamere Durchführung der Maßnahmen gewährleistet werden sollte, die von den Mitgliedstaaten in Anwendung des geschlechtsbezogenen Gleichbehandlungsgrundsatzes getroffen werden, damit jeder, der sich wegen Nichtanwendung dieses Grundsatzes auf ihn für beschwert hält, seine Rechte nach etwaiger Befassung anderer zuständiger Stellen gerichtlich geltend machen kann (EuGH 21.7.2011 – C-104/10 Rn. 33 – Kelly, BeckRS 2011, 81408). Dieser Grundsatz wurde in Art. 17 I übernommen (EuGH 19.4.2012 – C-415/10 Rn. 38 – Meister, NZA 2012, 493). Hinsichtlich der Einzelheiten kann verwiesen werden auf → RL 2000/78/EG Art. 9 Rn. 1 ff.

C. Verbandsklagen

3   Gem. Art. 17 II stellen die Mitgliedstaaten sicher, dass **Verbände, Organisationen oder andere juristische Personen,** die gemäß den in ihrem einzelstaatlichen Recht festgelegten Kriterien ein rechtmäßiges Interesse daran haben, für die Einhaltung der Bestimmungen dieser Richtlinie zu sorgen, sich entweder im Namen der beschwerten Person oder zu deren Unterstützung und mit deren Einwilligung **an den in dieser Richtlinie zur Durchset-**

zung der Ansprüche vorgesehenen Gerichts- und/oder Verwaltungsverfahren beteiligen** können. Die Vorschrift ermöglicht es den Mitgliedstaaten, Verbänden das Recht einzuräumen, Gerichts- oder Verwaltungsverfahren zur Durchsetzung der Verpflichtungen aus dieser Richtlinie einzuleiten, auch wenn sie nicht im Namen einer bestimmten beschwerten Person handeln oder sich keine beschwerte Person feststellen lässt (EuGH 25.4.2013 – C-81/12 Rn. 37 – Asociatia ACCEPT, NZA 2013, 891). Aus Art. 17 II folgt jedoch keine Pflicht, Antidiskriminierungsverbänden oder ähnlichen Organisationen eine Mitwirkungsbefugnis einzuräumen, wie der Verweis auf die im einzelstaatlichen Recht festgelegten Kriterien zeigt (**aA** ErfK/*Schlachter* AGG § 23 Rn. 1). Zu Einzelheiten → RL 2000/78/EG Art. 9 Rn. 4 ff.

D. Fristen

Die Kommission misst der Regelung in Art. 17 III große praktische Relevanz zu (KOM [2004] 279 endg. = BR-Drs. 366/04, 6). Hiernach lassen die Absätze 1 und 2 die **einzelstaatlichen Regelungen über Fristen für die Rechtsverfolgung** unberührt. Nach st. Rspr. des EuGH sind die Bestimmung der zuständigen Gerichte und die Ausgestaltung von gerichtlichen Verfahren, die den Schutz der dem Bürger aus dem Unionsrecht erwachsenden Rechte gewährleisten sollen, mangels einer unionsrechtlichen Regelung zwar Sache der innerstaatlichen Rechtsordnung der einzelnen Mitgliedstaaten. Diese Verfahren dürfen aber nicht ungünstiger gestaltet sein als bei entsprechenden Klagen, die das innerstaatliche Recht betreffen **(Grundsatz der Gleichwertigkeit),** und sie dürfen die Ausübung der durch das Unionsrecht verliehenen Rechte nicht praktisch unmöglich machen oder übermäßig erschweren (**Grundsatz der Effektivität;** vgl. EuGH 1.12.1998 – C-326/96 Rn. 18 – Levez, EuZW 1999, 248; 8.7.2010 – C-246/09 Rn. 35 – Bulicke, NZA 2010, 869; näher *Schubert* 424 ff.). Hiernach steht das Unionsrecht einer nationalen Verfahrensvorschrift nicht entgegen, nach der ein Anspruch auf Anschluss an ein Betriebsrentensystem (aus dem Rentenansprüche hervorgehen) innerhalb einer **Ausschlussfrist** von sechs Monaten nach dem Ende der Beschäftigung, auf die sich die Klage bezieht, eingeklagt werden muss, sofern eine solche Frist für Klagen aus dem Unionsrecht nicht weniger günstig ist als für Klagen aus dem innerstaatlichen Recht (EuGH 16.5.2000 – C-78/98 Rn. 35 – Preston, NZA 2000, 889). Durch derartige Ausschlussfristen darf außerdem der Anspruch auf Gleichbehandlung als Rechtsfolge eines Verstoßes gegen das Diskriminierungsverbot nicht praktisch unmöglich gemacht werden. Aus diesem Grunde steht das Unionsrecht einer nationalen Verfahrensvorschrift entgegen, wonach für die Berechnung der rentenfähigen Beschäftigungszeiten einer Klägerin nur die Beschäftigung nach einem Zeitpunkt in Betracht kommt, der nicht mehr als zwei Jahre vor der Geltendmachung des Anspruchs liegt (EuGH 16.5.2000 – C-78/98 Rn. 45 – Preston, NZA 2000, 889). Siehe auch → RL 2000/78/EG Art. 9 Rn. 7 ff. Zur Rückwirkung der zeitlichen Geltung des Art. 5 enthält **Art. 12 II 1** eine spezielle Vorschrift.

Art. 18 Schadenersatz oder Entschädigung

[1] Die Mitgliedstaaten treffen im Rahmen ihrer nationalen Rechtsordnungen die erforderlichen Maßnahmen, um sicherzustellen, dass der einer Person durch eine Diskriminierung aufgrund des Geschlechts entstandene Schaden – je nach den Rechtsvorschriften der Mitgliedstaaten – tatsächlich und wirksam ausgeglichen oder ersetzt wird, wobei dies auf eine abschreckende und dem erlittenen Schaden angemessene Art und Weise geschehen muss. [2] Dabei darf ein solcher Ausgleich oder eine solche Entschädigung nur in den Fällen durch eine im Voraus festgelegte Höchstgrenze begrenzt werden, in denen der Arbeitgeber nachweisen kann, dass der einem Bewerber durch die Diskriminierung im Sinne dieser Richtlinie entstandene Schaden allein darin besteht, dass die Berücksichtigung seiner Bewerbung verweigert wurde.

A. Überblick

1   Art. 18 enthält eine Regelung zu **privaten Ansprüchen auf Schadensersatz und Entschädigung** („private enforcement"). Die Vorschrift entspricht Art. 6 II RL 76/207/ EWG idF der RL 2002/73/EG (vgl. KOM [2004] 279 endg. = BR-Drs. 366/04, 31). Sie steht in engem Zusammenhang mit der allg. Regelung über Sanktionen in **Art. 25** (vgl. KOM [2004] 279 endg. = BR-Drs. 366/04, 6). Nach Art. 25 sind die Mitgliedstaaten nicht verpflichtet, **privatrechtliche Ersatzansprüche** vorzusehen (EuGH 10.7.2008 – C-54/07 Rn. 37 – Feryn, EuZW 2008, 500; *Stoffels* RdA 2009, 204 [205]), auch wenn der EuGH diese im Regelfall wohl als erforderlich ansieht (EuGH 25.4.2013 – C-81/12 Rn. 68 – Asociatia ACCEPT, NZA 2013, 891). Demgegenüber verlangt Art. 18 S. 1 von den Mitgliedstaaten explizit die Schaffung eines Anspruchs auf Schadloshaltung bei Diskriminierungen wegen des Geschlechts (*Adomeit/Mohr* AGG § 15 Rn. 12), der sich freilich bei Entgeltdiskriminierungen in einer **„Anpassung nach oben"** manifestieren kann (→ näher RL 2000/78/EG Art. 17 Rn. 6). Ein zusätzlicher Anspruch auf Entschädigung wegen Verletzung des Persönlichkeitsrechts ist bei Entgeltdiskriminierungen unionsrechtlich nicht geboten (*Steinmeyer* ZfA 2007, 27 [35]), anders als bei personellen Einzelmaßnahmen (→ Rn. 2 ff.). Nach Art. 18 S. 2 darf ein Ersatzanspruch nur in den Fällen durch eine im Voraus festgelegte **Höchstgrenze** begrenzt werden, in denen der Arbeitgeber nachweisen kann, dass der einem Bewerber durch die Diskriminierung entstandene Schaden allein darin besteht, dass die Berücksichtigung seiner Bewerbung verweigert wurde. Die Vorschrift nimmt auf die Rechtsprechung des EuGH zu § 611a BGB aF Bezug, wonach die Haftung im Vorhinein nur für die nicht-bestgeeigneten Bewerber beschränkt werden darf (*Mohr* Diskriminierungen 107 ff.).

B. Rechtsprechung des EuGH zu § 611a BGB aF

2   Der deutsche Gesetzgeber hat zur Umsetzung der RL 76/207/EWG im Jahre 1980 ua **§ 611a BGB** erlassen. § 611a I 1 BGB aF sah in Übereinstimmung mit den Vorgaben des Europarechts ein Diskriminierungsverbot bei Begründung und Durchführung von Arbeitsverträgen vor. Bei einem schuldhaften Verstoß gegen dieses Verbot war nach § 611a II BGB aF aber nur ein auf das negative Interesse beschränkter Schadensersatz zu leisten (krit. *Gamillscheg,* FS Stoll, 2001, 21 [25]; *Tödtmann* DB 1998, 2322 [2324]). Diese Begrenzung wurde vom EuGH in den Rechtssachen **von Colson und Kamann** und **Harz** als Verstoß gegen die Rechtsschutzgewährleistung des Art. 6 RL 76/207/EWG, heute also des Art. 17 I angesehen (EuGH 10.4.1984 – 14/83 – von Colson und Kamann, EAS RL 76/207/EWG Art. 6 Nr. 1; EuGH 10.4.1984 – 79/83 – Harz, EAS RL 76/207/EWG Art. 6 Nr. 2): Zwar sei es den Mitgliedstaaten überlassen, eine zur Verwirklichung des Ziels der RL 76/207/ EWG geeignete Sanktion festzulegen, **weshalb der Arbeitgeber bei einer Zugangsdiskriminierung nicht verpflichtet sei, mit dem Bewerber einen Arbeitsvertrag zu schließen** (vgl. auch § 15 VI AGG). Eine „wirkliche Chancengleichheit" sei jedoch nicht ohne eine geeignete Sanktionsregelung erreichbar. Die Sanktion sei nur dann geeignet, wenn sie einen **tatsächlichen und wirksamen Rechtsschutz gewährleiste und eine wirklich abschreckende Wirkung gegenüber dem Arbeitgeber habe.** Entscheide sich ein Mitgliedsstaat für eine zivilrechtliche Entschädigung, müsse diese in einem angemessenen Verhältnis zum Schaden stehen. Eine „rein symbolische Entschädigung" wie etwa die Erstattung der Bewerbungskosten reiche nicht aus. Eine richtlinienkonforme Auslegung oder Fortbildung des § 611a II BGB aF war damals freilich nicht möglich, da der Entschädigungsanspruch nach dem Willen des deutschen Gesetzgebers auf den Ersatz des negativen Interesses begrenzt war (BAG 14.3.1989 NZA 1990, 21 [22]). Aus diesem Grunde erkannte das BAG diskriminierten Bewerbern im Wege der richtlinienkonformen Rechts-

fortbildung – im Ausgangspunkt überzeugend – einen Anspruch nach §§ 823 I, 847 BGB aF auf Ersatz eines immateriellen Schadens wegen **Verletzung des allg. Persönlichkeitsrechts** zu (BAG 14.3.1989 NZA 1990, 21; dazu *Franzen* Privatrechtsangleichung 441; *Herrmann* ZfA 1996, 19 [23]); denn **jedermann habe das Recht, nach sachangemessenen Maßstäben beurteilt zu werden.** Stelle der Arbeitgeber bei der Vertragsanbahnung ohne einen solch sachlichen Grund auf das Geschlecht des Bewerbers ab, beeinträchtige er dessen freie Entfaltungsmöglichkeiten. In der Verweigerung des Rechts auf chancengleiche Teilhabe liege auch eine Herabwürdigung der beruflichen Fähigkeiten des Bewerbers, da dieser gehindert werde, die erstrebte Berufstätigkeit aufzunehmen und seine individuelle Persönlichkeit zu entfalten. Insofern seien das Persönlichkeitsrecht und gleichzeitig auch die Würde des Bewerbers verletzt. Hieraus resultiere ein Schmerzensgeldanspruch des Bewerbers, da die Verletzung des Persönlichkeitsrechts regelmäßig als erheblich einzustufen sei. Den Anforderungen an die Angemessenheit der Entschädigung sei auch in Bezug auf die Entschädigungshöhe Rechnung zu tragen, um die Wirksamkeit und die abschreckende Wirkung der Sanktion zu gewährleisten. Im Jahre 1990 bestätigte der EuGH seine Rechtsprechung in der Rs. **Dekker** (EuGH 8.1.1990 – C-177/88 Rn. 22 ff. – Dekker, NJW 1991, 628; dazu *Mohr* Diskriminierungen 113): Zwar hätten die Mitgliedstaaten hinsichtlich der Ausgestaltung der Sanktion die Wahl zwischen einem private enforcement und einem public enforcement. Private Sanktionen müssten jedoch geeignet sein, einen tatsächlichen und wirksamen Rechtsschutz zu gewährleisten und eine wirklich abschreckende Wirkung gegenüber dem Arbeitgeber haben. Zwar enthalte die RL 76/207/EWG in ihren Art. 2 II-IV Ausnahmen von dem Grundsatz der Gleichbehandlung. Dies bedeute aber nicht, dass die Haftung des Arbeitgebers von einem **Verschulden** oder dem **Fehlen eines Rechtfertigungsgrundes** abhängig gemacht werden dürfe.

Mit Blick auf diese Judikate sah sich der deutsche Gesetzgeber gehalten, die Sanktionsregelung des § 611a BGB zu modifizieren, weshalb **§ 611a II und III BGB aF neu gefasst wurden** (BT-Drs. 12/5468, 18). Einem diskriminierten Bewerber stand nunmehr eine Entschädigung unabhängig davon zu, ob die Diskriminierung für seine Nichteinstellung kausal war oder nicht. Trotz der Vorgaben in „Dekker" war der Anspruch auf Schadensersatz aber auch nach der geänderten Fassung des § 611a II 1 BGB von einem **Vertretenmüssen** des Arbeitgebers abhängig. **Die Höchstgrenze des Schadensersatzanspruchs wurde auf drei Monatsgehälter begrenzt.** Nach § 611a III BGB aF war ein Anspruch auf Begründung eines Arbeitsverhältnisses ausdrücklich ausgeschlossen. Schließlich sah § 61b II ArbGG aF eine Beschränkungsmöglichkeit auf insgesamt sechs Monatsgehälter bei einer Inanspruchnahme des Arbeitgebers durch mehrere Bewerber vor („Reduktionsklausel"). In seiner **Draempaehl-Entscheidung** erklärte der EuGH die Haftungsbegrenzung auf drei Monatsgehälter im Falle des bestgeeigneten Bewerbers, bei dem die Diskriminierung kausal für die Nichteinstellung war, für unzulässig (EuGH 22.4.1997 – C-180/95 – Draempaehl, NJW 1997, 1839; krit. *Adomeit* NJW 1997, 2295; *Gamillscheg*, FS Stoll, 2001, 21 [27]). Zunächst bekräftigte der EuGH, dass die Haftung des Arbeitgebers nicht von dem Nachweis seines Verschuldens abhängig gemacht werden dürfe, gleichgültig, wie leicht ein solcher Nachweis im nationalen Recht möglich sei (EuGH 22.4.1997 – C-180/95 Rn. 17 ff. – Draempaehl, NJW 1997, 1839). Ansonsten komme der Abschreckungs- und Sanktionswirkung keine praktische Wirksamkeit zu, da nicht jeder Verstoß gegen das Diskriminierungsverbot die volle Haftung des Arbeitgebers auslöse (s. schon EuGH 8.1.1990 – C-177/88 Rn. 25 – Dekker, NJW 1991, 628). Im Falle des **bestgeeigneten Bewerbers** werde die Höchstgrenze des § 611a II 1 BGB aF den Anforderungen des Urteils *von Colson u. Kamann* nicht gerecht (s. dazu auch EuGH 2.8.1993 – C-271/91 Rn. 30 – Marshall II, EuZW 1993, 706), da **die Entschädigung in keinem angemessenen Verhältnis zum erlittenen Schaden** stehe, wie dies für die zivilrechtliche Ausgestaltung der Entschädigungsregelung zu fordern sei. Außerdem müssten Verstöße gegen das Gemeinschaftsrecht mit vergleichbaren sachlichen und verfahrensrechtlichen Mitteln geahndet werden, wie nach Art und Schwere gleichartige Verstöße gegen nationales Recht (Äquivalenzgrundsatz). **Ein Schadensersatz von bis zu drei Monats-**

gehältern führe bezüglich des bestgeeigneten Bewerbers zu keiner erheblichen, spürbaren und abschreckenden finanziellen Belastung des Arbeitgebers. Demgegenüber stehe die deutsche Regelung dann in einem angemessenen Verhältnis zum Schaden, wenn die Diskriminierung nicht kausal für die Nichteinstellung gewesen sei, da der Schaden hier nur in dem Ausschluss vom Einstellungsverfahren zu sehen sei. Auch das Summenbegrenzungsverfahren des § 61b II ArbGG aF sei ungünstiger als gleichartige Regelungen des deutschen Rechts. Die Haftungsbegrenzung könne dazu führen, dass Bewerbern nicht angemessene Entschädigungen gewährt würden und diese so von der Geltendmachung ihrer Rechte abhalten. Somit sei weder ein tatsächlicher und wirksamer Rechtsschutz noch eine wirklich abschreckende Wirkung gewährleistet. Infolge dieser Entscheidung hat der deutsche Gesetzgeber § 611a II bis V BGB im Jahr 1998 erneut an die Anforderungen des Europarechts angepasst (Gesetz v. 29.6.1998, BGBl. I, 1694). Er übernahm in **§ 611a II und III BGB** die **Unterscheidung nach dem bestgeeigneten und den übrigen Bewerbern:** Nach § 611a II Hs. 1 BGB aF konnte der bestgeeignete Bewerber eine angemessene, der Höhe nach grds. unbegrenzte Entschädigung in Geld verlangen. Er wurde zugleich von der Notwendigkeit enthoben, seinen Schaden konkret zu beziffern (*Treber* NZA 1998, 856 [858]). Für die übrigen Bewerber galt nach § 611a III BGB aF eine der Höhe nach begrenzte Entschädigung, wobei die Norm freilich als Einwendung des Arbeitgebers ausgestaltet war (*Worzalla* NJW 1997, 1809 [1812]; *Abele* NZA 1997, 641 [642]).

4 Seit Inkrafttreten des AGG verpflichtet **§ 15 I 1 AGG** den Arbeitgeber bei einem Verstoß gegen das Diskriminierungsverbot des § 7 I AGG zum Ersatz des **materiellen Schadens** (BT-Drs. 16/1780, 38). Eine Ersatzpflicht scheidet nach § 15 I 2 AGG aus, wenn der Arbeitgeber die Pflichtverletzung nicht zu vertreten hat. Zusätzlich gibt § 15 II AGG einem benachteiligten Beschäftigten einen Anspruch auf eine **Entschädigung in Geld** wegen Verletzung seines Persönlichkeitsrechts (MüArbR/*Oetker* § 15 Rn. 54; **aA** *Windel* RdA 2011, 193 [195]: objektiver Mindestschaden). Nach Ansicht des BAG enthält die Vorschrift keine Rechtsfolgenbestimmung (so aber *Adomeit/Mohr* AGG § 15 Rn. 49), sondern eine eigene Anspruchsgrundlage (BAG 22.1.2009, NZA 2009, 945 Rn. 27). Tatbestandsvoraussetzung ist aber auch hier ein Verstoß gegen das Benachteiligungsverbot des § 7 I AGG (BAG 28.4.2011 NJW 2011, 2458 Rn. 21; 17.8.2010 NZA 2011, 153 Rn. 25; 24.9.2009 NZA 2010, 387 Rn. 24; 22.1.2009 NZA 2009, 945 Rn. 28; *Jacobs* RdA 2009, 193 [195]). Nach überwiegender Ansicht soll es bei § 15 II AGG – anders als nach § 15 I AGG – aber auf **kein Verschulden des Arbeitgebers** ankommen (BAG 22.1.2009 NZA 2009, 945 Rn. 61; 17.8.2010 NZA 2011, 153 Rn. 31; *Jacobs* RdA 2009, 193 [194]; **aA** *Adomeit/Mohr* NZA 2007, 179 [180]; einschränkend auf personelle Einzelmaßnahmen *dies.* JZ 2009, 183 ff.). Der Gesetzgeber will damit der oben geschilderten Rechtsprechung des EuGH nachkommen (→ Rn. 2 und 3). Gem. § 15 II 2 AGG darf die Entschädigung bei einer Nichteinstellung lediglich dann drei Monatsgehälter nicht übersteigen, wenn der oder die Beschäftigte auch bei benachteiligungsfreier Auswahl nicht eingestellt worden wäre. Das Erfordernis eines **Vertretenmüssens gem. § 15 I 2 AGG** wurde von der EU-Kommission im Jahr 2008 als **unionsrechtswidrig** gerügt (Schreiben der Kommission vom 31.1.2008, K [2008] 0103). Das Vertragsverletzungsverfahren wurde infolge einer Stellungnahme der Bundesregierung zwischenzeitlich eingestellt (Brief des BMJ an den Vorsitzenden des Rechtsausschusses des Bundestags vom 21.8.2008, ADrs. 16[6]247). Hiernach ist § 15 I 2 AGG unionsrechtskonform, weil dieses nur gebietet, dass Entschädigungsansprüche nach § 15 II AGG verschuldensunabhängig sein müssen (vgl. auch *Steinmeyer* ZfA 2007, 27 [35], wonach das Unionsrecht nicht notwendig einen Anspruch auf Entschädigung fordere; **aA** *Thüsing* AGG Rn. 540; *Schubert* 462 ff.). Damit gelten für Ansprüche auf materiellen Schadensersatz und immaterielle Entschädigung unterschiedliche Voraussetzungen (krit. *Wagner/Potsch* JZ 2006, 1091; *Stoffels* RdA 2009, 204 [205]).

5 Gem. § 15 III AGG ist der Arbeitgeber bei der Anwendung **kollektivrechtlicher Vereinbarungen,** die gegen das AGG verstoßen, nur dann zu einer Entschädigung verpflichtet, wenn er vorsätzlich oder grob fahrlässig gehandelt hat. Anders als nach dem Wortlaut des

§ 15 II AGG hängt die Pflicht zur Zahlung einer Entschädigung also von einem – qualifizierten – Verschulden des Arbeitgebers ab. Nach der Gesetzesbegründung liegt dieser Haftungsprivilegierung der Gedanke einer **„höheren Richtigkeitsgewähr"** von Kollektivvereinbarungen als Ausdruck der Parität der Tarifvertragsparteien zugrunde (BT-Drs. 16/ 1780, 38; *Adomeit/Mohr* AGG § 15 Rn. 81 ff.). § 15 III AGG steht auf den ersten Blick in Widerspruch zur geschilderten Rechtsprechung des EuGH (→ Rn. 2 und 3), da er **die Haftung des Arbeitgebers auch für immaterielle Schäden von einem Verschulden abhängig macht.** So prüft der EuGH individual- und kollektivrechtliche Regelungen grds. nach einem inhaltlich vergleichbaren Maßstab (EuGH 28.9.1994 – C-200/91 Rn. 26 – Collorol, NZA 1994, 1073), da die Tarifautonomie die Kollektivparteien nicht vor einer Beachtung der Diskriminierungsverbote entbinde (EuGH 31.5.1995 – C-400/93 Rn. 45 – Royal Copenhagen, EAS Art. 119 EGV Nr. 39; s. auch EuGH 3.9.2011 – C-447/09 Rn. 46 ff. – Prigge, NJW 2011, 3209; 16.10.2007 – C-441/05 Rn. 48 ff. – Palacios de la Villa, NZA 2007, 1219; 12.10.2010 – C-45/09 Rn. 49 ff. – Rosenbladt, NZA 2010, 1167; 8.9.2011 – C-297/10 Rn. 70 ff. – Hennigs und Mai, NZA 2011, 1100; 7.6.2012 – C-132/ 11 Rn. 22 – Tyrolean Airways, NZA 2012, 745). Allerdings berücksichtigt er den Umstand, dass eine Regelung oder Maßnahme auf einem Tarifvertrag beruht, iRd Rechtfertigung (EuGH 8.9.2011 – C-297/10 Rn. 60 – Hennigs und Mai, NZA 2011, 1100; → RL 2000/ 78/EG Art. 16 Rn. 9). Davon zu unterscheiden ist die Frage, ob das Unionsrecht auch einen Entschädigungsanspruch gegen Arbeitgeber fordert, die überhaupt **nicht Verursacher einer diskriminierenden Regelung** sind. Dies ist jedenfalls dann zu verneinen, wenn eine tarifvertragliche Bestimmung zwingend anzuwenden ist und die beteiligten Kreise von ihrer Wirksamkeit ausgehen (*Krebber* EuZA 2009, 200 [214]). Vor diesem Hintergrund ist es streitig, ob § 15 III AGG **unionsrechtskonform** ist (dagegen *Stoffels* RdA 2009, 204 [211]). Das BAG hat dies offen gelassen (BAG 22.1.2009 NZA 2009, 945 Rn. 68). Mit Schreiben vom 30.1.2008 an den Bundesminister des Auswärtigen hat die EU-Kommission auch § 15 III AGG als europarechtswidrig gerügt (Schreiben der Europäischen Kommission v. 30.1.2008 an den Bundesminister des Auswärtigen, K [2008] 0103; das Vertragsverletzungsverfahren wurde auch insoweit eingestellt). Die Bundesregierung vertritt demgegenüber zu Recht die Ansicht, dass den Erfordernissen des Unionsrechts über § 15 II AGG ausreichend Rechnung getragen wird (Schreiben der BMJ an den Rechtsausschuss des Bundestages v. 21.7.2008, ADrs. 16[6]247).

C. Wirksame, verhältnismäßige und abschreckende Sanktion

Art. 18 rezipiert die geschilderte Rechtsprechung des EuGH (→ Rn. 2 und 3). Gem. **6** Art. 18 S. 1 muss eine nationale Sanktionsregelung neben den zur Umsetzung von Art. 17 geschaffenen Maßnahmen (also den Rechtsschutzgarantien) einen **tatsächlichen und wirksamen rechtlichen Schutz** gewährleisten (EuGH 22.4.1997 – C-180/95 Rn. 24, 39 und 40 – Draempaehl, NJW 1997, 1839; s. zu Art. 15 RL 2000/43/EG auch EuGH 10.7.2008 – C-54/07 Rn. 37 – Feryn, EuZW 2008, 500; zu Art. 17 RL 2000/78/EG s. EuGH 25.4.2013 – C-81/12 Rn. 63 – Asociatia ACCEPT, NZA 2013, 891). Die Härte der Sanktionen muss der Schwere der mit ihnen geahndeten Verstöße entsprechen, indem sie insbesondere eine **wirklich abschreckende Wirkung** gewährleisten (EuGH 22.4.1997 – C-180/95 Rn. 40 – Draempaehl, NJW 1997, 1839; s. auch EuGH 8.6.1994 – C-383/92 Rn. 42 – Kommission/Vereinigtes Königreich, BeckRS 2004, 76908), zugleich aber den allg. Grundsatz der **Verhältnismäßigkeit** wahren (EuGH 25.4.2013 – C-81/12 Rn. 63 – Asociatia ACCEPT, NZA 2013, 891). Vor diesem Hintergrund hat der EuGH nochmals klargestellt, dass eine **rein symbolische Sanktion** wie in der ersten Version des § 611a BGB aF („Portokostenparagraph") keiner ordnungsgemäßen und wirksamen Umsetzung der Richtlinienvorgaben entspricht (EuGH 25.4.2013 – C-81/12 Rn. 64 – Asociatia ACCEPT, NZA 2013, 891).

Abschnitt 2. Beweislast

Art. 19 Beweislast

(1) Die Mitgliedstaaten ergreifen im Einklang mit dem System ihrer nationalen Gerichtsbarkeit die erforderlichen Maßnahmen, nach denen dann, wenn Personen, die sich durch die Verletzung des Gleichbehandlungsgrundsatzes für beschwert halten und bei einem Gericht bzw. einer anderen zuständigen Stelle Tatsachen glaubhaft machen, die das Vorliegen einer unmittelbaren oder mittelbaren Diskriminierung vermuten lassen, es dem Beklagten obliegt zu beweisen, dass keine Verletzung des Gleichbehandlungsgrundsatzes vorgelegen hat.

(2) Absatz 1 lässt das Recht der Mitgliedstaaten, eine für die klagende Partei günstigere Beweislastregelung vorzusehen, unberührt.

(3) Die Mitgliedstaaten können davon absehen, Absatz 1 auf Verfahren anzuwenden, in denen die Ermittlung des Sachverhalts dem Gericht oder einer anderen zuständigen Stelle obliegt.

(4) Die Absätze 1, 2 und 3 finden ebenfalls Anwendung auf
a) die Situationen, die von Artikel 141 des Vertrags und – sofern die Frage einer Diskriminierung aufgrund des Geschlechts angesprochen ist – von den Richtlinien 92/85/EWG und 96/34/EG erfasst werden;
b) zivil- und verwaltungsrechtliche Verfahren sowohl im öffentlichen als auch im privaten Sektor, die Rechtsbehelfe nach innerstaatlichem Recht bei der Anwendung der Vorschriften gemäß Buchstabe a vorsehen, mit Ausnahme der freiwilligen oder in den innerstaatlichen Rechtsvorschriften vorgesehenen außergerichtlichen Verfahren.

(5) Soweit von den Mitgliedstaaten nicht anders geregelt, gilt dieser Artikel nicht für Strafverfahren.

1   Die Beweislastregelung des Art. 19 ist in ihren Absätzen 1–3 und 5 angelehnt an **Art. 4 RL 97/80/EG** sowie die Regelungen in **Art. 8 RL 2000/43/EG** und **Art. 10 RL 2000/78/EG** (vgl. KOM [2004] 279 endg. = BR-Drs. 366/04, S. 31; EuGH 19.4.2012 – C-415/10 Rn. 40 – Meister, NZA 2012, 493). Es kann deshalb auf die entsprechenden Kommentierungen verwiesen werden (insbesondere → RL 2000/78/EG Art. 10 Rn. 1 ff.).

2   Art. **19 I** enthält die zentralen Vorgaben zur Darlegungs- und Beweislast. Die Kommission spricht der Vorschrift gerade mit Blick auf die **betriebliche Altersversorgung** eine zentrale Relevanz zu (vgl. KOM [2004] 279 endg. = BR-Drs. 366/04, 20).

3   Nach **Art. 19 II** dürfen die Mitgliedstaaten eine für den Kläger günstigere Beweislastregelung schaffen, nicht aber eine vollständige Beweislastumkehr, da diese dem rechtsstaatlichen Grundsatz der prozessualen Waffengleichheit widersprechen würde (dazu EGMR 27.10.1993 – 37/1992/382/460 – Dombo, NJW 1995, 1413; BVerfG 21.2.2001, NJW 2001, 2531). Das BAG sieht als günstigere Beweislastregelung auch die Rechtsprechung des BVerfG an, wonach das Geschlecht nicht das ausschließliche oder vorherrschende Motiv für ein Handeln des Benachteiligenden sein muss, sondern eine **„Mitursächlichkeit"** (besser: „Mitmotivation") im Rahmen eines **„Motivbündels"** ausreiche (BAG 26.6.2014 BeckRS 2014, 73097 Rn. 37, unter Verweis auf BVerfG 16.11.1993 NZA 1994, 745; s. auch BAG 13.10.2009 NZA 2010, 327 Rn. 50; 21.7.2009 NZA 2009, 1087 Rn. 44). Dieses Ergebnis kann nicht aus Art. 3 II, III GG abgeleitet werden (so aber BAG 26.6.2014 BeckRS 2014, 73097 Rn. 34 ff.), da im Anwendungsbereich des Unionsrechts allein Art. 21 I GRC zur Anwendung kommt, dessen Auslegung sich am Sekundärrecht, vorliegend also an der RL 2006/54/EG orientiert (→ GRC Art. 21 Rn. 8), soweit dieses nicht selbst primärrechtswidrig ist (EuGH 1.3.2011 – C-236/09 Rn. 19 ff. – Test Achats, NJW 2011, 907). Der EuGH lässt bei Art. 19 I jedoch auch die Widerlegung einer vermuteten Diskriminierung auf der Grundlage eines Bündels übereinstimmender Indizien zu (EuGH 25.4.2013 – C-

81/12 Rn. 58 – Asociatia ACCEPT, NZA 2013, 891). Demgegenüber soll ein beklagter Arbeitgeber nach der Motivbündel-Rechtsprechung den **Negativbeweis** führen müssen, dass das geschützte Merkmal seine Entscheidung überhaupt nicht beeinflusst hat (BAG 21.7.2009 NZA 2009, 1087 Rn. 40), obwohl dies praktisch sehr schwer ist. Hierdurch gewinnt die Beweislastverteilung einen materiellen Gehalt, da sie den Verbotsbefehl auf Sachverhalte ausdehnt, die diskriminierungsrechtlich nicht notwendig zu beanstanden sind (krit. v. *Medem* NZA 2007, 545 [547]).

Art. 19 IV erstreckt den Geltungsbereich der Regelung explizit auf **Art. 157 AEUV** und 4 – soweit es Diskriminierungen wegen des Geschlechts betrifft – auf die **RL 92/85/EWG** und die **RL 96/34/EG** (vgl. KOM [2004] 279 endg. = BR-Drs. 366/04, 5). Siehe dazu auch Art. 2 II lit. c und Art. 28 II.

Nicht explizit geregelt ist in Art. 19 die Beweislast bei **Verbandsklageverfahren** gem. 5 Art. 17 II, vergleichbar mit Art. 8 IV RL 2000/43/EG und Art. 10 IV RL 2000/78/EG. Es erscheint gleichwohl naheliegend, dass der EuGH Verbandsklageverfahren in den Anwendungsbereich des Art. 19 I einbezieht, schon weil diese Regelung in engem Zusammenhang mit Art. 17 steht (EuGH 19.4.2012 – C-415/10 Rn. 38 – Meister, NZA 2012, 493; s. auch BAG 19.8.2010 NZA 2011, 200 Rn. 34).

Kapitel 2. Förderung der Gleichbehandlung – Dialog

Art. 20 Stellen zur Förderung der Gleichbehandlung

(1) ¹Jeder Mitgliedstaat bezeichnet eine oder mehrere Stellen, deren Aufgabe darin besteht, die Verwirklichung der Gleichbehandlung aller Personen ohne Diskriminierung aufgrund des Geschlechts zu fördern, zu analysieren, zu beobachten und zu unterstützen. ²Diese Stellen können Teil von Einrichtungen sein, die auf nationaler Ebene für den Schutz der Menschenrechte oder der Rechte des Einzelnen verantwortlich sind.

(2) Die Mitgliedstaaten stellen sicher, dass es zu den Befugnissen dieser Stellen gehört,

a) unbeschadet der Rechte der Opfer und der Verbände, Organisationen oder anderer juristischer Personen nach Artikel 17 Absatz 2 die Opfer von Diskriminierungen auf unabhängige Weise dabei zu unterstützen, ihre Beschwerde wegen Diskriminierung zu verfolgen;
b) unabhängige Untersuchungen zum Thema der Diskriminierung durchzuführen;
c) unabhängige Berichte zu veröffentlichen und Empfehlungen zu allen Aspekten vorzulegen, die mit diesen Diskriminierungen in Zusammenhang stehen;
d) auf geeigneter Ebene mit entsprechenden europäischen Einrichtungen, wie beispielsweise einem künftigen Europäischen Institut für Gleichstellungsfragen verfügbare Informationen auszutauschen.

A. Überblick

Die Art. 20 ff. sind an die Vorgaben der RL 2002/73/EG angelehnt und ähneln den 1 Regelungen in RL 2000/43/EG und RL 2000/78/EG (KOM [2004] 279 endg. = BR-Drs. 366/04, 22). Zum einen geht es um die Benennung von **Stellen zur Förderung der Gleichbehandlung** durch die Mitgliedstaaten und die Rolle dieser Stellen (Art. 20). Zum anderen intendiert der europäische Regelungsgeber eine Stärkung der Rolle der **Sozialpartner** und **NGO's** bei der Förderung des Grundsatzes der Gleichbehandlung (KOM [2004] 279 endg. = BR-Drs. 366/04, 22). Ebenso wie die Art. 17 ff. finden die Art. 20 ff. in allen **sachlichen Anwendungsbereichen** der Richtlinie horizontale Anwendung (KOM [2004] 279 endg. = BR-Drs. 366/04, 22).

B. Stellen zur Förderung der Gleichbehandlung

2   Art. 20 I verpflichtet die Mitgliedstaaten, eine oder mehrere zuständige **Stellen** zu benennen, deren Aufgabe es ist, die **Verwirklichung des Grundsatzes der Gleichbehandlung ohne Diskriminierung aufgrund des Geschlechts zu fördern,** wobei die Stellen Teil einer Einrichtung sein dürfen, die auf nationaler Ebene für den Schutz der Menschen- oder Persönlichkeitsrechte zuständig ist. Art. 20 II normiert **Mindestzuständigkeiten** dieser Stellen. Im deutschen Recht wurden diese Vorgaben durch die §§ 25–30 **AGG** umgesetzt (*Adomeit/Mohr* AGG §§ 25–30 Rn. 2; *Bauer/Krieger* AGG § 30 Rn. 2).

Art. 21 Sozialer Dialog

(1) Die Mitgliedstaaten treffen im Einklang mit den nationalen Gepflogenheiten und Verfahren geeignete Maßnahmen zur Förderung des sozialen Dialogs zwischen den Sozialpartnern mit dem Ziel, die Verwirklichung der Gleichbehandlung voranzubringen, beispielsweise durch Beobachtung der Praktiken am Arbeitsplatz und beim Zugang zur Beschäftigung, zur Berufsbildung und zum beruflichen Aufstieg sowie durch Beobachtung der Tarifverträge und durch Verhaltenskodizes, Forschungsarbeiten oder den Austausch von Erfahrungen und bewährten Verfahren.

(2) [1]Soweit mit den nationalen Gepflogenheiten und Verfahren vereinbar, ersuchen die Mitgliedstaaten die Sozialpartner ohne Eingriff in deren Autonomie, die Gleichstellung von Männern und Frauen durch flexible Arbeitsbedingungen zur besseren Vereinbarkeit von Privatleben und Beruf zu fördern und auf geeigneter Ebene Antidiskriminierungsvereinbarungen zu schließen, die die in Artikel 1 genannten Bereiche betreffen, soweit diese in den Verantwortungsbereich der Tarifparteien fallen. [2]Die Vereinbarungen müssen den Bestimmungen dieser Richtlinie sowie den einschlägigen nationalen Durchführungsbestimmungen entsprechen.

(3) Die Mitgliedstaaten ersuchen in Übereinstimmung mit den nationalen Gesetzen, Tarifverträgen oder Gepflogenheiten die Arbeitgeber, die Gleichbehandlung von Männern und Frauen am Arbeitsplatz sowie beim Zugang zur Beschäftigung, zur Berufsbildung und zum beruflichen Aufstieg in geplanter und systematischer Weise zu fördern.

(4) Zu diesem Zweck werden die Arbeitgeber ersucht, den Arbeitnehmern und/oder den Arbeitnehmervertretern in regelmäßigen angemessenen Abständen Informationen über die Gleichbehandlung von Männern und Frauen in ihrem Betrieb zu geben.

Diese Informationen können Übersichten über den Anteil von Männern und Frauen auf den unterschiedlichen Ebenen des Betriebs, ihr Entgelt sowie Unterschiede beim Entgelt und mögliche Maßnahmen zur Verbesserung der Situation in Zusammenarbeit mit den Arbeitnehmervertretern enthalten.

1   **Art. 21** entspricht in seinen **Absätzen 1 und 2** den Regelungen in Art. 11 RL 2000/43/EG und Art. 13 RL 2000/78/EG. Diese Vorschriften stellen ihrerseits spezifische Ausprägungen des **Art. 152 I AEUV** dar (→ AEUV Art. 152 Rn. 1 ff.). Hiernach anerkennt und fördert die Union die Rolle der Sozialpartner auf Ebene der Union unter Berücksichtigung der Unterschiedlichkeit der nationalen Systeme. Sie fördert außerdem den sozialen Dialog und achtet die Autonomie der Sozialpartner. Grundgedanke des **sozialen Dialogs** ist die Kooperation der am Arbeitsleben Beteiligten (*Mohr* Diskriminierungen 339; *Ricken* DB 2000, 874). Hierdurch soll einem Bedürfnis nach flexiblen Regelungsmechanismen Rechnung getragen werden. Als mögliche Maßnahmen der Sozialpartner benennt

Allgemeine horizontale Bestimmungen **Art. 23 RL 2006/54/EG 600**

Art. 21 I die Beobachtung der betrieblichen Praxis und der Tarifverträge, das Aufstellen von Verhaltenskodizes (dazu *Schneider/Sittard* NZA 2007, 654), das Erstellen von Forschungsarbeiten und den Austausch von Erfahrungen und bewährten Verfahren. Art. 18 II ergänzt diese Aufzählung durch den Hinweis auf sog. Antidiskriminierungsvereinbarungen. Im deutschen Recht ist die soziale Verantwortung der Beteiligten in § 17 I AGG normiert (BT-Drs. 16/1780, 39). Für die Mitgliedschaft und die Mitwirkung in Tarifvertragsparteien und anderen Organisationen greift § 18 AGG als lex specialis.

Art. 21 III verpflichtet die Mitgliedstaaten zusätzlich, Arbeitgeber zur Förderung der 2
Gleichstellung von Männern und Frauen zu verpflichten. Zu diesem Zweck werden die Arbeitgeber nach **Art. 21 IV 1** ersucht, den Arbeitnehmern und/oder den Arbeitnehmervertretern in regelmäßigen angemessenen Abständen Informationen über die Gleichbehandlung von Männern und Frauen im Betrieb zu geben. Nach dem Wortlaut handelt es sich insoweit um eine Muss-Regelung, die den Mitgliedstaaten jedoch einen weiten Spielraum hinsichtlich der konkreten Informationen und der Zeiträume belässt. Demgegenüber handelt es sich bei **Art. 21 IV 2** um eine Kann-Regelung.

Art. 22 Dialog mit Nichtregierungsorganisationen

Die Mitgliedstaaten fördern den Dialog mit den jeweiligen Nichtregierungsorganisationen, die gemäß den einzelstaatlichen Rechtsvorschriften und Gepflogenheiten ein rechtmäßiges Interesse daran haben, sich an der Bekämpfung von Diskriminierung aufgrund des Geschlechts zu beteiligen, um die Einhaltung des Grundsatzes der Gleichbehandlung zu fördern.

Art. 22 behandelt die Verpflichtung der Mitgliedstaaten, den Dialog mit den jeweiligen 1
Nichtregierungsorganisationen zu fördern, die gemäß den einzelstaatlichen Rechtsvorschriften und Gepflogenheiten ein rechtmäßiges Interesse daran haben, sich an der Bekämpfung von Diskriminierung aufgrund des Geschlechts zu beteiligen. Die Vorschrift geht zurück auf Art. 8c RL 76/207/EWG, eingefügt durch Art. 1 VII RL 2002/73/EG. Sie gilt in allen Anwendungsbereichen der Richtlinie und hat horizontale Wirkung (KOM [2004] 279 endg. = BR-Drs. 366/04, 31 f.).

Kapitel 3. Allgemeine horizontale Bestimmungen

Art. 23 Einhaltung

Die Mitgliedstaaten treffen alle erforderlichen Maßnahmen, um sicherzustellen, dass
a) die Rechts- und Verwaltungsvorschriften, die dem Gleichbehandlungsgrundsatz zuwiderlaufen, aufgehoben werden;
b) mit dem Gleichbehandlungsgrundsatz nicht zu vereinbarende Bestimmungen in Arbeits- und Tarifverträgen, Betriebsordnungen und Statuten der freien Berufe und der Arbeitgeber- und Arbeitnehmerorganisationen und allen sonstigen Vereinbarungen und Regelungen nichtig sind, für nichtig erklärt werden können oder geändert werden;
c) betriebliche Systeme der sozialen Sicherheit, die solche Bestimmungen enthalten, nicht durch Verwaltungsmaßnahmen genehmigt oder für allgemeinverbindlich erklärt werden können.

A. Überblick

1 In Kapitel 3 geht es um horizontale Bestimmungen in Zusammenhang mit der **Umsetzung der Richtlinie** (KOM [2004] 279 endg. = BR-Drs. 366/04, 22 f.). Es finden sich Vorgaben über die Einhaltung der Richtlinie durch die Mitgliedstaaten (Art. 23), über den Schutz von Arbeitnehmern und Arbeitnehmervertretern vor Viktimisierung (Art. 24), über die Verpflichtung der Mitgliedstaaten, ein System wirksamer, angemessener und abschreckender Sanktionen für den Fall einer Verletzung der in dieser Richtlinie eingeräumten Rechte vorzusehen, um die umfassende Nutzwirkung (effet utile) dieser Richtlinie zu gewährleisten (Art. 25), über präventive Maßnahmen (Art. 26), über die Nichtregression (Art. 27), zum Verhältnis von unionsrechtlichen und nationalen Vorschriften (Art. 28), zum sog. gender mainstreaming (Art. 29) sowie zur Verbreitung von Informationen, damit die Richtlinie zusammen mit den nationalen Umsetzungsvorschriften allen Betroffenen zur Kenntnis gebracht wird (Art. 30).

B. Einhaltung

2 Art. 23 geht auf Art. 3 II RL 76/207/EWG idF des Art. 1 III RL 2002/73/EG zurück (KOM [2004] 279 endg. = BR-Drs. 366/04, 32). Gem. **Art. 23 lit. a** müssen die Mitgliedstaaten sicherstellen, **dass Rechts- oder Verwaltungsvorschriften,** die dem Verbot von Diskriminierungen wegen des Geschlechts zuwiderlaufen, aufgehoben werden. Die Vorschrift behandelt staatliche Regelungen, die selbst gegen das Diskriminierungsverbot verstoßen, in Abgrenzung zu Art. 18 und Art. 25, die Sanktionen bei einer Verletzung der zur Umsetzung der Richtlinie geschaffenen nationalen Regelungen behandeln (EuGH 28.1.2015 – C-417/13 Rn. 42 – Starjakob, NZA 2015, 317). Weiterhin müssen die Mitgliedstaaten nach **Art. 23 lit. b** sicherstellen, dass die mit dem Diskriminierungsverbot nicht zu vereinbarenden Regelungen in **Individual- und Kollektivverträgen,** in **Betriebsordnungen** sowie in **Staturen der freien Berufe und der Arbeitgeber- und Arbeitnehmerorganisationen** für nichtig erklärt werden oder erklärt werden können oder geändert werden (dazu *Krebber* EuZA 2009, 200 [201]). Art. 23 lit. b lehnt sich teilweise an Art. 4 RL 75/117/EWG aF an, der ein kassatorisch wirkendes Verbot diskriminierender Regelungen in Tarifverträgen enthielt. Art. 23 lit. c erstreckt den Normbefehl außerdem auf **betriebliche Systeme der sozialen Sicherheit** mit diskriminierenden Bestimmungen, die nicht durch Verwaltungsmaßnahmen genehmigt oder für allgemeinverbindlich erklärt werden dürfen. Siehe ergänzend → Art. 16 RL 2000/78/EG Rn. 1 ff.

Art. 24 Viktimisierung

Die Mitgliedstaaten treffen im Rahmen ihrer nationalen Rechtsordnungen die erforderlichen Maßnahmen, um die Arbeitnehmer sowie die aufgrund der innerstaatlichen Rechtsvorschriften und/oder Gepflogenheiten vorgesehenen Arbeitnehmervertreter vor Entlassung oder anderen Benachteiligungen durch den Arbeitgeber zu schützen, die als Reaktion auf eine Beschwerde innerhalb des betreffenden Unternehmens oder auf die Einleitung eines Verfahrens zur Durchsetzung des Gleichbehandlungsgrundsatzes erfolgen.

1 Art. 24 entstammt der RL 2002/73/EG und gilt horizontal für alle Situationen innerhalb des sachlichen Anwendungsbereichs der Richtlinie (KOM [2004] 279 endg. = BR-Drs. 366/04, 32). Die Vorschrift betrifft die Verpflichtung der Mitgliedstaaten, im Rahmen ihrer nationalen Rechtsordnung die erforderlichen Maßnahmen zu treffen, um die **Arbeitnehmer** und die **Arbeitnehmervertreter** vor Entlassung oder anderen Benachteiligungen durch den Arbeitgeber zu schützen, die als **Reaktion auf eine Beschwerde oder auf die Einleitung eines Verfahrens zur Durchsetzung des Gleichbehandlungsgrundsatzes erfolgen.**

Das Viktimisierungsverbot steht in engem Zusammenhang mit der **Rechtsschutzgarantie** des Art. 17 (EuGH 22.9.1998 – C-185/97 Rn. 20 – Coote, NZA 1998, 1223). Hiernach würde der Grundsatz einer effektiven gerichtlichen Kontrolle weitgehend ausgehöhlt, wenn sich der Schutz nicht auf Maßnahmen erstreckte, die ein Arbeitgeber als Reaktion auf eine Klage eines Arbeitnehmers auf Einhaltung des Gleichbehandlungsgrundsatzes ergreift. Die Angst vor solchen Maßnahmen, gegen die keine Klagemöglichkeit gegeben wäre, könnte Arbeitnehmer, die sich durch eine Diskriminierung für beschwert halten, davon abschrecken, ihre Rechte gerichtlich geltend zu machen, und wäre folglich geeignet, die Verwirklichung des mit der Richtlinie verfolgten Zieles zu gefährden (EuGH 22.9.1998 – C-185/97 Rn. 24 – Coote, NZA 1998, 1223). Dabei ist der Schutz der Arbeitnehmer vor Vergeltungsmaßnahmen nicht auf den Schutz vor Entlassung beschränkt, sondern kann auch die Weigerung umfassen, ein Arbeitszeugnis auszustellen (EuGH 22.9.1998 – C-185/97 Rn. 27 – Coote, NZA 1998, 1223). Siehe ergänzend → RL 2000/78/EG Art. 11 Rn. 1 f. 2

Art. 10 Nr. 3 RL 92/85/EWG enthält ein spezifisches Maßregelungsverbot, um Arbeitnehmer vor den Folgen einer nach Art. 10 Nr. 1 RL 92/85/EWG unzulässigen Kündigung gerade wegen der Schwangerschaft und der Mutterschaft zu schützen. Eine solche Kündigung gilt nach Art. 2 II lit. c als unmittelbare Diskriminierung wegen des Geschlechts. Gem. Art. 28 II berührt die Richtlinie nicht den in der RL 92/85/EWG normierten Schutz. 3

Art. 25 Sanktionen

¹ **Die Mitgliedstaaten legen die Regeln für die Sanktionen fest, die bei einem Verstoß gegen die einzelstaatlichen Vorschriften zur Umsetzung dieser Richtlinie zu verhängen sind, und treffen alle erforderlichen Maßnahmen, um deren Anwendung zu gewährleisten.** ² **Die Sanktionen, die auch Schadenersatzleistungen an die Opfer umfassen können, müssen wirksam, verhältnismäßig und abschreckend sein.** ³ **Die Mitgliedstaaten teilen diese Vorschriften der Kommission spätestens bis zum 5. Oktober 2005 mit und unterrichten sie unverzüglich über alle späteren Änderungen dieser Vorschriften.**

A. Überblick

Art. 25 sieht **Sanktionen** bei Verstößen gegen den Grundsatz der Gleichbehandlung vor. Die Vorschrift geht zurück auf Art. 8d RL 76/207/EWG, eingeführt durch Art. 1 VII RL 2002/73/EG. Art. 25 fasst alle Bestimmungen über Sanktionen zusammen und erstreckt ihre Geltung auf die in dieser Richtlinie erfassten Angelegenheiten (KOM [2004] 279 endg. = BR-Drs. 366/04, 32). Die Vorschrift wird für private Klagen auf Schadensersatz und Entschädigung durch Art. 18 ergänzt. 1

B. Sanktionen

Art. 25 überträgt den Mitgliedstaaten die Aufgabe, die öffentlichen und/oder privaten **Sanktionen** festzulegen, die bei einem Verstoß gegen die einzelstaatlichen Vorschriften zur Anwendung dieser Richtlinie zu verhängen sind, und alle erforderlichen Maßnahmen zu treffen, um deren Durchführung zu gewährleisten. Die Vorschrift steht in Zusammenhang mit der allg. Rechtsschutzgarantie des Art. 17 I (EuGH 10.4.1984 – 14/83 – von Colson 2 und Kamann, EAS RL 76/207/EWG Art. 6 Nr. 1; 10.4.1984 – 79/83 – Harz, EAS RL 76/207/EWG Art. 6 Nr. 2; *Mohr* Diskriminierungen 109). Hiernach muss, wie Art. 25 S. 2 klarstellt, eine Sanktionsregelung einen **tatsächlichen und wirksamen rechtlichen Schutz der aus der Richtlinie hergeleiteten Rechte** gewährleisten (EuGH 25.4.2013 – C-81/12 Rn. 63 – Asociatia ACCEPT, NZA 2013, 891, unter Verweis auf EuGH 22.4.1997 – C-180/95 Rn. 24, 39 und 40 – Draempaehl, NJW 1997, 1839; ausf. *Schubert* 451 ff.). Die **Härte der Sanktion** muss der Schwere der mit ihr geahndeten Verstöße entsprechen, indem sie insbesondere eine wirklich **abschreckende Wirkung** gewährleistet (EuGH 22.4.1997 – C-180/95 Rn. 40 – Draempaehl, NJW 1997, 1839; 8.6.1994 – C-383/92 Rn. 42 – Kommission/Vereinigtes Königreich, BeckRS 2004, 76908), zugleich aber den allg. Grundsatz der **Verhältnismäßigkeit** wahren (EuGH 25.4.2013 – C-81/12 Rn. 63 – Asociatia ACCEPT, NZA 2013, 891). Zu Einzelheiten → RL 2000/78/EG Art. 17 Rn. 1 ff.

Art. 26 Vorbeugung von Diskriminierung

Die Mitgliedstaaten ersuchen in Einklang mit ihren nationalen Rechtsvorschriften, Tarifverträgen oder Gepflogenheiten die Arbeitgeber und die für Berufsbildung zuständigen Personen, wirksame Maßnahmen zu ergreifen, um allen Formen der Diskriminierung aufgrund des Geschlechts und insbesondere Belästigung und sexueller Belästigung am Arbeitsplatz sowie beim Zugang zur Beschäftigung, zur Berufsbildung und zum beruflichen Aufstieg vorzubeugen.

1 Art. 26 basiert auf Art. 2 V RL 76/207/EWG idF des Art. 1 II RL 2002/73/EG. Die Vorschrift **empfiehlt** den Mitgliedstaaten, die Arbeitgeber und die zur Berufsbildung zuständigen Personen zu Maßnahmen zu ermutigen, die allen Formen der Diskriminierung aufgrund des Geschlechts und insbesondere Belästigung und sexueller Belästigung **vorbeugen** (KOM [2004] 279 endg. = BR-Drs. 366/04, 32). Rechtspflichten ergeben sich daraus nicht.

Art. 27 Mindestanforderungen

(1) Die Mitgliedstaaten können Vorschriften erlassen oder beibehalten, die im Hinblick auf die Wahrung des Gleichbehandlungsgrundsatzes günstiger als die in dieser Richtlinie vorgesehenen Vorschriften sind.

(2) Die Durchführung dieser Richtlinie rechtfertigt in keinem Fall eine Beeinträchtigung des Schutzniveaus der Arbeitnehmer in dem von ihr abgedeckten Bereich; das Recht der Mitgliedstaaten, als Reaktion auf eine veränderte Situation Rechts- und Verwaltungsvorschriften zu erlassen, die sich von denen unterscheiden, die zum Zeitpunkt der Bekanntgabe dieser Richtlinie in Kraft waren, bleibt unberührt, solange die Bestimmungen dieser Richtlinie eingehalten werden.

1 Art. 27 enthält eine Standardbestimmung, die zum einen vorsieht, dass die Mitgliedstaaten gegenüber der Richtlinie **günstigere Vorschriften** einführen dürfen, und zum anderen, dass es bei der Umsetzung der Richtlinie **keine Absenkung des von den Mitgliedstaaten bereits garantierten Schutzniveaus** in Bezug auf Diskriminierungen wegen des Geschlechts geben darf (KOM [2004] 279 endg. = BR-Drs. 366/04, 33). Hinsichtlich der Einzelheiten → RL 2000/78/EG Art. 8 Rn. 1 ff.

Art. 28 Verhältnis zu gemeinschaftlichen und einzelstaatlichen Vorschriften

(1) Diese Richtlinie steht Vorschriften zum Schutz der Frau, insbesondere bei Schwangerschaft und Mutterschaft, nicht entgegen.

(2) Diese Richtlinie berührt nicht die Bestimmungen der Richtlinien 96/34/EG und 92/85/EWG.

A. Überblick

Nach Art. 28 I steht die Richtlinie nicht den **Vorschriften zum Schutz der Frau** entgegen, insbesondere bei Schwangerschaft und Mutterschaft. Die entsprechenden Maßnahmen dürfen nicht als Anknüpfungspunkt für eine benachteiligende Ungleichbehandlung iSd Art. 2 I lit. a genommen werden. Art. 28 II stellt ergänzend klar, dass der Schutz vor Diskriminierungen wegen des Geschlechts nicht den Bestimmungen der RL 92/85/EWG und der RL 96/34/EG entgegensteht.

B. Schutz der Frau insbesondere bei Schwangerschaft und Mutterschaft

Diese Richtlinie steht gem. Art. 28 I Vorschriften zum Schutz der Frau, insbesondere bei Schwangerschaft und Mutterschaft, nicht entgegen. Die Regelung geht zurück auf Art. 2 III RL 76/207/EWG bzw. Art. 2 VII 1 RL 76/207/EWG idF der RL 2002/73/EG. Der EuGH versteht Art. 28 I als **Ausnahmetatbestand** zugunsten von Frauen, soweit für diese spezifische Schutzmaßnahmen gelten, auch wenn hierdurch Männer unmittelbar wegen des Geschlechts diskriminiert werden (EuGH 19.9.2013 – C-5/12 Rn. 61 – Betriu Montull, BeckRS 2013, 81826; 12.7.1984 – 184/83 Rn. 24 ff. – Hofmann, NJW 1984, 2754; dazu *Mohr* Diskriminierungen 254).

Art. 28 I folgt einem **materialen Verständnis von Chancengleichheit,** wie es im Ergebnis auch für Art. 5 RL 2000/78/EG prägend ist (vgl. *Mohr* Diskriminierungen 244 ff.). Grundlegend ist die Entscheidung des EuGH ***Thibault*** (EuGH 30.4.1998 – C-136/95 Rn. 6 ff. – Thibault, Slg. 1998, I- 2011). In dieser ging es um die Frage, ob eine Regelung, wonach die Beurteilung eines Arbeitnehmers durch seinen Arbeitgeber (die wiederum Voraussetzung für die Gewährung eines Entgeltzuschlags war) von der tatsächlichen Anwesenheit am Arbeitsplatz abhängig ist, gegen das Diskriminierungsverbot wegen des Geschlechts gem. Art. 2 I RL 76/207/EWG aF (Art. 2 I lit. a) verstößt, sofern hiervon auch im Mutterschaftsurlaub befindliche Arbeitnehmerinnen erfasst werden. Der EuGH bejahte dies unter Hinweis auf Art. 2 III RL 76/207/EWG (Art. 28 I): Zwar behalte diese Vorschrift den Mitgliedstaaten das Recht vor, Vorschriften zum Schutz der Frau bei Schwangerschaft und Mutterschaft einzuführen. Derartige **Schutzrechte sollten jedoch die Anwendung des Diskriminierungsverbots sichern, weshalb ihre Ausübung zu keinen Nachteilen für Frauen führen dürfe.** Die RL 76/207/EWG ziele insofern auf eine **inhaltliche Gleichheit** ab. Art. 28 I beinhaltet hiernach nicht nur eine Ausnahme vom Diskriminierungsverbot, sondern soll zugleich dessen tatsächlich-chancengleiche Anwendung gewährleisten (*Coester* Anm. EuGH EAS Art. 2 RL 76/207/EWG Nr. 9 und Nr. 10). Dies gründet auf der Überlegung, dass Männer und Frauen durch das Diskriminierungsverbot des Art. 2 I lit. a zwar juristisch gleichgestellt sind, aufgrund ihrer **biologischen Verschiedenheit jedoch tatsächliche Besonderheiten existieren, deren Vor- bzw. Nachteile ausgeglichen werden müssen, um eine tatsächliche Gleichbehandlung zu ermöglichen.** Um im Arbeitsleben eine juristische Gleichbehandlung von Männern und Frauen sicherstellen zu können, ist es deshalb notwendig, die besonderen Unterschiede in den tatsächlichen Lebenssituationen, die bei Frauen zumindest in der Arbeitswelt mit einer Benachteiligung einhergehen, durch spezifische Schutz- und Förderungsmaßnahmen auszugleichen. Eine rein formale Gleichbehandlung würde diesen tatsächlichen Unterschieden nicht gerecht werden und insoweit Ungleiches gleich behandeln (SA des GA *Tesauro* zu EuGH 5.5.1994 – C-421/92 Rn. 11 – Habermann-Beltermann, Slg. 1994, S. I-1659).

Art. 29 Durchgängige Berücksichtigung des Gleichstellungsaspekts

Die Mitgliedstaaten berücksichtigen aktiv das Ziel der Gleichstellung von Männern und Frauen bei der Formulierung und Durchführung von Rechts- und Verwaltungsvorschriften, Politiken und Tätigkeiten in den in dieser Richtlinie genannten Bereichen.

1   Art. 29 enthält für alle Anwendungsbereiche der Richtlinie eine Verpflichtung der Mitgliedstaaten auf ein „**gender mainstreaming**" (KOM [2004] 279 endg. = BR-Drs. 366/04, 6). Hiernach berücksichtigen die Mitgliedstaaten aktiv das Ziel der Gleichstellung von Männern und Frauen bei der Formulierung und Durchführung von Rechts- und Verwaltungsvorschriften, Politiken und Tätigkeiten in den in dieser Richtlinie genannten Bereichen. Die Vorschrift ist identisch mit Art. 1a RL 76/207/EWG idF des Art. 1 I RL 2002/73/EG. Sie hat horizontale Wirkung und ist auf alle Angelegenheiten anwendbar, die von der RL 2006/54/EG erfasst werden (KOM [2004] 279 endg. = BR-Drs. 366/04, 33).

Art. 30 Verbreitung von Informationen

Die Mitgliedstaaten tragen dafür Sorge, dass die in Anwendung dieser Richtlinie ergehenden Maßnahmen sowie die bereits geltenden einschlägigen Vorschriften allen Betroffenen in geeigneter Form und gegebenenfalls in den Betrieben bekannt gemacht werden.

1   Art. 30 verpflichtet die Mitgliedstaaten dazu, die in Anwendung dieser Richtlinie ergehenden Maßnahmen sowie die bereits geltenden einschlägigen Vorschriften allen Betroffenen in geeigneter Form bekannt zu machen. Die Bestimmung basiert auf Art. 5 RL 97/80/EG und auf Art. 7 RL 75/117/EWG. Die Kommission misst ihr eine besondere praktische Bedeutung zu (KOM [2004] 279 endg. = BR-Drs. 366/04, 33). Siehe auch → RL 2000/78/EG Art. 12 Rn. 1 f.

Titel IV. Schlussbestimmungen

Art. 31 Berichte

(1) Die Mitgliedstaaten übermitteln der Kommission bis zum 15. Februar 2011 alle Informationen, die diese benötigt, um einen Bericht an das Europäische Parlament und den Rat über die Anwendung der Richtlinie zu erstellen.

(2) ¹Unbeschadet des Absatzes 1 übermitteln die Mitgliedstaaten der Kommission alle vier Jahre den Wortlaut aller Maßnahmen nach Artikel 141 Absatz 4 des Vertrags sowie Berichte über diese Maßnahmen und deren Durchführung. ²Auf der Grundlage dieser Informationen verabschiedet und veröffentlicht die Kommission alle vier Jahre einen Bericht, der eine vergleichende Bewertung solcher Maßnahmen unter Berücksichtigung der Erklärung Nr. 28 in der Schlussakte des Vertrags von Amsterdam enthält.

(3) ¹Die Mitgliedstaaten prüfen in regelmäßigen Abständen die in Artikel 14 Absatz 2 genannten beruflichen Tätigkeiten, um unter Berücksichtigung der sozialen

Entwicklung festzustellen, ob es gerechtfertigt ist, die betreffenden Ausnahmen aufrechtzuerhalten. ²Sie übermitteln der Kommission das Ergebnis dieser Prüfung regelmäßig, zumindest aber alle acht Jahre.

Art. 31 I verpflichtet die Mitgliedstaaten, der Kommission bis spätestens zum 15.2.2011 **1**
einen **Bericht über die Umsetzung der Richtlinie** zu erstatten, damit sie ihrerseits einen Bericht an das Europäische Parlament und den Rat erstellen kann (KOM [2004] 279 endg. = BR-Drs. 366/04, 33). Der Bericht soll sich auch auf das Problem eines „gender pay gap" erstecken (s. die Arbeitsunterlage der Kommissionsdienststellen, SWD [2013] 512 final).

Art. 31 II enthält spezifische Vorgaben im Hinblick auf die **Mitteilung von Förder-** **2**
maßnahmen gem. Art. 157 IV AEUV. Die Regelung entspricht Art. 2 III RL 2002/73/EG (KOM [2004] 279 endg. = BR-Drs. 366/04, 33). Gemäß der Erklärung 28 in der Schlussakte des Vertrages von Amsterdam sollen Maßnahmen der Mitgliedstaaten nach Art. 141 IV EG (Art. 157 IV AEUV) in erster Linie der Verbesserung der Lage der Frauen im Arbeitsleben dienen.

Gem. Art. 31 III prüfen die Mitgliedstaaten in regelmäßigen Abständen die **beruflichen** **3**
Anforderungen gem. Art. 14 II (vgl. auch Art. 9 II RL 76/207/EWG; dazu EuGH 26.10.1999 – C-273/97 Rn. 25 – Sidar, NZA 2000, 159; 11.1.2000 – C-285/98 Rn. 22 – Kreil, NZA 2000, 137).

Art. 32 Überprüfung

Die Kommission überprüft spätestens bis zum 15. Februar 2013 die Anwendung dieser Richtlinie und schlägt, soweit sie dies für erforderlich hält, Änderungen vor.

Bei der Überprüfungsklausel des Art. 32 handelt es sich nach der Kommission um eine **1**
Standardbestimmung (KOM [2004] 279 endg. = BR-Drs. 366/04, 6 und 23), die bis dato zu keiner Änderung geführt hat.

Art. 33 Umsetzung

¹Die Mitgliedstaaten setzen die Rechts- und Verwaltungsvorschriften in Kraft, die erforderlich sind, um dieser Richtlinie spätestens ab dem 15. August 2008 nachzukommen, oder stellen bis zu diesem Zeitpunkt sicher, dass die Sozialpartner im Wege einer Vereinbarung die erforderlichen Bestimmungen einführen. ²Den Mitgliedstaaten kann längstens ein weiteres Jahr eingeräumt werden, um dieser Richtlinie nachzukommen, wenn dies aufgrund besonderer Schwierigkeiten erforderlich ist. ³Die Mitgliedstaaten treffen alle notwendigen Maßnahmen, um jederzeit gewährleisten zu können, dass die durch die Richtlinie vorgeschriebenen Ergebnisse erzielt werden. ⁴Sie teilen der Kommission unverzüglich den Wortlaut dieser Vorschriften mit.

¹Wenn die Mitgliedstaaten diese Vorschriften erlassen, nehmen sie in den Vorschriften selbst oder durch einen Hinweis bei der amtlichen Veröffentlichung auf diese Richtlinie Bezug. ²Diese Bezugnahme enthält außerdem eine Erklärung, wonach Bezugnahmen in bestehenden Rechts- oder Verwaltungsvorschriften auf durch diese Richtlinie aufgehobene Richtlinien als Bezugnahmen auf die vorliegende Richtlinie zu verstehen sind. ³Die Mitgliedstaaten regeln die Einzelheiten der Bezugnahme und die Formulierung der genannten Erklärung.

¹Die Verpflichtung zur Umsetzung dieser Richtlinie in innerstaatliches Recht beschränkt sich auf diejenigen Bestimmungen, die eine inhaltliche Veränderung gegenüber den früheren Richtlinien darstellen. ²Die Verpflichtung zur Umsetzung derjenigen Bestimmungen, die inhaltlich unverändert bleiben, ergibt sich aus den früheren Richtlinien.

600 RL 2006/54/EG Art. 34 Aufhebung

Die Mitgliedstaaten teilen der Kommission den Wortlaut der wichtigsten innerstaatlichen Rechtsvorschriften mit, die sie auf dem unter diese Richtlinie fallenden Gebiet erlassen.

1   Art. 33 I 1 legt mit dem **15.8.2008** das Datum für die Umsetzung der Richtlinie durch die Mitgliedstaaten fest (KOM [2004] 279 endg. = BR-Drs. 366/04, 33). Den Mitgliedstaaten konnte nach **Art. 33 I 2** längstens ein weiteres Jahr eingeräumt werden, um dieser Richtlinie nachzukommen, wenn dies aufgrund besonderer Schwierigkeiten erforderlich war. Die Diskriminierungsverbote der Richtlinie gelten auch für Arbeitsverträge, die vor ihrem Inkrafttreten geschlossen wurden, sofern die benachteiligende Wirkung erst nach Inkrafttreten eintritt (EuGH 12.9.2013 – C-614/11 – Kuso, NZA 2013, 1071). **Art. 33 I 3** bekräftigt die bereits aus Art. 288 III AEUV und dem Grundsatz des effet utile folgende Pflicht, dass die Mitgliedstaaten alle notwendigen Maßnahmen treffen, um jederzeit gewährleisten zu können, dass die durch die Richtlinie vorgeschriebenen Ergebnisse erzielt werden (*Buchner* ZfA 1993, 279 [294]; *Everling* JZ 2000, 217 [226]; *Franzen* Privatrechtsangleichung 445; *Schmidt* RabelsZ 1995, 568 [582]). **Art. 33 I 4** fordert die Mitgliedstaaten auf, den Wortlaut der Bestimmungen zur Umsetzung der Richtlinie mitzuteilen (KOM [2004] 279 endg. = BR-Drs. 366/04, 33).

2   Nach **Art. 33 II 1** sollen die Vorschriften zur Durchführung der Richtlinie eine Bezugnahme auf diese Richtlinie enthalten oder von einer solchen Bezugnahme begleitet werden. Gem. **Art. 33 II 2** soll diese Bezugnahme eine Erklärung enthalten, wonach Bezugnahmen in bestehenden Rechts- oder Verwaltungsvorschriften auf durch diese Richtlinie aufgehobene Richtlinien als Bezugnahmen auf die vorliegende Richtlinie zu verstehen sind (KOM [2004] 279 endg. = BR-Drs. 366/04, 33 f.).

3   Nach **Art. 33 III** beschränkt sich die Verpflichtung zur Umsetzung dieser Richtlinie in innerstaatliches Recht auf diejenigen Bestimmungen, die eine inhaltliche Veränderung gegenüber den früheren Richtlinien darstellen. Die Verpflichtung zur Umsetzung derjenigen Bestimmungen, die inhaltlich unverändert bleiben, ergibt sich aus den früheren Richtlinien. Die Regelung ist eine Folge des Umstands, dass die RL 2006/54/EG mehrere Richtlinien zusammenführt, deren Umsetzungsfristen bereits vorher abgelaufen sind **(Teil B)**. Dieser Grundsatz wird durch **Art. 34 I Hs. 2** nochmals bekräftigt.

4   Gem. **Art. 33 IV** teilen die Mitgliedstaaten der Kommission den Wortlaut der wichtigsten innerstaatlichen Rechtsvorschriften mit, die sie auf dem unter die Richtlinie fallenden Gebiet erlassen.

Art. 34 Aufhebung

(1) Die Richtlinien 75/117/EWG, 76/207/EWG, 86/378/EWG und 97/80/EG werden mit Wirkung vom 15. August 2009 aufgehoben; die Verpflichtung der Mitgliedstaaten hinsichtlich der Fristen für die Umsetzung der in Anhang I Teil B genannten Richtlinien in einzelstaatliches Recht und für ihre Anwendung bleibt hiervon unberührt.

(2) Verweisungen auf die aufgehobenen Richtlinien gelten als Verweisungen auf die vorliegende Richtlinie und sind nach der Entsprechungstabelle in Anhang II zu lesen.

1   Art. 34 betrifft die **Aufhebung der Richtlinien, die Teil der vorliegenden Neufassung sind.** Diese Bestimmung gilt unbeschadet der Verpflichtungen der Mitgliedstaaten in Bezug auf die Fristen für die Umsetzung der bestehenden Richtlinien in nationales Recht und bezüglich der Geltungsfristen (KOM [2004] 279 endg. = BR-Drs. 366/04, 34). In der *Kuso*-**Entscheidung** hat der EuGH betont, dass die Diskriminierungsverbote der RL 76/207/EWG auch für Arbeitsverträge gelten, die vor ihrem Inkrafttreten geschlossen wurden, sofern die benachteiligende Wirkung erst nach Inkrafttreten eintritt (EuGH 12.9.2013 – C-614/11 – Kuso, NZA 2013, 1071). Konkret ging es um eine nationale Regelung, die in einer Dienstordnung besteht, die Bestandteil eines vor Beitritt des betreffenden Mitgliedstaats zur EU geschlossenen Arbeitsvertrags ist und vorsieht, dass das Arbeitsverhältnis durch

Erreichen des Pensionsantrittsalters endet, das nach dem Geschlecht des Arbeitnehmers unterschiedlich festgesetzt ist. Hierin liegt schon dann eine verbotene unmittelbare Diskriminierung, wenn der betreffende Arbeitnehmer das Pensionsantrittsalter nach EU-Beitritt erreicht (EuGH 12.9.2013 – C-614/11 Rn. 53 – Kuso, NZA 2013, 1071).

Art. 35 Inkrafttreten

Diese Richtlinie tritt am zwanzigsten Tag nach ihrer Veröffentlichung im *Amtsblatt der Europäischen Union* in Kraft.

Die RL 2006/54/EG wurde am **26.7.2006** im Amtsblatt der EU veröffentlicht. Sie trat am zwanzigsten Tag nach dieser Veröffentlichung in Kraft. **1**

Art. 36 Adressaten

Diese Richtlinie ist an die Mitgliedstaaten gerichtet.

Art. 36 stellt klar, dass die RL 2006/54/EG an die Mitgliedstaaten gerichtet ist. Die Regelungen begründen **keine unmittelbare Drittwirkung in Rechtsverhältnissen unter Privaten.** Allerdings anerkennt der EuGH in st. Rspr. eine negative unmittelbare Wirkung von Richtlinien (→ RL 2000/78/EG Art. 16 Rn. 4). **1**

Bestimmungen einer Richtlinie, die inhaltlich als unbedingt und hinreichend genau erscheinen, können vom Einzelnen vor den nationalen Gerichten dem Mitgliedstaat gegenüber geltend gemacht werden (EuGH 20.3.2003 – C-187/00 Rn. 69 f. und 75 – Kutz-Bauer, NZA 2003, 506). Mit Blick auf die RL 2006/54/EG hat der EuGH etwa den **Art. 14 I lit. c** und **Art. 15** unmittelbare Wirkung zugesprochen. Beide Bestimmungen schlössen „allgemein und unmissverständlich" jede Diskriminierung wegen des Geschlechts in den umschriebenen Bereichen aus (so zu Art. 14 I lit. c EuGH 6.3.2014 – C-595/12 Rn. 45 ff. – Napoli, NZA 2014, 715). **2**

Anhang I. [Aufhebungen; Umsetzungsfristen]
Teil A. Aufgehobene Richtlinien und Änderungsrichtlinien

Richtlinie 75/117/EWG des Rates	ABl. L 45 vom 19.2.1975, S. 19
Richtlinie 76/207/EWG des Rates	ABl. L 39 vom 14.2.1976, S. 40
Richtlinie 2002/73/EG des Europäischen Parlaments und des Rates	ABl. L 269 vom 5.10.2002, S. 15
Richtlinie 86/378/EWG des Rates	ABl. L 225 vom 12.8.1986, S. 40
Richtlinie 96/97/EG des Rates	ABl. L 46 vom 17.2.1997, S. 20
Richtlinie 97/80/EG des Rates	ABl. L 14 vom 20.1.1998, S. 6
Richtlinie 98/52/EG des Rates	ABl. L 205 vom 22.7.1998, S. 66

Teil B. Fristen für die Umsetzung in nationales Recht und Datum der Anwendung

(gemäß Artikel 34 Absatz 1)

Richtlinie	Frist für die Umsetzung	Datum der Anwendung
Richtlinie 75/117/EWG	19.2.1976	
Richtlinie 76/207/EWG	14.8.1978	
Richtlinie 86/378/EWG	1.1.1993	
Richtlinie 96/97/EG	1.7.1997	17.5.1990 in Bezug auf Arbeitnehmer, außer im Fall von Arbeitnehmern oder deren anspruchsberechtigten Angehörigen, die vor diesem Zeitpunkt eine Klage bei Gericht oder ein gleichwertiges Verfahren nach geltendem einzelstaatlichen Recht anhängig gemacht haben Artikel 8 der Richtlinie 86/378/EWG – spätestens 1.1.1993 Artikel 6 Absatz 1 Buchstabe i erster Gedankenstrich der Richtlinie 86/378/EWG – spätestens 1.1.1999
Richtlinie 97/80/EG	1.1.2001	In Bezug auf das Vereinigte Königreich von Großbritannien und Nordirland: 22.7.2001
Richtlinie 98/52/EG	22.7.2001	
Richtlinie 2002/73/EG	5.10.2005	

Anhang II. Entsprechungstabelle

Richtlinie 75/117/EWG	Richtlinie 76/207/EWG	Richtlinie 86/378/EWG	Richtlinie 97/80/EG	Vorliegende Richtlinie
–	Artikel 1 Absatz 1	Artikel 1	Artikel 1	Artikel 1
–	Artikel 1 Absatz 2	–	–	–
–	Artikel 2 Absatz 2 erster Gedankenstrich	–	–	Artikel 2 Absatz 1 Buchstabe a
–	Artikel 2 Absatz 2 zweiter Gedankenstrich	–	Artikel 2 Absatz 2	Artikel 2 Absatz 1 Buchstabe b
–	Artikel 2 Absatz 2, dritter und vierter Gedankenstrich	–	–	Artikel 2 Absatz 1, Buchstaben c und d
–	–	–	–	Artikel 2 Absatz 1 Buchstabe e
–	–	Artikel 2 Absatz 1	–	Artikel 2 Absatz 1 Buchstabe f
–	Artikel 2 Absätze 3 und 4 sowie Absatz 7 Unterabsatz 3	–	–	Artikel 2 Absatz 2
–	Artikel 2 Absatz 8	–	–	Artikel 3
Artikel 1	–	–	–	Artikel 4
–	–	Artikel 5 Absatz 1	–	Artikel 5
–	–	Artikel 3	–	Artikel 6
–	–	Artikel 4	–	Artikel 7 Absatz 1
–	–	–	–	Artikel 7 Absatz 2
–	–	Artikel 2 Absatz 2	–	Artikel 8 Absatz 1
–	–	Artikel 2 Absatz 3	–	Artikel 8 Absatz 2
–	–	Artikel 6	–	Artikel 9
–	–	Artikel 8	–	Artikel 10
–	–	Artikel 9	–	Artikel 11

600 RL 2006/54/EG Anh.

Richtlinie 75/117/EWG	Richtlinie 76/207/EWG	Richtlinie 86/378/EWG	Richtlinie 97/80/EG	Vorliegende Richtlinie
–	–	Richtlinie 96/97/EG Artikel 2	–	Artikel 12
–	–	Artikel 9a	–	Artikel 13
–	Artikel 2 Absatz 1 und Artikel 3 Absatz 1	–	Artikel 2 Absatz 1	Artikel 14 Absatz 1
–	Artikel 2 Absatz 6	–	–	Artikel 14 Absatz 2
–	Artikel 2 Absatz 7 Unterabsatz 2	–	–	Artikel 15
–	Artikel 2 Absatz 7 Unterabsatz 4 Sätze 2 und 3	–	–	Artikel 16
Artikel 2	Artikel 6 Absatz 1	Artikel 10	–	Artikel 17 Absatz 1
–	Artikel 6 Absatz 3	–	–	Artikel 17 Absatz 2
–	Artikel 6 Absatz 4	–	–	Artikel 17 Absatz 3
–	Artikel 6 Absatz 2	–	–	Artikel 18
–	–	–	Artikel 3 und 4	Artikel 19
–	Artikel 8a	–	–	Artikel 20
–	Artikel 8b	–	–	Artikel 21
–	Artikel 8c	–	–	Artikel 22
Artikel 3 und 6	Artikel 3 Absatz 2 Buchstabe a	–	–	Artikel 23 Buchstabe a
Artikel 4	Artikel 3 Absatz 2 Buchstabe b	Artikel 7 Buchstabe a	–	Artikel 23 Buchstabe b
–	–	Artikel 7 Buchstabe b	–	Artikel 23 Buchstabe c
Artikel 5	Artikel 7	Artikel 11	–	Artikel 24
Artikel 6	–	–	–	–
–	Artikel 8d	–	–	Artikel 25
–	Artikel 2 Absatz 5	–	–	Artikel 26
–	Artikel 8e Absatz 1	–	Artikel 4 Absatz 2	Artikel 27 Absatz 1
–	Artikel 8e Absatz 2	–	Artikel 6	Artikel 27 Absatz 2

Entsprechungstabelle **Anh. RL 2006/54/EG 600**

Richtlinie 75/117/ EWG	Richtlinie 76/207/ EWG	Richtlinie 86/378/EWG	Richtlinie 97/80/EG	Vorliegende Richtlinie
–	Artikel 2 Absatz 7 Unterabsatz 1	Artikel 5 Absatz 2	–	Artikel 28 Absatz 1
–	Artikel 2 Absatz 7 Unterabsatz 4 Satz 1	–	–	Artikel 28 Absatz 2
–	Artikel 1 Absatz 1a	–	–	Artikel 29
Artikel 7	Artikel 8	–	Artikel 5	Artikel 30
Artikel 9	Artikel 10	Artikel 12 Absatz 2	Artikel 7 Unterabsatz 4	Artikel 31 Absätze 1 und 2
–	Artikel 9 Absatz 2	–	–	Artikel 31 Absatz 3
–	–	–	–	Artikel 32
Artikel 8	Artikel 9 Absatz 1 Unterabsatz 1 sowie Absätze 2 und 3	Artikel 12 Absatz 1	Artikel 7 Unterabsätze 1, 2 und 3	Artikel 33
–	Artikel 9 Absatz 1 Unterabsatz 2	–	–	–
–	–	–	–	Artikel 34
–	–	–	–	Artikel 35
–	–	–	–	Artikel 36
–	–	Anhang	–	–

610. Richtlinie 2008/94/EG des Europäischen Parlaments und des Rates vom 22. Oktober 2008 über den Schutz der Arbeitnehmer bei Zahlungsunfähigkeit des Arbeitgebers

(ABl. Nr. L 283 S. 36)

CELEX-Nr. 3 2008 L 0094

DAS EUROPÄISCHE PARLAMENT UND DER RAT DER EUROPÄISCHEN UNION –

gestützt auf den Vertrag zur Gründung der Europäischen Gemeinschaft, insbesondere auf Artikel 137 Absatz 2,

auf Vorschlag der Kommission,

nach Stellungnahme des Europäischen Wirtschafts- und Sozialausschusses[1],

nach Anhörung des Ausschusses der Regionen

gemäß dem Verfahren des Artikels 251 des Vertrags[2],

in Erwägung nachstehender Gründe:

(1) Die Richtlinie 80/987/EWG des Rates vom 20. Oktober 1980 über den Schutz der Arbeitnehmer bei Zahlungsunfähigkeit des Arbeitgebers[3] wurde mehrfach und erheblich geändert[4]. Aus Gründen der Klarheit und der Übersichtlichkeit empfiehlt es sich, sie zu kodifizieren.

(2) Unter Nummer 7 der am 9. Dezember 1989 angenommenen Gemeinschaftscharta der sozialen Grundrechte der Arbeitnehmer heißt es, dass die Verwirklichung des Binnenmarkts zu einer Verbesserung der Lebens- und Arbeitsbedingungen der Arbeitnehmer in der Gemeinschaft führen muss und dass diese Verbesserung, soweit nötig, dazu führen muss, dass bestimmte Bereiche des Arbeitsrechts wie die Verfahren bei Massenentlassungen oder bei Konkursen ausgestaltet werden.

(3) Es sind Bestimmungen notwendig, die die Arbeitnehmer bei Zahlungsunfähigkeit des Arbeitgebers schützen und um ihnen ein Minimum an Schutz zu sichern, insbesondere die Zahlung ihrer nicht erfüllten Ansprüche zu gewährleisten; dabei muss die Notwendigkeit einer ausgewogenen wirtschaftlichen und sozialen Entwicklung in der Gemeinschaft berücksichtigt werden. Deshalb sollten die Mitgliedstaaten eine Einrichtung schaffen, die die Befriedigung der nicht erfüllten Arbeitnehmeransprüche garantiert.

(4) Zur Gewährleistung eines angemessenen Schutzes der betroffenen Arbeitnehmer ist es angebracht, den Begriff der Zahlungsunfähigkeit im Lichte der Rechtsentwicklung in den Mitgliedstaaten auf diesem Sachgebiet zu bestimmen und mit diesem Begriff auch andere Insolvenzverfahren als Liquidationsverfahren zu erfassen. In diesem Zusammenhang sollten die Mitgliedstaaten, um zu bestimmen, ob die Garantieeinrichtung zu einer Zahlung verpflichtet ist, vorsehen können, dass für den Fall, dass das Vorliegen einer Insolvenz zu mehreren Insolvenzverfahren führt, die Situation so behandelt wird, als handelte es sich um ein einziges Insolvenzverfahren.

(5) Es sollte vorgesehen werden, dass Arbeitnehmer, die unter die Richtlinie 97/81/EG des Rates vom 15. Dezember 1997 zu der von UNICE, CEEP und EGB geschlossenen Rahmenvereinbarung über Teilzeitarbeit[5], die Richtlinie 1999/70/EG des Rates vom

---

[1] **Amtl. Anm.:** ABl. C 161 vom 13.7.2007, S. 75.
[2] **Amtl. Anm.:** Stellungnahme des Europäischen Parlaments vom 19. Juni 2007 (ABl. C 146 E vom 12.6.2008, S. 71) und Beschluss des Rates vom 25. September 2008.
[3] **Amtl. Anm.:** ABl. L 283 vom 28.10.1980, S. 23.
[4] **Amtl. Anm.:** Siehe Anhang I Teile A und B.
[5] **Amtl. Anm.:** ABl. L 14 vom 20.1.1998, S. 9.

28. Juni 1999 zu der EGB-UNICE-CEEP-Rahmenvereinbarung über befristete Arbeitsverträge[6] und die Richtlinie 91/383/EWG des Rates vom 25. Juni 1991 zur Ergänzung der Maßnahmen zur Verbesserung der Sicherheit und des Gesundheitsschutzes von Arbeitnehmern mit befristetem Arbeitsverhältnis oder Leiharbeitsverhältnis[7] fallen, nicht vom Geltungsbereich der vorliegenden Richtlinie ausgeschlossen werden.

(6) Zur Gewährleistung der Rechtssicherheit für die Arbeitnehmer von zahlungsunfähigen Unternehmen, die in mehreren Mitgliedstaaten tätig sind, und zur Festigung der Rechte dieser Arbeitnehmer im Sinne der Rechtsprechung des Gerichtshofes der Europäischen Gemeinschaften ist es angebracht, Bestimmungen vorzusehen, die ausdrücklich festlegen, welche Einrichtung in solchen Fällen für die Befriedigung der nicht erfüllten Arbeitnehmeransprüche zuständig ist, und deren Ziel die Zusammenarbeit der zuständigen Verwaltungen der Mitgliedstaaten zur schnellstmöglichen Befriedigung der nicht erfüllten Arbeitnehmeransprüche ist. Ferner ist es angebracht, eine ordnungsgemäße Anwendung der einschlägigen Bestimmungen dadurch zu gewährleisten, dass eine Zusammenarbeit der zuständigen Verwaltungen der Mitgliedstaaten vorgesehen wird.

(7) Die Mitgliedstaaten können Grenzen für die Verpflichtungen der Garantieeinrichtungen festlegen, die mit der sozialen Zielsetzung der Richtlinie vereinbar sein müssen und die unterschiedliche Höhe von Ansprüchen berücksichtigen können.

(8) Zur Erleichterung der Feststellung von Insolvenzverfahren, insbesondere in grenzübergreifenden Fällen, sollte vorgesehen werden, dass die Mitgliedstaaten der Kommission und den anderen Mitgliedstaaten mitteilen, welche Arten von Insolvenzverfahren eine Eintrittspflicht der Garantieeinrichtung auslösen.

(9) Da das Ziel der durch die vorliegende Richtlinie beabsichtigten Maßnahme auf Ebene der Mitgliedstaaten nicht ausreichend verwirklicht werden kann und daher besser auf Gemeinschaftsebene zu verwirklichen ist, kann die Gemeinschaft im Einklang mit dem in Artikel 5 des Vertrags niedergelegten Subsidiaritätsprinzip tätig werden. Entsprechend dem in demselben Artikel genannten Verhältnismäßigkeitsprinzip geht diese Richtlinie nicht über das zur Erreichung dieses Ziels erforderliche Maß hinaus.

(10) Die Kommission sollte dem Europäischen Parlament und dem Rat einen Bericht über die Umsetzung und Durchführung dieser Richtlinie, insbesondere bezüglich neuer, sich in den Mitgliedstaaten entwickelnder Beschäftigungsformen, unterbreiten.

(11) Die vorliegende Richtlinie sollte die Verpflichtung der Mitgliedstaaten hinsichtlich der in Anhang I Teil C genannten Fristen für die Umsetzung der dort genannten Richtlinien in innerstaatliches Recht und für die Anwendung dieser Richtlinien unberührt lassen –

HABEN FOLGENDE RICHTLINIE ERLASSEN:

Kapitel I. Geltungsbereich und Begriffsbestimmungen

Art. 1 [Geltungsbereich]

(1) Diese Richtlinie gilt für Ansprüche von Arbeitnehmern aus Arbeitsverträgen oder Arbeitsverhältnissen gegen Arbeitgeber, die zahlungsunfähig im Sinne des Artikels 2 Absatz 1 sind.

(2) Die Mitgliedstaaten können die Ansprüche bestimmter Gruppen von Arbeitnehmern wegen des Bestehens anderer Garantieformen ausnahmsweise vom Anwendungsbereich dieser Richtlinie ausschließen, wenn diese den Betroffenen nachweislich einen Schutz gewährleisten, der dem sich aus dieser Richtlinie ergebenden Schutz gleichwertig ist.

---

[6] **Amtl. Anm.:** ABl. L 175 vom 10.7.1999, S. 43.
[7] **Amtl. Anm.:** ABl. L 206 vom 29.7.1991, S. 19.

(3) Die Mitgliedstaaten können, sofern eine solche Vorschrift nach in ihrem innerstaatlichen Recht bereits angewandt wird, auch weiterhin folgende Personen vom Anwendungsbereich dieser Richtlinie ausschließen:
a) Hausangestellte, die von einer natürlichen Person beschäftigt werden;
b) Fischer, die in Form eines Erlösanteils entlohnt werden.

Der Geltungsbereich der „Insolvenzgeld-Richtlinie" knüpft an Arbeitsverträge oder (gesetzlich begründete) Arbeitsverhältnisse an, in denen der Arbeitgeber iSd Art. 2 zahlungsunfähig (→ Art. 2 Rn. 1 ff.) ist. Damit ist ein **umfassender arbeitsrechtlich definierter Schutzbereich** eröffnet, der **von den nationalen Arbeitsrechten konkretisiert** wird (→ Art. 2 Rn. 10 ff.). Weil es auf den Rechtsgrund des Arbeitsverhältnisses nicht ankommt, gilt die Richtlinie auch für Arbeit aufgrund eines unwirksamen Vertrags. Grds. erfasst sind überdies Drittstaatsangehörige, die in einem Mitgliedstaat als Arbeitnehmer anerkannt werden (EuGH 5.11.2014 – C-311/13 Rn. 36 – Tümer, BeckRS 2014, 82309). 1

Dass Art. 2 II UAbs. 1 weder den Arbeitsvertrag noch das Arbeitsverhältnis nennt, rechtfertigt nach Ansicht des EuGH (15.5.2003 – C-160/01 Rn. 39 ff. – Mau, EuZW 2003, 434) im Gegenschluss, insoweit eine einheitliche unionsrechtliche Definition beider Begriffe festzulegen (→ Art. 2 Rn. 16). Entscheidend sei mit Blick auf den Schutzzweck der Richtlinie, dass nur Zeiträume als Arbeitsverhältnis qualifiziert werden dürften, in denen nicht erfüllte Entgeltansprüche entstehen könnten; konkret sind damit nach nationalem Recht ruhend gestellte Arbeitsverhältnisse nach der Richtlinie nicht als solche anzuerkennen (→ Art. 4 Rn. 5). 2

Ansprüche „aus Arbeitsverträgen oder Arbeitsverhältnissen" sind nach Ansicht des EuGH (25.4.2013 – C-398/11 Rn. 24 – Hogan ua, BetrAV 2013, 357) auch Ansprüche auf Leistungen der betrieblichen Altersversorgung gegen – rechtlich vom Arbeitgeber getrennte – Zusatzversorgungseinrichtungen, jedenfalls wenn die Arbeitnehmer bei Einstellung verpflichtet wurden, einer solchen Versorgungseinrichtung beizutreten. 3

Von diesem umfassenden Anwendungsbereich dürfen die Mitgliedstaaten in zwei Fällen bestimmte Gruppen von Arbeitnehmern **ausnehmen.** Das betrifft nach **Abs. 2** – unabhängig von der ausgeübten Tätigkeit – Arbeitnehmer, für die bereits ein gleichwertiger Schutz gegen Zahlungsunfähigkeit ihres Arbeitgebers besteht, sowie nach **Abs. 3** Hausangestellte in Privathaushalten sowie Fischer, die durch einen Erlösanteil vergütet werden. Gleichwertig ist ein anderweitiger nationalrechtlicher Schutz nur, wenn er den Arbeitnehmern die wesentlichen in der Richtlinie festgelegten Garantien bietet (EuGH 8.11.1990 – C-53/88 Rn. 19 ff. – Kommission/Griechenland, Slg. I-1990, 3917) und die Garantieansprüche an keine gegenüber der Richtlinie weitergehenden Voraussetzungen bindet (EuGH 2.2.1989 – 22/87 Rn. 20 ff. – Kommission/Italien, Slg. 1989, 143). 4

Diese Ausnahmen werden in Deutschland nicht praktisch (und auch sonst eher selten genutzt; vgl. den Bericht der Kommission in KOM [2011] 84 endg., 3). Die **deutschen Umsetzungsvorschriften** in §§ 165 ff. SGB III knüpfen den persönlichen Schutzbereich des Insolvenzgeldes an den Arbeitnehmerstatus, vgl. § 165 I 1 SGB III. 5

Art. 2 [Begriffsbestimmung]

(1) Im Sinne dieser Richtlinie gilt ein Arbeitgeber als zahlungsunfähig, wenn die Eröffnung eines nach den Rechts- und Verwaltungsvorschriften eines Mitgliedstaats vorgeschriebenen Gesamtverfahrens beantragt worden ist, das die Insolvenz des Arbeitgebers voraussetzt und den teilweisen oder vollständigen Vermögensbeschlag gegen diesen Arbeitgeber sowie die Bestellung eines Verwalters oder einer Person, die eine ähnliche Funktion ausübt, zur Folge hat, und wenn die aufgrund der genannten Rechts- und Verwaltungsvorschriften zuständige Behörde
a) die Eröffnung des Verfahrens beschlossen hat; oder

610 RL 2008/94/EG Art. 2

b) festgestellt hat, dass das Unternehmen oder der Betrieb des Arbeitgebers endgültig stillgelegt worden ist und die Vermögensmasse nicht ausreicht, um die Eröffnung des Verfahrens zu rechtfertigen.

(2) Diese Richtlinie lässt das einzelstaatliche Recht bezüglich der Begriffsbestimmung der Worte „Arbeitnehmer", „Arbeitgeber", „Arbeitsentgelt", „erworbenes Recht" und „Anwartschaftsrecht" unberührt.

Die Mitgliedstaaten dürfen jedoch folgende Personen vom Anwendungsbereich dieser Richtlinie nicht ausschließen:

a) Teilzeitarbeitnehmer im Sinne der Richtlinie 97/81/EG;
b) Arbeitnehmer mit befristetem Arbeitsvertrag im Sinne der Richtlinie 1999/70/EG;
c) Arbeitnehmer mit Leiharbeitsverhältnis im Sinne von Artikel 1 Nummer 2 der Richtlinie 91/383/EWG.

(3) Die Mitgliedstaaten dürfen den Anspruch der Arbeitnehmer auf Schutz nach dieser Richtlinie nicht von einer Mindestdauer des Arbeitsvertrags oder Arbeitsverhältnisses abhängig machen.

(4) Diese Richtlinie hindert die Mitgliedstaaten nicht daran, den Schutz der Arbeitnehmer auf andere Situationen der Zahlungsunfähigkeit – beispielsweise tatsächlich auf Dauer eingestellte Zahlungen – die nach anderen im einzelstaatlichen Recht vorgesehenen Verfahren als den in Absatz 1 genannten Verfahren festgestellt worden ist, auszuweiten.

Durch derartige Verfahren entstehen den Garantieeinrichtungen der übrigen Mitgliedstaaten in Fällen nach Kapitel IV jedoch keine Verpflichtungen.

A. Definitionen

I. Zahlungsunfähigkeit, Abs. 1

1   Die für den sachlichen Schutzbereich zentrale **Zahlungsunfähigkeit des Arbeitgebers** definiert Abs. 1 zweistufig: Neben dem **Antrag auf ein Gesamtverfahren** nach nationalem Recht ist eine bestimmte **Entscheidung über diesen Antrag** erforderlich (etwa EuGH 18.4.2013 – C-247/12 Rn. 32 – Mustafa, NZA 2013, 609). Damit bestimmt die Richtlinie die Zahlungsunfähigkeit iSd Abs. 1 unter Rückgriff auf das nationale Recht; solange die Zahlungsunfähigkeit des Arbeitgebers (noch) nicht in einem entsprechenden nationalrechtlichen Verfahren festgestellt wurde, ist der Anwendungsbereich der Richtlinie nicht eröffnet (EuGH 27.3.2014 – C-265/13 Rn. 36 ff. – Torralbo Marcos, EAS C Art. 51 GRC Nr. 3). Dass der EuGH (10.7.1997 – C-373/95 Rn. 52 – Maso ua, NZA 1997, 988) für die abgelöste Vorgänger-Richtlinie 80/987/EWG den Zeitpunkt des Eintritts der Zahlungsunfähigkeit gleichwohl einheitlich unionsrechtlich definiert hat, spielt heute keine Rolle mehr, weil die Art. 3, 4 nicht (mehr) auf diesen Zeitpunkt abstellen (vgl. aber → Art. 7 Rn. 4).

2   **1. Antrag auf ein Gesamtverfahren.** Beantragt sein muss ein im nationalen Recht vorgeschriebenes **Gesamtverfahren.** Damit werden vor allem Maßnahmen der Einzelzwangsvollstreckung ausgeschieden. Andererseits verlangt die Richtlinie nicht explizit ein Gesamtvollstreckungsverfahren, so dass auch „Schutzschirmverfahren" erfasst werden, denen es nicht um die Liquidation des Gesamtschuldners geht, sondern zentral um Reorganisation und Sanierung von Unternehmen unter staatlichem (Vollstreckungs-)Schutz (→ Rn. 8). Damit bleibt es den Mitgliedstaaten überlassen, das für die Zahlungsunfähigkeit ausschlaggebende Verfahren zu bestimmen und so iSd Erwägungsgrundes 4 den Begriff der Zahlungsunfähigkeit auszufüllen. Andererseits verlangt die Richtlinie zumindest irgendein formelles Verfahren, so dass die bloß faktische Zahlungseinstellung nicht in ihren Anwendungsbereich fällt (aber nach Abs. 4 überschießend integriert werden darf → Rn. 17). Insofern haben die Mitgliedstaaten die Möglichkeit, über die nationalrechtlichen Regelungen zur

Insolvenz- bzw. Verfahrensfähigkeit bestimmte Arbeitgeber aus dem Anwendungsbereich der Richtlinie auszunehmen (EuGH 9.11.1995 – C-479/93 Rn. 18 ff. – Francovich II, NZA 1996, 247); Gleichheitsunrecht hat der EuGH darin nicht gesehen.

In jedem Fall erforderlich ist, dass das Verfahren die „Insolvenz" des Arbeitgebers voraussetzt und einen **zumindest teilweisen Vermögensbeschlag** sowie die **Bestellung eines Verwalters** oder eines Amtsträgers mit „ähnlicher" Funktion vorschreibt. Mit diesen Erfordernissen wird der sachliche Schutzbereich näher konkretisiert: Geschützt wird der Arbeitnehmer nicht, weil er tatsächlich keine Entgelte ausgezahlt bekommt, sondern weil das Vermögen des Arbeitgebers – soweit überhaupt noch in nennenswerter Höhe vorhanden – wenigstens zum Teil unter Fremdverwaltung steht und dem Einzelvollstreckungszugriff entzogen ist. Insoweit bleibt den Mitgliedstaaten die Möglichkeit, bestimmte Konstellationen durch entsprechende Ausgestaltung des Verfahrensrechts aus dem Anwendungsbereich der Richtlinie auszunehmen. 3

Im Gegenschluss einheitlich unionsrechtlich zu definieren (vgl. für den Begriff des Arbeitsverhältnisses → Art. 1 Rn. 2) sind die unbestimmten Rechtsbegriffe der „Insolvenz" und des „Verwalters". Dabei geht es der Richtlinie aber ersichtlich um einen weiten Anwendungsbereich, der nationalrechtliche Insolvenzverfahren möglichst einschließen soll, ohne dass es auf deren konkrete Ausgestaltung ankommt. Für den „Verwalter" wird das schon daran sichtbar, dass Personen mit „ähnliche[r] Funktion" gleichgestellt werden. Damit sind auch atypische Insolvenzverfahren wie etwa die Eigenverwaltung nach deutschem Recht (§§ 270 ff. InsO) erfasst, in der anstelle echter Fremdverwaltung nur eine Fremdaufsicht über den weiterhin handlungsbefugten Gesamtschuldner angeordnet wird. Demgegenüber wäre es ein Wertungswiderspruch, durch einen gegenüber den nationalen Rechtsordnungen eng gefassten Insolvenzbegriff den Schutzbereich der Richtlinie einzuengen. Insoweit ist eine extensive Auslegung geboten, die bei der „Insolvenz" neben der national definierten Zahlungsunfähigkeit etwa auch die Überschuldung in der (Insolvenz-)Bilanz einschließen muss. 4

Welche nationalen Verfahren Gesamtverfahren iSd Abs. 1 sind, sagt zwar die Richtlinie nicht. Art. 1 I iVm Art. 2 lit. a VO (EG) Nr. 1346/2000 definieren aber die dort angesprochenen „Insolvenzverfahren" nach denselben Kriterien, die Abs. 1 anlegt. Weiter sind im Anhang A zu jener Verordnung sämtliche Verfahren gesammelt, die diesen Kriterien entsprechen (zu den vereinzelten Ausnahmen vgl. den Bericht der Kommission in KOM [2011] 84 endg., 4). Damit bietet der Katalog eine unionsrechtliche Leitlinie, an der sich auch der EuGH (18.4.2013 – C-247/12 Rn. 36 – Mustafa, NZA 2013, 609) mit Blick auf Abs. 1 orientiert hat. 5

Dass die Richtlinie zwingend einen **formellen Antrag und eine behördliche Entscheidung** voraussetzt, nimmt Fälle der rein faktischen Zahlungsunfähigkeit aus ihrem Schutzbereich aus. Stellt etwa ein Arbeitgeber sämtliche Zahlungen und die Betriebstätigkeit ein, müssen die Mitgliedstaaten von Unionsrechts wegen keinen Schutz offener Entgeltansprüche der Arbeitnehmer gewährleisten. Abs. 4 UAbs. 1 stellt klar, dass es der freien Entscheidung der Mitgliedstaaten unterliegt, ob die für förmliche Verfahren zwingende Garantie auf solche faktischen Insolvenzen erstreckt werden soll. 6

2. Entscheidung über den Antrag. Die nach nationalem Recht zur Entscheidung über den Antrag zuständige **Behörde** muss entweder (Abs. 1 lit. a) das beantragte **Gesamtverfahren eröffnen** oder (Abs. 1 lit. b) feststellen, dass der Schuldner seine **Betriebstätigkeit endg. eingestellt hat und die Verfahrenseröffnung mangels Masse nicht in Betracht kommt.** „Behörde" muss dabei funktional als staatlicher Entscheidungsträger verstanden werden, so dass auch zur Entscheidung berufene Gerichte angesprochen sind. 7

Sofern das Gesamtverfahren eröffnet wird, verlangt Abs. 1 für die Anwendbarkeit der Richtlinie nicht, dass dieses Verfahren zwangsläufig zur Beendigung der Tätigkeit des Arbeitgebers führen oder diese angeordnet werden muss (EuGH 18.4.2013 – C-247/12 8

Rn. 33 ff. – Mustafa, NZA 2013, 609). Anders gewendet erfasst die Richtlinie nicht nur Liquidations-, sondern auch Sanierungsverfahren (→ Rn. 2).

9 Weil die Zahlungsunfähigkeit nach der Richtlinie davon abhängt, dass ein Mitgliedstaat in seiner Rechtsordnung überhaupt ein Gesamtverfahren über das Vermögen von Arbeitgebern vorsieht (EuGH 9.11.1995 – C-479/93 Rn. 18 – Francovich II, NZA 1996, 247), spielt es keine Rolle, wenn ein solches Verfahren zwar vorgeschrieben ist, aber nicht die von der Richtlinie angesprochenen Entscheidungen ergehen können. Bsw. kennt das deutsche Recht zwar die Abweisung eines Insolvenzantrags mangels Masse nach § 26 InsO, fragt dabei aber nicht nach der Einstellung der Betriebstätigkeit und erlaubt dementsprechend hierzu keine gerichtliche Feststellung. Das hindert jene Mitgliedstaaten zwar nicht, die Garantie auch auf solche Fälle zu erstrecken, indes geht es dann stets um eine Erweiterung iSd Abs. 4 (→ Rn. 17 ff.).

II. Arbeitnehmer etc.

10 Den für den persönlichen Schutzbereich zentralen **Arbeitnehmerbegriff** sowie andere arbeitsrechtliche Grundbegriffe regelt die Richtlinie nicht selbst, sondern verweist in Abs. 2 UAbs. 1 insoweit auf die jeweiligen mitgliedstaatlichen Rechte (EuGH 16.12.1993 – C-334/92 Rn. 11 – Wagner Miret, NJW 1994, 921). Dieser im Sekundärrecht häufig anzutreffende Ansatz erlaubt eine gewisse Differenzierung der Geltungsintensität, indem darauf verzichtet wird, an dem einheitlichen unionsrechtlichen Arbeitnehmerbegriff anzuknüpfen (näher DFL/*Kolbe* GewO § 6 Rn. 4 ff.).

11 Dabei muss die jeweilige Rechtsordnung für die Umsetzung der Richtlinie nicht zwingend von dem nationalen arbeitsrechtlichen Arbeitnehmerbegriff ausgehen. Mithin darf etwa das deutsche Recht bei Anwendung der §§ 165 ff. SGB III einen eigenständigen sozialrechtlichen Arbeitnehmerbegriff formulieren, der sich vom arbeitsrechtlichen unterscheidet (dazu BSG 4.7.2007, B 11a AL 5/06 R, GmbHR 2007, 1324 [1325]: Konkretisierung des Arbeitnehmerbegriffs iSd SGB III anhand der Versicherungspflicht in der Arbeitslosenversicherung; aA *Riesenhuber* § 25 Rn. 8; Kreikebohm/*Mutschler* SGB III § 165 Rn. 3 mwN). Die Grenze der Unionsrechtswidrigkeit – konkretisiert durch den Sozialschutzzweck der Richtlinie – ist erst erreicht, wenn der Insolvenzgeldschutz für Personen ausgeschlossen wird, die im nationalen Recht in jedem Fall als Arbeitnehmer qualifiziert werden (EuGH 16.12.1993 – C-334/92 Rn. 14 ff. – Wagner Miret, NJW 1994, 921). Beispiel wäre eine Regelung, nach der Drittstaatsangehörige, die sich illegal in dem Mitgliedstaat aufhalten, von den Garantieleistungen gezielt ausgeschlossen werden, obschon das mitgliedstaatliche Recht sie sonst als Arbeitnehmer anerkennt (EuGH 5.11.2014 – C-311/13 Rn. 42 ff. – Tümer, BeckRS 2014, 82309).

12 Allerdings **verbietet Abs. 2 UAbs. 2** den Mitgliedstaaten, bestimmte **Arbeitnehmergruppen** iSd Unionsrechts durch eine entsprechende nationalrechtliche Definition des Arbeitnehmerbegriffs aus dem persönlichen Schutzbereich der Insolvenzgeld-Richtlinie auszuklammern: Teilzeiter iSd Teilzeit-Richtlinie 97/81/EG, befristet beschäftigte Arbeitnehmer iSd Befristungs-Richtlinie 1999/70/EG (bzw. jeweils iSd zugrundeliegenden Rahmenvereinbarungen der europäischen Sozialpartner) sowie Leiharbeitnehmer iSd RL 91/383/EWG zur Arbeitssicherheit von Leiharbeitnehmern (→ Näheres in den jeweiligen Kommentierungen). Nationale Rechte, die – wie das deutsche – alle drei Gruppen als Arbeitnehmer einstufen, sind freilich ohnehin verpflichtet, den Schutz der Richtlinie für sämtliche Arbeitnehmer zu realisieren.

13 Bei Leiharbeitsverhältnissen – und parallel in anderen Fällen „gespaltener" Arbeitgeberstellung – kommt es für den Schutz der Richtlinie darauf an, welches Rechtsverhältnis als das vom Schutz der Garantie erfasste Arbeitsverhältnis zu qualifizieren ist. Diese Entscheidung muss nicht zwingend von der Vertragsarbeitgeberstellung abhängen, da die Richtlinie auch für gesetzlich begründete Arbeitsverhältnisse gilt (→ Art. 1 Rn. 1), wie sie etwa in Deutschland nach § 10 I 1 AÜG bei illegaler Leiharbeit zum Entleiher entstehen. In solchen

Fällen, in denen neben ein gesetzliches Arbeitsverhältnis (zum Entleiher) ein unwirksames Arbeitsverhältnis zum intendierten Vertragsarbeitgeber tritt (§ 9 Nr. 1 AÜG), ist die Frage aufgeworfen, ob der Arbeitnehmer in beiden Rechtsverhältnissen Insolvenzschutz nach der Richtlinie genießt. Die deutsche Diskussion bejaht dies mit unterschiedlicher Begründung (BSG 20.3.1984 – 10 RAr 11/83, NZA 2984, 237 [237 f.]; mwN Gagel/*Peters-Lange* SGB III § 165 Rn. 22 f.). Aus unionsrechtlicher Perspektive ist dem beizupflichten: Die Richtlinie verlangt einen idS „doppelten" Schutz, sofern beide Rechtsverhältnisse unionsrechtlich als (wenn auch unwirksame) Arbeitsverhältnisse einzustufen sind (→ Art. 4 Rn. 5) und in beiden Rechtsverhältnissen nicht erfüllte Ansprüche auf Arbeitsentgelt entstehen (können).

Dem Schutz bei Zahlungsunfähigkeit des Arbeitgebers eine nationalrechtliche **„Wartezeit"** im Arbeitsverhältnis vorzuschalten, schließt Abs. 3 explizit aus. 14

Ähnlich wie der Arbeitnehmerbegriff müssen nach Abs. 2 UAbs. 1 auch „Arbeitgeber", **„Arbeitsentgelt",** „erworbenes Recht" und „Anwartschaftsrecht" nationalrechtlich definiert werden. Wichtig ist dabei vor allem, dass die mitgliedstaatlichen Rechtsordnungen bestimmen, welche Arbeitgeberleistungen zum Arbeitsentgelt rechnen und deshalb der Garantie unterfallen (→ Art. 3 Rn. 10 ff.). 15

Demgegenüber sind Arbeitsvertrag und vor allem **Arbeitsverhältnis** in Abs. 2 UAbs. 1 nicht angesprochen. Der EuGH (15.5.2003 – C-160/01 Rn. 39 ff. – Mau, EuZW 2003, 434) geht im Gegenschluss davon aus, dass diese Begriffe einheitlich unionsrechtlich definiert werden müssen. Mit Blick auf den Schutzzweck der Richtlinie sei dabei entscheidend, dass nur Zeiten als Arbeitsverhältnis eingestuft werden dürfen, in denen (nicht erfüllte) Entgeltansprüche entstehen können (→ Art. 4 Rn. 5). 16

B. Nationale Ausweitung der Garantie, Abs. 4

Die Richtlinie zielt nicht auf eine Vollharmonisierung des Arbeitnehmerschutzes bei Zahlungsunfähigkeit des Arbeitgebers. Abs. 4 UAbs. 1 lässt den Mitgliedstaaten Raum, die in der Richtlinie vorgeschriebenen **Schutzinstrumente** (→ Art. 3 Rn. 1) auch auf andere Fälle der Zahlungsunfähigkeit **auszuweiten.** Konkret bezieht sich dieser Spielraum auf Fälle, in denen die Zahlungsunfähigkeit nicht in einem Gesamtverfahren iSd Abs. 1 festgestellt wird (→ Rn. 1 ff.). Soweit Mitgliedstaaten alternative (Gesamt-)Verfahren vorsehen, die ohne Vermögensbeschlag und/oder ohne Verwalter abgewickelt werden, können sie auch dafür Garantieansprüche der Arbeitnehmer einräumen. Ausgeschlossen ist für diesen richtlinienübersteigenden Schutz aber die grenzüberschreitende Verpflichtungswirkung nach Art. 9 I (→ Art. 9 Rn. 4), Abs. 4 UAbs. 2. 17

Dass immer noch eine verfahrensförmige Feststellung der Zahlungsunfähigkeit vorgeschrieben ist, überschreitet nicht die Grenzen der auf Mindestvorgaben beschränkten Ermächtigungsgrundlage (→ Art. 3 Rn. 5). Es steht den Mitgliedstaaten nach Art. 11 I frei, unabhängig von der Richtlinie zusätzliche Arbeitnehmerschutzinstrumente bei Zahlungsunfähigkeit von Arbeitgebern zu entwickeln (→ Art. 11 Rn. 1). Soweit sie aber die in der Richtlinie vorgezeichneten Garantieeinrichtungen nutzen wollen, bedingt schon deren Gestaltung (→ Art. 5 Rn. 3), dass Garantieleistungen nur nach einem besonders geregelten Verfahren erbracht werden können, welches dann schon nach rechtsstaatlichen Grundprinzipien eine Feststellung des Garantiefalls und also der Zahlungsunfähigkeit erfordert. Letztlich behandelt Abs. 4 UAbs. 1 einen Sonderfall für den Arbeitnehmer günstigerer Regelungen iSd Art. 11. 18

Deutschland hat von der Option des Abs. 4 zweifach Gebrauch gemacht und den Insolvenzgeldschutz in § 165 I 2 Nr. 2 und Nr. 3 SGB III auch auf Fälle erstreckt, in denen die Insolvenzeröffnung nach § 26 InsO mangels Masse abgelehnt wird oder ein Unternehmen die Betriebstätigkeit im Inland vollständig beendet hat und ein Insolvenzantrag mangels Masse offensichtlich keine Erfolgsaussichten hätte. In beiden Konstellationen fehlt es an den 19

Voraussetzungen des Abs. 1: Bei der Abweisung eines Insolvenzantrags mangels Masse wird die Einstellung der Betriebstätigkeit nicht festgestellt (→ Rn. 7), bei § 165 I 2 Nr. 3 SGB III wird ein Insolvenzverfahren nicht beantragt.

Kapitel II. Vorschriften über die Garantieeinrichtungen

Art. 3 [Maßnahmen der Mitgliedstaaten]

Die Mitgliedstaaten treffen die erforderlichen Maßnahmen, damit vorbehaltlich des Artikels 4 Garantieeinrichtungen die Befriedigung der nicht erfüllten Ansprüche der Arbeitnehmer aus Arbeitsverträgen und Arbeitsverhältnissen sicherstellen, einschließlich, sofern dies nach ihrem innerstaatlichen Recht vorgesehen ist, einer Abfindung bei Beendigung des Arbeitsverhältnisses.

Die Ansprüche, deren Befriedigung die Garantieeinrichtung übernimmt, sind die nicht erfüllten Ansprüche auf Arbeitsentgelt für einen Zeitraum, der vor und/oder gegebenenfalls nach einem von den Mitgliedstaaten festgelegten Zeitpunkt liegt.

Übersicht

	Rn.
A. Schutzkonzept und Ermächtigungsgrundlage	1
B. Gesicherte Ansprüche	7
I. Arbeitsentgelt	10
II. Abfindungen	22
III. Garantiezeitraum	27

A. Schutzkonzept und Ermächtigungsgrundlage

1 Art. 3 ist die **Zentralvorschrift** der Richtlinie und gibt das Schutzkonzept vor. Die Erfüllung bestimmter offener Ansprüche aus dem Arbeitsverhältnis (→ Art. 4 Rn. 5) muss durch **Garantieeinrichtungen** sichergestellt werden. Die Mitgliedstaaten müssen entsprechende Garantieeinrichtungen vorhalten.

2 Damit verfolgt die Richtlinie für den Schutz der Arbeitnehmer bei Zahlungsunfähigkeit ihres Arbeitgebers einen **sozialrechtlichen Schutzansatz.** Das Ausfallrisiko der Arbeitnehmer wird wenigstens teilweise sozialisiert und damit unabhängig vom Ausgang des Gesamtverfahrens abgesichert. In den Worten des EuGH (etwa 17.11.2011 – C-435/10 Rn. 27 – van Ardennen, NZA 2012, 27 mwN) liegt die soziale Zweckbestimmung der Richtlinie darin, allen Arbeitnehmern durch die Befriedigung nicht erfüllter Ansprüche aus Arbeitsverträgen oder Arbeitsverhältnissen, die sich auf Arbeitsentgelt für einen bestimmten Zeitraum beziehen, auf der Ebene der Europäischen Union einen Mindestschutz (→ Art. 11 Rn. 1) bei Zahlungsunfähigkeit des Arbeitgebers zu garantieren. Für diesen Sonderschutz sprechen sozialpolitisch die besondere Schutzbedürftigkeit des Arbeitsentgelts, das für den Arbeitnehmer typischerweise die Existenzgrundlage bildet, aber auch das besondere Risiko der Arbeitnehmer als Gläubiger: Sie sind vielfach vorleistungspflichtig (vgl. im deutschen Recht § 614 BGB; dazu MüKoBGB/*Müller-Glöge* § 614 Rn. 1), leisten dann der Sache nach auf (regelmäßig ungesicherten) Kredit und sind in der Folge besonders gefährdet, wenn der Arbeitgeber seine Verbindlichkeiten nicht bedienen kann.

3 In der Konsequenz liegt ein starker Anreiz (aber kein unionsrechtlicher Zwang) für die Mitgliedstaaten, den Sozialschutz weitgehend aus dem Insolvenzrecht zu entfernen: Einen solchen Paradigmenwechsel hat das deutsche Recht mit dem Übergang von der KO zur InsO vollzogen und die Vorrechte der Arbeitnehmer im Gesamtvollstreckungsrecht zugunsten der sozialrechtlichen Sicherung qua Insolvenzgeld abgeschafft (vgl. die Begründung zum RegE-

InsO, BT-Drs. 12/2443, 76; dazu *Huber* NJW 2009, 1928 [1929 f.]). Anders gewendet erlaubt es das unionsrechtliche Schutzkonzept, gesicherte Forderungen aus Arbeitsverhältnissen vollständig oder teilweise aus dem Gesamtverfahren auszublenden und so – zulasten der öffentlichen Kassen – die Verteilungsmasse zu mehren. Das deutsche Recht nutzt diese Option, die Insolvenzmasse zu entlasten: Zwar gehen insolvenzgeldgesicherte Entgeltansprüche durch Legalzession nach § 169 SGB III auf die Bundesagentur über. Deren Ansprüche können aber lt. § 55 III 1 InsO nur als Insolvenzforderung geltend gemacht werden, werden also nur mit der Quote bedient, ohne dass es auf die insolvenzrechtliche Qualifikation des Entgeltanspruchs beim Arbeitnehmer ankäme (näher MüKoInsO/*Hefermehl* § 55 Rn. 234 ff.). Europarechtlich zwingend ist dabei weder der Anspruchsübergang noch die Rechtsstellung des Zessionars im Insolvenzverfahren: Möglich wäre insbesondere, die von der Garantie gedeckten (→ Art. 4 Rn. 17) Ansprüche mit der Garantieleistung untergehen zu lassen. Eine mit Rücksicht auf den Schutzzweck der Richtlinie überschießende und unzulässige Begünstigung des Arbeitnehmers läge hingegen darin, diesem eine durchsetzbare Forderung gegen den Arbeitgeber auch insoweit zu belassen, als er Garantieleistungen erhält.

Andererseits hindert die Richtlinie – schon mit Blick auf den Mindestharmonisierungsansatz (→ Art. 11 Rn. 1) – die Mitgliedstaaten nicht, garantiegeschützte Arbeitnehmeransprüche zusätzlich im Gesamtvollstreckungsverfahren zu privilegieren. Praktisch wird das etwa, wenn ein im nationalen Recht zulässigerweise verlangter Antrag auf die Garantieleistung (→ Art. 4 Rn. 13 ff.) nicht gestellt wird. Entsprechende Sonderrechte können freilich nicht als werthaltige Sicherheiten eingestuft werden, die dann den Garantieschutz in Frage stellten (→ Rn. 20). Schon weil die Befriedigungsaussichten auch bevorrechtigter Forderungen im Insolvenzverfahren ex ante hinreichend absehbar sind, müssen Garantie und Insolvenzvorrecht unabhängig nebeneinander stehen. 4

Entsprechend dem sozialpolitischen Schutzansatz ist die Richtlinie auf die **Ermächtigungsgrundlage** in Art. 137 II EGV-Nizza (heute: Art. 153 II AEUV) gestützt (zu der zweifelhaften Zuordnung der Vorgängerreglung *Riesenhuber* § 25 Rn. 4). Der Schutz der Arbeitnehmer bei Zahlungsunfähigkeit ihres Arbeitgebers betrifft den sozialen Schutz der Arbeitnehmer iSd Art. 137 I lit. c Alt. 2 EGV-Nizza, so dass die Union nach Art. 137 II 1 lit. b EGV-Nizza **Mindestvorgaben** durch eine Richtlinie erlassen konnte. Die Ermächtigungsgrundlage deckt nicht nur die eigentlichen Sozialschutzbestimmungen der Richtlinie, sondern auch Annexregelungen wie Art. 10. 5

Die Richtlinie hat ihre Vorgänger-Regelung, die RL 80/987/EWG v. 20.10.1980 (ABl. Nr. L 283, 23) in der (wesentlich geänderten) Fassung der RL 2002/74/EG v. 23.9.2002 (ABl. Nr. L 270, 10), abgelöst; Ziel dabei war gem. dem Erwägungsgrund 1, durch eine konsolidierte Fassung Übersichtlichkeit herzustellen. Für Verweisungen in anderen Rechtsakten gilt nach Art. 16 II (→ Art. 16 Rn. 1) die Entsprechungstabelle in Anhang II. Weil das Konzept des Garantieschutzes für offene Ansprüche auf Arbeitsentgelt die Auswechslung der Rechtsgrundlage ebenso unverändert überstanden hat wie einige Vorschriften, kann auf die zur RL 80/987/EWG ergangene umfangreiche Rechtsprechung des EuGH – zumindest in weiten Teilen – auch heute noch zurückgegriffen werden. 6

B. Gesicherte Ansprüche

Garantieren müssen die von den Mitgliedstaaten vorgehaltenen Einrichtungen nach Abs. 2 Ansprüche auf **Arbeitsentgelt** einschließlich gesetzlicher **Abfindungen** (vgl. Abs. 1). Dabei bestimmt sich die Qualifikation von Arbeitnehmer-Ansprüchen als „Arbeitsentgelt" nach nationalen Recht, Art. 2 II UAbs. 1 (→ Art. 2 Rn. 15). Das bedeutet insbesondere, dass für die Richtlinie nicht die weite (insbesondere vom EuGH weit ausgelegte) Entgeltdefinition des Art. 157 II AEUV (zu dieser etwa ErfK/*Schlachter* AEUV Art. 157 Rn. 7 f.) maßgebend ist. 7

8 Auch mit Blick auf den **Entgeltbegriff** (zum Arbeitnehmerbegriff → Art. 2 Rn. 10 ff.) gilt, dass das mitgliedstaatliche Recht für die Umsetzungsvorschriften nicht zwingend auf den jeweiligen nationalen arbeits- oder steuerrechtlichen Entgeltbegriff zurückgreifen muss. Zum Problem wird ein eigenständiger Entgeltbegriff für den Garantieschutz aber dann, wenn er einen allg. Entgeltbegriff einengt und damit den von der Richtlinie eingeforderten Mindestschutz gefährdet. Der EuGH prüft diese Schranken der nationalen Gestaltungsfreiheit als Frage der Berücksichtigung der Unionsgrundrechte, insbesondere des allg. Grundsatzes der Gleichheit und Nichtdiskriminierung (EuGH 12.12.2002 – C-442/00 Rn. 29 ff. – Rodríguez Caballero, NZA 2003, 211).

9 Aus der Perspektive der Richtlinie unbedenklich sind nationalrechtliche Beschränkungen des geschützten Entgelts dann, wenn der Schutz des Arbeitnehmers nicht berührt ist. So können Entgeltbestandteile von der Garantie ausgenommen werden, die dem Arbeitnehmer nach nationalem Recht ohnehin nicht verbleiben würden, solange zugleich sichergestellt ist, dass ihm die Garantieleistung uneingeschränkt zur Verfügung steht. Dass Art. 6 die sozialversicherungsrechtlichen Arbeitnehmerbeiträge grds. dem geschützten Entgelt zuschlägt (→ Art. 6 Rn. 1), ist kein Gegenargument, sondern eine Sonderregelung, die an der grds. Definitionshoheit der Mitgliedstaaten hinsichtlich des Entgeltbegriffs nichts ändert. IdS ist das Mindestschutzniveau der Richtlinie nicht tangiert, wenn in Deutschland § 167 SGB III den Insolvenzgeldschutz auf das **Nettoentgelt** begrenzt (vgl. SG Speyer 16.10.2013 – S 1 AL 411/12, infoalso 2014, 77 [78]) und eine Garantie der gesetzlichen Abzüge ausschließt, weil das ausgezahlte Insolvenzgeld nach § 3 Nr. 2 (ab VZ 2015: Buchst. b) EStG steuerfrei bleibt und die Bundesagentur die Sozialabgaben trägt (→ Art. 6 Rn. 5). Andernfalls stünde der Arbeitnehmer mit Blick auf die garantiegeschützten Ansprüche sogar besser als außerhalb der Insolvenz. Die Richtlinie zwingt auch nicht dazu, dem Arbeitnehmer eine Restforderung iHd Deltas zwischen Brutto und Netto zu belassen (in Deutschland wird darüber gestritten, ob die Legalzession des § 169 S. 1 SGB III dieses Delta erfasst; dafür BAG 25.6.2014 ZInsO 2014, 2325 Rn. 20 ff.; BSG 20.6.2001 BeckRS 2001, 41406; Kreikebohm/*Mutschler* SGB III § 169 Rn. 2; dagegen etwa Gagel/*Peters-Lange* SGB III § 169 Rn. 8 ff.), solange auf die Garantieleistung keine Steuern und Abgaben mehr anfallen. Umgekehrt wird das von der Richtlinie avisierte Mindestschutzniveau verfehlt, wenn die Garantieleistung dem Arbeitnehmer nicht voll zur Verfügung steht, sondern mit Abgaben belastet wird. Praktisch werden kann das etwa bei im Ausland steuerpflichtigen Arbeitnehmern („Grenzgänger"), deren Abgabenlast bei der Bemessung der Garantieleistung berücksichtigt werden muss (aus der Perspektive der Arbeitnehmerfreizügigkeit BAG 25.6.2014 ZInsO 2014, 2325 Rn. 32 ff.).

I. Arbeitsentgelt

10 Gesichert sind damit zunächst alle Ansprüche, die das mitgliedstaatliche Arbeitsrecht als Gegenleistung für erbrachte und zu erbringende Arbeit einstuft. Dazu gehört in jedem Fall das **laufende Entgelt,** einschließlich der **Entgeltfortzahlung,** etwa bei Urlaub, Krankheit oder Feiertagen.

11 Auch **Sonderzahlungen** in Form von Einmalzahlungen sind Arbeitsentgelt idS, hier liegt das Problem (nur) in der zeitlichen Zuordnung zum Garantiezeitraum (→ Art. 4 Rn. 6 ff.). Entsprechendes gilt für **variable Vergütungen,** etwa Tantiemen oder Provisionen.

12 Daneben hindert die Richtlinie eine weite Auslegung des Begriffs „Arbeitsentgelt" nicht, gibt insbesondere keine zwingende Beschränkung auf unmittelbar im Gegenseitigkeitsverhältnis zur Arbeitsleistung stehende Leistungen des Arbeitgebers vor. Unbedenklich ist es in diesem Zusammenhang etwa, wenn das nationale Recht auch **Aufwendungsersatzansprüche** des Arbeitnehmers im Zusammenhang mit der Arbeitstätigkeit als geschützte Entgelte wertet (vgl. BSG 8.9.2010 NZA-RR 2011, 437 Rn. 19: Kosten für Reparatur des Dienstwagens).

Soweit **Naturalvergütungen** als Bestandteil des Arbeitsentgelts geschuldet werden, ist 13 auch deren Erfüllung zu garantieren. Die Richtlinie verhält sich nicht dazu, ob solche Ansprüche kapitalisiert werden dürfen. Mit Blick auf den wirtschaftlich ausgerichteten Schutzzweck bestehen gegen eine entsprechende Umrechnung indes keine Bedenken.

Demgegenüber zielen **Nebenforderungen** (etwa auf Zinsen für offene Entgeltansprü- 14 che) gerade nicht darauf, Arbeitsleistung zu vergüten, und stehen in keinem Zusammenhang zur ausgeübten Tätigkeit (vgl. BSG 7.10.2009 NZI 2010, 873 Rn. 15). Für derartige Ansprüche schreibt die Richtlinie keine Garantie vor, das nationale Recht kann freilich auch insoweit über den zwingenden Mindestschutz hinausgehen. Entsprechendes gilt für **Entschädigungsleistungen,** selbst wenn sie auf Schadensersatz iHd ausgefallenen Arbeitsentgelts gerichtet sind (zu einem Schadensersatzanspruch wegen überlanger Dauer von Kündigungsschutzverfahren nach spanischem Recht EuGH 10.7.2014 – C-198/13 Rn. 38 ff. – Julian Hernández ua, EuZW 2014, 795).

Dasselbe gilt für Ansprüche der Arbeitnehmer iRd (über)**betrieblichen Altersversor-** 15 **gung.** Hier belegt schon die Sonderregelung in Art. 8 (→ Art. 8 Rn. 1 ff.), dass das allg. Schutzkonzept der Richtlinie insoweit nicht greifen soll; sinnvoll ist dieser Sonderweg, weil die europäischen Arbeitsrechte den Entgeltcharakter dieser Ansprüche unterschiedlich bewerten (EAS/*Weber* B 3300 Rn. 27). Zugleich bestätigt die Sonderregelung für Versorgungsansprüche, dass die Richtlinie nicht mit dem Entgeltbegriff des Art. 157 AEUV operiert (→ Rn. 7); dort hat der EuGH den Entgeltgleichheitsgrundsatz gerade auf Betriebsrenten ausgedehnt (ErfK/*Schlachter* AEUV Art. 157 Rn. 25 mwN).

Zu **Abfindungen** → Rn. 22 ff. 16

Gesichert sind die Ansprüche nur, soweit sie **noch nicht erfüllt** wurden, und sich einem 17 von den Mitgliedstaaten festgelegten Zeitraum (→ Rn. 27 ff.) zuordnen lassen. Da das nationale Recht bestimmt, welche Ansprüche als Arbeitsentgelt einzuordnen sind und damit der von der Richtlinie vorgeschriebenen Sicherung unterfallen, wäre es folgerichtig, auch die Erfüllung nach nationalem Recht zu beurteilen. Indes hat der EuGH (11.9.2003 – C-201/01 Rn. 32 – Walcher, NZI 2003, 670) die Definition des nicht erfüllten Anspruchs an sich gezogen, geht also von einem einheitlich unionsrechtlich bestimmten Begriff aus. Praktisch geworden ist das bislang mit Blick auf Teilleistungen (→ Art. 4 Rn. 8) und Einwendungen (→ Rn. 19). Demgegenüber unterliegen Verjährung und gerichtliche Durchsetzung der Ansprüche nur dem nationalen Recht (EuGH 16.7.2009 – C-69/08 Rn. 30 – Visciano, Slg. 2009, I-6741).

Für **Teilleistungen** des Arbeitgebers hat der EuGH (14.7.1998 – C-125/97 Rn. 19 ff. – 18 Regeling, NZA 1998, 1109) einen unionsrechtlich begründeten Vorrang der Anrechnung auf ungesicherte Forderungen des Arbeitnehmers entwickelt. Das wesentliche Argument ist, dass das nationale Recht den von der Richtlinie eingeforderten Mindestschutz nicht durch gesetzliche (oder mittelbar durch die Erlaubnis vertraglicher) Tilgungsbestimmungen unterlaufen darf (→ Art. 4 Rn. 8).

Die nicht erfüllten Ansprüche des Arbeitnehmers müssen **durchsetzbar** sein. Zweck der 19 Richtlinie ist es, das insolvenzbedingte Ausfallrisiko der Arbeitnehmer (→ Rn. 2) abzusichern; demgegenüber kann es nicht darum gehen, dauerhaft einredebehaftete oder (anders als durch Erfüllung → Rn. 17) untergegangene Ansprüche der Arbeitnehmer „wiederzubeleben". Andererseits hat der EuGH (11.9.2003 – C-201/01 Rn. 33 – Walcher, NZI 2003, 670) Entgeltansprüche eines Gesellschafter-Arbeitnehmers als nicht erfüllt angesehen, die nach den österreichischen Eigenkapitalersatzregeln nicht mehr durchsetzbar gewesen wären. Entscheidend muss es mit Blick auf den Schutzzweck der Richtlinie darauf ankommen, ob „eine Verbindung zwischen der Zahlungsunfähigkeit und den unbefriedigten Ansprüchen auf Arbeitsentgelt" besteht (EuGH 28.11.2013 – C-309/12 Rn. 34 – Gomes Viana Novo ua, DZWIR 2014, 115), also ein **Kausalzusammenhang** zwischen Zahlungsunfähigkeit und Zahlungsausfall. Ob die Nichtleistung des Arbeitgebers dann auf die fehlende finanzielle Leistungsfähigkeit oder auf krisenbedingte Einwendungen zurückgeht, spielt demgegenüber keine Rolle. Mithin greift die Garantie nicht bei schlichter Zahlungsunwilligkeit des

Arbeitgebers, die durch Einzelzwangsvollstreckung überwunden werden könnte (EuGH 28.11.2013 – C-309/12 Rn. 34 ff. – Gomes Viana Novo ua, DZWIR 2014, 115). Freilich dürften die Mitgliedstaaten einen idS überschießenden Schutz der Arbeitnehmer (will sagen: ohne Rücksicht auf eine kausale Verbindung zwischen Zahlungsunfähigkeit und Forderungsausfall) nach Art. 11 anordnen (*Gräf* EuZA 2014, 362 [373]).

20 Ausscheiden muss die Garantie auch in dem – freilich eher praxisfernen – Fall einer vollständigen und werthaltigen **Sicherung der Entgeltansprüche.** Hier lässt sich zwar der Kausalzusammenhang zwischen Forderungsausfall und Zahlungsunfähigkeit nicht bestreiten, es fehlt aber die für den Schutzzweck der Richtlinie typische Gefährdungslage, wenn Arbeitnehmer ihre offenen Forderungen unproblematisch aus einer anderweitigen Sicherheit befriedigen können.

21 Verfügungen über gesicherte Ansprüche schränkt die Richtlinie nicht ein. Soweit das nationale Recht eine **Abtretung** dieser Ansprüche zulässt (vgl. zur Abtretbarkeit von Ansprüchen auf Arbeitsentgelt im deutschen Recht ErfK/*Preis* BGB § 611 Rn. 460 ff.), kommt dann ggf. ein Nicht-Arbeitnehmer in den Genuss der Garantie. Entsprechendes gilt für die **Pfändung** gesicherter Entgeltansprüche. Ebenso wenig hindert die Richtlinie Abtretung oder Pfändung des Anspruchs gegen die Garantieeinrichtung.

II. Abfindungen

22 Mit Blick auf Abfindungen ist zu differenzieren: Soweit Abfindungen (unabhängig von ihrer Rechtsgrundlage) **Entgeltbestandteile** aufweisen, sind sie schon als „Arbeitsentgelt" gesichert.

23 Die eigentliche **Ausgleichszahlung für den Arbeitsplatzverlust** ist hingegen gerade keine Gegenleistung für die erbrachte/geschuldete Arbeit. Von Unionsrechts wegen zu schützen ist sie daher nur, wenn das innerstaatliche Recht diesen Garantieschutz vorsieht. Der EuGH (7.9.2006 – C-81/05 Rn. 30 f. – Cordero Alonso, NZA 2006, 1347; bestätigt 21.2.2008 – C-498/06 Rn. 29 – Robledillo Núñez, AP RL 80/987/EWG Nr. 3) interpretiert den Nebensatz „sofern dies nach [...] innerstaatlichen Recht vorgesehen ist" dahin, dass die Mitgliedstaaten darüber entscheiden könnten, ob sie den Insolvenzschutz auf Abfindungsansprüche erstrecken. Dem wird entgegengehalten, dass eine solche Regelung neben der allg. Erlaubnis des Art. 11 I (→ Art. 11 Rn. 1), Arbeitnehmer gegenüber den Mindestvorgaben der Richtlinie besser zu stellen, keinen eigenständigen Regelungsgehalt aufweise; richtigerweise sei die Richtlinie dahin auszulegen, dass gesetzlich vorgeschriebene Abfindungsansprüche zwingend in den Insolvenzschutz einzubeziehen sind (etwa Gagel/*Peters-Lange* SGB III § 166 Rn. 5 e ff.). Freilich fehlt ein teleologisch überzeugender Grund für die Sonderbehandlung gerade gesetzlicher Abfindungsansprüche; besonderen Missbrauchsgefahren bei frei vereinbarten Abfindungszahlungen können die Mitgliedstaaten nach Art. 12 (→ Art. 12 Rn. 1 ff.) begegnen.

24 Das gilt umso mehr, als der EuGH (12.12.2002 – C-442/00 Rn. 29 ff. – Rodríguez Caballero, NZA 2003, 211; 7.9.2006 – C-81/05 Rn. 36 ff. – Cordero Alonso, NZA 2006, 1347) aus dem unionsrechtlichen Gleichheitssatz ableitet, dass der Insolvenzschutz für Abfindungen grds. (zur Mißbrauchsabwehr aber → Art. 12 Rn. 4) nicht nach deren Rechtsgrundlage (gesetzlicher Anspruch, Individual- oder Kollektivvertrag, gerichtlicher Vergleich, etc.) differenziert werden kann. IdS gleichheitswidrige Vorschriften des nationalen Rechts dürfen Gerichte nicht anwenden (EuGH 12.12.2002 – C-442/00 Rn. 42 f. – Rodríguez Caballero, NZA 2003, 211); es kommt – jedenfalls bis zur ordnungsgemäßen Umsetzung der Richtlinie – zur unionsrechtlich zwingenden Anpassung nach oben (EuGH 17.1.2008 – C-246/06 Rn. 38 – Velasco Navarro, NZA 2008, 287 mwN). Diese unionsrechtlich fundierte **Gleichbehandlungspflicht** überzeugt mit Blick auf die gleiche Gefährdungslage der Arbeitnehmer. Der Regelungsgehalt des Art. 3 I liegt mit Blick auf Abfindungen also vor allem darin, dass die Mitgliedstaaten mit einer entsprechenden Regelung nicht nur die eigene Garantieeinrichtung verpflichten (das erlaubte in der Tat bereits Art. 11 I), sondern

zugleich die internationalrechtlichen Wirkungen der Art. 9 ff. auslösen, die einer rein nationalrechtlichen Besserstellung nach Art. 11 I abgehen (→ Art. 9 Rn. 4).

Für die **zeitliche Zuordnung** von Abfindungen zum Garantiezeitraum gilt das → Art. 4 Rn. 6 ff. Gesagte entsprechend. 25

In **Deutschland** schließt § 166 I Nr. 1 SGB III einen Insolvenzgeldschutz für Abfindungen aus, soweit diese nicht als Entgelt qualifizieren. Dieser vollständige Ausschluss ist mit der Richtlinie vereinbar, auch wenn man § 1a KSchG als gesetzlichen Abfindungsanspruch einstufen wollte (**aA** Gagel/*Peters-Lange* SGB III § 166 Rn. 5a f.). 26

III. Garantiezeitraum

Mit Blick auf den **Garantiezeitraum,** der die gesicherten Ansprüche der Arbeitnehmer von den ungesicherten scheidet, lässt die Richtlinie den Mitgliedstaaten viel Spielraum. Abs. 2 sagt, dass die Mitgliedstaaten einen Zeitpunkt „frei" festlegen, vor und/oder nach dem die Garantie greifen muss (EuGH 18.4.2013 – C-247/12 Rn. 39 ff. – Mustafa, NZA 2013, 609; 28.11.2013 – C-309/12 Rn. 25 – Gomes Viana Novo ua, DZWIR 2014, 115). Wie dieser **Bezugszeitpunkt** festzulegen ist, sagt die Richtlinie nicht. Der Sache nach geht es um einen „Stichtag" für den Eintritt der Zahlungsunfähigkeit des Arbeitgebers, also einen insolvenzrechtlich determinierten Zeitpunkt, der sinnvoll nur an einer Zäsur des Insolvenzverfahrens (Antrag, Entscheidung über den Antrag, etc.) festgemacht werden kann („Insolvenzereignis"). Auch den **Bezugszeitraum** iSd Abs. 2 können die Mitgliedstaaten frei bemessen, allerdings wechselwirkt diese Festsetzung mit den Einschränkungsmöglichkeiten nach Art. 4 II (→ Art. 4 Rn. 3 ff.). Unproblematisch ist es, wenn Mitgliedstaaten nicht ausdrücklich einen Bezugszeitraum vorgeben, sondern nur ein Anfangs- und/oder Enddatum für die Berechtigung von Ansprüchen (zu den unterschiedlichen Modellen vgl. den Bericht der Kommission in KOM [2011] 84 endg., 5). Dass der Bezugszeitraum sich vom Bezugszeitpunkt aus nur in eine Richtung erstrecken muss, heißt zugleich, dass die Richtlinie keine Garantie für Ansprüche der Arbeitnehmer aus jedem Abschnitt des Insolvenzverfahren verlangt (EuGH 18.4.2013 – C-247/12 Rn. 38 ff. – Mustafa, NZA 2013, 609). 27

Diese wenig konturierte Vorgabe des Abs. 2 ist die wesentliche Änderung, die gegenüber der ursprünglichen Fassung der **Vorgänger-Richtlinie** 80/987/EWG vorgenommen wurde. Dort konnten die Mitgliedstaaten aus drei verschiedenen Modellen wählen, von welchem Zeitpunkt an der Garantiezeitraum zu bemessen ist. Die Liberalisierung dieses vergleichsweise engen Ansatzes sollte zumindest auch deutschen Interessen entgegenkommen (*Peters-Lange* ZIP 2003, 1877 [1879]). Das deutsche Recht sieht als garantieauslösendes Insolvenzereignis seit jeher in erster Linie die Entscheidung über den Insolvenzantrag (oder die hypothetische Abweisung eines nicht gestellten Antrags bei Betriebseinstellung im Inland); das Insolvenzgeld sichert die drei Monate vor dieser Entscheidung. In der Insolvenzpraxis wurde und wird das Insolvenzgeld regelmäßig vorfinanziert (gesichert durch die Insolvenzgeldansprüche der Arbeitnehmer), um die Fortführung der Betriebstätigkeit in einem Eröffnungsverfahren zu finanzieren, das möglichst auf eben die drei gesicherten Monate begrenzt wird. Damit gewinnt das als Sicherung der Arbeitnehmeransprüche gemeinte Insolvenzgeld auch als Sanierungsinstrument eine herausgehobene Bedeutung. Der EuGH (15.5.2003 – C-160/01 Rn. 22 ff. – Mau, EuZW 2003, 434) hat jedoch betont, dass das (frühere) Gemeinschaftsrecht verlangte, den Garantiezeitraum vom Insolvenzantrag (als dem Zeitpunkt des unionsrechtlich zu bestimmenden Eintritts der Zahlungsunfähigkeit → Art. 7 Rn. 4) an zu bemessen. Soweit die deutsche Regierung das Insolvenzgeld auch als Sanierungsinstrument einsetzen wolle, könne und müsse sie den Garantiezeitraum entsprechend verlängern. Freilich war schon im Zeitpunkt der Mau-Entscheidung des EuGH 2003 angesichts einer Änderung der Richtlinie klar, dass die deutschen Vorschriften nicht angepasst werden müssen. Eventuelle Ansprüche von Arbeitnehmern auf der Basis der unzureichend umgesetzten damaligen Richtlinie bestehen heute nicht mehr; an der Ver- 28 einbarkeit des § 165 SGB III mit der Richtlinie (in aktueller Fassung) bestehen keine Zweifel.

29 Die Richtlinie verhält sich nicht zu der Frage, ob (und ggf. mit welchen Folgen) **mehrere Insolvenzereignisse** zusammentreffen können. Lediglich der 4. Erwägungsgrund besagt unklar, dass „die Mitgliedstaaten, um zu bestimmen, ob die Garantieeinrichtung zu einer Zahlung verpflichtet ist, vorsehen können [sollten], dass für den Fall, dass das Vorliegen einer Insolvenz zu mehreren Insolvenzverfahren führt, die Situation so behandelt wird, als handelte es sich um ein einziges Insolvenzverfahren." Eine echte Harmonisierung ist insoweit schwer vorstellbar, da die praktische Relevanz des Problems stark von der Wahl des Bezugsraums durch den jeweiligen Mitgliedstaat abhängt. Insofern ist es unionsrechtlich zulässig, wenn das nationale Recht nur eines von mehreren sachlich verbundenen Insolvenzereignissen als maßgebend ansieht (vgl. zum deutschen Recht Gagel/*Peters-Lange* SGB III § 165 Rn. 52 mwN). Demgegenüber unvereinbar mit dem Sozialschutzzweck der Richtlinie wäre eine nationale Regelung, die einen erneuten Insolvenzgeldanspruch des Arbeitnehmers verneint, obwohl die Zahlungsunfähigkeit zwischenzeitlich weggefallen war.

30 Entscheidend ist freilich, welche Anforderungen an die (zwischenzeitliche) Wiederherstellung der Zahlungsfähigkeit zu stellen sind. Deutsche Instanzgerichte haben die Richtlinie angesichts des 4. Erwägungsgrundes so interpretiert, dass der nationale Gesetzgeber durch eine entsprechende Rechtsvorschrift von der Option Gebrauch machen müsse, mehrere „formelle" Insolvenzereignisse insolvenzgeldrechtlich zu einem zusammenzufassen (SächsLSG 9.3.2011 NZI 2011, 608 [610 ff.]; 9.3.2011 BeckRS 2011, 72834; zust. SG Karlsruhe 8.5.2012 NZS 2012, 916 [916 f.]; *Frank/Heinrich* NZI 2011, 569 [571 ff.]; MüKoInsO/*Stephan* § 260 Rn. 21 f.). Damit bedeutete jeder ordnungsgemäße Abschluss eines ersten Verfahrens die Wiederherstellung der Zahlungsfähigkeit iSd Richtlinie, ohne dass es auf eine materielle Prüfung ankäme. Diese rein verfahrensrechtliche Perspektive entspricht dem formellen Begriff der Zahlungsunfähigkeit nach Art. 2 I (→ Art. 2 Rn. 6). Das BSG (6.12.2012 NZA-RR 2013, 434 Rn. 22; 6.12.2012 NZI 2013, 454 Rn. 24; weiter LSG NRW 10.4.2014 ZIP 2014, 1602 [1604]) zieht den Gegenschluss aus dem 4. Erwägungsgrund indes nicht, geht vielmehr davon aus, dass das mitgliedstaatliche Recht auch „ohne ausdrückliche Neuregelung" aufeinanderfolgende Insolvenzereignisse bei fortdauernder Zahlungsunfähigkeit als einheitlich behandeln darf. Im Ergebnis hängt ein erneuter Insolvenzgeldanspruch dann davon ab, ob die Zahlungsfähigkeit material wiederhergestellt war. Diese materiale Betrachtung ist trotz der formellen Definition der Zahlungsunfähigkeit in Art. 2 I geboten. Der EuGH (28.11.2013 – C-309/12 Rn. 34 – Gomes Viana Novo ua, DZWIR 2014, 115) hat in anderem Zusammenhang (→ Rn. 19) richtig betont, dass der Mindestschutz der Richtlinie Kausalität zwischen der Zahlungsunfähigkeit des Arbeitgebers und dem Zahlungsausfall beim Arbeitnehmer voraussetzt. Das kann bei zwei Insolvenzereignissen nur bedeuten, dass eine zweite Garantie einen solchen Zusammenhang zwischen gerade der zweiten Zahlungsunfähigkeit und der Nichterfüllung von Arbeitnehmeransprüchen erfordert. Daran fehlt es, wenn material die Zahlungsfähigkeit nicht wiederhergestellt war (näher *Kolbe* ZInsO 2014, 2155 [2157 f.]). Dass damit Schutzlücken für Arbeitnehmer auftreten können, die diese Frage in der Praxis kaum sicher beurteilen können, betrifft nicht das Mindestschutzniveau der Richtlinie, kann also – muss aber nicht – von den Mitgliedstaaten mit günstigeren Schutzvorschriften iSd Art. 11 aufgefangen werden.

Art. 4 [Begrenzung der Garantieeinrichtungen]

(1) Die Mitgliedstaaten können die in Artikel 3 vorgesehene Zahlungspflicht der Garantieeinrichtungen begrenzen.

(2) ¹Machen die Mitgliedstaaten von der in Absatz 1 genannten Möglichkeit Gebrauch, so legen sie die Dauer des Zeitraums fest, für den die Garantieeinrichtung die nicht erfüllten Ansprüche zu befriedigen hat. ²Diese Dauer darf jedoch einen Zeit-

raum, der die letzten drei Monate des Arbeitsverhältnisses und die damit verbundenen Ansprüche auf Arbeitsentgelt umfasst und der vor und/oder nach dem Zeitpunkt gemäß Artikel 3 Absatz 2 liegt, nicht unterschreiten.

Die Mitgliedstaaten können festlegen, dass dieser Mindestzeitraum von drei Monaten innerhalb eines Bezugszeitraums von mindestens sechs Monaten liegen muss.

¹Die Mitgliedstaaten, die einen Bezugszeitraum von mindestens 18 Monaten vorsehen, können den Zeitraum, für den die Garantieeinrichtung die nicht erfüllten Ansprüche zu befriedigen hat, auf acht Wochen beschränken. ²In diesem Fall werden für die Berechnung des Mindestzeitraums die für die Arbeitnehmer vorteilhaftesten Zeiträume zugrunde gelegt.

(3) ¹Die Mitgliedstaaten können Höchstgrenzen für die von der Garantieeinrichtung zu leistenden Zahlungen festsetzen. ²Diese Höchstgrenzen dürfen eine mit der sozialen Zielsetzung dieser Richtlinie zu vereinbarende soziale Schwelle nicht unterschreiten.

Machen die Mitgliedstaaten von dieser Befugnis Gebrauch, so teilen sie der Kommission mit, nach welcher Methode sie die Höchstgrenze festsetzen.

A. Zeitliche Begrenzung der Garantie

Abs. 1 erlaubt den Mitgliedsstaaten, den nach Art. 3 verpflichtenden Schutz durch die **Garantie**(einrichtungen) zu **beschränken**. Gemeint ist (nur) eine **zeitliche** Beschränkung, wie sich aus der Zusammenschau mit Abs. 2 und 3 ergibt. Für alle Beschränkungsmöglichkeiten des Art. 4 gilt, dass sie vom EuGH als Ausnahme von der Regelvorgabe des Art. 3 eng ausgelegt werden (EuGH 17.11.2011 – C-435/10 Rn. 34 – van Ardennen, NZA 2012, 27; 28.11.2013 – C-309/12 Rn. 31 – Gomes Viana Novo ua, DZWIR 2014, 115). Dabei ist die Qualifikation von Abs. 1 und 2 als Ausnahmevorschriften insofern zweifelhaft, als Art. 3 II iVm Art. 4 I, II der Sache nach nur verlangen, dass die Mitgliedstaaten selbst den garantiegeschützten Zeitraum festlegen (*Gräf* EuZA 2014, 362 [368]). **1**

Das bedeutet auch, dass neben der zeitlichen Beschränkung der Garantie nach Abs. 1 und der betragsmäßigen nach Abs. 3 **grds. keine anderen Einschränkungen** für die Ansprüche der Arbeitnehmer gegen die Garantieeinrichtungen im nationalen Recht geregelt werden dürfen. Als unzulässig hat der EuGH (17.11.2011 – C-435/10 Rn. 34 ff. – van Ardennen, NZA 2012, 27) bsw. angesehen, dass der Anspruch auf Garantieleistungen pauschal gekürzt wird, wenn sich der Arbeitnehmer nicht binnen einer bestimmten Frist als Arbeitssuchender registrieren lässt, oder dass Drittstaatsangehörige von den Garantieleistungen ausgeschlossen werden, wenn sie sich illegal in einem Mitgliedstaat aufhalten (EuGH 5.11.2014 – C-311/13 Rn. 42 ff. – Tümer, BeckRS 2014, 82309). Eine Ausnahme gilt nur für nationalrechtliche Fristen, die im Rechtssicherheitsinteresse die zeitnahe Geltendmachung unionsrechtlich vorgezeichneter Ansprüche einfordern (→ Rn. 13; zur Abgrenzung zulässiger und unzulässiger nationalrechtlicher Einschränkungen *Klumpp* EuZA 2012, 391 [396 f.]). **2**

Nutzen Mitgliedstaaten die Erlaubnis nach Abs. 1, die Garantie zeitlich zu begrenzen, müssen sie nach **Abs. 2 UAbs. 1 S. 1** die **Dauer des Garantiezeitraums** festsetzen. Mindestvorgabe ist dabei gem. Abs. 2 UAbs. 1 S. 2 ein **Zeitraum von 3 Monaten.** Gemeint sind nicht Kalendermonate, sondern ganze Monate (EuGH 10.7.1997 – C-373/95 Rn. 62 f. – Maso ua, NZA 1997, 988). Anders gewendet verkürzt sich der Garantiezeitraum nicht, wenn das Arbeitsverhältnis während des laufenden Kalendermonats endet. **3**

Dieser **Mindestzeitraum** muss nach Abs. 2 UAbs. 1 S. 2 wenigstens die letzten drei Monate des Arbeitsverhältnisses einschließen. In der Sache betrifft der Mindestzeitraum also die Frage, für welche Phase des Arbeitsverhältnisses die Garantie greifen soll, sobald sie iSd Art. 3 II ausgelöst wird. Der Mindestzeitraum berechnet sich nicht (zwingend) abhängig von dem Bezugszeitpunkt des Art. 3 II (→ Art. 3 Rn. 27), sondern (ggf.) abhängig vom **4**

Arbeitsverhältnis, das auch schon vor dem Bezugszeitpunkt des Art. 3 II beendet sein kann. Die Mitgliedstaaten müssen nicht alle offenen Arbeitnehmer-Ansprüche aus diesem Arbeitsverhältnis garantieren, sondern können diesen Schutz auf die letzten 3 (oder mehr) Monate des rechtlichen Bestands des Arbeitsverhältnisses beschränken. Ist das Arbeitsverhältnis nicht beendet, müssen die „letzten" drei Monate nicht zwingend vom Bezugszeitpunkt des Art. 3 II aus zurückberechnet werden, weil Abs. 2 UAbs. 1 S. 2 es ausdrücklich erlaubt, den Mindestzeitraum nach den Bezugszeitpunkt zu legen. Letztlich zieht erst die Geltendmachung des Garantieanspruchs (faktisch) eine zeitliche Grenze; weiter können die Mitgliedstaaten den Mindestzeitraum nicht hinter den Bezugszeitpunkt verschieben.

5   Das Arbeitsverhältnis, auf dessen letzte Monate es insoweit ankommt, ist nach dem EuGH (15.5.2003 – C-160/01 Rn. 39 ff. – Mau, EuZW 2003, 434) einheitlich unionsrechtlich zu definieren. Mit Blick auf den Schutzzweck der Richtlinie müsse der Mindestzeitraum Zeiten abdecken, in denen (nicht erfüllte) Entgeltansprüche entstehen können. Das heißt ua, dass der Mindestzeitraum bei Ruhensvereinbarungen oder bei Elternzeit die drei Monate vor dem Zeitpunkt erfassen muss, in dem die gegenseitigen Hauptleistungspflichten aus dem Arbeitsverhältnis suspendiert wurden.

6   Soweit Mitgliedstaaten den Garantiezeitraum begrenzen, stellt sich die Frage nach der **zeitlichen Zuordnung** offener Ansprüche zu diesem geschützten Zeitraum. Ausdrückliche Regelungen hierzu kennt die Richtlinie nicht. Immerhin sagt Abs. 2 UAbs. 1 S. 2, dass die Mindestgarantie die letzten drei Monate des Arbeitsverhältnisses und die „damit verbundenen" Ansprüche auf Arbeitsentgelt umfassen muss. Diese Verbindung kann zunächst nach Fälligkeitszeitpunkten bestimmt werden (vgl. etwa EuGH 28.11.2013 – C-309/12 Rn. 28 – Gomes Viana Novo ua, DZWIR 2014, 115); die Mitgliedstaaten können also eine Garantie für Ansprüche vorsehen, die im Garantiezeitraum fällig werden. Dann muss aber wie für Anrechnungsbestimmungen (→ Rn. 8) gelten, dass der Mindestschutz nach der Richtlinie nicht von zufälligen oder bewussten Manipulationen abhängen und also nicht durch Fälligkeitsvereinbarungen ausgehebelt werden darf. Schon vor diesem Hintergrund lässt sich die Richtlinie nicht dahin verstehen, dass sich die zeitliche Zuordnung zwingend nach Fälligkeitsdaten richten müsste. Unionsrechtlich erlaubt ist auch eine alternative Lösung, die (wie etwa das deutsche Recht) – ohne Rücksicht auf Fälligkeit oder aufschiebende Bedingungen – danach fragt, in welchem Zeitraum die offenen Ansprüche entstanden sind, also erarbeitet wurden.

7   Nur bei der zweiten Lösung ergeben sich Sonderprobleme mit Blick auf die Zuordnung einmaliger Zahlungen: Soweit es sich um zusätzliches Arbeitsentgelt handelt, das nur verblockt ausgezahlt wird, kommt es darauf an, ob dieses Entgelt im Garantiezeitraum erarbeitet wurde. IdS kann bspw. eine jährliche Sonderzahlung mit Entgeltcharakter zu je 1/12 auf jeden Monat verteilt werden. Für andere Sonderzuwendungen, etwa Belohnungen für erbrachte Betriebstreue oder Sozialleistungen, kommt es zunächst darauf an, ob das nationale Recht überhaupt den Entgeltcharakter bejaht. Soweit das der Fall ist, muss sich die zeitliche Zuordnung nach der Entstehung des Anspruchs richten, also danach, ob die Anspruchsvoraussetzungen während des Garantiezeitraums erfüllt wurden, etwa ein Stichtag in diesen Zeitraum fällt (zum deutschen Recht BSG 23.6.2006 ZIP 2006, 1822 mwN Rn. 16).

8   Die Zuordnungsfrage stellt sich aber nicht nur für offene Entgeltforderungen, sondern auch mit Blick auf **Teilleistungen des Arbeitgebers**, die zwar nicht alle, aber doch zumindest einige der rückständigen Ansprüche tilgen. Zum Problem wird das, wenn der Arbeitnehmer sowohl garantiegeschützte Ansprüche geltend machen kann als auch ungesicherte. Hier wäre die Anrechnung auf ungesicherte Forderungen für den Arbeitnehmer vorteilhaft, da der Insolvenzgeldschutz die Durchsetzung der geschützten Ansprüche ohnehin garantiert. Umgekehrt ist die Zahlung auf insolvenzgeldgesicherte Ansprüche wirtschaftlich uninteressant, da diese jedenfalls von der Garantieeinrichtung erfüllt werden müssten. Dieser wirtschaftliche Nachteil droht, wenn das nationale Recht oder der Arbeitgeber eine Tilgungsbestimmung vorgeben, nach der Zahlungen vorrangig auf gesicherte

Ansprüche anzurechnen sind. Vor diesem Hintergrund hat der EuGH (14.7.1998 – C-125/97 Rn. 19 ff. – Regeling, NZA 1998, 1109; weiter BSG 25.6.2002 – B 11 AL 90/01, AP § 141a AFG Nr. 3) klargestellt, dass der von der Richtlinie intendierte Mindestschutz nicht von einer zufälligen oder bewussten Tilgungsentscheidung des Arbeitgebers abhängen dürfe; folglich ist eine vorrangige Anrechnung auf die ungesicherten Ansprüche europarechtlich zwingend geboten. Im deutschen Recht entspricht dies dem Gedanken des § 366 II BGB – freilich wäre eine abweichende Tilgungsbestimmung des Arbeitgebers von Unionsrechts wegen unwirksam.

Der EuGH sagt nicht, ab welchem Zeitpunkt die unionsrechtliche Anrechnungsregel für Teilleistungen gelten soll. Richtigerweise kann der Vorrang erst ex post greifen, sobald die Zahlungsunfähigkeit iSd Art. 2 I verfahrensrechtlich festgestellt ist. Selbst wenn ein Gesamtverfahren bereits beantragt ist, kann der Antrag immer noch als unbegründet abgewiesen werden. Eine „prophylaktische" Anrechnung auf potentiell ungesicherte Forderungen kraft Unionsrechts kann die Richtlinie aber schon ihrem Schutzzweck nach nicht verlangen. Mithin entfaltet die nationalrechtlich zulässige Zahlung auf insolvenzgeldgesicherte Forderungen zunächst Erfüllungswirkung; diese Wirkung wird mit Feststellung der Zahlungsunfähigkeit aber beseitigt und der Anspruch lebt wieder auf. **9**

Die Mitgliedstaaten haben nach **Abs. 2 UAbs. 2** die Möglichkeit, den Mindestzeitraum in einen **Bezugszeitraum von mind. 6 Monaten** einzufassen. In der Sache geht es darum, den Mindestzeitraum des Abs. 2 UAbs. 1 (→ Rn. 3 f.) an den Bezugszeitpunkt des Art. 3 II (→ Art. 3 Rn. 27) rückzukoppeln. Entscheiden sich Mitgliedstaaten etwa, nach Abs. 2 UAbs. 1 die Garantie auf die letzten 6 Monate des Arbeitsverhältnisses zu beschränken, dann greift dieser begrenzte Schutz zunächst ohne Rücksicht darauf, wann die Zahlungsunfähigkeit des Arbeitgebers eintritt – etwa auch dann, wenn aus einem bereits seit Jahren beendeten Arbeitsverhältnis bei Eintritt der späteren Zahlungsunfähigkeit noch Forderungen offen sein sollten. Eine Korrektur erlaubt Abs. 2 UAbs. 2, der den Mitgliedstaaten ermöglicht, die Garantie auf „insolvenznahe" Forderungen zu beschränken. Der Garantieanspruch darf dann versagt werden, soweit der Mindestzeitraum nicht in den – vom Bezugszeitpunkt des Art. 3 II aus berechneten – Bezugszeitraum fällt. Seit der EuGH (28.11.2013 – C-309/12 Rn. 34 – Gomes Viana Novo ua, DZWIR 2014, 115) die Richtlinie um ein ungeschriebenes Kausalitätserfordernis ergänzt hat und also einen Zusammenhang zwischen Forderungsausfall und Zahlungsunfähigkeit verlangt (→ Art. 3 Rn. 19), ist die praktische Bedeutung einer solchen formalen „Rückkopplung" nach Abs. 2 UAbs. 2 freilich deutlich eingeschränkt. **10**

Damit ergibt sich ggf. ein gestuftes System von zeitlichen Zäsuren, das den Umfang der unionsrechtlich vorgeschriebenen Garantie bestimmt. Der Bezugszeitpunkt des Art. 3 II (→ Art. 3 Rn. 27), den das nationale Recht gewissermaßen als Stichtag für den Eintritt der Zahlungsunfähigkeit des Arbeitgebers festlegt, gibt vor, wann die Garantie ausgelöst wird. Der Garantiezeitraum des Abs. 2 UAbs. 1 sagt, für welche Phase des Arbeitsverhältnisses offene Entgeltansprüche gesichert werden. Der Bezugszeitraum iSv Art. 3 II, Art. 4 II UAbs. 2 schließt Ansprüche aus der Garantie aus, die (zwar in den Garantiezeitraum fallen, aber) nicht hinreichend nah am Bezugszeitpunkt liegen. Bspw. verkürzt sich der Insolvenzgeldschutz um zwei Monate, wenn von den letzten drei Monaten des Arbeitsverhältnisses als Garantiezeitraum nur einer in den Bezugszeitraum von sechs Monaten vor dem maßgebenden Insolvenzereignis fällt. **11**

Eine Wechselwirkung von Abs. 2 UAbs. 1 und Abs. 2 UAbs. 2 ordnet **Abs. 2 UAbs. 3 S. 1** an: Wählen Mitgliedstaaten einen vergleichsweise langen **Bezugszeitraum** (→ Rn. 10) **von mind. 18 Monaten,** dürfen sie im Gegenzug einen besonders kurzen **Mindestzeitraum** (→ Rn. 4) von nur **acht Wochen** festsetzen. Allerdings zwingt Abs. 2 UAbs. 3 S. 2 dann dazu, den Mindestzeitraum nach den für den Arbeitnehmer günstigsten Zeiträumen zu berechnen. Konkret darf der Mindestzeitraum nicht bsw. auf die letzten acht Wochen des Arbeitsverhältnisses festgelegt werden, sondern muss die acht Wochen im Bezugszeitraum umfassen, denen die höchsten offenen Entgeltforderungen zuzuordnen (→ Rn. 6 f.) sind. **12**

13 Nach dem EuGH (18.9.2003 – C-125/01 Rn. 30 ff. – Pflücke, NZI 2003, 617; 16.7.2009 – C-69/08 Rn. 38 ff. – Visciano, Slg. 2009, I-6741) steht es den Mitgliedstaaten frei, durch **Ausschluss- oder Verjährungsfristen** für die Geltendmachung der Garantieansprüche eine zusätzliche zeitliche Grenze einzuführen. Dabei gelten die allg. Grundsätze für die Einschränkung unionsrechtlich vorgezeichneter Rechte durch nationalrechtliche Fristen, also die Grundsätze der Äquivalenz und der Effektivität (dazu etwa *Kolbe* EuZA 2011, 65 [67] mwN). Die Fristen dürfen also nicht strenger ausfallen als solche für die Geltendmachung vergleichbarer nationalrechtlich fundierter Ansprüche und sie dürfen nicht so knapp (oder so unbestimmt; EuGH 16.7.2009 – C-69/08 Rn. 46 ff. – Visciano, Slg. 2009, I-6741) ausfallen, dass das Unionsrecht faktisch entwertet würde.

14 In **Deutschland** ist die Beschränkung des Garantiezeitraums auf das Minimum der letzten drei Monate des Arbeitsverhältnisses in § 165 I 1 SGB III vorgesehen. Von der Möglichkeit, den Garantiezeitraum durch einen Bezugszeitraum an das Insolvenzereignis rückzukoppeln, hat der deutsche Gesetzgeber indes keinen Gebrauch gemacht. Der Insolvenzgeldschutz erfasst die letzten Monate auch bereits beendeter Arbeitsverhältnisse, unabhängig davon, in welchem zeitlichen Abstand zum Insolvenzereignis das Arbeitsverhältnis beendet wurde (Gagel/*Peters-Lange* SGB III § 165 Rn. 71).

15 Nach § 324 III SGB III vorgesehen ist wiederum eine Frist von zwei Monaten nach dem maßgebenden Insolvenzereignis, binnen derer ein Antrag auf Insolvenzgeld gestellt werden muss. Diese Frist hält sich iRd unionsrechtlich Zulässigen (**aA** *Kasten* ZESAR 2003, 318 [323] mit dem Hinweis, eine anspruchsvernichtende Frist hätte in der Richtlinie explizit erlaubt werden müssen), weil sie die Durchsetzung des unionsrechtlich vorgezeichneten Anspruchs nicht faktisch ausschließt (zwei Monate hat der EuGH in anderem Zusammenhang grds. akzeptiert; EuGH 8.7.2010 – C-246/09 Rn. 39 – Bulicke, NZA 2010, 869) und vergleichbare nationalrechtliche Ansprüche auf Entgeltersatzleistungen – etwa Arbeitslosengeld oder Kurzarbeitergeld – nicht grds. großzügiger befristet sind (BSG 17.10.2007 Rn. 8 SozR 4–4300 § 324 Nr. 4; Gagel/*Peters-Lange* SGB III § 324 Rn. 21a f.). Weil die Frist ohnehin mit der Richtlinie vereinbar ist, kommt es richtigerweise auch nicht darauf an, ob die Nachfrist des § 324 III 2 (iVm III 3) SGB III bei unverschuldeter Fristversäumnis eine an sich unionsrechtswidrig kurze Frist auf ein erlaubtes Maß zurückführt. Der EuGH (18.9.2003 – C-125/01 Rn. 44 – Pflücke, NZI 2003, 617) zieht eine solche „Heilungswirkung" nur dann in Betracht, wenn die zuständigen Entscheidungsträger „nicht übermäßig streng" beurteilen, ob der Arbeitnehmer sich mit der erforderlichen Sorgfalt um die Durchsetzung seiner Ansprüche bemüht hat. Diesen unionsrechtlich erlaubten Schlendrian wird man vor allem so verstehen müssen, dass die Unkenntnis der eigenen (unionsrechtlich fundierten) Rechte nicht zulasten des Arbeitnehmers gehen darf (Gagel/*Peters-Lange* SGB III § 165 Rn. 4c); die Zurechnung des Verschuldens eines Verfahrensbevollmächtigten bleibt aber möglich (richtig LSG Bln-Bbg 14.3.2012 BeckRS 2012, 68780).

B. Betragsmäßige Begrenzung der Garantie

16 Nach **Abs. 3 UAbs. 1 S. 1** können die Mitgliedstaaten den Umfang der Garantie (nicht zeitlich, sondern) der Höhe nach begrenzen, indem sie **Höchstgrenzen** für die Garantieleistungen festsetzen. Als einzige Schranken-Schranke gibt die Richtlinie in Abs. 3 UAbs. 1 S. 2 vor, dass die Höchstgrenzen eine „mit der sozialen Zielsetzung dieser Richtlinie zu vereinbarende soziale Schwelle nicht unterschreiten" dürfen. Diese soziale Zielsetzung (→ Art. 3 Rn. 2) darf nicht auf die Sicherung des Existenzminimums reduziert werden. Deshalb ist es nach Ansicht des EuGH (4.3.2004 – C-19, 50, 84/01 Rn. 35 ff. – Barsotti ua, NZA 2004, 425) auch ausgeschlossen, Zahlungen des Arbeitgebers im Garantiezeitraum vom Höchstbetrag abzuziehen; stattdessen müssten offene Ansprüche bis zum festgesetzten Betrag in jedem Fall erfüllt werden.

Offene Forderungen jenseits einer nationalen Höchstgrenze verbleiben dem Arbeitnehmer und können im Insolvenzverfahren (sowie ggf. danach) nach den jeweiligen nationalen Regelungen geltend gemacht werden. Streng nach dem Wortlaut der Richtlinie wäre eine nationalrechtliche Regelung zulässig, nach der mit der Garantieleistung auch nicht abgedeckte Entgeltansprüche untergehen. Indes verbietet der Arbeitnehmerschutzzweck der Richtlinie, dass der Begünstigte seinen Garantieschutz mit dem Verlust offener Restforderungen „bezahlen" muss: Gesichert werden soll ein Mindestschutz, der als Minimalstandard nicht zugleich als Obergrenze definiert werden darf. Daher muss dem Arbeitnehmer, soweit die Garantie nicht greift, ein Anspruch auf alle – auszahlbaren (→ Art. 3 Rn. 9) – Entgelte verbleiben. 17

Als rein technische Vorgabe verlangt Abs. 3 UAbs. 2 von Mitgliedstaaten, die sich für eine Höchstgrenze entscheiden, der Kommission die Modalitäten mitzuteilen, nach denen die Grenze festgesetzt wird. Diese Unterrichtung soll der Kommission kein Kontrollrecht ermöglichen, erst recht kommt es nicht auf eine Zustimmung der Kommission zu den nationalen Regelungen an. Daher ist der Verstoß sanktionslos, berührt insbesondere nicht die Wirksamkeit des Umsetzungsrechts (EuGH 16.7.1998 – C-235/95 Rn. 29 ff. – AGS Assedic Pas-de-Calais, NZA 1998, 1047). 18

In **Deutschland** beschränken §§ 167 I iVm 341 IV SGB III das Insolvenzgeld auf das um die gesetzlichen Abzüge verminderte Bruttoarbeitsentgelt iHd (monatlichen; BSG 11.3.2014 ZIP 2014, 1188 Rn. 20 ff.) Beitragsbemessungsgrenze iSd § 159 SGB VI, die jährlich zum 1.1. durch VO iSv § 160 Nr. 2 SGB VI festgesetzt wird (mit Sonderregeln zur Beitragsbemessungsgrenze Ost in den §§ 228a, 275a f. SGB VI). Besserverdiener müssen versuchen, überschießende Ansprüche gegen den Arbeitgeber selbst durchzusetzen. Weil die Beitragsbemessungsgrenze nicht den Existenzbedarf definiert, sondern die Verhältnismäßigkeit des Eingriffs in das Recht auf Eigenvorsorge sichern soll (Kreikebohm/*Schmidt* SGB VI § 159 Rn. 4) und daher wesentlich höher liegt, lässt die deutsche Regelung der Mindestsicherung iSd Richtlinie ausreichend Raum und hält sich iRd unionsrechtlich Erlaubten. 19

Art. 5 [Grundsätze]

Die Mitgliedstaaten legen die Einzelheiten des Aufbaus, der Mittelaufbringung und der Arbeitsweise der Garantieeinrichtungen fest, wobei sie insbesondere folgende Grundsätze beachten:

a) **das Vermögen der Einrichtungen muss vom Betriebsvermögen der Arbeitgeber unabhängig und so angelegt sein, dass es einem Verfahren bei Zahlungsunfähigkeit nicht zugänglich ist;**
b) **die Arbeitgeber müssen zur Mittelaufbringung beitragen, es sei denn, dass diese in vollem Umfang durch die öffentliche Hand gewährleistet ist;**
c) **die Zahlungspflicht der Einrichtungen besteht unabhängig von der Erfüllung der Verpflichtungen, zur Mittelaufbringung beizutragen.**

Für Aufbau, Mittelaufbringung und Arbeitsweise der Garantieeinrichtungen lässt die Richtlinie den Mitgliedstaaten weitgehend freie Hand, Art. 5 schränkt diesen Spielraum aber durch drei wichtige Vorgaben ein. 1

Zunächst muss das Vermögen der Garantieeinrichtungen **nach Buchst. a vom Betriebsvermögen der Arbeitgeber unabhängig** sein, darf also in der Arbeitgeber-Insolvenz nicht in die Masse fallen (und damit auch dem Zugriff anderer Gläubiger als dem der Arbeitnehmer unterliegen). In der Sache ist die Regelung tautologisch. Dass die Garantieeinrichtungen nach Art. 3 I die Erfüllung von Arbeitnehmer-Ansprüchen in der Arbeitgeber-Insolvenz sichern sollen (→ Art. 3 Rn. 2), zwingt ohnehin zur vermögens- und vor allem insolvenzrechtlichen Unabhängigkeit von den zahlungsunfähigen Schuldnern (Fuchs/Marhold/*Marhold* 278). 2

3 Die wenig konkrete Vorgabe des Buchst. a können die Mitgliedstaaten auch erfüllen, indem sie sich selbst zum Schuldner der Garantieleistungen machen; eine unionsrechtliche Pflicht hierzu gibt es aber nicht (EuGH 10.7.2014 – C-198/13 Rn. 30 – Julian Hernández ua, EuZW 2014, 795). Die Richtlinie sagt nicht einmal, dass die Garantieeinrichtung öffentlich-rechtlich ausgestaltet werden muss. Freilich ist eine privatrechtliche Organisation angesichts der unionsrechtlich zwingenden Aufgaben, deren Erfüllung letztlich die Mitgliedstaaten gewährleisten müssen, kaum vorstellbar. Jedenfalls muss die Insolvenzfähigkeit der Garantieeinrichtung selbst – zumindest faktisch durch eine staatliche Nachschusspflicht – ausgeschlossen sein; andernfalls fehlte wiederum eine effektive Umsetzung der Richtlinie.

4 Die Mitgliedstaaten haben die Möglichkeit, statt einer einzigen Garantieeinrichtung für alle Arbeitnehmer **verschiedene Einrichtungen** für bestimmte Gruppen von Arbeitnehmern zu errichten (EuGH 16.12.1993 – C-334/92 Rn. 18 – Wagner Miret, NJW 1994, 921). Den Anforderungen von Buchst. a müssen dann freilich sämtliche Garantieeinrichtungen genügen.

5 In den **Buchst. b** und **c** finden sich die Vorgaben der Richtlinie zur **Mittelaufbringung.** Dabei gilt, dass die Arbeitgeber zur Finanzierung der Garantieeinrichtung beitragen müssen, solange diese nicht vollständig aus öffentlichen Mitteln bestritten wird. Von diesem grds. verpflichtenden Beitrag der Arbeitgeber dürfen die Mitgliedstaaten die Einstandspflicht der Garantieeinrichtung nicht abhängig machen. Jenseits dieser Minimalanforderungen sind die Mitgliedstaaten frei. Insbesondere verbietet die Richtlinie nicht, auch Arbeitnehmer in die Finanzierungsverantwortung einzubinden (Fuchs/Marhold/*Marhold* 278; EAS/*Weber* B 3300 Rn. 36), und trifft keinerlei Aussage zum Verhältnis des Beitrags der Arbeitgeber und dem der sonstigen Finanzierungsbelasteten.

6 In **Deutschland** bestimmen §§ 3 IV Nr. 5, 165 ff., 368 I 1 SGB III die Bundesagentur für Arbeit als Garantieeinrichtung. Als Anstalt des öffentlichen Rechts (§ 367 I SGB III bezieht sich auf den weiten Körperschaftsbegriff des Art. 87 II GG; Gagel/*Wendtland* SGB III § 367 Rn. 9 ff.) ist die BA selbst Rechtsträger und damit iSv Buchst. a insolvenzrechtlich vom Betriebsvermögen der Arbeitgeber getrennt. Die Mittelaufbringung erfolgt vollständig durch eine Umlage nur unter Arbeitgebern (unter Ausschluss der nach § 12 InsO nicht insolvenzfähigen Arbeitgeber des öffentlichen Rechts), § 358 SGB III. Die alleinige Finanzierungslast der Arbeitgeber erlaubt Buchst. b. Weil die §§ 165 ff. SGB III für Insolvenzgeldansprüche nicht nach der Mittelaufbringung fragen, genügt das deutsche Recht auch den Vorgaben des Buchst. c.

Kapitel III. Vorschriften über die soziale Sicherheit

Art. 6 [Einschränkungsrecht]

Die Mitgliedstaaten können vorsehen, dass die Artikel 3, 4 und 5 nicht für die Beiträge der Arbeitnehmer zu den einzelstaatlichen gesetzlichen Systemen der sozialen Sicherheit oder den betrieblichen oder überbetrieblichen Zusatzversorgungseinrichtungen außerhalb der einzelstaatlichen gesetzlichen Systeme der sozialen Sicherheit gelten.

1 Soweit Arbeitnehmer in die Finanzierung staatlicher Sozialsysteme oder einer (über-)betrieblichen Zusatzversorgung eingebunden sind, werden die entsprechenden Beiträge typischerweise durch Abzug vom Entgelt erbracht und vom Arbeitgeber zunächst einbehalten. Art. 6 belegt, dass die Richtlinie auch diese **Arbeitnehmeranteile der Beiträge zu Versorgungssystemen** als Entgelt und damit Gegenstand der Garantie einstuft (Bericht der Kommission in KOM [1995] 164 endg., 39). Die Mitgliedstaaten dürfen aber eine Ausnahmeregelung treffen und solche Arbeitnehmerbeiträge dem Schutz der Richtlinie entziehen.

Kapitel III. Vorschriften über die soziale Sicherheit Art. 7 RL 2008/94/EG 610

Dabei kann es nicht darauf ankommen, ob der Arbeitnehmer nach nationalem Recht 2
selbst **Beitragsschuldner** ist, oder – wie in Deutschland nach § 28e I 1 Alt. 1 SGB IV –
der Arbeitgeber den Gesamtbeitrag schuldet. In den letzteren Fällen ist Art. 6 so zu lesen,
dass sich die Ausnahmeoption auf den dem Arbeitnehmeranteil entsprechenden Betrag des
Arbeitsentgelts bezieht (EAS/*Weber* B 3300 Rn. 50).

Diese Ausnahmeerlaubnis ist im Kontext des Art. 7 zu lesen, der leistungsrechtliche 3
Nachteile für Arbeitnehmer verhindert, wenn der Arbeitgeber vor Eintritt der Zahlungsunfähigkeit (Gesamt-)Beiträge zu Systemen der sozialen Sicherheit nicht mehr abführt. Mit
Blick auf diesen zwingenden sozialversicherungsrechtlichen Mindestschutz sollen die Mitgliedstaaten die Möglichkeit haben, zulasten der Kassen der Sozialversicherung die Garantie
zu beschränken (Bericht der Kommission in KOM [1995] 164 endg., 39). Eine Sonderregelung für die betriebliche Altersversorgung trifft Art. 8.

Sofern ein Mitgliedstaat die Möglichkeit des Art. 6 nicht nutzt, steht damit nur fest, dass 4
die Garantie auch für die Arbeitnehmeranteile greift. Ob die entsprechenden Beträge direkt
an den Versorgungsträger geleistet werden oder zunächst an den Arbeitnehmer ausbezahlt,
bleibt dem nationalen Recht überlassen (EAS/*Weber* B 3300 Rn. 51).

In **Deutschland** wird zwar nach § 167 I SGB III Insolvenzgeld nur für das (ua um die 5
gesetzlichen Sozialversicherungsbeiträge verminderte) Nettoentgelt bezahlt („Nettoprinzip",
dazu näher Gagel/*Peters-Lange* SGB III § 172 Rn. 4 ff.; bereits → Art. 3 Rn. 9), die BA führt
aber nach § 175 I 1 SGB III für den Insolvenzgeldzeitraum den Gesamtsozialversicherungsbeitrag an die zuständige Einzugsstelle ab. Damit erstreckt sich die Garantie auch auf die
Arbeitnehmeranteile zur gesetzlichen Sozialversicherung; die entsprechende Ausnahmeerlaubnis hat der deutsche Gesetzgeber nicht genutzt. Dasselbe gilt mit Blick auf entgelt-
finanzierte Arbeitnehmerbeiträge zu privaten Versorgungssystemen, § 165 II 3 SGB III (zur
insolvenzgeldrechtlichen Behandlung der Entgeltumwandlung Gagel/*Peters-Lange* SGB III
§ 165 Rn. 126a ff.); freilich kommt es hier nicht zu einer Direktzahlung der BA.

Art. 7 [Maßnahmen bei Nichtzahlung]

Die Mitgliedstaaten treffen die notwendigen Maßnahmen, um sicherzustellen, dass die Nichtzahlung an ihre Versicherungsträger von Pflichtbeiträgen zu den einzelstaatlichen gesetzlichen Systemen der sozialen Sicherheit, die vom Arbeitgeber vor Eintritt seiner Zahlungsunfähigkeit geschuldet waren, keine Nachteile für die Leistungsansprüche der Arbeitnehmer gegenüber diesen Versicherungsträgern mit sich bringt, soweit die Arbeitnehmerbeitragsanteile von den gezahlten Löhnen einbehalten worden sind.

Art. 7 komplementiert Art. 6 (→ Art. 6 Rn. 3) und verpflichtet die Mitgliedstaaten, 1
sozialversicherungsrechtliche, genauer: leistungsrechtliche, Nachteile für Arbeitnehmer auszuschließen, wenn **Arbeitgeber als Beitragsschuldner** vor Eintritt der Zahlungsunfähigkeit keine Beiträge abführen. Dabei beschränkt die Richtlinie ihren Schutz auf **gesetzliche
Systeme der sozialen Sicherheit,** mithin auf die staatliche Sozialversicherung, und nimmt
die private Absicherung aus; freilich ist die betriebliche Altersversorgung in Art. 8 besonders
geregelt.

Die Verpflichtung der Mitgliedstaaten greift nur, soweit der Arbeitgeber **Arbeitnehmer-** 2
beitragsanteile von den ausbezahlten Entgelten einbehalten hat. Weitere Voraussetzungen kennt Art. 7 nicht; der EuGH (2.2.1989 – 22/87 Rn. 28 – Kommission/Italien,
Slg. 1989, 143) folgert daraus, dass das nationale Recht auch keine zusätzlichen Voraussetzungen für die Garantie der Leistungsansprüche der Arbeitnehmer regeln darf.

Art. 7 bedeutet insofern einen Bruch im System der Richtlinie, als er gerade nicht den 3
Schutz der Arbeitnehmer bei Zahlungsunfähigkeit des Arbeitgebers regelt, sondern das
praktisch häufige Phänomen aufgreift, dass Arbeitgeber im Vorfeld der Insolvenz Sozialversicherungsbeiträge nicht oder nicht vollständig abführen (EAS/*Weber* B 3300 Rn. 52;

Kolbe

Riesenhuber § 25 Rn. 28). Geschützt werden die Arbeitnehmer, weil sie wegen des Entgeltabzugs nicht selbst für die Abführung ihrer Beitragsanteile sorgen (können) und in der Regel keinen Einblick in das Zahlungsverhalten des Arbeitgebers gegenüber dem Sozialversicherungsträger und damit in die Verwendung ihrer Teil-Entgelte haben.

4   Dieser vorverlagerte Schutz wirft die Frage nach zeitlichen Grenzen auf: Dass Art. 7 die Sicherungspflicht mit Blick auf die Nichtabführung von Sozialversicherungsbeiträgen durch den Arbeitgeber für die Zeit **„vor Eintritt seiner Zahlungsunfähigkeit"** anordnet, kann nicht heißen, dass die Garantie der Leistungsansprüche für den gesamten Verlauf des Arbeitsverhältnisses greifen muss. Mit einer solchen Auslegung würden die Grenzen der Ermächtigungsgrundlage (→ Art. 3 Rn. 5) gesprengt. Stattdessen kann es mit Blick auf das Ziel, den Arbeitnehmer gegen negative sozialrechtliche Folgen typischer Zahlungsstockungen bei „Insolvenzreife" zu schützen (→ Rn. 3), nur um den Zeitraum einer der Zahlungsunfähigkeit vorgelagerten Krise gehen. Das spricht dafür, diesen Zeitraum einheitlich unionsrechtlich zu bestimmen. Den Endpunkt markiert der Eintritt der Zahlungsunfähigkeit, der mit der Rechtsprechung des EuGH zu den Art. 3, Art. 4 RL 80/987/EWG auf den Zeitpunkt festgelegt werden kann, in dem der Antrag auf ein Gesamtverfahren iSd Art. 2 I gestellt wird (EuGH 10.7.1997 – C-373/95 Rn. 52 – Maso ua, NZA 1997, 988). Der Beginn der Krise muss so festgelegt werden, dass die Nichtabführung der Sozialversicherungsbeiträge zumindest typisiert als „Vorwirkung" der Zahlungsunfähigkeit qualifiziert werden kann. Das spricht für ein enges Zeitfenster von max. einem halben Jahr; Rechtssicherheit kann diesbezüglich nur eine Entscheidung des EuGH bringen. Große praktische Bedeutung hat die Frage nicht: Die Mitgliedstaaten der EU knüpfen Leistungsansprüche gegen die nationalen Sozialversicherungsträger weitestgehend nicht daran, dass Arbeitgeber die geschuldeten Beiträge ordnungsgemäß abführen. Damit sind die Arbeitnehmer gegen sozialversicherungsrechtliche Nachteile infolge eines jeden Zahlungsausfalls geschützt, und wird die Vorgabe des Art. 7 übererfüllt. Sonderregeln für die Insolvenz des Arbeitgebers sind dann nicht erforderlich (Bericht der Kommission in KOM [1995] 164 endg., 43 ff.).

5   **Nach dem Eintritt** der Zahlungsunfähigkeit dürften nicht abgeführte Beiträge zu sozialversicherungsrechtlichen Nachteilen führen; freilich dürfen die Mitgliedstaaten den Arbeitnehmern nach Art. 11 I auch insoweit ein höheres Schutzniveau bieten. Diese massive Lücke im unionsrechtlichen Mindestschutz belegt in der Zusammenschau mit der Ausnahmeerlaubnis des Art. 6 ein hohes Maß an Zurückhaltung des Richtliniengebers gegenüber den nationalen Sozialversicherungssystemen.

6   In **Deutschland** sind in der gesetzlichen Sozialversicherung Beitrags- und Leistungsrecht weitgehend entkoppelt, so dass Arbeitnehmer auch Anspruch auf Leistungen etwa der Krankenversicherung (KK/*Peters* SGB V § 220 Rn. 43) oder der Arbeitslosenversicherung (Gagel/*Peters-Lange* SGB III § 175 Rn. 75) haben, wenn ihr Arbeitgeber den Gesamtsozialversicherungsbeitrag nicht ordnungsgemäß abführt. Nur mit Blick auf die Rentenversicherung drohen Nachteile durch fehlende Beitragszeiten (näher Gagel/*Peters-Lange* SGB III § 175 Rn. 75 ff.); ob die Einstandspflicht der Bundesagentur nach § 175 I 1 SGB III (→ Art. 6 Rn. 5) insoweit das von Art. 7 geforderte Schutzniveau sichert, hängt davon ab, wie man den Krisen-Zeitraum unionsrechtlich bestimmen will (→ Rn. 4).

Art. 8 [Absicherungspflicht]

Die Mitgliedstaaten vergewissern sich, dass die notwendigen Maßnahmen zum Schutz der Interessen der Arbeitnehmer sowie der Personen, die zum Zeitpunkt des Eintritts der Zahlungsunfähigkeit des Arbeitgebers aus dessen Unternehmen oder Betrieb bereits ausgeschieden sind, hinsichtlich ihrer erworbenen Rechte oder Anwartschaftsrechte auf Leistungen bei Alter, einschließlich Leistungen für Hinterbliebene, aus betrieblichen oder überbetrieblichen Zusatzversorgungseinrichtungen außerhalb der einzelstaatlichen gesetzlichen Systeme der sozialen Sicherheit getroffen werden.

Die Mitgliedstaaten haben nach Art. 8 die „notwendigen Maßnahmen" zum Schutz der 1
erworbenen Rechte und Anwartschaften (→ Art. 2 Rn. 15) von Arbeitnehmern, Betriebsrentnern und Hinterbliebenen aus privaten, (über)betrieblichen Zusatzversorgungseinrichtungen zu ergreifen. Auch solche Ansprüche resultieren iSd Art. 1 I „aus Arbeitsverträgen
und Arbeitsverhältnissen" (→ Art. 1 Rn. 3). Anders gewendet muss der **Insolvenzschutz
der betrieblichen Altersversorgung** gewährleistet werden; insoweit greift neben Art. 8
die RL 2003/41/EG.

Dabei beschränkt die Richtlinie den Schutz der betrieblichen Altersversorgung nicht auf 2
das Risiko, dass ein vom Arbeitgeber zugesagtes Versorgungsniveau nicht erreicht wird, weil
der Arbeitgeber als Schuldner ausfällt (**aA** noch *Krause* EuZA 2008, 96 [98 f.]). Vielmehr
differenziert Art. 8 nicht nach den Gründen für eine unzureichende Deckung betrieblicher
Zusatzversorgungseinrichtungen, sondern formuliert eine **allg. Schutzpflicht** der Mitgliedstaaten, die bei Eintritt der Zahlungsunfähigkeit des Arbeitgebers also auch allg.
Anlagerisiken auf dem Finanzmarkt absichern müssen (EuGH 25.4.2013 – C-398/11
Rn. 37 ff. – Hogan ua, BetrAV 2013, 357).

Wann welche **Maßnahmen** iSd Art. 8 **notwendig** sind, sagt die Richtlinie nicht. Sie lässt 3
den Mitgliedstaaten hinsichtlich der Wahl der Mittel Freiraum; weder müssen die Mitgliedstaaten bei Zahlungsunfähigkeit des Arbeitgebers und unzureichenden Mitteln der Versorgungseinrichtung eine eigene Ausfallhaftung regeln (EuGH 25.1.2007 – C-278/05
Rn. 35 – Robins ua, EuZW 2007, 182), noch muss die Garantie des Art. 3 auf Versorgungsansprüche aus betrieblicher Altersversorgung erstreckt werden (→ Art. 3 Rn. 15).
Stattdessen können die Mitgliedstaaten entweder sicherstellen, dass der Arbeitgeber in der
Lage ist, den Verpflichtungen nachzukommen, die sich aus einer Zusatzversorgungseinrich-
tung ergeben, oder sie können gewährleisten, dass eine vom Arbeitgeber rechtlich getrennte
Einrichtung ihre Verpflichtungen selbst erfüllen kann (EuGH 25.4.2013 – C-398/11
Rn. 25 – Hogan ua, BetrAV 2013, 357). Mittel zu diesem Zweck können etwa eine
Pflichtversicherung der Arbeitgeber oder ein eigenständiges Garantiesystem sein (EuGH
25.1.2007 – C-278/05 Rn. 37 – Robins ua, EuZW 2007, 182). Nicht ausreichend ist
demgegenüber die vermögensmäßige Trennung der Zusatzversorgungseinrichtung vom
Arbeitgeber (*Krause* EuZA 2008, 96 [110] mwN), da die Mitgliedstaaten gerade auch die
Leistungsfähigkeit der Versorgungseinrichtung sichern müssen.

Der weite Ermessensspielraum der Mitgliedstaaten bezieht sich nicht nur auf den Schutz- 4
mechanismus, sondern auch auf das **Schutzniveau:** Unzulässig ist daher der Gegenschluss
aus Art. 4, dass eine zeitliche und/oder betragsmäßige Begrenzung des Insolvenzschutzes für
die betriebliche Altersversorgung nicht vorgesehen und also verboten ist (EuGH 25.1.2007 –
C-278/05 Rn. 43 ff. – Robins ua, EuZW 2007, 182). Eine Pflicht, die Versorgungsansprüche vollständig zu sichern, regelt Art. 8 nach Ansicht des EuGH gerade nicht (EuGH
25.1.2007 – C-278/05 Rn. 42 – Robins ua, EuZW 2007, 182; bestätigt 25.4.2013 – C-398/
11 Rn. 42 – Hogan ua, BetrAV 2013, 357). Zu wahren ist „nur" der effektive Schutz von
Ansprüchen und Anwartschaften, den die Richtlinie intendiert; verfehlt wird dieses Mindestniveau, wenn der nationalrechtliche Insolvenzschutz in der Breite nicht einmal die Hälfte der
den Arbeitnehmern zustehenden Ansprüche abdeckt (EuGH 25.1.2007 – C-278/05 Rn. 57
– Robins ua, EuZW 2007, 182). Ob ein iSd Art. 8 ausreichender Schutz gewährleistet ist,
beurteilt der EuGH (25.4.2013 – C-398/11 Rn. 45 – Hogan ua, BetrAV 2013, 357) also ex
post und vom Ergebnis her. Damit stellt sich ggf. die Frage nach einer unionsrechtlich
fundierten Staatshaftung von Mitgliedstaaten, deren Sicherungsmaßnahmen sich im Nachhinein als nicht ausreichend herausgestellt haben. Der EuGH (25.4.2013 – C-398/11
Rn. 51 f. – Hogan ua, BetrAV 2013, 357) sieht insoweit seit seiner eigenen Entscheidung in
der Rechtssache Robins (EuGH 25.1.2007 – C-278/05, EuZW 2007, 182) die Anforderungen des Art. 8 als soweit konkretisiert, dass jede Unterschreitung dieser Vorgaben als hinreichend qualifizierter Verstoß gegen die unionsrechtliche Norm des Art. 8 eingestuft werden
müsse, die Rechte an den geschädigten Arbeitnehmer verleihen will (→ Art. 13–16 Rn. 5).

5   Art. 8 betrifft ausschließlich private Versorgungssysteme; die gesetzliche Alterssicherung – insbesondere durch eine Rentenversicherung – wird von der Vorschrift nicht berührt. Das bedeutet umgekehrt aber auch, dass die Mitgliedstaaten ihre Pflicht nach Art. 8 nicht „über" die gesetzliche Rentenversicherung erfüllen können. Für die Frage, ob der jeweilige Staat den Vorgaben des Art. 8 genügt hat, müssen deren Leistungen außer Betracht bleiben; das gilt auch, soweit die gesetzliche Rente in die Berechnung der betrieblichen Ruhegelder einfließt (EuGH 25.4.2013 – C-398/11 Rn. 29 ff. – Hogan ua, BetrAV 2013, 357).

6   Die **deutsche Umsetzung** des Art. 8 ist insofern besonders, als sie nicht im SGB III, sondern im BetrAVG (vor allem §§ 7 ff.) erfolgt (BAG 19.7.2011 NZA 2012, 155 Rn. 24). Den Insolvenzschutz der betrieblichen Altersversorgung leistet nicht die BA als Garantieeinrichtung, sondern der – nach § 10 I BetrAVG durch eine Umlage unter Arbeitgebern finanzierte – PSVaG iSd § 14 BetrAVG, der ggf. nicht erfüllte Versorgungsansprüche und Anwartschaften befriedigt. Ist die betriebliche Altersversorgung – etwa bei der Durchführung über eine Pensionskasse – so eingerichtet, dass Ansprüche der Arbeitnehmer durch die Zahlungsunfähigkeit des Arbeitgebers ohnehin nicht beeinträchtigt werden können, greift zwar nicht der Insolvenzschutz nach dem BetrAVG, soll aber die Versicherungsaufsicht von vornherein die Insolvenz des Versorgungsträgers verhindern (ErfK/*Steinmeyer* BetrAVG § 7 Rn. 13). Insgesamt genügt das deutsche Schutzniveau nicht nur den Anforderungen der Richtlinie, sondern übererfüllt die unionsrechtlichen Vorgaben (*Krause* EuZA 2008, 96 [97] mwN; vgl. weiter BVerfG [Kammer] 15.5.2014 NZA 2014, 734 Rn. 13). Das gilt trotz der betragsmäßigen Höchstgrenze der Garantieleistungen nach § 7 III BetrAVG, die nur für besonders hohe Anwartschaften greift, und trotz der Anrechnung von Arbeitgeberleistungen nach § 7 IV BetrAVG, die ja eine Leistung an den Arbeitnehmer voraussetzt.

Kapitel IV. Vorschriften für grenzübergreifende Fälle

Art. 9 [Insolvenz]

(1) Ist ein Unternehmen, das im Hoheitsgebiet mindestens zweier Mitgliedstaaten tätig ist, zahlungsunfähig im Sinne von Artikel 2 Absatz 1, so ist für die Befriedigung der nicht erfüllten Arbeitnehmeransprüche die Einrichtung desjenigen Mitgliedstaats zuständig, in dessen Hoheitsgebiet die betreffenden Arbeitnehmer ihre Arbeit gewöhnlich verrichten oder verrichtet haben.

(2) Der Umfang der Rechte der Arbeitnehmer richtet sich nach dem für die zuständige Garantieeinrichtung geltenden Recht.

(3) Die Mitgliedstaaten treffen die erforderlichen Maßnahmen, um sicherzustellen, dass Entscheidungen, die in den in Absatz 1 des vorliegenden Artikels genannten Fällen im Rahmen eines Insolvenzverfahrens gemäß Artikel 2 Absatz 1 ergehen, dessen Eröffnung in einem anderen Mitgliedstaat beantragt wurde, bei der Feststellung der Zahlungsunfähigkeit des Arbeitgebers im Sinne dieser Richtlinie berücksichtigt werden.

1   In **Abs. 1** ist die **internationale Zuständigkeit der Garantieeinrichtungen** mit Blick auf Unternehmen geregelt, die in mehreren Mitgliedstaaten tätig sind. Sie richtet sich nach dem **Tätigkeitsort** der betroffenen Arbeitnehmer. Dass insoweit der gewöhnliche Tätigkeitsort maßgebend ist, zwingt für Arbeitsverhältnisse, in denen Tätigkeiten in mehreren Mitgliedstaaten erbracht werden, zu einer einheitlichen Zuordnung nach dem Schwerpunkt.

2   Ob ein **Unternehmen im Hoheitsgebiet mehrerer Mitgliedstaaten tätig** ist, beurteilt der EuGH anhand großzügiger Maßstäbe: Ausreichend ist schon, dass in einem Mitgliedstaat niedergelassene Unternehmen in einem anderen über eine dauerhafte wirtschaftliche Präsenz verfügen, die ihnen ermöglicht, dort Tätigkeiten zu entfalten, und die durch

das Vorhandensein von Personal gekennzeichnet ist (EuGH 16.10.2008 – C-310/07 Rn. 34 – Holmqvist, EuZW 2008, 700). Nach diesen Maßstäben hat der EuGH Arbeitnehmer von transnational tätigen Transportunternehmen nur dem Niederlassungsstaat zugeordnet und hat den bloßen Transport von Waren durch das Gebiet anderer Mitgliedstaaten nicht als transnationale Tätigkeit iSd Abs. 1 eingestuft.

Ob das ausländische Unternehmen im Tätigkeitsstaat eine Zweigniederlassung unterhält, **3** spielt keine Rolle. Damit beseitigt Abs. 1 Rechtsunsicherheiten, die sich aus der älteren Rechtsprechung des EuGH (etwa 16.12.1999 – C-198/98 Rn. 22 f. – Everson und Barras, NZA 2000, 995; 10.3.2011 – C-477/09 Rn. 23 ff. – Defossez, NZA 2011, 451) ergeben hatten: Seinerzeit ging der EuGH von einer grds. Zuständigkeit der Garantieeinrichtung des Niederlassungsstaates aus; der Ort der Tätigkeit des Arbeitnehmers sei nur dann ausnahmsweise maßgebend, wenn der Arbeitgeber in dem Tätigkeitsstaat eine Zweigniederlassung unterhält. Diese Differenzierung ist heute obsolet (EuGH 16.10.2008 – C-310/07 Rn. 25 ff. – Holmqvist, EuZW 2008, 700).

Weil Abs. 1 ausdrücklich auf die Zahlungsunfähigkeit iSd Art. 2 I (→ Art. 2 Rn. 1 ff.) **4** abstellt, ergibt sich zwar im Schutzbereich der Richtlinie eine **transnationale Verpflichtungswirkung durch ausländische Insolvenzereignisse.** Diese grenzüberschreitende Wirkung fehlt aber, soweit Mitgliedstaaten nach Art. 2 IV UAbs. 1 auch andere Fälle der Zahlungsunfähigkeit in ihr Garantiesystem einbezogen haben (→ Art. 2 Rn. 17). In der Folge dürfen Mitgliedstaaten wegen Art. 11 I „ihren" Garantieschutz auch auf ausländische Insolvenzereignisse iSd Art. 2 IV UAbs. 1 erstrecken, können solche Insolvenzereignisse aber auch ignorieren. Aus der Perspektive der Arbeitnehmer ist der Mindestschutz der Richtlinie gleichwohl gewahrt: Sie haben keinen Anspruch darauf, dass der Tätigkeitsstaat die Garantie ebenso überpflichtmäßig erweitert wie der Staat, in dem das Insolvenzereignis eingetreten ist. In gleicher Weise steht es den Mitgliedstaaten frei, auch dann Ansprüche gegen „ihre" Garantieeinrichtung zu eröffnen, wenn diese iSd Abs. 1 nicht int. zuständig ist; ist die nationale Garantie günstiger für den Arbeitnehmer, soll das nationale Recht sogar anordnen dürfen, dass die eigentlich int. zuständige Garantieeinrichtung verdrängt wird (EuGH 10.3.2011 – C-477/09 Rn. 33 – Defossez, NZA 2011, 451).

Anknüpfend an die internationale Zuständigkeitsverteilung stellt Abs. 2 klar, dass sich die **5** Rechte der Arbeitnehmer nach den Umsetzungsgesetzen des Staates richten, in dem die zuständige Garantieeinrichtung liegt. Anders gewendet leisten die jeweiligen Garantieeinrichtungen nur nach den jeweiligen nationalen Vorschriften; ob die Arbeitnehmer in einem anderen Mitgliedstaat intensiver geschützt würden, spielt auch in Fällen mit Auslandsberührung grds. keine Rolle.

Nach **Abs. 3** müssen die Mitgliedstaaten gewährleisten, dass **ausländische Insolvenz-** **6** **ereignisse** iSd Art. 2 I von der jeweils eigenen Garantieeinrichtung beachtet werden. Andernfalls drohte die Garantie leerzulaufen, weil die Garantieeinrichtung des Staates, in dem das Insolvenzverfahren beantragt wurde, nicht zuständig ist, und die zuständige Garantieeinrichtung mangels eines inländischen Insolvenzereignisses nicht von der Zahlungsunfähigkeit des Arbeitgebers ausgeht. In der Sache steht die europaweite Anerkennung ausländischer Insolvenzereignisse ohnehin nicht zur Disposition der Mitgliedstaaten: Die Art. 16 I, 25 I der unmittelbar anwendbaren VO (EG) Nr. 1346/2000 zwingen dazu, Entscheidungen einer ausländischen Behörde über Eröffnung, Durchführung und Beendigung eines Insolvenzverfahrens iSd Verordnung (zum Gleichklang der Verordnung mit Art. 2 I der Richtlinie → Art. 2 Rn. 5) ohne weiteres anzuerkennen. Damit spielt Abs. 3 nur noch eine Rolle, wenn man die Verordnung eng im Wortsinne auslegt, und auch dann nur mit Blick auf Feststellungsentscheidung iSv Art. 2 I lit. b (→ Art. 2 Rn. 7). Wirtschaftlich betrachtet ist die Bedeutung der transnationalen Verpflichtungswirkung von Insolvenzereignissen auch gegenüber ausländischen Garantieeinrichtungen überschaubar (vgl. den Bericht der Kommission in KOM [2011] 84 endg., 7 f.).

Im **deutschen Recht** besagt § 165 I 3 SGB III lapidar, dass im Inland beschäftigte **7** Arbeitnehmer auch bei einem ausländischen Insolvenzereignis Anspruch auf Insolvenzgeld

haben. Seit diese Anknüpfung an den Tätigkeitsort auch dem Unionsrecht entspricht
(→ Rn. 1), kommt eine unionsrechtskonforme Rechtsfortbildung (etwa BSG 29.6.2000
NZI 2001, 277 [280]) nur noch in Ausnahmefällen in Betracht, wenn nämlich Arbeitnehmer schwerpunktmäßig im Ausland arbeiten, ihr Arbeitgeber aber nicht iSd Abs. 1 im Hoheitsgebiet mehrerer Mitgliedstaaten tätig (→ Rn. 2) ist (*Ricken* EuZA 2010, 109 [116 f.]). Ergänzende Vorschriften zur Durchführung der VO (EG) Nr. 1346/2000 enthält Art. 102 EGInsO.

Art. 10 [Informationsaustausch]

(1) Zur Durchführung von Artikel 9 sehen die Mitgliedstaaten den Austausch einschlägiger Informationen zwischen den zuständigen öffentlichen Verwaltungen und/oder den in Artikel 3 Absatz 1 genannten Garantieeinrichtungen vor, mit dem insbesondere ermöglicht wird, dass die zuständige Garantieeinrichtung von den nicht erfüllten Arbeitnehmeransprüchen unterrichtet wird.

(2) ¹Die Mitgliedstaaten teilen der Kommission und den anderen Mitgliedstaaten die genauen Angaben zu den jeweiligen zuständigen öffentlichen Verwaltungen und/oder Garantieeinrichtungen mit. ²Die Kommission macht diese Informationen der Öffentlichkeit zugänglich.

1   Art. 10 flankiert die grundlegende Vorschrift zu den grenzüberschreitenden Insolvenzen in Art. 9 durch zwei technische Regelungen: Nach **Abs. 1** müssen die Mitgliedstaaten sicherstellen, dass die zuständigen Garantieeinrichtungen von ausländischen Insolvenzereignissen erfahren. Dazu muss eine **Pflichtmitteilung** entweder an den Mitgliedstaat der zuständigen Garantieeinrichtung oder diese Einrichtung selbst vorgesehen werden, durch die der Austausch „einschlägiger Informationen" gewährleistet wird. Ein Informationsaustausch setzt dabei nicht nur die Mitteilung voraus, sondern auch eine (datenschutzrechtliche) Befugnis der adressierten Garantieeinrichtung, die übermittelten Daten aufgabenbezogen zu nutzen.

2   **Einschlägige Informationen** idS sind mit Blick auf das Ziel, der Garantieeinrichtung die Leistung auf offene Arbeitnehmeransprüche zu ermöglichen, vor allem der Eintritt der Zahlungsunfähigkeit nach Art. 2 I durch das (aus der Perspektive der zuständigen Garantieeinrichtung) ausländische Insolvenzverfahren sowie der Umstand, dass Arbeitnehmeransprüche bestehen, die infolge der Zahlungsunfähigkeit des Arbeitgebers nicht erfüllt wurden. Darüber hinaus werden vielfach sämtliche weiteren Angaben als „einschlägig" eingestuft, die Grundlage für eine Entscheidung der ausländischen Garantieeinrichtung sein können (Gagel/*Schmidt* SGB III § 172 Rn. 7; HN/*Voeltzke* SGB III § 172 Rn. 8), etwa Entscheidungen eines nationalen Insolvenzgerichts in Zusammenhang mit Höhe und Zusammensetzung der offenen Ansprüche. Das ist insofern fragwürdig, als dann entweder vor der Mitteilung das ausländische Insolvenzgeldrecht geprüft und die Informationen entsprechend zusammengestellt oder aber schlicht alle verfügbaren Informationen „ins Blaue hinein" übermittelt werden müssten. Überzeugender ist es, die Informationen auf die Basisdaten zu beschränken, anhand derer die ausländische Garantieeinrichtung ihre Zuständigkeit prüfen und dazu ggf. eigenständig Informationen einholen kann.

3   Eine Pflichtinformation gegenüber der Kommission fordert Abs. 2 S. 1: Die Mitgliedstaaten müssen die nach nationalem Recht zuständige Garantieeinrichtung und/oder (soweit ein Mitgliedstaat sich selbst zum Schuldner der Garantieansprüche gemacht hat → Art. 5 Rn. 3) zuständige Behörde angeben. Die Kommission veröffentlicht diese Informationen gem. Abs. 2 S. 2; online abrufbar ist eine „Liste der einzelstaatlichen Verwaltungsbehörden und/oder der betreffenden Garantieeinrichtungen" über http://ec.europa.eu/social/main.jsp?catId=706&langId=de&intPageId=198 [zul. abgerufen 26.11.2014].

In **Deutschland** ist eine Mitteilungspflicht an ausländische Garantieeinrichtungen in   4
§ 172 I 1 SGB III geregelt; § 172 I 2 SGB III regelt den spiegelbildlichen Fall und besagt,
dass die BA aus dem Ausland mitgeteilte Daten zweckgebunden nutzen darf. Dass die
Mitteilung erfolgen soll, wenn der Arbeitgeber in einem anderen Mitgliedstaat der Union
tätig ist, muss richtlinienkonform dahin ausgelegt werden, dass die Bundesagentur nur
Daten ins Ausland übermittelt, wenn sie von einer Zuständigkeit ausländischer Garantieeinrichtungen ausgeht (Gagel/*Schmidt* SGB III § 172 Rn. 5). Die Pflichtinformation erstreckt sich dann auf das Insolvenzereignis iSd § 165 I 2 SGB III und die im Zusammenhang
mit der Erbringung von Insolvenzgeld getroffenen Entscheidungen, soweit das für die
Aufgabenwahrnehmung der ausländischen Einrichtung erforderlich ist. Mit Blick auf den
Informationsumfang geht die deutsche Regelung damit teilweise über die Richtlinie hinaus,
weil deutschrechtliche Insolvenzereignisse zum Teil auch solche iSd Art. 2 IV UAbs. 1 sind
(→ Art. 2 Rn. 19) und deshalb für die Durchführung des Art. 9 keine Rolle spielen
(→ Art. 9 Rn. 4). Andererseits bleibt die Restriktion auf in Zusammenhang mit der Erbringung von Insolvenzgeld getroffene Entscheidungen zumindest dann hinter der Pflicht
zurück, alle einschlägigen Informationen weiterzureichen, wenn man diese Einschlägigkeit
weit interpretiert (→ Rn. 2).

Kapitel V. Allgemeine Bestimmungen und Schlussbestimmungen

Art. 11 [Erlassbefugnis]

Diese Richtlinie schränkt nicht die Möglichkeit der Mitgliedstaaten ein, für die
Arbeitnehmer günstigere Rechts- oder Verwaltungsvorschriften anzuwenden oder zu
erlassen.

Die Durchführung dieser Richtlinie darf unter keinen Umständen als Begründung
für einen Rückschritt gegenüber der bestehenden Situation in jedem einzelnen Mitgliedstaat und gegenüber dem allgemeinen Niveau des Arbeitnehmerschutzes in dem
von ihr abgedeckten Bereich herangezogen werden.

Abs. 1 erlaubt den Mitgliedstaaten explizit, für die Arbeitnehmer günstigere Vorschriften   1
anzuwenden oder zu erlassen, unterstreicht also, dass die Richtlinie nur eine **Mindestharmonisierung** (bereits → Art. 2 Rn. 17) anstrebt. Damit ist auch gesagt, dass die Richtlinie keine umfassende Absicherung der Arbeitnehmer bei Zahlungsunfähigkeit ihres Arbeitgebers will, sondern nur einen Mindestschutz; insbesondere die Möglichkeiten, die
Garantie nach Art. 4 zu begrenzen (→ Art. 4 Rn. 1 ff.), belegen diese Rücksicht auf die
Finanzkraft der Mitgliedstaaten und das finanzielle Gleichgewicht ihrer Garantieeinrichtungen (EuGH 28.11.2013 – C-309/12 Rn. 29 f. – Gomes Viana Novo ua, DZWIR 2014,
115 mwN).

Trotz Abs. 1 fallen überschießende Maßnahmen nicht unter die Richtlinie, betreffen also   2
nicht die „Durchführung des Rechts der Union" iSd Art. 51 I 1 GRC (EuGH 10.7.2014 –
C-198/13 Rn. 44 f. – Julian Hernández, EuZW 2014, 795). Abs. 1 begründet nicht etwa
eine unionsrechtliche Regelungsbefugnis der Mitgliedstaaten, sondern erkennt die originäre
Befugnis dieser Staaten an, jenseits der Richtlinie (für die Arbeitnehmer günstigere) Schutzbestimmungen zu erlassen.

Gegenüber Art. 2 IV UAbs. 1 ist Abs. 1 die allgemeinere Vorschrift (→ Art. 2 Rn. 18).   3
Auf das Spezialitätsverhältnis kommt es freilich nicht an, weil beide Regelungen nur auf die
originäre Rechtsetzungsbefugnis der Mitgliedstaaten verweisen.

Flankierend regelt Abs. 2 das in Richtlinien häufige unionsrechtliche **Verschlechte-**   4
rungsverbot bei der Richtlinienumsetzung. In der Sache geht es dabei nicht darum, das
nationale Schutzniveau zu petrifizieren, sondern „nur" um ein Transparenzgebot, das den

Mitgliedstaaten untersagt, Verschlechterungen des Arbeitnehmerschutzes mit dem Hinweis auf eine europarechtlich zwingende Nivellierung zu rechtfertigen (*Kolbe* EuZA 2011, 65 [72]). Sowohl die systematische Stellung iRd „Umsetzungsbestimmungen" als auch die Formulierung des Verschlechterungsverbotes zeigen, dass es – typisch für entsprechende Bestimmungen in Richtlinien – nicht darauf zielt, dem Einzelnen klagbare Schutzrechte zu verleihen. Anders gewendet verbietet Abs. 2 nicht, den nationalen Schutzstandard abzusenken, sondern untersagt nur, eine solche Verschlechterung „unter dem Deckmantel der Umsetzung" zu verstecken (vgl. EuGH 23.4.2009 – C-378/07 ua Rn. 127 – Angelidaki ua, AP RL 99/70/EG Nr. 6).

Art. 12 [Einschränkung der Garantiepflicht]

Diese Richtlinie steht nicht der Möglichkeit der Mitgliedstaaten entgegen,
a) die zur Vermeidung von Missbräuchen notwendigen Maßnahmen zu treffen;
b) die in Artikel 3 vorgesehene Zahlungspflicht oder die in Artikel 7 vorgesehene Garantiepflicht abzulehnen oder einzuschränken, wenn sich herausstellt, dass die Erfüllung der Verpflichtung wegen des Bestehens besonderer Bindungen zwischen dem Arbeitnehmer und dem Arbeitgeber und gemeinsamer Interessen, die sich in einer Kollusion zwischen dem Arbeitnehmer und dem Arbeitgeber ausdrücken, nicht gerechtfertigt ist;
c) die in Artikel 3 vorgesehene Zahlungspflicht oder die in Artikel 7 vorgesehene Garantiepflicht in den Fällen abzulehnen oder einzuschränken, in denen ein Arbeitnehmer allein oder zusammen mit engen Verwandten Inhaber eines wesentlichen Teils des Unternehmens oder Betriebs des Arbeitgebers war und beträchtlichen Einfluss auf dessen Tätigkeiten hatte.

1   Art. 12 lit. a eröffnet den Mitgliedstaaten ausdrücklich die Möglichkeit, dem **Missbrauch** der unionsrechtlich vorgezeichneten Garantie mit den „notwendigen Maßnahmen" zu begegnen. Wann insoweit welche Maßnahmen notwendig sind, sagt die Richtlinie nicht, sondern lässt den Mitgliedstaaten einen kaum vorstrukturierten Einschätzungs- und Entscheidungsspielraum. Unzulässig ist jedenfalls der Gegenschluss, dass Einschränkung oder Ausschluss der Garantie nur unter den Voraussetzungen der Buchst. b und c erlaubt wären; auch die allgemeinere Regel des Buchst. a deckt solche „Maßnahmen" (vgl. EuGH 11.9.2003 – C-201/01 Rn. 48 – Walcher, NZI 2003, 670).

2   Eine Grenze zieht hier – auch wenn das nicht ausdrücklich angeordnet ist – nur die soziale Zielsetzung der Richtlinie (→ Art. 3 Rn. 2). Die Mitgliedstaaten dürfen den unionsrechtlichen Mindestschutz nicht einschränken, soweit dies nicht zur Missbrauchsabwehr gerechtfertigt ist. Der EuGH prüft diese Rechtfertigung anhand einer **Verhältnismäßigkeitskontrolle:** Demnach muss eine Maßnahme zur Abwehr des Missbrauchs der unionsrechtlich determinierten Garantie bei Zahlungsunfähigkeit von Arbeitgebern zunächst **geeignet** sein. Daran fehlt es etwa, wenn eine nationale Regelung den Arbeitnehmern nur dann den vollen Garantieschutz gewährt, wenn sie sich fristgebunden als Arbeitssuchende registrieren lassen (EuGH 7.11.2011 – C-435/10 Rn. 38 – van Ardennen, NZA 2012, 27). Geeignete nationale Regelungen müssen ferner **erforderlich** sein (EuGH 11.9.2003 – C-201/01 Rn. 40 – Walcher, NZI 2003, 670 [Hervorhebung d. Autor]) und dürfen „nicht die volle Wirksamkeit und die einheitliche Anwendung des Gemeinschaftsrechts in den Mitgliedstaaten beeinträchtigen" (EuGH 11.9.2003 – C-201/01 Rn. 37 – Walcher, NZI 2003, 670; 10.2.2011 – C-30/10 Rn. 26 – Andersson, NZA 2011, 286).

3   Der EuGH will Buchst. a als Ausnahmevorschrift eng auslegen. Als Missbrauch kämen daher nur Verhaltensweisen in Betracht, „die zu einer Schädigung der Garantieeinrichtungen führen, indem **ohne sachlichen Grund Entgeltansprüche begründet** werden, um so zu Unrecht die Zahlungspflicht dieser Einrichtungen auszulösen" (EuGH 11.9.2003 –

C-201/01 Rn. 38 f. – Walcher, NZI 2003, 670 [Hervorhebung d. Autors]). Ein Indiz für Missbrauch idS sei insbesondere, dass ein Arbeitnehmer sein Arbeitsverhältnis fortsetzt, obschon er die finanzielle Krise des Arbeitgebers erkennen konnte und ein vernünftiger Arbeitnehmer deshalb wegen angelaufener Zahlungsrückstände „aus dem Arbeitsverhältnis ausgetreten" wäre. Andererseits belege die Wertung der Mindestgarantie des Art. 4 II UAbs. 1 S. 2, dass der Richtliniengeber eine Fortsetzung des Arbeitsverhältnisses trotz ausbleibender Zahlungen jedenfalls für einen Zeitraum von 3 Monaten „nicht als ungewöhnlich angesehen hat" (EuGH 11.9.2003 – C-201/01 Rn. 45 ff. – Walcher, NZI 2003, 670). Anders gewendet soll sich der Arbeitnehmer auch angesichts der Krise auf den unionsrechtlich vorgezeichneten Garantieschutz verlassen und ohne Bezahlung weiterarbeiten dürfen, ohne dass ihm deshalb ein Missbrauchsvorwurf entgegengehalten werden könnte.

Besonders missbrauchsanfällig sind vor diesem Hintergrund zusätzliche Abreden, mit **4** denen der Arbeitgeber in der Krise verdienten Kräften, Freunden oder Verwandten in der Belegschaft „noch schnell" **Sondervorteile** verspricht, denen keine konkrete Gegenleistung gegenübersteht. Hier dürfen die Mitgliedstaaten den Garantieschutz versagen, bei typisiertem Missbrauchsverdacht sogar pauschal: IdS hat der EuGH (21.2.2008 – C-498/06 Rn. 32 ff. – Robledillo Núñez, AP RL 80/987/EWG Nr. 3) erlaubt, frei – genauer: in einem von der Garantieeinrichtung nicht kontrollierbaren Verfahren – ausgehandelte Kündigungsentschädigungen von einem nationalrechtlich grds. vorgesehenen Garantieschutz (→ Art. 3 Rn. 23) auszunehmen, obschon er ansonsten eine Differenzierung nach der Rechtsgrundlage von Abfindungen verbietet (→ Art. 3 Rn. 24).

Gegenüber dem Grundtatbestand in Buchst. a greift **Buchst. b** bestimmte Missbrauchs- **5** fälle besonders auf, und erlaubt den Mitgliedstaaten ausdrücklich, den Garantieschutz insoweit einzuschränken oder auszuschließen. Insofern ist die Vorschrift letztlich deklaratorisch; es fehlt ein im Vergleich zu Buchst. a eigenständiger Regelungsgehalt. In der Sache geht es um die **Kollusion** von Arbeitgeber und Arbeitnehmer, um die (jedenfalls teilweise) fremdfinanzierte Insolvenzsicherung auszunutzen. Denkbar ist vor allem, dass Arbeitgeber zu einem Zeitpunkt, in dem sie die nahende Zahlungsunfähigkeit bereits absehen können, noch Arbeitsverhältnisse (ohne ernst gemeinte Arbeitspflicht) abschließen, um einen Freund oder Verwandten in den Genuss der Insolvenzsicherung für die eingeplanten Entgeltrückstände kommen zu lassen. Auf diese Fälle müssen die Mitgliedstaaten freilich nicht mit einer Ausnahme vom Garantieanspruch antworten, sondern können – außerhalb der Richtlinie (→ Art. 2 Rn. 11) – die Anerkennung des Arbeitsverhältnisses verweigern (zu solchen kollusiven Scheingeschäften im deutschen Recht etwa DFL/*Kolbe* GewO § 6 Rn. 38).

Vergleichbar Buchst. b behandelt auch **Buchst. c** bestimmte Sonderfälle aus dem Bereich **6** des Missbrauchs. Indes geht es hier nicht um die Abwehr von Missbrauch, sondern um die Abwehr von abstrakten Missbrauchsgefahren, die in Fällen von Buchst. c typisiert als so gravierend angesehen werden, dass die Mitgliedstaaten auch insoweit durch Ausschluss oder Einschränkung der Garantie reagieren dürfen. Die angesprochene abstrakte Gefahr sieht die Richtlinie, wenn ein Arbeitnehmer entweder selbst oder zusammen mit engen Verwandten **Inhaber** (wenigstens) eines wesentlichen Teils des Unternehmens oder Betriebs des Arbeitgebers war und beträchtlichen **Einfluss** auf dessen Tätigkeiten hatte. Anders gewendet ist der Insolvenzschutz fakultativ, wenn der Arbeitnehmer das Unternehmerverhalten seines Arbeitgebers (und damit auch das Insolvenzrisiko) maßgeblich steuern konnte. In den Worten des EuGH (10.2.2011 – C-30/10 Rn. 24 – Andersson, NZA 2011, 286) beruht Buchst. c ua „auf der stillschweigenden Vermutung, dass ein Arbeitnehmer, der gleichzeitig Inhaber eines wesentlichen Teils des betroffenen Unternehmens war und beträchtlichen Einfluss auf dessen Tätigkeiten hatte, eben dadurch für die Zahlungsunfähigkeit dieses Unternehmens teilweise verantwortlich sein kann." Auch insoweit gilt, dass Mitgliedstaaten diesen Missbrauchsgefahren auch vorbeugen können, indem sie das Arbeitsverhältnis nicht anerkennen (zum Gesellschafter-Arbeitnehmer im deutschen Recht DFL/*Kolbe* GewO § 6 Rn. 38). Andererseits darf sich ein nationalrechtlich als Arbeitnehmer anerkannter Gesellschafter-Arbeitnehmer aus unionsrechtlicher Perspektive auch wie ein Arbeitnehmer verhalten, also insbesondere Entgeltforderungen gegenüber der Gesellschaft für jedenfalls drei Monate offen stehen lassen, ohne das Arbeitsverhältnis zu beenden (→ Rn. 3; EuGH 11.9.2003 – C-201/01 Rn. 49 f. – Walcher, NZI 2003, 670).

7 Die unbestimmten Rechtsbegriffe in Buchst. b und c fallen nicht unter den Katalog des Art. 2 II, sind also einheitlich unionsrechtlich zu bestimmen. Insoweit ist für die Auslegung jeweils die soziale Zielsetzung der Richtlinie (→ Art. 3 Rn. 2) heranzuziehen. Daher ist unter **Kollusion** iSv Buchst. b ein gezieltes Zusammenwirken von Arbeitgeber und Arbeitnehmer zu Lasten der zuständigen Garantieeinrichtung zu verstehen.

8 In Buchst. c kann der Kreis der **engen Verwandten** nicht auf Blutsverwandte beschränkt werden; vielmehr kommt es darauf an, zu welchen Verwandten typisiert ein Näheverhältnis besteht, das Entscheidungen ohne Rücksicht auf die verwandtschaftliche Beziehung ausschließt. Das ist jedenfalls für Ehegatten, Verwandte in gerade Linie und Geschwister zu bejahen. Nicht maßgeblich ist demgegenüber, ob der Arbeitnehmer in concreto Einfluss auf seinen Verwandten nehmen konnte; Buchst. c geht es um die Abwehr abstrakter Gefahren.

9 Die Formulierung in Buchst. c, nach der der Arbeitnehmer zusammen mit seinen Verwandten einen **wesentlichen Teil** des Betriebs oder Unternehmens halten (oder gehalten haben → Rn. 11) und **beträchtlichen Einfluss** auf die Tätigkeit des Unternehmens haben (oder gehabt haben) muss, reißt ein einheitliches Merkmal auseinander. Die abstrakte Gefahr, die eine Einschränkung oder einen Ausschluss der Garantie rechtfertigen kann, sieht Buchst. c gerade in einem gesellschaftsrechtlich vermittelten Einfluss auf die Geschäftstätigkeit, weil zu dem bestimmenden Einfluss auf die Geschäftstätigkeit zwingend die gesellschaftsrechtliche Machtposition kommen muss. Diese Machtposition muss jedenfalls auch durch Anteile des Arbeitnehmers selbst vermittelt werden. Dass nur seine Verwandten einen wesentlichen Anteil an Betrieb oder Unternehmen halten, kann nach dem EuGH (18.10.2001 – C-441/99 Rn. 25 – Gharehveran, NZA 2002, 31) nicht unter „zusammen" subsumiert werden; eine Mindestschwelle für die Beteiligung gerade des Arbeitnehmers wird man der Richtlinie aber kaum entnehmen können. Vor diesem Hintergrund sind wesentlich iSv Buchst. c nur Kontrollmehrheiten sowie Sperrminoritäten, mit denen unternehmerische Grundentscheidungen rechtlich verhindert werden können. Dass der beträchtliche Einfluss auf das unternehmerische Verhalten als gleichrangiges Merkmal aufgeführt ist, bedeutet dann nur noch, dass mit den Anteilen auch entsprechende Mitbestimmungs-, insbesondere Stimmrechte verbunden sein müssen.

10 Weil Buchst. c kumulativ Anteilseignerschaft und beherrschenden Einfluss verlangt, stellt sich die Frage, ob in Fällen, in denen nur eine der beiden Voraussetzungen erfüllt ist, eine Einschränkung oder ein Ausschluss der Garantie auf die allg. Vorschrift des Buchst. a gestützt werden darf. Das ist für den einfluss-, insbesondere stimmrechtslosen Großanteilseigner von vornherein zu verneinen, weil es hier mangels rechtlicher Machtposition schon an einer besonderen Missbrauchsgefahr fehlt. Indes muss dasselbe auch für den umgekehrten Fall des bestimmenden, aber nicht gesellschaftsrechtlich vermittelten Einflusses gelten: Hier ist zwar die abstrakte Gefahr nicht anders als im Fall des Buchst. c gegeben. Auch hat der EuGH für Buchst. a – über den Wortlaut hinaus – nicht nur die Abwehr konkreten Missbrauchs erlaubt, sondern zudem die typisierter Missbrauchsgefahren (→ Rn. 4). Gleichwohl soll andererseits die Engführung von Art. 12 als Ausnahmevorschrift (→ Rn. 3) gegen Abwehrmaßnahmen sprechen, wenn zwar der Arbeitnehmer selbst keine Anteile hält, aber seine engen Verwandten über eine Kontrollmehrheit verfügen (→ Rn. 9). Dann kann für den Fall des anders als gesellschaftsrechtlich vermittelten Arbeitnehmer-Einflusses nichts anderes gelten: Hinsichtlich der Missbrauchsgefahr macht es keinen Unterschied, ob der Arbeitnehmer „über" die Anteile seiner engen Verwandten oder anders als durch Anteilsinhaberschaft bestimmenden Einfluss auf ein Unternehmen ausüben kann. Insofern zeigt sich, dass es gerade mit Blick auf Buchst. c teleologisch nicht überzeugt, Art. 12 besonders restriktiv zu handhaben.

11 Zumindest ausdrücklich verlangt die Richtlinie keinen zeitlichen Zusammenhang zwischen dem Einfluss des Arbeitnehmers auf das Unternehmerverhalten seines Arbeitgebers und der späteren Zahlungsunfähigkeit. Zudem kann es auf einen Kausalzusammenhang nicht ankommen, weil Buchst. c die Abwehr abstrakter Missbrauchsgefahren erlaubt (→ Rn. 6), die sich in der Zahlungsunfähigkeit nicht zwingend realisiert haben müssen. Andererseits könnte von einer effektiven Gewährleistung des von der Richtlinie bezweckten Mindestschutzes keine Rede mehr sein, wenn jedwede frühere Kontrollmehrheit einen späteren Arbeitnehmer vom Insolvenzschutz ausschließen könnte. Entscheidend muss vielmehr sein, ob der zeitliche Abstand zwischen dem unternehmerischen Einfluss und der späteren Zahlungsunfähigkeit so groß ist, dass eine (Mit-)Verantwortung des Arbeitnehmers für Zahlungsunfähigkeit des Unternehmens ausgeschlossen werden kann. Bei einem Abstand von 6 Monaten vor Stellung des Insolvenzantrags hat der EuGH (10.2.2011 – C-30/10 Rn. 27 – Andersson, NZA 2011, 286) eine solche Verantwortung nicht ausschließen können und eine entsprechende nationale Regelung gebilligt. Diese hypothetische Kontrolle entspricht dem Zweck von Buchst. c, die Abwehr auch rein abstrakter Gefahren zu ermöglichen. Andererseits darf es nicht ausreichen, dass Fernwirkungen auch lange zurückliegender unternehmerischer Entscheidungen nie mit letzter Sicherheit auszuschließen sind. Vielmehr geht es darum, eine Grenze zu bestimmen, jenseits derer unternehmerische Entscheidungen typisiert keinen Einfluss mehr auf die aktuelle wirtschaftliche Situation des Unternehmens haben. Weil es um Fälle geht, in denen der Kontrolleinfluss des Arbeitnehmers weggefallen ist und die von ihm mitbestimmten Entscheidungen wieder revidiert werden konnten, dürfte ein Jahr den max. zulässigen Abstand markieren.

In **Deutschland** leistet zunächst der Arbeitnehmerbegriff einen Teil des Missbrauchs- 12 schutzes, deckt insbesondere die von Buchst. b und c angesprochenen Fälle ab (→ Rn. 5 ff.). Daneben kennen die §§ 165 III, 166 I Nr. 2, 3 SGB III aber auch spezielle Ausschlusstatbestände für den Insolvenzgeldanspruch, die auf Missbrauchsschutz iSd Buchst. a zielen. § 165 III SGB III schließt Ansprüche auf Insolvenzgeld aus, wenn Arbeitnehmer in Kenntnis eines Insolvenzereignisses weitergearbeitet oder überhaupt erst die Arbeit aufgenommen haben. Besonders deutlich wird der Missbrauchsvorwurf, wenn ein insolventer Unternehmensträger wiederholt neue Unternehmen eröffnet und dort stets dieselben Arbeitnehmer einstellt (noch zu § 183 II SGB III aF: SächsLSG 9.3.2011 NZI 2011, 608 [612]).

Hinzu kommt der in § 166 I Nr. 2 SGB III angeordnete Ausschluss der Insolvenzgeld- 13 garantie für Entgeltansprüche, die durch eine nach der InsO angefochtene oder (falls ein Insolvenzverfahren nicht eröffnet wurde) jedenfalls potentiell anfechtbare Rechtshandlung erworben wurden. Gleichgestellt ist in § 166 I Nr. 3 SGB III der Fall, dass der Insolvenzverwalter die Leistung auf einen anfechtbar erworbenen Entgeltanspruch nach § 146 II InsO verweigert (vgl. Gagel/*Peters-Lange* SGB III § 166 Rn. 10). Insoweit kommt es darauf an, dass gerade der Entgeltanspruch in anfechtbarer Weise erlangt wurde. Deshalb berühren anfechtbare Sicherheiten den Insolvenzgeldschutz nicht und betreffen anfechtbare Zahlungen diesen Schutz nur mittelbar, weil der Entgeltanspruch erfüllt ist, bis er mit Rückgewähr der angefochtenen Zahlung wiederauflebt, §§ 143 I, 144 I InsO (Gagel/*Peters-Lange* SGB III § 166 Rn. 10 mwN). Missbrauch der Insolvenzgeldgarantie setzt also die Anfechtung/Anfechtbarkeit von Arbeits- oder Änderungsverträgen voraus (zu dieser *Kolbe,* in: Bieder/Hartmann, Individuelle Freiheit und kollektive Interessenwahrnehmung im deutschen und europäischen Arbeitsrecht, 2010, 145 [150 ff.]); Hauptfälle sind rückwirkende Entgelterhöhungen und die Vereinbarung von (höheren) Sonderleistungen ohne zusätzliche Gegenleistung (Brand/*Kühl* SGB III § 166 Rn. 6). Dass das Insolvenzanfechtungsrecht also auf das Insolvenzgeldrecht wirkt, ist mit Blick auf Buchst. a und b stimmig und folgerichtig. Umgekehrt ist es aber schon systematisch wenig überzeugend, dass das BAG (6.10.2011 NZA 2012, 330; **aA** BGH 10.7.2014 NZI 2014, 775 Rn. 16 ff.) unions- und sozialrechtliche Wertungen in § 142 InsO importiert und den für die Abgrenzung von Bar- und Kreditgeschäft maßgebenden zeitlichen Zusammenhang zwischen Fälligkeit und Zahlung von Arbeitsvergütung mit Rücksicht auf den Insolvenzgeldschutz auf drei Monate erweitert hat (mit Recht krit. MüKoInsO/*Kirchhof* Rn. 19 mwN). Im Gegenteil spricht gerade die Gläubigerschutz- und also Kreditsicherungsfunktion des Insolvenzgeldes (→ Art. 3 Rn. 2) dafür, rückständige Entgelte (auch aus Arbeitnehmersicht) der Sache nach als Kredit an den Arbeitgeber einzustufen (*Klinck* Anm. zu BAG 6.10.2011 AP § 130 InsO Nr. 2).

Art. 13 [Mitteilung der Insolvenzverfahren; Veröffentlichung]

Die Mitgliedstaaten teilen der Kommission und den anderen Mitgliedstaaten die Arten von nationalen Insolvenzverfahren, die in den Geltungsbereich dieser Richtlinie fallen, sowie sämtliche diese Verfahren betreffenden Änderungen mit.

Die Kommission veröffentlicht diese Mitteilungen im *Amtsblatt der Europäischen Union.*

Art. 14 [Erlassmitteilungen]

Die Mitgliedstaaten teilen der Kommission den Wortlaut der Rechts- und Verwaltungsvorschriften mit, die sie auf dem unter diese Richtlinie fallenden Gebiet erlassen.

Art. 15 [Umsetzungsbericht]

Bis spätestens zum 8. Oktober 2010 unterbreitet die Kommission dem Europäischen Parlament und dem Rat einen Bericht über die Umsetzung und Durchführung der Artikel 1 bis 4, 9 und 10, des Artikels 11 Absatz 2, des Artikels 12 Buchstabe c, sowie der Artikel 13 und 14 in den Mitgliedstaaten.

Art. 16 [Aufhebung anderer Vorschriften]

Die Richtlinie 80/987/EWG, in der Fassung der in Anhang I aufgeführten Rechtsakte, wird unbeschadet der Verpflichtung der Mitgliedstaaten hinsichtlich der in Anhang I Teil C genannten Fristen für die Umsetzung der dort genannten Richtlinien in innerstaatliches Recht und für die Anwendung dieser Richtlinien aufgehoben.

Verweisungen auf die aufgehobene Richtlinie gelten als Verweisungen auf die vorliegende Richtlinie und sind nach Maßgabe der Entsprechungstabelle in Anhang II zu lesen.

1 Die Art. 13–16 regeln technische Fragen der Umsetzung sowie die Ablösung der Vorgänger-Richtlinie. Von Interesse ist insoweit vor allem Art. 16 II, der **Verweisungen** auf die überholte Richtlinie 80/987/EWG in anderen Rechtsakten gem. der im Anhang II angefügten Entsprechungstabelle auf die neue Insolvenzgeld-Richtlinie „umbiegt". Der von Art. 15 geforderte Bericht der Kommission (KOM [2011] 84 endg.) über Umsetzung und Durchführung bestimmter Vorschriften der Richtlinie in den Mitgliedstaaten kann eingesehen werden über http://ec.europa.eu/social/main.jsp?catId=706&langId=de&intPageId=198 [zul. abgerufen am 31.7.2014].

2 Die Richtlinie kennt keine eigenständige **Umsetzungsfrist.** Weil die Änderungen der Richtlinie gegenüber der vorherigen Fassung nach der RL 2002/74/EG nur von redaktioneller Natur waren (→ Art. 3 Rn. 6), ergab sich kein zusätzlicher Umsetzungsbedarf. Die Ursprungsfassung der RL 80/987/EWG war bis zum 23.10.1983 umzusetzen, die inhaltlichen Neuerungen der RL 2002/74/EG bis spätestens 8.10.2005 (vgl. Anhang I Teil C). In den Anwendungsbereich der wesentlich geänderten inhaltlichen Vorgaben der RL 2002/74/EG fallen nationalrechtliche Umsetzungsbestimmungen schon mit dem Inkrafttreten der RL 2002/74/EG am 8.10.2002 (EuGH 7.9.2006 – C-81/05 Rn. 28 ff. – Cordero Alonso, NZA 2006, 1347); solange das nationale Recht noch keine solchen Vorschriften kannte,

kommt es auf den Ablauf der Umsetzungsfrist an (EuGH 17.1.2008 – C-246/06 Rn. 29 – Velasco Navarro, NZA 2008, 287).

Sofern die Richtlinie nach Ablauf der Umsetzungsfrist nicht oder nicht ausreichend **3** umgesetzt worden ist, stellt sich die Frage nach einer **unmittelbaren Wirkung.** Grundlage dieser Rechtsfortbildung durch den EuGH sind die Sicherung der praktischen Wirksamkeit des Unionsrechts (effet utile) sowie der Gedanke, dass Mitgliedstaaten aus eigenen Umsetzungsfehlern keine Vorteile herleiten dürfen (Calliess/Ruffert/*Ruffert* AEUV Art. 288 Rn. 48 ff. mwN). Die zentrale Voraussetzung der unmittelbaren Wirkung von Richtlinien ist nach dem EuGH (etwa 19.1.1982 – 8/81 – Becker, NJW 1982, 499 [500]), dass die Bestimmungen der Richtlinie, auf die sich Einzelne berufen wollen, inhaltlich unbedingt und hinreichend genau formuliert sind. Für die Insolvenzgeld-Richtlinie ist gerade das fraglich: Der EuGH (19.11.1991 – C-6 und 9/90 Rn. 12 ff. – Francovich I, NJW 1992, 165) unterscheidet insoweit drei Regelungsbereiche, nämlich den begünstigten Personenkreis, den Inhalt der Garantie und den Schuldner der Garantieansprüche. Dabei hat der EuGH sowohl der Kreis der Begünstigten (alle Arbeitnehmer, eine hypothetische Ausnahme nach Art. 1 II, III bleibt außer Acht) als auch den Inhalt der Garantie als hinreichend konkretisiert angesehen. Zumindest Letzteres betraf die ursprüngliche Fassung der RL 80/987/EWG und ist angesichts der späteren Flexibilisierung des Art. 3 II (→ Art. 3 Rn. 28) nicht mehr haltbar. Nach wie vor gilt, dass die wenig konturierten Vorgaben des Art. 5 (→ Art. 5 Rn. 1 ff.) keine hinreichend konkrete Vorgabe zum Schuldner der Garantieansprüche enthalten (EuGH 19.11.1991 – C-6 und 9/90 Rn. 23 ff. – Francovich I, NJW 1992, 165; 16.12.1993 – C-334/92 Rn. 17 – Wagner Miret, NJW 1994, 921).

Freilich interessieren diese, auf den Fall einer Nichtumsetzung der Richtlinie bezogenen, **4** Überlegungen heute nicht mehr. Stattdessen kommt es darauf an, ob die Richtlinie bei Umsetzungsfehlern unmittelbar wirken kann. Insoweit hat der EuGH (18.10.2001 – C-441/99 Rn. 39 ff. – Gharehveran, NZA 2002, 31) klar gesagt, dass die Unbestimmtheiten der Richtlinie einer unmittelbaren Wirkung nicht (mehr) entgegenstehen, wenn der jeweilige Mitgliedstaat seine in der Richtlinie angelegten Gestaltungsspielräume bereits voll ausgeschöpft hat. Die Entscheidung des EuGH betraf den Schuldner der Garantieansprüche, für den (in der aktuellen Fassung der Richtlinie nicht mehr hinreichend konkret vorgegebenen) Inhalt der Garantie kann nichts anderes gelten. Daraus folgt insbesondere, dass Arbeitnehmer, die nach nationalem Recht und unter Verstoß gegen die Richtlinie vom Kreis der Begünstigten ausgenommen sind, unmittelbar Garantieansprüche gerichtlich geltend machen können, die sich entweder gegen den Mitgliedstaat selbst oder eine öffentlich-rechtlich ausgestaltete Garantieeinrichtung richten (vgl. Gagel/*Peters-Lange* SGB III § 165 Rn. 85).

Soweit eine unmittelbare Wirkung der Richtlinie ausscheidet, kommt eine **unionsrecht- 5 lich fundierte Staatshaftung** für Umsetzungsfehler in Betracht. Diesen Staatshaftungsanspruch hat der EuGH vor allem auf den effektiven Schutz der Unionsbürgerrechte, die praktische Wirksamkeit des Unionsrechts sowie in jüngerer Zeit auch auf Art. 340 II AEUV gestützt (Calliess/Ruffert/*Ruffert* AEUV Art. 340 Rn. 36 ff. mwN). Zentrale Voraussetzung der Haftung für Normativunrecht ist ein dem Mitgliedstaat zurechenbarer hinreichend qualifizierter Rechtsverstoß, der jedenfalls bei Nichtumsetzung von Richtlinien zu bejahen ist (EuGH 19.11.1991 – C-6 und 9/90 Rn. 39 ff. – Francovich I, NJW 1992, 165). Für die Insolvenzgeld-Richtlinie spielt das heute keine Rolle mehr; stattdessen kommt es darauf an, wann Umsetzungsfehler hinreichendes Gewicht erlangen, um eine Staatshaftung auszulösen. Mit Blick auf die in der Richtlinie vorgesehenen erheblichen Spielräume für die Mitgliedstaaten kommt eine Staatshaftung letztlich nur dann in Betracht, wenn der EuGH die unzureichend umgesetzte Vorschrift bereits soweit konkretisiert hat, dass die Mitgliedstaaten ein klares Normativprogramm erkennen können. IdS bejaht der EuGH (25.4.2013 – C-398/11 Rn. 51 f. – Hogan ua, BetrAV 2013, 357) einen hinreichend qualifizierten Verstoß bei Umsetzungsfehlern hinsichtlich Art. 8 „spätestens" seit seiner Entscheidung in der Rechtssache Robins (EuGH 25.1.2007 – C-278/05, EuZW 2007, 182).

Art. 17 [Inkrafttreten]

Diese Richtlinie tritt am zwanzigsten Tag nach ihrer Veröffentlichung im *Amtsblatt der Europäischen Union* in Kraft.

1   Im Amtsblatt veröffentlicht wurde die Richtlinie am 28.10.2008 (ABl. Nr. L 283, 36). Sie ist damit am 17.11.2008 in Kraft getreten. Weil mit der Richtlinie keine materialen Änderungen der Rechtslage verbunden waren, kommt es auf das Datum nicht an; Umsetzungsvorschriften fielen spätestens mit Inkrafttreten der Vorgänger-Richtlinie 2002/74/EG in den Anwendungsbereich des (geänderten) Unionsrechts (→ Art. 13–16 Rn. 2).

Art. 18 [Geltungsbereich]

Diese Richtlinie ist an die Mitgliedstaaten gerichtet.

1   Die Richtlinie ist für alle Mitgliedstaaten verbindlich. Zur Wirkung bei Umsetzungsfehlern → Art. 13–16 Rn. 3 ff.

Anhang I. [Aufhebungen; Fristen]

Teil A. Aufgehobene Richtlinie mit ihren nachfolgenden Änderungen

(gemäß Artikel 16)

Richtlinie 80/987/EWG des Rates	(ABl. L 283 vom 28.10.1980, S. 23)
Richtlinie 87/164/EWG des Rates	(ABl. L 66 vom 11.3.1987, S. 11)
Richtlinie 2002/74/EG des Europäischen Parlaments und des Rates	(ABl. L 270 vom 8.10.2002, S. 10)

Teil B. Nicht aufgehobener Änderungsakt

(gemäß Artikel 16)
Beitrittsakte von 1994

Teil C. Fristen für die Umsetzung in innerstaatliches Recht und für die Anwendung

(gemäß Artikel 16)

Richtlinie	Umsetzungsfrist	Datum der Anwendung
80/987/EWG	23. Oktober 1983	
87/164/EWG		1. Januar 1986
2002/74/EG	7. Oktober 2005	

Anhang II. Entsprechungstabelle

Richtlinie 80/987/EWG	Vorliegende Richtlinie
Artikel 1	Artikel 1
Artikel 2	Artikel 2
Artikel 3	Artikel 3
Artikel 4	Artikel 4
Artikel 5	Artikel 5
Artikel 6	Artikel 6
Artikel 7	Artikel 7
Artikel 8	Artikel 8
Artikel 8a	Artikel 9
Artikel 8b	Artikel 10
Artikel 9	Artikel 11
Artikel 10	Artikel 12

610 RL 2008/94/EG Anh. II

Entsprechungstabelle

Richtlinie 80/987/EWG	Vorliegende Richtlinie
Artikel 10a	Artikel 13
Artikel 11 Absatz 1	–
Artikel 11 Absatz 2	Artikel 14
Artikel 12	–
–	Artikel 15
–	Artikel 16
–	Artikel 17
Artikel 13	Artikel 18
–	Anhang I
–	Anhang II

620. Richtlinie 2008/104/EG des Europäischen Parlaments und des Rates vom 19. November 2008 über Leiharbeit

(ABl. Nr. L 327 S. 9)

CELEX-Nr. 3 2008 L 0104

DAS EUROPÄISCHE PARLAMENT UND DER RAT DER EUROPÄISCHEN UNION –

gestützt auf den Vertrag zur Gründung der Europäischen Gemeinschaft, insbesondere auf Artikel 137 Absatz 2,

auf Vorschlag der Kommission,

nach Stellungnahme des Europäischen Wirtschafts- und Sozialausschusses[1],

nach Anhörung des Ausschusses der Regionen,

gemäß dem Verfahren des Artikels 251 des Vertrags[2],

in Erwägung nachstehender Gründe:

(1) Diese Richtlinie steht im Einklang mit den Grundrechten und befolgt die in der Charta der Grundrechte der Europäischen Union anerkannten Prinzipien[3]. Sie soll insbesondere die uneingeschränkte Einhaltung von Artikel 31 der Charta gewährleisten, wonach jede Arbeitnehmerin und jeder Arbeitnehmer das Recht auf gesunde, sichere und würdige Arbeitsbedingungen sowie auf eine Begrenzung der Höchstarbeitszeit, auf tägliche und wöchentliche Ruhezeiten sowie auf bezahlten Jahresurlaub hat.

(2) Nummer 7 der Gemeinschaftscharta der sozialen Grundrechte der Arbeitnehmer sieht unter anderem vor, dass die Verwirklichung des Binnenmarktes zu einer Verbesserung der Lebens- und Arbeitsbedingungen der Arbeitnehmer in der Europäischen Gemeinschaft führen muss; dieser Prozess erfolgt durch eine Angleichung dieser Bedingungen auf dem Wege des Fortschritts und betrifft namentlich Arbeitsformen wie das befristete Arbeitsverhältnis, Teilzeitarbeit, Leiharbeit und Saisonarbeit.

(3) Die Kommission hat die Sozialpartner auf Gemeinschaftsebene am 27. September 1995 gemäß Artikel 138 Absatz 2 des Vertrags zu einem Tätigwerden auf Gemeinschaftsebene hinsichtlich der Flexibilität der Arbeitszeit und der Arbeitsplatzsicherheit gehört.

(4) Da die Kommission nach dieser Anhörung eine Gemeinschaftsaktion für zweckmäßig hielt, hat sie die Sozialpartner am 9. April 1996 erneut gemäß Artikel 138 Absatz 3 des Vertrags zum Inhalt des in Aussicht genommenen Vorschlags gehört.

(5) In der Präambel zu der am 18. März 1999 geschlossenen Rahmenvereinbarung über befristete Arbeitsverträge bekundeten die Unterzeichneten ihre Absicht, die Notwendigkeit einer ähnlichen Vereinbarung zum Thema Leiharbeit zu prüfen und entschieden, Leiharbeitnehmer nicht in der Richtlinie über befristete Arbeitsverträge zu behandeln.

(6) Die allgemeinen branchenübergreifenden Wirtschaftsverbände, nämlich die Union der Industrie- und Arbeitgeberverbände Europas (UNICE)[4], der Europäische Zentralverband der öffentlichen Wirtschaft (CEEP) und der Europäische Gewerkschaftsbund (EGB), haben der Kommission in einem gemeinsamen Schreiben vom 29. Mai 2000 mitgeteilt, dass sie den Prozess nach Artikel 139 des Vertrags in Gang setzen wollen. Sie haben die Kommission in einem weiteren gemeinsamen Schreiben vom 28. Februar 2001 um eine Verlängerung der in Artikel 138 Absatz 4 genannten Frist um einen Monat ersucht. Die Kommission hat dieser Bitte entsprochen und die Verhandlungsfrist bis zum 15. März 2001 verlängert.

---

[1] **Amtl. Anm.:** ABl. C 61 vom 14.3.2003, S. 124.
[2] **Amtl. Anm.:** Stellungnahme des Europäischen Parlaments vom 21. November 2002 (ABl. C 25 E vom 29.1.2004, S. 368), Gemeinsamer Standpunkt des Rates vom 15. September 2008 und Standpunkt des Europäischen Parlaments vom 22. Oktober 2008 (noch nicht im Amtsblatt veröffentlicht).
[3] **Amtl. Anm.:** ABl. C 303 vom 14.12.2007, S. 1.
[4] **Amtl. Anm.:** Die UNICE hat ihren Namen im Januar 2007 in BUSINESSEUROPE geändert.

(7) Am 21. Mai 2001 erkannten die Sozialpartner an, dass ihre Verhandlungen über Leiharbeit zu keinem Ergebnis geführt hatten.

(8) Der Europäische Rat hat es im März 2005 für unabdingbar gehalten, der Lissabon-Strategie neue Impulse zu geben und ihre Prioritäten erneut auf Wachstum und Beschäftigung auszurichten. Der Rat hat die Integrierten Leitlinien für Wachstum und Beschäftigung (2005–2008) angenommen, die unter gebührender Berücksichtigung der Rolle der Sozialpartner unter anderem der Förderung von Flexibilität in Verbindung mit Beschäftigungssicherheit und der Verringerung der Segmentierung des Arbeitsmarktes dienen sollen.

(9) Im Einklang mit der Mitteilung der Kommission zur sozialpolitischen Agenda für den Zeitraum bis 2010, die vom Europäischen Rat im März 2005 als Beitrag zur Verwirklichung der Ziele der Lissabon-Strategie durch Stärkung des europäischen Sozialmodells begrüßt wurde, hat der Europäische Rat die Ansicht vertreten, dass auf Seiten der Arbeitnehmer und der Unternehmen neue Formen der Arbeitsorganisation und eine größere Vielfalt der Arbeitsverträge mit besserer Kombination von Flexibilität und Sicherheit zur Anpassungsfähigkeit beitragen würden. Im Dezember 2007 hat der Europäische Rat darüber hinaus die vereinbarten gemeinsamen Flexicurity-Grundsätze gebilligt, die auf ein ausgewogenes Verhältnis zwischen Flexibilität und Sicherheit auf dem Arbeitsmarkt abstellen und sowohl Arbeitnehmern als auch Arbeitgebern helfen sollen, die durch die Globalisierung gebotenen Chancen zu nutzen.

(10) In Bezug auf die Inanspruchnahme der Leiharbeit sowie die rechtliche Stellung, den Status und die Arbeitsbedingungen der Leiharbeitnehmer lassen sich innerhalb der Union große Unterschiede feststellen.

(11) Die Leiharbeit entspricht nicht nur dem Flexibilitätsbedarf der Unternehmen, sondern auch dem Bedürfnis der Arbeitnehmer, Beruf und Privatleben zu vereinbaren. Sie trägt somit zur Schaffung von Arbeitsplätzen und zur Teilnahme am und zur Eingliederung in den Arbeitsmarkt bei.

(12) Die vorliegende Richtlinie legt einen diskriminierungsfreien, transparenten und verhältnismäßigen Rahmen zum Schutz der Leiharbeitnehmer fest und wahrt gleichzeitig die Vielfalt der Arbeitsmärkte und der Arbeitsbeziehungen.

(13) Die Richtlinie 91/383/EWG des Rates vom 25. Juni 1991 zur Ergänzung der Maßnahmen zur Verbesserung der Sicherheit und des Gesundheitsschutzes von Arbeitnehmern mit befristetem Arbeitsverhältnis oder Leiharbeitsverhältnis[5] enthält die für Leiharbeitnehmer geltenden Bestimmungen im Bereich von Sicherheit und Gesundheitsschutz am Arbeitsplatz.

(14) Die wesentlichen Arbeits- und Beschäftigungsbedingungen für Leiharbeitnehmer sollten mindestens denjenigen entsprechen, die für diese Arbeitnehmer gelten würden, wenn sie von dem entleihenden Unternehmen für den gleichen Arbeitsplatz eingestellt würden.

(15) Unbefristete Arbeitsverträge sind die übliche Form des Beschäftigungsverhältnisses. Im Falle von Arbeitnehmern, die einen unbefristeten Vertrag mit dem Leiharbeitsunternehmen geschlossen haben, sollte angesichts des hierdurch gegebenen besonderen Schutzes die Möglichkeit vorgesehen werden, von den im entleihenden Unternehmen geltenden Regeln abzuweichen.

(16) Um der Vielfalt der Arbeitsmärkte und der Arbeitsbeziehungen auf flexible Weise gerecht zu werden, können die Mitgliedstaaten den Sozialpartnern gestatten, Arbeits- und Beschäftigungsbedingungen festzulegen, sofern das Gesamtschutzniveau für Leiharbeitnehmer gewahrt bleibt.

(17) Außerdem sollten die Mitgliedstaaten unter bestimmten, genau festgelegten Umständen auf der Grundlage einer zwischen den Sozialpartnern auf nationaler Ebene geschlossenen Vereinbarung vom Grundsatz der Gleichbehandlung in beschränktem Maße abweichen dürfen, sofern ein angemessenes Schutzniveau gewährleistet ist.

---

[5] **Amtl. Anm.:** ABl. L 206 vom 29.7.1991, S. 19.

(18) Die Verbesserung des Mindestschutzes der Leiharbeitnehmer sollte mit einer Überprüfung der Einschränkungen oder Verbote einhergehen, die möglicherweise in Bezug auf Leiharbeit gelten. Diese können nur aus Gründen des Allgemeininteresses, vor allem des Arbeitnehmerschutzes, der Erfordernisse von Gesundheitsschutz und Sicherheit am Arbeitsplatz und der Notwendigkeit, das reibungslose Funktionieren des Arbeitsmarktes zu gewährleisten und eventuellen Missbrauch zu verhüten, gerechtfertigt sein.

(19) Die vorliegende Richtlinie beeinträchtigt weder die Autonomie der Sozialpartner, noch sollte sie die Beziehungen zwischen den Sozialpartnern beeinträchtigen, einschließlich des Rechts, Tarifverträge gemäß nationalem Recht und nationalen Gepflogenheiten bei gleichzeitiger Einhaltung des geltenden Gemeinschaftsrechts auszuhandeln und zu schließen.

(20) Die in dieser Richtlinie enthaltenen Bestimmungen über Einschränkungen oder Verbote der Beschäftigung von Leiharbeitnehmern lassen die nationalen Rechtsvorschriften und Gepflogenheiten unberührt, die es verbieten, streikende Arbeitnehmer durch Leiharbeitnehmer zu ersetzen.

(21) Die Mitgliedstaaten sollten für Verstöße gegen die Verpflichtungen aus dieser Richtlinie Verwaltungs- oder Gerichtsverfahren zur Wahrung der Rechte der Leiharbeitnehmer sowie wirksame, abschreckende und verhältnismäßige Sanktionen vorsehen.

(22) Die vorliegende Richtlinie sollte im Einklang mit den Vorschriften des Vertrags über die Dienstleistungs- und Niederlassungsfreiheit, und unbeschadet der Richtlinie 96/71/EG des Europäischen Parlaments und des Rates vom 16. Dezember 1996 über die Entsendung von Arbeitnehmern im Rahmen der Erbringung von Dienstleistungen[6] umgesetzt werden.

(23) Da das Ziel dieser Richtlinie, nämlich die Schaffung eines auf Gemeinschaftsebene harmonisierten Rahmens zum Schutz der Leiharbeitnehmer, auf Ebene der Mitgliedstaaten nicht ausreichend verwirklicht werden kann und daher wegen des Umfangs und der Wirkungen der Maßnahme besser auf Gemeinschaftsebene zu verwirklichen ist, und zwar durch Einführung von Mindestvorschriften, die in der gesamten Europäischen Gemeinschaft Geltung besitzen, kann die Gemeinschaft im Einklang mit dem in Artikel 5 des Vertrags niedergelegten Subsidiaritätsprinzip tätig werden. Entsprechend dem in demselben Artikel genannten Grundsatz der Verhältnismäßigkeit geht diese Richtlinie nicht über das zur Erreichung dieses Ziels erforderliche Maß hinaus –

HABEN FOLGENDE RICHTLINIE ERLASSEN:

Kapitel I. Allgemeine Bestimmungen

Art. 1 Anwendungsbereich

(1) Diese Richtlinie gilt für Arbeitnehmer, die mit einem Leiharbeitsunternehmen einen Arbeitsvertrag geschlossen haben oder ein Beschäftigungsverhältnis eingegangen sind und die entleihenden Unternehmen zur Verfügung gestellt werden, um vorübergehend unter deren Aufsicht und Leitung zu arbeiten.

(2) Diese Richtlinie gilt für öffentliche und private Unternehmen, bei denen es sich um Leiharbeitsunternehmen oder entleihende Unternehmen handelt, die eine wirtschaftliche Tätigkeit ausüben, unabhängig davon, ob sie Erwerbszwecke verfolgen oder nicht.

(3) Die Mitgliedstaaten können nach Anhörung der Sozialpartner vorsehen, dass diese Richtlinie nicht für Arbeitsverträge oder Beschäftigungsverhältnisse gilt, die im Rahmen eines spezifischen öffentlichen oder von öffentlichen Stellen geförderten beruflichen Ausbildungs-, Eingliederungs- und Umschulungsprogramms geschlossen wurden.

---

[6] **Amtl. Anm.:** ABl. L 18 vom 21.1.1997, S. 1.

A. Einleitung

I. Begrifflichkeit

1   Leiharbeit ist eine Form des Drittpersonaleinsatzes (Gesellschaft für Rechtspolitik Trier/ *Rebhahn/Schörghofer,* Bitburger Gespräche in München, 2014, 85). Für die Leiharbeit gibt es verschiedene Bezeichnungen, wie etwa Zeitarbeit oder Personalleasing. Das AÜG verwendet den Begriff „Arbeitnehmerüberlassung". Das österreichische Recht spricht, wegen der Erweiterung des Anwendungsbereichs auf Arbeitnehmerähnliche, von „Arbeitskräfteüberlassung". Im Folgenden wird die Begrifflichkeit der Richtlinie verwendet. Demnach bezeichnet **Leiharbeit** den Vorgang, dass ein **Verleiher** seine vertraglichen Arbeitnehmer, die **Leiharbeitnehmer,** dem **entleihenden Unternehmen** iRe **Überlassung** zur Verfügung stellt.

II. Entstehungsgeschichte

2   Die Geburtsstunde der Leiharbeit wird manchmal mit der Gründung des Unternehmens Manpower in den USA im Jahr 1948 angesetzt (*Geppert,* Die gewerbsmäßig betriebene Arbeitskräfteüberlassung, 1978, 39). In den 50er und 60er-Jahren breitete sich die Leiharbeit auch in Europa aus, wenngleich ihre Wurzeln hier viel weiter zurück reichen (Schüren/ *Schüren,* Einl. Rn. 33 ff.; *Geppert,* Die gewerbsmäßig betriebene Arbeitskräfteüberlassung, 1978, 40 f.). In den folgenden Jahrzehnten gelangte die Leiharbeit vermehrt in den Fokus von Gesetzgebung, Rechtsprechung und Rechtswissenschaft. Dies mündete in das AÜG im Jahr 1972 und das öAÜG im Jahr 1988. Besonders das AÜG unterlag seitdem einem ständigen Wandel.

3   Auf europäischer Ebene legte die Kommission bereits 1982 einen Richtlinien-Entwurf zur Leiharbeit vor (KOM 1982, 155 endg.). Nach dessen Ablehnung folgte 1984 eine Abänderung des Vorschlags, ein Beschluss erfolgte nicht (KOM 1984, 159 endg.). 1990 legte die Kommission drei weitere Richtlinien-Entwürfe vor, in denen ua die Leiharbeit geregelt wurde (KOM 1990, 228 endg.). Davon wurde einzig die RL 91/383/EWG umgesetzt. In der Folge startete die Kommission einen Dialog zwischen den europäischen Sozialpartnern. Dieser Dialog scheiterte ua aufgrund der unterschiedlichen Ausgangslage in den Mitgliedstaaten und den Meinungsverschiedenheiten auch innerhalb der Verhandlungsparteien (ausf. Ahlberg/Bercusson/Bruun/Kountouris/Vigneau/Zappalà/*Ahlberg,* Transnational Labour Regulation, 2008, 191). Aufbauend auf den daraus resultierenden Dokumenten legte die Kommission 2002 einen neuen Entwurf vor (KOM 2002, 149 endg.). Auch dieser Entwurf scheiterte, ebenso wie ein überarbeiteter Entwurf aus demselben Jahr (KOM 2002, 701 endg.). Erst im Jahr 2008 wurde Einigung erzielt, die Richtlinie ist mit 5.12.2008 in Kraft getreten (*Sansone,* Gleichstellung, 2011, 67).

III. Einfluss des Primärrechts

4   Nach der Präambel ist die Richtlinie „insbesondere auf Art. 137 Absatz 2" EGV gestützt (dazu SA des GA *Szpunar* 20.11.2014 – C-533/13 Rn. 50 ff. – AKT), die Bestimmung findet sich heute in Art. 153 II AEUV. Art. 153 I AEUV bestimmt die möglichen Regelungsbereiche, für die Leiharbeits-Richtlinie kommt insbesondere die Regelung der **Arbeitsbedingungen** (Buchst. b) in Betracht (*Sansone,* Gleichstellung, 2011, 69). Problematisch ist, dass gem. Art. 153 V AEUV das Arbeitsentgelt von dieser **Kompetenz** ausgenommen ist. Herzstück der Richtlinie ist jedoch der Gleichstellungsanspruch bezüglich des Entgelts (vgl. unten Art. 5). Die daraus resultierende Problematik der Regelungskompetenz wurde bereits bei der Verhandlung der Sozialpartner thematisiert und dürfte zum Scheitern der Verhandlungen beigetragen haben (Ahlberg/Bercusson/Bruun/Kountouris/Vigneau/ Zappalà/*Ahlberg,* Transnational Labour Regulation, 2008, 191 [209, 217]). Sie bleibt auch

nach Inkrafttreten der Richtlinie fraglich. Für eine restriktive Auslegung des Art. 153 V AEUV wird mit Entscheidungen des EuGH zu den Diskriminierungsverboten bei Teilzeit und befristeten Arbeitsverträgen argumentiert (*Sansone,* Gleichstellung, 2011, 73 f.). Nach diesen Entscheidungen ist nur die **unmittelbare** Regelung des Entgelts von der Kompetenz aufgrund Art. 153 AEUV ausgenommen (EuGH 15.4.2008 – C-268/06 Rn. 124 – Impact; aufbauend auf EuGH 13.9.2007 – C-307/05 Rn. 32 ff. – Del Cerro Alonso). Dazu wird jedoch darauf hingewiesen, dass es durch die Leiharbeits-Richtlinie, anders als bei Befristung und Teilzeit, zur Regelung des Entgelts anhand des Verhaltens einer anderen Person kommt, nämlich des Entleihers (*Thüsing* DB 2002, 2218 [2220]; Schwarze/*Rebhahn*/*Reiner,* AEUV Art. 153 Rn. 64: „Schwerpunkt" der Regelung beim Entgelt). Andere sehen in der Richtlinie dennoch bloß eine mittelbare und daher zulässige Entgeltregelung (*Sansone,* Gleichstellung, 2011, 73 f.; *Riesenhuber* EEL § 4 Rn. 12). Tatsächlich ändert die Gleichbehandlungsverpflichtung nichts daran, dass die originäre Festlegung des Entgelts (im Unternehmen des Entleihers) weiterhin ohne Einfluss des Unionsrechts erfolgt. Mit einer Entscheidung des EuGH, die einen Verstoß gegen Art. 153 V AEUV feststellt, ist eher nicht zu rechnen (Schwarze/*Rebhahn*/*Reiner,* AEUV Art. 153 Rn. 64. Zur Vereinbarkeit der Richtlinie mit dem Subsidiaritätsprinzip vgl. *Sansone,* Gleichstellung, 2011, 75 ff.).

Im Erwägungsgrund 1 wird auf Art. 31 GRC hingewiesen, in dem ua das Recht auf gesunde, sichere und würdige Arbeitsbedingungen" geregelt ist. Die Richtlinie soll nach dem Erwägungsgrund die „uneingeschränkte Einhaltung" dieser Bestimmung sicherstellen, obwohl Art. 31 GRC nichts zum Entgelt sagt. Im Erwägungsgrund 2 wird auf Nr. 7 der Gemeinschaftscharta der sozialen Grundrechte der Arbeitnehmer hingewiesen, die auf die „Verbesserung der Lebens- und Arbeitsbedingungen" bei Leiharbeit abzielt. Die Gemeinschaftscharta ist rechtlich unverbindlich (Grabenwarter/*Rebhahn,* Europäischer Grundrechteschutz, 2014, § 16 Rn. 19), die in den Erwägungsgründen wiedergegebene Zielsetzung kann jedoch bei der Auslegung berücksichtigt werden. Nicht erwähnt, aber dennoch als „grundrechtliches Gegengewicht" zu beachten ist die unternehmerische Freiheit gem. Art. 16 GRC. Abseits des Primärrechts ist das 1997 abgeschlossene ILO-Übereinkommen 181 über private Arbeitsvermittler zu erwähnen, das gem. dessen Art. 1 I lit. b auch Überlassungen erfasst. Es wurde jedoch weder von Deutschland noch von Österreich ratifiziert.

IV. Zusammenhang mit anderen Sekundärrechtsakten

Die Richtlinie ist in Zusammenhang mit weiteren Sekundärrechtsakten zu sehen. Die Beziehung von Leiharbeit und **Befristungsrecht** war Gegenstand der Entscheidung **Oreste Della Rocca** aus dem Jahr 2013. Der EuGH kommt zum Ergebnis, dass die Arbeitsverträge von Leiharbeitnehmern nicht unter die Rahmenvereinbarung und damit die Befristungs-Richtlinie fallen (EuGH 11.4.2013 – C-290/12 Rn. 42 – Oreste Della Rocca. vgl. dazu auch die → Rahmenvereinbarung über befristete Arbeitsverträge § 2 Rn. 21). Die Begründung und das Ergebnis der Entscheidung wurden von Teilen des Schrifttums abgelehnt (*Lembke* NZA 2013, 815; *Greiner* NZA 2014, 284 [285]; **aA** *Franzen* EuZA 2013, 433; *Rebhahn,* Neuere Judikatur des EuGH zum Arbeitsrecht aus Sicht der Methodenlehre Zentrum für Europäisches Wirtschaftsrecht Nr. 210, 2015). Nach Ansicht des EuGH enthielt das Unionsrecht daher zur Zulässigkeit von Befristungen der Arbeitsverträge von Leiharbeitnehmern keine Vorgaben. Das Urteil betraf die Rechtslage vor Ablauf der Umsetzungsfrist der Leiharbeits-Richtlinie (11.4.2013 – C-290/12 Rn. 33 – Oreste Della Rocca). Die Leiharbeits-Richtlinie enthält keine ausdrückliche Beschränkung von Befristungen, aus Art. 3 II 2 und Art. 5 II folgt die Zulässigkeit auch befristeter Arbeitsverträge mit Leiharbeitnehmern (*Franzen* EuZA 2013, 433 [434]). Der Hinweis in Erwägungsgrund 15 auf den unbefristeten Arbeitsvertrag als „die übliche Form des Beschäftigungsverhältnisses" wird nicht ausreichen, um den EuGH zu einer Änderung seiner Rechtsansicht bezüglich der Befristungs-Richtlinie zu bewegen. Das „Herbeizaubern" eines Befristungsschutzes aus der

Leiharbeits-Richtlinie ist abzulehnen (*Krebber* JZ 2013, 947 [949]). In Deutschland unterliegen die Arbeitsverträge (auch nach der Entscheidung des EuGH) den §§ 14 ff. TzBfG (BAG 15.5.2013 NZA 2013, 1214).

7   Auch die **Entsende-Richtlinie** steht in einem gewissen Zusammenhang mit der Leiharbeits-Richtlinie (dazu *Schömann/Guedes,* Temporary agency work in the European Union, 2012, 55 ff.). Ein Fall der von der Entsende-Richtlinie geregelten Entsendungen ist die grenzüberschreitende Überlassung nach Art. 1 III lit. c Entsende-Richtlinie. Die Leiharbeits-Richtlinie macht den Mitgliedstaaten Vorgaben bzgl. der Regelungen der Leiharbeit, die bei grenzüberschreitenden Überlassungen ua gem. Art. 3 I lit. d und Art. 3 IX Entsende-Richtlinie zu beachten sind (Zur Bedeutung dieser Bestimmungen zur Vereinbarkeit von Entsende-Richtlinie und Leiharbeits-Richtlinie vgl. *Schlachter/Nyström,* EU Labour Law, 249 [263 f.]). Der Umsetzungsspielraum, Ausnahmemöglichkeiten, die Zulässigkeit für Arbeitnehmer günstigerer Regelungen festzulegen sowie die „Lückenhaftigkeit" der Leiharbeits-Richtlinie führen dazu, dass weiterhin in den Mitgliedstaaten unterschiedliche Arbeitsbedingungen für Leiharbeitnehmer zu finden sind. Die Regulierung grenzüberschreitender Überlassungen durch die Entsende-Richtlinie ist daher weiterhin notwendig. Neben der Entsende-Richtlinie erwähnt auch die Betriebsübergangs-Richtlinie explizit die Leiharbeit (Art. 2 II lit. c). Zu den Problemen bzgl. Tatbestand und Rechtsfolge des **Betriebsübergangs** von Leiharbeitsunternehmen oder entleihenden Unternehmen → Betriebsübergangs-Richtlinie insb. Art. 2 Rn. 12. Die Leiharbeits-Richtlinie und die RL 91/383/EWG ergänzen einander, letztere beschränkt sich auf die Verbesserung der Sicherheit und den Gesundheitsschutz.

B. Anwendungsbereich

I. Einleitung

8   In Art. 1 wird der Anwendungsbereich der Richtlinie festgelegt. Diese Bestimmung verwendet viele Begriffe, die in Art. 3 genauer definiert werden. In Abs. 1 wird der Grundtatbestand der Leiharbeit beschrieben. Aus der Definition folgt, dass die Richtlinie von der Beteiligung von drei natürlichen oder juristischen Personen ausgeht. Zweipersonale Arbeitsbeziehungen fallen nicht in den Anwendungsbereich der Richtlinie (*Sansone,* Gleichstellung, 2011, 451 zum „Selbstverleih" und der Entsendung eines Arbeitnehmers an einen anderen Betrieb desselben Arbeitgebers). Die Richtlinie schweigt zu ihrem territorialen Anwendungsbereich. Jedenfalls erfasst ist eine Überlassung aus einem Drittstaat in einen Mitgliedstaat, auch Überlassungen in Drittstaaten sollen teilweise erfasst sein (*European Commission,* Report – Expert Group – Transposition of Directive 2008/104/EC, 2011, 5).

9   Bei der Prüfung des Anwendungsbereichs der Richtlinie ist zu bedenken, dass es den Mitgliedstaaten grds. freisteht, Sachverhalte, die nicht in den Anwendungsbereich fallen, dennoch den Regelungen der nationalen Umsetzungsgesetze zu unterwerfen. Umgekehrt schränkt die Richtlinie allerdings die Zulässigkeit von Ausnahmen aus den nationalen Umsetzungsgesetzen ein. Die Richtlinie nennt in Abs. 2 zwei Kriterien, die gerade keine Ausnahme aus dem Anwendungsbereich herbeiführen (dürfen). Zum einen ist es unerheblich, ob die Leiharbeitsunternehmen und die entleihenden Unternehmen private oder öffentliche Unternehmen sind. Zum anderen kommt es nicht darauf an, dass das Leiharbeitsunternehmen oder das entleihende Unternehmen Erwerbszwecke verfolgen. Die Entstehungsgeschichte legt nahe, dass es sich bei der Formulierung um eine bewusste Ablehnung der von Deutschland bei den Verhandlungen geforderten Ausnahme von nonprofit Organisationen handelt (*Sansone,* Gleichstellung, 2011, 471 f.; Ahlberg/Bercusson/Bruun/Kountouris/Vigneau/Zappalà/*Ahlberg,* Transnational Labour Regulation, 2008, 191 [226, 237]).

II. Wirtschaftliche Tätigkeit

Das „Verfolgen eines Erwerbszwecks" ist von der „Ausübung einer wirtschaftlichen Tätigkeit" zu unterscheiden. Die Ausübung einer wirtschaftlichen Tätigkeit ist Voraussetzung für die Eröffnung des Anwendungsbereiches der Richtlinie. Das Abstellen auf die **wirtschaftliche Tätigkeit** wurde in § 1 I 1 AÜG übernommen. Bei Auslegung des Begriffs der „wirtschaftlichen Tätigkeit" der Richtlinie ist vor allem eine systematische Interpretation naheliegend. Hingewiesen wird auf andere Richtlinien (*Sansone,* Gleichstellung, 2011, 472), insbesondere die Betriebsübergangs-Richtlinie, die in Art. 1 I lit. c ebenfalls die Begriffe „wirtschaftliche Tätigkeit" und „Erwerbszwecke" verwendet (Schlachter/*Nyström,* EU Labour Law, 249 [253]). Zudem wird auf die Begrifflichkeit des Wettbewerbsrechts Bezug genommen (ausf. *Thüsing/Thieken* DB 2012, 347 ff.). Orientiert man sich am Wettbewerbsrecht, ist unter einer wirtschaftlichen Tätigkeit das Anbieten von Gütern oder Dienstleistungen „auf einem bestimmten Markt" zu verstehen (Preis/Sagan/*Sansone,* § 8 Rn. 33). Den Tatbestand der wirtschaftlichen Tätigkeit kann auch eine sozialpolitische Leiharbeit erfüllen, sonst wäre die Ausnahme des Art. 1 III nicht erforderlich (*Rieble/Vielmeier* EuZA 2011, 474 [478]). Unklar ist, ob eine wirtschaftliche Tätigkeit *beider* beteiligter Unternehmen erforderlich ist, um den Anwendungsbereich der Richtlinie zu eröffnen. Wenig sinnvoll ist die Lösung, dass bei wirtschaftlicher Tätigkeit nur einer der beiden nur dieser den Vorgaben der Richtlinie unterliegt. Aufgrund des Wortlauts der Richtlinie ist davon auszugehen, dass bereits das Fehlen einer wirtschaftlichen Tätigkeit einer der beiden beteiligten Unternehmen den Anwendungsbereich der Richtlinie ausschließt. Entgegen dem Wortlaut der Richtlinie wird bei Mischunternehmen darauf abgestellt, dass die Leiharbeit selbst als wirtschaftliche Tätigkeit zu qualifizieren ist (*Rieble/Vielmeier* EuZA 2011, 474 [481]; zur Prüfung der wirtschaftlichen Tätigkeit im Wettbewerbsrecht bei mehreren Tätigkeiten eines Unternehmens durch den EuGH s. *Thüsing/Thieken* DB 2012, 348 f.). Über die notwendige Intensität des „Marktbezugs" des Verhaltens besteht im Schrifttum Uneinigkeit. Teilweise wird die wirtschaftliche Tätigkeit von Organisationen verneint, „die ausschließlich gemeinnützige, karitative, wissenschaftliche, künstlerische oder sonstige ideelle Zwecke verfolgen" (*Hamann* NZA 2011, 70 [71]), ebenso wie bei rein konzerninterner Tätigkeit eines Verleihers (*Rieble/Vielmeier* EuZA 2011, 474 [480]; *Thüsing/Thieken* DB 2012, 347 [349] die jedoch von einem weiteren Anwendungsbereich des AÜG ausgehen; *Schörghofer* ZAS 2012, 336 [338]). Nach anderer Ansicht sind sowohl rein konzernintern tätige Leiharbeitsunternehmen, als auch Unternehmen mit ideeller Zielsetzung wirtschaftlich tätig, sofern sie sich „als Anbieter oder Nachfrager nach Erzeugnissen oder Dienstleistungen am Wirtschaftsleben beteiligten" (Preis/Sagan/*Sansone,* § 8 Rn. 34). Letztgenannte Auffassung entscheidet sich also für die weitestmögliche Auslegung der „wirtschaftlichen Tätigkeit", indem auch auf die „Nachfrage" am Markt abgestellt wird und es zudem nicht ausschließlich auf den Arbeits- sondern auch auf andere Märkte ankommen soll. Folgt man dieser Ansicht, wird so gut wie immer wirtschaftliche Tätigkeit vorliegen. Nicht ausreichend kann jedenfalls sein, dass ein Leiharbeitsunternehmen am Markt Arbeitnehmer anwirbt, da diese Voraussetzung in den meisten Fällen erfüllt ist. Bei rein konzerninterner Leiharbeit ist offen, ob nicht bereits der Konzernbezug zu einer „mittelbaren wirtschaftlichen Tätigkeit" des Verleihers iSd Richtlinie führt (im Ergebnis ablehnend *Thüsing/Thieken* DB 2012, 347 [349]). Eine gewisse Skepsis des EuGH gegenüber sog. Personalführungsgesellschaften kann wohl der Entscheidung Albron entnommen werden (EuGH 21.10.2010 – C-242/09 – Albron Catering).

III. Ausbildungs-, Eingliederungs- und Umschulungsprogramm

In Abs. 3 wird die Möglichkeit der Mitgliedstaaten geregelt, einen Sonderfall der **sozialpolitischen Leiharbeit** aus dem Anwendungsbereich der Umsetzungsgesetze auszunehmen, sofern in diesen Fällen der Anwendungsbereich der Richtlinie nicht bereits aufgrund des Fehlens der Arbeitnehmereigenschaft verschlossen ist (*Rieble/Vielmeier* EuZA 2011, 474

[479]; *Schrattbauer/Pfeil* öRdA 2014, 3). Diese Ausnahme wurde in § 1 IV Nr. 1 öAÜG umgesetzt, im AÜG fehlt eine Umsetzung. Die Richtlinie stellt für die Ausnahme eine prozedurale und eine inhaltliche Voraussetzung auf. Voraussetzung der Ausnahme aus dem Anwendungsbereich ist zum einen die Anhörung der Sozialpartner. Im Zusammenhang mit der Umsetzung im öAÜG ist davon auszugehen, dass die Gesetzesbegutachtung durch die Sozialpartner die Voraussetzung der Richtlinie erfüllt. Inhaltlich beschränkt Abs. 3 die Ausnahme auf Leiharbeitnehmer, deren Arbeitsverträge „im Rahmen eines spezifischen öffentlichen oder von öffentlichen Stellen geförderten beruflichen Ausbildungs-, Eingliederungs- und Umschulungsprogramms geschlossen wurden". Zu den Voraussetzungen eines solchen Programms hat der OGH Stellung genommen und dabei einen gewissen Organisationsgrad gefordert (OGH 19.12.2013 – 9 ObA 124/13w, öRdA 2014, 576 mit Anm. *Schrattbauer*).

12   Spezifisch ist ein Programm, das auf eine bestimmte Gruppe von Arbeitnehmern besonders eingeht (Neumayr/Reissner/*Schindler* AÜG § 1 Rn. 22). Zudem müssen die Arbeitsverträge in Bezug auf das berufliche Programm abgeschlossen worden sein (*Rieble/Vielmeier* EuZA 2011, 474 [478]). Die Programme können direkt von der öffentlichen Hand durchgeführt werden oder von öffentlichen Stellen gefördert werden (zB Leiharbeit durch sozialökonomische Betriebe (*Schrattbauer/Pfeil* öRdA 2014, 3).

IV. Vorübergehende Überlassung

13   In Art. 1 I erfolgt der Hinweis, dass die Überlassung **„vorübergehend"** erfolgt. In Art. 3 wird dieser Hinweis noch viermal wiederholt. Um diese Formulierung ist in der deutschsprachigen Rechtswissenschaft ein Streit entbrannt. Die Deutung ist deshalb besonders relevant, weil das „magische Wort" „vorübergehend" in § 1 I 2 AÜG übernommen wurde. In Österreich fehlt eine Umsetzung der Wendung, vielmehr wurde die Zulässigkeit der mehrjährigen Leiharbeit bei Umsetzung der Richtlinie sogar im Gesetz festgeschrieben (*Schörghofer*, ZAS 2012, 344). Im Folgenden wird auf die Vorgabe der Richtlinie eingegangen. Die Beurteilung der deutschen Umsetzung steht damit in engen Zusammenhang, der Gesetzesentwurf beruft sich auf die Vorgabe der Richtlinie (BT-Drs. 17/4804, 8).

14   Die wichtigste Frage ist jene nach der Bedeutung/Rechtsfolge des Hinweises in der Richtlinie. Dazu lassen sich (grob eingeteilt) drei Rechtsmeinungen unterscheiden (zum Folgenden *Schörghofer*, Grenzfälle der Arbeitskräfteüberlassung, 2015, 80 ff.). Manche sehen darin einen bloßen Programmsatz ohne Rechtsfolge (etwa *Lembke* DB 2011, 414 [415]). Andere vertreten, dass der Anwendungsbereich der Richtlinie auf vorübergehende Überlassungen beschränkt ist (so etwa *Thüsing/Stiebert* DB 2012, 632). Ferner wird gesagt, dass die Richtlinie nur vorübergehende Überlassungen erlaubt und nicht-vorübergehende Überlassungen verbietet (so etwa *Hamann* RdA 2011, 321 [326]). Das BAG hat entschieden, dass die neue Fassung des § 1 I AÜG die nicht vorübergehende Überlassung verbietet, hat dabei aber ausdrücklich offen gelassen, ob dies bereits durch die Richtlinie geboten ist (BAG 10.7.2013 NZA 2013, 1296, Rn. 46).

15   Der Wortlaut der Richtlinie spricht für eine Ausnahme nicht-vorübergehender Leiharbeit aus dem Anwendungsbereich. Dieses Auslegungsergebnis ist allerdings teleologisch nur schwer zu begründen. Wie sogleich zu Art. 2 ausgeführt wird, vermittelt die Richtlinie zwar zwischen den einander häufig widersprechenden Zielen des Arbeitnehmerschutzes und der Flexibilisierung der Arbeitsbeziehungen. Auch wenn teilweise das Gegenteil vertreten wird (*Thüsing/Stiebert* DB 2012, 632 [634]), ist nicht von einer geringeren Schutzwürdigkeit dauerhaft überlassener Arbeitnehmer auszugehen, was gegen eine Ausnahme aus dem Schutzniveau der Richtlinie spricht (*Bartl/Romanowski* NZA Online Aufsatz 3/2012, 2). Es wird zwar behauptet, dass die Ausnahme aus dem Anwendungsbereich auch mit der Annahme eines größeren Schutzbedürfnisses vereinbar sei, weil dem nationalen Gesetzgeber dadurch die Regelungskompetenz erhalten bleibt (*Giesen* FA 2012, 66). Dem ist entgegenzuhalten, dass (eventuell unter Beachtung des Art. 4) für den Arbeitnehmer günstigere Regelungen auch im Anwendungsbereich der Richtlinie zulässig sind (Art. 9 I Richtlinie).

Anwendungsbereich   **Art. 1 RL 2008/104/EG 620**

Ferner wird das schützenswerte Interesse der Unternehmer an dauerhaften Überlassungen **16**
bestritten. Ein von der Richtlinie anerkannter Flexibilisierungsbedarf liege nur bei vorübergehendem Arbeitsanfall vor, nicht jedoch bei dauerhaftem Einsatz von Leiharbeitnehmern (*Brors* AuR 2013, 108 [112]). Hingewiesen wird auch auf die sogenannte Brückenfunktion der Überlassung (Klebeeffekt). Wie Art. 6 zeigt, erhofft sich die Richtlinie eine Übernahme von Leiharbeitnehmern in eine Dauerbeschäftigung beim Entleiher. Die Zulässigkeit dauerhafter Überlassungen erübrigt eine Übernahme in die Stammbelegschaft (*Hamann* EuZA 2009, 287 [311]). IRd systematischen Auslegung ist Art. 5 V wichtig. Das dort normierte Verbot der Umgehung der „Bestimmungen der Richtlinie" durch aufeinander folgende Überlassungen erscheint nur dann wirklich relevant, wenn wie in dieser Bestimmungen auch ein Verbot der Dauerüberlassung ist (*Brors* AuR 2013, 108 [112]).

Abzulehnen ist eine Beschränkung des Anwendungsbereichs auf die vorübergehende **17**
Überlassung. Im Ergebnis ist dem **Verbot der Dauerüberlassung** vor der Annahme eines bloßen Programmsatzes der Vorzug zu geben. Dieses Ergebnis ist allerdings nicht über jeden Zweifel erhaben, eine genaue Vorhersage der Entscheidung des EuGH ist daher nicht möglich. Auch eine Betrachtung seiner bisherigen Stellungnahmen zur Leiharbeit erleichtert diese Prognose nicht. In der Entscheidung Vicoplus, in der sich der EuGH intensiv mit dem Begriff der Leiharbeit beschäftigt, fehlt ein Hinweis auf die vorübergehende Überlassungsdauer (EuGH 10.2.2011 – C-307/09, 308/09, 309/09 Tenor – Vicoplus). In manchen Entscheidungen wird die Überlassungsdauer nur im Sachverhalt oder im Vorbringen der Prozessteilnehmer erwähnt (EuGH 17.12.1970 – 35/70 Rn. 3 – Manpower; 17.12.1981 – C-279/80 Rn. 5 – Webb; 15.9.2010 – C-386/09 Rn. 25 – Briot). Anders ist dies in der Entscheidung Jouini, wo der EuGH die Tätigkeit von Leiharbeitsunternehmen als vorübergehendes Zur-Verfügungstellen von Arbeitnehmern beschreibt (EuGH 13.9.2007 – C-458/05 Rn. 35 – Jouini). In der Entscheidung Albron war die Überlassungsdauer wohl auch für das Ergebnis relevant (EuGH 21.10.2010 – C-242/09 Rn. 26, 32 – Albron Catering). Allerdings ist keines dieser Urteile zur gegenständlichen Richtlinie ergangen. Es ist durchaus denkbar, dass die Richtlinie die Rolle der Leiharbeit im Unionsrecht neu festlegen will. Im Verfahren AKT wird die Rechtsfrage aufgeworfen (Vorabentscheidungsersuchen, 9.10.2013 – C-533/13 – Akt). Das vorliegende Gericht fragt allerdings nicht nach einem Verbot der Dauerüberlassung durch die Richtlinie, sondern nach der Vereinbarkeit eines nationalen Verbots eines längerfristigen Einsatzes von Leiharbeitnehmern mit Art. 4 Richtlinie. Dem EuGH bot sich dennoch ein Anlass zu einer Grundsatzentscheidung (*Thüsing/Stiebert* ZESAR 2014, 31 [32]). Der Generalanwalt steht der dauerhaften Überlassung eindeutig ablehnend gegenüber, der dauerhafte Einsatz von Leiharbeit könne einen „Missbrauch" der Leiharbeit indizieren (SA des GA *Szpunar* 20.11.2014 – C-533/13 Rn. 121 – AKT). Der EuGH hat in seiner Entscheidung zu dieser Frage schlussendlich nicht Stellung genommen (EuGH 17.3.2015 – C-533/13 – AKT).

Verneint man das Vorliegen einer unverbindlichen Zielbestimmung, stellt sich die Frage, **18**
wann eine Überlassung „vorübergehend" erfolgt. Andere Sprachfassungen tragen zur Klärung nichts bei (*Krannich/Simon* BB 2012, 1414 [1415]). Im Schrifttum wird im Zusammenhang mit der deutschen Umsetzung eine Vielzahl von Auslegungsvarianten vertreten (*Nießen/Fabritius* NJW 2014, 263). Umstritten ist, ob dabei eine zeitliche Grenze eingeführt werden muss, oder ob auch eine sachliche Überprüfung die Vorgabe der Richtlinie erfüllt. Ebenso unklar ist, ob dies arbeitnehmerbezogen zu prüfen ist, also in Bezug auf den aktuell überlassenen Arbeitnehmer, und/oder arbeitsplatzbezogen, also in Bezug auf den Arbeitsplatz beim Entleiher. Diese Fragen werden zumindest zum Teil entschärft, wenn man anerkennt, dass den Mitgliedstaaten bei der Umsetzung ein gewisser Gestaltungsspielraum zukommt. Der Wortlaut der Richtlinie spricht allerdings dagegen, dass die Festlegung einer sachlichen Überprüfung noch vom Umsetzungsspielraum der Mitgliedstaaten gedeckt ist (*Thüsing/Stiebert* DB 2012, 632 [632 f.]). Der Wortlaut der Art. 1 und 3 spricht zudem für einen Bezug des Wortes vorübergehend auf die einzelne Überlassung und damit gegen eine arbeitsplatzbezogene Betrachtung. Erforderlich ist daher die Festlegung einer Höchstdauer

für die einzelne Überlassung. Aus Art. 5 V folgt zudem die Verpflichtung der Mitgliedstaaten, eine Umgehung dieses Verbots durch aufeinanderfolgende Überlassungen zu verhindern.

19 Geht man davon aus, dass die Richtlinie eine nicht-vorübergehende Überlassung verbietet, stellt sich neben der zulässigen Höchstdauer die Frage, welche Anforderung Art. 10 II 2 hinsichtlich der Sanktionierung von nicht-vorübergehenden Überlassungen an das nationale Recht stellt. Vertreten wurde die Notwendigkeit eines Vertragspartnerwechsels als Sanktion, also der Wechsel des Arbeitsvertrags vom Verleiher zum Entleiher (so etwa *Bartl/Romanowski* NZA Online Aufsatz 3/2012, 5 f.). Im Schrifttum wurde unter Hinweis auf Urteile des EuGH zum Diskriminierungsschutz zutreffend darauf hingewiesen, dass auch andere Sanktionen den Anforderungen der Richtlinie genügen können (*Sansone*, Gleichstellung, 2011, 569). Dieser Argumentation hat sich auch das BAG angeschlossen (BAG 10.12.2013 NJW 2014, 956).

Art. 2 Ziel

Ziel dieser Richtlinie ist es, für den Schutz der Leiharbeitnehmer zu sorgen und die Qualität der Leiharbeit zu verbessern, indem die Einhaltung des Grundsatzes der Gleichbehandlung von Leiharbeitnehmern gemäß Artikel 5 gesichert wird und die Leiharbeitsunternehmen als Arbeitgeber anerkannt werden, wobei zu berücksichtigen ist, dass ein angemessener Rahmen für den Einsatz von Leiharbeit festgelegt werden muss, um wirksam zur Schaffung von Arbeitsplätzen und zur Entwicklung flexibler Arbeitsformen beizutragen.

A. Einleitung

1 Die Richtlinie möchte den Arbeitnehmerschutz mit der Förderung größerer Flexibilität verbinden. Die beiden Zielsetzungen lassen sich in der Unterteilung der Richtlinie nachverfolgen: Der Erhaltung der Flexibilität dient Art. 4, dem Arbeitnehmerschutz dienen Art. 5 bis 8 (SA des GA *Szpunar* 20.11.2014 – C-533/13 Rn. 35 – AKT). Die Verbindung der beiden Ziele entspricht dem Flexicurity-Konzept der EU (Schlachter/*Nyström*, EU Labour Law, 249 [256]; SA des GA *Szpunar* 20.11.2014 – C-533/13 Rn. 31 ff. – AKT). Tatsächlich dürfte es sich um einander häufig widersprechende Ziele handeln (Preis/Sagan/*Sansone*, § 8 Rn. 11). Es ist allerdings wenig aussagekräftig, eines der beiden Ziele als vorrangiges Ziel zu bezeichnen. Insbesondere kann diese Feststellung die genauere Nuancierung der beiden Ziele und ihre Abwägung in Bezug auf einzelne Rechtsprobleme nicht ersetzen. Im Normtext des Art. 2 ist diese Abwägung im Hinweis auf den „angemessenen Rahmen" für die Leiharbeit angesprochen.

B. Arbeitnehmerschutz

2 Der Schutz der Leiharbeitnehmer durch die Richtlinie umfasst mehrere Aspekte. Zentral ist die Sicherung von **Mindestarbeitsbedingungen,** die durch den Gleichstellungsanspruch (Art. 5) erreicht wird. Die Richtlinie erwähnt dabei nicht, dass dieser Anspruch zugleich auch der Stammbelegschaft nutzt, die dadurch vor einem Druck auf die betrieblichen Arbeitsbedingungen durch Überlassung geschützt wird. Die Interessen der Stammbelegschaft sind für den Unionsrechtsgesetzgeber nur von nachrangiger Bedeutung. Das zeigen die Möglichkeiten zur Abweichung vom Gleichstellungsanspruch, die eine Mitwirkung der Stammbelegschaft und der Interessenvertretung der Einsatzbranchen nicht zwingend erfordern.

Neben den Arbeitsbedingungen schützt die Richtlinie die Leiharbeitnehmer auch durch 3 die Verankerung der **Brückenfunktion** gem. Art. 6. Den Leiharbeitnehmern soll der Umstieg in eine Direktanstellung ermöglicht werden. Dem liegt unschwer erkennbar der Gedanke zugrunde, dass eine Direktanstellung anstelle der Leiharbeit einerseits arbeitsmarktpolitisch wünschenswert ist und andererseits nach den Vorstellungen der Richtlinie auch dem typischen Wunsch der Leiharbeitnehmer entspricht. Letzteres steht in einem gewissen Spannungsverhältnis zu Erwägungsgrund 11. Nach diesem entspricht die Leiharbeit „auch dem Bedürfnis der Arbeitnehmer, Beruf und Privatleben zu vereinbaren." Sie trage dadurch „zur Eingliederung in den Arbeitsmarkt bei". Die Richtlinie folgt damit wohl der These (*Loritz* ZfA 2014, 335 [367 f.]), es gebe eine relevante Gruppe von Arbeitnehmern, die Leiharbeit als Beschäftigungsform der Direktanstellung vorziehen. Nach Art. 2 erreicht die Richtlinie den Schutz der Leiharbeitnehmer und die Verbesserung der Qualität der Leiharbeit auch durch Anerkennung des Verleihers als Arbeitgeber. Allerdings bleibt das Problem der Abgrenzung von Leiharbeit zu Personalvermittlung (→ Art. 3 Rn. 6).

Hervorzuheben ist auch, welchen möglichen Schutzbedarf die Richtlinie nicht aufgreift. 4 Zu nennen ist insbesondere der Bestandschutz der Leiharbeitnehmer. Das Fehlen einer Regelung ist insbesondere bedeutsam, weil Leiharbeitnehmer vom unionsrechtlichen Befristungsschutz ausgenommen sind (→ Art. 1 Rn. 6). Der Richtlinie ist auch kein Verbot der Synchronisierung des Arbeitsvertrags von Leiharbeitnehmern mit der Dauer der aktuellen Überlassung zu entnehmen. Nicht nur die Beendigung der Arbeitsverträge bleibt ungeregelt, auch zur Beendigung einzelner Überlassungen macht die Richtlinie keine Vorgaben. Das Schicksal der Leiharbeitnehmer nach Ende einer Überlassung wird nur an einer Stelle erwähnt, nämlich bei der Möglichkeit der Abweichung vom Gleichstellungsanspruch nach Art. 5 II, die unter der Voraussetzung steht, dass unbefristet beschäftigte Leiharbeitnehmer in Stehzeiten bezahlt werden. Die Richtlinie geht daher von der Zulässigkeit der Bezahlung nur während der Überlassung aus.

C. Förderung der Flexibilität

Die Richtlinie anerkennt den „Flexibilitätsbedarf der Unternehmen" (Erwägungsgrund 5 11). In der Richtlinie manifestiert sich das insbesondere in Art. 4. Unklar ist, wann ein **schützenswerter Flexibilisierungsbedarf** vorliegt. Es wird gesagt, dass die Richtlinie nicht einschränkt, welche Funktionen die Leiharbeit erfüllen soll (SA des GA *Szpunar* 20.11.2014 – C-533/13 Rn. 113 – AKT). Den obigen Ausführungen zum Verbot der dauerhaften Überlassung (und wohl auch Teilen der SA des GA *Szpunar* 20.11.2014 – C-533/13 – AKT) liegt demgegenüber der Gedanke zugrunde, dass die Richtlinie einen solchen Bedarf an Flexibilität und Leiharbeit nur bei bestimmten Situationen würdigt. Es wurde richtig darauf hingewiesen, dass Flexibilität nicht mit Senkung von Personalkosten gleichgesetzt werden kann (*Brors* AuR 2013, 108 [112]). Verwiesen wird zudem auf die Begründung des 1. Richtlinien-Entwurfs im Jahr 2002, in der als ein Grund für die Sinnhaftigkeit der Leiharbeit der Ausgleich bei einem „vorübergehenden Anstieg des Arbeitsanfalls" genannt wird (*Brors* AuR 2013, 108 [112]). In der Richtlinie und ihren Erwägungen fehlt ein vergleichbarer Hinweis. Es ist jedoch zu bedenken, dass die Förderung der Flexibilität sowohl in Erwägungsgrund 11, als auch in Art. 2 nicht alleine genannt wird, sondern in Zusammenhang mit erhofften positiven Auswirkungen am Arbeitsmarkt, nämlich insbesondere der Schaffung von Arbeitsplätzen. Es kann daher behauptet werden, dass die Richtlinie den Flexibilitätsbedarf der Unternehmen nur insofern anerkennt, als arbeitsmarktpolitische Ziele nicht konterkariert werden. Dem würde das Verbot von dauerhaften Überlassungen entsprechen, weil die positiven Auswirkungen solcher Überlassungen auf den Arbeitsmarkt fragwürdig sind. Das spricht im Ergebnis dafür, dass die Richtlinie den Flexibilitätsbedarf der Unternehmen nur in Bezug auf bestimmte Funktionen der Leiharbeit anerkennt, nämlich bei nicht langfristigem Personalbedarf, insbesondere bei Auftragsspitzen und zum Ausgleich von Fehlzeiten; insoweit schützt die Richtlinie aber auch die Leiharbeit. Sowohl in Deutschland als auch in Österreich wird, insbesondere seit der Krise, eine Entwicklung der Leiharbeit zu einer anderen Funktion beobachtet, nämlich der Absicherung gegen Schwankungen in den Absatzmärkten durch langfristige Überlassungen (*Geppert*, DRdA 2011, 507 [509], *Krause* KJ 2013, 119 [121]). Diese Entwicklung wird von der Richtlinie nicht ausdrücklich unterstützt und, sofern man der oben vertretenen Auffassung zum Verbot der dauerhaften Überlassung folgt, sogar verhindert.

Art. 3 Begriffsbestimmungen

(1) Im Sinne dieser Richtlinie bezeichnet der Ausdruck

a) „Arbeitnehmer" eine Person, die in dem betreffenden Mitgliedstaat nach dem nationalen Arbeitsrecht als Arbeitnehmer geschützt ist;

b) „Leiharbeitsunternehmen" eine natürliche oder juristische Person, die nach einzelstaatlichem Recht mit Leiharbeitnehmern Arbeitsverträge schließt oder Beschäftigungsverhältnisse eingeht, um sie entleihenden Unternehmen zu überlassen, damit sie dort unter deren Aufsicht und Leitung vorübergehend arbeiten;

c) „Leiharbeitnehmer" einen Arbeitnehmer, der mit einem Leiharbeitsunternehmen einen Arbeitsvertrag geschlossen hat oder ein Beschäftigungsverhältnis eingegangen ist, um einem entleihenden Unternehmen überlassen zu werden und dort unter dessen Aufsicht und Leitung vorübergehend zu arbeiten;

d) „entleihendes Unternehmen" eine natürliche oder juristische Person, in deren Auftrag und unter deren Aufsicht und Leitung ein Leiharbeitnehmer vorübergehend arbeitet;

e) „Überlassung" den Zeitraum, während dessen der Leiharbeitnehmer dem entleihenden Unternehmen zur Verfügung gestellt wird, um dort unter dessen Aufsicht und Leitung vorübergehend zu arbeiten;

f) „wesentliche Arbeits- und Beschäftigungsbedingungen" die Arbeits- und Beschäftigungsbedingungen, die durch Gesetz, Verordnung, Verwaltungsvorschrift, Tarifvertrag und/oder sonstige verbindliche Bestimmungen allgemeiner Art, die im entleihenden Unternehmen gelten, festgelegt sind und sich auf folgende Punkte beziehen:
  i) Dauer der Arbeitszeit, Überstunden, Pausen, Ruhezeiten, Nachtarbeit, Urlaub, arbeitsfreie Tage,
  ii) Arbeitsentgelt.

(2) Diese Richtlinie lässt das nationale Recht in Bezug auf die Begriffsbestimmungen von „Arbeitsentgelt", „Arbeitsvertrag", „Beschäftigungsverhältnis" oder „Arbeitnehmer" unberührt.

Die Mitgliedstaaten dürfen Arbeitnehmer, Arbeitsverträge oder Beschäftigungsverhältnisse nicht lediglich deshalb aus dem Anwendungsbereich dieser Richtlinie ausschließen, weil sie Teilzeitbeschäftigte, befristet beschäftigte Arbeitnehmer oder Personen sind bzw. betreffen, die mit einem Leiharbeitsunternehmen einen Arbeitsvertrag geschlossen haben oder ein Beschäftigungsverhältnis eingegangen sind.

A. Einleitung

1   In Art. 3 werden die wesentlichen Begriffe der Richtlinie definiert. Diese Bestimmung ist dadurch von großer Bedeutung für die Reichweite sowohl des Anwendungsbereichs (Art. 1) als auch des Gleichstellungsanspruchs (Art. 5). Art. 3 II verweist hinsichtlich mehrerer Begriffe auf das nationale Recht. Eine ausdrückliche Definition der Leiharbeit wird in Art. 3 nicht vorgenommen (SA des GA *Szpunar* 20.11.2014 – C-533/13 Rn. 113 – AKT). Leiharbeit ist die Summe von drei Rechtsbeziehungen: Das **Leiharbeitsverhältnis** zwischen Leiharbeitnehmer und Leiharbeitsunternehmen; das **Überlassungsverhältnis** zwi-

schen Leiharbeitsunternehmen und entleihenden Unternehmen und, sozusagen als Resultat der beiden genannten Rechtsverhältnisse, das **Beschäftigungsverhältnis** zwischen Leiharbeitnehmer und entleihendem Unternehmen (so die Terminologie von ErfK/*Wank* AÜG Einl. Rn. 14 ff.). Um Verwechslungen mit dem Wortlaut des Art. 3 zu vermeiden kann das Beschäftigungsverhältnis zwischen Leiharbeitnehmer und entleihendem Unternehmen als **Einsatzverhältnis** bezeichnet werden. Die Richtlinie beeinflusst alle drei Rechtsverhältnisse. Aus den im Folgenden dargestellten Definitionen der beteiligten Parteien folgen wesentliche Erkenntnisse für die genannten Rechtsverhältnisse. Gem. Erwägungsgrund 12 will die Richtlinie „Vielfalt der Arbeitsmärkte und der Arbeitsbeziehungen" wahren. Es ist daher davon auszugehen, dass die Richtlinie den Mitgliedstaaten nicht eine einzige rechtliche Konstruktion der Leiharbeit vorgibt.

Bislang ungeklärt ist, ob den unterschiedlichen Bestimmungen des Unionsrechts, die auf den Begriff der Leiharbeit Bezug nehmen, und der Judikatur des EuGH ein **einheitlicher Begriff** der Leiharbeit zugrunde liegt. Die teilweise unterschiedlichen Formulierungen sprechen ebenso wie die unterschiedlichen Zwecke der Bestimmungen gegen einen einheitlichen Begriff. In die andere Richtung deutet die Entscheidung Vicoplus, in der sich der EuGH zur Auslegung des Leiharbeitsbegriffs der Entsende-Richtlinie auch auf die RL 91/383/EWG stützt (EuGH 10.2.2011 – C-307/09, 308/09, 309/09 Rn. 48 – Vicoplus; *Schörghofer*, Grenzfälle 98). 2

B. (Leih-)Arbeitnehmer

Die Autonomie der Mitgliedstaaten bezüglich der Bestimmung des Arbeitnehmerbegriffs wird in der Richtlinie gleich zweimal festgehalten (Art. 3 I lit. a und Art. 3 II 1). In dem Zusammenhang ist auf die Rechtsprechung des EuGH aufmerksam zu machen, wonach beliebige Ausnahmen, die die praktische Wirksamkeit einer Richtlinie gefährden, nicht zulässig sind (EuGH 1.3.2012 – C-393/10 Rn. 36 – O'Brien; dazu *Uffmann* EuZA 2012, 518). Die Richtlinie ergänzt dies durch den Hinweis in Art. 3 II UAbs. 2, wonach es untersagt ist, Personen deshalb aus dem Anwendungsbereich auszunehmen, weil sie in Teilzeit oder im Rahmen befristeter Verträge beschäftigt sind. Erweitert wird dieses Verbot auf Personen, die bei einem Leiharbeitsunternehmen beschäftigt sind. Auf den ersten Blick enthält die Richtlinie damit den redundanten Hinweis, dass Leiharbeitnehmer nicht vom Anwendungsbereich der Leiharbeitsrichtlinie ausgenommen werden dürfen (Schlachter/*Nyström*, EU Labour Law, 249 [264]: „really strange remark"). Im Schrifttum wird versucht, der Bestimmung Bedeutung beizumessen. Zum einen soll aus ihr folgen, dass es für den Anwendungsbereich der Richtlinie unerheblich ist, ob eine Konstruktion auch nach nationalem Recht als Leiharbeit zu qualifizieren ist (*Waas* ZESAR 2009, 207 [209]), insbesondere wenn das nationale Recht bislang nur jene Gestaltungen als Leiharbeit ansah, bei denen der „Überlasser" nicht Arbeitgeber war. Zum anderen wird daraus abgeleitet, dass nicht die Vertragsbezeichnung, sondern die tatsächliche Durchführung über das Vorliegen eines Leiharbeitsverhältnisses entscheidend sein soll (*Sansone*, Gleichstellung, 2011, 453). Zuletzt soll aus ihr folgen, dass auch faktische Arbeitsverhältnisse bei Unwirksamkeit des Arbeitsvertrags von der Richtlinie erfasst werden (*Ulber* AuR 2010, 10 [11]). 3

Die Richtlinie definiert die Leiharbeitnehmer als eine Sondergruppe der Arbeitnehmer (Art. 3 I lit. c). Die Richtlinie beschreibt sie erstens durch ihre Verbindung zu einem besonderen Arbeitgeber, nämlich zu einem Leiharbeitsunternehmen. Wesentlich ist aber zweitens die Definition über den **besonderen Inhalt ihrer Arbeitspflicht,** nämlich der Verpflichtung, iRe Überlassung vorübergehend in einem anderen Unternehmen unter dessen „Aufsicht und Leitung" (dazu → Rn. 7 f.) zu arbeiten. Personen, die in einem Leiharbeitsunternehmen ausschließlich für Dienstleistungen für dieses Unternehmen selbst beschäftigt sind (etwa in der Administration), sind daher keine Leiharbeitnehmer iSd Richtlinie. Fraglich ist die Einordnung von Arbeitnehmern mit „Mischarbeitsverträgen", also 4

Arbeitnehmern, die sowohl beim Verleiher als auch bei Entleihern eingesetzt werden („unechte" Leiharbeit im Gegensatz zur „echten" Leiharbeit). Zwar wird in diesen Fällen die Unterstützung bei dem Wechsel in die Stammbelegschaft nach Art. 6 weniger relevant sein. Unter Hinweis auf die Zielsetzung der Richtlinie wird die Anwendung der Richtlinie auf unechte Leiharbeit dennoch zutreffend bejaht (*Sansone*, Gleichstellung, 2011, 457 f.). Zu bedenken ist, dass die Bestimmungen der Richtlinie (mit Ausnahme des Art. 5 II) nur auf den Zeitraum der Überlassung Bezug nehmen, nicht jedoch auf Stehzeiten, in denen sich Mischarbeitsverträge von Fällen der echten Leiharbeit unterscheiden.

5 Interessant ist der Hinweis, dass der Arbeitnehmer mit dem Leiharbeitsunternehmen nicht zwingend einen Arbeitsvertrag abgeschlossen haben muss, ausreichend ist auch ein Beschäftigungsverhältnis. Mit dieser Ergänzung könnte eine Ausdehnung des Begriffes der Leiharbeit auf Personen mit anderen Vertragsverhältnissen bezweckt sein. Diesem Ziel würde jedoch entgegenstehen, dass nach Abs. 2 der Begriff des „Beschäftigungsverhältnisses" nach nationalem Recht zu bestimmen ist. Denkbar ist auch, dass die Richtlinie damit Mitgliedstaaten ermöglicht vorzusehen, dass bei der Leiharbeit ein Vertrag nur mit dem entleihenden Unternehmen zustande kommt.

C. Leiharbeitsunternehmen

6 Leiharbeitsunternehmen werden nach ihrem Geschäftsgegenstand definiert, nämlich der Einstellung von Arbeitnehmern, um sie anderen Unternehmen zur Arbeitsleistung unter deren Aufsicht und Leitung zur Verfügung zu stellen. Daraus folgt, dass das Leiharbeitsunternehmen selbst während der Überlassung keine (alleinige) Aufsicht und Leitung über die Leiharbeitnehmer hat. Nicht erforderlich ist, dass Leiharbeit die ausschließliche Tätigkeit des Unternehmens ist. Auch die Überlassung durch „Mischunternehmen", die daneben noch andere Betriebszwecke verfolgen, fällt in den Anwendungsbereich der Richtlinie (*Hamann* RdA 2011, 321 [323]). Für die Anwendung der Richtlinie auf Mischunternehmen wird im Schrifttum jedoch verlangt, dass die Überlassung selbst für den Verleiher eine wirtschaftliche Tätigkeit darstellt (*Rieble/Vielmeier* EuZA 2011, 474 [480]). Die Richtlinie erfasst ausdrücklich auch die Überlassung durch natürliche Personen. Leiharbeitsunternehmen sind mit den Leiharbeitnehmern durch einen Arbeitsvertrag oder ein Beschäftigungsverhältnis verbunden. Auch wegen des Einbeziehens von „Beschäftigungsverhältnis" bedeutsam ist, wo die Grenze zu der von der Richtlinie nicht mehr erfassten Personalvermittlung verläuft, unproblematisch ist nur der Fall, in dem mit dem Unternehmen, bei dem gearbeitet werden soll, ein unbefristeter Vertrag geschlossen wird. Im Übrigen wird es für dieses Grenze zum einen darauf ankommen, ob die beiden Unternehmen in Bezug auf die Arbeitskraft in einem Dauerschuldverhältnis stehen, und zum anderen darauf, ob das allenfalls als Verleiher in Betracht kommende Unternehmen die nach dem nationalen Recht für einen Arbeitgeber typischen Befugnisse hat (vgl. zur Qualifikation von Poolkräften im österreichischen Recht *Rebhahn,* Vermittlung von Poolkräften am Beispiel der Pflege in Krankenanstalten, 2011).

D. Entleihendes Unternehmen

7 Zum entleihenden Unternehmen wird man durch Inanspruchnahme der Dienstleistung, die Leiharbeitsunternehmen anbieten: Den vorübergehenden Einsatz von Leiharbeitnehmern im Auftrag und **unter der Aufsicht und Leitung des Einsatzunternehmens.** Zentral für die Definition der Leiharbeit ist die Beziehung zwischen entleihendem Unternehmen und dem Leiharbeitnehmer, die das wirtschaftliche Ziel der gesamten Konstruktion ist: Die vorübergehende Arbeitsleistung unter der Aufsicht und Leitung des entleihenden Unternehmens. Der Anwendungsbereich der Richtlinie wird nicht auf bestimmte Arbeits-

leistungen beschränkt. Das Abstellen auf Aufsicht und Leitung hebt stattdessen die Umstände der Arbeitsleistung in den Vordergrund, nämlich die Verfügungsbefugnis des entleihenden Unternehmens. Die Richtlinie verweist hinsichtlich der „Aufsicht und Leitung" nicht auf das nationale Recht, was für eine einheitliche Auslegung dieser Formulierung spricht. Auf die „Aufsicht und Leitung" hat auch der EuGH in der Entscheidung Vicoplus bei der Auslegung des Begriffes der Leiharbeit in der Entsende-Richtlinie abgestellt (EuGH 10.2.2011 – C-307/09, 308/09, 309/09 Rn. 47 – Vicoplus). Er verweist dabei auf die RL 91/383/EWG, nach deren Art. 1 ein Leiharbeitnehmer „für und unter der Kontrolle eines entleihenden Unternehmens" arbeitet. Die Formulierung „unter der Aufsicht" verwendet der EuGH auch bei Prüfung der Arbeitnehmereigenschaft (EuGH 11.11.2010 – C-232/09 Rn. 56 – Danosa, *Rebhahn/Schörghofer* wbl 2012, 372 [375]). Vor diesem Hintergrund ist davon auszugehen, dass, wie bei der Arbeitnehmereigenschaft, für den Begriff der Leiharbeit wesentlich auf das Vorliegen der Weisungsbefugnis des entleihenden Unternehmens gegenüber dem Leiharbeitnehmer abzustellen ist (SA des GA *Bot* 9.9.2010 – C-307/09, 308/09, 309/09 Rn. 63 – Vicoplus; Preis/Sagan/*Sansone* Europäisches Arbeitsrecht [2015] § 8 Rn. 21). Dafür spricht auch eine teleologische Auslegung. Die Weisungsbefugnis des entleihenden Unternehmens führt dazu, dass sich der Leiharbeitnehmer einem zweiten faktischen Arbeitgeber gegenübersieht und deshalb besonderen Schutz benötigt. Zudem ist erst bei Vergleichbarkeit der Einsatzmöglichkeit von Leiharbeitnehmern und Stammbelegschaft die Anwendung des Gleichstellungsgebots (Art. 5) gerechtfertigt.

Das Vorliegen von Aufsicht und Leitung ist bei der Abgrenzung der Leiharbeit von der **8** Erfüllung von Dienstleistungsverträgen durch den Einsatz von Erfüllungsgehilfen (sub-contracting, insbesondere Werkvertragserfüllung) von Bedeutung (Schlachter/*Nyström,* EU Labour Law, 249 [259]; zu dieser Abgrenzung und den in Vicoplus entwickelten Kriterien vgl. ausführlich SA der GA *Sharpston* 15.1.2015 – C-586/13 – Martin Meat). Liegt ein Fall des Drittpersonaleinsatzes vor, bei dem das Einsatzunternehmen Aufsicht und Leitung ausübt, so dürfen den eingesetzten Arbeitnehmern die Begünstigungen der Richtlinie nicht vom nationalen Recht verweigert werden. Die Richtlinie lässt den Mitgliedstaaten jedoch die Möglichkeit, den Begriff der Leiharbeit weiter zu fassen und Fälle ohne Aufsicht und Leitung in den Anwendungsbereich der Umsetzungsgesetze miteinzubeziehen, etwa durch eine Vermutungsregel. Dabei ist jedoch zu bedenken, dass die Abgrenzung der Leiharbeit von der Werkvertragserfüllung durch Gehilfen auch in der Entsende-Richtlinie von Bedeutung ist. Die Entsende-Richtlinie erlaubt bei der Leiharbeit eine weitergehende Regulierung als bei anderen Entsendungsfällen. Die Mitgliedstaaten müssen diese Regulierung grenzüberschreitender Überlassungen jedoch auf Fälle der Leiharbeit iSd Entsende-Richtlinie beschränken. Während aus der Richtlinie daher ein Mindestumfang des Begriffes der Leiharbeit folgt, folgt aus der Entsende-Richtlinie (auch) ein Höchstumfang. Werden im nationalen Recht die Richtlinie und die Entsende-Richtlinie im selben Gesetz umgesetzt oder ein einheitlicher Begriff der Leiharbeit für beide Umsetzungen verwendet, so sind der Begriffsbildung des Gesetzgebers durch das Bestehen der beiden Richtlinie enge Grenzen gesetzt. Auch über die Fälle einer Entsendung von Arbeitnehmern hinaus ist bei einer Ausweitung des Anwendungsbereiches der nationalen Regelung zur Leiharbeit zu beachten, dass die Anwendung von nationalem Arbeitsrecht auf grenzüberschreitende Tätigkeit von Personen, die aus Sicht des Unionsrechts selbständig erwerbstätig sind (zB vermittelte Solounternehmer), eine Beeinträchtigung der Grundfreiheiten ist, die der Rechtfertigung bedarf.

Wie gesagt ist die faktische Beziehung zwischen entleihendem Unternehmen und Leih- **9** arbeitnehmer für die Richtlinie zentral, die Richtlinie schweigt allerdings zu ihrer rechtlichen Natur. Ansätze zur rechtlichen Definition finden sich in anderen Teilen des Unionsrechts. In der Entsende-Richtlinie wird das Fehlen des Arbeitsvertrags zum entleihenden Unternehmen als ein Merkmal der Leiharbeit genannt (Art. 1 III lit. c). Auch in der Judikatur des EuGH wird das Fehlen eines Arbeitsvertrags zwischen dem entleihenden Unternehmen und dem Leiharbeitnehmer als ein Merkmal der Arbeitskräfteüberlassung genannt (EuGH 17.12.1981 – C-279/80 Rn. 9 – Webb; 16.6.2010 – C-298/09 Rn. 36 – RANI Slovakia; 10.2.2011 – C-307/09, 308/09, 309/09 Rn. 43, 51, Tenor – Vicoplus). Der EuGH hat allerdings im Zusammenhang mit dem Betriebsübergang und dem Befristungsrecht ein Arbeitsverhältnis zwischen dem Leiharbeitnehmer und dem entleihenden Unternehmen bejaht (EuGH 21.10.2010 – C-242/09 Rn. 31 – Albron Catering; 11.4.2013 – C-290/12 Rn. 32, 37, 40 – Della Rocca). Ein eindeutiger Hinweis, dass die Richtlinie diese Aussagen aus der Rechtsprechung übernehmen wollte, ist der Richtlinie nicht zu entnehmen. Relevant wird dies, wenn man überlegt, ob auch ein Arbeitnehmer, der nach nationalem Recht in einem Doppelarbeitsverhältnis zum Leiharbeitsunternehmen und dem entleihenden Unternehmen steht, in den Anwendungsbereich der Richtlinie fällt. Für eine bejahende Antwort spricht, dass der Schutz durch den Gleichstellungsanspruch auch in diesen Fällen nicht obsolet wird. Sieht man dies dennoch anders, so verbietet es die Leiharbeits-Richtlinie jedenfalls nicht, die Regelungen der Richtlinie auch auf diese Fälle anzuwenden. Mit der Richtlinie jedenfalls nicht vereinbar dürfte eine nationale Regelung sein, welche bei Arbeitenden, die an sich die Merkmale der Arbeitnehmereigenschaft erfüllen, allein wegen der Aufteilung auf zwei Vertragspartner die Arbeitnehmereigenschaft in beiden Beziehungen verneint.

E. Überlassung

10 Unter dem Begriff der „Überlassung" versteht die Richtlinie nicht die Gesamtkonstruktion, sondern stattdessen den Zeitraum der Arbeitsleistung der Leiharbeitnehmer im entleihenden Unternehmen. Zur fraglichen Begrenzung dieses Zeitraums durch das Wort „vorübergehend" → Art. 1 Rn. 13 ff.

F. Wesentliche Arbeits- und Beschäftigungsbedingungen

I. Einleitung

11 Der Gleichstellungsanspruch gem. Art. 5 bezieht sich nur auf wesentliche Arbeits- und Beschäftigungsbedingungen. Art. 3 schränkt die wesentlichen Arbeits- und Beschäftigungsbedingungen zum einen auf bestimmte Regelungsquellen und zum anderen auf bestimmte Regelungsgegenstände ein und entscheidet damit über **Tiefe** und **Breite** des Gleichstellungsanspruchs. Für den Arbeitnehmer günstiger und daher zulässig (Art. 9 I) ist es, wenn der Anspruch im nationalen Recht auf zusätzliche Quellen und zusätzliche Gegenstände ausgeweitet wird. Unionsrechtlich nicht zu beanstanden ist daher etwa die Berücksichtigung von individuellen vertraglichen Vereinbarungen durch das AÜG (*Sansone*, Gleichstellung, 2011, 508).

II. Regelungsquellen

12 Bei der Gleichstellung zu berücksichtigen sind „Gesetz, Verordnung, Verwaltungsvorschrift, Tarifvertrag und/oder sonstige verbindliche Bestimmungen allgemeiner Art". Die genannten Regelungsquellen müssen zudem „im entleihenden Unternehmen gelten". Die Richtlinie wird durch die Formulierung „und/oder" den Mitgliedstaaten nicht die Möglichkeit eröffnen, nur manche dieser Regelungsquellen bei der Umsetzung auszuwählen. Vielmehr soll damit nur darauf hingewiesen werden, dass je nach Anlassfall unterschiedliche Regelungsquellen für den Leiharbeitnehmer relevant sein können. Die Einschränkung der Richtlinie auf die genannten Regelungsquellen führt dazu, dass das Gleichstellungsgebot des Art. 5 keinen Schutz gewährt, wenn im entleihenden Unternehmen keine der genannten Rechtsquellen die Arbeitsbedingungen vorgibt (*Sansone*, Gleichstellung, 2011, 516).

Schwierig ist die Auslegung der „sonstigen verbindlichen Bestimmungen allgemeiner Art". 13
Unproblematisch ist die Subsumtion von Betriebsvereinbarungen (*Sansone*, Gleichstellung, 2011, 506). Unklar ist die Ausdehnung auf andere Regelungsquellen. Dies ist relevant, weil in der Aufzählung der Richtlinie eine wesentliche Regelungsquelle des Arbeitsrechts nicht berücksichtigt wird, nämlich der Arbeitsvertrag. Es ist daher zu prüfen, ob bestimmte vertragliche Regelungen „sonstige verbindliche Bestimmungen allgemeiner Art" darstellen. Vertreten wird dies bei der vertraglichen Bezugnahme auf Tarifverträge (*Boemke* RIW 2009, 177 [180]). Umstritten ist die Einordnung von Betriebsübung, Vertragsschablone/allg. Arbeitsbedingungen und Konzernrichtlinie. Der Wortlaut der Richtlinie spricht für eine Qualifikation dieser Regelungen als „sonstige verbindliche Bestimmung allgemeiner Art" (Brodil/*Schörghofer*, Oktobergespräche, erscheint 2015; aA *Bruckmüller/Zehentmayer* ecolex 2013, 679). Sie sind allg. Art, weil sie über die Arbeitsbedingungen einer Vielzahl von Beschäftigten entscheiden. Sie sind als vertragliche Regelung auch verbindlich. Die Richtlinie stellt nicht auf die „Allgemeinverbindlichkeit" ab, sie verlangt daher keine Normwirkung.

III. Regelungsgegenstände

1. Arbeitszeit. Die Richtlinie gebietet die Gleichstellung für den Regelungskomplex 14
der Arbeitszeit. Sie zählt die davon betroffenen Regelungen auf: Dauer der Arbeitszeit, Überstunden, Pausen, Ruhezeiten und Nachtarbeit. Naheliegend ist die systematische Auslegung dieser Begriffe anhand der Arbeitszeit-Richtlinie (*Sansone*, Gleichstellung, 2011, 486; ablehnend aufgrund der unterschiedlichen Zielsetzungen Raschauer/Resch/*Schindler* 13 [20 f.]). Dauer der Arbeitszeit ist das geschuldete Ausmaß der Arbeitszeit in einem gewissen Zeitraum, für das der Arbeitgeber Entgelt leisten muss (*Boemke* RIW 2009, 177 [180]). Dieses Ausmaß übersteigende Zeiträume der Arbeitsleistung sind Überstunden (*Boemke* RIW 2009, 177 [180]). Vom Wortlaut nicht erfasst ist die Lage der Arbeitszeit. Gleitzeitsysteme betreffen weniger die Dauer als vielmehr die Lage der Arbeitszeit und fallen daher nicht unter den Gleichstellungsanspruch. Der Begriff der Pause ist entsprechend Art. 4 Arbeitszeit-Richtlinie auszulegen und bezeichnet Unterbrechungen der täglichen Arbeitszeit. Ruhezeiten sind gem. Art. 2 Nr. 2 Arbeitszeit-Richtlinie die Zeitspannen außerhalb der Arbeitszeit. Unterschieden wird die tägliche und die wöchentliche Ruhezeit (Art. 3 und 5 Arbeitszeit-Richtlinie). Unter Nachtarbeit ist eine Beschäftigung während der Nachtzeit zu verstehen. Nachtzeit ist nach Art. 2 Nr. 3 Arbeitszeit-Richtlinie „jede, in den einzelstaatlichen Rechtsvorschriften festgelegte Zeitspanne von mindestens sieben Stunden, welche auf jeden Fall die Zeitspanne zwischen 24 Uhr und 5 Uhr umfasst".

Es wird vertreten, dass der Gleichstellungsanspruch bezüglich der genannten Gegenstände 15
auch die jeweilige dazugehörige Entgeltregelung umfasst (Raschauer/Resch/*Schindler* 13 [21 f.]). Von Bedeutung ist dies, weil die Richtlinie nur beim Arbeitsentgelt gem. Art. 5 II Richtlinie weitergehende Einschränkungen der Gleichstellung erlaubt. Diese Ermächtigung würde dann nicht für Entgeltansprüche eingreifen, die in Zusammenhang mit einer Regelung der Arbeitszeit stehen, was ein Auseinanderfallen einer Regelung in einen Entgeltaspekt und einen Arbeitszeitaspekt verhindert (Raschauer/Resch/*Schindler* 13 [21 f.]). Das für die vereinbarte regelmäßige Arbeitszeit gebührende Entgelt ist unseres Erachtens aber immer unter „Arbeitsentgelt" zu subsumieren. Praktisch bedeutet dies, dass sich bei Überstunden die Höhe des Stundenlohnes uU nicht nach dem im entleihenden Unternehmen maßgebenden Ansatz richten muss, wohl aber die Höhe des Prozentsatzes eines Überstundenzuschlages.

2. Urlaub und arbeitsfreie Tage. Geboten ist die Gleichstellung bezüglich Urlaub und 16
arbeitsfreien Tagen. Zu „Urlaub" ist die Gleichsetzung mit dem Begriff des Jahresurlaubs gem. Art. 7 Arbeitszeit-Richtlinie umstritten. Stattdessen soll entsprechend der Begrifflichkeit des EuGH auch der „Krankheitsurlaub" (EuGH 20.1.2009 – C-350/06 Rn. 20 – Schultz-Hoff), der „Mutterschaftsurlaub" (EuGH 18.3.2004 – C-342/01 Rn. 32 ff. – Gó-

mez) und der „Elternurlaub" (EuGH 14.4.2005 – C-519/03 Rn. 31 ff. – Kommission gegen Luxemburg; vgl. auch die Bezeichnung der RL 96/34/EG) vom Gleichstellungsanspruch erfasst sein (Preis/Sagan/*Sansone*, § 8 Rn. 47). Hingewiesen wird zudem auf die Entstehungsgeschichte, die eine Ausdehnung des Begriffes dokumentieren soll. Gegen diese weite Auslegung des Begriffes „Urlaub" wird vorgebracht, dass sie nicht allen Sprachfassungen entspricht (*Sansone*, Gleichstellung, 2011, 488 f. unter Hinweis auf die spanische Fassung. Auch das englische Wort „holidays" wird vom EuGH zur Bezeichnung der Abwesenheitszeiten wegen Krankheit und Elternschaft, soweit zu sehen, nicht verwendet). Gerade wenn man die Beschränkung der Leiharbeit auf vorübergehende Überlassungen bejaht (→ Art. 1 Rn. 13 ff.), ist zudem fraglich, ob die Gleichstellung bezüglich des Anspruchs auf möglicherweise längerfristigen „Elternurlaub" sinnvoll und den beteiligten Unternehmern zumutbar ist. Gegen eine Erstreckung des Begriffs „Urlaub" auf „Krankheitsurlaub" spricht zudem Art. 5 IV 4. Dieser zeigt, dass „Systeme zur Lohnfortzahlung im Krankheitsfall" wenn, dann unter „Arbeitsentgelt" fallen. Ist man der Auffassung, dass der Entgeltaspekt und der Freistellungsaspekt oder andere Teile der Regelungen nicht zu trennen sind (→ Rn. 15), können Regelungen des „Krankheitsurlaubs" nicht bereits von dem Begriff „Urlaub" umfasst sein. Im Ergebnis ist von einer engen Auslegung des Wortes Urlaub auszugehen, erfasst ist daher nur der Erholungsurlaub. In Bezug auf diesen Regelungsgegenstand ist dann auch eine Regelung des Entgelts im entleihenden Unternehmen (zB ein Zuschlag zum Urlaubsentgelt) mitumfasst (Raschauer/Resch/*Schindler* 13 [21], mit Hinweis auf EuGH 16.3.2006 – C-131/04, C-257/04 Rn. 58 – Robinson-Steele: „Die Richtlinie behandelt den Anspruch auf Jahresurlaub und denjenigen auf Zahlung des Urlaubsentgelts als die zwei Teile eines einzigen Anspruchs.").

17 **3. Arbeitsentgelt.** Der wichtigste Gegenstand der Gleichstellung ist das Arbeitsentgelt. Art. 3 II 1 verweist zu diesem Begriff auf die nationale Begriffsbestimmung. Die teilweise vermutete Orientierung an dem Entgeltbegriff des Art. 157 II AEUV (*European Commission*, Report – Expert Group – Transposition of Directive 2008/104/EC, 2011, 19 f.) kann daher nicht erfolgen. Der Gestaltungsspielraum der umsetzenden Mitgliedstaaten ist auch Art. 5 IV 4 zu entnehmen (*Sansone*, Gleichstellung, 2011, 490). Diese Bestimmung zeigt, dass es den Mitgliedstaaten etwa freisteht „betriebliche Systeme der sozialen Sicherheit, einschließlich Rentensysteme, Systeme zur Lohnfortzahlung im Krankheitsfall oder Systeme der finanziellen Beteiligung" von dem Begriff des Arbeitsentgelts auszunehmen (*European Commission*, Report – Expert Group – Transposition of Directive 2008/104/EC, 2011, 20 weist auf die Ansicht der Kommission hin, wonach die Gestaltungsmöglichkeit der Mitgliedstaaten auf den Fall des Art. 5 IV beschränkt sei).

18 Fraglich ist, ob das vom EuGH vertretene Verbot, bei der Richtlinienumsetzung willkürlich vom Arbeitnehmerbegriff abzuweichen (→ Rn. 3), auf den Begriff des Arbeitsentgelts übertragbar ist (für ein Verbot der Abweichung von der allgemeinen nationalen Begriffsbildung Raschauer/Resch/*Schindler* 13 [19]). Dagegen könnte das Fehlen der Unionskompetenz bei der Regelung des Arbeitsentgelts (Art. 153 V AEUV) sprechen. Allerdings geht es auch hier nicht um das Festlegen des Entgelts, sondern um die Gleichstellung beim Entgelt. Den Mitgliedstaaten wird es also nur freistehen, bei Umsetzung der Richtlinie zu den in Art. 5 IV 4 genannten Vergütungen von dem sonst üblichen Entgeltbegriff abzuweichen.

Art. 4 Überprüfung der Einschränkungen und Verbote

(1) **Verbote oder Einschränkungen des Einsatzes von Leiharbeit sind nur aus Gründen des Allgemeininteresses gerechtfertigt; hierzu zählen vor allem der Schutz der Leiharbeitnehmer, die Erfordernisse von Gesundheitsschutz und Sicherheit am Arbeitsplatz oder die Notwendigkeit, das reibungslose Funktionieren des Arbeitsmarktes zu gewährleisten und eventuellen Missbrauch zu verhüten.**

(2) Nach Anhörung der Sozialpartner gemäß den nationalen Rechtsvorschriften, Tarifverträgen und Gepflogenheiten überprüfen die Mitgliedstaaten bis zum 5. Dezember 2011 die Einschränkungen oder Verbote des Einsatzes von Leiharbeit, um festzustellen, ob sie aus den in Absatz 1 genannten Gründen gerechtfertigt sind.

(3) Sind solche Einschränkungen oder Verbote durch Tarifverträge festgelegt, so kann die Überprüfung gemäß Absatz 2 von denjenigen Sozialpartnern durchgeführt werden, die die einschlägige Vereinbarung ausgehandelt haben.

(4) Die Absätze 1, 2 und 3 gelten unbeschadet der nationalen Anforderungen hinsichtlich der Eintragung, Zulassung, Zertifizierung, finanziellen Garantie und Überwachung der Leiharbeitsunternehmen.

(5) Die Mitgliedstaaten informieren die Kommission über die Ergebnisse der Überprüfung gemäß den Absätzen 2 und 3 bis zum 5. Dezember 2011.

A. Einleitung

Art. 4 ist die Äußerung der grds. positiven Einstellung der Richtlinie zur Leiharbeit. Er wird zugleich als Konkretisierung der Dienstleistungsfreiheit gesehen (SA des GA *Szpunar* 20.11.2014 – C-533/13 Rn. 139 – AKT; in diese Richtung auch *Waas* ZESAR 2009, 207 [209]). Verbote oder Einschränkungen der Leiharbeit bedürfen nach dieser Bestimmung der Rechtfertigung. Aus Abs. 2 lässt sich ableiten, dass auch Regelungen, die vor Umsetzung der Richtlinie gegolten haben, dieser Prüfung unterliegen (Preis/Sagan/*Sansone*, § 8 Rn. 39). Die **Rechtfertigungspflicht** wird nicht auf bestimmte Regelungsquellen eingeschränkt. Gem. Abs. 3 sind auch Tarifverträge erfasst. Im Schrifttum wird von der Anwendbarkeit auch auf Betriebsvereinbarungen ausgegangen (*Grünanger* ecolex 2009, 424 [425 f.]; *Ulber* AuR 2010, 10 [13]; *Körber-Risak* ZAS 2013, 189 [191 f.]). Die Richtlinie differenziert auch nicht danach, ob Adressat des Verbots/der Einschränkung das entleihende Unternehmen oder das Leiharbeitsunternehmen ist. 1

Abs. 2 verpflichtet die Mitgliedstaaten, die nationalen Einschränkungen und Verbote zu überprüfen. Die Sozialpartner sollen dabei entsprechend „den nationalen Rechtsvorschriften, Tarifverträgen und Gepflogenheiten" angehört werden. Die Überprüfung von Tarifverträgen kann auch den jeweils am Abschluss beteiligten Sozialpartnern überlassen werden (Art. 4 III). Die Kommission war bis zum Ablauf der Umsetzungsfrist über die Ergebnisse der nationalen Überprüfung zu informieren (Art. 4 V). Die Kommission hat in einem Bericht die eingelangte Information wiedergegeben, die Umsetzung des Art. 4 in den Mitgliedstaaten habe „in den meisten Fällen dazu geführt, dass der Status quo legitimiert wurde, und nicht als Impuls dafür gewirkt, die Rolle der Leiharbeit auf modernen, flexiblen Arbeitsmärkten zu überdenken" (*Europäische Kommission,* Bericht über die Anwendung der RL 2008/104/EG über Leiharbeit, 2014, 9 ff., [22]). Ob sich die Verpflichtung der Mitgliedstaaten auf diese prozedurale Verpflichtung beschränkt, ist unklar. Wie der Generalanwalt in der Rechtssache AKT ausführlich begründet, verbietet Art. 4 den Mitgliedstaaten Verbote und Einschränkungen beizubehalten, die nicht gerechtfertigt werden können (SA des GA *Szpunar* 20.11.2014 – C-533/13 Rn. 22 ff. – AKT). Er beruft sich dazu zutreffend auf Wortlaut, Zielsetzung und Entstehungsgeschichte der Richtlinie (Rn. 26 ff.). Auch eine primärrechtskonforme Interpretation im Hinblick auf die Kompetenzgrundlage und Art. 28 GRC verlange keine andere Auslegung (Rn. 50 ff.). Der Generalanwalt hält auch die damit verbundene Ermächtigung der nationalen Gerichte nicht für bedenklich (Rn. 76 ff.). Verbote und Einschränkungen sind nach dem Generalanwalt, wenn möglich, iRe richtlinienkonformen Interpretation so auszulegen, dass sie Art. 4 entsprechen (SA des GA *Szpunar* 20.11.2014 – C-533/13 Rn. 132 ff. – AKT). Er plädiert zudem für eine Direktwirkung von Art. 4 und möchte diese auch auf Gewerkschaften erstrecken, weil die Richtlinie hier nur die Dienstleistungsfreiheit konkretisiere (→ Rn. 136 ff.). Bei fehlender Direktwirkung ist fraglich, ob zur Umsetzung des Art. 4 erforderlich ist, dass der Gesetzgeber die Unwirk- 2 samkeit ungerechtfertigter Verbote oder Einschränkungen in Tarifverträgen oder Betriebsvereinbarungen gesetzlich anordnet. Dagegen könnte Art. 4 III sprechen, der eine Überprüfung durch die Sozialpartner akzeptiert. Der EuGH hat im Verfahren AKT entschieden, dass Art. 4 I nur einen Bauprüfungsauftrag der Mitgliedstaaten enthält, die Gerichte müssen jedoch nationale Bestimmungen, die dagegen verstoßen, nicht unangewendet lassen (EuGH 17.3.2015 – C-533/13 – AKT).

B. Verbote oder Einschränkungen

3   Art. 4 bezieht sich auf „Verbote und Einschränkungen". In Abs. 4 werden ausdrücklich nationale „Anforderungen hinsichtlich der Eintragung, Zulassung, Zertifizierung, finanzielle Garantie und Überwachung der Leiharbeitsunternehmen" ausgenommen. Darunter fällt zB der Erlaubnisvorbehalt im deutschen Recht (*Rieble/Vielmeier* EuZA 2011, 474 [484]). Bei den gem. Abs. 4 ausgenommenen Regelungen ist jedoch weiterhin die Rechtsprechung des EuGH zur Dienstleistungsfreiheit zu beachten. Aus ihr folgen Schranken für die Regelung einer Genehmigungspflicht (EuGH 17.12.1981 – C-279/80 – Webb), eines Niederlassungserfordernisses (EuGH 25.10.2001 – C-493/99 – Kommission/Deutschland; 16.6.2010 – C-298/09 – RANI Slovakia) und der Verpflichtung zu einer Sicherheitsleistung (EuGH 7.2.2002 – C-279/00 – Kommission/Italien). Den Mitgliedstaaten bleibt jedenfalls die Möglichkeit das Vorliegen von Leiharbeit zu kontrollieren (EuGH 27.3.1990 – C-113/89 Rn. 17 – Rush Portuguesa; 21.10.2004 – C-445/03 Rn. 39 – Kommission/Luxemburg; 21.9.2006 – C-168/04 Rn. 56 – Kommission/Österreich). Nach Erwägungsgrund 20 soll das Verbot, streikende Arbeitnehmer durch Leiharbeitnehmer zu ersetzen, nicht der Prüfung durch Art. 4 unterliegen. Diese Ausnahme hat keinen Eingang in den Normtext gefunden. Art. 153 V AEUV spricht dafür die Ausnahme dennoch zu beachten.

4   Für eine enge Auslegung des Wortes „Einschränkungen" spricht die systematische Interpretation. Art. 9 I erlaubt den Mitgliedstaaten Regelungen einzuführen, die für Arbeitnehmer günstiger sind und solche Tarifvertragsinhalte zu fördern. Fraglich ist, ob solche Regelungen, die die Leiharbeit mittelbar „einschränken", der Überprüfung nach Art. 4 unterliegen, offen ist also der **Zusammenhang zwischen Art. 4 und Art. 9.** Der Wortlaut des Art. 9 spricht für einen Vorrang des Art. 9, demnach wäre jede für Arbeitnehmer günstigere Bestimmung der Überprüfung durch Art. 4 entzogen. Dafür spricht auch Art. 153 IV AEUV. Aufgeworfen wird damit die Frage nach der Kompetenzgrundlage für Art. 4 (dazu SA des GA *Szpunar* 20.11.2014 – C-533/13 Rn. 50 ff. – AKT). Das genannte Ergebnis würde jedoch Art. 4 und das mit dieser Bestimmung verfolgte Ziel der Richtlinie weitgehend entwerten und ist daher abzulehnen (*Rieble/Vielmeier* EuZA 2011, 474 [484]). Vertreten wird, dass nur das „ob", nicht jedoch das „wie" der Leiharbeit Art. 4 unterfällt (*Rieble/Vielmeier* EuZA 2011, 474 [483 f.]). Möglich sei demnach etwa eine Ausdehnung des Gleichstellungsanspruchs über die Vorgaben der Richtlinie hinaus. Zu strenge Vorgaben des „wie" könnten sich nach dieser Ansicht jedoch zu einer Einschränkung des „ob" verdichten. Wohl deshalb wird vertreten, dass die Lohnuntergrenze nach § 3a AÜG an Art. 4 zu prüfen ist und nicht gerechtfertigt werden kann (*Rieble/Vielmeier* EuZA 2011, 474 [502 f.]; *Hamann* RdA 2011, 329 bejaht eine Rechtfertigung aufgrund des Arbeitnehmerschutzes). Denkbar wäre auch die Auslegung, dass Regelungen, die **Rechte von Leiharbeitnehmern** begründen (wie eben auch die Lohnuntergrenze), aufgrund von Art. 9 niemals „Einschränkungen" iSd Art. 4 sind und daher nicht gerechtfertigt werden müssen. Die Nennung des „Schutzes der Leiharbeitnehmer" als Rechtfertigungsgrund steht dieser Auslegung nicht entgegen, weil auch Bestimmungen, die keine Rechte spezifisch der Leiharbeitnehmer begründen (zB Quoten), dieses Ziel verfolgen können.

5   Ein vergleichbares Problem entsteht durch Zusammenschau mit RL 91/383/EWG, auf die auch in Erwägungsgrund 13 hingewiesen wird. Die Umsetzung dieser Richtlinie kann niemals gegen Art. 4 verstoßen. Zu bedenken ist, dass Art. 9 RL 91/383/EWG die Mit-

gliedstaaten zu strengeren Regelungen „in Bezug auf die Sicherheit und den Gesundheitsschutz am Arbeitsplatz" ermächtigt. Das würde für eine gänzliche Ausnahme der Einschränkungen sprechen, welche die Sicherheit oder den Gesundheitsschutz betreffen. Allerdings bleibt dann die ausdrückliche Nennung der „Erfordernisse von Gesundheitsschutz und Sicherheit am Arbeitsplatz" als Rechtfertigungsgrund in Art. 4 ohne Anwendungsbereich.

C. Rechtfertigung

Die Prüfung der Rechtfertigung beginnt mit der Suche nach einem **berücksichtigungs-** 6
würden Grund im Allgemeininteresse. Die Richtlinie zählt demonstrativ einige Gründe auf. Wie gesagt werden die „Erfordernisse von Gesundheitsschutz und Sicherheit am Arbeitsplatz" anerkannt. Auch über Gesundheits- und Sicherheitsaspekte hinausgehend kann der „Schutz der Leiharbeitnehmer" Einschränkungen und Verbote rechtfertigen. Auch das „reibungslose Funktionieren des Arbeitsmarktes" stellt nach Art. 4 I ein Allgemeininteresse dar. Der EuGH hat eine besondere Auswirkung der (grenzüberschreitenden) Leiharbeit auf die nationalen Arbeitsmärkte anerkannt (EuGH 17.12.1981 – C-279/80 Rn. 18 – Webb; EuGH 27.3.1990 – C-113/89 Rn. 14 – Rush Portuguesa; 10.2.2011 – C-307/09, 308/09, 309/09 Rn. 29 – Vicoplus). Der Hinweis in Erwägungsgrund 12 auf die „Vielfalt der Arbeitsmärkte" spricht dafür, bei der Rechtfertigung mit der Sicherung des „Funktionierens des Arbeitsmarktes" auf die jeweilige nationale Situation abzustellen. Da den Mitgliedstaaten auch präventive Maßnahmen erlaubt sein müssen, darf der aktuellen, statistischen Bedeutung der Leiharbeit am nationalen Arbeitsmarkt keine allzu große Bedeutung beigemessen werden. Nicht zuletzt aus demokratiepolitischen Gründen muss sich die Richtlinie (und damit auch der EuGH) bei einer Bewertung der jeweiligen nationale Meinung über das Funktionieren des Arbeitsmarktes und die am nationalen Arbeitsmarkt verfolgten Ziele zurückhalten, solange eine schlüssige Prognose vorgebracht wird.

Verbote und Einschränkungen können auch mit Missbrauchsverhütung gerechtfertigt 7
werden. Ein solcher Missbrauch kann etwa in der sogenannten Payrolling-Konstruktion gesehen werden, bei der das entleihende Unternehmen faktisch sämtliche Arbeitgeberfunktionen übernimmt (vgl. zum Payrolling *Schörghofer,* Grenzfälle der Arbeitskräfteüberlassung, 2015, 12, 111 ff., 168 f.). Damit in Zusammenhang steht der Schutz des zweipersonalen Rechtsverhältnisses. Innerhalb der Richtlinie ist die Anerkennung dieses Ziels eindeutig aus Art. 6 und der Berufung auf die vorübergehende Natur der Leiharbeit ableitbar. Entnimmt man der Richtlinie nicht wie oben vertreten ein Verbot der Dauerüberlassung, spricht das Wort „vorübergehend" jedenfalls dafür, eine nationale Einschränkung der Überlassungsdauer zuzulassen (für die Zulässigkeit SA des GA *Szpunar* 20.11.2014 – C-533/13 Rn. 106 ff. – AKT). Zulässig (aber nicht geboten) wäre daher wohl auch eine Höchstüberlassungsdauer von 18 Monaten. Bei der Suche nach weiteren Rechtfertigungsgründen kann auf die Judikatur zum Allgemeininteresse bei der Prüfung einer Verletzung der Grundfreiheiten Bezug genommen werden, die diesen Begriff weit auslegt (*Rieble/Vielmeier* EuZA 2011, 474 [491]). Nicht ausdrücklich genannt wird der Schutz der Stammbelegschaft, welcher der Richtlinie allg. kein großes Anliegen ist (*Körber-Risak* ZAS 2013, 189 [192]; → Art. 2 Rn. 2). Aus diesem Grund wird die Zulässigkeit von Höchstquoten pro Betrieb oder Unternehmen verneint (*Rieble/Vielmeier* EuZA 2011, 474 [484]). Es kann jedoch nicht pauschal ausgeschlossen werden, dass eine solche Quote mittelbar dem Schutz der Leiharbeitnehmer oder des Arbeitsmarktes dient.

Art. 4 verlangt eine **Verhältnismäßigkeitsprüfung** (*Riesenhuber* EEL § 18 Rn. 9; SA 8
des GA *Szpunar* 20.11.2014 – C-533/13 Rn. 125 ff. – AKT; nach *Rieble/Vielmeier* EuZA 2011, 474 [492] sind nur Eignung und Erforderlichkeit zu prüfen). Problematisch kann bei direkten Beschränkungen der Leiharbeit insbesondere die Erforderlichkeit sein. Es kann regelmäßig eingewendet werden, dass eine Ausdehnung des Gleichstellungsanspruchs und

andere Ansprüche des Leiharbeitnehmers als gelinderes Mittel zur Verfügung gestanden hätten. Möglich ist dazu jedoch die Argumentation, dass die Mehrpersonalität der Leiharbeit schwerwiegenden Einfluss auf das nationale System des kollektiven Arbeitsrechts haben kann. Gelingt die Darlegung dieser Auswirkungen, wäre es überzogen von den Mitgliedstaaten zu verlangen, auf diese Entwicklung allein durch eine Verteuerung der Leiharbeit und damit bloß mittelbar durch die Verringerung der Anreize zu Leiharbeit zu reagieren. IRd Verhältnismäßigkeitsprüfung können möglicherweise auch andere zentrale Aspekte der nationalen Regulierung der Leiharbeit berücksichtigt werden, also etwa, ob der Grundsatz der Gleichbehandlung zumindest teilweise eingeschränkt wurde. Die Erforderlichkeit wird beim Verbot der Arbeitnehmerüberlassung im Baugewerbe gem. § 1b AÜG verneint (*Rieble/Vielmeier* EuZA 2011, 474 [492]; für Unionsrechtswidrigkeit auch *Boemke* RIW 2009, 177 [181 f.]; *Hamann* EuZA 2009, 287 [312 ff.]; *Lembke* DB 2011, 414 [416]; **aA** *Ulber* AuR 2010, 10 [13]). Auch eine Rechtfertigung der Einschränkung der Leiharbeit durch § 40 I Nr. 2 Aufenthaltsgesetz wird nicht für möglich gehalten (*Rieble/Vielmeier* EuZA 2011, 474 [493 ff.]). Aus Art. 28 GRC folgt kein größerer Regelungsspielraum für Tarifverträge (Grabenwarter/*Rebhahn*, Europäischer Grundrechteschutz, 2014, § 16 Rn. 67). Das gilt auch für Verbote und Einschränkungen der Leiharbeit. In den Schlussanträgen in der Rechtssache AKT wird jedenfalls die Notwendigkeit einer gänzlichen Ausnahme von Tarifverträgen aufgrund Art. 28 GRC verneint (SA des GA *Szpunar* 20.11.2014 – C-533/13 Rn. 67 ff. – AKT). Einschränkungen und Verboten in Betriebsvereinbarungen kann allerdings nicht allg. die Eignung abgesprochen werden, die Regulierung des Arbeitsmarktes zu verfolgen (**aA** *Körber-Risak* ZAS 2013, 189 [192]).

Kapitel II. Arbeits- und Beschäftigungsbedingungen

Art. 5 Grundsatz der Gleichbehandlung

(1) Die wesentlichen Arbeits- und Beschäftigungsbedingungen der Leiharbeitnehmer entsprechen während der Dauer ihrer Überlassung an ein entleihendes Unternehmen mindestens denjenigen, die für sie gelten würden, wenn sie von jenem genannten Unternehmen unmittelbar für den gleichen Arbeitsplatz eingestellt worden wären.

Bei der Anwendung von Unterabsatz 1 müssen die im entleihenden Unternehmen geltenden Regeln in Bezug auf

a) den Schutz schwangerer und stillender Frauen und den Kinder- und Jugendschutz sowie

b) die Gleichbehandlung von Männern und Frauen und sämtliche Maßnahmen zur Bekämpfung von Diskriminierungen aufgrund des Geschlechts, der Rasse oder der ethnischen Herkunft, der Religion oder Weltanschauung, einer Behinderung, des Alters oder der sexuellen Orientierung

so eingehalten werden, wie sie durch Gesetze, Verordnungen, Verwaltungsvorschriften, Tarifverträge und/oder sonstige Bestimmungen allgemeiner Art festgelegt sind.

(2) In Bezug auf das Arbeitsentgelt können die Mitgliedstaaten nach Anhörung der Sozialpartner die Möglichkeit vorsehen, dass vom Grundsatz des Absatzes 1 abgewichen wird, wenn Leiharbeitnehmer, die einen unbefristeten Vertrag mit dem Leiharbeitsunternehmen abgeschlossen haben, auch in der Zeit zwischen den Überlassungen bezahlt werden.

(3) Die Mitgliedstaaten können nach Anhörung der Sozialpartner diesen die Möglichkeit einräumen, auf der geeigneten Ebene und nach Maßgabe der von den Mitgliedstaaten festgelegten Bedingungen Tarifverträge aufrechtzuerhalten oder zu schließen, die unter Achtung des Gesamtschutzes von Leiharbeitnehmern Regelungen in Bezug

auf die Arbeits- und Beschäftigungsbedingungen von Leiharbeitnehmern, welche von den in Absatz 1 aufgeführten Regelungen abweichen können, enthalten können.

(4) [1]Sofern Leiharbeitnehmern ein angemessenes Schutzniveau gewährt wird, können Mitgliedstaaten, in denen es entweder kein gesetzliches System, durch das Tarifverträge allgemeine Gültigkeit erlangen, oder kein gesetzliches System bzw. keine Gepflogenheiten zur Ausweitung von deren Bestimmungen auf alle vergleichbaren Unternehmen in einem bestimmten Sektor oder bestimmten geografischen Gebiet gibt, – nach Anhörung der Sozialpartner auf nationaler Ebene und auf der Grundlage einer von ihnen geschlossenen Vereinbarung – Regelungen in Bezug auf die wesentlichen Arbeits- und Beschäftigungsbedingungen von Leiharbeitnehmern festlegen, die vom Grundsatz des Absatzes 1 abweichen. [2]Zu diesen Regelungen kann auch eine Wartezeit für Gleichbehandlung zählen.

[1]Die in diesem Absatz genannten Regelungen müssen mit den gemeinschaftlichen Bestimmungen in Einklang stehen und hinreichend präzise und leicht zugänglich sein, damit die betreffenden Sektoren und Firmen ihre Verpflichtungen bestimmen und einhalten können. [2]Insbesondere müssen die Mitgliedstaaten in Anwendung des Artikels 3 Absatz 2 angeben, ob betriebliche Systeme der sozialen Sicherheit, einschließlich Rentensysteme, Systeme zur Lohnfortzahlung im Krankheitsfall oder Systeme der finanziellen Beteiligung, zu den in Absatz 1 genannten wesentlichen Arbeits- und Beschäftigungsbedingungen zählen. [3]Solche Vereinbarungen lassen Vereinbarungen auf nationaler, regionaler, lokaler oder sektoraler Ebene, die für Arbeitnehmer nicht weniger günstig sind, unberührt.

(5) [1]Die Mitgliedstaaten ergreifen die erforderlichen Maßnahmen gemäß ihren nationalen Rechtsvorschriften und/oder Gepflogenheiten, um eine missbräuchliche Anwendung dieses Artikels zu verhindern und um insbesondere aufeinander folgende Überlassungen, mit denen die Bestimmungen der Richtlinie umgangen werden sollen, zu verhindern. [2]Sie unterrichten die Kommission über solche Maßnahmen.

Übersicht

	Rn.
A. Allgemeines	1
B. Mindestarbeitsbedingungen	2
C. Fiktive Vergleichssituation	4
D. Diskriminierungsverbot und Schutz bestimmter Personengruppen	9
E. Ausnahmemöglichkeiten	12
I. Einleitung	12
II. Absatz 2	13
III. Absatz 3	16
IV. Absatz 4	21
F. Verhinderung von Rechtsmissbrauch	25

A. Allgemeines

Der Gleichstellungsanspruch gem. Art. 5 ist das Herzstück der Richtlinie. Gegenstand des Gleichbehandlungsgrundsatzes sind die wesentlichen Arbeits- und Beschäftigungsbedingungen gem. Art. 3 I lit. f (vgl. → Art. 3 Rn. 11 ff.). Schon daraus folgt, dass der Gleichstellungsanspruch keine vollständige Gleichstellung zwischen Stammbelegschaft und Leiharbeitnehmern während der Überlassung herbeiführen will. Der Anspruch beschränkt sich auf die Dauer der Überlassung. Die Richtlinie macht keine Vorgaben bezüglich der Arbeitsbedingungen während verleihfreien Zeiten/Stehzeiten (*Thüsing/Stiebert* ZESAR 2012, 199 [201]), knüpft in Abs. 2 jedoch daran an. Die Richtlinie regelt nicht, gegen wen sich der Anspruch des Leiharbeitnehmers richten soll, das entleihende Unternehmen oder das Leiharbeitsunternehmen. Die Mitgliedstaaten können diesbezüglich also wohl wählen und auch eine (subsidiäre) Haftung des zweiten beteiligten Unternehmens vorsehen. **1**

B. Mindestarbeitsbedingungen

2   Das Gleichbehandlungsgebot legt eine Untergrenze der Arbeitsbedingungen fest. Für den Arbeitnehmer günstigere Arbeitsbedingungen sind daher zulässig (*Boemke* RIW 2009, 177 [183]). Die Ausgestaltung des dazu notwendigen **Günstigkeitsvergleichs** wird in der Richtlinie nicht ausdrücklich geregelt. Entgegen anderslautenden Meinungen (*Boemke* RIW 2009, 177 [184]: Einzelvergleich), wird aus systematischen und teleologischen Überlegungen sowie der „Gewährleistung der praktischen Wirksamkeit der Richtlinie" zutreffend das Erfordernis eines Sachgruppenvergleichs anhand der Sachgruppen gem. Art. 3 I lit. f abgeleitet (*Sansone*, Gleichstellung, 2011, 529 ff.). Es ist jedoch davon auszugehen, dass die Verpflichtung zu einem Einzelvergleich bei der Umsetzung des Art. 5 eine günstigere und daher gem. Art. 9 I zulässige Bestimmung darstellt. Abzustellen ist auf die „objektiv-hypothetische Sicht eines verständigen Arbeitnehmers" (*Sansone*, Gleichstellung, 2011, 532).

3   Problematisch ist die Prüfung der Günstigkeit bei der Dauer der Arbeitszeit, genauer der Höchstarbeitszeit (dazu zum AÜG ausführlich *Sansone*, Gleichstellung, 2011, 295 ff.). Teilweise wird eine Gleichstellung bezüglich der Dauer der Arbeitszeit verneint (so wohl *Boemke* RIW 2009, 177 [183 f.]). Dieses Ergebnis steht jedoch in klarem Widerspruch zum Wortlaut von Art. 3 der Richtlinie (*Sansone*, Gleichstellung, 2011, 533). Auch das BAG geht von der Gleichstellung bezüglich der Dauer der Arbeitszeit aus (BAG 16.4.2014 NZA 2014, 1262). Danach gelten Höchstarbeitszeiten für das entleihende Unternehmen (zB in einem Tarifvertrag) auch für dahin entliehene Arbeitnehmer. Legt der Vertrag des Arbeitnehmers mit dem Verleiher den Umfang der geschuldeten Arbeitszeit nicht exakt fest (was nach der Richtlinie wohl zulässig ist), so könnte dafür auch sprechen, dass die kürzere Arbeitszeit aus Sicht des Unionsgesetzgebers günstig ist (vgl. Art. 15 Arbeitszeit-Richtlinie). In der Folge gibt es auch keine Probleme mit der zu bezahlenden Arbeitszeit. Sieht der genannten Vertrag hingegen einen längeren Umfang der Arbeitszeit vor als im entleihenden Unternehmen zulässig ist, so richtet sich die zulässige Arbeitszeit nach den Regelungen für den Entleiher, der Verleiher hat hingegen die vertraglich vereinbarte Arbeitszeit zu bezahlen; für die Differenzstunden allerdings ohne Bindung an das Gleichstellungsgebot.

C. Fiktive Vergleichssituation

4   Nach der Richtlinie ist auf die hypothetische Einstellung durch das entleihende Unternehmen „für den gleichen Arbeitsplatz" abzustellen (*Hamann* EuZA 2009, 287 [306]; *Sansone*, Gleichstellung, 2011, 514: **„hypothetische, arbeitsplatzbezogene Betrachtungsweise"**). Es kommt also darauf an, wie der Arbeitnehmer bei einer fiktiven Direktanstellung nach den Regelungsquellen gem. Art. 3 I lit. f zu behandeln wäre (*Sansone*, Gleichstellung, 2011, 515). Der Vergleichsmaßstab der Richtlinie ist jedoch auch mit der Ausdehnung der Gleichstellung auf individuelle vertraglich vereinbarte Arbeitsbedingungen vereinbar (*Sansone*, Gleichstellung, 2011, 518 im Hinblick auf das AÜG).

5   Der Richtlinie wird entnommen, dass sich die Suche nach einem Vergleichsmaßstab auf das gesamte Unternehmen zu erstrecken hat (*Sansone*, Gleichstellung, 2011, 514, der eine entsprechende Auslegung des AÜG verlangt). Dagegen spricht, dass ein Teil der fiktiven Einstellung auch die fiktive Auswahl des Einsatzbetriebes durch das entleihende Unternehmen ist. Die Arbeitsbedingungen sind daher durch einen Vergleich mit Arbeitnehmern desselben Betriebes zu ermitteln (*Thüsing/Stiebert* ZESAR 2012, 199 [202]). Die Richtlinie schränkt die Kriterien, die bei der fiktiven Einstellung berücksichtigt werden können, nicht ein. Wesentlich ist dabei die vom Leiharbeitnehmer ausgeübte Tätigkeit, die das Kernelement der Identität des Arbeitsplatzes darstellt. Zu berücksichtigen sind auch personenbezogene Merkmale wie insbesondere Ausbildung, Berufserfahrung und anders gemessene Kompetenz, sofern diese bei der Einstellung eine Rolle spielen würden (*Hamann* EuZA

2009, 287 [307]; Preis/Sagan/*Sansone*, § 8 Rn. 56). Beim Abstellen auf das Lebensalter (*Hamann* EuZA 2009, 287 [307]; *Sansone*, Gleichstellung, 2011, 519) ist Art. 5 I UAbs. 2 lit. b zu berücksichtigen, die Unterscheidung darf also nicht diskriminierend erfolgen. Die Richtlinie verlangt nicht, dass Zeiten, die der Leiharbeitnehmer mit derselben Tätigkeit in einem anderen Einsatzunternehmen gesammelt hat, wie Zeiten der Betriebs- oder Unternehmenszugehörigkeit angerechnet werden. Die Fiktion, die die Richtlinie verlangt, ist eine Einstellung mit Beginn der jeweiligen Überlassung, nicht mit Beginn der Tätigkeit beim Leiharbeitsunternehmen. Hat der Leiharbeitnehmer mit dem Leiharbeitsunternehmen einen befristeten Vertrag abgeschlossen oder Teilzeit vereinbart, soll seine fiktive Einstellung ebenfalls befristet oder als Teilzeitbeschäftigter erfolgen (Preis/Sagan/*Sansone*, § 8 Rn. 57). Bezüglich der Befristung sollte dafür bereits ausreichen, dass der Einsatz im entleihenden Unternehmen und damit sein dortiger „Arbeitsplatz" befristet sind.

Da die Richtlinie gerade nicht die Suche nach einem vergleichbaren Arbeitnehmer **6** verlangt, ist es grds. unproblematisch, wenn im entleihenden Unternehmen kein vergleichbarer Arbeitnehmer beschäftigt ist (*Thüsing/Stiebert* ZESAR 2012, 199 [203]). Die Bestimmung der Arbeitsbedingungen nach den von der Richtlinie erfassten Rechtsquellen ist wegen ihrer allg. Natur zumeist einfach möglich.

Probleme entstehen, wenn im entleihenden Unternehmen für mehrere vergleichbare **7** Arbeitnehmer unterschiedliche Arbeitsbedingungen gelten. Beschränkt sich der Gleichstellungsanspruch auf die in der Richtlinie genannten Rechtsquellen, wird dieses Problem aufgrund der allg. Natur dieser Bestimmungen kaum auftreten (*Sansone*, Gleichstellung, 2011, 523). Bei dennoch auftretenden Unterschieden ist zu prüfen, ob die Unterscheidung aufgrund von Merkmalen erfolgt, die auch beim Leiharbeitnehmer geprüft werden können, wie etwa bei Stichtagsregeln der Tag der (fiktiven) Einstellung mit Beginn der Überlassung (*Thüsing/Stiebert* ZESAR 2012, 199 [203]; *Sansone*, Gleichstellung, 2011, 523). Das Problem stellt sich aber besonders dann, wenn wie im AÜG, auch individuell geregelte Arbeitsbedingungen von der Gleichstellung erfasst sind und im entleihenden Unternehmen mit zwei Arbeitnehmern Unterschiedliches vereinbart wurde. Das auftretende (Beweis-)Problem soll – wohl treffend – so gelöst werden, dass auf den Arbeitnehmer abgestellt wird, dessen Einstellungsdatum dem Beginn der Überlassung am nächsten ist (*Sansone*, Gleichstellung, 2011, 524; nach *Thüsing* RdA 2009, 118 soll das jedenfalls dann gelten, wenn das zur Anwendung der günstigeren Arbeitsbedingungen führt). Die Richtlinie verlangt jedenfalls eine diskriminierungsfreie Entscheidung (→ Rn. 9 ff.).

Im Hinblick auf diese Vorgaben des Unionsrechts wird eine richtlinienkonforme Aus- **8** legung der §§ 3 I Nr. 3, 9 Nr. 2, 10 IV AÜG verlangt. Erforderlich sei die Prüfung einer fiktiven Einstellung, insbesondere die Ausweitung des Vergleichsmaßstabs auf die genannten personenbezogenen Merkmale neben der ausgeübten Tätigkeit (*Sansone*, Gleichstellung, 2011, 514, 519; Preis/Sagan/*Sansone*, § 8 Rn. 59 f.).

D. Diskriminierungsverbot und Schutz bestimmter Personengruppen

Nach Art. 5 I UAbs. 2 müssen bei der Gleichstellung weitere Regeln beachtet werden. **9** Diese Regeln werden zum einen inhaltlich beschrieben, zum anderen wird wiederum auf bestimmte Regelungsquellen abgestellt. Inhaltlich erfasst ist der Schutz von schwangeren und stillenden Frauen, von Kindern und von Jugendlichen (Buchst. a), sowie die „Gleichbehandlung von Männern und Frauen und sämtliche Maßnahmen zur Bekämpfung von Diskriminierungen aufgrund des Geschlechts, der Rasse oder der ethnischen Herkunft, der Religion oder Weltanschauung, einer Behinderung, des Alters oder der sexuellen Orientierung" (Buchst. b). Wie bei den wesentlichen Arbeits- und Beschäftigungsbedingungen stellt Art. 5 I UAbs. 2 darauf ab, dass die genannten Regelungen Gesetzen, Verordnungen, Verwaltungsvorschriften, Tarifverträgen und/oder sonstige Bestimmungen allg. Art. zu entnehmen sind, die im entleihenden Unternehmen gelten (zu diesen Begriffen → Art. 3 Rn. 12 f.).

10 Bezüglich der Umsetzung wird darauf hingewiesen, dass im nationalen Recht der Entleiher kraft Gesetzes zur Einhaltung der gesetzlichen Schutzbestimmungen und der Diskriminierungsverbote gegenüber dem Leiharbeitnehmer verpflichtet ist (*Hamann* EuZA 2009, 287 [306]; *Sansone,* Gleichstellung, 2011, 509 f.: § 11 VI AÜG; § 6 II AGG). Zu Betriebsvereinbarungen wird auf den betriebsverfassungsrechtlichen Gleichbehandlungsgrundsatz (§ 75 I BetrVG) verwiesen, entsprechende Bestimmungen in Tarifverträgen seien von dem Gleichstellungsgebot des AÜG erfasst (*Sansone,* Gleichstellung, 2011, 510 f.).

11 Ein Adressat der Verpflichtung wird, wie bereits bei UAbs. 1, nicht genannt. Art. 5 I UAbs. 2 bezieht sich auf die Einhaltung der genannten Bestimmungen „bei der Anwendung" des Gleichstellungsgebots. Wird in der nationalen Umsetzung das Leiharbeitsunternehmen zur Gleichbehandlung gem. Art. 5 I UAbs. 1 verpflichtet, muss sich auch der UAbs. 2 auf das Leiharbeitsunternehmen beziehen. Art. 5 I UAbs. 2 verlangt daher, dass die Bestimmung der Arbeitsbedingungen durch das Leiharbeitsunternehmen anhand der fiktiven Einstellung diskriminierungsfrei erfolgt. Der Leiharbeitnehmer muss sich also gegenüber dem zur Gleichstellung verpflichteten Leiharbeitsunternehmen darauf berufen können, dass die Entgeltregelung des im entleihenden Unternehmen anwendbaren Tarifvertrages diskriminierend ist.

E. Ausnahmemöglichkeiten

I. Einleitung

12 In den Abs. 2 – 4 werden die zulässigen Ausnahmen vom Grundsatz der Gleichbehandlung geregelt. Die Ausnahmetatbestände waren während der Entstehungsgeschichte ein wesentlicher Streitpunkt, Forderungen aus Deutschland wurden im Zuge der Verhandlungen nur teilweise akzeptiert (*Sansone,* Gleichstellung, 2011, 534; Ahlberg/Bercusson/Bruun/Kountouris/Vigneau/Zappalà/*Ahlberg,* Transnational Labour Regulation, 2008, 191). Die einzelnen Absätze unterscheiden sich in der Reichweite der zulässigen Ausnahmen ebenso wie in den Voraussetzungen und der Rechtsquelle, in der die Abweichung zu erfolgen hat. In allen drei Absätzen/Ausnahmemöglichkeiten wird die Anhörung der Sozialpartner verlangt. Nur bei Abs. 2 könnte sich die Frage stellen, ob ein Unterlassen dieser Anhörung zur Unwirksamkeit der nationalen Regelung führt (bei Abs. 3 und 4 sind die Sozialpartner notwendig beteiligt). Entsprechend den allg. Regeln zur (fehlenden) Wirkung von Richtlinien zwischen Privaten ist dies zu verneinen. Einen Überblick über die Nutzung der Ausnahmemöglichkeiten bietet der Report der Kommission 2014, 6 ff. Im Schrifttum wurde die Vereinbarkeit einer langfristigen Ausnahme von der Gleichstellung mit dem Primärrecht bezweifelt, weil diese das Erreichen des Ziels der Richtlinie (Gleichstellung) verhindere und das wiederrum dem Kohärenzgebot iVm Art. 20 GRC widerspreche (*Heuschmied/Klauk* SR 2012, 84). Dieser Einwand wäre wenn dann in Bezug auf nicht vorübergehende Überlassungen relevant (zur Frage deren Zulässigkeit → Art. 1. Rn. 13 ff.) Die Ausnahmen führen dazu, dass die Bedeutung des Gleichbehandlungsgrundsatzes in den Mitgliedstaaten erheblich eingeschränkt werden kann, die Richtlinie soll jedoch zumindest zu einer „Sensibilisierung" für die Arbeitsbedingungen von Leiharbeitnehmern geführt haben (*Fuchs/Marhold* 165 f.).

II. Absatz 2

13 Abs. 2, der auch als „German derogation" bezeichnet wird (Schlachter/*Nyström,* EU Labour Law, 249 [271]; Ahlberg/Bercusson/Bruun/Kountouris/Vigneau/Zappalà/*Ahlberg,* Transnational Labour Regulation, 2008, 191 [238]) ermöglicht den Mitgliedstaaten eine eingeschränkte Ausnahme von der Verpflichtung zur Gleichbehandlung. Trotz dieser Be-

zeichnung und der Erfüllung der Voraussetzung wurde die Möglichkeit in Deutschland bei der Umsetzung nicht genutzt (Preis/Sagan/*Sansone,* § 8 Rn. 73). Die Ausnahmemöglichkeit ist auf das Arbeitsentgelt beschränkt. Zudem müssen mehrere Voraussetzungen erfüllt sein. Erforderlich ist, dass unbefristet beim Leiharbeitsunternehmen beschäftigte Leiharbeitnehmer auch in verleihfreien Zeiten bezahlt werden. Für befristet beschäftigte Leiharbeitnehmer steht die Ausnahme also nicht zur Verfügung (*Hamann* EuZA 2009, 287 [308]; Schlachter/ *Nyström,* EU Labour Law, 249 [271]). Nur der besondere Schutz, den eine unbefristete Beschäftigung vermittelt, lässt eine Abweichung von der Gleichstellung gerechtfertigt erscheinen (Erwägungsgrund 15). Die Richtlinie macht hinsichtlich der Höhe des in verleihfreien Zeiten zu bezahlenden Entgelts keine Vorgaben (*Riesenhuber* EEL § 18 Rn. 16; Schlachter/*Nyström,* EU Labour Law, 249 [271]). Unklar ist, ob anstelle einer Zahlung durch das Leiharbeitsunternehmen auch ein Anspruch auf eine (ggf. niedrigere) Sozialleistung die Voraussetzung der Richtlinie erfüllt (dagegen *Ulber* AuR 2010, 10 [14] zum Kurzarbeitergeld). Das wird zutreffend bejaht, sofern der Arbeitsvertrag mit dem Leiharbeitsunternehmen während dem Bezug aufrecht bleibt. Wie Erwägungsgrund 15 zeigt, ist das Weiterbestehen des Arbeitsvertrags in Stehzeiten der eigentliche Grund für die Ausnahme (*Sansone,* Gleichstellung, 2011, 537 f. zum Kurzarbeitergeld).

Es wird vertreten, dass die Voraussetzung der Entgeltzahlung in verleihfreien Zeiten nicht 14 erfüllt ist, wenn dieser Anspruch zwar grds. besteht, aufgrund der Kündigungsmöglichkeit und der Praxis, den Arbeitsvertrag mit Ende des Einsatzes einvernehmlich aufzulösen, aber kaum effektiv wird (*Schindler* öRdA 2009, 176 [177]; Raschauer/Resch/*Schindler* 13 [25 f.] mit Zahlen zur Situation in Österreich). Das liefe auf eine Umsetzungsverpflichtung hinaus, die von den faktischen Verhältnissen am Arbeitsmarkt der Mitgliedstaaten abhängt (Brodil/ *Schörghofer,* Oktobergespräche, erscheint 2015). Die Annahme einer solchen Verpflichtung ist abzulehnen.

Bei Erfüllung der Voraussetzungen kann vorgesehen werden, dass die Gleichstellung beim 15 Entgelt erst nach einer bestimmten Dauer der Überlassung („Wartezeit") geboten ist, also etwa nach einer Überlassungsdauer von acht Monaten. Aufgrund eines Vergleichs mit der Formulierung des Abs. 3 wird vertreten, dass Abs. 2 nur gesetzliche Ausnahmen erlaubt, nicht jedoch gesetzliche Ermächtigungen zu tarif- oder einzelvertraglichen Abweichungen (*Hamann* EuZA 2009, 287 [308]). Umgekehrt wird aus dem Wortlaut („Möglichkeit vorsehen") und dem Vergleich zu Abs. 4 abgeleitet, dass Abs. 2 nur dazu ermächtigt einzelvertragliche Abweichungen vom Gleichstellungsgebot zu erlauben (Raschauer/Resch/ *Schindler* 13 [26 f.]). Letztgenannte Auffassung würde allerdings dazu führen, dass in Staaten, in denen Art. 5 IV nicht anwendbar ist, also auch Deutschland, keine Möglichkeit bestünde schon durch Gesetz vom Gleichbehandlungsgrundsatz abzuweichen. Die Ansicht ist daher abzulehnen.

III. Absatz 3

Anders als Abs. 2 ermächtigt Abs. 3 zu einer Abweichung bezüglich sämtlicher Arbeits- 16 und Beschäftigungsbedingungen. Den Mitgliedstaaten wird ermöglicht, dem Grundsatz der Gleichbehandlung **tarifdispositive Wirkung** zu verleihen (*Hamann* EuZA 2009, 287 [308]). Davon wurde im AÜG Gebrauch gemacht (§ 3 I Nr. 3, § 9 Nr. 2, § 10 IV AÜG; BT-Drs. 17/4804, 9). Die Wendung „Aufrechterhalten" von Tarifverträgen zeigt, dass bei Umsetzung der Richtlinie bereits bestehende Abweichungen in Tarifverträgen beibehalten werden können. Die Richtlinie verlangt eine Abweichung durch den Tarifvertrag selbst. Der Tarifvertrag kann auch vorsehen, dass alle oder manche Abweichungen nur während einer „Wartezeit" zulässig sind, also etwa für acht Monate. Nicht auf Art. 5 III gestützt werden kann daher eine gesetzliche Regelung, die eine Ausnahme vom Gleichbehandlungsgrundsatz selbst vornimmt, selbst wenn die Ausnahme unter der Bedingung steht, dass sowohl der Verleiher als auch der Entleiher einem Kollektivvertrag unterliegen (Raschauer/ Resch/*Schindler* 13 [24] zu § 10 I öAÜG). Ebenso abgelehnt wird die Befugnis der Tarifvertragsparteien, die Ermächtigung an die Betriebsvereinbarung oder Arbeitsvertrag durch Zulassungsnormen weiterzureichen (*Waas* ZESAR 2009, 207 [211]; *Sansone*, Gleichstellung, 2011, 548 f. mit Hinweis auf das Erfordernis einer entsprechenden richtlinienkonformen Auslegung der §§ 3 I Nr. 3, 9 Nr. 2 AÜG).

17 Der Abschluss der Tarifverträge erfolgt „nach Maßgabe der von den Mitgliedstaaten festgelegten Bedingungen". Mit Ausnahme der Achtung des Gesamtschutzes (dazu → Rn. 18 ff.) verlangt die Richtlinie nicht die Festlegung von besonderen Bedingungen für den Tarifvertragsabschluss iRd Umsetzung des Art. 5 III (*Sansone*, Gleichstellung, 2011, 546 f.). Der Tarifvertrag soll zudem „auf der geeigneten Ebene" abgeschlossen werden. Es ist davon auszugehen, dass die Richtlinie dem nationalen Recht bei der Suche nach der geeigneten Ebene keine Vorgaben macht. Die Entscheidung über den örtlichen Geltungsbereich und zwischen Branchen- und Firmentarifverträgen soll wohl weiterhin den Mitgliedstaaten überlassen bleiben (Art. 28 GRC). Die Sensibilität der Bestimmung gegenüber der nationalen Regelung des Tarifrechts wird als Grund dafür genannt, dass auch die Anwendung eines vom Gleichstellungsgrundsatz abweichenden Tarifvertrags aufgrund einzelvertraglicher Vereinbarung von Art. 5 III erlaubt wird (*Boemke* RIW 2009, 177 [183] zur Inbezugnahme gem. §§ 3 I Nr. 3, 9 Nr. 2: Den Mitgliedstaaten bleibe es überlassen die Anwendbarkeit von Tarifverträgen zu regeln; **aA** *Blanke* DB 2010, 1528 [1529] mit Hinweis auf die Entstehungsgeschichte und Abs. 4). Für diese Auffassung kann zwar nicht der Schutz der Tarifautonomie ieS sprechen, wohl aber die Überlegung, dass das Unionsrecht nicht vorgibt, auf welchem Weg Tarifverträge für ein Arbeitsverhältnis verbindlich werden. Art. 5 III kann aber nur eingreifen, wenn das Arbeitsverhältnis (abgesehen von der Tarifbindung) unter den Geltungsbereich des Tarifvertrages fällt.

18 Die Richtlinie verlangt, dass die Abweichungen vom Gleichbehandlungsgebot in Tarifverträgen „unter Achtung des Gesamtschutzes von Leiharbeitnehmern" erfolgen (eine ähnliche Formulierung enthält Art. 17 der Arbeitszeit-Richtlinie). Erforderlich ist also eine inhaltliche Überprüfung. Diese Kontrolle berührt die auch in Art. 28 GRC geschützte Tarifautonomie (*Rieble/Vielmeier* EuZA 2011, 474 [500]). Die Wahrung der Tarifautonomie wurde auch bei der Entstehung der Richtlinie intensiv diskutiert und führte zu dem Hinweis auf die „Autonomie der Sozialpartner" in Erwägungsgrund 19 (*Sansone*, Gleichstellung, 2011, 540 ff.). In Erwägungsgrund 16 wird zudem darauf hingewiesen, dass die Ausnahme dazu dient „der Vielfalt der Arbeitsmärkte und der Arbeitsbeziehungen auf flexible Weise gerecht zu werden". Eine primärrechtskonforme Auslegung anhand des Art. 28 GRC und des Kompetenzausschlusses in Art. 153 V AEUV führt nach Ansicht mancher zur Annahme eines „bloßen Programmsatzes" (ausf. *Rieble/Vielmeier* EuZA 2011, 474 [498 ff.]). Für manche Arbeitsbedingungen kann dazu Art. 31 GRC eingewendet werden (zur Reichweite *Grabenwarter/Rebhahn*, Europäischer Grundrechteschutz, 2014, § 16 Rn. 79). Aufgrund des Wortlautes der Richtlinie ist von der Notwendigkeit einer, wenngleich sehr eingeschränkten, Überprüfung auszugehen (*Waas* ZESAR 2009, 207; *Sansone*, Gleichstellung, 2011, 544; *Riechert* NZA 2013, 303 [306]). Der genaue Inhalt der Kontrolle ist unklar. Das Wort **„Gesamtschutz"** spricht dafür, auch Arbeitsbedingungen neben den wesentlichen Arbeitsbedingungen iSd Richtlinie miteinzubeziehen. Fraglich ist, ob auch eine Begrenzung der Überlassungsdauer positiv zum „Gesamtschutz" der Leiharbeitnehmer beitragen kann. Dagegen spricht, dass diese Begrenzung keine Rechte der Leiharbeitnehmer begründet, sondern nur ihre Chance auf einen Wechsel in die Stammbelegschaft vergrößern kann. Aus Art. 5 II lässt sich die Wertung ableiten, dass auch die Arbeitsbedingungen in verleihfreien Zeiten zu berücksichtigen sind, ebenso wie der Bestandsschutz. So kann etwa ein Fortbildungsprogramm in den Stehzeiten für einen ausreichenden Gesamtschutz sprechen (*European Commission*, Report – Expert Group – Transposition of Directive 2008/104/EC, 2011, 24). Es ist nicht erforderlich, dass jede Benachteiligung gegenüber den jeweiligen Stammarbeitnehmern durch einen anderen Vorteil kompensiert wird (*Riechert* NZA 2013, 303 [306]; **aA** *Blanke* DB 2010, 1528 [1532]). Das Wort „Gesamtschutz" spricht für die Annahme einer allg. Untergrenze der Arbeitsbedin-

gungen und damit gegen einen Vergleich mit den jeweiligen Arbeitsbedingungen im entleihenden Unternehmen. Eine Grenze soll allerdings erreicht werden, wenn einzelne Arbeitsbedingungen, die der Tarifvertrag vorsieht, wie insbesondere das Entgelt, bei Vereinbarung mit einem vergleichbaren Arbeitnehmer in der (überwiegenden) Einsatzbranche am Einsatzort (nicht im konkreten Betrieb) sittenwidrig wären (*Riechert* NZA 2013, 303 [307 f.] der eine Kompensation mit anderen Arbeitsbedingungen dann wohl nicht für möglich hält). Beim Entgelt folgt daraus, anknüpfend an die Rechtsprechung (BAG 22.4.2009 NZA 2009, 837) ein Verbot, einen Entgeltnachteil von mehr als 1/3 vorzusehen (*Riechert* NZA 2013, 303 [308]).

Fraglich ist, ob der Gesamtschutz eine Untergrenze der Arbeitsbedingungen vorgibt, die **19** für alle Länder gleichermaßen zu beachten ist. Dagegen spricht der Hinweis auf die „Vielfalt der Arbeitsmärkte" in Erwägungsgrund 16. Fraglich ist, ob gesetzliche Regelungen, die für alle Erwerbstätigen gelten, den Gesamtschutz sicherstellen können. Der Richtlinie liegt der Gedanke einer besonderen Schutzwürdigkeit der Leiharbeitnehmer zugrunde. Dementsprechend setzt der Gesamtschutz Regelungen voraus, die auf die besondere Situation und Schutzbedürftigkeit der Leiharbeitnehmer Bezug nehmen. Für die Prüfung unerheblich ist jedoch, auf welcher Regelungsebene der Gesamtschutz verwirklicht wird. Der abweichende Tarifvertrag muss also selbst keine einzige Begünstigung enthalten, wenn die Gesetze oder deren Interpretation den Schutz der Leiharbeitnehmer ausreichend sicherstellen.

Der Gesamtschutz wurde nicht ausdrücklich in das AÜG aufgenommen. Die Frage, ob **20** eine richtlinienkonforme Interpretation des AÜG erforderlich ist, wird, aufbauend auf den unterschiedlichen Meinungen zur Strenge der Kontrolle des Gesamtschutzes, verschieden beurteilt. Aufbauend auf der hier vertretenen Auslegung des Art. 5 III ist jedenfalls zu sagen, dass eine Kontrolle der „Ernsthaftigkeit" der Abschlusspartner von Tarifverträgen nicht ausreichend ist (**aA** Schüren/*Riederer v. Paar,* Einl. Rn. 612). Vertreten wird auch, dass der Gesamtschutz durch die Lohnuntergrenze des § 3a AÜG sichergestellt wird (*Sansone,* – Gleichstellung, 2011, 545f; *Thüsing* RdA 2009, 118 [119]). Dagegen wird vorgebracht, dass dadurch nur im Bereich des Entgelts geschützt wird (*Waas* ZESAR 2012, 7 [9 f.]), und dass diese Lohnuntergrenze wiederum durch Tarifvertragsparteien vorgeschlagen wird und daher keinen zusätzlichen Schutz gewährt (*Riechert* NZA 2013, 303 [307]). Den Vorgaben der Richtlinie entsprechen soll stattdessen eine Bindung der Tarifvertragsparteien „an das Schutzkonzept des Gesetzgebers" (*Riechert* NZA 2013, 303 [306]), was wohl wenig weiterhilft. Strittig ist, ob die Angemessenheitsvermutung von Tarifverträgen die Prüfung des Gesamtschutzes erübrigt (dafür *Thüsing* RdA 2009, 118; *Lembke* BB 2010, 1533 [1540]; dagegen *Riechert* NZA 2013, 303 [304 f.], der die Richtigkeitsvermutung von Tarifverträgen im Bereich der Leiharbeit relativiert). Die Richtigkeitsvermutung kann nicht allg. für Tarifverträge für Leiharbeit relativiert werden, sondern nur, wenn die Verhandlungslage atypisch ist. Hingewiesen wird auf die allg. gesetzlichen Schranken der Tarifvertragsparteien und die Lohnuntergrenze des MiLoG (Preis/Sagan/*Sansone,* § 8 Rn. 77).

IV. Absatz 4

Die Ausnahme wurde für Länder eingefügt, denen Abs. 3 nicht offen steht (*Blanke* DB **21** 2010, 1529), insbesondere für das Vereinigte Königreich. Sie wird daher auch als „British derogation" bezeichnet (Schlachter/*Nyström,* EU Labour Law, 249 [272]; *Davies,* ELLJ 2010, 307 [308]). Die Richtlinie beschränkt die Ausnahme daher auf „Mitgliedstaaten, in denen es entweder kein gesetzliches System, durch das Tarifverträge allg. Gültigkeit erlangen, oder kein gesetzliches System bzw. keine Gepflogenheiten zur Ausweitung von deren Bestimmungen auf alle vergleichbaren Unternehmen in einem bestimmten Sektor oder bestimmten geografischen Gebiet gibt". Diese Voraussetzung ist in Deutschland nicht erfüllt (*Waas* ZESAR 2009, 207 [212]; *Hamann* EuZA 2009, 287 [308]). Genutzt hat diese Ausnahme neben dem Vereinigten Königreich auch Malta (*Bericht der Kommission,* COM 2014, 176 final, 9).

22 Die Ausnahme Abs. 4 wird in Erwägungsgrund 17 angekündigt. Die Ermächtigung wird, anders als in Abs. 3, den Mitgliedstaaten selbst eingeräumt. Allerdings ist, neben einer Anhörung der Sozialpartner, erforderlich, dass „auf der Grundlage" einer Vereinbarung der Sozialpartner gehandelt wird. Zusätzlich werden auch inhaltliche Vorgaben an die Abweichung in Abs. 4 gestellt. Gefordert wird die Beachtung von „gemeinschaftsrechtlichen Bestimmungen". Zudem muss die Regelung „präzise und leicht zugänglich sein, damit die betreffenden Sektoren und Firmen ihre Verpflichtungen bestimmen und einhalten können." Die Richtlinie verlangt zudem ausdrücklich, dass festgelegt wird, ob bestimmte Leistungen vom Gleichstellungsanspruch umfasst sind. Die Ermächtigung nach Abs. 4 steht zudem unter der Voraussetzung, dass für Leiharbeitnehmer ein „angemessenes Schutzniveau" besteht. Diese Bestimmung soll im Vergleich zu Abs. 3 eine strengere Inhaltskontrolle vorgeben (*Sansone*, Gleichstellung, 2011, 544; **aA** wohl Schlachter/*Nyström*, EU Labour Law, 249 [272]).

23 Der sehr spezifische Hinweis auf die Möglichkeit der Einführung einer „Wartezeit" für die Gleichbehandlung entspricht einer Vereinbarung der britischen Sozialpartner aus dem Jahr 2008 und dürfte wesentlich für die Zustimmung des Vereinigten Königreichs gewesen sein (*Contouris/Horton* ILJ 2009, 329 [329 f.]; *Davies* ELLJ 2010, 307 [308]). Die Richtlinie enthält keine Vorgaben zur Länge der Wartezeit (Schlachter/*Nyström*, EU Labour Law, 249 [272]). Ebenso wenig wird klargestellt, ob die Wartezeit für jeden Einsatz erneut zu laufen beginnen soll (Schlachter/*Nyström*, EU Labour Law, 249 [272]). Kurzfristige Unterbrechungen sollen die Wartezeit nicht erneut auslösen dürfen (Schlachter/*Nyström*, EU Labour Law, 249 [272]), was auch Abs. 5 entspricht.

24 In die deutsche Sprachfassung des letzten Satzes des Art 5 IV UAbs. 2 hat sich ein Fehler eingeschlichen. Hier wird festgelegt, dass „solche Vereinbarungen […] Vereinbarungen auf nationaler, regionaler, lokaler oder sektoraler Ebene, die für Arbeitnehmer nicht weniger günstig sind, unberührt" lassen. Nach dem Wortlaut wären damit jene sozialpartnerschaftlichen Vereinbarungen gemeint, die der staatlichen Regelung zugrunde liegen. Das wäre jedoch nicht sinnvoll, weil diese Vereinbarungen nach dem Abs. 4 nur die Grundlage einer staatlichen Regelung sein sollen, selbst jedoch nicht die Ausnahmen verbindlich vorgeben. Der letzte Satz muss sich also auf die staatliche Regelung beziehen. Dieses Ergebnis entspricht auch der englischen Sprachfassung. Die Regelung ist also so zu verstehen, dass die staatliche Regelung durch Vereinbarungen, die für den Arbeitnehmer gleich günstig oder günstiger sind, verdrängt werden können muss.

F. Verhinderung von Rechtsmissbrauch

25 Abs. 5 enthält zwei Anordnungen. Er verpflichtet die Mitgliedstaaten einerseits gegen Rechtsmissbrauch in Zusammenhang mit Art. 5 vorzugehen. Verhindert werden soll eine missbräuchliche Anwendung der Ausnahmebestimmungen (*Sansone*, Gleichstellung, 2011, 555). Das Verbot des Rechtsmissbrauchs wird als allg. Grundsatz des Unionsrechts bezeichnet, der EuGH verwendet den Begriff in unterschiedlichen Zusammenhängen (SA des GA *Maduro* 7.4.2005 – C-255/02 Rn. 62 ff. – Halifax; ausführlich *De La Feria*, Common Market Law Review 2008, 395; *Rebhahn*, FS Fenyves, 2013, 939 [948]). Aufbauend auf dem Begriffsverständnis des EuGH bezeichnet der Missbrauch gem. Abs. 5 jene Anwendung der Ausnahmebestimmungen, die zu Vorteilen führt, die mit den Zielen der Richtlinie offensichtlich nicht vereinbar sind. Hervorzuheben ist, dass Rechtsmissbrauch erst bei einem „qualifizierten Ausnutzen" der Bestimmungen vorliegt, auch der Konflikt mit dem Regelungszweck muss „offensichtlich" sein (*Rebhahn*, FS Fenyves, 2013, 939 [950]). Bei der Verhinderung des Rechtsmissbrauchs im Zusammenhang mit der Leiharbeits-Richtlinie ist auf die Zielsetzung der Richtlinie abzustellen, wie sie in Art. 2 ausdrücklich dargestellt wird und den sonstigen Wertungen der Richtlinie entspricht. Als Zweck der Richtlinie steht daher der Schutz der Leiharbeitnehmer im Vordergrund, insbesondere im Hinblick auf die

betrieblichen Arbeitsbedingungen, der durch den Gleichbehandlungsgrundsatz erreicht wird. Neben einem objektiven Element ist nach der Rechtsprechung des EuGH im Allgemeinen auch ein subjektives Element erforderlich (*Sansone,* Gleichstellung, 2011, 555; ob dies heute noch zutrifft ist fraglich). Jedenfalls entspricht das Erfordernis eines subjektiven Elements dem Wortlaut der Richtlinie, die als Beispiel Gestaltungen nennt, „mit denen die Bestimmungen der Richtlinie umgangen werden sollen" („designed to circumvent"). Um den Nachweis zu erleichtern ist jedoch das subjektive Element bereits als erfüllt anzusehen, wenn aus den objektiven Umständen eine Missbrauchsabsicht abgeleitet werden kann (*Rebhahn,* FS Fenyves, 2013, 939 [950] unter Berufung auf EuGH 21.2.2006 – C-255/02 Rn. 72 ff. – Halifax). Dem Missbrauchsverbot entspricht die Verhinderung des „Drehtürverfahrens" durch § 3 I Nr. 3 und § 9 Nr. 2 AÜG (Preis/Sagan/*Sansone,* § 8 Rn. 86).

Daneben werden die Mitgliedstaaten speziell verpflichtet, gegen die Umgehung der **26** Richtlinie durch „aufeinander folgende Überlassungen" vorzugehen. Geschützt werden also alle Bestimmungen der Richtlinie (*Sansone,* Gleichstellung, 2011, 556). Auf die Bedeutung des Abs. 5 für die Annahme eines Verbots nicht vorübergehender Überlassungen wurde bereits eingegangen (→ Art. 1 Rn. 16). Problematisch sind insbesondere Wartezeiten für die Gleichbehandlung, die jeweils neu beginnen sollen (*Bericht der Kommission,* COM 2014, 176 final, 8). Fraglich ist, wann aufeinander folgende Überlassungen vorliegen. Die Mitgliedstaaten haben hier einen gewissen Umsetzungsspielraum. Der wirtschaftlichen Betrachtung eines Umgehungsverbots entspricht, dass kurzfristige Unterbrechungen nicht relevant sein können (zur britischen Umsetzung *Contouris/Horton* ILJ 2009, 329 [333]; *Davies* ELLJ 2010, 307 [315 f.]). Der Wortlaut beschränkt sich nicht auf den Fall, dass *derselbe* Leiharbeitnehmer mehrmals hintereinander überlassen wird. Allerdings ist erforderlich, dass es sich um Überlassungen auf denselben Arbeitsplatz handelt (kritisch *Contouris/Horton* ILJ 2009, 329 [333]).

Die Mitgliedstaaten müssen die Kommission über ihre Bemühungen informieren. Im **27** Bericht der Kommission wird von der britischen und maltesischen Umsetzung berichtet (*Bericht der Kommission,* COM 2014, 176 final, 8; zu weiteren Umsetzungen *Schömann/Guedes,* Temporary agency work in the European Union, 2012, 43 ff.; zur Umsetzung im Vereinigten Königreich ausführlich *Davies* ELLJ 2010, 307 [314 ff.]).

Art. 6 Zugang zu Beschäftigung, Gemeinschaftseinrichtungen und beruflicher Bildung

(1) ¹Die Leiharbeitnehmer werden über die im entleihenden Unternehmen offenen Stellen unterrichtet, damit sie die gleichen Chancen auf einen unbefristeten Arbeitsplatz haben wie die übrigen Arbeitnehmer dieses Unternehmens. ²Diese Unterrichtung kann durch allgemeine Bekanntmachung an einer geeigneten Stelle in dem Unternehmen erfolgen, in dessen Auftrag und unter dessen Aufsicht die Leiharbeitnehmer arbeiten.

(2) Die Mitgliedstaaten ergreifen die erforderlichen Maßnahmen, damit Klauseln, die den Abschluss eines Arbeitsvertrags oder die Begründung eines Beschäftigungsverhältnisses zwischen dem entleihenden Unternehmen und dem Leiharbeitnehmer nach Beendigung seines Einsatzes verbieten oder darauf hinauslaufen, diese zu verhindern, nichtig sind oder für nichtig erklärt werden können.

Dieser Absatz lässt die Bestimmungen unberührt, aufgrund deren Leiharbeitsunternehmen für die dem entleihenden Unternehmen erbrachten Dienstleistungen in Bezug auf Überlassung, Einstellung und Ausbildung von Leiharbeitnehmern einen Ausgleich in angemessener Höhe erhalten.

(3) Leiharbeitsunternehmen dürfen im Gegenzug zur Überlassung an ein entleihendes Unternehmen oder in dem Fall, dass Arbeitnehmer nach beendigter Überlassung mit dem betreffenden entleihenden Unternehmen einen Arbeitsvertrag abschließen

oder ein Beschäftigungsverhältnis eingehen, kein Entgelt von den Arbeitnehmern verlangen.

(4) Unbeschadet des Artikels 5 Absatz 1 haben Leiharbeitnehmer in dem entleihenden Unternehmen zu den gleichen Bedingungen wie die unmittelbar von dem Unternehmen beschäftigten Arbeitnehmer Zugang zu den Gemeinschaftseinrichtungen oder -diensten, insbesondere zur Gemeinschaftsverpflegung, zu Kinderbetreuungseinrichtungen und zu Beförderungsmitteln, es sei denn, eine unterschiedliche Behandlung ist aus objektiven Gründen gerechtfertigt.

(5) Die Mitgliedstaaten treffen die geeigneten Maßnahmen oder fördern den Dialog zwischen den Sozialpartnern nach ihren nationalen Traditionen und Gepflogenheiten mit dem Ziel,

a) den Zugang der Leiharbeitnehmer zu Fort- und Weiterbildungsangeboten und Kinderbetreuungseinrichtungen in den Leiharbeitsunternehmen – auch in der Zeit zwischen den Überlassungen – zu verbessern, um deren berufliche Entwicklung und Beschäftigungsfähigkeit zu fördern;

b) den Zugang der Leiharbeitnehmer zu den Fort- und Weiterbildungsangeboten für die Arbeitnehmer der entleihenden Unternehmen zu verbessern.

A. Brückenfunktion

I. Informationspflicht

1   Art. 6 I–III zeigt das Bestreben der Richtlinie, den Leiharbeitnehmern einen **Umstieg in eine Direktanstellung** zu ermöglichen (→ Art. 2 Rn. 3). Dieses Ziel soll zum einen über die Verpflichtung, über offene Stellen im entleihenden Unternehmen zu informieren, erreicht werden. Die Verpflichtung richtet sich an das entleihende Unternehmen, das sich zur Erfüllung Gehilfen bedienen kann (*Forst* AuR 2012, 97). Umstritten ist die Reichweite der Verpflichtung. Fraglich ist die Verpflichtung auch über Stellen zu informieren, für die der Leiharbeitnehmer offensichtlich nicht geeignet ist (gegen eine Verpflichtung *Kock* BB 2012, 323; dafür *Forst* AuR 2012, 97, *Lembke* NZA 2011, 320; Preis/Sagan/*Sansone*, § 8 Rn. 90). Das Fehlen eines ausdrücklichen Hinweises und die mögliche Unsicherheit über die tatsächliche Qualifikation des Leiharbeitnehmers sollen gegen eine Einschränkung der Pflicht sprechen (*Forst* AuR 2012, 97). Jedenfalls wenn sich die Informationspflicht auf Stellen in anderen Betrieben erstrecken sollte, wird die Informationspflicht auf jene Stellen zu beschränken sein, für die der Leiharbeitnehmer nicht offensichtlich ungeeignet ist, damit die Pflicht „in technischer und wirtschaftlicher Hinsicht handhabbar" bleibt (vgl. EuGH 26.9.2013 – C-546/11 Rn. 70 – Dansk Jurist). Die Richtlinie will die Chance des Leiharbeitnehmers „auf einen unbefristeten Arbeitsplatz" sicherstellen. Die Pflichten des Art. 6 scheinen daher auf unbefristete Arbeitsplätze beschränkt zu sein. Denkbar ist, dass es sich um eine unreflektierte Übernahme der Formulierung aus der Parallelbestimmung (§ 6 Rahmenvereinbarung über befristete Arbeitsverträge) handelt. Im Schrifttum wird eine Informationspflicht auch über befristete Stellen angenommen (*Hamann* EuZA 2009, 287 [315]; Lembke NZA 2011, 320; Preis/Sagan/*Sansone*, § 8 Rn. 90). Unerheblich ist das zeitliche Arbeitsausmaß der zu besetzenden Stelle (Preis/Sagan/*Sansone*, § 8 Rn. 90). Die Verpflichtung erstreckt sich auf das gesamte Unternehmen, auch auf Betriebe im Ausland, nicht jedoch auf andere Konzerngesellschaften (*Forst* AuR 2012, 97). Die Information muss grds. gleichzeitig mit der Stellenausschreibung erfolgen, ansonsten jedenfalls rechtzeitig für eine gewissenhafte Bewerbung (*Forst* AuR 2012, 97 [98]). Die Information muss neben der Stellenbeschreibung inklusive Anforderungsprofil auch die Kontaktdaten umfassen (Thüsing/*Kock*, AÜG, §§ 13a, 13b Rn. 10, der auch einen Hinweis auf die tarifliche Einstufung verlangt).

Art. 6 macht keine abschließenden Vorgaben zur Art der Erfüllung dieser Informations- 2
pflicht. Art. 6 I 2 legt jedoch fest, dass eine „Bekanntmachung an einer geeigneten Stelle"
im entleihenden Unternehmen zur Erfüllung dieser Verpflichtung ausreicht. Ungeeignet ist
eine Stelle, bei der mit einer Kenntnisnahme nicht gerechnet werden kann (Thüsing/*Kock*,
AÜG, §§ 13a, 13b Rn. 7f.). Eine Information, die sich direkt an den Leiharbeitnehmer
richtet, ist nicht erforderlich. Erreicht werden soll eine Chancengleichheit mit der Stammbelegschaft. Es ist daher ausreichend, wenn die Information innerhalb des Unternehmens an
alle Beschäftigten gleichermaßen gerichtet ist (sofern für Leiharbeitnehmer zugänglich:
Schwarzes Brett, Intranet; Mitarbeiterzeitung; E-Mail-Verteiler, etc.; Thüsing/*Kock*, AÜG,
§§ 13a, 13b Rn. 7f.). Nicht ausreichend ist eine Ausschreibung, die sich an die Allgemeinheit richtet (Zeitungsinserat, Homepage). Ein Hinweis auf eine solche Ausschreibung erfüllt
jedoch die Informationspflicht (*Hamann* RdA 2011, 321 [334]).

Die Bestimmung wurde durch den neu eingefügten § 13a AÜG umgesetzt. An dieser 3
Umsetzung wurde kritisiert, dass das nachfolgende Bewerbungsverfahren ungeregelt bleibt
(*Ulber* AuR 2010, 412 [415]). Das entspricht jedoch Art. 6 I, der nur zur Information
verpflichtet (*Hamann* RdA 2011, 321 [334]). Insbesondere enthält die Richtlinie kein Dis-
kriminierungsverbot von Leiharbeitnehmern bei der Einstellung (*Forst* AuR 2012, 97 [98]).
Eine planwidrige Lücke der Richtlinie ist deshalb kaum zu begründen, da in derselben
Bestimmung in Abs. 4 ein Diskriminierungsverbot beim Zugang zu Gemeinschaftseinrichtungen oder Gemeinschaftsdiensten explizit festgelegt wird.

II. Beseitigung von Hürden für den Wechsel

Die Richtlinie nimmt jedoch Einfluss auf die Bewerberauswahl, indem sie wirtschaftli- 4
chen Anreizen zur Vermeidung einer Übernahme von Leiharbeitnehmern vorbeugt. Gem.
Abs. 2 sind die Mitgliedstaaten verpflichtet, für Klauseln, die eine Übernahme „verbieten
oder darauf hinauslaufen, diese zu verhindern", eine Nichtigkeitssanktion vorzusehen. Mangels ausdrücklicher Einschränkung sind davon Klauseln sowohl im Arbeitsvertrag als auch
im Vertrag zwischen Leiharbeitsunternehmen und dem entleihenden Unternehmen erfasst.
Auch Vereinbarungen zwischen Leiharbeitsunternehmen und entleihendem Unternehmen,
die die Informationspflicht des Abs. 1 vereiteln, sind nach Abs. 2 zu verbieten (**aA** *Forst*
AuR 2012, 97 [99]).

Geldansprüche des Leiharbeitsunternehmens bei Übernahme wären grds. geeignet, den 5
Wechsel zu verhindern. Art. 6 II UAbs. 2 bestimmt jedoch, dass ein Ausgleichsanspruch des
Leiharbeitsunternehmens gegenüber dem entleihenden Unternehmen bei Übernahme zulässig ist. Die Gültigkeit einer solchen Vereinbarung steht allerdings unter der Voraussetzung,
dass der Anspruch „in angemessener Höhe" zusteht, womit eine Höchstgrenze festgelegt
wird. Die Angemessenheit ist mit Blick auf die vom Leiharbeitsunternehmen „erbrachten
Dienstleistungen in Bezug auf Überlassung, Einstellung und Ausbildung von Leiharbeitnehmern" zu beurteilen. Parameter der Angemessenheit sind daher Rekrutierungs- und Quali-
fizierungskosten des Leiharbeitsunternehmens (*Hamann* EuZA 2009, 287 [317]). Damit in
Zusammenhang steht die Höhe des Entgeltanspruchs des Leiharbeitnehmers und der Über-
lassungsvergütung, die die Nachfrage nach der Qualifikation und Arbeitsleistung am Arbeitsmarkt widerspiegelt (*Hamann* EuZA 2009, 287 [317]). Ein weiteres Element ist die
Überlassungsdauer, bei längerer Dauer wird die Ausgleichszahlung niedriger ausfallen müssen (*Hamann* EuZA 2009, 287 [317] mit Hinweis auf die degressive Staffelung in BGH
7.12.2006 – III ZR 86/06, NZA 2007, 571). Die Zulässigkeit von Pauschalierungen ist
umstritten (dafür *Hamann* EuZA 2009, 287 [317]). Die Richtlinie verlangt nicht, einen der
Höhe nach angemessenen Geldanspruch bei Übernahme nur deshalb für nichtig zu erklären, weil er im Vertrag nicht als „Vermittlungsprovision" oder „Ausgleichsanspruch" sondern als „Strafzahlung" bezeichnet wird.

Abs. 2 stellt auf die Übernahme „nach Beendigung" des Einsatzes des Leiharbeitnehmers 6
ab, Abs. 3 auf den Wechsel „nach beendigter Überlassung". Fraglich ist, ob das bedeutet,

dass eine Übernahme, die die geplante Dauer der Überlassung verkürzen würde, durch Art. 6 II und III nicht geschützt wird. Der Möglichkeit das Wort „diese" in Abs. 2 nicht auf „den Abschluss eines Arbeitsvertrags oder die Begründung eines Beschäftigungsverhältnisses", sondern auf die „Beendigung" zu beziehen, steht in Widerspruch zur englischen und französischen Sprachfassung. Vertretbar sind dennoch beide Auslegungen, da die Richtlinie zu dem Grund, der zur Beendigung des Einsatzes geführt hat, schweigt. Die Notwendigkeit, auch einen Wechsel während des Einsatzes durch Art. 6 zu schützen, hängt davon ab, welche Einsatzdauer nach der Richtlinie noch zulässig ist (dazu → Art. 1 Rn. 18). Geht man davon aus, dass den Mitgliedstaaten dabei ein gewisser Umsetzungsspielraum zukommt, kann man Art. 6 II und III nicht so auslegen, dass sie sich einzig auf eine Übernahme nach geplanter Beendigung des Einsatzes des Leiharbeitnehmers bezieht. Abs. 1 verpflichtet etwa dazu, einem Leiharbeitnehmer am Beginn einer für ein Jahr geplanten Überlassung über eine schnellstmöglich zu besetzende Stelle zu informieren. Gleichzeitig wäre es den Mitgliedstaaten unbenommen, eine Klausel in Arbeits- oder Überlassungsverträgen zuzulassen, die eine Übernahme während laufender Überlassung verbietet. Die Informationspflicht wäre dann nur in jenen Sachverhalten durch die Art. 6 II und III unterstützt, in denen der Arbeitsbeginn der ausgeschriebenen Stelle mit dem Ende des Einsatzes zusammenfällt. Im Ergebnis ist davon auszugehen, dass die Anordnungen in Art. 6 II und III auch für den Wechsel von Leiharbeitnehmern während einer laufenden Überlassung gelten. Angemessene Kündigungsfristen sowohl im Arbeitsvertrag, als auch im Überlassungsvertrag verstoßen jedoch nicht gegen diese Bestimmung. Der Zeitpunkt des Abwerbens während einer laufenden Überlassung kann eine höhere Vermittlungsprovision rechtfertigen. In Art. 6 II UAbs. 2 ist das insofern verankert, als die Dienstleistung des Leiharbeitsunternehmens „in Bezug auf [die] Überlassung" honoriert werden kann.

7 Abs. 3 ergänzt die dargestellten Einschränkungen durch das ausdrückliche Verbot der Vereinbarung einer Vermittlungsprovision zwischen Leiharbeitsunternehmen und Leiharbeitnehmer. Das Verbot bezieht sich auf Ansprüche, die durch die Übernahme entstehen sollen. Es ist daher davon auszugehen, dass die Vereinbarung eines Ausbildungskostenrückersatzes auch bei Leiharbeitnehmern nach nationalem Recht weiterhin zulässig sein darf, wenn und weil diese Vereinbarung an die Beendigung anknüpft, nicht spezifisch an die Übernahme durch das entleihende Unternehmen.

8 Nicht auf die Übernahme bezogen ist das in Abs. 3 normierte Verbot von Entgelten, die Leiharbeitsunternehmen vom Leiharbeitnehmer „im Gegenzug zur Überlassung an ein entleihendes Unternehmen" verlangen. Dieses Verbot steht insbesondere Versuchen entgegen, ein höheres Entgelt durch den Gleichstellungsgrundsatz während einer Überlassung durch eine Überlassungsprovision auszugleichen. Die Regelung stellt insofern eine spezifische Äußerung des Missbrauchsverbots gem. Art. 5 V dar.

9 Die Vorgabe der Richtlinie wird in Deutschland durch § 9 Nr. 3 (Unzulässigkeit eines Übernahmeverbots; Zulässigkeit einer angemessenen Vermittlungsprovision), Nr. 4 (Unzulässigkeit eines Verbots des Wechsels im Arbeitsvertrag) und Nr. 5 AÜG (Unzulässigkeit von Vermittlungs- und Überlassungsvergütungen im Arbeitsvertrag) erfüllt (Preis/Sagan/Sansone, § 8 Rn. 98 ff.).

B. Gemeinschaftseinrichtungen und Gemeinschaftsdienste

I. Allgemeines

10 Art. 6 IV verlangt eine Gleichbehandlung von Leiharbeitnehmern bezüglich Gemeinschaftseinrichtungen und Gemeinschaftsdiensten. Systematisch wäre eine Regelung in Art. 5 sinnvoll gewesen. Allerdings unterscheidet sich Art. 6 IV in wesentlichen Punkten vom Gebot des Art. 5. Erstens beschränkt sich Art. 6 IV, anders als die „wesentlichen Arbeits- und Beschäftigungsbedingungen" des Art. 3 und 5 (→ Art. 3 Rn. 12 f.), nicht auf

bestimmte Regelungsquellen. Demnach sind vertragliche Ansprüche der Stammbelegschaft im entleihenden Unternehmen erfasst und auch rein faktisch gewährte Leistungen (Brodil/ *Schörghofer,* Oktobergespräche, erscheint 2015). Zweitens richtet sich der Anspruch des Leiharbeitnehmers auf Zugang zu den Gemeinschaftseinrichtungen und Gemeinschaftsdiensten gegen das entleihende Unternehmen (Hamann EuZA 2009, 287; *Lembke* NZA 2011, 319 [323]), während Art. 5 zur Person des Verpflichteten schweigt (→ Art. 5 Rn. 1). Der Wortlaut des Art. 6 IV umfasst auch Ansprüche gegenüber anderen Adressaten, etwa auf Leistungen, die von der Belegschaft/dem Betriebsratsfonds gewährt werden (*Kietaibl,* Arbeitsrecht I, 159; gegen diese Ausdehnung des Adressatenkreises *Burger,* Aktuelle Entwicklungen im Arbeits- und Sozialrecht 2013, 2013, 3 [32]). Drittens kann eine Differenzierung zwischen Stammbelegschaft und Leiharbeitnehmern, also ein Ausschluss letzterer von der Nutzung der Einrichtungen und Dienste, durch „objektive Gründe" gerechtfertigt werden (→ Rn. 14f.). Bei dem Zugang zu Gemeinschaftseinrichtungen und Gemeinschaftsdiensten geht es weniger um eine wirtschaftliche Gleichstellung (*Thüsing/Stiebert* ZESAR 2012, 199 [201]: „Equal-Treatment" als Ergänzung zu „Equal-Pay"). Stattdessen sind im Arbeitsalltag stark sichtbare Differenzierungen betroffen, die möglicherweise emotional stärker besetzt sind. Ihr Verbot ist daher in der Lage, das Gemeinschaftsgefühl zwischen Stammbelegschaft und Leiharbeitnehmern zu beeinflussen (KOM 2002, 149 endg. 40; *Vielmeier* NZA 2012, 535 [536]).

Leiharbeitnehmer müssen dieselben Zugangsbedingungen erfüllen wie die Stammbelegschaft (*Sansone,* Gleichstellung, 2011, 494). Unproblematisch ist daher das Abstellen auf vergleichbare Arbeitnehmer eines **Betriebes** wie in § 13b AÜG. Relevant wird dies dann, wenn für eine Leistung innerhalb des entleihenden Unternehmens nach Betriebszugehörigkeit und zwischen verschiedenen Arbeitnehmergruppen differenziert wird. Es handelt sich dabei ebenfalls um Zugangsbedingungen, die gleichermaßen für Leiharbeitnehmer anzuwenden sind (**aA** wohl *Forst* AuR 2012, 97 [101]; kritisch zur deutschen Umsetzung auch *Hamann* RdA 2011, 321 [338]). 11

II. Gegenstand

Die Richtlinie definiert die Begriffe „Gemeinschaftseinrichtungen" und „Gemeinschaftsdienste" nicht. Es werden allerdings drei Beispiele genannt: „Gemeinschaftsverpflegung", „Kinderbetreuungseinrichtungen" und „Beförderungsmittel". Diese Beispiele wurden in § 13b AÜG übernommen, auch hier fehlt eine Begriffsdefinition. Im Schrifttum wird von einer autonom-europäischen Begriffsbildung in der Richtlinie ausgegangen, die Auslegung wird jedoch durch Unterschiede in den Sprachfassungen erschwert (*Forst* AuR 2012, 97 [99f.]). Einschränkungen ergeben sich aus systematischen Überlegungen. Art. 6 V lit. b) zeigt, dass „Fort- und Weiterbildungsmaßnahmen" keine Gemeinschaftseinrichtungen oder Gemeinschaftsdienste darstellen. Anders sieht dies *Lembke* (NZA 2011, 324), der zumindest für die Umsetzung in § 13b AÜG zwischen internen Schulungen (Gemeinschaftseinrichtungen oder Gemeinschaftsdienste) und externen Schulungen (kein Anspruch) unterscheiden will. Aus Art. 5 IV UAbs. 2 lässt sich ableiten, dass „betriebliche Systeme der sozialen Sicherheit, einschließlich Rentensysteme, Systeme zur Lohnfortzahlung im Krankheitsfall oder Systeme der finanziellen Beteiligung" keine Gemeinschaftseinrichtungen oder Gemeinschaftsdienste sind, da sie grds. bereits durch Art. 5 erfasst werden (*Lembke* NZA 2011, 319 [323f.], **aA** hinsichtlich Unterstützungs- und Pensionskassen *Sansone,* Gleichstellung, 2011, 497, 502, der aus dem Wort „unbeschadet" die Möglichkeit einer Parallelität des Anspruchs nach Art. 5 I und Art. 6 IV ableitet). 12

Aus dem Zusatz „Gemeinschaft-" folgt, dass Leistungen an einzelne Arbeitnehmer nicht erfasst sind (*Lembke* NZA 2011, 319 [323]). Die weitere Auslegung ist schwierig. Fraglich ist, ob ein gewisser Organisationsgrad oder eine Dauerhaftigkeit erforderlich sind. Bei dem Begriff „Einrichtungen" ist dies offensichtlich, nicht jedoch bei „Diensten", weswegen diese Auslegung zu Recht abgelehnt wird (*Forst* AuR 2012, 97 [99f.]; *Vielmeier* NZA 2012, 535 13

[537]). Auch reine Geldleistungen können daher erfasst sein (**aA** *Forst* AuR 2012, 97 [100]), sie fallen jedoch aus einem anderen Grund meist nicht unter Art. 6 IV. Erforderlich ist nämlich eine **soziale Widmung** der Leistung. Das entspricht zum einen den drei Beispielen. Zum anderen verlangt die Zielsetzung des Art. 6 IV, die Vermeidung von sozialer Ausgrenzung (*Vielmeier* NZA 2012, 535 [538]), nur die Teilhabe an Leistungen mit „Wohlfahrtszweck". Eine regelmäßige Geldleistung, die als „Essenszuschuss" tituliert wird, deren Zweckwidmung aber nicht überprüft wird, fällt daher nicht unter Art. 6 IV, demgegenüber sind Essensgutscheine erfasst. Aus dem Wortlaut der Richtlinie folgt, dass auch Einrichtungen und Dienste, die nicht vom entleihenden Unternehmen selbst betrieben oder erbracht werden, vom Anspruch umfasst sind, sofern der Entleiher auf die Leistungserbringung, etwa durch Vertragsgestaltung, Einfluss nehmen kann (*Vielmeier* NZA 2012, 535 [539 f.]).

III. Rechtfertigung einer Differenzierung

14 Die Richtlinie erlaubt auch eine „unterschiedliche Behandlung", allerdings nur dann, wenn sie „aus objektiven Gründen gerechtfertigt" ist. Der Status als Leiharbeitnehmer ist gerade kein objektiver Grund für eine Ungleichbehandlung (*Hamann* EuZA 2009, 287 [319]). Der Richtlinie (*Hamann* EuZA 2009, 287 [319]) und damit auch § 13b AÜG (vgl. etwa *Forst* AuR 2012, 97 [101]) wird eine Überprüfung auch mittelbarer Ungleichbehandlungen entnommen. Eine mittelbare Ungleichbehandlung von Leiharbeitnehmern liegt in den meisten Fällen bei der Voraussetzung einer gewissen Beschäftigungsdauer im entleihenden Unternehmen vor. Für das Abstellen auf die Beschäftigungsdauer kommt als Rechtfertigungsgrund das Abstellen auf einen im Vergleich zur Beschäftigungsdauer unverhältnismäßigen Verwaltungsaufwand in Betracht (BT-Drs 17/4804, 10; BR-Drs. 847/10, 11; zur Verhältnismäßigkeit in diesem Zusammenhang *Forst* AuR 2012, 97 [101]). Auch das pädagogische Konzept einer Kinderbetreuungseinrichtung soll kurzfristigen Aufnahmen von Kindern entgegenstehen können (*Riesenhuber* EEL § 18 Rn. 28; unter Berufung auf das Kindeswohl *Bruckmüller* ecolex 2013, 549 [553]). Demgegenüber wird die Betriebstreue speziell bei Art. 6 IV wohl kein „objektiver Grund" für eine Ungleichbehandlung sein (*Vielmeier* NZA 2012, 535 [540]). Kein unbedingter Rechtfertigungsgrund sind Kapazitätsgrenzen. Sie rechtfertigen eine Ungleichbehandlung von Leiharbeitnehmern nur, wenn die begrenzten Ressourcen wiederum nach objektiven Kriterien verteilt werden (*Hamann* EuZA 2009, 287 [319]). Gerechtfertigt ist eine Differenzierung nach Bedürftigkeit, auch eine Stichtagsregelung, die überwiegend Leiharbeitnehmer benachteiligt, wird für zulässig erachtet (Thüsing/*Kock,* AÜG, §§ 13a, 13b Rn. 25). Teilweise wird aber vom entleihenden Unternehmen eine Ausweitung der Kapazitäten verlangt (*Forst* AuR 2012, 97 [101]). Bestehen vergleichbare Ansprüche gegen das Leiharbeitsunternehmen, ist ein Ausschluss der Leiharbeitnehmer im entleihenden Unternehmen gerechtfertigt, um einen Doppelbezug zu verhindern. Voraussetzung dafür ist jedoch, dass die Leiharbeitnehmer die Leistung des Leiharbeitsunternehmens auch während dem konkreten Einsatz nutzen können (Brodil/*Schörghofer,* Oktobergespräche, erscheint 2015).

15 Bei der Auslegung der „objektiven Gründe" wird eine Orientierung an Art. 157 AEUV bzw. § 4 Nr. 1 der Rahmenvereinbarung über Teilzeitarbeit und damit der Umsetzung in § 4 I TzBfG empfohlen (*Sansone,* Gleichstellung, 2011, 501; *Vielmeier* NZA 2012, 535 [539 f.]). Daraus folgt die Notwendigkeit einer Verhältnismäßigkeitsprüfung. So ist etwa ein Ausschluss von Leiharbeitnehmern von einer Leistung, die teilweise auch von der Stammbelegschaft finanziert wird, nicht gerechtfertigt, da als gelinderes Mittel in Betracht kommt, den Leiharbeitnehmern die Möglichkeit zu eröffnen, gegen einen anteiligen finanziellen Beitrag teilzunehmen (Brodil/*Schörghofer,* Oktobergespräche, erscheint 2015).

C. Weitere Förderung

Abs. 5 dient ebenfalls der beruflichen und sozialen Förderung der Leiharbeitnehmer. Den umsetzenden Mitgliedstaaten wird im Vergleich zu den Art. 6 I – IV jedoch nur eine sehr eingeschränkte Verpflichtung auferlegt. Verlangt werden „geeignete Maßnahmen" und die Förderung des Dialogs zwischen den Sozialpartnern. Die Bestimmung gibt also kein Resultat vor (Schlachter/*Nyström,* EU Labour Law, 249 [276]), sie verpflichtet die Mitgliedstaaten nur zu einem „Bemühen" (Preis/Sagan/*Sansone,* § 8 Rn. 113). Die Maßnahmen und der Dialog der Sozialpartner sollen verschiedenen Zielen dienen. Zum einen soll die Situation im Leiharbeitsunternehmen verbessert werden um die „berufliche Entwicklung und Beschäftigungsfähigkeit" der Leiharbeitnehmer zu fördern. Das soll wiederum durch Zugang „zu Fort- und Weiterbildungsangeboten und Kinderbetreuungseinrichtungen" erreicht werden. Dieses Ziel wird ausdrücklich auch auf Stehzeiten ausgedehnt. Zum anderen soll der Zugang zu Fort- und Weiterbildungsangeboten auch im entleihenden Unternehmen gefördert werden. Besonders wenn man die kurzfristige Natur einer Überlassung akzeptiert, ist naheliegend, dass die Richtlinie vom entleihenden Unternehmen in Bezug auf Fortbildungsmaßnahmen einen geringeren Aufwand einfordert als bei den Gemeinschaftseinrichtungen und Gemeinschaftsdiensten (*Vielmeier* NZA 2012, 535 [540 f.]). Das entleihende Unternehmen entscheidet sich durch den Einsatz von Leiharbeitnehmern in vielen Fällen gerade für das Zukaufen von Know-How und gegen die Weiterbildung eigener Mitarbeiter (*Riesenhuber* EEL § 18 Rn. 27). Da im AÜG keine anderweitige Umsetzung erfolgt ist, soll § 13b AÜG auch „Fort- und Weiterbildungsmaßnahmen" umfassen (*Forst* AuR 2012, 97 [100]). Diese Auslegung des § 13b AÜG ist jedoch unter anderem deshalb abzulehnen, weil Art. 6 Abs. 5 keinen „Umsetzungsbefehl" enthält (*Vielmeier* NZA 2012, 535 [540 f.]).

16

Art. 7 Vertretung der Leiharbeitnehmer

(1) Leiharbeitnehmer werden unter Bedingungen, die die Mitgliedstaaten festlegen, im Leiharbeitsunternehmen bei der Berechnung des Schwellenwertes für die Einrichtung der Arbeitnehmervertretungen berücksichtigt, die nach Gemeinschaftsrecht und nationalem Recht oder in den Tarifverträgen vorgesehen sind.

(2) Die Mitgliedstaaten können unter den von ihnen festgelegten Bedingungen vorsehen, dass Leiharbeitnehmer im entleihenden Unternehmen bei der Berechnung des Schwellenwertes für die Einrichtung der nach Gemeinschaftsrecht und nationalem Recht oder in den Tarifverträgen vorgesehenen Arbeitnehmervertretungen im gleichen Maße berücksichtigt werden wie Arbeitnehmer, die das entleihende Unternehmen für die gleiche Dauer unmittelbar beschäftigen würde.

(3) Die Mitgliedstaaten, die die Option nach Absatz 2 in Anspruch nehmen, sind nicht verpflichtet, Absatz 1 umzusetzen.

Art. 7 regelt einen einzigen Aspekt der **Repräsentation der Leiharbeitnehmer** in der Arbeitnehmervertretung. Sie sind bei der Berechnung eines „Schwellenwertes für die Einrichtung der Arbeitnehmervertretung" zu berücksichtigen. Die Richtlinie ermöglicht die Entscheidung zwischen verschiedenen Umsetzungen. Ausreichend ist die Berücksichtigung entweder nur im Leiharbeitsunternehmen (das zeigt das Wort „können" in Abs. 2), oder nur im entleihenden Unternehmen (Abs. 3). Als dritte Möglichkeit ist auch die Berücksichtigung in beiden Unternehmen zulässig (*Hamann* EuZA 2009, 287 [322]). Die Richtlinie verbietet daher einzig den gleichzeitigen Ausschluss der Leiharbeitnehmer bei der Berechnung in beiden Unternehmen. Diese Regelung zeigt, dass aus der RL 2002/14/EG

1

keine weitergehende Verpflichtung der Mitgliedstaaten bei der Berücksichtigung von Leiharbeitnehmern bei der Berechnung der Schwellenwerte folgt.

2   Die Verpflichtung bezieht sich auf die Errichtung von „Arbeitnehmervertretungen". Darunter fallen im nationalen Recht der Betriebsrat und der Wirtschaftsausschuss (*Hamann* EuZA 2009, 287 [324]; *Boemke* RIW 2009, 177 [188] zu dem parallelen Begriff in Art. 8; vgl. zum Begriff auch → RL 2002/14/EG Art. 2 Rn. 18). Erfasst sind Arbeitnehmervertretungen, die aufgrund unterschiedlicher Rechtsgrundlagen (Gemeinschaftsrecht, nationales Recht und Tarifverträge) eingerichtet werden. Das deutsche Recht erfüllt die Vorgabe des Art. 7 durch die Berücksichtigung sowohl im Leiharbeitsunternehmen (§ 14 I AÜG) als auch der (eingeschränkten) Berücksichtigung im entleihenden Unternehmen (vgl. BAG 13.3.2013 NZA 2013, 789; Preis/Sagan/*Sansone*, § 8 Rn. 117 f.).

3   Art. 7 begrenzt also den Ausschluss aufgrund des Status als Leiharbeitnehmer. Von der Richtlinie nicht beanstandet werden andere nationale Bedingungen für die Berücksichtigung bei den Schwellenwerten. Die Regelung in Art. 7 stellt eine Inklusion der Leiharbeitnehmer in der Interessenvertretung nur sehr unzureichend sicher. Ungeregelt bleibt insbesondere das aktive und passive Wahlrecht der Leiharbeitnehmer (Preis/Sagan/*Sansone*, § 8 Rn. 115) und damit ihre Möglichkeit auf die Willensbildung der Arbeitnehmervertretung Einfluss zu nehmen. Diese Zurückhaltung dürfte nicht nur politischen Uneinigkeit, sondern auch der Kompetenzeinschränkung bezüglich des Koalitionsrechts (Art. 153 V AEUV) geschuldet sein (*Hamann* EuZA 2009, 287 [322] mit Hinweis auf weitergehende Vorschläge).

Art. 8 Unterrichtung der Arbeitnehmervertreter

Unbeschadet strengerer und/oder spezifischerer einzelstaatlicher oder gemeinschaftlicher Vorschriften über Unterrichtung und Anhörung und insbesondere der Richtlinie 2002/14/EG des Europäischen Parlaments und des Rates vom 11. März 2002 zur Festlegung eines allgemeinen Rahmens für die Unterrichtung und Anhörung der Arbeitnehmer in der Europäischen Gemeinschaft[1] hat das entleihende Unternehmen den gemäß einzelstaatlichem und gemeinschaftlichem Recht eingesetzten Arbeitnehmervertretungen im Zuge der Unterrichtung über die Beschäftigungslage in dem Unternehmen angemessene Informationen über den Einsatz von Leiharbeitnehmern in dem Unternehmen vorzulegen.

1   Art. 8 sieht einen Informationsanspruch der Arbeitnehmervertretung im entleihenden Unternehmen über den Einsatz von Leiharbeitnehmern vor. Der Begriff der Arbeitnehmervertretung entspricht jenem in Art. 7 (→ Art. 7 Rn. 2). Die Richtlinie erlaubt strengere und spezifischere Regelungen im nationalen Recht. Sie verweist außerdem auf das Gemeinschaftsrecht, insbesondere die RL 2002/14/EG. Die Bedeutung des Art. 8 besteht darin, die Informationspflichten der RL 2002/14/EG auf den Einsatz von Leiharbeitnehmer auszudehnen (*Hamann* EuZA 2009, 287 [323]). Dementsprechend muss bei der Auslegung des Art. 8 auf die RL 2002/14/EG Bedacht genommen werden. Wenn Art. 8 eine Information „im Zuge der Unterrichtung über die Beschäftigungslage" verlangt, ist damit Art. 4 II lit. b RL 2002/14/EG angesprochen. Art. 8 verlangt eine „angemessene Information" in Bezug auf den „Einsatz von Leiharbeitnehmern in dem Unternehmen". Unter Berufung auf die Zielsetzung der Bestimmung und die Definition der „Unterrichtung" in Art. 2 lit. f RL 2002/14/EG wird zutreffend gesagt, dass die Information den Arbeitnehmervertretern ermöglichen soll, eine Prognose für die Belegschaft zu treffen, insbesondere bezüglich der Gefährdung von (Stamm-)Arbeitsplätzen (*Hamann* EuZA 2009, 287 [323]). Dazu muss die Information die Anzahl der Leiharbeitnehmer, die betroffenen Arbeitsplätze und die voraussichtliche Einsatzdauer umfassen (*Hamann* EuZA 2009, 287 [323 f.]; möglicherweise darüber

---

[1] **Amtl. Anm.:** ABl. L 80 vom 23.3.2002, S. 29.

hinausgehend *Boemke* RIW 2009, 177 [188]: „auch konkrete Auskünfte über den Einsatz eines bestimmten Leiharbeitnehmers"). Aus der eben dargestellten Bezugnahme auf Art. 4 II lit. b RL 2002/14/EG folgt, dass sich der Zeitpunkt und die „Weise" der Information nach Art. 4 III RL 2002/14/EG richten (→ RL 2002/14/EG Art. 4 Rn. 15 ff.).

Art. 8 beschränkt sich auf die Unterrichtung, eine Anhörung ist nicht vorgesehen. Damit 2 die Informationspflicht nicht ins Leere läuft, ist jedoch davon auszugehen, dass das Recht auf eine Anhörung zum Einsatz von Leiharbeitnehmern von Art. 4 II lit. b RL 2002/14/EG umfasst ist. Die Leiharbeit ist ein Beispiel oder zumindest ein Symptom der „neuen Formen der Arbeitsorganisation", die in Erwägungsgrund 9 der RL 2002/14/EG als ein Grund für die Notwendigkeit von Unterrichtungs- und Anhörungsrechten der Arbeitnehmer genannt werden. Art. 8 ermöglicht daher einen fundierten Dialog zwischen dem entleihenden Unternehmen und den zuständigen Arbeitnehmervertretern, insbesondere auch die Diskussion von Alternativen zum Einsatz von Leiharbeitnehmern (*Hamann* EuZA 2009, 287 [323 f.]). Das Informationsrecht der Arbeitnehmervertreter bezüglich des Einsatzes der Leiharbeit ist im nationalen Recht durch § 14 III AÜG und die §§ 80, 92, 92a, 99 BetrVG sichergestellt (*Hamann* EuZA 2009, 287 [324]).

Kapitel III. Schlussbestimmungen

Art. 9 Mindestvorschriften

(1) Diese Richtlinie lässt das Recht der Mitgliedstaaten unberührt, für Arbeitnehmer günstigere Rechts- und Verwaltungsvorschriften anzuwenden oder zu erlassen oder den Abschluss von Tarifverträgen oder Vereinbarungen zwischen den Sozialpartnern zu fördern oder zuzulassen, die für die Arbeitnehmer günstiger sind.

(2) ¹Die Durchführung dieser Richtlinie ist unter keinen Umständen ein hinreichender Grund zur Rechtfertigung einer Senkung des allgemeinen Schutzniveaus für Arbeitnehmer in den von dieser Richtlinie abgedeckten Bereichen. ²Dies gilt unbeschadet der Rechte der Mitgliedstaaten und/oder der Sozialpartner, angesichts sich wandelnder Bedingungen andere Rechts- und Verwaltungsvorschriften oder vertragliche Regelungen festzulegen als diejenigen, die zum Zeitpunkt des Erlasses dieser Richtlinie gelten, sofern die Mindestvorschriften dieser Richtlinie eingehalten werden.

Nach Abs. 1 steht die Richtlinie nationalen Regelungen nicht entgegen, die für Arbeit- 1 nehmer günstiger sind. Diese Anordnung setzt Art. 153 IV AEUV um. Zur Vereinbarkeit von Art. 9 I mit Art. 4 → Art. 4 Rn. 4.

Aus Art. 9 II 1 folgt kein allg. Verbot, bei der Umsetzung der Richtlinie Änderungen der 2 Rechtslage zu Ungunsten der Arbeitnehmer herbeizuführen (*Schörghofer,* Grenzfälle 107 ff.). Das ergibt sich zum einen aus Art. 9 II 2. Zum anderen entspricht Art. 9 II ähnlichen Klauseln in anderen Richtlinien (vgl. die Beispiele bei *Franzen* EuZA 2010, 306 [335]). Für die Auslegung des Art. 9 II ist daher auf die Rechtsprechung und Meinungen im Schrifttum zu vergleichbaren Bestimmungen abzustellen (vgl. *Sansone,* Gleichstellung, 2011, 484 f.). Demnach handelt es sich um bloße „Transparenzklauseln" (Schlussanträge des Generalanwalts *Tizzano,* 30.6.2005 – C-144/04 – *Mangold,* Slg 2005 I-09981 Rn. 61 ff., der das auch durch eine primärrechtskonforme Interpretation herleitet; *Kerwer* EuZA 2010, 253 [259 ff.]). Den Mitgliedstaaten wird nur verboten, eine Verschlechterung der Rechtslage der EU zuzuordnen (*Greiner* EuZA 2011, 74 [80]; Schwarze/*Rebhahn*/*Reiner,* EU-Kommentar, AEUV Art. 153 Rn. 86). Der EuGH hat zudem für das Vorliegen einer Verschlechterung eher strenge Vorgaben gemacht (EuGH 24.6.2010 – C-98/09 Rn. 36 ff. – *Sorge*). Insbesondere scheint er zu einem Gesamtvergleich zu tendieren (*Greiner* EuZA 2011, 74 [78 f.]). Bei vereinzelten Verschlechterungen im nationalen Recht wäre daher zu berücksichtigen, ob die Umsetzung insgesamt zu einer Verbesserung geführt hat, was bei der Umsetzung im AÜG wohl der Fall ist.

Art. 10 Sanktionen

(1) ¹Für den Fall der Nichteinhaltung dieser Richtlinie durch Leiharbeitsunternehmen oder durch entleihende Unternehmen sehen die Mitgliedstaaten geeignete Maßnahmen vor. ²Sie sorgen insbesondere dafür, dass es geeignete Verwaltungs- oder Gerichtsverfahren gibt, um die Erfüllung der sich aus der Richtlinie ergebenden Verpflichtungen durchsetzen zu können.

(2) ¹Die Mitgliedstaaten legen die Sanktionen fest, die im Falle eines Verstoßes gegen die einzelstaatlichen Vorschriften zur Umsetzung dieser Richtlinie Anwendung finden, und treffen alle erforderlichen Maßnahmen, um deren Durchführung zu gewährleisten. ²Die Sanktionen müssen wirksam, angemessen und abschreckend sein. ³Die Mitgliedstaaten teilen der Kommission diese Bestimmungen bis zum 5. Dezember 2011 mit. ⁴Die Mitgliedstaaten melden der Kommission rechtzeitig alle nachfolgenden Änderungen dieser Bestimmungen. ⁵Sie stellen insbesondere sicher, dass die Arbeitnehmer und/oder ihre Vertreter über angemessene Mittel zur Erfüllung der in dieser Richtlinie vorgesehenen Verpflichtungen verfügen.

1 Die Richtlinie verlangt in Art 10 I „geeignete Maßnahmen" bei Verstößen gegen die Richtlinie durch eines der beteiligten Unternehmen. Ein solcher Verstoß kann auch in der Anwendung eines richtlinienwidrigen Tarifvertrages liegen. Die wohl wichtigste dieser Maßnahmen, die auch beispielhaft genannt wird, ist die Schaffung von „geeigneten Verwaltungs- oder Gerichtsverfahren" zur Durchsetzung der Verpflichtungen. Die Richtlinie verlangt daher sowohl Rechtsschutz zur Durchsetzung, als auch Sanktionierung von Fehlverhalten (*Sansone*, Gleichstellung, 2011, 561). Der Umsetzungsspielraum der Mitgliedstaaten wird durch den Effektivitätsgrundsatz und das Äquivalenzgebot eingeschränkt (vgl. dazu etwa Preis/Sagan/*Sagan*, § 1 Rn. 120 ff.). In Abs. 2 wird die Verpflichtung zur Einführung von Sanktionen und Maßnahmen zu deren Durchsetzung wiederholt. Zudem wird konkretisiert, dass die Sanktionen „wirksam, angemessen und abschreckend" sein müssen. Bei der Leiharbeit kommen meist zwei Adressaten von Sanktionen in Betracht, das Leiharbeitsunternehmen und das entleihende Unternehmen. Überlässt die Richtlinie den Mitgliedstaaten die Entscheidung, wer durch die Umsetzung zum Adressat der Verpflichtung wird, kann sich die Sanktion wohl nur gegen diesen richten.

2 Die geeigneten Maßnahmen wurden zu einer Reihe von Bestimmungen der Richtlinie eingehend untersucht. Bei dem umstrittenen Verbot der Dauerüberlassung erfüllen auch andere Rechtsfolgen, als ein Vertragspartnerwechsel die Anforderungen des Art. 10 (BAG 10.12.2013 NJW 2014, 956; → Art. 1 Rn. 19). Die Durchsetzung des Gleichbehandlungsgebots wird im nationalen Recht durch den Auskunftsanspruch des Arbeitnehmers (§ 13 AÜG), die Unwirksamkeit abweichender Vereinbarungen (§ 9 Nr. 2 AÜG) und den einklagbaren Anspruch des Arbeitnehmers (§ 10 IV) sichergestellt (*Sansone*, Gleichstellung, 2011, 563). Aus der Richtlinie folgt keine Verpflichtung, bei unterlassener Gleichstellung den Entleiher kraft Gesetzes zum vertraglichen Arbeitgeber des Leiharbeitsnehmers zu machen (aA *Hamann* EuZA 2009, 287 [326]; *Blanke* DB 2010, 1530). Stattdessen wird der Gleichstellungsgrundsatz durch die Androhung eines Entzugs der Gewerbeberechtigung (§§ 3 I Nr. 3, 4 I, 5 I Nr. 3 AÜG) und einer Geldbuße von bis zu 500.000 EUR (§ 16 I Nr. 7a AÜG) gegen den Verleiher ausreichend sanktioniert (Preis/Sagan/*Sansone*, § 8 Rn. 88; vor der Umsetzung ein Bußgeld fordernd *Ulber* AuR 2010, 10 [15]). Unklar ist, ob sich Art. 10 auch auf die Überprüfung von Verboten und Einschränkungen nach Art. 4 bezieht. Soweit man eine Verpflichtung zur gesetzlichen Umsetzung des Art 4 bejaht (→ Art. 4 Rn. 2) ist Art. 10 anzuwenden.

Die Gleichbehandlung von Leiharbeitnehmern bezüglich Gemeinschaftseinrichtungen und Gemeinschaftsdiensten ist mit einem durchsetzbaren Anspruch (§ 13b AÜG), der Unwirksamkeit beschränkender Vereinbarungen (§ 9 IIa AÜG) sowie eine Sanktionierung durch eine Geldbuße (§ 16 Abs. 1 Nr. 10 AÜG) bewehrt (Preis/Sagan/*Sansone,* § 8 Rn. 111, zum Bestehen eines Schadenersatzanspruchs *Lembke* NZA 2011, 319 [324]; *Forst* AuR 2012, 97 [101 f.]). Auch die Information über freie Arbeitsplätze ist vom Leiharbeitnehmer durchsetzbar, ein Verstoß wird mit einer Geldbuße sanktioniert (§§ 13a, 16 I Nr. 9 AÜG). Auch ohne ausdrückliche Regelung kann der Anspruch nach § 13a AÜG nicht abbedungen werden (*Lembke* NZA 2011, 319 [322]; *Forst* AuR 2012, 97 [101]). Im Schrifttum wird zudem bei Verletzung des § 13a AÜG ein Schadenersatzanspruch des Leiharbeitnehmers vertreten sowie ein Recht des BR die Zustimmung gem. § 99 BetrVG zu verweigern (*Lembke* NZA 2011, 319 [321 f.]; zum Schadenersatzanspruch auch *Forst* AuR 2012, 97 [101 f.]). Zu nationalen Maßnahmen betreffend die Durchsetzung der Vertretung der Leiharbeitnehmer (Art. 7) und die Unterrichtung der Arbeitnehmervertreter (Art. 8) vgl. *Hamann* EuZA 2009, 287 [327 f.]).

Die Mitgliedstaaten werden zudem verpflichtet, die Kommission über die Umsetzung dieser Bestimmung und etwaige nachfolgenden Änderungen zu informieren. In ihrem Bericht zur Umsetzung beklagt die Kommission, dass die mitgeteilten Informationen nicht ausreichend seien und kündigt eine genauere Untersuchung an (*Bericht der Kommission,* COM 2014, 176 final, 17).

Art. 11 Umsetzung

(1) ¹Die Mitgliedstaaten setzen die erforderlichen Rechts- und Verwaltungsvorschriften in Kraft und veröffentlichen sie, um dieser Richtlinie bis spätestens zum 5. Dezember 2011 nachzukommen, oder sie vergewissern sich, dass die Sozialpartner die erforderlichen Vorschriften im Wege von Vereinbarungen festlegen; dabei sind die Mitgliedstaaten gehalten, die erforderlichen Vorkehrungen zu treffen, damit sie jederzeit gewährleisten können, dass die Ziele dieser Richtlinie erreicht werden. ²Sie setzen die Kommission unverzüglich davon in Kenntnis.

(2) ¹Wenn die Mitgliedstaaten diese Maßnahmen erlassen, nehmen sie in den Vorschriften selbst oder durch einen Hinweis bei deren amtlicher Veröffentlichung auf diese Richtlinie Bezug. ²Die Mitgliedstaaten regeln die Einzelheiten der Bezugnahme.

Die Richtlinie war von den Mitgliedstaaten binnen drei Jahren, also spätestens bis zum 5.12.2011 umzusetzen. In Deutschland erfolgte die Umsetzung vor Ablauf der Frist durch das Erste Gesetz zur Änderung des Arbeitnehmerüberlassungsgesetzes – Verhinderung von Missbrauch der Arbeitnehmerüberlassung (BGBl. I 2011 642). In Österreich wurde ein Teil der Vorgaben 2011 (öBGBl. I 2011/24) umgesetzt, die eigentliche Umsetzung erfolgte jedoch erst verspätet durch öBGBl. I 2012/98, dessen Änderungen überwiegend 2013 in Kraft getreten sind.

Art. 12 Überprüfung durch die Kommission

Die Kommission überprüft im Benehmen mit den Mitgliedstaaten und den Sozialpartnern auf Gemeinschaftsebene die Anwendung dieser Richtlinie bis zum 5. Dezember 2013, um erforderlichenfalls die notwendigen Änderungen vorzuschlagen.

Der Bericht der Kommission wurde am 21.3.2014 veröffentlicht (Bericht der Kommission an das Europäische Parlament, den Rat, den Europäischen Wirtschafts- und Sozialausschuss und den Ausschuss der Regionen über die Anwendung der Richtlinie 2008/104/EG über Leiharbeit, COM 2014, 176 final). Die Kommission zeigt sich insgesamt zufrieden

mit der Umsetzung der Richtlinie in den Mitgliedstaaten, erwägt jedoch für einzelne
Umsetzungsprobleme Vertragsverletzungsverfahren (S. 21 f.).

Art. 13 Inkrafttreten

Diese Richtlinie tritt am Tag ihrer Veröffentlichung im *Amtsblatt der Europäischen Union* in Kraft.

1   Tag der Veröffentlichung und damit Datum des Inkrafttretens war der 5.12.2008 (ABl. L 327 vom 5.12.2008, 9–14).

Art. 14 Adressaten

Diese Richtlinie ist an die Mitgliedstaaten gerichtet.

1   Für die Frage, ob die Richtlinie unmittelbar zwischen Privaten wirkt, gelten die allg. Regeln (dazu zB Riesenhuber/*Roth/Jopen*, Europäische Methodenlehre, § 13). Danach ist das nationale Recht richtlinienkonform zu interpretieren, soweit dies nach den nationalen Auslegungsregeln möglich ist. Bleibt danach ein Widerspruch des nationalen Rechts zur Richtlinie, so kann diese die nationalen Regelung gegenüber einem Arbeitgeber, der nicht dem Staat zuzurechnen sind, nicht verdrängen. Eine Verdrängung kann bei der Leiharbeits-Richtlinie auch nicht mithilfe der GRC bewirkt werden, weil diese keine Bestimmung enthält, aus der die Vorgaben der Richtlinie hinreichend deutlich folgen würden (vgl. EuGH 15.1.2014 C-176/12 Rn. 44 ff. – Association de médiation sociale). Bei Überlassung von Arbeitnehmern an den Staat (iSd Rechtslage zur Wirkung von Richtlinien) reicht dies wohl aus, damit der Arbeitnehmer sich auch gegenüber dem Verleiher unmittelbar auf die Richtlinie berufen kann.

630. Richtlinie 2009/38/EG des Europäischen Parlaments und des Rates vom 6. Mai 2009 über die Einsetzung eines Europäischen Betriebsrats oder die Schaffung eines Verfahrens zur Unterrichtung und Anhörung der Arbeitnehmer in gemeinschaftsweit operierenden Unternehmen und Unternehmensgruppen

(ABl. Nr. L 122 S. 28)

CELEX-Nr. 3 2009 L 0038

DAS EUROPÄISCHE PARLAMENT UND DER RAT DER EUROPÄISCHEN UNION –
gestützt auf den Vertrag zur Gründung der Europäischen Gemeinschaft, insbesondere auf Artikel 137,
auf Vorschlag der Kommission,
nach Stellungnahme des Europäischen Wirtschafts- und Sozialausschusses[1],
nach Anhörung des Ausschusses der Regionen,
gemäß dem Verfahren des Artikels 251 des Vertrags[2],
in Erwägung nachstehender Gründe:

(1) Die Richtlinie 94/45/EG des Rates vom 22. September 1994 über die Einsetzung eines Europäischen Betriebsrats oder die Schaffung eines Verfahrens zur Unterrichtung und Anhörung der Arbeitnehmer in gemeinschaftsweit operierenden Unternehmen und Unternehmensgruppen[3] muss inhaltlich geändert werden. Aus Gründen der Klarheit empfiehlt es sich, eine Neufassung dieser Richtlinie vorzunehmen.

(2) Gemäß Artikel 15 der Richtlinie 94/45/EG hat die Kommission im Benehmen mit den Mitgliedstaaten und den Sozialpartnern auf europäischer Ebene die Anwendung der genannten Richtlinie und insbesondere die Zweckmäßigkeit der Schwellenwerte für die Beschäftigtenzahl überprüft, um erforderlichenfalls entsprechende Änderungen vorzuschlagen.

(3) Nach Anhörungen der Mitgliedstaaten und der Sozialpartner auf europäischer Ebene hat die Kommission dem Europäischen Parlament und dem Rat am 4. April 2000 einen Bericht über den Stand der Anwendung der Richtlinie 94/45/EG vorgelegt.

(4) Gemäß Artikel 138 Absatz 2 des Vertrags hat die Kommission die Sozialpartner auf Gemeinschaftsebene zu der Frage angehört, wie eine Gemeinschaftsaktion in diesem Bereich gegebenenfalls ausgerichtet werden sollte.

(5) Die Kommission war nach dieser Anhörung der Auffassung, dass eine Gemeinschaftsaktion wünschenswert ist, und hat gemäß Artikel 138 Absatz 3 des Vertrags die Sozialpartner auf Gemeinschaftsebene erneut zum Inhalt des in Aussicht genommenen Vorschlags angehört.

(6) Nach dieser zweiten Anhörung haben die Sozialpartner die Kommission nicht von ihrer gemeinsamen Absicht in Kenntnis gesetzt, das in Artikel 138 Absatz 4 des Vertrags vorgesehene Verfahren einzuleiten, das zum Abschluss einer Vereinbarung führen könnte.

(7) Es bedarf einer Modernisierung der gemeinschaftlichen Rechtsvorschriften im Bereich der länderübergreifenden Unterrichtung und Anhörung der Arbeitnehmer mit dem Ziel, die Wirksamkeit der Rechte auf eine länderübergreifende Unterrichtung und Anhörung der Arbeitnehmer sicherzustellen, die Zahl der Europäischen Betriebsräte zu erhöhen und

---

[1] **Amtl. Anm.:** Stellungnahme vom 4. Dezember 2008 (noch nicht im Amtsblatt veröffentlicht).
[2] **Amtl. Anm.:** Stellungnahme des Europäischen Parlaments vom 16. Dezember 2008 (noch nicht im Amtsblatt veröffentlicht) und Beschluss des Rates vom 17. Dezember 2008.
[3] **Amtl. Anm.:** ABl. L 254 vom 30.9.1994, S. 64.

gleichzeitig die Fortdauer geltender Vereinbarungen zu ermöglichen, die bei der praktischen Anwendung der Richtlinie 94/45/EG festgestellten Probleme zu lösen und die sich aus bestimmten Bestimmungen oder dem Fehlen von Bestimmungen ergebende Rechtsunsicherheit zu beseitigen sowie eine bessere Abstimmung der gemeinschaftlichen Rechtsinstrumente im Bereich der Unterrichtung und Anhörung der Arbeitnehmer zu gewährleisten.

(8) Gemäß Artikel 136 des Vertrags haben die Gemeinschaft und die Mitgliedstaaten das Ziel, den sozialen Dialog zu fördern.

(9) Diese Richtlinie ist Teil des gemeinschaftlichen Rahmens, der darauf abzielt, die Maßnahmen der Mitgliedstaaten im Bereich der Unterrichtung und Anhörung der Arbeitnehmer zu unterstützen und zu ergänzen. Dieser Rahmen sollte die Belastung der Unternehmen oder Betriebe auf ein Mindestmaß begrenzen, zugleich aber auch die wirksame Ausübung der eingeräumten Rechte gewährleisten.

(10) Im Rahmen des Funktionierens des Binnenmarkts findet ein Prozess der Unternehmenszusammenschlüsse, grenzübergreifenden Fusionen, Übernahmen und Joint Ventures und damit einhergehend eine länderübergreifende Strukturierung von Unternehmen und Unternehmensgruppen statt. Wenn die wirtschaftlichen Aktivitäten sich in harmonischer Weise entwickeln sollen, so müssen Unternehmen und Unternehmensgruppen, die in mehreren Mitgliedstaaten tätig sind, die Vertreter ihrer von den Unternehmensentscheidungen betroffenen Arbeitnehmer unterrichten und anhören.

(11) Die Verfahren zur Unterrichtung und Anhörung der Arbeitnehmer nach den Rechtsvorschriften und Gepflogenheiten der Mitgliedstaaten werden häufig nicht an die länderübergreifende Struktur der Unternehmen angepasst, welche die Arbeitnehmer berührende Entscheidungen treffen. Dies kann zu einer Ungleichbehandlung der Arbeitnehmer führen, die von Entscheidungen ein und desselben Unternehmens bzw. ein und derselben Unternehmensgruppe betroffen sind.

(12) Es sind geeignete Vorkehrungen zu treffen, damit die Arbeitnehmer gemeinschaftsweit operierender Unternehmen oder Unternehmensgruppen angemessen informiert und angehört werden, wenn Entscheidungen, die sich auf sie auswirken, außerhalb des Mitgliedstaats getroffen werden, in dem sie beschäftigt sind.

(13) Um zu gewährleisten, dass die Arbeitnehmer von Unternehmen und Unternehmensgruppen, die in mehreren Mitgliedstaaten tätig sind, in angemessener Weise unterrichtet und angehört werden, muss ein Europäischer Betriebsrat eingerichtet oder müssen andere geeignete Verfahren zur länderübergreifenden Unterrichtung und Anhörung der Arbeitnehmer geschaffen werden.

(14) Die Modalitäten der Unterrichtung und Anhörung der Arbeitnehmer müssen so festgelegt und angewendet werden, dass die Wirksamkeit der Bestimmungen dieser Richtlinie gewährleistet wird. Hierzu sollte der Europäische Betriebsrat durch seine Unterrichtung und Anhörung die Möglichkeit haben, dem Unternehmen rechtzeitig eine Stellungnahme vorzulegen, wobei dessen Anpassungsfähigkeit nicht beeinträchtigt werden darf. Nur ein Dialog auf der Ebene der Festlegung der Leitlinien und eine wirksame Beteiligung der Arbeitnehmervertreter können es ermöglichen, den Wandel zu antizipieren und zu bewältigen.

(15) Für die Arbeitnehmer und ihre Vertreter muss die Unterrichtung und Anhörung auf der je nach behandeltem Thema relevanten Leitungs- und Vertretungsebene gewährleistet sein. Hierzu müssen Zuständigkeiten und Aktionsbereiche des Europäischen Betriebsrats von denen einzelstaatlicher Vertretungsgremien abgegrenzt werden und sich auf länderübergreifende Angelegenheiten beschränken.

(16) Zur Feststellung des länderübergreifenden Charakters einer Angelegenheit sollten sowohl der Umfang ihrer möglichen Auswirkungen als auch die betroffene Leitungs- und Vertretungsebene berücksichtigt werden. Als länderübergreifend werden Angelegenheiten erachtet, die das Unternehmen oder die Unternehmensgruppe insgesamt oder aber mindestens zwei Mitgliedstaaten betreffen. Dazu gehören Angelegenheiten, die ungeachtet der Zahl der betroffenen Mitgliedstaaten für die europäischen Arbeitnehmer hinsichtlich der

Reichweite ihrer möglichen Auswirkungen von Belang sind oder die die Verlagerung von Tätigkeiten zwischen Mitgliedstaaten betreffen.

(17) Es ist eine Definition des Begriffs „herrschendes Unternehmen" erforderlich, die sich, unbeschadet der Definitionen der Begriffe „Unternehmensgruppe" und „beherrschender Einfluss" in anderen Rechtsakten, ausschließlich auf diese Richtlinie bezieht.

(18) Die Verfahren zur Unterrichtung und Anhörung der Arbeitnehmer in Unternehmen oder Unternehmensgruppen, die in mindestens zwei verschiedenen Mitgliedstaaten tätig sind, müssen unabhängig davon, ob sich die zentrale Leitung des Unternehmens oder, im Fall einer Unternehmensgruppe, des herrschenden Unternehmens außerhalb der Gemeinschaft befindet, für alle in der Gemeinschaft angesiedelten Betriebe oder gegebenenfalls Unternehmen von Unternehmensgruppen gelten.

(19) Getreu dem Grundsatz der Autonomie der Sozialpartner legen die Arbeitnehmervertreter und die Leitung des Unternehmens oder des herrschenden Unternehmens einer Unternehmensgruppe die Art, Zusammensetzung, Befugnisse, Arbeitsweise, Verfahren und finanzielle Ressourcen des Europäischen Betriebsrats oder anderer Verfahren zur Unterrichtung und Anhörung der Arbeitnehmer einvernehmlich dergestalt fest, dass diese den jeweiligen besonderen Umständen entsprechen.

(20) Nach dem Grundsatz der Subsidiarität obliegt es den Mitgliedstaaten, die Arbeitnehmervertreter zu bestimmen und insbesondere – falls sie dies für angemessen halten – eine ausgewogene Vertretung der verschiedenen Arbeitnehmerkategorien vorzusehen.

(21) Es bedarf einer Klärung der Begriffe „Unterrichtung" und „Anhörung" der Arbeitnehmer im Einklang mit den Definitionen in den jüngsten einschlägigen Richtlinien und den im einzelstaatlichen Rahmen geltenden Definitionen mit der Zielsetzung, die Wirksamkeit des Dialogs auf länderübergreifender Ebene zu verbessern, eine geeignete Abstimmung zwischen der einzelstaatlichen und der länderübergreifenden Ebene des Dialogs zu ermöglichen und die erforderliche Rechtssicherheit bei der Anwendung dieser Richtlinie zu gewährleisten.

(22) Bei der Definition des Begriffs „Unterrichtung" ist dem Ziel Rechnung zu tragen, dass eine angemessene Prüfung durch die Arbeitnehmervertreter möglich sein muss, was voraussetzt, dass die Unterrichtung zu einem Zeitpunkt, in einer Weise und in einer inhaltlichen Ausgestaltung erfolgt, die dem Zweck angemessen sind, ohne den Entscheidungsprozess in den Unternehmen zu verlangsamen.

(23) Bei der Definition des Begriffs „Anhörung" muss dem Ziel Rechnung getragen werden, dass die Abgabe einer der Entscheidungsfindung dienlichen Stellungnahme möglich sein muss, was voraussetzt, dass die Anhörung zu einem Zeitpunkt, in einer Weise und in einer inhaltlichen Ausgestaltung erfolgt, die dem Zweck angemessen sind.

(24) In Unternehmen oder herrschenden Unternehmen im Fall einer Unternehmensgruppe, deren zentrale Leitung sich außerhalb der Gemeinschaft befindet, sind die in dieser Richtlinie festgelegten Bestimmungen über die Unterrichtung und Anhörung der Arbeitnehmer von dem gegebenenfalls benannten Vertreter des Unternehmens in der Gemeinschaft oder, in Ermangelung eines solchen Vertreters, von dem Betrieb oder dem kontrollierten Unternehmen mit der größten Anzahl von Arbeitnehmern in der Gemeinschaft durchzuführen.

(25) Die Verantwortung eines Unternehmens oder einer Unternehmensgruppe bei der Übermittlung der zur Aufnahme von Verhandlungen erforderlichen Informationen ist derart festzulegen, dass die Arbeitnehmer in die Lage versetzt werden, festzustellen, ob das Unternehmen oder die Unternehmensgruppe, in dem bzw. in der sie beschäftigt sind, gemeinschaftsweit operiert, und die zur Abfassung eines Antrags auf Aufnahme von Verhandlungen nötigen Kontakte zu knüpfen.

(26) Das besondere Verhandlungsgremium muss die Arbeitnehmer der verschiedenen Mitgliedstaaten in ausgewogener Weise repräsentieren. Die Arbeitnehmervertreter müssen die Möglichkeit haben, sich abzustimmen, um ihre Positionen im Hinblick auf die Verhandlung mit der zentralen Leitung festzulegen.

(27) Die Rolle, die anerkannte Gewerkschaftsorganisationen bei der Aus- oder Neuverhandlung der konstitutiven Vereinbarungen Europäischer Betriebsräte wahrnehmen können, ist anzuerkennen, damit Arbeitnehmervertreter, die einen entsprechenden Wunsch äußern, Unterstützung erhalten. Um es ihnen zu ermöglichen, die Einrichtung neuer Europäischer Betriebsräte zu verfolgen, und um bewährte Verfahren zu fördern, sind kompetente Gewerkschaftsorganisationen und Arbeitgeberverbände, die als europäische Sozialpartner anerkannt sind, über die Aufnahme von Verhandlungen zu unterrichten. Anerkannte kompetente europäische Gewerkschaftsorganisationen und Arbeitgeberverbände sind die Organisationen der Sozialpartner, die von der Kommission gemäß Artikel 138 des Vertrags konsultiert werden. Die Liste dieser Organisationen wird von der Kommission aktualisiert und veröffentlicht.

(28) Die Vereinbarungen über die Einrichtung und Arbeitsweise der Europäischen Betriebsräte müssen die Modalitäten für ihre Änderung, Kündigung oder gegebenenfalls Neuverhandlung enthalten, insbesondere für den Fall einer Änderung des Umfangs oder der Struktur des Unternehmens oder der Unternehmensgruppe.

(29) In diesen Vereinbarungen müssen die Modalitäten für die Abstimmung der einzelstaatlichen und der länderübergreifenden Ebene der Unterrichtung und Anhörung der Arbeitnehmer festgelegt werden, angepasst an die besonderen Gegebenheiten des Unternehmens oder der Unternehmensgruppe. Bei der Festlegung dieser Modalitäten müssen die jeweiligen Zuständigkeiten und Aktionsbereiche der Vertretungsgremien der Arbeitnehmer beachtet werden, vor allem was die Antizipierung und Bewältigung des Wandels anbelangt.

(30) Diese Vereinbarungen müssen gegebenenfalls die Einsetzung und die Arbeit eines engeren Ausschusses vorsehen, damit eine Koordinierung und eine höhere Effizienz der regelmäßigen Arbeit des Europäischen Betriebsrats sowie eine schnellstmögliche Unterrichtung und Anhörung im Falle außergewöhnlicher Umstände ermöglicht wird.

(31) Die Arbeitnehmervertreter können entweder vereinbaren, auf die Einrichtung eines Europäischen Betriebsrats zu verzichten, oder die Sozialpartner können andere Verfahren zur länderübergreifenden Unterrichtung und Anhörung der Arbeitnehmer beschließen.

(32) Es sollten subsidiäre Vorschriften vorgesehen werden, die auf Beschluss der Parteien oder in dem Fall, dass die zentrale Leitung die Aufnahme von Verhandlungen ablehnt oder bei den Verhandlungen kein Einvernehmen erzielt wird, Anwendung finden.

(33) Um ihrer Rolle in vollem Umfang gerecht zu werden und den Nutzen des Europäischen Betriebsrats sicherzustellen, müssen die Arbeitnehmervertreter den Arbeitnehmern, die sie vertreten, Rechenschaft ablegen und die Möglichkeit haben, die von ihnen benötigten Schulungen zu erhalten.

(34) Es sollte vorgesehen werden, dass die Arbeitnehmervertreter, die im Rahmen dieser Richtlinie handeln, bei der Wahrnehmung ihrer Aufgaben den gleichen Schutz und gleichartige Sicherheiten genießen wie die Arbeitnehmervertreter nach den Rechtsvorschriften und/oder Gepflogenheiten des Landes, in dem sie beschäftigt sind. Sie dürfen nicht aufgrund der gesetzlichen Ausübung ihrer Tätigkeit diskriminiert werden und müssen angemessen gegen Entlassungen und andere Sanktionen geschützt werden.

(35) Werden die sich aus dieser Richtlinie ergebenden Verpflichtungen nicht eingehalten, so müssen die Mitgliedstaaten geeignete Maßnahmen treffen.

(36) Gemäß den allgemeinen Grundsätzen des Gemeinschaftsrechts sollten im Falle eines Verstoßes gegen die sich aus dieser Richtlinie ergebenden Verpflichtungen administrative oder rechtliche Verfahren sowie Sanktionen, die wirksam, abschreckend und im Verhältnis zur Schwere der Zuwiderhandlung angemessen sind, angewandt werden.

(37) Aus Gründen der Effizienz, der Kohärenz und der Rechtssicherheit bedarf es einer Abstimmung zwischen den Richtlinien und den im Gemeinschaftsrecht und im einzelstaatlichen Recht und/oder den einzelstaatlichen Gepflogenheiten festgelegten Ebenen der Unterrichtung und Anhörung der Arbeitnehmer. Hierbei muss der Aushandlung dieser Abstimmungsmodalitäten innerhalb jedes Unternehmens oder jeder Unternehmensgruppe Priorität eingeräumt werden. Fehlt eine entsprechende Vereinbarung und sind Entscheidun-

gen geplant, die wesentliche Veränderungen der Arbeitsorganisation oder der Arbeitsverträge mit sich bringen können, so muss der Prozess gleichzeitig auf einzelstaatlicher und europäischer Ebene so durchgeführt werden, dass die jeweiligen Zuständigkeiten und Aktionsbereiche der Vertretungsgremien der Arbeitnehmer beachtet werden. Die Abgabe einer Stellungnahme des Europäischen Betriebsrats sollte die Befugnis der zentralen Leitung, die erforderlichen Anhörungen innerhalb der im einzelstaatlichen Recht und/oder den einzelstaatlichen Gepflogenheiten vorgesehenen Fristen vorzunehmen, unberührt lassen. Die einzelstaatlichen Rechtsvorschriften und/oder einzelstaatlichen Gepflogenheiten müssen gegebenenfalls angepasst werden, um sicherzustellen, dass der Europäische Betriebsrat gegebenenfalls vor oder gleichzeitig mit den einzelstaatlichen Vertretungsgremien der Arbeitnehmer unterrichtet wird; dies darf jedoch keine Absenkung des allgemeinen Niveaus des Arbeitnehmerschutzes bewirken.

(38) Unberührt lassen sollte diese Richtlinie die Unterrichtungs- und Anhörungsverfahren gemäß der Richtlinie 2002/14/EG des Europäischen Parlaments und des Rates vom 11. März 2002 zur Festlegung eines allgemeinen Rahmens für die Unterrichtung und Anhörung der Arbeitnehmer in der Europäischen Gemeinschaft[4], die spezifischen Verfahren nach Artikel 2 der Richtlinie 98/59/EG des Rates vom 20. Juli 1998 zur Angleichung der Rechtsvorschriften der Mitgliedstaaten über Massenentlassungen[5] sowie Artikel 7 der Richtlinie 2001/23/EG des Rates vom 12. März 2001 zur Angleichung der Rechtsvorschriften der Mitgliedstaaten über die Wahrung von Ansprüchen der Arbeitnehmer beim Übergang von Unternehmen, Betrieben oder Unternehmens- oder Betriebsteilen[6].

(39) Es sollten besondere Bestimmungen für die gemeinschaftsweit operierenden Unternehmen und Unternehmensgruppen vorgesehen werden, in denen am 22. September 1996 eine für alle Arbeitnehmer geltende Vereinbarung über eine länderübergreifende Unterrichtung und Anhörung der Arbeitnehmer bestand.

(40) Ändert sich die Struktur des Unternehmens oder der Unternehmensgruppe wesentlich, beispielsweise durch eine Fusion, eine Übernahme oder eine Spaltung, so bedarf es einer Anpassung des bestehenden Europäischen Betriebsrats bzw. der bestehenden Europäischen Betriebsräte. Diese Anpassung muss vorrangig nach den Bestimmungen der geltenden Vereinbarung erfolgen, falls diese Bestimmungen die erforderliche Anpassung gestatten. Ist dies nicht der Fall und wird ein entsprechender Antrag gestellt, so werden Verhandlungen über eine neue Vereinbarung aufgenommen, an denen die Mitglieder des bestehenden Europäischen Betriebsrats bzw. der bestehenden Europäischen Betriebsräte zu beteiligen sind. Um die Unterrichtung und Anhörung der Arbeitnehmer in der häufig entscheidenden Phase der Strukturänderung zu ermöglichen, müssen der bestehende Europäische Betriebsrat bzw. die bestehenden Europäischen Betriebsräte in die Lage versetzt werden, ihre Tätigkeit, unter Umständen in entsprechend angepasster Art und Weise, bis zum Abschluss einer neuen Vereinbarung fortzusetzen. Mit Unterzeichnung einer neuen Vereinbarung müssen die zuvor eingerichteten Betriebsräte aufgelöst und die Vereinbarungen über ihre Einrichtung, unabhängig von den darin enthaltenen Bestimmungen über ihre Geltungsdauer oder Kündigung, beendet werden.

(41) Findet diese Anpassungsklausel keine Anwendung, so sollten die geltenden Vereinbarungen weiter in Kraft bleiben können, um deren obligatorische Neuverhandlung zu vermeiden, wenn sie unnötig wäre. Es sollte vorgesehen werden, dass auf vor dem 22. September 1996 gemäß Artikel 13 Absatz 1 der Richtlinie 94/45/EG oder gemäß Artikel 3 Absatz 1 der Richtlinie 97/74/EG[7] geschlossene Vereinbarungen während ihrer

---

[4] **Amtl. Anm.:** ABl. L 80 vom 23.3.2002, S. 29.
[5] **Amtl. Anm.:** ABl. L 225 vom 12.8.1998, S. 16.
[6] **Amtl. Anm.:** ABl. L 82 vom 22.3.2001, S. 16.
[7] **Amtl. Anm.:** Richtlinie 97/74/EG des Rates vom 15. Dezember 1997 zur Ausdehnung der Richtlinie 94/45/EG über die Einsetzung eines Europäischen Betriebsrats oder die Schaffung eines Verfahrens zur Unterrichtung und Anhörung der Arbeitnehmer in gemeinschaftsweit operierenden Unternehmen und Unternehmensgruppen auf das Vereinigte Königreich (ABl. L 10 vom 16.1.1998, S. 22).

Geltungsdauer Verpflichtungen, die sich aus der vorliegenden Richtlinie ergeben, weiterhin keine Anwendung finden. Ferner begründet die vorliegende Richtlinie keine allgemeine Verpflichtung zur Neuverhandlung von Vereinbarungen, die gemäß Artikel 6 der Richtlinie 94/45/EG zwischen dem 22. September 1996 und dem 5. Juni 2011 geschlossen wurden.

(42) Unbeschadet des Rechts der Parteien, anders lautende Vereinbarungen zu treffen, ist ein Europäischer Betriebsrat, der in Ermangelung einer Vereinbarung zwischen den Parteien zur Erreichung des Ziels dieser Richtlinie eingesetzt wird, in Bezug auf die Tätigkeiten des Unternehmens oder der Unternehmensgruppe zu unterrichten und anzuhören, damit er mögliche Auswirkungen auf die Interessen der Arbeitnehmer in mindestens zwei Mitgliedstaaten abschätzen kann. Hierzu sollte das Unternehmen oder das herrschende Unternehmen verpflichtet sein, den Arbeitnehmervertretern allgemeine Informationen, die die Interessen der Arbeitnehmer berühren, sowie Informationen, die sich konkret auf diejenigen Aspekte der Tätigkeiten des Unternehmens oder der Unternehmensgruppe beziehen, welche die Interessen der Arbeitnehmer berühren, mitzuteilen. Der Europäische Betriebsrat muss am Ende der Sitzung eine Stellungnahme abgeben können.

(43) Bevor bestimmte Beschlüsse mit erheblichen Auswirkungen auf die Interessen der Arbeitnehmer ausgeführt werden, sind die Arbeitnehmervertreter unverzüglich zu unterrichten und anzuhören.

(44) Der Inhalt der subsidiären Rechtsvorschriften, die in Ermangelung einer Vereinbarung anzuwenden sind und in den Verhandlungen als Auffangregelungen dienen, muss geklärt und an die Entwicklung der Anforderungen und Verfahren im Bereich der länderübergreifenden Unterrichtung und Anhörung angepasst werden. Eine Unterscheidung sollte vorgenommen werden zwischen den Bereichen, in denen eine Unterrichtung obligatorisch ist, und den Bereichen, in denen der Europäische Betriebsrat auch angehört werden muss, was das Recht einschließt, eine Antwort mit Begründung auf eine abgegebene Stellungnahme zu erhalten. Damit der engere Ausschuss die erforderliche Koordinierungsrolle wahrnehmen und im Falle außergewöhnlicher Umstände effizient handeln kann, muss dieser Ausschuss bis zu fünf Mitglieder umfassen und regelmäßig beraten können.

(45) Da das Ziel dieser Richtlinie, nämlich die Verbesserung der Rechte auf Unterrichtung und Anhörung der Arbeitnehmer in gemeinschaftsweit operierenden Unternehmen und Unternehmensgruppen, auf Ebene der Mitgliedstaaten nicht ausreichend verwirklicht werden kann und daher besser auf Gemeinschaftsebene zu verwirklichen ist, kann die Gemeinschaft im Einklang mit dem in Artikel 5 des Vertrags niedergelegten Subsidiaritätsprinzip tätig werden. Entsprechend dem in demselben Artikel genannten Grundsatz der Verhältnismäßigkeit geht diese Richtlinie nicht über das zur Erreichung dieses Ziels erforderliche Maß hinaus.

(46) Diese Richtlinie achtet die Grundrechte und wahrt insbesondere die Grundsätze, die mit der Charta der Grundrechte der Europäischen Union anerkannt wurden. Vor allem soll diese Richtlinie gewährleisten, dass das Recht der Arbeitnehmer oder ihrer Vertreter auf rechtzeitige Unterrichtung und Anhörung auf den angemessenen Ebenen in vollem Umfang Beachtung findet, und zwar in den Fällen und unter den Gegebenheiten, die im Gemeinschaftsrecht sowie in den einzelstaatlichen Rechtsvorschriften und Verfahren vorgesehen sind (Artikel 27 der Charta der Grundrechte der Europäischen Union).

(47) Die Verpflichtung zur Umsetzung dieser Richtlinie in innerstaatliches Recht sollte nur jene Bestimmungen betreffen, die im Vergleich zu den bisherigen Richtlinien inhaltlich geändert wurden. Die Verpflichtung zur Umsetzung der inhaltlich unveränderten Bestimmungen ergibt sich aus den bisherigen Richtlinien.

(48) Gemäß Nummer 34 der Interinstitutionellen Vereinbarung über bessere Rechtsetzung[8] sind die Mitgliedstaaten aufgefordert, für ihre eigenen Zwecke und im Interesse der Gemeinschaft eigene Tabellen aufzustellen, aus denen im Rahmen des Möglichen die

---

[8] **Amtl. Anm.:** ABl. C 321 vom 31.12.2003, S. 1.

Entsprechungen zwischen dieser Richtlinie und den Umsetzungsmaßnahmen zu entnehmen sind, und diese zu veröffentlichen.

(49) Diese Richtlinie sollte die Verpflichtungen der Mitgliedstaaten hinsichtlich der in Anhang II Teil B genannten Fristen für die Umsetzung der dort genannten Richtlinien in innerstaatliches Recht und für die Anwendung dieser Richtlinien unberührt lassen –

HABEN FOLGENDE RICHTLINIE ERLASSEN:

Teil I. Allgemeine Bestimmungen

Art. 1 Zielsetzung

(1) Das Ziel dieser Richtlinie ist die Stärkung des Rechts auf Unterrichtung und Anhörung der Arbeitnehmer in gemeinschaftsweit operierenden Unternehmen und Unternehmensgruppen.

(2) ¹Hierzu wird in allen gemeinschaftsweit operierenden Unternehmen und Unternehmensgruppen auf Antrag gemäß dem Verfahren nach Artikel 5 Absatz 1 zum Zweck der Unterrichtung und Anhörung der Arbeitnehmer ein Europäischer Betriebsrat eingesetzt oder ein Verfahren zur Unterrichtung und Anhörung der Arbeitnehmer geschaffen. ²Die Modalitäten der Unterrichtung und Anhörung der Arbeitnehmer werden so festgelegt und angewandt, dass ihre Wirksamkeit gewährleistet ist und eine effiziente Beschlussfassung des Unternehmens oder der Unternehmensgruppe ermöglicht wird.

(3) ¹Die Unterrichtung und Anhörung der Arbeitnehmer erfolgt auf der je nach behandeltem Thema relevanten Leitungs- und Vertretungsebene. ²Zu diesem Zweck beschränken sich die Zuständigkeiten des Europäischen Betriebsrats und der Geltungsbereich des Verfahrens zur Unterrichtung und Anhörung der Arbeitnehmer gemäß dieser Richtlinie auf länderübergreifende Angelegenheiten.

(4) Als länderübergreifend werden Angelegenheiten erachtet, die das gemeinschaftsweit operierende Unternehmen oder die gemeinschaftsweit operierende Unternehmensgruppe insgesamt oder mindestens zwei der Betriebe oder der zur Unternehmensgruppe gehörenden Unternehmen in zwei verschiedenen Mitgliedstaaten betreffen.

(5) Ungeachtet des Absatzes 2 wird der Europäische Betriebsrat in den Fällen, in denen eine gemeinschaftsweit operierende Unternehmensgruppe im Sinne von Artikel 2 Absatz 1 Buchstabe c ein oder mehrere Unternehmen oder Unternehmensgruppen umfasst, die gemeinschaftsweit operierende Unternehmen oder Unternehmensgruppen im Sinne von Artikel 2 Absatz 1 Buchstabe a oder c sind, auf der Ebene der Unternehmensgruppe eingesetzt, es sei denn, dass in der Vereinbarung gemäß Artikel 6 etwas anderes vorgesehen wird.

(6) Ist in der Vereinbarung gemäß Artikel 6 kein größerer Geltungsbereich vorgesehen, so erstrecken sich die Befugnisse und Zuständigkeiten der Europäischen Betriebsräte und die Verfahren zur Unterrichtung und Anhörung der Arbeitnehmer, die zur Erreichung des in Absatz 1 festgelegten Ziels vorgesehen sind, im Fall eines gemeinschaftsweit operierenden Unternehmens auf alle in den Mitgliedstaaten ansässigen Betriebe und im Fall einer gemeinschaftsweit operierenden Unternehmensgruppe auf alle in den Mitgliedstaaten ansässigen Unternehmen dieser Gruppe.

(7) Die Mitgliedstaaten können vorsehen, dass diese Richtlinie nicht für das seefahrende Personal der Handelsmarine gilt.

Übersicht

	Rn.
A. Allgemeines	1
B. Zielsetzung und Umsetzung	9
C. Errichtung Europäischer Betriebsräte in Unternehmensgruppen	12
D. Zuständigkeit Europäischer Betriebsräte	15
I. Beschränkung auf Mitgliedstaaten	15
II. Länderübergreifende Angelegenheiten	18

A. Allgemeines

1 Der Europäische Betriebsrat in seiner heutigen Erscheinungsform beruht nicht auf den ersten Überlegungen zu dem **Statut für eine Europäische Aktiengesellschaft** (s. dazu *Birk* ZfA 1974, 47 ff.; *Lerche* 88 ff.; *Schäfer,* Die betriebliche Mitbestimmung der Arbeitnehmer in einer europäischen Aktiengesellschaft aus deutscher Sicht [Diss. Erlangen, 1981]), sondern auf den Diskussionen über eine Mitwirkung der Arbeitnehmer in transnationalen bzw. gemeinschaftsweit tätigen Unternehmen, für die die Entwürfe zur sog. **Vredeling-Richtlinie** (ABl. EG Nr. C 217 v. 12.8.1983, 3 ff. = RdA 1983, 367 ff.; hierzu ua *Birk,* FS Constantinesco, 1983, 33 ff.; *Hanau* RdA 1984, 157 ff.; *Kolvenbach* DB 1982, 1457 ff.; *ders.* DB 1986, 1973 ff. [2023 ff.]) den Ausgangspunkt markierten. Diese mündeten in die Verabschiedung der **RL 94/45/EG** des Rates über die Einsetzung eines Europäischen Betriebsrats oder die Schaffung eines Verfahrens zur Unterrichtung und Anhörung der Arbeitnehmer in gemeinschaftsweit operierenden Unternehmen und Unternehmensgruppen v. 22.9.1994 (ABl. EG Nr. L 254 v. 30.9.1994) ein (zur Entstehung im Überblick AKRR/*Annuß* EBRG Einl. Rn. 3; *Riesenhuber* § 28 Rn. 2 ff.; ferner Fuchs/Marhold 375 ff.; Oetker/Schubert EAS B 8300, Rn. 8 ff.). Durch die **RL 97/74/EG** (ABl. EG Nr. L 10 v. 16.1.1998, 22 f.) wurde der Anwendungsbereich der RL 94/45/EG auf das Vereinigte Königreich und Nordirland ausgedehnt (s. dazu *Kolvenbach* NZA 1998, 582 [583 f.]).

2 Die RL 94/45/EG und das hierin entfaltete **Konzept** einer vor dem Hintergrund einer subsidiär eingreifenden gesetzlichen **Auffangregelung** verhandelten **Beteiligungsvereinbarung** lieferte den entscheidenden Schlüssel, um das Problem der Arbeitnehmerbeteiligung bei den europäischen Gesellschaftsformen einer Lösung zuzuführen. Das gilt insbesondere für die Beteiligung der Arbeitnehmer in der **Europäischen Aktiengesellschaft (SE),** die in der **RL 2001/86/EG** geregelt ist. Die hiernach abzuschließende Vereinbarung umfasst auch die Unterrichtung und Anhörung der Arbeitnehmer in der SE und eröffnet hierfür nicht nur die Errichtung eines Vertretungsorgans (s. Art. 2 lit. f RL 2001/86/EG), sondern auch ein an dessen Stelle tretendes „Verfahren zur Unterrichtung und Anhörung" (Art. 4 II lit. f RL 2001/86/EG). Kommt es nicht zum Abschluss einer Vereinbarung, sieht Art. 7 I RL 2001/86/EG das Eingreifen einer von den Mitgliedstaaten zu schaffenden gesetzlichen Auffangregelung vor. In vergleichbarer Weise regelt die **RL 2003/72/EG** die Beteiligung der Arbeitnehmer in der **Europäischen Genossenschaft (SCE).** Wegen des Modellcharakters der RL 94/45/EG für die Beteiligung der Arbeitnehmer kehren die dortigen Bestimmungen häufig mit übereinstimmendem Wortlaut in der RL 2001/86/EG und der RL 2003/73/EG wieder, was in der Regel ein übereinstimmendes Normverständnis indiziert. Aufgegriffen wurde der konzeptionelle Ansatz der vorgenannten Richtlinien auch für die Beteiligung der Arbeitnehmer im Rahmen einer **grenzüberschreitenden Verschmelzung,** jedoch beschränkt sich die **RL 2005/56/EG** insoweit auf die **Mitbestimmung der Arbeitnehmer** in dem Aufsichts- oder Verwaltungsorgan (s. Art. 16 RL 2005/56/EG). Vorgaben für die Unterrichtung und Anhörung der Arbeitnehmer enthält die RL nicht, da insoweit das jeweilige Recht der Mitgliedstaaten uneingeschränkt anwendbar bleibt (→ RL 2005/56/EG Art. 16 Rn. 2).

3 Entsprechend dem in **Art. 15 RL 94/45/EG** niedergelegten Auftrag überprüfte die **Kommission** Ende 1999 die Richtlinie und deren Umsetzung. Obwohl sie Klärungsbedarf

bei einzelnen Fragen (zB Unternehmensbegriff, Auswirkungen der geografischen Kriterien, Umstrukturierung einer Unternehmensgruppe) und Defizite bei der Weiterbildung der Arbeitnehmernehmervertreter und der Effektivität des Informationsflusses konstatierte, sah die Kommission in ihrem am 4.4.2000 vorgelegten **Bericht** zunächst keinen Bedarf, die RL 94/45/EG zu überarbeiten (s. KOM [2000] 188 endg.). Insbesondere bei dem Europäischen Gewerkschaftsbund stieß diese Position auf Widerspruch (s. HaKo-BetrVG/*Blanke/Hayen* EBRG Einl. Rn. 13; *Büggel/Buschak* AiB 2000, 418 [419]; *Klebe/Kunz* ArbGeg. 38, 2001, 55 [68]); auch das Europäische Parlament forderte in seiner Entschließung v. 17.7.2001 die Kommission auf, Vorschläge für eine Verbesserung der RL 94/45/EG zu erarbeiten (s. näher A5–0282/2001). Erst am 31.3.2005 legte die Kommission ein Papier zur „Umstrukturierung und Beschäftigung" vor, in dem sie ua die Sozialpartner aufforderte, Verhandlungen aufzunehmen, um Mittel und Wege aufzuzeigen, die die Tätigkeit der Europäischen Betriebsräte fördern und die Wirksamkeit ihrer Tätigkeit bei der Umstrukturierung von Unternehmen verbessern sollten (KOM [2005] 120 endg.; dazu *Altmeyer* AiB 2006, 12 [13 f.]). In Übereinstimmung mit der Position des Europäischen Gewerkschaftsbunds plädierte auch der Ausschuss für Beschäftigung und soziale Angelegenheiten des Europäischen Parlaments in seiner Stellungnahme v. 26.1.2006 (A6–0031/2006) dafür, die Überarbeitung auf die gesamte Richtlinie auszudehnen (s. ferner HaKo-BetrVG/*Blanke/Hayen* EBRG Einl. Rn. 13 f.).

Die Forderungen nach einer **Überarbeitung der RL 94/45/EG** führten am 2.7.2008 **4** zu einem **Vorschlag der Kommission** für eine Neufassung der Richtlinie (KOM [2008] 419 endg.; dazu im Überblick HaKo-BetrVG/*Blanke/Hayen* EBRG Einl. Rn. 14; *Hornung-Draus* EuroAS 2008, 99 f.; *Krause,* FS Goos, 2009, 141 ff.; *Lücking/Trinczek/Whittall* WSI-Mitt. 2008, 246 ff.). Auf seiner Sitzung am 16.12.2008 stimmte das Europäische Parlament dem Vorschlag der Kommission zu, so dass nach der Beschlussfassung im Ministerrat am 17.12.2008 die Neufassung der Richtlinie als RL 2009/38/EG am 5.6.2009 in Kraft trat (ABl. EU Nr. L 122 v. 16.5.2009, 28 ff. [ferner → Art. 18 Rn. 1]; dazu im Überblick zB *Franzen* EuZA 2010, 180 ff.; *Riesenhuber* § 28 Rn. 5; *Thüsing/Forst* NZA 2009, 408 ff.; *Waas* KritV 2009, 400 ff.). Diese greift nicht nur die bisherigen Erfahrungen bei der Anwendung der RL 94/45/EG auf, sondern gleicht zudem die Rechtslage für Europäische Betriebsräte an die unionsrechtlichen Vorgaben für die Errichtung vergleichbarer Arbeitnehmervertretungen in der Europäischen Aktiengesellschaft (SE) sowie der Europäischen Genossenschaft (SCE) an, die zuvor in der RL 2001/86/EG (für die Europäische Aktiengesellschaft) und in der RL 2003/72/EG (für die Europäische Genossenschaft) ihren Niederschlag gefunden hatten (im Überblick zu den Änderungen durch die RL 2009/38/EG s. *Fitting* EBRG Übersicht Rn. 3; HWK/*Giesen* EBRG Rn. 8; GK-BetrVG/*Oetker* EBRG vor § 1 Rn. 5).

Die RL 2009/38/EG blieb seit ihrem Inkrafttreten unverändert. Gestützt auf das Anliegen, **5** eine **ungleiche Behandlung der Seeleute** aufzuheben, strebt die Kommission jedoch an, die auf diese Arbeitnehmergruppe bezogenen Ausschlusstatbestände bzw. entsprechende Optionen zugunsten der Mitgliedstaaten aufzuheben (KOM [2013] 798 endg.). Ein entsprechender Vorschlag für eine Richtlinie des Europäischen Parlaments und des Rates erfasst ua auch die RL 2009/38/EG und schlägt die Streichung der den Mitgliedstaaten in Art. 1 VII eröffneten Option vor, das „seefahrende Personal der Handelsmarine" bei der Umsetzung der Richtlinie aus dem Anwendungsbereich des Umsetzungsgesetzes auszuklammern. Für Deutschland hat diese Änderung der Richtlinie keine Bedeutung, da das EBRG von der Option in Art. 1 VII keinen Gebrauch gemacht hat (HaKo-BetrVG/*Blanke/Kunz* EBRG § 2 Rn. 9; DKKW/*Däubler* EBRG § 2 Rn. 2; *Müller* EBRG § 2 Rn. 10), so dass die Einbeziehung des „seefahrenden Personals der Handelsmarine" nach dem für das EBRG maßgebenden Arbeitnehmerbegriff zu beurteilen ist (→ Art. 2 Rn. 11 ff.).

In den **Anwendungsbereich der Richtlinie** sind nicht nur die **Mitgliedstaaten der 6 Europäischen Union** (s. Art. 19), sondern durch das **Abkommen über den Europäischen Wirtschaftsraum (EWR-Abkommen)** auch die Vertragsstaaten Island, Liechtenstein und Norwegen einbezogen. Wegen des EWR-Abkommens sind die vorgenannten

Staaten bei der Anwendung der Richtlinie als Mitgliedstaaten zu behandeln. Dieser Reichweite der Richtlinie trägt das EBRG durch eine eigene Definition des im Gesetz verwendeten Begriffs „Mitgliedstaat" Rechnung und bezieht in diesen neben den Mitgliedstaaten der Europäischen Union auch die Vertragsstaaten des EWR-Abkommens ein (s. § 3 II EBRG).

7 Die Richtlinie richtet sich pauschal an Unternehmen und Unternehmensgruppen unabhängig davon, welchem **Gesellschaftsstatut** sie unterliegen (zur Rechtsform → Art. 2 Rn. 4). Dies ist im Hinblick auf den Geltungsbereich der Richtlinie unproblematisch, wenn sich sowohl der Satzungssitz als auch der tatsächliche Verwaltungssitz in einem Mitgliedstaat iSv → Rn. 6 befinden. Problematisch ist die Einbeziehung von Unternehmen, deren Satzungs- oder Verwaltungssitz sich in einem **Drittstaat** befindet. Da die nach der Richtlinie durchzuführende Unterrichtung und Anhörung der Arbeitnehmer die zentrale Leitung in die Pflicht nimmt, ist der in der Satzung einer Gesellschaft niedergelegte Sitz der Gesellschaft ohne Bedeutung. Maßgeblich für die Einbeziehung eines Unternehmens in dem Anwendungsbereich der Richtlinie ist deshalb der **tatsächliche Verwaltungssitz** (ebenso zu § 2 I EBRG AKRR/*Annuß* EBRG § 2 Rn. 2; *Blanke* EBRG § 2 Rn. 2; MHdBArbR/*Joost* § 274 Rn. 11; GK-BetrVG/*Oetker* EBRG § 2 Rn. 3; HSWGNR/*Rose* Einl. Rn. 144). Befindet sich dieser in einem Drittstaat, steht dies jedoch nicht der Annahme entgegen, es handele sich um ein Unternehmen bzw. eine Unternehmensgruppe mit gemeinschaftsweiter Tätigkeit solange die Betriebe des Unternehmens die Voraussetzungen in Art. 2 I lit. a bzw. die Unternehmen der Unternehmensgruppe die Voraussetzungen in Art. 2 I lit. c erfüllen (Preis/Sagan/*Müller-Bonanni/Jenner* § 12 Rn. 10). Dies erschließt sich aus Art. 4 II, der für diesen Fall ausdrücklich eine in einem Mitgliedstaat ansässige zentrale Leitung fingiert (→ Art. 4 Rn. 2 ff.).

8 Besonderheiten sind bei gemeinschaftsweit tätigen Unternehmen und Unternehmensgruppen zu beachten, in denen bereits vor Ablauf der Umsetzungsfrist der RL 94/45/EG bzw. auf der Grundlage von Art. 6 RL 94/45/EG eine Vereinbarung zur Unterrichtung und Anhörung der Arbeitnehmer in länderübergreifenden Angelegenheiten galt, da diese nach Art. 14 I von der RL 2009/38/EG unberührt bleiben, so dass die entsprechenden Unternehmen und Unternehmensgruppen nicht dem Anwendungsbereich der RL 2009/38/EG unterliegen (→ Art. 14 Rn. 6).

B. Zielsetzung und Umsetzung

9 Die RL 2009/38/EG trägt der Besonderheit in gemeinschaftsweit tätigen Unternehmen und gemeinschaftsweit tätigen Unternehmensgruppen Rechnung, dass die in den Mitgliedstaaten etablierten Verfahren zur Unterrichtung und Anhörung der Arbeitnehmer große Unterschiede aufweisen und wegen des auf den jeweiligen Mitgliedstaat beschränkten Geltungsbereichs nicht mit der **länderübergreifenden Struktur der Unternehmen und Unternehmensgruppen** harmonieren. Um eine **Ungleichbehandlung der Arbeitnehmer** in den verschiedenen Mitgliedstaaten zu vermeiden, die von Entscheidungen ein und desselben Unternehmens bzw. derselben Unternehmensgruppe betroffen sind, soll die RL 2009/38/EG für die Arbeitnehmer in gemeinschaftsweit tätigen Unternehmen und Unternehmensgruppen einen allg. Rahmen für eine **angemessene Unterrichtung und Anhörung** für solche Entscheidungen schaffen, die außerhalb des Mitgliedstaats getroffen werden, in dem die Arbeitnehmer beschäftigt sind (Erwägungsgrund 11 und 12 zur RL 2009/38/EG). Aufbauend auf diesen Erwägungen zielt die RL 2009/38/EG nach Art. 1 I auf eine Stärkung des Rechts auf Unterrichtung und Anhörung der Arbeitnehmer in gemeinschaftsweit tätigen Unternehmen und Unternehmensgruppen ab und trägt hierdurch zugleich Art. 27 GRC Rechnung, „für die Arbeitnehmerinnen und Arbeitnehmer oder ihre Vertreter … auf den geeigneten Ebenen eine rechtzeitige Unterrichtung und Anhörung … zu gewährleisten" (s. Erwägungsgrund 46 zur RL 2009/38/EG).

Abweichend von der RL 2002/14/EG, die im grds. Ausgangspunkt von derselben 10
Zielsetzung wie die RL 2009/38/EU geleitet ist (s. Erwägungsgrund 6–8 zur RL 2002/14/
EG; → RL 2002/14/EG Art. 1 Rn. 7 f.), ist der in der RL 2009/38/RL gewählte Ansatz
zur Stärkung der Unterrichtung und Anhörung der Arbeitnehmer durch den **Vorrang
einer Vereinbarungslösung** gekennzeichnet. Dieser trägt nicht nur den unterschiedlichen
Konzeptionen zur Arbeitnehmerbeteiligung in den Mitgliedstaaten Rechnung, sondern soll
neben der „Autonomie der Sozialpartner" zugleich einen Mechanismus etablieren, der es
ermöglicht, die besonderen Umstände in den gemeinschaftsweit tätigen Unternehmen bzw.
Unternehmensgruppen zu berücksichtigen (Erwägungsgrund 19 zur RL 2009/38/EG). Erst
beim Scheitern der Verhandlungen zum Abschluss einer Vereinbarung zur Unterrichtung
und Anhörung der Arbeitnehmer gibt die RL 2009/38/EG den Mitgliedstaaten vor, eine
gesetzliche Auffangregelung zu schaffen, die die **Einsetzung eines Europäischen
Betriebsrats** zum Gegenstand hat (s. Art. 7 iVm Anh. I zur RL 2009/38/EG). Um sowohl
der Autonomie der Sozialpartner als auch den besonderen Umständen in den Unternehmen
bzw. Unternehmensgruppen Rechnung zu tragen, gibt Art. 1 II 1 den Modus zur Unterrichtung
und Anhörung der Arbeitnehmer für die Vereinbarung nicht vor, sondern eröffnet
den Vereinbarungsparteien die Möglichkeit, anstelle eines Europäischen Betriebsrats ein
anderweitiges **Verfahren zur Unterrichtung und Anhörung der Arbeitnehmer** zu
installieren. Insbesondere bezüglich der letztgenannten Variante gibt Art. 1 II 2 jedoch vor,
dass eine wirksame Unterrichtung und Anhörung der Arbeitnehmer zu gewährleisten ist (s.
auch Erwägungsgrund 14 zu RL 2009/38/EG). Insbesondere hierin kommt die Wertentscheidung
der Richtlinie zum Ausdruck, dass beide Modelle zur Unterrichtung und
Anhörung der Arbeitnehmer im Hinblick auf das Ziel der Richtlinie **gleichwertig** sind.

Die in Art. 1 I niedergelegte Zielsetzung der RL 2009/38/EG einschließlich des Primats 11
einer Vereinbarungslösung (Art. 1 II) hat das zur **Umsetzung** in Deutschland geschaffene
EBRG in dessen § 1 übernommen und klarstellend hinzufügt, dass ein Europäischer
Betriebsrat kraft Gesetzes zu errichten ist, wenn es trotz Durchführung eines Verhandlungsverfahrens
nicht zu einer Vereinbarung kommt (§ 1 I 2 EBRG).

C. Errichtung Europäischer Betriebsräte in Unternehmensgruppen

Nach der in Art. 1 I vorgegebenen Zielsetzung der Richtlinie (→ Rn. 9) erstreckt sich die 12
Unterrichtung und Anhörung nicht nur auf gemeinschaftsweit tätige Unternehmen, sondern
auch auf gemeinschaftsweit tätige Unternehmensgruppen (s. Art. 2 I lit. b und c sowie
Art. 3). Um sowohl eine wirksame Unterrichtung und Anhörung der Arbeitnehmer als
auch eine effiziente Beschlussfassung des Unternehmens und der Unternehmensgruppe zu
gewährleisten (Art. 1 II 2), trifft Art. 1 V eine Sonderregelung für die Errichtung eines
Europäischen Betriebsrats in Unternehmensgruppen, die der Besonderheit Rechnung tragen
soll, dass der Unternehmensgruppe Unternehmen oder Unternehmensgruppen angehören,
die ihrerseits wegen ihrer gemeinschaftsweiten Tätigkeit an sich der RL 2009/38/EG
unterliegen. Um die Errichtung mehrerer Europäischer Betriebsräte innerhalb der ggf.
mehrstufigen Unternehmensgruppe auszuschließen, hält Art. 1 V ausdrücklich fest, dass ein
Europäischer Betriebsrat ausschließlich in der Unternehmensgruppe bzw. der obersten
Unternehmensgruppe eingerichtet wird. Den Verhandlungsparteien bleibt es jedoch wegen
des Primats einer Vereinbarungslösung (Art. 1 II) vorbehalten, eine hiervon **abweichende
Vereinbarung** zu treffen und in der Unternehmensgruppe ggf. ein mehrstufiges System
Europäischer Betriebsräte zu installieren.

Der Vorgabe in Art. 1 V trägt in Deutschland **§ 7 EBRG** Rechnung, dessen Regelung 13
sich dem Wortlaut nach allerdings ausschließlich auf den Fall beschränkt, dass einer Unternehmensgruppe
ein oder mehrere gemeinschaftsweit tätige Unternehmen angehören. In
dieser Konstellation ist – vorbehaltlich einer auch von § 7 EBRG ausdrücklich eröffneten
abweichenden Vereinbarung – **ausschließlich bei dem herrschenden Unternehmen**

der Unternehmensgruppe ein Europäischer Betriebsrat zu errichten. Der in Art. 1 V gleichfalls angesprochene Sachverhalt einer **mehrstufigen Unternehmensgruppe** findet in § 7 EBRG keine ausdrückliche Erwähnung, der Normzweck gebietet jedoch ggf. unter Rückgriff auf das Gebot einer unionsrechtskonformen Auslegung, dass auch in diesem Fall lediglich bei dem herrschenden Unternehmen der mehrstufigen Unternehmensgruppe ein Europäischer Betriebsrat zu errichten ist, sofern die Verhandlungsparteien nicht gesonderte Vertretungen auf den Zwischenstufen vorsehen (AKRR/*Annuß* EBRG § 7 Rn. 1; DKKW/*Bachner* EBRG § 7; *Blanke* EBRG § 7 Rn. 1; HaKo-BetrVG/*Blanke/Kunz* EBRG § 7 Rn. 1; *Fitting* EBRG Übersicht Rn. 31; DFL/*Heckelmann/Wolff* EBRG § 7 Rn. 1; *Müller* EBRG § 7 Rn. 2; GK-BetrVG/*Oetker* EBRG § 7 Rn. 2 f.). Nach dem Zweck sowohl von Art. 1 V als auch von § 21 II EBRG schließt die Errichtung eines Europäischen Betriebsrats bei dem herrschenden Unternehmen trotz gemeinschaftsweiter Tätigkeit bei den abhängigen Unternehmen bzw. einer abhängigen Unternehmensgruppe nicht nur die Errichtung eines Europäischen Betriebsrats, sondern auch ein **anderweitiges Verfahren zur Unterrichtung und Anhörung** der Arbeitnehmer aus. Dieses kann lediglich an Stelle eines Europäischen Betriebsrats etabliert werden. Ist dessen Errichtung kraft Gesetzes ausgeschlossen, gilt dies in gleicher Weise für das als Alternative eröffnete Unterrichtungs- und Anhörungsverfahren.

14 Keine ausdrückliche Vorgabe ist Art. 1 V zu entnehmen, wenn die **Errichtung eines Europäischen Betriebsrats auf der Ebene des herrschenden Unternehmens unterbleibt,** weil das besondere Verhandlungsgremium von der durch Art. 5 V eröffneten Möglichkeit Gebrauch macht, mit der zentralen Leitung nicht in Verhandlungen einzutreten bzw. diese abzubrechen, da in diesem Fall die gesetzliche Auffangregelung keine Anwendung findet (Art. 5 V UAbs. 2 S. 2, § 21 II EBRG; → Art. 5 Rn. 27 ff.). In dieser Konstellation ist zweifelhaft, ob auch bei den der Unternehmensgruppe angehörenden (abhängigen) Unternehmen mit gemeinschaftsweiter Tätigkeit bzw. der (abhängigen) Unternehmensgruppe mit gemeinschaftsweiter Tätigkeit die Errichtung eines Europäischen Betriebsrats zu unterbleiben hat. Wird der Zweck von Art. 1 V und § 7 EBRG ausschließlich darin gesehen, eine mehrstufige Vertretung der Arbeitnehmer in der gemeinschaftsweit tätigen Unternehmensgruppe nur bei einer entsprechenden Vereinbarung zu ermöglichen, dann bedürfen die genannten Bestimmungen einer einschränkenden Auslegung, da andernfalls eine Unterrichtung und Anhörung der Arbeitnehmer in einem gemeinschaftsweiten Unternehmen bzw. Unternehmensgruppe vollständig unterbleiben und nicht durch einen bei dem herrschenden Unternehmen der Unternehmensgruppe errichteten Europäischen Betriebsrat substituiert würde (aA AKRR/*Annuß* EBRG § 7 Rn. 1).

D. Zuständigkeit Europäischer Betriebsräte

I. Beschränkung auf Mitgliedstaaten

15 Die Zuständigkeit eines Europäischen Betriebsrats und die ihm zustehenden Befugnisse erstrecken sich nach Art. 1 VI in der Regel auf die **Mitgliedstaaten der Europäischen Union,** zu denen auch die **Vertragsstaaten des EWR-Abkommens** zählen (→ Rn. 6). Da Art. 1 VI keine Einschränkungen enthält, gilt dies unabhängig davon, ob der Europäische Betriebsrat auf Grund einer Vereinbarung oder nach Maßgabe einer gesetzlichen Auffangregelung errichtet worden ist (HaKo-BetrVG/*Blanke/Hayen* EBRG Einl. Rn. 1). Betriebe eines Unternehmens, die in Drittstaaten gelegen sind, nimmt Art. 1 VI grds. aus dem Zuständigkeitsbereich aus.

16 Für die **Unternehmensgruppe** gilt dies entsprechend, so dass sich die Zuständigkeit eines dort errichteten Europäischen Betriebsrats ausschließlich auf solche abhängigen Unternehmen erstreckt, die in einem Mitgliedstaat oder Vertragsstaat des EWR-Abkommens „ansässig" sind. Die „Ansässigkeit" eines Unternehmens iSv Art. 1 VI bestimmt sich nicht

nach dem Satzungssitz der Gesellschaft, sondern nach ihrem **tatsächlichen Verwaltungssitz** (→ Rn. 7). In diesem Sinne legt **§ 2 I EBRG** ausdrücklich fest, dass das zur Umsetzung der RL 2009/38/EG in Deutschland geschaffene EBRG ausschließlich für Unternehmen mit Sitz im Inland gilt; bei Unternehmensgruppen ist allein maßgebend, ob sich der Sitz des herrschenden Unternehmens im Inland befindet. Unter „Sitz" iSd § 2 I EBRG ist der tatsächliche Verwaltungssitz zu verstehen, da die Unterrichtung und Anhörung der Arbeitnehmer von der zentralen Leitung durchzuführen ist, deren Sitz unabhängig davon zu bestimmen ist, welchen Satzungssitz eine Gesellschaft hat (AKRR/*Annuß* EBRG § 2 Rn. 2; *Blanke* EBRG § 2 Rn. 2; MHdBArbR/*Joost* § 274 Rn. 11; GK-BetrVG/*Oetker* EBRG § 2 Rn. 3; HSWGNR/*Rose* Einl. Rn. 144).

Hat das gemeinschaftsweit tätige Unternehmen **Betriebe in Drittstaaten** bzw. gehören zu einer gemeinschaftsweit tätigen Unternehmensgruppe auch **Unternehmen mit Sitz in einem Drittstaat,** dann ist eine Zuständigkeit des Europäischen Betriebsrats für diese nur gegeben, wenn eine **Vereinbarung** dies festlegt und insoweit einen „größeren Geltungsbereich" iSv Art. 1 VI vorsieht. In diesem Rahmen bleibt es der Vereinbarung überlassen, ob alle Betriebe oder Unternehmen in Drittstaaten in den Geltungsbereich der Vereinbarung einbezogen werden oder sich die Ausdehnung des Geltungsbereichs der Vereinbarung auf einzelne Drittstaaten beschränkt. So könnte zB die Erweiterung des Geltungsbereichs einer Vereinbarung auf europäische Drittstaaten begrenzt werden. In Betracht kommt umgekehrt auch ein weltweiter Geltungsbereich der Vereinbarung. Die durch Art. 1 VI vorgegebene Option, den Geltungsbereich einer Vereinbarung auf Drittstaaten auszudehnen, wird in **§ 1 II 2 EBRG** aufgegriffen, der die Beschränkung der Zuständigkeit des Europäischen Betriebsrats auf die Mitgliedstaaten ebenfalls unter den mit Art. 1 VI übereinstimmenden Vorbehalt eines vereinbarten größeren Geltungsbereichs stellt. Ergänzend soll die Vereinbarung nach **§ 18 I 2 Nr. 1 EBRG** die außerhalb des Hoheitsgebiets der Mitgliedstaaten liegenden Niederlassungen bezeichnen, sofern sich der Geltungsbereich der Vereinbarung auf diese erstreckt. Fehlt eine ausdrückliche Regelung in der Vereinbarung zur Einbeziehung von Betrieben und Unternehmen in Drittstaaten, verbleibt es bei der auf die Mitgliedstaaten eingegrenzten Zuständigkeit des Europäischen Betriebsrats. 17

II. Länderübergreifende Angelegenheiten

Um die Zuständigkeiten und Befugnisse des Europäischen Betriebsrats von denen der in den Mitgliedstaaten errichteten Arbeitnehmervertretungen abzugrenzen (s. Erwägungsgrund 15 zur RL 2009/38/EG), ist die Zuständigkeit des Europäischen Betriebsrats iRd Unterrichtung und Anhörung auf länderübergreifende Angelegenheiten beschränkt (Art. 1 III), wobei Art. 1 IV ausdrücklich und für die Anwendung der Richtlinie verbindlich festlegt, unter welchen Voraussetzungen eine Angelegenheit „länderübergreifend" ist. Das gilt – wie der einschränkungslose Wortlaut verdeutlicht – nicht nur für einen nach Maßgabe der gesetzlichen Auffangregelung errichteten Europäischen Betriebsrat, sondern auch für einen solchen, der auf einer Vereinbarung beruht (HaKo-BetrVG/*Blanke*/*Hayen* EBRG Einl. Rn. 1, 3; ferner Art. 6 II lit. c iVm Art. 1 III). Für ein als Alternative vereinbartes Unterrichtungs- und Anhörungsverfahren gilt die Zuständigkeitsbeschränkung auf länderübergreifende Angelegenheiten nach Art. 1 III 2 ebenfalls (ferner Art. 6 III UAbs. 3: „länderübergreifende Angelegenheiten"). 18

Länderübergreifend ist eine Angelegenheit bei **gemeinschaftsweit tätigen Unternehmen** unabhängig von dessen Sitz stets dann, wenn **mindestens zwei Betriebe in mindestens zwei Mitgliedstaaten** von einer Angelegenheit betroffen sind. Eine bestimmte Mindestgröße der Betriebe verlangt Art. 1 III für die Zuständigkeitsbegründung – im Unterschied zu der Legaldefinition in Art. 2 I lit. a – nicht (HaKo-BetrVG/*Blanke*/*Hayen* EBRG § 1 Rn. 7). Entsprechendes gilt bei einer **Unternehmensgruppe,** bei der jedoch nicht auf die Betriebe, sondern auf die der Unternehmensgruppe angehörenden Unternehmen abzustellen ist. Deshalb genügt es, wenn die von einer Angelegenheit betroffenen 19

Unternehmen ihren Sitz in unterschiedlichen Mitgliedstaaten haben. Eine länderübergreifende Angelegenheit liegt aus diesem Grunde streng genommen auch dann vor, wenn sich die von einer Angelegenheit betroffenen Betriebe von zwei Unternehmen in einem Mitgliedstaat befinden. Einbezogen ist auch die Konstellation, dass zwei Unternehmen der Unternehmensgruppe aus verschiedenen Mitgliedstaaten in einem Mitgliedstaat einen Gemeinschaftsbetrieb unterhalten. Bei Angelegenheiten, die den Gemeinschaftsbetrieb betreffen, sind denknotwendig zwei „der zur Unternehmensgruppe gehörenden Unternehmen in zwei verschiedenen Mitgliedstaaten" betroffen. Bestritten ist allerdings, ob Art. 1 IV auch den Fall erfasst, in dem die Betroffenheit des zweiten Mitgliedstaats ausschließlich dadurch vermittelt wird, dass in diesem die relevante Entscheidung in der Angelegenheit getroffen wird (hierfür *Blanke* EBRG § 31 Rn. 4; HBD/*Breitfeld* EBRG § 35 Rn. 2; DKKW/*Däubler* EBRG § 1 Rn. 4; MHdBArbR/*Joost* § 274 Rn. 35; GK-BetrVG/*Oetker* EBRG § 1 Rn. 5; **aA** AKRR/*Annuß* EBRG § 1 Rn. 6; Preis/Sagan/*Müller-Bonanni*/*Jenner* § 12 Rn. 26 ff.; idS auch *Thüsing/Forst* NZA 2009, 408 [410]).

20   Eine länderübergreifende Angelegenheit liegt nicht nur bei den in → Rn. 19 beschriebenen Sachverhalten, sondern nach Art. 1 IV alternativ („oder") auch dann vor, wenn eine Angelegenheit das gemeinschaftsweit tätige Unternehmen bzw. die gemeinschaftsweit tätige Unternehmensgruppe **„insgesamt"** betrifft. Hierbei handelt es sich insbesondere um solche Angelegenheiten, bei denen es wegen des Gegenstands denknotwendig ausgeschlossen ist, dass hiervon nur einzelne Betriebe eines Unternehmens bzw. Unternehmen einer Unternehmensgruppe betroffen sind. In Betracht kommen insoweit vor allem die „Geschäftslage und die Perspektiven" des Unternehmens bzw. der Unternehmensgruppe (s. Anh. I Abs. 2 S. 1 zur RL 2009/38/EG). Dazu gehören – wie Anh. I Abs. 1 lit. a UAbs. 1 zur RL 2009/38/EG sowie § 29 II Nr. 1 EBRG verdeutlichen – vor allem die Struktur des Unternehmens oder der Unternehmensgruppe sowie deren wirtschaftliche und finanzielle Lage. Entsprechendes gilt für die voraussichtliche Entwicklung der Geschäfts-, Produktions- und Absatzlage (§ 29 II Nr. 2 EBRG).

21   Die **Umsetzung** der Vorgaben in Art. 1 III und IV durch **§ 1 II 1 EBRG** verzichtet auf den Terminus „länderübergreifende" Angelegenheit, sondern übernimmt die Regelung in Art. 1 IV und hält fest, dass der **Europäische Betriebsrat** für die dort genannten Angelegenheiten zuständig ist, ohne nach der Rechtsgrundlage für dessen Errichtung zu differenzieren. Im Gegensatz zu Art. 1 III 2 beschränkt sich § 1 II EBRG auf eine Bestimmung zum Europäischen Betriebsrat. Gleichwohl erfasst auch ein an dessen Stelle etabliertes **Unterrichtungs- und Anhörungsverfahren** nur „grenzübergreifende Angelegenheiten", was in § 19 S. 2 EBRG sowie in der Beschränkung auf eine „grenzübergreifende Unterrichtung und Anhörung" (§ 17 S. 1 und 3 EBRG) zum Ausdruck gelangt. Für die Konkretisierung der „grenzübergreifenden Angelegenheiten" ist auf § 1 II 1 EBRG zurückzugreifen, so dass für ein kraft Vereinbarung geschaffenes Unterrichtungs- und Anhörungsverfahren im Hinblick auf die hierdurch erfassten Angelegenheiten keine anderen Grundsätze gelten als bei der Errichtung eines Europäischen Betriebsrats.

Art. 2 Definitionen

(1) Im Sinne dieser Richtlinie bezeichnet der Ausdruck

a) „gemeinschaftsweit operierendes Unternehmen" ein Unternehmen mit mindestens 1 000 Arbeitnehmern in den Mitgliedstaaten und mit jeweils mindestens 150 Arbeitnehmern in mindestens zwei Mitgliedstaaten;

b) „Unternehmensgruppe" eine Gruppe, die aus einem herrschenden Unternehmen und den von diesem abhängigen Unternehmen besteht;

c) „gemeinschaftsweit operierende Unternehmensgruppe" eine Unternehmensgruppe, die folgende Voraussetzungen erfüllt:

– sie hat mindestens 1 000 Arbeitnehmer in den Mitgliedstaaten,

- sie umfasst mindestens zwei der Unternehmensgruppe angehörende Unternehmen in verschiedenen Mitgliedstaaten, und
- mindestens ein der Unternehmensgruppe angehörendes Unternehmen hat mindestens 150 Arbeitnehmer in einem Mitgliedstaat, und ein weiteres der Unternehmensgruppe angehörendes Unternehmen hat mindestens 150 Arbeitnehmer in einem anderen Mitgliedstaat;
d) „Arbeitnehmervertreter" die nach den Rechtsvorschriften und/oder den Gepflogenheiten der Mitgliedstaaten vorgesehenen Vertreter der Arbeitnehmer;
e) „zentrale Leitung" die zentrale Unternehmensleitung eines gemeinschaftsweit operierenden Unternehmens oder bei gemeinschaftsweit operierenden Unternehmensgruppen die zentrale Unternehmensleitung des herrschenden Unternehmens;
f) „Unterrichtung" die Übermittlung von Informationen durch den Arbeitgeber an die Arbeitnehmervertreter, um ihnen Gelegenheit zur Kenntnisnahme und Prüfung der behandelten Frage zu geben; die Unterrichtung erfolgt zu einem Zeitpunkt, in einer Weise und in einer inhaltlichen Ausgestaltung, die dem Zweck angemessen sind und es den Arbeitnehmervertretern ermöglichen, die möglichen Auswirkungen eingehend zu bewerten und gegebenenfalls Anhörungen mit dem zuständigen Organ des gemeinschaftsweit operierenden Unternehmens oder der gemeinschaftsweit operierenden Unternehmensgruppe vorzubereiten;
g) „Anhörung" die Einrichtung eines Dialogs und den Meinungsaustausch zwischen den Arbeitnehmervertretern und der zentralen Leitung oder einer anderen, angemesseneren Leitungsebene zu einem Zeitpunkt, in einer Weise und in einer inhaltlichen Ausgestaltung, die es den Arbeitnehmervertretern auf der Grundlage der erhaltenen Informationen ermöglichen, unbeschadet der Zuständigkeiten der Unternehmensleitung innerhalb einer angemessenen Frist zu den vorgeschlagenen Maßnahmen, die Gegenstand der Anhörung sind, eine Stellungnahme abzugeben, die innerhalb des gemeinschaftsweit operierenden Unternehmens oder der gemeinschaftsweit operierenden Unternehmensgruppe berücksichtigt werden kann;
h) „Europäischer Betriebsrat" einen Betriebsrat, der gemäß Artikel 1 Absatz 2 oder den Bestimmungen des Anhangs I zur Unterrichtung und Anhörung der Arbeitnehmer eingesetzt werden kann;
i) „besonderes Verhandlungsgremium" das gemäß Artikel 5 Absatz 2 eingesetzte Gremium, das die Aufgabe hat, mit der zentralen Leitung die Einsetzung eines Europäischen Betriebsrats oder die Schaffung eines Verfahrens zur Unterrichtung und Anhörung der Arbeitnehmer nach Artikel 1 Absatz 2 auszuhandeln.

(2) Für die Zwecke dieser Richtlinie werden die Beschäftigtenschwellen nach der entsprechend den einzelstaatlichen Rechtsvorschriften und/oder Gepflogenheiten berechneten Zahl der im Durchschnitt während der letzten zwei Jahre beschäftigten Arbeitnehmer, einschließlich der Teilzeitbeschäftigten, festgelegt.

Übersicht

	Rn.
A. Allgemeines	1
B. Definitionen, Art. 2 Abs. 1	3
I. Gemeinschaftsweit operierendes Unternehmen, Abs. 1 lit. a	3
II. Unternehmensgruppe, Abs. 1 lit. b	14
III. Gemeinschaftsweit operierende Unternehmensgruppe, Abs. 1 lit. c	16
IV. Arbeitnehmervertreter, Abs. 1 lit. d	21
V. Zentrale Leitung, Abs. 1 lit. e	22
VI. Unterrichtung, Abs. 1 lit. f	24
VII. Anhörung, Abs. 1 lit. g	25
VIII. Europäischer Betriebsrat, Abs. 1 lit. h	26
IX. Besonderes Verhandlungsgremium, Abs. 1 lit. i	27
C. Berechnung der Schwellenwerte, Art. 2 Abs. 2	28

A. Allgemeines

1 Der Regelungsinhalt von Art. 2 besteht vor allem in der Festlegung der für die Anwendung der Richtlinie maßgebenden **Definitionen**. Diese sind für den Inhalt der Richtlinie **verbindlich** und stehen in diesem Rahmen nicht zur Disposition der Mitgliedstaaten, da andernfalls die übrigen Vorschriften zur Umsetzung der Richtlinie nicht mehr deren Vorgaben entsprechen könnten. Mit Ausnahme der Legaldefinition für die „Unterrichtung" (Art. 2 I lit. f) sowie zur „Anhörung" (Art. 2 I lit. g) wurden die anderen Definitionen unverändert aus **Art. 2 I RL 94/45/EG** übernommen und fortgeschrieben. Zu den Ausstrahlungen der Definitionen auf die **Auslegung einer Beteiligungsvereinbarung** → RL 2001/86/EG Art. 2 Rn. 2. Mit Art. 2 II reagiert die Richtlinie auf die Schwellenwerte insbesondere in Art. 2 I lit. a, deren Anwendung Maßstäbe für die Ermittlung und Berechnung der Arbeitnehmerzahlen erfordern. Hierfür verweist Art. 2 II einerseits auf die „einzelstaatlichen Rechtsvorschriften und/oder Gepflogenheiten", erlegt den Mitgliedstaaten andererseits aber auch inhaltliche Vorgaben für die Umsetzung auf (→ Rn. 28 ff.).

2 Zur **Umsetzung** von Art. 2 hat der Gesetzgeber in Deutschland – anders als bei der Umsetzung von Art. 2 RL 2001/86/EG, aber ebenso wie zuvor bei der Umsetzung von Art. 2 RL 94/45/EG – davon abgesehen, an den Anfang des EBRG einen Katalog von Legaldefinitionen zu stellen. Vielmehr trägt das EBRG den Vorgaben durch Art. 2 in dem „Ersten Teil" des Gesetzes mit verschiedenen allg. Vorschriften Rechnung (§§ 1–7 EBRG).

B. Definitionen, Art. 2 Abs. 1

I. Gemeinschaftsweit operierendes Unternehmen, Abs. 1 lit. a

3 Der Begriff des „gemeinschaftsweit operierenden Unternehmens" ist einer der Zentralbegriffe der Richtlinie, der insbesondere die Reichweite der durch Vereinbarung oder nach Maßgabe der gesetzlichen Auffangregelung zu etablierenden Unterrichtung und Anhörung der Arbeitnehmer festlegt. Auf ihn greift nicht nur die Überschrift der Richtlinie, sondern ua auch Art. 1 I und II zurück. Die Richtlinie beschränkt sich allerdings auf die Festlegung, unter welchen Voraussetzungen ein Unternehmen „gemeinschaftsweit operiert".

4 Für den **Begriff des „Unternehmens"** verzichtet die Richtlinie auf eine eigenständige Umschreibung. Hieraus ist insbesondere zu schließen, dass der Anwendungsbereich der Richtlinie nicht auf Unternehmen in einer bestimmten **Rechtsform** beschränkt ist. Erfasst werden deshalb nicht nur juristische Personen, sondern auch Personengesellschaften und natürliche Personen. Eine Beschränkung der Unternehmen auf solche in **privater Rechtsform** lässt sich der Richtlinie nicht entnehmen (s. *Blanke* EBRG § 2 Rn. 13; HaKoBetrVG/*Blanke/Kunz* EBRG § 2 Rn. 8; DKKW/*Däubler* EBRG § 2 Rn. 2; HWK/*Giesen* EBRG Rn. 18; HSW/*Hanau* § 19 Rn. 33 f.; *Riesenhuber* § 28 Rn. 12); bestätigt wird dieses Verständnis durch die Legaldefinition des „Unternehmens" in Art. 2 lit. a RL 2002/14/EG, die sowohl öffentliche als auch private Unternehmen einbezieht (→ RL 2002/14/EG Art. 2 Rn. 4, 7). Zum **Sitz** des Unternehmens → Art. 1 Rn. 7. Ohne Bedeutung ist der **Gegenstand** des Unternehmens; Besonderheiten kommen allenfalls bei **Tendenzunternehmen** in Betracht, wenn die jeweiligen Mitgliedstaaten für diese bereits vor Erlass der Richtlinie spezifische Bestimmungen getroffen hatten (§ 8 III; dazu → Art. 8 Rn. 11 ff.). Unerheblich für die Einbeziehung ist ferner, ob das Unternehmen einen **Erwerbszweck** verfolgt oder nicht (s. auch Art. 2 lit. a RL 2002/14/EG; → RL 2002/14/EG Art. 2 Rn. 6).

5 Für eine **gemeinschaftsweite Tätigkeit** des Unternehmens stellt Art. 2 I lit. a auf die **Zahl der Arbeitnehmer** und nicht auf andere Faktoren (Umsatz etc.) ab. Im Hinblick auf den Zweck der Richtlinie ist diese Anknüpfung sachgerecht. Trotz der autoritativen Bedeu-

tung des Arbeitnehmerbegriffs für den Anwendungsbereich der Richtlinie sieht sie allerdings davon ab, diesen autonom zu definieren. Allerdings ergibt sich aus Art. 2 II indirekt, dass sich der **Arbeitnehmerbegriff** nach den „einzelstaatlichen Rechtsvorschriften und/oder Gepflogenheiten" richtet (Preis/Sagan/*Müller-Bonanni*/*Jenner* § 12 Rn. 44; → Rn. 11 ff.). Dies kann im Ergebnis dazu führen, dass eine Personengruppe – wie zB leitende Angestellte – in dem einen Mitgliedstaat bei der Ermittlung der Schwellenwerte zu berücksichtigen ist, während dies in einem anderen Mitgliedstaat zu unterbleiben hat (s. DKKW/*Däubler* EBRG § 4 Rn. 1; *Franzen* BB 2004, 938 [939]; HWK/*Giesen* EBRG Rn. 17; GK-BetrVG/*Oetker* EBRG § 4 Rn. 8; *Riesenhuber* § 28 Rn. 12). Relevant kann diese Diskrepanz auch im Hinblick auf das seefahrende Personal der Handelsmarine sein, da die den Mitgliedstaaten in Art. 1 VII eröffnete Option zu unterschiedlichen Lösungen führen kann (→ Art. 1 Rn. 5).

In Fortführung der Konzeption der RL 94/45/EG kreiert Art. 2 I lit. a für eine gemeinschaftsweite Tätigkeit einen **doppelten Schwellenwert,** der einerseits auf die Gesamtzahl der Arbeitnehmer abstellt, andererseits eine Mindestrepräsentanz in mindestens zwei Mitgliedstaaten fordert. 6

Erstens muss das Unternehmen über mindestens **1000 Arbeitnehmer** verfügen, die sich zudem auf verschiedene **(mindestens zwei) Mitgliedstaaten** verteilen müssen. Unternehmen mit Arbeitnehmern in lediglich einem Mitgliedstaat werden hierdurch aus dem Anwendungsbereich der Richtlinie ausgeklammert, sofern diese nicht einer „gemeinschaftsweit operierenden Unternehmensgruppe" angehören, da in diesem Fall weder das herrschende Unternehmen noch das abhängige Unternehmen Arbeitnehmer in mehreren Mitgliedstaaten beschäftigen muss (→ Rn. 18). Im Hinblick auf den relevanten Schwellenwert der in verschiedenen Mitgliedstaaten beschäftigten Arbeitnehmer bilden die rechtlich selbständigen Unternehmen der Unternehmensgruppe eine Einheit. Bei der Ermittlung, ob der Schwellenwert von 1000 Arbeitnehmern überschritten ist, sind nach dem ausdrücklichen Wortlaut in Art. 2 I lit. a ausschließlich **Arbeitnehmer in Mitgliedstaaten** zu berücksichtigen. Die Beschäftigung von Arbeitnehmern in **Drittstaaten** steht einer gemeinschaftsweiten Tätigkeit des Unternehmens nicht entgegen, sie sind bei der Ermittlung des Schwellenwerts jedoch nicht mitzuzählen. Eine gemeinschaftsweite Tätigkeit liegt deshalb nicht vor, wenn ein Unternehmen in drei Mitgliedstaaten jeweils 300 Arbeitnehmer beschäftigt und erst durch Arbeitnehmer in Drittstaaten der Schwellenwert von 1000 Arbeitnehmern überschritten wird. 7

Von den in verschiedenen Mitgliedstaaten beschäftigten Arbeitnehmern müssen **jeweils mindestens 150** Arbeitnehmer in **zwei oder mehr Mitgliedstaaten** beschäftigt sein. Maßgebend sind hierfür neben den Mitgliedstaaten der Europäischen Union auch die **Vertragsstaaten des EWR-Abkommens** (→ Art. 1 Rn. 6). Arbeitnehmer, die in anderen Staaten **(sog. Drittstaaten)** beschäftigt sind, bleiben für die Beurteilung der „gemeinschaftsweiten" Tätigkeit eines Unternehmens unberücksichtigt (→ Rn. 7), stehen einer gemeinschaftsweiten Tätigkeit des Unternehmens aber auch nicht entgegen. 8

Da die Mindestbeschäftigung in mindestens zwei Mitgliedstaaten konstitutiv für eine gemeinschaftsweite Tätigkeit des Unternehmens ist, sind **vorübergehende Abordnungen** in einen anderen Mitgliedstaat bei der dortigen Mindestzahl nicht zu berücksichtigen (aA *Däubler*/*Klebe* AiB 1995, 557 [565]). Ob es sich bei den für das Unternehmen tätigen Personen um „**Arbeitnehmer**" handelt, beurteilt sich – wie sich indirekt aus Art. 2 II erschließt – nicht nach dem Recht am Sitz des Unternehmens, sondern nach dem Recht des jeweiligen Mitgliedstaats, in dem die betreffenden Personen beschäftigt sind. Das gilt auch hinsichtlich der Einbeziehung von **Teilzeitbeschäftigten** (s. Art. 2 II). Insoweit obliegt den Mitgliedstaaten die Festlegung, ob diese pro Kopf oder anteilig nach Maßgabe ihrer Arbeitszeit bei der Zahl der Arbeitnehmer zu berücksichtigen sind (aA *Klinkhammer*/*Welsau* AuR 1994, 326 [328]). Gegenteiliges lässt sich aus Art. 2 II nicht ableiten, da dieser lediglich vorgibt, dass Teilzeitbeschäftigte überhaupt zu berücksichtigen sind, nicht aber in welchem Umfang dies zu geschehen hat (→ Rn. 28). Zu dem bei der **Handelsmarine** beschäftigten Personal s. Art. 1 VII (→ Rn. 11 sowie → Art. 1 Rn. 5). 9

10 Die **Umsetzung** der Legaldefinition in Art. 2 I lit. a ist in Deutschland durch § 3 I EBRG erfolgt, der nahezu wörtlich der Richtlinienbestimmung entspricht. Auch das EBRG verzichtet auf eine **Definition des Unternehmensbegriffs**, so dass verbreitet eine Eingrenzung auf **Unternehmen in privater Rechtsform** abgelehnt wird und auch Körperschaften, Anstalten und Stiftungen des öffentlichen Rechts sowie Religionsgemeinschaften und ihre karitativen und erzieherischen Einrichtungen dem EBRG unterliegen sollen (so AKRR/*Annuß* EBRG § 1 Rn. 8; *v. Beckerath* 27; *Blanke* EBRG § 1 Rn. 13; HaKo-BetrVG/*Blanke*/*Kunz* EBRG § 2 Rn. 8; DKKW/*Däubler* EBRG § 2 Rn. 2; HWK/*Giesen* EBRG Rn. 18; HSW/*Hanau* § 19 Rn. 33 f.). Dem steht bei alleiniger Betrachtung des EBRG entgegen, dass dieses insbesondere in organisatorischer Hinsicht auf dem BetrVG aufbaut und mit diesem eng verzahnt ist, so dass das EBRG auf die in § 130 BetrVG sowie in § 118 II BetrVG genannten Einrichtungen keine Anwendung findet und damit nur Unternehmen in privater Rechtsform erfasst (ebenso DFL/*Heckelmann*/*Wolff* EBRG § 2 Rn. 1; *Müller* EBRG § 2 Rn. 9; wohl auch HSWGNR/*Rose* Einl. Rn. 149). Die nicht zu leugnende Diskrepanz zum Unternehmensbegriff der Richtlinie (→ Rn. 4) hat wegen der bei öffentlich-rechtlichen Rechtsträgern sowie Religionsgemeinschaften und ihren erzieherischen und karitativen Einrichtungen in der Regel fehlenden gemeinschaftsweiten Tätigkeit keine praktische Relevanz (so auch AKRR/*Annuß* EBRG § 1 Rn. 8).

11 Bezüglich des für die Schwellenwerte maßgebenden **Arbeitnehmerbegriffs** ergibt sich aus § 4 S. 1 EBRG, der – entsprechend der Vorgabe in Art. 2 II – den Berechnungsmodus festlegt, dass in Deutschland unabhängig vom Sitz der zentralen Leitung nur **Arbeitnehmer iSd § 5 I BetrVG** zu berücksichtigen sind. Bei den auf Deutschland entfallenden Arbeitnehmern sind hierdurch neben den in § 5 II BetrVG aufgezählten Personen insbesondere **leitende Angestellte iSd § 5 III BetrVG** aus dem für die Anwendung von § 3 I EBRG maßgebenden Arbeitnehmerbegriff ausgeklammert (*Blanke* EBRG § 4 Rn. 14; HBD/*Breitfeld* EBRG § 4 Rn. 4; *Fitting* EBRG Übersicht Rn. 22; *Franzen* BB 2004, 938 [939]; HWK/*Giesen* EBRG Rn. 6; HSW/*Hanau* § 19 Rn. 35; MHdBArbR/*Joost* § 274 Rn. 24; Preis/Sagan/*Müller-Bonanni*/*Jenner* § 12 Rn. 17, 45; *Schmidt* RdA 2001, Beilage zu Heft 5, 12 [15]; aA *Hromadka* DB 1995, 1125 [1126]; *Riesenhuber* § 28 Rn. 13). Neben § 4 S. 1 EBRG folgt dies aus der Sonderstellung, die leitende Angestellte sowie die von ihnen errichteten Sprecherausschüsse iRd EBRG einnehmen (s. §§ 11 IV, 23 VI, 36 II EBRG), die denknotwendig auf der Prämisse beruht, leitende Angestellte seien keine Arbeitnehmer iSd EBRG. Zu den Arbeitnehmern zählen auch die **Besatzungsmitglieder** iSv § 114 VI BetrVG mit Ausnahme des Kapitäns, den § 114 VI 2 BetrVG den leitenden Angestellten iSd § 5 III BetrVG zurechnet. Von der in Art. 1 VII eröffneten Option, das bei der Handelsmarine beschäftigte Personal auszuklammern, hat das EBRG keinen Gebrauch gemacht (→ Art. 1 Rn. 5).

12 **Teilzeitbeschäftigte** sind nicht nach Maßgabe ihrer Arbeitszeit anteilig, sondern – wie iRd Schwellenwerte des BetrVG – bei der Zahl der in Deutschland tätigen Arbeitnehmer pro Kopf zu berücksichtigen (Begr. RegE, BT-Drs. 13/4520, 18; *Blanke* EBRG § 4 Rn. 8; HaKo-BetrVG/*Blanke*/*Kunz* EBRG § 4 Rn. 5; DKKW/*Däubler* EBRG § 4 Rn. 1; *Franzen* BB 2004, 938 [939]; HWK/*Giesen* EBRG Rn. 6; *Müller* EBRG § 4 Rn. 2; Preis/Sagan/*Müller-Bonanni*/*Jenner* § 12 Rn. 45; aA *Hromadka* DB 1995, 1125 [1126]; *Klinkhammer*/*Welslau* AuR 1994, 326 [328]). Für eine hiervon abweichende Berücksichtigung der Teilzeitbeschäftigten nach Maßgabe des von ihnen geschuldeten Arbeitszeitvolumens hätte es vor dem Hintergrund der in Deutschland vorherrschenden Regelungstechnik einer ausdrücklichen gesetzlichen Festlegung bedurft, wie sie § 23 I 4 KSchG trifft. Das EBRG hat diese nicht aufgegriffen.

13 Ob bei der Ermittlung der Schwellenwerte in Deutschland im entleihenden Unternehmen tätige **Leiharbeitnehmer** zu berücksichtigen sind, ergibt sich nicht aus dem EBRG. Obwohl § 3 I EBRG von „beschäftigten" Arbeitnehmern spricht, legt die Bezugnahme auf § 5 I BetrVG in § 4 S. 1 EBRG nahe, im entleihenden Unternehmen tätige Leiharbeitnehmer nicht zu berücksichtigen. Allerdings setzt dies voraus, dass für die Arbeitnehmereigenschaft iSv § 5 I 1 BetrVG grds. eine arbeitsvertragliche Beziehung zu dem Rechtsträger des Betriebs bestehen muss. Hierfür spricht im Umkehrschluss die explizite Sonderregelung in § 5 I 3 BetrVG, die den dort aufgezählten Personengruppen, zu denen auch Arbeitnehmer (des öffentlichen Dienstes) zählen, die Arbeitnehmereigenschaft iSd des BetrVG zubilligt, obwohl es an einer Rechtsbeziehung zu dem Rechtsträger des Beschäftigungsbetriebs fehlt. Bei diesem Verständnis handelt es sich bei im entleihenden Unternehmen beschäftigen Leiharbeitnehmern nicht um Arbeitnehmer iSv § 5 I 1 BetrVG, so dass diese nicht bei den Schwellenwerten des EBRG zu berücksichtigen sind. Ein gegenteiliges Verständnis kommt für das EBRG allenfalls in Betracht, wenn die ausdrückliche Bezugnahme in § 4 S. 1 EBRG auf § 5 I BetrVG ignoriert und angesichts der Preisgabe der sog. Zwei-Komponenten-Lehre durch das BAG (s. BAG 5.12.2012 NZA 2013, 793 Rn. 17 ff. sowie BAG 13.3.2013 NZA 2013, 789 Rn. 21 ff.) für eine eigenständige und ausschließlich vom Telos der Schwellenwerte geprägte Auslegung des Arbeitnehmerbegriffs plädiert wird. Unter dieser Prämisse sind die im Entleiherunternehmen beschäftigten Leiharbeitnehmer in gleicher Weise von den Entscheidungen bezüglich des Unternehmens betroffen, wie diejenigen Arbeitnehmer, die in einer arbeitsvertraglichen Beziehung zu diesem stehen, so dass die Ratio der von der RL 2009/38/EG und dem EBRG angestrebten Unterrichtung und Anhörung der Arbeitnehmer auch auf Leiharbeitnehmer zutrifft, die im entleihenden Unternehmen beschäftigt sind. Dieser Erwägung lässt sich allenfalls entgegenhalten, dass die Schwellenwerte ausschließlich einen Indikator für eine gemeinschaftsweite Tätigkeit des Unternehmens liefern und hierfür vorübergehend im Unternehmen tätige Personen keinen geeigneten Anknüpfungspunkt darstellen.

II. Unternehmensgruppe, Abs. 1 lit. b

Für die „Unternehmensgruppe" verzichtet Art. 2 I lit. b weitgehend auf eine Definition, **14** sondern beschränkt sich auf die Festlegung, dass diese aus mindestens **zwei Unternehmen** bestehen muss, wobei ein Unternehmen „herrschen" muss, während mindestens ein anderes Unternehmen von diesem „abhängig" ist. Diese Voraussetzung ist nur dann erfüllbar, wenn die Unternehmen **rechtlich selbständig** sind. Wie Art. 2 I lit. a verzichtet Art. 2 I lit. b auf eine Eingrenzung der **Rechtsform.** Diese ist sowohl für das herrschende als auch bei dem abhängigen Unternehmen ohne Bedeutung (→ Rn. 4). Die **Voraussetzungen für die Beherrschung** eines anderen Unternehmens, und damit die konstitutiven Elemente für eine „Unternehmensgruppe", legt nicht Art. 2 I, sondern **Art. 3** fest, so dass das Vorliegen eines Beherrschungsverhältnisses im Ausgangspunkt nicht nach dem Konzernrecht der Mitgliedstaaten, sondern autonom nach Maßgabe der RL 2009/38/EG zu bestimmen ist, sofern diese nicht ihrerseits auf das Recht der Mitgliedstaaten verweist (s. Art. 3 VI UAbs. 1 sowie → Art. 3 Rn. 6). Die Legaldefinition in Art. 2 I lit. b schließt nicht aus, dass das „abhängige Unternehmen" seinerseits zugleich ein „herrschendes Unternehmen" ist, so dass auch **mehrstufige Unternehmensgruppen** einbezogen sind. Bestätigt wird diese Auslegung durch Art. 1 V, der ausdrücklich den Sachverhalt regelt, dass eine gemeinschaftsweit operierende Unternehmensgruppe ein oder mehrere Unternehmensgruppen umfasst (→ Art. 1 Rn. 12 ff.). Dies setzt denknotwendig voraus, dass ein Unternehmen iRd Legaldefinition in Art. 2 I lit. b sowohl abhängiges als auch herrschendes Unternehmen sein kann.

Im Unterschied zur RL 2009/38/EG verzichtet das **EBRG** auf eine Legaldefinition der **15** „Unternehmensgruppe", insbesondere hat es Art. 2 I lit. b nicht übernommen, obwohl der Begriff – wie bei der RL 2009/38/EG – für den Anwendungsbereich des EBRG von zentraler Bedeutung ist (s. § 2 I EBRG). Wegen § 6 EBRG ist dieses Defizit unschädlich (so auch AKRR/*Annuß* EBRG § 1 Rn. 9), da dieser die tatbestandlichen Voraussetzungen für ein „herrschendes Unternehmen" festlegt und § 6 I EBRG indirekt zu entnehmen ist, dass eine Unternehmensgruppe iSd EBRG – wie von Art. 2 I lit. b vorgegeben – aus einem herrschenden Unternehmen und mindestens einem abhängigen Unternehmen besteht.

Ferner ergibt sich aus der Definition in § 6 I EBRG, dass nur „rechtlich selbständige" Unternehmen einer Unternehmensgruppe angehören können.

III. Gemeinschaftsweit operierende Unternehmensgruppe, Abs. 1 lit. c

16 Entsprechend der für „Unternehmen" maßgebenden Grundkonzeption (→ Rn. 5 ff.) sind Unternehmensgruppen iSv Art. 2 I lit. b nicht stets in den Anwendungsbereich der RL 2009/38/EG einbezogen, sondern nur, wenn sie eine gemeinschaftsweite Tätigkeit entfalten. Hierfür schreibt Art. 2 I lit. c den Grundansatz aus Art. 2 I lit. a fort und überträgt diesen auf die aus mehreren Unternehmen gebildete Unternehmensgruppe.

17 **Erstens** greift Art. 2 I lit. c erster Gedankenstrich den **Schwellenwert von 1000 Arbeitnehmern** auf, bezieht diesen jedoch auf die gesamte Unternehmensgruppe, wobei es unerheblich ist, bei welchem Unternehmen der Unternehmensgruppe die Arbeitnehmer beschäftigt sind. Es sind deshalb nicht nur Arbeitnehmer des oder der abhängigen Unternehmen, sondern auch diejenigen des herrschenden Unternehmens bei der Berechnung des Schwellenwerts zu berücksichtigen. Für die in Art. 2 I lit. c erster Gedankenstrich genannte Voraussetzung werden die Arbeitnehmer der der Unternehmensgruppe angehörenden Unternehmen somit als Einheit behandelt. Ebenso wie bei Art. 2 I lit. a sind nur die in **Mitgliedstaaten** der Europäischen Union sowie den Vertragsstaaten des EWR-Abkommens beschäftigten Arbeitnehmer zu berücksichtigen, nicht hingegen Arbeitnehmer, die in Drittstaaten beschäftigt sind (→ Rn. 7). Ob auch Arbeitnehmer zu berücksichtigen sind, die bei **mittelbar abhängigen Unternehmen** beschäftigt sind, erschließt sich aus der Richtlinie nicht eindeutig. Der Wortlaut von Art. 2 I lit. c spricht gegen deren Einbeziehung, da es sich nicht um Arbeitnehmer des abhängigen Unternehmens handelt. Andererseits lässt Art. 3 I auch ein mittelbares Beherrschungsverhältnis ausreichen, um ein Unternehmen der Unternehmensgruppe zuzurechnen (→ Art. 3 Rn. 3). Da Art. 2 lit. c den Schwellenwert ohne Einschränkungen auf die „Unternehmensgruppe" bezieht, sprechen gute Gründe dafür, auch die Arbeitnehmer bei Enkelgesellschaften zu berücksichtigen.

18 **Zweitens** ist für eine gemeinschaftsweite Tätigkeit der Unternehmensgruppe konstitutiv, dass ihr **Unternehmen in verschiedenen Mitgliedstaaten** angehören. Ob diese ihrerseits Arbeitnehmer in verschiedenen Mitgliedstaaten beschäftigen, ist iRv Art. 2 I lit. c zweiter Gedankenstrich ohne Bedeutung. Es ist deshalb keine Voraussetzung für das Vorliegen einer Unternehmensgruppe, dass die ihr angehörenden Unternehmen „gemeinschaftsweit operierende Unternehmen" iSv Art. 2 I lit. a sind. Ebenso fordert Art. 2 I lit. c für die Unternehmen in verschiedenen Mitgliedstaaten lediglich, dass sie der Unternehmensgruppe angehören. Dies ist nicht nur bei abhängigen Unternehmen der Fall; das herrschende Unternehmen gehört ebenfalls der Unternehmensgruppe an. Deshalb ist die Voraussetzung in Art. 2 I lit. c zweiter Gedankenstrich auch dann erfüllt, wenn das herrschende Unternehmen in einem Mitgliedstaat und ein abhängiges Unternehmen in einem anderen Mitgliedstaat seinen Sitz hat. Wie bei dem Schwellenwert in Art. 2 lit. c erster Gedankenstrich (→ Rn. 17) reicht es auch iRv Art. 2 lit. c zweiter Gedankenstrich aus, wenn die Voraussetzung durch mittelbar abhängige Unternehmen erfüllt wird. Keine Konkretisierung lässt sich Art. 2 I lit. c zweiter Gedankenstrich für die Voraussetzungen entnehmen, unter denen sich ein Unternehmen in einem Mitgliedstaat befindet. Wegen der Anknüpfung der Unterrichtung und Anhörung an die zentrale Leitung sprechen die besseren Gründe dafür, auf den **Verwaltungssitz** des Unternehmens abzustellen (→ Art. 1 Rn. 7). Für Art. 2 I lit. c zweiter Gedankenstrich genügt es deshalb bei einer aus zwei Unternehmen bestehenden Unternehmensgruppe nicht, wenn ein Unternehmen zwar Betriebe in einem anderen Mitgliedstaat unterhält, der Verwaltungssitz sich aber in demselben Mitgliedstaat wie derjenige des anderen Unternehmens befindet.

19 Der **Beschäftigungsort der Arbeitnehmer** ist erst iRd in Art. 2 I lit. c dritter Gedankenstrich genannten Voraussetzung für eine gemeinschaftsweite Tätigkeit der Unternehmensgruppe von Bedeutung. Unter Rückgriff auf den iRv Art. 2 I lit. a maßgebenden

Schwellenwert von 150 Arbeitnehmern verlangt Art. 2 I lit. c dritter Gedankenstrich eine Beschäftigung der Arbeitnehmer in verschiedenen Mitgliedstaaten, wobei es jedoch nicht ausreicht, wenn lediglich ein Unternehmen der Unternehmensgruppe diese Voraussetzung erfüllt. Vielmehr muss diese Voraussetzung durch zwei verschiedene Unternehmen der Unternehmensgruppe erfüllt werden, ohne dass es sich bei ihnen jeweils um gemeinschaftsweit operierende Unternehmen iSv Art. 2 I lit. a handeln muss. Abermals ist es ohne Bedeutung, ob es sich um das herrschende Unternehmen oder um von diesem abhängige Unternehmen handelt. Die Arbeitnehmer, die bei den der Unternehmensgruppe angehörenden Unternehmen beschäftigt sind, werden somit iRv Art. 2 I lit. c dritter Gedankenstrich – im Gegensatz zu Art 2 I lit. c erster Gedankenstrich – nicht als Einheit behandelt. Vielmehr ist die Mindestbeschäftigtenzahl zwingend mit dem jeweils der Unternehmensgruppe angehörenden Unternehmen verknüpft. Deshalb reicht es für das Vorliegen einer Unternehmensgruppe nicht aus, wenn die Mindestbeschäftigtenzahl zwar in einem Mitgliedstaat erreicht wird, dies aber nicht durch ein einziges Unternehmen, sondern erst durch mehrere Unternehmen der Fall ist (*Riesenhuber* § 28 Rn. 17 sowie Preis/Sagan/*Müller-Bonanni/Jenner* § 12 Rn. 13; **aA** zu § 3 II EBRG AKRR/*Annuß* EBRG § 3 Rn. 6). Keine Antwort gibt Art. 2 I lit. c dritter Gedankenstrich auf die Frage, ob es sich bei den der Unternehmensgruppe angehörenden Unternehmen um solche in einem Mitgliedstaat bzw. Vertragsstaat des EWR-Abkommens handeln muss oder die dort genannten Voraussetzungen auch ein in einem Drittstaat ansässiges Unternehmen erfüllen kann, das mindestens 150 Arbeitnehmer in Betrieben beschäftigt, die in einem Mitgliedstaat gelegen sind. Hiergegen spricht der systematische Zusammenhang mit Art. 2 I lit. c zweiter Gedankenstrich, der ausdrücklich auf Unternehmen abstellt, die in einem Mitgliedstaat ansässig sind (→ Rn. 20).

Die zur **Umsetzung** in Deutschland geschaffene Vorschrift in **§ 3 II EBRG** übernimmt 20 im Kern die Voraussetzungen in Art. 2 I lit. c für eine gemeinschaftsweite Tätigkeit der Unternehmensgruppe. Klarstellend fügt § 3 II EBRG jedoch hinzu, dass für die Frage, in welchem Mitgliedstaat sich ein Unternehmen befindet, auf dessen Sitz abzustellen ist. Missverständlich ist allerdings die Relativierung im 2. Halbsatz in Bezug auf die Mindestbeschäftigtenzahl. Die Formulierung „jeweils mindestens 150 Arbeitnehmer in verschiedenen Mitgliedstaaten beschäftigen" legt eine Auslegung nahe, dass diese Voraussetzung bei mindestens zwei Unternehmen erfüllt sein muss. Mit der Definition in Art. 2 I lit. c dritter Gedankenstrich ist eine derartige Auslegung nicht vereinbar, da es hiernach ausreicht, wenn die Mindestbeschäftigtenzahl von 150 „in einem Mitgliedstaat" erfüllt ist und dies auch bei einem weiteren Unternehmen der Fall ist. Insoweit bedarf § 3 II EBRG einer unionsrechtskonformen Auslegung (treffend AKRR/*Annuß* EBRG § 3 Rn. 3). Diese reicht jedoch nicht soweit, vollständig die Verknüpfung der Mindestbeschäftigtenzahl mit einem der Unternehmensgruppe angehörenden Unternehmen aufzugeben und es in allg. Form ausreichen zu lassen, dass in der Unternehmensgruppe mindestens 150 Arbeitnehmer in mindestens zwei Mitgliedstaaten beschäftigt sind (so aber HaKo-BetrVG/*Blanke/Kunz* EBRG § 3 Rn. 4; im Ergebnis auch AKRR/*Annuß* EBRG § 3 Rn. 5). Selbst eine im Vergleich mit § 3 I EBRG zu konstatierende Sachwidrigkeit berechtigt vor dem Hintergrund der Definition der Unternehmensgruppe in Art. 2 I lit. c nicht, die dort vorgegebene Anknüpfung der Mindestbeschäftigtenzahl an ein der Unternehmensgruppe angehörendes Unternehmen preiszugeben (Preis/Sagan/*Müller-Bonanni/Jenner* § 12 Rn. 14). Das gilt auch im Hinblick darauf, dass die Mindestbeschäftigtenzahl in dem Mitgliedstaat nicht durch mehrere Unternehmen erreicht werden kann (*Riesenhuber* § 28 Rn. 17; **aA** AKRR/*Annuß* EBRG § 3 Rn. 6; → Rn. 19 aE).

IV. Arbeitnehmervertreter, Abs. 1 lit. d

Der Begriff „Arbeitnehmervertreter" in der RL 2009/38/EG ist nicht autonom, sondern 21 nach Maßgabe der Rechtsvorschriften und/oder Gepflogenheiten in den Mitgliedstaaten zu bestimmen. Von einer eigenständigen Regelung sieht das EBRG deshalb ab. Aus den

Einschränkungen des Arbeitnehmerbegriffs, die sich aus § 4 EBRG ableiten lassen (→ Rn. 11), ist wegen der Maßgeblichkeit der mitgliedstaatlichen Rechtsvorschriften (bzw. Gepflogenheiten) jedoch abzuleiten, dass die Mitglieder eines Sprecherausschusses der leitenden Angestellten keine „Arbeitnehmervertreter" iSd RL 2009/38/EG sind.

V. Zentrale Leitung, Abs. 1 lit. e

22 Für den Begriff der „zentralen Leitung" stellt Art. 2 I lit. e auf die „Unternehmensleitung" ab, ohne diese jedoch selbst zu definieren. Maßgebend ist hierfür das jeweilige **Geschäftsführungs- und Vertretungsorgan** und nicht die nach Art. 1 III für die Durchführung der Unterrichtung und Anhörung „relevante Leitungs- und Vertretungsebene", da diese in Abhängigkeit von dem zu behandelnden Thema zu bestimmen ist („je nach behandeltem Thema") und deshalb innerhalb eines Unternehmens nicht stets identisch sein muss. Der Rückgriff auf das jeweilige Vertretungsorgan ist schon wegen der in der Richtlinie zum Ausdruck gelangte Verantwortung der zentralen Leitung für die Unterrichtung und Anhörung der Arbeitnehmer (s. Art. 4 I) sowie ihrer von Art. 6 II vorausgesetzten Kompetenz zum Abschluss der Beteiligungsvereinbarung notwendig. Für die **Unternehmensgruppe** richtet sich die „zentrale Leitung" nach dem herrschenden Unternehmen, dessen Unternehmensleitung zugleich die „zentrale Leitung" für die Unternehmensgruppe ist. Die Legaldefinition in Art. 2 I lit. e findet in Deutschland in **§ 1 VI EBRG** eine wörtlich übereinstimmende Entsprechung, die indes ebenfalls davon absieht, den Begriff „Unternehmensleitung" in Art. 2 I lit. e zu konkretisieren, sondern sogar gänzlich auf diesen verzichtet (s. auch AKRR/*Annuß* EBRG § 1 Rn. 16).

23 Besonderheiten gelten für die Definition der „zentralen Leitung", wenn die **Leitung des Unternehmens** ihren Sitz nicht in einem Mitgliedstaat oder Vertragsstaat des EWR-Abkommens, sondern in einem **Drittstaat** hat, da dieser Umstand nicht dazu führt, dass die von der Richtlinie angestrebte Unterrichtung und Anhörung der Arbeitnehmer entfällt (Art. 4 II; → Art. 4 Rn. 2; ferner → Art. 1 Rn. 7). Für diese Konstellation begründet Art. 4 III die **Fiktion einer „zentralen Leitung"** zu Lasten des „Vertreters" oder der Leitung des nach der Beschäftigtenzahl größten Betriebs bzw. Unternehmens. Eine mit Art. 4 III übereinstimmende Fiktion ordnet § 2 II 4 EBRG an, die in ihren tatbestandlichen Voraussetzungen (s. § 2 II 1–3 EBRG) jedoch teilweise von Art. 4 II abweicht (→ Art. 4 Rn. 5 f.).

VI. Unterrichtung, Abs. 1 lit. f

24 Im Gegensatz zur RL 94/45/EG enthält Art. 2 I nunmehr in lit. f eine Legaldefinition der „Unterrichtung" iSd Richtlinie, die die bereits in Art. 2 lit. i RL 2001/86/EG aufgenommene Definition übernimmt und im Hinblick auf die funktionale Ausrichtung der Unterrichtung auch in Art. 4 III RL 2002/14/EG enthalten ist. Im Vordergrund der Legaldefinition steht das in Erwägungsgrund 21 zur RL 2009/38/EG genannte Ziel, eine angemessene Prüfung durch die Arbeitnehmervertreter zu gewährleisten. Dem muss insbesondere der Zeitpunkt sowie die Arbeit und Weise der Unterrichtung Rechnung tragen, ohne allerdings „den Entscheidungsprozess in den Unternehmen zu verlangsamen". Mit dieser Maßgabe zielt die Unterrichtung auch auf eine Beratung durch die Arbeitnehmervertreter sowie ggf. die Vorbereitung einer Anhörung mit dem Organ ab, das hierfür auf der Ebene des Unternehmens bzw. der Unternehmensgruppe zuständig ist. Eine Widerspiegelung findet die Legaldefinition der Richtlinie in § 1 IV EBRG, der Art. 2 I lit. f mit im Kern übereinstimmendem Wortlaut übernimmt.

VII. Anhörung, Abs. 1 lit. g

25 Im Unterschied zu Art. 2 I lit. f RL 94/45/EG beschränkt sich die Legaldefinition der „Anhörung" in Art. 2 I lit. g nicht auf die „Einrichtung eines Dialogs", sondern gibt zusätzlich vor, dass die Anhörung zu einem Zeitpunkt zu erfolgen hat, der es den Arbeit-

nehmervertretern ermöglicht, zu den Maßnahmen, die Gegenstand der Anhörung sind, eine Stellungnahme abzugeben, die auf der Seite des Unternehmens bzw. der Unternehmensgruppe noch berücksichtigt werden kann. Eine hiermit übereinstimmende Definition enthält Art. 2 lit. j RL 2001/86/EG sowie in inhaltlicher Hinsicht Art. 4 IV RL 2002/14/EG (→ RL 2002/14/EG Art. 4 Rn. 19 ff.). Eine dem Zweck der Richtlinie entsprechende Berücksichtigung der Stellungnahme setzt voraus, dass der Entscheidungsprozess auf der Seite des Unternehmens noch nicht abgeschlossen ist, weil die „Anhörung" andernfalls keine ausreichende Wirksamkeit entfalten kann, sondern zu einem formalen und sinnentleerten Prozedere denaturieren würde. Da die Anhörung auf einen Dialog abzielt, hat auf die Stellungnahme eine Antwort der zentralen Leitung zu erfolgen. Eine wörtlich nahezu identische Übernahme der Legaldefinition in Art. 2 I lit. g ist in § 1 V EBRG erfolgt.

VIII. Europäischer Betriebsrat, Abs. 1 lit. h

Mit Art. 2 I lit. h definiert die Richtlinie – übereinstimmend mit der früheren Umschreibung in Art. 2 I lit. g RL 94/45/EG – den Terminus „Europäischer Betriebsrat". Hierunter ist sowohl der nach Maßgabe der Auffangregelung eingesetzte Betriebsrat als auch ein Betriebsrat auf Grund einer nach Art. 6 II abzuschließenden Vereinbarung zu verstehen. Dies folgt für den Letztgenannten sowohl aus der Bezugnahme in Art. 2 I lit. h auf Art. 1 II, der seinerseits auf das Verfahren nach Art. 5 verweist, als auch aus Art. 6 II, der in lit. b, c, d und f ausdrücklich den „Europäischen Betriebsrat" benennt. Bedeutsam ist die von der Rechtsgrundlage seiner Errichtung unabhängige Definition des Europäischen Betriebsrats für die Anwendung der Richtlinie stets dann, wenn diese den Europäischen Betriebsrat zum Normadressaten erhebt, ohne dass dem Wortlaut der Richtlinienbestimmung oder ihrer systematischen Stellung eine Eingrenzung nach Maßgabe der Errichtungsmodalität zu entnehmen ist, wie dies insbesondere in den Bestimmungen des III. Teils der Richtlinie (Art. 8 ff.) geschehen ist. Von einer mit Art. 2 I lit. h vergleichbaren Legaldefinition hat das EBRG abgesehen, so dass jeweils mittels Auslegung der konkreten Norm zu ermitteln ist, ob deren Anwendungsbereich den „Europäischen Betriebsrat" unabhängig von seinem Errichtungsgrund erfasst. 26

IX. Besonderes Verhandlungsgremium, Abs. 1 lit. i

Die Legaldefinition des „besonderen Verhandlungsgremiums in Art. 2 I lit. i hat unverändert Art. 2 I lit. h RL 94/45/EG übernommen und findet in seinem Regelungskern eine Entsprechung in der Legaldefinition in Art. 2 lit. g RL 2001/86/EG. Die Umschreibung des „besonderen Verhandlungsgremiums" besteht aus zwei Elementen: Erstens verweist Art. 2 I lit. i auf die **Modalität zur Errichtung** des besonderen Verhandlungsgremiums in Art. 5 II. Zweitens nimmt Art. 2 I lit. i die **Aufgabe** des besonderen Verhandlungsgremiums in Bezug, die ihrerseits sowohl Art. 1 II als auch Art. 5 I und II vorgibt (→ Art. 5 Rn. 14). Eine mit Art. 2 I lit. i vergleichbare Legaldefinition kennt das **EBRG** nicht, es legt indes in § 8 I EBRG zwingend die Aufgabe des besonderen Verhandlungsgremiums fest. Diese besteht ausschließlich in dem Abschluss einer Vereinbarung mit der zentralen Leitung über eine grenzübergreifende Unterrichtung und Anhörung der Arbeitnehmer. Weitergehende Vertretungsrechte im Hinblick auf die in dem Unternehmen bzw. der Unternehmensgruppe beschäftigten Arbeitnehmer stehen dem besonderen Verhandlungsgremium nicht zu (→ Art. 5 Rn. 14). 27

C. Berechnung der Schwellenwerte, Art. 2 Abs. 2

Art. 2 II betrifft unmittelbar die in Art. 2 I lit. a und c genannten Schwellenwerte zur Zahl der Arbeitnehmer und stimmt mit der früheren Regelung in Art. 2 II RL 94/45/EG überein. Für die Ermittlung der Schwellenwerte verweist Art. 2 II einerseits auf die „einzel- 28 staatlichen Rechtsvorschriften und/oder Gepflogenheiten", andererseits begründet Art. 2 II verbindliche Vorgaben für die Umsetzung der Richtlinie durch die Mitgliedstaaten. Diese betreffen grds. nicht den für die Schwellenwerte maßgeblichen **Arbeitnehmerbegriff.** Mit dem Einschub „einschließlich der Teilzeitbeschäftigten" gibt Art. 2 II den Mitgliedstaaten lediglich vor, dass sie diese bei der Ermittlung der notwendigen Anzahl von Arbeitnehmern nicht ausklammern dürfen. In welchem Umfang (pro Kopf oder pro rata) Teilzeitbeschäftigte zu berücksichtigen sind, ist durch Art. 2 II nicht präjudiziert (**aA** *Klinkhammer/Welslau* AuR 1994, 326 [328]), dies bleibt vielmehr den Mitgliedstaaten iRd Umsetzungsgesetzgebung vorbehalten (→ Rn. 12).

29 Darüber hinaus gibt Art. 2 II den Mitgliedstaaten vor, dass der maßgebliche Schwellenwert nicht an einem bestimmten Stichtag überschritten sein muss, vielmehr soll ein **Durchschnittswert** der „beschäftigten Arbeitnehmer" maßgebend sein. Erst dieser erlaubt die **Prognose,** dass der Schwellenwert in dem Unternehmen bzw. der Unternehmensgruppe nicht nur zufällig überschritten wurde, sondern auch in der Zukunft für das Unternehmen bzw. die Unternehmensgruppe prägend ist. Die hierfür zugrunde zu legende **Referenzperiode** ist ebenfalls von den Mitgliedstaaten nach Maßgabe der Vorgabe in Art. 2 II festzulegen, wobei sich Art. 2 II allerdings auf die Festlegung der Dauer (zwei Jahre) beschränkt, ohne den Mitgliedstaaten die Zeitpunkte für deren Bemessung vorzugeben. Da Art. 2 II ausdrücklich auf den Durchschnitt (*„average number"*) abstellt, reicht es nicht aus, wenn der maßgebliche Schwellenwert „in der Regel" überschritten wird.

30 Für die **Umsetzung** in Deutschland übernimmt § 4 EBRG die Referenzperiode aus Art. 2 II (zwei Jahre), in die alle Arbeitnehmer iSd § 5 I BetrVG einzubeziehen sind. Der Geltungsbereich der Vorschrift ist indes beschränkt. Er ist ausschließlich für die im Inland gelegenen Betriebe und Unternehmen maßgebend, beeinflusst also nicht das Überschreiten der Schwellenwerte in anderen Mitgliedstaaten. Dies richtet sich stets nach den dort zur Umsetzung von Art. 2 II geschaffenen Bestimmungen (AKRR/*Annuß* EBRG § 4 Rn. 4; DKKW/*Däubler* EBRG § 4 Rn. 1; *Franzen* BB 2004, 938 [939]; HWK/*Giesen* EBRG Rn. 17; GK-BetrVG/*Oetker* EBRG § 4 Rn. 8), unabhängig vom Sitz der zentralen Leitung des Unternehmens bzw. der Unternehmensgruppe (AKRR/*Annuß* EBRG § 4 Rn. 4). Auch wenn dieser nicht im Inland liegt, bemessen sich die Arbeitnehmerzahlen in Deutschland wegen § 2 III EBRG stets nach § 4 EBRG.

31 Ergänzend zu den Vorgaben durch Art. 2 II legt § 4 S. 2 EBRG ausdrücklich den für die Durchschnittsberechnung maßgebenden **Zeitpunkt** fest. Maßgebend ist entweder die Initiative der zentralen Leitung oder ein ihr nach § 9 II EBRG zugegangener Antrag. Damit erfordert die Durchschnittsberechnung nach § 4 S. 1 EBRG eine **Rückwärtsrechnung,** für die es nach vorherrschender Ansicht nicht darauf ankommt, ob die Arbeitnehmerzahl den maßgeblichen Schwellenwert „in der Regel" überschritten hat (hierfür aber *Bachner/Kunz* AuR 1996, 81 [83]; *Lerche* 181 ff.). Vielmehr erfordert § 4 S. 1 EBRG nicht zuletzt wegen des durch Art. 2 II vorgegebenen „Durchschnitts" (→ Rn. 29) eine Durchschnittsberechnung, bei der für jeden Kalendertag die Beschäftigtenzahl zu ermitteln und die addierte Gesamtzahl durch die Zahl der Kalendertage zu dividieren ist (so zu § 4 S. 1 EBRG AKRR/*Annuß* EBRG § 4 Rn. 1; *Blanke* EBRG § 4 Rn. 2; HaKo-BetrVG/*Blanke/Kunz* EBRG § 4 Rn. 1; HBD/*Breitfeld* EBRG § 4 Rn. 5; *Fitting* EBRG Übersicht Rn. 21; DFL/*Heckelmann/Wolff* EBRG § 4 Rn. 2; MHdBArbR/*Joost* § 274 Rn. 27; *Müller* EBRG § 4 Rn. 5; GK-BetrVG/*Oetker* EBRG § 4 Rn. 4; *Oetker/Schubert* EAS B 8300, Rn. 51; HSWGNR/*Rose* Einl. Rn. 156; offener HWK/*Giesen* EBRG Rn. 17).

32 Weder Art. 2 II noch § 4 S. 1 EBRG lassen sich konkrete Anhaltspunkte für die Sonderkonstellation entnehmen, dass in dem nach § 4 S. 2 EBRG maßgeblichen Zeitpunkt zwar der Durchschnittswert überschritten wird, andererseits aber feststeht, dass dies in der **Zukunft** dauerhaft nicht mehr der Fall sein wird. Nach dem Zweck der jeweiligen Vorschriften ist die Berücksichtigung derartiger in die Zukunft reichenden und dauerhaften Entwicklungen nicht ausgeschlossen, so dass in diesem Fall eine wortlautkorrigierende Auslegung von § 4 S. 1 EBRG vorzugswürdig ist (ebenso HBD/*Breitfeld* EBRG § 4 Rn. 5;

DKKW/*Däubler* EBRG § 4 Rn. 3; *Fitting* EBRG Übersicht Rn. 21; HWK/*Giesen* EBRG Rn. 17; DFL/*Heckelmann/Wolff* EBRG § 4 Rn. 2; *Müller* EBRG § 4 Rn. 5; *Oetker/Schubert* EAS B 8300, Rn. 53; HSWGNR/*Rose* Einl. Rn. 158; **aA** AKRR/*Annuß* EBRG § 4 Rn. 3; *v. Beckerath* 37 ff.; HSW/*Hanau* § 19 Rn. 56; MHdBArbR/*Joost* § 274 Rn. 25; offen HaKo-BetrVG/*Blanke/Kunz* EBRG § 4 Rn. 2; Preis/Sagan/*Müller-Bonanni/Jenner* § 12 Rn. 18). Die Vorgaben in Art. 2 II stehen dem nicht entgegen, da die danach vorzunehmende Durchschnittsberechnung die Grundlage für die Prognose liefert, dass die Schwellenwerte auch in der Zukunft überschritten werden (→ Rn. 29). Steht fest, dass dies in der Zukunft nicht der Fall sein wird, ist einer auf die Vergangenheit gestützten Prognose die Grundlage entzogen, so dass es dem Zweck von Art. 2 II widersprechen würde, wenn es auch in dieser Konstellation zur Installierung eines Verfahrens zur Unterrichtung und Anhörung kommt.

Im Hinblick auf den Zweck der Durchschnittsberechnung beansprucht die hier **33** (→ Rn. 32) befürwortete wortlautkorrigierende Auslegung auch in der umgekehrten Konstellation Gültigkeit, wenn sicher fest steht, dass der rechnerisch ermittelte Durchschnittswert zukünftig dauerhaft überschritten wird und den maßgeblichen Schwellenwert übersteigt. In Betracht kommt dies insbesondere, wenn sich die Zahl der Arbeitnehmer zB infolge eines Betriebs(teil)übergangs unmittelbar vor Ablauf der Referenzperiode dauerhaft erhöht hat und den Schwellenwert überschreitet.

Art. 3 Definition des Begriffs „herrschendes Unternehmen"

(1) Im Sinne dieser Richtlinie gilt als „herrschendes Unternehmen" ein Unternehmen, das zum Beispiel aufgrund von Eigentum, finanzieller Beteiligung oder sonstiger Bestimmungen, die die Tätigkeit des Unternehmens regeln, einen beherrschenden Einfluss auf ein anderes Unternehmen („abhängiges Unternehmen") ausüben kann.

(2) Die Fähigkeit, einen beherrschenden Einfluss auszuüben, gilt bis zum Beweis des Gegenteils als gegeben, wenn ein Unternehmen in Bezug auf ein anderes Unternehmen direkt oder indirekt

a) die Mehrheit des gezeichneten Kapitals dieses Unternehmens besitzt
 oder
b) über die Mehrheit der mit den Anteilen am anderen Unternehmen verbundenen Stimmrechte verfügt
 oder
c) mehr als die Hälfte der Mitglieder des Verwaltungs-, Leitungs- oder Aufsichtsorgans des anderen Unternehmens bestellen kann.

(3) Für die Anwendung von Absatz 2 müssen den Stimm- und Ernennungsrechten des herrschenden Unternehmens die Rechte aller abhängigen Unternehmen sowie aller natürlichen oder juristischen Personen, die zwar im eigenen Namen, aber für Rechnung des herrschenden Unternehmens oder eines anderen abhängigen Unternehmens handeln, hinzugerechnet werden.

(4) Ungeachtet der Absätze 1 und 2 ist ein Unternehmen kein „herrschendes Unternehmen" in Bezug auf ein anderes Unternehmen, an dem es Anteile hält, wenn es sich um eine Gesellschaft im Sinne von Artikel 3 Absatz 5 Buchstabe a oder c der Verordnung (EG) Nr. 139/2004 des Rates vom 20. Januar 2004 über die Kontrolle von Unternehmenszusammenschlüssen[1] handelt.

(5) Ein beherrschender Einfluss gilt nicht allein schon aufgrund der Tatsache als gegeben, dass eine beauftragte Person ihre Funktionen gemäß den in einem Mitgliedstaat für die Liquidation, den Konkurs, die Zahlungsunfähigkeit, die Zahlungseinstellung, den Vergleich oder ein ähnliches Verfahren geltenden Rechtsvorschriften ausübt.

---

[1] **Amtl. Anm.:** ABl. L 24 vom 29.1.2004, S. 1.

(6) Maßgebend für die Feststellung, ob ein Unternehmen ein herrschendes Unternehmen ist, ist das Recht des Mitgliedstaats, dem das Unternehmen unterliegt.

Unterliegt das Unternehmen nicht dem Recht eines Mitgliedstaats, so ist das Recht des Mitgliedstaats maßgebend, in dem der Vertreter des Unternehmens oder, in Ermangelung eines solchen, die zentrale Leitung desjenigen Unternehmens innerhalb einer Unternehmensgruppe ansässig ist, das die höchste Anzahl von Arbeitnehmern aufweist.

(7) Ergibt sich im Fall einer Normenkollision bei der Anwendung von Absatz 2, dass zwei oder mehr Unternehmen ein und derselben Unternehmensgruppe eines oder mehrere der in Absatz 2 festgelegten Kriterien erfüllen, so gilt das Unternehmen, welches das unter Absatz 2 Buchstabe c genannte Kriterium erfüllt, als herrschendes Unternehmen, solange nicht der Beweis erbracht ist, dass ein anderes Unternehmen einen beherrschenden Einfluss ausüben kann.

A. Allgemeines

1   Die Definition des herrschenden bzw. abhängigen Unternehmens in Art. 3 vervollständigt die Definition der „Unternehmensgruppe" in Art. 2 I lit. b und wurde unverändert aus Art. 3 RL 94/45/EG übernommen. Relevant sind die Regelungen in Art. 3 II–VII darüber hinaus für die Definition der Tochtergesellschaft in Art. 2 lit. c RL 2001/86/EG und Art. 2 lit. c RL 2003/72/EG, da diese auf die vorgenannten Bestimmungen der RL 2009/38/EG verweisen (→ Art. 17 Rn. 1 sowie → RL 2001/86/EG Art. 2 Rn. 8). Die Umsetzung der Definition ist in Deutschland durch § 6 EBRG erfolgt.

2   Keine Vorgaben trifft Art. 3 für die **Rechtsform** des „herrschenden Unternehmens" bzw. des „abhängigen Unternehmens". Vielmehr ist Art. 3 ebenso wie Art. 2 I lit. b rechtsformneutral formuliert (→ Art. 2 Rn. 14). Sowohl Personengesellschaften als auch juristische Personen sowie Einzelkaufleute können deshalb „herrschendes" oder „abhängiges" Unternehmen sein (zu § 6 EBRG ebenso BAG 30.3.2004 NZA 2004, 863 [868]; DKKW/*Bachner* EBRG § 6 Rn. 6, *Blanke* EBRG § 6 Rn. 14; HaKo-BetrVG/*Blanke/Kunz* EBRG § 6 Rn. 9; DFL/*Heckelmann/Wolff* EBRG § 6 Rn. 6; *Müller* EBRG § 6 Rn. 2; HSWGNR/*Rose* Einl. Rn. 153; ferner → Art. 2 Rn. 4). Die **Beschäftigung eigener Arbeitnehmer** fordert Art. 3 für ein „herrschendes" Unternehmen nicht (BAG 30.3.2004 NZA 2004, 863 [868]; AKRR/*Annuß* EBRG § 6 Rn. 3; HaKo-BetrVG/*Blanke/Kunz* EBRG § 6 Rn. 9). Die arbeitnehmerbezogenen Schwellenwerte in Art. 2 I lit. c sind in dieser Konstellation von mindestens zwei „abhängigen" Unternehmen zu erfüllen (ebenso HSWGNR/*Rose* Einl. Rn. 63; → Art. 2 Rn. 17). **Investment- und Beteiligungsgesellschaften** iSd in Art. 3 IV genannten Verordnung sind kraft ausdrücklicher Anordnung keine „herrschenden Unternehmen" iSv Art. 3 I; dementsprechend nimmt auch das EBRG in § 6 IV diese Gesellschaften mittels einer Fiktion aus dem Begriff des herrschenden Unternehmens aus.

3   Keine Aussage trifft Art. 3 I zu der Frage, ob der beherrschende Einfluss unmittelbar bestehen muss oder ein **mittelbar beherrschender Einfluss** ausreicht. Angesichts des Zwecks der Richtlinie, die Unterrichtung und Anhörung auch in einer gemeinschaftsweit operierenden Unternehmensgruppe zu gewährleisten, ist ein extensives Verständnis geboten, dass die mittelbar bestehende Möglichkeit eines beherrschenden Einflusses genügen lässt. Bestätigt wird dies durch die widerlegbare Vermutung einer Fähigkeit zur Ausübung eines beherrschenden Einflusses, die nicht nur „direkt", sondern auch „indirekt" durch die in Art. 3 II aufgelisteten Tatbestände erfüllt werden kann. Die Regelung in § 6 I EBRG, die sowohl den unmittelbaren als auch den mittelbaren beherrschenden Einfluss erfasst, bewegt sich deshalb innerhalb des durch Art. 3 I gezogenen Rahmens.

4   Keine ausdrückliche Antwort gibt Art. 3 auf die Frage einer **mehrfachen Abhängigkeit,** die bei **Gemeinschaftsunternehmen** auftreten kann. Die Richtlinie schließt trotz

des Wortlauts, der auf „ein" herrschendes Unternehmen hindeutet, eine mehrfache Abhängigkeit nicht aus. Auch im deutschen Recht ist entgegen dem Wortlaut in § 17 I AktG anerkannt, dass eine mehrfache Beherrschung möglich ist (s. BAG 30.10.1986 AP BetrVG 1972 § 55 Nr. 1). Liegt bezüglich des Gemeinschaftsunternehmens somit zugunsten der Trägerunternehmen die Möglichkeit einer beherrschenden Einflussnahme vor, dann ist das Gemeinschaftsunternehmen bei jedem der Trägerunternehmen als von diesem abhängiges Unternehmen zuzurechnen (*Bachner/Nielebock* AuR 1997, 129; DKKW/*Bachner* EBRG § 6 Rn. 7; *v. Beckerath* 29 f.; *Blanke* EBRG § 6 Rn. 13; HaKo-BetrVG/*Blanke/Kunz* EBRG § 6 Rn. 8; HBD/*Breitfeld* EBRG § 7 Rn. 4; MHdBArbR/*Joost* § 274 Rn. 18; *Lerche* 174; *Oetker/Schubert* EAS B 8300, Rn. 42; **aA** AKRR/*Annuß* EBRG § 6 Rn. 11; Preis/Sagan/*Müller-Bonanni/Jenner* § 12 Rn. 41). Dies soll allerdings nach verbreiteter Auffassung nicht gelten, wenn die Muttergesellschaften des Gemeinschaftsunternehmens Kapitalanteile in gleicher Höhe halten und auch im Übrigen keinen beherrschenden Einfluss auf dieses ausüben können. In dieser Konstellation sei das Gemeinschaftsunternehmen nicht als „abhängiges" Unternehmen Teil einer von den Muttergesellschaften ggf. gebildeten Unternehmensgruppe (Begr. RegE, BT-Drs. 13/4520, 20; AKRR/*Annuß* EBRG § 6 Rn. 11; *Fitting* EBRG Übersicht Rn. 30; HWK/*Giesen* EBRG Rn. 20; *Müller* EBRG § 6 Rn. 13).

B. Beherrschungsmittel

Für ein „herrschendes Unternehmen" lässt Art. 3 I – im Gegensatz zu § 18 I AktG – die **5 Möglichkeit einer Beherrschung** ausreichen. Es genügt, dass ein Unternehmen beherrschenden Einfluss ausüben kann. Insbesondere ist für das Vorliegen eines „herrschenden Unternehmens" iSd RL 2009/38/EG nicht erforderlich, dass ein oder mehrere Unternehmen unter der **„einheitlichen Leitung"** eines anderen Unternehmens zusammengefasst sind (ebenso zu § 6 EBRG BAG 30.3.2004 NZA 2004, 863 [869]; AKRR/*Annuß* EBRG § 6 Rn. 4; DKKW/*Bachner* EBRG § 6 Rn. 2; *Blanke* EBRG § 6 Rn. 14; HaKo-BetrVG/ *Blanke/Kunz* EBRG § 6 Rn. 4; HSW/*Hanau* § 19 Rn. 44; MHdBArbR/*Joost* § 274 Rn. 16; *Müller* EBRG § 6 Rn. 5; *Windbichler* ZfA 1996, 1 [11]). Wegen des Erfordernisses einer Beherrschungsmöglichkeit ist der **Gleichordnungskonzern** iSv § 18 II AktG nicht von Art. 3 I erfasst (so zu § 6 EBRG BAG 30.3.2004 NZA 2004, 863 [867]; AKRR/*Annuß* EBRG § 6 Rn. 4; DKKW/*Bachner* EBRG § 6 Rn. 1; *Blanke* EBRG § 6 Rn. 5; HaKo-BetrVG/*Blanke/Kunz* EBRG § 6 Rn. 4; HWK/*Giesen* EBRG Rn. 20; MHdBArbR/*Joost* § 274 Rn. 16; *Müller* EBRG § 6 Rn. 12; GK-BetrVG/*Oetker* EBRG § 6 Rn. 2; HSWGNR/*Rose* Einl. Rn. 151; *Thüsing/Leder* SAE 2002, 171 [173]).

Zugleich umschreibt Art. 3 I die Mittel, die den für das Vorliegen eines „herrschenden" **6** Unternehmens relevanten beherrschenden Einfluss begründen. **Eigentum** oder **finanzielle Beteiligung** an einem anderen Unternehmen nennt Art. 3 I jedoch nur exemplarisch („zum Beispiel"). Bezüglich der „sonstigen Bestimmungen" verlangt Art. 3 I zusätzlich, dass sie die Tätigkeit des Unternehmens regeln. Damit scheint Art. 3 I deutlich über die von § 17 I AktG erfassten Beherrschungsmittel hinaus zu gehen, die nach tradierter Auffassung auf solche eingegrenzt sind, die **gesellschaftsrechtlich vermittelt** sind, so dass zB schuldrechtlich begründete Vertragsbeziehungen keine Beherrschungsmöglichkeit begründen. Eine isolierte Betrachtung von Art. 3 I ist jedoch verfehlt, da die weite Fassung der Vorschrift die Möglichkeit eröffnen soll, den in den Mitgliedstaaten nicht harmonisierten Voraussetzungen für das Vorliegen eines Konzernverhältnisses Rechnung zu tragen. Dementsprechend erklärt Art. 3 VI UAbs. 1 ausdrücklich das Recht des Mitgliedstaats, dem das Unternehmen unterliegt, als maßgeblich für die Feststellung, ob ein Unternehmen ein herrschendes Unternehmen ist. Deshalb sind die zu § 17 I AktG maßgebenden Kriterien für ein Beherrschungsverhältnis für die Umsetzung in Deutschland einschlägig (AKRR/ *Annuß* EBRG § 6 Rn. 5; HSW/*Hanau* § 19 Rn. 48; **aA** DKKW/*Bachner* EBRG § 6

Rn. 3, 4; *Blanke* EBRG § 6 Rn. 10; HaKo-BetrVG/*Blanke/Kunz* EBRG § 6 Rn. 7; HBD/*Breitfeld* EBRG § 7 Rn. 3).

7   Unabhängig davon legt **Art. 3 V** fest, dass bestimmte Personen, die ihre Funktion auf Grund der in den Mitgliedstaaten geltenden Rechtsvorschriften ausüben, nicht bereits wegen der Wahrnehmung dieser Funktion einen beherrschenden Einfluss auf das Unternehmen iSv Art. 3 I ausüben. Dies betrifft insbesondere **Liquidatoren einer Gesellschaft** sowie **Insolvenzverwalter.** Die Aufzählung in Art. 3 V ist abschließend. Eine Umsetzung dieser Richtlinienbestimmung ist iRd **EBRG** unterblieben, was aus deutscher Sicht unschädlich ist, da die in Art. 3 V aufgezählten Personen in Ausübung ihrer Funktionen nicht als rechtlich selbständiges „Unternehmen" tätig werden, so dass sie selbst bei einem beherrschenden Einfluss für die Anwendung des EBRG nicht als „herrschendes Unternehmen" in Betracht kommen (ebenso Begr. RegE, BT-Drs. 13/4520, 20; AKRR/*Annuß* EBRG § 6 Rn. 2).

C. Vermutung eines beherrschenden Einflusses

8   In Abs. 2 legt Art. 3 drei Tatbestände fest, bei deren Erfüllung die Möglichkeit (Fähigkeit) zur Ausübung eines beherrschenden Einflusses bestehen soll. Mit der Formulierung „gilt" deutet der Wortlaut der Norm zwar auf eine Fiktion hin, der Zusatz „bis zum Beweis des Gegenteils" verdeutlicht aber, dass die Tatbestände in Art. 3 II lediglich eine **widerlegbare Vermutung** begründen. Dogmatisch präziser ist daher im Ausgangspunkt die zur Umsetzung in Deutschland in § 6 II 1 EBRG getroffene Regelung, die den Tatbeständen in § 6 II 1 EBRG ausdrücklich die Rechtswirkung einer Vermutung beilegt. Allerdings ergibt sich hieraus nicht, ob es sich um eine widerlegbare oder unwiderlegbare Vermutung handelt. Nicht zuletzt wegen der nach Art. 3 II ausdrücklich vorzusehenden Möglichkeit, den „Beweis des Gegenteils" anzutreten, handelt es sich bei den Tatbeständen in § 6 II 1 EBRG auf Grund einer unionsrechtskonformen Auslegung um eine **widerlegbare Vermutung** (BAG 30.3.2004 NZA 2004, 863 [868]; DKKW/*Bachner* EBRG § 6 Rn. 8, 10; *Blanke* EBRG § 6 Rn. 6; HaKo-BetrVG/*Blanke/Kunz* EBRG § 6 Rn. 5; HBD/*Breitfeld* § 7 Rn. 3; *Franzen* BB 2004, 938 [938]; MHdBArbR/*Joost* § 274 Rn. 17; *Müller* EBRG § 6 Rn. 7; GK-BetrVG/*Oetker* EBRG § 6 Rn. 8; *Riesenhuber* § 28 Rn. 15; HSWGNR/*Rose* Einl. Rn. 152).

9   Die **Tatbestände** in Art. 3 II lit. b und c, die das EBRG mit identischem Wortlaut in § 6 II 1 Nr. 1 und 2 EBRG übernommen hat, entsprechen § 17 II AktG iVm § 16 AktG (BAG 30.3.2004 NZA 2004, 863 [868]), während der Tatbestand in Art. 3 II lit. a bzw. § 6 II 1 Nr. 3 EBRG regelmäßig von § 17 I AktG erfasst wird (BAG 30.3.2004 NZA 2004, 863 [868]; *Müller* EBRG § 6 Rn. 6; *Windbichler* ZfA 1996, 1 [12]). Ergänzend fordert Art. 3 III, dass die Stimm- und Ernennungsrechte aller abhängigen Unternehmen sowie aller natürlichen und juristischen Personen, die im eigen Namen, aber für Rechnung des herrschenden oder der abhängigen Unternehmens handeln, den Stimm- und Ernennungsrechten hinzuzurechnen sind. In § 6 III EBRG wurde diese Zurechnungsbestimmung, die in § 16 IV AktG eine Entsprechung findet, mit identischem Wortlaut übernommen.

10 Für den Fall, dass zwei oder mehrere Unternehmen einer Unternehmensgruppe ein oder mehrere Tatbestände in Art. 3 II erfüllen, gibt Art. 3 VII als **Kollisionsregel** vor, dass dasjenige Unternehmen als „herrschendes" Unternehmen gilt, das mehr als die Hälfte der Mitglieder des Verwaltungs- Leitungs- oder Aufsichtsorgans des anderen Unternehmens bestellen kann (Art. 3 II lit. c). Nach Art. 3 VII ist jedoch die Möglichkeit zu belassen, den Beweis zu erbringen, dass ein anderes Unternehmen beherrschenden Einfluss ausüben kann. Die zur Umsetzung getroffene Kollisionsregel in § 6 II 2 EBRG greift Art. 3 VII zwar auf, weicht von diesem aber erheblich ab. Allerdings übernimmt § 6 II 2 EBRG den Vorrang des Kriteriums in Art. 3 II lit. c. Die Möglichkeit zum **Beweis einer Beherrschung durch ein anderes Unternehmen** eröffnet § 6 II EBRG jedoch nicht ausdrücklich. Im Hinblick

auf den Zweck von § 6 II 2 EBRG, im Kollisionsfall das herrschende Unternehmen für die Anwendung des EBRG zu bestimmen, ist diese scheinbar von § 6 II EBRG gelassene Lücke durch eine unionsrechtskonforme Auslegung zu schließen, da nur so eine Diskrepanz zu Art. 3 VII vermieden werden kann. Die Kollisionsregel in § 6 II 2 EBRG versperrt deshalb nicht die Möglichkeit eines Beweises, dass ein Unternehmen abweichend von der Reihenfolge in § 6 II 2 EBRG über die Möglichkeit verfügt, einen beherrschenden Einfluss auszuüben.

Teil II. Einrichtung des Europäischen Betriebsrats oder Schaffung eines Verfahrens zur Unterrichtung und Anhörung der Arbeitnehmer

Art. 4 Verantwortung für die Einrichtung eines Europäischen Betriebsrats oder die Schaffung eines Verfahrens zur Unterrichtung und Anhörung der Arbeitnehmer

(1) Die zentrale Leitung ist dafür verantwortlich, dass die Voraussetzungen geschaffen und die Mittel bereitgestellt werden, damit jeweils nach Maßgabe des Artikels 1 Absatz 2 für gemeinschaftsweit operierende Unternehmen und gemeinschaftsweit operierende Unternehmensgruppen der Europäische Betriebsrat eingesetzt oder ein Verfahren zur Unterrichtung und Anhörung geschaffen werden kann.

(2) Ist die zentrale Leitung nicht in einem Mitgliedstaat ansässig, so ist ihr gegebenenfalls zu benennender Vertreter in der Gemeinschaft für die Maßnahmen nach Absatz 1 verantwortlich.

In Ermangelung eines solchen Vertreters ist die Leitung des Betriebs oder des zur Unternehmensgruppe gehörenden Unternehmens mit der höchsten Anzahl von Beschäftigten in einem Mitgliedstaat für die Maßnahmen nach Absatz 1 verantwortlich.

(3) Für die Zwecke dieser Richtlinie gelten der oder die Vertreter oder, in Ermangelung dieser Vertreter, die Leitung nach Absatz 2 Unterabsatz 2 als zentrale Leitung.

(4) ¹Jede Leitung eines zu einer gemeinschaftsweit operierenden Unternehmensgruppe gehörenden Unternehmens sowie die zentrale Leitung oder die fingierte zentrale Leitung im Sinne des Absatzes 2 Unterabsatz 2 des gemeinschaftsweit operierenden Unternehmens oder der gemeinschaftsweit operierenden Unternehmensgruppe ist dafür verantwortlich, die für die Aufnahme von Verhandlungen gemäß Artikel 5 erforderlichen Informationen zu erheben und an die Parteien, auf die die Richtlinie Anwendung findet, weiterzuleiten, insbesondere die Informationen in Bezug auf die Struktur des Unternehmens oder der Gruppe und die Belegschaft. ²Diese Verpflichtung betrifft insbesondere die Angaben zu der in Artikel 2 Absatz 1 Buchstaben a und c erwähnten Beschäftigtenzahl.

Übersicht

	Rn.
A. Allgemeines	1
B. Fiktion einer zentralen Leitung	2
C. Verantwortung der zentralen Leitung für das Verhandlungsverfahren	7
D. Einleitung des Verhandlungsverfahrens, Auskunftsanspruch	10

A. Allgemeines

1 Art. 4 enthält die Grundsatznorm für den Akteur zur Unterrichtung und Anhörung der Arbeitnehmer auf Seiten des gemeinschaftsweit tätigen Unternehmens bzw. der gemeinschaftsweit tätigen Unternehmensgruppe und legt die grundlegenden Pflichten der jeweiligen zentralen Leitung fest. Dies betrifft insbesondere die Pflicht zur Bereitstellung der Mittel für die Einsetzung eines Europäischen Betriebsrats oder ein alternativ vereinbartes Verfahren zur Unterrichtung und Anhörung der Arbeitnehmer (Art. 4 I) sowie zur Erhebung und Weiterleitung von Informationen, die für die Aufnahme von Verhandlungen erforderlich sind (Art. 4 IV). Zudem schafft Art. 4 den notwendigen Rahmen für den Fall, dass sich die zentrale Leitung eines Unternehmens bzw. einer Unternehmensgruppe nicht in einem Mitgliedstaat der Europäischen Union oder einem Vertragsstaat des EWR-Abkommens, sondern in einem Drittstaat befindet und fingiert für diese Konstellation das Vorliegen einer zentralen Leitung in einem Mitgliedstaat (Art. 4 II und III).

B. Fiktion einer zentralen Leitung

2 Für den Regelfall geht die RL 2009/38/EG davon aus, dass sich die zentrale Leitung eines Unternehmens bzw. einer Unternehmensgruppe in einem Mitgliedstaat der Europäischen Union oder einem Vertragsstaat des EWR-Abkommens befindet (s. auch → Art. 1 Rn. 7). Hat die Leitung eines (ggf. herrschenden) Unternehmens ihren **Sitz in einem Drittstaat**, kann sich die Richtlinie schon deshalb nicht auf die dort ansässige zentrale Leitung erstrecken, weil diese nicht der Rechtssetzungsmacht der Mitgliedstaaten unterliegt und eine entsprechende Richtlinienbestimmung von den Mitgliedstaaten selbst dann nicht umgesetzt werden könnte, wenn diese Verpflichtungen an eine in einem Drittstaat befindliche zentrale Leitung adressieren würde. Damit die mit der RL 2009/38/EG intendierte Stärkung des „Rechts auf Unterrichtung und Anhörung der Arbeitnehmer in gemeinschaftsweit operierenden Unternehmen und Unternehmensgruppen" (Art. 1 I; → Art. 1 Rn. 9) in einer derartigen Konstellation nicht leerläuft, sieht Art. 4 III die **Fiktion einer zentralen Leitung** vor, wenn die in den Mitgliedstaaten und den Vertragsstaaten des EWR-Abkommens gelegenen Betriebe des Unternehmens bzw. Unternehmen der Unternehmensgruppe für sich genommen die Voraussetzungen in Art. 2 I lit. a oder c einer gemeinschaftsweiten Tätigkeit erfüllen.

3 Für die Fiktion einer zentralen Leitung greift Art. 4 II zwar vorrangig auf den benannten „Vertreter in der Gemeinschaft" zurück, da aber weder die Richtlinie noch die Mitgliedstaaten die in einem Drittstaat ansässige zentrale Leitung zur Benennung eines Vertreters verpflichten können, bildet die Regelung in Art. 4 II UAbs. 2 für den Fall eines fehlenden Vertreters die eigentliche Basis für die Fiktion in Art. 4 III. Danach ist auf die **Beschäftigtenzahl** der Betriebe des Unternehmens bzw. der einer Unternehmensgruppe angehörenden Unternehmen abzustellen. Zu berücksichtigen sind allerdings stets nur die Betriebe und Unternehmen in den Mitgliedstaaten der Europäischen Union und den Vertragsstaaten des EWR-Abkommens (→ Rn. 2 aE). Für die Zahl der Beschäftigten in einem Betrieb bzw. Unternehmen sind die Bestimmungen in dem jeweiligen Mitgliedstaat maßgebend (**aA** HaKo-BetrVG/*Blanke/Kunz* EBRG § 2 Rn. 4). Die Leitung des Betriebs bzw. Unternehmens, das danach die **höchste Anzahl von Beschäftigten** aufweist, trifft nicht nur die Verantwortung für die nach Art. 4 I zu treffenden Maßnahmen, sondern gilt vor allem als „zentrale Leitung" iSd Richtlinie und ist deshalb sowohl Partei des nach Art. 5 eingeleiteten Verhandlungsverfahrens als auch Partei einer nach Art. 6 abgeschlossenen Beteiligungsvereinbarung bzw. Adressat der Verpflichtungen, die eine gesetzliche Auffangregelung begründet.

Verantwortung der zentralen Leitung **Art. 4 RL 2009/38/EG 630**

Für den Fall, dass die in einem Drittstaat ansässige zentrale Leitung die in → Rn. 3 **4** ausgeführte Konsequenz abwenden will, weil sie ihre gemeinschaftsweite Tätigkeit nicht nach Maßgabe der höchsten Anzahl von Beschäftigten in einem Betrieb bzw. Unternehmen koordiniert und leitet, eröffnet Art. 4 II UAbs. 1 die Möglichkeit, einen hiervon abweichenden **„Vertreter in der Gemeinschaft"** zu benennen. In welcher Form diese Benennung zu geschehen hat, gibt die Richtlinie nicht vor. Die persönlichen Voraussetzungen für einen „Vertreter" lässt die Richtlinie ebenfalls offen. Im Umkehrschluss folgt aus Art. 4 III allerdings, dass der in einem Drittstaat befindlichen zentralen Leitung die Möglichkeit offensteht, mehrere Vertreter zu benennen. Macht die zentrale Leitung hiervon Gebrauch, dann trifft den Vertreter nicht nur die Verantwortung für die in Art. 4 I umschriebenen Maßnahmen, sondern er wird zudem in Art. 4 III als zentrale Leitung iSd Richtlinie mit den in → Rn. 3 aE aufgezeigten Rechtsfolgen fingiert.

Die zur **Umsetzung** von Art. 4 II und III in Deutschland geschaffene Regelung in **§ 2 II** **5** **EBRG** übernimmt im Wesentlichen die Vorgaben der Richtlinie. Das gilt nicht nur für die Fiktion einer zentralen Leitung (§ 2 II 4 EBRG), sondern im Grundsatz auch für die tatbestandlichen Voraussetzungen. Abweichend von Art. 4 II stellt § 2 II EBRG jedoch nicht primär auf einen von der zentralen Leitung benannten Vertreter, sondern auf eine **„nachgeordnete Leitung"** ab (§ 2 II 1 EBRG). Liegt diese im Inland, dann richtet sich nicht nur die Unterrichtung und Anhörung der Arbeitnehmer in dem gemeinschaftsweit tätigen Unternehmen bzw. der Unternehmensgruppe nach dem EBRG, sondern die „nachgeordnete Leitung" gilt auch als zentrale Leitung iSd EBRG (§ 2 II 4 EBRG). Für einen **von der zentralen Leitung benannten Vertreter** greift § 2 II 2 EBRG auf einen im Inland gelegenen Betrieb bzw. ein im Inland gelegenes Unternehmen zurück, sieht die Benennung eines Vertreters jedoch nur dann als für die Anwendung des EBRG relevant an, wenn es keine nachgeordnete Leitung gibt. Der Sonderfall, dass das Unternehmen bzw. die Unternehmensgruppe eine in einem anderen Mitgliedstaat gelegene nachgeordnete Leitung hat, gleichwohl aber die Leitung eines im Inland gelegenen Betriebs bzw. Unternehmens als Vertreter benennt, wird von § 2 II 2 EBRG nicht erfasst und kann deshalb nicht die Anwendung des EBRG begründen (im Ergebnis auch Preis/Sagan/*Müller-Bonanni/Jenner* § 12 Rn. 62). Entsprechendes gilt für den Rückgriff in § 2 II 3 EBRG auf die Zahl der in den Betrieben bzw. Unternehmen beschäftigten Arbeitnehmer. Weist ein im Inland gelegener Betrieb bzw. im Inland ansässiges Unternehmen bei unionsweiter Betrachtung die meisten Arbeitnehmer auf, dann ist dies für die Anwendung des EBRG unerheblich, wenn das Unternehmen bzw. die Unternehmensgruppe über eine nachgeordnete Leitung in einem anderen Mitgliedstaat verfügt oder einen Vertreter mit Sitz in einem anderen Mitgliedstaat benannt hat.

Mit dem Vorrang der nachgeordneten Leitung in § 2 II 1 EBRG weicht das EBRG nach **6** Maßgabe des Gesetzeswortlauts zwar von Art. 4 II ab, diese Divergenz rechtfertigt aber nicht den Vorwurf einer richtlinienwidrigen Umsetzung, da das Bestehen einer im Inland befindlichen nachgeordneten Leitung nur dann anzuerkennen ist, wenn diese vom Willen der in einem Drittstaat gelegenen zentralen Leitung getragen ist. Unter dieser Voraussetzung ist die „nachgeordnete Leitung" mit einem „Vertreter in der Gemeinschaft" gleichzusetzen (wie hier im Ergebnis auch Preis/Sagan/*Müller-Bonanni/Jenner* § 12 Rn. 64).

C. Verantwortung der zentralen Leitung für das Verhandlungsverfahren

Für das nach Art. 5 durchzuführende Verhandlungsverfahren sowie den hieraus resultie- **7** renden Modus zur Unterrichtung und Anhörung der Arbeitnehmer in dem Unternehmen bzw. der Unternehmensgruppe mit gemeinschaftsweiter Tätigkeit sieht Art. 4 I die zentrale Leitung als verantwortlich an und bezieht dies auf die **Schaffung der Voraussetzungen** und die **Bereitstellung der Mittel,** damit ein Europäischer Betriebsrat eingesetzt bzw. alternativ dazu ein Verfahren zur Unterrichtung und Anhörung geschaffen werden kann.

Das zur Umsetzung in Deutschland geltende EBRG sieht zwar davon ab, die Verantwortlichkeit der zentralen Leitung in vergleichbarer Art und Weise programmatisch festzulegen, konkretisiert jedoch in verschiedenen Vorschriften, die Pflichten der zentralen Leitung, die der in Art. 4 I proklamierten Verantwortung Rechnung tragen. Abgesehen von dem speziell zur Einleitung des Verhandlungsverfahrens geschaffenen Auskunftsanspruch in § 5 EBRG (s. Art. 4 IV; → Rn. 10 ff.) ordnet § 8 II EBRG insbesondere eine Informationspflicht gegenüber dem besonderen Verhandlungsgremium an und verpflichtet die zentrale Leitung zudem dazu, dem besonderen Verhandlungsgremium die für die Durchführung seiner Aufgaben erforderlichen Unterlagen zur Verfügung zu stellen.

8 Die Verantwortung der zentralen Leitung für die **Bereitstellung der Mittel** umfasst insbesondere die Pflicht zur Kostentragung, die iS einer lex specialis in Art. 5 VI UAbs. 1 wiederholt und auf die in „angemessener Weise" zu erfüllenden Aufgaben des besonderen Verhandlungsgremiums konkretisiert wird. Die in Art. 4 I angesprochene Verantwortung geht jedoch darüber hinaus und umfasst – wie sich aus Art. 6 II lit. f schließen lässt – sowohl **finanzielle** als auch **materielle Mittel**. Insbesondere trifft die zentrale Leitung die Verantwortung dafür, dass das besondere Verhandlungsgremium über die notwendigen **räumlichen und personellen Ressourcen** verfügt, um seine Aufgaben iRd Verhandlungsverfahrens wahrnehmen zu können. Kann die zentrale Leitung diese nicht selbst zur Verfügung zu stellen, hat es nach Art. 5 VI UAbs. 1 die für deren Beschaffung erforderlichen **Kosten** zu tragen. Die in Art. 4 I vorgesehene Verantwortung der zentralen Leitung für die Bereitstellung der Mittel endet mit der Einsetzung eines Europäischen Betriebsrats bzw. der alternativ erfolgten Schaffung eines Unterrichtungs- und Anhörungsverfahrens. Die für die Tätigkeit des Europäischen Betriebsrats oder das Unterrichtungs- und Anhörungsverfahren erforderlichen Mittel sind Regelungsgegenstand der Beteiligungsvereinbarung (Art. 6 II lit. f) bzw. der gesetzlichen Auffangregelung in dem jeweiligen Mitgliedstaat (s. Anh. I Abs. 6 zur RL 2009/38/EG; → Anhang I Rn. 11 f.).

9 In Deutschland sind die mit der Vorgabe zur Bereitstellung der Mittel aus Art. 4 I verbundenen Pflichten in **§ 16 I EBRG** geregelt. Dort ist nicht nur in allg. Form die Pflicht der zentralen Leitung festgelegt, die durch Bildung und Tätigkeit des besonderen Verhandlungsgremiums entstehenden Kosten zu tragen (§ 16 I 1 EBRG), sondern zudem trifft die zentrale Leitung die Pflicht, die für die Tätigkeit des besonderen Verhandlungsgremiums erforderlichen personellen und sächlichen Mittel einschließlich der Räume zur Verfügung zu stellen (§ 16 I 3 EBRG). Zur Hinzuziehung von Sachverständigen durch das besondere Verhandlungsgremium → Art. 5 Rn. 23 ff.).

D. Einleitung des Verhandlungsverfahrens, Auskunftsanspruch

10 Die Einleitung des Verhandlungsverfahrens bzw. – in der Terminologie der Richtlinie – die Aufnahme der Verhandlungen geschieht entweder auf Initiative der zentralen Leitung oder auf Grund eines Antrags der in Art. 5 I Benannten. Für die Stellung eines Antrags sind die dort genannten Arbeitnehmer bzw. ihre Vertreter jedoch auf Informationen angewiesen, da sie ohne diese nicht beurteilen können, ob die Voraussetzungen für Einrichtung eines Europäischen Betriebsrats bzw. eines alternativ zu vereinbarenden Unterrichtungs- und Anhörungsverfahrens gegeben sind (s. EuGH 29.3.2001 – C-62/99 Rn. 32 f. – bofrost, NZA 2001, 506; 13.1.2004 – C-440/00 Rn. 46 – Kühne & Nagel, NZA 2004, 160; 15.7.2004 – C 349/01 Rn. 50 – ADS Anker, NZA 2004, 1167). Zu diesem Zweck, den Erwägungsgrund 25 zur RL 2009/23/EG ausdrücklich benennt, sieht der in der RL 94/45/EG noch nicht enthaltene Art. 4 IV ausdrücklich eine Informationserhebungs- und -weitergabepflicht vor und konkretisiert diese im Lichte der bei Schaffung der RL 2009/38/EG vorliegenden Judikatur des EuGH, die zu der rudimentären Regelung in Art. 11 II RL 94/45/EG ergangen ist (s. EuGH 29.3.2001 – C-62/99 – bofrost, NZA 2001, 506; 13.1.2004 – C-440/00 – Kühne & Nagel, NZA 2004, 160; 15.7.2004 – C-349/01 – ADS

Anker, NZA 2004, 1167 sowie nachfolgend insbesondere BAG 30.3.2004 NZA 2004, 863; 29.6.2004 NZA 2005, 118).

Als **Adressaten** der Informationspflichten benennt Art. 4 IV 1 insbesondere die zentrale 11 Leitung des gemeinschaftsweit tätigen Unternehmens sowie die Unternehmensleitung des herrschenden Unternehmens einer gemeinschaftsweit tätigen Unternehmensgruppe. Ist diese in einem **Drittstaat** ansässig, sind die Informationserhebungs- und -weiterleitungspflichten an die nach Art. 4 III fingierte zentrale Leitung gerichtet (EuGH 13.1.2004 – C-440/00 Rn. 50 – Kühne & Nagel, NZA 2001, 506; 15.7.2004 – C-349/01 Rn. 53 – ADS Anker, NZA 2004, 1167). Zwar nimmt Art. 4 IV 1 lediglich auf Art. 4 II UAbs. 2 Bezug, mit dem Zweck von Art. 4 IV wäre es aber unvereinbar, wenn der ggf. **von der zentralen Leitung benannte Vertreter** von den Informationserhebungs- und -weiterleitungspflichten ausgeklammert würde, da ihn wegen der Fiktion in Art. 4 III in gleicher Weise nach Art. 4 I die Verantwortung dafür trifft, die Voraussetzungen für die Einsetzung eines Europäischen Betriebsrats bzw. das als Alternative zu vereinbarende Unterrichtungs- und Anhörungsverfahren zu schaffen. Schließlich bezieht Art. 4 IV 1 **jede Leitung** eines zu einer von der Richtlinie erfassten Unternehmensgruppe gehörenden Unternehmens in den Kreis der Adressaten ein (s. auch *Riesenhuber* § 28 Rn. 49). Damit trifft sie insbesondere auch eine Informationspflicht gegenüber einem entsprechenden Begehren durch eine nach Art. 4 III fingierte Leitung (s. zuvor EuGH 13.1.2004 – C-440/00 Rn. 54, 59 – Kühne & Nagel, NZA 2004, 160; 15.7.2004 – C-349/01 Rn. 54, 63 – ADS Anker, NZA 2004, 1167 sowie *Riesenhuber* § 28 Rn. 55). Wegen der eingeschränkten Rechtssetzungsmacht der Mitgliedstaaten erstreckt sich Informationserhebungs- und -weitergabepflicht jedoch nur auf die Leitung solcher Unternehmen, die in einem Mitgliedstaat der Europäischen Union oder Vertragsstaat des EWR-Abkommens ansässig sind. Die Leitungen von Unternehmen in Drittstaaten sind nicht von Art. 4 IV erfasst.

Bezüglich der **Empfänger der Informationen** beschränkt sich Art. 4 IV 1 auf die 12 unbestimmte Formulierung „Parteien, auf die die Richtlinie Anwendung findet". Da Art. 4 IV 1 auf die „Aufnahme von Verhandlungen" abzielt, können hiermit nur die in Art. 5 I genannten Antragsberechtigten gemeint sein (*Riesenhuber* § 28 Rn. 48). Unproblematisch ist dies im Hinblick auf die **Arbeitnehmervertreter.** Wegen der funktionalen Ausrichtung von Art. 4 IV 1 auf die Einleitung des Verhandlungsverfahrens gebietet der Normzweck jedoch ein extensives Verständnis, dass die **Arbeitnehmer** eines Unternehmens jedenfalls dann in den Kreis der Empfänger einbezieht, wenn in dem Unternehmen keine Arbeitnehmervertreter bestellt oder gewählt wurden. Da der Antrag iSv Art. 5 I auch von Arbeitnehmern gestellt werden kann, sind diese in gleicher Weise wie die Arbeitnehmervertreter auf die für die Aufnahme von Verhandlungen erforderlichen Informationen angewiesen.

Für den **Umfang der Informationen** ist die in Art. 4 IV 1 prononciert hervorgehobene 13 Ausrichtung auf die „Aufnahme von Verhandlungen gemäß Art. 5" von zentraler Bedeutung. Sie umfassen deshalb alles, was für die Prüfung erforderlich ist, ob das Unternehmen eine gemeinschaftsweite Tätigkeit ausübt und/oder einer gemeinschaftsweit tätigen Unternehmensgruppe angehört (EuGH 29.3.2001 – C-62/99 Rn. 38 – bofrost, NZA 2001, 506; → Rn. 16). Sofern dies für die Prüfung erforderlich ist, kann auch die Übermittlung von Unterlagen verlangt werden, die die unerlässlichen Informationen präzisieren und verdeutlichen (EuGH 29.3.2001 – C-62/99 Rn. 40 – bofrost, NZA 2001, 506).

Zu den erforderlichen Informationen zählt insbesondere die **Anzahl** der in den Betrieben 14 bzw. Unternehmen beschäftigten **Arbeitnehmer,** da nur auf dieser Basis beurteilt werden kann, ob eine gemeinschaftsweite Tätigkeit iSv Art. 2 I lit. a und c vorliegt. In Art. 4 IV 2 hat dies die RL 2009/38/EG ausdrücklich klargestellt. Die „Angaben zur Beschäftigtenzahl" umfasst jedoch nicht nur die durchschnittliche Gesamtzahl der Arbeitnehmer, sondern auch deren Verteilung auf die verschiedenen Mitgliedstaaten, da nur so die in Art. 2 I lit. a und c genannten Voraussetzungen geprüft werden können (EuGH 13.1.2004 – C 440/00 Rn. 70 – Kühne & Nagel, NZA 2004, 160; 15.7.2004 – C-349/01 Rn. 65 – ADS Anker, NZA 2004, 1167 sowie BAG 29.6.2004 NZA 2005, 118 [122]).

15 Die in Art. 4 IV 1 angesprochene **Struktur des Unternehmens oder der Unternehmensgruppe** betrifft vor allem die Frage, ob bei einer fehlenden gemeinschaftsweiten Tätigkeit des Unternehmens wegen dessen Zugehörigkeit zu einer Unternehmensgruppe der Anwendungsbereich der RL 2009/38/EG eröffnet ist (s. auch EuGH 29.3.2001 – C-62/99 Rn. 39 – bofrost, NZA 2001, 160). Neben der Anzahl der Arbeitnehmer, die bei den Unternehmen der Unternehmensgruppe beschäftigt sind, gehören zu den nach Art. 4 IV 1 geschuldeten Informationen insbesondere Angaben zur Rechtsform der Unternehmen und Betriebe einschließlich der Vertretungsverhältnisse (EuGH 15.7.2004 – C 349/01 Rn. 65 – ADS Anker, NZA 2004, 1167) sowie alle Tatsachen, die für die Prüfung erforderlich sind, ob ein Unternehmen von einem herrschenden Unternehmen abhängig ist (s. zu § 5 EBRG BAG 30.3.2004 NZA 2004, 863 [866, 867]). Dies schließt bei Unternehmen und Unternehmensgruppen, deren zentrale Leitung in einem Drittstaat ansässig ist, die Prüfung ein, ob die Voraussetzungen für eine nach Art. 4 III zu fingierende zentrale Leitung vorliegen.

16 Art. 4 IV 1 und 2 sehen vor dem Hintergrund der Judikatur des EuGH bewusst von einer abschließenden Aufzählung zum Umfang der Informationen ab. Alleinentscheidender Maßstab ist deshalb, ob die begehrten Informationen für die Aufnahme von Verhandlungen nach Art. 5 erforderlich sind. Im Lichte des Urteils des EuGH in der Rs. *Kühne & Nagel* muss es sich um „unerlässliche" Informationen handeln (EuGH 13.1.2004 – C 440/00 Rn. 69 – Kühne & Nagel, NZA 2004, 160). Unter dieser Voraussetzung zählen auch die Bezeichnungen und Anschriften der Arbeitnehmervertretungen, die ggf. an der Bildung eines besonderen Verhandlungsgremiums oder an der Einsetzung eines Europäischen Betriebsrats zu beteiligen sind, zu den nach Art. 4 IV geschuldeten Informationen (EuGH 13.1.2004 – C-440/00 Rn. 70 – Kühne & Nagel, NZA 2004, 160; 15.7.2004 – C-349/01 Rn. 65 – ADS Anker, NZA 2004, 1167).

17 Im Hinblick auf den Zweck der Norm sieht Art. 4 IV 1 **zwei unterschiedliche Pflichten** der in der Bestimmung genannten Adressaten vor. Primär sind sie verpflichtet, die bei ihnen vorhandenen Informationen an die „Parteien" weiterzuleiten. Ob dies unaufgefordert oder erst auf ausdrückliches Verlangen zu geschehen hat, lässt die Richtlinie offen. Aus dem Zweck der Pflicht zur Weiterleitung folgt allerdings, dass die Weiterleitungspflicht mit einem **Informationsanspruch** der „Parteien" korrespondiert, da nur auf diese Weise die Wirksamkeit der Weiterleitungspflicht im Hinblick auf deren Zweck gewährleistet ist. Nicht zuletzt für Unternehmensgruppen waren unter der Geltung der RL 94/45/EG die Rechtsfolgen umstritten, wenn das um Auskunft ersuchte Unternehmen darauf verwies, dass es nicht über die gewünschten Informationen verfügt. Diesem Einwand begegnet Art. 4 IV 1 durch eine **Pflicht zur Informationserhebung**, ohne indes deren Durchsetzung näher auszugestalten (s. bereits EuGH 29.3.2001 – C-62/99 Rn. 39 – bofrost, NZA 2001, 506; 13.1.2004 – C-440/00 Rn. 47 – Kühne & Nagel, NZA 2004, 160; 15.7.2004 – C-349/01 Rn. 56 – ADS Anker, NZA 2004, 1167; ferner *Riesenhuber* § 28 Rn. 53). Insofern obliegt es den Mitgliedstaaten sicherzustellen, dass in ihrem jeweiligen Hoheitsgebiet ansässige Unternehmensleitungen auch zur Erfüllung eines Informationsbegehrens verpflichtet sind, das von einer in einem anderen Mitgliedstaat ansässigen Unternehmensleitung artikuliert wird (s. insoweit bereits EuGH 13.1.2004 – C-440/00 Rn. 56 ff., 61 f. – Kühne & Nagel, NZA 2004, 1167; 15.7.2004 – C 349/01 Rn. 61 – ADS Anker, NZA 2004, 160 sowie auch BAG 29.6.2004 NZA 2005, 118 [121]; ferner → Rn. 22).

18 Die **Umsetzung** von Art. 4 IV übernimmt in Deutschland **§ 5 EBRG**, der insbesondere den durch die Richtlinie vorgegebenen Dualismus von Erhebung und Weiterleitung der Information aufgreift. Bezüglich des **Begünstigten auf Arbeitnehmerseite** bleibt § 5 I EBRG hinter der Richtlinie zurück, da § 5 I 1 lediglich **Arbeitnehmervertretungen** benennt und keinen unmittelbar den Arbeitnehmern zustehenden Anspruch begründet. Dies ist jedenfalls dann mit dem Zweck von Art. 4 IV unvereinbar, wenn in dem Betrieb bzw. Unternehmen keine Arbeitnehmervertretung existiert, da in dieser Konstellation das auch den Arbeitnehmern unmittelbar zustehende Antragsrecht (§ 9 I EBRG) leerzulaufen droht. Den Kreis der von § 5 I 1 EBRG begünstigten Arbeitnehmervertretungen grenzt die Vorschrift nicht ein. Da das EBRG – im Gegensatz zum SEBG (s. § 2 VI) – keine diesbezügliche Legaldefinition kennt, sind alle Vertretungen von Arbeitnehmern erfasst, die nach § 9 I EBRG Antragsberechtigt sind. **Sprecherausschüsse der leitenden Angestellten** sind deshalb keine Arbeitnehmervertretung iSv § 5 I 1 EBRG (HWK/*Giesen* EBRG Rn. 30; Preis/Sagan/*Müller-Bonanni/Jenner* § 12 Rn. 89; im Ergebnis wohl auch AKRR/*Annuß* EBRG § 5 Rn. 5: keine Partikularvertretungen). Entsprechendes gilt jedenfalls in Deutschland für die im Betrieb oder Unternehmen vertretenen **Gewerkschaften** (AKRR/*Annuß* EBRG § 5 Rn. 5; HWK/*Giesen* EBRG Rn. 31; Preis/Sagan/*Müller-Bonanni/Jenner* § 12 Rn. 89; GK-BetrVG/*Oetker* EBRG § 5 Rn. 4; **aA** *Blanke* EBRG § 5 Rn. 24; DKKW/*Däubler* EBRG § 5 Rn. 2).

Ob auch in Betrieben und Unternehmen **in anderen Mitgliedstaaten gebildete** 19 **Arbeitnehmervertretungen** anspruchsberechtigt sind, erschließt sich aus dem Wortlaut von § 5 I 1 EBRG nicht. Da dieser – ausweislich der Regelung in § 5 II EBRG – nicht mit den Vertretungsstrukturen des BetrVG korrespondiert, sprechen vor dem Hintergrund des Zwecks von Art. 4 IV gute Gründe dafür, dass auch in anderen Mitgliedstaaten ansässige Arbeitnehmervertretungen zur Geltendmachung des in § 5 I EBRG normierten Auskunftsanspruchs berechtigt sind (BAG 29.6.2004 NZA 2005, 118 [120]; AKRR/*Annuß* EBRG § 5 Rn. 5; HaKo-BetrVG/*Blanke/Kunz* EBRG § 5 Rn. 2; DKKW/*Däubler* EBRG § 5 Rn. 2; HWK/*Giesen* EBRG Rn. 19; DFL/*Heckelmann/Wolff* EBRG § 5 Rn. 2; *Junker* RdA 2002, 32 [33]; Preis/Sagan/*Müller-Bonanni/Jenner* § 12 Rn. 89; GK-BetrVG/*Oetker* EBRG § 5 Rn. 4). Nach Maßgabe der dortigen Rechtsordnung ist auch zu beurteilen, ob es sich bei der im Betrieb und Unternehmen vertretenen Gewerkschaft um eine Arbeitnehmervertretung iSv § 5 I 1 EBRG handelt (s. DKKW/*Däubler* EBRG § 5 Rn. 2).

Die **Pflicht zur Information** iS einer Weiterleitung trifft nach § 5 I 1 die zentrale 20 Leitung, die allerdings wegen des Geltungsbereichs des EBRG im Inland ansässig sein muss. Darüber hinaus hat auch jede Leitung eines zu einer Unternehmensgruppe gehörenden Unternehmens nach **§ 5 III EBRG** die Pflicht, die in § 5 I EBRG genannten Informationen zur Verfügung zu stellen. Wegen des Geltungsbereichs des EBRG werden hierdurch abermals nur die Leitungen im Inland ansässiger Unternehmen in die Pflicht genommen. Für die Geltendmachung des Informationsanspruchs ist allerdings nicht der Nachweis erforderlich, dass der Anspruchsgegner die Voraussetzungen einer zentralen Leitung erfüllt, da dies erst auf Grund der erlangten Informationen beurteilt werden kann (treffend bereits EuGH 29.3.2001 – C-62/99 Rn. 34 f. – bofrost, NZA 2001, 506 sowie nachfolgend BAG 30.3.2004 NZA 2004, 863 [867 f.]; AKRR/*Annuß* EBRG § 5 Rn. 6; HaKo-BetrVG/*Blanke/Kunz* EBRG § 5 Rn. 3; *Fitting* EBRG Übersicht Rn. 36; MHdBArbR/*Joost* § 274 Rn. 44; Preis/Sagan/*Müller-Bonanni/Jenner* § 12 Rn. 91; GK-BetrVG/*Oetker* EBRG § 5 Rn. 3; *Oetker/Schubert* EAS B 8300, Rn. 123). Das gilt insbesondere, wenn der Auskunftsanspruch gegenüber der zentralen Leitung einer Unternehmensgruppe oder einer fingierten Leitung iSv § 2 II EBRG geltend gemacht wird. Eine „gewisse Wahrscheinlichkeit" für die Anwendbarkeit des EBRG soll für das Bestehen des Auskunftsanspruchs jedoch erforderlich sein (BAG 30.3.2004 NZA 2004, 863 [867]; AKRR/*Annuß* EBRG § 5 Rn. 6; HaKo-BetrVG/*Blanke/Kunz* EBRG § 5 Rn. 3; *Fitting* EBRG Übersicht Rn. 36; DFL/*Heckelmann/Wolff* EBRG § 5 Rn. 1; *Oetker/Schubert* EAS B 8300, Rn. 124).

Im Unterschied zu § 5 I EBRG sieht § 5 III EBRG davon ab, den **Kreis der An-** 21 **spruchsberechtigten** zu benennen. Die hierdurch bedingte Offenheit führt vor dem Hintergrund der von Art. 4 IV 1 vorgegebenen und an alle Unternehmen einer Unternehmensgruppe adressierten Pflicht zur Informationserhebung dazu, dass auch die Leitung eines in einem anderen Mitgliedstaat ansässigen Unternehmens Auskunft von der Leitung eines im Inland gelegenen Unternehmens beanspruchen kann (Begr. RegE, BT-Drs. 17/4808, 10; AKRR/*Annuß* EBRG § 5 Rn. 8; GK-BetrVG/*Oetker* EBRG § 5 Rn. 6 f.). Entsprechendes gilt für die in anderen Mitgliedstaaten bestehenden Arbeitnehmervertretungen (**aA** Preis/Sagan/*Müller-Bonanni/Jenner* § 12 Rn. 89), nicht aber für die auf der Ebene der Union zuständigen Gewerkschaften, da sie nicht berechtigt sind, die Aufnahme von Verhandlungen zu beantragen (**aA** HaKo-BetrVG/*Blanke/Kunz* EBRG § 5 Rn. 2).

22 Entsprechend der Vorgabe in Art. 4 IV 1 begründet § 5 I 1 sowie III EBRG eine **Informationserhebungspflicht** zu Lasten der zentralen Leitung sowie der in § 5 III EBRG genannten Unternehmen. Die hierfür einzuleitenden Schritte konkretisiert das EBRG nicht, so dass die zentrale Leitung bzw. die Leitung eines Unternehmens alle ihr zumutbaren Anstrengungen unternehmen muss, um ein an sie adressiertes Informationsbegehren zu befriedigen (BAG 30.3.2004 NZA 2004, 863 [869]; 29.6.2004 NZA 2005, 118 [121]; AKRR/*Annuß* EBRG § 5 Rn. 2; schwächer hingegen HWK/*Giesen* EBRG Rn. 31). Dies umfasst auch die gerichtliche Durchsetzung von Informationsansprüchen gegenüber Unternehmen in anderen Mitgliedstaaten, sofern die dort geltende Rechtsordnung diese zB durch eine mit § 5 III EBRG vergleichbare Bestimmung vorsieht (treffend AKRR/*Annuß* EBRG § 5 Rn. 9; Preis/Sagan/*Müller-Bonanni/Jenner* § 12 Rn. 89; s. auch noch BAG 29.6.2004 NZA 2005, 118 [121]). Auf § 5 III EBRG lässt sich ein grenzübergreifender Informationsanspruch gegenüber Unternehmen in anderen Mitgliedstaaten nicht stützen (BAG 29.6.2004 NZA 2005, 118 [121]; AKRR/*Annuß* EBRG § 5 Rn. 9; → Rn. 17).

23 Für den **Umfang der geschuldeten Information** greift § 5 I 2 EBRG insbesondere die in Art. 4 IV genannten Informationen auf und passt diese mittels der „durchschnittlichen Gesamtzahl der Arbeitnehmer" an das EBRG (s. § 5) an. Vor dem Hintergrund der offenen Formulierung in Art. 4 IV sieht das EBRG von einer abschließenden Aufzählung ab („insbesondere"), so dass weitergehende Informationsbegehren ausschließlich dadurch begrenzt sind, dass diese für die „Aufnahme von Verhandlungen" erforderlich sein müssen. Deshalb schließt die Informationsverpflichtung auch die **Anschriften der Arbeitnehmervertretungen** ein, die an der Bildung des besonderen Verhandlungsgremiums oder eines Europäischen Betriebsrats kraft Gesetzes zu beteiligen sind (EuGH 13.1.2004 – C-440/00 Rn. 70 – Kühne & Nagel, NZA 2004, 160; BAG 29.6.2004 NZA 2005, 118 [123]; HWK/Giesen EBRG Rn. 8), ohne dass es hierfür einer unionsrechtskonformen Auslegung bedarf (so aber *Fitting* EBRG Übersicht Rn. 8). Die Maxime der Erforderlichkeit kann es auch gebieten, die Informationen mittels **Unterlagen** zu präzisieren und zu verdeutlichen (EuGH 13.1.2004 – C-440/00 – Kühne & Nagel, NZA 2004, 160; BAG 30.3.2004 NZA 2004, 863; HBD/*Breitfeld* EBRG § 5 Rn. 3; *Fitting* EBRG Übersicht Rn. 36; DFL/*Heckelmann/Wolff* EBRG § 5 Rn. 5; MHdBArbR/*Joost* § 274 Rn. 45; *Laber/Klein* ArbRB 2002, 15 ff.).

Art. 5 Besonderes Verhandlungsgremium

(1) Um das in Artikel 1 Absatz 1 festgelegte Ziel zu erreichen, nimmt die zentrale Leitung von sich aus oder auf schriftlichen Antrag von mindestens 100 Arbeitnehmern oder ihrer Vertreter aus mindestens zwei Betrieben oder Unternehmen in mindestens zwei verschiedenen Mitgliedstaaten Verhandlungen zur Einrichtung eines Europäischen Betriebsrats oder zur Schaffung eines Unterrichtungs- und Anhörungsverfahrens auf.

(2) Zu diesem Zwecke wird ein besonderes Verhandlungsgremium nach folgenden Leitlinien eingesetzt:

a) Die Mitgliedstaaten legen das Verfahren für die Wahl oder die Benennung der Mitglieder des besonderen Verhandlungsgremiums fest, die in ihrem Hoheitsgebiet zu wählen oder zu benennen sind.

Die Mitgliedstaaten sehen vor, dass die Arbeitnehmer der Unternehmen und/oder Betriebe, in denen unabhängig vom Willen der Arbeitnehmer keine Arbeitnehmervertreter vorhanden sind, selbst Mitglieder für das besondere Verhandlungsgremium wählen oder benennen dürfen.

Durch Unterabsatz 2 werden die einzelstaatlichen Rechtsvorschriften und/oder Gepflogenheiten, die Schwellen für die Einrichtung eines Gremiums zur Vertretung der Arbeitnehmer vorsehen, nicht berührt.

b) Die Mitglieder des besonderen Verhandlungsgremiums werden entsprechend der Zahl der in jedem Mitgliedstaat beschäftigen Arbeitnehmer des gemeinschaftsweit operierenden Unternehmens oder der gemeinschaftsweit operierenden Unternehmensgruppe gewählt oder bestellt, so dass pro Mitgliedstaat für jeden Anteil der in diesem Mitgliedstaat beschäftigten Arbeitnehmer, der 10 % der Gesamtzahl der in allen Mitgliedstaaten beschäftigten Arbeitnehmer entspricht, oder für einen Bruchteil dieser Tranche Anspruch auf einen Sitz besteht.

c) Die Zusammensetzung des besonderen Verhandlungsgremiums und der Beginn der Verhandlungen werden der zentralen Leitung und den örtlichen Unternehmensleitungen sowie den zuständigen europäischen Arbeitnehmer- und Arbeitgeberverbänden mitgeteilt.

(3) Aufgabe des besonderen Verhandlungsgremiums ist es, mit der zentralen Leitung in einer schriftlichen Vereinbarung den Tätigkeitsbereich, die Zusammensetzung, die Befugnisse und die Mandatsdauer des Europäischen Betriebsrats oder der Europäischen Betriebsräte oder die Durchführungsmodalitäten eines Verfahrens zur Unterrichtung und Anhörung der Arbeitnehmer festzulegen.

(4) ¹Die zentrale Leitung beruft eine Sitzung mit dem besonderen Verhandlungsgremium ein, um eine Vereinbarung gemäß Artikel 6 zu schließen. ²Sie setzt die örtlichen Unternehmensleitungen hiervon in Kenntnis.

Vor und nach jeder Sitzung mit der zentralen Leitung ist das besondere Verhandlungsgremium berechtigt, zu tagen, ohne dass Vertreter der zentralen Leitung dabei zugegen sind, und dabei die erforderlichen Kommunikationsmittel zu nutzen.

¹Das besondere Verhandlungsgremium kann bei den Verhandlungen Sachverständige seiner Wahl hinzuziehen, zu denen Vertreter der kompetenten anerkannten Gewerkschaftsorganisationen auf Gemeinschaftsebene gehören können, um sich von ihnen bei seiner Arbeit unterstützen zu lassen. ²Diese Sachverständigen und Gewerkschaftsvertreter können auf Wunsch des besonderen Verhandlungsgremiums den Verhandlungen in beratender Funktion beiwohnen.

(5) Das besondere Verhandlungsgremium kann mit mindestens zwei Dritteln der Stimmen beschließen, keine Verhandlungen gemäß Absatz 4 zu eröffnen oder die bereits eröffneten Verhandlungen zu beenden.

¹Durch einen solchen Beschluss wird das Verfahren zum Abschluss der in Artikel 6 genannten Vereinbarung beendet. ²Ist ein solcher Beschluss gefasst worden, finden die Bestimmungen des Anhangs I keine Anwendung.

Ein neuer Antrag auf Einberufung des besonderen Verhandlungsgremiums kann frühestens zwei Jahre nach dem vorgenannten Beschluss gestellt werden, es sei denn, die betroffenen Parteien setzen eine kürzere Frist fest.

(6) Die Kosten im Zusammenhang mit den Verhandlungen nach den Absätzen 3 und 4 werden von der zentralen Leitung getragen, damit das besondere Verhandlungsgremium seine Aufgaben in angemessener Weise erfüllen kann.

¹Die Mitgliedstaaten können unter Wahrung dieses Grundsatzes Regeln für die Finanzierung der Arbeit des besonderen Verhandlungsgremiums festlegen. ²Sie können insbesondere die Übernahme der Kosten auf die Kosten für einen Sachverständigen begrenzen.

Übersicht

	Rn.
A. Allgemeines	1
B. Einleitung des Verhandlungsverfahrens	2
C. Einsetzung eines besonderen Verhandlungsgremiums	8
D. Aufgabe des besonderen Verhandlungsgremiums	14

	Rn.
E. Arbeitsweise des besonderen Verhandlungsgremiums	16
I. Sitzungen des besonderen Verhandlungsgremiums	16
II. Beschlussfassung	19
III. Finanzierung	21
F. Verhandlungen mit der zentralen Leitung	22
I. Einberufung der Verhandlungen	22
II. Hinzuziehung von Sachverständigen	23
III. Kosten der Verhandlungen	26
G. Nichtaufnahme und Abbruch der Verhandlungen	27

A. Allgemeines

1   Entsprechend der in Art. 1 I zum Ausdruck gelangten Grundkonzeption einer vorrangig anzustrebenden Vereinbarungslösung gibt Art. 5 die Modalitäten für die Einleitung der Verhandlungen sowie insbesondere die Bildung des Verhandlungsgremiums auf Seiten der Arbeitnehmer vor. Zudem enthält die Bestimmung grundlegende Vorgaben für die Arbeitsweise des besonderen Verhandlungsgremiums sowie die von diesem mit der zentralen Leitung zu führenden Verhandlungen. Parallele Regelungen enthalten Art. 3 RL 2001/38/EG sowie Art. 3 RL 2003/72/EG.

B. Einleitung des Verhandlungsverfahrens

2   Zur Einleitung des Verhandlungsverfahrens kommt es entweder auf Grund einer Initiative der zentralen Leitung oder eines Antrags der Arbeitnehmerseite. Die Modalitäten für eine **Initiative der zentralen Leitung** gibt Art. 5 I nicht vor. Insoweit bleibt es den Mitgliedstaaten vorbehalten, die Einzelheiten festzulegen. Fehlen – wie in Deutschland – entsprechende Regelungen, reicht es aus, wenn die zentrale Leitung die in den Betrieben und Unternehmen bestehenden Arbeitnehmervertretungen auffordert, die notwendigen Schritte für die Bildung eines besonderen Verhandlungsgremiums einzuleiten.

3   Der auf Seiten der **Arbeitnehmer** erforderliche Antrag bedarf nach Art. 5 I der **Schriftform,** der in der Regel dadurch genügt wird, dass die Antragsteller einen entsprechenden Antrag unterzeichnen. **Adressat des Antrags** ist die zentrale Leitung, da es ihr nach Art. 5 I obliegt, die Verhandlungen aufzunehmen. Ein Antrag an die **örtliche Betriebs- oder Unternehmensleitung** reicht hierfür nicht aus, wegen ihrer aus Art. 4 I abzuleitenden Verantwortung für die Einrichtung eines Europäischen Betriebsrats bzw. eines Verfahrens zur Unterrichtung und Anhörung hat die zentrale Leitung aber die organisatorischen Vorkehrungen zu treffen, damit ihr entsprechende Anträge zur Kenntnis gelangen. Die in Art. 7 I zweiter und dritter Gedankenstrich genannten Fristen für das Eingreifen der gesetzlichen Auffangregelung beginnen jedoch erst zu laufen, wenn bei der zentralen Leitung ein wirksamer Antrag eingegangen ist.

4   Der Antrag kann **unmittelbar von den Arbeitnehmern** gestellt werden, wobei Art. 5 I eine Mindestunterstützung durch 100 Arbeitnehmer vorgibt. Wegen des Zwecks des Schwellenwerts ist es unschädlich, wenn dieser erst durch mehrere Anträge erreicht wird. Ob zusätzlich eine Verteilung der Arbeitnehmer auf **verschiedene Mitgliedstaaten** erforderlich ist, lässt sich nicht zwingend aus Art. 5 I ableiten, da die entsprechende Forderung der Richtlinie („aus mindestens zwei Betrieben oder Unternehmen in mindestens zwei verschiedenen Mitgliedstaaten") wegen ihrer systematischen Stellung auch ausschließlich auf einen von den Arbeitnehmervertretern gestellten Antrag bezogen werden kann. Andererseits spricht die für das besondere Verhandlungsgremium angestrebte Repräsentativität dafür, die Vertretung in mindestens zwei Mitgliedstaaten gemeinsam auf „100 Arbeitnehmer oder ihre Vertreter" zu beziehen (ebenso im Ergebnis zB Preis/Sagan/*Müller-Bonanni/Jenner* § 12 Rn. 67).

Alternativ ermöglicht Art. 5 I die Einleitung des Verhandlungsverfahrens durch einen von **Arbeitnehmervertretern** gestellten Antrag. Hierfür müssen sie Arbeitnehmer in mindestens zwei Betrieben oder Unternehmen in mindestens zwei Mitgliedstaaten vertreten. Eine Vertretung von mindestens 100 Arbeitnehmern fordert Art. 5 I nicht ausdrücklich, jedoch legt die Formulierung „100 Arbeitnehmer oder ihre Vertreter" nahe, dass sich die Vertretung auch auf den Schwellenwert von „100 Arbeitnehmer" bezieht. Im Hinblick auf den Zweck des Repräsentativitätserfordernisses reicht es für einen wirksamen Antrag ebenfalls aus, wenn das Erfordernis von mindestens 100 Arbeitnehmern aus mindestens zwei Mitgliedstaaten erst durch die Hinzurechnung von vertretenen Arbeitnehmern erreicht wird.

Keine Regelung trifft Art. 5 I für den Fall, dass weder seitens der Arbeitnehmer noch von Arbeitnehmervertretern ein wirksamer Antrag vorliegt und auch die zentrale Leitung keine Initiative zur Bildung eines besonderen Verhandlungsgremiums ergreift. Trotz ihrer sich aus Art. 4 I ergebenden Verantwortung für die Einsetzung eines Europäischen Betriebsrats bzw. eines Verfahrens zur Unterrichtung und Anhörung der Arbeitnehmer ist die zentrale Leitung hierfür auf eine Mitwirkung der Arbeitnehmerseite angewiesen. Liegt diese nicht vor, dann ist es auch im Hinblick auf den Zweck der Richtlinie unschädlich, wenn die zentrale Leitung untätig bleibt. Insbesondere lässt sich weder aus Art. 4 I noch aus Art. 5 I eine Rechtspflicht der zentralen Leitung ableiten, die Bildung eines besonderen Verhandlungsgremiums herbeizuführen (so auch *Blanke* § 9 Rn. 6). Dies schließt allerdings nicht aus, diesen Sachverhalt in diejenigen Tatbestände einzubeziehen, die zum Eingreifen der gesetzlichen Auffangregelung führen, da im Hinblick auf den Zweck der Richtlinie kein Unterschied besteht, ob die zentrale Leitung die Aufnahme von Verhandlungen nach einem Antrag iSv Art. 5 I verweigert oder eine Antragstellung der Arbeitnehmer unterbleibt (s. *Oetker/Schubert* EAS B 8300, Rn. 91 sowie auch BAG 29.6.2004 NZA 2005 118 [123]; **aA** *Preis/Sagan/Müller-Bonanni/Jenner* § 12 Rn. 69).

Die zur **Umsetzung** von Art. 5 I in Deutschland geltende Regelung in **§ 9 EBRG** zeichnet im Wesentlichen die Vorgaben der Richtlinie nach, hält ergänzend und klarstellend aber fest, dass die Unterschriften mehrerer Anträge zusammenzuzählen sind (§ 9 II 2 EBRG). Zudem bestimmt § 9 II 3 EBRG ausdrücklich, dass die Leitungen der im Inland gelegenen Betriebe und Unternehmen verpflichtet sind, bei ihnen eingehende Anträge an die zentrale Leitung weiterzuleiten (MHdBArbR/*Joost* § 274 Rn. 39; → Rn. 3). Wirksam wird der Antrag jedoch erst mit Zugang bei der zentralen Leitung (*Blanke* EBRG § 9 Rn. 2; *Däubler/Klebe* AiB 1995, 558 [565]; DFL/*Heckelmann/Wolff* EBRG § 9 Rn. 1; DKKW/ *Klebe* EBRG § 9 Rn. 4; *Müller* EBRG § 9 Rn. 5; GK-BetrVG/*Oetker* EBRG § 9 Rn. 4; AKRR/*Rudolph* EBRG § 9 Rn. 11; → Rn. 3). Wie bei Art. 5 I ergibt sich auch aus § 9 II 1 EBRG nicht eindeutig, ob ein von den Arbeitnehmern unmittelbar gestellter Antrag zusätzlich eine Beschäftigung der Arbeitnehmer in mindestens zwei Mitgliedstaaten erfordert (hierfür DKKW/*Klebe* EBRG § 9 Rn. 2; GK-BetrVG/*Oetker* EBRG § 9 Rn. 2; AKRR/*Rudolph* EBRG § 9 Rn. 7). Umgekehrt lässt sich aus § 9 II 1 EBRG nicht ausdrücklich entnehmen, ob ein von Arbeitnehmervertretern gestellter Antrag stets erfordert, dass die Arbeitnehmervertreter insgesamt 100 Arbeitnehmer repräsentieren (bejahend DKKW/*Klebe* EBRG § 9 Rn. 2; GK-BetrVG/*Oetker* EBRG § 9 Rn. 2; AKRR/*Rudolph* EBRG § 9 Rn. 7). Insoweit sind die Überlegungen zur Auslegung von Art. 5 I (→ Rn. 4 f.) auch für die Anwendung von § 9 II 1 EBRG maßgebend.

C. Einsetzung eines besonderen Verhandlungsgremiums

Für die **Bildung des besonderen Verhandlungsgremiums** belässt es die Richtlinie in Art. 5 II bei der Vorgabe von „Leitlinien", die von den Mitgliedstaaten auszufüllen sind. Dabei beschränkt Art. 5 II lit. a UAbs. 1 die Mitgliedstaaten für die Konkretisierung der Modalitäten ausdrücklich auf die in ihrem Hoheitsgebiet zu wählenden bzw. zu bestellenden Mitglieder. Hierdurch bleibt es den Mitgliedstaaten überlassen, ob die Wahl bzw. Bestellung unmittelbar durch die Arbeitnehmer oder ihre Vertreter erfolgt (s. zB Preis/Sagan/*Müller-Bonanni/Jenner* § 12 Rn. 76). Lediglich für den letztgenannten Fall gibt Art. 5 II lit. a UAbs. 2 vor, dass eine unmittelbare Bestellung bzw. Wahl durch die Arbeitnehmer zu erfolgen hat, wenn in dem Betrieb bzw. Unternehmen unabhängig vom Willen der Arbeitnehmer keine Arbeitnehmervertreter vorhanden sind.

9 Zur Umsetzung sehen § 11 I–III EBRG vor, dass die auf Deutschland entfallenden Mitglieder des besonderen Verhandlungsgremiums grds. durch den Gesamtbetriebsrat (bei gemeinschaftsweit tätigen Unternehmen) bzw. den Konzernbetriebsrat (bei gemeinschaftsweit tätigen Unternehmensgruppen) bestellt werden. Arbeitnehmer in betriebsratslosen, aber betriebsratsfähigen Betrieben werden von dem jeweiligen Gesamt- bzw. Konzernbetriebsrat mitvertreten (§§ 50 I 1, 58 I 1 BetrVG; AKRR/*Rudolph* EBEG § 11 Rn. 17). Das gilt auch, wenn nach § 11 IV EBRG leitende Angestellte zu Mitgliedern des besonderen Verhandlungsgremiums bestellt werden sollen; ein eigenständiges Bestellungsrecht der Sprecherausschüsse der leitenden Angestellten besteht nach dem EBRG nicht (*Blanke* § 11 Rn. 17). Keine Regelung trifft das EBRG für die Konstellation in Art. 5 II lit. a UAbs. 2, dass in Betrieben bzw. Unternehmen mangels ausreichender Arbeitnehmerzahl kein Betriebsrat errichtet werden kann (s. auch Preis/Sagan/*Müller-Bonanni/Jenner* § 12 Rn. 78 ff.; *Oetker/Schubert* EAS B 8300, Rn. 98). Die im Schrifttum vereinzelt erwogene unmittelbare Anwendung von Art. 5 II lit. a UAbs. 2 (so *Blanke* EBRG § 11 Rn. 14; DKKW/*Klebe* EBRG § 11 Rn. 8; im Ergebnis ebenso jedoch mittels richtlinienkonformer Auslegung von § 11 EBRG HaKo-BetrVG/*Blanke/Kunz* EBRG § 11 Rn. 2) steht jedoch im Widerspruch zu den Rechtswirkungen einer Richtlinie (ablehnend auch AKRR/*Rudolph* ERBG § 11 Rn. 18). Der alternativ in Erwägung zu ziehende Rückgriff auf eine unionsrechtskonforme Auslegung (hierfür Preis/Sagan/*Müller-Bonanni/Jenner* § 12 Rn. 81) scheitert an dem Fehlen einer auslegungsfähigen Norm, da insbesondere § 11 EBRG keine Spielräume für eine Urwahl eröffnet.

10 Für das besondere Verhandlungsgremium gibt Art. 5 II lit. b in Übernahme der Regelung in Art. 3 I lit. a UAbs. 1 lit. i RL 2009/38/EG vor, dass in diesem die **Arbeitnehmer aus den verschiedenen Mitgliedstaaten** vertreten sein müssen, in denen das Unternehmen bzw. die Unternehmensgruppe Arbeitnehmer beschäftigt. Hierfür legt Art. 5 II lit. b fest, dass aus **jedem Mitgliedstaat** mindestens ein Vertreter dem besonderen Verhandlungsgremium angehören muss und wahrt hierdurch die **Repräsentativität** des besonderen Verhandlungsgremiums. Eine **Mindestarbeitnehmerzahl** in dem jeweiligen Mitgliedstaat fordert die Richtlinie nicht und könnte auch nicht einseitig durch einen Mitgliedstaat iRd Richtlinienumsetzung eingeführt werden. Erst wenn die Zahl der Arbeitnehmer in einem Mitgliedstaat den Schwellenwert von 10 % der Gesamtzahl der in allen Mitgliedstaaten beschäftigten Arbeitnehmer überschreitet, erhöht sich zur Wahrung der **Proportionalität** die Zahl der Vertreter aus diesem Mitglied um jeweils einen Vertreter für jeden Anteil der 10 % oder weniger entspricht. Die Größe des besonderen Verhandlungsgremiums hängt hierdurch unmittelbar von der Zahl der Mitgliedstaaten ab, in denen das Unternehmen bzw. die Unternehmensgruppe Arbeitnehmer beschäftigt. Wegen der Notwendigkeit einer gemeinschaftsweiten Tätigkeit des Unternehmens bzw. der Unternehmensgruppe besteht das besondere Verhandlungsgremium mindestens aus elf Mitgliedern. Zur Umsetzung hat § 10 I EBRG Art. 5 II lit. b nahezu wörtlich übernommen.

11 **Weitere Vorgaben** für die Bildung des besonderen Verhandlungsgremiums bleiben den Mitgliedstaaten vorbehalten. Sie sind hierbei auf die in ihrem Hoheitsgebiet beschäftigten Arbeitnehmer beschränkt. Mit dieser Maßgabe können sie jedoch **persönliche Bestellungsvoraussetzungen** (zB Arbeitnehmereigenschaft) oder die **Zusammensetzung der inländischen Arbeitnehmervertreter** festlegen. So gibt Art. 5 insbesondere nicht vor, dass zu Mitgliedern des besonderen Verhandlungsgremiums ausschließlich unternehmensangehörige Arbeitnehmer bestellt oder gewählt werden können; verzichtet andererseits aber auch auf eine mit Art. 3 Abs. 2 lit. b UAbs. 2 RL 2001/86/EG und Art. 3 Abs. 2 lit. b UAbs. 2 RL 2003/72/EG vergleichbare Regelung, dass Vertreter von Gewerkschaften Mit-

glied eines besonderen Verhandlungsgremiums sein können. Angesichts dessen obliegt es den Mitgliedstaaten, die Arbeitnehmereigenschaft für die inländischen Mitglieder des besonderen Verhandlungsgremiums vorzugeben. Nach allerdings bestrittener Ansicht ist dies in § 11 EBRG nicht geschehen, so dass auch Gewerkschaftsvertreter zu Mitgliedern des besonderen Verhandlungsgremiums bestellt werden können, die keine Arbeitnehmer des Unternehmens bzw. der Unternehmensgruppe sind (ebenso *Blanke* EBRG § 11 Rn. 15; DKKW/*Klebe* EBRG § 11 Rn. 2; GK-BetrVG/*Oetker* EBRG § 11 Rn. 5; **aA** DFL/*Heckelmann/Wolff* EBRG § 11 Rn. 2; AKRR/*Rudolph* EBRG § 11 Rn. 4).

Angesichts der durch Art. 5 II belassenen Spielräume können die Mitgliedstaaten für ihr Hoheitsgebiet die **Bestellung von Ersatzmitgliedern** vorsehen (s. § 10 II EBRG) oder vorschreiben, dass sich die **Verteilung der Geschlechter** unter den inländischen Arbeitnehmern bei den für das Inland bestellten bzw. gewählten Mitgliedern des besonderen Verhandlungsgremiums wiederspiegeln muss (s. § 11 V EBRG). Ebenso belässt Art. 5 für die Mitgliedstaaten den notwendigen Spielraum, um ggf. **Vertreter aus Drittstaaten** in das besondere Verhandlungsgremium einzubeziehen (s. § 14 EBRG), wenn der Geltungsbereich einer nach Art. 6 abzuschließenden Vereinbarung auf Betriebe und Unternehmen erstreckt werden soll, die in Drittstaaten ansässig sind (→ Art. 1 Rn. 17). 12

Zusätzlich gibt Art. 5 II lit. c den Mitgliedstaaten auf, die **Information über die Zusammensetzung** des besonderen Verhandlungsgremiums und den Beginn der Verhandlungen zugunsten der zentralen Leitung und den örtlichen Unternehmensleitungen sowie den zuständigen europäischen Arbeitnehmer- und Arbeitgeberverbänden sicherzustellen. Keine Vorgaben sieht die Richtlinie für die **Modalitäten der Information** vor. Zur **Umsetzung** schafft § 12 EBRG ein abgestuftes Prozedere. Zunächst sind der zentralen Leitung die Namen der Mitglieder des besonderen Verhandlungsgremiums einschließlich ihrer Anschriften mitzuteilen (§ 12 S. 1 EBRG). Adressat der Informationsverpflichtung können allerdings ausschließlich inländische Arbeitnehmervertretungen sein (GK-BetrVG/*Oetker* EBRG § 12 Rn. 2; **aA** scheinbar AKRR/*Rudolph* EBRG § 12 Rn. 3). Die Information der örtlichen Betriebs- und Unternehmensleitungen obliegt der zentralen Leitung (§ 12 S. 2 EBRG). Die zusätzlich in § 12 S. 2 EBRG vorgesehene Unterrichtung der in den Betrieben und Unternehmen bestehenden Arbeitnehmervertretungen durch die zentrale Leitung ist von der Richtlinie nicht vorgegeben, steht zu dieser aber auch nicht im Widerspruch. Entsprechendes gilt für die Unterrichtung der in inländischen Betrieben vertretenen Gewerkschaften. Die Vorgabe in Art. 5 II lit. c, dass eine Mitteilung auch der „zuständigen europäischen Arbeitnehmer- und Arbeitgeberverbände" zu erfolgen hat, wurde in § 13 I S. 2 EBRG umgesetzt. 13

D. Aufgabe des besonderen Verhandlungsgremiums

Bereits die Legaldefinition des besonderen Verhandlungsgremiums in Art. 2 I lit. i (→ Art. 2 Rn. 27) gibt dessen Aufgabe vor. Es handelt sich nicht um ein transnational zusammengesetztes Gremium zur Vertretung der Arbeitnehmerinteressen, sondern es ist in seiner Tätigkeit auf das Aushandeln einer Beteiligungsvereinbarung mit der zentralen Leitung beschränkt, mit dem Ziel, einen Europäischen Betriebsrat einzusetzen oder alternativ dazu ein Verfahren zur Unterrichtung und Anhörung der Arbeitnehmer einzurichten. Diese Aufgabe des besonderen Verhandlungsgremiums greift Art. 5 III auf und gibt zugleich die **Eckdaten einer Beteiligungsvereinbarung** insbesondere im Hinblick auf einen Europäischen Betriebsrat vor (Tätigkeitsbereich, Zusammensetzung, Befugnisse und Mandatsdauer), die in Art. 6 II konkretisiert werden. Zudem gibt Art. 5 III vor, dass die Vereinbarung **schriftlich** niederzulegen ist. Aus der Aufgabe des besonderen Verhandlungsgremiums folgt ferner, dass es sich nach dessen Errichtung **nicht um ein auf Dauer** gebildetes Organ (hierfür *Weiss* AuR 1995, 438 [441]), sondern um ein **ad-hoc-Gremium** handelt (so zB *Blanke* EBRG § 10 Rn. 10; HWK/*Giesen* EBRG Rn. 45; DFL/*Heckel-* 14 *mann/Wolff* EBRG § 10 Rn. 5; MHdBArbR/*Joost* § 274 Rn. 76; DKKW/*Klebe* EBRG § 10 Rn. 5; *Müller* EBRG § 8 Rn. 1; GK-BetrVG/*Oetker* EBRG § 8 Rn. 3; *Schmidt* RdA 2001, Beil. zu Heft 5, 12 [18]; *Thüsing* § 10 Rn. 23), dessen Amtszeit mit Abschluss des Verhandlungsverfahrens endet (GK-BetrVG/*Oetker* EBRG § 8 Rn. 3f.; AKRR/*Rudolph* EBRG § 8 Rn. 3; **aA** *Weiss* AuR 1995, 438 [441]).

15 Die in Art. 5 III niedergelegte Aufgabe des besonderen Verhandlungsgremiums wird in § 9 I EBRG wiederholt (Abschluss einer Vereinbarung über eine grenzübergreifende Unterrichtung und Anhörung der Arbeitnehmer), während die §§ 17–19 EBRG die **Inhalte einer Beteiligungsvereinbarung** umschreiben. Die **Schriftform** für die Beteiligungsvereinbarung ergibt sich aus § 18 I 1 EBRG sowie § 19 S. 1 EBRG.

E. Arbeitsweise des besonderen Verhandlungsgremiums

I. Sitzungen des besonderen Verhandlungsgremiums

16 Für die Sitzungen des besonderen Verhandlungsgremiums beschränkt sich die Richtlinie auf wenige Vorgaben. So verzichtet sie insbesondere auf solche für die **konstituierende Sitzung** des besonderen Verhandlungsgremiums, auf der vor allem ein Vorsitzender zu wählen ist. Diese Lücke schließt § 13 I 1 EBRG, indem er die zentrale Leitung zur Einberufung einer derartigen Sitzung verpflichtet (zur Wahl des Vorsitzenden § 13 I 3 EBRG).

17 **Weitere Sitzungen** kann das besondere Verhandlungsgremium stets vor und nach jeder Verhandlungssitzung mit der zentralen Leitung in deren Abwesenheit durchführen (Art. 5 IV UAbs. 2). In § 13 II EBRG wird dieses Recht des besonderen Verhandlungsgremiums zwar übernommen, zugleich aber wegen der Inbezugnahme von § 8 III 2 EBRG unter den Vorbehalt einer einvernehmlichen Regelung mit der zentralen Leitung über Zeitpunkt, Häufigkeit und Ort der Sitzung gestellt. Die Richtlinie steht derartigen Abreden zwar nicht entgegen, es wäre aber mit der Unabhängigkeit des besonderen Verhandlungsgremiums unvereinbar, wenn dieses für die Durchführung einer Sitzung stets auf das Einvernehmen mit der zentralen Leitung angewiesen wäre (*Bachner/Kunz* AuR 1996, 81 [84]; *Bachner/Nielebock* AuR 1997, 129 [131]; *Gaul* NJW 1996, 3378 [3380]; DKKW/*Klebe* EBRG § 13 Rn. 8; *Klebe/Kunz*, FS Däubler, 1999, 823 [831]; GK-BetrVG/*Oetker* EBRG § 13 Rn. 10; *Oetker/Schubert* EAS B 8300 Rn. 106; **aA** AKRR/*Rudolph* EBRG § 13 Rn. 14). Bei einem zweckgerechten Verständnis von Art. 5 IV UAbs. 2 ist § 13 II EBRG dahin auszulegen, dass sich die Verpflichtung des besonderen Verhandlungsgremiums auf eine Unterrichtung über Zeitpunkt und Ort der Sitzung beschränkt, wenn es nicht zu einem Einvernehmen mit der zentralen Leitung kommt. Andernfalls könnte die zentrale Leitung eine effektive Führung der Verhandlungen mit dem besonderen Verhandlungsgremium durch Passivität unterlaufen.

18 Ein Recht zur eigenständigen Einberufung einer Sitzung kommt allerdings ausschließlich für die Sitzungen des besonderen Verhandlungsgremiums in Betracht, die die Verhandlungssitzung mit der zentralen Leitung vor- oder nachbereiten. Sollte das besondere Verhandlungsgremium darüber hinaus **zusätzliche Sitzungen** für erforderlich erachten, greift die Einschränkung in § 13 II EBRG iVm § 8 III 2 EBRG eines Einvernehmens mit der zentralen Leitung uneingeschränkt ein. Dem steht die RL 2009/38/EG nicht entgegen, da diese für derartige Sitzungen des besonderen Verhandlungsgremiums keine Vorgaben trifft.

II. Beschlussfassung

19 Für die Beschlussfassung im besonderen Verhandlungsgremium, insbesondere im Hinblick auf das **Stimmgewicht seiner Mitglieder** oder die von den Mitgliedern vertretenen Arbeitnehmer, trifft Art. 5 – im Unterschied zu Art. 3 IV RL 2001/86/EG – nur wenige Vorgaben. Vor allem sieht die Richtlinie von der Festlegung ab, dass für eine rechtswirksame

Beschlussfassung stets eine absolute Mehrheit der Mitglieder vorliegen muss. Dieses Mehrheitserfordernis legt lediglich Art. 6 V für den Abschluss einer Beteiligungsvereinbarung iSv Art. 6 II und III fest; § 13 III EBRG trägt dem durch eine allg. und für alle Beschlüsse geltende Regelung zur Beschlussfassung Rechnung (s. *Blanke* EBRG § 13 Rn. 15; HaKoBetrVG/*Blanke/Kunz* EBRG § 13 Rn. 6; MHdBArbR/*Joost* § 274 Rn. 73; DKKW/*Klebe* EBRG § 13 Rn. 9; *Müller* EBRG § 13 Rn. 5; HSWGNR/*Rose* Einl. Rn. 205; AKRR/ *Rudolph* EBRG § 13 Rn. 18). Da § 13 III EBRG von weiteren Konkretisierungen absieht, hat **jedes Mitglied** des besonderen Verhandlungsgremiums **eine Stimme** unabhängig davon, wie viele Arbeitnehmer dieses vertritt (GK-BetrVG/*Oetker* EBRG § 13 Rn. 13; *Oetker/Schubert* EAS B 8300, Rn. 107; AKRR/*Rudolph* EBRG § 13 Rn. 18).

Ein **besonderes Mehrheitserfordernis** gibt lediglich Art. 5 V UAbs. 1 für den Beschluss des besonderen Verhandlungsgremiums vor, keine Verhandlungen mit der zentralen Leitung aufzunehmen oder bereits eröffnete Verhandlungen ohne den Abschluss einer Vereinbarung abzubrechen (→ Rn. 27 ff.). Hierfür verlangt die Richtlinie eine Mehrheit von „mindestens zwei Dritteln der Stimmen", wobei ein Vergleich mit Art. 6 V ergibt, dass sich das Quorum von zwei Drittel nicht auf die Mitglieder, sondern auf die abgegebenen Stimmen der anwesenden Mitglieder beziehen muss. Hiervon weicht § 15 I 1 EBRG ab, da dieser auf die „Stimmen seiner Mitglieder" abstellt (*Blanke* EBRG § 15 Rn. 2; HaKoBetrVG/*Blanke/Kunz* EBRG § 15 Rn. 1; HWK/*Giesen* EBRG Rn. 51; AKRR/*Rudolph* EBRG § 15 Rn. 4) und damit ein höheres Quorum festlegt, da sich die Abwesenheit eines Mitglieds wie eine Neinstimme auswirkt (s. GK-BetrVG/*Oetker* EBRG § 15 Rn. 3).

III. Finanzierung

Bezüglich der Finanzierung des besonderen Verhandlungsgremiums sieht Art. 5 von einer detaillierten Vorgabe an die Mitgliedstaaten ab. Vielmehr überantwortet Art. 5 VI UAbs. 2 S. 1 diese den Mitgliedstaaten, die bei ihren Regelungen jedoch sicherstellen müssen, dass das besondere Verhandlungsgremium in angemessener Weise seine Aufgaben erfüllen kann. Diesen Vorgaben tragen § 16 I 1 und 3 EBRG ausreichend Rechnung, da sie der zentralen Leitung die Verpflichtung auferlegen, die durch die Tätigkeit des besonderen Verhandlungsgremiums entstehenden Kosten zu tragen und diese zusätzlich in dem erforderlichen Umfang ua Räume und sachliche Mittel zur Verfügung stellen muss.

F. Verhandlungen mit der zentralen Leitung

I. Einberufung der Verhandlungen

Die Einberufung der gemeinsamen Sitzungen von zentraler Leitung und besonderem Verhandlungsgremium obliegt nach Art. 5 IV UAbs. 1 S. 1 der zentralen Leitung. Da weder sie noch das besondere Verhandlungsgremium von der jeweils anderen Seite die Teilnahme an einer gemeinsamen Sitzung beanspruchen kann, sind **Zeitpunkt, Häufigkeit und Ort** der gemeinsamen Sitzungen von den Verhandlungsparteien einvernehmlich festzulegen; § 8 III 2 EBRG hält dies ausdrücklich fest, ohne sich hierdurch in einem Widerspruch zu der Richtlinie zu befinden. Zudem hat die zentrale Leitung die **örtlichen Unternehmensleitungen** von den Verhandlungsterminen in Kenntnis zu setzen (Art. 5 IV UAbs. 1 S. 2); die entsprechende Verpflichtung der zentralen Leitung in § 13 I 1 EBRG beschränkt sich auf die konstituierende Sitzung des besonderen Verhandlungsgremiums.

II. Hinzuziehung von Sachverständigen

Nach Art. 5 IV UAbs. 3 S. 1 muss sich das besondere Verhandlungsgremium „bei den Verhandlungen" durch Sachverständige unterstützen lassen können. Ob es hiervon Gebrauch macht, soll das besondere Verhandlungsgremium nach eigenem, pflichtgemäß auszuübenden **Ermessen** entscheiden können („kann"). Ferner trifft das besondere Verhandlungsgremium die Auswahl eines Sachverständigen nach „seiner Wahl". Diese Vorgabe der Richtlinie hat § 13 IV 1 EBRG mit nahezu identischem Wortlaut übernommen, zusätzlich jedoch ausdrücklich unter den Vorbehalt gestellt, dass die Unterstützung durch Sachverständige „zur ordnungsgemäßen Erfüllung seiner Aufgaben erforderlich ist". Sofern in der hierdurch gebotenen **Erforderlichkeitsprüfung** ein Verstoß gegen die Richtlinie gesehen wird (so *Bachner/Kunz* AuR 1996, 81 [85]; *Bachner/Nielebock* AuR 1997, 129 [131]; *Blanke* EBRG § 13 Rn. 19; HaKo-BetrVG/*Blanke/Kunz* EBRG § 13 Rn. 9; DKKW/*Klebe* EBRG § 13 Rn. 11; *Kunz* AiB 1997, 267 [278]), ist dem nicht zu folgen, da nur unter dieser Voraussetzung eine pflichtgemäße Ausübung des Ermessens („kann") iSv Art. 5 IV UAbs. 3 S. 1 vorliegt, die zudem das Gebot einer vertrauensvollen Zusammenarbeit wahrt (ebenso HWK/*Giesen* EBRG Rn. 49; DFL/*Heckelmann/Wolff* EBRG § 13 Rn. 8; MHdBArbR/*Joost* § 274 Rn. 74; *Oetker/Schubert* EAS B 8300 Rn. 109; HSWGNR/*Rose* Einl. 206; AKRR/*Rudolph* EBRG § 13 Rn. 30). Mit dieser Maßgabe ist das besondere Verhandlungsgremium auch berechtigt, **mehrere Sachverständige** zur Unterstützung hinzuziehen (DKKW/*Klebe* EBRG § 13 Rn. 13; **aA** HSWGNR/*Rose* Einl. Rn. 206). Das folgt sowohl aus dem in Art. 5 IV UAbs. 3 S. 1 und in § 13 IV 1 EBRG verwendeten Plural („Sachverständige") als auch aus der ausdrücklichen Ermächtigung an die Mitgliedstaaten, die Pflicht der zentralen Leitung zur Kostenerstattung auf die Kosten für einen Sachverständigen zu beschränken (Art. 5 VI UAbs. 2 S. 2), was denknotwendig die Möglichkeit impliziert, auch mehrere Sachverständige zur Unterstützung hinzuziehen zu können.

24 Bezüglich der **Person des Sachverständigen** trifft die Richtlinie keine Vorgaben. Aus seiner Aufgabe folgt jedoch, dass er über eine besondere Sachkunde im Hinblick auf die Aufgabe des besonderen Verhandlungsgremiums verfügen muss. Klarstellend hält Art. 5 IV UAbs. 3 S. 1 fest, dass auch **Vertreter von Gewerkschaften** Sachverständige sein können, allerdings beschränkt auf solche der „kompetenten anerkannten Gewerkschaftsorganisationen auf Gemeinschaftsebene". Eine vergleichbare Klarstellung trifft auch § 13 IV 2 EBRG, ohne allerdings den Kreis der Gewerkschaftsvertreter näher einzugrenzen. Weder müssen diese im gemeinschaftsweit tätigen Unternehmen bzw. Unternehmensgruppe vertreten sein noch einer Gewerkschaftsorganisation auf Gemeinschaftsebene angehören. Damit geht § 13 IV 2 EBRG über die Richtlinie hinaus, was jedoch nicht zur Richtlinienwidrigkeit der Vorschrift führt, da diese für die Mitgliedstaaten lediglich Mindestvorgaben aufstellt und § 13 IV 2 EBRG die in Art. 5 IV UAbs. 3 S. 1 genannten Vertreter nicht ausklammert (DKKW/*Klebe* EBRG § 13 Rn. 12). Unverzichtbar ist jedoch, dass es sich bei dem vom besonderen Verhandlungsgremium hinzugezogenen Vertreter der Gewerkschaften um einen Sachverständigen handelt, was einer gesonderten Prüfung bedarf und nicht per se zu unterstellen ist (ebenso AKRR/*Rudolph* EBRG § 13 Rn. 31). Zudem unterliegt auch die Hinzuziehung eines Gewerkschaftsvertreters als Sachverständiger der von § 13 IV 1 EBRG geforderten Erforderlichkeitsprüfung (→ Rn. 23).

25 Die **Aufgabe der Sachverständigen** besteht in der **Beratung** des besonderen Verhandlungsgremiums. Hierfür sind die Sachverständigen nicht auf die internen Sitzungen des Gremiums beschränkt, sondern Art. 5 IV UAbs. 3 S. 2 eröffnet ausdrücklich das Recht, an den Verhandlungen zwischen der zentralen Leitung und dem besonderen Verhandlungsgremium teilzunehmen („beizuwohnen"); § 13 IV 3 EBRG hat diese Rechtsposition ausdrücklich übernommen. Das gilt auch für den Vorbehalt in Art. 5 IV UAbs. 3 S. 2, dass die Teilnahme des Sachverständigen an den Verhandlungen von einem entsprechenden **Wunsch des besonderen Verhandlungsgremiums** abhängt, so dass kein eigenständiges Recht des Sachverständigen begründet wird (*Fitting* EBRG Übersicht Rn. 59; AKRR/*Rudolph* EBRG § 13 Rn. 31). Auf ein Einvernehmen mit der zentralen Leitung ist das besondere Verhandlungsgremium für die Hinzuziehung des Sachverständigen zu den Verhandlungen mit der zentralen Leitung nicht angewiesen.

III. Kosten der Verhandlungen

Die Kosten der Verhandlungen hat nach Art. 5 VI UAbs. 1 die zentrale Leitung zu tragen. **26** Hierzu zählen insbesondere die Kosten, die den Mitgliedern des besonderen Verhandlungsgremiums wegen der Teilnahme an den Verhandlungen vor allem durch Aufwendungen für **Reise und Aufenthalt** entstehen. Zu den von der zentralen Leitung zu tragenden Kosten gehören auch diejenigen für vom besonderen Verhandlungsgremium **hinzugezogene Sachverständige,** wobei Art. 5 VI UAbs. 2 S. 2 den Mitgliedstaaten die Möglichkeit einräumt, die Kostentragungspflicht auf einen Sachverständigen zu beschränken. Den Anforderungen der Richtlinie trägt § 16 EBRG Rechnung, wobei § 16 I 2 EBRG die Option der Richtlinie in Anspruch genommen hat (**anders** § 19 SEBG trotz des mit Art. 5 VI UAbs. 2 S. 2 vergleichbaren Vorbehalts in Art. 3 VII UAbs. 2 S. 2 RL 2001/86/EG; → RL 2001/86/EG Art. 3 Rn. 25).

G. Nichtaufnahme und Abbruch der Verhandlungen

Die nach Art. 5 I auf Seiten der Arbeitnehmer Antragsberechtigten können durch ihre **27** Antragstellung zwar die Bildung eines besonderen Verhandlungsgremiums erzwingen, gleichwohl ist das besondere Verhandlungsgremium nach seiner Errichtung frei in seiner Entscheidung, ob es in dem gemeinschaftsweit tätigen Unternehmen bzw. der Unternehmensgruppe zur Einrichtung eines Europäischen Betriebsrats oder eines Verfahrens zur Unterrichtung und Anhörung der Arbeitnehmer kommt. Nach Art. 5 V ist dem besonderen Verhandlungsgremium deshalb die Möglichkeit zu eröffnen, von der Durchführung eines Verhandlungsverfahrens abzusehen oder dieses abzubrechen. Hierzu bedarf es jedoch stets eines mit der **qualifizierten Mehrheit** von „mindestens zwei Drittel der Stimmen" zu fassenden Beschlusses. Erreicht ein Beschluss des besonderen Verhandlungsgremiums dieses Mehrheitserfordernis nicht, so sind die Verhandlungen selbst dann durchzuführen, wenn sich das besondere Verhandlungsgremium mit der Mehrheit der Stimmen seiner Mitglieder für die Nichtaufnahme oder den Abbruch der Verhandlungen entscheidet. Das Recht, den Abbruch der Verhandlungen zu beschließen, versieht Art. 5 V nicht mit **zeitlichen Einschränkungen.** Ein entsprechender Beschluss kann deshalb zB auch nach Ablauf von sechs Monaten nach Verhandlungsbeginn gefasst werden. Abgesehen von dem Erfordernis einer qualifizierten Mehrheit legt Art. 5 Abs. 5 keine formalen Vorgaben fest.

Mit § 15 EBRG wird die Vorgabe aus Art. 5 V umgesetzt, allerdings erhöht § 15 I 1 die **28** **qualifizierte Mehrheit** auf „mindestens zwei Drittel der Stimmen seiner Mitglieder" (→ Rn. 19 f.). Die zusätzliche formale Anforderung einer Aufnahme des Beschlusses in die von dem Vorsitzenden und einem weiteren Mitglied des besonderen Verhandlungsgremiums zu unterzeichnende **Niederschrift** (§ 15 I 2 EBRG; s. GK-BetrVG/*Oetker* EBRG § 15 Rn. 4 f.; AKRR/*Rudolph* EBRG § 15 Rn. 5) sowie deren abschriftliche Zuleitung an die zentrale Leitung (§ 15 I 3 EBRG) stehen nicht im Widerspruch zu der RL 2009/38/EG.

Kommt es zu einem Beschluss des besonderen Verhandlungsgremiums, die Verhand- **29** lungen nicht zu eröffnen oder bereits eröffnete Verhandlungen abzubrechen, sind die Verhandlungen beendet (Art. 5 V UAbs. 2 S. 1). Zudem schließt Art. 5 V UAbs. 2 S. 2 die **Anwendung der gesetzlichen Auffangregelung** aus (s. auch Art. 7 I dritter Gedankenstrich). Eine Unterrichtung und Anhörung der Arbeitnehmer in dem gemeinschaftsweit tätigen Unternehmen bzw. der Unternehmensgruppe nach Maßgabe der RL 2009/38/EG bzw. des jeweiligen Umsetzungsgesetzes entfällt vollständig. Dementsprechend hält **§ 21 II EBRG** in Übereinstimmung mit der Vorgabe in Art. 7 I dritter Gedankenstrich fest, dass bei Fassung eines Beschlusses nach § 15 I EBRG ein Europäischer Betriebsrat kraft Gesetzes nicht zu errichten ist.

30 Ein nach Art. 5 V UAbs. 1 gefasster Beschluss muss keine dauerhaften Rechtswirkungen entfalten, vielmehr kann ein **erneutes Verhandlungsverfahren** eingeleitet werden. Allerdings reicht hierfür nicht eine Initiative der zentralen Leitung aus, sondern es bedarf eines „neuen Antrags", wobei sich aus der Systematik der Richtlinienbestimmung ergibt, dass es sich um einen **Antrag iSv Art. 5 I** durch „100 Arbeitnehmer oder ihre Vertreter" handeln muss (→ Rn. 3 ff.). Einen vergleichbaren Vorbehalt sieht § 15 II EBRG vor, der jedoch ausdrücklich und klarstellend § 9 EBRG in Bezug nimmt. Das Recht zur Stellung eines erneuten Antrags ist nach Art. 5 V UAbs. 3 **fristgebunden**, er kann nicht gestellt werden, bevor nicht seit dem nach Art. 5 V UAbs. 1 gefassten Beschluss mindestens zwei Jahre verstrichen sind. Entsprechendes gilt nach § 15 II EBRG. Sowohl nach Art. 5 V UAbs. 3 als auch nach § 15 II EBRG steht die Karenzperiode ausdrücklich unter dem Vorbehalt einer von den Verhandlungsparteien vereinbarten kürzeren Frist. Für eine über zwei Jahre hinausreichende Frist fehlt den Verhandlungsparteien die Vereinbarungsbefugnis (GK-BetrVG/ *Oetker* EBRG § 15 Rn. 8).

31 Die **Abrede einer kürzeren Frist** kann ausschließlich das bestehende besondere Verhandlungsgremium treffen. Die Frist muss noch von diesem vor dem Beschluss nach Art. 5 V UAbs. 1 verkürzt worden sein. Fehlt eine derartige Abrede und wurde ein Beschluss nach Art. 5 V UAbs. 1 gefasst, dann ist für eine Abkürzung der Frist die Vereinbarungspartei auf Arbeitnehmerseite entfallen, da das Verhandlungsverfahren mit der Beschlussfassung abgeschlossen ist (wie hier AKRR/*Rudolph* EBRG § 15 Rn. 7). Ohne das dies durch Art. 5 V UAbs. 3 gefordert ist, verlangt § 15 II EBRG die Wahrung der Schriftform, so dass eine mündlich getroffene Abrede unwirksam ist (GK-BetrVG/*Oetker* EBRG § 15 Rn. 8). Ob es auch der zentralen Leitung verwehrt ist, auf die **Einhaltung der Karenzfrist zu verzichten,** ergibt sich aus der Richtlinie nicht. Da die Frist zum Schutz der zentralen Leitung besteht, sprechen gute Gründe dafür, die vor Fristablauf beantragte erneute Einleitung eines Verhandlungsverfahrens zuzulassen, wenn die zentrale Leitung hiermit einverstanden ist.

Art. 6 Inhalt der Vereinbarung

(1) Die zentrale Leitung und das besondere Verhandlungsgremium müssen im Geiste der Zusammenarbeit verhandeln, um zu einer Vereinbarung über die Modalitäten der Durchführung der in Artikel 1 Absatz 1 vorgesehenen Unterrichtung und Anhörung der Arbeitnehmer zu gelangen.

(2) Unbeschadet der Autonomie der Parteien wird in der schriftlichen Vereinbarung nach Absatz 1 zwischen der zentralen Leitung und dem besonderen Verhandlungsgremium Folgendes festgelegt:

a) die von der Vereinbarung betroffenen Unternehmen der gemeinschaftsweit operierenden Unternehmensgruppe oder Betriebe des gemeinschaftsweit operierenden Unternehmens;

b) die Zusammensetzung des Europäischen Betriebsrats, die Anzahl der Mitglieder, die Sitzverteilung, wobei so weit als möglich eine ausgewogene Vertretung der Arbeitnehmer nach Tätigkeit, Arbeitnehmerkategorien und Geschlecht zu berücksichtigen ist, und die Mandatsdauer;

c) die Befugnisse und das Unterrichtungs- und Anhörungsverfahren des Europäischen Betriebsrats sowie die Modalitäten für die Abstimmung zwischen der Unterrichtung und Anhörung des Europäischen Betriebsrats und der einzelstaatlichen Arbeitnehmervertretungen gemäß den Grundsätzen des Artikels 1 Absatz 3;

d) der Ort, die Häufigkeit und die Dauer der Sitzungen des Europäischen Betriebsrats;

e) gegebenenfalls die Zusammensetzung, die Modalitäten für die Bestellung, die Befugnisse und die Sitzungsmodalitäten des innerhalb des Europäischen Betriebsrates eingesetzten engeren Ausschusses;

f) die für den Europäischen Betriebsrat bereitzustellenden finanziellen und materiellen Mittel;

g) das Datum des Inkrafttretens der Vereinbarung und ihre Laufzeit, die Modalitäten für die Änderung oder Kündigung der Vereinbarung und gegebenenfalls die Fälle, in denen eine Neuaushandlung erfolgt, und das bei ihrer Neuaushandlung anzuwendende Verfahren, gegebenenfalls auch bei Änderungen der Struktur des gemeinschaftsweit operierenden Unternehmens oder der gemeinschaftsweit operierenden Unternehmensgruppe.

(3) Die zentrale Leitung und das besondere Verhandlungsgremium können in schriftlicher Form den Beschluss fassen, dass anstelle eines Europäischen Betriebsrats ein oder mehrere Unterrichtungs- und Anhörungsverfahren geschaffen werden.

In der Vereinbarung ist festzulegen, unter welchen Voraussetzungen die Arbeitnehmervertreter das Recht haben, zu einem Meinungsaustausch über die ihnen übermittelten Informationen zusammenzutreten.

Diese Informationen erstrecken sich insbesondere auf länderübergreifende Angelegenheiten, welche erhebliche Auswirkungen auf die Interessen der Arbeitnehmer haben.

(4) Sofern in den Vereinbarungen im Sinne der Absätze 2 und 3 nichts anderes bestimmt ist, gelten die subsidiären Vorschriften des Anhangs I nicht für diese Vereinbarungen.

(5) Für den Abschluss der Vereinbarungen im Sinne der Absätze 2 und 3 ist die Mehrheit der Stimmen der Mitglieder des besonderen Verhandlungsgremiums erforderlich.

A. Allgemeines

Art. 6 ist die zentrale Bestimmung für den Inhalt der von zentraler Leitung und besonderem Verhandlungsgremium abzuschließenden Vereinbarung und gibt zugleich wesentliche Elemente für deren Inhalt vor (Abs. 2 und 3; → Rn. 8 ff.). Darüber hinaus erhebt Art. 6 I den „Geist der Zusammenarbeit" zur Leitmaxime für die Verhandlungen (→ Rn. 2 ff.) und legt in Abs. 5 das für den Abschluss einer Vereinbarung auf Seiten des besonderen Verhandlungsgremiums erforderliche Mehrheitsquorum fest (→ Rn. 5). Der Umsetzung in Deutschland dienen vor allem die §§ 17–19 EBRG, während das Beschlussquorum für das besondere Verhandlungsgremium in Art. 6 V in der allg. Regelung in § 13 III EBRG aufgegangen ist. Die in Art. 6 I vorgegebene Leitmaxime für die Verhandlungen von zentraler Leitung und besonderem Verhandlungsgremium enthält § 8 III 1 EBRG mit dem Gebot einer vertrauensvollen Zusammenarbeit.

B. Verhandlungsmaxime

Während Art. 9 I die zentrale Leitung und den Europäischen Betriebsrat auf eine vom „Willen zur Verständigung" getragene Zusammenarbeit festlegt (→ Art. 9 Rn. 2 ff.), gibt Art. 6 I für die Verhandlungen zwischen zentraler Leitung und besonderem Verhandlungsgremium vor, diese im **„Geiste der Zusammenarbeit"** zu führen, was in der Sache keinen substantiellen Unterschied bedeutet. Die Leitmaxime einer vom „Geiste der Zusammenarbeit" geprägten Verhandlungsführung richtet sich sowohl an die zentrale Leitung als auch an das besondere Verhandlungsgremium. Dies erfordert von beiden Seiten die **Führung ernsthafter Verhandlungen,** die auch die von der Richtlinie deutlich artikulierte Präferenz für eine Vereinbarungslösung in Rechnung stellt. Vom „Geiste der Zusammenarbeit" sind die Verhandlungen deshalb nur getragen, wenn die Parteien mit dem „Willen zur Verständigung" verhandeln. Dies bedingt eine ernsthafte Auseinandersetzung mit den inhaltlichen Positionen der jeweils anderen Verhandlungspartei, ohne dass hieraus eine Rechtspflicht resultiert, diese zu akzeptieren.

3 Das aus Art. 9 I abzuleitende und an den Europäischen Betriebsrat adressierte Verbot, Forderungen mit Hilfe von **Arbeitskampfmaßnahmen** durchzusetzen (→ Art. 9 Rn. 4), gilt in gleicher Weise für das besondere Verhandlungsgremium (→ Rn. 4). Entsprechendes gilt für **Informationen an die Arbeitnehmer** oder die **Öffentlichkeit,** die das Ziel verfolgen, die zentrale Leitung in den Verhandlungen unter Druck zu setzen. Dies schließt sachlich gehaltene Informationen insbesondere der Arbeitnehmervertreter in den Mitgliedstaaten zum Stand der Verhandlungen mit der zentralen Leitung nicht aus. Pressemitteilungen oder allg. Informationen an die Öffentlichkeit sind mit dem „Geist der Zusammenarbeit" grds. nicht vereinbar. Zum Ausdruck gelangt der von Art. 6 I für die Verhandlungen mit der zentralen Leitung geforderte „Geist der Zusammenarbeit" auch in der an das besondere Verhandlungsgremium adressierten Pflicht, über ausdrücklich als vertraulich mitgeteilte Informationen Verschwiegenheit zu wahren (Art. 8 I; → Art. 8 Rn. 3 ff.).

4 Die **Umsetzung** von Art. 6 I erfolgt in Deutschland vor allem durch § 8 III 1 EBRG, der die allg. **Maxime einer vertrauensvollen Zusammenarbeit** in § 34 EBRG in modifizierter Form auch für die Verhandlungen zwischen zentraler Leitung und besonderem Verhandlungsgremium vorgibt, ohne indes die funktionale Ausrichtung auf das Wohl der Arbeitnehmer und des Unternehmens bzw. der Unternehmensgruppe zu wiederholen. Wegen des Zwecks der Vorschrift bezieht sich die vertrauensvolle Zusammenarbeit auf den Abschluss einer Vereinbarung mit der zentralen Leitung, was zugleich der in Art. 6 I zum Ausdruck gelangten Zielsetzung Rechnung trägt („um zu einer Vereinbarung ... zu gelangen"). Dies erfordert den **ernsten Willen zur Einigung** und steht **Arbeitskampfmaßnahmen** entgegen (ebenso HaKo-BetrVG/*Blanke/Kunz* EBRG § 8 Rn. 9; *Fitting* EBRG Übersicht Rn. 94; DKKW/*Klebe* EBRG § 8 Rn. 7; *Müller* EBRG § 9 Rn. 3; GK-BetrVG/*Oetker* EBRG § 8 Rn. 8; HSWGNR/*Rose* Einl. Rn. 195; AKRR/*Rudolph* EBRG § 8 Rn. 12). Mit dem Gebot einer von vertrauensvoller Zusammenarbeit geprägten Verhandlungsführung gibt das Gesetz ein Leitbild vor, ohne dass aus diesem konkrete Rechtspflichten abgeleitet werden können, insbesondere folgt aus § 8 III 1 EBRG weder für das besondere Verhandlungsgremium noch für die zentrale Leitung ein gegen die jeweils andere Verhandlungspartei gerichteter **Verhandlungsanspruch** (so auch *Müller* EBRG § 8 Rn. 3; *Oetker/Schubert* EAS B 8300, Rn. 82; HSWGNR/*Rose* Einl. Rn. 196; AKRR/*Rudolph* EBRG § 8 Rn. 12; im Ergebnis wohl ebenfalls *Blanke* EBRG § 8 Rn. 12).

C. Abschluss der Beteiligungsvereinbarung

5 Der Abschluss einer Beteiligungsvereinbarung fordert übereinstimmende **Erklärungen beider Verhandlungsparteien.** Dementsprechend muss die Beteiligungsvereinbarung auf einem rechtswirksamen **Beschluss des besonderen Verhandlungsgremiums** beruhen. Für diesen gibt Art. 6 V das Erfordernis einer **absoluten Mehrheit** („Mehrheit der Stimmen der Mitglieder") vor, so dass sich die Abwesenheit einzelner Mitglieder bei der Beschlussfassung ebenso wie Stimmenthaltungen und ungültige Stimmen als Neinstimmen auswirkt. Für die **zentrale Leitung** verzichtet Art. 6 auf nähere Vorgaben. Die von ihr abgegebene Erklärung, mit der sie ihre Zustimmung zu der Beteiligungsvereinbarung bekundet, muss deshalb den für das Gesellschaftsorgan jeweils geltenden Vorschriften genügen. Das gilt auch für die zentrale Leitung einer Unternehmensgruppe, die im Innenverhältnis insbesondere sicherstellen muss, dass die Beteiligungsvereinbarung auch von den Unternehmen umgesetzt wird, die der Unternehmensgruppe angehören.

6 Für den Abschluss der Vereinbarung gibt Art. 6 II und III UAbs. 1 vor, dass diese **schriftlich** abzuschließen ist. Die hierfür maßgebenden Rahmenbedingungen richten sich nach den Rechtsvorschriften der Mitgliedstaaten. Insoweit verlangen auch § 18 I 1 EBRG und § 19 S. 1, eine schriftliche Vereinbarung, ohne indes das Schriftformerfordernis zu konkretisieren. Eine Parallele zum BetrVG legt nahe, dass die Beteiligungsvereinbarung von beiden Verhandlungsparteien zu unterzeichnen ist (s. §§ 77 II 2, 112 I 1 BetrVG). Ein

Rückgriff auf § 126 BGB ist bei diesem Ansatz entbehrlich. Für die **Sprache der Vereinbarung** trifft Art. 6 keine Vorgaben, auch die §§ 17–19 EBRG halten sich insoweit bedeckt. Hierüber haben deshalb die zentrale Leitung und das besondere Verhandlungsgremium zu befinden.

D. Rechtsnatur der Vereinbarung

Zur Rechtsnatur der Vereinbarung lassen sich aus Art. 6 keine Aussagen gewinnen. Diese Frage ist deshalb nach dem **Recht des jeweiligen Mitgliedstaates** zu beantworten, nach dem sich der Abschluss der Beteiligungsvereinbarung beurteilt (s. *Blanke* EBRG § 17 Rn. 13; DKKW/*Däubler* EBRG § 17 Rn. 3; MHdBArbR/*Joost* § 274 Rn. 98; *Müller* EBRG § 17 Rn. 2; *Riesenhuber* § 28 Rn. 65; *Schmidt* RdA 2001, Beil. zu Heft 5, 12 [18]). Bei einer dem EBRG unterliegenden Beteiligungsvereinbarung ist allg. anerkannt, dass es sich bei dieser weder um einen Tarifvertrag noch um eine Betriebsvereinbarung handelt (DKKW/*Däubler* EBRG § 17 Rn. 7f.; MHdBArbR/*Joost* § 274 Rn. 98; GK-BetrVG/ *Oetker* EBRG § 17 Rn. 3; *Schlinkhoff* 67ff.). Gleichwohl bejaht eine verbreitete Auffassung im Schrifttum eine **normative Wirkung** der Beteiligungsvereinbarung als **Kollektivvertrag sui generis** (hierfür zB DKKW/*Däubler* EBRG § 17 Rn. 11; *Forst* ZESAR 2009, 469 [472]; *Gamillscheg* II, § 54, 3d [1]; MHdBArbR/*Joost* § 274 Rn. 98; *Lerche* 230ff.; *Müller* EBRG § 17 Rn. 3; AKRR/*Rudolph* EBRG § 17 Rn. 5, 7; *Schiek* RdA 2001, 218 [232]; *Spinner*, Die vereinbarte Betriebsverfassung, 2000, 68ff.), für die sich zumindest deren Organisationscharakter und ihre von der weiteren Existenz des besonderen Verhandlungsgremiums unabhängige Geltung anführen lässt (s. AKRR/*Rupp* EBRG § 17 Rn. 5). Eine abweichende Strömung im Schrifttum sieht hierfür indes eine normative Wirkung als entbehrlich an und bewertet die Beteiligungsvereinbarung als eine rein **schuldrechtlich wirkende Vereinbarung zugunsten Dritter** (ebenso GK-BetrVG/*Oetker* EBRG § 17 Rn. 3ff.; *Oetker/Schubert* EAS B 8300, Rn. 138f.; *Sandmann*, Euro-Betriebsrats-Richtlinie 94/45/EG, 1996, 156ff.; *Schlinkhoff* 76f., 81ff.; *Schmidt* RdA 2001, Beil. zu Heft 5, 12 [18]; wohl auch HWK/*Giesen* EBRG Rn. 52; dagegen jedoch AKRR/*Rupp* EBRG § 17 Rn. 6).

E. Inhalt der Vereinbarung

I. Systematik der Richtlinie

Im Unterschied zu der durch die amtlichen Überschriften zu den §§ 18 und 19 EBRG nahegelegten Systematik gibt Art. 6 keine getrennten Vereinbarungsinhalte je nach dem für die Unterrichtung und Anhörung der Arbeitnehmer gewählten Modus (Europäischer Betriebsrat oder Unterrichtungs- und Anhörungsverfahren) vor. Vielmehr benennt Art. 6 II einerseits Inhalte für jede Vereinbarung und andererseits solche, die ausschließlich für die Einrichtung eines Europäischen Betriebsrats maßgebend sind. Entscheiden sich die Verhandlungsparteien, statt eines Europäischen Betriebsrats ein Unterrichtungs- und Anhörungsverfahren zu etablieren, so gibt Art. 6 III UA 2 und 3 zusätzliche Vereinbarungsinhalte vor (→ Rn. 17ff.). Bezüglich der Vereinbarungsinhalte tritt ergänzend Art. 12 II hinzu, nach dem die Modalität für die Abstimmung zwischen dem Europäischen Betriebsrat und den einzelstaatlichen Arbeitnehmervertretungen in der Vereinbarung festzulegen sind (→ Art. 12 Rn. 5).

Die in Art. 6 II und III genannten Inhalte haben **keinen abschließenden Charakter**, da diese nach dem Einleitungssatz von Art. 6 II ausdrücklich unter dem prononciert hervorgehobenen Vorbehalt der „Autonomie der Parteien" stehen. Den Verhandlungsparteien steht es deshalb frei, weitere Inhalte in die Beteiligungsvereinbarung aufzunehmen, ohne dass ihnen hierdurch indes ein mit der Vertragsfreiheit vergleichbar weiter **Gestaltungs-**

spielraum zusteht. Vielmehr wird dieser durch die **Funktion der Beteiligungsvereinbarung** eingegrenzt, so dass sich der Vereinbarungsinhalt auf die Ausgestaltung der Unterrichtung und Anhörung beschränken muss. Diese funktional begrenzte Vereinbarungsautonomie klingt bereits in Art. 1 I und II an, kommt jedoch vor allem in Art. 6 I zum Ausdruck, der die Vereinbarung darauf beschränkt, die Modalitäten für die Durchführung der Unterrichtung und Anhörung festzulegen (ferner → Rn. 15 f.).

10 Weder aus Art. 6 II noch aus Art. 6 III erschließt sich ohne weiteres, ob die dort jeweils aufgelisteten Vereinbarungsinhalte **zwingend** in eine Beteiligungsvereinbarung aufzunehmen sind. Der jeweils verwendete Wortlaut („wird ... festgelegt", „ist festzulegen") spricht für einen zwingenden Charakter. Für eine unter dem Geltungsbereich des EBRG abgeschlossene Beteiligungsvereinbarung ist dies letztlich nicht bedeutsam, da sich deren Rechtswirksamkeit mangels unmittelbarer Wirkung der Richtlinie ausschließlich nach dem EBRG richtet. Danach haben die für den Europäischen Betriebsrat kraft Vereinbarung in § 18 I 2 EBRG niedergelegten Katalogtatbestände ausweislich des Wortlauts des Eingangssatzes den Charakter einer Sollbestimmung (*Blanke* EBRG § 18 Rn. 2; DKKW/*Däubler* EBRG § 18 Rn. 4; *Fitting* EBRG Übersicht Rn. 65; MHdBArbR/*Joost* § 274 Rn. 107; *Müller* EBRG § 18 Rn. 2; GK-BetrVG/*Oetker* EBRG § 18 Rn. 2; *Oetker/Schubert* EAS B 8300, Rn. 148; HSWGNR/*Rose* Einl. Rn. 210; *Schlinkhoff* 93; im Ergebnis auch Preis/Sagan/*Müller-Bonanni/Jenner* § 12 Rn. 101; **aA** *Klebe/Kunz,* FS Däubler, 1999, 823 [834 f.]; krit. auch AKRR/*Rupp* EBRG § 18 Rn. 3), während § 19 EBRG für das Unterrichtungs- und Anhörungsverfahren die inhaltlichen Vorgaben zwingend formuliert („ist ... zu vereinbaren", „muss sich ... erstrecken").

11 Klarstellend hält Art. 6 IV fest, dass die im Anhang I zur RL 2009/38/EG aufgelisteten **(subsidiären) Regelungen** für die Beteiligungsvereinbarung keinen verbindlichen Charakter haben. Der in Art. 6 IV zugleich aufgenommene Vorbehalt zugunsten einer anderweitigen Bestimmung in der Vereinbarung verdeutlicht indessen im Einklang mit der von Art. 6 II in den Vordergrund gerückten „Autonomie der Parteien", dass es den Verhandlungsparteien freisteht, sich bei der Vereinbarung an den subsidiären Vorschriften zu orientieren und diese ggf. in die von ihnen abgeschlossene Vereinbarung aufzunehmen. Zweifelhaft ist deshalb ausschließlich, ob die subsidiären Vorschriften zur Schließung von **Regelungslücken** in der Vereinbarung herangezogen werden können. Methodisch ist dies nicht ausgeschlossen, jedoch muss sich in der Beteiligungsvereinbarung ein entsprechender Regelungswille niedergeschlagen haben.

II. Allgemeine Vereinbarungsinhalte

12 Zu den allg. Inhalten einer Beteiligungsvereinbarung, die in diese unabhängig von dem Modus für die Unterrichtung und Anhörung der Arbeitnehmer aufzunehmen sind, zählen die in Art. 6 II lit. a und g aufgezählten Inhalte. Dies betrifft in erster Linie den **Geltungsbereich der Vereinbarung** (Betriebe des gemeinschaftsweit tätigen Unternehmens, Unternehmen der gemeinschaftsweit tätigen Unternehmensgruppe). Da bereits Art. 1 VI den Vorbehalt enthält, dass sich die nach Art. 6 abzuschließende Beteiligungsvereinbarung einen über die Mitgliedstaaten hinausreichenden Geltungsbereich beilegen kann, ist Art. 6 II lit. a extensiv auszulegen und umfasst auch die Möglichkeit, in **Drittstaaten** gelegene Betriebe und Unternehmen in den Geltungsbereich einer Beteiligungsvereinbarung einzubeziehen (→ Art. 1 Rn. 17).

13 Von allg. Bedeutung sind darüber hinaus die **Laufzeit** der Beteiligungsvereinbarung sowie die Modalitäten für deren **Änderung oder Kündigung.** Als fakultativen Inhalt einer Beteiligungsvereinbarung benennt Art. 6 II lit. g darüber hinaus die Aufnahme einer **Neuverhandlungsklausel,** die „gegebenenfalls" auch strukturelle Änderungen des Unternehmens bzw. der Unternehmensgruppe erfassen kann (→ Art. 13 Rn. 4 ff.). Zum Inhalt einer Neuverhandlungsklausel zählt die Richtlinie auch das Verfahren der Verhandlungen, was insbesondere die Verhandlungspartei auf Arbeitnehmerseite betrifft.

III. Errichtung eines Europäischen Betriebsrats

Entscheiden sich die Verhandlungsparteien zur Durchführung der Unterrichtung und 14
Anhörung der Arbeitnehmer für die Errichtung eines Europäischen Betriebsrats, dann haben diese insbesondere dessen **Zusammensetzung** zu regeln, was auch eine „ausgewogene" Vertretung der Arbeitnehmer nach Maßgabe des Geschlechts umfasst (Art. 6 II lit. b). Ferner sind die **Befugnisse** und das **Unterrichtungs- und Anhörungsverfahren** des Europäischen Betriebsrats festzulegen (Art. 6 II lit. c). Dies schließt Abreden zu Ort, Häufigkeit und Dauer der **Sitzungen** des Europäischen Betriebsrats ein (Art. 6 II lit. d). In diesem Zusammenhang können die Verhandlungsparteien auch entsprechende Regelungen für einen vom Europäischen Betriebsrat eingesetzten **engeren Ausschuss** in die Beteiligungsvereinbarung aufnehmen (Art. 6 II lit. e). Schließlich sind Regelungen über die **finanziellen und materiellen Mittel** für den Europäischen Betriebsrat in der Beteiligungsvereinbarung zu treffen (Art. 6 II lit. f).

Trotz der von Art. 6 II hervorgehobenen „Autonomie der Parteien" sind diese bei der 15
Ausgestaltung der Unterrichtungs- und Anhörung nicht völlig frei, sondern müssen bei ihrer Vereinbarung von ihrer Autonomie in einer dem Zweck der Richtlinie entsprechenden Weise Gebrauch machen (→ Rn. 9). Das betrifft insbesondere die Intensität, in der die zentrale Leitung den Europäischen Betriebsrat zu beteiligen hat. Diese darf nicht die in Art. 2 II lit. f und g definierte Unterrichtung und Anhörung (→ Art. 2 Rn. 24 f.) unterschreiten **(Beteiligungsminimum)**. Hiermit würde es unvereinbar sein, wenn die Beteiligung des Europäischen Betriebsrats in der Vereinbarung ausschließlich auf eine Unterrichtung beschränkt wird oder statt eines auf Dialog abzielenden Anhörungsrechts iSv Art. 2 II lit. g auf ein Recht zur Stellungnahme beschränkt bliebe (s. auch *Oetker/Schubert* EAS B 8300, Rn. 146; *Schlinkhoff* 90 f.).

Ob die „Autonomie der Parteien" auch die **Begründung von Mitbestimmungsrech-** 16
ten zugunsten eines Europäischen Betriebsrats legitimiert, wird unterschiedlich beantwortet. Eine vereinzelt vertretene Auffassung bejaht dies und verweist hierfür insbesondere auf die Vereinbarungsautonomie der Parteien (so HaKo-BetrVG/*Blanke/Kunz* EBRG § 17 Rn. 8; DKKW/*Däubler* EBRG § 18 Rn. 13; wohl auch *Gamillscheg* II, § 54, 3a [2]; ebenso für den SE-Betriebsrat kraft Vereinbarung *Blanke*, Erweiterung der Beteiligungsrechte des SE-Betriebsrats durch Vereinbarung, 2006). Dem steht entgegen, dass Art. 6 II die „Autonomie der Parteien" nicht iS einer allg. Vereinbarungsfreiheit installiert (→ Rn. 9), sondern auf den Abschluss einer Beteiligungsvereinbarung bezieht, die das von der Richtlinie verfolgte Ziel einer Unterrichtung und Anhörung der Arbeitnehmer umsetzen soll. Hierfür soll die Vereinbarungsautonomie den Vorrang vor der gesetzlichen Auffangregelung genießen. Dementsprechend beschränkt sich der Katalogtatbestand in Art. 6 II lit. c ausdrücklich auf das Verfahren der Unterrichtung und Anhörung sowie die insoweit bestehenden Befugnisse. In diesem Sinne gibt auch Art. 6 I die Unterrichtung und Anhörung der Arbeitnehmer als Inhalt der von den Verhandlungsparteien abzuschließenden Beteiligungsvereinbarung vor. Mit dieser aus der Richtlinie gewonnenen Zielsetzung der Beteiligungsvereinbarung ist die Vereinbarung von Mitbestimmungsrechten unvereinbar, da diese eine über einen Dialog hinausgehende Rechtsmacht zugunsten des Europäischen Betriebsrats begründen würden. Unterrichtung und Anhörung definieren deshalb auch ein **Beteiligungsmaximum** (wie hier HWK/*Giesen* EBRG Rn. 70; HSW/*Hanau* § 19 Rn. 77; DFL/ *Heckelmann/Wolff* EBRG § 18 Rn. 8; MHdBArbR/*Joost* § 274 Rn. 103; Preis/Sagan/*Müller-Bonanni/Jenner* § 12 Rn. 104; GK-BetrVG/*Oetker* EBRG § 17 Rn. 9, § 18 Rn. 6; *Oetker/Schubert* EAS B 8300, Rn. 147; HSWGNR/*Rose* Einl. Rn. 213; AKRR/*Rupp* EBRG § 17 Rn. 19; *Schlinkhoff* 110 f.). Gegen den durch die „Unterrichtung und Anhörung" umschriebenen Rahmen würde es deshalb auch verstoßen, wenn die Beteiligungsvereinbarung eine an zentrale Leitung und Europäischen Betriebsrat adressierte **Ermächtigung** enthielte, über die Gegenstände der Unterrichtung und Anhörung **verbindliche**

Vereinbarungen abzuschließen (s. näher GK-BetrVG/*Oetker* EBRG § 18 Rn. 7; *Oetker/Schubert* EAS B 8300, Rn. 153, mwN), da eine derartige Abrede über den durch Art. 2 lit. g geforderten Dialog hinausginge (**aA** *Schiek* RdA 2001, 218 [233 ff.]; *Zimmer* EuZA 2013, 459 [466 ff.]).

IV. Unterrichtungs- und Anhörungsverfahren

17   Nach Art. 6 III ist den Verhandlungsparteien die Möglichkeit zu eröffnen, für die von ihnen präferierte Unterrichtung und Anhörung der Arbeitnehmer von der Einrichtung eines Europäischen Betriebsrats abzusehen und stattdessen unter Einbeziehung bestehender Arbeitnehmervertretungen ein eigenständiges Unterrichtungs- und Anhörungsverfahren zu etablieren. Auch hierfür haben die Verhandlungsparteien eine **Vereinbarung** abzuschließen. Allein die Fassung eines Beschlusses in schriftlicher Form reicht hierfür nicht aus, was sich sowohl aus Art. 6 III UAbs. 2 als auch aus der Bezugnahme in Art. 6 IV auf eine nach Abs. 3 abzuschließende Vereinbarung ergibt. Die **Inhalte** einer Vereinbarung, die auf die Installierung eines oder mehrerer Unterrichtungs- und Anhörungsverfahren gerichtet ist, benennen Art. 6 Abs. 3 UAbs. 2 und 3 nicht abschließend. Vielmehr beziehen sich die in Art. 6 II lit. a und g aufgezählten Vereinbarungsinhalte auch auf eine Vereinbarung iSv Art. 6 III, da sie nicht mit der Errichtung eines Europäischen Betriebsrats verknüpft sind (→ Rn. 8, 12 f.; s. auch Preis/Sagan/*Müller-Bonanni/Jenner* § 12 Rn. 108). Auch im Übrigen gelten die inhaltlichen Schranken der Beteiligungsvereinbarung, die bei der Errichtung eines Europäischen Betriebsrats zu beachten sind (→ Rn. 15 f.), auch für ein als Alternative etabliertes Unterrichtungs- und Anhörungsverfahren.

18   Speziell für die Vereinbarung eines Unterrichtungs- und Anhörungsverfahrens gibt Art. 6 III UAbs. 2 vor, dass in der Vereinbarung die **Voraussetzungen** zu benennen sind, unter denen die Arbeitnehmervertreter berechtigt sind, mit der zentralen Leitung zu einem **Meinungsaustausch** zusammenzutreten. Dies betrifft insbesondere die Häufigkeit derartiger Treffen sowie die Sachverhalte eines derartigen Meinungsaustauschs. Damit auch ein mittels Vereinbarung etabliertes Unterrichtungs- und Anhörungsverfahren die durch die RL 2009/38/EG verfolgte Zielsetzung erreicht, ist ein Meinungsaustausch auf **länderübergreifende Angelegenheiten** iSv Art. 1 IV (→ Art. 1 Rn. 18 ff.) zu beschränken, da andernfalls in die Kompetenzen der in den Mitgliedstaaten errichteten Arbeitnehmervertretungen eingegriffen würde. Unter dieser Voraussetzung ist der Meinungsaustausch insbesondere für solche Angelegenheiten vorzusehen, die **„erhebliche Auswirkungen auf die Interessen der Arbeitnehmer"** haben. Eine Konkretisierung dieser Sachverhalte lässt sich Abs. 5 des Anhangs I zur RL 2009/38/EG entnehmen. Danach zählen insbesondere die Verlegung oder Schließung von Unternehmen oder Betrieben sowie Massenentlassungen zu den Entscheidungen, „die erhebliche Auswirkungen auf die Interessen der Arbeitnehmer" haben, wobei die Auffangregelung durch ihren Wortlaut („insbesondere") verdeutlicht, dass die dortige Aufzählung keinen abschießenden Charakter hat (s. ferner *Oetker/Schubert* EAS B 8300, Rn. 161 f.).

19   Die „Autonomie der Parteien" entfaltet sich deshalb vor allem bei den **Modalitäten des Unterrichtungs- und Anhörungsverfahrens.** Dies betrifft in erster Linie die Arbeitnehmervertreter in den Betrieben und Unternehmen, die an dem Unterrichtungs- und Anhörungsverfahren zu beteiligen sind. So bestehen aus Sicht der Richtlinie keine Bedenken, wenn die Verhandlungsparteien an die in den Mitgliedstaaten vorhandenen Arbeitnehmervertretungsstrukturen anknüpfen und zB vorsehen, dass die jeweiligen Vorsitzenden der in den Betrieben bzw. Unternehmen bestehenden Arbeitnehmervertretungen den Meinungsaustausch mit der zentralen Leitung durchführen (s. auch AKRR/*Rupp* EBRG § 19 Rn. 3 f.).

Art. 7 Subsidiäre Vorschriften

(1) Um das in Artikel 1 Absatz 1 festgelegte Ziel zu erreichen, werden die subsidiären Rechtsvorschriften des Mitgliedstaats, in dem die zentrale Leitung ihren Sitz hat, angewandt,

– wenn die zentrale Leitung und das besondere Verhandlungsgremium einen entsprechenden Beschluss fassen
oder

– wenn die zentrale Leitung die Aufnahme von Verhandlungen binnen sechs Monaten nach dem ersten Antrag nach Artikel 5 Absatz 1 verweigert
oder

– wenn binnen drei Jahren nach dem entsprechenden Antrag keine Vereinbarung gemäß Artikel 6 zustande kommt und das besondere Verhandlungsgremium keinen Beschluss nach Artikel 5 Absatz 5 gefasst hat.

(2) Die subsidiären Vorschriften nach Absatz 1 in der durch die Rechtsvorschriften der Mitgliedstaaten festgelegten Fassung müssen den in Anhang I niedergelegten Bestimmungen genügen.

A. Allgemeines

Entsprechend der bereits in der RL 94/45/EG zum Ausdruck gelangten Grundkonzeption beruht auch die revidierte Richtlinie auf dem Vorrang einer Verhandlungslösung (s. ferner Art. 1 II; → Art. 1 Rn. 10). Erst wenn die Verhandlungen scheitern, soll es zum Eingreifen einer gesetzlichen Auffangregelung kommen. Die hierfür maßgeblichen Vorgaben für die Umsetzungsgesetzgebung in den Mitgliedstaaten legt Anhang I der Richtlinie fest (II; → Anhang I Rn. 3 ff.). 1

B. Varianten für das Eingreifen der gesetzlichen Auffangregelung

I. Allgemeines

Die Anwendung der von den Mitgliedstaaten zu schaffenden gesetzlichen Auffangregelung hängt nach Art. 7 I davon ab, dass eine der dort aufgezählten Varianten eingreift. Diese führen stets zur vollständigen Anwendung der Auffangregelung. Im Übrigen steht es den Verhandlungsparteien frei, im Rahmen ihrer nach Art. 6 II und III zu schließenden Vereinbarung die im Anhang I aufgelisteten Vorgaben für die Mitgliedstaaten bzw. die dort geltende gesetzliche Auffangregelung partiell aufzugreifen und ggf. modifiziert in die Vereinbarung zu integrieren (Art. 6 IV; → Art. 6 Rn. 11). Diese werden hierdurch Bestandteil der Vereinbarung und stehen deshalb jederzeit zur Disposition. 2

Abgesehen von den in Art. 7 I festgelegten Varianten soll die Auffangregelung nicht zur Anwendung gelangen können. Insbesondere soll die zentrale Leitung nicht durch einseitige Erklärung gegen den Willen des besonderen Verhandlungsgremiums vorzeitig die Anwendung der gesetzlichen Auffangregelung herbeiführen können. Hierfür hätte es einer mit Art. 16 IV lit. a RL 2005/56/EG vergleichbaren Regelung bedurft (→ RL 2005/56/EG Art. 16 Rn. 48 ff.), die jedoch iRd Revision der RL 94/45/EG nicht aufgegriffen wurde. Ein vergleichbares Ergebnis kann die zentrale Leitung jedoch erreichen, wenn sie die Aufnahme von Verhandlungen verweigert (Art. 7 I zweiter Gedankenstrich; → Rn. 6 ff.). Umgekehrt kann auch das besondere Verhandlungsgremium nicht einseitig beschließen, dass statt einer Vereinbarung die gesetzliche Auffangregelung zur Anwendung kommt. Es kann zwar den Abbruch der Verhandlungen einseitig durch einen mit qualifizierter Mehrheit zu fassenden Beschluss herbeiführen (Art. 5 V UAbs. 1), dieser führt aber nicht zur Anwendung der gesetzlichen Auffangregelung (Art. 5 V UAbs. 2 S. 2; → Art. 5 Rn. 29). 3

Nur im Einvernehmen mit der zentralen Leitung kann das besondere Verhandlungsgremium deshalb die Anwendung der gesetzlichen Auffangregelung herbeiführen (→ Rn. 4 f.).

II. Einvernehmliche Anwendung der Auffangregelung

4   Als erste Variante ist die Anwendung der Auffangregelung zu eröffnen, wenn die Verhandlungsparteien einen Beschluss fassen, dass die Auffangregelung für die Unterrichtung und Anhörung zur Anwendung gelangen soll. Hierfür fordert die Richtlinie keinen Beschluss im rechtstechnischen Sinne, sondern es genügt eine Übereinkunft beider Verhandlungsparteien, für die Art. 7 I erster Gedankenstrich keine Förmlichkeiten vorgibt. Die Willensbekundung der zentralen Leitung muss jedoch den für sie maßgebenden Rechtsvorschriften entsprechen. Ebenso erfordert die Willensbekundung des besonderen Verhandlungsgremiums eine entsprechende Beschlussfassung. Andere Arbeitnehmervertretungen sollen die Beschlussfassung nicht herbeiführen können. Allein deren Willensbekundung entbindet diese nicht von der Errichtung eines besonderen Verhandlungsgremiums.

5   Für den **Beschluss des besonderen Verhandlungsgremiums** trifft Art. 7 I keine besonderen Vorgaben, insbesondere enthält die Richtlinie keine Anhaltspunkte für die Annahme, für den Beschluss gelte ein qualifiziertes Mehrheitserfordernis. Im Gegenteil folgt im Umkehrschluss aus Art. 5 V UAbs. 1, dass für den Beschluss die einfache Mehrheit ausreicht. Bestätigt wird dies durch Art. 6 V, der für den Abschluss einer Vereinbarung eine einfache Mehrheit ausreichen lässt. Ebenso wie dort ist auch für einen nach Art. 7 I erster Gedankenstrich zu fassenden Beschluss jedoch die absolute Mehrheit erforderlich (→ Art. 6 Rn. 5). Über den **Zeitpunkt** der Beschlussfassung trifft die Richtlinie keine Aussagen, so dass dieser zu jeder Zeit gefasst werden kann, also nicht nur zu Beginn der Verhandlungen, sondern auch während noch laufender Verhandlungen. Stets ist allerdings erforderlich, dass das besondere Verhandlungsgremium bereits handlungsfähig ist, was erst nach Durchführung der konstituierenden Sitzung und der Wahl eines Vorsitzenden der Fall ist.

III. Verhandlungsverweigerung durch die zentrale Leitung

6   Zur Anwendung der gesetzlichen Auffangregelung kommt es ferner, wenn die zentrale Leitung die Aufnahme von Verhandlungen verweigert (Art. 7 I zweiter Gedankenstrich). Da das Verstreichen einer Frist für sich allein nicht ausreicht, scheint eine ausdrückliche Erklärung der zentralen Leitung erforderlich zu sein, mit der sie gegenüber dem besonderen Verhandlungsgremium erklärt, keine Verhandlungen aufzunehmen. Der Zweck der Auffangregelung gebietet jedoch ein extensives Verständnis, nach dem es ausreicht, wenn das Verhalten der zentralen Leitung oder deren Untätigkeit hinreichend deutlich zu erkennen gibt, dass sie nicht zum Abschluss einer Beteiligungsvereinbarung bereit ist (s. zu § 21 I 1 EBRG DKKW/*Bachner* EBRG § 21 Rn. 3; *Blanke* EBRG § 21 Rn. 10; *Däubler/Klebe* AiB 1995, 567 [568]; GK-BetrVG/*Oetker* EBRG § 21 Rn. 7). Andernfalls könnte sich die zentrale Leitung durch bloße Untätigkeit der von der RL 2009/38/EG erstrebten Unterrichtung und Anhörung entziehen, was den Zweck der gesetzlichen Auffangregelung konterkarieren würde.

7   Für die Erklärung belässt Art. 7 I zweiter Gedankenstrich der zentralen Leitung eine Frist von sechs Monaten. Nach deren Ablauf soll sie nicht mehr berechtigt sein, die Aufnahme der Verhandlungen zu verweigern. Für den Beginn der Frist stellt Art. 7 I zweiter Gedankenstrich auf den Antrag nach Art. 5 I ab.

8   Da Art. 7 I zweiter Gedankenstrich ausdrücklich auf die Aufnahme der Verhandlungen abstellt und andererseits Art. 5 V auch deren allerdings dem besonderen Verhandlungsgremium vorbehaltenden Abbruch kennt, folgt hieraus, dass die zentrale Leitung die Anwendung der gesetzlichen Auffangregelung nach Fristablauf nicht durch den einseitigen Abbruch der Verhandlungen herbeiführen können soll. Für den Rückgriff auf die gesetzliche Auffangregelung ist sie in diesem Fall entweder auf das Einvernehmen mit dem

besonderen Verhandlungsgremium angewiesen (Art. 7 I erster Gedankenstrich) oder die zentrale Leitung muss den Ablauf der dreijährigen Verhandlungsfrist abwarten (Art. 7 I dritter Gedankenstrich). Hieraus folgt, dass die gesetzliche Auffangregelung nicht zur Anwendung kommen soll, solange das besondere Verhandlungsgremium der Überzeugung ist, während der Verhandlungsfrist noch zu einer nach Art. 6 abzuschließenden Vereinbarung zu gelangen. Hiervon dürfte es allerdings in der Regel Abstand nehmen, wenn auf Seiten der zentralen Leitung keine Verhandlungsbereitschaft mehr besteht, da auch die in Art. 6 I niedergelegte Verhandlungsmaxime keinen Verhandlungsanspruch begründet (→ Art. 6 Rn. 4 aE). Für die vorzeitige Anwendung der gesetzlichen Auffangregelung ist das besondere Verhandlungsgremium jedoch seinerseits auf das Einvernehmen mit der zentralen Leitung angewiesen (Art. 7 I erster Gedankenstrich).

IV. Ablauf der Verhandlungsfrist

Als dritte Variante sieht Art. 7 I dritter Gedankenstrich den Ablauf der Verhandlungsfrist **9** vor. Diese beginnt mit dem Antrag nach Art. 5 I und beträgt **drei Jahre. Vorzeitig** endet das Verhandlungsverfahren nur, wenn die Verhandlungsparteien eine Vereinbarung nach Art. 6 abschließen. Ferner kommt es nach Art. 5 V UAbs. 1 zum vorzeitigen Ende des Verhandlungsverfahrens, wenn das besondere Verhandlungsgremium mit qualifizierter Mehrheit beschließt, die aufgenommenen Verhandlungen abzubrechen bzw. zu beenden. Die Beendigung des Verhandlungsverfahrens hält Art. 5 V UAbs. 2 S. 2 für diesen Fall ausdrücklich fest (→ Art. 5 Rn. 29). Entsprechendes gilt, wenn zwischen den Verhandlungsparteien Einvernehmen über die Anwendung der gesetzlichen Auffangregelung besteht (Art. 7 I erster Gedankenstrich; → Rn. 4 f.). Die Möglichkeit zu einer **Verlängerung** der Verhandlungsfrist (so zB Art. 5 II RL 2001/86/EG) sieht Art. 7 nicht vor.

V. Umsetzung im EBRG

Die zur Umsetzung von Art. 7 I in Deutschland in § 20 EBRG geschaffene Bestimmung **10** greift die in der Richtlinie genannten Varianten mit geringfügigen redaktionellen Anpassungen auf (s. auch BAG 29.6.2004 NZA 2005, 118 [123]). Sprachliche, aber keine inhaltlichen Abweichungen sind hinsichtlich der Variante in Art. 7 I erster Gedankenstrich zu verzeichnen, da § 21 I EBRG nicht auf einen gemeinsamen Beschluss zur Anwendung der Auffangregelung, sondern auf eine gemeinsame Erklärung von zentraler Leitung und besonderem Verhandlungsgremium über das vorzeitige Scheitern der Verhandlungen abstellt (s. auch AKRR/*Rupp* EBRG § 21 Rn. 12). In der Sache liegt hierin jedoch kein Unterschied, da die Erklärung des Scheiterns zugleich den Willen zum Ausdruck bringt, dass die gerade für diesen Fall etablierte gesetzliche Auffangregelung zur Anwendung kommen soll. Im Einklang mit Art. 5 V hält § 21 II EBRG zudem fest, dass ein Europäischer Betriebsrat kraft Gesetzes nicht zu bilden ist, wenn das besondere Verhandlungsgremium nach § 15 II EBRG mit qualifizierter Mehrheit beschließt, die bereits aufgenommenen Verhandlungen abzubrechen.

Keine Regelung trifft Art. 7 I für die Konstellation, dass das **Verhandlungsverfahren** **11** nicht auf Grund eines Antrags der Arbeitnehmer bzw. ihrer Vertreter nach Art. 5 I, sondern – wie von Art. 5 I ebenfalls eröffnet – auf **Initiative der zentralen Leitung** eingeleitet wird. Werden die in Art. 7 I aufgelisteten Varianten wörtlich genommen, scheint es in dieser Konstellation nur nach Maßgabe von Art. 7 I erster Gedankenstrich zur Anwendung der Auffangregelung kommen zu können. Der deutsche Umsetzungsgesetzgeber hat die Vorgaben der Richtlinie allerdings nicht in diesem Sinne verstanden, sondern erklärt in § 21 I 3 EBRG die Sätze 1 und 2 für entsprechend anwendbar, wenn das besondere Verhandlungsgremium auf Initiative der zentralen Leitung gebildet worden ist (GK-BetrVG/*Oetker* EBRG § 21 Rn. 9; s. auch Preis/Sagan/*Müller-Bonanni/Jenner* § 12 Rn. 110).

C. Subsidiäre Vorschriften

12 Die für den Fall des Scheiterns der Verhandlungen vorgesehene gesetzliche Auffangregelung legt die Richtlinie nicht selbst fest, da dies mit deren Rechtswirkungen nicht vereinbar wäre (s. Art. 288 III AEUV). Deshalb obliegt es den Mitgliedstaaten, die subsidiär zur Anwendung gelangenden Rechtsvorschriften zu kreieren. Hierbei sind sie jedoch nicht frei, sondern **Anhang I der Richtlinie** legt Bestimmungen fest, denen die Vorschriften in den Mitgliedstaaten genügen müssen (→ Anhang I Rn. 3 ff.). Entsprechend ihrem Zweck handelt es bei ihnen nur insoweit um bindende Vorgaben, als sie für die Unterrichtung und Anhörung einen **Mindeststandard** festlegen (→ Anhang I Rn. 1). Diesen Anforderungen ist in Deutschland das EBRG mit den Bestimmungen zum Europäischen Betriebsrat kraft Gesetzes (§§ 22–33 EBRG) nachgekommen.

Teil III. Sonstige Bestimmungen

Art. 8 Vertrauliche Informationen

(1) Die Mitgliedstaaten sehen vor, dass den Mitgliedern des besonderen Verhandlungsgremiums und des Europäischen Betriebsrats sowie den sie gegebenenfalls unterstützenden Sachverständigen nicht gestattet wird, ihnen ausdrücklich als vertraulich mitgeteilte Informationen an Dritte weiterzugeben.

Das Gleiche gilt für die Arbeitnehmervertreter im Rahmen eines Unterrichtungs- und Anhörungsverfahrens.

Diese Verpflichtung besteht unabhängig vom Aufenthaltsort der in den Unterabsätzen 1 und 2 genannten Personen und selbst nach Ablauf ihres Mandats weiter.

(2) Jeder Mitgliedstaat sieht vor, dass die in seinem Hoheitsgebiet ansässige zentrale Leitung in besonderen Fällen und unter den in den einzelstaatlichen Rechtsvorschriften festgelegten Bedingungen und Beschränkungen Informationen nicht weiterleiten muss, wenn diese die Arbeitsweise der betroffenen Unternehmen nach objektiven Kriterien erheblich beeinträchtigen oder ihnen schaden könnten.

Der betreffende Mitgliedstaat kann diese Befreiung von einer vorherigen behördlichen oder gerichtlichen Genehmigung abhängig machen.

(3) Jeder Mitgliedstaat kann besondere Bestimmungen für die zentrale Leitung der in seinem Hoheitsgebiet ansässigen Unternehmen vorsehen, die in Bezug auf Berichterstattung und Meinungsäußerung unmittelbar und überwiegend eine bestimmte weltanschauliche Tendenz verfolgen, falls die innerstaatlichen Rechtsvorschriften solche besonderen Bestimmungen zum Zeitpunkt der Annahme dieser Richtlinie bereits enthalten.

A. Allgemeines

1 Art. 8 der Richtlinie richtet sich an die Mitgliedstaaten und fordert für die Umsetzung der Richtlinie insbesondere Bestimmungen zum Schutz vertraulicher Informationen vorzusehen. Hierfür gibt die Richtlinie mit den dort genannten Maßgaben eine Pflicht zur Verschwiegenheit vor (Art. 8 I; → Rn. 3 ff.). Zudem soll die zentrale Leitung in „besonderen Fällen" berechtigt sein, Informationen nicht zu erteilen (→ Rn. 8 ff.). Von dem Wortlaut der amtlichen Überschrift („vertrauliche Angaben") nicht umfasst ist die Regelung in Art. 8 III, die den Mitgliedstaaten die Option eröffnet, „besondere Bestimmungen" für Tendenzunternehmen zu treffen, versieht diese allerdings mit dem Vorbehalt, dass sie bereits vor Annahme der Richtlinie in den innerstaatlichen Rechtsvorschriften enthalten sein mussten (→ Rn. 11 ff.).

Die Richtlinienbestimmung wurde iRd Revision der RL 94/45/EG nur geringfügig verändert und stimmt mit Art. 8 I–III RL 2001/86/EG und Art. 10 I–III RL 2003/72/EG überein. Die Vorgabe in Art. 8 IV RL 2001/86/EG, die gleichlautend in Art. 10 IV RL 2003/72/EG enthalten ist, für den Fall der Nichtweitergabe von Informationen, Rechtsbehelfe zugunsten der Arbeitnehmervertreter vorzusehen, wurde in Art. 11 III aufgegriffen (→ dazu Art. 11 Rn. 5). Art. 16 III lit. f RL 2005/56/EG übernimmt die Vorgabe in Art. 8 für die Mitbestimmung in der aus einer grenzüberschreitenden Verschmelzung hervorgegangenen Gesellschaft. 2

B. Verschwiegenheitspflicht, Art. 8 Abs. 1

In die Pflicht zur Verschwiegenheit bezieht Art. 8 I neben den Mitgliedern des besonderen Verhandlungsgremiums die Mitglieder des Europäischen Betriebsrats ein, wobei es wegen Art. 2 I lit. h ohne Bedeutung ist, ob der Betriebsrat auf Grund einer Vereinbarung oder der gesetzlichen Auffangregelung errichtet wurde (→ Art. 2 Rn. 26). Nach Art. 8 I UAbs. 2 gilt für die Arbeitnehmervertreter im Rahmen eines nach Art. 6 III UAbs. 1 vereinbarten Verfahrens zur Unterrichtung und Anhörung ebenfalls die Pflicht zur Verschwiegenheit. Zusätzlich kann die Verschwiegenheitspflicht auf Sachverständige erstreckt werden, wenn das besondere Verhandlungsgremium oder der Europäische Betriebsrat diese zur Unterstützung seiner Aufgabenwahrnehmung hinzuzieht (s. Art. 5 IV UAbs. 3, Anh. I Abs. 5). 3

Die Verschwiegenheitspflicht ist von den Mitgliedstaaten pauschal für **„Informationen"** vorzusehen, was der tradierten Regelungstechnik in Deutschland widerspricht, die Verschwiegenheitspflicht für Arbeitnehmervertreter durchweg auf Betriebs- und Geschäftsgeheimnisse zu beschränken (s. § 79 I BetrVG) und für deren Vorliegen zudem ein objektiv zu bestimmendes Geheimhaltungsinteresse der Gesellschaft zu fordern. Demgegenüber stellt Art. 8 I ausschließlich darauf ab, dass eine Information ausdrücklich als vertraulich mitgeteilt wird, was unabhängig davon gilt, ob es sich bei der Information um ein Betriebs- oder Geschäftsgeheimnis handelt. Da Art. 8 I UAbs. 1 auf den Schutz der Unternehmensinterna abzielt und dieser kein Selbstzweck ist, ergibt sich das Erfordernis eines berechtigten Interesse des Unternehmens an der Geheimhaltung jedoch aus dem Zweck der Richtlinienbestimmung (ebenso *Riesenhuber* § 28 Rn. 75), was zumindest im Ergebnis in Art. 6 I 1 RL 2002/14/EG eine Bestätigung findet, der ausdrücklich ein „berechtigtes Interesse des Unternehmens" an der Vertraulichkeitserklärung fordert, ohne indes den formallogischen Umkehrschluss zu gestatten, in vergleichbaren anderen Richtlinienbestimmungen sei ein derartiges Interesse für die Verschwiegenheitspflicht verzichtbar. 4

Im Unterschied zu Art. 8 I UAbs. 1 RL 2001/86/EG und Art. 10 I RL 2003/72/EG fordert Art. 8 I UAbs. 1 RL 2009/38/EG (ebenso Art. 6 I 1 RL 2002/14/EG) für die Verschwiegenheitspflicht eine **„ausdrückliche" Erklärung,** so dass konkludente Erklärungen für die Begründung einer Verschwiegenheitspflicht nicht ausreichen. Wie nach Art. 8 I UAbs. 3 RL 2001/86/EG und Art. 10 I UAbs. 3 RL 2003/72/EG gilt die Pflicht zur Verschwiegenheit nicht nur unabhängig vom **Aufenthaltsort** der in Art. 8 I UAbs. 1 und 2 genannten Personen, sondern sie besteht auch nach dem **Ende des Mandats** fort. 5

Der zur **Umsetzung** von Art. 8 I geschaffene **§ 35 II EBRG** wahrt die personellen Vorgaben für die Pflicht zur Verschwiegenheit. Sie richtet sich unmittelbar zwar lediglich an die Mitglieder und Ersatzmitglieder des Europäischen Betriebsrats, über § 35 III Nr. 1 und 2 EBRG gilt § 35 II EBRG aber ebenfalls für die Mitglieder und Ersatzmitglieder des besonderen Verhandlungsgremiums sowie die Arbeitnehmervertreter im Rahmen eines Verfahrens zur Unterrichtung und Anhörung. Ebenso werden die zur Unterstützung hinzugezogenen Sachverständigen in die Verschwiegenheitspflicht des § 35 II EBRG einbezo- 6 gen (§ 35 III Nr. 3 EBRG). Für die Pflicht zur Verschwiegenheit fordert § 35 II 1 EBRG zwar in Übereinstimmung mit Art. 8 I UAbs. 1 eine ausdrückliche Erklärung, hinsichtlich der geschützten Informationen bleibt § 35 II 1 EBRG wegen der Beschränkung auf „Betriebs- und Geschäftsgeheimnisse" aber deutlich hinter der Richtlinie zurück. Danach haben die Mitgliedstaaten die Möglichkeit einer Verschwiegenheitspflicht auf alle „ihnen ausdrücklich als vertraulich mitgeteilten Informationen" zu erstrecken (→ Rn. 4). Entsprechend der Vorgabe durch Art. 8 I UAbs. 3 bestimmt § 35 II 2 EBRG, dass die Pflicht zur Verschwiegenheit auch nach Ablauf des Mandats fortbesteht.

7   Im Unterschied zu Art. 8 I sieht § 35 EBRG zahlreiche **Ausnahmen** von der Verschwiegenheitspflicht vor, wenn eine Information an andere Personen weitergegeben wird, obwohl die zentrale Leitung diese Informationen ausdrücklich als geheimhaltungsbedürftig erklärt hat (s. § 35 II 3 und 4, IV EBRG). Hierbei handelt es sich jedoch um eine **Informationsweitergabe iRd Aufgabenwahrnehmung** durch die Mitglieder des besonderen Verhandlungsgremiums bzw. des Europäischen Betriebsrats. Art. 8 I kennt zwar keine vergleichbare Ausnahme von der Verschwiegenheitspflicht, erstreckt diese aber ausdrücklich auf die Weitergabe der Information an „Dritte". Aus einem Vergleich mit § 35 II EBRG wird deutlich, dass die dortigen personellen Ausnahmen von der Verschwiegenheitspflicht vor allem deshalb notwendig sind, weil § 35 II 1 EBRG die Weitergabe der Betriebs- und Geschäftsgeheimnisse ohne personelle Eingrenzungen untersagt. In Art. 8 I UAbs. 1 ist dies anders, so dass der Norminhalt von § 35 II 3 und 4, IV EBRG durch eine einschränkende Auslegung des „Dritten" in die Richtlinie hineingelesen werden kann, die ihre Rechtfertigung durch den Normzweck erfährt. Art. 8 I will die unternehmensinternen Informationen und damit die Stellung des Unternehmens im Wettbewerb schützen, nicht aber die in Art. 8 I UAbs. 1 und 2 genannten Organe in der Wahrnehmung ihrer Aufgaben behindern. Bestätigt wird dieses einschränkende teleologische Verständnis des „Dritten" in Art. 10 II, da hiernach die Unterrichtung der örtlichen Arbeitnehmervertreter „unbeschadet des Artikels 8" erfolgen können soll (s. → Art. 10 Rn. 9).

C. Informationsvorbehalt, Abs. 2

8   Das in **Art. 8 II** vorgegebene Recht zugunsten der zentralen Leitung, eine Information nicht weiterleiten zu müssen, blieb iRd Revision der RL 94/45/EG unverändert und findet in Art. 8 II RL 2001/86/EG und Art. 10 II RL 2003/72/EG eine Entsprechung, auf die auch Art. 16 III lit. f RL 2005/56/EG für grenzüberschreitende Verschmelzungen Bezug nimmt.

9   Wie Art. 8 I bezieht sich Art. 8 II auf **Informationen** jeden Inhalts und **nicht nur auf Betriebs- und Geschäftsgeheimnisse.** Im Unterschied zu Art. 8 I verlangt Art. 8 II für die Nichterteilung der Information jedoch, dass „diese die Arbeitsweise der betroffenen Unternehmen nach objektiven Kriterien erheblich beeinträchtigen oder ihnen schaden könnte". Grammatikalisch bezieht sich der Halbsatz („diese") auf die Information, was jedoch den Sinn des Relativsatzes eher verdunkelt als erhellt. Verständlich wird dieser erst bei einem Vergleich mit der Parallelnorm in Art. 8 II RL 2001/86/EG. Gemeint ist auch im Hinblick auf den Zweck des Relativsatzes das Bekanntwerden der Information, da nur hierdurch die Arbeitsweise der betroffenen Unternehmen nach objektiven Kriterien erheblich beeinträchtigt oder für sie ein Schaden entstehen könnte. Mit dieser Maßgabe ist die Befreiung von der Informationspflicht scheinbar für jede Information in den Mitgliedstaaten vorzusehen. Dem steht allerdings – wie bei Art. 8 II RL 2001/86/EG – entgegen, dass die Mitgliedstaaten berechtigt sind, diese Einschränkung der Informationspflicht nur für „besondere Fälle und unter den in den einzelstaatlichen Rechtsvorschriften festgelegten Bedingungen und Beschränkungen" vorzusehen (→ RL 2001/86/EG Art. 8 Rn. 9). Deshalb ist es auch aus Sicht von Art. 8 II RL 2009/38/EG nicht zu beanstanden, wenn der zur Umsetzung geschaffene § 35 I EBRG die Informationspflicht der zentralen Leitung aus-

schließlich für Betriebs- und Geschäftsgeheimnisse einschränkt (krit. Preis/Sagan/*Müller-Bonanni/Jenner* § 12 Rn. 149). Die in Art. 8 II UAbs. 2 den Mitgliedstaaten eröffnete Option, die Befreiung von der Pflicht zur Information von einer behördlichen oder gerichtlich Genehmigung abhängig zu machen, wurde in dem zur Umsetzung geschaffenen EBRG nicht in Anspruch genommen.

Der zur **Umsetzung** von Art. 8 II geschaffene § 35 I EBRG präzisiert in aus Sicht der 10 Richtlinie nicht zu beanstandender Weise die Informationspflichten, auf die sich der Geheimnisschutz beziehen kann, zieht den Kreis der betroffenen Angelegenheit jedoch weniger weit. Die Beschränkung der Nichtunterrichtung auf **Betriebs- und Geschäftsgeheimnisse** ist entgegen dem ersten flüchtigen Eindruck mit Art. 8 II UAbs. 1 vereinbar (→ Rn. 9). Eine Ausstrahlung entfaltet der Relativsatz in Art. 8 II UAbs. 1 jedoch im Hinblick auf den Gefährdungstatbestand in § 35 I EBRG. Rein subjektive Befürchtungen, ein Betriebs- oder Geschäftsgeheimnis könne infolge der Weitergabe iRd Unterrichtung und Anhörung seinen Geheimnischarakter verlieren, reichen für eine Informationsverweigerung nicht aus. Hierfür bedarf es vielmehr **objektiver Anhaltspunkte** (ebenso HaKo-BetrVG/*Blanke/Kunz* EBRG § 35 Rn. 3), da auch Art. 8 II UAbs. 1 nur beim Vorliegen „objektiver Kriterien" ein vergleichbares Recht anerkannt, Informationen iRd Unterrichtung und Anhörung zurückzuhalten. Wegen der von Art. 8 II UAbs. 1 geforderten erheblichen Beeinträchtigung bzw. einer Schädigung für den Fall des Geheimnisverlusts sind an die von § 35 I EBRG geforderte **Gefährdung hohe Anforderungen** zu stellen, da andernfalls die iRd Unterrichtung und Anhörung erfolgende Beteiligung der Arbeitnehmer leerzulaufen droht (*Blanke* EBRG § 39 Rn. 7; *Oetker/Schubert* EAS B 8300, Rn. 252; **aA** AKRR/*Rupp* EBRG § 35 Rn. 4). Insbesondere müssen für eine Gefährdung des Betriebs- oder Geschäftsgeheimnisses **konkrete Anhaltspunkte** bestehen (HaKo-BetrVG/*Blanke/Hayen* EBRG § 35 Rn. 3; MHdBArbR/*Joost* § 275 Rn. 72; AKRR/*Rupp* EBRG § 35 Rn. 4; **aA** *Müller* EBRG § 39 Rn. 3).

D. Tendenzschutz, Abs. 3

Mit Art. 8 III eröffnet die Richtlinie den Mitgliedstaaten die Möglichkeit, „besondere 11 Bestimmungen" zum Schutz von **Tendenzunternehmen** zu schaffen. Die Vorschrift wurde iRd Revision der RL 94/45/EG unverändert aus dem dortigen Art. 8 III übernommen und findet eine Entsprechung in Art. 8 III RL 2001/86/EG und Art. 10 III RL 2003/72/EG, die auch für die Mitbestimmung bei grenzüberschreitenden Verschmelzungen gilt (Art. 16 III lit. f RL 2005/56/EG). Ebenso wie Art. 8 III RL 94/45/EG trägt auch die Nachfolgebestimmung in der RL 2009/38/EG den Gepflogenheiten der verschiedenen Mitgliedstaaten bei der Ausgestaltung der Unterrichtung, Anhörung und Mitwirkung der Arbeitnehmer Rechnung und soll Systemwidersprüche infolge der Umsetzung der Richtlinie mit den bereits bestehenden Vorschriften der Mitgliedstaaten vermeiden (AKRR/*Kühn* EBRG § 31 Rn. 1). Dementsprechend berechtigt Art. 8 III die Mitgliedstaaten nicht dazu, „besondere Bestimmungen" für Tendenzunternehmen erstmals im Zuge der Richtlinienumsetzung zu schaffen. Vielmehr beschränkt Art. 8 III die Mitgliedstaaten ausdrücklich auf die Wahrung und Übertragung des Status quo, so dass eine positive Kongruenz zwischen den „besonderen Bestimmungen für die zentrale Leitung" und den in einem Mitgliedstaat bereits vorhandenen innerstaatlichen „besonderen Bestimmungen" erforderlich ist.

Entsprechend der durch § 118 I BetrVG vermittelten Tradition hat die deutsche Gesetz- 12 gebung bereits zur Umsetzung von Art. 8 III RL 94/45/EG mit § 34 EBRG 1996 den Tendenzschutz auf die Unterrichtung und Anhörung Europäischer Betriebsräte erstreckt; in § 31 EBRG wird dieser unverändert fortgeschrieben. Die dort vorgesehene Einschränkung der Unterrichtung und Anhörung beschränkt das EBRG ausschließlich auf den **kraft Gesetzes errichteten Europäischen Betriebsrat,** da für eine Unterrichtung und Anhörung kraft Vereinbarung Deutschland keinen Tendenzschutz kennt (s. auch HaKo-BetrVG/

Blanke/Kunz EBRG § 31 Rn. 3). Mit der Bezugnahme auf § 29 II Nr. 5–10 EBRG sowie § 30 EBRG greift § 31 EBRG die in § 118 I 2 BetrVG normierte Relativierung für die Beteiligung des Betriebsrats in wirtschaftlichen Angelegenheiten auf und beschränkt dementsprechend die Unterrichtung und Anhörung des Europäischen Betriebsrats auf den Ausgleich oder die Milderung wirtschaftlicher Nachteile, die den Arbeitnehmern infolge einer Unternehmens- oder Betriebsänderung entstehen. Hieraus folgt im Umkehrschluss, dass die Unterrichtung und Anhörung bei den Tatbeständen in § 29 II Nr. 1 bis 4 EBRG wegen § 31 vollständig entfällt (ebenso AKRR/*Kühn* EBRG § 31 Rn. 16). Insoweit hat der deutsche Gesetzgeber die „besonderen Bestimmungen" zum Tendenzschutz bei Unterrichtung und Anhörung systemkonform in das Recht der Europäischen Betriebsräte fortgeschrieben, ohne den durch Art. 8 III eröffneten Rahmen zu überschreiten.

13 Bestritten wird die **Richtlinienkonformität** im Hinblick auf die Übernahme der **tatbestandlichen Reichweite** des Tendenzschutzes, da § 31 EBRG die geschützten Unternehmen mit den in § 118 I 1 Nr. 1 und 2 BetrVG genannten Unternehmen synchronisiert. Demgegenüber fordert der Wortlaut in Art. 8 III in Fortschreibung von Art. 8 III RL 94/45/EG sowie in Übereinstimmung mit Art. 8 III RL 2001/86/EG und Art. 10 III RL 2003/72/EG von dem zu schützenden Unternehmen, dass es „in Bezug auf Berichterstattung und Meinungsäußerung unmittelbar und überwiegend eine bestimmte weltanschauliche Tendenz verfolgt". Aus dieser durch den grammatikalischen Vergleich nahegelegten Diskrepanz folgerte eine verbreitete Ansicht bereits zu § 34 EBRG 1996 eine richtlinienwidrige Umsetzung (*Bachner/Nielebock* AuR 1997, 129 [136]; *Blanke* AiB 1996, 204 [205 f.]; *ders.* § 34 Rn. 11 ff.; *ders.*, FS Däubler, 1999, 841 [844 ff.]; *Kohte* EuroAS 1996, 115 [119]; *Lörcher* AuR 1996, 297 [300 ff.]; krit. auch MHdBArbR/*Joost* § 275 Rn. 75). Angesichts unveränderter normativer Rahmendaten auf der Ebene des Unionsrechts sowie des nationalen Rechts kann dies für § 31 EBRG nicht anders beurteilt werden (s. DKKW/*Bachner* EBRG § 31 Rn. 4; HaKo-BetrVG/*Blanke/Kunz* EBRG § 31 Rn. 1, 7). Eine Bestätigung erfahren die unionsrechtlichen Bedenken durch Art. 3 II RL 2002/14/EG, da dort der Kreis der privilegierten Betriebe und Unternehmen mit § 118 I 1 BetrVG übereinstimmt (→ RL 2002/14/EG Art. 3 Rn. 15). Angesichts dessen hätte es sich jedenfalls bei den nachfolgenden Richtlinien, insbesondere auch der RL 2009/38/EG, aufgedrängt, die mit Art. 3 II RL 2002/14/EG eingeführte Umschreibung der Tendenzunternehmen aufzugreifen und fortzuschreiben.

14 Der Vorwurf der richtlinienwidrigen Umsetzung durch § 31 EBRG trifft gleichwohl nicht zu. Die tatbestandliche Eingrenzung des Tendenzschutzvorbehalts auf Unternehmen, die in Bezug auf Berichterstattung und Meinungsäußerung unmittelbar und überwiegend eine bestimmte weltanschauliche Tendenz verfolgen", ist nicht wörtlich zu verstehen, sondern beruht auf dem Anliegen, den diesbezüglichen Traditionen in den Mitgliedstaaten zu entsprechen, die jedoch – wie die Rechtslage in Österreich zeigt (s. § 132 I und II ArbVG) – in ihrer tatbestandlichen Anknüpfung für den Tendenzschutz gravierende Unterschiede aufweisen. Da dies auch den europäischen Rechtssetzungsinstanzen bewusst war, haben der Rat und die Kommission in einer Gemeinsamen Erklärung für das Ratsprotokoll v. 14.12.1995 (DOK 9067/94, 8; abgedruckt auch in BT-Drs. 13/5021, 8) trotz unverändertem Wortlaut der Richtlinienbestimmung ausdrücklich ihren gemeinsamen Willen festgehalten, den Anwendungsbereich von Art. 8 III RL 94/45/EG mit dem in § 118 I 1 BetrVG gleichzusetzen. Gemeinsam mit dem telelogischen Fundament des Tendenzschutzvorbehalts überlagert dieser Wille der europäischen Rechtssetzungsinstanzen den im Hinblick auf den Normzweck verfehlten Wortlaut in Art. 8 III RL 94/45/EG, der lediglich die Funktion eines Synonyms für die in den Tendenzschutz in den Mitgliedstaaten einbezogenen Unternehmen hat. Eine Diskrepanz zwischen § 34 EBRG 1996 und Art. 8 III RL 94/45/EG bestand deshalb bei zweckgerechtem Verständnis der Richtlinie nicht (ebenso *Müller* EBRG § 34 Rn. 2; *Oetker/Schubert* EAS B 8300, Rn. 62; *Wirmer* DB 1994, 2134 [2136]; *Zügel*, Mitwirkung der Arbeitnehmer nach der EU-Richtlinie über die Einsetzung eines Europäischen Betriebsrats, 1995, 249; ausf. *Oetker* DB 1996, Beil. Nr. 10, 10; im Ergebnis

auch *Gamillscheg* II, § 54, 4b [2]) und wird auch nicht durch nachträglich geschaffene Bestimmungen herbeigeführt.

Für die tatbestandliche Reichweite von Art. 8 III besteht kein sachlicher Grund, von dem **15** zu Art. 8 III RL 94/45/EG maßgebenden Verständnis abzuweichen. Zwar fehlt zu Art. 8 III RL 2009/30/EG eine abermalige Gemeinsame Erklärung des Rates und der Kommission, dies rechtfertigt aber nicht den Gegenschluss, für Art. 8 III gelte nunmehr ein von der RL 94/45/EG abweichendes und restriktives Verständnis, dass die in den Tendenzschutz einbezogenen Unternehmen ausschließlich nach dem Wortlaut der Richtlinienbestimmung konkretisiert. Die Revision der RL 94/45/EG beruhte nach Erwägungsgrund 7 zur RL 2009/38/EG auf dem Anliegen, die „gemeinschaftlichen Rechtsvorschriften im Bereich der länderübergreifenden Unterrichtung und Anhörung der Arbeitnehmer" zu modernisieren. Dabei wurde der Tendenzschutzvorbehalt ausweislich des unveränderten Wortlauts nicht auf den Prüfstand gestellt, so dass die nach dem Wortlaut identische Übernahme in die RL 2009/38/EG die Schlussfolgerung erzwingt, dass das zu Art. 8 III RL 94/45/EG maßgebende und von Rat und Kommission konsentierte Normverständnis ebenfalls für die revidierte Richtlinie gilt. Aus diesem Grunde lässt sich eine gegenteilige Sichtweise auch nicht auf Art. 3 II RL 2002/14/EG stützen. Hieraus folgt zugleich, dass zwischen der tatbestandlichen Reichweite von § 31 EBRG und Art. 8 III keine Diskrepanz besteht (im Ergebnis ebenso HWK/*Giesen* EBRG Rn. 113 sowie AKRR/*Kühn* EBRG § 31 Rn. 14 f., der zusätzlich die grundrechtliche Fundierung des Tendenzschutzes betont).

Selbst die Befürwortung eines gegenteiligen Standpunktes berechtigt nicht dazu, § 31 **16** EBRG für rechtlich unbeachtlich zu halten, soweit dieser von den Vorgaben in Art. 8 III abweicht (so aber HaKo-BetrVG/*Blanke/Kunz* EBRG § 31 Rn. 7). Auch eine vermeintliche Diskrepanz zu Art. 8 III lässt die Geltung von § 31 EBRG unberührt und einer auf das Gebot einer unionsrechtskonformen Auslegung gestützten einschränkenden Auslegung steht der nicht zuletzt in dem Wortlaut des § 31 EBRG zum Ausdruck gelangte Wille des Gesetzgebers zur Harmonisierung der tatbestandlichen Reichweite des Tendenzschutzes mit § 118 I 1 BetrVG entgegen (→ AEUV Art. 288 Rn. 46 ff.).

Art. 9 Arbeitsweise des Europäischen Betriebsrats und Funktionsweise des Verfahrens zur Unterrichtung und Anhörung der Arbeitnehmer

Die zentrale Leitung und der Europäische Betriebsrat arbeiten mit dem Willen zur Verständigung unter Beachtung ihrer jeweiligen Rechte und gegenseitigen Verpflichtungen zusammen.

Gleiches gilt für die Zusammenarbeit zwischen der zentralen Leitung und den Arbeitnehmervertretern im Rahmen eines Verfahrens zur Unterrichtung und Anhörung der Arbeitnehmer.

Inhaltlich stimmt Art. 9 mit den Parallelregelungen in Art. 9 RL 2001/86/EG und **1** Art. 11 RL 2003/72/EG überein, die ihrerseits in Art. 9 RL 94/45/EG ihr regelungstechnisches Vorbild finden und aus dieser übernommen wurden. Wegen der Legaldefinition in Art. 2 I lit. h gilt Art. 9 UAbs. 1 unabhängig davon, ob der Europäische Betriebsrat kraft Gesetzes errichtet wurde oder auf einer nach Art. 6 abzuschließenden Vereinbarung beruht (→ Art. 2 Rn. 26). Die Umsetzung in Deutschland erfolgt durch § 34 EBRG.

Der zur **Umsetzung** von Art. 9 geschaffene **§ 34 EBRG** greift zwar die in der Richtlinie **2** genannten Adressaten (Zentrale Leitung einerseits sowie Europäischer Betriebsrat andererseits) auf, ersetzt den **„Willen zur Verständigung"** aber durch das der deutschen Rechtstradition (s. § 2 I BetrVG, § 40 SEBG) entsprechende Gebot einer **„vertrauensvollen Zusammenarbeit"**. Eine sachliche Diskrepanz ist hierin nicht zu sehen (s. *Goos* NZA 1994, 776 [778]; MHdBArbR/*Joost* § 275 Rn. 76; GK-BetrVG/*Oetker* EBRG § 34 Rn. 1; *Oetker/Schubert* EAS B 8300, Rn. 245; *Wirmer* DB 1994, 2134 [2136 f.]), da der „Wille zur

Verständigung" Ausdruck einer „vertrauensvollen Zusammenarbeit" ist und auf dieser beruht. Nicht zuletzt wegen des unionsrechtlichen Hintergrunds von § 34 EBRG erwachsen aus dem Gebot einer „vertrauensvollen Zusammenarbeit" keine über die Vereinbarung oder das Gesetz hinausgehenden Befugnisse für den Europäischen Betriebsrat (AKRR/*Rupp* EBRG § 34 Rn. 4), sondern diese bilden den äußeren Rahmen, in dem sich die Zusammenarbeit zwischen den Akteuren der Unterrichtung und Anhörung zu vollziehen hat. Zugleich prägt Art. 9 UAbs. 1 auch die **Zielrichtung** der „vertrauensvollen Zusammenarbeit". Diese soll nicht auf einseitige Interessendurchsetzung, sondern auf **„Verständigung"** ausgerichtet sein. Nicht Konfrontation, sondern Kooperation ist die in Art. 9 UAbs. 1 zum Ausdruck gelangte Leitmaxime (AKRR/*Rupp* EBRG § 34 Rn. 1; s. auch GK-BetrVG/*Oetker* EBRG § 34 Rn. 2).

3   Mit dem in → Rn. 2 skizzierten Inhalt richtet sich das Gebot in Art. 9 UAbs. 1 nicht nur an den Europäischen Betriebsrat, sondern auch an die zentrale Leitung. So ist es zB mit Art. 9 UAbs. 1 unvereinbar, wenn sie die Unterrichtung und Anhörung lediglich als Formalie behandelt und die Akteure auf Arbeitnehmerseite iRd Unterrichtung und Anhörung vor vollendete Tatsachen stellt. Vielmehr erfordert insbesondere die Anhörung nach Maßgabe der Legaldefinition in Art. 2 I lit. g einen **ernsthaften Dialog,** ohne dass hierdurch jedoch das **Letztentscheidungsrecht der zentralen Leitung** in Frage gestellt ist (→ Art. 2 Rn. 25). Auch der von Art. 9 zur Leitmaxime erhobene „Wille zur Verständigung" impliziert nicht, dass es tatsächlich zu einer „Verständigung" kommt. Eine Zwangsschlichtung ist dem EBRG fremd; es bleibt der nach Art. 6 abzuschließenden Vereinbarung vorbehalten, prozedurale Mechanismen zur Unterstützung einer „Verständigung" zu installieren.

4   Sowohl mit dem Gebot einer „vertrauensvollen Zusammenarbeit" als auch mit dem „Willen zur Verständigung" ist es umgekehrt unvereinbar, wenn den in der Anhörung artikulierten Vorstellungen auf Arbeitnehmerseite durch **Maßnahmen eines Arbeitskampfs** Nachdruck verliehen wird (*Fitting* EBRG Übersicht Rn. 94; *Gamillscheg* II, § 54, 4c [1]; DFL/*Heckelmann/Wolff* EBRG § 34 Rn. 1; *Müller* EBRG § 38 Rn. 2; AKRR/*Rupp* EBRG § 34 Rn. 3; **aA** *Blanke* EBRG § 38 Rn. 4). Zwar zeigt das Tarifvertrags- und Arbeitskampfrecht, dass Arbeitskampfmaßnahmen einem „Willen zur Verständigung" nicht per se entgegenstehen, Arbeitskampfmaßnahmen sind aber sinnfälliger Ausdruck für das Scheitern von Verhandlungen. Demgegenüber wird das Leitbild der Unterrichtung und Anhörung von der Einrichtung eines Dialogs und der argumentativen Auseinandersetzung gezeichnet (ferner → Art. 6 Rn. 3 f.).

5   Keine Vorgaben enthält Art. 9 für die von den Akteuren der Unterrichtung und Anhörung im Rahmen ihrer Zusammenarbeit erzielte **Verständigung.** So lässt sich aus Art. 9 nicht ableiten, dass die „Verständigung" eine bestimmte formalisierte **Form** annehmen muss oder kann. Insbesondere ist den Mitgliedstaaten nicht vorgegeben, dass der Versuch einer „Verständigung" in eine schriftliche **Vereinbarung** zwischen der Leitung und dem Vertretungsorgan bzw. den Arbeitnehmern einmünden muss (ferner → Art. 6 Rn. 16 aE). Umgekehrt stünde es jedoch auch nicht im Widerspruch zu der Richtlinie, wenn die Mitgliedstaaten im Rahmen ihrer Umsetzungsgesetze Modalitäten für eine formalisierte Verständigung vorsehen. Im EBRG ist dies nicht geschehen.

Art. 10 Rolle und Schutz der Arbeitnehmervertreter

(1) Unbeschadet der Zuständigkeiten der anderen Gremien oder Organisationen in diesem Bereich verfügen die Mitglieder des Europäischen Betriebsrats über die Mittel, die erforderlich sind, um die Rechte auszuüben, die sich aus dieser Richtlinie ergeben, um kollektiv die Interessen der Arbeitnehmer des gemeinschaftsweit operierenden Unternehmens oder der gemeinschaftsweit operierenden Unternehmensgruppe zu vertreten.

(2) Unbeschadet des Artikels 8 informieren die Mitglieder des Europäischen Betriebsrats die Arbeitnehmervertreter der Betriebe oder der zur gemeinschaftsweit operierenden Unternehmensgruppe gehörenden Unternehmen oder, in Ermangelung solcher Vertreter, die Belegschaft insgesamt über Inhalt und Ergebnisse der gemäß dieser Richtlinie durchgeführten Unterrichtung und Anhörung.

(3) Die Mitglieder des besonderen Verhandlungsgremiums, die Mitglieder des Europäischen Betriebsrats und die Arbeitnehmervertreter, die bei dem Unterrichtungs- und Anhörungsverfahren nach Artikel 6 Absatz 3 mitwirken, genießen bei der Wahrnehmung ihrer Aufgaben den gleichen Schutz und gleichartige Sicherheiten wie die Arbeitnehmervertreter nach den innerstaatlichen Rechtsvorschriften und/oder Gepflogenheiten des Landes, in dem sie beschäftigt sind.

Dies gilt insbesondere für die Teilnahme an den Sitzungen des besonderen Verhandlungsgremiums, des Europäischen Betriebsrats und an allen anderen Sitzungen im Rahmen der Vereinbarungen nach Artikel 6 Absatz 3 sowie für die Lohn- und Gehaltsfortzahlung an die Mitglieder, die Beschäftigte des gemeinschaftsweit operierenden Unternehmens oder der gemeinschaftsweit operierenden Unternehmensgruppe sind, für die Dauer ihrer durch die Wahrnehmung ihrer Aufgaben notwendigen Abwesenheit.

(4) In dem Maße, wie dies zur Wahrnehmung ihrer Vertretungsaufgaben in einem internationalen Umfeld erforderlich ist, müssen die Mitglieder des besonderen Verhandlungsgremiums und des Europäischen Betriebsrats Schulungen erhalten, ohne dabei Lohn- bzw. Gehaltseinbußen zu erleiden.

A. Allgemeines

Art. 10 fasst die zentralen Bestimmungen zum Schutz der Arbeitnehmervertreter sowie 1 zur Unterstützung ihrer Tätigkeit, um eine funktionsgerechte Aufgabenerfüllung zu ermöglichen, zusammen, den die Mitgliedstaaten iRd Umsetzung gewährleisten müssen. Unmittelbar anzuwendendes Recht zugunsten der von Art. 10 geschützten Personen begründet die Richtlinie nicht. Der Regelungskern in Abs. 3 geht zurück auf Art. 10 RL 94/45/EG und stimmt insoweit mit Art. 10 RL 2001/86/EG und Art. 12 RL 2003/72/EG überein. Die Abs. 1, 2 und 4 beruhen demgegenüber auf der Revision der RL 94/45/EG und waren zuvor nicht in dieser enthalten; sie finden auch in Art. 10 RL 2001/86/EG und Art. 12 RL 2003/72/EG keine Entsprechung. Einen regelungstechnischen Vorläufer haben Art. 10 I und II jedoch in den subsidiären Bestimmungen des Anhangs zur RL 94/45/EG. Das gilt in der Sache sowohl für Art. 10 I (s. Nr. 7 des Anhangs zur RL 94/45/EG) als auch bezüglich Art. 10 II, der wörtlich aus Nr. 5 des Anhangs zur RL 94/45/EG übernommen wurde.

Den **personellen Schutzbereich** hat Art. 10 unterschiedlich gefasst. Gemeinsam erfas- 2 sen alle Absätze den **Europäischen Betriebsrat** wegen der Legaldefinition in Art. 2 lit. h unabhängig von seiner Errichtungsgrundlage (→ Art. 2 Rn. 26). Anders ist dies für die **Arbeitnehmervertreter,** die im Rahmen eines **Unterrichtungs- und Anhörungsverfahrens** iSv Art. 6 III mitwirken. Diese werden zwar in den Schutz durch Art. 10 III einbezogen, nicht aber in Art. 10 I, II und IV benannt. Da sowohl Art. 10 III als auch Art. 8 I UAbs. 2 und Art. 9 UAbs. 2 die Arbeitnehmervertreter eines Unterrichtungs- und Anhörungsverfahrens ausdrücklich benennen, liegt die Annahme nahe, dass die fehlende Einbeziehung in Art. 10 I, II und IV bewusst erfolgt ist. Dementsprechend beschränken sich auch die maßgeblichen Umsetzungsvorschriften im EBRG auf den kraft Vereinbarung oder Gesetzes errichteten Europäischen Betriebsrat (s. §§ 36, 38 I, 39 I EBRG).

Teleologisch ist die Ausklammerung der Arbeitnehmervertreter im Rahmen eines Unter- 3 richtungs- und Anhörungsverfahrens nicht verständlich. Zudem widerspricht ihre Ungleichbehandlung der sowohl in der Richtlinie als auch im EBRG zum Ausdruck gelangten Gleichwertigkeit beider Modalitäten zur Durchführung der Unterrichtung und Anhörung der Arbeitnehmer (→ Art. 1 Rn. 10 aE), die allenfalls dadurch erklärbar ist, dass Art. 10 I, II und IV in Art. 10 RL 94/45/EG noch nicht enthalten waren (→ Rn. 1). Dies legt es nahe, rechtsfortbildend auch die Arbeitnehmervertreter im Rahmen eines Unterrichtungs- und Anhörungsverfahrens in den Anwendungsbereich der Richtlinienbestimmungen einzubeziehen, was zwangsläufig zu der Notwendigkeit führt, im Wege einer unionsrechtlich gebotenen Rechtsfortbildung auch den Anwendungsbereich von § 38 I EBRG sowie § 39 EBRG auf sie auszudehnen (ebenso AKRR/*Rupp* EBRG § 38 Rn. 3, § 39 Rn. 2). Ohne eine entsprechende erweiternde Auslegung von Art. 10 I, II und IV entfällt jedoch jedenfalls aus Sicht des Unionsrechts die Notwendigkeit zur Rechtsfortbildung über die EBRG, so dass zumindest der aus den Materialien erkennbare Wille des Gesetzgebers, mit den §§ 36, 38 I, 39 EBRG die Vorgaben der RL 2009/38/EG umzusetzen (Begr. RegE, BT-Drs. 17/4808, 12), gegen die Annahme spricht, die in den §§ 36 I, 38 I, 39 EBRG verbliebene Regelungslücke laufe dem Regelungsplan des Gesetzgebers zuwider (**aA** wohl AKRR/*Rupp* EBRG § 38 Rn. 3, § 39 Rn. 2).

B. Mittel zur Unterstützung, Abs. 1

4   Im Unterschied zu der RL 94/45/EG legt **Art. 10 I** nunmehr ausdrücklich fest, dass die Mitglieder des Europäischen Betriebsrats über die notwendigen Mittel verfügen müssen, um die Rechte aus der Richtlinie iS einer kollektiven Interessenvertretung in dem gemeinschaftsweit tätigen Unternehmen bzw. einer entsprechenden Unternehmensgruppe ausüben zu können. In den subsidiär anzuwendenden gesetzlichen Vorschriften der Mitgliedstaaten ist dies zu wiederholen (s. Anh. I Abs. 6).

5   Eine Konkretisierung der „**Mittel**" ist Art. 10 I nicht zu entnehmen. Aus der funktionalen Ausrichtung auf die Ausübung der Rechte im Interesse der Arbeitnehmer ergibt sich jedoch, dass hierbei alles in Betracht kommt, was zur Ausübung der Rechte erforderlich sein kann. Hierzu gehören neben finanziellen Mitteln insbesondere auch sächliche und personelle Mittel, wobei es Art. 10 I den Mitgliedstaaten überlässt, die „erforderlichen" Mittel zu präzisieren.

6   Keine ausdrückliche Aussage trifft Art. 10 I über die Person bzw. Einrichtung, die die „Mittel" zur Verfügung zu stellen hat; Art. 10 I gibt lediglich vor, das den **Mitgliedern des Europäischen Betriebsrats** die Mittel zur Verfügung stehen müssen. In den Schutz durch Art. 10 I wird nicht das Organ „Europäischer Betriebsrat" einbezogen, sondern die Richtlinie stellt ausdrücklich auf das einzelne Organmitglied ab. Mit dieser Einschränkung ist es jedoch wegen Art. 2 I lit. h unerheblich, ob die Mitgliedschaft auf einer Vereinbarung nach Art. 6 II oder auf den subsidiären Bestimmungen nach Maßgabe von Anhang I beruht (→ Rn. 2 sowie → Art. 2 Rn. 26). Nicht in den Schutz durch Art. 10 I werden indes die **Arbeitnehmervertreter** einbezogen, wenn die Vereinbarungsparteien übereinkommen, anstelle eines Europäischen Betriebsrats ein anderes **Unterrichtungs- und Anhörungsverfahren** zu schaffen (s. Art. 6 III UAbs. 1). Dies folgt aus einem Umkehrschluss zu Art. 10 III, der diese Arbeitnehmervertreter ausdrücklich neben den Mitgliedern des Europäischen Betriebsrats in die dortige Schutzbestimmung einbezieht. Ein rechtsfortbildendes Verständnis von Art. 10 I ist gleichwohl nicht zwingend ausgeschlossen (→ Rn. 3).

7   Die **Umsetzung** der Vorgaben in Art. 10 I ist in Deutschland in § 39 I EBRG erfolgt. Danach hat die zentrale Leitung die durch Bildung und Tätigkeit des Europäischen Betriebsrats entstehenden Kosten zu tragen (§ 39 I 1 EBRG), zudem hat sie insbesondere für die Sitzungen und die laufende Geschäftsführung die erforderlichen Räume, sachliche Mittel und Büropersonal zur Verfügung zu stellen (§ 39 I 2 EBRG). Ferner hat sie die erforderlichen Reise und Aufenthaltskosten zu erstatten (§ 39 I 3 EBRG). Die Vorschriften schützen, wie von Art. 10 I gefordert (→ Rn. 6), sowohl die Mitglieder eines kraft Vereinbarung errichteten Europäischen Betriebsrats als auch diejenigen Mitglieder, die einem Europäischen Betriebsrat kraft Gesetzes angehören.

C. Unterrichtung örtlicher Arbeitnehmervertreter, Abs. 2

Die in **Art. 10 II** aufgenommene und in der RL 94/45/EG lediglich in den subsidiären 8
Vorschriften (→ Rn. 1) enthaltene Bestimmung dient dem Informationsfluss zwischen dem Europäischen Betriebsrat und den örtlichen Arbeitnehmervertretern in dem gemeinschaftsweit tätigen Unternehmen bzw. der gemeinschaftsweit operierenden Unternehmensgruppe, die hierdurch von Inhalt und Ergebnis der Unterrichtung und Anhörung Kenntnis erhalten sollen. Sie betrifft ausschließlich die Unterrichtung durch die Mitglieder eines Europäischen Betriebsrats, Arbeitnehmervertreter im Rahmen eines anderweitigen Unterrichtungs- und Anhörungsverfahrens (s. Art. 6 III UAbs. 1) sind in Art. 10 II nicht einbezogen (s. aber → Rn. 2 f.). Bezüglich der Modalitäten trifft Art. 10 II keine Vorgaben.

Missverständlich ist die Formulierung in Art. 10 II, dass die Information der örtlichen 9
Arbeitnehmervertreter **„unbeschadet des Artikels 8"** zu erfolgen hat. Eine Auslegung, die hieraus eine Einschränkung der Informationen auf solche entnimmt, bezüglich der keine Verschwiegenheitspflicht besteht, steht im Widerspruch zu dem Zweck der Norm, den örtlichen Arbeitnehmervertretern über Inhalt und Ergebnisse der Unterrichtung und Anhörung Kenntnis zu verschaffen. Die Bestimmung ist daher so zu lesen, dass die Information der örtlichen Arbeitnehmervertreter unabhängig davon zu erfolgen hat, ob die zentrale Leitung diesbezüglich eine Pflicht zur Verschwiegenheit begründet hat (→ Art. 8 Rn. 7).

Die **Umsetzung** der Vorgabe in Art. 10 II ist in § 36 EBRG erfolgt. Das gilt auch im 10
Hinblick auf eine unmittelbare Unterrichtung der Arbeitnehmer, die jedoch – ebenso wie nach Art. 10 II – davon abhängt, dass es in den Unternehmen bzw. Betrieben keine Arbeitnehmervertreter gibt. Entsprechend der Vorgabe in Art. 10 II erfolgt die Information durch den Europäischen Betriebsrat unabhängig davon, ob dieser kraft Gesetzes errichtet worden ist oder auf einer nach § 18 EBRG abgeschlossenen Vereinbarung beruht. Wegen der in Deutschland bestehenden Besonderheit einer eigenständigen Vertretung der leitenden Angestellten, trifft § 36 II EBRG eine Sonderregelung zur Unterrichtung der von den leitenden Angestellten gebildeten Sprecherausschüsse. Im Hinblick auf eine Pflicht zur Verschwiegenheit, die für die Mitglieder des Europäischen Betriebsrats gilt (s. § 35 II 1 EBRG), hebt § 35 II 4 diese – entsprechend dem von Art. 10 II geforderten Vorbehalt – ausdrücklich für eine Unterrichtung nach § 36 EBRG auf und verlängert die Verschwiegenheitspflicht zum Ausgleich auf die örtlichen Arbeitnehmervertreter (§ 35 III Nr. 4 EBRG).

D. Gleichstellungsklausel, Abs. 3

In die bereits in Art. 10 RL 94/45/EG enthaltene **Gleichstellungsklausel** in **Art. 10** 11
III sind neben den Mitgliedern des besonderen Verhandlungsgremiums und des Europäischen Betriebsrats – im Unterschied zu Art. 10 I und 2 – ausdrücklich auch Arbeitnehmervertreter im Rahmen eines Unterrichtungs- und Anhörungsverfahrens nach Art. 6 III einbezogen. Bezüglich der Mitglieder des Europäischen Betriebsrats gilt die Gleichstellung wegen Art. 2 I lit. h unabhängig davon, ob das Gremium auf Grund einer Vereinbarung oder kraft der gesetzlichen Auffangregelung errichtet worden ist (→ Rn. 2 sowie → Art. 2 Rn. 26). Die Aufzählung in Art. 10 III UAbs. 2 (Sitzungsteilnahme, Lohn- und Gehaltsfortzahlung bei Arbeitsversäumnis) hat lediglich exemplarische Bedeutung. Deshalb erstreckt sich der Schutz durch die Gleichstellungsklausel auch nach der Richtlinie ebenfalls auf den Schutz vor einer Kündigung des Arbeitsverhältnisses.

Zur **Umsetzung** der Gleichstellungsklausel hat der Gesetzgeber in Deutschland vor allem 12
§ 40 EBRG geschaffen, der auch für Mitglieder eines kraft Vereinbarung errichteten Europäischen Betriebsrats § 37 I-V, die §§ 78 und 103 BetrVG sowie § 15 KSchG für entsprechend anwendbar erklärt (§ 40 I EBRG) und in diesen Schutz ebenfalls die Arbeit-

nehmervertreter im Rahmen eines Verfahrens zur Unterrichtung und Anhörung einbezieht (§ 40 II EBRG). Wegen des Territorialitätsprinzips erstreckt sich der Schutz durch § 40 I EBRG nur auf die im Inland beschäftigten Mitglieder des Europäischen Betriebsrats (AKRR/*Rupp* EBRG § 40 Rn. 1). Für die Mitglieder aus anderen Mitgliedstaaten, gelten die dortigen Schutzbestimmungen (DFL/*Heckelmann/Wolff* EBRG § 40 Rn. 1; AKRR/ *Rupp* EBRG § 40 Rn. 1), so dass es innerhalb des Europäischen Betriebsrats zu einem unterschiedlichen Schutzniveau für die einzelnen Mitglieder kommen kann. Dem Gleichstellungsgebot in Art. 10 III dient zudem das allg. Benachteiligungs- und Begünstigungsverbot in § 42 Nr. 3 EBRG (= § 78 BetrVG), in das die in Art. 10 III UAbs. 1 genannten Personen eingezogen sind und das zudem nach § 44 I Nr. 2 EBRG strafbewehrt ist (= § 119 BetrVG).

E. Schulungsteilnahme, Abs. 4

13   Im Rahmen der Revision der RL 94/45/EG wurde mit Art. 10 IV zusätzlich eine Bestimmung zur **Schulung** der Mitglieder des besonderen Verhandlungsgremiums sowie der Mitglieder des Europäischen Betriebsrats geschaffen (zur Rechtslage unter der RL 94/ 45/EG *Oetker/Schubert* EAS B 8300, Rn. 265 ff.). Das gilt wegen Art. 2 I lit. h wiederum unabhängig davon, ob der Europäische Betriebsrat kraft Vereinbarung oder auf Grund der gesetzlichen Auffangregelung errichtet worden ist (→ Rn. 2 sowie → Art. 2 Rn. 26). Die Arbeitnehmervertreter im Rahmen eines Verfahrens zur Unterrichtung und Anhörung nach Art. 6 III sind in Art. 10 IV nicht genannt und deshalb scheinbar nicht iRd Umsetzungsgesetzgebung zu berücksichtigen (s. aber → Rn. 2 f.).

14   Die Richtlinie beschränkt sich nicht auf die Schulungsteilnahme als solche, sondern regelt auch die **Auswirkungen auf das Arbeitsentgelt.** Lohn- und Gehaltsverluste dürfen den in Art. 10 IV genannten Personen durch die Teilnahme an der Schulung nicht entstehen. Ein Anspruch auf **Freizeitausgleich,** der insbesondere bei Teilzeitbeschäftigten in Betracht kommt, lässt sich aus Art. 10 IV nicht ableiten.

15   Inhaltlich verknüpft Art. 10 IV die Schulungsteilnahme ausdrücklich mit der Voraussetzung, dass die dort vermittelten Kenntnisse für „die Wahrnehmung ihrer Vertretungsaufgaben in einem internationalen Umfeld erforderlich" sein müssen. Einen weitergehenden Rahmen für die Teilnahme an Schulungen, die für die Wahrnehmung der Vertretungsaufgaben uU nützlich sein können, gebietet Art. 10 IV nicht.

16   Die **Umsetzung** der Vorgaben durch Art. 10 IV ist in Deutschland sowohl in § 38 EBRG als auch in § 40 I 2 EBRG erfolgt. Allerdings begründet § 38 EBRG keinen Individualanspruch auf Teilnahme an einer Schulung, sondern stellt die Schulungsteilnahme ausdrücklich und in der Tradition des Betriebsverfassungsrechts (§ 37 VI BetrVG) unter den Vorbehalt einer „Bestimmung" durch den Europäischen Betriebsrat. Es handelt sich deshalb auch iRv § 38 I EBRG um einen abgeleiteten Individualanspruch (DFL/*Heckelmann/Wolff* EBRG § 38 Rn. 1; GK-BetrVG/*Oetker* EBRG § 38 Rn. 3 f.; im Ergebnis ebenso AKRR/ *Rupp* EBRG § 38 Rn. 13). Die Vereinbarkeit dieser durch § 38 I 1 EBRG zwingend vorgegebenen dogmatischen Konstruktion mit Art. 10 IV ist zweifelhaft, da dieser apodiktisch festlegt, dass die Mitglieder Schulungen erhalten müssen, was auf einen vom Organ unabhängigen Individualanspruch hindeutet (s. auch GK-BetrVG/*Oetker* EBRG § 38 Rn. 4). Die Vorgabe in Art. 10 IV, dass die Mitglieder des Europäischen Betriebsrats infolge der Schulungsteilnahme keine Lohn- bzw. Gehaltseinbuße erleiden dürfen, setzt § 40 I 2 EBRG mit der Bezugnahme auf § 37 VI 1 BetrVG um, da dieser seinerseits auf § 37 II BetrVG verweist und dieser einen Vergütungsanspruch des Arbeitnehmers aufrechterhält.

Art. 11 Einhaltung der Richtlinie

(1) Jeder Mitgliedstaat gewährleistet, dass die Leitung der in seinem Hoheitsgebiet befindlichen Betriebe eines gemeinschaftsweit operierenden Unternehmens und die Leitung eines Unternehmens, das Mitglied einer gemeinschaftsweit operierenden Unternehmensgruppe ist, und ihre Arbeitnehmervertreter oder, je nach dem betreffenden Einzelfall, deren Arbeitnehmer den in dieser Richtlinie festgelegten Verpflichtungen nachkommen, unabhängig davon, ob die zentrale Leitung sich in seinem Hoheitsgebiet befindet.

(2) Für den Fall der Nichteinhaltung dieser Richtlinie sehen die Mitgliedstaaten geeignete Maßnahmen vor; sie gewährleisten insbesondere, dass Verwaltungs- oder Gerichtsverfahren vorhanden sind, mit deren Hilfe die Erfüllung der sich aus dieser Richtlinie ergebenden Verpflichtungen durchgesetzt werden kann.

(3) Bei der Anwendung des Artikels 8 sehen die Mitgliedstaaten Verfahren vor, nach denen die Arbeitnehmervertreter auf dem Verwaltungs- oder Gerichtsweg Rechtsbehelfe einlegen können, wenn die zentrale Leitung sich auf die Vertraulichkeit der Informationen beruft oder diese – ebenfalls nach Artikel 8 – nicht weiterleitet.

Zu diesen Verfahren können auch Verfahren gehören, die dazu bestimmt sind, die Vertraulichkeit der betreffenden Informationen zu wahren.

Die Vorschrift gibt den Mitgliedstaaten auf, durch geeignete Maßnahmen sicherzustellen, dass die in der RL 2009/38/EU vorgesehenen Verpflichtungen von den jeweils Berechtigten durchgesetzt werden können. Das gilt nach Art. 11 III auch für den Fall, dass die zentrale Leitung die Weiterleitung von Informationen unter Berufung auf Art. 8 I und II zu Unrecht verweigert. **1**

Zwecks Umsetzung der Vorgaben in Art. 11 I und II bestimmt § 2a I Nr. 3 lit. b ArbGG, dass die **Arbeitsgerichte** für Angelegenheiten aus dem EBRG ausschließlich zuständig sind und in diesen Fällen im Rahmen eines **Beschlussverfahrens** entscheiden. Zu den Angelegenheiten aus dem EBRG zählen nicht nur solche, die ihre Rechtsgrundlage in dem Gesetz selbst finden, sondern auch solche, die sich aus Streitigkeiten über den Inhalt und die Rechtswirksamkeit einer nach den §§ 17 ff. EBRG abgeschlossenen Beteiligungsvereinbarung ergeben (s. GMP/*Matthes/Schlewing* ArbGG § 2a Rn. 56). Wegen § 85 II ArbGG besteht für die nach dem EBRG Berechtigten auch die Möglichkeit, ihre Rechtspositionen (zB auf Unterrichtung und Anhörung) mittels einer **einstweiligen Verfügung** durchzusetzen. Soweit **Arbeitnehmer** in ihrer Eigenschaft als Mitglied des besonderen Verhandlungsgremiums oder eines Europäischen Betriebsrats kraft Gesetzes oder Vereinbarung Ansprüche insbesondere auf Fortzahlung des Arbeitsentgelts wegen ihrer Amtstätigkeit geltend machen, entscheiden die Arbeitsgerichte nach hM hingegen im **Urteilsverfahren** (AKRR/*Rupp* EBRG § 38 Rn. 18). Über die Strafbarkeit bzw. die Verfolgung einer Ordnungswidrigkeit befinden abweichend von Art. 2a I Nr. 3 lit. b ArbGG die **ordentlichen Gerichte** (→ Rn. 6). **2**

Durch Abreden in einer Beteiligungsvereinbarung kann der Rechtsweg zu den Arbeitsgerichten wegen § 4 ArbGG nicht ausgeschlossen werden, da die Vorschrift dies nur in eng begrenzten Sachverhalten für das Urteilsverfahren ermöglicht (*Germelmann,* FS Adomeit, 2008, 201 [202]; ErfK/*Koch* ArbGG § 4 Rn. 2; GK-ArbGG/*Schütz* ArbGG § 4 Rn. 5; GBGW/*Waas* ArbGG § 4 Rn. 4). Zulässig sind gleichwohl in eine Beteiligungsvereinbarung aufgenommene **Schiedsabreden,** nach denen die Anrufung der Arbeitsgerichte erst statthaft ist, wenn zuvor ein schiedsgerichtliches Vorverfahren durchlaufen wurde (BAG 11.2.2014 NZA-RR 2015, 26 Rn. 14 sowie zuvor BAG 20.10.1990 AP BetrVG 1972 § 76 Nr. 43; 16.8.2011 AP BetrVG 1972 § 80 Nr. 75). Mit dieser Maßgabe kann im Rahmen einer Beteiligungsvereinbarung auch die Bildung einer **Einigungsstelle** vorgesehen werden, um zu einer „Verständigung" (→ Art. 9 Rn. 5) zwischen zentraler Leitung und Europäischem Betriebsrat zu gelangen (AKRR/*Rupp* EBRG § 17 Rn. 21; s. ferner GMP/ **3**

Germelmann ArbGG § 4 Rn. 10; ErfK/*Koch* ArbGG § 4 Rn. 2). Diese kann auch zu dem Zweck etabliert werden, über die Berechtigung einer Informationsverweigerung (§ 35 I EBRG) zu befinden, oder über die Anfechtung einer Wahl zum kraft Vereinbarung errichteten Europäischen Betriebsrat zu entscheiden. Der Rechtsweg zu den Arbeitsgerichten wird hierdurch wegen § 4 ArbGG nicht ausgeschlossen.

4 Für die Zwecke des arbeitsgerichtlichen Verfahrens erklärt § 10 S. 1 ArbGG auch die nach dem EBRG beteiligten Personen und Stellen zu **Beteiligten,** so dass ihre Beteiligung am arbeitsgerichtlichen Beschlussverfahren nicht mangels Parteifähigkeit verweigert werden kann. Begünstigt werden hierdurch insbesondere das nach dem EBRG gebildete besondere Verhandlungsgremium sowie ein kraft Gesetzes oder Beteiligungsvereinbarung errichteter Europäischer Betriebsrat (s. GMP/*Matthes*/*Schlewing* ArbGG § 10 Rn. 30).

5 Der Rechtsweg zu den Arbeitsgerichten ist wegen § 2a I Nr. 3 lit. b ArbGG auch eröffnet, wenn die zentrale Leitung unter Berufung auf § 35 I die **Weitergabe von Informationen** verweigert. Dies genügt den Vorgaben in Art. 11 III. Im Unterschied zum BetrVG kennt das EBRG jedoch kein mit § 109 BetrVG vergleichbares Verfahren, nach dem über die Berechtigung der Informationsverweigerung zunächst eine Einigungsstelle entscheidet. Die wegen dieser Diskrepanz geäußerte Kritik (s. *Beckendahl,* Der Europäische Betriebsrat, Diss. Münster, 1996, 187; *Däubler,* FS Schaub, 1998, 95 [114 f.]; *Kohte* EuroAS 1996, 115 [119]; *Lörcher* AuR 1996, 297 [298] sowie HSW/*Hanau* § 19 Rn. 78) hat der Gesetzgeber auch iRd Umsetzung der RL 2009/38/EG nicht aufgegriffen und es bei dem früheren Rechtszustand belassen. Aus Sicht des EBRG ist dies systemkonform, da dem Gesetz eine Einigungsstelle als Konfliktlösungsinstrument unbekannt ist. Angesichts dessen entscheiden die Arbeitsgerichte unmittelbar über die Berechtigung der zentralen Leitung, Informationen unter Berufung auf § 35 I EBRG zurückzuhalten (*Blanke* EBRG § 39 Rn. 16; HaKo-BetrVG/*Blanke*/*Hayen* EBRG § 35 Rn. 5; *Müller* EBRG § 39 Rn. 10; AKRR/*Rupp* EBRG § 35 Rn. 15). Selbst wenn in dem Fehlen einer § 109 BetrVG entsprechenden Regelung ein Verstoß gegen das Unionsrecht gesehen wird (so *Kohte* EuroAS 1996, 115 [119]; **aA** HSW/*Hanau* § 19 Rn. 78; wohl auch HaKo-BetrVG/*Blanke*/*Hayen* EBRG § 35 Rn. 5), zwingt dies nicht zu einer analogen Anwendung von § 109 BetrVG, da dem die eindeutige Entscheidung des Gesetzgebers gegen die Implementierung eines Einigungsstellenverfahrens entgegensteht (*Oetker*/*Schubert* EAS B 8300, Rn. 254).

6 Neben der Eröffnung des arbeitsgerichtlichen Beschlussverfahrens, stellt das EBRG die Einhaltung der sich aus der Richtlinie ergebenden Verpflichtungen zusätzlich dadurch sicher, dass es den Verstoß gegen den Errichtungs- und Tätigkeitsschutz in § 42 EBRG zugunsten des besonderen Verhandlungsgremiums und des Europäischen Betriebsrats und seiner Mitglieder mit einer **Strafandrohung** versieht (§ 44 EBRG) und die Verletzung der Informationspflichten insbesondere nach § 5 EBRG sowie § 29 I EBRG und § 30 I 1 EBRG in den Rang einer **Ordnungswidrigkeit** erhebt (§ 45 EBRG).

7 Ob dem Europäischen Betriebsrat bei einer Verletzung der im EBRG bzw. einer Vereinbarung begründeten Informations- und Anhörungsrechte ein **Anspruch auf Unterlassung** der von der zentralen Leitung geplanten Maßnahmen zusteht, wird im Schrifttum unterschiedlich beurteilt (bejahend DKKW/*Bachner* EBRG § 29 Rn. 2; *Bachner*/*Nielebock* AuR 1997, 129 [134 f.]; *Blanke* EBRG § 33 Rn. 24; HaKo-BetrVG/*Blanke*/*Hayen* EBRG § 29 Rn. 5 ff.; DKKW/*Däubler* EBRG Vorbem. Rn. 23; *Forst* ZESAR 2013, 15 [17 ff.]; *Kiehn,* Die betriebliche Beteiligung der Arbeitnehmer in der Societas Europaea [SE], 2011, 153 ff.; wohl auch *Schmidt* RdA 2001, Beil. zu Heft 5, 12 [22]; **aA** *Ahrens* AG 1997, 298 [305]; HBD/*Breitfeld* EBRG § 35 Rn. 11; *Fitting* EBRG Übersicht Rn. 90a; HWK/*Giesen* EBRG Rn. 111; DFL/*Heckelmann*/*Wolff* EBRG vor § 1 Rn. 12; *Hinrichs,* Die Durchsetzung der Beteiligungsrechte des Europäischen Betriebsrats, 2007, 188 f.: *Holz,* Die Richtlinie des Rates vom 22. September 1994 über die Einsetzung eines Europäischen Betriebsrates, 1996, 199 ff.; *Hromadka* DB 1995, 1125 [1130]; MHdBArbR/*Joost* § 275 Rn. 73; AKRR/*Kühn* EBRG § 30 Rn. 25; *Lerche* 271; *Maiß*/*Pauken* BB 2013, 1589 [1591 f.]; *Müller* EBRG § 33 Rn. 6; Preis/Sagan/*Müller-Bonanni*/*Jenner* § 12 Rn. 144; GK-BetrVG/

Oetker EBRG § 30 Rn. 13 ff.; *Oetker/Schubert* EAS B 8300 Rn. 233 ff.; *Schlinkhoff* 246 ff.). Die Rechtsprechung in Deutschland lehnt einen Unterlassungsanspruch bislang ab (LAG Köln 8.9.2011 LAGE EBRG § 30 Nr. 1 sowie ArbG Köln 25.5.2012 AiB 2012, 688), weicht damit jedoch von der vereinzelt vorliegenden Judikatur in Frankreich und Belgien ab (s. die Nachw. bei HaKo-BetrVG/*Blanke/Hayen* EBRG § 29 Rn. 9; *Forst* ZESAR 2013, 15 [21]; *Maiß/Pauken* BB 2013, 1589 [1591 Fn. 15]).

Entgegen einer im Schrifttum vertretenen Auffassung (s. zB *Blanke* § 33 Rn. 24; HaKo-BetrVG/*Blanke/Hayen* EBRG § 29 Rn. 5 ff.; *Forst* ZESAR 2013, 15 [18 ff.]; **aA** *Maiß/Pauken* DB 2013, 1589 [1591 f.]) kann ein Unterlassungsanspruch nicht auf das unionsrechtliche Gebot gestützt werden, die aus der Richtlinie 2009/38/EG folgenden Pflichten effektiv durchzusetzen und für den Fall einer Pflichtverletzung Sanktionen vorzusehen, die wirksam, abschreckend und angesichts der Schwere des Verstoßes angemessen sind (s. Erwägungsgrund 36 zur RL 2009/38/EG). Die durch das ArbGG zur Verfügung gestellten prozessualen Instrumente, zu denen auch der einstweilige Rechtsschutz zählt (→ Rn. 2; *Fitting* EBRG Übersicht Rn. 90a), stellen hinreichend sicher, dass die Pflichten der zentralen Leitung insbesondere nach § 30 EBRG effektiv durchgesetzt werden können. Zudem handelt es sich bei dem Unterlassungsanspruch nicht um eine Sanktion für Pflichtverletzungen, sondern er dient der Erfüllung einer Pflicht.

8

Die Entstehungsgeschichte des 2. EBRG-ÄndG bekräftigt die hier befürwortete Auffassung, da der von der SPD-Fraktion unterbreitete Antrag, einen Unterlassungsanspruch bei beteiligungswidrigen Maßnahmen der zentralen Leitung festzuschreiben (s. BT-Drs. 17/5184) sowohl im zuständigen Bundestagsausschuss (s. BT-Drs. 17/5399) als auch vom Plenum des Deutschen Bundestags (s. BT-Prot. 17/11729 [C]) ausdrücklich abgelehnt wurde. Hierdurch hat der Gesetzgeber die bislang vorherrschende Ansicht bestätigt (ebenso ArbG Köln 25.5.2012 AiB 2012, 688; DFL/*Heckelmann/Wolff* EBRG vor § 1 Rn. 12; *Maiß/Pauken* DB 2013, 1589 [1591]; im Ergebnis auch AKRR/*Kühn* EBRG § 30 Rn. 25), so dass selbst eine unterstellte unionsrechtliche Pflicht zur Implementierung eines Unterlassungsanspruchs im Widerspruch zu dem Willen des Gesetzgebers steht und deshalb auch nicht über das Gebot einer unionsrechtskonformen Auslegung in das EBRG hineingelesen werden muss. Zusätzlich wird dies in systematischer Hinsicht durch die in § 29 IV SEBG normierte Möglichkeit unterstützt, zwecks Herbeiführung einer Einigung eine nochmalige Verhandlung mit der zentralen Leitung zu erzwingen. Von der Übernahme dieser Regelung, die auf Teil 2 lit. c UAbs. 2 des Anhangs zur RL 2001/86/EG beruht, wurde sowohl iRd RL 2009/38/EG als auch bei der Novellierung des EBRG abgesehen.

9

Art. 12 Zusammenhang mit anderen gemeinschaftlichen und einzelstaatlichen Bestimmungen

(1) Die Unterrichtung und Anhörung des Europäischen Betriebsrats wird mit der Unterrichtung und Anhörung der einzelstaatlichen Vertretungsgremien der Arbeitnehmer abgestimmt, wobei die jeweiligen Zuständigkeiten und Aktionsbereiche sowie die Grundsätze des Artikels 1 Absatz 3 beachtet werden.

(2) [1] Die Modalitäten für die Abstimmung zwischen der Unterrichtung und Anhörung des Europäischen Betriebsrats und der einzelstaatlichen Arbeitnehmervertretungen werden in der Vereinbarung gemäß Artikel 6 festgelegt. [2] Diese Vereinbarung steht den einzelstaatlichen Rechtsvorschriften und/oder den einzelstaatlichen Gepflogenheiten zur Unterrichtung und Anhörung der Arbeitnehmer nicht entgegen.

(3) Sind solche Modalitäten nicht durch Vereinbarung festgelegt, sehen die Mitgliedstaaten vor, dass der Prozess der Unterrichtung und Anhörung sowohl im Europäischen Betriebsrat als auch in den einzelstaatlichen Vertretungsgremien der Arbeitnehmer stattfindet, wenn Entscheidungen geplant sind, die wesentliche Veränderungen der Arbeitsorganisation oder der Arbeitsverträge mit sich bringen können.

(4) Diese Richtlinie lässt die in der Richtlinie 2002/14/EG vorgesehenen Unterrichtungs- und Anhörungsverfahren sowie die in Artikel 2 der Richtlinie 98/59/EG und in Artikel 7 der Richtlinie 2001/23/EG vorgesehenen spezifischen Verfahren unberührt.

(5) Die Durchführung dieser Richtlinie darf nicht als Rechtfertigung für Rückschritte hinter den bereits in den einzelnen Mitgliedstaaten erreichten Stand des allgemeinen Niveaus des Arbeitnehmerschutzes in den von ihr abgedeckten Bereichen benutzt werden.

A. Allgemeines

1 Art. 12 war mit Abs. 4 und 5 in seinem wesentlichen Regelungsinhalt bereits in Art. 12 RL 94/45/EG enthalten, wurde bezüglich der in Art. 12 IV genannten Beteiligungsverfahren jedoch an die Rechtsentwicklung in der Union seit Erlass der RL 94/45/EG angepasst (→ Rn. 9).

2 Im Rahmen der Revision der RL 94/45/EG wurde ua angestrebt, die verschiedenen Ebenen der Unterrichtung und Anhörung der Arbeitnehmer besser aufeinander abzustimmen (s. näher *Blanke/Rose* RdA 2008, 65 ff.). Das betrifft insbesondere die in den Mitgliedstaaten vorgesehenen Beteiligungsverfahren mit den örtlichen Arbeitnehmervertretungen nach den dort jeweils geltenden Rechtsvorschriften (s. Erwägungsgrund 37 zur RL 2009/38/EG). Zur Umsetzung dieses Ziels wurden die Abs. 1–3 neu in die Richtlinie aufgenommen. Auch insoweit favorisiert die Richtlinie eine Vereinbarungslösung und sieht dementsprechend primär vor, dass die Abstimmung der auf den verschiedenen Ebenen durchzuführenden Unterrichtung und Anhörung der Arbeitnehmer in der nach Art. 6 abzuschließenden Vereinbarung vorgenommen wird (Art. 12 II sowie Erwägungsgrund 29 und 37 zur RL 2009/38/EG). Unterstützt wird das Ziel, die auf den unterschiedlichen Ebenen durchzuführenden Beteiligungsverfahren zu harmonisieren, zusätzlich durch die in Art. 10 II vorgesehene Information der örtlichen Arbeitnehmervertreter über die Ergebnisse der Unterrichtung und Anhörung mit der zentralen Leitung durch die Mitglieder des Europäischen Betriebsrats (→ Art. 10 Rn. 8 ff.).

B. Abstimmung der Beteiligungsverfahren

3 Das in Art. 12 I niedergelegte Abstimmungsgebot hat ausschließlich für einen nach Art. 6 oder der gesetzlichen Auffangregelung errichteten **Europäischen Betriebsrat** Bedeutung. Soweit kraft Vereinbarung alternativ dazu ein eigenständiges Unterrichtungs- und Anhörungsverfahren geschaffen wird, ist dieses nicht in das Abstimmungsgebot in Art. 12 I einbezogen, da es in diesem Fall nicht zu der Notwendigkeit kommt, die Unterrichtungs- und Anhörungsrechte der in den Mitgliedstaaten errichteten Arbeitnehmervertretungen mit einem unionsweiten Vertretungsorgan abzustimmen. Ausgangspunkt für die Abstimmung der Beteiligungsverfahren sind die jeweiligen „Zuständigkeiten und Aktionsbereiche", wobei insbesondere die Begrenzung der Zuständigkeit des Europäischen Betriebsrats auf länderübergreifende Angelegenheiten (→ Art. 1 Rn. 18 ff.) zu beachten ist. Gleichwohl kann es zu Überschneidungen kommen, wenn eine grenzüberschreitende Angelegenheit ihrerseits zugunsten einer in den betroffenen Betrieben oder Unternehmen errichteten örtlichen Arbeitnehmervertretung Beteiligungsrechte auslöst, die die Rechtsvorschriften des jeweiligen Mitgliedstaats begründen. Exemplarisch hierfür stehen Massenentlassungen und Betriebsübergänge, die trotz ihres länderübergreifenden Charakters in Deutschland zur Beteiligung des Wirtschaftsausschusses nach § 106 BetrVG bzw. des Betriebsrats nach § 111 BetrVG führen.

4 Die nach Art. 12 I gebotene Abstimmung verfolgt das **Ziel einer Harmonisierung** der auf den unterschiedlichen Ebenen durchzuführenden Unterrichtung und Anhörung der

verschiedenen Vertretungsgremien, ohne dass hierdurch die nach den Rechtsvorschriften und/oder Gepflogenheiten der Mitgliedstaaten bestehenden Beteiligungsrechte berührt werden. Dies kommt sowohl in der Betonung der „jeweiligen Zuständigkeiten und Aktionsbereiche" in Art. 12 I als auch in dem Vorrang der einzelstaatlichen Rechtsvorschriften und/oder Gepflogenheiten gegenüber einer in der Beteiligungsvereinbarung getroffenen Modalität zur Abstimmung der jeweiligen Unterrichtung und Anhörung (Art. 12 II 2) zum Ausdruck. Die Harmonisierung betrifft insbesondere den **Zeitpunkt der Unterrichtung** der jeweiligen Vertretungsorgane, wobei Art. 12 I verhindern soll, dass die Beteiligung des Europäischen Betriebsrats erst nach einer Unterrichtung und Anhörung der Arbeitnehmervertretungen in den Mitgliedstaaten erfolgt. Diese Auslegung von Art. 12 I folgt insbesondere aus dem hierauf bezogenen Erwägungsgrund 37 zur RL 2009/38/EG, der in S. 5 ausdrücklich die an die Mitgliedstaaten gerichtete Vorgabe enthält, dass sie in ihren Rechtsvorschriften oder Gepflogenheiten sicherzustellen haben, dass „der Europäische Betriebsrat gegebenenfalls vor oder gleichzeitig mit den einzelstaatlichen Vertretungsgremien der Arbeitnehmer unterrichtet wird". Diese Vorgabe gilt gleichermaßen sowohl für eine nach Art. 12 II 1 abgeschlossene Vereinbarung als auch für eine nach Art. 12 III getroffene Regelung der Mitgliedstaaten. Dies ist im Hinblick auf die Beteiligungsrechte der Arbeitnehmervertretungen in den Mitgliedstaaten zweckmäßig, weil die Entscheidungen in länderübergreifenden Angelegenheiten durch die zentrale Leitung getroffen werden und hierdurch die Umsetzung der Entscheidungen in den Mitgliedstaaten determiniert werden, so dass die nach den dortigen Rechtsvorschriften bestehenden Beteiligungsrechte stets dann leerlaufen, wenn die zentrale Leitung in einem anderen Mitgliedstaat ansässig ist. Eine effektive Einflussnahme auf den Entscheidungsprozess der zentralen Leitung ist in derartigen Konstellationen nur durch den Europäischen Betriebsrat möglich.

Die Abstimmung zwischen der Unterrichtung und Anhörung des Europäischen Betriebsrats und den einzelstaatlichen Arbeitnehmervertretungen überantwortet Art. 12 II 1 primär der nach Art. 6 abzuschließenden **Beteiligungsvereinbarung.** Bekräftigt wird dieser Vorrang durch Erwägungsgrund 37 zur RL 2009/38/EG, der in S. 2 ausdrücklich der „Aushandlung dieser Abstimmungsmodalitäten" Priorität einräumt. Bereits der Wortlaut in Art. 12 II 1 („werden ... festgelegt") deutet darauf hin, dass die Abstimmungsmodalitäten zu den **zwingend** in die Beteiligungsvereinbarung aufzunehmenden Regelungsgegenständen gehören. Unterstützt wird eine derartige Auslegung von Art. 12 II 1 durch Erwägungsgrund 29 zur RL 2009/38/EG („müssen ... festgelegt werden"). Ergänzend legt Art. 6 II lit. c fest, dass die „Modalitäten für die Abstimmung" zu den Regelungsgegenständen zählen, die in der Beteiligungsvereinbarung festgelegt werden. 5

Lediglich subsidiär verpflichtet Art. 12 III die **Mitgliedstaaten** zu der Festlegung, dass bei bestimmten Sachverhalten der Prozess der Unterrichtung und Anhörung sowohl im Europäischen Betriebsrat als auch in den einzelstaatlichen Arbeitnehmervertretungen stattfinden kann. Diese Verpflichtung besteht vor allem im Hinblick auf den kraft einer gesetzlichen Auffangregelung errichteten Europäischen Betriebsrat, deckt aber auch den Fall ab, dass es die Vereinbarungsparteien unterlassen haben, eine der Vorgabe in Art. 6 I lit. c, Art. 12 II 1 entsprechende Vereinbarung zu den „Modalitäten für die Abstimmung" zu treffen. Im Gegensatz zu der Vereinbarung nach Art. 12 II 1 ist die Pflicht zur mitgliedstaatlichen Regelung nach Art. 12 III allerdings ausdrücklich auf Entscheidungen beschränkt, die **„wesentliche Veränderungen der Arbeitsorganisation oder der Arbeitsverträge mit sich bringen können".** Über diesen Regelungsgegenstand hinaus begründet Art. 12 III für die Mitgliedstaaten keine Pflicht „Modalitäten für die Abstimmung" zu treffen. Mit der thematischen Eingrenzung in Art. 12 III greift die Richtlinie – wie aus dem übereinstimmenden Wortlaut zu schließen ist – die Unterrichtung und Anhörung auf, die **Art. 4 II lit. c RL 2002/14/EG** vorsieht (→ RL 2002/14/EG Art. 4 Rn. 11 ff.) und in allen Mitgliedstaaten anzutreffend ist. 6

Zur **Umsetzung** von Art. 12 I-III in Deutschland legt **§ 1 VII EBRG** apodiktisch fest, dass die Unterrichtung des Europäischen Betriebsrats spätestens gleichzeitig mit der Unter- 7 richtung und Anhörung der in den Mitgliedstaaten bestehenden Arbeitnehmervertretungen durchzuführen ist und übernimmt damit das in Erwägungsgrund 37 S. 5 zur RL 2009/38/EG niedergelegte Verständnis zum Harmonisierungsgebot in Art. 12 I. Dies schließt nicht aus, dass die Unterrichtung und Anhörung des Europäischen Betriebsrats zu einem früheren Zeitpunkt geschieht. Verhindert wird durch § 1 VII EBRG lediglich, dass der Europäische Betriebsrat erst beteiligt wird, wenn der Prozess der Unterrichtung und Anhörung im Hinblick auf die in den Mitgliedstaaten bestehenden Arbeitnehmervertretungen bereits abgeschlossen ist (GK-BetrVG/*Oetker* EBRG § 1 Rn. 12). Wegen der Vorgabe in § 1 VII EBRG steht insbesondere eine Beteiligung des Europäischen Betriebsrats vor dem Wirtschaftsausschuss bzw. dem Betriebsrat nicht einer „rechtzeitigen" Unterrichtung der letztgenannten Gremien entgegen (GK-BetrVG/*Oetker* EBRG § 1 Rn. 12). Mit der thematisch nicht eingegrenzten Regelung geht § 1 VII EBRG über die Vorgaben in Art. 12 III hinaus (→ Rn. 6).

8   Angesichts des offenen Wortlauts gilt § 1 VII EBRG unabhängig davon, ob die Errichtung des Europäischen Betriebsrats auf einer nach § 18 EBRG abgeschlossenen Vereinbarung beruht oder dieser kraft Gesetzes errichtet wurde (→ Art. 2 Rn. 26). Die Vorschrift in § 1 VII EBRG greift deshalb insbesondere auch dann ein, wenn die Vereinbarung keine „Modalitäten für die Abstimmung" getroffen hat (→ Rn. 6). Den diesbezüglichen Vorrang in Art. 12 II sowie die inhaltliche Vorgabe für die Beteiligungsvereinbarung in Art. 6 II lit. c greift § 18 I 1 Nr. 3 EBRG auf, der eine entsprechende Abrede zur Abstimmung der Beteiligungsverfahren jedoch abweichend von der Richtlinie (→ Rn. 5) in das Ermessen („kann") der Verhandlungsparteien stellt. Im Hinblick auf den Zweck der Vorgabe in Art. 12 I ist diese Diskrepanz jedoch wegen § 1 VII EBRG unschädlich.

C. Anderweitige Unterrichtungs- und Anhörungsverfahren

9   Die Unterrichtung und Anhörung der Arbeitnehmer nach der RL 2009/38/EG betrifft ausschließlich länderübergreifende Angelegenheiten in gemeinschaftsweit operierenden Unternehmen bzw. Unternehmensgruppen (Art. 1 III 2, IV; → Art. 1 Rn. 18 ff.). Die Unterrichtung und Anhörung der Arbeitnehmer in sie betreffenden Angelegenheiten zählt jedoch zu den Instrumentarien im Unionsrecht zum Schutz der Arbeitnehmer, die bereits auf eine lange Tradition zurückblicken können und wiederholt Eingang in verschiedene Richtlinien gefunden haben. Es entspricht deshalb dem Zweck der RL 2009/38/EG, dass diese nicht die in anderen Richtlinien vorgesehene Unterrichtung und Anhörung der Arbeitnehmer berührt (s. auch Erwägungsgrund 38 zur RL 2009/38/EG). Dies hält Art. 12 IV ausdrücklich fest und benennt hierfür drei Richtlinien (RL 98/59/EG, RL 2001/23/EG sowie RL 2002/14/EG) und die dortigen Verfahren zur Unterrichtung und Anhörung der Arbeitnehmer (s. dazu → RL 98/59/EG Art. 2 Rn. 4 ff.; → RL 2001/23/EG Art. 7 Rn. 6 ff. sowie insbesondere → RL 2002/14/EG Art. 4 Rn. 4 ff.). Einen vergleichbaren Vorbehalt regelt in umgekehrter Richtung Art. 9 II RL 2002/14/EG, wonach die zur Umsetzung der RL 94/45/EG erlassenen Vorschriften von der RL 2002/14/EG unberührt bleiben (→ RL 2002/14/EG Art. 9 Rn. 4 ff. sowie → Art. 17 Rn. 1).

10 Die Aufzählung der von der RL 2009/38/EG unberührt bleibenden Richtlinien ist abschließend formuliert; Entsprechendes gilt für den auf Art. 12 IV bezogenen Erwägungsgrund 38 zur RL 2009/38/EG. Die in Art. 12 IV benannten Richtlinien sind zwar für die Unterrichtung und Anhörung der Arbeitnehmer angesichts der dort erfassten Regelungsgegenstände (ua Massenentlassungen, Betriebsübergänge) im Hinblick auf den hiermit verfolgten Zweck von zentraler Bedeutung, es sind aber nicht die einzigen Richtlinien, die bezogen auf ihren jeweiligen Regelungsgegenstand eine Unterrichtung und Anhörung der Arbeitnehmer als Schutzinstrumentarium etablieren. Das betrifft insbesondere die Beteiligung der Arbeitnehmer bzw. ihrer Vertreter in Angelegenheiten des technischen Arbeitsschutzes, für die sich Art. 11 RL 89/391/EWG als Zentralnorm darstellt (→ RL 89/391/

EWG Art. 19 Rn. 77) und auf die in den jeweiligen Einzelrichtlinien zur RL 89/391/ EWG Bezug genommen wird (s. zB Art. 8 RL 89/654/EWG, Art. 11 RL 98/24/EG, Art. 7 RL 2002/44/EG; Art. 9 RL 2003/10/EG; Art. 7 RL 2013/35/EU; s. dazu auch *Oetker/Schubert* EAS B 8300, Rn. 520 ff.). Vergleichbares gilt für die in Art. 8 RL 2008/ 104/EG vorgesehene Unterrichtung der Arbeitnehmervertreter (→ RL 2008/104/EG Art. 8 Rn. 1 f.). Wegen des mit Art. 12 IV verfolgten Zwecks wäre es verfehlt, hieraus den Umkehrschluss abzuleiten, dass die Unterrichtungs- und Anhörungsrechte nach den dort nicht benannten Richtlinien durch die Unterrichtung und Anhörung der Arbeitnehmer in länderübergreifenden Angelegenheiten berührt werden. Vielmehr bringt Art. 12 IV lediglich einen allg. und im Zweck der RL 2009/38/EG fundierten Grundsatz zum Ausdruck, der beim Verzicht auf eine ausdrückliche Regelung auch aus einer teleologischen Auslegung der Richtlinie folgen würde. Aus dieser Perspektive hat die Aufzählung in Art. 12 IV lediglich exemplarische Bedeutung, so dass die in den dort nicht genannten Richtlinien vorgesehenen Verfahren zur Unterrichtung und Anhörung der Arbeitnehmer oder ihrer Vertreter auf Grund des spezifischen Zwecks der RL 2009/38/EG ebenfalls unberührt bleiben.

D. Rückschrittsverbot

Die Regelung in Art. 12 V, die bereits in Art. 12 II RL 94/45/EG enthalten war, sieht **11** ein an die Mitgliedstaaten adressiertes Verbot vor, dass die Umsetzung der Richtlinie nicht zur Rechtfertigung herangezogen wird, um das Niveau des Arbeitnehmerschutzes in den von der RL 2009/38/EG erfassten Sachverhalten abzusenken. Das betrifft insbesondere solche Umsetzungsbestimmungen, die auf Grund der RL 94/45/EG geschaffen wurden, jedoch das dortige Niveau überstiegen. Dieses darf wegen Art. 12 V nicht abgesenkt werden, soweit dies auf die Notwendigkeit gestützt wird, die RL 2009/38/EG in das innerstaatliche Recht umzusetzen. Eine Absenkung, die auf andere Gründe gestützt wird, ist hierdurch indes nicht ausgeschlossen. Art. 12 V verwehrt den Mitgliedstaaten lediglich, die Durchführung der Richtlinie als Rechtfertigung für die Absenkung des bisherigen Schutzniveaus heranzuziehen.

Art. 13 Anpassung

Ändert sich die Struktur des gemeinschaftsweit operierenden Unternehmens oder der gemeinschaftsweit operierenden Unternehmensgruppe wesentlich und fehlen entsprechende Bestimmungen in den geltenden Vereinbarungen oder bestehen Konflikte zwischen den Bestimmungen von zwei oder mehr geltenden Vereinbarungen, so nimmt die zentrale Leitung von sich aus oder auf schriftlichen Antrag von mindestens 100 Arbeitnehmern oder ihrer Vertreter in mindestens zwei Unternehmen oder Betrieben in mindestens zwei verschiedenen Mitgliedstaaten die Verhandlungen gemäß Artikel 5 auf.

Mindestens drei Mitglieder des bestehenden Europäischen Betriebsrats oder jedes bestehenden Europäischen Betriebsrats gehören – neben den gemäß Artikel 5 Absatz 2 gewählten oder bestellten Mitgliedern – dem besonderen Verhandlungsgremium an.

Während der Verhandlungen erfolgt die Aufgabenwahrnehmung durch den bestehenden Europäischen Betriebsrat oder die bestehenden Europäischen Betriebsräte entsprechend den in einer Vereinbarung zwischen diesem/diesen und der zentralen Leitung festgelegten etwaigen Absprachen.

A. Allgemeines

1 Die Vorschrift wurde iRd Revision der RL 94/45/EG neu geschaffen und soll ua die „Unterrichtung und Anhörung der Arbeitnehmer in der häufig entscheidenden Phase der Strukturänderung" ermöglichen (Erwägungsgrund 40 zur RL 2009/38/EG). In dieser sollen die bestehenden „Europäischen Betriebsräte in die Lage versetzt werden, ihre Tätigkeit, unter Umständen in entsprechend angepasster Art und Weise, bis zum Abschluss einer neuen Vereinbarung fortzusetzen". Im Einklang mit der Grundkonzeption der Richtlinie genießen aber auch in dieser Konstellation in einer Vereinbarung getroffene Anpassungsklauseln den Vorrang. Dementsprechend hält Art. 6 II lit. g dies als Inhalt einer nach Art. 6 abzuschließenden Vereinbarung fest. Von einer mit Art. 13 vergleichbaren Bestimmung hatte die RL 2001/86/EG noch abgesehen; lediglich Erwägungsgrund 18 der Richtlinie hält fest, dass das Vorher-Nachher-Prinzip „nicht nur für die Neugründung einer SE, sondern auch für strukturelle Veränderungen einer bereits gegründeten SE und für die von den strukturellen Änderungsprozessen betroffenen Gesellschaften" gilt (→ RL 2001/86/EG Art. 3 Rn. 52). Einen entsprechenden Inhalt enthält die RL 2003/72/EG (s. Erwägungsgrund 21 zur RL 2003/72/EG).

2 Kopfzerbrechen bereitet der **Anwendungsbereich** von Art. 13. Eindeutig ist lediglich, dass er stets eingreift, wenn die Errichtung eines Europäischen Betriebsrats auf einer **Vereinbarung** beruht. Zweifelhaft ist hingegen, ob die Bestimmung auch eingreift, wenn ein Europäischer Betriebsrat kraft der **gesetzlichen Auffangregelung** besteht. Die Verknüpfung in Art. 13 I mit einer Vereinbarung scheint gegen die Einbeziehung des kraft Gesetzes errichteten Europäischen Betriebsrats zu sprechen (idS zu § 37 EBRG AKRR/*Rudolph* EBRG § 37 Rn. 4). Andererseits fehlt auch in dieser Konstellation eine Vereinbarung und die in Erwägungsgrund 40 hervorgehobene Notwendigkeit, einen Europäischen Betriebsrat an die geänderte Struktur des Unternehmens oder der Unternehmensgruppe anzupassen, besteht unabhängig von seinem Errichtungsgrund. Da die subsidiären Vorschriften des Anhangs I keine Sonderregelungen für den Sachverhalt der Strukturänderungen treffen, gebietet der Zweck von Art. 13 eine extensive Auslegung, die auch den kraft Gesetzes errichteten Europäischen Betriebsrat in den Anwendungsbereich vor Vorschrift einbezieht.

3 Offen lässt Art. 13 auch die Auswirkungen einer Änderung in der Struktur des Unternehmens bzw. der Unternehmensgruppe auf ein kraft Vereinbarung nach Art. 6 III eingeführtes **Unterrichtungs- und Anhörungsverfahren.** Die Notwendigkeit zur Anpassung einer bestehenden Vereinbarung besteht in dieser Konstellation nicht anders als bei einem Europäischen Betriebsrat kraft Vereinbarung. Obwohl Erwägungsgrund 40 zur RL 2009/38/EG verdeutlicht, dass der Richtliniengeber diese Konstellation augenscheinlich nicht bedacht hat, legt der Normzweck wie für den Europäischen Betriebsrat kraft Gesetzes (→ Rn. 2) ein extensives Verständnis nahe.

B. Strukturelle Änderungen

4 Die Aufnahme neuer Verhandlungen ist nach Art. 13 UAbs. 1 für wesentliche Änderungen in der Struktur des gemeinschaftsweit tätigen Unternehmens bzw. der Unternehmensgruppe vorzusehen, ohne die hiervon erfassten Sachverhalte zu konkretisieren, so dass diesbezüglich den Mitgliedstaaten im Rahmen ihrer Umsetzungsgesetze Ausgestaltungsspielräume verbleiben. Bezüglich der von der Richtlinie erfassten Strukturänderungen liefert jedoch **Erwägungsgrund 40** zur RL 2009/38/EG einen Anhaltspunkt, da dieser als Beispiele für eine Strukturänderung eine **Fusion**, eine **Übernahme** und eine **Spaltung** benennt, ohne hierbei nach den hierfür maßgeblichen Rechtsgrundlagen zu differenzieren. Im Hinblick auf den Zweck der Anpassungsklausel kann es hierauf nicht ankommen, so dass die Satzungsqualität einer Strukturänderung oder die Gründungsähnlichkeit keine Voraus-

setzung für deren Eingreifen ist. Auch eine in dem Unternehmen bzw. der Unternehmensgruppe durchgeführte „Spaltung" auf rechtsgeschäftlicher Basis ist deshalb eine strukturelle Änderung iSv Art. 13.

Ob eine **Sitzverlegung** zu den Strukturänderungen iSv Art. 13 zählt, ergibt sich weder 5 aus der Richtlinie selbst noch aus dem auf Art. 13 bezogenen Erwägungsgrund 40. Allerdings hat die dortige Aufzählung lediglich exemplarischen Charakter für Änderungen, die Anpassungen des bestehenden Europäischen Betriebsrats bzw. der bestehenden Europäischen Betriebsräte erfordern. Der hieraus ersichtliche Zweck der Anpassungsklausel in Art. 13 spricht dafür, auch die Sitzverlegung in ihren Anwendungsbereich einzubeziehen. Zugleich ergibt sich aus diesem Zweck der Anpassungsklausel, dass das in Art. 13 UAbs. 1 aufgenommene Wesentlichkeitserfordernis nicht autonom auf die Strukturänderung zu beziehen ist, sondern sich danach richtet, ob es infolge der Änderung auf Seiten des Europäischen Betriebsrats einer Anpassung bedarf.

Die Anpassungsklausel in Art. 13 erfasst nicht nur strukturelle Änderungen in gemein- 6 schaftsweit operierenden Unternehmen, sondern bezieht auch entsprechende Sachverhalte bei einer **Unternehmensgruppe** ein. Auf diese treffen die im Erwägungsgrund 40 zur RL 2009/38/EG exemplarisch aufgezählten Beispiele indes nicht zu. Im Hinblick auf den Zweck des Art. 13 zählt zu den strukturellen Änderungen einer Unternehmensgruppe insbesondere das Ausscheiden eines Unternehmens aus der Unternehmensgruppe, weil die Möglichkeit einer beherrschenden Einflussnahme entfällt. Entsprechendes gilt für die umgekehrte Konstellation, dass die Möglichkeit zur beherrschenden Einflussnahme auf ein bislang nicht der Unternehmensgruppe angehörendes Unternehmen nach Errichtung eines Europäischen Betriebsrats erstmals begründet wird.

Die zur **Umsetzung** in Deutschland geschaffene Vorschrift in § 37 EBRG stimmt in 7 Abs. 1 S. 1 mit Art. 13 UAbs. 1 wörtlich überein, zeichnet sich mit der Ergänzung in Abs. 1 S. 2 jedoch dadurch aus, dass dort die „wesentlichen Strukturänderungen" iSv § 37 I S. 1 exemplarisch („insbesondere") aufgelistet sind. In Anlehnung an Erwägungsgrund 40 zur RL 2009/38/EG werden der Zusammenschluss und die Spaltung von Unternehmen und Unternehmensgruppen unabhängig vor ihrer Rechtsgrundlage erfasst (GK-BetrVG/*Oetker* EBRG § 37 Rn. 4). Ebenso werden darüber hinaus die Verlegung von Unternehmen sowie die Verlegung oder Stilllegung von Betrieben in § 37 I 2 EBRG genannt, die letztgenannte Variante allerdings mit der Relativierung, „soweit sie Auswirkungen auf die Zusammensetzung des Europäischen Betriebsrats haben können". Trotz des Wortlauts des § 37 I 2 EBRG („gelten") handelt es sich bei der Aufzählung nicht um eine Fiktion, sondern um eine Vermutung, wobei es dem Zweck der Norm entspricht, bei den benannten Sachverhalten einer „wesentlichen Strukturänderung" eine Widerlegung der Vermutung auszuschließen (s. näher GK-BetrVG/*Oetker* EBRG § 37 Rn. 4; idS auch Begr. RegE, BT-Drs. 17/4808, 12: „ist auszugehen"; zur Notwendigkeit einer engen Auslegung jedoch Preis/Sagan/ *Müller-Bonanni/Jenner* § 12 Rn. 170; AKRR/*Rudolph* EBRG § 37 Rn. 7). Bezüglich der Wesentlichkeit ist darauf abzustellen, ob es infolge der Änderung in der Struktur zu Änderungen in der Zusammensetzung des Europäischen Betriebsrats kommt (HWK/*Giesen* EBRG Rn. 77; DFL/*Heckelmann/Wolff* EBRG § 37 Rn. 3 f.; GK-BetrVG/*Oetker* EBRG § 37 Rn. 6; **aA** Preis/Sagan/*Müller-Bonanni/Jenner* § 12 Rn. 170; AKRR/*Rudolph* EBRG § 37 Rn. 10).

Ebenso wie Art. 13 lässt § 37 EBRG unbeantwortet, ob das Verhandlungsverfahren auch 8 dann eingeleitet werden kann, wenn die Errichtung eines Europäischen Betriebsrats auf der gesetzlichen Auffangregelung beruht (ablehnend AKRR/*Rudolph* EBRG § 37 Rn. 4). Bei der hier befürworteten extensiven Auslegung von Art. 13 (→ Rn. 2) ist dies bereits wegen des Gebots einer unionsrechtskonformen Auslegung zu bejahen. Bekräftigt wird dies im Ergebnis durch die Eingliederung des § 37 EBRG in den Fünften Teil des Gesetzes, der die „Gemeinsamen Bestimmungen" zusammenfasst sowie das Fehlen einer mit § 37 EBRG vergleichbaren Vorschrift in der gesetzlichen Auffangregelung (§§ 22 ff. EBRG). Entsprechendes gilt, wenn für die Unterrichtung und Anhörung der Arbeitnehmer statt der

Errichtung eines Europäischen Betriebsrats ein Unterrichtungs- und Anhörungsverfahren nach § 19 EBRG vereinbart wurde (→ Rn. 3).

C. Verhandlungsverfahren

9   Tritt der Sachverhalt einer „wesentlichen Strukturänderung" ein, so sieht Art. 13 UAbs. 1 die Einleitung eines erneuten Verhandlungsverfahrens vor. Zur Einleitung des Verhandlungsverfahrens kommt es – wie iRv Art. 5 I – jedoch nur auf Grund einer Initiative der zentralen Leitung oder auf Antrag von Arbeitnehmervertretern (→ Art. 5 Rn. 3 ff.). Antragsberechtigt sind ferner 100 Arbeitnehmer, wobei sich aus dem Wortlaut der Norm nicht erschließt, ob sich das im Anschluss genannte Erfordernis einer Repräsentanz in zwei Mitgliedstaaten auch auf den von mindestens 100 Arbeitnehmern gestellten Antrag bezieht. Dagegen könnte sprechen, dass sich die Zahl 100 ausschließlich auf die Arbeitnehmer bezieht und die Repräsentanz in zwei Mitgliedstaaten bei den antragsberechtigten Arbeitnehmervertretern einen die Zahl 100 substituierenden Charakter hat. Andererseits legt ein Gleichlauf mit Art. 5 I nahe, die Vertretung in mindestens zwei Mitgliedstaaten auch dann zu verlangen, wenn der Antrag nach Art. 13 UAbs. 1 von den Arbeitnehmern selbst gestellt wird (→ Art. 5 Rn. 4).

10 Voraussetzung für die Antragsberechtigung ist stets, dass eine iRd Vereinbarung nach Art. 6 II lit. g getroffene **Anpassungsklausel** fehlt, da nur so der Vorrang der Verhandlungslösung gewahrt ist. Entsprechendes gilt, wenn Kollisionen zwischen den Anpassungsklauseln in zwei oder mehr geltenden Vereinbarungen bestehen. Im Hinblick auf den Bestandsschutz für die bestehenden Strukturen auf Seiten der Europäischen Betriebsräte ist jedoch zu fordern, dass die Konflikte zwischen den verschiedenen Verhandlungsklauseln nicht anders auflösbar sind; auch eine ggf. ergänzende Auslegung der Anpassungsklauseln hat gegenüber einem neu eingeleiteten Verhandlungsverfahren Vorrang.

11 Zur Durchführung des Verhandlungsverfahrens ist ein **neues besonderes Verhandlungsgremium** zu bilden, wobei Art. 13 UAbs. 2 auf das Prozedere in Art. 5 II Bezug nimmt. Zusätzlich ist das besondere Verhandlungsgremium allerdings um weitere Mitglieder zu ergänzen („neben den ... gewählten oder bestellten Mitgliedern"), die von den bestehenden Europäischen Betriebsräten bestimmt werden. Für die bei der Entsendung der Mitglieder des Europäischen Betriebsrats zu beachtenden Förmlichkeiten trifft Art. 13 UAbs. 2 keine Vorgaben.

12 Für den **Ablauf des Verhandlungsverfahrens** erlauben die fehlenden Vorgaben in Art. 13 die Schlussfolgerung, dass dieses den für das reguläre Verhandlungsverfahren geltenden Bestimmungen unterliegen soll. Es endet stets, wenn das Verhandlungsverfahren seinen Zweck durch Abschluss einer neuen Vereinbarung erreicht hat. Ferner folgt aus der Bezugnahme in Art. 13 UAbs. 1 auf Art. 5, dass das besondere Verhandlungsgremium auch iRd nach Art. 13 UAbs. 1 eingeleiteten Verhandlungsverfahrens den Abbruch der Verhandlungen nach Art. 5 V beschließen kann. Im Übrigen richtet sich das weitere Prozedere für den Abschluss des Verhandlungsverfahrens nach den in Art. 7 vorgegebenen Varianten. Insbesondere kann die zentrale Leitung die Aufnahme von Verhandlungen verweigern, andernfalls kommt es erst mit Ablauf der dreijährigen Verhandlungsfrist nach Art. 7 I dritter Gedankenstrich zum Eingreifen der Auffangregelung.

13 Die zur **Umsetzung** in Deutschland geschaffene Bestimmung in § 37 EBRG konkretisiert insbesondere im Hinblick auf den Abschluss des Verhandlungsverfahrens die Vorgaben der Richtlinie. So erschließt sich indirekt aus § 37 III 4 EBRG, dass das besondere Verhandlungsgremium berechtigt ist, die Verhandlungen durch einen nach § 15 EBRG zu fassenden Beschluss abzubrechen. Ferner hält § 37 IV EBRG fest, dass auch für das nach § 37 I EBRG eingeleitete Verhandlungsverfahren die Vorschrift des § 21 I EBRG gilt, die in Umsetzung von Art. 7 I die Voraussetzungen für das Eingreifen der gesetzlichen Auffangregelung festlegt.

D. Übergangsmandat

Entsprechend der aus Erwägungsgrund 40 zur RL 2009/38/EG ersichtlichen Zielsetzung trifft Art. 13 UAbs. 3 die Festlegung, dass weder der Eintritt der strukturellen Änderung noch die Einleitung des Verhandlungsverfahrens dazu führt, dass das Mandat der bestehenden Europäischen Betriebsräte endet. Vielmehr behalten diese während des Prozesses der strukturellen Änderung ihr Mandat, um insbesondere diesbezüglich ihre in der bestehenden Vereinbarung oder nach der Auffangregelung festgelegten Aufgaben wahrzunehmen. Das hierdurch vorgegebene Übergangsmandat der bestehenden Europäischen Betriebsräte ist bis zum Abschluss des Verhandlungsverfahrens vorzusehen. Im Hinblick auf die Modalitäten des Übergangsmandats ermöglicht Art. 13 UAbs. 3 auch den Abschluss von Vereinbarungen zwischen der zentralen Leitung und den bestehenden Europäischen Betriebsräten. 14

Zur **Umsetzung** von Art. 13 UAbs. 3 begründet § 37 III EBRG ein Übergangsmandat für die von der Strukturänderung betroffenen Europäischen Betriebsräte. Dieses endet – wie § 37 I 1 EBRG klarstellend hervorhebt – durch die Errichtung eines neuen Europäischen Betriebsrats. Zudem endet das Verhandlungsverfahren auch durch einen Beschluss des besonderen Verhandlungsgremiums, die Verhandlungen nach § 15 I EBRG abzubrechen (§ 37 III 4 EBRG), sowie die in § 21 I EBRG genannten Tatbestände (§ 37 IV EBRG). Für die Wahrnehmung der Aufgaben während des Übergangsmandats übernimmt § 37 III 2 EBRG die Möglichkeit einer gesonderten Vereinbarung mit der zentralen Leitung (→ Rn. 14). Kommt es nicht hierzu, bleibt es bei den bislang für den Europäischen Betriebsrat geltenden Regelungen. 15

Art. 14 Geltende Vereinbarungen

(1) Unbeschadet des Artikels 13 gelten die sich aus dieser Richtlinie ergebenden Verpflichtungen nicht für gemeinschaftsweit operierende Unternehmen und gemeinschaftsweit operierende Unternehmensgruppen, in denen entweder

a) eine für alle Arbeitnehmer geltende Vereinbarung oder Vereinbarungen, in der bzw. in denen eine länderübergreifende Unterrichtung und Anhörung der Arbeitnehmer vorgesehen ist, gemäß Artikel 13 Absatz 1 der Richtlinie 94/45/EG oder Artikel 3 Absatz 1 der Richtlinie 97/74/EG abgeschlossen wurde bzw. wurden oder solche Vereinbarungen wegen Veränderungen in der Struktur der Unternehmen oder Unternehmensgruppen angepasst wurden;
oder

b) eine gemäß Artikel 6 der Richtlinie 94/45/EG abgeschlossene Vereinbarung zwischen dem 5. Juni 2009 und dem 5. Juni 2011 unterzeichnet oder überarbeitet wird.

Das einzelstaatliche Recht, das zum Zeitpunkt der Unterzeichnung oder der Überarbeitung der Vereinbarung gilt, gilt weiterhin für die in Unterabsatz 1 Buchstabe b genannten Unternehmen oder Unternehmensgruppen.

(2) ¹Laufen die in Absatz 1 genannten Vereinbarungen aus, so können die betreffenden Parteien gemeinsam beschließen, sie weiter anzuwenden oder zu überarbeiten. ²Ist dies nicht der Fall, so findet diese Richtlinie Anwendung.

A. Allgemeines

Bereits die RL 94/45/EG war von dem Vorrang einer vor Ablauf der Umsetzungsfrist abgeschlossenen Beteiligungsvereinbarung gekennzeichnet. Dementsprechend klammerte Art. 13 I RL 94/45/EG solche gemeinschaftsweit tätigen Unternehmen bzw. Unternehmensgruppen aus dem Anwendungsbereich der Richtlinie aus, in denen bis zum Ablauf der 1 für sie geltenden Umsetzungsfrist eine für alle Arbeitnehmer geltende Vereinbarung bestand, die eine länderübergreifende Unterrichtung und Anhörung der Arbeitnehmer vorsah. Erst mit Ablauf der Vereinbarung und einem unterbliebenen Beschluss über eine fortgesetzte Anwendung der Vereinbarung, unterfielen die von Art. 13 I RL 94/45/EG privilegierten Unternehmen und Unternehmensgruppen dem Anwendungsbereich der Richtlinie (Art. 13 II RL 94/45/EG) und damit den Umsetzungsgesetzen in den Mitgliedstaaten. Mit Art. 14 greift die RL 2009/38/EG diesen Regelungsansatz auf und ergänzt diesen um Vereinbarungen, die nach Inkrafttreten der RL 2009/38/EG und noch vor Ablauf der Umsetzungsfrist in Art. 16 I abgeschlossen wurden (Art. 14 I UAbs. 1 lit. b).

B. Voraussetzungen für privilegierte Unternehmen und Unternehmensgruppen

2   Die Voraussetzungen, unter denen ein gemeinschaftsweit tätiges Unternehmen bzw. eine gemeinschaftsweit tätige Unternehmensgruppe aus dem Anwendungsbereich der RL 2009/38/EG auszunehmen ist, legt Art. 14 I abschließend fest, wobei zwei Varianten zu unterscheiden sind.

3   **Erstens** werden solche Unternehmen bzw. Unternehmensgruppen ausgeklammert, für die Vereinbarungen gelten, die vor der Umsetzungsfrist für die RL 94/45/EG bzw. der im Hinblick auf Großbritannien erlassenen RL 97/74/EG (→ Art. 1 Rn. 1) abgeschlossen wurden. Missverständlich ist Art. 14 I UAbs. 1 lit. a jedoch insoweit, weil die Vereinbarung nicht „gemäß" Art. 13 I RL 94/45/EG abgeschlossen wurde, sondern die genannte Vorschrift bestimmt lediglich, dass die von ihr privilegierten Unternehmen nicht in den Anwendungsbereich der RL 94/45/EG einbezogen sind. Deshalb ist Art. 14 I UAbs. 1 lit. a so auszulegen, dass die von Art. 13 I RL 94/45/EG privilegierten Unternehmen und Unternehmensgruppen auch unter der Geltung der RL 2009/38/EG aus dem Anwendungsbereich der Richtlinie ausgeklammert bleiben, solange die Vereinbarung nicht endet, ohne dass es zu deren ggf. modifizierten Verlängerung gekommen ist (Art. 14 II).

4   Klarstellend hält Art. 14 I UAbs. 1 lit. a fest, dass **Veränderungen der Vereinbarung** nach deren Abschluss der Privilegierung nicht entgegenstehen, versieht dies allerdings mit dem Vorbehalt, dass die Anpassung der Vereinbarung auf „Veränderungen in der Struktur der Unternehmensgruppen" beruht. Dies betrifft insbesondere solche Anpassungen, die erfolgten, weil nach Ablauf der Umsetzungsfrist der RL 94/45/EG der Kreis der Mitgliedstaaten erweitert wurde und dementsprechend weitere Betriebe bzw. Unternehmen in den Geltungsbereich der Vereinbarung einbezogen wurden, um dem Erfordernis in Art. 13 I RL 94/45/EG einer „für alle Arbeitnehmer geltenden Vereinbarung" gerecht zu werden. Derartige Veränderungen einer Vereinbarung sind nicht als deren Neuabschluss zu bewerten. Diese Sichtweise war zu Art. 13 I RL 94/45/EG nicht unumstritten, da die Bestimmung der Richtlinie von der Aufnahme einer Strukturanpassungsklausel absah (s. GK-BetrVG/*Oetker* EBRG § 41 Rn. 11). Gleichwohl entsprach es dem Zweck von Art. 13 RL 94/45/EG derart veränderte Vereinbarungen auch nach Ablauf der Umsetzungsfrist nicht als „neue" und damit nichtprivilegierte Vereinbarungen anzusehen. Ein nicht mehr von der Privilegierung umfasster Neuabschluss der Vereinbarung lag indessen vor, wenn die „länderübergreifende Unterrichtung und Anhörung der Arbeitnehmer" qualitativ verändert wurde, indem zB ein Unterrichtungs- und Anhörungsverfahren mit den Arbeitnehmervertretungen in den Mitgliedstaaten durch die Errichtung eines den gesamten Geltungsbereich der Vereinbarung erfassendes Vertretungsorgan ersetzt wurde.

5   **Zweitens** nimmt Art. 14 I UAbs. 1 lit. b auch solche Unternehmen und Unternehmensgruppen aus dem Geltungsbereich der RL 2009/38/EG aus, bei denen auf der **Grundlage von Art. 6 RL 94/45/EG ab dem 5.6.2009** bis zum Ablauf der Umsetzungsfrist in Art. 16 I RL 2009/38/EG **(5.6.2011)** eine Beteiligungsvereinbarung abgeschlossen wurde. Entsprechendes gilt bei einer Überarbeitung einer vor Inkrafttreten der RL 2009/38/EG

abgeschlossenen Beteiligungsvereinbarung. Hieraus folgt im Umkehrschluss, dass **vor dem 5.6.2009** auf der Grundlage von Art. 6 RL 94/45/EG bzw. den §§ 17 ff. EBRG **abgeschlossene Vereinbarungen,** die in dem Übergangszeitraum **nicht überarbeitet** wurden, uneingeschränkt der RL 2009/38/EG bzw. dem novellierten EBRG unterliegen (so auch zu § 41 EBRG Begr. RegE, BT-Drs. 17/4808, 13; DKKW/*Däubler* EBRG § 41 Rn. 26; HWK/*Giesen* EBRG Rn. 12; *ders.* NZA 2009, 1174 [1175 f.]; Preis/Sagan/*Müller-Bonanni/Jenner* § 12 Rn. 199; AKRR/*Rupp* § 41 Rn. 39). Das bislang für sie maßgebende Recht bleibt wegen Art. 14 UAbs. 1 lit. b nur dann anwendbar, wenn sie in dem Übergangszeitraum überarbeitet werden; eine bloße Bestätigung und Neuunterzeichnung soll hierfür nicht ausreichen (so HaKo-BetrVG/*Blanke/Hayen* EBRG § 41 Rn. 18; **aA** *Giesen* NZA 2009, 1174 [1176]; wohl auch HWK/*Giesen* EBRG Rn. 11 aE). Die zum Teil postulierte Forderung, es müsse sich um eine „wesentliche" Überarbeitung handeln (so HaKo-BetrVG/*Blanke/Hayen* EBRG § 41 Rn. 18; wohl auch DKKW/*Däubler* EBRG § 41 Rn. 25), hat in der Richtlinie keinen Niederschlag gefunden (ebenso im Ergebnis und im Anschluss an *Giesen* NZA 2009, 1174 [1176] Preis/Sagan/*Müller-Bonanni/Jenner* § 12 Rn. 199: jede Form der inhaltlichen oder formellen Änderung oder Ergänzung).

Die Fortgeltung der vor Ablauf der Umsetzungsfristen abgeschlossenen oder überarbeiteten Vereinbarungen wirft zwangsläufig der Frage auf, welchen **Rechtsvorschriften** in den Mitgliedstaaten diese Vereinbarung unterliegt. Die Beantwortung erfolgt durch Art. 14 I UAbs. 2. Danach finden die bei Unterzeichnung oder Überarbeitung der Vereinbarung in den Mitgliedstaaten geltenden Vorschriften weiterhin Anwendung. So ist deshalb bei einer gemäß Art. 6 RL 94/45/EG abgeschlossenen Vereinbarung unverändert das EBRG in seiner bis zum 5.6.2011 geltenden Fassung maßgebend. Entsprechendes gilt für vor dem 5.6.2009 auf der Grundlage der §§ 17 ff. EBRG abgeschlossene Vereinbarungen, die während des Übergangsstadiums überarbeitet wurden. Relevant ist dies insbesondere für solche Rechtsvorschriften des novellierten EBRG, die entweder ausschließlich oder gleichermaßen für einen kraft Vereinbarung errichteten Europäischen Betriebsrat gelten. Sie finden auf einen Europäischen Betriebsrat keine Anwendung, wenn dessen Errichtung auf einer von Art. 14 I UAbs. 1 lit. b privilegierten Vereinbarung beruht. 6

Enden die von Art. 14 I privilegierten **Vereinbarungen,** dann führt dies nicht zwangsläufig dazu, dass die Unternehmen bzw. Unternehmensgruppen nunmehr in die RL 2009/38/EG einbezogen sind bzw. den Umsetzungsgesetzen in den jeweiligen Mitgliedstaaten unterliegen. Vielmehr eröffnet Art. 14 II den betreffenden Parteien in Fortführung von Art. 13 II RL 94/45/EG die Möglichkeit, eine Fortsetzung der Vereinbarung zu beschließen und die Beteiligungsvereinbarung zu diesem Zweck ggf. auch zu überarbeiten. Diese ohne Einschränkungen versehene Befugnis zur Überarbeitung einer bestehenden Beteiligungsvereinbarung, die in Art. 13 II RL 94/45/EG noch nicht enthalten war, ist nicht mit dem Vorbehalt versehen, dass die Überarbeitung auf Veränderungen in der Struktur des Unternehmens bzw. der Unternehmensgruppe beruht. Deshalb bleibt die privilegierende Wirkung der Vereinbarung auch dann aufrechterhalten, wenn diese inhaltlich im Hinblick auf die Ausgestaltung der Unterrichtung und Anhörung überarbeitet wird. 7

Offen lässt Art. 14 II, welche **Parteien** den Fortsetzungsbeschluss fassen bzw. die überarbeitete Fassung der Vereinbarung verhandeln und unterzeichnen. Die in der Richtlinie aufgenommene Formulierung „die betreffenden Parteien" ist wenig präzise und bedarf einer am Zweck der Richtlinie ausgerichteten Auslegung. Auf der **Seite des Unternehmens** kommt als Vereinbarungspartei ausschließlich die Leitung des Unternehmens in Betracht. Entsprechendes gilt bei der Unternehmensgruppe, bei der die Leitung des herrschenden Unternehmens für die Überarbeitung der Vereinbarung oder den Beschluss zur Fortsetzung der unveränderten Vereinbarung zuständig ist. Auf **Arbeitnehmerseite** scheidet ein Rückgriff auf die ursprünglichen Vertragspartner regelmäßig schon aus tatsächlichen Gründen aus. Deshalb liegt es nahe ein nach der Vereinbarung errichtetes Arbeitnehmervertretungsgremium als berechtigt anzusehen, die Fortsetzung der Vereinbarung zu beschließen bzw. deren Überarbeitung zu unterzeichnen. 8

9   Unterbleibt sowohl die Überarbeitung der Vereinbarung als auch die Fassung eines Fortsetzungsbeschlusses, dann findet nach Art. 14 II 2 die RL 2009/38/EG Anwendung, so dass die aus Art. 14 I folgende Privilegierung entfällt. Es handelt sich mit Ablauf der bisherigen Beteiligungsvereinbarung um Unternehmen bzw. Unternehmensgruppen mit gemeinschaftsweiter Tätigkeit, die der Richtlinie 2009/38/EG und damit auch dem Umsetzungsgesetz des jeweiligen Mitgliedstaats unterfallen, in dem die zentrale Leitung des Unternehmens bzw. der Unternehmensgruppe ansässig ist. Keine Regelung trifft Art. 14 für die Zwischenphase, wenn auf dieser Rechtsgrundlage ein Verhandlungsverfahren eingeleitet wird. Bis zu dessen Abschluss entfällt mangels fortgeltender Vereinbarung die in der Richtlinie vorgesehene Unterrichtung und Anhörung der Arbeitnehmer. Dies legt die Annahme einer befristeten Fortgeltung der Vereinbarung nahe, die sich jedoch nicht auf eine Vorgabe in der Richtlinie stützen kann. Von einer Übernahme der Regelung in Art. 13 UAbs. 3 (→ Art. 13 Rn. 14 ff.) hat die RL 2009/38/EG im Anwendungsbereich von Art. 14 abgesehen. Es bleibt deshalb den Mitgliedstaaten überlassen, ob sie das Vakuum durch eine mit Art. 13 UAbs. 3 vergleichbare Regelung beseitigen (→ Rn. 13).

C. Umsetzung in § 41 EBRG

10 Die Umsetzung von Art. 14 übernimmt in Deutschland die detaillierte Bestimmung in § 41 EBRG. Diese legt in Abs. 1 zunächst fest, dass vor dem 22.9.1994 abgeschlossene Vereinbarungen fortgelten, solange diese wirksam sind. Änderungen bestehender Vereinbarungen werden hierdurch nicht ausgeschlossen (§ 41 IV EBRG). Ebenso können die Parteien eine Fortgeltung der Vereinbarung beschließen (§ 41 V ERBG), wobei dies jedoch ausdrücklich unter dem Vorbehalt steht, dass es sich um eine befristete Vereinbarung handelt. Dies scheint einen Fortsetzungsbeschluss stets dann auszuschließen, wenn die Vereinbarung aus anderen Gründen, insbesondere einer Kündigung endet. Unabhängig davon ist für einen Fortsetzungsbeschluss nur dann Raum, solange die Vereinbarung noch gilt. Entsprechendes gilt für die Änderung einer bestehenden Vereinbarung.

11 Als Rechtsfolge sieht § 41 I 1 EBRG vor, dass die von § 41 EBRG privilegierte Vereinbarung dazu führt, dass das EBRG mit Ausnahme von § 37 auf das Unternehmen bzw. die Unternehmensgruppe mit gemeinschaftsweiter Tätigkeit keine Anwendung findet. Das gilt auch für die Gemeinsamen Vorschriften in den §§ 34 ff. EBRG, soweit diese auf einen kraft Vereinbarung errichteten Europäischen Betriebsrat Anwendung finden. So sind insbesondere die Schutzbestimmung zur Fortbildung (§ 38 EBRG) sowie zur Kostenerstattungspflicht (§ 39 I EBRG) auf den nach Maßgabe einer von § 41 I EBRG privilegierten Vereinbarung errichteten Europäischen Betriebsrat nicht anzuwenden.

12 Die von § 41 I 1 EBRG angeordnete Privilegierung setzt stets die Rechtswirksamkeit der Vereinbarung voraus. Dies erfordert nach § 41 I 2 EBRG, dass die Vereinbarung nicht nur – wie in Art. 14 I UAbs. 1 lit. a vorgesehen – für alle in den Mitgliedstaaten beschäftigten Arbeitnehmer gilt, sondern sie muss zudem für diese Arbeitnehmer „eine angemessene Beteiligung an der Unterrichtung und Anhörung ermöglichen, in denen das Unternehmen oder die Unternehmensgruppe einen Betrieb hat". Dies scheint die Anerkennung von Vereinbarungen insbesondere dann auszuschließen, wenn sie den Arbeitnehmern eines Mitgliedstaats nicht ermöglicht, durch einen Vertreter an der nach der Vereinbarung durchzuführenden Unterrichtung und Anhörung teilzunehmen. Dieses Verständnis ist jedoch zu eng, da es ausreicht, wenn die Arbeitnehmer in allen Mitgliedstaaten in tatsächlicher Hinsicht in die Unterrichtung und Anhörung einbezogen werden, was auch dann der Fall ist, wenn die Vereinbarung einzelne Mitgliedstaaten zu Entsendekreisen zusammenfasst (*Bachner/Nielebock* AuR 1997, 129 [136]; *Blanke* EBRG § 41 Rn. 20; HSW/*Hanau* § 19 Rn. 69; *Müller* § 41 Rn. 11; GK-BetrVG/*Oetker* EBRG § 41 Rn. 6; *Spinner*, Die vereinbarte Betriebsverfassung, 2000, 153 sowie bereits BT-Ausschuss für Arbeit und Sozialordnung, BT-Drs. 13/5608, 33).

Endet die von § 41 I EBRG privilegierte Vereinbarung, ohne dass es vor deren Ablauf zu 13
einem Fortsetzungsbeschluss iSv § 41 V EBRG gekommen ist, dann unterliegt das Unternehmen bzw. die Unternehmensgruppe dem EBRG, so dass nach Maßgabe von § 9 I
EBRG das Verhandlungsverfahren einzuleiten ist. Trotz fehlender Vorgabe in der RL 2009/
38/EG ordnet § 41 VI EBRG für dieses Stadium eine Fortgeltung der Vereinbarung an, um
die bisherige Unterrichtung und Anhörung der Arbeitnehmer befristet sicherzustellen
(→ Rn. 9 aE). Die Geltung der Vereinbarung beruht nun jedoch nicht mehr auf dem Willen
der Abschlussparteien, sondern findet ihre Grundlage in der vom Gesetzgeber getroffenen
Anordnung iS einer zeitlichen Geltungserstreckung, die der Nachwirkung bei Tarifnormen
(§ 4 V TVG) und Betriebsvereinbarungen (§ 77 VI BetrVG) ähnelt. Während des Verhandlungsverfahrens ist insbesondere ein auf Basis der Vereinbarung errichtetes Arbeitnehmervertretungsgremium berechtigt, die ihm zustehenden Beteiligungsrechte gegenüber der
Leitung des Unternehmens bzw. der Unternehmensgruppe auszuüben. Die Fortgeltung
endet, wenn eine Vereinbarung nach den §§ 18 oder 19 EBRG abgeschlossen wird oder
wegen eines Beschlusses der Verhandlungsparteien oder des Ablaufs der Verhandlungsfrist
(§ 21 I EBRG) kraft Gesetzes ein Europäischer Betriebsrat errichtet worden ist (§ 41 VI 3
EBRG). Ersatzlos endet die Fortgeltung, wenn das besondere Verhandlungsgremium nach
§ 15 I EBRG beschließt, die Verhandlungen abzubrechen (§ 41 VI 4 EBRG). Klarstellend
legt § 41 VI 4 2. Hs. EBRG fest, dass frühestens nach Ablauf von zwei Jahren ein erneutes
Verhandlungsverfahren eingeleitet werden kann (s. § 15 II EBRG).

Art. 15 Bericht

Bis spätestens 5. Juni 2016 erstattet die Kommission dem Europäischen Parlament,
dem Rat und dem Europäischen Wirtschafts- und Sozialausschuss Bericht über die
Umsetzung der Bestimmungen dieser Richtlinie und legt gegebenenfalls geeignete
Vorschläge vor.

Die Vorschrift schreibt die Berichtspflicht aus Art. 15 RL 94/45/EG fort (→ Art. 1 **1**
Rn. 3).

Art. 16 Umsetzung

(1) Die Mitgliedstaaten erlassen die erforderlichen Rechts- und Verwaltungsvorschriften, um den Bestimmungen von Artikel 1 Absätze 2, 3 und 4, Artikel 2 Absatz 1
Buchstaben f und g, Artikel 3 Absatz 4, Artikel 4 Absatz 4, Artikel 5 Absatz 2 Buchstaben b und c, Artikel 5 Absatz 4, Artikel 6 Absatz 2 Buchstaben b, c, e und g und der
Artikel 10, 12, 13 und 14 sowie des Anhangs I Nummer 1 Buchstaben a, c und d und
Nummern 2 und 3 spätestens am 5. Juni 2011 nachzukommen, bzw. vergewissern sich,
dass die Sozialpartner zu diesem Datum die notwendigen Vorschriften durch Vereinbarungen einführen, wobei die Mitgliedstaaten die notwendigen Vorkehrungen zu
treffen haben, um jederzeit in der Lage zu sein, die dieser Richtlinie entsprechenden
Ergebnisse zu gewährleisten.

[1]Wenn die Mitgliedstaaten diese Vorschriften erlassen, nehmen sie in den Vorschriften selbst oder durch einen Hinweis bei der amtlichen Veröffentlichung auf diese
Richtlinie Bezug. [2]In diese Vorschriften fügen sie die Erklärung ein, dass Bezugnahmen in den geltenden Rechts- und Verwaltungsvorschriften auf die durch die vorliegende Richtlinie geänderte Richtlinie als Bezugnahmen auf die vorliegende Richtlinie gelten. [3]Die Mitgliedstaaten regeln die Einzelheiten dieser Bezugnahme und legen
die Formulierung der Erklärung fest.

(2) Die Mitgliedstaaten teilen der Kommission den Wortlaut der wichtigsten innerstaatlichen Rechtsvorschriften mit, die sie auf dem unter diese Richtlinie fallenden Gebiet erlassen.

1   Die Umsetzung der RL 2009/38/EG erfolgte in Deutschland durch das „Zweite Gesetz zur Änderung des Europäischen Betriebsräte-Gesetzes – Umsetzung der Richtlinie 2009/38/EG über Europäische Betriebsräte (2. EBRG-ÄndG)" v. 14.6.2011 (BGBl. I S. 1050). Gestützt auf Art. 3 2. EBRG-ÄndG machte das Bundesministerium für Arbeit und Soziales das EBRG in seiner seit 18.6.2011 geltenden Fassung am 7.12.2011 neu bekannt (BGBl. I S. 2650 ff.; dazu zB HaKo-BetrVG/*Hayen* EBRG Einl. Rn. 30 f.; *Hayen* AiB 2011, 15 ff.; *Hohenstatt/Kröpelin/Bertke* NZA 2011, 1313 ff.).

2   Das 2. EBRG-ÄndG beruhte auf einem Entwurf der BReg. (BT-Drs. 17/4808), dem der Deutsche Bundestag nach Maßgabe des Berichts und der Beschlussempfehlungen des BT-Ausschusses für Arbeit und Soziales (BT-Drs. 17/5399) in der abschließenden 3. Lesung am 7.4.2011 (BT-Prot. 17/11722 ff.) mit den Stimmen der Regierungsfraktionen (CDU/CSU, FDP) bei Enthaltung der Oppositionsfraktionen (SPD, Bündnis 90/Die Grünen, Die Linke) zustimmte. Zugleich wurde ein Änderungsantrag der SPD-Fraktion (BT-Drs. 17/5184) mit den Stimmen der Regierungsfraktionen abgelehnt (BT-Prot. 17/11729 [C]). Dieser zielte vor allem darauf ab, Pflichtverstöße stärker zu sanktionieren (s. Art. 11 II). Hierfür sollte nicht nur die maximal zu verhängende Geldbuße in § 45 II EBRG auf 20 000 Euro erhöht werden, sondern vor allem ein Anspruch auf Unterlassung bei beteiligungswidrigen Maßnahmen im EBRG festgeschrieben werden (s. ferner GK-BetrVG/*Oetker* EBRG vor § 1 Rn. 6).

Art. 17 Aufhebung

Die Richtlinie 94/45/EG, in der Fassung der in Anhang II Teil A aufgeführten Richtlinien, wird unbeschadet der Verpflichtungen der Mitgliedstaaten hinsichtlich der in Anhang II Teil B genannten Fristen für die Umsetzung der dort genannten Richtlinien in innerstaatliches Recht mit Wirkung vom 6. Juni 2011 aufgehoben.

Verweisungen auf die aufgehobene Richtlinie gelten als Verweisungen auf die vorliegende Richtlinie und sind nach Maßgabe der Entsprechungstabelle in Anhang III zu lesen.

1   Da die Anwendung der in Art. 18 UAbs. 2 aufgezählten Bestimmungen bis zum 6.6.2011 trotz des früheren Inkrafttretens der Richtlinie hinausgeschoben wurde, konnte die Aufhebung der RL 94/45/EG nicht mit dem Inkrafttreten der RL 2009/38/EG synchronisiert werden. Soweit andere Richtlinien auf die RL 94/45/EG verweisen, ist diese Verweisung nach Maßgabe der Entsprechungstabelle in Anhang III der Richtlinie zu lesen. Exemplarisch zeigt sich dies bei Art. 2 lit. c RL 2001/86/EG, der auf Art. 3 II-VII RL 94/45/EG verweist. Diese Verweisung lautet nunmehr wegen Art. 17 UAbs. 2 „Art. 3 II bis 7 RL 2009/38/EG" (→ RL 2001/86/EG Art. 2 Rn. 8). Entsprechendes gilt für Art. 2 lit. c RL 2003/72/EG.

Art. 18 Inkrafttreten

Diese Richtlinie tritt am zwanzigsten Tag nach ihrer Veröffentlichung im *Amtsblatt der Europäischen Union* in Kraft.

Artikel 1 Absätze 1, 5, 6 und 7, Artikel 2 Absatz 1 Buchstaben a bis e, h und i, Artikel 2 Absatz 2, Artikel 3 Absätze 1, 2, 3, 5, 6 und 7, Artikel 4 Absätze 1, 2 und 3, Artikel 5 Absätze 1, 3, 5 und 6, Artikel 5 Absatz 2 Buchstabe a, Artikel 6 Absatz 1, Artikel 6 Absatz 2 Buchstaben a, d und f, Artikel 6 Absätze 3, 4 und 5 und die Artikel 7, 8, 9 und 11 sowie Anhang I Nummer 1 Buchstaben b, e und f und Nummern 4, 5 und 6 sind ab dem 6. Juni 2011 anwendbar.

Das Amtsblatt, in dem die Richtlinie veröffentlicht wurde (ABl. EU Nr. L 122), datiert v. 16.5.2009, so dass die Richtlinie zwanzig Tage später und damit am 6.6.2009 in Kraft trat. Bezüglich der in UAbs. 2 aufgezählten Vorschriften sieht die Richtlinie eine spätere Anwendbarkeit vor, um den Mitgliedstaaten ausreichend Zeit für Umsetzung der von der revidierten RL 94/45/EG abweichenden Bestimmungen in das innerstaatliche Recht zu belassen. Dementsprechend wurde der Umsetzungsprozess in Deutschland im Sommer 2011 abgeschlossen (→ Art. 16 Rn. 1). 1

Art. 19 Adressaten

Diese Richtlinie ist an die Mitgliedstaaten gerichtet.

Zur Umsetzung der Richtlinie in Deutschland → Art. 16 Rn. 1. 1

Anhang I. Subsidiäre Vorschriften (nach Artikel 7)

(1) Um das in Artikel 1 Absatz 1 festgelegte Ziel zu erreichen, wird in den in Artikel 7 Absatz 1 vorgesehenen Fällen ein Europäischer Betriebsrat eingesetzt, für dessen Zuständigkeiten und Zusammensetzung folgende Regeln gelten:

a) Die Zuständigkeiten des Europäischen Betriebsrats werden gemäß Artikel 1 Absatz 3 festgelegt.

Die Unterrichtung des Europäischen Betriebsrats bezieht sich insbesondere auf die Struktur, die wirtschaftliche und finanzielle Situation sowie die voraussichtliche Entwicklung der Geschäfts-, Produktions- und Absatzlage des gemeinschaftsweit operierenden Unternehmens oder der gemeinschaftsweit operierenden Unternehmensgruppe. Die Unterrichtung und Anhörung des Europäischen Betriebsrats bezieht sich insbesondere auf die Beschäftigungslage und ihre voraussichtliche Entwicklung, auf die Investitionen, auf grundlegende Änderungen der Organisation, auf die Einführung neuer Arbeits- und Fertigungsverfahren, auf Verlagerungen der Produktion, auf Fusionen, Verkleinerungen oder Schließungen von Unternehmen, Betrieben oder wichtigen Teilen dieser Einheiten und auf Massenentlassungen.

Die Anhörung erfolgt in einer Weise, die es den Arbeitnehmervertretern gestattet, mit der zentralen Leitung zusammenzukommen und eine mit Gründen versehene Antwort auf ihre etwaige Stellungnahme zu erhalten.

b) Der Europäische Betriebsrat setzt sich aus Arbeitnehmern des gemeinschaftsweit operierenden Unternehmens oder der gemeinschaftsweit operierenden Unternehmensgruppe zusammen, die von den Arbeitnehmervertretern aus ihrer Mitte oder, in Ermangelung solcher Vertreter, von der Gesamtheit der Arbeitnehmer gewählt oder benannt werden.

Die Mitglieder des Europäischen Betriebsrats werden entsprechend den einzelstaatlichen Rechtsvorschriften und/oder Gepflogenheiten gewählt oder benannt.

c) Die Mitglieder des Europäischen Betriebsrats werden entsprechend der Zahl der in jedem Mitgliedstaat beschäftigten Arbeitnehmer des gemeinschaftsweit operierenden Unternehmens oder der gemeinschaftsweit operierenden Unternehmensgruppe gewählt oder bestellt, so dass pro Mitgliedstaat für jeden Anteil der in diesem Mitgliedstaat beschäftigten Arbeitnehmer, der 10 % der Gesamtzahl der in allen Mitgliedstaaten beschäftigten Arbeitnehmer entspricht, oder für einen Bruchteil dieser Tranche Anspruch auf einen Sitz besteht.

d) Um die Koordination seiner Aktivitäten sicherzustellen, wählt der Europäische Betriebsrat aus seiner Mitte einen engeren Ausschuss mit höchstens fünf Mitgliedern, für den Bedingungen gelten müssen, die ihm die regelmäßige Wahrnehmung seiner Aufgaben ermöglichen.

Er gibt sich eine Geschäftsordnung.

e) Die Zusammensetzung des Europäischen Betriebsrats wird der zentralen Leitung oder einer anderen geeigneteren Leitungsebene mitgeteilt.

f) Vier Jahre nach der Einrichtung des Europäischen Betriebsrats prüft dieser, ob die in Artikel 6 genannte Vereinbarung ausgehandelt werden soll oder ob die entsprechend diesem Anhang erlassenen subsidiären Vorschriften weiterhin angewendet werden sollen.

Wird der Beschluss gefasst, eine Vereinbarung gemäß Artikel 6 auszuhandeln, so gelten die Artikel 6 und 7 entsprechend, wobei der Begriff „besonderes Verhandlungsgremium" durch den Begriff „Europäischer Betriebsrat" ersetzt wird.

(2) Der Europäische Betriebsrat ist befugt, einmal jährlich mit der zentralen Leitung zum Zwecke der Unterrichtung und Anhörung, auf der Grundlage eines von der zentralen Leitung vorgelegten Berichts, über die Entwicklung der Geschäftslage und die Perspektiven des gemeinschaftsweit operierenden Unternehmens oder der gemeinschaftsweit operierenden Unternehmensgruppe zusammenzutreten. Die örtlichen Unternehmensleitungen werden hiervon in Kenntnis gesetzt.

(3) Treten außergewöhnliche Umstände ein oder werden Entscheidungen getroffen, die erhebliche Auswirkungen auf die Interessen der Arbeitnehmer haben, insbesondere bei Verlegung oder Schließung von Unternehmen oder Betrieben oder bei Massenentlassungen, so hat der engere Ausschuss oder, falls nicht vorhanden, der Europäische Betriebsrat das Recht, darüber unterrichtet zu werden. Er hat das Recht, auf Antrag mit der zentralen Leitung oder anderen, geeigneteren, mit Entscheidungsbefugnissen ausgestatteten Leitungsebenen innerhalb des gemeinschaftsweit operierenden Unternehmens oder der gemeinschaftsweit operierenden Unternehmensgruppe zusammenzutreten, um unterrichtet und angehört zu werden.

Im Falle einer Sitzung mit dem engeren Ausschuss dürfen auch die Mitglieder des Europäischen Betriebsrats teilnehmen, die von den Betrieben und/oder Unternehmen gewählt worden sind, welche unmittelbar von den in Frage stehenden Umständen oder Entscheidungen betroffen sind.

Diese Sitzung zur Unterrichtung und Anhörung erfolgt unverzüglich auf der Grundlage eines Berichts der zentralen Leitung oder einer anderen geeigneten Leitungsebene innerhalb der gemeinschaftsweit operierenden Unternehmensgruppe, zu dem der Europäische Betriebsrat binnen einer angemessenen Frist seine Stellungnahme abgeben kann.

Diese Sitzung lässt die Rechte der zentralen Leitung unberührt.

Die unter den genannten Umständen vorgesehene Unterrichtung und Anhörung erfolgt unbeschadet der Bestimmungen des Artikels 1 Absatz 2 und des Artikels 8.

(4) Die Mitgliedstaaten können Regeln bezüglich des Vorsitzes der Sitzungen zur Unterrichtung und Anhörung festlegen.

Vor Sitzungen mit der zentralen Leitung ist der Europäische Betriebsrat oder der engere Ausschuss, der gegebenenfalls gemäß Nummer 3 Absatz 2 erweitert ist, berechtigt, in Abwesenheit der betreffenden Unternehmensleitung zu tagen.

(5) Der Europäische Betriebsrat und der engere Ausschuss können sich durch Sachverständige ihrer Wahl unterstützen lassen, sofern dies zur Erfüllung ihrer Aufgaben erforderlich ist.

(6) Die Verwaltungsausgaben des Europäischen Betriebsrats gehen zu Lasten der zentralen Leitung.

Die betreffende zentrale Leitung stattet die Mitglieder des Europäischen Betriebsrats mit den erforderlichen finanziellen und materiellen Mitteln aus, damit diese ihre Aufgaben in angemessener Weise wahrnehmen können.

Insbesondere trägt die zentrale Leitung die für die Veranstaltung der Sitzungen anfallenden Kosten einschließlich der Dolmetschkosten sowie die Aufenthalts- und Reisekosten für die Mitglieder des Europäischen Betriebsrats und des engeren Ausschusses, soweit nichts anderes vereinbart wurde.

Die Mitgliedstaaten können unter Wahrung dieses Grundsatzes Regeln für die Finanzierung der Arbeit des Europäischen Betriebsrats festlegen. Sie können insbesondere die Übernahme der Kosten auf die Kosten für einen Sachverständigen begrenzen.

Oetker

A. Allgemeines

1 Entsprechend der in Art. 7 angelegten Konzeption trifft Anhang I die subsidiären Vorschriften, die die Mitgliedstaaten im Rahmen ihres Umsetzungsgesetzes für den Fall vorsehen müssen, dass einer der in Art. 7 I aufgezählten Sachverhalte erfüllt ist, insbesondere innerhalb der Frist von drei Jahren iRd Verhandlungen keine Beteiligungsvereinbarung abgeschlossen wird (→ Art. 7 Rn. 4 ff.). Für diesen Fall trifft die Mitgliedstaaten die Pflicht, als Auffangregelung die Einsetzung eines Europäischen Betriebsrats vorzusehen, wobei sie für die gesetzliche Auffangregelung die Vorgaben in Anhang I zu beachten haben (ferner Art. 288 III AEUV). Mit der Wendung in Art. 7 II „müssen ... genügen" bringt die RL 2009/38/EG zum Ausdruck, dass es sich bei den subsidiären Vorschriften des Anhangs I um **Mindestvorschriften** handelt. Sie belassen den Mitgliedstaaten nicht nur Spielräume für ergänzende und konkretisierende Regelungen, sondern ihnen bleibt es unbenommen, zugunsten des kraft Gesetzes zu errichtenden Europäischen Betriebsrats weitergehende Rechte vorzusehen soweit sie hierdurch nicht den durch die Richtlinie vorgegebenen Rahmen der Unterrichtung und Anhörung überschreiten. Hiermit wäre es zB unvereinbar, wenn ein Mitgliedstaat dem Europäischen Betriebsrat kraft Gesetzes über ein Anhörungsrecht hinausgehende Vetorechte oder Zustimmungsvorbehalte einräumen würde.

2 Die subsidiären Vorschriften im Anhang I hat der deutsche Gesetzgeber insbesondere in den Vorschriften des EBRG zum „Europäischen Betriebsrat kraft Gesetzes" (§§ 22 ff. EBRG) umgesetzt, zum Teil dienen jedoch auch die im Fünften Teil des Gesetzes zusammengefassten „Gemeinsamen Bestimmungen" (§§ 34 ff. EBRG) diesem Zweck, sofern sie nicht nach dem Errichtungsmodus für den Europäischen Betriebsrat differenzieren und deshalb sowohl den Europäischen Betriebsrat kraft Gesetzes als auch den auf Grund einer Vereinbarung errichteten Europäischen Betriebsrat erfassen.

B. Zusammensetzung des Europäischen Betriebsrats

3 Für die Zusammensetzung des Europäischen Betriebsrats gibt Abs. 1 lit. b UAbs. 1 vor, dass sich dieser aus Arbeitnehmern des gemeinschaftsweit tätigen Unternehmens bzw. der gemeinschaftsweit tätigen Unternehmensgruppe zusammensetzt. Eine Definition des **Arbeitnehmerbegriffs** nimmt Abs. 1 lit. b UAbs. 1 nicht vor, so dass dies den Mitgliedstaaten überlassen bleibt. Wegen § 4 S. 1 EBRG ist der Arbeitnehmerbegriff in § 5 I BetrVG für die Anwendung von § 22 I EBRG maßgebend. Deshalb können leitende Angestellte iSv § 5 III BetrVG nicht zu Mitgliedern des Europäischen Betriebsrats bestellt werden (*Blanke* EBRG § 22 Rn. 2, § 23 Rn. 6 und 7; HWK/*Giesen* EBRG Rn. 58; DFL/*Heckelmann/ Wolff* EBRG § 22 Rn. 1; MHdBArbR/*Joost* § 275 Rn. 9; AKRR/*Kühn* EBRG § 22 Rn. 4; *Müller* EBRG § 22 Rn. 1; GK-BetrVG/*Oetker* EBRG § 22 Rn. 4; **aA** DKKW/ *Bachner* EBRG § 22 Rn. 1; *Fitting* EBRG Übersicht Rn. 74). Andernfalls hätte es einer mit § 11 IV EBRG vergleichbaren Regelung bedurft, die in den §§ 22 ff. EBRG jedoch fehlt. Zudem ist nur das hier befürwortete Verständnis mit der Sonderregelung in § 23 VI EBRG vereinbar, die eine Berücksichtigung der Interessen der leitenden Angestellten bei der Unterrichtung und Anhörung des Europäischen Betriebsrats gewährleisten soll.

4 Missverständlich ist die Wendung in Abs. 1 lit. b UAbs. 1, dass die Mitglieder des Europäischen Betriebsrats „von den Arbeitnehmervertretern aus ihrer Mitte" gewählt oder bestellt werden. Dies legt eine Auslegung nahe, dass nur Arbeitnehmervertreter zu Mitgliedern des Europäischen Betriebsrats bestellt oder gewählt werden können (s. GK-BetrVG/*Oetker* EBRG § 22 Rn. 6), was in § 22 I EBRG keine Entsprechung findet. Wird die Formulierung „aus ihrer Mitte" demgegenüber auf die Arbeitnehmer des Unternehmens bzw. der Unternehmensgruppe bezogen, dann ist die Eigenschaft als Arbeitnehmervertreter keine Bestellungsvoraussetzung (so DKKW/*Bachner* EBRG § 22 Rn. 1; DFL/ *Heckelmann/Wolff* EBRG § 22 Rn. 1; Preis/Sagan/*Müller-Bonanni/Jenner* § 12 Rn. 120).

Hinsichtlich der **Modalitäten** für die Bestellung bzw. Wahl der Mitglieder des Europäi- 5
schen Betriebsrats verweist Abs. 1 lit. b UAbs. 2 ausdrücklich auf die Rechtsvorschriften
und/oder Gepflogenheiten der Mitgliedsstaaten. In Deutschland legt § 23 EBRG diese fest,
der jedoch ausschließlich für die Mitglieder des Europäischen Betriebsrats aus dem **Inland**
gilt. Auch wenn der Europäische Betriebsrat kraft Gesetzes nach dem EBRG zu errichten
ist, richtet sich die Bestellung der auf **andere Mitgliedstaaten** entfallenden Mitglieder des
Europäischen Betriebsrats ausschließlich nach den dort geltenden Rechtsvorschriften und/
oder Gepflogenheiten (GK-BetrVG/*Oetker* EBRG § 23 Rn. 2). Die Bestellung von **Ersatzmitgliedern,** die § 22 I 2 EBRG als Option („kann") vorsieht, findet in den subsidiären Vorschriften keine Entsprechung, wird durch diese aber auch nicht untersagt (s.
GK-BetrVG/*Oetker* EBRG § 22 Rn. 7).

Die auf die Arbeitnehmer in den verschiedenen Mitgliedstaaten des Unternehmens 6
bzw. der Unternehmensgruppe bezogenen Vorgaben zur **Repräsentativität** und zur
Proportionalität legt Abs. 1 lit. c fest, der insoweit von der früheren Regelung in Nr. 1
lit. d des Anhangs zur RL 94/45/EG abweicht und einen Gleichlauf mit der Vorgabe in
Teil I lit. e des Anhangs zur RL 2001/86/EG herstellt. Danach ist zu gewährleisten, dass
aus jedem Mitgliedstaat, in dem ein Arbeitnehmer des Unternehmens bzw. der Unternehmensgruppe beschäftigt ist, ein Mitglied dem Europäischen Betriebsrat angehört. Eine
Mindestbeschäftigtenzahl gibt Abs. 1 lit. c entgegen ursprünglichen Vorschlägen zur RL
2009/38/EG nicht vor (s. GK-BetrVG/*Oetker* EBRG § 22 Rn. 9). Um den Grundsatz
der Proportionalität Rechnung zu tragen, haben die Mitgliedstaaten zudem zu gewährleisten, dass sich die Zahl der Mitglieder aus einem Mitgliedstaat für jede Tranche, die
10% oder einen Bruchteil davon beträgt, um ein Mitglied erhöht. Entfallen zB auf einen
Mitgliedstaat 35% der in dem Unternehmen bzw. der Unternehmensgruppe beschäftigten
Arbeitnehmer, dann gehören dem Europäischen Betriebsrat aus diesem Mitgliedstaat vier
Mitglieder an. Die Umsetzung von Abs. 1 lit. c des Anhangs ist in Deutschland in § 22 II
EBRG erfolgt.

Weitergehende Vorschriften zur **Zusammensetzung** der Mitglieder des Europäischen 7
Betriebsrats untersagen die subsidiären Vorschriften des Anhangs I den Mitgliedstaaten nicht.
Insbesondere bleibt es ihnen überlassen, eine ausgewogene Vertretung der Arbeitnehmer
nach ihren Tätigkeiten bzw. dem zahlenmäßigen Verhältnis der Geschlechter unter den
Arbeitnehmern zu postulieren. Da Abs. 1 lit. b die Bestellungsmodalitäten den Mitgliedstaaten überantwortet, beschränkt sich deren Regelungskompetenz insoweit jedoch auf die
aus dem jeweiligen Mitgliedstaat zu bestellenden Mitglieder des Europäischen Betriebsrats.
Dementsprechend gilt das **Gebot der Geschlechterproportionalität** unter den Mitgliedern des Europäischen Betriebsrats nach § 23 V EBRG nur für die Bestellung der auf das
Inland entfallenden Mitglieder im Europäischen Betriebsrat. Für die aus anderen Mitgliedstaaten zu bestellenden oder zu wählenden Mitglieder fehlt dem deutschen Gesetzgeber die
Regelungskompetenz, so dass es ihm ebenfalls verwehrt ist, das Gebot der Geschlechterproportionalität auf alle Mitglieder des Europäischen Betriebsrats auszudehnen.

Nach Abs. 1 lit. e des Anhangs I ist die Zusammensetzung des Europäischen Betriebsrats 8
der zentralen Leitung oder einer anderen geeigneteren Leitungsebene mitzuteilen. Eine
entsprechende Verpflichtung sieht § 24 EBRG vor, der über die subsidiären Vorschriften
hinausgehend zusätzlich vorsieht, dass die zentrale Leitung die örtlichen Betriebs- oder
Unternehmensleitungen sowie die dort bestehenden Arbeitnehmervertretungen über die
Namen der Mitglieder des Europäischen Betriebsrats zu unterrichten hat.

C. Geschäftsführung des Europäischen Betriebsrats

Für die Koordinierung seiner Aufgaben gibt Abs. 1 lit. d die **Bildung eines engeren** 9
Ausschusses vor, der aus höchstens fünf Mitgliedern bestehen darf, die jedoch dem Europäischen Betriebsrat angehören müssen. Weitere Maßgaben für die Zusammensetzung des

engeren Ausschusses enthält der Anhang I zur RL 2009/38/EG nicht. Eine Entsprechung findet Abs. 1 lit. d in § 26 EBRG, der ergänzend zur Richtlinie für den engeren Ausschuss eine Mindestgröße (drei Mitglieder) vorgibt und eine Beschäftigung der Ausschussmitglieder in verschiedenen Mitgliedstaaten als Sollvorgabe aufstellt. Für die **Aufgaben des engeren Ausschusses** greift § 26 EBRG nicht auf die „Koordinierung" zurück, sondern weist diesem die „laufenden Geschäfte" des Europäischen Betriebsrats zu (§ 26 S. 4 EBRG). Diese werden zudem auf die Unterrichtung und Anhörung über außergewöhnliche Umstände oder Entscheidungen mit erheblichen Auswirkungen auf die Interessen der Arbeitnehmer ausgedehnt (§ 30 II 1 EBRG; ebenso Abs. 3 UAbs. 1 des Anh. I).

10   Abgesehen von den Sitzungen, die der Europäische Betriebsrat mit der zentralen Leitung zur Durchführung der Unterrichtung und Anhörung abhält, ist der Europäische Betriebsrat auch berechtigt, **eigene Sitzungen** durchzuführen. Insoweit gibt Abs. 4 UAbs. 2 vor, dass der Europäische Betriebsrat berechtigt ist, vor der Sitzung mit der zentralen Leitung in Abwesenheit der betreffenden Unternehmensleitung zu tagen. Eine nachfolgende Sitzung gibt Abs. 4 UAbs. 2 im Unterschied zu Art. 5 IV UAbs. 2 für das besondere Verhandlungsgremium den Mitgliedstaaten nicht verbindlich vor. Der zur Umsetzung in Deutschland geschaffene § 27 EBRG weicht partiell von den subsidiären Vorschriften des Anhangs I ab, da er für die Durchführung einer eigenen Sitzung des Europäischen Betriebsrats lediglich einen Zusammenhang mit der Unterrichtung durch die zentrale Leitung fordert (s. GK-BetrVG/Oetker EBRG § 27 Rn. 4). Der Gesetzeswortlaut lässt den Zeitpunkt der Sitzung offen; sofern der zeitliche Zusammenhang mit der Unterrichtung und Anhörung gewahrt bleibt, kann der Europäische Betriebsrat deshalb von einer vorbereitenden Sitzung absehen und eine nachbereitende Sitzung durchführen. Für **weitere Sitzungen** benötigt der Europäische Betriebsrat das Einverständnis der zentralen Leitung (§ 27 I 4 EBRG); diesbezüglich sehen die subsidiären Vorschriften des Anhangs I von Vorgaben ab, ohne indes eigene Regelung der Mitgliedstaaten auszuschließen.

11   Die Geschäftsführung des Europäischen Betriebsrats bzw. des von ihm gebildeten engeren Ausschusses betrifft auch die Frage, ob dieser berechtigt ist, **Sachverständige** zu seiner Unterstützung hinzuziehen. Dies haben die Mitgliedstaaten nach Abs. 5 zu gewährleisten. Aufgegriffen hat der deutsche Gesetzgeber diese Vorgabe in § 39 II EBRG, der zusätzlich bestimmt, dass auch Beauftragte von Gewerkschaften Sachverständige sein können. Im Hinblick auf die Verpflichtung der zentralen Leitung, die mit der Beauftragung eines Sachverständigen verbundenen **Kosten** zu tragen, eröffnet Abs. 6 UAbs. 4 S. 2 den Mitgliedstaaten die Möglichkeit, die Kosten auf die Kosten für einen Sachverständigen zu beschränken. Für den Europäischen Betriebsrat kraft Gesetzes wurde diese Option in § 39 II 3 EBRG in Anspruch genommen.

12   Abs. 6 gibt eine umfassende Pflicht der zentralen Leitung vor, die **Verwaltungskosten** des Europäischen Betriebsrats zu tragen. Entsprechendes gilt für die **finanziellen und materiellen Mittel,** die die Mitglieder des Europäischen Betriebsrats benötigen, um ihre Aufgaben in dem erforderlichen Umfang wahrnehmen zu können (Abs. 6 UAbs. 2), die Abs. 6 UAbs. 3 spezifiziert. Diese durch Abs. 6 fixierten Vorgaben hat das EBRG in § 39 I umgesetzt.

D. Unterrichtung und Anhörung des Europäischen Betriebsrats

13   Die Unterrichtung und Anhörung der Arbeitnehmer vollzieht sich insbesondere über die einmal im Jahr durchzuführende Sitzung der zentralen Leitung mit dem Europäischen Betriebsrat, in der über die **Entwicklung der Geschäftslage** und die **Perspektiven des Unternehmens bzw. der Unternehmensgruppe** zu unterrichten und der Europäische Betriebsrat zugleich anzuhören ist. Als Mindeststandard gibt dies in Fortführung der RL 94/45/EG Abs. 2 S. 1 vor. Konkretisiert wird die auf dieser Grundlage vorzusehende Unterrichtung und Anhörung durch die Gegenstände, auf die sich nach Abs. 1 lit. a UAbs. 2 die Unterrichtung und Anhörung des Europäischen Betriebsrats bezieht. Diesen durch die sub-

sidiären Vorschriften vorgegebenen Grundfall der Unterrichtung und Anhörung hat der deutsche Gesetzgeber in § 29 EBRG aufgegriffen und konkretisiert. Entsprechend der Vorgabe in Abs. 2 beschränkt sich auch die nach § 29 I EBRG durchzuführende Sitzung zur Unterrichtung und Anhörung auf eine Sitzung im Kalenderjahr, ohne indes weitere Sitzungen auf freiwilliger Basis auszuschließen. Im Unterschied zu Abs. 2 S. 1 verpflichtet § 29 I EBRG die zentrale Leitung jedoch nicht dazu, für die Sitzung mit dem Europäischen Betriebsrat einen Bericht vorzulegen. Vielmehr beschränkt sich § 29 I EBRG auf die Vorgabe, rechtzeitig dem Europäischen Betriebsrat die für die Unterrichtung und Anhörung erforderlichen Unterlagen vorzulegen. Abweichend von der Systematik des Anhangs I konkretisiert § 29 II die Gegenstände, die „insbesondere" zur Entwicklung der Geschäftslage und den Perspektiven zählen und übernimmt hierfür die in Abs. 1 lit. a UAbs. 2 aufgezählten Themen.

Beim **Eintritt außergewöhnlicher Umstände** oder vor **Entscheidungen, die erhebliche Auswirkungen auf die Interessen der Arbeitnehmer haben,** gibt Abs. 3 UAbs. 1 eine Unterrichtung des engeren Ausschusses oder des Europäischen Betriebsrats vor und zählt zu den Entscheidungen, die erhebliche Auswirkungen auf die Interessen der Arbeitnehmer haben, insbesondere die Verlegung oder Stilllegung von Unternehmen oder Betrieben sowie Massenentlassungen. Eine entsprechende Verpflichtung begründet § 30 I 1 EBRG und übernimmt in § 30 I 2 EBRG auch die exemplarische Aufzählung aus Abs. 3 UAbs. 1 S. 1. Verfehlt ist jedoch der Ansatz, hierdurch die „außergewöhnlichen Umstände" exemplarisch („insbesondere") aufzuzählen, da die subsidiären Vorschriften des Anhangs I die Aufzählung nicht auf die außergewöhnlichen Umstände, sondern auf die Entscheidungen beziehen, die erhebliche Auswirkungen auf die Interessen der Arbeitnehmer haben. Ob zu der Unterrichtung eine Anhörung hinzutritt hängt nach Abs. 3 UAbs. 1 S. 2 von einem Antrag des Europäischen Betriebsrats bzw. des engeren Ausschusses ab; Entsprechendes gilt nach § 30 I 1 EBRG, da die Anhörung hiernach erst auf „Verlangen" durchzuführen ist. Auch bei den von Abs. 3 UAbs. 1 erfassten Angelegenheiten gilt der in Art. 8 normierte Geheimhaltungs- und Tendenzschutz (Abs. 3 UAbs. 5), dementsprechend erstreckt sich § 31 EBRG sowie § 35 I EBRG ausdrücklich auf die nach § 30 I EBRG vorzunehmende Unterrichtung. Zu beteiligen ist primär der vom Europäischen Betriebsrat gebildete engere Ausschuss. Nur wenn ein solcher nicht besteht, ist der Europäische Betriebsrat Adressat der Unterrichtung. Dementsprechend legt § 30 II 1 EBRG eine vorrangige Beteiligung des engeren Ausschusses fest. Wird dieser beteiligt, sind die Mitglieder des Europäischen Betriebsrats, die von den unmittelbar betroffenen Betrieben und/oder Unternehmen gewählt oder bestellt worden sind, berechtigt, an der Sitzung mit der zentralen Leitung oder einer anderen mit Entscheidungsbefugnissen ausgestatteten Leitungsebene teilzunehmen (Abs. 3 UAbs. 2; § 30 II 3 EBRG). 14

E. Neuverhandlungen

Das Eingreifen der gesetzlichen Auffangregelung soll nicht deren dauerhafte Anwendung zur Folge haben, sondern auch die subsidiären Vorschriften des Anhangs I eröffnen für den Europäischen Betriebsrat die Möglichkeit zu einem Vereinbarungsmodell zu wechseln, der zu diesem Zweck von der zentralen Leitung die Aufnahme von Verhandlungen verlangen kann. Zur Wahrung des Unternehmensinteresses gibt Abs. 1 lit. f jedoch eine Karenzzeit von vier Jahren vor, die mit Errichtung des Europäischen Betriebsrats zu laufen beginnt. Eine mit der subsidiären Vorschrift des Anhangs I übereinstimmende Vorschrift trifft § 33 S. 1 EBRG. 15

Sowohl Abs. 1 lit. f als auch § 33 EBRG schweigen zu der Rechtslage, wenn der Europäische Betriebsrat die Prüfung bzw. die Beschlussfassung nach Ablauf von vier Jahren unterlassen hat oder beschlossen hat, die Anwendung der gesetzlichen Auffangregelung beizubehalten. Dem von der Richtlinie primär angestrebten Modell einer Vereinbarung würde es widersprechen, lediglich eine einmalige Möglichkeit zum Wechsel in das Vereinbarungsmodell zu begründen. Deshalb entspricht es dem Zweck sowohl von Abs. 1 lit. f 16 als auch von § 33 EBRG, dem Europäischen Betriebsrat zu einem späteren Zeitpunkt die Möglichkeit einer wiederholten Prüfung zu eröffnen (ebenso im Ausganspunkt *Blanke* EBRG § 37 Rn. 5; DFL/*Heckelmann/Wolff* EBRG § 33 Rn. 3; **aA** wohl AKRR/*Kühn* EBRG § 33 Rn. 2, 5). Der Zweck der Karenzfrist von vier Jahren spricht allerdings dagegen, ein erneut eingreifendes Recht zum Eintritt in ein Verhandlungsverfahren ohne zeitliche Einschränkungen und damit jederzeit zu gewähren (hierfür aber *Blanke* EBRG § 37 Rn. 5, 6; DFL/*Heckelmann/Wolff* EBRG § 33 Rn. 3), da hierdurch die Kontinuitätsinteressen des Unternehmens vernachlässigt werden. Deshalb gebietet die analoge Anwendung von § 33 EBRG auch eine Übernahme der vierjährigen Karenzzeit (GK-BetrVG/*Oetker* EBRG § 33 Rn. 5, 8), die nach dem vom Europäischen Betriebsrat gefassten Beschluss bzw. nach Ablauf der Vier-Jahres-Frist zu laufen beginnt.

17 Einvernehmlich aufgenommenen Verhandlungen zwischen zentraler Leitung und Europäischem Betriebsrat stehen weder Abs. 1 lit. f noch § 33 EBRG entgegen (ebenso MüArbR/*Joost* § 275 Rn. 83; AKRR/*Kühn* EBRG § 33 Rn. 6), ohne dass für diese zeitliche Schranken zu beachten sind. Auch in diesem Fall bewirkt die im Verhandlungsverfahren getroffene Vereinbarung analog § 33 S. 3 EBRG die Beendigung des Amtes für den kraft Gesetzes errichteten Europäischen Betriebsrat (ebenso AKRR/*Kühn* EBRG § 33 Rn. 6).

Anhang II. [Aufhebungen; Fristen]

Teil A. Aufgehobene Richtlinie mit ihren nachfolgenden Änderungen

(gemäß Artikel 17)

Richtlinie 94/45/EG des Rates	(ABl. L 254 vom 30.9.1994, S. 64).
Richtlinie 97/74/EG des Rates	(ABl. L 10 vom 16.1.1998, S. 22).
Richtlinie 2006/109/EG des Rates	(ABl. L 363 vom 20.12.2006, S. 416).

Teil B. Fristen für die Umsetzung in innerstaatliches Recht

(gemäß Artikel 17)

Richtlinie	Frist für die Umsetzung
94/45/EG	22.9.1996
97/74/EG	15.12.1999
2006/109/EG	1.1.2007

Anhang III. Entsprechungstabelle

Richtlinie 94/45/EG	Vorliegende Richtlinie
Artikel 1 Absatz 1	Artikel 1 Absatz 1
Artikel 1 Absatz 2	Artikel 1 Absatz 2 Satz 1
—	Artikel 1 Absatz 2 Satz 2
—	Artikel 1 Absätze 3 und 4
Artikel 1 Absatz 3	Artikel 1 Absatz 5

Richtlinie 94/45/EG	Vorliegende Richtlinie
Artikel 1 Absatz 4	Artikel 1 Absatz 6
Artikel 1 Absatz 5	Artikel 1 Absatz 7
Artikel 2 Absatz 1 Buchstaben a bis e	Artikel 2 Absatz 1 Buchstaben a bis e
–	Artikel 2 Absatz 1 Buchstabe f
Artikel 2 Absatz 1 Buchstabe f	Artikel 2 Absatz 1 Buchstabe g
Artikel 2 Absatz 1 Buchstaben g und h	Artikel 2 Absatz 1 Buchstaben h und i
Artikel 2 Absatz 2	Artikel 2 Absatz 2
Artikel 3	Artikel 3
Artikel 4 Absätze 1, 2 und 3	Artikel 4 Absätze 1, 2 und 3
Artikel 11 Absatz 2	Artikel 4 Absatz 4
Artikel 5 Absatz 1 und Absatz 2 Buchstabe a	Artikel 5 Absatz 1 und Absatz 2 Buchstabe a
Artikel 5 Absatz 2 Buchstaben b und c	Artikel 5 Absatz 2 Buchstabe b
Artikel 5 Absatz 2 Buchstabe d	Artikel 5 Absatz 2 Buchstabe c
Artikel 5 Absatz 3	Artikel 5 Absatz 3
Artikel 5 Absatz 4 Unterabsatz 1	Artikel 5 Absatz 4 Unterabsatz 1
–	Artikel 5 Absatz 4 Unterabsatz 2
Artikel 5 Absatz 4 Unterabsatz 2	Artikel 5 Absatz 4 Unterabsatz 3
Artikel 5 Absätze 5 und 6	Artikel 5 Absätze 5 und 6
Artikel 6 Absatz 1 und Absatz 2 Buchstabe a	Artikel 6 Absatz 1 und Absatz 2 Buchstabe a
Artikel 6 Absatz 2 Buchstabe b	Artikel 6 Absatz 2 Buchstabe b
Artikel 6 Absatz 2 Buchstabe c	Artikel 6 Absatz 2 Buchstabe c
Artikel 6 Absatz 2 Buchstabe d	Artikel 6 Absatz 2 Buchstabe d
–	Artikel 6 Absatz 2 Buchstabe e
Artikel 6 Absatz 2 Buchstabe e	Artikel 6 Absatz 2 Buchstabe f
Artikel 6 Absatz 2 Buchstabe f	Artikel 6 Absatz 2 Buchstabe g
Artikel 6 Absätze 3, 4 und 5	Artikel 6 Absätze 3, 4 und 5
Artikel 7	Artikel 7
Artikel 8	Artikel 8
Artikel 9	Artikel 9
–	Artikel 10 Absätze 1 und 2
Artikel 10	Artikel 10 Absatz 3
–	Artikel 10 Absatz 4
Artikel 11 Absatz 1	Artikel 11 Absatz 1
Artikel 11 Absatz 2	Artikel 4 Absatz 4
Artikel 11 Absatz 3	Artikel 11 Absatz 2

Richtlinie 94/45/EG	Vorliegende Richtlinie
Artikel 11 Absatz 4	Artikel 11 Absatz 3
Artikel 12 Absätze 1 und 2	–
–	Artikel 12 Absätze 1 bis 5
–	Artikel 13
Artikel 13 Absatz 1	Artikel 14 Absatz 1
Artikel 13 Absatz 2	Artikel 14 Absatz 2
–	Artikel 15
Artikel 14	Artikel 16
–	Artikel 17
–	Artikel 18
Artikel 16	Artikel 19
Anhang	Anhang I
Nummer 1 Eingangsteil	Nummer 1 Eingangsteil
Nummer 1 Buchstabe a (teilweise) und Nummer 2 Absatz 2 (teilweise)	Nummer 1 Buchstabe a (teilweise)
Nummer 1 Buchstabe b	Nummer 1 Buchstabe b
Nummer 1 Buchstabe c (teilweise) und Nummer 1 Buchstabe d	Nummer 1 Buchstabe c
Nummer 1 Buchstabe c (teilweise)	Nummer 1 Buchstabe d
Nummer 1 Buchstabe e	Nummer 1 Buchstabe e
Nummer 1 Buchstabe f	Nummer 1 Buchstabe f
Nummer 2 Absatz 1	Nummer 2
Nummer 3	Nummer 3
Nummer 4	Nummer 4
Nummer 5	–
Nummer 6	Nummer 5
Nummer 7	Nummer 6
–	Anhänge II und III

640. Richtlinie 2010/18/EU des Rates vom 8. März 2010 zur Durchführung der von BUSINESSEUROPE, UEAPME, CEEP und EGB geschlossenen überarbeiteten Rahmenvereinbarung über den Elternurlaub und zur Aufhebung der Richtlinie 96/34/EG

(Text von Bedeutung für den EWR)

(ABl. Nr. L 68 S. 13)

Celex-Nr. 3 2010 L 0018

DER RAT DER EUROPÄISCHEN UNION –
geänd. durch Art. 1 ÄndRL 2013/62/EU vom 17.12.2013 (ABl. Nr. L 353 S. 7)
– gestützt auf den Vertrag über die Arbeitsweise der Europäischen Union, insbesondere auf Artikel 155 Absatz 2,
auf Vorschlag der Europäischen Kommission,
in Erwägung nachstehender Gründe:

(1) Nach Artikel 153 des Vertrags über die Arbeitsweise der Europäischen Union (AEUV) unterstützt und ergänzt die Union die Tätigkeit der Mitgliedstaaten unter anderem auf dem Gebiet der Chancengleichheit von Männern und Frauen auf dem Arbeitsmarkt und der Gleichbehandlung am Arbeitsplatz.

(2) Der Dialog zwischen den Sozialpartnern auf Unionsebene kann – falls sie es wünschen – nach Artikel 155 Absatz 1 des AEUV zur Herstellung vertraglicher Beziehungen, einschließlich des Abschlusses von Vereinbarungen, führen. Nach Artikel 155 Absatz 2 des AEUV können die Sozialpartner gemeinsam die Durchführung der auf Unionsebene geschlossenen Vereinbarungen in durch Artikel 153 des AEUV erfassten Bereichen durch einen Beschluss des Rates beantragen.

(3) Am 14. Dezember 1995 hatten die europäischen branchenübergreifenden Organisationen der Sozialpartner (EGB, UNICE und CEEP) eine Rahmenvereinbarung über Elternurlaub geschlossen, die durch die Richtlinie 96/34/EG des Rates vom 3. Juni 1996 zu der von UNICE, CEEP und EGB geschlossenen Rahmenvereinbarung über Elternurlaub[1] Rechtswirksamkeit erhalten hat. Diese Richtlinie wurde durch die Richtlinie 97/75/EG[2] des Rates geändert und auf das Vereinigte Königreich Großbritannien und Nordirland ausgedehnt. Die Richtlinie 96/34/EG hat maßgeblich dazu beigetragen, die Möglichkeiten für erwerbstätige Eltern in den Mitgliedstaaten, durch Urlaubsregelungen ihre beruflichen und familiären Pflichten besser in Einklang zu bringen, zu verbessern.

(4) Nach Artikel 138 Absätze 2 und 3 des Vertrags zur Gründung der Europäischen Gemeinschaft („EG-Vertrag")[3] hat die Kommission die europäischen Sozialpartner 2006 und 2007 zu der Frage gehört, wie die Vereinbarkeit von Beruf, Familie und Privatleben und insbesondere die bestehenden gemeinschaftlichen Rechtsvorschriften über Mutterschutz und Elternurlaub verbessert werden könnten, sowie zur Möglichkeit, neue Formen des Urlaubs aus familiären Gründen, wie Vaterschaftsurlaub, Adoptionsurlaub, Urlaub zur Pflege von Familienangehörigen, einzuführen.

(5) Die drei allgemeineuropäischen branchenübergreifenden Organisationen der Sozialpartner (EGB, CEEP und BUSINESSEUROPE, vormals UNICE) und die europäische branchenübergreifende Sozialpartnerorganisation UEAPME, die eine bestimmte Unternehmenskategorie vertritt, haben der Kommission am 11. September 2008 mitgeteilt, dass sie

---

[1] **Amtl. Anm.:** ABl. L 145 vom 19.6.1996, S. 4.
[2] **Amtl. Anm.:** ABl. L 10 vom 16.1.1998, S. 24.
[3] **Amtl. Anm.:** Umnummeriert: Artikel 154 Absatz 2 und 3 des AEUV.

Verhandlungen nach Artikel 138 Absatz 4 und Artikel 139 des EG-Vertrags[4] aufnehmen wollen, um die 1995 geschlossene Rahmenvereinbarung über Elternurlaub zu überarbeiten.

(6) Die Organisationen haben am 18. Juni 2009 die überarbeitete Rahmenvereinbarung über den Elternurlaub (im Folgenden als „überarbeitete Rahmenvereinbarung" bezeichnet) unterzeichnet und der Kommission ihren gemeinsamen Antrag übermittelt, einen Vorschlag für einen Beschluss des Rates auf Durchführung dieser überarbeiteten Rahmenvereinbarung vorzulegen.

(7) Im Rahmen ihrer Verhandlungen haben die europäischen Sozialpartner die Rahmenvereinbarung über Elternurlaub aus dem Jahr 1995 vollständig überarbeitet. Daher sollte die Richtlinie 96/34/EG aufgehoben und durch eine neue Richtlinie ersetzt werden, anstatt lediglich geändert zu werden.

(8) Da die Ziele der Richtlinie, nämlich die unionsweite Verbesserung der Vereinbarkeit von Beruf, Familie und Privatleben für erwerbstätige Eltern sowie der Chancengleichheit von Männern und Frauen auf dem Arbeitsmarkt und der Gleichbehandlung am Arbeitsplatz, auf Ebene der Mitgliedstaaten nicht ausreichend verwirklicht werden können und daher besser auf Unionsebene zu verwirklichen sind, kann die Union im Einklang mit dem in Artikel 5 des Vertrags über die Europäische Union niedergelegten Subsidiaritätsprinzip tätig werden. Entsprechend dem in demselben Artikel genannten Grundsatz der Verhältnismäßigkeit geht diese Richtlinie nicht über das zur Erreichung dieser Ziele erforderliche Maß hinaus.

(9) Die Kommission hat ihren Vorschlag für die Richtlinie unter Berücksichtigung der Repräsentativität der Unterzeichnerparteien der überarbeiteten Rahmenvereinbarung, ihres Mandats und der Rechtmäßigkeit der Bestimmungen der überarbeiteten Rahmenvereinbarung sowie der Einhaltung der relevanten Bestimmungen für kleine und mittlere Unternehmen ausgearbeitet.

(10) Die Kommission hat das Europäische Parlament und den Wirtschafts- und Sozialausschuss über ihren Vorschlag unterrichtet.

(11) Nach Paragraf 1 Absatz 1 der überarbeiteten Rahmenvereinbarung werden im Einklang mit den allgemeinen Grundsätzen des Unionsrechts im Bereich der Sozialpolitik in der Vereinbarung Mindestvorschriften festlegt.

(12) Nach Paragraf 8 Absatz 1 der überarbeiteten Rahmenvereinbarung können die Mitgliedstaaten günstigere Regelungen als diejenigen der Rahmenvereinbarung anwenden oder einführen.

(13) Nach Paragraf 8 Absatz 2 der überarbeiteten Rahmenvereinbarung stellt die Umsetzung dieser Vereinbarung keine Rechtfertigung für eine Senkung des allgemeinen Schutzniveaus der Arbeitnehmer in dem von der Vereinbarung erfassten Bereich dar.

(14) Die Mitgliedstaaten sollten wirksame, verhältnismäßige und abschreckende Sanktionen für Verstöße gegen die in dieser Richtlinie festgelegten Pflichten vorsehen.

(15) Die Mitgliedstaaten können den Sozialpartnern auf deren gemeinsamen Antrag die Durchführung dieser Richtlinie übertragen, vorausgesetzt, diese Mitgliedstaaten treffen alle erforderlichen Maßnahmen, um jederzeit gewährleisten zu können, dass die durch diese Richtlinie vorgeschriebenen Ergebnisse erzielt werden.

(16) Nach Nummer 34 der Interinstitutionellen Vereinbarung über bessere Rechtsetzung[5] sind die Mitgliedstaaten aufgefordert, für ihre eigenen Zwecke und im Interesse der Union eigene Tabellen aufzustellen, aus denen im Rahmen des Möglichen die Entsprechungen zwischen dieser Richtlinie und den Umsetzungsmaßnahmen zu entnehmen sind, und diese zu veröffentlichen –

HAT FOLGENDE RICHTLINIE ERLASSEN:

---

[4] **Amtl. Anm.:** Umnummeriert: Artikel 154 Absatz 4 und Artikel 155 des AEUV.
[5] **Amtl. Anm.:** ABl. C 321 vom 31.12.2003, S. 1.

Art. 1 [Rahmenvereinbarung über den Elternurlaub]

Mit dieser Richtlinie wird die im Anhang wiedergegebene überarbeitete Rahmenvereinbarung über den Elternurlaub, die von den europäischen branchenübergreifenden Organisationen der Sozialpartner (BUSINESSEUROPE, UEAPME, CEEP und EGB) am 18. Juni 2009 geschlossen wurde, in Kraft gesetzt.

A. Entstehungsgeschichte

Mit der Richtlinie wird die **Rahmenvereinbarung über den Elternurlaub** (überarbeitete Fassung) v. 18.6.2009 umgesetzt, die von den folgenden europäischen Sozialpartnern abgeschlossen wurde: Auf Arbeitgeberseite ist das der Arbeitgeberverband BUSINESSEUROPE, der Europäische Verband des Handwerks und der kleinen und mittleren Unternehmen in Europa (Union Européenne de l'Artisanat et des Petites et Moyennes Entreprises – UEAPME) und der Europäische Verband der öffentlichen Arbeitgeber und Unternehmen (Centre européen des entreprises à participation publique et des entreprises d'intérêt économique général – CEEP); auf Arbeitnehmerseite der Europäische Gewerkschaftsbund (EGB) (unter Beteiligung des Verbindungsausschuss der Führungskräfteverbände Eurocadres [Europäischer Rat der Fach- und Führungskräfte] und CEC [Confédération Européenne des Cadres]). 1

Die Rahmenvereinbarung stellt eine **überarbeitete Fassung** der am **14.12.1995 geschlossenen Rahmenvereinbarung** dar, die mit der **RL 96/34/EG** durchgeführt wurde. Dieser Richtlinie geht ein Vorschlag der Kommission für eine Elternurlaubsrichtlinie aus 1983 (KOM [83] 686 endg.) voraus, der vom Parlament gebilligt wurde und in einem geänderten Vorschlag von 1984 (KOM [84] 631 endg.) resultierte. Nach zwölfjähriger Diskussion im Rat war der Richtlinienvorschlag dann durch ein Veto der britischen Regierung endgültig blockiert (*Kowalsky*, Europäische Sozialpolitik, 1999, 284; *Riesenhuber* EEL 509). 1995 beschloss die Europäische Kommission die Sozialpartner zur Frage der Abstimmung des Arbeits- mit dem Familienleben zu hören und initiierte so Verhandlungen zwischen ihnen über den Elternurlaub nach dem Übereinkommen über Sozialpolitik v. 2.2.1992 (jetzt → Art. 155 Abs. 1 AEUV) (Schlachter/*Houwerzijl* 493). Diese mündeten am 6.11.1995 in einer Rahmenvereinbarung (in der Folge kurz: „Rahmenvereinbarung 1995"), welche die Mitgliedstaaten verpflichtete, einen Mindestanspruch von drei Monaten (unbezahltem) Elternurlaub sowohl für erwerbstätige Frauen als auch für erwerbstätige Männer zu gewähren. Außerdem sollte das Fernbleiben von der Arbeit im Fall höherer Gewalt wegen dringender familiärer Gründe bei Krankheiten und Unfällen, die die sofortige Anwesenheit des Arbeitnehmers erfordern, ermöglicht werden. Am 20.12.1996 erließ der Rat die RL 96/34/EG zur Durchführung dieser Rahmenvereinbarung. Diese (erste) Elternurlaubsrichtlinie wurde durch die RL 97/75/EG Rates geändert und auf das Vereinigte Königreich Großbritannien und Nordirland ausgedehnt. Der nicht am Abschluss der Rahmenvereinbarung aus 1995 beteiligte Verband des Handwerks und der kleinen und mittleren Unternehmen in Europa (Union Européenne de l'Artisanat et des Petites et Moyennes Entreprises – UEAPME) klagte noch 1996 auf Nichtigerklärung der (ersten) Elternurlaubsrichtlinie 96/34/EG. Dies wurde im Wesentlichen darauf gestützt, dass der Verband trotz Repräsentativität nicht an den Verhandlungen des Rahmenabkommens beteiligt war und außerdem die darin vorgesehenen Maßnahmen der Gründung und Entwicklung kleiner und mittlerer Unternehmen (KMU) entgegenstünden. Diese Klage wurde als unzulässig abgewiesen (GEI 17.6.1998 – T-135/96 – UEAPME/Rat der EU). 2

Mehr als zehn Jahre nach der Umsetzung der Rahmenvereinbarung 1995 übernahm die Europäische Kommission auf Basis des Berichts über die Umsetzung der ursprünglichen Elternurlaubsrichtlinie 96/43/EG (KOM [2003] 358 endg.) erneut die Initiative und konsultierte die Sozialpartner. Die Kommission hat die europäischen Sozialpartner 2006 und 3

2007 in zwei Konsultationsrunden zur Frage der Vereinbarkeit von Beruf, Familie und Privatleben gehört und dabei unter anderem die Aktualisierung des Regelungsrahmens auf Gemeinschaftsebene zur Diskussion gestellt. Sie hatte die europäischen Sozialpartneraufgefordert, die Bestimmungen ihrer Rahmenvereinbarung über den Elternurlaub auf eine Überarbeitung hin zu prüfen (Erwägungsgrund 4 und 9 der Rahmenvereinbarung). Diese verhandelten dann, nunmehr auch unter Beteiligung des Kleinunternehmerverbandes UEAPME, ab September 2008 auf Basis von Art. 154 AEUV mit dem Ziel des Abschlusses einer neuen Rahmenvereinbarung gem. Art. 155 AEUV. Die Kommission hatte zu diesem Zeitpunkt bereits angekündigt, im Falle einer Einigung die notwendigen Schritte einzuleiten und einen Vorschlag für eine Richtlinie zu unterbreiten, um der neuen Vereinbarung Rechtswirkung zu verleihen. Falls die Verhandlungen nicht zu einer neuen Vereinbarung führen sollten, kündigte die Kommission an die Vorlage von Vorschlägen zur Ergänzung der bestehenden Vereinbarkeitsvorschriften in Erwägung zu ziehen (KOM [2008] 635 endg. 7).

4   Am 18.6.2009 wurde dann die überarbeitete Fassung der Rahmenvereinbarung über den Elternurlaub abgeschlossen (in der Folge: Rahmenvereinbarung), die dann mit der RL 2010/18/EU v. 8.3.2010 in Kraft gesetzt wurde. Dem dieser zu Grunde liegenden Richtlinienvorschlag der Kommission ging eine Prüfung der Repräsentativität der Unterzeichnerparteien, ihres Mandats und der Rechtmäßigkeit der Bestimmungen der überarbeiteten Rahmenvereinbarung sowie der Einhaltung der relevanten Bestimmungen für kleine und mittlere Unternehmen (Erwägungsgrund 9; ausführlich die Begründung KOM [2009] 410). Gegenüber der bisherigen Rahmenvereinbarung erhöht die neue Vereinbarung den Minimalanspruch auf Elternurlaub von drei auf vier Monate (§ 5) und sieht verschiedene Verbesserungen und Klarstellungen in Zusammenhang mit der Ausübung dieses Rechts vor, insbesondere wird auf die Bedeutung sozialversicherungsrechtlicher und einkommensrelevanter Fragen zumindest hingewiesen (→ § 5 Rn. 17 ff.). Die Rahmenvereinbarung gewährleistet Schutz gegen Diskriminierung wegen Beantragung oder Inanspruchnahme von Elternurlaub (§ 5). Die Rückkehr auf den Arbeitsplatz nach dem Elternurlaub wird erleichtert, insbesondere durch das Recht der Arbeitnehmer, flexible Arbeitsregelungen zu beantragen (§ 6) (eingehend zu den Änderungen *Dahm*, EuZA 2011, 31).

B. Rechtsgrundlage

5   Die Richtlinie setzt eine Vereinbarung der europäischen Sozialpartner im Rahmen des **sozialen Dialoges** um. Die dafür einschlägigen Bestimmungen finden sich in Art. 155 AEUV. Danach kann der Dialog zwischen den Sozialpartnern auf Unionsebene zum Abschluss von Vereinbarungen führen, die dann in den in den durch Art. 153 AEUV erfassten Bereichen auf gemeinsamen Antrag der Unterzeichnerparteien durch einen Beschluss des Rates auf Vorschlag der Kommission durchgeführt werden können (Erwägungsgrund 2).

6   Materiell stützt sich die Richtlinie auf Art. 153 AEUV wonach die Union die Tätigkeit der Mitgliedstaaten unter anderem auf dem Gebiet **der Chancengleichheit von Männern und Frauen** auf dem Arbeitsmarkt und der **Gleichbehandlung** am Arbeitsplatz unterstützt und ergänzt. Die Rahmenvereinbarung verweist in den Erwägungsgründen 2–4 noch auf zahlreiche andere primär- und sekundärrechtliche Grundlagen. Wichtig erscheint dabei insbesondere der Verweis auf Art. 23 GRC (Gleichheit von Männern und Frauen) und Art. 33 GRC (Vereinbarkeit von Beruf und Familie), die von der Unionsgesetzgebung zu beachten sind.

Art. 2 [Sanktionen]

¹Die Mitgliedstaaten legen fest, welche Sanktionen bei einem Verstoß gegen die innerstaatlichen Vorschriften zur Umsetzung dieser Richtlinie zu verhängen sind. ²Die Sanktionen müssen wirksam, verhältnismäßig und abschreckend sein.

Die Mitgliedstaaten sind verpflichtet bei der Umsetzung wirksame, verhältnismäßige und abschreckende Sanktionen vorzusehen, die bei einem Verstoß gegen die ins nationale Recht umgesetzten Normen über den Elternurlaub zu verhängen sind. Nach der Begründung der Kommission (KOM [2009] 410 endg., 10) handelt es sich um eine Standardformulierung in Bezug auf Sanktionen, die eine wirksame Durchführung der Rahmenvereinbarung gewährleisten soll. **1**

Hingewiesen wird auch darauf, dass „[i]m Einklang mit der Rechtsprechung des Europäischen Gerichtshofs [...] festgelegt [wird], dass es keine Obergrenze für die Schadenersatzleistung bei Verletzung des Gleichbehandlungsgrundsatzes geben sollte". Tatsächlich enthielt der Richtlinienvorschlag der Kommission (KOM [2009] 410 endg., 15) auch noch folgende Formulierung: „Die Sanktionen müssen wirksam, verhältnismäßig und abschreckend sein und können auch Schadenersatzleistungen umfassen, die nicht durch eine im Voraus festgelegte Höchstgrenze limitiert werden dürfen." In der Endfassung ist diese dann auf den ersten Halbsatz zusammengeschrumpft. Entgegen den weiteren Ausführungen in der Begründung wurde somit nicht „[d]ie bestehende Rechtsprechung kodifiziert und die Richtlinie an die anderen Gleichstellungsrichtlinien angepasst" (KOM [2009] 410 endg., 10). Das ändert jedoch nichts an der grundsätzlichen Geltung des Gebots, dass die von den Mitgliedstaaten gewählte Sanktion eine wirklich abschreckende Wirkung gegenüber dem Arbeitgeber haben und in einem angemessenen Verhältnis zu den erlittenen Schäden stehen muss, damit sie einen tatsächlichen und wirksamen Rechtsschutz gewährleistet (EuGH 22.4.1997 – C-180/95 Rn. 39 – Draehmpael unter Berufung auf EuGH 10.4.1984 – 14/83 Rn. 18 – Colson). **2**

Die Mitgliedstaaten sind bei der Wahl der Sanktionen frei, die Einführung strafrechtlicher Sanktionen wird jedenfalls nicht verlangt (so auch die Begründung der Kommission KOM [2009] 410 endg., 10). Denkbar sind auch geeignete Verwaltungs- oder Gerichtsverfahren zur Durchsetzung der Verpflichtungen, Möglichkeiten der einseitigen Inanspruchnahme des Elternurlaubes durch die Arbeitnehmer oder (Mindest-)Schadenersatzansprüche. **3**

Art. 3 [Umsetzungsvorschriften; Fristen]

(1) ¹Die Mitgliedstaaten erlassen bis spätestens 8. März 2012 die erforderlichen Rechts- und Verwaltungsvorschriften, um dieser Richtlinie nachzukommen, oder sie gewährleisten, dass die Sozialpartner die notwendigen Maßnahmen bis zu diesem Zeitpunkt durch Vereinbarung eingeführt haben. ²Sie setzen die Kommission unverzüglich davon in Kenntnis.

¹Wenn die Mitgliedstaaten diese Vorschriften erlassen, nehmen sie in den Vorschriften selbst oder durch einen Hinweis bei der amtlichen Veröffentlichung auf diese Richtlinie Bezug. ²Die Mitgliedstaaten regeln die Einzelheiten der Bezugnahme.

(2) ¹Den Mitgliedstaaten kann bei besonderen Schwierigkeiten oder im Fall einer Durchführung im Weg eines Tarifvertrags höchstens ein zusätzliches Jahr gewährt werden, um dieser Richtlinie nachzukommen. ²In diesem Fall informieren die Mitgliedstaaten die Kommission bis spätestens 8. März 2012 entsprechend und geben die Gründe an, derentwegen dieser zusätzliche Zeitraum erforderlich ist.

(3) Die Mitgliedstaaten teilen der Kommission den Wortlaut der wichtigsten nationalen Rechtsvorschriften mit, die sie auf dem unter diese Richtlinie fallenden Gebiet erlassen.

640 RL 2010/18/EU Art. 6 — Adressaten

1   Die Kommission (KOM [2009] 410 endg., 10) weist in ihrer Begründung darauf hin, dass die Art. 3, 5 und 6 die üblichen Bestimmungen für die Umsetzung in einzelstaatliches Recht sowie besondere Bestimmungen für eine mögliche Umsetzung im Wege von Tarifverträgen enthalten. Die besonderen Bestimmungen seien von den Sozialpartnern in der Vereinbarung festgehalten worden (§ 8) und entsprechen denjenigen der davor geltenden RL 96/34/EG.

Art. 4 [Aufhebung der Richtlinie 96/34/EG]

¹Die Richtlinie 96/34/EG wird mit Wirkung vom 8. März 2012 aufgehoben. ²Verweisungen auf die Richtlinie 96/34/EG gelten als Verweisungen auf die vorliegende Richtlinie.

Art. 5 [Inkrafttreten]

Diese Richtlinie tritt am zwanzigsten Tag nach ihrer Veröffentlichung im *Amtsblatt der Europäischen Union* in Kraft.

Art. 6 [Adressaten]

Diese Richtlinie ist an die Mitgliedstaaten gerichtet.

Anhang. Rahmenvereinbarung über den Elternurlaub (überarbeitete Fassung)

Vom 18. Juni 2009

Präambel

Diese Rahmenvereinbarung der europäischen Sozialpartner BUSINESSEUROPE, UEAPME, CEEP und EGB (und Verbindungsausschuss Eurocadres/CEC) ist eine überarbeitete Fassung der am 14. Dezember 1995 geschlossenen Rahmenvereinbarung über Elternurlaub, die Mindestvorschriften für den Elternurlaub als wichtige Voraussetzung für die Vereinbarkeit von Beruf und Familie, die Förderung der Chancengleichheit und die Gleichbehandlung von Männern und Frauen festlegt.

Die europäischen Sozialpartner ersuchen die Kommission, diese Rahmenvereinbarung dem Rat vorzulegen, damit die Vorschriften kraft eines Ratsbeschlusses in den Mitgliedstaaten der Europäischen Union verbindlich werden.

I. Allgemeine Erwägungen

1. Gestützt auf den EG-Vertrag, insbesondere auf Artikel 138 und 139[1];

2. Gestützt auf Artikel 137 Absatz 1 Buchstabe c und Artikel 141 des EG-Vertrags[2], den Grundsatz der Gleichstellung (Artikel 2, 3 und 13 des EG-Vertrags[3] und die abgeleiteten Rechtsvorschriften, insbesondere die Richtlinie 75/117/EWG des Rates zur Angleichung der Rechtsvorschriften der Mitgliedstaaten über die Anwendung des Grundsatzes des gleichen Entgelts für Männer und Frauen[4]), die Richtlinie 92/85/EWG des Rates über die Durchführung von Maßnahmen zur Verbesserung der Sicherheit und des Gesundheitsschutzes von schwangeren Arbeitnehmerinnen, Wöchnerinnen und stillenden Arbeitnehmerinnen am Arbeitsplatz[5], die Richtlinie 96/97/EG des Rates zur Änderung der Richtlinie 86/378/EWG zur Verwirklichung des Grundsatzes der Gleichbehandlung von Männern und Frauen bei den betrieblichen Systemen der sozialen Sicherheit[6] und die Richtlinie 2006/54/EG des Europäischen Parlaments und des Rates zur Verwirklichung des Grundsatzes der Chancengleichheit und Gleichbehandlung von Männern und Frauen in Arbeits- und Beschäftigungsfragen[7];

3. Gestützt auf die Charta der Grundrechte der Europäischen Union vom 7. Dezember 2000 und deren Artikel 23 und 33 über die Gleichheit von Männern und Frauen bzw. die Vereinbarkeit von Berufs-, Privat- und Familienleben;

4. In Kenntnis des Berichts der Kommission aus dem Jahr 2003 über die Umsetzung der Richtlinie 96/34/EG des Rates vom 3. Juni 1996 zu der von UNICE, CEEP und EGB geschlossenen Rahmenvereinbarung über Elternurlaub;

5. Unter Berücksichtigung des Ziels der Lissabon-Strategie für Wachstum und Beschäftigung, die Gesamtbeschäftigungsquote auf 70%, die Frauenbeschäftigungsquote auf 60% und die Beschäftigungsquote für ältere Arbeitskräfte auf 50% anzuheben, der Barcelona-Vorgaben für die Bereitstellung von Kinderbetreuungseinrichtungen sowie der Strategien

---

[1] **Amtl. Anm.:** Umnummeriert: Artikel 154 und 155 des AEUV.
[2] **Amtl. Anm.:** Umnummeriert: Artikel 153 Absatz 1 Buchstabe c des AEUV.
[3] **Amtl. Anm.:** Artikel 2 des EG-Vertrags ist aufgehoben und materiell durch Artikel 3 des Vertrags über die Europäische Union ersetzt. Artikel 3 Absatz 1 des EG-Vertrags ist aufgehoben und materiell durch die Artikel 3 bis 6 des AEUV ersetzt. Artikel 3 Absatz 2 des EG-Vertrags ist umnummeriert zu Artikel 8 des AEUV. Artikel 13 ist umnummeriert zu Artikel 19 des AEUV.
[4] **Amtl. Anm.:** ABl. L 45 vom 19.2.1975, S. 19.
[5] **Amtl. Anm.:** ABl. L 348 vom 28.11.1992, S. 1.
[6] **Amtl. Anm.:** ABl. L 46 vom 17.2.1997, S. 20.
[7] **Amtl. Anm.:** ABl. L 204 vom 26.7.2006, S. 23.

zur Verbesserung der Vereinbarkeit von Beruf, Familie und Privatleben, die einen Beitrag zur Erreichung dieser Ziele leisten;

6. Gestützt auf den am 22. März 2005 von den europäischen Sozialpartnern beschlossenen Aktionsrahmen zur Gleichstellung von Männern und Frauen, der die Vereinbarkeit von Familie und Beruf als einen der Aktionsschwerpunkte festhält und darauf hinweist, dass eine Mischung ausgewogener, integrierter und kohärenter Maßnahmen im Bereich Urlaubs- und flexible Arbeitszeitregelungen sowie Kinderbetreuung erforderlich ist, damit weitere Fortschritte in der Frage der Vereinbarkeit erzielt werden;

7. Vereinbarkeitsfördernde Maßnahmen sind Teil eines umfassenderen politischen Programms, das darauf abstellt, im Rahmen eines Flexicurity-Konzepts den Bedürfnissen von Arbeitgebern und Arbeitnehmern zu entsprechen und die Anpassungs- und Beschäftigungsfähigkeit zu verbessern;

8. Familienorientierte Maßnahmen sollten zur Erreichung der Gleichstellung von Männern und Frauen beitragen und im Kontext des demografischen Wandels, der Auswirkungen der Bevölkerungsalterung, der Überwindung der Kluft zwischen den Generationen, der Förderung der Erwerbsbeteiligung von Frauen und der Aufteilung von Fürsorgepflichten zwischen Frauen und Männern gesehen werden;

9. Die Kommission hat die europäischen Sozialpartner 2006 und 2007 in zwei Konsultationsrunden zur Frage der Vereinbarkeit von Beruf, Familie und Privatleben gehört und u. a. die Aktualisierung des Regelungsrahmens auf Gemeinschaftsebene zur Diskussion gestellt und die europäischen Sozialpartner aufgefordert, die Bestimmungen ihrer Rahmenvereinbarung über den Elternurlaub auf eine Überarbeitung hin zu prüfen;

10. Die Rahmenvereinbarung über Elternurlaub, die von den europäischen Sozialpartnern 1995 geschlossen wurde, hat als Katalysator für positive Veränderungen gewirkt, eine gemeinsame Grundlage für die Vereinbarkeit von Privatleben und Beruf in den Mitgliedstaaten gebildet und maßgeblich zu einer besseren Vereinbarkeit von Beruf und Familie von erwerbstätigen Eltern in Europa beigetragen; allerdings sind die europäischen Sozialpartner nach einer gemeinsamen Bewertung zu dem Schluss gekommen, dass bestimmte Aspekte der Vereinbarung angepasst oder überarbeitet werden müssen, damit die Ziele besser erreicht werden;

11. Eine solche Anpassung sollte unter Berücksichtigung der immer größeren Vielfalt der Arbeitskräfte und der gesellschaftlichen Entwicklungen, einschließlich der zunehmenden Vielfalt der Familienstrukturen, nach den nationalen Rechtsvorschriften, Tarifverträgen und/oder Gepflogenheiten erfolgen;

12. In vielen Mitgliedstaaten haben Maßnahmen, mit denen Männer aufgefordert werden sollen, in gleichem Maße familiäre Pflichten zu übernehmen, nicht zu befriedigenden Ergebnissen geführt; um eine ausgewogenere Aufteilung der familiären Pflichten zwischen Männern und Frauen zu fördern, sollten daher wirksamere Maßnahmen ergriffen werden;

13. In vielen Mitgliedstaaten gibt es bereits ein breites Spektrum politischer Maßnahmen und Gepflogenheiten im Bereich Urlaubs- und flexible Arbeitszeitregelungen sowie der Kinderbetreuung, die auf die Bedürfnisse der Arbeitnehmer und Arbeitgeber zugeschnitten sind und Eltern dabei unterstützen sollen, Beruf, Familie und Privatleben in Einklang zu bringen; diese Maßnahmen und Gepflogenheiten sollten bei der Umsetzung dieser Vereinbarung Berücksichtigung finden;

14. Diese Rahmenvereinbarung ist eine der Maßnahmen der europäischen Sozialpartner im Bereich der Vereinbarkeit;

15. Bei dieser Vereinbarung handelt es sich um eine Rahmenvereinbarung, welche Mindestvorschriften und Regelungen für einen vom Mutterschaftsurlaub zu unterscheidenden Elternurlaub und für Fernbleiben von der Arbeit aus Gründen höherer Gewalt festlegt und es den Mitgliedstaaten und den Sozialpartnern überlässt, die Voraussetzungen und Modalitäten für die Inanspruchnahme dieses Rechts zu regeln, damit die Lage in jedem einzelnen Mitgliedstaat berücksichtigt werden kann;

16. Das Recht auf Elternurlaub gemäß dieser Vereinbarung ist ein individuelles Recht und grundsätzlich nicht übertragbar, wobei die Mitgliedstaaten jedoch die Übertragbarkeit

vorsehen können. Erfahrungsgemäß kann die Tatsache, dass der Elternurlaub nicht übertragbar ist, als positiver Anreiz wirken, damit Väter diesen in Anspruch nehmen; die europäischen Sozialpartner sind sich daher einig, dass ein Teil des Urlaubs nicht auf den anderen Elternteil übertragbar sein soll;

17. Es ist wichtig, die besonderen Bedürfnisse der Eltern von Kindern mit einer Behinderung oder Langzeitkrankheit zu berücksichtigen;

18. Die Mitgliedstaaten sollten die Aufrechterhaltung der Ansprüche auf Sachleistungen aus der Krankenversicherung für die Mindestdauer des Elternurlaubs vorsehen;

19. Die Mitgliedstaaten sollten außerdem bei der Umsetzung der Vereinbarung die Aufrechterhaltung der Ansprüche auf unveränderte Sozialleistungen für die Mindestdauer des Elternurlaubs ins Auge fassen, wenn sich dies nach den Gegebenheiten und der Haushaltslage in dem betreffenden Mitgliedstaat als angemessen erweist; außerdem sollten sie der Vergütung als einem maßgeblichen Faktor bei der Inanspruchnahme von Elternurlaub Rechnung tragen;

20. Die Erfahrung in den Mitgliedstaaten zeigt, dass die Höhe der Vergütung während des Elternurlaubs einer der Faktoren ist, der die Inanspruchnahme von Elternurlaub, vor allem durch Väter, beeinflusst;

21. Flexible Arbeitsregelungen ermöglichen es erwerbstätigen Eltern, ihre beruflichen und elterlichen Pflichten besser miteinander in Einklang zu bringen und erleichtern den beruflichen Wiedereinstieg, insbesondere nach einem Elternurlaub;

22. Elternurlaubsregelungen stellen darauf ab, erwerbstätige Eltern während einer bestimmten Zeitdauer zu unterstützen, damit sie kontinuierlich am Arbeitsmarkt teilnehmen; deshalb sollte besser darauf geachtet werden, dass während des Elternurlaubs Kontakt mit dem Arbeitgeber gehalten wird oder Absprachen für die Rückkehr auf den Arbeitsplatz getroffen werden;

23. Diese Vereinbarung berücksichtigt die Notwendigkeit, die sozialpolitischen Rahmenbedingungen zu verbessern, die Wettbewerbsfähigkeit der Wirtschaft der Europäischen Union zu fördern und keine administrativen, finanziellen oder rechtlichen Auflagen vorzuschreiben, die der Gründung und Entwicklung von kleinen und mittleren Unternehmen entgegenstehen;

24. Die Sozialpartner sind am besten in der Lage, Lösungen zu finden, die den Bedürfnissen der Arbeitgeber und der Arbeitnehmer gerecht werden; im umfassenderen Kontext weiterer Maßnahmen zur Verbesserung der Vereinbarkeit von beruflichen und familiären Pflichten und zur Förderung der Chancengleichheit und Gleichstellung von Männern und Frauen kommt ihnen daher eine besondere Rolle bei der Umsetzung, Anwendung, Überwachung und Bewertung dieser Vereinbarung zu.

DIE UNTERZEICHNERPARTEIEN HABEN FOLGENDE VEREINBARUNG GESCHLOSSEN:

II. Inhalt

§ 1 Ziel und Anwendungsbereich

(1) Unter Berücksichtigung der zunehmenden Vielfalt der Familienstrukturen und unter Einhaltung der nationalen Rechtsvorschriften, Tarifverträge und/oder Gepflogenheiten werden in dieser Vereinbarung Mindestvorschriften festgelegt, damit erwerbstätige Eltern ihre beruflichen und elterlichen Pflichten besser miteinander in Einklang bringen können.

(2) Diese Vereinbarung gilt für alle Arbeitnehmerinnen und Arbeitnehmer, die gemäß den Rechtsvorschriften, Tarifverträgen und/oder Gepflogenheiten in dem jeweiligen Mitgliedstaat einen Arbeitsvertrag haben oder in einem Beschäftigungsverhältnis stehen.

(3) Die Mitgliedstaaten und/oder Sozialpartner dürfen Arbeitnehmer, Arbeitsverträge oder Beschäftigungsverhältnisse nicht lediglich deshalb vom Anwendungsbereich dieser Vereinbarung ausschließen, weil sie Teilzeitbeschäftigte, befristet beschäftigte Arbeitnehmer oder Personen sind bzw. betreffen, die mit einem Leiharbeitsunternehmen einen Arbeitsvertrag geschlossen haben oder ein Beschäftigungsverhältnis eingegangen sind.

A. Ziele der Richtlinie

1   Hintergrund für die Rahmenvereinbarung und die Richtlinie ist die Erkenntnis, dass die mit der **Vereinbarkeit von Beruf, Privat- und Familienleben** zu treffenden Entscheidungen zwar vorwiegend persönlicher Natur sind, sich diese aber auf den öffentlichen Bereich auswirken wie zB auf Erwerbsbeteiligungsquoten und Fertilitätsraten. Gleichzeitig sind staatliche Maßnahmen – wie etwa Einführung des Rechtsanspruchs auf Urlaub aus familiären Gründen, Betreuungsangebote für Kinder und betreuungsbedürftige Angehörige oder auch Beeinflussung anderer Faktoren, wie Ladenöffnungszeiten und Dauer des Schultags – mit ausschlaggebend für diese Entscheidungen der einzelnen Arbeitnehmer. Strategien zur Unterstützung der Entscheidungen betreffend die Erwerbstätigkeit insbesondere von Eltern beruhen auf einem Spektrum von Komponenten und bedürfen des Engagements verschiedener Akteure. Kinderbetreuungsangebot, Anspruch auf Urlaub und flexible Arbeitszeitregelungen sind die Kernelemente des Policy-Mix, während die Zuständigkeiten zwischen verschiedenen Ebenen – europäischer, nationaler und lokaler – und zwischen den Sozialpartnern auf europäischer, nationaler und sektoraler Ebene aufgeteilt sind. Die Rolle der EU in diesem Bereich ist zwar verhältnismäßig begrenzt, andererseits können die wesentlichen Ziele der EU, vor allem das Ziel von mehr und besseren Arbeitsplätzen, nur erreicht werden, wenn die Vereinbarkeitsmaßnahmen greifen (KOM [2008] 635 endg., 2).

2   Auch wenn die Richtlinie und die ihr zu Grunde liegende Rahmenvereinbarung als eine Maßnahme zur besseren Work-Life-Balance angesehen wird, ist doch zu beachten, dass sich die Richtlinie in Erwägungsgrund 1 explizit auf Art. 153 stützt. Damit liegt eine engere Zwecksetzung näher, nämlich die **Förderung der Chancengleichheit von Männern und Frauen** (so zur Vorgänger-Rahmenvereinbarung 1995 EuGH 22.10.2009 – C-116/08 Rn. 35 – Meerts). Vor dem Hintergrund der weiterhin bestehenden ungleichen Verteilung der unbezahlten Haushaltarbeit, insbesondere der Kinderbetreuung, zwischen Männern und Frauen dient auch ein leichter zugänglicher Elternurlaub dazu, diese Verteilung zu verbessern und so auch das berufliche Fortkommen von Frauen zu fördern. Auch der Erwägungsgrund 8 der Rahmenvereinbarung nimmt auf die Verbesserung der Vereinbarkeit von Beruf, Familie und Privatleben für erwerbstätige Eltern sowie der Chancengleichheit von Männern und Frauen auf dem Arbeitsmarkt und der Gleichbehandlung am Arbeitsplatz Bezug (so auch die Begründung der Kommission KOM [2009] 410 endg., 2; zur Übereinstimmung mit der Politik und den Zielen der EU in anderen Bereichen *Dahm*, EuZA 2011, 30). IdS führt § 1 als Zweck der Rahmenvereinbarung an, dass durch die dort festgelegten Mindestvorschriften – unter Berücksichtigung der zunehmenden Vielfalt der Familienstrukturen – erwerbstätigen Eltern ermöglicht werden soll, ihre **beruflichen und elterlichen Pflichten besser miteinander in Einklang zu bringen**. In den Erwägungsgründen 2–6 der Rahmenvereinbarung wird auf die zahlreichen einschlägigen Dokumente der EU verwiesen.

3   Ein nicht unwesentlicher Aspekt ist die Frage der **Aufteilung der Kinder betreffenden Betreuungs- und Obsorgepflichten zwischen Frauen und Männern** (Erwägungsgrund 8 der Rahmenvereinbarung). Männer sollen dazu aufgefordert werden, in gleichem Maße familiäre Pflichten zu übernehmen. Da die bisherigen einzelstaatlichen Maßnahmen zur Förderung einer ausgewogeneren Aufteilung der familiären Pflichten zwischen Männern und Frauen nicht zu befriedigenden Ergebnissen geführt haben, sollten durch die Neufassung der Rahmenvereinbarung wirksamere Maßnahmen ergriffen werden (Erwägungsgrund 12 der Rahmenvereinbarung). Dabei geht es unter anderem um das Verbot der

Übertragbarkeit (zumindest eines Teiles) des Elternurlaubes, da die Tatsache der Nichtübertragbarkeit als positiver Anreiz für die Inanspruchnahme durch Väter wirken kann (Erwägungsgrund 16 der Richtlinie). Diese besondere Aktivierung von Vätern für Betreuungsaufgaben (und die damit einhergehende Entlastung der Mütter) wird in Erwägungsgrund 20 der Rahmenvereinbarung angesprochen, wenn die Vergütung während des Elternurlaubes und insbesondere deren Höhe als maßgeblicher Faktor für dessen Inanspruchnahme, vor allem durch Väter, gesehen wird (→ § 5 Rn. 19).

§ 1 I nimmt ausdrücklich auf die **Vielfalt der Familienstrukturen** Bezug, die bei der 4 Einräumung von Elternurlaub Berücksichtigung finden sollen. Die Kommission hält dazu in ihrer Begründung des Richtlinienvorschlages fest, dass der Pluralisierung der Familienstrukturen (ua Alleinerziehende, unverheiratete Paare und gleichgeschlechtliche Paare) Rechnung getragen werden soll, ohne die Zuständigkeit der Mitgliedstaaten im Bereich des Familienrechts in Frage zu stellen. (KOM [2009] 410 endg., 10).

B. Verhältnis zu anderen Rechtsquellen

Schon aus der Zwecksetzung ergibt sich die **enge Beziehung zum Grundsatz der** 5 **Geschlechtergleichbehandlung** nach Art. 157 AEUV.

Dabei differenziert der EuGH regelmäßig zwischen dem (bezahlten) **Mutterschafts-** 6 **urlaub** nach der RL 92/85/EWG und dem (nach der Rahmenvereinbarung unbezahlten) Elternurlaub: So ist es zwar untersagt, Arbeitnehmerinnen vollständig von der Gewährung einer freiwilligen, eine Vergütung für in diesem Jahr geleistete Arbeit darstellenden Weihnachtsgratifikation auszuschließen, ohne im Jahr der Gewährung geleistete Arbeit oder Mutterschutzzeiten (Beschäftigungsverbote) zu berücksichtigen. Eine Verweigerung dieser Leistung im Erziehungsurlaub ist hingegen zulässig. Während somit Zeiten des Erziehungsurlaubes anteilig leistungsmildernd berücksichtigt werden dürfen, ist dies bei Zeiten des Mutterschutzes (Beschäftigungsverbote) untersagt (EuGH 21.10.1999 – C-333/97 – Lewen). Der EuGH sieht weiter eine Regelung, nach der ein laufender Elternurlaub bei Hinzukommen des Anspruchs auf Mutterschafts- oder Adoptionsurlaub durch diesen ersetzt wird und damit zwingend endet, ohne dass der Elternteil die Möglichkeit erhält, den noch nicht genommenen Teil dieses Elternurlaubs zu verschieben, den in der Rahmenvereinbarung vorgesehenen Mindestanspruch auf Elternurlaub verletzt. Jeder Elternteil hat nämlich ein Recht auf Elternurlaub in einem Mindestausmaß, das nicht verkürzt werden kann, wenn er durch einen, einem anderen Zweck dienenden Urlaub, etwa einen Mutterschaftsurlaub, unterbrochen wird (EuGH 14.4.2005 – C-519/03 Rn. 34 – Kommission/Luxemburg).

C. Persönlicher Anwendungsbereich

Die Rahmenvereinbarung verweist nicht auf einen autonomen europarechtlichen, son- 7 dern auf einen **nationalen Arbeitnehmerbegriff** (*Riesenhuber* EEL 511): Erfasst sind von ihr alle Arbeitnehmer, die gem. den Rechtsvorschriften, Tarifverträgen und/oder Gepflogenheiten in dem jeweiligen Mitgliedstaat einen Arbeitsvertrag haben oder in einem Beschäftigungsverhältnis stehen. Dieser Spielraum zur nationalen Definition des Arbeitnehmerbegriffes wird jedoch in mehrfacher Weise eingeschränkt.

Einerseits stellt der Hinweis auf ein Beschäftigungsverhältnis in § 1 II klar, dass es nicht 8 auf das Vorliegen eines gültigen **Vertrages** ankommt oder dass überhaupt ein konsensualer (Arbeits-)Vertrag die Grundlage für die Leistungserbringung ist. Im Unterschied zur Vorgänger-Rahmenvereinbarung 1995 (§ 1 II) ist nicht mehr von „Arbeitsverhältnis", sondern von **„Beschäftigungsverhältnis"** die Rede, was auf ein weiteres Begriffsverständnis hindeutet. Die Kommission hält in ihrem Umsetzungsbericht (KOM [2003] 358 endg., 3) fest: „Eindeutig ist, dass auch Beschäftigte des öffentlichen Sektors unter diese Bestimmung fallen". Dabei wird auch darauf hingewiesen, dass der Ausschluss von Beschäftigten der Schifffahrt in Griechenland gegen die Richtlinie verstoße und ein Vertragsverletzungsverfahren eingeleitet werde. Griechenland habe demnach den Elternurlaub auf Beschäftigte der Schifffahrt und auf Richter ausgedehnt (Schlachter/*Houwerzijl* 498).

9 Schon zur Vorgängerregelung hielt der EuGH fest, dass auch **Beamte,** die in der Regel nicht auf Basis eines Arbeitsvertrages beschäftigt werden, von der Rahmenvereinbarung erfasst sind (16.9.2010 – C 149/10 Rn. 29 – Chatzi). Schon aus dem Wortlaut gehe unmittelbar hervor, dass der Anwendungsbereich weit gefasst sei. Zudem beziehe sich die Bestimmung auf erwerbstätige Eltern (§ 1 I), ohne danach zu unterscheiden, ob ihr Arbeitgeber privat oder öffentlich ist. Somit seien alle Arbeitnehmer eingeschlossen, wobei der EuGH auf die Rahmenvereinbarung über befristete Arbeitsverträge im Anhang der RL 1999/70/EG, die in § 2 I eine ähnliche Formulierung enthält, sowie auf die dazu ergangene Rechtsprechung (EuGH 4.7.2006 – C–212/04 Rn. 54 ff. – Adeneler; 7.9.2006 – C–180/04 Rn. 32 – Vassallo) Bezug nimmt. Diese Auslegung werde überdies auch durch den Zweck der Rahmenvereinbarung, die Gleichbehandlung von Männern und Frauen zu fördern, gestützt. Der Grundsatz der Gleichbehandlung von Männern und Frauen gehöre nämlich zu den Sozialvorschriften des Vertrags, der allg. Geltung habe; deshalb sei die Richtlinie auch auf öffentlich-rechtliche Dienstverhältnisse anwendbar ist (vgl. idS EuGH 2.10.1997 – C–1/95 Rn. 18 – Gerster; 11.1.2000 – C–285/98 Rn. 18 – Kreil, zu Fragen der Geschlechtergleichbehandlung).

10 Explizit – und darin unterscheidet sich die Rahmenvereinbarung von ihrer Vorgängerin aus 1995 – wird in § 1 III verboten, dass Mitgliedstaaten Personen deshalb von ihrem Anwendungsbereich ausschließen, weil sie **Teilzeitbeschäftigte, befristet beschäftigte Arbeitnehmer** oder **Leiharbeitnehmer** sind. Durch die ausdrückliche Erfassung atypischer Arbeitsverhältnisse wird auch dem Gebot der Nichtdiskriminierung bzw. der Gleichbehandlung in der → Teilzeit-Richtlinie 97/81/EG § 4 Rn. 1 ff., der → Befristungs-Richtlinie 1999/70/EG § 4 Rn. 8 ff. sowie der → Leiharbeitsrichtlinie 2008/104/EG Art. 5 Rn. 9 ff. Rechnung getragen. Bei sachlicher Rechtfertigung aus anderen Gründen als den genannten besteht freilich die Möglichkeit der Differenzierung, wie zB wenn das Arbeitsverhältnis nur von kurzer Dauer ist (→ Rn. 8) (Schlachter/*Houwerzijl* 498).

11 Um den Bedürfnissen **kleiner Unternehmen** im Blick auf Arbeitsweise und Organisation gerecht zu werden, können nach § 3 I lit. d besondere Vorkehrungen getroffen werden (→ § 3 Rn. 11); eine Totalausnahme diese Unternehmen vom Anwendungsbereich der Richtlinie ist jedoch nicht vorgesehen (*Riesenhuber* EEL 511).

12 Grds. besteht kein Erfordernis einer **Mindestdauer** des Arbeitsverhältnisses um in den Anwendungsbereich der Rahmenvereinbarung zu fallen (*Riesenhuber* EEL 511). Das Recht auf Elternurlaub kann jedoch nach § 3 I lit. b von einer Beschäftigungs- und/oder Betriebszugehörigkeitsdauer bis zu einer Grenze von höchstens einem Jahr abhängig gemacht werden (→ § 3 Rn. 4 ff.). Für das Fernbleiben von der Arbeit bei höherer Gewalt ist vorgesehen, dass die Mitgliedstaaten Bedingungen für die Inanspruchnahme festlegen können (→ § 7 Rn. 5).

§ 2 Elternurlaub

(1) Nach dieser Vereinbarung haben Arbeitnehmerinnen und Arbeitnehmer im Fall der Geburt oder Adoption eines Kindes ein individuelles Recht auf Elternurlaub zur Betreuung des Kindes bis zu einem von den Mitgliedstaaten und/oder Sozialpartnern festzulegenden Alter des Kindes von bis zu acht Jahren.

(2) [1] Der Elternurlaub wird für eine Dauer von mindestens vier Monaten gewährt und sollte zur Förderung der Chancengleichheit und Gleichbehandlung von Männern und Frauen grundsätzlich nicht übertragbar sein. [2] Um eine ausgewogenere Inanspruchnahme des Elternurlaubs durch beide Elternteile zu fördern, ist mindestens einer der vier Monate nicht übertragbar. [3] Die Modalitäten für den nicht übertragbaren Teil werden auf nationaler Ebene gesetzlich und/oder tarifvertraglich festgelegt, wobei die Elternurlaubsregelungen, die bereits in den Mitgliedstaaten bestehen, berücksichtigt werden.

A. Anspruchsberechtigung

I. Anspruchsberechtigte

Das Recht auf Elternurlaub steht nur **Arbeitnehmern** (→ § 1 Rn. 3) im Fall der Geburt oder Adoption eines Kindes zu. Der Begriff Geburt nimmt auf die **biologische Elternschaft** Bezug, wobei sowohl dem Vater als auch der Mutter dieses Recht als individuelles Recht (→ Rn. 5) zusteht. Durch die Nennung der **Adoptivelternschaft** wird der Kreis der Anspruchsberechtigten auf den Kreis der „rechtlichen" Eltern erweitert. Wer darunter fällt, bestimmt sich nach den rechtlichen Bestimmungen der einzelnen Mitgliedstaaten; ist eine Adoption auch durch gleichgeschlechtliche Paare möglich, so haben beide Väter bzw. Mütter diesen Anspruch. Nicht erfasst ist hingegen die Pflegeelternschaft, dh die Aufnahme eines Kindes in den Haushalt zu dessen vollzeitiger Betreuung und Pflege. 1

Der EuGH betont, dass es nicht darauf ankommt, ob das Kind vor oder nach dem Ende der Frist für die Umsetzung der Richtlinie geboren ist. Das Recht auf Elternurlaub knüpft nicht an die Geburt oder die Adoption des Kindes idS an, dass es diese Tatbestände sind, die aufgrund ihres Eintrittsdatums das Recht auf Elternurlaub begründen. Es verfolgt vielmehr den Zweck, Eltern mit einem Kind unter einem bestimmten Alter ein Recht auf Elternurlaub zu gewähren (EuGH 14.4.2005 – C-519/03 Rn. 46, 48 – Kommission/Luxemburg). 2

Der Anspruch steht nur den Eltern zur, die das **Kind tatsächlich betreuen.** Nach → § 2 Rn. 1 ist der Elternurlaub nämlich zweckgebunden und steht nur „zur Betreuung des Kindes" zu (so zB auch EuGH 14.4.2005 – C-519/03 Rn. 46 – Kommission/Luxemburg). Damit ist es idR ausgeschlossen, dass im Falle einer Adoption (auch im Zusammenhang mit einer Bestellmutterschaft) sowohl die biologischen als auch die Adoptiveltern den Anspruch geltend machen können. Schwieriger ist der Anspruch bei getrennt lebenden Eltern einzuschätzen, bei denen das Kind überwiegend im Haushalt des einen Elternteils lebt und der andere Elternteil nur ein Besuchsrecht (zB alle zwei Wochen ein Wochenende) hat. In diesem Fall ist mE wegen der Zwecksetzung des Elternurlaubes ein Anspruch zu verneinen. 3

Die einzelnen Mitgliedstaaten können über diesen Kreis der Anspruchsberechtigten hinausgehen und **günstigere Regelungen** vorsehen (Schlachter/*Houwerzijl* 499) um der Vielfalt familiärer Beziehungen Rechnung zu tragen. Dies ist zB in § 15 BEEG geschehen. Danach sind auch Pflegeeltern, die ein Kind in Vollzeitpflege nach § 33 SGB VIII aufgenommen haben ebenso anspruchsberechtigt wie insbesondere Personen hinsichtlich der Kinder der Ehegatten oder Lebenspartner, die sie in ihren Haushalt aufgenommen haben. Ebenso erfasst sind Verwandte, die ein Kind in ihrem Haushalt betreuen und erziehen, dessen Eltern, es wegen einer schweren Krankheit, Schwerbehinderung oder dem Tod nicht betreuen können. Auch Großeltern sind hinsichtlich ihrer Enkelkinder erfasst, wenn diese in einem Haushalt leben, sie das Kind selbst betreuen und erziehen und ein Elternteil des Kindes minderjährig ist oder sich in einer Ausbildung befindet, die vor Vollendung des 18. Lebensjahres begonnen wurde und die Arbeitskraft des Elternteils im Allg. voll in Anspruch nimmt (dazu ErfK/*Gallner* BEEG § 15 Rn. 5a ff.). 4

II. Individueller Anspruch

Der Anspruch auf Elternurlaub ist ein **individueller Anspruch der Eltern,** nicht der Kinder (EuGH 16.9.2010 – C-149/10 Rn. 40 – Chatzi). Der EuGH lehnt ein aus der Rahmenvereinbarung abgeleitetes Recht auf eine der Zahl der geborenen Kinder entsprechende Zahl von Elternurlauben im Falle einer Mehrlingsgeburt ab. Aus dem Grundsatz der Gleichbehandlung leitet der Gerichtshof aber eine Verpflichtung des nationalen Gesetzgebers zur Schaffung eines System des Elternurlaubs ab, das entsprechend der im betreffenden Mitgliedstaat bestehenden Situation Eltern von Mehrlingen eine Behandlung gewährleistet, die ihren besonderen Bedürfnissen gebührend Rechnung trägt (EuGH 16.9.2010 – C-149/10 Rn. 41 ff., 75 – Chatzi). 5

B. Unübertragbare Mindestdauer

I. Mindestdauer

6 Der Elternurlaub wird nach § 2 Rn. 2 für eine Dauer von **mindestens vier Monaten** gewährt. Zu den Einzelheiten hinsichtlich der Gewährung § 3. In der Vorgänger-Rahmenvereinbarung 1995 betrug der Mindestanspruch nur drei Monate.

7 Jeder Elternteil hat ein individuelles Recht auf Elternurlaub in dem Mindestausmaß. Dieses darf nicht verkürzt werden, wenn er durch einen, einem anderen Zweck dienenden Urlaub (zB einen Mutterschaftsurlaub) **unterbrochen** wird. Für den Fall, dass ein laufender Elternurlaub bei Hinzukommen des Anspruchs auf Mutterschafts- oder Adoptionsurlaub durch diesen ersetzt wird und damit zwingend endet, muss der betreffende Elternteil die Möglichkeit erhalten, den noch nicht genommenen Teil dieses Elternurlaubs zu verschieben (EuGH 14.4.2005 – C-519/03 Rn. 33 f. – Kommission/Luxemburg). Dies entspricht der Rechtsprechung, wonach ein durch das Gemeinschaftsrecht gewährleisteter Urlaub nicht einen anderen durch dieses Recht gewährleisteten Urlaub beeinträchtigen kann, weil diese unterschiedlichen Zwecken dienen (zum Verhältnis von Jahresurlaub- zu Mutterschaftsurlaub EuGH 18.3.2004 – C–342/01 Rn. 41 – Merino Gómez; → Arbeitszeit-Richtlinie 2003/88/EG Art. 7 Rn. 11).

8 Nach § 2 Rn. 1 ist der Elternurlaub **bis** zu einem von den Mitgliedstaaten und/oder Sozialpartnern festzulegenden **Alter des Kindes von bis zu acht Jahren** zu gewähren. Damit soll vermieden werden, dass der Anspruch sehr lange hinausgeschoben wird und das Kind einer entsprechend intensiven Betreuung durch die Eltern gar nicht mehr bedarf. Anderseits soll mit einem längeren Zeitraum für die Inanspruchnahme eine Interessensabstimmung zwischen dem Arbeitgeber und dem Arbeitnehmer ermöglicht werden. Es handelt sich dabei um einen Maximalzeitraum, der bei der Umsetzung nicht überschritten werden darf. Ein längerer Zeitraum ist als nicht günstiger iSd → § 8 Rn. 1 anzusehen (*Riesenhuber* EEL 512). Ein kürzerer Zeitraum kann hingegen festgelegt werden, er darf jedoch, insbesondere wenn er sehr kurz bemessen ist, nicht den Zwecken der Rahmenvereinbarung widersprechen.

II. Unübertragbarkeit

9 In vielen Mitgliedstaaten haben Maßnahmen, mit denen Männer aufgefordert werden sollen, in gleichem Maße familiäre Pflichten zu übernehmen, nicht zu befriedigenden Ergebnissen geführt. Um eine ausgewogenere Aufteilung der familiären Pflichten zwischen Männern und Frauen zu fördern, sollten daher wirksamere Maßnahmen ergriffen werden (Erwägungsgrund 12 der Rahmenvereinbarung). Als wichtigste Maßnahme ist in § 2 Nr. 2 die **grundsätzliche Nichtübertragbarkeit** des Elternurlaubes vorgesehen (so schon § 2 Nr. 2 Vorgänger-Rahmenvereinbarung 1995). Dies ergibt sich eigentlich schon aus der Konstruktion als individueller Anspruch der jeweiligen Elternteile (→ Rn. 5). Durch eine ausgewogene Inanspruchnahme des Elternurlaubes durch beide Elternteile soll die Chancengleichheit und Gleichbehandlung von Männern und Frauen gefördert werden. Im Erwägungsgrund 16 der Rahmenvereinbarung wird darauf hingewiesen, dass erfahrungsgem. die Tatsache, dass der Elternurlaub nicht übertragbar ist, als positiver Anreiz wirken kann, damit Väter diesen in Anspruch nehmen. Freilich ist die Nichtübertragbarkeit abseits der Minimaldauer von einem Monat (→ Rn. 10) nur als Grundsatz formuliert. Erwägungsgrund 16 der Rahmenvereinbarung sieht sogar explizit vor, dass die Mitgliedstaaten die Übertragbarkeit vorsehen können. Dafür kann es eine Anzahl objektiver Gründe geben, wie die Scheidung oder Trennung der Eltern oder der Umstand, dass ein Elternteil arbeitsunfähig oder gar verstorben ist (*Schlachter/ Houwerzijl* 501). Wenn eine Übertragbarkeit vorgesehen ist, wandelt sich der Elternurlaub materiell von einem individuellen Anspruch der Eltern zu einen auf das Kind bezogenen. Abzüglich des keinesfalls übertragbaren Mindestanspruches von einem Monat ist somit im Falle der Übertragbarkeit ein Mindest-Elternurlaub pro Kind von sieben Monaten vorzusehen.

Modalitäten   § 3 Anh. RL 2010/18/EU 640

Unter keinen Umständen übertragbar muss **ein Monat** des viermonatigen Mindest- 10
anspruches sein. Er verfällt, wenn nur ein Elternteil Elternurlaub nimmt (so die Begründung
der Kommission KOM [2009] 409 endg., 19). Ein derartiger Mindestanspruch mit Über-
tragungsverbot war in der Vorgänger-Rahmenvereinbarung 1995 noch nicht vorgesehen.
Auch hier räumt die Rahmenvereinbarung explizit einen großen Spielraum bei der Umsetzung ein; die Modalitäten für den nicht übertragbaren Teil sind auf nationaler Ebene
gesetzlich und/oder tarifvertraglich festzulegen. Dabei können die Elternurlaubsregelungen,
die bereits in den Mitgliedstaaten bestehen, berücksichtigt werden. Die Wirkung auf die
Umverteilung der Sorgearbeit zwischen den Elternteilen wird insbesondere dann beschränkt
sein, wenn die Gesamtdauer des Elternurlaubes sehr lang ist und der nicht übertragbare Teil
dazu im Verhältnis sehr gering ist (Schlachter/*Houwerzijl* 499).

§ 3 Modalitäten

(1) ¹Die Voraussetzungen und die Modalitäten für die Inanspruchnahme des Elternurlaubs werden in den Mitgliedstaaten gesetzlich und/oder tarifvertraglich unter Einhaltung der Mindestvorschriften dieser Vereinbarung geregelt. ²Die Mitgliedstaaten
und/oder die Sozialpartner können insbesondere

a) entscheiden, ob der Elternurlaub als Vollzeit- oder Teilzeiturlaub, in Teilen oder in
   Form von Zeitguthaben gewährt wird; hierbei sind die Bedürfnisse der Arbeitgeber
   und der Arbeitnehmer zu berücksichtigen;
b) das Recht auf Elternurlaub von einer Beschäftigungs- und/oder Betriebszugehörigkeitsdauer bis zu einer Grenze von höchstens einem Jahr abhängig machen; die
   Mitgliedstaaten und/oder Sozialpartner, die von dieser Möglichkeit Gebrauch machen, stellen sicher, dass bei der Berechnung der Wartezeit im Fall aufeinanderfolgender befristeter Arbeitsverträge im Sinne der Richtlinie 1999/70/EG des Rates
   über befristete Arbeitsverträge mit demselben Arbeitgeber die Gesamtvertragsdauer
   berücksichtigt wird;
c) die Bedingungen festlegen, in denen der Arbeitgeber – nach Konsultation gemäß
   den nationalen Rechtsvorschriften, Tarifverträgen und/oder Gepflogenheiten – aus
   berechtigten betrieblichen Gründen die Gewährung des Elternurlaubs verschieben
   darf. Sollten sich aus der Anwendung dieser Bestimmung Schwierigkeiten ergeben,
   so sollten diese nach den nationalen Rechtsvorschriften, Tarifverträgen und/oder
   Gepflogenheiten behandelt werden;
d) in Ergänzung zu Buchstabe c die Genehmigung erteilen, dass besondere Vorkehrungen getroffen werden, um den Bedürfnissen kleiner Unternehmen im Blick auf
   Arbeitsweise und Organisation gerecht zu werden.

(2) ¹Die Mitgliedstaaten und/oder Sozialpartner legen Fristen fest, innerhalb deren
der Arbeitnehmer seinen Arbeitgeber über die Ausübung seines Rechts auf Elternurlaub unterrichten muss; der Arbeitnehmer hat Beginn und Ende des Elternurlaubs
anzugeben. ²Bei der Festlegung dieser Fristen tragen die Mitgliedstaaten und/oder
Sozialpartner den Interessen der Arbeitnehmer und der Arbeitgeber Rechnung.

(3) Die Mitgliedstaaten und/oder Sozialpartner sollten prüfen, ob die Voraussetzungen und die Modalitäten für die Inanspruchnahme des Rechts auf Elternurlaub an die
Bedürfnisse von Eltern von Kindern mit einer Behinderung oder Langzeitkrankheit
angepasst werden müssen.

A. Grundsätzliches

Der Ausrichtung der Sozialpartnervereinbarung als „Rahmenvereinbarung" entspre- 1
chend, die Mindestvorschriften und Regelungen für einen vom Mutterschaftsurlaub zu
unterscheidenden Elternurlaub festlegt, wird es den Mitgliedstaaten und/oder den Sozial-

partnern in einem verhältnismäßig weiten Ausmaß überlassen, die Voraussetzungen und Modalitäten für die Inanspruchnahme dieses Rechts zu regeln. Damit soll die Lage in jedem einzelnen Mitgliedstaat bestmöglich berücksichtigt werden können (Erwägungsgrund 15 der Rahmenvereinbarung). § 3 spricht mehrere sich in diesem Zusammenhang sich stellende Frage an und gibt alternative Lösungen vor.

B. Bei der Umsetzung zu berücksichtigende Aspekte

I. Form des Elternurlaubes

2   Die Mitgliedstaaten und/oder die Sozialpartner können über die Form des Elternurlaubes entscheiden. Dabei stehen die sogleich genannten Alternativen einander grds. gleichwertig gegenüber. Wesentlich ist bei jeder Form des Elternurlaubes, dass dabei die Bedürfnisse der Arbeitgeber und der Arbeitnehmer zu berücksichtigen sind (so der Wortlaut von § 3 Nr. 1 lit. a); auch die Begründung der Kommission weist darauf hin, dass bei der Entscheidung über eine flexible Inanspruchnahme von Elternurlaub sowohl die Interessen der Arbeitnehmer als auch die der Arbeitgeber zu berücksichtigen sind (KOM [2009] 410 endg., 11).

3   Die Rahmenvereinbarung nennt dabei als **Alternativen** die gänzliche Freistellung von Arbeitspflicht **(Vollzeiturlaub)** oder eine Herabsetzung der Arbeitszeit **(Teilzeiturlaub).** Dazu wird angemerkt, dass es nicht iSd Rahmenvereinbarung sei, den Elternurlaub ausschließlich auf Teilzeitbasis zu gewähren; den Arbeitnehmer müsste ein diesbezügliches Wahlrecht eingeräumt werden (*Klein-Jahns* EAS B 5100 Rn. 77). Außerdem kann der Elternurlaub **in einem Stück** pro Elternteil oder **in Teilen** gewährt werden. Als letzte Form des Elternurlaubes sind **Zeitguthaben** (in der Vorgänger-Rahmenvereinbarung 1995 „Kreditstunden") genannt. Darunter ist wohl ein System zu verstehen, bei dem der Arbeitnehmer die Zeit, für die er Elternurlaub beansprucht, einzuarbeiten hat. Er baut somit durch Mehrleistungen vor und/oder nach dem Elternurlaub Zeitguthaben auf, die er dann geblockt im Zuge des Elternurlaubes abbaut. Dies hat den Vorteil hat, dass diese Zeiten dann voll bezahlt sind. Als einziges nationales Modell wird es jedoch den Zwecksetzungen des Elternurlaubes widersprechen, dass sich der Arbeitnehmer diesen gleichsam „erarbeiten" muss. Das Zeitguthabenmodell kann deshalb nur als Alternative zum Freistellungs-Elternurlaub, abhängig von der Zustimmung des Arbeitnehmers eingeräumt werden (*Klein-Jahns* EAS B 5100 Rn. 79).

II. Mindestbeschäftigungsdauer

4   Die Mitgliedstaaten und/oder die Sozialpartner können eine **Wartezeit** idS vorsehen, dass das Recht auf Elternurlaub nur ab einer bestimmten Beschäftigungs- und/oder Betriebszugehörigkeitsdauer zusteht. Dabei ist eine **Maximalgrenze von einem Jahr normiert.** Begründet kann dies damit werden, dass sich erst ab einer bestimmten Dauer der Beschäftigung die Beziehung zum Arbeitgeber so verdichtet hat, dass dieser auf die Interessen des Arbeitnehmers in Form der Gewährung eines Elternurlaubs Rücksicht nehmen muss.

5   Ob bei der Interpretation der Begriffe Beschäftigungs- und Betriebszugehörigkeitsdauer tatsächlich auf das nationale Begriffsverständnis zurückzugreifen ist (so *Riesenhuber* EEL 513 unter Berufung darauf, dass die Rahmenvereinbarung keine Leitlinien für eine autonome Definition bietet), erscheint fraglich. Dies insbesondere im Hinblick darauf, dass die beiden Begriffe ja offenbar Unterschiedliches meinen sollen, sie aber uU nach nationalem Recht gar nicht abgrenzbar sind. Eine autonome Auslegung idS, dass „Beschäftigungszeit" die Zeit meint, die eine Person als Arbeitnehmer gearbeitet hat unabhängig, ob diese bei einem oder mehreren Arbeitgebern verbracht wurde, und „Betriebszugehörigkeit" auf die bei einem einzigen Arbeitgeber verbrachte Zeit Bezug nimmt (so *Schlachter/Houwerzijl* 502), respektiert zumindest die begriffliche Unterscheidung. Fraglich ist auch, ob es allein auf den rechtlichen Bestand oder die tatsächlich erbrachte Arbeitsleistung ankommen soll (*Klein-*

Jahns EAS B 5100 Rn. 81); mE ist iSd *telos* der Ausnahmeregelung auf das bloße Vertragsband abzustellen. Auch auf das Ausmaß der Beschäftigung kann es nicht ankommen (→ Rn. 6).

Jedenfalls sollen die Mitgliedstaaten und/oder die Sozialpartner, die von der Möglichkeit einer Wartezeit Gebrauch machen, sicherstellen, dass bei deren Berechnung im Fall aufeinanderfolgender **befristeter Arbeitsverträge** iSd Befristungs-Richtlinie 1999/70/EG mit demselben Arbeitgeber die Gesamtvertragsdauer berücksichtigt wird. Auch iSd Diskriminierungsverbots nach der → Teilzeit-Richtlinie 97/81/EG § 4 Rn. 20 hat das **Beschäftigungsausmaß** keinen Einfluss auf die Wartezeit, insbesondere wird diese nicht entsprechend der Arbeitszeit verlängert (zB bei einer Halbtagsbeschäftigung eine Verdoppelung der Wartezeit). Im Hinblick auf den telos der Wartezeit (→ Rn. 4) ist der pro-rata-temporis-Grundsatz hier nicht angemessen.

III. Verschiebung des Elternurlaubes durch den Arbeitgeber

ISd Interessenausgleichs können Mitgliedstaaten und/oder die Sozialpartner vorsehen, dass der Arbeitgeber aus **berechtigten betrieblichen Gründen** die Gewährung des Elternurlaubs verschieben darf. Die Vorgänger-Rahmenvereinbarung 1995 enthielt noch eine beispielhafte Aufzählung derartiger Gründe: bei saisonabhängiger Arbeit, wenn innerhalb der festgelegten Frist keine Vertretung gefunden werden kann; wenn ein erheblicher Anteil der Arbeitnehmer gleichzeitig Elternurlaub beantragt oder wenn eine bestimmte Funktion von strategischer Bedeutung ist. Die Kommission weist in ihrer Begründung (KOM [2009] 410 endg., 11) darauf hin, dass diese zur Orientierung dienende Aufzählung zwar gestrichen worden sei; die Kernaussage der Bestimmung bleibe jedoch unverändert. Wesentlich ist dabei jedenfalls, dass damit der Anspruch auf Elternurlaub nicht entfällt, sondern dass nur seine Lage gegenüber der ursprünglichen verlagert wird. Der dritte in der Vorgänger-Rahmenvereinbarung angeführte Grund („bestimmte Funktion von strategischer Bedeutung") ist unter diesem Aspekt nicht nachvollziehbar, weil dies ja keine Verlagerung, sondern eigentlich eine gänzliche Ablehnung des Elternurlaubes begründet (*Riesenhuber* EEL 513). Richtigerweise geht es dabei wohl um die Schwierigkeiten, einen geeigneten Ersatz für die Abwesenheit des Arbeitnehmers zu finden.

Wesentlich ist, dass der Verschiebung eine **Konsultation** gem. den nationalen Rechtsvorschriften, Tarifverträgen und/oder Gepflogenheiten vorangeht. Das kann insbesondere auch eine Anhörung des Betriebsrats (*Klein-Jahns* EAS B 5100 Rn. 86) oder auch des betroffenen Arbeitnehmers sein. Sollten sich aus der Anwendung dieser Bestimmung Schwierigkeiten ergeben, so sollten diese nach den nationalen Rechtsvorschriften, Tarifverträgen und/oder Gepflogenheiten behandelt werden.

IV. Änderung des Elternurlaubes durch den Arbeitnehmer

Nicht ausdrücklich ist in der Rahmenvereinbarung die Frage **geregelt,** ob auch Arbeitnehmer einen Anspruch auf eine Änderung des einmal fixierten Elternurlaubes haben. Auch die Rechtsprechung hat diese Frage mE noch nicht generell gelöst.

Der EuGH (20.9.2007 – C-116/06 Rn. 37 f. – Kiiski) hat lediglich für den Fall, dass eine einen Elternurlaub beanspruchende Arbeitnehmerin währenddessen schwanger wird, folgendes festgehalten: Es sei legitim, dass Ereignisse, die es nach Beantragung oder Gewährung dieses Urlaubs dem betreffenden Arbeitnehmer unbestreitbar unmöglich machen, sich unter den anfangs ins Auge gefassten Umständen um das Kind zu kümmern, vom Betreffenden geltend gemacht werden können, um eine Änderung des Zeitraums des genannten Urlaubs zu erreichen. Da die Gewährung eines Elternurlaubes Auswirkungen auf die Organisation des Unternehmens hat und insbesondere die Einstellung einer Ersatzkraft erforderlich machen kann, ist es aber genauso legitim, dass das nationale Recht strikt die Voraussetzungen festlegt, unter denen der Zeitpunkt des Elternurlaubs geändert werden kann. Im konkreten Fall wurde der Anspruch freilich darauf gestützt, dass zwar Gründe für eine Änderung des einmal fixierten Elternurlaubes vorgesehen waren (zB die schwere Erkrankung oder den Tod des Kindes oder des anderen Ehegatten sowie die Scheidung), die Schwangerschaft, die ähnliche Auswirkungen zeitigt, aber dabei nicht genannt war. Es würde eine Diskriminierung auf Grund des Geschlechts darstellen, wenn diese nicht berücksichtigt würde (EuGH 20.9.2007 – C–116/06 Rn. 52 ff. – Kiiski). Damit kann eine Verpflichtung, dass überhaupt eine Änderungsmöglichkeit für den Arbeitnehmer besteht, zumindest aus dieser Entscheidung nicht abgeleitet werden.

11 Wesentlich ist auch, dass die Rahmenbedingungen für andere Leistungen Arbeitnehmer nicht davon abhalten, überhaupt Elternurlaub zu nehmen, weil sich dieser leistungsmindernd auswirkt. Dies kann zB darin bestehen, dass das während des Mutterschaftsurlaubes fortzuzahlende Entgelt bzw. die währenddessen zustehende Sozialleistung an das letzte Einkommen davor anknüpft und deshalb bei einem Mutterschaftsurlaub unmittelbar im Anschluss an einen unbezahlten Elternurlaub keine Leistung vorsieht. Die Mutter müsste das Arbeitsverhältnis daher zumindest für eine kurze Zeit aufnehmen, um in den Genuss einer Geldleistung während des Mutterschaftsurlaubes zu kommen. Eine Regelung, die dies vorsieht ist nach Auffassung des EuGH (13.2.2014 – C–512/11 und C–513/11 Rn. 43ff – Terveys) richtlinienwidrig. Der Entfall oder die Absenkung des Entgelts während des Elternurlaubes muss somit wohl für die Berechnung der Leistung während eines Mutterschaftsurlaubes unberücksichtigt bleiben und es ist an das Entgelt vor dessen Antritt anzuknüpfen.

V. Berücksichtigung der Bedürfnisse kleiner Unternehmungen

12 Über die Verschiebungsmöglichkeit gem. § 3 Nr. 1 lit. c hinaus eröffnet die Rahmenvereinbarung grds. die Möglichkeit, besondere Vorkehrungen zu treffen, um den Bedürfnissen kleiner Unternehmen im Blick auf Arbeitsweise und Organisation gerecht zu werden. Hier geht es anders als in Erwägungsgrund 23 der Rahmenvereinbarung nur um kleine Unternehmen und nicht auch um mittlere. Die Organisation, auf die Bezug genommen wird, ist das Unternehmen und nicht der Betrieb (*Riesenhuber* EEL 513). Nach der Empfehlung der Kommission 2003/361/EG (Bekannt gegeben unter K[2003]1422) handelt es sich dabei um Unternehmen, die weniger als 50 Personen beschäftigen und deren Jahresumsatz bzw. Jahresbilanz 10 Mio. EUR nicht übersteigt.

13 Jedenfalls müssen dabei die Mindestvorschriften (insbesondere die Mindestdauer von vier Monaten pro Elternteil) eingehalten werden, es können jedoch hinsichtlich bsw. der diese übersteigenden Dauer Differenzierungen nach Unternehmensgröße vorgenommen werden. Auch können zB längere Ankündigungsfristen vorgesehen werden (*Riesenhuber* EEL 514; *Klein-Jahns* EAS B 5100 Rn. 27).

VI. Berücksichtigung der Bedürfnisse von Eltern von Kindern mit Behinderung oder Langzeitkrankheit

14 Nach § 3 Nr. 3 sollten die Mitgliedstaaten und/oder Sozialpartner prüfen, ob die Voraussetzungen und die Modalitäten für die Inanspruchnahme des Rechts auf Elternurlaub an die Bedürfnisse von Eltern von Kindern mit einer Behinderung oder Langzeitkrankheit angepasst werden müssen. Wenngleich auch Erwägungsgrund 17 der Rahmenvereinbarung auf die Wichtigkeit einer Berücksichtigung derartiger Bedürfnisse der Eltern hinweist, wird den Mitgliedstaaten und/oder den Sozialpartnern lediglich nahegelegt, sich mit diesen Themen zu **befassen** (vgl. die Begründung der Kommission KOM [2009] 410 endg., 11). Eine Verpflichtung, diesbezügliche Sonderregelungen (zB länger währende Ansprüche [Schlachter/*Houwerzijl* 504] oder eine Inanspruchnahme auch nach dem achten Lebensjahr des Kindes) vorzusehen, besteht hingegen nicht.

15 Der EuGH (16.9.2010 – C 149/10 Rn. 68, 73 f. – Chatzi) hat im Zusammenhang mit einer Zwillingsgeburt vertreten, dass es der **Gleichheitssatz** bei der Umsetzung gebietet zu

berücksichtigen, dass sich deren Eltern in einer **besonderen Lage** befinden. Die nationale Regelung müsse daher in ihrer Gesamtheit ausreichende Möglichkeiten bieten, um in einem solchen Fall den besonderen Bedürfnissen von Eltern von Zwillingen hinsichtlich ihres Berufs- und Familienlebens gerecht zu werden. Diese Argumentation kann auch auf Eltern von Kindern mit Behinderung und Langzeitkrankheit übertragen werden (vgl. Schlachter/*Houwerzijl* 504). Damit gewinnt die in der Rahmenvereinbarung eher unverbindlich formulierte Verpflichtung im Hinblick auf den bei der Umsetzung zu berücksichtigenden Gleichheitssatz an Verbindlichkeit.

C. Ankündigungsfristen

Nach § 3 Nr. 2 haben die Mitgliedstaaten und/oder die Sozialpartner Fristen festzulegen, 16 innerhalb deren der Arbeitnehmer seinen Arbeitgeber über die Ausübung seines Rechts auf Elternurlaub unterrichten muss; der Arbeitnehmer hat dabei **Beginn und Ende des Elternurlaubs** anzugeben. Nicht vorgesehen ist jedenfalls eine Zustimmung des Arbeitgebers – wenn die Fristen eingehalten werden, kann der Elternurlaub in Anspruch genommen werden. Die Ankündigungsfrist soll den Arbeitgeber jedoch Planungssicherheit verschaffen, da ja in den meisten Fällen eine Vertretung des sich auf Elternurlaub befindlichen Arbeitnehmers zu organisieren ist. Neu gegenüber der Vorgänger-Rahmenvereinbarung 1995 ist der Hinweis darauf, dass bei der Festlegung dieser Fristen die Mitgliedstaaten und/oder Sozialpartner den Interessen der Arbeitnehmer und der Arbeitgeber Rechnung zu tragen haben.

§ 4 Adoption

Die Mitgliedstaaten und/oder Sozialpartner prüfen, ob zusätzliche Maßnahmen erforderlich sind, um den besonderen Bedürfnissen von Adoptiveltern gerecht zu werden.

Nach § 2 Nr. 1 (→ § 2 Rn. 1) ist das Recht auf Elternurlaub auch Adoptiveltern einge- 1 räumt. Um deren besonderen Bedürfnissen gerecht zu werden enthielt schon die Vorgänger-Rahmenvereinbarung 1995 in deren § 3 Nr. 3 lit. c einen Hinweis darauf, dass die Mitgliedstaaten und/oder die Sozialpartner die Voraussetzungen und die Modalitäten für die Inanspruchnahme des Elternurlaubes an die besonderen Bedürfnisse anpassen können. Nunmehr ist ihnen eine intensivere Auseinandersetzung (arg. „prüfen") auferlegt, die sie aber – zumindest dem Wortlaut nach – gleichwohl nicht zu einer Regelung von Abweichungen verpflichtet.

Eine solche weitergehende Verpflichtung könnte aus der Rs. *Chatzi* (EuGH 16.9.2010 – 2 C 149/10 Rn. 68, 73 f.) abgeleitet werden. Dort wurde im Zusammenhang mit einer Zwillingsgeburt vertreten, dass der Gleichheitssatz bei der Umsetzung eine Berücksichtigung der besonderen Lage der Elter gebiete. Die nationale Regelung müsse daher in ihrer Gesamtheit ausreichende Möglichkeiten vorsehen, um in einem solchen Fall den besonderen Bedürfnissen von Eltern von Zwillingen hinsichtlich ihres Berufs- und Familienlebens zu entsprechen. Diese Argumentation kann auch auf Adoptiveltern übertragen werden, womit die in der Rahmenvereinbarung eher unverbindlich formulierte Verpflichtung im Hinblick auf den bei der Umsetzung zu berücksichtigenden Gleichheitssatz an Verbindlichkeit gewinnt. Gerade die Prüfpflicht legt mE nahe, dass bei einem dabei hervorkommenden Bedürfnis nach zusätzlichen Maßnahmen auch eine Verpflichtung zu deren Einführung besteht. Zu denken ist dabei zB an eine Verkürzung von Ankündigungsfristen, da bei einer Adoption – anders als bei einer Geburt – nicht immer absehbar ist, wann das Kind in die Familie integriert werden kann (*Klein-Jahns* EAS B 5100 Rn. 82).

§ 5 Arbeitnehmerrechte und Nichtdiskriminierung

(1) Im Anschluss an den Elternurlaub hat der Arbeitnehmer das Recht, an seinen früheren Arbeitsplatz zurückzukehren oder, wenn das nicht möglich ist, eine entsprechend seinem Arbeitsvertrag oder Beschäftigungsverhältnis gleichwertige oder ähnliche Arbeit zugewiesen zu bekommen.

(2) ¹Die Rechte, die der Arbeitnehmer zu Beginn des Elternurlaubs erworben hatte oder dabei war zu erwerben, bleiben bis zum Ende des Elternurlaubs bestehen. ²Im Anschluss an den Elternurlaub finden diese Rechte mit den Änderungen Anwendung, die sich aus den nationalen Rechtsvorschriften, Tarifverträgen und/oder Gepflogenheiten ergeben.

(3) Die Mitgliedstaaten und/oder die Sozialpartner bestimmen den Status des Arbeitsvertrags oder Beschäftigungsverhältnisses für den Zeitraum des Elternurlaubs.

(4) Um sicherzustellen, dass die Arbeitnehmer ihr Recht auf Elternurlaub wahrnehmen können, treffen die Mitgliedstaaten und/oder die Sozialpartner nach den nationalen Rechtsvorschriften, Tarifverträgen und/oder Gepflogenheiten die erforderlichen Maßnahmen zum Schutz der Arbeitnehmer gegen Benachteiligung oder Kündigung aufgrund der Beantragung oder Inanspruchnahme des Elternurlaubs.

(5) Sozialversicherungsrechtliche Fragen im Zusammenhang mit dieser Vereinbarung werden von den Mitgliedstaaten und/oder den Sozialpartnern nach den nationalen Rechtsvorschriften und/oder Tarifverträgen geprüft und entschieden; dabei ist der Bedeutung der Kontinuität der Ansprüche auf Deckung durch die verschiedenen Sozialversicherungssysteme, vor allem was die Gesundheitsfürsorge betrifft, Rechnung zu tragen.

Einkommensrelevante Fragen im Zusammenhang mit dieser Vereinbarung werden von den Mitgliedstaaten und/oder Sozialpartnern nach den nationalen Rechtsvorschriften, Tarifverträgen und/oder Gepflogenheiten geprüft und entschieden; dabei ist dem Einkommen als einem der maßgeblichen Faktoren für die Inanspruchnahme des Elternurlaubs Rechnung zu tragen.

A. Rückkehr an den vorherigen Arbeitsplatz

1   Grds. hat der Arbeitnehmer im Anschluss an den Elternurlaub das Recht, an seinen **früheren Arbeitsplatz zurückzukehren.** Der Arbeitgeber hat daher prinzipiell die Stelle der Person, die sich auf Elternurlaub befindet, nur befristet zu besetzen. Dies stellt dann, auch wenn dies mehrmals erfolgt, eine Rechtfertigung für die Befristung dar (EuGH 26.1.2012 – C-586/10 – Kücük; → Befristungs-Richtlinie 1999/70/EU § 5 Rn. 18).

2   Wenn eine Rückkehr nicht möglich ist, ist dem Arbeitnehmer eine entsprechend seinem Arbeitsvertrag oder Beschäftigungsverhältnis **gleichwertige oder ähnliche Arbeit** zuzuweisen. Möglich wird eine Rückkehr immer dann nicht sein, wenn der Arbeitsplatz wegefallen ist (zB in Folge von Rationalisierungsmaßnahmen oder im Falle einer Auslagerung auf Dienstleister [Outsourcing]). Kommt es zu einer generellen Stelleneinsparung, ist bei Festlegung der Grundsätze und Beurteilungskriterien für die Auswahl der zu kündigenden Arbeitnehmer darauf zu achten, dass solche auf Elternurlaub nicht gegenüber denen, die keinen Elternurlaub in Anspruch genommen haben, benachteiligt werden. Es ist wichtig, dass sich die Beurteilung auf alle Arbeitnehmer erstreckt, die von der Streichung des Arbeitsplatzes betroffen sein können. Die Auswahl muss außerdem auf Kriterien beruhen, die für alle Arbeitnehmer vollkommen identisch sind und die Anwendung dieser Kriterien darf nicht die physische Anwesenheit der im Elternurlaub befindlichen Arbeitnehmer voraussetzen. Eine Begründung damit, dass der Arbeitsplatz wegen einer dauerhaften Besetzung mit einem anderen Arbeitnehmer nicht mehr zur Verfügung steht (so *Riesenhuber*

EEL 516), ist hingegen unzulässig, da damit der Arbeitgeber gegen seine grundsätzliche Verpflichtung verstößt, dem Arbeitnehmer eine Rückkehr zu ermöglichen.

Bei der Prüfung, ob eine Arbeit gleichwertig ist, ist eine **Gesamtbeurteilung** vorzunehmen, die neben den Arbeitsaufgaben und dem Entgelt auch die sonstige Arbeitsbedingungen wie Aufstiegschancen, Anmarschwege und innerbetriebliches Ansehen mitberücksichtigt. Besonderes Gewicht kommt der Arbeitsplatzsicherheit zu, da der Arbeitgeber das Recht eines Arbeitnehmers nicht dadurch aushöhlen darf, dass er diesem Arbeitnehmer eine Stelle anbietet, die gestrichen werden soll. Ein Arbeitgeber, der einer aus dem Elternurlaub zurückkehrenden Arbeitnehmerin eine Stelle anbietet, deren Streichung bereits geplant ist, hat aus Sicht des EuGH (20.6.2013 – C-7/12 Rn. 52 f. – Riežniece) seine Pflicht, ihr eine gleichwertige Stelle anzubieten, nicht erfüllt.

B. Erhalt von Rechten

Grds. bleiben die Rechte, die der Arbeitnehmer zu Beginn des Elternurlaubs erworben hatte oder dabei war zu erwerben, bis zum Ende des Elternurlaubs bestehen. Im Anschluss an den Elternurlaub finden diese Rechte mit den Änderungen Anwendung, die sich aus den nationalen Rechtsvorschriften, Tarifverträgen und/oder Gepflogenheiten ergeben.

Damit soll jede **Beeinträchtigung der Rechte** der Arbeitnehmer, die sich dafür entschieden haben, einen Elternurlaub in Anspruch zu nehmen, **vermieden** werden. Nationale Behörden ebenso wie die Arbeitgeber sind allg. und unmissverständlich verpflichtet, Rechte, die bereits erworben wurden bzw. die gerade erworben werden, anzuerkennen sowie zu gewährleisten, dass die Arbeitnehmer im Anschluss an den Elternurlaub weiter Rechte erwerben können, als ob der Elternurlaub nicht stattgefunden hätte (EuGH 16.7.2009 – C-3537/07 Rn. 36 – Gómez-Limón; 22.10.2009 – C-116/08 Rn. 39 – Meerts). Diese Regelung ist hinreichend genau, so dass diese Bestimmung von einem Einzelnen geltend gemacht und vom Gericht angewandt werden kann (EuGH 16.7.2009 – C-3537/07 Rn. 36 – Gómez-Limón unter Berufung auf 26.2.1986 – 152/84 Rn. 52 – Marshall). Es handelt sich außerdem um einen Grundsatzes des Sozialrechts der Gemeinschaft, dem besondere Bedeutung zukommt und der deshalb nicht restriktiv ausgelegt werden darf (EuGH 22.10.2009 – C-116/08 Rn. 42 – Meerts).

Was unter „**Rechte,** die der Arbeitnehmer ... erworben hatte oder dabei war zu erwerben" zu verstehen ist, ist **autonom und einheitlich auszulegen.** Dieser Begriff ist nämlich in der Rahmenvereinbarung nicht definiert und es wird dafür auch nicht auf das Recht der Mitgliedstaaten verwiesen. IdS sind darunter alle unmittelbar oder mittelbar aus dem Arbeitsverhältnis abgeleiteten Rechte und Vorteile hinsichtlich Bar- oder Sachleistungen erfasst, auf die der Arbeitnehmer bei Antritt des Elternurlaubs einen Anspruch gegenüber dem Arbeitgeber hat. Der Begriff der Rechte und Vorteile ist weit zu verstehen und umfasst alle, die mit den Beschäftigungsbedingungen zusammenhängen. Dazu zählt auch das Recht eines Vollzeitbeschäftigten, der Elternurlaub auf Teilzeitbasis genommen hat, dass bei einseitiger Beendigung eines unbefristeten Arbeitsvertrags durch den Arbeitgeber eine Kündigungsfrist gilt, deren Länge sich nach der Dauer der Betriebszugehörigkeit des Arbeitnehmers bemisst (EuGH 22.10.2009 – C-116/08 Rn. 40 ff. – Meerts). Deshalb ist auch im Fall der einseitigen Beendigung des Arbeitsvertrags eines unbefristet und in Vollzeit angestellten Arbeitnehmers durch den Arbeitgeber ohne schwerwiegenden Grund oder ohne Einhaltung der gesetzlichen Kündigungsfrist während eines auf Halbzeitbasis genommenen Elternurlaubs die vom Arbeitgeber zu zahlende Entschädigung auf der Grundlage des Vollzeitgehalts und nicht des zum Zeitpunkt der Kündigung reduzierten Gehalts zu berechnen (EuGH 22.10.2009 – C-116/08 Rn. 51 ff. – Meerts).

Ob ein Arbeitgeber hinsichtlich einer Geldleistung (im Anlassfall: **Weihnachtsgratifikation**) darauf abstellen darf, dass diese an einem Stichtag in einem aktiven Dienstverhältnis stehen und so Arbeitnehmer im Elternurlaub von dieser ausgeschlossen werden können, hängt von der Zweckbestimmung der Leistung ab (EuGH 21.10.1999 – C-333/97 Rn. 25ff, 49 – Lewen): Einerseits kann die Zahlung der Gratifikation nur von der Voraussetzung abhängen, dass der Arbeitnehmer zum Zeitpunkt der Gewährung im aktiven Beschäftigungsverhältnis steht, unabhängig davon wie lange er in diesem Jahr gearbeitet hat. Sie ist damit keine Vergütung für in der Vergangenheit geleistete Arbeit und kein Recht, das der Arbeitnehmer „zu Beginn des Elternurlaubs erworben hatte oder dabei war zu erwerben". Damit ist der Ausschluss von Arbeitnehmern, die sich zum Zeitpunkt der Leistungsgewährung im Elternurlaub befunden haben, rechtmäßig und auch unter Genderaspekten nicht zu beanstanden. Anders verhält es sich, wenn die Gratifikation als Vergütung für im Jahr der Gewährung der Gratifikation geleistete Arbeit zu qualifizieren ist. In einem solchen Fall würde ein Arbeitgeber, der Arbeitnehmern im Erziehungsurlaub, die im Jahr der Gewährung der Gratifikation gearbeitet haben, eine – gegebenenfalls anteilig gekürzte – Gratifikation nur deshalb nicht gewährt, weil ihr Arbeitsverhältnis zum Zeitpunkt der Gewährung der Gratifikation ruht, diese Arbeitnehmer gegenüber denjenigen benachteiligen, deren Arbeitsverhältnis bei der Gewährung der Gratifikation nicht ruht und die die Gratifikation tatsächlich als Vergütung für in diesem Jahr geleistete Arbeit erhalten. Eine solche Weigerung stellt eine Diskriminierung iSv Art. 157 AEUV dar, da sich weibliche Arbeitnehmer bei der Gewährung der Gratifikation häufiger im Erziehungsurlaub befinden als männliche Arbeitnehmer. Die Zeiten des Erziehungsurlaubs anteilig leistungsmindernd zu berücksichtigen ist hingegen zulässig. Für männliche Arbeitnehmer ergibt sich mE im Fall, dass die Gratifikation geleistete Arbeit vergütet, der Anspruch auf allfällig anteilig gekürzte Gratifikation aus § 5 Nr. 2.

8 Unzulässig ist es weiter, dass Arbeitnehmer wegen der Inanspruchnahme eines längeren Elternurlaubes (im Anlassfall: von zwei Jahren) im Anschluss an diesen Ansprüche auf bezahlten, vor der Geburt des Kindes erworbenen **Jahresurlaub** wegen Ablauf der Frist, innerhalb der der Urlaub konsumiert werden muss, verlieren (EuGH 22.4.2010 – C-486/08 – Zentralbetriebsrat LKH Tirol). Zwar räumt § 5 Nr. 2. S. 2, wonach im Anschluss an den Elternurlaub diese Rechte mit den Änderungen Anwendung finden, die sich aus den nationalen Rechtsvorschriften, Tarifverträgen und/oder Gepflogenheiten ergeben, bei der Umsetzung weite Spielräume ein. Diese Regelungen dürfen aber nicht in den Anspruch auf bezahlten Jahresurlaub eingreifen, der als ein besonders bedeutsamer Grundsatz des Sozialrechts der Union anzusehen ist (EuGH 22.4.2010 – C-486/08 Rn. 28, 54 – Zentralbetriebsrat LKH Tirol; → Arbeitszeit-Richtlinie 2003/88/EG Art. 7 Rn. 2; zum Ausmaß des Urlaubes beim Wechsel von Vollzeit auf Teilzeit → Teilzeit-Richtlinie 97/81/EG § 4 Rn. 23).

9 § 5 Nr. 2 regelt **nicht die Rechte und Pflichten aus dem Arbeitsverhältnis während der Dauer des Elternurlaubs.** Diese werden nach § 5 Nr. 3 (→ Rn. 10 ff.) von den Mitgliedstaaten und/oder den Sozialpartnern festgelegt. Danach sind die Mitgliedstaaten nicht verpflichtet, den Arbeitnehmern während der Zeit, in der diese einen Elternurlaub in Anspruch nehmen (sei es in Vollzeit oder Teilzeit), zu garantieren, dass sie Rechte auf künftige Leistungen der sozialen Sicherheit in demselben Umfang erwerben werden, als ob sie weiter eine Vollzeitbeschäftigung ausgeübt hätten (EuGH 16.7.2009 – C-3537/07 Rn. 43 – Gómez-Limón). Demnach müssen die Zeiten des Elternurlaubes auch nicht für die Berechnung der Dienstzeiten berücksichtigt werden (*Riesenhuber* EEL 517).

C. Status des Arbeitsvertrages

10 Die Rahmenvereinbarung (§ 5 Nr. 3) überlässt es den Mitgliedstaaten und/oder den Sozialpartnern den **Status des Arbeitsvertrags oder Beschäftigungsverhältnisses** für den Zeitraum des Elternurlaubs zu bestimmen. Der EuGH (EuGH 20.9.2007 – C-116/06 Rn. 32 – Kiiski) geht davon aus, das Arbeitsverhältnis zwischen Arbeitnehmer und Arbeitgeber während der Dauer des Elternurlaubs fortbesteht. Folglich bleibt der Arbeitnehmer

im Elternurlaub während dieses Zeitraums ein Arbeitnehmer iSd Gemeinschaftsrechts. Eine Mutter auf Elternurlaub kann sich daher als „Arbeitnehmerin" auf die Mutterschutz-Richtlinie berufen (→ RL 92/85/EWG Art. 2 Rn. 4).

Hinsichtlich des Status des Arbeitsvertrages ist denkbar, dass das Arbeitsverhältnis während **11** des Elternurlaubes ruht, dh dass die Hauptleistungspflichten ausgesetzt werden. Alternativ kann das Arbeitsverhältnis mit geändertem Pflichtenumfang weiterlaufen, wie dies bei einem Teilzeit-Elternurlaub der Fall sein wird. Gem. dem EuGH (22.10.2009 – C-116/08 Rn. 45 – Meerts) gehört es auch zu den Statusfragen, in welchem Maß der Arbeitnehmer während dieses Zeitraums weiter Ansprüche gegenüber dem Arbeitgeber erwerben kann. Dies hat aber seine Grenzen: Bei teleologischer und systematischer Auslegung ist dieser Verweis nämlich so zu verstehen, dass er § 5 Nr. 2 (→ Rn. 4 ff., in der Entscheidung noch § 2 Nr. 6 der Rahmenvereinbarung 1995) unberührt lässt. Nach dieser Bestimmung bleiben die Rechte, die der Arbeitnehmer zu Beginn des Elternurlaubs erworben hatte oder dabei war zu erwerben, bis zum Ende des Elternurlaubs bestehen. Dies wäre nicht gewährleistet, wenn im Fall der Nichteinhaltung der gesetzlichen Kündigungsfrist bei einer Kündigung während eines Teilzeit-Elternurlaubs ein eigentlich auf Vollzeitbasis angestellter Arbeitnehmer den Anspruch darauf verlöre, dass die ihm zustehende Entlassungsentschädigung auf der Grundlage seines arbeitsvertraglichen Gehalts bestimmt wird. Der Arbeitnehmer hat daher in diesem Fall einen Anspruch auf eine Kündigungsentschädigung auf Basis des Vollzeitarbeitsverhältnisses (→ Rn. 6).

Zu den Fragen des Status gehört nach Ansicht des EuGH (16.7.2009 – C-3537/07 **12** Rn. 40 – Gómez-Limón) auch der Umfang, in dem der Arbeitnehmer während der Dauer dieses Urlaubs weiter Ansprüche gegen den Arbeitgeber und betriebliche Systeme der sozialen Sicherheit erwirbt. Dieser Anspruchserwerb kann daher von den Mitgliedstaaten und/oder den Sozialpartnern auch in einem reduzierten Ausmaß festgelegt werden oder für die Zeit des Elternurlaubes auch gänzlich entfallen.

D. Diskriminierungsschutz

Gegenüber der Vorgänger-Rahmenvereinbarung 1995 fällt auf, dass nunmehr nicht nur **13** auf die diskriminierende **Beendigung** Bezug genommen wird. Nach der derzeit gültigen Rahmenvereinbarung ist ausdrücklich auch **jede Form der Benachteiligung,** die durch die Beantragung und die Inanspruchnahme des Elternurlaubes bedingt ist, verboten. Damit sollen die Elternurlaub in Anspruch nehmende Arbeitnehmer besser gegen entsprechende Diskriminierungen geschützt sein (Begründung der Kommission KOM [2009] 410 endg., 11). Schon bislang wurde aber ohnehin zu Recht ein derartiger weitergehender Schutz vertreten (*Riesenhuber* EEL 518). Jedenfalls bietet der nunmehr erweiterte Wortlaut der Bestimmung Ansatzpunkte dafür Diskriminierungen im Zusammenhang mit der Karriere- und Einkommensentwicklung aufzugreifen, die uU auf Vorurteile zurückzuführen sind, dass Arbeitnehmer, die Elternurlaub beanspruchen, ihr Familienleben stärker in der Vordergrund rücken und weniger einsatzbereit seien (Schlachter/*Houwerzijl* 510).

Bei Verfahren zur Geltendmachung von Diskriminierungen wegen des Elternurlaubes **14** bietet sich – ähnlich wie im Zusammenhang mit der → Mutterschutz-Richtlinie 92/85/ EWG Art. 10 Rn. 9 (EuGH 11.10.2007 – C-460/06 Rn. 30 – Paquay) – eine Anwendung der Beweislastregelungen der → RL 2006/54/EG Art. 19 Rn. 2 f. an. Demnach müsste der Arbeitnehmer im Falle einer Klage nur vorbringen, dass sich die Beendigung oder Schlechterbehandlung auf die (beabsichtigte) Inanspruchnahme des Elternurlaubes gründet und nur Tatsachen glaubhaft machen, die das Vorliegen einer Diskriminierung vermuten lassen. Danach obliegt dem beklagten Arbeitgeber der Beweis, dass keine Verletzung des Gleichbehandlungsgrundsatzes vorgelegen hat.

Der EuGH (27.2.2014 – C-588/12 Rn. 36 – Lyreco) betont, dass auch diese Bestimmung **15** als Ausdruck eines **sozialen Grundrechts** der Union zu verstehen ist, dem **besondere**

Bedeutung zukommt. Sie darf deshalb nicht restriktiv ausgelegt werden. Es stellt eine verbotene Benachteiligung dar, wenn eine gesetzlich vorgesehene Abfindung bei einer einseitigen Beendigung des Arbeitsvertrages durch den Arbeitgeber ohne schwerwiegenden oder ausreichenden Grund („pauschale Schutzentschädigung") bei einem unbefristet und auf Vollzeitbasis angestellten Arbeitnehmer, der einen Teilzeit-Elternurlaub genommen hat, auf der Grundlage des gekürzten Gehalts berechnet wird, das dieser Arbeitnehmer zum Zeitpunkt seiner Entlassung bezog. Ein gegenteiliges Ergebnis würde dazu führen, dass die Unsicherheit der Beschäftigungsverhältnisse von Arbeitnehmern in Teilzeit-Elternurlaub erhöht und damit die Kündigungsschutzregelung teilweise ausgehöhlt werde. Darüber hinaus könnte eine solche Methode zur Berechnung der pauschalen Entschädigung Arbeitnehmer davon abhalten, Elternurlaub zu nehmen (EuGH 27.2.2014 – C-588/12 Rn. 37 ff. – *Lyreco*).

16   Problematisch können auch die **Auswahlkriterien im Zusammenhang mit einer Rationalisierungskündigung** sein. Der EuGH hat dazu festgehalten, dass bei der Auswahlentscheidung ein Arbeitnehmer, der Elternurlaub genommen hat, gegenüber Arbeitnehmern, die keinen Elternurlaub in Anspruch genommen haben, nicht benachteiligt werden darf. Die Prüfung hat insbesondere zu berücksichtigen, dass sich die Beurteilung auf alle Arbeitnehmer erstreckt, die von der Streichung des Arbeitsplatzes betroffen sein können und dass sie auf Kriterien beruht, die mit den für Arbeitnehmer im aktiven Dienst geltenden Kriterien vollkommen identisch sind. Ihre Anwendung darf dabei auch nicht die physische Anwesenheit der im Elternurlaub befindlichen Arbeitnehmer voraussetzen. Die bloße Möglichkeit, dass Arbeitnehmer, die im aktiven Dienst verblieben sind, dadurch die Möglichkeit haben, ihr Qualifikationsniveau anzuheben, ist aber per se noch nicht diskriminierend und muss bei einer Beurteilung auch nicht ausgeblendet werden (EuGH 20.6.2013 – C-7/12 Rn. 42 ff. – *Rießniece*; zur Versetzung in diesem Fall → Rn. 2 ff.).

E. Sozialversicherungs- und Entgeltfragen

I. Sozialversicherung

17   In den Erwägungsgründen wird sozialversicherungsrechtlichen Fragen aus mehreren Aspekten Raum gewidmet: Einerseits sollten die Mitgliedstaaten die Aufrechterhaltung der Ansprüche auf Sachleistungen aus der Krankenversicherung für die Mindestdauer des Elternurlaubs vorsehen (Erwägungsgrund 18). Andererseits sollten sie die Aufrechterhaltung der Ansprüche auf unveränderte Sozialleistungen für die Mindestdauer des Elternurlaubs ins Auge fassen, wenn sich dies nach den Gegebenheiten und der Haushaltslage in dem betreffenden Mitgliedstaat als angemessen erweist (Erwägungsgrund 19). In § 5 Nr. 5 werden die Mitgliedstaaten und/oder die Sozialpartner auf die Bedeutung der Kontinuität der Ansprüche auf Deckung durch die verschiedenen Sozialversicherungssysteme (insbesondere die Gesundheitsfürsorge) hingewiesen. Diese weich formulierten Verpflichtungen zu prüfen und zu entscheiden, gründen sich wohl auch darauf, dass es zweifelhaft ist, inwieweit die Sozialpartner diesbezügliche Kompetenzen haben (*Riesenhuber* EEL 518).

18   Der EuGH (16.7.2009 – C-537/07 Rn. 43 – *Gómez-Limón*) leitet daraus jedenfalls keine inhaltlichen Verpflichtungen ab. Den Mitgliedstaaten wurde insoweit keine konkrete Verpflichtung auferlegt; insbesondere werde der Erwerb von Rechten auf künftige Leistungen der sozialen Sicherheit durch den Arbeitnehmer in diesem Zeitraum in der Rahmenvereinbarung nicht erwähnt. Deshalb sind die Mitgliedstaaten nicht verpflichtet, den Arbeitnehmern während der Zeit des Elternurlaubes zu garantieren, dass sie Rechte auf künftige Leistungen der sozialen Sicherheit in demselben Umfang erwerben werden, als ob sie weiter eine (Vollzeit-)Beschäftigung ausgeübt hätten. Dies stellt auch im dem Fall, dass Elternurlaub überwiegend von Frauen in Anspruch genommen wird, keine Diskriminierung auf Grund des Geschlechts dar (EuGH 16.7.2009 – C-537/07 Rn. 59 ff – *Gómez-Limón*).

II. Entgelt

Ob und in welcher Höhe Arbeitnehmern während eines Elternurlaubes eine Einkommensersatzleistung gewährt wird beeinflusst wesentlich die Entscheidung ob ein solcher in Anspruch genommen wird oder nicht. Gerade für Väter ist vor allem die Höhe der Vergütung ein nicht unwesentlicher Faktoren (Erwägungsgrund 20). Ebenso wie sozialversicherungsrechtliche Fragen (Rn. 17 f.) sind einkommensrelevante Fragen im Zusammenhang mit der Rahmenvereinbarung von den Mitgliedstaaten und/oder Sozialpartnern nach den nationalen Rechtsvorschriften, Tarifverträgen und/oder Gepflogenheiten zu prüfen und zu entscheiden.

Wegen des gleichlautenden Wortlauts der Bestimmungen können mE die Kernaussagen des EuGH in der Rs. *Gómez-Limón* (16.7.2009 – C-537/07 Rn. 43) zu den sozialversicherungsrechtlichen Fragen auf die Regelung der einkommensrelevanten Fragen übertragen werden: den Mitgliedstaaten wird keine Verpflichtung auferlegt, Arbeitnehmern während des Elternurlaubes ein Einkommen zu sichern. Dies ergibt sich auch nicht zuletzt aus dem Vergleich mit der Mutterschutz-Richtlinie 92/85/EWG Art. 11 Nr. 2, die eine Entgeltfortzahlung oder eine adäquate Sozialleistung explizit vorsieht. Auch die Begründungen der Kommission (KOM [2009] 410 endg., 11) weisen darauf hin, dass Entscheidungen bezüglich der Bezahlung oder der Vergütung während des Elternurlaubes von den Mitgliedsstaaten und/oder Sozialpartnern auf nationaler Ebene zu treffen sind.

§ 6 Wiederaufnahme der Erwerbstätigkeit

(1) ¹Mit Blick auf eine bessere Vereinbarkeit treffen die Mitgliedstaaten und/oder die Sozialpartner die erforderlichen Maßnahmen, um sicherzustellen, dass die Arbeitnehmer bei der Rückkehr nach dem Elternurlaub Änderungen ihrer Arbeitszeiten und/oder des Arbeitsarrangements für eine bestimmte Dauer beantragen können. ²Die Arbeitgeber prüfen und beantworten solche Anträge unter Berücksichtigung der Bedürfnisse der Arbeitgeber und der Arbeitnehmer.

Die entsprechenden Modalitäten zu diesem Absatz werden nach den nationalen Rechtsvorschriften, Tarifverträgen und/oder Gepflogenheiten festgelegt.

(2) Um die Rückkehr nach dem Elternurlaub zu erleichtern, wird Arbeitnehmern und Arbeitgebern empfohlen, während des Elternurlaubs in Kontakt zu bleiben und sich über geeignete Maßnahmen für den Wiedereinstieg abzustimmen, die nach den nationalen Rechtsvorschriften, Tarifverträgen und/oder Gepflogenheiten zu treffen sind.

A. Flexible Arbeitsregelungen

Schon der Erwägungsgrund 21 spricht an, dass es flexible Arbeitsregelungen erwerbstätigen Eltern ermöglichen, ihre beruflichen und elterlichen Pflichten besser miteinander in Einklang zu bringen und den beruflichen Wiedereinstieg, insbesondere nach einem Elternurlaub, zu erleichtern. Außerdem soll dadurch auch gem. den Begründungen der Kommission für die Zeit nach dem Elternurlaub eine bessere Vereinbarkeit von Beruf und Familie für erwerbstätige Eltern gefördert werden (KOM [2009] 410, 11).

IdS sieht die in der Vorgänger-Rahmenvereinbarung 1995 noch nicht enthaltene Regelung des § 6 ein Recht der aus dem Elternurlaub zurückkehrenden Arbeitnehmer vor, ein **anderes Arbeits- und/oder Arbeitszeitarrangement** für eine bestimmte Dauer zu beantragen. Die Arbeitgeber müssen derartige Anträge im Lichte beiderseitigen Interesses prüfen und beantworten. Die näheren Modalitäten zur Änderung von Arbeitsregelungen auf Initiative aus dem Elternurlaub zurückkehrender Arbeitnehmer sind in den nationalen

Umsetzungsregelungen festzulegen. Die Formulierung geht hinsichtlich ihrer Verbindlichkeit über jene in → § 5 Nr. 5 Rn. 17ff. hinaus. Die Mitgliedstaaten haben somit zumindest die Verpflichtung ein Verfahren vorzusehen, das eine Geltendmachung derartiger Wünsche der Arbeitnehmer und eine Verpflichtung zur Reaktion durch die Arbeitgeber vorsieht. Darüber hinausgehende Verpflichtungen lassen sich mE aber nicht aus der Rahmenvereinbarung ableiten.

B. Kontakt während des Elternurlaubes

3   Elternurlaubsregelungen stellen darauf ab, erwerbstätige Eltern während einer bestimmten Zeitdauer zu unterstützen, damit sie kontinuierlich am Arbeitsmarkt teilnehmen. Deshalb sollte – so Erwägungsgrund 22 – besser darauf geachtet werden, dass während des Elternurlaubs Kontakt mit dem Arbeitgeber gehalten wird oder Absprachen für die Rückkehr auf den Arbeitsplatz getroffen werden. Auf diese Weise soll die Rückkehr nach dem Elternurlaub erleichtert werden (so die Kommission in ihrer Begründung KOM [2009] 410, 12).

4   Es handelt sich dabei um eine bloße **„Empfehlung"**. Schon aus der Formulierung ergibt sich die gegenüber Nr. 1, aber auch gegenüber zB § 5 Nr. 5 abgeschwächte Verbindlichkeit. Mitgliedsstaaten und/oder Sozialpartner müssen bei der Umsetzung nicht einmal „prüfen und entscheiden" (vgl. → § 5 Rn. 17 ff.).

5   Möglichkeiten in Kontakt zu bleiben sind zB die Möglichkeit, dass Arbeitnehmer in Elternurlaub an Fortbildungen, Teamsitzungen oder Strategieklausuren teilnehmen oder für einige Stunden pro Woche oder einige Tage pro Jahr arbeiten (Schlachter/*Houwerzijl* 513).

§ 7 Fernbleiben von der Arbeit aus Gründen höherer Gewalt

(1) Die Mitgliedstaaten und/oder die Sozialpartner treffen die notwendigen Maßnahmen, damit die Arbeitnehmer nach den nationalen Rechtsvorschriften, Tarifverträgen und/oder Gepflogenheiten Anspruch auf Freistellung von der Arbeit im Fall höherer Gewalt wegen dringender familiärer Gründe bei Krankheiten oder Unfällen, die die sofortige Anwesenheit des Arbeitnehmers erfordern, haben.

(2) Die Mitgliedstaaten und/oder die Sozialpartner können die Bedingungen für die Inanspruchnahme und die Einzelheiten für die Anwendung von Paragraf 7.1 festlegen und den Freistellungsanspruch auf eine bestimmte Dauer pro Jahr und/oder pro Fall begrenzen.

1   Pflichten aus dem Arbeitsvertrag können mit Betreuungspflichten für Kinder insbesondere dann **kollidieren,** wenn Kinder krank werden oder einen Unfall haben. Die Vereinbarkeit von Arbeit und Familienleben gerät gerade in derartigen Situation an ihre Grenzen. Ist das Kind eines Arbeitnehmers krank und bedarf es der Pflege zu Hause, dann muss ein Elternteil auch aus familienrechtlichen Verpflichtungen dem Kind gegenüber der Arbeit fernbleiben, kann aber keinen Krankenstand oder ähnliches für sich selbst beanspruchen. Gerade derartige Situationen und Interessenkonflikte halten Eltern, insbesondere Mütter, davon ab wieder zu arbeiten (*Riesenhuber* EEL 519). Häufig ist das auch ein Grund für Teilzeittätigkeiten, die es leichter ermöglichen auf derartige Situationen zu reagieren.

2   Der im Vergleich zur Vorgänger-Rahmenvereinbarung 1995 unverändert gebliebene § 7 möchte dem insoweit entgegenwirken, als dort ein Anspruch auf Freistellung von der Arbeit im Fall höherer Gewalt wegen dringender familiärer Gründe bei Krankheit und Unfall, die die sofortige Anwesenheit des Arbeitnehmers erfordern, vorgesehen wird. Dem *telos* der Richtlinie entsprechend, die sich auf die Kinderbetreuung und nicht auf die Vereinbarkeit von Beruf und Familie generell bezieht, ist der weite Wortlaut **„familiäre Gründe"** auf jene Fälle einzuschränken, in denen es um die Pflege und Betreuung von Kindern geht. Die Krankheit oder der Unglücksfall anderer Angehöriger (insbesondere des Ehegatten oder

Lebensgefährten) ist davon nur umfasst, wenn dieser das Kinde betreut hat und nunmehr die Betreuung vom eigentlich sonst arbeitenden Elternteil übernommen werden muss (so zu Recht *Riesenhuber* EEL 519; **aA** *Klein-Jahns* EAS B 5100 Rn. 88 f.). Weiter sind nicht alle Fälle **höherer Gewalt** geschützt, sondern nur solche, die auf die Krankheit oder einen Unglücksfall zurückzuführen sind. Deshalb sind zB familiäre Feiern oder Begräbnisse nicht erfasst (*Riesenhuber* EEL 519; *Klein-Jahns* EAS B 5100 Rn. 88). Andererseits ist „höhere Gewalt" weit zu verstehen und schließt, dem Zweck der Regelung entsprechend, nicht nur exogene Ursachen mit ein. Auch sorgloses Verhalten des Kindes (zB Selbstgefährdung im Rahmen riskanter Sportausübung oder Drogenkonsum) ist darunter zu subsumieren (*Riesenhuber* EEL 519 Fn. 47).

Die Rahmenvereinbarung spricht nur von Freistellung und nicht von „bezahlter Freistellung" (wie zB im Falle des Jahresurlaubes → Arbeitszeit-Richtlinie 2003/88/EG Art. 7 Rn. 28). Eine Verpflichtung der Mitgliedstaaten und/oder Sozialpartner ein **Entgeltfortzahlung** oder sonstigen Einkommensersatz für diese Zeiträume vorzusehen ist daher aus der Rahmenvereinbarung nicht ableitbar (*Klein-Jahns* EAS B 5100 Rn. 92; *Riesenhuber* EEL 520). Eine derartige Verpflichtung kann sich aber uU aus den bestehenden nationalen Rechtsvorschriften, Tarifverträgen und/oder Gepflogenheiten ergeben (→ Rn. 4). 3

Die Mitgliedstaaten und/oder Sozialpartner haben einen weiten Spielraum bei der Umsetzung – sie haben die „notwendigen Maßnahmen" zu treffen und sich dabei an den nationalen Rechtsvorschriften, Tarifverträgen und/oder Gepflogenheiten zu orientieren. Das bedeutet wohl, dass sich die Freistellungsansprüche in das bestehende System möglichst einfügen sollen und im Einklang mit gleichwertigen Freistellungsansprüchen stehen sollen. Sollte für diese Entgeltfortzahlung oder eine Sozialleistung vorgesehen sein, so kann sich mE auch ein derartiger Anspruch auch für die Fälle des § 7 ergeben. 4

Ausdrücklich wird es den Mitgliedstaaten und/oder Sozialpartnern ermöglicht, **Bedingungen für die Inanspruchnahme** und die **Einzelheiten für die Anwendung des Freistellungsanspruches** festzulegen. Er kann dabei nicht völlig ausgeschlossen werden, eine Differenzierung zB nach Unternehmensgröße wird aber zulässig sein. Es kann auch eine Wartezeit für die Inanspruchnahme festgelegt werden (**aA** *Riesenhuber* EEL 519). Explizit sieht § 7 Nr. 2 vor, dass der Freistellungsanspruch auch auf eine bestimmte Dauer pro Jahr und/oder pro Fall begrenzt werden kann. 5

§ 8 Schlussbestimmungen

(1) Die Mitgliedstaaten können günstigere Bestimmungen anwenden oder einführen, als sie in dieser Vereinbarung vorgesehen sind.

(2) ¹Die Umsetzung dieser Vereinbarung rechtfertigt nicht eine Verringerung des allgemeinen Schutzniveaus der Arbeitnehmer in dem unter diese Vereinbarung fallenden Bereich. ²Dies berührt nicht das Recht der Mitgliedstaaten und/oder der Sozialpartner, bei neuen Entwicklungen (einschließlich der Einführung der Nichtübertragbarkeit) unterschiedliche Rechts- und Verwaltungsvorschriften oder tarifvertragliche Regelungen auszuarbeiten, vorausgesetzt, die in dieser Vereinbarung vorgesehenen Mindestvorschriften werden eingehalten.

(3) Diese Vereinbarung hindert die Sozialpartner nicht daran, auf der entsprechenden Ebene, einschließlich der europäischen Ebene, Übereinkünfte zur Anpassung und/oder Ergänzung dieser Vereinbarung zu schließen, um besonderen Umständen Rechnung zu tragen.

(4) ¹Die Mitgliedstaaten erlassen die Rechts- und Verwaltungsvorschriften, die erforderlich sind, um dem Ratsbeschluss spätestens zwei Jahre nach seinem Erlass nachzukommen, oder sie gewährleisten, dass die Sozialpartner im Wege einer Vereinbarung die erforderlichen Bestimmungen vor Ende dieser Frist festlegen. ²Die Mitgliedstaaten haben, falls dies aufgrund besonderer Schwierigkeiten oder einer tarifvertraglichen

Umsetzung notwendig sein sollte, längstens ein weiteres Jahr Zeit, dem Beschluss nachzukommen.

(5) Die Vermeidung und Beilegung von Streitigkeiten und Beschwerden, die sich aus der Anwendung dieser Vereinbarung ergeben, erfolgen nach den nationalen Rechtsvorschriften, Tarifverträgen und/oder Gepflogenheiten.

(6) Unbeschadet der Rolle der Kommission, der nationalen Gerichte und des Europäischen Gerichtshofs sollte jede Frage, die die Auslegung dieser Vereinbarung auf europäischer Ebene betrifft, zunächst von der Kommission an die Unterzeichnerparteien zur Stellungnahme zurückverwiesen werden.

(7) Die Unterzeichnerparteien überprüfen die Anwendung dieser Vereinbarung fünf Jahre nach Erlass des Ratsbeschlusses, wenn eine von ihnen einen entsprechenden Antrag stellt.

1   Der die allg. Schlussbestimmungen regelnde § 8 entspricht der Vorgänger-Rahmenvereinbarung 1995. Sie enthalten eine **„Mindeststandardklausel",** die besagt, dass die Mitgliedsstaaten günstigere Regelungen als diejenigen in der Vereinbarung einführen und beibehalten können (KOM [2009] 410, 12).

2   Nr. 2 enthält das in Richtlinien übliche **Verschlechterungsverbot.** Die Umsetzung dieser Vereinbarung darf nicht zu einer Verringerung des Schutzniveaus der Arbeitnehmer in dem unter diese Vereinbarung fallenden Bereich dienen. Eine ähnliche Bestimmungen enthält bsw. die → Arbeitszeit-Richtlinie 2003/88/EG Art. 23 Rn. 1, die → Leiharbeits-Richtlinie Art. 9 Rn. 2 oder die Mutterschutz-Richtlinie 92/85/EWG Art. 1 Rn. 6. Die Vereinbarung führt dabei aber ausdrücklich an, das die Mitgliedstaaten und /oder die Sozialpartner bei neuen Entwicklungen (einschließlich der Einführung der Nichtübertragbarkeit) neue Normen auszuarbeiten können, vorausgesetzt, die in dieser Vereinbarung vorgesehenen Mindestvorschriften werden eingehalten. Dies stützt die Ansicht (*Preis,* NZA 2006, 401 [402]; *Kerwer,* EuZA 2010, 253 [259]; *Greiner,* EuZA 2011, 74 [80]; Schwarze/*Rehhahn*/*Reiner* AEUV Art. 153 Rn. 86), dass derartige Verschlechterungsverbote den Mitgliedstaaten und/oder Sozialpartnern nur eine besondere Verpflichtung zur Rechtfertigung und zur Offenlegung der Gründe abverlangt, nicht jedoch jegliche Änderung der bisherigen einschlägigen Regelungen europarechtlich untersagt. Gründe, die in keinem Zusammenhang mit der Richtlinie-Umsetzung stehen, können demnach eine Verschlechterung der bisherigen Rechtslage rechtfertigen (EuGH 22.11.2005 – C 144/04 Rn. 52 – Mangold; 24.6.2010 – C-98/09 Rn. 36 – Sorge).

3   Hinsichtlich der Umsetzung ist darauf zu verweisen, dass die Mitgliedstaaten zur Umsetzung die nicht nur den Weg wählen können, die erforderlichen Rechts- und Verwaltungsvorschriften zu erlassen, sondern, dass sie sich auch auf die Kontrolle beschränken können, dass die Sozialpartner die notwendigen Maßnahmen bis zu diesem Zeitpunkt durch Vereinbarung eingeführt haben (→ AEUV Art. 155 Rn. 13 ff.).

650. Richtlinie 2010/41/EU des Europäischen Parlaments und des Rates zur Verwirklichung des Grundsatzes der Gleichbehandlung von Männern und Frauen, die eine selbständige Erwerbstätigkeit ausüben, und zur Aufhebung der Richtlinie 86/613/EWG des Rates

Vom 7. Juli 2010

(ABl. Nr. L 180 S. 1)

Celex-Nr. 3 2010 L 0041

DAS EUROPÄISCHE PARLAMENT UND DER RAT DER EUROPÄISCHEN UNION –

gestützt auf den Vertrag über die Arbeitsweise der Europäischen Union, insbesondere auf Artikel 157 Absatz 3,

auf Vorschlag der Europäischen Kommission,

nach Stellungnahme des Europäischen Wirtschafts- und Sozialausschusses[1],

gemäß dem ordentlichen Gesetzgebungsverfahren[2],

in Erwägung nachstehender Gründe:

(1) Mit der Richtlinie 86/613/EWG des Rates vom 11. Dezember 1986 zur Verwirklichung des Grundsatzes der Gleichbehandlung von Männern und Frauen, die eine selbständige Erwerbstätigkeit – auch in der Landwirtschaft – ausüben, sowie über den Mutterschutz[3] wird der Grundsatz der Gleichbehandlung von Männern und Frauen, die eine selbständige Erwerbstätigkeit ausüben oder zur Ausübung einer solchen beitragen, in den Mitgliedstaaten verwirklicht. In Bezug auf selbständige Erwerbstätige und Ehepartner von selbständigen Erwerbstätigen war die Richtlinie 86/613/EWG nicht sehr wirksam, und ihr Geltungsbereich sollte neu definiert werden, da Diskriminierungen aufgrund des Geschlechts und Belästigungen auch in Bereichen außerhalb der abhängigen Beschäftigung auftreten. Aus Gründen der Klarheit sollte die Richtlinie 86/613/EWG durch die vorliegende Richtlinie ersetzt werden.

(2) In ihrer Mitteilung vom 1. März 2006 mit dem Titel „Fahrplan für die Gleichstellung von Frauen und Männern" hat die Kommission angekündigt, die bestehenden, 2005 nicht überarbeiteten Rechtsvorschriften der Union zur Gleichstellung der Geschlechter zu überprüfen, um sie – falls nötig – zu aktualisieren, zu modernisieren und zu überarbeiten und so die Entscheidungsstrukturen im Bereich der Gleichstellung der Geschlechter zu verbessern. Die Richtlinie 86/613/EWG gehört nicht zu den überarbeiteten Texten.

(3) Der Rat hat die Kommission in seinen Schlussfolgerungen vom 5. und 6. Dezember 2007 zum Thema „Ausgewogenheit zwischen Frauen und Männern bei Arbeitsplätzen, Wachstum und sozialem Zusammenhalt" aufgefordert zu prüfen, ob die Richtlinie 86/613/EWG gegebenenfalls überarbeitet werden sollte, um die mit Mutterschaft und Vaterschaft verbundenen Rechte von selbständigen Erwerbstätigen und mitarbeitenden Ehepartnern zu gewährleisten.

(4) Das Europäische Parlament hat die Kommission beständig dazu aufgerufen, die Richtlinie 86/613/EWG zu überarbeiten, um insbesondere den Mutterschutz von selbständig

---

[1] **Amtl. Anm.:** ABl. C 228 vom 22.9.2009, S. 107.
[2] **Amtl. Anm.:** Standpunkt des Europäischen Parlaments vom 6. Mai 2009 (noch nicht im Amtsblatt veröffentlicht), Standpunkt des Rates in erster Lesung vom 8. März 2010 (ABl. C 123 E vom 12.5.2010, S. 5), Standpunkt des Europäischen Parlaments vom 18. Mai 2010.
[3] **Amtl. Anm.:** ABl. L 359 vom 19.12.1986, S. 56.

erwerbstätigen Frauen zu verstärken und die Situation von Ehepartnern von selbständigen Erwerbstätigen zu verbessern.

(5) Das Europäische Parlament hat seinen Standpunkt in diesem Bereich bereits in seiner Entschließung vom 21. Februar 1997 zur Situation der mitarbeitenden Ehepartner von selbständigen Erwerbstätigen[4] deutlich gemacht.

(6) In ihrer Mitteilung vom 2. Juli 2008 mit dem Titel „Eine erneuerte Sozialagenda: Chancen, Zugangsmöglichkeiten und Solidarität im Europa des 21. Jahrhunderts" hat die Kommission die Notwendigkeit unterstrichen, Maßnahmen zur Beseitigung des Ungleichgewichts zwischen den Geschlechtern im Unternehmertum zu ergreifen und die Vereinbarkeit von Privatleben und Beruf zu verbessern.

(7) Es bestehen bereits einige Rechtsinstrumente zur Verwirklichung des Grundsatzes der Gleichbehandlung, die auch selbständige Tätigkeiten abdecken, insbesondere die Richtlinie 79/7/EWG des Rates vom 19. Dezember 1978 zur schrittweisen Verwirklichung des Grundsatzes der Gleichbehandlung von Männern und Frauen im Bereich der sozialen Sicherheit[5] und die Richtlinie 2006/54/EG des Europäischen Parlaments und des Rates vom 5. Juli 2006 zur Verwirklichung des Grundsatzes der Chancengleichheit und Gleichbehandlung von Männern und Frauen in Arbeits- und Beschäftigungsfragen[6]. Daher sollte die vorliegende Richtlinie nicht für die Bereiche gelten, die bereits von den anderen Richtlinien erfasst werden.

(8) Diese Richtlinie berührt nicht die Befugnisse der Mitgliedstaaten zur Gestaltung ihrer Sozialschutzsysteme. Die ausschließliche Zuständigkeit der Mitgliedstaaten für die Gestaltung ihrer Sozialschutzsysteme umfasst unter anderem Entscheidungen über die Errichtung, Finanzierung und Verwaltung dieser Systeme und der damit verbundenen Einrichtungen sowie über den Inhalt und die Bereitstellung von Leistungen, die Höhe der Beiträge und die Zugangsbedingungen.

(9) Diese Richtlinie sollte für selbständige Erwerbstätige und deren Ehepartner oder – wenn und soweit sie nach innerstaatlichem Recht anerkannt sind – Lebenspartner gelten, wenn diese nach den Bedingungen des innerstaatlichen Rechts für gewöhnlich an der Unternehmenstätigkeit mitwirken. Die Arbeit dieser Ehepartner und – wenn und soweit sie nach innerstaatlichem Recht anerkannt sind – Lebenspartner von selbständigen Erwerbstätigen sollte im Hinblick auf eine Verbesserung ihrer Situation anerkannt werden.

(10) Diese Richtlinie sollte nicht für Sachverhalte gelten, die bereits durch andere Richtlinien zur Verwirklichung des Grundsatzes der Gleichbehandlung von Männern und Frauen, vor allem durch die Richtlinie 2004/113/EG des Rates vom 13. Dezember 2004 zur Verwirklichung des Grundsatzes der Gleichbehandlung von Männern und Frauen beim Zugang zu und bei der Versorgung mit Gütern und Dienstleistungen[7], geregelt werden. Unter anderem behält Artikel 5 der Richtlinie 2004/113/EG in Bezug auf Versicherungsverträge und verwandte Finanzdienstleistungen weiter Gültigkeit.

(11) Um Diskriminierungen aus Gründen des Geschlechts zu verhindern, sollte diese Richtlinie sowohl für unmittelbare als auch für mittelbare Diskriminierungen gelten. Belästigung und sexuelle Belästigung sollten als Diskriminierung angesehen und somit verboten werden.

(12) Diese Richtlinie sollte die Rechte und Pflichten, die aus dem Ehe- oder Familienstand nach innerstaatlichem Recht hervorgehen, nicht berühren.

(13) Der Grundsatz der Gleichbehandlung sollte die Beziehungen zwischen selbständigen Erwerbstätigen und Dritten innerhalb des Geltungsbereichs dieser Richtlinie umfassen, jedoch nicht die Beziehungen zwischen selbständigen Erwerbstätigen und ihren Ehepartnern oder Lebenspartnern.

---

[4] **Amtl. Anm.:** ABl. C 85 vom 17.3.1997, S. 186.
[5] **Amtl. Anm.:** ABl. L 6 vom 10.1.1979, S. 24.
[6] **Amtl. Anm.:** ABl. L 204 vom 26.7.2006, S. 23.
[7] **Amtl. Anm.:** ABl. L 373 vom 21.12.2004, S. 37.

(14) Im Bereich der selbständigen Erwerbstätigkeit bedeutet die Verwirklichung des Grundsatzes der Gleichbehandlung, dass es etwa in Bezug auf die Gründung, Einrichtung oder Erweiterung eines Unternehmens bzw. die Aufnahme oder Ausweitung irgendeiner anderen Form der selbständigen Tätigkeit zu keinerlei Diskriminierungen aufgrund des Geschlechts kommen darf.

(15) Die Mitgliedstaaten können gemäß Artikel 157 Absatz 4 des Vertrags über die Arbeitsweise der Europäischen Union zur Erleichterung der selbständigen Tätigkeit des unterrepräsentierten Geschlechts oder zur Verhinderung bzw. zum Ausgleich von Benachteiligungen in der beruflichen Laufbahn Maßnahmen für spezifische Vergünstigungen beibehalten oder beschließen. Grundsätzlich sollten Maßnahmen zur Gewährleistung der Gleichstellung der Geschlechter in der Praxis, wie z. B. positive Maßnahmen, nicht als Verstoß gegen den Grundsatz der Gleichbehandlung von Männern und Frauen angesehen werden.

(16) Es muss sichergestellt werden, dass die Bedingungen für die gemeinsame Gründung eines Unternehmens durch Ehepartner oder – wenn und soweit sie nach innerstaatlichem Recht anerkannt sind – Lebenspartner nicht restriktiver sind als die Bedingungen für die gemeinsame Gründung eines Unternehmens durch andere Personen.

(17) In Anbetracht ihrer Beteiligung an der Tätigkeit des Familienunternehmens sollten Ehepartner oder – wenn und soweit sie nach innerstaatlichem Recht anerkannt sind – Lebenspartner von selbständigen Erwerbstätigen, die Zugang zu einem Sozialschutzsystem haben, auch sozialen Schutz in Anspruch nehmen können. Die Mitgliedstaaten sollten verpflichtet sein, die notwendigen Maßnahmen zu ergreifen, um diesen Sozialschutz im Einklang mit ihrem innerstaatlichen Recht zu organisieren. Insbesondere ist es Aufgabe der Mitgliedstaaten, darüber zu entscheiden, ob die Verwirklichung dieses Sozialschutzes auf obligatorischer oder freiwilliger Basis erfolgen sollte. Die Mitgliedstaaten können vorsehen, dass dieser Sozialschutz im Verhältnis zur Beteiligung an der Tätigkeit des selbständigen Erwerbstätigen und/oder zur Höhe des Beitrags stehen kann.

(18) Schwangere selbständige Erwerbstätige und schwangere Ehepartnerinnen und – wenn und soweit sie nach innerstaatlichem Recht anerkannt sind – schwangere Lebenspartnerinnen von selbständigen Erwerbstätigen sind in wirtschaftlicher und körperlicher Hinsicht verletzlich; deshalb ist es notwendig, ihnen ein Recht auf Mutterschaftsleistungen zu gewähren. Die Mitgliedstaaten sind – vorbehaltlich der Einhaltung der in dieser Richtlinie festgelegten Mindestanforderungen – weiterhin dafür zuständig, diese Leistungen zu organisieren, wozu auch die Festlegung der Beitragshöhe sowie sämtlicher Modalitäten im Zusammenhang mit Leistungen und Zahlungen gehört. Insbesondere können sie festlegen, in welchem Zeitraum vor und/oder nach der Entbindung das Recht auf Mutterschaftsleistungen besteht.

(19) Der Zeitraum, in dem selbständig erwerbstätigen Frauen sowie Ehepartnerinnen oder – wenn und soweit sie nach innerstaatlichem Recht anerkannt sind – Lebenspartnerinnen von selbständigen Erwerbstätigen Mutterschaftsleistungen gewährt werden, ähnelt der Dauer des Mutterschaftsurlaubs für Arbeitnehmerinnen, wie er derzeit auf Unionsebene gilt. Falls die Dauer des Mutterschaftsurlaubs für Arbeitnehmerinnen auf Unionsebene geändert wird, sollte die Kommission dem Europäischen Parlament und dem Rat Bericht erstatten und prüfen, ob die Dauer der Mutterschaftsleistungen für selbständig erwerbstätige Frauen sowie Ehepartnerinnen und Lebenspartnerinnen gemäß Artikel 2 ebenfalls geändert werden sollte.

(20) Um den Besonderheiten der selbständigen Tätigkeit Rechnung zu tragen, sollten selbständig erwerbstätige Frauen und Ehepartnerinnen oder – wenn und soweit sie nach innerstaatlichem Recht anerkannt sind – Lebenspartnerinnen von selbständigen Erwerbstätigen Zugang erhalten zu jeglichen bestehenden Diensten zur Bereitstellung einer zeitlich befristeten Vertretung, die eine Unterbrechung ihrer Erwerbstätigkeit wegen Schwangerschaft oder Mutterschaft ermöglichen, oder zu bestehenden sozialen Diensten auf nationaler Ebene. Der Zugang zu diesen Diensten kann als Alternative zu den Mutterschaftsleistungen oder als Teil davon gelten.

(21) Opfer von Diskriminierungen aufgrund des Geschlechts sollten über einen geeigneten Rechtsschutz verfügen. Um einen effektiveren Schutz zu gewährleisten, sollten Verbände, Organisationen oder andere juristische Personen – wenn die Mitgliedstaaten dies beschließen – die Befugnis erhalten, sich unbeschadet der nationalen Verfahrensregeln bezüglich der Vertretung und Verteidigung vor Gericht im Namen eines Opfers oder zu seiner Unterstützung an Verfahren zu beteiligen.

(22) Der Schutz von selbständigen Erwerbstätigen und deren Ehepartnern und – wenn und soweit sie nach innerstaatlichem Recht anerkannt sind – Lebenspartnern von selbständig Erwerbstätigen vor Diskriminierung aufgrund des Geschlechts sollte verstärkt werden, indem in jedem Mitgliedstaat eine oder mehrere Stellen vorgesehen werden, die für die Analyse der mit Diskriminierungen verbundenen Probleme, die Prüfung möglicher Lösungen und die Bereitstellung konkreter Hilfsangebote für die Opfer zuständig sind. Bei dieser Stelle oder bei diesen Stellen kann es sich um dieselbe oder dieselben Stellen handeln, die auf nationaler Ebene die Aufgabe haben, für die Verwirklichung des Grundsatzes der Gleichbehandlung einzutreten.

(23) In dieser Richtlinie werden Mindestanforderungen festgelegt, weshalb es den Mitgliedstaaten freisteht, günstigere Vorschriften einzuführen oder beizubehalten.

(24) Da das Ziel der zu ergreifenden Maßnahmen, nämlich die Gewährleistung eines einheitlichen, hohen Niveaus des Schutzes vor Diskriminierung in allen Mitgliedstaaten, auf Ebene der Mitgliedstaaten nicht ausreichend verwirklicht werden kann und besser auf Unionsebene zu verwirklichen ist, kann die Union im Einklang mit dem in Artikel 5 des Vertrags über die Europäische Union niedergelegten Subsidiaritätsprinzip tätig werden. Entsprechend dem in demselben Artikel genannten Grundsatz der Verhältnismäßigkeit geht diese Richtlinie nicht über das zur Erreichung dieses Ziels erforderliche Maß hinaus –

HABEN FOLGENDE RICHTLINIE ERLASSEN:

Art. 1 Gegenstand

(1) Diese Richtlinie legt für die nicht von den Richtlinien 2006/54/EG und 79/7/EWG erfassten Bereiche einen Rahmen für die Verwirklichung des Grundsatzes der Gleichbehandlung von Männern und Frauen, die eine selbständige Erwerbstätigkeit ausüben oder zur Ausübung einer solchen beitragen, in den Mitgliedstaaten fest.

(2) Für die Verwirklichung des Grundsatzes der Gleichbehandlung von Männern und Frauen beim Zugang zu und bei der Versorgung mit Gütern und Dienstleistungen gilt weiterhin die Richtlinie 2004/113/EG.

A. Überblick

1   Die Richtlinie behandelt den Grundsatz der **Gleichbehandlung von Männern und Frauen,** die eine **selbständige Erwerbstätigkeit** ausüben oder zur **Ausübung einer solchen Erwerbstätigkeit beitragen.** Sie ergänzt insoweit die RL 2006/54/EG und die RL 79/7/EWG, wobei die letztgenannten Richtlinien gem. Art. 1 I vorrangig anzuwenden sind. Der Anwendungsbereich der Richtlinie erstreckt sich ebenfalls nicht auf die Versorgung mit Gütern und Dienstleistungen; hierfür gilt die RL 2004/113/EWG (Art. 1 II). Die letztgenannte Regelung soll eigentlich sicherstellen, dass für Versicherungsverträge und verwandte Finanzdienstleistungen weiterhin Art. 5 RL 2004/113/EG maßgeblich ist (Erwägungsgrund 10; KOM [2008] 636 endg., 8). Der EuGH hat allerdings Art. 5 II RL 2004/113/EG wegen Verstoßes gegen Art. 21 I, 23 GRC für unwirksam erklärt (EuGH 1.3.2011 – C-236/09 – Test Achats, EuZW 2011, 301; dazu *Armbrüster* LMK 2011, 315339; *Stenslik* RdA 2010, 247 [249]; *Adomeit/Mohr* AGG § 19 Rn. 36, § 20 Rn. 34 ff.).

Anwendungsbereich   **Art. 1 RL 2010/41/EU 650**

Die Richtlinie ersetzt die **RL 86/613/EWG**. Die Neufassung intendiert eine **wirk-** 2
samere Umsetzung des Grundsatzes der Gleichbehandlung von Männern und Frauen, die
eine selbständige Erwerbstätigkeit ausüben oder zur Ausübung einer solchen beitragen, da
dieser Grundsatz für den benannten Personenkreis – anders als für Arbeitnehmer – bislang
nur eine begrenzte praktische Bedeutung erlangt habe (KOM [2008] 636 endg., 2). Dies soll
im Kern geschehen durch die Schaffung der Möglichkeit, dass selbständig erwerbstätige
Frauen **Mutterschaftsurlaub** in Anspruch nehmen können (Art. 8), durch die **Anerkennung des Beitrags mitarbeitender Ehepartner zum Familienunternehmen,** indem
man ihnen die Möglichkeit gibt, das gleiche Maß an sozialem Schutz wie selbständige
Erwerbstätige in Anspruch zu nehmen (Art. 7), sowie durch die Festschreibung der **Zuständigkeit nationaler Gleichbehandlungsstellen für Diskriminierungsfälle** (Art. 11;
vgl. KOM [2008] 636 endg., 5 f.).

B. Rechtsgrundlage

Ebenso wie die RL 2006/54/EG (→ RL 2006/54/EG Art. 1 Rn. 5) ist die RL 2010/41/ 3
EU auf die Ermächtigungsgrundlage des **Art. 141 III EG** aF gestützt (Art. 157 III AEUV).
Diese Vorschrift umfasst mit dem Terminus „Arbeits- und Beschäftigungsfragen" auch die
selbständige Tätigkeit (KOM [2008] 636 endg., 7; → AEUV Art. 157 Rn. 80). Seit Inkrafttreten des Vertrags von Lissabon enthält **Art. 21 I GRC iVm Art. 6 I EUV** außerdem ein
primärrechtliches Grundrecht auf Schutz vor Diskriminierungen wegen des Geschlechts (zu
Einzelheiten → GRC Art. 21 Rn. 55). Art. 21 I GRC untersagt der Union und den
Mitgliedstaaten bei der Durchführung von Unionsrecht Diskriminierungen wegen des
Geschlechts. Die Vorschrift wird bezüglich des sachlichen Anwendungsbereichs „Arbeits-
und Beschäftigungsfragen" ua durch die RL 2010/41/EU konkretisiert (→ RL 2006/54/
EG Art. 1 Rn. 7).

C. Anwendungsbereich

Der Anwendungsbereich der Richtlinie hängt maßgeblich davon ab, in welchem Umfang 4
die RL 2006/54/EG und RL 79/7/EWG eine **selbständige Erwerbstätigkeit** erfassen
(zu mitarbeitenden Familienangehörigen → Art. 2 Rn. 1).

Die **RL 2006/54/EG** erfasst unstreitig Arbeitnehmer iSd Unionsrechts (→ RL 2006/54/ 5
EG Art. 1 Rn. 19). Noch nicht geklärt ist demgegenüber, inwieweit sie auch selbständig
Tätige schützt (dafür KOM [2008] 636 endg., 3). So stellt Art. 6 RL 2006/54/EG allein für
den Bereich der betrieblichen Altersversorgung iSd Art. 5 RL 2006/54/EG klar, dass die
Vorschriften gem. Titel II, Kapitel 2 der RL 2006/54/EG auf „die Erwerbsbevölkerung
einschließlich der Selbständigen" anzuwenden sind, um insoweit eine Lücke zur RL 79/7/
EWG zu schließen (so Fuchs/*Bieback* RL 2006/54/EG Vorb. Rn. 2). Demgegenüber
bezieht sich das allg. Verbot von Diskriminierungen beim Entgelt gem. Art. 4 RL 2006/54/
EG nur auf Arbeitnehmer, vergleichbar der Rechtslage zu Art. 157 I, II AEUV (→ AEUV
Art. 157 Rn. 12). Soweit keine betriebliche Altersversorgung in Rede steht, werden selbständige Vertragspartner vor Ungleichbehandlungen in Ansehung ihrer **Vergütung** daher
durch die RL 2010/41/EU geschützt (→ AEUV Art. 157 Rn. 14 aE). Inwieweit sich das
Diskriminierungsverbot des Art. 14 I RL 2006/54/EG auf Selbständige erstreckt, ist nach
dem Wortlaut nicht eindeutig (näher → RL 2006/54/EG Art. 1 Rn. 20). Der EuGH hat
sich mit dieser Abgrenzung in seiner ***Danosa*-Entscheidung** befasst (EuGH 11.11.2010 –
C-232/09 Rn. 57 ff. – Danosa, NZA 2011, 143; dazu *Mohr* ZHR 178, 2014, 326 [345]; →
RL 2000/78/EG Art. 3 Rn. 8 ff.). Der EuGH sieht den Schutz von selbständigen Personen
– soweit sie nicht unter den weiten Arbeitnehmerbegriff des Unionsrechts fallen – hiernach
eher iRd RL 2010/41/EU lokalisiert, obwohl Art. 14 I lit. a RL 2006/54/EG auch auf

selbständige Personen Bezug nimmt. Rechtsklarheit können nur weitere Judikate des EuGH bringen.

6   Die **RL 79/7/EWG** erstreckt sich nach ihrem Art. 2 explizit auf selbständig Tätige (dazu Fuchs/*Bieback* RL 79/7/EWG Art. 2 Rn. 2). Sie geht deshalb in ihrem Anwendungsbereich insgesamt der RL 2010/41/EU vor.

D. Männer und Frauen (Geschlecht)

7   Ebenso wie Art. 1 RL 2006/54/EG schützt Art. 1 **Männer** und **Frauen**. Die Vorschrift bezieht sich im Ausgangspunkt auf das **biologische (natürliche) Geschlecht** (→ RL 2006/54/EG Art. 1 Rn. 13). Hiernach können sich nicht nur Frauen, sondern auch Männer auf den Schutz vor Diskriminierungen berufen, auch wenn die RL 2010/41/EU einen wesentlichen Schwerpunkt auf den Schutz von Frauen legt. Der Schutz vor Diskriminierungen wegen des Geschlechts erfasst nach ständiger Rechtsprechung des EuGH benachteiligende Ungleichbehandlungen von Frauen wegen ihrer **Schwangerschaft** oder der **Inanspruchnahme von Mutterschaftsurlaub** (EuGH 12.7.1984 – 184/83 Rn. 24 ff. – Hofmann, NJW 1984, 2754; 8.1.1990 – C-177/88 Rn. 10 – Dekker, NJW 1991, 628; 5.5.1994 – C-421/92 Rn. 14 – Habermann-Beltermann, NJW 1994, 2077). Geschützt werden weiterhin **transsexuelle und zwischengeschlechtliche Menschen** (EuGH 30.4.1996 – C-13/94 Rn. 20 – P., NZA 1996, 695; 7.1.2004 – C-117/01 Rn. 28 ff. – K. B., NJW 2004, 1440; 27.4.2006 – C-423/04 Rn. 20 ff. – Richards, EuZW 2006, 342). Inwieweit die RL 2010/41/EU das **soziale Geschlecht** von Menschen schützt, ist nicht eindeutig (→ RL 2006/54/EG Art. 1 Rn. 16 f.). Erfasst wird jedenfalls die benachteiligende Zuschreibung von Aufgaben, Verhaltensweisen und Fähigkeiten zu Männern oder Frauen (Schiek/*Schiek* AGG § 1 Rn. 25 u. Rn. 28; s. auch BAG 18.9.2014 BeckRS 2014, 73584 Rn. 28 ff.). Der EuGH sieht eine Unterscheidung nach der Körperkraft nicht generell als solche nach sog. Genderstereotypen an, sondern überprüft sie in einem System der beruflichen Einstufung auf der Grundlage des Verbots mittelbarer Diskriminierungen wegen des natürlichen Geschlechts (EuGH 1.7.1986 – C-237/85 Rn. 15 – Rummler, NJW 1987, 1138). Eine Differenzierung nach dem natürlichen Geschlecht kann außerdem zulässig sein, wenn die besondere körperliche Leistungsfähigkeit eine wesentliche und entscheidende berufliche Anforderung bedeutet (vgl. EuGH 26.10.1999 – C-273/97 Rn. 23 – Sidar, NZA 2000, 159).

Art. 2 Geltungsbereich

Diese Richtlinie betrifft:
a) selbständige Erwerbstätige, das heißt alle Personen, die nach den Bedingungen des innerstaatlichen Rechts eine Erwerbstätigkeit auf eigene Rechnung ausüben;
b) die Ehepartner oder – wenn und soweit sie nach innerstaatlichem Recht anerkannt sind – Lebenspartner von selbständigen Erwerbstätigen, die weder abhängig Beschäftigte noch Gesellschafter sind und sich nach den Bedingungen des innerstaatlichen Rechts gewöhnlich an den Tätigkeiten des selbständigen Erwerbstätigen beteiligen, indem sie dieselben Aufgaben oder Hilfsaufgaben erfüllen.

1   Art. 2 bestimmt den **persönlichen Anwendungsbereich** (die „Zielgruppe", vgl. KOM [2008] 636 endg., 8). Hiernach gilt die Richtlinie für zwei unterschiedliche Personengruppen: „selbständige Erwerbstätige" und „mitarbeitende Ehe- oder Lebenspartner". Die unionsrechtliche Situation dieser beiden Gruppen ist unterschiedlich. Während für **selbständige Erwerbstätige** in bestimmten Bereichen auch andere Rechtsvorschriften zur Umsetzung des Grundsatzes der Gleichbehandlung von Frauen und Männern gelten (→

Art. 1 Rn. 2 ff.), ist die RL 2010/41/EU für mitarbeitende Ehe- und Lebenspartner die zentrale Regelung auf EU-Ebene (KOM [2008] 636 endg., 3).

In Abgrenzung zum Begriff des **Arbeitnehmers** (s. EuGH 6.11.2003 – C-413/01 **2** Rn. 23 f. – Ninni-Orasche, NZA 2014, 87; 11.11.2010 – C-232/09 Rn. 39 – Danosa, NZA 2011, 143; 20.9.2007 – C-116/06 Rn. 25 – Kiiski, NZA 2007, 1274; dazu *Wank* RdA 2011, 178 [180]; *Schubert* ZESAR 2013, 5; *Mohr* ZHR 178, 2014, 326 [338 ff.]; → RL 2000/78/EG Art. 3 Rn. 6) definiert Art. 2 lit. a die selbständige Erwerbstätigkeit als **Erwerbstätigkeit auf eigene Rechnung.** Hiernach sind alle Personen selbständig tätig, die zwar einer Erwerbstätigkeit nachgehen, aber nicht als Arbeitnehmer iSd weiten unionsrechtlichen Arbeitnehmerbegriffs anzusehen sind.

Nach Art. 2 lit. b gilt die Richtlinie für die **Ehepartner** oder – wenn und soweit sie nach **3** innerstaatlichem Recht anerkannt sind – **Lebenspartner von selbständigen Erwerbstätigen,** die weder abhängig Beschäftigte (Arbeitnehmer) noch Gesellschafter (Selbständige) sind und sich nach den Bedingungen des innerstaatlichen Rechts gewöhnlich an den Tätigkeiten des selbständigen Erwerbstätigen beteiligen, indem sie dieselben Aufgaben oder Hilfsaufgaben erfüllen. Im Kern wird es mit Blick auf Erwägungsgrund 17 um **Familienunternehmen** gehen. Auch dann ist die Abgrenzung des geschützten Personenkreises schwierig, da nicht jede Person, die keiner eigenen Erwerbstätigkeit nachgeht, „für gewöhnlich" im Unternehmen des Ehe- oder Lebenspartners mitarbeitet. Zur Anerkennung von **Lebenspartnern** nach deutschem Recht → RL 2000/78/EG Art. 1 Rn. 62.

Art. 3 Begriffsbestimmungen

Im Sinne dieser Richtlinie bezeichnet der Ausdruck

a) „unmittelbare Diskriminierung" eine Situation, in der eine Person aufgrund ihres Geschlechts eine weniger günstige Behandlung erfährt, als eine andere Person in einer vergleichbaren Situation erfährt, erfahren hat oder erfahren würde;
b) „mittelbare Diskriminierung" eine Situation, in der dem Anschein nach neutrale Vorschriften, Kriterien oder Verfahren Personen des einen Geschlechts in besonderer Weise gegenüber Personen des anderen Geschlechts benachteiligen können, es sei denn, die betreffenden Vorschriften, Kriterien oder Verfahren sind durch ein rechtmäßiges Ziel sachlich gerechtfertigt und die Mittel sind zur Erreichung dieses Ziels angemessen und erforderlich;
c) „Belästigung" unerwünschte auf das Geschlecht einer Person bezogene Verhaltensweisen, die bezwecken oder bewirken, dass die Würde der betreffenden Person verletzt und ein von Einschüchterungen, Anfeindungen, Erniedrigungen, Entwürdigungen oder Beleidigungen gekennzeichnetes Umfeld geschaffen wird;
d) „sexuelle Belästigung" jede Form von unerwünschtem Verhalten sexueller Natur, das sich in verbaler, nicht verbaler oder physischer Form äußert und das bezweckt oder bewirkt, dass die Würde der betreffenden Person verletzt wird, insbesondere wenn ein von Einschüchterungen, Anfeindungen, Erniedrigungen, Entwürdigungen und Beleidigungen gekennzeichnetes Umfeld geschaffen wird.

Art. 3 definiert die **unzulässigen Verhaltensweisen,** konkret die unmittelbare und die **1** mittelbare Diskriminierung, die Belästigung und die sexuelle Belästigung. Hinsichtlich der Einzelheiten kann verwiesen werden auf die Kommentierung zur RL 2006/54/EG (→ RL 2006/54/EG Art. 2 Rn. 1 ff.). Anders als die RL 2006/54/EG normiert die RL 2010/41/EU – bis auf Art. 5 für positive Maßnahmen – keine Ausnahmevorschriften für unmittelbare Diskriminierungen. Ein Ausgleich zwischen dem Schutz vor Diskriminierungen und der Wettbewerbs- und Unternehmerfreiheit kann jedoch – wie beim Entgeltgleichheitssatz – über die Merkmale „vergleichbare Situation" und „aufgrund des Geschlechts" erfolgen.

Art. 4 Grundsatz der Gleichbehandlung

(1) Gemäß dem Grundsatz der Gleichbehandlung hat jegliche unmittelbare oder mittelbare Diskriminierung aufgrund des Geschlechts im öffentlichen oder privaten Sektor, etwa in Verbindung mit der Gründung, Einrichtung oder Erweiterung eines Unternehmens bzw. der Aufnahme oder mit der Ausweitung jeglicher anderen Art von selbständiger Tätigkeit zu unterbleiben.

(2) ¹In den durch Absatz 1 erfassten Bereichen gelten Belästigung und sexuelle Belästigung als Diskriminierung aufgrund des Geschlechts und sind daher verboten. ²Die Zurückweisung oder Duldung solcher Verhaltensweisen durch die betreffende Person darf nicht als Grundlage für eine Entscheidung herangezogen werden, die diese Person berührt.

(3) In den durch Absatz 1 erfassten Bereichen gilt die Anweisung zur Diskriminierung einer Person aufgrund des Geschlechts als Diskriminierung.

1 Art. 4 I enthält den Grundsatz der Gleichbehandlung und definiert ihn **abwehrrechtlich** als Verbot von unmittelbaren und mittelbaren Diskriminierungen aufgrund des Geschlechts im öffentlichen oder privaten Sektor, etwa in **Verbindung mit der Gründung, Einrichtung oder Erweiterung eines Unternehmens** bzw. **der Aufnahme oder der Ausweitung jeglicher anderen Art von selbständiger Tätigkeit.** Nach Erwägungsgrund 13 soll der Grundsatz der Gleichbehandlung die Beziehungen zwischen selbständigen Erwerbstätigen und Dritten innerhalb des Geltungsbereichs dieser Richtlinie umfassen, jedoch nicht die Beziehungen zwischen selbständigen Erwerbstätigen und ihren Ehepartnern oder Lebenspartnern. Der Diskriminierungsschutz bezieht sich mit anderen Worten nicht auf Fragen des Familienrechts.

2 Der Schutz vor Diskriminierungen Selbständiger hatte bislang nur **begrenzte praktische Relevanz** (*Knigge* ZESAR 2013, 24 [26]). Im Urteil *Jørgensen* befasste sich der EuGH mit dem Verbot der mittelbaren Diskriminierung im Rahmen der Umwandlung von Arztpraxen und der damit zusammenhängenden Zahlung von Krankenkassenhonoraren (EuGH 6.4.2000 – C-226/98 – Jørgensen, AP EWG-Richtlinie Nr. 76/207 Nr. 21). Im *Danosa*-Urteil ging es um den Schutz von Gesellschaftsorganen vor Diskriminierungen wegen des Geschlechts bei Schwangerschaft und Mutterschaft (EuGH 11.11.2010 – C-232/09 – Danosa, NZA 2011, 143; dazu *Mohr* ZHR 178, 2014, 326 [339 f.]).

3 Art. 4 II enthält eine gesetzliche Fiktion, wonach die **Belästigung** gem. Art. 3 lit. c und die **sexuelle Belästigung** gem. Art. 3 lit. d als Diskriminierung gelten (näher → RL 2006/54/EG Art. 2 Rn. 34).

4 Art. 4 III fingiert auch die **Anweisung zur Diskriminierung** einer Person aufgrund des Geschlechts als Diskriminierung (näher → RL 2006/54/EG Art. 2 Rn. 35).

Art. 5 Positive Maßnahmen

Im Hinblick auf die effektive Gewährleistung der vollen Gleichstellung von Männern und Frauen im Arbeitsleben können die Mitgliedstaaten Maßnahmen im Sinne von Artikel 157 Absatz 4 des Vertrags über die Arbeitsweise der Europäischen Union beibehalten oder beschließen, beispielsweise mit dem Ziel, unternehmerische Initiativen von Frauen zu fördern.

1 Art. 5 enthält eine **Ausnahmeregelung** vom Verbot der Diskriminierung gem. Art. 4 I für „positive Diskriminierungen" (näher → RL 2006/54/EG Art. 3 Rn. 1; zu den Voraussetzungen → AEUV Art. 157 Rn. 62 und ergänzend → RL 2000/78/EG Art. 7 Rn. 1).

2 Nach Ansicht der Kommission müssen Fördermaßnahmen für Selbständige und mitarbeitende Familienangehörige nachweislich notwendig, auf die Beseitigung konkreter

Benachteiligungen ausgerichtet und zeitlich befristet sein, weshalb auch ihre Laufzeit nicht über den zur Bewältigung des ermittelten Problems benötigten Zeitraum hinausgehen darf (KOM [2008] 636 endg., 10). Allerdings würden Frauen bei der **Gründung eines Unternehmens** häufig mit mehr Problemen konfrontiert als Männer. Dies sei auf verschiedene Gründe zurückzuführen, einschließlich der Schwierigkeit, **Startkapital** zu beschaffen, sowie mangelnder Unterstützung bei der **Entwicklung von Geschäftsideen**. Zwar werde die Verwirklichung des Grundsatzes der Gleichbehandlung gem. Art. 4 zur Verbesserung dieser Situation beitragen, jedoch voraussichtlich nicht ausreichen, um die Benachteiligungen, mit denen Frauen in diesem Bereich konfrontiert sind, vollkommen zu beseitigen (KOM [2008] 636 endg., 10).

Art. 6 Gründung einer Gesellschaft

Unbeschadet der in gleicher Weise für beide Geschlechter geltenden besonderen Bedingungen für den Zugang zu bestimmten Tätigkeiten ergreifen die Mitgliedstaaten die erforderlichen Maßnahmen, um sicherzustellen, dass die Bedingungen für die gemeinsame Gründung einer Gesellschaft durch Ehepartner oder – wenn und soweit sie nach innerstaatlichem Recht anerkannt sind – Lebenspartner nicht restriktiver sind als die Bedingungen für die gemeinsame Gründung einer Gesellschaft durch andere Personen.

Gem. Art. 6 muss sichergestellt werden, dass die Bedingungen für die **gemeinsame** 1 **Gründung eines Unternehmens durch Ehepartner** oder – wenn und soweit sie nach innerstaatlichem Recht anerkannt sind – **Lebenspartner** nicht restriktiver sind als die Bedingungen für die gemeinsame Gründung eines Unternehmens durch andere Personen (s. auch Erwägungsgrund 16). Die Vorschrift entspricht weitgehend Art. 5 RL 86/613/EWG. Sie wurde um den Begriff Lebenspartner ergänzt, um zu verdeutlichen, dass sie für sämtliche nach innerstaatlichem Recht anerkannte „Lebenspartner" von selbständigen Erwerbstätigen gilt, unabhängig vom Familienstand (KOM [2008] 636 endg., 10).

Art. 7 Sozialer Schutz

(1) Besteht in einem Mitgliedstaat ein System für den sozialen Schutz selbständiger Erwerbstätiger, so ergreift dieser Mitgliedstaat die erforderlichen Maßnahmen, um sicherzustellen, dass Ehepartner und Lebenspartner gemäß Artikel 2 Buchstabe b einen sozialen Schutz im Einklang mit innerstaatlichem Recht erhalten können.

(2) Die Mitgliedstaaten können darüber entscheiden, ob die Verwirklichung des Sozialschutzes gemäß Absatz 1 auf obligatorischer oder freiwilliger Basis erfolgt.

Art. 7 behandelt den sozialen Schutz für **mitarbeitende Ehe- und Lebenspartner** iSd 1 Art. 2 lit. b (KOM [2008] 636 endg., 10). Die Vorschrift ist an Art. 6 RL 86/613/EWG angelehnt. Hiernach erhalten mitarbeitende Ehepartner jedenfalls auf Antrag (Art. 7 II) einen sozialen Schutz im Einklang mit dem innerstaatlichen Recht. Ob der Schutz mindestens dem Niveau von selbständig Erwerbstätigen entsprechen muss (so KOM [2008] 636 endg., 10), ist nach dem Wortlaut von Art. 7 I nicht eindeutig. Die Mitgliedstaaten sind – vorbehaltlich der Einhaltung der in der Richtlinie festgelegten Mindestanforderungen – jedenfalls zuständig für die Festlegung der Beitragshöhe sowie sämtlicher Modalitäten im Zusammenhang mit Leistungen und Zahlungen (KOM [2008] 636 endg., 10).

Art. 8 Mutterschaftsleistungen

(1) Die Mitgliedstaaten ergreifen die erforderlichen Maßnahmen, um sicherzustellen, dass selbständig erwerbstätige Frauen sowie Ehepartnerinnen und Lebenspartnerinnen gemäß Artikel 2 im Einklang mit dem innerstaatlichen Recht ausreichende Mutterschaftsleistungen erhalten können, die eine Unterbrechung ihrer Erwerbstätigkeit wegen Schwangerschaft oder Mutterschaft während mindestens 14 Wochen ermöglichen.

(2) Die Mitgliedstaaten können darüber entscheiden, ob die Mutterschaftsleistungen gemäß Absatz 1 auf obligatorischer oder freiwilliger Basis gewährt werden.

(3) Die Leistungen nach Absatz 1 gelten als ausreichend, wenn sie ein Einkommen garantieren, das mindestens Folgendem entspricht:

a) der Leistung, die die betreffende Person im Falle einer Unterbrechung ihrer Erwerbstätigkeit aus gesundheitlichen Gründen erhalten würde; und/oder

b) dem durchschnittlichen Einkommens- oder Gewinnverlust gegenüber einem vergleichbaren vorherigen Zeitraum, vorbehaltlich etwaiger Obergrenzen nach innerstaatlichem Recht; und/oder

c) jeglicher anderer familienbezogenen Leistung nach innerstaatlichem Recht, vorbehaltlich etwaiger Obergrenzen nach innerstaatlichem Recht.

(4) ¹Die Mitgliedstaaten ergreifen die erforderlichen Maßnahmen, um sicherzustellen, dass selbständig erwerbstätige Frauen sowie Ehepartnerinnen und Lebenspartnerinnen gemäß Artikel 2 Zugang erhalten zu jeglichen bestehenden Diensten zur Bereitstellung einer zeitlich befristeten Vertretung oder zu jeglichen bestehenden sozialen Diensten auf nationaler Ebene. ²Die Mitgliedstaaten können vorsehen, dass der Zugang zu diesen Diensten als Alternative zu der Leistung gemäß Absatz 1 dieses Artikels oder als Teil davon gilt.

1   Art. 8 enthält die **zentrale Neuerung** im Vergleich zur Rechtslage nach Art. 8 der RL 86/613/EWG, der sich auf einen Prüfauftrag beschränkt hatte (*Knigge* ZESAR 2013, 24 [27]). So müssen die Mitgliedstaaten nach Art. 8 I die erforderlichen Maßnahmen ergreifen, um sicherzustellen, dass selbständig erwerbstätige Frauen sowie Ehepartnerinnen und Lebenspartnerinnen gem. Art. 2 lit. b im Einklang mit dem innerstaatlichen Recht auf Antrag (Art. 8 II) **ausreichende Mutterschaftsleistungen** erhalten können, die **eine Unterbrechung ihrer Erwerbstätigkeit wegen Schwangerschaft oder Mutterschaft während mindestens 14 Wochen** ermöglichen. Die Vorschrift enthält damit eine Umsetzungspflicht der Mitgliedstaaten, die den begünstigten Personen einen entsprechenden Anspruch einräumen müssen (KOM [2008] 636 endg., 11; *Knigge* ZESAR 2013, 24 [27]). Der Zeitraum ist an denjenigen des Art. 8 RL 92/85/EWG angelehnt (Erwägungsgrund 19; dazu → RL 2006/54/EG Art. 2 Rn. 42). Zur Umsetzung in Deutschland → Art. 16 Rn. 2.

2   Unter welchen Voraussetzungen (Sozial-)Leistungen iSd Art. 8 I „ausreichend" sind, obliegt grds. der Entscheidungsbefugnis der Mitgliedstaaten (Erwägungsgrund 18; *Knigge* ZESAR 2013, 24 [28]). Die Leistungen sind nach Art. 8 III jedenfalls dann als ausreichend anzusehen, wenn sie ein Einkommen garantieren, das mindestens Folgendem entspricht: der Leistung, die die betreffende Person im Falle einer **Unterbrechung ihrer Erwerbstätigkeit aus gesundheitlichen Gründen** erhalten würde (Buchst. a); und/oder dem **durchschnittlichen Einkommens- oder Gewinnverlust** gegenüber einem vergleichbaren vorherigen Zeitraum, vorbehaltlich etwaiger Obergrenzen nach innerstaatlichem Recht (Buchst. b); und/oder jeglicher **anderer familienbezogenen Leistung** nach innerstaatlichem Recht, vorbehaltlich etwaiger Obergrenzen nach innerstaatlichem Recht (Buchst. c). In der Rechtswirklichkeit steht Art. 8 III lit. a im Vordergrund (KOM [2008] 636 endg., 11).

3   Um den Besonderheiten der selbständigen Erwerbstätigkeit Rechnung zu tragen, räumt Art. 8 IV den selbständig tätigen Frauen und den mitarbeitenden Ehe- und Lebenspart-

nerinnen – soweit machbar – eine Wahlmöglichkeit zwischen einer Geldleistung und einer **zeitlich befristeten Vertretung während des Mutterschaftsurlaubs** ein, um den Mutterschaftsurlaub tatsächlich nehmen und mit Hilfe einer befristeten Vertretung zugleich ihre selbständige Tätigkeit aufrecht erhalten zu können (Erwägungsgrund 20; KOM [2008] 636 endg., 11).

Art. 9 Rechtsschutz

(1) Die Mitgliedstaaten stellen sicher, dass alle Personen, die nach eigener Auffassung durch die Nichtanwendung des Grundsatzes der Gleichbehandlung einen Verlust oder Schaden erlitten haben, ihre Ansprüche aus dieser Richtlinie auf dem Gerichts- bzw. Verwaltungsweg sowie, wenn die Mitgliedstaaten es für angezeigt halten, in Schlichtungsverfahren geltend machen können, selbst wenn das Verhältnis, während dessen die Diskriminierung vorgekommen sein soll, bereits beendet ist.

(2) Die Mitgliedstaaten stellen sicher, dass Verbände, Organisationen oder andere juristische Personen, die gemäß den in ihrem innerstaatlichen Recht festgelegten Kriterien ein rechtmäßiges Interesse daran haben, die Einhaltung dieser Richtlinie sicherzustellen, sich entweder im Namen der beschwerten Person oder zu deren Unterstützung und mit deren Einwilligung an jeglichen zur Durchsetzung der Ansprüche aus dieser Richtlinie vorgesehenen Gerichts- und/oder Verwaltungsverfahren beteiligen können.

(3) Die Absätze 1 und 2 lassen nationale Regelungen über Fristen für die Rechtsverfolgung in Fällen, in denen es um den Grundsatz der Gleichbehandlung geht, unberührt.

Art. 9 behandelt den **Rechtsschutz.** Hierzu gehören unter den Voraussetzungen des 1 Art. 9 II auch **Verbandsklagebefugnisse** (s. Erwägungsgrund 21). Zu Einzelheiten → RL 2006/54/EG Art. 17 Rn. 1 ff.

Art. 10 Schadensersatz oder Entschädigung

¹Die Mitgliedstaaten ergreifen im Rahmen ihrer nationalen Rechtsordnung die erforderlichen Maßnahmen, um sicherzustellen, dass der einer Person durch eine Diskriminierung aufgrund des Geschlechts entstandene Verlust oder Schaden gemäß den von den Mitgliedstaaten festzulegenden Modalitäten tatsächlich und wirksam ausgeglichen oder ersetzt wird, wobei dieser Schadensersatz oder diese Entschädigung abschreckend und dem erlittenen Verlust oder Schaden angemessen sein muss. ²Eine im Voraus festgelegte Obergrenze für einen solchen Schadensersatz oder eine solche Entschädigung ist nicht zulässig.

Art. 10 behandelt Ansprüche auf Schadensersatz und Entschädigung. Mit Blick auf 1 relevante Einbußen selbständig Tätiger bezieht sich die Regelung sowohl auf einen entstandenen Verlust als auch auf einen sonstigen Schaden. Anders als Art. 18 RL 2006/54/EG sieht Art. 10 S. 2 Obergrenzen generell als unzulässig an. Mit diesen Modifikationen kann für Einzelheiten verwiesen werden auf → RL 2006/54/EG Art. 18 Rn. 1 ff.

Art. 11 Stellen zur Förderung der Gleichbehandlung

(1) Jeder Mitgliedstaat ergreift die erforderlichen Maßnahmen, um sicherzustellen, dass die Stelle oder die Stellen, die gemäß Artikel 20 der Richtlinie 2006/54/EG bezeichnet wurde bzw. wurden, auch dafür zuständig ist bzw. sind, die Verwirklichung der Gleichbehandlung aller Personen, die unter diese Richtlinie fallen, ohne Diskrimi-

nierung aufgrund des Geschlechts zu fördern, zu analysieren, zu beobachten und zu unterstützen.

(2) Die Mitgliedstaaten stellen sicher, dass es zu den Aufgaben der in Absatz 1 genannten Stellen gehört:

a) unbeschadet der Rechte der Opfer sowie der Verbände, Organisationen und anderen juristischen Personen nach Artikel 9 Absatz 2, die Opfer von Diskriminierung auf unabhängige Weise dabei zu unterstützen, ihrer Beschwerde wegen Diskriminierung nachzugehen;

b) unabhängige Untersuchungen zum Thema Diskriminierung durchzuführen;

c) unabhängige Berichte zu veröffentlichen und Empfehlungen zu allen Aspekten vorzulegen, die mit dieser Diskriminierung in Zusammenhang stehen;

d) auf geeigneter Ebene die verfügbaren Informationen mit den entsprechenden europäischen Einrichtungen wie dem Europäischen Institut für Gleichstellungsfragen auszutauschen.

1   Art. 11 bezieht sich auf die **Stellen zur Förderung der Gleichbehandlung.** Die Mitgliedstaaten können festlegen, dass diese Stellen mit den in der RL 2002/73/EG, der RL 2006/54/EG und/oder den in der RL 2004/113/EG vorgesehenen Stellen identisch sind. Sie können auch die Einrichtung solcher Stellen auf regionaler oder lokaler Ebene beschließen, sofern auf diese Weise das gesamte Hoheitsgebiet abgedeckt wird (so KOM [2008] 636 endg., 12). Zu Einzelheiten → RL 2006/54/EG Art. 20 Rn. 1.

Art. 12 Durchgängige Berücksichtigung des Gleichstellungsaspekts

Die Mitgliedstaaten berücksichtigen aktiv das Ziel der Gleichstellung von Frauen und Männern, wenn sie Rechts- und Verwaltungsvorschriften sowie politische Maßnahmen und Tätigkeiten in den unter diese Richtlinie fallenden Bereichen ausarbeiten und umsetzen.

1   Art. 12 entspricht Art. 29 RL 2006/54/EG.

Art. 13 Verbreitung von Informationen

Die Mitgliedstaaten stellen sicher, dass in ihrem Hoheitsgebiet die gemäß dieser Richtlinie getroffenen Maßnahmen sowie die bereits geltenden einschlägigen Vorschriften allen Betroffenen mit allen geeigneten Mitteln zur Kenntnis gebracht werden.

1   Art. 13 entspricht Art. 30 RL 2006/54/EG. Im Schrifttum wird bezweifelt, dass selbständig erwerbstätige Frauen von ihren Rechten nach der RL 2010/41/EU in hinreichendem Maße Kenntnis hätten (*Knigge* ZESAR 2013, 24 [30]).

Art. 14 Schutzniveau

Die Mitgliedstaaten können Vorschriften einführen oder beibehalten, die im Hinblick auf die Wahrung des Grundsatzes der Gleichbehandlung von Männern und Frauen günstiger sind als die in dieser Richtlinie vorgesehenen Vorschriften.

Die Umsetzung dieser Richtlinie darf keinesfalls als Rechtfertigung für eine Absenkung des von den Mitgliedstaaten bereits garantierten Niveaus des Schutzes vor Diskriminierung in den von der Richtlinie erfassten Bereichen benutzt werden.

Art. 14 behandelt das **Schutzniveau.** Die Vorschrift entspricht weitgehend Art. 27 RL 1
2006/54/EG, wobei der Vorbehalt des Art. 27 II Hs. 2 RL 2006/54/EG nicht gesondert
normiert wurde. Zu Einzelheiten → RL 2006/54/EG Art. 27 Rn. 1.

Art. 15 Berichte

(1) **Die Mitgliedstaaten übermitteln der Kommission bis zum 5. August 2015 sämtliche verfügbaren Informationen über die Anwendung dieser Richtlinie.**

[1] **Die Kommission erstellt bis spätestens 5. August 2016 einen zusammenfassenden Bericht und legt diesen dem Europäischen Parlament und dem Rat vor.** [2] **Dieser Bericht sollte jegliche gesetzliche Änderung in Bezug auf die Dauer des Mutterschaftsurlaubs für Arbeitnehmerinnen berücksichtigen.** [3] **Dem Bericht sind, soweit erforderlich, Vorschläge zur Anpassung dieser Richtlinie beizufügen.**

(2) **Die Kommission berücksichtigt in ihrem Bericht die Standpunkte der einschlägigen Interessengruppen.**

Art. 15 regelt die Berichtspflicht der Kommission und die Pflichten zur Zuarbeit der 1
Mitgliedstaaten. Eine ähnliche Regelung ist in Art. 31 RL 2006/54/EG enthalten.

Art. 16 Umsetzung

(1) [1] **Die Mitgliedstaaten setzen die erforderlichen Rechts- und Verwaltungsvorschriften in Kraft, um dieser Richtlinie spätestens bis zum 5. August 2012 nachzukommen.**
[2] **Sie teilen der Kommission unverzüglich den Wortlaut dieser Rechtsvorschriften mit.**

[1] **Bei Erlass dieser Vorschriften nehmen die Mitgliedstaaten in den Vorschriften selbst oder durch einen Hinweis bei der amtlichen Veröffentlichung auf diese Richtlinie Bezug.** [2] **Die Mitgliedstaaten regeln die Einzelheiten der Bezugnahme.**

(2) **Wenn dies durch besondere Schwierigkeiten gerechtfertigt ist, kann den Mitgliedstaaten erforderlichenfalls ein zusätzlicher Zeitraum von zwei Jahren bis zum 5. August 2014 eingeräumt werden, um den Verpflichtungen nach Artikel 7 sowie den Verpflichtungen nach Artikel 8 in Bezug auf Ehepartnerinnen und Lebenspartnerinnen im Sinne von Artikel 2 Buchstabe b nachzukommen.**

(3) **Die Mitgliedstaaten teilen der Kommission den Wortlaut der wichtigsten innerstaatlichen Rechtsvorschriften mit, die sie auf dem unter diese Richtlinie fallenden Gebiet erlassen.**

Das **AGG** erfasst weder die RL 2010/41/EU noch deren Vorgänger-RL 86/613/EWG 1
(BT-Drs. 16/1780, 20). Allerdings deckt es in § 2 AGG wesentliche Bereiche der selbständigen Erwerbstätigkeit und des Sozialschutzes ab. Ob der deutsche Gesetzgeber die RL 2010/41/EU vor diesem Hintergrund zureichend umgesetzt hat, ist umstritten (krit. *Knigge* ZESAR 2013, 24; Europäisches Netzwerk von Rechtsexpertinnen und Rechtsexperten auf dem Gebiet der Gleichstellung von Männern und Frauen, Vergleichende Analyse der Umsetzung der RL 2010/41/EU zur Verwirklichung des Grundsatzes der Gleichbehandlung von Männern und Frauen, die eine selbstständige Erwerbstätigkeit ausüben, 2015).

Die Bundesregierung ist der Ansicht, dass die RL 2010/41/EU **in Deutschland keinen** 2
Umsetzungsbedarf auslöst, da ihre Anforderungen bereits durch das geltende nationale Recht erfüllt würden (BT-Drs. 17/9615, 53 f.): **Art. 8 I** sei ordnungsgemäß umgesetzt, da Frauen, die bei Beginn der Mutterschutzfrist in keinem Arbeitsverhältnis stehen, jedoch bei einer **gesetzlichen Krankenkasse mit Anspruch auf Krankengeld** versichert sind (zB Selbständige bzw. Ehegatinnen/Lebenspartnerinnen von Selbständigen), während des Mutterschaftsurlaubes von mindestens 14 Wochen ein Mutterschaftsgeld in Höhe des Kranken-

gelds erhalten könnten (§ 200 RVO). In der landwirtschaftlichen Krankenversicherung könne während der Schwangerschaft und bis zum Ablauf von acht Wochen nach der Entbindung (bzw. zwölf Wochen bei Mehrlingsgeburten) anstelle von Mutterschaftsgeld sogar eine Betriebshilfe gewährt werden, wenn die Bewirtschaftung des Unternehmens gefährdet sei (vgl. Art. 8 IV). Durch die Bereitstellung einer Ersatzkraft könne der Betrieb fortgeführt werden, weshalb keine Einkommensverluste entstünden. Die Höhe der Leistung entspreche somit mindestens Art. 8 III lit. b. Das Schrifttum sieht demgegenüber ein Umsetzungsdefizit für Frauen, die nicht in einer gesetzlichen Krankenversicherung mit Anspruch auf Krankengeld versichert sind (*Knigge* ZSEAR 2013, 24 [29]). Dies erscheint jedenfalls für privat Versicherte wenig überzeugend, schon weil es jeder Person grds. frei steht, sich gesetzlich oder privat zu versichern.

3   Es ist offen, ob die Rechtslage in Deutschland den Vorgaben des Art. 7 RL 2010/41/EU mit Blick auf mitarbeitende Ehe- und Lebenspartner entspricht.

4   Auch wenn die Rechtslage in Deutschland de facto den unionsrechtlichen Vorgaben entsprechen sollte, müssen die Rechtsakte nach Art. 16 I UAbs. 2 S. 1 **explizit auf die Richtlinie Bezug nehmen.** Vor diesem Hintergrund wird im Schrifttum erwogen, einen Anspruch auf Mutterschutz für selbständige Frauen zu schaffen (*Knigge* ZSEAR 2013, 24 [29]). In diesem Zuge sollten die Vorschriften für selbständig Tätige vereinheitlicht und transparenter gestaltet werden (*Knigge* ZSEAR 2013, 24 [29]).

Art. 17 Aufhebung

Die Richtlinie 86/613/EWG wird mit Wirkung vom 5. August 2012 aufgehoben. Verweisungen auf die aufgehobene Richtlinie gelten als Verweisungen auf die vorliegende Richtlinie.

1   Art. 17 behandelt die Aufhebung der RL 86/613/EWG.

Art. 18 Inkrafttreten

Diese Richtlinie tritt am zwanzigsten Tag nach ihrer Veröffentlichung im *Amtsblatt der Europäischen Union* in Kraft.

1   Die RL 2010/41/EU ist Inkraftgetreten am 4.8.2010.

Art. 19 Adressaten

Diese Richtlinie ist an die Mitgliedstaaten gerichtet.

1   Zur Umsetzungspflicht der Mitgliedstaaten → RL 2006/54/EG Art. 36 Rn. 1 f.

660. Richtlinie 2014/50/EU des Europäischen Parlaments und des Rates vom 16. April 2014 über Mindestvorschriften zur Erhöhung der Mobilität von Arbeitnehmern zwischen den Migliedstaaten durch Verbesserung des Erwerbs und der Wahrung von Zusatzrentenansprüchen (Text von Bedeutung für den EWR)

(ABl. Nr. L 128 S. 1)

Celex-Nr. 3 2014 L 0050

DAS EUROPÄISCHE PARLAMENT UND DER RAT DER EUROPÄISCHEN UNION –

gestützt auf den Vertrag über die Arbeitsweise der Europäischen Union, insbesondere auf Artikel 46,

auf Vorschlag der Europäischen Kommission,

nach Stellungnahme des Europäischen Wirtschafts- und Sozialausschusses[1],

gemäß dem ordentlichen Gesetzgebungsverfahren[2],

in Erwägung nachstehender Gründe:

(1) Die Freizügigkeit ist eine der von der Europäischen Union garantierten Grundfreiheiten. Artikel 46 des Vertrags über die Arbeitsweise der Europäischen Union (AEUV) sieht vor, dass das Europäische Parlament und der Rat gemäß dem ordentlichen Gesetzgebungsverfahren und nach Anhörung des Europäischen Wirtschafts- und Sozialausschusses durch Richtlinien alle erforderlichen Maßnahmen zu treffen haben, um die Freizügigkeit der Arbeitnehmer gemäß Artikels 45 AEUV herzustellen. Nach Artikel 45 AEUV gibt die Freizügigkeit der Arbeitnehmer den Arbeitnehmern das Recht, sich um angebotene Stellen zu bewerben und sich zu diesem Zweck im Hoheitsgebiet der Mitgliedstaaten frei zu bewegen. Diese Richtlinie zielt auf die Förderung der Mobilität von Arbeitnehmern ab, indem sie Mobilitätshindernisse abbaut, die durch einige Vorschriften bezüglich der an ein Beschäftigungsverhältnis gekoppelten Zusatzrentensysteme entstanden sind.

(2) Die Alterssicherung der Arbeitnehmer wird durch die gesetzliche Rentenversicherung gewährleistet, ergänzt durch die an das Beschäftigungsverhältnis gekoppelten Zusatzrentensysteme, die in den Mitgliedstaaten immer mehr an Bedeutung gewinnen.

(3) Das Europäische Parlament und der Rat verfügen über einen großen Ermessensspielraum bei der Wahl der Maßnahmen zur Verwirklichung der Ziele des Artikels 46 AEUV. Das Koordinierungssystem gemäß der Verordnung (EWG) Nr. 1408/71 des Rates[3] und der Verordnung (EG) Nr. 883/2004 des Europäischen Parlaments und des Rates[4] und insbesondere die Bestimmungen zur Zusammenrechnung der Verischerungszeiten gelten nicht für die Zusatzrentensysteme, ausgenommen die Systeme, die in diesen Verordnungen als Rechtsvorschriften definiert werden oder die auf der Grundlage dieser Verordnungen Gegenstand einer entsprechenden Erklärung eines Mitgliedstaats sind.

---

[1] **Amtl. Anm.:** ABl. C 185 vom 8.8.2006, S. 37

[2] **Amtl. Anm.:** Standpunkt des Europäischen Parlaments vom 20. Juni 2007 (ABl. C 146 E vom 12.6.2008, S. 216) und Standpunkt des Rates in erster Lesung vom 17. Februar 2014 (ABl. C 77 E vom 15.3.2014, S. 1). Standpunkt des Europäischen Parlaments vom 16. April 2014 (noch nicht im Amtsblatt veröffentlicht).

[3] **Amtl. Anm.:** Verordnung (EWG) NR. 1408/71 des Rates vom 14. Juni 1971 zur Anwendung der Systeme der sozialen Sicherheit auf Arbeitnehmer und Selbständige sowie deren Familienangehörige, die innerhalb der Gemeinschaft zu- und abwandern (ABl. L 149 vom 5.7.1971, S. 2).

[4] **Amtl. Anm.:** Verordnung (EG) Nr. 883/2004 des Europäischen Parlaments und des Rates vom 29. April 2004 zur Koordinierung der Systeme der sozialen Sicherheit (ABl. L 166 vom 30.4.2004, S. 1).

(4) Die Richtlinie 98/49/EG des Rates[5] ist eine erste spezifische Maßnahme, die darauf abzielt, die Ausübung des Rechts der Arbeitnehmer auf Freizügigkeit im Bereich der Zusatzrentensysteme zu erleichtern.

(5) Ziel dieser Richtlinie ist es, die Mobilität von Arbeitnehmern zwischen den Mitgliedstaaten weiter zu erleichtern, indem die Möglichkeiten für Anwärter auf Zusatzrentenansprüche zum Erwerb und zur Wahrung solcher Zusatzrentenansprüchen verbessert werden.

(6) Diese Richtlinie gilt nicht für den Erwerb und die Wahrung von Zusatzrentenansprüchen von Arbeitnehmern, die innerhalb eines einzigen Mitgliedstaats zu- und abwandern. Die Mitgliedstaaten können es in Betracht ziehen, von ihren nationalen Befugnissen Gebrauch zu machen, um die gemäß dieser Richtlinie anwendbaren Regelungen auf Versorgungsanwärter auszudehnen, die innerhalb eines einzigen Mitgliedstaats den Arbeitgeber wechseln.

(7) Ein Mitgliedstaat kann verlangen, dass ausscheidende Arbeitnehmer, die in einen anderen Mitgliedstaat abwandern, dies ihren Zusatzrentensystemen entsprechend mitteilen.

(8) Der Beschaffenheit und dem besonderen Charakter der Zusatzrentensysteme und den diesbezüglichen Unterschieden innerhalb der einzelnen Mitgliedstaaten und zwischen ihnen sollte Rechnung getragen werden. Die Einführung neuer Systeme, die Tragfähigkeit bestehender Systeme sowie die Erwartungen und Rechte der derzeitigen Versorgungsanwärter sollten angemessen geschützt werden. Insbesondere sollte diese Richtlinie der Rolle der Sozialpartner bei der Gestaltung und Anwendung der Zusatzrentensysteme Rechnung tragen.

(9) Durch diese Richtlinie wird das Recht der Mitgliedstaaten, ihre Altersversorgungssysteme selbst zu gestalten, nicht in Frage gestellt. Die Mitgliedstaaten bleiben uneingeschränkt für die Organisation dieser Systeme zuständig und sind im Zuge der Umsetzung dieser Richtlinie in nationales Recht nicht verpflichtet, Rechtsvorschriften zur Einführung von Zusatzrentensystemen zu erlassen.

(10) Diese Richtlinie begrenzt nicht die Autonomie der Sozialpartner in Fällen, in denen sie für die Einrichtung und Verwaltung von Altersversorgungssystemen zuständig sind, sofern sie die durch die Richtlinie festgelegten Ergebnisse sicherstellen können.

(11) Diese Richtlinie sollte für alle nach nationalem Recht und Gepflogenheiten eingerichteten Zusatzrentensysteme gelten, die Zusatzrentenleistungen für Arbeitnehmer bieten, beispielsweise Gruppenversicherungsverträge oder branchenweit oder sektoral vereinbarte, nach dem Umlageverfahren finanzierte Systeme, kapitalgedeckte Systeme oder Rentenversprechen auf der Grundlage von Pensionsrückstellungen der Unternehmen oder tarifliche oder sonstige vergleichbare Regelungen.

(12) Diese Richtlinie sollte nicht für Zusatzrentensysteme bzw. gegebenenfalls für Teilbereiche solcher Systeme gelten, die verschlossen wurden, so dass keine neuen Anwärter mehr aufgenommen werden, weil die Einführung neuer Regelungen für solche Systeme eine ungerechtfertigte Belastung bedeuten würde.

(13) Diese Richtlinie sollte keine Insolvenzschutz- oder Ausgleichsregelungen berühren, die nicht zu den an ein Beschäftigungsverhältnis gekoppelten Zusatzrentensystemen zählen und deren Ziel es ist, die Rentenansprüche von Arbeitnehmern bei Insolvenz des Unternehmens oder des Rentensystems zu schützen. Desgleichen sollte diese Richtlinie nationale Pensionsreservefonds unberührt lassen.

(14) Diese Richtlinie findet nur auf die Zusatzrentensysteme Anwendung finden, für die Ansprüche bestehen, die sich aus einem Beschäftigungsverhältnis ergeben und die – je nach Vorschrift im jeweiligen Rentensystem oder im nationalen Recht – mit dem Erreichen des Rentenalters oder der Erfüllung anderer Voraussetzungen verbunden sind. Diese Richtlinie

---

[5] Amtl. Anm.: Richtlinie 98/49/EG des Rates vom 29. Juni 1998 zur Wahrung ergänzender Rentenansprüche von Arbeitnehmern und Selbstständigen, die innerhalb der Europäischen Gemeinschaft zu- und abwandern (ABl. L 166 vom 30.4.2004, S. 1).

gilt nur für individuelle Versorgungsregelungen, die im Rahmen eines Beschäftigungsverhältnisses vereinbart wurden. Sind Leistungen der Invaliditäts- und Hinterbliebenenversorgung mit Zusatzrentensystemen verbunden, so kann der Anspruch auf solche Leistungen Sonderregelungen unterliegen. Diese Richtlinie berührt nicht das geltende nationale Recht und die Regeln der Zusatzrentensysteme in Bezug auf diese Sonderregelungen.

(15) Eine einmalige Zahlung, die nicht mit den zum Zwecke der zusätzlichen Altersversorgung geleisteten Beiträgen in Zusammenhang steht, die unmittelbar oder mittelbar am Ende eines Beschäftigungsverhältnisses gezahlt und die ausschließlich vom Arbeitgeber finanziert wird, sollte nicht als Zusatzrente im Sinne dieser Richtlinie gelten.

(16) Da die zusätzliche Altersversorgung in vielen Mitgliedstaaten immer mehr an Bedeutung als Mittels zur Sicherung des Lebensstandards im Alter gewinnt, sollten die Bedingungen für den Erwerb und die Wahrung von Rentenansprüchen im Interesse des Abbaus von Hindernissen, die der Freizügigkeit der Arbeitnehmer zwischen den Mitgliedstaaten entgegenstehen, verbessert werden.

(17) Die Tatsache, dass in einigen Zusatzrentensystemen Rentenansprüche verfallen können, wenn das Beschäftigungsverhältnis eines Arbeitnehmers endet, bevor dieser den Mindestzeitraum der Zugehörigkeit zu dem betreffenden System (im Folgenden „Unverfallbarkeitsfrist") oder ein bestimmtes Mindestalter (im Folgenden „Unverfallbarkeitsalter") erreicht hat, kann Arbeitnehmern, die zwischen Mitgliedstaaten zu- und abwandern, den Erwerb angemessener Rentenansprüche unmöglich machen. Die Voraussetzung einer langen Wartezeit, bevor der Arbeitnehmer Anwärter eines Rentensystems werden kann, kann eine vergleichbare Wirkung haben. Derartige Bedingungen stellen deshalb Hemmnisse für die Freizügigkeit der Arbeitnehmer dar. Wird die Zugehörigkeit zu einem Rentensystem hingegen an das Erreichen eines Mindestalters geknüpft, so stellt diese Voraussetzung kein Hindernis für die Ausübung des Rechts auf Freizügigkeit dar und wird daher auch nicht durch diese Richtlinie geregelt.

(18) Die Unverfallbarkeitsbedingungen sollten nicht anderen Bedingungen für den Erwerb eines Anspruchs auf Zahlung einer Rente gleichgestellt werden, die nach nationalem Recht oder nach den Regeln bestimmter Zusatzrentensysteme, insbesondere beitragsorientierte Systeme, in Bezug auf die Auszahlungsphase festgelegt sind. Beispielsweise stellt der Zeitraum der aktiven Zugehörigkeit zu einem System, den ein Anwärter nach dem Erwerb des Anspruchs auf eine Zusatzrente erreichen muss, um die Rente in Form einer Leibrente oder einer Kapitalauszahlung beantragen zu können, keine Unverfallbarkeitsfrist dar.

(19) Hat ein ausscheidender Arbeitnehmer zum Zeitpunkt der Beendigung seines Beschäftigungsverhältnisses noch keine unverfallbaren Rentenanwartschaften erworben und trägt das Rentensystem oder der Arbeitgeber das Anlagerisiko, insbesondere bei leistungsorientierten Systemen, so sollte das System die vom ausscheidenden Arbeitnehmer eingezahlten Beiträge stets erstatten. Hat ein ausscheidender Arbeitnehmer zum Zeitpunkt der Beendigung seines Beschäftigungsverhältnisses noch keine unverfallbaren Rentenanwartschaften erworben und trägt der ausscheidende Arbeitnehmer das Anlagerisiko, insbesondere bei beitragsorientierten Systemen, so kann das System den aus diesen Beiträgen erwachsenden Anlagewert erstatten. Der Anlagewert kann höher oder niedriger sein als die vom ausscheidenden Arbeitnehmer gezahlten Beiträge. Alternativ dazu kann das System die Summe der Beiträge erstatten.

(20) Ausscheidende Arbeitnehmer sollten das Recht haben, ihre unverfallbaren Rentenanwartschaften als ruhende Rentenanwartschaften in dem Zusatzrentensystem, in dem die Anwartschaft begründet wurde, zu belassen. Was die Wahrung ruhender Rentenansprüche anbelangt, so kann der Schutz als gleichwertig gelten, wenn insbesondere im Kontext eines beitragsorientierten Systems den ausscheidenden Arbeitnehmern die Möglichkeit einer Übertragung des Wertes ihrer unverfallbaren Rentenanwartschaften auf ein Zusatzrentensystem geboten wird, das die Bedingungen von Artikel 5 Absatz 1 erfüllt.

(21) Im Einklang mit nationalem Recht und nationalen Gepflogenheiten sollten Maßnahmen getroffen werden, um die Wahrung der ruhenden Rentenanwartschaften oder ihres

Wertes sicherzustellen. Der Wert der Anwartschaften zum Zeitpunkt des Ausscheidens des Anwärters aus dem System sollte nach dem nationalen Recht und nationalen Gepflogenheiten ermittelt werden. Wird der Wert der ruhenden Rentenanwartschaften angepasst, so sollte den Besonderheiten des Systems, den Interessen der ausgeschiedenen Versorgungsanwärter, den Interessen der im System verbleibenden aktiven Versorgungsanwärter sowie den Interessen der im Ruhestand befindlichen Leistungsempfänger Rechnung getragen werden.

(22) Diese Richtlinie begründet keine Verpflichtung, für ruhende Rentenanwartschaften günstigere Bedingungen festzulegen als für die Anwartschaften aktiver Versorgungsanwärter.

(23) Wenn die unverfallbaren Rentenanwartschaften oder der Wert der unverfallbaren Rentenanwartschaften eines ausscheidenden Arbeitnehmers einen vom betreffenden Mitgliedstaat festgelegten Schwellenbetrag nicht überschreiten, so kann den Rentensystemen die Möglichkeit eingeräumt werden, diese unverfallbaren Rentenanwartschaften nicht zu erhalten, sondern diese stattdessen in Höhe ihres Kapitalwertes an den ausscheidenden Arbeitnehmer auszuzahlen, damit durch die Verwaltung einer großen Zahl von ruhenden Rentenanwartschaften von geringem Wert keine übermäßigen Verwaltungskosten entstehen. Gegebenenfalls wird der Übertragungswert oder die Kapitalauszahlung gemäß nationalem Recht und nationalen Gepflogenheiten festgelegt. Die Mitgliedstaaten sollten gegebenenfalls einen Schwellenwert für solche Zahlungen festlegen, wobei sie der Angemessenheit des künftigen Renteneinkommens des Arbeitnehmers Rechnung tragen.

(24) Diese Richtlinie enthält keine Bestimmungen über die Übertragung unverfallbarer Rentenanwartschaften. Zur Förderung der Mobilität von Arbeitnehmern zwischen den Mitgliedstaaten sollten die Mitgliedstaaten jedoch bestrebt sein, im Rahmen des Möglichen und insbesondere bei Einführung neuer Zusatzrentensysteme die Übertragbarkeit unverfallbarer Rentenanwartschaften zu verbessern.

(25) Unbeschadet der Richtlinie 2003/41/EG des Europäischen Parlaments und des Rates[6] sollten aktive Versorgungsanwärter und ausgeschiedene Versorgungsanwärter, die das Recht auf Freizügigkeit wahrnehmen oder wahrnehmen wollen, auf Verlangen angemessen über ihre Zusatzrentenansprüche aufgeklärt werden. Umfassen Rentensysteme auch Leistungen der Hinterbliebenenversorgung, so sollten begünstigte Hinterbliebene über dasselbe Recht auf Auskunft verfügen wie ausgeschiedene Versorgungsanwärter. Die Mitgliedstaaten sollten vorschreiben können, dass diese Auskünfte nicht häufiger als einmal pro Jahr erteilt werden müssen.

(26) In Anbetracht der Vielfalt der Zusatzrentensysteme sollte die Union sich darauf beschränken, innerhalb eines allgemeinen Rahmens Ziele vorzugeben. Eine Richtlinie ist daher das angemessene Rechtsinstrument.

(27) Da das Ziel dieser Richtlinie, nämlich die Erleichterung der Wahrnehmung des Rechts der Arbeitnehmer auf Freizügigkeit zwischen den Mitgliedstaaten, von den Mitgliedstaaten nicht ausreichend verwirklicht werden kann, sondern vielmehr wegen der Tragweite der Maßnahme auf Unionsebene besser zu verwirklichen ist, kann die Union im Einklang mit dem in Artikel 5 des Vertrags über die Europäische Union niedergelegten Subsidiaritätsprinzip tätig werden. Entsprechend dem in demselben Artikel genannten Verhältnismäßigkeitsgrundsatz geht diese Richtlinie nicht über das für die Erreichung dieses Ziels erforderliche Maß hinaus.

(28) Diese Richtlinie legt Mindestanforderungen fest, was den Mitgliedstaaten die Freiheit lässt, vorteilhaftere Bestimmungen zu erlassen oder beizubehalten. Die Umsetzung dieser Richtlinie kann keinen Rückschritt gegenüber der in einem Mitgliedstaat bestehenden Situation rechtfertigen.

---

[6] **Amtl. Anm.:** Richtlinie 2003/41/EG des Europäischen Rates vom 3. Juni 2003 über die Tätigkeiten und die Beaufsichtigung von Einrichtungen der betrieblichen Altersversorgung (ABl. L 235 vom 23.9.2003, S. 10).

(29) Die Kommission sollte spätestens sechs Jahre nach dem Tag des Inkrafttretens dieser Richtlinie einen Bericht über deren Anwendung erstellen.

(30) Im Einklang mit den nationalen Bestimmungen zur Verwaltung der Zusatzrentensysteme können die Mitgliedstaaten die Sozialpartner auf deren gemeinsames Verlangen mit der Durchführung der in den Anwendungsbereich von Tarifverträgen fallenden Bestimmungen der Richtlinie betrauen, vorausgesetzt, die Mitgliedstaaten treffen alle erforderlichen Maßnahmen, um zu garantieren, dass die Verwirklichung der in dieser Richtlinie festgelegten Ziele zu jedem Zeitpunkt gewährleistet ist –

HABEN FOLGENDE RICHTLINIE ERLASSEN:

Art. 1 Gegenstand

Diese Richtlinie legt Regelungen fest, die darauf abzielen, den Arbeitnehmern die Wahrnehmung des Rechts auf Freizügigkeit zwischen den Mitgliedstaaten dadurch zu erleichtern, dass die Hindernisse, die durch einige Vorschriften für die an ein Beschäftigungsverhältnis gekoppelten Zusatzrentensysteme entstanden sind, abgebaut werden.

A. Regelungsgegenstand

Die Richtlinie befasst sich mit zentralen Regelungsproblemen, die Systeme der betrieblichen Altersversorgung in der **Anwartschaftsphase** hinsichtlich der Freizügigkeit von Arbeitnehmern aufwerfen. Etliche Regelungen solcher Systeme bezwecken die Bindung der Arbeitnehmer und führen daher zu Nachteilen bei vorzeitigem Ausscheiden. Die Richtlinie will diese Nachteile mindern, indem der Erwerb und die Wahrung von Anwartschaften aus solchen Systemen verbessert werden (Erwägungsgrund 5 der Richtlinie) und so **Freizügigkeitshemmnisse** abgebaut werden. Die Richtlinie gilt grds. für alle Durchführungswege der betrieblichen Altersversorgung (Art. 2 iVm Art. 3 lit. c), allerdings nur für grenzüberschreitende Sachverhalte (Art. 1 iVm Art. 2 V) und im Unterschied zur RL 1998/49/EG nur für Arbeitnehmer (Art. 1 I iVm Art. 3 lit. b). Zentral regelt die Richtlinie die maximale Dauer der Vorschalte- und/oder Unverfallbarkeitsfrist (drei Jahre) sowie das Mindestalter für den Erwerb einer unverfallbaren Anwartschaft (21 Jahre, Unverfallbarkeitsalter), Art. 4. Auch regelt die Richtlinie die Behandlung (Dynamisierung) einer ruhenden (besser: beitragsfreien) Zusatzrentenanwartschaft, Art. 5. Eine Abfindung (von Bagatellanwartschaften) ist in Hinkunft nur mehr mit Zustimmung des Arbeitnehmers möglich, Art. 5 III. Die Sozialpartner können von den Vorgaben der Art. 4 und 5 (also insbesondere Warte-, Unverfallbarkeitsfrist und Dynamisierung) durch Tarifvertrag abweichen, soweit das Schutzniveau nicht geringer ist und die Freizügigkeit nicht gefährdet erscheint (Artt. 4 II, 5 IV). Schließlich normiert die Richtlinie bestimmte Auskunftsrechte der Versorgungsanwärter zu Erwerb und Behandlung unverfallbarer Anwartschaften, Art. 6.

Die Richtlinie ist bis 21.5.2018 umzusetzen, Art. 8 I. Im Unterschied zur RL 98/49/EG bringt die RL 2014/50/EU daher partiell eine erste und echte **Harmonisierung des Betriebsrentenrechts in arbeitsrechtlicher Hinsicht.** Während demgegenüber aufsichtsrechtlich schon eine relativ weitgehende Harmonisierung auf den Weg gebracht wurde (Pensionsfonds-Richtlinie 2003/41, Solvency II-Richtlinie 2009/138 und EIOPA-Verordnung 1094/2010), wurde die arbeitsrechtliche Seite der betrieblichen Altersversorgung bisher nur punktuell erfasst. Die neue Richtlinie regelt nun arbeitsrechtliche Kernbereiche der betrieblichen Altersversorgung und stellt so einen wichtigen Baustein für die Verwirklichung eines europäischen Binnenmarktes der betrieblichen Altersversorgung dar, der ohne flankierende arbeits- und steuerrechtliche Harmonisierung nicht funktioniert (wenn man ihn denn will). Die kurze Unverfallbarkeitsfrist wirkt auf den Charakter der betrieblichen Altersversorgung zurück, der sich dadurch noch weiter von der Fürsorgeleistung entfernt und dem (laufenden) Entgelt nähert (allg. zur dogmatischen Einordnung der betrieblichen Altersversorgung *Steinmeyer,* Betriebliche Altersversorgung und Arbeitsverhältnis, 1991, 49 ff.).

3   Zur **Bezeichnung der Richtlinie:** Bisher wird die Richtlinie in Kurzform entweder als „Ex-Portabilitäts-Richtlinie" oder als „Mobilitäts-Richtlinie" bezeichnet. ME sollte man eher von „Zusatzrenten-Richtlinie" oder „Unverfallbarkeits-Richtlinie" sprechen; dies bringt den Inhalt klarer zum Ausdruck. Die RL 98/49 könnte man demgegenüber als „Zusatzrenten-Gleichstellungs-Richtlinie" bezeichnen, weil diese im Kern vorschreibt, dass grenzüberschreitende Sachverhalte und rein innerstaatliche Sachverhalte gleichbehandelt werden müssen.

B. Regelungsgeschichte

4   Das Problem der Verfallbarkeit von Betriebspensionsanwartschaften bei Beendigung des Arbeitsverhältnisses ist wohl genauso alt wie die betriebliche Altersversorgung selbst und war bereits früh Gegenstand heftiger Kontroversen (zur Entwicklung der Verfallbarkeitsbestimmungen in Deutschland *Wiedemann,* Die historische Entwicklung der betrieblichen Altersvorsorge und besonderer Berücksichtigung des Arbeitsrechts, 1990, 134 ff.; *Schwark,* Betriebliche Altersversorgung im Spannungsfeld von Portabilität und Verfallbarkeit, 2007, 55 ff.). Viele Versorgungswerke sahen eine Verfallbarkeit bis zum Pensionsantritt vor. Während sich der deutsche Gesetzgeber iZm dem bahnbrechenden Urteil des BAG v. 10.3.1972 (Unverfallbarkeit nach max. 20 Jahren) durch Erlass des BetrAVG im Jahr 1974 des Problems annahm (in Österreich geschah dies 1990 mit dem Betriebspensionsgesetz – öBPG), beschäftigte sich die Kommission **ab 1989** intensiv mit den Auswirkungen der betrieblichen Altersversorgung auf die Arbeitnehmerfreizügigkeit (zur Regelungsgeschichte *Baugniet* 177 ff.; *Bittner* 53 ff.; *Oetting* BetrAV 2008, 5 ff.; *Sommer,* Das Politikfeld der Alterssicherung im europäischen Mehrebenensystem, 2007, 522 ff.). Von Anfang an standen insbesondere folgende Probleme im Zentrum: Warte- und Unverfallbarkeitsfristen, (grenzüberschreitende) Übertragungsmöglichkeiten, grenzüberschreitende Leistungsauszahlung, grenzüberschreitende Mitgliedschaft (bei Entsendung) und Besteuerung bei grenzüberschreitender Mitgliedschaft. Das Regelungsdefizit wurde auch im Kontrast mit der bereits seit langem erfolgten Koordinierung der staatlichen Pensionssysteme (VO CEWG) Nr. 3 und 4 aus 1958 verortet. Bei den Unverfallbarkeitsfristen erschien insbesondere die deutsche Regelung problematisch, wonach diese Frist (ursprünglich) bis zu zehn Jahre betragen konnte; die deutsche Regierung war im Übrigen dann auch lange die schärfste Kritikerin der geplanten Portabilitätsmaßnahmen (*Hennessy,* The Europeanization of Workplace Pensions – Econmic Interests, Social Protection and Credible Signaling, 2014, 96 ff.).

5   Im Aktionsprogramm zur Anwendung der Gemeinschaftscharta der sozialen Grundrechte (KOM [89] 586) wurde festgehalten, dass der Verlust aus Systemen der betrieblichen Altersversorgung die Freizügigkeit behindern könne und es wurde dazu eine Mitteilung angekündigt, mit der eine gemeinschaftsweite Diskussion angestoßen werden sollte. In dieser **Mitteilung aus 1991** (KOM [91] 1332 endg.) sieht die Kommission zwar mehrere Aspekte der betrieblichen Altersversorgung, die sich negativ auf die Freizügigkeit auswirken können, folgert aber insbesondere aufgrund der großen Diversität der Systeme keinen unmittelbaren Rechtssetzungsbedarf seitens der Gemeinschaft. Vielmehr sieht die Kommission die Mitgliedstaaten bzw. jene am Zug, die die betriebliche Altersversorgung organisieren (Arbeitgeber, Sozialpartner, Vorsorgeträger etc.). Inhaltlich interessant ist, dass bereits damals eine Einbeziehung der betrieblichen Altersversorgung in die Sozialrechtskoordinierung abgelehnt wurde (KOM [91] 1332 endg. 15 ff.; zur Begründung *Bittner* 131 ff.; vgl. auch Erwägungsgrund 4 der RL 98/49). In Folge legte eine 1989 konstituierte Expertengruppe („Experts' Network on supplementary pension schemes", *Steinmeyer* EuZW 1991, 42 [44]) mehrere Berichte vor: 1994 „Ergänzende Altersversorgungssysteme in der Europäischen

Regelungsgeschichte Art. 1 RL 2014/50/EU 660

Union – Entwicklung, Trends und offene Fragen" und 1996 „Die Perspektiven der ergänzenden Altersversorgung angesichts des demographischen, wirtschaftlichen und sozialen Wandels". Diese Berichte thematisierten auch die Freizügigkeit; aufgrund des freiwilligen Charakters und der großen Unterschiede zwischen den Mitgliedstaaten im Bereich der betrieblichen Altersversorgung wurde jedoch bloß die Vorgabe von abstrakten Prinzipien empfohlen.

1994 schwenkte die Kommission aber zu einer etwas strengeren Haltung und kündigte **6** im Weißbuch zur europäischen Sozialpolitik (KOM [1994] 333 endg.) einen Richtlinien-Vorschlag zur Beseitigung des Freizügigkeitsproblems an. Nach dem Scheitern einiger informeller Entwürfe (zu diesen *Sommer* 528 ff.) beauftrage die Kommission neuerlich eine Expertengruppe; diese (*Veil*, Report of the High Level Panel on the free movement of persons, 1997, 99 ff.) forderte ebenfalls regulatorische Zurückhaltung, schlug aber doch die Regelung einiger Aspekte vor (Verfallbarkeit, grenzüberschreitende Pensionsauszahlung und vorübergehende Entsendung). Darauf aufbauend legte die Kommission 1997 ein Grünbuch über die zusätzliche Altersversorgung im Binnenmarkt vor (KOM [97] 283 endg.). Darin wird ein Richtlinien-Entwurf zu den im Veil-Report vorgeschlagenen Maßnahmen angekündigt, der später in die **RL 98/49/EG** münden sollte. Die Richtlinie brachte grds. keine Harmonisierung sondern stellte bloß klar, dass grenzüberschreitenden Sachverhalte nicht schlechter behandelt werden dürfen als innerstaatliche. Die RL 98/49/EG war daher nicht mehr als ein erster Schritt (*Steinmeyer* EuZW 1999, 645 [649]) zur Lösung des Freizügigkeitsproblems bei der betrieblichen Altersversorgung.

2001 wurde ein Ausschuss für zusätzliche Altersvorsorge eingerichtet (Beschluss 2001/ **7** 508/EG), der nun ebenfalls zu Freizügigkeitsthemen Stellung nahm. Im Anschluss an einige einschlägige Urteile des EuGH (zB 28.2.1991 – C-204/90 – Bachmann; dazu *Baugniet* S. 291 ff.) befasste sich die Kommission 2001 mit der steuerrechtlichen Thematik grenzüberschreitender betrieblicher Altersversorgung und erklärte in einer Mitteilung die Rahmenbedingungen des Primärrechts als ausreichend (KOM [2001] 214). Damit war aus der Sicht der Kommission die steuerrechtliche Thematik in Form negativer Integration erledigt. 2002 konsultierte die Kommission die **Sozialpartner** zur Ausrichtung einer EU-Maßnahme zur Portabilität von Betriebsrenten nach Art. 154 AEUV (KOM [2002] 597), 2003 in einer zweiten Stufe zum Inhalt einer solchen Maßnahme (KOM [2003] 916). Nachdem sich die Sozialpartner nicht auf ein gemeinsames Vorgehen nach Art. 155 AEUV einigen konnten, legte die Kommission **2005** selbst einen **Vorschlag** (KOM [2005] 507 endg.) gemeinsam mit einer umfassenden Auswirkungsstudie (SEC [2005] 1293) vor. Der Vorschlag wurde zum Teil heftig kritisiert (vgl. *Klak* BetrAV 2006, 1 ff.; *Oetting* BetrAV 2008, 5 ff.; *Schwind* BetrAV 2006, 447; *White,* Investment & Pensions Europe, Ausgabe März 2005; aus österreichischer Sicht Drs/*Runggaldier,* Betriebspensionsrecht, 2008, 51 [62]). 2007 präsentierte die Kommission einen überarbeiteten Vorschlag (KOM [2007] 603 endg.), der insbesondere keine Übertragungsrecht mehr vorsah (*Bittner* 137 ff. hält eine bloß eingeschränkte Übertragbarkeit von Anwartschaften primärrechtlich für gerechtfertigt; die Anwendbarkeit der Kapital- und Zahlungsverkehrsfreiheit auf die Anwartschaftsübertragung (Art. 63 ff. AEUV) wurde bisher – soweit zu sehen – aber noch nicht diskutiert, allg. zur Abgrenzung dieser Freiheiten zur Arbeitnehmerfreizügigkeit GHN/*Ress*/*Ukrow* AEUV Art. 63 Rn. 212). Trotzdem fand der Entwurf keine Zustimmung (BetrAV 2008, 86).

Das Thema wurde im Grünbuch zu angemessenen, nachhaltigen und sicheren Renten **8** (KOM [2010] 354 endg. 14 f.) wieder aufgenommen und im nachfolgenden Weißbuch (KOM [2012] 55 endg. 20) die (Weiter-)Arbeit an einer diesbezüglichen Richtlinie angekündigt. Der Durchbruch bei den Verhandlungen gelang Ende 2013 und die RL 2014/50/ EU wurde am 16.4.2014 beschlossen. *Guardiancich* (European Policy Analysis 2015, 86 ff.) nennt drei **Gründe für die Einigung:** (1) Die Richtlinie gilt anders als die bisherigen Entwürfe nur für grenzüberschreitende Sachverhalte; (2) der Anwendungsbereich wurde sachlich und zeitlich (nur für neue Anwartschaften) stark begrenzt und (3) die Kommission hat (wohl im Abtausch) bei der Revision der parallel verhandelten Pensionsfonds-Richtlinie

2003/41/EG (IORP II) auf neue Solvenzbestimmungen in Anlehnung an die für Versicherungen geltende RL 2009/138/EG (Solvency II) verzichtet.

9   Die Kommission gibt sich allerdings mit dem Erlass der Richtlinie offenbar nicht zufrieden und hat die europäische **Aufsichtsbehörde EIOPA** aufgefordert, einen Bericht über gute Praktiken bei Anwartschaftsübertragungen vorzulegen (vgl. EIOPA-CP-15/001). Also genau zu jenem Punkt, der aufgrund des großen Widerstandes seitens der Mitgliedstaaten fallengelassen wurde. Ob die Kommission hier nur Soft-Law im Auge hat oder den Bericht für eine Revision der Richtlinie nutzen möchte, ist offen. Erwägungsgrund 24 der Richtlinie erwartet jedenfalls von den Mitgliedstaaten, die Übertragungsmodalitäten zu verbessern. Parallel verfolgt die Kommission den Aufbau eines sog. **Pension-Tracking-Services,** das den Versorgungsanwärtern einen Überblick über ihre einzelnen Anwartschaften geben soll (KOM [2012] 55 endg. 20). Dies ist als flankierende Maßnahme in einem Rechtszustand, der kein Übertragungsrecht gewährt zu begrüßen (vgl. den Plan zu einem Pilotprojekt AAE (Hrsg.), Report on key issues for setting up national pension tracking services in six EU-countries, 2015). Weiter bemüht sich die Kommission um die Errichtung eines **pan-europäischen Pensionsfonds für Forscher,** die als besonders mobil gelten (vgl. die Projektseite: http://ec.europa.eu/euraxess/index.cfm/rights/pensionsDocsRepo – abgerufen am 18.3.2015 – und dort die Studie von Hewitt (Hrsg.), Feasability Study for Creating an EU Pension Fund for Researchers, 2010). Tatsächlich kann die Mitgliedschaft in pan-europäischen Vorsorgeeinrichtungen funktionales Äquivalent für Übertragungsrechte darstellen.

C. Kompetenzgrundlage und Verhältnis zum Primärrecht

10   Der ursprüngliche Entwurf der Portabilitäts-Richtlinie galt sowohl für grenzüberschreitende Fälle als auch für rein innerstaatliche Konstellationen und war auf ex-Art. 42 und 94 EGV (jetzt Art. 48 und 115 AEUV) gestützt (allg. (krit.) zu Kompetenzen der Europäischen Union für die betriebliche Altersversorgung *Stevens,* The John Marschall Law Review 2008, 1189 [1197 ff.]). Die RL 2014/50/EU ist nur mehr auf grenzüberschreitende Sachverhalte anwendbar (Art. 2 V) und ausschließlich auf Art. 46 AEUV gestützt (wie es zur Wahl dieser Rechtsgrundlage kam: *Hügelschäffer* ZTR 2014, 403 [406]). Die Rechtsgrundlage für Maßnahmen im Bereich der betrieblichen Altersversorgung war mit ex-Art. 42 EGV (jetzt Art. 48 AEUV) insofern strittig, weil „soziale Sicherheit" iSd Bestimmung grds. nur auf staatliche Sozialsysteme bezogen wurde (*Bittner* 57 ff.). **Art. 46 AEUV** legitimiert demgegenüber jedoch allg. Maßnahmen zur Herstellung der Freizügigkeit iSd Art. 45 AEUV. Dabei ist unstrittig, dass auch Betriebsrenten und deren freizügigkeitsbeschränkende Ausgestaltungen grds. erfasst sind (EuGH 10.3.2011 – C-379/09 – Casteels; *Pennings* CMLR 2012, 1 ff.). Selbst wenn man die Regelungssperre des Art. 153 V zum Arbeitsentgelt auch auf Art. 46 anwendete (dazu Schwarze/Rebhahn/*Reiner* AEUV Art. 153 Rn. 63), entfaltete Art. 153 V aufgrund der großzügigen Auslegung durch den EuGH (Schwarze/Rebhahn/*Reiner* AEUV Art. 153 Rn. 64) keine Sperrwirkung.

11   Ungeklärt erscheint, welche Vorgaben das **Primärrecht im unmittelbaren Anwendungsbereich** zu Systemen der betrieblichen Altersversorgung im Detail macht. Dies ist deshalb relevant, weil Art. 46 AEUV nach dem Wortlaut nur Maßnahmen legitimiert zur Herstellung der „Freizügigkeit der Arbeitnehmer im Sinne des Artikels 45". Daran schließt sich die Frage an, wie eng der Unionsgesetzgeber bei Art. 46 AEUV an den materiellen Gehalt von Art. 45 gebunden ist (GHN/*Forsthoff* AEUV Art. 45 Rn. 347 ff.; allg. zur Bindung des Unionsgesetzgebers an die Grundfreiheiten: *Zazoff,* Der Unionsgesetzgeber als Adressat der Grundfreiheiten, 2011). Nach Erwägungsgrund 3 der Richtlinie soll der EU-Gesetzgeber ein weites Ermessen besitzen. Eine engere Bindung an den materiellen Gehalt unmittelbar anwendbarer Primärrechtsnormen besteht jedenfalls etwa bei Art. 153 AEUV nicht (dieser dient primär der Verwirklichung der Ziele des Art. 151 AEUV, Schwarze/

Rebhahn/Reiner, Art. 153 AEUV, Rn. 1 und 23 ff.). Diese Fragen betreffen Anwendungsbereich und Inhalt der Richtlinie. Dass etwa Art. 46 AEUV in Folge von Art. 45 AEUV nur grenzüberschreitende Sachverhalte erfassen kann, scheint unbestritten. Angesichts von Art 45 AEUV stellt sich aber auch die Frage nach dem persönlichen Anwendungsbereich (öffentlicher Dienst, Drittstaatsangehörige); der Grund für die Herausnahme dieser Arbeitnehmer trägt zwar beim Zugang zum Arbeitsplatz, nicht aber für die Behandlung im laufenden Arbeitsverhältnis. Aufgrund der Bindung des Arbeitgebers und der Vorsorgeträger stellt sich weiter die Frage nach der Reichweite der Horizontalwirkung von Art. 45 AEUV (*Baugniet* S. 296ff; allg. zum Problem und die Horizontalwirkung weitreichend bejahend *Müller-Graff* EuR 2014, 3).

Inhaltlich könnte man freilich jede Bestimmung nach dem **Gewährleistungsumfang** 12 von Art. 45 AEUV hinterfragen. Erlaubt Art. 45 AEUV eine Unverfallbarkeitsfrist von zwei, drei, vier etc. Jahren? Man könnte etwa erwägen, eine Unverfallbarkeitsfrist von fünf (statt drei) Jahren genügen zu lassen. Zumindest für den Fall der Beendigung durch den Arbeitnehmer scheint aus der Rs. *Graf* (27.1.2000 – C-190/98) ein großzügiges Verständnis von Art. 45 AEUV naheliegend (dieses Urteil könnte überhaupt die primärrechtliche Gebotenheit der Richtlinie in Frage stellen, allerdings ist die Begründung eher obskur). Die RL 2014/50/EU differenziert jedoch nicht (wie in der Rs. *Graf*) danach, von wem die Beendigung des AV ausgeht. Weiteres wäre für die Verhältnismäßigkeit von Maßnahmen im Bereich von Art. 46 AEUV wohl ebenso die relativ weitgehende Rechtfertigungsmöglichkeit nach Art 45 AEUV zu berücksichtigen. *Bittner* (126 ff.) sieht etwa selbst die frühere Unverfallbarkeitsfrist von 10 Jahren sowie das Unverfallbarkeitsalter von 35 Jahren als gerechtfertigt an. Aber auch wenn man ein bestimmtes Ermessen für Art. 46 AEUV im Verhältnis zu Art. 45 AEUV bejaht, wäre bei einer Überschreitung des Ermessens zB Art. 115 AEUV oder Art. 153 AEUV heranzuziehen – mit der Konsequenz, dass dann einstimmig zu entscheiden (gewesen) wäre. Dies wollte man aber wohl verhindern. Dabei kam es günstig, dass mit dem Vertrag von Lissabon Rechtsakte nach Art. 46 AEUV mit Mehrheitsentscheidung verabschiedet werden konnten. Freilich war mit der Wahl von Art. 46 AEUV als Kompetenzgrundalge der Anwendungsbereich (wegen der Bindung an Art. 45 AEUV) auf bloß **grenzüberschreitende Fälle** zu reduzieren (Art. 2 V). Bei Fällen mit **Drittstaatsbezug** ist mE zu unterscheiden (allg. zur Geltung arbeitsrechtlicher Richtlinien für Drittstaatsangehörige Schwarze/*Rebhahn/Reiner* AEUV Art. 153 Rn. 18 ff.): Wechselt der Berechtigte von der Europäischen Union in einen Drittstaat und wurde daher die Anwartschaften in der Europäischen Union erworben, besteht wohl ein hinreichend enger Bezug für die Anwendbarkeit von Art. 45 (und damit Art. 46), GHN/*Forsthoff* AEUV Art. 45 Rn. 12 ff. Wechselt der Arbeitnehmer hingegen aus einem Drittstaat in die Europäische Union, ist Art. 45 und folglich die Richtlinie nicht anwendbar.

Tatsächlich wird man aber davon ausgehen können, dass die meisten Mitgliedstaaten bei 13 der Umsetzung die Richtlinie auch auf **rein nationale Sachverhalte** anwenden werden bzw. müssen (für Deutschland → Rn. 18; *Hügelschäffer* ZTR 2014, 403 [406]; *Kolvenbach/ Wilhelm* BB 2014, 2426 [2429 f.]; für Österreich *Wöss* DRdA 2014, 459 [460]; dies ist auch die Erwartung der Kommission, vgl. KOM [2014] 98 final; zurückhaltender die Formulierung in Erwägungsgrund 6 und des Rates, dem die Probleme einer gespreizten Umsetzung durchaus bewusst waren: Ratsdokument v. 17.6.2013, 10890/13 und 10890/13 ADD 2); ob die Erstreckung auch rechtlich geboten ist, richtet sich nach nationalem Verfassungsrecht (vgl. für Deutschland OCN/*Classen* 387 f.; für Österreich vgl. VfGH 7.10.1997, V76/97 und V92/97). Der Hinweis in Erwägungsgrund 7 der Richtlinie, wonach der Arbeitnehmer verpflichtet werden könne mitzuteilen, ob er in einen anderen Mitgliedstaat wechselt, atmet kaum den Gedanken wahrer Freizügigkeit und zeigt, wie wenig praktikabel diese Differenzierung im Anwendungsbereich ist. Die Vorgangsweise des EU-Gesetzgebers ist aber auch deshalb bedenklich, weil ja durchaus Kompetenzen für die Erfassung innerstaatlicher Sachverhalte zur Verfügung gestanden wären und die Anwendung der Richtlinie im rein innerstaatlichen Bereich offenbar ohnehin intendiert ist. Man könnte meinen, der EU-Gesetzgeber kalkulierte bewusst mit den nationalen Verfassungen, von denen Umsetzungsdruck auch für rein innerstaatliche Sachverhalte ausgeht.

D. Policyerwägungen

14 Die Europäische Union hat sich bereits früh (vgl. VO CEWG Nr. 3 und 4 aus 1958) mit der Koordinierung der Sozialrechtssysteme befasst (vgl. dazu Fuchs/*Fuchs* Einführung Rn. 12 ff.). Durch die so geschaffenen Regelungen konnten sozialrechtliche Nachteile in Folge eines Wechsels in einen anderen Mitgliedstaat vermieden werden. Für die Rentenversicherung bedeutete dies insbesondere die Zusammenrechnung von Versicherungszeiten (Art. 6 iVm Art. 51 VO 883/2004) durch gegenseitige Anerkennung von in verschiedenen Mitgliedstaaten erworbenen Versicherungszeiten. Diese Vorschriften koordinieren aber grds. nur staatliche Rentensysteme (Art. 3 I iVm Art 1 lit. l VO 883/2004; vgl. dazu Fuchs/*Fuchs* VO 883/2004 Art. 3 Rn. 5 f.), die betriebliche Altersversorgung ist grds. nicht erfasst (*Baugniet* 167 ff.). Dies wurde insbesondere auch deshalb als **Lücke** empfunden, weil der Arbeitgeber die betriebliche Altersversorgung (auch) als Instrument zur Mitarbeiterbindung nutzt und dafür Mechanismen einbaut, die einen Arbeitgeber-Wechsel unattraktiv(er) machen. Auch die OECD hat sich mit dieser Thematik beschäftigt (OECD Recommendation on Core Principles of Occupational Pension Regulation, 2009, Core Principle 5 „Rights of members and beneficiaries and adeaquacy of benefits"). Je bedeutsamer die Rolle der betrieblichen Altersversorgung im (nationalen) Rentenmix ist, desto größer wird diese Lücke empfunden. Am bedeutendsten ist dabei die Unverfallbarkeitsfrist, die grds. mit der Einbeziehung des Arbeitnehmers in das System zu laufen beginnt. Scheidet der Arbeitnehmer innerhalb dieser Frist aus, verliert er seine (bedingte) Anwartschaft. Ob Unverfallbarkeitsfristen (oder sonstige Bedingungen für den Anwartschaftserwerb) aus Sicht der Arbeitnehmerfreizügigkeit auch den Zuzug (und nicht bloß den Wegzug) beschränken erscheint unklar (verneinend *Bittner* 117 f.; bejahend KOM [97] 283 endg. Rn. 54); der Fokus der Richtlinie liegt jedenfalls beim Wegzug des Arbeitnehmers. Der Schwerpunkt der Arbeitnehmerfreizügigkeit liegt jedoch – in Übertragung der Keck-Rechtsprechung – auf dem ungehinderten Zuzug (Schwarze/*Schneider/Wunderlich* AEUV Art. 45 Rn. 46).

15 Dieser Anwartschaftsverlust wird aus verschiedenen Gründen für problematisch erachtet. Vor allem wird vorgebracht, dass damit **effiziente Arbeitsmarktanpassungen verhindert** werden (*Andrietti,* Occupational Pensions and interfirm Job Mobility in the European Union, CERP Working Paper 5/01; kritisch mit beachtlichen Argumenten *Schwark,* Betriebliche Altersversorgung im Spannungsfeld von Portabilität und Verfallbarkeit, 2007), weil Arbeitnehmer andernfalls vorteilhafte Arbeitsplatzwechsel nicht realisierten. Wechselt der Arbeitnehmer trotzdem, ist sein Rentenanspruch entsprechend geringer. Allerdings greift die Richtlinie unabhängig davon ein, ob der Arbeitnehmer selbst kündigt und tatsächlich den Arbeitsplatz wechselt oder eben gekündigt wird oder (trotz Eigenkündigung) schlicht erwerbslos wird; dies lässt die **Geeignetheit der Maßnahme** im Hinblick auf das Ziel der Arbeitnehmermobilität fraglich erscheinen (nach Art. 45 III lit. a und b AEUV ist aber auch schon die Arbeitsplatzsuche von der Arbeitnehmerfreizügigkeit erfasst). Auch die Beschränkung der Wartezeit ebenfalls nur beschränkt geeignet, die Mobilität zu verbessern; dies deshalb, weil sie kaum beschränkend wirkt, verliert der Arbeitnehmer doch (noch) keine Anwartschaften (Erwägungsgrund 17 spricht von vergleichbarer Wirkung wie Unverfallbarkeitsfristen). Kritisch auch zur Ableitung eines Übertragungsrechts aus Art. 45 AEUV *Bittner* 139 ff. Tatsächlich erscheint so die sozialpolitische Komponente der Richtlinie (Anwartschaftserwerb und -wahrung; vgl. Erwägungsgrund 16 der Richtlinie) nicht bloß als Mittel zum Zweck zur Verbesserung der Mobilität sondern als eigenständige Zwecksetzung (für die Verfolgung eigenständiger sozialpolitischer Ziele durch die Arbeitnehmerfreizügigkeit nachdrücklich *Baugniet* 121 ff.; nach *Bittner* 79 f. liegt der Arbeitnehmer-Freizügigkeit nicht ein Bild des Arbeitnehmers zugrunde, wonach diese bindungslos den besten Erwerbsmöglichkeiten hinterherzieht). Aus Kompetenzsicht ist dies nicht unproblematisch; die Zulässigkeit hängt wieder von der Reichweite von Art. 45 AEUV ab.

Verfallbarkeitsbestimmungen treffen jene Arbeitnehmer am meisten, die am öftesten den Arbeitsplatz wechseln. Da Frauen (aufgrund von Kinderbetreuung) öfter als Männer und junge Arbeitnehmer öfter als ältere Arbeitnehmer wechseln, sind diese auch stärker betroffen (*Turner,* Pensions Policy for a Mobile Labour Force, 1993, 17 ff.). Die Richtlinie kann daher auch **mittelbare Diskriminierungen abbauen** (Geschlecht, Familie, Alter; BRO/*Rolfs* BetrAVG § 1b Rn. 9). Das Verbot der Altersdiskriminierung kann sich generell in dieselbe Richtung wie die Richtlinie (rascherer Erwerb unverfallbarer Anwartschaften) auswirken (dazu *Beckmann,* Das Betriebsrentenrecht im Lichte des AGG und seiner Diskriminierungsmerkmale, 2014, S. 108 ff.). Grenzüberschreitend migrieren vor allem auch Führungskräfte, bei Wirtschaftskrisen aber auch arbeitslose Personen. In jüngster Zeit sind weitere Argumente für eine Beschränkung der Verfallbarkeit relevant geworden: (1) Die wachsende Bedeutung der betrieblichen Altersversorgung und die **abnehmenden Leistungen in der ersten Pensionssäule** erfordern eine stärkere Absicherung der Leistungen aus der betrieblichen Altersversorgung; während in der ersten Säule auch Nichtleistungszeiten berücksichtigt werden, sollte man in der 2. Säule zumindest alle tatsächlichen Leistungszeiten berücksichtigen; (2) mit der **Erweiterung der Europäischen Union** und der anhaltend hohen Arbeitslosigkeit seit dem Ausbruch der Finanz- und Wirtschafskrise ist die Freizügigkeit bedeutsamer geworden. Damit verfängt der Hinweis auf (bisher) eher geringe Arbeitsmigration und die damit verbundene Unverhältnismäßigkeit der Maßnahme nur wenig (*Galinat* BetrAV 2014, 119 [121]); dies auch deshalb, weil die freizügigkeitshemmende Wirkung der betrieblichen Altersversorgung nach Ansicht der Befürworter der Richtlinie ein (Mit-)Grund für die geringe Mobilität sei. **16**

Im Verhandlungsprozess wurde gegen die Richtlinie vor allem eingewandt, dass diese die **Kosten der betrieblichen Altersversorgung** für die Arbeitgeber massiv erhöhe und daher die Verbreitung der (freiwillig gewährten) betrieblichen Altersversorgung behindere (vgl. die Berechnungen der aba zum ursprünglichen Entwurf, BetrAV 2006, 76 [85]; *Kolvenbach/Wilhelm* BB 2014, 2426 [2429]). Die Kostensteigerung resultiert für Deutschland aus folgenden Auswirkungen: (1) Verkürzung der Unverfallbarkeitsfrist von fünf auf drei Jahre, (2) Herabsetzung des Unverfallbarkeitsalters von 25 auf 21 Jahre und (3) Anpassung der ruhenden Anwartschaften. Die Mehrkosten treffen primär leistungsorientierte Systeme, nicht hingegen beitragsorientierte Systeme. Daher wird sich die Richtlinie in verschiedenen Systemen und Mitgliedstaaten (in Österreich sind zB die meisten Systeme rein beitragsorientiert) unterschiedlich auswirken. ME wäre es sachgerecht gewesen, zwischen beitragsorientierten und leistungsorientierten Systemen zu unterscheiden (dies ist etwa in den USA der Fall, *Galinat* BetrAV 2014, 119 [124]). Ließe man hier für leistungsorientierte Systeme eine etwas längere Unverfallbarkeitsfrist zu, wäre dies unter Umständen auch ein positiver Anreiz zur Einrichtung leistungsorientierter Systeme, die aus Arbeitnehmer-Sicht oft bevorzugt werden (generell skeptisch zur Effizienz von Garantieprodukten aber *Köster* BetrAV 2012, 12 ff.). Auch das Zustimmungserfordernis des Arbeitnehmers bei Abfindung von Bagatellanwartschaften (Art. 5 III) könnte durch die vermehrte Aufrechterhaltung solcher geringen Anwartschaften Mehrkosten verursachen. Weiter wird gegen die Richtlinie kritisch eingewandt, dass dem Arbeitgeber ein wichtiges personalpolitisches Instrument zur Mitarbeiterbindung genommen wird. Arbeitgeber könnten in Folge verstärkt auf andere (weniger stark regulierte) Instrumente ausweichen. Schließlich könnte die RL auch für den Staat Mehrkosten verursachen, weil die Zunahme der unverfallbaren Anwartschaften höhere Rückstellungen erfordert, die auch steuerrechtlich anerkannt werden sollten (*Schwind* BetrAV 2006, 447 [448]). **17**

E. Innerstaatliche Umsetzung

18 Am 13.3.2015 legte das BM für Arbeit und Soziales einen Referentenentwurf zur Umsetzung der RL vor (abgedruckt in BetrAV 2015, 238; zur Bewertung der aba vgl. BetrAV 2015, 344). Da zu diesem Zeitpunkt die Drucklegung schon erfolgt war, kann hier nur ein kurzer Überblick über die geplanten Änderungen gegeben werden:

- **Zeitlicher Anwendungsbereich:** Die Änderungen sollen mit 1.1.2018 in Kraft treten (Art. 4 des Entwurfs) und grds. nur für Beschäftigungszeiträume gelten, die nach diesem Datum liegen (zu den Übergangsregelungen vgl. neuer § 30f III und § 30g I BetrAVG).
- **Sachlicher Anwendungsbereich:** Obwohl die Richtlinie nur für die Altersversorgung, nicht jedoch auch für Invaliditäts- und Hinterbliebenenversorgung gilt (Art. 2 III RL 2014/50/EU), erfolgt die Umsetzung für alle Versorgungsfälle gleichermaßen (also ohne entsprechende Unterscheidung).
- **Räumlicher Anwendungsbereich:** Obwohl die RL nur für grenzüberschreitende Fälle gilt (Art. 2 V), ist die Umsetzung auch für rein innerstaatliche Sachverhalte geplant (Ausnahme: Abfindung von Bagatellanwartschaften).
- **Unverfallbarkeitsfrist:** Die Unverfallbarkeitsfrist wird in § 1b I BetrAVG von fünf auf drei Jahre herabgesetzt (Umsetzung von Art. 4 I lit. a RL 2014/50/EU).
- **Unverfallbarkeitsalter:** Das Unverfallbarkeitsalter wird in § 1b I BetrAVG von 25 auf 21 Jahre herabgesetzt (Umsetzung von Art. 4 I lit. b RL 2014/50/EU).
- **Behandlung ruhender Anwartschaften:** § 2 V BetrAV wird geändert und geht in einem neuen § 2a BetrAV auf, der die Höhe des Teilanspruchs in Umsetzung von Art. 5 II der RL regelt. Danach soll in Hinkunft die unverfallbare Anwartschaft etwaige Veränderungen der Versorgungsregelun sowie der Bemessungsgrundlage (anders als bisher) grundsätzlich mitmachen. Dies gilt nicht für Nominalwertzusagen, Zusage mit integrierter Verzinsung und bei externen Zusagen, wenn die Erträge auch den ausgeschiedenen Versorgungsanwärtern zugutekommen. Gleichzeitig wird eine Deckelung ermöglicht, wonach es ausreicht, wenn die Anpassung des Teilanspruchs einer der folgenden Referenzgrößen entspricht: Entwicklung der aktiven Anwartschaften , der Nettolöhne, der laufenden Leistungen oder des Verbraucherpreisindexes). Im Insolvenzfall wird die weitere Anpassung ruhender Anwartschaften ebenfalls nicht geschützt (Klarstellung in § 7 II BetrAVG).
- **Abfindung von Bagatellanwartschaften:** Hier soll die nach der RL erforderliche Zustimmung des Versorgungsanwärters zur Abfindung nur für grenzüberschreitenden Sachverhalt umgesetzt werden (neuer Satz 3 in § 3 II BetrAVG): Verzieht der Versorgungsanwärter innerhalb eines Jahres in einen anderen Mitgliedstaat, bedarf die Abfindung einer Zustimmung; ansonsten bedarf die Abfindung wie bisher keiner Zustimmung. Für innerstaatliche Sachverhalte gilt weiterhin, dass das Versorgungsanwärter auch einseitig abgefunden werden kann (§ 3 II 1 BetrAVG).
- **Auskunftspflichten:** § 4a BetrAVG wird in Umsetzung von Art. 6 der Richtlinie erweitert und sieht auf Anfrage des Versorgungsanwärters folgende neue Auskunftsrechte bzw. –inhalte vor: Bedingungen des Anwartschaftserwerbs, Höhe des erworbenen sowie zukünftigen Anspruchs (Prognose), Auswirkungen einer Beendigung des Arbeitsverhältnisses sowie Behandlung der ruhenden Anwartschaft. Über Höhe und zukünftige Entwicklung der Anwartschaft sind auf Anfrage auch ausgeschiedene Versorgungsanwärter sowie Hinterbliebene zu informieren. Die Auskunft muss in Textform gegeben werden, verständlich formuliert sein sowie innerhalb angemessener Frist erfolgen. Zu erfüllen ist die Auskunftspflicht entweder vom Arbeitgeber oder vom Vorsorgeträger.
- **Steuerrechtliche Flankierung:** Die Herabsetzung des Unverfallbarkeitsalters sowie der Unverfallbarkeitsfrist werden auch steuerlich anerkannt.

Art. 2 Anwendungsbereich

(1) Diese Richtlinie gilt für Zusatzrentensysteme mit Ausnahme der unter die Verordnung (EG) Nr. 883/2004 fallenden Systeme.

(2) Diese Richtlinie findet keine Anwendung auf:

a) Zusatzrentensysteme, die zum Zeitpunkt des Inkrafttretens dieser Richtlinie keine neuen aktiven Versorgungsanwärter mehr aufnehmen und ihnen verschlossen bleiben;

b) Zusatzrentensysteme, die Maßnahmen unterliegen, die das Tätigwerden einer nach nationalem Recht eingesetzten Behörde oder eines Gerichts mit dem Ziel, ihre finanzielle Lage zu sichern oder wiederherzustellen, beinhalten, einschließlich Liquidationsverfahren. Dieser Ausschluss gilt nur, solange die Maßnahmen andauern;

c) Insolvenzschutzsysteme, Ausgleichssysteme und nationale Pensionsreservefonds und

d) einmalige Zahlungen, die am Ende des Beschäftigungsverhältnisses des Arbeitnehmers von Arbeitgebern an Arbeitnehmer geleistet werden und nicht mit der Altersversorgung in Zusammenhang stehen.

(3) Diese Richtlinie findet keine Anwendung auf Leistungen der Invaliditäts- und/oder Hinterbliebenenversorgung im Rahmen von Zusatzrentensystemen, mit Ausnahme der Sonderregelungen nach den Artikeln 5 und 6 in Bezug auf Leistungen der Hinterbliebenenversorgung.

(4) Diese Richtlinie gilt nur für Beschäftigungszeiten, die in den Zeitraum nach ihrer Umsetzung gemäß Artikel 8 fallen.

(5) Diese Richtlinie gilt nicht für den Erwerb und die Wahrung von Zusatzrentenansprüchen der Arbeitnehmer, die innerhalb eines einzigen Mitgliedstaats zu- und abwandern.

A. Einleitung

Art. 2 regelt wichtige Aspekte des sachlichen und zeitlichen Anwendungsbereichs. Der sachliche Anwendungsbereich ergibt sich aber erst in einer Zusammenschau mit Art. 3, der zeitliche Anwendungsbereich iVm Art. 8. Die Ausnahmen vom Anwendungsbereich sind in Abs. 2 taxativ aufgezählt. Ziel der Definition des Anwendungsbereichs war eine Kohärenz mit der RL 98/49/EG (KOM [2005] 507 endg. 9); dies ist bei der Auslegung zu berücksichtigen, auch wenn klar ist, dass sie nicht stets gelungen ist. Die Definition des sachlichen Anwendungsbereichs der RL 98/49/EG ist wiederum der RL 86/378 idF 96/97 (jetzt Teil der RL 2006/54) entlehnt (KOM [97] 486 endg.). 1

B. Sachlicher Anwendungsbereich

Die Richtlinie gilt (wie die RL 98/49/EG) für alle „Zusatzrentensysteme" soweit diese *nicht* der Sozialrechtskoordinierung unterliegen. Dabei gilt die VO 883/2004 grds. nur für staatliche Sozialsysteme (Art. 3 I iVm Art. 1 lit. l VO 883/2004; Fuchs/*Fuchs* VO 883/2004 Art. 3 Rn. 5 f.), allerdings führt das formale Abstellen der Verordnung auf die Rechtsgrundlage der Vorsorge (die Verordnung gilt für Systeme die auf „Rechtsvorschriften" beruhen) zu Problemen → Rn. 3. Diese **negative Abgrenzung** zur Sozialrechtskoordinierung wird durch eine **positive Definition** in Art. 3 lit. a und b ergänzt. Danach ist ein Zusatzrentensystem „ein nach einzelstaatlichen Rechtsvorschriften und Gepflogenheiten eingerichtetes, an ein Beschäftigungsverhältnis gekoppeltes betriebliches Rentensystem für die Altersversorgung, das Zusatzrenten für Arbeitnehmer bieten soll". Eine Zusatzrente ist nach Art. 3 lit. a „eine nach den Bestimmungen eines nach nationalem Recht und nationalen Gepflo- 2 genheiten eingerichteten Zusatzrentensystems vorgesehene Altersversorgung". Dabei sind die zentralen Begriffe des Anwendungsbereichs wie „Zusatzrentensystem", „Altersversorgung" und das Kriterium „an ein Beschäftigungsverhältnis gekoppelt betriebliches Rentensystem" autonom auszulegen; der (partielle) Verweis auf das innerstaatliche Recht ändert daran nichts. In **anderen Richtlinien** werden betriebliche Systeme der sozialen Sicherheit auch ohne Bezugnahme auf die VO 883/2004 definiert; so grenzen Art. 2 I lit. f RL 2006/54/EG, Art. 3 III RL 2000/78/EG und Art. 3 IV lit. a RL 2001/38/EG schlicht von staatlichen Systemen der sozialen Sicherheit ab (zur Schwierigkeit der Unterscheidung von privater und staatlicher Altersvorsorge *Berner*, Der hybride Sozialstaat, 2011). Eine einheitlichere Anknüpfung (und damit Regulierung) der betrieblichen Altersversorgung im Sekundärrecht wäre wünschenswert. Zwar ist im Kontext der Mobilität einsichtig, dass mit dem Andocken des Anwendungsbereichs an die Sozialrechtskoordinierung ein möglichst lückenloses System geschaffen werden soll. Gleichzeitig bleiben dabei die Besonderheiten der betrieblichen Altersversorgung auf der Strecke und das ohnehin schon komplexe Rechtsgebiet wird weiter fragmentiert.

3   Probleme kann die **Abgrenzung zur VO 883/2004** bereiten, die für ihre Anwendbarkeit auf die Rechtsgrundlage (insbesondere Gesetz) der Zusage abstellt (Art. 3 I iVm Art 1 lit. l VO 883/2004). Während mittlerweile die Einbeziehung der berufsständischen Vorsorge in die Verordnung weitgehend geklärt ist, stellen sich für Beschäftige im staatlichen oder staatsnahen Bereich etliche Fragen. Die Anwendbarkeit auf die Zusatzversorgung im öffentlichen und kirchlichen Dienst in Deutschland (§ 18 BetrAVG) wird bejaht (*Hügelschäffer* ZTR 2014, 403 [405]); beim öffentlichen Dienst ist allerdings zu fragen, ob die Ausnahme des Art. 45 IV AEUV auch für Art. 46 gilt. In Österreich ist für viele Beschäftige im öffentlichen Bereich eine Pensionskassenvorsorge gesetzlich vorgesehen (so zB für Vertragsbedienstete, Beamte und Universitätsmitarbeiter), auch hat der Bund eine eigene Pensionskasse per Gesetz (BGBl. I 1999 Nr. 127) eingerichtet. Die Differenzierung nach der Rechtsgrundlage ist hier unbefriedigend und führt potentiell dazu, dass ein Vorsorgeträger zwei verschiedene Mobilitätsregime administrieren müsste (zur kombinierten Anwendung des Aufsichtsrechts vgl. Art. 3 Pensionsfonds-Richtlinie 2003/41), auch nimmt die VO 883/2004 keine Rücksicht auf die Charakteristika der betrieblichen Altersversorgung (*Steinmeyer* EuZW 1991, 43 [47]; Erwägungsgrund 4 RL 1998/49/EG). Bei Ansprüchen qua Gleichbehandlung kann die Abgrenzung ebenfalls fraglich sein, weil man meinen könnte, der Anspruch gründe auf Gesetz und daher auf einer „Rechtsvorschrift" iSd VO 883/2004. Dies ist aber abzulehnen, weil für die Abgrenzung mE jene Rechtsgrundlage maßgebend ist, mit der das System eingeführt wurde.

4   Die Richtlinie hat einen denkbar **weiten Anwendungsbereich** (vgl. Erwägungsgrund 11; *Galinat* BetrAV 2014, 119 [121]; *Hügelschäffer* ZTR 2014, 403 [405]). So spielt es grds. etwa keine Rolle, (1) ob es sich um eine unmittelbare oder mittelbare Zusage handelt (vgl. aber Abs. 2 lit. d; (2) ob die Finanzierung im Umlage- oder im Kapitaldeckungsverfahren erfolgt (dies um Unterschied zur Pensionsfonds-Richtlinie 2003/41, die nach Art. 2 II lit. c nur für kapitalgedeckte Systeme gilt); (3) ob das System beitrags- oder leistungsorientiert ist; (4) auf welcher rechtlichen Grundlage die Zusage (Einzelarbeitsvertrag, Betriebsvereinbarung, Gesamtzusage, Tarifvertrag) oder der Vorsorgeträger errichtet ist (ausgenommen sind jedoch Systeme, die auf Rechtsvorschriften iSv Art. 1 lit. l VO 883/2004 beruhen, also insbesondere auf Gesetze; nach Erwägungsgrund 14 der Richtlinie soll diese zwar nur für „individuelle" Versorgungsregelungen gelten, dies dürfte aber bei Vergleich mit der engl. Fassung auf einem groben Übersetzungsfehler beruhen); (5) ob das System nur für einzelne Arbeitnehmer, für den gesamten Betrieb/Unternehmen/Branche oder sonst regional begrenzt oder bundesweit gilt; (6) wer die Zusage finanziert (Arbeitgeber/Arbeitnehmer/beide); (7) durch wen die Verwaltung des Vorsorgeträgers erfolgt (privat/Betriebspartner/Sozialpartner) (8) welches Leistungsspektrum das System neben Altersleistungen anbietet (Invalidität/Tod; vgl. aber Abs. 2 lit. d; (9) ob die Leistung ergänzend oder ersetzend zur staatlichen Rente konstruiert ist (Rn. 7); (10) ob die Zusage freiwillig oder etwa einem

Tarifvertrag geschuldet ist (Zusagen kraft eines Gesetzes fallen aber grds. unter die VO 883/2004). Somit sind grds. **sämtliche Durchführungswege der betrieblichen Altersversorgung erfasst** (§ 1 I BetrAVG; § 2 öBPG; vgl. auch die beispielhafte Aufzählung einiger Durchführungswege in Erwägungsgrund 11 der Richtlinie und Art. 3 lit. b RL 98/49/EG). Für die Anwendung der Richtlinie spielt es jedoch keine Rolle, ob die Zusage dem BetrAVG (bzw. dem öBPG) unterliegt; so sind in Deutschland daher insbesondere auch reine Beitragszusagen erfasst (zu diesen BAG 7.9.2004 BetrAV 2005, 201; dazu *Höfer* DB 2013, 288; vgl. aber jetzt den Plan der Bundesregierung zur Regelung solcher Zusagen im BetrAVG: *Buntenbach* BetrAV 2015, 95; zur Vereinbarkeit eines numerus clausus der Durchführungswege mit der Dienstleistungsfreiheit *Bittner* 186 ff., zur produktbezogenen Dienstleistungsfreiheit hinsichtlich reiner Beitragszusagen *Bittner* 193 ff.). Die freiwillige Höherversicherung in der gesetzlichen Rentenversicherung ist allerdings nicht erfasst, weil diese auf Rechtsvorschriften iSd VO 883/2004 beruht.

Aus Art. 3 lit. a und b ergeben sich aber auch bestimmte Einschränkungen. Zunächst muss es sich um ein Zusatzrenten-**"System"** (englisch: „scheme") handeln. Daraus kann man jedoch nicht ableiten, dass eine unsystematische Vorgangsweise bei der Erteilung oder Durchführung von Versorgungszusagen nicht erfasst wäre. Auch wird man daraus keine bestimmte innere Kohärenz oder Organisationsgrad des Zusatzrentensystems ableiten können. Weiter unbedeutend ist, wie viele Arbeitnehmer in die Zusage einbezogen werden; die Richtlinie gilt auch für bloß eine einzige Zusage im Unternehmen. Diese Faktoren sind gemessen am Schutzzweck der Richtlinie irrelevant; als Begrenzung des Anwendungsbereichs für diese Fälle fungiert allenfalls Abs. 2 lit. d. Allerdings ist aus dem „System"-Erfordernis abzuleiten, dass der Hauptzweck der Maßnahme (Zusage) in der Durchführung betrieblicher Altersversorgung liegt; aus diesem Grund ist etwa der österreichische Betriebsratsfonds (§ 73 ff. öArbVG) nicht erfasst, auch wenn dieser im Einzelfall Altersversorgungsleistungen gewähren darf. Dies gilt mE auch für sonstige betriebliche Sozialfonds, die im Einzelfall Leistungen für bedürftige Arbeitnehmer und/oder deren Hinterbliebene erbringen, die unterschiedliche Bedürfnisse decken sollen (Gesundheit, Bildung, Wohnen etc.). 5

Die deutsche Fassung der Richtlinie spricht stets von einem Zusatz-**"Renten"**-System. Man könnte daher fragen, ob die Richtlinie daher nur für Systeme gilt, die Renten im technischen Sinne (also regelmäßig wiederkehrende Leistungen insb. Leibrenten) erbringen. Rechtsvergleichend zeigt sich, dass keineswegs überall Renten gewährt werden. Ebenso werden mit Rentenanfall pauschale Einmalzahlungen geleistet (vgl. dazu Art. 6 I letzter Satz), die dann auf einen Vorsorgeträger (insbesondere Versicherung) übertragen werden können (aber nicht müssen), der dann eine Rentenprodukt anbietet (so etwa in Großbritannien und Belgien). Nach Art. 3 lit. a meint „Zusatzrente" wohl bloß eine „Altersversorgung". Damit sind aber auch Einmalzahlungen erfasst (so auch *Kolvenbach/Wilhelm* BB 2014, 2426 [2428]), was auch mit der Pensionsfonds-Richtlinie harmoniert (Art. 6 lit. d RL 2003/41/EG); Abs. 1 lit. d steht dem nicht entgegen. Damit sind grds. alle Leistungsarten erfasst, gleich ob Einmalzahlung, befristete Rente, Leibrente etc. (für dieses weite Verständnis spricht auch Erwägungsgrund 8 und 26 der Richtlinie, die auf die Vielfalt der nationalen Systeme Bezug nehmen). Die Richtlinie verlangt aber wohl, dass es sich um eine Geldleistung handeln muss und nicht etwa auch Dienstwohnungen oder sonstige nichtmonetäre Sozialleistungen (Sachleistungen) erfasst sind. Dies schon deshalb, weil etliche Bestimmungen der Richtlinie auf Geldleistungen abstellen und weil es hier auch national andere Regelungstraditionen gibt. 6

Nach Art. 3 lit. a muss es sich um eine **„Alters"**-versorgung handeln. Danach muss die Leistung an das Erreichen eines bestimmten Lebensalters anknüpfen (vgl. auch Erwägungsgrund 14 der Richtlinie, der vom „Erreichen des Rentenalters oder der Erfüllung anderer Voraussetzungen" spricht). Der Zweck der Alterssicherung wird auch durch die Einhegung der vorzeitigen Abfindungsmöglichkeit in Art. 5 III unterstrichen (vgl. aber demgegenüber die weitergehende Abfindungsmöglichkeit nach Art. 4 I lit. c für Eigenbeiträge des Arbeit- 7 nehmers). Ansonsten kann wie im nationalen Recht gefragt werden, ab welchem Alter man von einer Leistung zur Altersversorgung sprechen kann. Innerstaatlich bieten die Leistungstatbestände der gesetzlichen Pensionsversicherung wichtige Anhaltspunkte, auch wenn eine bestimmte Flexibilität bejaht wird (BRO/*Rolfs* BetrAVG § 1 Rn. 20 ff.). Aufgrund der Unterschiede der gesetzlichen Systeme wird man die Frage, wann eine „Alters"-Versorgung iSd Richtlinie vorliegt nur individuell unter Berücksichtigung des nationalen Rentensystems beurteilen können; wie eng diese Beziehung zu sein hat, ist freilich wiederum autonom zu bestimmen. Im ursprünglichen Entwurf (KOM [2005] 507 endg.) war in Art. 3 lit. a (wie in Art. 3 lit. a RL 98/49/EG) noch eine engere Bindung an das gesetzliche Pensionssystem vorgesehen, wonach das Zusatzrentensystem nur dann erfasst ist, wenn es in denselben Versicherungsfällen wie das gesetzliche System eingreift. Allenfalls kann man – wie im nationalen Recht (so in Österreich, *Schrammel*, Betriebspensionsgesetz, 1992, 12ff) – auch aus dem Charakter als **„Zusatz"**-Rentensystem eine gewisse Anknüpfung an die staatliche Rente herleiten. Allerdings führt diese Charakterisierung gemessen am Schutzzweck der Richtlinie nicht zu einer Ausnahme von Zusagen, die die gesetzliche Rente ersetzen und nicht bloß ergänzen (vgl. Art. 3 lit. a RL 98/49/EG); hier ist der Schutz der Richtlinie nämlich erst Recht erforderlich (vgl. jedoch § 1 V öBPG). Dies spricht aber ebenfalls für eine gewisse Flexibilität bei der Frage, wann eine „Alters"-Vorsorge vorliegt. Je mehr Flexibilität man hier annimmt, desto weiter ist der Anwendungsbereich der Richtlinie. Verlangt die Richtlinie eine weniger enge Bindung an die gesetzliche Pensionsversicherung (als für die Anwendbarkeit des BetrAVG gefordert wird), fielen manche Leistungen des Arbeitgebers unter die Richtlinie, die bisher nicht vom BetrAVG erfasst waren. Leistungen zur Absicherung anderer Versorgungsfälle (Krankheit, Unfall, Tod) sind von der Richtlinie grds. ausgenommen (vgl. Abs. 3, → Rn. 14). Die Anwendbarkeit auf die österr. Abfertigung neu nach öBMSVG erscheint hingegen aufgrund deren heterogener Konzeption unklar; für die Anwendbarkeit der Richtlinie spricht, dass der Aufbau einer zusätzlichen Altersvorsorge ein Ziel (unter mehreren) des öBMSVG ist, dagegen, dass Leistungen auch völlig unabhängig von Alter oder Versorgungsbedürfnis möglich sind. IÜ ist aber zu bedenken, dass die Abfertigung neu auf Rechtsvorschriften iSd VO 883/2004 gründet.

8 Nach Art. 3 lit. b gilt die Richtlinie für betriebliche Rentensysteme, die **an ein Beschäftigungsverhältnis gekoppelt** sind. Diese Bindung an das AV kommt auch in Abs. 4 zum Ausdruck, der offenbar davon ausgeht, dass Anwartschaften im Gleichlauf mit Beschäftigungszeiten erworben werden; vgl. auch Art. 3 lit. c, der von Ansprüchen von Versorgungsanwärtern „aufgrund ihres derzeitigen Beschäftigungsverhältnisses" spricht. Der Konnex der Vorsorge zum AV ist aus dem nationalen Recht bekannt (§§ 1 I, 17 I BetrAVG), und die dort angestellten Erwägungen (vgl. zB BRO/*Rolfs* BetrAVG § 1 Rn. 30 f.) sind grds. übertragbar; jedenfalls muss das AV für die gewährte Zusage kausal sein, was an sämtlichen (objektiven und subjektiven) Umständen des Einzelfalls festzumachen ist. Erwägungsgrund 14 der Richtlinie führt dazu aus, dass es sich um Versorgungsregelungen handeln muss, die „im Rahmen eines Beschäftigungsverhältnisses" vereinbart wurde (das öBPG kennt in § 1 I eine nahezu wortgleiche Formulierung).

9 Fraglich ist, ob die Richtlinie auch für **Zusagen ohne Rechtsanspruch** gilt, also insbesondere für Unterstützungskassen. Die Richtlinie differenziert hier nicht, weshalb die Anwendung nach dem Wortlaut zu bejahen wäre (anders als die Pensionsfonds-Richtlinie, die Unterstützungskassen ausnimmt, Art. 2 II lit. d). Nimmt man die Unverbindlichkeit der Leistungen solcher Modelle ernst, würde die Anwendung der Mobilitäts-Richtlinie wohl das Ende dieser Modelle bedeuten. Bedenkt man jedoch, dass die Unverbindlichkeit in Deutschland aber schon stark ausgehöhlt ist (BRO/*Rolfs* BetrAVG § 1 Rn. 262) wäre eine Ausnahme schwer zu rechtfertigen (im Gesetzgebungsverfahren wurde die Ausnahme der Unterstützungskassen von einigen Bundesländern gefordert, BetrAV 2006, 175). Auf im Einzelfall und ohne Rechtsanspruch gewährte freiwillige Abfertigungen des Arbeitgebers bei Pensionsantritt ist die Richtlinie nicht anwendbar, weil es (ohne Anwartschaftsphase) unmittelbar zum Leistungsanfall kommt.

Sachlicher Anwendungsbereich   Art. 2 RL 2014/50/EU

Nach **Abs. 2 lit. a** gilt die Richtlinie nicht für Systeme, die keine neuen aktiven Versorgungsanwärter mehr aufnehmen (**geschlossene Systeme**). Positiv gewendet gilt die Richtlinie also nur für offene Systeme. In der Begründung zum geänderten Entwurf aus 2007 führt die Kommission aus, dass die Anwendung der Richtlinie auf geschlossene Systeme die finanzielle Tragfähigkeit solcher Systeme gefährden könnte (KOM [2007] 603 endg. 4). Die Folge der Nichtanwendung ist, dass für aktive Anwärter in geschlossenen Systemen insbesondere bestehende längere Unverfallbarkeitsfristen weiterhin gelten (*Galinat* BetrAV 2014, 119 [122 f.]). Nach Erwägungsgrund 12 soll die Ausnahme geschlossener Systeme auch für bloße Teilbereiche von Zusatzrentensystemen gelten; danach sollte die Betrachtungsebene weniger abstrakt angenommen werden, also die Schließung auch kleinerer Einheiten eines Gesamtsystems möglich sein. Werden von einem Vorsorgeträger Zusagen verschiedener Arbeitgeber gemeinsam verwaltet und findet zwischen den Zusagen ein Risikoausgleich statt, wird die Ausnahme aber nur dann greifen, wenn die gesamte Risikogemeinschaft keine neuen aktiven Anwärter mehr aufnimmt; eine Betrachtung auf Ebene der Arbeitgeber griffe hier zu kurz. Fraglich kann sein, inwieweit die Ausnahme bei bloß formaler Trennung von geschlossenen Altanwartschaften und offenen Neuanwartschaften greift (vgl. das Beispiel bei *Galinat* BetrAV 2014, 119 [122]). Dies ist jedenfalls dann zu bejahen, wenn die beiden Anwartschaften verschieden behandelt werden, also ein objektiver Grund für die Trennung ersichtlich ist. Da die Richtlinie aber ohnehin nur für Neuanwartschaften gilt (und zwar auch hinsichtlich Art. 5 und 6, → Art. 5 Rn. 4), scheint eine solche Spaltung des Bestandes wenig Auswirkungen zu haben. Nach dem Wortlaut der Ausnahme schadet es nicht, wenn bereits leistungsberechtigte Personen noch in das System wechseln können. Soweit Personen, die sich zum Zeitpunkt der Umsetzung der Richtlinie noch in der Vorschaltezeit befinden später einbezogen werden, gilt die Richtlinie aber sehr wohl. **10**

Nach **Art. 2 lit. b** soll die Richtlinie während bestimmter **staatlich beaufsichtigter Sanierungsmaßnahmen oder einer Liquidation** eines Zusatzrentensystems nicht anwendbar sein. Die Bestimmung ist einigermaßen unklar. Art. 2 lit. b wurde in den geänderten Richtlinien-Vorschlag aus 2007 aufgenommen (KOM [2007] 603 endg.) Relevant ist die diesbezügliche Begründung der Kommission (KOM [2007] 603 endg. 4), in der sie sich gegen eine Aufnahme eines Hinweises auf Art. 16 II Pensionsfonds-Richtlinie 2003/41 ausspricht, weil dieser hier keine Relevanz habe. Diese Bestimmung betrifft eine vorübergehende Unterdeckung, in der der Pensionsfonds nicht ausreichend Vermögenswerte hält, um seine versicherungstechnischen Rückstellungen bedecken zu können. In diesem Fall ist ein sog. Sanierungsplan zu erstellen, der bezweckt, die vollständige Bedeckung wieder herzustellen (vgl. § 115 IIa VAG). Diese Maßnahme wäre also deutlich weniger intensiv als etwa eine Insolvenz. Vom Wortlaut her wäre eine solche Maßnahme aber von Art. 2 lit. b erfasst. Nach dem Zweck der Ausnahmebestimmung soll wohl nationales Insolvenz- und Sanierungsrecht als Rechtsgebiet mit eigener Systematik unberührt bleiben; weiter sollen nicht Rechtsansprüche vorgeschrieben werden, die ein diesbezügliches Verfahren (und damit etwa die Sanierung) gefährden bzw. zu einer Gläubigerungleichbehandlung führen könnten. Danach würde der Fall einer bloßen Unterdeckung durchaus von der Richtlinie erfasst sein. Damit erfasst die Richtlinie auch Maßnahmen unterhalb der Insolvenzschwelle. Sehr wohl von der Ausnahme erfasst sein könnte hingegen aber die von einer Aufsichtsbehörde angeordnete einseitige Leistungsherabsetzung (§ 89 VAG; § 98 öVAG) oder die Beschränkung über die Verfügung über die Vermögenswerte (§ 81b VAG; § 104a VAG; § 33b öPKG). Nach dem Wortlaut ebenfalls nicht erfasst sind etwaige Maßnahmen hinsichtlich des Trägers des Systems selbst; dies wird teleologisch aber kaum zu rechtfertigen sein. **11**

Nach **Art. 2 lit. c** soll die Richtlinie auf bestimmte **Schutzsysteme** nicht anwendbar sein, die im **Insolvenzfall oder sonst bei Zahlungsschwierigkeiten** Schutz gewähren. Die Bestimmung wurde in den geänderten Richtlinien-Vorschlag aus 2007 aufgenommen (KOM [2007] 603 endg.). Nach Erwägungsgrund 13 der Richtlinie geht es dabei um den Schutz der Arbeitnehmer (und nicht sonstiger Gläubiger). Im Unterschied zu Art. 2 lit. b **12** geht es nicht um das Insolvenz- oder Sanierungsverfahren selbst, sondern um Mechanismen, die die (negativen) Auswirkungen solcher Verfahren auf Arbeitnehmer begrenzen, also insbesondere Schutzsysteme nach der RL 2008/94/EG wie der Pensionssicherungsverein, §§ 7 ff. BetrAVG (für Österreich vgl. § 3d IESG). Grund für die Ausnahme ist die befürchtete Kostensteigerung dieser Schutzsysteme, die dadurch entstünde, dass die Zahl der zu sichernden Anwartschaften stiege (*Schwind* BetrAV 2005, 447 [449]).

13   Nach **Art. 2 lit. d** gilt die Richtlinie nicht für einmalige **Zahlungen des Arbeitgebers bei Beendigung des Arbeitsverhältnisses,** die keinen Bezug zur Altersversorgung haben. Diese Ausnahme findet sich erst in der endgültigen Fassung der Richtlinie. In Erwägungsgrund 15 der Richtlinie wird ausgeführt, dass sowohl unmittelbare als auch bloß mittelbare Zahlungen ausgenommen sind, die ausschließlich vom Arbeitgeber finanziert sind und die sich nicht aus Beiträgen speisen, die der Arbeitgeber zum Zwecke einer zusätzlichen Altersvorsorge geleistet hat. Daher sind etwa Kündigungsentschädigungen und Abfertigungszahlungen nicht von der Richtlinie erfasst. Dies schon deshalb, weil diese Zahlungen entweder einen Nachteil ausgleichen sollen oder bloß mit dem Ziel gewährt werden, bestimmte Zeiträume (insbesondere Zeiten der Erwerbslosigkeit zwischen zwei Arbeitsverhältnissen) finanziell zu überbrücken. Fraglich ist jedoch, ob Bridging- bzw. Überbrückungsrenten erfasst sind, die den Zeitraum bis zum Anfall der „eigentlichen" (staatlichen) Rente überbrücken sollen. Einerseits wird man hier den Zusammenhang mit der Alterssicherung nicht leugnen können. Zum anderen ist aber – wie im nationalen Recht – zu bedenken, dass es sich um eine „Alters"-Sicherung handeln muss, was grundsätzlich erst ab einem bestimmten Lebensalter angenommen wird (vgl. zur diesbezüglichen Diskussion beim BetrAVG BRO/*Rolfs* BetrAVG § 1 Rn 12 ff., 56 und 68 f.). Eine Zahlung bei Beendigung des Arbeitsverhältnisses anlässlich des Pensionsantritts kann je nach Gestaltung also durchaus in den Anwendungsbereich der Richtlinie fallen. Wie das Arbeitsverhältnis rechtstechnisch endet (Kündigung, einvernehmlich etc.) ist für die Ausnahmebestimmung irrelevant, entscheidend ist der Zweck der Leistung. IÜ gelten für die Abgrenzung von Zahlungen des Arbeitgebers, die unter die Richtlinie fallen, zu nicht erfassten Zahlungen ähnliche Erwägungen wie im nationalen Recht (vgl. zur Abgrenzung dort BetrAVG BRO/*Rolfs* BetrAVG § 1 Rn. 48 ff.). Die Abfindungsmöglichkeit von Bagatellanwartschaften (Art. 5 III) führt freilich nicht zur Anwendung der Ausnahme. Bei sehr weitreichenden Abfindungsmöglichkeiten kann sich aber die Frage des Verhältnisses von Art. 5 III zu Abs. 2 lit. d durchaus stellen. Arbeitnehmer-finanzierte Anwartschaften fallen nach dem Wortlaut nicht unter die Ausnahme, weil es sich um keine Leistung des Arbeitgebers handelt. Fraglich ist jedoch, ob die Ausnahmebestimmung tatsächlich dann nicht greift, wenn formal jemand anderer als der Arbeitgeber leistet, also insb. bei mittelbaren Zusagen über einen externen Versorgungsträger. Solche Leistungen externer Versorgungsträger fallen aber schon deshalb nicht unter die Richtlinie, weil diese dann keine Altersversorgungsleistungen erbringen.

14   Nach **Abs. 3** ist die Richtlinie nicht anwendbar auf **Invaliditäts- und Hinterbliebenenleistungen,** die iRv Zusatzrentensystemen gewährt werden. Dementsprechend gilt die Richtlinie nach Art. 3 lit a und b nur für die „Altersversorgung", also nicht auch für sonstige Versorgungsfälle. Abs. 3 ist erst in den finalen Ratsverhandlungen aufgenommen (Ratsdokument v. 17.6.2013, 10890/13 ADD 1). Damit weicht der Anwendungsbereich von verwandten Richtlinien ab, die sehr wohl auch Invaliditäts- und Hinterbliebenenleistungen erfassen: RL 98/49/EG (Art. 3 lit. a), RL 2006/54/EG (Art. 7 I lit. a) und RL 2003/41/EG (Art. 6 lit. d). Anders als in anderen Mitgliedstaaten (zB Niederlande, Großbritannien und Irland) wird in Deutschland (und Österreich, hier ist eine Hinterbliebenenleistung zwingend vorzusehen, § 2 öBPG) grds. keine Trennung des Vorsorgekapitals bzw. der Zusage nach der Art der Leistung vorgesehen, weshalb die Ausnahme für Deutschland und Österreich – nicht zuletzt aus Praktikabilitätsgründen – wohl **ohne Bedeutung** ist (*Hügelschäffer* ZTR 2014, 403 [406]; vgl. auch die Stellungnahme der aba: „aba Prioritäten zur Ex-Portabilitäts-Richtlinie" S. 4; eine Differenzierung aber erwägend *Galinat* BetrAV 2014, 119 [122]).

C. Zeitlicher Anwendungsbereich

Nach Abs. 4 gilt die Richtlinie nur für **Beschäftigungszeiten nach der Umsetzung** 15
der Richtlinie. Gemeint ist, dass die Richtlinie nur Anwartschaften aus Beschäftigungszeiten erfasst, die nach der Umsetzung erworben werden, aber nicht für früher erworbene Anwartschaften. Damit fallen alle Anwartschaften unter die Richtlinie, die nach dem 21.5.2018 erworben wurden, eine Rückwirkung ist damit ausgeschlossen. Die Einschränkung wurde erst in den finalen Verhandlungen aufgenommen (Ratsdokument v. 17.6.2013, 10890/13 ADD 1). Die Regelung ist wenig praktikabel; sie führt dazu, dass eine einheitliche Anwartschaft uU differenziert zu behandeln ist. Beispiel: Eine fünfjährige UVB-Frist wird mit der Richtlinienumsetzung auf drei Jahre gekürzt; ist der Arbeitnehmer nun zum Zeitpunkt der Umsetzung bereits ein Jahr beschäftigt und scheidet nach einer Beschäftigungsdauer von insgesamt vier Jahren (also drei Jahre nach der Umsetzung) aus, verfällt ihm ein Viertel seiner Anwartschaft und drei Viertel bleiben bestehen. Sinnvoller wäre es gewesen, die Regelungen nur auf jene Arbeitnehmer anzuwenden, die in ein bestehendes Zusatzrentensystem neu einbezogen werden; dies würde die Parallelrechnung ersparen. Auch wenn Abs. 4 offenbar von einem gleichmäßigen Anwartschaftsaufbau ausgeht, hat die Bestimmung wohl keine Auswirkungen auf die Beitragsgestaltung, die sich weiterhin nach nationalem Recht richtet. IÜ gilt die Ausnahme nach Abs. 4 für die gesamte Richtlinie, also insbesondere auch für Art. 5 und 6. Dies deshalb, weil zum Zeitpunkt der Richtlinienumsetzung bestehende ruhende Anwartschaften per definitionem nicht auf Beschäftigungszeiten zurückgehen, die nach der Richtlinienumsetzung absolviert wurden. Eine etwaige Dynamisierung nach Art. 5 ist daher nur für ruhende Anwartschaften geschuldet, die nach der Richtlinienumsetzung erworben werden (in diese Richtung auch *Galinat* BetrAV 2014, 119 [123]; *Kolvenbach/Wilhelm* BB 2014, 2426 [2428 f.]). Bei den Informationsrechten nach Art. 6 gilt dies zwar strenggenommen auch, allerdings erscheint hier eine differenzierte Umsetzung kaum praktikabel.

D. Räumlicher Anwendungsbereich

Nach Abs. 5 gilt die Richtlinie nicht für den Erwerb und die Wahrung von Zusatzrenten- 16
ansprüchen bei rein innerstaatlichen Sachverhalten (im Detail → Art. 1 Rn. 13). Das ist der Kompetenzgrundlage der Richtlinie (Art. 46 AEUV) geschuldet. Abs. 5 spricht zwar nur von „Erwerb und Wahrung von Zusatzrentenansprüchen", womit streng genommen die Auskunftsrechte nach Art. 6 nicht erfasst sein könnten. Dies ist aber eben schon aufgrund der Kompetenzgrundlage nicht anzunehmen, die eben nur die Regelungen grenzüberschreitender Sachverhalte zulässt. Die Richtlinie wird aber wohl in den meisten Mitgliedstaaten schon aus praktischen (und verfassungsrechtlichen) Gründen auch für den rein innerstaatlichen Bereich umgesetzt werden (Art. 1 Rn. 13).

Art. 3 Begriffsbestimmungen

Im Sinne dieser Richtlinie bezeichnet der Ausdruck:

a) „Zusatzrente" eine nach den Bestimmungen eines nach nationalem Recht und nationalen Gepflogenheiten eingerichteten Zusatzrentensystems vorgesehene Altersversorgung;

b) „Zusatzrentensystem" ein nach nationalem Recht und nationalen Gepflogenheiten eingerichtetes, an ein Beschäftigungsverhältnis gekoppeltes betriebliches Rentensystem für die Altersversorgung, das Zusatzrenten für Arbeitnehmer bieten soll;

c) „aktive Versorgungsanwärter" Arbeitnehmer, die aufgrund ihres derzeitigen Beschäftigungsverhältnisses nach den Bestimmungen eines Zusatzrentensystems Anspruch auf eine Zusatzrentenleistung haben oder nach Erfüllung der Anwartschaftsbedingungen voraussichtlich haben werden;

d) „Wartezeit" die Beschäftigungsdauer, die nach nationalem Recht oder den Regeln eines Zusatzrentensystems oder vom Arbeitgeber getroffenen Festlegungen erforderlich ist, bevor ein Arbeitnehmer als Anwärter zu einem System zugelassen werden kann;

e) „Unverfallbarkeitsfrist" die Dauer der aktiven Zugehörigkeit zu einem System, die nach nationalem Recht oder den Regeln eines Zusatzrentensystems erforderlich ist, um erworbene Zusatzrentenansprüche zu begründen;

f) „unverfallbare Rentenanwartschaften" alle Zusatzrentenansprüche, die nach Erfüllung etwaiger Anwartschaftsbedingungen gemäß den Regeln eines Zusatzrentensystems und gegebenenfalls nach nationalem Recht erworben wurden;

g) „ausscheidender Arbeitnehmer" einen aktiven Versorgungsanwärter, dessen derzeitiges Beschäftigungsverhältnis aus anderen Gründen als dem Erwerb einer Anwartschaft auf eine Zusatzrente endet und der zwischen Mitgliedstaaten zu- und abwandert;

h) „ausgeschiedener Versorgungsanwärter" einen ehemaligen aktiven Versorgungsanwärter, der unverfallbare Rentenanwartschaften in einem Zusatzrentensystem besitzt und noch keine Zusatzrente aus diesem System erhält;

i) „ruhende Rentenanwartschaften" unverfallbare Rentenanwartschaften, die in dem System, in dem sie von einem ausgeschiedenen Versorgungsanwärter erworben wurden, aufrechterhalten werden;

j) „Wert der ruhenden Rentenanwartschaften" den Kapitalwert der Anwartschaften, der im Einklang mit nationalem Recht und nationalen Gepflogenheiten berechnet wird.

A. Einleitung

1   Art. 3 definiert einige **zentrale Begriffe der Richtlinie** und ist daher für die Reichweite des Anwendungsbereichs von großer Bedeutung. Die partiellen Verweise auf das nationale Recht dürfen nicht darüber hinwegtäuschen, dass es sich um autonome Begriffsbildung handelt. Art. 3 definiert Begriffe zum sachlichen und persönlichen Anwendungsbereich. Die Begriffe sind stets im Kontext der jeweiligen materiellen Norm (also insbesondere Art. 4–6). zu verstehen. Allerdings werden keineswegs alle zentralen Begriffe definiert, so etwa nicht „Anwartschaft" oder „Altersversorgung". Auch der der Richtlinie zugrundeliegende **Arbeitnehmerbegriff** ist nicht definiert; die Kompetenznorm des Art. 46 AEUV legt hier eine autonome Begriffsbildung parallel zu Art. 45 AEUV nahe. Anders als bei der RL 98/49/EG sind daher keine Selbständigen erfasst (so aber national § 17 I BetrAVG, § 1 II öBPG); zu den Mitarbeitern im öffentlichen Dienst → Art. 2 Rn. 3.

B. Definitionen

2   **„Zusatzrente"** (Buchst. a) und **„Zusatzrentensystem"** (Buchst. b) → Art. 2 Rn. 4 ff.

3   **„Aktive Versorgungsanwärter"** (Buchst. c): Dabei handelt es sich um Arbeitnehmer, die entweder bereits Leistungsansprüche erworben haben oder mit Erfüllung der Anwartschaftsbedingungen haben werden. Das Arbeitsverhältnis muss zu jenem Arbeitgeber bestehen, von dem die Zusage stammt; ansonsten handelt es sich um einen ausgeschiedenen Versorgungsanwärter, Buchst. h. Ein aktiver Versorgungsanwärter ist im Status der „aktiven Zugehörigkeit", Buchst. e. Dieser Status beginnt (wie die Unverfallbarkeitsfrist, Buchst. e) nach Ablauf einer etwaigen Wartefrist (Buchst. d) mit Einbeziehung in das System. Die

Einbeziehung ist spätestens mit dem Zeitpunkt anzunehmen, ab dem für den Versorgungsanwärter Anwartschaften aufgebaut werden bzw. Beiträge geleistet werden (müssen). Da eine Karenzierung ebenfalls auf die Warte- bzw. Unverfallbarkeitsfrist anzurechnen ist (→ Rn. 5), gelten auch karenzierte Arbeitnehmer als „aktive Versorgungsanwärter". Bis zum Ablauf der Unverfallbarkeitsfrist hat der Arbeitnehmer bloß eine bedingte Anwartschaft, danach eine unverfallbare Anwartschaft (Buchst. f)

„**Wartezeit**" (Buchst. d) ist jene Zeit, die der Arbeitnehmer beschäftigt sein muss, bevor 4 er in die Zusage einbezogen wird; in dieser Zeit erwirbt der Arbeitnehmer noch keine Anwartschaften. Diese Zeit entspricht national der Vorschaltezeit (zu dieser BRO/*Rolfs* BetrAVG § 1 Rn. 50), die bisher nicht ausdrücklich geregelt war (so auch in Österreich, außer für die Direktzusage), nun aber wohl einer Regelung bedarf (**aA** Fuchs/*Steinmeyer* S. 636). Dies deshalb, weil eine Umsetzung allein durch nationale Judikaturpraxis wohl nicht den Anforderungen der Richtlinienumsetzung genügt (allg. GHN/*Nettesheim* AEUV Art. 288 Rn. 121). Wartezeiten iSv Leistungsvoraussetzungen (nicht iSv Anwartschaftsbedingungen gem. Buchst. f) sind von der Richtlinie nicht berührt (Erwägungsgrund 18 der Richtlinie) und sind daher weiterhin zulässig (anders *Kolvenbach/Wilhelm* BB 2014, 2426 [2427]). Ebenso unberührt bleiben Mindestaltersbestimmungen hinsichtlich der Einbeziehung in das System; Erwägungsgrund 17 sieht bei solchen Bestimmungen (anders als bei Wartezeiten) kein Mobilitätshindernis. Das Mindestalter ist aber hinsichtlich der Unverfallbarkeit bei Ausscheiden aus dem Arbeitsverhältnis geregelt (Art. 4 I lit. b, Unverfallbarkeitsalter).

Die Wartezeit darf max. drei Jahre betragen, Art. 4 I lit. a, dies wohl auch für rein 5 arbeitnehmerfinanzierte Zusagen (Art. 4 I lit. c). Sie beginnt grds. mit Beginn des Arbeitsverhältnisses, bzw. wenn der Arbeitgeber das Zusatzrentensystem erst später einführt mit dessen Einführung. Zeiten einer Entsendung sind für die Wartezeit zu berücksichtigen (*Bittner* 276 f.), und zwar mE auch dann, wenn die Entsendung in einen Drittstaat erfolgt. Die Formulierung in Buchst. d (arg.: „zugelassen werden kann") legt nahe, dass die Wartezeit unabhängig davon zu laufen beginnt, ob der Arbeitgeber nach Ablauf der Wartezeit hinsichtlich der Einbeziehung des Arbeitnehmers noch ein Ermessen hat; allerdings ist der englische Wortlaut weniger deutlich, der von „eligible" spricht; zur nationalen Diskussion vgl. BRO/*Rolfs* BetrAVG § 1 Rn. 50 ff.). Wie bei der Unverfallbarkeitsfrist stellt sich die Frage, welche Zeiten für die Erfüllung der Wartezeit zu berücksichtigen sind, insbesondere ob etwaige **Karenzierungen** oder sonstige entgeltfreie (bzw. beitragsfreie) Zeiträume auf die Wartezeit anzurechnen sind. Der Wortlaut der Richtlinie (zB die Anknüpfung an das „Beschäftigungsverhältnis" und die „Beschäftigungsdauer") deutet nicht zwingend darauf hin, dass der Arbeitnehmer für die Erfüllung der Fristen neben dem Bestand des Vertragsbandes auch tatsächlich arbeiten muss. Systematisch kennt die Richtlinie nur die Status-Trias: (1) noch nicht einbezogener Arbeitnehmer, (2) aktiver Versorgungsanwärter und (3) ausscheidender bzw. ausgeschiedener Arbeitnehmer. Bedenkt man die relativ grob am Normzweck (Art. 1) orientierte Rspr. des EuGH, muss man wohl davon ausgehen, dass Karenzierungen auf die Wartefrist anzurechnen sind (im Detail könnte man freilich nach dem Zweck der Unverfallbarkeitsfrist einerseits und dem Zweck der Karenzierung andererseits fragen). Da Art. 4 I lit. a für die Warte- und Unverfallbarkeitsfrist eine gemeinsame Maximalfrist vorsieht, gilt dieses Ergebnis wohl für beide Fristen gleichermaßen. Zur Berücksichtigung etwaiger Vordienstzeiten enthält die Richtlinie keine ausdrückliche Regelung; allerdings können die Umstände des Einzelfalls (etwa bei Arbeitgeberwechsel im Konzern; vgl. dazu EuGH 10.3.2011 – C-379/09 – Casteels) gemessen am Schutzzweck der Richtlinie eine Berücksichtigung nahelegen.

„**Unverfallbarkeitsfrist**" (Buchst. e) ist jene Zeit, die ein Arbeitnehmer in das Zusatz- 6 rentensystem einbezogen sein muss, damit er bei Ausscheiden aus dem Arbeitsverhältnis bzw. dem System seine Anwartschaft nicht verliert. Die Anwartschaft des Arbeitnehmers erstarkt mit dem Ablauf der Unverfallbarkeitsfrist zum Vollrecht, er erwirbt eine „unverfallbare Rentenanwartschaft" (Buchst. f). Vor Fristablauf hat der Arbeitnehmer nur eine bedingte Anwartschaft (ErfK/*Steinmeyer* BetrAVG § 1b Rn. 8). Die Frist beginnt mit Einbeziehung in das System zu laufen, das ist in der Regel der Beginn der Beitragszahlung. Bezieht der Arbeitgeber den Arbeitnehmer zu spät in das System ein, ist der frühere, rechtlich geschuldete Zeitpunkt maßgebend; der Arbeitgeber kann dem Arbeitnehmer nicht sein eigenes rechtswidriges Verhalten entgegenhalten. Die Unverfallbarkeitsfrist darf max. drei Jahre betragen, Art. 4 I lit. a. Karenzierungen sind idR auf die Frist anzurechnen, Vordienstzeiten hingegen grds. nicht (→ Rn. 5). Soweit zu sehen, ist das Verständnis der Unverfallbarkeitsfrist nach § 1b I BetrAVG mit der Definition der Richtlinie kompatibel. Wesentlich ist, dass die Richtlinie bei der Unverfallbarkeit nicht danach differenziert, **wie und aus welchem Grund das Arbeitsverhältnis beendet wird**; selbst bei begründeter außerordentlicher Kündigung des Arbeitnehmers gilt eine maximal dreijährige Unverfallbarkeitsfrist; ein etwaiger diesbezüglicher Schadenersatz richtet sich nach nationalem Recht. Ob der Arbeitnehmer bei einvernehmlicher Beendigung auf eine unverfallbare Anwartschaft verzichten kann richtet sich mE ebenfalls nach nationalem Recht.

7 „**Unverfallbare Rentenanwartschaft**" (Buchst. f): Mit Ablauf einer etwaigen Unverfallbarkeitsfrist erwirbt der Arbeitnehmer eine unverfallbare Anwartschaft, die dann gem. Art. 5 zu behandeln ist. Scheidet er vorher aus, verliert er seine Anwartschaft, wobei die Richtlinie neben dem gänzlichen auch einen bloß teilweisen Verlust der Anwartschaft zulassen würde. „Etwaige Anwartschaftsbedingungen" iSv Buchst. f sind Warte- und Unverfallbarkeitsfrist sowie Unverfallbarkeitsalter (vgl. zu „Leistungs"-Voraussetzungen aber Erwägungsgrund 18 der Richtlinie). Fraglich ist, ob die Richtlinie auch verlangt, dass die Anwartschaft mit Leistungsanfall (und dem damit verbundenen Ausscheiden aus dem Arbeitsverhältnis) jedenfalls unverfallbar wird, auch wenn die Unverfallbarkeitsfrist noch nicht abgelaufen ist. Dafür spricht Art. 4 I lit. a iVm Art. 3 lit. g, wonach die Unverfallbarkeitsfrist nicht für den Fall gilt, dass der Arbeitnehmer wegen Leistungsanfalls ausscheidet. Verneint man dies, richtet sich die Beantwortung nach nationalem Recht. Die Richtlinie enthält keine Vorgabe wie eine verfallene Anwartschaft zwischen dem Arbeitgeber und dem verbleibenden Versorgungsanwärter aufzuteilen ist.

8 „**Ausscheidender Arbeitnehmer**" (Buchst. g) ist ein aktiver Versorgungsanwärter (Buchst. c), dessen Arbeitsverhältnis endet. Insbesondere Art. 4 I lit a knüpft an diesen Begriff an. Ausgenommen sind jedoch Arbeitnehmer, deren Arbeitsverhältnis wegen Leistungsanfalls endet; der deutsche Wortlaut ist hier unklar, weil von Beendigung wegen „Erwerbs einer Anwartschaft" die Rede ist, was gerade nicht auf Leistung hindeutet. In der englischen Fassung ist deutlicher von „becoming eligible for a supplementary pension" die Rede. Ansonsten gilt die Richtlinie unabhängig von der Art und dem Grund der Beendigung des Arbeitsverhältnisses. Die Definition war legistisch aber wohl nicht erforderlich, erfasst sie doch bloß eine juristische Sekunde: Bis zur Beendigung ist der Arbeitnehmer „aktiver Versorgungsanwärter", nach der Beendigung „ausgeschiedener Versorgungsanwärter".

9 „**Ausgeschiedener Versorgungsanwärter**" (Buchst. h) ist ein Versorgungsanwärter, dessen Arbeitsverhältnis beendet wurde und dessen Anwartschaft mit Beendigung unverfallbar wurde. Er hat ein Recht darauf, dass seine Anwartschaft nach Art. 5 I weiter im System verwaltet wird und er kann nach Art. 6 II Auskünfte über seine Anwartschaft verlangen. Unwesentlich ist, ob die Person in einem neuen Arbeitsverhältnis steht oder erwerbslos ist. Allerdings muss auch bei Erwerbslosigkeit ein entsprechender Auslandsbezug vorliegen, weil die Richtlinie nicht für rein innerstaatliche Sachverhalte gilt (→ Art. 2 Rn. 13).

10 „**Ruhende Rentenanwartschaften**" (Buchst. i): Scheidet ein aktiver Versorgungsanwärter (Arbeitnehmer) nach Ablauf der Unverfallbarkeitsfrist aus dem Arbeitsverhältnis aus, ist seine Anwartschaft unverfallbar und ruhend. Die ruhende Anwartschaft ist nach Art. 5 II zu behandeln, das Auskunftsrecht richtet sich nach Art. 6 II. Die ruhende Anwartschaft endet (1) mit Abfindung, Art. 5 III, (2) mit Übertragung oder (3) mit Leistungsanfall.

11 „**Wert der ruhenden Rentenanwartschaften**" (Buchst. j): Diese Wendung wird (außer in Erwägungsgrund 21 der Richtlinie) im sonstigen Text der Richtlinie kein einziges

Mal verwendet. Die Definition stellt auf den „Kapitalwert" der Anwartschaft ab, der nach nationalem Recht kalkuliert wird. Der Verweis auf das nationale Recht ist aber durch die Vorgaben des Art. 5 II eingeschränkt, der ungerechte Differenzierungen mit aktiven Anwartschaften verhindern möchte. Ob „Kapitalwert" (englisch „capital value") im technischen Sinne (zum Kapitalwert im Kontext der Investitionsrechnung vgl. etwa *Ortmann*, Praktische Lebensversicherungsmathematik, 2009, 28 ff.) zu verstehen ist, erscheint fraglich, auch weil damit implizit sehr wohl Berechnungsvorgaben gemacht wären. Eher dürfte eine weniger aufgeladene Bedeutung anzunehmen sein, also etwa schlicht der (wie immer kalkulierte) Zeitwert in Geldeinheiten ausgedrückt. Grundsätzlich enthält die Richtlinie keine Vorgaben, ob die Kalkulation des Wertes der ruhenden Rentenanwartschaft versicherungs- oder finanzmathematisch erfolgen muss, wie die Richtlinie auch sonst keine versicherungsförmige Durchführung verlangt.

Art. 4 Bedingungen für den Erwerb von Ansprüchen im Rahmen eines Zusatzrentensystems

(1) Die Mitgliedstaaten treffen die erforderlichen Maßnahmen, um Folgendes sicherzustellen:

a) Gilt eine Unverfallbarkeitsfrist oder eine Wartezeit oder beides, so überschreitet deren Gesamtdauer für ausscheidende Arbeitnehmer unter keinen Umständen drei Jahre;

b) wird für den Erwerb unverfallbarer Rentenanwartschaften ein Mindestalter vorgeschrieben, so beträgt dieses Alter für ausscheidende Arbeitnehmer höchstens 21 Jahre;

c) hat ein ausscheidender Arbeitnehmer zum Zeitpunkt der Beendigung seines Beschäftigungsverhältnisses noch keine unverfallbaren Rentenanwartschaften erworben, so erstattet das Zusatzrentensystem die Beiträge, die vom ausscheidenden Arbeitnehmer oder in seinem Namen gemäß nationalem Recht oder Kollektivverträgen eingezahlt wurden, oder, falls der ausscheidende Arbeitnehmer das Anlagerisiko trägt, entweder die Summe der geleisteten Beiträge oder den aus diesen Beiträgen erwachsenden Anlagewert.

(2) Die Mitgliedstaaten können den Sozialpartnern die Möglichkeit einräumen, abweichende Regelungen in Tarifverträge aufzunehmen, sofern diese Regelungen keinen weniger günstigen Schutz bieten und keine Hemmnisse für die Freizügigkeit der Arbeitnehmer schaffen.

A. Einleitung

Art. 4 I regelt die zentralen **Voraussetzungen für den Erwerb von Anwartschaften:** 1 Wartezeit und Unverfallbarkeitsfrist (gemeinsam max. drei Jahre) sowie das Mindestalter für den Erwerb einer unverfallbaren Anwartschaft (21 Jahre). Die Aufzählung ist **taxativ,** die Statuierung weiterer Bedingungen ist unzulässig. Die Mitgliedstaaten können aber die Fristen mit dem Unverfallbarkeitsalter kombinieren. Arbeitnehmerbeiträge sind hingegen zwingend sofort unverfallbar (so implizit Abs. 1 lit. c). Abs. 2 eröffnet den Mitgliedstaaten die Möglichkeit, den Sozialpartnern in den Tarifverträgen eine gewisse Flexibilität zu gewähren. Im ursprünglichen Vorschlag betrug die Wartezeit max. ein Jahr und die Unverfallbarkeitsfrist maximal zwei Jahre (KOM [2005] 507 endg.). Im geänderten Vorschlag (KOM [2007] 603 endg.) wurde dann bei der Unverfallbarkeitsfrist nach dem Lebensalter differenziert: Ist der Arbeitnehmer über 25 Jahre darf die Frist maximal ein Jahr betragen, darunter 5 Jahre. Die Richtlinie regelt nicht die Beitragsgestaltung, weshalb etwa eine von der Dienstzeit abhängige progressive Beitragsgestaltung nach der Richtlinie weiterhin zulässig wäre (aber an Art. 45 AEUV sowie am Verbot der Altersdiskriminierung zu messen wäre).

B. Anspruchserwerb

I. Wartezeit

2   Wartezeiten sind nach deutscher Diktion Vorschaltezeiten. Zur Definition der Wartezeit → Art. 3 Rn. 4 f. Zur Geeignetheit einer Beschränkung der Wartezeit für die Verbesserung der Mobilität → Art. 1 Rn. 15. Die Wartezeit war national bisher nicht explizit geregelt, mit der Umsetzung ist eine solche Regelung jedoch erforderlich (→ Art. 3 Rn. 4 f.). Die Wartezeit darf **maximal drei Jahre** betragen. Soweit derzeit die Vorschaltezeit auf die Unverfallbarkeitsfrist angerechnet wird (ErfK/*Steinmeyer* BetrAVG § 1b Rn. 14), ist diese also von derzeit maximal 5 Jahre auf maximal drei Jahre zu kürzen. Der Gesetzgeber ist nicht verpflichtet, überhaupt eine Wartezeit zuzulassen. Umgekehrt könnte er aber eine Wartefrist schon per Gesetz anordnen, und nicht auf untergesetzlicher Ebene eine solche Regelung bloß erlauben. Die Vorgaben der Richtlinie zur Wartezeit gelten auch für (rein) arbeitnehmerfinanzierte Systeme; während Verfallbarkeitsfristen hier unzulässig sind (Abs. 1 lit. c), kann eine Wartefrist demgegenüber sehr wohl vereinbart werden. Nicht erfasst von der Richtlinie ist die Vorgabe eines Mindestalters für die Einbeziehung in das System (Erwägungsgrund 17, → Art. 3 Rn. 4); zum Unverfallbarkeitsalter → Rn. 3.

II. Unverfallbarkeitsfrist

3   **1. Allgemein.** Die Regelung der Unverfallbarkeitsfrist (zum Begriff → Art. 3 Rn. 6) ist das Herzstück der Richtlinie und ein grundlegendes Rechtsinstitut der betrieblichen Altersversorgung überhaupt (zur dogmatischen Verortung *Steinmeyer,* Betriebliche Altersversorgung und Arbeitsverhältnis, 1991, 49 ff.). Ihre (höchstzulässige) Dauer beeinflusst auch, worin man die Gegenleistung des Arbeitnehmers für die Gewährung einer betrieblichen Altersversorgung erblickt. Scheidet der Arbeitnehmer vor Ablauf der Unverfallbarkeitsfrist aus, verliert er seine (bedingte) Anwartschaft. Im Vergleich zu den anderen Regelungsfeldern der Richtlinie stellt sie potentiell das größte Mobilitätshindernis dar (zur Policy → Art. 1 Rn. 14 ff.). Die Richtlinie macht keine Vorgaben, wie eine verfallene Anwartschaft (**versicherungstechnischer Gewinn**) zu verteilen ist. Generell verteuert die Verkürzung der Unverfallbarkeitsfrist die Durchführung leistungsorientierter Zusagen, weil in Hinkunft weniger Fluktuationsgewinne anfallen; für rein beitragsorientierte Zusagen ist die Regelung für den Arbeitgeber kostenmäßig hingegen neutral und führt dazu, dass zwar mehr Personen als früher in den Genuss von Leistungen kommen, diese aber für die verbleibenden Arbeitnehmer geringer ausfallen.

4   Die Unverfallbarkeitsfrist darf nunmehr **maximal drei Jahre** betragen, § 1b BetrAVG ist daher entsprechend zu ändern. Wie bei der Wartezeit sind auch bei der Unverfallbarkeitsfrist solche Fristen nicht anzurechnen, deren Ablauf Voraussetzung für den Bezug einer Leistung in einer bestimmten Form (zB Leibrente) ist (Erwägungsgrund 18). Genau betrachtet gilt die Dreijahresfrist aber nur für jene Arbeitnehmer zwingend, die bereits das 21. Lebensjahr vollendet haben (Buchst. b). Die **Altersgrenze** führt damit für junge Arbeitnehmer zu einer längeren Unverfallbarkeitsfrist; nach Art. 6 II RL 2000/78/EG stellt eine Altersgrenze für die Einbeziehung in das System grds. keine Altersdiskriminierung dar. Dies wird wohl auch für die Unverfallbarkeitsfrist gelten, schon wegen Buchst. a selbst. Primärrechtlich erscheint dies aber bedenklich und politisch fragwürdig, insbesondere wenn man die politischen Äußerungen und Bemühungen bedenkt, Menschen möglichst früh zur Privatvorsorge zu bewegen.

5   Die neue Frist ist nur auf Anwartschaften anzuwenden, die nach der Umsetzung der Richtlinie erworben werden, Art. 2 IV. Da Abs. 1 lit. c Arbeitnehmerbeiträge (implizit)

sofort für unverfallbar erklärt, gilt die maximal dreijährige Frist nur für Anwartschaften, die vom Arbeitgeber (oder Dritten) finanziert wurden. Wie zur Wartefrist gilt, dass der Gesetzgeber (aus der Richtlinie heraus) nicht verpflichtet ist, eine Unverfallbarkeitsfrist zuzulassen, umgekehrt eine solche aber auch anordnen könnte.

Fraglich ist, ob die Regelung zur Unverfallbarkeit auch auf die **Möglichkeit zum Widerruf** von Zusagen ausstrahlt. Wie das BetrAVG enthält die Richtlinie keine ausdrückliche Regelung zur Zulässigkeit und Reichweite eines Widerrufs von Anwartschaften. Ein Widerruf unverfallbarer Anwartschaften fällt mE unter Art. 4, der die Anwartschaftsbedingungen taxativ festlegt, und scheidet daher aus; ein Widerruf pro futuro ist von der Richtlinie hingegen nicht berührt. Zu bedenken ist jedoch, dass die Richtlinie in beaufsichtigten Sanierungs- Insolvenz- und Liquidationsverfahren nicht anwendbar ist (Art. 2 lit. b); in diesen Fällen steht die Richtlinie einem Verfall wohl nicht entgegen.

2. Arbeitnehmerbeiträge. Abs. 1 lit. c ordnet an, dass Anwartschaften aus Arbeitnehmerbeiträgen auch bei einer Beendigung des Arbeitsverhältnisses vor Ablauf der Unverfallbarkeitsfrist zu erstatten sind. Implizit ist damit gesagt, dass Arbeitnehmer-Beiträge **sofort unverfallbar** sind. Die Vorschrift bezieht sich auf „Beiträge, die vom ausscheidenden Arbeitnehmer oder in seinem Namen" geleistet wurden. Gemeint sind Beiträge, die wirtschaftlich vom Arbeitnehmer stammen, und entweder von diesem selbst abgeführt werden oder von einer dritten Person (Arbeitgeber) für den Arbeitnehmer entrichtet werden. Damit ist insbesondere die Entgeltumwandlung (§ 1a BetrAVG) erfasst. Bei gemischter Finanzierung (Arbeitgeber und Arbeitnehmer finanzieren gemeinsam) ist die Anwartschaft entsprechend differenziert zu behandeln. Als **Rechtsgrundlagen für die Beitragsleistung** nennt die Richtlinie bloß „nationales Recht oder Kollektivverträge". Soweit die Beitragspflicht auf Gesetz beruht, greift jedoch grds. die VO 883/2004 (→ Art. 2 Rn. 2 f.). Es ist nicht davon auszugehen, dass der Richtliniengeber hier eine inhaltliche Differenzierung anhand verschiedener Rechtsgrundlagen vornehmen wollte, die es ansonsten in der Richtlinie nicht gibt. Daher gilt Abs. 2 mE grds. für alle Rechtsgrundlagen von Zusagen.

„Erstatten" meint zurückzahlen, vergüten, also eine Abfindung der Anwartschaft. Dieses Verständnis wird durch die engl. Fassung bestätigt (arg.: „reimburse"). Fraglich ist, ob die Richtlinie die **Abfindung zwingend** verlangt; der Wortlaut weist jedenfalls in diese Richtung (englisch: „shall reimburse"). *Hügelschäffer* (ZTR 2014, 403 [407]) spricht allerdings ohne nähere Begründung von der bloßen Möglichkeit zur Abfindung. Klar erscheint zunächst, dass dem Arbeitnehmer ein **Abfindungsrecht** zustehen soll. Eine Bindung dieses Rechts an eine bestimmte Maximalhöhe wie bei sonstigen Abfindungen (Art. 5 III) erscheint unzulässig. Gegen die Annahme, dass die Anwartschaft aber in jedem Fall abzufinden ist (Abfindungspflicht), spricht Art. 5 III. Dieser verlangt für eine Abfindung von (Arbeitgeberfinanzierten) Anwartschaften die Zustimmung des Arbeitnehmers. Es wäre nicht einsichtig, warum der Arbeitnehmer mit selbst finanzierten Anwartschaften gegen seinen Willen abgefunden werden könnte. Weiter würde eine solche Zwangsabfindung dem Arbeitnehmer das Recht nehmen, entgegen Art. 5 I die Anwartschaft ruhend im System zu belassen. Auch hier erschiene die Ungleichbehandlung mit arbeitgeberfinanzierten Anwartschaften willkürlich. Die Abfindung von arbeitnehmerfinanzierten Anwartschaften ist daher mE ein Recht des Arbeitnehmers, aber kein Zwang. Art. 5 III gilt insofern, als er nicht gegen seinen Willen abgefunden werden kann und Art. 5 I gewährt auch hier das Recht auf Verbleib im System. Automatische Anwartschaftstransfers in das System eines neuen Arbeitgebers zwecks Kumulierung der Anwartschaften erscheinen ebenso unzulässig. Diese sozialpolitisch unter Umständen durchaus erwünschte Maßnahme könnte der Gesetzgeber aber wohl durch unterschiedliche steuerliche Behandlung der Abfindung einerseits und dem Systemverbleib bzw. Transfer andererseits fördern.

Fraglich könnte sein, ob das **Abfindungsrecht nach Abs. 1 lit. c auch nach Ablauf der Unverfallbarkeitsfrist** zusteht oder ob dann das Abfindungsverbot des Art. 5 III greift. Bejahte man die Anwendung des Abfindungsrechts, würde das einen tiefgreifenden Einschnitt in das Leitungsspektrum und die soziale Zwecksetzung (Aufbau eines Vorsorgevermögens mit Zweckbindung) der betrieblichen Altersversorgung bewirken. Abfindungsverbot und (verpflichtende) Leibrente sind sozialpolitisch motivierte Vorgaben, die der Staat durch steuerliche Anreize verstärkt und die tief in der nationalen Regelungstradition wurzeln. Nach dem Wortlaut von Abs. 1 lit. c gilt der Erstattungsanspruch nur für den Fall, dass noch keine unverfallbare Anwartschaft vorliegt. Bedenkt man, dass die Richtlinie auch sonst keine Vorgaben zum Leistungsspektrum aus unverfallbaren Anwartschaften macht, sollte der einseitige Erstattungsanspruch nur für die Dauer der Unverfallbarkeitsfrist angenommen werden. Danach gilt Art. 5 III, der aber gerade keinen einseitigen Abfindungsanspruch des Arbeitnehmers verlangt (diesem aber auch nicht entgegensteht → Art. 5 Rn. 11).

10 Für die **Berechnung der Abfindungszahlung** unterscheidet Abs. 3 danach, wer das Anlagerisiko der Veranlagung trägt. Trägt der Arbeitnehmer dieses Risiko, sind entweder die eingezahlten Beiträge zu erstatten oder der „Anlagewert". Damit ist der Zeitwert der Rentenanwartschaft (→ Art. 3 Rn. 11) zum Zeitpunkt der Beendigung des AV gemeint, der bei Veranlagungsverlusten auch geringer sein kann als die eingezahlten Beiträge. Trägt der Arbeitnehmer nicht das Anlagerisiko, sind die einbezahlten Beiträge zu erstatten; warum hier nicht auch eine etwaige Garantieverzinsung oder sonstige tatsächlich angefallene Gewinne mitzugeben sind, erscheint unklar. Ebenfalls offen ist die Berücksichtigung von Kosten, insbesondere bei externem Vorsorgeträger. Werden die Kosten von den Beiträgen abgezogen, erscheint die Erstattung der vollen Beiträge – wie dies der Wortlaut verlangt – problematisch. Ernsthafter erwägen muss man demgegenüber den Ausschluss der Zillmerung der Abschluss- und Vermittlungskosten (dazu bei Entgeltumwandlung BAG 15.9.2009, 3 AZR 17/09; *Löbbert*, Zillmerung in der betrieblichen Altersvorsorge, 2012, 82 ff.). Jedenfalls nicht zu erstatten sind etwaige in den Beiträgen enthaltene Risikoprämien für Tod und Invalidität.

III. Mindestalter für Unverfallbarkeit

11 Buchst. b normiert ein Unverfallbarkeitsalter von max. 21 Jahren. Es kann daher vorgesehen werden, dass der Arbeitnehmer zum Zeitpunkt des Ausscheidens das 21. Lebensjahr vollendet haben muss. Damit ist das derzeitige Unverfallbarkeitsalter in § 1b I BetrAVG von 25 Jahren entsprechend herabzusetzen. Unverfallbarkeitsalter und Unverfallbarkeitsfrist können kombiniert werden (Rn. 1). Ein Mindestalter für die Einbeziehung regelt die Richtlinie nicht (Erwägungsgrund 17), was materiell betrachtet zu einer Ausdehnung der Wartezeit führen kann (Art. 3 Rn. 4 f.).

C. Umsetzung durch die Sozialpartner

12 Abs. 3 eröffnet auf den ersten Blick eine weitreichende Autonomie für die Sozialpartner: Die Mitgliedstaaten können vorsehen, dass in Tarifverträgen von den Vorgaben des Art. 4 (und Art. 5, vgl. Art. 5 IV) abgewichen werden kann, wenn die Regelung zumindest gleich günstig ist und die Mobilität nicht behindert. Betriebspartner und deren Vereinbarungen (Betriebsvereinbarungen) sind nach dem Wortlaut nicht erfasst. Die Reglung wurde ursprünglich vom Parlament (Bericht zum Richtlinien-Vorschlag v. 23.7.2007, A6–0080/2007) mit folgendem Wortlaut vorgeschlagen: „In objektiv begründeten Fällen können die Mitgliedstaaten den Sozialpartnern die Möglichkeit einräumen, von den Buchstaben a und b abweichende, nicht diskriminierende Regelungen in Tarifverträgen aufnehmen, sofern diese Regelungen für die Betroffenen mindestens einen gleichwertigen Schutz bieten." Die Kommission (KOM [2007] 603 endg.) hat diesen Änderungsvorschlag modifiziert übernommen: „Die Mitgliedstaaten können den Sozialpartnern die Möglichkeit einräumen, abweichende Regelungen in Tarifverträgen aufzunehmen, sofern diese Regelungen min-

destens einen gleichwertigen Schutz der Rechte der Arbeitnehmer und aktiven Versorgungsanwärter bieten". Die Kommission begründet die Änderung mit der größeren Rechtssicherheit der Formulierung (KOM [2007] 603 endg. 6 f.). Die endgültige Fassung entstand während der Trilogverhandlungen (vgl. Ratsdokument v. 17.6.2013, 2005/0124); die von der aba (vgl. aba-Prioritäten zur Ex-Portabilitäts-Richtlinie 7) geforderte weitergehende Formulierung, wonach es ausreiche, wenn bei einer „Gesamtbetrachtung" kein weniger günstiger Schutz bestehe, wurde nicht umgesetzt. Nach den Erwägungsgründen soll die Richtlinie die Rolle der Sozialpartner als Akteure der betrieblichen Altersversorgung berücksichtigen (Erwägungsgrund 8) und nicht deren Autonomie beschränken, wo diese für die Einrichtung und Verwaltung der betrieblichen Altersversorgung zuständig sind und die Ergebnisse der Richtlinie sicherstellen können (Erwägungsgrund 10 und 30). Die Umsetzung von Richtlinien durch Sozialpartner ist seit längerem anerkannt und mittlerweile auch im Primärrecht verankert, **Art. 153 III AEUV** (vgl. allg. *Bercusson* 450 ff.; *Schwarze/Rebhahn/Reiner* AEUV Art. 153 Rn. 88). Allerdings könnte man schon fragen, ob diese in Art. 153 AEUV verankerte Möglichkeit auch für andere Kompetenzgrundlagen gilt (was wohl zu bejahen ist, weil die Möglichkeit schon früher anerkannt war). Fraglich ist jedoch **die Reichweite der Autonomie der Sozialpartner.** Die Formulierung in Abs. 2 (bzw. Art. 5 IV) scheint weiter als bisher aus anderen Richtlinien bekannt (sieht man von der Arbeitszeit-Richtlinie ab, die regelungstechnisch aber anders konstruiert ist). Insbesondere ist fraglich, wie sich die Abweichungsmöglichkeit nach Abs. 3 (bzw. Art. 5 IV) zum Günstigkeitsprinzip des Art. 7 I sowie zur in Art. 8 I 1 angesprochenen Umsetzungsmöglichkeit verhält.

Nur wenn Abs. 3 tatsächlich weitergehende oder andere Abwägungen als iRd Günstigkeitsprinzips (Art. 7 I) zuließe, hätte er (materiell) eine eigenständige Bedeutung. So könnte man etwa erwägen, im Tarifvertrag eine Unverfallbarkeitsfrist von 5 Jahren verbunden mit einem Unverfallbarkeitsalter von 17 Jahren vorzusehen (*Hügelschäffer* ZTR 2014, 403 [407]). Dafür spräche der Wortlaut, soweit er den Sozialpartnern „abweichende Regelungen" erlaubt. Dagegen spräche der Wortlaut aber insofern, als die abweichenden Regelungen „keinen weniger günstigen Schutz bieten" dürfen, also gleich günstig sein müssen (vgl. demgegenüber etwa den eindeutigen Wortlaut zur Tarifdispositivität des § 17 III BetrAVG). Es gibt aber nun keinen Anhaltspunkt dafür, dass dieser **Günstigkeitsvergleich** anders als nach Art. 7 I durchzuführen wäre. Der Wortlaut von Abs. 1 lit. a und b spricht ebenso gegen Abweichungsmöglichkeiten (arg.: „überschreitet … unter keinen Umständen drei Jahre", „höchstens 21 Jahre"; vgl. demgegenüber aber den Wortlaut von Art. 5 I: „Vorbehaltlich der Absätze 3 und 4"). Historisch ist anzumerken, dass die endgültige Formulierung deutlich enger ist als die erste Fassung. Weiter wird in den Erwägungsgründen nur die bisher bekannte Rolle der Sozialpartner bei der Richtlinien-Umsetzung erwähnt, aber keine darüber hinausgehende Autonomie angesprochen, dies gilt auch für Art. 8 I. Schließlich wäre eine solche Deutung wohl selbst nach Art. 153 III AEUV problematisch, wenn das Europarecht den Sozialpartnern bei der Umsetzung von Richtlinien einen größeren Regelungsspielraum als den Mitgliedstaaten gewährte (eine Beschränkung des EU-Gesetzgebers durch eine europäische Tarifautonomie verneinend *Schwarze/Rebhhan/Reiner* AEUV Art. 153 Rn. 85). Dies würde auch dazu führen, dass die Mitgliedstaaten schon kraft Richtlinie nicht alle nach der Richtlinie möglichen Ergebnisse sicherstellen könnten, weil sie eben hinsichtlich mancher Ergebnisse von vornherein keine Regelungsmacht hätten. Daher ist mE nicht davon auszugehen, dass Art. 4 II (bzw. Art. 5 III) den Sozialpartnern einen weitergehenden Spielraum eröffnet als Art. 7 I (in diese Richtung auch *Hügelschäffer* ZTR 2014, 403 [407 f.]).

Art. 8 I 1 erlaubt die Umsetzung der Richtlinie durch die Sozialpartner. Im ursprünglichen Richtlinienvorschlag (KOM [2005] 507 endg.) wurde noch – wie in Art. 153 III AEUV – ein gemeinsamer Antrag der Sozialpartner gefordert. Dies wurde später (KOM [2007] 603 endg. 10) mit dem Hinweis gestrichen, dass es sich bloß um eine geringfügig redaktionelle Änderung handle. Daraus ergibt sich, dass Art. 8 I 1 (auch in der endgültigen

Fassung) wohl schlicht eine Umsetzung der Sozialpartner in Anlehnung an Art. 153 III AEUV bezweckt. Fraglich kann jedoch sein, ob Art. 8 I 1 den Sozialpartnern ein zusätzliches Umsetzungsrecht neben jenem von Art. 4 II und 5 IV zugesteht. Danach könnte sich die Umsetzung der Art. 4 und 5 durch die Sozialpartner nach Art. 4 II bzw. 5 IV richten und die Umsetzung der sonstigen Richtlinie (durch die Sozialpartner) nach Art. 8 I. Das wäre freilich nur dann sinnvoll anzunehmen, wenn Art. 4 II bzw. 5 IV eine weitergehende (oder jedenfalls eine andere) Umsetzungsautonomie einräumten als Art. 8 I. Wie gezeigt, ist dies aber nicht anzunehmen und allein die Existenz von Art. 8 I fordert noch nicht den (systematischen) Umkehrschluss. Art. 8 I führt aber dazu, dass auch Art. 6 und sonstige Inhalte der Richtlinie durch die Sozialpartner umgesetzt werden können. Insgesamt zeigt sich, dass die Zusatzrenten-Richtlinie den Sozialpartnern nicht mehr Autonomie einräumt als sonstige Richtlinien zum Arbeitsrecht. **Art. 4 II und 5 IV haben** daher **kaum eigenständige normative Bedeutung.** In der RL 98/49/EG wurde den Sozialpartnern auch kein weitergehender Umsetzungsspielraum eingeräumt als sonst, Art. 10 I RL 98/49/EG.

Art. 5 Wahrung unverfallbarer und ruhender Rentenanwartschaften

(1) Vorbehaltlich der Absätze 3 und 4 treffen die Mitgliedstaaten die erforderlichen Maßnahmen, um sicherzustellen, dass ausscheidende Arbeitnehmer ihre unverfallbaren Rentenanwartschaften in dem Zusatzrentensystem, in dem sie erworben wurden, belassen können. Bei der Berechnung des ursprünglichen Wertes dieser Anwartschaften im Sinne von Absatz 2 wird der Zeitpunkt zugrunde gelegt, zu dem das derzeitige Beschäftigungsverhältnis des ausscheidenden Arbeitnehmers endet.

(2) Die Mitgliedstaaten treffen unter Berücksichtigung der Art der Regelung und der Gepflogenheiten des jeweiligen Rentensystems die Maßnahmen, die erforderlich sind, um sicherzustellen, dass die Behandlung der ruhenden Rentenanwartschaften ausscheidender Arbeitnehmer und ihrer Hinterbliebenen oder des Wertes solcher Anwartschaften der Behandlung des Wertes der Ansprüche aktiver Versorgungsanwärter oder der Entwicklung der derzeit ausgezahlten Renten entspricht, oder dass diese Anwartschaften oder ihr Wert in einer anderen Weise behandelt werden, die als gerecht betrachtet wird, wie etwa folgende Maßnahmen:

a) wenn die Rentenanwartschaften im Zusatzrentensystem als nominale Anrechte erworben werden, indem der Nominalwert der ruhenden Rentenanwartschaften gesichert wird,
b) wenn sich der Wert der erworbenen Rentenanwartschaften im Laufe der Zeit ändert, indem eine Anpassung des Wertes der ruhenden Rentenanwartschaften durch die Anwendung folgender Elemente erfolgt:
   i. eine in das Zusatzrentensystem integrierte Verzinsung oder
   ii. eine vom Zusatzrentensystem erzielte Kapitalrendite,
   oder
c) wenn der Wert der erworbenen Rentenanwartschaften beispielsweise entsprechend der Inflationsrate oder des Lohnniveaus angepasst wird, erfolgt eine entsprechende Anpassung des Wertes der ruhenden Rentenanwartschaften nach Maßgabe einer angemessenen Höchstgrenze erfolgt, die im nationalen Recht festgesetzt oder von den Sozialpartnern vereinbart wird.

(3) Die Mitgliedstaaten können den Zusatzrentensystemen die Möglichkeit einräumen, unverfallbare Rentenanwartschaften eines ausscheidenden Arbeitnehmers nicht zu erhalten, sondern diese mit der in Kenntnis der Sachlage erteilten Einwilligung des Arbeitnehmers – auch in Bezug auf die zu erhebenden Gebühren – in Höhe ihres Kapitalwertes an den ausscheidenden Arbeitnehmer auszuzahlen, soweit der Wert der unverfallbaren Rentenanwartschaften einen vom betreffenden Mitgliedstaat festgelegten Schwellenwert nicht überschreitet. Die Mitgliedstaaten teilen der Kommission den angewendeten Schwellenwert mit.

(4) Die Mitgliedstaaten können den Sozialpartnern die Möglichkeit einräumen, abweichende Regelungen in Tarifverträge aufzunehmen, sofern diese Regelungen keinen weniger günstigen Schutz bieten und keine Hemmnisse für die Freizügigkeit der Arbeitnehmer bewirken.

A. Einleitung

Art. 5 **regelt drei Fragen:** (1) Das Recht des Arbeitnehmers, seine Anwartschaft im System zu belassen; (2) die Behandlung/Anpassung der dann ruhenden Anwartschaft und (3) die Abfindung von Bagatellanwartschaften. Nach Abs. 4 kann die Bestimmung zur Durchführung an die Sozialpartner delegiert werden. **1**

B. Recht auf Verbleib im System

Abs. 1 verlangt, dass ein Arbeitnehmer bei Ausscheiden nach dem Ablauf der Unverfallbarkeitsfrist seine Anwartschaft im System belassen kann. Dies ist innerstaatlich auch der **Regelfall** (§ 1b iVm § 3 BetrAVG; 5 II Ziff. 1 öBPG). Dieses Recht war im ursprünglichen Vorschlag (KOM [2005] 507 endg.) noch nicht vorgesehen sondern wurde erst vom Parlament gefordert (Bericht zum Richtlinien-Vorschlag v. 23.7.2007, A6–0080/2007) und von der Kommission (KOM [2007] 603 endg.) geändert übernommen. Fraglich ist, ob das Recht auf Systemverbleib einer **automatischen Anwartschaftsübertragung** (etwa zum neuen Arbeitgeber) entgegensteht (so etwa in Großbritannien), insbesondere wenn diese auch gegen den Willen des Arbeitnehmers stattfindet. Das ist eine Frage des Günstigkeitsvergleichs, Art. 7 I. Nach Erwägungsgrund 20 der Richtlinie gilt die Übertragungsmöglichkeit in ein anders Zusatzrentensystem als gleichwertig mit der Behandlung der ruhenden Rentenanwartschaft. Dies wird freilich auch schon für den Zeitpunkt der Beendigung des Arbeitsverhältnisses anzunehmen sein. Abs. 3 steht dem nicht entgegen. Dieser verlangt zwar das Einverständnis des Arbeitnehmers, dort ist aber die Folge, dass mit der Abfindung auch der Vorsorgezweck aufgehoben wird, was bei einer Übertragung gerade nicht der Fall ist. Abs. 1 gewährt dem Arbeitnehmer kein Recht auf Fortsetzung der Vorsorge mit Eigenbeiträgen, unabhängig davon, ob sich die Anwartschaft aus Arbeitnehmer- und/oder Arbeitgeberbeiträgen zusammensetzt. Zur Frage, ob von Abs. 1 durch Tarifvertrag abgewichen werden kann → Rn. 18. **2**

C. Behandlung der ruhenden Rentenanwartschaft

Belässt ein Arbeitnehmer seine Anwartschaft nach Beendigung des Arbeitsverhältnisses im System, stellt sich die Frage, wie diese Anwartschaft zu behandeln ist. Daraus kann ein Mobilitätshindernis erwachsen, wenn die Behandlung ruhender Anwartschaften ungünstiger ist als die Behandlung von Anwartschaften aktiver Versorgungsanwärter. Die RL 98/49/EG (Art. 4) sieht bloß die Gleichbehandlung ruhender Anwartschaften unabhängig davon vor, ob der Arbeitnehmer nach Beendigung des Arbeitsverhältnisses im Inland verbleibt oder ins Ausland wechselt; materiell verlangt die Richtlinie jedoch keine bestimmte Behandlung. In der Praxis stellen sich **vor allem bei leistungsorientierten Zusagen Probleme** (dazu Commission staff working document, Annex zu KOM [2005] 507 final 9, 21 und 26; *Fornero/Mortensen*, CEPS Task Force Report – Cross-Border Portability of Pensions Rights, 2003, 6 f.). Diese resultieren daraus, dass ruhende Anwartschaften bloß mit dem Nominalwert fortgeschrieben und bei der Leistungsberechnung keine in der Zwischenzeit erfolgten Entgelterhöhungen oder sonstige Anpassungen der aktiven Anwartschaften berücksichtigt werden (so die deutsche Rechtslage: § 2 V BetrAVG; ErfK/*Steinmeyer* BetrAVG § 2 Rn. 44); dadurch werden aktive Versorgungsanwärter vergleichsweise günstiger gestellt als **3** vorzeitig ausgeschiedene Arbeitnehmer. Bei beitragsorientierten Systemen werden ruhende Anwartschaften hingegen regelmäßig gleich behandelt wie aktive Anwartschaften, sie nehmen wie diese teil am Veranlagungsergebnis.

4   Die Vorgaben zur Behandlung ruhender Anwartschaften wurden aufgrund der potentiellen Kostensteigerungen für die Arbeitgeber (dazu aba-Bewertung des Richtlinienvorschlags, BetrAV 2006, 76 [81f]) sehr kontrovers diskutiert. Allerdings gilt die **Anpassung nur für Anwartschaften, die nach der Richtlinienumsetzung erworben werden,** Art. 2 IV (→ Art. 2 Rn. 15), dann aber auch für die Anwartschaft von Hinterbliebenen (soweit der Tod des originären Versorgungsanwärters nicht ohnehin ein Leistungsfall ist). Für Anwartschaften auf Leistungen bei Invalidität greift Art. 5 aber nicht, Art. 2 III.

5   Die Vorgaben zur Behandlung der ruhenden Anwartschaften basieren auf dem Wert, der zum Zeitpunkt des Ausscheidens des Arbeitnehmers aus dem AV ermittelt wird. Fraglich ist daher, ob Abs. 2 auch schon auf die **Berechnung** dieses **„Startwertes"** ausstrahlt. So gilt in Österreich für die Berechnung dieses Startwertes bei Pensionskassenzusagen, dass dieser bloß 95 % des Kapitals betragen muss (§ 5 Ia Ziff. 1 öBPG), womit der Arbeitnehmer automatisch 5 % seines Kapitals allein aufgrund des Ausscheidens verliert (und zwar unabhängig davon, ob er seine Anwartschaft überträgt oder im System belässt). Abs. 2 passt nun für diese Berechnung insofern nicht unmittelbar, als es dort um die Anpassung des Startwertes in Abhängigkeit eines Referenzwerts und nicht um den Startwert selbst geht. Weiter führt Erwägungsgrund 21 der Richtlinie aus, dass sich die Berechnung des Startwertes nach nationalem Recht richtet. Trotzdem wird man den Schutzzweck von Abs. 2 bedenken müssen, weil eine nachteilige Berechnung des Startwertes Abs. 2 unterlaufen könnte.

6   Im ursprünglichen Vorschlag (KOM [2005] 507 endg.) war die Regelung zur Behandlung ruhender Anwartschaften noch sehr kurz und grob: „Die Mitgliedstaaten [erlassen] die Maßnahmen die ihnen notwendig erscheinen um eine faire Anpassung der ruhenden Rentenansprüche sicher zu stellen und damit zu gewährleisten, dass ausscheidende Arbeitnehmer nicht benachteiligt werden." Das Parlament verlangte jedoch eine konkretere Regelung, die die Kommission verändert übernahm (KOM [2007] 603 endg. 7). In der finalen Fassung stellt die Richtlinie verschiedene Möglichkeiten zur Behandlung der ruhenden Anwartschaft zur Wahl. Bei dieser Wahl ist die Eigenart des Rentensystems zu berücksichtigen. Ziel ist es, dass es – relativ gesehen (also jeweils im Hinblick auf ein konkretes System) – zu einer **möglichst geringen Differenz zwischen der Wertentwicklung aktiver und ruhender Anwartschaften** kommt. Da die Richtlinie weder eine Besserbehandlung ruhender Anwartschaften gegenüber aktiven Anwartschaften (Erwägungsgrund 22) noch zwingend eine Dynamisierung aktiver Anwartschaften oder gar der Leistungen fordert, haben die Mitgliedstaaten im Ergebnis einen großen Spielraum.

7   Die Richtlinie nennt (in unübersichtlicher Form) **demonstrativ sechs Möglichkeiten für die Behandlung ruhender Anwartschaften:** (1) Gleichbehandlung mit aktiven Anwartschaften; (2) Gleichbehandlung mit den jeweils aktuell ausbezahlten Leistungen oder (3) eine andere Behandlung, die als „gerecht" (englisch „fair") empfunden wird. Dabei stellt die dritte Variante eine Generalklausel dar, für die dann die Richtlinie demonstrativ folgende drei (Unter-)Beispiele nennt (Abs. 2): (Abs. 2 lit. a) Sicherung des Nominalwertes, wenn die Kalkulation der Anwartschaft ebenfalls auf Nominalwerte abstellt; (Abs. 2 lit. b) Anpassung gemäß der Veranlagungserträge oder einer sonstigen internen Verzinsung (hiermit soll das sog. Punktemodell erfasst sein, *Hügelschäffer* ZTR 2014, 403 [408]) oder (Abs. 2 lit. c) Anpassung an Lohn- oder Inflationsrate, wobei hier eine Deckelung vorgesehen werden kann. Für ein Berechnungsbeispiel siehe *Kolvenbach/Wilhelm* BB 2014, 2426 [2428 ff.].

8   Fraglich ist, ob die Richtlinie eine volle **Gleichbehandlung ruhender mit aktiven Anwartschaften** verlangt. Dies ist mE abzulehnen, weil ansonsten die schlichte Anordnung der Gleichbehandlung genügt hätte. Überhaupt ist eine Anpassung eben nur dann geschuldet, wenn auch die aktiven Anwartschaften nicht nur bloß nominell fortgeschrieben werden. Freilich darf der Abstand der Wertentwicklung zu den Anwartschaften der Aktiven

nicht allzu groß sein, er muss noch als „gerecht" empfunden werden. Insofern besteht kein völlig freies Wahlrecht zwischen den in der Richtlinie genannten Anpassungsmöglichkeiten; diese sind eben im Hinblick auf die Art des Systems, also insbesondere hinsichtlich der Behandlung der aktiven Anwartschaften auszuwählen. Dabei wird man aber wohl berücksichtigen können, dass aktive Arbeitnehmer wegen deren Treue und aktueller Dienstleistung für den Arbeitgeber wichtiger sind (zu diesem Gedanken BRO/*Rolfs* BetrAVG § 2 Rn. 391). Nach Erwägungsgrund 21 der Richtlinie können folgende Faktoren berücksichtigt werden: Besonderheiten des Systems, Interessen der ausgeschiedenen Arbeitnehmer, Interessen der aktiven Arbeitnehmer sowie Interessen der Leistungsberechtigten. So könnte man etwa für aktive Anwartschaften eine Anpassung an die Lohnentwicklung vorsehen, und für die ruhenden Anwartschaften die gleiche Anpassung mit einem bestimmten Abschlag oder bloß eine Anpassung in Höhe der Inflationsrate. Oder man valorisiert die aktiven Anwartschaften mit der Lohnentwicklung, die ruhenden hingegen mit der Lohnentwicklung bis max. 2 %, deckelt also die Valorisierung im Unterschied zu den aktiven Anwartschaften.

D. Abfindung

9 Abs. 3 erlaubt den Mitgliedstaaten, Anwartschaften bei Ausscheiden des Arbeitnehmers abzufinden, wenn diese einen bestimmten Schwellenwert nicht übersteigen und der Arbeitnehmer zustimmt (zu den primärrechtlichen Konfliktfeldern von Abfindungen *Bittner* 142 ff.). Nach dem zeitlichen Anwendungsbereich gilt die Bestimmung nur für jene Anwartschaften, die aus Beschäftigungszeiten stammen, die nach der Richtlinienumsetzung liegen (Art. 2 IV → Rn. 15). Das Zustimmungserfordernis des Arbeitnehmers wurde erst in den Trilogverhandlungen aufgenommen. Zweck der Bestimmung ist die **Verwaltung von Bagatellanwartschaften** zu **verhindern,** die – gemessen am Verwaltungsaufwand im Verhältnis zur Größe der Anwartschaft – nicht effizient verwaltet werden können. Zwar enthält der Richtlinientext selbst keinen Hinweis auf den Bagatellcharakter der Anwartschaft. Ein solcher findet sich in Erwägungsgrund 23 der Richtlinie, der von „Rentenanwartschaften von geringem Wert" spricht. Der **Schwellenwert kann von Mitgliedstaaten** grds. **autonom festgelegt werden,** dabei soll aber die Angemessenheit des künftigen Renteneinkommens berücksichtigt werden. Dabei ist (wie sich insbesondere aus der englischen Sprachfassung ergibt: „adequacy of workers' future retirement income") wohl nicht die Rente aus dem jeweiligen Zusatzrentensystem zu verstehen, sondern das Gesamteinkommen des Arbeitnehmers im Ruhestand. Dies spricht dafür, die Schwelle niedrig anzusetzen, um möglichst viele Anwartschaften für die Leistungsphase (Verrentung) zu erhalten. Freilich streitet das Prinzip der Verwaltungseffizienz in die Gegenrichtung und die Mitgliedstaaten haben hier einen bestimmten Spielraum, bei dem auch die Verwaltungs- und Kostenstruktur der Vorsorgeträger bedacht werden kann und soll.

10 Materiell betrachtet normiert Abs. 3 grds. ein **Abfindungsverbot.** Art. 6 I letzter Satz führt nicht zur Zulässigkeit weitergehender Abfindungsmöglichkeiten. Soweit das System (trotzdem) weitreichende Abfindungsmöglichkeiten vorsieht, ist die Ausnahme des Art. 2 II lit. d zu beachten (→ Art. 2 Rn. 13) bzw. die Frage, ob überhaupt eine „Alters"-Versorgung vorliegt (→ Art. 2 Rn. 6 f.). Dabei kann im Einzelfall fraglich sein, ob das System noch unter die Richtlinie fällt und die Abfindung (daher) unzulässig ist, oder ob das System schon herausfällt und die Abfindung daher unproblematisch ist. Abs. 3 macht keine Vorgaben zur Berechnung oder zur Besteuerung der Abfindung. Anders als bei Berechnung des Startwertes der ruhenden Anwartschaft (→ Rn. 5) erscheinen hier bestimmte Abschläge auch weniger problematisch, insbesondere, wenn diese aus sozialpolitischen Erwägungen erfolgen, um Anreize für den Systemverbleib zu setzen.

11 Abs. 3 gewährt **kein einseitiges Recht auf Abfindung,** weder dem Zusatzrentensystem (Arbeitgeber bzw. Vorsorgeträger), noch dem Arbeitnehmer. Ein solches Recht gewährt die

Richtlinie dem Arbeitnehmer nur hinsichtlich seiner selbstfinanzierten Anwartschaften (Art. 4 I lit. c). Abs. 3 steht aber einem Recht des Arbeitnehmers auf Abfindung auch von arbeitgeberfinanzierten Anwartschaften wohl nicht entgegen, dafür spricht auch Art. 6 I letzter Satz. Abs. 3 erlaubt eine Abfindung nur zum Zeitpunkt des Ausscheidens des Arbeitnehmers (Art. 3 lit. g), danach nicht mehr (außer bei Leistungsanfall, der aber von vornherein nicht an Abs. 3 zu messen ist; die Abgrenzung zwischen Leistungsfall und Abfindung ist aber nicht einfach, weil auch die Abfindung eine Leistung des Systems darstellt). Für diese Ansicht spricht auch Art. 6, der einen Hinweis auf eine professionelle Beratung für die Verwendung der Abfindungssumme nur bei der Auskunft an aktive Versorgungsanwärter verlangt (Art. 6 I), nicht aber bei der Information an ausgeschieden Versorgungsanwärter (Art. 6 II). Allerdings ist hinsichtlich des Abfindungszeitpunkts aus verwaltungstechnischen Gründen (Meldung des Ausscheidens an den Vorsorgeträger, Berechnung des Kapitalwertes, Rücksprache/Beratung mit dem Arbeitnehmer etc.) eine bestimmte Flexibilität zu gewähren, so dass die Abfindung auch eine angemessene Zeit nach dem tatsächlichen Ausscheiden des Arbeitnehmer möglich sein sollte.

12   Fraglich ist, ob Abs. 3 einer **automatischen Anwartschaftsübertragung** entgegensteht (zu dieser im Kontext des Rechts auf Systemverbleib → Rn. 2). Im ursprünglichen Richtlinienvorschlag (KOM [2005] 507 endg.) war vorgesehen, dass das Zusatzrentensystem die Anwartschaft einseitig übertragen darf. Die Entstehungsgeschichte könnte daher gegen ein einseitiges Recht auf Übertragung sprechen. Teleologische Erwägungen sprechen jedoch entscheidend für die Zulässigkeit eines automatischen Transfers ohne Zustimmung des Arbeitnehmers. Dies deshalb, weil der Vorsorgezweck gewahrt bleibt und bei Fortsetzung der Beitragszahlungen die Anwartschaft beim neuen Arbeitgeber über die Bagatellschwelle wachsen kann.

13   Kritsch wird das **Zustimmungserfordernis des Arbeitnehmers** gesehen. In Deutschland und Österreich haben die Zusatzrentensysteme derzeit ein (einseitiges) Abfindungsrecht von Bagatellanwartschaften (§ 3 II BetrAVG; §§ 5 IV, 6c IV öBPG). Den Zusatzrentensystemen ist es nach der Richtlinie nun nicht mehr möglich, den Arbeitnehmer einseitig abzufinden, auch wenn die Anwartschaft sehr gering ist. Damit wird eine effiziente Verwaltung erschwert, zusätzlich kann sich auch das Zustimmungsprocedere selbst als aufwendig erweisen. Beides wird zu Kostensteigerungen beitragen (*Kolvenbach/Wilhelm* BB 2014, 2426 [2429]). Zwar mag eine Abfindung auch für den Arbeitnehmer günstig sein (wenn nämlich der Anwartschaft Kosten angelastet werden, die absolut und nicht relativ definiert sind). Die Erfahrung lehrt jedoch, dass die Günstigkeit einer Handlung noch keine Garantie dafür ist, dass die Handlung auch gesetzt wird. Positiv könnte festgehalten werden, dass der Vorsorgezweck der Anwartschaft nicht gegen den Willen des Arbeitnehmers aufgehoben werden kann und daher mehr Anwartschaften als früher tatsächlich für die Altersvorsorge verwendet werden; freilich steht es dem Arbeitnehmer aber auch nach Abfindung frei, den Betrag in ein anders Zusatzrentensystem einzuzahlen (dazu Art. 6 I letzter Satz).

14   Fraglich ist, wie die Zustimmung des Arbeitnehmers gestaltet sein muss und welcher **Informationsstand beim Arbeitnehmer** erforderlich ist. Die Richtlinie verlangt, dass die Einwilligung des Arbeitnehmers in „Kenntnis der Sachlage" erfolgen muss, wobei dies auch etwaige Gebühren beinhaltet. Die englische Fassung spricht von „informed consent, including as regards applicable charges" Unklar kann zunächst sein, *wann* die Einwilligung des Arbeitnehmers erklärt werden muss. Es wird berichtet, dass die Kommission auch eine ex-ante Zustimmung des Arbeitnehmers bereits bei Begründung des Arbeitsverhältnisses (oder bei späterer Einbeziehung in das System) genügen lässt (*Galinat* BetrAV 2014, 119 [122]). Dies setzt freilich voraus, dass die Abfindungsmodalitäten bereits zu diesem Zeitpunkt bekannt sind, was regelmäßig der Fall sein wird; die Höhe der konkret abzufindenden Anwartschaft ist freilich nicht bekannt, bloß deren max. Höhe.

15   Offen ist, ob der Arbeitnehmer bei seiner Einwilligung auch seine **konkrete Lebenssituation zum Zeitpunkt der Abfindung** berücksichtigen können soll. Dabei könnte man bedenken, wie groß der Zeitraum zwischen der Einwilligung und der Abfindung ist. Ist dieser

Zeitraum entsprechend kurz, kann aber wohl ohnehin davon ausgegangen werden, dass sich die Vorsorgesituation des Arbeitnehmers nicht grundlegend geändert hat. Auch ist dann die Anwartschaft noch sehr gering, weshalb eine Abfindung materiell kaum Auswirkungen hat; dies auch deshalb, weil der Arbeitnehmer nach der Richtlinie weder ein Recht auf Fortsetzung mit Eigenbeiträgen noch ein Übertragungsrecht hat (sehr wohl aber auf eine gerechte Behandlung der ruhenden Anwartschaft, → Rn. 3 ff.). Mit der Frage nach dem Zeitpunkt der Einwilligung hängt die Frage zusammen, wer die Einwilligung geben kann. Diese Frage stellt sich deshalb, weil Zusatzrentensysteme oft durch Betriebsvereinbarung oder Tarifvertrag eingerichtet werden. Dann kann fraglich sein, ob die Zustimmung bereits in der Betriebsvereinbarung oder im Tarifvertrag erfolgen kann. Dafür spricht die in der Richtlinie betonte Autonomie der Sozialpartner (die Betriebspartner sind dort aber nicht erfasst) in Abs. 4, dagegen spricht der Wortlaut von Abs. 3, der die „Einwilligung des Arbeitnehmers" verlangt.

Fraglich kann weiter sein, ob die Einwilligung des Arbeitnehmers auch dergestalt eingeholt werden kann, dass das Zusatzrentensystem die Abfindung durchführt, falls der Arbeitnehmers innerhalb einer bestimmten Frist der Abfindung nicht widerspricht (**Zustimmung durch Schweigen**). Dies könnte die Interessen der Zusatzrentensysteme und der Versorgungsanwärter ausbalancieren. Innerstaatlich sind solche Fälle (Schweigen als Zustimmung) zum Teil gesetzlich vorgesehen, ansonsten rechtsgeschäftlich (mangels gesonderter Vereinbarung) aber grds. nicht anerkannt (Palandt/*Ellenberger* BGB Einf. v. § 116 Rn. 6 ff.). Diese Vorgangsweise erscheint aber etwa dann möglich, wenn das Zustimmungsprocedere (Schweigen als Zustimmung) im Gesetz oder (bei gesetzlicher Zulassung) in der arbeitsrechtlichen Grundlage (Betriebsvereinbarung, Tarifvertrag) des Zusatzrentensystems festgehalten wird. Da die Richtlinie die nationalen Regelungen über Willenserklärungen grds. nicht betrifft, besteht hier mE ein bestimmter Spielraum, soweit bei der Richtlinien-Umsetzung nicht das Äquivalenzgebot (dazu Streinz/*Schroeder* AEUV Art. 288 Rn. 90) verletzt wird. Möchte man trotz dieses Spielraums weiterhin ein genuin einseitiges Abfindungsrecht beibehalten, wäre dies zumindest für rein innerstaatliche Sachverhalte (und damit die facto für die meisten Fälle) zulässig (vgl. dazu Erwägungsgrund 7 der Richtlinie, der die Möglichkeit nennt, dass der Arbeitnehmer eine etwaige Abwanderung in einen anderen Mitgliedstaat aktiv mitteilen muss) 16

Schließlich ist zu fragen, welche Informationen der Arbeitnehmer für eine im Sinne der Richtlinie informierte Einwilligung braucht. Die Richtlinie kennt grds. kein Informations- oder Auskunftsrecht bei Ausscheiden des Arbeitnehmers. Abs. 3 ist auch nicht als Auskunfts- und Informationsrecht formuliert, läuft aber auf eine solches hinaus. Art. 11 V und IV lit. b Pensionsfonds-Richtlinie 2003/41 sieht jedoch auf Anfrage sowie bei Leistungsanfall eine angemessene Information vor; dies gilt grds. auch bei Abfindung. Die Information des Arbeitnehmers sollte jene Aspekte umfassen, die für eine informierte Entscheidung erforderlich sind. Da diese Entscheidung immer im Hinblick auf die Alternative (keine Abfindung) zu treffen ist, benötigt der Arbeitnehmer auch Informationen über die Behandlung der ruhenden Anwartschaft, wie sie nach Art. 6 I lit. c gebührt; ansonsten bestehen das Auskunftsrecht nach Art. 6 II und das Informationsrecht des Abs. 3 aber grds. nebeneinander. Für Abs. 3 können weiter folgende **Informationsinhalte** relevant sein: Schwellenwert, aktueller Wert der Anwartschaft, steuerliche Behandlung und Kostenbelastung bei Abfindung. Die Richtlinie enthält keine ausdrückliche Regelung darüber, wer diese Informationen geben muss; in Frage kommen der Arbeitgeber und das Zusatzrentensystem. Die Information ist dem Arbeitnehmer automatisch zu geben, wenn das Zusatzrentensystem den Arbeitnehmer um Einwilligung zur Abfindung fragt, und nicht erst auf Anfrage des Arbeitnehmers. Nach dem Normzweck ist diese Information wohl auch zu geben, wenn der Arbeitnehmer die Abfindung verlangt. Fraglich ist, ob bei der Information nach Abs. 3 wie bei der Auskunft nach Art. 6 I auf die Beratungsmöglichkeit hinsichtlich der weiteren Kapitalverwendung hinzuweisen ist. Dafür spricht, dass dieser Hinweis im Falle der tatsächlichen Abfindung erst recht relevant ist und die Auskunft nach Art. 6 I den Beratungshinweis unabhängig von der Höhe der Anwartschaft enthalten muss. 17

E. Umsetzung durch die Sozialpartner

18 Zur Umsetzung der Richtlinie durch die Sozialpartner vgl. → Art. 4 Rn. 12 ff. Grundsätzlich ist auch hier nicht anzunehmen, dass Abs. 4 den Sozialpartnern einen über das Günstigkeitsprinzip des Art. 7 I hinausgehenden Spielraum eröffnet. Der Wortlaut hier in Art. 5 ist jedoch insofern anders als in Art. 4 II, weil Abs. 1 deutlicher eine Abweichungsmöglichkeit zum Ausdruck bringt als Art. 4 II (arg.: „vorbehaltlich der Absätze 3 und 4"). Daher könnte man erwägen, den Sozialpartnern hier doch einen etwas größeren Spielraum einzuräumen. Dies auch deshalb, weil Art. 5 deutlich mehr an technischen Details betrifft als Art. 4.

Art. 6 Auskünfte

(1) Die Mitgliedstaaten stellen sicher, dass aktive Versorgungsanwärter auf Verlangen Auskünfte über die Folgen einer Beendigung des Beschäftigungsverhältnisses für ihre Zusatzrentenansprüche erhalten können.

Insbesondere sind zu Folgendem Auskünfte zu erteilen:

a) die Bedingungen für den Erwerb von Zusatzrentenanwartschaften und den Folgen der Anwendung dieser Bedingungen bei Beendigung des Beschäftigungsverhältnisses;
b) den Wert ihrer unverfallbaren Rentenanwartschaften oder einer höchstens 12 Monate vor dem Zeitpunkt ihres Ersuchens durchgeführten Schätzung der unverfallbaren Rentenanwartschaften und
c) die Bedingungen für die künftige Behandlung ruhender Rentenanwartschaften.

Sofern das System die Möglichkeit des frühzeitigen Zugriffs auf unverfallbare Rentenanwartschaften in Form von Kapitalauszahlungen vorsieht, sollten die erteilten Auskünfte auch eine schriftliche Erklärung enthalten, wonach der Anwärter in Betracht ziehen sollte, sich im Hinblick auf die Anlage dieses Kapitals zum Zwecke der Altersversorgung beraten zu lassen.

(2) Die Mitgliedstaaten stellen sicher, dass ausgeschiedene Versorgungsanwärter auf Verlangen Auskünfte über Folgendes erhalten:

a) den Wert ihrer ruhenden Rentenanwartschaften oder eine höchstens 12 Monate vor dem Zeitpunkt ihres Ersuchens durchgeführte Schätzung der ruhenden Rentenanwartschaften und
b) die Bedingungen für die Behandlung ruhender Rentenanwartschaften.

(3) Im Falle von Leistungen der Hinterbliebenenversorgung im Rahmen von Zusatzrentensystemen gilt Absatz 2 auch für begünstigte Hinterbliebene in Bezug auf die Zahlung von Leistungen an Hinterbliebene.

(4) ¹Die Auskünfte sind schriftlich in verständlicher Form und in angemessener Frist zu erteilen. ²Die Mitgliedstaaten können vorsehen, dass solche Auskünfte nicht häufiger als einmal pro Jahr erteilt werden müssen.

(5) Die Verpflichtungen gemäß diesem Artikel gelten unbeschadet und zusätzlich zu der Auskunftspflicht der Einrichtungen der betrieblichen Altersversorgung gemäß Artikel 11 der Richtlinie 2003/41/EG.

A. Einleitung

1 Art. 6 statuiert Auskunftsrechte aktiver sowie ausgeschiedener Versorgungsanwärter. Die Richtlinie verlangt aber keine (automatische) Information bei Ausscheiden des Versorgungsanwärters (so aber Art. 7 RL 98/59/EG). Diese Informationen müssen daher nur **auf**

Verlangen des Versorgungsanwärters gegeben werden, wobei die Mitgliedstaaten die Häufigkeit begrenzen können. Die Richtlinie trifft keine näheren Vorgaben dazu, wie dieses Verlangen erfolgen muss; iRd Äquivalenzprinzips kann daher etwa auch Schriftform verlangt werden (zum Äquivalenzprinzip Streinz/*Schroeder* AEUV Art. 288 Rn. 90). Der Arbeitnehmer muss **keinen Grund für sein Auskunftsverlangen** dartun (vgl. demgegenüber § 4 I BetrAVG: „berechtigtes Interesse"). Zum zeitlichen Anwendungsbereich der Bestimmung → Art. 2 Rn. 15. Die Umsetzung von Art. 6 bedarf einer Ergänzung von § 4a BetrAVG (**aA** Fuchs/*Steinemeyer* Portabilitätsrichtlinie (Entwurf), Rn. 12) bzw. des VAG (zur dortigen Rechtslage BRO/*Rolfs* BetrAVG § 4a Rn. 91 ff.).

Art. 6 regelt neben dem Inhalt auch die Form der Information. Nicht geregelt ist, **wer** 2 **die Auskunft erteilen muss;** in Frage kommen das Zusatzrentensystem und der Arbeitgeber; nach dem ursprünglichen Richtlinienvorschlag (KOM [2005] 507 endg.) war die Information „von der für die Verwaltung des Zusatzrentensystems zuständigen Person" zu erfüllen. Nimmt man den Anwendungsbereich der Richtlinie genau, wäre die Auskunft nur dann zu erteilen, wenn der Arbeitnehmer in einen anderen Mitgliedstaat wechselt oder dies zumindest behauptet.

Nach Abs. 4 treten die Auskunftsrechte des Art. 6 neben die Informationspflichten von 3 Art. 11 **Pensionsfonds-Richtlinie 2003/41/EG.** Dies erscheint angesichts potentieller Überlappungen zu Art. 11 V und IV lit. b RL 2003/41/EG problematisch; eine Verdopplung der Information ist schon wegen der quantitativen Einschränkungsmöglichkeit (Abs. 4: eine Auskunft pro Jahr) zu vermeiden. IÜ ist auch das Verhältnis zu Art. 7 RL 98/49/EG und (für die Lebensversicherung) Art. 185 Solvency II-Richtlinie 2009/138/EG beachtlich.

B. Auskünfte aktiver Versorgungsanwärter

Abs. 1 regelt das Auskunftsrecht aktiver Versorgungsanwärter. Der Arbeitnehmer muss für 4 einen Auskunftsanspruch nach Abs. 1 also bereits die Wartezeit überdauert haben. Aus Abs. 1 lit. b („Wert ihrer unverfallbaren Anwartschaft") kann mE aber (schon wegen Buchst. a) nicht geschlossen werden, dass die Auskunft erst nach Verstreichen der Unverfallbarkeitsfrist zu gewähren wäre. Inhalt der Auskunft sind generalklauselartig die „Folgen einer Beendigung des Beschäftigungsverhältnisses für die Zusatzrentenansprüche". Diese weite **Generalklausel** ist vor dem Hintergrund etwaiger Haftungsrisiken problematisch und lässt nach der hinreichenden Bestimmtheit der Regelung fragen. Der Arbeitnehmer ist aber jedenfalls nicht über alle möglichen Folgen aufzuklären, sondern nur über typische Auswirkungen. Abs. 1 zählt demonstrativ drei Inhalte der Auskunft auf: (Buchst. a) Bedingungen für den Anwartschaftserwerb und deren Auswirkungen; (Buchst. b) Wert der unverfallbaren Anwartschaft und (Buchst. c) die Behandlung der ruhenden Anwartschaft.

Nach **lit. a** ist insbesondere über die Unverfallbarkeitsfrist und das Unverfallbarkeitsalter 5 aufzuklären und dass diese zu einem Anwartschaftsverlust führen können. Hinsichtlich Anwartschaften aus Arbeitnehmerbeiträgen ist über deren sofortige Unverfallbarkeit und Abfindungsmöglichkeit aufzuklären (Art. 4 I lit. c). Der Arbeitnehmer ist (bei entsprechend geringer Anwartschaft) wohl auch über die Abfindungsmöglichkeit nach Art. 5 III zu informieren, dafür spricht Abs. 1 letzter Satz. Fraglich ist, ob auch über etwaige Übertragungsmöglichkeiten aufzuklären ist (Art. 7 RL 98/49/EG sieht dies vor). Nachdem diese Möglichkeit unter Umständen von etlichen Faktoren abhängt, ist dazu in der Auskunft wohl zunächst ein schlichter Hinweis auf eine Übertragungsmöglichkeit als solcher ausreichend, für weitere Details müsste der Arbeitnehmer unter Angabe konkreter Umstände nochmals nachfragen.

Nach **Buchst. b** ist über den Wert der Anwartschaft zu informieren, wobei die Wert- 6 bestimmung nicht länger als 12 Monate zurückliegen darf. Der Wert darf auch geschätzt werden, wobei es hier vor allem um Interpolationen von Werten geht, die nicht ständig ermittelt werden bzw. verfügbar sind. Soweit der „Startwert" der Anwartschaft (→ Art. 5

7   Nach **Buchst. c** ist die vor dem Hintergrund des Art. 5 II gewählte Behandlung der ruhenden Anwartschaft anzugeben. Prognoserechnungen sind aber wohl weder nach Buchst. b noch nach Buchst. c geschuldet.

8   Kann der Arbeitnehmer bei Beendigung die Auszahlung seiner unverfallbaren Anwartschaft verlangen (iRd Art. 5 III, → Art. 5 Rn. 9 ff.), ist er in der Auskunft auch schriftlich darauf hinzuweisen, eine **Beratung zur weiteren Kapitalveranlagung** zu Vorsorgezwecken zu erwägen. Die Bestimmung soll mE zweierlei bezwecken: (1) Der Arbeitnehmer soll dazu angehalten werden, auch weiterhin das Geld zu Vorsorgezwecke zu verwenden; (2) bei dieser Entscheidung soll der Arbeitnehmer professionellen Rat einholen. Die Auskunft muss aber wohl keine bestimmte Berufsgruppen (oder deren Vereinigungen) oder Finanzinstitutionen nennen, die befugterweise eine solche professionelle Beratung vornehmen können und dürfen. Gerade bei Allfinanzkonzernen wird hier die Tendenz bestehen, ohnehin aktiv über „Fortsetzungsangebote" zu informieren. Eine solche Werbung ist aber wohl als solche zu kennzeichnen; die Auskunftsrechte nach Art. 6 dürfen nicht zu Werbezwecken missbraucht werden, sie sollen den Arbeitnehmer objektive Informationen für ihre Entscheidungen liefern.

C. Auskünfte ausgeschiedener Versorgungsanwärter

9   Abs. 2 regelt das Auskunftsrecht ausgeschiedener Versorgungsanwärter, deren Anwartschaft im System ruht. Anders als bei Abs. 1 ist der **Auskunftsinhalt** nach dem Wortlaut **taxativ** umschrieben. Nach lit. a ist der Wert der ruhenden Anwartschaft anzugeben, der auch geschätzt werden darf, allerdings darf die Berechnung nicht länger als 12 Monate zurückliegen. Nach Buchst. b ist über die Behandlung der ruhenden Anwartschaft zu informieren.

10 Neben ausgeschiedenen Versorgungsanwärtern sollen nach Abs. 3 aber auch **Hinterbliebene** auskunftsberechtigt sein, und zwar „in Bezug auf die Zahlung von Leistungen an Hinterbliebene". Die englische Fassung spricht von einer Auskunft „as regards the payment of retirement benefits". Fraglich ist, ob damit tatsächlich gemeint ist, dass Hinterbliebene auch in der Leistungsphase und nicht bloß in der Anwartschaftsphase zu informieren sind. Dafür spricht zunächst der Wortlaut (arg.: „Zahlung von Leistungen" bzw. „payment of retirement benefits") sowie die Erwägung, dass mit dem Tod des originären Versorgungsanwärters für die Hinterbliebenen meist der Leistungsfall eintritt und nicht ein (fortgesetztes) Ruhen der Anwartschaft. Dagegen spricht jedoch, dass die Richtlinie die Leistungsphase generell nicht betrifft und Hinterbliebene damit weitreichender Auskunftsrechte hätten als originäre Versorgungsanwärter. Dies stützt Erwägungsgrund 25, der davon spricht, dass Hinterbliebene „dieselben" Auskunftsrechte wie ausgeschiedene Versorgungsanwärter haben sollten. Vor allem aber sind Abs. 2 lit. a und b für Auskünfte in der Leistungsphase inhaltlich gar nicht relevant. Systematisch ist weiter festzuhalten, dass Abs. 3 schlicht aufgrund von Art. 2 III erforderlich ist; dieser nimmt Hinterbliebenenleistungen nämlich grds. von der Richtlinie aus, verweist jedoch auf Sonderbestimmungen in Art. 5 und 6. Insofern ist relevant, dass Art. 5 keinen Hinweis dazu enthält, dass die Wahrung der Anwartschaft der Hinterbliebenen (auch) die Leistungsphase erfasst. Insgesamt sprechen daher wohl die besseren Argumente dafür, dass sich die Auskunft an die Hinterbliebenen ebenfalls nur auf die Anwartschaftsphase bezieht.

D. Form und Frequenz der Auskunft

Die Auskunft hat in **Schriftform** zu erfolgen. Abs. 4 steht einer elektronisch erteilten 11 Auskunft nicht entgegen (vgl. Art. 43 Vorschlag IORP II (KOM [2014] 167 endg.). Nachdem die Auskunft nach Abs. 1 wesentlich aufwendiger ist als nach Abs. 2, wird dort eine längere Frist zulässig sein. Als Orientierungsgröße für die Länge der Frist können etwa zwei bis vier Wochen gelten. **Verständliche Form** meint eine übersichtliche Darstellung sowie eine klare und einfache Sprache. Die Richtlinie verlangt keine graphischen Darstellungen, verbietet diese aber auch nicht.

Art. 7 Mindestvorschriften und Rückschrittsklausel

(1) In Bezug auf den Erwerb von Zusatzrentenanwartschaften von Arbeitnehmern, auf die Wahrung von Zusatzrentenansprüchen ausscheidender Arbeitnehmer sowie auf das Recht aktiver und ausgeschiedener Versorgungsanwärter auf die Erteilung von Auskünften können die Mitgliedstaaten Bestimmungen erlassen oder beibehalten, die vorteilhafter sind als die in dieser Richtlinie vorgesehenen Bestimmungen.

(2) Die Umsetzung dieser Richtlinie darf in keinem Fall zum Anlass genommen werden, die in den Mitgliedstaaten bestehenden Rechte auf Erwerb und Wahrung von Zusatzrenten oder das Recht von Versorgungsanwärtern oder Leistungsempfängern auf die Erteilung von Auskünften einzuschränken.

Wie auch sonstige Richtlinie zum Arbeitsrecht normiert die Richtlinie bloß **Mindest-** 1 **vorschriften.** Hier gelten dieselben Erwägungen wie zu Art. 153 IV AEUV (dazu *Rebhahn* EuZA 2010, 39; Schwarze/*Rebhahn*/*Reiner* AEUV Art. 153 Rn. 69 ff.). Den Sozialpartnern steht keine über Abs. 1 hinausreichende Regelungsautonomie zu, → Art. 4 Rn. 12 ff. Zwar erwähnt Abs. 1 nur einige Regelungsfelder, es ist aber davon auszugehen, dass das Günstigkeitsprinzip grds. für die gesamte Richtlinie gilt. Die Anwendung der Richtlinie auf rein innerstaatliche Sachverhalte, bereits bestehende Anwartschaften oder Leistungen bei Invalidität ist aber keine Frage des Günstigkeitsprinzips sondern eine des Anwendungsbereichs.

Abs. 2 verbietet den Mitgliedstaaten ihre Vorschriften gegenüber den Arbeitnehmern 2 allein wegen der Umsetzung der Richtlinie zu verschlechtern. „Anlass" ist wohl – wie bei **Verschlechterungsverboten** in anderen Richtlinien – so zu verstehen, dass die Richtlinie nicht der Grund für die Verschlechterung sein darf, dies wird wohl auch schon in der Phase vor der Richtlinienumsetzung gelten. Eine Verschlechterung bei der Richtlinienumsetzung aus einem anderen Grund ist zulässig. In der Auslegung des EuGH soll das Verschlechterungsverbot vorwiegend Transparenz hinsichtlich des Normsetzers (Verantwortlichen) bringen (dazu Schwarze/*Rebhahn*/*Reiner* AEUV Art. 153 Rn. 86). Soweit die Umsetzung für die Sozialpartner erfolgt, gilt das Verschlechterungsverbot mE auch dort.

Art. 8 Umsetzung

(1) ¹Die Mitgliedstaaten erlassen bis zum 21. Mai 2018 die erforderlichen Rechts- und Verwaltungsvorschriften, um dieser Richtlinie nachzukommen, oder sie sorgen dafür, dass die Sozialpartner die notwendigen Bestimmungen bis zu diesem Zeitpunkt durch Vereinbarung einführen. ²Die Mitgliedstaaten treffen die erforderlichen Maßnahmen, um gewährleisten, dass die durch diese Richtlinie vorgeschriebenen Ergebnisse erzielt werden. ³Sie setzen die Kommission unverzüglich davon in Kenntnis.

(2) ¹Wenn die Mitgliedstaaten Vorschriften nach Absatz 1 erlassen, nehmen sie in den Vorschriften selbst oder durch einen Hinweis bei der amtlichen Veröffentlichung

auf diese Richtlinie Bezug. ²Die Mitgliedstaaten regeln die Einzelheiten der Bezugnahme.

1   Die Umsetzung der Richtlinie in nationales Recht hat bis **21.5.2018** zu erfolgen (Art. 8 I); zur Geltung der Richtlinie nur für Anwartschaften, die danach erworben werden → Art. 2 Rn. 15; zur Vorwirkung der Richtlinie GHN/*Nettesheim* AEUV Art. 288 Rn. 118. Die allg. (primärrechtlichen) Anforderungen an die Richtlinienumsetzung ergeben sich aus Art. 4 III EUV und Art. 288 III AEUV. Anders als sonstige arbeitsrechtliche Richtlinien (vgl. zB Art. 10 Leiharbeits-Richtlinie 2008/104/EG) enthält die Richtlinie keine eigenen Bestimmungen zu Sanktionen, es gelten die allg. Vorgaben. Zur Erforderlichkeit zwecks Umsetzung Rechtsvorschriften zu erlassen → Art. 3 Rn. 4. Zur Umsetzung der Richtlinie durch die Sozialpartner → Art. 4 Rn. 12 ff., die Letztverantwortung für die Umsetzung bleibt aber bei den Mitgliedstaaten (siehe auch Art. 153 III AEUV).

2   Die Richtlinie trifft keine Vorgaben zum **nationalen Rentenmix** und dem Zusammenspiel der drei Pensionssäulen, insbesondere verpflichtet sie nicht, Betriebsrenten „einzuführen" (Erwägungsgrund 9 der Richtlinie). Die Richtlinie führt aber dazu, dass Betriebsrenten „zuzulassen" sind. Dementsprechend ist die Richtlinie auch dann umzusetzen, wenn bisher keine betriebliche Altersversorgung im Mitgliedstaat existiert (EuGH 14.1.2010 – C-343/08 – KOM/Tschechien; Schwarze/*Biervert* AEUV Art. 288 Rn. 24).

3   Anders als zum **Aufsichtsrecht der betrieblichen Altersversorgung** verlangt die Richtlinie grds. keine behördliche Beaufsichtigung der arbeitsrechtlichen Aspekte (bei grenzüberschreitenden Zusagen ist aber von der Tätigkeitslandbehörde auch die Einhaltung des Arbeitsrechts- und Sozialrechts zu beaufsichtigen, Art. 20 IX Pensionsfonds-Richtlinie 2003/41/EG); zur Abgrenzung von Arbeits- und Aufsichtsrecht *Stevens,* The Meaning of „National Social and Labour Legislation" in Directive 2003/41/EC on the Activities and Supervision of Institutions for Occupational Retirement Provision (2003).

Art. 9 Berichterstattung

(1) **Die Mitgliedstaaten übermitteln der Kommission bis zum 21. Mai 2019 sämtliche verfügbaren Informationen über die Anwendung dieser Richtlinie.**

(2) **Bis zum 21. Mai 2020 erstellt die Kommission einen Bericht über die Anwendung dieser Richtlinie, den sie dem Europäischen Parlament, dem Rat und dem Europäischen Wirtschafts- und Sozialausschuss vorlegt.**

1   Die Informationen nach Abs. 1 sind der Kommission von den Mitgliedstaaten spätestens am 21.5.2019 zu übermitteln. Der **Bericht** hat neben den geschaffenen Rechtsgrundlagen auch auf den Vollzug einzugehen und auf Anwendungsprobleme hinzuweisen. Ein Jahr danach (21.5.2020) hat die Kommission einen Bericht zur Anwendung der Richtlinie vorzulegen. Allerdings müssen die Mitgliedstaaten die Kommission auch bereits bei und von der Umsetzung informieren, Art. 8 I.

Art. 10 Inkrafttreten

Diese Richtlinie tritt am zwanzigsten Tag nach ihrer Veröffentlichung im *Amtsblatt der Europäischen Union* **in Kraft.**

1   Die Richtlinie wurde am 30.4.2014 im Amtsblatt veröffentlicht (ABl. L 128 vom 30.4.2014, 1–7) und ist daher am 21.5.2014 in Kraft getreten. Die Umsetzung der Richtlinie in nationales Recht hat bis 21.5.2018 zu erfolgen (Art. 8 I).

Art. 11 Adressaten

Diese Richtlinie ist an die Mitgliedstaaten gerichtet.

Adressat der Richtlinie sind die Mitgliedstaaten, Art. 288 III AEUV. Materiell betrachtet zielt die Richtlinie freilich auf die Rechtsbeziehung zwischen Privaten ab (→ Art. 1 Rn. 11). Eine wirksame Umsetzung verlangt, dass sich der Versorgungsanwärter grds. auch gegenüber einem externen Vorsorgeträger auf die Rechte aus der Richtlinie berufen kann (vgl. zum Diskriminierungsrecht EuGH 9.10.2001 – C-379/99 – *Menauer*). Zu den Voraussetzungen unmittelbarer Anwendbarkeit der Richtlinie gegenüber dem Staat bei Nichtumsetzung nach Ablauf der Umsetzungsfrist OCN/*Nettesheim* 125 ff. Insbesondere Art. 4 I, Art. 5 I, III sowie Art. 6 sind **für eine unmittelbare Anwendung hinreichend konkret,** Art. 5 II mE hingegen nicht. Im Horizontalverhältnis (privater Arbeitgeber, Versorgungsanwärter, privater Vorsorgeträger) ist das nationale Recht richtlinienkonform zu interpretieren (Schwarze/*Hatje* EUV Art. 4 Rn. 48 ff.). **1**

Sachverzeichnis

Die fett gedruckten Zahlen bezeichnen die Kennziffern, die mageren Zahlen bezeichnen die Artikel, die kursiven Zahlen bezeichnen die Randnummern.
Die Buchstaben ä, ö und ü sind wie a, o und u in das Alphabet eingeordnet.

Abfertigungsanspruch, Arbeitnehmerfreizügigkeit 20 45 *69*
Abfertigungszahlung, 660 2 *7, 9, 13*
Abfindung, Arbeitsentgelt 520 3 *20, 26;* 610 22, Arbeitsplatzverlust 610 3 *23f.*, Entgeltgleichheit 20 157 *19*, Entlassungsabfindung 520 6 *18, 35*, Insolvenzgeldschutz 610 3 *7, 22ff., 26*, Sozialplanabfindung 520 6 *36ff.*, Unionskompetenz 20 153 *28*
Abhörmaßnahmen, staatliche, Privatleben, Schutz 40 8 *24, 37*, Rechtfertigung 40 8 *31*
Absageschreiben, Diskriminierung, mittelbare 520 2 *58*
Abstammung, Diskriminierungsverbot 30 21 *39, 76*
Abtretungsverbot, Anknüpfung 240 9 *28*
Abwehraussperrung, 50 6 *40*
Abwehrrechte, Diskriminierungsverbote 30 21 *2, 14, 16*, 51 *45*, Eingriff 40 1 *37, 46*, Grundrechte, soziale 30 27 *7f.*, Grundrechtsfunktion 30 51 *41ff.*, Rechtfertigung 40 1 *46*, Schutzbereich 30 52 *29f.;* 40 1 *45*, Unterlassungspflicht 30 51 *41, 43, 46*
acquis communautaire, 20 288 *16*, Urlaub 30 31 *15*
acte clair, Vorabentscheidungsverfahren 20 267 *92*, Vorlage, Entbehrlichkeit 20 267 *48ff., 59f.*, Willkürprüfung, negative 20 267 *49, 61, 63*
acte éclairé, Vorabentscheidungsverfahren 20 267 *92*, Vorlage, Entbehrlichkeit 20 267 *43ff., 59f.*
Ad-hoc-Koalition, 40 11 *14f.*, Koalitionsfreiheit 50 6 *29*, Streikrecht 50 6 *53*
Adipositas, Behinderungsbegriff 520 1 *42*
Adoption, Elternurlaub 640 Anh. § 2 *1f.*, Anh. § 4 *1ff.*
Adoptionsurlaub, 600 2 *43*, 16 *1f.*
Adoptivmutter, Mutterschutzrichtlinie 440 2 *11f.*
affirmative action, *s. Diskriminierung, positive*
Akkordarbeit, Jugendarbeitsschutz 450 7 *1, 4*
Akkordlohn, Entgeltgleichheit 20 157 *28*
AKP-Staaten, Arbeitsbedingungen, Gleichbehandlung 20 45 *31*
Aktiengesellschaft, Verschmelzung, grenzüberschreitende 590 1 *6*
Aktionen, gewerkschaftliche, Koalitionsfreiheit 40 11 *12*, Versammlungsfreiheit 40 11 *8, 48*

Aktionstag, Vereinigungsfreiheit 30 12 *26;* 40 11 *8*
Aktivitäten, politische, Privatsphäre, Schutz der 40 8 *9*
Alkoholtest, Kontrolle 40 8 *3*
Alleingesellschafter, Abhängigkeit, persönliche 20 45 *13*
Allgemeine Bundesbergverordnung, 410 17, 25, 95, 133, 173, 178, Gesundheitsschutzkennzeichnung 410 *168*, Schutzausrüstung, persönliche 410 *138*, Sicherheitskennzeichnung 410 *168*
Allgemeine Erklärung der Menschenrechte, Rechtsnatur 580 1 *31*
Allgemeine Produktsicherheitsrichtlinie, 410 *130*
Allgemeines Gleichbehandlungsgesetz, Entschädigungsanspruch 520 9 *9;* 600 18 *4f.*, Erwerbstätigkeit, selbständige 650 16 *1*, Informationspflichten 520 12 *2*, Sozialschutz 650 16 *1*, Stellen zur Förderung der Gleichbehandlung 600 20 *2*, Verantwortung, soziale 520 13 *3*
Allgemeinverbindlichkeit, Tarifvertrag 430 9 *1*
Alter, Behinderung 520 1 *41*, Benachteiligung, mittelbare 520 6 *3*, Benachteiligung, unmittelbare 520 6 *3*, Berufserfahrung 520 1 *53*, 6 *3, 5*, Betriebstreue 520 6 *3*, biologisches 520 1 *52*, Dienstalter 520 1 *53*, Diskriminierung, positive 520 7 *9*, Diskriminierungsverbot, *s. Altersdiskriminierungsverbot*, Eignung, körperliche 520 4 *9*, Fürsorgepflicht des Arbeitgebers 520 6 *3*, Grundrecht auf Nichtdiskriminierung 520 1 *49f.*, Kündigungsschutz 520 6 *49*, Lebensalter 520 1 *46*, Leistungsfähigkeit 520 1 *53*, 4 *8f.*, Mindesteinkommen 250 7 *19*, Rentenleistungen 20 48 *56, 61*, Sachzusammenhang 520 1 *5, 53*, 6 *1*, Sozialrecht, koordinierendes 20 48 *7, 18, 56ff.*, Typisierungen 520 1 *52*, 6 *1*, Ungleichbehandlung 30 21 *54;* 520 1 *55*, 6 *1f., 6ff.*
Ältere Personen, Befristungserleichterung 520 2 *17*, Eingliederung, berufliche 520 1 *48*, Grundrechtecharta 30 21 *13*, 27 *9*, Kollektivverhandlungen 50 6 *15*, Teilhaberechte 30 21 *79*, Unionskompetenz 20 153 *37f.*
Altersabstandsklauseln, Hinterbliebenenversorgung 520 6 *85*
Altersbefristung, 500 Anh. § 2 *22*, Anh. § 5 *19;* 520 6 *44ff.*, berufsspezifische 520 6 *22*

2039

Sachverzeichnis

fette Zahlen = Kennziffer

Altersdiskriminierung, Anpassung nach oben 520 6 *64,* Arbeitsmarkt 520 6 *2, 8, 10,* Berufsanfänger 520 2 *56,* Berufserfahrung 520 6 *55 ff., 57,* Beschäftigungsbedingungen 520 6 *55,* Beschäftigungspolitik 520 6 *2, 8, 10, 26,* Besitzstandswahrung 520 6 *63,* Betriebszugehörigkeit 520 6 *49,* Bildung, berufliche 520 6 *2, 8,* Dienstalter 520 6 *55, 58 f.,* Diskriminierung, mittelbare 520 2 *56,* Eingliederung, berufliche 520 6 *42 f.,* Haushaltserwägungen 520 6 *9,* Jugendliche 450 1 *2,* Kündigungsfristen 520 1 *56,* Lebensalter 520 6 *56 f., 62,* Lebenserfahrung 520 6 *57,* positive 520 6 *7,* Rechtfertigung 520 1 *5,* 6 *6 ff.,* Rechtswidrigkeit 520 6 *1,* Richtlinienumsetzungsfrist 520 18 *1,* Sozialplanabfindung 520 1 *46,* Urlaubsanspruch 580 7 *24,* Verhältnismäßigkeitsgrundsatz 520 6 *13 ff., 41,* Vertrauensschutz 520 16 *12,* Ziele, legitime 520 6 *2,* 7 *ff., 25, 55,* Zuständigkeit, gerichtliche 520 6 *20*

Altersdiskriminierungsverbot, 30 21 *5, 13, 18, 25, 38, 51,* 79 f., 28 *99 f.,* 31 *22;* 510 19 *1;* 520 1 *4, 49 ff.,* 2 *30,* Abwehrrecht 30 21 *79,* Arbeitsverhältnisse, befristete 520 1 *48,* Drittwirkung, unmittelbare 520 6 *45,* Entgeltabstufung 30 28 *100,* Grundsatz, allgemeiner 520 1 *48,* 6 *4,* Höchstaltersgrenzen 520 2 *70 f.,* Interessenabwägung 520 1 *54,* Rechtfertigung 30 21 *93,* Rechtsgrundsatz, allgemeiner 30 21 *44 f., 120,* Sekundärrecht 520 1 *47,* Sozialpolitik 520 1 *55 f.,* Wirkung, unmittelbare 470 4 *4*

Altersgrenzen, 20 151 *28;* 30 21 *92,* allgemeine 520 1 *55,* 3 *3,* 6 *5, 19, 21 ff.,* Altersversorgung, betriebliche 600 9 *7,* 12 *1,* Arbeitsbedingung 520 3 *3,* Befristung 500 Anh. § 2 *22,* Anh. § 5 *19,* Berufsfreiheit 30 15 *25,* berufsspezifische 520 6 *27 f.,* Beschäftigungsbedingung 520 3 *3,* Beschäftigungsverteilung 520 6 *23, 25,* Entlassungsbedingung 520 3 *20,* Höchstaltersgrenzen 520 2 *29, 70,* 3 *3,* 4 *13,* 6 *21, 23, 30, 67 ff.,* Mindestaltersgrenzen 520 6 *78 f.,* Personengruppen 520 6 *5,* Untergrenze 520 6 *59 ff.,* Vorabentscheidungsverfahren 20 267 *46*

Altersgrenzenvereinbarung, 520 6 *25*

Altersrente, 600 2 *30,* Altersgrenzen 520 6 *70, 71,* Arbeitsentgelt 520 3 *26,* vorgezogene 530 3 *72*

Altersteilzeit, Diskriminierung, mittelbare 20 45 *59*

Altersversorgung, betriebliche, 30 31 *10;* 480 1 *5;* 610 8 *2, s. auch Betriebsrenten; Systeme der sozialen Sicherheit, betriebliche,* Altersabstandsklauseln 520 6 *85,* Altersgrenzen 520 6 *70 ff.;* 600 9 *7,* 12 *1,* Alterskriterien 520 6 *70 ff.,* Anlageformen 560 1 *11,* Anlageportfolio 560 1 *11,* Anlagepolitik 560 1 *9 f.,* Anlagerisiko 560 1 *9, 11;* 610 8 *2,* Anwartschaften, ruhende 480 4 *1;* 660 1 *18,* 3 *10,* 5 *1,* 3 *ff.,* Anwartschaften, Unverfallbarkeit 520 6 *78,* Anwartschaftsphase 660 1 *1,* Anwartschaftsübertragungen 560 1 *11;* 660 1 *9,* 5 *12,* Anwartschaftsverlust 20 45 *69;* 660 1 *14 f.,* Äquivalenzgrundsatz 600 12 *9,* Arbeit, gleiche/gleichwertige 600 2 *33,* Arbeitnehmerfreizügigkeit 20 45 *69;* 480 1 *1 f.;* 660 *4 ff.,* Arbeitsplatzwechsel 660 1 *15 f.,* Arbeitsverhältnis, Beendigung 660 1 *4, 14 f.,* Aufsicht, behördliche 560 1 *14, 16,* Aufsichtsrecht 660 8 *3,* Auskunftspflichten 660 1 *18,* Ausscheiden aus einem System 600 9 *5;* 660 1 *14,* Ausschlussfristen 600 12 *9,* Bagatellanwartschaften 660 1 *18,* 5 *1, 9 ff.,* Barber-Protokoll 600 12 *1, 7,* Barber-Rechtsprechung 600 12 *3 ff.,* Beitragserstattung 600 9 *5,* Beitragshöhe 600 9 *10,* Beitragszusage 600 5 *7,* Beitrittsalter 600 9 *4,* Berechnung, ratierliche 520 6 *81 f.,* Berechnungsfaktoren 600 9 *9,* Beschäftigungsdauer 600 9 *4,* Beschäftigungsverhältnis 660 2 *8,* Beweislast 600 19 *2,* Binnenmarkt 560 22 *2;* 660 1 *2,* Chancengleichheit 560 1 *7,* Darlegungslast 600 19 *2,* Dienstleistungsfreiheit 560 1 *3,* Direktversicherung 560 2 *3, 6;* 600 6 *6,* Diskriminierung, mittelbare 600 2 *12,* Diskriminierungsverbot 520 3 *11;* 600 2 *3, 6,* 4 *3,* 5 *1 ff.,* 6 *3,* Diskriminierungsverbot, Rückwirkung 600 12 *1 ff.,* Doppeleinbeziehung 660 1 *2,* Drittstaatsbezug 660 1 *12,* Durchführungswege 560 1 *16,* 20 *3;* 660 1 *1,* 2 *4,* Effektivitätsgrundsatz 600 12 *9,* Einrichtungen der betrieblichen Altersversorgung, *s. dort,* Entgeltbegriff 520 3 *28, 33;* 600 2 *29 ff.,* 5 *5,* Entgeltgleichheitssatz 600 5 *4 f.,* Entsendung 480 1 *3,* Erwerbsbevölkerung 600 1 *9,* 6 *1, 3,* Festbeitragssysteme 600 9 *9,* Festleistungssysteme 600 9 *9,* Freizügigkeitshemmnisse 660 1 *1,* Funktionsweise 560 1 *9 f.,* Geburt 600 2 *12,* Geschlechtsdiskriminierungsverbot 600 9 *1, 3,* Gleichbehandlung von Männern und Frauen 560 1 *7;* 600 2 *12,* Grünbuch 560 1 *3 f.;* 660 *8,* Höchstaltersgrenze 520 6 *70 ff., 75 ff.,* Höchstgrenze 610 8 *6,* Horizontalwirkung 660 1 *11,* Informationspflichten 560 1 *10 ff.,* Insolvenzgeldrichtlinie 610 1 *3,* 3 *15,* Insolvenzschutz 610 8 *1 ff., 6,* Jahresabschluss 560 1 *9 f.,* Kapitaldeckungsverfahren 560 2 *1;* 660 *4,* Kindererziehung 600 2 *12,* Kosten 660 1 *17,* Lagebericht 560 1 *9 f.,* Lebenserwartung 600 5 *7,* Leistungsbeschränkung 600 9 *6,* Leistungsempfänger 600 1 *13,* Leistungsgewährung 600 9 *6,* Leistungszusage 600 5 *7,* Mindestaltersgrenzen 520 6 *78 f.,* Mitarbeiterbindung 660 1 *14,* Mitgliedschaft, freiwillige 600 9 *3,* Mitgliedschaft, obligatorische 600 9 *3,* Mitgliedstaaten, Beitrittszeitpunkt 600 12 *2,* öffentlicher Dienst 600 5 *10,* Pensions-Tracking-Services 660 1 *9,* Policy 660 1 *14 f.,* Primärrecht 660 1 *11,* Recht, anwendbares 240 9 *56,* Rechtsschutz 560 1 *14,* Rechtsverfolgung 600 12 *9,* Rentenmix, nationaler 660 1 *1, 14,* 8 *2,* Rentenstämme 600 12 *1,* Risikomanagement 560 1 *9,* Rückstellungen 560 1 *9,*

magere Zahlen = Artikel; kursive Zahlen = Randnummern **Sachverzeichnis**

15, Sachverhalte, grenzüberschreitende **660** *1 1,* Selbständige **600** *1 19,* Solvabilität **560** *1 5,* Sozialrechtskoordinierung **20** 48 *24;* **660** *1 5,* 2 *2f.,* Spätehenklauseln **520** *6 83f.,* Steuerrecht **660** *1 17f.,* Stichtagsregelungen **520** *6 77,* Systeme, beitragsbezogene **520** *6 76,* Systeme, leistungsbezogene **520** *6 76, 81;* **600** *9 9,* Teilzeitbeschäftigung, Ausschluss **600** *5 5,* Test-Achats-Rechtsprechung **600** *9 9,* Trägerunternehmen **560** *2 1,* Treuhänder **600** *6 6,* Umlageverfahren **560** *2 4;* **660** *4,* Umsetzungsgebot **520** *2 1,* Unverfallbarkeitsalter **660** *1 1, 18, 4 11,* Unverfallbarkeitsfristen **20** 45 *35;* **660** *1 1f., 4, 12, 14, 17f., 3 6, 4 1, 3ff.,* Vergünstigungen, sonstige **600** *2 28,* Verjährungsfristen **600** *12 9,* Vermögensverwahrung **560** *2 5,* Vermögensverwahrung durch Dritte **560** *1 15,* Vermögensverwaltung **560** *2 5,* Vermögensverwaltung durch Dritte **560** *1 15,* Versorgungsanwärter **560** *1 10f., 13,* Versorgungsfall **520** *6 77, 80f.,* Versorgungsleistungen, Höhe **560** *1 11,* Versorgungszusage, degressive **520** *6 82,* Verwaltung **600** *9 2,* Vorschaltefrist **660** *1 1, 3 4,* Vorschaltezeiten **660** *4 2,* Vorsichtsprinzip **560** *1 15,* Wartezeit **520** *6 75;* **660** *3 4f., 4 1f.,* Weißbuch **560** *1 4;* **660** *8,* Zugehörigkeit zu einem System **600** *9 4,* Zulassung zu einem System **520** *3 28;* **600** *9 3,* Zusage, mittelbare **660** *2 4,* Zusage, unmittelbare **660** *2 4,* Zusatzrenten-Gleichstellungsrichtlinie, *s. dort,* Zusatzrenten-Richtlinie **660** *1 1ff.*
Altersversorgungsleistungen, **560** *2 1*
Altersvorsorge, Unionskompetenz **20** 153 *44*
Ambulanzdienst, Arbeitszeitrecht **580** *1 34*
Amme, Geschlechtsdiskriminierung **600** *14 8*
Amtssprachen, Gleichberechtigungsgrundsatz **20** 288 *6*
Anbahnungsphase, Arbeitsverhältnis **230** *1 1*
Anbahnungsverhältnis, Anknüpfung **230** *12 1,* Diskriminierungsschutz **230** *12 1*
Ancienität, *s. Dienstalter*
Ancienitätsprämien, Befristung **500** Anh. § 4 *23*
Änderungskündigung, Entlassungsschutz **30** 30 *9,* Massenentlassungsrichtlinie **490** *1 26*
Anforderungen, berufliche, Angemessenheit **520** *4 11f., 14,* Belastbarkeit, körperliche **520** *4 8,* entscheidende **520** *4 4, 6f.,* Geschlechtsdiskriminierung **600** *14 5ff., 31 2,* Gleichbehandlungsrahmenrichtlinie **520** *4 1ff.,* Interessen, öffentliche **600** *14 8,* Leistungsfähigkeit **600** *1 17,* Ordnung, öffentliche **520** *4 5,* Sicherheit, öffentliche **520** *4 5,* Unternehmerfreiheit **520** *4 2, 5,* Wesentlichkeit **520** *4 4, 6f.,* Willkürkontrolle **520** *4 2,* Zweck, rechtmäßiger **520** *4 4f.*
Anforderungsprofil, Unternehmerfreiheit **520** *4 2*
Angriffsaussperrung, **50** *6 40*
Anhörung der Arbeitnehmer, **550** *1 1, 3, 9, s. auch Arbeitnehmerbeteiligung,* Änderungsvorschlag **550** *1 5,* Anlass **550** *4 8,* Arbeitgeberbegriff **550** *2 2,* Arbeitnehmerbegriff **550** *2 2,* Arbeitnehmerschutz **550** *1 8,* Arbeitnehmervertreter **30** 27 *22;* **550** *2 2, 18ff.,* Arbeitsorganisation, Änderung **550** *4 2, 11, 28f.,* Arbeitsverträge, Änderung **550** *4 2, 11, 13, 28, 30f.,* Art und Weise **550** *4 20,* Ausgestaltung **550** *4 20,* Beeinträchtigung **30** 27 *30f.,* Begriff **30** 27 *25;* **550** *2 2, 23f.,* Beschäftigungsentwicklung **550** *4 2, 7, 9, 26,* Beschäftigungssituation **550** *4 2, 7, 9, 26,* Beschäftigungsstruktur **550** *4 7, 9, 26,* Betrieb **550** *2 2,* Betriebsübergang **550** *4 11, 14,* Durchführung **550** *4 19ff.,* Ebene, geeignete **30** 27 *29,* einstweiliger Rechtsschutz **550** *8 12,* Gestaltungsspielraum **30** 27 *31,* Grundsatz **30** 27 *10ff., 30f., 28 14,* Hierarchieebene **550** *4 19, 21,* Informationsbasis **550** *4 21,* Konsultation **520** *2 23f.,* Leistungsantrag **550** *8 12,* Massenentlassung **550** *4 11, 14,* Mindestharmonisierung **550** *2 2,* Prävention **550** *4 20,* Rahmen, allgemeiner **550** *1 7,* Rechtfertigung **30** 27 *32,* Rechtzeitigkeit **30** 27 *26,* Schutzbereich, persönlicher **30** 27 *16ff.,* Schutzbereich, sachlicher **30** 27 *23ff.,* Stellungnahme der Arbeitnehmervertretung **550** *4 21,* Unionskompetenz **20** 153 *3, 14,* Unternehmen **30** 27 *27;* **550** *2 3ff.,* Unternehmensgruppen **30** 27 *28;* **550** *2 5,* Vereinbarung als Ziel der Anhörung **550** *4 2, 12, 22,* Verhandlungsbereitschaft **550** *4 20f.,* Verschmelzung, grenzüberschreitende **590** 16 *1f.,* Zeitpunkt **550** *4 20*
Anhörung von Arbeitnehmervertretungen, Unionskompetenz **20** 153 *28*
Anhörung der Sozialpartner, **20** 154 *7ff.;* **30** 28 *32,* Anhörungsbegriff **20** 154 *9,* Anhörungspflicht **20** 154 *8ff.,* Klagerechte **20** 154 *13,* Nichtigkeitsklage **20** 154 *14,* Sozialpolitik **20** 154 *7,* Stufe 1 **20** 154 *8ff.,* Stufe 2 **20** 154 *11ff.,* Verfahren **20** 154 *7ff.,* Verfahrensfehler **20** 154 *12,* Zeitpunkt **20** 154 *10*
Anhörungsrahmenrichtlinie, Unionskompetenz **20** 153 *30*
Annahmeverzug, Arbeitsverhältnisstatut **240** *9 37*
Anschauungen, politische, Diskriminierungsverbot **30** 21 *5, 34, 37, 39, 51, 71;* **520** *1 24, 27,* Weltanschauung **520** *1 27*
Anschauungen, religiöse, Diskriminierungsverbot **30** 21 *39*
Anschauungen, sonstige, Diskriminierungsverbot **30** 21 *5, 37, 51, 71;* **520** *1 24*
Anscheinsbeweis, Arbeitsbedingungen **430** *6 4*
Anstellungsgesellschaft, Arbeitnehmerzuordnung **530** *1 64*
Antidiskriminierungsmaßnahmen, Unternehmerfreiheit **30** 16 *33*
Antidiskriminierungsrichtlinien, **30** 21 *8,* Alterssicherung, betriebliche **30** 28 *95,* Arbeitsbedingungen **30** 28 *95,* Beweislast **510** *8 1,*

Sachverzeichnis

fette Zahlen = Kennziffer

Darlegungslast **510** 8 *1*, Kompetenzgrundlage **20** 153 *74*, Kündigungsschutz **30** 30 *25*, Patchwork-Tatbestände **520** 1 *3*, Verhaltensweisen, unzulässige **30** 21 *83ff.*

Antidiskriminierungsstelle des Bundes, 510 13 *2*; **520** 12 *2*, Beirat **520** 13 *3*

Antidiskriminierungsvereinbarungen, 520 13 *4*

Antirassismusrichtlinie, 510 1 *1ff.*, Adressaten **510** 19 *1*, Anforderungen, berufliche **510** 4 *1ff.*, Anwendungsbereich, persönlicher **510** 3 *1*, Anwendungsbereich, sachlicher **510** 3 *1, 3*, Berichtspflicht **510** 17 *1*, Beruf **510** 2 *3*, Beschäftigung **510** 2 *3*, Beweislast **510** 8 *1f., 6ff.*, Darlegungslast **510** 8 *1*, Einhaltung, Sicherstellung **510** 14 *1*, Ermächtigungsgrundlage **520** 1 *2*, Inkrafttreten **510** 18 *1*, Mindestanforderungen **510** 6 *1*, Mitteilungspflicht **510** 15 *4*, Mitwirkungspflichten der Mitgliedstaaten **510** 17 *1*, Nichtigerklärung unvereinbarer Regelungen **510** 14 *2*, Nichtregierungsorganisationen, Dialog mit **510** 12 *1*, Rechtsschutz, effektiver gerichtlicher **510** 7 *1*, 8 *2*, 15 *1*, Rechtsverfolgungsfristen **510** 7 *3*, Sanktionen, öffentliche **510** 15 *1f.*, Sanktionen, private **510** 15 *1f.*, sozialer Dialog **510** 11 *1*, Sozialschutz **510** 3 *4*, Stellen, zuständige **510** 13 *1f.*, Strafverfahren **510** 8 *7*, Umsetzung **510** 16 *1*, Unterrichtung **510** 10 *1*, Verbandsklagebefugnis **510** 7 *2*, Verbandsklageverfahren **510** 8 *8*, 15 *3*, Vergünstigungen, soziale **510** 3 *4*, Verschlechterungsverbot **510** 6 *1*, Viktimisierung **510** 9 *1*

Antisemitismus, Meinungsäußerungsfreiheit **40** 10 *6*

Anwaltskammer, Diskriminierungsschutz **520** 3 *30*

Anwaltstätigkeit, Privatleben, Schutz **40** 8 *25*

Anweisung zur Diskriminierung, 520 2 *9, 65ff.*; **600** 2, Anweisungsbefugnis **520** 2 *67*, Beweislast **510** 8 *5*, Geschlecht **600** 2 *35*, Herkunft, ethnische **510** 2 *1*, Rasse **510** 2 *1*, Vorfeldschutz **520** 2 *9, 66*, Zurechnung **520** 2 *65*

Apotheker, Zugang zum Beruf **50** 1 *13*

Äquivalenzgrundsatz, Altersversorgung, betriebliche **600** 12 *9*, Befristungsrahmenvereinbarung **500** 4 *19f., 22f., 28*, Anh. § 8 *12*, Betriebsübergang **530** 3 *10*, Konsultationsverfahren **490** 2 *51*, Massenentlassung **490** 2 *51*, 6 *2, 34*; **550** 8 *2*, Rechtsdurchsetzung **550** 8 *2*, Rechtsverfolgung **600** 17 *4*, Verfahrensrecht **520** 9 *2, 7*

Arbeit unter Tage, Mutterschutz **50** 8 *11f.*

Arbeitgeber, Baustellenrichtlinie **410** *158f.*, Grundrechtsverpflichtung **40** 10 *18*, Kollektivmaßnahmen **30** 28 *47*, Pflichtverstöße, grobe **550** 8 *12*, Vereinigungsfreiheit **50** 5 *4*, Zahlungsunfähigkeit **210** 1 *4*; **610** 2 *1ff.*

Arbeitgeber, öffentliche, Höchstarbeitszeit **580** 6 *2, 22 3*, Opt-out **580** 22 *3*

Arbeitgeberbegriff, Arbeitnehmerbeteiligung **550** 2 *2, 13*, Arbeitsschutzrahmenrichtlinie **410** *39f.*, Entgeltgleichheit **20** 157 *15f.*, Kollektivmaßnahmen **30** 28 *19*, Kollektivverhandlungen **30** 28 *19*

Arbeitgeberbeiträge, Entgeltbegriff **600** 2 *28*

Arbeitgeberinteressen, kollektive Wahrnehmung, Unionskompetenz **20** 153 *31, 33*

Arbeitgeberkündigung, Recht, anwendbares **240** 9 *47*, Vorverfahren **240** 9 *48*

Arbeitgeberorganisationen, allgemeine **20** 154 *5*, branchenübergreifende **20** 154 *5*, Diskriminierungsschutz **520** 16 *1, 6*, Gegnerunabhängigkeit **30** 28 *21*, Kollektivmaßnahmen **30** 28 *20f*, Kollektivverhandlungen **30** 28 *20f*, Mitgliedschaft **520** 3 *29*, Mitwirkung in **520** 3 *29*

Arbeitgeberverbände, Diskriminierungsschutz **520** 3 *30*, Vereinigungsfreiheit **30** 12 *15*

Arbeitgebervereinigungen, Begriff **50** 5 *3*, Beratungen, gemeinsame **50** 6 *6*, Vereinigungsfreiheit **40** 11 *10*; **50** 5 *1*

Arbeitgeberwechsel, Anknüpfung **240** 9 *60*

Arbeitnehmer, Mindestlohn **430** 1 *3*, Tod des Arbeitnehmers **20** 45 *123ff.*; **580** 7 *37*, Vereinigungsfreiheit **50** 5 *4*

Arbeitnehmer, kirchliche, Arbeitnehmerbegriff **30** 28 *17*, Loyalitätspflichten **40** 8 *3, 20, 10 36*, 11 *6*, Streikrecht **40** 9 *3*, Vereinigungsfreiheit **40** 11 *6*, Versammlungsfreiheit **40** 11 *6*

Arbeitnehmer, mobile, Arbeitszeitrecht **580** 1 *16, 43*, 2 *19*, 14 *1*, 17 *1*, 20 *1f.*, Begriff **580** 2 *19*, Nachtarbeit **580** 20 *1*, Ruhepausen **580** 20 *1*, Ruhezeiten **580** 20 *1*

Arbeitnehmerähnliche Personen, 20 153 *8ff.*, Arbeitnehmerbegriff **30** 27 *19*, 28 *18*; **240** 1 *25*; **500** Anh. § 2 *15*, Arbeitssicherheit **50** Präambel *6*, Befristungsschutz **500** Anh. § 2 *15*, Betriebsübergang **530** 2 *13*, Kollektivmaßnahmen **30** 28 *18*, Kollektivverhandlungen **30** 28 *18*, Unionskompetenz **20** 153 *10*

Arbeitnehmerbegriff, 20 45 *10ff.*, Arbeitnehmerbeteiligung **550** 2 *2, 14ff.*, Arbeitsbedingungen **30** 31 *7*, Arbeitsschutzrahmenrichtlinie **410** *37f.*, Arbeitsverhältnis, Beendigung **20** 45 *14*, Arbeitsverhältnis, Dauer **20** 45 *17*, Arbeitszeitrichtlinie **580** 1 *37ff.*, 7 *12*, autonomer Begriff **20** 153 *5ff.*, Betriebsverfassungsrecht **550** 2 *16*, Dreierbeziehung **410** *37*; **420** 17, Entgeltgleichheit **20** 157 *12ff.*, Entlassungsschutz **30** 30 *7*, Entsenderichtlinie **460** 2 *2ff.*, Erwerbstätigkeit, Unselbständigkeit **520** 3 *6*, Europäische Sozialcharta **50** Präambel *5f.*, Grundrechte, soziale **30** 27 *18f.*, Insolvenzgeldrichtlinie **610** 2 *10ff.*, Kinderarbeit **30** 32 *8*, Kollektivmaßnahmen **30** 28 *17*, Kollektivverhandlungen **30** 28 *17*, Leistung von gewissem wirtschaftlichem Wert **20** 45 *18*, Rom I-VO **240** 1 *24, 28ff.*, Tätigkeit, sittenwidrige **20** 45 *25*, Tätigkeit, verbotene **20** 45 *25*, Teilzeitbeschäftigung **20** 45 *17*, Unterordnungsverhältnis **20** 45 *22*,

magere Zahlen = Artikel; kursive Zahlen = Randnummern

Sachverzeichnis

153 7, 157 *14;* **520** 3 *8,* Vergütung **20** 45 *23,* 153 *6;* **520** 3 *6;* **580** 1 *38,* 7 *12,* Vollzeitbeschäftigung **20** 45 *17,* Weisungsabhängigkeit **20** 45 *11ff.,* 153 *6;* **30** 27 *19;* **520** 3 *6, 9;* **580** 1 *38,* 7 *12,* Wirtschaftsleben, Tätigkeit im **20** 45 *24ff.,* Zweierbeziehung **410** *37;* **420** *17*
Arbeitnehmerbeteiligung, 550 1 *1ff.,* 4 *1ff.,* Antizipation **550** 1 *8,* 4 *3,* 7, *10, 22,* Äquivalenzgrundsatz **550** 8 *2,* Arbeitgeberbegriff **550** 2 *2, 13,* Arbeitnehmerbegriff **550** 2 *2, 14ff.,* Arbeitsorganisation, Änderung **550** 4 *2, 11f., 28f.,* Arbeitsschutz **550** 1 *3,* Arbeitsverträge, Änderung **550** 4 *2, 11, 13, 28, 30f.,* Berechnungsmethode **550** 3 *6ff.,* Betrieb **550** 2 *2, 9f.,* Betriebsübergangsrichtlinie **550** 1 *3,* Bußgeldvorschriften **550** 8 *10,* de lege ferenda **550** 4 *23ff., 34,* Durchführung **550** 4 *6, 15,* Effektivitätsgrundsatz **550** 8 *2, 6,* effet utile **550** 8 *1, 10f.,* einstweiliger Rechtsschutz **550** 8 *6,* Entschädigungsansprüche **550** 8 *10,* Erfüllungsansprüche **550** 8 *1f., 6,* Europäische-Betriebsräte-Richtlinie **550** 1 *3,* Geheimhaltungspflicht **550** 6 *3,* Generalklausel **550** 1 *12,* Gerichtsverfahren **550** 8 *1, 6,* Günstigkeitsprinzip **550** 4 *1,* Kollektivverhandlungen **50** 6 *15,* Konfliktlösung, konsensuale **550** 1 *13,* Konzernsachverhalte **550** 4 *15, 19,* Kooperationsgebot **550** 1 *11ff.,* 4 *15, 19,* 6 *1,* Leitprinzip **550** 1 *12,* Massenentlassungsrichtlinie **550** 1 *3, 9,* Mindestschutzprinzip **550** 9 *7,* Pflichtverletzungen **550** 8 *4ff., 9,* Prävention **550** 1 *8,* 4 *3f.,* 7, *20, 22,* Prüfbericht der Kommission **550** 12 *1,* Rechtsdurchsetzung **550** 8 *1ff.,* Referenzzeitraum **550** 3 *8,* Richtlinienumsetzung **550** 3 *9ff.,* 11 *1ff.,* Sanktionen **550** 8 *1f., 9ff.,* Schadensersatzansprüche **550** 8 *10,* Schwellenwerte **550** 3 *1, 3ff.,* Sozialpartnervereinbarungen **550** 5 *2ff.,* Strafvorschriften **550** 8 *10,* Teilharmonisierung **550** 4 *2, 5 1,* Tendenzschutzklausel **550** 3 *12ff.,* Transparenzgebot **550** 2 *21,* 4 *31f., 36,* 6 *7,* 9 *8,* Umsetzungsfrist **550** 11 *1,* Unterlassungsanspruch **550** 8 *7f.,* Vereinbarung als Ziel von Verhandlungen **550** 4 *2, 12, 22,* 5 *1,* Verschlechterungsverbot **550** 9 *7f.,* Vertragsverletzungsverfahren **550** 11 *3,* Vertraulichkeitsgrundsatz **550** 6 *1ff.,* Verwaltungsverfahren **550** 8 *1, 6,* Wirksamkeitsgewährleistung **550** 1 *10,* Zweistufigkeit **550** 4 *21*
Arbeitnehmerdatenschutz, 40 8 *3, 27, s. auch Datenschutz*
Arbeitnehmereigenschaft, *s. Arbeitnehmerbegriff*
Arbeitnehmerentsendegesetz, 460 7 *1*
Arbeitnehmerentsendung, *s. Entsendung*
Arbeitnehmerfreizügigkeit, 20 45 *1ff., 8f.,* Abgrenzung **20** 45 *41,* Altersversorgung, betriebliche **20** 45 *69;* **480** 1 *1f.;* **660** *4ff.,* Annex-Freizügigkeit **20** 45 *42, 56 21,* Anwendungsbereich, persönlicher **20** 45 *27f.,* 153 *11,* Anwendungsbereich, räumlicher **20** 45 *43ff.,* Arbeitsrecht **20** 45 *7,* Arbeitsuche **20** 45 *89f.,* 96, 46 *3,* Arbeitsverhältnis, Beendigung **20** 45 *14, 69, 89f., 99ff.,* Aufenthaltsfreiheit **20** 45 *8, 89f.,* Aufenthaltsrecht **20** 45 *93f.,* Ausreiserecht **20** 45 *91f.,* Ausweisung **20** 45 *106,* Beeinträchtigung **20** 45 *61ff.,* Beitrittsverträge **20** 56 *21,* Benachteiligungsverbot **20** 45 *2,* Berechtigte **20** 45 *78,* Berufsqualifikation **20** 45 *74ff.,* Beschäftigungszeiten, ausländische **20** 45 *60,* Beschränkungen **20** 45 *63ff.,* Beschränkungen, Allgemeininteresse **20** 45 *71,* Beschränkungsverbot **20** 45 *2, 63ff.,* 151 *34f.,* Betätigungsfreiheit **20** 45 *2,* Bewegungsfreiheit **20** 45 *2, 8, 89,* 46 *2,* Bewegungsfreiheit, innerstaatliche **20** 45 *35,* Daueraufenthalt **20** 45 *92,* Diskriminierung, mittelbare **20** 45 *50, 52f.,* Diskriminierung, unmittelbare **20** 45 *50f.,* Diskriminierungsverbot **20** 45 *2, 50f., 63;* **30** 28 *68,* Drittstaatsangehörigkeit **20** 45 *29,* 46 *7,* Drittwirkung, unmittelbare **10** 6 *40,* Einreiserecht **20** 45 *91f.,* Einzelarbeitsvertrag **20** 45 *86,* Ermächtigungsgrundlage **20** 46 *1ff.,* Familienangehörige **20** 45 *4, 90, 118ff.,* 46 *2, 7,* Freizügigkeitsgesetz/EU **20** 45 *106, 108, 123ff.,* Freizügigkeitsverordnung, *s. dort,* Gesetzgebungsauftrag **20** 46 *1,* Gewährleistung **20** 45 *46, 47f., 89f., 104,* Gleichbehandlungsgebot **20** 45 *47f., 89f., 104,* Grenzgänger **20** 45 *39,* Inländerdiskriminierung **20** 45 *37f.,* 46 *7,* Kollektivmaßnahmen **30** 28 *82,* Kollektivverhandlungen **30** 28 *82,* Marktzugangsverweigerung **20** 45 *68,* Maßnahmen, erforderliche **20** 46 *5,* ordre-public-Vorbehalt **20** 45 *105ff.;* **520** 2 *69,* Rechtssetzungsgrundlagen **20** 153 *73,* Richtlinien **20** 46 *1f., 6,* 48 *6,* Sachverhalte, grenzüberschreitende **20** 45 *1, 35ff., 61,* Sekundärrecht **20** 45 *4ff.,* Sozialrecht **20** 45 *7,* 151 *1;* **480** 1 *1,* Sozialrecht, freizügigkeitsspezifisches **20** 48 *1, 11,* Sprache **20** 45 *65, 77,* Staatsangehörigkeit **20** 45 *27f., 126,* Stellenbewerbung **20** 45 *89f., 96ff.,* Steuerrecht **20** 45:*65,* 45 *56, 59,* Tarifvertrag **20** 45 *86,* Tätigkeit, vorübergehende **20** 45 *40,* Tätigkeitsdauer **20** 45 *40,* Verbleiberecht **20** 45 *89f., 99ff.,* Verordnungen **20** 46 *1f., 4f.,* 48 *6ff.,* Verpflichtete **20** 45 *79ff.,* Wohnsitz, ausländischer **20** 45 *59,* Wohnung **250** 9 *1f.*
Arbeitnehmerhaftung, Anknüpfung **240** 9 *40*
Arbeitnehmerinteressen, kollektive Wahrnehmung, Unionskompetenz **20** 153 *31, 33*
Arbeitnehmerkündigung, Entgeltrückstände **490** 1 *42,* Recht, anwendbares **240** 9 *45, 47*
Arbeitnehmerorganisationen, allgemeine **20** 154 *5,* branchenübergreifende **20** 154 *5,* Diskriminierungsschutz **520** 16 *1, 6,* Diskriminierungsverbot **520** 3 *11,* Gegnerunabhängigkeit **30** 28 *21,* Kollektivmaßnahmen **30** 28 *20f,* Kollektivverhandlungen **30** 28 *20f,* Mitgliedschaft **520** 3 *29,* Mitwirkung in **520** 3 *29*
Arbeitnehmerschutz, Berufsfreiheit **30** 16 *32,* Grundfreiheiten **20** 151 *36,* sozialer Schutz der

2043

Sachverzeichnis

fette Zahlen = Kennziffer

Arbeitnehmer **20** 153 *3*, Unternehmerfreiheit **30** 16 *32*

Arbeitnehmerschutzrecht, Rechtsformzwang **240** 1 *33*, Rechtsformzwang, qualifikationsrechtlicher **240** 1 *33*, Rom I-VO **240** 1 *10*, zwingendes Recht **240** 9 *1*

Arbeitnehmerüberlassung, *s. auch Leiharbeit; Zeitarbeit,* Betriebsübergang **530** 1 *95*, Dienstleistungsfreiheit **20** 56 *10*, 151 *35*; **240** 9 *59*, Genehmigungspflicht **240** 9 *59*, Höchstdauer **620** 1 *19*, Rechtsformzwang, qualifikationsrechtlicher **240** 8 *53*, Sonderanknüpfung **240** 9 *59*, Sozialrecht **20** 48 *40*, vorübergehende **620** 1 *13 ff.*

Arbeitnehmerüberlassung, nicht-vorübergehende, 620 1 *13 ff.*, Unternehmerfreiheit **30** 16 *29*

Arbeitnehmerüberlassungsgesetz, Auskunftsanspruch des Arbeitnehmers **620** 10 *2*, Diskriminierungsverbot **420** *12*, Unterrichtungspflichten **420** *12*, Vereinbarungen, abweichende **620** 10 *2*

Arbeitnehmerverbände, Arbeitnehmerfreiheit **30** 28 *64 ff.*, Dienstleistungsfreiheit **30** 28 *64 ff.*, Niederlassungsfreiheit **30** 28 *64 ff.*, *71*

Arbeitnehmervereinigungen, Anmeldepflichten **50** 5 *12*, Begriff **50** 5 *3*, Beratungen, gemeinsame **50** 6 *6*, Geschäftsführung **50** 5 *12*, Gründungsmitglieder **50** 5 *13*, Kollektivvertragsschluss **50** 6 *16 f.*, Mächtigkeit, soziale **40** 11 *62*, Mindestmitgliederzahl **50** 5 *12*, Organisation, interne **50** 5 *12*, Vereinigungsfreiheit **50** 5 *1*, Verhandlungen, freiwillige **50** 6 *11 f.*

Arbeitnehmervertreter, *s. auch Gewerkschaftsvertreter,* Anhörung **30** 27 *22*, Arbeitnehmerbeteiligung **30** 27 *22*; **550** 2 *2, 18 ff.*, Aufgabenwahrnehmung **550** 7 *3 f.*, Behinderungsverbot **540** 10 *3*, Benachteiligungsverbot **540** 10 *3*; **550** 7 *1, 4, 5*, Betriebsübergang **530** 2 *4 ff.*, 6 *1 ff.*, *19 f.*, 7 *1 ff.*, Entlassungsschutz **30** 27 *34*, 30 *4*, Freistellung **550** 7 *4*, Kündigungsschutz **30** 30 *26*; **550** 7 *4 f.*, Kündigungsschutz, besonderer **240** 9 *53*; **550** 7 *4 f.*, Schutz **550** 7 *1 ff.*; **570** 12 *1*; **630** 10 *1 ff.*, SE-Gründung **540** 2 *13*, Sicherheiten **550** 7 *3*, Unterrichtung **30** 27 *22*, Vergütungsfortzahlung **550** 7 *4*, Verschwiegenheitspflicht **540** 8 *4*, Viktimisierungsverbot **520** 11 *1*

Arbeitnehmervertreter im Aufsichts-/Verwaltungsorgan, Bestellungskompetenz **590** 16 *46*, SE **540** 10 *3 f.*, Anh. *20 ff.*, Verschmelzung, grenzüberschreitende **590** 16 *41, 43*

Arbeitnehmervertreter mit einer besonderen Funktion bei der Sicherheit und beim Gesundheitsschutz der Arbeitnehmer, 410 *41 ff., 60 ff.*, Anhörungsrecht **410** *71*, Unterweisung **410** *72*

Arbeitnehmervertretungen, ad hoc-Vertretung **550** 2 *19*, Arbeitnehmer, befristet beschäftigter **500** Anh. § 7 *1 ff.*, Aufgabenwahrnehmung **550** 7 *3 f.*, Ausstattungsgebot **550** 7 *1, 4, 6,* Begriff **550** 2 *18 ff.*, Gleichbehandlung **250** 8 *1*, Leiharbeitnehmer **620** 7 *1 ff.*, 8 *1 f.*, Massenentlassungsrichtlinie **490** 2 *3*, Sachverständigenhinzuziehung **550** 4 *18*, SE-Gründung **540** 2 *13*, Stellungnahme **550** 4 *21*, Unionskompetenz **20** 153 *49*, Unterlassungsanspruch **550** 8 *7 f.*, Zwang zur Bildung **550** 2 *19*

Arbeits- und Beschäftigungsfragen, 20 153 *9*, Diskriminierungsverbote **30** 21 *8*, Gleichbehandlungsrichtlinie **600** 1 *2, 5, 7, 9, 18 ff.*, 2 *1*

Arbeitsaufnahme, Informationspflicht **50** 2 *2*, Mindestalter **30** 32 *1, 3, 7, 11*

Arbeitsbedingungen, 30 31 *11*; **580** 1 *3*, Abwehrrecht **30** 31 *2*, angemessene **30** 31 *1*, Anpassung nach oben **520** 17 *6 ff.*, Arbeitsentgelt **520** 3 *28*, Arbeitsverhältnis, fehlerhaftes **30** 31 *8*, Beeinträchtigung **30** 31 *18 ff.*, Begriff **20** 153 *21*; **520** 3 *19*, Begriff, autonomer **20** 153 *5*, Betriebsübergang **30** 16 *23*; **530** 3 *7, 47 ff.*, Beweiswert **430** 6 *4*, Diskriminierungsschutz **520** 3 *19*, gerechte **30** 31 *1, 4, 11, 30*; **50** 2 *1*; **410** *4*, Geschlechtsdiskriminierungsverbot **600** 4 *6, 8, 14 1, 3*, gesunde **30** 31 *2, 9, 11 f., 18*; **410** *4*, Gleichbehandlungsgebot **20** 45 *48*; **30** 15 *29 ff.*, Gleichbehandlungsgrundsatz **250** 7 *1 ff.*, Grundrecht **30** 31 *2*, Grundpflicht der Beschäftigung **30** 31 *8*, Kern, harter **240** 9 *16 ff.*; **460** 1 *13*, 3 *27*, Menschenwürde **30** 31 *2 f.*, Recht, subjektives **30** 15 *29*, 31 *2*, Rechtfertigung **30** 15 *35*, Rechtsangleichung **20** 153 *22 ff.*, Schutzbereich, persönlicher **30** 15 *31 f.*, 31 *7*, Schutzbereich, sachlicher **30** 31 *9 f.*, *14 ff., 30*, Schutzpflicht **30** 31 *2, 9, 11 f., 18*; **410** *4*, Tätigkeit, unselbständige **520** 3 *19*, Ungleichbehandlung **30** 15 *33*, Unionskompetenz **20** 153 *3, 14, 21, 27*, wesentliche **430** 2 *1, 5 ff.*, würdige **30** 31 *2, 9, 11, 13*; **410** *4*

Arbeitsbedingungen, allgemeine, Einbeziehungskontrolle **240** 8 *11*, Rechtswahl **240** 8 *9*

Arbeitsbereitschaft, Begriff **580** 2 *9*, Opt-out **580** 22 *6*, Vergütung **580** 2 *9*

Arbeitsbewertungssystem, Entgeltgleichheit **20** 157 *51*

Arbeitsentgelt, 30 31 *10*, Abzüge **50** 4 *4, 6, 18 f.*, Angemessenheit **50** 4 *1 ff.*, Arbeitgeberleistung **520** 3 *25*, Arbeitsbedingungen **520** 3 *28*, Arbeitsverhältnis, Beendigung **520** 3 *23*, Auslegung **520** 3 *23*, Auslegung, völkerrechtsfreundliche **50** 4 *8*, Auszahlung **430** 2 *37*, Bedingungen des Arbeitsentgelts **20** 153 *48*, Begriff **20** 153 *47 f.*; **520** 3 *22 f.*, Berufserfahrung **520** 6 *18*, Beschäftigungsbedingungen **520** 3 *28*, Bonuszahlungen **50** 4 *5*, Bruttoentgelt **50** 4 *4, 6*, Diskriminierung, unmittelbare **520** 2 *29*, Diskriminierungsverbote **520** 3 *22 f., 28*, Entgeltdiskriminierung **600** 2 *24 ff.*, Existenz, soziale **50** 4 *2*, Fortzahlung **20** 153 *48*, gerechtes **50** 4 *1*, Geschlechtsdiskriminierungsverbot **600** 1 *6, 14 1*, Grundbetrag **430** 2 *37*, Grund-

magere Zahlen = Artikel; kursive Zahlen = Randnummern

Sachverzeichnis

lohn/-gehalt **520** 3 *22 f.*; **600** 2 *25*, Insolvenzgeldschutz **610** 3 *7 ff.*, Kausalität **520** 3 *24*, Kompetenzschranke **20** 153 *33*, *45 ff.*, Lebensstandard, angemessener **50** 4 *3 ff.*, *18*, Leistungsempfänger **520** 3 *25*, Leistungslohn **520** 3 *23*, Mindestlohn **520** 3 *22 f.*; **600** 2 *25*, Periodizität **430** 2 *37*, Pflichtangabe **430** 2 *37 ff.*, 3 *2*, Rückzahlung **50** 4 *18*, Sachleistungen **520** 3 *22 f.*, Sittenwidrigkeit **50** 4 *7*, Sonderzahlungen **50** 4 *5*, Test-Achats-Rechtsprechung **600** 2 *28*, Transferleistungen **50** 4 *5*, Vergünstigungen, sonstige **600** 2 *27 f.*, Währung **430** 4 *2*

Arbeitsergebnis, Anknüpfung **240** 9 *34*

Arbeitserlaubnis, **250** 1 *2*, Arbeitsverhältnisstatut **240** 9 *24*, Dienstleistungsfreiheit **460** 1 *41*, Fragerecht **510** 4 *3*

Arbeitsgestaltung, menschengerechte, 410 10

Arbeitsgesuche, EU-weite **250** 2 *1 f.*

Arbeitskampf, Durchführungsbeschränkungen **40** 11 *54*, Erfolgsort **220** 7 *6*, Fernwirkungen **240** 9 *38*, Gerichtsstand **220** 1 *2*, 7 *1*, *5 ff.*, grenzüberschreitender **230** 9 *1 ff.*, Niederlassungsfreiheit **20** 151 *35*, Rechtmäßigkeit, Anknüpfung **230** 9 *12 ff.*, Tarifbezug **40** 11 *69*, Warenverkehrsfreiheit **20** 151 *35*

Arbeitskampfmaßnahmen, Anknüpfung **230** 9 *12 ff.*; **240** 1 *1*, Auslandsbezug **230** 16 *1*, Ausschluss **550** 1 *13*, Begriff **230** 9 *4 ff.*, bevorstehende **230** 9 *8*, *11*, Distanzdelikte **230** 9 *12*, durchgeführte **230** 9 *8*, *11*, Eingriffsnormen **230** 16 *1*, Haftung **230** 1 *1*, Koalitionsfreiheit **40** 11 *12*, Kollektivmaßnahmen **30** 28 *35*, ordre public **230** 26 *1*, Qualifikation **230** 9 *4 ff.*, *9*, Rechtmäßigkeitsanforderungen **50** 6 *48*, Rechtsformzwang, qualifikationsrechtlicher **230** 9 *9*, Rechtswahl **230** 9 *11*, Schadensersatz **230** 9 *8*, *11*, Unterlassungsanspruch **230** 9 *8*, Verhältnismäßigkeitsgrundsatz **30** 28 *61*

Arbeitskampfmittelfreiheit, 230 9 *28 46*

Arbeitskampfrecht, Arbeitsverhältnisse **20** 153 *51*, Eingriffsnorm **230** 16 *1*, Europäische Sozialcharta **50** Präambel *56 ff.*, Grundrechtecharta **30** 51 *16*, Kompetenzschranke **20** 153 *51 f.*

Arbeitskampfstatut, 230 9 *12 ff.*; **240** 1 *1*, *6*, Lohnzahlungspflicht **240** 9 *38*, Pflichtverletzung **240** 9 *42*, Verweisung, Reichweite **230** 12 *13 f.*

Arbeitskleidung, 410 *135*

Arbeitskollisionsrecht, Verordnungsvorschlag **240** 1 *1*, *11*

Arbeitskräfteüberlassung, Dienstleistung **460** 1 *25*, Entsendung **460** 1 *28*, Leiharbeitsrichtlinie **460** 1 *28 f.*; **620** *1*

Arbeitsleistung, Anknüpfung **240** 9 *29*

Arbeitslosengeld, 250 7 *19*

Arbeitslosengeld II, Sozialrecht, koordinierendes **20** 48 *74*

Arbeitslosigkeit, **250** 20 *8*, Arbeitssuche, aktive **50** 1 *9*, Geldleistungen **20** 48 *73*, *75 f.*, Leistungen **600** 6 *2*, Leistungszeitraum **20** 48 *75 f.*, Sozialrecht, koordinierendes **20** 48 *7*, *18*, *72 ff.*, Verfügbarkeit **20** 48 *76*

Arbeitsmarkt, Alter, Ungleichbehandlung wegen **520** 6 *2*, *8*, *10*

Arbeitsmarkt, europäischer, 20 46 *3*, 48 *72*; **250** 1 *1*, 3 *3*, 20 *1*, Arbeitsverwaltung **250** 5 *1*, Bericht über offene Stellen und Einstellungen in Europa **250** 20 *5*, Europäischer Monitor für offene Stellen **250** 20 *5*, Europäisches Koordinierungsbüro **250** 20 *6*

Arbeitsmarkt, integrativer, Sozialpartnervereinbarung **20** 155 *12*

Arbeitsmarkt, zweiter, Arbeitnehmerbegriff **20** 153 *13*

Arbeitsmarktpolitik, Grundfreiheiten **20** 151 *36*

Arbeitsmedizin, Beschäftigungsverbote **410** *87*, Überwachung, präventivmedizinische **410** *87*

Arbeitsmedizinische Vorsorgeverordnung, 410 *17*, *24*, *147*, *204*

Arbeitsmittel, Arbeitsschutz **410** *93 f.*, Bagatellklausel **410** *130*, Begriff **410** *124*, Benutzung **410** *124*, Benutzung, ordnungsgemäße **410** *86*, Instandhaltungspflicht **410** *131*, Lagerung **410** *86*, Produktbegriff **410** *127*, Produktsicherheitsrecht **410** *123*, *126 ff.*

Arbeitsmittelbenutzungsrichtlinie, 410 *11*, *101*, *123 ff.*, Anwendungsbereich **410** *124*, Arbeitgeberpflichten **410** *125 f.*, Umsetzung **410** *132 f.*

Arbeitsort, Anknüpfung **240** 9 *30*, Pflichtangabe **430** 2 *17 f.*, 3 *2*

Arbeitspausen, s. *Pausen*

Arbeitsplatz, Informationsaustausch **410** *13*

Arbeitsplatzschaffung, Beihilfenkontrolle **20** 151 *43*

Arbeitsplatzschutzgesetz, Nachteilsausgleich **250** 7 *7*

Arbeitsrecht, Grundrechtecharta **30** 51 *16*, Richtlinienumsetzung **30** 51 *19*, Sozialpolitik **20** 156 *7*; **530** Vor 1 *2*

Arbeitsrecht, kollektives, Kollisionsrecht **240** 1 *7*, Kompetenzschranke **20** 153 *33*, *45 f.*

Arbeitsrhythmus, 580 1 *1*, 2 *21*, 8 *1*, 13 *1*, Nachtarbeit **580** 13 *2*, Pausenregelung **580** 13 *1*, Schichtarbeit **580** 13 *2*

Arbeitsschutz, 50 2 *1*, 3 *1 ff.*; **410** *20*, Anpassung **50** 3 *3*, *5*, Arbeitnehmerbeteiligung **550** 1 *3*, Arbeitszeit **580** 2 *2*, Arbeitszeitreduzierung **50** 2 *12*, *14*, Beschwerderecht **410** *79*, betrieblicher, s. *Arbeitsschutz, betrieblicher*, Dualismus **410** *22*, *78*, Dynamik **410** *54*, Erfolgskontrolle **410** *59*, Gefahr, unmittelbare erhebliche **410** *64*, Gefährdungsbeurteilungspflicht **410** *56*, Gewährleistungspflicht **50** 3 *1*, Gruppenschutz **410** *9*, Kleinbetriebsregelung **410** *26*, medizinischer, s. *Arbeitsschutz, medizinischer*, produktbezogener **410** *10*; **420** *2*, s. auch *Produktsicherheitsrecht*, Rom I-VO **240** 1 *10*, Ruhezeit **580**

2045

Sachverzeichnis

fette Zahlen = Kennziffer

2 *11*, Schutzbereich, persönlicher **50** 3 *4*, sozialer, *s. Arbeitsschutz, sozialer, technischer, s. Arbeitsschutz, technischer*, Überwachung **50** 3 *6*, Unterweisung der Arbeitnehmer **420** *22*, Urlaubsanspruch **580** 7 *1*, Verordnung **410** *16*, vorbeugender **410** *10, 127*, vorgreifender **410** *10, 127*, Zusatzurlaub **50** 2 *12, 14*
Arbeitsschutz, betrieblicher, 410 *1, 2, 9f,* Adressat **410** *127*
Arbeitsschutz, medizinischer, 410 *2*
Arbeitsschutz, sozialer, 30 31 *1, 22;* **410** *2, 88;* **420** *2*, Anknüpfung **240** 9 *35*, Unionskompetenz **20** 153 *19, 26f., 29*, Urlaub **30** 31 *14*
Arbeitsschutz, technischer, 30 31 *1, 22;* **410** *2, 9, 9f.;* **420** *2*, Adressat **410** *127*, Anknüpfung **240** 9 *35*, Gesundheitsgefahren **410** *10*, Unfallverhütung **410** *10*, Unionskompetenz **20** 153 *19*
Arbeitsschutzbeauftragte, betriebliche, Jugendarbeitsschutz **450** 6 *7*
Arbeitsschutzgesetz, 410 *17f., 22;* **420** *10*, Beschäftigtenbegriff **410** *22*, Rahmengesetz **410** *18*, Unterweisung **420** *10*, Verordnungen **410** *95*
Arbeitsschutzrahmengesetz, 410 *20*
Arbeitsschutzrahmenrichtlinie, 30 31 *3;* **410** *1f., 9, 12, 14ff.*, Anhörungsrecht **410** *77*, Anweisungskontrollpflicht **410** *74*, Anwendungsbereich, örtlicher **410** *28, 44*, Anwendungsbereich, persönlicher **410** *28, 36ff.*, Anwendungsbereich, sachlicher **410** *28ff.;* **580** 1 *32, 34*, Arbeitgeberbegriff **410** *39f.*, Arbeitgeberpflichten **410** *51ff.*, Arbeitnehmerbegriff **20** 153 *12;* **410** *37f.*, Arbeitnehmerpflichten **410** *75, 81*, Ausschussverfahren **410** *15*, Beschwerderecht **410** *78f.*, Betriebsorientierung **410** *51*, Dokumentationspflichten **410** *26, 55, 59*, Durchführungsberichte **410** *15, 91f.*, Entfernungsrecht **410** *76*, Fremdarbeitnehmer **410** *73*, Gefährdungsbeurteilungspflicht **410** *19, 55ff.*, Gefahren, ernste und unmittelbare **410** *64*, Gefahrenabwehrrecht **410** *76*, Gefahrenlagen **410** *63*, Gefahrenverhütung **410** *47ff., s. auch dort*, Gefahrenvorsorge **410** *47, 50*, Gesundheitsschutz, Verbesserung **410** *45f.*, Grundrichtlinie **580** 1 *32*, Grundverantwortung **410** *52*, Informationspflichten **410** *65ff.*, Kooperationspflichten **410** *86*, Kooperationsprinzip **410** *13*, Leistungsverweigerungsrecht **410** *76*, Öffnungsklausel **410** *52*, Risikogruppen **410** *88ff., 96*, Risikovermeidung **410** *51*, Schutzzweck **580** 1 *19*, Selbstschutz **410** *81*, Sicherheit, Verbesserung **410** *45f.*, Überprüfungspflicht **410** *58*, Überwachung, präventivmedizinische **410** *87*, Umsetzung **410** *16f.;* **420** *9*, Umsetzungsfrist **410** *19*, Unionskompetenz **20** 153 *19*, Unterrichtung der Arbeitnehmer **410** *65ff.*, Unterstützungspflichten **410** *82ff.*, Untersuchungsrecht **410** *80*, Unterweisung **410** *65f., 69*, Verhältnisprävention **410** *54*, Vertragsverletzungsverfahren **410** *16, 19, 26*, Vorschlagsrecht **410** *77*
Arbeitsschutzrecht, 410 *1, 5f.*, allgemeiner Teil **410** *1, 18ff.*, Einzelrichtlinien **410** *5f., 8, 88, 93ff.*, Kündigungsschutz **30** 30 *4*, Warenverkehrsfreiheit **20** 151 *35*
Arbeitsschutzverordnung zu künstlicher optischer Strahlung, 410 *95*
Arbeitsschutzverordnungen, 410 *18, 95*
Arbeitssicherheit, 30 31 *9;* **580** 1 *3, 6, 23*, arbeitnehmerähnliche Personen **50** Präambel *6*, Arbeitnehmervertreter **410** *41ff., 60ff.*, Fachkräfte für Arbeitssicherheit **410** *23*, Grundfreiheiten **20** 151 *36*, Selbständige **50** Präambel *6*, Unionskompetenz **20** 153 *17ff.*
Arbeitssicherheitsgesetz, 410 *17, 23*, Befristung **420** *11*, Leiharbeit **410** *17*
Arbeitsstätten, Anlagen, elektrische **410** *121*, Arbeitsschutz **410** *93f., 101*, Begriff **410** *119*, Beteiligung der Arbeitnehmer **410** *113*, Brandbekämpfung/-meldung **410** *121*, Festigkeit **410** *121*, Fluchtwege **410** *121*, Instandhaltung **410** *121*, Mängelbeseitigung **410** *121*, Notausgänge **410** *121*, Reinigung **410** *121*, Stabilität **410** *121*, Unionskompetenz **20** 153 *19*
Arbeitsstättenrichtlinie, 410 *119ff.*, Anwendungsbereich **410** *119f.*, Arbeitgeberpflichten **410** *121*, Stufenplan **410** *121*
Arbeitsstättenverordnung, 410 *95, 122*, Gesundheitsschutzkennzeichnung **410** *167*, Sicherheitskennzeichnung **410** *167*
Arbeitsstoffe, biologische, Arbeitsschutz **410** *8, 94*, Begriff **410** *153*, Gesundheitsakten, persönliche **410** *115*, Gesundheitsüberwachung **410** *115*, Humanendoparasiten **410** *153*, Hygienemaßnahmen **410** *155*, Mikroorganismen **410** *153*, Risikobewertung **410** *108*, Risikoverringerung **410** *155*, Schutzmaßnahmen, individuelle **410** *155*, Substitution **410** *155*, Zellkulturen **410** *153*
Arbeitsstoffe, chemische, Arbeitsplatz-Richtgrenzwerte **410** *186*, Arbeitsschutz **410** *94*, Einzelrichtlinie **410** *184ff.*, Expositionsakten **410** *114*, Gefährdungsbeurteilung **410** *106*, Gesundheitsakten **410** *114*, Gesundheitsüberwachung **410** *114*, Herstellungsverbot **410** *187*, Messungen **410** *187*, Risikobewertung **410** *186f.*, Substitution **410** *187*, Verarbeitungsverbot **410** *187*
Arbeitsstreitigkeiten, Interessenkonflikte **50** 6 *22*, Schlichtung **50** 6 *22f.*, Streik **50** 6 *31*
Arbeitssuche, Arbeitnehmerfreizügigkeit **20** 45 *89f., 96ff.,* 46 *3,* 48 *72, 76,* Recht auf Arbeit **50** 1 *9*
Arbeitssuchende, Leistungen **600** 6 *2*, Vereinigungsfreiheit **50** 5 *4*, Vergünstigungen, soziale **250** 7 *15*, Vergünstigungen, steuerliche **250** 7 *15*
Arbeitstherapie, 450 2 *4*

2046

magere Zahlen = Artikel; kursive Zahlen = Randnummern **Sachverzeichnis**

Arbeitsumwelt, 410 *2;* **580** 1 *3, 23,* Begriff **20** 153 *18,* Richtlinien **420** *8,* Unionskompetenz **20** 153 *3, 14 ff.*
Arbeitsumweltrecht, 410 *1*
Arbeitsunfähigkeit, krankheitsbedingte, Jahresurlaub **580** 7 *2, 4, 15*
Arbeitsunfähigkeitsbescheinigung, Arbeitsverhältnisstatut **240** 8 *1*
Arbeitsunfall, 410 *12,* Arbeitsverhältnisstatut **240** 8 *1,* Brüssel Ia-VO **220** 1 *8,* Dokumentation **410** *70,* internationales Sozialversicherungsrecht **240** 9 *41,* Sozialrecht, koordinierendes **20** 48 *7, 18, 69 ff.*
Arbeitsverhältnis, 530 2 *11,* atypisches **500** Anh. § 1 *3,* Anh. § 4 *8,* Bedingung, auflösende **430** 2 *27,* befristetes, *s. Befristung (Arbeitsverhältnis),* Beginn **430** 2 *25,* 3 *2,* Berufung **530** 2 *11,* Bestandsinteresse **30** 30 *1,* Dauer **430** 2 *26 ff.,* Diskriminierungsverbot **520** 3 *11 f.,* Ernennung **530** 2 *11,* Normalarbeitsverhältnis **420** *1,* Qualifikation **430** 1 *2,* Richtlinienwirkung, mittelbare **20** 288 *36 f.,* unbefristetes **500** Anh. § 1 *3,* Anh. § 6 *1,* Wahl **530** 2 *11*
Arbeitsverhältnis, Beendigung, 50 4 *2,* Anhörungspflicht **240** 9 *45,* Anhörungsverfahren **240** 9 *45,* Auslauffrist, angemessene **50** 4 *16 f.,* Entgeltgleichheit **20** 157 *19,* Form **240** 9 *45,* Recht, anwendbares **240** 9 *45 ff.,* Rechtsgeschäfte, einseitige **240** 9 *45,* Tod des Arbeitnehmers **580** 7 *37*
Arbeitsverhältnis, fehlerhaftes, Arbeitsbedingungen **30** 31 *8*
Arbeitsverhältnisstatut, 240 1 *1, 5,* Abtretungsverbot **240** 9 *28,* allgemeine Arbeitsbedingungen, Wahl durch **240** 8 *9, 11,* Anbahnungsverhältnis **240** 9 *19,* Anknüpfung, akzessorische **230** 12 *1,* Annahmeverzug **240** 9 *37,* Anwendungsbereich **240** 12 *1,* Arbeitsleistung **240** 9 *29,* Arbeitsort **240** 9 *30,* Arbeitsort, gewöhnlicher **450** 8 *3, 32 f., 35 ff.,* Arbeitsverhältnis, Begründung **240** 9 *23,* Arbeitsverhältnis, faktisches **240** 9 *23,* Arbeitsverhältnis, Inhalt **240** 9 *27 ff.,* Arbeitsverhältnis, Wirksamkeit **240** 10 *1,* Arbeitsverhältnis, Zustandekommen **240** 10 *1,* Arbeitsvermittlung **240** 9 *19,* Arbeitszeit **240** 9 *31,* Aufrechnungsverbot **240** 9 *28,* Ausweichklausel **240** 8 *3, 34,* Ausweisung **240** 8 *40 ff.,* Betriebsrisiko **240** 9 *37,* Beweislastverteilung **240** 18 *1,* Direktionsrecht **240** 9 *27,* Einbeziehungskontrolle **240** 8 *11,* Eingriffsnormen **240** 10 *1,* Einstellungspflichten **240** 9 *24,* EU-Richtlinien **240** 10 *1,* Günstigkeitsvergleich **210** 10 *9;* **240** 1 *12,* 8 *2, 15, 18 ff.,* Hauptpflichten **240** 9 *27,* Inhaltskontrolle **240** 8 *12,* Kollektivvertrag, Wahl durch **240** 8 *9 f.,* Lohnanspruch **240** 9 *28,* Lohnzahlungspflicht **240** 9 *39,* Mindestlohn **240** 9 *28,* Mitwirkung arbeitsrechtlicher/staatlicher Institutionen **240** 1 *10, 15,* 8 *49,* Nebenpflichten **240** 9 *27,* Niederlassung, einstellende **240** 8 *3, 32 f.,*

39, objektives **240** 8 *3, 24, 32 ff., 46,* 9 *2, 30,* ordre public **210** 10 *7 f., 11,* 26 *1 f.,* Pflichtverletzung **240** 9 *39, 42,* Rechtswahl **240** 1 *11 f.,* 8 *2, 4 ff., 9 ff.,* Rom I-VO **240** 1 *10,* 8 *2 ff.,* Sachnormverweisung **240** 8 *46,* Statutenwechsel **240** 8 *44 f.,* subjektives **240** 8 *4 f., 44, 46,* Urlaubsrecht **240** 9 *33,* Verbindung, engere **240** 8 *32, 34, 40 ff.,* Vermutungen, gesetzliche **240** 18 *1,* Verweisung, Reichweite **240** 1 *13,* 8 *46 ff.,* Wirtschaftsrisiko **240** 9 *37*
Arbeitsvermittlung, 30 15 *8;* **50** 1 *1,* Betriebsübergang **530** 1 *22, 31, 96,* kostenlose **50** 1 *15 ff.,* private **50** 1 *17,* staatliche **50** 1 *15 ff.,* supranationale **250** 20 *1*
Arbeitsvermittlungsdienst, Abwehrrecht **30** 29 *12,* Begriff **30** 29 *8,* Drittwirkung **30** 29 *3,* Leistungsrecht **30** 29 *11, 13,* Recht auf Zugang **20** 151 *17;* **30** 29 *1 ff., 7, 9,* Schutzpflicht **30** 29 *11,* Unentgeltlichkeit **30** 29 *10*
Arbeitsvertrag, 530 2 *11,* Anfechtung **520** 3 *20,* Auslegung, richtlinienorientierte **20** 288 *68,* Begriff, autonomer **20** 153 *5,* Diskriminierungsschutz **520** 16 *1, 6 f.,* Diskriminierungsverbot **600** 18 *2 f.,* Kollisionsrecht **20** 56 *3,* Nichtigerklärung **520** 3 *20,* Streik **50** 6 *32,* Synallagma **520** 3 *23,* Vollzeitarbeitsvertrag **420** *1,* auf Zeit **240** 11 *16*
Arbeitsvertrag, Beendigung, Arbeitnehmerschutz **490** Vor 1 *7,* Entlassungsbedingung **520** 3 *20,* Unionskompetenz **20** 153 *3, 14, 28 f.;* **490** Vor 1 *7*
Arbeitsvertragsstatut, 460 1 *8 ff.*
Arbeitszeit, 20 158 *3;* **30** 31 *4;* **50** 2 *1 f.;* **580** 1 *16,* Anknüpfung **240** 9 *31,* Arbeitgeber, verschiedene **580** 3 *3,* Arbeitnehmerbegriff **20** 153 *12,* Arbeitsschutz **580** 2 *2,* Arbeitszeitrichtlinie **580** 2 *1 f.,* Ausschließlichkeitsverhältnis **580** 2 *4,* Begriff **580** 1 *12,* 2 *1 ff.,* IAO-Übereinkommen **580** 1 *29,* 2 *5,* 8 *3,* Jugendarbeitsschutzrichtlinie **450** 3 *4 f.,* 8 *1 ff.;* **580** 14 *3,* Kollektivverhandlungen **50** 6 *15,* Mitbestimmungsrechte **580** 2 *2,* Pflichtangabe **430** 2 *41 ff.,* 3 *2,* tägliche **580** 3 *1,* Verfügbarkeit, jederzeitige **580** 2 *5,* werktägliche **410** *9*
Arbeitszeitflexibilisierung, 50 2 *5*
Arbeitszeitgesetz, Bezugszeitraum **50** 2 *7,* Ersatzruhetag **580** 6 *3,* Höchstarbeitszeit **580** 6 *3,* Ruhepausen **580** 4 *3,* Ruhezeit **580** 5 *3,* Ruhezeit, wöchentliche **580** 5 *3,* Sonntagsruhe **580** 6 *3,* Wochenarbeitszeit **580** 6 *3*
Arbeitszeitgestaltung, 580 1 *23,* 2 *2, 5,* Gesundheitsschutz **580** 1 *6, 19,* 2 *1,* IAO-Übereinkommen **580** 1 *29,* Mindeststandards **580** 1 *1,* Nachtarbeit **580** 8 *3,* Richtlinienumsetzung **580** 18 *7,* Sicherheit **580** 1 *19,* 2 *1,* Urlaubsgestaltung **580** 7 *1, 6*
Arbeitszeitlage, 430 2 *41*
Arbeitszeitplanung, 580 1 *35 f.*
Arbeitszeitrecht, 580 1 *1, 5,* Primärrecht **580** 1 *20 ff.,* Sozialpolitik **580** 1 *24*

2047

Sachverzeichnis

fette Zahlen = Kennziffer

Arbeitszeitrichtlinie, 580 1 *1ff.*, Abweichungen 580 17 *3ff.*, 19 *1*, 22 *14*, Abweichungen, tarifvertragliche 580 18 *1ff.*, Abweichungsbefugnis 580 18 *2*, *6*, Adressaten 580 29 *1*, allgemeine 580 1 *16*, Anwendungsbereich, persönlicher 580 1 *37ff.*, Anwendungsbereich, sachlicher 580 1 *32ff.*, Arbeitnehmerbegriff 580 1 *37ff.*, 7 *12*, Benachteiligungsverbot, allgemeines 580 22 *12*, Benachteiligungsverbot, besonderes 580 22 *11f.*, Bereichsausnahmen 580 1 *40*, Berichtspflichten 580 24 *1*, Beschäftigungspolitik 580 1 *5*, *23*, Betriebsvereinbarung 580 18 *5*, Bezugnahmen 580 27 *1*, Bezugszeiträume 580 16 *1f.*, 17 *3*, *6*, *16*, 18 *1*, 19 *1*, Entsprechungstabelle 580 1 *8*, 27 *1*, Erstreckungsbefugnis 580 18 *3*, Firmentarifvertrag 580 18 *4*, Flexibilisierung 580 1 *2*, Günstigerprüfung 580 15 *1*, Harmonisierungsziel 580 1 *2*, *5*, 2 *1*, *5*, Haustarifvertrag 580 18 *4*, IAO-Grundsätze 580 1 *29*, Inkrafttreten 580 28 *1*, Kausalzusammenhang 580 6 *4*, Kompetenzgrundlage 580 1 *22f.*, Mindestschutzniveau 580 2 *1*, 15 *1*, Nachtarbeit 580 8 *1ff.*, Opt-out 580 1 *6*, *12ff.*, 6 *1f.*, 22 *1ff.*, Reform 580 1 *11f.*, Richtlinienfassungen 580 1 *4ff.*, *10*, Richtlinienverstoß 580 6 *4ff.*, Schadensersatz 580 6 *4ff.*, Schutzzweck 580 1 *19*, Sozialpartner 580 18 *5*, Staatshaftung 580 6 *4*, Subsidiarität 580 1 *16*, 14 *1*, Tarifverträge 580 18 *1ff.*, Teilzeitbeschäftigung 580 1 *39*, Umsetzungsfrist 580 28 *1*, Urlaub 580 7 *1*, Vergütungshöhe 580 1 *3*, 2 *2*, Verhältnismäßigkeitsgrundsatz 580 1 *23*, Verschlechterungsverbot 440 1 *6*; 580 15 *1*, 23 *1*, Vollzeitbeschäftigung 580 1 *39*

Arbeitszeitschutz, 30 31 *18*, Unionskompetenz 20 153 *20*

Arbeitszeitverkürzung, 50 2 *3ff.*, Produktivität 50 2 *3*

Arbeitszeitverlängerung, 580 22 *6*, Benachteiligungsverbot 580 22 *11*, Bereitschaftsdienste 580 2 *11*, Dokumentationspflicht 580 22 *13*, Einwilligung des Arbeitnehmers 580 22 *7ff.*

Arbeitszwang, Berufsfreiheit 30 15 *8*

Arzt, Altersdiskriminierungsverbot 520 3 *3*, Zugang zum Beruf 50 1 *13*

Ärzte in der Ausbildung, Arbeitszeitrichtlinie 580 1 *6*, *40*, 17 *20*, Höchstarbeitszeit 580 6 *1*

Ärzte in der Weiterbildung, Befristungsgrund 500 Anh. § 5 *38*

Ärztekammer, Diskriminierungsschutz 520 3 *30*

Asbest, 410 *149*

Attentat, 410 *32*

Aufenthaltserlaubnis, Fragerecht 510 4 *3*

Aufenthaltsrecht, Arbeitnehmerfreizügigkeit 20 45 *8*, *89f.*, *93f.*

Aufenthaltsstatut, Arbeitsverhältnis 240 10 *2*

Auffangregelung (Europäischer Betriebsrat), 630 1 *10f.*, 2 *26*, 5 *29*, 7 *2ff.*, Anh. I *1ff.*, Vereinbarungsmodell, Wechsel zum 630 Anh. I *15ff.*, Verhandlungsverweigerung 630 7 *6ff.*

Auffangregelung (SCE), 570 Anh. *1f.*

Auffangregelung (SE), 540 3 *39*, 4 *14*, 7 *1ff.*, Anh. *1ff.*, Anhörung 540 Anh. *1*, *3*, *7ff.*, Beschluss 540 7 *6*, Form 540 7 *6*, Holdinggesellschaft 540 7 *14*, Mindestbestimmungen 540 7 *2*, Mindeststandards 540 Anh. *1*, Mitbestimmung 540 7 *3*, *8ff.*, SE-Eintragung 540 5 *4*, Tochtergesellschaft 540 7 *14f.*, Unterrichtung 540 Anh. *1*, *3*, *7ff.*, Vereinbarung 540 7 *6*, Vereinbarungslösung, Wechsel in 540 Anh. *6*, Verhandlungsfrist, Ablauf 540 3 *44*, Verhandlungsverfahren, erneutes 540 3 *53*, Voraussetzungen, allgemeine 540 7 *3*, *5ff.*, Zustimmungserfordernis 540 7 *7*

Auffangregelung (Verschmelzung, grenzüberschreitende), 590 16 *35ff.*, Anwendung, einseitige 590 16 *36f.*, *51*, Mitbestimmung 590 16 *43ff.*, *48*, Quorum 590 16 *36f.*, *52f.*

Aufhebungsvertrag, Diskriminierungsschutz 520 16 *7*, Entlassungsbedingung 520 3 *20*, Entlassungsschutz 30 30 *10*, Massenentlassungsschutz 490 1 *31*, *37*, Recht, anwendbares 240 9 *45f.*, Rechtswahl 240 9 *46*

Aufrechnungsverbot, Anknüpfung 240 9 *28*

Aufsichtsrat, Arbeitnehmermitbestimmung 250 8 *4*

Aufstieg, beruflicher, Decken, gläserne 600 1 *16*, Diskriminierungsverbot 520 3 *12*, *17*; 600 1 *16*, Gleichbehandlung der Geschlechter 600 1 *2*, Zugang 520 3 *17*

Aufstiegsmöglichkeiten, Gleichbehandlungsgrundsatz 250 7 *7*

Auftragsnachfolge, 530 1 *1*, *72*, *93*, *97*

Ausbeutung, sexuelle, 50 7 *16f.*

Ausbildung, Berufsfreiheit 30 15 *8*, duale 450 4 *3*, *8* *2*, *6f.*

Ausbildungsförderung, 250 7 *19*

Ausbildungsquoten, Vorrangregeln 20 157 *77*

Ausbildungsstreitigkeiten, Schlichtungsausschuss, Vorlageberechtigung 20 267 *19*

Ausbildungsverhältnis, Art der Ausbildung 430 2 *24*, Befristungsgrund 500 Anh. § 5 *41*, Berufsziel 430 2 *24*, Pflichtangaben 430 2 *24*, Unterrichtungspflicht 430 4 *6*, 8 *6*

Ausfuhrfreiheit, Arbeitskampfmaßnahmen 30 28 *80*

Ausgleichsquittung, Anknüpfung 240 9 *55*

Ausgrenzung, soziale, Bekämpfung 20 153 *43*

Ausgrenzungsbekämpfung, Sozialpolitik 20 151 *20*, *26*, Zielbestimmung 30 21 *14*

Aushilfen, Nachweisgesetz 430 1 *12*

Auskunftsanspruch, Bewerbungsverfahren 520 10 *14*, Privatsphäre, Beeinträchtigung 40 8 *26*; 520 10 *14*

Auskunftsverweigerung, Diskriminierungsvermutung 520 10 *14*

Auslandsstudium, 250 10 *7*

2048

magere Zahlen = Artikel; kursive Zahlen = Randnummern   **Sachverzeichnis**

Auslandstätigkeit, Informationspflichten des Arbeitgebers 240 8 4
Auslegung, Amtssprachen 20 288 *6*, EuGH-Rechtsprechung 20 288 *57 f.*, Lückenfüllung 20 267 *9*, Recht, nationales 20 267 *1*, *13*, Unionsrecht 20 267 *1*, *4*, *8 f.*, *11 f.*, *27*, *43*, *93*, 288 *5*, Widersprüche, Auflösung 20 267 *9*
Auslegung, grundrechtskonforme, 10 6 *29 ff.*, *33*, *35*; 30 51 *22*, Unternehmerfreiheit 30 16 *21*
Auslegung, konventionsfreundliche, 40 1 *79*
Auslegung, primärrechtskonforme, 10 6 *31*; 20 267 *9*, Normerhaltung 20 267 *9*
Auslegung, richtlinienkonforme, 10 6 *45*; 20 267 *13*, *22*, 288 *24*; 520 16 *4*, Andeutungstheorie 20 288 *49 f.*, Arbeitsrecht 20 288 *37 f.*, Auslegungsspielraum 20 267 *13*, *22*, 288 *46*, *54*, Befristungsrahmenvereinbarung 500 4 *29 ff.*, contra legem 20 288 *47*, *80*, *86*, *90*, einheitliche 20 288 *71 ff.*, Gesetzesanwendung 20 288 *43 ff.*, gespaltene 20 288 *71 ff.*, Hybridnormen 20 288 *69*, *71*, *73 f.*, Loyalitätspflicht 20 288 *62 f.*, Normdurchsetzung 20 288 *37*, Pflicht 20 288 *48*, *51*, *54*, *59 ff.*, Recht, nationales 20 288 *65 f.*, Rechtsfortbildung 20 288 *49*, *76 ff.*, Rechtssicherheit 20 288 *51*, Richtlinienverstärkung, qualitative 20 288 *70*, Rückwirkungsverbot 20 288 *51 ff.*, Umsetzungswille 20 288 *48*, *67*, *82 ff.*, Vereinigungsfreiheit 30 12 *27*, Vertrauensschutz 20 288 *51*, *53 ff.*, Wortlautgrenze 20 288 *49 f.*
Auslegung, richtlinienorientierte, 20 267 *23*, 288 *68*
Auslegung, unionsrechtskonforme, 20 267 *21*, 288 *15*, Normerhaltung 20 288 *15*
Auslegung, unionsrechtsorientierte, 20 267 *21*
Auslegung, völkerrechtsfreundliche, 40 1 *77*, *79*; 50 Präambel *58*, 4 *8*
Auslegungsmethoden, Entstehungsgeschichte 20 267 *9*, 288 *5*, *47*, Normzweck 20 267 *9*, 288 *5*, Systematik 20 267 *9*, 288 *5*, *47*, Telos 20 288 *47*, Wortlaut 20 267 *9*, 288 *5 f.*, *47 ff.*
Ausreiserecht, Arbeitnehmerfreizügigkeit 20 45 *91 f.*
Ausrichtung, sexuelle, *s. Sexuelle Ausrichtung*
Ausschlussfristen, Arbeitsbedingungen, wesentliche 430 2 *10*, Diskriminierungsverbote 520 9 *7 ff.*, Fristbeginn 520 9 *8*, Fristdauer 520 9 *8*, tarifvertragliche 430 2 *10*
Ausschuss für soziale Rechte, 50 Präambel *1*, *6*, *14*
Ausschuss für Sozialschutz, 20 151 *4*
Außendienst, Arbeitsort 430 2 *18*
Außenseiterwirkung, Tarifvertrag 430 9 *1*
Äußerungen des Arbeitgebers, öffentliche, Diskriminierung, unmittelbare 520 2 *32*, 9 *5*, *10 8*
Aussperrung, Abwehraussperrung 50 6 *40*, Angriffsaussperrung 50 6 *40*, Arbeitskampfmittel 50 6 *38 ff.*, Ausschluss 50 6 *54*, Kollektivmaßnahme 30 28 *47*, Paritätsvorgaben 50 6 *54*, Rechtswidrigkeit 50 6 *54*, Verhältnismäßigkeitsgrundsatz 30 28 *61*; 50 6 *54*
Aussperrungsrecht, Kompetenzschranke 20 153 *33*, *45 f.*, *51 f.*, Schranken 50 6 *54*, Vereinigungsfreiheit 40 11 *31*
Auswahlkriterien, Diskriminierungsverbot 520 3 *12*
Auswahlverfahren, Diskriminierungsverbot 520 2 *16*, 3 *13*, öffentlicher Dienst 500 Anh. § 4 *13*, Anh. § 5 *21*
Ausweisung, Einreisepapiere, Verlust 20 45 *116*, Formverstöße 20 45 *117*, Gründe, zwingende 20 45 *106*, Sicherheit, öffentliche 20 45 *106*
Auszubildende, Arbeitnehmerbegriff 20 45 *23*; 30 27 *21*, 30 *7*, 31 *7*; 490 1 *53*, Arbeitsbedingungen 30 31 *7*, Entlassungsschutz 30 30 *7*, Massenentlassung 490 1 *53*

Banken, Abwicklung 210 1 *14*, Entgeltregelungen 20 153 *48*
Bareboat-Charterer, 410 *181*
Bauherren, 410 *158 ff.*
Bauleiter, 410 *158 ff.*
Bauprojekt, Ausführungsphase 410 *161*, Gesundheitsschutzkoordinatoren 410 *158 ff.*, Sicherheitskoordinatoren 410 *158 ff.*, Vorbereitungsphase 410 *161*
Baustellen, Arbeitsschutz 410 *93 f.*, Begriff 410 *158*
Baustellenrichtlinie, Anwendungsbereich, persönlicher 410 *158*, Anwendungsbereich, sachlicher 410 *158*, Arbeitgeberpflichten 410 *162*, Arbeitsschutz 410 *157*, Gesundheitsschutzkoordinatoren 410 *158 ff.*, Koordinierungsfehler 410 *157*, Koordinierungspflichten 410 *161*, Sicherheitskoordinatoren 410 *158 ff.*, Umsetzung 410 *157*, *163*, Vorankündigung 410 *160*
Baustellenverordnung, 410 *95*, *163*
Bauwirtschaft, Auftraggeberhaftung 460 5 *20*, Entsenderichtlinie 460 1 *2*, *5*, 3 *7*, Urlaubsanspruch 580 7 *18*
Beamte, Alimentationsgrundsatz 40 11 *38*, Altersgrenzen 520 6 *19*, *31*, Arbeitnehmereigenschaft 20 45 *11*, 153 *11*; 30 28 *17*; 580 7 *12*; 600 *3*, Arbeitnehmerfreizügigkeit 20 45 *11*, *48 13*, 153 *11*, Beihilfe 520 3 *26*, Beratungen, gemeinsame 50 6 *5*, Bestandsbeamte 40 11 *38*, *73*, Betriebsübergangsrichtlinie 530 2 *10*, Elternurlaub 640 Anh. § 1 *9*, EU-Beamte, *s. dort*, Jahresurlaub 20 153 *12*, Lebenszeitprinzip 40 11 *38*, Loyalitätspflicht 40 10 *24*, Meinungsäußerungsfreiheit 40 10 *4*, Recht, anwendbares 240 1 *24*, *26*, Sozialrecht, koordinierendes 20 48 *13*, *34*, Staatsangehörigkeit 20 45 *139*, Streikrecht 40 11 *33*, *37*; 50 6 *30*, *46 f.*, Streikverbot 40 11 *3*, *34 ff.*, *53*, *73*; 50 Präambel *8*, 6 *30*, *45*, Vereinigungsfreiheit 40 11 *7*; 50 5 *4*, *11*, Versammlungsfreiheit 40 11 *7*

2049

Sachverzeichnis

fette Zahlen = Kennziffer

Beamtenstatut, Gewerkschaften **30** 12 *25*, Vereinigungsfreiheit **30** 12 *25*
Beamtenverbände, Kollektivverhandlungen **40** 11 *36*
Beamtenvereinigungen, Vereinigungsfreiheit **40** 11 *33ff.*, Verhandlungen, freiwillige **50** 6 *13*
Beamtenversorgung, Entgeltbegriff **600** 7 *3*, Entgeltgleichheit **20** 157 *26*, Geschlechtsdiskriminierungsverbot **600** 7 *3*
Bedingung, 500 Anh. § 3 *8*, Arbeitsvertrag **500** Anh. § 3 *8*, Zweckbefristung **500** Anh. § 3 *8*
Befähigungsnachweise, Anerkennung **20** 45 *73f.*, Gleichwertigkeitsprüfung **20** 45 *74*, Inländergleichbehandlung **250** 6 *2*
Befristung (Arbeitsverhältnis), Altersgrenzen **500** Anh. § 2 *22*, Anh. § 5 *19*; **520** 6 *22, 44ff.*, Altersgruppen **500** Anh. § 5 *19*; **520** 2 *17*, Altersversorgung, betriebliche **500** Anh. § 4 *5*, Anciennitätsprämien **500** Anh. § 4 *23*, Anspruchsgeltendmachung **500** 4 *20f.*, Arbeitnehmer, Gleichstellung **420** *19*, Arbeitnehmerbegriff **500** Anh. § 2 *3f., 7ff.*, Arbeitnehmervertretungen, Schwellenwerte **500** Anh. § 7 *1ff.*, Arbeitsschutz **420** *1f., 4, 19f., 25, 33f.*, Arbeitsschutzgesetz **420** *10*, Arbeitssicherheit **420** *19*, Arbeitsunfälle **420** *4*, Arbeitsverbot **420** *25*, Arbeitsverhältnis **500** Anh. § 2 *3f., 7*, Arbeitsverhältnis, Dauer **430** 2 *26ff.*, Arbeitsverhältnis, direkt geschlossenes **500** Anh. § 3 *10f.*, aufeinanderfolgende Befristungen **500** Anh. § 5 *4f., 8f.*, aufeinanderfolgende Befristungen, Höchstdauer **500** Anh. § 5 *12*, Ausbildungsmöglichkeiten, Zugang zu **500** Anh. § 6 *7*, Ausbildungsverhältnis **500** Anh. § 5 *41*, Ausnahmecharakter **500** Anh. § 5 *27*, Bedarf, zeitweiliger **500** Anh. § 5 *18*, Bedingung, objektive **500** Anh. § 3 *5ff.*, Begriff **500** Anh. § 3 *5*, Berufsgruppen **500** Anh. § 5 *19*, Berufskrankheiten **420** *4*, Beschäftigung, befristete **500** Anh. § 2 *3, 5, 17*, Anh. § 3 *2f.*, Beschäftigungsbedingungen **500** Anh. § 4 *15*, Beschäftigungslosigkeit **500** Anh. § 5 *34*, Betriebsübergang **530** 2 *9, 4 4*, Dauer **500** 4 *20*, Dauerbefristung **500** Anh. § 5 *30*, Diskriminierung, mittelbare **500** Anh. § 4 *16*, Diskriminierung, unmittelbare **500** Anh. § 4 *16f.*, Dreierbeziehung **420** *17*, Elternurlaub **640** Anh. § 1 *10*, Elternzeit **500** Anh. § 5 *39*, Entgelt **500** Anh. § 4 *15*, Entlassungsbedingung **520** 3 *20*, Entlassungsschutz **30** 30 *8, 16, 27*, Erstbefristung **500** Anh. § 2 *22*, Anh. § 3 *9*, Anh. § 5 *5ff., 21*, Familienpflegezeit **500** Anh. § 5 *40*, Gesundheitsschutz **420** *19*, Gleichbehandlung **500** Anh. § 1 *3, 6f.*, Grundsatz des Sozialrechts der Union **500** Anh. § 4 *7*, Haushaltsbefristung **500** Anh. § 5 *21*, Höchstdauer **500** Anh. § 5 *23, 27*, kalendermäßige **500** Anh. § 3 *8*, Kettenbefristung **30** 30 *27*; **500** Anh. § 1 *5, 8f., 11*, Anh. § 5 *1*, Kündigungsfristen **500** Anh. § 4 *25*, Kündigungsschutz, allgemeiner **30** 30 *11*, Leiharbeit **500** 4 *4, 35*, Anh. § 2 *21*, Anh. § 3 *10*; **620** 1 *6, 2 4*, Mehrfachbefristung **500** Anh. § 1 *5, 8f., 11*, Anh. § 5 *1*, Missbrauch **500** Anh. § 5 *25f.*, Missbrauchskontrolle **30** 30 *27*; **500** Anh. § 5 *18, 30, 39f.*, Missbrauchsverhinderung **500** Anh. § 1 *5, 8f.*, Anh. § 5 *1f., 10f.*, Mutterschutzrichtlinie **440** 10 *6*, Nebentätigkeit **500** Anh. § 5 *18*, Nichtdiskriminierung **500** Anh. § 1 *5*, Anh. § 4 *1ff.*, Nichterneuerung befristeter Verträge **440** 10 *6*; **600** 14 *3*, Pensionsgrenze, allgemeine **520** 6 *22*, Pflegezeit **500** Anh. § 5 *40*, Pro-rata-temporis-Grundsatz **500** Anh. § 4 *3, 17f., 20f.*, Recht, mitgliedstaatliches **500** Anh. § 2 *3, 8f., 17*, Sachgrund **500** Anh. § 1 *11*, Anh. § 5 *12, 15ff., 30f.*, Sachgrund, selbstgerechter **500** Anh. § 5 *16, 21, 37*, sachgrundlose **30** 30 *27f.*; **500** Anh. § 5 *23*, Sanktionen **500** Anh. § 5 *25f.*, Schadensersatz **500** 4 *20*, Schlechterstellung **500** Anh. § 4 *8ff., 21*, Schlechterstellung, Rechtfertigung **500** Anh. § 4 *19f.*, Schriftformgebot **430** 2 *29*, Teilzeit- und Befristungsgesetz **420** *13*, Teilzeitbeschäftigung **500** Anh. § 5 *18*, Überwachung, präventivmedizinische **420** *25*, Umwandlung in unbefristetes Arbeitsverhältnis **500** Anh. § 5 *35*, Unterbrechung **500** Anh. § 5 *8*, Unterrichtung der Arbeitnehmer **420** *21*, Unterrichtungspflicht **420** *11*, Unterrichtungspflicht des Arbeitgebers **500** Anh. § 6 *3f.*, Unterweisung der Arbeitnehmer **420** *22*, Urlaubsanspruch **500** Anh. § 4 *24*, Urlaubsgeld **500** Anh. § 4 *18*, Verhältnismäßigkeitsprüfung **520** 6 *18*, Verjährung **500** 4 *28*, Verlängerung **500** 4 *20*, Anh. § 5 *1, 3, 21f., 24, 27*; **530** 4 *4*, Verlängerungen, Höchstzahl **500** Anh. § 5 *12, 24, 27*, Verlängerungs-Rechtsprechung **500** Anh. § 5 *35*, Vertragsbeendigung durch objektive Bedingungen **500** Anh. § 3 *5ff.*, Vertragsende, objektive Bedingungen **420** *16*, Vertretung eines Arbeitnehmers **500** Anh. § 5 *18, 20, 39f.*, Verwirkung **500** 4 *28*, Vorbeschäftigungszeiten **500** Anh. § 4 *5, 10, 13, 22*, Weihnachtsgeld **500** Anh. § 4 *18*, Weiterbildungsmöglichkeiten, Zugang zu **500** Anh. § 6 *7*, Wissenschaft **500** Anh. § 5 *36*, Zustandekommen, gesetzliches **500** Anh. § 3 *11*, Zweckbefristung **500** Anh. § 3 *8*

Befristungsrahmenvereinbarung, 500 1–4 *1*, Änderung **500** Anh. § 8 *1, 14*, Anwendungsausschluss **500** Anh. § 2 *18ff.*, Anwendungsbereich, sachlicher **500** Anh. § 1 *1*, Anh. § 2 *1*, Äquivalenzprinzip **500** 4 *19f., 22f., 28*, Anh. § 8 *12*, Arbeitnehmer, befristet beschäftigter **500** Anh. § 3 *1f., 4f., 9*, Auslegung **500** 4 *8*, Anh. § 3 *3*, Auslegung, richtlinienkonforme **500** 4 *29ff.*, Befristungsschutz **240** 9 *57*, Betriebsgröße **500** Anh. § 2 *2*, Dauerbeschäftigter, vergleichbarer **500** Anh. § 3 *1, 12ff.*, Anh. § 4 *11*, Effektivitätsgrundsatz **500** 4 *19f., 22f., 28*, Anh. § 8 *12*, Gleichbehandlung **240** 9 *57*;

magere Zahlen = Artikel; kursive Zahlen = Randnummern **Sachverzeichnis**

500 Anh. § 3 *12*, Haftungsanspruch gegen Mitgliedstaat 500 4 *32*, Leiharbeitsverhältnis 500 4 *4*, *35*, Anh. § 2 *21*, Anh. § 3 *10*, Mindestbestimmungen 500 4 *10*, *15*, Anh. § 8 *10*, Präambel 500 4 *2*, Rückwirkung 500 4 *28*, Sachverhalte, grenzüberschreitende 500 Anh. § 2 *12*, Übergangsrecht 500 4 *24*, Überprüfung der Anwendung 500 Anh. § 8 *1*, *13*, Umsetzung 500 4 *12ff.*, Anh. § 5 *30ff.*, Anh. § 6 *2*, Umsetzung, nicht fristgerechte 500 4 *25*, *32*, Umsetzung, nicht richtlinienkonforme 500 4 *25*, *32*, Umsetzung, sozialpartnerschaftliche 500 4 *10f.*, *16*, Umsetzungsfrist 500 4 *9*, *24*, *31*, Umsetzungspflicht 500 4 *9*, Unternehmensgröße 500 Anh. § 2 *2*, Verbindlichkeit 500 4 *1f.*, *7*, Vergleichbarkeit 500 Anh. § 4 *11f.*, Verschlechterungsverbot 500 4 *17*, *27*, Anh. § 1 *5*, Anh. § 8 *1ff.*, Wirkung, unmittelbare 500 4 *25ff.*, Ziele 500 Anh. § 1 *1*, *5*, Anh. § 4 *1*
Befristungsrichtlinie, Befristungsrahmenvereinbarung, Durchführung 500 4 *7*, Ermächtigungsgrundlage 500 4 *6*, öffentlicher Dienst 20 153 *12*, Sozialpartnervereinbarung 20 155 *10*, Unionskompetenz 20 153 *24*, *28*
Befristungsschutz, 500 Anh. § 4 *8ff.*, Anh. § 5 *12ff.*, Arbeitsmarktpolitik 500 Anh. § 1 *4*, Anh. § 5 *19*, *33f.*, Entlassungsschutz 500 4 *33*, Kombinierbarkeit der Befristungsschutzmodelle 500 Anh. § 5 *3*, *12*, *14*, *27f.*, Kündigungsschutz 500 4 *3*, Anh. § 1 *2*, Sanktionen 500 Anh. § 5 *12f.*, Unionsrecht 500 Anh. § 1 *3*
Behandlung, erniedrigende, Diskriminierungsverbot 30 21 *35*
Behandlung, medizinische, 40 8 *5*
Behandlung, unmenschliche, Verbot 40 1 *53*
Behinderte, Arbeitsvertrag, Beendigung 20 153 *29*, Beihilfenkontrolle 20 151 *43*, Grundrecht, soziales 30 27 *9*, Sozialleistungen 250 7 *19*, Unionskompetenz 20 153 *37f.*
Behinderung, Anforderungen, angemessene 520 5 *7*, Anforderungen, berufliche 520 1 *31*, Anforderungsprofil der Stelle 520 5 *11*, Arbeitsplatzbeschreibung 520 5 *12*, Barrieren, soziale 520 1 *29*, Beeinträchtigung, graduelle 520 1 *40*, Begriff 30 21 *78*; 520 1 *34f.*, *37*, *39*, Chancengleichheit 520 5 *6*, Diskriminierung durch Zugehörigkeit 520 1 *45*, Diskriminierung, mittelbare 520 2 *52*, *58*, Diskriminierung, positive 520 5 *4*, *7* *10ff.*, Diskriminierung, unmittelbare 520 2 *31*, 5 *5*, Diskriminierungsverbot 30 21 *5*, *13*, *18*, *25*, *39*, *40*, *51*, *66*, *77f.*; 510 19 *1*; 520 1 *4*, *5*, *28ff.*, 4 *14*, 5 *2*, *5*, Einschränkungen 520 1 *29*, Einschränkungen, altersbedingte 520 1 *41*, Fördermaßnahmen 520 1 *28*, *30f.*, 5 *2*, Förderpflichten 520 4 *14*, 5 *7f.*, *10* *8*, Gleichstellung 520 7 *5*, HIV-Infektion, symptomlose 520 1 *43*, Kind, Benachteiligung wegen 600 2 *5*, Krankheit 520 1 *36*, *39f.*, Langfristigkeit 520 1 *39*, Nachteils-

ausgleich 520 5 *13*, Persönlichkeitsverletzung 520 5 *4*, Richtlinienumsetzungsfrist 520 18 *1*, Selbstbestimmung 520 5 *2*, Teilhabeeinschränkung 520 1 *37*, Umweltbarrieren 520 1 *29*, Vorkehrungen, angemessene 520 1 *31*, *39*, 5 *1ff.*, *9ff.*, Zugangsdiskriminierung 520 3 *14*
Beihilfe, Entgeltbegriff 520 3 *26*, Mutterschaftsurlaub 600 4 *7*, Teilzeitbeschäftigung 600 2 *11*
Beihilfenkontrolle, 20 151 *43*
Beihilfeverbot, 20 151 *43*
Bekämpfung sozialer Ausgrenzung, 20 153 *43*
Bekleidung, *s. Kleidervorschriften*
Belästigung, am Arbeitsplatz 30 31 *3*, *13*, Anweisung zur Belästigung 520 2 *67*, Begriff 520 2 *59*; 600 *1f.*, *15*, Beleidigungen 520 2 *64*, Beweislast 600 2 *34*, Diskriminierung 520 2 *3*, *8*, *59*; 600 *15*, *34*, Diskriminierung, Vorbeugung 600 26 *1*, Diskriminierungsverbote 30 21 *3*, *98*, Einschüchterung 520 2 *64*, Entwürdigung 520 2 *64*, Erniedrigung 520 2 *64*, Geschlecht 600 2 *15ff.*, *20*, Gleichbehandlungsrichtlinie 600 2 *1f.*, *15ff.*, Herkunft, ethnische 510 2 *1*, *4*, 8 *5*, Menschenwürde 520 2 *63*; 600 *15*, Merkmale, geschützte 520 2 *62*, Mobbing 520 2 *60*, *62*; 600 *18*, Persönlichkeitsrechtsverletzung 520 2 *63*; 600 *18*, Rasse 510 2 *1*, *4*, 8 *5*, sexuelle, *s. Sexuelle Belästigung*, Umfeld, feindliches 520 2 *64*; 600 *15*, Verhalten, unerwünschtes 520 2 *61f.*; 600 *15*, Würdeverletzung 600 2 *15*
Belegschaftsübernahme, Angebot der Übernahme 530 1 *15f.*, *73*, *93f.*, Betriebsübergang 530 1 *1*, *15ff.*, *67*, *90f.*, *93*
Belgien, Sozialrecht, koordinierendes 20 48 *65*, Unfallversicherung 20 48 *69*
Benachteiligung, 520 2 *5f.*, Beweislast 520 10 *3*, *6*, Beweislastumkehr 520 10 *6*, Diskriminierung, unmittelbare 520 2 *15ff.*, intersektionelle 520 2 *35*, Motivbündel 520 10 *5*, Schnittmengen-Benachteiligung 520 2 *35*, sex-plus Benachteiligung 520 2 *34f.*; 600 *4*, Unterlassen 520 2 *19*
Benachteiligungsverbot, Verbot, gesetzliches 520 16 *9*, Viktimisierung 520 11 *1f.*
Beratungen, gemeinsame, 50 6 *5ff.*, Förderpflicht 50 6 *9*, *25*, Schranken 50 6 *6*
Bereitschaftsdienste, Anknüpfung 240 9 *31*, Arbeitszeit 50 2 *5*; 580 1 *9*, 2 *2*, *5*, Arbeitszeitverlängerung 580 2 *11*, Dienstwohnung 580 2 *13*, Haftung 580 2 *12*, Opt-out 580 22 *6*, Tätigwerden auf Anforderung 580 2 *7*, *9*, Untätigkeit 580 2 *5*, Verfügbarkeit des Arbeitnehmers 580 2 *5*, *7*, Vergütung 580 2 *2*, Zeiten, inaktive 580 1 *14*, 2 *8*
Bereitschaftsdienstzeit, 580 1 *15*
Bergbau, Arbeitsschutz 410 *94*
Berichtspflicht, allgemeine Berichtspflicht 20 159 *1*, Sozialpolitik 20 159 *1*
Beruf, Diskriminierungsschutz 520 1 *7*

Sachverzeichnis

fette Zahlen = Kennziffer

Berufsanfänger, Diskriminierung, mittelbare 520 2 *55*
Berufsausbildung, 50 1 *1, 16,* Arbeitnehmerfreizügigkeit 20 45 *20f.,* 153 *13,* Arbeitsverbot, Einschränkung 30 32 *9,* Arbeitszeit 50 7 *1,* Diskriminierung, mittelbare 600 2 *14,* Diskriminierungsschutz 520 3 *18,* Entgeltgleichheit 20 157 *49,* Geschlechtsdiskriminierungsverbot 600 4 *6,* 14 *1,* Gleichbehandlung 250 7 *39,* Jahresurlaub 430 2 *33,* Kollektivverhandlungen 50 6 *15,* Recht auf Arbeit 50 1 *18,* Zugang 520 3 *18*
Berufsausübung, 30 15 *16ff.,* Arbeitnehmerfreizügigkeit 20 45 *69,* Berufsfreiheit 30 15 *3, 21 4,* Diskriminierungsverbot 30 21 *4,* Persönlichkeitsverwirklichung 40 8 *10f.,* Unternehmerfreiheit 30 21 *4*
Berufsberatung, 50 1 *1,* Diskriminierungsschutz 520 3 *18,* Zugang 520 3 *18*
Berufsbildung, Arbeitnehmerbeteiligung 550 4 *27,* Gleichbehandlung der Geschlechter 600 1 *2*
Berufsbildungsgesetz, Jugendarbeitsschutz 450 1 *6*
Berufserfahrung, Alter 520 1 *53,* 6 *3, 5,* Altersdiskriminierung 520 6 *55ff.,* Arbeitsentgelt 520 6 *18,* Diskriminierungsschutz 520 3 *18,* Zugang 520 3 *18*
Berufsfeuerwehr, Höchstaltersgrenze 520 3 *3*
Berufsfreiheit, 10 6 *19;* 30 15 *1,* Altersgrenzen 30 15 *25,* Arbeitgeberwahl 30 15 *16,* Arbeitnehmer 30 15 *6f., 13,* Arbeitsortrecht 30 15 *16,* Bagatellgrenze 30 15 *15,* Beeinträchtigung, sonstige 30 15 *17, 19,* Befristung, sachgrundlose 30 15 *26,* Berufstätigkeit, grenzüberschreitende 30 15 *28,* Betätigungsfreiheit, wirtschaftliche 30 15 *1,* Drei-Stufen-Theorie 30 15 *22,* Eingriffe 30 15 *17f.,* Eingriffe, Rechtfertigung 30 15 *20ff.,* Entlassungsschutz 30 15 *30 6,* Erlaubnisvorbehalt 30 15 *13,* Erwerbsabsicht 30 15 *13,* Freiheitsrecht 30 15 *2, 9,* Grundfreiheiten 30 15 *10, 28,* Grundrechtecharta 30 15 *2, 27 9, 52 11,* juristische Personen 30 51 *38,* Lebensführung, freie Gestaltung 40 8 *11,* Lebensunterhalt 30 15 *4, 13,* negative 30 15 *16,* Persönlichkeitsverwirklichung 40 8 *14,* Rechtsgrundsatz, allgemeiner 30 15 *4,* Schutzbereich, persönlicher 30 15 *6, 11f.,* Schutzbereich, sachlicher 30 15 *13ff.,* Tendenzschutz 30 15 *27,* Verhältnismäßigkeitsgrundsatz 30 15 *22,* Wesensgehalt 30 15 *24,* Wirtschaftsgrundrecht 30 15 *1*
Berufskrankheit, 410 *12,* Sozialrecht, koordinierendes 20 48 7, *18,* Territorialitätsprinzip 20 48 *71,* Zurechnung 20 48 *71*
Berufsorganisationen, Diskriminierungsverbot 520 3 *11,* Mitgliedschaft 520 3 *29,* Mitwirkung in 520 3 *29*
Berufsqualifikation, Anerkennung 20 45 *73f., 88,* Eignungsprüfung 20 45 *75,* Gleichwertigkeitsprüfung 20 45 *74f.,* Inländergleichbehandlung 250 6 *2*
Berufsschule, 250 7 *39,* Mindesturlaub 450 11 *2*
Berufssport, *s. Profisport*
Berufsunfähigkeit, Invaliditätsversorgung 520 6 *80*
Berufswahl, freie, 20 151 *17;* 30 15 *3, 16ff.*
Berufung, Vorabentscheidungsverfahren 20 267 *31, 36f.*
Besatzungsmitglieder, Seeleute 580 1 *45;* 630 2 *11*
Beschäftigung, Diskriminierungsschutz 520 1 *7,* Freiwilligkeit 50 1 *1, 4ff., 10,* Zugang zur 20 45 *73ff.;* 50 1 *11;* 600 2, 2 *6*
Beschäftigung, geringfügige, Arbeitnehmereigenschaft 20 45 *18,* Bagatellgrenze 20 45 *18,* Betriebspensionszusage 470 Anh. § 4 *19,* Geschlechtsdiskriminierung, mittelbare 600 5 *9,* Rentenversicherungspflicht 600 5 *9,* Sozialversicherungsfreiheit 600 5 *9*
Beschäftigung, illegale, 40 4 *2*
Beschäftigungsanspruch, allgemeiner, 580 22 *11,* Kündigungsschutz 240 9 *51*
Beschäftigungsbedingungen, Antidiskriminierungsschutz 50 1 *11,* Arbeitsentgelt 520 3 *28,* Begriff 520 3 *19,* Diskriminierungsschutz 520 3 *19,* Geschlechtsdiskriminierungsverbot 600 14 *1,* Gleichbehandlungsgrundsatz 250 7 *1ff.,* Tätigkeit, selbständige 520 3 *19*
Beschäftigungsdauer, *s. Dienstalter*
Beschäftigungspolitik, 20 153 *3;* 50 1 *1f.,* Alter, Ungleichbehandlung wegen 520 6 *2, 8, 10, 26,* Arbeitszeitrichtlinie 580 1 *5, 23,* Koordinierung 20 151 *44*
Beschäftigungssicherung, Arbeitnehmerbeteiligung 550 1 *8,* 4 *27*
Beschäftigungstherapie, 450 2 *4*
Beschäftigungsverhältnisse, atypische, 420 *1,* Arbeitsschutz 420 1 *ff.*
Beschäftigungszeiten, Diskriminierung, mittelbare 250 7 *9ff.*
Beschluss (Unionsorgane), Verwaltungsaktsqualität 20 288 *1*
Beschlussverfahren, arbeitsgerichtliches, Betriebsverfassung 550 8 *12,* Beweislastregelung 510 8 *9,* Europäische-Betriebsräte-Gesetz 630 11 *2, 4,* SCE-Beteiligungsgesetz 570 14 *1,* SE-Beteiligungsgesetz 540 8 *16,* 12 *2,* Untersuchungsgrundsatz 520 10 *2,* Verschmelzung, grenzüberschreitende 590 16 *42,* Vorabentscheidungsverfahren 20 267 *20,* Zuständigkeit 220 1 *6*
Beschwerden, Viktimisierungsverbot 520 11 *1f.*
Bestellmutter, Mutterschaftsurlaub 440 2 *10f.*
Beteiligungsgesellschaften, Europäische-Betriebsräte-Richtlinie 630 3 *2*
Beteiligungsvereinbarung, 540 3 *21, 36f.,* 4 *1ff.;* 570 *1ff.,* Abschluss 540 3 *43, 49f.,* 4 *4;* 630 6 *1, 5,* Abschrift 540 4 *4,* Abstimmungsmodalitäten 630 12 *5,* Änderung 540 4 *10;*

magere Zahlen = Artikel; kursive Zahlen = Randnummern **Sachverzeichnis**

630 6 *13*, Änderungen, strukturelle 570 4 *2*; 630 6 *13*, Anhörung 540 4 *8*, *11 ff.*; 630 1 *2*, Arbeitnehmervertreter 540 4 *19*, Arbeitnehmervertreter, Zahl 540 4 *16*, *22*, Aufsichtsorgan 540 4 *14 ff.*, Aushandeln 630 5 *14*, Beschluss 540 4 *4*; 630 6 *5*, Bestellungsverfahren 540 4 *18*, Beteiligung der Arbeitnehmer 540 4 *7*, Direktoren, geschäftsführende 540 4 *15*, Drittstaatenbezug 540 4 *9*, Einigungsstellenverfahren 630 11 *3*, *5*, einstweilige Verfügung 540 12 *2*, Erklärungen 630 6 *5*, Europäischer Betriebsrat 630 5 *14*, 6 *1 ff.*, *14*, Fortgeltung 630 14 *1*, *5 ff.*, *10 ff.*, Fortsetzungsbeschluss 630 14 *7 f.*, Geltungsbereich 540 4 *8 f.*, Gestaltungsspielraum 630 6 *9*, Inhalt 540 4 *7 ff.*; 630 5 *15*, 6 *1*, *8 ff.*, Inkrafttreten 540 4 *8*, *10*, Kollektivvertrag sui generis 630 6 *7*, Kündigung 540 4 *10*; 630 6 *13*, Laufzeit 540 4 *8*, *10*; 630 6 *13*, Legaldefinitionen 540 2 *2*, 4 *14*; 630 2 *1*, Leitungsorgan, Mitglieder 540 4 *15*, Mehrheitsquorum 540 4 *4*; 630 6 *1*, Mitbestimmung 540 4 *14 ff.*, Mitgliederrechte 540 4 *19*, Neuverhandlungsklausel 540 4 *10*; 630 6 *13*, Niederschrift 540 4 *4*, Parteien 540 4 *1*, Rechtsnatur 540 4 *6*; 630 6 *7*, Rechtswegzuständigkeit 630 11 *3 ff.*, Schiedsabrede 540 12 *2*; 630 11 *3*, Schriftform 540 4 *5*; 630 5 *15*, 6 *6*, Sprache 630 6 *6*, Stimmengewichtung 540 4 *18*, Umwandlung, SE-Gründung durch 540 4 *20 ff.*, 7 *9 f.*, Unterrichtung 540 4 *8*, *11 ff.*; 630 1 *2*, Unterrichtungs- und Anhörungsverfahren 630 6 *17 ff.*, Vereinbarung zugunsten Dritter 630 6 *7*, Vereinbarungsautonomie 540 4 *7*; 630 6 *16*, Vereinbarungsbefugnis 540 4 *14 f.*, Verhandlungsmaxime 540 4 *3*, 5 *5*; 630 6 *2*, Verschmelzung, grenzüberschreitende 590 16 *23*, Verschwiegenheitspflicht 540 4 *19*, Vertretungsorgan 540 2 *15*, Verwaltungsorgan 540 4 *14 ff.*, Wahlanfechtung 540 4 *18*, Wahlfehler 540 4 *18*, Wahlgremium 540 4 *18*, Wahlverfahren 540 4 *18*, Wahlvorschlag 540 4 *18*, *22*, Wirkung, normative 540 4 *6*; 630 6 *7*, Wirkung, schuldrechtliche 630 6 *7*, Zusammenarbeit, vertrauensvolle 630 6 *1 f.*, *4*, Zuständigkeit, gerichtliche 540 12 *2*
Betrieb, Arbeitnehmerbeteiligung 550 2 *2*, *9 f.*, 3 *3 ff.*, Begriff 490 Vor 1 *9*, 1 *20*, *56 ff.*, 6 *18*; 540 2 *3*, *12*; 550 *10 ff.*, Betriebsteile 550 2 *12*, Einheit, betriebsratsfähige 550 2 *12*, Gemeinschaftsbetrieb 550 2 *12*, Kleinstbetriebe 550 2 *12*, mineralgewinnender, s. *Mineralgewinnung*, öffentliche 550 2 *11*, Tätigkeit, wirtschaftliche 550 2 *11 f.*, Unternehmenseinheit 550 2 *10 f.*, Zusammenfassung durch Tarifvertrag 490 1 *64*
Betriebliche Altersversorgung, s. *Altersversorgung, betriebliche*
Betriebliche Übung, Anknüpfung 240 9 *32*
Betriebsänderung, Betriebsübergang 530 7 *17*, Nachteile, wesentliche 530 7 *14*, Unterlassungsanspruch, allgemeiner 550 8 *13*

Betriebsbesetzung, Anknüpfung 230 9 *12*
Betriebsblockade, Anknüpfung 230 9 *12*
Betriebseinschränkung, Personalabbau 490 2 *35*, Unterrichtung 490 2 *34*
Betriebsgeheimnisse, 550 6 *3*, Verschwiegenheitspflicht 540 8 *6 f.*; 550 6 *6*
Betriebsinhaberwechsel, Arbeitnehmerbeteiligung 550 4 *32*
Betriebsordnung, Diskriminierungsschutz 520 16 *1*, *6*
Betriebspensionsanwartschaften, Verfallbarkeit 660 1 *4*
Betriebspensionszusage, Beschäftigung, geringfügige 470 Anh. § 4 *19*, Teilzeitbeschäftigung 470 Anh. § 4 *18 f.*
Betriebspraktikum, Arbeitszeit 450 8 *3*, *6 f.*, Kinder/Jugendliche 30 32 *9*; 450 4 *3*, Mindestalter 450 4 *5*
Betriebsrat, Arbeitnehmervertretung 550 2 *20*, Gewerkschaftsbegriff 40 11 *11*, Gleichbehandlung 250 8 *4*, Übergangsmandat 530 Vor 1 *25*, 6 *27 f.*, Wahlrecht, aktives 250 8 *4*, Wahlrecht, passives 250 8 *4*
Betriebsratsfähigkeit, Massenentlassungsschutz 490 1 *66*
Betriebsratsmitglied, Befristung 550 7 *7*, Befristung, sachgrundlose 550 7 *7*, Benachteiligungsschutz 550 7 *5 ff.*, Ehrenamt 520 3 *27*, Schulungsveranstaltungen 520 3 *26*, Teilzeitbeschäftigung 470 Anh. § 4 *22*
Betriebsrenten, 660 8 *2*, s. auch *Altersversorgung, betriebliche; Systeme der sozialen Sicherheit, betriebliche,* Altersgrenzen 520 1 *57*, Alterskriterien 520 1 *57*, Arbeitsentgelt 520 1 *63*, Ausschlussfrist 600 17 *4*, Barber-Protokoll 20 157 *27*; 520 17 *10*; 600 12 *7*, Begrenzung, zeitliche 600 5 *11*, Bezugszeitpunkte 600 5 *6*, Dienstleistungsfreiheit 20 151 *35*, sexuelle Ausrichtung 520 1 *63*, Zahlungen, grenzüberschreitende 480 5 *1*
Betriebsrentenrecht, Harmonisierung 660 1 *2*
Betriebsrisiko, Arbeitsverhältnisstatut 240 9 *37*
Betriebssicherheitsverordnung, 410 95, *132*, Explosionsschutz 410 *192*
Betriebsstilllegung, Konsultationsverfahren 490 2 *1*, *5*, stufenweise 490 1 *2*
Betriebsteil, Massenentlassungsanzeige 490 3 *3*, Massenentlassungsschutz 490 1 *59*
Betriebsteilübergang, 530 1 *1*, *3*, *59 ff.*, Arbeitnehmerzuordnung 530 1 *62 ff.*, 2 *15*, Einheit, wirtschaftliche 530 1 *8*
Betriebstreue, s. *Dienstalter*
Betriebsübergang, 7-Punkte-Katalog 530 1 *77*, Aktiva 530 1 *50*, Aktiva, immaterielle 530 1 *1*, *67*, *88 ff.*, *99*, Aktiva, materielle 530 1 *1*, *11*, *82 ff.*, Alter, Leistungen bei 530 3 *71 ff.*, Anhörung der Arbeitnehmer 550 4 *11*, *14*, *19*, Anhörung der Arbeitnehmervertreter 530 7 *1 ff.*, Anhörung der Arbeitnehmervertreter, Regel-Verfahren 530 7 *6 ff.*, Anknüpfung 240 9

2053

Sachverzeichnis

fette Zahlen = Kennziffer

60, Äquivalenzgrundsatz 530 3 10, Arbeitgebereigenschaft 530 2 2f., Arbeitgeberwechsel 530 1 35, Arbeitnehmer, Gesamtheit 530 1 1, arbeitnehmerähnliche Personen 530 2 14, Arbeitnehmerbegriff 530 2 9ff., 13f., Arbeitnehmerbeteiligung 30 27 12; 550 4 19, 22, 28, 33, 9 1ff., Arbeitnehmerschutz 530 Vor 1 4ff., Arbeitnehmerüberlassung 530 1 95, Arbeitnehmervertreter 530 2 4ff., 6 1ff., Arbeitnehmervertreter, Neubestellung 530 6 19f., Arbeitsbedingungen 30 16 23; 530 3 7, 47ff., Arbeitsbedingungen, kollektivvertragliche 530 3 22ff., 42ff., 68ff., 5 4, Arbeitsbedingungen, Mindestzeitraum der Aufrechterhaltung 530 3 68ff., Arbeitsentgelt 530 3 5f., 17, Arbeitskraft, menschliche 530 1 1, 71, 73, 80, 92f., Arbeitsorganisation 530 1 91, 99ff., Arbeitsverhältnis 530 1 62f., 2 9, 11f., 16, 3 3f., 8, 15, 4 4, Arbeitsvertrag 530 2 9, 11, 16, 3 8, 15, 4 4, Arbeitsvertrag, befristeter 530 2 9, 4 4, Art des Betriebs/Unternehmens 530 1 1, 67, 78ff., Auftragsnachfolge 530 1 1, 72, 93, 97, Auftragsvergabe 530 3 40, Ausgleichszahlung 530 3 21, Auslegung, richtlinienkonforme 530 1 41f., Beendigung, dem Arbeitgeber zuzurechnende 530 4 11ff., Begriff 530 1 1, Belegschaftsübernahme 530 1 1, 15ff., 67, 90f., 93, Betriebsart 530 1 1, Betriebsgesellschaft 530 1 64, Betriebsmethoden 530 1 99, Betriebsmittel 530 1 1, 14, 67, 82ff., Betriebsmittelveräußerung 530 1 106, Betriebsvereinbarung 530 3 46, Betriebsverfassung 530 6 26ff., Beweislast 530 3 10, Bezugnahmeklauseln 530 3 26ff., Bezugnahmeklauseln, dynamische 30 12 28, Bezugnahmeklauseln, kleine dynamische 30 16 27f., Bonität 530 3 38, Darlegungslast 530 3 10, Dauerhaftigkeit 530 1 1, 51f., Dienstalter 530 3 18, Due Diligence 30 16 23; 530 3 40, Effektivitätsgrundsatz 530 3 10, Eigentumsübertragung 530 1 50, Einheit, wirtschaftliche 530 1 1, 6ff., 59, 2 1f., 6 2ff., 6ff., Entgeltbedingungen 530 3 17, Entlassung, Leistungen bei 530 3 19, Erbfolge, gesetzliche 530 1 44, Erwerber 530 2 1, 3, Finanzierung 530 1 103, Führungskräfte 530 1 91, Funktionsnachfolge 530 1 1, 72, 93, Gebäude 530 1 1, 67, 82f., Gesamtbewertung 530 1 68ff., 88, 90, 96, 98f., Gesamtzusage 530 3 15, grenzüberschreitender 530 Vor 1 4, 20, 1 105ff., Günstigerprüfung 530 8 2ff., Güter, bewegliche 530 1 1, 67, 82f., Haftung, gesamtschuldnerische 530 3 38f., Hauptbelegschaft, Übernahme 530 1 1, 15ff., 67, 90f., 93, Heimarbeiter 530 2 13, Hinterbliebenenleistungen 530 3 71ff., Identitätswahrung 530 1 1, 53ff., 67, 2 1, Information des Arbeitnehmers 530 7 18ff., Information des Erwerbers 530 3 40f., Informationsrechte 530 7 1ff., Informationsverfahren 550 9 3ff., Informationszurechnung 530 7 9, Inhaberwechsel 530 1 10f., 35ff., 2 1, 12, Insolvenz 210 1 1, 10 5; 530 5 1ff., 6 30, Interessenvertretung 530 1 113, Invaliditätsleistungen 530 3 71ff., Kollektivverträge 530 3 22ff., 42ff., Kollektivverträge, ablösende 530 3 62ff., Konsultationsrechte 530 7 1ff., Konsultationsverfahren 550 9 3ff., Kostensenkung 530 1 106, Kündigung, rechtswidrige 530 4 2ff., Kündigungsgründe 530 4 6ff., Kündigungsschutz 210 1 1; 530 3 5, 4 10, Kündigungsverbot 530 3 10, 4 1ff., 6, Kundschaft, Übergang 530 1 1, 96, Leiharbeit 530 1 101, 2 9, 12, Leitungsmacht 530 1 48, Leitungsübernahme 530 1 91, 94, 103, Leitungswechsel 530 1 91, Mandatsende 530 6 31, Marktschließung 530 1 106, Neutralität des Übergangs 530 3 4, 17, 63, 6 16, öffentlicher Dienst 530 3 18, 4 9, 6 28, Organisationsbefugnisse 530 6 11, 13, Organisationsstrukturen 530 1 59, 61, 100f., 6 8, 11, Personalübernahme 530 1 91, 94, Pflichten, Übergang 530 3 11ff., 47f., Rechte, Übergang 530 3 11ff., 47f., Rechtsträger, neuer 530 1 1, Rechtsvorschriften, anwendbare 530 1 103, Rechtsweg 530 9 4, Rom I-VO 530 1 109f., Schiedsstellenanrufung 530 7 3, 12ff., Schutzniveau, einheitliches 530 Vor 1 4, 3 6, 16, Schutzregeln 530 3 1f., 11ff., Selbständigkeit 530 6 13ff., Selbständigkeit der wirtschaftlichen Einheit 530 6 2ff., Selbständigkeit, Verlust 530 6 21ff., Sozialpolitik 530 Vor 1 2, Standortverlagerung 530 Vor 1 20, 1 107ff., Statutenwechsel 530 1 110ff., Subunternehmereinsatz 530 1 37, Tarifgebundenheit, kongruente 530 3 61f., Tarifvertrag 530 3 46, Tätigkeit, Fortführung 530 1 57f., 98, Tätigkeit, Wiederaufnahme 530 1 57f., Tätigkeit, wirtschaftliche 530 1 1, 6, 19ff., Tätigkeitsunterbrechung 530 1 1, 58, 102, Teilübergang, s. Betriebsteilübergang, transnationaler 530 Vor 1 4, 20, 1 105ff., Übergang, gesetzlicher 530 1 39f., Übergangsmandat des Betriebsrats 530 Vor 1 25, 6 27f., Übertragung, vertragliche 530 1 36, Übung, betriebliche 530 3 15, Unternehmensart 530 1 1, Unternehmerfreiheit 30 16 22; 530 3 34f., 37, 8 6, Unterrichtungspflicht 530 7 21; 550 4 11, 14, 17, 28, Veräußerer 530 2 1f., 12, Vereinigungsfreiheit, negative 530 3 36f., Vermögensgegenstände 530 1 50, Verschlechterungsverbot 530 3 4f., 66f., 4 6, Verschmelzung 530 1 36, 45ff., Vertragsfreiheit 30 16 22; 530 3 34f., 37, 8 6, Vorruhestandsleistungen 530 3 19ff., Wettbewerbsverzerrungen 530 Vor 1 3, Widerspruchsrecht der Arbeitnehmer 530 3 74ff., Zeitpunkt, maßgebender 530 2 16, 3 3, 8, 15, 4 4, Zielsetzung, eigene 530 1 26, Zusatzversorgungseinrichtungen 530 3 71ff., Zuständigkeit, gerichtliche 530 Vor 1 104, 108, 115, Zweck, eigener 530 1 26ff.

Betriebsübergangsrichtlinie, 210 1 4, Adressaten 530 14 1, Anwendungsbereich, räumlicher 530 1 105ff., Anwendungsbereich, sachli-

2054

magere Zahlen = Artikel; kursive Zahlen = Randnummern **Sachverzeichnis**

cher **530** Vor 1 *21*, 1 *1 ff.*, Arbeitnehmerbeteiligung **550** 1 *3*, 9 *1 ff.*, Arbeitnehmerschutz **530** Vor 1 *4 ff.*, *13*, Daseinsvorsorge **530** 1 *20*, Entwicklung **530** Vor 1 *12 ff.*, Fassungen **530** Vor 1 *1*, Geltungsbereich, räumlicher **240** 1 *3*, Handlungspflichten **530** 9 *1*, Inkrafttreten **503** Vor 1 *25*, Interessenausgleich **530** Vor 1 *8 ff.*, Kollektivverträge **30** 28 *101*, Kommissionsberichte **530** 10 *1 ff.*, öffentlicher Dienst **20** 153 *12*; **530** 1 *20 ff.*, *29 ff.*, Reform **530** Vor 1 *21 ff.*, Sanktionspflichten **530** 9 *1 ff.*, Teilharmonisierung **530** 3 *6*, *63*, 4 *9*, 8 *1*, Umsetzung **530** 14 *1*, Vor 1 *24 ff.*, Unionskompetenz **20** 153 *23*, *32*, *71*, Verwaltung, öffentliche **530** 1 *20 ff.*, *29 ff.*

Betriebsvereinbarung, Altersgrenze **20** 267 *46*, Auslegung, primärrechtskonforme **10** 6 *35*, Betriebsübergang **530** 3 *46*, Diskriminierungsschutz **520** 16 *7*, Kollektivmaßnahmen **30** 28 *33*, Kollektivverhandlungen **30** 28 *33*, Recht, anwendbares **240** 1 *34*, Unionsrecht, Anwendungsvorrang **10** 6 *40*

Betriebsverfassung, Anhörungsrechte **550** 8 *12*, Arbeitnehmerbegriff **550** 2 *16*, Arbeitnehmerbeteiligung **550** 1 *6*, Benachteiligungsschutz **550** 7 *5 f.*, Beratung **550** 2 *24*, Beratungsrechte **550** 4 *23*, Beschlussverfahren, arbeitsgerichtliches **550** 8 *12*, Betriebsübergang **530** 6 *26 ff.*, 7 *17*, Bußgeldandrohung **550** 8 *13*, einstweiliger Rechtsschutz **550** 8 *16*, Gesetzgebungskompetenz **550** 14 *1*, Rechtsdurchsetzung **550** 8 *12*, Sanktionen **550** 8 *12 f.*, Schwellenwerte **550** 3 *9 f.*, Sozialpartnervereinbarungen **550** 5 *5 ff.*, Tendenzschutz **550** 3 *20 ff.*, Unterlassungsanspruch, allgemeiner **550** 8 *13 ff.*, Unterrichtungsrechte **550** 4 *23 ff.*, 8 *12*, Vertraulichkeitsgrundsatz **550** 6 *6 ff.*

Betriebsversammlung, **550** 2 *20*
Betriebszugehörigkeit, *s. Dienstalter*
Beurteilung, Mutterschutzrichtlinie **440** 11 *15*
Bewährungszeit, Mutterschutzrichtlinie **440** 11 *15*
Beweislast, Arbeitsbedingungen **430** 6 *4*, Benachteiligung **520** 10 *3*, Diskriminierung, mittelbare **520** 10 *5*, *10 ff.*, Diskriminierung, unmittelbare **520** 10 *5*, Diskriminierungsschutz **520** 10 *1 ff.*, Günstigerprüfung **520** 10 *15*, Rechtfertigungsgrund **520** 10 *3*, Rechtsschutzgarantie **520** 10 *1 f.*, Verbandsklageverfahren **520** 10 *2*
Beweislastrichtlinie, **520** 10 *3 f.*
Beweislastumkehr, Arbeitsbedingungen **430** 6 *4 f.*
Beweislastverteilung, Anknüpfung **240** 18 *1*
Beweismittel, Beweiskraft **520** 10 *7*
Bewerbungsgespräch, Nichteinladung **520** 2 *16*, 3 *13*, Schwerbehinderte **520** 7 *13*
Bewerbungsverfahren, Auskunftsanspruch **520** 10 *14*, Diskriminierung, mittelbare **520** 2 *40*, *47*, Diskriminierung, unmittelbare **520** 2 *16*,

24, *29*, 10 *8*, Eignung, objektive **520** 2 *40*, Ungleichbehandlung **30** 21 *86*
Bezirkspersonalrat, Arbeitnehmervertretung **550** 2 *20*
Bezugnahmeklauseln, Betriebsübergang **530** 3 *26 ff.*; Rechtswahl **240** 8 *9*
Bezugnahmeklauseln, dynamische, Betriebsübergang **530** 3 *30 ff.*, *36*, Koalitionsfreiheit **30** 12 *28*
Bezugnahmeklauseln, kleine dynamische, Unternehmerfreiheit **30** 16 *27 f.*
Bildschirmarbeitsrichtlinie, **410** *143*, Anwendungsbereich, sachlicher **410** *144*, Arbeitgeberpflichten **410** *145*, Arbeitsplatzanalyse **410** *145*, Bildschirmarbeitsverordnung **410** *147*, Informationspflicht **410** *143*, Sehhilfen **410** *146*, Stufenplan **410** *145*, Umsetzung **410** *143*, *147*, Untersuchung, augenärztliche **410** *146*
Bildschirmarbeitsverordnung, **410** *95*
Bildschirmgeräte, Arbeitsschutz **410** *93 f.*, Beteiligung der Arbeitnehmer **410** *113*
Bildung, berufliche, Alter, Ungleichbehandlung wegen **520** 6 *2*, *8*, Unionskompetenz **20** 153 *38*
Bildung, Recht auf, **30** 27 *9*
Bildungseinrichtungen, Koalitionsfreiheit **40** 11 *72*
Bildungspolitik, **20** 151 *47*
Bildungsurlaub, **430** 2 *30*, Anknüpfung **240** 9 *33*
Binnenmarkt, **20** 45 *1*, Einheitliche Europäische Akte **20** 151 *8*, Grundfreiheiten **10** 6 *12 f.*; **20** 151 *31*, Kompetenzgrundlage **20** 151 *8*
Binnenmarktverordnung, Grundfreiheiten **30** 28 *6*
Binnenschifffahrt, Arbeitnehmer, mobile **580** 2 *19*, 20 *1*
Biostoffrichtlinie, **410** *8*, *152 ff.*, *s. auch Arbeitsstoffe, biologische*, Anwendungsbereich **410** *153*, Arbeitgeberpflichten **410** *154 f.*, Informationspflichten **410** *154 f.*, Mitteilungspflichten **410** *154*
Biostoffverordnung, **410** *95*, *156*
Biozidverordnung, **410** *7*
Blockade, Arbeitskampfmittel **40** 11 *30*; **50** 6 *41*, Koalitionsfreiheit, negative **40** 11 *46*
Botschaft, Zweigniederlassung **220** 20 *11*
Botschaftspersonal, Arbeitsverhältnisstatut **240** 8 *57*, Ortskräfte **240** 8 *57*
Boykott, Anknüpfung **230** 9 *12*, Arbeitskampfmittel **40** 11 *30*; **50** 6 *41*, Dienstleistungsfreiheit **20** 56 *17*, Erfolgsort **220** 7 *6*, Kompetenzschranke **20** 153 *51*
Boykottaufruf, Arbeitskampfmittel **30** 28 *46*
Branchentarifvertrag, Kartellverbot **30** 28 *83*
Brandbekämpfung, **410** *63*, *121*
Brandmeldung, **410** *121*
Briefe, Privatsphäre, Schutz der **40** 8 *8*
Briefkastenfirma, Dienstleistungsfreiheit **460** 1 *43 f.*
Briefverkehr, **10** 6 *19*

2055

Sachverzeichnis

fette Zahlen = Kennziffer

Brüssel I-VO, 220 1 *1*
Brüssel Ia-VO, 240 1 *7,* Anerkennung von Entscheidungen 220 1 *2,* 45 *1 ff.,* Annexkompetenz 220 7 *3,* Anwendungsbereich, persönlicher 220 1 *9 f.,* Anwendungsbereich, räumlicher 220 1 *9 f.,* Anwendungsbereich, sachlicher 220 1 *5 ff.,* Anwendungsbereich, zeitlicher 220 1 *11,* Arbeitgeberhaftung 220 7 *1,* Arbeitnehmereigenschaft 220 1 *5,* 20 *3,* Arbeitnehmerhaftung 220 7 *1,* Arbeitnehmerschutz 220 25 *1,* Arbeitskampf 220 1 *2,* 7 *1,* 5 *ff.,* Arbeitsort, gewöhnlicher 220 1 *3, 5, 9,* 21 *3, 8,* Arbeitsverhältnis 220 1 *5,* 6 *1, 3,* 7 *9,* 20 *1 ff., 3 f., 10,* Ausweichklausel 220 21 *12 f.,* Betriebsverfassungsrecht 220 1 *6,* Drittbeziehungen, arbeitsrechtliche 220 20 *5,* Europäische Insolvenzverordnung, Abgrenzung 210 3 *6,* Gerichtsstand, allgemeiner 220 1 *21,* 21 *4 ff.,* Gerichtsstände, exorbitante 220 20 *13,* Gerichtsstandsvereinbarung 220 1 *3,* 20 *8,* 25 *2 ff.,* Individualarbeitsvertrag 220 1 *5,* 6 *1, 3,* 7 *8,* Insolvenz 210 1 *3,* Klagen des Arbeitgebers 220 1 *3,* 20 *6,* 22 *1 f.,* Klagen des Arbeitnehmers 220 1 *2 f.,* 20 *2, 4,* 21 *1 ff., 8 ff.,* Konzernsachverhalte 220 8 *1,* Niederlassung, einstellende 220 6 *9,* 20 *10,* 21 *8 f.,* Rechtsformzwang, qualifikationsrechtlicher 220 1 *5,* 20 *3,* Rechtsschutz, vorbeugender 220 7 *3,* Regelgerichtsstand 220 6 *1,* Sachzusammenhang 220 8 *1,* Sicherheit, soziale 220 1 *8,* Tarifvertragsrecht 220 1 *6,* unerlaubte Handlung 220 6 *2,* 7 *1 ff.,* Vollstreckung von Entscheidungen 220 1 *2,* 45 *1 ff.,* Vorabentscheidungsverfahren 220 1 *12,* Widerklagen 220 20 *7,* 22 *2,* Wohnsitz in einem Mitgliedstaat 220 20 *1, 14,* 21 *4 ff.,* 22 *1,* Zuständigkeit, internationale 220 1 *2 f.,* 6 *1 ff.,* 20 *10;* 240 1 *1,* Zweigniederlassung 220 1 *3,* 20 *10 f., 14,* Zweipersonenbeziehung 220 20 *4*
Bruttolohn, Arbeitsentgelt 520 3 *26*
Bummelstreik, 40 11 *30,* Arbeitskampfmittel 50 6 *41*
Bundesagentur für Arbeit, EURES-Berater 250 20 *2,* Garantieeinrichtung 610 5 *6*
BUSINESSEUROPE, 20 154 *5;* 640 1 *1*
Buslinien, Betriebsübergang 530 1 *80*
Bußgeld, Diskriminierungen 520 16 *2*

Call for advice, 560 1 *5*
CE-Kennzeichnung, 410 *128*
CEC, 640 1 *1*
CEEP, 640 1 *1*
Chancengleichheit, Abwehrrecht 600 2 *1,* Elternurlaub 640 1 *6,* Anh. § 1 *2,* Frauen 600 28 *3,* Gleichbehandlungsrahmenrichtlinie 520 1 *8, 10, 12 f.,* Gleichbehandlungsrichtlinie 600 1 *2, 9,* Herkunft, ethnische 510 5 *3,* Kompetenzgrundlage 20 157 *79 ff.,* Unionskompetenz 20 153 *3, 39 ff.*
Charterflugunternehmen, Betriebsübergangsrichtlinie 530 1 *38*

class action, Entgeltgleichheit 50 4 *15*
Closed-shop-Vereinbarung, 40 1 *15,* 11 *17,* Gewährleistungspflichten 40 11 *55,* Koalitionsfreiheit, negative 40 11 *42 f.,* Rechtfertigung 40 11 *58,* Schutzpflicht 30 12 *22,* Tarifeinheit 40 11 *65,* Vereinigungsfreiheit 50 5 *11*
CLP-Verordnung, 410 *7, 148*
Contractual Trust Arrangements, Pensionsrückstellungen 560 2 *6*
customer preferences, 40 9 *25;* 510 4 *3;* 520 *12 f.*

Dänemark, Entsendung 460 3 *9, 11*
Darlegungslast, 520 10 *5*
Daseinsvorsorge, Betriebsübergangsrichtlinie 530 1 *20,* Koalitionsfreiheit 40 11 *72,* Massenentlassungsrecht 490 1 *5,* Sozialversicherungsträger 550 2 *7,* Streikverbot 50 6 *44,* Verwaltung, öffentliche 20 45 *134, 137*
Daten, persönliche, Einsichtsrecht 40 8 *21*
Datenschutz, Anknüpfung 240 9 *35,* Arbeitsrecht 40 1 *34,* 8 *3,* Arbeitsverhältnis 50 1 *14,* Fragerecht des Arbeitgebers 520 3 *16,* Kompetenzgrundlage 20 153 *76,* Privatsphäre, Schutz der 40 8 *7, 21, 23, 32, 37*
Datenverarbeitungsanlagen, 410 *144,* tragbare 410 *145*
Davignon-Bericht, 540 1 *2*
Decken, gläserne, 600 1 *16*
Deichhilfe, 40 4 *14*
Demonstration, Koalitionsfreiheit 40 11 *47,* Versammlungsfreiheit 40 11 *8*
Demonstrationsstreik, Koalitionsfreiheit 40 11 *20, 27 ff.*
Derogation, Erforderlichkeit 40 1 *55;* 50 Präambel *30,* Krieg 40 1 *54;* 50 Präambel *28,* Kriegsgefahr 50 Präambel *28,* Notifikation 50 Präambel *29, 31,* Notstand, öffentlicher 40 1 *54;* 50 Präambel *28*
Derogationserklärung, 50 Präambel *29*
Derogationsklausel, Europäische Menschenrechtskonvention 40 1 *53 ff.,* Europäische Sozialcharta 50 Präambel *27 ff.*
Deutschkurs, 510 2 *3,* 4 *4*
Dialekt, Diskriminierungsverbot 30 21 *67*
Dialog, sozialer, *s. Sozialer Dialog*
Dienstalter, Altersdiskriminierung 520 6 *55, 58 f.,* Betriebsübergang 530 3 *18,* Diskriminierung, mittelbare 600 2 *14,* Diskriminierung, unmittelbare 520 6 *3, 5,* Entgeltgleichheit 20 157 *50,* Mutterschutzrichtlinie 440 11 *15*
Dienstalterszulage, Inländergleichbehandlung 250 7 *9*
Dienstleistung, 460 1 *47*
Dienstleistungsbetriebe, Betriebsübergang 530 1 *81*
Dienstleistungsentsendung, 460 1 *52 ff.*
Dienstleistungserbringer, selbständige, Arbeitnehmerbegriff 20 153 *7,* Diskriminierungsverbot 250 7 *14*

magere Zahlen = Artikel; kursive Zahlen = Randnummern

Sachverzeichnis

Dienstleistungsfreiheit, 20 45 *1*, 56 *1ff.*; 460 1 *40ff.*, Abgrenzung 20 45 *41*, Aktionen, kollektive 20 56 *17*, aktive 20 56 *1*, Annex-Freizügigkeit 20 45 *42*, Ansässigkeit 20 56 *1, 6*, Arbeitnehmerüberlassung 20 56 *10*, Arbeitskampf 30 28 *77*, Bauleistungen 20 56 *5*, Beeinträchtigung 20 56 *11ff.*, Beschränkungsverbot 20 45 *63*, 56 *11, 151 34*, Boykott 20 56 *17*, Diskriminierungsverbot 20 56 *11*; 460 1 *40*, Drittstaatsangehörigkeit 20 56 *8*, Drittwirkung, unmittelbare 10 6 *40*, Entgeltlichkeit 20 56 *5*, freie Mitarbeiter 20 56 *2*, Handeln, grenzüberschreitendes 30 28 *79*, Kollektivmaßnahmen 30 28 *79*, Kollektivverhandlungen 30 28 *79*, Leiharbeit 620 4 *1ff.*, ordre public 520 2 *69*, passive 20 56 *1*, Sozialrecht, freizügigkeitsspezifisches 20 48 *3*, Tätigkeit, vorübergehende 20 45 *40, 42*, vorübergehend 20 56 *7*

Dienstleistungsfreizügigkeit, *s. Dienstleistungsfreiheit*

Dienstleistungsrichtlinie, 460 1 *19ff.*, Arbeitnehmerentsendung 460 1 *23*, Beschäftigungsbedingungen 460 1 *22*, Herkunftslandprinzip 460 1 *19f.*, Kollektivmaßnahmen 30 28 *78*, Kollektivverhandlungen 30 28 *78*

Dienstleistungsvertrag, Arbeitnehmerentsendung 460 1 *25*

Dienstordnungsangestellte, Arbeitnehmerbegriff 580 7 *12*, Arbeitszeitrichtlinie 580 1 *39*

Dienststelle, 550 2 *12*, Schwellenwert 550 3 *11*

Dienststellenleiter, Arbeitszeitrecht 30 31 *24*

Dienstvereinbarung, Betriebsübergang 530 3 *46*, Diskriminierungsschutz 520 16 *7*

Dienstverhältnis, Diskriminierungsverbot 520 3 *11f.*

Dienstwohnung, Verfügbarkeit, jederzeitige 580 2 *13*

Diplom, Anerkennung 20 45 *73f.*, Arbeitnehmerfreizügigkeit 250 6 *2*, Gleichwertigkeitsprüfung 20 45 *74*

Diplomatie, Koalitionsfreiheit 40 11 *72*

Direktionsrecht, Anknüpfung 240 9 *27*

Direktversicherung, 560 2 *3, 6*, Geschlechtsdiskriminierungsverbot 600 6 *6*

Direktzusage, 560 2 *6*

discrimination by association, 520 1 *45*

Diskriminierung, Anweisung zur Diskriminierung, *s. dort*, Begriff 520 2 *1, 4f.*, Belästigung 520 2 *59ff.*; 600 *15, s. auch dort*, Beweislast 510 8 *2*, indirekte 50 4 *13*, Pönalisierung 520 1 *1*, Rechtfertigung 30 21 *54, 90ff.*; 520 2 *10*, Rechtsfolgen 520 1 *13*, Spürbarkeit 520 1 *1*, Unterlassungsanspruch, präventiver 520 1 *1*, Unwirksamkeitsfolge 30 21 *117*, verdeckte 30 21 *89*; 520 2 *7*, Vermutung 510 *2f.*, durch Zugehörigkeit 520 1 *45*, Zurechnung 520 2 *65*

Diskriminierung, mittelbare, 30 21 *91, 94ff., 111f.*; 520 2 *3, 6, 36ff.*, Angemessenheit der Mittel 520 2 *36*, Anschein, erster 520 2 *41*, Arbeitsmarktlage 600 2 *14*, Betroffenheit, besondere 520 10 *10*, Betroffenheit, materiell gravierende 520 2 *49*, 10 *12*, Betroffenheit, überproportionale 520 2 *49*, 10 *12*, Beweiserleichterung 520 2 *42f.*, 10 *5*, *10ff.*, Beweislastregelung 520 2 *40f.*, Darlegungslast 520 10 *10*, Erforderlichkeit der Mittel 520 2 *36*, Erwägungen, wirtschaftliche 520 2 *53*; 600 *14*, Gleichbehandlungsrahmenrichtlinie 520 1 *12*, Gleichbehandlungsrichtlinie 600 2 *1f., 7ff.*, Grundfreiheiten 520 2 *42*, Gruppenbetroffenheit 520 10 *10ff.*, Gruppengleichheit 520 2 *6, 13*, Gruppenvergleich 520 2 *41*, Kriterium, neutrales 520 2 *44ff.*, Nachweis, statistischer 520 2 *41, 49f.*, 10 *11*, Rechtfertigung 520 2 *36, 55*; 600 *6*, Sachgründe, Widerlegung durch 520 2 *39*, Situation, vergleichbare 520 2 *47*, verdeckte 520 2 *7*, Vergleich, hypothetischer 520 2 *49*, Vergleichsgruppenbildung 520 2 *46f.*, Verhältnismäßigkeitsprüfung 520 2 *54*, Vermutung 510 8 *2*; 520 10 *10*, Vermutungswirkung, Widerlegung 520 2 *51f.*, 10 *13*, Ziel, rechtmäßiges 520 2 *53*

Diskriminierung, positive, 50 1 *13*; 510 5 *1*; 520 7 *1ff.*, Alter 520 7 *9*, Arbeitsvertrag 20 157 *69*, Behinderung 520 7 *10ff.*, Entgeltgleichheit 20 157 *62ff.*, Ergebnisgleichheit 520 7 *8*, Fördermaßnahmen 520 7 *1f., 6ff.*, Frauenquoten 520 7 *8*, Gleichheit von Frauen und Männern 30 23 *1, 3f.*; 520 7 *6*; 600 3 *1*, Herkunft, ethnische 510 5 *3*, Hochschulzugang 520 7 *3*, Normadressat 520 7 *4*, Rechtfertigungstatbestand 520 7 *3*, Religion 520 7 *9*, Selbständige 650 5 *1f.*, Tarifvertrag 20 157 *69*

Diskriminierung, unmittelbare, 30 21 *84ff., 91, 111*; 520 2 *3, 6, 11ff.*, Anknüpfungsverbot 520 2 *15*, Äußerungen des Arbeitgebers, öffentliche 520 2 *32, 9 5*, Befristung 500 Anh. § 4 *16f.*, Behandlung, weniger günstige 520 2 *15f.*, Benachteiligung 520 2 *15ff.*, Beweisantritt 520 2 *21*, Beweislast 520 2 *27*, 10 *5*, Bewirken 520 2 *26*, Bezwecken 520 2 *26*, Erwerbstätigkeit, Zugang zur 520 2 *29*, Gleichbehandlungsrichtlinie 600 2 *1ff.*, Gruppenbildung, homogene 520 2 *13, 33*, Individualgleichheit 520 2 *6*, Ingerenz 520 2 *19*, Legaldefinition 30 21 *85*, Merkmale, geschützte 520 2 *26f.*, Motivbündel 520 2 *28*, Nachweis, statistischer 520 10 *9*, Rechtfertigung 520 2 *14, 39, 4 4*; 600 2 *6*, Rechtswidrigkeit der Verhaltensweise 520 2 *14*, Situation, vergleichbare 30 21 *88*; 520 2 *20ff.*, strict liability 520 2 *27*, Substantiierung 520 2 *21*, Teilgruppen 520 2 *33*; 600 1 *14, 2 4, 38*, verdeckte 520 2 *7*, Vermögensschaden 520 2 *16*, Vermutung 510 8 *2f.*; 520 10 *8f.*, Verschulden 520 2 *27*

Diskriminierungsbekämpfung, Ermächtigungsgrundlage 30 21 *28*, Gleichbehandlungsrahmenrichtlinie 510 19 *1*; 520 1 *10f.*, Nichtregierungsorganisationen, Dialog mit 520 *14*

Sachverzeichnis

fette Zahlen = Kennziffer

1f., Querschnittsklausel **30** 21 *18f.*, Schutzpflicht **520** 1 *11*, Zielbestimmung **20** 157 *8*; **30** 21 *14*
Diskriminierungsschutz, Anpassung nach oben **520** 1 *2, 13*, 16 *13*, 17 *6ff.*
Diskriminierungsverbote, absolutes Diskriminierungsverbot **30** 21 *59*, Abwehrrechte **30** 21 *2, 14, 16*, 51 *45*, allgemeines Diskriminierungsverbot **20** 46 *2*, 48 *26*; **30** 21 *52f.*, *100*, Arbeits- und Beschäftigungsfragen **30** 21 *8*, Arbeitsrecht **30** 21 *7*, Auslegung, grundrechtskonforme **10** 6 *31*, Belästigung **30** 21 *3*, *98*, Benachteiligung, nicht gerechtfertigte **30** 21 *3*, Beweislast **520** 10 *3*, Drittwirkung **470** 4 *4*, Ermächtigungsgrundlage **30** 21 *24ff.*, Freiheitsschutz **30** 21 *4*, Gleichbehandlungsgrundsatz **510** 2 *1f.*; **520** *1*, Gleichheitssatz, allgemeiner **30** 21 *2*, Grundrecht **520** 1 *1*, Grundrechtecharta **30** 21 *1f.*, *5ff.*, *9ff.*, 27 *9*, Grundrechtecharta, Anwendungsvorrang **30** 21 *46*, Grundrechtsadressaten **30** 21 *48ff.*, Grundrechtsträger **30** 21 *47*, Günstigkeitsprinzip **520** 8 *2ff.*, Konkordanz, praktische **30** 21 *92*; **520** 16 *11*, Menschenwürde **30** 21 *2*, Persönlichkeitsschutz **30** 21 *2f.*, *11*, Primärrecht **30** 21 *5*, Rechte, subjektive **30** 21 *116*, Rechtsgrundsätze, allgemeine **30** 21 *42ff.*, Schutzbereich **30** 21 *3*, Schutzpflichten **30** 21 *119*, Sekundärrecht **30** 21 *8*, *51*, Teilgruppen **30** 21 *56*, *89*; **600** 1 *14*, 2 *4*, *38*, Unionsrecht, Anwendungsvorrang **10** 6 *40*, Verhaltensweisen, unzulässige **30** 21 *83ff.*, Verhältnismäßigkeitsgrundsatz **30** 21 *92*, *97*, Vertrauensschutz **520** 17 *10*
Distanzdelikte, Arbeitskampfmaßnahmen **230** 9 *12*, Zuständigkeit, internationale **220** 7 *2*
DNA-Spuren, Privatsphäre, Schutz der **40** 8 *9*
Dolmetscher, Anforderung, berufliche **510** 4 *4*
Doppelbesteuerungsabkommen, **250** 7 *29*, *33f.*
Dozenten, Altersgrenzen **520** 6 *19*
Drei-von-sechs-Jahren-Regel, **250** 7 *37*
Dritter Weg, Diskriminierungsschutz **520** 16 *7*
Drittstaatsangehörige, Arbeitnehmerbegriff **20** 153 *13*, Arbeitsbedingungen **20** 153 *3*, *35f.*; **30** 15 *2*, *5*, *29f.*, *33ff.*, 21 *102*, Aufenthaltsrecht **460** 2 *16*, Beschäftigungsbedingungen **20** 153 *35f.*, Einreise **510** 3 *5*, Entsendung **460** 2 *15ff.*, Gleichstellung **30** 15 *2*, *5*, Grundrechtsträger **30** 51 *36*, Mindestbedingungen **460** 2 *18*, Sozialrecht, koordinierendes **20** 48 *17*, Transfer, unternehmensinterner **460** 2 *18*, Unionskompetenz **20** 153 *15*, Unternehmerfreiheit **30** 16 *6*, Versammlungsfreiheit **30** 12 *11*, Zusatzrenten-Gleichstellungsrichtlinie **480** 2 *1*
Drogenscreening, Privatsphäre, Schutz der **40** 8 *27f.*
Drogentest, Integrität, körperliche **40** 8 *22*, Kontrolle **40** 8 *3*, Privatsphäre, Schutz der **40** 8 *22*
Dualismus, Arbeitsschutz **410** 22, *78*

Due Diligence, Betriebsübergang **30** 16 *23*; **530** 3 *40*
Durchsetzungsrichtlinie zur Entsenderichtlinie, **20** 56 *13*; **460** 1 *16ff.*, *21*, *37*, *44f.*, 2 *5*, 4 *1*, 5 *4*, Arbeitgeberhaftung **460** 5 *4*, Arbeitnehmereigenschaft **460** 2 *5*, Arbeitsvertrag, Bereithaltung **460** 5 *10*, Beitreibungsersuchen **460** 5 *5*, Dienstleistungsempfänger, Pflichten **460** 5 *13*, Dokumentenvorlage **460** 5 *11*, Geldbußen **460** 5 *5*, Informationspflichten **460** 4 *1ff.*, Kontaktperson **460** 5 *12*, Kontrollmaßnahmen **460** 5 *4*, *6ff.*, *14*, Rechtsverfolgung **460** 5 *15*, Sanktionen **460** 5 *4*, Sprachen **460** 4 *2*, Überwachung durch Aufnahmeland **20** 56 *13*; **460** 1 *18*, Umsetzungsfrist **460** 5 *4*, Unteraufträge **460** 5 *4*, *16ff.*, Unterauftragskette **460** 5 *18*, Verjährung **460** 5 *15*, Verwaltungsanforderungen **460** 5 *4*, *6ff.*, *14*, Verwaltungssanktionen, finanzielle **460** 5 *5*, Zusammenarbeit nationaler Behörden **460** 4 *3*, 5 *14*
Durchsuchung, Angemessenheit **40** 8 *37*

e-Curia, Vorabentscheidungsverfahren **20** 267 *83*
E-Mail-Korrespondenz, Abrufen dienstlicher Mails **450** 3 *5*, 10 *2*, Kontrolle **40** 8 *3*
Effektivitätsgrundsatz, Altersversorgung, betriebliche **600** 12 *9*, Arbeitnehmerbeteiligung **550** 8 *6*, Arbeitszeitschutz **580** 6 *4f.*, Befristungsrahmenvereinbarung **500** 4 *19f.*, *22f.*, *28*, Anh. § 8 *12*, Betriebsübergang **530** 3 *10*, Entgeltgleichheit **20** 157 *57*, Europäische Sozialcharta **50** Präambel *13*, Geschlechtsdiskriminierung **600** 2 *46*, Gleichstellung **20** 157 *70*, Grundrechtecharta **30** 51 *13*, Massenentlassung **490** 6 *2*, *5*; **550** 8 *2*, Rechtsdurchsetzung **550** 8 *2*, Rechtsverfolgung **600** 17 *4*, Verfahrensrecht **520** 9 *3*, *7*, Verjährung **520** 9 *10*
effet utile, Arbeitnehmerbeteiligung **550** 8 *1*, *10f.*, Betriebsübergangsrichtlinie **530** 6 *28*, Gleichbehandlungsrichtlinie **600** 23 *1*, Massenentlassungsanzeige **490** 6 *17*, *20*, Rechtsdurchsetzung **550** 8 *2*, Richtlinienwirkung **20** 288 *26*
EFTA, Betriebsübergangsrichtlinie **530** Vor 1 *19f.*
EG-Druckgeräterichtlinie, **410** *126*
EG-Maschinenrichtlinie, **410** *5*, *126*
EG-Niederspannungsrichtlinie, **410** *126*
EG-Rahmenrichtlinie Arbeitsschutz, s. *Arbeitsschutzrahmenrichtlinie*
Ehepartner, Arbeitnehmereigenschaft **20** 45 *19*, Arbeitnehmerfreizügigkeit **20** 45 *120*, Beitrag zum Familienunternehmen **650** 1 *2*, mitarbeitende **650** 2 *1*, 7 *1*, 16 *3*, Mutterschaftsleistungen **600** 2 *42*, Unternehmensgründung **650** 6 *1*
Ehepartnerinnen, Mutterschaftsleistungen **650** 8 *1*
Ehescheidung, Kündigungsgrund **520** 4 *21*

magere Zahlen = Artikel; kursive Zahlen = Randnummern **Sachverzeichnis**

Eheschließung, Prämien 520 3 *26,* Urlaub, bezahlter 520 3 *26*
Ehrenamt, Arbeitsleistung 520 3 *27,* Erwerbstätigkeitsbegriff 520 3 *12*
Eigenbetriebe, Betriebsbegriff 550 2 *12,* Betriebsübergang 530 6 *28,* Massenentlassung 490 1 *5*
Eigenkündigung, Entgeltrückstände 490 1 *42,* Entlassungsschutz 30 30 *10,* Massenentlassungsschutz 490 1 *31, 37*
Eigentum, 10 6 *19*
Eigentumsfreiheit, 520 4 *2*
Eigentumsgarantie, 40 1 *53,* Schutzpflicht 40 1 *40*
Eigentumsgrundrecht, 30 21 73
Eingliederung, berufliche, Altersdiskriminierung 520 6 *42 f.,* Arbeitnehmer, ältere 520 6 *42 f.,* Fürsorgepflicht 520 6 *42 f.,* Jugendliche 520 6 *42 f.,* Unionskompetenz 20 153 *3, 37 f.,* Verfahrensvorschriften 520 10 *8*
Eingriffsnormen, Anwendung 240 9 *14 f.,* Arbeitskampfmaßnahmen 230 16 *1,* Arbeitsverhältnisstatut 240 9 *13,* Begriff 240 9 *3 ff.,* Entsenderichtlinie 460 1 *13 f.,* Geltungswille, zwingender 240 9 *9 ff.,* Individualschutz 240 9 *10,* Mindestlohn 460 1 *71,* öffentliches Recht 240 9 *11,* Ordnung, öffentliche 460 3 *42,* ordre public 240 21 *2, 5,* Rechtswahl 240 8 *31,* Rom I-VO 240 1 *16,* 8 *1,* Sozialrecht 240 9 *10,* Unionsrecht 240 9 *12,* Verfassungsrecht 240 9 *11*
Einheitliche Europäische Akte, Sozialpolitik 20 151 *8;* 410 *3*
Einigungsstellen, Vorlageberechtigung 20 267 *19*
Einigungsstellenverfahren, Arbeitnehmerbeteiligung 630 11 *3, 5,* Betriebsübergang 530 7 *17*
Einkommensteuerrecht, 250 7 *24 ff.,* Altersversicherung, freiwillige 250 7 *33,* Aufwand, abzugsfähiger 250 7 *32 f.,* Diskriminierungen 250 7 *36 f.,* Doppelbesteuerung 250 7 *29, 33 f.,* Einkünfte, negative 250 7 *26,* Freizügigkeit 250 7 *35,* Gleichbehandlung 250 7 *36,* Günstigerprüfung 250 7 *27,* Kohärenz, steuerliche 250 7 *34,* Riesterrente 250 7 *31,* Sozialversicherungsbeiträge 250 7 *30,* Steuerpflicht 250 7 *32,* Überbrückungsbeihilfe 250 7 *38,* Vorsorgeabzüge 250 7 *26, 28*
Einreisebestimmungen, 510 3 *5;* 520 31
Einreiserecht, Arbeitnehmerfreizügigkeit 20 45 *91 f.*
Einrichtungen, Grundrechtsverpflichtete 30 51 *4*
Einrichtungen der betrieblichen Altersversorgung, 560 1 *1 ff., 7 ff., s. auch Altersversorgung, betriebliche,* Aufsichtsrecht 560 20 *1 f.,* Auskunftspflichten 560 1 *12,* Begriff 560 2 *1,* Berufserfahrung 560 1 *9,* Dienstleistungsfreiheit 560 1 *3,* Größenvorteile 560 1 *8,* Herkunftsmitgliedstaat 560 20 *1,* Kapitaldeckungsverfahren 560 2 *1,* kleine 560 2 *5,* Qualifikation, fachliche 560 1 *9,* Registereintragung 560 1 *9,* Richtlinienumsetzung 560 22 *2,* Sicherheit, soziale 560 2 *2,* Tätigkeit, grenzüberschreitende 560 1 *8 f., 2 5,* 20 *1 ff.,* Tätigkeitsmitgliedstaat 560 20 *1 f.,* Umlageverfahren 560 2 *4,* Wettbewerbsfähigkeit der Wirtschaft 560 1 *8,* Zuverlässigkeit 560 1 *9*

Einrichtungen, gemeinnützige, Arbeitnehmerbegriff 30 27 *21,* Arbeitnehmerfreizügigkeit 20 45 *24*
Einrichtungen, kirchliche, *s. Kirchen*
Einschreibegebühren, 250 7 *19*
Einstellung, Diskriminierung, unmittelbare 520 2 *16,* Höchstalter 520 6 *67 ff.,* Zustimmung der Arbeitnehmervertretung 240 9 *26*
Einstellungsbedingungen, Geschlechtsdiskriminierungsverbot 600 14 *3*
Einstellungsentscheidung, Diskriminierungsschutz 520 3 *13*
Einstellungspflichten, Arbeitsverhältnisstatut 240 9 *24*
Einstellungsverweigerung, Nichterneuerung befristeter Verträge 600 14 *3*
Einstimmigkeitsprinzip, Gesetzgebungsverfahren, besonderes 20 153 *3, 15, 26, 28, 31, 36,* 65
Einstufung, berufliche, Entgeltdiskriminierung 600 4 *2, 11 f.*
Einstweiliger Rechtsschutz, Vorabentscheidungsverfahren 20 267 *20, 42*
Einwirkungen, physikalische, 410 *116, 193, 197, 201, 205*
Einzelmaßnahmen, personelle, Diskriminierung, unmittelbare 520 10 *8 f.*
Einzelrichtlinien, 410 *101,* Aktionsprogramm zur Anwendung der Gemeinschaftscharta der sozialen Grundrechte der Arbeitnehmer 410 *100;* 660 1 *5,* Änderungen 410 *96, 102,* Anhörung der Arbeitnehmer 410 *96, 113,* Anwendungsbereich, örtlicher 410 *96, 105,* Anwendungsbereich, persönlicher 410 *104,* Anwendungsbereich, sachlicher 410 *96,* Arbeitsschutzrecht 410 *5 f., 8, 88, 93 ff., 117 ff.,* Ausbildung 410 *110,* Beteiligung der Arbeitnehmer 410 *113,* Einwirkungen, physikalische 410 *116, 193, 197, 201, 205,* Entsprechungstabellen 410 *96, 103,* Europäisches Aktionsprogramm für Sicherheit, Arbeitshygiene und Gesundheitsschutz 410 *99,* Gefährdungsbeurteilungspflicht 410 *106 f.,* Gesundheitsüberwachung 410 *96,* Mindestvorschriften 410 *101,* Rechtsgrundlagen 410 *96 ff.,* Risikogruppen 410 *88 ff., 96, 116;* 440 1 *1,* Schulung 410 *110,* Umsetzung 410 *95,* Unterrichtung der Arbeitnehmer 410 *96, 110 ff.,* Unterweisung der Arbeitnehmer 410 *96, 110 ff.,* zweites Aktionsprogramm der Europäischen Gemeinschaften für Sicherheit und Gesundheitsschutz am Arbeitsplatz 410 *98*

2059

Sachverzeichnis

fette Zahlen = Kennziffer

Elektromagnetische Felder, Aktionsplan **410** *207*, Arbeitgeberpflichten **410** *207*, Arbeitsschutz **410** *94*, Begriff **410** *206*, Einzelrichtlinie **410** *205*, Expositionsgrenzwertüberschreitung **410** *207*, Gesundheitsüberwachung **410** *114*, Langzeitwirkungen **410** *206*, Präventivmaßnahmen **410** *205*, Risikobewertung **410** *107*, *207*, Umsetzungsfrist **410** *205*

Elterngeld, Befristungsgrund **500** Anh. § 5 *39*, Familienleistung **20** *48 79*, Sozialrecht, koordinierendes **20** *48 77*

Elternschutz, Schutzbereich, persönlicher **30** *33 13*

Elternurlaub, 30 *33 2, 4, 13, 21 f.*; **580** *7 11*, Adoption **640** Anh. § 2 *1 f.*, Anh. § 4 *1 ff.*, Alter des Kindes **640** Anh. § 2 *8*, Anknüpfung **240** *9 39*, Ankündigungsfristen **640** Anh. § 3 *16*, Anspruch der Eltern **640** Anh. § 2 *5, 7*, Anspruchsberechtigung **640** Anh. § 2 *1 ff.*, Arbeit, gleichwertige **640** Anh. § 5 *2 f.*, Arbeitnehmerbegriff **640** Anh. § 1 *7 f.*, Arbeitnehmereigenschaft **640** Anh. § 5 *10*, Arbeitsleistung **580** *7 19*, Arbeitsverhältnis während des Elternurlaubs **640** Anh. § 5 *9 ff.*, Arbeitsverträge, befristete **640** Anh. § 3 *6*, Aufteilung **640** Anh. § 3 *3*, Beamte **640** Anh. § 1 *9*, Behinderung des Kindes **640** Anh. § 3 *14*, Benachteiligungsverbot **640** Anh. § 5 *13*, Beschäftigung, befristete **640** Anh. § 1 *10*, Beschäftigungsausmaß **640** Anh. § 3 *6*, Beschäftigungsdauer **640** Anh. § 1 *12*, Anh. § 3 *4 f.*, Beschäftigungsverhältnis **640** Anh. § 1 *7 f.*, Anh. § 5 *10 ff.*, Betreuung, tatsächliche **640** Anh. § 2 *3*, Betreuungspflichten, Aufteilung **640** Anh. § 1 *3*, Betriebszugehörigkeit **640** Anh. § 1 *12*, Anh. § 3 *4 f.*, Beweislastverteilung **640** Anh. § 5 *14*, Chancengleichheit **640** *1 6*, Chancengleichheit von Männern und Frauen **640** Anh. § 1 *2*, Dialog, sozialer **640** *1 5*, Dienstzeitenberechnung **640** Anh. § 5 *9*, Diskriminierungsschutz **640** *1 4*, Anh. § 5 *13 ff.*, Einkommensersatzleistung **640** Anh. § 5 *19 f.*, Elternschaft, biologische **640** Anh. § 2 *1*, Elternschaft, rechtliche **640** Anh. § 2 *1*, Entgeltfortzahlung **640** Anh. § 5 *19 f.*, Anh. § 7 *3*, Erwerbstätigkeit, Wiederaufnahme, *s. Rückkehr an den Arbeitsplatz*, Familienstrukturen **640** Anh. § 1 *4*, Form **640** Anh. § 3 *2 f.*, Fortbildungen **640** Anh. § 6 *5*, Geburt **640** Anh. § 2 *1 f.*, Geschlechtergleichbehandlung **640** Anh. § 1 *5 f.*, Grundrecht, soziales **640** Anh. § 5 *15*, Günstigerprüfung **640** Anh. § 2 *4*, höhere Gewalt wegen familiärer Gründe **640** Anh. § 1 *12*, Anh. § 7 *1 ff.*, Interessenausgleich **640** Anh. § 3 *7*, Jahresurlaub **440** *11 17*; **640** Anh. § 5 *8*, Kontakt mit dem Arbeitgeber **640** Anh. § 6 *3 ff.*, Krankenversicherung **640** Anh. § 5 *17*, Kreditstunden **640** Anh. § 3 *3*, Kündigungsentschädigung **640** Anh. § 5 *11*, Langzeitkrankheit des Kindes **640** Anh. § 3 *14*, Leiharbeit **620** *3 16*, Leiharbeitnehmer **640** Anh.

§ 1 *10*, Mehrlingsgeburt **640** Anh. § 2 *5*, Anh. § 3 *15*, Anh. § 4 *2*, Mindestdauer **640** *1 4*, Anh. § 2 *6 ff.*, Mindeststandardklausel **640** Anh. § 8 *1*, Mutterschutzrichtlinie **640** Anh. § 5 *10*, Obsorgepflichten, Aufteilung **640** Anh. § 1 *3*, Outsourcing **640** Anh. § 5 *2*, Pflegeelternschaft **640** Anh. § 2 *1, 4*, Rahmenvereinbarung **640** *1 1 ff.*, Anh. § 3 *1*, Rationalisierungskündigung **640** Anh. § 5 *16*, Rationalisierungsmaßnahmen **640** Anh. § 5 *2*, Rechte, erworbene **640** Anh. § 5 *4 ff.*, Rückkehr an den Arbeitsplatz **640** *1 4*, Anh. § 5 *1 ff.*, Anh. § 6 *1 ff.*, Schutzentschädigung, pauschale **640** Anh. § 5 *15*, Schwangerschaft während Elternurlaub **640** Anh. § 3 *10*, Sektor, öffentlicher **640** Anh. § 1 *8 f.*, Sozialleistungen **640** Anh. § 5 *9, 12, 17 f.*, Stelleneinsparung **640** Anh. § 5 *2*, Strategieklausuren **640** Anh. § 6 *5*, Teamsitzungen **640** Anh. § 6 *5*, Teilzeitbeschäftigung **640** Anh. § 1 *10*, Teilzeiturlaub **640** Anh. § 3 *3*, Anh. § 5 *11, 15*, unbezahlter **640** Anh. § 1 *6*, Unterbrechung **640** Anh. § 2 *7*, Unternehmen, kleine **640** Anh. § 1 *11*, Anh. § 3 *12 f.*, Unübertragbarkeit **640** Anh. § 1 *3*, Anh. § 2 *9 f.*, Urlaubsgewährung **640** Anh. § 2 *8*, Väter **640** Anh. § 1 *3*, Vereinbarkeit von Familie und Beruf **640** *1 6*, Anh. § 1 *1*, Anh. § 7 *1*, Vergütung **640** Anh. § 1 *3*, Anh. § 5 *19 f.*, Verschiebung **640** Anh. § 3 *7 ff.*, Verschlechterungsverbot **640** Anh. § 8 *2*, Vollzeiturlaub **640** Anh. § 3 *3*, Wahlrecht **640** Anh. § 3 *3*, Wartezeit **640** Anh. § 3 *4 ff.*, Anh. § 7 *5*, Weihnachtsgratifikation **640** Anh. § 5 *7*, Zeitguthaben **640** Anh. § 3 *3*

Elternurlaubsrichtlinie, 640 *1 4*, Sanktionen **640** *2 1 ff.*, Schadensersatz **640** *2 2*, Sozialpartnervereinbarung **20** *155 10*; **640** *1 1 ff.*, Anh. § 3 *1*, Umsetzung **640** *3 1*, Anh. § 8 *3*, Unionskompetenz **20** *153 25, 42*; **640** *1 6*

Elternzeit, Altersversorgung, betriebliche **600** *9 8*, Anknüpfung **240** *9 33*, Arbeitsleistung **580** *7 19*, Befristungsgrund **500** Anh. § 5 *39*, Kündigungsschutz **30** *30 4*, Massenentlassungsschutz **490** *1 83*, Urlaubsanspruch **580** *7 19*, Versorgungssystem, betriebliches **600** *6 5*

Empfehlung (Unionsorgane), Auslegungshilfe **20** *288 1*

EMV-Richtlinie, 410 *129*

Energieversorgung, Arbeitnehmerbeteiligung **550** *2 7*, Arbeitnehmerfreizügigkeit **20** *45 137*

Entfristung, 430 *2 28*

Entgeltbemessungssystem, Diskriminierung, mittelbare **520** *2 55, 10 12*

Entgeltbestandteile, Diskriminierungsverbote **520** *2 25*, Pflichtangabe **430** *2 37 ff.*, variable **430** *2 39*

Entgeltbestimmungen, 580 *1 3, 2 2*

Entgeltdiskriminierung, *s. auch Entgeltgleichheit*, **600** *2 24 ff.*, Angleichung nach oben **520** *2 25, 16 5*; **600** *18 1*, Beweislast **600** *4 3*, Dis-

magere Zahlen = Artikel; kursive Zahlen = Randnummern

Sachverzeichnis

kriminierung, mittelbare **520** 2 *42;* **600** *10,* Diskriminierung, unmittelbare **600** 2 *3,* Entgeltdiskriminierung **600** 2 *24 ff.*
Entgeltfortzahlung, Insolvenzgeldschutz **610** 3 *10*
Entgeltfortzahlung im Krankheitsfall, Anknüpfung **240** 9 *39,* Brüssel Ia-VO **220** 1 *8,* Eingriffsnorm **240** 9 *39,* Entgeltgleichheit **20** 157 *19*
Entgeltgleichheit, 20 151 *3, 5 f.,* 157 *2,* Abfindungen **20** 157 *19,* Akkordlohn **20** 157 *28,* Anpassung nach oben **520** 17 *6 ff.,* Arbeit **520** 3 *27,* Arbeit, gleiche **20** 157 *30 f.,* Arbeit, gleichwertige **20** 157 *32 f.;* **50** 4 *12 ff.,* Arbeitgeber **20** 157 *15 f.,* Arbeitgeberbegriff **20** 157 *15,* Arbeitnehmer **600** 1 *20,* Arbeitnehmerbegriff **20** 157 *12 ff.,* Arbeitsbedingungen, andere **20** 157 *17, 20 f.,* Arbeitsbewertungssystem **20** 157 *51,* Arbeitsverhältnis **20** 157 *12,* Arbeitsverhältnis, Beendigung **20** 157 *19,* Aufwendungsersatz **20** 157 *18,* Beamtenversorgung **20** 157 *26,* Begriffsbildung, autonome **20** 157 *12,* Berufsausbildung **20** 157 *49,* Betriebszugehörigkeit **20** 157 *50,* Beweislast **20** 157 *52 ff.,* Diskriminierung, indirekte **50** 4 *13,* Diskriminierung, positive **20** 157 *8, 62 ff.,* Diskriminierungsverbot **30** 21 *30 f., 43;* **600** 1 *6, 10 ff.,* 4 *1, s. auch Entgeltdiskriminierung,* Effektivitätsgrundsatz **20** 157 *57,* Eingruppierung **20** 157 *51,* Entgeltbegriff **20** 157 *17 ff.,* Entgeltfortzahlung im Krankheitsfall **20** 157 *19,* Europäische Sozialcharta **50** 4 *12 ff.,* Fahrtvergünstigung **20** 157 *19,* Familienzulagen **20** 157 *19,* Fördermaßnahmen **20** 157 *8, 62 ff., 80;* **600** 3 *1,* Geschlecht **20** 157 *34 ff.,* Geschlechtsneutralität **20** 157 *71, 74,* Gleichbehandlung nach oben **20** 157 *56 ff.;* **30** 21 *118,* Gleichbehandlung nach unten **20** 157 *58,* Gleichbehandlungsgrundsatz **20** 157 *57,* Hinterbliebenenrenten **20** 157 *19,* Jahressonderzahlungen **20** 157 *19,* Kompetenzgrundlage **20** 157 *79 ff.,* Mehrarbeit **20** 157 *49,* Mehrarbeitsvergütung **20** 157 *19, 28,* Mutterschaftsurlaub **20** 157 *19,* Mutterschutz **20** 157 *40 f.,* Paarvergleich **20** 157 *54,* Rechtsgrundsatz, allgemeiner **30** 21 *43,* Rückwirkung **600** 12 *1,* Schulungen **20** 157 *19,* Schwangerschaft **20** 157 *40 f.,* Sekundärrecht **20** 157 *5 ff.,* Sozialversicherungsleistungen **20** 157 *19,* Sozialversicherungssysteme, betriebliche **20** 157 *6, 19, 22 ff.,* Sozialversicherungssysteme, gesetzliche **20** 157 *7, 24 ff.,* Stücklohn **20** 157 *29,* Tarifvertrag **20** 157 *16, 59,* Teilzeitarbeit **20** 157 *44,* Überbrückungsgeld **20** 157 *19,* Ungleichbehandlung wegen des Geschlechts, mittelbare **20** 157 *43 ff., 72,* Ungleichbehandlung wegen des Geschlechts, unmittelbare **20** 157 *38 ff.,* Vergleichsparameter **20** 157 *28,* Vergünstigungen, spezifische **20** 157 *72 ff.,* Verhältnismäßigkeitsgrundsatz **20** 157 *70,* Verheiratetenzulagen **20** 157 *19,* Versetzungsbereitschaft **20** 157 *49,* Vertrauensschutz **20** 157 *58, 61,* Weihnachtsgratifikationen **20** 157 *19,* Wirkung, unmittelbare **20** 157 *4, 56,* Zeitlohn **20** 157 *28,* Zulagen **20** 157 *19*
Entgeltgleichheits-Check, 20 157 *11*
Entgeltgleichheits-Richtlinie, 20 157 *5*
Entgelthöhe, Inländergleichbehandlung **250** 7 *9,* Vordienstzeiten **250** 7 *9*
Entgeltrückstände, Arbeitnehmerkündigung **490** 1 *42*
Entgeltzahlungslücke, 20 157 *9 ff.,* Lohnzahlungslücke, bereinigte **20** 157 *9,* Lohnzahlungslücke, unbereinigte **20** 157 *9,* Prüfverfahren **20** 157 *11*
Entlassung, Begriff **30** 33 *16,* Sachgrund **30** 30 *5*
Entlassung, ungerechtfertigte, *s. Entlassungsschutz*
Entlassungsabfindung, Altersdiskriminierung **520** 6 *18, 35*
Entlassungsbedingungen, Altersgrenze, allgemeine **520** 3 *3,* Diskriminierungsschutz **520** 3 *19 f.,* Geschlechtsdiskriminierungsverbot **600** 14 *1, 3*
Entlassungsschutz, *s. auch Kündigungsschutz,* Abwehrrecht **30** 30 *2, 22,* Anspruch **30** 30 *1 f.,* Arbeitnehmerbegriff **30** 30 *7,* Arbeitnehmervertreter **30** 27 *34,* Beeinträchtigung **30** 30 *17 ff.,* Befristungskontrolle **30** 30 *11,* Befristungsschutz **500** 4 *33,* Berufsfreiheit **30** 30 *6,* Diskriminierungsverbot **30** 30 *6,* Grundrechtecharta **20** 153 *29;* **30** 30 *1 ff.,* Grundsatz **30** 30 *1,* Klagerecht **30** 30 *15,* Kündigung **30** 30 *9,* Kündigungsschutz, formeller **30** 30 *14,* Kündigungsschutz, materieller **30** 30 *14,* Mindeststandard **30** 30 *21,* Mutterschaft **30** 33 *2, 4, 8, 15 ff.,* Recht, subjektives **30** 30 *2,* Rechtfertigung **30** 30 *23,* Schutzbereich, persönlicher **30** 30 *7 f.,* Schutzbereich, sachlicher **30** 30 *9 f.,* Schutzpflicht **30** 30 *15, 17,* ungerechtfertigte Entlassung **30** 30 *12 f.,* Viktimisierungsverbot **520** 11 *1,* Vorbehalt zugunsten des Unionsrechts **30** 30 *1*
Entleiher, 620 1 *1,* 3 *7, s. auch Leiharbeit,* Arbeitsausführung, Bedingungen **420** *31*
Entschädigung, Diskriminierungen **520** 16 *2,* 17 *2 ff.,* Generalprävention **520** 17 *3,* Spezialprävention **520** 17 *3,* Verschulden **520** 17 *5*
Entschädigungen, soziale, Ausschluss **20** 48 *21, 23*
Entschuldung, Wohnsitz **20** 45 *66*
Entsendebescheinigung A 1, 460 2 *3*
Entsenderichtlinie, Adressaten **460** 9 *1 ff.,* Anwendungsbereich **20** 56 *2;* **240** 23 *1;* **460** 1 *50 f., 64,* Anwendungsbereich, persönlicher **460** 1 *30 ff.,* Anwendungsbereich, territorialer **460** 1 *30,* Arbeitnehmer, entsandter **460** 1 *35,* 2 *6 ff.,* Arbeitnehmerbegriff **460** 2 *1 ff.,* Arbeitsbedingungen **240** 1 *2, 8;* **460** 13, 3 *1 ff.,* Arbeitsvertrag, bestehender **460** 1 *51,* Aufträge,

2061

Sachverzeichnis

fette Zahlen = Kennziffer

öffentliche **460** 3 *12*, Benachteiligung des Entsenders **460** 9 *2*, Benachteiligung des Entsendeten **460** 9 *3*, Berichte über die Umsetzung **460** 8 *1*, Beschäftigungsbedingungen **460** 3 *1*, Comparative study **460** 7 *3*, Dienstleistungserbringung, länderübergreifende **460** 1 *38 ff.*, *58*, *61*, Dienstleistungsfreiheit **20** 56 *2*, *13*, *16*, 153 *73*; **460** 1 *45*, 3 *2*, Drittstaatsangehörige **460** 2 *15 f.*, Durchsetzungsmaßnahmen **460** 5 *1 ff.*, Durchsetzungsrichtlinie, *s. Durchsetzungsrichtlinie zur Entsenderichtlinie*, Gerichtsstand **220** 20 *9*, Günstigkeitsvergleich **460** 3 *1 ff.*, Kern, harter **240** 1 *2*, *8*, 9 *16 ff.*, Kompetenzgrundlage **20** 153 *73*, Leiharbeit **460** 1 *60 f.*, 3 *30 ff.*; **620** 1 *7*, Leiharbeit, grenzüberschreitende **460** 1 *60*, Mindestlohnsätze **460** 3 *13 ff.*, Nichteinhaltung **460** 5 *1 ff.*, Null-Option **460** 3 *35*, Ortswechsel **460** 1 *61*, Rechtsgrundlage **460** 1 *3*, Richtlinienvorschläge **460** 1 *1 ff.*, Sanktionen **460** 5 *4*, Sonderkollisionsrecht **460** 1 *8*, *12*, *14*, 3 *1 ff.*, Sperrwirkung **460** 3 *2*, Staatsangehörigkeit **460** 2 *15*, Überprüfung **460** 8 *1*, Überwachungsmaßnahmen **460** 5 *1*, Umsetzung **460** 7 *1 ff.*, 8 *1*, Unternehmensbegriff **460** 1 *31 f.*, Unternehmenssitz im Ausland **460** 1 *74*, Warenverkehrsfreiheit **460** 1 *49*, Wirkung, unmittelbare **460** 9 *1*, Zeitraum, begrenzter **460** 2 *8*, *11*, Zurverfügungstellung von Arbeitnehmern **460** 1 *60*

Entsendung, Allgemeinverbindlicherklärung **460** 3 *7 f.*, Altersversorgung, betriebliche **480** 1 *3*, Arbeitnehmerfreizügigkeit **20** 45 *70*, 56 *4*, Arbeitsbedingungen **20** 56 *12*, *15 f.*, *18 f.*; **460** 3 *1 ff.*, Arbeitsbedingungen, Erstreckung **460** 3 *39*, Arbeitsbedingungen, harter Kern **240** 1 *2*, *8*, 9 *16 ff.*; **460** 3 *5*, *16*, *27*, *30*, Arbeitsbedingungen, tarifvertragliche **460** 3 *46 ff.*, Arbeitsentgelt **430** 4 *2*, *5*, Arbeitsentgelt, Währung **430** 4 *2*, Arbeitskräfteüberlassung **460** 1 *28*, Arbeitsortrecht **20** 56 *19*, Arbeitsschutz **240** 9 *16*, Arbeitsverhältnis **20** 56 *3*, Arbeitsverhältnisstatut **240** 8 *51 f.*, Arbeitsvertragsstatut **460** 1 *6 ff.*, Auftraggeberhaftung **460** 5 *16 ff.*, Befristung **20** 48 *43*, Begriff **20** 48 *38*, 56 *2*; **240** 8 *51*; **480** 6 *2*, Dauer **430** 4 *2*, *4*; **460** 3 *38*, Dienstleistungsentsendung **460** 1 *52 ff.*, Dienstleistungsfreiheit **20** 56 *2*, *4 f.*, *18 f.*, 151 *35*, Eingriffsnormen **20** 56 *3*, *9*, *12*; **460** 3 *42*, Entgeltfortzahlung **460** 3 *29*, Freizügigkeitsverordnung **460** 1 *24 ff.*, Gerichtsstand **460** 6 *1 f.*, Gesundheitsschutz **460** 3 *28*, Gleichbehandlung der Geschlechter **240** 9 *16*, Grundrechtecharta **460** 3 *1*, Herkunftslandprinzip **20** 56 *14 f.*, *19*, Höchstarbeitszeiten **240** 9 *16*; **460** 3 *26*, Höchstfrist **20** 48 *41*, Hygiene **460** 3 *28*, Idealtypus **460** 2 *12*, Informationspflichten **460** 4 *1 ff.*, Kinder **460** 3 *28*, Kinder-/Jugendschutz **240** 9 *16*, Kollisionsrecht **20** 56 *3*, Konzernentsendung **460** 1 *56 ff.*, konzerninterne **240** 8 *52*, kurzfristige **460** 1 *4*, 3 *34 ff.*, langdauernde **460** 2 *11*, längere Entsendung **20** 56 *19 f.*, Lohnbedingungen **20** 56 *18*, Lohndumping **460** 3 *51*, Lohnsteuerpflicht **460** 1 *27*, marginale **460** 3 *34 ff.*, Maximalbefristung **460** 3 *38*, Mehrarbeit **460** 3 *26*, Mehrfachentsendung **460** 1 *36*, Mindestarbeitszeit **240** 9 *16*, Mindestjahresurlaub **240** 9 *16*; **460** 3 *27*, Mindestlohn **240** 9 *16*; **460** 1 *4*, 3 *4*, *6*, *12 ff.*, *36*, Mindestruhezeiten **460** 3 *26*, Mindesturlaub **460** 3 *36*, Monatsgrenze **430** 4 *4*, Montageprivileg **460** 3 *36*, Mutterschutz **240** 9 *16*, Nichtdiskriminierung **240** 9 *16*, in Niederlassung **460** 1 *56 ff.*, Obergrenze **460** 2 *11*, Ordnung, öffentliche **460** 3 *39 ff.*, Pflichtangaben **430** 3 *6*, *9*, Rechtsvorschriften des Aufnahmestaats **460** 3 *6 f.*, Rückführungsbedingungen **430** 4 *3*, Schwangerenschutz **240** 9 *16*, Schwangerschaft **460** 3 *28*, Sicherung, soziale **20** 56 *18*, Sozialer Dialog **460** 1 *5*, Sozialversicherungsbeiträge **460** 5 *17*, Sozialversicherungsrecht **480** 6 *2*, Sozialversicherungsrecht, internationales **20** 48 *36 ff.*, Subunternehmer **460** 5 *16 ff.*, Tarifverträge **460** 3 *7 ff.*, Tätigkeiten, tatsächliche wesentliche **460** 1 *48*, Trennungsgeld **430** 4 *3*, Unterkunft **430** 4 *3*, Unterrichtungspflichten **430** 4 *1 ff.*, Urlaubssozialkasse **460** 3 *27*, Verwaltungsvorschriften des Aufnahmestaats **460** 3 *6 f.*, Warenverkehrsfreiheit **20** 56 *2*, Wettbewerbsverzerrungen **20** 56 *18 f.*; **460** 1 *2*, *73*, Zusammenarbeit nationaler Behörden **460** 4 *1*, Zusatzrenten-Gleichstellungsrichtlinie **480** 6 *1 f.*, Zuständigkeit, gerichtliche **460** 6 *1 f.*

Entsendungszulage, echte **460** 3 *19*, *22 f.*, Mindestlohn **460** 3 *19*, *22*

Entwicklungshelfer, Recht, anwendbares **240** 1 *24*, *26*

equal pay, *s. auch Entgeltgleichheit*, Arbeitsbedingungen **30** 31 *30*

equal treatment, Arbeitsbedingungen **30** 31 *30*

Erfüllungsanspruch, Diskriminierungsschutz **520** 17 *8 f.*

Erholungsurlaub, **20** 158 *3*; **580** 7 *27*, bezahlter **580** 7 *28*, Nachweisrichtlinie **430** 2 *30 ff.*

Ermittlungsverfahren, Fragerecht des Arbeitgebers **520** 3 *16*

Ernährung, **520** 1 *26*

Erprobung, Arbeitsverhältnis, befristetes **500** Anh. § 5 *22*

Erreichbarkeit, ständige, **580** 2 *6*, Jugendarbeitsschutzrichtlinie **450** 3 *5*, 10 *2*

Ersatzdienst, Dienstpflicht **40** 4 *13*, Diskriminierung, mittelbare **520** 2 *50*; **600** 12

Ersatzmutterschaft, Diskriminierungsschutz **600** 2 *41*, Mutterschutzrichtlinie **440** 2 *10*

Ersatzruhetag, **580** 5 *3*, 6 *3*

Erste Hilfe, **410** *63*

Erwerbsminderungsrente, Urlaubsanspruch **580** 7 *17*, *34*

Erwerbstätigkeit, Begriff **520** 3 *5*, *12*, Gegenleistung **520** 3 *5*, *12*, Gleichbehandlungsrahmenrichtlinie **520** 3 *5*, Haupttätigkeit **520** 3

magere Zahlen = Artikel; kursive Zahlen = Randnummern   **Sachverzeichnis**

12, Lebensgrundlage **520** 3 *12*, Nebentätigkeit **520** 3 *12*, Unselbständigkeit **520** 3 *6*

Erwerbstätigkeit, selbständige, 20 48 *12*, Allgemeines Gleichbehandlungsgesetz **650** 16 *1*, Anweisung zur Diskriminierung **650** 4 *4*, Aufnahme **650** 4 *1*, Ausweitung **650** 4 *1*, Belästigung **650** 3 *1*, 4 *3*, Belästigung, sexuelle **650** 3 *1*, 4 *3*, Diskriminierung, mittelbare **650** 3 *1*, Diskriminierung, positive **650** 5 *1f.*, Diskriminierung, unmittelbare **650** 3 *1*, Entschädigung **650** 10 *1*, Gleichbehandlungsgrundsatz **650** *1f.*, 4 *1*, Gleichbehandlungsrahmenrichtlinie **520** 3 *7*, Gleichbehandlungsrichtlinie **650** 2 *1ff.*, Schadensersatz **650** 10 *1*, Tätigkeitsort 20 48 *34*, Unternehmerfreiheit **650** 3 *1*, Verhaltensweisen, unzulässige **650** 3 *1ff.*, Wettbewerbsfreiheit **650** 3 *1*

Erwerbstätigkeit, Zugang zur, Dauerschuldverhältnis **520** 3 *13*, Diskriminierung, unmittelbare **520** 2 *29*, Diskriminierungsverbot **520** 3 *12*, Zugangsdiskriminierung **520** 3 *14*

Erziehungsgeld, Familienleistung 20 48 *79*

Erziehungsurlaub, Diskriminierung, mittelbare **600** 2 *12*, Mutterschaftsurlaub **440** 8 *11*

ESM-Vertrag, 20 151 *45*

Estland, Sozialrecht, koordinierendes 20 48 *65*

estoppel, Richtlinienwirkung 20 288 *26*

Ethnie, *s. auch Herkunft, ethnische,* **510** 3 *5*

Ethos, 520 4 *3, 15f., 19*

EU-Bauproduktenverordnung, 410 16

EU-Beamte, Jahresurlaub 20 153 *12*, Krankheitsurlaub 30 31 *18*, Mindesturlaub 30 31 *18*, Mütter, werdende 30 31 *18*, Regelarbeitszeiten 30 31 *18*, Streikrecht 30 28 *92*, Vereinigungsfreiheit 30 28 *92*

EU-Bedienstete, Arbeitsbedingungen 30 31 *18*, Kollektivmaßnahmen 30 28 *92ff.*, Kollektivverhandlungen 30 28 *92ff.*, Vereinigungsfreiheit 30 12 *4, 7*, Versammlungsfreiheit 30 12 *4*

EU-Datenschutzgrundverordnung, Kompetenzgrundlage 20 153 *76*

EU-Sozialfonds, 20 151 *46*

EuGVÜ, 210 1 *10*; **220** 1, *4*

EURES-Berater, 250 20 *2*

EURES-Grenzpartnerschaften, 250 20 *2*

EURES-Netzwerk, 250 20 *2*, Dienststellen, besondere 250 20 *3*, Verordnungsvorschlag 250 20 *8*

Eurocadres, 20 154 *5*; **640** 1 *1*

Europa der Bürger, 20 45 *8*

Europäische Aktiengesellschaft, *s. SE*

Europäische Aufsichtsbehörde für das Versicherungswesen und die betriebliche Altersversorgung, 560 1 *5*, 20 *1f.*

Europäische Genossenschaft, *s. SCE*

Europäische Grundrechteagentur, 10 6 *57*; **510** 17 *1*

Europäische Insolvenzverordnung, 210 1 *3, 5*, Anhang A **210** 2 *1*, Anhang B **210** 2 *1*, Anhang C **210** 2 *1*, Anwendungsbereich, räumlicher **210** 1 *15ff.*, Anwendungsbereich, sachlicher **210** 1 *12ff.*, Arbeitsrecht, mitgliedstaatliches **210** 10 *7*, Arbeitsverhältnis, Sonderanknüpfung **210** 10 *1ff., 16*, Arbeitsverhältnis, Weiterführung **210** 10 *5*, Auslandsbezug **210** 1 *18*, Betriebsübergang **210** 10 *5*, Brüssel Ia-VO, Abgrenzung **210** 3 *6*, Drittstaatenbezug **210** 1 *18*, 10 *13*, Eingriffsnormen **210** 10 *10*, Gesamtverfahren **210** 1 *5, 12f.*, Günstigkeitsvergleich **210** 10 *9*, Hauptverfahren **210** 1 *6f., 9*, 3 *1ff.*, Inkrafttreten **210** 1 *19*, Insolvenzverfahren **210** 2 *1*, Kündigungsmöglichkeiten **210** 10 *5*, Kündigungsschutz **210** 10 *5*, lex fori concursus **210** 1 *9*, 10 *1f., 12f.*, Liquidationsverfahren **210** 2 *1*, 3 *5*, ordre public **210** 10 *7f., 11, 26 1f.*, Partikularverfahren **210** 1 *8*, 3 *1, 5*, Reform **210** 1 *11*, Rom I-VO, Abgrenzung **210** 1 *21*, Sachnormverweisung **210** 10 *14*, Sekundärverfahren **210** 1 *8*, 3 *1, 5*, 10 *1*, Verwalter **210** 2 *1*, Winding-Up-Verfahren **210** 2 *1*, Zuständigkeit, internationale **210** 1 *6*, 3 *1ff.*; **240** 1 *1*

Europäische Menschenrechtskommission, 40 1 *56*

Europäische Menschenrechtskonvention, 10 6 *1, 58ff.*; **30** 27 *1*, Abwehrrechte **40** 1 *41, 44*, Änderungsprotokolle **40** 1 *2*, Anwendbarkeit, unmittelbare **40** 1 *67*, Auslegung **40** 1 *7ff., 58*, Auslegung, evolutiv-dynamische **30** 28 *9, 13*; **40** 1 *9, 11f., 14ff., 20*, 11 *16, 43*, Auslegung, historische **40** 1 *18*, Auslegung, systematische **40** 1 *10, 14*, Beitritt der Europäischen Union **10** 6 *2, 17, 61ff., 67f.*; **30** 21 *33*, 52 *10*, Berichtswesen **40** 1 *65*, Berufsfreiheit **30** 15 *4*; **40** 8 *11, 25*, Beurteilungsspielraum **40** 1 *19ff., 51, 74*, 8 *19*, Bindungswirkung **10** 6 *58*, Bundesrecht, einfaches **40** 1 *69*, co-respondent mechanism **10** 6 *65*, Derogationsklausel **40** 1 *53ff.*, Diskriminierungsverbot **30** 21 *34ff., 51f.*, Diskriminierungsverbot, Akzessorietät **30** 21 *36*, Drittwirkung, mittelbare **40** 1 *42f.*, EGMR-Rechtsprechung **10** 6 *60*; **30** 21 *33*; **40** 1 *56ff., 64*, Europäische Sozialcharta **50** Präambel *11, 14*, fair balance **40** 1 *37, 50*, 10 *22*, Fakultativprotokolle **40** 1 *2, 10*, Freiheitsrechte **40** 1 *24, 27ff., 31, 44*, Garantie, objektive **40** 1 *26*, Gedankenfreiheit **40** 9 *1ff.*, Geltungsbereich, personeller **40** 1 *3*, Geltungsbereich, territorialer **40** 1 *5*, Geltungsbereich, zeitlicher **40** 1 *6*, Generalsekretär des Europarats **40** 1 *65*, Gesetzesbegriff **40** 1 *47f.*, Gesetzesvorbehalt **40** 1 *47*, Gewährleistungspflichten **40** 1 *31ff.*, Gewissensfreiheit **40** 9 *1ff.*, Gleichheitsrechte **40** 1 *24*, Grundrechte, soziale 20 151 *14*, Grundrechtecharta **30** 28 *9*, 52 *1f., 10, 13*, Grundrechtsstandard **30** 12 *5*, 52 *12f.*, Grundsätze, völkerrechtliche **40** 1 *11*, Günstigkeitsprinzip **40** 1 *72ff.*, Hoheitsgewalt **40** 1 *3ff.*, Individualbeschwerde **10** 6 *58, 68*; **40** 1 *26, 56f., 63, 70*, Inkrafttreten **40** 1 *6*, Interpretation, autonome

2063

Sachverzeichnis

fette Zahlen = Kennziffer

40 1 *15,* Koalitionsfreiheit **30** 12 *5,* Konventionsverletzung **40** 1 *76,* Korridorlösung **40** 1 *74,* Leistungsrechte **40** 1 *29,* Menschenrechte **40** 1 *24 ff., s. auch dort,* Menschenrechtsschutz **40** 1 *1, 17,* Menschenrechtsstandard **10** 6 *60;* **40** 1 *12, 14 ff., 19, 23, 41, 66,* Mindeststandard **10** 6 *17, 25, 59, 67;* **40** 1 *72,* Ministerkomitee **40** 1 *65, 75,* Moral **40** 1 *14,* Normzweck **40** 1 *9,* Notstandsklausel **40** 1 *53 ff.,* Ordnung, öffentliche **40** 1 *14,* Privatleben, Schutz, *s. dort,* Protokolle, *s. Zusatzprotokolle,* Rang **10** 6 *67;* **40** 1 *68 ff.,* Ratifikation **40** 1 *1 f., 6, 69,* Recht auf Leben **40** 1 *40, 53,* 2 *1 ff.,* Rechte, bürgerliche **40** 1 *24;* **50** Präambel *1,* Rechte, korrespondierende **30** 52 *13 ff.,* Rechte, politische **40** 1 *24,* Rechte, subjektive **40** 1 *70,* Rechte, wirtschaftliche **50** Präambel *1,* Rechtfertigung **40** 1 *46,* Rechtsdurchsetzung **40** 1 *26,* Rechtserkenntnisquelle **10** 6 *17, 58 f., 67;* **30** 21 *33, 27 2, 52 10,* Rechtsgrundsätze, allgemeine **30** 21 *33, 28 9,* Rechtskraft **40** 1 *61, 76, 80,* Rechtsquelle **10** 6 *67,* Regelungsziele **40** 1 *49,* Religionsfreiheit **40** 9 *1 ff.,* Schranken **30** 52 *16 ff.,* Schranken, allgemeine **40** 1 *46, 53,* Schrankenvorbehalte **40** 1 *46,* Schutzpflichten **40** 1 *40 f.,* Sprachfassungen **40** 1 *8,* Staatenbeschwerde **10** 6 *65, 68;* **40** 1 *26, 57,* Teilhaberechte, derivative **40** 1 *29,* Transformationstheorie **40** 1 *67,* Vereinigungsfreiheit **20** 151 *14,* Vereinigungsfreiheit, negative **30** 12 *18,* Verfahrensgarantien **40** 1 *52,* Verfahrensrechte **40** 1 *24, 30, 31, 44,* Verhältnismäßigkeitsgrundsatz **40** 1 *50,* Verpflichtete **40** 1 *3,* Verträge, völkerrechtliche **40** 1 *11, 13,* Völkerrecht **40** 1 *67, 70, 76,* Vollzugstheorie **40** 1 *67,* Vorbefassungsverfahren **10** 6 *65,* Weltanschauungsfreiheit **40** 9 *1 ff.,* Wiederaufnahmeverfahren **40** 1 *76,* Wortlaut **40** 1 *8,* Zusatzprotokolle **30** 21 *37,* 52 *13;* **40** 1 *1, 10*

Europäische Sozialcharta, Anfragen an Vertragsstaaten **50** Präambel *47,* Anhang **50** Präambel *11,* Arbeitnehmerbegriff **50** Präambel *5 f.,* Arbeitsbedingungen **580** 1 *24,* Arbeitsentgelt **50** 4 *1 ff.,* Arbeitsverhältnis **50** Präambel *5,* Auslegung **50** Präambel *9 ff.,* Auslegung, autonome **50** Präambel *10,* Auslegung, evolutiv-dynamische **50** Präambel *13,* 7 *7,* Auslegung, systematische **50** Präambel *10 f., 14,* Auslegung, teleologische **50** Präambel *13,* Ausschuss für soziale Rechte **50** Präambel *1, 6, 14, 45 ff.,* Begleitbrief **50** Präambel *8,* Berichtssystem **30** 27 *1,* Berichtswesen **50** Präambel *1, 43 ff.,* Berichtszeitraum **50** Präambel *45 f., 49 f.,* Bundesrecht, einfaches **50** Präambel *55,* Cafeteria-Modell **50** Präambel *7,* Conclusions **50** Präambel *12, 14, 45, 48, 51,* Derogationsklausel **50** Präambel *27 ff.,* Dienstverhältnis, öffentlich-rechtliches **50** Präambel *5,* Diskriminierungsverbote **50** 1 *10 ff.,* Durchsetzung **50** Präambel *43,* Effektivitätsgrundsatz **50** Präambel *13,* Europäische Menschenrechtskonvention **50** Präambel *11, 14,* Flüchtlinge **50** Präambel *4,* Geltungsbereich, persönlicher **50** Präambel *4 f.,* Geltungsbereich, räumlicher **50** Präambel *3,* Gesundheit, öffentliche **50** Präambel *36, 38,* Gleichheit von Frauen und Männern **30** 23 *6,* Grundrechte, soziale **50** Präambel *1, 12;* **20** 151 *12 f., 15,* Grundsätze **50** Präambel *1,* Günstigkeitsprinzip **50** Präambel *55,* Inkrafttreten **50** Präambel *1,* Innerstaatenverpflichtung **50** Präambel *24, 56 ff.,* Interessen, öffentliche **50** Präambel *36, 38,* Interstaatenpflichten **30** 27 *1,* Kollektivbeschwerde **50** Präambel *43, 46, 53 f.,* Kollektivverträge **50** Präambel *59 f.,* Kündigungsfrist **30** 30 *3,* Leistungsrechte **50** Präambel *18, 20,* Ministerkomitee **50** Präambel *14, 48,* Moral **50** Präambel *36, 38,* Notstandsklausel **50** Präambel *27 ff.,* Opt-in **50** Präambel *7,* Opt-out **40** 1 *12,* Optionsmodell **50** Präambel *4, 7, 25,* Rang **50** Präambel *55,* Ratifikation **50** Präambel *7 f., 55,* Rechte, kulturelle **40** 1 *24,* Rechte, soziale **40** 1 *24;* **50** Präambel *1 f., 13, 15 ff., 21 ff.,* Rechte, subjektive **50** Präambel *24 ff.,* Rechte, wirtschaftliche **40** 1 *24;* **50** Präambel *1,* Rechtfertigung **50** Präambel *34 ff.,* Rechtfertigung, Einschätzungsprärogative **50** Präambel *40,* Rechtserkenntnisquelle **10** 6 *18,* Rechtsvergleichung **50** Präambel *10,* Recommendations **50** Präambel *14, 52,* Reziprozität **50** Präambel *4,* Richterrecht, gesetzesvertretendes **50** Präambel *56,* Schrankenregelungen **50** Präambel *4,* Schrankenvorbehalt **50** Präambel *33,* Schutzrechte **50** Präambel *18, 20,* Sicherheit, nationale **50** Präambel *36, 38,* Sozialstandard **50** Präambel *1, 42,* Sprachfassungen **50** Präambel *10,* Staatsangehörigkeit **50** Präambel *4,* Umsetzung **50** Präambel *56, 59,* Unterzeichnung **50** Präambel *1,* Verbindlichkeit **50** Präambel *21 ff.,* Vereinigungsfreiheit **50** 5 *1 ff.,* Zusatzprotokolle **50** Präambel *2, 43*

Europäische Sozialcharta, revidierte, Arbeitsentgelt **50** 4 *1,* Arbeitskampf **30** 28 *8,* Arbeitsschutz **50** 3 *2,* Entlassungsschutz **30** 30 *3,* Inkrafttreten **50** Präambel *2,* Jugendliche **50** 7 *2,* Kinder **50** 7 *2,* Kollektivverhandlungen **50** 6 *4,* Tarifverhandlungen **30** 28 *8*

Europäische Union des Handwerks und der Klein- und Mittelbetriebe, 20 154 *5*

Europäische Vereinigung der leitenden Angestellten, 20 154 *5*

Europäische Verordnung, 20 288 *2*

Europäische-Betriebsräte-Gesetz, 630 1 *11, 16 1 f.,* Arbeitnehmerbegriff **630** 2 *11,* Auffangregelung **630** 7 *10 ff.,* Beschlussverfahren, arbeitsgerichtliches **630** 11 *2, 4,* Beteiligteneigenschaft **630** 11 *4,* einstweilige Verfügung **630** 11 *2,* Informationserhebung **630** 4 *18,* Informationsweiterleitung **630** 4 *18,* Leitung, nachgeordnete **630** 4 *5 f.,* Leitung, zentrale **630** 4 *5,* Ordnungswidrigkeiten **630** 11 *6,* Referenzperiode **630** 2 *30,* Rückwärtsrechnung **630** 2 *31,* Schulungsteilnahme **630** 10 *16,* Strafandrohung **630** 11 *6,* Strukturänderungen, wesentliche **630** 13 *7, 13,* Territorialitätsprinzip **630** 10 *12,* Unternehmensbegriff **630** 2 *10,* Unternehmensgruppen **630** 1 *13, 16f., 2 20,* Verhandlungsverfahren **630** 5 *7,* Verschwiegenheitspflicht **630** 8 *6f.,* Zusammenarbeit, vertrauensvolle **630** 9 *2*

Europäische-Betriebsräte-Richtlinie, 630 1 *1ff.,* Abordnungen, vorübergehende **630** 2 *9,* Adressaten **630** 1 *7,* 2 *26,* Änderungen, strukturelle **630** 13 *1ff.,* Angelegenheiten, länderübergreifende **630** 1 *18ff.,* 12 *9,* Anhörung **630** 2 *25,* Anpassungsklausel **630** 13 *1ff., 10,* Anwendungsbereich **630** 1 *6, 14 1ff.,* Arbeitnehmerbegriff **630** 2 *5, 28,* Anh. I *3,* Arbeitnehmerbeteiligung **550** 1 *3,* Arbeitnehmervertreter **630** 2 *21,* Auffangregelung, gesetzliche **630** 1 *10f., 2 26, 5 29, 7 1ff.,* Anh. I *1ff.,* Aufhebung **630** 17 *1,* Berichtspflicht **630** 1 *3, 15 1,* Definitionen **630** 2 *1ff.,* Drittstaaten **630** 2 *8,* Drittstaatenunternehmen **630** 1 *7, 17,* Durchschnittsberechnung **630** 2 *29, 31ff.,* Einfluss, Vermutung **630** 3 *8ff.,* Einhaltung **630** 11 *1ff.,* Entsprechungstabelle **630** 17 *1,* Gemeinschaftsunternehmen **630** 3 *4,* Gesellschaftsstatut **630** 1 *7, 16,* Gleichordnungskonzern **630** 3 *5,* Handelsmarine **630** 2 *9,* Informationserhebung **630** 4 *18, 22,* Informationsweiterleitung **630** 4 *18, 20,* Inkrafttreten **630** 1 *4, 18 1,* Insolvenzverwalter **630** 3 *7,* Leiharbeit **630** 2 *13,* Leitung, einheitliche **630** 3 *5,* Leitung, zentrale **630** 2 *22f.,* Liquidatoren **630** 3 *7,* Mindestvorschriften **630** Anh. I *2,* Neufassung **630** 1 *4,* Privilegierung **630** 14 *3ff.,* Referenzperiode **630** 2 *29,* Rückschrittsverbot **630** 12 *11,* Schwellenwerte **630** 2 *6ff., 11ff., 28ff.,* Sitzverlegung **630** 13 *5,* Teilzeitbeschäftigung **630** 2 *9, 12,* Tendenzschutz **630** 8 *1, 11ff.,* Umsetzung **630** 1 *3, 11, 2 29, 4 18, 6 4, 16 1f., s. auch Europäische-Betriebsräte-Gesetz,* Unternehmen, gemeinschaftsweit operierendes **630** 2 *3ff.,* Unternehmen, herrschendes **630** 3 *1ff., 5ff.,* Unternehmensbegriff **630** 2 *4, 4 1ff.,* Unternehmensgruppe **630** 2 *14f.,* Unternehmensstruktur **630** 4 *15,* Unterrichtung **630** 2 *24,* Unterrichtungs- und Anhörungsverfahren **630** 4 *7, 9 1ff., s. auch dort,* Verhandlungsgremium, besonderes **630** 2 *27, 5 1, 8ff., s. auch dort,* Verhandlungsverfahren **630** 4 *7,* Verschwiegenheitspflicht **630** 8 *1ff.*

Europäischer Betriebsrat, 630 1 *1,* Abstimmungsgebot **630** 12 *3f.,* Änderungen, strukturelle **630** 13 *1f., 4f.,* Angelegenheiten, grenzübergreifende **630** 1 *21,* Angelegenheiten, länderübergreifende **630** 1 *18ff.,* 12 *9,* Anhörung **630** 12 *5ff.,* Anh. I *13f.,* Anhörung der Arbeitnehmer **630** 1 *9f.,* Anhörungsrechte **550** 9 *6,* Arbeitnehmerbegriff **630** 1 *5,* Arbeitnehmervertreter **630** Anh. I *4,* Arbeitskampfmaßnahmen **630** 6 *3f., 9 4,* Arbeitsversäumnis **630** 10 *11,* Arbeitsweise **630** 9 *1ff.,* Aufenthaltskosten **630** 10 *7,* Ausschuss, engerer **630** 6 *14,* Anh. I *9,* Befugnisse **630** 6 *14,* Beteiligungsmaximum **630** 6 *16,* Beteiligungsminimum **630** 6 *15,* Beteiligungsverfahren **630** 12 *1ff.,* Büropersonal **630** 10 *7,* Definition **630** 2 *26,* Errichtung **630** 6 *14ff.,* Ersatzmitglieder **630** Anh. I *5,* Geschäftsführung **630** Anh. I *9ff.,* Gleichstellungsklausel **630** 10 *11ff.,* Informationsweitergabe **630** 8 *7,* Kostentragung **630** 10 *7,* Anh. I *12,* kraft Gesetzes **630** Anh. I *1f.,* Kündigungsschutz **630** 10 *11,* Lohn-/Gehaltsfortzahlung **630** 10 *11, 11 2,* Massenentlassungsrichtlinie **490** 1 *72,* Mitbestimmungsrechte **630** 6 *16,* Mitgliederbestellung **630** Anh. I *5,* Mittelbereitstellung **630** 4 *1, 7, 6 14, 10 7,* Anh. I *12,* Neuverhandlungen **630** Anh. I *15ff.,* Proportionalität **630** Anh. I *6,* Räumlichkeiten **630** 10 *7,* Reisekosten **630** 10 *7,* Repräsentativität **630** Anh. I *6,* Sachmittel **630** 10 *7,* Sachverständigenhinzuziehung **630** Anh. I *11,* Schulungsteilnahme **630** 10 *13ff.,* SE-Gründung **540** 3 *39,* Sitzungen **630** 6 *14,* Anh. I *10, 13,* Sitzungsteilnahme **630** 10 *11,* Tätigkeitsschutz **630** 10 *1,* Übergangsmandat **630** 13 *14f.,* Unionskompetenz **20** 153 *30,* Unterlassungsanspruch **630** 11 *7ff.,* Unternehmensgruppen **630** 1 *8, 12ff., 19, 2 14ff.,* Unterrichtung **630** 12 *4ff.,* Anh. I *13f.,* Unterrichtung der Arbeitnehmer **630** 1 *9f.,* Unterrichtung örtlicher Arbeitnehmervertreter **630** 10 *8ff.,* Unterrichtungs- und Anhörungsverfahren **630** 6 *14f.,* Unterrichtungsrechte **550** 9 *6,* Unterstützung **630** 10 *4ff.,* Vereinbarung **630** 2 *26,* Vereinbarungslösung, Vorrang **630** 1 *10f., 5 1, 7 1,* Verständigung **630** 9 *5, 11 3,* Verwaltungskosten **630** Anh. I *12,* Verwaltungssitz **630** 1 *7, 16,* Wahlen **630** Anh. I *5,* Wille zur Verständigung **630** 9 *2, 4,* Zusammenarbeit, vertrauensvolle **630** 9 *2,* Zusammensetzung **630** 6 *14,* Anh. I *3ff.,* Zuständigkeit **630** 1 *15ff.,* Zuständigkeit, gerichtliche **630** 11 *2ff.*

Europäischer Gerichtshof, 10 6 *60;* **30** 21 *33;* **40** 1 *56ff.,* Beschlussfähigkeit **20** 267 *79,* Große Kammer **20** 267 *77f.,* Hüter der EMRK **40** 1 *58,* Kammern **20** 267 *77f.,* Kooperationsverhältnis **20** 267 *1f.,* Mehrheitsentscheidung **20** 267 *79,* Normverwerfungskompetenz **20** 267 *1,* Normverwerfungsmonopol **10** 6 *30, 53;* **20** 267 *32,* pilot judgments **40** 1 *62,* Plenum **20** 267 *78,* Satzung **20** 267 *67,* Superrevisionsinstanz **40** 1 *22, 58, 8 19,* Unionsrecht, Auslegung **20** 267 *1,* Urteile, Befolgungspflicht **40** 1 *60,* Urteile, Orientierungswirkung **40** 1 *64,* Verfahrensordnung **20** 267 *67f.,* Verfahrenssprache **20** 267 *80*

Europäischer Gewerkschaftsbund, 20 154 *5;* **640** 1 *1*

Sachverzeichnis

fette Zahlen = Kennziffer

Europäischer Menschenrechtsbeauftragter, 40 1 *66*
Europäischer Stabilitätsmechanismus, *s. ESM-Vertrag*
Europäischer Verfassungsvertrag, Rechtsakte 20 288 *2*, Sozialpartner 20 152 *1*
Europäischer Zentralverband für die öffentliche Wirtschaft, 20 154 *5*
Europäisches Gesetz, 20 288 *2, 10*
Europäisches Rahmengesetz, 20 288 *2*
Europäisches Sozialmodell, 30 21 *14*
EUV, Primärrecht 20 288 *3*, Zielbestimmung, allgemeine 30 21 *14*
Evakuierung der Arbeitnehmer, 410 *63*
EWG-Maschinenrichtlinie, 410 *5*
EWR-Staaten, Altersversorgung, betriebliche 600 12 *2*, Betriebsübergangsrichtlinie 530 14 *1*, Vor 1 *19f.*, 1 *105, 109*, Europäische-Betriebsräte-Richtlinie 630 1 *6*, SCE 570 19 *1*, SE 540 17 *1*, Sozialrecht, koordinierendes 20 48 *16*
Ex-Portabilitäts-Richtlinie, *s. Zusatzrenten-Richtlinie*
Exhibitionismus, 520 1 *44*
Existenz, soziale, 50 4 *2*
Experimentierklausel, 410 *22*
Explosionsschutz, Arbeitgeberpflichten 410 *191*, Einzelrichtlinie 410 *189ff.*, Risikobeurteilung 410 *191*
Explosionsschutzdokument, 410 *192*, Risikobewertung 410 *109*
EZB-Personal, Beschäftigungsbedingungen 30 28 *92*

Facharztausbildung, Befristungsdauer 500 Anh. § 5 *36*
Fachgerichte, Vorlageberechtigung 20 267 *18*
Fachkräfte für Arbeitssicherheit, 410 *23, 61*
Fachschüler, Arbeitnehmereigenschaft 20 45 *20f., 23*, Arbeitnehmerfreizügigkeit 20 45 *20f.*
Fahrpreisermäßigungen, 250 7 *19*
Fahrtvergünstigung, Arbeitsentgelt 520 3 *26*, Entgeltgleichheit 20 157 *19*
Familie, Begriff 30 33 *10f.*, Kernfamilie 30 33 *11*, Schutz der Familie 30 33 *1f., 7, 12*, Vereinbarkeit von Familie und Beruf, *s. dort*, Verwandte 30 33 *1*
Familienangehörige, Arbeitnehmereigenschaft 20 45 *19, 26, 33f.*, Arbeitnehmerfreizügigkeit 20 45 *32ff., 90, 118ff.*, 46 *2, 7*; 250 10 *1ff.*, Aufenthaltskarte 20 45 *122*, Aufenthaltsrecht 20 45 *33, 95*; 250 10 *1*, Einreise 20 45 *122*, Lebensgemeinschaft, Aufhebung 20 45 *123*, Personenverkehrsfreiheit 20 45 *32, 34*, Scheidung 20 45 *123*, Sozialrecht, koordinierendes 20 48 *15*, Staatsangehörigkeit 20 45 *33*, Tod des Arbeitnehmers 20 45 *123ff.*, Verbleiberecht 250 10 *1*, Vergünstigungen, soziale 250 7 *20f.*, Wegzug des Arbeitnehmers 20 45 *123*
Familiengründung, 30 33 *1*, Grundrecht 30 33 *8*

Familienleben, Achtung, 30 33 *1ff.*; 40 8 *1*, Arbeitsrecht 40 8 *3*, Besuch 40 8 *13*, Eingriff 40 8 *22*, Eltern-Kind-Verhältnis 40 8 *12f.*, Grundrecht 30 33 *3f., 8*, Grundsatz 30 33 *3*, Partnerschaft 40 8 *12*, Partnerschaft, gleichgeschlechtliche 40 8 *12*, Pflegekindverhältnis 40 8 *12*, Schutzgut 40 8 *12*, Stiefelternteil 40 8 *12*, Verwandte, nahe 40 8 *12*, Zusammenleben 40 8 *13*
Familienleistungen, 30 33 *12*, Sozialrecht, koordinierendes 20 48 *7, 18, 33, 77ff.*
Familienpflegezeit, Befristungsgrund 500 Anh. § 5 *40*
Familienzulagen, Arbeitsentgelt 520 3 *26*, Entgeltgleichheit 20 157 *19*
Färöer, Arbeitnehmerfreizügigkeit 20 45 *43*
favor legis, 20 288 *15*
Feiertag, Recht, anwendbares 240 9 *43*
Feiertage, gesetzliche, Entgeltfortzahlung 50 2 *9*, Kollektivverhandlungen 50 6 *15*
Feiertagsarbeit, 410 *9*, Ersatzruhetag 580 5 *3, 6 3*
Feiertagsruhe, 580 5 *3*
Ferieneinrichtungen, Ruhezeit 580 17 *10*, Ruhezeitausgleich 580 17 *13*
Fernmeldewesen, Arbeitnehmerfreizügigkeit 20 45 *137*
Feuerwehrdienst, 40 4 *14*, Arbeitsschutz 410 *34*, Arbeitszeitrecht 580 1 *34, 39*, Belastbarkeit, körperliche 520 4 *8*, Höchstaltersgrenze 520 4 *13, 6 68*
Finanzhilfefazilität, 20 151 *45*
Finanzkrise, 20 151 *45*, Arbeitsbedingungen 30 31 *31*, Kollektivverhandlungen, Interventionen 50 6 *21*, Maßnahmen, beschäftigungspolitische 30 28 *50*, Maßnahmen, mitgliedstaatliche 30 51 *9*, Memorandum of Understanding 20 151 *45*; 30 51 *9*, Sozialstandard 50 Präambel *42*, Tarifautonomie 30 28 *90*
Finanzwesen, Betriebsübergang 530 1 *62*
Fingerabdrücke, Privatsphäre, Schutz der 40 8 *9*
Finnland, Sozialrecht, koordinierendes 20 48 *65*
Firma, Pflichtangabe 430 2 *15*
Fischerei, Arbeitsschutz 410 *93f., 179ff.*, Arbeitszeitrichtlinie 580 1 *40*, Betriebsübergangsrichtlinie 530 1 *116, 119*
Fischereifahrzeuge, seegehende, Arbeitnehmer 410 *180*, Arbeitsschutz 410 *179f.*, Arbeitszeitrecht 580 1 *16, 44*, 14 *1*, 17 *1*, 21 *1*, 25 *1*, Beschaffenheitsanforderungen 410 *181*, Instandsetzung 410 *181*, Nachschulung 410 *181*, Reeder 410 *180f.*, Schiffsführer 410 *180*
Flashmob, Kollektivmaßnahme 30 28 *46*
Flexibilität, Diskriminierung, mittelbare 600 2 *14*
Flüchtlinge, Arbeitnehmerfreizügigkeit 20 45 *29*, Europäische Sozialcharta 50 Präambel *4*, Sicherheit, soziale 20 48 *14*
Fluchtwege, 410 *121*

magere Zahlen = Artikel; kursive Zahlen = Randnummern   **Sachverzeichnis**

Flugbetrieb, Arbeitnehmervertretung **550** 5
5ff., **11** 2
Fluggastkontrolle, Betriebsübergang **530** 1 86
Flughafenanlagen, Betriebsübergang **530** 1 22
Flugpersonal, Arbeitsverhältnisstatut **240** 8 55
Flugsicherung, Betriebsübergangsrichtlinie **530**
1 31
Flugverkehr, s. auch Luftfahrt, Arbeitnehmer,
mobile **580** 2 19, 20 1, Arbeitszeitrecht **580** 20
5
Folterverbot, 40 1 45, 53, Schutzpflicht **40** 1
40
Formstatut, 240 11 1ff., Arbeitnehmerschutz
240 11 2, Arbeitsverhältnis **240** 11 1, Ortsrecht
240 11 1, Vornahmeort **240** 11 1f.
Forschung, Arbeitnehmerfreizügigkeit **20** 45
137, Arbeitsvertrag, Befristung **250** 7 6
Fortpflanzung, Privatleben, Schutz **40** 8 5
Fotomodell-Agenturen, Kinderarbeit **450** 5 4
Fragebogen, Anknüpfung **240** 9 20
Fragerecht des Arbeitgebers, Anknüpfung
240 9 20f., Diskriminierung, unmittelbare **520**
10 8, Gewerkschaftszugehörigkeit **240** 9 21,
Interessenabwägung **520** 3 16, Schwangerschaft
520 3 15; **600** 2 47
Frankreich, Betriebsübergang **530** Vor 1 2, 4,
Sachgrundbefristung **500** Anh § 1.11, Sozial-
recht, koordinierendes **20** 48 65
Frauen, Chancengleichheit **600** 28 3, Diskrimi-
nierungsschutz **600** 28 1ff.
Frauenförderplan, 20 157 77
Frauenförderung, 30 21 39
Frauenquoten, Diskriminierung, positive **520** 7
8
Freie Berufe, Diskriminierungsschutz **520** 16 1,
6, Zwangsarbeit **40** 4 9
Freiheit, 10 6 1; **30** 27 4
Freiheitsrechte, 10 6 19; **30** 51 41; **40** 1 24,
Abwehrfunktion **30** 51 43; **40** 1 27, Aus-
legung, grundrechtskonforme **10** 6 31, negati-
ve Freiheit **30** 51 44; **40** 1 28, positive Freiheit
30 51 44
Freiwillige Gerichtsbarkeit, Vorabentschei-
dungsverfahren **20** 267 20
Freiwilliges soziales Jahr, Recht, anwendbares
240 1 24, 26
Freiwilligkeitsvorbehalt, 430 2 38
Freizeit, bezahlte, 20 158 1ff.
Freizeiteinrichtungen, Ruhezeitausgleich **580**
17 13
Freizügigkeit, 20 45 1, 8, Aufenthaltsfreiheit **20**
45 8, Bewegungsfreiheit **20** 45 8, Drittwirkung, unmittelbare **10** 6 40, Sachverhalte,
grenzüberschreitende **20** 45 35
Freizügigkeitsgesetz/EU, 20 45 6, Arbeitnehmerfreizügigkeit **20** 45 106, 108, 123ff.
Freizügigkeitsverordnung, Arbeitnehmerentsendung **460** 1 24ff., Arbeitnehmerfreizügigkeit
460 1 24, Arbeitsgesuche **250** 2 1, arbeitsrechtliche **20** 45 4; **250** 1 1, Ausgleichsverfahren

250 20 4, Beschränkungen, anteilsmäßige **250**
4 1f., Beschränkungen, zahlenmäßige **250** 4
1f., Europäisches Koordinierungsbüro **250** 20
6, Gleichbehandlungsgebote **460** 1 24, Kompetenzgrundlage **460** 1 24, Schwerbehindertenschutz **250** 7 11, Sonderkündigungsschutz
250 7 11, sozialrechtliche **20** 45 5, Stellenangebote **250** 2 1, Untersuchungen, allgemeine **250**
20 4, Verordnungsvorschlag **250** 20 8, Wanderarbeitnehmer **460** 1 24, Zugang zur Beschäftigung **250** 1 1ff.; **460** 24
Fremdgeschäftsführer, Arbeitnehmereigenschaft **20** 45 13; **490** 1 47, 79, 2 6; **520** 3 8;
580 1 39, 7 12, Arbeitsschutzrecht **20** 45 13,
Massenentlassungsschutz **490** 1 47, 79, 2 6
Fremdsprachenlektoren, Arbeitnehmerfreizügigkeit **20** 45 137, Arbeitsbedingungen **250** 7
4, Arbeitsvertrag, Befristung **250** 7 6, Diskriminierung, mittelbare **20** 45 60
Friedenspflicht, Kollektivmaßnahmen **30** 28
40, Streikrecht, Beschränkung **50** 6 50
Friedhöfe, Arbeitnehmerbeteiligung **550** 2 7
Frustrationsverbot, Richtlinienumsetzung **10**
6 36, 39; **20** 288 21, 60f.; **30** 21 120; **520** 1
48
Führungskräfte, Überstundenvergütung **50** 4
10
Funktionsnachfolge, 530 1 1, 72, 93
Fürsorgepflicht, Alter **30** 32 13, Eingliederung,
berufliche **620** 6 42f.
Fürsorgepflicht des Arbeitgebers, Alter **520** 6
3, Arbeitszeitschutz **30** 31 25
Fußballsport, Arbeitnehmerfreizügigkeit **20** 45
24

Garantieeinrichtungen, Arbeitnehmergruppen
610 5 4, Arbeitsweise **610** 5 1, Aufbau **610** 5 1,
Betriebsvermögen der Arbeitgeber, Unabhängigkeit **610** 5 2, Bundesagentur für Arbeit **610**
5 6, Insolvenzfähigkeit **610** 5 3, Insolvenzgeld-
richtlinie **610** 3 1ff., Mehrheit von Insolvenzereignissen **610** 3 29, Mittelaufbringung **610** 5
1, 5f., Zahlungspflicht, zeitliche Begrenzung
610 4 1ff., Zuständigkeit, internationale **610** 9
1ff.
Gebäudereinigung, Betriebsübergang **530** 1 22
Geburt, Diskriminierungsverbot **30** 21 5, 34,
37, 51, 76; **600** 6 5, Elternurlaub **640** Anh. § 2
1f., Kündigungsentscheidung **600** 2 46
Geburtsbeihilfen, 250 7 19
Geburtsdarlehen, zinslose, 250 7 19
Gedankenfreiheit, 40 9 1ff., Schutzbereich,
persönlicher **40** 9 4, Schutzbereich, sachlicher
40 9 7
Gefährdungsbeurteilung, 410 19, 55ff., Arbeitsstoffe, chemische **410** 106, Schaden, Eintrittswahrscheinlichkeit **410** 57, Schadens-
umfang **410** 57
Gefährdungsbeurteilungspflicht, Dokumentation **410** 59, 70

Sachverzeichnis

fette Zahlen = Kennziffer

Gefahrenverhütung, 410 *47 ff., 54, 57, 65,* Anweisungen **410** *74,* Dienste, beauftragte **410** *60 f.*
Gefahrstoffrecht, 410 *7,* CLP-Verordnung **410** *7,* REACH-Verordnung **410** *7*
Gefahrstoffverordnung, 410 *8, 95, 151, 188,* Explosionsschutz **410** *192*
Gefangene, Arbeitspflicht **40** *4 9, 11 f.;* **50** *1 7*
Gehaltsvorschuss, Verrechnung **50** *4 18*
Geheimdiensttätigkeit, Privatsphäre, Schutz der **40** *8 9, 38*
Geheimhaltungspflicht, Arbeitnehmerbeteiligung **550** *6 3,* Arbeitsverhältnis **40** *10 31 ff.*
Geheimhaltungsvorbehalt, SCE-Gründung **570** *10 1,* SE-Gründung **540** *8 8 ff.*
Gehör, rechtliches, 10 *6 19;* **40** *1 30*
Gehörschutz, 410 *199*
Gelegenheitsarbeiten, Nachweisrichtlinie **430** *1 9*
Gelegenheitsbeschäftigte, Entlassungsschutz **30** *30 8, 16*
Geltungsbereich, räumlicher, Selbstbestimmung **240** *1 3, 10, 15, 8 48*
Gemeinden, Betriebsübergang **530** *1 22*
Gemeinnützigkeit, *s. Einrichtungen, gemeinnützige*
Gemeinsame Außen- und Sicherheitspolitik, 10 *6 65*
Gemeinschaftsbetrieb, Insolvenz **490** *1 62,* Massenentlassungsschutz **490** *1 60 ff., 80, 2 8*
Gemeinschaftscharta der sozialen Grundrechte, 20 *151 12 ff., 16 ff.;* **30** *27 2,* Aktionsprogramm **460** *1 1,* Arbeitsbedingungen **580** *1 24,* Arbeitskampf **30** *28 8,* Auslegungshilfe **20** *151 19,* Berufswahl, freie **20** *151 17,* Entgelt, gerechtes **20** *151 17,* Gleichheit von Frauen und Männern **30** *23 6,* Koalitionsfreiheit **20** *153 50,* Kollektivvertragsfreiheit **20** *153 50,* Tarifverhandlungen **30** *28 8,* Unverbindlichkeit **20** *151 18 f.,* Vereinigungsfreiheit **30** *12 6*
Gemeinschaftsunternehmen, Europäische-Betriebsräte-Richtlinie **630** *3 4*
Gemeinwohldienstleistungen, Betriebsübergang **530** *1 22, 6 6,* Betriebsübergangsrichtlinie **530** *1 38*
gender mainstreaming, 600 *1 16, 29 1,* Berichtspflicht **520** *19 1*
gender pay gap, 20 *157 9 ff.;* **600** *4 1, s. auch Entgeltzahlungslücke*
Genderstereotypen, 600 *1 17*
Generalklauseln, Grundrechtecharta **30** *51 34*
Gepäckkontrolle, Betriebsübergang **530** *1 86*
Gepflogenheiten, einzelstaatliche, Sozialpolitik **20** *151 28*
Gericht, Grundrechtsbindung **30** *51 22 f.,* Vorlageberechtigung **20** *267 18 f.,* Vorlagepflicht **20** *267 34 f.*
Geringqualifizierte, Unionskompetenz **20** *153 37 f.*
Gesamtarbeitsvertrag, Tarifvertrag **50** *6 14*

Gesamtbetriebsrat, Arbeitnehmervertretung **550** *2 20,* Entlassungen, betriebsübergreifende **490** *1 67*
Gesamtpersonalrat, Arbeitnehmervertretung **550** *2 20*
Gesamtverfahren, Antrag **610** *2 1 f., 6,* Behörde, zuständige **610** *2 7,* Definition **610** *2 5,* Entscheidung über Antrag **610** *2 1, 6 ff.,* Eröffnung **610** *2 7 f.,* Schutz, richtlinienübersteigender **610** *2 17,* Zahlungsunfähigkeit des Arbeitgebers **610** *2 1 f.*
Gesamtversorgungszusage, Geschlechtsdiskriminierung, mittelbare **600** *5 9*
Geschäftsführer, Arbeitnehmereigenschaft **20** *45 13;* **490** *1 46 ff.;* **580** *1 39,* Arbeitsschutzrecht **20** *45 13,* Kündigung aufgrund Schwangerschaft **600** *2 46*
Geschäftsführer, abhängige, Arbeitnehmereigenschaft **490** *1 45, 47*
Geschäftsführerabberufung, Kapitalverkehrsfreiheit **30** *16 36,* Unternehmerfreiheit **30** *16 34 ff.*
Geschäftsführerbestellung, Unternehmerfreiheit **30** *16 34*
Geschäftsgeheimnisse, Verschwiegenheitspflicht **540** *8 6 f.;* **550** *6 6*
Geschlecht, Anforderung, berufliche **520** *4 10,* Antidiskriminierungsmaßnahmen **20** *157 82,* Anweisung zur Diskriminierung **600** *2 35,* Ausrichtung, sexuelle **20** *157 34,* Begriff **30** *21 55 ff.;* **600** *1 13,* Belästigung **600** *2 15 ff.,* biologisches **600** *1 13;* **650** *7,* Diskriminierung, mittelbare **470** *1 3, 9 ff.,* Anh. § *4 15;* **520** *2 38;* **600** *7 ff.,* Diskriminierung, positive **20** *157 62 ff.;* **50** *1 13;* **600** *2 6,* Diskriminierung, unmittelbare **520** *2 34;* **600** *3,* Diskriminierungsschutz **650** *1 7,* Entgeltdiskriminierung **470** *1 10,* Entgeltgleichheit **20** *157 34 ff.,* Männer und Frauen **600** *1 13, 4 4;* **650** *1 7,* Mutterschaft **30** *21 12, 56, 33 15,* natürliches **600** *1 13, 2 4;* **650** *1 7,* Rechtfertigungsgrund **30** *23 21,* Rollenmuster, tradierte **600** *1 16,* Schwangerschaft **30** *21 12, 56,* sex-plus discrimination **520** *2 34 f.;* **600** *4,* soziales **600** *1 16 f.;* **650** *7,* Transsexualität **30** *21 57, 81, 23 10;* **600** *1 15,* Ungleichbehandlung wegen des Geschlechts, *s. dort,* Zwischengeschlechtlichkeit **30** *21 57, 81, 23 10;* **600** *1 15*
Geschlecht, unterrepräsentiertes, 20 *157 10,* Diskriminierung, positive **20** *157 62 ff.;* **30** *21 32, 23 3 f.;* **600** *1 7,* Fördermaßnahmen **20** *157 8, 62 ff., 80;* **30** *21 32, 23 7, 14 ff.,* Geschlechtsneutralität **20** *157 71, 74, 76,* Unterrepräsentanz **20** *157 74 f., 77, 80,* Vorrangregeln **20** *157 74 ff.*
Geschlechtsdiskriminierung, Anforderungen, berufliche **600** *14 5 ff.,* Beweislast **600** *19 1 ff.,* Entschädigung **600** *18 1, 4, 25 1,* Interessen, öffentliche **600** *14 8,* Mitursächlichkeit **600** *19 3,* Motivbündel **600** *19 3,* Sanktionen **600** *18*

magere Zahlen = Artikel; kursive Zahlen = Randnummern **Sachverzeichnis**

6, Schadensersatz **600** 18 *1 ff.*, 25 *1*, Vorbeugung **600** 26 *1*
Geschlechtsdiskriminierungsverbot, 20 157 *1*; **30** 21 *5, 12, 16 ff.*, *25, 29 f., 34, 37, 39, 51, 55 ff.*, *86*, 23 *4, 6*; **520** 1 *4*; **600** 1 *6 ff.*, allgemeiner Rechtsgrundsatz **30** 23 *2*, Altersversorgung, betriebliche **600** 5 *1 ff.*, Arbeit, gleiche **600** 4 *4 f.*, Arbeit, gleichwertige **600** 4 *4 f., 8 f.*, Arbeitgeber, verschiedene **600** 4 *10*, Arbeitsbedingungen **600** 4 *6, 8*, 14 *1, 3*, Arbeitsentgelt **30** 21 *30 f.*; **600** 1 *6*, 14 *1*, Arbeitsverhältnis **600** 4 *4*, 9 *1*, Art der Arbeit **600** 4 *6*, Ausbildungszeit **600** 4 *8*, Berufsausbildung **600** 4 *6*, 14 *1*, Berufsbildung **600** 2 *6*, 14 *7*, Beschäftigung, Zugang zur **600** 2 *6*, 14 *3, 7*, Beschäftigungsbedingungen **600** 14 *1*, Diskriminierung, mittelbare **600** 14 *3*, Diskriminierung, unmittelbare **600** 14 *3*, Effektivitätsgrundsatz **600** 2 *46*, Einstellungsbedingungen **600** 14 *3*, Einstufung, berufliche **600** 4 *2, 11 f.*, Entgeltbestandteile **600** 4 *4*, Entlassungsbedingungen **600** 14 *1, 3*, Entlassungsschutz **600** 1 *20*, Ermächtigungsgrundlage **600** 1 *5*, Erwerbstätigkeit, Unterbrechung **600** 6 *4*, Erwerbstätigkeit, Zugang zur **600** 14 *1*, Geschicklichkeit **600** 4 *8*, Interessenverbände, Mitgliedschaft **600** 14 *1*, Körperkraft **600** 4 *8, 12*, Lage, vergleichbare **600** 4 *5*, Lebenserwartung **600** 5 *7*, Mütter **600** 6 *5*, Mutterschaftsurlaub **600** 1 *14*, 6 *5*, Rechtfertigung **600** 2 *6*, Schwangerschaft **600** 1 *14*, 6 *5*, Selbständige **600** 1 *8*, 6 *3*, 9 *1*, Systeme der sozialen Sicherheit, betriebliche **600** 2 *1 f., 29 ff.*, Teilzeitbeschäftigung **470** Anh. § 4 *4 ff., 8*, Verhaltensweisen, unzulässige **600** 9 *1, 3*, Wirkung, unmittelbare **600** 12 *4*, 14 *1*
Geschlechtsumwandlung, Diskriminierungsverbot **600** 1 *15*, Privatleben, Schutz **40** 8 *5*
Gesellschafter-Geschäftsführer, Arbeitnehmereigenschaft **20** 45 *13*; **490** 1 *47*; **520** 3 *8*, Arbeitsschutzrecht **20** 45 *13*
Gesellschaftsorgane, Arbeitnehmereigenschaft **500** Anh. § 2 *14*
Gesetzgebungsverfahren, ordentliches, 20 288 *7 f.*
Gesundheit, Begriff **20** 153 *18*; **580** 1 *23, 30*
Gesundheit, öffentliche, Arbeitnehmerfreizügigkeit **20** 45 *105 ff.*, Begriff **20** 45 *115*
Gesundheitsgefahren, 50 2 *12 f.*, Arbeitsschutz, technischer **410** *10*, Nachtarbeit **580** 8 *3*, Prävention **50** 2 *13 f., 3 2 f.*, Schutzpflicht **40** 2 *6*
Gesundheitsleistungen, Dienstleistungsfreiheit **20** 48 *54*, Inanspruchnahme im EU-Ausland **20** 48 *53 f.*, Warenverkehrsfreiheit **20** 48 *54*
Gesundheitsprüfung, Inländergleichbehandlung **250** 6 *1*
Gesundheitsschutz, 580 1 *1 f., 3, 6, 23*, Arbeitnehmer **30** 31 *6, 8 f.*, Arbeitnehmervertreter **410** *41 ff., 60 ff.*, Arbeitszeitplanung **580** 1 *36*, Arbeitszeitverkürzung **50** 2 *3*, Diskriminierung, Rechtfertigung **520** 2 *10*, Entsendung **460** 3

28, Grundfreiheiten **20** 151 *36*, Mehrheitsentscheidungen, qualifizierte **580** 1 *6*, Solidarität **30** 27 *4*, Unionskompetenz **20** 153 *17 ff., 29*, Verbesserung **410** *45 f.*
Gesundheitsschutzkennzeichnung, Arbeitsschutz **410** *94, 164 ff.*, Begriff **410** *165*, Einzelrichtlinie **410** *164 ff.*
Gesundheitsüberwachung, 410 *24*, Einzelrichtlinien **410** *96, 114*
Gesundheitsuntersuchung, Nachtarbeit **450** 9 *3*; **580** 8 *1, 3*, 9 *1, 3*, Schweigepflicht, ärztliche **580** 9 *1*, Unentgeltlichkeit **580** 9 *1*
Gesundheitsvorsorge, Unionskompetenz **20** 153 *44*
Gesundheitswesen, Arbeitnehmerfreizügigkeit **20** 45 *137*
Gesundheitswesen, öffentliches, Gewährleistungspflicht **40** 2 *7*, Koalitionsfreiheit **40** 11 *72*, Nachtarbeit, Gesundheitsuntersuchung **580** 9 *1*
Gewährleistungspflichten, Arbeitsrecht **40** 1 *34*, Eingriff **40** 1 *37*, positive obligations **40** 1 *31 ff.*, Privatrecht **40** 1 *34 ff.*, Schutzpflichten **40** 1 *40 f.*
Gewerkschaften, Anhörungsrecht **40** 11 *63*, Arbeitnehmerfreiheit **30** 28 *64 ff.*, Arbeitnehmerinteressen, Eintritt für **40** 11 *19 ff., 29*, Begriff **40** 11 *11, 18*; **250** 8 *2*, Binnenorganisation **40** 11 *18*, Dienstleistungsfreiheit **30** 28 *64 ff.*, Diskriminierungsschutz **520** 3 *30*, Diskriminierungsverbot **40** 11 *32*, Gemeinwohlinteressen **30** 28 *29*, Grundfreiheitenkontrolle **20** 151 *37*, Kartellverbot **30** 28 *83*, Mächtigkeit, soziale **40** 11 *11, 51, 62*; **50** 5 *15*, Mandat, allgemeinpolitisches **30** 28 *29*, Meinungsäußerungsfreiheit **40** 10 *3, 7, 23*, mitgliederstärkste **40** 11 *51, 64*, Nichtanerkennung **40** 11 *61*, Niederlassungsfreiheit **30** 28 *64 ff., 71*, Repräsentativität **40** 11 *11, 51, 63*; **50** 5 *14*, Stiftungen, politische **50** 6 *49*, Streikaufruf **50** 6 *27 ff.*, Streikrecht **50** 6 *27 ff.*, Vereinigungsfreiheit **30** 12 *1, 15, 20, 28 12*; **40** 11 *1*, Versammlungsfreiheit **40** 11 *1*
Gewerkschaftsbeiträge, Arbeitsentgelt, Abzüge vom **50** 4 *18*
Gewerkschaftsfreiheit, Arbeitnehmer **40** 11 *5*, individuelle **40** 11 *12*, kollektive **40** 11 *41*, negative **40** 11 *12*, positive **40** 11 *12, 41*, Vereinigungsfreiheit **30** 12 *2, 20*; **40** 11 *1, 3, 10 f.*
Gewerkschaftsmitglied, Ausübung der Mitgliedschaftsrechte **250** 8 *3*, Sanktionen **40** 11 *52, 59*, Versetzung **40** 11 *52*
Gewerkschaftsmitgliedschaft, 250 8 *3*
Gewerkschaftsvertreter, *s. auch Arbeitnehmervertreter*, Sachverständige **630** 5 *24*, Staatsangehörigkeit **50** 5 *13*, Wahlrecht, passives **50** 5 *13*, Wohnsitz **50** 5 *13*
Gewerkschaftszugehörigkeit, Gleichbehandlung **250** 8 *2 f.*
Gewissensfreiheit, 40 9 *1 ff.*, forum externum **40** 9 *7*, forum internum **40** 9 *7*, Schutzbereich,

2069

Sachverzeichnis

fette Zahlen = Kennziffer

persönlicher **40** 9 *4*, Schutzbereich, sachlicher **40** 9 *7*, Weisungsrecht des Arbeitgebers **40** 9 *8*
Glaube, Diskriminierungsverbot **30** 21 *39*
Glaubhaftmachung, 520 10 *4*
Gleichbehandlung, Abwehrrecht **600** 2 *1*, Stellen zur Förderung **600** 20 *1f.*
Gleichbehandlung der Geschlechter, 20 157 *1ff.*; **600** 1 *7*, Aufstieg, beruflicher **600** 1 *2*, Berufsbildung **600** 1 *2*, Beschäftigung, Zugang zur **600** 1 *2*, Diskriminierungsverbot **30** 21 *39*, Entgeltgleichheit **20** 157 *2*; **50** 4 *2*, Fördermaßnahmen **30** 21 *39*, Kollektivverhandlungen **50** 6 *15*, Kompetenzgrundlage **20** 153 *74*, Sekundärrecht **20** 157 *5ff.*
Gleichbehandlungsgrundsatz, 600 1 *9f.*, Abwehrrecht **650** 4 *1*, Anknüpfung **240** 9 *32*, Arbeitsbedingungen **250** 7 *1ff.*, Beschäftigungsbedingungen **250** 7 *1ff.*, Diskriminierungsverbot **510** 2 *1f.*; **520** *1*; **600** 1 *10ff.*, Entgeltgleichheit **20** 157 *57*, Erwerbstätigkeit, selbständige **650** 1 *1f.*, 4 *1*, Förderung **600** 20 *1f.*, Mindestanforderungen **600** 27 *1*, Mindestvorschriften **520** 8 *1f.*, Rechtsbehelfe **600** 17 *1ff.*, Rechtsdurchsetzung **600** 17 *1ff.*, Rechtsschutz **520** 9 *1ff.*, Verbandsklagen **600** 17 *3*, 19 *5*
Gleichbehandlungsrahmenrichtlinie, 20 157 *6*; **510** 19 *1ff.*, Adressaten **520** 21 *1*, Anforderungen, berufliche **520** 4 *1ff.*, Anwendung, horizontale unmittelbare **520** 16 *3f.*, 21 *1*, Anwendungsbereich, persönlicher **520** 3 *1*, *4*, 8 *1*, Anwendungsbereich, sachlicher **520** 3 *1ff.*, *11ff.*, 8 *1*, Anwendungsbereich, zeitlicher **520** 3 *1*, 8 *1*, Aufenthaltsrecht **520** 3 *2*, *31*, Berichtspflicht **520** 19 *1f.*, Beweislast **520** 2 *5*, Chancengleichheit **520** 1 *8*, *10*, *12f.*, Diskriminierung **520** 1 *1*, Diskriminierungsbekämpfung **510** 19 *1*, Diskriminierungsgründe **520** 1 *4*, Drittwirkung, unmittelbare **520** 21 *1*, Einhaltung, Sicherstellung **520** 1 *2*, Ermächtigungsgrundlage **520** 1 *2*, Erwerbstätigkeit **520** 3 *5*, Gleichbehandlungsgrundsatz **520** 1 *8*, Günstigkeitsprinzip **520** 8 *2ff.*, Inkrafttreten **520** 20 *1*, Kompetenzgrundlage **20** 153 *74*, Mehrurlaub **580** 7 *23f.*, Ordre-Public-Vorbehalt **520** 2 *68*, Rechtfertigung **520** 4 *1f.*, *4*, Rechtsschutzgarantie **520** 9 *1ff.*, Rechtsverhältnis, privates **520** 3 *4*, Sanktionen **520** 17 *1ff.*, *11*, Sicherheit, soziale **520** 3 *2*, *32f.*, Sonderstatus, öffentlich-rechtlicher **520** 3 *4*, sozialer Dialog **520** 13 *1ff.*, Staatsangehörigkeit **520** 3 *2*, *31*, Umsetzung **520** 1 *9*, *58*, Umsetzung, sozialpartnerschaftliche **520** 18 *2*, Umsetzungsfrist **520** 1 *58*, 18 *1*, Ungleichbehandlung **520** 4 *1f.*, Unterrichtungsrecht **520** 12 *1f.*, Verhältnismäßigkeitsgrundsatz **520** 4 *2*, *4*, *11*, Zweckbestimmung **510** 19 *1*; **520** 1 *2*
Gleichbehandlungsrichtlinie, 600 1 *1ff.*, Adressaten **600** 36 *1f.*; **650** 19 *1*, Anwendungsbereich, persönlicher **600** 1 *19*, 6 *1ff.*, 14 *4*; **650** 1 *4ff.*, 2 *1ff.*, Anwendungsbereich, sachli-

cher **600** 1 *18*, 7 *1ff.*, 8 *1ff.*, 14 *3*, 17 *1*, Arbeits- und Beschäftigungsfragen **600** 1 *2*, *5*, *7*, *9*, *18ff.*, 2 *1*, Aufhebung **600** 34 *1*; **650** 17 *1*, Belästigung **600** 2 *1f.*, *15ff.*, Belästigung, sexuelle **600** 2 *1f.*, *19ff.*, Berechtigte **600** 6 *3ff.*, Berichtspflichten **600** 31 *1ff.*; **650** 15 *1*, Bestimmungen, horizontale **600** 23 *1f.*, 24 *1f.*, Diskriminierung, mittelbare **600** 2 *1f.*, Diskriminierung, unmittelbare **600** 2 *1ff.*, effet utile **600** 23 *1*, Ehepartner, mitarbeitende **650** 2 *1*, *7* *1*, Einhaltung **600** 23 *2*, Entgelt **600** 2 *1f.*, Entschädigung **650** 10 *1*, Ermächtigungsgrundlage **650** 1 *3*, Erwerbstätigkeit, selbständige **650** 1 *1f.*, 2 *1ff.*, Fördermaßnahmen **600** 3 *1*, 31 *2*, Informationsverbreitung **600** 30 *1*; **650** 13 *1*, Inkrafttreten **600** 35 *1*; **650** 18 *1*, Kompetenzgrundlage **20** 157 *80*, Lebenspartner, mitarbeitende **650** 2 *1*, *7* *1*, Legaldefinitionen **600** 2 *1*, Männer und Frauen **600** 1 *13*, 2 *1*; **650** 1 *7*, Rechtsschutz **650** 9 *1*, Rechtsschutz, effektiver gerichtlicher **600** 17 *2*, 24 *2*, 25 *2*, Rechtsvorschriften, Aufhebung **600** 23 *2*, Sanktionen **600** 25 *1f.*, Schadensersatz **650** 10 *1*, Schutzniveau **600** 27 *1*; **650** 14 *1*, Systeme der sozialen Sicherheit, betriebliche **600** 2 *1f.*, *29ff.*, Teilgruppen **600** 1 *14*, 2 *4*, *38*, Überprüfungspflicht **600** 32 *1*, Umsetzung **600** 23 *1f.*, 31 *1*, 33 *1ff.*; **650** 16 *1f.*, Umsetzungspflicht **600** 36 *1f.*; **650** 19 *1*, Verbandsklagebefugnis **650** 9 *1*, Verpflichtete **600** 6 *6*, Verwaltungsvorschriften, Aufhebung **600** 23 *2*, Viktimisierungsverbot **600** 24 *1f.*, Wirkung, unmittelbare **600** 36 *2*, Zielbestimmung **600** 1 *9*
Gleichbehandlungsstellen, 600 20 *1f.*; **650** 11 *1*, Mindestzuständigkeit **600** 20 *2*
Gleichheit, 10 6 *1*; **30** 27 *4*, Privatrechtsgesellschaft **520** 1 *12*
Gleichheit von Frauen und Männern, Anpassung nach oben **30** 23 *20*, Arbeitsrecht **30** 23 *13*, Diskriminierungsverbot **30** 23 *1*, *6*, Grundrecht **30** 23 *2*, *11*, Grundrechtsadressaten **30** 23 *9*, Grundrechtsträger **30** 23 *8*, Kompetenzgrundlage **30** 23 *7*, Recht, subjektives **30** 23 *11*, Rechtfertigungsgrund **30** 23 *14*, Schwangerschaft **30** 23 *10*, Sicherstellung **30** 23 *5ff.*, *12*, Transsexualität **30** 23 *10*, Zwischengeschlechtlichkeit **30** 23 *10*
Gleichheitsrechte, 30 15 *9*, 51 *41*; **40** 1 *24*, Abwehrfunktion **30** 51 *45*
Gleichheitssatz, allgemeiner, Diskriminierungsverbote **30** 21 *2*, *52*
Gleichordnungskonzern, Europäische-Betriebsräte-Richtlinie **630** 3 *5*
Gleichstellung von Männern und Frauen, Diskriminierungsverbot **30** 21 *29*, Querschnittsklausel **30** 21 *15f.*
Gleichstellungsbeauftragte, Geschlechtsdiskriminierung **600** 14 *8*
Gleichstellungspolitik, allgemeine, 20 157 *8*

magere Zahlen = Artikel; kursive Zahlen = Randnummern **Sachverzeichnis**

Gleichwertigkeitsprüfung, Berufsqualifikation 20 45 *74 f.*
GmbH, Verschmelzung, grenzüberschreitende 590 1 *6*
GmbH-Fremdgeschäftsführer, Arbeitnehmerbegriff 520 3 *8 f.*
Grenzgänger, 250 7 *26,* Arbeitnehmerfreizügigkeit 20 45 *39,* Arbeitsverhältnisstatut 240 8 *50,* Steuerrecht 250 7 *26, 35,* Vergünstigungen, soziale 250 7 *23*
Griechenland, Elternurlaub 640 Anh. § 1 *8,* Kollektivverhandlungen 30 28 *91,* Sozialrecht, koordinierendes 20 48 *65,* Unfallversicherung 20 48 *69*
Grundfreiheiten, 10 6 *9, 12 f.,* Abgrenzung Grundrechte/Grundfreiheiten 10 6 *12 ff.,* Adressaten 20 151 *37,* Allgemeininteressen, zwingende 20 151 *36,* Auslegung 10 6 *10,* Berufsfreiheit 30 15 *10,* Beschränkung 10 6 *21 f.;* 30 51 *15,* Beschränkungsverbote 10 6 *14;* 20 151 *34 f.;* 30 28 *65,* Binnenmarkt, Herstellung 10 6 *12 f.,* Diskriminierungsverbote 10 6 *14;* 30 28 *65,* 51 *45,* Drittwirkung 10 6 *14,* Drittwirkung, unmittelbare 30 21 *119,* 51 *29,* Gleichheitsrechte 30 51 *45,* Inländerdiskriminierung 10 6 *13,* Primat der Grundfreiheiten 20 151 *38 ff.,* Rechte, subjektive 10 6 *13 f.,* Rechtfertigungsgründe 20 151 *36,* Rechtsetzungsgrundlage 20 153 *73,* Sachverhalte, grenzüberschreitende 10 6 *13,* Schranken 10 6 *10;* 20 151 *36,* Schranken-Schranken 30 51 *25 f.,* Schutzrechte 10 6 *14,* Teilhaberechte 30 51 *51,* Verhältnismäßigkeitsgrundsatz 30 28 *70*
Grundlohn/-gehalt, Arbeitsentgelt 520 3 *22 f.*
Grundrechte, 10 6 *1, 5, 15 f.;* 30 21 *38 f.,* Abgrenzung Grundfreiheiten/Grundrechte 10 6 *12 ff.,* Abwehrrechte 30 51 *41 ff.,* 52 *29 f.;* 40 1 *27,* Achtung 30 51 *41,* Anwendung, Förderung der 30 51 *41,* Anwendungsvorrang 10 6 *37 ff.,* Auslegung, grundrechtskonforme 10 6 *29 ff.,* Auslegung, völkerrechtsfreundliche 40 1 *79,* Beurteilungsspielraum 30 52 *45,* dezentraler Grundrechtsschutz 10 6 *54, 56;* 30 52 *45,* Drittwirkung, horizontale 30 21 *119,* Drittwirkung, mittelbare 30 51 *35,* Drittwirkung, unmittelbare 10 6 *40;* 30 21 *119 f.,* 51 *27 f., 30 ff.,* Eingriff 30 51 *37,* Freiheitsrechte 40 1 *24, 27,* Generalklauseln 30 51 *23,* Gleichheitsrechte 30 15 *9,* 51 *41, 45;* 40 1 *24,* Justizgrundrechte 30 51 *41, 54;* 40 1 *52,* Leistungsrechte 30 51 *41 f., 44, 46 ff.,* mehrpolige Grundrechtsverhältnisse 30 52 *18;* 40 1 *37,* nationale 30 51 *24,* Primärrecht 10 6 *20, 29,* Rang 10 6 *20, 29,* Rechte, subjektive 10 6 *14, 23, 29,* Rechtsfortbildung 30 51 *23,* Rechtsgrundsätze, allgemeine 10 6 *19 f.;* 30 21 *38,* Rücksichtnahmegebot 30 51 *5,* Schranken-Schranken 10 6 *21;* 30 15 *22,* Schranken-Schranken der Grundfreiheiten 30 51 *25 f.,* Schutzpflichten 30 51 *41, 46, 48 ff.,* Sekundärrecht, Auslegung 10 6 *8,* self-executing 10 6 *29,* Subsidiarität 30 51 *5,* Teilhaberechte 30 51 *51,* Unionsrecht, Anwendungsvorrang 10 6 *37 ff.,* Verfahrensrechte 30 51 *41, 54;* 40 1 *24, 30,* Verfassungsüberlieferungen, gemeinsame 10 6 *2 f.;* 30 21 *38 f.,* 52 *19 f.,* Verhältnismäßigkeit 10 6 *56,* Verhältnismäßigkeitsgrundsatz 30 28 *70,* Wirkung, mittelbare 30 51 *34,* Wirkung, unmittelbare 10 6 *29,* wirtschaftliche 10 6 *5;* 30 15 *1,* zweipolige Grundrechtskonstellation 30 52 *18;* 40 1 *37*
Grundrechte, soziale, 10 6 *19, 31, 44;* 20 151 *12 ff., 38 ff.;* 30 27 *1 ff., 6 ff.,* Abwehrrechte 30 27 *7 f.,* 51 *43,* Arbeitnehmerbegriff 30 27 *18 f.,* Arbeitsbedingungen 580 1 *24,* Berufsfreiheit 30 15 *8,* Europäische Sozialcharta 50 Präambel *1, 18 f.,* Gewährleistungspflichten 30 27 *8,* Koalitionsfreiheit 40 11 *2,* Rückschrittsverbot 30 51 *43,* Schutzpflichten 30 27 *8,* status positivus 50 Präambel *18,* Teilhaberechte 30 27 *7,* 51 *51*
Grundrechtecharta, 10 6 *1 ff.,* Adressaten 30 51 *3 ff., 27 f.,* ältere Menschen 30 21 *13,* Änderung 10 6 *6,* Anhörung der Arbeitnehmer 20 153 *30;* 30 27 *10 ff.,* Anwendungsbereich 30 51 *1, 10 ff.,* Anwendungsvorrang 10 6 *37 ff.,* Arbeitsbedingungen 20 153 *21;* 410 4, Arbeitsrecht 30 51 *16,* Arbeitszeitrecht 580 1 *25 ff.,* Auslegung 10 6 *6, 25, 59;* 30 27 *5, 28 11,* 52 *1 ff., 26 f.,* Auslegung, grundrechtskonforme 10 6 *36,* Auslegung, historische 30 52 *2,* Auslegung, konventionskonforme 30 28 *9,* Berufsfreiheit 20 45 *9,* Diskriminierungsverbote 30 21 *1 f., 5 ff., 9 ff.,* 51 *41,* Drei-Säulen-Modell 30 27 *4,* Dynamik 10 6 *28,* Entlassung, ungerechtfertigte 20 153 *29,* Erläuterungen des Konventpräsidiums 30 51 *7, 12, 14, 25,* 52 *2, 5, 7, 10, 13 ff.,* Europäische Menschenrechtskonvention 30 28 *9,* 52 *1 f., 10, 13,* Freiheitsrechte 30 51 *41, 54,* Gepflogenheiten, nationale 30 52 *21 ff.,* Gesetzesvorbehalt 30 52 *21 ff., 35 f.,* Gleichbehandlung von Männern und Frauen 30 21 *12,* Gleichbehandlungsgebot 20 157 *8,* Gleichheitsrechte 30 51 *41, 54,* Gleichheitssatz, allgemeiner 30 21 *2,* Grundrechte, soziale 30 27 *1, 3 f., 6 ff.,* 51 *54,* 52 *11,* Grundrechte, wirtschaftliche 30 51 *54,* 52 *11,* Grundrechtsmündigkeit 30 51 *36,* Grundrechtsprüfung 30 52 *28 ff.,* Grundrechtsstandard 30 12 *5,* 52 *12 f.,* Grundrechtsträger 30 51 *36,* Grundsätze, s. dort, Inkrafttreten 10 6 *1, 4, 8,* Inlandssachverhalte 30 52 *9,* Kinder 30 21 *13,* Koalitionsfreiheit 20 153 *50,* Kollektivvertragsfreiheit 20 153 *50,* Kompetenzgrundlage 30 23 *7,* Kompetenzschutzklausel 10 6 *7;* 30 51 *52 ff.,* Massenentlassung 490 Vor 1 *4,* Mitgliedstaaten 30 51 *1, 6,* Normsetzungsprärogative 30 28 *31, 60,* Öffnungsklausel 30 52 *17,* Opt-out 10 6 *7,* Persönlichkeitsrecht 30 21 *11,* Präambel 30 27 *4,* Primärrecht 10 6 *5,* Proklamation 10 6 *4, 8,* Protokolle über die Anwendung 10 6 *7, 26,* Querschnittsklausel 30 27 *4,* Rang 10 6 *1 f., 6,*

2071

Sachverzeichnis

fette Zahlen = Kennziffer

9 f., *25*, Recht, nationales **30** 52 *21 ff.*, Recht zur Arbeit **20** 45 *9*; **30** 15 *1*, Rechte, korrespondierende **30** 52 *13 ff.*, Rechte, subjektive **10** 6 *5*, *11*; **30** 27 *6*, Rechtserkenntnisquelle **30** 28 *10*, Rechtsquelle **10** 6 *4*, *8*, *11*, Sachverhalte, nicht abgeschlossene **10** 6 *8*, Schranken **30** 52 *16 ff.*, Schranken-Schranken **30** 52 *35 ff.*, Schrankenregelung **30** 28 *53*, 52 *1*, Schrankenvorbehalt **30** 52 *32 ff.*, *41*, Schutzbereich, sachlicher **30** 51 *2*, Schutzniveau **30** 12 *5*, Schutzpflichten **30** 51 *46*, Solidarität **10** 6 *5*; **30** 27 *9*; **410** *4*, Subsidiaritätsgrundsatz **30** 52 *21*, Teilhaberechte **30** 51 *46*, Transferklausel **30** 52 *9*, Unionsgrundrechte **30** 52 *4 ff.*, Unionsrecht, Auslegung **10** 6 *11*, Unionsrecht, Durchführung **30** 51 *8*, *10 ff.*, Unterrichtung der Arbeitnehmer **20** 153 *30*; **30** 27 *10 ff.*, Vereinigungsfreiheit **20** 153 *50*, Verhältnis **30** 51 *44*, Verhältnismäßigkeitsgrundsatz **30** 28 *60*, Verpflichtete **30** 51 *1*, *3 ff.*, *27 f.*, Verweisung, dynamische **30** 12 *5*, Wertegemeinschaft **30** 51 *54*, Wesensgehaltgarantie **30** 52 *38 ff.*, Zuständigkeitserweiterung **30** 51 *2*, *52 f.*

Grundrechtsbeschwerde, **10** 6 *49*

Grundrechtseinschränkung, Eingriff **30** 52 *31*, Rechtfertigung **30** 52 *32 ff.*, *52*, Verhältnismäßigkeitsgrundsatz **30** 52 *41 ff.*

Grundrechtsträger, **10** 6 *13*

Grundrechtsverstoß, **10** 6 *29 f.*, Beschluss **10** 6 *29*, EU-Organe **10** 6 *46 ff.*, Individualnichtigkeitsklage **10** 6 *47*, Inzidentkontrolle **10** 6 *50 f.*, Mitgliedstaaten **10** 6 *33*, *50 ff.*, Nichtigkeitsklage **10** 6 *46 f.*, *51*, Rechtssetzung **10** 6 *29*, Sekundärrechtsakt **10** 6 *34*, Unionsrechtsvollzug **10** 6 *50 ff.*, Untätigkeitsklage **10** 6 *46*, *48*, Untersuchungspflicht **40** 1 *30*, Verwerfungsmonopol des EuGH **10** 6 *30*, *53*, Vorabentscheidungsersuchen **10** 6 *50*, Vorlagepflicht **10** 6 *54 ff.*

Grundsatz des Sozialrechts der Union, Befristung **500** Anh. § 4 *7*, Urlaubsanspruch **580** 7 *2*

Grundsätze, Abgrenzung Grundrechte/Grundsätze **30** 52 *3*, *47*, Begriff **30** 52 *46*, Durchsetzung, gerichtliche **30** 52 *52*, Europäische Sozialcharta **50** Präambel *1*, Förderung der Anwendung **30** 52 *48*, Gestaltungsspielraum **30** 52 *48*, Grundrechtecharta **10** 6 *5*, *11*, *23 f.*, *29*, *32*; **30** 51 *33*, 52 *46 ff.*, Inzidentkontrolle **30** 52 *52*, Umsetzung **30** 52 *48 ff.*, Verpflichtungen **30** 52 *51*, Vorabentscheidungsverfahren **30** 52 *52*

Grundsätze, allgemeine, **10** 6 *2 ff.*, *8*, *15 ff.*, *23*, Altersdiskriminierungsverbot **520** 1 *48*, 6 *4*, Anwendungsbereich **10** 6 *21 f.*, Diskriminierungsverbote **30** 21 *42 ff.*, Europäische Menschenrechtskonvention **30** 21 *33*, Grundrechtsbindung **30** 51 *10*, Normerhaltung **20** 288 *4*, Primärrecht **10** 6 *15*, *20*, *29*, Rang **10** 6 *20*, *25*, *29*, Rechte, subjektive **10** 6 *23*, Rechtsquelle **10** 6 *58*, Verpflichtete **10** 6 *21*, Weitergeltung **10** 6 *24*

Grundsicherung für Arbeitssuchende, Leistungen zur Sicherung des Lebensunterhalts **250** 7 *18*

Grundsicherung im Alter und bei Erwerbsminderung, **250** 7 *18*

Grundvergütung, Lebensalter **520** 6 *62*

Gruppierung, ethnische, **510** 1 *5*

Günstigkeitsprinzip, Arbeitnehmerbeteiligung **550** 4 *1*, Diskriminierungsverbote **520** 8 *2 ff.*, Europäische Menschenrechtskonvention **40** 1 *72 ff.*, Europäische Sozialcharta **50** Präambel *55*

Günstigkeitsvergleich, Arbeitsverhältnisstatut **210** 10 *9*; **240** 1 *12*, 8 *2*, *15*, *18 ff.*, Einzelvergleich **240** 8 *21*, Europäische Insolvenzverordnung **210** 10 *9*, Gesamtvergleich **240** 8 *21*, objektiver **240** 8 *23*, Rechtswahl **240** 8 *15*, *18 ff.*, Sachgruppenvergleich **240** 8 *21*

Güterverkehr, **460** 1 *65 ff.*

Haartracht, Lebensführung, freie Gestaltung **40** 8 *10*

Hafenlotsen, **410** *180*

Hand- und Spanndienste, **40** 4 *14*

Handel, Betriebsübergang **530** 1 *81*

Handelsbrauch, **30** 52 *22*

Handelsgesellschaften, Religionsfreiheit **40** 9 *5*

Handelsmarine, **460** 1 *63*, *67*

Handlungsfreiheit, allgemeine, **10** 6 *27*; **30** 51 *44*

Handlungsreisende, **460** 1 *65*

Handwerkskammer, Diskriminierungsschutz **520** 3 *30*, Vereinigungsfreiheit, Schutzbereich **30** 12 *16*

Haupternährerklauseln, **600** 5 *8*, *9 11*

Hauptinsolvenzverfahren, **210** 1 *6 f.*, *9*, Konzerngesellschaften **210** 3 *3*, Sperrwirkung **210** 3 *4*, Zuständigkeit, internationale **210** 3 *1 ff.*

Hauptpersonalrat, Arbeitnehmervertretung **550** 2 *20*

Hausangestellte, **410** *22*, Arbeitszeitrecht **30** 31 *24*, Beschäftigung, illegale **40** 4 *2*, Leibeigenschaft **40** 4 *4*, Zahlungsunfähigkeit des Arbeitgebers **610** 1 *4*

Haushaltsbefristung, Befristung **500** Anh. § 5 *21*

Hausmeisterdienste, Betriebsübergang **530** 1 *22*, *85*, 6 *6*

Haustarifvertrag, Betriebsübergang **530** 3 *46*

Hautfarbe, Diskriminierungsverbot **30** 21 *5*, *34*, *37*, *51*, *60 f.*

Heimarbeiter, **410** *22*, Arbeitnehmerbegriff **30** 27 *19*; **530** 2 *13*, Betriebsübergang **530** 2 *14*

Heimat, Diskriminierungsverbot **30** 21 *39*

Herkunft, Diskriminierungsverbot **30** 21 *39*

Herkunft, ethnische, Abstammung **510** 1 *5*, Anforderungen, berufliche **510** 4 *1*, *3*, Antirassismusrichtlinie **510** 1 *1*, *4 ff.*, Anweisung zur Diskriminierung **510** 2 *1*, 8 *5*, Authentizität

magere Zahlen = Artikel; kursive Zahlen = Randnummern **Sachverzeichnis**

510 *4 3*, Begriff 510 1 *4f.*, Belästigung 510 2 *1, 4, 8 5*, Chancengleichheit 510 5 *3*, Diskriminierung, mittelbare 510 8 *2, 4;* 520 2 *57*, Diskriminierung, positive 510 5 *3*, Diskriminierung, unmittelbare 510 8 *2f.*; 520 2 *32*, Diskriminierungsverbot 30 21 *5, 18, 25, 51, 62f., 67*; 510 2 *1f.*; 520 1 *4f.*, Ethnie innerhalb eines EU-Mitgliedsstaats 510 1 *6*, Hautfarbe 510 1 *5*, Marktaufteilung 510 *4 3*, Menschen mit Migrationshintergrund 510 1 *4*, Rasse 510 1 *5*, Ursprung, nationaler 510 1 *5*, Volk 510 1 *4f.*
Herkunft, nationale, Diskriminierungsverbot 30 21 *34, 37*
Herkunft, soziale, Diskriminierungsverbot 30 21 *5, 34, 37, 51, 64*
Herstellerkennzeichnung, 410 *128*
Heuerarbeitsverhältnis, Arbeitsverhältnisstatut 240 8 *56*
Hilfsdienste, Betriebsübergang 530 1 *22*
Hinterbliebene, Sozialrecht, koordinierendes 20 48 *15, 18, 56ff., 61*, Zusatzrenten-Gleichstellungsrichtlinie 480 2 *1*
Hinterbliebenenleistungen, 660 2 *14*, Betriebsübergang 530 3 *71ff.*
Hinterbliebenenrente, Diskriminierungsverbot, Rückwirkung 600 12 *6*, Entgeltbegriff 520 3 *25f.*; 600 2 *28*, Entgeltgleichheit 20 157 *19*, Geschlechtsdiskriminierung, unmittelbare 600 5 *8*, Geschlechtsdiskriminierungsverbot 600 6 *3, 9 11*
Hinterbliebenenversorgung, Ausrichtung, sexuelle 520 1 *63*, Geschlechtsdiskriminierungsverbot 600 9 *11*, Haupternährerklauseln 600 5 *8, 9 11*, Lebenspartnerschaft, eingetragene 520 1 *65*
HIV-Infektion, symptomlose, Behinderungsbegriff 520 1 *43*
Hochschulprofessoren, Altersgrenzen 520 6 *19, 30*
Hochschulstudium, 250 10 *4*, Ausländerquoten 250 10 *6*, Auslandsstudium 250 10 *7*
Hochschulunterricht, Zugang zum, 250 7 *19*
Hochschulzugang, Diskriminierung, positive 520 7 *3*
Hochseeschifffahrt, *s. Seeschifffahrt*
Höchstaltersgrenzen, 520 2 *29, 70, 3 3, 4 13, 6 21, 23, 30, 67*, Altersversorgung, betriebliche 520 6 *70ff., 75ff.*, Einstellungen 520 6 *67ff.*
Höchstarbeitszeit, 20 158 *3;* 30 31 *14;* 50 2 *4;* 580 1 *25*, Arbeitgeber, öffentliche 580 6 *2, 22 3*, Arbeitgeber, verschiedene 580 6 *1*, Bezugszeitraum 580 1 *12, 6 2, 16 1ff., 17 3, 16*, durchschnittliche 580 6 *1*, Opt-out 580 6 *2, 22 1ff., 3, 15*, tägliche 580 1 *8, 2 5f.*, wöchentliche 580 1 *1, 3 1, 6 1f., 4, 16 1ff., 17 3, 6, 16*
Höhere Gewalt, Jugendarbeit 450 13 *1f., 4*
Holistic-Balance-Sheet, 560 1 *5*
Holocaust-Leugnung, Meinungsäußerungsfreiheit 40 10 *6*

Home Office, Überstunden 50 4 *9*
Homepage, Korrespondenz, Schutz der 40 8 *15*
Homosexualität, Ausrichtung, sexuelle 30 21 *81;* 520 1 *60, 62, 64*, Belästigung, sexuelle 600 2 *20*, Diskriminierung, unmittelbare 520 2 *33*, Verfolgung Homosexueller 40 1 *14*
Humanisierung der Arbeit, 410 *1*

Identifikationskennzeichnung, 410 *128*
Identität, sexuelle, *s. Sexuelle Identität*
In-vitro-Fertilisation, Diskriminierungsschutz 600 2 *40*, Mutterschutzrichtlinie 440 2 *7*
Individualnichtigkeitsklage, Grundrechtsverstoß 10 6 *47*
Individualvereinbarung, Diskriminierungsschutz 520 16 *1, 7f.*
Indizien, 520 10 *4*
Industrie- und Handelskammer, Arbeitnehmerbeteiligung 550 2 *7*, Diskriminierungsschutz 520 3 *30*
Information der Arbeitnehmer, Begriff 550 2 *21*, Betriebsübergang 530 7 *18ff.*
Informationsfreiheit, 40 10 *1, s. auch Meinungsäußerungsfreiheit*, aktive 40 10 *8*, passive 40 10 *8*
Informationsverweigerungsrecht, SE-Gründung 540 8 *8ff.*
Inhaftierte, Arbeitnehmereigenschaft 20 45 *15*, Arbeitnehmerfreizügigkeit 20 45 *15*
Inklusion, Arbeitsmarkt 20 151 *26*
Inländerdiskriminierung, 20 45 *37f., 46 7;* 30 21 *106*, Grundfreiheiten 10 6 *13*
Inländergleichbehandlung, 30 51 *20;* 250 6 *1f.*
Insolvenz, 210 1 *1*, Arbeitnehmerforderungen, Vorrecht 210 10 *6*, Arbeitsplatzerhaltung 530 5 *4f.*, Arbeitsverhältnis, Erfüllung 210 1 *1*, Arbeitsverhältnis, Weiterführung 210 10 *5*, Arbeitsverhältnis, Wirkung auf 210 10 *1ff., 8ff.*, Betriebsübergang 210 1 *1, 10 5;* 530 5 *1ff., 6 30*, Brüssel Ia-VO 210 1 *3*, Europäische Insolvenzverordnung 210 1 *3, 5;* 240 *1*, grenzüberschreitende 210 1 *2, 10 1ff.*, Konsultationsverfahren 490 2 *39, 62*, Kündigungsmöglichkeiten 210 10 *5*, Kündigungsschutz 210 10 *5*, lex fori concursus 210 1 *9, 10 1f., 12f.*, Massenentlassungsanzeige 490 3 *15*, Pfändungsschutz 210 10 *6*, Zuständigkeit, internationale 210 1 *2f., 5*
Insolvenz des Arbeitgebers, Unionskompetenz 20 153 *22*
Insolvenzantrag, Abweisung mangels Masse 610 2 *9, 19*
Insolvenzeröffnung, Ablehnung mangels Masse 610 2 *19*, Entgeltansprüche 210 1 *1*
Insolvenzgeld, 210 1 *4*, Antragsfrist 610 4 *15*, Arbeitnehmerstatus 610 1 *5*, grenzüberschreitende 610 9 *1ff., 10 1ff.*, Höchstgrenze 610 4 *19*, Nettoprinzip 610 6 *5*, Sanierungsinstrument 610 3 *28*, Vorfinanzierung 610 3 *28*
Insolvenzgeldrichtlinie, Abfindungen 610 3 *7, 22ff.*, Absicherungspflicht 610 8 *1ff.*, Adressa-

Sachverzeichnis

fette Zahlen = Kennziffer

ten **610** 18 *1*, Altersversorgung, betriebliche **610** 1 *3*, 3 *15*, Antragsabweisung mangels Masse **610** 2 *7*, *9*, Anwartschaftsrecht **610** 2 *15*, Anwendungsbereich, persönlicher **610** 1 *4*, Arbeitgeberbegriff **610** 2 *15*, Arbeitnehmerbegriff **610** 2 *10ff.*, Arbeitnehmerbeiträge zu Versorgungssystemen **610** 6 *1ff.*, Arbeitsentgelt **610** 2 *15*, 3 *7ff.*, Arbeitsrechte, nationale **610** 1 *1*, Arbeitsverhältnis **610** 1 *2f.*, *2 16*, Arbeitsvertrag **610** 1 *2f.*, *2 16*, Aufwendungsersatzansprüche **610** 3 *12*, Betriebstätigkeit, Einstellung **610** 2 *7ff.*, Bezugszeitpunkt **610** 3 *27f.*, Bezugszeitraum **610** 3 *27*, 4 *10ff.*, Einfluss, beherrschender **610** 12 *6ff.*, Entgeltansprüche, Abtretung **610** 3 *21*, Entgeltansprüche, Durchsetzbarkeit **610** 3 *19*, Entgeltansprüche, Sicherung **610** 3 *20*, Entgeltfortzahlung **610** 3 *10*, Entschädigungsleistungen **610** 3 *14*, Entsprechungstabelle **610** 3 *6*, 16 *1*, Erfüllung **610** 3 *17*, Ermächtigungsgrundlage **610** 3 *5*, Garantieeinrichtungen **610** 3 *1ff.*, *s. auch dort*, Garantiezeitraum **610** 3 *17*, *25*, *27ff.*, 4 *1ff.*, Gesellschafter-Arbeitnehmer **610** 12 *6*, Hausangestellte **610** 1 *4*, Höchstgrenze **610** 4 *16ff.*, Informationsaustausch **610** 10 *1*, Inkrafttreten **610** 17 *1*, Insolvenz **610** 2 *3f.*, Insolvenzereignisse, ausländische **610** 9 *4*, *6f.*, Kausalzusammenhang **610** 3 *19*, Kollusion **610** 12 *5*, *7*, Liquidationsverfahren **610** 2 *2*, *8*, Mindestharmonisierung **610** 3 *4*, 11 *1*, Mindestzeitraum **610** 4 *4ff.*, *12*, Missbrauchsabwehr **610** 12 *1ff.*, Missbrauchsgefahren **610** 12 *6ff.*, Naturalvergütung **610** 3 *13*, Nebenforderungen **610** 3 *14*, Nichtabführung von Beiträgen **610** 7 *1ff.*, Nichtumsetzung **610** 16 *3f.*, Recht, erworbenes **610** 2 *15*, Regelungsbefugnis **610** 11 *2*, Sanierungsverfahren **610** 2 *2*, *8*, Schutz, gleichwertiger **610** 1 *4*, Schutzausweitung **610** 2 *17*, Schutzbereich **610** 1 *1*, 2 *1ff.*, Schutzkonzept **610** 3 *1ff.*, Sondervorteile **610** 12 *4*, Sonderzahlungen **610** 3 *11*, Staatshaftung **610** 16 *5*, Teilleistungen **610** 3 *18*, Teilleistungen des Arbeitgebers **610** 4 *8*, Transparenzgebot **610** 11 *4*, Umsetzung **610** 16 *1*, Umsetzungsfrist **610** 16 *2*, Unionskompetenz **20** 153 *71*, Verhältnismäßigkeitskontrolle **610** 12 *2*, Vermögensbeschlag **610** 2 *3*, Verschlechterungsverbot **610** 11 *4*, Verwalterbestellung **610** 2 *3f.*, Wirkung, unmittelbare **610** 16 *3f.*, Zahlungsunfähigkeit **610** 2 *1ff.*
Insolvenzgeldschutz, **610** 2 *19*
Insolvenzkündigung, Massenentlassungsschutz **490** 1 *1*, *29*
Insolvenzschutzrichtlinie, 530 Vor 1 *5*
Insolvenzumlage, 210 1 *4*
Insourcing, Betriebsübergangsrichtlinie **530** 1 *22*
Integration, Arbeitsmarkt **20** 151 *26*
Interessenausgleich, 210 1 *1*, Altersgruppen **520** 6 *50*, *52*, Konsultationsverfahren, Verbindung mit **490** 2 *5*, *18*, *29f.*, *39*, im Konzern **490** 2 *31f.*, Stellungnahme des Betriebsrats **490** 2 *59*, 3 *13*, Unterrichtungspflichten **490** 2 *29*, Verhältnismäßigkeitsgrundsatz **30** 28 *74*, Verhandlungsabschluss **490** 2 *51*
Interessenausgleich mit Namensliste, 490 2 *29*, *57f.*, Gesamtbetriebsrat **490** 2 *58*, Schriftformerfordernis **490** 2 *58*, Stellungnahme des Betriebsrats **490** 3 *13*
Interessenvertretung, Standortverlagerung, grenzüberschreitende **530** 1 *113*
Internat, Geschlechtsdiskriminierung **600** 14 *8*
Internationale Organisationen, Tätigkeit für, Arbeitnehmereigenschaft **20** 45 *16*, Arbeitsverhältnisstatut **240** 8 *57*
Internationaler Pakt über bürgerliche und politische Rechte, 30 27 *1*; **580** 1 *31*, Rechtserkenntnisquelle **10** 6 *18*
Internationaler Pakt über wirtschaftliche, soziale und kulturelle Rechte, 30 27 *1*; **580** 1 *31*, Arbeitspausen **580** 1 *31*, Berufsfreiheit **30** 15 *4*, Urlaub, bezahlter **580** 1 *31*
Internationales Arbeitsrecht, 20 45 *44*, Koalitionsfreiheit **30** 12 *8*
Internationales Betriebsverfassungsrecht, 240 1 *7*
Internationales Koalitionsrecht, 240 1 *7*
Internationales Tarifvertragsrecht, 240 1 *7*
Internetnutzung, Kontrolle **40** 8 *3*
Intersexualität, Diskriminierungsverbot **600** 1 *15*
Interventionen, Kollektivverhandlungen **50** 6 *21*, Lohnfindung **50** 6 *21*, Streik **50** 6 *52*
Invalidität, A-Systeme **20** 48 *65f.*, B-Systeme **20** 48 *65*, Begriff **20** 48 *68*, Rentenleistungen **20** 48 *56*, Risikosysteme **20** 48 *65f.*, Sozialrecht, koordinierendes **20** 48 *7*, *18*, *63ff.*, Umlagesysteme **20** 48 *65f.*
Invaliditätsleistungen, Altersgrenzen **520** 6 *70*, Betriebsübergang **530** 3 *71ff.*, Mindestaltersgrenze **520** 6 *80*, Zusatzrenten-Gleichstellungsrichtlinie **480** 3 *1*; **660** 2 *14*
Investmentgesellschaften, Europäische-Betriebsräte-Richtlinie **630** 3 *2*
Inzidentkontrolle, Grundrechtsverstoß **10** 6 *50f.*, Grundsätze **30** 52 *52*
Irland, Arbeitnehmerbeteiligung **550** 10 *1*, Sozialrecht, koordinierendes **20** 48 *65*, Unfallversicherung **20** 48 *69*
Island, Sozialrecht, koordinierendes **20** 48 *16*
Isle of Man, Arbeitnehmerfreizügigkeit **20** 45 *43*

Jahresbericht, *s. auch Berichtspflicht*, allgemeiner Jahresbericht **20** 159 *1*, Lage, soziale **20** 159 *1*, *161 1f.*
Jahressonderzahlungen, Entgeltgleichheit **20** 157 *19*
Jahresurlaub, 30 31 *4f.*; **580** 1 *16*, *s. auch Urlaubsanspruch*, Abgeltungsverbot **580** 7 *2*, *30*, *36*, Arbeitsleistung **580** 7 *2*, *15ff.*, *21*, Arbeits-

magere Zahlen = Artikel; kursive Zahlen = Randnummern **Sachverzeichnis**

unfähigkeit, krankheitsbedingte **580** 7 *2*, *4*, *15*, *32*, *34*, Arbeitsverhältnis, ruhendes **580** 7 *17*, Arbeitsversäumnisse **580** 7 *8*, bezahlter **30** 31 *14*, *18*, *28 f.*; **50** 2 *10*; **580** 1 *1*, *25*, 7 *1 f.*, *28*, Dauer **430** 2 *30 ff.*; **580** 7 *2*, *20*, Elternurlaub **640** Anh. § 5 *8*, Entgeltfortzahlung **20** 153 *48*, 158 *3*, Entsendung **240** 9 *16*; **460** 3 *27*, Erholungsbedürfnis **580** 7 *2*, *15*, Hauptleistungspflichten, ruhende **580** 7 *15 ff.*, *34*, IAO-Übereinkommen 132 **580** 7 *7 ff.*, *13*, Krankheitstage **580** 7 *27*, Kurzarbeit Null **580** 7 *16*, *18*, Mehrurlaub **580** 7 *2*, Mindestjahresurlaub **580** 7 *2*, *8*, Mindestruhezeit, jährliche **580** 1 *1*, 7 *1*, Mindesturlaub **580** 7 *23*, Mutterschaftsurlaub **440** 8 *12*; **580** 7 *26*, Mutterschutzrichtlinie **440** 11 *17*, Nachweisrichtlinie **430** 2 *30 ff.*, Rechtsnatur **580** 7 *3 f.*

Jugend- und Auszubildendenvertretung, Arbeitnehmervertretung **550** 2 *20*

Jugendarbeitslosigkeit, 30 21 *80*

Jugendarbeitsschutz, 410 *9*, Ausgleichszeiten **580** 14 *3*, Hilfeleistungen, geringfügige **450** 2 *8*, höhere Gewalt **450** 13 *1 f.*; **580** 14 *3*, Mindesturlaub **450** 1 *2*, Unionskompetenz **20** 153 *19*

Jugendarbeitsschutzgesetz, 450 1 *6*, Arbeiten, leichte **450** 4 *5*, Arbeitsbedingungen **450** 5 *5*, Arbeitszeiten **450** 5 *5*, Ausbildungszwecke **450** 7 *4*, Beschäftigungsverbot **450** 6 *8*, 7 *4*, Gefährdungsbeurteilung **450** 6 *8*, Gesundheitsüberwachung **450** 6 *8*, Höchstarbeitszeit **450** 8 *8*, Kinderarbeitsverbot **450** 1 *6*, 4 *5*, Mindestalter **450** 1 *6*, Mindestruhezeit **450** 10 *7*, Nachtarbeitsverbot **450** 10 *7*, Notarbeit **450** 13 *4*, Ordnungswidrigkeiten **450** 14 *2*, Pausen **450** 12 *2*, Strafbarkeit **450** 14 *2*

Jugendarbeitsschutzrichtlinie, 410 *6*, *8*, *89*; **580** 1 *18*, Adressaten **450** 6 *1*, 18 *1*, Akkordarbeit **450** 7 *1*, Anhang **450** 7 *1*, 15 *1*, Arbeit, leichte **580** 14 *3*, Arbeiten, gefährliche **450** 7 *2*, 15 *1*, Arbeiten, gelegentliche **450** 2 *7*, Arbeiten, kurzfristige **450** 2 *7*, Arbeiten, leichte **450** 3 *3*, 4 *3 f.*, Arbeitgeberpflichten **450** 6 *2*, Arbeitsschutz **450** 6 *1*, *7*, Arbeitsschutz, sozialer **420** *2*, Arbeitsverhältnis **450** 2 *3 f.*, Arbeitsvertrag **450** 2 *3*, Arbeitszeit **450** 3 *4 f.*, 8 *1 ff.*; **580** 14 *3*, Ausnahmeerlaubnisse **450** 2 *6 ff.*, Ausschussverfahren **450** 15 *1*, Berichtspflicht **450** 17a *1*, Beschäftigungsverbote **450** 7 *2 f.*, Drittwirkung, mittelbare **450** 1 *1*, Ermächtigungsgrundlage **450** 1 *3*, Erreichbarkeit, ständige **450** 3 *5*, Familienbetriebe **450** 2 *6*, Gefährdungsbeurteilung **450** 6 *3 ff.*, Gegenstände, gefährliche **450** 7 *1*, Gesundheitsschutz **450** 1 *1*, Hausarbeiten im Privathaushalt **450** 2 *6*, Höchstarbeitszeit **450** 8 *2 ff.*, Indienstnahme-Verpflichtung **450** 1 *1*, Jahresruhezeit **450** 11 *1 f.*, Jugendliche **450** 3 *1 f.*; **580** 14 *3*, junge Menschen **450** 3 *1 f.*; **580** 14 *3*, Kinder **450** 3 *1 f.*; **580** 14 *3*, Mindestharmonisierung **450** 1 *3*, 16 *2*, Mindestvorschriften **450** 1 *1*, Nachtarbeit

450 8 *5*, 9 *1 ff.*, Pausen **450** 12 *1 f.*, 13 *2*; **580** 14 *3*, Ruhezeiten **450** 3 *6*, 8 *5*, 10 *1 ff.*, 12 *1*; **580** 14 *3*, Sanktionen **450** 14 *1 f.*, Schlachtung, industrielle **450** 7 *1*, Schutzbereich, persönlicher **450** 2 *1 f.*, 3 *1 ff.*, Schutzbereich, sachlicher **450** 2 *1*, Schutzgebot **450** 7 *1*, Sonderschutz **450** 1 *2*, Stoffe, gefährliche **450** 7 *1*, Umsetzung **450** 1 *6*, 6 *8*, 14 *1*, 16 *1 f.*, 17a *1 f.*, Unterrichtungspflichten **450** 6 *6*, Verschlechterungsverbot **450** 16 *1*, Wirkung, unmittelbare **450** 17a *2*

Jugendliche, Altersdiskriminierung **450** 1 *2*, Arbeitsbedingungen **30** 31 *6*, 32 *1*, *11*; **50** 7 *1*, Arbeitsentgelt **30** 32 *12*, Arbeitsentgelt, gerechtes **50** 7 *8 ff.*, Arbeitsschutz **50** 7 *11 ff.*; **410** *89*, Arbeitssicherheit **30** 32 *13*, Arbeitsunfall **450** 1 *2*, Arbeitszeit **30** 32 *13*; **50** 7 *11 f.*, *15*; **450** 8 *1*, *4*, Arbeitsschutz **450** 1 *4*, Ausbeutung, Schutz vor **50** 7 *1*, *8 f.*, *16 f.*; **450** 1 *4*, Ausbeutung, wirtschaftliche **30** 32 *12*, Ausbildungszeit **50** 7 *11*, Begriff **30** 32 *10*, Beihilfe, angemessene **50** 7 *8 ff.*, Berufstätigkeit, zulässige **50** 7 *7*, Beschäftigungsverbot **30** 32 *13*; **240** 9 *24*, Diskriminierungsverbot **30** 32 *5*, Fürsorgepflicht, gesteigerte **30** 32 *13*, Gefahrenbewusstsein **450** 1 *2*, Gesundheitsschutz **50** 7 *1*, Höchstarbeitszeit **450** 8 *4*, *8*, 13 *2*; **580** 14 *3*, Jugendarbeitsschutzrichtlinie **450** 3 *1 f.*, Leiharbeit **620** 5 *9*, Mindestalter zur Arbeitsaufnahme **30** 32 *11*; **50** 7 *1*, *3 ff.*, Mindesturlaub **50** 7 *2*, *13*, Nachtarbeit **50** 7 *14*; **450** 13 *2*; **580** 14 *3*, Notarbeiten **450** 13 *3 f.*, Ruhezeiten **450** 10 *1*, *6*, 13 *2*, Schulbildung **450** 1 *2*, Schulferien **450** 11 *2*, Schulpflicht **50** 7 *6*, Schutz am Arbeitsplatz **30** 32 *1 ff.*, *5*, *14 f.*, Schutzpflicht **30** 32 *13 f.*, Sonderschutz **450** 1 *2*, Unionskompetenz **20** 153 *37 f.*, Untersuchungen, medizinische **50** 7 *15*, Urlaub **50** 7 *14 f.*

Jugoslawien, Nachfolgestaaten, Arbeitsbedingungen, Gleichbehandlung **20** 45 *31*

Junger Mensch, 450 3 *1 f.*

Jüngerer Mensch, Diskriminierungsverbot **30** 21 *80*

Juristische Personen, Berufsfreiheit **30** 15 *12*, Diskriminierungsverbot **30** 21 *102*, *109*, Grundrechtsträger **30** 51 *37 ff.*, Religionsfreiheit **40** 9 *5*

Juristische Personen des öffentlichen Rechts, Grundrechtsschutz **30** 51 *40*, Unternehmerfreiheit **30** 16 *7*

Justiz, Autorität **40** 10 *26*, Unparteilichkeit **40** 10 *26*

Justizgrundrechte, 30 51 *41*, *54*; **40** 1 *52*

Kammern der freien Berufe, Vereinigungsfreiheit, Schutzbereich **30** 12 *16*

Kampagnebetriebe, Massenentlassungsschutz **490** 1 *1*, *10 ff.*

Kanalinseln, Arbeitnehmerfreizügigkeit **20** 45 *43*

2075

Sachverzeichnis

fette Zahlen = Kennziffer

Kantinen, Betriebsübergang **530** 1 *80, 86*
Kapazitätsabbau, Unterrichtungsrecht **550** 4 *11*
Kapital- und Zahlungsverkehrsfreiheit, 20 **45** *1*
Kapitalverkehrsfreiheit, ordre public **520** 2 *69*
Kapitän, 630 2 *11*
Kartellverbot, Bindungswirkung **30** 28 *69*, Gewerkschaften **30** 28 *83*, Kollektivmaßnahmen **30** 28 *83 ff.*, Kollektivverhandlungen **30** 28 *83 ff.*
Karzinogene, Arbeitsschutz **410** 8, *94, 186*, Begriff **410** *149*, Exposition, unvorhersehbare **410** *150*, Exposition, vorhersehbare **410** *150*, Expositionsverringerung **410** *148*, Grenzwerte **410** *150*, Krebsrichtlinie **410** *148 f.*, Risikobewertung **410** *108*, Substitution **410** *150*, Verringerungspflicht **410** *150*, Vorsorgeprinzip **410** *148*
Kassenarztpraxis, Geschlechtsdiskriminierungsverbot **520** 3 *7*
Katastrophen, 410 *32*, Tätigkeit, Verpflichtung zur **50** 1 *5*
Katastrophenschutzdienst, Arbeitsschutz **410** *32 f., 35*, Arbeitszeitrecht **580** 1 *33 ff.*, Mutterschutzrichtlinie **440** 1 *5*
Kern, harter, Arbeitsbedingungen **240** 1 *2, 8, 9 16 ff.*
Kettenbefristung, Nachweisrichtlinie **430** 1 *6*
Kinder, Altersdiskriminierung **450** 1 *2*, Arbeitsbedingungen **30** 31 *6*, Arbeitsunfall **450** 1 *2*, Arbeitszeitschutz **450** 1 *4*, Ausbeutung, Schutz vor **50** 7 *1*; **450** 1 *4*, Begriff **30** 32 *7*, Berufstätigkeit, zulässige **50** 7 *11*, Diskriminierungsverbot **30** 32 *5*, Gefahrenbewusstsein **450** 1 *2*, Gesundheitsschutz **50** 7 *1*, Höchstarbeitszeit **580** 14 *3*, Jugendarbeitsschutzrichtlinie **450** 3 *1 f.*, Leiharbeit **620** 5 *9*, Mindestalter zur Arbeitsaufnahme **30** 32 *1, 3, 7*; **50** 7 *1, 3 ff.*, Ruhezeiten **450** 10 *1*, Schulbildung **450** 1 *2*, Schulpflicht **30** 32 *7*; **50** 7 *6*, Schutz am Arbeitsplatz **30** 32 *5*, Sonderschutz **450** 1 *2*, Teilhaberechte **30** 21 *79*, uneheliche **40** 1 *14*, Unionskompetenz **20** 153 *19*, Unterrichtsteilnahme **250** 10 *1 ff.*
Kinderarbeit, Arbeitnehmerbegriff **30** 32 *8*, Arbeitsbedingungen **450** 4 *2, 5 3*, Arbeitsverhältnis **450** 2 *4*, Arbeitszeit **450** 5 *3, 8 1 ff.*, Ausbildung, duale **450** 4 *3*, Begriff **30** 32 *8*, Betriebspraktikum **450** 4 *3*, Fotomodell-Agenturen **450** 5 *4*, Genehmigungsverfahren **450** 5 *3 f.*, Höchstarbeitszeit **450** 8 *2, 8*, Jahresruhezeit **450** 11 *1 f.*, Jugendarbeitsschutzrichtlinie, *s. dort*, Jugendliche **450** 11 *4*, Kultur **450** 4 *2, 5 2*, Kunst **450** 5 *2*, Mischtätigkeiten **450** 5 *2*, Pausen **450** 12 *2*, Sport **450** 5 *2*, Verbot mit Erlaubnisvorbehalt **450** 5 *1*, Werbetätigkeiten **450** 5 *2*, Wochenarbeitszeit **450** 8 *3*
Kinderarbeitsverbot, **30** 32 *1 ff.*; **50** 7 *1*; **410** *89*, Abwehrrecht **30** 32 *6*, Ausnahmen vom Arbeitsverbot **30** 32 *9*, Gewährleistungspflicht **30** 32 *6, 14*, Grundrecht **30** 32 *2*, Jugendarbeitsschutzgesetz **450** 1 *6*, Jugendarbeitsschutzrichtlinie **450** 1 *1, 4 1 ff.*, Mindestalter zur Arbeitsaufnahme **50** 7 *3*, Öffnungsklausel **450** 4 *2, 5 1*, Wirkung, horizontale **30** 32 *6*
Kindererziehung, Diskriminierungsverbot **600** 6 *5*
Kinderfreibetrag, 20 48 *78*
Kindergarten, Massenentlassungsrecht **490** 1 *5*, Tendenzschutz **550** 3 *16*
Kindergeld, Familienleistung **20** 48 *77*, Steuerrecht **20** 48 *78*
Kinderpornographie, 50 7 *16*
Kinderprostitution, 50 7 *16*
Kinderschutzrecht, Konventionsrecht **30** 32 *3 f.*
Kindertagesstätten, Subventionierung durch Arbeitgeber **600** 2 *25*
Kirchen, *s. auch Arbeitnehmer, kirchliche*, Achtung **30** 21 *22*, Anforderungen, berufliche **520** 4 *3, 15 ff.*, Arbeitnehmerbeteiligung **550** 1 *6*, Arbeitszeitrecht **30** 31 *24 f.*, Diskriminierungsschutz **520** 16 *7*, Dritter Weg **40** 11 *45*; **520** 16 *7*, Kollektivmaßnahmen, Grundrecht auf **30** 28 *36*, Kündigungsgründe **40** 8 *20*; **520** 4 *21*, Loyalitätsanforderungen **520** 4 *19 f.*, Massenentlassungsrichtlinie **490** 1 *73*, Massenentlassungsschutz **490** 1 *16 ff.*, Missbrauchskontrolle **30** 21 *23*, Selbstbestimmungsrecht **30** 21 *22*, Selbstverständnis, kirchliches **30** 21 *22*; **40** 9 *4*; **520** 1 *17, 4 3, 17, 19, 21*, Streikrecht **40** 11 *44 f.*, Streikverbot **40** 11 *45*, Tendenzschutz **550** 3 *16*, Ungleichbehandlung **30** 21 *22*, Verhaltensanforderungen **520** 4 *19 f.*, Zweiter Weg **40** 11 *45*
Kleidervorschriften, 600 2 *22*, Direktionsrecht **520** 1 *23*, Lebensführung, freie Gestaltung **40** 8 *10, 9 3*, Religionsfreiheit **40** 9 *2*, Weltanschauungsfreiheit **40** 9 *2*
Kleinbetriebe, Arbeitsschutz **410** *26*, Beihilfenkontrolle **20** 151 *43*, Kündigungsschutz **30** 51 *16*
Kleine und mittlere Unternehmen, Arbeitsschutz **20** 153 *63*, Begriff **20** 153 *60*, Gesundheitsschutz **20** 153 *63*, Rechtssetzungsgrundlage **20** 153 *60 ff.*
Kleinstbetriebe, Betriebsbegriff **550** 2 *12*
Kleinstunternehmen, Definition **20** 153 *60*
Kleptomanie, 520 1 *44*
KMU, Arbeitnehmerbeteiligung **550** 3 *3, 6, 10 1*, Elternurlaub **640** Anh. § 1 *11*, Anh. § 3 *12 f.*
Koalition, Ad-hoc-Koalition **40** 11 *14 f.*; **50** 6 *29, 53*, Ausschluss **40** 11 *18*, Begriff **20** 153 *49*; **40** 11 *10*, Binnenorganisation **40** 11 *13*; **50** 5 *8*, Diskriminierungsverbot **40** 11 *32*, Gründung **40** 11 *12*, Pflichtmitgliedschaft **40** 11 *16 f., 50*
Koalitionsbetätigungsfreiheit, **30** 12 *2, 9, 28 1, 12*; **50** 6 *3*, Außenseiter **40** 11 *15*, Mei-

magere Zahlen = Artikel; kursive Zahlen = Randnummern   **Sachverzeichnis**

nungsäußerung **40** 10 *3,* Missbrauchsverbot **50** 5 *14*
Koalitionsfreiheit, Beitritt zur Koalition **30** 12 *9,* Beitrittsdruck **30** 28 *101,* Beitrittsrecht **40** 11 *13,* Beitrittszwang **40** 11 *17, 50,* Bestand **30** 12 *9,* Gemeinschaftscharta der sozialen Grundrechte **20** 153 *50,* Gewährleistungspflicht **40** 11 *13,* Grundrecht, soziales **40** 11 *2,* Grundrechtecharta **20** 153 *50,* individuelle **40** 11 *3, 12, 16,* kollektive **30** 12 *19f.;* **40** 10 *3,* 11 *3, 18f., 33, 44, 50ff.,* negative **30** 12 *28,* 28 *101;* **40** 1 *15, 28,* 9 *14,* 11 *12, 16f., 42, 50;* **50** 5 *13,* positive **40** 11 *12ff., 49,* Rechtsgrundsatz, allgemeiner **30** 12 *6,* Vereinigungsfreiheit **30** 12 *2;* **40** 11 *1, 3, 10*
Koalitionsrecht, Begriff **20** 153 *49f.,* Grundrechtecharta **30** 51 *16,* Kompetenzschranke **20** 153 *33, 45f., 49f.;* **30** 12 *4*
Koalitionsverträge, Recht, anwendbares **240** 1 *34*
Kohärenz, steuerliche, **20** 45 *56;* **250** 7 *32 ff.*
Kohärenzgebot, Altersdiskriminierung **30** 21 *23;* **520** 6 *15, 30,* Leiharbeit **620** 5 *12,* Unionsrecht **20** 288 *18;* **30** 21 *26,* 52 *4;* **520** 6 *15*
Kollektivmaßnahmen, **30** 28 *35;* **50** 6 *41,* Arbeitgeber **30** 28 *47f.,* Arbeitnehmerbegriff **30** 28 *17,* Arbeitskampfmaßnahmen **30** 28 *35,* Arbeitskampfmittelfreiheit **30** 28 *46,* Doppelgrundrecht **30** 28 *20,* Drittwirkung **30** 28 *3f.,* Freiheit, negative **30** 28 *34, 36,* Grundfreiheiten, Beschränkung **30** 28 *7,* Grundfreiheiten, Kollision mit **30** 28 *57ff., 64,* Grundfreiheitenkontrolle **20** 151 *38;* **30** 12 *26,* Grundrecht **20** 151 *19,* Grundrecht auf kollektive Maßnahmen **20** 151 *38, 40;* **30** 12 *9,* 28 *14, 36,* Grundrecht, soziales **30** 28 *1ff.,* Grundrechtseingriff **30** 28 *49f.,* Grundrechtskollision **30** 28 *15, 57f.,* Individualrecht **30** 28 *23f.,* Interessenausgleich **30** 28 *19, 41,* Interessenkonflikte **30** 28 *37, 40, 42;* **50** 6 *2, 41,* juristische Personen **30** 51 *38,* Kompetenzgrundlage **30** 28 *5f.,* Niederlassungsfreiheit **30** 28 *71f.,* Recht auf **40** 11 *24;* **50** 6 *26,* Rechtsfragen **30** 28 *38,* Schutzbereich, persönlicher **30** 28 *16f.,* Schutzbereich, sachlicher **30** 28 *22ff.,* Unternehmerentscheidung **30** 28 *30,* 37, Vereinigungsfreiheit **30** 28 *9,* Verhältnismäßigkeitsgrundsatz **30** 28 *60ff.,* Vorbehalt **30** 28 *51ff.,* Wettbewerbsrecht, Einschränkung **30** 28 *7*
Kollektivverhandlungen, **30** 52 *13f.,* Arbeitnehmerbegriff **30** 28 *17,* Beschränkbarkeit **30** 28 *31,* Diskriminierungsverbot **30** 28 *95ff.,* Doppelgrundrecht **30** 28 *20,* Drittwirkung **30** 28 *3f.,* Förderpflicht **50** 6 *16,* Freiheit, negative **30** 28 *34,* Grundfreiheiten, Beschränkung **30** 28 *7,* Grundfreiheiten, Kollision mit **30** 28 *57ff., 64,* Grundrecht, soziales **30** 28 *1ff.,* Grundrechtseingriff **30** 28 *49f.,* Grundrechtskollision **30** 28 *15, 57f.,* Individualrecht **30** 28 *23f.,* Interessenausgleich **30** 28 *19,* Interventio‑

nen **50** 6 *21,* juristische Personen **30** 51 *38,* Koalitionsfreiheit, negative **40** 11 *51,* Kompetenzgrundlage **30** 28 *5f.,* Niederlassungsfreiheit **30** 28 *71f.,* Recht auf **20** 152 *4;* **30** 12 *2, 9, 26,* 28 *10, 12, 14;* **40** 11 *22f., 33;* **50** 6 *1,* Schutzbereich, persönlicher **30** 28 *16f.,* Schutzbereich, sachlicher **30** 28 *22ff.,* Tarifautonomie **30** 28 *26f.,* Unternehmerentscheidung **30** 28 *30,* Verhältnismäßigkeitsgrundsatz **30** 28 *60ff.,* Verhandlungsanspruch **40** 11 *47,* Vorbehalt **30** 28 *51ff.,* Wettbewerbsrecht, Einschränkung **30** 28 *7*
Kollektivvertrag, Ablauf **530** 3 *58,* Ablösung **530** 3 *59, 62ff.,* Anknüpfung **240** 1 *7, 10,* Antidiskriminierung **30** 28 *95,* Arbeitsverhältnisstatutwahl **240** 8 *9f.,* Betriebsübergang **530** 3 *22ff., 42ff.,* 5 *4,* Bezugnahme, arbeitsvertragliche **430** 2 *47,* Diskriminierungsschutz **520** 16 *1, 6ff.,* Erga-Omnes-Wirkung **530** 3 *61, 67,* Gesamtarbeitsvertrag **50** 6 *14,* Kündigung **530** 3 *58,* Pflichtangabe **430** 2 *44ff.,* Recht, anwendbares **240** 1 *34,* Über-Kreuz-Ablösung **530** 3 *63*
Kollektivvertragsfreiheit, Gemeinschaftscharta der sozialen Grundrechte **20** 153 *50,* Grundrechtecharta **20** 153 *50*
Kollektivvertragsrecht, Begriff **20** 153 *50,* Unionskompetenz **20** 153 *34, 50*
Kollektivvertragsstatut, Arbeitsverhältnis **240** 9 *27*
Kollisionsrecht, Unionsrecht **240** 1 *4*
Kommanditgesellschaft auf Aktien, Verschmelzung, grenzüberschreitende **590** 1 *6*
Kommission, Initiativrecht **20** 288 *8*
Kommunikationsfreiheit, **40** 10 *1, s. auch Meinungsäußerungsfreiheit*
Kommunikationsgrundrecht, Kunstfreiheit **40** 10 *12,* Meinungsäußerungsfreiheit **30** 12 *1;* **40** 10 *1*
Kompetenz-Kompetenz, **20** 153 *1*
Kompetenzgrundlagen, AEUV **20** 153 *1ff., 70,* Arbeitsrecht **20** 153 *72,* Rechtsakte, Änderung **20** 153 *71*
Kompetenzschutzklausel, **10** 6 *7;* **30** 51 *52ff.*
Konkordanz, praktische, Arbeitszeitplanung **580** 1 *36,* Diskriminierungsverbote **30** 21 *92;* **520** 16 *11*
Konsultationsverfahren, **490** 2 *1ff.,* Vor 1 *8,* Abfindungsberechnung **490** 2 *25,* Abschrift **490** 2 *41, 44, 46,* 6 *11,* Anhörungsverfahren, Verbindung mit **490** 2 *36f.,* Äquivalenzgrundsatz **490** 2 *51,* Arbeitnehmerbeteiligung **550** 1 *4,* Arbeitnehmervertretung **490** 2 *6,* Arbeitnehmervertretung, Fehlen **490** 1 *66, 71,* 2 *6,* Auskunftspflicht **490** 2 *23f.,* Beratungen **490** 2 *26f.,* Berufsgruppen **490** 2 *23,* 3 *5,* 6 *9,* Betriebsänderung, etappenweise **490** 2 *39,* Betriebsstilllegung **490** 2 *1, 5,* Dokumentation **490** 2 *56,* E-Mail **490** 2 *11,* Einigungsstellenanrufung **490** 2 *43, 51,* Einigungswille **490** 2 *22,* Einigungs‑

2077

Sachverzeichnis

fette Zahlen = Kennziffer

zwang **490** 2 *43, 50,* einstweilige Verfügung **490** 6 *35,* Entbehrlichkeit **490** 2 *5,* Entlassungen, Zusammenrechnung **490** 1 *82,* Fehlerhaftigkeit **490** 6 *1, 3 ff., 18 f., 24,* Folgekündigungen **490** 2 *61,* Form **490** 2 *11 ff., 34,* Formerfordernis **490** 2 *2,* Formmangel, Heilung **490** 2 *14,* Gemeinschaftsbetrieb **490** 2 *8,* Informationserteilung **490** 2 *24,* Informationsrecht, kollektives **490** 2 *4,* Insolvenz **490** 2 *39, 62,* Interessenausgleich mit Namensliste **490** 2 *57 f.,* Interessenausgleichsverhandlungen, Verbindung mit **490** 2 *5, 18, 29, 39, 51,* Kategorien **490** 2 *23,* im Konzern **490** 2 *20, 31 f.,* Konzernklausel **490** 2 *9 f., 3 10,* Leiharbeitnehmer **490** Vor 1 *2,* Maßnahmen, unumkehrbare **490** 2 *16 f., 20,* Mindestfrist **490** 2 *19, 50, 56,* 6 *6, 35,* Mitbestimmungsrecht des Betriebsrats **490** 2 *36 f.,* Nichtdurchführung **490** 6 *13,* Normadressat **490** 2 *7 ff.,* Rechtsmissbrauch **490** 2 *21,* Rechtzeitigkeit **490** 2 *15 ff., 40,* Sachverständigenhinzuziehung **490** 2 *28,* Scheitern der Verhandlungen **490** 2 *43, 50,* Schriftform **490** 2 *11 f.,* Sozialplan **490** 2 *5, 25, 58,* Stellungnahme des Betriebsrats **490** 2 *19, 45, 47 ff., 59 f.,* 6 *13 f.,* Stellungnahme des Betriebsrats, Nachreichung **490** 2 *52 ff.,* Telefax **490** 2 *11,* Unterrichtung **490** 2 *11,* Unterrichtung, unzureichende **490** 6 *7,* Unterrichtungspflichten **490** 2 *29,* auf Veranlassung des Arbeitgebers Ausgeschiedene **490** 1 *32, 34,* Verbindung von Beteiligungsverfahren **490** 2 *29 f., 34,* Verfahrensablauf **490** 2 *40,* Verfahrensbeendigung **490** 2 *38 ff.,* Verfahrenseinleitung **490** 2 *7, 15 ff.,* Verfahrenseinleitung, verfrühte **490** 2 *21*

Kontrahierungszwang, Diskriminierungsschutz **520** 17 *7*

Konzernbetriebsrat, Arbeitnehmervertretung **550** 2 *20,* Massenentlassung **490** 1 *65, 68 ff.*

Konzernentsendung, **460** 1 *56 ff.*

Konzerngesellschaften, Hauptinsolvenzverfahren **210** 3 *3*

Konzernklausel, Massenentlassungsrichtlinie **490** 1 *44,* 2 *9 f., 3 10*

Konzernsachverhalte, Gerichtsstand des Sachzusammenhangs **220** 8 *1*

Kopftuchverbot, Direktionsrecht **520** 1 *23,* Kündigung **40** 9 *31,* Lebensführung, freie Gestaltung **40** 8 *10,* Lehrkräfte **40** 9 *26,* Religionsfreiheit **40** 9 *25;* **520** 1 *23,* Schulen **40** 9 *26, 30,* Universitäten **40** 9 *26, 30*

Körperschaften, öffentlich-rechtliche, Massenentlassungsrecht **490** 1 *5*

Korrespondenz, Schutz der, **40** 8 *1, 15 f.,* Arbeitsrecht **40** 8 *3,* Begriff **40** 8 *15,* Briefverkehr **40** 8 *15,* Daten **40** 8 *16,* Privatheit **40** 8 *8,* Telefongespräch **40** 8 *15*

Korrespondenzdienstleistung, **460** 1 *39*

Kraftfahrer, selbständige, **20** 153 *9*

Kraftfahrzeugvertrieb, Betriebsübergang **530** 1 *80*

Krankenhäuser, Arbeitnehmerbeteiligung **550** 2 *7,* Massenentlassung **490** 1 *5,* Tendenzschutz **550** 3 *16*

Krankenhausverwaltung, Arbeitnehmerfreizügigkeit **20** 45 *137*

Krankenhauswesen, Sozialpartnervereinbarung **20** 155 *12*

Krankenkassen, **250** 8 *5*

Krankheit, Auslandsaufenthalt, vorübergehender **20** 48 *52,* Auslandsbehandlung, genehmigte **20** 48 *53,* Begriff **30** 21 *78;* **520** 1 *36,* Behinderung **520** 1 *36, 39 f.,* Dauer **30** 21 *78,* Diskriminierungsverbot **520** 1 *2,* Einkommensersatz **20** 45 *7,* Geldleistungen **20** 48 *55,* Leistungsaushilfe **20** 48 *51 f.,* Pflegeversicherung **20** 48 *51,* Schwangerschaft **600** 2 *39,* Sozialrecht, koordinierendes **20** 48 *7, 18, 25, 51*

Krankheitsurlaub, **580** 7 *11, 27,* Anrechnung **580** 7 *27,* Leiharbeit **620** 3 *16,* Mutterschaftsurlaub **440** 8 *10,* Schwangerschaft **600** 2 *39*

Krebsrichtlinie, **410** *148, 186, s. auch Karzinogene,* Anwendungsbereich **410** *149,* Arbeitgeberpflichten **410** *149,* Mitteilungspflichten **410** *150*

Kriegsopferentschädigung, **250** 7 *22*

Kroatien, Arbeitnehmerfreizügigkeit **20** 45 *27*

Kundenwünsche, benachteiligende, **40** 9 *25;* **510** 4 *3;* **520** *12 f.*

Kündigung, Anhörungsverfahren **490** 2 *36 f.,* Auskunftspflicht **490** Vor 1 *3,* Beweis **240** 9 *49,* Entlassungsbedingungen **520** 3 *20 f.,* Entschädigungsanspruch **520** 3 *21,* Privatleben, Schutz **40** 8 *18, 20,* Recht, anwendbares **240** 9 *42, 45, 47 ff.,* Sachgrund **30** 30 *12,* Schriftformerfordernisse **240** 9 *49,* Sozialwidrigkeit **520** 3 *21,* Staffelung von Kündigungen **490** Vor 1 *9,* Streik **50** 6 *32,* ungerechtfertigte **30** 30 *12 f.,* Unterrichtungspflicht **490** Vor 1 *3,* Versendung **240** 9 *49,* Zustellung **240** 9 *49*

Kündigung, außerordentliche, Auslauffristen **430** 2 *36,* Entlassungsbedingung **520** 3 *20,* Entlassungsschutz **30** 30 *9,* Massenentlassungsrichtlinie **490** 1 *27*

Kündigung, betriebsbedingte, Alter, Ungleichbehandlung wegen **520** 6 *48 f.,* Massenentlassungsrichtlinie **490** 1 *28, 35,* Sozialauswahl, altersbezogene **520** 6 *50 f.,* Sozialwidrigkeit **520** 6 *49*

Kündigung, ordentliche, entfristete **490** 1 *27,* Entlassungsbedingung **520** 3 *20,* Entlassungsschutz **30** 30 *9*

Kündigung, personenbedingte, Massenentlassungsschutz **490** 1 *27 f., 33, 43, 82,* 5 *1*

Kündigung, verhaltensbedingte, Massenentlassungsschutz **490** 1 *27 f., 33, 43, 82,* 5 *1*

Kündigungsart, Unionskompetenz **20** 153 *28*

Kündigungsentschädigung, **660** 2 *13,* Elternurlaub **640** Anh. § 5 *11*

Kündigungserschwerung, Diskriminierungsverbote **520** 3 *21*

magere Zahlen = Artikel; kursive Zahlen = Randnummern

Sachverzeichnis

Kündigungsfrist, Angemessenheit 50 4 *2*, Arbeitsverhältnis, befristetes 500 Anh. § 4 *25*, Beschäftigungsdauer 520 6 *18, 33 f.*, Diskriminierungsverbote 520 3 *21*, 6 *18*, Entlassungsbedingung 520 3 *20*, Pflichtangabe 430 2 *34 ff.*, Staffel-Regelung 430 2 *35*; 520 6 *34*, Unionskompetenz 20 153 *28*

Kündigungsgründe, Unionskompetenz 20 153 *28*

Kündigungsschutz, Abfindungsschutz 500 4 *3*, Beschäftigungsanspruch, allgemeiner 240 9 *51*, Bestandsschutz 500 4 *3*, Diskriminierungsverbote 520 3 *21*, formeller 30 30 *14*, materieller 30 30 *14*, Recht, anwendbares 240 9 *42, 45*, Schutzpflicht 30 30 *15*

Kündigungsschutz, allgemeiner, 520 3 *21, s. auch Entlassungsschutz*, Anknüpfung 240 9 *45, 50*, Befristungsschutz 500 4 *3*, Anh. § 1 *2*, Kleinbetriebe 30 30 *24*, Mitgliedstaaten 30 30 *4*, Unionskompetenz 20 153 *28*, Wartefrist 30 30 *24*

Kündigungsschutz, besonderer, Anknüpfung 240 9 *45, 53*

Kündigungsschutzgesetz, Diskriminierungsverbote 520 3 *21*

Kündigungsschutzprozess, Negativattest 490 6 *29*

Kündigungsverbot, Streikrecht, Beschränkung 50 6 *53*

Kunstfreiheit, 40 10 *1*, Schutzbereich 40 10 *12*

Künstler, Berufsfreiheit 40 10 *12*, Meinungsäußerungsfreiheit 40 10 *12*

Kurzarbeit Null, Urlaubsanspruch 580 7 *16, 18*

Landwirtschaft, Arbeitsschutz 410 93, Tätigkeit, Verpflichtung zur 50 1 *5*

Langzeitarbeitslose, Unionskompetenz 20 153 *37 f.*

Lärm- und Vibrations-Arbeitsschutzverordnung, 410 *95, 196, 200*

Lärmminderungsprogramm, 410 *199*

Lärmschutz, 410 *197 ff.*, Arbeitgeberpflichten 410 *199*, Expositionsbegrenzung 410 *199*, Gefahrenverhütung 410 *199*, Gefahrenverringerung 410 *197*, Gesundheitsüberwachung 410 *114*, Präventivmaßnahmen 410 *197*, Risikobewertung 410 *107*

Laserstrahlung, 410 *202*

Lastenhandhabung, Arbeitsplatzgestaltung 410 *141*, Arbeitsschutz 410 *93 f., 101*, Ausrüstung, mechanische 410 *141*, Einzelrichtlinie 410 *139 ff.*

Lastenhandhabungsverordnung, 410 *95, 142*

Lebensführung, 520 1 *26*

Lebensgemeinschaft, nichteheliche, Arbeitnehmerfreizügigkeit 20 45 *119*

Lebenslauf, Vermerk, handschriftlicher 520 3 *14*

Lebenspartner, Aufenthaltsrecht 250 7 *19 f.*, mitarbeitende 650 2 *1*, 7 *1*, 16 *3*, Unternehmensgründung 650 6 *1*

Lebenspartnerinnen, Mutterschaftsleistungen 650 8 *1*

Lebenspartnerschaft, eingetragene, 520 1 *64*, Kündigungsgrund 520 4 *21*, Mutterschaftsleistungen 600 2 *42*

Lebensversicherungsunternehmen, Abrechnungsverband 560 2 *3*, Altersversorgungsgeschäft 560 2 *3*, Auskunftspflichten 560 1 *16*, Informationspflichten 560 1 *16*

Lehrer, Arbeitnehmerfreizügigkeit 20 45 *137*, Koalitionsfreiheit 40 11 *72 f.*

Lehrlinge, *s. Auszubildende*

Leibeigenschaft, Begriff 40 4 *4*

Leibeigenschaft, Verbot, 30 15 *8*; 40 4 *1*

Leiharbeit, *s. auch Arbeitnehmerüberlassung; Zeitarbeit*, Arbeitnehmerbegriff 410 *37*, Arbeitnehmerbeteiligung 550 3 *8*, Arbeitnehmervertretung 620 7 *1 ff.*, Arbeitnehmervertretung, Informationsanspruch 620 8 *1 f.*, Arbeitsausführung, Bedingungen 420 *31*, Arbeitsbedingungen 430 2 *32*; 620 1 *4 f.*, 5 *16 ff.*, Arbeitsbedingungen, wesentliche 620 3 *11 ff.*, 5 *1*, Arbeitsentgelt 620 3 *15, 17 f.*, 5 *13 f.*, Arbeitsschutz 410 *9, 37*; 420 *1 f., 4, 19 f., 25, 31 ff.*, Arbeitsschutzgesetz 420 *10*, Arbeitssicherheit 420 *19*, Arbeitsunfälle 420 *4*, Arbeitsverbot 420 *25*, Arbeitsverhältnis 620 3 *9*, Arbeitsverhältnis, gesetzliches 610 2 *13*, Arbeitszeit 620 3 *14*, 5 *3*, Arbeitszeitlage 620 3 *14*, Beförderungsmittel 620 6 *12*, Befristung 500 4 *4, 35*, Anh. § 2 *21*, Anh. § 3 *10*; 620 1 *6*, 2 *4*, Begriff 620 1 *1*, 3 *1 f.*, *7*, Berufskrankheiten 420 *4*, Beschäftigungsbedingungen 620 5 *16*, Beschäftigungsbedingungen, wesentliche 620 3 *11 ff.*, 5 *1*, Beschäftigungsverhältnis 620 3 *1, 5*, Betriebsübergang 530 1 *101*, 2 *9, 12*, Dauerüberlassung 620 1 *17*, 10 *2*, Dienstleistungsfreiheit 620 4 *1 ff., 3*, Direktanstellung 620 2 *3*, 6 *1 ff.*, Direkteinstellung, fiktive 620 5 *4 ff.*, Diskriminierungsverbot 620 5 *9 ff.*, 6 *3*, Dreierbeziehung 420 *17*; 620 1 *9*, 3 *1*, Drittpersonaleinsatz 620 1 *1*, echte 620 3 *4*, Einsatzverhältnis 620 3 *1*, Einschränkungen 620 4 *3 ff.*, Einzelvergleich 620 5 *3*, Elternurlaub 620 3 *16*; 640 Anh. § 1 *10*, Entgeltgleichheit 620 1 *4*, Entgeltregelung 620 3 *15*, Entsenderichtlinie 460 1 *60 f.*, 3 *30 ff.*; 620 1 *7*, Erfüllungsgehilfen 620 3 *8*, Erlaubnisvorbehalt 620 4 *3*, Erwerbszweck 620 1 *10*, Europäischer Betriebsrat 630 2 *13*, Fortbildungsmaßnahmen 620 6 *12, 16*, Gemeinschaftsdienste 620 6 *3, 10 ff.*, 10 *3*, Gemeinschaftseinrichtungen 620 6 *3, 10 ff.*, 10 *3*, Gemeinschaftsverpflegung 620 6 *12*, Gesamtschutz 520 5 *17 ff.*, Gesundheitsschutz 420 *19, 31 f.*, Gleichbehandlungsgebot 460 1 *29*; 620 5 *1 f., 12 ff.*, 10 *2 f.*, Gleichstellungsanspruch 420 *19*; 620 3 *1, 11 ff.*, 5 *1 ff.*, Günstigkeitsvergleich 620 5 *2 ff.*, Höchstarbeitszeit 620 5 *3*, illegale 610 2 *13*, Informationspflicht über offene Stellen 620 6 *1 ff.*, 10 *3*, Informati-

2079

Sachverzeichnis

fette Zahlen = Kennziffer

onsübermittlung 420 *28 ff.*, Kinderbetreuungseinrichtungen 620 6 *12, 16*, Kontrollbegriff 420 *16*, Krankheitsurlaub 620 3 *16*, Massenentlassung 490 1 *2*, Mindestarbeitsbedingungen 620 5 *2*, Mutterschaftsurlaub 620 3 *16*, Nachtarbeit 620 3 *14*, Rechtfertigungspflicht 620 4 *1, 6 ff.*, Rechtsmissbrauch 620 5 *25 ff.*, Sachgruppenvergleich 620 5 *3*, Schutzbestimmungen, gesetzliche 620 5 *9 ff.*, sozialpolitische 620 1 *11 f.*, Stammbelegschaft 620 2 *2*, 5 *1*, Stehzeiten 620 5 *1, 13*, Tage, arbeitsfreie 620 3 *16*, Tarifvertrag 620 5 *16 ff.*, Tätigkeit, wirtschaftliche 620 1 *10*, Überlassung 620 3 *10*, Überlassungsverhältnis 620 3 *1*, Übernahmeverbot 620 6 *9*, Überwachung, präventivmedizinische 420 *25*, unechte 620 3 *4*, Unterrichtung der Arbeitnehmer 420 *21*, Unterrichtungspflichten 420 *11, 27 ff.*; 430 8 *6*, Unterweisung der Arbeitnehmer 420 *22, 24*, Urlaub 620 3 *16*, Verbote 620 4 *3, 7*, Verhältnismäßigkeitsprüfung 620 4 *8*, vorübergehende 620 1 *13 ff.*, Wartezeit 620 5 *15 f., 23*, Weiterbildungsmaßnahmen 620 6 *12, 16*, Zahlungsunfähigkeit des Arbeitgebers 610 2 *13*, Zeiten, verleihfreie 620 5 *1, 13*

Leiharbeitnehmer, 620 1 *1*, Arbeitspflicht 620 3 *4*, Begriff 620 3 *3 f.*, Beschäftigungsfähigkeit 620 6 *16*, Bestandsschutz 620 2 *4*, Direktanstellung 620 2 *3*, 6 *1 ff.*, Direktanstellung, Umstieg in 620 6 *1 ff.*, Entwicklung, berufliche 620 6 *16*, Ungleichbehandlung 620 6 *14 f.*

Leiharbeitsrichtlinie, Adressaten 620 14 *1*, Anwendungsbereich 620 1 *8 ff.*, 3 *1*, Arbeitnehmerentsendung 460 1 *27*, 3 *32*, Arbeitnehmerschutz 620 2 *1 f.*, Arbeitsbedingungen, wesentliche 430 2 *9*, Ausbildungsprogramm 620 1 *11 f.*, Befristung des Leiharbeitsverhältnisses 500 4 *35*, Berichtspflicht 620 10 *4, 12 1*, Brückenfunktion 620 2 *3*, 6 *1 ff.*, Eingliederungsprogramm 620 1 *11 f.*, Flexibilitätsbedarf 620 2 *5*, Inkrafttreten 620 13 *1*, Kollektivverhandlungen 30 28 *103 f.*, Mindestarbeitsbedingungen 620 2 *2*, Mindestvorschriften 620 9 *1 f.*, Nichteinhaltung 620 10 *1 f.*, Sanktionen 620 10 *1 f.*, Tarifautonomie 620 5 *18*, Tarifdispositivität 620 5 *16*, Terminologie 620 1 *1*, Umgehungsverbot 620 5 *25 ff.*, Umschulungsprogramm 620 1 *11 f.*, Umsetzung 620 10 *4*, 11 *1*, Unionskompetenz 20 153 *22, 51*, Verschlechterungsverbot 440 1 *6*; 620 9 *2*

Leiharbeitsunternehmen, 620 3 *6*, Ausgleichsanspruch bei Übernahme 620 6 *5*, Überlassungsprovision 620 6 *7*, Vermittlungsprovision 620 6 *7, 9*

Leiharbeitsverhältnis, 620 3 *1*

Leistungslohn, Arbeitsentgelt 520 3 *23*

Leistungsrechte, 30 51 *41 f.*, Abwehrfunktion 30 51 *44*, derivative 30 51 *46*, Entscheidungsspielraum 30 51 *46*, Gestaltungsspielraum 30 51 *46*, Handlungspflichten 30 51 *47*, Schutz-

pflichten 30 51 *48*, Teilhaberechte 30 51 *51*, Wertungsspielraum 30 51 *46*, Zuständigkeit der Union 30 51 *47*

Leistungsverwaltung, Koalitionsfreiheit 40 11 *72*

Leitende Angestellte, Arbeitnehmereigenschaft 550 2 *16*; 630 *11*, Arbeitszeitrecht 30 31 *24 f.*, Betriebsübergang 530 7 *17*, Massenentlassungsrichtlinie 490 1 *49 ff., 74 ff., 79*

Leitung, zentrale, Beteiligungsvereinbarung, Abschluss 630 6 *5*, Europäische-Betriebsräte-Richtlinie 630 2 *22 f.*, 4 *1 ff.*, Fiktion 630 4 *2 ff.*, Informationserhebungspflicht 630 4 *22*, Informationsvorbehalt 630 8 *1, 8 ff.*, 11 *3, 5*, Informationsweiterleitung 630 4 *20*, Letztentscheidungsrecht 630 9 *3*, Sitz in Drittstaat 630 4 *2*, Sitzungseinberufung 630 5 *22*, Verhandlungsverfahren 630 4 *7 f.*, Verhandlungsverweigerung 630 7 *6 ff.*, Verständigung 630 9 *5*, 11 *3*, Zusammenarbeit, vertrauensvolle 630 9 *3*

Leitungsorgane, gesellschaftsrechtliche, Arbeitnehmereigenschaft 20 45 *13*, Arbeitnehmervertretungen 20 153 *49*, Frauen, Mitwirkung (Richtlinienvorschlag) 20 157 *81*

Lenkzeiten, Höchstarbeitszeit, wöchentliche 580 20 *3*

Lenkzeitenregelung, 580 1 *17*

Lettland, Sozialrecht, koordinierendes 20 48 *65*

lex fori concursus, 210 1 *9*, 10 *1 f., 12 f.*

lex mercatoria, 30 52 *22*

Liechtenstein, Sozialrecht, koordinierendes 20 48 *16*

Liegenschaften, Bindung, ausreichende 20 45 *66*

Liquidationsverfahren, Insolvenzgeldrichtlinie 610 2 *2, 8*

Logib-D, 20 157 *11*

Lohn, gerechter, 30 31 *11*

Lohnanspruch, Anknüpfung 240 9 *28*

Lohndumping, Entsendung 460 3 *51*

Lohnerhöhung, Mutterschutzrichtlinie 440 11 *16*, Streikteilnahme 40 11 *49, 67*

Lohnfindung, 20 157 *9*, Interventionen 50 6 *21*

Lohnfortzahlung im Krankheitsfall, Entgeltbegriff 520 3 *26*

Lohngleichheit, s. *Entgeltgleichheit*

Lohnkürzung, Mutterschutzrichtlinie 440 11 *16*

Lohnobergrenzen, gesetzliche, Kollektivverhandlungen, Beschränkung 40 11 *66*

Lohnschutz, Vollstreckungsrecht 240 9 *28*

Lohnsteuerkarte, Religionszugehörigkeit 40 9 *27, 32*

Lohnzahlungslücke, bereinigte, 20 157 *9*

Lohnzahlungslücke, unbereinigte, 20 157 *9*

Lohnzahlungspflicht, Anknüpfung 240 9 *39*

Loyalitätspflichten, Arbeitnehmer 40 8 *18, 28*, Arbeitnehmer, kirchliche 40 8 *3, 20*, 10 *36*, Arbeitsverhältnis 40 10 *31 ff.*, Kündigung 40 8

magere Zahlen = Artikel; kursive Zahlen = Randnummern **Sachverzeichnis**

3, 20, 9 *25*, Meinungsäußerungsfreiheit 40 *10 2, 16, 18 f.*, Religionsfreiheit 40 *9 3*
Luftfahrt, *s. auch Flugverkehr*, Arbeitnehmervertretung 550 5 *5 ff.*, 11 *2*, Ganzkörper-Vibrationen 410 *194*
Lugano-Übereinkommen, 220 1 *1*
Lustrationsverfahren, Angemessenheit 40 *8 38*, Meinungsäußerungsfreiheit 40 *10 25*

Maghreb-Staaten, Arbeitsbedingungen, Gleichbehandlung 20 45 *31*
Markt, gemeinsamer, 20 151 *31, 33*
Marktwirtschaft, soziale, 20 151 *22, 41;* 30 21 *14*, Grundrechte, soziale 30 27 *2*
Maschinenrecht, EG-Maschinenrichtlinie 410 *5, 126*, Produktsicherheitsrecht 410 *129*
Massenentlassung, 490 Vor 1 *9*, 30-Tages-Frist 490 1 *81 ff.*, 3 *1 f.*, 4 *1 ff.*, Anhörung der Arbeitnehmer 550 4 *11, 14, 19*, 8 *13, 17*, Äquivalenzgrundsatz 490 2 *51*, 6 *2, 34;* 550 8 *2*, Arbeitnehmerbegriff 490 Vor 1 *9*, Arbeitnehmerbeteiligung 30 27 *12;* 550 4 *19, 22, 28, 30*, 9 *1 ff.*, Arbeitnehmerzahl 490 1 *2*, Auszubildende 490 1 *53*, Begriff 490 1 *19*, Beschäftigung, anderweitige 490 3 *2*, Betriebsbegriff 490 Vor 1 *9*, 1 *58*, Betriebsgröße 490 1 *2*, Betriebsratsbeteiligung 490 2 *6*, Beweislast 490 6 *31 f.*, Darlegungslast 490 6 *31 f.*, Effektivitätsgrundsatz 490 6 *2, 5;* 550 8 *2*, Eigenbetriebe 490 1 *5*, Ermessensentscheidung 490 4 *3 ff.*, Fehlerhaftigkeit 490 6 *1 f.*, Freifrist 490 1 *25, 83*, 4 *6*, Geltungsbereich, betrieblicher 490 1 *2*, Grundrechtecharta 490 Vor 1 *4*, Hinweispflicht, richterliche 490 6 *33*, Informationsverfahren 550 9 *3 ff.*, Insolvenzkündigung 490 1 *1, 29*, 6 *36*, Kampagnebetriebe 490 1 *1, 10 ff.*, Klagefrist 490 6 *28*, Konsultationsverfahren 490 Vor 1 *9*, 1 *24*, 2 *2;* 550 9 *3 ff., s. auch dort*, Körperschaften, öffentlich-rechtliche 490 1 *5*, Kündigung, Unwirksamkeit 490 6 *1 f., 13, 16*, Kündigungsschutz 30 30 *4*, Kündigungszugang 490 1 *22, 81*, Leiharbeitnehmer 490 1 *2, 21, 52*, Nachteilsausgleich 490 1 *14*, 2 *39*, 6 *1, 4*, Negativattest 490 6 *29 f.*, Regiebetriebe 490 1 *5*, Saisonbetriebe 490 1 *1, 10 ff.*, Sperrfrist 490 4 *1 ff.*, Staffelung von Kündigungen 490 Vor 1 *9*, Tendenzbetriebe 490 1 *5*, Unterlassungsanspruch des Betriebsrats 490 6 *34*, Unterrichtung der Arbeitnehmer 550 4 *11, 14, 17, 28, 30*, 8 *13*, Verfahren 490 2 *3*, Vergleich 490 1 *43*, Zuständigkeit, gerichtliche 490 4 *5*
Massenentlassungsanzeige, 490 2 *1 f., 2, 38*, 3 *1 ff.*, Abschrift 490 3 *14*, 6 *12*, Angaben, zweckdienliche 490 3 *5*, Auswahlkriterien 490 3 *5 ff.*, 6 *11, 15*, Behörde, zuständige 490 3 *3*, 6 *17*, Berufsgruppen 490 3 *5 f.*, Bescheid der Arbeitsverwaltung, Heilungswirkung 490 6 *20, 27*, Betriebsteil 490 3 *3*, Determination, subjektive 490 3 *8*, effet utile 490 6 *17, 20*, Eingang 490 3 *1*, Eingangsmitteilung 490 6 *25*, Fehlerhaftigkeit 490 6 *1, 10 ff., 18, 20*, Folgekündigungen 490 2 *61*, Inhalt 490 3 *4 f.*, Insolvenz 490 3 *15*, Insolvenzkündigung 490 1 *29*, Konsultationsverfahren, Beendigung 490 2 *41, 52 ff.*, Konzernfälle 490 3 *10*, Mindestkündigungsfrist 490 3 *1*, Muss-Angaben 490 3 *4 f.*, 6 *15*, Nachholung 490 3 *1*, Personalabbau, standortübergreifender 490 3 *3*, Rechtzeitigkeit 490 3 *1*, Richtigkeit, objektive 490 3 *8*, Schriftform 490 3 *9*, Soll-Angaben 490 3 *4, 6 16*, Stellungnahme des Betriebsrats 490 2 *19, 45, 47 f.*, 3 *11 f.*, Telefax 490 3 *9*, Telegramm 490 3 *9*, Textform 490 3 *9*, Unwirksamkeit 490 6 *13*, Verbrauch 490 1 *25*, Vorratsanzeige 490 4 *6*
Massenentlassungsrichtlinie, 210 1 *4;* 530 Vor 1 *5*, Aktionsprogramm, sozialpolitisches 490 Vor 1 *2, 5*, Altersteilzeit 490 1 *38*, Änderungskündigung 490 1 *26*, Anzeigepflicht 490 1 *32, 39 f.*, Arbeitgeberbegriff 490 1 *20, 44*, Arbeitnehmer, ältere 490 1 *38*, Arbeitnehmerbegriff 20 45 *13*, 153 *12;* 490 Vor 1 *9*, 1 *20, 45 ff.*, 5 *2*, Arbeitnehmerbeteiligung 550 1 *3, 9*, 9 *1 ff.*, Arbeitnehmerschutz 490 6 *1*, Vor 1 *5 f., 8*, Arbeitnehmervertreter 490 1 *65 ff.*, Arbeitnehmervertretung, Fehlen 490 1 *66*, Arbeitsrecht, kirchliches 490 1 *73*, Arbeitsverhältnis, Beendigung 490 1 *21, 24 f., 80*, Arbeitsverhältnisse, befristete 490 1 *15, 80*, Arbeitsverhältnisse, kirchliche 490 1 *16 ff.*, Aufhebungsvertrag 490 1 *31, 37*, Auslauffrist, soziale 490 1 *27*, Auslegung 490 Vor 1 *1*, 1 *20*, Bedingungseintritt 490 1 *30*, Befristung 490 1 *30*, Beschäftigungspolitik 490 Vor 1 *5*, Betriebsbegriff 490 1 *20, 56 ff.*, 6 *18*, Betriebsteil 490 1 *59*, 3 *3*, Binnenmarkt 490 Vor 1 *5*, Eigenkündigung 490 1 *31, 37*, Entlassungen, betriebsübergreifende 490 1 *67*, Entlassungen, unternehmensübergreifende 490 1 *67*, Entlassungen, Zahl 490 1 *33 ff.*, Entlassungsbegriff 490 Vor 1 *2, 9*, 1 *20 ff.*, 6 *18*, Entstehungsgeschichte 490 Vor 1 *1 f., 5 f.*, Europäischer Betriebsrat 490 1 *72*, Fremdgeschäftsführer 490 1 *47, 79*, Geltungsbereich, sachlicher 490 1 *15*, Gemeinschaftsbetrieb 490 1 *60 ff., 80*, Geschäftsführer 490 1 *46*, Geschäftsführer, abhängige 490 1 *45, 47*, Gesellschafter-Geschäftsführer 490 1 *47*, Günstigkeitsklausel 490 5 *1 f.*, ILO-Übereinkommen 158 490 Vor 1 *3*, Inkrafttreten 490 9 *1*, Kirchenklausel 490 1 *16*, Kompetenzgrundlage 490 Vor 1 *2*, Konsultationsverfahren, *s. dort*, Konzernbetriebsrat 490 1 *65, 68 ff.*, Konzernklausel 490 1 *44*, 2 *9 f.*, 3 *10*, Kündigung, außerordentliche 490 1 *27*, Kündigung, betriebsbedingte 490 1 *28, 35*, Kündigung, ordentliche entfristete 490 1 *27*, Kündigung, personenbedingte 490 1 *27 f., 33, 43, 82*, 5 *1*, Kündigung, verhaltensbedingte 490 1 *27 f., 33, 43, 82*, 5 *1*, Kündigungserklärung 490 1 *21*, Kündigungsrücknahme 490 1 *80*, leitende An-

Sachverzeichnis

fette Zahlen = Kennziffer

gestellte **490** 1 *49 ff.*, *74 ff.*, *79*, Mindestkündigungsfrist **490** 3 *1*, *6 22*, Nachkündigungen **490** 1 *83*, Rechtsschutz, effektiver gerichtlicher **490** 6 *1*, Rentenbezug **490** 1 *38*, Schadensersatz **490** Vor 1 *4*, 1 *51*, *79*, 6 *36*, Schwellenwerte **490** Vor 1 *9*, 1 *2*, *19*, *28*, *32 ff.*, *50*, *78 ff.*, 5 *1*, 6 *31*, Sprecherausschuss **490** 1 *74 ff.*, Streitkräfte **490** 1 *4*, Teilharmonisierung **490** 2 *3*, Teilzeitbeschäftigte **490** 1 *78*, Transfergesellschaft, Wechsel in **490** 1 *39 f.*, Umsetzung **490** Vor 1 *1*, *9*, Unionskompetenz **20** 153 *25*, *28*, *32*, Unterbietungswettbewerb **490** 2 *1*, Vor 1 *6*, Unternehmerfreiheit **490** 2 *3*, Veranlassung durch den Arbeitgeber **490** 1 *32*, *36 ff.*, Verwaltung, öffentliche **490** 1 *3*, *5*, Weiterbildungsmaßnahmen, berufliche **490** 1 *54*, Wettbewerbspolitik **490** Vor 1 *6*, 2 *1*, Wirtschaftsausschuss **490** 1 *65*, Zeitbefristung **490** 1 *11 f.*, *15*, *41*, Ziele **490** Vor 1 *1*, *5 f.*, Zustimmung des Arbeitnehmers **490** 1 *37*, Zweckbefristung **490** 1 *11 f.*, *15*, *41*
Maßregelungsverbot, **520** 11 *1*
Mediation, Förderpflicht **50** 6 *25*
Medizin, Ärzte in der Weiterbildung **500** Anh. § 5 *38*, Befristungsgrund **500** Anh. § 5 *36*
Mehrarbeit, Antragserfordernis **580** 6 *5*, Entgeltgleichheit **20** 157 *19*, *28*, *49*, Freizeitausgleich **580** 6 *5*, Geldersatz **580** 6 *5*, Pflichtangabe **430** 2 *41*, Schadensausgleich **580** 6 *4 ff.*
Mehrebenensystem, Unionsrecht **240** 1 *4*
Mehrurlaub, **580** 7 *23 f.*, Diskriminierungsverbot **580** 7 *23*, einzelvertraglicher **580** 7 *2*, tariflicher **580** 7 *2*, Verfall **580** 7 *35*
Mehrwertsteuerrichtlinie, Grundrechtecharta **30** 51 *13*
Meinungsäußerungsfreiheit, **40** 10 *1 ff.*, Abwehrrecht **40** 10 *2*, *16*, Arbeitsrecht **40** 10 *14*, Beeinträchtigung, sonstige **40** 10 *21*, Eingriff **40** 10 *17 ff.*, Fehlverhalten des Arbeitgebers **40** 10 *7*, Geheimnisse, Schutz vor Preisgabe **40** 10 *27 ff.*, Gewährleistungspflichten **40** 10 *14 ff.*, Gutgläubigkeit **40** 10 *23*, Interessen, öffentliche **40** 10 *4*, *30*, Kommunikationsgrundrecht **30** 12 *1*; **40** 10 *1*, Loyalitätspflichten **40** 10 *2*, Meinungen **40** 10 *6*, Meinungsbildung **40** 10 *5*, Missbrauchsverbot **40** 10 *6*, negative **40** 10 *5*, positive **40** 10 *5*, Rechtfertigung **40** 10 *6*, *22 ff.*, Schrankenvorbehalt **40** 10 *1*, Schutzbereich **30** 12 *10*, *16*, *4*, *28 37*, Schutzbereich, persönlicher **40** 10 *4*, Schutzbereich, sachlicher **40** 10 *5 ff.*, *10*, Schweigepflichten **40** 10 *27 ff.*, Tatsachen **40** 10 *6*, Verhältnismäßigkeitsgrundsatz **40** 10 *22*, Whistleblowing, *s. dort*
Memorandum of Understanding, Finanzhilfen **20** 151 *45*; **30** 51 *9*
Menschenhandel, Begriff **40** 4 *3*, *5 f.*, Gewährleistungspflicht **40** 4 *15*, Schutzpflichten **40** 1 *41*, Verbot **30** 15 *8*; **40** 4 *1*, *5*; **50** 7 *16 f.*
Menschenrechte, **30** 27 *1*; **40** 1 *24 ff.*, Abwehrrechte **40** 1 *27*, Arbeitsrecht **40** 1 *34*, 9 *3*, Kernbereich **40** 9 *20*, soziale **50** Präambel *15 ff.*, Verpflichtungswirkung, unmittelbare **40** 1 *25 f.*
Menschenwürde, **10** 6 *1*; **30** 27 *4*, Arbeitsbedingungen **30** 31 *2 f.*, Belästigung **520** 2 *63*, Diskriminierungsverbote **30** 21 *2*, Kinderarbeit **30** 32 *8*
Merkmale, genetische, Diskriminierungsverbot **30** 21 *5*, *34*, *41*, *51*, *53*, *65 f.*
Mietverhältnis, Betriebsübergangsrichtlinie **530** 1 *38*
Mikroorganismen, **410** 153
Militärdienst, **50** 1 *6*, Ausscheiden, Aufschub **50** 1 *8*
Minderheit, nationale, Begriff **30** 21 *72*, Diskriminierungsverbot **30** 21 *5*, *34*, *37*, *51*, *72*
Minderheitsgesellschafter-Geschäftsführer, Arbeitnehmereigenschaft **580** 1 *39*
Mindestarbeitsbedingungen, Kollektivverhandlungen **30** 28 *103*; **50** 6 *20*, Streik **50** 6 *31*
Mindestentgelt, Kollektivverhandlungen **30** 28 *103*
Mindestharmonisierung, **20** 288 *19*, *31*, Jugendarbeitsschutzrichtlinie **450** 1 *3*, *16 2*, Nachweisrichtlinie **430** 1 *3*, *7 1*
Mindestlohn, **50** 4 *7 f.*, 13. Monatsentgelt **460** 3 *24*, 14. Monatsentgelt **460** 3 *24*, Abtretung **460** 3 *21*, Akkordzulagen **460** 3 *23*, Anknüpfung **240** 9 *28*, Anrechnung auf den Mindestlohn **460** 3 *22 ff.*, Ansprüche, Fälligkeit **460** 3 *21*, Arbeitnehmer **430** 1 *3*, Arbeitsentgelt **520** 3 *22 f.*; **600** 2 *25*, Aufrechnung **460** 3 *21*, Auslegung, völkerrechtsfreundliche **50** 4 *8*, Bruttolohn **460** 3 *15*, Eingriffsnorm **240** 9 *28*; **460** 1 *71 f.*, Entfernungszulagen **460** 3 *22*, Entsendung **460** 3 *4*, *6*, *12 ff.*, *36*, Entsendungszulage **460** 3 *19*, *22*, Ergebnisbeteiligung **460** 3 *24*, Erschwerniszulagen **460** 3 *23*, Gefahrenzulagen **460** 3 *23*, Jubiläumsgeld **460** 3 *24*, Lohnbestandteile **460** 3 *15*, Lohnfestsetzungsverfahren **50** 4 *3*, Lohngitter **460** 3 *17*, Lohngruppen **460** 3 *17*, Mehrarbeitszuschläge **460** 3 *24*, Naturalentgelt, Anrechnung **460** 3 *22*, Normalarbeit **460** 3 *24*, Praktikanten **430** 1 *3*, *7 2*, Qualitätsprämien **460** 3 *23*, Reisekosten **460** 3 *20*, Schmutzzulagen **460** 3 *23*, Stundenlohn **460** 3 *16*, Tagegeld **460** 3 *19*, tariflicher **460** 3 *25*, Tarifverträge **460** 3 *17*, Übernachtungskosten **460** 3 *20*, Urlaubsgeld **460** 3 *24*, Verpflegungskosten **460** 3 *20*, Wegezeitenschädigung **460** 3 *19*, Weihnachtsgeld **460** 3 *24*
Mindestruhezeit, *s. Ruhezeit*
Mindesturlaub, **30** 31 *15*; **580** 7 *2*, *23*, Berufsschule **450** 11 *2*, Entsendung **460** 3 *36*, Jugendarbeitsschutz **450** 1 *2*, Jugendliche **50** 7 *2*, *13*, Verfall **580** 7 *33 ff.*
Mineralgewinnung, **410** 174 *ff.*, Alarmsysteme **410** 172, 177, Arbeitgeberpflichten **410** 171, 176, Arbeitsschutz **410** 94, 119 *f.*, Arbeitsstätten **410** 120, 171, Atmosphäre, explosionsfähige/gesundheitsgefährdende **410** 172, 177, Brand-

magere Zahlen = Artikel; kursive Zahlen = Randnummern **Sachverzeichnis**

verhinderung 410 *172, 177,* Einzelrichtlinie 410 *169 ff.*, Explosionsverhinderung 410 *172, 177,* Fluchtmittel 410 *172, 177,* Kommunikationssysteme 410 *172, 177,* Meldepflicht 410 *172, 177,* Nebeneinrichtungen, übertägige 410 *120, 175,* Offshore-Bereich 410 *171,* Onshore-Bereich 410 *171,* Rettungsmittel 410 *172, 177,* Schwimmbagger 410 *175,* Sicherheits- und Gesundheitsschutzdokument 410 *171, 176,* Übertagebau 410 *174 ff.*, Untertagebau 410 *174 ff.*, Warnsysteme 410 *172, 177*
Mitbestimmung, Unionskompetenz 20 *153 33 f.*, verhandelte 550 *5 1*
Mitbestimmungsrecht, Kooperationsgebot 550 *1 14*
Mitbestimmungsrechte, Anknüpfung 240 *9 33*
Mitbestimmungsvereinbarung, Änderungen, strukturelle 590 *16 34,* Aufsichtsrat, Größe 590 *16 34,* Geltungsbereich 590 *16 32,* Laufzeit 590 *16 32,* Verschmelzung, grenzüberschreitende 590 *16 4, 32 ff.*, Vorrang 590 *16 34,* Wahlgremium 590 *16 34*
Mitentscheidungsverfahren, Gesetzgebungsverfahren, ordentliches 20 *288 7,* Initiativrecht der Kommission 20 *288 8,* Vorschlagsmonopol 20 *288 8*
Mobbing, Belästigung 520 *2 60, 62;* 600 *18,* Persönlichkeitsrechtsverletzung 520 *2 60*
Mobilitäts-Richtlinie, *s. Zusatzrenten-Richtlinie*
Mobilitätsrate in Europa, 250 *20 8*
Model, Geschlechtsdiskriminierung 600 *14 8*
Modernisierung der Systeme des sozialen Schutzes, 20 *153 44*
Montageprivileg, 460 *3 36*
Monti II-VO, Streik 30 *28 6,* Verordnungsvorschlag 20 *151 39 f., 153 46, 52;* 30 *28 6*
Monti-Klausel, 20 *151 39*
Motivbündel, Beweislast 520 *10 3, 5;* 600 *19 3,* Diskriminierung 20 *157 37;* 30 *21 86;* 520 *2 28, 7 14, 8 4, 10 15;* 600 *2 6,* Negativbeweis 520 *10 15;* 600 *19 3*
Museen, Massenentlassungsrecht 490 *1 5*
Mutagene, Arbeitsschutz 410 *8,* Begriff 410 *149,* Risikobewertung 410 *108,* Substitution 410 *150,* Verringerungspflicht 410 *150,* Vorsorgeprinzip 410 *148*
Mutterschaft, Befristung 500 Anh. § 5 *20,* Begriff 30 *33 16;* 600 *2 41,* Diskriminierungsschutz 600 *28 1 ff.*, Diskriminierungsverbot 30 *21 12, 56, 23 10;* 600 *2 41, 44 ff.*, Entgeltfortzahlung 20 *153 48,* Entlassungsschutz 30 *33 2, 4, 8, 15 ff.*, genetische 600 *2 41,* Kündigung wegen 30 *33 23,* Sozialrecht, koordinierendes 20 *48 7, 18*
Mutterschaftsgeld, Anknüpfung 240 *1 10, 9 39,* Arbeitgeberzuschuss 240 *9 39;* 520 *3 26,* Schwangerschaft, erneute 600 *2 46,* Selbständige 650 *16 2*
Mutterschaftsleistungen, Antrag 650 *8 1,* ausreichende 650 *8 2,* Ehepartnerinnen 650 *8 1,*

Lebenspartnerinnen 650 *8 1,* Selbständige 650 *8 1,* Vertretung, befristete 650 *8 3*
Mutterschaftsurlaub, 30 *33 9;* 440 *1 4, 3 1, 11 1;* 580 *7 11,* Altersversorgung, betriebliche 600 *9 8,* Anspruch 600 *2 42,* Arbeitsentgelt 520 *3 23, 26,* Beeinträchtigung 30 *33 22 ff.*, Beihilfe 600 *4 7,* Bestellmutter 440 *2 10 f.*, bezahlter 30 *33 2, 4, 13, 19 f.;* 50 *8 2 ff.;* 440 *1;* 640 Anh. § 1 *6,* Diskriminierung, mittelbare 600 *2 12,* Diskriminierung, unmittelbare 600 *2 4,* Diskriminierungsverbot 600 *1 14, 2 2, 36 f., 41, 15 1 f.;* 650 *1 7,* Entgeltfortzahlung 440 *11 9 ff.;* 640 Anh. § 3 *11,* Entgeltfortzahlungsverpflichtung 440 *8 1,* Entgeltgleichheit 20 *157 19,* Erziehungsurlaub 440 *8 11,* Jahresurlaub 440 *8 12;* 580 *7 26,* Krankheitsurlaub 440 *8 10,* Lage 440 *8 1 f,* Leiharbeit 620 *3 16,* Mindestanspruch 440 *8 1, 6, 8 f.,* obligatorischer 440 *8 1 f, 7 ff.*, Rückkehrrecht 600 *2 43, 15 2,* Selbständige 30 *33 13;* 440 *2 5;* 650 *1 2,* Sozialleistungen 440 *11 9, 11 ff.;* 640 Anh. § 3 *11,* technischer 440 *8 4 f.*, Unterbrechung 440 *8 9,* Verlängerung 580 *14 2,* Zweck 440 *8 3*
Mutterschutz, 30 *31 6;* 50 *8 9 f.;* 410 *9,* Arbeit unter Tage 50 *8 11 f.*, Arbeitsbedingungen 30 *31 6,* Arbeitsschutz 50 *8 11 f.*, Arbeitsschutzrahmenrichtlinie 440 *1 5,* Arbeitsumfeld 50 *8 2,* Beschäftigungsverbot 240 *9 24,* Direktionsrecht 580 *14 2,* Kündigung, Zustimmungserfordernis 440 *10 11,* Kündigungsschutz 30 *30 6, 31 6;* 50 *8 2, 6 ff.;* 240 *9 54;* 440 *2 13,* Massenentlassungsschutz 490 *1 83,* Nachtarbeit 50 *8 2, 11;* 580 *14 2,* Rechtsmissbrauch 600 *2 47,* Schutzbereich, persönlicher 30 *33 13,* Schutzmaßnahmen 50 *8 1,* Selbständige 20 *153 9;* 650 *16 3,* Stillzeiten 50 *8 9 f.*, Ungleichbehandlung wegen des Geschlechts, unmittelbare 20 *157 40 f.*, Unionskompetenz 20 *153 19, 29,* Urlaubsanspruch 580 *7 19,* venire contra factum proprium 600 *2 47*
Mutterschutzgesetz, 410 *95*
Mutterschutzrichtlinie, 410 *6, 90,* Abänderungsvorschlag 440 *11 3, 12 1,* Adoptionsfreigabe 440 *2 10,* Agenzien, biologische 440 *3 2, 4 4,* Agenzien, chemische 440 *3 2, 4 4,* Agenzien, physikalische 440 *3 2, 4 4,* Anhang I 440 *4 4, 13 1,* Anhang II 440 *4 4, 6 1 f., 13 1 f.,* Ansprüche, sonstige 440 *11 14,* Anwendungsbereich, persönlicher 440 *2 2,* Arbeitnehmerin 440 *2 1 ff.*, Arbeitslose 440 *2 4,* Arbeitsorganisation, Umgestaltung 440 *4 5, 5 2 f.*, Arbeitsplatzwechsel 440 *5 2, 4,* Arbeitsschutz 440 *1 1,* Arbeitsschutz, sozialer 420 *2;* 440 *1 2,* Arbeitsschutz, technischer 440 *3 1,* Arbeitszeit 440 *4 5 2,* Arbeitszeitbestimmungen 580 *1 18, 14 2,* Beschäftigung, vorübergehende 440 *5 4, 11 5,* Beschäftigungsverbote 440 *11 1,* Bestellmutter 440 *2 10,* Beurlaubung 440 *5 2, 4, 11 1, 4;* 580 *14 2,* Beurteilung 440 *11 15,* Bewährungszeit 440 *11 15,* Beweislast 440 *12 1,* Dienstalter

2083

Sachverzeichnis

fette Zahlen = Kennziffer

440 11 *15*, Einzelrichtlinie **440** 1 *1*, Elternurlaub **440** 2 *4*; **640** Anh. § 5 *10*, Entgeltausfall **440** 11 *2*, Entgeltbestandteile **440** 11 *5*, Entgeltfortzahlung **440** 11 *1*, *3*, *5ff*., Ersatzmutterschaft **440** 2 *10*, Expositionsverbot **440** 4 *1*, 6 *1f*., 11 *1*, Freistellungsanspruch **440** 9 *1f*., 11 *1*, Gefährdungen, allgemeine **440** 4 *5*, Gefährdungen, spezifische **440** 4 *5*, Gesundheitsschutz **440** 1 *2*, 7 *4*, Grundgehalt **440** 11 *5*, Information des Arbeitgebers **440** 2 *2*, Informationspflichten **440** 2 *3*, Jahresurlaub **440** 11 *17*, Kompetenzgrundlage **440** 1 *1*, Kündigung während der Schutzfrist **440** 10 *10f*., Kündigungsrechtfertigung **440** 12 *1*, Kündigungsschutz **440** 3 *1*, 10 *1ff*., Kündigungsverbot **440** 10 *1ff*., *7ff*., Kündigungsvorbereitungen **440** 10 *5*, Lohnerhöhungen **440** 11 *16*, Lohnkürzung **440** 11 *16*, Maßnahmen, erforderliche **440** 5 *1f*., Maßregelungsverbot **600** 24 *3*, Mitteilungspflicht **440** 4 *6*, Mutterschaftsurlaub, *s. dort*, Nachtarbeit **440** 7 *1f*., *9*, 11 *1*; **580** 14 *2*, Nichterneuerung befristeter Verträge **440** 10 *6*, Rechtsschutz **440** 12 *2f*., Rentenanwartschaften **440** 11 *15*, Risikobeurteilung **440** 3 *2*, 4 *1ff*., Risikobewertung **440** 4 *3*, Risikogruppe **440** 1 *2*, Rückkehr zur Arbeit **440** 5 *5*, Rückkehrrecht **440** 11 *3*, Schichtarbeit **440** 5 *4*, Schwangerschaft **440** 2 *2*, *6f*., Sicherheit **440** 1 *2*, Sozialleistungen **440** 11 *2ff*., stillend **440** 2 *2*, *9*, Tätigkeitsverbot **440** 6 *1*, Tod der Mutter **440** 2 *10*, Überstunden **440** 9 *2*, 11 *5*, Umsetzung auf Tagesarbeitsplatz **580** 14 *2*, Unternehmensleitung **440** 2 *3*, Verfahrensvorschriften **440** 12 *1*, Verschlechterungsverbot **440** 1 *6*, Versetzung **440** 11 *3*, *6*, Versetzung auf Tagesarbeitsplatz **580** 14 *2*, Verwendungsbeschränkungen **440** 3 *1f*., Viktimisierung **440** 12 *1*, In-vitro-Fertilisation **440** 2 *7*, Vorsorgeuntersuchungen **440** 3 *1*, 9 *1f*., Wöchnerin **440** 2 *2*, *8*, Zulagen **440** 11 *5*

Muttersprachler, Anforderung, berufliche **510** 4 *4*; **520** 13

Nachtarbeit, 50 2 *2*; **410** 9; **580** 1 *1*, *16*, 2 *14*, 8 *1*, Ablehnungsrecht **440** 7 *4*, *8*, Arbeitnehmer, mobile **580** 20 *1*, Arbeitsrhythmus **580** 13 *2*, Arbeitszeitgesetz **580** 2 *16*, Arbeitszeitrichtlinie **580** 8 *1*, *3*, Attest, ärztliches **440** 7 *5*, Begriff **440** 7 *2*; **620** 3 *14*, Bezugszeitraum **580** 8 *2*, *16 1*, *6*, *17 3*, *16*, Dauer **580** 2 *21*, 8 *1ff*., *16 1*, *6*, *17 3*, *6*, *16*, *18 1*, Diskriminierungsverbot **580** 12 *1f*., Freiwilligkeit **440** 7 *8*, Garantien **580** 10 *1*, Gesundheitsgefahren **580** 8 *3*, Gesundheitsschutz **580** 12 *1f*., Gesundheitsuntersuchung **450** 9 *3*; **580** 8 *1*, *3*, 9 *1*, Höchstarbeitszeit, tägliche **580** 8 *2*, *5f*., IAO-Übereinkommen 171 **580** 1 *29*, 2 *14*, 8 *3*, Jugendarbeitsschutzrichtlinie **450** 8 *5*, 9 *1ff*., Jugendliche **50** 7 *14*; **450** 9 *2ff*.; **580** 14 *3*, Leiharbeit **620** 3 *14*, Mutterschutz **50** 8 *2*, *11*, Mutterschutzrichtlinie **440** 7 *1f*., *9*, 11 *1*; **580** 14 *2*, Prognose **580** 2 *16*, regelmäßige **450** 9 *3*, Richtlinienumsetzung **580** 8 *5ff*., 9 *2f*., Schwierigkeiten, gesundheitliche **580** 8 *3*, 9 *1*, Sicherheitsschutz **580** 12 *1*, Unterrichtungspflichten **580** 8 *1*, *3*, 11 *1*, Verbot, geschlechtsspezifisches **580** 8 *4*, Versetzung auf Tagarbeitsstellen **580** 8 *3*, 9 *1f*.

Nachtarbeiter, **580** 2 *14*, *15*, 8 *1*, Aufstieg, beruflicher **580** 12 *2*, Weiterbildung, betriebliche **580** 12 *2*

Nachtarbeitsverbot, Jugendliche **450** 9 *1f*., 13 *2*, Kinder **450** 9 *1*, *4*, 10 *7*, Mutterschutz **440** 7 *1*, *6f*.

Nachtarbeitszeit, tägliche **580** 3 *1*

Nachtarbeitszuschlag, **580** 12 *2*

Nachteilsausgleich, **550** 8 *16*

Nachtzeit, **580** 2 *14*, 8 *1*; **620** 3 *14*, Arbeitszeitgesetz **580** 2 *16*

Nachweis, statistischer, Diskriminierung, mittelbare **520** 2 *41*, *49f*., 10 *11*, Diskriminierung, unmittelbare **520** 10 *9*

Nachweisgesetz, **430** 1 *3*, 2 *12*, Änderungsmitteilung **430** 5 *6*, Bezugnahme, Unterrichtung durch **430** 2 *57*, Informationsanspruch, Klagbarkeit **430** 8 *1ff*., Jahresurlaub **430** 2 *33*, Kollektivverträge **430** 2 *50*, Kündigungsfrist **430** 2 *35*, Nichterteilung des Nachweises **430** 6 *5*, Schadensersatz **430** 8 *5*, Schriftform **430** 3 *1*, Tätigkeitsbeschreibung **430** 2 *24*, Textform **430** 3 *1*, Unterrichtungsfehler **430** 8 *5f*., Unterrichtungszeitpunkt **430** 7 *1*

Nachweisrichtlinie, 240 11 *3*; **430** 1 *1ff*., Adressaten **430** 10 *1*, Amtsbezeichnung **430** 2 *21f*., Änderungsmitteilung **430** 5 *1ff*., Anstellungsschreiben **430** 3 *2*, Anwendungsbereich, persönlicher **430** 1 *1*, Anwendungsbereich, sachlicher **430** 1 *1*, Arbeitgeberanschrift **430** 2 *16*, Arbeitgeberwohnsitz **430** 2 *16*, *20*, Arbeitnehmerbegriff **430** 1 *2f*., Arbeitsbedingungen, Änderung **430** 5 *1ff*., Arbeitsbedingungen, wesentliche **430** 2 *1*, *5ff*., 5 *2*, Arbeitsort **430** 2 *17f*., 3 *2*, Arbeitsstelle **430** 2 *21f*., Arbeitsverhältnis, Beginn **430** 2 *25*, 3 *2*, Arbeitsverhältnis, Dauer **430** 2 *26ff*., Arbeitsverhältnis, Definition **430** 1 *1f*., Arbeitsvertrag **430** 3 *2*, Arbeitsvertrag auf Zeit 240 11 *16*, Arbeitszeit **430** 2 *41ff*., 3 *2*, Ausnahmeerlaubnis, tätigkeitsbezogene **430** 1 *4*, *8ff*., Ausnahmeerlaubnis, tätigkeitsumfangbezogene **430** 1 *4ff*., *12*, 3 *8*, Befristung **430** 1 *5f*., 2 *26ff*., Beweiswert des Nachweises **430** 6 *2*, Bezugnahme, Unterrichtung durch **430** 2 *52ff*., Dienstgrad **430** 2 *21f*., Doppelinformation **430** 3 *2*, 9 *2*, Eingruppierung **430** 2 *23*, Entgelt **430** 2 *37ff*., 3 *2*, Ermächtigungsgrundlage **430** 2 *11*, Firma **430** 2 *15*, Gelegenheitsarbeiten **430** 1 *9*, Informationsanspruch, Klagbarkeit **430** 8 *1ff*., Informationspflicht des Arbeitgebers **430** 2 *1ff*., Informationsschreiben **430** 3 *2*, Kettenbefristung **430** 1 *6*, Kollektivverträge **430** 2 *44ff*., Kündigungsfristen **430** 2 *34ff*., Mahnung **430** 8

3, Mindestharmonisierung **430** 1 *3*, 7 *1*, Monatsgrenze **430** 1 *5f.*, *3 8*, Nichterfüllung der Nachweispflicht **430** 6 *3*, Personalien **430** 2 *14ff.*, *3 2*, Schriftstücke, Aushändigung **430** 3 *1f.*, 5 *3*, Sprache **430** 3 *5*, Tätigkeit **430** 2 *21ff.*, *3 2*, Tätigkeiten besonderer Art **430** 1 *8*, *10f.*, Teilzeitarbeitsverhältnis **430** 1 *5*, *7*, Transparenzziel **430** 2 *3f.*, *11*, *19*, *37*, *39*, *46*, *50*, 3 *5*, 4 *4*, 5 *1*, 7 *1*, Umsetzung **430** 1 *3*, 2 *12*, *24*, *33*, 4 *6*, 5 *6*, 9 *1f.*, Unionskompetenz **20** 153 *24*, Unterrichtung, Form **430** 1 *1ff.*, *10*, Unterrichtungsfehler **430** 6 *1*, Unterrichtungszeitpunkt **430** 3 *7ff.*, Unterzeichnung **430** 3 *3f.*, Urlaub **430** 2 *30ff.*, Vertragsarbeitgeber **430** 2 *14ff.*, Vertragsstatut **430** 1 *2*

Nachwirkung, Anknüpfung **240** 9 *55*

nasciturus, Familienleben, Schutz **40** 2 *4*, Gesundheitsschutz **440** 7 *4*

Naturkatastrophen, Arbeitsschutz **410** *32*, Pflichtarbeit **40** 4 *14*; **50** 1 *5*

Natürliche Personen, Grundrechtsträger **30** 51 *36*

ne bis in idem, 10 6 *19*

Nebentätigkeit, Diskriminierungsverbot **520** 3 *12*

Negativattest, Massenentlassung **490** 6 *29f.*

negative obligations, *s. Abwehrrechte*

Nemo-tenetur-Grundsatz, 10 6 *19*

Netzübertragung, 530 1 *62ff.*

Nichtigkeitsklage, Anhörung der Sozialpartner **20** 154 *14*, Grundrechtsverstoß **10** 6 *46f.*, *51*, Sekundärrecht **20** 267 *16*

Nichtregierungsorganisationen, Antirassismusrichtlinie **510** 12 *1*, Gleichbehandlungsgrundsatz, Förderung **600** 20 *1*

Nichtregierungsorganisationen, Dialog mit, Antirassismusrichtlinie **510** 12 *1*, Diskriminierungsbekämpfung **520** 14 *1f.*; **600** 22 *1*

Nichtzulassungsbeschwerde, Vorabentscheidungsverfahren **20** 267 *31*, *37*

Niederlande, Lohnfindung, Interventionen **50** 6 *21*, Unfallversicherung **20** 48 *69*

Niederlassungsfreiheit, 20 45 *1*, 46 *2*; **460** 1 *46*, Beschränkungsverbot **20** 45 *63*, Dauerhaftigkeit **20** 45 *42*, Drittwirkung, unmittelbare **10** 6 *40*, Einrichtung, feste **460** 1 *46*, Handeln, grenzüberschreitendes **30** 28 *79*, Kollektivmaßnahmen **30** 28 *71ff.*, *79*, Kollektivverhandlungen **30** 28 *79*, Kompetenzgrundlage **20** 153 *73*, ordre public **520** 2 *69*, Präsenz, dauernde **460** 1 *46*, Sozialrecht, freizügigkeitsspezifisches **20** 48 *3*

Niederlassungsfreizügigkeit, *s. Niederlassungsfreiheit*

Niedriglohngruppen, 600 2 *11*

Nordirland, Religionsgemeinschaften, Ausgleich **520** 15 *1*

Normalarbeitsverhältnis, 420 *1*

Normenkontrolle, konkrete, Umsetzungsgesetz **20** 267 *32*

Norwegen, Sozialrecht, koordinierendes **20** 48 *16*

Notar, Berufsfreiheit **30** 15 *11*

Notarbeiten, Jugendliche **450** 13 *3f.*

Notausgänge, 410 *121*

Notstandsklausel, *s. auch Derogationsklausel,* Europäische Menschenrechtskonvention **40** 1 *53ff.*, Europäische Sozialcharta **50** Präambel *27ff.*

nulla poena sine lege, 40 1 *53*

Öffentliche Hand, Massenentlassungsschutz **490** 1 *3*, *5*, *77*, Richtlinienwirkung **20** 288 *36*

Öffentlicher Dienst, Altersversorgung, betriebliche **600** 5 *10*, Anforderungen, berufliche **520** 4 *2*, *6*, Angestellte mit Leitungsfunktion **50** 4 *10*, Arbeitnehmerbegriff **20** 153 *11f.*; **30** 28 *17*; **500** Anh. § 2 *16*, Arbeitsschutz **410** *31*, *35*, Arbeitszeitrecht **580** 1 *33*, Auswahlverfahren **500** Anh. § 4 *13*, Anh. § 5 *21*, Befristungsschutz **500** Anh. § 2 *16*, Bekenntnis zu verfassungsrechtlichen Grundlagen **40** 10 *25*, Beratungen, gemeinsame **50** 6 *5*, Bestenauslese **20** 45 *71*, Betriebsübergang **530** 1 *2*, 3 *9*, *18*, 4 *9*, 6 *28*, Betriebsübergangsrichtlinie **530** 1 *20ff.*, *29ff.*, 2 *10*, 3 *9*, Bewerbung, Zurückweisung **40** 10 *20*, Entlassung **40** 8 *24f.*, Gleichbehandlungsrichtlinie **600** 6 *3*, Koalitionsfreiheit, positive **40** 11 *49*, Kollektivmaßnahmen **30** 28 *17*, Kollektivverhandlungen **30** 28 *17*, Kündigungsfristen **50** 4 *2*, Meinungsäußerungsfreiheit **40** 10 *2*, *4*, *16*, *18*, *20*, *24*, Mutterschutz **30** 33 *23*, Mutterschutzrichtlinie **440** 1 *5*, 2 *3*, Neuordnung **530** 6 *28*, Privatisierung **530** 6 *28*, Richtlinienwirkung (Arbeitsverhältnis) **20** 288 *36*, Schlichtungsverfahren **50** 6 *24*, Systemwechsel **530** 3 *35*, 6 *18*, *28*, Umstrukturierung **530** 6 *28*, Vereinigungsfreiheit **50** 5 *4*, Versorgungssysteme **600** 2 *31*, Zugang zum öffentlichen Dienst **40** 10 *16*, Zurückhaltung, Pflicht zur **40** 10 *26*

Offshore-Anlagen, Arbeitszeitrecht **580** 20 *6*, Arbeitszeitrichtlinie **580** 1 *43*, 2 *20*, 17 *1*

Ordnung, öffentliche, Arbeitnehmerfreizügigkeit **20** 45 *105ff.*, Begriff **20** 45 *110f.*; **520** 2 *69*, Diskriminierung, Rechtfertigung **520** 4 *5*

Ordnungskräfte, Koalitionsfreiheit **40** 11 *72*

ordre public, Arbeitnehmerfreizügigkeit **20** 45 *105ff.*; **520** 2 *69*, Arbeitsrecht **240** 21 *5*, Arbeitsverhältnisstatut **210** 10 *7f.*, *11*, 26 *1f.*, Dienstleistungsfreiheit **520** 2 *69*, Eingriffsnormen **240** 21 *2*, *5*, Ersatzrecht **210** 10 *7*; **240** 21 *6*, Gleichbehandlungsgrundsatz **520** 2 *3*, *68*, Kapitalverkehrsfreiheit **520** 2 *69*, Mitteilungspflicht **20** 45 *107*, negativer **240** 21 *3*, Niederlassungsfreiheit **520** 2 *69*, Religionsfreiheit **40** 9 *19f.*, Rom I-VO **240** 1 *16*, 8 *1*, 21 *1ff.*, Rom II-VO **230** 26 *1*, Unvereinbarkeit, offensichtliche **240** 21 *3f.*, Warenverkehrsfreiheit **520** 2 *69*, Zahlungsverkehrsfreiheit **520** 2 *69*

Sachverzeichnis

fette Zahlen = Kennziffer

Organe, Anstellung **520** 3 *9,* Bestellung **520** 3 *10,* Grundrechtsverpflichtete **30** 51 *3, 7,* Selbständigkeit **520** 3 *8f.,* Unselbständigkeit **520** 3 *8f.*

Ortskräfte, 20 48 *38,* Arbeitsverhältnisstatut **240** 8 *57f.*

Österreich, Abfertigung **20** 45 *69;* **660** 2 *7, 9, 13,* Arbeitskräfteüberlassung **620** 1 *1,* Betriebsratsfonds **660** 2 *5,* Entsenderichtlinie, Umsetzung **460** 7 *2,* Europäische Sozialcharta **50** Präambel *8,* Hinterbliebenenleistungen **660** 2 *14,* Kündigungsschutz **30** 30 *15,* Leiharbeit, mehrjährige **620** 1 *13,* Schriftlichkeit **490** 2 *11, 13,* Startwert **660** 5 *5,* Tendenzschutz **540** 8 *11;* **550** 3 *17,* Vorschaltezeit **660** 3 *4*

Outsourcing, Betriebsübergangsrichtlinie **530** 1 *22,* Elternurlaub **640** Anh. § 5 *2*

Pachtvertrag, Betriebsübergangsrichtlinie **530** 1 *38*

Parlamentarische Assistenten, Arbeitsbedingungen **30** 31 *18*

Parteien, politische, 30 12 *3,* Weltanschauung **520** 1 *27*

Partikularinsolvenzverfahren, 210 1 *8,* Eröffnung **210** 3 *5,* Zuständigkeit, internationale **210** 3 *1*

Patchwork-Tatbestand, 520 1 *3,* 2 *4*

Pausen, 20 158 *3;* **580** 1 *31,* 13 *1, s. auch Ruhepausen,* Jugendarbeitsschutzrichtlinie **450** 12 *1f.,* 13 *2;* **580** 14 *3,* Ruhezeit **450** 12 *1,* Sozialpakt **580** 1 *31*

Pension, Diskriminierung, mittelbare **600** 2 *13*

Pensions-Tracking-Services, 660 1 *9*

Pensionsfonds, 560 1 *16,* 2 *7,* Aufsichtsrecht **560** 1 *16,* pan-europäische **660** 1 *9*

Pensionsfonds-Richtlinie, Einrichtungen der betrieblichen Altersversorgung, *s. dort,* Informationspflichten **660** 6 *3*

Pensionsgrenzen, *s. Altersgrenzen*

Pensionskasse, 560 2 *7,* Aufsichtsrecht **560** 1 *16,* **20** *3,* Tätigkeit, grenzüberschreitende **560** **20** *3*

Pensionsrückstellungen, 560 2 *4, 6,* Contractual Trust Arrangements **560** 2 *6*

Pensionssicherungsverein, 560 2 *7;* **660** 2 *12*

Personalabbau, Arbeitnehmerbeteiligung **550** 4 *30,* Betriebseinschränkung **490** 2 *35,* standortübergreifender **490** 3 *3,* stufenweiser **490** 1 *2*

Personalabteilung, Betriebsübergang **530** 1 *62*

Personalführungsgesellschaft, Arbeitsverhältnis, Parteien **430** 2 *14*

Personalleasing, Leiharbeit **620** 1 *1*

Personalplanung, Altersgrenzen **520** 6 *26, 31,* Arbeitnehmerbeteiligung **550** 4 *7, 27*

Personalrat, Arbeitnehmervertretung **550** 2 *20,* Gleichbehandlung **250** 8 *4,* Wahlrecht, aktives **250** 8 *4f.,* Wahlrecht, passives **250** 8 *4f.*

Personalstatut, 240 13 *1f.*

Personalvertretung, Arbeitsorganisation, Änderung **550** 4 *38,* Arbeitsverträge, Änderung **550** 4 *38,* Benachteiligungsschutz **550** 7 *6,* Beschäftigungsentwicklung **550** 4 *37,* Beschäftigungssituation **550** 4 *37,* Beschäftigungsstruktur **550** 4 *37,* Beteiligungsrechte **550** 1 *6,* 2 *7, 9, 12, 17, 20,* 3 *11,* 8 *18f.,* Beteiligungsrechte de lege ferenda **550** 4 *35ff.,* Betriebsübergang **530** 7 *17,* Erörterung **550** 2 *24,* Klagerecht **550** 8 *18f.,* Landespersonalvertretungsgesetze **550** 14 *1,* Maßnahmen, antizipative **550** 4 *37,* Rechtsdurchsetzung **550** 8 *18f.,* Sozialversicherungsträger **550** 2 *7,* Unterlassungsanspruch **550** 8 *18f.,* Unterrichtungsanspruch **550** 4 *36,* Vertraulichkeitsgrundsatz **550** 6 *8*

Personenfreizügigkeit, 20 45 *1, 8f., 90,* 46 *2,* Familienangehörige **20** 45 *32, 34,* Freizügigkeitsgesetz/EU **20** 45 *6,* ordre-public-Vorbehalt **20** 45 *107,* Sozialrecht, freizügigkeitsspezifisches **20** 48 *2, 11*

Personenvereinigungen, Diskriminierungsverbot **30** 21 *102, 109*

Personenverkehr, 460 1 *65ff.,* Arbeitszeitrecht **580** 26 *1*

Personenverkehrsfreiheit, *s. Personenfreizügigkeit* **250** 10 *1*

Persönlichkeitsentfaltung, Privatleben, Schutz **40** 8 *10, 14,* Wohnung, Achtung der **40** 8 *14*

Persönlichkeitsrecht, Anknüpfung **240** 9 *20,* Fragerecht des Arbeitgebers **520** 3 *16*

Persönlichkeitsrechtsverletzung, Schadensersatz, immaterieller **600** 18 *2*

Pflanzenschutzmittelverordnung, 410 7

Pflege, Unionskompetenz **20** 153 *44*

Pflegeelternschaft, Elternurlaub **640** Anh. § 2 *1, 4*

Pflegeversicherung, Sozialrecht, koordinierendes **20** 48 *51*

Pflegezeit, Anknüpfung **240** 9 *33,* Befristungsgrund **500** Anh. § 5 *40*

Pflichtarbeit, 40 4 *1f.,* Allgemeininteressen **40** 4 *14,* Begriff **40** 4 *7f.,* Dienstleistung, höchstpersönliche **40** 4 *7,* Notstand **40** 4 *14,* Verbot **30** 15 *8, 16;* **40** 4 *1*

Pflichtverteidigung, Pflichtarbeit **40** 4 *9, 14,* Vergütung **40** 4 *14*

Piloten, Altersgrenze **30** 28 *99;* **520** 2 *71,* 4 *13,* 6 *18, 28,* Eignung, körperliche **520** 4 *8;* **600** 2 *6*

Polen, Protokoll zur Grundrechtecharta **10** 6 *7, 26*

Politiker, Meinungsäußerungsfreiheit **40** 10 *23*

Polizei, Altersgrenze **520** 6 *32,* Anforderungen, berufliche **600** 14 *8,* Arbeitsschutz **410** *31,* Arbeitszeitrecht **580** 1 *33,* Gewerkschaftsfreiheit **40** 11 *71,* Höchstaltersgrenze **520** 4 *13,* 6 *69,* Koalitionsfreiheit **40** 11 *71,* Vereinigungsfreiheit **30** 12 *24;* **50** 5 *17*

Portugal, Kollektivverhandlungen **30** 28 *91*

magere Zahlen = Artikel; kursive Zahlen = Randnummern **Sachverzeichnis**

positive obligations, Gewährleistungspflichten 30 51 *49*; 40 1 *31 ff.*, 10 *15*, Leistungsrechte 30 51 *46 ff.*, *s. auch dort*
Post, Arbeitnehmerfreizügigkeit 20 45 *137*
Präklusion, Verfahrensfehler 520 10 *3, 6*
Praktikanten, Arbeitnehmerbegriff 20 45 *23*; 30 27 *21*, 30 *7*, 31 *7*; 430 7 *2*; 490 1 *53*, Arbeitsbedingungen 30 31 *7*, Entlassungsschutz 30 30 *7*, Informationsanspruch 430 7 *2*, Massenentlassung 490 1 *53*, Mindestlohn 430 1 *3*, 7 *2*
Prämien, Eheschließung 520 3 *26*, Pflichtangabe 430 2 *38*
Prävention, durch Schadensausgleich 520 17 *3*
Pressefreiheit, 40 10 *1*, Schutzbereich, persönlicher 40 10 *10*, Schutzbereich, sachlicher 40 10 *9 f.*
Primärrecht, AEUV 20 288 *3*, Drittwirkung, unmittelbare 10 6 *40*, EUV 20 288 *3*, Grundrechtecharta 20 288 *3*, Grundsätze des Unionsrechts, allgemeine 10 6 *15*; 20 288 *3*, Vorabentscheidungsverfahren 20 267 *8*
private enforcement, Diskriminierung 520 16 *2*, Geschlechtsdiskriminierung 600 18 *1 ff.*, 25 *1*
Privathaushalt, *s. Hausangestellte*
Privatisierung, Betriebsübergangsrichtlinie 530 1 *22*, öffentlicher Dienst 530 6 *28*, Systemwechsel 530 3 *35*, 6 *18, 28*
Privatleben, Schutz, 30 15 *4*; 40 8 *1*, Arbeitsrecht 40 8 *3*, Eingriff 40 8 *22*, Gewährleistungspflicht 40 8 *17*, Lebensführung, freie Gestaltung 40 8 *4, 10*, Name 40 8 *6*, Partnerschaft, gleichgeschlechtliche 40 8 *12*, Persönlichkeitsverwirklichung 40 8 *10, 14*, Recht am eigenen Bild 40 8 *6*, Rechtfertigung 40 8 *29 ff.*, Rechtsschutz, effektiver gerichtlicher 40 8 *18*, Schutzbereich, sachlicher 40 8 *4*, Selbstbestimmung 40 8 *4 f.*
Privatsphäre, Schutz der, Abwehrrecht 40 8 *1 f.*, Arbeitsrecht 40 8 *3*, Beeinträchtigung, sonstige 40 8 *27*, Berufstätigkeit 50 1 *14*, Bewerbungsunterlagen 520 10 *14*, Datenschutz 40 8 *7*, Ehre der Person 40 8 *6*, Eingriff 40 8 *22 ff.*, *33 ff.*, Familienverhältnisse 40 8 *8*, Gewährleistungspflichten 40 1 *34*, 8 *2*, *27 f.*, Handeln im öffentlichen Raum 40 8 *6*, Kommunikation, individuelle 40 8 *8*, Ruf, guter 40 8 *6*, Schutzbereich, sachlicher 40 8 *1, 6*, Selbstdarstellung 40 8 *6*, Verfahrensgarantien 40 8 *2*, Vertraulichkeitserwartung 40 8 *36*
Pro-rata-temporis-Grundsatz, Angemessenheit 500 Anh. § 4 *18*, Befristung 500 Anh. § 4 *3, 17 f.*, *20 f.*, Teilzeitdiskriminierungsverbot 470 Anh. § 4 *2, 24 ff.*
Probezeit, Entlassungsschutz 30 30 *8, 16*, Kündigungsfrist 430 2 *35*
Produkt, 410 *127*, Inverkehrbringen 410 *128 f.*
Produktionsbetriebe, Betriebsübergang 530 1 *81*

Produktionsprozesse, Unterrichtungsrecht 550 4 *11*
Produktionsverlagerung, Unterrichtungsrecht 550 4 *11*
Produktsicherheitsrecht, 410 *5, 10 f., 123, 126 f.*; 420 *2*, Alignment Package 410 *127*, Allgemeine Produktsicherheitsrichtlinie 410 *130*, Bagatellklausel 410 *130*, Konformitätsvermutung 410 *129*, Neues Konzept/New Approach 410 *129*, New Legislative Framework 410 *127*, Normen, harmonisierte 410 *129*, Schutzausrüstung, persönliche 410 *134*, Vermutungswirkung 410 *129*, Wirtschaftakteure/economic operators 410 *127*
Profisport, Arbeitnehmereigenschaft 20 45 *18, 24*, Arbeitnehmerfreizügigkeit 20 45 *71*, Ausbildungsentschädigung 20 45 *71*
Promotion, Befristungsgrund 500 Anh. § 5 *36*
Prostitution, Arbeitnehmereigenschaft 20 45 *25*
Provision, Pflichtangabe 430 2 *38*
Prozesskostenhilfe, Vertretung vor dem EuGH 20 267 *90*, Vorabentscheidungsersuchen 20 267 *28*, Vorabentscheidungsverfahren 20 267 *90*
Prüfungszeugnis, Inländergleichbehandlung 250 6 *2*
Prügelstrafe, 40 1 *14*
PSA, *s. Schutzausrüstung, persönliche*
PSA-Benutzungsrichtlinie, 410 *134*, Anwendungsbereich, sachlicher 410 *135*, Arbeitgeberpflichten 410 *136*, Umsetzung 410 *137 f.*
PSA-Benutzungsverordnung, 410 *95, 137*
PSA-Richtlinie, 410 *16, 134*
public enforcement, Diskriminierung 520 16 *2*
Pyromanie, 520 1 *44*

Qualifizierungsmaßnahmen, Diskriminierungsverbot 520 3 *11*, Entlassungsschutz 30 30 *8*
Quellensteuer, 250 7 *26*
Querschnittsabteilungen, Betriebsübergang 530 1 *62*
Querschnittsklauseln, Diskriminierungsbekämpfung 30 21 *18 f.*, Gleichstellung von Männern und Frauen 30 21 *15 f.*, Grundrechtecharta 30 27 *4*, 51 *16*
Quotenregeln, *s. Vorrangregeln*

Rahmenbeschluss, 20 288 *23, 37*
Rahmenrichtlinie Arbeitsschutz, *s. Arbeitsschutzrahmenrichtlinie*
Rasse, Abwehrrecht 510 1 *3*, 5 *2*, Anforderungen, berufliche 510 1 *3*, 4 *1*, Antirassismusrichtlinie 510 1 *1 ff.*, Anweisung zur Diskriminierung 510 2 *1*, 8 *5*, Begriff 30 21 *58*; 510 1 *2*, Belästigung 510 2 *1, 4*, 8 *5*, Diskriminierung, mittelbare 510 8 *2, 4*, Diskriminierung, unmittelbare 510 8 *2 f.*, Diskriminierungsverbot 30 21 *5, 18, 25, 34, 37, 39, 51, 58 f.*; 510 2 *1 f.*; 520 1 *4*, Diskriminierungsverbot, absolutes 510 1 *3*, Ungleichbehandlung 30 21 *54*

Sachverzeichnis

fette Zahlen = Kennziffer

Rationalisierungskündigung, Elternurlaub 640 Anh. § 5 *16*
Rationalisierungsmaßnahmen, Elternurlaub 640 Anh. § 5 *2*
Re-/Kommunalisierung, Betriebsübergangsrichtlinie 530 1 *22*
REACH-Verordnung, 410 *7*
Rechnungswesen, Betriebsübergang 530 1 *62*
Recht am eigenen Bild, Privatleben, Schutz 40 8 *6*
Recht auf Arbeit, 30 15 *1, 16,* 31 *5;* 50 1 *1f.,* Beschäftigungsniveau, hohes 50 1 *3,* Entlassung, unfaire 30 30 *5,* Europäische Sozialcharta 30 29 *1,* Grundrechtecharta 30 29 *1,* Leistungspflichten 50 1 *2,* Schutzpflichten 50 1 *2*
Recht auf Leben, 40 1 *53,* 2 *1ff.,* Arbeitsrecht 40 2 *2,* Gewährleistungspflichten 40 2 *5f.,* Gewaltanwendung, zulässige 40 2 *1, 3,* Mordversuch 40 2 *3,* Rechtsschutz 40 2 *8,* Schutzgut 40 2 *3,* Schutzpflicht 40 1 *40,* 2 *5f.,* Strafverfolgung 40 2 *5,* Tötung, absichtliche 40 2 *1,* ungeborenes Leben 40 2 *3f.*
Recht zur Arbeit, 30 15 *1*
Rechtfertigungsgrund, Beweislast 520 10 *3*
Rechtsanwalt, Meinungsäußerungsfreiheit 40 10 *26,* Organ der Rechtspflege 40 10 *26*
Rechtsanwaltskammer, Betriebsübergangsrichtlinie 530 1 *22*
Rechtsanwendung, Einheit der Rechtsanwendung 20 267 *34, 36,* Recht, nationales 20 267 *13,* Unionsrecht 20 288 *5*
Rechtsfortbildung, 20 267 *9, 17*
Rechtsfortbildung, richtlinienkonforme, 20 288 *49, 76ff., 82, 84f.,* Regelungslücke 20 288 *86f.,* Vertrauensschutz 20 288 *90*
Rechtsgrundsätze, allgemeine, *s. Grundsätze, allgemeine*
Rechtspflege, Koalitionsfreiheit 40 11 *72*
Rechtsprechungsänderung, Ankündigung, vertrauenszerstörende 20 288 *62f., 72*
Rechtsreferendare, Arbeitnehmerfreizügigkeit 20 45 *137*
Rechtsschutzgarantie, 10 6 *19,* Antirassismusrichtlinie 510 7 *1,* 8 *2,* 15 *1,* Beweislast 520 10 *1f.,* Fristen, einzelstaatliche 600 17 *4,* Gleichbehandlungsgrundsatz 520 9 *1ff.;* 600 17 *2,* Gleichbehandlungsrichtlinie 600 24 *2, 25 2,* Massenentlassungsrichtlinie 490 6 *1,* Privatleben, Schutz 40 8 *18,* Viktimisierungsverbot 520 11 *1;* 600 24 *2*
Rechtssicherheit, 10 6 *19*
Rechtsvorschriften, Aufhebung 520 16 *3*
Rechtswahl, Änderung 240 8 *13,* Arbeitsbedingungen, allgemeine 240 8 *9, 11,* Arbeitskampfmaßnahmen 230 9 *11,* Arbeitsverhältnisstatut 240 1 *11f.,* 8 *2, 4ff., 9,* Aufhebung 240 8 *13,* ausdrückliche 240 8 *4,* Bezugnahmeklausel 240 8 *9,* Eingriffsnormen 240 8 *31,* Formfreiheit 240 8 *4,* Günstigkeitsvergleich 240 8 *15, 18ff.,* 9 *2,* hypothetische 240 8 *8,* Recht, nichtstaatli-

ches 240 8 *15,* Recht, supranationales 240 8 *15,* Rechte, wählbare 240 8 *14f.,* Rom I-VO 240 1 *36,* Rom II-VO 230 9 *11,* 14 *1f.,* stillschweigende 240 8 *5ff.,* Teilrechtswahl 240 8 *16,* Wirksamkeit 240 8 *10,* Wirkungen 240 8 *17ff.,* Zeitpunkt 240 8 *13*
Rechtswahlverbot, Jugendarbeitsschutzrecht 450 2 *5*
Regelaltersgrenze, *s. Altersgrenzen, allgemeine*
Regelungsabreden, Betriebsübergang 530 3 *46,* Recht, anwendbares 240 1 *34*
Regiebetriebe, Massenentlassung 490 1 *5*
Rehabilitation, Arbeitnehmereigenschaft 20 45 *22,* Recht auf Arbeit 50 1 *18*
Reinigungstätigkeit, Betriebsübergang 530 1 *22, 80, 85, 93,* 6 *6,* Ruhezeiten 580 17 *19*
Religion, Anforderungen, berufliche 520 4 *3, 15ff.,* Begriff 40 9 *9;* 520 1 *17f.,* Bekenntnis, religiöses 520 1 *21,* Beschränkung religiöser Bekundungen 520 4 *13,* Diskriminierung, positive 520 7 *9,* Diskriminierungsverbot 30 21 *5, 13, 18, 20f., 25, 34, 37, 51, 68ff.;* 40 9 *25;* 510 19 *1;* 520 1 *4, 15ff.,* Drogenkonsum 520 1 *18,* Haben einer Religion 520 1 *21,* Piercings 520 1 *18,* Überzeugung, subjektive 520 1 *17*
Religionsfreiheit, 10 6 *19;* 30 21 *20, 68;* 40 9 *1ff.,* Abwehrrecht 40 9 *2,* Arbeitsbefreiung an Feiertagen 520 1 *22,* Beeinträchtigung, sonstige 40 9 *28,* Bekleidungsvorschriften 520 1 *23,* Drittwirkung, horizontale 520 1 *15,* Eingriff 40 9 *26,* forum externum 40 9 *10,* forum internum 40 9 *10,* Gebetspausen 520 1 *22,* Gewährleistungspflichten 40 9 *23ff.,* individuelle 40 9 *9f.,* kollektive 40 9 *16, 24,* Laizismus 40 9 *1, 30,* negative 30 21 *68;* 40 9 *14f., 27,* Neutralität, staatliche 40 9 *5, 26, 30f.,* positive 40 9 *9, 14, 26,* Rechtfertigung 40 9 *29f.,* Rechtsanwendung 40 9 *28,* Schrankenvorbehalt 40 9 *29,* Schutzbereich, persönlicher 40 9 *4,* Schutzbereich, sachlicher 40 9 *9ff.,* Symbole, religiöse 40 9 *26ff.;* 520 1 *21*
Religionsgemeinschaften, Achtung 30 21 *21f.,* Arbeitnehmerfreizügigkeit 20 45 *24,* Arbeitsverhältnisse 40 9 *18ff.,* Arbeitszeitrecht 30 31 *24f.,* Autonomie 40 9 *17ff.,* Begriff 40 9 *5,* Gründung 40 9 *16,* Koalitionsfreiheit, kollektive 40 11 *44f.,* Loyalitätsanforderungen 520 4 *19f.,* Loyalitätspflichten 40 8 *3, 18, 20, 28,* Organisation 40 9 *16,* Religionsfreiheit 40 9 *4,* Selbstbestimmungsrecht 550 3 *14,* Selbstverwaltung 40 9 *16,* Streikrecht 40 11 *3,* Verhaltensanforderungen 520 4 *19f.*
Renault-Richtlinie, 550 1 *1*
Rentenalter, flexibles, Geschlechtsdiskriminierung 400 19 *1*
Rentenanwartschaften, Mutterschutzrichtlinie 440 11 *15,* ruhende 480 4 *1*
Rentennähe, Entlassungsabfindung 520 6 *38,* Sozialauswahl 520 6 *54,* Sozialplanabfindung 520 6 *37, 40*

magere Zahlen = Artikel; kursive Zahlen = Randnummern   **Sachverzeichnis**

Rentenrichtlinie, s. *Zusatzrenten-Gleichstellungsrichtlinie*
Rentenversicherung, Koordinierung 480 1 *1*
Restaurant-Pachtvertrag, Betriebsübergangsrichtlinie 530 1 *38*
Rettungsassistenten, Arbeitsschutz 410 *33*
Rettungsdienst, Arbeitszeitrecht 580 1 *35*
Rettungssanitäter, Arbeitszeitrecht 580 20 *1*
Richter, Arbeitnehmereigenschaft 20 45 *11*, Arbeitnehmerfreizügigkeit 20 45 *11*, Meinungsäußerungsfreiheit 40 10 *4, 25*, Nichternennung 40 10 *20*, Vereinigungsfreiheit 50 5 *4*
Richtlinie zum Übergang von Unternehmen, Betrieben oder Unternehmens- und Betriebsteilen, s. *Betriebsübergangsrichtlinie*
Richtlinien, 10 6 *30*, Anwendbarkeit, fehlende unmittelbare 20 288 *22 ff.*, Anwendung, horizontale unmittelbare 20 288 *25*; 520 16 *3 f.*, 21 *1*, Anwendung, negative unmittelbare 20 288 *25*; 520 16 *4*, Anwendung, unmittelbare 20 288 *23, 26 ff.*, Anwendung, vertikale unmittelbare 520 16 *3*, Arbeitsrecht 20 288 *9, 16*, Arbeitsverhältnis 20 288 *36*, Auslegung, grundrechtskonforme 10 6 *31, 36*, Auslegung, richtlinienkonforme, s. *dort*, Bestimmtheit, hinreichende 20 288 *34 f.*, Drittwirkung, unmittelbare 10 6 *41*, Eignungstest 550 1 *5*, 12 *1*, Frustrationsverbot 520 1 *48*, Horizontalverhältnis 20 288 *24 f.*, Inkrafttreten 20 288 *20 f.*, Mindestharmonisierung 20 288 *19, 31*, Mindestregelungen 30 51 *19*, Öffnungsklauseln 30 51 *19*, Rechtsmissbrauch 20 288 *28*, Regel-Vorrang 20 288 *16*, Unbedingtheit, inhaltliche 20 288 *34*, Unionsrecht, Anwendungsvorrang 10 6 *39*; 520 16 *3*, Verbindlichkeit 20 288 *1, 17, 22*, Veröffentlichung 20 288 *20*, Vertikalverhältnis Bürger-Staat 20 288 *23, 26 ff.*, Vertrauensschutz 20 288 *55*, Vollharmonisierung 20 288 *19, 32*, Vorabentscheidungsverfahren 20 267 *8*, Vorwirkung 20 288 *61*; 30 21 *44*; 520 1 *48*, Zitiergebot 20 288 *84*
Richtlinienumsetzung, 20 153 *66*, 288 *18*; 410 *16*, Arbeitnehmerbeteiligung 550 11 *1 ff.*, Arbeitsrecht 30 51 *19*, Diskriminierungsverbot 520 18 *3*, Ermessensspielräume 30 51 *18*, Frustrationsverbot 10 6 *36, 39*; 20 288 *21, 60 f.*; 30 21 *120*; 520 1 *48*, Grundrechtsbindung 30 51 *17 f.*, Kohärenz der innerstaatlichen Rechtsordnung 20 288 *18*, Normenkontrolle, konkrete 20 267 *32*, Ordnungsmäßigkeit 20 288 *42*, Rechtsbegriffe, unbestimmte 30 51 *18*, Rechtssicherheit 560 22 *1*, sozialer Dialog 470 2 *3*, sozialpartnerschaftliche 470 2 *3*; 520 18 *2*; 550 11 *1*, durch Tarifverträge 430 9 *1*, überschießende 20 267 *23*, 288 *69 f.*, Umsetzungsbefehl 20 288 *21*, Umsetzungsdefizit 20 288 *30 ff., 91*, Umsetzungsfrist 10 6 *36, 39*; 20 288 *20 f.*, Umsetzungsfrist, Ablauf 20 288 *20, 29, 56, 59*, Umsetzungsgebot 560 22 *1*, Umsetzungswille 20 288 *48*, Unionsrecht, Anwendungsvorrang 10 6 *39*, Vertragsverletzungsverfahren 20 288 *26*, Wahlmöglichkeiten 30 51 *18*
Richtlinienverstoß, Auslegung, richtlinienkonforme 10 6 *45*, Fristsetzung 20 288 *91*, Mahnschreiben 20 288 *91*, Richtlinienwirkung, unmittelbare 20 288 *30 ff.*, Schaden, kausaler 20 288 *88*, Schadensersatz 10 6 *45*, Staatshaftung 20 288 *20, 88 ff.*, Stellungnahme 20 288 *91*, Verschulden 20 288 *89*, Vertragsverletzungsverfahren 10 6 *45*; 20 288 *20, 91 f.*, Zwangsgeld 20 288 *93*
Riesterrente, 250 7 *31*
Rom I-VO, Anwendungsbereich, räumlicher 240 1 *16, 22*, Anwendungsbereich, sachlicher 240 1 *21*, Anwendungsbereich, zeitlicher 240 1 *16, 28 1*, Arbeitnehmereigenschaft 240 1 *24 f.*, Arbeitnehmerschutz 240 18 *1*, Arbeitsort, gewöhnlicher 220 21 *12*; 460 1 *10*, Arbeitsverhältnis, Qualifikation 240 1 *14, 32*, Arbeitsverhältnisstatut 240 1 *1, 5, 10, 16, 18*, 8 *1, 2 ff.*, Arbeitsvertragsstatut 460 1 *6, 8 ff.*, Auslegung 240 1 *17 ff.*, Ausweichklausel 220 21 *12 f.*, Betriebsübergang 530 1 *109 f.*, Binnenmarktsachverhalt 240 8 *26 ff.*, Eingriffsnormen 240 1 *16*, 8 *1*, 9 *3 ff.*; 460 1 *11, 14, 71 f.*, 3 *42*, Entsendung 460 1 *14*; 480 6 *2*, Europäische Insolvenzverordnung, Abgrenzung 210 1 *21*, Forderungsübergang, gesetzlicher 240 8 *1*, 15 *1*, Form 240 8 *1, 11 1 ff.*, Geschäftsfähigkeit 240 8 *1, 13 1 f.*, Gesellschaftsorgane 240 1 *14*, Günstigkeitsvergleich 240 9 *2*, Handlungsfähigkeit 240 13 *1 f.*, Individualarbeitsvertrag 240 1 *17, 23, 29*, Inlandssachverhalt 240 8 *25*, Kollektivvertrag 240 1 *7*, Kündigungsschutz 240 8 *1*, Mitgliedstaaten 240 24 *1*, ordre public-Vorbehalt 240 1 *16*, 8 *1*, 21 *1 f.*, Ortsrecht 240 11 *1*, Personalstatut 240 13 *1 f.*, Rechtsfähigkeit 240 8 *1*, 13 *1 f.*, Rechtsformzwang, qualifikationsrechtlicher 240 1 *33*, 8 *53*, Rechtswahl 240 1 *36*, 9 *2*, Regelanknüpfung 240 9 *2*, Rückverweisung 240 1 *16*, 20 *1*, Sachnormverweisung 240 1 *15*, 8 *46*, 20 *1*, Sachverhalte, grenzüberschreitende 240 1 *36*, Schuldverhältnisse, vertragliche 240 1 *10, 23, 28*, Schwerbehinderte, Beschäftigung 240 8 *1*, Sonderanknüpfung 240 8 *1*, Sozialrecht 240 8 *1*, Tarifvertrag 230 9 *15*, Unionsrecht 240 23 *1*, Vorabentscheidungsverfahren 240 1 *20*, Weiterverweisung 240 1 *16*, 20 *1*
Rom II-VO, Anknüpfung, vertragsakzessorische 230 4 *2*, 12 *1*, Anwendungsbereich, räumlicher 230 1 *2*, Anwendungsbereich, sachlicher 230 1 *2*, Anwendungsbereich, zeitlicher 230 1 *2*, Arbeitskampfmaßnahmen 230 1 *1*, 9 *1 ff.*; 240 1 *6*, Arbeitsrecht 230 1 *1*, Aufenthalt, gemeinsamer 230 9 *11*, Ausweichklausel 230 9 *11*, Distanzdelikte 230 9 *12*, Drittstaatenrecht 230 1 *2*, Eingriffsnormen 230 16 *1*, Haftung, deliktische 230 4 *2*, Haftungsprivileg 230 4 *2*, ordre public 230 26 *1*, Rechtswahl 230 9 *11*, 14 *1 f.*,

2089

Sachverzeichnis

fette Zahlen = Kennziffer

Regelanknüpfung 230 4 *1*, 16 *1*, unerlaubte Handlung 230 9 *7ff.*
Rotlichtmilieu, Beschäftigung, geringfügige **40** 4 *2*
Rufbereitschaft, 580 2 *6f.*, Mindestruhezeit, elfstündige **580** 3 *6*
Ruhegeldanwartschaft, Verfallbarkeit **20** 45 *69*
Ruhepausen, 410 *9;* **580** 1 *1*, 3 *2*, 4 *1ff.*, 17 *3*, *6*, 18 *1, s. auch Pausen,* Arbeitnehmer, mobile **580** 20 *1,* Arbeitszeitunterbrechung **580** 2 *11,* 4 *2,* Aufteilung **580** 4 *3,* Dauer **580** 4 *3,* Kurzpausen **580** 4 *3,* Rechtsnatur **580** 4 *2,* Schichtbetriebe **580** 4 *3,* Verkehrsbetriebe **580** 4 *3*
Ruhestand, Geschlechtsdiskriminierungsverbot **600** 6 *3,* Vereinigungsfreiheit **50** 5 *4*
Ruhetage, 450 10 *3*
Ruhezeit, 30 31 *4f.; 18;* **50** 2 *1;* **410** *9;* **580** 1 *1, 16,* 24-Stunden-Zeitraum **580** 2 *11,* 3 *1,* 4, *5 1, 3,* 16 *1,* Arbeitgeber, verschiedene **580** 3 *3,* Arbeitnehmer, mobile **580** 20 *1,* Arbeitsschutz **580** 2 *11,* Ausgleichsruhezeiten **580** 1 *15,* 3 *2, 4,* 16 *1,* 17 *8f., 11f.,* 18 *8,* 22 *5,* ausreichende **580** 2 *21,* Ausschließlichkeitsverhältnis **580** 2 *4,* Begriff **580** 2 *1,* 3*f., 11,* Bezugszeitraum **580** 16 *1ff.,* 17 *3, 16,* Drittschutz **580** 2 *21,* Elf-Stunden-Zeitraum **580** 3 *4,* 4 *2,* 5 *1f.,* 16 *1,* Erholung **580** 2 *11,* Jahresruhezeit **450** 11 *1f.,* Jugendarbeitsschutzrichtlinie **450** 3 *6,* 8 *5,* 10 *1ff.,* 13 *2;* **580** 14 *3,* Kollektivverhandlungen **50** 6 *15,* Mindestruhephase **580** 5 *1f.,* Mindestruhezeit **580** 2 *11,* 3 *1ff.,* 16 *1, 6,* Prävention **580** 22 *5,* Selbstschutz **580** 2 *21,* Siebentageszeitraum **580** 2 *11,* 5 *1,* tägliche **30** 31 *14;* **580** 1 *25,* 2 *11, 21,* 3 *1f., 4f.,* 17 *3, 6,* 18 *1,* Tarifverträge **580** 18 *1,* Unterbrechungen **450** 10 *5,* Unterbrechungen, kurzfristige **450** 10 *2,* Verschiebung **50** 2 *8,* Vorbeugung **580** 2 *11,* wöchentliche **30** 31 *14;* **50** 2 *8;* **450** 10 *3f.;* **580** 1 *25,* 2 *11, 21,* 5 *1,* 16 *1ff.,* 17 *3, 6, 16,* 18 *1,* Zeiteinheiten **580** 2 *11, 21,* zusammenhängende **580** 22 *5*
Ruhezeitausgleich, Abweichungsbefugnis **580** 18 *8,* Ausgleichsruhezeiten, *s. Ruhezeit,* Ereignisse, außergewöhnliche **580** 17 *14,* Ferieneinrichtungen **580** 17 *13,* Freizeiteinrichtungen **580** 17 *13*
Rundfunkfreiheit, 40 10 *1,* Schutzbereich **40** 10 *11*

Sachgrundbefristung, Befristungsschutz **500** Anh. § 5 *15ff.,* Höchstdauer **500** Anh. § 5 *23*
Sachverständige, Altersgrenze **520** 6 *32,* Gewerkschaftsvertreter **630** 5 *24,* Verschwiegenheitspflicht **540** 8 *3*
Sachverständigenhinzuziehung, Arbeitnehmervertretungen **550** 4 *18,* Auswahl des Sachverständigen **630** 5 *24,* Erforderlichkeitsprüfung **630** 5 *23,* Europäischer Betriebsrat **630** Anh. I *11,* Konsultationsverfahren **490** 2 *28,* Kostentragung **630** 5 *26,* SE **540** Anh. *10f.,*

Verhandlungsgremium, besonderes **540** 3 *23,* 8 *3;* **630** 5 *23ff.*
Sachzusammenhang, Gerichtsstand **220** 8 *1*
Saisonarbeitnehmer, Arbeitszeitrecht **580** 1 *39,* Arbeitszeitrichtlinie **580** 1 *39*
Saisonbetriebe, Massenentlassungsschutz **490** 1 *1, 10ff.*
Sanierungsverfahren, Insolvenzgeldrichtlinie **610** 2 *2, 8*
Sanitätsorganisationen, Betriebsübergangsrichtlinie **530** 1 *22*
SCE, Änderungen, strukturelle **570** 4 *2,* Arbeitnehmerbeteiligung **550** 1 *3;* **570** 1 *, 9 1, 15 1;* **630** 1 *2,* Auffangregelung, gesetzliche **540** 7 *1,* Definitionen **570** 2 *1,* Generalversammlung **570** 9 *1,* Gründer **570** 1 *2,* Mitbestimmung **540** 1 *1,* Mitbestimmung kraft Gesetzes **570** Anh. *2,* Prüfbericht der Kommission **570** 17 *1,* Richtlinienumsetzung **570** 16 *1,* Sektionsversammlung **570** 9 *1,* Sektorversammlung **570** 9 *1,* Tendenzschutz **570** 10 *1*
SCE-Beteiligungsgesetz, 570 2 *2,* 3 *2,* 7 *3,* Beschlussverfahren, arbeitsgerichtliches **570** 14 *1,* Zuständigkeit, gerichtliche **570** 14 *1*
SCE-Gründung, Anhörung der Arbeitnehmer **570** 11 *1,* Arbeitnehmerbeteiligung **570** 1 *2,* Arbeitnehmergesamtzahl **570** 3 *1, 4,* Arbeitnehmervertreter, Schutzniveau **570** 12 *1,* auf andere Weise **570** 3 *1,* 7 *2f.,* Auffangregelung **570** 7 *1, 3,* Anh. *1f.,* beteiligte juristische Person **570** 2 *1f.,* Betriebe, betroffene **570** 3 *3,* Definitionen **570** 2 *1,* Geheimhaltungsvorbehalt **570** 10 *1,* Mehrheit, doppelte **570** 3 *1,* Mehrstaatlichkeit **570** 1 *2,* natürliche Personen **570** 1 *2,* 7 *2,* 8 *1,* Schwellenwert **570** 8 *1,* sekundäre **570** 1 *2,* Tochtergesellschaften, betroffene **570** 3 *3f.,* 7 *3,* Umwandlung **570** 1 *2,* 7 *2,* Unterrichtung der Arbeitnehmer **570** 11 *1,* Verfahrensmissbrauch **570** 13 *1,* Verhandlungsgremium, besonderes **570** 3 *1, 3, s. auch dort,* Verschmelzung **570** 1 *2,* 7 *2f.,* Verschwiegenheitspflicht **570** 10 *1,* Vertretungsorgan **570** 11 *1,* Wahlgremium **570** 3 *3*
SCE-Verordnung, 570 1 *1*
Schadensersatz, Diskriminierungen **520** 16 *2,* 17 *2ff.,* Generalprävention **520** 17 *3,* Geschlechtsdiskriminierung **600** 18 *1ff.,* Höchstgrenze **600** 18 *3,* Spezialprävention **520** 17 *3,* Verschulden **520** 17 *5*
Schauspielrollen, Geschlechtsdiskriminierung **600** 14 *8*
Scheinehe, Arbeitnehmerfreizügigkeit **20** 45 *26, 122*
Scheinfirma, Dienstleistungsfreiheit **460** 1 *43*
Scheinselbständige, Arbeitnehmerbegriff **30** 28 *89;* **520** 3 *7,* Arbeitsverhältnis **530** 2 *11,* Rom I-VO **240** 1 *24*
Schichtarbeit, 410 *9;* **580** 1 *1,* 2 *17,* 8 *1,* Arbeitsrhythmus **580** 13 *2,* Arbeitszeit **580** 12 *2,* Diskriminierungsverbot **580** 12 *1f.,* Gesund-

magere Zahlen = Artikel; kursive Zahlen = Randnummern **Sachverzeichnis**

heitsschutz 580 *12 1*, Sicherheitsschutz 580 12 *1*
Schichtarbeiter, 580 *2 17, 8 1*
Schichtbetrieb, Kurzpausen 580 *4 3*
Schichtgruppenwechsel, Ruhezeiten 580 *17 19*
Schichtzulagen, Arbeitsentgelt 520 *3 26*
Schiedsgericht, Vorlageberechtigung 20 *267 19*
Schienenverkehr, Arbeitnehmerfreizügigkeit 20 *45 137*
Schlichtung, Arbeitsstreitigkeiten 50 *6 22f.,* Förderpflicht 50 *6 24f., 25,* Zwangsschlichtung 50 *6 23*
Schlichtungsausschuss für Ausbildungsstreitigkeiten, Vorlageberechtigung 20 *267 19*
Schlichtungsstellen, tarifliche, Vorlageberechtigung 20 *267 19*
Schulbesuch, 250 *10 1ff;*
Schulen, Betriebsübergang 530 *1 22,* Geschlechtsdiskriminierung 600 *14 8*, Tendenzschutz 550 *3 16*
Schüler, Arbeitnehmereigenschaft 20 *45 20f., 23,* Arbeitnehmerfreizügigkeit 20 *45 20f.;* 250 *10 3*
Schulungsveranstaltungen, Arbeitsentgelt 520 *3 26,* Entgeltgleichheit 20 *157 19*
Schutzausrüstung, persönliche, Arbeitsschutz 410 *101,* Begriff 410 *135,* Benutzung, ordnungsgemäße 410 *86,* Bewertung 410 *136,* Einzelrichtlinien 410 *93f., 134,* Inverkehrbringen 410 *136,* Lagerung 410 *86,* Produktsicherheitsrecht 410 *134,* Verordnungsvorschlag 410 *16*
Schutzpflichten, Arbeitsbedingungen 30 *31 19,* Diskriminierungsverbote 30 *21 119,* Entlassungsschutz 30 *30 15, 17,* Grundrechte 30 *51 41, 46, 48ff.,* Grundrechte, soziale 30 *27 8,* Leistungsrechte 30 *51 41, 46, 48*
Schutzschirmverfahren, Zahlungsunfähigkeit des Arbeitgebers 610 *2 2*
Schutzvorrichtungen, Umgang, ordnungsgemäßer 410 *86*
Schwangerschaft, Arbeitnehmereigenschaft 20 *45 15,* Arbeitnehmerfreizügigkeit 20 *45 15,* Befristung 500 Anh. § 5 *20,* Begriff 440 *2 6;* 600 *36, 39,* Berufsausübung 40 *2 4,* Beschäftigungsverbot 600 *2 12, 45,* Brechreiz 440 *4 5,* Diskriminierung, mittelbare 600 *2 12,* Diskriminierung, unmittelbare 440 *1 3;* 520 *2 33;* 600 *4, 37,* Diskriminierungsschutz 600 *28 1ff.,* Diskriminierungsverbot 30 *21 12, 56, 23 10;* 600 *1 14, 2 2, 36f., 39, 44ff.;* 650 *1 7,* Elternurlaub 640 Anh. § 3 *10,* erneute 600 *2 46,* Ersatzkraftproblematik 600 *2 45,* Fehlzeiten 600 *2 39,* Fragerecht 520 *3 15;* 600 *2 47,* Informationspflichten 440 *2 13,* Krankheit 600 *2 39,* Kündigung in Unkenntnis der Schwangerschaft 600 *2 18,* Kündigung wegen 600 *24 3,* Kündigungsentscheidung 600 *2 46,* Kündigungsschutz 50 *8 6ff.;* 440 *10 1ff.,* Leiharbeit

620 *5 9,* Mitteilungspflicht 600 *2 46f.,* Mutterschutzrichtlinie 440 *1 2, 2 2, 6f.,* Nichterneuerung befristeter Verträge 600 *2 47,* Schutzbedürftigkeit von Arbeitnehmerinnen 50 *8 1ff.,* Tätigkeitsverbot 440 *6 2,* Ungleichbehandlung wegen des Geschlechts, unmittelbare 20 *157 40f.,* In-vitro-Fertilisation 600 *2 40*
Schwarzarbeit, Entsendung 20 *56 14*
Schweden, Entsendung 460 *3 9, 11,* Friedenspflicht 30 *28 77,* Sozialrecht, koordinierendes 20 *48 65,* Tendenzschutz 550 *3 17*
Schweigepflicht, Meinungsäußerungsfreiheit 40 *10 27ff.*
Schweigepflicht, ärztliche, Gesundheitsuntersuchung 580 *9 1,* Untersuchung, arbeitsmedizinische 580 *9 4*
Schweiz, Sozialrecht, koordinierendes 20 *48 16*
Schwerbehinderte, Diskriminierung, mittelbare 520 *2 58,* Diskriminierung, positive 520 *7 11ff.,* Förderpflichten 520 *5 7f., 14,* Frage des Arbeitgebers 520 *3 15,* Hilfsmittelbedarf 520 *3 15,* Kündigungsschutz 520 *6 49,* Kündigungsschutz, besonderer 30 *30 25;* 240 *9 54,* Vorstellungsgespräch 520 *7 13,* Zugangsdiskriminierung 520 *3 14f.*
Schwerbehindertenschutz, Wanderarbeitnehmer 250 *1 5, 7 9*
Scientology, Religionsbegriff 520 *1 19,* Weltanschauungsbegriff 520 *1 26*
SE, Änderungen, strukturelle 540 *3 52, 4 10,* Anh. 4; 570 *4 2,* Arbeitnehmerbegriff 540 *2 3,* Arbeitnehmerbeteiligung 540 *13 1ff.;* 550 *1 3;* 630 *2,* arbeitnehmerlose 540 *1 7ff.,* Arbeitnehmervertreter im Aufsichts-/Verwaltungsorgan 540 *10 3f.,* Anh. *20ff.,* Arbeitnehmervertreter, Schutzniveau 540 *10 1ff.,* Arbeitnehmervertretungsstrukturen, Fortbestand 540 *13 1, 3f.,* Ausschuss, engerer 540 Anh. *5, 10,* Begriff 540 *2 4,* Bericht zur Richtlinie 540 *15 1,* Betriebsbegriff 540 *2 3, 12,* Betriebsrat 540 *13 5,* Eintragung 540 *3 2, 38, 44, 4 4, 5 1, 7 7,* Frauenquote 540 *14 5f.,* Hauptversammlung 540 *4 18,* Anh. *23,* Holding-SE 540 *1 4, 2 5, 7, 3 34, 7 14,* Anh. *18,* Interessenvertretungen, betriebliche 540 *13 5,* Legaldefinitionen 540 *2 1ff.,* Leitung 540 *2 3,* Mitbestimmung 540 *1 1f., 14 1,* Mitbestimmungsrechte 540 *12 1ff.,* Sachverständigenhinzuziehung 540 Anh. *10f.,* Tendenzschutz 540 *8 11ff.,* Tochter-SE 540 *1 4f., 2 5, 7, 3 34, 7 14f.,* Anh. *18,* Verfahrensmissbrauch 540 *11 1f.,* Verschmelzung, grenzüberschreitende 590 *1 7ff.,* Vertretungsorgan 540 Anh. *5, 10,* Vertretungsorgan, Kostentragung 540 Anh. *11,* Vorrats-SE 540 *1 10ff.*
SE-Beteiligungsgesetz, 540 *2 3ff.,* Anhörung 540 *2 22,* Anh. *1,* Arbeit und Soziales, Zuständigkeit für 540 Anh. *28f.,* Arbeitnehmervertreter, Schutzniveau 540 *10 2f.,* Auffangregelung, gesetzliche 540 *7 4f.,* Benachteiligungsverbot

Sachverzeichnis

fette Zahlen = Kennziffer

540 10 *4,* Beschlussverfahren, arbeitsgerichtliches **540** 8 *16,* 12 *2,* Beteiligungsvereinbarung **540** 4 *2 ff.,* Errichtungsschutz **540** 12 *3,* Informationspflichten **540** 3 *5,* 12 *3,* Informationsverweigerungsrecht **540** 8 *9 f.,* Leitungsorgan **540** Anh. *27 f.,* Mitbestimmung kraft Gesetzes **540** 7 *4,* Anh. *2,* Mitbestimmungsrechte **540** 3 *34,* 13 *4,* Anh. *13 ff.,* Montan-Mitbestimmung **540** Anh. *30 f.,* Ordnungswidrigkeiten **540** 12 *2 f.,* Richtlinienumsetzung **540** 14 *1 ff.,* 17 *1,* SE-Betriebsrat kraft Gesetzes **540** 7 *4,* Anh. *2,* Sitzverteilung **540** Anh. *20 f.,* Straftaten **540** 12 *2 f.,* Tätigkeitsschutz **540** 12 *3,* Tendenzschutz **540** 8 *13 ff.,* Unterrichtung **540** Anh. *1,* Verfahrensmissbrauch **540** 11 *2,* Verhandlungsgremium, besonderes **540** 2 *17,* 3 *1, 10, 16 f., 41 f.,* Verhandlungsmaxime **540** 4 *2,* Verschmelzung, SE-Gründung durch **540** 7 *13,* Verschwiegenheitspflicht **540** 8 *7,* Verwaltungsorgan **540** Anh. *27,* Vorschlagsrechte **540** 3 *10,* Zuständigkeiten, gerichtliche **540** 12 *2*
SE-Betriebsrat, 540 2 *15,* 3 *39,* 4 *12,* 7 *4,* Anhörung **540** 9 *1,* einstweilige Verfügung **540** 12 *2,* Unterrichtung **540** 9 *1,* Unterrichtungsrechte **540** 12 *3,* Verschwiegenheitspflicht **540** 8 *2*
SE-Gründung, Anhörung **540** 2 *21 f.,* 4 *8, 11 ff.,* 9 *1,* Arbeitnehmerbegriff **540** 2 *24,* Arbeitnehmerbeteiligung **540** 1 *3 ff.,* Arbeitnehmerquorum **540** 1 *2,* 3 *33 ff., 46,* Arbeitnehmerschaft, mehrstaatliche **540** 1 *9,* Arbeitnehmervertreter **540** 2 *13 f.,* Auffangregelung, gesetzliche **540** Anh.17 *1,* Beteiligung der Arbeitnehmer **540** 2 *18,* Beteiligungsfreiheit **540** 1 *5, 7, 10,* Beteiligungsvereinbarung, *s. dort,* Beteiligungsverfahren, Nachholung **540** 1 *8,* Betriebe, betroffene **540** 2 *12,* 3 *14,* Betriebsübergang **540** 2 *5 ff.,* Geheimhaltungsvorbehalt **540** 8 *8 ff.,* Gesellschaften, beteiligte **540** 3 *13,* Gründungsgesellschaften, Mehrstaatlichkeit **540** 1 *3 f.,* Informationsverweigerungsrecht **540** 8 *8 ff.,* Kollisionsregel **540** 7 *16,* leitende Angestellte **540** 2 *24,* Mitbestimmung **540** 2 *16, 23,* 7 *16,* 12 *1 ff.,* Anh. *12 ff.,* Mitbestimmungsrechte, Minderung **540** 3 *30 ff.,* monistisches System, Wechsel in **540** 4 *20,* 14 *1,* Anh. *16 f., 19,* primäre **540** 1 *3,* 7 *15,* Rechtsbehelfe **540** 8 *1, 16,* sekundäre **540** 1 *5 f.,* 2 *5,* 7 *3,* 4, 7 *15,* Tochtergesellschaften **540** 2 *6, 8 f.,* 3 *34,* Anh. *18,* Tochtergesellschaften, betroffene **540** 2 *10 ff.,* 3 *14, 34,* Umwandlung **540** 1 *4,* 2 *5, 7, 3 30, 37,* 4 *20 ff.,* 7 *9 f.,* Anh. *12, 14 ff.,* Unterrichtung **540** 2 *19 f.,* 4 *8, 11 ff.,* 9 *1,* Verhandlungsgremium, besonderes **540** 1 *7 ff.,* 2 *17,* 3 *1 ff., s. auch dort,* Verhandlungsverfahren, *s. Verhandlungsverfahren (SE-Gründung),* Verschmelzung **540** 1 *3,* 2 *5,* 7 *3,* 9, *34,* 7 *11 ff.,* Anh. *18,* Verschmelzung, grenzüberschreitende **590** 1 *7,* Verschwiegenheitspflicht **540** 8 *1 ff., s. auch dort,* Vertretungsorgan **540** 2 *15 f.,* 4 *12,* 9 *1;* **630** 1 *2*
See-Unterkunftsverordnung, 410 *95, 183*

Seearbeitsgesetz, 410 *95, 183;* **580** 1 *41, 45,* Änderungsmitteilung **430** 5 *6,* Arbeitszeitrecht **580** 1 *45,* Auslandseinsatz **430** 4 *6,* Jahresurlaub **430** 2 *33,* Jugendarbeitsschutz **450** 1 *2,* 7 *4, 8 8,* Kündigungsfrist **430** 2 *35,* Unterrichtungspflicht **430** 3 *4, 4 6*
Seearbeitsrecht, Jugendliche, Beschäftigungsverbot **450** 1 *5 f.,* Reform **550** 3 *24 f.*
Seearbeitsrichtlinie, 580 1 *40, 45*
Seearbeitsübereinkommen, 530 1 *121;* **580** *41,* 7 *10*
Seearbeitsvertrag, Arbeitsverhältnisstatut **240** 8 *56*
Seeleute, Arbeitsverweigerung **50** 1 *8,* Arbeitszeitrecht **580** 1 *7, 16, 40 ff.,* 14 *1,* Begriff **580** 1 *42, 45,* Besatzungsmitglieder **580** 1 *45,* Europäische-Betriebsräte-Richtlinie **630** 1 *5,* Urlaubsanspruch **580** 7 *10*
Seeschiffe, Begriff **580** 1 *42*
Seeschifffahrt, Arbeitnehmerbeteiligung **550** 1 *5,* 3 *23 ff.,* 5 *6,* Arbeitskampf, grenzüberschreitender **230** 9 *1,* Betriebsübergangsrichtlinie **530** Vor 1 *21,* 1 *114, 116 ff.,* Ganzkörper-Vibrationen **410** *194,* Kündigungsschutz **490** 1 *9,* Landbetriebe **490** 1 *9,* Massenentlassungsrecht **490** 1 *8,* Richtlinienänderungsvorschlag **530** 1 *120 f.,* Sozialpartnervereinbarungen **20** 155 *11;* **450** 1 *5*
Sekundärinsolvenzverfahren, 210 1 *8,* Arbeitsverhältnis **210** 10 *1,* Eröffnung **210** 3 *5,* Zuständigkeit, internationale **210** 3 *1*
Sekundärrecht, Anwendungsvorrang **240** 21 *1,* Auslegung **10** 6 *32,* Auslegung, grundrechtskonforme **10** 6 *45,* Auslegung, primärrechtskonforme **10** 6 *31;* **20** 288 *4,* Geltungsanspruch, räumlicher **240** 1 *3 f., 9,* 8 *29,* Kollisionsrecht **240** 1 *4, 9,* Nichtigkeitsklage **20** 267 *16,* Rechtsakte **20** 288 *3,* Vorabentscheidungsverfahren **20** 267 *8, 15 f.*
Selbständige, 20 45 *12 f.,* Abgrenzung **20** 153 *5, 8;* **500** Anh. § 2 *13,* Altersversorgung, betriebliche **600** 1 *19,* 6 *2 f.,* 12 *1,* Arbeitnehmerbegriff **650** 1 *5,* Arbeitssicherheit **50** Präambel *6,* Baustellenrichtlinie **410** *158 f.,* Begriff **20** 153 *5,* Berufsausbildung **50** 1 *18,* Berufsfreiheit **30** 15 *6,* Dienstleistungsfreiheit **30** 15 *7,* Diskriminierung, positive **650** 5 *1 f.,* Diskriminierungsschutz **520** 1 *7;* **650** 4 *2,* Diskriminierungsverbot **250** 7 *14;* **600** 6 *3,* Erwerbstätigkeit, selbständige **20** 48 *12, 34,* Fördermaßnahmen **650** 5 *2,* Geschlechtergleichbehandlung **650** 1 *1 ff.,* Gleichbehandlungsrichtlinie **600** 1 *18, 20,* 8 *2 ff.,* 9 *1;* **650** 1 *1 ff.,* 2 *1 ff.,* Mutterschaftsleistungen **600** 2 *42;* **650** 8 *1,* Mutterschutz de lege ferenda **650** 16 *3,* Niederlassungsfreiheit **30** 15 *7,* Sozialrecht **20** 48 *3, 10, 34,* Systeme der sozialen Sicherheit, betriebliche **600** 8 *2 ff.,* 10 *1 f.,* 11 *1,* Vereinigungen **30** 28 *89,* Vereinigungsfreiheit **50** Präambel *6,* 5 *4,* Weiterbildung **50** 1 *18*

magere Zahlen = Artikel; kursive Zahlen = Randnummern **Sachverzeichnis**

Selbstbestimmung, informationelle, Privatsphäre, Schutz der 40 8 7
sex-plus discrimination, 520 2 *34f.*; 600 2 *4*
Sexuelle Ausrichtung, Ansichten, subjektive 520 1 *60*, Betriebsrentensysteme 520 1 *63*, Bisexualität 30 21 *81*; 520 1 *60*, Diskriminierungsverbot 30 21 *5, 18, 25, 51, 55, 57, 81f.*; 510 19 *1*; 520 1 *4, 59ff.*, Dritte 520 1 *61*, Heterosexualität 30 21 *81*; 520 1 *60*, Homosexualität 30 21 *81*; 520 1 *60, 62, 64*, Transsexualität 30 21 *81*; 520 1 *60*, Verhalten, sexuelles 30 21 *81*; 520 1 *60*, Zwischengeschlechtlichkeit 30 21 *81*
Sexuelle Belästigung, 30 21 *98*, 31 *3, 13*; 600 2 *1f.*, am Arbeitsplatz 20 155 *10, 12*; 600 2 *19*, Aufstieg, beruflicher 600 2 *19*, Begriff 600 2 *19, 21*, Bemerkungen 600 2 *22*, Berufsbildung 600 2 *19*, Beschäftigung, Zugang zur 600 2 *19*, Beweislast 600 2 *34*, Diskriminierung 600 2 *34*, Diskriminierung, Vorbeugung 600 26 *1*, Erheblichkeitsschwelle 600 2 *23*, Geschlechtsdiskriminierung, unmittelbare 600 2 *19*, Gleichbehandlungsrichtlinie 600 2 *19ff.*, Handlung, einzelne 600 2 *23*, Homosexualität 600 2 *20*, Kalender 600 2 *22*, Klaps auf den Po 600 2 *22*, Pornographie 600 2 *22*, Sozialpartnervereinbarungen 20 155 *10, 12*, Stalking 600 2 *22*, Umfeld, feindliches 520 2 *64*; 600 *19, 23*, Verhalten, sexuell bestimmtes 600 2 *22*, Verhalten, unerwünschtes 600 2 *21*, Würdeverletzung 600 2 *19, 23*
Sexuelle Identität, Diskriminierungsverbot 30 21 *57*; 510 19 *1*; 600 1 *15*
Sexuelle Orientierung, Diskriminierungsverbot 30 21 *34, 53*
Sicherheit, öffentliche, Arbeitnehmerfreizügigkeit 20 45 *105ff.*, Begriff 20 45 *112ff.*, Diskriminierung, Rechtfertigung 520 2 *10*, 4 *5*, Gründe, zwingende 20 45 *106f.*
Sicherheit, soziale, 20 45 *3*; 250 7 *18, s. auch Systeme der sozialen Sicherheit, betriebliche,* Alter, Ungleichbehandlung wegen 520 6 *6*, Anwendungsbereich, sachlicher 20 48 *18ff.*, Arbeitnehmerfreizügigkeit 20 48 *1*, Einstimmigkeitsprinzip 20 153 *3*, Gleichbehandlungsgebot 20 48 *26ff.*, Personenschäden 20 48 *21*, Schutzklausel 20 153 *64*, Unionskompetenz 20 153 *26*
Sicherheitsdienstleistungen, Betriebsübergang 530 1 *86*
Sicherheitseinrichtungen, Prüfung 410 *121*, Wartung 410 *121*
Sicherheitsingenieure, 410 *61*
Sicherheitskennzeichnung, Arbeitsschutz 410 *94, 164ff.*, Begriff 410 *165*, Einzelrichtlinie 410 *164ff.*
Sicherheitsmeister, 410 *61*
Sicherheitstechniker, 410 *61*
Sicherheitsüberprüfungsgesetz, Sachverhalte, grenzüberschreitende 240 9 *36*

Sicherheitsvorrichtungen, Prüfung 410 *121*, Wartung 410 *121*
Sitzblockade, Vereinigungsfreiheit 30 12 *26*
Six-Pack, Tarifautonomie 30 28 *90*
Sklavenhandel, 40 4 *3*
Sklaverei, Arbeitsrecht 40 4 *2*, Begriff 40 4 *3*, Gewährleistungspflicht 40 4 *14*, Kinderarbeit 30 32 *8*, Notstand 40 4 *1*, Verbot 30 15 *8*; 40 1 *45, 53*, 4 *1, 3*
Societas Europaea, *s. SE*
Soldaten, Arbeitnehmereigenschaft 20 45 *11*, Arbeitnehmerfreizügigkeit 20 45 *11*, Dienstpflicht 40 4 *9, 11, 13*, Meinungsäußerungsfreiheit 40 10 *4*, Sozialrecht, koordinierendes 20 48 *13*, Vereinigungsfreiheit 50 5 *4*
Soldatin, Berufsausübung, Beschränkung 50 1 *13*
Solidarität, Rechte, soziale 30 27 *4*
Solidaritätsstreik, 50 6 *36f.*, Gewährleistung 30 28 *44f.*, Kollektivmaßnahme 30 28 *44f.*
Solvabilität II, 560 1 *5*
Sonderzahlungen, Insolvenzgeldschutz 610 3 *11*
Sonderzuwendungen, Kürzung 550 4 *31*; 580 7 *19*
Sonntag, Ruhetag 20 153 *20*; 50 2 *8*
Sonntagsarbeit, 50 2 *8*; 410 *9*, Ersatzruhetag 580 5 *3*, 6 *3*, 16 *2*, Kompetenzgrundlage 580 1 *6*
Sonntagsruhe, 450 10 *4*; 580 5 *3*, 6 *3*
Sozialabgaben, Arbeitsentgelt 50 4 *4, 6*
Sozialauswahl, Alter 520 6 *50f.*, *53*, Arbeitnehmer, rentennahe 520 6 *54*, Diskriminierung, mittelbare 600 2 *11*, Teilzeitbeschäftigung 600 2 *11*
Sozialbetrug, Entsendung 20 56 *14*
Sozialdumping, Entsendung 20 56 *14*
Sozialer Dialog, 20 152 *1*, 154 *1f.*; 30 28 *32*, Antirassismusrichtlinie 510 11 *1*, Begriff 20 154 *2*, branchenübergreifender sozialer Dialog 20 155 *10, 12*, Datenbank zu Texten des sozialen Dialogs 20 155 *12*, Elternurlaub 640 1 *5*, Förderpflicht 20 154 *2*, förmlicher sozialer Dialog 20 152 *5*, 154 *2*, 155 *1ff.*, Gleichbehandlungsgrundsatz 600 21 *1f.*, Gleichbehandlungsrahmenrichtlinie 520 13 *1ff.*, informeller sozialer Dialog 20 152 *5*, 154 *2*, Neutralitätspflicht 20 154 *2*, Recht, subjektives 20 152 *5*, Richtlinienumsetzung 470 2 *3*, sektorieller sozialer Dialog 20 154 *5*, 155 *10f.*, Teilzeitarbeits-Richtlinie 470 1 *5*
Soziales Fortschrittsprotokoll, 20 153 *52*
Sozialgipfel für Wachstum und Beschäftigung, dreigliedriger, 20 152 *6f.*, Teilnehmer 20 152 *7*
Sozialhilfe, 250 7 *18*, Ausschluss 20 48 *21f.*, Mitnahme 20 48 *48*
Sozialleistungen, Mitnahme 20 48 *48*
Sozialpakt, *s. Internationaler Pakt über wirtschaftliche, soziale und kulturelle Rechte*

Sachverzeichnis

fette Zahlen = Kennziffer

Sozialpartner, Anhörung der Sozialpartner **20** 154 *7 ff.*, Autonomie **20** 152 *4 f.*, 154 *13*, Begriff **20** 154 *3 ff.*, Durchsetzungsfähigkeit **20** 154 *6*, Förderauftrag **20** 152 *2 f.*, Gegnerfreiheit **20** 154 *6*, Gegnerunabhängigkeit **20** 154 *6*, Gleichbehandlungsgrundsatz, Förderung **600** 20 *1*, Konkurrentenklage **20** 154 *14*, Mitgliederzahl **20** 154 *6*, Neutralitätsgebot **20** 152 *3*, Repräsentativität **20** 154 *4 f., 10, 12, 14, 16 f.*, Richtlinienumsetzung **20** 153 *68 f.*, Vereinbarungen, s. *Sozialpartnervereinbarungen*, Verzeichnis **20** 154 *5*

Sozialpartnervereinbarungen, 240 1 *35*, Arbeitskampfmaßnahmen **20** 155 *7*, Betriebsverfassungsrecht **550** 5 *5 ff.*, Beziehungen, vertragliche **20** 155 *4, 7 ff.*, branchenübergreifende Vereinbarungen **20** 155 *10*, Dispositionsbefugnis **550** 5 *2 ff.*, Ratsbeschluss **20** 155 *19 ff.*, Rechtsnatur **30** 28 *32*, Rechtsetzung, kooperative **20** 155 *16 ff.*, Regelungsbefugnis **20** 155 *8*, Schriftlichkeit **20** 155 *7*, sektorielle Vereinbarungen **20** 155 *10 f.*, sexuelle Belästigung am Arbeitsplatz **20** 155 *10*, Telearbeit **20** 155 *10*, Umsetzung **20** 155 *13 ff.*, Umsetzung, Ablehnung **20** 155 *23*, Vereinbarungen **20** 155 *4 ff.*

Sozialplan, Insolvenz **210** 1 *1*, Konsultationsverfahren **490** 2 *5, 25, 58*, Überbrückungsfunktion, zukunftsbezogene **520** 6 *36, 40*, Überbrückungsgeld **20** 157 *19*, Verhältnismäßigkeitsgrundsatz **30** 28 *74*

Sozialplanabfindung, Alter **520** 6 *36 ff.*, Betriebszugehörigkeit **520** 6 *36 ff.*, Rentenberechtigung **520** 6 *40*; **600** 4 *7*

Sozialpolitik, 20 151 *1 ff.*, 152 *1*, Abkommen über die Sozialpolitik **20** 151 *9 f., 12*, 153 *3*, 156 *2*, 157 *63*, Aktionsprogramm **20** 151 *7*, Anhörung der Sozialpartner **20** 154 *7 ff.*, Arbeitskräftepotential, Entwicklung **20** 151 *20, 26*, Arbeitsrecht **20** 156 *7*; **530** Vor 1 *2*, Arbeitszeitrecht **580** 1 *24*, Ausgrenzung, Bekämpfung **20** 151 *20, 26*, Auslegungshilfe **20** 151 *11*, Ausschuss für Sozialschutz **20** 151 *4*, Begriff **20** 151 *1*, Berichterstattung **20** 151 *4*, Berichtspflicht **20** 159 *1*, Berufskrankheiten, Verhütung **20** 156 *7*, Berufsunfälle, Verhütung **20** 156 *7*, Beschäftigungsförderung **20** 151 *20, 24*, 156 *1*, Beschäftigungsniveau, hohes **20** 151 *20, 26*, Betriebsübergang **530** Vor 1 *2*, Binnenmarkt, Wirken **20** 151 *30 f.*, Dialog, sozialer **20** 151 *4, 8, 26, 32*, Einheitliche Europäische Akte **20** 151 *8*, Erklärung Nr. 31 **20** 156 *3*, Fördermaßnahmen **20** 156 *1, 4*, Geltungsbereich, persönlicher **20** 153 *5*, Gesetzgebungsverfahren, besonderes **20** 153 *3, 15, 26, 28, 31, 36, 65*, Gesetzgebungsverfahren, ordentliches **20** 153 *65*, Gesetzgebungsverfahren, Übernahme **20** 154 *15 ff.*, Gesetzgebungsverfahren, Übernahme (Frist) **20** 154 *19*, Gesetzgebungsverfahren, Übernahme (Sperrwirkung) **20** 154 *18, 20*, Gesundheitsschutz **20** 156 *7*, Koalitionsrecht **20** 156 *7*, Kompetenzgrundlage **20** 151 *3, 9, 11, 27 f.*, 156 *2, 3*; **490** Vor 1 *6*, Koordinierung **20** 156 *5*, Lebens- und Arbeitsbedingungen, Verbesserung **20** 151 *20, 25*, Maßnahmen zur Zielerreichung **20** 151 *27 ff., 32*, Mindestharmonisierung **20** 288 *19*, Mitteilung über die Anwendung des Protokolls über die Sozialpolitik **20** 154 *4*, offene Methode der Koordinierung **20** 153 *53*, Rechtsangleichung **20** 151 *33*, Rechtsetzungsbefugnis, ergänzende **20** 153 *75*, Rechtsetzungsmaßnahmen **20** 153 *54 ff.*, Richtlinien **20** 153 *54*, Richtlinienrecht **410** *16*, Richtlinienumsetzung **20** 153 *67 ff.*, Römische Verträge **20** 151 *5 ff.*, 156 *1*, Sachgebiete **20** 156 *7*, Schutz, angemessener sozialer **20** 151 *20, 26*, Schutzmaßnahmen, strengere **20** 153 *56 ff.*, Subsidiarität **20** 151 *28*, Unionsaktion **20** 154 *8*, Unionskompetenz **20** 153 *1 ff.*, Unionsregelung Sperrwirkung **20** 151 *2*, Verschlechterungsverbot **20** 153 *67*, Vertrag von Amsterdam **20** 151 *9, 27*, 156 *1 f.*, 157 *63*, Vertrag von Lissabon **20** 151 *10*, 156 *1, 3*, Vertrag von Maastricht **20** 151 *9*, Vertrag von Nizza **20** 151 *10*, Wettbewerbsfähigkeit der Wirtschaft **20** 151 *27, 29*, Zielbestimmung **20** 151 *3, 5, 11, 13, 19 ff.*, Zusammenarbeit der Mitgliedstaaten **20** 156 *2, 4 ff.*, Zusammenarbeit der Mitgliedstaaten, Förderung **20** 153 *53*, Zuständigkeit, geteilte **20** 151 *2*

Sozialraum, europäischer, 20 48 *58 f.*

Sozialrecht, Antikumulierungsgrundsatz **20** 48 *45*, Arbeitnehmerbegriff **20** 48 *33*, Ausstrahlung **20** 48 *35*, Beschäftigungsbegriff **20** 48 *12*, Beschäftigungslandprinzip **20** 48 *33 ff.*, Doppelversicherung **20** 48 *42*, Einstrahlung **20** 48 *35 f., 43*, Ermächtigungsgrundlage **20** 48 *4 ff.*, Freizügigkeit **250** 7 *12 ff.*, freizügigkeitsspezifisches Sozialrecht **20** 48 *1 ff.*, Gleichbehandlungsgebot **20** 45 *48*, 48 *44 f.*, Kollisionsrecht **20** 48 *29 ff.*, koordinierendes **20** 48 *4 ff.*, 151 *1*; **480** 1 *1*; **660** 5, Leistungsaushilfe **20** 48 *49 ff.*, Leistungsexportprinzip **20** 48 *47*, Mehrheitsprinzip **20** 48 *5*, Petroni-Prinzip **20** 48 *32*, Unionskompetenz **20** 153 *26*, Vergünstigungen, soziale **250** 7 *12 ff.*, Zusammenrechnungsprinzip **20** 48 *46, 50, 59 f., 62*

Sozialschutz, Allgemeines Gleichbehandlungsgesetz **650** 16 *1*, Antirassismusrichtlinie **510** 3 *4*

Sozialschutz, Ausschuss für, 20 160 *1 f.*

Sozialstaat, Grundrechte, soziale **30** 27 *2*

Sozialversicherungsleistungen, Entgeltgleichheit **20** 157 *19*

Sozialversicherungsrecht, Kollisionsrecht **240** 23 *1*

Sozialversicherungssysteme, betriebliche, Arbeitgeberbeiträge **20** 157 *19*, Arbeitnehmerbeiträge **20** 157 *19*, Entgeltgleichheit **20** 157 *6, 19, 22 ff.*

Sozialversicherungssysteme, gesetzliche, Entgeltgleichheit **20** 157 *7, 24 ff.*

magere Zahlen = Artikel; kursive Zahlen = Randnummern **Sachverzeichnis**

Sozialversicherungsträger, Arbeitnehmerbeteiligung 550 2 7, Daseinsvorsorge 550 2 7, Personalvertretung 550 2 7
Spanien, Unfallversicherung 20 48 *69*
Spannenvorgaben, Vergütungsfestsetzung 40 11 *66*
Sparkassen, Arbeitnehmerbeteiligung 550 2 7
Spätehenklauseln, Hinterbliebenenversorgung 520 6 *83f.*
Sportverbände, Grundfreiheitenkontrolle 20 151 *37*
Sportverein, Arbeitnehmerfreizügigkeit 20 45 *24*
Sprache, Diskriminierungsverbot 30 21 *5, 34, 37, 39, 51, 67*
Sprachkenntnisse, Anforderung, berufliche 510 4 *4*, 5 *3*, Aufforderung zum Erwerb von Sprachkenntnissen 510 2 *3*, Zugang zur Beschäftigung 250 3 *2*
Sprecherausschuss, Arbeitnehmervertretung 550 2 *20*, Gleichbehandlung 250 8 *4*, Massenentlassungsrichtlinie 490 1 *74ff.*
Sprecherausschussgesetz, Arbeitnehmerbeteiligung 550 1 *6*, Arbeitnehmerbeteiligung de lege ferenda 550 4 *39*
Sprechervereinbarung, Betriebsübergang 530 3 *46*
Springer, Arbeitsort 430 2 *18*, Betriebsübergang 530 1 *62*
Staat, Arbeitgeber 40 1 *3*, 9 *2*, 11 *4*, Minderheitsbeteiligung 40 1 *3*
Staatenlose, 520 3 *31*, Arbeitnehmerfreizügigkeit 20 45 *29*, Einreise 510 3 *5*, Grundrechtsträger 30 51 *36*, Sicherheit, soziale 20 48 *14*
Staatsangehörigkeit, 510 3 *5*, Abwehrrecht 30 21 *110*, Arbeitnehmerfreizügigkeit 20 45 *27ff., 126ff.*, Begriff 30 21 *107*, Diskriminierung, mittelbare 30 21 *111f.*, Diskriminierung, unmittelbare 30 21 *111*, Diskriminierungsverbot 30 21 *1, 9, 99ff., 110, 110ff.*; 520 1 *4*, Diskriminierungsverbot, Subsidiarität 30 21 *114f.*, Einstellungsvoraussetzung 20 45 *126*, Grundrechtsadressaten 30 21 *103*, Grundrechtsträger 30 21 *102*, Ungleichbehandlung, Rechtfertigung 30 21 *113*
Staatsdienst, Disziplinarverfahren 40 11 *49*, Koalitionsfreiheit, positive 40 11 *49*
Staatshaftung, Arbeitszeitrichtlinie 580 6 *4*, Garantiehaftung 20 288 *90*, Insolvenzgeldrichtlinie 610 16 *5*, Richtlinienverstoß 20 288 *20, 37, 88ff.*, Vorlagepflicht 20 267 *55*
Staatskirchenrecht, 30 21 *21*; 40 9 *1*; 520 4 *3, 18*
Staatsverwaltung, Koalitionsfreiheit 40 11 *72*, Vereinigungsfreiheit 30 12 *24*
Stabilitätshilfen, 20 151 *45*
Stadtwerke, Massenentlassung 490 1 *5*
Stalking, Begriff 600 2 *22*, Belästigung, sexuelle 600 2 *22*
Standortschließung, Streikrecht 30 28 *37*

Standortverlagerung, 530 Vor 1 *20*, 1 *107ff.*, Auslandsverlagerung 530 1 *106*, Drittstaatenbezug 530 1 *109*, Inhaberwechsel 530 1 *107ff.*, Interessenvertretung 530 1 *113*, Niederlassungsfreiheit 30 28 *71*, Rechtsordnung, anwendbare 530 1 *110ff.*, Rückverlagerung 530 1 *106*, Streik 30 28 *37, 71ff.*, Unterrichtungsrecht 550 4 *11*, Wegzug, grenzüberschreitender 530 1 *107*
Stasi-Unterlagen, Kündigungsgrund 40 8 *35*, Privatsphäre, Schutz der 40 8 *9, 24*
Status, sonstiger, Diskriminierungsverbot 30 21 *34, 37*
Statutenwechsel, Betriebsübergang 530 1 *110ff.*
Stellen, Grundrechtsverpflichtete 30 51 *4*
Stellen, staatliche, Betriebsübergangsrichtlinie 530 1 *20f.*
Stellen zur Förderung der Gleichbehandlung, *s. Gleichbehandlungsstellen*
Stellenangebote, EU-weite 250 2 *1f.*
Stellenanzeige, Diskriminierung, mittelbare 520 2 *56*, Zugangsdiskriminierung 520 3 *14*
Stellenausschreibung, Diskriminierung, mittelbare 520 2 *58*, Diskriminierungsschutz 520 3 *13*, 10 *8*, öffentliche 520 3 *13*
Stelleneinsparung, Elternurlaub 640 Anh. § 5 *2*
Stellungnahme (Unionsorgane), Auslegungshilfe 20 288 *1*
Sterbegeld, Sozialrecht, koordinierendes 20 48 *7, 18*
Steuerhinterziehung, Grundrechtecharta 30 51 *13*
Steuern, Arbeitsentgelt 50 4 *4, 6*
Steuerrecht, 250 7 *24ff.*, Arbeitnehmerfreizügigkeit 20 45 *71*; 250 7 *12ff.*, Gesetzgebungskompetenz 250 7 *24*, Vergünstigungen, steuerliche 250 7 *12ff.*
Steuerschulden, Arbeitnehmerfreizügigkeit 20 45 *67*
Steuerverwaltung, Koalitionsfreiheit 40 11 *72*
Stillende, Adoptivmutter 440 2 *12*, Bestellmutter 440 2 *12*, Diskriminierung, unmittelbare 440 1 *3*, Informationspflichten 440 2 *13*, Kündigungsverbot 440 10 *2*, Leiharbeit 620 5 *9*, Mutterschutzrichtlinie 440 1 *2*, 2 *2, 9*, Schutzmaßnahmen 50 8 *1, 11f.*, Tätigkeitsverbot 440 6 *2*
Stillurlaub, 20 157 *77*
Stillzeiten, 50 8 *9f.*
Stimme, Privatsphäre, Schutz der 40 8 *9*
Stipendium, 250 7 *19*
Strafverfahren, Fragerecht des Arbeitgebers 520 3 *16*
Strahlung, künstliche optische, 410 *201*, Aktionsprogramm 410 *203*, Arbeitgeberpflichten 410 *203*, Arbeitsplatzkennzeichnung 410 *203*, Arbeitsschutz 410 *94*, Arbeitsschutzverordnung 410 *95, 204*, Begriff 410 *202*, Expositions-

Sachverzeichnis

fette Zahlen = Kennziffer

grenzwerte 410 *201*, Expositionsgrenzwertüberschreitung 410 *203*, Gefahrenverhütung 410 *203*, Gefahrenverringerung 410 *201*, Gesundheitsakten, persönliche 410 *114*, Gesundheitsüberwachung 410 *114, 204*, Präventivmaßnahmen 410 *201*, Risikobewertung 410 *107, 203*

Straßenreinigung, Betriebsübergang 530 1 *22, 6 6*

Straßentransport, 20 153 *9*

Straßenverkehr, Arbeitnehmer, mobile 580 2 *19*, 20 *1*, Arbeitnehmerfreizügigkeit 20 45 *137*, Arbeitszeitrecht 580 1 *17*, 20 *2 ff.*

Streik, Arbeitnehmer-Außenseiter 40 11 *15*, Arbeitnehmer, Haftung 50 6 *53*, Arbeitsniederlegung, gemeinschaftliche 30 28 *41*, Arbeitsstreitigkeiten 50 6 *31*, Arbeitsverhältnis, Beendigung 50 6 *53*, Bummelstreik 40 11 *30*; 50 6 *41*, Definition 50 6 *26*, Demonstrationsstreik 40 11 *20, 27 ff.*, Druckausübung 30 28 *41*, Durchführungsbeschränkungen 40 11 *54*, Friedlichkeit 40 11 *30*, Garantie 30 28 *41 f.*, Gehaltsabzüge 50 6 *53*, Grundfreiheiten 30 12 *26*, Grundrecht auf kollektive Maßnahmen 20 151 *39*, 152 *4*, Individualrecht 50 6 *26, 28*, Interessenkonflikte 30 28 *42*; 50 6 *31 ff.*, Interventionen im öffentlichen Interesse 50 6 *52*, Kollektivmaßnahme 30 28 *41*, Maut, Verweigerung 40 11 *30*, Mindestarbeitsbedingungen 50 6 *31*, politischer 30 28 *37, 43*; 40 11 *20, 27 ff.*; 50 6 *34, 36*, Rechtmäßigkeitsanforderungen 50 6 *48*, Rechtsstreitigkeiten 50 6 *33*, Solidaritätsstreik 50 6 *36 f.*, Strafbarkeit 50 6 *53*, Sympathiestreik 30 28 *44, 77*; 40 11 *26 f., 69*; 50 6 *36 f.*, Tarifvertragsschluss 50 6 *35*, Unterstützungsstreik 30 28 *44*; 40 11 *26 f., 69*; 50 6 *36 f.*, Urabstimmung 50 6 *48*, Verfahrensvorgaben 50 6 *48 f.*, Verhältnismäßigkeitsgrundsatz 20 151 *39*, 28 *61 ff., 73 ff.*, Warenverkehrsfreiheit 20 151 *39*; 30 28 *80 f.*, Wiedereinstellung 50 6 *53*, wilder 40 11 *14*

Streikabwehr, grenzüberschreitende 230 9 *1*

Streikaufruf, Gewerkschaften 50 6 *49*

Streikbrechereinsatz, Kollektivmaßnahme 30 28 *48*

Streikfolgen, 50 6 *53*

Streikfreiheit, 50 6 *26*

Streikposten, Arbeitskampfmaßnahme 50 6 *41*, Koalitionsfreiheit 40 11 *30*

Streikrecht, 10 6 *8, 19*; 30 12 *2*, 28 *10, 12*, 52 *13 f.*; 50 Präambel *25*, Akzessorietät zum Tarifvertrag 40 11 *27*, Arbeitnehmer, kirchliche 40 9 *3*, Arbeitnehmerinteressen, Durchsetzung 40 11 *29*, Ausschluss 40 11 *68*; 50 6 *44*, Beschränkung 40 11 *68*, Freiheit zu streiken 30 28 *11*, Friedenspflicht 50 6 *50*, Garantie 50 6 *42*, Grundrecht, individuelles 30 28 *23 ff.*, indirektes 40 11 *14*, individuelles 40 11 *14*; 50 6 *26*, Koalitionsfreiheit 40 11 *24 f.*, Kompetenzschranke 20 153 *33, 45 f., 51 f.*; 30 28 *6*, Kündigungsverbot 50 6 *53*, Richterrecht 50 6 *42*, Schranken 50 6 *43 ff.*, Verhältnismäßigkeitsprinzip 50 6 *51*

Streikteilnahme, Lohnerhöhung, Verweigerung 40 11 *49*

Streikverbot, Daseinsvorsorge 50 6 *44*, partielles 50 6 *44*

Streikkräfte, Anforderungen, berufliche 600 14 *8*, Arbeitsschutz 410 *31*, Arbeitszeitrecht 580 1 *33*, Dienst an der Waffe 600 14 *8*, Diskriminierungsverbot 520 3 *2, 34*, Koalitionsfreiheit 40 11 *71*, Massenentlassungsrecht 490 1 *4, 6 f.*, Vereinigungsfreiheit 30 12 *24*; 50 5 *18*, Zivilbeschäftigte 490 1 *6 f.*

Stücklohn, Entgeltgleichheit 20 157 *29*

Studenten, Arbeitnehmereigenschaft 20 45 *20 f., 23*, Arbeitnehmerfreizügigkeit 20 45 *20 f.*; 250 7 *14*, Vergünstigungen, soziale 250 7 *14*, Vergünstigungen, steuerliche 250 7 *14*

Studienbeihilfe, 250 7 *37*

Studienreferendare, Arbeitnehmerfreizügigkeit 20 45 *137*, 48 *13*

Stufenvertretungen, Arbeitnehmervertretung 550 2 *20*

Subsidiaritätsgrundsatz, Diskriminierungsverbot 30 21 *114 f.*, Grundrechte 30 51 *5*, Grundrechtecharta 30 52 *21*; 580 1 *28*, Sozialpolitik 20 151 *28*, Unionsrecht 550 9 *7*

Subsidiaritätsprinzip, 20 151 *28*

Subunternehmer, Entsendung 460 5 *16 ff.*

Subventionen, Betriebsübergangsrichtlinie 530 1 *38*

Suchthilfe, Betriebsübergangsrichtlinie 530 1 *22*

Sympathiestreik, Dienstleistungsfreiheit 30 28 *77*, Interessenkonflikt 50 6 *36 f.*, Kollektivmaßnahme 30 28 *44*, Verbot 40 11 *69*, Vereinigungsfreiheit 40 11 *26 f.*

Systeme der sozialen Sicherheit, betriebliche, *s. auch Altersversorgung, betriebliche; Betriebsrenten,* Alter 600 7 *1*, Anwendungsbereich 600 5 *1*, Arbeitsentgelt 520 3 *26*, Arbeitslosigkeit 600 7 *1*, Arbeitsunfall 600 7 *1*, Barber-Protokoll 20 157 *27*; 520 17 *10*; 600 12 *7*, Beiträge 600 5 *1*, Berufskrankheit 600 7 *1*, Diskriminierungsverbot 600 5 *1 ff.*, Entgeltbegriff 600 2 *29 ff.*, Familienleistungen 600 7 *2*, Geschlechtsdiskriminierung 600 2 *1 f., 29 ff., 7 1 ff.*, Hinterbliebenenleistungen 600 7 *2*, Insolvenzgeldschutz 610 6 *1 ff.*, Invalidität 600 7 *1*, Krankheit 600 7 *1*, Leistungen 600 5 *1*, Ruhestandsversetzung, vorzeitige 600 7 *1*, Selbständige 600 8 *2 ff.*, 10 *1 f.*, 11 *1*, Sozialleistungen, sonstige 600 7 *2*, Teilzeitbeschäftigung 600 2 *11*

Systeme der sozialen Sicherheit, gesetzliche, Entgeltbegriff 600 2 *30 f.*

Tantiemen, Pflichtangabe 430 2 *38*

Tarifautonomie, 30 28 *26 f.*, Diskriminierungsschutz 520 16 *6 ff.*, Diskriminierungsverbot 30 28 *95 ff.*

magere Zahlen = Artikel; kursive Zahlen = Randnummern

Sachverzeichnis

Tarifbindung, 580 18 *1*
Tarifeinheit, Koalitionsfreiheit, kollektive 40 11 *52, 65*
Tarifeinheitsgesetz, Repräsentativität 50 5 *16*
Tariferstreckung, Pflichtangaben 430 9 *1*
Tarifgebundenheit, Betriebsübergang 530 3 *61f.*
Tarifnormen, Auslegung, richtlinienkonforme 20 288 *67*
Tarifrecht, Begriff 20 153 *50*
Tarifsozialplan, 30 28 *74*
Tariftreue, Vergaberecht 30 28 *105f.*
Tarifvertrag, Allgemeinverbindlichkeit 430 9 *1*, Angemessenheitsvermutung 620 5 *20*, Auslegung 30 28 *38*, Auslegung, primärrechtskonforme 10 6 *35*, Auslegung, richtlinienkonforme 20 288 *67f.*, Außenseiterwirkung 430 9 *1*, Betriebsübergang 530 3 *46*, Diskriminierungsschutz 520 16 *1, 6, 9f.*, Diskriminierungsverbote 520 3 *29*, 16 *1*, Gesamtarbeitsvertrag 50 6 *14*, grenzüberschreitender 230 9 *1*, Grundfreiheiten 30 12 *26*, Recht, anwendbares 240 1 *34*, Richtigkeitsvermutung 620 5 *20*, Unionsrecht, Anwendungsvorrang 10 6 *40*, Wettbewerbsregeln 20 151 *42*
Tarifvertragsparteien, Einschätzungsprärogative 30 28 *62*, Grundfreiheitenkontrolle 20 151 *37*
Tätigkeit, gefährliche, 50 2 *12*
Tätigkeit, ungesunde, 50 2 *12*
Tätigkeiten, liturgische, Arbeitszeitrecht 30 31 *24f.*
Technologiekatastrophe, 410 *32*
Teilfragen, Anknüpfung 240 1 *1*
Teilgruppen, Diskriminierungsverbote 30 21 *56, 89*; 600 1 *14*, 2 *4, 38*
Teilhaberechte, 30 21 *79*, 51 *46*; 40 1 *29*, derivative 40 1 *29*, Grundfreiheiten 30 51 *51*, Grundrechte, soziale 30 27 *7*, 51 *51*, Leistungsrechte 30 51 *51*
Teilzeit- und Befristungsgesetz, 420 13; 470 2 *4f.*, Arbeitszeitherabsetzung 470 2 *5*, Anh. § 6 *1*, Arbeitszeitneuverteilung 470 2 *5*, Arbeitszeitverlängerung 470 Anh. § 6 *1*, Befristungsrahmenvereinbarung, Umsetzung 500 4 *12*, Dauerbefristung 500 Anh. § 5 *30*, Diskriminierungsverbot 420 13, Maßnahmen, gleichwertige gesetzliche 500 Anh. § 5 *35ff.*, Missbrauchskontrolle 500 Anh. § 5 *30*, Sachgrundbefristung 500 Anh. § 5 *30f.*, Teilzeitarbeits-Richtlinie. Umsetzung 470 2 *4f.*, Wechsel Vollzeit-/Teilzeitbeschäftigung 470 2 *5*
Teilzeitarbeit, Altersversorgung, betriebliche 600 5 *5*, Anreizwirkung 470 1 *9*, Anh. § 4 *17*, Anh. § 5 *1*, Antidiskriminierungsschutz 50 1 *11*, Arbeitnehmerbegriff 470 1 *8*, Anh. § 2 *1f.*, Arbeitnehmerbeteiligung 550 3 *8*, Arbeitnehmereigenschaft 20 45 *17*, Arbeitsbedingungen 470 1 *1*, Arbeitsverträge, Aufbewahrung 470 Anh. § 5 *2*, Arbeitsverträge, Übersendung 470 Anh. § 5 *2*, Arbeitszeitausmaß 470 Anh. § 3 *1ff.*, Anh. § 4 *1, 18*, Arbeitszeitrichtlinie 580 1 *39*, Arbeitszeitschwellenwerte 470 Anh. § 4 *21*, Ausbildung, betriebliche 470 1 *2*, Befristung, sachgrundlose 30 15 *26*, Begriff 470 Anh. § 2 *1*, Beihilfe 600 2 *11*, Beschäftigungsdauer 600 2 *11*, Beschäftigungssicherung 470 1 *1*, Anh. § 1 *2*, Betriebspensionszusage 470 Anh. § 4 *18f.*, Betriebsverbundenheit 470 Anh. § 4 *20*, Diskriminierung, mittelbare 600 2 *11*, Diskriminierungsverbot 470 Anh. § 1 *1*, Elternurlaub 640 Anh. § 1 *10*, Entgelt 470 1 *2*, Entgeltgleichheit 20 157 *28, 44*, Entgeltleistung, teilbare 470 Anh. § 4 *2, 27*, Erholungsurlaub 580 7 *20*, Erwerbstätigkeit, Zugang zur 520 3 *12*, Europäischer Betriebsrat 630 2 *9, 12*, Förderung 470 1 *9*, Anh. § 1 *1*, Anh. § 4 *17*, Anh. § 5 *1f., 4*, Freiwilligkeit 470 Anh. § 1 *2*, Geschlechterdiskriminierung, mittelbare 470 1 *3, 9ff.*, Jahresurlaub 470 Anh. § 4 *23*, Kündigungsbeschränkung 470 Anh. § 5 *3*, Massenentlassungsrichtlinie 490 1 *78*, Mindestarbeitszeit 470 Anh. § 2 *3*, Motive 470 1 *1*, Rahmenvereinbarung, *s. Teilzeitrahmenvereinbarung*, Rechtsangleichung 20 153 *22*, Saisonarbeit 470 Anh. § 3 *2*, Sozialauswahl 600 2 *11*, Sozialleistungen 470 1 *2*, Überstunden 470 Anh. § 4 *23*; 600 2 *11*, Urlaubsanspruch 470 Anh. § 4 *23*; 580 7 *20, 21*, Vergleichsgruppenbildung 470 Anh. § 3 *8ff.*, Anh. § 4 *11ff.*, Versorgungsordnung, betriebliche 600 2 *11*, Vollzeitbeschäftigte, vergleichbare 470 Anh. § 3 *4ff.*, Vorbeschäftigungsverbot 30 16 *30*, Vorrückungszeitraum 470 Anh. § 4 *20*, Wechselschichtzulage 600 2 *11*, Weiterbildung, betriebliche 470 1 *2*, Wochenarbeitszeit, gleichmäßige 470 Anh. § 3 *2*, Zusatzurlaub 600 2 *11*
Teilzeitarbeits-Richtlinie, Adressaten 470 4 *1f.*, Anwendungsbereich, zeitlicher 470 2 *2*, Bagatellgrenze 470 Anh. § 2 *3*, Diskriminierungsverbot 470 1 *3, 7*, Inkrafttreten 470 3 *1*, Kompetenzgrundlage 470 1 *6*, Sozialpartnervereinbarung, *s. Teilzeitrahmenvereinbarung*, Umsetzung 470 1 *7*, 2 *1ff.*, Umsetzungspflicht 470 4 *2*, Wirkung, unmittelbare 470 4 *3f.*
Teilzeitbeschäftigte, 470 Anh. § 3 *1*, Besserstellung 470 Anh. § 4 *6*, Betriebsratsmitglieder 470 Anh. § 4 *22*, Ungleichbehandlung 470 Anh. § 4 *3*
Teilzeitbeschäftigung, *s. Teilzeitarbeit*
Teilzeitdiskriminierungsverbot, 470 1 *3, 7, 10ff.*, Anh. § 5 *4*, Aliquotierungsgebot 470 Anh. § 4 *6, 29*, Aliquotierungsgrundsatz 470 1 *9*, Anh. § 4 *2, 24ff.*, Arbeitsbedingungen 470 Anh. § 4 *7, 9*, Arbeitszeitausmaß 470 Anh. § 4 *1, 18*, Beschäftigungsbedingungen 470 Anh. § 4 *7*, Betriebsverfassungsrecht 470 Anh. § 4 *8*, Diskriminierung, mittelbare 470 Anh. § 4 *13ff.*, Diskriminierung, unmittelbare 470 Anh. § 4 *13ff.*, Entgeltbedingungen 470 Anh. § 4 *7*,

Sachverzeichnis

fette Zahlen = Kennziffer

Ermächtigungsklausel 470 Anh. § 4 *3*, Lage, vergleichbare 470 Anh. § 3 *7ff.*, Anh. § 4 *1, 12*, Pro-rata-temporis-Grundsatz 470 Anh. § 4 *2, 24ff.*, Rechtfertigung 470 Anh. § 4 *16ff.*, Vergleichsgruppenbildung 470 Anh. § 3 *8ff.*, Anh. § 4 *11ff.*, Vergleichsprüfung, hypothetische 470 Anh. § 3 *5f.*, Verhältnismäßigkeitsprüfung 470 Anh. § 4 *16*, Verschuldensunabhängigkeit 470 Anh. § 4 *10*, Vertragsbeendigung 470 Anh. § 4 *8*

Teilzeitrahmenvereinbarung, 470 1 *7*, Anwendungsbereich 470 Anh. § 2 *1ff.*, Diskriminierungsabbau 470 Anh. § 1 *1*, Diskriminierungsverbot 470 Anh. § 4 *1ff.*, *s. auch Teilzeitdiskriminierungsverbot*, Inkorporation in die Richtlinie 470 1 *5*, 2 *3*, Kollisionsrecht 240 9 *58*, Mindeststandard 470 Anh. § 6 *1*, Sozialpartnervereinbarung 20 155 *10*, Verpflichtungen 470 Anh. § 5 *2f.*, Verschlechterungsverbot 470 Anh. § 6 *2*

Teilzeiturlaub, 580 7 *21*, Elternurlaub 640 Anh. § 3 *3*, Anh. § 5 *11, 15*

Telearbeit, Arbeitsverhältnisstatut 240 8 *54*, Auslandsbezug 240 8 *54*, Sozialpartnervereinbarungen 20 155 *10, 12*

Telefongespräche, Kontrolle 40 8 *3*, Korrespondenz, Schutz der 40 8 *15*, Privatsphäre, Schutz der 40 8 *8, 15*

Telefonüberwachung, staatliche, Privatleben, Schutz 40 8 *24, 26*

Telekommunikationsdienste, öffentliche, Betriebsübergangsrichtlinie 530 1 *22*

Tendenzbetriebe, Arbeitnehmerbeteiligung 550 3 *2*, Betriebsübergangsrichtlinie 530 1 *25, 6 29*, Interessenausgleich 490 2 *33*, Konsultationsverfahren 490 2 *33*, Konsultationsverfahren, Beendigung 490 2 *39*, Massenentlassungsschutz 490 1 *14*, Nachteilsausgleich 490 1 *14*

Tendenzschutz, Arbeitnehmerbeteiligung 550 3 *12ff.*, *18f.*, Berufsfreiheit 30 15 *27*, Bestandsschutz 550 3 *17*, Betriebsverfassung 550 3 *20ff.*, Europäischer Betriebsrat 630 8 *1*, SCE 570 10 *1*, SE 540 8 *11ff.*, Ungleichbehandlung, Rechtfertigung 520 4 *10*, Vereinigungsfreiheit 30 12 *27*, Verschmelzung, grenzüberschreitende 590 16 *40*, Vorbehaltsklausel 550 3 *18f.*

Textform, 430 3 *1*

Theater, Arbeitnehmerbeteiligung 550 2 *7*, Geschlechtsdiskriminierung 600 14 *8*, Massenentlassung 490 1 *5*

Tod, Rentenleistungen 20 48 *56, 61*, Sozialrecht, koordinierendes 20 48 *7, 56ff.*

Trainee, Entsendung 460 2 *4*

Transportpersonal, Arbeitsverhältnisstatut 240 8 *55*

Transportwirtschaft, 460 1 *65ff.*

Transsexualität, Ausrichtung, sexuelle 30 21 *81*, Diskriminierungsverbot 30 21 *57*; 650 1 *7*, Entgeltgleichheit 20 157 *35*, Geschlechtsidentität 600 1 *15*

Treueprämie, Arbeitnehmerfreizügigkeit 20 45 *71*

Treuhänder, Altersversorgung, betriebliche 600 6 *6*

Tschechien, Protokoll zur Grundrechtecharta 10 6 *7, 26*, Sozialrecht, koordinierendes 20 48 *65*

Türkische Republik, Arbeitnehmerfreizügigkeit 20 45 *30*, Assoziationsabkommen 20 45 *30*

TVöD, Altersdiskriminierung 580 7 *24*, Angestellte, Überleitung 520 6 *63*, 16 *12*, Diskriminierung, mittelbare 600 2 *12*, Stufenaufstieg 600 2 *12*

Überbrückungsbeihilfe, Einkommensteuerrecht 250 7 *38*

Überbrückungsgeld, Entgeltgleichheit 20 157 *19*

Überbrückungsrente, Altersversorgung, betriebliche 660 2 *13*, Entgeltbegriff 520 3 *26*; 600 2 *28*, Entgeltgleichheit 600 8 *6*

Übereinkommen über Menschenrechte und Biomedizin in Bezug auf das genetische Erbe, Diskriminierungsverbot 30 21 *10, 41, 65*

Übergangsgeld, Arbeitsentgelt 520 3 *26*, Diskriminierung, mittelbare 600 2 *13*

Übergangsmandat, Betriebsübergang 530 Vor 1 *25*, 6 *27f.*, Europäischer Betriebsrat 630 13 *14f.*

Übersetzer, Anforderung, berufliche 510 4 *4*

Überstunden, Arbeitszeitbegriff 580 2 *10*, Begriff 50 4 *9*, Gesundheitsschutz 50 2 *5*, Pflichtangabe 430 2 *41*, Teilzeitarbeit 470 Anh. § 4 *21*; 600 2 *11*

Überstundenvergütung, Entgeltbegriff 520 3 *26*, erhöhte 50 4 *2, 9, 11*

UEAPME, 640 1 *1*

Ukraine, Arbeitsbedingungen, Gleichbehandlung 20 45 *31*

Ultra-vires-Kontrolle, 10 6 *15f.*, *38*

Umschüler, Arbeitnehmereigenschaft 490 1 *54*, 5 *2*

Umschulung, 250 7 *39*, Arbeitnehmerfreizügigkeit 20 45 *21*, Diskriminierungsschutz 520 3 *18*, Zugang 520 3 *18*

Umsetzung, *s. Richtlinienumsetzung*, Einzelrichtlinien 410 *95*

Umsetzungsgesetz, Erlass vor Fristablauf 20 288 *64*

Umsetzungsrecht, Kenntlichmachung 500 4 *18*

Umstrukturierungen, Anhörung der Arbeitnehmer 550 4 *19*, Arbeitnehmerbeteiligung 550 4 *19, 22, 31*, Arbeitnehmerzuordnung 530 1 *64*, öffentlicher Dienst 530 6 *28*

Umwandlung, Betriebsübergang 530 1 *45ff.*, SCE-Gründung 570 1 *2*, *7 2*, SE-Gründung 540 1 *4*, 2 *5*, *7*, 3 *30*, *37*, 4 *20ff.*, *7 9f.*, Anh. 12, *14ff.*

magere Zahlen = Artikel; kursive Zahlen = Randnummern   **Sachverzeichnis**

Umwandlungsgesetz, Verschmelzung, grenzüberschreitende 590 1 *3*
Umweltgefahren, Schutzpflicht 40 2 *6*
Umweltschutz, Solidarität 30 27 *4*
UN-Behindertenrechtskonvention, 520 1 *37f.*, Behinderungsbegriff 520 1 *38*, Diskriminierungsbegriff 520 1 *38*, 5 *8*, Diskriminierungsverbot 30 21 *40*, Fördermaßnahmen 520 5 *3, 8*
UN-Sklaverei-Konvention, 40 4 *3*
Unerlaubte Handlung, Zuständigkeit, internationale 220 6 *2*, 7 *1 ff.*
Unfallverhütung, Arbeitsschutz, technischer 410 *10*
Unfallverhütungsvorschriften, 410 *22, 167*
Unfallversicherung, Heilbehandlung 20 48 *70*, Leistungsaushilfe 20 48 *70*, Sozialrecht, koordinierendes 20 48 *69 ff.*, unechte Unfallversicherung 20 48 *23*
Ungleichbehandlung wegen des Geschlechts, 20 157 *36 ff.*; 30 21 *54*, Anforderungen, berufliche 520 4 *10*, Anpassung nach oben 520 17 *6*, Lage, vergleichbare 20 157 *39, 42*, mittelbare 20 157 *43 ff., 72*, Motiv 30 21 *86*, Rechtfertigungsgrund 30 21 *86*, unmittelbare 20 157 *38 ff.*, Unternehmenszweck 520 4 *10*, Verschulden 30 21 *86*
Unionsbürger, Grundrechtsträger 30 51 *36*
Unionsbürgerschaft, 30 21 *102*, Anwendungsvorrang 10 6 *52*
Unionsgerichte, ordentliche 20 267 *1*
Unionsgrundrechte, Grundrechtecharta 30 52 *4 ff.*, Rechtfertigungsgründe 20 151 *36*
Unionskompetenz, 20 153 *1 ff.*, Katalogtatbestände 20 153 *14 ff., 21*, Unterrichtung der Arbeitnehmer 20 153 *30*
Unionsrecht, Anwendung vor mitgliedstaatlichen Gerichten 20 267 *1, 4, 10 f.*, Anwendungsvorrang 10 6 *37 ff., 52 f.*; 20 157 *56, 267 40*, 288 *12, 15, 22*; 30 21 *117*; 520 1 *3*, Auslegung 20 267 *1, 4, 8 f., 11 f., 27, 43, 93*, 288 *5 ff.*, Mindestschutzprinzip 550 9 *7*, Normenhierarchie 20 288 *4*, Subsidiaritätsgrundsatz 550 9 *7*
Unionstreue, 10 6 *39*
Universitäten, 250 8 *5*, Massenentlassungsrecht 490 1 *5*
Unkündbarkeit, Lebensalter 520 6 *53*, Pflichtangabe 430 2 *36*
Untätigkeitsklage, Grundrechtsverstoß 10 6 *46, 48*
Unterhaltsdienstleistungen, Betriebsübergang 530 1 *22, 85*, 6 *6*
Unterhaltszahlungen, Arbeitsentgelt, Abzüge vom 50 4 *18*
Unterlassungsanspruch, allgemeiner 550 8 *13 ff.*, Arbeitnehmerbeteiligung 550 8 *7 f.*, Arbeitskampfmaßnahmen 230 9 *8*, Betriebsänderung 550 8 *13*, Betriebsverfassungsrecht 550 8 *13 ff.*, Diskriminierung 520 1 *1*, einstweilige Verfügung 550 8 *15*, Europäischer Betriebsrat 630 11 *7 ff.*, Massenentlassung 490 6 *34*, präventiver 520 1 *1*

Unternehmen, Arbeitnehmerbeteiligung 550 3 *3 ff.*, Begriff 550 2 *3 ff.*, Einheit, rechtliche 550 2 *5*, Gewinnerzielungsabsicht 550 2 *4, 6*, kleine und mittlere, *s. KMU*, Mindestharmonisierung 550 2 *2*, öffentliche 550 2 *4, 7*, private 550 2 *4*, Tätigkeit, wirtschaftliche 550 2 *4, 6 ff.*
Unternehmenserweiterung, Gleichbehandlungsgrundsatz 650 4 *1*
Unternehmensgründung, Diskriminierung, positive 650 5 *2*, Ehepartner 650 6 *1*, Gleichbehandlungsgrundsatz 650 4 *1*, 5 *2*, Lebenspartner 650 6 *1*
Unternehmensgruppen, 550 2 *5*, Änderungen, strukturelle 630 13 *6*, Beschäftigungsort der Arbeitnehmer 630 2 *19*, Europäischer Betriebsrat 630 1 *12 ff., 16*, 2 *14 ff.*, gemeinschaftsweit operierende 630 2 *16 ff.*, Leitung, zentrale 630 2 *22 f.*, Schwellenwert 630 2 *17, 19*, Struktur 630 4 *15*, Verwaltungssitz 630 2 *18*
Unternehmensleitung, Mutterschutzrichtlinie 440 2 *3*
Unternehmensmitbestimmung, Kapitalverkehrsfreiheit 20 151 *35*, Niederlassungsfreiheit 20 151 *35*
Unternehmensschließung, Unterrichtungsrecht 550 4 *11*
Unternehmensübergang, 530 1 *1*, *s. auch Betriebsübergang*, Teilübergang 530 1 *3, 59 ff.*, *s. auch Betriebsteilübergang*
Unternehmensumstrukturierungen, *s. Umstrukturierungen*
Unternehmenszusammenschluss, Arbeitnehmerbeteiligung 550 4 *31*, Unterrichtungsrecht 550 4 *11*
Unternehmerfreiheit, Abwehrrecht 30 16 *2*, Anforderungen, berufliche 520 4 *2, 5*, Arbeitnehmerschutz 30 16 *20*, Begriff 30 16 *9*, Betriebsübergang 530 3 *34 f., 37*, 8 *6*, Eingriffe 30 16 *12*, Grundfreiheiten 30 16 *5, 19 f.*, Grundrechtecharta 30 52 *11*, Grundrechtsverstoß 30 16 *21*, juristische Personen 30 51 *38*, Massenentlassungsrichtlinie 490 2 *3*, Rechtfertigung 30 16 *14 ff.*, Rechtsgrundsatz, allgemeiner 30 16 *3*, Schranken 30 16 *14 ff.*, Schutzbereich, persönlicher 30 16 *6*, Schutzbereich, sachlicher 30 16 *8 ff.*, Schutzpflichten 30 16 *13*, Unternehmensführung 30 16 *11*, Vertragsfreiheit 30 16 *9 f.*; 530 8 *6*, Wesensgehalt 30 16 *13, 22*; 530 3 *34 f., 37*, 8 *6*, Wettbewerb, freier 30 16 *9*, Wirtschaftsgrundrecht 30 16 *1*
Unterrichtsteilnahme, 250 7 *19*, Ehegatten 250 10 *8*, Gleichbehandlung 250 10 *1 ff.*, Kinder 250 10 *1 ff.*
Unterrichtung der Arbeitnehmer, 550 1 *1, 3, 9*, *s. auch Arbeitnehmerbeteiligung*, Änderungsvorschlag 550 1 *5*, Anlass 550 4 *6, 8, 16*, Arbeitgeberbegriff 550 2 *2*, Arbeitnehmerbegriff 550

2099

Sachverzeichnis

fette Zahlen = Kennziffer

2 *2*, Arbeitnehmerschutz **550** 1 *8*, Arbeitnehmervertreter **30** 27 *22;* **550** 2 *2, 18 ff.*, Arbeitsorganisation, Änderung **550** 4 *11 f., 28 f.*, Arbeitsschutzrahmenrichtlinie **410** *65 f.*, Arbeitsverträge, Änderung **550** 4 *11, 13, 28, 30 f.*, Beeinträchtigung **30** 27 *30 f.*, Begriff **30** 27 *24;* **550** 2 *2, 21 f.*, Beschäftigungsentwicklung **550** 4 *7, 9, 26*, Beschäftigungssituation **550** 4 *7, 9, 26*, Beschäftigungsstruktur **550** 4 *7, 9, 26*, Betrieb **550** 2 *2*, Betriebsübergang **550** 4 *11, 14, 17*, Betriebsverfassungsrecht **550** 4 *23 ff.*, Durchführung **550** 4 *6, 15 ff.*, Ebene, geeignete **30** 27 *29*, einstweiliger Rechtsschutz **550** 8 *12*, Entwicklung, wirtschaftliche **550** 4 *2, 5*, Gestaltungsspielraum **30** 27 *31*, Grundsatz **30** 27 *10 ff., 30 f., 28 14*, Häufigkeit **550** 4 *6*, Leistungsantrag **550** 8 *12*, Massenentlassung **550** 4 *11, 14, 17*, Mindestharmonisierung **550** 2 *2*, Rahmen, allgemeiner **550** 1 *7*, Rechtfertigung **30** 27 *32*, Rechtzeitigkeit **30** 27 *26*, Schutzbereich, persönlicher **30** 27 *16 ff.*, Schutzbereich, sachlicher **30** 27 *23 ff.*, Situation, wirtschaftliche **550** 4 *2, 4 f., 24*, Transparenzgebot **550** 2 *21*, Turnus **550** 4 *6, 16*, Unionskompetenz **20** 153 *3, 14, 32*, Unternehmen **30** 27 *27;* **550** 2 *3 ff.*, Unternehmensgruppen **30** 27 *28;* **550** 2 *5*, Verschmelzung, grenzüberschreitende **590** 16 *1 f.*, Weiterentwicklung, wahrscheinliche **550** 4 *4, 10*, Zeitpunkt **550** 4 *6, 16*

Unterrichtung der Arbeitnehmervertreter, **550** 2 *21*

Unterrichtungs- und Anhörungsverfahren, **630** 6 *17 ff., 12 9 f.*, Änderungen, strukturelle **630** 13 *3*, Angelegenheiten, länderübergreifende **630** 6 *18*, Arbeitnehmervertreter, Tätigkeitsschutz **630** 10 *2 f.*, Beteiligungsverfahren **630** 12 *3*, Gleichstellungsklausel **630** 10 *11 ff.*, Meinungsaustausch **630** 6 *18*, Zusammenarbeit, vertrauensvolle **630** 9 *2*

Unterrichtungsrecht, Gleichbehandlungsrahmenrichtlinie **520** 12 *1 f.*

Untersagungsverfügung, Diskriminierungen **520** 16 *2*

Unterstützungsarbeitskampf, Anknüpfung **230** 9 *12*, grenzüberschreitender **230** 9 *1*

Unterstützungskassen, **560** 2 *6*

Unterstützungsstreik, **50** 6 *36 f.*, Kollektivmaßnahme **30** 28 *44*, Verbot **40** 11 *69*, Vereinigungsfreiheit **40** 11 *26 f.*

Untersuchung, Privatsphäre, Schutz der **40** 8 *27 f.*

Untersuchung, arbeitsmedizinische, Nachtarbeit **580** 9 *3 f.*, Schweigepflicht, ärztliche **580** 9 *4*

Untersuchung, augenärztliche, **410** *146 f.*

Untersuchung, medizinische, Privatleben, Schutz **40** 8 *5*

Untersuchungsgrundsatz, Beschlussverfahren, arbeitsgerichtliches **520** 10 *2*

Untersuchungshaft, Arbeitspflicht **40** 4 *12*

Unterweisung, Arbeitsschutz **410** *65 f., 69*

Unverfallbarkeitsfristen, Altersversorgung, betriebliche **20** 45 *35*, Zusatzrenten-Gleichstellungsrichtlinie **480** 4 *1*

Unverfallbarkeitsrichtlinie, *s. Zusatzrenten-Richtlinie*

Unversehrtheit der Person, **10** 6 *19*

Urabstimmung, Streikdurchführung **50** 6 *48*

Urheberrecht, Diskriminierungsverbot **30** 21 *108*

Urlaub, bezahlter **50** 2 *1 f., 10;* **580** 1 *25, 31*, Kollektivverhandlungen **50** 6 *15*, Leiharbeit **620** 3 *16*, Nachholung **50** 2 *11*, Ruhezeit **580** 7 *1*, Unternehmerfreiheit **30** 16 *31*, Verschiebung **50** 2 *11*, Wartezeit **50** 2 *10*

Urlaubsabgeltung, **580** 7 *14*, Abgeltungsverbot **580** 7 *2, 30, 36 f.*

Urlaubsabgeltungsanspruch, Ansammeln **580** 7 *33*, Arbeitsunfähigkeit, krankheitsbedingte **580** 7 *36*, Ausschlussfristen **580** 7 *38*, Geldanspruch **580** 7 *36, 38*, Höhe **580** 7 *36*, Tod des Arbeitnehmers **580** 7 *37*, Urlaubsansprüche, übertragene **580** 7 *36*, Verjährung **580** 7 *38*, Verzicht **580** 7 *38*

Urlaubsanspruch, **580** 7 *1 ff.*, *s. auch Jahresurlaub*, Altersdiskriminierung **580** 7 *24*, Anknüpfung **240** 9 *33*, Ansammeln **580** 7 *33*, Arbeitsleistung **580** 7 *2, 15 ff., 21*, Arbeitsschutz **580** 7 *1*, Arbeitsverhältnis, Beendigung **580** 7 *14*, Arbeitsverhältnis, befristetes **500** Anh. § 4 *24*, Arbeitszeitveränderung **580** 7 *21 f.*, Ausübung **580** 7 *31 f.*, Befristung **580** 7 *31*, Berechnung, abschnittsweise **580** 7 *22*, Bezugszeitraum **580** 7 *22, 32*, Dauer **580** 7 *20*, Einheitsanspruch **580** 7 *3 f., 21*, Entstehung **580** 7 *22*, Gewährung des Urlaubs **30** 31 *16*, Grundsatz des Sozialrechts der Union **580** 7 *2*, Mindestbeschäftigungszeit **580** 7 *13*, Rechtshängigkeit **580** 7 *37*, Rechtsnatur **580** 7 *3 f.*, Teilurlaubsanspruch **580** 7 *14*, Teilzeit, Übergang in **580** 7 *21 f.*, Teilzeitbeschäftigung **580** 7 *21*, Tod des Arbeitnehmers **580** 7 *37*, Übertragungszeitraum **580** 7 *31 ff.*, Unvererblichkeit **580** 7 *37*, Vertrauensschutz **580** 7 *5*, Vollzeitbeschäftigung **580** 7 *21*, Wartezeit **580** 7 *13 f., 22*, Wirkung, unmittelbare **580** 7 *2*, Zweck **580** 7 *3*

Urlaubsdauer, Altersstufen **520** 6 *65*

Urlaubsentgelt, **580** 7 *28 ff.*, Fälligkeit **580** 7 *30*

Urlaubsentgeltanspruch, Anknüpfung **240** 9 *33*, Berechnung **580** 7 *28 f.*, Entgeltbestandteile **580** 7 *28 f.*, Geldfaktor **580** 7 *28*, Rechtsnatur **580** 7 *3 f., 28*, Zeitfaktor **580** 7 *28*

Urlaubserwerb, **580** 7 *21*

Urlaubsgeld, Brüssel Ia-VO **220** 1 *8*

Urlaubsgewährung, **580** 7 *21*, zusammenhängende **50** 2 *11*

Urlaubslage, Anknüpfung **240** 9 *33*

Urlaubsrecht, **580** 1 *1*, 7 *1*, Primärrecht **580** 1 *28*

Urlaubssozialkasse, Entsendung **460** 3 *27*

magere Zahlen = Artikel; kursive Zahlen = Randnummern **Sachverzeichnis**

Urlaubszeitraum, 580 7 *25*
Urteilsverfahren, Arbeitnehmervertreter, Individualansprüche 550 8 *12*
Urteilsverfahren, arbeitsgerichtliches, Vorabentscheidungsverfahren 20 267 *20*

Vaterschaft, Sozialrecht, koordinierendes 20 48 *7, 18*
Vaterschaftsurlaub, 600 2 *43,* 16 *1f.*
venire contra factum proprium, Richtlinienwirkung 20 288 *26*
Verbände, Arbeitnehmerfreizügigkeit 20 45 *24*
Verbandsklagebefugnis, Diskriminierungsverbote 520 9 *4ff.;* 650 *1*
Verbandsklageverfahren, Antirassismusrichtlinie 510 7 *2,* 8 *8,* 15 *3,* Äußerungen des Arbeitgebers, öffentliche 520 9 *5,* Beweislast 520 10 *2;* 600 19 *5,* Gleichbehandlungsgrundsatz 600 17 *3,* 19 *5,* Sanktionen 520 17 *4*
Verbandstarifvertrag, Betriebsübergang 530 3 *46*
Verbraucherschutz, Solidarität 30 27 *4,* Vollharmonisierung 20 288 *19*
Verdienstsicherungsklausel, Altersdiskriminierung 520 6 *66*
Verein, Arbeitnehmerfreizügigkeit 20 45 *24*
Vereinbarkeit von Familie und Beruf, Arbeitszeitrichtlinie 580 1 *12,* Befristung 500 Anh. § 5 *20,* Elternurlaub 640 1 *6,* Anh. § 1 *1,* Anh. § 7 *1,* Fördermaßnahmen 30 23 *17,* Mutterschutz 30 33 *13f.;* 50 8 *1,* Nachtarbeit, Ablehnungsrecht 440 7 *4*
Vereinigtes Königreich, Arbeitnehmerbeteiligung 550 10 *1,* Arbeitskampf 40 11 *54,* Protokoll zur Grundrechtecharta 10 6 *7,* Sozialrecht, koordinierendes 20 48 *65*
Vereinigung, Auflösung 30 12 *23,* Ausschluss, zwangsweiser 30 12 *23,* Begriff 30 12 *15,* Bestand 30 12 *19,* Betätigung 30 12 *19,* Binnenorganisation 30 12 *19;* 50 5 *8,* Mitgliederwerbung 30 12 *19,* Namensführung 30 12 *19,* Pflichtmitgliedschaft 30 12 *16,* Repräsentativität 50 5 *14,* Selbstdarstellung 30 12 *19,* Verbot 30 12 *23,* wirtschaftliche 30 12 *15*
Vereinigungsfreiheit, 10 6 *19;* 20 152 *4;* 30 28 *13;* 40 11 *17,* Abwehrrecht 40 11 *2, 4,* Austritt, freier 30 12 *18,* Beeinträchtigungen 30 12 *23f.,* Beitrittsdruck 30 12 *28,* Beitrittszwang 30 12 *18,* Binnenorganisation 50 5 *8,* Closed-shop-Vereinbarung 50 5 *11,* Eingriffe 30 12 *23f.,* Europäische Sozialcharta 50 5 *1ff.,* Freiheitsrecht 50 5 *1,* Gesetzesvorbehalt 30 12 *24,* Gewährleistungspflichten 30 12 *21;* 40 11 *3, 39ff.;* 50 5 *5,* Grundfreiheiten 30 12 *26,* Grundrecht 30 12 *2,* 28 *46,* Grundrechtecharta 20 153 *50,* individuelle 50 5 *6,* kollektive 30 12 *19f.;* 50 5 *7ff.,* Kollektivmaßnahmen, Recht auf 30 28 *9,* Menschenrecht 30 12 *1,* negative 30 12 *18, 22, 28;* 40 11 *30;* 50 5 *6;* 530 3 *36f.,* Organisationen, öffentlich-rechtliche 40 11 *9,*

17, positive 50 5 *6, 9,* positive individuelle 30 12 *17,* Rechtfertigung 40 11 *56ff., 70,* Schranken 50 5 *11ff.,* Schutzbereich 40 11 *1,* Schutzbereich, persönlicher 30 12 *14;* 40 11 *5ff.;* 50 5 *4,* Schutzbereich, sachlicher 30 12 *15;* 40 11 *8f.;* 50 5 *5ff.*
Verfahren, faires, 10 6 *19*
Verfahrensaussetzung, 10 6 *39,* Anhörung der Parteien 20 267 *76,* Diskriminierungsschutz 520 16 *13,* Vorabentscheidungsersuchen 20 267 *75f.*
Verfahrenseinleitung, Konsultationsverfahren 490 2 *7, 15ff.,* Viktimisierungsverbot 520 11 *1f.*
Verfassung der Europäischen Union, 10 6 *9*
Verfassungsgerichte, Vorlageberechtigung 20 267 *18*
Verfassungsidentität, Anwendungsvorrang des Unionsrechts 20 288 *12*
Verfassungsrecht, Auslegung, richtlinienkonforme 20 288 *66*
Verfassungsvertrag, s. *Europäischer Verfassungsvertrag*
Vergaberecht, Dienstleistungsfreiheit 20 151 *35,* Kollektivmaßnahmen 30 28 *105ff.,* Kollektivverhandlungen 30 28 *105ff.,* Tariftreue 30 28 *105f.,* Unternehmerfreiheit 30 16 *33*
Vergleich, Kündigungsschutzprozess 490 1 *43*
Vergünstigungen, soziale, 250 7 *12ff., 16ff.,* Antirassismusrichtlinie 510 3 *4,* Riesterrente 250 7 *31*
Vergünstigungen, steuerliche, 250 7 *12ff., 24*
Vergütung, Arbeitsentgelt 520 3 *22f.,* Höhe 580 1 *3,* 2 *2,* sonstige Vergütungen 520 3 *22f.*
Verhandlungen, freiwillige, 50 6 *11ff.,* Beschäftigungsbedingungen 50 6 *15,* Förderpflicht 50 6 *16,* Gesamtarbeitsvertrag 50 6 *14, 16,* Schranken 50 6 *18ff.*
Verhandlungsbereitschaft, Anhörung der Arbeitnehmer 550 4 *20f.*
Verhandlungserlaubnis, 50 6 *12*
Verhandlungsgremium, besonderes, ad-hoc-Gremium 540 3 *21;* 630 5 *14,* Amtszeit 540 3 *38;* 590 16 *30,* Arbeitnehmereigenschaft 540 3 *15,* Arbeitnehmervertreter, inländische 630 5 *11,* Arbeitskampfmaßnahmen 630 6 *3f.,* Aufgabe 540 3 *21;* 630 2 *27,* 5 *14f.,* Beschlussfassung 540 3 *1, 5, 26ff.,* 7 *6, 16;* 590 16 *58ff.;* 630 5 *19, 27,* Bestellungsvoraussetzungen 630 5 *11,* Bildung 540 3 *1,* Drittstaatenvertreter 630 5 *12,* Einsetzung 540 5 *2f.,* einstweilige Verfügung 540 12 *2,* Errichtung 630 2 *27,* Ersatzmitglieder 540 3 *16;* 630 5 *12,* Europäischer Betriebsrat 630 2 *27,* 5 *1, 8ff.,* Finanzierung 630 5 *21,* Geschlechterproportionalität 540 3 *16;* 630 5 *12,* Gesellschaften, beteiligte 540 3 *13,* Gewerkschaftsvertreter 540 3 *15ff.;* 570 *3,* Gewerkschaftsvertreter, Mindestrepräsentanz 540 3 *17,* Gleichstellungsklausel 630 10 *11ff.,* Information über Zusammensetzung 630

2101

Sachverzeichnis

fette Zahlen = Kennziffer

5 *13*, Initiativrecht **540** 3 *2 ff.*, Kostentragung **540** 3 *25*; **630** 5 *21, 26*, leitende Angestellte, Mindestrepräsentanz **540** 3 *19*, Mehrheit, doppelte **540** 3 *26 ff., 36, 38*, 5 *5*, Mehrheitserfordernis **630** 5 *19 f., 27 f.*, Mitgliederbestellung **540** 3 *12*, Mitgliederwahl **540** 3 *12*, Proportionalität **630** 5 *10*, Quorum **630** 5 *20*, Repräsentativität **540** 3 *7 f., 26, 33*; **630** 5 *10*, Sachverständigenhinzuziehung **540** 3 *23*, 8 *3*; **630** 5 *23 ff.*, SCE-Gründung **570** 3 *1*, Schulungsteilnahme **630** 10 *13 ff.*, SE-Gründung **540** 1 *7 f.*, 2 *17*, 3 *1 ff.*, Sitzanteilserhöhung, proportionale **540** 3 *8*, Sitzung, konstituierende **540** 5 *3*; **630** 5 *16*, Sitzungen **630** 5 *16 ff.*, Sitzungseinberufung **630** 5 *22*, Stimmengewichtung **630** 5 *19*, Unterrichtungsanspruch **540** 3 *22*, Unterrichtungspflicht **540** 3 *24*, Urwahl **540** 3 *20*, Veränderungen **540** 3 *11*, Verhandlungsverfahren **540** 3 *1 ff., 11*, Verhandlungsverfahren, erneutes **630** 13 *11*, Verschmelzung, grenzüberschreitende **590** 16 *2, 27 ff., 54*, Verschmelzung, SE-Gründung durch **540** 3 *9*, Voraussetzungen, persönliche **540** 3 *15 f.*, Vorsitzender **540** 4 *4*, Wählbarkeit inländischer Vertreter **570** 3 *3*, Wahlgremium **540** 3 *1*, Zusammensetzung **540** 3 *1, 6 ff., 11*

Verhandlungsverfahren (Europäischer Betriebsrat), **630** 4 *7 ff.*, Änderungen, strukturelle **630** 13 *1 ff., 9 ff.*, Antrag **630** 4 *10*, 5 *3 ff., 30*, Antragsfrist **630** 5 *30 f.*, erneutes **630** 5 *30*, 13 *9 ff.*, Informationspflichten **630** 4 *10 ff.*, Nichtaufnahme von Verhandlungen **630** 5 *27 ff.*, Verfahrenseinleitung **630** 5 *1 f.*, Verhandlungsabbruch **630** 5 *27 ff.*, Verhandlungsfrist, Ablauf **630** 7 *9*, Verhandlungsverweigerung **630** 7 *6 ff.*

Verhandlungsverfahren (SCE-Gründung), **570** 3 *4*, Nachholung **570** 8 *1*, Recht, anwendbares **570** 6 *1*, Verhandlungsdauer **570** 5 *1*

Verhandlungsverfahren (SE-Gründung), **540** 3 *1 ff., 11*, 5 *1*, Abbruch **540** 3 *36, 38*, 13 *3 f.*, Abschluss **540** 3 *49*, Anspruch auf Verhandlungen **540** 4 *3*, Arbeitskampfmaßnahmen **540** 4 *3*, Auffangregelung, gesetzliche **540** 3 *39, 44, 53*, 4 *14*, 5 *4*, 7 *1 ff.*, Anh. *1 ff.*, *s. auch Auffangregelung (SE)*, Beginn **540** 5 *2*, Fristablauf, vorzeitiger **540** 5 *4*, Grundfrist **540** 5 *2*, Jahresfrist **540** 5 *6 f.*, Karenzfrist **540** 3 *47*, Neuverhandlungen **540** 3 *51*, 4 *10*, Nichtaufnahme **540** 3 *36, 38*, 13 *3 f.*, Recht, anwendbares **540** 6 *1 ff.*, Sechs-Monats-Frist **540** 5 *4*, Verhandlungsdauer **540** 3 *48*, 5 *1, 4, 7 7*, Verhandlungsfrist, Ablauf **540** 3 *44*, 7 *5*, Verhandlungsfrist, Verlängerung **540** 5 *1, 5 ff.*, Verhandlungsmaxime **540** 4 *3*, 5 *5*, Wiederaufnahme **540** 3 *40, 45 ff.*

Verhandlungsverfahren (Verschmelzung, grenzüberschreitende), **590** 16 *27 ff.*, Karenzfrist **590** 16 *56*, Nichtaufnahme **590** 16 *49 f., 57*, Prioritätsprinzip **590** 16 *50*, Verhandlungsabbruch **590** 16 *49, 57*, Verhandlungsdauer **590** 16 *31*

Verheiratetenzulagen, Arbeitsentgelt **520** 3 *26*, Entgeltgleichheit **20** 157 *19*
Verjährung, Diskriminierungsschutz **520** 9 *10*
Verkehrsbetriebe, Kurzpausen **580** 4 *3*
Verkehrssektor, Arbeitszeitrichtlinie **580** 1 *40*
Verleiher, **620** 1 *1*, Gewerbeberechtigung **620** 10 *2*
Vermögen, Begriff **30** 21 *73*, Diskriminierungsverbot **30** 21 *5, 34, 37, 51, 73 ff., 75*, Ungleichbehandlung **30** 21 *54, 74*
Vermutung, **520** 10 *4*
Vermutungen, gesetzliche, Anknüpfung **240** 18 *1*
Verordnung, Anwendungsvorrang **20** 288 *12 ff.*, Arbeitsrecht **20** 288 *9*, Arbeitsschutz **410** *16*, Auslegung, grundrechtskonforme **10** 6 *31*, Außerkrafttreten **20** 288 *14*, Geltung, unmittelbare **20** 288 *1, 10 ff.*; **410** *16*, Sperrwirkung **20** 288 *14*, Verbindlichkeit **20** 288 *1, 10*, Vertrauensschutz **20** 288 *55*, Vorabentscheidungsverfahren **20** 267 *8*
Verpflegung, Betriebsübergang **530** 1 *80, 84, 86, 96*
Versammlung, Anmeldung **40** 11 *48*, Auflagen **40** 11 *48*, Auflösung **30** 12 *23*; **40** 11 *48*, Bedingungen **40** 11 *48*, Begriff **30** 12 *12*, Friedlichkeit **40** 11 *48*, Verbot **30** 12 *23*; **40** 11 *48*
Versammlungsfreiheit, Abwehrrecht **40** 11 *2, 4*, Beeinträchtigungen **30** 12 *23 f.*, Eingriff **40** 11 *48*, Eingriffe **30** 12 *23 f.*, Friedlichkeit **40** 11 *30*, Gesetzesvorbehalt **30** 12 *24*, Gewährleistungspflichten **40** 11 *3, 39 ff.*, Grundrecht **30** 12 *2*, Langsamfahren **40** 11 *8, 48, 60*, Maßregelungen **40** 11 *59*, Meinungsäußerung, kollektive **40** 11 *1*, Menschenrecht **30** 12 *1, 11*, negative **30** 12 *12*, Rechtfertigung **40** 11 *56 ff., 70*, Rechtsgrundsatz, allgemeiner **30** 12 *6*, Schutzbereich **30** 28 *37*; **40** 11 *1*, Schutzbereich, persönlicher **30** 12 *11*; **40** 11 *5 ff.*, Schutzbereich, sachlicher **30** 12 *12 f.*; **40** 11 *8*, Schutzpflichten **30** 12 *21*, Spontanversammlung **40** 11 *8*, Verurteilung, strafrechtliche **40** 11 *60*
Versammlungsorganisatoren, Bestrafung **40** 11 *48*
Versammlungsteilnehmer, Bestrafung **40** 11 *48*
Versand, Betriebsübergang **530** 1 *62*
Verschlechterungsverbot, Arbeitsbedingungen **30** 28 *102*
Verschmelzung, Betriebsübergang **530** 1 *36, 45 ff.*, innerstaatliche **590** 16 *67 ff.*, SCE-Gründung **570** 1 *2*, 7 *2 f.*, SE-Gründung **540** 1 *3*, 2 *5*, *7*, 3 *9, 34*, 7 *11 ff.*
Verschmelzung, grenzüberschreitende, **590** 1 *3*, Aktiengesellschaft **590** 1 *6*, Alternativitätsverhältnis **590** 16 *9, 17*, Anhörung der Arbeitnehmer **590** 16 *1 f.*; **630** 1 *2*, Arbeitnehmermitbestimmung **590** 1 *4*, 16 *1, 3, 5 ff., 19 1 f.*; **630** 1 *2*, Arbeitnehmervertreter im Aufsichts-/

magere Zahlen = Artikel; kursive Zahlen = Randnummern **Sachverzeichnis**

Verwaltungsorgan **590** 16 *41, 43,* Arbeitnehmervertreter, Schutzniveau **540** 10 *1,* Auffangregelung, gesetzliche **540** 7 *1;* **590** 16 *35ff., 43ff., 48ff.,* Aufsichtsrat, Binnenorganisation **590** 16 *4,* Aufsichtsrat, paritätischer **590** 16 *47,* Beschlussverfahren, arbeitsgerichtliches **590** 16 *42,* Beteiligungsvereinbarung **590** 16 *23,* Drittstaatenbezug **590** 1 *5,* Eintragung **590** 16 *21, 23,* Gesellschaft, beteiligte **590** 1 *3,* 16 *10,* GmbH **590** 1 *6,* Hineinverschmelzung **590** 16 *4,* Kapitalgesellschaften **590** 1 *3ff.,* Kommanditgesellschaft auf Aktien **590** 1 *6,* Kumulationsverhältnis **590** 16 *9, 17,* Missbrauchsverhinderung **590** 16 *67ff.,* Mitbestimmung **540** 1 *2,* 4 *1,* Mitbestimmung, Minderung **590** 16 *15ff.,* Mitbestimmungsrechte **590** 16 *65,* Mitbestimmungsvereinbarung **590** 16 *4, 32ff.,* Mitbestimmungsverfahren **590** 16 *7ff., 25f., 30,* nachfolgende grenzüberschreitende Verschmelzung **590** 16 *69,* nachfolgende innerstaatliche Verschmelzung **590** 16 *67ff.,* Öffnungsklausel **590** 16 *61ff.,* Rechtsformwechsel **590** 16 *69,* Rechtsformzwang **590** 16 *66,* Satzungsanpassung **590** 16 *23f.,* Schwellenwert **590** 16 *10ff.,* SE **590** 1 *7ff.,* SE-Neugründung **590** 1 *7,* SE-VO, Bezugnahme auf **590** 16 *20ff.,* Sitzlandprinzip **590** 16 *5, 15, 59,* Struktur, dualistische **590** 16 *63,* Struktur, monistische **590** 16 *61f., 64,* Tendenzschutz **590** 16 *40,* Tochtergesellschaften **590** 16 *12,* Umwandlungsgesetz **590** 1 *3,* Unterrichtung der Arbeitnehmer **590** 16 *1f.;* **630** 1 *2,* Verfahrensmissbrauch **590** 16 *39,* Verhandlungsgremium, besonderes **590** 16 *2, 27ff., 54,* Verhandlungsverfahren **590** 16 *27ff., 49,* Verschwiegenheitspflicht **540** 8 *1*
Verschmelzungsrichtlinie, 590 1 *1f.,* Adressaten **590** 21 *1,* Anwendungsbereich **590** 1 *3ff.,* Inkrafttreten **590** 20 *1,* Kompetenzgrundlage **20** 153 *73,* Umsetzung **590** 19 *1f.*
Verschulden bei Vertragsverhandlungen, Anknüpfung **240** 1 *1*
Verschwiegenheitspflicht, Arbeitnehmervertreter **540** 8 *4,* Anh. *25,* Aufenthaltsort des Verpflichteten **540** 8 *5,* Beendigung **540** 8 *5,* Betriebsgeheimnisse **540** 8 *6f.;* **550** 6 *6,* Europäische-Betriebsräte-Richtlinie **630** 1 *ff.,* Geschäftsgeheimnisse **540** 8 *6f.;* **550** 6 *6,* Sachverständige **540** 8 *3,* SCE-Gründung **570** 10 *1,* SE-Gründung **540** 4 *19,* 8 *1ff.,* Verschmelzung, grenzüberschreitende **540** 8 *1,* Vertraulichkeitserklärung **540** 8 *6*
Versetzungsbefugnis, Pflichtangabe **430** 2 *19*
Versetzungsklausel, 430 2 *19*
Versicherungsunternehmen, Liquidation **210** 1 *14,* Sanierung **210** 1 *14*
Versorgung, medizinische, 40 1 *29*
Versorgungssystem, betriebliches, *s. Systeme der sozialen Sicherheit, betriebliche*
Versorgungssysteme des öffentlichen Dienstes, Entgeltbegriff **600** 2 *31*

Versorgungswerke, berufsständische, Arbeitnehmerbeteiligung **550** 2 *7,* Entgeltbegriff **600** 2 *28, 31*
Verteidigung, Recht auf, 10 6 *19*
Vertrag von Amsterdam, Sozialpolitik **20** 151 *9, 27,* 153 *4,* 156 *1f.,* 157 *63*
Vertrag von Lissabon, 10 6 *1,* Grundsätze, allgemeine **520** 1 *50,* Sozialpolitik **20** 151 *10,* 153 *4,* 156 *1, 3*
Vertrag von Maastricht, Sozialpolitik **20** 151 *9*
Vertrag von Nizza, Sozialpolitik **20** 151 *10,* 153 *4*
Vertragsfreiheit, Betriebsübergang **30** 16 *22;* **530** 8 *6,* Unternehmerfreiheit **30** 16 *9f.;* **530** 3 *34f., 37,* 8 *6,* Vertragsänderung **30** 16 *10*
Vertragsstatut, Anwendungsbereich **240** 12 *1*
Vertragsverletzungsverfahren, 10 6 *51,* Arbeitsschutzrahmenrichtlinie **410** *16,* Feststellungsurteil **20** 288 *93,* Richtlinienverstoß **10** 6 *45;* **20** 288 *20, 26, 37, 91ff.,* Vorlagepflicht **20** 267 *53f.*
Vertragszahnarzt, Altersgrenze **520** 2 *70,* 6 *29*
Vertrauensschutz, 10 6 *5, 19,* Auslegung, richtlinienkonforme **20** 288 *51, 53ff.,* Diskriminierungsverbote **520** 17 *10,* Entgeltgleichheit **20** 157 *58, 61,* Richtlinie **20** 288 *55,* Verordnung **20** 288 *55,* Vorabentscheidungsverfahren **20** 267 *96*
Vertraulichkeitsgrundsatz, Arbeitnehmerbeteiligung **550** 6 *1ff.*
Vertretung, berufsständische, Betriebsübergangsrichtlinie **530** 1 *22*
Vertrieb, Betriebsübergang **530** 1 *80*
Vertriebspersonen, Anforderungen, berufliche **510** 4 *4,* Arbeitnehmereigenschaft **240** 1 *24;* **500** Anh. § 2 *14*
Verwaltung, allgemeine, Betriebsübergang **530** 1 *62*
Verwaltung, Gesetzmäßigkeit der, 10 6 *19*
Verwaltung, öffentliche, Arbeitnehmerbegriff **30** 27 *20,* 28 *17,* Arbeitnehmerbeteiligung **550** 2 *7,* Arbeitnehmereigenschaft **20** 45 *18,* Arbeitnehmerfreizügigkeit **20** 45 *49,* Arbeitnehmerfreizügigkeit, Bereichsausnahme **20** 45 *126ff., 138ff.,* Beteiligungsrechte **550** 8 *19,* Betriebsübergangsrichtlinie **530** 1 *20ff., 29ff.,* Daseinsvorsorge **20** 45 *134, 137,* Eingriffsverwaltung **20** 45 *133, 135,* Grundrechtsbindung **30** 51 *21,* Interessenvertretungen **250** 8 *5,* Koalitionsfreiheit **40** 11 *72,* Leistungsverwaltung **20** 45 *133f.;* **40** 11 *72,* Massenentlassung **490** 1 *3,* Rechtsform, privatrechtliche **20** 45 *136,* Schlichtungsverfahren **50** 6 *24,* Staatsangehörigkeit **20** 45 *138f.,* Vorlageberechtigung **20** 267 *19*
Verwaltungsgesellschaft, Niederlassungsfreiheit **460** 1 *44*
Verwaltungsprivatrecht, Europäische Menschenrechtskonvention **40** 1 *3*
Verwaltungsverfahren, faires, 10 6 *19*

2103

Sachverzeichnis

fette Zahlen = Kennziffer

Verwaltungsvorschriften, Aufhebung 520 16 3
Verwendungsgruppen, Gleichbehandlungsrahmenrichtlinie 520 3 3
Vibrationen, 410 95, Arbeitgeberpflichten 410 195, Arbeitsschutz 410 94 f., Auslösewerte, Überschreitung 410 195, Einzelrichtlinie 410 193 f., Expositionsgrenzwertüberschreitung 410 194, Ganzkörper-Vibrationen 410 194, Gefahrenverhütung 410 195, Gefahrenverringerung 410 193, Gesundheitsakten, persönliche 410 114, Gesundheitsgefährdungen 410 193, Gesundheitsüberwachung 410 114, Hand-Arm-Vibrationen 410 194, Präventivmaßnahmen 410 193, Risikobewertung 410 107, 195
Videoüberwachung, Privatsphäre, Schutz der 40 8 3, 9, 24, 26
Viktimisierung, 520 11 1 ff., Antirassismusrichtlinie 510 9 1, Benachteiligungsverbot 520 11 1 f., Gleichbehandlungsrichtlinie 600 24 1 f., Mutterschutzrichtlinie 440 12 1, Sittenwidrigkeit 520 11 2
Volksrente, Altersgrenze 520 6 35
Vollbeschäftigung, 20 151 22; 30 29 1; 50 1 3, Massenentlassungsrichtlinie 490 Vor 1 5, Teilzeitbeschäftigung 470 1 1, Anh. § 1 1 f., Anh. § 4 18
Vollharmonisierung, 20 288 19, 32
Vollstreckung, 40 1 30
Vollzeitarbeitsvertrag, 420 1
Vollzeitbeschäftigung, Arbeitnehmereigenschaft 20 45 17, Arbeitszeitrichtlinie 580 1 39, Diskriminierung, mittelbare 600 2 11, Urlaubsanspruch 580 7 21
Vollzeiturlaub, 580 7 21, Elternurlaub 640 Anh. § 3 3
Volontäre, Arbeitnehmereigenschaft 490 1 53, Massenentlassung 490 1 53
Vorabentscheidungsersuchen, Aussetzung des Verfahrens 20 267 75 f., Empfehlungen 20 267 68, Entscheidungserheblichkeit der Vorlagefrage 20 267 73 f., Entscheidungsspielraum 20 267 29 f., Gründe 20 267 69, Grundrechtsverstoß 10 6 50, Instanzgerichte 20 267 6, 29 ff, 94, Parteien des Ausgangsrechtsstreits 20 267 69, Prozesskostenhilfeverfahren 20 267 28, Rechtslage nach mitgliedstaatlicher Rechtsordnung 20 267 71, Rechtsprechung, nationale 20 267 6, Rücknahme 20 267 26, Sachverhalt 20 267 69, Sachverhalt, Atypizität 20 267 71, Sprache 20 267 70, Streitgegenstand 20 267 69, Übermittlung an Kanzlei des Gerichtshofs 20 267 82, Umfang 20 267 71, Vorlagefragen 20 267 71, Vorschlag des vorlegenden Gerichts 20 267 71, Wortlaut nationaler Vorschriften 20 267 69, Zustellung 20 267 82
Vorabentscheidungsverfahren, 20 267 2 ff., 77 ff., acte clair 20 267 48 ff., 59 f., 92, acte éclairé-Situation 20 267 43 ff., 59 f., 92, Anhängigkeit 20 267 40, Anwaltskosten 20 267 89, Ausgangsverfahren, Erledigung 20 267 26,

Ausgangsverfahren, Zulässigkeit 20 267 26, Auslegung, richtlinienkonforme 20 267 22, Berichterstatter 20 267 84, Beschluss 20 267 92, Beteiligte 20 267 81, Bindungswirkung 20 267 93 ff, Brüssel Ia-VO 220 1 12, Entscheidung, gerichtliche 20 267 20, Entscheidungserheblichkeit der Vorlagefrage 20 267 20 ff., Gerichtskostenfreiheit 20 267 88, Grundsätze 30 52 52, Individualrechtsschutz 20 267 5, Instanzgerichte 20 267 93, Kommunikationssystem, elektronisches 20 267 83, Kostenfestsetzung 20 267 88, 91, Organhandlungen, Auslegung 20 267 7, Organhandlungen, Gültigkeit 20 267 7, 14 ff., Parteien 20 267 69, Primärrecht 20 267 8, Prozesskostenhilfe 20 267 90, Rechtssachen, Verbindung 20 267 40, Richterrecht 20 267 8, Rechtsschutz 20 267 8, Rückwirkung 20 267 96, Schlussanträge 20 267 86, Schriftsätze 20 267 82, Sekundärrecht 20 267 8, 15 f., Statistik 20 267 6, Unionsrecht, Auslegung 20 267 8 f., 11 f., 27, 43, 72, 93, Unionsrecht, Gültigkeit 20 267 14 ff., 32, 72, Urteil 20 267 20, 91, Urteilsgründe 20 267 91, Urteilsverkündung 20 267 91, Verfahren, beschleunigtes 20 267 87, Verfahren, mündliches 20 267 85 f., Verfahren, schriftliches 20 267 82, 86, Verfahren, vereinfachtes 20 267 92, Verfahrensdauer 20 267 87, Verfahrensschriftstücke 20 267 83, Verfahrenssprache 20 267 80, Verfahrensverzögerung 20 267 40, Verordnungen 20 267 8, Verträge, Auslegung 20 267 7 f., Vertrauensschutz 20 267 96, Vorlageberechtigung 20 267 18 ff., Widersprüche, Auflösung 20 267 17, Wirkung erga omnes 20 267 95, Zwischenstreit 20 267 88
Vorbeschäftigungsverbot, Unternehmerfreiheit 30 16 30
Vorlage, Entbehrlichkeit 20 267 43 ff., erneute 20 267 40, 47
Vorlagebereitschaft, 20 267 58
Vorlagebeschluss, 20 267 27, 67
Vorlageersuchen, s. Vorabentscheidungsersuchen
Vorlagefrage, 20 267 71, Entscheidungserheblichkeit 20 267 20 ff., 39, 73 f., Entscheidungserheblichkeit, Vermutung 20 267 25, Formulierung 20 267 72, Fragestellungen, konditionierte 20 267 73, mehrere Vorlagefragen 20 267 73, Unionsrecht, Auslegung 20 267 72, Unionsrecht, Gültigkeit 20 267 72
Vorlagepflicht, 10 6 54 ff.; 20 267 32 ff., Abweichen von der EuGH-Rechtsprechung, bewusstes 20 267 58 f., Arbeitsgericht 20 267 36, Einheit der Rechtsanwendung 20 267 34, 36, Entscheidungserheblichkeit der Vorlagefrage 20 267 39, 58, 60, Entzug des gesetzlichen Richters 20 267 57 ff., 64 ff., EuGH-Rechtsprechung, Unvollständigkeit 20 267 58 f., Gericht, letztinstanzlich entscheidendes 20 267 35, 39, 41, Individualrechtsschutz 20 267 36, Instanzgerichte 20 267 33, 41, Landesarbeitsgericht

magere Zahlen = Artikel; kursive Zahlen = Randnummern

Sachverzeichnis

20 267 *36*, Nichtvorlage, willkürliche **20** 267 *57 ff.*, Präjudiz-Situation **20** 267 *43 ff.*, Rechtsbehelfe, außerordentliche **20** 267 *38*, Rechtsmittel **20** 267 *37*, Sanktionen **20** 267 *52 f.*, Staatshaftung **20** 267 *55*, Theorie, abstrakte **20** 267 *35 f.*, Theorie, konkrete **20** 267 *35*, Verfassungsbeschwerde **20** 267 *38*, Verfassungsrecht, deutsches **20** 267 *56 ff.*, Verkennung, grundsätzliche **20** 267 *58 f.*, Vertragsverletzungsverfahren **20** 267 *53 f.*, Vorabentscheidungsverfahren, anhängiges **20** 267 *40*, Wiederaufnahmeverfahren **20** 267 *38*
Vorlagerecht, **20** 267 *27*, Nichtvorlage, Recht zur **20** 267 *29*, Zeitpunkt der Vorlage **20** 267 *28*
Vorlageverfahren, **20** 267 *67 ff.*
Vorrangregeln, Ausbildungsquoten **20** 157 *77*, Ergebnisquote, flexible **20** 157 *77*, Frauenförderplan **20** 157 *77*, Geschlecht, unterrepräsentiertes **20** 157 *74 ff.*; **30** 23 *17 ff.*, Härtefallregelung **20** 157 *75*, Nichtautomatik **20** 157 *75*, Qualifikation **20** 157 *75*, Quote, weiche **30** 23 *17 f.*, Unterrepräsentanz **20** 157 *75*, Verhältnismäßigkeitsgrundsatz **20** 157 *75*, Vorrangregeln **30** 23 *19*
Vorrats-SE, Aktivierung **540** 1 *10 ff.*, Gründung **540** 1 *10 ff.*, Verhandlungsgremium, besonderes **540** 1 *13*
Vorratsdatenspeicherung, Privatsphäre, Schutz der **40** 8 *23*
Vorruhestand, Sozialrecht, koordinierendes **20** 48 *7, 12*
Vorruhestandsleistungen, Betriebsübergang **530** 3 *19 ff.*, Diskriminierung, mittelbare **520** 2 *58*; **600** *13*
Vorstandsmitglied, Arbeitnehmereigenschaft **520** 3 *9*
Vorstellungsgespräch, s. Bewerbungsgespräch
Vorstellungskosten, Arbeitsverhältnisstatut **240** 9 *20*
Vorstrafen, Fragerecht des Arbeitgebers **520** 3 *16*
Vredeling-Richtlinie, 630 1 *1*

Wahlrechtsverlust, Arbeitnehmerfreizügigkeit **20** 45 *68*
Wanderarbeitnehmer, Anwerbeverfahren, bilaterale **250** 20 *4*, Arbeitnehmerfreizügigkeit **20** 45 *30, 60, 100 f.*, Arbeitsbedingungen **460** 1 *24*, Arbeitsverhältnisstatut **240** 8 *50*, Diskriminierung, mittelbare **20** 45 *53, 60*, Familienangehörige **250** 1 *1*, Freizügigkeitsverordnung **460** 1 *24*, Gewerkschaftszugehörigkeit **250** 8 *3*, Gleichbehandlungsgebot **20** 45 *48*; **460** 1 *24*, Schwerbehindertenschutz **250** 1 *5, 7 9, 11*, Sicherheit, soziale **20** 48 *6, 10*, Sprachkenntnisse **250** 3 *2*, Unterrichtsteilnahme **250** 10 *1 ff.*; Vergünstigungen, soziale **460** 1 *24*, Vergünstigungen, steuerliche **460** 1 *24*, Zugang zur Beschäftigung **250** 3 *1 ff.*

Wanderbaustellen, Arbeitsschutz **410** *93*
Warenverkehrsfreiheit, **20** 45 *1*; **460** 1 *49*, Abgrenzung **20** 45 *41*, Begleitleistungen **460** 1 *49*, Beschränkungsverbot **20** 45 *63*, 151 *34*, Bindungswirkung **30** 28 *69*, Dassonville-Formel **20** 151 *34*, Kollektivmaßnahmen **30** 28 *80 f.*, Kollektivverhandlungen **30** 28 *80*, Ordre-Public-Vorbehalt **520** 2 *69*
Wechselschicht, 580 2 *16*
Wechselschichtzulage, Teilzeitarbeit **600** 2 *11*
Wegzug, grenzüberschreitender, Arbeitnehmer **20** 45 *123*, Standortverlagerung **530** 1 *107*
Wehrdienst, 50 1 *6*, Arbeitspflicht **40** 4 *13*, Arbeitsvertrag, Ruhen **250** 7 *8*, Diskriminierung, mittelbare **520** 2 *50*; **600** *12*, Diskriminierung, unmittelbare **20** 45 *51*; **520** 2 *29*, Gleichbehandlungsgrundsatz **250** 7 *7 f.*, Nachteilsausgleich **250** 7 *8*
Weihnachtsgratifikation, Arbeitsentgelt **520** 3 *26*, Arbeitsleistung **580** 7 *19*, Diskriminierung, mittelbare **600** 2 *12*, Elternurlaub **640** Anh. § 5 *7*, Entgeltbegriff **600** 2 *27*, Entgeltgleichheit **20** 157 *19*
Weisungsabhängigkeit, Arbeitnehmerbegriff **20** 45 *11 ff.*
Weisungsrecht des Arbeitgebers, Gewissensfreiheit **40** 9 *8*, Religionsfreiheit **40** 9 *28*
Weiterbeschäftigungsanspruch, Anknüpfung **240** 9 *51*
Weiterbildung, Berufsfreiheit **30** 15 *8*, Recht auf Arbeit **50** 1 *18*
Weiterbildung, berufliche, Diskriminierungsschutz **520** 3 *18*, Zugang **520** 3 *18*
Weltanschauung, Anforderungen, berufliche **520** 4 *3, 15 ff.*, Begriff **40** 9 *22*; **520** 1 *17 f., 25*, Diskriminierungsverbot **30** 21 *5, 13, 18, 25, 51, 68 ff.*; **510** 19 *1*; **520** 1 *4, 24 f.*, Haben einer Weltanschauung **520** 1 *21*
Weltanschauungsfreiheit, **30** 21 *68*; **40** 9 *1 ff.*, Abwehrrecht **40** 9 *2*, negative **30** 21 *70*; **40** 9 *22*, positive **40** 9 *22*
Weltanschauungsgemeinschaften, Achtung **30** 21 *21 f.*, Loyalitätsanforderungen **520** 4 *19 f.*, Verhaltensanforderungen **520** 4 *19 f.*, Weltanschauungsfreiheit **40** 9 *6*
Weltgesundheitsorganisation, Gesundheitsbegriff **20** 153 *18*; **580** 1 *23, 30*
Wertegemeinschaft, **10** 6 *1, 22*, Grundrechtecharta **30** 51 *54*
Wesensgehalt, absoluter **30** 52 *39*, Berufsfreiheit **30** 15 *24*, relativer **30** 52 *39 f.*, Schranken-Schranke **30** 52 *38*, Unternehmerfreiheit **30** 16 *22*
Wettbewerbsfähigkeit des Unternehmens, Arbeitnehmerbeteiligung **550** 1 *8*, 6 *1*
Wettbewerbsrecht, Diskriminierungsschutz **520** 16 *9*
Wettbewerbsregeln, **20** 151 *41 ff.*
Wettbewerbsverbot, Leibeigenschaftsbegriff **40** 4 *4*

2105

Sachverzeichnis

fette Zahlen = Kennziffer

Wettbewerbsverbot, nachvertragliches, Anknüpfung 240 9 55
Whistleblowing, Anknüpfung 240 9 35, Gewährleistungspflicht 40 10 16, Meinungsäußerungsfreiheit 40 1 34, 10 2, 7, 16, 23, 27ff., 37f., Persönlichkeitsrechtsverletzung 40 1 34, Schweigepflichten 40 10 27ff.
Wiederaufnahmeverfahren, Europäische Menschenrechtskonvention 40 1 76, Vorlagepflicht 20 267 38
Wiedereingliederung, 50 1 1, Alter, Ungleichbehandlung wegen 520 6 45, Arbeitnehmereigenschaft 20 45 22
Wiederheirat, Kündigungsgrund 520 4 21
Wiener Vertragsrechtskonvention, Europäische Sozialcharta 50 Präambel 9, Völkergewohnheitsrecht 40 1 7; 50 Präambel 9
Winding-Up-Verfahren, Europäische Insolvenzverordnung 210 2 1
Wirtschaftsausschuss, Arbeitnehmermitwirkung 550 2 20, 3 10, 4 31, Unterrichtungsrecht 550 8 12
Wirtschaftsgemeinschaft, 10 6 1; 20 151 31
Wirtschaftsgrundrechte, 10 6 5, Berufsfreiheit 30 15 1, Unternehmerfreiheit 30 16 1
Wirtschaftskrise, s. Finanzkrise
Wirtschaftspolitik, Koordinierung 20 151 44
Wirtschaftsprüfer, Arbeitnehmerfreizügigkeit 20 45 137
Wirtschaftsrisiko, Arbeitsverhältnisstatut 240 9 37
Wissenschaft, Befristungsgrund 500 Anh. § 5 36f., Drittmittel 500 Anh. § 5 37
Wissenschaftsfreiheit, 40 10 1, Lehre 40 10 13, Publikation 40 10 13
Wochenarbeitszeit, 30 31 4, Bezugszeitraum 580 16 1ff., 17 3, 16, Einwilligung des Arbeitnehmers 580 22 7f., Festlegung 580 6 8, Höchstgrenze 580 22 15, Schadensausgleich 580 6 4ff.
Wöchnerinnen, Diskriminierung, unmittelbare 440 1 3, Informationspflichten 440 2 13, Mutterschutzrichtlinie 440 1 2, 2 2, 8, Schutzmaßnahmen 50 8 1, 11f.
Wohndauer, 250 7 37
Wohngeld, 250 9 4
Wohnung, Arbeitnehmerfreizügigkeit 250 9 1f., Darlehen 250 9 4, Eigentumserwerb 250 9 3, Wohnungssuche 250 9 2, 5
Wohnung, Achtung der, 10 6 19; 40 8 1, Büroräume 40 8 14, Geschäftsräume 40 8 14, Persönlichkeitsentfaltung 40 8 14, Schutzgut 40 8 14, Wohnungsbegriff 40 8 14

Zahlungsunfähigkeit des Arbeitgebers, 610 2 1ff., Antrag auf Gesamtverfahren 610 2 1f., 6, faktische 610 2 6, Feststellung, verfahrensförmige 610 2 18, Insolvenzgeldrichtlinie, s. dort, Schutzpflicht 610 8 2ff., Stichtag 610 3 27, Wartezeit 610 2 14, Wiederherstellung 610 3 30

Zahlungsverkehrsfreiheit, ordre public 520 2 69
Zeitarbeit, 410 37, s. auch Arbeitnehmerüberlassung; Leiharbeit, Sozialrecht, koordinierendes 20 48 40
Zeitlohn, Entgeltgleichheit 20 157 28
Zentralstelle Auslands- und Fachvermittlung, EURES-Berater 250 20 2
Zessionsgrundstatut, Forderungsübergang, gesetzlicher 240 15 1
Zeugniserteilungspflicht, Anknüpfung 240 9 55
Ziele, Arbeitszeit 580 1 31
Zivildienst, 50 1 6, Diskriminierungsverbote 520 3 34
Zivilluftfahrt, Sozialpartnervereinbarungen 20 155 11
Zivilpakt, s. Internationaler Pakt über bürgerliche und politische Rechte
Zugangsdiskriminierung, s. auch Erwerbstätigkeit, Zugang zur, Frage des Arbeitgebers 520 3 15, Persönlichkeitsrechtsverletzung 600 18 2, Schadensersatz 600 18 2f., Vermutungstatsachen 520 3 14f.
Zugehörigkeit zu einer nationalen Minderheit, s. Minderheit, nationale
Zulagen, Entgeltgleichheit 20 157 19, Pflichtangabe 430 2 38
Zusammenarbeit der Mitgliedstaaten, Rechtssetzungsgrundlage 20 153 53
Zusatzrente, 660 2 1, 3 2, Altersversorgung 660 2 6
Zusatzrenten-Gleichstellungsrichtlinie, 480 1 1f., Adressaten 480 12 1, Altersleistungen 480 3 1, Anwartschaften, ruhende 480 4 1, Anwendungsbereich 480 2 1, 3 1, Arbeitnehmer, entsandter 480 3 1, Arbeitnehmerbegriff 480 2 1, Auszahlung 480 1 3, Begriffsbestimmungen 480 3 1, Beiträge 480 3 1, Berechtigte, sonstige 480 3 1, Bezeichnung 480 1 2; 660 3, Drittstaatsangehörige 480 2 1, Entsendung 480 6 1f., Hinterbliebenenleistungen 480 2 1, 3 1, Informationsanspruch des Arbeitnehmers 480 1 3, 7 1ff., Inkrafttreten 480 11 1, Invaliditätsleistungen 480 3 1, Kompetenzgrundlage 480 1 4, Mitgliedschaft, grenzüberschreitende 480 1 3, Rechtsverfolgung 480 9 1, Rentenansprüche 480 3 1, Rentenansprüche, erworbene 480 3 1, Rentenleistungen, ergänzende 480 3 1, Rentensystem, ergänzendes 480 3 1, Sachverhalte, grenzüberschreitende 660 1 3, Sachverhalte, innerstaatliche 660 1 3, Umsetzung 480 4 1, 8 1, 10 1, Umsetzung, sozialpartnerschaftliche 480 10 2, Unverfallbarkeitsalter 480 4 1, Unverfallbarkeitsfristen 480 4 1, Vorschaltezeiten 480 4 1, Wechsel innerhalb der EU 480 1 3
Zusatzrenten-Richtlinie, Adressaten 660 11 1, Altersversorgung, betriebliche 660 1 1ff., Anwendungsbereich, persönlicher 660 1 1, An-

magere Zahlen = Artikel; kursive Zahlen = Randnummern **Sachverzeichnis**

wendungsbereich, räumlicher **660** 1 *18*, 2 *16*, Anwendungsbereich, sachlicher **660** 1 *18*, 2 *1f.*, Anwendungsbereich, zeitlicher **660** 1 *18*, 2 *1*, *15*, Arbeitnehmer, ausscheidender **660** 3 *8*, Arbeitnehmerbegriff **660** 3 *1*, Aufsichtsrecht **660** 8 *3*, Auskunft, Form **660** 6 *11*, Auskunftsrechte **660** 6 *1ff.*, Begriffsbestimmungen **660** 3 *1ff.*, Berichterstattung **660** 9 *1*, Bezeichnung **660** 1 *3*, Diskriminierung, mittelbare **660** 1 *16*, Geldleistungen **660** 2 *6*, Günstigkeitsprinzip **660** 4 *13*, Inkrafttreten **660** 10 *1*, Karenzierung **660** 3 *5*, Lebensalter **660** 2 *7*, Leistungsarten **660** 2 *6*, Mindestvorschriften **660** 7 *1*, Rentenanwartschaft, unverfallbare **660** 3 *7*, Rentenanwartschaften, ruhende **660** 3 *10*, Sachleistungen **660** 2 *6*, Sachverhalte, grenzüberschreitende **660** 1 *10ff.*, *18*, 2 *16*, Sachverhalte, innerstaatliche **660** 1 *10*, *13*, 2 *16*, Sicherheit, soziale **660** 1 *10*, Umsetzung **660** 1 *18*, 8 *1ff.*, *11 1*, Umsetzung, sozialpartnerschaftliche **660** 4 *12ff.*, 5 *18*, Umsetzungsfrist **660** 10 *1*, Umsetzungsrecht **660** 1 *2*, Unverfallbarkeitsalter **660** 4 *1*, *11*, Unverfallbarkeitsfrist **660** 3 *6*, 4 *1*, *3ff.*, Verschlechterungsverbot **660** 7 *2*, Versorgungsanwärter, aktive **660** 3 *3*, *8*, 6 *4ff.*, Versorgungsanwärter, ausgeschiedene **660** 3 *9*, 6 *9f.*, Wartezeit **660** 3 *4f.*, 4 *1f.*, Wert der ruhenden Rentenanwartschaften **660** 3 *11*, Zusagen ohne Rechtsanspruch **660** 2 *9*

Zusatzrentensystem, 660 2 *1*, *5ff.*, Abfindung **660** 5 *9ff.*, Abfindung, Zustimmungserfordernis **660** 5 *13ff.*, Abfindungsrecht **660** 4 *8f.*, Abfindungsverbot **660** 4 *9*, Abfindungszahlung **660** 4 *10*, Alterssicherung **660** 2 *7*, Anwartschaftserwerb **660** 4 *1*, Arbeitnehmerbeiträge **660** 4 *7f.*, Begriff **660** 3 *2*, Einmalzahlungen **660** 2 *6*, geschlossenes **660** 2 *10*, Liquidation **660** 2 *11*, Rentenleistungen **660** 2 *6*, Sanierungsmaßnahmen **660** 2 *11*, Sanierungsplan **660** 2 *11*, Selbständige **660** 3 *1*, Startwert **660** 5 *5*, Verbleib im **660** 5 *1f.*

Zusatzurlaub, Teilzeitbeschäftigung **600** 2 *11*
Zusatzversorgungseinrichtungen, Betriebsübergang **530** 3 *71ff.*
Zusatzversorgungskassen, kommunale, Aufsichtsrecht **560** 1 *16*
Zuständigkeit, internationale, Brüssel Ia-VO **220** 1 *2f.*, 6 *1ff.*, 20 *10*; **240** 1 *1*, Distanzdelikte **220** 7 *2*, Europäische Insolvenzverordnung **210** 1 *6*, 3 *1ff.*; **240** 1 *1*, Hauptinsolvenzverfahren **210** 3 *1ff.*, Insolvenz **210** 1 *2f.*, *5*, Primärrecht **240** 1 *1*, Sekundärinsolvenzverfahren **210** 3 *1*, unerlaubte Handlung **220** 6 *2*, 7 *1ff.*
Zuständigkeit, örtliche, 220 20 *13*, 21 *7*
Zwangsarbeit, 40 4 *1f.*, Begriff **40** 4 *7f.*; **50** 1 *4*, Dienstleistung, höchstpersönliche **40** 4 *7*, Gewährleistungspflicht **40** 4 *14*, Verbot **30** 15 *8*, *16*, 27 *9*, 32 *8*; **40** 4 *1*; **50** 1 *1*, *4*
Zwangsmitgliedschaft, Vereinigungen, öffentlich-rechtliche **40** 11 *17*, *50*
Zwangsschlichtung, Arbeitsstreitigkeiten **50** 6 *23*
Zweckbefristung, 500 Anh. § 3 *8*
Zweite Einzelrichtlinie, *s. Arbeitsmittelbenutzungsrichtlinie*
Zwischengeschlechtlichkeit, Ausrichtung, sexuelle **30** 21 *81*, Diskriminierungsschutz **650** 1 *7*, Geschlechtsidentität **600** 1 *15*

2107